Spindler/Stilz
Kommentar zum Aktiengesetz
Band 2

Kommentar zum Aktiengesetz

Band 2
§§ 150–410
SpruchG · SE-VO

Herausgegeben von

Dr. Gerald Spindler

Professor an der Universität Göttingen

Eberhard Stilz

Präsident des Verfassungsgerichtshofs für
das Land Baden-Württemberg a.D.
Präsident des Oberlandesgerichts Stuttgart a.D.

4. Auflage 2019

Zitiervorschlag:
Spindler/Stilz/*Bearbeiter* § … Rn. …
Spindler/Stilz/*Drescher* SpruchG § … Rn. …
Spindler/Stilz/*Bearbeiter* SE-VO Art. … Rn. …

www.beck.de

ISBN 978 3 406 70328 7

© 2019 Verlag C. H. Beck oHG
Wilhelmstraße 9, 80801 München

Druck: Druckerei C.H.Beck Nördlingen
(Adresse wie Verlag)
Satz: Meta Systems Publishing & Printservices GmbH, Wustermark
Umschlagsatz: Druckerei C.H.Beck Nördlingen

Gedruckt auf säurefreiem, alterungsbeständigem Papier
(hergestellt aus chlorfrei gebleichtem Zellstoff)

Vorwort zur 4. Auflage

Das Stichwort der Vorauflage – die ‚Aktienrechtsreform in Permanenz' – ist in den letzten Jahren zwar nicht ganz so ausgeprägt wie zuvor. Doch haben wieder zahlreiche Reformen, wie die Umsetzung der Aktionärsrechterichtlinie oder das Aktienrecht beeinflussende Gesetze bzw. Richtlinien/Verordnungen des Kapitalmarkt-, Bilanz- oder Bank- bzw. Wertpapierhandelsrechts ebenso wie die fortschreitende Rechtsprechung eine Neuauflage dringend geboten erscheinen lassen.

Wie zuvor will der Kommentar dem Praktiker wie dem Wissenschaftler eine aktuelle und umfassende Anleitung zur Auslegung der Normen im Tagesgeschäft bieten.

Erneut haben die Herausgeber dem Team herausragender Autoren herzlich zu danken. Ohne sie würde der Kommentar nicht in voller Aktualität erscheinen können, trotz einer nicht enden wollenden Flut an Publikationen national wie international. Dank gilt ebenso dem Verlag und seinen Lektoren für die sachkundige und unerlässliche Betreuung.

Göttingen und Stuttgart im Juli 2018
                                                         Gerald Spindler
                                                         Eberhard Stilz

Die Bearbeiter

Dr. Gregor Bachmann
Professor an der Humboldt-Universität zu Berlin

Dr. Walter Bayer
Professor an der Universität Jena
Richter am Oberlandesgericht a.D.

Dipl.-Kfm. Dr. Marc Binger
Zentralabteilung Steuern und Zölle der BASF SE in Ludwigshafen

Dr. Michael Bormann
Rechtsanwalt in Düsseldorf

Dr. Andreas Cahn
Professor an der Universität Frankfurt am Main
Institute for Law and Finance

Dr. Matthias Casper
Professor an der Universität Münster

Dr. Christoph Döbereiner
Notar in München

Thomas Dörr
Präsident des Landgerichts Ravensburg

Dr. Ingo Drescher
Vorsitzender Richter am Bundesgerichtshof, Karlsruhe
Honorarprofessor an der Universität Tübingen

Dr. Friedemann Eberspächer
Rechtsanwalt in Berlin

Dr. Roland Euler
Professor an der Universität Mainz

Dr. h.c. Holger Fleischer
Professor, Direktor des Max-Planck-Instituts für ausländisches und
internationales Privatrecht, Hamburg
Affiliate Professor an der Bucerius Law School

Dr. Till Fock
Rechtsanwalt und Steuerberater in Berlin

Dr. Olaf Gerber
Rechtsanwalt und Notar in Frankfurt am Main

Dr. Roland Hefendehl
Professor an der Universität Freiburg

Dipl.-Kfm. Dr. iur. Andreas Heidinger
Rechtsanwalt und Referatsleiter beim Deutschen Notarinstitut in Würzburg

Sebastian Herrler
Notar in München

Bearbeiterverzeichnis

Dr. Jochen Hoffmann
Professor an der Friedrich-Alexander-Universität Erlangen-Nürnberg

Dr. Timo Holzborn
Rechtsanwalt in München

Dr. Matthias Katzenstein
Richter am Oberlandesgericht Stuttgart

Dr. Christoph Klein
Steuerberater in Frankfurt am Main

Dr. Peter Limmer
Notar in Würzburg
Honorarprofessor an der Universität Würzburg

Professor Dr. Reinhard Marsch-Barner
Rechtsanwalt in Frankfurt am Main

Dr. Silja Maul
Rechtsanwältin in Mannheim

Dr. Sebastian Mock
Universitätsprofessor an der Wirtschaftsuniversität Wien

Dr. Hans-Friedrich Müller
Professor an der Universität Trier
Richter am Oberlandesgericht Koblenz

Sven Petersen
Rechtsanwalt in Frankfurt am Main

Dr. Maximilian Preisser
Rechtsanwalt in Hamburg

Dr. Oliver Rieckers
Rechtsanwalt in Düsseldorf

Dr. Arndt Rölike
Richter am Oberlandesgericht in Frankfurt am Main

Dr. Gerrit Sabel
Steuerberater in Eschborn

Dr. Alexander Schall
Professor an der Leuphana Universität Lüneburg

Dipl.-Kfm. Dr. Michael Alexander Schild von Spannenberg
Richter am Oberlandesgericht Zweibrücken

Dr. Philipp Scholz
Wissenschaftlicher Referent am Max-Planck-Institut
für ausländisches und internationales Privatrecht in Hamburg

Dr. Oliver Seiler
Rechtsanwalt in Frankfurt am Main

Dr. Wolfgang Servatius
Professor an der Universität Regensburg
Richter am Oberlandesgericht München

Bearbeiterverzeichnis

Dr. Mathias Siems
Professor an der University of Durham

Dr. Bernd Singhof
Rechtsanwalt in Frankfurt am Main

Dr. Gerald Spindler
Professor an der Universität Göttingen

Eberhard Stilz
Präsident des Verfassungsgerichtshofs für das Land Baden-Württemberg a.D.
Präsident des Oberlandesgerichts a.D. Stuttgart

Stefan Vatter
Vorsitzender Richter am Oberlandesgericht Stuttgart

Dr. Rüdiger Veil
Professor an der Universität München

Dr. Frank Wamser
Vizepräsident des Landgerichts Gießen

Dr. Hartmut Wicke
Notar in München
Honorarprofessor an der Universität München

Dr. Andreas Wüsthoff
Rechtsanwalt in Berlin

Verzeichnis der ausgeschiedenen Bearbeiter

Dr. Johannes Benz: § 27: 2. Aufl. 2010, 3. Aufl. 2015
Marc Oliver Müller: §§ 170–176: 1. Aufl. 2007
Prof. Dr. Dr. Peter Sester: § 161: 2. Aufl. 2010
Dr. Marcus Willamowski: §§ 121–128, §§ 133–138: 1. Aufl. 2007
Dr. Oliver Wirth: §§ 150–160: 2. Aufl. 2010
Dr. Martin Würthwein: §§ 241, 243, 244: 1. Aufl. 2007, 2. Aufl. 2010, 3. Aufl. 2015

Im Einzelnen haben bearbeitet

Aktiengesetz

§ 1	Dr. Till Fock
§§ 2–7	Dr. Ingo Drescher
§§ 8–13	Stefan Vatter
§ 14	Dr. Ingo Drescher
Vor § 15–§ 19	Dr. Alexander Schall
Vor § 20–Anh. § 22	Sven Petersen
§§ 23–26	Dr. Peter Limmer
§ 27	Dr. Matthias Katzenstein/Sebastian Herrler
§§ 28, 29	Dr. Peter Limmer
§§ 30–35	Dr. Olaf Gerber
§§ 36–40	Dr. Christoph Döbereiner
§ 41	Dr. Andreas Heidinger
§§ 42–51	Dr. Olaf Gerber
§ 52	Dr. Andreas Heidinger
§ 53	Dr. Olaf Gerber
§§ 53a–58	Dr. Andreas Cahn/Dr. Michael Alexander Schild von Spannenberg
§§ 59–75	Dr. Andreas Cahn
§§ 76–94	Dr. Holger Fleischer
§§ 95–116	Dr. Gerald Spindler
§ 117	Dr. Alexander Schall
§§ 118–120	Dr. Jochen Hoffmann
§§ 119 Anh.	Dr. Hartmut Wicke
§§ 121–128	Dr. Oliver Rieckers
§§ 129, 130	Dr. Hartmut Wicke
§§ 131, 132	Dr. Mathias Siems
§§ 133–138	Dr. Oliver Rieckers
§§ 139–141	Dr. Michael Bormann
§§ 142–149	Dr. Sebastian Mock
§§ 150–160	Dr. Roland Euler/Gerrit Sabel
§ 161	Dr. Walter Bayer/Dr. Philipp Scholz
§§ 170–176	Dr. Roland Euler/Christoph Klein
§§ 179–181	Dr. Timo Holzborn
§§ 182–191	Dr. Wolfgang Servatius
§§ 192–201	Dr. Oliver Rieckers
§§ 202–206	Dr. Frank Wamser
§§ 207–220	Dr. Till Fock/Dr. Andreas Wüsthoff
§ 221	Dr. Oliver Seiler
§§ 222–240	Dr. Reinhard Marsch-Barner/Dr. Silja Maul
Vor § 241	Dr. Matthias Casper
§ 241	Dr. Ingo Drescher
§ 242	Dr. Matthias Casper
§§ 243, 244	Dr. Ingo Drescher
§§ 245–249	Thomas Dörr
§§ 250–255	Eberhard Stilz
§§ 256, 257	Dr. Arndt Rölike
§§ 258–261a	Dr. Roland Euler/Gerrit Sabel
§§ 262–269	Dr. Gregor Bachmann
§ 270	Dr. Roland Euler/Dr. Marc Binger
§§ 271–290	Dr. Gregor Bachmann
Vor § 291–299	Dr. Rüdiger Veil
§ 300	Dr. Roland Euler/Gerrit Sabel
§§ 301–310	Dr. Rüdiger Veil
Vor § 311–318	Dr. Hans-Friedrich Müller
§§ 319–327f	Dr. Bernd Singhof
§§ 328–395	Dr. Alexander Schall
§§ 396–398	Dr. Gerald Spindler
§§ 399–410	Dr. Roland Hefendehl

Im Einzelnen haben bearbeitet

Spruchverfahrensgesetz .... Dr. Ingo Drescher

Internationales Gesellschaftsrecht .... Dr. Hans-Friedrich Müller

SE-VO

Vor Art. 1–Art. 37 .... Dr. Matthias Casper
Art. 38–66 .... Dr. Friedemann Eberspächer
Art. 67–70 .... Dr. Matthias Casper

Sachverzeichnis .... Per Axel Schwanbom

Inhaltsverzeichnis

Im Einzelnen haben bearbeitet XI
Abkürzungsverzeichnis XXV

Band 1
Aktiengesetz
Erstes Buch. Aktiengesellschaft
Erster Teil. Allgemeine Vorschriften

§ 1	Wesen der Aktiengesellschaft	3
§ 2	Gründerzahl	20
§ 3	Formkaufmann; Börsennotierung	23
§ 4	Firma	25
§ 5	Sitz	30
§ 6	Grundkapital	35
§ 7	Mindestnennbetrag des Grundkapitals	36
§ 8	Form und Mindestbeträge der Aktien	38
§ 9	Ausgabebetrag der Aktien	57
§ 10	Aktien und Zwischenscheine	68
§ 11	Aktien besonderer Gattung	94
§ 12	Stimmrecht. Keine Mehrstimmrechte	103
§ 13	Unterzeichnung der Aktien	111
§ 14	Zuständigkeit	116
Vorbemerkung zu den §§ 15 ff. AktG		117
§ 15	Verbundene Unternehmen	141
§ 16	In Mehrheitsbesitz stehende Unternehmen und mit Mehrheit beteiligte Unternehmen	162
§ 17	Abhängige und herrschende Unternehmen	174
§ 18	Konzern und Konzernunternehmen	199
§ 19	Wechselseitig beteiligte Unternehmen	210
Vorbemerkung zu §§ 20–22		214
§ 20	Mitteilungspflichten	221
§ 21	Mitteilungspflichten der Gesellschaft	236
§ 22	Nachweis mitgeteilter Beteiligungen	238

Anhang

Wertpapierhandelsgesetz §§ 33–47 240

Zweiter Teil. Gründung der Gesellschaft

§ 23	Feststellung der Satzung	301
§ 24	Umwandlung von Aktien	341
§ 25	Bekanntmachungen der Gesellschaft	343
§ 26	Sondervorteile. Gründungsaufwand	346
§ 27	Sacheinlagen; Sachübernahmen; Rückzahlung von Einlagen	352
§ 28	Gründer	445
§ 29	Errichtung der Gesellschaft	447
§ 30	Bestellung des Aufsichtsrats, des Vorstands und des Abschlußprüfers ...	448
§ 31	Bestellung des Aufsichtsrats bei Sachgründung	453
§ 32	Gründungsbericht	458
§ 33	Gründungsprüfung. Allgemeines	461
§ 33a	Sachgründung ohne externe Gründungsprüfung	465
§ 34	Umfang der Gründungsprüfung	467
§ 35	Meinungsverschiedenheiten zwischen Gründern und Gründungsprüfern. Vergütung und Auslagen der Gründungsprüfer	470
§ 36	Anmeldung der Gesellschaft	472
§ 36a	Leistung der Einlagen	481
§ 37	Inhalt der Anmeldung	484
§ 37a	Anmeldung bei Sachgründung ohne externe Gründungsprüfung	491
§ 38	Prüfung durch das Gericht	493
§ 39	Inhalt der Eintragung	498
§ 40	(aufgehoben)	501
§ 41	Handeln im Namen der Gesellschaft vor der Eintragung. Verbotene Aktienausgabe	501

Inhaltsverzeichnis

§ 42	Einpersonen-Gesellschaft	535
§§ 43, 44	(aufgehoben)	538
§ 45	Sitzverlegung	538
§ 46	Verantwortlichkeit der Gründer	543
§ 47	Verantwortlichkeit anderer Personen neben den Gründern	547
§ 48	Verantwortlichkeit des Vorstands und des Aufsichtsrats	550
§ 49	Verantwortlichkeit der Gründungsprüfer	551
§ 50	Verzicht und Vergleich	553
§ 51	Verjährung der Ersatzansprüche	555
§ 52	Nachgründung	556
§ 53	Ersatzansprüche bei der Nachgründung	576

Dritter Teil. Rechtsverhältnisse der Gesellschaft und der Gesellschafter

§ 53a	Gleichbehandlung der Aktionäre	579
§ 54	Hauptverpflichtung der Aktionäre	600
§ 55	Nebenverpflichtungen der Aktionäre	625
§ 56	Keine Zeichnung eigener Aktien; Aktienübernahme für Rechnung der Gesellschaft oder durch ein abhängiges oder in Mehrheitsbesitz stehendes Unternehmen	638
§ 57	Keine Rückgewähr, keine Verzinsung der Einlagen	657
§ 58	Verwendung des Jahresüberschusses	722
§ 59	Abschlagszahlung auf den Bilanzgewinn	758
§ 60	Gewinnverteilung	762
§ 61	Vergütung von Nebenleistungen	770
§ 62	Haftung der Aktionäre beim Empfang verbotener Leistungen	773
§ 63	Folgen nicht rechtzeitiger Einzahlung	789
§ 64	Ausschluß säumiger Aktionäre	796
§ 65	Zahlungspflicht der Vormänner	808
§ 66	Keine Befreiung der Aktionäre von ihren Leistungspflichten	822
§ 67	Eintragung im Aktienregister	839
§ 68	Übertragung von Namensaktien. Vinkulierung	874
§ 69	Rechtsgemeinschaft an einer Aktie	897
§ 70	Berechnung der Aktienbesitzzeit	904
§ 71	Erwerb eigener Aktien	908
§ 71a	Umgehungsgeschäfte	992
§ 71b	Rechte aus eigenen Aktien	1019
§ 71c	Veräußerung und Einziehung eigener Aktien	1022
§ 71d	Erwerb eigener Aktien durch Dritte	1027
§ 71e	Inpfandnahme eigener Aktien	1044
§ 72	Kraftloserklärung von Aktien im Aufgebotsverfahren	1049
§ 73	Kraftloserklärung von Aktien durch die Gesellschaft	1054
§ 74	Neue Urkunden an Stelle beschädigter oder verunstalteter Aktien oder Zwischenscheine	1061
§ 75	Neue Gewinnanteilscheine	1063

Vierter Teil. Verfassung der Aktiengesellschaft
Erster Abschnitt. Vorstand

§ 76	Leitung der Aktiengesellschaft	1067
§ 77	Geschäftsführung	1125
§ 78	Vertretung	1149
§ 79	(aufgehoben)	1171
§ 80	Angaben auf Geschäftsbriefen	1171
§ 81	Änderung des Vorstands und der Vertretungsbefugnis seiner Mitglieder	1177
§ 82	Beschränkungen der Vertretungs- und Geschäftsführungsbefugnis	1183
§ 83	Vorbereitung und Ausführung von Hauptversammlungsbeschlüssen	1195
§ 84	Bestellung und Abberufung des Vorstands	1201
§ 85	Bestellung durch das Gericht	1265
§ 86	(aufgehoben)	1269
§ 87	Grundsätze für die Bezüge der Vorstandsmitglieder	1270
§ 88	Wettbewerbsverbot	1306
§ 89	Kreditgewährung an Vorstandsmitglieder	1323
§ 90	Berichte an den Aufsichtsrat	1332
§ 91	Organisation; Buchführung	1354
§ 92	Vorstandspflichten bei Verlust, Überschuldung oder Zahlungsunfähigkeit	1388
§ 93	Sorgfaltspflicht und Verantwortlichkeit der Vorstandsmitglieder	1420
§ 94	Stellvertreter von Vorstandsmitgliedern	1556

Inhaltsverzeichnis

Zweiter Abschnitt. Aufsichtsrat

§ 95 Zahl der Aufsichtsratsmitglieder 1560
§ 96 Zusammensetzung des Aufsichtsrats 1567
§ 97 Bekanntmachung über die Zusammensetzung des Aufsichtsrats 1598
§ 98 Gerichtliche Entscheidung über die Zusammensetzung des Aufsichtsrats 1609
§ 99 Verfahren 1615
§ 100 Persönliche Voraussetzungen für Aufsichtsratsmitglieder 1623
§ 101 Bestellung der Aufsichtsratsmitglieder 1656
§ 102 Amtszeit der Aufsichtsratsmitglieder 1690
§ 103 Abberufung der Aufsichtsratsmitglieder 1696
§ 104 Bestellung durch das Gericht 1717
§ 105 Unvereinbarkeit der Zugehörigkeit zum Vorstand und zum Aufsichtsrat 1736
§ 106 Bekanntmachung der Änderungen im Aufsichtsrat 1748
§ 107 Innere Ordnung des Aufsichtsrats 1751
§ 108 Beschlußfassung des Aufsichtsrats 1822
§ 109 Teilnahme an Sitzungen des Aufsichtsrats und seiner Ausschüsse 1856
§ 110 Einberufung des Aufsichtsrats 1869
§ 111 Aufgaben und Rechte des Aufsichtsrats 1883
§ 112 Vertretung der Gesellschaft gegenüber Vorstandsmitgliedern 1927
§ 113 Vergütung der Aufsichtsratsmitglieder 1946
§ 114 Verträge mit Aufsichtsratsmitgliedern 1975
§ 115 Kreditgewährung an Aufsichtsratsmitglieder 1992
§ 116 Sorgfaltspflicht und Verantwortlichkeit der Aufsichtsratsmitglieder 1995

Dritter Abschnitt. Benutzung des Einflusses auf die Gesellschaft

§ 117 Schadenersatzpflicht 2088

Vierter Abschnitt. Hauptversammlung
Erster Unterabschnitt. Rechte der Hauptversammlung

§ 118 Allgemeines 2107
§ 119 Rechte der Hauptversammlung 2125
Anhang: Leitung der Hauptversammlung 2151
§ 120 Entlastung; Votum zum Vergütungssystem 2164

Zweiter Unterabschnitt. Einberufung der Hauptversammlung

§ 121 Allgemeines 2187
§ 122 Einberufung auf Verlangen einer Minderheit 2233
§ 123 Frist, Anmeldung zur Hauptversammlung, Nachweis 2266
§ 124 Bekanntmachung von Ergänzungsverlangen; Vorschläge zur Beschlussfassung ... 2289
§ 124a Veröffentlichungen auf der Internetseite der Gesellschaft 2321
§ 125 Mitteilungen für die Aktionäre und an Aufsichtsratsmitglieder 2327
§ 126 Anträge von Aktionären 2345
§ 127 Wahlvorschläge von Aktionären 2366
§ 127a Aktionärsforum 2370
§ 128 Übermittlung der Mitteilungen 2380

Dritter Unterabschnitt. Verhandlungsniederschrift. Auskunftsrecht

§ 129 Geschäftsordnung; Verzeichnis der Teilnehmer 2391
§ 130 Niederschrift 2406
§ 131 Auskunftsrecht des Aktionärs 2448
§ 132 Gerichtliche Entscheidung über das Auskunftsrecht 2472

Vierter Unterabschnitt. Stimmrecht

§ 133 Grundsatz der einfachen Stimmenmehrheit 2477
§ 134 Stimmrecht 2501
§ 135 Ausübung des Stimmrechts durch Kreditinstitute und geschäftsmäßig Handelnde ... 2532
§ 136 Ausschluß des Stimmrechts 2575
§ 137 Abstimmung über Wahlvorschläge von Aktionären 2600

Fünfter Unterabschnitt. Sonderbeschluß

§ 138 Gesonderte Versammlung. Gesonderte Abstimmung 2602

Inhaltsverzeichnis

Sechster Unterabschnitt. Vorzugsaktien ohne Stimmrecht

§ 139 Wesen 2610
§ 140 Rechte der Vorzugsaktionäre 2623
§ 141 Aufhebung oder Beschränkung des Vorzugs 2632

Siebenter Unterabschnitt. Sonderprüfung. Geltendmachung von Ersatzansprüchen

§ 142 Bestellung der Sonderprüfer 2649
§ 143 Auswahl der Sonderprüfer 2700
§ 144 Verantwortlichkeit der Sonderprüfer 2710
§ 145 Rechte der Sonderprüfer. Prüfungsbericht 2716
§ 146 Kosten 2728
§ 147 Geltendmachung von Ersatzansprüchen 2731
§ 148 Klagezulassungsverfahren 2769
§ 149 Bekanntmachungen zur Haftungsklage 2807

Sachverzeichnis 2813

Band 2
Fünfter Teil. Rechnungslegung. Gewinnverwendung
Erster Abschnitt. Jahresabschluss und Lagebericht. Entsprechenserklärung

§ 150 Gesetzliche Rücklage. Kapitalrücklage 3
§§ 150a, 151 (aufgehoben) 9
§ 152 Vorschriften zur Bilanz 9
§§ 153–157 (aufgehoben) 14
§ 158 Vorschriften zur Gewinn- und Verlustrechnung 14
§ 159 (aufgehoben) 20
§ 160 Vorschriften zum Anhang 20
§ 161 Erklärung zum Corporate Governance Kodex 31

Zweiter Abschnitt. Prüfung des Jahresabschlusses
Erster Unterabschnitt. Prüfung durch Abschlußprüfer

§§ 162–169 (aufgehoben) 87

Zweiter Unterabschnitt. Prüfung durch den Aufsichtsrat

§ 170 Vorlage an den Aufsichtsrat 87
§ 171 Prüfung durch den Aufsichtsrat 96

Dritter Abschnitt. Feststellung des Jahresabschlusses. Gewinnverwendung
Erster Unterabschnitt. Feststellung des Jahresabschlusses

§ 172 Feststellung durch Vorstand und Aufsichtsrat 112
§ 173 Feststellung durch die Hauptversammlung 119

Zweiter Unterabschnitt. Gewinnverwendung

§ 174 [Beschluss über die Gewinnverwendung] 124

Dritter Unterabschnitt. Ordentliche Hauptversammlung

§ 175 Einberufung 129
§ 176 Vorlagen. Anwesenheit des Abschlußprüfers 135

Vierter Abschnitt. Bekanntmachung des Jahresabschlusses

§§ 177, 178 (aufgehoben) 140

Sechster Teil. Satzungsänderung. Maßnahmen der Kapitalbeschaffung und Kapitalherabsetzung
Erster Abschnitt. Satzungsänderung

§ 179 Beschluß der Hauptversammlung 141
§ 179a Verpflichtung zur Übertragung des ganzen Gesellschaftsvermögens ... 192
§ 180 Zustimmung der betroffenen Aktionäre 205
§ 181 Eintragung der Satzungsänderung 210

Inhaltsverzeichnis

Zweiter Abschnitt. Maßnahmen der Kapitalbeschaffung
Erster Unterabschnitt. Kapitalerhöhung gegen Einlagen

§ 182 Voraussetzungen	227
§ 183 Kapitalerhöhung mit Sacheinlagen; Rückzahlung von Einlagen	251
§ 183a Kapitalerhöhung mit Sacheinlagen ohne Prüfung	273
§ 184 Anmeldung des Beschlusses	283
§ 185 Zeichnung der neuen Aktien	293
§ 186 Bezugsrecht	307
§ 187 Zusicherung von Rechten auf den Bezug neuer Aktien	334
§ 188 Anmeldung und Eintragung der Durchführung	339
§ 189 Wirksamwerden der Kapitalerhöhung	362
§ 190 (aufgehoben)	365
§ 191 Verbotene Ausgabe von Aktien und Zwischenscheinen	365

Zweiter Unterabschnitt. Bedingte Kapitalerhöhung

§ 192 Voraussetzungen	368
§ 193 Erfordernisse des Beschlusses	412
§ 194 Bedingte Kapitalerhöhung mit Sacheinlagen; Rückzahlung von Einlagen	429
§ 195 Anmeldung des Beschlusses	442
§ 196 (aufgehoben)	450
§ 197 Verbotene Aktienausgabe	450
§ 198 Bezugserklärung	455
§ 199 Ausgabe der Bezugsaktien	463
§ 200 Wirksamwerden der bedingten Kapitalerhöhung	472
§ 201 Anmeldung der Ausgabe von Bezugsaktien	476

Dritter Unterabschnitt. Genehmigtes Kapital

§ 202 Voraussetzungen	482
§ 203 Ausgabe der neuen Aktien	504
§ 204 Bedingungen der Aktienausgabe	531
§ 205 Ausgabe gegen Sacheinlagen; Rückzahlung von Einlagen	541
§ 206 Verträge über Sacheinlagen vor Eintragung der Gesellschaft	547

Vierter Unterabschnitt. Kapitalerhöhung aus Gesellschaftsmitteln

§ 207 Voraussetzungen	551
§ 208 Umwandlungsfähigkeit von Kapital- und Gewinnrücklagen	558
§ 209 Zugrunde gelegte Bilanz	564
§ 210 Anmeldung und Eintragung des Beschlusses	570
§ 211 Wirksamwerden der Kapitalerhöhung	573
§ 212 Aus der Kapitalerhöhung Berechtigte	574
§ 213 Teilrechte	576
§ 214 Aufforderung an die Aktionäre	578
§ 215 Eigene Aktien. Teileingezahlte Aktien	582
§ 216 Wahrung der Rechte der Aktionäre und Dritter	585
§ 217 Beginn der Gewinnbeteiligung	592
§ 218 Bedingtes Kapital	594
§ 219 Verbotene Ausgabe von Aktien und Zwischenscheinen	596
§ 220 Wertansätze	597

Fünfter Unterabschnitt. Wandelschuldverschreibungen. Gewinnschuldverschreibungen

§ 221 [Wandel-, Gewinnschuldverschreibungen]	599

Dritter Abschnitt. Maßnahmen der Kapitalherabsetzung
Erster Unterabschnitt. Ordentliche Kapitalherabsetzung

§ 222 Voraussetzungen	668
§ 223 Anmeldung des Beschlusses	678
§ 224 Wirksamwerden der Kapitalherabsetzung	681
§ 225 Gläubigerschutz	685
§ 226 Kraftloserklärung von Aktien	692
§ 227 Anmeldung der Durchführung	697
§ 228 Herabsetzung unter den Mindestnennbetrag	699

Inhaltsverzeichnis

Zweiter Unterabschnitt. Vereinfachte Kapitalherabsetzung

§ 229 Voraussetzungen 701
§ 230 Verbot von Zahlungen an die Aktionäre 710
§ 231 Beschränkte Einstellung in die Kapitalrücklage und in die gesetzliche Rücklage 711
§ 232 Einstellung von Beträgen in die Kapitalrücklage bei zu hoch angenommenen Verlusten 713
§ 233 Gewinnausschüttung. Gläubigerschutz 715
§ 234 Rückwirkung der Kapitalherabsetzung 718
§ 235 Rückwirkung einer gleichzeitigen Kapitalerhöhung 722
§ 236 Offenlegung 726

Dritter Unterabschnitt. Kapitalherabsetzung durch Einziehung von Aktien. Ausnahme für Stückaktien

§ 237 Voraussetzungen 727
§ 238 Wirksamwerden der Kapitalherabsetzung 738
§ 239 Anmeldung der Durchführung 740

Vierter Unterabschnitt. Ausweis der Kapitalherabsetzung

§ 240 [Gesonderte Ausweisung] 742

Siebenter Teil. Nichtigkeit von Hauptversammlungsbeschlüssen und des festgestellten Jahresabschlusses. Sonderprüfung wegen unzulässiger Unterbewertung

Erster Abschnitt. Nichtigkeit von Hauptversammlungsbeschlüssen

Erster Unterabschnitt. Allgemeines

Vorbemerkungen zu §§ 241 ff. Klagemöglichkeiten im Aktienrecht 745
§ 241 Nichtigkeitsgründe 763
§ 242 Heilung der Nichtigkeit 814
§ 243 Anfechtungsgründe 830
§ 244 Bestätigung anfechtbarer Hauptversammlungsbeschlüsse 877
§ 245 Anfechtungsbefugnis 889
§ 246 Anfechtungsklage 904
§ 246a Freigabeverfahren 919
§ 247 Streitwert 929
§ 248 Urteilswirkung 935
§ 248a Bekanntmachungen zur Anfechtungsklage 942
§ 249 Nichtigkeitsklage 943

Zweiter Unterabschnitt. Nichtigkeit bestimmter Hauptversammlungsbeschlüsse

§ 250 Nichtigkeit der Wahl von Aufsichtsratsmitgliedern 950
§ 251 Anfechtung der Wahl von Aufsichtsratsmitgliedern 957
§ 252 Urteilswirkung 961
§ 253 Nichtigkeit des Beschlusses über die Verwendung des Bilanzgewinns 963
§ 254 Anfechtung des Beschlusses über die Verwendung des Bilanzgewinns 967
§ 255 Anfechtung der Kapitalerhöhung gegen Einlagen 971

Zweiter Abschnitt. Nichtigkeit des festgestellten Jahresabschlusses

§ 256 Nichtigkeit 981
§ 257 Anfechtung der Feststellung des Jahresabschlusses durch die HV 1011

Dritter Abschnitt. Sonderprüfung wegen unzulässiger Unterbewertung

§ 258 Bestellung der Sonderprüfer 1016
§ 259 Prüfungsbericht. Abschließende Feststellungen 1028
§ 260 Gerichtliche Entscheidung über die abschließenden Feststellungen der Sonderprüfer 1031
§ 261 Entscheidung über den Ertrag auf Grund höherer Bewertung 1035
§ 261a Mitteilungen an die Bundesanstalt für Finanzdienstleistungsaufsicht 1040

Achter Teil. Auflösung und Nichtigerklärung der Gesellschaft

Erster Abschnitt. Auflösung

Erster Unterabschnitt. Auflösungsgründe und Anmeldung

§ 262 Auflösungsgründe 1043
§ 263 Anmeldung und Eintragung der Auflösung 1071

Inhaltsverzeichnis

Zweiter Unterabschnitt. Abwicklung

§ 264 Notwendigkeit der Abwicklung 1074
§ 265 Abwickler 1086
§ 266 Anmeldung der Abwickler 1092
§ 267 Aufruf der Gläubiger 1095
§ 268 Pflichten der Abwickler 1097
§ 269 Vertretung durch die Abwickler 1104
§ 270 Eröffnungsbilanz. Jahresabschluß und Lagebericht 1109
§ 271 Verteilung des Vermögens 1133
§ 272 Gläubigerschutz 1137
§ 273 Schluß der Abwicklung 1141
§ 274 Fortsetzung einer aufgelösten Gesellschaft 1152

Zweiter Abschnitt. Nichtigerklärung der Gesellschaft

§ 275 Klage auf Nichtigerklärung 1158
§ 276 Heilung von Mängeln 1167
§ 277 Wirkung der Eintragung der Nichtigkeit 1168

Zweites Buch. Kommanditgesellschaft auf Aktien

§ 278 Wesen der Kommanditgesellschaft auf Aktien 1171
§ 279 Firma 1204
§ 280 Feststellung der Satzung. Gründer 1206
§ 281 Inhalt der Satzung 1212
§ 282 Eintragung der persönlich haftenden Gesellschafter 1219
§ 283 Persönlich haftende Gesellschafter 1220
§ 284 Wettbewerbsverbot 1226
§ 285 Hauptversammlung 1230
§ 286 Jahresabschluß. Lagebericht 1241
§ 287 Aufsichtsrat 1246
§ 288 Entnahmen der persönlich haftenden Gesellschafter. Kreditgewährung 1257
§ 289 Auflösung 1262
§ 290 Abwicklung 1271

Drittes Buch. Verbundene Unternehmen
Erster Teil. Unternehmensverträge

Vorbemerkungen 1275

Erster Abschnitt. Arten von Unternehmensverträgen

§ 291 Beherrschungsvertrag. Gewinnabführungsvertrag 1291
§ 292 Andere Unternehmensverträge 1313

Zweiter Abschnitt. Abschluß, Änderung und Beendigung von Unternehmensverträgen

§ 293 Zustimmung der Hauptversammlung 1332
§ 293a Bericht über den Unternehmensvertrag 1341
§ 293b Prüfung des Unternehmensvertrags 1348
§ 293c Bestellung der Vertragsprüfer 1352
§ 293d Auswahl, Stellung und Verantwortlichkeit der Vertragsprüfer 1354
§ 293e Prüfungsbericht 1356
§ 293f Vorbereitung der Hauptversammlung 1358
§ 293g Durchführung der Hauptversammlung 1360
§ 294 Eintragung. Wirksamwerden 1364
§ 295 Änderung 1370
§ 296 Aufhebung 1378
§ 297 Kündigung 1382
§ 298 Anmeldung und Eintragung 1396
§ 299 Ausschluß von Weisungen 1398

Dritter Abschnitt. Sicherung der Gesellschaft und der Gläubiger

§ 300 Gesetzliche Rücklage 1401
§ 301 Höchstbetrag der Gewinnabführung 1407
§ 302 Verlustübernahme 1412
§ 303 Gläubigerschutz 1424

Inhaltsverzeichnis

Vierter Abschnitt. Sicherung der außenstehenden Aktionäre bei Beherrschungs- und Gewinnabführungsverträgen

§ 304 Angemessener Ausgleich 1431
§ 305 Abfindung 1453
§ 306 (aufgehoben) 1481
§ 307 Vertragsbeendigung zur Sicherung außenstehender Aktionäre 1481

Zweiter Teil. Leitungsmacht und Verantwortlichkeit bei Abhängigkeit von Unternehmen

Erster Abschnitt. Leitungsmacht und Verantwortlichkeit bei Bestehen eines Beherrschungsvertrags

§ 308 Leitungsmacht 1483
§ 309 Verantwortlichkeit der gesetzlichen Vertreter des herrschenden Unternehmens ... 1494
§ 310 Verantwortlichkeit der Verwaltungsmitglieder der Gesellschaft 1504

Zweiter Abschnitt. Verantwortlichkeit bei Fehlen eines Beherrschungsvertrags

Vorbemerkung zu den §§ 311–318 1507
§ 311 Schranken des Einflusses 1526
§ 312 Bericht des Vorstands über Beziehungen zu verbundenen Unternehmen ... 1546
§ 313 Prüfung durch den Abschlußprüfer 1558
§ 314 Prüfung durch den Aufsichtsrat 1565
§ 315 Sonderprüfung 1568
§ 316 Kein Bericht über Beziehungen zu verbundenen Unternehmen bei Gewinnabführungsvertrag ... 1572
§ 317 Verantwortlichkeit des herrschenden Unternehmens und seiner gesetzlichen Vertreter ... 1574
§ 318 Verantwortlichkeit der Verwaltungsmitglieder der Gesellschaft 1580

Dritter Teil. Eingegliederte Gesellschaften

§ 319 Eingliederung 1583
§ 320 Eingliederung durch Mehrheitsbeschluß 1598
§ 320a Wirkungen der Eingliederung 1605
§ 320b Abfindung der ausgeschiedenen Aktionäre 1608
§ 321 Gläubigerschutz 1615
§ 322 Haftung der Hauptgesellschaft 1618
§ 323 Leitungsmacht der Hauptgesellschaft und Verantwortlichkeit der Vorstandsmitglieder ... 1624
§ 324 Gesetzliche Rücklage. Gewinnabführung. Verlustübernahme 1628
§ 325 (aufgehoben) 1630
§ 326 Auskunftsrecht der Aktionäre der Hauptgesellschaft 1630
§ 327 Ende der Eingliederung 1631

Vierter Teil. Ausschluss von Minderheitsaktionären

§ 327a Übertragung von Aktien gegen Barabfindung 1637
§ 327b Barabfindung 1657
§ 327c Vorbereitung der Hauptversammlung 1671
§ 327d Durchführung der Hauptversammlung 1679
§ 327e Eintragung des Übertragungsbeschlusses 1681
§ 327f Gerichtliche Nachprüfung der Abfindung 1688

Fünfter Teil. Wechselseitig beteiligte Unternehmen

§ 328 Beschränkung der Rechte 1693

Sechster Teil. Rechnungslegung im Konzern

§§ 329–393 (aufgehoben) 1699

Viertes Buch. Sonder-, Straf- und Schlußvorschriften

Erster Teil. Sondervorschriften bei Beteiligung von Gebietskörperschaften

§ 394 Berichte der Aufsichtsratsmitglieder 1701
§ 395 Verschwiegenheitspflicht 1709

Zweiter Teil. Gerichtliche Auflösung

§ 396 Voraussetzungen 1713
§ 397 Anordnungen bei der Auflösung 1718
§ 398 Eintragung 1722

Inhaltsverzeichnis

Dritter Teil. Straf- und Bußgeldvorschriften. Schlußvorschriften

§ 399 Falsche Angaben 1725
§ 400 Unrichtige Darstellung 1807
§ 401 Pflichtverletzung bei Verlust, Überschuldung oder Zahlungsunfähigkeit 1847
§ 402 Falsche Ausstellung von Berechtigungsnachweisen 1856
§ 403 Verletzung der Berichtspflicht 1867
§ 404 Verletzung der Geheimhaltungspflicht 1879
§ 404a Verletzung der Pflichten bei Abschlussprüfungen 1899
§ 405 Ordnungswidrigkeiten 1908
§ 406 (aufgehoben) 1940
§ 407 Zwangsgelder 1940
§ 407a Mitteilungen an die Abschlussprüferaufsichtsstelle 1947
§ 408 Strafbarkeit persönlich haftender Gesellschafter einer Kommanditgesellschaft auf Aktien 1948
§ 409 (gegenstandslos) 1949
§ 410 Inkrafttreten 1949

Gesetz über das gesellschaftsrechtliche Spruchverfahren (Spruchverfahrensgesetz – SpruchG)

§ 1 Anwendungsbereich 1951
§ 2 Zuständigkeit 1962
§ 3 Antragsberechtigung 1969
§ 4 Antragsfrist und Antragsbegründung 1978
§ 5 Antragsgegner 1987
§ 6 Gemeinsamer Vertreter 1990
§ 6a Gemeinsamer Vertreter bei Gründung einer SE 1998
§ 6b Gemeinsamer Vertreter bei Gründung einer Europäischen Genossenschaft 2000
§ 6c Gemeinsamer Vertreter bei grenzüberschreitender Verschmelzung 2000
§ 7 Vorbereitung der mündlichen Verhandlung 2001
§ 8 Mündliche Verhandlung 2007
§ 9 Verfahrensförderungspflicht 2016
§ 10 Verletzung der Verfahrensförderungspflicht 2017
§ 11 Gerichtliche Entscheidung; Gütliche Einigung 2019
§ 12 Beschwerde 2024
§ 13 Wirkung der Entscheidung 2034
§ 14 Bekanntmachung der Entscheidung 2037
§ 15 Kosten 2038
§ 16 Zuständigkeit bei Leistungsklage 2049
§ 17 Allgemeine Bestimmungen; Übergangsvorschrift 2050

Internationales Gesellschaftsrecht 2053

Verordnung (EG) Nr. 2157/2001 des Rates vom 8. Oktober 2001 über das Statut der Europäischen Gesellschaft (SE)

Vor Art. 1 Einleitung 2071

Titel I. Allgemeine Vorschriften

Art. 1 [Wesen der SE] 2086
Art. 2 [Gründungsformen] 2089
Art. 3 [SE als Gründer] 2090
Art. 4 [Mindestkapital] 2111
Art. 5 [Kapital, Aktien] 2112
Art. 6 [Satzungsbegriff] 2115
Art. 7 [Sitz und Hauptverwaltung] 2116
Art. 8 [Grenzüberschreitende Sitzverlegung] 2120
Art. 9 [Anwendbares Recht] 2136
Art. 10 [Gleichbehandlung] 2147
Art. 11 [Rechtsformzusatz] 2149
Art. 12 [Eintragung ins Register] 2151
Art. 13 [Offenlegung] 2163
Art. 14 [Bekanntmachung] 2163

XXI

Inhaltsverzeichnis

Titel II. Gründung
Abschnitt 1. Allgemeines

Art. 15 [Anwendbares Recht] 2166
Art. 16 [Entstehen der Gesellschaft] 2168

Abschnitt 2. Gründung einer SE durch Verschmelzung

Art. 17 [Gründung einer SE durch Verschmelzung] 2175
Art. 18 [Anwendung nationalen Verschmelzungsrechts] 2177
Art. 19 [Behördliches Einspruchsrecht] 2179
Art. 20 [Verschmelzungsplan] 2179
Art. 21 [Bekanntmachung des Verschmelzungsplans] 2185
Art. 22 [Verschmelzungsprüfung] 2187
Art. 23 [Zustimmung der Hauptversammlung] 2189
Art. 24 [Gläubiger- und Minderheitenschutz] 2192
Art. 25 [Rechtmäßigkeitskontrolle bei den Gründungsgesellschaften] 2199
Art. 26 [Rechtmäßigkeitskontrolle bei der werdenden SE] 2203
Art. 27 [Eintragung der Verschmelzung] 2206
Art. 28 [Offenlegung der Verschmelzung] 2207
Art. 29 [Wirkungen der Verschmelzung] 2208
Art. 30 [Fehlerhafte Verschmelzung] 2211
Art. 31 [Vereinfachte Konzernverschmelzung] 2213

Abschnitt 3. Gründung einer Holding-SE

Art. 32 [Gründung einer Holding-SE] 2216
Art. 33 [Einbringung der Anteile] 2227
Art. 34 [Minderheiten- und Gläubigerschutz] 2234

Abschnitt 4. Gründung einer Tochter-SE

Art. 35 [Gründung einer Tochter-SE] 2236
Art. 36 [Anwendbares Recht] 2237

Abschnitt 5. Umwandlung einer bestehenden Aktiengesellschaft in eine SE

Art. 37 [Gründung durch Formwechsel] 2238

Titel III. Aufbau der SE

Art. 38 [Organe der SE] 2247

Abschnitt 1. Dualistisches System

Art. 39 [Leitungsorgan] 2254
Art. 40 [Aufsichtsorgan] 2258
Art. 41 [Information] 2264
Art. 42 [Vorsitzender des Aufsichtsorgans] 2266

Abschnitt 2. Monistisches System

Art. 43 [Verwaltungsorgan] 2267
Art. 44 [Sitzungen] 2291
Art. 45 [Vorsitzender des Verwaltungsorgans] 2297

Abschnitt 3. Gemeinsame Vorschriften für das monistische und das dualistische System

Art. 46 [Bestellung der Organe] 2300
Art. 47 [Voraussetzungen der Organmitgliedschaft] 2303
Art. 48 [Zustimmungsbedürftige Geschäfte] 2307
Art. 49 [Verschwiegenheitspflicht] 2310
Art. 50 [Beschlussfassung] 2311
Art. 51 [Haftung] 2315

Abschnitt 4. Hauptversammlung

Art. 52 [Zuständigkeit] 2322
Art. 53 [Organisation und Ablauf] 2327
Art. 54 [Einberufung der Hauptversammlung] 2329
Art. 55 [Einberufung durch eine Minderheit] 2331

Inhaltsverzeichnis

Art. 56 [Ergänzung der Tagesordnung] 2331
Art. 57 [Stimmenmehrheit] 2336
Art. 58 [Auszählung der Stimmen] 2336
Art. 59 [Satzungsänderungen] 2338
Art. 60 [Gesonderte Abstimmung] 2341

Titel IV. Jahresabschluss und konsolidierter Abschluss

Art. 61 [Erstellung des Jahresabschlusses] 2344
Art. 62 [Jahresabschluss bei Kredit- oder Finanzinstituten] 2344

Titel V. Auflösung, Liquidation, Zahlungsunfähigkeit und Zahlungseinstellung

Art. 63 [Auflösung, Liquidation, Insolvenz] 2349
Art. 64 [Auseinanderfallen von Sitz und Hauptverwaltung] 2351
Art. 65 [Offenlegung der Auflösung] 2354
Art. 66 [Formwechsel der SE in AG] 2354

Titel VI. Ergänzungs- und Übergangsbestimmung

Art. 67 [Kapitalziffer außerhalb der Eurozone] 2359

Titel VII. Schlussbestimmungen

Art. 68 [Nationale Umsetzungsmaßnahmen] 2361
Art. 69 [Überprüfung der Verordnung] 2362
Art. 70 [Inkrafttreten] 2362
Anhang I   (nicht abgedruckt) 2364
Anhang II (nicht abgedruckt) 2364

Sachverzeichnis 2365

Abkürzungsverzeichnis

aA	anderer Ansicht
aaO	am angegebenen Ort
AB	Ausschussbericht
ABGB	Allgemeines Bürgerliches Gesetzbuch
ABl.	Amtsblatt
abl.	ablehnend
ABl. EG /ABl. EU	Amtsblatt der Europäischen Gemeinschaften
Abs.	Absatz (Absätze)
abw.	abweichend
AccRev.	The Accounting Review (Zeitschrift)
ARR WirtschaftsStrafR-HdB	Achenbach/Ransiek/Rönnau, Handbuch Wirtschaftsstrafrecht, 4. Aufl. 2015
AcP	Archiv für die civilistische Praxis (Zeitschrift)
ADS	Adler/Düring/Schmaltz, Rechnungslegung und Prüfung der Unternehmen (Gesamtausgabe), Kommentar, 6. Aufl. 1995 ff.
ADS ErgBd.	Ergänzungsband zu ADS
ADHGB	Allgemeines Deutsches Handelsgesetzbuch
ADV	Allgemeine Datenverarbeitung
aE	am Ende
aF	alte Fassung
AfA	Absetzung für Abnutzung
AG	Aktiengesellschaft; Die Aktiengesellschaft (Zeitschrift); Amtsgericht
AGB	Allgemeine Geschäftsbedingungen
AGBG	Gesetz zur Regelung des Rechts der Allgemeinen Geschäftsbedingungen
AHGB	Allgemeines Handelsgesetzbuch
AICPA	American Institute of Certified Public Accountants, New York
AktG	Aktiengesetz
allg.	allgemein
allgM	allgemeine Meinung
Alt.	Alternative
Ammon/Görlitz Die kleine AG	Ammon/Görlitz, Die kleine Aktiengesellschaft, 1998
amtl.	amtlich
Amtl. Begr.	Amtliche Begründung
AmtsLG	Amtslöschungsgesetz
AnfO	Anfechtungsordnung
Angerer/Geibel/Süßmann/Bearbeiter	Angerer/Geibel/Süßmann, Wertpapiererwerbs- und Übernahmegesetz (WpÜG), Kommentar, 3. Aufl. 2017
AngG	Angestelltengesetz
Anh.	Anhang
Anm.	Anmerkung(en)
AnwBl.	Deutsches/Österreichisches Anwaltsblatt (Zeitschriften)
ao	außerordentlich
AO	Abgabenordnung; Ausgleichsordnung
AR	Aufsichtsrat
ArbG	Arbeitsgericht
ArbGG	Arbeitsgerichtsgesetz
AR-Blattei	Dietrich/Neef/Schwab, Arbeitsrecht-Blattei, Systematische Darstellungen und Gesetzestexte, Loseblatt
ArbVG	Arbeitsverfassungsgesetz
AReG	Abschlussprüfungsreformgesetz
Art.	Artikel
ARUG	Gesetz zur Umsetzung der Aktionärsrechterichtlinie
ASC	Accounting Standards Committee des CCAB (Consultative Committee of the Accountancy Bodies der Chartered Accountants von England, Wales, Schottland und Irland)
Assmann/Pötzsch/Schneider/Bearbeiter	Assmann/Pötzsch/Schneider, Wertpapiererwerbs- und Übernahmegesetz (WpÜG), Kommentar, 2. Aufl. 2013

Abkürzungsverzeichnis

Assmann/Schneider/ Bearbeiter	Assmann/Schneider, Wertpapierhandelsgesetz, Kommentar, 6. Aufl. 2012
Assmann/Schütze KapAnlR-HdB	Assmann/Schütze, Handbuch des Kapitalanlagerechts, 4. Aufl. 2015
ASVG	Allgemeines Sozialversicherungsgesetz
Aufl.	Auflage
AuR	Arbeit und Recht, Zeitschrift für die Arbeitsrechtspraxis
ausf.	ausführlich
AuslBG	Ausländerbeschäftigungsgesetz
AuslInvestmG	Auslandsinvestmentgesetz
AuslInvG	Auslandsinvestitionsgesetz
AusschussB	Ausschussbericht
AußStrG	Außerstreitgesetz
AVG	Allgemeines Verwaltungsverfahrensgesetz
AVRAG	Arbeitsvertragsrechts-Anpassungsgesetz
AWD	Außenwirtschaftsdienst des Betriebs Beraters (Zeitschrift) seit 1975 RIW
AWG	Außenwirtschaftsgesetz
AWV	Ausschuss für wirtschaftliche Verwaltung in Wirtschaft und öffentlicher Hand eV
Az.	Aktenzeichen
Baetge/Kirsch/Thiele Bilanzen	Baetge/Kirsch/Thiele, Bilanzen, 14. Aufl. 2017
Baetge/Kirsch/Thiele Konzernbilanzen	Baetge/Kirsch/Thiele, Konzernbilanzen, 12. Aufl. 2017
BaFin	Bundesanstalt für Finanzdienstleistungsaufsicht
BAG	Bundesarbeitsgericht; Gesetz über die Errichtung eines Bundesaufsichtsamtes für das Versicherungswesen
BAGE	Entscheidungen des Bundesarbeitsgerichts
Bähre/Schneider	Bähre/Schneider, KWG-Kommentar, 3. Aufl. 1986
BAK	Bundesaufsichtsamt für das Kreditwesen
Bamberger/Roth/ Bearbeiter	Bamberger/Roth, Kommentar zum Bürgerlichen Gesetzbuch, 3. Aufl. 2012
BankA	Bank-Archiv, Zeitschrift für Bank- und Börsenwesen
BankBiRiLiG	Bankbilanzrichtlinien-Gesetz
BAnz.	Bundesanzeiger
BAO	Bundesabgabenordnung
BAT	Bundesangestelltentarif
Baumbach/Hefermehl/ Casper	Baumbach/Hefermehl/Casper, Wechselgesetz und Scheckgesetz, Recht der kartengestützten Zahlungen, Kommentar, 23. Aufl. 2008
Baumbach/Hopt/ Bearbeiter	Baumbach/Hopt, Handelsgesetzbuch (ohne Seerecht), 38. Aufl. 2018
Baumbach/Hueck AktG	Baumbach/Hueck, Aktiengesetz, 13. Aufl. 1968, ergänzt 1970
Baumbach/Hueck/ Bearbeiter	Baumbach/Hueck, GmbH-Gesetz, Kommentar, 21. Aufl. 2017
Baumbach/Lauterbach/ Albers/Hartmann	s. BLAH
Baums Bericht der Regierungskommission	Baums, Bericht der Regierungskommission Corporate Governance, Unternehmensführung, Unternehmenskontrolle, Modernisierung des Aktienrechts, 2001
Baums/Thoma/ Bearbeiter	Baums/Thoma, Kommentar zum Wertpapiererwerbs- und Übernahmegesetz, Loseblatt
BauSparkG	Gesetz über Bausparkassen
BAV	Bundesaufsichtsamt für das Versicherungswesen
BAW	Bundesaufsichtsamt für das Wertpapierwesen
BAWe	Bundesaufsichtsamt für den Wertpapierhandel
Bayer/ Habersack AktienR im Wandel	Bayer/Habersack, Aktienrecht im Wandel, 2007
BayObLG	Bayerisches Oberstes Landesgericht
BayObLGSt	Entscheidungen des Bayerischen Obersten Landesgerichts in Strafsachen
BayObLGZ	Entscheidungen des Bayerischen Obersten Landesgerichts in Zivilsachen
BB	Betriebs-Berater (Zeitschrift)
BBankG	Gesetz über die Deutsche Bundesbank
BBG	Bundesbeamtengesetz
Bd. (Bde.)	Band (Bände)
BdF	Bundesminister der Finanzen (auch BMF)

Abkürzungsverzeichnis

BdJ	Bundesminister der Justiz (auch BMJ)
BDSG	Bundesdatenschutzgesetz
BeBiKo	s. BeckBilKomm
Bechtold/Bosch	Bechtold/Bosch, Kartellgesetz: GWB, Kommentar, 9. Aufl. 2018
BeckBilKomm/Bearbeiter	Beck'scher Bilanz-Kommentar, Handels- und Steuerbilanz, §§ 238 bis 339, 342 bis 342e HGB, 11. Aufl. 2018
BeckFormB	Lorz/Pfisterer/Gerber, Beck'sches Formularbuch Aktienrecht, 2005
BeckHdB AG/Bearbeiter	Müller/Rödder, Beck'sches Handbuch der AG, 2. Aufl. 2009
BeckHdB Rechnungslegung/Bearbeiter	Böcking/Castan/Heymann/Pfitzer/Scheffler, Beck'sches Handbuch der Rechnungslegung, Loseblatt
BeckMandatsHdB AG-Vorstand	Beck'sches Mandatshandbuch Vorstand der AG, 2. Aufl. 2010
BeckOK HGB	Beck'scher Online-Kommentar HGB, 21. Edition, Stand: 15.7.2018
Begr.	Begründung
BegrRegE	Begründung des Regierungsentwurfs eines Aktiengesetzes
Beil.	Beilage
Bek.	Bekanntmachung
bes.	besondere(r), besonders
Beschl.	Beschluss
Bespr.	Besprechung
bspw.	beispielsweise
betr.	betreffen(d)
BetrAVG	Gesetz zur Verbesserung der betrieblichen Altersversorgung
BetrVG	Betriebsverfassungsgesetz 1972
BeurkG	Beurkundungsgesetz
BewG	Bewertungsgesetz
BezG	Bezirksgericht
BFA	Bankenfachausschuss des Instituts der Wirtschaftsprüfer in Deutschland eV
BFH	Bundesfinanzhof
BFHE	Sammlung der Entscheidungen und Gutachten des Bundesfinanzhofs
BFuP	Betriebswirtschaftliche Forschung und Praxis (Zeitschrift)
BG	Bundesgesetz
BGB	Bürgerliches Gesetzbuch
BGBl.	Bundesgesetzblatt
BGH	Bundesgerichtshof
BGHR	BGH-Rechtsprechung (in Zivilsachen und in Strafsachen)
BGHSt	Entscheidungen des Bundesgerichtshofs in Strafsachen
BGHZ	Entscheidungen des Bundesgerichtshofs in Zivilsachen
BHO	Bundeshaushaltsordnung
Biener/Berneke	Biener/Berneke, Bilanzrichtlinien-Gesetz (Textausgabe mit Materialien), 1986
BilKoG	Gesetz zur Kontrolle von Unternehmensabschlüssen
BilanzkontrollG	Gesetz zur Kontrolle von Unternehmenszusammenschlüssen
BilMoG	Bilanzrechtsmodernisierungsgesetz
BilanzrechtsreformG	Gesetz zur Einführung internationaler Rechnungslegungsstandards und zur Sicherung der Qualität der Abschlussprüfung
BilReG	Gesetz zur Einführung internationaler Rechnungslegungsstandards und zur Sicherung der Qualität der Abschlussprüfung
BiRiLiG	Bilanzrichtlinien-Gesetz
BKartA	Bundeskartellamt
BLAH	Baumbach/Lauterbach/Albers/Hartmann, Zivilprozessordnung, Kommentar, 76. Aufl. 2018
Blaurock Stille Ges-HdB	Blaurock, Handbuch der Stillen Gesellschaft, 8. Aufl. 2016
BlStSozArbR	Blätter für Steuerrecht, Sozialversicherung und Arbeitsrecht (Zeitschrift)
BMA	Bundesminister für Arbeit
BMF	Bundesminister der Finanzen; Bundesminister(ium) für Finanzen
BMJ	Bundesminister der Justiz; Bundesminister(ium) für Justiz
BMWi	Bundesminister für Wirtschaft
BNotO	Bundesnotarordnung
BNV	Verordnung über die Nebentätigkeit der Bundesbeamten, Berufssoldaten und Soldaten auf Zeit – Bundesnebentätigkeitsverordnung
Bonner HdB	Grewe/Hofbauer/Kupsch, Bonner Handbuch Rechnungslegung Textsammlung, Einführung, Kommentierung, Loseblatt
Boos/Fischer/Schulte-Mattler/Bearbeiter	Boos/Fischer/Schulte-Mattler, Kommentar zu Kreditwesengesetz, VO (EU) Nr. 575/2013 (CRR) und Ausführungsvorschriften, 5. Aufl. 2016
Bork/Schäfer/Bearbeiter	Bork/Schäfer, GmbHG, Kommentar, 3. Aufl. 2015

Abkürzungsverzeichnis

BörsenZulVO	Börsenzulassungsverordnung
BörsG	Börsegesetz; Börsengesetz
BPG	Betriebspensionsgesetz
BR	Bundesrat
Braun/Bearbeiter	Braun, Insolvenzordnung, Kommentar, 7. Aufl. 2017
BRD	Bundesrepublik Deutschland
BR-Drs.	Bundesrats-Drucksache
BReg	Bundesregierung
BR-Prot.	Protokoll des Deutschen Bundesrates
BSG	Bundessozialgericht
BSGE	Entscheidungen des Bundessozialgerichts
Bsp.	Beispiel(e)
BStBl.	Bundessteuerblatt
BT	Bundestag
BT-Drs.	Bundestags-Drucksache
BT-Prot.	Protokoll des Deutschen Bundestags
BuB	Bankrecht und Bankpraxis, Loseblattsammlung, 1979 ff.
Buchst.	Buchstabe
Bumiller/Harders/Schwamb/Bearbeiter	Bumiller/Harders/Schwamb, FamFG, Kommentar, 11. Aufl. 2015
Bürgers/Fett KGaA-HdB	Bürgers/Fett, Die Kommanditgesellschaft auf Aktien, Handbuch, 2. Aufl. 2015
Bürgers/Körber/Bearbeiter	s. HK-AktG/Bearbeiter
Busse von Colbe/Crasselt/Pellens Lexikon	Busse von Colbe/Crasselt/Pellens, Lexikon des Rechnungswesens, 5. Aufl. 2011
Busse von Colbe/Ordelheide/Gebhardt/Pellens Konzernabschlüsse	Busse von Colbe/Ordelheide/Gebhardt/Pellens, Konzernabschlüsse. Rechnungslegung nach betriebswirtschaftlichen Grundsätzen sowie nach den Vorschriften des HGB und der IAS/IFRS, 9. Aufl. 2009
Buth/Hermanns Restrukturierung	Buth/Hermanns, Restrukturierung, Sanierung, Insolvenz, Handbuch, 4. Aufl. 2014
Butzke HV der AG	Butzke, Die Hauptversammlung der Aktiengesellschaft, 5. Aufl. 2011
Butzke Die Hauptversammlung der AG	Butzke, Die Hauptversammlung der Aktiengesellschaft, 5. Aufl. 2011
BuW	Betrieb und Wirtschaft (Zeitschrift)
BVerfG	Bundesverfassungsgericht
BVerfGE	Entscheidungen des Bundesverfassungsgerichts
BVerfGG	Gesetz über das Bundesverfassungsgericht (Bundesverfassungsgerichtsgesetz)
BVerwG	Bundesverwaltungsgericht
BVerwGE	Entscheidungen des Bundesverwaltungsgerichts
BWahlG	Bundeswahlgesetz
BWG	Bankwesengesetz
BWKOB	Baetge/Wollmert/Kirsch/Oser/Bischof, Rechnungslegung nach IFRS, Kommentar auf der Grundlage des deutschen Bilanzrechts, Loseblatt
bzgl.	bezüglich
BZRG	Gesetz über das Zentralregister und das Erziehungsregister (Bundeszentralregistergesetz)
bzw.	beziehungsweise
Canaris BankvertragsR	Canaris/Schilling/Ulmer, Bankvertragsrecht. Teil 1, 4. Aufl. 2005, Teil 2, 5. Aufl. 2014
Canaris HandelsR	Canaris, Handelsrecht, 24. Aufl. 2006
CCZ	Corporate Compliance Zeitschrift
CFL	Corporate Finance Law
cic	culpa in contrahendo
Claussen BankR/BörsenR	Claussen, Bank- und Börsenrecht, 5. Aufl. 2014
Coenenberg Jahresabschluss	Coenenberg, Jahresabschluss und Jahresabschlussanalyse, 24. Aufl. 2016
CorpGov.	Corporate Governance
CR	Computer und Recht (Zeitschrift)
CRD IV-Umsetzungsgesetz	Gesetz zur Umsetzung der Richtlinie 2013/36/EU über den Zugang zur Tätigkeit von Kreditinstituten und die Beaufsichtigung von Kreditinstituten und Wertpapierfirmen und zur Anpassung des Aufsichtsrechts an die Verordnung (EU) Nr. 575/2013 über Aufsichtsanforderungen an Kreditinstitute und Wertpapierfirmen (CRD IV-Umsetzungsgesetz)

Abkürzungsverzeichnis

Dauses/Ludwigs EU-WirtschaftsR-HdB	Dauses/Ludwigs, Handbuch des EU-Wirtschaftsrecht, Loseblatt
DB	Der Betrieb (Zeitschrift)
DBW	Die Betriebswirtschaft (Zeitschrift)
DCGK	Deutscher Corporate Governance Kodex
DDR	Deutsche Demokratische Republik
Deilmann/Lorenz Die börsennotierte AG	Deilmann/Lorenz, Die börsennotierte Aktiengesellschaft, 2005
DepG	Depotgesetz
ders.	derselbe
dgl.	dergleichen
DGWR	Deutsches Gemein- und Wirtschaftsrecht (Zeitschrift)
dh.	das heißt
dies.	dieselbe(n)
DIHT	Deutscher Industrie- und Handelstag
Diss.	Dissertation
DJ	Deutsche Justiz (Zeitschrift)
DJT	Deutscher Juristentag
DJZ	Deutsche Juristenzeitung (Zeitschrift)
DMBilErgG	D-Markbilanzergänzungsgesetz (1952, 1955)
DMBilG	Gesetz über die Eröffnungsbilanz in Deutscher Mark und die Kapitalneufestsetzung (D-Markbilanzgesetz)
DNotZ	Deutsche Notarzeitschrift
DöD	Der öffentliche Dienst (Zeitschrift)
DÖH	Der öffentliche Haushalt (Zeitschrift)
DÖV	Die öffentliche Verwaltung (Zeitschrift)
DR	Deutsches Recht (Zeitschrift)
DRdA	Das Recht der Arbeit (Zeitschrift)
DRiG	Deutsches Richtergesetz
DrittelbG	Drittelbeteiligungsgesetz
DRiZ	Deutsche Richterzeitung (Zeitschrift)
DRS	Deutscher Rechnungslegungsstandard
DRSC	Deutsches Rechnungslegungs Standards Committee eV
DSR	Deutscher Standardisierungsrat
DStBl.	Deutsches Steuerblatt (Zeitschrift)
DStR	Deutsches Steuerrecht (Zeitschrift)
DStZ	Deutsche Steuer-Zeitung (Zeitschrift)
DuD	Datenschutz und Datensicherheit (Zeitschrift)
Düringer/Hachenburg HGB	Düringer/Hachenburg, Das Handelsgesetzbuch vom 10. Mai 1897 (unter Ausschluß des Seerechts), 3. Aufl. 1930–1935
DV	Die Verwaltung (Zeitschrift)
DVBl.	Deutsches Verwaltungsblatt (Zeitschrift)
DVO	Durchführungsverordnung
DWiR	Deutsche Zeitschrift für Wirtschaftsrecht
€	Euro
EAR	The European Accounting Review (Zeitschrift)
EB	Erläuternde Bemerkungen
ebda	ebenda
EBJS/Bearbeiter	Ebenroth/Boujong/Joost/Strohn, Handelsgesetzbuch, 3. Aufl. 2014 f.
ecolex	Fachzeitschrift für Wirtschaftsrecht
E-DRS	Entwurf eines Deutschen Rechnungslegungsstandards
EDV	Elektronische Datenverarbeitung
EEG	Eingetragene Erwerbsgesellschaften
EFG	Entscheidungen der Finanzgerichte
EG	Europäische Gemeinschaften; Einführungsgesetz
EGAktG	Einführungsgesetz zum Aktiengesetz
EGBGB	Einführungsgesetz zum Bürgerlichen Gesetzbuch
EGG	Erwerbsgesellschaftengesetz
EGHGB	Einführungsgesetz zum Handelsgesetzbuch
EG-KoordG	EG-Koordinierungsgesetz
EG-Koord-Richtlinie	EG-Koordinierungsrichtlinie
EG-Richtl.	Richtlinie der Europäischen Gemeinschaft
EGVG	Einführungsgesetz zu den Verwaltungsverfahrensgesetzen
EGZPO	Einführungsgesetz zur Zivilprozeßordnung
Ehricke/Ekkenga/Oechsler	Ehricke/Ekkenga/Oechsler, Wertpapiererwerbs- und Übernahmegesetz, 2003

Abkürzungsverzeichnis

EHUG	Gesetz über elektronische Handelsregister und Genossenschaftsregister sowie Unternehmensregister
EigenbetriebsVO	Eigenbetriebsverordnung
Einf.	Einführung
Einl.	Einleitung
Ek Hauptversammlung	Ek, Praxisleitfaden für die Hauptversammlung, 3. Aufl. 2018
EK	Eigenkapital
Ekkenga/Schröer AG-Finanzierung-HdB	Ekkenga/Schröer, Handbuch der AG-Finanzierung, 2014
Emmerich/Habersack/Bearbeiter	Emmerich/Habersack, Aktien- und GmbH-Konzernrecht, Kommentar, 8. Aufl. 2016
Emmerich/Habersack KonzernR	Emmerich/Habersack Konzernrecht, 10. Aufl. 2013
Enneccerus/Nipperdey BGB AT	Enneccerus/Nipperdey, Allgemeiner Teil des Bürgerlichen Rechts. Ein Lehrbuch, 15. Aufl. 1960
entspr.	entsprechen(d); entspricht
Entw.	Entwurf
EO	Exekutionsordnung
EPS	Entwurf eines Prüfungsstandards
Erbs/Kohlhaas	Erbs/Kohlhaas, Strafrechtliche Nebengesetze, Loseblatt
ErbStG	Erbschaftsteuer- und Schenkungsteuergesetz
ErfK/Bearbeiter	Müller-Glöge/Preis/Schmidt, Erfurter Kommentar zum Arbeitsrecht, 18. Aufl. 2018
Erg.	Ergänzung
ErgBd.	Ergänzungsband
Erl.	Erlass; Erläuterung(en)
Erman/Bearbeiter	Erman, Kommentar zum Bürgerlichen Gesetzbuch, 15. Aufl. 2017
ERST	Esser/Rübenstahl/Salinger/Tsambikakis, Wirtschaftsstrafrecht, Kommentar, 2017
EStDVO	Einkommensteuer-Durchführungsverordnung
EStG	Einkommensteuergesetz
EStR	Einkommensteuer-Richtlinien
EU	Europäische Union
EU-GesRÄG 1996	EU-Gesellschaftsrechtsänderungsgesetz 1996
EuGH	Gerichtshof der Europäischen Gemeinschaften
EuGHE	Amtliche Sammlung der Rechtsprechung des EuGH
EuR	Europarecht (Zeitschrift)
EuroEG	Euro-Einführungsgesetz
Euro-JuBeG	1. Euro-Justizbegleitgesetz
eV	eingetragener Verein
EV	Vertrag zwischen der BRD und der DDR über die Herstellung der Einheit Deutschlands (Einigungsvertrag)
EVHGB	Verordnung zur Einführung handelsrechtlicher Vorschriften im Lande Österreich
evtl.	eventuell
EWGV	Vertrag über die Europäische Wirtschaftsgemeinschaft
EWiR	Entscheidungen zum Wirtschaftsrecht
EWIV	Europäische wirtschaftliche Interessenvereinigung
EWR	Europäischer Wirtschaftsraum
EWS	Europäisches Wirtschafts- und Steuerrecht (Zeitschrift)
EWWU	Europäische Wirtschafts- und Währungsunion
f., ff.	folgende; fortfolgende
FAMA	Fachausschuß für moderne Abrechnungssysteme des Instituts der Wirtschaftsprüfer in Deutschland eV
FamFG	Gesetz über das Verfahren in Familiensachen und in den Angelegenheiten der freiwilligen Gerichtsbarkeit
FA-Recht	Fachausschuss Recht des Instituts der Wirtschaftsprüfer in Deutschland eV
FASB	Financial Accounting Standards Board of the Financial Accounting Foundation (USA)
FAZ	Frankfurter Allgemeine Zeitung
FBG	Firmenbuchgesetz
FBO	s. Fezer/Büscher/Obergfell
FEE	Fédération des Experts Comptables Européens
Fezer/Büscher/Obergfell	Fezer/Büscher/Obergfell, Lauterkeitsrecht: UWG, Kommentar zum Gesetz gegen den unlauteren Wettbewerb, 3. Aufl. 2016
FFG	Finanzmarktförderungsgesetz
FG	Festgabe; Finanzgericht

Abkürzungsverzeichnis

FG (Nr. Jahr)	Fachgutachten des Hauptfachausschusses des IdW
FGG	Gesetz über die Angelegenheiten der freiwilligen Gerichtsbarkeit
FGO	Finanzgerichtsordnung
FinDAG	Gesetz über die Bundesanstalt für Finanzdienstleistungsaufsicht (Finanzdienstleistungsaufsichtsgesetz – FinDAG)
FiMaAnpG	Gesetz zur Anpassung von Gesetzen auf dem Gebiet des Finanzmarktes
Fischer	Fischer, Strafgesetzbuch und Nebengesetze, Kommentar, 65. Aufl. 2018
Fitting/Bearbeiter	Fitting/Engels/Schmidt/Trebinger/Linsenmaier, Betriebsverfassungsgesetz: BetrVG, Kommentar, 29. Aufl. 2018
Fitting/Wlotzke/Wißmann	s. WKS
FIW	Forschungsinstitut für Wirtschaftsverfassung und Wettbewerb eV
FKKV DrittelbG	Freis/Kleinefeld/Kleinsorge/Voigt, Drittelbeteiligungsgesetz, 2004
FK-WpÜG/*Bearbeiter*	Haarmann/Schüppen, Frankfurter Kommentar zum WpÜG, Öffentliche Übernahmeangebote (WpÜG) und Ausschluss von Minderheitsaktionären (§§ 327a–f AktG), 3. Aufl. 2008
Fleischer VorstandsR-HdB	Fleischer, Handbuch des Vorstandsrechts, 2006
Flume JurPerson	Flume, Allgemeiner Teil des Bürgerlichen Rechts, Band I 2: Die juristische Person, 1983
Flume Personengesellschaft	Flume, Allgemeiner Teil des Bürgerlichen Rechts, Band I 1: Die Personengesellschaft, 1998
Flume RGeschäft	Flume, Allgemeiner Teil des Bürgerlichen Rechts, Band II: Das Rechtsgeschäft, 4. Aufl. 1992
FM	Finanzministerium
FMStBG	Finanzmarktstabilisierungsbeschleunigungsgesetz
FN	Fachnachrichten des Instituts der Wirtschaftsprüfer in Deutschland eV (Mitteilungsblatt)
Fn.	Fußnote
FormblattVO	Verordnung über Formblätter für die Gliederung des Jahresabschlusses von Kreditinstituten
FR	Finanz-Rundschau (Zeitschrift)
Frodermann/Jannott AktR-HdB	Frodermann/Jannott, Handbuch des Aktienrechts, 9. Aufl. 2017
Frodermann/Jannott SE-HdB	Frodermann/Jannott, Handbuch der Europäischen Aktiengesellschaft, 2. Aufl. 2014
FS	Festschrift
Fuchs/Köstler/Pütz Aufsichtsratswahl-HdB	Fuchs/Köstler/Pütz, Handbuch zur Aufsichtswahl, 6. Aufl. 2016
GA	Goltdammers Archiv für Strafrecht (Zeitschrift bis 1952 zitiert nach Band und Seite, ab 1953 nach Jahr und Seite)
GAAP	Generally Accepted Accounting Principles (s. auch US-GAAP)
GAAS	Generally Accepted Accounting Standards
GBG	Grundbuchsgesetz
GbR	Gesellschaft bürgerlichen Rechts
GEFIU	Gesellschaft für Finanzwirtschaft in der Unternehmensführung eV
Geibel/Süßmann/Bearbeiter	s. Angerer/Geibel/Süßmann
Geilen/Zöllner	Geilen/Zöllner, Aktienstrafrecht, Sonderausgabe aus dem Kölner Kommentar zum Aktiengesetz, 1984
gem.	gemäß
GenG	Gesetz betreffend die Erwerbs- und Wirtschaftsgenossenschaften (Genossenschaftsgesetz)
GenRevG	Genossenschaftsrevisionsgesetz
GenVG	Genossenschaftsverschmelzungsgesetz
Ges.	Gesetz(e)
ges.	gesetzlich
GesRÄG	Gesellschaftsrechtsänderungsgesetz
GesR-RL	Richtlinie (EU) 2017/1132 des Europäischen Parlaments und des Rates vom 14. Juni 2017 über bestimmte Aspekte des Gesellschaftsrechts
GesRZ	Der Gesellschafter. Zeitschrift für Gesellschaftsrecht (Österreich)
Geßler AktG	Geßler, Aktiengesetz mit dem Dritten Buch des HGB (§§ 238–335 HGB), D-Mark Bilanzgesetz, Treuhandgesetz, Spaltungsgesetz u a, Loseblatt-Kommentar
Geßler/Hefermehl/Bearbeiter	Geßler/Hefermehl/Eckardt/Kropff, Aktiengesetz. Kommentar, 1973 ff.; 2. Aufl. s. MüKoAktG

Abkürzungsverzeichnis

GewA	Gewerbe-Archiv (Zeitschrift)
GewO	Gewerbeordnung
GewStG	Gewerbesteuergesetz
GG	Grundgesetz (für die Bundesrepublik Deutschland)
ggf.	gegebenenfalls
GGG	Gerichtsgebührengesetz
GJW	s. Graf/Jäger/Wittig
GK-BetrVG/Bearbeiter	Gemeinschaftskommentar Betriebsverfassungsgesetz, 11. Aufl. 2018
GK-HGB/Bearbeiter	Ensthaler, Gemeinschaftskommentar zum Handelsgesetzbuch, 8. Aufl. 2015
GKKRSS	Glanegger/Kirnberger/Kusterer/Ruß/Selder/Stuhlelner, Handelsgesetzbuch, Kommentar, 7. Aufl. 2007
GK-MitbestG/Bearbeiter	Gemeinschaftskommentar zum Mitbestimmungsgesetz, Loseblatt
GlTeilhG	Gesetz für die gleichberechtigte Teilhabe von Frauen und Männern an Führungspositionen in der Privatwirtschaft und im öffentlichen Dienst
GmbH	Gesellschaft mit beschränkter Haftung
GmbHG	Gesetz betreffend die Gesellschaften mit beschränkter Haftung
GmbHR	GmbH-Rundschau (Zeitschrift)
GMBl.	Gemeinsames Ministerialblatt der Bundesministerien
GNotKG	Gesetz über Kosten der freiwilligen Gerichtsbarkeit für Gerichte und Notare
GO	Gemeindeordnung
GoB	Grundsätze ordnungsmäßiger Buchführung
v. Godin/Wilhelmi/Bearbeiter	v. Godin/Wilhelmi, Aktiengesetz, Kommentar, 4. Aufl. 1971
Goette Die GmbH	Goette, Die GmbH nach der BGH-Rechtsprechung, 2. Aufl. 2002
Göhler	Göhler, Gesetz über Ordnungswidrigkeiten: OWiG, Kommentar, 17. Aufl. 2017
Gottwald InsR-HdB	Gottwald, Insolvenzrechts-Handbuch, 5. Aufl. 2015
Goutier/Knopf/Tulloch/Bearbeiter	Goutier/Knopf/Tulloch, Kommentar zum Umwandlungsrecht, Umwandlungsgesetz – Umwandlungssteuergesetz, 2. Aufl. 2001
Graf/Jäger/Wittig/Bearbeiter	Graf/Jäger/Wittig, Wirtschafts- und Steuerstrafrecht, Kommentar, 2. Aufl. 2017
grds.	grundsätzlich
Grigoleit/Bearbeiter	Grigoleit, Aktiengesetz: AktG, Kommentar, 2013
Großfeld/Luttermann BilanzR	Großfeld/Luttermann, Bilanzrecht, 4. Aufl. 2005
Großkomm.	Großkommentar
Großkomm AktG/Bearbeiter	Großkommentar zum Aktiengesetz, 4. Aufl. 1992 ff.; 5. Aufl. 2015 ff.
Großkomm BilR/Bearbeiter	Ulmer, HGB-Bilanzrecht: Rechnungslegung, Abschlussprüfung, Publizität, Großkommentar, Band 2, 2002 (s. auch Ulmer BilanzR)
Großkomm GmbHG/Bearbeiter	s. UHL
Großkomm HGB/Bearbeiter	Staub, Handelsgesetzbuch. Großkommentar, 4. Aufl. 1982 ff.; 5. Aufl. 2009 ff.
GrS	Großer Senat
Grundmann Europ-GesR	Grundmann, Europäisches Gesellschaftsrecht, 2. Aufl. 2011
Grunewald GesR	Grunewald, Gesellschaftsrecht, 10. Aufl. 2017
GS	Gedächtnisschrift; Gesammelte Schriften
GSpG	Glücksspielgesetz
GuV	Gewinn- und Verlustrechnung
GVBl.	Gesetz- und Verordnungsblatt
GVG	Gerichtsverfassungsgesetz
GWB	Gesetz gegen Wettbewerbsbeschränkungen
GWR	Gesellschafts- und Wirtschaftsrecht (Zeitschrift)
GZl	Geschäftszahl
hA	herrschende Ansicht
Haarmann/Schüppen/Bearbeiter	s. FK-WpÜG/*Bearbeiter*
Habersack/Drinhausen/Bearbeiter	Habersack/Drinhausen, SE-Recht, Kommentar, 2. Aufl. 2016
Habersack/Henssler/Bearbeiter	Habersack/Henssler, Mitbestimmungsrecht, 4. Aufl. 2018

Abkürzungsverzeichnis

Habersack/Mülbert/Schlitt KapMarktInfo-HdB	Habersack/Mülbert/Schlitt, Handbuch der Kapitalmarktinformation, 2. Aufl. 2013
Habersack/Verse Europ-GesR	Habersack/Verse, Europäisches Gesellschaftsrecht, 4. Aufl. 2011
Hachenburg/Bearbeiter	Hachenburg, Gesetz betreffend die Gesellschaften mit beschränkter Haftung (GmbHG), Großkommentar, 8. Aufl. 1992–1997
HansRGZ	Hanseatische Rechts- und Gerichtszeitschrift (Zeitschrift)
Happ/Groß AktienR	Happ/Groß, Aktienrecht. Handbuch – Mustertexte – Kommentar, 4. Aufl. 2015
Hartmann	Hartmann, Kostengesetze: KostG, Kommentar, 47. Aufl. 2017
Hauschka/Moosmayer/Lösler Corporate Compliance-HdB	Hauschka/Moosmayer/Lösler, Corporate Compliance, Handbuch der Haftungsvermeidung im Unternehmen, 3. Aufl. 2016
HdB	Handbuch
HdR	Küting/Weber, Handbuch der Rechnungslegung. Kommentar zur Bilanzierung und Prüfung, Loseblatt
Heidel	s. NK-AktR
Hellmann/Beckemper WirtschaftsstrafR	Hellmann/Beckemper, Wirtschaftsstrafrecht, 4. Aufl. 2013
Henn/Frodermann/Jannott	s. Frodermann/Jannott
Henssler/Strohn	Henssler/Strohn, Gesellschaftsrecht: GesR, Kommentar, 3. Aufl. 2016
Henze HRR AktienR	Henze, Aktienrecht – Höchstrichterliche Rechtsprechung, 6. Aufl. 2015
Hesselmann/Tillmann/Mueller-Thuns GmbH & Co. KG-HdB	Hesselmann/Tillmann/Mueller-Thuns, Handbuch der GmbH & Co, 21. Aufl. 2016
Heybrock/Bearbeiter	Heybrock, Praxiskommentar zum GmbH-Recht, 2. Aufl. 2010
Heymann/Bearbeiter	Heymann, Handelsgesetzbuch (ohne Seerecht), Kommentar, 2. Aufl. 1995 ff.
HFA	Hauptfachausschuß des Instituts der Wirtschaftsprüfer in Deutschland eV
HFA (Nr. Jahr)	Stellungnahme des Hauptfachausschusses beim IdW
HFR	Höchstrichterliche Finanzrechtsprechung (Zeitschrift)
HGB	Handelsgesetzbuch
HGrG	Gesetz über die Grundsätze des Haushaltsrechts des Bundes und der Länder (Haushaltsgrundsätzegesetz)
Hirte WpÜG	Hirte, Wertpapiererwerbs- und Übernahmegesetz (WpÜG), Gesetzestexte – Quellen – Materialien, 2002
Hirte/Bücker Grenzüberschreitende Gesellschaften	Hirte/Bücker, Grenzüberschreitende Gesellschaften, 2. Aufl. 2006
HK-HGB/Bearbeiter	Glanegger/Kirnberger/Kusterer, Heidelberger Kommentar zum HGB, 7. Aufl. 2007; s. auch GKKRSS
HK-AktG/Bearbeiter	Bürgers/Körber, Heidelberger Kommentar zum Aktiengesetz, 4. Aufl. 2017
HK-GmbHG/Bearbeiter	Saenger/Inhester, GmbH, Kommentar, 3. Aufl. 2016
HK-KapMarktStrafR	Park, Kapitalmarktstrafrecht. Handkommentar, 4. Aufl. 2017
HK-SE	Manz/Mayer/Schröder, Europäische Aktiengesellschaft SE, 2. Aufl. 2010
hL	herrschende Lehre
hM	herrschende Meinung
Hofbauer/Kupsch/Bearbeiter	siehe Bonner Handbuch Rechnungslegung
Hoffmann/Lehmann/Weinmann	Hoffmann/Lehmann/Weinmann, Mitbestimmungsgesetz, Kommentar, 1978
Hoffmann/Preu Der Aufsichtsrat	Hoffmann/Preu, Der Aufsichtsrat, 5. Aufl. 2002
Hohenstatt/Seibt Geschlechter- und Frauenquoten	Hohenstatt/Seibt Geschlechter- und Frauenquoten in der Privatwirtschaft, 2015
Hölters/Bearbeiter	Hölters, Aktiengesetz: AktG, Kommentar, 3. Aufl. 2017
Hölters/Deilmann/Buchta Kleine AG	Hölters/Deilmann/Buchta, Die kleine Aktiengesellschaft, 2. Aufl. 2002
Hommelhoff/Hopt/v. Werder Corporate Governance-HdB	Hommelhoff/Hopt/v. Werder, Handbuch Corporate Governance, 2. Aufl. 2010
HR	Handelsregister

Abkürzungsverzeichnis

HRefG	Gesetz zur Neuregelung des Kaufmanns- und Firmenrechts und zur Änderung anderer Handels- und gesellschaftsrechtlicher Vorschriften (Handelsrechtsreformgesetz) vom 22.6.1998, BGBl. 1998 I S. 1474
HRG	Hochschulrahmengesetz
HRR	Höchstrichterliche Rechtsprechung (Zeitschrift)
Hrsg.	Herausgeber
hrsg.	herausgegeben
HRV	Handelsregisterverfügung
HS	Handelsrechtliche Entscheidungen (Entscheidungssammlung)
Hueck/Canaris WertpapierR	Hueck/Canaris, Recht der Wertpapiere, 12. Aufl. 1986
Hüffer/Koch	Hüffer/Koch, Aktiengesetz: AktG, Kommentar, 12. Aufl. 2016; 13. Aufl. 2018
Van Hulle/Maul/Drinhausen SE-HdB	Van Hulle/Maul/Drinhausen, Handbuch zur Europäischen Gesellschaft (SE), 2007
HuRB	Handwörterbuch unbestimmter Rechtsbegriffe im Bilanzrecht des HGB
HV	Hauptversammlung
HWK/Bearbeiter	Henssler/Willemsen/Kalb, Arbeitsrecht Kommentar, 8. Aufl. 2018
HypBankG	Gesetz über Hypothekenbanken
IAS	International Accounting Standard(s)
IASB	International Accounting Standards Board (seit 2001)
IASC	International Accounting Standards Committee
IAS C-dt	International Accounting Standards 1998, Deutsche Fassung
ICCAP	International Coordination Committee for the Accountants Profession
idF	in der Fassung
idR	in der Regel
IdW	Institut der Wirtschaftsprüfer in Deutschland eV
IDW EPH	Entwurf eines IDW Prüfungshinweises
IDW EPS	Entwurf eines IDW Prüfungsstandards
IDW ERS	Entwurf einer IDW Stellungnahme zur Rechnungslegung
IDW ES	Entwurf eines IDW-Standards
IDW PH	IDW Prüfungshinweis
IDW PS	IDW Prüfungsstandard
IDW RH	IDW Rechnungslegungshinweis
IDW RS	IDW Rechnungslegungsstandard
IDW S	IDW Standard
IDW SR	IWD Stellungnahme zur Rechnungslegung
IdW-Fachtag	Bericht über die Fachtagung (Jahr) des Instituts der Wirtschaftsprüfer in Deutschland eV
iE	im Einzelnen
iErg	im Ergebnis
ieS	im engeren Sinne
IESG	Insolvenz-Entgeltsicherungsgesetz
IFAC	International Federation of Accountants
IFRS	International Financial Reporting Standards (seit 2001)
IFSB	International Financial Standards Board (seit 2001)
IHK	Industrie- und Handelskammer
Ihrig/Schäfer Rechte und Pflichten des Vorstands	Ihrig/Schäfer, Rechte und Pflichten des Vorstands, 2014
Immenga/Mestmäcker	Immenga/Mestmäcker Wettbewerbsrecht, Kommentar zum Kartellgesetz, 5. Aufl. 2012 ff.
INF	Die Information über Steuer und Wirtschaft (Zeitschrift)
insbes.	insbesondere
insges.	insgesamt
InsO	Insolvenzordnung
InvFG	Investmentfondsgesetz
IPR	Internationales Privatrecht
IPRax	Praxis des internationalen Privat- und Verfahrensrechts (Zeitschrift)
IPRG	Internationales Privatrechtsgesetz
IRÄG	Insolvenzrechtsänderungsgesetz
iRd	im Rahmen des (der)
ISA	International Standards on Auditing
iSd	im Sinne des (der)
IStR	Internationales Steuerrecht (Zeitschrift)
iSv	im Sinne von
iÜ	im übrigen
iVm	in Verbindung mit

Abkürzungsverzeichnis

IWP	Institut österreichischer Wirtschaftstreuhänder
iwS	im weiteren Sinne
iZw	im Zweifel
JAB	Bericht des Justizausschusses
Jabornegg	Jabornegg, Kommentar zum HGB, 1997
Jabornegg/Strasser	Jabornegg/Strasser, Kommentar zum Aktiengesetz, 5. Aufl. 2011
Jäger Aktiengesellschaft	Jäger, Aktiengesellschaft, 2004
Jaeger/Bearbeiter	Jaeger, Insolvenzordnung, Großkommentar, Bd. 1 §§ 1–55, 2004
Jannott/Frodermann Eur AG-HdB	Jannott/Frodermann, Handbuch der Europäischen Aktiengesellschaft, 2. Aufl. 2014
Jansen	Jansen, FGG. Gesetz über die Angelegenheiten der Freiwilligen Gerichtsbarkeit, Kommentar, 3. Aufl. 2006
Jarass/Pieroth/Bearbeiter	Jarass/Pieroth, Grundgesetz für die Bundesrepublik Deutschland: GG, Kommentar, 15. Aufl. 2018
Jauernig/Hess Zivil-ProzR	Jauernig/Hess, Zivilprozessrecht, 30. Aufl. 2011
JbFSt	Jahrbuch der Fachanwälte für Steuerrecht (Schriftenreihe)
JBl	Juristische Blätter (Zeitschrift)
jew.	jeweils
JfB	Journal für Betriebswirtschaft
JFG	Jahrbuch für Entscheidungen in Angelegenheiten der freiwilligen Gerichtsbarkeit und des Grundbuchrechts (Schriftenreihe)
JMBl.	Justizministerialblatt
JMV	Justizministerialverordnung
JMZ	Zahl des Justizministeriums
JN	Jurisdiktionsnorm
JoA	Journal of Accountancy
JR	Juristische Rundschau (Zeitschrift)
Jura	Juristische Ausbildung (Zeitschrift)
JurA	Juristische Analysen (Zeitschrift)
JurBüro	Das juristische Büro (Zeitschrift)
JuS	Juristische Schulung (Zeitschrift)
JW	Juristische Wochenschrift (Zeitschrift)
JZ	Juristenzeitung (Zeitschrift)
KAGG	Gesetz über Kapitalanlagegesellschaften
Kallmeyer/Bearbeiter	Kallmeyer, Umwandlungsgesetz, Kommentar, 6. Aufl. 2017
Kalss Verschmelzung	Kalss, Verschmelzung – Spaltung – Umwandlung, Kommentar, 2. Aufl. 2010
Kalss/Burger/Eckert Entwicklung	Kalss/Burger/Eckert, Die Entwicklung des österreichischen Aktienrechts: Geschichte und Materialien, 2003
Kalss/Hügel	Kalss/Hügel, Europäische Aktiengesellschaft SE-Kommentar, 2004
KapAEG	Kapitalaufnahmeerleichterungsgesetz
KapBG	Kapitalberichtigungsgesetz
KapCoRiLiG	Gesetz zur Durchführung der Richtlinie des Rates der Europäischen Union zur Änderung der Bilanz- und der Konzernbilanzrichtlinie hinsichtlich ihres Anwendungsbereichs (90/605/EWG), zur Verbesserung der Offenlegung von Jahresabschlüssen und zur Änderung anderer handelsrechtlicher Bestimmungen
KapErhG	Gesetz über die Kapitalerhöhung aus Gesellschaftsmitteln und über die Verschmelzung von Gesellschaften mit beschränkter Haftung
KapErhStG	Gesetz über steuerrechtliche Maßnahmen bei Erhöhung des Nennkapitals aus Gesellschaftsmitteln
KartG	Kartellgesetz
Kastner/Doralt/Nowotny Grundriß	Kastner/Doralt/Nowotny, Grundriß des österreichischen Gesellschaftsrechts, 6. Aufl. 2008
KBLW/Bearbeiter	Kremer/Bachmann/Lutter/v. Werder, Deutscher Corporate Governance Kodex, Kommentar, 7. Aufl. 2018
KEG	Kommandit-Erwerbsgesellschaft; Kraftloserklärungsgesetz
Keidel/Bearbeiter	Keidel, FamFG, Kommentar, 19. Aufl. 2017
KfH	Kammer für Handelssachen
KG	Kammergericht; Kommanditgesellschaft
KGaA	Kommanditgesellschaft auf Aktien
KGJ	Jahrbuch für Entscheidungen des Kammergerichts in Sachen der freiwilligen Gerichtsbarkeit in Kosten-, Stempel- und Strafsachen (Schriftenreihe)
KI	Kreditinstitut
Kindhäuser/Neumann/Paeffgen/Bearbeiter	s. NK-StGB/Bearbeiter

Abkürzungsverzeichnis

Kirchhof/Bearbeiter	Kirchhof, Einkommensteuergesetz (EStG), Kommentar, 16. Aufl. 2017
KK-OWiG/Bearbeiter	Karlsruher Kommentar zum Gesetz über Ordnungswidrigkeiten: OWiG, 5. Aufl. 2018
KK-StPO/Bearbeiter	Karlsruher Kommentar zur Strafprozessordnung: StPO, 7. Aufl. 2013
Klausing	Klausing, Gesetz über Aktiengesellschaften und Kommanditgesellschaften auf Aktien (Aktien-Gesetz) nebst Einführungsgesetz und „Amtlicher Begründung", 1937 (zitiert AmtlBegr Klausing)
KMG	Kapitalmarktgesetz
Knobbe-Keuk BilStR	Knobbe-Keuk, Bilanz- und Unternehmenssteuerrecht, 9. Aufl. 1993
KO	Konkursordnung
Koenig	Koenig, Abgabenordnung: AO, Kommentar, 3. Aufl. 2014
KOG	Kartellobergericht
Köhler/Bornkamm/Feddersen/Bearbeiter	Köhler/Bornkamm/Feddersen, Gesetz gegen den unlauteren Wettbewerb: UWG mit PAngV, UKlaG, DL-InfoV, Kommentar, 36. Aufl. 2018
Kölner Komm AktG	Zöllner/Noack, Kölner Kommentar zum Aktiengesetz: Kölner Komm AktG, 3. Aufl. 2004 ff. (soweit noch nicht erschienen: 2. Aufl. 1986 ff.)
Kölner Komm SpruchG/Bearbeiter	Riegger/Wasmann, Kölner Kommentar zum Spruchverfahrensgesetz, 3. Aufl. 2013
Kölner Komm WpHG	Hirte/Möllers, Kölner Kommentar zum WpHG, 2. Aufl. 2014
Kölner Komm WpÜG	Hiert/von Bülow, Kölner Kommentar zum WpÜG, 2. Aufl. 2010
Komm.	Kommentar
KonsG	Konsulargesetz
KonTraG	Gesetz zur Kontrolle und Transparenz im Unternehmensbereich vom 27.4.1998, BGBl. 1998 I 786
Koppensteiner/Rüffler	Koppensteiner/Rüffler, GmbH-Gesetz, Kommentar, 3. Aufl. 2008
Korintenberg/Bearbeiter	Korintenberg, Gerichts- und Notarkostengesetz: GNotKG, Kommentar, 20. Aufl. 2017
Köstler/Müller/Sick AR-Praxis	Köstler/Müller/Sick, Aufsichtsratspraxis, 10. Aufl. 2013
KostO	Gesetz über die Kosten in Angelegenheiten der freiwilligen Gerichtsbarkeit (Kostenordnung)
KostRspr.	Kostenrechtsprechung (Nachschlagewerk)
Kötter	Kötter, Mitbestimmungsrecht, Kommentar, 1952
Krafka/Kühn RegisterR	Krafka/Kühn, Registerrecht, 10. Aufl. 2017
KrG	Kreisgericht (DDR)
Krieger Personalentscheidungen	Krieger, Personalentscheidungen des Aufsichtsrats, 1981
Krieger/Schneider Managerhaftung-HdB	Krieger/Schneider, Handbuch Managerhaftung, 3. Aufl. 2017
krit.	kritisch
Kropff	Aktiengesetz. Textausgabe des Aktiengesetzes vom 6.9.1965 mit Begründung des Regierungsentwurfs und Bericht des Rechtsausschusses des Deutschen Bundestags, 1965 (zitiert RegBegr Kropff oder BegrRegE Kropff oder AusschußB Kropff)
KSchG	Konsumentenschutzgesetz; Kündigungsschutzgesetz
KStDVO	Durchführungsverordnung zum Körperschaftsteuergesetz
KStG	Körperschaftsteuergesetz
KStR	Körperschaftsteuer-Richtlinien
KTS	Zeitschrift für Konkurs-, Treuhand- und Schiedsgerichtswesen; ab 1989 Zeitschrift für Insolvenzrecht – Konkurs, Treuhand, Sanierung
Kübler/Assmann GesR	Kübler/Assmann, Gesellschaftsrecht, 6. Aufl. 2006
Kübler/Prütting/Bork/Bearbeiter	Kübler/Prütting/Bork, Kommentar zur Insolvenzordnung, Loseblatt
Kümpel/Wittig BankR/KapMarktR	Kümpel/Wittig, Bank- und Kapitalmarktrecht, 4. Aufl. 2011
Kümpel/Hammen/Ekkenga KapMarktR	Kümpel/Hammen/Ekkenga, Kapitalmarktrecht, Loseblatt
Küting/Weber	s. HdR
Küting/Weber Konzernabschluss	Küting/Weber, Der Konzernabschluss, 13. Aufl. 2013
KVStDVO	Kapitalverkehrsteuer-Durchführungsverordnung
KVStG	Kapitalverkehrsteuergesetz
KWG	Gesetz über das Kreditwesen
Lackner/Kühl/Bearbeiter	Lackner/Kühl, Strafgesetzbuch: StGB, Kommentar, 29. Aufl. 2018
LAG	Landesarbeitsgericht

Abkürzungsverzeichnis

Langen/Bunte/Bearbeiter	Langen/Bunte, Kartellrecht, Kommentar, 13. Aufl. 2018
Langenbucher AktKapMarktR	Langenbucher, Aktien- und Kapitalmarktrecht, 4. Aufl. 2018
Langenbucher/Bliesener/Spindler/Bearbeiter	Langenbucher/Bliesener/Spindler, Bankrechts-Kommentar, 2. Aufl. 2016
Larenz/Canaris SchuldR BT II/2	Larenz/Canaris, Lehrbuch des Schuldrechts Band II Halbband 2 Besonderer Teil, 13. Aufl. 1994
LBS	s. Langenbucher/Bliesener/Spindler
LdR	s. Busse von Colbe/Crasselt/Pellens
Leitner/Rosenau	s. NK-WSS
Leonhard/Smid/Zeuner/Bearbeiter	Leonhard/Smid/Zeuner, Insolvenzordnung (InsO) mit Insolvenzrechtlicher Vergütungsordnung (InsVV), 3. Aufl. 2010
Lfg	Lieferung
LG	Landgericht
LHFM	s. Würzburger Notar-HdB
Liebscher GmbH-KonzernR	Liebscher, Konzernrecht der GmbH, 2006
liSp.	linke Spalte
lit.	litera
Lit.	Literatur
LK-StGB/Bearbeiter	Laufhütte/Rissing-van Saan/Tiedemann, Leipziger Kommentar Strafgesetzbuch: StGB, 12. Aufl. 2006 ff.
LM	Nachschlagewerk des Bundesgerichtshofs (Loseblatt-Ausgabe), hrsg. von Lindenmaier, Möhring u. a., 1951 ff.
Losebl.	Loseblattsammlung
Löwe/Rosenberg/Bearbeiter	Löwe/Rosenberg, Strafprozeßordnung und das Gerichtsverfassungsgesetz: StPO, Großkommentar, 26. Aufl. 2006 ff.
Löwisch EigenKapErsatzR	Löwisch, Eigenkapitalersatzrecht, Kommentar, 2007
LR-StPO	s. Löwe/Rosenberg
LS	Leitsatz
Lutter Information und Vertraulichkeit	Lutter, Information und Vertraulichkeit im Aufsichtsrat, 3. Aufl. 2006
Lutter/Bearbeiter	Lutter, Umwandlungsgesetz, Kommentar, 5. Aufl. 2014
Lutter/Bayer Holding-HdB	Lutter/Bayer, Holding-Handbuch, 5. Aufl. 2015
Lutter/Bayer/Schmidt EurUnternehmensR	Lutter/Bayer/Schmidt, Europäisches Unternehmens- und Kapitalmarktrecht, 6. Aufl. 2017
Lutter/Hommelhoff/Bearbeiter	Lutter/Hommelhoff, GmbH-Gesetz, Kommentar, 19. Aufl. 2016
Lutter/Hommelhoff/Teichmann	Lutter/Hommelhoff/Teichmann, SE-Kommentar, 2. Aufl. 2015
Lutter/Krieger/Verse Rechte und Pflichten	Lutter/Krieger/Verse, Rechte und Pflichten des Aufsichtsrats, 6. Aufl. 2014
LZ	Leipziger Zeitschrift für deutsches Recht
LZB	Landeszentralbank
mablAnm	mit ablehnender Anmerkung
MaGo	Rundschreiben 2/2017 (VA) – Mindestanforderungen an die Geschäftsorganisation von Versicherungsunternehmen (MaGo) vom 25.1.2017, https://www.bafin.de/SharedDocs/Veroeffentlichungen/DE/Rundschreiben/2017/rs_1702_mago_va.html, zuletzt abgerufen am 5.12.2017
MAH AktR/Bearbeiter	Schüppen/Schaub, Münchner Anwaltshandbuch Aktienrecht, 2. Aufl. 2010
MaklerG	Maklergesetz
v. Mangoldt/Klein/Starck/Bearbeiter	v. Mangoldt/Klein/Starck, Kommentar zum Grundgesetz: GG, 6. Aufl. 2010
Manz/Mayer/Schröder AktienGes	Manz/Mayer/Schröder, Die Aktiengesellschaft, 7. Aufl. 2014
Manz/Mayer/Schröder SE	s. HK-SE
mAnm	mit Anmerkung
MAR	Marktmissbrauchsverordnung, VO (EU) Nr. 596/2014
MarkG	Markenschutzgesetz

Abkürzungsverzeichnis

Marsch-Barner/Schäfer Börsennotierte AG-HdB	Marsch-Barner/Schäfer, Handbuch börsennotierte AG, 4. Aufl. 2017
Martens Leitung Hauptversammlung der AG	Martens, Leitfaden für die Leitung der Hauptversammlung einer Aktiengesellschaft, 3. Aufl. 2003
Matthießen StimmR und Interessenkollision Aufsichtsrat	Matthießen, Stimmrecht und Interessenkollision im Aufsichtsrat, 1989
Maunz/Dürig	Maunz/Dürig, Grundgesetz, Loseblatt, 81. Ergänzungslieferung 2017
maW	mit anderen Worten
mBespr	mit Besprechung
MBl.	Ministerialblatt
MDR	Monatsschrift für deutsches Recht (Zeitschrift)
mE	meines Erachtens
Meyer-Goßner/Schmitt/Bearbeiter	Meyer-Goßner/Schmitt, Strafprozessordnung: StPO, Kommentar, 61. Aufl. 2018
Meyer-Landrut/Miller/Niehus/Bearbeiter	Meyer-Landrut/Miller/Niehus, Gesetz betreffend die Gesellschaften mit beschränkter Haftung (GmbHG) einschließlich Rechnungslegung zum Einzel- sowie zum Konzernabschluss, Kommentar, 1987
MHdB AG/Bearbeiter	Münchener Handbuch des Gesellschaftsrechts Band 4: Aktiengesellschaft, 4. Aufl. 2015
MHdB ArbR/Bearbeiter	Münchener Handbuch Arbeitsrecht, 3. Aufl. 2009
MHdB GesR VII/Bearbeiter	Münchener Handbuch des Gesellschaftsrechts Band 7: Gesellschaftsrechtliche Streitigkeiten (Corporate Litigation), 5. Aufl. 2016
MHdB KG/Bearbeiter	Münchener Handbuch des Gesellschaftsrechts Band 2: Kommanditgesellschaft, GmbH & Co KG, Publikums-KG, Stille Gesellschaft, 4. Aufl. 2014
MHLS/Bearbeiter	Michalski/Heidinger/Leible/J. Schmidt, Kommentar zum Gesetz betreffend die Gesellschaften mit beschränkter Haftung (GmbH-Gesetz), 3. Aufl. 2017
Mimberg/Gätsch AG-Hauptversammlung	Mimberg/Gätsch, Die Hauptversammlung der Aktiengesellschaft nach dem ARUG, 2010
Mio.	Million(en)
Mitbest	Die Mitbestimmung (Zeitschrift)
MitbestErgG	Mitbestimmungsergänzungsgesetz
MitbestG	Gesetz über die Mitbestimmung der Arbeitnehmer
Mitsch StrafR BT II	Mitsch, Strafrecht Besonderer Teil II, 3. Aufl. 2015
MittBayNotK	Mitteilungen der Bayerischen Notarkammer (Mitteilungsblatt)
MittRhNotK	Mitteilungen der Rheinischen Notarkammer (Mitteilungsblatt)
mN	mit Nachweisen
MMVO	Marktmissbrauchsverordnung, VO (EU) Nr. 596/2014
MoMiG	Gesetz zur Modernisierung des GmbH-Rechts und zur Bekämpfung von Missbräuchen
MontanMitbestG	Montan-Mitbestimmungsgesetz
Mot.	Motive
MR	Medien und Recht (Zeitschrift)
Mrd.	Milliarde(n)
MüKoAktG/Bearbeiter	Münchener Kommentar zum Aktiengesetz, 4. Aufl. 2014 ff.
MüKoBGB/Bearbeiter	Münchener Kommentar zum Bürgerlichen Gesetzbuch, 7. Aufl. 2015 ff.
MüKoBilanzR/Bearbeiter	Münchener Kommentar zum Bilanzrecht, 2013
MüKoHGB/Bearbeiter	Münchener Kommentar zum Handelsgesetzbuch, 3. Aufl. 2010 ff., 4. Aufl. 2016 ff.
MüKoInsO/Bearbeiter	Münchener Kommentar zur Insolvenzordnung, 3. Aufl. 2013 ff.
MüKoStGB/Bearbeiter	Münchener Kommentar zum Strafgesetzbuch, 2. Aufl. 2011 ff., 3. Aufl. 2016 ff.
MüKoZPO/Bearbeiter	Münchener Kommentar zur Zivilprozessordnung, 5. Aufl. 2016 f.
Mülbert AG, Unternehmensgruppe, Kapitalmarkt	Mülbert, Aktiengesellschaft, Unternehmensgruppe und Kapitalmarkt, 2. Aufl. 1996
Müller-Gugenberger/Bieneck Wirtschafts-StrafR-HdB	Müller-Gugenberger/Bieneck, Wirtschaftsstrafrecht – Handbuch des Wirtschaftsstraf- und -ordnungswidrigkeitenrechts, 6. Aufl. 2015
Müller/Köstler/Zachert AR-Praxis	s. Köstler/Müller/Sick AR-Praxis

Abkürzungsverzeichnis

Müller/Lehmann	Müller/Lehmann, Kommentar zum Mitgestimmungsgesetz, Bergbau und Eisen, 1952
Musielak/Voit/Bearbeiter	Musielak/Voit, Zivilprozessordnung: ZPO, Kommentar, 15. Aufl. 2018
MustG	Musterschutzgesetz
MVHdB I GesR	Münchener Vertragshandbuch Bd. 1: Gesellschaftsrecht, 7. Aufl. 2011
mwN	mit weiteren Nachweisen
mzustAnm	mit zustimmender Anmerkung
NA	Sonderausschuss neues Aktienrecht des Instituts der Wirtschaftsprüfer in Deutschland eV
Nachtr.	Nachtrag
Nw.	Nachweis(e)
Nagel/Freis/Kleinsorge SE	Nagel/Freis/Kleinsorge, Die Beteiligung der Arbeitnehmer in der Europäischen Gesellschaft – SE, 2005
NaStraG	Namensaktiengesetz vom 18.1.2001, BGBl. 2001 I S. 123
NB	Neue Betriebswirtschaft (Zeitschrift)
NdsRPfleger	Niedersächsische Rechtspflege (Zeitschrift)
Nerlich/Römermann/Bearbeiter	Nerlich/Römermann, Insolvenzordnung (InsO), Loseblatt-Kommentar
Neye SE	Neye, Die Europäische Aktiengesellschaft, 2005
nF	neue Fassung
NF	Neue Folge
Nirk/Ziemons/Binnewies AG-HdB	Nirk/Ziemons/Binnewies, Handbuch der Aktiengesellschaft, Loseblatt
NJW	Neue Juristische Wochenschrift (Zeitschrift)
NJW-RR	NJW-Rechtsprechungs-Report Zivilrecht (Zeitschrift)
NK-AktR/Bearbeiter	Heidel, Aktienrecht und Kapitalmarktrecht, 4. Aufl. 2014
NK-StGB/Bearbeiter	Kindhäuser/Neumann/Paeffgen, Strafgesetzbuch, 5. Aufl. 2017
NK-WSS	Leitner/Rosenau, Wirtschafts- und Steuerstrafrecht, Kommentar, 2017
NO	Notariatsordnung
NordöR	Zeitschrift für öffentliches Recht in Norddeutschland
NotAktG	Notariatsaktgesetz
Nr.	Nummer
NStZ	Neue Zeitschrift für Strafrecht
NStZ-RR	NStZ-Rechtsprechungs-Report Strafrecht (Zeitschrift)
NVwZ	Neue Zeitschrift für Verwaltungsrecht
NW	Nordrhein-Westfalen
NWB	Neue Wirtschaftsbriefe (Zeitschrift), Loseblattsammlung
NYSE	New York Stock Exchange
NZ	Österreichische Notariatszeitung (Zeitschrift)
NZA	Neue Zeitschrift für Arbeitsrecht
NZG	Neue Zeitschrift für Gesellschaftsrecht
o.	oben
ÖBA	Österreichisches Bankarchiv (Zeitschrift)
Obermüller/Werner/Winden	siehe Butzke
ÖBl.	Österreichische Blätter für gewerblichen Rechtsschutz und Urheberrecht (Zeitschrift)
OECD	Organisation für wirtschaftliche Zusammenarbeit und Entwicklung
OEG	Offene Erwerbsgesellschaft
OeNB	Oesterreichische Nationalbank
OFD	Oberfinanzdirektion
OGH	Oberster Gerichtshof
OGHZ	Entscheidungen des Obersten Gerichtshofs für die Britische Zone in Zivilsachen
OHG	Offene Handelsgesellschaft
ÖIAG	Österreichische Industrieverwaltungs-Aktiengesellschaft
ÖJT	Österreichischer Juristentag
ÖJZ	Österreichische Juristenzeitung (Zeitschrift)
ÖJZ-LSK	Leitsatzkartei in Österreichischer Juristenzeitung
Olfert/Körner/Langenbeck Sonderbilanzen	Olfert/Körner/Langenbeck, Sonderbilanzen, 4. Aufl. 1994
OLG	Oberlandesgericht
OLGR	Die Rechtsprechung der Oberlandesgerichte auf dem Gebiet des Zivilrechts (1900–1928) (Entscheidungssammlung)

Abkürzungsverzeichnis

OLGZ	Entscheidungen der Oberlandesgerichte in Zivilsachen einschließlich der freiwilligen Gerichtsbarkeit
Oser/Bischof/Baetge IFRS	s. BWKOB
ÖSpZ	Österreichische Sparkassenzeitung (Zeitschrift)
ÖStZ	Österreichische Steuerzeitung
ÖStZB	Beilage zur ÖStZ, die finanzrechtlichen Erkenntnisse des VwGH und VfGH
OVG	Oberverwaltungsgericht
OWiG	Gesetz über Ordnungswidrigkeiten
ÖZW	Österreichische Zeitschrift für Wirtschaftsrecht
Paefgen Mitbestimmte AG	Paefgen, Struktur und Aufsichtsratsverfassung der mitbestimmten AG, 1982
Palandt	Palandt, Bürgerliches Gesetzbuch, 77. Aufl. 2018
Park	s. HK-KapMarktStrafR
PatG	Patentgesetz
Peltzer Deutsche Corporate Governance	Peltzer, Deutsche Corporate Governance, 2. Aufl. 2004
PersonenbefG	Personenbeförderungsgesetz
Peus Aufsichtsratsvorsitzende	Peus, Der Aufsichtsratvorsitzende, 1983
phG	persönlich haftender Gesellschafter
Phi	Produkthaftpflicht (Zeitschrift)
PKG	Pensionskassengesetz
PostG	Gesetz über das Postwesen
PostgiroO	Postgiroordnung
PostscheckG	Postscheckgesetz
Potthoff/Trescher Aufsichtsratsmitglied	Potthoff/Trescher, Das Aufsichtsratsmitglied, 6. Aufl. 2003
ProkG	Finanzprokuraturgesetz
Prölss/Bearbeiter	Prölss, Versicherungsaufsichtsgesetz, Kommentar, 13. Aufl. 2018
Prütting/Helms/Bearbeiter	Prütting/Helms, FamFG, Kommentar, 4. Aufl. 2018
PWW/Bearbeiter	Prütting/Wegen/Weinreich, BGB, Kommentar, 12. Aufl. 2017
PS	Prüfungsstandard
PSG	Privatstiftungsgesetz
PSK	Österreichische Postsparkasse
PSK-G	Postsparkassengesetz
PublG	Gesetz über die Rechnungslegung von bestimmten Unternehmen und Konzernen (Publizitätsgesetz)
pVV	positive Vertragsverletzung
Raiser/Veil/Jacobs	Raiser/Veil/Jacobs, Mitbestimmungsgesetz und Drittelbeteiligungsgesetz, Kommentar, 6. Aufl. 2015
Raiser/Veil KapGesR	Raiser/Veil, Recht der Kapitalgesellschaften, 6. Aufl. 2015
RAnz	Reichsanzeiger
RAO	Rechtsanwaltsordnung; Reichsabgabenordnung
RAusschuss	Rechtsausschuss
RdA	Recht der Arbeit (Zeitschrift)
Rdschr.	Rundschreiben
RdW	Recht der Wirtschaft (Zeitschrift)
Recht	Das Recht (Zeitschrift)
RefE	Referentenentwurf, Entwurf eines Gesetzes zur Regelung von öffentlichen Angeboten zum Erwerb von Wertpapieren und von Unternehmensübernahmen v. 12.3.2001
RefE BilReG	Referentenentwurf eines Gesetzes zur Einführung internationaler Rechnungslegungsstandards und zur Sicherung der Qualität der Abschlussprüfung (Bilanzrechtsreformgesetz – BilReG) veröffentlicht durch das BMJ, Stand Dezember 2003
RegBegr.	Regierungsbegründung
RegE	Regierungsentwurf; Gesetzesentwurf der Bundesregierung, Entwurf eines Gesetzes zur Regelung von öffentlichen Angeboten zum Erwerb von Wertpapieren und von Unternehmensübernahmen v. 5.10.2001, BT-Drs. 14/7034
REITG	Gesetz über deutsche Immobilien-Aktiengesellschaften mit börsennotierten Anteilen (REIT-Gesetz)
reSp	rechte Spalte
RFH	Reichsfinanzhof
RFHE	Sammlung der Entscheidungen und Gutachten des Reichsfinanzhofes
RG	Reichsgericht

Abkürzungsverzeichnis

RGBl.	Reichsgesetzblatt
RGSt	Entscheidungen des Reichsgerichts in Strafsachen
RGZ	Entscheidungen des Reichsgerichts in Zivilsachen
RHO	Reichshaushaltsordnung
Richardi/Bearbeiter	Richardi, Betriebsverfassungsgesetz: BetrVG, Kommentar, 16. Aufl. 2018
Richtl.	Koordinierungs-Richtlinie des Rates der Europäischen Gemeinschaften
RKLW	s. KBLW
Ritter	Ritter, Aktiengesetz, Kommentar, 2. Aufl. 1939
Rittner/Dreher WirtschaftsR	Rittner, Europäisches und deutsches Wirtschaftsrecht, 3. Aufl. 2007
RiW	Recht der internationalen Wirtschaft (Zeitschrift)
RJA	Entscheidungen in Angelegenheiten der freiwilligen Gerichtsbarkeit und des Grundbuchrechts, zusammengestellt im Reichsjustizamt
RL	Richtlinie
RLG	Rechnungslegungsgesetz
Rn.	Randnummer(n)
ROHG	Reichsoberhandelsgericht
ROHGE	Entscheidungen des Reichsoberhandelsgerichts
Röhricht/Graf v. Westphalen/Haas/Bearbeiter	Röhricht/Graf von Westphalen/Haas, Handelsgesetzbuch: HGB, Kommentar, 4. Aufl. 2014
Rosenberg/Schwab/Gottwald ZivilProzR	Rosenberg/Schwab/Gottwald, Zivilprozessrecht, 18. Aufl. 2018
Roth/Altmeppen/Bearbeiter	Roth/Altmeppen, Gesetz betreffend die Gesellschaften mit beschränkter Haftung: GmbHG, Kommentar, 8. Aufl. 2015
Rowedder/Schmidt-Leithoff/Bearbeiter	Rowedder/Schmidt-Leithoff, Gesetz betreffend die Gesellschaften mit beschränkter Haftung: GmbHG, Kommentar, 6. Aufl. 2017
Roxin StrafR AT/I	Roxin, Strafgesetzbuch Allgemeiner Teil: Band I Grundlagen. Der Aufbau der Verbrechenslehre, 4. Aufl. 2006
Roxin StrafR AT/II	Roxin, Strafgesetzbuch Allgemeiner Teil: Band II Besondere Erscheinungsformen der Straftat, 2003
RPfl/RPfleger	Der deutsche Rechtspfleger; Der österreichische Rechtspfleger (Zeitschriften)
Rspr.	Rechtsprechung
RStBl.	Reichssteuerblatt
RT-Drs.	Reichstags-Drucksache
RÜG	Rechts-Überleitungsgesetz 1945
RV	Regierungsvorlage
RWZ	Österreichische Zeitschrift für Rechnungswesen
RZ	Österreichische Richterzeitung (Zeitschrift)
S.	Satz; Seite
s.	siehe
SABI	Sonderausschuss Bilanzrichtlinien-Gesetz des Instituts der Wirtschaftsprüfer in Deutschland eV
Saenger/Inhester	s. HK-GmbHG
SAG	Die Schweizerische Aktiengesellschaft (Zeitschrift)
Schaaf Hauptversammlung	Schaaf, Die Praxis der Hauptversammlung, 3. Aufl. 2011
Schäfer WpHG	Schäfer, Wertpapierhandelsgesetz, Börsengesetz mit BörsZulV, Verkaufsprospektgesetz mit VerkProspV, 1999
Schaub ArbR-HdB	Schaub, Arbeitsrechts-Handbuch, 17. Aufl. 2017
ScheckG	Scheckgesetz
Schellhammer ZPO	Schellhammer, Zivilprozess, 15. Aufl. 2016
Schlegelberger/Bearbeiter	Schlegelberger, Handelsgesetzbuch, Kommentar, 5. Aufl. 1973 ff.
Schlegelberger/Quassowski AktG 1937	Schlegelberger/Quassowski, Aktiengesetz vom 30. Januar 1937, Kommentar, 3. Aufl. 1939
SchlHA	Schleswig-Holsteinische Anzeigen (Zeitschrift)
K. Schmidt/Bearbeiter	K. Schmidt, Insolvenzordnung: InsO, Kommentar, 19. Aufl. 2016
K. Schmidt GesR	K. Schmidt, Gesellschaftsrecht, 4. Aufl. 2002
K. Schmidt HandelsR	K. Schmidt, Handelsrecht. Unternehmensrecht I, 6. Aufl. 2014
K. Schmidt/Lutter/Bearbeiter	K. Schmidt/Lutter, Aktiengesetz, Kommentar, 3. Aufl. 2015
K. Schmidt/Uhlenbruck GmbH in Krise	Schmidt/Uhlenbruck, Die GmbH in Krise, Sanierung und Insolvenz, 5. Aufl. 2016

Abkürzungsverzeichnis

L. Schmidt/Bearbeiter	L. Schmidt, Einkommensteuergesetz: EStG, Kommentar, 37. Aufl. 2018
R. Schmidt ÖffWirtschaftsR AT	R. Schmidt, Öffentliches Wirtschaftsrecht, Allgemeiner Teil, 1990
Schmidt-Kessel/Leutner/Müther	Schmidt-Kessel/Leutner/Müther, Handelsregisterrecht: HandelsregisterR, Kommentar, 2010
Schmitt/Hörtnagl/Stratz/Bearbeiter	Schmitt/Hörtnagl/Stratz, Umwandlungsgesetz, Umwandlungssteuergesetz: UmwG, UmwStG, 7. Aufl. 2016; 8. Aufl. 2018
Scholz/Bearbeiter	Scholz, GmbH-Gesetz, Kommentar, 11. Aufl. 2012 ff., 12. Aufl. 2018
Schönke/Schröder/Bearbeiter	Schönke/Schröder, Strafgesetzbuch: StGB, Kommentar, 29. Aufl. 2014
Schulze-Osterloh/Hennrichs/Wüstemann Jahresabschluss-HdB	Schulze-Osterloh/Hennrichs/Wüstemann, Handbuch des Jahresabschlusses in Einzeldarstellungen, Loseblatt
Schütz/Bürgers/Riotte KGaA	s. Bürgers/Fett KGaA-HdB
Schummer Eigenkapitalersatzrecht	Schummer, Das Eigenkapitalersatzrecht, 1998
Schwark/Zimmer/Bearbeiter	Schwark/Zimmer, Kapitalmarktrechts-Kommentar, 4. Aufl. 2010
Schwarz	Schwarz, Verordnung (EG) Nr. 2157/2001 des Rates über das Statut der Europäischen Gesellschaft (SE): SE-VO, Kommentar, 2006
Schwarz EuropGesR	Schwarz, Europäisches Gesellschaftsrecht, 2000
SE	Societas Europaea; Europäische Aktiengesellschaft
SEAG	Gesetz zur Ausführung der Verordnung (EG) Nr. 2157/2001 des Rates vom 8. Oktober 2001 über das Statut der Europäischen Gesellschaft (SE) (SE-Ausführungsgesetz)
SEBG	Gesetz über die Beteiligung der Arbeitnehmer in der Europäischen Gesellschaft (SE-Beteiligungsgesetz)
SEC	Securities and Exchange Commission (USA)
Seibert/Kiem/Schüppen AG-HdB	Seibert/Kiem/Schüppen, Handbuch der kleinen AG, 5. Aufl. 2008
Semler Leitung und Überwachung	Semler, Leitung und Überwachung der Aktiengesellschaft, 2. Aufl. 1996
Semler/Peltzer/Kubis Vorstands-HdB	Semler/Peltzer/Kubis, Arbeitshandbuch für Vorstandsmitglieder, 2. Aufl. 2015
Semler/Stengel/Bearbeiter	Semler/Stengel, Umwandlungsgesetz: UmwG, 4. Aufl. 2017
Semler/v. Schenck/Bearbeiter	Semler/v. Schenck, Der Aufsichtsrat, Kommentar, 2015
Semler/v. Schenck AR-HdB	Semler/v. Schenck, Arbeitshandbuch für Aufsichtsratsmitglieder, 4. Aufl. 2013
Semler/Volhard/Reichert HV-HdB	Semler/Volhard/Reichert, Arbeitshandbuch für die Hauptversammlung, 4. Aufl. 2018
Semler/Volhard UÜ-HdB	Semler/Volhard, Arbeitshandbuch für Unternehmensübernahmen Bd. I 2001, Bd. II 2003
Servatius Struktur-Maßnahmen	Servatius, Strukturmaßnahmen als Unternehmensleitung, 2004
SeuffA	Seufferts Archiv für Entscheidungen der obersten Gerichte in den deutschen Staaten (Zeitschrift)
SE-VO	Verordnung (EG) Nr. 2157/2001 des Rates vom 8. Oktober 2001 über das Statut der Europäischen Gesellschaft (SE)
Seyfarth VorstandsR	Seyfarth, Vorstandsrecht, 2016
SHS	s. Schmitt/Hörtnagl/Stratz
SIC	Standing Interpretations Committee
SJZ	Süddeutsche Juristenzeitung (Zeitschrift)
SK-StGB/Bearbeiter	Wolter, SK-StGB. Systematischer Kommentar zum Strafgesetzbuch, 9. Aufl. 2016 ff.
Slg.	Sammlung
Smid InsO	s. Leonhard/Smid/Zeuner
sog.	so genannt
Sp.	Spalte
SpaltG	Spaltungsgesetz

Abkürzungsverzeichnis

SpkG	Sparkassengesetz
st.	ständig(e)
StAnpG	Steueranpassungsgesetz
Stat Jb	Statistisches Jahrbuch für die Bundesrepublik Deutschland
Staub/Bearbeiter	s. Großkomm HGB/Bearbeiter
Staudinger/Großfeld, 1998, IntGesR	Staudinger, Kommentar zum Bürgerlichen Gesetzbuch, Internationales Gesellschaftsrecht von Großfeld, 1998
StB	Steuerberater; Der Steuerberater (Zeitschrift)
Stbg	Die Steuerberatung (Zeitschrift)
StbJB	Steuerberater-Jahrbuch
StBKongressRep	Steuerberaterkongress-Report
StBp	Die steuerliche Betriebsprüfung (Zeitschrift)
Stein/Jonas/Bearbeiter	Stein/Jonas, Kommentar zur Zivilprozessordnung, 23. Aufl. 2014 ff.
Steinmeyer/Bearbeiter	Steinmeyer, WpÜG, Kommentar, 3. Aufl. 2013
StEK	Steuererlasse in Karteiform, Loseblattsammlung
stenogr.	stenographiert
steuerl. KapBG	steuerliches Kapitalberichtigungsgesetz
StGB	Strafgesetzbuch
StGBl.	Staatsgesetzblatt für die Republik Österreich
StPO	Strafprozessordnung
str.	streitig
Streck/Bearbeiter	Streck, Körperschaftssteuergesetz: KStG, 9. Aufl. 2018
stRspr	ständige Rechtsprechung
StruktVG	Strukturverbesserungsgesetz
StuB	Steuer- und Bilanzpraxis (Zeitschrift)
StückAG	Stückaktiengesetz
StuW	Steuer und Wirtschaft (Zeitschrift)
StV	Strafverteidiger (Zeitschrift)
StWStP	Staatswissenschaften und Staatspraxis (Zeitschrift)
SWK	Steuer und Wirtschaftskartei (Zeitschrift)
SZ	Sammlung der Entscheidungen des OGH in Zivilsachen
Teichmann/Koehler AktG 1937	Teichmann/Koehler, Aktiengesetz, Kommentar, 2. Aufl. 1939
teilw.	teilweise
Theisen Information	Theisen, Information und Berichterstattung des Aufsichtsrats, 4. Aufl. 2007
Theisen/Wenz SE	Theisen/Wenz, Die Europäische Aktiengesellschaft, Fachbuch, 2. Aufl. 2005
Thomas/Putzo/Bearbeiter	Thomas/Putzo, Zivilprozessordnung: ZPO, 39. Aufl. 2018
Tiedemann Wirtschafts-StrafR	Tiedemann, Wirtschaftsstrafrecht, 5. Aufl. 2017
Tiedemann Wirtschaftsstrafrecht BT	Tiedemann, Wirtschaftsstrafrecht. Besonderer Teil, 3. Aufl. 2011
Tillmann/Hesselmann/Mueller-Thuns, HdB GmbH & Co	s. Hesselmann/Tillmann/Mueller-Thuns
TransPuG	Gesetz zur weiteren Reform des Aktien- und Bilanzrechts, zu Transparenz und Publizität (Transparenz- und Publizitätsgesetz)
TrG	Gesetz zur Privatisierung und Reorganisation des volkseigenen Vermögens (Treuhandgesetz)
TUG	Gesetz zur Umsetzung der Richtlinie 2004/109 EG des Europäischen Parlaments und des Rates vom 15. Dezember 2002 zur Harmonisierung der Transparenzanforderungen in Bezug auf Informationen über Emittenten, der Wertpapiere zum Handel auf einem geregelten Markt zugelassen sind, und zur Änderung der Richtlinie 2001/34 EG (Transparenzrichtlinie-Umsetzungsgesetz)
TVG	Tarifvertragsgesetz
Tz.	Textziffer
u.	unten, und, unter
ua	und andere; unter anderem
uÄ	und Ähnliche(s)
UAbs.	Unterabsatz
Übernahmekodex	Übernahmekodex der Börsensachverständigenkommission beim Bundesministerium der Finanzen
Übernahmerichtlinie-Umsetzungsgesetz	Gesetz zur Umsetzung der Richtlinie 2004/25 EG des Europäischen Parlaments und des Rates vom 21. April 2004 betreffend Übernahmeangebote

Abkürzungsverzeichnis

ÜbG	Übernahmegesetz
UBGG	Gesetz über Unternehmensbeteiligungsgesellschaften
UBH/Bearbeiter	Ulmer/Brandner/Hensen, AGB-Recht, Kommentar, 12. Aufl. 2016
UEC	Union Européenne des Experts Comptables Economiques et Financiers
UHH/Bearbeiter	Ulmer/Habersack/Henssler, Mitbestimmungsrecht: MitbestR, Kommentar, 3. Aufl. 2013; 4. Aufl. 2018 s. Habersack/Henssler
UHL/Bearbeiter	Ulmer/Habersack/Löbbe, GmbHG – Gesetz betreffend die Gesellschaften mit beschränkter Haftung, Großkommentar, 2. Aufl. 2013 ff.
Uhlenbruck/Bearbeiter	Uhlenbruck, Insolvenzordnung: InsO, Kommentar, 14. Aufl. 2015
UHW/Bearbeiter	s. UHL
Ulmer BilanzR	Ulmer, HGB-Bilanzrecht: Rechnungslegung, Abschlussprüfung, Publizität, Großkommentar, Band 2, 2002 (s. auch Großkomm BilR)
UMAG	Gesetz zur Unternehmensintegrität und Modernisierung des Anfechtungsrechts vom 22.9.2005, BGBl. I 2802
UmgrStG	Umgründungssteuergesetz
UmwG	Umwandlungsgesetz
unstr.	unstreitig
Unternehmensrechtskommission	Bericht über die Verhandlungen der Unternehmensrechtskommission. Herausgegeben vom Bundesministerium der Justiz, 1980 (zitiert Unternehmensrechtskommission)
URG	Unternehmensreorganisationsgesetz
UrhG	Urheberrechtsgesetz
urspr.	ursprünglich
Urt.	Urteil
US-GAAP	United States Generally Accepted Accounting Principles
UStDVO	Umsatzsteuer-Durchführungsverordnung
UStG	Umsatzsteuergesetz
UStR	Umsatzsteuer-Rundschau (Zeitschrift)
usw	und so weiter
uU	unter Umständen
UWG	Gesetz gegen den unlauteren Wettbewerb
v.	von; vom
VAG	Gesetz über die Beaufsichtigung von Versicherungsunternehmen (Versicherungsaufsichtsgesetz)
VerBAV	Veröffentlichungen des Bundesaufsichtsamts für das Versicherungswesen
Verf.	Verfasser
VermG	Gesetz zur Regelung der offenen Vermögensfragen (Vermögensgesetz)
VermRÄndG	Vermögensrechtsänderungsgesetz
VersorgW	Versorgungswirtschaft (Zeitschrift)
VersR	Versicherungsrecht (Zeitschrift)
VersW	Versicherungswirtschaft (Zeitschrift)
VerwArch	Verwaltungsarchiv (Zeitschrift)
VFA	Versicherungsfachausschuss des IDW
VfGH	Verfassungsgerichtshof
VfSlg	Sammlung der Erkenntnisse und Beschlüsse des Verfassungsgerichtshofs
vgl.	vergleiche
VglO	Vergleichsordnung
VO	Verordnung
Voraufl.	Vorauflage
Vorb.	Vorbemerkung(en)
VorstAG	Gesetz zur Angemessenheit der Vorstandsvergütung
VorstOG	Vorstandsvergütungs-Offenbarungsgesetz
VVaG	Versicherungsverein auf Gegenseitigkeit
VV-BHO	Allgemeine Verwaltungsvorschriften zur Bundeshaushaltsordnung, GMBl 2001, 309
VVDStRL	Veröffentlichungen der Vereinigung der Deutschen Staatsrechtslehrer
VVG	Gesetz über den Versicherungsvertrag
VwGH	Verwaltungsgerichtshof
VwGO	Verwaltungsgerichtsordnung
VwKostG	Verwaltungskostengesetz
VwSlg	Erkenntnisse und Beschlüsse des Verwaltungsgerichtshofes
VwVfG	Verwaltungsverfahrensgesetz
VwVG	Verwaltungs-Vollstreckungsgesetz
VwZG	Verwaltungszustellungsgesetz
Wabnitz/Janovsky WirtschaftsStrafR/SteuerStrafR-HdB	Wabnitz/Janovsky, Handbuch des Wirtschafts- und Steuerstrafrechts, 4. Aufl. 2014

Abkürzungsverzeichnis

Wachter/Bearbeiter	Wachter, AktG, Kommentar, 2. Aufl. 2014; 3. Aufl. 2018
WaffenG	Waffengesetz
WAG	Wertpapieraufsichtsgesetz
WBl.	Wirtschaftsrechtliche Blätter (Zeitschrift)
Wellkamp Vorstand, Aufsichtsrat und Aktionär	Wellkamp, Vorstand, Aufsichtsrat und Aktionär, 2. Aufl. 2000
Wessels/Beulke/Satzger StrafR AT	Wessels/Beulke/Satzger, Strafrecht Allgemeiner Teil, 48. Aufl. 2018
Westermann/Wertenbruch PersGesR-HdB	Westermann/Wertenbruch, Handbuch der Personengesellschaften, Loseblatt
WG	Wechselgesetz
WGG	Wohnungsgemeinnützigkeitsgesetz
WGGDVO	Verordnung zur Durchführung des Wohnungsgemeinnützigkeitsgesetzes
WiB	Wirtschaftsrechtliche Beratung (Zeitschrift)
Wicke ARUG	Wicke, Einführung in das Recht der Hauptversammlung, das Recht der Sacheinlagen und das Freigabeverfahren nach dem ARUG, 2009
Wicke	Wicke, Gesetz betreffend die Gesellschaften mit beschränkter Haftung (GmbHG), Kommentar, 3. Aufl. 2016
Widmann/Mayer/Bearbeiter	Widmann/Mayer Umwandlungsrecht, Kommentar, Loseblatt
Wiedemann GesR I	Wiedemann, Gesellschaftsrecht, Band 1: Grundlagen, 1980
Wiedmann/Böcking/Gros	Wiedmann/Böcking/Gros, Bilanzrecht, Kommentar zu den §§ 238–342a HGB, 3. Aufl. 2014
WiGBl.	Gesetzblatt der Verwaltung des Vereinigten Wirtschaftsgebietes
WiKG	Gesetz zur Bekämpfung der Wirtschaftskriminalität
Wilhelm KapGesR	Wilhelm, Kapitalgesellschaftsrecht, 3. Aufl. 2009
Wilsing	Wilsing, Deutscher Corporate Governance Kodex: DCGK, Kommentar, 2012
Windbichler GesR	Windbichler Gesellschaftsrecht, 24. Aufl. 2017
Winnefeld Bilanz-HdB	Winnefeld, Bilanz-Handbuch, 5. Aufl. 2015
Wißmann/Kleinsorge/Schubert/Bearbeiter	s. WKS/Bearbeiter
wistra	Zeitschrift für Wirtschaft, Steuer und Strafrecht
WISU	Das Wirtschaftsstudium (Zeitschrift)
Witt Übernahmen	Witt, Übernahmen von Aktiengesellschaften und Transparenz der Beteiligungsverhältnisse, 1998
WKS/Bearbeiter	Wißmann/Kleinsorge/Schubert, Mitbestimmungsrecht, Kommentar, 5. Aufl. 2017
WM	Wertpapier-Mitteilungen, Teil IV (Zeitschrift)
WP	Das Wertpapier (Zeitschrift)
WPg	Die Wirtschaftsprüfung (Zeitschrift)
WP-HdB 2017	Wirtschaftsprüfer-Handbuch, 15. Aufl. 2017
WpHG	Gesetz über den Wertpapierhandel
WPK	Wirtschaftsprüferkammer
WPO	Wirtschaftsprüferordnung
WpÜG	Wertpapiererwerbs- und Übernahmegesetz
WpÜG-AngebotsVO	Verordnung über den Inhalt der Angebotsunterlage, der Gegenleistung bei Übernahmeangeboten und Pflichtangeboten und die Befreiung von der Verpflichtung zur Veröffentlichung und zur Abgabe eines Angebots (WpÜG-Angebotsverordnung)
WpÜG-BeiratsVO	Verordnung über die Zusammensetzung, die Bestellung der Mitglieder und das Verfahren des Beirats bei der Bundesanstalt für Finanzdienstleistungsaufsicht (WpÜG-Beiratsverordnung)
WpÜG-GebührenVO	Verordnung über Gebühren nach dem Wertpapiererwerbs- und Übernahmegesetz (WpÜG-Gebührenverordnung)
WpÜG-WsprAussch-VO	Verordnung über die Zusammensetzung und das Verfahren des Widerspruchsausschusses bei der Bundesanstalt für Finanzdienstleistungsaufsicht (WpÜG-Widerspruchsausschuss-Verordnung)
WRP	Wettbewerb in Recht und Praxis (Zeitschrift)
WTBG	Wirtschaftstreuhänderberufsgesetz
WTBO	Wirtschaftstreuhänderberufsordnung
WTKG	Wirtschaftstreuhänder-Kammergesetz
WuB	Entscheidungssammlung zum Wirtschafts- und Bankrecht
Würdinger AktR	Würdinger, Aktienrecht und das Recht der verbundenen Unternehmen, 4. Aufl. 1981
Würzburger Notar-HdB	Limmer/Hertel/Frenz/Mayer, Würzburger Notarhandbuch, 4. Aufl. 2015

Abkürzungsverzeichnis

WuW	Wirtschaft und Wettbewerb (Zeitschrift)
WWKK/Bearbeiter	s. WKS/Bearbeiter
ZAkDR	Zeitschrift der Akademie für deutsches Recht
ZAS	Zeitschrift für Arbeits- und Sozialrecht
zB	zum Beispiel
ZBB	Zeitschrift für Bankrecht und Bankwirtschaft
ZBl.	Zentralblatt für die juristische Praxis (Zeitschrift)
ZBlHR	Zentralblatt für Handelsrecht (Zeitschrift)
ZfA	Zeitschrift für Arbeitsrecht
ZfB	Zeitschrift für Betriebswirtschaft
ZfbF	Schmalenbachs Zeitschrift für betriebswirtschaftliche Forschung
ZfgG	Zeitschrift für das gesamte Genossenschaftswesen
ZfhF	Zeitschrift für handelswissenschaftliche Forschung (ab 1964 ZfbF)
ZfK	Zeitschrift für das gesamte Kreditwesen
ZfRV	Zeitschrift für Rechtsvergleichung
ZfV	Zeitschrift für Verwaltung
ZGR	Zeitschrift für Unternehmens- und Gesellschaftsrecht
ZGV	Zeitschrift für Gebühren und Verkehrssteuern
ZhF	Zeitschrift für handelswissenschaftliche Forschung
ZHR	Zeitschrift für das gesamte Handels- und Wirtschaftsrecht
Ziff.	Ziffer(n)
ZIK	Zeitschrift für Insolvenzrecht und Kreditschutz
Zintzen/Halft	Zintzen/Halft, Kommentar zu den Gesetzen über die Kapitalerhöhung aus Gesellschaftsmitteln, 1960
ZIP	Zeitschrift für Wirtschaftsrecht und Insolvenzpraxis
ZIR	Zeitschrift für interne Revision
ZögU	Zeitschrift für öffentliche und gemeinwirtschaftliche Unternehmen
Zöller/Bearbeiter	Zöller, ZPO Zivilprozessordnung, 32. Aufl. 2018
Zöllner WertpapierR	Zöllner, Wertpapierrecht, 15. Aufl. 2006
ZPO	Zivilprozessordnung
ZRP	Zeitschrift für Rechtspolitik
ZStW	Zeitschrift für die gesamte Strafrechtswissenschaft
zT	zum Teil
zust.	zustimmend
ZustErgG	Zuständigkeitsergänzungsgesetz
ZustG	Zustellgesetz
zutr.	zutreffend
ZVG	Gesetz über die Zwangsversteigerung und die Zwangsverwaltung
ZZP	Zeitschrift für Zivilprozess
zzt.	zurzeit

Aktiengesetz

vom 6. September 1965 (BGBl. I S. 1089)
zuletzt geändert durch Gesetz v. 17.7.2017 (BGBl. 2017 I 2446)

Fünfter Teil. Rechnungslegung. Gewinnverwendung

Erster Abschnitt. Jahresabschluss und Lagebericht. Entsprechenserklärung

§ 150 Gesetzliche Rücklage. Kapitalrücklage

(1) In der Bilanz des nach den §§ 242, 264 des Handelsgesetzbuchs aufzustellenden Jahresabschlusses ist eine gesetzliche Rücklage zu bilden.

(2) In diese ist der zwanzigste Teil des um einen Verlustvortrag aus dem Vorjahr geminderten Jahresüberschusses einzustellen, bis die gesetzliche Rücklage und die Kapitalrücklagen nach § 272 Abs. 2 Nr. 1 bis 3 des Handelsgesetzbuchs zusammen den zehnten oder den in der Satzung bestimmten höheren Teil des Grundkapitals erreichen.

(3) Übersteigen die gesetzliche Rücklage und die Kapitalrücklagen nach § 272 Abs. 2 Nr. 1 bis 3 des Handelsgesetzbuchs zusammen nicht den zehnten oder den in der Satzung bestimmten höheren Teil des Grundkapitals, so dürfen sie nur verwandt werden
1. zum Ausgleich eines Jahresfehlbetrags, soweit er nicht durch einen Gewinnvortrag aus dem Vorjahr gedeckt ist und nicht durch Auflösung anderer Gewinnrücklagen ausgeglichen werden kann;
2. zum Ausgleich eines Verlustvortrags aus dem Vorjahr, soweit er nicht durch einen Jahresüberschuß gedeckt ist und nicht durch Auflösung anderer Gewinnrücklagen ausgeglichen werden kann.

(4) [1]Übersteigen die gesetzliche Rücklage und die Kapitalrücklagen nach § 272 Abs. 2 Nr. 1 bis 3 des Handelsgesetzbuchs zusammen den zehnten oder den in der Satzung bestimmten höheren Teil des Grundkapitals, so darf der übersteigende Betrag verwandt werden
1. zum Ausgleich eines Jahresfehlbetrags, soweit er nicht durch einen Gewinnvortrag aus dem Vorjahr gedeckt ist;
2. zum Ausgleich eines Verlustvortrags aus dem Vorjahr, soweit er nicht durch einen Jahresüberschuß gedeckt ist;
3. zur Kapitalerhöhung aus Gesellschaftsmitteln nach den §§ 207–220.
[2]Die Verwendung nach den Nummern 1 und 2 ist nicht zulässig, wenn gleichzeitig Gewinnrücklagen zur Gewinnausschüttung aufgelöst werden.

Schrifttum: *Döllerer,* Zum Gewinnbegriff des neuen Aktiengesetzes, FS Gessler, 1969, 93; *Ebeling,* Die Verwendung der Kapitalrücklage der Aktiengesellschaft gemäß § 150 Abs. 3 und 4 AktG, WPg 1988, 502; *Haller,* Probleme bei der Bilanzierung der Rücklagen und des Bilanzergebnisses einer Aktiengesellschaft mit neuem Bilanzrecht, DB 1987, 645; *Henze,* Reichweite und Grenzen des aktienrechtlichen Grundsatzes der Vermögensbindung – Ergänzung durch die Rechtsprechung zum Existenz vernichtenden Eingriff?, AG 2004, 405; *Nauss,* Probleme bei der Verwendung des Jahresüberschusses und des Bilanzgewinns nach dem Aktiengesetz von 1965, AG 1967, 127.

Übersicht

	Rn.		Rn.
I. Regelungsgegenstand und Normzweck	1, 2	a) Gesetzliche Obergrenze	11–13
		b) Satzungsmäßige Obergrenze	14–16
II. Entstehungsgeschichte	3	3. Zuweisung durch die Hauptversammlung	17, 18
III. Begriff der Rücklage	4, 5		
IV. Pflicht zur Bildung einer gesetzlichen Rücklage (Abs. 1)	6–8	VI. Verwendung der Rücklagen (Abs. 3 und 4)	19–28
V. Zuweisung zur gesetzlichen Rücklage (Abs. 2)	9–18	1. Ausschüttungssperre	19–21
1. Zuweisung von Teilen des Jahresüberschusses	9, 10	2. Verwendung des Mindestbetrags	22–25
		3. Verwendung des übersteigenden Betrags	26, 27
2. Obergrenze des gesetzlichen Reservefonds	11–16	4. Reihenfolge der Heranziehung	28
		VII. Rechtsfolgen bei Verstoß	29–31

I. Regelungsgegenstand und Normzweck

1 Die Vorschrift begründet für jede Aktiengesellschaft und Kommanditgesellschaft auf Aktien die Pflicht, in der Bilanz des nach den §§ 242, 264 HGB aufzustellenden Jahresabschlusses eine **gesetzliche Rücklage** zu bilden (§ 150 Abs. 1). In die gesetzliche Rücklage ist jährlich 5 % des um einen Verlustvortrag aus dem Vorjahr geminderten Jahresüberschusses einzustellen, bis die gesetzliche Rücklage zusammen mit den **Kapitalrücklagen** nach § 272 Abs. 2 Nr. 1 bis 3 HGB 10 % oder einen in der Satzung bestimmten höheren Teil des Grundkapitals erreicht (§ 150 Abs. 2). Der so aufzubauende **gesetzliche Reservefonds**,[1] bestehend aus der gesetzlichen Rücklage und den Kapitalrücklagen, darf nicht zur Ausschüttung als Gewinn verwendet werden. Die gesetzliche Rücklage und die Kapitalrücklagen können nur zum Ausgleich eines Jahresfehlbetrags oder eines Verlustvortrags aus dem Vorjahr aufgelöst werden (§ 150 Abs. 3 und 4). Sofern die Voraussetzungen nach Abs. 4 Satz 1 erfüllt sind, dürfen die gesetzliche Rücklage und die Kapitalrücklagen auch zur Kapitalerhöhung aus Gesellschaftsmitteln (§§ 207–220) verwendet werden.

2 Zweck der Vorschrift ist es, durch die Bildung einer gesetzlichen Rücklage, unter Hinzurechnung der Kapitalrücklagen, einen nicht ausschüttungsfähigen gesetzlichen Reservefonds aufzubauen. Der Reservefonds dient in erster Linie dem Ausgleich von Verlusten, die sonst das Grundkapital angreifen würden. Damit stellt der Reservefonds eine „Pufferzone"[2] für das Grundkapital dar. Auftretende Verluste können aufgefangen und der so verbrauchte Reservefonds ratierlich aus zukünftigen Gewinnen wieder aufgebaut werden. Die Vorschrift soll der **Kapitalerhaltung** und damit dem Gläubigerschutz dienen.[3] Da der gesetzliche Reservefonds lediglich 10 % des Grundkapitals beträgt, ist die Bedeutung der Vorschrift für die Kapitalerhaltung jedoch recht gering.[4]

II. Entstehungsgeschichte

3 § 150 aF hatte den gesetzlichen Reservefonds einheitlich als gesetzliche Rücklage bezeichnet. Die gesetzliche Rücklage umfasste neben den Zuweisungen aus den Jahresüberschüssen auch die nunmehr nach § 272 Abs. 2 Nr. 1–3 HGB gesondert auszuweisenden Kapitalrücklagen. Die Unterscheidung zwischen der gesetzlichen Rücklage und den Kapitalrücklagen wurde bei der **Neufassung des § 150 durch das BiRiLiG** eingeführt. Sie wurde nötig, da Art. 9, Passiva A. II. 4. EG-Richtlinie für den Ausweis eines Agio einen eigenen Posten vorschreibt.

III. Begriff der Rücklage

4 § 150 setzt die Begriffe gesetzliche Rücklage und Kapitalrücklagen voraus. **Rücklage** ist der Oberbegriff für die Eigenkapitalposten nach § 266 Abs. 3 A. HGB, die nicht gezeichnetes Kapital, Gewinn- bzw. Verlustvortrag und Jahresüberschuss bzw. Jahresfehlbetrag sind. Rücklagen sind strikt von Rückstellungen nach § 249 HGB zu trennen. Rückstellungen für ungewisse Verbindlichkeiten und für drohende Verluste aus schwebenden Geschäften (§ 249 Abs. 1 Satz 1 HGB) haben Fremdkapitalcharakter, da sie künftige, am Bilanzstichtag wirtschaftlich verursachte Verpflichtungsüberschüsse abdecken.[5]

5 Rücklagen untergliedern sich in Kapitalrücklagen und Gewinnrücklagen. Die **Kapitalrücklagen** umfassen hauptsächlich Beträge, die der Gesellschaft von außen zugeführt werden.[6] Nach § 272 Abs. 2 HGB sind als Kapitalrücklage Einnahmen wie Agio und Zuzahlungen der Gesellschafter auszuweisen. **Gewinnrücklagen** werden im Gegensatz zu den Kapitalrücklagen nicht durch gesellschaftsrechtliche Einlagen von außen gespeist, sondern sind aus den Jahresüberschüssen zu bilden. Nach § 266 Abs. 3 A. III. HGB umfassen die Gewinnrücklagen neben der gesetzlichen Rücklage auch die Rücklage für Anteile an einem herrschenden oder mehrheitlich beteiligten Unternehmen, die satzungsmäßigen Rücklagen und die anderen Gewinnrücklagen. Die **gesetzliche Rücklage** ist damit eine Unterform der Gewinnrücklagen.

IV. Pflicht zur Bildung einer gesetzlichen Rücklage (Abs. 1)

6 Die Bildung einer gesetzlichen Rücklage ist **zwingend,** sofern nicht bereits die bestehenden Kapitalrücklagen alleine die gesetzliche Obergrenze des Reservefonds von 10 % des Grundkapitals

---

[1] ADS Rn. 2.
[2] MüKoAktG/*Hennrichs/Pöschke* Rn. 4; Hüffer/Koch/*Koch* Rn. 1.
[3] Hüffer/Koch/*Koch* Rn. 1.
[4] MüKoAktG/*Hennrichs/Pöschke* Rn. 6.
[5] *Moxter* DStR 2004, 1057 f.
[6] BeBiKo/*Winkeljohann*/K. *Hoffmann* HGB § 272 Rn. 160.

oder eine etwaige höhere satzungsmäßige Obergrenze erreicht haben (→ Rn. 11).[7] Ausgenommen von der Pflicht sind nach § 324 Abs. 1 nur eingegliederte Gesellschaften.

Da die gesetzliche Rücklage nach § 266 Abs. 3 A. III. Nr. 1 HGB als gesonderter Posten in der Bilanz auszuweisen ist, muss die Zuweisung zur gesetzlichen Rücklage bei der **Aufstellung des Jahresabschlusses** erfolgen. Damit obliegt die Pflicht zur Bildung der gesetzlichen Rücklage dem **Vorstand** (§ 264 Abs. 1 Satz 1 HGB). Dies gilt auch dann, wenn der Jahresabschluss gemäß § 173 durch die HV festgestellt wird.[8]

Bei Gesellschaften, die aufgrund vertraglicher Vereinbarungen ihren Gewinn ganz oder teilweise abführen oder beherrscht werden, gilt die **Sonderregelung des § 300**.

V. Zuweisung zur gesetzlichen Rücklage (Abs. 2)

1. Zuweisung von Teilen des Jahresüberschusses. Grundlage für die Berechnung der Zuweisung zur gesetzlichen Rücklage ist der nach den handelsrechtlichen Vorschriften ermittelte Jahresüberschuss (§ 275 Abs. 2 Nr. 17 HGB bzw. § 275 Abs. 3 Nr. 16 HGB). Der Jahresüberschuss ist um einen etwaigen **Verlustvortrag** aus dem Vorjahr zu kürzen. Ein **Gewinnvortrag** ist hingegen nicht zu berücksichtigen.[9] Verbleibt nach Abzug des Verlustvortrags ein positiver Betrag, stellt dieser die **Bemessungsgrundlage** für die Zuweisung zur gesetzlichen Rücklage dar.[10] In jedem Geschäftsjahr sind 5 % dieser Bemessungsgrundlage der gesetzlichen Rücklage zuzuweisen, bis die gesetzliche bzw. satzungsmäßige Obergrenze erreicht ist (→ Rn. 11 ff.). Dieser Prozentsatz ist zwingend.[11] Wird bei der Berechnung des einzustellenden Betrags ein niedrigerer oder höherer Prozentsatz zu Grunde gelegt, ist der Jahresabschluss nichtig (→ Rn. 29 ff.). Eine Aufrundung des zuzuweisenden Betrags auf die nächsten vollen TEuro ist jedoch üblich und zulässig.[12]

Umstritten ist, welchen Einfluss eine **Sachausschüttung** auf die Berechnung des in die gesetzliche Rücklage einzustellenden Betrags hat.[13] Die Sachausschüttung ist durch das Transparenz- und Publizitätsgesetz vom 19. Juli 2002 nunmehr ausdrücklich gesetzlich geregelt (Art. 1 TransPuG vom 19.7.2002, BGBl. 2002 I 2681). Nach § 58 Abs. 5 kann die HV neben Barausschüttungen auch Sachausschüttungen beschließen, sofern dies die Satzung vorsieht. Der Gesetzgeber hat jedoch offen gelassen, ob der auszuschüttende Sachwert mit dem Verkehrswert oder dem Buchwert in der Bilanz anzusetzen ist. Diese Frage wurde der „wissenschaftlichen Literatur und ggf. der weiteren rechtspolitischen Erörterung" überlassen.[14] Welches Bewertungsmodell Anwendung finden soll, ist jedoch weiterhin umstritten.[15] Wird der zur Ausschüttung vorgesehene Sachwert mit seinem **Verkehrswert** bilanziert, werden die stillen Reserven, die sich aus der Differenz zwischen Verkehrs- und Buchwert ergeben, noch in dem Geschäftsjahr als Gewinn vereinnahmt, auf das sich der HV-Beschluss bezieht. Damit erhöhen die stillen Reserven des auszuschüttenden Sachwerts den Jahresüberschuss und werden so bei der Berechnung des in die gesetzliche Rücklage einzustellenden Betrags berücksichtigt. Folgt die HV dem Gewinnverwendungsvorschlag, wird durch diese Vorgehensweise der Kapitalerhaltungsgrundsatz gewahrt, da der Wert der Sachausschüttung im Folgejahr nicht über den des Jahresüberschusses hinausgeht.[16] Wird der auszuschüttende Sachwert in der Bilanz weiterhin zum **Buchwert** bilanziert, fließen die stillen Reserven nicht in den Jahresüberschuss ein und sind somit nicht in der Bemessungsgrundlage für die Zuweisung zur gesetzlichen Rücklage enthalten. Der Ansatz des auszuschüttenden Sachwerts zum Buchwert führt damit im Gegensatz zur Bilanzierung zum Verkehrswert nicht zu einer Zuweisung zur gesetzlichen Rücklage. Dieses Bewertungsmodell berücksichtigt den Umstand, dass die aufzudeckenden stillen Reserven erst bei Beschluss der HV und nicht bereits bei Aufstellung der Bilanz realisiert sind (nach Realisationsprinzip § 252 Abs. 1 Nr. 4 HGB).[17] Die HV ist nämlich nicht an den Verwendungsvorschlag gebunden.[18] Wenn sie statt der vorgeschlagenen Sachdividende eine Barausschüttung beschließt, könnte im Fall der Berücksich-

---

[7] ADS Rn. 4; Kölner Komm AktG/*Ekkenga* Rn. 9.
[8] Hüffer/Koch/*Koch* Rn. 4; Großkomm AktG/*Brönner* Anm. 28.
[9] Hüffer/Koch/*Koch* Rn. 5; MüKoAktG/*Hennrichs/Pöschke* Rn. 12; ADS Rn. 24.
[10] ADS Rn. 23.
[11] *Singhof* in HdJ, Abt III/2, Rn. 134.
[12] BeBiKo/*Winkeljohann/K. Hoffmann* § 272 Rn. 237.
[13] MüKoAktG/*Hennrichs/Pöschke* Rn. 14.
[14] BR-Drs. 109/02, 27.
[15] Für Verkehrswert: *Müller* NZG 2002, 752 (758 f.), *Ihrig/Wagner* BB 2002, 789 (796); für Buchwert: MüKoAktG/*Bayer* § 58 Rn. 129–130, *Lutter/Leinekugel/Rödder* ZGR 2002, 204 (215 ff.), *Schüppen* ZIP 2002, 1269 (1277), Kölner Komm AktG/*Ekkenga* Rn. 18; beides möglich: MüKoAktG/*Hennrichs/Pöschke* § 170 Rn. 69.
[16] MüKoAktG/*Hennrichs/Pöschke* § 170 Rn. 68 § 150 Rn. 15.
[17] MüKoAktG/*Hennrichs/Pöschke* § 170 Rn. 66.
[18] MHdB AG/*Hoffmann-Becking* § 47 Rn. 16.

tigung des Verkehrswertes ein erhöhter Bilanzgewinn ausgeschüttet werden, der nicht durch entsprechende Marktumsätze realisiert wurde.[19] Der Verkehrswertansatz führt somit immer dann zu Problemen, wenn die HV nicht dem Vorschlag der Sachausschüttung folgt.[20]

11   **2. Obergrenze des gesetzlichen Reservefonds. a) Gesetzliche Obergrenze.** § 150 Abs. 2 sieht eine Obergrenze für den aus der gesetzlichen Rücklage und den Kapitalrücklagen bestehenden gesetzlichen Reservefonds vor. Erreicht der Reservefonds die Obergrenze von **10 % des Grundkapitals** (gesetzliche Obergrenze) oder den in der Satzung bestimmten höheren Prozentsatz (satzungsmäßige Obergrenze, → Rn. 14 ff.), endet die Pflicht, Beträge aus dem Jahresüberschuss in die gesetzliche Rücklage einzustellen. Erreichen die Kapitalrücklagen bereits alleine die gesetzliche oder satzungsmäßige Obergrenze des Reservefonds, etwa weil bei Gründung der Gesellschaft die Gesellschafter durch Zuzahlungen die Kapitalrücklagen entsprechend aufgefüllt haben, entfällt die Pflicht zur Bildung einer gesetzlichen Rücklage gänzlich.[21] Der gesetzliche Reservefonds muss sich nicht zwingend aus der gesetzlichen Rücklage und den Kapitalrücklagen zusammensetzen; er kann auch lediglich aus einer der beiden Rücklagenarten bestehen.[22]

12   Nach dem Gesetzeswortlaut zählen zum **gesetzlichen Reservefonds** neben der gesetzlichen Rücklage nur die **Kapitalrücklagen** nach § 272 Abs. 2 Nr. 1 bis 3 HGB. Ausgenommen sind damit die „anderen Zuzahlungen" nach § 272 Abs. 2 Nr. 4 HGB, also freiwillige Zahlungen der Gesellschafter ohne Gewährung von Vorzügen durch die Gesellschaft. Unklar ist die Behandlung von Beträgen aus einer vereinfachten Kapitalherabsetzung nach den §§ 229 Abs. 1, 231, 232 und 237 Abs. 5. Da § 150 Abs. 2 nur die Kapitalrücklagen nach § 272 Abs. 2 Nr. 1 bis 3 HGB aufführt, zählen Beträge aus Kapitalherabsetzungen nach dem Wortlaut an sich nicht zum gesetzlichen Reservefonds. Nach zutreffender allgM sind sie dem Reservefonds dennoch hinzuzurechnen.[23] Unterbliebe eine Hinzurechnung, wären Beträge aus einer Kapitalherabsetzung als Gewinn ausschüttungsfähig. Dies würde dem Normzweck der Kapitalerhaltung widersprechen. Es liegt wohl ein Redaktionsversehen des Gesetzgebers vor.[24]

13   Das zur Bestimmung der gesetzlichen bzw. satzungsmäßigen (→ Rn. 14 ff.) Obergrenze des Reservefonds maßgebliche **Grundkapital** ist der in der Satzung festgelegte Nennbetrag des Grundkapitals (§ 23 Abs. 3 Nr. 3), welcher in der Bilanz als „gezeichnetes Kapital" auszuweisen ist (§ 266 Abs. 3 A. I. HGB, § 272 Abs. 1 HGB). Dabei ist die Höhe der tatsächlich geleisteten Einzahlungen unbeachtlich.[25] Bei einer **Erhöhung des Grundkapitals** ist mit Wirksamwerden der Kapitalerhöhung durch Eintragung im Handelsregister der neue, höhere Nennbetrag des Grundkapitals für die gesetzliche bzw. satzungsmäßige Obergrenze maßgeblich.[26] Entsprechend muss der Reservefonds durch Zuweisungen zur gesetzlichen Rücklage nach § 150 Abs. 2 auf die höhere Obergrenze aufgefüllt werden. Bei einer **Herabsetzung des Grundkapitals** sinkt die Obergrenze des Reservefonds. Hat der bestehende Reservefonds die Höhe der neuen Obergrenze schon erreicht oder überschritten, sind die Zuweisungen zur gesetzlichen Rücklage zu beenden. Die bereits eingestellten Beträge, die die Obergrenze des Reservefonds übersteigen, bleiben als Reservefonds gebunden und unterliegen den Verwendungsbeschränkungen nach Abs. 4 (→ Rn. 27 ff.).[27]

14   **b) Satzungsmäßige Obergrenze.** Die Satzung kann eine höhere Obergrenze als die gesetzlich geforderten 10 % des Grundkapitals für den Reservefonds bestimmen. Die satzungsmäßige Obergrenze muss aber nach dem Wortlaut des § 150 Abs. 2 einen **Teil des Grundkapitals** darstellen. Der in der Satzung festgelegte Prozentsatz darf daher nicht 100 % oder mehr betragen.[28] Eine das Grundkapital übersteigende Bildung der gesetzlichen Rücklage würde der nach § 58 Abs. 2 Satz 3 bestehenden Beschränkung der satzungsmäßigen Rücklagenbildung widersprechen. Anderslautende Satzungsbestimmungen sind daher nichtig.[29] Erfolgt eine Zuweisung zur gesetzlichen Rücklage aufgrund einer nichtigen Satzungsbestimmung, führt dies nach § 256 Abs. 1 Nr. 4 zur Nichtigkeit des Jahresabschlusses.[30]

---

[19] Kölner Komm AktG/*Ekkenga* Rn. 18.
[20] MüKoAktG/*Hennrichs/Pöschke* § 170 Rn. 72.
[21] Kölner Komm AktG/*Ekkenga* Rn. 22.
[22] ADS Rn. 4.
[23] Hüffer/Koch/*Koch* Rn. 6; MüKoAktG/*Hennrichs/Pöschke* Rn. 18; Kölner Komm AktG/*Ekkenga* Rn. 20; ADS Rn. 38; *Ebeling* WPg 1988, 502 (503 f.); *Haller* DB 1987, 645.
[24] ADS Rn. 38; Hüffer/Koch/*Koch* Rn. 6.
[25] Hüffer/Koch/*Koch* Rn. 6; Großkomm AktG/*Brönner* Anm. 24.
[26] MüKoAktG/*Hennrichs/Pöschke* Rn. 20.
[27] ADS Rn. 67; MüKoAktG/*Hennrichs/Pöschke* Rn. 20.
[28] MüKoAktG/*Hennrichs/Pöschke* Rn. 19; Großkomm AktG/*Brönner* Anm. 25; aA Kölner Komm AktG/*Ekkenga* Rn. 11.
[29] Hüffer/Koch/*Koch* Rn. 7.
[30] Großkomm AktG/*Brönner* Anm. 26; ADS Rn. 32.

Wird in der Satzung eine höhere Obergrenze für den Reservefonds als die gesetzlich vorgesehenen 10 % des Grundkapitals festgelegt, sind jährlich 5 % des um einen etwaigen Verlustvortrag geminderten Jahresüberschusses in die gesetzliche Rücklage einzustellen, bis der Reservefonds die satzungsmäßige Obergrenze erreicht hat. Die in § 150 Abs. 2 vorgeschriebene **Zuweisungsobergrenze** von 5 % darf dabei nicht erhöht werden.[31] Die Zuweisungsobergrenze von 5 % ist eine abschließende gesetzliche Regelung, so dass nach § 23 Abs. 5 keine durch die Satzung bestimmte Abweichung zulässig ist.

Wird durch eine **Satzungsänderung** die satzungsmäßige Obergrenze aufgehoben, sind keine weiteren Beträge in die gesetzliche Rücklage einzustellen, sofern die gesetzliche Obergrenze des Reservefonds von 10 % des Grundkapitals bereits erreicht ist. Die Zuweisung hat im Jahresabschluss desjenigen Geschäftsjahrs zu unterbleiben, in dem die Satzungsänderung nach § 181 Abs. 3 wirksam geworden ist. Sie hat auch zu unterbleiben, wenn die Satzungsänderung nach Ablauf des Geschäftsjahrs, aber vor der Feststellung des Jahresabschlusses wirksam geworden ist.[32] Wird die satzungsmäßige Obergrenze herabgesetzt, ist nach dem Wirksamwerden der Satzungsänderung die neue, niedrigere Obergrenze maßgeblich.

3. Zuweisung durch die Hauptversammlung. Die Zuweisung von Beträgen in die gesetzliche Rücklage nach § 150 Abs. 2 hat durch den Vorstand bei der Aufstellung des Jahresabschlusses zu erfolgen (→ Rn. 7). Die HV kann jedoch im **Beschluss über die Verwendung des Bilanzgewinns** weitere Beträge in die Gewinnrücklagen (§ 58 Abs. 3) und damit auch in die gesetzliche Rücklage einstellen, um den Reservefonds schneller auf die gesetzliche bzw. satzungsmäßige Obergrenze aufzufüllen.[33] Die Zuweisung kann allerdings nicht im festgestellten, sondern erst im folgenden Jahresabschluss berücksichtigt werden.

Bei der Zuweisung von zusätzlichen Beträgen in die gesetzliche Rücklage durch die HV ist das **Anfechtungsrecht von Minderheitsaktionären** nach § 254 zu beachten.[34] Danach können Minderheitsaktionäre den Beschluss über die Verwendung des Bilanzgewinns anfechten, wenn die HV aus dem Bilanzgewinn Beträge in die Gewinnrücklagen einstellt, obwohl die Einstellung bei vernünftiger kaufmännischer Beurteilung nicht notwendig ist, um die Lebens- und Widerstandsfähigkeit der Gesellschaft für einen übersehbaren Zeitraum zu sichern und dadurch an die Aktionäre kein Gewinn von mindestens 4 % des Grundkapitals ausgeschüttet werden kann (→ § 254 Rn. 7 ff.).

VI. Verwendung der Rücklagen (Abs. 3 und 4)

1. Ausschüttungssperre. Der gesetzliche Reservefonds, bestehend aus der gesetzlichen Rücklage und den Kapitalrücklagen außer § 272 Abs. 2 Nr. 4 HGB (→ Rn. 12), darf nicht zur Ausschüttung als Gewinn verwendet werden. Er darf nur für die in § 150 Abs. 3 und Abs. 4 genannten Zwecke aufgelöst werden.

Bei den **Verwendungsbeschränkungen** ist zwischen dem Mindestbetrag (Abs. 3) und dem übersteigenden Betrag (Abs. 4) zu unterscheiden.[35] Der **Mindestbetrag** ist der Teil des Reservefonds, der die gesetzliche Obergrenze von 10 % des Grundkapitals bzw. eine höhere satzungsmäßige Obergrenze nicht übersteigt. Im Gegensatz dazu ist der **übersteigende Betrag** der Teil des Reservefonds, der über die gesetzliche bzw. satzungsmäßige Obergrenze hinausgeht.

Durch eine Herabsetzung des Grundkapitals (→ Rn. 13) oder eine Satzungsänderung, bei der die satzungsmäßige Obergrenze verringert oder aufgehoben wird (→ Rn. 16), kann die Obergrenze betragsmäßig unter den bereits gebildeten Reservefonds sinken. Der über die neue, niedrigere Obergrenze hinausgehende Teil des Reservefonds wird nach allgM nicht zu einer freien Rücklage.[36] Dieser Teil ist als übersteigender Betrag zu behandeln und bleibt damit im gesetzlichen Reservefonds gebunden (→ Rn. 27 ff.).

2. Verwendung des Mindestbetrags. Der Mindestbetrag (→ Rn. 20) darf nach Abs. 3 nur zum **Ausgleich eines Jahresfehlbetrags oder eines Verlustvortrags aus dem Vorjahr** verwendet werden. Es besteht keine Pflicht zum Ausgleich. Der Jahresfehlbetrag oder Verlustvortrag kann auch in das nächste Geschäftsjahr vorgetragen werden.[37]

Der Ausgleich eines Jahresfehlbetrags oder eines Verlustvortrags aus dem Vorjahr ist jedoch nur dann zulässig, wenn bereits **alle anderen bilanziellen Mittel zum Verlustausgleich** ausgeschöpft

---

[31] ADS Rn. 33.
[32] MüKoAktG/*Hennrichs*/*Pöschke* Rn. 21; aA Kölner Komm AktG/*Ekkenga* Rn. 24.
[33] Hüffer/Koch/*Koch* Rn. 7; Großkomm AktG/*Brönner* Anm. 28; ADS Rn. 43; Bonner HdR/*Reiß* Rn. 24.
[34] Kölner Komm AktG/*Ekkenga* Rn. 15; ADS Rn. 45.
[35] In Anlehnung an Hüffer/Koch/*Koch* Rn. 8.
[36] MüKoAktG/*Hennrichs*/*Pöschke* Rn. 20 f.; ADS Rn. 50; Bonner HdR/*Reiß* Rn. 23.
[37] MüKoAktG/*Hennrichs*/*Pöschke* Rn. 28.

sind. So ist der Jahresfehlbetrag zunächst durch einen etwaigen Gewinnvortrag auszugleichen. Ein Verlustvortrag aus dem Vorjahr ist zunächst durch einen etwaigen Jahresüberschuss auszugleichen. Kann der Jahresfehlbetrag oder der Verlustvortrag aus dem Vorjahr so nicht vollständig ausgeglichen werden, sind alle „anderen Gewinnrücklagen" (§ 150 Abs. 3 Nr. 1 und Nr. 2) aufzulösen. Erst wenn mit diesen bilanziellen Mitteln der Ausgleich eines Jahresfehlbetrags oder Verlustvortrags aus dem Vorjahr nicht möglich ist, kann ein Ausgleich mit dem Mindestbetrag erfolgen.

24 Der Begriff **„andere Gewinnrücklagen"** in § 150 Abs. 3 Nr. 1 und Nr. 2 ist nicht iSd gleichnamigen Postens im Bilanzschema nach § 266 Abs. 3 A. III. Nr. 4 HGB zu verstehen.[38] Die Vorschrift meint vielmehr sämtliche nicht gesetzlich gebundene Gewinnrücklagen. Das sind neben den originären „anderen Gewinnrücklagen" nach § 266 Abs. 3 A. III. Nr. 4 HGB auch die satzungsmäßigen Rücklagen nach § 266 Abs. 3 A. III. Nr. 3 HGB. Beide Rücklagen sind zum Ausgleich von Verlusten aufzulösen, bevor ein Ausgleich durch den Mindestbetrag des Reservefonds zulässig ist. Dies ergibt sich aus dem Telos des gesetzlichen Reservefonds. Dieser dient der Kapitalerhaltung und dem Gläubigerschutz, indem er den letzten Puffer für das Grundkapital darstellt.[39] Zudem ist der Reservefonds als zwingende gesetzliche Regelung vorrangig im Vergleich zu den durch die Satzung bestimmten sowie den übrigen freien Rücklagen (§ 23 Abs. 5).

25 Die **Rücklage für Anteile an einem herrschenden oder mit Mehrheit beteiligten Unternehmen** nach § 266 Abs. 3 A. III. Nr. 2 HGB gehört nicht zu den „anderen Gewinnrücklagen" iSv § 150 Abs. 3 Nr. 1 und Nr. 2. Sie dient als Ausgleichsposten für die auf der Aktivseite ausgewiesenen Anteile an einem herrschenden oder mit Mehrheit beteiligten Unternehmen und darf nur in den in § 272 Abs. 4 Satz 4 HGB genannten Fällen aufgelöst werden. Dieser spezielle Zweck der Rücklage für Anteile an einem herrschenden oder mit Mehrheit beteiligten Unternehmen hat Vorrang vor der Schonung des Mindestbetrags des Reservefonds. Folglich müssen diese Rücklagen nicht vor dem Mindestbetrag zum Ausgleich von Verlusten verwendet werden.

26 **3. Verwendung des übersteigenden Betrags.** Auch der übersteigende Betrag (→ Rn. 20) unterliegt einer Ausschüttungssperre und darf daher nicht als Gewinn an die Gesellschafter ausgeschüttet werden. Die **Verwendungsbeschränkungen** sind aber im Vergleich zum Mindestbetrag weniger streng. So darf der übersteigende Betrag zum Ausgleich eines Jahresfehlbetrags oder eines Verlustvortrags aus dem Vorjahr verwendet werden, auch wenn noch nicht alle bilanziellen Mittel zum Verlustausgleich ausgeschöpft sind. Zwar ist ein Jahresfehlbetrag zunächst durch einen Gewinnvortrag, ein Verlustvortrag aus dem Vorjahr zunächst durch einen Jahresüberschuss auszugleichen. Gelingt damit kein vollständiger Verlustausgleich, kann der übersteigende Betrag jedoch zum Ausgleich von Verlusten verwendet werden, obwohl noch satzungsmäßige und andere freie Gewinnrücklagen vorhanden sind. Voraussetzung dafür ist allerdings, dass „gleichzeitig" (§ 150 Abs. 4 Satz 2) keine Gewinnrücklagen aufgelöst werden. Damit wird die Ausschüttung von Gewinnen zu Lasten der gesetzlichen Rücklage verhindert.[40] „Gleichzeitig" heißt in demselben Geschäftsjahr.[41]

27 Der übersteigende Betrag kann außerdem zur **Kapitalerhöhung aus Gesellschaftsmitteln** nach den §§ 207–220 verwendet werden. Dies ist auch dann möglich, wenn im gleichen Geschäftsjahr Gewinnrücklagen zur Ausschüttung als Gewinn aufgelöst werden, da der übersteigende Betrag des Reservefonds in gesetzlich strenger gebundenes Grundkapital umgewandelt wird.[42] Mit einer darauffolgenden auf eine Auszahlung abzielende ordentliche Kapitalherabsetzung nach §§ 222–228 können die Aktionäre über diesen Umweg zumindest auf einen Teil der gesetzlichen Rücklage zugreifen.[43]

28 **4. Reihenfolge der Heranziehung.** In welcher Reihenfolge der gesetzliche Reservefonds zum Ausgleich nach Abs. 3 und 4 herangezogen werden soll, wird gesetzlich nicht geregelt. Allerdings sollte nach hM zunächst die gesetzliche Gewinnrücklage aufgelöst werden.[44]

VII. Rechtsfolgen bei Verstoß

29 Wird gegen § 150 verstoßen, ist der Jahresabschluss nichtig. Aufgrund der unterschiedlichen **Heilungsfristen** nach § 256 Abs. 6 ist zwischen der Nichtigkeit nach § 256 Abs. 1 Nr. 1 und § 256 Abs. 1 Nr. 4 zu unterscheiden.[45]

---

[38] Hüffer/Koch/*Koch* Rn. 9; Kölner Komm AktG/*Ekkenga* Rn. 31; MüKoAktG/*Hennrichs/Pöschke* Rn. 29; Großkomm AktG/*Brönner* Anm. 38.
[39] *ADS* Rn. 55.
[40] RegBegr. *Kropff* S. 222.
[41] MüKoAktG/*Hennrichs/Pöschke* Rn. 33.
[42] Hüffer/Koch/*Koch* Rn. 12; Großkomm AktG/*Brönner* Anm. 47.
[43] MüKoAktG/*Hennrichs/Pöschke* Rn. 24a; *v. Falkenhausen* NZG 2009, 1096 (1097).
[44] *ADS* Rn. 69; Großkomm AktG/*Brönner* Anm. 52; MüKoAktG/*Hennrichs/Pöschke* Rn. 35.
[45] Hüffer/Koch/*Koch* Rn. 13; *ADS* Rn. 71 ff.; MüKoAktG/*Hennrichs/Pöschke* Rn. 36 ff.; Großkomm AktG/*Brönner* Anm. 53 ff.; Bonner HdR/*Reiß* Rn. 37.

Die Nichtigkeit nach § 256 Abs. 1 Nr. 1 tritt ein, wenn ein festgestellter Jahresabschluss durch 30
seinen Inhalt Vorschriften verletzt, die ausschließlich oder überwiegend dem Gläubigerschutz dienen.
Der Gläubigerschutz wird bei § 150 verletzt, wenn zB die nach § 150 Abs. 2 vorgeschriebene **Zuweisung** zur gesetzlichen Rücklage ganz oder teilweise **unterbleibt** oder der gesetzliche Reservefonds entgegen den Regelungen in § 150 Abs. 3 und 4 verwendet wird. Die Heilungsfrist beträgt in diesen Fällen 3 Jahre (§ 256 Abs. 6).

Nichtigkeit nach § 256 Abs. 1 Nr. 4 liegt vor, wenn bei der Feststellung des Jahresabschlusses 31
gegen die Bestimmungen des Gesetzes oder der Satzung über die Einstellung von Beträgen in Kapital- oder Gewinnrücklagen oder über die Entnahme von Beträgen aus Kapital- oder Gewinnrücklagen verstoßen wurde. In diesem Zusammenhang ist der Jahresabschluss nichtig, wenn zB die **Zuweisungsobergrenze** von 5 % **überschritten** wird, der Vorstand und der Aufsichtsrat Beträge über die gesetzliche bzw. satzungsmäßige Obergrenze hinaus in die gesetzliche Rücklage einstellen (**Überdotierung**)[46] oder wenn Zuweisungen zur Aufstockung des Reservefonds auf die höhere satzungsmäßige Obergrenze unterbleiben. Die Heilung tritt in diesen Fällen nach bereits 6 Monaten ein (§ 256 Abs. 6).

§§ 150a, 151 *(aufgehoben)*

§ 152 Vorschriften zur Bilanz

(1) ¹Das Grundkapital ist in der Bilanz als gezeichnetes Kapital auszuweisen. ²Dabei ist der auf jede Aktiengattung entfallende Betrag des Grundkapitals gesondert anzugeben. ³Bedingtes Kapital ist mit dem Nennbetrag zu vermerken. ⁴Bestehen Mehrstimmrechtsaktien, so sind beim gezeichneten Kapital die Gesamtstimmzahl der Mehrstimmrechtsaktien und die der übrigen Aktien zu vermerken.

(2) Zu dem Posten „Kapitalrücklage" sind in der Bilanz oder im Anhang gesondert anzugeben
1. der Betrag, der während des Geschäftsjahrs eingestellt wurde;
2. der Betrag, der für das Geschäftsjahr entnommen wird.

(3) Zu den einzelnen Posten der Gewinnrücklagen sind in der Bilanz oder im Anhang jeweils gesondert anzugeben
1. die Beträge, die die Hauptversammlung aus dem Bilanzgewinn des Vorjahrs eingestellt hat;
2. die Beträge, die aus dem Jahresüberschuß des Geschäftsjahrs eingestellt werden;
3. die Beträge, die für das Geschäftsjahr entnommen werden.

(4) Die Absätze 1 bis 3 sind nicht anzuwenden auf Aktiengesellschaften, die Kleinstkapitalgesellschaften im Sinne des § 267a des Handelsgesetzbuchs sind, wenn sie von der Erleichterung nach § 266 Absatz 1 Satz 4 des Handelsgesetzbuchs Gebrauch machen. ²Kleine Aktiengesellschaften im Sinne des § 267 Absatz 1 des Handelsgesetzbuchs haben die Absätze 2 und 3 mit der Maßgabe anzuwenden, dass die Angaben in der Bilanz zu machen sind.

Schrifttum: *Farr*, Aufstellung, Prüfung und Offenlegung des Anhangs im Jahresabschluss der AG, AG 2000, 1; *Kaldenbach*, Neues Bilanzrecht: Der Anhang im Jahresabschluss, 2. Aufl. 1989; *Kueffner*, Der Anhang zum Jahresabschluss: Informationspflichten nach §§ 284 ff. HGB, 1988; *Schoene*, Anhang und Lagebericht nach dem BiRiLiG, 1988; *Schülen*, Die Aufstellung des Anhangs, WPg 1987, 223.

Übersicht

	Rn.		Rn.
I. Regelungsgegenstand und Normzweck	1	c) Mehrstimmrechtsaktien	7–9
II. Ausweis des Grundkapitals und zusätzliche Angaben (Abs. 1)	2–9	**III. Angaben zur Kapitalrücklage (Abs. 2)**	10–12
1. Ausweis des Grundkapitals (Satz 1)	2, 3	1. Einstellungen in die Kapitalrücklage	10, 11
2. Angaben zum Grundkapital (Satz 2 bis 4)	4–9	2. Entnahmen aus der Kapitalrücklage	12
a) Aktien jeder Gattung	4, 5	**IV. Angaben zu den Gewinnrücklagen (Abs. 3)**	13–17
b) Bedingtes Kapital	6		

---

[46] *ADS* Rn. 73.

	Rn.		Rn.
1. Einstellungen in die Gewinnrücklagen	13–15	2. Darstellung der Angaben zur Kapitalrücklage und zu den Gewinnrücklagen	21–25
2. Entnahmen aus den Gewinnrücklagen	16, 17	a) Darstellung in der Bilanz oder im Anhang	21, 22
V. Darstellung der Angaben	18–26	b) Darstellungsform	23–25
1. Darstellung der Angaben zum Grundkapital in der Bilanz	18–20	3. Kennzeichnung durch Fußnoten	26
		VI. Größenabhängige Erleichterungen	27–30

I. Regelungsgegenstand und Normzweck

1 Die Vorschrift ist eine rechtsformspezifische Ergänzung der **Gliederungsvorschriften für die Bilanz** (§§ 266, 272 HGB) und der Vorschriften zum **Anhang** (§§ 284 ff. HGB). Nach § 152 Abs. 1 ist das Grundkapital in der Bilanz als gezeichnetes Kapital auszuweisen (Satz 1) und um bestimmte Angaben zu ergänzen (Satz 2 bis 4). Anzugeben ist in der Bilanz der auf jede Aktiengattung entfallende Betrag des Grundkapitals, der Nennbetrag des bedingten Kapitals sowie bei Bestehen von Mehrstimmrechtsaktien deren Gesamtstimmzahl und die Stimmzahl der übrigen Aktien. § 152 Abs. 2 und Abs. 3 schreibt die Angabe der betragsmäßigen Entwicklung der Kapitalrücklage und der Gewinnrücklagen vor. Diese Angaben können wahlweise in der Bilanz oder im Anhang ausgewiesen werden.

II. Ausweis des Grundkapitals und zusätzliche Angaben (Abs. 1)

2 **1. Ausweis des Grundkapitals (Satz 1).** Nach § 152 Abs. 1 Satz 1 ist das Grundkapital in der Bilanz als **gezeichnetes Kapital** (§ 272 Abs. 1 HGB) auszuweisen. Diese Vorschrift hat lediglich eine klarstellende Funktion. Der Ausweis des Grundkapitals als gezeichnetes Kapital soll die Verständlichkeit und die internationale Vergleichbarkeit der Bilanz verbessern.[1]

3 Für **Kommanditgesellschaften auf Aktien** besteht eine Sonderregelung. Bei diesen Gesellschaften gehört nur der Aktienanteil am haftenden Vermögen zum gezeichneten Kapital nach § 272 Abs. 1 HGB. Der Kapitalanteil der persönlich haftenden Gesellschafter ist gemäß § 286 Abs. 2 Satz 1 nach dem Posten „gezeichnetes Kapital" gesondert auszuweisen.

4 **2. Angaben zum Grundkapital (Satz 2 bis 4). a) Aktien jeder Gattung.** Gemäß § 152 Abs. 1 Satz 2 ist der auf jede Aktiengattung entfallende Betrag des Grundkapitals in der Bilanz gesondert anzugeben. Verschiedene **Aktiengattungen** entstehen durch die Gewährung unterschiedlicher Rechte bei der Verteilung des Gewinns und des Gesellschaftsvermögens. Aktien mit gleichen Rechten bilden eine Aktiengattung (§ 11). Hauptsächlich wird zwischen der Gattung der Stammaktien und der Vorzugsaktien unterschieden.[2] Als Stammaktien bezeichnet man Aktien, die mit den gesetzlichen Grundrechten ausgestattet sind: dem Dividendenbezugsrecht, dem Stimmrecht und dem Recht auf Liquidationserlös.[3] Sie stellen den Normalfall einer Aktie dar und beinhalten keinerlei Sonderrechte. Vorzugsaktien gewähren im Verhältnis zu Stammaktien entweder einen erhöhten Gewinnanteil (Mehrdividende) oder einen Vorzug bei der Verteilung des Bilanzgewinns (Vorabdividende, welche nachgezahlt werden kann). Das Stimmrecht kann hingegen ausgeschlossen werden (§ 12 Satz 2, § 139 ff.).

5 Keine eigene Aktiengattung stellen **Inhaber- und Namensaktien** (§ 10 Abs. 1) dar.[4] Verschiedene Gattungen entstehen auch nicht durch unterschiedliche Nennbeträge, Ausgabebeträge und verschiedene Einlagearten (Bar- oder Sacheinlage).[5]

6 **b) Bedingtes Kapital.** Nach § 152 Abs. 1 Satz 3 ist in der Bilanz das bedingten Kapital (§ 192) mit dem **Nennbetrag** anzugeben. Die Angabe hat in dem Geschäftsjahr zu erfolgen, in dem die bedingte Kapitalerhöhung durch die HV beschlossen wurde.[6] Der Zeitpunkt der Eintragung in das Handelsregister ist nicht maßgeblich. Die Angabe des bedingten Kapitals mit dem Nennbetrag soll ersichtlich machen, um welchen Betrag sich das Grundkapital durch eine bedingte Kapitalerhöhung möglicherweise erhöhen könnte.[7] Über die bei einer bedingten Kapitalerhöhung gezeichneten Aktien (Bezugsaktien) ist nach § 160 Abs. 1 Nr. 3 zu berichten (→ § 160 Rn. 14).

7 **c) Mehrstimmrechtsaktien.** Mehrstimmrechtsaktien gewähren im Verhältnis zum Nennbetrag ein höheres Stimmrecht als andere Aktien (Mehrstimmrecht). Nach § 12 Abs. 2 aF konnten Mehr-

---

[1] RegBegr. BT-Drs. 10/317, 103.
[2] ADS Rn. 4.
[3] Großkomm AktG/*Brönner* Anm. 14.
[4] Hüffer/Koch/*Koch* § 11 Rn. 7; Kölner Komm AktG/*Ekkenga* Rn. 9.
[5] MHdB AG/*Sailer-Coceani* § 13 Rn. 8.
[6] Hüffer/Koch/*Koch* Rn. 4; ADS Rn. 9; Großkomm AktG/*Brönner* Anm. 18.
[7] Großkomm AktG/*Brönner* Anm. 18; Kölner Komm AktG/*Ekkenga* Rn. 10.

stimmrechte nur dann gewährt werden, wenn die für die Wirtschaft zuständige oberste Behörde des Landes, in dem die Gesellschaft ihren Sitz hat, dies zur Wahrung überwiegender gesamtwirtschaftlicher Belange genehmigte. Mit dem am 1.5.1998 in Kraft getretenen Gesetz zur Kontrolle und Transparenz im Unternehmensbereich (KonTraG) ist die Schaffung von Mehrstimmrechten **unzulässig** (§ 12 Abs. 2 nF).[8] Bestehende Mehrstimmrechte sind gemäß § 5 Abs. 1 EGAktG am 1.6.2003 erloschen, wenn die HV bis dahin nicht ihre **Fortgeltung** beschlossen hat.

Bestehen noch Mehrstimmrechtsaktien, sind nach § 152 Abs. 1 Satz 4 deren Gesamtstimmzahl und die Stimmzahl der übrigen Aktien in der Bilanz anzugeben. Durch diese Angabe soll das Stimmverhältnis zwischen Mehrstimmrechtsaktien und Stammaktien ersichtlich gemacht werden.[9] **8**

Sind die Mehrstimmrechte auf bestimmte **Beschlussgegenstände** beschränkt, muss eine Angabe gemäß § 152 Abs. 1 Satz 4 nicht erfolgen.[10] Ein Vermerk über die entsprechende Satzungsregelung ist jedoch zulässig und sinnvoll.[11] Aus Gründen der Übersichtlichkeit sollte diese Angabe im Anhang ausgewiesen werden. **9**

III. Angaben zur Kapitalrücklage (Abs. 2)

1. Einstellungen in die Kapitalrücklage. Nach § 152 Abs. 2 sind sowohl die Einstellungen in die Kapitalrücklage (Nr. 1) als auch die Entnahmen aus der Kapitalrücklage (Nr. 2), die während des Geschäftsjahrs vorgenommen wurden, wahlweise in der Bilanz oder im Anhang gesondert anzugeben. Diese Angaben sollen die **betragsmäßige Entwicklung** der Kapitalrücklage für das abgelaufene Geschäftsjahr ersichtlich machen.[12] **10**

Welche Einstellungen in die Kapitalrücklage zulässig sind, ist in § 272 Abs. 2 HGB und den ergänzenden Vorschriften des AktG geregelt. Folgende Beträge sind in die Kapitalrücklage einzustellen: Ein **Aktienagio** (§ 272 Abs. 2 Nr. 1 HGB), ein **Agio aus der Begebung von Wandelschuldverschreibungen und Optionsrechten** (§ 272 Abs. 2 Nr. 2 HGB), **Zuzahlungen der Aktionäre gegen Gewährung eines Vorzugs** (§ 272 Abs. 2 Nr. 3 HGB), **andere Zuzahlungen** der Aktionäre (§ 272 Abs. 2 Nr. 4 HGB), Beträge aus einer **vereinfachten Kapitalherabsetzung** (§§ 229, 232) sowie **der auf die eingezogenen Aktien entfallende Betrag des Grundkapitals** (§ 237 Abs. 3 und 5).[13] **11**

2. Entnahmen aus der Kapitalrücklage. § 152 Abs. 2 Nr. 2 beinhaltet die Angabepflicht für sämtliche Entnahmen aus der Kapitalrücklage, die während des Geschäftsjahrs vorgenommen wurden. Da die Kapitalrücklage zusammen mit der gesetzlichen Rücklage den gesetzlichen Reservefonds bildet (→ § 150 Rn. 1), dürfen Entnahmen aus der Kapitalrücklage nur unter engen Voraussetzungen zu bestimmten Zwecken erfolgen. Nach § 150 Abs. 3 und 4 dürfen Beträge aus der Kapitalrücklage lediglich zum **Ausgleich eines Jahresfehlbetrags** oder **eines Verlustvortrags aus dem Vorjahr** oder zur **Kapitalerhöhung aus Gesellschaftsmitteln** (§§ 207–220) entnommen werden (→ § 150 Rn. 19 ff.). Eine Ausnahme besteht für die „anderen Zuzahlungen" nach § 272 Abs. 2 Nr. 4 HGB. Für diese Beträge gelten die Restriktionen des § 150 Abs. 3 und Abs. 4 nicht (→ § 150 Rn. 12). **12**

IV. Angaben zu den Gewinnrücklagen (Abs. 3)

1. Einstellungen in die Gewinnrücklagen. Nach § 152 Abs. 3 sind zu den Gewinnrücklagen sämtliche Einstellungen und Entnahmen, die während des Geschäftsjahrs vorgenommen wurden, in der Bilanz oder im Anhang gesondert anzugeben. Die Einstellungen und Entnahmen sind für **jeden einzelnen Posten der Gewinnrücklage** (§ 266 Abs. 3 A. III. Nr. 1–4 HGB) getrennt auszuweisen. **13**

Die Pflicht zur Angabe der Einstellungen in die einzelnen Posten der Gewinnrücklagen ergibt sich aus § 152 Abs. 3 Nr. 1 und Nr. 2. Nach § 152 Abs. 3 Nr. 1 sind die Beträge anzugeben, die die HV im **Beschluss über die Verwendung des Bilanzgewinns** in die Gewinnrücklagen eingestellt hat (§ 58 Abs. 3, § 174 Abs. 2 Nr. 3). Die Angabepflicht bezieht sich dabei auf den Gewinnverwendungsbeschluss des Vorjahrs. Der Gewinnverwendungsbeschluss der HV im laufenden Geschäftsjahr kann nicht berücksichtigt werden, da der Beschluss nicht zu einer Änderung des festgestellten Jahresabschlusses führt (§ 174 Abs. 3). **14**

Nach § 152 Abs. 3 Nr. 2 sind die Beträge anzugeben, die aus dem Jahresüberschuss des Geschäftsjahrs in die Gewinnrücklagen eingestellt wurden. Gemeint sind die Einstellungen in die **gesetzliche** **15**

---

[8] Art. 1 Nr. 3 KonTraG vom 27.4.1998, BGBl. 1998 I 786.
[9] Hüffer/Koch/*Koch* Rn. 5; ADS Rn. 14; Bonner HdR/*Reiß* Rn. 9.
[10] Hüffer/Koch/*Koch* Rn. 5; ADS Rn. 14.
[11] Hüffer/Koch/*Koch* Rn. 5; ADS Rn. 14.
[12] MüKoAktG/*Suchan* Rn. 15 mwN.
[13] MüKoAktG/*Suchan* Rn. 16; Hüffer/Koch/*Koch* Rn. 6; ADS Rn. 21.

Rücklage (§ 150 Abs. 2), die **Rücklage für Anteile an einem herrschenden oder mit Mehrheit beteiligten Unternehmen** (§ 272 Abs. 4 HGB), die **satzungsmäßigen Rücklagen** und die **anderen Gewinnrücklagen** (§ 58 Abs. 1, 2, 2a), die bei **Aufstellung des Jahresabschlusses** durch den Vorstand vorgenommen werden (§ 270 Abs. 2 HGB).[14]

16 2. **Entnahmen aus den Gewinnrücklagen.** Korrespondierend zur Angabepflicht der Einstellungen in die Gewinnrücklagen nach § 152 Abs. 3 Nr. 1 und Nr. 2 beinhaltet Nr. 3 die Pflicht zur Angabe sämtlicher Entnahmen aus den einzelnen Posten der Gewinnrücklagen, die für das Geschäftsjahr vorgenommen wurden. Anzugeben sind somit etwa Entnahmen zum **Ausgleich eines Jahresfehlbetrags** oder **eines Verlustvortrags aus dem Vorjahr** sowie Entnahmen zur **Gewinnausschüttung** oder zur **Kapitalerhöhung aus Gesellschaftsmitteln** (§§ 207 ff.).[15]

17 Die Verwendung von anderen Gewinnrücklagen (§ 266 Abs. 3 A. III. Nr. 4 HGB) zur Dotierung der gesetzlichen Rücklage (§ 150 Abs. 1) oder zur Bildung der Rücklage für Anteile an einem herrschenden oder mit Mehrheit beteiligten Unternehmen (§ 272 Abs. 4 HGB) wird durch den Wortlaut von § 152 Abs. 3 Nr. 3 nicht erfasst. Eine Pflicht zur Angabe dieser **Umwidmung von Gewinnrücklagen** in der Bilanz oder im Anhang besteht daher nicht. Nach allgM ist die Angabe jedoch aus Vollständigkeitsgründen empfehlenswert.[16] Anzugeben sind dem zufolge sowohl die Entnahmen aus den anderen Gewinnrücklagen als auch die korrespondierenden Einstellungen in die gesetzliche Rücklage oder die Rücklage für Anteile an einem herrschenden oder mit Mehrheit beteiligten Unternehmen.

V. Darstellung der Angaben

18 1. **Darstellung der Angaben zum Grundkapital in der Bilanz.** § 152 enthält keine Regelungen darüber, wie die Angaben zum Grundkapital in der Bilanz darzustellen sind. Die Darstellungsform kann daher frei gewählt werden.[17] Sie hat jedoch dem Gebot der Klarheit und der Übersichtlichkeit zu genügen (§ 243 Abs. 2 HGB).

19 Bei der Angabe des auf jede Aktiengattung entfallenden Betrags des Grundkapitals sind gemäß § 265 Abs. 2 Satz 1 HGB auch die **Vorjahreszahlen** auszuweisen. Bei der Angabe des bedingten Kapitals, der Gesamtstimmzahl der Mehrstimmrechtsaktien und der übrigen Aktien müssen Vorjahreszahlen nicht ausgewiesen werden, da es sich bei diesen Angaben nicht um eine gesetzlich vorgeschriebene Untergliederung eines Bilanzpostens, sondern um ergänzende Erläuterungen handelt.[18]

20 Folgende Darstellung der Angaben zum Grundkapital ist denkbar:[19]

	Geschäftsjahr TEuro	Vorjahr TEuro
A. Eigenkapital		
I. gezeichnetes Kapital		
1. Stammaktien	1000	1000
2. Vorzugsaktien	50	50
3. Vorzugsaktien ohne Stimmrecht	50	50
	1100	1100
bedingtes Kapital	30	
II. Kapitalrücklage		

Obwohl der Wortlaut des § 152 Abs. 1 Satz 2 den Ausweis des Nennbetrags jeder Aktiengattung in der Bilanz vorschreibt, ist es nach allgM aus Gründen der Klarheit und Übersichtlichkeit (§ 243 Abs. 2 HGB, § 265 Abs. 7 Nr. 2 HGB) zulässig, die Angabe des Nennbetrags für jede Aktiengattung mit der nach § 160 Abs. 1 Nr. 3, 1. HS erforderlichen Angabe über die Zahl der Aktien jeder Gattung zusammenzufassen und darüber ausschließlich im Anhang zu berichten.[20]

---

[14] Großkomm AktG/*Brönner* Anm. 26; *ADS* Rn. 28; Kölner Komm AktG/*Ekkenga* Rn. 22.
[15] MüKoAktG/*Suchan* Rn. 21; *ADS* Rn. 29; Großkomm AktG/*Brönner* Anm. 27; Kölner Komm AktG/*Ekkenga* Rn. 24.
[16] *ADS* Rn. 29 f.; Großkomm AktG/*Brönner* Anm. 28; Bonner HdR/*Reiß* Rn. 19; weitergehende Auffassung Kölner Komm AktG/*Ekkenga* Rn. 24: sieht Kapitalumschichtung durch den Entnahmebegriff erfasst.
[17] *ADS* Rn. 16.
[18] *ADS* Rn. 16.
[19] *ADS* Rn. 17; Bonner HdR/*Reiß* Rn. 10; Großkomm AktG/*Brönner* Anm. 20.
[20] Ebenso *ADS* § 160 Rn. 41; Großkomm AktG/*Brönner* § 160 Anm. 18; BeBiKo/*Grottel* HGB § 284 Rn. 89; aA Hüffer/Koch/*Koch* § 160 Rn. 10; MüKoAktG/*Kessler* § 160 Rn. 35; Kölner Komm AktG/*Ekkenga* § 160 Rn. 25.

2. Darstellung der Angaben zur Kapitalrücklage und zu den Gewinnrücklagen. a) Darstellung in der Bilanz oder im Anhang. Die Angaben zur Kapitalrücklage und zu den Gewinnrücklagen nach § 152 Abs. 2 und 3 sind **wahlweise in der Bilanz oder im Anhang** darzustellen. Das Wahlrecht ist einheitlich für alle Angaben auszuüben. Eine Aufteilung der Angaben auf die Bilanz und den Anhang ist unzulässig.[21] Sie würde die Übersichtlichkeit des Jahresabschlusses beeinträchtigen. 21

Die Angabepflichten zur Kapitalrücklage und zu den Gewinnrücklagen überschneiden sich teilweise mit den **Angabepflichten nach § 158 Abs. 1** (→ § 158 Rn. 23). Eine Reihe von Angaben, die nach § 152 Abs. 2 und 3 entweder in der Bilanz oder im Anhang dargestellt werden müssen, ist auch nach § 158 Abs. 1 auszuweisen und zwar wahlweise in der Gewinn- und Verlustrechnung oder ebenfalls im Anhang. Um zu vermeiden, dass die Angaben zu den Rücklagenbewegungen nicht getrennt in der Bilanz und der Gewinn- und Verlustrechnung angegeben werden sowie aus Gründen der Übersichtlichkeit wird empfohlen, sowohl die Angaben nach § 152 Abs. 2 und 3 als auch nach § 158 Abs. 1 einheitlich im Anhang darzustellen.[22] Ein Unterlassen der Angaben in der Bilanz nach § 152 mit Verweis auf die Angaben in der GuV nach § 158 ist aber nicht gestattet.[23] 22

b) Darstellungsform. Eine bestimmte Darstellungsform der Angaben zur Kapitalrücklage und zu den Gewinnrücklagen in der Bilanz oder im Anhang ist in § 152 Abs. 2 und 3 nicht vorgeschrieben. Wie bei der Darstellung der Angaben zum Grundkapital kann die Form der Darstellung daher frei gewählt werden, sofern sie dem Grundsatz der Klarheit und Übersichtlichkeit (§ 243 Abs. 2 HGB) und darauf folgend auch dem Grundsatz der Stetigkeit (§ 265 Abs. 1 HGB) genügt.[24] 23

Bei der Darstellung der Angaben muss beachtet werden, dass bei den Gewinnrücklagen nach dem Wortlaut des § 152 Abs. 3 die vorgeschriebenen Angaben zu jedem einzelnen Posten der Gewinnrücklagen (§ 266 Abs. 3 A. III. Nr. 1–4 HGB) auszuweisen sind. Die Angaben zur Kapitalrücklage müssen nach dem Wortlaut des § 152 Abs. 2 hingegen nicht weiter untergliedert werden. Das Gesetz spricht von dem Posten „Kapitalrücklage" im Singular und sieht daher eine Untergliederung in verschiedene Posten nicht vor. Eine freiwillige Untergliederung der Angaben in die einzelnen Bestandteile der Kapitalrücklage (→ Rn. 11) zur ergänzenden Erläuterung ist jedoch nach allgM zulässig und sinnvoll.[25] 24

Folgende Darstellungsformen sind denkbar:[26] 25

1. Darstellung in einer Vorspalte (Vertikale Methode)		
	Geschäftsjahr	Vorjahr
A. Eigenkapital		
I. gezeichnetes Kapital	…	…
II. Kapitalrücklage	…	…
III. Gewinnrücklagen		
1. gesetzliche Rücklage		
Vortrag zum 1. 1.	…	……
+ Einstellung aus dem Jahresüberschuss	…	……
…		

2. Darstellung als Rücklagenspiegel (Horizontale Methode)					
	Vortrag zum 1. 1.	Einstellungen durch die HV aus dem Bilanzgewinn des Vorjahrs	Einstellungen aus dem Jahresüberschuss	Einstellungen im Geschäftsjahr	Entnahmen im Geschäftsjahr	Stand 31. 12.
Kapitalrücklage						
Aktienagio	…			…	(. /. …)	…
Zuzahlungen in das Eigenkapital	…			…	(. /. …)	…
Gewinnrücklagen						
gesetzliche Rücklage	…	…	…	…	(. /. …)	…
…	…	…	…	…	(. /. …)	…

---

[21] *ADS* Rn. 31; Großkomm AktG/*Brönner* Anm. 29; Bonner HdR/*Reiß* Rn. 21.
[22] MüKoAktG/*Suchan* Rn. 23; *ADS* Rn. 31; Großkomm AktG/*Brönner* Anm. 29.
[23] Hüffer/Koch/*Koch* Rn. 7; MüKoAktG/*Freisleben* § 158 Rn. 46.
[24] Großkomm AktG/*Brönner* Anm. 31; Kölner Komm AktG/*Ekkenga* Rn. 27.
[25] MüKoAktG/*Suchan* Rn. 24; *ADS* Rn. 33; Großkomm AktG/*Brönner* Anm. 30; Kölner Komm AktG/ *Ekkenga* Rn. 14.
[26] Beispiele nach Großkomm AktG/*Brönner* Anm. 32 ff.; *ADS* Rn. 36 ff.

26 **3. Kennzeichnung durch Fußnoten.** Wenn Angaben nach § 152 Abs. 2 und 3 nur in geringem Umfang nötig sind, wird auch eine Darstellung in Fußnoten für zulässig erachtet.[27]

VI. Größenabhängige Erleichterungen

27 Durch das MicroBilG v. 20.12.2012 (BGBl. 2012 I 2751) wurde die Richtlinie 2012/6/EU umgesetzt, die den Verwaltungsaufwand bei Kleinstbetrieben durch eine vereinfachte Aufstellung des Jahresabschlusses verringern möchte. Dazu wurde der § 267a HGB eingeführt, der in Abs. 1 die Kleinstkapitalgesellschaften anhand von drei Größenmerkmalen definiert. Die Kleinstkapitalgesellschaften sind nach dem ebenso neu eingeführten § 266 Abs. 1 Satz 4 HGB nur verpflichtet, eine stark verkürzte Bilanz aufzustellen. Diese sieht eine Untergliederung des Eigenkapitals nach § 266 Abs. 3 A HGB nicht vor. Der neu eingefügte Abs. 4 stellt somit klar, dass **Kleinstaktiengesellschaften**, die ihre Bilanz nach § 266 Abs. 1 Satz 4 verkürzt aufstellen, auch von der Pflicht der gesonderten Ausführung des gezeichneten Kapitals und der Rücklagenbewegungen ausgenommen sind.

28 Abs. 4 S. 2 wurde durch das BilRUG v. 17.7.2015 (BGBl. 2015 I 1245) eingeführt, welches die Richtlinie 2013/34/EU umgesetzt hat, und ist gemäß § 26g erstmals für Jahresabschlüsse anzuwenden, die nach dem 31.12.2015 beginnen. Die Richtlinie strebt die Maximalharmonisierung der Anhangsangaben bei kleinen Kapitalgesellschaften an (Art. 16 Abs. 3 RL 2013/34/EU).[28] Dementsprechend entfällt das Wahlrecht der gesonderten Aufstellungspflicht **bei kleinen Aktiengesellschaften** iSv § 267 Abs. 1 HGB, die nach § 266 Abs. 1 Satz 3 HGB nur eine verkürzte Bilanz aufstellen. Die gesonderten Angaben zur Kapitalrücklage und den Gewinnrücklagen sind zwingend in der Bilanz anzugeben. Da kleine Kapitalgesellschaften die Gewinnrücklagen nach § 266 Abs. 3 A. III. HGB allerdings nicht in die gesetzliche Rücklage, die Rücklage für Anteile an einem herrschenden oder mit Mehrheit beteiligten Unternehmen, die satzungsmäßigen Rücklagen und die anderen Gewinnrücklagen untergliedern müssen, können die Gewinnrücklagen vielmehr als Summe ausgewiesen werden. Dem folgend sind nach allgM die Angaben zu den Gewinnrücklagen nach § 152 Abs. 3 bei der verkürzten Bilanzaufstellung nur zur Summe der Gewinnrücklagen zu machen.[29] Die Angaben brauchen nicht für die einzelnen Posten der Gewinnrücklagen gesondert dargestellt werden.

29 Nimmt eine kleine Aktiengesellschaft eine Erleichterung in Anspruch, ist auf Verlangen der Aktionäre nach § 131 Abs. 1 Satz 3 eine Bilanz unter Aufgliederung der Gewinnrücklagen in der für große Kapitalgesellschaften geltenden Form vorzulegen. Dies muss auch für Kleinstaktiengesellschaften gelten, da die Erleichterungsvorschriften lediglich die Bilanzerstellung erleichtern und nicht das Informationsrecht der Aktionäre beeinträchtigen sollen.[30] Der genaue Einblick in die Finanz- und Ertragslage bleibt den Aktionären somit erhalten.[31] Unterstützt wird diese Auffassung dadurch, dass die Kleinstkapitalgesellschaften der Gruppe der kleinen Kapitalgesellschaften zugeordnet werden und somit von allen Erleichterungen für diese Gruppe nach § 267a Abs. 2 HGB Gebrauch machen können.[32]

30 **Mittelgroße Gesellschaften** iSv § 267 Abs. 2 HGB können die Erleichterungen der kleinen Gesellschaften iSv § 267 Abs. 1 erst bei Offenlegung des Jahresabschlusses in Anspruch nehmen (§ 327 HGB). Die Darstellung der Angaben zu den Gewinnrücklagen nach § 152 Abs. 3 kann bei der Offenlegung dem zufolge wie bei kleinen Gesellschaften in verkürzter Form erfolgen.[33]

§§ 153–157 *(aufgehoben)*

§ 158 Vorschriften zur Gewinn- und Verlustrechnung

(1) ¹Die Gewinn- und Verlustrechnung ist nach dem Posten „Jahresüberschuß/Jahresfehlbetrag" in Fortführung der Numerierung um die folgenden Posten zu ergänzen:
1. Gewinnvortrag/Verlustvortrag aus dem Vorjahr
2. Entnahmen aus der Kapitalrücklage
3. Entnahmen aus Gewinnrücklagen
   a) aus der gesetzlichen Rücklage

---

[27] ADS Rn. 38; Großkomm AktG/*Brönner* Anm. 34; ähnlich Kölner Komm AktG/*Ekkenga* Rn. 28.
[28] RegBegr. BT-Drs. 18/4050, 89; K. Schmidt/Lutter/*Kleindiek* Rn. 10 iVm § 150 Rn. 15.
[29] Großkomm AktG/*Brönner* Anm. 35; Kölner Komm AktG/*Ekkenga* Rn. 29.
[30] MüKoAktG/*Kubis* § 131 Rn. 92.
[31] RegBegr. BR-Drs. 558/12, 10.
[32] RegBegr. BR-Drs. 558/12, 19.
[33] ADS Rn. 40.

b) aus der Rücklage für Anteile an einem herrschenden oder mehrheitlich beteiligten Unternehmen
c) aus satzungsmäßigen Rücklagen
d) aus anderen Gewinnrücklagen
4. Einstellungen in Gewinnrücklagen
   a) in die gesetzliche Rücklage
   b) in die Rücklage für Anteile an einem herrschenden oder mehrheitlich beteiligten Unternehmen
   c) in satzungsmäßige Rücklagen
   d) in andere Gewinnrücklagen
5. Bilanzgewinn/Bilanzverlust.
²Die Angaben nach Satz 1 können auch im Anhang gemacht werden.

(2) ¹Von dem Ertrag aus einem Gewinnabführungs- oder Teilgewinnabführungsvertrag ist ein vertraglich zu leistender Ausgleich für außenstehende Gesellschafter abzusetzen; übersteigt dieser den Ertrag, so ist der übersteigende Betrag unter den Aufwendungen aus Verlustübernahme auszuweisen. ²Andere Beträge dürfen nicht abgesetzt werden.

(3) Die Absätze 1 und 2 sind nicht anzuwenden auf Aktiengesellschaften, die Kleinstkapitalgesellschaften im Sinne des § 267a des Handelsgesetzbuchs sind, wenn sie von der Erleichterung nach § 275 Absatz 5 des Handelsgesetzbuchs Gebrauch machen.

Schrifttum: Siehe Angaben zu § 152.

Übersicht

	Rn.		Rn.
I. Regelungsgegenstand und Normzweck	1	b) Einstellungen in die Rücklage für Anteile an einem herrschenden oder mehrheitlich beteiligten Unternehmen	15
II. Ergänzende Posten (Abs. 1 Satz 1)	2–21	c) Einstellungen in satzungsmäßige Rücklagen	16
1. Gewinnvortrag/Verlustvortrag aus dem Vorjahr (Nr. 1)	3	d) Einstellungen in andere Gewinnrücklagen	17
2. Entnahmen aus der Kapitalrücklage (Nr. 2)	4, 5	5. Bilanzgewinn/Bilanzverlust (Nr. 5)	18
3. Entnahmen aus Gewinnrücklagen (Nr. 3)	6–11	6. Ergänzende Posten bei Kapitalherabsetzung	19–21
a) Entnahmen aus der gesetzlichen Rücklage	7	III. Darstellung der Angaben	22–24
b) Entnahmen aus der Rücklage für Anteile an einem herrschenden oder mehrheitlich beteiligten Unternehmen	8	1. Darstellung in der Gewinn- und Verlustverrechnung oder im Anhang (Abs. 1 Satz 2)	22, 23
c) Entnahmen aus satzungsmäßigen Rücklagen	9, 10	2. Größenabhängige Erleichterungen (Abs. 3)	24
d) Entnahmen aus anderen Gewinnrücklagen	11	IV. Behandlung eines vertraglich zu leistenden Ausgleichs für außenstehende Aktionäre (Abs. 2)	25
4. Einstellungen in Gewinnrücklagen (Nr. 4)	12–17		
a) Einstellungen in die gesetzliche Rücklage	13, 14		

I. Regelungsgegenstand und Normzweck

Die Vorschrift ergänzt für Aktiengesellschaften und Kommanditgesellschaften auf Aktien die **Gliederungsvorschriften der Gewinn- und Verlustrechnung** (§ 275 HGB) und die Vorschriften zum **Anhang** (§§ 284 ff. HGB). § 158 Abs. 1 Satz 1 beinhaltet die Pflicht, den Posten Jahresüberschuss/Jahresfehlbetrag (§ 275 Abs. 2 Nr. 17 bzw. Abs. 3 Nr. 16 HGB) in der Gewinn- und Verlustrechnung durch die Angabe der in Nr. 1 bis Nr. 4 aufgeführten Posten zum Bilanzgewinn/Bilanzverlust (Nr. 5) überzuleiten. Die Überleitung vom Jahresergebnis zum Bilanzergebnis soll den Aktionären ersichtlich machen, aus welchen bilanziellen Mitteln der Bilanzgewinn gespeist wird, über den sie in der HV zu verfügen haben.[1] Nach § 158 Abs. 1 Satz 2 kann die Überleitung anstatt in der Gewinn- und Verlustrechnung auch im Anhang ausgewiesen werden. § 158 Abs. 2 regelt den **Ausweis eines vertraglich zu leistenden Ausgleichs** für außenstehende Gesellschafter bei Bestehen eines Gewinnabführungs- oder Teilgewinnabführungsvertrags.

[1] Bonner HdR/*Reiß* Rn. 9.

II. Ergänzende Posten (Abs. 1 Satz 1)

2 § 158 Abs. 1 Satz 1 schreibt vor, die Gewinn- und Verlustrechnung nach dem Posten Jahresüberschuss/Jahresfehlbetrag (§ 275 Abs. 2 Nr. 17 bzw. Abs. 3 Nr. 16 HGB) in Fortführung der **Nummerierung** um die in Nr. 1 bis Nr. 5 aufgeführten Posten zu ergänzen. Die einzelnen Posten sind anzugeben, sofern ein Betrag für den jeweiligen Posten vorhanden ist oder im Vorjahr ein Betrag unter dem Posten ausgewiesen wurde (§ 265 Abs. 8 HGB).[2]

3 **1. Gewinnvortrag/Verlustvortrag aus dem Vorjahr (Nr. 1).** Nach dem Jahresüberschuss/Jahresfehlbetrag ist zuerst ein Gewinnvortrag bzw. Verlustvortrag aus dem Vorjahr auszuweisen. Ein **Gewinnvortrag** entsteht, wenn die HV im Beschluss über die Verwendung des Bilanzgewinns des vorherigen Geschäftsjahrs einen Restbetrag auf das folgende Geschäftsjahr vorträgt (§ 174). Ein **Verlustvortrag** aus dem Vorjahr liegt vor, wenn das vorherige Geschäftsjahr mit einem Bilanzverlust abgeschlossen wurde.

4 **2. Entnahmen aus der Kapitalrücklage (Nr. 2).** Als zweiter Posten nach dem Jahresüberschuss/Jahresfehlbetrag sind Entnahmen aus der Kapitalrücklage auszuweisen. Unter die Angabepflicht nach § 158 Abs. 1 Satz 1 Nr. 2 fallen Entnahmen aus der Kapitalrücklage zum **Ausgleich eines Jahresfehlbetrags** oder eines **Verlustvortrags aus dem Vorjahr** (§ 150 Abs. 3 und Abs. 4 Nr. 1–2).[3] Sämtliche Entnahmen sind zusammen in einem Posten auszuweisen. Eine Untergliederung in die einzelnen Bestandteile der Kapitalrücklagen nach § 272 Abs. 2 Nr. 1–4 HGB muss nicht vorgenommen werden.[4] Verfolgt man aber bereits eine freiwillige Untergliederung bei der Darstellung der Veränderungen der Kapitalrücklagen in Bilanz oder Anhang nach § 152 Abs. 2 (→ § 152 Rn. 24), dient eine konsistente Fortführung in der Gewinn- und Verlustrechnung der Klarheit und Übersichtlichkeit nach § 243 Abs. 2 HGB.[5]

5 Nicht anzugeben sind die nach § 150 Abs. 4 Nr. 3 zulässigen Entnahmen zur Kapitalerhöhung aus Gesellschaftsmitteln (§§ 207–220).[6] Diese Entnahmen erfolgen durch eine Umbuchung in der Bilanz vom Passivposten Kapitalrücklage (§ 266 Abs. 3 A. II. HGB) zum Passivposten gezeichnetes Kapital (§ 266 Abs. 3 A. I. HGB). Dabei wird die Gewinn- und Verlustrechnung nicht berührt. Entsprechend sind die Entnahmen zur Kapitalerhöhung aus Gesellschaftsmitteln bei der Überleitung zum Bilanzgewinn/Bilanzverlust nicht zu berücksichtigen. Eine Angabepflicht besteht jedoch nach § 152 Abs. 2 Nr. 2 (→ § 152 Rn. 12). Auch Einstellungen in die Kapitalrücklagen berühren die Gewinn- und Verlustrechnung nicht, da sie erfolgsneutral vorzunehmen sind und keine Ergebnisverwendung darstellen.[7]

6 **3. Entnahmen aus Gewinnrücklagen (Nr. 3).** Die nach § 158 Abs. 1 Satz 1 Nr. 3 anzugebenden Entnahmen aus den Gewinnrücklagen sind in die in Nr. 3 einzeln aufgeführten Posten a) bis d) zu untergliedern. Die **Untergliederung** entspricht der Gliederung der Gewinnrücklagen in der Bilanz nach § 266 Abs. 3 III. Nr. 1–4 HGB.

7 **a) Entnahmen aus der gesetzlichen Rücklage.** Entnahmen aus der gesetzlichen Rücklage sind in § 150 Abs. 3 und Abs. 4 geregelt. Sie sind nach § 158 Abs. 1 Satz 1 Nr. 3 lit. a angabepflichtig, wenn sie zum **Ausgleich eines Jahresfehlbetrags** oder eines **Verlustvortrags aus dem Vorjahr** herangezogen werden. Entnahmen im Rahmen einer Kapitalerhöhung aus Gesellschaftsmitteln (§ 150 Abs. 4 Nr. 3) sind hingegen nicht anzugeben.[8] Sie führen zu einer Umbuchung in der Bilanz und berühren die Gewinn- und Verlustrechnung nicht.

8 **b) Entnahmen aus der Rücklage für Anteile an einem herrschenden oder mehrheitlich beteiligten Unternehmen.** Entnahmen aus der Rücklage für Anteile an einem herrschenden oder mehrheitlich beteiligten Unternehmen sind nur unter den Voraussetzungen nach § 272 Abs. 4 Satz 4 HGB zulässig. So dürfen Beträge nur insoweit entnommen werden, wie Anteile an einem herrschenden oder mehrheitlich beteiligten Unternehmen **veräußert, ausgegeben,** oder **eingezogen** werden oder soweit nach § 253 Abs. 3 bzw. Abs. 4 HGB für die Anteile auf der Aktivseite ein **niedrigerer Betrag** angesetzt wird. Die so entnommenen Beträge sind nach § 158 Abs. 1 Satz 1 Nr. 3 lit. b angabepflichtig.

---

[2] *ADS* Rn. 5; Hüffer/Koch/*Koch* Rn. 2.
[3] *ADS* Rn. 9; Großkomm AktG/*Brönner* Anm. 6.
[4] Kölner Komm AktG/*Ekkenga* Rn. 4; Großkomm AktG/*Brönner* Anm. 6; *ADS* Rn. 9.
[5] Ebenso Kölner Komm AktG/*Ekkenga* Rn. 4: die Transparenz wird dadurch in Einzelfällen beeinträchtigt.
[6] Hüffer/Koch/*Koch* Rn. 3; Kölner Komm AktG/*Ekkenga* Rn. 4.
[7] BeBiKo/*Schmidt/Peun* HGB § 275 Rn. 311; MüKoAktG/*Freisleben* Rn. 12; Hölters/*Waclawik* Rn. 6.
[8] *ADS* Rn. 12; MüKoAktG/*Freisleben* Rn. 15.

c) **Entnahmen aus satzungsmäßigen Rücklagen.** Satzungsmäßige Rücklagen sind Gewinn- 9
rücklagen, die aufgrund zwingender Bestimmungen der Satzung gebildet werden müssen.[9] Die
Bildung erfolgt in der Regel für einen bestimmten, in der Satzung festgelegten Zweck. Werden
Beträge aus den satzungsmäßigen Rücklagen entnommen, sind diese Entnahmen nach § 158 Abs. 1
Satz 1 Nr. 3 lit. c gesondert anzugeben, sofern sie gemäß den Satzungsbestimmungen **erfolgswirksam** über die Gewinn- und Verlustrechnung aufgelöst werden.[10]

Dienen die satzungsmäßigen Rücklagen dazu, unter bestimmten Voraussetzungen in Grundkapital 10
umgewandelt zu werden, ist keine Angabe nach § 158 Abs. 1 Satz 1 Nr. 3 lit. c zu machen, da die
Gewinn- und Verlustrechnung nicht berührt wird.[11] Nach einer entsprechenden Beschlussfassung
durch die HV wird lediglich eine Umbuchung auf der Passivseite der Bilanz vorgenommen.

d) **Entnahmen aus anderen Gewinnrücklagen.** Anzugeben sind Entnahmen aus den anderen 11
Gewinnrücklagen, sofern es sich nicht um Entnahmen zur Kapitalerhöhung aus Gesellschaftsmitteln
(§§ 207–220) handelt.[12] Bei Entnahmen zur Einstellung in die Rücklage für eigene Aktien
→ Rn. 15.

4. Einstellungen in Gewinnrücklagen (Nr. 4). Die nach § 158 Abs. 1 Satz 1 Nr. 4 angabe- 12
pflichtigen Einstellungen in Gewinnrücklagen sind wie die Entnahmen aus Gewinnrücklagen in die
aufgeführten Posten a) bis d) zu untergliedern. Unter die Angabepflicht fallen nur Einstellungen in
Gewinnrücklagen, die bei **Aufstellung oder Feststellung des Jahresabschlusses** vorgenommen
werden (§ 58 Abs. 1, 2, 2a).[13] Einstellungen, die aufgrund des Gewinnverwendungsbeschlusses der
HV erfolgen, können nicht berücksichtigt werden, da nach § 174 Abs. 3 der Beschluss nicht zu einer
Änderung des festgestellten Jahresabschlusses führt. Einstellungen in Gewinnrücklagen durch die HV
sind jedoch nach § 152 Abs. 3 Nr. 1 im folgenden Geschäftsjahr entweder in der Bilanz oder im
Anhang anzugeben (→ § 152 Rn. 14).

a) **Einstellungen in die gesetzliche Rücklage.** Einstellungen in die gesetzliche Rücklage sind 13
gemäß § 150 Abs. 2 vorzunehmen. Jährlich sind 5 % des um einen Verlustvortrag aus dem Vorjahr
geminderten Jahresüberschusses in die gesetzliche Rücklage einzustellen, bis die gesetzliche Rücklage, unter Hinzurechnung der Kapitalrücklage nach § 272 Abs. 2 Nr. 1–3 HGB, 10 % des Grundkapitals oder einen in der Satzung bestimmten höheren Teil des Grundkapitals erreicht (gesetzlicher
Reservefonds, → § 150 Rn. 11 ff.). Die Einstellungen aus dem **Jahresüberschuss** zur Dotierung
der gesetzlichen Rücklage sind nach § 158 Abs. 1 Satz 1 Nr. 4 lit. a angabepflichtig.

Einstellungen in die gesetzliche Rücklage, die aufgrund eines Beschlusses der HV über die Ver- 14
wendung des Bilanzgewinns vorgenommen werden (→ § 150 Rn. 17), sind nicht nach § 158 Abs. 1
Satz 1 Nr. 4 lit. a anzugeben. Diese Einstellungen fallen unter die Angabepflichten nach § 152 Abs. 3
Nr. 1.[14]

b) **Einstellungen in die Rücklage für Anteile an einem herrschenden oder mehrheitlich** 15
beteiligten Unternehmen. Einstellungen in die Rücklage für Anteile an einem herrschenden oder
mehrheitlich beteiligten Unternehmen nach § 272 Abs. 4 HGB sind anzugeben, wenn sie aus dem
Jahresüberschuss vorgenommen werden. Erfolgt die Einstellung hingegen aus vorhandenen **freien**
Gewinnrücklagen (§ 272 Abs. 4 Satz 3 HGB), ist eine Angabe nach § 158 Abs. 1 Nr. 4 lit. b nicht
zwingend, wenn sowohl die Entnahme aus den Gewinnrücklagen als auch die Einstellung in die
Rücklage für Anteile an einem herrschenden oder mehrheitlich beteiligten Unternehmen nach § 152
Abs. 3 in der Bilanz kenntlich gemacht wird (→ § 152 Rn. 17). Sind die Ergänzungen nach § 158
Abs. 1 Satz 1 wegen anderer Angaben jedoch ohnehin auszuweisen, sollten die Einstellungen in die
Rücklage für Anteile an einem herrschenden oder mehrheitlich beteiligten Unternehmen sowie die
korrespondierenden Entnahmen aus den anderen Gewinnrücklagen (→ Rn. 11) aus Gründen der
Klarheit und Übersichtlichkeit (§ 243 Abs. 2 HGB) in den Posten nach § 158 Abs. 1 Satz 1 aufgeführt
werden.[15]

c) **Einstellungen in satzungsmäßige Rücklagen.** Einstellungen in satzungsmäßige Rücklagen 16
sind anzugeben, sofern sie bei der Aufstellung oder Feststellung des Jahresabschlusses aus dem **Jahres-**

---

[9] BeBiKo/*Winkeljohann*/K. *Hoffmann* § 272 Rn. 250; *ADS* § 272 HGB Rn. 151 mwN.
[10] MüKoAktG/*Freisleben* Rn. 19.
[11] WP-HdB 2000 Bd I F Rn. 498.
[12] Hüffer/Koch/*Koch* Rn. 4; *ADS* Rn. 16.
[13] MüKoAktG/*Freisleben* Rn. 23 f.; *ADS* Rn. 17; Großkomm AktG/*Brönner* Anm. 14.
[14] Großkomm AktG/*Brönner* Anm. 14.
[15] *ADS* Rn. 19, § 152 Rn. 22; Großkomm AktG/*Brönner* Anm. 16; MüKoAktG/*Freisleben* Rn. 29; Hüffer/
Koch/*Koch* Rn. 5; Hölters/*Waclawik* Rn. 12: Das Gebot der Vollständigkeit verpflichtet dazu, auch die Einstellungen aus freien Gewinnrücklagen in der Gewinn- und Verlustrechnung auszuweisen.

überschuss vorgenommen werden.[16] Einstellungen, die durch die HV im Beschluss über die Verwendung des Bilanzgewinns vorgenommen werden (§ 58 Abs. 3), sind nicht anzugeben.[17] Sie sind nach § 152 Abs. 3 Nr. 1 im folgenden Geschäftsjahr in der Bilanz oder im Anhang anzugeben (→ § 152 Rn. 13–15).

17 **d) Einstellungen in andere Gewinnrücklagen.** Anzugeben sind Einstellungen aus dem Jahresüberschuss in andere Gewinnrücklagen, die bei **Aufstellung oder Feststellung** des Jahresabschlusses durch den Vorstand und den Aufsichtsrat (§ 58 Abs. 2 und 2a) bzw. durch die HV (§ 58 Abs. 1) vorgenommen werden.[18] Einstellungen in andere Gewinnrücklagen durch die HV aufgrund des Beschlusses über die Verwendung des Bilanzgewinns (§ 58 Abs. 3) sind auch hier nicht anzugeben.

18 **5. Bilanzgewinn/Bilanzverlust (Nr. 5).** Der Posten Bilanzgewinn/Bilanzverlust ist der letzte Posten in der Ergänzungsgliederung nach § 158 Abs. 1 Satz 1. Er stellt ein Rechenergebnis dar, nämlich den **Saldo** aus dem Jahresüberschuss/Jahresfehlbetrag (§ 275 Abs. 2 Nr. 17 bzw. Abs. 3 Nr. 16 HGB) und den Posten nach § 158 Abs. 1 Satz 1 Nr. 1–4 sowie etwaigen zusätzlich anzugebenden Posten bei einer Kapitalherabsetzung (→ Rn. 19 ff.).[19] Der so zu ermittelnde Bilanzgewinn/Bilanzverlust muss mit dem in der Bilanz auszuweisenden **gleichnamigen Posten** (§ 268 Abs. 1 Satz 2 HGB) betraglich übereinstimmen.[20] Der Bilanzgewinn/Bilanzverlust ist die Grundlage für den vom Vorstand vorzulegenden Vorschlag über die Verwendung des Bilanzgewinns nach § 170 Abs. 2 und den Beschluss der HV über die Verwendung des Bilanzgewinns nach § 174.

19 **6. Ergänzende Posten bei Kapitalherabsetzung.** Die Aufzählung der zum Jahresüberschuss/Jahresfehlbetrag ergänzend anzugebenden Posten nach § 158 Abs. 1 Satz 1 Nr. 1–5 ist **nicht abschließend**.[21] § 240 verlangt den Ausweis zusätzlicher Posten im Falle einer Kapitalherabsetzung. So ist nach § 240 Satz 1 der aus einer Kapitalherabsetzung gewonnene Betrag in der Gewinn- und Verlustrechnung als **„Ertrag aus der Kapitalherabsetzung"** gesondert auszuweisen. Die Angabe hat im Gliederungsschema des § 158 Abs. 1 Satz 1 nach dem Posten Entnahmen aus Gewinnrücklagen (Nr. 3) zu erfolgen. Darüber hinaus ist gemäß § 240 Satz 2 eine Einstellung in die Kapitalrücklage nach § 229 Abs. 1 und § 232 als **„Einstellung in die Kapitalrücklage nach den Vorschriften über die vereinfachte Kapitalherabsetzung"** in einem eigenen Posten anzugeben. § 240 Satz 2 lässt für diese Einstellung offen, an welcher Stelle im Gliederungsschema nach § 158 Abs. 1 Satz 1 die Angabe zu erfolgen hat. Zweckmäßig ist die Angabe im Anschluss an den Posten Ertrag aus der Kapitalherabsetzung nach § 240 Satz 1 und damit vor dem Posten Einstellungen in Gewinnrücklagen (Nr. 4).[22] Vorgeschlagen wird auch die Angabe nach dem Posten Entnahmen aus der Kapitalrücklage (Nr. 2).[23]

20 Die Angaben nach § 240 Satz 1 und Satz 2 sind nach dem Gesetzeswortlaut **zwingend** in der Gewinn- und Verlustrechnung auszuweisen. Im Gegensatz zu § 158 Abs. 1 Satz 2 besteht nicht die Möglichkeit, die Angabe wahlweise auch im Anhang darzustellen (→ Rn. 22). Bestehen Angabepflichten nach § 240 Satz 1 und Satz 2 sind folglich die Ergänzungen nach § 158 Abs. 1 Satz 1 ebenfalls in der Gewinn- und Verlustrechnung auszuweisen, da eine Aufteilung der Angaben der Klarheit und Übersichtlichkeit nach § 243 Abs. 2 HGB widerspricht. Das gesetzlich vorgesehene Wahlrecht nach § 158 Abs. 1 Satz 2 wird damit eingeschränkt. Dies muss nach dem Wortlaut des § 240 Satz 1 und Satz 2 hingenommen werden.[24]

21 Neben den Angaben nach § 240 Satz 1 und Satz 2 ist auch die **Einstellung in die Kapitalrücklage bei der Kapitalherabsetzung durch Einziehung von Aktien** nach § 237 Abs. 5 in einem eigenen Posten in der Gewinn- und Verlustrechnung anzugeben.[25] Grund dafür ist, dass auch bei der Kapitalherabsetzung durch Einziehung von Aktien (§§ 237 ff.) der durch die Kapitalherabsetzung gewonnene Betrag gemäß § 240 Satz 1 in der Gewinn- und Verlustrechnung als „Ertrag aus der Kapitalherabsetzung" gesondert auszuweisen ist. Um die Einstellung in die Kapitalrücklage nach § 237 Abs. 5 erfolgsneutral zu halten, ist ein entsprechender Gegenposten in der Gewinn- und

---

[16] MüKoAktG/*Freisleben* Rn. 21; *ADS* Rn. 20.
[17] WP-HdB 2000 Bd. I F Rn. 508; MüKoAktG/*Freisleben* Rn. 31.
[18] *ADS* Rn. 21; Großkomm AktG/*Brönner* Anm. 18.
[19] Hüffer/Koch/*Koch* Rn. 6.
[20] *ADS* Rn. 22; Großkomm AktG/*Brönner* Anm. 19.
[21] MüKoAktG/*Freisleben* Rn. 34; *ADS* Rn. 23.
[22] *ADS* Rn. 26; MüKoAktG/*Freisleben* Rn. 40; Hüffer/Koch/*Koch* § 240 Rn. 4; Bonner HdR/*Reiß* Rn. 27; WP-HdB 2000 Bd. I F Rn. 503.
[23] Großkomm AktG/*Brönner* Anm. 23.
[24] Ebenso Hüffer/Koch/*Koch* Rn. 8, § 240 Rn. 3; MüKoAktG/*Oechsler* § 240 Rn. 3; aA *ADS* Rn. 24; Großkomm AktG/*Brönner* Anm. 21.
[25] *ADS* Rn. 27; Großkomm AktG/*Brönner* Anm. 24; Hüffer/Koch/*Koch* Rn. 8; MüKoAktG/*Freisleben* Rn. 39.

Verlustrechnung auszuweisen. Das Gliederungsschema des § 158 Abs. 1 Satz 1 ist mit einem entsprechenden Posten, wie etwa „Einstellung in die Kapitalrücklage nach § 237 Abs. 5",[26] zu ergänzen.

III. Darstellung der Angaben

1. Darstellung in der Gewinn- und Verlustverrechnung oder im Anhang (Abs. 1 Satz 2). 22
§ 158 Abs. 1 Satz 2 beinhaltet das **Wahlrecht**, die Angaben nach Abs. 1 Satz 1 entweder in der Gewinn- und Verlustrechnung oder im Anhang darzustellen. Erfolgt ein Ausweis im Anhang, ist das Gliederungsschema nach § 158 Abs. 1 Satz 1 zu übernehmen. Die einzelnen Posten sind **vollständig** und in **gleicher Reihenfolge** anzugeben.[27] Eine Fortführung der Nummerierung aus der Gewinn- und Verlustrechnung ist jedoch nicht notwendig.[28] Die Nummerierung der Posten kann neu beginnen. Zur besseren Verständlichkeit sollte als erster Posten der Jahresüberschuss/Jahresfehlbetrag ausgewiesen werden.[29] Dadurch wird die Überleitung vom Jahresergebnis zum Bilanzergebnis als geschlossene Rechnung dargestellt. Da die Angabe von Vorjahreszahlen in der Gewinn- und Verlustrechnung nach § 265 Abs. 2 HGB verpflichtend ist, sollten auch beim Ausweis der Angaben im Anhang die Beträge aus dem Vorjahr angegeben werden.[30]

Die Angabepflichten nach § 158 Abs. 1 Satz 1 überschneiden sich teilweise mit den **Angabepflichten nach § 152 Abs. 2 und Abs. 3**. Überschneidungen ergeben sich etwa bei Entnahmen aus der Kapitalrücklage zum Ausgleich eines Jahresfehlbetrags oder Verlustvortrags aus dem Vorjahr, bei Einstellungen aus dem Jahresüberschuss in die Gewinnrücklagen sowie bei Entnahmen aus Gewinnrücklagen, sofern sie nicht zur Kapitalerhöhung aus Gesellschaftsmitteln verwendet werden. Werden sowohl die Angaben nach § 158 Abs. 1 Satz 1, als auch die Angaben nach § 152 Abs. 2 und Abs. 3 im Anhang dargestellt, kommt es daher teilweise zu Doppelangaben im Anhang. Diese Doppelangaben sind durch den Gesetzgeber gewollt. Die Angaben nach § 158 Abs. 1 Satz 1 dienen der Überleitung des Jahresergebnisses zum Bilanzgewinn/Bilanzverlust; die Angaben nach § 152 Abs. 2 und Abs. 3 sollen die betragsmäßige Entwicklung der Kapitalrücklage und der Gewinnrücklagen erläutern. Die jeweiligen Angaben nach den §§ 152 Abs. 2 und Abs. 3 und 158 Abs. 1 Satz 1 sind daher unabhängig voneinander auszuweisen (→ § 152 Rn. 22) und dürfen nicht gekürzt werden.[31] Sollten die Angaben nach §§ 152 Abs. 2 und Abs. 3 und 158 Abs. 1 allerdings völlig übereinstimmen, kann auf einen doppelten Ausweis im Anhang verzichtet werden.[32] 23

2. Größenabhängige Erleichterungen (Abs. 3). Durch das MicroBilG v. 20.12.2012 24
(BGBl. 2012 I 2751) wurde die Richtlinie 2012/6/EU umgesetzt, die den Verwaltungsaufwand bei Kleinstbetrieben durch eine vereinfachte Aufstellung des Jahresabschlusses verringern möchte. Dazu wurde der § 267a HGB eingeführt, der in Abs. 1 Kleinstkapitalgesellschaften anhand von drei Größenmerkmalen definiert. Die Kleinstkapitalgesellschaften können nach dem ebenso neu eingeführten § 275 Abs. 5 HGB eine stark verkürzte und vereinfachte Gewinn- und Verlustrechnung aufstellen. Wählen **Kleinstaktiengesellschaften** diese erleichterte Darstellung der Gewinn- und Verlustrechnung, sind sie nach dem neu eingeführten § 158 Abs. 3 auch von der Verpflichtung einer Überleitungsrechnung nach § 158 Abs. 1 und den Angaben zu Gewinnen und Aufwendungen aus Gewinnabführungsverträgen nach § 158 Abs. 2 befreit.

IV. Behandlung eines vertraglich zu leistenden Ausgleichs für außenstehende Aktionäre (Abs. 2)

Ein Gewinnabführungsvertrag muss einen angemessenen Ausgleich für außenstehende Aktionäre 25
vorsehen, andernfalls ist der Vertrag nichtig (§ 304 Abs. 1 Satz 1 und Abs. 3). Der Ausgleich erfolgt in Form von Ausgleichszahlungen. Übernimmt das **herrschende Unternehmen** die Ausgleichszahlungen, sind diese gemäß § 158 Abs. 2 von dem in der Gewinn- und Verlustrechnung des herrschenden Unternehmens auszuweisenden Ertrag aus dem Gewinnabführungsvertrag (§ 277 Abs. 3 Satz 2 HGB) abzusetzen. § 158 Abs. 2 verlangt mithin ausnahmsweise eine **Saldierung** des Ertrags aus einem Gewinnabführungsvertrag mit den zugehörigen Aufwendungen aus dem zu leistenden Ausgleich für außenstehende Aktionäre.[33] Verbleibt ein positiver Saldo, ist nur dieser in der Gewinn-

---

[26] MüKoAktG/*Freisleben* Rn. 41.
[27] Hüffer/Koch/*Koch* Rn. 7.
[28] ADS Rn. 29.
[29] Großkomm AktG/*Brönner* Anm. 26; MüKoAktG/*Freisleben* Rn. 45.
[30] ADS Rn. 29.
[31] MüKoAktG/*Freisleben* Rn. 46.
[32] ADS Rn. 30, Großkomm AktG/*Brönner* Anm. 27.
[33] Hüffer/Koch/*Koch* Rn. 9.

§ 160

und Verlustrechnung auszuweisen. Ein negativer Saldo ist unter den Aufwendungen aus Verlustübernahme in der Gewinn- und Verlustrechnung auszuweisen. Die Saldierung anderer Aufwendungen, die in direktem oder indirektem Zusammenhang mit dem Gewinnabführungsvertrag stehen, ist nach § 158 Abs. 2 Satz 2 nicht zulässig.[34]

§ 159 *(aufgehoben)*

§ 160 Vorschriften zum Anhang

(1) In jedem Anhang sind auch Angaben zu machen über
1. den Bestand und den Zugang an Aktien, die ein Aktionär für Rechnung der Gesellschaft oder eines abhängigen oder eines im Mehrheitsbesitz der Gesellschaft stehenden Unternehmens oder ein abhängiges oder im Mehrheitsbesitz der Gesellschaft stehendes Unternehmen als Gründer oder Zeichner oder in Ausübung eines bei einer bedingten Kapitalerhöhung eingeräumten Umtausch- oder Bezugsrechts übernommen hat; sind solche Aktien im Geschäftsjahr verwertet worden, so ist auch über die Verwertung unter Angabe des Erlöses und die Verwendung des Erlöses zu berichten;
2. den Bestand an eigenen Aktien der Gesellschaft, die sie, ein abhängiges oder im Mehrheitsbesitz der Gesellschaft stehendes Unternehmen oder ein anderer für Rechnung der Gesellschaft oder eines abhängigen oder eines im Mehrheitsbesitz der Gesellschaft stehenden Unternehmens erworben oder als Pfand genommen hat; dabei sind die Zahl dieser Aktien und der auf sie entfallende Betrag des Grundkapitals sowie deren Anteil am Grundkapital, für erworbene Aktien ferner der Zeitpunkt des Erwerbs und die Gründe für den Erwerb anzugeben. Sind solche Aktien im Geschäftsjahr erworben oder veräußert worden, so ist auch über den Erwerb oder die Veräußerung unter Angabe der Zahl dieser Aktien, des auf sie entfallenden Betrags des Grundkapitals, des Anteils am Grundkapital und des Erwerbs- oder Veräußerungspreises, sowie über die Verwendung des Erlöses zu berichten;
3. die Zahl der Aktien jeder Gattung, wobei zu Nennbetragsaktien der Nennbetrag und zu Stückaktien der rechnerische Wert für jede von ihnen anzugeben ist, sofern sich diese Angaben nicht aus der Bilanz ergeben; davon sind Aktien, die bei einer bedingten Kapitalerhöhung oder einem genehmigten Kapital im Geschäftsjahr gezeichnet wurden, jeweils gesondert anzugeben;
4. das genehmigte Kapital;
5. die Zahl der Bezugsrechte gemäß § 192 Absatz 2 Nummer 3;
6. (weggefallen)
7. das Bestehen einer wechselseitigen Beteiligung unter Angabe des Unternehmens;
8. das Bestehen einer Beteiligung, die nach § 20 Abs. 1 oder Abs. 4 dieses Gesetzes oder nach § 21 Abs. 1 oder Abs. 1a des Wertpapierhandelsgesetzes mitgeteilt worden ist; dabei ist der nach § 20 Abs. 6 dieses Gesetzes oder der nach § 26 Abs. 1 des Wertpapierhandelsgesetzes veröffentlichte Inhalt der Mitteilung anzugeben.

(2) Die Berichterstattung hat insoweit zu unterbleiben, als es für das Wohl der Bundesrepublik Deutschland oder eines ihrer Länder erforderlich ist.

(3) [1]Absatz 1 Nummer 1 und 3 bis 8 ist nicht anzuwenden auf Aktiengesellschaften, die kleine Kapitalgesellschaften im Sinne des § 267 Absatz 1 des Handelsgesetzbuchs sind. [2]Absatz 1 Nummer 2 ist auf diese Aktiengesellschaften mit der Maßgabe anzuwenden, dass die Gesellschaft nur Angaben zu von ihr selbst oder durch eine andere Person für Rechnung der Gesellschaft erworbenen und gehaltenen eigenen Aktien machen muss und über die Verwendung des Erlöses aus der Veräußerung eigener Aktien nicht zu berichten braucht.

Schrifttum: *Budde/Förschle,* Ausgewählte Fragen zum Inhalt des Anhangs, DB 1988, 1457; *Döbel,* Leitfaden für die Erstellung des Anhangs von Kapitalgesellschaften, BB 1987, 512; *Emmerich,* Zur Behandlung von Genußrechten im Jahresabschluß von Kapitalgesellschaften, WPg 1994, 677; *Hirte,* Genußscheine mit Eigenkapitalcharakter in der Aktiengesellschaft, ZIP 1988, 477; *Kessler/Suchan,* Erwerb eigener Aktien und dessen handelsbilanzielle Behandlung, BB 2000, 2529; *Schülen,* Die Aufstellung des Anhangs, WPg 1987, 223; *Tiefenbacher/Morgner,* Die Schutzklausel für den Geschäftsbericht nach neuem Aktiengesetz, BB 1965, 1173.

---

[34] MüKoAktG/*Freisleben* Rn. 60; *ADS* Rn. 31.

Übersicht

	Rn.		Rn.
I. Regelungsgegenstand	1	5. Aktienbezugsrechte nach § 192 Abs. 2 Nr. 3 (Nr. 5)	23–27
II. Anforderungen an die Anhangsangaben und Normzweck	2–4	6. (gestrichen) *Genussrechte, Rechte aus Besserungsscheinen und ähnliche Rechte aF* (Nr. 6)	28–32
III. Angaben im Anhang (Abs. 1)	5–41	7. Wechselseitige Beteiligungen (Nr. 7)	33, 34
1. Vorratsaktien (Nr. 1)	5–8	8. Mitgeteilte Beteiligungen (Nr. 8)	35–38
2. Eigene Aktien (Nr. 2)	9–14	9. Größenabhängige Erleichterungen (Abs. 3)	39–41
3. Aktiengattungen (Nr. 3)	15–20	IV. Schutzklausel (Abs. 2)	42–44
4. Genehmigtes Kapital (Nr. 4)	21, 22		

I. Regelungsgegenstand

Die Vorschrift ist eine rechtsformspezifische Ergänzung der handelsrechtlichen Vorschriften zum **1** **Anhang** (§§ 284 ff. HGB). § 160 Abs. 1 beinhaltet die Pflicht, den nach handelsrechtlichen Grundsätzen aufzustellenden Anhang um die in Nr. 1–8 aufgeführten Angaben zu erweitern. Dabei handelt es sich in erster Linie um **Angaben zu den Aktien der AG.** Die Aufzählung der Zusatzangaben nach § 160 Abs. 1 ist jedoch nicht abschließend. Es bestehen weitere aktienrechtliche Angabepflichten. Angaben im Anhang sind auch nach § 240 Satz 3 sowie § 261 Abs. 1 Satz 3 und 4 notwendig. Darüber hinaus können Anhangsangaben nach den § 58 Abs. 2a, § 152 Abs. 2 und 3 sowie 158 Abs. 1 gemacht werden. § 160 Abs. 2 beinhaltet eine **Schutzklausel,** nach der die Angabepflichten nach § 160 Nr. 1 entfallen, wenn es für das Wohl der Bundesrepublik Deutschland oder eines ihrer Länder erforderlich ist.

II. Anforderungen an die Anhangsangaben und Normzweck

Die Angaben nach § 160 Abs. 1 sind ein notwendiger Bestandteil des Anhangs.[1] Sie unterliegen **2** daher den gleichen **inhaltlichen und formalen Anforderungen** wie alle anderen Anhangsangaben nach den §§ 284 ff. HGB. Es gelten insbesondere die Grundsätze der Klarheit, Übersichtlichkeit, Vollständigkeit und Richtigkeit.[2] Der **Grundsatz der Wesentlichkeit** ist für die Angaben nach § 160 Abs. 1 hingegen nicht anzuwenden. Die Angabepflicht besteht unabhängig davon, ob es sich um einen wesentlichen Sachverhalt handelt. Die Angaben dienen nämlich nicht in erster Linie der Vermittlung eines den tatsächlichen Verhältnissen entsprechenden Bildes der Vermögens-, Finanz- und Ertragslage (§ 264 Abs. 2 Satz 1 HGB), sondern sollen Auskunft über die Beziehungen zwischen der AG und ihren Aktionären geben.[3]

§ 160 Abs. 1 beinhaltet keine Regelungen über die **Gliederung der Angaben.** Die gesetzliche **3** Reihenfolge der Angaben in Nr. 1 bis Nr. 8 ist nicht zwingend.[4] Die Gliederung kann daher frei gewählt werden, soweit sie den Grundsätzen der Klarheit und Übersichtlichkeit (§ 243 Abs. 2 HGB) genügt.

Der Ausweis der Angaben nach § 160 Abs. 1 hat **jährlich wiederkehrend** zu erfolgen, auch **4** wenn sich während des Geschäftsjahrs keine Änderungen ergeben haben.[5] Ein Verweis auf Angaben in den Vorjahren ist unzulässig. Liegen hingegen keine angabepflichtigen Sachverhalte vor, sind Angaben in Form von sog. „Fehlanzeigen" nicht erforderlich.[6]

III. Angaben im Anhang (Abs. 1)

1. Vorratsaktien (Nr. 1). § 160 Abs. 1 Nr. 1 knüpft an die Regelungen in § 56 an. Nach § 56 **5** Abs. 1 darf die AG keine eigenen Aktien zeichnen, da das Nominalkapital dabei nicht durch neu hinzugefügtes Kapital, sondern lediglich durch Entnahmen aus den Rücklagen erhöht wird und somit die Haftungsmasse fehlt.[7] Ein Verstoß gegen das Verbot macht die Zeichnung nichtig, wodurch

---

[1] *ADS* Rn. 4.
[2] Hüffer/Koch/*Koch* Rn. 3; MüKoAktG/*Kessler* Rn. 3; *ADS* Rn. 8.
[3] MüKoAktG/*Kessler* Rn. 2; *ADS* Rn. 7.
[4] Großkomm AktG/*Brönner* Anm. 4.
[5] Hüffer/Koch/*Koch* Rn. 3; *ADS* Rn. 6; Großkomm AktG/*Brönner* Anm. 4.
[6] Kölner Komm AktG/*Ekkenga* Rn. 4; *ADS* Rn. 6; Großkomm AktG/*Brönner* Anm. 5.
[7] MüKoAktG/*Kessler* Rn. 7; *ADS* Rn. 12.

die Berichtspflicht über solche Aktien entfällt.[8] Allerdings kann ein Dritter für Rechnung der AG oder für Rechnung eines von der AG abhängigen oder im Mehrheitsbesitz der AG stehenden Unternehmens Aktien der AG übernehmen (§ 56 Abs. 3 Satz 1). Auch hierbei wird der Aktiengesellschaft kein neues Kapital zugeführt.[9] Der Übernehmer kann sich jedoch nicht darauf berufen, dass er die Aktien nicht für eigene Rechnung übernommen hat. Er haftet auf die volle Einlage (§ 56 Abs. 3 Satz 2). Gleichzeitig stehen ihm jedoch keine Rechte aus den Aktien zu. Über diese sog. Vorratsaktien (auch Verwaltungs- oder Verwertungsaktien) hat die AG im Anhang zu berichten (§ 160 Abs. 1 Nr. 1, erster Fall). Dadurch soll den Aktionären der Einblick in die Beteiligungsquoten, die durch das Ruhen der Mitgliedschaftsrechte der Vorratsaktien nach § 56 Abs. 3 Satz 3, §§ 71b und 71d Satz 4 beeinflusst sind, gewährleistet werden.[10] Weiterhin dient die Berichtspflicht der Einschätzung der Gefahr bei endgültiger Verwertung der Vorratsaktien (zB Kursdruck bei Börsenhandel, Abgabe unter Wert an nahestehende Personen der Verwaltung).[11] Vorratsaktien entstehen außerdem, wenn ein von der AG abhängiges oder im Mehrheitsbesitz der AG stehendes Unternehmen auf eigene Rechnung Aktien der AG übernimmt. Zwar ist die Übernahme unzulässig (§ 56 Abs. 2 Satz 1); ein Verstoß gegen die Vorschrift macht die Übernahme der Aktien jedoch nicht unwirksam (§ 56 Abs. 2 Satz 2), so dass sich die Aktien im Bestand des übernehmenden Unternehmens befinden. Auch über die so entstandenen Vorratsaktien sind Angaben im Anhang der AG zu machen (§ 160 Abs. 1 Nr. 1, zweiter Fall). Keine Angabepflicht nach § 160 Abs. 1 Nr. 1 besteht hingegen, wenn das Unternehmen, das Aktien der AG für eigene Rechnung übernommen hat, erst nach der Übernahme der Aktien zu einem von der AG abhängigen oder im Mehrheitsbesitz der AG stehenden Unternehmen wurde. In diesem Fall liegen gemäß § 71d Satz 2 eigene Aktien vor, über die nach § 160 Abs. 1 Nr. 2 zu berichten ist (→ Rn. 9 ff.).[12]

6 Nach § 160 Abs. 1 Nr. 1, 1. HS sind Angaben über den **Bestand von Vorratsaktien** am Bilanzstichtag zu machen, wobei über den **Zugang** von Vorratsaktien während des Geschäftsjahrs gesondert zu berichten ist. Anzugeben sind sowohl für den Bestand als auch für den Zugang von Vorratsaktien getrennt für jede Aktiengattung (§ 11) die Zahl der Aktien, bei Nennbetragsaktien (§ 8 Abs. 2) der Gesamtnennbetrag, bei Stückaktien (§ 8 Abs. 3) der anteilige Betrag des Grundkapitals sowie der Anlass der Aktienausgabe (Gründung, Kapitalerhöhung, Ausübung eines Umtausch- oder Bezugsrechts).[13] Dabei sind die Angaben in die unterschiedlichen Übernahmefälle zu gliedern:[14]
– Aktienübernahme für Rechnung der AG (§ 56 Abs. 3)
– Aktienübernahme für Rechnung eines von der AG abhängigen Unternehmens (§ 56 Abs. 3)
– Aktienübernahme für Rechnung eines im Mehrheitsbesitz der AG stehenden Unternehmens (§ 56 Abs. 3)
– Aktienübernahme durch ein von der AG abhängiges Unternehmen (§ 56 Abs. 2)
– Aktienübernahme durch ein im Mehrheitsbesitz der AG stehendes Unternehmen (§ 56 Abs. 2).

7 Die Übernahmebedingungen sowie der Inhalt und der Zweck der Vereinbarung müssen nach dem Wortlaut des § 160 Abs. 1 Nr. 1 nicht angegeben werden.[15] Allerdings sind entsprechende Angaben zu machen, wenn es für die Beurteilung der Verhältnisse der AG (§ 264 Abs. 2 Satz 2 HGB) von Bedeutung ist.[16] Gleiches gilt für die Angabe des Namens des Übernehmers.[17] So ist der Name zB dann anzugeben, wenn ein abhängiges oder im Mehrheitsbesitz stehendes Tochterunternehmen Vorratsaktien übernommen hat.[18] Zugänge und Abgänge (bzw. Verwertungen, → Rn. 8) von Vorratsaktien innerhalb eines Geschäftsjahrs dürfen **nicht saldiert** werden.[19]

8 Berichtspflichtig ist nach § 160 Abs. 1 Nr. 1, 2. HS ferner die Verwertung von Vorratsaktien im Geschäftsjahr unter Angabe des Erlöses und dessen Verwendung. **Verwertung** ist jeder Vorgang, bei dem die Vorratsaktien ihren Inhaber wechseln, wie zB der Verkauf, Tausch oder die Verwendung

---

[8] Hölters/*Waclawik* Rn. 7.
[9] Großkomm AktG/*Brönner* Anm. 8; MüKoAktG/*Kessler* Rn. 10.
[10] Kölner Komm AktG/*Ekkenga* Rn. 7; MüKoAktG/*Bungeroth* § 56 Rn. 77.
[11] ADS Rn. 18.
[12] ADS Rn. 16; MüKoAktG/*Kessler* Rn. 10.
[13] Hüffer/Koch/*Koch* Rn. 5; Großkomm AktG/*Brönner* Anm. 9; ADS Rn. 19; MüKoAktG/*Kessler* Rn. 14; aA Kölner Komm AktG/*Ekkenga* Rn. 11: Anlass der Aktienausgabe sei nicht anzugeben; Bonner HdR/*Reiß* Rn. 8.
[14] Hüffer/Koch/*Koch* Rn. 5; Großkomm AktG/*Brönner* Anm. 9; ADS Rn. 19; MüKoAktG/*Kessler* Rn. 14.
[15] ADS Rn. 19; Bonner HdR/*Reiß* Rn. 8; aA Großkomm AktG/*Brönner* Anm. 9; BeBiKo/*Grottel* HGB § 284 Rn. 52.
[16] MüKoAktG/*Kessler* Rn. 14; ADS Rn. 19; weitergehend Großkomm AktG/*Brönner* Anm. 9.
[17] Weitergehend Großkomm AktG/*Brönner* Anm. 9; MüKoAktG/*Kessler* Rn. 14.
[18] Hüffer/Koch/*Koch* Rn. 5; ADS Rn. 19.
[19] Hüffer/Koch/*Koch* Rn. 5; MüKoAktG/*Kessler* Rn. 13; ADS Rn. 19; aA Kölner Komm AktG/*Ekkenga* Rn. 10.

der Vorratsaktien bei Verschmelzungen.[20] Eine Verwertung liegt auch dann vor, wenn der Gründer oder Zeichner auf Verlangen der AG die Aktien für eigene Rechnung übernimmt oder wenn die AG die Aktien selbst erwirbt. Letzteres führt zu einer Berichtspflicht nach § 160 Abs. 1 Nr. 2 (→ § 160 Rn. 9). Anzugeben sind für jede Aktiengattung die Zahl und bei Nennbetragsaktien der Gesamtnennbetrag, bei Stückaktien der anteilige Betrag am Grundkapital der im Geschäftsjahr verwerteten Vorratsaktien. Der zusätzlich anzugebende **Erlös** ist der Betrag, der durch die Verwertung der Vorratsaktien der AG zugeflossen ist.[21] Dies ist die Differenz zwischen dem vom Gründer oder Zeichner gezahlten Ausgabekurs der Aktien und dem bei der Verwertung erzielten höheren Preis.[22] Eine an den Gründer oder Zeichner zu zahlende Vergütung ist als Minderung des Erlöses zu berücksichtigen.[23] Eine gesonderte Angabe der Vergütung ist nach dem Gesetzeswortlaut nicht erforderlich.[24] Auch über die **Verwendung des Erlöses** sind Angaben zu machen. Anzugeben ist die tatsächliche und die bilanzielle Verwendung.[25] Bei der tatsächlichen Verwendung ist anzugeben, für welchen speziellen Zweck der Erlös verwendet wurde.[26] Besteht kein spezieller Verwendungszweck, genügt die Angabe, dass der Erlös der Stärkung der liquiden Mittel der AG gedient hat. Der Angabe der bilanziellen Verwendung kommt eine eher geringe Bedeutung zu, da nach § 272 Abs. 2 Nr. 1 HGB der Erlös zwingend in die Kapitalrücklage der AG einzustellen ist.[27]

2. Eigene Aktien (Nr. 2). § 160 Abs. 1 Nr. 2 beinhaltet Angabepflichten zu den eigenen Aktien 9 (§§ 71–71e). Dadurch soll den Aktionären, wie auch durch § 160 Abs. 1 Nr. 1 (→ Rn. 5), der Einblick in die Beteiligungsverhältnisse gewährleistet werden.[28] Unter die Angabepflicht fallen eigene Aktien der AG, die
– die AG selbst,
– ein von der AG abhängiges Unternehmen,
– ein im Mehrheitsbesitz der AG stehendes Unternehmen,
– ein Dritter für Rechnung der AG oder für Rechnung eines von der AG abhängigen oder im Mehrheitsbesitz der AG stehenden Unternehmens
erworben oder als Pfand genommen hat. Die Pflicht zur Angabe besteht unabhängig davon, ob der Erwerb oder die Inpfandnahme der eigenen Aktien nach § 71 zulässig ist, denn ein unzulässiger Erwerb macht das dingliche Rechtsgeschäft nicht unwirksam. Lediglich das schuldrechtliche Geschäft ist nichtig (§ 71 Abs. 4). Wird der hM gefolgt, dass die betroffenen Aktien einer Kaduzierung vermögensrechtlich der AG zugeordnet werden müssen, so müssen auch diese erfasst werden.[29]

Nach § 160 Abs. 1 Nr. 2 Satz 1 sind Angaben zum **Bestand an eigenen Aktien** zu machen. 10 Anzugeben sind:
– die Zahl der eigenen Aktien,
– der auf sie entfallende Betrag des Grundkapitals (bei Nennbetragsaktien der Gesamtnennbetrag der eigenen Aktien, bei Stückaktien der Gesamtbetrag des Grundkapitals, der auf die eigenen Aktien entfällt) sowie
– der prozentuale Anteil am Grundkapital
– sowie zutreffender weise die Aktiengattung.[30]

Dabei ist anzugeben, ob die AG die eigenen Aktien selbst, ein von ihr abhängiges oder ein in ihrem 11 Mehrheitsbesitz stehendes Unternehmen oder ein Dritter für Rechnung der AG oder für Rechnung eines abhängigen oder eines im Mehrheitsbesitz stehenden Unternehmens erworben oder als Pfand genommen hat. Für erworbene eigene Aktien ist, im Gegensatz zu den in Pfand genommenen Aktien, zusätzlich über den **Zeitpunkt** sowie über die **Gründe des Erwerbs** zu berichten, auch wenn der Erwerbszeitpunkt in einem früheren Geschäftsjahr liegt. Erforderlich ist daher nach dem Gesetzeswortlaut eine chronologische Auflistung aller Erwerbsvorgänge von eigenen Aktien, die noch zum Bestand gehören. Bei einer größeren Anzahl von Erwerbsvorgängen sind jedoch nach

---

[20] Hüffer/Koch/*Koch* Rn. 6; MüKoAktG/*Kessler* Rn. 17; *ADS* Rn. 20; Großkomm AktG/*Brönner* Anm. 10.
[21] Großkomm AktG/*Brönner* Anm. 10.
[22] *ADS* Rn. 21; aA Hüffer/Koch/*Koch* Rn. 6.
[23] Ebenso *ADS* Rn. 21.
[24] *ADS* Rn. 21; aA Großkomm AktG/*Brönner* Anm. 10; MüKoAktG/*Kessler* Rn. 17.
[25] Hüffer/Koch/*Koch* Rn. 6; *ADS* Rn. 21; MüKoAktG/*Kessler* Rn. 17; Kölner Komm AktG/*Ekkenga* Rn. 11.
[26] *ADS* Rn. 21.
[27] *ADS* Rn. 21; in Anlehnung an MüKoAktG/*Kessler* Rn. 21.
[28] Kölner Komm AktG/*Ekkenga* Rn. 13.
[29] Ebenso Kölner Komm AktG/*Drygala* § 64 Rn. 43; Kölner Komm AktG/*Ekkenga* Rn. 14; MüKoAktG/*Bayer* § 64 Rn. 70: nur so kann ein klarer Einblick in die Beteiligungsverhältnisse gewährleistet werden, da auch bei Kaduzierung der Aktie die Rechte der Aktie ruhen; aA MüKoAktG/*Kessler* Rn. 24; *ADS* Rn. 37.
[30] Ebenso Großkomm AktG/*Brönner* Anm. 15; MüKoAktG/*Kessler* Rn. 24: nur so kann ein klarer Einblick in die Beteiligungsverhältnisse gewährleistet werden.

allgM Zusammenfassungen (zB monatlich) zulässig.[31] Die Angabe der Gründe für den Erwerb eigener Aktien (§ 71 Abs. 1) hat so zu erfolgen, dass der Aktionär die Einhaltung der gesetzlichen Vorschriften prüfen und beurteilen kann.[32]

12 § 160 Abs. 1 Nr. 2 Satz 2 verlangt **Angaben über den Erwerb und die Veräußerung** von eigenen Aktien im Geschäftsjahr. Die Angaben haben zu umfassen:
– die Zahl der erworbenen bzw. veräußerten Aktien,
– den auf sie entfallende Betrag des Grundkapitals,
– den prozentualen Anteil am Grundkapital,
– den Erwerbs- bzw. Veräußerungspreis sowie
– bei Veräußerungen die Verwendung des Erlöses (Angabe des speziellen Verwendungszwecks; wenn keine spezielle Verwendung vorgesehen ist, die Angabe, dass der Erlös der Stärkung der liquiden Mittel der AG gedient hat).[33]

13 Die Angaben sind grundsätzlich getrennt für jeden einzelnen Erwerbs- und Veräußerungsvorgang zu machen.[34] Allerdings sind auch hier Zusammenfassungen zulässig.[35] Eine Saldierung von Erwerbs- und Veräußerungsvorgängen ist jedoch unzulässig. Somit besteht eine Berichterstattungspflicht auch dann, wenn eigene Aktien im Geschäftsjahr erworben und im gleichen Geschäftsjahr wieder veräußert wurden.[36] Über die Inpfandnahme und Pfandentlassung von eigenen Aktien im Geschäftsjahr ist nach dem Gesetzeswortlaut nicht gesondert zu berichten. Eine Berichtspflicht wird jedoch teilweise im Schrifttum bejaht, sofern im Einzelfall die Angabe zur Beurteilung der Verhältnisse der AG (§ 264 Abs. 2 Satz 2 HGB) notwendig ist.[37]

14 **Nicht angabepflichtig** nach § 160 Abs. 1 Nr. 2 sind Umgehungsgeschäfte iSv § 71a, da das zu Grunde liegende Rechtsgeschäft nichtig ist.[38] Keine Pflicht zur Angabe besteht ferner bei Ausführung einer Einkaufskommission durch ein Kreditinstitut (§ 71 Abs. 1 Nr. 4) oder wenn die AG lediglich die Verfügungsmacht, nicht aber das rechtliche Eigentum an den eigenen Aktien erworben hat (zB Verwaltungstreuhand oder Legitimationsübertragung).[39]

15 **3. Aktiengattungen (Nr. 3).** § 160 Abs. 1 Nr. 3 schreibt Angaben zu den Aktiengattungen (§ 11) vor. Anzugeben sind die **Zahl** der Aktien sowie bei Nennbetragsaktien der **Nennbetrag** der Aktien jeweils für jede Aktiengattung, sofern sich diese Angaben nicht bereits aus der Bilanz ergeben (§ 160 Abs. 1 Nr. 3, 1. HS). Durch das BilRUG v. 17.7.2015 (BGBl. 2015 I 1245) wurde Nr. 3 dahingehend ergänzt, dass bei **Stückaktien** zusätzlich zur Angabe der Zahl der Aktien für jede Gattung auch deren rechnerischer Wert anzugeben ist.[40] Die Ergänzung dient der Umsetzung des Art. 17 Abs. 1 lit. h RL 2013/34/EU und ist gemäß § 26g erstmals für Jahresabschlüsse anzuwenden, die nach dem 31.12.2015 beginnen.[41] Verschiedene Aktiengattungen entstehen durch die Gewährung unterschiedlicher Rechte bei der Verteilung des Gewinns und des Gesellschaftsvermögens. Aktien mit gleichen Rechten bilden eine Gattung (§ 11). Meist wird zwischen der Gattung der Stammaktien und der Vorzugsaktien unterschieden (genaue Erl. → § 152 Rn. 4). § 160 Abs. 1 Nr. 3 dient, wie auch § 160 Abs. 1 Nr. 1 und Nr. 2, der Information über die Beteiligungsstruktur (1. HS) und über den Ausgabeverlauf der neuen Aktien (2. HS).[42]

16 Nach § 152 Abs. 1 Satz 2 ist der auf jede Aktiengattung entfallende Betrag am Grundkapital **bereits in der Bilanz** gesondert anzugeben. Für die Anhangangabe nach § 160 Abs. 1 Nr. 3, 1. HS verbleibt daher nur noch die Zahl und Nennwert bzw. rechnerischer Wert der Aktien für jede Gattung. Nach allgM wird empfohlen, diese Angabe ebenfalls in der Bilanz auszuweisen.[43] Dadurch sind keine Anhangangaben nach § 160 Abs. 1 Nr. 3, 1. HS mehr notwendig. Obwohl der Wortlaut des § 152 Abs. 1 Satz 2 den Ausweis des Betrags jeder Aktiengattung in der Bilanz vorschreibt, ist es

---

[31] OLG Frankfurt BB 1983, 1689 = AG 1984, 25; *ADS* Rn. 32; Großkomm AktG/*Brönner* Anm. 15; BeBiKo/*Grottel* HGB § 284 Rn. 52.
[32] BGHZ 101, 1 (17 f.) = DB 1987, 2033 = WM 1987, 1065.
[33] Hölters/*Waclawik* Rn. 26; *ADS* Rn. 33; MüKoAktG/*Kessler* Rn. 25; Kölner Komm AktG/*Ekkenga* Rn. 22.
[34] Hüffer/Koch/*Koch* Rn. 9; MüKoAktG/*Kessler* Rn. 26; *ADS* Rn. 33.
[35] OLG Frankfurt BB 1983, 1689 = AG 1984, 25; Hüffer/Koch/*Koch* Rn. 9; *ADS* Rn. 33; BeBiKo/*Grottel* HGB § 284 Rn. 52; WP-HdB 2000 Bd. I F 757.
[36] *ADS* Rn. 30; Großkomm AktG/*Brönner* Anm. 14; MüKoAktG/*Kessler* Rn. 26.
[37] Großkomm AktG/*Brönner* Anm. 16; MüKoAktG/*Kessler* Rn. 28.
[38] *ADS* Rn. 35; MüKoAktG/*Kessler* Rn. 29.
[39] *ADS* Rn. 36 bis 38; MüKoAktG/*Kessler* Rn. 29; BeBiKo/*Grottel* HGB § 284 Rn. 52.
[40] Hüffer/Koch/*Koch* Rn. 10.
[41] RegBegr. BT-Drs. 18/4050, 89.
[42] Kölner Komm AktG/*Ekkenga* Rn. 23.
[43] Hüffer/Koch/*Koch* Rn. 10; MüKoAktG/*Kessler* Rn. 35; Großkomm AktG/*Brönner* Anm. 18; Hölters/*Waclawik* Rn. 28: allerdings nur bei „einfach gelagerten Fällen"; aA Kölner Komm AktG/*Ekkenga* Rn. 25.

aber bei Ausübung des Wahlrechts nach § 265 Abs. 7 Nr. 2 HGB aus Gründen der Klarheit und Übersichtlichkeit (§§ 243 Abs. 2 HGB) auch zulässig, die Angabe des Betrags für jede Aktiengattung nach § 152 Abs. 1 Satz 2 mit der Angabe der Zahl und Nennwert bzw. rechnerischer Wert der Aktien jeder Gattung nach § 160 Abs. 1 Nr. 3, 1. HS zusammenzufassen und darüber ausschließlich im Anhang zu berichten.[44] Durch diese Zusammenfassung wird sowohl eine Doppelangabe als auch die Aufteilung der Angaben auf zwei Informationsquellen (Bilanz und Anhang) verhindert.

Werden bei einer bedingten Kapitalerhöhung (§§ 192 ff.) oder einem genehmigten Kapital (§§ 202 ff.) **neue Aktien** gezeichnet, ist gesondert über diese Aktien zu berichten (§ 160 Abs. 1 Nr. 3, 2. HS). Anzugeben sind nach dem Wortlaut der Vorschrift die Zahl der gezeichneten Aktien sowie der Nennbetrag/sollten Nennbetragsaktien der Nennbetrag der gezeichneten Aktien jeweils für jede Aktiengattung. **17**

Die Angaben zu den bei einer **bedingten Kapitalerhöhung** gezeichneten Aktien (Bezugsaktien) sind eine Ergänzung zur Angabe des bedingten Kapitals mit dem Nennbetrag in der Bilanz nach § 152 Abs. 1 Satz 3 (→ § 152 Rn. 6). Die Anhangsangaben nach § 160 Abs. 1 Nr. 3, 2. HS sollen die HV über die bedingte Kapitalerhöhung unterrichten und dabei ersichtlich machen, ob der Vorstand die Bedingungen des Hauptversammlungsbeschlusses sowie die gesetzlichen Vorschriften eingehalten hat.[45] Neben der in § 160 Abs. 1 Nr. 3 geforderten Angabe der Zahl und des Werts der Bezugsaktien für jede Aktiengattung sollten daher weitergehende Angaben gemacht werden. So sollte auch über den Zweck der bedingten Kapitalerhöhung (zB Umtausch von Wandelschuldverschreibungen aus dem Jahr 2000, Ausübung von Bezugsrechten im Rahmen des Aktienoptionsprogramms für Vorstandsmitglieder) sowie über den Ausgabebetrag der Bezugsaktien berichtet werden.[46] Ist der geringste Ausgabebetrag der Bezugsaktien höher als der tatsächliche Ausgabebetrag der zum Umtausch eingereichten Schuldverschreibungen, sollte angegeben werden, ob die Deckungsvorschriften des § 199 Abs. 2 eingehalten wurden.[47] Werden Bezugsaktien gegen Gesellschaftsanteile an einem anderen Unternehmen ausgegeben (Kapitalerhöhung gegen Sacheinlage § 194), sollte über das Umtauschverhältnis berichtet werden.[48] **18**

Über das **genehmigte Kapital** ist im Gegensatz zum bedingten Kapital ausschließlich im Anhang zu berichten. Die Anhangsangaben zum genehmigten Kapital nach § 160 Abs. 1 Nr. 3 sollen die HV darüber informieren, in welchem Umfang genehmigtes Kapital im Geschäftsjahr vom Vorstand zur Kapitalerhöhung genutzt wurde. Anzugeben sind auch hier nach dem Wortlaut der Vorschrift für jede Aktiengattung die Zahl sowie der Wert der gezeichneten Aktien. Zusätzlich sollte nach allgM angegeben werden:[49] **19**

– der Zweck der Kapitalerhöhung (zB Unternehmensübernahme),
– die Ausgabe gegen Bar- oder Sacheinlage,
– der Ausgabebetrag der Aktien,
– der Gesamtnennbetrag der Kapitalerhöhung,
– die bilanziellen Auswirkungen sowie
– das Bezugsrecht (§ 203 Abs. 2).

Die Angaben sollten so detailliert sein, dass ersichtlich wird, ob der Vorstand die satzungsmäßige Ermächtigung der HV (§ 202) eingehalten hat.

Der maßgebliche **Zeitpunkt für die Angabepflichten zur bedingten Kapitalerhöhung** ist die Ausgabe der Bezugsaktien (§ 200).[50] Mit der Ausgabe der Bezugsaktien wird die bedingte Kapitalerhöhung wirksam und das Grundkapital erhöht. Sind bis zum Bilanzstichtag Aktien im Rahmen einer bedingten Kapitalerhöhung gezeichnet, aber noch nicht ausgegeben worden, sind die Angaben nach § 160 Abs. 1 Nr. 3, 2. HS nicht zu machen. Allerdings kann durch einen Vermerk auf diesen Sachverhalt hingewiesen werden.[51] Bei den Angabepflichten **zum genehmigten Kapital** ist der Zeitpunkt der Eintragung der Durchführung der Kapitalerhöhung in das Handelsregister maßgeblich **20**

---

[44] Ebenso ADS Rn. 41; Großkomm AktG/*Brönner* Anm. 18; BeBiKo/*Grottel* HGB § 284 Rn. 894; aA Hüffer/Koch/*Koch* Rn. 10; MüKoAktG/*Kessler* Rn. 35; Kölner Komm AktG/*Ekkenga* Rn. 25; Hölters/*Waclawik* Rn. 28.
[45] MüKoAktG/*Kessler* Rn. 36; Großkomm AktG/*Brönner* Anm. 20; Bonner HdR/*Reiß* Rn. 15; ADS Rn. 42.
[46] Großkomm AktG/*Brönner* Anm. 20; MüKoAktG/*Kessler* Rn. 36; ADS Rn. 43: Zweck der bedingten Kapitalerhöhung ist anzugeben, weitergehende Angaben „freiwillig"; Kölner Komm AktG/*Ekkenga* Rn. 27: Zweck ist anzugeben, weitergehende Erläuterungen können teleologisch nicht abgeleitet werden.
[47] Großkomm AktG/*Brönner* Anm. 20.
[48] MüKoAktG/*Kessler* Rn. 36.
[49] MüKoAktG/*Kessler* Rn. 39; ADS Rn. 50; Hüffer/Koch/*Koch* Rn. 11; Großkomm AktG/*Brönner* Anm. 20; aA Kölner Komm AktG/*Ekkenga* Rn. 28.
[50] Ebenso ADS Rn. 46; Kölner Komm AktG/*Ekkenga* Rn. 26. Beide: Sind neue Aktien zum Stichtag bereits gezeichnet aber noch nicht ausgegeben, würden ansonsten die Angaben nach § 160 Abs. 1 Nr. 3 von denen nach § 152 Abs. 1 Satz 3 abweichen; aA MüKoAktG/*Kessler* Rn. 40; Großkomm AktG/*Brönner* Anm. 21; Hüffer/Koch/*Koch* Rn. 10.
[51] ADS Rn. 46; MüKoAktG/*Kessler* Rn. 40; Großkomm AktG/*Brönner* Anm. 21.

(§ 203 Abs. 1 iVm § 189), da mit der Eintragung die Kapitalerhöhung wirksam wird. Sind bis zum Bilanzstichtag neue Aktien gezeichnet worden (§ 185), die Eintragung in das Handelsregister steht jedoch noch aus, kann ebenfalls nur durch einen Vermerk auf diesen Sachverhalt hingewiesen werden.[52]

21 **4. Genehmigtes Kapital (Nr. 4).** Anzugeben ist nach § 160 Abs. 1 Nr. 4 das **am Bilanzstichtag bestehende** genehmigte Kapital (§§ 202 ff.), welches der Vorstand noch nicht zur Erhöhung des Grundkapitals verwendet hat. Dadurch soll der Bilanzleser darauf hingewiesen werden, inwieweit das gezeichnete Kapital ohne erneute Mitwirkung der HV erhöht werden kann.[53] Über die Verwendung des genehmigten Kapitals während des Geschäftsjahres ist nach § 160 Abs. 1 Nr. 3 (→ Rn. 19) zu berichten. Wurde das genehmigte Kapital nur teilweise zur Kapitalerhöhung verwendet, ist darüber sowohl nach § 160 Abs. 1 Nr. 3 als auch nach Nr. 4 zu berichten.[54] Hat der Vorstand das genehmigte Kapital vollständig im Geschäftsjahr zur Kapitalerhöhung verwendet, ist darüber nur nach § 160 Abs. 1 Nr. 3 zu berichten.

22 Welche Angaben gemacht werden müssen, gibt § 160 Abs. 1 Nr. 4 nicht vor. Nach allgM ist der **Nennbetrag** des am Bilanzstichtag noch bestehenden genehmigten Kapitals, der **Inhalt des Ermächtigungsbeschlusses** der HV (§ 202) sowie das **Datum** und die **Laufzeit** des Beschlusses anzugeben.[55] Wurde durch die HV mehrfach ein genehmigtes Kapital beschlossen, sind die Angaben getrennt für jedes genehmigte Kapital auszuweisen (Kennzeichnung zB durch genehmigtes Kapital I, genehmigtes Kapital II usw.).

23 **5. Aktienbezugsrechte nach § 192 Abs. 2 Nr. 3 (Nr. 5).** Nach § 160 Abs. 1 Nr. 5 ist über bestehende Aktienbezugsrechte nach § 192 Abs. 2 Nr. 3, berichten, um dem Bilanzleser einen Einblick über den Umfang und die Bedingungen der potentiellen Grundkapitalerhöhung durch Bezugs- und Wandlungsrechte zu gewährleisten.[56] Aktienbezugsrechte nach § 192 Abs. 2 Nr. 3 sind **Aktienoptionen** (Stock Options), die Arbeitnehmern und Mitgliedern der Geschäftsführung der Gesellschaft oder eines verbundenen Unternehmens im Rahmen eines Zustimmungs- oder Ermächtigungsbeschlusses gewährt werden. Aktienoptionen sind seit der Änderung des § 192 durch Art. 1 Nr. 26 KonTraG (vom 27.4.1998, BGBl. 1998 I 786) zulässig. § 160 Abs. 1 Nr. 5 wurde in diesem Zusammenhang erweitert und beinhaltet nunmehr Angabepflichten zu noch nicht ausgeübten Aktienoptionen (Art. 1 Nr. 23 KonTraG). Über im Geschäftsjahr ausgeübte Aktienoptionen ist nach § 160 Abs. 1 Nr. 3 (→ Rn. 17) zu berichten.

24 § 160 Abs. 1 Nr. 5 aF regelte zusätzlich die Angaben zu Wandelschuldverschreibungen und vergleichbaren Wertpapieren. Die Angabepflicht wurde im Rahmen der Umsetzung der Richtlinie 2013/34/EU (Art. 17 Abs. 1 lit. j) durch das BilRUG v. 17.7.2015 (BGBl. 2015 I 1245) in § 285 Nr. 15a HGB eingefügt. Sie wurde somit auch auf Unternehmen ausgeweitet, die nicht die Rechtsform einer Aktien- oder Kommanditgesellschaft auf Aktien haben.[57] Die nachfolgenden Erläuterungen haben deshalb weiterhin Bestand.

25 **Wandelschuldverschreibungen** sind gemäß § 221 Abs. 1 Nr. 1, 1. Fall Schuldverschreibungen, bei denen den Gläubigern ein Umtausch- oder Bezugsrecht auf Aktien eingeräumt wird. **Vergleichbare Wertpapiere** sind alle diejenigen Wertpapiere, die neben einem Zahlungsanspruch ebenfalls ein Umtausch- oder Bezugsrecht für Aktien gewähren. Dazu zählen Optionsanleihen, die neben dem Zahlungsanspruch das Recht verbriefen, Aktien gegen Zahlung oder auch gegen Hingabe der Schuldverschreibung zu beziehen sowie Gewinnschuldverschreibungen, sofern sie ein Umtausch- oder Bezugsrecht beinhalten.[58] Eine Angabepflicht besteht auch für Wandelschuldverschreibungen und vergleichbare Wertpapiere, die nicht von der AG selbst, sondern von einer in- oder ausländischen Tochtergesellschaft (Anleiheschuldnerin) emittiert wurden, das Umtausch- oder Bezugsrecht sich aber auf die Aktien der AG als Muttergesellschaft bezieht. Aus dem Wortlaut, der nicht ausdrücklich auf Bezugs- und Wandlungsrechte eigener Aktien hinweist, ergibt sich, dass in diesem Fall auch die Anleiheschuldnerin der Angabepflicht unterliegt.[59] Nach dem Normzweck ist die Angabe bei der Anleiheschuldnerin allerdings überflüssig, wenn diese nicht gleichzeitig auch ein Bezugs- oder Wandlungsrecht auf ihre eigenen Aktien gewährt, da eine mögliche Grundkapitalerhöhung somit entfällt.[60]

---

[52] *ADS* Rn. 46; MüKoAktG/*Kessler* Rn. 40; Großkomm AktG/*Brönner* Anm. 21.
[53] Hölters/*Waclawik* Rn. 30; Kölner Komm AktG/*Ekkenga* Rn. 29.
[54] *ADS* Rn. 49.
[55] MüKoAktG/*Kessler* Rn. 43; Großkomm AktG/*Brönner* Anm. 23; BeBiKo/*Grottel* HGB § 284 Rn. 54; *ADS* Rn. 49f; Kölner Komm AktG/*Ekkenga* Rn. 31.
[56] Kölner Komm AktG/*Ekkenga* Rn. 30; Hölters/*Waclawik* Rn. 31.
[57] RegBegr. BT-Drs. 18/4050, 89; BeBiKo/*Grottel* HGB § 285 Rn. 480ff; Hüffer/Koch/*Koch* Rn. 12.
[58] *ADS* Rn. 51; BeBiKo/*Grottel* HGB § 284 Rn. 55; Hüffer/Koch/*Koch* Rn. 12 aF.
[59] *ADS* Rn. 52; Großkomm AktG/*Brönner* Anm. 24; Hüffer/Koch/*Koch* Rn. 12 aF.
[60] Ebenso Hölters/*Waclawik* Rn. 33; Kölner Komm AktG/*Ekkenga* Rn. 30.

Bei den **Aktienoptionen** ist nach § 160 Abs. 1 Nr. 5 über die **Zahl** der am Bilanzstichtag noch 26
nicht ausgeübten Bezugsrechte unter gesonderter Angabe der verbrieften Rechte zu berichten. Die
Angabe zu den verbrieften Rechten muss die wesentlichen **Konditionen des Beschlusses der HV**
über die bedingte Kapitalerhöhung nach § 193 Abs. 2 wiedergeben.[61] Anzugeben sind demnach:
– der Kreis der Bezugsberechtigten,
– der Ausgabebetrag oder die Grundlagen, nach denen dieser Betrag errechnet wird sowie
– die Aufteilung der Bezugsrechte auf Mitglieder der Geschäftsführungen und Arbeitnehmer,
  Erfolgsziele, Erwerbs- und Ausübungszeiträume und die Wartezeit für die erstmalige Ausübung.

Bei **Wandelschuldverschreibungen** und **vergleichbaren Rechten** ist über die **Zahl** der Schuld- 27
verschreibungen, jeweils für jede Gattung (zB Wandelschuldverschreibung, Optionsanleihe, Gewinnschuldverschreibung), unter Angabe der jeweils verbrieften Rechte zu berichten. Bei der Angabe zu
den verbrieften Rechten ist über die **wesentlichen Anleihebedingungen** zu berichten, wie zB
über die Art der Verbriefung (Inhaber-, Order-, Namenspapiere), den Zinssatz, das Umtausch- oder
Bezugsverhältnis, ein etwaiges Aufgeld sowie über den Fälligkeitszeitpunkt der Anleihe.[62]

6. (gestrichen) *Genussrechte, Rechte aus Besserungsscheinen und ähnliche Rechte aF (Nr. 6)*. 28
§ 160 Abs. 1 Nr. 6 aF verlangte Angaben zu bestehenden Genussrechten, Rechten aus Besserungsscheinen und ähnlichen Rechten. Die Aktionäre sollen somit über die Zahlungsverpflichtungen aus
dem Gewinn der AG informiert werden, da diese Beeinträchtigungen des ausschüttbaren Gewinns
und der Erlöse nicht zwingend aus der Bilanz ersichtlich sind.[63] Ebenso wie die Angaben nach Nr. 5
aF wurde die Angabepflicht von Genuss- und ähnlichen Rechten im Rahmen der Umsetzung der
Richtlinie 2013/34/EU (Art. 17 Abs. 1 lit. j) durch das BilRUG v. 17.7.2015 (BGBl. 2015 I 1245)
in § 285 Nr. 15a HGB eingefügt. Die Angabepflicht wurde somit auch auf Unternehmen ausgeweitet,
die nicht die Rechtsform einer Aktien- oder Kommanditgesellschaft auf Aktien haben.[64] Die nachfolgenden Erläuterungen haben deshalb weiterhin Bestand.

Genussrechte sind gesetzlich nicht definiert. § 221 Abs. 3 regelt lediglich die Gewährung von 29
Genussrechten bei einer AG, ohne dabei auf den Inhalt der Rechte einzugehen. Nach allgM ist das
Genussrecht kein gesellschaftsrechtlich geprägtes Mitgliedsrecht, sondern ein Gläubigerrecht.[65] Trotz
dieses formal schuldrechtlichen Charakters kann das Genussrecht aktienähnlich ausgestaltet sein, dh
es kann vermögensrechtlich Rechte und Pflichten enthalten, die denen entsprechen, die nach dem
Gesetz an die Inhaberschaft der Aktie geknüpft sind (zB Teilhabe am Bilanzgewinn). Die mit der
Aktie verbundenen, auf der Mitgliedschaft beruhenden Mitverwaltungsrechte gewährt das Genuss-
recht jedoch nicht.[66] Genussrechte können in Genussscheinen verbrieft sein. Genussscheine können
als Inhaber-, Order- oder Namenspapiere ausgestaltet werden. **Besserungsscheine** (wenn unverbrieft: Besserungsrechte) sind aufschiebend bedingte Forderungen.[67] Sie verbriefen das Recht auf
Zahlung der Forderung bei Eintreten einer (vertraglich näher zu definierenden) Verbesserung der
Vermögensverhältnisse des Schuldners. Zu den **ähnlichen Rechten** iSd Vorschrift zählen alle
Rechte, die mit Genussrechten und Besserungsscheinen vergleichbar sind. Dies sind zB Gewinnschuldverschreibungen.[68]

Anzugeben sind die **Art und die Zahl** der jeweiligen Rechte, die am Bilanzstichtag bestehen. 30
Die Angaben über die Art der jeweiligen Rechte umfassen Erläuterungen über den Inhalt des
jeweiligen Rechts. Anzugeben ist insbesondere der Zweck der Ausgabe der jeweiligen Rechte, der
Ausgabezeitpunkt, der Nennbetrag sowie die wesentlichen vertraglichen Konditionen (zB Tilgungs-
vereinbarungen, Sicherheiten, Laufzeit).[69] Dabei müssen die Angaben so detailliert sein, dass die Art

---

[61] MüKoAktG/*Kessler* Rn. 47; BeBiKo/*Grottel* HGB § 284 Rn. 55.
[62] MüKoAktG/*Kessler* Rn. 47; ADS Rn. 53; BeBiKo/*Grottel* HGB § 284 Rn. 55 fordert zusätzlich noch die Angabe, wo die Schuldverschreibungen oder Wertpapiere passiviert sind; Kölner Komm AktG/*Ekkenga* Rn. 37, 38 fordert die Begrenzung der Berichterstattung auf diejenigen Rechte die Auswirkungen auf die Beteiligungsstruktur entfalten können.
[63] Großkomm AktG/*Brönner* Anm. 28; Kölner Komm AktG/*Ekkenga* Rn. 39; Hüffer/Koch/*Koch* Rn. 16 aF; Hölters/*Waclawik* Rn. 38; MüKoAktG/*Kessler* Rn. 53; ADS Rn. 55.
[64] RegBegr. BT-Drs. 18/4050, 89; BeBiKo/*Grottel* HGB § 285 Rn. 480ff; Hüffer/Koch/*Koch* Rn. 12.
[65] Hüffer/Koch/*Koch* Rn. 14 aF; ADS Rn. 54; MüKoAktG/*Kessler* Rn. 51; BeBiKo/*Schubert* HGB § 247 Rn. 227; Großkomm AktG/*Brönner* Anm. 26 mwN.
[66] BGHZ 119, 305 (309 ff.) mwN = NJW 1993, 57; BGHZ 120, 141 (146 f.) = NJW 1993, 400.
[67] Hüffer/Koch/*Koch* Rn. 15 aF; MüKoAktG/*Kessler* Rn. 55; ADS Rn. 56; Schulze-Osterloh WPg 1996, 97 ff.; Casper WPg 1983, 146.
[68] MüKoAktG/*Kessler* Rn. 56; ADS Rn. 57; BeBiKo/*Ellrott* HGB § 284 Rn. 45 aF.
[69] ADS Rn. 58; BeBiKo/*Ellrott* HGB § 284 Rn. 45 aF; Kölner Komm AktG/*Ekkenga* Rn. 40; Bonner HdR/*Reiß* Rn. 26.

und der Umfang der Verpflichtungen aus den Rechten ersichtlich werden.[70] Die Angaben sind unabhängig davon zu machen, ob die Rechte in der Bilanz passiviert wurden.[71]

31 Nach § 160 Abs. 1 Nr. 6, 2. HS aF sind die gleichen Angaben zu machen und gesondert aufzuführen, wenn im Geschäftsjahr **Rechte neu entstanden** sind. Entsprechen die im Geschäftsjahr neu entstandenen Rechte in ihrer Form vollständig den bereits bestehenden Rechten, genügt der Ausweis in Form eines „Davon-Vermerks".[72] Als neu entstandene Rechte sind auch bereits bestehende Rechte zu klassifizieren, sofern deren vertragliche Konditionen wesentlich geändert wurden.[73] Eine gesonderte Angabe ist nach der neuen Regelung des § 285 Nr. 15a HGB allerdings nicht mehr erforderlich.[74]

32 Bei bestimmten vertraglichen Gestaltungen können Genussrechte in der Bilanz nicht als Fremdkapital, sondern als Eigenkapital ausgewiesen werden.[75] In diesem Fall sind unbeschadet der Angabepflichten nach § 160 Abs. 1 Nr. 6 aF, nunmehr § 285 Nr. 15a HGB, zusätzliche Angaben im Anhang zu machen. Anzugeben sind die vertraglichen Konditionen, die die Genussrechte als Eigenkapital qualifizieren, insbesondere wie lange die Rechte noch als Eigenkapital bilanziert werden können sowie der frühestmögliche Kündigungs- und Auszahlungstermin.

33 **7. Wechselseitige Beteiligungen (Nr. 7).** Anzugeben ist nach § 160 Abs. 1 Nr. 7 das Bestehen einer wechselseitigen Beteiligung unter Angabe des anderen Unternehmens, um die Aktionäre über die Gefahr der Kapitalverwässerung zu informieren.[76] Zudem soll das Risiko der gegenseitigen Einflussnahme aufgezeigt und die Kontrolle deren Beschränkung durch § 328 ermöglicht werden.[77] Eine wechselseitige Beteiligung liegt nach § 19 Abs. 1 vor, wenn Kapitalgesellschaften mit Sitz im Inland dadurch verbunden sind, dass jedem Unternehmen mehr als 25 % der Anteile des anderen Unternehmens gehört. Die Beteiligungshöhe bestimmt sich nach dem Verhältnis des Gesamtnennbetrags der dem Unternehmen gehörenden Anteile zum Nennkapital des anderen Unternehmens; bei Stückaktien ist die Zahl der Aktien maßgeblich (§ 16 Abs. 2 Satz 1). Mittelbare Beteiligungen sind zu berücksichtigen (§ 16 Abs. 4). Besteht eine wechselseitige Beteiligung an einer Kapitalgesellschaft mit Sitz im Ausland oder an einer Personengesellschaft, besteht keine Angabepflicht nach § 160 Abs. 1 Nr. 7.

34 Anzugeben ist der **Bestand** der wechselseitigen Beteiligungen sowie der **Name** der anderen Unternehmen. Die Angaben sind in jedem Anhang zu machen, solange die wechselseitige Beteiligung besteht.[78] Die Höhe der wechselseitigen Beteiligung muss nach § 160 Abs. 1 Nr. 7 nicht angegeben werden. Zu beachten sind jedoch die Angabepflichten nach § 285 Nr. 11 HGB. Entsteht eine wechselseitige Beteiligung während des Geschäftsjahrs, ist darüber nicht gesondert zu berichten. Anzugeben ist lediglich der Endbestand an Beteiligungen für das Geschäftsjahr. Entfällt die wechselseitige Beteiligung im Verlauf des Geschäftsjahrs, ist – sofern keine anderen Beteiligungen dieser Art bestehen – keine Angabe nach § 160 Abs. 1 Nr. 7 erforderlich. Die Veränderungen des Bestands an wechselseitigen Beteiligungen werden durch einen Vorjahresvergleich ersichtlich.[79] Unabhängig von den Regelungen in § 160 Abs. 1 Nr. 7 ist jedoch über die Veränderung des Bestands von wechselseitigen Beteiligungen im Anhang zu berichten, sofern sich die Veränderung eine wesentliche Unternehmensverbindung nach § 271 Abs. 2 HGB darstellte).[80] In diesem Fall kommt auch eine Berichterstattung im Lagebericht (§ 289 Abs. 1 HGB) in Betracht.

35 **8. Mitgeteilte Beteiligungen (Nr. 8).** § 160 Abs. 1 Nr. 8 verlangt Angaben über das Bestehen einer Beteiligung, die der AG nach § 20 Abs. 1 oder Abs. 4 oder nach § 33 Abs. 4 oder Abs. 2 Wertpapierhandelsgesetz mitgeteilt worden ist, um die Stimmrechtsverteilung im Aktionariat offenzulegen.[81]

---

[70] Hüffer/Koch/*Koch* Rn. 16 aF.
[71] MüKoAktG/*Kessler*, 3. Aufl. 2013, Rn. 52; *ADS* Rn. 58; Großkomm AktG/*Brönner* Anm. 28.
[72] Hüffer/Koch/*Koch* Rn. 16 aF; *ADS* Rn. 61; MüKoAktG/*Kessler*, 3. Aufl. 2013, Rn. 54; Hölters/*Waclawik* Rn. 38.
[73] *ADS* Rn. 61; MüKoAktG/*Kessler*, 3. Aufl. 2013, Rn. 54.
[74] BeBiKo/*Grottel* HGB § 285 Rn. 489.
[75] Vgl. dazu Stellungnahme HFA 1/1994, WPg 1994, 419.
[76] *ADS* Rn. 63; Hölters/*Waclawik* Rn. 39; MüKoAktG/*Kessler* Rn. 51; Großkomm AktG/*Brönner* Anm. 31.
[77] MüKoAktG/*Kessler* Rn. 51; Kölner Komm AktG/*Ekkenga* Rn. 42; *ADS* Rn. 63; Großkomm AktG/*Brönner* Anm. 31.
[78] Hüffer/Koch/*Koch* Rn. 13; MüKoAktG/*Kessler* Rn. 51 ff.; *ADS* Rn. 64; Großkomm AktG/*Brönner* Anm. 32; Kölner Komm AktG/*Ekkenga* Rn. 43; BeBiKo/*Grottel* HGB § 284 Rn. 57.
[79] MüKoAktG/*Kessler* Rn. 54; Kölner Komm AktG/*Ekkenga* Rn. 43.
[80] *ADS* Rn. 65; MüKoAktG/*Kessler* Rn. 54.
[81] Hölters/*Waclawik* Rn. 40; Kölner Komm AktG/*Ekkenga* Rn. 44.

Nach § 20 hat ein Unternehmen, sobald es mehr als 25 % (Abs. 1) bzw. 50 % (Abs. 4) der Aktien **36**
einer AG mit Sitz im Inland besitzt, der AG unverzüglich eine schriftliche Mitteilung darüber zu
machen. Diese Mitteilung hat die AG unverzüglich in den Gesellschaftsblättern bekannt zu machen
(§ 20 Abs. 6). Die Mitteilungspflicht iSv § 20 besteht jedoch nicht bei Aktien eines Emittenten im
Sinne des § 33 Abs. 4 WpHG (§ 20 Abs. 8). In diesen Fällen sind die §§ 33 ff. WpHG maßgeblich.

Nach § 160 Abs. 1 Nr. 8, 2. HS hat die AG den nach § 32 Abs. 6 bzw. den nach § 40 Abs. 1 **37**
WpHG veröffentlichten Inhalt der erhaltenen Mitteilung im Anhang anzugeben. Bei Emittenten,
deren Aktien an einem organisierten Markt gehandelt werden (§ 33 Abs. 4 WpHG), umfasst die
Angabepflicht nach § 22 Abs. 1 iVm § 12 WpAV somit:
– die Überschrift „Stimmrechtsmitteilung",
– den Namen und die Anschrift des Mitteilungspflichtigen und des Emittenten,
– die Schwelle, die berührt, erreicht, überschritten oder unterschritten wurde, mit dem dazugehörigen Datum
– und die nach Gattungen aufgeteilte relative Höhe der nunmehr gehaltenen Stimmrechtsanteile, auch wenn die Ausübung der Stimmrechte ausgesetzt wurde.
Falls dem Meldepflichtigen Stimmrechte auch mittelbar nach § 34 WpHG zuzurechnen sind, sind
zusätzlich der Name des Dritten, aus dessen Aktien die Stimmrechte zugerechnet werden, und ggf.
der kontrollierten Unternehmen, über die die Stimmrechte gehalten werden, anzugeben, wenn
deren Stimmrechtsanteil mindestens 3 % beträgt (§ 12 Abs. 2 WpAV).[82] Nicht unter § 33 Abs. 4
WpHG fallende Emittenten haben entsprechend im Anhang anzugeben, dass eine schriftliche Mitteilung gemäß § 20 Abs. 1 bzw. Abs. 4 zugegangen ist; dabei ist der Name des beteiligten Unternehmens anzugeben und ob eine Beteiligung von mehr als 25 % oder eine Mehrheitsbeteiligung besteht.[83]
Bei mehrstufigen Unternehmensverbindungen sind aufgrund des § 16 Abs. 4 die Namen der unmittelbar und der mittelbar beteiligten Unternehmen anzugeben.[84] Folgende Anhangsangabe ist denkbar: „Nach einer vom Vorstand gemäß § 20 Abs. 1 zugegangenen schriftlichen Mitteilung vom …
ist die X-AG an unserer AG mit mehr als 25 % beteiligt."[85] Weitergehende Angaben, wie etwa die
genaue Höhe der Beteiligung oder der Erwerbszeitpunkt, sind nicht notwendig.[86]

Die Angabepflicht nach § 160 Abs. 1 Nr. 8 setzt den Zugang einer schriftlichen Mitteilung voraus. **38**
Liegt keine Mitteilung vor, müssen keine Angaben gemacht werden, auch wenn die Verwaltung
anderweitig über mitteilungspflichtige Beteiligungen Kenntnis erlangt hat (zB durch eine Anhangsangabe nach § 285 Nr. 11 HGB im Jahresabschluss des Mutterunternehmens).[87] Allerdings ist in diesem
Fall eine freiwillige Angabe zulässig und auch sinnvoll.[88] Bei der Angabe sollte jedoch auf die
fehlende schriftliche Mitteilung hingewiesen werden. Erfolgen mehrere Mitteilungen innerhalb eines
Geschäftsjahrs, ist nur die letzte, aktuellste Mitteilung für die Anhangsangabe maßgeblich. Die Angaben nach § 160 Abs. 1 Nr. 8 sind jährlich wiederkehrend zu machen, bis nach § 20 Abs. 5 schriftlich
mitgeteilt wurde, dass keine mitteilungspflichtige Beteiligung mehr besteht bzw. nach § 33 Abs. 1
WpHG mitgeteilt wurde, dass die Beteiligungsschwellenwerte unterschritten wurden.[89] Erfolgt keine
schriftliche Mitteilung, hat aber der Vorstand anderweitig gesicherte Kenntnis über den Wegfall
der mitteilungspflichtigen Beteiligung erlangt, sind die Angaben nach § 160 Abs. 1 Nr. 8 weiterhin
auszuweisen; allerdings sollte durch ein Zusatzvermerk auf diesen Umstand hingewiesen werden.
Geht eine schriftliche Mitteilung nach dem Bilanzstichtag, aber vor Aufstellung des Jahresabschlusses
ein, sind die Angaben im Anhang auszuweisen. Auch auf diesen Umstand ist bei der Angabe gesondert hinzuweisen.[90] Falls sich die Angaben nach Nr. 8 und Nr. 7 überschneiden, können diese auch
zusammengefasst dargestellt werden.[91]

9. Größenabhängige Erleichterungen (Abs. 3). Die Erleichterungen für Kleinstkapitalgesell- **39**
schaften iSd § 267a HGB nach § 160 Abs. 3 aF wurden durch das BilRUG v. 17.7.2015 (BGBl. 2015
I 1245), welches die Richtlinie 2013/34/EU umgesetzt hat, auf kleine Kapitalgesellschaften gemäß

---

[82] MüKoAktG/*Kessler* Rn. 61; Kölner Komm AktG/*Ekkenga* Rn. 50; Hölters/*Waclawik* Rn. 44.
[83] *ADS* Rn. 71; BeBiKo/*Grottel* HGB § 284 Rn. 58; Großkomm AktG/*Brönner* Anm. 33.
[84] BGH DB 2000, 1954 = WM 2000, 1952.
[85] MüKoAktG/*Kessler* Rn. 63.
[86] *ADS* Rn. 71.
[87] Hüffer/Koch/*Koch* Rn. 14; *ADS* Rn. 69; MüKoAktG/*Kessler* Rn. 68; Großkomm AktG/*Brönner* Anm. 34; Kölner Komm AktG/*Ekkenga* Rn. 46; WP-HdB 2000 Bd. I Rn. F 768.
[88] Ebenso MüKoAktG/*Kessler* Rn. 62; BeBiKo/*Grottel* HGB § 284 Rn. 58 unter Verweis auf Generalnorm nach § 264 HGB; Bonner HdR/*Reiß* Rn. 29.
[89] *ADS* Rn. 70; MüKoAktG/*Kessler* Rn. 58; BeBiKo/*Grottel* HGB § 284 Rn. 58; Großkomm AktG/*Brönner* Anm. 35.
[90] *ADS* Rn. 71; MüKoAktG/*Kessler* Rn. 64.
[91] Großkomm AktG/*Brönner* Anm. 32, 35; *ADS* Rn. 71.

§ 267 Abs. 1 HGB ausgeweitet. Die Richtlinie strebt die Maximalharmonisierung der Anhangsangaben bei kleinen Kapitalgesellschaften an (Art. 16 Abs. 3 RL 2013/34/EU).[92] Gemäß § 26g ist der neue § 160 Abs. 3 erstmals für Jahresabschlüsse anzuwenden, die nach dem 31.12.2015 beginnen. Kleine Aktiengesellschaften werden demnach von den Pflichtangaben nach Abs. 1 Nr. 1 und 3–8 befreit. Zum Bericht über eigene Aktien bleiben sie allerdings eingeschränkt verpflichtet. Angaben gemäß Abs. 1 Nr. 2 müssen nur zu eigenen Aktien, welche von der AG selbst oder durch eine andere Person auf ihre Rechnung gehalten und erworben wurden, gemacht werden. Nicht erforderlich ist die Angabe der Verwendung des Erlöses aus der Veräußerung eigener Aktien.[93]

40 Auf eine gesonderte Erleichterung für Kleinstkapitalgesellschaften kann in Abs. 3 nF verzichtet werden, da die Angaben für kleine Aktiengesellschaften nicht über das hinausgeht, was Kleinstkapitalgesellschaften gemäß § 264 Abs. 1 Satz 5 HGB anzugeben haben.[94] Nach dem durch das MicroBilG v. 20.12.2012 (BGBl. 2012 I 2751; Umsetzung der Richtlinie 2012/6/EU) eingeführten § 264 Abs. 1 Satz 5 HGB iVm § 267a HGB können Kleinstkapitalgesellschaften auf die Erstellung eines Anhangs verzichten. Dieses Wahlrecht ist an die in § 264 Abs. 1 Satz 5 Nr. 1–3 HGB aufgeführten Bedingung geknüpft, dass die Kleinstkapitalgesellschaft die durch Art. 1a Abs. 2 lit. c RL 2012/6/EU vorgeschriebenen (und durch RL 2013/34/EU iVm BilRUG v. 17.7.2015 (BGBl. 2015 I 1245) angepassten) Angaben unter der Bilanz macht:[95]

– nach § 268 Abs. 7 HGB zu nicht passivierten Eventualverbindlichkeiten (Haftungsverhältnissen) iSd erschöpfenden Aufzählung des § 251 HGB. Zu den Angaben gehören die Benennung, der Betrag und die Sicherungsmittel mit dem auf sie fallenden Gesamtbetrag.[96]
– zu Vorschüssen und Krediten an Mitglieder der Geschäftsführungs-, Aufsichtsorgane, Beiräte und ähnliche Einrichtungen nach § 285 Nr. 9 lit. c HGB. Zu den Angaben zählen die Zinssätze, wesentlichen Bedingungen, die im Geschäftsjahr zurückgezahlten Beträge und die für die Mitglieder eingegangenen Haftungsverhältnisse.
– zu den eigenen Aktien iSd Abs. 3 Satz 2, im Falle einer Aktiengesellschaft.

Haftungsverhältnisse gegenüber Mitgliedern der Gesellschaftsorgane müssen weiterhin sowohl nach § 285 Nr. 9 lit. c HGB als auch nach §§ 251 iVm 268 Abs. 7 HGB dargestellt werden.[97] Sind zusätzliche Angaben erforderlich, um ein den tatsächlichen Verhältnissen entsprechendes Bild der Vermögens-, Finanz- und Ertragslage nach § 264 Abs. 2 Satz 1 HGB zu vermitteln, können diese Angaben nach § 264 Abs. 2 Satz 3 HGB unter der Bilanz ergänzt werden. Somit kann immer noch auf einen Anhang verzichtet werden, und die Entlastung der Unternehmen hat weiterhin Bestand.[98]

41 Verzichten **Kleinstaktiengesellschaften** auf die Erstellung eines Anhangs unter den oben beschriebenen Bedingungen, sind sie nach dem neu eigeführten § 160 Abs. 3 auch von der Verpflichtung der ergänzenden Anhangsangaben nach Abs. 1 Nr. 1 und Nr. 3–8 befreit, da sie ebenso kleine Kapitalgesellschaften sind (§ 267a HGB). Die Angaben zu den eigenen Aktien gemäß Abs. 1 Nr. 2 iVm Abs. 3 Satz 2 sind aber dennoch unter der Bilanz anzugeben. Ebenso verhält es sich mit den anderen ergänzenden Angaben nach Abs. 1, falls diese zum Einblick in ein den tatsächlichen Verhältnissen entsprechendes Bild der Vermögens-, Finanz- und Ertragslage nötig sind (→ Rn. 40).[99]

IV. Schutzklausel (Abs. 2)

42 § 160 Abs. 2 enthält eine sog. Schutzklausel, nach der die Berichterstattung insoweit zu unterbleiben hat, als es für das Wohl der Bundesrepublik Deutschland oder eines ihrer Länder erforderlich ist. Die Vorschrift ist vom Wortlaut identisch mit § 286 Abs. 1 HGB.

43 Die Schutzklausel in § 160 Abs. 2 erstreckt sich ausschließlich auf die in § 160 Abs. 1 aufgeführten Angaben. Diese Angaben sind ganz oder teilweise zu unterlassen, wenn im Interesse des Gemeinwohls eine eingeschränkte Berichterstattung im Anhang notwendig erscheint. Die Schutzklausel darf hingegen nicht angewendet werden, um die AG selbst oder ein verbundenes Unternehmen vor etwaigen Nachteilen zu schützen.[100] Eine Anwendung von § 160 Abs. 2 kommt somit nur in Ausnahmefällen in Betracht. Vorstellbar sind am ehesten Sachverhalte, bei denen die Gesellschaft beim Eingehen eines

---

[92] RegBegr. BT-Drs. 18/4050, 89.
[93] Hüffer/Koch/*Koch* Rn. 16.
[94] RegBegr. BT-Drs. 18/4050, 90.
[95] RegBegr. BR-Drs. 558/12, 18.
[96] MüKoHGB/*Reiner*/*Haußer* HGB § 268 Rn. 342.
[97] RegBegr. BR-Drs. 558/12, 18.
[98] RegBegr. BR-Drs. 558/12, 18.
[99] RegBegr. BR-Drs. 558/12, 18.
[100] Hüffer/Koch/*Koch* Rn. 15; Großkomm AktG/*Brönner* Anm. 40 f.; ADS Rn. 73.

Vertrags mit der öffentlichen Hand ausdrücklich im Interesse der Sicherheit des Staates verpflichtet ist, über den Vorgang Stillschweigen zu bewahren.[101]

Ob die Schutzklausel nach § 160 Abs. 2 in Anspruch genommen werden kann, hat der Vorstand nach **pflichtgemäßem Ermessen** zu entscheiden.[102] Dabei hat er zwischen dem Interesse der Jahresabschlussadressaten und dem Interesse des Staates abzuwägen.[103] Bei einer Inanspruchnahme der Schutzklausel ist darüber nicht im Anhang zu berichten.

§ 161 Erklärung zum Corporate Governance Kodex

(1) [1]Vorstand und Aufsichtsrat der börsennotierten Gesellschaft erklären jährlich, dass den vom Bundesministerium der Justiz und für Verbraucherschutz im amtlichen Teil des elektronischen Bundesanzeigers bekannt gemachten Empfehlungen der „Regierungskommission Deutscher Corporate Governance Kodex" entsprochen wurde und wird oder welche Empfehlungen nicht angewendet wurden oder werden und warum nicht. [2]Gleiches gilt für Vorstand und Aufsichtsrat einer Gesellschaft, die ausschließlich andere Wertpapiere als Aktien zum Handel an einem organisierten Markt im Sinn des § 2 Absatz 11 des Wertpapierhandelsgesetzes ausgegeben hat und deren ausgegebene Aktien auf eigene Veranlassung über ein multilaterales Handelssystem im Sinn des § 2 Absatz 8 Satz 1 Nummer 8 des Wertpapierhandelsgesetzes gehandelt werden.

(2) Die Erklärung ist auf der Internetseite der Gesellschaft dauerhaft öffentlich zugänglich zu machen.

Schrifttum: 1. Allgemeines. *Arbeitskreis Externe und Interne Überwachung der Unternehmung,* Die Zukunft des Deutschen Corporate Governance Kodex, DB 2016, 395; *Bachmann,* Der „Deutsche Corporate Governance Kodex": Rechtswirkungen und Haftungsrisiken, WM 2002, 2137; *Bachmann,* Corporate Governance nach der Finanzkrise, AG 2011, 181; *Bachmann.,* Die Erklärung zur Unternehmensführung (Corporate Governance Statement), ZIP 2010, 1517; *Bachmann,* Überlegungen zur Reform der Kodex-Regulierung, FS Hoffmann-Becking, 2013, 75; *Bachmann,* Reform der Corporate Governance in Deutschland, AG 2012, 565; *Baums,* Bericht der Regierungskommission „Corporate Governance", 2001; *Bayer,* Grundsatzfragen der Regulierung der aktienrechtlichen Corporate Governance, NZG 2013, 1; *Berg/Stöcker,* Anwendungs- und Haftungsfragen zum Corporate Governance Kodex, WM 2002, 1569; *Bernhardt,* Sechs Jahre Corporate Governance Kodex – eine Erfolgsgeschichte?, BB 2008, 1686; *Bertrams,* Die Haftung des Aufsichtsrats im Zusammenhang mit dem Deutschen Corporate Governance Kodex und § 161 AktG, 2003; *Borges,* Selbstregulierung im Gesellschaftsrecht – zur Bindung an Corporate Governance-Kodizes, ZGR 2003, 508; *Bredol,* Anwendbarkeit von § 161 AktG auf börsennotierte Aktiengesellschaften im Regelinsolvenzverfahren, ZInsO 2011, 2062; *Bredol/Schäfer,* Für die Abschaffung des Governance Berichts gemäß Nr. 3.10. DCGK, NZG 2013, 568; *Bürkle,* Corporate Compliance – Pflicht oder Kür für den Vorstand der AG, BB 2005, 565; *Claussen/Bröcker,* Der Corporate Governance Kodex aus der Perspektive der kleinen und mittleren Börsen-AG, DB 2002, 1199; *Ederle,* Die jährliche Entsprechenserklärung und die Mär von der Selbstbindung, NZG 2010, 655; *Eisenschmidt/Bilgenroth,* Zur praktischen Umsetzung des Deutschen Corporate Governance Kodexes, DStR 2016, 551; *Ettinger/Grützediek,* Haftungsrisiken im Zusammenhang mit der Abgabe der unrichtigen Entsprechenserklärung gemäß § 161 AktG, AG 2003, 353; *v. Falkenhausen/Kocher,* Die Begründungspflicht für Abweichungen vom Deutschen Corporate Governance Kodex nach dem BilMoG, ZIP 2009, 1149; *Gehling,* Diskussionsbericht zu „Deutscher Corporate Governance Kodex – Eine kritische Bestandsaufnahme", ZIP 2011, 1181; *Gehling,* Deutscher Corporate Governance Kodex – was spricht für eine Atempause?, DB Standpunkte 2011, 51; *Gelhausen/Hönsch,* Folgen der Änderung des Deutschen Corporate Governance Kodex für die Entsprechenserklärung, AG 2003, 367; *Gelhausen/Hönsch,* Deutscher Corporate Governance Kodex und Abschlussprüfung, AG 2002, 529; *Gietzen,* Unternehmensmitbestimmung, Corporate Governance und der Deutsche Corporate Governance, Diss. Trier, 2013; *Goette,* Zum Prinzip des comply or explain und der Notwendigkeit einer „inhaltlichen einheitlichen" Entsprechenserklärung nach § 161 AktG, FS Hommelhoff, 2012, 257; *Goette,* Zu den Rechtsfolgen unrichtiger Entsprechenserklärungen, FS Hüffer, 2010, 225; *Habersack,* Gutachten E zum 69. DJT, Verhandlungen des 69. DJT, 2012; *Hanfland,* Haftungsrisiken im Zusammenhang mit § 161 AktG und dem Deutschen Corporate Governance Kodex, Diss. Heidelberg, 2007; *Harbarth,* Deutscher Corporate Governance Kodex in der Krise, DB Standpunkte 2011, 53; *Hartig,* Abweichkultur und Befolgungsdruck bei Leitlinien der europäischen Aufsichtsbehörden im Finanzbereich vor dem Hintergrund des § 161 AktG und des DCGK, BB 2012, 2959; *Heck,* Haftungsrisiken im Zusammenhang mit der Entsprechenserklärung zum Deutschen Corporate Governance Kodex gem. § 161 AktG, Diss. Freiburg, 2006; *Heckelmann,* Drum prüfe, wer sich ewig bindet – Zeitliche Grenzen der Entsprechenserklärung nach § 161 AktG und des Deutschen Corporate Governance Kodex, WM 2008, 2146; *Heintzen,* Der Corporate Governance Kodex aus der Sicht des deutschen Verfassungsrechts, ZIP 2004, 1933; *Hirte,* Das Transparenz- und Publizitätsgesetz, 2003; *Hoffmann-Becking,* Deutscher Corporate Governance Kodex – Anmerkung zu Zulässigkeit, Inhalt und Verfahren, FS Hüffer, 2010, 337; *Hoffmann-Becking,* Zehn kritische Thesen zum Deutschen Corporate

---

[101] ADS HGB § 286 Rn. 14.
[102] Großkomm AktG/*Brönner* Anm. 40.
[103] ADS HGB § 286 Rn. 11.

Governance Kodex, ZIP 2011, 1173; *Hopt,* Der Deutsche Corporate Governance Kodex: Grundlagen und Praxisfragen, FS Hoffmann-Becking, 2013, 563; *Huttner,* Auslegung des deutschen Corporate Governance Kodex (DCGK) und Rechtsfolgen einer „fehlerhaften" Auslegung, 2013; *Ihrig,* Pflicht zur umgehenden Abgabe einer Entsprechenserklärung mit Inkrafttreten des BilMoG?, ZIP 2009, 750; *Ihrig/Wagner,* Corporate Governance: Kodex-Erklärung und ihre unterjährige Korrektur, BB 2002, 2509; *Jahn/Rapp/Strenger/Wolff,* Der Deutsche Corporate Governance Kodex: Compliance Erfahrungen der Jahre 2002–2009, ZCG 2011, 64; *Kerstan,* Zivilrechtliche Haftungsrisiken im Zusammenhang mit dem Deutschen Corporate Governance Kodex und der Entsprechenserklärung nach § 161 Aktiengesetz, Diss. Münster, 2015; *A. Köhler/Marten/Schlereth,* Stärkung der Corporate Governance in Deutschland – Umsetzungsstand und Effektivität, DB 2009, 1477; *Kocher,* Ungeklärte Fragen der Erklärung zur Unternehmensführung nach § 289a HGB, DStR 2010, 1034; *Körner,* Comply or disclose: Erklärung nach § 161 AktG und Außenhaftung des Vorstands, NZG 2004, 1148; *Kort,* Die Außenhaftung des Vorstands bei der Abgabe von Erklärungen nach § 161 AktG, FS Raiser, 2005, S. 203; *Kort,* Corporate Governance Grundsätze als rechtlich relevante Verhaltensstandards, FS K. Schmidt 2009, 945; *Kort,* Zur Anwendung des Kodex aus Unternehmenssicht, DB Standpunkte 2011, 55; *Kremer,* Der Deutsche Corporate Governance Kodex auf dem Prüfstand, bewährte Selbst- oder freiwillige Überregulierungen?, ZIP 2011, 1177; *Krieger,* Interne Voraussetzungen für die Abgabe der Entsprechungserklärung nach § 161 AktG, FS Ulmer, 2003, 365; *Krieger,* Corporate Governance und Corporate Governance Kodex in Deutschland, ZGR 2012, 202; *Kruchen,* Erklärung zur Unternehmensführung gem. § 289a HGB und „dauerhafte" Abrufbarkeit von Internetadressen (Pfaden), ZIP 2012, 62; *Kuthe/Geiser,* Die neue Corporate Governance Erklärung – Neuerungen des BilMoG in § 289a HGB-RE, NZG 2008, 172; *von der Linden,* Darstellung von Interessenkonflikten im Bereich des Aufsichtsrats an die Hauptversammlung, GWR 2011, 407; *Litzenberger,* Verstoß gegen Berichtspflichten bei der Ausnutzung genehmigten Kapitals unter Bezugsrechtsausschluss und fehlerhafte Entsprechenserklärungen zum DCGK – Die Deutsche Bank Hauptversammlung 2009, NZG 2011, 1019; *Lutter,* Die Erklärung zum Corporate Governance Kodex gemäß § 161 AktG – Pflichtverstöße und Binnenhaftung von Vorstands- und Aufsichtsratsmitgliedern, ZHR 166 (2002), 523; *Lutter,* Kodex guter Unternehmensführung und Vertrauenshaftung, FS Druey, 2002, 463; *Lutter,* Deutscher Corporate Governance Kodex und die Erklärungen nach § 161 AktG, FS Huber, 2006, 871; *Lutter,* Zur Bindung der Organmitglieder an die Kodex-Erklärung nach § 161 AktG, GS M. Winter, 2011, 449; *Lutter,* Der Kodex und das Recht, FS Hopt, 2010, 1025; *Mock,* Entsprechenserklärung zum DCGK in Krise und Insolvenz, ZIP 2010, 15; *Möslein,* Contract Governance und Corporate Governance im Zusammenspiel, JZ, 2010, 72; *Mülbert,* Corporate Governance von Banken, ZHR 173 (2009), 1; *Mülbert,* Corporate Governance in der Krise, ZHR 174 (2010), 375; *Mutter,* Pflicht zur umgehenden Abgabe einer Entsprechenserklärung mit Inkrafttreten des BilMoG – eine versteckte Konsequenz der Entscheidung des BGH vom 16. Februar 2009?, ZIP 2009, 750; *Nonnenmacher,* Corporate Governance im Spannungsfeld von Investorenerwartungen und Kodexreform, WPg 2018, 709; *Peltzer,* Handlungsbedarf in Sachen Corporate Governance, NZG 2002, 593; *Peltzer,* Der Bericht der Corporate Governance Kommission an die Bundesregierung, NZG 2011, 281; *Peltzer,* Für einen schlankeren Kodex, NZG 2012, 368; *Pietrancosta,* Enforcement of corporate governance codes: A legal perspective, FS Hopt, 2010, 1109; *Preußner,* Deutscher Corporate Governance Kodex und Risikomanagement, NZG 2004, 303; *Priester,* Interessenkonflikte im Aufsichtsratsbericht – Offenlegung versus Vertraulichkeit, ZIP 2011, 2081; *Radke,* Die Entsprechenserklärung zum Deutschen Corporate Governance Kodex nach § 161 AktG, 2004; *Rosengarten/Sven H. Schneider,* Die jährliche Abgabe der Entsprechenserklärung nach § 161 AktG, ZIP 2009, 1837; *Roth,* Wirtschaftsrecht auf dem Deutschen Juristentag 2012, NZG 2012, 881; *Ruhnke,* Prüfung der Einhaltung des Deutschen Corporate Governance Kodex durch den Abschlussprüfer, AG 2003, 371; *Scholz,* Die Auslegung des Deutschen Corporate Governance Kodex, ZfPW 2017, 360; *Schüppen,* To comply or not to comply – that's the question! „Existenzfragen" des Transparenz- und Publizitätsgesetzes im magischen Dreieck kapitalmarktorientierter Unternehmensführung, ZIP 2002, 1269; *Schürnbrand,* Normadressat der Pflicht zur Abgabe einer Entsprechenserklärung, FS Schneider, 2011, 1197; *Seibert,* Im Blickpunkt: Der deutsche Corporate Governance Kodex ist da, BB 2002, 581; *Seibt,* Deutscher Corporate Governance Kodex und Entsprechens-Erklärung (§ 161 AktG-E), AG 2002, 249; *Seibt,* Deutscher Corporate Governance Kodex: Antworten auf Zweifelsfragen der Praxis, AG 2003, 465; *Seidel,* Der Deutsche Corporate Governance Kodex – eine private oder doch eine staatliche Regelung?, ZIP 2004, 285; *Seidel,* Kodex ohne Rechtsgrundlage, NZG 2004, 1095; *Semler/Wagner,* Deutscher Corporate Governance Kodex – Die Entsprechenserklärung und Fragen der gesellschaftsinternen Umsetzung, NZG 2003, 553; *Spindler,* Zur Zukunft der Corporate Governance Kommission und des § 161 AktG, NZG 2011, 1007; *Spindler,* Finanzmarktkrise und Wirtschaftsrecht, AG 2010, 601 ff.; *Stenger,* Kodex und Unternehmensführung. Schwachstellen, Reformvorschläge, Deregulierung, Diss. Berlin, 2013; *Timm,* Corporate Governance Kodex und Finanzkrise, ZIP 2010, 2125; *Tödtmann/Schauer,* Der Corporate Governance Kodex zieht scharf, ZIP 2009, 995; *Ulmer,* Der Deutsche Corporate Governance Kodex – ein neues Regulierungsinstrument für börsennotierte Aktiengesellschaften, ZHR 166 (2002), 150; *J. Vetter,* Corporate Governance als Thema des Juristentags, NZG 2012, 900; *Vogel,* Die Haftung von Gesellschaften, Vorständen und Aufsichtsräten im Zusammenhang mit der Entsprechenserklärung zum Deutschen Corporate Governance Kodex gemäß § 161 AktG, Diss. Kiel, 2010; *Weber-Rey,* Zehn Jahre Kodexkommission: Zwischen Abweichkultur und Erwartungen der Politik, BB 2011, Heft 41, S. I; *Weber-Rey/Buckel,* Best Practice Empfehlung des Deutschen Corporate Governance Kodex und die Business Judgement Rule, AG 2011, 845; *Wernsmann/Gatzka,* Der Deutsche Corporate Governance Kodex und die Entsprechenserklärung nach § 161 AktG. Anforderungen des Verfassungsrechts, NZG 2011, 1001.

2. Kommentare zum Kodex. *Fuhrmann/Linnerz/Pohlmann* (Hrsg.), Deutscher Corporate Governance Kodex, 2015; *Kremer/Bachmann/Lutter/v. Werder,* Deutscher Corporate Governance Kodex, 7. Aufl. 2018; *Wilsing* (Hrsg.), Deutscher Corporate Governance Kodex, 2012.

3. Anfechtung von Hauptversammlungsbeschlüssen wegen unrichtiger Entsprechenserklärung. *Arens/Petersen,* Über (Irr)Wege zur Anfechtbarkeit eines Entlastungsbeschlusses wegen fehlerhafter Entsprechenserklärung, Der Konzern 2011, 197; *Bayer/Scholz,* Die Anfechtung von Hauptversammlungsbeschlüssen wegen unrichtiger Entsprechenserklärung, ZHR 181 (2017) 861; *Bröcker,* Selbstbindung mit Anfechtungsrisiko – Was sind die richtigen Sanktionsmechanismen für den Deutschen Corporate Governance Kodex?, Der Konzern 2011, 313; *Goslar/von der Linden,* Anfechtbarkeit von Hauptversammlungsbeschlüssen aufgrund fehlerhafter Entsprechenserklärungen zum Deutschen Corporate Governance Kodex, DB 2009, 1691; *Goslar/von der Linden,* § 161 AktG und die Anfechtbarkeit von Entlastungsbeschlüssen, NZG 2009, 1337; *Hüffer,* Anfechtbarkeit von Hauptversammlungsbeschlüssen wegen Abweichung von der Entsprechenserklärung, VGR 2010, 63; *Kiethe,* Falsche Erklärung nach § 161 AktG – Haftungsverschärfung für Vorstand und Aufsichtsrat?, NZG 2003, 559; *Kiefner,* Fehlerhafte Entsprechenserklärung und Anfechtbarkeit von Hauptversammlungsbeschlüssen, NZG 2011, 201; *Klabunde,* Die Entsprechenserklärung nach § 161 AktG im System des aktienrechtlichen Beschlussmängelrechts, Diss. Berlin 2015; *Kleindiek,* Anfechtbarkeit von Entlastungsbeschlüssen wegen unrichtiger Entsprechenserklärung nach § 161 AktG, FS Goette, 2011, 239; *Leuering,* Keine Anfechtung wegen Mängel der Entsprechenserklärung Nachlese zu den BGH-Urteilen „Kirch/Deutsche Bank" (DStR 2009, 537) und „Umschreibestopp" (DStR 2009, 2207), DStR 2010, 2255; *Marsch-Barner,* Zur Anfechtung der Wahl von Aufsichtsratsmitgliedern, FS K. Schmidt, 2009, 1109; *Mülbert/Wilhelm,* Grundfragen des deutschen Corporate Governance Kodex und der Entsprechenserklärung nach § 161 AktG, ZHR 176 (2012), 286; *Mutter,* Überlegungen zur Justiziabilität von Entsprechenserklärungen nach § 161 AktG, ZGR 2009, 788; *Rieder,* Anfechtbarkeit von Aufsichtsratswahlen bei unrichtiger Entsprechenserklärung?, NZG 2010, 737; *Tröger,* Aktionärsklagen bei nicht-publizierter Kodexabweichung, ZHR 175 (2011), 746; *E. Vetter,* Der Deutsche Corporate Governance Kodex nur ein zahnloser Tiger? Zur Bedeutung von § 161 AktG für Beschlüsse der Hauptversammlung, NZG 2008, 121; *E. Vetter,* Der Tiger zeigt die Zähne – Anmerkung zum Urteil im Fall Leo Kirch/Deutsche Bank, NZG 2009, 561; *E. Vetter,* Aufsichtsratswahlen durch die Hauptversammlung und § 161 AktG, FS Schneider, 2011, 1345; *Waclawik,* Beschlussmängelfolgen von Fehlern bei der Entsprechenserklärung zum DCGK, ZIP 2011, 885; *Weitnauer,* Verstöße gegen den Deutschen Corporate Governance Kodex als Anfechtungsgrund für Hauptversammlungsbeschlüsse, GWR 2018, 301; *Witt,* Auswirkungen materiell unrichtiger Entsprechenserklärungen auf den Bestand von Hauptversammlungsbeschlüssen, Diss. Trier, 2015; *Woitzyk,* Die Anfechtung von Hauptversammlungsbeschlüssen infolge unrichtiger Entsprechenserklärung, Diss. Freiburg, 2012.

4. Europäische Entwicklungen und Rechtsvergleich. *Anzinger,* Qualitätssteigerung der Berichterstattung über die Unternehmensführung durch Abweichungsbericht und effizientes Monitoring, NZG 2015, 969; *Bachmann,* „Der Europäische Corporate Governance-Rahmen", WM 2011, 1301; *Döll,* Aktienrecht und Codes of Best Practice, Diss. Frankfurt, 2018; *Hommelhoff,* Corporate Governance – Entwicklungen im Unionsrecht, VGR 2011, 175; *Hopt,* Kapitalmarktorientierte Gesellschaftsrechtsentwicklung in Europa: Zur Arbeit der High Level Group of Company Law Experts, Internationales Gesellschaftsrecht, 2004, 73; *Hopt,* Vergleichende Corporate Governance, Forschung und internationale Regulierung, ZHR 175 (2011), 444; *Kirschbaum,* Entsprechenserklärungen zum englischen Combined Code und zum Deutschen Corporate Governance Kodex, Diss. Bonn, 2006; *Leyens,* Comply or Explain im Europäischen Privatrecht, ZEuP 2016, 388; *Lignier,* Corporate Governance in Deutschland und Frankreich, Diss. Köln, 2016; *Lutter,* Corporate Governance in Österreich und Deutschland – Die beiden Kodizes im Vergleich, FS Doralt, 2004, 377; *Rode,* Der Deutsche Corporate Governance Kodex. Funktionen und Durchsetzungsmechanismen im Vergleich zum britischen Combined Code, 2009; *v. Werder,* EU-Empfehlung für das Corporate Governance Reporting: Zehn Thesen zur Kodexpublizität, DB 2015, 847

5. Rechtstatsachen. *Böcking/Böhme/Gros,* Wissenschaftliche Studien zum DCGK und die Notwendigkeit der qualitativen Analyse von Abweichungsbegründungen, AG 2012, 615; *Ihrig/Wagner,* Reaktion börsennotierter Unternehmen auf die Änderung des „Deutschen Corporate Governance Kodex", BB 2003, 1625; *Nowak/Rott/Mahr,* Rating börsennotierter Unternehmen auf Basis des Deutschen Corporate Governance Kodex – Eine empirische Untersuchung zur Akzeptanz und Qualität seiner Umsetzung in der Praxis, WPg 2004, 998; *Nowak/Rott/Mahr,* Wer den Kodex nicht einhält, den bestraft der Kapitalmarkt? Eine empirische Analyse der Selbstregulierung und Kapitalmarktrelevanz des Deutschen Corporate Governance Kodex, ZGR 2005, 252; *v. Werder,* Problemfelder der Corporate Governance, DB Standpunkte 2011, 49; *v. Werder,* Umsetzung der Empfehlungen und Anregungen des Deutschen Corporate Governance Kodex – Eine empirische Erhebung der DAX 30-, MDAX 50- und SDAX 50-Gesellschaften, 2004; *v. Werder/Bartz,* Corporate Governance Report 2013: Abweichungskultur und Unabhängigkeit im Lichte der Akzeptanz und Anwendung des aktuellen DCGK, DB 2013, 885; *v. Werder/Bartz,* Corporate Governance Report 2014: Erklärte Akzeptanz des Kodex und tatsächliche Anwendung bei Vorstandsvergütung und Unabhängigkeit des Aufsichtsrats, DB 2014, 905; *v. Werder/Pissarczyk/Böhme,* Größere Kodexskepsis im General Standard?, AG 2011, 492; *v. Werder/Talaulicar,* Kodex Report 2005: Die Akzeptanz der Empfehlungen und Anregungen des Deutschen Corporate Governance Kodex, DB 2005, 841; *v. Werder/Talaulicar,* Kodex Report 2009: Die Akzeptanz der Empfehlungen und Anregungen des Deutschen Corporate Governance Kodex, DB 2009,689; *v. Werder/Talaulicar,* Kodex Report 2010, Die Akzeptanz der Empfehlung und Anregung des Deutschen Corporate Governance Kodex, DB 2010, 853; *v. Werder/Talaulicar/Pissarcyk,* Das Kommentierungsverhalten bei Abweichungen vom Deutschen Corporate Governance Kodex, AG 2010, 62; *v. Werder/Turkali,* Corporate Governance Report 2015: Kodexakzeptanz und Kodexanwendung, DB 2015, 1357.

Übersicht

	Rn.		Rn.
I. Grundlagen	1–28d	3. Europäische Entwicklungen	12–15
1. Regelungsgegenstand und -zweck	1–7	4. Rechtsnatur der Kodexempfehlungen	16
2. Entstehungsgeschichte des § 161 und des DCGK	8–11	5. Auslegung der Kodexempfehlungen	17–17e

	Rn.		Rn.
6. Verfassungsmäßigkeit des Regelungsmechanismus	18–20	f) Formulierung der Entsprechenserklärung	62–66
7. Rechtstatsachen	21	7. Abgabezeitpunkt	67, 68
8. Verhältnis der Erklärungspflicht gemäß § 161 zu anderen Vorschriften	22–23a	8. Form	69, 70
9. Verhältnis der Kodexempfehlungen zur Sorgfaltspflicht der Organglieder gemäß § 93 Abs. 1 S. 1 (iVm § 116)	24–27	9. Pflicht zur unterjährigen Aktualisierung	71–79
		a) Unrichtigkeit der Entsprechenserklärung, Absichtsänderung	71–74
		b) Kodex- und Gesetzesänderung	75, 76
		c) Sonstige Umstände	77–79
10. Rechtspolitische Bewertung	28–28d	10. Befolgungs-, Umsetzungs- und Überwachungspflicht	80–82
II. Erklärungspflicht (§ 161 Abs. 1)	29–83a		
1. Rechtsnatur der Entsprechenserklärung	29	11. Prüfung der Entsprechenserklärung	83, 83a
2. Bezugspunkt	30, 31	III. Publizität der Erklärung (§ 161 Abs. 2)	84–89
3. Anwendungsbereich	32–34		
4. Adressaten der Erklärungspflicht	35, 36	IV. Folgen fehlender oder fehlerhafter Entsprechenserklärungen	90–104
5. Herbeiführung der Entsprechenserklärung (Beschlussfassung)	37–46	1. Grundlagen	90
a) Getrennte Beschlussfassung	37	2. Anfechtung von Hauptversammlungsbeschlüssen	91–99
b) Beschlussgegenstände	38–40	a) Entlastungsbeschlüsse	91–96n
c) Beschluss des Vorstands; Zustimmungsvorbehalt	41–43	b) Wahlbeschlüsse	97–99
d) Beschluss des Aufsichtsrats	44	3. Haftung von Organmitgliedern und Gesellschaft	100–103
e) Zusammenführung der Beschlüsse	45, 46	a) Grundlagen	100, 100a
6. Inhalt der Entsprechenserklärung	47–66	b) Innenhaftung der Organmitglieder	101–101b
a) Grundlagen (insbesondere Wahrheitspflicht)	47–47b	c) Außenhaftung der Organmitglieder	102
b) Zukunftsgerichteter Teil und gesellschaftsinterne Bindung	48–50c	d) Haftung der Gesellschaft	103
c) Retrospektiver Teil und Wesentlichkeitsschwelle	51–53	4. Strafrechtliche Verantwortlichkeit	104
d) Bezugszeitraum	54–56	V. Anhang: Der Deutsche Corporate Governance Kodex idF vom 7.2.2017	105
e) Begründungspflicht	57–61a		

I. Grundlagen

1 **1. Regelungsgegenstand und -zweck.** Die Vorschrift des § 161 sowie der von ihr in Bezug genommene Deutsche Corporate Governance Kodex (DCGK) waren bei ihrer Einführung im Jahr 2002 aus deutscher Sicht neuartige Instrumente *(„soft law")*, um die nach verschiedenen Unternehmenszusammenbrüchen in die Diskussion geratene **Unternehmensführung und -überwachung** (= Corporate Governance) zu **verbessern**. Durch den DCGK sollen Investoren (speziell aus dem Ausland) zudem ganz allgemein besser über das deutsche System der dualen Unternehmensverfassung (Vorstand und Aufsichtsrat) gegenüber dem monistischen Board-System) informiert werden.

2 § 161 begründet die **gesetzliche Pflicht** von Vorstand und Aufsichtsrat einer kapitalmarktorientierten Gesellschaft, jährlich eine sog. **Entsprechenserklärung** (vgl. Überschrift vor § 150) abzugeben, dh zu erklären, inwieweit den Empfehlungen des DCGK entsprochen wurde und künftig entsprochen werden soll. Jede Nichtbeachtung ist zu begründen (sog. *comply or explain*). Weiterhin regelt die Vorschrift in Abs. 2 die **Veröffentlichung** der Erklärung.

3 **Bezweckt** ist durch § 161 eine sowohl an die aktuellen Aktionäre als auch allgemein an den Kapitalmarkt adressierte[1] **Information** über die Corporate Governance der jeweiligen Gesellschaft.[2] Die dauerhafte Zugänglichmachung auf der Internetseite der Gesellschaft zielt auf ein hohes Maß an **Publizität**.[3] Die Erklärungspflicht zwingt zur **unternehmensinternen Reflexion**[4] und damit

---

[1] BegrRegE TransPuG, BT-Drs. 14/8769, 21; *Habersack* Gutachten 69. DJT, 2012, E 52; Hüffer/Koch/*Koch* Rn. 1.
[2] Prägnant *Leyens* ZEuP 2016, 388 (396): „geordneter Informationskanal [...], der gleichermaßen den Informationsbedürfnissen der Anleger (screening) und den Interessen der Emittenten an ihrer transparenzgestützten Positionierung im Wettbewerb um Kapital dient (signaling)".
[3] BegrRegE TransPuG, BT-Drs. 14/8769, 22; BGHZ 180, 9 Rn. 19, 21 – Kirch/Deutsche Bank; BGHZ 182, 272 Rn. 17 f. – Umschreibungsstopp; K. Schmidt/Lutter/*Spindler* Rn. 1 mwN.
[4] So K. Schmidt/Lutter/*Spindler* Rn. 1.

zur kritischen Selbstprüfung[5] der aktuellen Unternehmensführung und -verfassung. Dies gilt speziell für Abweichungen vom Kodex, die zu begründen sind.

Tendenziell sollen die Gesellschaften indes zur Befolgung der Regelungen des DCGK veranlasst werden.[6] Denn **Zielstellung der Kodexempfehlungen** ist neben einer beschreibenden Darstellung der wesentlichen gesetzlichen Vorschriften zur Leitung und Überwachung deutscher kapitalmarktorientierter Aktiengesellschaften (zum Anwendungsbereich → Rn. 32 ff.)[7] insbesondere die Auflistung „international und national anerkannter Standards guter und verantwortungsvoller Unternehmensführung".[8] Deren Beachtung soll die Qualität der Corporate Governance deutscher Unternehmen (weiter) verbessern.[9] Da sich die Kodexempfehlungen indes nur innerhalb des zwingenden Aktien- und Kapitalmarktrechts bewegen können, ist es ihre vorrangige Aufgabe, die vorhandenen **gesetzlichen Spielräume auszufüllen** oder **zu ergänzen.**[10] Der Kodex versucht daher grundsätzlich, die *derzeitige best practice* zu vermitteln. Nach zutreffendem Verständnis kommt dem Kodex darüber hinaus auch die Funktion zu, die in den Unternehmen vorgefundene *best practice* veränderten Zeiten und Umständen anzupassen und somit **behutsam fortzuentwickeln.** Die Kodexkommission fungiert daher zwar vorrangig als Standard-Ermittler, zugleich aber auch als Standard-Setzer.[11] 4

Abweichungen vom Kodex sind **bei entsprechender Begründung** (→ Rn. 57 ff.) gestattet. Da der Kodex indes regelmäßig die *best practice* widerspiegelt (→ Rn. 4), ist es fragwürdig, eine verbreitete „Abweichungskultur" als „wünschenswert" zu betrachten, wie dies jedoch der 69. DJT beschlossen hat.[12] Auch die weitere Forderung, dass der Gesetzgeber eine höhere Nichtbefolgungsquote einzelner Empfehlungen nicht zum Anlass für gesetzgeberische Maßnahmen nehmen solle,[13] weil auf diese Weise der Kodex „konterkariert" werde,[14] ist zu undifferenziert. Eine **„Abweichungskultur"** hat vielmehr nur dort ihre Berechtigung, wo dies entweder (i) aus den Besonderheiten des jeweiligen Unternehmens resultiert oder (ii) die Kodexempfehlung nur eine von mehreren (gleichwertigen) Alternativen wiedergibt und dem Gesetzgeber die Auswahl gleichgültig ist. Anders ist es, wenn eine defizitäre aktienrechtliche Regelung durch die Kodexempfehlung nachhaltig verbessert wird (Beispiel: § 125 Abs. 1 S. 5 durch Nr. 5.4.1 Abs. 5 DCGK):[15] Hier suspendiert die Einhaltung der Kodexempfehlung lediglich den akuten Reformbedarf, sodass dem Gesetzgeber kein Vorwurf zu machen ist, wenn er die weitgehende Nichtbefolgung zum Anlass für eine Gesetzesänderung nimmt.[16] 5

Auf der anderen Seite sollte der **Kodex nicht als „Warnschuss"** an die Unternehmen missbraucht werden, um eine verbreitete, vom Gesetzgeber indes kritisch gesehene Corporate Governance zu verändern (Beispiel: Frauenquote[17]). Will der Gesetzgeber aus spezifisch aktienrechtlichen oder auch aus allgemein gesellschaftspolitischen Gründen die Rechtspraxis der Unternehmen verändern, muss er dies gesetzlich anordnen.[18] Der Kodex ist hierfür der falsche Ort, weil er durch substanzielle Veränderungen einer aktuell praktizierten Corporate Governance schlicht überfordert ist.[19] Vernachlässigt man diese Regel, sind beiderseitige Enttäuschungen „vorprogrammiert", wie etwa die „Überholung" der früheren Kodexempfehlungen zur Offenlegung der Vorstandsvergütung durch das VorstOG[20] oder zum Cooling-off durch das VorstAG[21] (§ 100 Abs. 2 Nr. 4)[22] anschaulich belegen.[23] 6

---

[5] So Kölner Komm AktG/*Lutter* Rn. 2.
[6] Hüffer/Koch/*Koch* Rn. 1; K. Schmidt/Lutter/*Spindler* Rn. 2; *Bayer* NZG 2013, 1 (3).
[7] Für Streichung: *Habersack* Gutachten 69. DJT, 2012, E 58; Beschluss 69. DJT Nr. 7a (45/35/3); zust. *Bayer* NZG 2013, 1 (4 f.). (Grund: beschreibender Teil des Gesetzes enthält zT Fehler oder Missverständnisse; dazu näher *Hoffmann-Becking* FS Hüffer, 2010, 337 (345 ff.); *Bachmann* FS Schwark, 2009, 331 (344)).
[8] Präambel Abs. 1 S. 1 Hs. 2 DCGK.
[9] KBLW/*v. Werder* DCGK Rn. 103.
[10] *Bayer* NZG 2013, 1 (3) mwN.
[11] *Bayer* NZG 2013, 1 (3, 5); zust. *Marsch-Barner* in Marsch-Barner/Schäfer Börsennotierte AG-HdB Rn. 2.45.
[12] 69. DJT Beschluss Nr. 9 (72/6/10).
[13] Vgl. *Habersack* Gutachten 69. DJT, 2012, E 52.
[14] So 69. DJT Beschluss Nr. 9 (72/6/10).
[15] Dazu näher *Ringleb/Kremer/Lutter/v. Werder* NZG 2012, 1081 (1086).
[16] So bereits *Bayer* NZG 2013, 1 (5).
[17] Dazu näher *Bayer* NZG 2013, 1 (7 f.) mwN.
[18] So dezidiert auch *Goette* FS Hüffer, 2010, 225 (2279; kritisch auch *Mülbert/Wilhelm* ZHR 176 (2012) 286 (321 ff.); Hüffer/Koch/*Koch* Rn. 5a.
[19] *Bayer* NZG 2013, 1 (5 f.); zur Möglichkeit der lediglich *behutsamen* Fortentwicklung der Corporate Governance durch den Kodex auch → Rn. 4.
[20] Gesetz über die Offenlegung der Vorstandsvergütungen (Vorstandsvergütungs-Offenlegungsgesetz – VorstOG) v. 3.8.2005, BGBl. 2005 I 2267; dazu näher → § 87 Rn. 80 ff.
[21] Gesetz zur Angemessenheit der Vorstandsvergütung (VorstAG) v. 31.7.2009, BGBl. 2009 I 2509.
[22] Dazu näher → § 100 Rn. 30 ff.
[23] Dazu näher *Bayer* NZG 2013, 1 (5 f.); vgl. auch (kritisch) K. Schmidt/Lutter/*Spindler* Rn. 82.

7 Prämisse des aus Kodex und § 161 bestehenden Regelungsmechanismus ist, dass ein grundsätzlicher **„Befolgungsdruck"**[24] dadurch ausgeübt wird, dass die Nicht-Beachtung der Kodexempfehlungen durch die Marktteilnehmer sanktioniert, während umgekehrt die Beachtung des Kodex als „gute Corporate Governance" mit höheren Börsenkursen belohnt wird.[25] Mit dem Wechsel von dem § 161 ursprünglich zugrunde gelegten *comply or disclose*-Grundsatz hin zum jetzigen *comply or explain*-Mechanismus (zur Entwicklung → Rn. 8) ist indes die Prangerwirkung der Nichtbeachtung hinfällig geworden und die Begründung von Kodex-Abweichungen in den Vordergrund gerückt;[26] insofern bedingt § 161 in Verbindung mit dem Kodex heute vielmehr unmittelbar nur einen **„Rechtfertigungsdruck"** im Sinne der abstrakten Gewährleistung „guter Corporate Governance" (→ Rn. 3 ff.). Ein faktischer Befolgungsdruck ist durch die Regelung somit nicht mehr intendiert, sondern erweist sich allenfalls als Resultat von Marktmechanismen, die jedoch allein auf der Akzeptanz des Kodex als tatsächlicher *best practice* (→ Rn. 4) gründen.

Für Deutschland ist die beschriebene Wirkungsweise indes **bislang empirisch nicht belegt.**[27] Die hohe, wenngleich nach Börsensegmenten unterschiedliche Befolgungsquote (→ Rn. 21) legt jedoch die theoretische Richtigkeit der Konzeption nahe. Hinzu kommt, dass die immer stärker an Einfluss zunehmenden institutionellen Stimmrechtsberater nach Aussagen aus der Praxis auf Kodex-Beachtung drängen.

8 **2. Entstehungsgeschichte des § 161 und des DCGK.** Die Vorschrift des § 161 wurde durch das Transparenz- und Publizitätsgesetz vom 19.7.2002 **(TransPuG)** eingeführt und ist am 26.7.2002 in Kraft getreten (mit einer Übergangsregelung in § 15 EGAktG für das Jahr 2002). Durch Art. 5 Nr. 9 des **BilMoG**[28] wurde die Vorschrift in Abs. 1 Satz 1 geändert und Satz 2 neu eingefügt; dabei wurde im Zuge der Umsetzung von Art. 46a Abs. 1 lit. a, b, Abs. 3 Bilanz-Richtlinie[29] in Gestalt von Art. 1 Nr. 7 Abänderungs-Richtlinie[30] (heute Art. 20 Abs. 1 lit. a, b, Abs. 4 Bilanz-RL nF[31]) sowohl der Adressatenkreis verändert als auch anstelle des bisherigen *comply or disclose*-Grundsatzes die Pflicht zur Begründung von Kodex-Abweichungen aufgestellt und damit zum ***comply or explain*-Grundsatz**[32] übergewechselt.[33] Darüber hinaus wurde zunächst in § 289a HGB aF die Pflicht zur Abgabe einer allgemeinen Erklärung zur Unternehmensführung etabliert.[34] Diese wurde durch das CSR-Richtlinie-Umsetzungsgesetz jüngst in einen neuen § 289f HGB verschoben.[35] Redaktionelle

---

[24] So Hüffer/Koch/*Koch* Rn. 1.
[25] Vgl. MüKoAktG/*Goette* Rn. 37 f.; Großkomm AktG/*Leyens* Rn. 36 ff.; *Tröger* ZHR 175 (2011) 746 (752 ff.); vgl. auch *Assmann* FS Kümpel, 2002, 15 ff. für die Entwicklung in Großbritannien; vgl. weiter zur kontroversen Diskussion aus dem Schrifttum in der Frühphase des Kodex: *Ettinger/Grützediek* AG 2003, 353 (363); *Lutter* FS Druey, 2002, 463 (467); *Borges* ZGR 2003, 508 (533); *Ihrig/Wagner* BB 2002, 2509 (2514); *Claussen/Bröcker* DB 2002, 1199 (1204); *Lutter* ZHR 166 (2002), 523 (535); *Ulmer* ZHR 166 (2002), 150 (171).
[26] Siehe aber bereits BegrRegE TransPuG BT-Drs. 14/8769, 21 („Es ist davon auszugehen, dass die Organe einer erklärten Abweichung eine Begründung folgen lassen.").
[27] Vgl. die Studie von *Nowak/Rott/Mahr* ZGR 2005, 252 ff.; vgl. auch *Bernhardt* BB 2008, 1686 (1690 f.); zur Einschätzung der Effektivität freiwilliger und gesetzlicher Maßnahmen zur Stärkung der Corporate Governance durch die Marktteilnehmer vgl. die Studie von *A. Köhler/Marten/Schlerath* DB 2009, 1477 ff.; wie hier auch K. Schmidt/Lutter/*Spindler* Rn. 2; *Böcking/Böhme/Gros* AG 2012, 615 mwN; abw. *Jahn/Rapp/Sprenger/Wolff* ZCG 2011, 64.
[28] Gesetz zur Modernisierung des Bilanzrechts (Bilanzrechtsmodernisierungsgesetz – BilMoG) v. 25.5.2009, BGBl. 2009 I 1102.
[29] RL 78/660/EWG des Rates vom 25.7.1978 aufgrund von Art. 54 Abs. 3 lit. g) Vertrag über den Jahresabschluss von Gesellschaften bestimmter Rechtsformen, ABl. 1978 L 222, 11.
[30] RL 2006/46/EG des Europäischen Parlaments und des Rates vom 14.6.2006 zur Änderung der RL des Rates 78/660/EWG über den Jahresabschluss von Gesellschaften bestimmter Rechtsformen, 83/349/EWG über den konsolidierten Abschluss, 86/635/EWG über den Jahresabschluss und den konsolidierten Abschluss von Banken und anderen Finanzinstituten und 91/674/EWG über den Jahresabschluss und den konsolidierten Abschluss von Versicherungsunternehmen, ABl. EU 2006, L 224, 1; dazu *Lutter/Bayer/Schmidt* Europäisches Unternehmensrecht § 18 Rn. 13.
[31] RL 2013/34/EU des Europäischen Parlaments und des Rates vom 26.6.2013 über den Jahresabschluss, konsolidierten Abschluss und damit verbundene Berichte von Unternehmen bestimmter Rechtsformen und zur Änderung der RL 2006/43/EG und zur Aufhebung der RL 78/660/EWG und 83/349/EWG, ABl. EU 2013, L 182, 19; zur Neufassung *Bayer/J. Schmidt* BB 2014, 1219 (1223 f.); zu den Vorläufern (4. [Bilanz-]RL und 7. [Konzernbilanz-]RL): *Lutter/Bayer/Schmidt* Europäisches Unternehmensrecht §§ 24, 25.
[32] Zum Begriff: Statement of the European Corporate Governance Forum on the comply-or-explain principle, 22.2.2006, abrufbar unter http://ec.europa.eu/internal_market/company/docs/ecgforum/ecgf-comply-explain_en.pdf; siehe auch Großkomm AktG/*Leyens* Rn. 34 f.
[33] Siehe auch MüKoAktG/*Goette* Rn. 15; Großkomm AktG/*Leyens* Rn. 5.
[34] Siehe auch MüKoAktG/*Goette* Rn. 13.
[35] Gesetz zur Stärkung der nichtfinanziellen Berichterstattung der Unternehmen in ihren Lage- und Konzernlageberichten (CSR-Richtlinie-Umsetzungsgesetz) v. 11.4.2017, BGBl. 2017 I 802.

Anpassungen des § 161 erfolgten durch Art. 2 Abs. 49 Nr. 2 BAnzDiG,[36] Art. 198 Nr. 3 der 10. Zuständigkeitsanpassungs-VO[37] und Art. 24 Abs. 16 Nr. 5 2. FiMaNoG.[38]

Nach einer umfangreichen Diskussion zu Corporate Governance-Themen, die in den 1980er Jahren in den USA begonnen hatte, wurden in zahlreichen Industrienationen in den 1990er Jahren Kodizes zur Corporate Governance geschaffen.[39] Auch die **OECD** formulierte in diesem Zeitraum Richtlinien zur Corporate Governance.[40] Deutschland schloss sich dieser Entwicklung mit etwas Verspätung an.[41] Zunächst machten sich unabhängig voneinander zwei private Initiativkreise daran, einen Kodex zusammenzustellen:[42] Die sog. **(Frankfurter) „Grundsatzkommission Corporate Governance"** legte im Juli 2000 einen Katalog von Corporate-Governance-Grundsätzen („Code of Best Practice") für börsennotierte Gesellschaften vor.[43] Fast zeitgleich veröffentlichte der **„Berliner Initiativkreis"** einen sog. „German Code of Corporate Governance", der weniger juristisch als betriebswirtschaftlich an die Thematik heranging.[44]

Keines der beiden Konzepte konnte sich letztlich durchsetzen. Vielmehr wurde von der Bundesregierung eine **Regierungskommission Corporate Governance** einberufen,[45] welche in ihrem Bericht die Einführung eines bundeseinheitlichen Kodex empfahl und hierzu konkrete Anregungen gab.[46] In der Folge setzte das Bundesministerium der Justiz am 6.9.2001 eine **Kodexkommission** unter der Leitung von Dr. Gerhard Cromme[47] zur Erarbeitung eines Deutschen Corporate Governance Kodex ein. Um der Wirtschaft eine Selbstorganisation zu ermöglichen, wurde bewusst davon abgesehen, einen Vertreter der Bundesregierung oder des Bundestags in die Kodexkommission einzubinden; ein Vertreter des BMJV fungiert lediglich als „Verbindungsperson" mit Gastrecht.[48] Nachdem die Kodexkommission am 17.12.2001 einen ersten Entwurf des Deutschen Corporate Governance Kodex verabschiedet und daraufhin eingegangene Verbesserungsvorschläge berücksichtigt hatte, wurde der Kodex in seiner **ersten Fassung** am 23.1.2002 einstimmig verabschiedet und am 26.2.2002 der damaligen Bundesjustizministerin vorgelegt sowie zugleich auf der Website der Kodexkommission veröffentlicht; nach durchgeführter Rechtmäßigkeitsprüfung[49] wurde er **am 30.9.2002 im Bundesanzeiger veröffentlicht**.[50]

Die **Kodexkommission selbst ist eine ständige Einrichtung („Standing Commission")**, die den Kodex mindestens einmal jährlich im Hinblick auf neuere Entwicklungen überprüfen und, sofern notwendig, an diese anpassen soll. Damit soll sichergestellt werden, dass eine schnelle und flexible Anpassung an nationale und internationale Entwicklungen erfolgen kann (vgl. Präambel

---

[36] Gesetz zur Änderung von Vorschriften über Verkündung und Bekanntmachungen sowie der Zivilprozessordnung, des Gesetzes betreffend die Einführung der Zivilprozessordnung und der Abgabenordnung v. 22.12.2011, BGBl. 2011 I 3044.

[37] Zehnte Zuständigkeitsanpassungsverordnung v. 31.8.2015, BGBl. 2015 I 1474.

[38] Zweites Gesetz zur Novellierung von Finanzmarktvorschriften auf Grund europäischer Rechtsakte v. 23.7.2017, BGBl. 2017 I 1693.

[39] Vgl. die Liste unter http://www.ecgi.org/codes/all_codes.php. Einen Überblick über die historische Entwicklung bietet *Radke*, Die Entsprechenserklärung zum DCGK, 2004, 14 ff.; zum angelsächsischen Vorbild *Berg/Stöcker* WM 2002, 1569; zum Unterschied der Corporate Governance-Kodizes von Deutschland und Österreich *Lutter* FS Doralt, 2004, 377 ff.; zum „Swiss Code of Best Practice for Corporate Governance" *Forstmoser/v. d. Crone/Weber/Zobl*, Symposium Meier-Hayoz, 2002, 15 ff.; umfassend zu *comply or explain* im Europäischen Privatrecht *Leyens* ZEuP 2016, 388.

[40] Abrufbar unter: http://www.oecd.org/officialdocuments/publicdisplaydocumentpdf/?cote=C/MIN(99)6&docLanguage=En; mit einer Einführung von *Seibert* auch abgedruckt in AG 1999, 337. Die OECD-Leitlinien wurden 2004 (abrufbar unter: http://www.oecd.org/corporate/ca/corporategovernanceprinciples/32159487.pdf) und nochmals 2015 (abrufbar unter: http://www.oecd.org/daf/ca/Corporate-Governance-Principles-ENG.pdf) aktualisiert.

[41] Ausf. *Hopt* ZHR 175 (2011) 444 (455 ff.).

[42] Näher KBLW/*v. Werder* DCGK Rn. 6.

[43] Abgedruckt in DB 2000, 238; dazu *Schneider* DB 2000, 2413 (2414); *Schneider/Strenger* AG 2000, 106.

[44] Abgedruckt in DB 2000, 1573; dazu *Bernhardt/v. Werder* ZfB 2000, 1269; *Peltzer/v. Werder* AG 2001, 1.

[45] Das Auftragsschreiben enthielt folgende Aufgabenbeschreibung: „Die Kommission soll sich aufgrund der Erkenntnisse aus dem Fall Holzmann mit möglichen Defiziten des deutschen Systems der Unternehmensführung und -kontrolle befassen. Darüber hinaus soll sie im Hinblick auf den durch Globalisierung und Internationalisierung der Kapitalmärkte sich vollziehenden Wandel unserer Unternehmens- und Marktstrukturen Vorschläge für eine Modernisierung unseres rechtlichen Regelwerkes unterbreiten"; vgl. *Baums*, Bericht der Regierungskommission, BT-Drs. 14/7515, 3.

[46] *Baums*, Bericht der Regierungskommission, BT-Drs. 14/7515, 28 f (Rn 7 ff).

[47] KBLW/*v. Werder* DCGK Rn. 9.

[48] KBLW/*v. Werder* DCGK Rn. 20.

[49] Dazu *Seibert* BB 2002, 581 (582).

[50] KBLW/*Bachmann* DCGK Rn. 78 f.

Abs. 14 DCGK). Auf die erste Kodexfassung folgten zahlreiche personelle Veränderungen der Kommission[51] sowie Fortschreibungen des Kodex.[52] Die jeweils aktuelle Fassung des Kodex ist einsehbar unter http://www.dcgk.de/de/kodex.html (Text bei → Rn. 105), die jeweils aktuelle Zusammensetzung der Kodexkommission unter http://www.dcgk.de/de/kommission/mitglieder.html.

12 3. **Europäische Entwicklungen.** Die Corporate Governance-Debatte wurde nicht nur – mit ähnlichen Ergebnissen – parallel in den einzelnen Mitgliedstaaten geführt,[53] sondern auch maßgeblich **durch die EU geprägt.**[54] So geht nicht zuletzt der Systemwechsel vom *comply or disclose-* zum *comply or explain-*Prinzip auf Vorgaben des Unionsrechts zurück (zur Reformgeschichte → Rn. 8). Die früher einmal erwogene Idee der Schaffung eines europäischen Corporate Governance Kodex ist allerdings schon lange vom Tisch.[55] Leitmaxime ist vielmehr bereits seit dem Aktionsplan 2003[56] eine Harmonisierung in Bezug auf einige grundsätzliche Regeln sowie eine angemessene Koordinierung der nationalen Corporate Governance-Kodizes.[57] Die EU-Kommission hatte hierfür 2004 ein Europäisches Corporate Governance Forum eingesetzt sowie als Ergänzung 2005 eine Corporate Governance Advisory Group; die Mandate beider Expertengruppen sind indes inzwischen ausgelaufen.[58] Fragen der Corporate Governance gehörten anschließend jedoch zum Aufgabenkreis der Reflection Group (2010/11)[59] und fallen nunmehr in denjenigen der 2014 eingesetzten Informellen Expertengruppe Gesellschaftsrecht.[60]

13 Im **Fokus der EU-Kommission** steht momentan die Effektuierung des comply or explain-Mechanismus: Ausgehend von den Ergebnissen der am 23.9.2009 erschienen „Studie über die Systeme zur Überwachung und zur Durchsetzung von Corporate Governance Regeln in den Mitgliedstaaten"[61] und den Reaktionen auf das Grünbuch vom 5.4.2011[62] hatte sie im **Aktionsplan 2012**[63] angekündigt, eine Initiative zu ergreifen, „um die Qualität der Corporate Governance-Berichte […] zu verbessern". Dem ist sie mit der **Empfehlung zur Qualität der Berichterstattung über die Unternehmensführung vom 9.4.2014** nachgekommen.[64] Danach sollen die Unternehmen insbesondere beschreiben, wie sie die Empfehlungen des jeweiligen Kodexes „in den für die Aktionäre wichtigsten Bereichen" angewandt haben (Ziff. 4), „in welcher Weise sie von einer Empfehlung abgewichen sind" (Ziff. 8 lit. a) und „auf welchem Wege die Entscheidung für eine Abweichung von einer Empfehlung innerhalb des Unternehmens getroffen wurde" (Ziff. 8 lit. c); zudem sollen sie „die anstelle der empfohlenen Vorgehensweise gewählte Maßnahme beschreiben und erläutern, wie diese Maßnahme zur Erreichung des eigentlichen Ziels der betreffenden Empfehlung oder des Kodexes insgesamt beiträgt, oder präzisieren, wie diese Maßnahme zu einer guten Unternehmensführung beiträgt" (Ziff. 8 lit. e).

---

[51] Personelle Zusammensetzung bis Juni 2017 bei KBLW/*v. Werder* DCGK Rn. 9 ff.
[52] Alle Fassungen des Kodex sind abrufbar – ab 2007 jeweils auch änderungsmarkiert – unter http://www.dcgk.de/de/kodex/archiv.html.
[53] Vgl. Ausführliche Darstellung der Corporate Governance-Strukturen in den einzelnen Mitgliedstaaten und deren Entwicklung in Anhang 1 zur Studie über die Systeme zur Überwachung und zur Durchsetzung von Corporate Governance Regeln in den Mitgliedstaaten v. 23.9.2009, abrufbar unter http://ec.europa.eu/internal_market/company/docs/ecgforum/studies/comply-or-explain-090923-appendix1_en.pdf; Abrufbarkeit aller Kodizes auf der Website des European Corporate Governance Institute (http://www.ecgi.org/codes/all_codes.php).
[54] Eingehend zur europäischen Entwicklung *Leyens* ZEuP 2016, 388 (398 ff.).
[55] Vgl. dazu *Lutter/Bayer/Schmidt* Europäisches Unternehmensrecht § 18 Rn. 10 mwN.
[56] Modernisierung des Gesellschaftsrechts und Verbesserung der Corporate Governance in der Europäischen Union – Aktionsplan, 21.5.2003, KOM(2003) 284. Dazu ausf. *Lutter/Bayer/Schmidt* Europäisches Unternehmensrecht § 18 mzwN.
[57] Vgl. dazu *Lutter/Bayer/Schmidt* Europäisches Unternehmensrecht § 18 Rn. 10 mwN.
[58] Näher zu beiden *Lutter/Bayer/Schmidt* Europäisches Unternehmensrecht § 18 Rn. 69 ff. mwN.
[59] Report of the Reflection Group On the Future of EU Company Law, 5.4.2011, abrufbar unter http://ec.europa.eu/internal_market/company/docs/modern/reflectiongroup_report_en.pdf; näher dazu *Lutter/Bayer/Schmidt* Europäisches Unternehmensrecht § 18 Rn. 5, 100 ff. mwN.
[60] Vgl. zu dieser *Bayer/Schmidt* BB 2014, 1219 (1226). Aktuelle Informationen zur Expertengruppe und ihrer Arbeit unter: http://ec.europa.eu/justice/civil/company-law/index_en.htm.
[61] Abrufbar unter http://ec.europa.eu/internal_market/company/docs/ecgforum/studies/comply-or-explain-090923_en.pdf.
[62] Grünbuch Europäischer Corporate Governance-Rahmen v. 5.4.2011, KOM (2011) 164.
[63] Aktionsplan Europäisches Gesellschaftsrecht und Corporate Governance v. 12.12.2012, KOM (2012) 740, S. 7 f.; dazu näher *Bayer/Schmidt* BB 2013, 3 (12 ff.) mwN.
[64] Empfehlung 2014/208/EU der Kommission v. 9.4.2014 zur Qualität der Berichterstattung über die Unternehmensführung („Comply or Explain"), ABl. EU 2014, L 109, 43. Dazu eingehend *Leyens* ZEuP 2016, 388 (408 ff.); siehe auch Anzinger NZG 2015, 969 ff.; *Bayer/Schmidt* BB 2014, 1219 (1222); *Lanfermann/Maul* BB 2014, 1283 ff.; *Mense/Klie* GWR 2014, 232 ff.; *Seibt* DB 2014, 1910 ff.; *von Werder* DB 2015, 847 ff.

Es bleibt abzuwarten, ob hierin der Wegbereiter für eine verbindliche **Verschärfung des** *comply* 14
or explain-**Grundsatzes** durch Richtlinienänderung zu sehen ist. Jedenfalls im deutschen Schrifttum steht man dieser Tendenz kritisch gegenüber.[65] Indes erscheint der Einwand, eine bestimmte Begründungstiefe könne nicht standardisiert werden,[66] zumindest im Hinblick auf die jüngsten Vorschläge der EU-Kommission zweifelhaft. So geht es insbesondere nicht um eine unscharf umrissene Begründungqualität, wenn verlangt wird, nicht nur das Abweichen vom Kodex selbst zu rechtfertigen, sondern zusätzlich die anstelle der empfohlenen Vorgehensweise gewählten Maßnahmen darzulegen und zu begründen.[67] Dies einzufordern, stünde auch mit der ratio in Einklang, dass der Kodex eine grundsätzliche *best practice* widerspiegelt und eine Abweichung hiervon nur dann wünschenswert ist, wenn damit im Einzelfall eine bessere und verantwortungsvollere Unternehmensführung verbunden ist (→ Rn. 5).[68] Auf einem anderen Blatt steht allerdings die Frage nach der Erforderlichkeit einer Ausweitung der Berichtspflichten.[69] Schließlich sendet auch eine knapp gehaltene Erklärung ein Signal an den Kapitalmarkt.[70] Nicht erst seit dem Grünbuch 2011 dürften derlei Einwände bei der EU-Kommission jedoch auf taube Ohren stoßen. Denn mit dieser Argumentation ließe sich der *comply or explain*-Mechanismus insgesamt in Frage stellen.

Ein weiteres Ziel der aktuellen Politik der EU-Kommission ist die **Verbesserung der Überwa-** 15
chung der Entsprechenserklärungen. Die noch im Grünbuch 2011 vorgeschlagene Einführung einer behördlichen Kontrolle[71] hat indes überwiegend Kritik hervorgerufen[72] und infolgedessen keinen Eingang in den Aktionsplan 2012 gefunden.[73] Dort heißt es nur noch, man wolle „die weitere Zusammenarbeit zwischen den für die Überwachung der Anwendung der Corporate Governance-Kodizes zuständigen nationalen Stellen […] fördern".[74] In der Empfehlung vom 9.4.2014 hat die EU-Kommission die Bedeutung eines effizienten Monitoring zwar explizit betont, gleichzeitig aber anerkannt, dass dies nicht unbedingt die Existenz öffentlicher oder spezialisierter Einrichtungen erfordert, sondern diese Funktion auch durch Aufsichtsorgane, Abschlussprüfer und Aktionäre übernommen werden kann.[75] Dies sollte auch in der rechtspolitischen Debatte um die Anfechtbarkeit von Hauptversammlungsbeschlüssen nicht außer Acht gelassen werden (zur rechtspolitischen Bewertung insgesamt → Rn. 28 ff.).

4. Rechtsnatur der Kodexempfehlungen. Die **Empfehlungen des DCGK** sind unstreitig 16
nicht als staatliche Rechtsnormen zu qualifizieren.[76] Der DCGK stellt auch keinen Handelsbrauch iSv § 346 HGB dar.[77] Allenfalls könnte ein solcher aus der gleichmäßigen, längerfristigen und freiwilligen Übung einzelner Empfehlungen entstehen. Indes dürfte es auf Grund des *comply or explain*-Mechanismus an hinreichender Freiwilligkeit für die Herausbildung eines Handelsbrauchs fehlen.[78] Zudem ist die den Kodexempfehlungen immanente Abweichungsbefugnis nur schwer mit

---

[65] Vgl. *Bachmann* WM 2011, 1301 (1308); *Institut für Gesellschaftsrecht der Universität zu Köln* NZG 2011, 975 (981); *Krieger* ZGR 2012, 202 (218); *K. Schmidt/Lutter/Spindler* Rn. 5a. Kritisch zum Inhalt der Empfehlung nun auch *Lanfermann/Maul* BB 2014, 1283 (1290); *Mense/Klie* GWR 2014, 232 ff.; *Seibt* DB 2014, 1910 (1918 f.).

[66] *K. Schmidt/Lutter/Spindler* Rn. 5a.

[67] Für eine derartige Erweiterung der Begründungspflicht denn auch bereits *Habersack* Gutachten 69. DJT, 2012, E 57.

[68] Verfehlt daher *Mense/Klie* GWR 2014, 232 (234), nach denen ein solcher Ansatz dem comply or explain-Prinzip zuwider laufe.

[69] Dagegen und vielmehr eine Zurückschneidung einfordernd *Bachmann* WM 2011, 1301 (1308); eine Überforderung der Unternehmen anmahnend auch *Krieger* ZGR 2012, 202 (218).

[70] In diesem Sinne *Institut für Gesellschaftsrecht der Universität zu Köln* NZG 2011, 975 (981).

[71] Grünbuch Europäischer Corporate Governance-Rahmen vom 5.4.2011, KOM (2011) 164, S. 22 f.

[72] Beschlussempfehlung des Rechtsausschusses vom 6.7.2011, BT-Drs. 17/6506, 7 und Beschluss des Bundestages vom 7.7.2011, BT-PlPr. 17/120, 13936; *DAV-Handelsrechtsausschuss* NZG 2011, 936 (942); *Habersack* Gutachten 69. DJT, 2012, E 63 f.; *Krieger* ZGR 2012, 202 (219); *Peltzer* NZG 2011, 961 (968); befürwortend hingegen *Bachmann* WM 2011, 1301 (1308); *Institut für Gesellschaftsrecht der Universität zu Köln* (981); wohlwollend auch *Spindler* NZG 2011, 1007 (1013).

[73] Vgl. dazu auch *Bayer/Schmidt* BB 2013, 3 (13) mwN.

[74] Aktionsplan Europäisches Gesellschaftsrecht und Corporate Governance vom 12.12.2012, KOM (2012) 740, S. 7 f.

[75] Empfehlung 2014/208/EU der Kommission v. 9.4.2014 zur Qualität der Berichterstattung über die Unternehmensführung („Comply or Explain"), ABl. EU 2014, L 109, 43, Erwägungsgründe 19 ff., Ziff. 11 ff.

[76] OLG München AG 2009, 294 Rn. 37 m. Bespr. *Thümmel* CCZ 2008, 141 (142); MüKoAktG/*Goette* Rn. 22; Hüffer/Koch/*Koch* Rn. 3; Kölner Komm AktG/*Lutter* Rn. 11; *K. Schmidt/Lutter/Spindler* Rn. 7 f.; Großkomm AktG/*Leyens* Rn. 106 mwN.

[77] OLG Zweibrücken NZG 2011, 433 (435); MüKoAktG/*Goette* Rn. 24; Kölner Komm AktG/*Lutter* Rn. 11; *K. Schmidt/Lutter/Spindler* Rn. 8; Großkomm AktG/*Leyens* Rn. 105; aA *Peltzer* NZG 2002, 10 (11).

[78] Hölters/*Hölters* Rn. 4; *K. Schmidt/Lutter/Spindler* Rn. 8; aA KBLW/*Lutter* DCGK Rn. 1919 (Entstehung eines Handelsbrauches „nahe liegend").

der Annahme eines Handelsbrauchs vereinbar.[79] Auch eine satzungsgleiche Wirkung ist mangels Beteiligung der Hauptversammlung zu verneinen.[80]

Mit Blick auf die **mittelbaren Rechtswirkungen des Kodex**[81] (→ Rn. 65 ff., → Rn. 82 ff.) lässt sich dessen Normqualität am ehesten als „Geltungsanspruch mit Ausstiegsklausel" beschreiben,[82] wenngleich der Kodex funktional nur äußerst begrenzt mit dispositivem Gesetzesrecht vergleichbar ist.[83] Die begriffliche Erfassung jenseits der Kategorien Gesetz und Satzung dient dabei jedoch auch nur der sprachlichen Präzision. Sie präjudiziert weder die anzuwendende Auslegungsmethodik (→ Rn. 17 ff.) noch die verfassungsrechtliche Bewertung (→ Rn. 18 ff.). Dasselbe gilt für die Beantwortung der Frage nach der Anfechtbarkeit von Hauptversammlungsbeschlüssen wegen fehlerhafter Entsprechenserklärungen (→ Rn. 91 ff.).

17 5. **Auslegung der Kodexempfehlungen.** Ungeachtet ihrer Rechtsnatur (→ Rn. 16) sind die Kodexempfehlungen als abstrakt-generelle Regelungen, die in einem formalisierten Verfahren verabschiedet werden, nicht wie Willenserklärungen gem. §§ 133, 157 BGB, sondern objektiv auszulegen, dh. im Grundsatz **nach den klassischen Auslegungsmethoden** Wortlaut, Systematik, Sinn und Zweck, Entstehungsgeschichte.[84] Es gelten allerdings eine **Reihe von Besonderheiten**:[85]

17a Aus der Zielstellung des Kodex (→ Rn. 4) folgt zunächst das Gebot, bei Auslegungszweifeln einer **aktienrechtskonformen Interpretation** den Vorrang einzuräumen.[86]

Zudem ist die **historische Auslegung faktisch von untergeordneter Bedeutung,** weil der Kodex bislang nicht mit Begründung veröffentlicht wird und die Sitzungsberichte der Kodexkommission nicht öffentlich zugänglich sind.[87] Sonstige Stellungnahmen der Kodexkommission – etwa Pressemitteilungen oder Konsultationstexte – können jedoch bei Auslegungszweifeln herangezogen werden.[88]

Aufgabe und Adressatenkreis (→ Rn. 3 f.) des Kodex gebieten allerdings eine **kapitalmarktorientierte teleologische Auslegung.**[89] Danach ist bei der Sinnermittlung der Verständnishorizont eines verständigen und informierten Kapitalanlegers zu Grunde zu legen.

17b Dagegen ist ein **Gebot möglichst liberaler Auslegung der Kodexempfehlungen nicht begründbar.**[90] Hierfür besteht weder eine verfassungsrechtliche Indikation (→ Rn. 18) noch lässt sich eine solche Auslegungsmaxime aus dem *comply or explain*-Mechanismus herleiten: Gerade weil die Möglichkeit besteht, mit entsprechender Begründung von den Empfehlungen des Kodex abzuweichen, verlangt der *soft law*-Ansatz nicht auch Konzessionen bei der Sinnermittlung.

Aus denselben Gründen besteht auch **keine Auslegungsprärogative von Vorstand und Aufsichtsrat.** Denn die Justiziabilität der gesetzlichen Pflicht zur Abgabe einer wahrheitsgemäßen Entsprechenserklärung verlangt, dass die Kompetenz zur verbindlichen Kodexauslegung letztlich bei den staatlichen Gerichten liegt, die etwa in Haftungs- und Anfechtungsprozessen über die Einhaltung des § 161 befinden.[91]

17c Jedoch kann und wird die Auslegung nicht selten ergeben, dass die **jeweilige Kodexempfehlung einen Ermessens- oder Beurteilungsspielraum einräumt.**[92] Dann gelten dieselben Grundsätze wie bei Einräumung solcher Spielräume auf Gesetzesebene, wie sie etwa in § 93 Abs. 1 S. 2 (→ § 93 Rn. 59 ff.) oder § 87 Abs. 1 S. 1 (→ § 87 Rn. 39) zu finden sind. Ist dies allerdings nicht der Fall, vermag die unzutreffende Auslegung einer Kodexempfehlung auch bei nachvollziehbaren Auslegungszweifeln nichts am Vorliegen einer tatsächlich praktizierten und daher zu erklärenden Abweichung zu ändern. Bei wirklich unklarem Empfehlungsgehalt ist es daher in der Praxis üblich und

---

[79] In diesem Sinne auch MüKoAktG/*Goette* Rn. 24; vgl. auch Großkomm AktG/*Leyens* Rn. 105 aE.
[80] OLG München AG 2009, 294 Rn. 38 mBespr *Thümmel* CCZ 2008, 141 (142); Großkomm AktG/*Leyens* Rn. 107.
[81] Siehe auch *Ulmer* ZHR 166 (2002) 150 (160).
[82] Hüffer/Koch/*Koch* Rn. 3; K. Schmidt/Lutter/*Spindler* Rn. 9; zu verharmlosend indes Kölner Komm AktG/*Lutter* Rn. 11: „Auffassung eines öffentlich-rechtlich bestellten Sachverständigengremiums"; zust. Großkomm AktG/*Leyens* Rn. 101 mwN.
[83] Eingehend *Bachmann* FS Hoffmann-Becking, 2013, 75 (79 ff.).
[84] KBLW/*Bachmann* DCGK Rn. 46; vgl. auch schon *Seibt* AG 2003, 465 (471 ff.).
[85] Ausführlich *Scholz* ZfPW 2017, 360. Dieser Beitrag liegt den nachstehenden Ausführungen zu Grunde.
[86] *Huttner,* Auslegung des deutschen Corporate Governance Kodex, 2013, 80; zust. KBLW/*Bachmann* DCGK Rn. 46.
[87] KBLW/*Bachmann* DCGK Rn. 46; *Seibt* AG 2003, 465 (471).
[88] *Huttner,* Auslegung des deutschen Corporate Governance Kodex, 2013, 81 f.
[89] *Seibt* AG 2003, 465 (474); zust. KBLW/*Bachmann* DCGK Rn. 46; *Huttner,* Auslegung des deutschen Corporate Governance Kodex, 2013, 79 ff.; Großkomm AktG/*Leyens* Rn. 110.
[90] So aber tendenziell *Huttner,* Auslegung des deutschen Corporate Governance Kodex, 2013, 80 f.; KBLW/*Bachmann* DCGK Rn. 46.
[91] In diesem Sinne bereits *Seibt* AG 2003, 465.
[92] In diesem Sinne auch OLG Celle NZG 2018, 904 Rn. 21, 24; dazu *Weitnauer* GWR 2018, 301 (304 f.).

auch angeraten, **vorsorglich zu erklären, dieser Empfehlung nicht zu entsprechen** und dies mit der Nichtbefolgung für den Fall dieser oder jener Auslegung zu begründen (→ Rn. 47a).

Von der Einräumung einer normativen Auslegungsprärogative ist die Frage zu unterscheiden, wem bei Uneinigkeit über die richtige Auslegung einer Kodexempfehlung zwischen Vorstand und Aufsichtsrat die **gesellschaftsinterne Auslegungshoheit** zusteht. Insoweit geht die Kompetenz zur eigenverantwortlichen Rechtsanwendung Hand in Hand mit der Beschlusszuständigkeit für die jeweilige Empfehlung (→ Rn. 38 ff.),[93] ohne jedoch die Verpflichtung beider Organe aufzuheben, auf die anfängliche und fortwährende Richtigkeit der Entsprechenserklärung hinzuwirken (→ Rn. 82). Dies führt indes in kompetenzielle Schwierigkeiten, weshalb Vorstand und Aufsichtsrat dringend angeraten ist, Differenzen bei der Kodexinterpretation als gemeinsames Problem der Kodexauslegung zu begreifen und dieses als solches strategisch zu adressieren (→ Rn. 47a).[94]

Schließlich gilt für die Kodexempfehlungen **keine dynamisch-evolutive Auslegung,** welche über die anerkannten Möglichkeiten einer teleologischen Interpretation hinausgeht und den DCGK in Anlehnung an das Primär- und Sekundärrecht der Europäischen Union als sich fortentwickelnde und zukunftsorientierte fortzuentwickelnde Integrationsordnung begreift.[95] Dieser Ansatz ist aus vielerlei Gründen verfehlt.[96] Allen voran fehlt es für den Kodex bereits an der Prämisse der dynamischen Auslegung des Unionsrechts:[97] Dieser ist nämlich nicht als gleichsam starre Regelung in ein sich ständig verdichtendes Mehrebenensystem von Rechtssetzungsakten eingebettet. Vielmehr wird der Kodex selbst einmal jährlich einer Prüfung durch die Kodexkommission unterzogen (→ Rn. 11), sodass für eine Evolution des Kodex durch die Gerichte überhaupt keine Veranlassung besteht.[98] Hinzu kommt, dass es Aufgabe des DCGK ist, die *best practice* der Unternehmensführung widerzuspiegeln. Mag die Kodexkommission zuweilen auch als Standardsetzer fungieren (→ Rn. 4); eine Weiterentwicklung der *best practice* durch die staatlichen Gerichte wäre jedenfalls mit dem Sinn und Zweck des Regelungsmechanismus unvereinbar.[99]

6. Verfassungsmäßigkeit des Regelungsmechanismus. Nach überwiegender Auffassung sind § 161 und auch der Kodex selbst verfassungsgemäß.[100] Insbesondere hat auch die höchstrichterliche Rechtsprechung nie geringste Zweifel hieran geäußert.[101] Gleichwohl wird die Verfassungsmäßigkeit im Schrifttum verbreitet auch bezweifelt[102] oder sogar völlig in Abrede gestellt:[103] Aufgrund des faktischen Befolgungsdrucks (→ Rn. 7) seien die Kodexempfehlungen Verhaltensregeln mit gesetzesgleicher Wirkung,[104] die jedoch weder dem Gesetzesvorbehalt (Art. 20 Abs. 3 GG) noch dem Demokratieprinzip (Art. 20 Abs. 2 S. 2 GG) genügten.[105]

In der Tat stellt sich die auch im DJT-Gutachten von *Habersack* aufgeworfene Legitimationsfrage,[106] was gerade die vom BMJV in einem intransparenten Verfahren bestellte Kodexkommission

---

[93] So bereits *Seibt* AG 2003, 465 (472 f.), der jedoch oftmals fälschlich als Vertreter der These einer Auslegungsprärogative von Vorstand und Aufsichtsrat zitiert wird (vgl. etwa KBLW/*Bachmann* DCGK Rn. 50).
[94] Eingehend zur Problematik *Scholz* ZfPW 2017, 360 (368 ff.).
[95] So aber *Huttner,* Auslegung des deutschen Corporate Governance Kodex, 2013, 83 f.; offen KBLW/*Bachmann* DCGK Rn. 46.
[96] Siehe bereits *Scholz* ZfPW 2017, 360 (370 f.).
[97] Eingehend zur dynamischen Auslegung des Unionsrechts *Martens,* Methodenlehre des Unionsrechts, 2013, 474 ff.
[98] Verfehlt ist es insofern, wenn *Huttner,* Auslegung des deutschen Corporate Governance Kodex, 2013, 83 vom „quasi-evolutiven Charakter" des Kodex auf die Notwendigkeit einer evolutiven Auslegung schließt.
[99] Verfehlt daher auch insofern *Huttner,* Auslegung des deutschen Corporate Governance Kodex, 2013, 83 f.
[100] OLG München NZG 2008, 337 (338); KBLW/*Bachmann* DCGK Rn. 83; Grigoleit/*Grigoleit/Zellner* Rn. 7; *Heintzen* ZIP 2004, 1933 ff.; *Hopt* FS Hoffmann-Becking, 2013, 563 (569 ff.); *Kort* FS K. Schmidt, 2009, 945 (949 ff.); Großkomm AktG/*Leyens* Rn. 54 ff.; Kölner Komm AktG/*Lutter* Rn. 21 ff.; *Marsch-Barner* in Marsch-Barner/Schäfer Börsennotierte AG-HdB Rn. 2.46; Bürgers/Körber/*Runte/Eckert* Rn. 3; Wilsing/*von der Linden* DCGK Präambel Rn. 9 ff.; ausf. auch *Lignier,* Corporate Governance in Deutschland und Frankreich, 2016, 125 ff.
[101] BGHZ 180, 9 Rn. 19 = NZG 2009, 342 – Kirch/Deutsche Bank; BGHZ 182, 272 Rn. 16 ff. = NZG 2009, 1270 – Umschreibungsstopp.
[102] So MüKoAktG/*Goette* Rn. 31 (zumindest verfassungsrechtlich bedenklich); *Hoffmann-Becking* FS Hüffer, 2010, 337 (339 ff.); *Hommelhoff/Schwab* in Hommelhoff/Hopt/v. Werder, Handbuch Corporate Governance, 2010, 71 (83 ff.); Hüffer/Koch/*Koch* Rn. 4; *Semler* FS Maier-Reimer, 2010, 689 (691); K. Schmidt/Lutter/*Spindler* Rn. 11 ff.
[103] So *Wernsmann/Gatzka* NZG 2011, 1001 (1007); *Krieger* ZGR 2012, 202 (217); *Mülbert/Wilhelm* ZHR 176 (2012) 286 (318 ff.).
[104] So MüKoAktG/*Goette* Rn. 30; ähnlich *Harbarth* ACI-Quarterly 2011, 24; *Hoffmann-Becking* ZIP 2011, 1173 (1174); zurückhaltender nunmehr Hüffer/Koch/*Koch* Rn. 4 („gesetzesähnliche Wirkung").
[105] Vgl. MüKoAktG/*Goette* Rn. 26 ff.; K. Schmidt/Lutter/*Spindler* Rn. 11; zweifelnd auch Hüffer/Koch/*Koch* Rn. 4.
[106] *Habersack* Gutachten 69. DJT, 2012, E 54.

befähigt und berechtigt, als Standardermittler und Standardsetzer tätig zu werden.[107] Diese Bedenken haben jedenfalls ihre **rechtspolitische Berechtigung,** weshalb zumindest zu verlangen ist, dass der Gesetzgeber die Zusammensetzung, die Amtsdauer und das Verfahren bei Kodexänderungen regelt.[108] Die Erwägung, ein stärker formalisiertes Verfahren würde den Befolgungsdruck noch erhöhen,[109] steht dem nicht entgegen, weil der *comply or explain*-Ansatz Abweichungen nicht per se, sondern lediglich bei unzureichender Begründung negativ bewertet (→ Rn. 7).

20   Trotz des dargestellten Handlungsbedarfs ist die **Annahme der Verfassungswidrigkeit verfehlt.** Jedenfalls die Wesentlichkeitstheorie vermag hierfür nicht herzuhalten. Zum einen lässt sich der bloße Vorschlag einer unterhalb der Schwelle dispositiven Rechts angesiedelten *best practice,* von der durch knapp begründete Erklärung abgewichen werden kann, schwerlich als eine Entscheidung in einem grundlegenden normativen Bereich klassifizieren. Zum anderen beschränken sich die Kodexempfehlungen auf die Ausfüllung der – angesichts der aktienrechtlichen Regelungsdichte erheblich begrenzten – gesetzlichen Spielräume (→ Rn. 4). Mit den Regelungen des AktG sowie der Einführung des *comply or explain*-Mechanismus durch § 161 hat der Gesetzgeber mithin die wesentlichen Entscheidungen selbst getroffen. Zu bedenken ist weiterhin, dass sowohl die Kodexkommission als auch der Kodex selbst auf Grund Einsetzung bzw. Verkündung durch das BMJV immerhin mittelbar demokratisch legitimiert sind. Für § 161, der das Prinzip des *comply or explain* konstituiert, gilt dies ohnehin. Überdies zielt § 161 nicht darauf ab, die Unternehmen zur Auseinandersetzung mit irgendeinem Standard zu zwingen.[110] Vielmehr geht es um die kritische Reflexion und Erläuterung der *eigenen* Corporate Governance im Interesse der Aktionäre und des Kapitalmarktes (→ Rn. 3). Zugleich erscheint es zweifelhaft, verfassungsrechtliche Bedenken auf eine mögliche Sanktionierung fehlerhafter Entsprechenserklärungen zu stützen,[111] solange die entsprechenden Rechtsfolgen lediglich und unmittelbar an einen Verstoß gegen die gesetzliche Verpflichtung des § 161 zur wahrheitsgemäßen Erklärung über die eigene Unternehmensführung anknüpfen.[112] Schließlich wurde der hervorgehobene Befolgungsdruck durch den Systemwechsel vom *comply or disclose*- hin zum *comply or explain*-Mechanismus ganz erheblich relativiert (→ Rn. 7); er ist zudem jedenfalls nicht unüberwindbar, was sich insbesondere in der Befolgungsquote und mehr noch in der Anzahl neuralgischer Empfehlungen widerspiegelt (→ Rn. 21).

21   **7. Rechtstatsachen.** Im Auftrag der Kodexkommission wird **jährlich die tatsächliche Befolgung der Kodexempfehlungen empirisch erhoben.**[113] Auch darüber hinaus besteht rechtstatsächliches Erkenntnisinteresse.[114] Die ermittelte Befolgungsquote schwankt innerhalb der verschiedenen Börsenindizes bzw. -segmente. So liegt die Befolgungsquote für Empfehlungen des Kodex nach der Studie 2015 im Dax bei 96,2 % und im General Standard bei 68,4 %.[115] Mit einer durchschnittlichen Befolgungsquote von aktuell 83,6 % (2015) ist in der deutschen Praxis gleichwohl – wie bereits in den Vorjahren – eine **hohe Akzeptanz der Kodexempfehlungen** festzustellen.[116] Zwar legen frühere Untersuchungen die Existenz eines gewissen Befolgungsdrucks nahe.[117] Auf der anderen Seite ist eine erhebliche Anzahl sog. „neuralgischer Empfehlungen" (Empfehlungen, denen weniger als 90 % der Unternehmen nachkommen) zu konstatieren,[118] die dafür spricht, dass es mit dem

---

[107] So bereits *Bayer* NZG 2013, 1 (4); vgl. weiter *Marsch-Barner* in Marsch-Barner/Schäfer Börsennotierte AG-HdB Rn. 2.46 mwN.
[108] So nach kontroverser Diskussion (und nur mit knapper Mehrheit) auch der 69. DJT, Beschluss Nr. 8b (47/42/6); ebenso bereits *Hoffmann-Becking* FS Hüffer, 2010, 337 (344); vgl. auch schon *Ulmer* ZHR 166 (2002), 150 (161 ff.); zust Hüffer/Koch/*Koch* Rn. 5a; K. Schmidt/Lutter/*Spindler* Rn. 11b.
[109] So etwa *Bachmann* AG 2011, 181 (193).
[110] So aber K. Schmidt/Lutter/*Spindler* Rn. 11.
[111] In diese Richtung Hüffer/Koch/*Koch* Rn. 4.
[112] In diesem Sinne auch Grigoleit/*Grigoleit/Zellner* Rn. 7.
[113] *v. Werder/Turkali* DB 2015, 1357; *v. Werder/Bartz* DB 2014, 905; *v. Werder/Bartz* DB 2013, 885; *v. Werder/Bartz* DB 2012, 869; *v. Werder/Böhme* DB 2011, 1285 und DB 2011, 1345; *v. Werder/Talaulicar* DB 2010, 853; *v. Werder/Talaulicar* DB 2009, 689; *v. Werder/Talaulicar* DB 2008, 825; *v. Werder/Talaulicar* DB 2007, 869; *v. Werder/Talaulicar* DB 2006, 849; *v. Werder/Talaulicar* DB 2005, 841; *v. Werder/Talaulicar/Kolat* DB 2004, 1377; *v. Werder/Talaulicar/Kolat* DB 2003, 1857.
[114] Überblick über weitere empirische Untersuchungen bei *Böcking/Böhme/Gros* AG 2012, 615; siehe auch *Eisenschmidt/Bilgenroth* DStR 2016, 551.
[115] *v. Werder/Turkali* DB 2015, 1357 (1359, Tabelle 1).
[116] *v. Werder/Turkali* DB 2015, 1357 (1359); *v. Werder/Bartz* DB 2014, 905 (909); *v. Werder/Bartz* DB 2013, 885 (885); ebenso die Einschätzung bei *Habersack* Gutachten 69. DJT, 2012, E 24; MüKoAktG/*Goette* Rn. 17; Hölters/*Hölters* Rn. 7; Hüffer/Koch/*Koch* Rn. 3.
[117] *v. Werder/Böhme* DB 2012, 869 (872).
[118] *v. Werder/Turkali* DB 2015, 1357 (1359): nach Adjustierung 44 der 105 Empfehlungen neuralgisch (ohne Adjustierung: 55).

Befolgungsdruck – jedenfalls bei entsprechender Begründung der Abweichung – doch nicht so weit her ist.

8. Verhältnis der Erklärungspflicht gemäß § 161 zu anderen Vorschriften. § 161 wird **22** **durch eine Reihe handelsrechtlicher Vorschriften flankiert.** So ist die Entsprechenserklärung gemäß § 325 Abs. 1 S. 1 Nr. 2, Abs. 2 HGB zusammen mit dem Jahresabschluss beim Betreiber des Bundesanzeigers elektronisch einzureichen und im Bundesanzeiger bekannt zu machen. Im Anhang des Jahresabschlusses ist nach § 285 Nr. 16 HGB anzugeben, dass die Erklärung nach § 161 abgegeben wurde und wo sie öffentlich zugänglich gemacht worden ist. Entsprechendes gilt gemäß § 314 Abs. 1 Nr. 8 HGB für den Konzernabschluss.

Kursrelevante Entsprechenserklärungen können nach allgemeinen Grundsätzen gemäß **Art. 17** **22a** **MAR** mitzuteilen und zu veröffentlichen sein.[119] Dabei ersetzt weder eine Erklärung nach § 161 die nach Art. 17 MAR erforderliche Mitteilung noch umgekehrt.[120]

Zudem haben die nach § 161 verpflichteten Gesellschaften gemäß **§ 289f Abs. 1 HGB (§ 289a** **23** **Abs. 1 HGB aF)** eine „**Erklärung zur Unternehmensführung**" in den Lagebericht aufzunehmen. Diese hat nach § 289f Abs. 2 HGB die Entsprechenserklärung (Nr. 1), relevante Angaben zu Unternehmensführungspraktiken (Nr. 2), eine Beschreibung der Arbeitsweise von Vorstand und Aufsichtsrat sowie der Zusammensetzung und Arbeitsweise von deren Ausschüssen (Nr. 3) und neuerdings auch Angaben zur Geschlechterquote (Nr. 4, 5) sowie zum Diversitätskonzept (Nr. 6) zu enthalten. Über diese Inkorporation wird die Entsprechenserklärung zum Bestandteil des Lageberichts. Zur Prüfung der Entsprechenserklärung → Rn. 83.

Darüber hinaus enthält **Ziff. 3.10 S. 1 DCGK** die Empfehlung, Vorstand und Aufsichtsrat sollten **23a** jährlich über die Corporate Governance berichten und diesen „**Corporate-Governance-Bericht**" im Zusammenhang mit der Erklärung zur Unternehmensführung veröffentlichen.

9. Verhältnis der Kodexempfehlungen zur Sorgfaltspflicht der Organmitglieder gemäß **24** **§ 93 Abs. 1 S. 1 (iVm § 116).** Noch nicht abschließend geklärt ist das **Verhältnis der Kodex-** **empfehlungen zu der nach § 93 Abs. 1 S. 1 gebotenen Sorgfalt der Organmitglieder,** was insbesondere für die Haftung gemäß § 93 Abs. 2 S. 1 (iVm § 116 S. 1) von Bedeutung ist.

Eine **Konkretisierung der Sorgfaltspflicht** muss jedoch bereits aus normhierarchischen Gründen **ausscheiden.** Denn weder die Kodexkommission noch das den DCGK im Bundesanzeiger **24a** verkündende BMJV sind hierzu legitimiert. Ein Sorgfaltspflichtverstoß kann mithin nicht auf einen Verstoß gegen die Empfehlungen des Kodex gestützt werden. Auf Grund der Unabhängigkeit des Sorgfaltsmaßstabs vom Kodex ist indes nicht ausgeschlossen, dass die aus § 93 Abs. 1 S. 1 resultierenden Anforderungen im Einzelfall den Kodexempfehlungen entsprechen. Der Kodex kann insofern allerdings **nicht als Auslegungshilfe** herangezogen werden.[121] Dies gilt jedenfalls, soweit die Kommission nicht als Standard-Ermittler, sondern als Standard-Setzer tätig wird (→ Rn. 4). Doch auch soweit die Kommission in erstgenannter Eigenschaft tätig wird, ist zu bedenken, dass der Kodex eine *best practice* widerspiegelt, deren Umsetzung nicht per se erwartet werden kann und welcher eine Abweichungsbefugnis mit Blick auf § 161 immanent ist. Daher dürfte den Kodexempfehlungen bei der Konkretisierung von § 93 Abs. 1 S. 1 allenfalls dann Bedeutung zukommen, wenn sie von Unternehmen vergleichbarer Art und Größe in vergleichbaren Situationen weit überwiegend befolgt werden.[122]

Eine Bindungswirkung der Empfehlungen entsteht auch nicht durch den zukunftsgerichteten **24b** Teil der Entsprechenserklärung (→ Rn. 80), sondern lediglich **infolge innergesellschaftlicher** **Transformation** durch Verankerung in der Satzung, der Geschäftsordnung oder im Anstellungsvertrag (→ Rn. 50).

Sind die gesetzlichen Organpflichten autonom zu konkretisieren, so folgt daraus zuvorderst, dass **25** eine Pflichtverletzung nicht auf einen Kodex-Verstoß gegründet werden kann. Zugleich muss dann aber auch die **Möglichkeit einer Pflichtverletzung trotz Einhaltung des Kodex** bestehen. Ein Anscheinsbeweis, eine Beweislastumkehr oder gar ein „safe haven" zugunsten der Organmitglieder lassen sich insoweit nicht rechtfertigen.[123] Zwar dürfte es sich bei Sorgfaltspflichtverletzungen wegen

---

[119] BegrRegE TransPuG BT-Drs. 14/8769, 1 (22); Kölner Komm AktG/*Lutter* Rn. 162 mwN; NK-AktR/ *Wittmann/Kirschbaum* Rn. 66 mwN.
[120] *E. Vetter* NZG 2008, 121 (122) mwN.
[121] Eingehend *Kerstan*, Zivilrechtliche Haftungsrisiken im Zusammenhang mit dem Deutschen Corporate Governance Kodex, 2015, 213 ff.; aA insbesondere Kölner Komm AktG/*Lutter* Rn. 164.
[122] So auch K. Schmidt/Lutter/*Spindler* Rn. 68.
[123] Wie hier Hüffer/Koch/*Koch* Rn. 27; Großkomm AktG/*Leyens* Rn. 531; K. Schmidt/Lutter/*Spindler* Rn. 68; aA *Hanfland*, Haftungsrisiken im Zusammenhang mit § 161 AktG, 2007, 100 ff.; *Seibt* AG 2003, 465 (470); *Schüppen* ZIP 2002, 1269 (1271).

der Befolgung von Kodexempfehlungen eher um einen theoretischen Fall handeln. Doch wo sich die Empfehlungen auf sensible Kompetenzfragen wie den Investorendialog des Aufsichtsrates,[124] auf gesetzliche Pflichten (zB die Ausgestaltung der Vergütung von Vorstands und Aufsichtsrat) oder Aspekte der Treuepflicht (zB den Umgang mit Interessenkonflikten) erstrecken, erscheint eine Divergenz zwischen Kodex und gerichtlicher Auslegung des geltenden Rechts nicht ausgeschlossen.

25a In dieser Situation greift es allerdings zu kurz, auf die rechtliche Unverbindlichkeit des DCGK zu verweisen. Denn der Kodex wird im Bundesanzeiger durch das BMJV veröffentlicht, welches dabei gemäß Art. 20 Abs. 3 GG an Gesetz und Recht gebunden ist. Insofern muss sich die Praxis zumindest grundsätzlich **auf die Rechtmäßigkeit der Kodexempfehlungen verlassen** dürfen. Wenngleich an der Pflichtwidrigkeit des Organhandelns bei Befolgung rechtswidriger Empfehlungen keine Zweifel bestehen können, **kann es** daher **am Verschulden fehlen**. Ähnlich wie bei einem Verstoß gegen die Stimmrechtsmeldepflichten nach dem WpHG trotz Befolgung des Emittentenleitfadens der BaFin dürfte dies der Fall sein, wenn die Problematik weder offensichtlich streitig ist noch die Gerichte bereits gegen den DCGK entschieden haben.[125]

26 Umgekehrt stellt sich bei Kongruenz von Kodex und gesetzlichem Pflichtenmaßstab die Frage nach der **entschuldigenden Wirkung der von § 161 eröffneten Abweichungsbefugnis**. Hier ist allerdings der Ausgangspunkt ein anderer. Denn mit der Bekanntmachung wird lediglich der Kodex einer Rechtmäßigkeitskontrolle unterzogen, nicht ein Katalog davon abweichender Maßnahmen. Auch legitimiert § 161 nur Abweichungen von den Kodexempfehlungen, nicht aber von zwingendem Recht. Ein Vertrauenstatbestand dahingehend, dass die anstelle der Kodexempfehlung getroffene Maßnahme dem gesetzlichen Pflichtenmaßstab genügt, wird mithin weder durch die Bekanntmachung des Kodex durch das BMJV noch durch § 161 selbst gesetzt. Eine Entschuldigung kommt mithin nur nach allgemeinen Grundsätzen in Betracht.

27 Zur **Haftung wegen Verstößen gegen die Erklärungspflicht** des § 161 → Rn. 100 ff.

28 **10. Rechtspolitische Bewertung.** Mit dem DJT-Gutachten von *Habersack* ist festzustellen, dass sich der *comply or explain*-Mechanismus **grundsätzlich bewährt** hat.[126] Auch von Seiten der Emittenten wird der Kodex ganz überwiegend positiv beurteilt (→ Rn. 21). Mit überwiegender Mehrheit sieht das auch der 69. DJT so.[127] Trotz verschiedener Bedenken und Kritik[128] gibt es daher keinen Anlass,[129] vom Regelungskonzept des § 161 wieder Abstand zu nehmen.[130]

28a Allerdings sind die **Legitimationsdefizite** des DCGK zu beheben (→ Rn. 19).
28b Zudem sollten sich die Kodexempfehlungen ausschließlich an der bei → Rn. 4 beschriebenen **Funktion des DCGK** ausrichten, also gesetzliche Spielräume ausfüllen und im Sinne einer *best practice* konkretisieren. Der DCGK ist der falsche Ort, um eine weithin gelebte Unternehmenspraxis substanziell zu verändern. Solche Veränderungen muss der Gesetzgeber durch Gesetzerlass selbst herbeiführen, insbesondere dann, wenn gesellschaftspolitische Ziele verfolgt werden. Der Kodex darf hier auch nicht als „Warnschuss" bzw. „Testballon" missbraucht werden.[131] Diese Grundsätze wurden in der Vergangenheit mehrfach nicht beachtet, was – vorhersehbar – zu Unstimmigkeiten und Zerwürfnissen führte.[132] Umgekehrt sollte auch einer **Abweichungskultur nicht undifferenziert das Wort geredet** werden (→ Rn. 5).

28c Kritischer Überprüfung bedarf auch der **Sanktionsmechanismus für unzutreffende Entsprechenserklärungen,** namentlich die **Anfechtbarkeit von Hauptversammlungsbeschlüssen**. Dies gilt insbesondere für die Anfechtung von Wahlbeschlüssen (→ Rn. 99). Die Lösung liegt jedoch nicht in einem Sonderrecht für fehlerhafte Entsprechenserklärungen durch einen generellen gesetzlichen Anfechtungsausschluss.[133] Der 69. DJT hat sich mit guten Gründen und klarer Mehrheit

---

[124] Kritisch zu derartigen Kodexbestrebungen etwa *Koch* AG 2017, 129 (140); eingehend *Bachmann* VGR 22 (2016), 2017, 135; allgemein zur Thematik auch *Fleischer/Bauer/Wansleben* DB 2015, 360; *Hirt/Hopt/Mattheus* AG 2016, 725; *Leyendecker-Langner* NZG 2015, 44; siehe ferner *Seibt/Scholz* AG 2016, 739 (743). Letztlich ist der Investorendialog in Ziffer 5.2 Abs. 2 DCGK idF v. 7.2.2017 nur als Anregung aufgenommen worden.
[125] Vgl. dazu nur MüKoAktG/WpHG § 28 Rn. 13.
[126] *Habersack* Gutachten 69. DJT, 2012, E 54 f. mwN; zust *Bayer* NZG 2013, 1 (4).
[127] Beschluss Nr. 6a (73/0/6).
[128] Zuletzt ausf. *Hoffmann-Becking* ZIP 2011, 1173; vgl. auch *Sünner* AG 2012, 265; *Ederle* NZG 2010, 655 (658).
[129] So auch Hüffer/Koch/*Koch* Rn. 5a.
[130] So aber *Timm* ZIP 2010, 2125 (2128); sehr kritisch auch *Spindler* NZG 2011, 1007 ff.; differenzierend für eine Abschaffung lediglich des zukunftsgerichteten Teils der Entsprechenserklärung *Stenger*, Kodex und Entsprechenserklärung, 2013, 250 ff.
[131] So im Anschluss an *E. Vetter* ZIP 2004, 1527 auch *Bayer* NZG 2013, 1 (6).
[132] Näher und mit Beispielen: *Bayer* NZG 2013, 1 (5 ff.) mwN.
[133] Dafür aber etwa *Bröcker* Der Konzern 2011, 313 (320); *DAV-Handelsrechtsausschuss* NZG 2012, 380 (383); *Kremer* ZIP 2011, 1177 (1180); *Lignier*, Corporate Governance in Deutschland und Frankreich, 2016, 284 f.

gegen die Einführung eines solchen ausgesprochen.[134] Die wahren Probleme sind nämlich grundsätzlicherer Natur (Stichworte: Reform des Beschlussmängelrechts, Lehre vom fehlerhaften Organ).[135] Insbesondere lässt sich nicht wegdiskutieren, dass die Entsprechenserklärung – will man sie de lege ferenda nicht auf eine rein retrospektive Berichtspflicht reduzieren[136] – eine wesentliche Informationsquelle nicht nur für den Kapitalmarkt darstellt, sondern auch verbandsrechtlichen Interessen und der Information der Aktionäre dient (zur Qualifikation als gesetzliche Informationspflicht → Rn. 96a). Daher wäre der generelle Ausschluss der Anfechtbarkeit unter dem Gesichtspunkt eines Informationsmangels wenig überzeugend. Ebenso wäre es mit der Geltung des Legalitätsgrundsatzes schwerlich vereinbar, Verstößen gegen § 161 den Charakter eines Gesetzesverstoßes im Hinblick auf die Anfechtung von Entlastungsbeschlüssen abzusprechen. Schließlich ist zu bedenken, dass die völlige Sanktionslosigkeit von Verstößen gegen den *comply or explain*-Grundsatz über kurz oder lang wohl durch europäisches Recht gekontert würde (→ Rn. 15), wohingegen bereits die Anfechtbarkeit von Entlastungsbeschlüssen aus unionsrechtlicher Perspektive ein hinreichendes Mittel zur Sicherung der Erklärungsqualität darstellen dürfte.[137]

Korrekturbedürftig ist schließlich das **Nebeneinander der letztlich doch miteinander verwobenen Berichtspflichten** gemäß § 161 AktG, § 289f HGB (§ 289a HGB aF) und Ziff. 3.10 DCGK (→ Rn. 23).[138] **28d**

II. Erklärungspflicht (§ 161 Abs. 1)

1. Rechtsnatur der Entsprechenserklärung. Die Entsprechenserklärung ist teils vergangenheitsbezogen („wurde") und insoweit **Wissenserklärung,**[139] teils zukunftsgerichtet („wird").[140] Der Wortlaut ist bezüglich des zukunftsgerichteten Teils zwar nicht ganz eindeutig, die Gesetzesbegründung aber umso klarer.[141] Im Übrigen würde der zweite Teil der Erklärungspflicht bei einem gegenwartsbezogenen Verständnis vollständig entwertet, da dieser sich ansonsten lediglich auf die juristische Sekunde im Zeitpunkt der Abgabe der Erklärung bezöge. Auch im prospektiven Teil ist die Erklärung keine Willenserklärung, da sie lediglich der Information des Kapitalmarktes über die Befolgungsabsicht von Vorstand und Aufsichtsrat bzw. deren Mitgliedern dient und nicht auf eine Selbstbindung gerichtet ist; insofern ist auch der Begriff der **Absichtserklärung** zutreffend.[142] **29**

2. Bezugspunkt. Die von § 161 Abs. 1 geforderte Erklärung bezieht sich auf die vom BMJV im amtlichen Teil des elektronischen Bundesanzeigers **bekannt gemachten Empfehlungen** der Regierungskommission DCGK. Bezugspunkt der Erklärungspflicht sind also weder der Kodex in seiner Gesamtheit noch die in diesem enthaltenen Anregungen und rechtsbeschreibenden Passagen, sondern die einzelnen Kodexempfehlungen. Im Sprachgebrauch des Kodex sind Empfehlungen **durch die Verwendung des Wortes „soll" gekennzeichnet,** während Anregungen als „sollte"-Regelungen erkennbar sind (vgl. Präambel Abs. 10 S. 1, 6 DCGK).[143] **30**

Ob eine **Erklärung zu den Anregungen des Kodex** zulässig ist, geht aus § 161 nicht unmittelbar hervor. Freilich würde die konzise Information des Kapitalmarkts durch Aufblähung der Erklärung mit von § 161 nicht geforderten Inhalten konterkariert. Die Entsprechenserklärung ist auch gerade

---

[134] Beschluss Nr. 10a des 69. DJT (58/20/5) sowie zuvor *Habersack* Gutachten 69. DJT, 2012, E 61 ff.
[135] Zutreffend *Habersack* Gutachten 69. DJT, 2012, E 66 f.
[136] Dafür *Stenger,* Kodex und Entsprechenserklärung, 2013, 250 ff.; in diese Richtung bereits *Habersack* Gutachten 69. DJT, 2012, E 68 (Wegfall der Aktualisierungspflicht durch Zusammenführung mit § 289f HGB); dagegen *Klabunde,* Die Entsprechenserklärung nach § 161 AktG, 2015, 257 ff.
[137] *Leyens* ZEuP 2016, 388 (424 f.).
[138] In diesem Sinne bereits *Rosengarten/S. H. Schneider* ZIP 2009, 1837 (1842 Fn. 60); ebenso *Bredol/Schäfer* NZG 2013, 568; *Klabunde,* Die Entsprechenserklärung nach § 161 AktG, 2015, 260 ff.; *Marsch-Barner* in Marsch-Barner/Schäfer Börsennotierte AG-HdB Rn. 2.85; *Stenger,* Kodex und Entsprechenserklärung, 2013, 265 ff.; vgl. auch 69. DJT Beschluss Nr. 7d).
[139] Insoweit unstr., vgl. MüKoAktG/*Goette* Rn. 35; Großkomm AktG/*Leyens* Rn. 68.
[140] So hM: MüKoAktG/*Goette* Rn. 35; Kölner Komm AktG/*Lutter* Rn. 29; K. Schmidt/Lutter/*Spindler* Rn. 16; Henssler/Strohn/*E. Vetter* Rn. 9; aA *Ederle* NZG 2010, 655 (657); *Schüppen* ZIP 2002, 1269 (1273); *Seibt* AG 2002, 249 (251).
[141] BegrRegE TransPuG, BT-Drs. 14/8769, 22: „Die Entsprechenserklärung ist vergangenheits- und zukunftsbezogen."
[142] MüKoAktG/*Goette* Rn. 35; Kölner Komm AktG/*Lutter* Rn. 29; *Marsch-Barner* in Marsch-Barner/Schäfer Börsennotierte AG-HdB Rn. 2.76; K. Schmidt/Lutter/*Spindler* Rn. 16; begriffskritisch Großkomm AktG/*Leyens* Rn. 68 (167), der nicht zu Unrecht sprachliche Präzision bemängelt, da die Entsprechenserklärung lediglich Auskunft über die Absichten der Adressaten der Kodexempfehlungen gibt und diese nicht zwangsläufig an die erklärenden Organe gerichtet sind (zu Implikationen für die Beschlussfassung → Rn. 35 ff).
[143] Bis zur Kodexänderung 2012 wurde für Anregungen auch das Wort „kann" verwendet.

kein umfassender Corporate Governance-Bericht, wie ihn § 289f HGB (§ 289a HGB aF) und Ziff. 3.10 DCGK verlangen. Indes gehen die Gesetzesmaterialien zum TransPuG wie selbstverständlich von der Zulässigkeit aus.[144] Beschränken sich die ergänzenden Ausführungen auf eine Stellungnahme zu Anregungen des Kodex, steht eine Überfrachtung der Entsprechenserklärung nicht zu befürchten. Eine **Stellungnahme zu Anregungen** des Kodex ist daher bereits im Rahmen der Erklärung nach § 161 zulässig.[145]

31   Maßgeblich ist dabei **für den zukunftsbezogenen Teil** die im Erklärungszeitpunkt aktuelle Kodexfassung. Auf Grund der Begründungspflicht für Abweichungen kann insbesondere **kein dynamischer Verweis** auf die jeweils aktuelle Fassung gemeint sein.

Dagegen ist **für den retrospektiven Teil bei einer unterjährigen Kodexänderung** umstritten, auf welche Fassung abzustellen ist. In dieser Situation ist **nach zutreffender hM die „alte Fassung"** maßgeblich, dh. nicht die im Erklärungszeitpunkt aktuelle Kodexfassung, sondern diejenige, auf welche in der letzten turnusmäßigen Absichtserklärung Bezug genommen wurde.[146] Andernfalls hätte bei einer unterjährigen Kodexänderung die rückblickende Erklärung nämlich einen anderen Bezugsgegenstand als die vorherige Absichtserklärung, wodurch der Zweck der kritischen Selbstüberprüfung (→ Rn. 3) verfehlt würde. Müssten Vorstand und Aufsichtsrat Abweichungen für einen Zeitraum erklären, in dem die entsprechenden Empfehlungen noch gar nicht als *best practice* galten, würde überdies ein falsches Signal an den Kapitalmarkt gesendet. Daher muss jedenfalls eine vollumfängliche Bezugnahme auf die im Erklärungszeitpunkt geltende Kodexfassung ausscheiden.[147] Das gilt indes auch für eine gespaltene Bezugsbasis der retrospektiven Erklärung,[148] weil eine Kodexänderung keine Pflicht zur Aktualisierung der Entsprechenserklärung auslöst (→ Rn. 75): Hat die Änderung des Kodex unterjährig keine Relevanz, ist nicht ersichtlich, warum dies bei der turnusmäßigen Erklärung der Fall sein sollte. Schließlich entspricht es der Wertung von § 15 S. 2 EGAktG, neuen Kodexempfehlungen nur für den zukunftsgerichteten Teil der Erklärung Relevanz zukommen zu lassen.[149] Eine **zusätzliche Stellungnahme zu den im Erklärungszeitpunkt aktuellen Kodexempfehlungen** ist jedoch ebenso wie eine Stellungnahme zu den Anregungen des Kodex (→ Rn. 30) zulässig[150] und angesichts des Streitstandes zu empfehlen.

32   **3. Anwendungsbereich.** Die Erklärungspflicht gilt zunächst gemäß § 161 Abs. 1 S. 1 für **börsennotierte Gesellschaften.** Nach der gesetzlichen Systematik sind damit nach dem AktG verfasste Gesellschaften im Sinne von § 3 Abs. 2 angesprochen. Dementsprechend fallen Gesellschaften, deren Aktien lediglich im Freiverkehr gehandelt werden, ebenso aus dem Anwendungsbereich[151] wie nach ausländischem Recht verfasste Gesellschaften mit Börsennotierung im Inland.[152] Letzteres ist zwar ob des kapitalmarktorientierten Ansatzes des § 161 nicht ganz konsequent, liegt aber immerhin auf einer Linie mit der inhaltlichen Ausrichtung des Kodex auf das AktG.[153] Umgekehrt sind aber deutsche Aktiengesellschaften erfasst, deren Aktien ausschließlich an ausländischen Börsen gehandelt werden.[154]

33   Darüber hinaus erstreckt sich der Anwendungsbereich der Erklärungspflicht seit dem BilMoG (→ Rn. 8) nach § 161 Abs. 1 S. 2 auch auf solche Gesellschaften, die andere Wertpapiere als Aktien (va Schuldverschreibungen, Genussscheine) zum Handel an einem organisierten Markt im Sinne des § 2 Abs. 11 WpHG ausgegeben haben, deren Aktien aber zugleich über ein **multilaterales Handelssystem** im Sinne des § 2 Abs. 8 S. 1 Nr. 8 WpHG (insbesondere im Freiverkehr) gehandelt werden. Letzteres muss nach dem Gesetzeswortlaut „auf eigene Veranlassung" geschehen, womit § 161 Abs. 1 S. 2 – wie auch § 289f Abs. 1 HGB (§ 289 Abs. 1 HGB aF) –

---

[144] BegrRegE TransPuG, BT-Drs. 14/8769, 21: „Erklärung braucht auch nicht die Anregungen abzudecken".
[145] So auch Hüffer/Hönsch/*Koch* Rn. 8; Henssler/Strohn/*E. Vetter* Rn. 10.
[146] *Gelhausen/Hönsch* AG 2003, 367 (369 f.); *Ihrig/Wagner* BB 2003, 1625 (1629); Hüffer/Koch/*Koch* Rn. 7; Kölner Komm AktG/*Lutter* Rn. 91; *Rosengarten/Schneider* ZIP 2009, 1837 (1844); *Seibt* AG 2003, 465 (477).
[147] So aber Henssler/Strohn/*E. Vetter* Rn. 19; Wilsing/*von der Linden* Rn. 44; wohl auch K. Schmidt/Lutter/*Spindler* Rn. 40.
[148] Hierfür aber *Fischer* BB 2006, 337 (338); *Heckelmann* WM 2008, 2146 (2152); *Kirschbaum* DB 2005, 1473 (1476 f.); NK-AktR/*Wittmann/Kirschbaum* Rn. 57.
[149] Überzeugend *Ihrig/Wagner* BB 2003, 1625 (1629).
[150] In diesem Sinne auch *Rosengarten/Schneider* ZIP 2009, 1837 (1844).
[151] MüKoAktG/*Goette* Rn. 61; Hölters/*Hölters* Rn. 9; Hüffer/Koch/*Koch* Rn. 6a.
[152] Hüffer/Koch/*Koch* Rn. 6a; Großkomm AktG/*Leyens* Rn. 126; Kölner Komm AktG/*Lutter* Rn. 33; KBLW DCGKRn. 1803; aA noch *Claussen/Bröcker* DB 2002, 1199 (1204).
[153] Ebenso Hüffer/Koch/*Koch* Rn. 6a; Großkomm AktG/*Leyens* Rn. 126.
[154] Hüffer/Koch/*Koch* Rn. 6a; Großkomm AktG/*Leyens* Rn. 126; K. Schmidt/Lutter/*Spindler* Rn. 17; Einzelheiten bei *Michels/Hoffmann* AG 2014, R 338.

von Art. 20 Abs. 4 Bilanz-RL[155] (Art. 46a Abs. 3 Bilanz-RL aF[156]) abweicht. Das ist jedenfalls im Hinblick auf § 289f HGB (§ 289a HGB aF) problematisch, weil dieser unmittelbar der Umsetzung der Richtlinie dient. Die vom Gesetzgeber angeführten Praktikabilitätserwägungen[157] erscheinen zur Rechtfertigung der Abweichung zumindest zweifelhaft, da selbst die Kenntnis der Gesellschaft von einem entsprechenden Handel keine Erklärungspflicht auslöst.[158] Laut Gesetzesbegründung zum BilMoG soll § 161 Abs. 1 S. 2 zudem nur die Fälle erfassen, in denen die Aktien im Inland, in einem EU-Mitgliedstaat oder einem anderen EWR-Vertragsstaat gehandelt werden.[159] Angesichts des klaren Verweises auf § 2 Abs. 8 S. 1 Nr. 8 WpHG, der entgegen § 2 Abs. 11 WpHG gerade keine derartige Einschränkung enthält, wird man § 161 Abs. 1 S. 2 indes schwerlich im Sinne der Gesetzesmaterialien auslegen können. Auch verlangt der auf Information des Kapitalmarktes und Reflexion der Corporate Governance ausgerichtete Normzweck des § 161 keineswegs zwingend eine derartige Begrenzung,[160] zumal jedenfalls die Bilanz-Richtlinie gerade auf die Zulassung der sonstigen Wertpapiere zum Handel an einem organisierten Markt abhebt[161] und mit dieser Einschränkung bereits eine Ausklammerung echter Drittstaaten-Sachverhalte gewährleistet ist.

Über § 278 Abs. 3 AktG und Art. 9 Abs. 1 lit. c ii) SE-VO gilt § 161 auch für entsprechend **34** kapitalmarktorientierte **KGaA**[162] und „deutsche" **SE**.[163] Auch in **Krise und Insolvenz wird die Erklärungspflicht nicht suspendiert**, da der Wortlaut des § 161 dies nicht zulässt und es – nicht zuletzt mit Blick auf § 24 WpHG (§ 11 WpHG aF) und § 43 BörsG – an zwingenden gesetzlichen Wertungen für eine teleologische Reduktion fehlt.[164]

4. Adressaten der Erklärungspflicht. Nach § 161 Abs. 1 S. 1 trifft die Erklärungspflicht „**Vor- 35 stand und Aufsichtsrat**". Damit scheidet eine Erklärungszuständigkeit der Hauptversammlung ebenso aus wie eine entsprechende Kompetenz einzelner Organmitglieder, selbst wenn sich einzelne Kodexempfehlungen unmittelbar an diese richten mögen.[165] Zu Recht geht die herrschende Auffassung im Einklang mit dem Wortlaut darüber hinaus von einer **Verpflichtung der Organe im eigenen Namen** aus.[166] Dagegen lässt sich insbesondere nicht anführen, dass Gesellschaftsorgane lediglich Zurechnungssubjekt von Innenrechtssätzen sein können.[167] Denn die Entsprechenserklärung ist keine empfangsbedürftige Willenserklärung, welche ob ihrer finalen Ausrichtung auf die Herbeiführung von Rechtswirkungen nur von der Gesellschaft abgegeben werden könnte (zur

---

[155] RL 2013/34/EU des Europäischen Parlaments und des Rates vom 26.6.2013 über den Jahresabschluss, den konsolidierten Abschluss und damit verbundene Berichte von Unternehmen bestimmter Rechtsformen und zur Änderung der RL 2006/43/EG und zur Aufhebung der RL 78/660/EWG und 83/349/EWG, ABl. EU 2013, L 182, 19.
[156] RL 78/660/EWG des Rates vom 25.7.1978 aufgrund von Artikel 54 Absatz 3 Buchstabe g) des Vertrages über den Jahresabschluss von Gesellschaften bestimmter Rechtsformen, ABl. v. 14.8.1978, L 222, 11 in Gestalt von Art 1 Nr. 7 RL 2006/46/EG des Europäischen Parlaments und des Rates vom 14.6.2006 zur Änderung der RL des Rates 78/660/EWG über den Jahresabschluss von Gesellschaften bestimmter Rechtsformen, 83/349/EWG über den konsolidierten Abschluss, 86/635/EWG über den Jahresabschluss und den konsolidierten Abschluss von Banken und anderen Finanzinstituten und 91/674/EWG über den Jahresabschluss und den konsolidierten Abschluss von Versicherungsunternehmen, ABl. EU 2006, L 224, 1.
[157] BegrRegE BilMoG, BT Drs. 16/10067, 77 (104).
[158] So aber noch die Formulierung im Referentenentwurf zum BilMoG.
[159] BegrRegE BilMoG, BT Drs. 16/10067, 104.
[160] So aber ohne nähere Begründung BegrRegE BilMoG, BT-Drs. 16/10067, 104; zustimmend Hölters/*Hölters* Rn. 11.
[161] Vgl. Erwägungsgrund 28 der Bilanz-RL nF (RL 2013/34/EU) sowie Erwägungsgrund 10 der Änderungs-RL 2006 (RL 2006/46/EG).
[162] Großkomm AktG/*Leyens* Rn. 127; Kölner Komm AktG/*Lutter* Rn. 32; K. Schmidt/Lutter/*Spindler* Rn. 17.
[163] BGHZ 194, 14 Rn. 26 = NZG 2012, 1064 – Fresenius; Kölner Komm AktG/*Lutter* Rn. 32; K. Schmidt/Lutter/*Spindler* Rn. 17; zweifelnd noch Großkomm AktG/*Leyens* Rn. 128.
[164] Ausf *Mock* ZIP 2010, 15 ff.; *Mülbert/Wilhelm* ZHR 176 (2012) 286 (309 ff.); zustimmend Hüffer/Koch/*Koch* Rn. 6; Großkomm AktG/*Leyens* Rn. 141 f.; Kölner Komm AktG/*Lutter* Rn. 36; K. Schmidt/Lutter/*Spindler* Rn. 12.
[165] Großkomm AktG/*Leyens* Rn. 152 f., 155 ff.; K. Schmidt/Lutter/*Spindler* Rn. 18; siehe aber Kölner Komm AktG/*Lutter* Rn. 63, der in den Beschlüssen von Vorstand und Aufsichtsrat eine „Doppelerklärung" der Organe und all ihrer Mitglieder erkennen will.
[166] MüKoAktG/*Goette* Rn. 57; Hüffer/Koch/*Koch* Rn. 6; Kölner Komm AktG/*Lutter* Rn. 38; *Mülbert/Wilhelm* ZHR 176 (2012) 286 (303 ff.); K. Schmidt/Lutter/*Spindler* Rn. 18; Henssler/Strohn/*E. Vetter* Rn. 8; NK-AktR/*Wittmann/Kirschbaum* Rn. 14; aA *Schürnbrand* FS Schneider, 2011, 1197 (1200 ff.); *Waclawik* ZIP 2011, 885 (889 f.).
[167] So aber *Schürnbrand* FS Schneider, 2011, 1197 (1201 f.).

Rechtsnatur → Rn. 29).[168] Insofern besteht keine Notwendigkeit zur Umdeutung des Wortlauts in eine „verkappte Zuständigkeitsregelung" für eine eigentlich der Gesellschaft obliegende Erklärungspflicht. Auf einem anderen Blatt steht freilich die rechtspolitische Überzeugungskraft dieser gesetzgeberischen Konstruktion, zumal die Pflicht zur Abgabe der Erklärung zur Unternehmensführung nach § 289f HGB (§ 289a HGB aF) in Abweichung von § 161 an die Gesellschaft adressiert ist.

36 Mit der Feststellung, dass sich die Erklärungspflicht unmittelbar an Vorstand und Aufsichtsrat richtet, ist indes noch nichts darüber ausgesagt, ob § 161 Abs. 1 S. 1 eine einheitliche Entsprechenserklärung[169] oder separate Erklärungen von Vorstand und Aufsichtsrat verlangt, die lediglich zusammengeführt werden können.[170] Der BGH hat die Frage bislang offen gelassen.[171] Richtigerweise haben Vorstand und Aufsichtsrat eine **einheitliche Entsprechenserklärung** abzugeben. § 161 Abs. 1 S. 1 lässt sich dies zwar nicht unmittelbar entnehmen. Doch legt bereits der Gesetzeswortlaut des § 161 Abs. 2 ein solches Verständnis nahe, weil hier explizit nur von einer Erklärung die Rede ist („Die Erklärung ist ..."). Auch in der amtlichen Überschrift („Erklärung zum Corporate Governance Kodex"), in der amtlichen Abschnittsbezeichnung („Jahresabschluss und Lagebericht. Entsprechenserklärung") und in den § 161 flankierenden handelsrechtlichen Regelungen (§ 285 Nr. 16 HGB, § 289f Abs. 2 Nr. 1 HGB, § 314 Abs. 1 Nr. 8 HGB, § 325 Abs. 1 S. 1 Nr. 2 HGB) wird stets nur der Singular gebraucht. Zwei separate, möglicherweise auch noch im Detail divergierende Erklärungen würden überdies vor allem Verwirrung stiften und so dem Ziel einer verständlichen Information des Kapitalmarktes zuwider laufen.[172] Eine einheitliche Erklärung vermag demgegenüber eine vollständige Information des Kapitalmarkts auch bei divergierenden Stellungnahmen von Vorstand und Aufsichtsrat durch die Begründung zur dann zu erklärenden Abweichung (→ Rn. 45) zu gewährleisten. Schließlich ist zu bedenken, dass nach herrschender Auffassung jedes Organ im zukunftsgerichteten Teil der Erklärung nur über diejenigen Kodexempfehlungen beschließen kann, die in seinen aktienrechtlichen Kompetenzbereich fallen (→ Rn. 39). Wollte man nicht von einer Zusammenführung der Beschlüsse zu einer einheitlichen Erklärung ausgehen, käme es zu zwei Erklärungen, welche sich zwar inhaltlich überschnitten, von denen aber keine zu allen Empfehlungen Stellung bezöge. Der Kapitalmarkt müsste sich so gleichsam die vollständige Entsprechenserklärung zusammenpuzzeln und dabei auch noch doppelte Teile aussortieren.

37 **5. Herbeiführung der Entsprechenserklärung (Beschlussfassung). a) Getrennte Beschlussfassung.** Wenngleich § 161 Abs. 1 S. 1 die Abgabe einer einheitlichen Erklärung gebietet, macht er aus Vorstand und Aufsichtsrat nach allgemeiner Auffassung kein einheitliches Beschlussorgan; vielmehr schweigt sich die Regelung über das Zustandekommen der Entsprechenserklärung aus, sodass nach allgemeinen Grundsätzen zu verfahren ist.[173] Es müssen daher in Vorstand und Aufsichtsrat nach den jeweils maßgeblichen Vorschriften **separate Beschlüsse** gefasst werden,[174] **die anschließend zu einer einheitlichen Erklärung zusammenzufassen sind.**[175] Beide Organe können jedoch freiwillig auch in einer gemeinsamen Sitzung beschließen, was freilich nichts an der rechtlichen Selbständigkeit der beiden Beschlüsse ändert.[176]

38 **b) Beschlussgegenstände. aa) Wissenserklärung.** Da § 161 Abs. 1 S. 1 Vorstand und Aufsichtsrat verpflichtet, müssen sich grundsätzlich **beide Organe zu sämtlichen Empfehlungen** des Kodex erklären. Das gilt **uneingeschränkt für den vergangenheitsbezogenen Teil der Entsprechenserklärung:** Vorstand und Aufsichtsrat erklären hier ihr eigenes Wissen und müssen sich daher

---

[168] Davon zu unterscheiden ist die – im Ergebnis zu bejahende – Frage, ob sich die Gesellschaft eine fehlerhafte Erklärung ihrer Organe analog § 31 BGB zurechnen lassen muss, dazu noch → Rn. 103.
[169] Dafür MüKoAktG/*Goette* Rn. 47, 57, 70; Wachter/*Kantenwein* Rn. 27; Hüffer/Koch/*Koch* Rn. 10; Großkomm AktG/*Leyens* Rn. 297, 234; BeckHdB AG/*Liebscher* § 6 Rn. 106; Kölner Komm AktG/*Lutter* Rn. 73; *Nowak/Rott/Mahr* ZGR 2005, 252 (255); *Seibt* AG 2002, 249 (253); jedenfalls für den zukunftsgerichteten Teil auch Grigoleit/*Grigoleit/Zellner* Rn. 12; siehe auch BegrRegE TranspuG, BT-Drs. 14/8769, 21.
[170] So Hölters/*Hölters* Rn. 20; *Krieger* FS Ulmer, 2003, 367 (369); *Marsch-Barner* in Marsch-Barner/Schäfer Börsennotierte AG-HdB Rn. 2.78; K. Schmidt/Lutter/*Spindler* Rn. 23; Henssler/Strohn/*E. Vetter* Rn. 15.
[171] BGHZ 180, 9 Rn. 26 = NZG 2009, 342 – Kirch/Deutsche Bank.
[172] In diesem Sinne auch Großkomm AktG/*Leyens* Rn. 297; ähnlich MüKoAktG/*Goette* Rn. 57; für den zukunftsbezogenen Teil der Erklärung auch Grigoleit/*Grigoleit/Zellner* Rn. 12.
[173] Großkomm AktG/*Leyens* Rn. 145; Kölner Komm AktG/*Lutter* Rn. 40.
[174] Allg. Auffassung, siehe nur MüKoAktG/*Goette* Rn. 62; Hüffer/Koch/*Koch* Rn. 11; *Marsch-Barner* in Marsch-Barner/Schäfer Börsennotierte AG-HdB Rn. 2.78; K. Schmidt/Lutter/*Spindler* Rn. 19; Henssler/Strohn/*E. Vetter* Rn. 15.
[175] Ebenso MüKoAktG/*Goette* Rn. 62; Wachter/*Kantenwein* Rn. 27; Großkomm AktG/*Leyens* Rn. 234 ff.; zum Erfordernis einer einheitlichen Erklärung von Vorstand und Aufsichtsrat → Rn. 34.
[176] MüKoAktG/*Goette* Rn. 62; Hüffer/Koch/*Koch* Rn. 11; K. Schmidt/Lutter/*Spindler* Rn. 19.

versichern, ob die Empfehlungen des Kodex in der Vergangenheit eingehalten wurden.[177] Im Hinblick auf das eigene Organhandeln ist dies unproblematisch, da die Organe um ihr eigenes Verhalten wissen. Soweit sich die Kodexempfehlungen direkt an einzelne Mitglieder des Organs richten, müssen die entsprechenden Auskünfte eingeholt werden.[178] Die Pflicht zur wahrheitsgemäßen Auskunft ergibt sich insoweit (auch für im Erklärungszeitraum ausgeschiedene Mitglieder) aus der Organstellung.[179] Wie auch sonst kann hierbei auf die Richtigkeit der abgegebenen Erklärungen vertraut werden, solange Anhaltspunkte fehlen, die auf das Gegenteil hindeuten.[180] All das gilt entsprechend für Kodexempfehlungen, welche sich an das jeweils andere Organ bzw. dessen Mitglieder richten. Hier wird man sogar so weit gehen können, dass sich ein Organ nicht nur grundsätzlich auf die Auskunft des anderen Organs verlassen kann, sondern zusätzlich auch darauf, dass dieses die entsprechenden Auskünfte von seinen Mitgliedern eingeholt hat. Auf der anderen Seite bedarf es freilich keiner Erkundigung beim jeweils anderen Organ, wenn Vorstand und Aufsichtsrat ohnehin über das erforderliche Wissen verfügen, was regelmäßig bei Empfehlungen der Fall sein dürfte, deren Umsetzung ein Zusammenwirken beider Organe erfordert; das Gleiche gilt für Empfehlungen, von deren Umsetzung das andere Organ zwangsläufig Kenntnis haben muss (zB Zusammensetzung und Vergütung des Vorstands).[181] Wie sich die Organe die erforderlichen Kenntnisse verschaffen, steht ihnen frei. Insofern ist jedenfalls die Arbeit mit Checklisten und – mit Blick auf etwaige Haftungsgefahren – eine entsprechende Dokumentation der Erklärungen anzuraten. Auch mag die Einsetzung eines Corporate Governance-Beauftragten sinnvoll sein,[182] wenngleich die Pflicht zur ordnungsgemäßen Selbstorganisation dies grundsätzlich nicht verlangt.[183]

bb) Absichtserklärung. Im Hinblick auf den **zukunftsgerichteten Teil der Entsprechenserklärung** konfligiert die unabhängige Verpflichtung der Organe indes unter Umständen mit der aktienrechtlichen Kompetenzordnung. Hier geht es nämlich nicht mehr nur um die Erklärung eigenen Wissens der Organe und eine Überprüfung abgeschlossener Sachverhalte, sondern um die Auskunft über zukünftiges Organverhalten. Ist die Umsetzung einer Kodexempfehlung im alleinigen Kompetenzbereich eines der Organe angesiedelt, kann nur der Erklärung dieses Organs Relevanz für die Information des Kapitalmarkts über die zukünftige Unternehmensführung zukommen. Umgekehrt wäre eine Beschlussfassung des anderen Organs bei übereinstimmenden Erklärungen ohne Mehrwert; bei Positiverklärung des zuständigen Organs und Negativerklärung des unzuständigen Organs würde ob der dann abzugebenden Negativerklärung (→ Rn. 45) sogar ein falsches Bild über die künftige Corporate Governance der Gesellschaft vermittelt. Daher zwingt nicht nur die aktienrechtliche Kompetenzordnung, sondern vor allem die ratio legis des § 161 zu einer grundsätzlichen **Beschränkung der Beschlussgegenstände auf die Empfehlungen, die in den Kompetenzbereich des beschließenden Organs** fallen.[184] Dem lässt sich nicht entgegenhalten, dass nach der Rechtsprechung des BGH[185] „eine Unrichtigkeit der Entsprechenserklärung jedem der erklärungspflichtigen Organe zur Last fällt, soweit ihre Mitglieder die anfängliche oder später eintretende Unrichtigkeit der Erklärung kannten oder kennen mussten".[186] Denn mit dem Hinweis auf die Verantwortlichkeit lässt sich lediglich eine Kontrollpflicht des jeweils anderen Organs hinsichtlich der Richtigkeit der Absichtserklärung begründen, nicht aber eine Kompetenz zur Beschlussfassung über das künftige Verhalten des anderen Organs. In diesem Sinne knüpft denn auch der II. Zivilsenat des BGH die Verantwortlichkeit nicht allein an die Kenntnis von der Unrichtigkeit der Erklärung, sondern daran, dass die Organmitglieder „gleichwohl nicht für eine Richtigstellung gesorgt haben".[187] Dabei zeigt gerade die Verantwortlichkeit aller Organmitglieder für eine Aktualisierung

---

[177] Hölters/*Hölters* Rn. 13; Hüffer/Koch/*Koch* Rn. 10; *Krieger* FS Ulmer, 2003, 365 (371 f.); Großkomm AktG/*Leyens* Rn. 177; Kölner Komm AktG/*Lutter* Rn. 44; Henssler/Strohn/*E. Vetter* Rn. 13; NK-AktR/*Wittmann/Kirschbaum* Rn. 15; aA (nur soweit Empfehlungen im Kompetenzbereich der Organe angesiedelt sind) K. Schmidt/Lutter/*Spindler* Rn. 20.
[178] MüKoAktG/*Goette* Rn. 40, 58, 64; *Krieger* FS Ulmer, 2003, 365 (371); Kölner Komm AktG/*Lutter* Rn. 45.
[179] MüKoAktG/*Goette* Rn. 40; Hüffer/Koch/*Koch* Rn. 14; K. Schmidt/Lutter/*Spindler* Rn. 28.
[180] Hüffer/Koch/*Koch* Rn. 14; Kölner Komm AktG/*Lutter* Rn. 46; K. Schmidt/Lutter/*Spindler* Rn. 28; NK-AktR/*Wittmann/Kirschbaum* Rn. 15.
[181] MüKoAktG/*Goette* Rn. 40.
[182] Dazu *E. Vetter* NZG 2009, 561 (564); *Seibt* AG 2002, 249 (254).
[183] Ebenso Kölner Komm AktG/*Lutter* Rn. 48, 137; Großkomm AktG/*Leyens* Rn. 255; K. Schmidt/Lutter/*Spindler* Rn. 28; weitergehend aber Hüffer/Koch/*Koch* Rn. 14.
[184] So auch Grigoleit/*Grigoleit/Zellner* Rn. 12; Kölner Komm AktG/*Lutter* Rn. 49; Hüffer/Koch/*Koch* Rn. 20; K. Schmidt/Lutter/*Spindler* Rn. 20; wohl auch Hölters/*Hölters* Rn. 13.
[185] BGHZ 180, 9 Rn. 27 = NZG 2009, 342 – Kirch/Deutsche Bank.
[186] So insbesondere *E. Vetter* NZG 2009, 561 (563); Henssler/Strohn/*E. Vetter* Rn. 13.
[187] BGHZ 180, 9 Rn. 27 = NZG 2009, 342 – Kirch/Deutsche Bank.

der Entsprechenserklärung bei späteren Abweichungen (→ Rn. 82), dass es zur Begründung der Gesamtverantwortung rechtskonstruktiv auch keiner Wissenserklärung des Vorstands über die Absichten des Aufsichtsrates (und vice versa) bedarf.[188] Des Weiteren lässt sich eine Beschlussfassung beider Organe zu sämtlichen Kodexempfehlungen auch nicht damit rechtfertigen, dass die Entscheidungsfindung zur Corporate Governance oberhalb der Kompetenzordnung angesiedelt sei.[189] Diese Argumentation verkennt nicht nur die ratio des § 161, die lediglich darauf gerichtet ist, den Kapitalmarkt über die Unternehmensführung der Gesellschaft zu informieren. Ein solches Verständnis ist auch offensichtlich mit der fehlenden Bindungswirkung der Entsprechenserklärung unvereinbar (zu Abweichungsbefugnis und Aktualisierungspflicht → Rn. 72, 80). Schließlich vermag auch die Auffassung nicht zu überzeugen, beide Organe müssten über sämtliche Empfehlungen beschließen, doch setze sich bei divergierenden Beschlüssen das Organ durch, dessen Kompetenzbereich allein betroffen ist.[190] Eine solche Verpflichtung zum „Diskurs qua Beschlussfassung" trägt der Normzweck nicht. Zwar soll § 161 auch eine kritische Reflexion der Unternehmensführung anregen (→ Rn. 3). Doch folgt daraus nicht, dass diese Reflexion über Kompetenzgrenzen hinweg und zudem durch separate und letztlich für die Entsprechenserklärung unbeachtliche Beschlussfassung erfolgen muss.

40 Die Beschlussfassung im jeweiligen Organ erstreckt sich somit sowohl auf Empfehlungen, die sich unmittelbar an dieses oder dessen Mitglieder richten, als auch auf Empfehlungen, die zwar nicht direkt an das Organ adressiert sind, deren Umsetzung aber in dessen Zuständigkeit fällt.[191] **Empfehlungen, die sich an beide Organe richten** oder deren Umsetzung in die Zuständigkeit beider Organe fällt, sind folgerichtig Gegenstand der Beschlüsse in Vorstand und Aufsichtsrat.[192]

Das gilt ebenso für **Empfehlungen, die sich an keines der erklärungspflichtigen Organe richten**, sondern bspw. an die Hauptversammlung.[193] Die Beschränkung des Beschlussgegenstandes auf den eigenen Kompetenzbereich des beschließenden Organs kann nämlich nicht dazu führen, dass sich weder Vorstand noch Aufsichtsrat zu den Empfehlungen erklären. Dies wäre mit der auf alle Empfehlungen des Kodex bezogenen Erklärungspflicht unvereinbar. Dass sich die Erklärungspflicht auch auf solche Empfehlungen erstreckt, ist auch nicht weiter tragisch. Denn die Absichtserklärung wird insoweit vom Kapitalmarkt dahingehend verstanden werden, dass Vorstand und Aufsichtsrat auf die Herstellung des entsprechenden Verhaltens beim Adressaten der Empfehlung hinwirken werden. Diese Absicht ist denn auch Gegenstand der Beschlüsse in Vorstand und Aufsichtsrat.[194] Eine Ausnahme von der Beschlussfassung in Vorstand und Aufsichtsrat ist jedoch nach den vorstehenden Grundsätzen zu machen, wenn eines der Organe nach der aktienrechtlichen Kompetenzordnung von der Einwirkung auf den Adressaten der Kodexempfehlung ausgeschlossen ist. Dies ist im Hinblick auf die Hauptversammlung namentlich bei der Besetzung des Aufsichtsrats (Ziff. 5.4.1, 5.4.2 DCGK) der Fall, weil hier nach § 124 Abs. 3 S. 1 nur der Aufsichtsrat berechtigt ist, Wahlvorschläge zu unterbreiten.[195]

41 **c) Beschluss des Vorstands; Zustimmungsvorbehalt.** Für die Beschlussfassung im Vorstand gelten – wie auch im Aufsichtsrat – die allgemeinen Regeln. Insofern ist zunächst festzuhalten, dass § 161 die Erklärungspflicht der **Verantwortung des Gesamtvorstandes** zuweist, weshalb dieser zwingend als Kollegialorgan zu entscheiden hat.[196] Auch eine Vorlage an die Hauptversammlung nach § 119 Abs. 2 scheidet daher aus.[197] Der Beschluss im Vorstand muss gemäß § 77 Abs. 1 S. 1 einstimmig ergehen, wenn sich aus Geschäftsordnung und Satzung nichts Gegenteiliges ergibt. Doch auch wenn diese eine Mehrheitsentscheidung zulassen, kann ein auf eine Positiverklärung gerichteter Mehrheitsbeschluss grundsätzlich nur im Hinblick auf solche Empfehlungen ergehen, die sich an den Vorstand als Organ richten.

41a Sind hingegen die **Organmitglieder persönlich Adressaten der Kodexempfehlung**, bedarf eine positive Entsprechenserklärung der Zustimmung aller, denn der Vorstand kann seinen Mitgliedern keine

---

[188] Dafür aber Großkomm AktG/*Leyens* Rn. 180 f.
[189] So aber *Sester* in 2. Aufl. 2010 Rn. 15.
[190] So MüKoAktG/*Goette* Rn. 42; *Krieger* FS Ulmer, 2003, 365 (373); Bürgers/Körber/*Runte/Eckert* Rn. 16; NK-AktR/*Wittmann/Kirschbaum* Rn. 16.
[191] Kölner Komm AktG/*Lutter* Rn. 50; K. Schmidt/Lutter/*Spindler* Rn. 20.
[192] Kölner Komm AktG/*Lutter* Rn. 52; K. Schmidt/Lutter/*Spindler* Rn. 22.
[193] Großkomm AktG/*Leyens* Rn. 187; K. Schmidt/Lutter/*Spindler* Rn. 22.
[194] Vgl. Großkomm AktG/*Leyens* Rn. 187.
[195] Zutreffend *Krieger* FS Ulmer, 2003, 365 (374).
[196] MHdB AG/*Hoffmann-Becking* § 29 Rn. 62; Hüffer/Koch/*Koch* Rn. 12; *Krieger* FS Ulmer, 2003, 365 (376); Kölner Komm AktG/*Mertens/Cahn* § 77 Rn. 24; Henssler/Strohn/*E. Vetter* Rn. 15.
[197] MüKoAktG/*Goette* Rn. 57; Bürgers/Körber/*Runte/Eckert* Rn. 10; Großkomm AktG/*Leyens* Rn. 159; Kölner Komm AktG/*Lutter* Rn. 42; NK-AktR/*Wittmann/Kirschbaum* Rn. 18; aA *Seibt* AG 2002, 249 (253); zweifelnd auch K. Schmidt/Lutter/*Spindler* Rn. 27.

individuellen Pflichten auferlegen.¹⁹⁸ Das erfordert grundsätzlich einen einstimmigen Beschluss, welcher die konkludente Zustimmung der einzelnen Vorstandsmitglieder enthält.¹⁹⁹ Ein Mehrheitsbeschluss ist hier nur möglich, wenn die Zustimmungserklärungen der einzelnen Organmitglieder im Vorfeld eingeholt wurden und sich der Beschluss zugleich auf Empfehlungen bezieht, welche an den Vorstand als Organ gerichtet sind (ansonsten ließe sich die Ablehnung des Beschlusses durch einzelne Mitglieder nur als konkludenter Widerruf ihrer individuellen Zustimmungserklärung verstehen). Eine solche Individualzustimmung ist hinsichtlich der an die Organmitglieder gerichteten Empfehlungen zudem erforderlich, wenn nicht alle Mitglieder des Vorstands an der Beschlussfassung teilnehmen.²⁰⁰

Zweifelhaft ist indes, ob für eine solche Individualzustimmung eine anstellungsvertragliche Verpflichtung zur Kodex-Befolgung genügt.²⁰¹ Zwar dürfte dies für den zukunftsgerichteten Teil der Erklärung ausreichen, doch ist mit einer solchen Verpflichtung noch nicht geklärt, ob sich das Vorstandsmitglied in der Vergangenheit tatsächlich so verhalten hat.²⁰² Während des Bezugszeitraums der Entsprechenserklärung **ausgeschiedene Vorstandsmitglieder** sind an der Beschlussfassung nicht zu beteiligen, auch nicht hinsichtlich des retrospektiven Teils der Erklärung.²⁰³ Denn § 161 richtet sich an den Vorstand als Organ. Für eine retrospektive Positiverklärung hinsichtlich der an die Organmitglieder adressierten Empfehlungen muss allerdings eine entsprechende Erklärung der ausgeschiedenen Vorstandsmitglieder eingeholt werden.²⁰⁴ **41b**

In **organisatorischer Hinsicht** hat das zuständige Mitglied des Vorstands (im Zweifel der Vorstandsvorsitzende) die Beschlüsse bzw. den Beschluss des Gesamtvorstands über die Entsprechenserklärung vorzubereiten, insbesondere die Erklärungen der einzelnen (ex-)Vorstandsmitglieder einzuholen und zu dokumentieren.²⁰⁵ **42**

Umstritten ist indes die Frage, ob die Entscheidung des Vorstands einem **Zustimmungsvorbehalt** nach § 111 Abs. 4 S. 2 zugänglich ist. Dies ist mit der wohl herrschenden Meinung **zu verneinen.**²⁰⁶ Denn die Abgabe der Entsprechenserklärung ist Vorstand und Aufsichtsrat je als eigene organschaftliche Pflicht zugewiesen, womit eine (faktische) Überordnung des Aufsichtsrates unvereinbar wäre.²⁰⁷ Zudem hält § 161 mit der Negativerklärung einen dem Informationszweck der Vorschrift angepassten, spezielleren Mechanismus für den Umgang mit divergierenden Auffassungen bereit. Ein Zustimmungsvorbehalt lässt sich auch nicht insoweit rechtfertigen, wie der Aufsichtsrat die konkrete Umsetzung von Kodexempfehlungen durch eine Geschäftsordnung regeln könnte.²⁰⁸ Über den Zustimmungsvorbehalt zur Entsprechenserklärung würde der Aufsichtsrat nämlich in die Lage versetzt, die Wirkungen einer Geschäftsordnung herbeizuführen, ohne diese tatsächlich einführen zu müssen. Damit würde die ratio des § 161 auf den Kopf gestellt, da mit der Entsprechenserklärung lediglich die Corporate Governance der Gesellschaft kommuniziert, nicht aber ein bislang nicht vorgesehener Weg für deren Ausgestaltung eröffnet werden soll.²⁰⁹ Will der Aufsichtsrat den Vorstand in seinem Sinne anleiten, muss er mithin umgekehrt vorgehen, dh. dem Vorstand eine entsprechende Geschäftsordnung geben und so mittelbar dessen Spielräume bei der Entsprechenserklärung einengen (→ Rn. 50). **43**

d) Beschluss des Aufsichtsrats. Für die Beschlussfassung des Aufsichtsrats ergeben sich keine großen Unterschiede im Vergleich zum Vorstand (→ Rn. 41 ff.). Wenngleich § 161 in der Aufzählung des § 107 Abs. 3 S. 2 fehlt, ist die Entscheidung über die Entsprechenserklärung – ob der Vergleichbarkeit zu den dort genannten Aufgaben und aus denselben Gründen, welche beim Vorstand eine Kollegialentscheidung erfordern – **nicht auf einen Ausschuss delegierbar.**²¹⁰ **44**

---

¹⁹⁸ Kölner Komm AktG/*Lutter* Rn. 60, 65; K. Schmidt/Lutter/*Spindler* Rn. 24; siehe auch *Marsch-Barner* in Marsch-Barner/Schäfer Börsennotierte AG-HdB Rn. 2.79.
¹⁹⁹ Grigoleit/*Grigoleit/Zellner* Rn. 13; Kölner Komm AktG/*Lutter* Rn. 62.
²⁰⁰ Kölner Komm AktG/*Lutter* Rn. 62; KBLW/*Lutter* DCGK Rn. 1828.
²⁰¹ Dafür Hölters/*Hölters* Rn. 15; Hüffer/Koch/*Koch* Rn. 12; K. Schmidt/Lutter/*Spindler* Rn. 24.
²⁰² In diesem Sinne auch Kölner Komm AktG/*Lutter* Rn. 45.
²⁰³ Kölner Komm AktG/*Lutter* Rn. 65.
²⁰⁴ Kölner Komm AktG/*Lutter* Rn. 65.
²⁰⁵ Großkomm AktG/*Leyens* Rn. 216 f.; NK-AktR/*Wittmann/Kirschbaum* Rn. 22.
²⁰⁶ MüKoAktG/*Goette* Rn. 66; Grigoleit/*Grigoleit/Zellner* Rn. 13; MüKoAktG/*Habersack* § 107 Rn. 144; Hüffer/Koch/*Koch* Rn. 12; *Krieger* FS Ulmer, 2003, 365 (375); Kölner Komm AktG/*Lutter* Rn. 80; *Ulmer* ZHR 166 (2002), 150 (174); aA Großkomm AktG/*Hopt/Roth* § 111 Rn. 649; Großkomm AktG/*Leyens* Rn. 283 ff.; *Seibt* AG 2002, 249 (253); K. Schmidt/Lutter/*Spindler* Rn. 21.
²⁰⁷ MüKoAktG/*Goette* Rn. 66; Grigoleit/*Grigoleit/Zellner* Rn. 13; MüKoAktG/*Habersack* § 107 Rn. 113; Hölters/*Hölters* Rn. 17; Hüffer/Koch/*Koch* Rn. 13; K. Schmidt/Lutter/*Spindler* Rn. 26.
²⁰⁸ So aber Großkomm AktG/*Leyens* Rn. 286.
²⁰⁹ In diesem Sinne auch Großkomm AktG/*Leyens* Rn. 147: „dient der Kommunikation von (Selbst-)Verpflichtungen oder Tatsachen, begründet oder schafft diese aber nicht."
²¹⁰ MüKoAktG/*Goette* Rn. 67; Hüffer/Koch/*Koch* Rn. 13; Kölner Komm AktG/*Lutter* Rn. 41; K. Schmidt/Lutter/*Spindler* Rn. 26.

Nach § 108 Abs. 1 entscheidet der Aufsichtsrat **grundsätzlich mit einfacher Mehrheit**. Indes bedarf es für eine Positiverklärung der **Zustimmung der einzelnen Aufsichtsratsmitglieder,** wenn sich die Kodexempfehlungen an diese persönlich richten. Verbreitet wird davon allerdings bei Kodexempfehlungen, welche sich an den Aufsichtsratsvorsitzenden richten, eine Ausnahme gemacht, weil der Vorsitzende nur besondere Funktionen für den Aufsichtsrat wahrnehme und die Empfehlungen daher in Wirklichkeit nicht an diesen persönlich, sondern an das Organ adressiert sein sollen.[211] Zwar mag der Vorsitzende des Aufsichtsrats an den Willen der Organmitglieder gebunden sein und durch Mehrheitsbeschluss auf die Einhaltung bestimmter Verhaltensvorschriften verpflichtet werden können.[212] Indes schränkt erst die Ausübung dieser Befugnisse den individuellen Handlungsspielraum des Aufsichtsratsvorsitzenden ein, und die Erklärungspflicht nach § 161 dient auch nicht der Schaffung neuer Instrumente zur Ausgestaltung der Corporate Governance, sondern lediglich der Berichterstattung über diese.[213] Daher dürfte zumindest rechtlich die Auffassung des Vorsitzenden maßgeblich sein,[214] was freilich weder etwas an dem Erfordernis eines Beschlusses des Aufsichtsrates noch daran ändert, dass in praxi ein Einvernehmen mit dem Aufsichtsrat dringend angeraten ist.

45   e) **Zusammenführung der Beschlüsse.** Da § 161 Abs. 1 S. 1 eine **einheitliche Entsprechenserklärung** von Vorstand und Aufsichtsrat verlangt, müssen die Organbeschlüsse zusammengeführt werden (dazu bereits ausf. → Rn. 36). Bei divergierenden Beschlüssen von Vorstand und Aufsichtsrat besteht jedoch **kein Einigungszwang;** weicht eines der Organe von einer Kodexempfehlung ab, muss vielmehr – wie bei nicht vollständiger Zustimmung zu den an einzelne Organmitglieder gerichteten Empfehlungen – insgesamt die Abweichung erklärt werden.[215]

46   Über die **organisatorische Umsetzung der Zusammenführung** der Beschlüsse schweigt sich § 161 aus. Da die Erklärungspflicht an beide Organe gerichtet ist, lässt sich der Norm lediglich in negativer Hinsicht die Aussage entnehmen, dass eine Verfahrensführung durch den Vorstand nicht zwingend ist.[216] Damit ist die Organisation den Organen überlassen, welche sich dementsprechend abstimmen müssen.[217] Am einfachsten erscheint insofern – nach den entsprechenden Vorbereitungen insbesondere zur vergangenheitsbezogenen Erklärung (→ Rn. 38) – die Beratung und Beschlussfassung in gemeinsamer Sitzung. Alternativ kann es sich auch anbieten, nach entsprechenden Vorberatungen eine textgleiche Beschlussvorlage in Vorstand und Aufsichtsrat zur Abstimmung zu stellen.[218] Haben die Organe ihre Beschlüsse hingegen unabhängig voneinander gefasst, können diese auch durch die Vorsitzenden zu einer einheitlichen Erklärung zusammengefasst werden.[219] Einer neuerlichen Beschlussfassung in den Organen bedarf es allerdings, wenn die Vorsitzenden bei der Formulierung der Erklärung inhaltlich von den zuvor gefassten Beschlüssen abweichen; bloße sprachliche Divergenzen zu den vorangegangenen Beschlüssen – bspw. bei der Zusammenführung konkurrierender Begründungen für eine Abweichung von den Kodexempfehlungen – sind insofern jedoch unschädlich.

47   6. **Inhalt der Entsprechenserklärung. a) Grundlagen (insbesondere Wahrheitspflicht).** Nach § 161 Abs. 1 S. 1 muss in der Entsprechenserklärung angegeben werden, dass den Kodexempfehlungen „entsprochen wurde und wird oder welche Empfehlungen nicht angewendet wurden oder werden und warum nicht". Sie besteht damit inhaltlich aus einem **vergangenheitsbezogenen und einem zukunftsbezogenen Teil** (→ Rn. 29), wobei die einzelnen Empfehlungen des Kodex den Bezugspunkt der Erklärung bilden (→ Rn. 30). Eine Enthaltung bzw. Unkenntniserklärung ist unzulässig.[220]

47a   Gemeinsamer Nenner beider Teile ist die **Pflicht zur wahrheitsgemäßen Erklärung,**[221] welche sich damit sowohl auf die praktizierte als auch auf die beabsichtigte Unternehmensführung bezieht. Diese Wahrheitspflicht geht zwar nicht explizit aus dem Wortlaut des § 161 hervor. Sie leitet sich aber zwingend aus dem Sinn und Zweck der Regelung (→ Rn. 3) ab: Sowohl die Informationsfunk-

---

[211] Krieger FS Ulmer, 2003, 365 (375); Kölner Komm AktG/Lutter Rn. 61; NK-AktR/Wittmann/Kirschbaum Rn. 24.
[212] Krieger FS Ulmer, 2003, 365 (375); siehe auch Großkomm AktG/Hopt/Roth § 107 Rn. 93.
[213] In diesem Sinne auch Großkomm AktG/Leyens Rn. 219; vgl. auch die Ausführungen zur Möglichkeit eines Zustimmungsvorbehalts nach § 111 Abs. 4 S. 2 für die Stellungnahme des Vorstands → Rn. 41.
[214] Ebenso Großkomm AktG/Leyens Rn. 219.
[215] MüKoAktG/Goette Rn. 47; Grigoleit/Grigoleit/Zellner Rn. 12; Großkomm AktG/Leyens Rn. 235; Kölner Komm AktG/Lutter Rn. 73; NK-AktR/Wittmann/Kirschbaum Rn. 27.
[216] So auch Großkomm AktG/Leyens Rn. 241; siehe auch KBLW/Lutter DCGK Rn. 1821.
[217] Großkomm AktG/Leyens Rn. 240; NK-AktR/Wittmann/Kirschbaum Rn. 26.
[218] MüKoAktG/Goette Rn. 71.
[219] Großkomm AktG/Leyens Rn. 238; NK-AktR/Wittmann/Kirschbaum Rn. 26.
[220] Vgl. MüKoAktG/Goette Rn. 47; Hölters/Hölters Rn. 22.
[221] Dazu auch Großkomm AktG/Leyens Rn. 307.

tion der Entsprechenserklärung als auch das Ziel, Vorstand und Aufsichtsrat zur kritischen Selbstreflexion über die praktizierte *corporate governance* anzuhalten, verbieten es, bei tatsächlicher Abweichung eine Befolgung zu erklären und – umgekehrt – ungeachtet der tatsächlich praktizierten und beabsichtigten Unternehmensführung eine Abweichung zu erklären.[222]

Lediglich **bei Zweifeln über die richtige Kodexauslegung** ist es den Organen gestattet und teleologisch gerechtfertigt, **vorsorgliche eine Abweichung zu erklären**.[223] Voraussetzung hierfür ist jedoch, dass Vorstand und Aufsichtsrat in der Begründung der Abweichung (i) die Auslegungszweifel darlegen, (ii) die Abweichung explizit einer bestimmten Auslegungsvariante zuordnen und (iii) wahrheitsgemäß erklären, bei Zugrundelegung der anderen in Betracht kommenden Auslegungsvariante der betreffenden Empfehlung gefolgt zu sein bzw. beabsichtigen, dieser zu folgen. **47b**

b) Zukunftsgerichteter Teil und gesellschaftsinterne Bindung. Der zukunftsgerichtete Teil der Erklärung (→ Rn. 29) gibt Auskunft darüber, **ob den Kodexempfehlungen künftig entsprochen werden soll.** Zwar geben Vorstand und Aufsichtsrat die Entsprechenserklärung ab; für die Befolgungsabsicht ist indes entscheidend, ob diese bei den Adressaten der Kodexempfehlungen vorliegt. So kann bspw. eine Positiverklärung im Hinblick auf Empfehlungen, welche sich an die einzelnen Vorstandsmitglieder richten, nur abgegeben werden, wenn alle Mitglieder des Vorstands beabsichtigen, diese künftig zu befolgen. Eine **Abweichung** muss also erklärt werden, wenn unter den Adressaten einer Kodexempfehlung divergierende Auffassungen über die Befolgungsabsicht bestehen. Das macht die Beschlussfassung in Vorstand und Aufsichtsrat nicht unkompliziert (im Einzelnen → Rn. 37 ff.). **48**

In der Sache steht es den Mitgliedern von Vorstand und Aufsichtsrat allerdings nach § 161 frei, die Empfehlungen des Kodex künftig einhalten oder von ihnen abweichen zu wollen (zum Verhältnis von DCGK zur nach § 93 Abs. 1 S. 1 gebotenen Sorgfalt → Rn. 24 ff.). Zwar handelt es sich bei der Pflicht zur Abgabe der Entsprechenserklärung (inklusive der Begründung von Abweichungen) um eine dem Legalitätsprinzip unterliegende gesetzliche Pflicht; die Entscheidung über die künftige Befolgung der Kodexempfehlungen ist jedoch eine **unternehmerische Entscheidung** im Sinne des § 93 Abs. 1 S. 2, was mit einem entsprechenden Ermessen einhergeht.[224] Die Organmitglieder trifft daher im Wesentlichen lediglich die Pflicht, sich mit den Empfehlungen des Kodex auseinanderzusetzen und nach rationalen Kriterien eine Entscheidung über die künftige Befolgung zu treffen.[225] Bei erklärten Abweichungen geht es daher weniger um die Frage, ob diese noch vom unternehmerischen Ermessen der Organmitglieder gedeckt sind; im Vordergrund steht vielmehr die Einhaltung der Begründungspflicht (→ Rn. 57 ff.). Auch die Entscheidung zur künftigen Befolgung dürfte nur in den seltensten Fällen das unternehmerische Ermessen sprengen; wo einzelne Empfehlungen ganz und gar nicht zur Gesellschaft passen,[226] liegt in einer Positiverklärung in der Regel bereits ein Verstoß gegen das Gebot zur **wahrheitsgemäßen Erklärung** über die beabsichtigte Unternehmensführung (→ Rn. 47a). **49**

Eine Pflicht zur Abgabe einer Positiverklärung zu den Empfehlungen des Kodex besteht also grundsätzlich nicht. Etwas anderes gilt nur, wenn die Organe bzw. deren Mitglieder aus anderen Gründen zur Einhaltung der Kodexempfehlungen verpflichtet sind. Eine **pauschale statutarische Verpflichtung** der Organe auf den DCGK verstößt jedoch gegen § 23 Abs. 5 und ist dementsprechend **unzulässig**.[227] Zum einen dürfte ein dynamischer Verweis auf außerhalb der Satzung liegende Regelungen den Anforderungen des § 23 Abs. 5 niemals genügen (Kodexänderung als faktische Satzungsänderung; Ungewissheit, ob Kodexempfehlungen als mittelbare Satzungsregelungen den Anforderungen des § 23 Abs. 5 genügen). Zum anderen beziehen sich die Kodexempfehlungen im Einzelnen tatsächlich zum Teil auf einer Satzungsregelung unzugängliche Gegenstände, weil das Gesetz bestimmte Kompetenzen und Entscheidungsspielräume ausschließlich Vorstand bzw. Aufsichtsrat zuordnet und damit eine abschließende Regelung bereithält. Es ist daher lediglich **möglich, einzelne Kodexempfehlungen wortwörtlich bzw. durch starren Verweis in die Satzung aufzunehmen,** wobei von Fall zu Fall die Vereinbarkeit mit § 23 Abs. 5 zu prüfen ist.[228] **50**

---

[222] Vgl. insoweit auch RegE TransPuG, BT-Drs. 14/8769, 22 (Korrektur der Absichtserklärung bei unterjähriger Änderung der Verhältnisse).
[223] Eingehend *Scholz* ZfPW 2017, 360 (381 f.); siehe auch KBLW/*Bachmann* DCGK Rn. 48.
[224] MüKoAktG/*Goette* Rn. 39; Grigoleit/*Grigoleit/Zellner* Rn. 14; Hüffer/Koch/*Koch* Rn. 21.
[225] Grigoleit/*Grigoleit/Zellner* Rn. 14; *Krieger* FS Ulmer, 2003, 365 (380).
[226] Vgl. *Krieger* FS Ulmer, 2003, 365 (380).
[227] Grigoleit/*Grigoleit/Zellner* Rn. 16; Großkomm AktG/*Leyens* Rn. 266; Kölner Komm AktG/*Lutter* Rn. 120; KBLW/*Lutter* DCGK Rn. 1897; K. Schmidt/Lutter/*Spindler* Rn. 48.
[228] Grigoleit/*Grigoleit/Zellner* Rn. 16; *Krieger* FS Ulmer, 2003, 365 (378); Großkomm AktG/*Leyens* Rn. 265; Kölner Komm AktG/*Lutter* Rn. 120; KBLW/*Lutter* DCGK Rn. 1897; K. Schmidt/Lutter/*Spindler* Rn. 48.

50a Eine Verpflichtung zur Positiverklärung kann sich für die Vorstandsmitglieder auch aus einer **vom Aufsichtsrat erlassenen Geschäftsordnung** ergeben. Indes ist auch auf diesem Wege keine pauschale Bindung an sämtliche Kodexempfehlungen zulässig, weil sich eine Geschäftsordnung darauf beschränken muss, die Aufgabenverteilung innerhalb des Vorstands und die Zusammenarbeit mit dem Aufsichtsrat zu regeln (ausführlich → § 77 Rn. 60). Daher können nach herrschender Auffassung in einer vom Aufsichtsrat erlassenen Geschäftsordnung lediglich Empfehlungen verankert werden, welche sich an den Vorstand als Organ richten.[229] In einer **einstimmig vom Vorstand beschlossenen Geschäftsordnung** sollen hingegen unmittelbar an die Vorstandsmitglieder adressierte Empfehlungen verankert werden können.[230] Allerdings handelt es sich auch hierbei um eine Geschäftsordnung, für die mithin dieselben Beschränkungen gelten müssen wie für eine vom Aufsichtsrat erlassene; eine Verbindlichkeit der Kodexempfehlungen kommt insofern lediglich unter dem Aspekt der Selbstbindung der Organmitglieder auf Grund des einmütig gefassten Beschlusses in Betracht. Das erscheint indes zweifelhaft.[231] Bei einer **selbstgegebenen Geschäftsordnung des Aufsichtsrates** gilt im Grundsatz das soeben Gesagte.[232] Darüber hinaus ist jedoch zu bedenken, dass dieser keine Bindungswirkung zukommt und der Aufsichtsrat nach herrschender Auffassung auch nicht das Erfordernis einer qualifizierten Mehrheit für eine Änderung bzw. Durchbrechung der Geschäftsordnung aufstellen kann.[233] Insofern entfaltet eine solche selbstgegebene Geschäftsordnung des Aufsichtsrates keine Pflicht zur Positiverklärung über dort inkorporierte, an den Aufsichtsrat als Organ gerichtete Kodexempfehlungen.[234] Etwas anderes gilt freilich für eine – indes nur eingeschränkt zulässige – Geschäftsordnung qua Satzungsregelung.[235]

50b Schließlich kommt eine **anstellungsvertragliche Verpflichtung** der Vorstandsmitglieder zur Einhaltung der Kodexempfehlungen in Betracht. Jedoch kann auch auf diesem Wege keine Pflicht zur Einhaltung der gesamten Kodexempfehlungen begründet werden,[236] weil auch durch den Anstellungsvertrag die aktienrechtliche Kompetenzordnung nicht auf den Kopf gestellt werden kann. Einer anstellungsvertraglichen Regelung sind daher nur solche Empfehlungen zugänglich, die sich unmittelbar an das Vorstandsmitglied richten.[237] Für die Mitglieder des Aufsichtsrats scheidet diese Variante der Verpflichtung mangels Anstellungsvertrag aus.[238]

50c Zur Unzulässigkeit eines **Zustimmungsvorbehalts** des Aufsichtsrates für die Entscheidung des Vorstands → Rn. 43.

51 **c) Retrospektiver Teil und Wesentlichkeitsschwelle.** Der vergangenheitsbezogene Teil der Entsprechenserklärung gibt Auskunft darüber, ob den Empfehlungen des DCGK (zur maßgeblichen Kodexfassung → Rn. 31) im Bezugszeitraum (→ Rn. 54 f.) entsprochen wurde. Damit handelt es sich um eine **Wissenserklärung** (→ Rn. 29), hinsichtlich derer Vorstand und Aufsichtsrat **kein Ermessen** zusteht und die selbstverständlich **der Wahrheit entsprechen** muss (→ Rn. 47a). Auch insoweit trifft zwar Vorstand und Aufsichtsrat die Erklärungspflicht. Für das Vorliegen einer Abweichung ist indes das Verhalten der Adressaten der einzelnen Kodexempfehlungen entscheidend (zur Erkundigungspflicht von Vorstand und Aufsichtsrat → Rn. 38).

52 Haben nicht alle Adressaten einer Kodexempfehlung diese dauerhaft befolgt, liegt nach wortlautgetreuem Verständnis von § 161 Abs. 1 S. 1 eine Abweichung vor. **Entgegen der hM im Schrifttum**[239] lässt sich **keine Ausnahme für unwesentliche Abweichungen** herleiten.[240] Zuvorderst trägt die zur Begründung einer solchen „Wesentlichkeitsschwelle" herangezogene **Gesetzesbegründung zum TransPuG**[241] diese nicht.[242] Zwar heißt es dort in der Tat, dass eine vollständige Befolgung

---

[229] Hüffer/Koch/*Koch* Rn. 12; *Krieger* FS Ulmer, 2003, 365 (375); K. Schmidt/Lutter/*Spindler* Rn. 49; wohl auch Kölner Komm AktG/*Lutter* Rn. 121; weitergehend aber Großkomm AktG/*Leyens* Rn. 262.
[230] Kölner Komm AktG/*Lutter* Rn. 121; vgl. auch Grigoleit/*Grigoleit/Zellner* Rn. 16.
[231] Zurückhaltend auch Hüffer/Koch/*Koch* Rn. 12; *Krieger* FS Ulmer, 2003, 365 (375).
[232] Vgl. auch Hüffer/Koch/*Koch* Rn. 13.
[233] → § 107 Rn. 16; MüKoAktG/*Habersack* § 107 Rn. 176; Großkomm AktG/*Hopt/Roth* § 107 Rn. 215 (226); Kölner Komm AktG/*Mertens/Cahn* § 107 Rn. 190.
[234] Ebenso Großkomm AktG/*Leyens* Rn. 261.
[235] Großkomm AktG/*Leyens* Rn. 261.
[236] So aber *Ettinger/Grützediek* AG 2003, 353 (356) („Generalklausel"); Großkomm AktG/*Leyens* Rn. 270.
[237] So denn auch Kölner Komm AktG/*Lutter* Rn. 122; *Semler/Wagner* NZG 2003, 553 (557 f.); K. Schmidt/Lutter/*Spindler* Rn. 50.
[238] Siehe nur Hüffer/Koch/*Koch* Rn. 13.
[239] MüKoAktG/*Goette* Rn. 46; Hölters/*Hölters* Rn. 25; Hüffer/Koch/*Koch* Rn. 16; Großkomm AktG/*Leyens* Rn. 318 ff.; Kölner Komm AktG/*Lutter* Rn. 82; Wilsing/*von der Linden* Rn. 25; restriktiver NK-AktR/*Wittmann/Kirschbaum* Rn. 61.
[240] Wie hier auch Grigoleit/*Grigoleit/Zellner* Rn. 17; K. Schmidt/Lutter/*Spindler* Rn. 32.
[241] So insbesondere MüKoAktG/*Goette* Rn. 46; Hölters/*Hölters* Rn. 25.
[242] Dies konzedierend auch Großkomm AktG/*Leyens* Rn. 319.

erklärt werden könne, wenn die Kodexempfehlungen „allgemein eingehalten [wurden] und [...] es im Berichtszeitraum keine ins Gewicht fallenden Abweichungen" gab, doch findet sich nur einige Zeilen später der Hinweis, dass sich die Darstellungspflicht auch „auf Abweichungen [...] im Einzelfall" erstrecke.[243] Eine Wesentlichkeitsschwelle führte überdies zu **systematischen Friktionen,** weil dann entweder auch für den zukunftsgerichteten Teil der Erklärung eine Befolgungsabsicht „im Wesentlichen" genügen müsste oder der Begriff des „Entsprechens" in § 161 Abs. 1 S. 1 hinsichtlich der beiden Teile der Entsprechenserklärung gespalten auszulegen wäre. Eine Auslegung gegen den Wortlaut wird auch **vom Normzweck nicht getragen.** Denn § 161 zielt gerade auf eine Bewertung der Unternehmensführung durch den Kapitalmarkt ab, weshalb es nicht ins Normkonzept passt, den Organen der Gesellschaft die Entscheidung über die Relevanz von Abweichungen zu überlassen.[244] Auch vermag der Einwand nicht zu überzeugen, dass dem Kapitalmarkt mit einer Berichterstattung über jedwede Abweichung nicht gedient sei.[245] Ob eine Kultur „unwesentlicher" Abweichungen besteht, kann für die Beurteilung der Corporate Governance-Strukturen nämlich durchaus von wesentlicher Bedeutung sein.[246] Zudem ist eine klare Identifikation unwesentlicher Abweichungen nicht möglich,[247] sodass die Pflicht zur Abgabe der Entsprechenserklärung mit noch mehr Rechtsunsicherheit beladen würde. Hielte man es tatsächlich für teleologisch geboten, „unwesentliche" Abweichungen von der Erklärung auszunehmen, bliebe außerdem kein Raum für ein Wahlrecht: Die Befolgung wäre zwingend zu erklären, die Erklärung einer Abweichung als Verstoß gegen § 161 Abs. 1 S. 1 zu qualifizieren.[248] Schließlich lässt sich auch die **BGH-Rechtsprechung zur Anfechtung von Hauptversammlungsbeschlüssen** wegen fehlerhafter Entsprechenserklärungen[249] (→ Rn. 91 ff.) nicht für eine einschränkende Auslegung des § 161 Abs. 1 S. 1 heranziehen.[250] Denn die dortigen Ausführungen beziehen sich auf die speziellen Anforderungen an einen die Anfechtbarkeit des Entlastungsbeschlusses begründenden Verstoß gegen § 161 und nicht auf die Frage, ob gegen § 161 überhaupt verstoßen wurde.[251]

Gesellschaften, die erstmalig eine Entsprechenserklärung abzugeben haben, sind analog § 15 S. 2 EGAktG von der Pflicht zur Abgabe einer vergangenheitsbezogenen Erklärung befreit.

d) Bezugszeitraum. Der Bezugszeitraum der abzugebenden Entsprechenserklärung lässt sich aus § 161 Abs. 1 S. 1 weder im Hinblick auf den retrospektiven noch den zukunftsgerichteten Teil mit Gewissheit entnehmen. Den Ausschlag müssen daher teleologische Erwägungen geben. Da die Erklärungspflicht der regelmäßigen Befassung der Organe mit der unternehmenseigenen Corporate Governance sowie der fortlaufenden Information des Kapitalmarktes dient (→ Rn. 3), hat die Entsprechenserklärung eine lückenlose Berichterstattung zu gewährleisten.[252]

Im **vergangenheitsbezogenen Teil** muss sie sich dementsprechend auf den seit Abgabe der vorherigen Entsprechenserklärung vergangenen Zeitraum beziehen.[253] Das heißt aber auch, dass keine (vorübergehenden) Lücken dadurch entstehen dürfen, dass der Bezugszeitraum vor den Zeitpunkt der Erklärung datiert wird, bspw. durch Erklärung am 1.3. für das abgelaufene Kalenderjahr.[254] Ein solches Vorgehen verbietet sich schon deshalb, weil so eine Absichtserklärung für einen in der Vergangenheit liegenden Zeitraum abgegeben würde (im Bsp. für die Zeit vom 1.1. bis 28.2.). Die Erklärung muss sich also auf die Zeit zwischen Abgabe der aktuellen und der vorangegangenen Entsprechenserklärung beziehen. Da das Gesetz von einer turnusmäßigen Erklärung ausgeht, ist stets die **letzte vollständige – regelmäßig also die letztjährige – Entsprechenserklärung** der maßgebliche Bezugspunkt. Das ist vor allem bedeutsam, wenn die Gesellschaft die Entsprechenserklärung unterjährig aktualisiert und dabei (zulässigerweise) nur die Absichtserklä-

---

[243] BegrRegE TransPuG, BT-Drs. 14/8769, 21.
[244] Zutreffend K. Schmidt/Lutter/*Spindler* Rn. 32; konzedierend auch NK-AktR/*Wittmann/Kirschbaum* Rn. 61.
[245] Großkomm AktG/*Leyens* Rn. 320; Kölner Komm AktG/*Lutter* Rn. 82.
[246] In diesem Sinne auch K. Schmidt/Lutter/*Spindler* Rn. 32.
[247] K. Schmidt/Lutter/*Spindler* Rn. 32.
[248] Insofern zumindest konsequent Großkomm AktG/*Leyens* Rn. 318; die Abgabe einer Positiverklärung lediglich als Möglichkeit erachtend aber Hölters/*Hölters* Rn. 25; Hüffer/Koch/*Koch* Rn. 16; Kölner Komm AktG/*Lutter* Rn. 82; Bürgers/Körber/*Runte/Eckert* Rn. 20.
[249] BGHZ 180, 9 Rn. 19 – Kirch/Deutsche Bank; BGHZ 182, 272 Rn. 16 – Umschreibungsstopp.
[250] So aber Kölner Komm AktG/*Lutter* Rn. 82.
[251] Ebenso K. Schmidt/Lutter/*Spindler* Rn. 32; vgl. auch Großkomm AktG/*Leyens* Rn. 320.
[252] MüKoAktG/*Goette* Rn. 44; Großkomm AktG/*Leyens* Rn. 369; Kölner Komm AktG/*Lutter* Rn. 91; *Rosengarten/Schneider* ZIP 2009, 1837 (1843).
[253] Grigoleit/*Grigoleit/Zellner* Rn. 22; Kölner Komm AktG/*Lutter* Rn. 91; *Marsch-Barner* in Marsch-Barner/Schäfer Börsennotierte AG-HdB Rn. 2.75; K. Schmidt/Lutter/*Spindler* Rn. 41.
[254] So aber *Rosengarten/Schneider* ZIP 2009, 1837 (1843); wie hier Großkomm AktG/*Leyens* Rn. 370.

rung korrigiert, nicht aber eine vollständig neue Entsprechenserklärung abgegeben hat (zur Aktualisierungspflicht näher → Rn. 71 ff.); hier bietet es sich an, den Zeitraum in mehrere Intervalle zu untergliedern.[255]

56 Um eine lückenlose Berichterstattung zu gewährleisten, ist der **zukunftsgerichtete Teil** der Entsprechenserklärung auf die Zeit bis zur Abgabe der **nächsten Entsprechenserklärung** bezogen.[256] Eine Befristung auf einen davor liegenden Zeitpunkt (bspw. das Geschäftsjahr) würde zu einem „Erklärungsvakuum" führen und ist dementsprechend unzulässig.[257] Davon zu unterscheiden ist indes die Abgabe einer zeitlich gestaffelten Erklärung, also die Erklärung einer Verhaltensänderung ab Eintritt eines bestimmten Datums oder Ereignisses. Ein solches Vorgehen kann sich bspw. bei Kodexempfehlungen zur Vorstandsvergütung anbieten, wenn mit dem Kodex unvereinbare Altverträge unterjährig auslaufen. Weil hierdurch kein „Erklärungsvakuum" entsteht, ist eine solche Erklärung zulässig.[258]

57 **e) Begründungspflicht.** Nach § 161 Abs. 1 S. 1 ist entweder zu erklären, dass den Kodexempfehlungen „entsprochen wurde und wird oder welche Empfehlungen nicht angewendet wurden oder werden und warum nicht". Die Begründungspflicht besteht mithin **nur im Fall der Nicht-Befolgung.** Insbesondere ist auch eine „Übererfüllung" von Kodexempfehlungen nicht begründungspflichtig, weil auch insoweit eine Befolgung vorliegt.[259] Umgekehrt ist es entgegen der herrschenden Meinung[260] sogar unzulässig, in der Entsprechenserklärung nach § 161 zu beschreiben, wie die Kodexempfehlungen befolgt wurden und werden.[261] Zum einen ist damit nämlich angesichts der Vielzahl der Empfehlungen im DCGK (102 in der Kodexfassung vom 5.5.2015) die Gefahr einer Aufblähung der Entsprechenserklärung bis zur Zweckverfehlung („information overkill") verbunden. Zum anderen ist die gegenteilige Stellungnahme des Gesetzgebers in der Regierungsbegründung zum TransPuG[262] mit der Verankerung des comply *or* explain-Mechanismus in § 161 sowie der Einführung des § 289f HGB (§ 289a HGB aF) durch das BilMoG überholt. Für allgemeine Ausführungen zur Corporate Governance ist nach heutiger Rechtslage die Erklärung zur Unternehmensführung gemäß § 289f HGB der richtige Ort. Insbesondere bezieht sich auch die Empfehlung der EU-Kommission vom 9.4.2014 zur Qualität der Berichterstattung über die Unternehmensführung (→ Rn. 13) lediglich auf die durch die Bilanz-RL vorgeprägte Erklärung nach § 289f HGB.[263]

58 Dem Wortlaut des § 161 Abs. 1 S. 1 ist weiterhin zu entnehmen, dass sich die Begründungspflicht auf die Nicht-Befolgung *einzelner* Kodexempfehlungen bezieht („welche Empfehlungen warum nicht"). Das entspricht auch der ratio legis, eine Auseinandersetzung mit den *best practice*-Regelungen des Kodex und eine kritische Reflexion der unternehmenseigenen Corporate Governance anzuregen (→ Rn. 3). Allgemeine Vorbehalte gegenüber dem Kodex sind folglich unzureichend. Die Begründung muss sich vielmehr **mit der konkreten Kodexempfehlung auseinandersetzen,** von der abgewichen wurde bzw. werden soll, und dabei auf die spezifische Situation der Gesellschaft Bezug nehmen.

59 Das gilt ob des klaren Gesetzeswortlauts **auch im Falle der vollständigen Ablehnung** des Kodex und seiner Empfehlungen (→ Rn. 65). Soweit hiergegen mit Blick auf Art. 46a Abs. 1 lit. b S. 2 Bilanz-RL aF[264] europarechtliche Bedenken erhoben werden,[265] greifen diese nicht durch. Auf

---

[255] Kölner Komm AktG/*Lutter* Rn. 91; K. Schmidt/Lutter/*Spindler* Rn. 41.

[256] Grigoleit/*Grigoleit/Zellner* Rn. 22; Großkomm AktG/*Leyens* Rn. 372; gleichsinnig MüKoAktG/*Goette* Rn. 44; Hölters/*Hölters* Rn. 30; K. Schmidt/Lutter/*Spindler* Rn. 41.

[257] MüKoAktG/*Goette* Rn. 44; Großkomm AktG/*Leyens* Rn. 373; K. Schmidt/Lutter/*Spindler* Rn. 41; unzutreffend daher LG Schweinfurt WPg 2004, 339.

[258] Großkomm AktG/*Leyens* Rn. 374; in diesem Sinne auch Hölters/*Hölters* Rn. 30.

[259] MüKoAktG/*Goette* Rn. 56; Kölner Komm AktG/*Lutter* Rn. 84; K. Schmidt/Lutter/*Spindler* Rn. 37; aA Großkomm AktG/*Leyens* Rn. 343.

[260] MüKoAktG/*Goette* Rn. 56; Hölters/*Hölters* Rn. 28; K. Schmidt/Lutter/*Spindler* Rn. 37; NK-AktR/*Wittmann/Kirschbaum* Rn. 55 f.

[261] Einschränkend auch Hölters/*Hölters* Rn. 28; 2. Aufl. 2010 Rn. 39 (*Sester*).

[262] BegrRegE TransPuG, BT-Drs. 14/8769, 21.

[263] AA *Anzinger* NZG 2015, 969 (972), welcher die Empfehlung für die Auslegung von § 161 als verbindlich erachtet.

[264] RL 78/660/EWG des Rates vom 25.7.1978 aufgrund von Artikel 54 Absatz 3 Buchstabe g) des Vertrages über den Jahresabschluss von Gesellschaften bestimmter Rechtsformen, ABl. EG 1978, L 222/11 v. 14.8.1978 in Gestalt von Art. 1 Nr. 7 RL 2006/46/EG des Europäischen Parlaments und des Rates vom 14.6.2006 zur Änderung der RL des Rates 78/660/EWG über den Jahresabschluss von Gesellschaften bestimmter Rechtsformen, 83/349/EWG über den konsolidierten Abschluss, 86/635/EWG über den Jahresabschluss und den konsolidierten Abschluss von Banken und anderen Finanzinstituten und 91/674/EWG über den Jahresabschluss und den konsolidierten Abschluss von Versicherungsunternehmen, ABl. EU 2006, L 224, 1.

[265] So 2. Aufl. 2010 Rn. 42 (*Sester*); K. Schmidt/Lutter/*Spindler* Rn. 34.

die grundsätzliche Frage, ob § 161 überhaupt – und nicht nur § 289f HGB (§ 289a HGB aF) – im Sinne der Bilanz-RL auszulegen ist, kommt es dabei nicht an.[266] Denn Art. 46 Abs. 1 lit. b S. 2 Bilanz-RL aF (Art. 20 Abs. 1 lit b Hs. 2 Bilanz-RL nF[267]) regelt lediglich den hier nicht einschlägigen Fall, dass ein Unternehmen weder im Sinne von Art. 46a Abs. 1 lit. a Ziff. i Bilanz-RL aF (Art. 20 Abs. 1 lit. a Ziff. i Bilanz-RL nF) verpflichtet ist noch sich gemäß Art. 46a Abs. 1 lit. a Ziff. ii Bilanz-RL aF (Art. 20 Abs. 1 lit. a Ziff. ii Bilanz-RL nF) freiwillig dazu bereit erklärt hat, eine Erklärung zu einem Unternehmensführungskodex abzugeben. Das ergab sich schon bislang hinreichend klar aus der Systematik von Art. 46a Bilanz-RL aF. Der missverständliche Wortlaut von Art. 46a Abs. 1 S. 2 Bilanz-RL aF („Hat die Gesellschaft beschlossen, keine Bestimmungen eines Unternehmensführungskodex […] anzuwenden") wurde denn auch in der Neufassung der Richtlinie korrigiert. In Art. 20 Abs. 1 lit. b Hs. 2 Bilanz-RL nF heißt es nunmehr: „hat das Unternehmen beschlossen, nicht auf einen Unternehmensführungskodex […] Bezug zu nehmen".[268]

Die Pflicht zur Auseinandersetzung mit den einzelnen Empfehlungen schließt allerdings nicht aus, **60** dass sich bei Abweichung von mehreren Empfehlungen des Kodex die **Begründungen inhaltlich überschneiden** können (bspw. in der Insolvenz der Gesellschaft).[269]

Auch statuiert § 161 Abs. 1 S. 1 – abgesehen von dem formalen Aspekt der Bezugnahmen auf **61** die spezifische Situation der Gesellschaft – **keine besondere Begründungstiefe.** Da es nach dem Sinn und Zweck des § 161 dem Kapitalmarkt obliegt, die Überzeugungskraft der Begründung zu beurteilen, sind mehr als **rationale und am Unternehmenswohl orientierte Erwägungen** nicht zu verlangen.[270] Eine kurze und prägnante Begründung mag anzuraten sein. Dass § 161 diese zwingend verlangt,[271] lässt sich dem Wortlaut indes nicht und auch dem Normzweck nur eingeschränkt entnehmen. Denn eine ausführliche Begründung führt nicht per se zu einem „information overkill". In diesem Sinne ist auch die Empfehlung der EU-Kommission v. 9.4.2014 zur Qualität der Berichterstattung über die Unternehmensführung auf eine Intensivierung der Begründung von Abweichungen gerichtet,[272] ohne insoweit jedoch Bindungswirkung zu entfalten (vgl. → Rn. 57 aE). Entscheidend ist, dass die Begründung präzise und verständlich formuliert ist (→ Rn. 62). Nach den vorstehenden Grundsätzen ist es auch nicht erforderlich – im Prinzip aber zulässig –, bei Abweichung von Empfehlungen, die sich an **einzelne Organmitglieder** richten, die abweichenden Organmitglieder namentlich zu nennen.[273]

Liegen **bloß vereinzelte Abweichungen** vor und wurde eine Empfehlung ansonsten im Wesent- **61a** lichen befolgt, muss zwar retrospektiv eine Abweichung erklärt werden (→ Rn. 52). Hier kann sich die Begründung jedoch darauf beschränken, die einzelnen Abweichungen zu rechtfertigen bzw. zu erklären, wie es zu diesen gekommen ist.[274] Denn es widerspräche der ratio des § 161, wenn Vorstand und Aufsichtsrat die grundsätzliche Ablehnung einer Kodexempfehlung rechtfertigen müssten, deren Befolgung sie zumindest grundsätzlich für richtig erachtet haben. Umgekehrt genügt bei genereller Nichteinhaltung einer Kodexempfehlung in der Vergangenheit eine Begründung, welche die entsprechende Grundsatzentscheidung erläutert; eine Offenlegung der abweichungsrelevanten Sachverhalte ist hier nicht erforderlich.[275]

f) Formulierung der Entsprechenserklärung. Die Entsprechenserklärung ist **wahr, präzise 62 und für einen verständigen Investor verständlich** zu formulieren. Sie hat sich auf die von § 161 Abs. 1 S. 1 geforderten Angaben zu beschränken; für allgemeine Ausführungen zur Corporate Governance der Gesellschaft ohne Relevanz für die Begründung von Abweichungen ist die Erklärung zur Unternehmensführung nach § 289f HGB (§ 289a HGB aF) der richtige Ort. Daher dürfen insbesondere Ausführungen dazu, wie den Kodexempfehlungen entsprochen wurde und wird, nicht

---

[266] Diese Frage stellt sich bereits bei der Bestimmung des nach § 161 Abs. 1 S. 2 erweiterten Anwendungsbereichs der Erklärungspflicht, vgl. → Rn. 31.
[267] RL 2013/34/EU des Europäischen Parlaments und des Rates vom 26.6.2013 über den Jahresabschluss, den konsolidierten Abschluss und damit verbundene Berichte von Unternehmen bestimmter Rechtsformen und zur Änderung der RL 2006/43/EG und zur Aufhebung der RL 78/660/EWG und 83/349/EWG, ABl. EU 2013, L 182, 19.
[268] Auch in der englischen Sprachfassung ist nicht mehr von „apply", sondern „refer to" die Rede.
[269] Ausf. Großkomm AktG/*Leyens* Rn. 340.
[270] MüKoAktG/*Goette* Rn. 55.
[271] So Kölner Komm AktG/*Lutter* Rn. 87; K. Schmidt/Lutter/*Spindler* Rn. 42.
[272] Vgl. Ziff. 8 Empfehlung der Kommission vom 9.4.2014 zur Qualität der Berichterstattung über die Unternehmensführung („Comply or Explain"), 2014/208/EU.
[273] K. Schmidt/Lutter/*Spindler* Rn. 36.
[274] In diesem Sinne auch NK-AktR/*Wittmann/Kirschbaum* Rn. 63.
[275] Zumindest missverständlich daher NK-AktR/*Wittmann/Kirschbaum* Rn. 63.

zum Gegenstand der Erklärung gem. § 161 gemacht werden (→ Rn. 57). Stellungnahmen zu den Anregungen des Kodex sind allerdings als zulässig anzuerkennen (→ Rn. 30).

62a Die Entsprechenserklärung muss überdies klar erkennen lassen, ob die Gesellschaft die Empfehlungen des Kodex eingehalten hat bzw. einhalten will oder nicht (**Bestimmtheitsgebot**). Unzulässig sind daher relativierende Formulierungen, mit denen die Dichotomie von Befolgung und Abweichung aufgelöst würde.[276] Dasselbe gilt für die Aufnahme eines Disclaimers in die Entsprechenserklärung.[277]

62b Weil sich der zukunfts- und der vergangenheitsbezogene Teil der Entsprechenserklärung auf unterschiedliche Fassungen des Kodex beziehen können (→ Rn. 31), ist ein **Hinweis auf die maßgebliche Kodexfassung angeraten**. Ob sich unter Rekurs auf den Normzweck eine entsprechende Rechtspflicht ableiten lässt,[278] erscheint allerdings fraglich, weil sich § 161 Abs. 1 S. 1 konkreten Vorgaben zur Formulierung der Entsprechenserklärung enthält.[279] Das gilt ebenso für die wörtliche Wiedergabe (statt bloßer Ziffernangabe) der Kodexempfehlungen, von denen abgewichen wurde bzw. werden soll.[280] In jedem Fall muss aber klar sein, welche Empfehlung gemeint ist. Das erfordert bei Verzicht auf die Wiedergabe des Wortlauts der Empfehlung ggf. die Angabe des einschlägigen Satzes.

63 Wurden im Bezugszeitraum sämtliche Empfehlungen des Kodex eingehalten (zu geringfügigen Abweichungen → Rn. 52) und ist eine Einhaltung auch künftig beabsichtigt, genügt es, wenn Vorstand und Aufsichtsrat erklären (**Übernahmemodell**): *„Den Verhaltensempfehlungen der von der Bundesregierung eingesetzten Kodexkommission zur Unternehmensleitung und -überwachung wurde im Berichtsjahr entsprochen und soll auch künftig entsprochen werden".*[281]

64 Wurden einzelne Empfehlungen nicht befolgt bzw. sollen künftig nicht befolgt werden, kann die Erklärung wie folgt formuliert werden (**Selektionsmodell**): *„Mit Ausnahme der nachstehenden Empfehlungen wurde den Verhaltensempfehlungen der von der Bundesregierung eingesetzten Kodexkommission zur Unternehmensleitung und -überwachung im Berichtsjahr entsprochen und soll auch künftig entsprochen werden."* Die Empfehlungen, von denen abgewichen wurde bzw. werden soll, sind anschließend zu nennen. Dabei ist darauf hinzuweisen, ob die Abweichung für die Vergangenheit und/oder die Zukunft erklärt wird. Zudem ist jede Abweichung sowohl für die Zukunft als auch die Vergangenheit einzeln zu begründen.

65 Als besondere Variante der Entsprechenserklärung kommt auch die vollständige Ablehnung der Kodexempfehlungen in Betracht (**Ablehnungsmodell**).[282] Eine solche Entsprechenserklärung setzt indes voraus, dass **tatsächlich keiner einzigen der Empfehlungen gefolgt wurde** und werden soll.[283] Zum einen lässt der Wortlaut des § 161 Abs. 1 S. 1 keinen Raum für eine unwahre Entsprechenserklärung. Zum anderen lässt sich die Zulässigkeit einer solchen auch nicht unter Rekurs auf den Normzweck rechtfertigen. Die Erklärungspflicht zielt nämlich auch auf eine kritische Reflexion der Corporate Governance und eine Auseinandersetzung mit den Empfehlungen des Kodex (→ Rn. 3), was mit der Möglichkeit zur pauschalen Ablehnung unvereinbar wäre.[284] Ungeachtet der Frage nach der Zulässigkeit einer Totalverweigerung bei teilweiser Befolgung genügen für eine Begründung der vollständigen Ablehnung der Kodexempfehlungen jedenfalls keine pauschalen Vorbehalte gegenüber dem Kodex insgesamt (→ Rn. 59).

66 Nach den für die Totalverweigerung geltenden Grundsätzen ist es auch nicht zulässig, auf einen unternehmenseigenen „Code of Best Practice" zu verweisen (**„Haus-Kodex"**). Vielmehr müssen auch hier die Abweichungen von den Empfehlungen DCGK mitgeteilt und begründet werden.[285]

---

[276] Großkomm AktG/*Leyens* Rn. 311; *E. Vetter* NZG 2008, 121 (125); unzutreffend daher OLG München NZG 2009, 508 (510).
[277] Großkomm AktG/*Leyens* Rn. 312.
[278] Hölters/*Hölters* Rn. 24; K. Schmidt/Lutter/*Spindler* Rn. 31.
[279] Wie hier (keine Rechtspflicht): MüKoAktG/*Goette* Rn. 50; Großkomm AktG/*Leyens* Rn. 310.
[280] Gegen Rechtspflicht auch MüKoAktG/*Goette* Rn. 48; Hüffer/Koch/*Koch* Rn. 17; Bürgers/Körber/*Runte*/Eckert Rn. 21; NK-AktR/*Wittmann*/Kirschbaum Rn. 60; aA (wörtliche Wiedergabe zwingend) Kölner Komm AktG/*Lutter* Rn. 83.
[281] BegrRegE TransPuG, BT-Drs. 14/8769, 21.
[282] Dazu *Bayer*/Hoffmann AG 2012 R 291 ff. mit Rechtstatsachen.
[283] Ebenso Großkomm AktG/*Leyens* Rn. 333; Kölner Komm AktG/*Lutter* Rn. 86; Wilsing/*von der Linden* Rn. 26 (30); NK-AktR/*Wittmann*/Kirschbaum Rn. 59; nunmehr auch – wenngleich rechtspolitisch kritisch – Hüffer/Koch/*Koch* Rn. 17a („Widersinn augenscheinlich im Gesetz angelegt"); aA Grigoleit/*Grigoleit*/Zellner Rn. 19; Hölters/*Hölters* Rn. 26; *Krieger* FS Ulmer, 2003, 365 (371); K. Schmidt/Lutter/*Spindler* Rn. 33.
[284] In diesem Sinne auch Kölner Komm AktG/*Lutter* Rn. 86.
[285] Großkomm AktG/*Leyens* Rn. 346 f.; Kölner Komm AktG/*Lutter* Rn. 84; NK-AktR/*Wittmann*/Kirschbaum Rn. 59; wohl auch Grigoleit/*Grigoleit*/Zellner Rn. 20; K. Schmidt/Lutter/*Spindler* Rn. 38; aA MüKoAktG/*Goette* Rn. 54; Hölters/*Hölters* Rn. 26.

Die Begründung von Abweichungen kann dabei selbstverständlich unter Nennung und Rechtfertigung der maßgeblichen Bestimmungen aus dem Haus-Kodex erfolgen. Für darüber hinausgehende Ausführungen zu diesem ist die Entsprechenserklärung indes der falsche Ort (→ Rn. 57, 62).

7. Abgabezeitpunkt. Die Entsprechenserklärung ist **jährlich** abzugeben. Einen bestimmten **67** Stichtag sieht § 161 nicht vor und auch den Gesetzesmaterialien lässt sich ein solcher nicht entnehmen. In Ermangelung derartiger Anhaltspunkte verbietet sich auch die Ableitung eines geschäftsjährlichen Verständnisses aus den § 161 flankierenden handelsrechtlichen Vorschriften der § 285 Nr. 16 HGB, § 314 Abs. 1 Nr. 8 HGB, § 325 Abs. 1 S. 3 HGB, § 289f Abs. 2 Nr. 1 HGB.[286] Gerade weil diese Regelungen gemeinsam mit § 161 eingeführt bzw. reformiert wurden, ist der fehlende Rückbezug in § 161 als bewusste gesetzgeberische Entscheidung zu akzeptieren. Dementsprechend ist der **genaue Abgabezeitpunkt grundsätzlich Vorstand und Aufsichtsrat überlassen,** wenngleich es sich anbieten mag, die Entsprechenserklärung mit dem Abschluss des Geschäftsjahres zu verbinden.[287] Aus den Gesetzesmaterialien geht allerdings hervor, dass die Erklärung „jährlich zu wiederholen ist".[288] Das impliziert einen jährlichen Turnus. Die teilweise vertretene Auffassung, die von einer auf den Tag bemessenen Jahresfrist ausgeht, gleichzeitig aber in unwesentlichen Fristüberschreitungen noch keinen Pflichtverstoß erkennen will,[289] ist indes wenig konsistent und für die Praxis mit Unsicherheiten verbunden. Überzeugender erscheint dagegen der vom BGH gewählte Ansatz, wonach die Erklärung im **selben Monat des nächsten Jahres** abzugeben ist.[290] Ein laxeres Verständnis des Jährlichkeitsgebots im Sinne einer Verpflichtung zur Abgabe der Erklärung einmal im Kalenderjahr, womit unter Umständen auch noch ein Abstand von 23 Monaten zwischen zwei Erklärungen zulässig wäre,[291] widerspricht dagegen der erklärten Absicht des Gesetzgebers,[292] zu gewährleisten, „dass Vorstand und Aufsichtsrat sich jährlich wiederkehrend" mit den Empfehlungen des Kodex auseinandersetzen.[293] Dagegen lässt sich insbesondere auch nicht die mit dem Zusammenspiel aus Gesetz und Kodex verfolgte Flexibilisierung anführen, da sich die Flexibilität lediglich auf die Einhaltung der Empfehlungen des Kodex bezieht und nicht auf die Erklärungspflicht.[294] Die erstmalige Erklärung bedingt indes keine Festlegung auf einen bestimmten Erklärungszeitpunkt für alle Ewigkeit; um eine Verschiebung des Erklärungsrhythmus zu erreichen, steht es Vorstand und Aufsichtsrat frei, die Entsprechenserklärung **auch schon vor Jahresablauf** abzugeben.[295]

Da § 161 fordert, dass Vorstand und Aufsichtsrat jährlich erklären, dass den Kodexempfehlungen **68** entsprochen „wurde und wird" bzw. welche Empfehlungen nicht angewendet „wurden oder werden", und auch die amtliche Überschrift von *einer* „Erklärung zum Corporate Governance Kodex" spricht, müssen der **retrospektive und der zukunftsgerichtete Teil** der Entsprechenserklärung zwingend **gleichzeitig und in einer Erklärung** abgegeben werden (zu unterjährigen Aktualisierungen → Rn. 74 ff.).

8. Form. § 161 Abs. 1 S. 1 enthält **keine Vorgaben zur Form** der Entsprechenserklärung. Auch **69** lässt sich weder aus § 161 Abs. 2 noch aus § 323 Abs. 1 S. 3, Abs. 6 HGB iVm § 12 Abs. 2 S. 1 HGB ein Formgebot herleiten, da es dort nur um die Form der Bereitstellung bzw. Übermittlung geht, welche von der Form, in der die Erklärung vorliegen muss, zu trennen ist.[296] Das gilt ebenso für die Form der zugrunde liegenden Organbeschlüsse, wenngleich § 107 Abs. 2 S. 1 ohnehin nur Beweisfunktion zukommt (→ § 107 Rn. 72).[297] Insofern lässt sich auch das Erfordernis einer Unter-

---

[286] Grigoleit/*Grigoleit*/*Zellner* Rn. 22; Hüffer/Koch/*Koch* Rn. 15; Großkomm AktG/*Leyens* Rn. 366; *Marsch-Barner* in Marsch-Barner/Schäfer Börsennotierte AG-HdB Rn. 2.72; K. Schmidt/Lutter/*Spindler* Rn. 39; aA MüKoAktG/*Goette* Rn. 54.
[287] Hüffer/Koch/*Koch* Rn. 15; *Marsch-Barner* in Marsch-Barner/Schäfer Börsennotierte AG-HdB Rn. 2.72; K. Schmidt/Lutter/*Spindler* Rn. 39.
[288] BegrRegE TransPuG, BT-Drs. 14/8769, 21.
[289] Kölner Komm AktG/*Lutter* Rn. 90; *Marsch-Barner* in Marsch-Barner/Schäfer Börsennotierte AG-HdB Rn. 2.72; Bürgers/Körber/*Runte*/*Eckert* Rn. 26; NK-AktR/*Wittmann*/*Kirschbaum* Rn. 31.
[290] BGH NZG 2010, 618 Rn. 9 („Da im April 2005 eine Entsprechenserklärung abgegeben wurde, war eine neue jährliche Entsprechenserklärung erst wieder im April 2006 abzugeben"); zustimmend MüKoAktG/*Goette* Rn. 73; K. Schmidt/Lutter/*Spindler* Rn. 39.
[291] *Rosengarten*/*Schneider* ZIP 2009, 1837 (1839 ff.); *E. Vetter* NZG 2009, 561 (562) mwN.
[292] BegrRegE TransPuG, BT-Drs. 14/8769, 21.
[293] So auch MüKoAktG/*Goette* Rn. 73.
[294] Insoweit unzutreffend daher *Rosengarten*/*Schneider* ZIP 2009, 1837 (1840).
[295] Ebenso Hüffer/Koch/*Koch* Rn. 15; Kölner Komm AktG/*Lutter* Rn. 90; K. Schmidt/Lutter/*Spindler* Rn. 39.
[296] Ebenso Hüffer/Koch/*Koch* Rn. 22; differenzierend Kölner Komm AktG/*Lutter* Rn. 100; K. Schmidt/Lutter/*Spindler* Rn. 45 f.
[297] Zutreffend Hüffer/Koch/*Koch* Rn. 22.

§ 161   70–72   Erstes Buch. Aktiengesellschaft

zeichnung durch die Organvorsitzenden nicht rechtfertigen[298] und für eine Analogie zu § 312 oder § 293a (Unterzeichnung durch alle Organmitglieder bzw. in vertretungsberechtigter Anzahl) fehlt es an der erforderlichen planwidrigen Regelungslücke.[299]

70   Ungeachtet dessen ist eine **Verschriftlichung** und Unterzeichnung **aus Dokumentationsgründen angezeigt.**[300] Die fehlende Formvorgabe für die Wirksamkeit der Erklärung ändert außerdem nichts daran, dass diese entsprechend in Form gebracht werden muss, um den Pflichten aus § 323 Abs. 1 S. 3 HGB und § 161 Abs. 2 nachkommen zu können.

71   **9. Pflicht zur unterjährigen Aktualisierung. a) Unrichtigkeit der Entsprechenserklärung, Absichtsänderung.** Nach § 161 Abs. 1 S. 1 ist die Entsprechenserklärung jährlich abzugeben. Eine Aktualisierungspflicht lässt sich dem Wortlaut nicht entnehmen. Herrschende Meinung im Schrifttum und BGH erkennen eine solche gleichwohl an, wenn die Entsprechenserklärung **von vornherein unrichtig war oder durch unterjährige Abweichungen unrichtig wird.**[301] Dies versteht sich in der ersten Fallkonstellation (anfängliche Unrichtigkeit) von selbst, weil der Informationszweck des § 161 nur durch eine zutreffende Information des Kapitalmarkts verwirklicht wird. In der zweiten Konstellation (spätere Abweichung) ist die Annahme einer Aktualisierungspflicht allerdings nicht minder überzeugend, da ansonsten einer Desinformation des Kapitalmarkts durch vorgebliche, alsbald revidierte Absichtserklärungen der Weg bereitet würde und die Organe eine echte Auseinandersetzung mit den Kodexempfehlungen vermeiden könnten.[302] Auch aus den Gesetzesmaterialien geht hervor, dass eine unterjährige Abweichung von den erklärten Absichten nur bei einer Aktualisierung der Entsprechenserklärung möglich sein soll.[303]

72   Ist die Entsprechenserklärung zunächst richtig, kann sie indes nur **bei einer unterjährigen Absichtsänderung** unrichtig werden. Der retrospektive Teil der Erklärung ist nämlich auf den Erklärungsstichtag bezogen und bezieht sich lediglich auf die Zeit seit Abgabe der letzten vollständigen Entsprechenserklärung (→ Rn. 55). Eine Abweichung nach Abgabe der Entsprechenserklärung macht deren rückblickenden Teil mithin nicht unrichtig, sondern führt lediglich dazu, dass in der folgenden turnusmäßigen Erklärung zu erklären ist, dass der entsprechenden Empfehlung nicht entsprochen wurde. Andererseits bedeutet eine Abweichung von Empfehlungen, deren künftige Einhaltung erklärt wurde, nicht per se die Aufgabe der Entsprechungsabsicht für die Zukunft. Wenn es sich nur um einen einmaligen Verstoß handelt und die Befolgungsabsicht aufrecht erhalten wird, kann von Aufsichtsrat und Vorstand auch schwerlich gefordert werden, zu erklären, dass der Empfehlung künftig nicht mehr entsprochen werden soll. Insofern ist es nicht unproblematisch, wenn der BGH von einer Aktualisierungspflicht „bei einer später eintretenden Abweichung von den DCGK-Empfehlungen" ausgeht.[304] In der Sache ist dies gleichwohl richtig, nur löst **nicht erst die Abweichung** die Aktualisierungspflicht aus, sondern bereits die dieser zugrunde liegende und mit der Abweichung zum Ausdruck gebrachte Entscheidung, der Kodexempfehlung künftig jedenfalls nicht mehr ausnahmslos entsprechen zu wollen. Aus diesen Erwägungen ergibt sich zum einen, dass es keine Bagatellschwelle für die Aktualisierungspflicht geben kann, selbst wenn man eine solche (folgt Unrecht → Rn. 52) für den retrospektiven Erklärungsteil annehmen wollte. Zum anderen folgt daraus, dass die **Aktualisierung der Entsprechenserklärung vor oder spätestens gleichzeitig mit der Abweichung** von der ursprünglichen Absichtserklärung erfolgen muss.[305] Wenn der BGH demgegenüber lediglich eine umgehende Berichtigung verlangt,[306] ist dies zumindest missverständlich. Eine der Abweichung nachfolgende Aktualisierung kommt nur in Betracht, wenn der zukunfts-

---

[298] So aber Kölner Komm AktG/*Lutter* Rn. 101; wie hier MüKoAktG/*Goette* Rn. 75; Hüffer/Koch/*Koch* Rn. 22; *Marsch-Barner* in Marsch-Barner/Schäfer Börsennotierte AG-HdB Rn. 2.72; K. Schmidt/Lutter/*Spindler* Rn. 45; nunmehr auch Bürgers/Körber/*Runte/Eckert* Rn. 34; wohl auch NK-AktR/*Wittmann/Kirschbaum* Rn. 34.
[299] Siehe nur Kölner Komm AktG/*Lutter* Rn. 101.
[300] MüKoAktG/*Goette* Rn. 75; Hüffer/Koch/*Koch* Rn. 22.
[301] BGHZ 180, 9 Rn. 19 = NZG 2009, 342 – Kirch/Deutsche Bank; BGHZ 182, 272 Rn. 16 = NZG 2009, 1270 – Umschreibungsstopp; BGHZ 194, 14 Rn. 27 = NZG 2012, 1064 – Fresenius; MüKoAktG/*Goette* Rn. 84; *Grigoleit/Grigoleit/Zellner* Rn. 24; Hüffer/Koch/*Koch* Rn. 20; Großkomm AktG/*Leyens* Rn. 375 ff.; Kölner Komm AktG/*Lutter* Rn. 96; K. Schmidt/Lutter/*Spindler* Rn. 43; Henssler/Strohn/*E. Vetter* Rn. 18; Heidel/*Wittmann/Kirschbaum* Rn. 65; aA *Ederle* NZG 2010, 655 (658); *Heckelmann* WM 2008, 2146 (2148 f.); *Theusinger/Liese* DB 2008, 1419 (1421).
[302] Großkomm AktG/*Leyens* Rn. 377; K. Schmidt/Lutter/*Spindler* Rn. 43 f.
[303] BegrRegE TranspuG, BT-Drs. 14/8769, 22.
[304] BGHZ 182, 272 Rn. 16 = NZG 2009, 1270 – Umschreibungsstopp; BGHZ 194, 14 Rn. 27 = NZG 2012, 1064 – Fresenius.
[305] So auch OLG München NZG 2009, 508 (510).
[306] BGHZ 180, 9 Rn. 19 = NZG 2009, 342 – Kirch/Deutsche Bank; BGHZ 182, 272 Rn. 16 = NZG 2009, 1270 – Umschreibungsstopp; BGHZ 194, 14 Rn. 27 = NZG 2012, 1064 – Fresenius.

gerichtete Teil der Erklärung unrichtig wird, weil sich ein empfehlungsrelevanter Sachverhalt ohne Zutun von Vorstand, Aufsichtsrat und deren Mitglieder ändert. Im Übrigen bleiben die Organe selbstverständlich zur Aktualisierung und dementsprechend zur Nachholung verpflichtet, auch wenn sie die Erklärung nicht rechtzeitig vor oder gleichzeitig mit der Abweichung abgegeben haben. Eine solche Verspätung macht aus der aktualisierten Absichtserklärung insbesondere auch keine retrospektive Erklärung, die erst am Jahresende abzugeben wäre.[307]

Eine Aktualisierungspflicht ergibt sich **auch im umgekehrten Fall**, wenn sich die Organe bzw. **73** deren Mitglieder zur Befolgung von Kodexempfehlungen entschließen, deren Nichtbefolgung in der ursprünglichen Erklärung angekündigt wurde.[308] Denn auch hier macht eine Absichtsänderung die ursprüngliche Erklärung unrichtig. Das Problem einer der Entsprechenserklärung widersprechenden Praxis stellt sich hier allerdings nicht, weil nur die beabsichtigte dauerhafte Befolgung mit der erklärten Nichtbefolgungsabsicht unvereinbar wäre.

Die Aktualisierungspflicht verlangt **lediglich die Mitteilung der Änderungen** im Vergleich zur **74** vorherigen Entsprechenserklärung. Die Abgabe einer neuen, vollständigen Entsprechenserklärung ist zulässig, aber nicht erforderlich.[309] Dabei kommt die Aktualisierungserklärung nach den für die turnusmäßige Entsprechenserklärung geltenden Grundsätzen (Beschlussfassung, einheitliche Erklärung etc) zustande. Sie hat bei der Erklärung von Abweichungen ebenso eine Begründung zu enthalten und ist nach § 161 Abs. 2 publik zu machen. Die Aktualisierungserklärung muss allerdings **leicht erkennbar als solche deklariert** werden. Dies entspricht einerseits dem Informationszweck des § 161 und ist andererseits erforderlich, um die Abgrenzung zur vorfristigen Abgabe einer turnusmäßigen Entsprechenserklärung (→ Rn. 67 aE) zu gewährleisten, welche einen vollständig neuen retrospektiven und zukunftsbezogenen Teil enthalten muss.

b) Kodex- und Gesetzesänderung. Wird der **DCGK** zwischen zwei turnusgemäß abgegebe- **75** nen Entsprechenserklärungen geändert, folgt daraus nach zutreffender herrschender Meinung **keine Aktualisierungspflicht**.[310] Da die im Erklärungszeitpunkt geltende Kodexfassung den Bezugspunkt des zukunftsgerichteten Teils der Erklärung bildet (→ Rn. 31), macht eine Kodexänderung die Entsprechenserklärung nämlich nicht unrichtig.[311] Im Übrigen würde eine Aktualisierungspflicht bei Kodexänderungen den in § 161 Abs. 1 S. 1 verankerten Erklärungsturnus unterminieren und damit – verfassungsrechtlich bedenklich – der Kodexkommission die Gestaltungsmacht über das gesetzliche Pflichtenprogramm verschaffen.

Mit dem BilMoG kam die Frage auf, ob die Entsprechenserklärung bei **einer gesetzlichen** **76** **Verschärfung der Erklärungspflicht** mit Inkrafttreten der Gesetzesänderung zu aktualisieren ist. Angesichts der europäischen Entwicklungen (→ Rn. 13 f.) ist nicht ausgeschlossen, dass sich diese Frage künftig erneut stellen wird. Vorbehaltlich einer speziellen gesetzgeberischen Regelung ist in einem solchen Fall eine **Aktualisierungspflicht richtigerweise zu verneinen**.[312] Denn die abgegebene Entsprechenserklärung wird durch eine Verschärfung der Begründungspflicht nicht unrichtig, sondern genügt allenfalls nicht mehr den Vorgaben des § 161.[313] Doch auch das ist nicht der Fall, weil eine Änderung des § 161 ohne gesetzliche Anordnung keine Rückwirkung zeitigt.[314] Insofern ist lediglich überlegenswert, ob in Anlehnung an § 15 S. 1 EGAktG noch im Jahr der Gesetzesänderung eine neue Entsprechenserklärung abzugeben ist. Doch ist auch das zu verneinen, weil mit der Verschärfung der Anforderungen an die Begründung von Abweichungen keine Veränderung des Erklärungsturnus intendiert ist.

c) Sonstige Umstände. Ein **Wechsel der Organmitglieder** bedingt nicht per se eine Aktuali- **77** sierungspflicht, sondern nur dann, wenn die eintretenden Organmitglieder die Absicht haben, sich nicht an die an sie gerichteten Kodexempfehlungen zu halten.[315] So wie die Organmitglieder verpflichtet sind, eine für die Entsprechenserklärung relevante Absichtsänderung mitzuteilen, ist auch

---

[307] So aber die Argumentation bei Semler/Wagner NZG 2003, 553 (556).
[308] Ebenso MüKoAktG/Goette Rn. 35; Großkomm AktG/Leyens Rn. 379; aA NK-AktR/Wittmann/Kirschbaum Rn. 65.
[309] Kölner Komm AktG/Lutter Rn. 96; vgl. auch Großkomm AktG/Leyens Rn. 389.
[310] Großkomm AktG/Leyens Rn. 382; Kölner Komm AktG/Lutter Rn. 94; Marsch-Barner in Marsch-Barner/Schäfer Börsennotierte AG-HdB Rn. 2.81; K. Schmidt/Lutter/Spindler Rn. 40; Henssler/Strohn/E. Vetter Rn. 18; Nk-AktR/Wittmann/Kirschbaum Rn. 67.
[311] Zutreffend Großkomm AktG/Leyens Rn. 382; K. Schmidt/Lutter/Spindler Rn. 44.
[312] So auch Goslar/von der Linden DB 2009, 1691 (1695); Heckelmann WM 2008, 2146 (2148); Hoffmann-Becking/Krieger ZIP 2009, 904; Ihrig ZIP 2009, 853 (854); Kuthe/Geiser NZG 2008, 172 (173); Tödtmann/Schauer ZIP 2009, 995 (997); aA Mutter ZIP 2009, 750 f.
[313] Hoffmann-Becking/Krieger ZIP 2009, 904.
[314] So auch schon 2. Aufl. 2010 Rn. 52 (Sester).
[315] Großkomm AktG/Leyens Rn. 208.

das neue Organmitglied qua Treupflicht dazu angehalten, mitzuteilen, wenn es der Entsprechenserklärung nicht folgen will.[316] Sicherheitshalber sollten die Organvorsitzenden indes versuchen, eine Zustimmungserklärung des Eintretenden einzuholen. Überdies kann die Problematik jedenfalls bei Vorstandsmitgliedern durch anstellungsvertragliche Verpflichtungen vermieden werden (→ Rn. 50).

78 Die Veröffentlichung der Entsprechenserklärung als Teil der **Erklärung zur Unternehmensführung nach § 289f HGB (§ 289a HGB aF)** impliziert keine Verpflichtung zur Aktualisierung, respektive zur Abgabe einer neuen, aktuellen Entsprechenserklärung.[317] Denn die Entsprechenserklärung ist nach § 289f Abs. 2 Nr. 1 HGB lediglich „aufzunehmen". In diesem Sinne geht auch die Gesetzesbegründung davon aus, dass die Erklärung nach § 289f HGB keine Kosten verursache, da die zu berichtenden Informationen bereits vorhanden seien und nur dargestellt werden müssten.[318] Auch Art. 20 Abs. 1 lit. b Bilanz-RL[319] (Art. 46a Abs. 1 lit. b Bilanz-RL aF[320]) verlangt keine Aktualisierung der Entsprechenserklärung: Zum einen überlässt die Richtlinie abgesehen vom Begründungserfordernis den Mitgliedstaaten die Modalitäten der Entsprechenserklärung. Zum anderen enthält sie zum Erklärungsmechanismus (vergangenheits- und/oder zukunftsbezogene Erklärung) keinerlei Vorgaben. Insofern lässt sich ihr allenfalls das Gebot einer aktuellen Auskunft über die Einhaltung des Kodex entnehmen und dessen Einhaltung wäre jedenfalls durch die Aktualisierungspflicht bei Absichtsänderungen (→ Rn. 72 f.) gewährleistet.

79 In diesem Sinne verlangt auch **§ 325 Abs. 1 S. 3 HGB** lediglich die Einreichung der nach § 161 abgegebenen Entsprechenserklärung und keine aktualisierte Fassung.

80 **10. Befolgungs-, Umsetzungs- und Überwachungspflicht. Die Entsprechenserklärung entfaltet keine Bindungswirkung.** Das versteht sich für den retrospektiven Teil der Erklärung von selbst. Doch ist es auch für den zukunftsgerichteten Teil verfehlt, von einer „Selbstbindung bis auf Widerruf" zu sprechen.[321] Denn hätte die Absichtserklärung bis zu ihrer Aktualisierung Bindungswirkung, läge in jeder Abweichung von Kodexempfehlungen, deren künftige Einhaltung erklärt wurde, eine schadensersatzbewährte Sorgfaltspflichtverletzung. Das entspricht indes weder den Vorstellungen des historischen Gesetzgebers[322] noch verträgt es sich mit dem Regelungsprinzip des *comply or explain*. Richtig ist jedoch, dass die Entsprechenserklärung in ihrem zukunftsgerichteten Teil keine völlig unverbindliche Absichtserklärung darstellt. Die Organe bzw. ihre Mitglieder dürfen sich nicht einfach in Widerspruch zu dieser setzen, sondern haben **vor einer Abweichung die Erklärung zu aktualisieren** bzw. auf eine Aktualisierung hinzuwirken (→ Rn. 71 ff.). Dieses Verständnis entspricht auch der Rechtsprechung des BGH zur Anfechtung von Entlastungsbeschlüssen (→ Rn. 91 ff.). Denn der II. Zivilsenat hat einen Gesetzesverstoß stets auf die unterlassene Aktualisierung der Entsprechenserklärung gestützt und in der Abweichung selbst niemals einen Sorgfaltspflichtverstoß erkannt.

81 Weil die Entsprechenserklärung keine Bindungswirkung entfaltet, besteht auch **keine Pflicht zur gesellschaftsinternen Transformation** der Kodexempfehlungen durch Geschäftsordnung, Satzung oder Anstellungsvertrag (zu diesen Möglichkeiten bereits → Rn. 50). Vielmehr sind die Organmitglieder ohnehin kraft Treuepflicht gehalten, relevante Absichtsänderungen offen zu legen, um es Vorstand und Aufsichtsrat zu ermöglichen, ihrer Aktualisierungspflicht nachzukommen. Von der Pflicht zur gesellschaftsinternen Verankerung ist die **organisatorische Umsetzung** einzelner Kodexempfehlungen zu unterscheiden, welche entsprechende Maßnahmen erfordern kann. So lassen sich bspw. Empfehlungen zur Vorstandsvergütung nur im Wege einer anstellungsvertraglichen Regelung umsetzen.

---

[316] Für Erforderlichkeit einer positiven Erklärung des neu eintretenden Mitglieds aber Kölner Komm AktG/*Lutter* Rn. 68; K. Schmidt/Lutter/*Spindler* Rn. 24.

[317] Siehe aber Großkomm AktG/*Leyens* Rn. 366: „Pflicht zur Überprüfung der Richtigkeit".

[318] BegrRegE BilMoG, BT-Drs. 16/10067, 44.

[319] RL 2013/34/EU des Europäischen Parlaments und des Rates vom 26.6.2013 über den Jahresabschluss, den konsolidierten Abschluss und damit verbundene Berichte von Unternehmen bestimmter Rechtsformen und zur Änderung der RL 2006/43/EG und zur Aufhebung der RL 78/660/EWG und 83/349/EWG, ABl. EU.2013, L 182, 19.

[320] RL 78/660/EWG des Rates vom 25.7.1978 aufgrund von Artikel 54 Abs. 3 lit. g des Vertrages über den Jahresabschluss von Gesellschaften bestimmter Rechtsformen, ABl. 1978, L 222, 11 v. 14.8.1978 in Gestalt von Art. 1 Nr. 7 RL 2006/46/EG des Europäischen Parlaments und des Rates vom 14.6.2006 zur Änderung der RL des Rates 78/660/EWG über den Jahresabschluss von Gesellschaften bestimmter Rechtsformen, 83/349/EWG über den konsolidierten Abschluss, 86/635/EWG über den Jahresabschluss und den konsolidierten Abschluss von Banken und anderen Finanzinstituten und 91/674/EWG über den Jahresabschluss und den konsolidierten Abschluss von Versicherungsunternehmen, ABl. EU 2006, L 224, 1.

[321] So aber Hölters/*Hölters* Rn. 30; Großkomm AktG/*Leyens* Rn. 72; Henssler/Strohn/*E. Vetter* Rn. 12.

[322] BegrRegE TranspuG, BT-Drs. 14/8769, 22: „Hinsichtlich der Zukunft kann die Erklärung nur eine unverbindliche Absichtserklärung bedeuten."

Da Vorstand und Aufsichtsrat eine einheitliche Erklärung abzugeben haben (→ Rn. 36), sind sie 82 allerdings **gemeinsam für die Richtigkeit der Entsprechenserklärung verantwortlich.** Nach dem BGH fällt „eine Unrichtigkeit der Entsprechenserklärung jedem der erklärungspflichtigen Organe zur Last [...], soweit ihre Mitglieder die anfängliche oder später eintretende Unrichtigkeit der Erklärung kannten oder kennen mussten und sie gleichwohl nicht für eine Richtigstellung gesorgt haben".[323] Dementsprechend sind die Organe und deren Mitglieder **in gewissem Umfang zur gegenseitigen Überwachung verpflichtet.**[324] Die konkrete Ausgestaltung einer entsprechenden Compliance-Struktur liegt im Ermessen der Organe, welche dabei jedoch die aktienrechtliche Kompetenzordnung zu beachten haben.[325] Das gilt insbesondere für die Einsetzung eines Corporate Governance-Beauftragten, welcher – vorbehaltlich eines einstimmigen Beschlusses des Aufsichtsrats – allein das Verhalten des Vorstands überwachen darf.[326] Jedenfalls sollte im Unternehmen ein Ansprechpartner für Fragen zum DCGK und zur Entsprechenserklärung benannt werden.[327]

11. Prüfung der Entsprechenserklärung. Die Entsprechenserklärung unterliegt **von Gesetzes** 83 **wegen keiner inhaltlichen Prüfung** durch eine gesellschaftsexterne Instanz. Gegenstand der Abschlussprüfung ist lediglich die formale Prüfung, ob die Erklärung abgegeben wurde und ob ihre dauerhafte Zugänglichkeit gewährleistet ist, weil diese Angaben nach § 285 Nr. 16 HGB, § 314 Nr. 8 HGB in den Anhang zum Einzel- und Konzernabschluss aufzunehmen sind.[328] Eine weitergehende Prüfung ist auch nicht durch die Aufnahme der Entsprechenserklärung in die Erklärung zur Unternehmensführung nach § 289f Abs. 1, Abs. 2 Nr. 1 HGB (§ 289a Abs. 1, Abs. 2 Nr. 1 HGB aF) bedingt, da die Angaben nach § 289f Abs. 2 HGB gemäß § 317 Abs. 2 S. 6 HGB von der inhaltlichen Prüfung ausgenommen sind.

Wurde die Entsprechenserklärung nicht abgegeben oder ist sie nicht dauerhaft auf der Internetseite 83a der Gesellschaft öffentlich zugänglich, ist vom Abschlussprüfer ein **eingeschränkter Bestätigungsvermerk** gemäß § 322 Abs. 4 HGB zu erteilen.[329] Stellt der Abschlussprüfer bei der formalen Prüfung allerdings fest, dass die Erklärung nicht der Wahrheit entspricht, kann dies unter den Voraussetzungen des § 321 Abs. 1 S. 3 HGB im Prüfbericht darzustellen sein.[330] Ziff. 7.2.3 Abs. 2 DCGK empfiehlt zudem die Vereinbarung einer weitergehenden Redepflicht des Abschlussprüfers, mit der jedoch nicht ohne besondere Beauftragung eine Erweiterung der Prüfungspflicht einhergeht.[331]

III. Publizität der Erklärung (§ 161 Abs. 2)

Gemäß § 161 Abs. 2 ist die Entsprechenserklärung **auf der Internetseite der Gesellschaft** 84 **dauerhaft öffentlich zugänglich** zu machen. Dies ist erforderlich, weil erst durch die dauerhafte Publizität der Erklärung die bezweckte Information des Kapitalmarkts (→ Rn. 3) erreicht wird.

Internetseite der Gesellschaft ist die Domain, unter der die Gesellschaft bei den entsprechenden 85 Registrierungsstellen registriert ist.[332] Von Dritten betriebene Websites, auf denen nur über die Gesellschaft berichtet wird, scheiden somit als taugliche Publikationsplattformen aus. Besitzt bzw. betreibt die Gesellschaft mehr als eine Domain (bspw. für verschiedene Sparten), ist die Erklärung auf der „Haupt-Website" zu veröffentlichen, also auf der Seite, auf der sich die Informationen über die Gesellschaft selbst befinden.[333]

Das Erfordernis der **öffentlichen Zugänglichkeit** verlangt, die Entsprechenserklärung so bereit- 86 zustellen, dass sie **für jedermann** – also nicht nur für Aktionäre, sondern insbesondere auch für potentielle Investoren – einsehbar ist. Dabei kann ein gewisses Maß an Eigeninitiative bei der Informationsverschaffung erwartet werden,[334] sodass die Entsprechenserklärung nicht auf der Startseite zur Verfügung stehen muss. Anderseits gebietet der Normzweck, dass die Erklärung auf der Website

---

[323] BGHZ 180, 9 Rn. 27 = NZG 2009, 342 – Kirch/Deutsche Bank.
[324] Kölner Komm AktG/*Lutter* Rn. 130; NK-AktR/*Wittmann/Kirschbaum* Rn. 75; vgl. auch Großkomm AktG/*Leyens* Rn. 528.
[325] Kölner Komm AktG/*Lutter* Rn. 359; vgl. auch K. Schmidt/Lutter/*Spindler* Rn. 28.
[326] Seibt AG 2003, 465 (469).
[327] E. Vetter NZG 2009, 561 (564).
[328] BegrRegE TransPuG, BT-Drs. 14/8769, 25; Hüffer/Koch/*Koch* Rn. 24, 33; Kölner Komm AktG/*Lutter* Rn. 117; K. Schmidt/Lutter/*Spindler* Rn. 51.
[329] BegrRegE TransPuG, BT-Drs. 14/8769, 25; K. Schmidt/Lutter/*Spindler* Rn. 51.
[330] BegrRegE TransPuG, BT-Drs. 14/8769, 25; Hüffer/Koch/*Koch* Rn. 24.
[331] Zutreffend Kölner Komm AktG/*Lutter* Rn. 117; *Marsch-Barner* in Marsch-Barner/Schäfer Börsennotierte AG-HdB Rn. 2.84.
[332] K. Schmidt/Lutter/*Spindler* Rn. 60.
[333] Ebenso K. Schmidt/Lutter/*Spindler* Rn. 60.
[334] K. Schmidt/Lutter/*Spindler* Rn. 58.

§ 161   87–89   Erstes Buch. Aktiengesellschaft

leicht aufzufinden sein muss.³³⁵ Das erfordert eine klar strukturierte und für den durchschnittlichen Anleger verständliche Menüführung (zB Verlinkung in der Rubrik „Investor Relations")³³⁶ und Bezeichnung (zB als „Erklärung zum Corporate Governance Kodex" oder „Entsprechenserklärung nach § 161 AktG"). In diesem Sinne muss die Erklärung außerdem in einem Format bereitgestellt werden, das es ermöglicht, sie ohne Zuhilfenahme von kostenpflichtigen oder wenig verbreiteten Spezialprogrammen zu lesen. Insofern erweist sich die Bereitstellung als PDF-Dokument als unbedenklich.³³⁷ Nach dem Gesetzeswortlaut genügt auch ohne Weiteres die Veröffentlichung des Wortlauts der Erklärung unmittelbar auf der Website.³³⁸

87 Die Entsprechenserklärung muss überdies **dauerhaft öffentlich zugänglich** gemacht werden. Das erfordert lediglich, dass die Erklärung unter normalen Umständen auf der Internetseite verfügbar sein muss,³³⁹ und hat mit dem Formerfordernis des § 126b BGB nichts zu tun. Eine Pflicht zur Bereithaltung nicht mehr aktueller Entsprechenserklärungen lässt sich dem Erfordernis der dauerhaften Zugänglichmachung nicht entnehmen:³⁴⁰ Die Gesetzesmaterialien sprechen insofern eine klare Sprache³⁴¹ und ob des retrospektiven Teils der Entsprechenserklärung ist die Vorhaltung älterer Erklärungen auch nicht zwingend erforderlich, um den Kapitalmarkt über die Entwicklung der Corporate Governance der Gesellschaft zu informieren.³⁴² Ziff. 3.10 S. 3 DCGK empfiehlt allerdings, **nicht mehr aktuelle Entsprechenserklärungen fünf Jahre** lang zugänglich zu halten. Wird keine (begründete) Abweichung erklärt, können somit auch die fünf Jahre zurückliegenden Entsprechenserklärungen verglichen werden.

87a Wurde bei einer unterjährigen Absichtsänderung nur eine Aktualisierung erklärt (→ Rn. 74) und keine vollständig neue Entsprechenserklärung abgegeben (→ Rn. 67 aE), müssen freilich **sowohl die Aktualisierung als auch die letzte vollständige Erklärung** zugänglich sein.

88 Die **Veröffentlichung** ist von der Abgabe der Entsprechenserklärung zu unterscheiden. Letztere ist Vorstand und Aufsichtsrat gemeinsam zugewiesen (→ Rn. 35). Die Veröffentlichung ist dagegen eine einfache Geschäftsführungsmaßnahme. Sie liegt daher in der alleinigen **Zuständigkeit des Vorstands**.³⁴³ Da gleichwohl beide Organe für die Richtigkeit der Entsprechenserklärung verantwortlich sind (→ Rn. 82), hat der Aufsichtsrat die ordnungsgemäße Veröffentlichung zeitnah zu kontrollieren.³⁴⁴ Da der von § 161 verfolgte Informationszweck erst durch die Publizität der Entsprechenserklärung verwirklicht wird, ist eine neue Erklärung **unverzüglich nach Abgabe** zu veröffentlichen.

89 Die **§ 161 flankierenden handelsrechtlichen Publizitätsvorschriften** (→ Rn. 22 f.) haben auf die Zugänglichmachung nach § 161 Abs. 2 grundsätzlich keinen Einfluss. Insbesondere genügt die Bekanntmachung im elektronischen Bundesanzeiger nach § 325 Abs. 1 S. 3, Abs. 2 HGB nicht den Anforderungen des § 161 Abs. 2, weil es sich dabei um keine Internetseite der Gesellschaft handelt. Indes kann die Erklärung zur Unternehmensführung nach § 289f Abs. 1 S. 2 HGB (§ 289f Abs. 1 S. 2 HGB aF) – alternativ zur Aufnahme in den Lagebericht – auch auf der Internetseite der Gesellschaft öffentlich zugänglich gemacht werden. Nach dem Willen des BilMoG-Gesetzgebers sollte damit die Möglichkeit eröffnet werden, den Anforderungen des § 161 Abs. 2 durch die Zugänglichmachung der Erklärung zur Unternehmensführung zu genügen.³⁴⁵ Das steht allerdings in einem Spannungsverhältnis zum Gebot der leichten Auffindbarkeit der Entsprechenserklärung auf der Web-

---

³³⁵ Großkomm AktG/*Leyens* Rn. 411; Kölner Komm AktG/*Lutter* Rn. 104; *Marsch-Barner* in Marsch-Barner/Schäfer Börsennotierte AG-HdB Rn. 2.73 mwN.
³³⁶ Ebenso Kölner Komm AktG/*Lutter* Rn. 104; strenger noch K. Schmidt/Lutter/*Spindler* Rn. 61 (maximal zwei Verlinkungen), jedoch unter fragwürdigem Vergleich zur Impressumspflicht nach § 5 TMG, der – anders als § 161 Abs. 2 – nach seinem Wortlaut die unmittelbare Erreichbarkeit der Information verlangt.
³³⁷ So auch MüKoAktG/*Goette* Rn. 79; strenger K. Schmidt/Lutter/*Spindler* Rn. 61 (nur bei gleichzeitiger Bereitstellung eines Links zu einem kostenlosen Leseprogramm wie dem Acrobat Reader).
³³⁸ Ebenso K. Schmidt/Lutter/*Spindler* Rn. 61; dafür schon vor der Änderung des Wortlauts durch das BilMoG: BegrRegE TransPuG, BT-Drs. 14/8769, 22.
³³⁹ BegrRegE TransPuG, BT-Drs. 14/8769, 22.
³⁴⁰ Ebenso Hölters/*Hölters* Rn. 36; Kölner Komm AktG/*Lutter* Rn. 105; *Marsch-Barner* in Marsch-Barner/Schäfer Börsennotierte AG-HdB Rn. 2.73; Heidel/*Wittmann/Kirschbaum* Rn. 36.
³⁴¹ BegrRegE TransPuG, BT-Drs. 14/8769, 22: „Die Erklärung ist […]in ihrer jeweiligen Fassung dauerhaft zugänglich zu machen und jährlich zu erneuern."
³⁴² Aus diesem Grund für die Bereitstellung mindestens der vorangegangen Entsprechenserklärung aber MüKoAktG/*Goette* Rn. 80; Großkomm AktG/*Leyens* Rn. 406.
³⁴³ Großkomm AktG/*Leyens* Rn. 390; Kölner Komm AktG/*Lutter* Rn. 102.
³⁴⁴ Kölner Komm AktG/*Lutter* Rn. 102; NK-AktR/*Wittmann/Kirschbaum* Rn. 37; unter Rekurs auf § 111 Abs. 1 auch Großkomm AktG/*Leyens* Rn. 390.
³⁴⁵ BegrRegE BilMoG, BT-Drs. 16/10067, 78; zustimmend Hüffer/Koch/*Koch* Rn. 24a; *Kuthe/Geiser* NZG 2008, 172 (175).

site der Gesellschaft (→ Rn. 86). Dieses lässt sich auch nicht zugunsten von § 289f HGB auflösen, weil es sich bei § 161 und § 289f HGB um separate Erklärungspflichten handelt. Eine Doppelpublikation der Entsprechenserklärung kann daher nur vermieden werden, wenn in der Verlinkung auf die Erklärung nach § 289f HGB klar zum Ausdruck kommt, dass darin die Entsprechenserklärung zu finden ist (zB „Erklärung zur Unternehmensführung und zum Corporate Governance Kodex").

IV. Folgen fehlender oder fehlerhafter Entsprechenserklärungen

1. Grundlagen. Ein **Verstoß gegen § 161** liegt vor, wenn (i) entgegen § 161 Abs. 1 keine Entsprechenserklärung abgegeben wird, (ii) die abgegebene Erklärung nicht nach § 161 Abs. 2 dauerhaft öffentlich zugänglich gemacht wird (näher → Rn. 84 ff.), (iii) die Erklärung nicht die erforderliche Begründung enthält (näher → Rn. 57 ff.), (iv) die Erklärung bei Abgabe – insbesondere im retrospektiven Teil – inhaltlich unrichtig ist (→ Rn. 47 ff.) und (v) bei einer Änderung der erklärten Absichten keine unterjährige Aktualisierung der Erklärung erfolgt (→ Rn. 71 ff.). Dagegen führen wesentliche Verfahrens- oder materielle Fehler bei der Beschlussfassung der Organe zwar nach allgemeinen Grundsätzen zur Nichtigkeit der Organbeschlüsse, welche der Entsprechenserklärung zu Grunde liegen. Sie tangieren entsprechend § 82 Abs. 1 die Wirksamkeit der nach § 161 Abs. 2 zugänglich gemachten Erklärung jedoch nicht.[346] Verstöße gegen § 161 können zum einen die **Anfechtbarkeit** von Hauptversammlungsbeschlüssen begründen (näher → Rn. 91 ff.), zum anderen **Haftungsfolgen** nach sich ziehen (näher → Rn. 100 ff.). 90

2. Anfechtung von Hauptversammlungsbeschlüssen. a) Entlastungsbeschlüsse. Nach ganz hM[347] kann eine fehlerhafte Entsprechenserklärung zur **Anfechtung des Beschlusses der Hauptversammlung über die Entlastung von Vorstand und Aufsichtsrat** führen. Den ursprünglichen Bedenken einzelner Instanzgerichte[348] und von Teilen des Schrifttums[349] ist der BGH in zwei Entscheidungen aus dem Jahr 2009 dezidiert entgegen getreten.[350] In beiden Fällen ging es darum, dass es der Aufsichtsrat entgegen Ziff. 5.5.3 DGCK unterlassen hatte, in seinem Bericht an die Hauptversammlung über das Vorliegen und die praktische Handhabung eines konkreten Interessenkonflikts zu informieren. Die zuvor turnusmäßig abgegebenen Entsprechenserklärungen enthielten keinen Hinweis auf eine Abweichung von der Empfehlung. Auch die gebotene Aktualisierung war unterblieben. 91

Der **hM ist zu folgen**.[351] Insbesondere kann nicht argumentiert werden, dass die Befolgung oder Nichtbefolgung von DCGK-Empfehlungen nach der gesetzlichen Konzeption „sanktionslos" sei.[352] Denn der Gesetzgeber hat mit § 161 eine Erklärungspflicht normiert, die den Bereich der „Selbstregulierung der Wirtschaft" verlassen hat und für die Normadressaten verbindlich ist.[353] Auch ein Anfechtungsausschluss analog § 52 WpHG (§ 30g WpHG aF)[354] ist nicht anzuerkennen, weil § 161 AktG – anders als § 48 ff. WpHG (§§ 30a ff. WpHG aF) – nicht nur der Information des Kapitalmarkts, sondern auch verbandsrechtlichen Interessen (gute Corporate Governance) dient und es schon an einer planwidrigen Regelungslücke fehlt.[355] 92

---

[346] Kölner Komm AktG/*Lutter* Rn. 141; K. Schmidt/Lutter/*Spindler* Rn. 53 f.; Bürgers/Körber/*Runte/Eckert* Rn. 43.
[347] MüKoAktG/*Goette* Rn. 88, 91 f.; Grigoleit/*Grigoleit/Zellner* Rn. 32; Hölters/*Hölters* Rn. 59; Hüffer/Koch/*Koch* Rn. 31; Großkomm AktG/*Leyens* Rn. 475 (484 ff.); Kölner Komm AktG/*Lutter* Rn. 14; K. Schmidt/Lutter/*Spindler* Rn. 64; Henssler/Strohn/*E. Vetter* Rn. 26; Wilsing/*von der Linden* Rn. 57 ff.; NK-AktR/*Wittmann/Kirschbaum* Rn. 76a; weiter *Arens/Petersen* Konzern 2011, 197 (199 ff.); *Bayer* NZG 2013, 1 (14); *Goette* FS Hüffer, 2010, 225 (233 ff.); *Goslar/von der Linden* NZG 2009, 1337 ff.; *Habersack* Gutachten 69. DJT, 2012, E 65; *Kiefner* NZG 2011, 201 (202 f.); *Kleindiek* FS Goette, 2011, 239 (241 f.); *Mülbert/Wilhelm* ZHR 176 (2012) 286 (291 ff.); außerdem bereits *Ulmer* ZHR 166 (2002), 150 (165 f.).
[348] KG NZG 2008, 788 (789); LG München I NZG 2008, 150 (151); LG Krefeld ZIP 2007, 730.
[349] Nach wie vor abw. *Krieger* ZGR 2012, 202 (219 ff.); *Leuering* DStR 2010, 2255 ff.; *Peltzer* NZG 2011, 961 (968); *Timm* ZIP 2010, 2125 (2128 f.).
[350] BGHZ 180, 9 Rn. 19 = NZG 2009, 342 = AG 2009, 285 = ZIP 2009, 460 – Kirch/Deutsche Bank; dazu zust. *Goslar/von der Linden* DB 2009, 1691 ff.; *E. Vetter* NZG 2009, 561 ff.; bestätigt durch BGHZ 182, 272 Rn. 16 = NZG 2009, 1270 = AG 2009, 824 = ZIP 2009, 2051 – Umschreibungsstopp; dazu zust. *Goslar/von der Linden* NZG 2009, 1337; *Goette* DStR 2009, 2602 (2606 f.); *Peltzer* NZG 2009, 1336 f.; bestätigend auch BGH NZG 2013, 783.
[351] Umfassend *Bayer/Scholz* ZHR 181 (2017) 861. Die folgenden Erwägungen basieren auf diesem Beitrag.
[352] So aber tendenziell *Krieger* ZGR 2012, 202 (219): „Da die Empfehlungen des Kodex unverbindlich sind, sollte man meinen, dass ein Abweichen von diesen Empfehlungen auch keine negativen Rechtsfolgen nach sich ziehen könne."
[353] Richtig *Kleindiek* FS Goette, 2011, 239 (252); zust. MüKoAktG/*Goette* Rn. 88.
[354] Dafür aber *Leuering* DStR 2010, 2255 (2256 f.).
[355] Hüffer/Koch/*Koch* Rn. 31; Großkomm AktG/*Leyens* Rn. 470; K. Schmidt/Lutter/*Spindler* Rn. 64; eingehend *Klabunde*, Die Entsprechenserklärung nach § 161 AktG, 2015, 96 ff.

Zur rechtspolitischen Bewertung: → Rn. 23, speziell zur Anfechtbarkeit von Wahlbeschlüssen zudem → Rn. 99.

93 Unter welchen **Voraussetzungen** genau ein Verstoß gegen § 161 zur Anfechtbarkeit des Entlastungsbeschlusses führt, ist indes **bislang noch nicht abschließend geklärt**.[356] Ausgangspunkt ist der anerkannte Rechtssatz, dass Entlastungsbeschlüsse anfechtbar sind, wenn entweder (i) das gebilligte Verhalten als eindeutiger und schwerwiegender Gesetzes- oder Satzungsverstoß zu qualifizieren ist,[357] da die Entlastung in diesem Fall einen Treuepflichtverstoß der Aktionärsmehrheit darstellt[358] (Inhaltsmangel → Rn. 94 ff.), oder (ii) gesetzlich vorgeschriebene und für die Entlastungsentscheidung relevante Informationen verspätet, unvollständig oder unrichtig erteilt worden sind (Informationsmangel → Rn. 96 ff.).[359]

94 **aa) Inhaltsmangel.** Eine Anfechtung kommt insofern jedenfalls unter dem Gesichtspunkt eines Inhaltsfehlers des Entlastungsbeschlusses in Betracht, da ein Verstoß gegen die Erklärungspflicht im Einzelfall durchaus einen eindeutigen und schweren Gesetzesverstoß gegen § 161 Abs. 1 darstellen kann.[360] Das ist **jedenfalls bei Nichtabgabe der turnusmäßigen Entsprechenserklärung** der Fall.[361] Schwerer fällt dagegen die **Beurteilung von Verstößen gegen die Aktualisierungspflicht**.

94a Insoweit **verlangt der BGH** die **Unrichtigkeit „in einem nicht unwesentlichen Punkt"**[362] und darüber hinaus, dass „der in der unrichtigen Entsprechenserklärung liegende Verstoß über einen Formalverstoß hinausgehen und auch im konkreten Einzelfall Gewicht haben"[363] muss. Mit letztgenanntem Aspekt schlägt der Senat die Brücke zur hypothetischen Befolgung der Kodexempfehlungen, von denen abgewichen wurde, und fordert daher bei Abweichung von „Informationspflichten" (wie eben Ziff. 5.5.3 DCGK) mit Blick auf die Wertung des § 243 Abs. 4 S. 1 die Relevanz der unterbliebenen Information.[364] Diese **Rechtsprechung überzeugt methodisch nicht**.[365] Denn der BGH knüpft die Frage der Anfechtbarkeit so letztlich doch an den Kodex-Verstoß – anstatt an die Erklärungspflicht aus § 161[366] – und vermengt zugleich die Voraussetzungen der Anfechtung wegen Inhalts- und Verfahrensfehlern.[367]

94b **Richtigerweise ist allein auf die Eindeutigkeit und Schwere des Verstoßes gegen § 161 abzustellen.** Da (i) der Kodex kein Gesetz darstellt (→ Rn. 16), (ii) die Entsprechenserklärung auch in ihrem zukunftsgerichteten Teil keine Bindungswirkung entfaltet (→ Rn. 80) und (iii) § 161 eine Erklärung zu allen bekannt gemachten Empfehlungen verlangt, kann es für die Anfechtbarkeit jedoch auch unter dieser Prämisse nicht entscheidend sein, ob die Kodexempfehlung, von der abgewichen wurde, als „wesentlich" oder „unwesentlich" zu qualifizieren ist.[368] Insbesondere würde dies auf einen – mit dem Sinn und Zweck des § 161 unvereinbaren – Anfechtungsausschluss für Verstöße gegen die Erklärungspflicht bei der Abweichung von „unwesentlichen" Empfehlungen hinauslaufen. Vielmehr ist daher **entscheidend, ob die Abweichung und damit die gesetzliche**

---

[356] Eingehend zur Diskussion und umfassend die hier vertretene Position darlegend *Bayer/Scholz* ZHR 181 (2017) 861.

[357] So stRspr. seit BGHZ 153, 47 (51) – Macrotron.

[358] → § 120 Rn. 27; ausführlich zur Dogmatik *Graff*, Die Anfechtbarkeit der Entlastung im Kapitalgesellschaftsrecht, 2007, 361 ff.

[359] BGHZ 62, 193 (194 f.) – Seitz; BGHZ 153, 47 (50) – Macrotron; vgl. auch OLG Karlsruhe NZG 1999, 953 = ZIP 1999, 1176 mAnm *Maul*; OLG Frankfurt NZG 2000, 790; OLG Stuttgart NZG 2003, 778; OLG München NZG 2001, 616; *Bayer* ZGR 2002, 933 (952 ff.) mwN.

[360] Ganz hM, siehe nur *Hüffer/Koch/Koch* Rn. 31; *K. Schmidt/Lutter/Spindler* Rn. 64; *Wilsing/von der Linden* Rn. 58; aA *Lignier*, Corporate Governance in Deutschland und Frankreich, 2016, 216 f.; *Woitzyk*, Anfechtung von Hauptversammlungsbeschlüssen infolge unrichtiger Entsprechenserklärung, 2012, 90 ff., die davon ausgeht, die Verletzung von Informationspflichten scheide generell als Ansatzpunkt für einen Inhaltsmangel aus; dagegen überzeugend *Klabunde*, Die Entsprechenserklärung nach § 161 AktG, 2015, 131 f.

[361] OLG München NZG 2009, 592; *Goslar/von der Linden* DB 2009, 1691 (1692); *Grigoleit/Grigoleit/Zellner* Rn. 32; aA *Lignier*, Corporate Governance in Deutschland und Frankreich, 2016, 216 f.

[362] BGHZ 182, 272 Rn 16 = NZG 2009, 1270 – Umschreibungsstopp.

[363] BGHZ 182, 272 Rn 18 = NZG 2009, 1270 – Umschreibungsstopp.

[364] BGHZ 182, 272 Rn 18 = NZG 2009, 1270 – Umschreibungsstopp.

[365] Eingehend bereits *Bayer/Scholz* ZHR 181 (2017) 861 (369 ff.).

[366] Insoweit kritisch auch *Tröger* ZHR 175 (2011) 746 (777 f.).

[367] So auch *Goslar/von der Linden* NZG 2009, 1337 (1338); *Kiefner* NZG 2011, 201 (202 f.); *Mülbert/Wilhelm* ZHR 176 (2012) 286 (293 f.); *Wilsing/von der Linden* Rn. 59; siehe auch *Lignier*, Corporate Governance in Deutschland und Frankreich, 2016, 211 ff.; aA *Witt*, Auswirkungen materiell unrichtiger Entsprechenserklärungen, 2015, 99 ff., die generell und nicht nur bei der unerklärten Abweichung von Kodex-Informationspflichten (insofern kritisch ggü. dem Ansatz des BGH S. 105 ff.) nach der Wertung des § 243 Abs. 4 S. 1 AktG auf das Informationsdefizit des Aktionärs infolge der fehlerhaften Erklärung abstellt.

[368] So aber *Hüffer/Koch/Koch* Rn. 31; ähnlich *Witt*, Auswirkungen materiell unrichtiger Entsprechenserklärungen, 2015, 99 ff.; wie hier indes auch *K. Schmidt/Lutter/Spindler* Rn. 64.

Aktualisierungspflicht offensichtlich war.[369] Die „Wesentlichkeit" der Kodexempfehlung mag insofern allenfalls die Offensichtlichkeit des Verstoßes gegen § 161 nahe legen.

In jedem Fall ist mit Blick auf das Ermessen der Hauptversammlung bei der Entlastung (→ § 120 Rn. 27, 49) **Zurückhaltung bei der Annahme eines eindeutigen und schweren Gesetzesverstoßes** geboten. Formale Verstöße wie eine **unzureichende Begründung** rechtfertigen daher in aller Regel nicht die Anfechtbarkeit.[370] Auch eine nicht erklärte Abweichung infolge **fehlerhafter Kodexauslegung** wird bei nachvollziehbaren Auslegungszweifeln der Annahme einer eindeutigen und schweren Verletzung der Erklärungspflicht entgegenstehen, ohne dass es insoweit auf die Voraussetzungen eines entschuldigenden Rechtsirrtumes ankäme.[371] Ebenso kann es einem Verstoß an hinreichender Schwere fehlen, wenn die turnusmäßige Erklärung nur leicht verspätet abgegeben oder die gebotene **Aktualisierung alsbald nachgeholt** wurde (zu den jeweiligen Abgabezeitpunkten → Rn. 67, 72). 94c

Dagegen ist eine **Heilung durch Richtigstellung in der Hauptversammlung nicht möglich.**[372] Denn die Anfechtbarkeit wegen eines Inhaltsmangels des Entlastungsbeschlusses gründet nicht auf dem Informationsdefizit der Hauptversammlung, sondern auf der treuwidrigen Billigung des pflichtwidrigen Verhaltens von Vorstand und Aufsichtsrat im Entlastungszeitraum. 94d

Für die Anfechtbarkeit wegen eines Inhaltsmangels ist es zudem erforderlich, dass der **Verstoß gegen die Aktualisierungspflicht im Entlastungszeitraum** liegt (zum Zeitpunkt der Aktualisierungspflicht → Rn. 72).[373] Dies führt gerade bei der im Zentrum der bisherigen BGH-Rechtsprechung stehenden Anfechtung des Entlastungsbeschlusses wegen unterlassener Aktualisierung der Absichtserklärung im Hinblick auf Ziff. 5.5.3 S. 1 DCGK zu Problemen. Denn die Berichtspflicht gegenüber der Hauptversammlung über im abgelaufenen Geschäftsjahr aufgetretene Interessenkonflikte fällt selbst nicht mehr in jenes Geschäftsjahr. Liegen nicht ausnahmsweise Anhaltspunkte für einen bereits zuvor gebildeten Abweichungswillen des Aufsichtsrates vor, fallen damit jedoch auch die Pflicht zur Aktualisierung der Entsprechenserklärung und folglich ebenso der Verstoß gegen § 161 Abs. 1 aus dem Entlastungszeitraum heraus (und in das nächste Geschäftsjahr hinein). Die Anfechtbarkeit des Entlastungsbeschlusses lässt sich in dieser Situation auch nicht unter Rekurs auf die in der Entlastung zugleich liegende Vertrauenskundgabe für die Zukunft begründen,[374] weil es insoweit – auch nach der Macrotron-Entscheidung des BGH – bei dem weiten Ermessen der Aktionärsmehrheit verbleibt.[375] In dieser Situation kommt jedoch eine Anfechtung wegen Informationsmangels in Betracht: → Rn. 96b. 95

Zudem ist eine **Anfechtung der Gesamtentlastung** nur möglich, wenn der Verstoß gegen § 161 die Entlastung jedes einzelnen Organmitglieds anfechtbar macht.[376] Denn die erfolgreiche Anfechtung der Gesamtentlastung führt mangels inhaltlichen Zusammenhangs der in ihr verbundenen Einzelentlastungen nicht entsprechend § 139 BGB zur Gesamtnichtigkeit.[377] Bei der Abweichung von Kodexempfehlungen, welche an einzelne Organmitglieder gerichtet sind, genügt es daher – entgegen dem BGH – nicht, wenn die anderen Organmitglieder die anfängliche oder später eintretende Unrichtigkeit der Erklärung kennen mussten und gleichwohl nicht für eine Richtigstellung gesorgt haben (zur Überwachungspflicht → Rn. 82).[378] Es ist vielmehr erforderlich, bei einem Überwachungsverschulden die Eindeutigkeit der Gesetzesverletzung für die unbeteiligten Organmitglieder positiv festzustellen. Für die Mitglieder des anderen Organs, deren Entlastung im Wege einer weiteren Gesamtentlastung durch separaten Beschluss erfolgt,[379] gilt dies erst recht. 95a

---

[369] Siehe bereits *Bayer/Scholz* ZHR 181 (2017) 861 (880).
[370] *Goslar/von der Linden* DB 2009, 1691 (1695); K. Schmidt/Lutter/*Spindler* Rn. 64.
[371] Zutreffend *Huttner*, Auslegung des deutschen Corporate Governance Kodex, 2013, 280 ff.; siehe auch bereits *Scholz* ZfPW 2017, 360 (376 f.); vgl. allgemein BGHZ 194, 14 Rn. 23 f. = NZG 2012, 1064 – Fresenius; bestätigt durch BGH NZG 2013, 339 (340); aA gleichwohl *Klabunde*, Die Entsprechenserklärung nach § 161 AktG, 2015, 179 f., der stattdessen für eine analoge Anwendung des § 93 Abs. 1 S. 2 plädiert.
[372] So bereits *Bayer/Scholz* ZHR 181 (2017) 861 (881); *Goslar/von der Linden* DB 2009, 1691 (1695); K. Schmidt/Lutter/*Spindler* Rn. 64.
[373] Dazu eingehend *Bayer/Scholz* ZHR 181 (2017) 861 (877 ff.); siehe auch bereits *Bachmann/Becker* WuB 2008, 593; *Goslar/von der Linden* NZG 2009, 1337 f.; *Kiefner* NZG 2011, 201 (205); *Oxe* EWiR 2008, 547 (548); *Wilsing/von der Linden* Rn. 58; *Witt*, Auswirkungen materiell unrichtiger Entsprechenserklärungen, 2015, 77 f. (108 ff.); vgl. auch *Lignier*, Corporate Governance in Deutschland und Frankreich, 2016, 214 f.; aA *Klabunde*, Die Entsprechenserklärung nach § 161 AktG, 2015, 140 f.
[374] So aber *Klabunde*, Die Entsprechenserklärung nach § 161 AktG, 2015, 140 f.
[375] Vgl. BGHZ 153, 47 (50) – Macrotron.
[376] Eingehend zur Anfechtung von Einzel- und Gesamtentlastung *Bayer/Scholz* ZHR 181 (2017) 861 (881 f.).
[377] Ausführlich *Scholz* AG 2017, 612.
[378] BGHZ 180, 9 Rn. 26 f. = NZG 2009, 342 – Kirch/Deutsche Bank; Hüffer/Koch/*Koch* Rn. 31; K. Schmidt/Lutter/*Spindler* Rn. 64.
[379] Auch im Rahmen der Gesamtentlastung verbietet sich nach ganz hM die gemeinsame Entlastung der Vorstands- und Aufsichtsratsmitglieder durch einen Beschluss (→ § 120 Rn. 14).

96 bb) **Informationsmangel.** Nicht abschließend geklärt ist die Frage, ob ein Verstoß gegen § 161 auch einen die Anfechtbarkeit des Entlastungsbeschlusses begründenden Informationsmangel iSv § 243 Abs. 4 darstellen kann. Der **BGH hat hierzu noch keine Stellung bezogen,** sondern eine Anfechtung bislang lediglich auf einen Inhaltsfehler und den mittelbaren Informationsmangel bei Abweichung von „Informationspflichten" aus dem DCGK gestützt (soeben → Rn. 94a). Im Schrifttum wird die Rechtsprechung indes weithin in diesem Sinne interpretiert[380] bzw. auf die zusätzliche Möglichkeit der Anfechtung wegen eines Informationsmangels hingewiesen.[381] Dies ist zwar **nicht ganz zweifelsfrei, im Ergebnis jedoch zu bejahen.**[382]

96a Es ist zunächst fraglich, ob § 161 als **gesetzliche Informationspflicht** qualifiziert werden kann. Hierauf kommt es an, da die „Informationspflichten" des Kodex nicht als Anknüpfungspunkte für die Beschlussanfechtung herhalten können. Auch die Anfechtung wegen Informationsmängeln iSv § 243 Abs. 4 verlangt nämlich im Ausgangspunkt die Verletzung von Gesetz oder Satzung iSv § 243 Abs. 1.[383] Darüber hinaus lässt sich zwar nicht von der Hand weisen, dass § 161 auch der Information der Aktionäre und nicht allein – wie etwa die Ad-hoc-Publizität – den Interessen des Kapitalmarktes dient (→ Rn. 3). Obgleich die Entsprechenserklärung als Teil der Erklärung zur Unternehmensführung (§ 289f Abs. 2 Nr. 1 HGB, dazu → Rn. 22, 78) einen Bestandteil des Lageberichts bildet, ist die Erklärungspflicht selbst jedoch gerade nicht hauptversammlungsbezogen ausgestaltet:[384] Weder die turnusmäßige Entsprechenserklärung noch ihre unterjährige Aktualisierung sind gesetzlich mit der Hauptversammlung selbst, deren Einberufung oder ihrer Vorbereitung im weiteren Sinn verknüpft. Darin liegt ein wesentlicher Unterschied zu solchen Informationspflichten, deren Verletzung die Anfechtbarkeit ansonsten begründet (→ § 243 Rn. 128 ff.). Im Ergebnis ist die Qualifikation als gesetzliche Informationspflicht gleichwohl zu bejahen.[385] Denn das geltende Recht verlangt einen spezifischen Hauptversammlungsbezug der verletzten Informationspflicht nicht. § 243 Abs. 1 knüpft die Anfechtbarkeit allein an die „Verletzung des Gesetzes" und auch § 243 Abs. 4 S. 1 enthält keine Beschränkung auf spezifisch hauptversammlungsbezogene Informationspflichten. Eine solche Beschränkung des Anfechtungsrechts lässt sich auch aus der gesetzlichen Systematik nicht herleiten. Vielmehr regelt § 243 Abs. 4 S. 1 mit dem Relevanzerfordernis die Anforderungen an die Konnexität von Beschlussgegenstand und Informationsmangel abschließend.

96b Eine Anfechtung wegen Verletzung gesetzlicher Informationspflichten setzt nach § 243 Abs. 4 S. 1 voraus, dass ein objektiv urteilender Aktionär die Erteilung der Information als wesentliche Voraussetzung für die sachgerechte Wahrnehmung seiner Teilnahme- und Mitgliedschaftsrechte angesehen hätte (sog. Relevanz, ausführlich → § 243 Rn. 67 ff.). Insofern kommt es nicht auf den abstrakten Stellenwert der Entsprechenserklärung an. Die Bewertung steht vielmehr im Kontext des konkreten Informationsmangels und damit auch in Beziehung zu der Kodexempfehlung, von welcher abgewichen wurde.[386] **Bezugspunkt der Relevanzbetrachtung** bleibt dabei jedoch die Verletzung der aus § 161 Abs. 1 folgenden Pflicht zur Abgabe einer Entsprechenserklärung, mithin bei einem Verstoß gegen die Aktualisierungspflicht (→ Rn. 71 f.) **stets die unterlassene Mitteilung über die Abweichung** von einer bestimmten Kodexempfehlung, einschließlich Begründung.

96c Daraus folgt zuvorderst, dass eine **Anfechtung wegen Informationsmangels nicht nur bei Verstößen gegen die „Informationspflichten" des DCGK,** sondern auch bei sonstigen nicht erklärten Abweichungen denkbar ist.

96d Zudem ist auch bei der **Abweichung von „Informationspflichten" des DCGK** die Relevanz an dem Inhalt der versäumten Entsprechenserklärung und nicht unmittelbar am Inhalt der unterbliebenen Mitteilung gemäß der Kodexempfehlung zu messen.[387] So ist etwa bei einer Abweichung von Ziff. 5.5.3 DCGK nicht die Frage zu stellen, ob die Mitteilung der tatsächlich aufgetretenen Interessenkonflikte für die Entlastungsentscheidung relevant gewesen wäre. Vielmehr ist nach der

---

[380] MüKoAktG/*Goette* Rn. 91; *Goette*, FS Hüffer, 2010, 225 (232 f.); *Kleindiek* FS Goette, 2011, 239 (245); Großkomm AktG/*Leyens* Rn. 481, *Tröger* ZHR 175 (2011) 746 (777 ff.).
[381] *Arens/Petersen* Konzern 2011, 197 (199 ff.); *Goslar/von der Linden* NZG 2009, 1337 (1339); *Kiefner* NZG 2011, 201 (204).
[382] Eingehend bereits *Bayer/Scholz* ZHR 181 (2017) 861 (882 ff.).
[383] Zutreffend Hüffer/Koch/*Koch* Rn. 31.
[384] *Kiefner* NZG 2011, 201 (204); Wilsing/von der Linden Rn. 62; aA mit Blick auf § 289f HGB Hüffer/Koch/*Koch* Rn. 32; *Mülbert/Wilhelm* ZHR 176 (2012), 286 (298 f.); *Witt*, Auswirkungen materiell unrichtiger Entsprechenserklärungen, 2015, 78 f.; *Woitzyk*, Anfechtung von Hauptversammlungsbeschlüssen infolge unrichtiger Entsprechenserklärung, 2012, 100.
[385] So bereits *Bayer/Scholz* ZHR 181 (2017) 861 (883 f.).
[386] *Kleindiek* FS Goette, 2011, 239 (246).
[387] Dazu eingehend *Bayer/Scholz* ZHR 181 (2017) 861 (885 f.).

Relevanz einer Entsprechenserklärung zu fragen, nach der eine Mitteilung über Interessenkonflikte überhaupt nicht mehr erfolgen solle. Dies kann und wird allerdings nicht selten zum selben Ergebnis, dh. zur Relevanz des Informationsmangels für die Entlastungsentscheidung, führen. Denn wenn nicht eindeutig erkennbar ist, dass die gemäß DCGK geschuldeten Informationen überhaupt nicht erteilt wurden, und die Aktionäre in der Folge etwa bei Abweichung von Ziff. 5.5.3 DCGK davon ausgehen dürfen, mitzuteilende Interessenkonflikte hätten – obwohl aufgetreten – nicht vorgelegen, liegt ein für die Entlastungsentscheidung relevantes Informationsdefizit vor.[388] Dass der **Verstoß gegen § 161 in diesem Fall möglicherweise selbst nicht in den Entlastungszeitraum fällt** (→ Rn. 95), spielt insofern keine Rolle, weil das Informationsdefizit der Aktionäre hier über eine Fehlvorstellung hinsichtlich der bloßen Befolgung der durch den Kodex dargestellten *best practice* hinausgeht.

Bei der **Abweichung von sonstigen Kodexempfehlungen** wird die unterlassene Aktualisierung der Entsprechenserklärung regelmäßig Relevanz für die Entlastungsentscheidung haben, wenn die Empfehlung, von welcher abgewichen wurde, die **Leitungs- bzw. Überwachungsaufgabe in einem wesentlichen Punkt konkretisiert**.[389] Denn in diesem Fall enthält die unterlassene Mitteilung über die Abweichung bedeutsame Informationen über die Amtsführung von Vorstand und Aufsichtsrat, welche für die sachgemäße Entscheidung über die Billigung der Zweckmäßigkeit des Verwaltungshandelns von wesentlicher Bedeutung sein können. Allerdings muss hier die Abweichung in den Entlastungszeitraum fallen, weil ein Informationsdefizit dann nur für die Entlastungsentscheidung relevant sein kann, wenn sich die Informationen auf die Amtsführung im Entlastungszeitraum beziehen.[390]

96e

Da die Anfechtung wegen der Verletzung gesetzlicher Informationspflichten ihre Rechtfertigung in der defizitären Entscheidungsgrundlage der Aktionäre findet, kommt insoweit eine **Heilung des Informationsmangels durch nachträgliche Mitteilung** in Betracht (vgl. auch → § 243 Rn. 141).[391] So versteht es sich von selbst, dass eine verspätete, aber sogar noch vor Einberufung der Hauptversammlung nachgeholte Aktualisierung der Entsprechenserklärung die Anfechtung wegen eines Informationsmangels nicht begründen kann. Dagegen sind die Auswirkungen einer Richtigstellung nach Einberufung der Hauptversammlung ungeklärt. Dies gilt insbesondere für eine **mündliche Klarstellung in der Hauptversammlung** selbst.

96f

Da die Entsprechenserklärung nach § 161 in keinem zeitlichen Bezug zur Hauptversammlung steht, liegt die Annahme der Heilungsmöglichkeit durch Mitteilung der betreffenden Kodexabweichung in der Hauptversammlung auf den ersten Blick nahe.[392] Ein Ausschluss der Heilung ist auch **nicht notwendig, um zu verhindern, dass Verstöße gegen § 161 folgenlos bleiben.**[393] Denn der Wegfall der Relevanz des Informationsmangels änderte nichts an der Anfechtbarkeit der Entlastungsentscheidung unter dem Gesichtspunkt eines Inhaltsmangels (→ Rn. 94 ff.). Eine mündliche Richtigstellung in der Hauptversammlung ließe freilich auch die Pflicht von Vorstand und Aufsichtsrat unberührt, die Entsprechenserklärung ordnungsgemäß nach § 161 zu aktualisieren. **Problematisch** ist indes zum einen die Verknüpfung der Entsprechenserklärung mit dem nach § 175 Abs. 2 S. 1 während der Einberufungsfrist auszulegenden Lagebericht (→ Rn. 97h), zum anderen das Informationsdefizit der nicht erschienenen Aktionäre (→ Rn. 96i).[394]

96g

Die **Verknüpfung mit dem Lagebericht** dürfte bei der gebotenen wertenden Betrachtung[395] einer Heilung in der Hauptversammlung **nicht entgegenstehen**. Denn der Mangel – welcher auch

96h

---

[388] Dies verkennt *Witt,* Auswirkungen materiell unrichtiger Entsprechenserklärungen, 2015, 116.
[389] Beispiele bei *Kleindiek* FS Goette, 2011, 239 (246); zust. MüKoAktG/*Goette* Rn. 92 Fn. 267.
[390] Insoweit richtig *Witt,* Auswirkungen materiell unrichtiger Entsprechenserklärungen, 2015, 116.
[391] Hierzu eingehend bereits *Bayer/Scholz* ZHR 181 (2017) 861 (886 ff.).
[392] Für eine Heilung Hüffer/Koch/*Koch* Rn. 32; *Lignier,* Corporate Governance in Deutschland und Frankreich, 2016, 224 f.; *Tröger* ZHR 175 (2011), 746 (777 f.); aA wohl BGHZ 180, 9 Rn. 28 = NZG 2009, 342 – Kirch/Deutsche Bank.
[393] So aber explizit das Urteil BGHZ 180, 9 Rn. 28 = NZG 2009, 342, das die Anfechtung jedoch an einen Inhaltsmangel knüpft, wo eine Heilung in der Tat ausgeschlossen ist (→ Rn. 94).
[394] Vgl. zur Problematik der nicht erschienenen Aktionäre, indes wiederum unter dem Gesichtspunkt eines Inhaltsmangels, BGHZ 180, 9 Rn. 28 = NZG 2009, 342 („Der Gesetzesverstoß war damit aber nicht hinfällig, vielmehr erforderte er – schon im Hinblick auf die in der Hauptversammlung nicht erschienenen Aktionäre, die gleichermaßen einen Anspruch auf eine zutreffende Unterrichtung hatten – dass eine Billigung des Verhaltens der Organmitglieder ausgeschlossen war und die gleichwohl gefassten Entlastungsbeschlüsse anfechtbar sind."). Explizit aus diesem Grund gegen die Möglichkeit einer Heilung *Klabunde,* Die Entsprechenserklärung nach § 161 AktG, 2015, 155 ff.
[395] Nach st. Rechtsprechung ist stets zu prüfen, ob der Informationsmangel für das Mitgliedschafts- bzw. Mitwirkungsrecht des Aktionärs ein Legitimationsdefizit begründet, „das bei einer wertenden, am Schutzzweck der verletzten Norm orientierten Betrachtung die Rechtsfolge der Anfechtbarkeit gem. § 243 Abs. 1 AktG rechtfertigt" (siehe nur BGH NZG 2010, 943 Rn. 20).

bei der Verletzung von „Informationspflichten" des Kodex allein in der unterlassenen Erklärung einer Abweichung iSd. § 161 liegt (→ Rn. 96b) – bezieht sich nur auf eine Detailinformation des Lageberichts. Zudem stellt die Abweichung von einer bestimmten Kodexempfehlung in aller Regel keine komplexe Information dar, sodass von den Aktionären erwartet und ihnen zugemutet werden kann, diese auch noch in der Hauptversammlung nachzuvollziehen. Schließlich besitzt die Entlastungsentscheidung selbst nur eine überschaubare Tragweite (→ § 120 Rn. 28 ff.).

96i Auch unter dem Blickwinkel der **Rechtsstellung der nicht erschienenen Aktionäre** ist ein grundsätzlicher **Ausschluss der Heilung des Informationsmangels nicht angezeigt**.[396] Zum einen wird die Aktualisierungspflicht (→ Rn. 72 ff.) durch eine Richtigstellung in der Hauptversammlung nicht tangiert, sodass eine Heilung des hauptversammlungsbezogenen Informationsmangels die Informationsfunktion des § 161 nicht aushebelt. Eine Heilung scheidet auch nicht auf Grund des Umstandes aus, dass die Mitteilung in der Hauptversammlung das Informationsdefizit der nicht erschienenen Aktionäre in Bezug auf den Entlastungsbeschluss nicht zu kompensieren vermag. In aller Regel stehen nämlich sowohl die fehlerhaft gewordene Entsprechenserklärung als auch die unterlassene Aktualisierung in keinem Bezug zum Teilnahmerecht: Auch wenn die Entsprechenserklärung eine wesentliche Informationsgrundlage für den Entlastungsbeschluss darstellt, betrifft sie doch weder die Einberufung der Hauptversammlung noch die Bekanntmachung des Beschlussgegenstandes. Nur darauf kommt es aber an. Denn gemäß § 245 Nr. 2 sind nicht erschienene Aktionäre nur anfechtungsbefugt, wenn sie zu Unrecht nicht zugelassen worden sind, die Versammlung nicht ordnungsgemäß einberufen oder der Gegenstand der Beschlussfassung nicht ordnungsgemäß bekanntgemacht wurde.

96j Im Ergebnis ist daher die **Möglichkeit einer Heilung des Informationsmangels** wegen unterlassener Aktualisierung der Entsprechenserklärung durch mündliche Richtigstellung in der Hauptversammlung **zu bejahen**. Fraglich ist zuletzt nur noch, ob eine solche Heilung im Falle der Verletzung von „Informationspflichten" des Kodex auch durch die nachträgliche Mitteilung ebenjener Informationen erfolgen kann. Denn der für die Anfechtung maßgebliche Informationsmangel besteht allein in der unterlassenen Aktualisierung der Entsprechenserklärung, mithin der Mitteilung über die Abweichung und der Gründe für die Nichtbefolgung. Indes ist zu bedenken, dass „Heilung" im hiesigen Kontext den Wegfall der Relevanz der Informationspflichtverletzung für die Stimmrechtsausübung bedeutet. Es ist daher nicht zwingend erforderlich, die gesetzlich geschuldete Information exakt nachzureichen, und folglich im Einzelfall zu prüfen, ob im Zeitpunkt der Beschlussfassung noch ein relevantes Informationsdefizit für die Entscheidung über die Entlastung vorgelegen hat. Ein solches dürfte **auch bei Mitteilung der nach dem Kodex geschuldeten Informationen** regelmäßig überwunden sein.[397]

96k Von der Möglichkeit der Heilung durch von der Verwaltung nachgereichte Informationen zu unterscheiden ist die **fehlende Relevanz des Informationsmangels wegen anderweitiger Kenntnis der Aktionäre**.[398] Dieser Ausschlusstatbestand dürfte indes praktisch kaum eine Rolle spielen. Denn die gesetzliche Informationspflicht des § 161 verlangt nicht nur den Hinweis auf die Abweichung, sondern außerdem eine Mitteilung der – typischerweise nicht bekannten – Gründe für die Nichtbefolgung (→ Rn. 57 ff.).[399] Auch im Hinblick auf die Informationspflichten des Kodex ist regelmäßig mehr als nur die Offenlegung eines bestimmten Sachverhaltes gefordert. So verlangt etwa Ziff. 5.5.3 DCGK über den Hinweis auf aufgetretene Interessenkonflikte hinaus auch Informationen darüber, wie mit diesen umgegangen wurde.

96l Für die **Anfechtung der Gesamtentlastung** gelten die Grundsätze zur Anfechtung wegen Inhaltsmangels (→ Rn. 95a) entsprechend.[400] Es ist daher für jedes Organmitglied die Frage zu stellen, ob die unrichtige bzw. unrichtig gewordene Entsprechenserklärung ein relevantes Informationsdefizit für die Entscheidung über dessen Entlastung hervorgerufen hat.

96m cc) **Verhältnis der Anfechtbarkeit wegen Inhalts- und Informationsmangels**. Im Ergebnis **überschneiden sich die Anwendungsfälle** der Anfechtbarkeit wegen Inhalts- und Informationsmängeln **nicht unerheblich, ohne jedoch vollständig kongruent zu sein**:[401] Die unterlassene Aktualisierung der Entsprechenserklärung bei der Abweichung von hauptversammlungsbezogenen „Informationspflichten" des DCGK kann unter dem Gesichtspunkt eines Informationsmangels auch dann die Anfechtbarkeit begründen, wenn der Verstoß gegen § 161 selbst nicht mehr in den **Entlas-**

---

[396] Dazu bereits *Bayer/Scholz* ZHR 181 (2017) 861 (872 ff.).
[397] *Bayer/Scholz* ZHR 181 (2017) 861 (889).
[398] Dazu eingehend *Bayer/Scholz* ZHR 181 (2017) 861 (890).
[399] Darauf zu Recht hinweisend *Witt*, Auswirkungen materiell unrichtiger Entsprechenserklärungen, 2015, 117; dies dagegen übersehend OLG Celle NZG 2018, 904 Rn. 27, 44.
[400] Siehe schon *Bayer/Scholz* ZHR 181 (2017) 861 (890 f.).
[401] AA *Witt*, Auswirkungen materiell unrichtiger Entsprechenserklärungen, 2015, 118.

tungszeitraum fällt und daher als Anknüpfungspunkt für einen Inhaltsmangel in diesem Jahr ausscheidet (→ Rn. 95, 96d). Zudem kann eine unterlassene Aktualisierung der Entsprechenserklärung einen relevanten Informationsmangel darstellen, ohne zugleich einen eindeutigen und schweren Gesetzesverstoß zu begründen. Denn **Eindeutigkeit und Schwere des Gesetzesverstoßes sind für die Relevanz des Informationsmangels ohne Bedeutung.** Insbesondere können nachvollziehbare Auslegungszweifel bzgl. der Kodexempfehlung allenfalls die Anfechtung wegen eines Inhaltsmangels ausschließen (→ Rn. 94c).[402] Allerdings besteht **nur bei Informationsmängeln die Möglichkeit einer Heilung** durch Nachholung der Entsprechenserklärung bzw. Richtigstellung in der Hauptversammlung (→ Rn. 94d, 96ff.).

Auf Grund der unterschiedlichen teleologischen Verankerung der Anfechtbarkeit wegen Inhalts- und Informationsmängeln ist auch die vereinzelte **Möglichkeit „doppelrelevanter" Verstöße gegen § 161 AktG für aufeinanderfolgende Entlastungszeiträume** als systemimmanentes Phänomen des geltenden Anfechtungsrechts hinzunehmen.[403] **96n**

b) Wahlbeschlüsse. Ob fehlerhafte Entsprechenserklärungen auch zur Anfechtbarkeit von Wahlbeschlüssen führen können, ist **heftig umstritten und vom BGH noch nicht entschieden.** Das OLG München[404] und dieser Entscheidung folgend auch das LG Hannover[405] haben die Anfechtbarkeit einer Wahl in den Aufsichtsrat für den Fall bejaht, dass der Wahlvorschlag des Aufsichtsrats an die Hauptversammlung einer vom Aufsichtsrat anerkannten Empfehlung des Kodex widerspricht. Diesem Standpunkt hat sich der Großteil des Schrifttums zumindest im Ergebnis angeschlossen,[406] während andere Autoren eine solche Anfechtbarkeit strikt ablehnen.[407] **97**

Im Ergebnis ist die **Anfechtbarkeit de lege lata zu bejahen.**[408] **98**

Sie **folgt jedoch nicht daraus, dass der unterbreitete Wahlvorschlag des Aufsichtsrats nichtig ist** (mit der Folge des § 124 Abs. 4 S. 1).[409] Denn der zukunftsgerichtete Teil der Entsprechenserklärung begründet keine Selbstbindung bis auf Widerruf (ausführlich → Rn. 80). Der Widerspruch zwischen dem Aufsichtsratsbeschluss über den Wahlvorschlag und der einmal abgegebenen Entsprechenserklärung tangiert ersteren nicht, sondern löst lediglich die Pflicht aus, letztere zu aktualisieren (→ Rn. 71 f.). Aus demselben Grund scheidet auch die Annahme eines Inhaltsmangels aus.[410] **98a**

Allerdings kann es sich bei der unterlassenen Aktualisierung der Entsprechenserklärung vor Unterbreitung des Abstimmungsvorschlags um einen **Informationsmangel** handeln,[411] der bei Relevanz **98b**

---

[402] Dies verkennend und die Anfechtung des Entlastungsbeschlusses wegen eines Informationsmangels überhaupt nicht diskutierend *Huttner*, Auslegung des deutschen Corporate Governance Kodex, 2013, 281 f.; ebenso wenig überzeugend S. 295 ff. (zur Anfechtung von Wahlbeschlüssen: „Korrektur des Ergebnisses, dh. Einschränkung der Anfechtbarkeit auf Wertungsebene, notwendig"); die Problematik erkennend und daher für eine – hier jedoch teleologisch nicht gerechtfertigte – Analogie zu § 93 Abs. 1 S. 2 *Klabunde*, Die Entsprechenserklärung nach § 161 AktG, 2015, 182 ff.

[403] Siehe bereits *Bayer/Scholz* ZHR 181 (2017) 861 (896 ff.).

[404] OLG München NZG 2009, 508 (510) – MAN/Piëch = ZIP 2009, 133 = BB 2009, 232 mablAnm *Kocher/Bedkowski*; anders noch Vorinstanz LG München I NZG 2008, 150 = ZIP 2007, 2600 mablAnm *Kirschbaum*.

[405] LG Hannover NZG 2010, 744 (748) = ZIP 2010, 833 – Continental/Schaeffler.

[406] *Goslar/von der Linden* DB 2009, 1691 (1696); *Habersack* Gutachten 69. DJT, 2012, E 46 f.; *Hölters/Hölters* Rn. 60; *Hüffer/Koch/Koch* Rn. 32; *Großkomm AktG/Leyens* Rn. 480 ff.; *Lignier*, Corporate Governance in Deutschland und Frankreich, 2016, 224 f.; *K. Schmidt/Lutter/Spindler* Rn. 64a; *E. Vetter* FS Schneider, 2011, 1345 (1352 ff.); *Wilsing/von der Linden* Rn. 60 ff.; *Waclawik* ZIP 2011, 885 (890); im Grundsatz auch *Bachmann* ZIP 2010, 1517 (1525); *Kiefner* NZG 2011, 201 (206 f.); *Mülbert/Wilhelm* ZHR 176 (2012), 286 (298 f.); tendenziell auch *Goette* FS Hüffer, 2010, 225 (234); *Hopt* FS Hoffmann-Becking, 2013, 563 (574); zuvor bereits *E. Vetter* NZG 2008, 121 (123 f.).

[407] So insbesondere *Hüffer* VGR 2010, 63 (73 ff.); *Hüffer* ZIP 2010, 1979 ff.; ebenso *Bröcker* Der Konzern 2011, 313 (316); *Kocher* AG 2013, 406 (413); *Kocher/Bedkowski* BB 2009, 235; *Marsch-Barner* FS K. Schmidt, 2009, 1109 (1112 f.); *Rieder* NZG 2010, 737 (738 f.); *Tröger* ZIP 175 (2011), 746 (772 ff.); *von Falkenhausen/Kocher* ZIP 2009, 1149 (1150 f.); neuerdings ebenso *Witt*, Auswirkungen materiell unrichtiger Entsprechenserklärungen, 2015, 187 ff.; einschränkend auch *Huttner*, Auslegung des deutschen Corporate Governance Kodex, 2013, 296 f.

[408] Ausführlich zu dieser Problematik *Bayer/Scholz* ZHR 181 (2017) 861 (893 ff.).

[409] So auch OLG Celle NZG 2018, 904 Rn. 37; *Großkomm AktG/Leyens* Rn. 494; *Hüffer/Koch/Koch* Rn. 32 mwN; ausführlich *Klabunde*, Die Entsprechenserklärung nach § 161 AktG, 2015, 196 ff.; *Witt*, Auswirkungen materiell unrichtiger Entsprechenserklärungen, 2015, 169 ff.; aA OLG München NZG 2009, 508 (510); *Hölters/Hölters* Rn. 60; *E. Vetter* NZG 2008, 121 (123); *Weitnauer* GWR 2018, 301 (304 f.).

[410] Verfehlt insoweit OLG Celle NZG 2018, 904 Rn. 38, das die Anfechtbarkeit des Wahlbeschlusses wegen eines schweren und eindeutigen Gesetzesverstoßes prüft.

[411] So auch MüKoAktG/*Goette* Rn. 94 aE; *Hüffer/Koch/Koch* Rn. 32; *Großkomm AktG/Leyens* Rn. 480, 493; *Habersack* Gutachten 69. DJT, 2012, E 46 f.; Kölner Komm AktG/*Kiefner* § 251 Rn. 18; *Goslar/von der Linden* DB 2009, 1691 (1696); *K. Schmidt/Lutter/Spindler* Rn. 64a; siehe auch *Klabunde*, Die Entsprechenserklärung nach § 161 AktG, 2015, 222 ff.

iSv § 243 Abs. 4 S. 1 (iVm § 251 Abs. 1 S. 3) zur Anfechtbarkeit führt.[412] Dem steht nicht entgegen, dass die Erklärungspflicht des § 161 keine spezifisch hauptversammlungsbezogene Informationspflicht darstellt (→ Rn. 96a). Gegen die Anfechtbarkeit lässt sich auch nicht einwenden, dass die Aktualisierungspflicht erst entstehe, wenn der Kandidat gewählt wurde.[413] Dies versteht sich für explizit an die Wahlvorschläge des Aufsichtsrates anknüpfende Kodexempfehlungen von selbst, gilt aber auch für die Abweichung von solchen Empfehlungen, die abstrakt die Zusammensetzung des Aufsichtsrates betreffen. Denn bei Empfehlungen, welche die Wahl von Aufsichtsratsmitgliedern betreffen und die damit unmittelbar in den Kompetenzbereich der Hauptversammlung fallen, ist die Entsprechenserklärung darauf gerichtet, dass der Aufsichtsrat gemäß den Kodexempfehlungen auf die Hauptversammlung einwirkt (→ Rn. 40), mithin entsprechende Wahlvorschläge unterbreitet. Auch in diesen Fällen ist die Entsprechenserklärung daher spätestens gleichzeitig (→ Rn. 72) mit dem abweichenden Wahlvorschlag zu aktualisieren.

98c Dabei wird die **Relevanz des Informationsmangels zu bejahen sein, wenn die Entsprechenserklärung durch den Wahlvorschlag unrichtig wird.** Denn zum einen dürfen die Aktionäre davon ausgehen, dass der Wahlvorschlag den Kriterien des DCGK entspricht, solange die Entsprechenserklärung nicht aktualisiert worden ist.[414] Zum anderen kann für einen objektiv urteilenden Aktionär die Aufgabe „guter" Corporate Governance im Sinne des DCGK für die Ausübung seines Stimmrechts durchaus ins Gewicht fallen.[415]

98d Allerdings ist nach den oben dargelegten Grundsätzen (→ Rn. 96f ff.) eine **Heilung möglich**, wenn die Aktionäre noch in der Hauptversammlung darüber informiert werden, dass und warum der Wahlvorschlag von der betreffenden Kodexempfehlung abweicht.[416]

99 **Rechtspolitisch** wird ganz überwiegend ein **Ausschluss der Anfechtbarkeit** von Wahlbeschlüssen (etwa nach dem Modell des § 120 Abs. 4 S. 3) befürwortet.[417] Diese Stimmen werden noch dringlicher werden, nachdem der BGH – entgegen der hL[418] – die Lehre vom fehlerhaften Organ für Aufsichtsratsmitglieder verworfen[419] und dadurch der Vorstellung, eine (erfolgreiche) Anfechtung der Aufsichtsratswahl könne nur ex nunc wirken,[420] die Grundlage entzogen hat.[421] Das Anfechtungsrisiko hat sich für die Praxis dadurch erheblich erhöht.[422] Damit verbunden ist ein Erstarken der schon weithin gebannten Gefahr missbräuchlicher und räuberischer Anfechtungsklagen.[423] Sorgfältiges Handeln und ggf. praxistaugliche Gegenmaßnahmen[424] sind daher das Gebot der Stunde.[425] Rechtspolitischer Ausweg ist die vom 72. Deutschen Juristentag abermals angemahnte Reform des Beschlussmängelrechts.[426]

100 **3. Haftung von Organmitgliedern und Gesellschaft. a) Grundlagen.** Da spezielle Haftungsregelungen für Verstöße im Kontext der Abgabe der Entsprechenserklärung fehlen, ist für die **Innen- wie Außenhaftung** auf **allgemeine Grundsätze** zurückzugreifen (→ § 93 Rn. 200 ff.,

---

[412] Dazu näher Großkomm AktG/*Leyens* Rn. 492 f.; MüKoAktG/*Goette* Rn. 95 f.
[413] In diese Richtung aber *Witt*, Auswirkungen materiell unrichtiger Entsprechenserklärungen, 2015, 187 f.
[414] So *Habersack* FS Goette, 2011, 121 (123 f.); K. Schmidt/Lutter/*Spindler* Rn. 64a; siehe auch MüKoAktG/*Goette* Rn. 94.
[415] Für Einzelfallbetrachtung dagegen MüKoAktG/*Goette* Rn. 95; gänzlich ablehnend *Witt*, Auswirkungen materiell unrichtiger Entsprechenserklärungen, 2015, 188 f.
[416] Ebenso Hüffer/Koch/*Koch* Rn. 32; vgl. auch MüKoAktG/*Goette* Rn. 95.
[417] *Grigoleit*/*Grigoleit*/*Zellner* Rn. 35; *Kremer* ZIP 2011, 1177 (1180); *Krieger* ZGR 2012, 202 (227); *Waclawik* ZIP 2011, 885 (891 ff.); *Witt*, Auswirkungen materiell unrichtiger Entsprechenserklärungen, 2015, 249 f.; vgl. auch Beschluss 69. DJT Nr. 10a (27/44/12).
[418] Zusammenfassend und mwN etwa *Bayer*/*Lieder* NZG 2012, 1 (6 f.); *Habersack* FS Goette, 2011, 121 (132); grundlegend *Schürnbrandt*, Organschaft im Recht der privaten Verbände, 2007, 286 ff.
[419] BGHZ 196, 195 im Anschluss an *E. Vetter* ZIP 2012, 701 (707 ff.); dazu näher → § 101 Rn. 114.
[420] So *Bayer* NZG 2013, 1, *Habersack* Gutachten 69. DJT, 2012, F 66; *Happ* FS Hüffer, 2010, 293 (305 ff.); Hüffer/Koch/*Hüffer* 10. Aufl. 2010 § 101 Rn. 18; MüKoAktG/*Goette* Rn. 96.
[421] Die BGH-Rspr. abl.: *Schürnbrandt* NZG 2013, 481 ff.; *Lieder* ZHR 178 (2014), 282 ff.; *Cziupka* DNotZ 2013, 579 ff.; *Rieckers* AG 2013, 383 ff.
[422] So auch Hüffer/Koch/*Koch* § 101 Rn. 23.
[423] Zust. *Witt*, Auswirkungen materiell unrichtiger Entsprechenserklärungen, 2015, 228 ff. Ausführlich zur Eindämmung räuberischer Anfechtungsklagen *Bayer*/*Hoffmann*/*Sawada* ZIP 2012, 897 ff.; *Bayer*/*Hoffmann* ZIP 2013, 1193 ff.
[424] Dazu näher *Tiedmann*/*Struck* BB 2013, 1548 (1550); *C. Arnold*/*Gayk* DB 2013, 1830 ff.
[425] So auch Hüffer/Koch/*Koch* § 101 Rn. 23.
[426] Vgl. 72. DJT Beschluss Nr. 1 (51/3/1); explizit Bezug auf die Entsprechenserklärung 69. DJT Beschluss Nr. 21 (66/6/6); siehe auch 67. DJT Beschluss Nr. 16a (65/3/10). Zur Reformdiskussion siehe nur *Koch* Gutachten 72. DJT, 2018, F 11 ff.; dazu *Bayer*/*Möller* NZG 2018, 801; *Grigoleit* AG 2018, 645; *Harbarth* AG 2018, 637; *Noack* JZ 2018, 824.

307 f.). Im Folgenden ist daher lediglich auf die Besonderheiten im Umgang mit § 161 hinzuweisen.[427] Den Ausgangspunkt aller Haftungsfragen bildet dabei die Erkenntnis, dass eine Haftung niemals an einen Verstoß gegen den DCGK anknüpfen kann, weil es diesem an Gesetzesqualität mangelt.[428] Insbesondere konkretisiert der Kodex weder die nach § 93 Abs. 1 S. 1 gebotene Sorgfalt (→ Rn. 24a) noch kann er als Schutzgesetz iSd § 823 Abs. 2 BGB qualifiziert werden.[429]

100a Gleichzeitig erweist sich der **Nachweis eines adäquat kausalen Schadens** grundsätzlich als schwierig.[430] Denn als Schaden der Gesellschaft kommen vor allem gestiegene Refinanzierungskosten auf Grund von Kursrückgängen in Betracht und Kursschwankungen sind nur selten monokausal erklärbar; das gleiche Beweisproblem stellt sich im Hinblick auf den Wertverlust der Aktien bei der Außenhaftung. Dabei handelt es sich indes um ein allgemeines Problem der Haftung für fehlerhafte Kapitalmarktkommunikation.[431] Vor diesem Hintergrund wird das Haftungsrisiko bei Verstößen gegen § 161 derzeit zumeist als gering eingestuft.[432] Das ist jedoch nur eingeschränkt richtig. Werden nämlich Hauptversammlungsbeschlüsse infolge einer fehlerhaften Entsprechenserklärung erfolgreich angefochten, sind die der Gesellschaft **im Anfechtungsprozess entstehenden Kosten** im Grundsatz unproblematisch auf den Verstoß gegen § 161 zurückzuführen. Mit dem Anfechtungsrisiko (→ Rn. 91 ff.) korreliert damit auch ein grundsätzliches (Innen-)Haftungsrisiko.

101 **b) Innenhaftung der Organmitglieder.** Jeder **Verstoß gegen die aus § 161 folgenden Pflichten** (Abgabe, Richtigkeit, Rechtzeitigkeit, Begründung, Publizität) begründet eine Pflichtverletzung im Sinne von § 93 Abs. 2 S. 1 (iVm § 116). Zu beachten ist indes, dass die retrospektive Unrichtigkeit der Erklärung und die fehlende Aktualisierung der Absichtserklärung **nicht per se Pflichtverstöße jedes einzelnen Organmitglieds** darstellen. Das gilt insbesondere bei an die einzelnen Organmitglieder und das jeweils andere Organ gerichteten Kodexempfehlungen. Nach dem BGH fällt die Unrichtigkeit der Entsprechenserklärung „jedem der erklärungspflichtigen Organe zur Last [...], soweit ihre Mitglieder die anfängliche oder später eintretende Unrichtigkeit kannten oder kennen mussten und sie gleichwohl nicht für eine Richtigstellung gesorgt haben" (zur daraus folgenden Überwachungspflicht → Rn. 82).

101a Zudem **kann es bei einem Verstoß gegen § 161 infolge unrichtiger Auslegung einer Kodexempfehlung am Verschulden fehlen.** Insofern gelten keine geringeren Anforderungen als sie sonst an einen entschuldigenden Rechtsirrtum gestellt werden (→ § 93 Rn. 35a ff.).[433] Dies folgt bereits aus dem Umstand, dass die Auslegung der Kodexempfehlungen die Rechtsanwendung des § 161 determiniert: Die wegen eines Rechtsirrtums bei der Auslegung des Kodex fehlerhafte Entsprechenserklärung begründet zugleich einen Rechtsirrtum über die gesetzliche Erklärungspflicht. Eine faktische Lockerung ergibt sich indes zum einen aus der vielfachen Einräumung von Ermessens- und Beurteilungsspielräumen durch die Kodexempfehlungen selbst (→ Rn. 17c), zum anderen aus der Möglichkeit, bei Auslegungszweifeln vorsorglich die Abweichung zu erklären (→ Rn. 47a).

101b Der **Verstoß gegen die Kodexempfehlungen selbst begründet hingegen unmittelbar keine Pflichtverletzung** und zwar sowohl bei erklärter Nichtbefolgung als auch bei einer entsprechenden Positiverklärung. Ersteres folgt daraus, dass der DCGK für die Auslegung des § 93 Abs. 1 S. 1 ohne Bedeutung ist (→ Rn. 24a), letzteres daraus, dass die Absichtserklärung keine Selbstbindung der Organe begründet (→ Rn. 80).

102 **c) Außenhaftung der Organmitglieder.** Eine Außenhaftung der Organmitglieder kommt nur begrenzt in Betracht. Für eine **c.i.c.**-Haftung fehlt es an der Inanspruchnahme besonderen persönlichen Vertrauens.[434] Auch eine allgemeine **Prospekthaftung** und eine **kapitalmarktrechtliche Vertrauenshaftung** scheiden aus, weil die Organe ihre Corporate Governance unter Aktualisierung der Entsprechenserklärung jederzeit ändern können, sodass durch die Abgabe kein hinreichender

---

[427] Ausführlich zu den einzelnen Haftungstatbeständen *Hanfland*, Haftungsrisiken im Zusammenhang mit § 161 AktG, 2007; *Heck*, Haftungsrisiken im Zusammenhang mit der Entsprechenserklärung, 2006; *Vogel*, Die Haftung von Gesellschaften, Vorständen und Aufsichtsräten, 2010.
[428] Hüffer/Koch/*Koch* Rn. 28.
[429] Hüffer/Koch/*Koch* Rn. 28; Kölner Komm AktG/*Lutter* Rn. 180; K. Schmidt/Lutter/*Spindler* Rn. 73.
[430] MüKoAktG/*Goette* Rn. 97; *Habersack* Gutachten 69. DJT, 2012, E 62; Großkomm AktG/*Leyens* Rn. 519; K. Schmidt/Lutter/*Spindler* Rn. 65; siehe auch *Hanfland*, Haftungsrisiken im Zusammenhang mit § 161 AktG, 2007, 314 ff.
[431] Großkomm AktG/*Leyens* Rn. 519; K. Schmidt/Lutter/*Spindler* Rn. 65.
[432] *Heck*, Haftungsrisiken im Zusammenhang mit der Entsprechenserklärung, 2006, 188; *Kirschbaum*, Entsprechenserklärungen zum englischen Combined Code und zum Deutschen Corporate Governance Kodex, 2006, 368; *Vogel*, Die Haftung von Gesellschaften, Vorständen und Aufsichtsräten, 2010, 226 f.
[433] Siehe bereits *Scholz* ZfPW 2017, 360 (376): aA KBLW/*Bachmann* DCGK Rn. 51.
[434] MüKoAktG/*Goette* Rn. 98; K. Schmidt/Lutter/*Spindler* Rn. 66.

Vertrauenstatbestand geschaffen wird.[435] Darüber hinaus ist die Entsprechenserklärung in ihrem Informationsgehalt nicht mit einem Prospekt vergleichbar und erfüllt auch keine vergleichbare Vertriebsfunktion.[436] Weiter muss auch eine Haftung aus § 823 Abs. 1 BGB wegen eines Eingriffs in das Mitgliedschaftsrecht mangels unmittelbaren Bezugs der Entsprechenserklärung zur individuellen Mitgliedschaft ausscheiden.[437] § 161 ist darüber hinaus auch kein Schutzgesetz iSv § 823 Abs. 2 BGB, da die Erklärungspflicht lediglich die Information des Kapitalmarkts bezweckt, nicht aber dem Schutz einzelner Anleger dient.[438] Demgegenüber stellen § 331 Abs. 1 Nr. 1 HGB und § 400 AktG Schutzgesetze dar, die bei unrichtiger Abgabe der Entsprechenserklärung zur Haftung nach § 823 Abs. 2 BGB führen können.[439] Doch setzen beide Vorschriften vorsätzliches Handeln voraus (näher zur Erfüllung des jeweiligen Tatbestands → Rn. 104). Bei vorsätzlicher Verletzung der Erklärungspflicht und entsprechendem Schädigungsvorsatz kommt auch eine Haftung nach § 826 BGB in Betracht.[440]

103   **d) Haftung der Gesellschaft.** Sofern die Organmitglieder nach den vorgenannten Grundsätzen im Außenverhältnis haften, kommt darüber hinaus eine Haftung der Gesellschaft auf Grund einer **Zurechnung des Organhandelns analog § 31 BGB** in Betracht.[441] Dem lässt sich nicht entgegenhalten, dass nach § 161 Abs. 1 S. 1 nicht die Gesellschaft, sondern die Organe zur Abgabe der Entsprechenserklärung verpflichtet sind.[442] Denn die Beantwortung der Frage, wen die Pflicht zur Abgabe der Entsprechenserklärung trifft, ist für die Zurechnung nach § 31 BGB ohne Belang; dieser verlangt lediglich, dass die zum Schadensersatz verpflichtende Handlung des verfassungsmäßig berufenen Vertreters „in Ausführung der ihm zustehenden Verrichtungen" begangen wurde. Wie auch sonst muss daher ein innerer Zusammenhang zur Organstellung genügen, was bei einer unmittelbaren Verpflichtung der Organe nicht in Abrede gestellt werden kann. Auch steht § 57 AktG Schadensersatzansprüchen der Aktionäre gegen die Gesellschaft nicht entgegen, weil die in Rede stehenden Ansprüche nicht auf der mitgliedschaftlichen Sonderverbindung beruhen (ausführlich → § 57 Rn. 47 ff.).

104   **4. Strafrechtliche Verantwortlichkeit.** Nach § 331 Abs. 1 Nr. 1 HGB wird bestraft, wer als Mitglied des Vorstands oder des Aufsichtsrats die Verhältnisse der Gesellschaft in der Eröffnungsbilanz, im Jahresabschluss, im Lagebericht oder im Zwischenabschluss nach § 340a Abs. 3 unrichtig wiedergibt oder verschleiert. Da die Entsprechenserklärung gemäß § 289f Abs. 2 Nr. 1 HGB (§ 289a Abs. 2 Nr. 1 HGB aF) Teil der Erklärung zur Unternehmensführung ist, welche ihrerseits nach § 289f Abs. 1 S. 1 HGB einen Bestandteil des Lageberichts bildet, kommt bei Unrichtigkeit der Entsprechenserklärung eine Strafbarkeit in Betracht.[443] Das Risiko ist indes begrenzt, weil § 331 Abs. 1 HGB zum einen eine ungeschriebene Erheblichkeitsschwelle enthält und subjektiv Vorsatz erfordert.[444] Zum anderen ist jedenfalls die in den Lagebericht aufgenommene Erklärung zur Unternehmensführung eine Stichtagserklärung,[445] sodass eine nachträgliche Unrichtigkeit der Entsprechenserklärung (Verstoß gegen die Aktualisierungspflicht) weder die Erklärung nach § 289f HGB noch den Lagebericht unrichtig macht. Da bei Veröffentlichung der Erklärung zur Unternehmensführung auf der Internetseite der Gesellschaft nach § 289f Abs. 1 S. 2 HGB in den Lagebericht gemäß § 289f Abs. 1 S. 3 HGB lediglich eine Bezugnahme aufzunehmen ist, ist mit Blick auf Art. 103 Abs. 2 GG zweifelhaft, ob eine unrichtige Entsprechenserklärung überhaupt eine Unrichtigkeit „im Lagebericht" im Sinne des § 331 Abs. 1 Nr. 1 HGB begründen kann;[446] jedenfalls ist auch auf diesem Wege die Aktualisierungspflicht nicht strafbewehrt.[447] Darüber hinaus kommt eine Strafbarkeit nach **§ 400 Abs. 1 Nr. 1** wegen unrichtiger Wiedergabe oder Verschleierung der Verhältnisse der Gesellschaft

---

[435] In diesem Sinne auch MüKoAktG/*Goette* Rn. 102; K. Schmidt/Lutter/*Spindler* Rn. 77; aA Kölner Komm AktG/*Lutter* Rn. 173 f.
[436] Zutreffend K. Schmidt/Lutter/*Spindler* Rn. 76; aA aber Kölner Komm AktG/*Lutter* Rn. 174.
[437] Hüffer/Koch/*Koch* Rn. 28, 30; K. Schmidt/Lutter/*Spindler* Rn. 72; Kölner Komm AktG/*Lutter* Rn. 178.
[438] Hüffer/Koch/*Koch* Rn. 28, 30; Kölner Komm AktG/*Lutter* Rn. 181; *Marsch-Barner* in Marsch-Barner/Schäfer Börsennotierte AG-HdB Rn. 2.92; K. Schmidt/Lutter/*Spindler* Rn. 73; siehe auch *Hanfland*, Haftungsrisiken im Zusammenhang mit § 161 AktG, 2007, 121 f.
[439] K. Schmidt/Lutter/*Spindler* Rn. 73; Kölner Komm AktG/*Lutter* Rn. 182 f.
[440] Dazu ausführlich Kölner Komm AktG/*Lutter* Rn. 185 ff.
[441] Hüffer/Koch/*Koch* Rn. 29; Großkomm AktG/*Leyens* Rn. 608 ff.; *Mülbert/Wilhelm* ZHR 176 (2012), 286 (305 ff.); K. Schmidt/Lutter/*Spindler* Rn. 70; aA Kölner Komm AktG/*Lutter* Rn. 189.
[442] So insbesondere *Hüffer*, 10. Aufl. 2012, Rn. 29.
[443] *Theusinger/Liese* DB 2008, 1419 (1421); *Tödtmann/Schauer* ZIP 2009, 995 (999).
[444] *Park/Südbeck/Eidam*, Kapitalmarktstrafrecht, § 331 HGB Rn. 18.
[445] Überzeugend *Bachmann* ZIP 2010, 1517 (1522).
[446] So aber *Bachmann* ZIP 2010, 1517 (1521).
[447] Für eine zivilrechtliche Aktualisierungspflicht aber *Bachmann* ZIP 2010, 1517 (1522).

in Betracht; da jedoch erforderlich ist, dass die unrichtige Erklärung als Vortrag oder Auskunft in der Hauptversammlung abgegeben werden muss, besteht auch insoweit nur ein äußerst geringes Strafbarkeitsrisiko.[448]

V. Anhang: Der Deutsche Corporate Governance Kodex idF vom 7.2.2017[449]

1. Präambel

Der Deutsche Corporate Governance Kodex (der „Kodex") stellt wesentliche gesetzliche Vorschriften zur Leitung und Überwachung deutscher börsennotierter Gesellschaften (Unternehmensführung) dar und enthält international und national anerkannte Standards guter und verantwortungsvoller Unternehmensführung. Der Kodex hat zum Ziel, das deutsche Corporate Governance System transparent und nachvollziehbar zu machen. Er will das Vertrauen der internationalen und nationalen Anleger, der Kunden, der Mitarbeiter und der Öffentlichkeit in die Leitung und Überwachung deutscher börsennotierter Gesellschaften fördern.
Der Kodex verdeutlicht die Verpflichtung von Vorstand und Aufsichtsrat, im Einklang mit den Prinzipien der Sozialen Marktwirtschaft für den Bestand des Unternehmens und seine nachhaltige Wertschöpfung zu sorgen (Unternehmensinteresse). Diese Prinzipien verlangen nicht nur Legalität, sondern auch ethisch fundiertes, eigenverantwortliches Verhalten (Leitbild des Ehrbaren Kaufmanns).
Institutionelle Anleger sind für die Unternehmen von besonderer Bedeutung. Von ihnen wird erwartet, dass sie ihre Eigentumsrechte aktiv und verantwortungsvoll auf der Grundlage von transparenten und die Nachhaltigkeit berücksichtigenden Grundsätzen ausüben.
Deutschen Aktiengesellschaften ist ein duales Führungssystem gesetzlich vorgegeben.
Der Vorstand leitet das Unternehmen in eigener Verantwortung. Die Mitglieder des Vorstands tragen gemeinsam die Verantwortung für die Unternehmensleitung. Der Vorstandsvorsitzende koordiniert die Arbeit der Vorstandsmitglieder.
Der Aufsichtsrat bestellt, überwacht und berät den Vorstand und ist in Entscheidungen, die von grundlegender Bedeutung für das Unternehmen sind, unmittelbar eingebunden. Der Aufsichtsratsvorsitzende koordiniert die Arbeit im Aufsichtsrat.
Die Mitglieder des Aufsichtsrats werden von den Aktionären in der Hauptversammlung gewählt. Bei Unternehmen mit mehr als 500 bzw. 2.000 Arbeitnehmern im Inland sind auch die Arbeitnehmer im Aufsichtsrat vertreten, der sich dann zu einem Drittel bzw. zur Hälfte aus von den Arbeitnehmern gewählten Vertretern zusammensetzt. Bei Unternehmen mit mehr als 2.000 Arbeitnehmern hat der Aufsichtsratsvorsitzende, der praktisch immer ein Vertreter der Anteilseigner ist, ein die Beschlussfassung entscheidendes Zweitstimmrecht. Die von den Aktionären gewählten Anteilseignervertreter und die Arbeitnehmervertreter sind gleichermaßen dem Unternehmensinteresse verpflichtet.
Alternativ eröffnet die Europäische Gesellschaft (SE) die Möglichkeit, sich auch in Deutschland für das international verbreitete System der Führung durch ein einheitliches Leitungsorgan (Verwaltungsrat) zu entscheiden.
Die Ausgestaltung der unternehmerischen Mitbestimmung in der SE wird grundsätzlich durch eine Vereinbarung zwischen der Unternehmensleitung und der Arbeitnehmerseite festgelegt. Die Arbeitnehmer in den EU-Mitgliedstaaten sind einbezogen.
Die Rechnungslegung deutscher Unternehmen ist am True-and-fair-view-Prinzip orientiert und hat ein den tatsächlichen Verhältnissen entsprechendes Bild der Vermögens-, Finanz- und Ertragslage des Unternehmens zu vermitteln.
Empfehlungen des Kodex sind im Text durch die Verwendung des Wortes „soll" gekennzeichnet. Die Gesellschaften können hiervon abweichen, sind dann aber verpflichtet, dies jährlich offenzulegen und die Abweichungen zu begründen („comply or explain"). Dies ermöglicht den Gesellschaften die Berücksichtigung branchen- oder unternehmensspezifischer Bedürfnisse. Eine gut begründete Abweichung von einer Kodexempfehlung kann im Interesse einer guten Unternehmensführung liegen. So trägt der Kodex zur Flexibilisierung und Selbstregulierung der deutschen Unternehmensverfassung bei. Ferner enthält der Kodex Anregungen, von denen ohne Offenlegung abgewichen werden kann; hierfür verwendet der Kodex den Begriff „sollte". Die übrigen sprachlich nicht so gekennzeichneten Teile des Kodex betreffen Beschreibungen gesetzlicher Vorschriften und Erläuterungen.
In Regelungen des Kodex, die nicht nur die Gesellschaft selbst, sondern auch ihre Konzernunternehmen betreffen, wird der Begriff „Unternehmen" statt „Gesellschaft" verwendet.

---

[448] Kölner Komm AktG/*Lutter* Rn. 183; K. Schmidt/Lutter/*Spindler* Rn. 81.
[449] Bekannt gemacht im BAnz AT v. 24.4.2017 B2, berichtigt durch BAnz AT v. 19.5.2017 B2; zu den aktuellen Änderungen siehe *Baur/Holle* NZG 2017, 170; *Bings* CCZ 2017, 118; *Fuchs/Erkens* NJW-Spezial 2017, 207; *Mense/Klie* BB 2017, 771; *Wilsing/von der Linden* DStR 2017, 1046.

Der Kodex richtet sich in erster Linie an börsennotierte Gesellschaften und Gesellschaften mit Kapitalmarktzugang im Sinne des § 161 Absatz 1 Satz 2 des Aktiengesetzes. Auch nicht kapitalmarktorientierten Gesellschaften wird die Beachtung des Kodex empfohlen.

Für die Corporate Governance börsennotierter Kreditinstitute und Versicherungsunternehmen ergeben sich aus dem jeweiligen Aufsichtsrecht Besonderheiten, die im Kodex nicht berücksichtigt sind.

Der Kodex wird in der Regel einmal jährlich vor dem Hintergrund nationaler und internationaler Entwicklungen überprüft und bei Bedarf angepasst.

2. Aktionäre und Hauptversammlung

2.1 Aktionäre

2.1.1 Die Aktionäre nehmen im Rahmen der gesetzlichen und satzungsmäßig vorgesehenen Möglichkeiten ihre Rechte vor oder während der Hauptversammlung wahr und üben dabei ihr Stimmrecht aus.

2.1.2 Jede Aktie gewährt grundsätzlich eine Stimme. Aktien mit Mehrstimmrechten oder Vorzugsstimmrechten („golden shares") sowie Höchststimmrechte bestehen nicht.

2.2 Hauptversammlung

2.2.1 Der Vorstand legt der Hauptversammlung den Jahresabschluss, den Lagebericht, den Konzernabschluss und den Konzernlagebericht vor. Sie entscheidet über die Gewinnverwendung sowie die Entlastung von Vorstand und Aufsichtsrat und wählt in der Regel die Anteilseignervertreter im Aufsichtsrat und den Abschlussprüfer.

Darüber hinaus entscheidet die Hauptversammlung über den Inhalt der Satzung, insbesondere den Gegenstand der Gesellschaft und wesentliche Strukturmaßnahmen wie Unternehmensverträge und Umwandlungen, über die Ausgabe von neuen Aktien und von Wandel- und Optionsschuldverschreibungen sowie über die Ermächtigung zum Erwerb eigener Aktien. Sie kann über die Billigung des Systems der Vergütung der Vorstandsmitglieder beschließen.

2.2.2 Bei der Ausgabe neuer Aktien haben die Aktionäre grundsätzlich ein ihrem Anteil am Grundkapital entsprechendes Bezugsrecht.

2.2.3 Jeder Aktionär ist berechtigt, an der Hauptversammlung teilzunehmen, das Wort zu Gegenständen der Tagesordnung zu ergreifen und sachbezogene Fragen und Anträge zu stellen.

2.2.4 Der Versammlungsleiter sorgt für eine zügige Abwicklung der Hauptversammlung. Dabei sollte er sich davon leiten lassen, dass eine ordentliche Hauptversammlung spätestens nach 4 bis 6 Stunden beendet ist.

2.3 Einladung zur Hauptversammlung, Stimmrechtsvertreter

2.3.1 Die Hauptversammlung ist vom Vorstand mindestens einmal jährlich unter Angabe der Tagesordnung einzuberufen. Aktionärsminderheiten sind berechtigt, die Einberufung einer Hauptversammlung und die Erweiterung der Tagesordnung zu verlangen. Die Einberufung sowie die vom Gesetz für die Hauptversammlung verlangten Berichte und Unterlagen einschließlich des Geschäftsberichts sind für die Aktionäre leicht erreichbar auf der Internetseite der Gesellschaft zusammen mit der Tagesordnung zugänglich zu machen.

2.3.2 Die Gesellschaft soll den Aktionären die persönliche Wahrnehmung ihrer Rechte und die Stimmrechtsvertretung erleichtern. Der Vorstand soll für die Bestellung eines Vertreters für die weisungsgebundene Ausübung des Stimmrechts der Aktionäre sorgen; dieser sollte auch während der Hauptversammlung erreichbar sein.

2.3.3 Die Gesellschaft sollte den Aktionären die Verfolgung der Hauptversammlung über moderne Kommunikationsmedien (z.B. Internet) ermöglichen.

3. Zusammenwirken von Vorstand und Aufsichtsrat

3.1 Vorstand und Aufsichtsrat arbeiten zum Wohle des Unternehmens eng zusammen.

3.2 Der Vorstand stimmt die strategische Ausrichtung des Unternehmens mit dem Aufsichtsrat ab und erörtert mit ihm in regelmäßigen Abständen den Stand der Strategieumsetzung.

3.3 Für Geschäfte von grundlegender Bedeutung legen die Satzung oder der Aufsichtsrat – dieser gegebenenfalls auch im Einzelfall – Zustimmungsvorbehalte des Aufsichtsrats fest. Hierzu gehören Entscheidungen oder Maßnahmen, die die Vermögens-, Finanz- oder Ertragslage des Unternehmens grundlegend verändern.

3.4 Die Information des Aufsichtsrats ist Aufgabe des Vorstands. Der Aufsichtsrat hat jedoch seinerseits sicherzustellen, dass er angemessen informiert wird. Zu diesem Zweck soll der Aufsichtsrat die Informations- und Berichtspflichten des Vorstands näher festlegen.

Der Vorstand informiert den Aufsichtsrat regelmäßig, zeitnah und umfassend über alle für das Unternehmen relevanten Fragen der Strategie, der Planung, der Geschäftsentwicklung, der Risikolage, des Risikomanagements und der Compliance. Er geht auf Abweichungen des Geschäftsverlaufs von den aufgestellten Plänen und Zielen unter Angabe von Gründen ein. Berichte des Vorstands an den Aufsichtsrat sind in der Regel in Textform zu erstatten. Entscheidungsnotwendige Unterlagen werden den Mitgliedern des Aufsichtsrats möglichst rechtzeitig vor der Sitzung zugeleitet.

3.5 Gute Unternehmensführung setzt eine offene Diskussion zwischen Vorstand und Aufsichtsrat sowie in Vorstand und Aufsichtsrat voraus. Die umfassende Wahrung der Vertraulichkeit ist dafür von entscheidender Bedeutung.
Alle Organmitglieder stellen sicher, dass die von ihnen zur Unterstützung einbezogenen Mitarbeiter die Verschwiegenheitspflicht in gleicher Weise einhalten.
3.6 In mitbestimmten Aufsichtsräten können die Vertreter der Aktionäre und der Arbeitnehmer die Sitzungen des Aufsichtsrats jeweils gesondert, gegebenenfalls mit Mitgliedern des Vorstands, vorbereiten.
Der Aufsichtsrat soll bei Bedarf ohne den Vorstand tagen.
3.7 Bei einem Übernahmeangebot müssen Vorstand und Aufsichtsrat der Zielgesellschaft eine begründete Stellungnahme zu dem Angebot abgeben, damit die Aktionäre in Kenntnis der Sachlage über das Angebot entscheiden können.
Der Vorstand darf nach Bekanntgabe eines Übernahmeangebots bis zur Veröffentlichung des Ergebnisses keine Handlungen vornehmen, durch die der Erfolg des Angebots verhindert werden könnte, soweit solche Handlungen nicht nach den gesetzlichen Regelungen erlaubt sind. Bei ihren Entscheidungen sind Vorstand und Aufsichtsrat an das beste Interesse der Aktionäre und des Unternehmens gebunden.
Der Vorstand sollte im Falle eines Übernahmeangebots eine außerordentliche Hauptversammlung einberufen, in der die Aktionäre über das Übernahmeangebot beraten und gegebenenfalls über gesellschaftsrechtliche Maßnahmen beschließen.
3.8 Die Mitglieder von Vorstand und Aufsichtsrat beachten die Regeln ordnungsgemäßer Unternehmensführung. Verletzen sie die Sorgfalt eines ordentlichen und gewissenhaften Geschäftsleiters bzw. Aufsichtsratsmitglieds schuldhaft, so haften sie der Gesellschaft gegenüber auf Schadensersatz. Bei unternehmerischen Entscheidungen liegt keine Pflichtverletzung vor, wenn das Mitglied von Vorstand oder Aufsichtsrat vernünftigerweise annehmen durfte, auf der Grundlage angemessener Information zum Wohle der Gesellschaft zu handeln (Business Judgement Rule).
Schließt die Gesellschaft für den Vorstand eine D&O-Versicherung ab, ist ein Selbstbehalt von mindestens 10 % des Schadens bis mindestens zur Höhe des Eineinhalbfachen der festen jährlichen Vergütung des Vorstandsmitglieds zu vereinbaren.
In einer D&O-Versicherung für den Aufsichtsrat soll ein entsprechender Selbstbehalt vereinbart werden.
3.9 Die Gewährung von Krediten des Unternehmens an Mitglieder des Vorstands und des Aufsichtsrats sowie ihre Angehörigen bedarf der Zustimmung des Aufsichtsrats.
3.10 Über die Corporate Governance sollen Vorstand und Aufsichtsrat jährlich berichten (Corporate-Governance-Bericht) und diesen Bericht im Zusammenhang mit der Erklärung zur Unternehmensführung veröffentlichen. Dabei sollte auch zu den Kodexanregungen Stellung genommen werden. Die Gesellschaft soll nicht mehr aktuelle Entsprechenserklärungen zum Kodex fünf Jahre lang auf ihrer Internetseite zugänglich halten.

4. Vorstand
4.1 Aufgaben und Zuständigkeiten
4.1.1 Der Vorstand leitet das Unternehmen in eigener Verantwortung im Unternehmensinteresse, also unter Berücksichtigung der Belange der Aktionäre, seiner Arbeitnehmer und der sonstigen dem Unternehmen verbundenen Gruppen (Stakeholder) mit dem Ziel nachhaltiger Wertschöpfung.
4.1.2 Der Vorstand entwickelt die strategische Ausrichtung des Unternehmens, stimmt sie mit dem Aufsichtsrat ab und sorgt für ihre Umsetzung.
4.1.3 Der Vorstand hat für die Einhaltung der gesetzlichen Bestimmungen und der unternehmensinternen Richtlinien zu sorgen und wirkt auf deren Beachtung durch die Konzernunternehmen hin (Compliance). Er soll für angemessene, an der Risikolage des Unternehmens ausgerichtete Maßnahmen (Compliance Management System) sorgen und deren Grundzüge offenlegen. Beschäftigten soll auf geeignete Weise die Möglichkeit eingeräumt werden, geschützt Hinweise auf Rechtsverstöße im Unternehmen zu geben; auch Dritten sollte diese Möglichkeit eingeräumt werden.
4.1.4 Der Vorstand sorgt für ein angemessenes Risikomanagement und Risikocontrolling im Unternehmen.
4.1.5 Der Vorstand soll bei der Besetzung von Führungsfunktionen im Unternehmen auf Vielfalt (Diversity) achten und dabei insbesondere eine angemessene Berücksichtigung von Frauen anstreben. Für den Frauenanteil in den beiden Führungsebenen unterhalb des Vorstands legt der Vorstand Zielgrößen fest.
4.2 Zusammensetzung und Vergütung
4.2.1 Der Vorstand soll aus mehreren Personen bestehen und einen Vorsitzenden oder Sprecher haben. Eine Geschäftsordnung soll die Arbeit des Vorstands, insbesondere die Ressortzuständigkeiten einzelner Vorstandsmitglieder, die dem Gesamtvorstand vorbehaltenen Angelegenhei-

ten sowie die erforderliche Beschlussmehrheit bei Vorstandsbeschlüssen (Einstimmigkeit oder Mehrheitsbeschluss) regeln.

4.2.2 Das Aufsichtsratsplenum setzt die jeweilige Gesamtvergütung der einzelnen Vorstandsmitglieder fest. Besteht ein Ausschuss, der die Vorstandsverträge behandelt, unterbreitet er dem Aufsichtsratsplenum seine Vorschläge. Das Aufsichtsratsplenum beschließt das Vergütungssystem für den Vorstand und überprüft es regelmäßig.

Die Gesamtvergütung der einzelnen Vorstandsmitglieder wird vom Aufsichtsratsplenum unter Einbeziehung von etwaigen Konzernbezügen auf der Grundlage einer Leistungsbeurteilung festgelegt. Kriterien für die Angemessenheit der Vergütung bilden sowohl die Aufgaben des einzelnen Vorstandsmitglieds, seine persönliche Leistung, die wirtschaftliche Lage, der Erfolg und die Zukunftsaussichten des Unternehmens als auch die Üblichkeit der Vergütung unter Berücksichtigung des Vergleichsumfelds und der Vergütungsstruktur, die ansonsten in der Gesellschaft gilt. Hierbei soll der Aufsichtsrat das Verhältnis der Vorstandsvergütung zur Vergütung des oberen Führungskreises und der Belegschaft insgesamt auch in der zeitlichen Entwicklung berücksichtigen, wobei der Aufsichtsrat für den Vergleich festlegt, wie der obere Führungskreis und die relevante Belegschaft abzugrenzen sind.

Zieht der Aufsichtsrat zur Beurteilung der Angemessenheit der Vergütung einen externen Vergütungsexperten hinzu, soll er auf dessen Unabhängigkeit vom Vorstand bzw. vom Unternehmen achten.

4.2.3 Die Gesamtvergütung der Vorstandsmitglieder umfasst die monetären Vergütungsteile, die Versorgungszusagen, die sonstigen Zusagen, insbesondere für den Fall der Beendigung der Tätigkeit, Nebenleistungen jeder Art und Leistungen von Dritten, die im Hinblick auf die Vorstandstätigkeit zugesagt oder im Geschäftsjahr gewährt wurden.

Die Vergütungsstruktur ist auf eine nachhaltige Unternehmensentwicklung auszurichten. Die monetären Vergütungsteile sollen fixe und variable Bestandteile umfassen. Variable Vergütungsbestandteile haben grundsätzlich eine mehrjährige Bemessungsgrundlage, die im Wesentlichen zukunftsbezogen sein soll. Sowohl positiven als auch negativen Entwicklungen soll bei der Ausgestaltung der variablen Vergütungsteile Rechnung getragen werden. Sämtliche Vergütungsteile müssen für sich und insgesamt angemessen sein und dürfen insbesondere nicht zum Eingehen unangemessener Risiken verleiten. Die Vergütung soll insgesamt und hinsichtlich ihrer variablen Vergütungsteile betragsmäßige Höchstgrenzen aufweisen. Die variablen Vergütungsteile sollen auf anspruchsvolle, relevante Vergleichsparameter bezogen sein. Eine nachträgliche Änderung der Erfolgsziele oder der Vergleichsparameter soll ausgeschlossen sein. Mehrjährige, variable Vergütungsbestandteile sollten nicht vorzeitig ausbezahlt werden.

Bei Versorgungszusagen soll der Aufsichtsrat das jeweils angestrebte Versorgungsniveau – auch nach der Dauer der Vorstandszugehörigkeit – festlegen und den daraus abgeleiteten jährlichen sowie den langfristigen Aufwand für das Unternehmen berücksichtigen.

Bei Abschluss von Vorstandsverträgen soll darauf geachtet werden, dass Zahlungen an ein Vorstandsmitglied bei vorzeitiger Beendigung der Vorstandstätigkeit einschließlich Nebenleistungen den Wert von zwei Jahresvergütungen nicht überschreiten (Abfindungs-Cap) und nicht mehr als die Restlaufzeit des Anstellungsvertrags vergüten. Wird der Anstellungsvertrag aus einem von dem Vorstandsmitglied zu vertretenden wichtigen Grund beendet, erfolgen keine Zahlungen an das Vorstandsmitglied. Für die Berechnung des Abfindungs-Caps soll auf die Gesamtvergütung des abgelaufenen Geschäftsjahres und gegebenenfalls auch auf die voraussichtliche Gesamtvergütung für das laufende Geschäftsjahr abgestellt werden.

Eine Zusage für Leistungen aus Anlass der vorzeitigen Beendigung der Vorstandstätigkeit infolge eines Kontrollwechsels (Change of Control) soll 150 % des Abfindungs-Caps nicht übersteigen.

Der Vorsitzende des Aufsichtsrats soll die Hauptversammlung einmalig über die Grundzüge des Vergütungssystems und sodann über deren Veränderung informieren.

4.2.4 Die Gesamtvergütung eines jeden Vorstandsmitglieds wird, aufgeteilt nach fixen und variablen Vergütungsteilen, unter Namensnennung offengelegt. Gleiches gilt für Zusagen auf Leistungen, die einem Vorstandsmitglied für den Fall der vorzeitigen oder regulären Beendigung der Tätigkeit als Vorstandsmitglied gewährt oder die während des Geschäftsjahres geändert worden sind. Die Offenlegung unterbleibt, wenn die Hauptversammlung dies mit Dreiviertelmehrheit anderweitig beschlossen hat.

4.2.5 Die Offenlegung erfolgt im Anhang oder im Lagebericht. In einem Vergütungsbericht als Teil des Lageberichts werden die Grundzüge des Vergütungssystems für die Vorstandsmitglieder dargestellt. Die Darstellung soll in allgemein verständlicher Form erfolgen.

Der Vergütungsbericht soll auch Angaben zur Art der von der Gesellschaft erbrachten Nebenleistungen enthalten.

Ferner sollen im Vergütungsbericht für jedes Vorstandsmitglied dargestellt werden:
– die für das Berichtsjahr gewährten Zuwendungen einschließlich der Nebenleistungen, bei variablen Vergütungsteilen ergänzt um die erreichbare Maximal- und Minimalvergütung,

– der Zufluss für das Berichtsjahr aus Fixvergütung, kurzfristiger variabler Vergütung und langfristiger variabler Vergütung mit Differenzierung nach den jeweiligen Bezugsjahren,
– bei der Altersversorgung und sonstigen Versorgungsleistungen der Versorgungsaufwand im bzw. für das Berichtsjahr.

Für diese Informationen sollen die als Anlage beigefügten Mustertabellen verwandt werden.

4.3 Interessenkonflikte

4.3.1 Vorstandsmitglieder sind dem Unternehmensinteresse verpflichtet. Sie dürfen bei ihren Entscheidungen keine persönlichen Interessen verfolgen, unterliegen während ihrer Tätigkeit für das Unternehmen einem umfassenden Wettbewerbsverbot und dürfen Geschäftschancen, die dem Unternehmen zustehen, nicht für sich nutzen.

4.3.2 Vorstandsmitglieder und Mitarbeiter dürfen im Zusammenhang mit ihrer Tätigkeit weder für sich noch für andere Personen von Dritten ungerechtfertigte Vorteile fordern oder annehmen oder Dritten ungerechtfertigte Vorteile gewähren.

4.3.3 Jedes Vorstandsmitglied soll Interessenkonflikte dem Aufsichtsrat gegenüber unverzüglich offenlegen und die anderen Vorstandsmitglieder hierüber informieren. Alle Geschäfte zwischen dem Unternehmen einerseits und den Vorstandsmitgliedern sowie ihnen nahe stehenden Personen oder ihnen persönlich nahe stehenden Unternehmungen andererseits haben branchenüblichen Standards zu entsprechen. Bei Geschäften mit Vorstandsmitgliedern vertritt der Aufsichtsrat die Gesellschaft. Wesentliche Geschäfte mit einem Vorstandsmitglied nahe stehenden Personen oder Unternehmungen sollen nur mit Zustimmung des Aufsichtsrats vorgenommen werden.

4.3.4 Vorstandsmitglieder sollen Nebentätigkeiten, insbesondere Aufsichtsratsmandate außerhalb des Unternehmens, nur mit Zustimmung des Aufsichtsrats übernehmen.

5. Aufsichtsrat

5.1 Aufgaben und Zuständigkeiten

5.1.1 Aufgabe des Aufsichtsrats ist es, den Vorstand bei der Leitung des Unternehmens regelmäßig zu beraten und zu überwachen. Er ist in Entscheidungen von grundlegender Bedeutung für das Unternehmen einzubinden.

5.1.2 Der Aufsichtsrat bestellt und entlässt die Mitglieder des Vorstands. Bei der Zusammensetzung des Vorstands soll der Aufsichtsrat auch auf Vielfalt (Diversity) achten. Der Aufsichtsrat legt für den Anteil von Frauen im Vorstand Zielgrößen fest. Er soll gemeinsam mit dem Vorstand für eine langfristige Nachfolgeplanung sorgen. Der Aufsichtsrat kann die Vorbereitung der Bestellung von Vorstandsmitgliedern sowie der Behandlung der Bedingungen des Anstellungsvertrags einschließlich der Vergütung Ausschüssen übertragen.
Bei Erstbestellungen sollte die maximal mögliche Bestelldauer von fünf Jahren nicht die Regel sein. Eine Wiederbestellung vor Ablauf eines Jahres vor dem Ende der Bestelldauer bei gleichzeitiger Aufhebung der laufenden Bestellung soll nur bei Vorliegen besonderer Umstände erfolgen. Eine Altersgrenze für Vorstandsmitglieder soll festgelegt werden.

5.1.3 Der Aufsichtsrat soll sich eine Geschäftsordnung geben.

5.2 Aufgaben und Befugnisse des Aufsichtsratsvorsitzenden

Der Aufsichtsratsvorsitzende wird vom Aufsichtsrat aus seiner Mitte gewählt. Er koordiniert die Arbeit im Aufsichtsrat, leitet dessen Sitzungen und nimmt die Belange des Aufsichtsrats nach außen wahr.

Der Aufsichtsratsvorsitzende sollte in angemessenem Rahmen bereit sein, mit Investoren über aufsichtsratsspezifische Themen Gespräche zu führen.

Der Aufsichtsratsvorsitzende soll zwischen den Sitzungen mit dem Vorstand, insbesondere mit dem Vorsitzenden bzw. Sprecher des Vorstands, regelmäßig Kontakt halten und mit ihm Fragen der Strategie, der Planung, der Geschäftsentwicklung, der Risikolage, des Risikomanagements und der Compliance des Unternehmens beraten. Der Aufsichtsratsvorsitzende wird über wichtige Ereignisse, die für die Beurteilung der Lage und Entwicklung sowie für die Leitung des Unternehmens von wesentlicher Bedeutung sind, unverzüglich durch den Vorsitzenden bzw. Sprecher des Vorstands informiert. Der Aufsichtsratsvorsitzende soll sodann den Aufsichtsrat zu unterrichten und soll erforderlichenfalls eine außerordentliche Aufsichtsratssitzung einberufen.

5.3 Bildung von Ausschüssen

5.3.1 Der Aufsichtsrat soll abhängig von den spezifischen Gegebenheiten des Unternehmens und der Anzahl seiner Mitglieder fachlich qualifizierte Ausschüsse bilden. Die jeweiligen Ausschussvorsitzenden berichten regelmäßig an den Aufsichtsrat über die Arbeit der Ausschüsse.

5.3.2 Der Aufsichtsrat soll einen Prüfungsausschuss einrichten, der sich – soweit kein anderer Ausschuss damit betraut ist – insbesondere mit der Überwachung der Rechnungslegung, des Rechnungslegungsprozesses, der Wirksamkeit des internen Kontrollsystems, des Risikomanagementsystems, des internen Revisionssystems, der Abschlussprüfung sowie der Compliance befasst.

§ 161   105

Der Prüfungsausschuss legt dem Aufsichtsrat eine begründete Empfehlung für die Wahl des Abschlussprüfers vor, die in den Fällen der Ausschreibung des Prüfungsmandats mindestens zwei Kandidaten umfasst. Der Prüfungsausschuss überwacht die Unabhängigkeit des Abschlussprüfers und befasst sich darüber hinaus mit den von ihm zusätzlich erbrachten Leistungen, mit der Erteilung des Prüfungsauftrags an den Abschlussprüfer, der Bestimmung von Prüfungsschwerpunkten und der Honorarvereinbarung.

Der Vorsitzende des Prüfungsausschusses soll über besondere Kenntnisse und Erfahrungen in der Anwendung von Rechnungslegungsgrundsätzen und internen Kontrollverfahren verfügen. Er soll unabhängig und kein ehemaliges Vorstandsmitglied der Gesellschaft sein, dessen Bestellung vor weniger als zwei Jahren endete. Der Aufsichtsratsvorsitzende soll nicht den Vorsitz im Prüfungsausschuss innehaben.

5.3.3 Der Aufsichtsrat soll einen Nominierungsausschuss bilden, der ausschließlich mit Vertretern der Anteilseigner besetzt ist und dem Aufsichtsrat für dessen Vorschläge an die Hauptversammlung zur Wahl von Aufsichtsratsmitgliedern geeignete Kandidaten benennt.

5.4 Zusammensetzung und Vergütung

5.4.1 Der Aufsichtsrat ist so zusammenzusetzen, dass seine Mitglieder insgesamt über die zur ordnungsgemäßen Wahrnehmung der Aufgaben erforderlichen Kenntnisse, Fähigkeiten und fachlichen Erfahrungen verfügen.

Der Aufsichtsrat soll für seine Zusammensetzung konkrete Ziele benennen und ein Kompetenzprofil für das Gesamtgremium erarbeiten. Für seine Zusammensetzung soll er im Rahmen der unternehmensspezifischen Situation die internationale Tätigkeit des Unternehmens, potenzielle Interessenkonflikte, die Anzahl der unabhängigen Aufsichtsratsmitglieder im Sinn von Nummer 5.4.2, eine festzulegende Altersgrenze für Aufsichtsratsmitglieder und eine festzulegende Regelgrenze für die Zugehörigkeitsdauer zum Aufsichtsrat sowie Vielfalt (Diversity) angemessen berücksichtigen. Für die gewählten Arbeitnehmervertreter sind die besonderen Regeln der Mitbestimmungsgesetze zu beachten.

Bei börsennotierten Gesellschaften, für die das Mitbestimmungsgesetz, das Montan-Mitbestimmungsgesetz oder das Mitbestimmungsergänzungsgesetz gilt, setzt sich der Aufsichtsrat zu mindestens 30 % aus Frauen und zu mindestens 30 % aus Männern zusammen.[450] Für die anderen vom Gleichstellungsgesetz erfassten Gesellschaften legt der Aufsichtsrat für den Anteil von Frauen Zielgrößen fest.

Vorschläge des Aufsichtsrats an die Hauptversammlung sollen diese Ziele berücksichtigen und gleichzeitig die Ausfüllung des Kompetenzprofils für das Gesamtgremium anstreben. Der Stand der Umsetzung soll im Corporate Governance Bericht veröffentlicht werden. Dieser soll auch über die nach Einschätzung des Aufsichtsrats angemessene Zahl unabhängiger Mitglieder der Anteilseigner und die Namen dieser Mitglieder informieren.

Der Aufsichtsrat soll sich bei seinen Vorschlägen zur Wahl neuer Aufsichtsratsmitglieder an die Hauptversammlung bei dem jeweiligen Kandidaten vergewissern, dass er den zu erwartenden Zeitaufwand aufbringen kann. Dem Kandidatenvorschlag soll ein Lebenslauf beigefügt werden, der über relevante Kenntnisse, Fähigkeiten und Erfahrungen Auskunft gibt; dieser soll durch eine Übersicht über die wesentlichen Tätigkeiten neben dem Aufsichtsratsmandat ergänzt und für alle Aufsichtsratsmitglieder jährlich aktualisiert auf der Webseite des Unternehmens veröffentlicht werden.

Der Aufsichtsrat soll bei seinen Wahlvorschlägen an die Hauptversammlung die persönlichen und die geschäftlichen Beziehungen eines jeden Kandidaten zum Unternehmen, den Organen der Gesellschaft und einem wesentlich an der Gesellschaft beteiligten Aktionär offenlegen.

Die Empfehlung zur Offenlegung beschränkt sich auf solche Umstände, die nach der Einschätzung des Aufsichtsrats ein objektiv urteilender Aktionär für seine Wahlentscheidung als maßgebend ansehen würde.

Wesentlich beteiligt im Sinn dieser Empfehlung sind Aktionäre, die direkt oder indirekt mehr als 10 % der stimmberechtigten Aktien der Gesellschaft halten.

5.4.2 Dem Aufsichtsrat soll eine nach seiner Einschätzung angemessene Anzahl unabhängiger Mitglieder angehören; der Aufsichtsrat soll dabei die Eigentümerstruktur berücksichtigen. Ein Aufsichtsratsmitglied ist im Sinn dieser Empfehlung insbesondere dann nicht als unabhängig anzusehen, wenn es in einer persönlichen oder einer geschäftlichen Beziehung zu der Gesellschaft, deren Organen, einem kontrollierenden Aktionär oder einem mit diesem verbundenen Unternehmen steht, die einen wesentlichen und nicht nur vorübergehenden Interessenkonflikt begründen kann. Dem Aufsichtsrat sollen nicht mehr als zwei ehemalige Mitglieder des Vorstands angehö-

---

[450] **Amtl. Anm.:** Der Mindestanteil von jeweils 30 % an Frauen und Männern im Aufsichtsrat ist bei erforderlich werdenden Neuwahlen und Entsendungen ab dem 1. Januar 2016 zur Besetzung einzelner oder mehrerer Aufsichtsratssitze zu beachten (§ 25 Absatz 2 des Einführungsgesetzes zum Aktiengesetz in der Fassung des Artikels 4 des Gesetzes für die gleichberechtigte Teilhabe von Frauen und Männern an Führungspositionen in der Privatwirtschaft und im öffentlichen Dienst vom 24. April 2015, BGBl. I S. 642).

ren. Aufsichtsratsmitglieder sollen keine Organfunktion oder Beratungsaufgaben bei wesentlichen Wettbewerbern des Unternehmens ausüben.

5.4.3 Wahlen zum Aufsichtsrat sollen als Einzelwahl durchgeführt werden. Ein Antrag auf gerichtliche Bestellung eines Aufsichtsratsmitglieds soll bis zur nächsten Hauptversammlung befristet sein. Kandidatenvorschläge für den Aufsichtsratsvorsitz sollen den Aktionären bekannt gegeben werden.

5.4.4 Vorstandsmitglieder dürfen vor Ablauf von zwei Jahren nach dem Ende ihrer Bestellung nicht Mitglied des Aufsichtsrats der Gesellschaft werden, es sei denn ihre Wahl erfolgt auf Vorschlag von Aktionären, die mehr als 25 % der Stimmrechte an der Gesellschaft halten. In letzterem Fall soll der Wechsel in den Aufsichtsratsvorsitz eine der Hauptversammlung zu begründende Ausnahme sein.

5.4.5 Jedes Aufsichtsratsmitglied achtet darauf, dass ihm für die Wahrnehmung seiner Mandate genügend Zeit zur Verfügung steht. Wer dem Vorstand einer börsennotierten Gesellschaft angehört, soll insgesamt nicht mehr als drei Aufsichtsratsmandate in konzernexternen börsennotierten Gesellschaften oder in Aufsichtsgremien von konzernexternen Gesellschaften wahrnehmen, die vergleichbare Anforderungen stellen.

Die Mitglieder des Aufsichtsrats nehmen die für ihre Aufgaben erforderlichen Aus- und Fortbildungsmaßnahmen eigenverantwortlich wahr. Dabei sollen sie von der Gesellschaft angemessen unterstützt werden.

5.4.6 Die Vergütung der Aufsichtsratsmitglieder wird durch Beschluss der Hauptversammlung oder in der Satzung festgelegt. Dabei sollen der Vorsitz und der stellvertretende Vorsitz im Aufsichtsrat sowie der Vorsitz und die Mitgliedschaft in den Ausschüssen berücksichtigt werden.

Die Mitglieder des Aufsichtsrats erhalten eine Vergütung, die in einem angemessenen Verhältnis zu ihren Aufgaben und der Lage der Gesellschaft steht. Wird den Aufsichtsratsmitgliedern eine erfolgsorientierte Vergütung zugesagt, soll sie auf eine nachhaltige Unternehmensentwicklung ausgerichtet sein.

Die Vergütung der Aufsichtsratsmitglieder soll im Anhang oder im Lagebericht individualisiert, aufgegliedert nach Bestandteilen ausgewiesen werden. Auch die vom Unternehmen an die Mitglieder des Aufsichtsrats gezahlten Vergütungen oder gewährten Vorteile für persönlich erbrachte Leistungen, insbesondere Beratungs- und Vermittlungsleistungen, sollen individualisiert angegeben werden.

5.4.7 Falls ein Mitglied des Aufsichtsrats in einem Geschäftsjahr nur an der Hälfte der Sitzungen des Aufsichtsrats und der Ausschüsse, denen er angehört, oder weniger teilgenommen hat, soll dies im Bericht des Aufsichtsrats vermerkt werden. Als Teilnahme gilt auch eine solche über Telefon- oder Videokonferenzen; das sollte aber nicht die Regel sein.

5.5 Interessenkonflikte

5.5.1 Jedes Mitglied des Aufsichtsrats ist dem Unternehmensinteresse verpflichtet. Es darf bei seinen Entscheidungen weder persönliche Interessen verfolgen noch Geschäftschancen, die dem Unternehmen zustehen, für sich nutzen.

5.5.2 Jedes Aufsichtsratsmitglied soll Interessenkonflikte, insbesondere solche, die auf Grund einer Beratung oder Organfunktion bei Kunden, Lieferanten, Kreditgebern oder sonstigen Dritten entstehen können, dem Aufsichtsrat gegenüber offenlegen.

5.5.3 Der Aufsichtsrat soll in seinem Bericht an die Hauptversammlung über aufgetretene Interessenkonflikte und deren Behandlung informieren. Wesentliche und nicht nur vorübergehende Interessenkonflikte in der Person eines Aufsichtsratsmitglieds sollen zur Beendigung des Mandats führen.

5.5.4 Berater- und sonstige Dienstleistungs- und Werkverträge eines Aufsichtsratsmitglieds mit der Gesellschaft bedürfen der Zustimmung des Aufsichtsrats.

5.6 Effizienzprüfung – Der Aufsichtsrat soll regelmäßig die Effizienz seiner Tätigkeit überprüfen.

6. Transparenz

6.1 Die Gesellschaft wird die Aktionäre bei Informationen unter gleichen Voraussetzungen gleich behandeln. Sie soll ihnen unverzüglich sämtliche wesentlichen neuen Tatsachen, die Finanzanalysten und vergleichbaren Adressaten mitgeteilt worden sind, zur Verfügung stellen.

6.2 Im Rahmen der laufenden Öffentlichkeitsarbeit sollen die Termine der Veröffentlichungen der Geschäftsberichte und unterjährigen Finanzinformationen sowie der Hauptversammlung, von Bilanzpresse- und Analystenkonferenzen in einem „Finanzkalender" mit ausreichendem Zeitvorlauf auf der Internetseite der Gesellschaft publiziert werden.

7. Rechnungslegung und Abschlussprüfung
7.1 Rechnungslegung

7.1.1 Anteilseigner und Dritte werden durch den Konzernabschluss und den Konzernlagebericht sowie durch unterjährige Finanzinformationen unterrichtet. Sofern die Gesellschaft nicht verpflichtet ist, Quartalsmitteilungen zu veröffentlichen, soll sie die Aktionäre unterjährig neben dem Halbjahresfinanzbericht in geeigneter Form über die Geschäftsentwicklung, insbesondere über wesentliche Veränderungen der Geschäftsaussichten sowie der Risikosituation, informieren.

7.1.2 Der Konzernabschluss und der Konzernlagebericht werden vom Vorstand aufgestellt und vom Abschlussprüfer sowie vom Aufsichtsrat geprüft. Unterjährige Finanzinformationen soll der Vorstand mit dem Aufsichtsrat oder seinem Prüfungsausschuss vor der Veröffentlichung erörtern. Der Konzernabschluss und der Konzernlagebericht sollen binnen 90 Tagen nach Geschäftsjahresende, die verpflichtenden unterjährigen Finanzinformationen sollen binnen 45 Tagen nach Ende des Berichtszeitraums, öffentlich zugänglich sein.

7.1.3 Der Corporate Governance Bericht soll konkrete Angaben über Aktienoptionsprogramme und ähnliche wertpapierorientierte Anreizsysteme der Gesellschaft enthalten, soweit diese Angaben nicht bereits im Jahresabschluss, Konzernabschluss oder Vergütungsbericht gemacht werden.

7.1.4 Im Konzernabschluss sollen Beziehungen zu Aktionären erläutert werden, die im Sinn der anwendbaren Rechnungslegungsvorschriften als nahe stehende Personen zu qualifizieren sind.

7.2 Abschlussprüfung

7.2.1 Vor Unterbreitung des Wahlvorschlags soll der Aufsichtsrat bzw. der Prüfungsausschuss eine Erklärung des vorgesehenen Prüfers einholen, ob und gegebenenfalls welche geschäftlichen, finanziellen, persönlichen oder sonstigen Beziehungen zwischen dem Prüfer und seinen Organen und Prüfungsleitern einerseits und dem Unternehmen und seinen Organmitgliedern andererseits bestehen, die Zweifel an seiner Unabhängigkeit begründen können. Die Erklärung soll sich auch darauf erstrecken, in welchem Umfang im vorausgegangenen Geschäftsjahr andere Leistungen für das Unternehmen, insbesondere auf dem Beratungssektor, erbracht wurden bzw. für das folgende Jahr vertraglich vereinbart sind.

Der Aufsichtsrat soll mit dem Abschlussprüfer vereinbaren, dass der Vorsitzende des Aufsichtsrats bzw. des Prüfungsausschusses über während der Prüfung auftretende mögliche Ausschluss- oder Befangenheitsgründe unverzüglich unterrichtet wird, soweit diese nicht unverzüglich beseitigt werden.

7.2.2 Der Aufsichtsrat erteilt dem Abschlussprüfer den Prüfungsauftrag und trifft mit ihm die Honorarvereinbarung.

7.2.3 Der Aufsichtsrat soll vereinbaren, dass der Abschlussprüfer über alle für die Aufgaben des Aufsichtsrats wesentlichen Feststellungen und Vorkommnisse unverzüglich berichtet, die bei der Durchführung der Abschlussprüfung zu seiner Kenntnis gelangen.

Der Aufsichtsrat soll vereinbaren, dass der Abschlussprüfer ihn informiert bzw. im Prüfungsbericht vermerkt, wenn er bei Durchführung der Abschlussprüfung Tatsachen feststellt, die eine Unrichtigkeit der von Vorstand und Aufsichtsrat abgegebenen Erklärung zum Kodex ergeben.

7.2.4 Der Abschlussprüfer nimmt an den Beratungen des Aufsichtsrats über den Jahres- und Konzernabschluss teil und berichtet über die wesentlichen Ergebnisse seiner Prüfung.

Anlage
[Gewährte Zuwendungen/Zufluss für das Berichtsjahr]
Mustertabelle 1 zu Nummer 4.2.5 Absatz 3 (1. Spiegelstrich)
Wert der gewährten Zuwendungen für das Berichtsjahr

Diese Tabelle bildet den Wert der für das Berichtsjahr gewährten Zuwendungen ab. Sie ist des Weiteren ergänzt um die Werte, die im Minimum bzw. im Maximum erreicht werden können.

Für die einjährige variable Vergütung sowie für aufzuschiebende Anteile aus einjährigen variablen Vergütungen (Deferrals) wird im Gegensatz zur Betrachtung des Auszahlungsbetrags (Tabelle 2) der Zielwert (dh der Wert bei einer Zielerreichung von 100 %), der für das Berichtsjahr gewährt wird, angegeben. Sofern systemseitig kein Zielwert vorhanden ist, zB im Rahmen einer direkten Gewinnbeteiligung, wird ein vergleichbarer Wert eines „mittleren Wahrscheinlichkeitsszenarios" angegeben.

Außerdem werden die im Berichtsjahr gewährten mehrjährigen variablen Vergütungen nach verschiedenen Plänen und unter Nennung der jeweiligen Laufzeiten aufgeschlüsselt. Für Bezugsrechte und sonstige aktienbasierte Vergütungen wird der beizulegende Zeitwert zum Zeitpunkt der Gewährung wie bisher berechnet und berichtet. Sofern es sich bei den mehrjährigen variablen Bestandteilen um nicht-aktienbasierte Bezüge handelt, ist zum Zeitpunkt der Zusage (sofern vorhanden) der Zielwert bzw. ein vergleichbarer Wert eines „mittleren Wahrscheinlichkeitsszenarios" anzugeben. Bei Plänen, die nicht jährlich, sondern in einem regelmäßigen mehrjährigen Rhythmus gewährt werden, ist ein ratierlicher Wert auf Jahresbasis zu ermitteln und anzugeben.

Für Zusagen für Pensionen und sonstige Versorgungsleistungen wird der Versorgungsaufwand, d.h. Dienstzeitaufwand nach IAS 19 dargestellt. Dieser wird als Bestandteil der Gesamtvergütung mit aufgenommen, auch wenn es sich dabei nicht um eine neu gewährte Zuwendung im engeren Sinne handelt, sondern eine Entscheidung des Aufsichtsrats in der Vergangenheit weiterwirkt.

Ebenfalls sind Leistungen, die dem einzelnen Vorstandsmitglied von einem Dritten im Hinblick auf seine Tätigkeit als Vorstandsmitglied gewährt werden, durch Zurechnung bei den fixen, einjährigen sowie mehrjährigen variablen Komponenten anzugeben.

Die Angaben der Tabelle ersetzen nicht andere verpflichtende Angaben im Vergütungsbericht und Anhang.

	Gewährte Zuwendungen	I	II				III				IV
			Name				Name				
			Funktion				Funktion				
			Datum Ein-/Austritt				Datum Ein-/Austritt				
			n-1	n	n (Min)	n (Max)	n-1	n	n (Min)	n (Max)	
1	Festvergütung										
2	Nebenleistungen										
3	Summe										
4	Einjährige variable Vergütung										
5	Mehrjährige variable Vergütung										
5a	Planbezeichnung (Planaufzeit)										
...	Planbezeichnung (Planaufzeit)										
6	Summe										
7	Versorgungsaufwand										
8	Gesamtvergütung										

Erläuterungen:

a Name des Vorstandsmitglieds
b Funktion des Vorstandsmitglieds, z. B. Vorstandsvorsitzender, Finanzvorstand
c Datum des Ein-/Austritts des Vorstandsmitglieds, sofern im betrachteten Geschäftsjahr n (Berichtsjahr) bzw. n-1
d Betrachtetes Geschäftsjahr n (Berichtsjahr) bzw. n-1
I Gewährte Zuwendungen im Geschäftsjahr n-1
II Gewährte Zuwendungen im Geschäftsjahr n (Berichtsjahr)
III Erreichbarer Minimalwert des jeweiligen im Geschäftsjahr n (Berichtsjahr) gewährten Vergütungsbestandteils, z. B. Null
IV Erreichbarer Maximalwert des jeweiligen im Geschäftsjahr n (Berichtsjahr) gewährten Vergütungsbestandteils
1 Fixe Vergütungsbestandteile, z. B. Fixgehalt, feste jährliche Einmalzahlungen (Beträge entsprechen Beträgen der Tabelle „Zufluss"); Werte in Spalten II, III und IV sind identisch
2 Fixe Vergütungsbestandteile, z. B. Sachbezüge und Nebenleistungen (Beträge entsprechen Beträgen der Tabelle „Zufluss"); Werte in Spalten II, III und IV sind identisch
3 Summe der fixen Vergütungsbestandteile (1 + 2) (Beträge entsprechen Beträgen der Tabelle „Zufluss"); Werte in Spalten II, III und IV sind identisch
4 Einjährige variable Vergütung im Geschäftsjahr n-1
5 Mehrjährige variable Vergütung (Summe der Zeilen 5a-...), z. B. Mehrjahresbonus, aufzuschiebende Anteile aus einjähriger variabler Vergütung (Deferral), Long-Term Incentive (LTI), Bezugsrechte, sonstige aktienbasierte Vergütungen
5a-... Mehrjährige variable Vergütung, z. B. Bonus, Tantieme, Short-Term Incentive (STI), Gewinnbeteiligung, ohne Berücksichtigung aufzuschiebender Anteile (Deferral)
6 Summe der fixen und variablen Vergütungsbestandteile (1 + 2 + 4 + 5)
7 Dienstzeitaufwand gemäß IAS 19 aus Zusagen für Pensionen und sonstige Versorgungsleistungen (Beträge entsprechen Beträgen der Tabelle „Zufluss"); Werte in Spalten II, III und IV sind identisch
8 Summe der fixen und variablen Vergütungsbestandteile sowie Versorgungsaufwand (1 + 2 + 4 + 5 + 7)

Erklärung zum Corporate Governance Kodex

Anlage
Mustertabelle 2 zu Nummer 4.2.5 Absatz 3 (2. Spiegelstrich)
Zufluss für das Berichtsjahr

Diese Tabelle enthält für die Festvergütung sowie die Nebenleistungen dieselben Werte wie die Tabelle 1, die den Wert der gewährten Zuwendungen für das Berichtsjahr abbildet. Wie bisher wird für die Festvergütung sowie die einjährige variable Vergütung der Zufluss für das Berichtsjahr (Auszahlungsbetrag) angegeben.

Die Tabelle gibt außerdem den Zufluss (Auszahlungsbetrag) aus mehrjährigen variablen Vergütungen wieder, deren Planlaufzeit im Berichtsjahr endete. Die Beträge werden nach unterschiedlichen Plänen bzw. Laufzeiten getrennt aufgeschlüsselt. Für Bezugsrechte und sonstige aktienbasierte Vergütungen gilt als Zeitpunkt des Zuflusses und Zufluss-Betrag der nach deutschem Steuerrecht maßgebliche Zeitpunkt und Wert.

Bonus-/Malus-Regelungen sind sowohl in der einjährigen als auch der mehrjährigen variablen Vergütung im Auszahlungsbetrag zu berücksichtigen.

Vergütungsrückforderungen (Claw backs) werden unter Bezugnahme auf frühere Auszahlungen in der Zeile „Sonstiges" mit einem Negativbetrag berücksichtigt und müssen gesondert im Vergütungsbericht erläutert werden, insbesondere wenn bereits ausgeschiedene Vorstände betroffen sind.

Für Zusagen für Pensionen und sonstige Versorgungsleistungen wird wie in der Tabelle 1 der Versorgungsaufwand, dh Dienstzeitaufwand nach IAS 19 dargestellt. Dieser stellt keinen Zufluss im engeren Sinne dar, er wird aber zur Verdeutlichung der Gesamtvergütung mit aufgenommen.

Ebenfalls sind Leistungen, die dem einzelnen Vorstandsmitglied von einem Dritten im Hinblick auf seine Tätigkeit als Vorstandsmitglied zufließen, durch Zurechnung bei den fixen, einjährigen sowie mehrjährigen variablen Komponenten anzugeben.

Die Angaben der Tabelle ersetzen nicht andere verpflichtende Angaben im Vergütungsbericht und Anhang.

§ 161   105   Erstes Buch. Aktiengesellschaft

	Zufluss	Name		Name		Name	
		Funktion		Funktion		Funktion	
		Datum Ein-/Austritt		Datum Ein-/Austritt		Datum Ein-/Austritt	
		n	n-1	n	n-1	n	n-1
1	Festvergütung						
2	Nebenleistungen						
3	**Summe**						
4	Einjährige variable Vergütung						
5	Mehrjährige variable Vergütung						
5a	Planbezeichnung (Planaufzeit)						
…	Planbezeichnung (Planaufzeit)						
6	Sonstiges						
7	**Summe**						
8	Versorgungsaufwand						
9	**Gesamtvergütung**						

Erläuterungen:

a   *Name des Vorstandsmitglieds*
b   *Funktion des Vorstandsmitglieds, z. B. Vorstandsvorsitzender, Finanzvorstand*
c   *Datum des Ein-/Austritts des Vorstandsmitglieds, sofern im betrachteten Geschäftsjahr n (Berichtsjahr) bzw. n-1*
d   *Betrachtetes Geschäftsjahr n (Berichtsjahr) bzw. n-1*
1   *Fixe Vergütungsbestandteile, z. B. Fixgehalt, feste jährliche Einmalzahlungen (Beträge entsprechen Beträgen der Tabelle „Gewährte Zuwendungen")*
2   *Fixe Vergütungsbestandteile, z. B. Sachbezüge und Nebenleistungen (Beträge entsprechen Beträgen der Tabelle „Gewährte Zuwendungen")*
3   *Summe der fixen Vergütungsbestandteile (1 + 2) (Beträge entsprechen Beträgen der Tabelle „Gewährte Zuwendungen")*
4   *Einjährige variable Vergütung, z. B. Bonus, Tantieme, Short-Term Incentive (STI), Gewinnbeteiligung, ohne Berücksichtigung aufgeschobener Anteile (Deferral)*
5   *Mehrjährige variable Vergütung (Summe der Zeilen 5a–…), z. B. Mehrjahresbonus, aufgeschobener Anteile aus einjähriger variabler Vergütung (Deferral), Long-Term Incentive (LTI), Bezugsrechte, sonstige aktienbasierte Vergütungen*
5a–…   *Mehrjährige variable Vergütung, Aufschlüsselung nach Plänen unter Nennung der Laufzeit*
6   *Sonstiges, z. B. Vergütungsrückforderungen (Claw backs), die unter Bezugnahme auf frühere Auszahlungen mit einem Negativbetrag berücksichtigt werden*
7   *Summe der fixen und variablen Vergütungsbestandteile (1 + 2 + 4 + 5 + 6)*
8   *Dienstzeitaufwand gemäß IAS 19 aus Zusagen für Pensionen und sonstige Versorgungsleistungen (Beträge entsprechen Beträgen der Tabelle „Gewährte Zuwendungen"), hierbei handelt es sich nicht um einen Zufluss im Geschäftsjahr*
9   *Summe der fixen, variablen und sonstigen Vergütungsbestandteile sowie Versorgungsaufwand (1 + 2 + 4 + 5 + 6 + 8)*

Zweiter Abschnitt. Prüfung des Jahresabschlusses

Erster Unterabschnitt. Prüfung durch Abschlußprüfer

§§ 162–169 *(aufgehoben)*

Zweiter Unterabschnitt. Prüfung durch den Aufsichtsrat

§ 170 Vorlage an den Aufsichtsrat

(1) ¹Der Vorstand hat den Jahresabschluß und den Lagebericht unverzüglich nach ihrer Aufstellung dem Aufsichtsrat vorzulegen. ²Satz 1 gilt entsprechend für einen Einzelabschluss nach § 325 Abs. 2a des Handelsgesetzbuchs sowie bei Mutterunternehmen (§ 290 Abs. 1, 2 des Handelsgesetzbuchs) für den Konzernabschluss und den Konzernlagebericht. ³Nach Satz 1 vorzulegen sind auch der gesonderte nichtfinanzielle Bericht (§ 289b des Handelsgesetzbuchs) und der gesonderte nichtfinanzielle Konzernbericht (§ 315b des Handelsgesetzbuchs), sofern sie erstellt wurden.

(2) ¹Zugleich hat der Vorstand dem Aufsichtsrat den Vorschlag vorzulegen, den er der Hauptversammlung für die Verwendung des Bilanzgewinns machen will. ²Der Vorschlag ist, sofern er keine abweichende Gliederung bedingt, wie folgt zu gliedern:
1. Verteilung an die Aktionäre …………
2. Einstellung in Gewinnrücklagen …………
3. Gewinnvortrag …………
4. Bilanzgewinn …………

(3) ¹Jedes Aufsichtsratsmitglied hat das Recht, von den Vorlagen und Prüfungsberichten Kenntnis zu nehmen. ²Die Vorlagen und Prüfungsberichte sind auch jedem Aufsichtsratsmitglied oder, soweit der Aufsichtsrat dies beschlossen hat, den Mitgliedern eines Ausschusses zu übermitteln.

Schrifttum: *Altmeppen*, Der Prüfungsausschuss – Arbeitsteilung im Aufsichtsrat, ZGR 2004, 390; *Bea/Scheurer*, Die Kontrollfunktion des Aufsichtsrats, DB 1994, 2145; *Bormann/Gicht*, Übermittlung des Prüfungsberichts an den Aufsichtsrat – ein Beitrag zu § 170 Abs. 3 S. 2 AktG, BB 2003, 1887; *Budde/Steuber*, Rückwirkung des Konzernabschlusses auf den Einzelabschluss, BB 2000, 971; *Busse von Colbe*, Kleine Reform der Konzernrechnungslegung durch das TransPuG, BB 2002, 1583; *Busse von Colbe*, Anpassung der Konzernrechnungslegungsvorschriften des HGB an internationale Entwicklungen, BB 2004, 2063; *Deckert*, Klagemöglichkeiten einzelner Aufsichtsratsmitglieder, AG 1994, 457; *Ebeling/Schmidt*, Individuelle Informationsrechte von Aufsichtsratsmitgliedern einer Aktiengesellschaft, BB 2002, 1705; *Forster; MG, Schneider, Balsam und die Folgen – was können Aufsichtsräte und Abschlussprüfer gemeinsam tun?*, AG 1995, 1; *Götz*, Die Überwachung der Aktiengesellschaft im Lichte jüngerer Unternehmenskrisen, AG 1995, 337; *Hommelhoff*, Die Autarkie des Aufsichtsrats, ZGR 1983, 551; *Kropff*, Die Unternehmensplanung im Aufsichtsrat, NZG 1998, 613; *Lutter/Krieger*, Rechte und Pflichten des Aufsichtsrats, 5. Aufl. 2008; *Martens*, Die Vorlage des Jahresabschlusses und des Prüfungsberichts gegenüber dem Wirtschaftsausschuss, DB 1988, 1229; *Mutze*, Prüfung und Feststellung des Jahresabschlusses der Aktiengesellschaft sowie Beschlussfassung über die Gewinnverwendung, AG 1966, 173; *Neumann*, Die neuen Anforderungen an die Jahresabschlussprüfung der Unternehmen im Ergebnis des KonTraG, BuW 1998, 881; *Orth*, Ausschüttungsbedingte Änderung des Körperschaftsteueraufwands, FS Müller, 2001, 663; *Poseck*, *Die Klage des Aufsichtsrats gegen die Geschäftsführung des Vorstands*, DB 1996, 2165; *Säcker*, Die Rechte des einzelnen Aufsichtsratsmitglieds, NJW 1979, 1521; *Sarx*, Aktuelle Probleme der gesetzlichen Abschlussprüfung und Standort, FS Heigl, 1995, 483; *Scheffler*, Die Berichterstattung des Abschlussprüfers aus der Sicht des Aufsichtsrates, WPg 2002, 1289; *Schulze-Osterloh*, HGB-Reform: Der Einzelabschluß nicht kapitalmarktorientierter Unternehmen unter dem Einfluß von IAS/IFRS, BB 2004, 3567; *Schwegler*, Die Stellung des Wirtschaftsprüfers zu den Organen der Hauptversammlung, Aufsichtsrat und Vorstand, BB 1995, 1683; *Seibert*, Kontrolle und Transparenz im Unternehmensbereich (KonTraG), WM 1997, 1; *Ulmer*, Begriffsvielfalt im Recht der verbundenen Unternehmen als Folge des Bilanzrichtlinien-Gesetzes, FS Goerdeler, 1987, 623; *Wilde*, Informationsrechte und Informationspflichten im Gefüge der Gesellschaftsorgane, ZGR 1998, 423.

Übersicht

	Rn.		Rn.
I. Normzweck und Anwendungsbereich	1–3	a) Vorlage von Jahresabschluss und Lagebericht	8–9a
II. Entstehungsgeschichte	4–7	b) Vorlage des Gewinnverwendungsvorschlags	10
III. Vorlagen des Vorstands	8–28	c) Vorlage von Konzernabschluss und Konzernlagebericht	11, 12
1. Vorzulegende Unterlagen	8–20a		

	Rn.		Rn.
d) Vorlage von Prüfungsberichten	13–16	5. Bilanzgewinn	43, 44
e) Sonstige Vorlagen	17–20a	**V. Informationsrechte und -pflichten der Aufsichtsratsmitglieder**	45–54
2. Verfahren	21–28		
a) Pflicht des Vorstands zur Vorlage	21–23	1. Kenntnisnahme der Vorlagen und Prüfungsberichte	45–50
b) Aufsichtsrat als Empfänger	24		
c) Zeitpunkt der Vorlage	25–28	2. Übermittlung der Vorlagen und Prüfungsberichte	51–54
IV. Gewinnverwendungsvorschlag	29–44		
1. Verwendung des Bilanzgewinns und Gliederung des Vorschlags	29–32	**VI. Rechtsfolge bei Verstößen**	55, 56
2. Verteilung an die Aktionäre	33–38	1. Verstoß gegen die Vorlagepflicht	55
3. Einstellung in die Gewinnrücklagen	39–41	2. Durchsetzung der Informationsrechte der Aufsichtsratsmitglieder	56
4. Gewinnvortrag	42		

I. Normzweck und Anwendungsbereich

1 Abs. 1 begründet die **Vorlagepflicht** des vom Vorstand aufgestellten Jahresabschlusses und Lageberichts, Einzelabschlusses nach § 325 Abs. 2a HGB und bei Mutterunternehmen iSv § 290 Abs. 1 und 2 HGB des Konzernabschlusses und Konzernlageberichts. Ebenfalls sollen der gesonderte nichtfinanzielle Bericht iSv § 289b HGB sowie der gesonderte nichtfinanzielle Konzernbericht iSv § 315b HGB vorgelegt werden, sofern diese erstellt wurden. Es soll sichergestellt werden, dass die Vorlagen dem Aufsichtsrat auch **rechtzeitig zur Prüfung** vorlegt werden, damit der Aufsichtsrat seine Überwachungsrechte auch tatsächlich nutzen und seinen Überwachungspflichten nach § 171, nämlich den Jahresabschluss zu prüfen, auch umfassend nachkommen kann. Die Vorlage hat unverzüglich zu erfolgen, damit dem Aufsichtsrat vor Stattfinden der Hauptversammlung genügend Zeit zur sorgfältigen Prüfung der Unterlagen bleibt. Insbesondere soll verhindert werden, dass der Vorstand die Herausgabe der Unterlagen verzögert, da dadurch das (weitgehend) unbeschränkte Informationsrecht des Aufsichtsrats konterkariert und eine wirksame Kontrolle durch den Aufsichtsrat faktisch beschränkt würde.

2 Der **Vorschlag über die Verwendung des Bilanzgewinns** ist gem. Abs. 2 einzureichen. Damit kann sich der Aufsichtsrat ein Bild über die Vorstellungen des Vorstandes hinsichtlich der Ausschüttungspolitik machen und gegebenenfalls der Hauptversammlung einen eigenen Gewinnverwendungsvorschlag vorlegen, sofern der Vorschlag des Vorstandes nicht zweckmäßig erscheint. Das gesetzliche Gliederungsschema ist ähnlich zu dem in § 174 Abs. 2 und soll die Hauptversammlung klar über den Verwendungsvorschlag des Bilanzgewinns informieren.

3 Abs. 3 sichert das **Informationsrecht eines jeden einzelnen Aufsichtsratsmitglieds**; jedes Mitglied des Aufsichtsrats soll sich über die Geschäftslage des Unternehmens anhand der Vorstandsvorlagen informieren und sich persönlich ein eigenständiges Urteil bilden können.

II. Entstehungsgeschichte

4 Die Vorlagepflicht wurde den Regelungen in § 125 Abs. 1 S. 1 AktG 1937 und § 139 Abs. 2 AktG 1937 entnommen. Nicht übernommen wurde aus § 125 Abs. 1 S. 2 AktG 1937 die Möglichkeit, durch die Satzung die Vorlagefrist auf fünf Monate zu erweitern.[1] Abweichend von § 139 Abs. 2 AktG 1937 erfolgte die Vorlage des Prüfungsberichts ab 1965 nicht mehr durch den Abschlussprüfer, sondern durch den Vorstand.[2] Durch das **KonTraG** erfolgte 1998 die Streichung von § 170 Abs. 1 S. 2, wodurch die Vorstandsvorlagen unabhängig vom Prüfungsbericht des Abschlussprüfers dem Aufsichtsrat vorzulegen sind. Die Vorlagepflicht der Prüfungsunterlagen geht auf den Abschlussprüfer gem. § 321 Abs. 5 S. 2 HGB über, womit in diesem Punkt die Rechtslage des AktG 1937 hergestellt ist.[3]

5 Das **BiRiLiG** ändert § 170 Abs. 1 und berücksichtigt, dass nicht prüfungspflichtige Gesellschaften keinen Prüfungsbericht vorlegen müssen.[4] Das **TransPuG** erstreckt, nach Streichung von § 337, die Vorlagepflicht aus § 170 Abs. 1 S. 1 durch den neu eingefügten § 170 Abs. 1 S. 2 auch auf den Konzernabschluss und Konzernlagebericht eines Mutterunternehmens gem. § 290 Abs. 1 und Abs. 2 HGB.[5] Durch das **BilReG** wird die Vorlagepflicht aus § 170 Abs. 1 S. 1 mit dem neu gefassten § 170

---

[1] RegBegr. *Kropff* S. 276; *Baumbach/Hueck* Anm. 1; Gesetz v. 30.1.1937, RGBl. 1937 I 107 (130, 136).
[2] Gesetz v. 6.9.1965, BGBl. 1965 I 1089 (1133).
[3] Gesetz v. 27.4.1998, BGBl. 1998 I 786 (788, 790).
[4] Gesetz v. 19.12.1985, BGBl. 1985 I 2355 (2392).
[5] Gesetz v. 19.7.2002, BGBl. 2002 I 2681 (2682).

Abs. 1 S. 2 auf den Einzelabschluss nach § 325 Abs. 2a HGB erweitert.[6] Das **CSR-Richtlinie-Umsetzungsgesetz** fügt S. 3 ein und erweitert die Vorlagepflicht auf den gesonderten nichtfinanziellen Bericht iSv § 289b HGB sowie den gesonderten nichtfinanziellen Konzernbericht iSv § 315b HGB, sofern diese erstellt werden.[7]

Die Grundlage für die Vorlage des Gewinnverwendungsvorschlags bildet § 126 Abs. 2 S. 1 AktG 1937.[8] Die Vorlagepflicht des Gewinnverwendungsvorschlags wurde in § 170 Abs. 2 AktG 1965 jedoch um ein verbindliches Gliederungsschema erweitert. Das **BiRiLiG** führte wegen der Kodifikation von § 278 HGB zur Streichung des Postens „Steuermehraufwand" in § 170 Abs. 2 S. 2 Nr. 5.[9] Die Zulassung von Sachausschüttungen gem. § 58 Abs. 5 durch das **TransPuG** und deren Ausweis in § 174 Abs. 2 Nr. 2[10] kann indirekt zu Änderungen in der Position „Verteilung an die Aktionäre" gem. § 170 Abs. 2 S. 2 Nr. 1 führen.

Die Informationsrechte des Aufsichtsrats wurden erst im Aktiengesetz 1965 eingeführt.[11] Durch das **KonTraG** wird in § 170 Abs. 3 S. 1 der Prüfungsbericht in das Informationsrecht aufgenommen, was durch Wegfall des § 170 Abs. 1 S. 2 notwendig wurde. Angepasst wurde gleichzeitig § 170 Abs. 3 S. 2 und die Möglichkeit eröffnet, die Übermittlung der Vorlagen und Prüfungsberichte auf die Mitglieder eines Ausschusses zu beschränken.[12]

III. Vorlagen des Vorstands

1. Vorzulegende Unterlagen. a) Vorlage von Jahresabschluss und Lagebericht. Der dem Aufsichtsrat **vorzulegende Jahresabschluss** besteht aus der Bilanz und der GuV gem. § 242 HGB und dem Anhang gem. § 264 Abs. 1 S. 1 HGB iVm § 284 HGB. Bei abhängigen Konzerngesellschaften besteht unter den in § 264 Abs. 3 HGB genannten Bedingungen keine Pflicht zur Erstellung und damit zur Vorlage eines Anhangs. Der Jahresabschluss ist dem Aufsichtsrat in der vom Vorstand aufgestellten und vom Abschlussprüfer geprüften Fassung vorzulegen.[13] Zu diesem Zeitpunkt besteht nur ein aufgestellter, aber noch nicht festgestellter Jahresabschluss; eine Unterzeichnung durch die Vorstandsmitglieder gem. § 245 HGB ist somit nicht erforderlich.[14] Da es sich bei dem aufgestellten Jahresabschluss lediglich um einen Entwurf handelt, kann der Vorstand dem Aufsichtsrat Änderungen mitteilen, sofern sie vom Abschlussprüfer in die Prüfung gem. § 316 Abs. 3 HGB einbezogen wurden.[15]

Die Verpflichtung zur Erstellung eines **Lageberichts** ergibt sich aus § 264 Abs. 1 S. 1 HGB iVm § 289 HGB. Kleine Kapitalgesellschaften iSv § 267 Abs. 1 HGB sind von der Erstellung eines Lageberichts gem. § 264 Abs. 1 S. 4 HGB befreit. Die Befreiung von der Erstellung eines Lageberichts gilt auch für abhängige Konzerngesellschaften gem. § 264 Abs. 3 HGB. Unter der Voraussetzung der Nachprüfung gem. § 316 Abs. 3 HGB durch den Abschlussprüfer kann der Vorstand bis zur Berichtsabgabe durch den Aufsichtsrat den Lagebericht noch ändern, soweit diese Änderungen zulässig sind.[16] Eine solche Änderung des Lageberichts ist insbesondere dann erforderlich, wenn sich die Situation und die voraussichtliche Entwicklung der Kapitalgesellschaft – etwa bei Vermögensverlusten, Umsatz- oder Gewinneinbrüchen oder Liquiditätsanspannungen – zwischenzeitlich bedeutsam verändert hat.

Wird von dem **Wahlrecht des § 325 Abs. 2a HGB** Gebrauch gemacht und anstelle des HGB-Einzelabschlusses ein **IFRS-Einzelabschluss** veröffentlicht, so ist dieser nach seiner Aufstellung ebenfalls vorzulegen. Auf den HGB-Einzelabschluss sind die §§ 170–176 uneingeschränkt und ohne Erleichterungen anzuwenden.[17] Da § 325 Abs. 2a S. 4 HGB auf die Notwendigkeit eines Lageberichts verweist und kleine Kapitalgesellschaften (§ 267 Abs. 1 HGB) gem. § 264 Abs. 1 S. 4 HGB

---

[6] Gesetz v. 4.12.2004, BGBl. 2004 I 3166 (3178).
[7] Gesetz v. 11.4.2017, BGBl. 2017 I 802 (812).
[8] Gesetz v. 30.1.1937, RGBl. 1937 I 107.
[9] Gesetz v. 19.12.1985, BGBl. 1985 I 2355 (2392).
[10] Gesetz v. 19.7.2002, BGBl. 2002 I 2681 (2682).
[11] *Baumbach/Hueck* Anm. 1.
[12] Gesetz v. 27.4.1998, BGBl. 1998 I 786 (788).
[13] *Bormann* DStR 2011, 368 (369): Nach Gesetzessystematik muss die Abschlussprüfung durch den Prüfer beendet sein, bevor der Aufsichtsrat mit seiner Prüfung beginnt.
[14] OLG Stuttgart DB 2009, 1521 (1522); MüKoAktG/*Hennrichs/Pöschke* Rn. 17; MüKoAktG/*Koch* § 256 Rn. 40; Hüffer/Koch/*Koch* Rn. 2: nach hM ist nicht der aufgestellte, sondern der festgestellte Jahresabschluss zu unterzeichnen.
[15] MüKoAktG/*Hennrichs/Pöschke* Rn. 19; ADS Rn. 5, § 172 Rn. 33.
[16] BeBiKo/*Schmidt/Küster* § 316 HGB Rn. 27; zur Zulässigkeit von nachträglichen Änderungen von Abschlüssen bzw. Lageberichten s. IDW RS HFA 6.
[17] Bürgers/Körber/*Schulz* Rn. 4; K. Schmidt/Lutter/*Drygala* Rn. 3.

von der Aufstellung eines solchen befreit sind, wird die Ausübung des Wahlrechts auf mittelgroße bis große Kapitalgesellschaften beschränkt sein.[18]

10 **b) Vorlage des Gewinnverwendungsvorschlags.** § 170 Abs. 2 verpflichtet den Vorstand zur Vorlage des **Gewinnverwendungsvorschlags**. Zu einem Gewinnverwendungsvorschlag kann es nur kommen, wenn die Hauptversammlung über einen Bilanzgewinn verfügen kann; Ein Bilanzverlust wird in das neue Jahr vorgetragen und kann nicht von der Hauptversammlung verändert werden, solange die Hauptversammlung nicht selbst den Jahresabschluss als Grundlage des Gewinnverwendungsvorschlags nach § 173 feststellt und Änderungen unter Beachtung von §§ 58, 150–160 vornehmen kann.[19]

11 **c) Vorlage von Konzernabschluss und Konzernlagebericht.** Ist die Aktiengesellschaft ein Mutterunternehmen[20] gem. § 290 Abs. 1 HGB, sind vom Vorstand ein **Konzernabschluss** iSv § 297 Abs. 1 S. 1 HGB, ein **Konzernanhang** iSv § 297 Abs. 1 S. 1 HGB iVm § 313 HGB und ein **Konzernlagebericht** gem. § 315 HGB zu erstellen und dem Aufsichtsrat gem. § 170 Abs. 1 S. 2 vorzulegen. Handelt es sich bei dem Mutterunternehmen selbst nicht um die Konzernspitze und liegen die Voraussetzungen des § 290 HGB vor, so handelt es sich um einen sog. Konzern im Konzern, weshalb die Vorlagepflicht des § 170 Abs. 1 S. 2 bestehen bleibt.[21] Ist das Mutterunternehmen jedoch von der Aufstellung eines Konzernabschlusses befreit (§§ 291 ff. HGB), entfällt dementsprechend auch die Vorlagepflicht an den Aufsichtsrat.[22]

12 Ist ein Mutterunternehmen kapitalmarktorientiert iSv Art. 4 EG-VO 1606/2002 (IFRS-VO) oder hat es eine Börsenzulassung zum Abschlussstichtag beantragt (§ 315 Abs. 2 HGB), so ist gem. § 315a HGB zwingend ein Konzernabschluss nach **internationalen Rechnungslegungsstandards** zu erstellen und dem Aufsichtsrat vorzulegen. Die Erstellung eines IFRS-Konzernabschlusses befreit von der Aufstellung eines handelsrechtlichen Konzernabschlusses (§ 315a Abs. 1 HGB).

13 **d) Vorlage von Prüfungsberichten.** Ist die Aktiengesellschaft prüfungspflichtig gem. § 316 Abs. 1 HGB iVm § 267 Abs. 1 HGB oder gem. § 316 Abs. 2 HGB, sind vom Abschlussprüfer die **Prüfungsberichte** einschließlich aller Anlagen und der Bericht gem. § 317 Abs. 4 HGB über das **Risikoüberwachungssystem** iSv § 91 Abs. 2 direkt an den Aufsichtsrat weiterzuleiten. Die direkte Weiterleitungspflicht ergibt sich aus § 321 Abs. 5 S. 2 HGB iVm § 111 Abs. 2. Der Abschlussprüfer wird seit dem KonTraG (1998) nicht mehr vom Vorstand, sondern direkt vom Aufsichtsrat beauftragt.[23] Der Aufsichtsrat ist damit auch unmittelbarer Berichtsempfänger der Prüfungsberichte, was eine Einflussnahme durch den Vorstand verhindern soll.[24] Die vor dem KonTraG geltende Vorlagepflicht des Vorstandes wurde damit obsolet.

14 Ist die Aktiengesellschaft ein abhängiges Unternehmen im faktischen Konzern, so hat der Vorstand einen **Abhängigkeitsbericht** gem. § 312 aufzustellen und dem Aufsichtsrat nach § 314 Abs. 1 S. 1 vorzulegen. Der Abschlussprüfer übergibt die Ergebnisse seiner Prüfung zum Abhängigkeitsbericht gem. § 313 Abs. 2 S. 3 direkt dem Aufsichtsrat.

15 Wird von einer **nicht prüfungspflichtigen Gesellschaft** der Jahresabschluss durch einen Abschlussprüfer geprüft, ist auch dieser Prüfbericht dem Aufsichtsrat vorzulegen.[25]

16 Die Prüfungsberichte müssen dem Aufsichtsrat rechtzeitig vor seiner beschließenden Sitzung iSv § 171 zugehen. Nach § 321 Abs. 1 S. 2 Hs. 2 HGB ergibt sich für den Vorstand die Möglichkeit der **Stellungnahme zum Prüfungsbericht,** bevor dieser dem Aufsichtsrat zugeleitet wird. Die Stellungnahme ist gesondert an den Aufsichtsrat zu übermitteln und ist nicht Bestandteil des Prüfungsberichts selbst,[26] da dieser im Zeitpunkt der Stellungnahme bereits abgeschlossen und unterschrieben sein muss.[27]

17 **e) Sonstige Vorlagen.** § 170 Abs. 1 S. 2 erweitert die Vorlagepflicht auf den **Einzelabschluss nach § 325 Abs. 2a HGB,** wenn ein nach internationalen Rechnungslegungsstandards iSv § 315a

---

[18] K. Schmidt/Lutter/*Drygala* Rn. 3.
[19] ADS Rn. 19.
[20] Zum Begriff des Mutterunternehmens ausf. s. *Kütting/Seel* BB 2010 S. 1459.
[21] Hüffer/Koch/*Koch* Rn. 2a.
[22] MüKoAktG/*Hennrichs/Pöschke* § 171 Rn. 70; Kölner Komm AktG/*Ekkenga* Rn. 5.
[23] BegrRegE BT-Drs. 13/9712 zu § 170 AktG.
[24] Grigoleit/*Grigoleit/Zellner* Rn. 3; *Hommelhoff* BB 1998 S. 2625 (2628).
[25] Kölner Komm AktG/*Ekkenga* Rn. 17.
[26] AA K. Schmidt/Lutter/*Drygala* Rn. 4: Stellungnahme wird Bestandteil des Prüfungsberichts.
[27] *Hommelhoff* BB 1998 S. 2625 (2628); Grigoleit/*Grigoleit/Zellner* Rn. 3; Hüffer/Koch/*Koch* Rn. 2; BeBiKo/ Schmidt/Poullie HGB § 321 Rn. 134.

Abs. 1 HGB aufgestellter Einzelabschluss an Stelle des Jahresabschlusses nach § 325 HGB veröffentlicht werden soll. (→ Rn. 9a)

Vorzulegen ist auch ein **Abhängigkeitsbericht** gem. § 312 Abs. 1 (→ Rn. 14). Die Verpflichtung zur Aufstellung entfällt nicht durch die Feststellung des Jahresabschlusses, so dass die Androhung von Zwangsgeld gem. § 407 Abs. 1 gegen die Vorstandsmitglieder zur Erzwingung eines Abhängigkeitsberichts möglich bleibt.[28] **18**

Dem Aufsichtsrat ist zweckmäßigerweise der **Rentabilitätsbericht** iSv § 90 Abs. 1 S. 1 Nr. 2 vorzulegen, auch wenn dies nicht ausdrücklich in § 170 vorgegeben ist.[29] **19**

Hat der Vorstand nach § 321 Abs. 5 S. 2 HGB eine Stellungnahme abgegeben, so ist bei bedeutsamen Meinungsverschiedenheiten zwischen Vorstand und Prüfer dem Aufsichtsrat im Rahmen des Berichts nach § 90 Abs. 1 S. 3 Hs. 1 ebenfalls die Stellungnahme zu übermitteln.[30] **20**

Gem. § 170 Abs. 1 S. 3 hat der Vorstand dem Aufsichtsrat auch den **gesonderten nichtfinanziellen Bericht iSv § 289b HGB** unverzüglich nach dessen Erstellung vorzulegen, sofern dieser erstellt wurde. Grds. sollen die nichtfinanziellen Erklärungen über die *Corporate Social Responsibility (CSR)* einer berichtspflichtigen Gesellschaft gem. § 289b Abs. 1 HGB den Lagebericht „erweitern". Allerdings räumt § 289b Abs. 3 HGB unter bestimmten Voraussetzungen die Möglichkeit ein, einen gesonderten Bericht zu erstellen. Der Vorbehalt in § 170 Abs. 1 S. 3 2. Hs. soll daher klarstellen, dass es keine eigenständige Vorlagepflicht gibt, wenn die Berichterstattung als Teil des Lageberichts erfolgt.[31] In diesem Falle ist die Vorlagepflicht bereits von § 170 Abs. 1 S. 1 umfasst. Gleiches gilt für den **gesonderten nichtfinanziellen Konzernbericht iSv § 315b HGB** im Falle einer Muttergesellschaft gem. § 290 HGB. Gem. § 315b Abs. 3 HGB kann die Berichtspflicht auch durch einen gesonderten nichtfinanziellen Konzernbericht erfüllt werden. **20a**

2. Verfahren. a) Pflicht des Vorstands zur Vorlage. Neben die allgemeinen Informationspflichten des Vorstandes iSv § 90 treten die Vorlagepflichten aus § 170 Abs. 1 und Abs. 2. Der Vorstand ist als Organ zur Vorlage der Unterlagen verpflichtet. Da es sich um einen internen Vorgang der Geschäftsführung handelt, ist die Vertretungsmacht (§ 78) nicht erforderlich. Hinreichend ist, dass der Vorsitzende, ein zuständiges oder ein durch den Vorstand beauftragtes Mitglied die Unterlagen vorlegt.[32] **21**

Erforderlich ist allerdings, dass der ordnungsgemäß besetzte Vorstand die Unterlagen wenigstens mit einfacher Mehrheit beschlossen hat (§ 77 Abs. 1 AktG).[33] Wurde der Vorschlag zur Gewinnverwendung durch einen unterbesetzten Vorstand beschlossen oder wirksam angefochten, so ist der auf diesem Vorschlag basierende Beschluss der Hauptversammlung anfechtbar.[34] **22**

Der Vorlage der Unterlagen geht ihre Aufstellung durch den Vorstand voraus. Als gesetzlicher Vertreter der Gesellschaft ist der Vorstand für die Führung der erforderlichen Handelsbücher gem. § 91 Abs. 1 verpflichtet. Daraus ergibt sich, dass er auch zur **Aufstellung von Jahresabschluss** einschließlich Lagebericht gem. §§ 242 Abs. 1 S. 1 iVm 264 Abs. 1 S. 1 HGB, von Konzernabschluss einschließlich Konzernlagebericht gem. § 290 Abs. 1 HGB und zur Aufstellung des Einzelabschlusses iSv § 325 Abs. 2a HGB iVm § 325 Abs. 1 HGB verpflichtet ist. Die Aufstellungspflicht des Gewinnverwendungsvorschlags ergibt sich unmittelbar aus § 170 Abs. 2. **23**

b) Aufsichtsrat als Empfänger. Da die Prüfung des Jahresabschlusses, des Lageberichts, des Konzernabschlusses und Konzernlageberichts und des Gewinnverwendungsvorschlags zur gemeinschaftlichen Aufgabe des Aufsichtsrats gehört (§ 171), ist der Aufsichtsrat als Organ der Adressat der Vorlage.[35] Zum Empfang ist der Vorsitzende des Aufsichtsrats bzw. bei Verhinderung der stellvertretende Vorsitzende des Aufsichtsrats berechtigt, wenn nichts Abweichendes durch den Aufsichtsrat beschlossen wurde.[36] Der Vorsitzende des Aufsichtsrats ist verpflichtet, die Unterlagen an die Mitglieder des Aufsichtsrats oder eines Ausschusses rechtzeitig zu übersenden; es ist jedoch unbedenklich und weit verbreitet, dass der Aufsichtsratsvorsitzende die Aufgabe der Übersendung der Unterlagen **24**

---

[28] BGHZ 135, 107 (111) = NJW 1997, 1855.
[29] MüKoAktG/*Hennrichs/Pöschke* Rn. 24.
[30] Hüffer/Koch/*Koch* Rn. 2.
[31] *Hennrichs/Pöschke* NZG 2017, 121 (123).
[32] *Grigoleit/Zellner* Rn. 4; Hüffer/Koch/*Koch* Rn. 3; K. Schmidt/Lutter/*Drygala* Rn. 5.
[33] Kölner Komm AktG/*Ekkenga* Rn. 7; MüKoAktG/*Hennrichs/Pöschke* Rn. 30; zu den Rechtsfolgen s. MüKoAktG/*Hennrichs/Pöschke* § 172 Rn. 32.
[34] OLG Dresden AG 1999, 517 = NZG 1999, 1004 = DB 1999, 2102. Diese Entscheidung bezieht sich zwar auf Vorstandsvorschläge gem. § 124 Abs. 3 S. 1 AktG, dürfte aber entsprechend auf Gewinnverwendungsbeschlüsse anwendbar sein.
[35] K. Schmidt/Lutter/*Drygala* Rn. 5; Hüffer/Koch/*Koch* Rn. 4; MüKoAktG/*Hennrichs/Pöschke* Rn. 32.
[36] Kölner Komm AktG/*Ekkenga* Rn. 10; ADS Rn. 8; Bürgers/Körber/*Schulz* Rn. 3.

an den Vorstand überträgt. In diesem Falle ist der Vorstand für die Übersendung verantwortlich.[37] Die direkte Übersendung der Unterlagen an alle Aufsichtsratsmitglieder bedarf jedoch der vorherigen Zustimmung des Aufsichtsratsvorsitzenden, da die Übermittlung nach § 170 Abs. 3 auf einen Ausschuss beschränkt sein kann.[38]

25 **c) Zeitpunkt der Vorlage.** Der Vorstand ist gem. § 170 Abs. 1 S. 1 und S. 3 gehalten, dem Aufsichtsrat die Vorlagen **unverzüglich** vorzulegen. Unverzüglich bedeutet in diesem Zusammenhang ohne schuldhaftes Zögern im Sinne der Anfechtungsfrist des § 121 BGB,[39] wobei im Anfechtungsrecht des BGB eine Wartefrist von **maximal zwei Wochen** als angemessen gilt.[40] Ekkenga spricht sich für eine striktere Auslegung des § 170 aus, sodass die Unterlagen tatsächlich sofort (innerhalb von maximal zwei Werktagen) vorzulegen sind.[41] Mit der Vorlage von Jahresabschluss und Lagebericht ist gem. § 170 Abs. 2 S. 1 zugleich der Gewinnverwendungsvorschlag vorzulegen. Gem. § 314 Abs. 1 S. 1 ist zusammen mit den Vorlagen des § 170 Abs. 1 auch der Abhängigkeitsbericht dem Aufsichtsrat vorzulegen.

26 Unverzüglich sind gem. § 170 Abs. 1 S. 2 nach Aufstellung auch der Konzernabschluss und der Konzernlagebericht vorzulegen. Es besteht jedoch **keine gemeinsame Vorlagepflicht** mit dem Jahresabschluss, zugehörigem Lagebericht und Gewinnverwendungsbeschluss, was sich daraus ergibt, dass für den Jahresabschluss gem. § 264 Abs. 1 HGB eine Frist von drei Monaten zur Aufstellung besteht und für den Konzernabschluss gem. § 290 Abs. 1 HGB eine Frist von fünf Monaten.[42]

27 Ebenfalls unverzüglich nach seiner Aufstellung ist der Einzelabschluss nach § 325 Abs. 2a HGB dem Aufsichtsrat vorzulegen. Der Einzelabschluss nach § 325 Abs. 2a HGB entfaltet befreiende Wirkung hinsichtlich der Offenlegung des Jahresabschlusses, hat aber keine Auswirkung auf den Gewinnverwendungsvorschlag. Es gilt wegen § 325 Abs. 2a S. 5 HGB nicht die in § 264 Abs. 1 S. 3 HGB vorgesehene Frist. Daher ist auch hier keine gemeinsame Vorlagepflicht mit dem Jahresabschluss anzunehmen.

28 Sämtliche Unterlagen sind in der endgültigen, unterschriftsreifen Fassung unmittelbar nach Aufstellung und rechtzeitig vor der Bilanzsitzung des Aufsichtsrates (bzw. des vorbereitenden Ausschusses) vorzulegen.[43] Einzelne fertig gestellte Teile der Vorlagen müssen nicht vorab dem Aufsichtsrat übersendet werden, sofern die Vorlagen insgesamt rechtzeitig zur Verfügung gestellt werden.[44] Der Zugang des Prüfungsberichts ist nicht abzuwarten, da der Wirtschaftsprüfer diesen direkt dem Aufsichtsrat gem. § 321 Abs. 5 S. 2 HGB vorlegt.

IV. Gewinnverwendungsvorschlag

29 **1. Verwendung des Bilanzgewinns und Gliederung des Vorschlags.** Der Gewinnverwendungsvorschlag des Vorstands ist vom Aufsichtsrat nach § 171 Abs. 1 S. 1 zu prüfen. Der Hauptversammlung ist schriftlich über das Ergebnis gem. § 171 Abs. 2 S. 1 zu berichten, damit sie die Gewinnverwendung gem. § 174 beschließen kann.

30 Die Gliederungen zur Verwendung des Bilanzgewinns gem. § 170 Abs. 2 und § 174 Abs. 2 **unterscheiden sich geringfügig.** Es fehlt in § 170 Abs. 2 S. 2 der unter § 174 Abs. 2 Nr. 5 genannte „zusätzliche Aufwand auf Grund des Beschlusses". Dieser Posten kann nur entstehen, wenn die Hauptversammlung von dem Verwendungsvorschlag des Vorstandes abweicht. Grund hierfür ist, dass gem. § 278 HGB die Steuerbelastung in der GuV seit dem BiRiLiG (1985) nach dem Verwendungsvorschlag des Vorstands berechnet wird, sodass kein Mehraufwand entsteht, falls dieser von der Hauptversammlung angenommen wird.[45]

31 Zwar ist die gesetzliche Gliederung in § 170 Abs. 2 S. 2 verbindlich, es kann aber davon abgewichen werden, wenn dadurch eine **höhere Transparenz** erreicht wird, ebenso brauchen Leerpunkte nicht gebildet werden. Die Gliederung ist zu ergänzen, wenn Verwendungen für besondere Zwecke

---

[37] BeBiKo/Grottel/Hoffmann HGB Vor § 325 Rn. 2; MüKoAktG/Hennrichs/Pöschke Rn. 32.
[38] Grigoleit/Grigoleit/Zellner Rn. 4; K. Schmidt/Lutter/Drygala Rn. 5.
[39] Hölters/Waclawik Rn. 11; Grigoleit/Grigoleit/Zellner Rn. 5; K. Schmidt/Lutter/Drygala Rn. 6; Hüffer/Koch/Koch Rn. 3; Großkomm AktG/Brönner Rn. 3; ADS Rn. 9.
[40] MüKoBGB/Armbrüster BGB § 121 Rn. 7.
[41] Kölner Komm AktG/Ekkenga Rn. 8.
[42] MüKoAktG/Hennrichs/Pöschke Rn. 35.
[43] OLG Stuttgart DB 2009 S. 1521 (1522); MüKoAktG/Hennrichs/Pöschke Rn. 33, 34; Grigoleit/Grigoleit/Zellner Rn. 5; K. Schmidt/Lutter/Drygala Rn. 6.
[44] Grigoleit/Grigoleit/Zellner Rn. 5; Hüffer/Koch/Koch Rn. 6; ADS Rn. 9; Bürgers/Körber/Schulz Rn. 3; Hölters/Waclawik Rn. 10 sieht eine „Teilvorlage" sogar als unzulässig an.
[45] Hüffer/Koch/Koch Rn. 6; MüKoAktG/Hennrichs/Pöschke Rn. 54, § 174 Rn. 33ff; ADS Rn. 20.

stattfinden, die nicht in der vorgegebenen Gliederung enthalten sind, wie beispielsweise für Zuwendungen an gemeinnützige Organisationen.[46]

Der Vorstand hat die Gewinnverwendung nach eigenem Ermessen vorzuschlagen und dabei die **32** Bildung der **gesetzlichen Rücklage** gem. § 150 zu beachten, sowie die Gewinnverteilungsnormen in den §§ 58, 60, 130 Abs. 1 und § 328. Bei Vorliegen einer **Ausschüttungssperre** § 268 Abs. 8 HGB hat der Vorstand in seinem Vorschlag auf Grund und Ausmaß der Sperre hinzuweisen. Ein Gewinnverwendungsvorschlag kann vom Vorstand nicht unterbreitet werden, wenn in der Gliederung gem. § 158 ein Bilanzverlust ausgewiesen wird (→ Rn. 10).

2. Verteilung an die Aktionäre. Unter Position Nr. 1 in § 170 Abs. 2 S. 2 steht der zu verteilende Betrag an die Aktionäre. Die Gewinnverteilung richtet sich zunächst nach § 60. Vorzugsdividenden gem. §§ 139, 140 können mit höheren Dividenden ausgestattet werden oder zu Dividendennachholungen führen. Der an die Aktionäre auszuschüttende Betrag ist daher nach Stammaktien und Vorzugsaktien gesondert auszuweisen und ggf. an das gesetzliche Schema mittels einer Vorspalte anzupassen.[47] **33**

Da § 174 Abs. 2 Nr. 2 eine Differenzierung nach auszuschüttendem Betrag und **Sachwert** verlangt, ist diese Differenzierung auch in § 170 Abs. 2 S. 2 Nr. 1 zu erfüllen, wenn der Vorstand der Hauptversammlung eine Sachausschüttung iSv § 58 Abs. 5 vorschlagen will, da sonst der Beschlussfassung der Hauptversammlung wesentliche Informationen iSv § 124 Abs. 3 S. 1 fehlen.[48] In diesem Fall muss der Vorstandsvorschlag deutlich darlegen, um welche Sachwerte es sich konkret handelt und welcher Anteil auf eine einzelne Aktie entfällt. Es muss ein Gesamtwert angegeben werden, worauf die Formulierung in § 174 Abs. 2 Nr. 2 hinweist.[49] Entsprechend muss bei einer Sachausschüttung das Gliederungsschema des § 174 Abs. 2 übernommen werden.[50] **34**

Zwar ist noch immer strittig, ob der Wert der Sachausschüttung mittels **Buchwert oder Verkehrswert** (Zeitwert) angesetzt wird, da die Begründung zum TransPuG dies ausdrücklich offen ließ.[51] Die inzwischen hM spricht sich für die Maßgeblichkeit des Verkehrswertes aus,[52] da bei einer Bewertung zum Buchwert aufgrund des bilanziellen Vorsichtsprinzips häufig stille Reserven ausgekehrt werden, sodass die Ausschüttung den Bilanzgewinn überschreiten könnte und somit die Kapitalerhaltung gefährdet wird. **35**

Das Gliederungsschema unterliegt bei nach § 59 geleisteten Abschlagzahlungen einer Änderung. Sie können in einer Vorspalte offen abgezogen werden.[53] **36**

Aus eigenen Anteilen stehen der Gesellschaft gem. § 71b keine Rechte zu, die Gesellschaft hat somit keinen Anspruch auf eine Dividende. Gleiches gilt für von Dritten für die Gesellschaft gehaltene eigene Anteile gem. § 71d, da die Gesellschaft die wirtschaftliche Eigentümerin der Aktien ist. Zu berücksichtigen sind Aktien zum Zeitpunkt des Gewinnverwendungsbeschlusses. Für den Fall, dass die Gesellschaft die eigenen Aktien bis zum Tag der Hauptversammlung veräußern will, ist die Berücksichtigung der eigenen Aktien für die Ausschüttung an die Aktionäre zulässig. Werden die Aktien von der Gesellschaft kurze Zeit vor dem Gewinnverwendungsbeschluss erworben, entfällt das Recht auf Dividende.[54] **37**

Weil die Mitteilungspflichten gem. § 20 Abs. 7 S. 2 bis zum Gewinnverwendungsbeschluss nachgeholt werden können, hat der Vorstand zunächst auch diese Anteile für die Ausschüttung zu berücksichtigen.[55] **38**

3. Einstellung in die Gewinnrücklagen. § 58 Abs. 2 und Abs. 2a ermächtigen den Vorstand **39** und Aufsichtsrat, bereits die Hälfte des Jahresüberschusses in **andere Gewinnrücklagen** einzustellen. Von den Gewinnrücklagen iSv § 272 Abs. 3 HGB ist die Kapitalrücklage iSv § 272 Abs. 2 HGB zu

---

[46] *ADS* Rn. 21, 47; Kölner Komm AktG/*Ekkenga* Rn. 22; Grigoleit/*Grigoleit/Zellner* Rn. 6.
[47] Grigoleit/*Grigoleit/Zellner* Rn. 7; Hüffer/Koch/*Koch* Rn. 7; *ADS* Rn. 49; als Beispiel für eine angepasste Gliederung s. *ADS* Rn. 50; gegen eine Aufschlüsselung ist Wachter/*Bormann* Rn. 10.
[48] Hüffer/Koch/*Koch* Rn. 7.
[49] MüKoAktG/*Hennrichs/Pöschke* Rn. 63; Hüffer/Koch/*Koch* Rn. 7.
[50] Hüffer/Koch/*Koch* Rn. 7.
[51] Begr RegE BT-Drs. 14/8769 S. 13: „Die Frage der Bewertung [...] kann der wissenschaftlichen Literatur und gegebenenfalls der weiteren rechtspolitischen Erörterung überlassen bleiben.".
[52] *Cahn/v. Spannenberg* → § 58 Rn. 110; *Crezelius* FS Korn, 2005, 273 (281); BeBiKo/*Grottel/Hoffmann* HGB Vor § 325 Rn. 57; Hüffer/Koch/*Koch* § 58 Rn. 33; *Ihrig/Wagner* BB 2002 S. 789 (796); *Schulze-Osterloh* FS Priester, 2007, 749 (753).
[53] Kölner Komm AktG/*Ekkenga* Rn. 26; *ADS* Rn. 23, 37; MüKoAktG/*Hennrichs/Pöschke* Rn. 61; Grigoleit/*Grigoleit/Zellner* Rn. 7.
[54] *ADS* Rn. 30, 31; K. Schmidt/Lutter/*Drygala* Rn. 11.
[55] MüKoAktG/*Hennrichs/Pöschke* Rn. 60; Grigoleit/*Grigoleit/Zellner* Rn. 7; K. Schmidt/Lutter/*Drygala* Rn. 11.

unterscheiden. Unter Position Nr. 2 in § 170 Abs. 2 S. 2 steht jedoch nicht die Einstellung nach § 58 Abs. 2 und 2a, sondern ausschließlich weitere Einstellungen aus dem Bilanzgewinn durch die Hauptversammlung gem. § 58 Abs. 3.[56]

40   Den Aktionären wird nicht unzulässig die Gewinnausschüttung gem. § 170 Abs. 2 S. 2 Nr. 1 verkürzt, weil § 58 Abs. 4 der Einstellung nach § 58 Abs. 3 den Vorrang gegenüber der Ausschüttung gibt. Allerdings droht bei weitreichender Einstellung die **Gefahr einer Anfechtungsklage** gem. § 254 Abs. 1 und § 243 Abs. 2 wegen willkürlicher Rücklagenbildung, sodass der Vorstand zumindest die Mindestdividende iHv 4 % des Grundkapitals vorschlagen sollte.[57]

41   Schlägt der Vorstand eine weitere Einstellung in die Gewinnrücklagen vor, ist idR eine besondere Begründung angebracht. Diese ist aus Transparenzgründen nicht im Gewinnverwendungsvorschlag, sondern im Lagebericht anzugeben, dem Aufsichtsrat nach § 90 mitzuteilen und in der Hauptversammlung nach § 176 zu erläutern.[58]

42   **4. Gewinnvortrag.** Unter Position Nr. 3 in § 170 Abs. 2 S. 2 steht der Vorschlag für den Gewinnvortrag. Dabei handelt es sich um den Gewinn, den die Hauptversammlung gem. § 58 Abs. 3 S. 1 auf neue Rechnung vortragen kann. Der Gewinnvortrag ergibt sich aus dem verbleibenden Betrag des Bilanzgewinns, der nicht in die Rücklagen eingestellt wird und nicht an die Aktionäre ausgeschüttet wird.

43   **5. Bilanzgewinn.** Unter Position Nr. 4 in § 170 Abs. 2 S. 2 wird der Bilanzgewinn ausgewiesen. Der Bilanzgewinn ist die Summe aus den Positionen 1 bis 3 des § 170 Abs. 2 S. 2 und stimmt überein mit dem Bilanzgewinn aus der nach § 158 Abs. 1 S. 1 Nr. 5 erweiterten GuV bzw mit den Anhangsangaben § 158 Abs. 1 S. 2.

44   Die Aktionäre haben grundsätzlich einen Anspruch auf Ausschüttung des Bilanzgewinns gem. § 58 Abs. 4, es darf gem. § 57 Abs. 3 aber auch nicht mehr an sie ausgeschüttet werden.

V. Informationsrechte und -pflichten der Aufsichtsratsmitglieder

45   **1. Kenntnisnahme der Vorlagen und Prüfungsberichte.** § 170 Abs. 3 gewährt jedem einzelnen Aufsichtsratsmitglied das Recht, von den durch den Vorstand vorzulegenden Unterlagen gem. § 170 Abs. 1 und Abs. 2 und den Prüfungsberichten Kenntnis zu nehmen.[59] § 170 Abs. 3 und § 90 Abs. 5 begründen einen **Individualanspruch,** der durch die Satzung nicht eingeschränkt werden kann.[60] Jedes Aufsichtsratsmitglied muss eine angemessene Zeit vor der Bilanzsitzung in den Geschäftsräumen der Gesellschaft die Möglichkeit haben, die Vorlagen und Prüfungsberichte persönlich einsehen und auswerten zu können;[61] hier werden zwei Wochen als Mindestfrist vor der Bilanzsitzung angenommen.[62]

46   Die Formulierung in § 170 Abs. 3 S. 1 „zur Kenntnis nehmen" bedeutet nicht, dass jedem einzelnen Mitglied die Unterlagen ausgehändigt werden müssen. Die Gesellschaft muss dann auf ihre Kosten den Aufsichtsratsmitgliedern die Kenntnisnahme der vollständigen Vorlagen und des vollständigen Prüfungsberichts – gegebenenfalls einschließlich aller Anlagen und Ergänzungen – ermöglichen.[63] Das Aufsichtsratsmitglied braucht sich nicht mit einer Zusammenfassung der Vorlagen und des Prüfungsberichts zu begnügen. Da das Aufsichtsratsmitglied umfangreiche und anspruchsvolle Unterlagen auszuwerten hat, liegt die Dauer und Intensität der Kenntnisnahme in seinem Ermessen; ihm steht es frei, sich Notizen anzufertigen.[64] Es besteht zwar grundsätzlich Akteneinsichtsrecht für die Aufsichtsratsmitglieder, aber nicht das Recht, sich sachkundig durch Dritte beraten oder vertreten zu lassen.[65]

47   Das Recht eines Aufsichtsratsmitglieds auf Kenntnisnahme der Vorstandsunterlagen und der Prüfungsberichte und ggf. der Übermittlung der Unterlagen **darf grundsätzlich nicht eingeschränkt werden.** Die hM lässt eine Einschränkung dieser Rechte wohl nur bei einer konkreten Missbrauchsgefahr zu; so etwa wenn ein Aufsichtsratsmitglied einen Wettbewerber der Gesellschaft vertritt und

---

[56] Hölters/*Waclawik* Rn. 18; Hüffer/Koch/*Koch* Rn. 8; Grigoleit/*Grigoleit/Zellner* Rn. 8.
[57] ADS Rn. 22; Kölner Komm AktG/*Ekkenga* Rn. 26.
[58] K. Schmidt/Lutter/*Drygala* Rn. 12; ADS Rn. 41; Grigoleit/*Grigoleit/Zellner* Rn. 8; Hüffer/Koch/*Koch* Rn. 8.
[59] BegrRegE BT-Drs. 13/9712, 22 zu § 170 AktG.
[60] ADS Rn. 51; Hüffer/Koch/*Koch* Rn. 12; *Hommelhoff* ZGR 1983, 551 (579).
[61] ADS Rn. 52, 53.
[62] K. Schmidt/Lutter/*Drygala* Rn. 16; *Velte* NZG 2009, 737; MüKoAktG/*Hennrichs/Pöschke* Rn. 109.
[63] Hüffer/Koch/*Koch* Rn. 12.
[64] Bürgers/Körber/*Schulz* Rn. 13; Grigoleit/*Grigoleit/Zellner* Rn. 12.
[65] BGHZ 85, 293 (295 ff.) = NJW 1983, 991 (992); Hölters/*Waclawik* Rn. 26.

die Weitergabe vertraulicher Informationen konkret zu befürchten ist.⁶⁶ Da hiermit in ein zentrales Recht eines Aufsichtsratsmitglieds eingegriffen wird, ist von der Verweigerung der Kenntnisnahme und der Übermittlung der Unterlagen nur zurückhaltend Gebrauch zu machen;⁶⁷ insbesondere ist es erforderlich, dass die konkrete Gefahr eines Missbrauchs mit stichhaltigen und nachprüfbaren Argumenten belegt wird.

Vorstandsvorlagen iSv § 170 Abs. 1 und 2 müssen wegen der Prüfungspflichten gem. § 171 zur Kenntnis genommen werden können. Dieses Informationsrecht gilt als unproblematisch, da die Vorstandsvorlagen ab Einberufung der Hauptversammlung durch Auslage ohnehin allen Gesellschaftern gem. § 175 zugänglich gemacht werden.⁶⁸ Bis zu diesem Zeitpunkt gilt die Verschwiegenheitspflicht gem. § 116 iVm § 93. **48**

Problematischer ist jedoch die **Kenntnisnahme der Prüfungsberichte,** da in ihnen neben vertraulichen Prüfungsergebnissen der Abschlüsse auch vertrauliche Angaben zum Frühwarnsystem gem. § 317 Abs. 4 HGB, § 321 Abs. 4 HGB iVm § 91 Abs. 2 enthalten sind.⁶⁹ Das allgemeine Recht auf Kenntnisnahme des § 170 Abs. 3 S. 1 wird durch § 170 Abs. 3 S. 2 dergestalt faktisch eingeschränkt, dass zwar weiterhin ein Kenntnisnahmerecht besteht, aber die Übermittlung der Berichte nur bestimmten Mitgliedern eines Ausschusses vorbehalten werden kann. § 170 Abs. 3 S. 1 gilt auch für den Abhängigkeitsbericht gem. § 314 Abs. 1 und 2. Die Verschwiegenheitspflicht iSv § 116 S. 2 trifft besonders auf diese Prüfungsberichte zu.⁷⁰ **49**

Neben dem Recht Kenntnisnahme besteht auch eine **Pflicht der Aufsichtsratsmitglieder,** sich intensiv mit den Unterlagen auseinander zu setzen und gewissenhaft kundig zu machen. Verzichtet ein Mitglied des Aufsichtsrats aus guten Gründen auf die Kenntnisnahme (etwa, weil er den Wettbewerber der Gesellschaft repräsentiert und den denkbaren Verdacht eines Missbrauchs vermeiden will), so ist der Aufsichtsrat zur Verhinderung einer Sorgfaltspflichtverletzung (§ 116) in angemessener Weise zu unterrichten. **50**

2. Übermittlung der Vorlagen und Prüfungsberichte. Der Aufsichtsrat kann im Plenum gem. § 170 Abs. 3 S. 2 iVm §§ 107, 108 beschließen, dass die Unterlagen jedem Mitglied oder nur den Mitgliedern eines oder mehrerer Ausschüsse übermittelt werden sollen. Ohne einen solchen Beschluss greift die gesetzliche Regelung, so dass jedem Aufsichtsratsmitglied sämtliche Vorlagen und Prüfungsberichte zu übermitteln sind.⁷¹ Ein solcher Beschluss bedarf der Rechtfertigung (etwa durch die arbeitsteilige Organisation des Aufsichtsrats).⁷² Unzulässig ist die Weitergabe der übermittelten Unterlagen an andere. **51**

Zulässig ist die Übermittlung per E-Mail oder in gedruckter Form und erfolgt in der Regel durch den Aufsichtsratsvorsitzenden an die Mitglieder. Der Vorstand bzw. der Abschlussprüfer kann auch mit Einverständnis des Aufsichtsratsvorsitzenden die Vorstandsvorlagen bzw. Prüfungsberichte direkt an die einzelnen Aufsichtsratsmitglieder übermitteln.⁷³ Auch hier wird wie bei der Kenntnisnahme eine Mindestfrist von zwei Wochen angenommen.⁷⁴ **52**

Unter Übermittlung der Vorlagen ist nicht der endgültige Verbleib beim Aufsichtsratsmitglied gemeint. Die Satzung oder die Geschäftsordnung können Rückgabepflichten vorsehen, die unterschiedlich ausgestaltet sind. Dabei könnten Unterlagen nach Ablauf der Zugehörigkeit zum Aufsichtsrat oder nach Abschluss der Hauptversammlung an die Gesellschaft zurückzugeben sein.⁷⁵ Weitere Differenzierungen in der Satzung oder Geschäftsordnung sind möglich und widersprechen nicht dem Regelungswillen des Gesetzgebers.⁷⁶ **53**

§ 170 Abs. 3 S. 2 Alt. 2 ist **wertungswidersprüchlich:** § 171 verpflichtet das Organ Aufsichtsrat und damit jedes einzelne Aufsichtsratsmitglied,⁷⁷ den Jahresabschluss, den Lagebericht und den Gewinnverwendungsvorschlag zu prüfen. Damit ist zu vereinbaren, dass ein Ausschuss zur Prüfungsvorbereitung eingerichtet wird (§ 107 Abs. 3 S. 1). Dieser Ausschuss darf aber nicht an Stelle des **54**

---

⁶⁶ Fleischer → § 90 Rn. 47; Grigoleit/*Grigoleit/Tomasic* § 90 Rn. 10; Hüffer/Koch/*Koch* § 90 Rn. 12a.
⁶⁷ Hüffer/Koch/*Koch* Rn. 12, § 90 Rn. 12.
⁶⁸ ADS Rn. 55; MüKoAktG/*Hennrichs/Pöschke* Rn. 98; Grigoleit/*Grigoleit/Zellner* Rn. 14.
⁶⁹ MüKoAktG/*Hennrichs/Pöschke* Rn. 83.
⁷⁰ Kölner Komm AktG/*Ekkenga* Rn. 44; MüKoAktG/*Hennrichs/Pöschke* Rn. 84, 86.
⁷¹ BegrRegE KonTraG: BR-Drs. 872/97 zu § 170 AktG; Grigoleit/*Grigoleit/Zellner* Rn. 14; Bürgers/Körber/*Schulz* Rn. 14.
⁷² K. Schmidt/Lutter/*Drygala* Rn. 18; *Hommelhoff* BB 1998, 2567 (2572 f.); *Mertens* DB 1988, 1229 (1236).
⁷³ Hüffer/Koch/*Koch* Rn. 14; Bürgers/Körber/*Schulz* Rn. 14.
⁷⁴ MüKoAktG/*Hennrichs/Pöschke* Rn. 94; Hüffer/Koch/*Koch* Rn. 14; K. Schmidt/Lutter/*Drygala* Rn. 17.
⁷⁵ BGH v. 7.7.2008 – II ZR 71/07, BeckRS 2008, 20844: „Eine entsprechende Verpflichtung [zur Rückgabe der Gesellschaftsunterlagen] ergibt sich schon aus dem Grundgedanken der §§ 666 f. BGB.".
⁷⁶ Wachter/*Bormann* Rn. 13; Hüffer/Koch/*Koch* Rn. 14.
⁷⁷ Hüffer/Koch/*Koch* § 171 Rn. 9.

Aufsichtsrats entscheiden (§ 107 Abs. 2 S. 2; § 314 Abs. 2 und Abs. 3). Damit bleibt es die Aufgabe eines jeden Aufsichtsratsmitglieds, sich eine eigene Meinung über die Vorlagen zu bilden; der endgültige Beschluss stellt keine reine Formalie dar (→ § 107 Rn. 84). Nicht sachgerecht ist daher, die Arbeit der Aufsichtsratsmitglieder, die nicht Mitglied des Prüfungsausschusses sind, dadurch wesentlich zu erschweren und faktisch zu behindern, dass sie lediglich ein Einsichtsrecht in die Vorlagen und Prüfungsberichte in den Geschäftsräumen der Gesellschaft haben und nicht das Recht, die Unterlagen zur sorgfältigen Prüfung überlassen zu bekommen. Damit wird die Qualität der Überwachung durch den Aufsichtsrat wesentlich beeinträchtigt. Viel spricht de lege lata dafür, den Wortlaut des Gesetzes teleologisch auf den Prüfungsbericht zu reduzieren.[78]

VI. Rechtsfolge bei Verstößen

55 **1. Verstoß gegen die Vorlagepflicht.** Die Vorlagepflicht ist erst erfüllt, wenn dem Aufsichtsrat sämtliche Vorlagen des § 170 Abs. 1 und der Vorschlag über die Gewinnverwendung gem. § 170 Abs. 2 vorliegen. Kommt der Vorstand seiner Pflicht nicht nach, können vom Registerbericht **Zwangsgelder nach § 407 Abs. 1** festgesetzt werden. Die Nichtvorlage oder nicht unverzügliche Vorlage der Unterlagen stellt iSd § 84 Abs. 3 eine grobe Pflichtverletzung des Vorstands dar und berechtigt zu **dessen Abberufung.** Kommt es durch die Unterlassung oder die verspätete Vorlage zu Schäden bei der Gesellschaft, können **Ersatzansprüche** gem. § 93 Abs. 2 gegen den Vorstand bestehen.[79]

56 **2. Durchsetzung der Informationsrechte der Aufsichtsratsmitglieder.** Das Recht auf Kenntnisnahme und ggf. das Recht auf Übermittlung sind Individualrechte jedes Aufsichtsratsmitglieds iSv § 90 Abs. 5 S. 1 und 2.[80] Die Erfüllung dieser Rechte ist zunächst vom Aufsichtsratsvorsitzenden einzufordern. Gelingt dies nicht, ist die **Klage gegen die Gesellschaft** möglich.[81]

§ 171 Prüfung durch den Aufsichtsrat

(1) ¹Der Aufsichtsrat hat den Jahresabschluß, den Lagebericht und den Vorschlag für die Verwendung des Bilanzgewinns zu prüfen, bei Mutterunternehmen (§ 290 Abs. 1, 2 des Handelsgesetzbuchs) auch den Konzernabschluß und den Konzernlagebericht. ²Ist der Jahresabschluss oder der Konzernabschluss durch einen Abschlussprüfer zu prüfen, so hat dieser an den Verhandlungen des Aufsichtsrats oder des Prüfungsausschusses über diese Vorlagen teilzunehmen und über die wesentlichen Ergebnisse seiner Prüfung, insbesondere wesentliche Schwächen des internen Kontroll- und des Risikomanagementsystems bezogen auf den Rechnungslegungsprozess, zu berichten. ³Er informiert über Umstände, die seine Befangenheit besorgen lassen und über Leistungen, die er zusätzlich zu den Abschlussprüfungsleistungen erbracht hat. ⁴Der Aufsichtsrat hat auch den gesonderten nichtfinanziellen Bericht (§ 289b des Handelsgesetzbuchs) und den gesonderten nichtfinanziellen Konzernbericht (§ 315b des Handelsgesetzbuchs) zu prüfen, sofern sie erstellt wurden.

(2) ¹Der Aufsichtsrat hat über das Ergebnis der Prüfung schriftlich an die Hauptversammlung zu berichten. ²In dem Bericht hat der Aufsichtsrat auch mitzuteilen, in welcher Art und in welchem Umfang er die Geschäftsführung der Gesellschaft während des Geschäftsjahrs geprüft hat; bei börsennotierten Gesellschaften hat er insbesondere anzugeben, welche Ausschüsse gebildet worden sind, sowie die Zahl seiner Sitzungen und die der Ausschüsse mitzuteilen. ³Ist der Jahresabschluß durch einen Abschlußprüfer zu prüfen, so hat der Aufsichtsrat ferner zu dem Ergebnis der Prüfung des Jahresabschlusses durch den Abschlußprüfer Stellung zu nehmen. ⁴Am Schluß des Berichts hat der Aufsichtsrat zu erklären, ob nach dem abschließenden Ergebnis seiner Prüfung Einwendungen zu erheben sind und ob er den vom Vorstand aufgestellten Jahresabschluß billigt. ⁵Bei Mutterunternehmen (§ 290 Abs. 1, 2 des Handelsgesetzbuchs) finden die Sätze 3 und 4 entsprechende Anwendung auf den Konzernabschluss.

(3) ¹Der Aufsichtsrat hat seinen Bericht innerhalb eines Monats, nachdem ihm die Vorlagen zugegangen sind, dem Vorstand zuzuleiten. ²Wird der Bericht dem Vorstand nicht

---

[78] *Velte* NZG 2009, 737; Grigoleit/*Grigoleit/Zellner* Rn. 14.
[79] Grigoleit/*Grigoleit/Zellner* Rn. 15; MüKoAktG/*Hennrichs/Pöschke* Rn. 36.
[80] BGHZ 106, 54 (62) = NJW 1989, 979 (981).
[81] Hüffer/Koch/*Koch* Rn. 15; MüKoAktG/*Hennrichs/Pöschke* Rn. 112; BGHZ 85, 293 (295) = NJW 1983, 991 (992).

innerhalb der Frist zugeleitet, hat der Vorstand dem Aufsichtsrat unverzüglich eine weitere Frist von nicht mehr als einem Monat zu setzen. ³Wird der Bericht dem Vorstand nicht vor Ablauf der weiteren Frist zugeleitet, gilt der Jahresabschluß als vom Aufsichtsrat nicht gebilligt; bei Mutterunternehmen (§ 290 Abs. 1, 2 des Handelsgesetzbuchs) gilt das Gleiche hinsichtlich des Konzernabschlusses.

(4) ¹Die Absätze 1 bis 3 gelten auch hinsichtlich eines Einzelabschlusses nach § 325 Abs. 2a des Handelsgesetzbuchs. ²Der Vorstand darf den in Satz 1 genannten Abschluss erst nach dessen Billigung durch den Aufsichtsrat offen legen.

Schrifttum: *Bea/Scheurer*, Die Kontrollfunktion des Aufsichtsrats, DB 1994, 2145; *Dednarz*, Die Kundgabe von Beschlüssen des Aufsichtsrats durch den Aufsichtsratsvorsitzenden – ein Fall des § 174 S. 1 BGB?, NZG 2005, 418; *Bischof/Oser*, Zweifelsfragen zur Teilnahme des Abschlussprüfers an der Bilanzsitzung des Aufsichtsrats, WPg 1998, 539; *Böcking*, Mehr Kontrolle und Transparen im Unternehmensbereich durch eine Verbesserung der Qualität der Abschlussprüfung, BFuP 1999, 418; *Bornmüller*, Starker Aufsichtsrat – Die Neuerungen im Aktienrecht, BuW 2003, 242; *Buchta/van Kann*, Die Haftung des Aufsichtsrats einer Aktiengesellschaft – aktuelle Entwicklungen in Gesetzgebung und Rechtsprechung, DStR 2003, 1665; *Clemm*, Der Abschlußprüfer als Krisenwarner und der Aufsichtsrat, FS Havermann, 1995, 83; *Clemm*, Reform des Aufsichtsrats? Bemerkungen und Wünsche aus Wirtschaftsprüfer-Sicht, BFuP 1996, 269; *Forster*, Fragen der Prüfung des Jahresabschlusses durch den Aufsichtsrat, FS Kropff, 1997, 71; *Forster*, Zur Teilnahme des Abschlussprüfers an der Bilanzsitzung des Aufsichtsrats und zur Berichterstattung in der Sitzung, FS Sieben, 1998, 375; *Götz*, Rechte und Pflichten des Aufsichtsrats nach dem Transparenz- und Publizitätsgesetz, NZG 2002, 599; *Henze*, Neuere Rechtsprechung zur Rechtstellung und Aufgaben des Aufsichtsrats, BB 2005, 165; *Herkenroth*, Bankenvertreter als Aufsichtsratsmitglieder von Zielgesellschaften: Zur beschränkten Leistungsfähigkeit des Rechts bei der Lösung von Interessenkonflikten anlässlich der Finanzierung von Übernahmen, AG 2001, 33; *Kropff*, Der Abschlussprüfer in der Bilanzsitzung des Aufsichtsrats, FS Müller 2001, 481; *Lück*, Audit Committees – Prüfungsausschüsse zur Sicherung und Verbesserung der Unternehmensüberwachung in deutschen Unternehmen, DB 1999, 441; *Lück*, Anforderungen an die Redepflicht des Abschlussprüfers, BB 2001, 404; *Lutter/Krieger*, Hilfspersonen von Aufsichtsratsmitgliedern, DB 1995, 257; *Lutter/Krieger*, Rechte und Pflichten des Aufsichtsrats, 5. Aufl. 2008; *Möllers*, Insiderinformation und Befreiung von der Ad-hoc-Publizität nach § 15 Abs. 3 WpHG, WM 2005, 1393; *Müller*, Bilanzrecht und Organverantwortung, FS Quack, 1991, 345; *Neuling*, Präsenzpflicht in der Bilanzsitzung des Aufsichtsrats, AG 2002, 610; *Neuling*, Die Teilnahmepflicht des Abschlussprüfers an Bilanzsitzungen des Aufsichtsrats im Aktienrecht, BB 2003, 166; *Paal*, Die persönliche Haftung – ein wirksames Mittel zur Verbesserung der Kontrolltätigkeit des Aufsichtsrats bei kapitalmarktorientierten Unternehmen? (Teil 1), DStR 2005, 382; *Paal*, Die persönliche Haftung – ein wirksames Mittel zur Verbesserung der Kontrolltätigkeit des Aufsichtsrats bei kapitalmarktorientierten Unternehmen? (Teil 2), DStR 2005, 426; *Potthoff*, Die Prüfung des Jahresabschlusses durch den Aufsichtsrat, FS Ludewig, 1996, 831; *Roderich/Thümmel*, Aufsichtsratshaftung vor neuen Herausforderungen – Überwachungsfehler, unternehmerische Fehlentscheidungen, Organisationsmängel und andere Risikofelder, AG 2004, 83; *Roth*, Möglichkeiten vorstandsunabhängiger Information des Aufsichtsrats, AG 2004, 1; *Rürup*, Prüfung des Jahresabschlusses und des Lageberichts durch Aufsichtsrat und Abschlussprüfer, FS Budde, 1995, 543; *Säcker*, Rechtliche Anforderungen an die Qualifikation und Unabhängigkeit von Aufsichtsratsmitgliedern, AG 2004, 180; *Scheffler*, Die Berichterstattung des Abschlussprüfers aus der Sicht des Aufsichtsrates, WPg 2002, 1289; *Stadler/Berner*, Das Ende des dreiköpfigen Aufsichtsrats? – Zugleich Anmerkung zu dem Beschluss des BayObLG vom 28.3.2003 – 3 Z BR 19/02, AG 2003, 427; *Theisen*, Information und Berichterstattung des Aufsichtsrats, 4. Aufl. 2007; *Velte*, Beschränkung der Informationsrechte des Aufsichtsrats in Bezug auf die Rechnungslegungsunterlagen des Vorstands und den Prüfungsbericht des Abschlussprüfers, NZG 2009, 737; *Wagner*, Aufsichtsratssitzung in Form der Videokonferenz, NZG 2002, 57; *Wirth*, Anforderungen und Inkompatibilitäten für Aufsichtsratsmitglieder, ZGR 2005, 327; *Ziemons*, Was müssen Aktiengesellschaften nach Inkrafttreten des BilMoG beachten? GWR 2009, 106.

Übersicht

	Rn.		Rn.
I. Normzweck und Anwendungsbereich	1–5	4. Sitzungsteilnahme des Abschlussprüfers	26–31
		5. Hinzuziehung sachverständiger Berater	32–38
II. Entstehungsgeschichte	6–9	6. Gegenstand der Prüfung	39–62b
		a) Prüfung des Jahresabschlusses	39–46
III. Prüfungspflicht des Aufsichtsrats	10–72	b) Prüfung des Lageberichts	47, 48
1. Persönliche Anforderungen an die Aufsichtsratsmitglieder	10–18	c) Prüfung des Einzelabschlusses iSv § 325 Abs. 2a HGB	49–51
a) Sachkenntnis	10–13	d) Prüfung des Gewinnverwendungsvorschlags	52–54
b) Verschwiegenheit	14–17	e) Prüfung des Konzernabschlusses	55–58
c) Persönliche Amtswahrnehmung	18	f) Prüfung des Konzernlageberichts	59–61
2. Übernahme von Verantwortung durch die Prüfungstätigkeit	19, 20	g) Prüfung weiterer Unterlagen (Rentabilitätsbericht, Abhängigkeitsbericht, gesonderter nichtfinanzieller (Konzern-)Bericht)	62–62b
3. Beschlussvorbereitung durch einen Ausschuss	21–25		

	Rn.		Rn.
7. Berichte des Abschlussprüfers	63–68	2. Rechtsfolgen bei mangelhafter Berichterstattung	82
8. Beschluss über das Prüfungsergebnis und Rechtsfolgen	69–72	**V. Fristen (§ 171 Abs. 3)**	83–89
IV. Stellungnahme durch den Aufsichtsrat	73–82	1. Fristgemäße Zuleitung durch den Aufsichtsrat	83, 84
1. Berichtspflicht nach § 171 Abs. 2	73–81	2. Nachfristsetzung durch den Vorstand	85, 86
		3. Ablauf der Nachfrist	87–89

I. Normzweck und Anwendungsbereich

1 Neben die allgemeinen **Überwachungspflichten** des § 111 tritt mit § 171 Abs. 1 S. 1 eine Vorschrift, die die Prüfung durch den Aufsichtsrat hinsichtlich der nach § 170 Abs. 1 und 2 vorgelegten Unterlagen präzisiert. § 171 Abs. 1 S. 2 bestimmt die Teilnahme und Berichterstattung des Abschlussprüfers an den Verhandlungen des Aufsichtsrats oder eines Ausschusses und sichert damit die Informationsmöglichkeit des Aufsichtsrats. Im § 171 Abs. 1 S. 3 wird der Abschlussprüfer verpflichtet, über mögliche Gründe für seine Befangenheit sowie anderer geschäftlicher Beziehungen, die seine Unabhängigkeit berühren könnten, zu berichten. Hierdurch soll der Aufsichtsrat in die Lage versetzt werden, sich ein eigenes Urteil über denkbare Gefährdungen der Unabhängigkeit des Abschlussprüfers zu bilden.

2 Der **schriftliche Bericht** des Aufsichtsrats über das Ergebnis der Prüfung gem. Abs. 2 S. 1 schützt das Informationsbedürfnis der Hauptversammlung. Der Bericht hat den in Abs. 2 S. 2–4 genannten Mindestanforderungen zu genügen. Dabei kommt der Mitteilung über die Billigung oder Ablehnung des aufgestellten Jahresabschlusses und des aufgestellten Konzernabschlusses eine zentrale Bedeutung zu, da hiervon grundsätzlich die Feststellung des Jahresabschlusses abhängt (§ 172 S. 1).

3 Die **Fristsetzung** gem. Abs. 3 S. 1 und die **Nachfristsetzung** gem. Abs. 3 S. 2 sind nötig, um die gesetzlich vorgesehenen Fristen bis zum Abhalten der Hauptversammlung einhalten zu können. Gibt der Aufsichtsrat auch nach der Nachfrist keinen Bericht ab, gilt der Jahresabschluss und Konzernabschluss als nicht gebilligt mit der Folge, dass nun die Hauptversammlung die Feststellung zu beschließen hat. Der Vorstand darf die Einberufung der Hauptversammlung dann nicht mehr verzögern.

4 Die Regelungen gem. § 171 Abs. 1 bis 3 gelten auch für den **Einzelabschluss** nach § 325 Abs. 2a HGB. Es wird also die Offenlegung an die Billigung durch den Aufsichtsrat geknüpft.

5 § 171 ist insgesamt zwingend (§ 23 Abs. 5); die Satzung kann den Aufsichtsrat von seinen Pflichten (etwa durch Übertragung der Prüfung auf ein anderes Organ oder einen Dritten) nicht befreien.[1]

II. Entstehungsgeschichte

6 Die Regelung des Abs. 1 **stammt inhaltlich aus** § 96 Abs. 1 AktG 1937.[2] Durch Abs. 1 S. 2 wurde das Recht des Aufsichtsrats eingeführt, die Teilnahme des Abschlussprüfers in der Bilanzsitzung verlangen zu können. Notwendige Anpassungen in Abs. 1 ergeben sich durch das **BiRiLiG**, da in bestimmten Fällen Gesellschaften nicht prüfungspflichtig sind.[3] Das **KonTraG** erweitert in Abs. 1 S. 1 die Prüfungspflicht des Aufsichtsrats auch auf den Konzernabschluss und Konzernlagebericht eines Mutterunternehmens iSv § 290 Abs. 1 und Abs. 2 HGB. **Selbes Gesetz** führt schließlich zur Teilnahmepflicht des Abschlussprüfers nach Abs. 1 S. 2 und verlangt von ihm einen Bericht über die wesentlichen Ergebnisse seiner Prüfung, wenn der Jahresabschluss zu prüfen war.[4] Durch das **TransPuG** findet die Rechtslage des Abs. 1 S. 2 auch für einen geprüften Konzernabschluss Anwendung.[5] Im Rahmen des **BilMoG** wird Abs. 1 S. 2 modifiziert, um die Berichterstattung durch den Abschlussprüfer über die wesentlichen Schwächen des internen Kontroll- und des Risikomanagementsystems sicherzustellen. Der neu hinzugefügte Satz 3 regelt außerdem, dass der Aufsichtsrat über Umstände informiert wird, welche die Befangenheit des Abschlussprüfers besorgen lassen, sowie über zusätzlich erbrachte Leistungen des Abschlussprüfers (neben der Prüfungsleistung) in Kenntnis gesetzt wird.[6] Das **CSR-Richtlinie-Umsetzungsgesetz** fügt S. 4 ein und erweitert die Prüfungs-

---

[1] Bürgers/Körber/*Schulz* Rn. 1.
[2] Gesetz v. 30.1.1937, RGBl. 1937 I 107 (124).
[3] Gesetz v. 19.12.1985, BGBl. 1985 I 2355 (2392 f.); Wegfall der Prüfungspflicht für kleine Kapitalgesellschaften iSd § 267 Abs. 1 HGB.
[4] Gesetz v. 27.4.1998, BGBl. 1998 I 786 (788).
[5] Gesetz v. 19.7.2002, BGBl. 2002 I 2681 (2682).
[6] Gesetz v. 25.5.2009, BGBl. 2009 I 1102 (1122).

pflicht auf den gesonderten nichtfinanziellen Bericht iSv § 289b HGB sowie den gesonderten nichtfinanziellen Konzernbericht iSv § 315b HGB, sofern diese erstellt werden.[7]

Abs. 2 findet inhaltlich seine **Vorläufer** in den §§ 96 Abs. 2 und 125 Abs. 2 AktG 1937.[8] Notwendige Anpassungen in Abs. 2 S. 3 ergeben sich durch das **BiRiLiG**, da in bestimmten Fällen Gesellschaften nicht prüfungspflichtig sind. Der Aufsichtsrat hat bei prüfungspflichtigen Abschlüssen nun zum vorgelegten Prüfungsergebnis des Abschlussprüfers Stellung zu nehmen.[9] Das **KonTraG** präzisiert in Abs. 2 S. 2 die Informationspflichten des Aufsichtsrats.[10] Durch das **TransPuG** wird in Abs. 2 S. 5 die analoge Anwendung von Abs. 2 S. 3 und S. 4 auch für den Konzernabschluss vorgeschrieben.[11] Die durch das Übernahmerichtlinie-Umsetzungsgesetz (2006) eingeführte Verpflichtung des Aufsichtsrats, die Angaben nach § 289 Abs. 4 HGB und § 315 Abs. 4 HGB zu erläutern,[12] wird im Rahmen des zweiten Gesetzes zur Änderung des Umwandlungsgesetzes (2007) gestrichen. 7

Grundlage für Abs. 3 S. 1 bildet § 125 Abs. 2 AktG 1937.[13] In der Fassung von 1965 wurde die Nachfristsetzung durch den Vorstand hinzugefügt.[14] Durch das **TransPuG** wird die Rechtslage gem. Abs. 3 S. 3 auch auf den Konzernabschluss angewendet.[15] 8

Durch das **BilReG** wird Absatz 4 neu eingefügt, der die bisherigen Regelungen auch für den Einzelabschluss gem. § 325 Abs. 2a HGB für anwendbar erklärt.[16] Die Zulässigkeit der Veröffentlichung wird allein an die Billigung durch den Aufsichtsrat geknüpft. 9

III. Prüfungspflicht des Aufsichtsrats

1. Persönliche Anforderungen an die Aufsichtsratsmitglieder. a) Sachkenntnis. Gem. § 124 Abs. 3 S. 1 unterbreitet der Aufsichtsrat der Hauptversammlung **Vorschläge über seine Besetzung,** worüber diese beschließt. Die Verantwortung für die aufgabenangemessene Zusammensetzung liegt beim Aufsichtsrat selbst, so lange nicht Großaktionäre und Depotbanken wesentlichen Einfluss auf die Besetzung nehmen.[17] 10

An die Aufsichtsratsmitglieder sind **besondere fachliche Anforderungen** zu stellen, da sie als Kontrollorgan die Arbeit des Vorstands überwachen.[18] Auch von den Arbeitnehmern entsandte Aufsichtsratsmitglieder haben die nötige Kenntnis aufzuweisen.[19] Zum Kern ihrer Kontrolltätigkeit gehört die Prüfung der Vorstandsunterlagen gem. § 171 (→ § 116 Rn. 54). Es ist daher unerlässlich, dass Aufsichtsratsmitglieder soweit mit der Rechnungslegung vertraut sind, dass sie die Prinzipien des Bilanzrechts verstehen.[20] Sie sollten in der Lage sein, die nach § 170 Abs. 2 vorgelegten Unterlagen durchzuarbeiten und selbstständig auf (innere) Plausibilität überprüfen zu können.[21] An die Mitglieder eines Bilanzausschusses sind höhere Anforderungen zu stellen. Die Mitglieder eines Bilanzausschusses sollten sich im Bereich der Rechnungslegung so gut auskennen, dass sie den Ausführungen des Abschlussprüfers folgen und auch gezielt Fragen stellen können.[22] 11

Die professionelle **Sachkenntnis des Abschlussprüfers** brauchen Aufsichtsratsmitglieder, auch die Mitglieder eines Bilanzausschusses, **nicht zu besitzen.** Der Aufsichtsrat hat die Prüfungsergebnisse des Abschlussprüfers aber kritisch zu würdigen und kann dessen Erkenntnisse nutzen.[23] In Fragen der Bilanzierung und hinsichtlich der Beurteilung des Risikoüberwachungssystems gem. § 91 Abs. 2 iVm § 317 Abs. 4 HGB, § 321 Abs. 4 HGB unterstützt der Abschlussprüfer den Aufsichtsrat 12

---

[7] Gesetz v. 11.4.2017, BGBl. 2017 I 802 (812).
[8] RegBegr. *Kropff* S. 277; *Baumbach/Hueck* Rn. 9.
[9] Gesetz v. 19.12.1985, BGBl. 1985 I 2355 (2393).
[10] Gesetz v. 27.4.1998, BGBl. 1998 I 786 (788): Angabe über die gebildeten Ausschüsse, sowie die Zahl der Sitzungen der Ausschüsse und des gesamten Aufsichtsrats.
[11] Gesetz v. 19.7.2002, BGBl. 2002 I 2681 (2682).
[12] Gesetz v. 8.7.2006, BGBl. 2006 I 1426 (1433).
[13] RegBegr. *Kropff* S. 277; *Baumbach/Hueck* Anm. 12.
[14] Gesetz v. 6.9.1965, BGBl. 1965 I 1089 (1133).
[15] Gesetz v. 19.7.2002, BGBl. 2002 I 2681 (2682).
[16] Gesetz v. 4.12.2004, BGBl. 2004 I 3166 (3178).
[17] *Hommelhoff* ZGR 1983, 551 (568–571).
[18] *Buhleier/Krowas* DB 2010, 1165; *ADS* Rn. 29.
[19] BGHZ 85, 293 (295, 296) = NJW 1983, 991; *Hommelhoff* ZGR 1983, 551 (573, 574); *Bürgers/Körber/Schulz* Rn. 2; *MüKoAktG/Hennrichs/Pöschke* Rn. 94.
[20] *Grigoleit/Grigoleit/Zellner* Rn. 5; *K. Schmidt/Lutter/Drygala* Rn. 6; BGHZ 85, 293 (295, 296) = NJW 1983, S. 991.
[21] *Hüffer/Koch/Koch* Rn. 9; RegBegr. *Kropff* S. 278; *Hüffer/Koch/Koch* ZGR 1980, 320 (334); *Hölters/Waclawik* Rn. 11; *Buhleier/Krowas* DB 2010, 1165 (1168).
[22] *MüKoAktG/Hennrichs/Pöschke* Rn. 95; *Hüffer/Koch/Koch* § 116 Rn. 3.
[23] *ADS* Rn. 24, 25; *Grigoleit/Grigoleit/Zellner* Rn. 5; BGHZ 85, 293 = NJW 1983, 991.

bei dessen Beurteilung.[24] Der Aufsichtsrat ist bei seiner eigenen Prüfung nicht auf den Prüfungsbereich des Abschlussprüfers beschränkt, sodass er weitere Prüfungshandlungen durchführen kann, die nicht im gesetzlichen Prüfungsauftrag des Abschlussprüfers enthalten sind, insbesondere Prüfungshandlungen, welche auf die Untersuchung der Zweckmäßigkeit der Bilanzierung abzielen.[25] Die Intensität seiner Prüfung sollte in Abhängigkeit der Ergebnisse des Abschlussprüfers erfolgen.[26] Die Ergebnisse seiner eigenen Prüfungen hat der Aufsichtsrat gem. § 171 Abs. 2 S. 1 schriftlich in seinem Bericht an die Hauptversammlung festzuhalten. Zu beachten ist § 100 Abs. 5, nach dem bei kapitalmarktorientierten Gesellschaften iSd § 264d HGB zumindest ein Aufsichtsratsmitglied über (besonderen) Sachverstand auf den Gebieten der Rechnungslegung oder Abschlussprüfung verfügen muss.

13 Erhöhte Anforderungen an die Sachkenntnis sowie die Sorgfaltspflicht der Aufsichtsratsmitglieder entstehen, wenn bei nicht prüfungspflichtigen Gesellschaften auch keine entsprechende Abschlussprüfung durchgeführt wird.[27] In diesem Fall kann der Aufsichtsrat nicht auf die Unterlagen und Ergebnisse des Abschlussprüfers zugreifen. Fehlt den Aufsichtsratsmitgliedern die erforderliche Fähigkeit, die Vorstandsvorlagen selbständig und angemessen zu prüfen, kann sich daraus ein erhöhtes Haftungsrisiko ergeben.[28]

14 b) **Verschwiegenheit**. Hohe Anforderungen sind an die **Verschwiegenheit der Aufsichtsratsmitglieder** zu stellen. Verschwiegenheit gem. § 93 Abs. 1 S. 3 iVm § 116 muss gewahrt werden,[29] um Schaden von der Gesellschaft durch Preisgabe von vertraulichen Informationen fern zu halten. Die Verschwiegenheit darf durch Satzung aber nicht über die gesetzlichen Anforderungen hinaus eingeschränkt werden. Ein grundsätzliches Verbot durch die Satzung, Gegenstand, Verlauf und Ergebnis von Aufsichtsratsverhandlungen zu offenbaren, ist mit dem Geheimhaltungsinteresse des Unternehmens aber nicht begründbar und daher unzulässig.[30] Verstöße gegen die Verschwiegenheitspflicht können eine Schadensersatzpflicht nach § 93 Abs. 2 auslösen und zur Strafbarkeit gem. § 404 Abs. 1 Nr. 1 oder Abs. 2 führen.

15 Das Gebot der **Verschwiegenheit** der Aufsichtsratsmitglieder gem. § 116 und das Geheimhaltungsinteresse des Unternehmens bedeuten aber nicht, dass in wohlbegründeten Einzelfällen von der Verschwiegenheitspflicht nicht abgewichen werden darf. Ein Abweichen kann im Einzelfall – unter Abwägung der Interessen aller Beteiligten – zulässig sein, um Missverständnissen oder Gerüchten entgegenzutreten.[31]

16 Bei den **Prüfungsberichten des Abschlussprüfers** handelt es sich um besonders **vertrauliche Dokumente**, die nicht an die Öffentlichkeit zu gelangen haben. Grundsätzlich ist jedem Aufsichtsratsmitglied gem. § 170 Abs. 3 S. 1 die Kenntnisnahme der Prüfungsberichte und Vorstandsvorlagen zugesichert. Eine Übermittlung ist gem. § 170 Abs. 3 S. 2 aber nur für ausgewählte Aufsichtsratsmitglieder vorgesehen. Den Aktionären wird in der Hauptversammlung kein Einblick in die Prüfungsberichte gewährt, was sich aus § 176 Abs. 1 S. 1 ergibt. § 176 Abs. 2 S. 3 nimmt einem Aktionär sogar das Recht, in der Hauptversammlung direkt Auskünfte von einem Abschlussprüfer einzufordern. Damit wird versucht, die Vertraulichkeit der Prüfungsberichte weitestgehend zu wahren.

17 Bis zum Zeitpunkt der Auslage der **Vorstandsunterlagen** gem. § 175 Abs. 2 sind diese Unterlagen ebenso vertraulich zu behandeln wie die Prüfungsberichte.

18 c) **Persönliche Amtswahrnehmung**. Die Aufsichtsratsmitglieder sind zur **persönlichen Amtswahrnehmung** gem. § 111 Abs. 5 verpflichtet (→ § 111 Rn. 78–80). Dritte können somit nicht die Funktion von Aufsichtsräten übernehmen. Zulässig ist aber die Abgabe von Stimmen durch einen Stimmboten nach § 108 Abs. 3 oder die Sitzungsteilnahme eines Dritten für verhinderte Aufsichtsratsmitglieder nach Maßgabe von § 109 Abs. 3. Hilfspersonal kann zur Vorbereitung der Sitzungsteilnahme hinzugezogen werden.[32] Von der Prüfung und der Berichterstattung kann die Satzung nicht entbinden (§ 23 Abs. 5).[33]

---

[24] MüKoAktG/*Hennrichs/Pöschke* Rn. 149.
[25] Wachter/*Bormann* Rn. 5, 6; *ADS* Rn. 17, 21; K. Schmidt/Lutter/*Drygala* Rn. 4.
[26] *ADS* Rn. 23; Grigoleit/*Grigoleit/Zellner* Rn. 5; Rn. 63 ff.
[27] Grigoleit/*Grigoleit/Zellner* Rn. 6; *Förster* ZfB 1988, 789 (801); *ADS* Rn. 31; aA Kölner Komm AktG/*Ekkenga* Rn. 46.
[28] MüKoAktG/*Hennrichs/Pöschke* Rn. 98.
[29] Hüffer/Koch/*Koch* § 116 Rn. 6.
[30] BGHZ 64, 325 (331) = NJW 1975, 1412.
[31] BGHZ 64, 325 (331) = NJW 1975, 1412.
[32] Hüffer/Koch/*Koch* § 111 Rn. 23; MüKoAktG/*Habersack* § 111 Rn. 132; Hölters/*Hambloch-Gesinn/Gesinn* § 111 Rn. 84; Grigoleit/*Grigoleit/Tomasic* § 111 Rn. 65–67.
[33] Bürgers/Körber/*Schulz* Rn. 1.

2. Übernahme von Verantwortung durch die Prüfungstätigkeit. Der Vorstand hat gem. 19
§ 91 Abs. 1 die **Buchführungspflichten und Bilanzierungspflichten** für die Gesellschaft zu erfüllen. Diese hat er zwar nicht persönlich auszuführen, aber durch Unterzeichnung[34] des festgestellten Jahresabschlusses, der das Ergebnis der Buchführungs- und Bilanzierungspflichten ist, wird die auf den Vorstand fallende **Verantwortung nach außen hin sichtbar.** Der Aufsichtsrat trägt ebenso **Verantwortung durch Prüfung der Bücher und Schriften der Gesellschaft,** Vermögensgegenstände, Kasse, Wertpapierbestände und Warenbestände gem. § 111 Abs. 2 S. 1, welche grundlegend für die Aufstellung des Jahresabschlusses sind.

Dem Aufsichtsrat steht nicht das Recht zu, den Jahresabschluss zu ändern. Er kann aber versuchen, 20
auf die Änderung des Jahresabschlusses durch den Vorstand hinzuwirken,[35] da infolge der Nichtbilligung – und der Feststellung des Jahresabschlusses durch die Hauptversammlung (§ 173 Abs. 1) – der Dissens mit dem Vorstand offensichtlich wird. Auch durch die Verpflichtung, gegebenenfalls Einwendungen zu erheben, die sich nicht nur auf den Jahresabschluss, sondern auch auf die Gewinnverwendung und die Geschäftsführung beziehen, kann der Aufsichtsrat Druck auf den Vorstand ausüben.

3. Beschlussvorbereitung durch einen Ausschuss. Die **Beschlüsse über die Billigung oder** 21
Nichtbilligung gem. § 171 Abs. 2 trifft der Aufsichtsrat **als Organ** mit allen Aufsichtsratsmitgliedern, weil eine Delegation der Beschlüsse gem. § 107 Abs. 3 S. 3 nicht auf einen Ausschuss zulässig ist.[36] Bei den Bestimmungen des § 171 handelt es sich um zwingendes Recht, welches nicht durch Beschlüsse des Aufsichtsrats oder der Hauptversammlung geändert werden kann.[37] Der Aufsichtsrat kann aber gem. § 108 Abs. 1 iVm § 107 Abs. 3 S. 2 und § 171 Abs. 1 S. 2 einen **Prüfungsausschuss** bilden, um Prüfungen, Verhandlungen und Beschlüsse **vorzubereiten,** was insbesondere bei größeren Gesellschaften mit großem Aufsichtsrat sinnvoll erscheint. Börsennotierte Unternehmen folgen bei der Einrichtung eines Prüfungsausschusses (Audit Commitee) der Empfehlung gem. Ziff. 5.3.2 des Deutschen Corporate Governance Kodex.[38] Der Bilanzausschuss sollte aus Aufsichtsratsmitgliedern bestehen, die über gute Kenntnisse im Rechnungswesen verfügen.[39]

Das Bestehen eines **Bilanzausschusses entbindet** die einzelnen Aufsichtsratsmitglieder **nicht** 22
von ihrer selbständigen und eigenverantwortlichen Prüfungspflicht. Jedes Aufsichtsratsmitglied muss die Vorstandsvorlagen und die Prüfungsberichte zur Kenntnis nehmen und kritisch würdigen.[40]

Es muss sichergestellt sein, dass auch die nicht in dem Ausschuss vertretenen Aufsichtsratsmitglieder 23
Einsichten in die Vorstandsvorlagen, Prüfungsberichte des Abschlussprüfers und die Erörterungen des gebildeten Ausschusses haben. Nicht zum Ausschuss gehörende Mitglieder können an den Ausschusssitzungen gem. § 109 Abs. 2 teilnehmen, aber auch von der Teilnahme ausgeschlossen werden.[41]

Die **Teilnahmepflicht des Abschlussprüfers** gem. § 171 Abs. 1 S. 2 bezieht sich auf die Ver- 24
handlungen des Aufsichtsrats oder des Ausschusses.[42] Wird der Abschlussprüfer nur im Ausschuss gehört und von den Verhandlungen des Aufsichtsrats ausgeschlossen, sollte, zusätzlich zur Möglichkeit der Kenntnisnahme des Prüfungsberichts gem. § 170 Abs. 3 S. 1, den nicht im Ausschuss vertretenen Mitgliedern wenigstens ein schriftlicher Bericht des Ausschusses vorgelegt werden.[43] Bleiben Einzelfragen bestehen, kann ein Aufsichtsratsmitglied über den Aufsichtsratsvorsitzenden Erklärungen vom Abschlussprüfer erbitten.

Die Bildung eines **Bilanzausschusses** zur Vorbereitung und Durchführung der Prüfung und 25
dessen Besetzung mit sachverständigen Aufsichtsratsmitgliedern ist besonders **bedeutend bei nicht**
prüfungspflichtigen Unternehmen, die auch freiwillig keine Abschlussprüfung durchführen las-

---

[34] Gem. § 245 S. 1 HGB hat der Kaufmann den Jahresabschluss unter Angabe des Datums zu unterzeichnen. Diese Aufgabe übernimmt bei Aktiengesellschaften der Vorstand.
[35] Großkomm AktG/*Brönner* Rn. 17; Grigoleit/*Grigoleit*/*Zellner* Rn. 6; Bürgers/Körber/*Schulz* Rn. 5; *ADS* Rn. 43.
[36] *ADS* Rn. 7, 63; *Hennrichs* FS Kollhosser, 2004, 201 (209 f.); Grigoleit/*Grigoleit*/*Zellner* Rn. 8.
[37] Kölner Komm AktG/*Ekkenga* Rn. 3.
[38] *Hommelhoff* ZGR 2001, 238 (258) sieht die Einrichtung bei börsennotierten Gesellschaften sogar als zwingend an.
[39] *Vetter* ZGR 2010, 751 (754); *Lutter* DB 2009, 775 (777); *ADS* Rn. 13; MüKoAktG/*Hennrichs*/*Pöschke* Rn. 81.
[40] Bürgers/Körber/*Schulz* Rn. 2; Grigoleit/*Grigoleit*/*Zellner* Rn. 8; Hüffer/Koch/*Koch* Rn. 12; Buhleier/Krowas DB 2010, 1165 (1167); s. ebenso RGZ 93, 338 (340).
[41] *Spindler* § 109 Rn. 28–30; Grigoleit/*Tomasic* § 109 Rn. 4, 5.
[42] *ADS* Rn. 48.
[43] MüKoAktG/*Hennrichs*/*Pöschke* Rn. 86.

sen. Ohne einen qualifiziert besetzten Ausschuss treffen die Aufsichtsratsmitglieder höhere Sorgfaltspflichten bei der Prüfung der Vorstandsvorlagen.[44]

26 **4. Sitzungsteilnahme des Abschlussprüfers.** Der im Zusammenhang mit der Transformation der Abschlussprüferrichtlinie neu gefasste § 171 Abs. 1 S. 2 verlangt die **Teilnahme des Abschlussprüfers an den Beratungen des Aufsichtsrats oder des Prüfungsausschusses** über die in § 171 Abs. 1 S. 1 genannten Vorstandsvorlagen. Teilzunehmen hat der verantwortliche Prüfungsleiter.[45] Die Teilnahmepflicht ist zwingend und bezieht sich auf die Teilnahme an Ausschusssitzungen oder Sitzungen des gesamten Aufsichtsrats über die Vorstandsvorlagen. Es liegt im Ermessen des Aufsichtsrats, ob er den Abschlussprüfer zu seinen Verhandlungen im Plenum oder in einem Ausschuss hinzuzieht.[46] Zwar bedeutet die Teilnahme des Abschlussprüfers nach Abs. 1 grundsätzlich eine körperliche Anwesenheit bei den Sitzungen, jedoch ist nach hM eine Zuschaltung im Rahmen einer Videokonferenz ebenfalls unbedenklich.[47]

27 Bei der Teilnahme handelt es sich um eine **Pflicht** des Abschlussprüfers, **nicht aber um ein Recht auf Teilnahme** an den Beratungen.[48] Wenn der Aufsichtsrat entgegen § 171 Abs. 1 S. 2 den Prüfer nicht zu seinen eigenen Beratungen hinzuzieht, kann der Prüfer seine Teilnahme nicht einfordern, der Aufsichtsrat verstößt damit allerdings auch gegen seine Sorgfaltspflichten gem. § 116 iVm § 93.[49]

28 **Verstößt** der Abschlussprüfer **gegen seine Teilnahmepflicht,** entsteht ein Haftungsanspruch durch das Auftragsverhältnis nach § 280 Abs. 1 BGB.[50] Dieser Verstoß gegen seine Teilnahmepflicht führt aber nicht zur Nichtigkeit des Jahresabschlusses nach § 256 Abs. 1 Nr. 2, denn zum Zeitpunkt der Teilnahmepflicht gem. § 171 ist die Abschlussprüfung iSv § 316 HGB schon abgeschlossen.[51] Beratungen des Ausschusses oder des gesamten Aufsichtsrats ohne Abschlussprüfer sind hingegen zulässig.[52]

29 **Ordnet** die **Satzung** einer nicht prüfungspflichtigen Gesellschaft die **Abschlussprüfung an,** so ist § 171 Abs. 1 S. 2 entsprechend anzuwenden. Eine **Teilnahmepflicht des Abschlussprüfers ist zu bejahen,** da die Anwendung von § 171 im Sinne der Satzung ist, wenn nicht die Satzung etwas anderes bestimmt. Lässt sich die Aktiengesellschaft hingegen freiwillig und ohne Satzungsanordnung prüfen, so liegt die Hinzuziehung des Abschlussprüfers zu den Sitzungen im Ermessen des Aufsichtsrats, da der Wortlaut des § 171 Abs. 1 S. 2 („Ist der Jahresabschluss [...] durch einen Abschlussprüfer zu prüfen, ...") auf eine solche Konstellation nicht abzielt.[53]

30 Der Abschlussprüfer kann von der **Kenntnisnahme seiner schriftlichen Berichte** durch den Aufsichtsrat ausgehen, weshalb er ihm nur die bedeutenden Aspekte seiner Prüfung mündlich in den Verhandlungen vorzutragen sind. Im Zuge der Beratungen kann der Aufsichtsrat weitergehende Auskünfte anfordern, die dann auch ggf. schriftlich vom Abschlussprüfer vorgelegt werden können.[54] Eine Verschwiegenheitspflicht gegenüber dem Aufsichtsrat besteht nicht, denn dem Prüfer wurde der Prüfungsauftrag vom Aufsichtsrat erteilt.[55]

31 Die **Auskunftspflicht** des Abschlussprüfers besteht nicht gegenüber einzelnen Aufsichtsratsmitgliedern, sondern gegenüber dem Aufsichtsrat als Gremium. Zwar steht der Abschlussprüfer dem

---

[44] *ADS* Rn. 31; *Grigoleit/Grigoleit/Zellner* Rn. 6; gegen höhere Anforderungen ist Kölner Komm AktG/ *Ekkenga* Rn. 46.

[45] *ADS* Rn. 55; *Hüffer/Koch/Koch* Rn. 14; MüKoAktG/*Hennrichs/Pöschke* Rn. 128; *Grigoleit/Grigoleit/Zellner* Rn. 9; *Forster* FS Sieben 1998, 375 (379): bei mehreren zur Prüfung bestellten Personen gilt die Teilnahmepflicht für jeden von ihnen.

[46] BeBiKo/*Grottel/Hoffmann* HGB Vor § 325 Rn. 26; *Wachter/Bormann* Rn. 8; *Buhleier/Krowas* DB 2010 S. 1165 (1169); K. Schmidt/Lutter/*Drygala* Rn. 9.

[47] *ADS* § 171 nF Rn. 15; MüKoAktG/*Hennrichs/Pöschke* Rn. 129; Bürgers/Körber/*Schulz* Rn. 6; aA *Neuling* BB 2003, 166 (169).

[48] Hölters/*Waclawik* Rn. 13; *ADS* Rn. 56.

[49] *Hüffer/Koch/Koch* Rn. 11a; MüKoAktG/*Hennrichs/Pöschke* Rn. 137; Kölner Komm AktG/*Ekkenga* Rn. 50; K. Schmidt/Lutter/*Drygala* Rn. 9.

[50] *ADS* Rn. 52; *Hüffer/Koch/Koch* Rn. 14; *Grigoleit/Grigoleit/Zellner* Rn. 10.

[51] MüKoAktG/*Hennrichs/Pöschke* Rn. 179; *Bischof/Oser* WPg 1998, 539 (542); *ADS* Rn. 54.

[52] *Hüffer/Koch/Koch* Rn. 14.

[53] *Grigoleit/Grigoleit/Zellner* Rn. 9; MüKoAktG/*Hennrichs/Pöschke* Rn. 127; K. Schmidt/Lutter/*Drygala* Rn. 9; für eine zwingende Teilnahme auch bei freiwilliger Prüfung ohne Satzungsanordnung spricht sich *Neuling* BB 2003, 166 (167) aus; aA *Bischof/Oser* WPg 1998, 539 (540): Teilnahmepflicht besteht nur bei prüfungspflichtigen Gesellschaften.

[54] *Wachter/Bormann* Rn. 9; *Grigoleit/Grigoleit/Zellner* Rn. 11; MüKoAktG/*Hennrichs/Pöschke* Rn. 141; Begr. RegE BT-Drs. 13/9712, 22; Kölner Komm AktG/*Ekkenga* Rn. 55; *Forster* FS Sieben, 1998, 375 (381).

[55] *ADS* Rn. 46; *Schindler/Rabenhorst* BB 1998, 1886 (1889).

Aufsichtsrat beratend zur Verfügung, aber die Beratung erstreckt sich nicht darauf, jedem einzelnen Aufsichtsratsmitglied die Vorstandsvorlagen zu erläutern.[56]

5. Hinzuziehung sachverständiger Berater. Zum Wohl der Gesellschaft sind die Vorstandsvorlagen und Prüfungsberichte vertraulich zu behandeln, weshalb der **Hinzuziehung sachverständiger Berater** zur Prüfung der Unterlagen enge Grenzen gesetzt sind. Ebenfalls begrenzt die persönliche und eigenverantwortliche Amtsausübung iSv § 111 Abs. 5 die Hinzuziehung sachverständiger Berater zur Prüfung.[57] Der BGH hält es daher nicht für mit § 111 Abs. 5 vereinbar, wenn „ein Aufsichtsratsmitglied seine Aufgaben oder einen wesentlichen Teil davon laufend einem Außenstehenden zur selbständigen Erledigung überträgt oder auch nur bei ihrer Wahrnehmung jeweils einen ‚ständigen Berater' einschaltet".[58] 32

Das Gebot der Verschwiegenheit der Aufsichtsratsmitglieder gem. § 116, das Geheimhaltungsinteresse des Unternehmens und das Gebot persönlicher und eigenverantwortlicher Amtsausübung bedeuten aber nicht, dass ein **außenstehender Sachverständiger** grundsätzlich nicht herangezogen werden darf. Für ein **Abweichen im Einzelfall** plädiert der BGH, wenn eine sachgemäße Ausübung des Mandats sachkundigen Rat erfordert.[59] 33

So lange das Aufsichtsratsmitglied die Möglichkeit hat, sich innerhalb des Aufsichtsrats kundig zu machen, sowie Gelegenheit zur Rücksprache mit Mitgliedern der Geschäftsleitung oder dem Abschlussprüfer besteht, sieht der BGH **keine Möglichkeit, außenstehende sachverständige Berater zuzulassen.** Die Beratung durch außenstehende Sachverständige, die der Verschwiegenheit unterliegen, kann im Einzelfall zulässig sein, wenn dies ausschließlich der Erfüllung gesetzlicher Aufgaben im Interesse des Unternehmens dient, die notwendigen Informationen nicht intern beschafft werden können und es sich um eine ganz konkrete Fragestellung handelt.[60] 34

Die **Hinzuziehung von Sachverständigen** ist **nach Beschluss des (Gesamt-)Aufsichtsrats** in den Grenzen von § 109 Abs. 1 S. 2 und von § 111 Abs. 2 S. 2 möglich. Das einzelne Aufsichtsratsmitglied besitzt diesbezüglich nicht die notwendige Kompetenz.[61] 35

Die **Einsichtnahme in die Prüfungsunterlagen** des Abschlussprüfers durch vertrauenswürdige und zur Verschwiegenheit verpflichtete interne Mitarbeiter eines Aufsichtsratsmitglieds wird dagegen im Regelfall für zulässig gehalten.[62] 36

Für zulässig wird die Hinzuziehung **externer Berater unter bestimmten Umständen** erachtet. Werden dem Aufsichtsratsmitglied die Beratungsmöglichkeiten pflichtwidrig verweigert, oder ist die Beratung durch den Gesamtaufsichtsrat für die eigenverantwortliche Amtsausübung nicht ausreichend, wird die Heranziehung eines externen Beraters, welcher naturgemäß zur Verschwiegenheit verpflichtet wird, für zulässig erachtet.[63] Die Durchbrechung des § 109 Abs. 1 S. 2 und § 111 Abs. 2 S. 2 ist in diesem Fall hinnehmbar, wenn dem Aufsichtsratsmitglied die Beratungen mit dem Abschlussprüfer, im Aufsichtsrat oder mit Vertretern der Geschäftsleitung, wie es vom BGH[64] gefordert wurde, verweigert wird. 37

Ebenfalls für **zulässig** wird die **Heranziehung eines externen Beraters** erachtet, wenn bei einem ungeprüften Abschluss eine wesentliche und problematische Bilanzierungsfrage auftritt und mit nicht ausreichend sachkundigem Rat durch andere Aufsichtsratsmitglieder zu rechnen ist, weil auch die Geheimhaltung eines Jahresabschlusses nicht vergleichbar ist mit der eines Prüfungsberichts.[65] Mit der Begründung, der Jahresabschluss und Konzernabschluss habe eine andere Geheimhaltungsstufe und mit dem Sonderfall, dass eine Prüfung durch einen Abschlussprüfer nicht stattgefunden hat, erscheint auch hier die Durchbrechung von § 109 Abs. 1 S. 2 und § 111 Abs. 2 S. 2 hinnehmbar. Diese Annahme scheint der BGH-Rechtsprechung[66] nicht entgegenzustehen. 38

6. Gegenstand der Prüfung. a) Prüfung des Jahresabschlusses. Bei **prüfungspflichtigen Unternehmen** ist der Jahresabschluss von einem Abschlussprüfer zu prüfen. Ein prüfungspflichtiger, 39

---

[56] K. Schmidt/Lutter/*Drygala* Rn. 10; MüKoAktG/*Hennrichs/Pöschke* Rn. 167; *ADS* Rn. 46, 51.
[57] Hüffer/Koch/*Koch* § 111 Rn. 23; → § 111 Rn. 80.
[58] BGHZ 85, 293 (295) = NJW 1983, 991.
[59] BGHZ 64, 325 (331, 332) = NJW 1975, 1412; MüKoAktG/*Hennrichs/Pöschke* Rn. 113.
[60] BGHZ 85, 293 (299, 300) = NJW 1983, 991; K. Schmidt/Lutter/*Drygala* Rn. 8; Hüffer/Koch/*Koch* Rn. 12.
[61] Kölner Komm AktG/*Ekkenga* Rn. 9, 11; Grigoleit/*Grigoleit/Zellner* Rn. 7; BGHZ 85, 293 (296, 297) = NJW 1983, 991.
[62] MüKoAktG/*Hennrichs/Pöschke* Rn. 115; Hüffer/Koch/*Koch* Rn. 9; *Lutter/Krieger* DB 1995, 257 (259); *Forster* FS Kropff, 1997, 71 (81); Grigoleit/*Grigoleit/Zellner* Rn. 7.
[63] *Hommelhoff* ZGR 1983, 551 (566, 567); MüKoAktG/*Hennrichs/Pöschke* Rn. 117; Kölner Komm AktG/*Ekkenga* Rn. 11.
[64] BGHZ 85, 293 (299) = NJW 1983, 991.
[65] MüKoAktG/*Hennrichs/Pöschke* Rn. 119.
[66] BGHZ 85, 293 = NJW 1983, 991.

aber nicht geprüfter Jahresabschluss kann gem. § 316 Abs. 1 HGB nicht festgestellt werden. Einen ungeprüften Jahresabschluss trifft die Nichtigkeit gem. § 256 Abs. 1 Nr. 2 (→ § 256 Rn. 26). Die Prüfung des Abschlussprüfers muss bis zum Beschluss des Aufsichtsrats über die Billigung abgeschlossen sein.

40 **Prüfungsgegenstand** des Aufsichtsrats ist der vom Vorstand vorgelegte Jahresabschluss. Der vorgelegte Jahresabschluss ist bis zur Feststellung als vorläufig zu betrachten und kann vom Vorstand geändert werden. Sollte dies geschehen, sind die Änderungen vom Abschlussprüfer gem. § 316 Abs. 3 HGB und auch vom Aufsichtsrat zu würdigen. Auch durch Einfluss des Aufsichtsrats sind Änderungen im Jahresabschluss bis zur Feststellung grundsätzlich möglich.

41 Der Jahresabschluss besteht im Regelfall aus **Bilanz, Gewinn- und Verlustrechnung und Anhang**. Alle **(freiwilligen) Erweiterungen** des Jahresabschlusses, beispielsweise eine Kapitalflussrechnung und Eigenkapitalspiegel iSv § 297 Abs. 1 S. 1 HGB oder eine Segmentberichterstattung iSv § 297 Abs. 1 S. 2 HGB, sind vom Aufsichtsrat in seine Prüfung aufzunehmen.[67]

42 Aufgabe des Aufsichtsrats ist es, die **Rechtmäßigkeit** des Jahresabschlusses zu prüfen. Der Abschluss muss der **Satzung und den gesetzlichen Anforderungen entsprechen.** Zu den bedeutendsten gesetzlichen Vorgaben in diesem Zusammenhang zählen die Regelungen in den §§ 150, 152, 158, 160, 261, 300 und 324 und die Regelungen der §§ 238 ff. HGB, insbesondere den GoB. Dabei muss der Abschluss gem. § 264 Abs. 2 HGB ein den tatsächlichen Verhältnissen entsprechendes Bild der Finanz-, Vermögens- und Ertragslage des Unternehmens wiedergeben. Der Aufsichtsrat kann auf die **Erkenntnisse des Abschlussprüfers zurückgreifen** und muss keine zweite Abschlussprüfung durchführen.[68] Eine eingehendere Prüfung durch die Aufsichtsratsmitglieder wird bei Sachverhalten verlangt, welche dem Abschlussprüfer als Unternehmensexternen mangels spezifischen Unternehmensverständnisses nicht ohne weiteres erkennbar sein können.[69]

43 Die Prüfung der **Zweckmäßigkeit** des Jahresabschlusses, die über den gesetzlichen Auftrag des Abschlussprüfers hinausgeht, muss sich an den Zielen der Gesellschaft orientieren.[70] Der Aufsichtsrat muss prüfen, ob die Ansatz-, Bewertungs- und Ausweiswahlrechte in der Bilanz und Gewinn- und Verlustrechnung gem. §§ 238 ff. HGB auch zweckmäßig ausgeübt worden sind.[71]

44 Besonders in der **Überleitung vom Jahresüberschuss zum Bilanzgewinn** gem. §§ 150, 158 iVm § 58 und im anschließenden Gewinnverwendungsvorschlag gem. § 170 Abs. 2 kann sich zeigen, wie stark sich der Vorstand in seiner **Bilanzpolitik** vom langfristigen Gesellschaftsinteresse leiten ließ, oder ob kurzfristige Ziele in den Vordergrund rückten. Durch die Bildung und Auflösung von Rückstellungen kann der Vorstand Ergebnisse glätten und schlimmstenfalls eine Unternehmensschieflage verschleiern.[72] Durch die Bildung von Rückstellungen werden einerseits den Gesellschaftern Gewinnanteile vorenthalten, andererseits führt die Auflösung von Rücklagen zum Liquiditätsabfluss beim Unternehmen, weshalb der Aufsichtsrat diese Ermessensentscheidungen nach ihrer Zweckmäßigkeit zu beurteilen hat, während der Abschlussprüfer die Bildung und Auflösung von Rückstellungen und Rücklagen auf Übereinstimmung mit Gesetz oder Satzung zu prüfen hat.[73]

45 Hinsichtlich der **Methodenstetigkeit** iSv § 252 Abs. 1 Nr. 6 HGB muss der Aufsichtsrat entscheiden, ob nach seiner eigenen Auffassung der Jahresabschluss noch ein den tatsächlichen Verhältnissen entsprechendes Bild der Finanz-, Vermögens- und Ertragslage wiedergibt, während der Abschlussprüfer hier Verstöße gegen Gesetz oder Satzung beurteilt, nicht aber die Bilanzpolitik des Unternehmens.[74]

46 Erteilt der Abschlussprüfer ein **uneingeschränktes Testat** und kommt der Aufsichtsrat zu einem zustimmenden Ergebnis, wird er den Jahresabschluss billigen. Erteilt der Abschlussprüfer einen uneingeschränkten Bestätigungsvermerk, kann der Aufsichtsrat dennoch Bedenken gegenüber dem aufgestellten Abschluss haben. Kommt es mit dem Vorstand nicht zu einer Einigung, bleibt dem Aufsichtsrat die Nichtbilligung des Abschlusses. In diesem Fall hat der Aufsichtsrat der Hauptversammlung deutlich seine Gründe für seine abweichenden Ansichten zu erläutern. Umgekehrt kann aber auch ein vom Abschlussprüfer **eingeschränktes oder versagtes Testat** zur Billigung des Abschlusses

---

[67] MüKoAktG/*Hennrichs*/*Pöschke* Rn. 29.
[68] ADS Rn. 19; Hüffer/Koch/*Koch* Rn. 9; *Clemm* ZGR 1980, 455 (457); Bürgers/Körber/*Schulz* Rn. 3; Großkomm AktG/*Brönner* Rn. 12.
[69] Grigoleit/Grigoleit/*Zellner* Rn. 6; K. Schmidt/Lutter/*Drygala* Rn. 7; Großkomm AktG/*Brönner* Rn. 6; Bürgers/Körber/*Schulz* Rn. 3a.
[70] ADS Rn. 17, 21; Hüffer/Koch/*Koch* Rn. 6; MüKoAktG/*Hennrichs*/*Pöschke* Rn. 36.
[71] *Theisen*, Information und Berichterstattung des Aufsichtsrats, 4. Aufl. 2007, 21; Grigoleit/*Grigoleit*/*Zellner* Rn. 4; Kölner Komm AktG/*Ekkenga* Rn. 19, 21.
[72] MüKoAktG/*Hennrichs*/*Pöschke* Rn. 38, 39.
[73] Wachter/*Bormann* Rn. 6; Grigoleit/*Grigoleit*/*Zellner* Rn. 4; MüKoAktG/*Hennrichs*/*Pöschke* Rn. 41.
[74] ADS Rn. 21; MüKoAktG/*Hennrichs*/*Pöschke* Rn. 37, 41.

durch den Aufsichtsrat führen, weshalb dann der Hauptversammlung Gründe für die abweichende Haltung gegenüber dem Abschlussprüfer dargelegt werden müssen. Die Billigung ist vom Aufsichtsrat abzulehnen, wenn er die Bedenken des Abschlussprüfers, die zur Einschränkung oder Versagung des Testats geführt haben, teilt und es nicht zu einer Einigung mit dem Vorstand kommt. Er hat die Hauptversammlung darüber zu unterrichten, aus welchen Gründen die Vorstandsvorlagen von ihm nicht gebilligt wurden.[75]

b) Prüfung des Lageberichts. Der **Lagebericht** iSv § 289 HGB wird, anders als der Jahresabschluss, nicht vom Aufsichtsrat gebilligt, ist jedoch ebenfalls nach § 171 Abs. 1 S. 1 Gegenstand der Prüfung. Der Aufsichtsrat hat die Übereinstimmung mit Satzung und Gesetz zu prüfen und festzustellen, ob die darin enthaltenen Angaben mit denen des Jahresabschlusses in Einklang stehen. Auch ein freiwillig aufgestellter Lagebericht muss vom Aufsichtsrat in die Prüfung einbezogen werden.[76] Neben die Prüfung der Rechtmäßigkeit, die auch vom Abschlussprüfer durchgeführt wird, tritt die Prüfung der Zweckmäßigkeit des Lageberichts, ob die Lage der Gesellschaft zutreffend und zweckmäßig dargestellt wird und ob der Lagebericht in Darstellung und Aufmachung zweckmäßig ist.[77] Ist die **nichtfinanzielle Erklärung** bei einem berichtspflichtigen Unternehmen iSv § 289b HGB Teil des Lageberichts, so ist diese im Rahmen des Lageberichts zu prüfen. (→ Rn. 62a, 62b) 47

Hat der Aufsichtsrat **Einwände gegen den Lagebericht,** ist es zunächst möglich, diese mit dem Vorstand und gegebenenfalls mit dem Abschlussprüfer zu besprechen. Ändert der Vorstand den Lagebericht, müssen die Änderungen vom Aufsichtsrat und vom Abschlussprüfer gewürdigt werden. Bleiben die Einwände des Aufsichtsrats unberücksichtigt, kann er in seinem Bericht (→ Rn. 73 ff.) an die Hauptversammlung auf seine abweichende Auffassung hinweisen. 48

c) Prüfung des Einzelabschlusses iSv § 325 Abs. 2a HGB. Die Prüfung durch den Aufsichtsrat erstreckt sich gem. § 171 Abs. 4 auch auf den **Einzelabschluss** nach internationalen Rechnungslegungsstandards, wenn ein solcher gem. § 325 Abs. 2a HGB offengelegt wird. Die Offenlegung des Einzelabschlusses gem. § 325 Abs. 2a HGB kann die Offenlegung eines handelsrechtlichen Jahresabschlusses ersetzen. Nach seiner Prüfung entscheidet der Aufsichtsrat über die Billigung oder die Nichtbilligung des Einzelabschlusses nach § 325 Abs. 2a HGB. Wird der Abschluss nicht gebilligt, so darf dieser weder nach § 325 HGB offengelegt, noch nach § 175 Abs. 2 S. 1 den Aktionären vorgelegt werden. In diesem Fall wird – anders als bei dem handelsrechtlichen Jahresabschluss sowie Konzernabschluss – die Kompetenz der Billigung nicht auf die Hauptversammlung übertragen, sondern der Abschluss bleibt endgültig nicht gebilligt.[78] Eine Feststellung iSv § 172 ist nicht vorgesehen, da dieser Einzelabschluss wie der Konzernabschluss lediglich als Informationsmedium dient und keinen Einfluss auf die Gewinnverwendung oder Ausschüttungsbemessung hat.[79] 49

Bei dem Einzelabschluss iSv § 325 Abs. 2a HGB handelt es sich um einen **Einzelabschluss, der nach in § 315a HGB bezeichneten internationalen Rechnungslegungsstandards** aufgestellt worden ist. Gem. Art. 2 VO (EG) Nr. 1606/2002 des Europäischen Parlaments und des Rates v. 19.7.2002 handelt es sich bei den internationalen Rechnungslegungsstandards um die „International Accounting Standards", die „International Financial Reporting Standards" und damit verbundene Auslegungen (SIC/IFRIC-Interpretationen), spätere Änderungen dieser Standards und damit verbundene Auslegungen sowie künftige Standards und damit verbundene Auslegungen, die vom International Accounting Standards Board herausgegeben oder angenommen wurden. 50

Die Vorschriften des Dritten Unterabschnitts des HGB finden gem. § 324a Abs. 1 S. 1 HGB entsprechende Anwendung auf den Einzelabschluss gem. § 325 Abs. 2a HGB. Der Aufsichtsrat kann bei seiner Prüfung somit auf die Erkenntnisse und Berichte des Abschlussprüfers zurückgreifen. Nach § 171 Abs. 4 iVm § 171 Abs. 3 gelten die gleichen Fristenregelungen wie für den handelsrechtlichen Jahresabschluss. 51

d) Prüfung des Gewinnverwendungsvorschlags. Der **Gewinnverwendungsvorschlag** muss vom Aufsichtsrat auf **Übereinstimmung mit Gesetz und Satzung** überprüft werden. Bedeutende gesetzliche Anforderungen sind in den §§ 58, 60, 20 Abs. 7, §§ 71b, 139, 140 und 150 normiert. Weiter ist zu berücksichtigen, dass der Gewinnverwendungsvorschlag nach den Vorgaben des § 170 Abs. 2 vom Vorstand zu gliedern ist. Zwar ist der Abschlussprüfer zur Prüfung der Rechtmäßigkeit des Vorstandsvorschlags gesetzlich nicht verpflichtet; häufig nimmt er dennoch Stellung dazu in seinem Prüfungsbericht.[80] 52

---

[75] S. dazu auch MüKoAktG/*Hennrichs/Pöschke* Rn. 46–51.
[76] MüKoAktG/*Hennrichs/Pöschke* Rn. 55.
[77] *ADS* Rn. 38, 39; *Böcking/Stern* Der Konzern 2007, 43 (51 f.).
[78] *Grigoleit/Grigoleit/Zellner* Rn. 25; Kölner Komm AktG/*Ekkenga* Rn. 90; Hölters/*Waclawik* Rn. 29.
[79] RegBegr. BT-Drs. 15/3419, 54; *Grigoleit/Grigoleit/Zellner* Rn. 25.
[80] MüKoAktG/*Hennrichs/Pöschke* Rn. 63.

53 Die **Prüfung der Zweckmäßigkeit** des Gewinnverwendungsvorschlags muss sich an den Zielen der Gesellschaft orientieren. Einerseits ist das Interesse der Aktionäre an Gewinnausschüttung zu befriedigen, andererseits ist das Interesse der Unternehmensführung auf Erhalt liquider Mittel zu wahren.[81]

54 Bestehen zwischen Vorstand und Aufsichtsrat **unüberbrückbare Differenzen** über den Gewinnverwendungsvorschlag, muss der Aufsichtsrat gem. § 124 Abs. 3 S. 1 der Hauptversammlung einen **eigenen Gewinnverwendungsvorschlag** unterbreiten und über die Hintergründe der Differenzen mit dem Vorstand berichten.[82]

55 **e) Prüfung des Konzernabschlusses.** Hat der Vorstand eines Mutterunternehmens iSv § 290 HGB einen **Konzernabschluss** aufgestellt, ist dieser vom Aufsichtsrat zu prüfen und die Billigung zu erteilen oder zu versagen. Während der Jahresabschluss gem. § 172 mit Billigung vom Aufsichtsrat als festgestellt gilt, wird der Konzernabschluss nicht festgestellt. Der Konzernabschluss wird ggf. von der Hauptversammlung nach § 173 Abs. 1 S. 2 gebilligt, aber auch von ihr nicht festgestellt. Ein bedeutender Unterschied besteht darin, dass der Konzernabschluss nicht wie der Jahresabschluss nach seiner Feststellung zur Grundlage des Gewinnverwendungsbeschlusses gem. § 174 wird.

56 Der Konzernabschluss muss mit Satzung und Gesetz übereinstimmen. Die **Prüfung** der **Rechtmäßigkeit** richtet sich dabei im Wesentlichen auf die Regelungen gem. §§ 290–314 HGB. Die Prüfung der **Zweckmäßigkeit** der Konzernbilanzpolitik erstreckt sich beim Konzernabschluss vorzugsweise auf die Informationsvermittlung für den Kapitalmarkt.[83]

57 Können bestehende Differenzen zwischen Vorstand und Aufsichtsrat nicht ausgeräumt werden, kann der Aufsichtsrat die **Billigung** des Konzernabschlusses **versagen** und hat der Hauptversammlung seine Gründe zu erläutern. Die Hauptversammlung entscheidet in diesem Falle gem. § 173 Abs. 1 S. 2 über die Billigung.

58 Erstellt der Vorstand einen **befreienden Konzernabschluss iSv § 315a HGB**, ist dieser vom Aufsichtsrat zu prüfen. Die Prüfung erstreckt sich ebenfalls auf alle mit dem befreienden Konzernabschluss zu erstellenden Berichte.[84]

59 **f) Prüfung des Konzernlageberichts.** Der Aufsichtsrat eines Mutterunternehmens iSv § 290 Abs. 1 und 2 HGB, das einen **Konzernlagebericht** gem. § 315 HGB vorlegt, hat diesen zu prüfen. Anders als der Konzernabschluss wird der Konzernlagebericht nicht vom Aufsichtsrat gebilligt. Der Aufsichtsrat hat ihn aber auf Übereinstimmung mit Satzung und Gesetz zu prüfen und darüber hinaus zu prüfen, ob die darin enthaltenen Angaben mit dem Konzernabschluss in Einklang stehen und die Lage des Konzerns richtig wiedergegeben wird. Ist die **nichtfinanzielle Erklärung** bei einem berichtspflichtigen Unternehmen iSv § 315b HGB Teil des Konzernlageberichts, so ist diese im Rahmen des Konzernlageberichts zu prüfen. (→ Rn. 62a, 62b)

60 Wird von einem Mutterunternehmen ein **befreiender Konzernabschluss nach internationalen Rechnungslegungsstandards** aufgestellt, sind nach § 315a Abs. 1 HGB die Vorschriften über den Konzernlagebericht nach HGB dennoch anzuwenden. Ein so aufgestellter Konzernlagebericht ist dem Aufsichtsrat zur Prüfung vorzulegen.

61 Einigen sich Aufsichtsrat und Vorstand nicht über erhobene Einwände, kann der Aufsichtsrat in seinem **Bericht an die Hauptversammlung** auf seine abweichende Auffassung hinweisen.

62 **g) Prüfung weiterer Unterlagen (Rentabilitätsbericht, Abhängigkeitsbericht, gesonderter nichtfinanzieller (Konzern-)Bericht).** In seine Prüfungen hat der Aufsichtsrat den vorgelegten **Rentabilitätsbericht** iSv § 90 Abs. 1 Nr. 2 einzubeziehen. Hat die Gesellschaft einen **Abhängigkeitsbericht** gem. § 312 aufzustellen, ist dieser dem Aufsichtsrat vorzulegen und vom Aufsichtsrat gem. § 314 zu prüfen. Ist der Abhängigkeitsbericht von einem Abschlussprüfer gem. § 313 geprüft worden, ist dem Aufsichtsrat auch der dazu ergangene Prüfungsbericht gem. § 313 Abs. 2 S. 3 vorzulegen und vom Aufsichtsrat einer Prüfung zu unterziehen.[85] Der Aufsichtsrat hat in seinem Bericht nach § 171 die Anforderungen des § 314 Abs. 2 und Abs. 3 vollständig zu erfüllen. Ist dies nicht der Fall, berechtigt dies zur Anfechtung des Entlastungsbeschlusses und zur Anfechtung des Bestätigungsbeschlusses zum Entlastungsbeschluss.[86]

---

[81] *Forster* ZfB 1988, 789 (794); Bürgers/Körber/*Schulz* Rn. 4a; MüKoAktG/*Hennrichs*/*Pöschke* Rn. 64; *ADS* Rn. 41; Hüffer/Koch/*Koch* Rn. 8.
[82] Kölner Komm AktG/*Ekkenga* Rn. 28; MüKoAktG/*Hennrichs*/*Pöschke* Rn. 65; *ADS* Rn. 41, 76.
[83] Bürgers/Körber/*Schulz* Rn. 4a; MüKoAktG/*Hennrichs*/*Pöschke* Rn. 72.
[84] BeBiKo/*Grottel*/*Hoffmann* HGB Vor § 325 Rn. 23; *ADS* § 171 nF Rn. 7.
[85] *ADS* Rn. 42; MüKoAktG/*Hennrichs*/*Pöschke* Rn. 80; Hüffer/Koch/*Koch* § 314 Rn. 4.
[86] LG Karlsruhe AG 2001, 204 (205) = DB 2000, 1608 (1609).

Der Aufsichtsrat hat des Weiteren den vorgelegten **gesonderten nichtfinanziellen Bericht** iSv 62a § 289b HGB sowie den **gesonderten nichtfinanziellen Konzernbericht** iSv 315b HGB zu prüfen, sofern diese erstellt wurden. Daraus folgt implizit, dass sich die Prüfungspflicht auch auf eine entsprechende nichtfinanzielle Erklärung zur *Corporate Social Responsibility (CSR)* bezieht, die gem. § 289b Abs. 1 HGB als Teil („Erweiterung") des Lageberichts bzw. gem. § 315b Abs. 1 HGB als Teil des Konzernlageberichts erstellt wurde.[87]

Anders als bei der Finanzberichterstattung ist eine vorherige **Prüfung der nichtfinanziellen** 62b **Berichte durch den Abschlussprüfer gesetzlich nicht vorgeschrieben** (§ 317 Abs. 2 S. 4–5 HGB). Der Aufsichtsrat kann jedoch gem. § 111 Abs. 2 S. 4 AktG eine externe inhaltliche Überprüfung der CSR-Berichterstattung beauftragen. Im Hinblick auf die inhaltliche Unbestimmtheit und Komplexität der Vorgaben der nichtfinanziellen Berichterstattung kann eine externe Bestimmung des Umfangs und der Intensität der Prüfung zweckmäßig sein, um seitens des Aufsichtsrats angemessen auf etwaige Unstimmigkeiten reagieren zu können.[88] Da der Gesetzgeber jedoch keine generelle Notwendigkeit einer externen Prüfung der CSR-Berichterstattung vorsieht, ist jedoch fraglich, welche Anforderungen an die Prüfung durch den Aufsichtsrat zu stellen sind. Angesichts der gesetzlich klar definierten intensiveren Prüfungspflicht der Finanzberichterstattung sowie der Rolle des Prüfungsausschusses und des Abschlussprüfers kann an die inhaltliche Prüfung der CSR-Berichterstattung durch den Aufsichtsrat nicht der gleiche Maßstab gesetzt werden, da sonst ein faktischer Zwang einer vorherigen inhaltlichen Prüfung durch einen externen Prüfer entsteht. Eine (objektivierte) externe Prüfung durch den Abschlussprüfer ist jedoch nach dem Willen des Gesetzgebers ausdrücklich freiwillig. Daher wird die **Prüfung der nichtfinanziellen Erklärung bzw. des gesonderten nichtfinanziellen Berichts** iSv § 289b, § 315b HGB durch den Aufsichtsrat **nicht die Intensität der Finanzberichterstattung erreichen müssen.** Vielmehr sollte eine **Plausibilitätskontrolle** der Angaben den Anforderungen an die Prüfung durch den Aufsichtsrat genügen.[89] Stößt der Aufsichtsrat allerdings auf Unregelmäßigkeiten oder bestehen inhaltliche Unklarheiten, werden weitergehende Prüfungshandlungen erforderlich.

7. Berichte des Abschlussprüfers. Grundlage für die Billigung von Jahresabschluss, Einzelab- 63 schluss iSv § 325 Abs. 2a HGB und Konzernabschluss sind neben eigenen Prüfungshandlungen des Aufsichtsrats auch die **Prüfungsberichte des Abschlussprüfers.** Im Idealfall erhebt der Abschlussprüfer in den Berichten keine Vorwürfe gegen die geprüften Vorstandsvorlagen und **erteilt einen uneingeschränkten Bestätigungsvermerk (§ 322 Abs. 3 HGB).** In diesem Fall kann sich der Aufsichtsrat – bei konsistentem und sorgfältigem Prüfungsbericht – auf die festgestellten Tatsachen verlassen.[90] Dennoch muss der Aufsichtsrat die Berichte kritisch durchsehen und mit seinen eigenen Erfahrungen und Kenntnissen über das Unternehmen und die Vorstandsunterlagen vergleichen. Der Aufsichtsrat muss nicht allen Ausführungen des Abschlussprüfers folgen und kann zusätzliche Prüfungshandlungen vornehmen. Wohl nur im Ausnahmefall wird der Aufsichtsrat bei einem positiven Testat zu völlig abweichenden Ergebnissen gelangen und die Billigungen verweigern.

Für den Fall, dass der Abschlussprüfer das **Testat einschränkt oder versagt (§ 322 Abs. 4, 5** 64 **HGB),** finden sich dafür Begründungen im Prüfungsbericht. Bei seiner Prüfung trifft den Aufsichtsrat eine besondere Sorgfalt im Umgang mit den konkreten Beanstandungen. Der Aufsichtsrat ist verpflichtet, seine eigenen Erkenntnisse mit den Aussagen des Prüfungsberichts zu vergleichen. Es können besonders bei abweichenden Sichtweisen zwischen Aufsichtsrat, Abschlussprüfer und Vorstand ausführliche Erläuterungen durch den Abschlussprüfer und Vorstand nötig werden. Dazu kann der Aufsichtsrat auch eigene, zusätzlich vertiefende Prüfungshandlungen vornehmen, um sich Gewissheit über die Beanstandungen zu verschaffen. Können bestehende Differenzen zwischen Aufsichtsrat und Abschlussprüfer nicht ausgeräumt werden, können weitere Prüfungshandlungen angebracht sein.[91] Teilt der Aufsichtsrat die Einwände des Abschlussprüfers, folgt daraus die Nichtbilligung der Vorstandsvorlagen. Kommt der Aufsichtsrat zu anderen Ergebnissen, kann er trotz eines eingeschränkten oder verweigerten Testats die Vorlagen billigen.

§ 171 Abs. 1 S. 2 präzisiert den **Berichtsumfang des Abschlussprüfers** dahingehend, dass er 65 im Rahmen seiner Teilnahme an den Sitzungen des Prüfungsausschusses bzw. Aufsichtsrats – neben wesentlichen (allgemeinen) Ergebnissen – insbesondere über **wesentliche Schwächen des internen Kontroll- und Risikomanagementsystems,** aber auch des internen Revisionssystems mündlich

---

[87] *Hennrichs/Pöschke* NZG 2017, 121 (123).
[88] *Lanfermann* BB 2017, 747 (749).
[89] *Hennrichs/Pöschke* NZG 2017, 121 (127).
[90] *Clemm* ZGR 1980, 455 (458); *Forster* ZfB 1988, 789 (792); Bürgers/Körber/*Schulz* Rn. 3a; Grigoleit/ *Grigoleit/Zellner* Rn. 6; *ADS* Rn. 24.
[91] Bürgers/Körber/*Schulz* Rn. 3b; *ADS* Rn. 27; Grigoleit/*Grigoleit/Zellner* Rn. 6.

zu berichten hat, sofern sich diese Schwächen auf den Rechnungslegungsprozess beziehen. Die Berichtspflicht des Abschlussprüfers wird schon dann ausgelöst, wenn die Schwächen „Berührungspunkte mit dem Rechnungslegungsprozess" aufweisen.[92] Ein solcher Berührungspunkt liegt zB dann vor, wenn – etwa bei der Bildung von Bewertungseinheiten – das interne Kontroll- und Risikomanagementsystem die sachgerechte Aufklärung und Aggregation der einzelnen Risiken nicht gewährleistet. Erforderlich ist etwa, dass das interne Kontroll- und Risikomanagementsystem die Risiken der Inanspruchnahme von Eventualverbindlichkeiten im hinreichenden Umfang aufklärt. Der Abschlussprüfer ist nur verpflichtet über wesentliche Schwächen zu berichten. Eine wesentliche Schwäche liegt allerdings nicht erst dann vor, wenn infolge der Mängel des internen Kontroll- und Revisionssystems für das Unternehmen bestandsgefährdende Risiken nicht erkennbar werden. Für die Berichtspflicht ist hinreichend, dass die Mängel – sowohl hinsichtlich der absoluten Beträge als auch hinsichtlich der relativen Bedeutung für das Unternehmen – in nicht vernachlässigbarem Umfang den Gewinn mindern oder den Verlust erhöhen können.

66 Die Unabhängigkeit des Abschlussprüfers soll zunächst durch die Ausschlussgründe gem. §§ 319–319b HGB gewährleistet werden. § 171 Abs. 1 S. 3 verpflichtet den Abschlussprüfer außerdem, **über Umstände, die seine Befangenheit besorgen lassen, zu berichten**. Zielsetzung dieser Vorschrift ist, den Aufsichtsrat in die Lage zu versetzen, sich ein Urteil über die Unabhängigkeit des Abschlussprüfers zu bilden. Zu den berichtspflichtigen Umständen gehören Selbstprüfungen, (finanzielle, geschäftliche, familiäre oder private)[93] Eigeninteressen, Interessenvertretungen, Vertrautheit, Vertrauensbeziehungen oder Einschüchterungen. Indem der Abschlussprüfer verpflichtet wird, über Drohungen und Einschüchterungen zu berichten, wird auch die Stellung des Abschlussprüfers gegenüber dem Vorstand und den Mitarbeitern des geprüften Unternehmens gestärkt.

67 Darüber hinaus muss der Abschlussprüfer gem. § 171 Abs. 1 S. 3 über alle von ihm „gegenüber dem geprüften Unternehmen erbrachten **zusätzlichen Leistungen informieren**";[94] hierzu gehören, der Logik des Art. 22 Abschlussprüfer-RL folgend, auch die Leistungen der Netzwerkpartner. Unter die berichtspflichtigen Leistungen fallen Leistungen aller Art - insbesondere Beratungsleistungen - welche an die Gesellschaft, sowie dieser nahestehenden Unternehmen/Personen geleistet wurden.[95] Der Wortlaut der Vorschrift lässt offen, wie detailliert der Abschlussprüfer über die erbrachten Leistungen zu berichten hat. Dem Sinn und Zweck der Regelung dürfte entsprechen, dass der Abschlussprüfer zumindest bei bedeutsamen Leistungen über den Inhalt und den Umfang, aber auch über die Gegenleistungen so präzise zu informieren hat, dass sich der Aufsichtsrat ein zutreffendes Bild über das Ausmaß der Verflechtungen machen kann.

68 Der Wortlaut des § 171 Abs. 1 S. 2 und S. 3 regelt zwar die Berichtspflichten des Abschlussprüfers; aufgrund des Kontextes bestehen aber keine Zweifel, dass der Aufsichtsrat die berichteten Schwächen des internen Kontroll- und Risikomanagementsystems sowie die Abhängigkeiten des Abschlussprüfers zu prüfen hat. Zur Vermeidung des Vorwurfs einer Sorgfaltspflichtverletzung (§ 116) dürfte ein Bericht über Mängel des internen Kontroll- und Risikomanagementsystems auch Anlass sein, die Wirksamkeit dieser Systeme besonders sorgfältig zu überwachen und gegebenenfalls für eine Mängelbeseitigung zu sorgen (Art. 41 Abs. 2 lit. b Abschlussprüfer-RL).

69 **8. Beschluss über das Prüfungsergebnis und Rechtsfolgen.** Der Aufsichtsrat muss **als Organ** mit allen Aufsichtsratsmitgliedern über die **Billigung oder Nichtbilligung** von Jahresabschluss gem. § 171 Abs. 2 S. 4, Konzernabschluss gem. § 171 Abs. 2 S. 5 und Einzelabschluss iSv § 325 Abs. 2a HGB gem. § 171 Abs. 4 S. 1 beschließen. Unter Billigung ist die vorbehaltlose Zustimmung zu verstehen.[96] Die Beschlüsse dürfen gem. § 107 Abs. 3 S. 3 nicht von einem Ausschuss gefasst werden. Beschließt der Aufsichtsrat die Billigung der Vorstandsvorlagen zu versagen, kann er diesen Beschluss bis zur Einberufung der Hauptversammlung ändern.[97]

70 Durch Billigung gem. § 171 Abs. 2 S. 4 des **Jahresabschlusses** und fristgemäße Zuleitung des Prüfungsberichts gem. § 171 Abs. 3 an den Vorstand folgt aus § 172 die Feststellung. Verweigert der Aufsichtsrat die Billigung des Jahresabschlusses, oder hält er die Fristen gem. § 171 Abs. 3 nicht ein, oder beschließen Vorstand und Aufsichtsrat gem. § 172 die Feststellung der Abschlüsse der Hauptversammlung zu überlassen, muss diese gem. § 173 Abs. 1 S. 1 die Feststellung vornehmen, bevor sie über die Gewinnverwendung gem. § 174 beschließen kann.

---

[92] BegrRegE, BT-Drs. 16/10067, 104.
[93] *Ziemons* GWR 2009, 106.
[94] BegrRegE, BT-Drs. 16/10067, 105.
[95] Hüffer/Koch/*Koch* Rn. 16; MüKoAktG/*Hennrichs*/*Pöschke* Rn. 172.
[96] Hüffer/Koch/*Koch* § 172 Rn. 4.
[97] *ADS* § 173 Rn. 9.

Aus der Billigung des **Konzernabschlusses** gem. § 171 Abs. 2 S. 5 folgt seine rechtliche Wirksamkeit. Wurde vom Aufsichtsrat die Billigung des Konzernabschlusses verweigert, oder wahrt er nicht die Fristen gem. § 171 Abs. 3, tritt die Wirksamkeit erst mit Billigung durch die Hauptversammlung gem. § 173 Abs. 1 S. 2 ein. 71

Billigt der Aufsichtsrat nicht den **Einzelabschluss iSv § 325 Abs. 2a HGB**, was gem. § 171 Abs. 4 S. 2 offensichtlich in seiner Befugnis liegt, oder wahrt er nicht die Fristen des § 171 Abs. 3, sieht § 173 keine Feststellung iSv von § 173 Abs. 1 S. 1 und keine Billigung iSv § 173 Abs. 1 S. 2 vor. Die Verhandlungen nach § 175 Abs. 3 erstrecken sich nicht auf den Einzelabschluss iSv § 325 Abs. 2a HGB. Verweigert der Aufsichtsrat die Billigung, verhindert dies die Auslage gem. § 175 Abs. 2 S. 1, die Vorlage gem. § 176 Abs. 1 S. 1 und durch § 171 Abs. 4 S. 2 die Offenlegung gem. § 325 HGB. Folglich haben die Aktionäre keine Möglichkeit, die Offenlegung durch Billigung zu erreichen. 72

IV. Stellungnahme durch den Aufsichtsrat

1. Berichtspflicht nach § 171 Abs. 2. Die Hauptversammlung entlastet gem. § 119 Abs. 1 Nr. 3 iVm § 120 den Vorstand und Aufsichtsrat. Damit die Entlastung erteilt werden kann, muss der Aufsichtsrat seinen **Kontrollpflichten** gem. § 111 und gem. § 171 Abs. 1 nachkommen, die er **durch seinen Bericht nach § 171 Abs. 2 dokumentiert.** Der Aufsichtsratsbericht ist auch Grundlage für die Entlastung des Vorstands. Wird trotz Verletzung der Berichtspflicht der Aufsichtsrat entlastet, kann ein Aktionär die Entscheidung nur erfolgreich anfechten, wenn der Berichtsverstoß für die Beschlussfassung von nicht untergeordneter Bedeutung war.[98] 73

Der Bericht wird vom Plenum beschlossen (§ 108) und kann lediglich zur Vorbereitung einem Ausschuss zugewiesen werden.[99] Zwecks Rechtssicherheit ist eine Beschlussfassung durch konkludentes Verhalten nicht sachgerecht.[100] Die **Berichtspflicht** besteht nach § 171 Abs. 2 S. 1 **in schriftlicher Form.** Nach Unterzeichnung[101] durch den Aufsichtsratsvorsitzenden, bei dessen Verhinderung durch seinen Stellvertreter, wird der Bericht gem. § 171 Abs. 3 S. 1 an den Vorstand weitergeleitet, der ihn gem. § 175 Abs. 2 den Aktionären auszulegen hat. Die Offenlegungspflicht entsteht gem. § 325 Abs. 1 S. 1 Nr. 2 HGB. 74

Der **Bericht muss wahr und vollständig sein,**[102] und sollte die wesentlichen Ergebnisse und Ansichten ausgewogen wiedergeben und nicht ein einseitiges Bild vermitteln. Seine Angaben, besonders seine Einwände, hat der Aufsichtsrat in einer klaren und eindeutigen Sprache zu formulieren. Der Aufsichtsrat muss abwägen, welche Informationen er in seinem Bericht gibt und wie er sie vermittelt, um nicht das Geheimhaltungsinteresse der Gesellschaft zu verletzen.[103] 75

Im Einzelnen hat der Aufsichtsrat schriftlich über das **Ergebnis seiner Prüfungen** gem. § 171 Abs. 2 S. 1 zu berichten. Dazu gehören **Ausführungen zu den Vorstandsvorlagen** iSv § 170 Abs. 1 und Abs. 2 S. 1, insbesondere die Erklärung, ob „Einwendungen" zu erheben sind (§ 171 Abs. 2 S. 4). Der Begriff ist als Analogie zum § 322 Abs. 4 HGB zu verstehen, sodass nur bei gewichtigen Mängeln, welche eine Einschränkung oder Versagung bewirkten, eine einzelne Darlegung geboten ist.[104] Billigt der Aufsichtsrat die Abschlüsse, können seine Ausführungen kürzer ausfallen, als in den Fällen der Nichtbilligung oder der Übertragung der Billigung von Jahres- und Konzernabschluss auf die Hauptversammlung.[105] Im Falle einer Nichtbilligung der Abschlüsse sind in angemessener Ausführlichkeit die Sichtweise des Aufsichtsrates, etwaige Beanstandungen des Abschlussprüfers sowie die abweichende Ansicht des Vorstandes zu erläutern, damit die Hauptversammlung darauf basierend über die Feststellung (§ 173) entscheiden kann.[106] Ausführungen zum **Lage- und Konzernlagebericht** können bei übereinstimmender Beurteilung kurz sein, sollten aber bei abweichender Beurteilung deutlich die Differenzen hervorheben. Weicht der Aufsichtsrat 76

---

[98] OLG Hamburg DB 2001, 583 (584) = AG 2001, 359.
[99] Bürgers/Körber/*Schulz* Rn. 8; MüKoAktG/*Hennrichs/Pöschke* Rn. 215.
[100] BGH NZG 2010, 943; Grigoleit/*Grigoleit/Zellner* Rn. 14; Bürgers/Körber/*Schulz* Rn. 8.
[101] Bei schriftlicher Form ist Unterzeichnung gem. § 126 Abs. 1 BGB vorgesehen, s. auch: *ADS* Rn. 62, Hüffer/Koch/*Koch* Rn. 17.
[102] MüKoAktG/*Hennrichs/Pöschke* Rn. 209.
[103] *ADS* Rn. 73, 75; MüKoAktG/*Hennrichs/Pöschke* Rn. 195, 210.
[104] Grigoleit/*Grigoleit/Zellner* Rn. 15; MüKoAktG/*Hennrichs/Pöschke* Rn. 191; Hüffer/Koch/*Koch* Rn. 24; Bürgers/Körber/*Schulz* Rn. 11.
[105] Als Beispiel s. *ADS* Rn. 74, s. auch: *ADS* Rn. 64; Hölters/*Waclawik* Rn. 22.
[106] K. Schmidt/Lutter/*Drygala* Rn. 13; Grigoleit/*Grigoleit/Zellner* Rn. 15; *ADS* Rn. 64; Hüffer/Koch/*Koch* Rn. 22.

vom Gewinnverwendungsvorschlag des Vorstands ab, ist neben einem eigenen Vorschlag eine ausführliche Begründung erforderlich.[107]

77 Zusätzlich sind **Art und Umfang seiner Prüfungshandlungen** zu dokumentieren (§ 171 Abs. 2 S. 2). Dies umfasst auch eine zumindest grobe Umschreibung, wie er die Geschäftsführung im Verlauf des Berichtsjahres geprüft hat, was aufgrund des Rechtfertigungszwangs eine Passivität des Aufsichtsrates vermeiden soll.[108] Allgemeine Formulierungen genügen jedoch nicht,[109] mithin ist zu beachten, dass der Bericht des Aufsichtsrates „wesentliche Informationsgrundlage" der Hauptversammlung darstellt.[110] Dementsprechend sind insbesondere bei wirtschaftlichen Schwierigkeiten die Überwachungspflichten sowie die damit verbundenen Berichtspflichten zu intensivieren.[111]

78 Für **börsennotierte Gesellschaften** besteht die Pflicht gem. § 171 Abs. 2 S. 2 **über gebildete Ausschüsse und deren Arbeit** zu **berichten.** Der Aufsichtsrat hat die im Berichtsjahr bestehenden Ausschüsse und deren Tagungshäufigkeit, differenziert nach Ausschüssen, zu benennen. Ebenso besteht Berichtspflicht über die Zahl der Sitzungen des gesamten Aufsichtsrats. Für börsennotierte Gesellschaften sind gem. § 161 auch die im Deutschen Corporate Governance-Kodex enthaltenen Empfehlungen zum Berichtsinhalt von Bedeutung. So ist etwa nach 5.4.7 DCGK im Bericht zu vermerken, falls ein Mitglied in einem Geschäftsjahr an weniger als der Hälfte der Sitzungen des Aufsichtsrates teilgenommen hat. Nach 5.5.3 DCGK sind in dem Bericht über wesentliche Interessenskonflikte und deren Behandlung zu informieren.

79 Wurde der Jahresabschluss durch einen Abschlussprüfer geprüft, wird ein uneingeschränkter Bestätigungsvermerk iSv § 322 Abs. 3 HGB oder ein eingeschränkter oder versagter Bestätigungsvermerk iSv § 322 Abs. 4 HGB veröffentlicht. Die Pflicht zur **Stellungnahme** gem. § 171 Abs. 2, 3 **betrifft den Bestätigungsvermerk**.[112] Die Stellungnahme zum Bestätigungsvermerk kann kurz ausfallen, wenn ein uneingeschränktes Testat vorliegt und der Aufsichtsrat die Vorstandsvorlagen billigt.[113] Liegt ein eingeschränkter Bestätigungsvermerk oder ein Versagungsvermerk vor, so intensivieren sich mit den Prüfungspflichten auch die Berichtspflichten. Insbesondere ist eine gründliche Auseinandersetzung mit den konkreten Beanstandungen des Abschlussprüfers nötig. Dies gilt ungeachtet davon, ob der Aufsichtsrat den Abschluss billigt oder nicht.[114] Billigt er ihn nicht, ist eine umfassende Darstellung der vom Abschlussprüfer vorgebrachten Argumente schon deswegen nötig, da in diesem Falle die Hauptversammlung über die Billigung entscheidet und der Prüfungsbericht der Hauptversammlung nicht zugänglich gemacht wird.

80 Ausdrücklich verlangt § 171 Abs. 2 S. 4 vom Aufsichtsrat, die **Billigung oder Ablehnung** des vom Vorstand **aufgestellten Jahresabschlusses** zu erklären. Bei einem Mutterunternehmen iSv § 290 Abs. 1 und Abs. 2 HGB ist gem. § 171 Abs. 2 S. 5 die Billigung oder Ablehnung des **aufgestellten Konzernabschlusses** zu erklären. Ebenso ist gem. § 171 Abs. 4 die Billigung oder Ablehnung des **Einzelabschlusses iSv § 325 Abs. 2a HGB** zu erklären. Der Aufsichtsrat muss Einwände zu jedem einzelnen Abschluss darstellen und sich festlegen, ob die erhobenen Einwände unwesentlich sind und ein Abschluss noch gebilligt werden kann, oder ob seine gemachten Einwände nicht unwesentlich sind, um die Billigung zu versagen.

81 § 172 S. 2 **erweitert die Berichtpflicht** des Aufsichtsrats für den Fall, **dass der Hauptversammlung die Feststellung überlassen wird.** Wird der Bericht nach § 171 vom Aufsichtsrat erstellt, muss feststehen, ob der Aufsichtsrat den Jahresabschluss billigt und ob der Hauptversammlung die Feststellung gem. § 172 S. 1 Hs. 2 überlassen wird oder nicht, damit darüber nach § 172 S. 2 im Aufsichtsratsbericht informiert werden kann.[115]

82 **2. Rechtsfolgen bei mangelhafter Berichterstattung.** Fehler hinsichtlich der Form oder des Inhalts des Berichts können dazu führen, dass der Entlastungsbeschluss der Aufsichtsratsmitglieder anfechtbar wird.[116] Diese Mängel dürfen jedoch – aus Sicht eines objektiv urteilenden Aktionärs –

---

[107] Kölner Komm AktG/*Ekkenga* Rn. 28, 41; K. Schmidt/Lutter/*Drygala* Rn. 12; Grigoleit/*Grigoleit/Zellner* Rn. 15.
[108] *ADS* Rn. 66; Grigoleit/*Grigoleit/Zellner* Rn. 18; K. Schmidt/Lutter/*Drygala* Rn. 14; Bürgers/Körber/ *Schulz* Rn. 9.
[109] *Gernoth/Wernicke* NZG 2010, 531 (532); *ADS* Rn. 67–69; Grigoleit/*Grigoleit/Zellner* Rn. 15.
[110] BGH NJW-RR 2010, 1339 (1340).
[111] OLG Stuttgart NZG 2006, 472; Bürgers/Körber/*Schulz* Rn. 9.
[112] MüKoAktG/*Hennrichs/Pöschke* Rn. 205.
[113] *ADS* Rn. 71; Hüffer/Koch/*Koch* Rn. 22; Grigoleit/*Grigoleit/Zellner* Rn. 15; strenger: *Theisen/Linn/Schöll* DB 2007, 2493 (2500).
[114] *Grigoleit/Grigoleit/Zellner* Rn. 17; *ADS* Rn. 72.
[115] *ADS* Rn. 10.
[116] MüKoAktG/*Hennrichs/Pöschke* Rn. 225; Grigoleit/*Grigoleit/Zellner* Rn. 21; K. Schmidt/Lutter/*Drygala* Rn. 11.

nicht von untergeordneter Bedeutung sein.[117] Führen diese Mängel zu Schäden, kann eine Haftung der verantwortlichen Aufsichtsratsmitglieder nach §§ 93, 116 in Betracht kommen.[118] Unrichtige Darstellung oder Verschleierung kann zu einer Strafbarkeit nach § 400 Abs. 1 führen.[119]

V. Fristen (§ 171 Abs. 3)

1. Fristgemäße Zuleitung durch den Aufsichtsrat. Gem. § 171 Abs. 3 S. 1 hat der Aufsichtsrat einen Monat Zeit, um die Vorstandsunterlagen gem. § 170 Abs. 1 und Abs. 2 zu prüfen und seinen Bericht dem Vorstand zuzuleiten. Die **Frist beginnt,** sobald dem Aufsichtsrat **alle nötigen Unterlagen zugegangen** sind. Da der Vorstand die Hauptversammlung gem. § 175 einzuberufen und die Offenlegung gem. § 325 Abs. 1 HGB zu erfüllen hat, ist ein geregeltes und zeitlich begrenztes Verfahren nötig. Der Eingang des Prüfungsberichts des Abschlussprüfers hat auf den Beginn der Frist keinen Einfluss. Zwar ist der Prüfungsbericht essentielles Hilfsmittel bei der Prüfung des Aufsichtsrates, jedoch gehört er - anders als noch vor dem KonTraG - nicht mehr zu den Vorlagen des Abs. 1 bzw. des § 170.[120] Der Beschluss des Aufsichtsrats über die Billigung kann erst nach Abschluss der Prüfung durch den Abschlussprüfer und nach Zuleitung seines Berichts an den Aufsichtsrat erfolgen. 83

Innerhalb der Frist kann der Aufsichtsrat dem Vorstand seinen Bericht mit den Erklärungen über die Billigung oder Nichtbilligung der Abschlüsse zuleiten. Die **fristgemäße Zuleitung** des Berichts an den Vorstand **bewirkt bei einem gebilligten Jahresabschluss die Feststellung** gem. § 172 Abs. 1, wenn nicht Vorstand und Aufsichtsrat die Feststellung per Beschluss der Hauptversammlung übertragen. Verstreicht die Frist ohne Abgabe eines Berichts, ist vom Vorstand eine Nachfrist zu setzen. 84

2. Nachfristsetzung durch den Vorstand. Der Aufsichtsrat kann die gesetzliche Frist gem. § 171 Abs. 3 S. 1 verstreichen lassen. Wenn dem Vorstand nach Ablauf des ersten Monats der Aufsichtsratsbericht nicht zugegangen ist, muss der Vorstand gem. § 171 Abs. 3 S. 2 dem Aufsichtsrat eine weitere Frist setzen. Diese **Nachfrist** ist unverzüglich (§ 121 BGB) zu setzen und darf einen Monat nicht überschreiten. Verletzt der Vorstand diese Pflicht, können ihm vom Registergericht Zwangsgelder gem. § 407 Abs. 1 auferlegt werden. Die Nachfristsetzung steht nicht im Ermessen des Vorstands. 85

Innerhalb der Nachfrist kann der Aufsichtsrat dem Vorstand seinen **Bericht über seine Billigung oder Nichtbilligung** gem. § 171 Abs. 2 S. 4 und 5 und Abs. 4 zuleiten. Verstreicht die Nachfrist ohne Abgabe dieses Berichts, gilt der Abschluss als nicht gebilligt. Damit hat der Vorstand die Pflicht, die Hauptversammlung zur Feststellung einzuberufen, wozu er mittels Zwangsgeld gem. § 407 Abs. 1 iVm § 175 Abs. 1 belegt werden kann. 86

3. Ablauf der Nachfrist. Der Aufsichtsrat hat das **Recht,** die vom Vorstand gem. § 171 Abs. 3 S. 2 **gesetzte Nachfrist verstreichen zu lassen.** Die nicht mehr fristgemäße Zuleitung des Aufsichtsratsberichts an den Vorstand führt gem. § 171 Abs. 3 S. 3 Hs 1 automatisch zur Nichtbilligung des Jahresabschlusses durch den Aufsichtsrat. Die dadurch ausgelöste Übertragung der Feststellungskompetenz auf die Hauptversammlung gem. § 173 wird auch nicht rückgängig gemacht durch die nachträgliche Billigung oder Einberufung der Hauptversammlung.[121] Ungeachtet der Billigung bleibt der Aufsichtsrat zur Berichterstattung verpflichtet.[122] 87

Bei einem **Mutterunternehmen** gem. § 290 Abs. 1 und 2 HGB bewirkt die Nichtzuleitung des Aufsichtsratsberichts die Nichtbilligung des Konzernabschlusses gem. § 171 Abs. 3 S. 3 Hs. 2. Gleichfalls gilt ein **Einzelabschluss** nach § 325 Abs. 2a HGB als nicht gebilligt. 88

§ 172 findet keine Anwendung, da die Regelung nur greift, wenn der Aufsichtsrat den Jahresabschluss gebilligt hat und innerhalb der Fristen des § 171 Abs. 3 S. 1 und 2 den Vorstand unterrichtet hat. Die Feststellung des Jahresabschlusses wird der Hauptversammlung gem. § 173 Abs. 1 S. 1 übertragen. Gilt wegen Nichteinhaltung der Nachfrist gem. § 171 Abs. 3 S. 3 der Konzernabschluss als nicht gebilligt, muss die Hauptversammlung über die Billigung gem. § 173 Abs. 1 S. 2 befinden. 89

---

[117] BGH NZG 2010, 943 (944 ff.); OLG Hamburg NZG 2001, 513 (516).
[118] Kölner Komm AktG/*Ekkenga* Rn. 72; MüKoAktG/*Hennrichs/Pöschke* Rn. 226; *Vetter* ZIP 2006, 257 (264); Grigoleit/*Grigoleit/Zellner* Rn. 21.
[119] Hüffer/Koch/*Koch* Rn. 17; Grigoleit/*Grigoleit/Zellner* Rn. 21; MüKoAktG/*Hennrichs/Pöschke* Rn. 226.
[120] MüKoAktG/*Hennrichs/Pöschke* Rn. 217; Bürgers/Körber/*Schulz* Rn. 13; aA: K. Schmidt/Lutter/*Drygala* Rn. 18; Grigoleit/*Grigoleit/Zellner* Rn. 22; Kölner Komm AktG/*Ekkenga* Rn. 85.
[121] MüKoAktG/*Hennrichs/Pöschke* Rn. 221; K. Schmidt/Lutter/*Drygala* Rn. 18; Bürgers/Körber/*Schulz* Rn. 13; aA: *ADS* Rn. 87, § 173 Rn. 12.
[122] Grigoleit/*Grigoleit/Zellner* Rn. 22; MüKoAktG/*Hennrichs/Pöschke* Rn. 221; *ADS* Rn. 87.

Dritter Abschnitt. Feststellung des Jahresabschlusses. Gewinnverwendung

Erster Unterabschnitt. Feststellung des Jahresabschlusses

§ 172 Feststellung durch Vorstand und Aufsichtsrat

¹Billigt der Aufsichtsrat den Jahresabschluß, so ist dieser festgestellt, sofern nicht Vorstand und Aufsichtsrat beschließen, die Feststellung des Jahresabschlusses der Hauptversammlung zu überlassen. ²Die Beschlüsse des Vorstands und des Aufsichtsrats sind in den Bericht des Aufsichtsrats an die Hauptversammlung aufzunehmen.

Schrifttum: *Barz*, Abänderung festgestellter Jahresabschlüsse einer Aktiengesellschaft, FS Schilling, 1973, 127; *Casper*, Die Heilung nichtiger Beschlüsse im Kapitalgesellschaftsrecht, 1998; *Erle*, Unterzeichnung und Datierung des Jahresabschlusses bei Kapitalgesellschaften, WPg 1987, 637; *Hennrichs*, Fehlerhafte Bilanzen, Enforcement und Aktienrecht, ZHR 2004, 383; *Hense*, Rechtsfolgen nichtiger Jahresabschlüsse und Konsequenzen für die Folgeabschlüsse, WPg 1993, 716; *Horbach*, Der Gewinnverzicht des Großaktionärs, AG 2001, 78; *Kaiser*, Berichtigung und Änderung der handelsrechtlichen Jahresabschlüsses, 2000; *König*, Der Dividendenverzicht des Mehrheitsaktionärs – Dogmatische Einordnung und praktische Durchführung, AG 2001, 399; *Kropff*, Auswirkungen der Nichtigkeit eines Jahresabschlusses auf die Folgeabschlüsse; FS Budde, 1995, 342; *Küting/Kaiser*, Aufstellung oder Feststellung: Wann endet der Wertaufhellungszeitraum? – Implikationen für die Anwendung des Wertaufhellungsprinzips bei Berichtigung, Änderung und Nichtigkeit des handelsrechtlichen Jahresabschlusses, WPg 2000, 577; *Ludewig*, Möglichkeiten der Bilanzänderung, insbesondere bei Fehleinschätzung des Unternehmens, DB 1986, 133; *Lutter*, Der Streit um die Gültigkeit des Jahresabschlusses einer Aktiengesellschaft, FS Helmrich, 1994, 685; *H. P. Müller*, Rechtsfolgen unzulässiger Änderungen von festgestellten Jahresabschlüssen, FS Budde, 1995, 431; *W. Müller*, Die Änderung von Jahresabschlüssen, Möglichkeiten und Grenzen, FS Quack, 1991, 359; *W. Müller*, Prüfverfahren und Jahresabschlussnichtigkeit nach dem Bilanzkontrollgesetz, ZHR 2004, 414; *Priester*, Aufstellung und Feststellung des Jahresabschlusses bei unterbesetztem Vorstand, FS Kropff, 1997, 592; *Prinz*, Die handels- und steuerrechtliche Änderung von Bilanzen – Gemeinsamkeiten und Unterschiede, aktuelle Entwicklungen, FS W. Müller, 2001, 687; *Schnorr*, Fehlerhafte Gesellschafterbeschlüsse, 1997; *Ulmer*, Die Mitwirkung des Kommanditisten an der Bilanzierung der KG, FS Hefermehl, 1976, 207; *Weilinger*, Die Aufstellung und Feststellung des Jahresabschlusses im Handels- und Gesellschaftsrecht, 1997.

Übersicht

	Rn.		Rn.
I. Normzweck und Anwendungsbereich	1	a) Rechtswirkungen der Feststellung	13–16
		b) Unterzeichnung und Publizität	17–19
II. Entstehungsgeschichte	2	V. Nichtigkeit des festgestellten Jahresabschlusses	20–23
III. Aufstellung und Billigung des Jahresabschlusses	3, 4	VI. Änderung und Ersatz eines Jahresabschlusses	24–49
IV. Feststellung des Jahresabschlusses	5–19	1. Allgemeines	24–26
1. Reguläre Feststellung des gebilligten Jahresabschlusses	5	2. Änderung nicht festgestellter Abschlüsse	27–30
2. Übertragung der Feststellung auf die Hauptversammlung	6–11	3. Änderungen eines festgestellten fehlerfreien Jahresabschlusses	31–37
3. Feststellung des nicht gebilligten Jahresabschlusses	12	4. Änderungen eines festgestellten fehlerhaften Jahresabschlusses	38–44
4. Folgen der Feststellung	13–19	5. Ersatz eines nichtigen Jahresabschlusses	45–49

I. Normzweck und Anwendungsbereich

1 § 172 regelt das **Zustandekommen der Feststellung.** Es muss eindeutig sein, durch wessen Beschluss der Jahresabschluss rechtlich verbindlich wird. **Im Regelfall** gilt der vom Vorstand aufgestellte Jahresabschluss durch Billigung des Aufsichtsrats als festgestellt. **Davon abweichend** kann der Hauptversammlung die Feststellung für einen durch den Aufsichtsrat gebilligten Jahresabschluss per Vorstands- und Aufsichtsratsbeschluss gem. § 172 S. 1 iVm § 173 Abs. 1 S. 1 Alt. 1 übertragen werden. Gegenüber § 171 wird in diesem Zusammenhang die Berichtspflicht des Aufsichtsrats durch § 172 S. 2 erweitert, damit die Hauptversammlung für ihren Feststellungsbeschluss über umfangreichere Informationen verfügt. Daneben ist die Hauptversammlung auch dann für die Feststellung zuständig, wenn der Aufsichtsrat den Jahresabschluss nicht billigt (§ 171 Abs. 2 S. 4) bzw. seiner Frist gem. § 171 Abs. 3 nicht nachkommt.

II. Entstehungsgeschichte

Grundlage für § 172 S. 1 1965 ist § 125 Abs. 3 AktG 1937.[1] Durch die Änderung im zweiten Satzteil ist deutlich herausgestellt worden, dass Vorstand und Aufsichtsrat in getrennten Abstimmungen beschließen müssen, wenn sie die Feststellung der Hauptversammlung übertragen wollen. Mit der Hinzufügung von § 172 S. 2 im 1965 ist die Hauptversammlung ausdrücklich über die von Vorstand und Aufsichtsrat beschlossene Maßnahme zu unterrichten.

III. Aufstellung und Billigung des Jahresabschlusses

Die **Aufstellung des Jahresabschlusses** liegt gem. § 170 Abs. 1 S. 1 in der Verantwortung des Vorstands. Bereits durch § 91 Abs. 1 ist der Vorstand für die Führung der Bücher der Gesellschaft verantwortlich. Die Buchführungs- und Bilanzierungspflichten gem. §§ 238 ff. HGB treffen ihn als das leitende Organ der Körperschaft (§ 76). Die Aufstellung des Jahresabschlusses ist eine öffentlich-rechtliche und gesellschaftsrechtliche Pflicht der Gesellschaft bzw. des Vorstands als Organ der Körperschaft.[2]

Der Aufsichtsrat ist zur Prüfung der vom Vorstand aufgestellten Abschlüsse im Rahmen seiner Kontrollpflichten gem. §§ 111, 171 verpflichtet. Im Besonderen hat der Aufsichtsrat über die **Billigung bzw. Nichtbilligung des vorgelegten Jahresabschlusses** gem. § 171 Abs. 2 S. 4 zu beschließen und das Ergebnis in seinen Bericht aufzunehmen. Der Bericht richtet sich an die Hauptversammlung gem. § 171 Abs. 2 S. 1 und ist dem Vorstand schriftlich innerhalb der Fristen nach § 171 Abs. 3 zuzuleiten. Ein Aufsichtsratsbeschluss über die Billigung bleibt ohne die fristgemäße Übermittlung des schriftlichen Berichts wirkungslos.

IV. Feststellung des Jahresabschlusses

1. Reguläre Feststellung des gebilligten Jahresabschlusses. Ein **unter Wahrung der Fristen** gem. § 171 Abs. 2 S. 4, Abs. 3 vom Aufsichtsrat gebilligter Jahresabschluss gilt gem. § 172 S. 1 als festgestellt. Die Feststellung gem. § 172 S. 1 des vorgelegten Abschlusses folgt unmittelbar aus seiner Billigung und bleibt nicht schwebend bis zur Einberufung der Hauptversammlung.[3] Durch die Satzung kann die Feststellungskompetenz nicht verändert werden. (vgl. § 23 Abs. 5) Davon unberührt bleibt die Möglichkeit, per Beschluss gem. § 172 Satz 1 die Feststellung der Hauptversammlung zu übertragen. Die Feststellung bewirkt die rechtliche Verbindlichkeit des Jahresabschlusses, womit die Gesellschaft ihrer öffentlich-rechtlichen und gesellschaftsrechtlichen Pflicht nachkommt.[4] Die Feststellung wird als ein korporationsrechtliches Rechtsgeschäft eigener Art verstanden und setzt sich aus der Vorlage des Jahresabschlusses durch den Vorstand und der Billigung durch den Aufsichtsrat zusammen.[5]

2. Übertragung der Feststellung auf die Hauptversammlung. Vorstand und Aufsichtsrat können beschließen, **der Hauptversammlung den Jahresabschluss zur Feststellung** vorzulegen. Dies ist gem. § 172 S. 1 möglich, wenn der Aufsichtsrat den Jahresabschluss gem. § 171 Abs. 2 S. 4 gebilligt und seinen Bericht innerhalb der Fristen von § 171 Abs. 3 dem Vorstand zugeleitet hat. Da sich die Aufsichtsratsprüfung nur auf den Jahresabschluss eines bestimmten Geschäftsjahres erstreckt hat, gilt die Entscheidung für die Übertragung auch nur für diesen einen Abschluss.[6]

Der **Beschluss** nach § 172 S. 1 muss **vom Vorstand und vom Aufsichtsrat** getragen werden. Ein Organ alleine kann die Feststellungskompetenz eines gebilligten Abschlusses nicht der Hauptversammlung übertragen. Ohne Mitwirkung des Vorstands kann lediglich der Aufsichtsrat durch Nichtbilligung oder Fristversäumnis die Feststellung des Abschlusses der Hauptversammlung übertragen.[7]

Strittig ist die Frage, ob ein **Ausschuss des Aufsichtsrats zusammen mit dem Vorstand** gem. § 172 S. 1 die Feststellung auf die Hauptversammlung übertragen darf. Da sich § 107 Abs. 3 S. 3 im Wortlaut nicht auf § 172 erstreckt, könnte im Rahmen des § 172 ein Aufsichtsratsausschuss

---

[1] RegBegr. *Kropff* S. 279; *Baumbach/Hueck* Rn. 1.
[2] *Ulmer*, FS Hefermehl 1976, 207 (210); Hüffer/Koch/*Koch* Rn. 2; MüKoAktG/*Hennrichs/Pöschke* Rn. 13; K. Schmidt/Lutter/*Drygala* Rn. 4.
[3] AA *ADS* Rn. 14–16.
[4] MüKoAktG/*Hennrichs/Pöschke* Rn. 20; *Kropff* WPg 2000, 1137 (1141); K. Schmidt/Lutter/*Drygala* Rn. 7.
[5] BGHZ 124, 111 (116) = NJW 1994, 520 (522); OLG Frankfurt ZIP 2007, 72 (73); *ADS* Rn. 13; Hüffer/Koch/*Koch* Rn. 3; BeBiKo/Grottel/*Hoffmann* HGB Vor § 325 Rn. 70, 72; MüKoAktG/*Hennrichs/Pöschke* Rn. 22; Grigoleit/*Grigoleit/Zellner* Rn. 6.
[6] *ADS* Rn. 21; Grigoleit/*Grigoleit/Zellner* Rn. 8; BeBiKo/Grottel/*Hoffmann* HGB Vor § 325 Rn. 75; MüKoAktG/*Hennrichs/Pöschke* § 173 Rn. 13; Bürgers/Körber/*Schulz* Rn. 5.
[7] K. Schmidt/Lutter/*Drygala* Rn. 18; ADS Rn. 20; MüKoAktG/*Hennrichs/Pöschke* § 173 Rn. 12.

mit dem Vorstand entscheiden. Zu bedenken ist, dass nur die Billigung des Aufsichtsratsplenums gem. § 171 iVm § 107 Abs. 3 S. 3 zur Feststellung als gesetzliche Folge aus § 172 S. 1 und damit zur Möglichkeit des Herbeiführens des Überlassungsbeschlusses führt. Ließe man für den Beschluss in § 172 S. 1 einen Ausschuss zu, könnte der Ausschuss die vom Aufsichtsratsplenum gewollte Feststellung unterlaufen. Es erscheint daher nicht sachgerecht, wenn ein Ausschuss zusammen mit dem Vorstand gem. § 172 S. 1 per Beschluss die Feststellung der Hauptversammlung übertragen kann, was dann nur der gesamte Aufsichtsrat, jedoch ohne Vorstand, durch Nichtbilligung oder Fristversäumnis vermag. Der Ansicht, es handelt sich auch in § 172 um die **Zuständigkeit des Aufsichtsrats als Gesamtorgan, wird hier gefolgt.**[8]

9 Wird die Feststellungskompetenz der Hauptversammlung übertragen, **erweitert** § 172 S. 2 die **Berichtspflicht des Aufsichtsrats.** Erstellt der Aufsichtsrat seinen Bericht nach § 171, erklärt er, ob er den Jahresabschluss billigt. Zu diesem Zeitpunkt muss feststehen, ob der Hauptversammlung die Feststellung gem. § 172 S. 1 Hs. 2 überlassen wird oder nicht, damit darüber nach § 172 S. 2 im Aufsichtsratsbericht informiert werden kann.

10 Der Aufsichtsrat muss spätestens mit seinem Beschluss über die Billigung die Überlassung gem. § 172 beschließen, da andernfalls die Rechtsfolge des § 172 S. 1 Hs. 1 eintritt und der Jahresabschluss als festgestellt gilt. Der wohl hM, Vorstand und Aufsichtsrat können ihren **Überlassungsbeschluss noch bis zur Einberufung der Hauptversammlung ändern,**[9] wird hier **nicht gefolgt.** Es würde nachträglich die Feststellung des Jahresabschlusses aufgehoben, der bereits Rechte hat aufleben lassen, die nicht erst mit der Einberufung entstehen.[10]

11 Teilweise wird die **Auffassung vertreten, der Aufsichtsrat könne unter dem Vorbehalt,** der Vorstand sei mit der Übertragung der Feststellung auf die Hauptversammlung einverstanden, den Jahresabschluss **billigen,** denn der Übertragungsbeschluss könne noch bis zur Einberufung der Hauptversammlung gefasst und ergänzend in den Aufsichtsratsbericht aufgenommen werden.[11] Da die Billigung nur als vorbehaltlose Zustimmung verstanden werden kann, wird die Billigung unter Vorbehalt abgelehnt, ein anderes Verständnis führt zu bedenklichen Rechtsunsicherheiten.[12]

12 **3. Feststellung des nicht gebilligten Jahresabschlusses.** Der Übertragungsbeschluss nach § 172 setzt einen gebilligten Jahresabschluss voraus. Wird der Jahresabschluss vom Aufsichtsrat nicht gem. § 171 Abs. 2 S. 4 gebilligt, oder die Billigung nicht fristgemäß nach § 171 Abs. 3 dem Vorstand nach § 171 mitgeteilt, trifft die **Hauptversammlung** nach § 173 Abs. 1 S. 1 den **Beschluss zur Billigung** des Jahresabschlusses.

13 **4. Folgen der Feststellung. a) Rechtswirkungen der Feststellung.** Die Feststellung gem. § 172 ist eine förmliche Anerkennung des Vorstandsvorschlags und macht den Jahresabschluss **verbindlich.**[13] **Vorstand und Aufsichtsrat erfüllen** damit ihre **gesellschaftsrechtliche Pflicht** der geschäftsführenden bzw. überwachenden Tätigkeit. Gleichzeitig wird auch die **öffentlich-rechtliche Pflicht** der Gesellschaft (§ 242 HGB) erfüllt.[14] Durch das Zusammenwirken der Aufstellungspflicht des Vorstands und des Billigungsrechts des Aufsichtsrats, die damit die Verbindlichkeit des Jahresabschlusses begründen, entsteht ein korporationsrechtliches Rechtsgeschäft eigener Art. Gegenstand dieses Rechtsgeschäfts sind die Vorstandsvorlagen gem. § 170 und die Billigung durch den Aufsichtsrat iSv § 171 Abs. 2 S. 4.[15]

14 Durch die Feststellung werden Vorstand und Aufsichtsrat **an den festgestellten Jahresabschluss gebunden,** wodurch Änderungen am Jahresabschluss nur noch unter besonderen Umständen vorgenommen werden dürfen (→ Rn. 24 ff.).

15 Einerseits werden der Hauptversammlung die **bilanzpolitischen Maßnahmen** und die Einstellungen in die Rücklagen und Entnahmen aus den Rücklagen **verbindlich vorgeschrieben,** sodass

---

[8] Ebenso Hüffer/Koch/*Koch* Rn. 7; MüKoAktG/*Hennrichs/Pöschke* § 173 Rn. 14; K. Schmidt/Lutter/*Drygala* Rn. 20; Großkomm AktG/*Brönner* Rn. 13.
[9] ADS Rn. 14, 15; Grigoleit/*Grigoleit/Zellner* Rn. 8; Hüffer/Koch/*Koch* § 175 Rn. 10; Bürgers/Körber/*Schulz* Rn. 5; K. Schmidt/Lutter/*Drygala* Rn. 19; Kölner Komm AktG/*Ekkenga* Rn. 16; BeBiKo/*Grottel/Hoffmann* HGB Vor § 325 Rn. 75; Bürgers/Körber/*Reger* § 175 Rn. 12.
[10] MüKoAktG/*Hennrichs/Pöschke* § 173 Rn. 15–17.
[11] ADS Rn. 17; BeBiKo/*Grottel/Hoffmann* HGB Vor § 325 Rn. 73; Kölner Komm AktG/*Ekkenga* Rn. 15; Bürgers/Körber/*Schulz* Rn. 6.
[12] Hüffer/Koch/*Koch* Rn. 4; Großkomm AktG/*Brönner* Rn. 15; K. Schmidt/Lutter/*Drygala* Rn. 15.
[13] Grigoleit/*Grigoleit/Zellner* Rn. 3: MüKoAktG/*Hennrichs/Pöschke* Rn. 46; Großkomm AktG/*Brönner* Rn. 4: K. Schmidt/Lutter/*Drygala* Rn. 7.
[14] *Kropff* WPg 2000, 1137 (1141); K. Schmidt/Lutter/*Drygala* Rn. 7; MüKoAktG/*Hennrichs/Pöschke* Rn. 20.
[15] BGHZ 124, 111 (116) = NJW 1994, 520 (522); OLG Frankfurt ZIP 2007, 72 (73); ADS Rn. 13; Hüffer/Koch/*Koch* Rn. 3; BeBiKo/*Grottel/Hoffmann* HGB Vor § 325 Rn. 70, 72; MüKoAktG/*Hennrichs/Pöschke* Rn. 22; Grigoleit/*Grigoleit/Zellner* Rn. 6.

sie bei dem Gewinnverwendungsbeschluss an den festgestellten Jahresabschluss gebunden ist.[16] Andererseits können Vorstand und Aufsichtsrat der Hauptversammlung den verfügbaren **Bilanzgewinn nicht mehr entziehen.** Die Gesellschafter erhalten durch den festgestellten Jahresabschluss gem. § 58 Abs. 4 einen mitgliedschaftlichen Gewinnanspruch auf den Bilanzgewinn, soweit die Verteilung nicht ausgeschlossen ist. Es handelt sich dabei um einen Anspruch gegen die Gesellschaft auf Herbeiführung des Gewinnverwendungsbeschlusses und nicht um einen Zahlungsanspruch.[17] Ein Dividenden- und damit ein Zahlungsanspruch entsteht erst durch Wirksamwerden des Gewinnverwendungsbeschlusses gem. § 174.

Die Feststellung begründet auch **Rechte Dritter,** die sich aus dem festgestellten Jahresabschluss 16 ergeben.[18]

b) Unterzeichnung und Publizität. § 245 S. 1 HGB verlangt vom Kaufmann die **Unterzeich-** 17 **nung** seines Jahresabschlusses. Diese Pflicht trifft die Körperschaft gem. §§ 3, 6 HGB iVm §§ 1, 3. Der Vorstand erfüllt die Verpflichtung, die Bücher und Abschlüsse zu unterzeichnen (§ 91 Abs. 1). Sämtliche am Tag der Feststellung amtierenden Vorstandsmitglieder einschließlich der stellvertretenden Vorstandsmitglieder (§ 94) müssen den Abschluss mit Datumsangabe unterzeichnen.[19] Nicht zur Unterschrift verpflichtet ist ein Vorstandsmitglied nur dann, wenn es der Ansicht ist, der Jahresabschluss sei nichtig.[20] Die Unterzeichnung hat zum Zweck, die Verantwortung für Buchführung und Jahresabschluss zu dokumentieren und erfüllt damit eine öffentlich-rechtliche Pflicht.[21] Weitere (gesellschaftsrechtliche) Bedeutung hat sie jedoch nicht, insbesondere wird die Wirksamkeit des festgestellten Jahresabschlusses von einer fehlenden Unterschrift nicht berührt (§ 256 Abs. 1, 2).

Zu unterzeichnen ist nach hM nicht der aufgestellte Abschluss, sondern **der festgestellte** 18 **Abschluss.**[22] Bei Überlassung der Feststellung nach § 172 S. 1 ist dieser zur Feststellung vorgesehene Jahresabschluss zu unterzeichnen und ggf. nach Änderungen durch die Hauptversammlung erneut vom gesamten Vorstand zu unterzeichnen.[23]

Nach der Feststellung wird gem. § 175 Abs. 1 die **Hauptversammlung einberufen** und der 19 **Bericht** des Aufsichtsrats aus § 171 Abs. 2 zur Einsichtnahme nach § 175 Abs. 2 **ausgelegt.** Der Hauptversammlung ist gem. § 176 der Jahresabschluss vorzulegen. Die Offenlegung erfolgt nach § 325 HGB.

V. Nichtigkeit des festgestellten Jahresabschlusses

Ist ein **festgestellter Jahresabschluss nichtig,** folgt daraus, dass kein rechtlich wirksamer Jahres- 20 abschluss vorliegt.[24] Ein nichtiger Jahresabschluss entfaltet keine Rechtswirkung.

Die Nichtigkeit des festgestellten Jahresabschlusses tritt ein, wenn ein zu seiner Feststellung füh- 21 render **Beschluss nichtig** ist. Dies gilt für Beschlüsse des Vorstands und Beschlüsse des Aufsichtsrats iSv § 108. Inhaltliche Verstöße gegen Gesetz oder Satzung oder wesentliche Verfahrensfehler führen zur Nichtigkeit eines Beschlusses.[25] Nichtigkeitsgründe können sich auch für die einzelnen Willenserklärungen der Aufsichtsratsmitglieder ergeben, die an dem Beschluss zur Feststellung mitgewirkt haben. Die Nichtigkeit des Beschlusses tritt dann ein, wenn sich dadurch das Abstimmungsergebnis verändert und nicht mehr die nötige Mehrheit besteht.[26] Der Ansicht, Beschlüsse des Aufsichtsrats könnten durch analoge Anwendung der §§ 241 ff. nichtig sein oder angefochten werden, wird durch

---

[16] Hüffer/Koch/*Koch* Rn. 5; Grigoleit/*Grigoleit*/*Zellner* Rn. 6; K. Schmidt/Lutter/*Drygala* Rn. 8.
[17] *Cahn/v. Spannenberg* → § 58 Rn. 91; Hüffer/Koch/*Koch* § 58 Rn. 26; Grigoleit/*Grigoleit*/*Zellner* § 58 Rn. 31 f.; MüKoAktG/*Hennrichs*/*Pöschke* Rn. 48.
[18] MüKoAktG/*Hennrichs*/*Pöschke* Rn. 11, 50.
[19] ADS § 245 HGB Rn. 12; Hüffer/Koch/*Koch* Rn. 6.
[20] MüKoAktG/*Hennrichs*/*Pöschke* Rn. 52; aA BeBiKo/*Winkeljohann*/*Schellhorn* HGB § 245 Rn. 2: Verweigerung der Unterschrift bereits bei einem Verstoß gegen gesetzliche Vorschriften möglich; ausf.: Oser/*Eisenhardt* DB 2011, 717 (718 f.).
[21] BGH AG 1985, 188 (189) = GmbHR 1985, 256; Hüffer/Koch/*Koch* Rn. 6; Grigoleit/*Grigoleit*/*Zellner* Rn. 7.
[22] Zur GmbH: BGH AG 1985, 188 (189) = GmbHR 1985, 256; ADS § 245 HGB Rn. 7, 8; Hüffer/Koch/*Koch* Rn. 6; OLG Stuttgart DB 2009, 1521 (1522); *Kropff* FS Peltzer, 2001, 219 (234 ff.); *Hennrichs* in Baetge/Kirsch/Thiele Bilanzrecht § 245 Rn. 23; *Bormann* DStR 2011, 368 (369).
[23] MüKoAktG/*Hennrichs*/*Pöschke* § 173 Rn. 66.
[24] ADS Rn. 36, § 256 Rn. 84, 90; MüKoAktG/*Hennrichs*/*Pöschke* Rn. 56.
[25] BGHZ 122, 342 (351) = NJW 2307, 2309; BGHZ 124, 111 (125) = NJW 1994, 520 (523); BGHZ 135, 244 (247) = NJW 1997, 1926; Hüffer/Koch/*Koch* § 108 Rn. 25, 27.
[26] *Spindler* → § 108 Rn. 66; Grigoleit/*Tomasic* § 108 Rn. 37; Hüffer/Koch/*Koch* § 108 Rn. 25.

§ 172   22-28   Erstes Buch. Aktiengesellschaft

den BGH eine Absage erteilt.[27] Wird der Beschluss des Aufsichtsrats bereits durch § 256 nichtig, entfällt die Prüfung der Anfechtung unter analoger Anwendung gem. §§ 241 ff.[28]

22   Neben **Verstößen gegen die Satzung**[29] führen insbesondere **Verstöße gegen Gesetze** zur Nichtigkeit des festgestellten Jahresabschlusses. Beschlüsse über die Feststellung des Jahresabschlusses werden nach § 173 Abs. 3 S. 2 nichtig, wenn es nicht zu einer Nachtragsprüfung kommt. Die Nichtigkeit der Feststellungsbeschlüsse tritt bei einer Kapitalherabsetzung gem. § 234 Abs. 3 ein, wenn nicht fristgemäß die Eintragung in das Handelsregister erfolgt. Beschlüsse über die Kapitalerhöhung gem. § 235 Abs. 1 iVm § 234 werden nach § 235 Abs. 2 nichtig, wenn sie nicht fristgemäß im Handelsregister eingetragen werden.

23   Bedeutend sind die **Nichtigkeitsgründe des § 256**. Die Nichtigkeit in den Fällen von § 256 Abs. 1 Nr. 2, § 256 Abs. 3 Nr. 3, § 173 Abs. 3, § 234 Abs. 3, § 235 kann nicht durch Fristablauf iSv § 256 Abs. 6 (→ § 256 Rn. 76) geheilt werden. In den Fällen von § 256 Abs. 1 Nr. 3 und 4, Abs. 2, Abs. 3 Nr. 1 und 2 beträgt nach § 256 Abs. 6 die Verjährungsfrist zur Erhebung der Klage auf Feststellung der Nichtigkeit sechs Monate. In den Fällen von § 256 Abs. 1 Nr. 1, Abs. 4 und Abs. 5 beträgt gem. § 256 Abs. 6 die Verjährungsfrist zur Erhebung der Klage auf Feststellung der Nichtigkeit 3 Jahre. Wird nicht innerhalb der Frist die Nichtigkeit festgestellt, wird der zur Nichtigkeit führende Verstoß geheilt.

VI. Änderung und Ersatz eines Jahresabschlusses

24   **1. Allgemeines.** Das **Steuerrecht** unterscheidet zwischen **Bilanzberichtigung und Bilanzänderung**. Unter Bilanzberichtigung fällt die nachträgliche Korrektur eines Fehlers in einer zivilrechtlich ordnungsgemäß festgestellten und unterschriebenen Bilanz. Ein solcher Fehler liegt vor, wenn objektiv gegen ein handelsrechtliches oder steuerrechtliches Bilanzierungsgebot oder -verbot verstoßen wurde und der Steuerpflichtige diesen Verstoß im Zeitpunkt der Bilanzerstellung bei gewissenhafter Prüfung hätte erkennen können.[30] Die Bilanzänderung betrifft den Ersatz eines handelsrechtlich und steuerrechtlich dem Grunde und der Höhe nach zulässigen Bilanzansatzes durch einen ebenfalls zulässigen Bilanzansatz.[31]

25   Im **handelsrechtlichen Sinne** wird der **Begriff der Änderung** verwendet für die Änderung festgestellter fehlerfreier bzw. festgestellter fehlerbehafteter, aber nicht nichtiger Jahresabschlüsse.[32] Änderungen im Jahresabschluss können die Bilanz, Gewinn- und Verlustrechnung, den Anhang und die zugrunde liegende Buchführung betreffen. Die Feststellung des geänderten Abschlusses unterliegt dem gleichen Verfahren wie die ursprüngliche Feststellung. Der geänderte Jahresabschluss ist vom Vorstand nach § 170 dem Abschlussprüfer gem. § 316 Abs. 3 HGB zur Prüfung und dem Aufsichtsrat zur Prüfung gem. § 171 vorzulegen. Vom Vorstand ist er nach den §§ 175 und 176 auszulegen und ggf. der Hauptversammlung zur Feststellung nach § 173 vorzulegen, wenn sie auch den ursprünglichen Abschluss festzustellen hatte oder der Aufsichtsrat die Billigung der Änderungen verweigert. Die Veröffentlichung des geänderten Abschlusses richtet sich ebenfalls nach § 325 HGB.

26   Nicht unter den Begriff der Änderung fällt die „Modifikation" des Jahresabschlusses während der Aufstellungs- und Prüfungsphase, also eines vom Vorstand aufgestellten, aber noch nicht festgestellten Jahresabschlusses, da in diesem Stadium formalrechtlich noch kein änderbarer Jahresabschluss besteht. Wird ein nichtiger Jahresabschluss ersetzt, so handelt es sich um die Aufstellung eines neuen Jahresabschlusses und nicht um eine Änderung.[33]

27   **2. Änderung nicht festgestellter Abschlüsse.** Der vom Vorstand nach § 170 aufgestellte Jahresabschluss wird erst mit seiner **Feststellung** gem. § 171 iVm § 172 **verbindlich** und gilt bis zur Beschlussfassung des Aufsichtsrats als vorläufig, so dass er vom Vorstand geändert werden kann.[34]

28   Bei den **Änderungen** kann es sich um willkürliche Änderungen handeln. Gewichtige Gründe für die Änderungen müssen nicht vorliegen, allerdings sind wertaufhellende Informationen zu berücksichtigen. Die Änderungen unterliegen der Prüfung durch den Aufsichtsrat gem. § 171 und bei prüfungspflichtigen Gesellschaften auch der Prüfungspflicht durch den Abschlussprüfer gem. § 316 Abs. 3 HGB.

---

[27] BGHZ 122, 342 (347, 349) = NJW 1993, 2307 (2308, 2309); BGHZ 124, 111 (115, 125) = NJW 1994, 520 (521, 523).
[28] BGHZ 124, 111 (116) = NJW 1994, 520 (521).
[29] BGH NZG 2000, 945 (946) = DStR 2000, 1152 (1153).
[30] Schmidt/*Heinicke* EStG § 4 Rn. 680.
[31] Schmidt/*Heinicke* EStG § 4 Rn. 750.
[32] *ADS* Rn. 32.
[33] MüKoAktG/*Hennrichs/Pöschke* Rn. 56; *ADS* Rn. 36.
[34] *ADS* Rn. 33; MüKoAktG/*Hennrichs/Pöschke* Rn. 21.

Vor Einberufung der Hauptversammlung können Vorstand und Aufsichtsrat einen Jahresabschluss, dessen Feststellung sie der Hauptversammlung gem. § 172 S. 1 übertragen haben, willkürlich ändern. Dies ist zulässig, da § 175 Abs. 4 nicht an die Beibehaltung des ausgelegten Jahresabschlusses bindet, sondern an den Übertragungsbeschluss gem. § 172 S. 1.[35] 29

Hat die Hauptversammlung den Jahresabschluss festzustellen, können **zwischen Einberufung und Stattfinden der Hauptversammlung** Änderungen vom Vorstand und Aufsichtsrat aufgrund des Vertrauensschutzes und der Rechtssicherheit (wie im Falle eines bereits vom Aufsichtsrat festgestellten Abschlusses) nur aus wichtigen wirtschaftlichen Gründen vorgenommen werden.[36] Da der ausgelegte Abschluss nicht mehr die Anforderung des § 175 Abs. 2 erfüllt, ist eine erneute Einberufung mit Auslage gem. § 175 durchzuführen, um die Anfechtung gem. § 243 auszuschließen.[37] 30

3. Änderungen eines festgestellten fehlerfreien Jahresabschlusses. Zwar gibt es keine gesetzlichen Hinweise dafür, **festgestellte Abschlüsse** ändern zu können, dies wird jedoch dann möglich sein, wenn dies im Interesse der Gesellschaft, der Aktionäre und der Öffentlichkeit ist.[38] Änderungen festgestellter Jahresabschlüsse sind problematisch, weil sie den Vertrauensschutz betreffen und in die Rechte der Aktionäre und in die gewinnabhängigen Rechte Dritter eingreifen. 31

Liegt der festgestellte Jahresabschluss **vor der Einberufung der Hauptversammlung** lediglich als internes Dokument der Gesellschaft vor, können Vorstand und Aufsichtsrat im einvernehmlichen Handeln und unter Beachtung von § 316 Abs. 3 HGB Änderungen vornehmen, solange keine Zahlen an die Öffentlichkeit dringen, weil nach außen hin weder ein Vertrauenstatbestand (wie etwa nach § 26 WpHG) vorliegt, noch Rechte Dritter verletzt werden.[39] Jede Änderung, auch ohne zwingenden Grund, kann bis zu diesem Zeitpunkt vorgenommen werden. 32

Ein festgestellter fehlerfreier Jahresabschluss kann **zwischen Einberufung und Durchführung** der Hauptversammlung bei Vorliegen zwingender Gründe geändert werden.[40] Können Änderungen in laufender Rechnung vorgenommen werden und erscheint dies als ausreichend, liegen keine zwingenden Gründe vor, die eine Änderung eines festgestellten fehlerfreien Jahresabschlusses rechtfertigen.[41] Wertaufhellende Tatsachen von wesentlicher Bedeutung können zu einer Änderung berechtigen.[42] Werden Änderungen durchgeführt, sind auch sonstige wertaufhellende Tatsachen zu berücksichtigen. 33

Die Änderungen dürfen nicht die **Dividendenansprüche** beeinträchtigen, die aus dem festgestellten Jahresabschluss hervorgehen.[43] Dies ist nur dann zulässig, wenn alle Aktionäre zustimmen. Daher ist bei der Änderung nötigenfalls der Gewinnverwendungsbeschluss so zu ändern, dass der Anspruch der Aktionäre nicht verletzt wird. Auswirkungen auf den Jahresüberschuss oder den Bilanzgewinn können vermieden werden, wenn sich Höher- und Niedrigerbewertungen kompensieren oder ein Ausgleich durch Auflösung von Rücklagen erzielt wird.[44] Um die Verkürzung des Dividendenanspruchs aus einem Gewinnverwendungsbeschluss nicht zu gefährden, ist der Dividendenverzicht einzelner Aktionäre möglich.[45] Kann durch keine Maßnahme der Dividendenanspruch der Aktionäre gesichert werden, weil kein ausreichender Bilanzgewinn nach der Änderung mehr zur Verfügung steht, ist die Änderung eines festgestellten Jahresabschlusses nicht zulässig. 34

Änderungen des festgestellten Jahresabschlusses dürfen auch nicht die **Ansprüche Dritter** beeinträchtigen. Werden die Ansprüche durch die Änderungen erhöht, gelten diese, es sei denn, durch Verträge wurde anderes bestimmt. Kommt es zu einer Verringerung der Ansprüche, müssen dennoch die ursprünglichen Ansprüche in gleicher Höhe beibehalten werden.[46] 35

---

[35] Kölner Komm AktG/*Ekkenga* § 175 Rn. 35; *ADS* Rn. 60, § 175 Rn. 26; K. Schmidt/Lutter/*Drygala* Rn. 26, § 175 Rn. 17.
[36] Grigoleit/*Grigoleit/Zellner* Rn. 11, § 175 Rn. 14; Hüffer/Koch/*Koch* Rn. 10; *ADS* § 175 Rn. 26; aA MüKoAktG/*Hennrichs/Pöschke* § 175 Rn. 53, wonach Änderungen durch Vorstand und Aufsichtsrat in diesem Fall zwar als unzulässig erachtet werden, jedoch die Möglichkeit eingeräumt wird, der Hauptversammlung im Rahmen des Feststellungsbeschlusses Änderungsvorschläge zu unterbreiten.
[37] *ADS* Rn. 61.
[38] *Ludewig* DB 1986, 133 (134); *Weirich* WPg 1976, 625 (627); *ADS* Rn. 34, 35.
[39] Kölner Komm AktG/*Ekkenga* Rn. 22; *ADS* Rn. 47; Hüffer/Koch/*Koch* Rn. 10; Grigoleit/*Grigoleit/Zellner* Rn. 10; aA Großkomm AktG/*Brönner* § 175 Rn. 25 f.
[40] MüKoAktG/*Hennrichs/Pöschke* Rn. 66; *ADS* Rn. 58; Hüffer/Koch/*Koch* Rn. 10; *Barz* FS Schilling, 1973, 127 (139); K. Schmidt/Lutter/*Drygala* Rn. 28.
[41] *Müller* FS Budde, 1995, 431 (436); *ADS* Rn. 52.
[42] MüKoAktG/*Hennrichs/Pöschke* Rn. 69; *ADS* Rn. 53; s. ebenso IDW RS HFA 6 Tz. 9.
[43] BeBiKo/*Schubert* HGB § 253 Rn. 836; MüKoAktG/*Hennrichs/Pöschke* Rn. 72; K. Schmidt/Lutter/*Drygala* Rn. 29; Grigoleit/*Grigoleit/Zellner* Rn. 11; *Ludewig* DB 1986, 133 (136); s. ebenso IDW RS HFA Tz. 9.
[44] MüKoAktG/*Hennrichs/Pöschke* Rn. 72; *ADS* Rn. 55; *Müller* FS Quack 1991, 359 (365).
[45] *Ludewig* DB 1986, 135; *ADS* Rn. 64; Grigoleit/*Grigoleit/Zellner* Rn. 11; s. ebenso *Barz* FS Schilling, 1973, 127 (141).
[46] MüKoAktG/*Hennrichs/Pöschke* Rn. 74.

36 Angaben über die Änderungen sind **im Anhang** zu machen. Die Änderung löst eine Nachtragsprüfung gem. § 316 Abs. 3 HGB und eine Prüfung des Aufsichtsrats iSv § 171 aus. Um die Anfechtbarkeit gem. § 243 zu vermeiden, ist die Hauptversammlung erneut gem. § 175 einzuberufen und der Abschluss gem. § 175 auszulegen.[47]

37 Werden Änderungen an einem bereits **nach § 325 HGB veröffentlichten Jahresabschluss** vorgenommen, ist zu beachten, dass der geänderte Jahresabschluss zusätzlich nach § 325 HGB zu veröffentlichen und als solcher durch einen Zusatz kenntlich zu machen ist. Der nächsten ordentlichen Hauptversammlung sind der geänderte Jahresabschluss und der darauf beruhende ggf. geänderte Gewinnverwendungsvorschlag vorzulegen.

38 **4. Änderungen eines festgestellten fehlerhaften Jahresabschlusses. Fehler in festgestellten Jahresabschlüssen,** die nicht zur Nichtigkeit des Abschlusses führen, können berichtigt werden. Änderbar sind auch Fehler in Abschlüssen, deren Nichtigkeit nach § 256 Abs. 4 geheilt ist, da die Heilung nicht den Fehler beseitigt hat.[48] Bei der Fehlerbeseitigung handelt es sich nicht um Willkür, sondern um einen ausreichenden Grund für Änderungen, die insofern die Herstellung des gesetzlichen Zustands bewirkt.[49]

39 Die Korrekturen können durch **Berichtigung in laufender Rechnung oder Rückwärtsberichtigung** erfolgen. Liegen schwere Fehler vor, die nicht zur Nichtigkeit führen, ist die Korrektur durch Rückwärtsberichtigung verpflichtend.[50] Eine Änderung ist geboten, wenn bekannt wird, dass der Jahresabschluss nicht mehr ein den tatsächlichen Verhältnissen entsprechendes Bild der Vermögens-, Finanz- und Ertragslage vermittelt.[51]

40 **Vor Einberufung** der Hauptversammlung können Vorstand und Aufsichtsrat beliebige Änderungen durchführen. Wertaufhellende Informationen sind dabei zu berücksichtigen. Die Änderungen sind vom Abschlussprüfer gem. § 316 Abs. 3 HGB zu prüfen.

41 Werden **zwischen Einberufung und Stattfinden der Hauptversammlung** Abschlüsse berichtigt, sind in diesem Zusammenhang alle weiteren wertaufhellenden Informationen zu berücksichtigen. Die Änderungen des Jahresabschlusses sind erneut vom Aufsichtsrat und bei prüfungspflichtigen Gesellschaften gem. § 316 Abs. 3 HGB vom Abschlussprüfer zu prüfen und im Anhang zu erläutern. Um Anfechtungsgründe auszuschließen, ist der Jahresabschluss erneut gem. § 175 auszulegen und die Hauptversammlung erneut einzuberufen.[52]

42 Erfolgen Änderungen erst nach **Veröffentlichung gem. § 325 HGB,** sind alle weiteren wertaufhellenden Informationen zu berücksichtigen. Aufsichtsrat und Abschlussprüfer müssen die Änderungen prüfen. Der geänderte Jahresabschluss ist als solcher zu benennen und erneut nach § 325 HGB zu veröffentlichen. Der nächsten Hauptversammlung sind der geänderte Jahresabschluss und der darauf basierende ggf. geänderte Gewinnverwendungsbeschluss vorzulegen.

43 Die durch einen Gewinnverwendungsbeschluss **entstandenen Dividendenansprüche** können nachträglich durch die Berichtigungen nicht verkürzt werden. Schwierigkeiten entstehen aber, wenn durch die Änderung ein verminderter Jahresüberschuss entsteht, der weder durch Bilanzänderungen, Änderungen des Gewinnverwendungsvorschlags mit Ausnahme des Postens Nr. 2 in § 174 Abs. 2 noch durch Dividendenverzicht seitens einzelner Aktionäre ausgeglichen werden kann und eine Korrektur in laufender Rechnung nicht geboten ist. Aus **Praktikabilitätsgründen** können die Dividendenansprüche beibehalten werden, wenn die rechtswirksame Ausschüttung durch eine Vorabausschüttung im Folgejahr ihren Niederschlag findet.[53] Betrachtet man den **Fehler,** der zwar nicht die Nichtigkeit der Bilanz zur Folge hatte, **als Anfechtungsgrund** für den Gewinnverwendungsbeschluss, entsteht aus der Nichtigkeit des Gewinnverwendungsbeschlusses die Möglichkeit zur Rückgewähr gesetzeswidrig empfangener Leistungen aus § 62 Abs. 1 durch die Aktionäre.[54] Mehrbeträge aus einem erhöhten Jahresüberschuss werden nach § 58 behandelt und stehen gem. § 174 der Hauptversammlung zur Disposition.[55]

---

[47] *ADS* Rn. 59; *Baumbach/Hueck* § 175 Rn. 9.
[48] *K. Schmidt/Lutter/Drygala* Rn. 27; *Grigoleit/Grigoleit/Zellner* Rn. 11.
[49] *Lutter* FS Helmrich, 1994, 685 (694); MüKoAktG/*Hennrichs/Pöschke* Rn. 82; *Müller* FS Budde, 1995, 431 (434); s. ebenso IDW RS HFA 6 Tz. 14.
[50] *Hennrichs* ZHR 168 (2004), 383 (384 f.); *Müller* ZHR 168 (2004), 414 (421 f.); MüKoAktG/*Hennrichs/Pöschke* Rn. 82; s. ebenso IDW RS HFA 6 Tz. 21.
[51] MüKoAktG/*Hennrichs/Pöschke* Rn. 82; BeBiKo/*Schubert* HGB § 253 Rn. 806; Bürgers/Körber/*Schulz* Rn. 13.
[52] *Weirich* WPg 1976, 625 (627); *Baumbach/Hueck* § 175 Rn. 9; *ADS* Rn. 46.
[53] *ADS* Rn. 65.
[54] MüKoAktG/*Hennrichs/Pöschke* Rn. 86.
[55] *ADS* Rn. 66; MüKoAktG/*Hennrichs/Pöschke* Rn. 98.

Gilt der Vertrauensschutz auch für die Rechte Dritter, sind bei vermindertem Jahresüber- **44**
schuss die Verpflichtungen in unveränderter Höhe fortzuführen. Erhöht sich der Jahresüberschuss,
erhöhen sich entsprechend die Ansprüche Dritter.[56]

5. Ersatz eines nichtigen Jahresabschlusses. Ein **festgestellter, aber nichtiger Jahresab- 45
schluss** ist rechtlich unwirksam und entfaltet keine Rechtswirkung. Kann keine Heilung gem. § 256
Abs. 6 eintreten, oder ist keine Heilung nach § 256 Abs. 6 zu erwarten oder die Nichtigkeit durch
erfolgreiche Klage auf Feststellung der Nichtigkeit gem. § 256 Abs. 7 eingetreten, müssen Aufsichtsrat
und Vorstand einen neuen ordnungsgemäßen Jahresabschluss feststellen, der an die Stelle des nichtigen
Jahresabschlusses tritt.[57] Bei der Neufeststellung handelt es sich nicht um die Änderung eines festgestellten Jahresabschlusses, weil bisher kein Jahresabschluss iSv §§ 242 ff. HGB vorgelegen hat.

Der **Grundsatz der Bilanzkontinuität** gem. § 252 Abs. 1 Nr. 1 HGB wird verletzt, wenn einem **46**
nichtigen Jahresabschluss weitere Jahresabschlüsse zugrunde liegen, weil die nichtige Bilanz rechtlich
keine Schlussbilanz iSv § 242 HGB darstellt. Ist die Verletzung der Bilanzkontinuität der einzige
Mangel der Folgeabschlüsse, sind die Folgeabschlüsse schwebend rechtsunwirksam. Entfällt die Nichtigkeit und wird dadurch die Bilanzkontinuität hergestellt, werden die Folgeabschlüsse wirksam.[58]
Wird ein neuer geänderter Jahresabschluss aufgestellt, müssen ggf. Änderungen in den Folgeabschlüssen durchgeführt werden, um die Bilanzkontinuität zu wahren und die Wirksamkeit der Folgeabschlüsse herzustellen.[59] Die schwebende Rechtsunwirksamkeit gilt auch für den Gewinnverwendungsbeschluss.[60]

Führt derselbe Bilanzfehler, der einen Jahresabschluss nichtig macht, auch zur Nichtigkeit folgen- **47**
der Jahresabschlüsse, kommt bei wesentlichen Vorgängen die **Rückwärtsberichtigung** in Frage.
Dabei werden alle nichtigen Abschlüsse bis zum Abschluss, in dem der Bilanzierungsfehler erstmalig
aufgetreten ist, berichtigt und sind erneut zu prüfen und festzustellen. Materiell weniger bedeutende
Fehler können in laufender Rechnung ausgeglichen werden.[61]

Kann der zur Nichtigkeit führende **Mangel geheilt** werden, ist es zulässig, die Frist abzuwarten.[62] **48**
Bei für die Gesellschaft unbedeutenden Mängeln, die dennoch gem. § 256 zur Nichtigkeit führen,
wird es als zulässig erachtet, die Heilung durch Ablauf der auf sechs Monate festgesetzten Verjährungsfrist nach § 256 Abs. 6 abzuwarten und keinen neuen Jahresabschluss zu erstellen. Die Korrektur des
Fehlers in laufender Rechnung verhindert zumindest für den folgenden Jahresabschluss die Nichtigkeit aus diesem Fehler und vermeidet eine Rückwärtsberichtigung. Für einen Jahresabschluss, dessen
Nichtigkeit innerhalb der Frist von drei Jahren gem. § 256 Abs. 6 geltend gemacht werden kann,
erscheint die Fehlerbeseitigung durch laufende Rechnung im nächsten Jahresabschluss, schon vor
Ablauf der Frist, geboten[63] wenn nicht ein neuer Jahresabschluss aufgestellt wird, weil darauf der
Gewinnverwendungsbeschluss beruht.[64]

Kommt es zur **Heilung des Jahresabschlusses,** ist keine Berichtigung erforderlich. Eine Pflicht **49**
zur Rückwärtsberichtigung besteht nicht mehr, eine Rückwärtsberichtigung bleibt aber grundsätzlich zulässig. Es genügt dementsprechend die Beseitigung wesentlicher Mängel in laufender Rechnung.[65] Eine Fehlerbehebung stellt sich in diesem Fall als eine Änderung eines fehlerhaften Abschlusses dar.[66]

§ 173 Feststellung durch die Hauptversammlung

(1) ¹Haben Vorstand und Aufsichtsrat beschlossen, die Feststellung des Jahresabschlusses
der Hauptversammlung zu überlassen, oder hat der Aufsichtsrat den Jahresabschluß nicht
gebilligt, so stellt die Hauptversammlung den Jahresabschluß fest. ²Hat der Aufsichtsrat

---

[56] *Müller* FS Quack, 1991, 359 (369); *ADS* Rn. 68.
[57] *ADS* § 256 Rn. 84; Hüffer/Koch/*Koch* Rn. 9; MüKoAktG/*Hennrichs*/*Pöschke* Rn. 56; *Müller* FS Budde, 1995, 431 (432); MHdB AG/*Hoffmann-Becking* § 45 Rn. 15.
[58] Näher: *Kropff* FS Budde, 1995, 341 (349, 350).
[59] S. dazu MüKoAktG/*Hennrichs*/*Pöschke* Rn. 64 f.
[60] *Kropff* FS Budde, 1995, 341 (353); MüKoAktG/*Hennrichs*/*Pöschke* Rn. 59.
[61] *ADS* § 256 Rn. 93.
[62] MüKoAktG/*Hennrichs*/*Pöschke* Rn. 58; *Kropff* FS Budde, 1995, 341 (357); K. Schmidt/Lutter/*Drygala* Rn. 25; Bürgers/Körber/*Schulz* Rn. 12; *Hense* WPg 1993, 716 (717); *Geist* DStR 1996, 306 (307); *Mattheus*/*Schwab* BB 2004, 1099 (1101 f.).
[63] *ADS* Rn. 40; *Kropff* FS Budde, 1995, 341 (358); *Hennrichs* ZHR 168 (2004), 383 (389 f.); Bürgers/Körber/*Schulz* Rn. 12.
[64] MüKoAktG/*Hennrichs*/*Pöschke* Rn. 59.
[65] *ADS* § 256 Rn. 93.
[66] *ADS* Rn. 40, § 256 Rn. 89; *Müller* FS Budde, 1995, 431 (432).

§ 173 1, 2   Erstes Buch. Aktiengesellschaft

eines Mutterunternehmens (§ 290 Abs. 1, 2 des Handelsgesetzbuchs) den Konzernabschluss nicht gebilligt, so entscheidet die Hauptversammlung über die Billigung.

(2) [1]Auf den Jahresabschluß sind bei der Feststellung die für seine Aufstellung geltenden Vorschriften anzuwenden. [2]Die Hauptversammlung darf bei der Feststellung des Jahresabschlusses nur die Beträge in Gewinnrücklagen einstellen, die nach Gesetz oder Satzung einzustellen sind.

(3) [1]Ändert die Hauptversammlung einen von einem Abschlußprüfer auf Grund gesetzlicher Verpflichtung geprüften Jahresabschluß, so werden vor der erneuten Prüfung nach § 316 Abs. 3 des Handelsgesetzbuchs von der Hauptversammlung gefaßte Beschlüsse über die Feststellung des Jahresabschlusses und die Gewinnverwendung erst wirksam, wenn auf Grund der erneuten Prüfung ein hinsichtlich der Änderungen uneingeschränkter Bestätigungsvermerk erteilt worden ist. [2]Sie werden nichtig, wenn nicht binnen zwei Wochen seit der Beschlußfassung ein hinsichtlich der Änderungen uneingeschränkter Bestätigungsvermerk erteilt wird.

Schrifttum: *Budde/Elgin,* Rückwirkung des Konzernabschlusses auf den Einzelabschluss, BB 2000, 971; *Casper,* Die Heilung nichtiger Beschlüsse im Kapitalgesellschaftsrecht, 1998; *Claussen,* Zum Bilanzfeststellungsrecht der Hauptversammlung, AG 1964, 183; *Erle,* Unterzeichnung und Datierung des Jahresabschlusses bei Kapitalgesellschaften, WPg 1987, 637; *Hense,* Rechtsfolgen nichtiger Jahresabschlüsse und Konsequenzen für die Folgeabschlüsse, WPg 1993, 716; *Kaiser,* Berichtigung und Änderung des handelsrechtlichen Jahresabschlusses, 2000; *Kropff,* Auswirkungen der Nichtigkeit eines Jahresabschlusses auf die Folgeabschlüsse; FS Budde, 1995, 342; *Kropff,* Sind neue Erkenntnisse (Wertaufhellungen) auch noch bei der Feststellung des Jahresabschlusses zu berücksichtigen?, FS Ludewig, 1996, 521; *Küting/Ranker,* Die buchhalterische Änderung handelsrechtlicher Jahresabschlüsse, WPg 2005, 1; *Lutter,* Der Streit um die Gültigkeit des Jahresabschlusses einer Aktiengesellschaft, FS Helmrich, 1994, 685; *Mattheus/Schwab,* Rechtsschutz für Aktionäre bei Rechnungslegungs-Enforcement, DB 2004, 1975; *H. P. Müller,* Rechtsfolgen unzulässiger Änderungen von festgestellten Jahresabschlüssen, FS Budde, 1995, 431; *W. Müller,* Die Änderung von Jahresabschlüssen, Möglichkeiten und Grenzen, FS Quack, 1991, 359; *Schnorr,* Fehlerhafte Gesellschafterbeschlüsse 1997; *Weilinger,* Die Aufstellung und Feststellung des Jahresabschlusses im Handels- und Gesellschaftsrecht, 1997.

Übersicht

	Rn.		Rn.
I. Normzweck und Anwendungsbereich	1–3	VI. Notwendigkeit einer Nachtragsprüfung nach Änderungen (§ 173 Abs. 3 S. 1)	16–20
II. Entstehungsgeschichte	4–6	1. Prüfungspflicht	16, 17
III. Feststellung durch die Hauptversammlung (§ 173 Abs. 1 S. 1)	7–11	2. Bestätigungsvermerk	18–20
		VII. Nichtigkeit des festgestellten Jahresabschlusses (§ 173 Abs. 3 S. 2)	21, 22
IV. Feststellungsbeschluss und Anwendung der Aufstellungsvorschriften (§ 173 Abs. 2 S. 1)	12, 13	VIII. Unterzeichnung und Offenlegung	23, 24
		1. Unterzeichnung	23
		2. Offenlegung	24
V. Bildung und Auflösung von Rücklagen (§ 173 Abs. 2 S. 2)	14, 15	IX. Billigung des Konzernabschlusses (§ 173 Abs. 1 S. 2)	25–27

I. Normzweck und Anwendungsbereich

1 Die **Feststellung des Jahresabschlusses** obliegt der Hauptversammlung gem. § 173, bei Nichtbilligung durch den Aufsichtsrat gem. § 171 Abs. 2 S. 4, Fristversäumnis nach § 171 Abs. 3 oder nach Beschluss gem. § 172 S. 1. Analoges gilt für die Billigung des Konzernabschlusses, wenn der Aufsichtsrat diesen nicht gem. § 171 Abs. 2 S. 5 iVm § 171 Abs. 3 billigt.

2 Der Zweck der Norm besteht darin, die **Feststellung der Hauptversammlung nur in genau definierten Fällen iS einer Notkompetenz**[1] **zu übertragen,** da der Hauptversammlung oft die nötige Sachkunde fehlt. Zur Feststellung durch die Hauptversammlung wird es wohl nur ausnahmsweise kommen, wenn sich beispielsweise Vorstand und Aufsichtsrat nicht auf einen gemeinsamen Abschluss einigen können, weil der Aufsichtsrat wegen Bedenken die Billigung verweigert, oder per Beschluss nach § 172, weil Aufsichtsrat und Vorstand zwei abweichende, jeweils zulässige Abschlüsse vorschlagen.

---
[1] K. Schmidt/Lutter/*Drygala* Rn. 1; Kölner Komm AktG/*Ekkenga* Rn. 2; Hüffer/Koch/*Koch* Rn. 1; MüKoAktG/*Hennrichs/Pöschke* Rn. 6; Grigoleit/*Grioleit/Zellner* Rn. 1.

Die **für den aufgestellten Jahresabschluss anzuwendenden Vorschriften** gelten auch für die 3
Hauptversammlung gem. § 173 Abs. 2 S. 1. Diese Regelung ist notwendig, da beispielsweise die
§§ 264 ff. HGB die gesetzlichen Vertreter der Gesellschaft, nicht aber unmittelbar die Hauptversammlung erfassen. Die **Einstellungen in die Gewinnrücklagen** dürfen nach § 173 Abs. 2 S. 2 nur nach
Gesetz oder Satzung erfolgen, wie es auch für den Vorstand gilt. Gem. § 173 Abs. 3 löst die Änderung
des Abschlusses durch die Hauptversammlung bei prüfungspflichtigen Gesellschaften eine **Nachtragsprüfung iSd § 316 Abs. 3 HGB** aus. Der geänderte Jahresabschluss ist gem. § 173 Abs. 3 S. 1
zunächst schwebend unwirksam, bis die Prüfung erfolgt ist. Durch diese Regelung entfällt die
Notwendigkeit einer weiteren Hauptversammlung.[2]

II. Entstehungsgeschichte

Die **Vorlage** für § 173 Abs. 1 S. 1 bildet die Regelung in § 125 Abs. 4 AktG 1937.[3] Durch das 4
TransPuG wurde § 173 Abs. 1 S. 2 eingefügt, der bei Nichtbilligung des Konzernabschlusses durch
den Aufsichtsrat die Kompetenz der Billigung der Hauptversammlung zuweist.[4]

Durch den im **Aktiengesetz 1965** neu eingefügten Abs. 2 wird die Hauptversammlung an die 5
Bilanzierungsregeln und die Satzung gebunden. Das **BiRiLiG** fasst die Regelungen im Wesentlichen
sprachlich neu.[5]

Durch den im **Aktiengesetz 1965** neu eingefügten Abs. 3 wird die Prüfungspflicht von Änderungen und das Wirksamwerden des von der Hauptversammlung festgestellten Jahresabschlusses erfasst. 6
Durch das **BiRiLiG** wird Abs. 3 sprachlich neu gefasst.

III. Feststellung durch die Hauptversammlung (§ 173 Abs. 1 S. 1)

Wurde der Jahresabschluss gem. § 171 Abs. 2 S. 4 vom Aufsichtsrat gebilligt und hielt dieser 7
die Fristen des § 171 Abs. 3 ein, so kann die Feststellung der Hauptversammlung nur über die
Ausnahmeregelung des § 172 S. 1 übertragen werden. Vorstand und Aufsichtsrat müssen jeweils
mehrheitlich die Übertragung der Feststellung auf die Hauptversammlung gem. § 172 S. 1 beschließen. Der Beschluss eines einzelnen Organs bewirkt nicht die Übertragung. Der Beschluss gem. § 172
gilt nur für den Jahresabschluss eines Geschäftsjahres. Ein Ausschuss des Aufsichtsrats kann nicht
zusammen mit dem Vorstand den Übertragungsbeschluss iSv § 172 herbeiführen (→ § 171 Rn. 6–11).

Die Hauptversammlung hat darüber hinaus die Feststellung zu beschließen, wenn der Aufsichtsrat 8
gem. § 171 Abs. 2 S. 4 den **Jahresabschluss nicht gebilligt** hat.

Die Hauptversammlung hat auch über die Feststellung zu befinden, wenn vom Aufsichtsrat die 9
Nachfrist gem. § 171 Abs. 3 nicht eingehalten wurde, weil im Ergebnis die Fristversäumnis als
Nichtbilligung des Abschlusses durch den Aufsichtsrat gewertet wird. Billigt der Aufsichtsrat nach
Fristablauf und vor Einberufung der Hauptversammlung den Jahresabschluss, bleibt die Feststellungskompetenz der Hauptversammlung bestehen.[6]

Die **Feststellung** wird von der Hauptversammlung noch **in weiteren Fällen** vorgenommen. Sie 10
ist zuständig für die Feststellung des Jahresabschlusses bei einer rückwirkenden Kapitalherabsetzung
nach § 234 Abs. 2 S. 1 und für die Feststellung der Eröffnungsbilanz und des Jahresabschlusses bei
Abwicklung gem. § 270 Abs. 2 S. 1 (→ § 270 Rn. 93–97). Bei einer KGaA wird der Jahresabschluss
regelmäßig von der Hauptversammlung festgestellt (§ 286 Abs. 1 S. 1); es bedarf hier jedoch der
Zustimmung der persönlich haftenden Gesellschafter (Satz 2).

Die Kompetenzzuweisung der Feststellung an die Hauptversammlung wird nicht zuletzt aufgrund 11
der fehlenden Sachkunde und Tatsachenkenntnis kritisiert, erscheint jedoch als der einzig praktikable
Ausweg, da die Berufung einer externen Stelle gegen das System der sich selbst verwaltenden AG
spricht.[7]

IV. Feststellungsbeschluss und Anwendung der Aufstellungsvorschriften
(§ 173 Abs. 2 S. 1)

Die **Feststellung des Jahresabschlusses** bzw. die Billigung des Konzernabschlusses werden 12
von der ordentlichen Hauptversammlung gem. § 175 Abs. 3 durchgeführt. Die Hauptversammlung

---

[2] RegBegr. *Kropff* S. 280 f.
[3] RegBegr. *Kropff* S. 280, *Baumbach/Hueck* Rn. 1.
[4] Gesetz v. 19.7.2002, BGBl. 2002 I 2681 (2682).
[5] Gesetz v. 19.12.1985, BGBl. 1985 I 2355 (2393).
[6] Ebenso MüKoAktG/*Hennrichs/Pöschke* Rn. 21; Großkomm AktG/*Brönner* Rn. 8; Bürgers/Körber/*Schulz* Rn. 1; aA *ADS* Rn. 12.
[7] Grigoleit/*Grigoleit/Zellner* Rn. 5; MüKoAktG/*Hennrichs/Pöschke* Rn. 6, 34; *ADS* Rn. 1, 16; K. Schmidt/Lutter/*Drygala* Rn. 5.

beschließt mit einfacher Mehrheit gem. § 133 Abs. 1. Wird der Jahresabschluss von der Hauptversammlung festgestellt, gilt er als verbindlich und bindet die Hauptversammlung iSv § 174 Abs. 1 S. 2.

13 § 173 Abs. 2 S. 1 **bindet die Hauptversammlung** an die Vorschriften der §§ 242 ff. HGB, §§ 264 ff. HGB sowie die §§ 150, 152, 158 und 160 AktG, die auch der Vorstand bei der Aufstellung des Jahresabschlusses zu beachten hat.[8] Die Hauptversammlung kann von dem ihr vorgelegten Abschluss abweichen und im Rahmen von Gesetz und Satzung Änderungen im Jahresabschluss vornehmen, insbesondere kann sie Ansatz- und Bewertungswahlrechte selbständig ausüben.[9] Die Möglichkeit der Auskunftsverweigerung des Vorstands gem. § 131 Abs. 3 S. 1 Nr. 3 und 4 ist daher im Falle der Feststellung durch die Hauptversammlung ausgeschlossen, um der Hauptversammlung nicht die nötige Informationsgrundlage für die Bilanzierung zu entziehen.[10] Sofern eine Änderung nötig erscheint, sind entsprechende Angaben im Anhang gem. § 284 HGB zu machen. Wertaufhellende Informationen, die der Hauptversammlung bekannt werden, sind bei der Aufstellung zu berücksichtigen, sofern die Auswirkungen wesentlich für den Jahresabschluss sind.[11] Keine Änderungen kann die Hauptversammlung im Lagebericht iSv § 289 HGB vornehmen.[12] Dieser wird gem. § 264 Abs. 1 S. 1 HGB von den gesetzlichen Vertretern der Gesellschaft aufgestellt und ist somit ein Bericht des Vorstands.

V. Bildung und Auflösung von Rücklagen (§ 173 Abs. 2 S. 2)

14 Die Hauptversammlung wird bei der **Einstellung in die Gewinnrücklagen und Entnahme aus den Gewinnrücklagen** durch § 173 Abs. 2 S. 2 an Gesetz und Satzung gebunden. Sie hat die gesetzlichen Regelungen gem. §§ 150, 152, 158 und 160 anzuwenden, ggf. ist die Rücklage für die Veräußerung eigener Anteile gem. § 272 Abs. 1b HGB sowie die Rücklage für Anteile an einem herrschenden oder mit Mehrheit beteiligtem Unternehmen gem. § 272 Abs. 4 HGB zu bilden.[13]

15 Die Hauptversammlung kann gem. § 58 Abs. 1 S. 1 **Einstellungen in andere Gewinnrücklagen** satzungsgemäß vornehmen, sofern eine entsprechende Satzungsbestimmung existiert, allerdings gem. § 58 Abs. 1 S. 2 nur bis zur Hälfte des Jahresüberschusses. Die Rücklagenbildung gem. § 58 Abs. 2 kann von der Hauptversammlung nicht in Anspruch genommen werden. Sind vom Vorstand zulässigerweise Rücklagen gem. § 58 Abs. 2 gebildet worden, sind diese rückgängig zu machen.[14] Der Hauptversammlung steht aber die Rücklagenbildung iRd Gewinnverwendungsbeschlusses gem. § 58 Abs. 3 zu.

VI. Notwendigkeit einer Nachtragsprüfung nach Änderungen (§ 173 Abs. 3 S. 1)

16 1. **Prüfungspflicht.** § 316 Abs. 1 S. 1 HGB iVm § 267 Abs. 1 HGB begründet die **Prüfungspflicht für Kapitalgesellschaften.** § 316 Abs. 1 S. 2 HGB verbietet die Feststellung eines ungeprüften Abschlusses; wird ein solcher dennoch festgestellt, ist er gem. § 256 Abs. 1 Nr. 2 nichtig. Als Konsequenz muss nach § 316 Abs. 3 HGB der Jahresabschluss bzw. dessen Änderung erneut geprüft werden, wenn die Hauptversammlung Änderungen vornimmt.[15] Durch § 173 Abs. 3 ist es der Hauptversammlung möglich, den nach Änderung erneut prüfungspflichtigen Abschluss festzustellen und über die Bilanzverwendung zu entscheiden. Ohne diese Ausnahmeregelung wäre der von der Hauptversammlung geänderte und festgestellte Abschluss nichtig iSv § 316 HGB. Die Feststellung des Jahresabschlusses und des Gewinnverwendungsbeschlusses bleiben gem. § 173 Abs. 3 S. 1 zunächst unwirksam, bis ein hinsichtlich der Änderungen uneingeschränkter Bestätigungsvermerk erteilt wird. Wird dies unter den Bedingungen des § 173 Abs. 3 S. 2 erfüllt, gilt der Abschluss als verbindlich festgestellt und der Gewinnverwendungsbeschluss wird wirksam. Der Regelung wird daher der Charakter einer Vereinfachung und Beschleunigung zugesprochen.[16]

---

[8] *ADS* Rn. 5, 15; *Hüffer/Koch/Koch* Rn. 4; *MüKoAktG/Hennrichs/Pöschke* Rn. 25.
[9] *Grigoleit/Grigoleit/Zellner* Rn. 4; *K. Schmidt/Lutter/Drygala* Rn. 5; *ADS* Rn. 15.
[10] *Hüffer/Koch/Koch* Rn. 3; *Großkomm AktG/Brönner* Rn. 3; *ADS* Rn. 13; *Grigoleit/Grigoleit/Zellner* Rn. 4.
[11] *Bürgers/Körber/Schulz* Rn. 5; *K. Schmidt/Lutter/Drygala* Rn. 6; *Kropff* FS Ludewig, 1996, 522 (531); Kölner Komm AktG/*Ekkenga* Rn. 14 Fn. 35.
[12] *ADS* Rn. 5, 21; *MüKoAktG/Hennrichs/Pöschke* Rn. 30; *BeBiKo/Grottel/Hoffmann* HGB Vor § 325 Rn. 82.
[13] *MüKoAktG/Hennrichs/Pöschke* Rn. 31.
[14] *Hüffer/Koch/Koch* Rn. 5; *ADS* Rn. 26. Für die Zuständigkeit der Rückführung bereits bei Vorlage des Jahresabschlusses durch den Vorstand sprechen sich insbes. *Grigoleit/Grigoleit/Zellner* Rn. 7; *K. Schmidt/Lutter/Drygala* Rn. 8 aus; weniger streng *Bürgers/Körber/Schulz* Rn. 6: Rückgängigmachung auch durch die Hauptversammlung möglich.
[15] *ADS* Rn. 28; *MüKoAktG/Hennrichs/Pöschke* Rn. 42, 45.
[16] RegBegr. *Kropff* S. 281; *Grigoleit/Grigoleit/Zellner* Rn. 9; *K. Schmidt/Lutter/Drygala* Rn. 12; Kölner Komm AktG/*Ekkenga* Rn. 16.

Kommt es zu einer **Änderung des Lageberichts** durch den Vorstand nach der Hauptversammlung, etwa aufgrund einer höheren Risikoeinschätzung künftiger Entwicklungen (§ 289 Abs. 1 S. 4 HGB) durch eine zu geringe Rücklagenbildung[17] und führt dies zu einer Prüfung gem. § 316 Abs. 3 HGB, bewirkt ein eingeschränktes Testat die Nichtigkeit nach § 173 Abs. 3.[18]

2. Bestätigungsvermerk. Der nach § 173 Abs. 3 S. 1 geforderte Bestätigungsvermerk muss **ein uneingeschränkter Bestätigungsvermerk hinsichtlich der Änderungen** sein. Der Wortlaut zu § 316 Abs. 3 HGB unterscheidet sich somit. § 316 Abs. 3 HGB fordert eine Ergänzung des Bestätigungsvermerks. Nach § 173 Abs. 3 S. 2 ist ein eigener Bestätigungsvermerk zu erstellen, der sich auf die Änderungen beschränkt.[19]

Kommt der Abschlussprüfer zu einer **Einschränkung oder verweigert er das Testat,** werden der festgestellte Jahresabschluss und der darauf beruhende Gewinnverwendungsbeschluss gem. § 173 Abs. 3 S. 2 unheilbar nichtig. Überschreitet der Abschlussprüfer die zweiwöchige Frist gem. § 173 Abs. 3 S. 2, folgt auch daraus die unheilbare Nichtigkeit. iÜ kann sich der anwesende Abschlussprüfer (§ 176 Abs. 2 S. 1) zwar zur Rechtmäßigkeit der Änderungen äußern, im Rahmen des § 173 Abs. 3 S. 1 sind die formalen Anforderungen des § 322 HGB bzgl. eines uneingeschränkten Bestätigungsvermerks jedoch zwingend einzuhalten.[20] Die Nichtigkeit durch Einschränkung oder Versagung des Testats ist nur die Rechtsfolge von § 173 Abs. 3 S. 2 und tritt nicht ein, wenn im Rahmen der regulären Abschlussprüfung oder einer Nachtragsprüfung gem. § 316 Abs. 3 HGB das Testat eingeschränkt oder versagt wird. Ist der Jahresabschluss als Rechtsfolge des § 173 Abs. 3 S. 2 nichtig, muss er neu aufgestellt und einer Nachtragsprüfung gem. § 316 Abs. 3 HGB unterzogen werden.[21] Für die erneute Feststellung ist ebenfalls die Hauptversammlung zuständig.

Solange die Nichtigkeit droht und Jahresabschluss und Gewinnverwendungsvorschlag noch schwebend unwirksam sind, ist der geänderte Jahresabschluss **noch nicht gem. § 325 HGB offenzulegen.** Gewinnverwendungsbeschluss und Ergebnisabführungsvertrag dürfen noch nicht ausgeführt werden.[22]

VII. Nichtigkeit des festgestellten Jahresabschlusses (§ 173 Abs. 3 S. 2)

Ein festgestellter Jahresabschluss ist nichtig in den Fällen des § 173 Abs. 3, § 234 Abs. 3 und § 235 Abs. 2. Darüber entsteht **Nichtigkeit** in den Fällen des § 256, die ggf. durch Fristablauf gem. § 256 Abs. 6 geheilt werden kann. Der von der Hauptversammlung festgestellte Jahresabschluss kann gem. § 257 iVm § 243 angefochten werden. Tritt die Heilung gem. § 256 Abs. 6 ein, bleibt es dabei, auch wenn der Anfechtung gem. § 257 nachträglich rechtskräftig stattgegeben wird.[23] Fehlt der Hauptversammlung das Recht zur Feststellung des Jahresabschlusses, ist die Feststellung durch die Hauptversammlung nichtig.[24] Wenn Anfechtungsgründe nach § 254 bestehen, ist eher Klage auf Nichtigkeit gem. § 256 Abs. 1 Nr. 4 anzunehmen.[25]

Sind der Jahresabschluss und der Gewinnverwendungsbeschluss nichtig, muss die **Hauptversammlung erneut beschließen,** um einen gültigen Jahresabschluss festzustellen und um einen wirksamen Gewinnverwendungsvorschlag zu fassen. Wird vom in der Hauptversammlung gem. § 176 anwesenden Abschlussprüfer das Testat versagt oder eingeschränkt, folgt aus § 173 Abs. 3 die Nichtigkeit. Da noch kein festgestellter Jahresabschluss vorliegt, kann die Hauptversammlung erneut über Jahresabschluss und Gewinnverwendungsvorschlag beschließen.[26]

VIII. Unterzeichnung und Offenlegung

1. Unterzeichnung. Der **endgültige Jahresabschluss** ist von allen amtierenden Vorstandsmitgliedern zu **unterzeichnen.** Nimmt die Hauptversammlung Änderungen am Jahresabschluss vor,

---

[17] MüKoAktG/*Hennrichs/Pöschke* Rn. 30.
[18] Ebenso MüKoAktG/*Hennrichs/Pöschke* Rn. 44.
[19] Hüffer/Koch/*Koch* Rn. 7; K. Schmidt/Lutter/*Drygala* Rn. 14; MüKoAktG/*Hennrichs/Pöschke* Rn. 47.
[20] Grigoleit/*Grigoleit/Zellner* Rn. 11; K. Schmidt/Lutter/*Drygala* Rn. 15; Hüffer/Koch/*Koch* Rn. 9.
[21] ADS Rn. 38; Grigoleit/*Grigoleit/Zellner* Rn. 10; K. Schmidt/Lutter/*Drygala* Rn. 17.
[22] Kölner Komm AktG/*Ekkenga* Rn. 20; ADS Rn. 36; MüKoAktG/*Hennrichs/Pöschke* Rn. 54.
[23] MüKoAktG/*Koch* § 256 Rn. 68.
[24] Unzuständigkeit der Hauptversammlung, s. Hüffer/Koch/*Koch* § 256 Rn. 20; Bürgers/Körber/*Schulz* Rn. 1; MüKoAktG/*Hennrichs/Pöschke* Rn. 22; Grigoleit/*Grigoleit/Zellner* Rn. 13.
[25] ADS Rn. 24; Hüffer/Koch/*Koch* Rn. 5.
[26] MüKoAktG/*Hennrichs/Pöschke* Rn. 58.

§ 174 Erstes Buch. Aktiengesellschaft

ist dieser erst vom Vorstand zu unterzeichnen, wenn sich aus der Nachtragsprüfung gem. § 173 ein uneingeschränkter Bestätigungsvermerk ergeben hat.[27]

24 **2. Offenlegung.** Die **Offenlegung des Jahresabschlusses** erfolgt gem. § 325 HGB. Der festgestellte Jahresabschluss ist gem. § 325 Abs. 1 und Abs. 1a HGB spätestens **ein Jahr nach dem Abschlussstichtag** des Geschäftsjahrs einzureichen, auf das er sich bezieht; bei bestimmten kapitalmarktorientierten Gesellschaften spätestens nach vier Monaten (§ 325 Abs. 4 HGB). Nach Einreichung soll unverzüglich die Bekanntmachung im Bundesanzeiger erfolgen (§ 325 Abs. 4 HGB).[28]

IX. Billigung des Konzernabschlusses (§ 173 Abs. 1 S. 2)

25 Wurde der **Konzernabschluss** eines Mutterunternehmens iSv § 290 Abs. 1 und Abs. 2 HGB gem. § 171 Abs. 2 S. 4 und S. 5 iVm § 171 Abs. 3 vom Aufsichtsrat **nicht gebilligt,** so obliegt es der Hauptversammlung gem. § 173 Abs. 1 S. 2 den Konzernabschluss zu billigen. Wurde der Vorstand nicht innerhalb der Fristen des § 171 Abs. 3 über die Entscheidung des Aufsichtsrats informiert, gilt der Konzernabschluss ebenfalls als nicht gebilligt, mit der Folge, dass die Billigung der Hauptversammlung gem. § 173 Abs. 1 S. 2 zufällt.

26 Gem. § 173 Abs. 1 S. 2 hat die Hauptversammlung **nur über die Billigung des vom Vorstand aufgestellten Konzernabschlusses zu entscheiden.** Sie kann also den Konzernabschluss billigen oder nicht billigen, kann ihn aber nicht ändern. Eine Vorschrift, wie § 171 Abs. 2 S. 5, die § 173 Abs. 2 und Abs. 3 für entsprechend anwendbar erklärt, fehlt in § 173. Da das Gesetz der Hauptversammlung nur sehr begrenzten Spielraum lässt, erscheint es sinnvoll, der Hauptversammlung neben dem Konzernabschluss des Vorstands einen vom Aufsichtsrat aufgestellten und gem. § 316 Abs. 3 HGB geprüften Konzernabschluss zur Wahl zu stellen.[29]

27 Wurden vom Vorstand und auch vom Aufsichtsrat jeweils ein Konzernabschluss zur Billigung der Hauptversammlung vorgelegt, so ist der von der Hauptversammlung **gebilligte Konzernabschluss nach § 325 HGB offenzulegen.**[30] Bei Beschlussmängeln gelten §§ 241 ff. und nicht §§ 256 und 257.[31]

Zweiter Unterabschnitt. Gewinnverwendung

§ 174 [Beschluss über die Gewinnverwendung]

(1) ¹Die Hauptversammlung beschließt über die Verwendung des Bilanzgewinns. ²Sie ist hierbei an den festgestellten Jahresabschluß gebunden.

(2) In dem Beschluß ist die Verwendung des Bilanzgewinns im einzelnen darzulegen, namentlich sind anzugeben
1. der Bilanzgewinn;
2. der an die Aktionäre auszuschüttende Betrag oder Sachwert;
3. die in Gewinnrücklagen einzustellenden Beträge;
4. ein Gewinnvortrag;
5. der zusätzliche Aufwand auf Grund des Beschlusses.

(3) Der Beschluß führt nicht zu einer Änderung des festgestellten Jahresabschlusses.

Schrifttum: *Claussen,* Konzernabschluss versus Einzelabschluss der Muttergesellschaft, ZGR 2000, 604; *Heine/Lechner,* Die unentgeltliche Auskehrung von Sachwerten bei börsennotierten Aktiengesellschaften, AG 2005, 269; *Horbach,* Der Gewinnverzicht des Großaktionärs, AG 2001, 78; *Gillmann/Grumann,* Aktienrechtliche Hauptversammlungsniederschriften und Auswirkungen von formalen Mängeln, NZG 2004, 839; *Haertlein,* Vorstandshaftung wegen (Nicht-)Ausführung eines Hauptversammlungsbeschlusses mit Dividendenausschüttung, ZHR 2004, 437; *König,* Der Dividendenverzicht des Mehrheitsaktionärs – Dogmatische Einordnung und praktische Durchführung, AG 2001, 399; *Orth,* Ausschüttungsbedingte Änderung des Körperschaftsteueraufwands, FS Müller, 2001, 663; *Priester,* Änderung von Gewinnverwendungsbeschlüssen, ZIP 2000, 261; *Roth,* Die (Ohn-)Macht der Hauptversammlung, ZIP 2003, 369; *Schnorbus,* Die Sachdividende, ZIP 2003, 509; *Tesdorpf,* KSt-Rückverrechnung bei Dotierung der offenen Rücklagen aus dem Bilanzgewinn und beim Gewinnvortrag; StBp 1982, 19; *Witt,* Die Änderungen der Mitteilungs- und Veröffentlichungspflichten nach § 21 ff. WpHG durch das geplante Wertpapiererwerbs- und Übernahmegesetz, AG 2001, 233; *Zielinski,* Zur Verletzteneigenschaft des einzelnen Aktionärs im Klageerzwingungsverfahren bei Straftaten zum Nachteil des Aktionärs, wistra 1993, 6.

---

[27] MüKoAktG/*Hennrichs/Pöschke* Rn. 66.
[28] Näher dazu MüKoAktG/*Hennrichs/Pöschke* Rn. 62 f.
[29] Ebenso Kölner Komm AktG/*Ekkenga* Rn. 26; MüKoAktG/*Hennrichs/Pöschke* Rn. 72.
[30] MüKoAktG/*Hennrichs/Pöschke* Rn. 76.
[31] Hüffer/Koch/*Koch* Rn. 2a; Grigoleit/*Grigoleit/Zellner* Rn. 12; aA Kölner Komm AktG/*Ekkenga* Rn. 27.

Übersicht

	Rn.		Rn.
I. Normzweck und Anwendungsbereich	1–3	5. Gewinnvortrag	16, 17
II. Entstehungsgeschichte	4–6	6. Zusätzlicher Aufwand	18–21
III. Recht der Hauptversammlung	7–10	V. Beibehaltung des festgestellten Jahresabschlusses	22–24
IV. Gewinnverwendungsbeschluss	11–21	VI. Dividendenanspruch der Aktionäre	25, 26
1. Gliederung	11		
2. Bilanzgewinn	12	VII. Änderung des Gewinnverwendungsbeschlusses	27–29a
3. An die Aktionäre auszuschüttender Betrag oder Sachwert	13, 14		
4. Einstellung in die Gewinnrücklagen	15	VIII. Anfechtbarkeit und Nichtigkeit	30, 31

I. Normzweck und Anwendungsbereich

Der Vorstand beruft die Hauptversammlung zur Entgegennahme des festgestellten Jahresabschlusses gem. § 175 Abs. 1 S. 1 ein, damit sie über die **Verwendung des Bilanzgewinns** gem. § 174 Abs. 1 S. 1 **entscheiden** kann. Vorstand und Aufsichtsrat können den Bilanzgewinn beeinflussen, letztlich aber verfügt darüber die Hauptversammlung. Damit wird in Satz 1 nochmals klargestellt, dass die Kompetenz des Gewinnverwendungsbeschlusses allein bei der Hauptversammlung liegt (vgl. § 58 Abs. 3, § 119 Abs. 1 Nr. 2). Die Hauptversammlung ist nach § 174 Abs. 1 S. 2 an den verbindlich festgestellten Jahresabschluss gebunden. Die Bindung gilt für Abschlüsse, die durch Vorstand und Aufsichtsrat festgestellt wurden, aber auch für durch die Hauptversammlung selbst festgestellte Abschlüsse. Dies ist nötig, da ohne festgestellten Jahresabschluss kein wirksamer Gewinnverwendungsbeschluss erfolgen kann. 1

Das verbindliche Gewinnverwendungsschema nach Abs. 2 stellt eine **Mindestpublizität** sicher. 2

Die Bestimmung in Abs. 3 bezweckt, dass Einstellungen in die Gewinnrücklagen **nicht zu einer Änderung des festgestellten Jahresabschlusses** führen. Die bilanziellen Auswirkungen des Gewinnverwendungsbeschlusses werden erst im nächsten Jahresabschluss gezeigt. Materiell wird die Gewinnverwendung in § 58 geregelt, während § 174 die formellen Anforderungen des Gewinnverwendungsbeschlusses betreffen.[1] 3

II. Entstehungsgeschichte

Das **Recht der Hauptversammlung,** gem. Abs. 1 über die Gewinnverwendung zu beschließen, findet sich schon in § 126 Abs. 1 S. 1 und Abs. 3 S. 2, 2. Hs. AktG 1937.[2] Der Gewinnverwendungsbeschluss bezieht sich damit gem. Abs. 1 S. 1 auf den Bilanzgewinn iSv § 158 Abs. 1. 4

Neu ist mit Abs. 2 das verbindliche Gliederungsschema in das Aktiengesetz 1965 aufgenommen worden. Durch das **BiRiLiG** wird der Begriff der offenen Rücklage durch das Wort Gewinnrücklage in Abs. 2 Nr. 3 ersetzt.[3] Mit dem **TranspuG** wird in Abs. 2 Nr. 2 zusätzlich das Wort Sachwert eingefügt.[4] 5

Durch Abs. 3 werden im AktG 1937 bestehende Streitfragen geklärt.[5] Es wird bestimmt, dass der Beschluss über die Gewinnverwendung nicht zu einer Änderung des festgestellten Jahresabschlusses führt. 6

III. Recht der Hauptversammlung

Die Entscheidung über die **Verwendung des Bilanzgewinns** ist das Recht der Hauptversammlung (s. auch § 119 Abs. 1 Nr. 2), die darüber gem. § 133 Abs. 1 mit einfacher Mehrheit befindet.[6] Gem. § 58 Abs. 3 und 4 stehen ihr dabei grds. die jeweils ganz oder teilweise Ausschüttung, die 7

---

[1] MüKoAktG/*Hennrichs/Pöschke* Rn. 3; Kölner Komm AktG/*Ekkenga* Rn. 2; Hüffer/Koch/*Koch* Rn. 1; K. Schmidt/Lutter/*Drygala* Rn. 1; Grigoleit/*Grigoleit/Zellner* Rn. 1.
[2] RegBegr. *Kropff* S. 281; Baumbach/Hueck Rn. 1.
[3] Gesetz v. 19.12.1985, BGBl. 1985 I 2355 (2393).
[4] Gesetz v. 19.7.2002, BGBl. 2002 I 2681 (2682).
[5] *Baumbach/Hueck* Rn. 12.
[6] Alle stimmberechtigten Aktionäre sind zur Abstimmung befugt, selbst wenn ihnen keine Dividende zusteht, ADS Rn. 20.

Einstellung in Gewinnrücklagen oder der Gewinnvortrag zur Wahl.[7] Dieses Recht kann nicht durch Satzung oder Beschluss der Hauptversammlung auf den Vorstand oder den Aufsichtsrat übertragen werden (§ 23 Abs. 5).[8] Gem. § 59 Abs. 1 ist es lediglich möglich, dass der Vorstand eine Abschlagszahlung an die Aktionäre leistet, welche vom Bilanzgewinn abzusetzen ist.[9] Bevor aber die Hauptversammlung wirksam über die Gewinnverwendung beschließen kann, muss ein gem. § 172 oder gem. § 173 festgestellter Jahresabschluss vorliegen, an den die Hauptversammlung gebunden ist. Die Hauptversammlung ist auch an den von ihr selbst festgestellten Jahresabschluss gebunden,[10] § 175 Abs. 3 S. 2 schreibt in diesem Fall eine Verbindung beider Verhandlungen vor. Der Gewinnverwendungsbeschluss ist gem. § 325 HGB zu veröffentlichen.

8 Der Gewinnverwendungsbeschluss erstreckt sich auf den in § 158 Abs. 1 S. 1 Nr. 5 **ausgewiesenen Bilanzgewinn**. Der Bilanzgewinn gem. § 158 Abs. 1 S. 1 Nr. 5 wird u.a. durch Entnahme und Einstellung in die Rücklagen gem. §§ 58, 150 aus dem Jahresüberschuss bzw. Jahresfehlbetrag gebildet. Weitere Zuführungen zu den Rücklagen sind nur durch die Hauptversammlung möglich. Diese weiteren Zuführungen gehören nicht zu den „Einstellungen in Gewinnrücklagen" gem. § 158 Abs. 1 S. 1 Nr. 4 (arg. § 174 Abs. 3).[11]

9 Über einen **Bilanzverlust** kann die Hauptversammlung nicht verfügen.[12] Es kann aber vom Vorstand, oder wenn die Hauptversammlung den Jahresabschluss feststellt, aus einem Jahresfehlbetrag durch die Auflösung von Rücklagen ein Bilanzgewinn erzeugt werden.

10 Die Hauptversammlung ist in der Verwendung **nicht an den Vorschlag des Vorstands gebunden** und kann davon abweichen.[13] **Einschränkungen** ergeben sich ggf. bei Kapitalherabsetzungen gem. § 225 Abs. 2 S. 1, §§ 230, 233 Abs. 1 und 3.[14] Eine übermäßige Rücklagenbildung kann, zum Schutz von Minderheiten, durch § 254 angefochten werden.[15] Die Satzung kann der Hauptversammlung ermöglichen, für nicht in der gesetzlichen Gliederung vorgesehene Zwecke eine Verwendung zu beschließen (vgl. § 58 Abs. 3 S. 2). Andererseits kann die Satzung der Hauptversammlung beispielsweise weitere Einstellungen in die Rücklagen vorschreiben oder eine Mindestausschüttung bestimmen (näher → § 58 Rn. 87–89).

IV. Gewinnverwendungsbeschluss

11 **1. Gliederung.** Wie der Vorstand gem. § 170 an das **Gliederungsschema** gebunden ist, ist auch die Hauptversammlung an das Gliederungsschema in § 174 gebunden. Die Gliederung kann aber in Anlehnung an § 265 Abs. 8 HGB verändert werden. Sieht der Beschluss eine Verwendungsart nicht vor, kann ihr Ausweis im gesetzlichen Schema entfallen.[16] Aufgrund des § 58 Abs. 3 S. 2 (→ § 58 Rn. 86) kann die Hauptversammlung satzungsgemäß auch Beträge einer anderen Verwendung zuführen. Eine in § 174 Abs. 2 nicht genannte Verwendungsart ist dann in einem gesonderten Posten auszuweisen.[17]

12 **2. Bilanzgewinn.** Der **Bilanzgewinn** gem. § 174 Abs. 2 Nr. 1 ist identisch mit dem Bilanzgewinn in § 158 und dem Bilanzgewinn gem. § 170. Die Position Nr. 1 in § 174 Abs. 2 ist die Summe aus den Positionen Nr. 2–5 des § 174 Abs. 2. Der Bilanzgewinn stellt nicht das betriebswirtschaftliche Jahresergebnis der AG dar, sondern ist das Resultat der bereits teilweisen Ergebnisverwendung durch Vorstand und Aufsichtsrat (§ 158 Abs. 1).[18]

13 **3. An die Aktionäre auszuschüttender Betrag oder Sachwert.** Position Nr. 2 gem. § 174 Abs. 2 enthält den Betrag, der an die Aktionäre auszuschütten ist. Die Hauptversammlung entscheidet nur über den Gesamtbetrag der Ausschüttung,[19] auch nur dieser ist zwingend im Beschluss anzuge-

---

[7] Hüffer/Koch/*Koch* Rn. 5; MüKoAktG/*Hennrichs/Pöschke* Rn. 10.
[8] Grigoleit/*Grigoleit/Zellner* Rn. 2; K. Schmidt/Lutter/*Drygala* Rn. 3; *ADS* Rn. 13.
[9] Näher dazu *Cahn* → § 59 Rn. 5–14; MüKoAktG/*Bayer* § 59 Rn. 19.
[10] RegBegr. *Kropff* S. 282; *ADS* Rn. 16; Hüffer/Koch/*Koch* Rn. 3; näher MüKoAktG/*Hennrichs/Pöschke* Rn. 9.
[11] Näher → § 158 Rn. 12; MüKoAktG/*Freisleben* § 158 Rn. 31, 32.
[12] *ADS* Rn. 5; Hüffer/Koch/*Koch* Rn. 2; MüKoAktG/*Hennrichs/Pöschke* Rn. 6.
[13] MüKoAktG/*Hennrichs/Pöschke* Rn. 8; *ADS* Rn. 17; GroßKomm AktG/*Brönner* Rn. 12; Kölner Komm AktG/*Ekkenga* Rn. 9; Hüffer/Koch/*Koch* Rn. 5.
[14] Näher → § 58 Rn. 82; Grigoleit/*Grigoleit/Zellner* § 58 Rn. 26.
[15] Näher → § 254 Rn. 7–14; MüKoAktG/*Hennrichs/Pöschke* Rn. 12.
[16] RegBegr. *Kropff* S. 282; Grigoleit/*Grigoleit/Zellner* Rn. 3; Hüffer/Koch/*Koch* Rn. 6; MüKoAktG/*Hennrichs/Pöschke* Rn. 22; K. Schmidt/Lutter/*Drygala* Rn. 5.
[17] RegBegr. *Kropff* S. 282; Kölner Komm AktG/*Ekkenga* Rn. 20, 33; *ADS* Rn. 52.
[18] BeBiKo/*Grottel/Waubke* HGB § 268 Rn. 4; Hüffer/Koch/*Koch* Rn. 2; K. Schmidt/Lutter/*Drygala* Rn. 6; MüKoAktG/*Hennrichs/Pöschke* Rn. 6.
[19] BGHZ 84, 303 (311) = NJW 1983, 282 (284).

ben.²⁰ Der auf eine Aktie entfallende Betrag ermittelt sich aus der Satzung oder aus gesetzlichen Vorschriften (vgl. § 60), kann aber auch nachrichtlich mit angegeben werden.²¹ Üblicherweise wird es sich um **Barausschüttungen** handeln, aber auch **Sachausschüttungen** sind gem. § 58 Abs. 5 (→ § 58 Rn. 103–110) möglich und unter dieser Position mit ihrem Gesamtwert²² anzugeben (auch → § 170 Rn. 34, 35).

Schwierigkeiten ergeben sich, wenn die **Meldepflichten gem. § 20** nicht erfüllt werden. Grundsätzlich erlöschen gem. § 20 Abs. 7 S. 1 die Rechte aus Aktien. Wird die vorsätzlich oder nicht vorsätzlich unterlassene Mitteilung bis zum Gewinnverwendungsbeschluss nachgeholt, lebt das Recht der Aktien vor Beschlussfassung auf und die Aktien nehmen an der Gewinnausschüttung teil. Wird bei vorsätzlich unterlassener Mitteilung die Mitteilung erst nach Gewinnverwendungsbeschluss oder gar nicht gemacht, ist eine Heilung nicht möglich und eine Teilnahme an der Gewinnverwendung ausgeschlossen. Dies gilt auch für eine nicht vorsätzlich unterlassene Mitteilung, die nicht mehr nachgeholt wird. In diesen Fällen kann der auf diese Aktien entfallende Ausschüttungsbetrag auf die anderen Aktien verteilt, in die Rücklagen eingestellt oder vorgetragen werden. Lediglich für den Fall, dass eine nicht vorsätzlich unterlassene Mitteilung noch nach Gewinnverwendungsbeschluss nachgeholt wird, liegt der Ausnahmefall des § 20 Abs. 7 S. 2 vor. Da der Vorstand bei Aufstellung des Jahresabschlusses und Erstellung des Gewinnverwendungsvorschlags nicht erkennen kann, welche Mitteilungspflichten noch rechtzeitig erfüllt oder wirksam gem. § 20 Abs. 7 S. 2 nachgeholt werden, muss er in seinem Vorschlag alle Aktien berücksichtigen. Sofern eine Differenzierung zwischen vorsätzlich und nicht vorsätzlich unterlassenen Mitteilungspflichten zum Beschlusszeitpunkt gelingt, wird für den Fall des § 20 Abs. 7 S. 2 der auszuschüttende Betrag in neuer Rechnung zurückgestellt und bei nachgeholter Mitteilung ausgezahlt. Unterbleibt der Nachweis oder gelingt er nicht, wird die Rückstellung zu Gunsten des Jahresüberschusses aufgelöst.²³

4. Einstellung in die Gewinnrücklagen. Die Hauptversammlung kann dem Vorstandsvorschlag für die **Einstellung in die Gewinnrücklagen** folgen oder ihn ändern und andere Beträge gem. § 58 Abs. 3 in die Gewinnrücklagen iSv § 174 Abs. 2 Nr. 3 einstellen. § 272 Abs. 3 S. 2 HGB unterteilt Gewinnrücklagen in die gesetzliche Rücklage, auf Satzung beruhende Rücklagen und andere Gewinnrücklagen. Der Hauptversammlung steht es frei, in welchen dieser Posten eingestellt wird.²⁴ Hierbei ist zu beachten, dass die gesetzliche Rücklage den Verwendungsbeschränkungen des § 150 Abs. 3 und 4 unterliegt.

5. Gewinnvortrag. Der **Gewinnvortrag** bildet eine Restgröße, die sich aus dem Bilanzgewinn abzüglich der Ausschüttungen, Einstellungen in die Rücklagen, des zusätzlichen Aufwands und etwaiger anderer Verwendungen gem. § 58 Abs. 3 S. 2 ergibt. Der Gewinnvortrag wird in das neue Geschäftsjahr vorgetragen und steht dann der Hauptversammlung erneut zur Verfügung.

Ermächtigt nach § 58 Abs. 3 kann die Hauptversammlung auch **höhere Beträge vortragen,** über die der Vorstand im Folgejahr nicht entscheiden kann. Der Vortrag beeinflusst letztendlich zwar den Bilanzgewinn durch Einstellungen in die gesetzliche Rücklage § 150 Abs. 1 und in andere Gewinnrücklagen gem. § 58 Abs. 2. Diese Einstellungen erfolgen aber jeweils aus dem Jahresüberschuss in die gesetzlichen Rücklagen gem. § 150 Abs. 2 und in die Gewinnrücklagen gem. § 58 Abs. 2.

6. Zusätzlicher Aufwand. Zusätzlicher Aufwand iSv § 174 Abs. 2 Nr. 5 kann entstehen, wenn die Hauptversammlung vom Gewinnverwendungsvorschlag des Vorstands abweicht. Entstandener zusätzlicher Aufwand ist zwingend im Schema nach § 174 Abs. 2 Nr. 5 auszuweisen und mindert den Bilanzgewinn.²⁵

Üblicherweise führte das bis zum Steuersenkungsgesetz (2000)²⁶ geltende **körperschaftsteuerliche Anrechnungsverfahren** mit einem für einbehaltene Gewinne höheren Körperschaftsteuersatz zu einem höheren Steueraufwand, wenn die Hauptversammlung die Ausschüttung verringerte.²⁷ Der nach geltendem Recht anzuwendende Körperschaftsteuersatz (§ 23 KStG) unterscheidet nicht

---

²⁰ K. Schmidt/Lutter/*Drygala* Rn. 7; Grigoleit/*Grigoleit/Zellner* Rn. 3.
²¹ MüKoAktG/*Hennrichs/Pöschke* Rn. 25; K. Schmidt/Lutter/*Drygala* Rn. 7.
²² Zur strittigen Frage, ob der Buch- oder Verkehrswert maßgeblich ist, → § 170 Rn. 35; ebenso → § 58 Rn. 109, 110.
²³ MüKoAktG/*Hennrichs/Pöschke* Rn. 28–29; s.dazu auch *Petersen* → § 20 Rn. 41 ff.
²⁴ K. Schmidt/Lutter/*Drygala* Rn. 8; MüKoAktG/*Hennrichs/Pöschke* Rn. 30.
²⁵ Hüffer/Koch/*Koch* Rn. 6; ADS Rn. 44; K. Schmidt/Lutter/*Drygala* Rn. 10; Kölner Komm AktG/*Ekkenga* Rn. 31; MüKoAktG/*Hennrichs/Pöschke* Rn. 33.
²⁶ Gesetz v. 23.10.2000, BGBl. 2000 I 1433.
²⁷ ADS Rn. 42.

mehr zwischen Thesaurierung und Ausschüttung, sodass ein vom Vorschlag abweichender Beschluss zumindest nicht mehr zu zusätzlichem Steueraufwand aufgrund unterschiedlicher Steuersätze führt.[28]

20   Erhöhte Aufwendungen können auftreten, wenn Vorstands- und Aufsichtsratsbezüge an die **ausgeschütteten Dividenden** anknüpfen und bei höherer Ausschüttung durch die Hauptversammlung der dadurch entstehende Aufwand steigt. Ebenso können Genussrechte und Gewinnschuldverschreibungen an die Ausschüttung gekoppelt sein.[29] Bei der Ausschüttung einer Sachdividende kann – durch die Hebung stiller Reserven – ein zusätzlicher Steueraufwand entstehen.[30]

21   **Zusätzlicher Ertrag** kann dementsprechend etwa durch die Minderung der Ausschüttung und der damit verbundenen Zahlungsverpflichtungen entstehen. Dieser erhöht jedoch nicht den Bilanzgewinn, wird er nicht in das Gliederungsschema aufgenommen, sondern erhöht den Jahresüberschuss im Folgejahr durch Verbuchung in laufender Rechnung.[31]

V. Beibehaltung des festgestellten Jahresabschlusses

22   Gem. § 174 Abs. 3 führt der Gewinnverwendungsbeschluss **nicht zu einer Änderung des festgestellten Jahresabschlusses.** Grundsätzlich müssten die Rücklagenänderungen des Gewinnverwendungsbeschlusses im Jahresabschluss Eingang finden. Ein geänderter Jahresabschluss müsste notwendigerweise auch hinsichtlich der Änderungen geprüft werden, was aus § 173 Abs. 3 und auch aus § 316 Abs. 3 HGB hervorgeht. Die Bedeutung von § 174 Abs. 3 liegt somit darin, dass der Gewinnverwendungsbeschluss nicht zur Neuaufstellung und nicht zur Nachtragsprüfung des Jahresabschlusses führt, sondern so, wie er gem. § 172 bzw. nach § 173 festgestellt wurde, auch veröffentlicht werden kann.

23   Durch den **Bestand des festgestellten Jahresabschlusses** behalten die Vorstandsvorlagen und der Bericht des Aufsichtsrats als Rechenschaftsberichte ihre Gültigkeit, weil sie durch den Gewinnverwendungsbeschluss nicht unrichtig werden. Vielmehr tritt der Gewinnverwendungsbeschluss als Ergänzung hinzu und wird mit dem festgestellten Jahresabschluss gem. § 325 HGB offengelegt, sodass die **Klarheit und Transparenz** des Jahresabschlusses kompensiert wird.[32]

24   Einstellungen in die Gewinnrücklagen durch den Gewinnverwendungsbeschluss finden gem. § 152 Abs. 3 Nr. 1 erst im **Folgejahr Eingang in die Bilanz. Zusätzlicher Aufwand** (Nr. 5) erscheint in keinem späteren Jahresabschluss mehr, da er als Teil des Bilanzgewinns im Gewinnverwendungsbeschluss abzudecken ist.[33]

VI. Dividendenanspruch der Aktionäre

25   Der Gewinnverwendungsvorschlag des Vorstands bewirkt auch nach Zustimmung durch den Aufsichtsrat noch keinen Anspruch auf Zahlung einer Dividende. Der **Anspruch auf Zahlung einer Dividende** ist erst dann dem Gewinnverwendungsbeschluss zu entnehmen, wenn er einen Betrag zur Ausschüttung an die Aktionäre enthält. Durch den Gewinnverwendungsbeschluss entsteht ein einklagbarer und selbständig verkehrsfähiger Anspruch des Aktionärs.[34]

26   Gewöhnlich hat der Aktionär den Anspruch auf eine Bardividende. Lässt gem. § 58 Abs. 5 die Satzung eine **Sachdividende** zu, und wurde eine solche gem. § 174 beschlossen, entsteht ein Anspruch auf eine Sachdividende.[35]

VII. Änderung des Gewinnverwendungsbeschlusses

27   Die Hauptversammlung kann ihren **Gewinnverwendungsbeschluss nachträglich** durch einen erneuten Beschluss **ändern,**[36] jedoch nicht mehr nach der Feststellung des nächsten Jahresabschlusses,

---

[28] MüKoAktG/*Hennrichs/Pöschke* Rn. 34; Bürgers/Körber/*Schulz* Rn. 5.
[29] Grigoleit/*Grigoleit/Zellner* § 58 Rn. 32; ADS Rn. 43; Kölner Komm AktG/*Ekkenga* Rn. 31; K. Schmidt/Lutter/*Drygala* Rn. 10; BeBiKo/*Grottel/Hoffmann* HGB Vor § 325 Rn. 95.
[30] MüKoAktG/*Hennrichs/Pöschke* Rn. 35, näher § 170 Rn. 70.
[31] BeBiKo/*Grottel/Hoffmann* HGB Vor § 325 Rn. 96; MüKoAktG/*Hennrichs/Pöschke* Rn. 36; Kölner Komm AktG/*Ekkenga* Rn. 32.
[32] RegBegr. *Kropff* S. 282; MüKoAktG/*Hennrichs/Pöschke* Rn. 39; K. Schmidt/Lutter/*Drygala* Rn. 11; Grigoleit/*Grigoleit/Zellner* Rn. 4.
[33] Diese im Hinblick auf die Transparenz des Jahresabschlusses problematische Regelung ist aufgrund des seltenen Auftretens in der Praxis wohl hinzunehmen. S. auch: ADS Rn. 54; MüKoAktG/*Hennrichs/Pöschke* Rn. 41, 42; Grigoleit/*Grigoleit/Zellner* Rn. 4 Fn. 13.
[34] BGHZ 23, 150 (154) = WM 1957, 282 (283); BGHZ 65, 230 (234) = WM 1976, 12 (14); BGHZ 137, 378 (381) = NJW 1998, 1559; Hüffer/Koch/*Koch* Rn. 4, § 58 Rn. 28; MüKoAktG/*Bayer* § 58 Rn. 96–116; MüKoAktG/*Hennrichs/Pöschke* Rn. 43; ADS Rn. 55; Grigoleit/*Grigoleit/Zellner* Rn. 5; K. Schmidt/Lutter/*Drygala* Rn. 12.
[35] Näher dazu MüKoAktG/*Hennrichs/Pöschke* Rn. 46.
[36] ADS Rn. 23, 26; MüKoAktG/*Hennrichs/Pöschke* Rn. 47, K. Schmidt/Lutter/*Drygala* Rn. 13, 14.

in dem die zugewiesenen Rücklagen berücksichtigt sind.[37] Bedeutsam sind die Fälle, in denen die Dividende verkürzt oder erhöht wird.

Der Gewinnverwendungsbeschluss begründet einen unentziehbaren, selbständig verkehrsfähigen **28** Anspruch des Aktionärs auf Zahlung der Dividende (→ Rn. 25). Dies bewirkt, dass die **nachträgliche Herabsetzung** der Dividende nur dann möglich ist, wenn **jeder einzelne Aktionär dieser Beschlussänderung zustimmt.**[38]

Der **Dividendenanspruch** kann **erhöht werden,** indem Einstellungen in Rücklagen vermindert **29** werden.[39] Da die nachträgliche Änderung des Gewinnverwendungsbeschlusses in die Geschäftsführung und Liquiditätsplanung eingreift, ist eine Zustimmung von Vorstand und Aufsichtsrat erforderlich.[40]

Der Dividendenanspruch kann auch durch eine **Minderung des Gewinnvortrags** erhöht werden. **29a** Dies ist auch ohne Zustimmung von Vorstand und Aufsichtsrat möglich, da der Gewinnvortrag ohnehin spätestens im Folgejahr der Hauptversammlung zur Verteilung zur Verfügung steht.[41] Eine nachträgliche Einstellung aus dem Gewinnvortrag in die Rücklagen ist daher ebenfalls möglich.

VIII. Anfechtbarkeit und Nichtigkeit

Der **Gewinnverwendungsbeschluss kann** nach § 243 und nach § 254 (übermäßige Bildung **30** von Gewinnrücklagen) **angefochten werden.** Anfechtbarkeit von Beschlüssen ist beispielsweise gegeben, wenn die Stimmabgabe nicht stimmberechtigter Personen mitgezählt wird.[42] Wegen allseitiger Verletzung der Mitteilungspflicht nach § 20 Abs. 1 stimmlos gefasster Hauptversammlungsbeschlüsse sind diese Beschlüsse auch von den die Mitteilungspflicht verletzenden Aktionären anfechtbar.[43] Die **Nichtigkeit** tritt gem. § 248 Abs. 1 S. 1 mit Verkündung des den Beschluss für nichtig erklärenden rechtskräftigen Urteils ein.

Unter den in § 241 abschließend genannten Gründen kann ein **Gewinnverwendungsbeschluss 31 nichtig** sein. Gem. § 253 Abs. 1 S. 1 ist ein Gewinnverwendungsbeschluss auch nichtig, wenn er auf einem festgestellten Jahresabschluss beruht, der nichtig ist. Nicht anfechtbar ist ein Gewinnverwendungsbeschluss jedoch dann, wenn dieser zwar auf einem mit Mängeln behafteten festgestellten Jahresabschluss beruht, dieser selbst jedoch nicht angegriffen wird bzw. nicht mehr angegriffen werden kann.[44] Als Folge der Nichtigkeit dürfen den Aktionären vom Vorstand keine Dividenden ausgezahlt werden. Ohne gültigen Gewinnverwendungsbeschluss begibt sich der Vorstand bei Auszahlung in die Gefahr persönlicher Haftung (§ 93 Abs. 3). Gleichzeitig entsteht durch § 62 ein Anspruch der Gesellschaft auf Rückgewährung zu Unrecht erhaltener Leistungen.[45] Die Klageerhebung wegen Nichtigkeit bewirkt noch keine Unzulässigkeit der Dividendenzahlung, der Vorstand sollte jedoch den Gewinnverwendungsbeschluss sorgfältig prüfen.[46]

Dritter Unterabschnitt. Ordentliche Hauptversammlung

§ 175 Einberufung

(1) ¹Unverzüglich nach Eingang des Berichts des Aufsichtsrats hat der Vorstand die Hauptversammlung zur Entgegennahme des festgestellten Jahresabschlusses und des Lageberichts, eines vom Aufsichtsrat gebilligten Einzelabschlusses nach § 325 Abs. 2a des Handelsgesetzbuchs sowie zur Beschlußfassung über die Verwendung eines Bilanzgewinns, bei einem Mutterunternehmen (§ 290 Abs. 1, 2 des Handelsgesetzbuchs) auch zur Entgegennahme des vom Aufsichtsrat gebilligten Konzernabschlusses und des Konzernlageberichts,

---

[37] Grigoleit/Grigoleit/Zellner Rn. 5; MüKoAktG/Hennrichs/Pöschke Rn. 50.
[38] Priester ZIP 2000, 261 (263); MüKoAktG/Hennrichs/Pöschke Rn. 52; K. Schmidt/Lutter/Drygala Rn. 14; BeBiKo/Grottel/Hoffmann HGB Vor § 325 Rn. 97.
[39] Generell ablehnend aber ADS Rn. 24.
[40] K. Schmidt/Lutter/Drygala Rn. 13; Grigoleit/Grigoleit/Zellner Rn. 5; Kölner Komm AktG/Ekkenga Rn. 17; MüKoAktG/Hennrichs/Pöschke Rn. 50, die zudem gewichtige wirtschaftliche Gründe fordern.
[41] ADS Rn. 25; MüKoAktG/Hennrichs/Poschke Rn. 51; Grigoleit/Grigoleit/Zellner Rn. 5 aE.
[42] BGHZ 104, 66 = NJW 1988, 1844.
[43] OLG Dresden AG 2005, 247 = BB 2005, 680.
[44] OLG Stuttgart AG 2006, 340 (342); Grigoleit/Grigoleit/Zellner Rn. 6; MüKoAktG/Hennrichs/Pöschke Rn. 53.
[45] ADS Rn. 59; MüKoAktG/Hennrichs/Pöschke Rn. 62; K. Schmidt/Lutter/Drygala Rn. 16; Grigoleit/Grigoleit/Zellner Rn. 6; näher dazu Haertlein ZHR 168 (2004) 437.
[46] MüKoAktG/Hennrichs/Pöschke Rn. 63; K. Schmidt/Lutter/Drygala Rn. 16; Grigoleit/Grigoleit/Zellner Rn. 6.

§ 175

einzuberufen. ²Die Hauptversammlung hat in den ersten acht Monaten des Geschäftsjahrs stattzufinden.

(2) ¹Der Jahresabschluss, ein vom Aufsichtsrat gebilligter Einzelabschluss nach § 325 Absatz 2a des Handelsgesetzbuchs, der Lagebericht, der Bericht des Aufsichtsrats und der Vorschlag des Vorstands für die Verwendung des Bilanzgewinns sind von der Einberufung an in dem Geschäftsraum der Gesellschaft zur Einsicht durch die Aktionäre auszulegen. ²Auf Verlangen ist jedem Aktionär unverzüglich eine Abschrift der Vorlagen zu erteilen. ³Bei einem Mutterunternehmen (§ 290 Abs. 1, 2 des Handelsgesetzbuchs) gelten die Sätze 1 und 2 auch für den Konzernabschluss, den Konzernlagebericht und den Bericht des Aufsichtsrats hierüber. ⁴Die Verpflichtungen nach den Sätzen 1 bis 3 entfallen, wenn die dort bezeichneten Dokumente für denselben Zeitraum über die Internetseite der Gesellschaft zugänglich sind.

(3) ¹Hat die Hauptversammlung den Jahresabschluss festzustellen oder hat sie über die Billigung des Konzernabschlusses zu entscheiden, so gelten für die Einberufung der Hauptversammlung zur Feststellung des Jahresabschlusses oder zur Billigung des Konzernabschlusses und für das Zugänglichmachen der Vorlagen und die Erteilung von Abschriften die Absätze 1 und 2 sinngemäß. ²Die Verhandlungen über die Feststellung des Jahresabschlusses und über die Verwendung des Bilanzgewinns sollen verbunden werden.

(4) ¹Mit der Einberufung der Hauptversammlung zur Entgegennahme des festgestellten Jahresabschlusses oder, wenn die Hauptversammlung den Jahresabschluß festzustellen hat, der Hauptversammlung zur Feststellung des Jahresabschlusses sind Vorstand und Aufsichtsrat an die in dem Bericht des Aufsichtsrats enthaltenen Erklärungen über den Jahresabschluß (§§ 172, 173 Abs. 1) gebunden. ²Bei einem Mutterunternehmen (§ 290 Abs. 1, 2 des Handelsgesetzbuchs) gilt Satz 1 für die Erklärung des Aufsichtsrats über die Billigung des Konzernabschlusses entsprechend.

Schrifttum: *Hüffer,* Minderheitsbeteiligungen als Gegenstand aktienrechtlicher Auskunftsbegehren, ZIP 1996, 401; *Leuering,* Die Erteilung von Abschriften an Aktionäre, ZIP 2000; 2053; *Lutter,* Der Bericht des Aufsichtsrats an die Hauptversammlung, AG 2008, 1; *Mattheus/Schwab,* Rechtsschutz für Aktionäre bei Rechnungslegungs-Enforcement, DB 2004, 1975; *Neye,* BB-Gesetzgebungsreport: Bundestag beschließt neues Umwandlungsrecht, BB 2007, 389; *Noack,* Online-Hauptversammlung, NZG 2001, 1057; *Noack,* Moderne Kommunikationsformen vor den Toren des Unternehmensrechts, ZGR 1998, 592.

Übersicht

	Rn.		Rn.
I. Normzweck und Anwendungsbereich	1	1. Zweck der Auslage	16–18
II. Entstehungsgeschichte	2–5	2. Auszulegende Vorlagen	19–25
III. Einberufung der ordentlichen Hauptversammlung	6–15	3. Einsichtnahme im Geschäftsraum der Gesellschaft	26, 27
1. Inhalte der Hauptversammlung	6–10	4. Aushändigung der Abschrift der Vorlagen	28, 29
2. Einberufung der Hauptversammlung	11–15	5. Durchsetzung der Aktionärsrechte	30–32
IV. Informationsrecht der Aktionäre	16–32	V. Bindung des Vorstands und des Aufsichtsrats	33–35

I. Normzweck und Anwendungsbereich

1 § 175 enthält **Regelungen zur Einberufung und Vorbereitung** der Hauptversammlung. Mindestens einmal jährlich ist eine Hauptversammlung durchzuführen, die als ordentliche Hauptversammlung bezeichnet wird. Zweck der ordentlichen Hauptversammlung ist es, über die regelmäßig anstehenden Tagesordnungspunkte, die sog. Regularien (wie zB die Gewinnverwendung) zu beschließen. Davon werden die **außerordentlichen Hauptversammlungen** unterschieden, die zusätzlich **zu besonderen Anlässen** durchgeführt werden. Die Unterscheidung in ordentliche Hauptversammlung und außerordentliche Hauptversammlungen hat keine rechtliche Bedeutung, sondern ist nur sprachlicher Art. Somit gelten die Vorschriften in den §§ 118 ff. für alle Hauptversammlungen. § 175 Abs. 1 regelt die **Einberufungspflicht** des Vorstands zur ordentlichen Hauptversammlung und die dabei zu beachtende Frist. Abs. 2 bestimmt Anforderungen zur Erfüllung von **Informationsrechten** der Aktionäre zur rechtzeitigen und sachgerechten Vorbereitung der Hauptversammlung. Die **Bindung** des Vorstands und Aufsichtsrats **an ihre Beschlüsse** nach § 175 Abs. 4

S. 1 bewirkt besonders, dass die Feststellungskompetenz der Hauptversammlung nachträglich nicht durch anders lautenden Beschluss entzogen werden kann.

II. Entstehungsgeschichte

Vorlage für Abs. 1 bildet § 126 Abs. 1 AktG 1937.[1] Nicht umgesetzt wurde die Möglichkeit, durch Satzung die Hauptversammlung später als gesetzlich vorgesehen durchzuführen, da der Gesetzgeber durch Abs. 1 S. 2 im Aktiengesetz 1965 die gesetzliche Frist von fünf auf acht Monate erweitert hat. Durch das **BiRiLiG** wird der Lagebericht in die entgegenzunehmenden Unterlagen in Abs. 1 S. 1 aufgenommen.[2] Das **TransPuG** erweitert die Entgegennahme auf den Konzernabschluss und Konzernlagebericht.[3] Durch das **BilReG** wird der Einzelabschluss nach § 325 Abs. 2a HGB in die entgegenzunehmenden Unterlagen aufgenommen.[4]

Vorlagen für Abs. 2 bilden § 125 Abs. 6 S. 1 und 2 AktG 1937, § 126 Abs. 2 AktG 1937, § 127 Abs. 2 AktG 1937.[5] Durch das **BiRiLiG** wird der Lagebericht in die auszulegenden Unterlagen in Abs. 2 S. 1 aufgenommen. Das **TransPuG** erweitert die Anwendung von Abs. 2 S. 1 und S. 2 auf den Konzernabschluss, Konzernlagebericht und den Bericht des Aufsichtsrats darüber. Durch das **BilReG** wird der Einzelabschluss nach § 325 Abs. 2a HGB in die auszulegenden Unterlagen aufgenommen. Das **EHUG** gestattet es durch den in Abs. 2 neu eingefügten S. 4, bei Publizierung der auszulegenden Unterlagen auf den Internetseiten des Unternehmens auf die Auslage derselben in den Geschäftsräumen und die Erteilung der Abschriften zu verzichten.[6] Durch das **Zweite Gesetz zur Änderung des Umwandlungsgesetzes** wird durch eine Änderung in Abs. 2 S. 1 der Vorstand börsennotierter Gesellschaften zur Vorlage eines erläuternden Berichts zu den Angaben nach § 289 Abs. 4 HGB und § 315 Abs. 4 HGB verpflichtet.[7] Diese Ergänzung wurde mit dem **ARUG** wieder gestrichen und in neugefassten § 176 Abs. 1 S. 1 integriert.[8]

Durch die **Aktienrechtsnovelle 2016** wird ein seit dem ARUG bestehendes **Redaktionsversehen**[9] des Abs. 2 S. 1 korrigiert.[10] Bislang hatten börsennotierte Aktiengesellschaften nach dem Wortlaut des Abs. 2 S. 1 zusätzlich zu den genannten Unterlagen einen erläuternden Bericht zu den Angaben nach § 289 Abs. 4 Nr. 1 bis 5 und Abs. 5 sowie § 315 Abs. 4 HGB auszulegen. Das ARUG beabsichtigte bereits die Streichung (verbunden mit der inhaltlichen Verortung in § 176 Abs. 1 S. 1), jedoch bezog sich die Änderungsanweisung des ARUG auf die Fassung vor dem BilMoG, welches zwischenzeitlich den Satz 1 um eine Angabe erweiterte.[11] Bei konsequenter Befolgung der Änderungsanweisung wäre nur ein unzusammenhängender Rest („Nr. 1 bis 5 und Abs. 5") im Satz 1 2. Hs. verblieben. Angesichts des klar geäußerten gesetzgeberischen Willens war die Passage bereits **seit dem ARUG nicht mehr anzuwenden**.[12] Die Änderung durch die Aktienrechtsnovelle 2016 hat daher **klarstellenden Charakter**. Die Aktienrechtsnovelle 2016 ändert die Abs. 2 S. 1 aE weiterhin dergestalt, dass die Unterlagen nicht mehr „zur Einsicht der Aktionäre", sondern „zur Einsicht durch die Aktionäre" auszulegen sind. Die sprachliche Änderung zielt jedoch offensichtlich nicht auf eine inhaltliche Änderung ab, nicht zuletzt, weil sie keinerlei Erwähnung in der Gesetzesbegründung findet.[13]

Die Regelung in Abs. 3 S. 2 findet sich wieder in § 125 Abs. 5 und Abs. 7 S. 1 AktG 1937.[14] Das Verfahren nach Abs. 1 und Abs. 2 wird durch Abs. 3 S. 1 auch für die Feststellung des Jahresabschlusses durch die Hauptversammlung für anwendbar erklärt. Mit der Neufassung von Abs. 3 S. 1 durch das **TransPuG** wird die Billigung des Konzernabschlusses durch die Hauptversammlung berücksichtigt. Das **ARUG** fasst Abs. 3 S. 1 lediglich sprachlich neu.

Im AktG 1965 wurde Abs. 4 neu eingefügt, der den Vorstand und Aufsichtsrat an seine Beschlüsse bindet. In Abs. 4 wurde durch das **TransPuG** S. 2 eingefügt, wodurch der Aufsichtsrat an seine Erklärung zum Konzernabschluss gebunden wird.

---

[1] *Baumbach/Hueck* Rn. 1.
[2] Gesetz v. 19.12.1985, BGBl. 1985 I 2355 (2393).
[3] Gesetz v. 19.7.2002, BGBl. 2002 I 2681 (2682).
[4] Gesetz v. 4.12.2004, BGBl. 2004 I 3166 (3178).
[5] *Baumbach/Hueck* Rn. 1.
[6] Gesetz v. 10.11.2006, BGBl. 2006 I 2553 (2579).
[7] Gesetz v. 19.4.2007, BGBl. 2007 I 542 (547).
[8] Gesetz v. 30.7.2009, BGBl. 2009 I 2479 (2484 f.).
[9] RegBegr., BT-Drs. 17/8989, 17; BR-Drs. 852/11, 18.
[10] Gesetz v. 22.12.2015, BGBl. 2015 I 2565 (2566).
[11] Gesetz v. 25.5.2009, BGBl. 2009 I 1102 (1122).
[12] MüKoAktG/*Hennrichs/Pöschke* Rn. 6; Grigoleit/*Grigoleit/Zellner* Rn. 2; K. Schmidt/Lutter/*Drygala* Rn. 4; Bürgers/Körber/*Reger* Rn. 6a; *Kiefner* NZG 2010, 692 (694); *Drinhausen/Keinath* BB 2010, 3 (8).
[13] *Ihrig/Wandt* BB 2016 S. 6 (11).
[14] *Baumbach/Hueck* Rn. 1.

III. Einberufung der ordentlichen Hauptversammlung

6 **1. Inhalte der Hauptversammlung.** § 175 Abs. 1 S. 1 bestimmt die **Inhalte** der ordentlichen Hauptversammlung. Die in § 175 Abs. 1 S. 1 genannten Unterlagen sind der Hauptversammlung zur **Entgegennahme** vorzulegen. Ebenso beschließt sie über die **Verwendung des Bilanzgewinns** (vgl. § 174 Abs. 1 S. 1).

7 Wird gem. § 172 S. 1 iVm § 173 der Hauptversammlung die Feststellung des Jahresabschlusses oder die Billigung des Konzernabschlusses übertragen, wird dies gem. § 175 Abs. 1 und Abs. 2 iVm § 175 Abs. 3 S. 1 Gegenstand der Hauptversammlung. In diesen Fällen soll über die **Feststellung des Jahresabschlusses und die Verwendung des Bilanzgewinns** gem. § 175 Abs. 3 S. 2 **gemeinsam verhandelt werden**. Dieses Vorgehen ist im Falle der Billigung des Konzernabschlusses nicht gesetzlich vorgeschrieben, da der Konzernabschluss nicht Grundlage für einen Gewinnverwendungsbeschluss ist.

8 **Verbundene Verhandlungen** iSv § 120 Abs. 3 S. 1 (Entlastung der Mitglieder der Verwaltung) und § 175 Abs. 3 S. 2 sind zu verstehen, als gemeinsame Verhandlung auf der gleichen Hauptversammlung und in zeitlichem Zusammenhang, nicht aber die Abhandlung im selben Tagespunkt.[15] In beiden Fällen handelt es sich um eine Sollvorschrift, die bei Nichtbeachtung keine Rechtsfolgen auslöst.[16]

9 Werden der Hauptversammlung der festgestellte Jahresabschluss und der gebilligte Konzernabschluss vorgelegt, richten sich die **Informationsrechte** nach § 131. Obliegen Feststellung des Jahresabschlusses und Billigung des Konzernabschlusses der Hauptversammlung, werden die Informationsrechte nicht durch § 131 beschränkt (dazu auch → § 173 Rn. 13).

10 Neben den in § 175 vorgesehenen **Aufgaben** der ordentlichen Hauptversammlung treten Aufgaben hinzu, die sich **aus den Rechten der Aktionäre** gem. § 119 ergeben. Dazu zählt die alle fünf Jahre stattfindende Wahl der Aufsichtsratsmitglieder gem. §§ 101, 102 iVm § 119 Abs. 1 Nr. 1. Jährlich erfolgt im Rahmen der ordentlichen Hauptversammlung die Entlastung von Vorstand und Aufsichtsrat gem. § 119 Abs. 1 Nr. 3 und § 120 Abs. 3 iVm § 175, die mit der Verhandlung über die Verwendung des Bilanzgewinns verbunden werden soll. Ein weiteres Recht ist bei prüfungspflichtigen Gesellschaften gem. § 119 Abs. 1 Nr. 4 iVm § 318 Abs. 1 HGB die jährliche Bestellung der Abschlussprüfer.

11 **2. Einberufung der Hauptversammlung.** Die **Einberufung der Hauptversammlung** erfolgt in der Regel durch den Vorstand gem. § 121 iVm § 175 Abs. 1 S. 1 und ist nach § 123 Abs. 1 mindestens dreißig Tage vor dem Tage der Versammlung einzuberufen. Die Einberufung hat durch den Vorstand unverzüglich, also ohne schuldhaftes Zögern iSv § 121 Abs. 1 BGB, nach Eingang des Berichts des Aufsichtsrats (§ 171 Abs. 2) zu erfolgen. Kommt der Vorstand seiner Verpflichtung nicht nach, können gegen ihn Zwangsgelder vom Registergericht aus § 407 Abs. 1 S. 1 festgesetzt werden.[17] Bei schuldhafter Fristversäumung kann ein Schadensersatzanspruch des Vorstands (§ 93) und Aufsichtsrats (§ 116 S. 1) sowie der Abschlussprüfer (§ 323 HGB) entstehen.

12 Wenn nicht der Vorstand die **Hauptversammlung** fristgerecht einberuft, kann diese auch **vom Aufsichtsrat einberufen** werden.[18] Begründen lässt sich dies mit der die Aufsichtsratsmitglieder treffenden Sorgfaltspflicht aus § 116 iVm § 93, die insofern Niederschlag in § 111 Abs. 3 S. 1 gefunden hat. Nach § 122 könnte sich auch die Minderheit der Aktionäre gerichtlich zur Einberufung der Hauptversammlung ermächtigen lassen.

13 Eine Hauptversammlung muss nach § 175 Abs. 1 S. 2 **innerhalb der ersten acht Monate seit Ablauf des Geschäftsjahres stattfinden**. Im selben Zeitraum ist auch über die Entlastung des Aufsichtsrats gem. § 120 Abs. 1 S. 1 zu befinden. Eine satzungsmäßige Fristverlängerung ist unstrittig nicht möglich.[19] Strittig ist hingegen, ob eine satzungsmäßige Fristkürzung zulässig ist. Nach hM ist dies jedenfalls dann möglich, wenn ein ausreichender Zeitraum für die Abschlussprüfung bleibt.[20]

---

[15] *ADS* Rn. 5; Grigoleit/*Grigoleit/Zellner* Rn. 13; MüKoAktG/*Hennrichs/Pöschke* Rn. 22; Kölner Komm AktG/*Ekkenga* Rn. 31; Hüffer/Koch/*Koch* Rn. 9.
[16] K. Schmidt/Lutter/*Drygala* Rn. 15; Großkomm AktG/*Brönner* Rn. 21; Bürgers/Körber/*Reger* Rn. 11; MüKoAktG/*Hennrichs/Pöschke* Rn. 22.
[17] *ADS* Rn. 12; Hüffer/Koch/*Koch* Rn. 4; MüKoAktG/*Hennrichs/Pöschke* Rn. 17; Grigoleit/*Grigoleit/Zellner* Rn. 7; K. Schmidt/Lutter/*Drygala* Rn. 7.
[18] Grigoleit/*Grigoleit/Zellner* Rn. 7; MüKoAktG/*Hennrichs/Pöschke* Rn. 11.
[19] RegBegr. *Kropff* S. 283.
[20] K. Schmidt/Lutter/*Drygala* Rn. 6; MüKoAktG/*Hennrichs/Pöschke* Rn. 16; Grigoleit/*Grigoleit/Zellner* Rn. 6; Bürgers/Körber/*Reger* Rn. 4; aA Hüffer/Koch/*Koch* Rn. 4; Kölner Komm AktG/*Ekkenga* Rn. 11; Großkomm AktG/*Brönner* Rn. 10.

Aufgrund der in einzelnen Wirtschaftsjahren möglichen Prüfungsschwierigkeiten ist dies jedoch nicht empfehlenswert.[21]

Der vom **Aufsichtsrat eingereichte Bericht** gem. § 171 löst die Einberufung aus, ist darüber **14** hinaus auch eine wesentliche Grundlage für die Entlastung von Aufsichtsrat und Vorstand und für den Beschluss über die Gewinnverwendung. Übergibt der Aufsichtsrat auch nicht innerhalb der Nachfrist gem. § 171 Abs. 3 dem Vorstand seinen Bericht, tritt das Fristende aus § 171 Abs. 3 an die Stelle des abgegebenen Berichts und löst die Einberufung der Hauptversammlung aus.[22]

Aus für die Gesellschaft wichtigen Gründen kann eine **Überschreitung der Einberufungsfrist** **15** iSv § 175 Abs. 1 S. 2 zulässig sein.[23] Wird die Frist überschritten, wirkt sich dies nicht auf die Wirksamkeit von Jahresabschluss und Gewinnverwendungsbeschluss aus, ebenso stellt dies kein Anfechtungsgrund dar.[24] Die Einberufungsfrist kann nicht durch den Beschluss der Hauptversammlung verlängert werden.[25]

IV. Informationsrecht der Aktionäre

1. Zweck der Auslage. Zweck der Auslage der in § 175 Abs. 2 S. 1 und 3 genannten Unterlagen **16** ist die **rechtzeitige Information** der Aktionäre vor der Hauptversammlung. Durch die Auslage in den Geschäftsräumen der Gesellschaft wird ein Mindestmaß an Publizität sichergestellt.

Durch die technische Fortentwicklung ist es allerdings möglich und zunehmend üblich, Aktionäre **17** und interessierte Öffentlichkeit auf weiteren Wegen zu informieren. Dazu zählt beispielsweise die Möglichkeit, die zu veröffentlichenden Unterlagen auf der **Internetseite des Unternehmens** zur Einsicht bereitzustellen, oder Kurzfassungen des Jahresabschlusses und des Lageberichts bzw. des Konzernabschlusses und des Konzernlageberichts durch **Depotbanken** an die Aktionäre versenden zu lassen.

Die Unternehmen sind durch die Einfügung von Satz 4 in § 175 Abs. 2 legitimiert, ganz auf die **18** Auslage nach § 175 Abs. 1 S. 1 in den Geschäftsräumen der Gesellschaft und auf die Erteilung von Abschriften nach § 175 Abs. 1 S. 2 zu verzichten, wenn das Unternehmen die Unterlagen auf seinen Internetseiten veröffentlicht.

2. Auszulegende Vorlagen. Bei den nach § 175 Abs. 2 S. 1 und 3 **auszulegenden Unterla-** **19** **gen** handelt es sich um den Jahresabschluss und Lagebericht, bei einem Mutterunternehmen gem. § 290 Abs. 1 und 2 um den Konzernabschluss und Konzernlagebericht, ggf. den vom Aufsichtsrat gebilligten Einzelabschluss nach § 325 Abs. 2a HGB, den Bericht des Aufsichtsrats und den Gewinnverwendungsvorschlag des Vorstands. § 326 HGB berührt nicht die Auslegungspflicht der Gesellschaft gegenüber ihren Aktionären,[26] da § 175 als Spezialnorm vorgeht. Die Unterlagen sind in deutscher Sprache und in der Währungseinheit Euro auszulegen. Der **Bericht des Abschlussprüfers** ist aus Gründen der Geheimhaltung nicht auszulegen.

Die **Vorlagen müssen vollständig ausgelegt werden.** Fehlen beispielsweise im Bericht des **20** Aufsichtsrats gesetzlich vorgeschriebene Bestandteile, kann der Entlastungsbeschluss und bei erneut nicht vollständiger Vorlage auch der Bestätigungsbeschluss angefochten werden.[27]

Wurde der Hauptversammlung die Feststellung des Jahresabschlusses bzw. die Billigung des Kon- **21** zernabschlusses übertragen, sind gem. § 175 Abs. 3 S. 1 an Stelle des festgestellten der **aufgestellte Jahresabschluss bzw. der aufgestellte Konzernabschluss auszulegen.**

Ausdrücklich wird durch § 175 Abs. 2 S. 1 nur die **Auslage des** vom Vorstand erstellten **Gewinn-** **22** **verwendungsvorschlags** genannt. Der Aufsichtsrat hat aber gem. § 171 Abs. 2 S. 1 und 4 schriftlich der Hauptversammlung über die Billigung des Gewinnverwendungsvorschlags zu berichten und ggf. einen eigenen Vorschlag zu unterbreiten. Durch die Vorlagepflicht des Aufsichtsratsberichts gem. § 175 Abs. 2 S. 1 erlangen die Aktionäre Kenntnis von einem Gewinnverwendungsvorschlag des Aufsichtsrats.

Sollte der **Aufsichtsrat** auch nach Ablauf der Nachfrist des § 171 Abs. 3 **keinen Bericht vorge-** **23** **legt** haben, kann die Gesellschaft ihren Aktionären diesen auch nicht zugänglich machen. Der

---

[21] MüKoAktG/*Hennrichs*/*Pöschke* Rn. 16; Grigoleit/*Grigoleit*/*Zellner* Rn. 6; Bürgers/Körber/*Reger* Rn. 4; Hölters/*Drinhausen* Rn. 10.
[22] Dann auch zur Feststellung des Jahresabschlusses, *ADS* Rn. 15; MüKoAktG/*Hennrichs*/*Pöschke* Rn. 12; K. Schmidt/Lutter/*Drygala* Rn. 5; Kölner Komm AktG/*Ekkenga* Rn. 5; Hüffer/Koch/*Koch* Rn. 3.
[23] *ADS* Rn. 10; MüKoAktG/*Hennrichs*/*Pöschke* Rn. 18.
[24] *ADS* Rn. 11; Hüffer/Koch/*Koch* Rn. 4; MüKoAktG/*Hennrichs*/*Pöschke* Rn. 20; Bürgers/Körber/*Reger* Rn. 5; Grigoleit/*Grigoleit*/*Zellner* Rn. 7; Kölner Komm AktG/*Ekkenga* Rn. 13; K. Schmidt/Lutter/*Drygala* Rn. 7.
[25] RegBegr. *Kropff* S. 283.
[26] MüKoAktG/*Hennrichs*/*Pöschke* Rn. 26.
[27] LG Karlsruhe DB 2000, 1608 = AG 2001, 204.

Feststellungsbeschluss, der in diesem Fall durch die Hauptversammlung erfolgt, kann wegen fehlender Auslage des Aufsichtsratsberichts nicht angefochten werden.[28] Dann ist der Vorstand verpflichtet, nur seinen Gewinnverwendungsvorschlag auszulegen.

24 Die auszulegenden Vorlagen müssen **nicht die Originalunterlagen** der Gesellschaft sein. Es genügt die **Auslage von Abschriften,** die mit dem Original übereinstimmen müssen.[29] Stimmen Abschrift und Original nicht überein, besteht die Möglichkeit der Anfechtung nach § 243.[30]

24a Bei börsennotierten Gesellschaften ist **der Bericht zu den Angaben nach § 289a Abs. 1, § 315a Abs. 1 HGB** seit dem ARUG gem. § 176 Abs. 1 S. 1 iVm § 124a S. 1 Nr. 3 über die Internetseite der Gesellschaft zugänglich zu machen; eine bloße Auslegung genügt nicht.[31]

25 **Weitere Unterlagen in anderen Fällen** sind den Aktionären zur Kenntnis zu bringen, durch Auslage ab Einberufung, Erteilung von Abschriften und Auslage während der Einberufung. Regelungen diesbezüglich finden sich in § 52 Abs. 2, § 179a Abs. 2, §§ 293f, 293g, 319 Abs. 3, § 320 Abs. 4 iVm § 319 Abs. 3 und § 327c Abs. 3, § 327d S. 1. Die Erteilung von Abschriften und Bekanntmachung auf der Hauptversammlung gilt gem. § 145 Abs. 6 auch für den Prüfungsbericht des Sonderprüfers.

26 **3. Einsichtnahme im Geschäftsraum der Gesellschaft.** § 175 Abs. 2 S. 1 verlangt die Auslage der Unterlagen im Geschäftsraum der Gesellschaft. Hierunter sind Räume in der Hauptverwaltung der Gesellschaft zu verstehen. Die Auslage hat vom Zeitpunkt der Einberufung an zu erfolgen. Es genügt die **Auslage am Sitz der Hauptverwaltung,** die sich nicht notwendigerweise am satzungsmäßigen Sitz der Gesellschaft befindet. Nicht zwingend ist die Auslage in den Zweigniederlassungen.[32]

27 Die Gesellschaft kann verlangen, dass der Aktionär seine **Berechtigung zur Einsichtnahme** nachweist. Dies kann geschehen durch Vorlage der Aktien, Vorlage einer Hinterlegungsbescheinigung oder Eintrag in das Aktienbuch bei Namensaktien.[33] Unter den Voraussetzungen des § 175 Abs. 2 S. 4 kann auf die Auslage in den Geschäftsräumen verzichtet werden.

28 **4. Aushändigung der Abschrift der Vorlagen.** § 175 Abs. 2 S. 2 gewährt jedem Aktionär das Recht, eine **Abschrift der Vorlagen** zu erhalten. Die Gesellschaft wird dadurch verpflichtet, die Vorlagen an die Aktionäre zu versenden. Die Aushändigung kann der Aktionär ab Einberufung der Hauptversammlung verlangen.[34] Dazu hat der Aktionär gegenüber der Gesellschaft den Nachweis seiner Aktionärseigenschaft zu erbringen. Die Versendung der Vorlagen an die Aktionäre muss ohne schuldhaftes Zögern erfolgen, wobei die Gesellschaft die Kosten für die Versendung trägt.[35] Allerdings ist der Aktionär verpflichtet, die Vollständigkeit der übersandten Unterlagen selbst zu prüfen, weshalb sich aus der Übersendung unvollständiger Unterlagen kein Anfechtungsgrund der Hauptversammlungsbeschlüsse wegen Verletzung der Auslegungspflichten herleiten lässt.[36]

29 Es ist davon auszugehen, dass alle heute bekannten Medien verwendet werden dürfen, um die Erteilung der Abschrift zu erfüllen. Dazu zählt nicht nur der Versand gedruckter Geschäftsberichte, sondern auch der **Versand in elektronischer Form oder die Veröffentlichung im Internet.**[37] Für den Versand mittels elektronischer Medien muss das Einverständnis des Aktionärs vorliegen.[38] Unter den Voraussetzungen des § 175 Abs. 2 S. 4 kann auf die Erteilung der Abschriften verzichtet werden. Es ist dann auf jeden Fall zulässig, an Stelle des Versands gedruckter Berichte, die Vorlagen elektronisch zu übermitteln. § 175 Abs. 2 S. 4 soll die Gesellschaften vom finanziellen und bürokratischen Aufwand entlasten, da in der Praxis die Einsichtnahme in den Geschäftsräumen sowie die Anfragen auf Erteilung von Abschriften kaum genutzt werden.[39] Börsennotierte AGs sind ohnehin nach § 124a S. 1 Nr. 3 verpflichtet, alle der Hauptversammlung zugänglich zu machenden Unterlagen auf ihrer Internetseite zu publizieren (s. DCGK Ziff. 2.3.1). Die Auslegung in den Geschäftsräumen

---

[28] MüKoAktG/*Hennrichs*/*Pöschke* Rn. 27.
[29] *ADS* Rn. 17; MüKoAktG/*Hennrichs*/*Pöschke* Rn. 29; K. Schmidt/Lutter/*Drygala* Rn. 8; Hüffer/Koch/*Koch* Rn. 5; Bürgers/Körber/*Reger* Rn. 6; Grigoleit/*Grigoleit*/*Zellner* Rn. 8; Kölner Komm AktG/*Ekkenga* Rn. 16.
[30] MüKoAktG/*Hennrichs*/*Pöschke* Rn. 29; Großkomm AktG/*Brönner* Rn. 13.
[31] Grigoleit/*Grigoleit*/*Zellner* Rn. 8; MüKoAktG/*Hennrichs*/*Pöschke* Rn. 28.
[32] *ADS* Rn. 17; MüKoAktG/*Hennrichs*/*Pöschke* Rn. 30; Hüffer/Koch/*Koch* Rn. 6; Grigoleit/*Grigoleit*/*Zellner* Rn. 9; K. Schmidt/Lutter/*Drygala* Rn. 8; Hölters/*Drinhausen* Rn. 17.
[33] *ADS* Rn. 19; Grigoleit/*Grigoleit*/*Zellner* Rn. 9.
[34] *ADS* Rn. 20; Hüffer/Koch/*Koch* Rn. 6; MüKoAktG/*Hennrichs*/*Pöschke* Rn. 35.
[35] *ADS* Rn. 21; BeBiKo/*Grottel*/*Hoffmann* HGB Vor § 325 Rn. 104; Hüffer/Koch/*Koch* Rn. 7; MüKoAktG/*Hennrichs*/*Pöschke* Rn. 37; Kölner Komm AktG/*Ekkenga* Rn. 23; K. Schmidt/Lutter/*Drygala* Rn. 9.
[36] LG Frankfurt AG 2002, 356.
[37] *Noack* ZGR 1998, 592 (612).
[38] *Leuering* ZIP 2000, 2053 (2056); Grigoleit/*Grigoleit*/*Zellner* Rn. 10.
[39] Begr. Rechtsausschuss BT-Drs. 16/2781, 88.

erfolgt für börsennotierte Gesellschaften damit auf freiwilliger Basis und nicht mehr alternativ zur Publizierung im Internet.[40]

5. Durchsetzung der Aktionärsrechte. Verstößt die Gesellschaft gegen ihre Auslagepflicht oder die Pflicht zur Erteilung von Abschriften gem. § 175, besteht die Möglichkeit der Aktionäre gegen den Vorstand ein **Zwangsgeld** vom Registergericht gem. § 407 Abs. 1 festsetzen zu lassen.[41] Ein Teil der Literatur hält die **Klage auf Gewährung der Einsicht und Erteilung der Abschriften** für zweckmäßig.[42] Die **einstweilige Verfügung** (§§ 935, 940 ZPO) wird von einigen Autoren ebenfalls als Recht der Aktionäre betrachtet,[43] während andere die Anwendung der einstweiligen Verfügung bezweifeln.[44] 30

Verletzt die Gesellschaft die Auslagepflichten des § 175, sind **Beschlüsse** der Hauptversammlung gem. § 243 **anfechtbar**.[45] Dies gilt für den Gewinnverwendungsbeschluss ebenso wie für die Entlastungsbeschlüsse des Vorstands und des Aufsichtsrats und für die Feststellung des Jahresabschlusses durch die Hauptversammlung. 31

Wird ein gem. § 290 HGB iVm § 170 aufzustellender Konzernabschluss erst nach Stattfinden der Hauptversammlung aufgestellt, der er gem. § 175 Abs. 2 und § 176 Abs. 1 vorzulegen gewesen wäre, heilt auch eine **nachträgliche Zusendung von Konzernabschluss und Konzernlagebericht an die Aktionäre** nicht die Anfechtbarkeit der von ihr gefassten Entlastungsbeschlüsse.[46] 32

V. Bindung des Vorstands und des Aufsichtsrats

§ 175 Abs. 4 **bindet den Vorstand und den Aufsichtsrat an ihre** im Bericht des Aufsichtsrats enthaltenen **Erklärungen**. Die Bindung beginnt nicht mit Eingang des Aufsichtsratsberichts beim Vorstand, sondern erst mit der nach außen hin erkennbaren Einberufung der Hauptversammlung.[47] Folglich sind der Aufsichtsrat an seine Billigung bzw. Nichtbilligung des Jahresabschlusses und der Vorstand und Aufsichtsrat an ihre Beschlüsse zur Übertragung der Feststellung auf die Hauptversammlung gebunden.[48] 33

§ 175 Abs. 4 bezweckt, dass die der Hauptversammlung überlassene Feststellung des Jahresabschlusses durch **nachträgliche Änderung** der Beschlüsse nicht wieder abgenommen werden kann, nur weil Vorstand und Aufsichtsrat befürchten, die Hauptversammlung könne von ihren Vorschlägen abweichen.[49] Die Bindung des Vorstands und des Aufsichtsrats gilt auch für den Fall, dass sie die Einberufung der Hauptversammlung aufheben und ihre Beschlüsse vor erneuter Einberufung widerrufen.[50] Eine inhaltliche Änderung des Jahresabschlusses ist möglich, kommt jedoch aufgrund des Vertrauensschutzes und der Rechtssicherheit nur aus wichtigen wirtschaftlichen Gründen in Betracht (dazu → § 172 Rn. 24 ff.). 34

§ 175 Abs. 4 S. 2 bindet bei einem Mutterunternehmen iSv § 290 Abs. 1 und 2 den Aufsichtsrat an seine **Erklärung über die Billigung des Konzernabschlusses**. Dies betrifft auch die Erklärung über die Nichtbilligung. Damit soll sichergestellt werden, dass der Aufsichtsrat nicht nachträglich in die Kompetenz der Hauptversammlung eingreift. 35

§ 176 Vorlagen. Anwesenheit des Abschlußprüfers

(1) ¹Der Vorstand hat der Hauptversammlung die in § 175 Abs. 2 genannten Vorlagen sowie bei börsennotierten Gesellschaften einen erläuternden Bericht zu den Angaben nach

---

[40] S. dazu auch BT-Drs. 16/11642, 35.
[41] MüKoAktG/*Hennrichs/Pöschke* Rn. 41; Grigoleit/*Grigoleit/Zellner* Rn. 12; Kölner Komm AktG/*Ekkenga* Rn. 24; K. Schmidt/Lutter/*Drygala* Rn. 12.
[42] *ADS* Rn. 22; *Mutze* AG 1966, 176; für Leistungsklage ist Hüffer/Koch/*Koch* Rn. 6; dagegen Kölner Komm AktG/*Ekkenga* Rn. 25; Grigoleit/*Grigoleit/Zellner* Rn. 12; MüKoAktG/*Hennrichs/Pöschke* Rn. 41: Klage ist ohne praktische Bedeutung.
[43] Hüffer/Koch/*Koch* Rn. 6; Großkomm AktG/*Brönner* Rn. 18, *Baumbach/Hueck* Rn. 7, *Schlegelberger/Quassowski* § 125 AktG 1937 Rn. 15; Grigoleit/*Grigoleit/Zellner* Rn. 12; K. Schmidt/Lutter/*Drygala* Rn. 12; Kölner Komm AktG/*Ekkenga* Rn. 25.
[44] *Mutze* AG 1966, 176; *ADS* Rn. 22; MüKoAktG/*Hennrichs/Pöschke* Rn. 41; ablehnend *v. Godin/Wilhelmi* Rn. 4.
[45] *ADS* Rn. 23; MüKoAktG/*Hennrichs/Pöschke* Rn. 42; K. Schmidt/Lutter/*Drygala* Rn. 13; Hüffer/Koch/*Koch* Rn. 6; Bürgers/Körber/*Reger* Rn. 10; OLG Stuttgart ZIP 2003, 1981 (1984); BGH NZG 2008, 309.
[46] LG Frankfurt NZG 1998, 640 = DB 1998, 1275.
[47] RegBegr. *Kropff* S. 284.
[48] MüKoAktG/*Hennrichs/Pöschke* Rn. 50; K. Schmidt/Lutter/*Drygala* Rn. 17.
[49] RegBegr. *Kropff* S. 284.
[50] Bürgers/Körber/*Reger* Rn. 12; Kölner Komm AktG/*Ekkenga* Rn. 34; MüKoAktG/*Hennrichs/Pöschke* Rn. 50.

§ 289a Absatz 1 und § 315a Absatz 1 des Handelsgesetzbuchs zugänglich zu machen. ²Zu Beginn der Verhandlung soll der Vorstand seine Vorlagen, der Vorsitzende des Aufsichtsrats den Bericht des Aufsichtsrats erläutern. ³Der Vorstand soll dabei auch zu einem Jahresfehlbetrag oder einem Verlust Stellung nehmen, der das Jahresergebnis wesentlich beeinträchtigt hat. ⁴Satz 3 ist auf Kreditinstitute nicht anzuwenden.

(2) ¹Ist der Jahresabschluß von einem Abschlußprüfer zu prüfen, so hat der Abschlußprüfer an den Verhandlungen über die Feststellung des Jahresabschlusses teilzunehmen. ²Satz 1 gilt entsprechend für die Verhandlungen über die Billigung eines Konzernabschlusses. ³Der Abschlußprüfer ist nicht verpflichtet, einem Aktionär Auskunft zu erteilen.

Schrifttum: *Claussen*, Hauptversammlung und Internet, AG 2001, 161; *Ekkenga*, Zur Frage der Verbundenseins des Abschlussprüfers mit der zu prüfenden Kapitalgesellschaft, BB 2004, 2013; *Ludwig*, Formanforderungen an die individuell erteilte Stimmrechtsvollmacht in der Aktiengesellschaft und in der GmbH, AG 2002, 433; *Martens*, Die Reform der aktienrechtlichen Hauptversammlung, AG 2004, 238; *Noack*, Online-Hauptversammlung, NZG 2001, 1057; *Noack*, Moderne Kommunikationsformen vor den Toren des Unternehmensrechts, ZGR 1998, 592; *Pikó/Preissler*, Die Online-Hauptversammlung bei Publikumsgesellschaften mit Namensaktien, AG 2002, 223; *Reul*, Die notarielle Beurkundung einer Hauptversammlung – Zugleich Besprechung der Entscheidung LG Wuppertal v. 26.2.2002–14 O 82/01, AG 2002, 543; *Schwegler*, Die Stellung des Wirtschaftsprüfers zu den Organen der Hauptversammlung, Aufsichtsrat und Vorstand, BB 1995, 1683; *Trescher*, Die Auskunftspflicht des Aufsichtsrats in der Hauptversammlung, DB 1990, 515.

Übersicht

	Rn.		Rn.
I. Normzweck und Anwendungsbereich	1, 2	4. Durchsetzung der Vorlage- und Erläuterungspflichten	19–21
II. Entstehungsgeschichte	3, 4	IV. Teilnahme des Abschlussprüfers	22–29
III. Vorlagen und Erläuterungspflichten	5–21	1. Teilnahme an Verhandlungen über die Feststellung	22–24
1. Auslage der Vorlagen	5–10		
2. Erläuterungen des Vorstands	11–15	2. Auskunftspflichten	25–27
3. Erläuterungen des Aufsichtsrats	16–18	3. Missachtung der Teilnahmepflicht	28, 29

I. Normzweck und Anwendungsbereich

1 § 175 enthält Regelungen zur Einberufung der Hauptversammlung. Mit § 176 wird in geringem Umfang der **Ablauf der Hauptversammlung** festgelegt. § 176 Abs. 1 S. 1 bestimmt, dass der Hauptversammlung die Vorlagen gem. § 175 Abs. 2 vorzulegen sind. Zu Beginn der Verhandlungen muss gem. § 176 Abs. 1 S. 2 der Vorstand seine Vorlagen und der Vorsitzende des Aufsichtsrats den Aufsichtsratsbericht, erläutern. Hat ein Jahresfehlbetrag oder ein Verlust das Jahresergebnis wesentlich beeinträchtigt ist darauf vom Vorstand gem. § 176 Abs. 1 S. 3 einzugehen. Durch die Auslage der Vorlagen und Berichte der Gesellschaftsorgane soll den Aktionären nochmals die Möglichkeit gegeben werden, **entscheidungserhebliche Informationen zu erhalten,** bevor sie über die Entlastung und Gewinnverwendung beschließen.

2 Wird der **Jahresabschluss von der Hauptversammlung festgestellt,** ist bei prüfungspflichtigen Gesellschaften die **Teilnahme eines Abschlussprüfers** an den Verhandlungen gem. § 176 Abs. 2 S. 1 **obligatorisch.** Der Abschlussprüfer kann schon während der Hauptversammlung beurteilen und darüber Auskünfte erteilen, ob vorgeschlagene Bilanzierungsalternativen zulässig sind. Sein Auskunftsverweigerungsrecht bezweckt den Schutz der Vertraulichkeit der Prüfungsberichte.

II. Entstehungsgeschichte

3 Abs. 1 S. 1 fasst Regelungen aus den § 125 Abs. 5 S. 3 AktG 1937, § 126 Abs. 2 S. 1 AktG 1937 und § 127 Abs. 2 S. 1 AktG 1937 zusammen.[1] Gem. Abs. 1 S. 2 haben Vorstand und der Vorsitzende des Aufsichtsrats ihre Berichte zu erläutern. Gem. Abs. 1 S. 3 hat der Vorstand über einen Bilanzverlust Auskunft zu erteilen. Diese Berichtspflicht wird durch das **BiRiLiG** auf einen Verlust erweitert.[2] Die Berichtspflicht aus Abs. 1 S. 3 wird mit dem **Bankbilanzrichtlinien-Gesetz** gem. Abs. 1 S. 4 nicht auf Kreditinstitute angewendet.[3] Mit dem **ARUG** wird die Vorlagepflicht des erläuternden

---
[1] RegBegr. *Kropff* S. 284; *Baumbach/Hueck* Rn. 1.
[2] Gesetz v. 19.12.1985, BGBl. 1985 I 2355 (2393).
[3] Gesetz v. 30.11.1990, BGBl. 1990 I 2570 (2575).

Berichts zu den Angaben nach § 289 Abs. 4, § 315 Abs. 4 HGB über Zusatzangaben von Aktiengesellschaften und Kommanditgesellschaften auf Aktien, die einen organisierten Markt durch von ihnen ausgegebene stimmberechtigte Aktien in Anspruch nehmen vom § 175 inhaltlich in den § 176 übertragen.[4] Mit dem **CSR-Richtlinie-Umsetzungsgesetz** wird der vorherige § 289 Abs. 4 HGB in § 289a HGB, der § 315 Abs. 4 HGB in § 315a Abs. 1 HGB verschoben. Dementsprechend wurde auch § 176 Abs. 1 angepasst.[5]

Abs. 2 begründet die Teilnahmepflicht des Abschlussprüfers an den Verhandlungen über die Feststellung des Jahresabschlusses, gewährt den Aktionären aber kein Auskunftsrecht und wurde neu in das Aktiengesetz 1965 eingefügt. Durch das **BiRiLiG** wird Abs. 2 sprachlich neu gefasst. Eingefügt wird durch das **BilReG** die analoge Anwendung von Abs. 2 S. 1 für die Verhandlungen über die Billigung des Konzernabschlusses.[6] 4

III. Vorlagen und Erläuterungspflichten

1. Auslage der Vorlagen. Die in § 175 Abs. 2 genannten **Vorlagen** sowie – bei börsennotierten Gesellschaften – ein **erläuternder Bericht zu den Angaben** nach § 289a Abs. 1 HGB und zu den Angaben nach § 315a Abs. 1 HGB **müssen** dem Aktionär nicht nur vor der Hauptversammlung **zur Verfügung stehen**, sondern gem. § 176 Abs. 1 S. 1 auch **während der Hauptversammlung zugänglich sein.**[7] Dabei ist wie für § 175 die Auslage von mit den Originalen übereinstimmenden Abschriften ausreichend, ebenso wie eine elektronische Bereitstellung über Monitore.[8] 5

Hält die Verwaltung der Gesellschaft es für erforderlich, der Hauptversammlung aus wichtigem Grund einen **neuen Gewinnverwendungsvorschlag** zu unterbreiten, sind ebenfalls die ursprünglichen Vorlagen auszulegen. Zusätzlich sind die veränderten Vorlagen auszulegen.[9] 6

Für den Fall, dass eine Gesellschaft von den **Vereinfachungsregeln** gem. § 266 Abs. 1 S. 3, §§ 276, 288 HGB Gebrauch gemacht hat, ergeben sich in der Hauptversammlung aus § 131 Abs. 1 S. 3 **zusätzliche Vorlagepflichten.** Einem Aktionär sind auf sein Verlangen hin in der Hauptversammlung ungekürzte Abschlüsse vorzulegen. 7

Die Vorlage in der Hauptversammlung gem. § 176 löste früher die **Offenlegungspflicht** gem. § 325 Abs. 1 S. 1 HGB aF aus. Mit dem BilRUG ist jedoch die Pflicht der Offenlegung „unverzüglich" nach der Vorlage an die Gesellschafter in § 325 HGB aF entfallen. 8

Die **Vorlagepflicht erstreckt sich** zumindest **über den Beginn der Verhandlungen bis zum Abschluss der Verhandlungen.** Zu den Verhandlungen gehören die Vorträge des Vorstands und des Aufsichtsratsvorsitzenden gem. § 176 Abs. 1, ggf. die Feststellung des Jahresabschlusses durch die Hauptversammlung gem. § 173 und die Beschlussfassung über die Gewinnfeststellung gem. § 174 iVm § 175 Abs. 3 S. 2. Da die Hauptversammlung auch über die Entlastung von Vorstand und Aufsichtsrat zu befinden hat und gem. § 120 Abs. 3 die Verhandlungen verbunden werden sollen, ist auch für diesen Zeitraum eine Auslage der Unterlagen erforderlich. Werden die Verhandlungen über den Gewinnverwendungsbeschluss oder die Entlastung nicht gem. § 175 Abs. 3 S. 2, § 120 Abs. 3 verbunden, sind die Vorlagen wiederholt auszulegen. Es kann somit bei Unterbrechung der Hauptversammlung notwendig sein, die Vorlagen erneut auszulegen.[10] 9

Damit die Hauptversammlung die Vorlagen einsehen kann, ist es erforderlich, genügend **Abschriften oder elektronisch bereitgestellte Unterlagen in den Räumen, in denen die Hauptversammlung stattfindet, auszulegen.**[11] 10

2. Erläuterungen des Vorstands. Mit seinen Vorlagen und mit seinen Erläuterungen gibt der Vorstand der Hauptversammlung Rechenschaft über seine Tätigkeit.[12] Die **Erläuterungspflicht** des Vorstands erstreckt sich auf den Jahresabschluss, Lagebericht, Gewinnverwendungsbeschluss und den Einzelabschluss nach § 325 Abs. 2a HGB. Bei Mutterunternehmen iSv § 290 Abs. 1 und 2 HGB ist über den Konzernabschluss und den Konzernlagebericht der Hauptversammlung zu berichten. Dabei 11

---

[4] Gesetz v. 30.7.2009, BGBl. 2009 I 2479 (2484 f.).
[5] Gesetz v. 11.4.2017, BGBl. 2017 I 802 (812).
[6] Gesetz v. 4.12.2004, BGBl. 2004 I 3166 (3178).
[7] Neye BB 2007, 389 (390); Grigoleit/*Grigoleit/Zellner* Rn. 2; *ADS* Rn. 5; MüKoAktG/*Hennrichs/Pöschke* Rn. 6.
[8] RegBegr. BT-Drs. 16/11642, 25 iVm 35; Grigoleit/*Grigoleit/Zellner* Rn. 3; MüKoAktG/*Hennrichs/Pöschke* Rn. 6; *Horn* ZIP 2008, 1558 (1565 f.); Hüffer/Koch/*Koch* Rn. 2; Hölters/*Drinhausen* Rn. 6.
[9] MüKoAktG/*Hennrichs/Pöschke* Rn. 7.
[10] *ADS* Rn. 9; MüKoAktG/*Hennrichs/Pöschke* Rn. 11; Grigoleit/*Grigoleit/Zellner* Rn. 3.
[11] Hüffer/Koch/*Koch* Rn. 2; *ADS* Rn. 5; Hölters/*Drinhausen* Rn. 6.
[12] RegBegr. *Kropff* S. 285.

ist es weder erforderlich noch zweckmäßig, die Vorlagen wortgetreu wiederzugeben. Vielmehr liegt die Auswahl und Aufbereitung der wesentlichen Informationen im Ermessen des Vorstands.[13] Empfehlenswert ist jedoch zu bekannten Aktionärsfragen Stellung zu nehmen sowie auf wichtige bereits eingetretene und künftige Entwicklungen einzugehen.[14]

12   Die Erläuterungspflicht trifft den Vorstand als **Kollegialorgan,** wobei zumeist der Vorsitzende bzw. das nach Geschäftsverteilung zuständige Vorstandsmitglied vorträgt. Bei Uneinigkeiten entscheidet der Gesamtvorstand mittels Beschluss (§ 77 Abs. 1).[15]

13   Gem. § 176 Abs. 1 S. 3 soll der Vorstand zu einem **Jahresfehlbetrag oder einem Verlust Stellung nehmen.** Es handelt sich um eine Soll-Vorschrift, aber die Erläuterung der Entstehung eines Jahresfehlbetrags iSv § 275 Abs. 2 Nr. 17 HGB bzw. § 275 Abs. 3 Nr. 16 HGB geht im Grunde einher mit der Erläuterung der GuV gem. § 275 HGB. Vorstände von Konzerngesellschaften haben die den internationalen Regeln entsprechende Position zu erläutern.

14   Im Gegensatz zum Jahresfehlbetrag ist der Begriff Verlust nicht gesetzlich bestimmt. Ein **Verlust,** der gemessen an seiner Bedeutung für den gegenwärtigen Abschluss von wesentlicher Bedeutung ist, ist unternehmensbezogen zu beurteilen. Dabei kommen Geschäftsvorfälle in Frage, die im Berichtsjahr zu hohen Verlusten geführt haben, auch wenn sie durch Erträge aus anderen Geschäftsvorfällen kompensiert werden konnten.[16] Durch eine stärkere Zukunftsorientierung im Berichtswesen kommen auch Vorfälle in Frage, die erst zu Verlusten in der Zukunft führen und zukünftige Berichtsjahre beeinträchtigen,[17] da mit der Regelung Aktionäre rechtzeitig auf ungünstige Entwicklungen aufmerksam gemacht werden sollen.[18] Die Auskunftsrechte der Aktionäre gem. § 131 bleiben davon unberührt.

15   Gem. § 176 Abs. 1 S. 4 muss der Vorstand eines Kreditinstituts die Hauptversammlung nicht über Jahresfehlbetrag und Verluste informieren. Diese **Ausnahmestellung der Kreditinstitute** ergibt sich aus ihrer volkswirtschaftlich bedeutenden Position. Durch abweichende Bilanzierungsregeln gem. § 340 HGB, insbesondere §§ 340f, 340g HGB, ist ein Jahresfehlbetrag oder Verlust nicht direkt vergleichbar mit denen anderer Gesellschaften. Aber gerade aus Sicht des Vertrauensschutzes wird diese Regelung kritisiert, denn Aktionäre und Anleger können nur Vertrauen in das Unternehmen gewinnen, wenn sie über Risiken und Maßnahmen im Zusammenhang mit dem Jahresfehlbetrag oder dem Verlust informiert werden.[19]

16   **3. Erläuterungen des Aufsichtsrats.** Neben Vorlage seines Berichts gibt der Aufsichtsrat auch mittels seiner Erläuterungen der Hauptversammlung **Rechenschaft** über seine Tätigkeit.[20] § 176 Abs. 1 S. 2 nennt ausdrücklich den Aufsichtsratsvorsitzenden als denjenigen, der den Bericht des Aufsichtsrats in der Hauptversammlung vorträgt. Gem. § 107 Abs. 1 S. 3 tritt an die Stelle des Vorsitzenden sein Vertreter, wenn der Vorsitzende behindert ist.

17   Im Vortrag hat der Aufsichtsratsvorsitzende die **wesentlichen Aspekte des Aufsichtsratsberichts** darzustellen.[21] Der Bericht dient der Rechenschaftslegung gegenüber der Hauptversammlung und der Unterrichtung.

18   Vertritt der Aufsichtsratsvorsitzende eine **abweichende Auffassung** von den übrigen Aufsichtsratsmitgliedern, so hat er seine Äußerungen deutlich als eigene Ansicht zu kennzeichnen.[22] Hält der Vorsitzende den Bericht des Aufsichtsrats für mangelhaft, ist von ihm der Mangel zu erläutern und der Bericht entsprechend zu ergänzen.[23]

19   **4. Durchsetzung der Vorlage- und Erläuterungspflichten.** Werden die Vorlagen des § 175 Abs. 2 nicht gem. § 176 Abs. 1 S. 1 ausgelegt, so besteht die Möglichkeit der **Anfechtung** der von

---

[13] ADS Rn. 12; Bürgers/Körber/*Reger* Rn. 2a.
[14] Grigoleit/*Grigoleit/Zellner* Rn. 4; Bürgers/Körber/*Reger* Rn. 3; K. Schmidt/Lutter/*Drygala* Rn. 13; MüKoAktG/*Hennrichs/Pöschke* Rn. 12; Hüffer/Koch/*Koch* Rn. 3; BeBiKo/*Grottel/Hoffmann* HGB Vor § 325 Rn. 112.
[15] Grigoleit/*Grigoleit/Zellner* Rn. 4; MüKoAktG/*Hennrichs/Pöschke* Rn. 18; Hüffer/Koch/*Koch* Rn. 3; K. Schmidt/Lutter/*Drygala* Rn. 12.
[16] ADS Rn. 19; MüKoAktG/*Hennrichs/Pöschke* Rn. 14; K. Schmidt/Lutter/*Drygala* Rn. 14; Hüffer/Koch/*Koch* Rn. 5.
[17] MüKoAktG/*Hennrichs/Pöschke* Rn. 15.
[18] RegBegr., BT-Drs. 10/317, 105.
[19] MüKoAktG/*Hennrichs/Pöschke* Rn. 17.
[20] RegBegr. *Kropff* S. 285.
[21] ADS Rn. 23; MüKoAktG/*Hennrichs/Pöschke* Rn. 20; K. Schmidt/Lutter/*Drygala* Rn. 15; Grigoleit/*Grigoleit/Zellner* Rn. 4.
[22] Grigoleit/*Grigoleit/Zellner* Rn. 4; K. Schmidt/Lutter/*Drygala* Rn. 15; Bürgers/Körber/*Reger* Rn. 6; Kölner Komm AktG/*Ekkenga* Rn. 13.
[23] MüKoAktG/*Hennrichs/Pöschke* Rn. 19.

der Hauptversammlung gefassten Beschlüsse gem. § 243, weil es sich bei Verstoß gegen §§ 175 Abs. 2 und 176 Abs. 1 S. 1 um Gesetzesverstöße handelt.[24]

Die **Verletzung der Erläuterungspflicht** durch Vorstand und Aufsichtsratsvorsitzenden berechtigt nicht zur Anfechtung, weil dies nur einem Verstoß gegen eine Soll-Vorschrift und nicht einem Gesetzesverstoß gem. § 243 gleichkommt. Durch die Auslage der Unterlagen gem. § 175 und die Auslage gem. § 176 Abs. 1 hat der Aktionär umfassende Einsicht in die Berichte des Vorstands und des Aufsichtsrats. Durch die Vorträge in der Hauptversammlung werden die Berichte nur schwerpunktartig wiedergegeben und meist keine neuen Erkenntnisse vermittelt, womit ein Verstoß gegen die Sollvorschrift des § 176 Abs. 1 S. 2 nicht gleichwertig zu einem Verstoß gegen § 176 Abs. 1 S. 1 zu werten ist.[25] 20

Bei Verletzung von § 176 Abs. 1 S. 2 liegt es im **Ermessen** der Hauptversammlung, ob sie den **Vorstand und Aufsichtsrat gem. § 120 entlasten** will. Auch liegt es in ihrem Ermessen, ob sie den Jahresabschluss feststellen will, wenn ihr dies gem. §§ 172, 173 übertragen wurde.[26] 21

IV. Teilnahme des Abschlussprüfers

1. Teilnahme an Verhandlungen über die Feststellung. Gem. § 176 Abs. 2 S. 1 ist der Abschlussprüfer[27] einer prüfungspflichtigen Gesellschaft (§ 315 Abs. 1 S. 1 HGB) ausdrücklich **zur Teilnahme an den Verhandlungen der Hauptversammlung über die Feststellung des Jahresabschlusses verpflichtet.** Dies betrifft den seltenen Ausnahmefall, in dem die Hauptversammlung zur Feststellung befugt ist (§ 173). Zur Teilnahme an den Verhandlungen über die Gewinnverwendung und die Entlastung ist er nach hM wegen § 175 Abs. 3 S. 2, § 120 Abs. 3 zwar nicht verpflichtet, aber berechtigt, insbesondere erscheint seine Teilnahme zweckmäßig, da während allen Verhandlungen Fragen zum Jahresabschluss möglich sind.[28] Nichtigkeitsgründe gem. § 241 Nr. 3 treffen einen Hauptversammlungsbeschluss, durch den der Abschlussprüfer von den Verhandlungen über die Feststellung und die damit verbundenen Verhandlungspunkte ausgeschlossen wird.[29] 22

Eine gesetzliche **Teilnahmepflicht besteht nicht** für den Fall, dass der Jahresabschluss gem. § 172 festgestellt ist und nur die Gewinnverwendung gem. § 174 der Hauptversammlung obliegt.[30] In der Praxis ist es jedoch üblich und sinnvoll, dass der Abschlussprüfer auch in diesem Fall an der Hauptversammlung teilnimmt.[31] 23

An den **Verhandlungen der Hauptversammlung über die Billigung des Konzernabschlusses** hat der Abschlussprüfer gem. § 176 Abs. 2 S. 2 teilzunehmen. 24

2. Auskunftspflichten. Der Abschlussprüfer ist gem. § 176 Abs. 2 S. 3 nicht verpflichtet, einem Aktionär Auskunft zu erteilen.[32] Die Vorschrift gewährleistet die **Verschwiegenheitspflicht des Abschlussprüfers (§ 323 Abs. 1 S. 1 HGB)**. Auskünfte werden den Aktionären auf der Hauptversammlung gem. § 131 vom Vorstand erteilt. Der Vorstand hat gem. § 131 Abs. 3 in den dort genannten Fällen ein Auskunftsverweigerungsrecht. Es obliegt somit dem Vorstand, die von den Aktionären gestellten Fragen zu beantworten oder nicht zu beantworten. Die Auskunftsverweigerung des Abschlussprüfers gegenüber der Hauptversammlung betrifft nicht das Auskunftsverlangen des Vorstands oder des Aufsichtsrats. Der Abschlussprüfer muss Fragen des Vorstands und des Aufsichtsratsvorsitzenden auch in der Hauptversammlung beantworten, sofern sich die Fragen auf seine Prüfung erstrecken.[33] 25

---

[24] ADS Rn. 24; Hüffer/Koch/*Koch* Rn. 6; Kölner Komm AktG/*Ekkenga* Rn. 15; MüKoAktG/*Hennrichs/Pöschke* Rn. 21.
[25] ADS Rn. 25; Hüffer/Koch/*Koch* Rn. 6; MüKoAktG/*Hennrichs/Pöschke* Rn. 22; Kölner Komm AktG/*Ekkenga* Rn. 15; K. Schmidt/Lutter/*Drygala* Rn. 16; Grigoleit/*Grigoleit/Zellner* Rn. 6; Großkomm AktG/*Brönner* Rn. 6.
[26] Hüffer/Koch/*Koch* Rn. 6; Grigoleit/*Grigoleit/Zellner* Rn. 6; ADS Rn. 25.
[27] Dh der oder die verantwortlichen Prüfungsleiter.
[28] ADS Rn. 30, 32; Hüffer/Koch/*Koch* Rn. 7; Bürgers/Körber/*Reger* Rn. 9; MüKoAktG/*Hennrichs/Pöschke* Rn. 25, 28; strenger: K. Schmidt/Lutter/*Drygala* Rn. 17; Kölner Komm AktG/*Ekkenga* Rn. 16: Anwesenheitspflicht auch bei verbundenen Tagesordnungspunkten.
[29] MüKoAktG/*Hennrichs/Pöschke* Rn. 28; Bürgers/Körber/*Reger* Rn. 10.
[30] RegBegr. *Kropff* S. 285.
[31] Hüffer/Koch/*Koch* Rn. 8; MüKoAktG/*Hennrichs/Pöschke* Rn. 29; BeBiKo/*Grottel/Hoffmann* HGB Vor § 325 Rn. 115.
[32] Krit. dazu *Hommelhoff* BB 1998, 2625 (2630 f.).
[33] ADS Rn. 37, Hüffer/Koch/*Koch* Rn. 9; Kölner Komm AktG/*Ekkenga* Rn. 18; MüKoAktG/*Hennrichs/Pöschke* Rn. 42; K. Schmidt/Lutter/*Drygala* Rn. 24.

26 Auch wenn der Abschlussprüfer kein eigenständiges Rederecht hat,[34] kann er vom Vorstand zur **Erteilung einer Auskunft in der Hauptversammlung** ermächtigt werden.[35] Dadurch wird der Abschlussprüfer für die Erteilung einer ganz bestimmten Auskunft von seiner Verschwiegenheitspflicht entbunden. Aus Vorsichtsgründen sollte vor Auskunftserteilung Rücksprache mit dem Vorstand gehalten werden.[36] Auch wenn der Aufsichtsrat dem Abschlussprüfer den Prüfungsauftrag erteilt, ist davon auszugehen, dass der Vorstand den Abschlussprüfer von seiner Verschwiegenheitspflicht entbinden muss.[37] In bestimmten Fällen, in denen der Aufsichtsrat die Gesellschaft gegenüber dem Vorstand vertritt, ist es möglich, dass der Aufsichtsratsvorsitzende den Abschlussprüfer von seiner Verschwiegenheit entbindet, um Auskunft über den Vorstand zu erteilen.[38]

27 Der Abschlussprüfer ist nicht berechtigt, von sich aus das Wort zu ergreifen und Fragen der Aktionäre zu beantworten.[39] Unter besonderen Umständen kann davon abgewichen werden, und dem Abschlussprüfer wird die **Durchbrechung der Verschwiegenheitspflicht** gestattet, wenn ihm durch sein Schweigen schwerwiegende Nachteile drohen.[40]

28 **3. Missachtung der Teilnahmepflicht.** Der Abschlussprüfer ist zur Teilnahme an der Hauptversammlung verpflichtet, wenn die Hauptversammlung den Jahresabschluss feststellt (§ 176 Abs. 2 S. 1) bzw. den Konzernabschluss billigt (§ 176 Abs. 2 S. 2). Nimmt der Prüfer nicht an der Hauptversammlung teil, verletzt er eine gesetzliche Pflicht, die gem. § 257 Abs. 1, § 243 Abs. 1 zur **Anfechtung des Feststellungsbeschlusses** führen kann.[41] Die Anfechtbarkeit besteht, wenn das Verschulden den Prüfer trifft, oder der Prüfer pflichtwidrig nicht eingeladen oder nicht zugelassen wird.

29 Trifft den Abschlussprüfer die Schuld an seinem Fernbleiben von der Hauptversammlung, haftet er der Gesellschaft aus seinem Prüfungsvertrag iSv § 323 HGB. Er haftet auch für pflichtwidrige oder schuldhaft unrichtige Auskünfte.[42] Da den Abschlussprüfer keine Berichtspflicht trifft, handelt es sich nicht um einen Verstoß iSv § 332 HGB.

Vierter Abschnitt. Bekanntmachung des Jahresabschlusses

§§ 177, 178 *(aufgehoben)*

---

[34] MüKoAktG/*Hennrichs/Pöschke* Rn. 36; Bürgers/Körber/*Reger* Rn. 11; BeBiKo/*Grottel/Hoffmann* HGB Vor § 325 Rn. 115.
[35] Grigoleit/*Grigoleit/Zellner* Rn. 9; Kölner Komm AktG/*Ekkenga* Rn. 18; K. Schmidt/Lutter/*Drygala* Rn. 23.
[36] MüKoAktG/*Hennrichs/Pöschke* Rn. 37.
[37] BeBiKo/*Schmidt/Feldmüller* HGB § 323 Rn. 44; MüKoAktG/*Hennrichs/Pöschke* Rn. 39.
[38] MüKoAktG/*Hennrichs/Pöschke* Rn. 39; Kölner Komm AktG/*Ekkenga* Rn. 18.
[39] ADS Rn. 38; Hüffer/Koch/*Koch* Rn. 9; MüKoAktG/*Hennrichs/Pöschke* Rn. 40.
[40] ADS Rn. 38, HGB § 323 Rn. 60, 61; MüKoAktG/*Hennrichs/Pöschke* Rn. 41.
[41] ADS Rn. 34; BeBiKo/*Grottel/Hoffmann* HGB Vor § 325 Rn. 116; Hüffer/Koch/*Koch* Rn. 10; Kölner Komm AktG/*Ekkenga* Rn. 19; MüKoAktG/*Hennrichs/Pöschke* Rn. 44; Grigoleit/*Grigoleit/Zellner* Rn. 10; aA Bürgers/Körber/*Reger* Rn. 12; Bonner HdB/*Reiß* Rn. 17; Hölters/*Drinhausen* Rn. 26: Zweck der Anwesenheitspflicht dient nicht der Information der Aktionäre.
[42] MüKoAktG/*Hennrichs/Pöschke* Rn. 46; K. Schmidt/Lutter/*Drygala* Rn. 26; Kölner Komm AktG/*Ekkenga* Rn. 20.

Sechster Teil. Satzungsänderung. Maßnahmen der Kapitalbeschaffung und Kapitalherabsetzung

Erster Abschnitt. Satzungsänderung

§ 179 Beschluß der Hauptversammlung

(1) ¹Jede Satzungsänderung bedarf eines Beschlusses der Hauptversammlung. ²Die Befugnis zu Änderungen, die nur die Fassung betreffen, kann die Hauptversammlung dem Aufsichtsrat übertragen.

(2) ¹Der Beschluß der Hauptversammlung bedarf einer Mehrheit, die mindestens drei Viertel des bei der Beschlußfassung vertretenen Grundkapitals umfaßt. ²Die Satzung kann eine andere Kapitalmehrheit, für eine Änderung des Gegenstands des Unternehmens jedoch nur eine größere Kapitalmehrheit bestimmen. ³Sie kann weitere Erfordernisse aufstellen.

(3) ¹Soll das bisherige Verhältnis mehrerer Gattungen von Aktien zum Nachteil einer Gattung geändert werden, so bedarf der Beschluß der Hauptversammlung zu seiner Wirksamkeit der Zustimmung der benachteiligten Aktionäre. ²Über die Zustimmung haben die benachteiligten Aktionäre einen Sonderbeschluß zu fassen. ³Für diesen gilt Absatz 2.

Schrifttum: *Baumann/Reiss,* Satzungsergänzende Vereinbarungen – Nebenverträge im Gesellschaftsrecht. Eine rechtstatsächliche und rechtsdogmatische Untersuchung, ZGR 1989, 157; *Bayer/Hoffmann/Sawada,* Die Fassungsänderung der AG-Satzung, AG 2010, R 513; *Beuthien/Gätsch,* Einfluss Dritter auf die Organbesetzung und Geschäftsführung bei Vereinen, Kapitalgesellschaften und Genossenschaften, ZHR 157 (1993), 483; *Beuthien/Gätsch,* Vereinsautonomie und Satzungsrechte Dritter. Statutarischer Einfluss Dritter auf die Gestaltung von Körperschaftsatzungen, ZHR 156 (1992), 459; *Bischoff,* Sachliche Voraussetzungen von Mehrheitsbeschlüssen in Kapitalgesellschaften, BB 1987, 1055; *Blasche,* Satzungsregelungen zur Amtszeit der Aufsichtsratsmitglieder, AG 2017, 112 ff.; *Boesebeck,* „Satzungsdurchbrechung" im Recht der Aktiengesellschaft und der GmbH, NJW 1960, 2265; *Cahn,* Die Anpassung der Satzung der Aktiengesellschaft an Kapitalerhöhungen, AG 2001, 181; *Dempewolf,* Die Rückwirkung von Satzungsänderungen aktienrechtlicher Gesellschaften, NJW 1958, 1212; *Eckardt,* Satzungsänderungen auf Grund des neuen Aktiengesetzes, NJW 1967, 369; *Ekkenga/Schneider,* Holzmüller und seine Geburtsfehler – hier: Die angebliche Schrankenlosigkeit der Vertretungsmacht des Mutter-Vorstands im Konzern, ZIP 2017, 1053 ff.; *Feldhaus,* Der Verkauf von Unternehmensteilen einer Aktiengesellschaft und die Notwendigkeit einer außerordentlichen Hauptversammlung, BB 2009, 562; *Fleck,* Schuldrechtliche Verpflichtungen einer GmbH im Entscheidungsbereich der Gesellschafter, ZGR 1988, 104; *Fuchs,* Tracking Stock – Spartenaktien als Finanzierungsinstrument für deutsche Aktiengesellschaften, ZGR 2003, 167; *Geßler,* Einberufung und ungeschriebene Hauptversammlungszuständigkeiten, FS Stimpel, 1985, 771; *Geßler,* Nichtigkeit von Hauptversammlungsbeschlüssen und Satzungsbestimmungen, ZGR 1980, 427; *Geßler,* Die Rechtslage bei Fehlen des Sonderbeschlusses benachteiligter Aktionäre oder verschiedener Aktiengattungen, DJ 1936, 1491; *Götz,* Die Sicherung der Rechte der Aktionäre der Konzernobergesellschaft bei Konzernbildung und Konzernleitung, AG 1984, 85; *Groß,* Zuständigkeit der Hauptversammlung bei Erwerb und Veräußerung von Unternehmensleitungen, AG 1994, 266; *Habersack,* Unwirksamkeit „zustandsbegründender" Durchbrechungen der GmbH-Satzung sowie darauf gerichteter schuldrechtlicher Nebenabreden, ZGR 1994, 354; *Henze,* Materiellrechtliche Grenzen für Mehrheitsentscheidungen im Aktienrecht (Teil 1), DStR 1993, 1823; *Hofmeister,* Veräußerung und Erwerb von Beteiligungen bei der Aktiengesellschaft: Denkbare Anwendungsfälle der Gelatine-Rechtsprechung, NZG 2008, 47; *Hüffer,* Die Bestätigung fehlerhafter Beschlüsse der Hauptversammlung, ZGR 2012, 730; *Huep,* Die Renaissance der Namensaktie, WM 2000, 1623; *Krause,* Atypische Kapitalerhöhungen im Aktienrecht, ZHR 2017, 181, 641; *Krieger,* Vorzugsaktie und Umstrukturierung, FS Lutter, 2000, 497; *Kort,* Das Verhältnis der Umwandlung zur Satzungsänderung, Unternehmensgegenstandsänderung und Gesellschaftszweckänderung, AG 2011, 611; *Liebscher,* Ungeschriebene Hauptversammlungszuständigkeiten im Lichte von Holzmüller, Macroton und Gelatine, ZGR 2005, 1; *Lutter,* Die entschlusswache Hauptversammlung, FS Quack, 1992, 301; *Lutter,* Zur Vorbereitung und Durchführung von Grundlagenbeschlüssen in Aktiengesellschaften, FS Fleck, 1988, 169; *Lutter,* Organzuständigkeiten im Konzern, FS Stimpel, 1985, 825; *Lutter/Leinekugel,* Der Ermächtigungsbeschluss der Hauptversammlung zu grundlegenden Strukturmaßnahmen – zulässige Kompetenzübertragung oder unzulässige Selbstentmachtung?, ZIP 1998, 805; *Lutter/Leinekugel,* Kompetenz von Hauptversammlung und Gesellschafterversammlung beim Verkauf von Unternehmensteilen, ZIP 1998, 225; *Mecke,* Konzernstruktur und Aktionärsentscheid 1992; *Mertens,* Unternehmensgegenstand und Mitgliedschaftsrecht, AG 1978, 309; *Mohrmann,* Satzungsmäßige Gerichtsstandsklausel für informationsbedingte Kapitalanlegerklagen im europäischen Zuständigkeitsregime, AG 2011, 10; *J. Müller,* Statutenwidrige Verbandsbeschlüsse im Recht der Personengesellschaften und Körperschaften, 1993; *Noack,* Die Umstellung von Inhaber- und Namensaktien, FS Bezzenberger, 2000, 291; *Noack,* Der allseitige Gesellschafterbeschluss als „schuldrechtliche Nebenabrede" und dessen korporationsrechtlichen Folgen, NZG 2010, 1017; *Priester,* Satzungsänderung und Satzungsdurchbrechung, ZHR 151 (1987), 40; *Priester,* Drittbindung des Stimmrechts und Satzungsautonomie, FS Werner, 1984, 657; *Priester,* Nichtkorporative Satzungsbestimmungen bei Kapitalgesellschaften, DB 1979, 681; *Priester,* Unterschreitung des satzungsmäßigen Unter-

§ 179

nehmensgegenstandes im Aktienrecht, ZGR 2017, 474 ff; *von Rechenberg,* Die Hauptversammlung als oberstes Organ der Aktiengesellschaft, 1986; *Redenius-Hövermann,* Zur Frauenquote im Aufsichtsrat, ZIP 2010, 661; *Reichert,* Ausstrahlungswirkungen der Ausgliederungsvoraussetzungen nach UmwG auf andere Strukturänderungen, in Habersack/Koch/Winter, Die Spaltung im neuen Umwandlungsrecht und ihre Rechtsfolgen, ZHR-Beiheft 68, 1999, 25; *Säcker,* Unternehmergegenstand und Unternehmensinteresse, FS Lukes, 1989, 547; *Senger/Vogelmann,* Die Umwandlung von Vorzugsaktien in Stammkapital, AG 2002, 193, *Siebel,* Fassungsänderungen einer Satzung, insbes. zu § 145 Abs. 1 S. 2 AktG, DNotZ 1955, 299; *Sommermeyer,* Änderung satzungsmäßig erschwerter Abstimmungsvorschriften, SchlHA 1967, 319; *Sonnenberg,* Die Änderung des Gesellschaftszwecks, 1989; *Stephan/Strenger,* Die Zuständigkeit der Hauptversammlung bei Strukturveränderungen – ein anlassbedingter Vorschlag, AG 2017, 346; *Tieves,* Der Unternehmensgegenstand der Kapitalgesellschaft, 1998; *Tieves,* Satzungsverletzende und satzungsdurchbrechende Gesellschafterbeschlüsse, ZIP 1984, 1341; *Timm,* Die Aktiengesellschaft als Konzernspitze, 1980; *Timm,* Hauptversammlungskompetenzen und Aktionärsrechte in der Konzernspitze, AG 1980, 172; *Timm,* Die Mitwirkung des Aufsichtsrats bei unternehmerstrukturellen Entscheidungen, Grenzen der Aufsichtsrats- und Verwaltungszuständigkeiten in der Aktiengesellschaft, DB 1980, 1201; *H. P. Westermann,* Die Anpassung von Gesellschaftsverträgen an veränderte Umstände, FS Hefermehl, 1976, 225; *H. Westermann,* Zweck der Gesellschaft und Gegenstand des Unternehmens im Aktien- und Genossenschaftsrecht, FS Schnorr von Carolsfeld, 1973, 517; *Winkler,* Materielle und formelle Bestandteile in Gesellschaftsverträgen und Satzungen und ihre verschiedenen Auswirkungen, DNotZ 1969, 394; *Wirth/Arnold,* Umwandlung von Vorzugsaktien in Stammaktien, ZGR 2002, 859; *Witt,* Mehrheitsregelnde Satzungsklauseln und Kapitalveränderungsbeschlüsse, AG 2000, 345; *Wolff,* Der Anwendungsbereich der Satzungsvorschriften im Aktien- und GmbH-Recht, WiB 1997, 1009; *Wollburg/Gehling,* Umgestaltung des Konzerns – Wer entscheidet über die Veräußerungen von Beteiligungen einer Aktiengesellschaft, FS Lieberknecht, 1997, 133; *Zilias,* Rückwirkende Satzungsänderungen bei Kapitalgesellschaften?, JZ 1959, 50; *Zetzsche,* Das Gesellschaftsrecht des Kapitalanlagegesetzbuches, AG 2013, 613; *Zöllner,* Neustückelung des Grundkapitals und Neuverteilung von Einzahlungsquoten bei teileingezahlten Aktien von Versicherungsgesellschaften, AG 1985, 19; *Zöllner,* Zur positiven Beschlussfeststellungsklage im Aktienrecht (und anderen Fragen des Beschlussrechts), ZGR 1982, 623; *Zöllner,* Die Schranken mitgliedschaftlicher Stimmrechtsmacht bei den privatrechtlichen Personenverbänden, 1963.

Übersicht

	Rn.
I. Einleitung und Übersicht	1–28
1. Normzweck	1–6
a) Grundsatz der Exklusivzuständigkeit	2–4
b) Grundsatz der Abänderbarkeit	5, 6
2. Entstehungsgeschichte	7
3. Systematische Einordnung	8
4. Gesetzlicher Rahmen der Satzungsgestaltung	9–12
5. Regelungsgegenstand	13–20
a) Änderung	13
b) Fassungsänderung	14, 15
c) Gesetzliche Mehrheitserfordernisse	16
d) Weitere Erfordernisse/Sonderbeschlüsse	17–19
e) Ergänzende Vorschriften	20
6. Materieller Anwendungsbereich	21
7. Zeitlicher Anwendungsbereich der Vorschrift	22–26
a) Grundsatz	22
b) Vor-AG	23
c) Liquidation	24–26
8. Umdeutung einer Unabänderlichkeitsklausel	27
9. Strukturänderungen	28
II. Die Satzung	29–38
1. Begriff	29, 30
2. Formelle Satzungsbestimmungen	31, 32
3. Materielle Satzungsbestimmungen	33–38
a) Notwendige Satzungsbestimmungen	34
b) Ergänzende Satzungsbestimmungen	35–38
III. Satzungsänderung	39–95
1. Allgemeines, Begriff, Arten	39–57
a) Umfang	40–45

	Rn.
b) Satzungsdurchbrechung	46–52
c) Unbewusste Satzungsverletzung durch Hauptversammlungsbeschluss	53–54a
d) Die faktische Satzungsänderung	55–57
2. Einzelne Beschlussgegenstände	58–95
a) Gesellschaftszweck	58–61
b) Unternehmensgegenstand	62–70
c) Grundkapital/Finanzverfassung	71–74
d) Formwechsel	75–77
e) Unternehmensverträge	78, 79
f) Gesellschaftsdauer und andere Identitätsmerkmale	80–84
g) Verwaltungsorganisation	85–95
IV. Zuständiges Organ	96–113
1. Hauptversammlung (Inhaltsänderungen)	96–103
a) Grundsatz: Exklusivzuständigkeit	96–98
b) Durchbrechungen	99–103
2. Vorstand	104–106
3. Aufsichtsrat (Fassungsänderungen)	107–113
a) Grundsatz	107
b) Begriff der Fassungsänderung	108, 109
c) Modalitäten und Grenzen der Übertragung	110, 111
d) Beschluss des Aufsichtsrates	112
e) Folgen von Verstößen	113
V. Mehrheitserfordernisse	114–128
1. Gesetzliche Mehrheitserfordernisse	114–118
a) Kapitalmehrheit und einfache Stimmenmehrheit	115–117
b) Gesetzliche Ausnahmen	118
2. Satzungsgemäße Mehrheitserfordernisse	119–128
a) Grundsatz	119

	Rn.		Rn.
b) Anforderungen an mehrheitsregelnde Satzungsbestimmungen	120	b) Befristung	162–164
c) Erleichterungen	121–123	2. Rückwirkung	165–167
d) Erschwerungen	124–128	a) Sondervorschriften	166
		b) Grundsätze des Vertrauensschutzes	167
VI. Verfahren und weitere Erfordernisse	129–137	3. Schranken der Satzungsänderung	168–171
1. Ankündigung und Eintragung	129–131	a) Allgemeines	168
a) Vorbereitung der satzungsändernden Hauptversammlung	129, 130	b) Weitere Schranken	169
b) Anmeldung der Satzungsänderung	131	c) Grenzen der Mehrheitsmacht	170, 171
2. Form und Inhalt der Anmeldung	132	4. Änderung und Aufhebung der Satzungsänderung	172
3. Eintragung durch das Registergericht	133	5. Die Erzwingung der Satzungsänderung	173–177
4. Verfahren	134, 135	a) Ansprüche Dritter gegenüber Gesellschaft und Aktionären	173–175
5. Rechtsmittel gegen das Registergericht	136	b) Pflicht zur Stimmabgabe kraft Treuepflicht (zwischen den Aktionären)	176
6. Zustimmungserfordernisse	137	c) Rechtsfolgen treuwidriger Stimmabgabe	177
VII. Zulässigkeitsschranken der Satzungsänderung (Grenzen)	138–156	IX. Sonderbeschlüsse gem. Abs. 3	178–205
1. Satzungsmäßige Zustimmungserfordernisse/Quoren	138–140	1. Allgemein	178
2. Gesetzliche Zustimmungserfordernisse	141–146	2. Anwendungsbereich	179–181
3. Zustimmungen wegen Aufhebung von Sonderrechten und Eingriffen in den Gleichbehandlungsgrundsatz und Treuepflicht	147–151	3. Voraussetzungen des Zustimmungserfordernisses	182–192
		a) Existenz verschiedener Gattungen im Beschlusszeitpunkt	182, 183
4. Zustimmung anderer Organe/außenstehender Dritte	152, 153	b) Begriff der Benachteiligung einer Gattung	184–189
5. Änderungserfordernisse	154	c) Nachteilsfolge	190–192
6. Zusammenhang mit Sonderbeschlüssen	155	4. Verfahren des Sonderbeschlusses	193–199
7. Zustimmungsabgabe	156	a) Gesonderte Versammlung	194, 195
VIII. Besondere Beschlüsse	157–177	b) Gesonderte Abstimmung	196–199
1. Bedingung und Befristung	157–164	5. Mehrheitserfordernisse des Sonderbeschlusses	200–202
a) Bedingung	158–161	6. Fehlen und Fehlerhaftigkeit des Sonderbeschlusses	203–205

I. Einleitung und Übersicht

1. Normzweck. § 179 ist zum einen Ausprägung der Grundsätze der Exklusivzuständigkeit der **1** Hauptversammlung und der Verbandsautonomie,[1] zum anderen des Grundsatzes der Abänderbarkeit.[2]

a) Grundsatz der Exklusivzuständigkeit. Die Hauptversammlung ist **ausschließlich zuständi- 2 ges Organ** für **alle Satzungs- und Strukturänderungen**.[3] Dieses Prinzip ist nahezu gewohnheitsrechtlich anerkannt.[4] Daher ist es **nicht möglich** einem **anderen Organ** oder einem außenstehenden **Dritten** die **Befugnis einzuräumen**, die **Satzung** ohne Beschluss der Mitgliederversammlung **zu ändern**.[5] Dies gilt auch für den Aufsichtsrat, soweit nicht die auf bloße Fassungsänderungen beschränkte Ausnahmevorschrift des Abs. 1 S. 2 eingreift (→ Rn. 14). Ebenso kann die Hauptversammlung **keinen wirksamen Verzicht** auf ihr **Satzungsänderungsrecht** erklären.[6] Die Veränderung oder Neubestimmung von Zweck und Struktur der Zusammenarbeit und die Regelung wesentlicher Fragen obliegt allein der Mitgliederversammlung nach deren eigenem Ermessen.[7]

---

[1] Großkomm AktG/*Wiedemann* Rn. 5, 6; Hüffer/Koch/*Koch* Rn. 1; Kölner Komm AktG/*Zöllner* Rn. 3 ff.; NK-AktR/*Wagner* Rn. 2.
[2] Großkomm AktG/*Wiedemann* Rn. 3; Hüffer/Koch/*Koch* Rn. 3; Kölner Komm AktG/*Zöllner* Rn. 55.
[3] RGZ 169, 65 (80) – GmbH; Großkomm AktG/*Wiedemann* Rn. 5, 102; MüKoAktG/*Stein* Rn. 77.
[4] *Schon* RGZ 169, 65 (80) – GmbH; KG JW 1930, 1412 *(Pinner)* = HRR 1929, Nr. 1355; *Wiedemann* FS W. Schilling, 1973, 105 (111); Ausnahmen von diesem Prinzip werden für religiöse Vereine als Teilgliederungen von Religionsgemeinschaften anerkannt, vgl. Großkomm AktG/*Wiedemann* Rn. 6, Fn. 11 mwN.
[5] RGZ 74, 297 (299); KG OLGZ 74, 385 (391); LG Frankfurt AG 1990, 169 (170); Großkomm AktG/ *Wiedemann* Rn. 102; *Lutter/Leinekugel* ZIP 1998, 805 (807 f.); → Rn. 104 ff.
[6] MüKoAktG/*Stein* Rn. 77.
[7] Großkomm AktG/*Wiedemann* Rn. 9.

3 Die **Exklusivitätszuständigkeit** der Hauptversammlung ist **gesellschaftsrechtlich zu begründen.** Ein Verband muss immer auf den möglichen Wechsel im Mitgliederkreis bedacht sein. Würde das Selbstbestimmungsrecht der Mitgliederversammlung auch die Freiheit zur Aufgabe oder Beschränkung dieses Selbstbestimmungsrechtes enthalten, so dass in der Satzung nicht mehr der Hauptversammlung, sondern einem anderen Organ die Zuständigkeit für Satzungsänderungen zugewiesen werden könnte, würde man dieser Prämisse nicht gerecht.[8] Ein solcher Beschluss würde in die Willensfreiheit der Rechtsnachfolger der Gesellschafter eingreifen[9] und auch das dem Minderheitenschutz immanente Mitbestimmungsinteresse untergraben. Insoweit kann nur die Hauptversammlung einer Aktiengesellschaft als Mitgliederversammlung für Satzungsänderungen zuständig sein.

4 Das Gesetz lässt **Ausnahmen** vom Grundsatz der Exklusivzuständigkeit zu, die die Geltung des Grundsatzes nicht beeinträchtigen.[10] Die Hauptversammlung kann in folgenden Fällen ihre Zuständigkeit delegieren: Abs. 1 S. 2 (Fassungsänderung), § 237 Abs. 3 (Anpassung der Stückaktienzahl nach Einziehung), § 237 Abs. 6 (Entscheidung des Vorstandes über Kapitalherabsetzung durch Einziehung von Aktien), § 202 Abs. 1 (Entscheidung des Vorstandes über Kapitalerhöhung durch Ausnutzung eines genehmigten Kapitals). Bei § 237 Abs. 6 S. 1 und § 202 Abs. 1 (anders § 202 Abs. 2 S. 2) verzichtet das Gesetz auf einen Delegationsbeschluss der Hauptversammlung. Hinzutreten § 4 Abs. 1 S. 2 EGAktG (Euro-Umstellung) und für Versicherungsaktiengesellschaften § 195 Abs. 1 iVm § 33 Abs. 3 VAG (Verlangen der Aufsichtsbehörde).[11]

5 **b) Grundsatz der Abänderbarkeit.** § 179 hat teilweise **zwingenden Charakter.** Die Satzung muss abänderbar sein.[12] Regelungen, die eine Unabänderbarkeit der Satzung im Ganzen oder in Teilbereichen vorsehen, sind nichtig.[13] Die §§ 179, 181 bestimmen die Voraussetzungen und Umstände der Satzungsänderung.[14] Diese sehen dabei die Möglichkeit für Erschwerungen für eine Änderung vor (Abs. 2 S. 2 und S. 3), schließen sie jedoch nicht vollständig aus.[15] In dieser implizit in **§§ 179 ff. enthaltenen Abänderungsmöglichkeit** muss eine abschließende Regelung iSv § 23 Abs. 5 S. 2 gesehen werden. Bereits der Wortlaut des Abs. 2 S. 2 („Änderung") macht deutlich, dass eine Änderung durch Hauptversammlungsbeschluss generell möglich bleiben muss.

6 Der Sinn der Regelung liegt darin, dass der Gesellschaft die Option offen gehalten werden soll, die Satzung an veränderte Verhältnisse anzupassen. Die Aktionäre sollen in ihrem eigenen Interesse und dem Interesse ihrer Rechtsnachfolger davon abgehalten werden, durch unbegrenzte Selbstbindung die Anpassung der organisatorischen Grundlagen der Aktiengesellschaft an sich ändernde Rahmenbedingungen auszuschließen. Aus diesem Grundsatz folgt, dass die Gesellschaft **auch nicht in anderer Weise** ihre Satzungsautonomie aus den Händen geben darf. Es kann damit keinen unabänderlichen Kern der Satzung, etwa in Anlehnung an Art. 79 Abs. 3 GG, geben – auch nicht bezüglich des Gesellschaftszwecks oder hinsichtlich des Unternehmensgegenstands.[16]

7 **2. Entstehungsgeschichte.** Der Regelungsgegenstand des § 179 ist im Kern aus der Reform des Aktienrechts im Jahre 1884 hervorgegangen. Diese war nötig, um den vielfach betriebenen Missbrauch der Befugnis zur Satzungsänderung im Wege der Delegation an den Aufsichtsrat zu unterbinden.[17] §§ 145, 146 AktG 1937 griffen die Regelungen zur Satzungsänderung aus den früheren §§ 274, 275 HGB 1900 inhaltlich überwiegend auf. Die heutige Fassung des § 179 stammt aus dem Jahre 1965 und ist mit früherem Recht weitgehend gleichlautend:[18] § 145 Abs. 1 AktG 1937 ist jetzt Abs. 1, Abs. 2 S. 1 ist ebenfalls übernommen. § 146 Abs. 1 S. 1 AktG 1937 wird wörtlich in Abs. 2 S. 1 wiedergegeben. Der Inhalt von § 146 Abs. 1 S. 2 AktG 1937 entspricht Abs. 2 S. 2 mit der Klarstellung, dass die „andere" Mehrheit eine Kapitalmehrheit sein muss und klärt so eine Streitfrage im Sinne der damals hL; § 146 Abs. 1 S. 3 AktG 1937 ist in Abs. 2 S. 3 wiedergegeben. Abs. 3 entspricht § 146 Abs. 2 AktG 1937 und weicht von diesem nur insofern ab, als dass das Verfahren bei Sonderbeschlüssen jetzt in § 138 eine allgemeine Regelung gefunden hat. Die Regelungen des

---

[8] BVerfGE 83, 341 (359) = NJW 1991, 2623 (2625); Großkomm AktG/*Wiedemann* Rn. 9.
[9] Großkomm AktG/*Wiedemann* Rn. 9.
[10] MüKoAktG/*Stein* Rn. 77.
[11] Nur bei behördlichem Verlangen, LG Stuttgart VerBAV 1968, 167.
[12] Kölner Komm AktG/*Zöllner* Rn. 2; Großkomm AktG/*Wiedemann* Rn. 3; Hüffer/Koch/*Koch* Rn. 3; Bürgers/Körber/*Körber* Rn. 3.
[13] Kölner Komm AktG/*Zöllner* Rn. 2; MüKoAktG/*Stein* Rn. 58; Großkomm AktG/*Wiedemann* Rn. 4; Hüffer/Koch/*Koch* Rn. 3.
[14] Großkomm AktG/*Wiedemann* Rn. 3; zur Änderung des Unternehmensgegenstandes/Gesellschaftszwecks in Abwicklung und Insolvenz; → Rn. 30 f., 67 ff.
[15] MüKoAktG/*Stein* Rn. 56; Hüffer/Koch/*Koch* Rn. 3.
[16] AllgM Großkomm AktG/*Wiedemann* Rn. 3; MüKoAktG/*Stein* Rn. 55; Kölner Komm AktG/*Zöllner* Rn. 2.
[17] Großkomm AktG/*Wiedemann* Rn. 1.
[18] Kölner Komm AktG/*Zöllner* Rn. 1; MüKoAktG/*Stein* Rn. 4.

§ 145 Abs. 1 und Abs. 2 AktG 1937 haben keine Aufnahme in § 179 gefunden, sie wurden durch § 124 Abs. 2 S. 2, § 26 Abs. 4 und § 27 Abs. 5 ersetzt.

3. Systematische Einordnung. § 179 enthält allgemeine Regelungen zum Verfahren der **Satzungsänderung** und ist hierfür **Hauptvorschrift**.[19] Er gilt für alle Satzungsbestandteile.[20] § 179 wird zum einen durch § **180** ergänzt, der die Wirksamkeit bestimmter Satzungsänderungen von der Zustimmung aller betroffenen Aktionäre abhängig macht. Zum anderen erfolgt eine **Ergänzung durch § 181**, welcher für das Wirksamwerden jeder Satzungsänderung deren Eintragung in das Handelsregister verlangt und die einzuhaltenden Verfahrensvorschriften determiniert.[21] Im Gegensatz zur Satzungsgebung anlässlich des Gründungsakts erfolgt die Satzungsänderung **nicht in Vertrags-, sondern in Beschlussform**. Dementsprechend bedarf es zur Zustimmung nicht der Einstimmigkeit. Vielmehr reicht eine qualifizierte (Kapital)Mehrheit aus.[22] Vor Eintragung der Satzungsänderung in das Handelsregister kann die Hauptversammlung den bereits gefassten Beschluss aufheben und damit das Wirksamwerden der Satzungsänderung verhindern. Ein derartiges Vorgehen ist keine Satzungsänderung,[23] daher kann der Beschluss gem. § 133 Abs. 1 mit einfacher Stimmenmehrheit gefasst werden.[24]

4. Gesetzlicher Rahmen der Satzungsgestaltung. § 179 ergänzt die Regelungen für die Satzungsgestaltung der Aktiengesellschaft. Für Satzungsänderungen gelten dieselben inhaltlich beschränkenden Regelungen wie für die Gründungssatzung gem. § 23.[25] Daraus folgt, dass Bestimmungen, die in der Satzung enthalten sein müssen (§ 23 Abs. 3 und 4), durch eine Satzungsänderung nicht ersatzlos gestrichen werden dürfen.[26] Nicht jede Bestimmung, die zulässiger Inhalt einer Gründungssatzung wäre, kann im Wege der Satzungsänderung nachträglich in die Satzung implementiert werden.[27] Aus **besonderen Gesellschaftsrechten** bestimmter Aktionäre bzw. Aktionärsgruppen können sich **zusätzliche Schranken** für Satzungsänderungen ergeben. Diese Sonderrechte sind einzelnen Aktionären bzw. Aktionärsgruppen im Gesellschaftsvertrag zugestanden worden. Eine Änderung oder Aufhebung dieser Rechte ist nicht grundsätzlich ausgeschlossen, kann jedoch nur mit Zustimmung der Betroffenen erfolgen.[28]

Rein **schuldrechtliche Ansprüche** von Aktionären sind einer Regelung durch die Satzung nicht zugänglich.[29] Sie können zwar in der Satzungsurkunde enthalten sein, bilden dann aber nur einen formellen Satzungsbestandteil ohne Regelungsgehalt. Dies betrifft beispielsweise den Dividendenanspruch, der nach dem Gewinnverwendungsbeschluss der Hauptversammlung entsteht. § 179 ist für die materielle Änderung nicht einschlägig, bleibt aber für die Textänderung anwendbar (→ Rn. 39 ff., 41).

Unmittelbare **Ansprüche Dritter** gegen die Aktiengesellschaft auf Vornahme einer Satzungsänderung können **nicht wirksam** begründet werden,[30] selbst wenn ein diesbezüglicher Hauptversammlungsbeschluss vorliegt.[31] Dies ist damit zu begründen, dass bei keiner Gesellschaftsform ein Organ im Rahmen seiner Vertretungs- und Geschäftsführungsbefugnis dazu berechtigt ist, die Gesellschaft zur Änderung ihrer Satzung zu verpflichten.[32] Von der Vertretungsmacht des Vorstandes nach § 78 sind keine Handlungen gedeckt, für die eine ausschließliche Zuständigkeit der Hauptversammlung besteht.[33]

Der Vorstand kann die Aktiengesellschaft **rechtsgeschäftlich wirksam** zu einem ihrer Satzung **widersprechenden** Verhalten verpflichten,[34] zB den Gebrauch der Firma zu unterlassen.[35] Aus vertraglichen Abreden, die entsprechende Handlungs- oder Unterlassungspflichten auferlegen, kann

---

[19] MüKoAktG/*Stein* Rn. 1, 30; Großkomm AktG/*Wiedemann* Rn. 48; → Rn. 44 ff.
[20] Großkomm AktG/*Wiedemann* Rn. 37 ff.; MHdB AG/*Semler* § 39 Rn. 55; → Rn. 44 ff.
[21] MüKoAktG/*Stein* Rn. 1, § 181 Rn. 1; → § 181 Rn. 11 ff.
[22] Vgl. auch Großkomm AktG/*Wiedemann* Rn. 48 mwN; Bürgers/Körber/*Körber* Rn. 32.
[23] *Baumbach/Hueck* § 181 Rn. 4; Bürgers/Körber/*Körber* Rn. 50.
[24] MüKoAktG/*Stein* Rn. 53; Kölner Komm AktG/*Zöllner* Rn. 162; *Baumbach/Hueck* § 181 Rn. 4.
[25] LG Köln ZIP 2001, 572 (574); Kölner Komm AktG/*Zöllner* Rn. 3; Hüffer/Koch/*Koch* Rn. 24.
[26] MüKoAktG/*Stein* Rn. 60; Hüffer/Koch/*Koch* Rn. 24; Großkomm AktG/*Wiedemann* Rn. 48.
[27] MüKoAktG/*Stein* Rn. 62, § 11 Rn. 11 ff.; Hüffer/Koch/*Koch* Rn. 24.
[28] Großkomm AktG/*Wiedemann* Rn. 128; Grigoleit/*Ehmann* Rn. 15.
[29] MüKoAktG/*Stein* Rn. 64.
[30] MüKoAktG/*Stein* Rn. 212; → Rn. 148, 168 ff.; K. Schmidt/Lutter/*Seibt* Rn. 46.
[31] Großkomm AktG/*Wiedemann* Rn. 155; aA für konkreten Beschlussgegenstand mit Ermächtigung der Hauptversammlung Hüffer/Koch/*Koch* Rn. 32; → Rn. 174.
[32] RGZ 162, 370 (374) – OHG; Großkomm AktG/*Wiedemann* Rn. 155; Hüffer/Koch/*Koch* Rn. 32.
[33] Vgl. RGZ 162, 370 (374) – OHG; MüKoAktG/*Stein* Rn. 212.
[34] RGZ 115, 246 (249); → Rn. 55.
[35] Hüffer/Koch/*Koch* Rn. 32.

sich für die Aktiengesellschaft **mittelbar** ein **Zwang zur Satzungsänderung** ergeben.[36] Bei Kenntnis des Dritten von diesen Umständen, gelten die allgemeinen Regeln zum Missbrauch der Vertretungsmacht.[37] Ein Anspruch eines Dritten gegen die Gesellschaft, der diese zu einem ihrer Satzung widersprechenden Verhalten verpflichtet, kann sich ebenso **kraft Gesetzes** ergeben. Beispielhaft seien namensrechtliche (§ 12 BGB), wettbewerbsrechtliche (§§ 3, 8 Abs. 1 UWG) oder firmenrechtliche (§ 37 Abs. 2 HGB) Ansprüche genannt.[38] Der Anspruch besteht nur gegen die Aktiengesellschaft selbst, dagegen besteht kein gegen die **Aktionäre gerichteter Anspruch** auf Vornahme einer Satzungsänderung (→ Rn. 172). In der Regel muss die Aktiengesellschaft allerdings ihre Satzung ändern, um den rechtsgeschäftlich oder gesetzlich begründeten Pflichten zu entsprechen.[39]

13 5. Regelungsgegenstand. a) Änderung. Die Gründer beschließen durch **vertragliche Einigung** die Satzung im Errichtungsvorgang der Gesellschaft. Neben dem schuldrechtlichen Rechtsgeschäft statuiert sie zugleich die **normative Grundordnung** der Aktiengesellschaft.[40] § 179 enthält Vorgaben für das Verfahren der späteren Satzungsänderung. Dabei kann nach Inhaltskategorien oder formellen und materiellen Bestandteilen unterschieden werden.[41] Im Rahmen des § 179 ist eine Unterscheidung dahingehend zu treffen, ob eine Satzungsänderung vorliegt, die sich auf den Inhalt bezieht und damit einen materiellen Gehalt aufweist oder ob eine rein sprachliche Änderung der Satzung, die sog. **Fassungsänderung** erfolgen soll. Die Unterscheidung ist von Bedeutung, da für Änderungen, die den **materiellen Gehalt** der Satzung betreffen, Abs. 1 S. 1 die ausschließliche Zuständigkeit der Hauptversammlung bestimmt.[42] Dagegen kann die Hauptversammlung die Fassungsänderung gem. Abs. 1 S. 2 an den Aufsichtsrat delegieren.[43]

14 b) Fassungsänderung. Ein Fall der Fassungsänderung des Abs. 1 S. 2 liegt auch dann vor, wenn die Hauptversammlung den Inhalt einer Satzungsbestimmung beschließt und lediglich die genaue Formulierung dem Aufsichtsrat überlässt.[44] Eine klare Abgrenzung zwischen sprachlicher Form und sachlichem Gehalt zu treffen kann mitunter schwierig sein (→ Rn. 107 ff.). Gerade bei Regelungen deren Inhalt der Auslegung zugänglich ist, können Unklarheiten darüber bestehen, ob sie einen sachlichen Gehalt aufweisen. Sofern derartige Zweifel bestehen, ist Abs. 1 S. 2 nicht anwendbar.[45] Bezüglich des **Umfangs der Ermächtigung** zur Vornahme von Fassungsänderungen ist festzuhalten, dass der Aufsichtsrat in die Lage versetzt werden kann, sowohl im konkreten Fall als auch generell, also für eine unbestimmte Zahl künftiger Fassungsänderungen, die sprachliche Umsetzung vorzunehmen.[46] Das Gesetz ist **nicht** auf **Einzelermächtigungen beschränkt**.

15 Abs. 1 S. 2 enthält nur eine Ermächtigung, **keine Verpflichtung des Aufsichtsrates**.[47] Die Befugnis, Fassungsänderungen vorzunehmen, kann nur dem gesamten Aufsichtsrat als Organ, also weder einzelnen seiner Mitglieder noch dem Vorstand oder dessen Mitgliedern, erteilt werden.[48] Es ist aber zulässig, dass der Aufsichtsrat die Ermächtigung an einen Ausschuss des Aufsichtsrates erteilt, denn § 179 ist vom Ausschlusstatbestand des § 107 Abs. 3 S. 2 nicht erfasst.[49]

16 c) Gesetzliche Mehrheitserfordernisse. In Abs. 2 S. 1 regelt die Norm die erforderliche **qualifizierte Kapitalmehrheit**[50] von drei Vierteln des vertretenen Grundkapitals für den Änderungsbeschluss der Hauptversammlung. Neben Abs. 2 S. 1 ist die Grundregel des § 133 Abs. 1 für Hauptversammlungsbeschlüsse zu beachten. Zusätzlich zur qualifizierten Kapitalmehrheit ist daher grund-

---

[36] Großkomm AktG/*Wiedemann* Rn. 156; MüKoAktG/*Stein* Rn. 213.
[37] Vgl. BGHZ 50, 112 (114) = NJW 1968, 1379 (1380); Großkomm AktG/*Wiedemann* Rn. 155.
[38] MüKoAktG/*Stein* Rn. 213.
[39] MüKoAktG/*Stein* Rn. 214; Hüffer/Koch/*Koch* Rn. 32; Bürgers/Körber/*Körber* Rn. 51 und Grigoleit/*Ehmann* sprechen von „faktischem Druck".
[40] Kölner Komm AktG/*Zöllner* Rn. 12, 15; MüKoAktG/*Stein* Rn. 5.
[41] Zu den Begriffen → Rn. 29 ff.
[42] Großkomm AktG/*Wiedemann* Rn. 102; MAH AktR/*Sickinger* § 29 Rn. 1.
[43] Hüffer/Koch/*Koch* Rn. 1; MHdB AG/*Semler* § 39 Rn. 56.
[44] Kölner Komm AktG/*Zöllner* Rn. 147; MHdB AG/*Semler* § 39 Rn. 56.
[45] Kölner Komm AktG/*Zöllner* Rn. 146.
[46] HM MüKoAktG/*Stein* Rn. 164; Großkomm AktG/*Wiedemann* Rn. 108; Hüffer/Koch/*Koch* Rn. 11; MHdB AG/*Semler* § 39 Rn. 57.
[47] Großkomm AktG/*Wiedemann* Rn. 108.
[48] Kölner Komm AktG/*Zöllner* Rn. 149; MüKoAktG/*Stein* Rn. 170 ff.; Hüffer/Koch/*Koch* Rn. 11.
[49] Ebenso Großkomm AktG/*Wiedemann* Rn. 109; Hüffer/Koch/*Koch* Rn. 11; MüKoAktG/*Stein* Rn. 173; Kölner Komm AktG/*Zöllner* Rn. 149; → Rn. 113.
[50] MAH AktR/*Sickinger* § 29 Rn. 42; Großkomm AktG/*Wiedemann* Rn. 112; *Würz* in Frodermann/Jannott/AktR-HdB Kap. 4 Rn. 86; weitergehend auch direkte Delegation der HV an den AR Großkomm AktG/*Wiedemann* Rn. 112.

sätzlich die **einfache Stimmmehrheit** erforderlich.[51] In Abs. 2 S. 2 ist eine Möglichkeit zur Abweichung von der Regel des Abs. 2 normiert (→ Rn. 114 ff.). In der Satzung kann eine **größere oder geringere Kapitalmehrheit** vorgegeben werden, für die Änderung des Unternehmensgegenstandes allerdings nur eine größere. Wie der Wortlaut zeigt, muss es sich dabei um eine Kapitalmehrheit handeln, dh einen 50 % übersteigenden Satz des auf der Hauptversammlung vertretenen Grundkapitals.[52] In **Sonderfällen,** wie zB der Herabsetzung der in der Satzung festgesetzten Vergütung der Aufsichtsratsmitglieder, weicht das Gesetz von den Erfordernissen des Abs. 2 S. 2 ab und lässt die einfache Stimmenmehrheit für die Satzungsänderung genügen, § 113 Abs. 1 S. 4; vgl. weiterhin § 97 Abs. 2 S. 4, § 98 Abs. 4 S. 2 (Satzungsbestimmung über Zusammensetzung des Aufsichtsrates) und § 237 Abs. 4 S. 2 (Kapitalherabsetzung durch Einziehung von Aktien).

d) **Weitere Erfordernisse/Sonderbeschlüsse.** Die Satzung kann über die Zustimmung der Kapitalmehrheit hinausgehende **weitere Erfordernisse** für die Satzungsänderung enthalten (Abs. 2 S. 3). Als Beispiele für derartige Erfordernisse sind die Zustimmung bestimmter Aktionäre[53] oder der Inhaber bestimmter Aktien bzw. Aktiengattungen, zB der Vorzugsaktionäre (§§ 139 ff.)[54] zu nennen. Zu berücksichtigen ist, dass die Aufnahme weiterer Erfordernisse nicht zu einer faktischen Unmöglichkeit von Satzungsänderungen führen darf.[55] Dies widerspräche dem Grundsatz der Abänderbarkeit der Satzung. Des Weiteren sind nach § 179 Abs. 2 S. 3 Satzungsbestimmungen unzulässig, die die Zustimmung dritter Stellen, etwa des Aufsichtsrates,[56] des Vorstandes oder verbandsfremder Dritter voraussetzen.[57] Derartige Erfordernisse verstoßen gegen die Satzungsautonomie der Hauptversammlung (→ Rn. 2 ff. und → Rn. 168 ff., 171).

17

Abs. 3 enthält **zusätzliche Voraussetzungen** für Satzungsänderungen, die Verhältnisse mehrerer Aktiengattungen (§ 11) zum Nachteil einer Gattung verschieben.[58] Für den dafür nötigen **Sonderbeschluss** (Abs. 3 S. 2) der **benachteiligten Aktionärsgruppen** gilt Abs. 2 mit seinen jeweiligen Erfordernissen (Abs. 3 S. 3). Abs. 3 findet allerdings keine Anwendung, wenn eine besondere Gattung erst geschaffen werden soll.[59] Um die Verhältnisse der Aktiengattungen zu verändern, müssten im Grundsatz alle Aktionäre der betreffenden Gattung der Gattungsänderung zustimmen. Damit wären Veränderungen zum Nachteil einer Gruppe kaum durchzuführen. Abs. 3 S. 2 erleichtert dieses Vorgehen, indem er einen Mehrheitsbeschluss der betroffenen Aktionäre für die Änderung ausreichen lässt und damit die Interessen einzelner Aktionäre hinter dem Interesse der Mehrheit zurücktreten lässt.[60] Sonderbeschlüsse nach Abs. 3 bedürfen entsprechend der für Satzungsänderungsbeschlüsse der Hauptversammlung geltenden Regelungen einer Kapitalmehrheit von drei Vierteln und der einfachen Stimmenmehrheit. Sieht die Satzung **weitere Erfordernisse** für Satzungsänderungsbeschlüsse vor, so gelten sie **im Zweifel auch für Sonderbeschlüsse** nach Abs. 3.[61] Wie auch auf dem Gebiet der Mehrheitserfordernisse (Abs. 3 S. 3 iVm Abs. 2 S. 2) kann die Satzung auch im Bereich der weiteren Erfordernisse Sonderregelungen speziell für Sonderbeschlüsse nach Abs. 3 treffen.[62]

18

Der **Sonderbeschluss ist kein Bestandteil des Hauptversammlungsbeschlusses.** Er ist jedoch notwendig, um die Wirksamkeit der Satzungsänderung herbeizuführen.[63]

19

e) **Ergänzende Vorschriften.** Wichtige **weitere** den Regelungsgegenstand des § 179 **ergänzende Vorschriften** sind: §§ 180, 181; § 124 Abs. 2 S. 2; § 23 Abs. 3, Abs. 4, Abs. 5, § 133 Abs. 1, sowie § 179 Abs. 1 S. 2, § 237 Abs. 6, § 202 Abs. 1.

20

6. **Materieller Anwendungsbereich.** Das AktG enthält für bestimmte Satzungsänderungen **Sondervorschriften,** die als leges speciales § 179 verdrängen bzw. modifizieren, zB §§ 182 ff. bei

21

---

[51] RGZ 125, 356 (359); MAH AktR/*Sickinger* § 29 Rn. 42; Bürgers/Körber/*Körber* Rn. 32.
[52] Kölner Komm AktG/*Zöllner* Rn. 153; MüKoAktG/*Stein* Rn. 90.
[53] Vgl. RGZ 169, 65 (81) – GmbH; Hüffer/Koch/*Koch* Rn. 23; Grigoleit/*Ehmann* Rn. 16.
[54] Kölner Komm AktG/*Zöllner* Rn. 169; Hüffer/Koch/*Koch* Rn. 23.
[55] MüKoAktG/*Stein* Rn. 137 ff.; Hüffer/Koch/*Koch* Rn. 3, 23; → Rn. 122, 135 ff.
[56] → Rn. 165; RGZ 169, 65 (80 f.) – GmbH; MüKoAktG/*Stein* Rn. 149; Kölner Komm AktG/*Zöllner* Rn. 171.
[57] → Rn. 166; Großkomm AktG/*Wiedemann* Rn. 135; Hüffer/Koch/*Koch* Rn. 23 mwN.
[58] OLG Köln NZG 2002, 966 (967); OLGR Celle 2003, 6 (7) = NZG 2003, 184 (185); Großkomm AktG/*Wiedemann* Rn. 138.
[59] Großkomm AktG/*Wiedemann* Rn. 142; Kölner Komm AktG/*Zöllner* Rn. 181; *Lutter/Schneider* ZGR 1975, 182 (190).
[60] Großkomm AktG/*Wiedemann* Rn. 138; MüKoAktG/*Stein* Rn. 178; Hüffer/Koch/*Koch* Rn. 41.
[61] Großkomm AktG/*Wiedemann* Rn. 150; Hüffer/Koch/*Koch* Rn. 206.
[62] Kölner Komm AktG/*Zöllner* Rn. 190; Großkomm AktG/*Wiedemann* 138; MüKoAktG/*Stein* Rn. 204 ff.
[63] OLG Celle NZG 2003, 184 (185); OLG Stuttgart AG 1993, 94; MüKoAktG/*Stein* Rn. 178.

einer Kapitalerhöhung und §§ 222 ff. bei einer Kapitalherabsetzung. Gem. § 293 Abs. 1 S. 4 ist § 179 auf Zustimmungsbeschlüsse der Hauptversammlung bei Unternehmensverträgen (§§ 291 ff.) nicht anwendbar. Insoweit ist die Frage, ob Unternehmensverträge im Sinne der §§ 291 f. eine Satzungsänderung (Änderung des Unternehmensgegenstandes oder des Gesellschaftszwecks; hierzu → Rn. 68 ff. und 72 ff.) enthalten, rein theoretischer Natur. Auch für die Eingliederung (§§ 319 ff.) sind die Vorschriften über die Satzungsänderung ausdrücklich ausgeschlossen, § 319 Abs. 1 S. 2, § 320 Abs. 1 S. 3.

22   **7. Zeitlicher Anwendungsbereich der Vorschrift. a) Grundsatz.** Ab dem Zeitpunkt der Eintragung der AG gem. § 41 Abs. 1 bis zum Zeitpunkt ihrer Auflösung gem. § 262 kann die Hauptversammlung jederzeit Satzungsänderungen beschließen.[64] Im Rahmen des Gründungsstadiums und der Liquidation sind jedoch einige Besonderheiten zu beachten. Für die Änderung bestimmter Satzungselemente bestehen gesetzliche Verbotsfristen, dh die betroffenen Satzungsteile können erst nach Ablauf eines längeren Zeitraums geändert werden, vgl. §§ 26 Abs. 4 und Abs. 5, 27 Abs. 5. So kann zB nach § 26 Abs. 4 der Gesamtaufwand, der zu Lasten der Gesellschaft an Aktionäre als Entschädigung oder als Belohnung für die Gründung oder ihre Vorbereitung gewährt wird und in der Satzung festgesetzt wurde (§ 26 Abs. 2), erst geändert werden, wenn die Gesellschaft fünf Jahre im Handelsregister eingetragen ist.

23   **b) Vor-AG.** Mit Errichtung der Gesellschaft (§ 29) entsteht die Vor-AG. Sie kann anders als zuvor die Vorgründungsgesellschaft eine Satzung haben.[65] Die Satzung entfaltet mit ihrer Feststellung durch notarielle Beurkundung gem. § 23 Abs. 1 S. 1 Rechtswirkungen. Eine Anwendung der **§§ 179 ff. auf die Vor-AG ist** jedoch **abzulehnen**. Die Änderung der Gründungssatzung kann nur durch die Zustimmung aller Gründer erfolgen.[66] Der Grund hierfür ist darin zu sehen, dass die Gründer die Satzung gemeinsam beim Handelsregister anmelden müssen und gem. §§ 32, 36, 46 für den ordnungsgemäßen Ablauf des Verfahrens verantwortlich sind. Da jegliche Änderung der Feststellungsurkunde der Mitwirkung aller Gründer bedarf, findet auch die für Fassungsänderungen bestehende Möglichkeit der Kompetenzübertragung nach Abs. 1 S. 2 keine Anwendung.[67] Jede Satzungsänderung der Vor-AG stellt eine Änderung der Feststellungsurkunde nach § 23 Abs. 1 S. 1 dar. Sie muss daher ebenso notariell beurkundet werden.[68] Wird ein **Änderungsbeschluss im Vorstadium der Vor-AG** (Gründungsstadium) gefasst so ist dieser **unwirksam**. In diesem Fall kommt eine Heilung durch Anmeldung und Eintragung nach § 181 nicht in Betracht; es bedarf eines neuen Beschlusses der Hauptversammlung.[69] Dasselbe gilt, wenn der Beschluss eingetragen wurde, aber seitens der Hauptversammlung noch keine Zustimmung erfolgte.

24   **c) Liquidation.** Während der **Abwicklung der Gesellschaft** bleibt § 179 über die Verweisung des § 264 Abs. 3 **anwendbar,** dh Satzungsänderungen sind nicht grundsätzlich ausgeschlossen. Die Änderungen dürfen jedoch keine Regelungen enthalten, die dem Zweck der Abwicklung zuwider laufen.[70] Im Abwicklungsstadium ist etwa eine Änderung der Satzungsbestimmungen über die Firma zulässig.[71] Der Zustand der Abwicklung schließt darüber hinaus nicht grundsätzlich aus, dass eine Kapitalerhöhung neu beschlossen und eingetragen wird. Dies gilt ebenso für die Kapitalherabsetzung.[72] Sofern Änderungen der Satzungsbestimmungen über den Unternehmensgegenstand mit dem Zweck der Liquidation vereinbar sind, sind sie auch im Abwicklungsstadium möglich,[73] dies folgt bereits aus § 264 Abs. 3. Hingegen ist für eine Änderung des Unternehmensgegenstands kein Raum, wenn eine Ausdehnung des Unternehmensgegenstandes auf bisher nicht umfasste Geschäftsfelder erfolgt, da dies nicht mit dem Zweck der Abwicklung vereinbar wäre.[74] Anders kann dies sein, wenn gleichzeitig die Fortsetzung der aufgelösten Firma (§ 274) beschlossen wird.

---

[64] Kölner Komm AktG/*Zöllner* Rn. 200; MüKoAktG/*Stein* Rn. 3.
[65] Hüffer/Koch/*Koch* § 41 Rn. 3, 5.
[66] AllgM Kölner Komm AktG/*Zöllner* Rn. 201; Hüffer/Koch/*Koch* Rn. 2; MüKoAktG/*Stein* Rn. 68; MAH AktR/*Sickinger* § 29 Rn. 32.
[67] MüKoAktG/*Stein* Rn. 69.
[68] MüKoAktG/*Stein* Rn. 68 mwN.
[69] Kölner Komm AktG/*Zöllner* Rn. 201; MüKoAktG/*Stein* Rn. 70.
[70] BGHZ 24, 279 (286) = NJW 1957, 1279; vgl. Großkomm AktG/*Wiedemann* Rn. 167.
[71] MüKoAktG/*Stein* Rn. 72; Kölner Komm AktG/*Zöllner* Rn. 53; *Baumbach/Hueck* Vor § 179 Rn. 2; einschränkend Grigoleit/*Servatius* § 264 Rn. 20.
[72] Großkomm AktG/*Wiedemann* Rn. 168; aA nur Kapitalerhöhung Grigoleit/*Servatius* § 264 Rn. 23.
[73] MüKoAktG/*Stein* Rn. 73; Kölner Komm AktG/*Zöllner* Rn. 202; Großkomm AktG/*Wiedemann* Rn. 167; aA OLG München HRR 1938 Nr. 1547; GHEK/*Bungeroth* Rn. 58.
[74] Vgl. MüKoAktG/*Stein* Rn. 73; Wachter/*Wachter* Rn. 8.

Das zur Abwicklung Gesagte gilt ebenso für das **Insolvenzverfahren**. Satzungsänderungen sind 25 zulässig, soweit sie mit dem Zweck des Insolvenzverfahrens in Einklang stehen.[75] Beim Insolvenzplanverfahren kann die einfache Mehrheit ggf. die Anwendung aushebeln, da bei Zustimmung Kapitalmehrheit in der Gruppe der Gesellschafter diese gesellschaftsinterne Willensbildung grundsätzlich die im Insolvenzplan vorgesehenen Satzungsänderungen und Kapitalmaßnahmen legitimiert.[76]

Für die **Auflösung** gelten allein §§ 262, 263, denn sie stellt **keine Satzungsänderung** dar.[77] 26 Dies gilt auch, wenn eine auf bestimmte Zeit eingegangene Aktiengesellschaft vor dem satzungsmäßig bestimmten Auflösungstermin aufgelöst wird.[78] Dies folgt aus der nicht durch Satzung abdingbaren Vorschrift des § 262 Abs. 1 Nr. 2. Danach kann eine satzungsmäßige Zeitbestimmung nach § 262 Abs. 1 Nr. 1 kein ausschließlich durch Satzungsänderung zu beseitigendes Hindernis für einen früheren Auflösungsbeschluss darstellen.[79] Sofern eine Satzungsänderung dem Zweck der Auflösung zuwider läuft, ist es unerheblich, ob erst nach der Auflösung der Beschluss gefasst wird oder ob der Beschluss erst **nach Auflösung** eingetragen wird.[80] In beiden Fällen ist die Änderung unzulässig und damit unwirksam. Allerdings bleibt eine Kapitalerhöhung zulässig, wenn sie bei Eintritt des Auflösungsgrundes bereits beschlossen und ins Handelsregister eingetragen war.[81]

8. Umdeutung einer Unabänderlichkeitsklausel. Um die Nichtigkeit einer Unabänderlich- 27 keitsklausel zu vermeiden, ist deren Umdeutung nach § 140 BGB in Betracht zu ziehen. Deren **Voraussetzungen** sind allerdings **strittig:** Gefordert wird entweder ein **einstimmiger Beschluss aller an der Abstimmung teilnehmenden Aktionäre**[82] oder zusätzlich **die Teilnahme des ganzen stimmberechtigten Grundkapitals**[83] oder schließlich sogar **die Zustimmung sämtlicher Aktionäre**.[84] Richtigerweise kommt es nach § 140 BGB auf den **hypothetischen Willen des Satzungsgebers** an – also was er gewollt hätte, wenn ihm die Nichtigkeit des Satzungsänderungsverbots bekannt gewesen wäre.[85] Zur Ermittlung dieses Willens muss auf den übrigen Satzungsinhalt und den Charakter der Aktiengesellschaft abgestellt werden. In der Regel wird die am weitesten gehende noch zulässige Erschwerung der Satzungsänderung dem hypothetischen Willen des Satzungsgebers entsprechen. Bestehen Zweifel, muss im Rahmen der rechtlichen Zulässigkeit die Unabänderlichkeit der Satzung in das Erfordernis der Zustimmung aller Aktionäre umgedeutet werden.[86] Wenn das Erfordernis der Zustimmung sämtlicher Aktionäre für Gesellschaften mit einer Vielzahl von Aktionären unpraktikabel ist und zu einer unzulässigen faktischen Unabänderbarkeit der Satzung führt, kann für die Umdeutung ausnahmsweise ein einstimmiger Beschluss der anwesenden und abstimmenden Aktionäre genügen. Das Zustimmungserfordernis sämtlicher Aktionäre würde nicht dem Willen des Satzungsgebers entsprechen.[87]

9. Strukturänderungen. Der BGH nimmt in Rechtsfortbildung und hinsichtlich des Mehrheits- 28 erfordernisses in (analoger) Anwendung des § 179 im Rahmen der **„Holzmüller-Doktrin"** eine Hauptversammlungszuständigkeit bei Veränderung des Unternehmensgegenstandes durch Geschäftsführungsmaßnahmen an. Bestätigt wurde dies, mit identischer dogmatischer Begründung, in der „Gelatine"- Entscheidung.[88]

---

[75] MüKoAktG/*Stein* Rn. 74; Bürgers/Körber/*Körber* Rn. 2.
[76] §§ 254, 254a Abs. 2 InsO; *Madaus* ZGR 2011, 749 (754), zu Vorzugsaktien im Planverfahren OLG Düsseldorf AG 2010, 258.
[77] MüKoAktG/*Stein* Rn. 35.
[78] Kölner Komm AktG/*Zöllner* Rn. 88; Kölner Komm AktG/*Kraft* § 262 Rn. 24; MüKoAktG/*Koch* § 262 Rn. 28; MüKoAktG/*Stein* Rn. 35; aA Großkomm AktG/*Wiedemann* Rn. 81.
[79] MüKoAktG/*Stein* Rn. 35; MüKoAktG/*Koch* § 262 Rn. 28.
[80] Kölner Komm AktG/*Zöllner* Rn. 202 aE; MüKoAktG/*Stein* Rn. 75.
[81] BGHZ 24, 279 (286) = NJW 1957, 1279.
[82] Für der Regelfall: Großkomm AktG/*Wiedemann* Rn. 4.
[83] *v. Godin/Wilhelmi* Anm. 1.
[84] Vgl. MüKoAktG/*Stein* Rn. 58; Kölner Komm AktG/*Zöllner* Rn. 169; *Baumbach/Hueck* Rn. 4.
[85] K. Schmidt/Lutter/*Seibt* Rn. 5; zweifelnd NK-AktR/*Wagner* Rn. 4.
[86] Kölner Komm AktG/*Zöllner* Rn. 169; vgl. Großkomm AktG/*Wiedemann* Rn. 4 (selbst zurückhaltender) mwN; MüKoAktG/*Stein* Rn. 58; *Baumbach/Hueck* Rn. 4.
[87] So im Erg. Großkomm AktG/*Wiedemann* Rn. 4, der dies (Einstimmigkeit der anwesenden und abstimmenden Aktionäre) aber generell – also nicht wie hier nur ausnahmsweise – annehmen will. Zur faktischen Satzungsänderung → Rn. 55. Generell gegen Umdeutungsmöglichkeit bei Publikumsgesellschaften Bürgers/Körber/*Körber* Rn. 3; Grigoleit/*Ehmann* Rn. 24.
[88] Zur „Holzmüller-Doktrin" (BGHZ 83, 122 (130 ff.) = NJW 1982, 1703 (1707) und (BGHZ 159, 30 = NJW 2004, 1860 – Gelatine), bestätigt durch Beschluss des BGH v. 20.11.2006 (BGH NZG 2007, 234); zur Einordnung: *Fleischer* NJW 2004, 2335 (2337); *Liebscher* ZGR 2005, 1 ff.; näher → § 119 Rn. 22 ff.; *Hofmeister* NZG 2008, 47; *Maier-Reimer/Flume* KSzW 2013, 30 ff.

II. Die Satzung

29 **1. Begriff.** Die Begriffe **Satzung** und **Gesellschaftsvertrag** werden nebeneinander verwandt. Während im GmbH-Recht der Terminus Gesellschaftsvertrag benutzt wird (§ 2 GmbHG), verwendet das Vereinsrecht des BGB (§ 25 BGB) ebenfalls den Begriff der Satzung, so dass jeweils ein partiell übereinstimmender Gebrauch vorliegt. Die Gründer beschließen durch **vertragliche Einigung** die Satzung im Errichtungsvorgang der Gesellschaft. Neben dem schuldrechtlichen Rechtsgeschäft statuiert sie gleichzeitig die **normative Grundordnung** der Aktiengesellschaft.[89] Dieser **hybride Charakter** führt zur Qualifikation als gesellschaftsrechtlicher Vertrag sui generis.[90] Die Aufspaltung in ein Gründungsstatut[91] und ein Geschäftsstatut,[92] entsprechend den anglo-amerikanischen Gepflogenheiten, ist dem deutschen Recht fremd. Die Satzung bildet einen in einer einzigen Urkunde zusammengefassten, innerlich und äußerlich zusammengehörenden Regelungskomplex. Die Satzungsurkunde, auch als Satzung im formellen Sinn bezeichnet,[93] muss schon aufgrund der Beurkundungspflicht aus § 23 alle materiellen Satzungsbestandteile enthalten.

30 **Inhaltlich** lässt sich die Satzung in **vier Bereiche** aufteilen:[94] Festgelegt wird die **Identität** der Gesellschaft durch Benennung von Name, Sitz, Zweck und Nationalität sowie Mitgliederkreis. Bestimmt wird zudem die **Organisation**, bspw. die Organe und deren Zuständigkeiten. Daneben befasst sich ein materieller Teil des Statuts mit den **Rechtsverhältnissen** der Körperschaft **mit ihren Mitgliedern** und zwischen diesen. Darunter fallen alle Teilhabe-, Vermögens- und Informationsrechte sowie Beitrags- und Treuepflichten der Mitglieder. Schließlich ist in der Satzung einer Handelsgesellschaft die **Finanzordnung** des Unternehmens geregelt. Diese enthält etwa Klauseln zu gezeichnetem Kapital, zur Rücklagenbildung und zu Ausschüttungsregeln. Daneben können **Verfahrensfragen**, soweit sie nicht schon in der Satzung abschließend geregelt sind, in **Geschäftsordnungen** für den Vorstand (§ 77 Abs. 2), für den Aufsichtsrat (§ 107 Abs. 1) oder für die Hauptversammlung (§ 118 Abs. 1) festgelegt werden. Für deren Änderung ist die Regelung des § 179 nicht anwendbar.

31 **2. Formelle Satzungsbestimmungen.** Es kann zwischen formellen und materiellen Bestandteilen einer Satzung unterschieden werden.[95] **Formelle Satzungsbestandteile,**[96] die auch als unecht,[97] individuell[98] oder nicht korporativ[99] bezeichnet werden, sind zwar in den Satzungstext aufgenommen, betreffen aber nicht die Verfassung der Gesellschaft. Die formellen Satzungsbestandteile nehmen also an der Wirksamkeitsvoraussetzung und der Publizität des Gesellschaftsvertrages, nicht aber am Normencharakter teil. Die Aufnahme solcher Regelungen in die Satzung hat keinen Einfluss auf deren Rechtsnatur[100] und deren Rechtwirkungen.[101] Formelle können aber wie materielle Satzungsbestandteile an bestimmten Funktionen der Satzung teilnehmen.[102]

32 Der Text des Statuts kann dabei in zulässiger Weise[103] Teile beinhalten, die nur **individualvertraglicher**[104] bzw. **schuldrechtlicher**[105] Natur sind oder überhaupt nur **deklaratorische** Bedeutung besitzen. Die Namen der ersten Mitglieder des Vorstandes oder Aufsichtsrats und die Feststellung des eingezahlten Betrages gem. § 23 Abs. 2 Nr. 3 haben diese Eigenschaft. Schuldrechtliche Vereinbarungen über § 55 hinaus oder schuldrechtliche Ansprüche von Aktionären oder Dritten fallen ebenso hierunter[106] wie die Vereinbarung über Kurspflege oder sonstige Konsortialabreden.[107] Dies betrifft

---

[89] Kölner Komm AktG/*Zöllner* Rn. 12, 15; MüKoAktG/*Stein* Rn. 5.
[90] MüKoAktG/*Stein* Rn. 5.
[91] Memorandum of association und certificate oder articles of incorporation.
[92] Articles of association, operating agreement oder by laws.
[93] MüKoAktG/*Stein* Rn. 6.
[94] Vgl. Großkomm AktG/*Wiedemann* Rn. 32.
[95] MüKoAktG/*Stein* Rn. 22; Bürgers/Körber/*Körber* Rn. 4; die Einteilung kritisierend: Kölner Komm AktG/ *Zöllner* Rn. 82.
[96] MüKoAktG/*Pentz* § 23 Rn. 41; Hüffer/Koch/*Koch* Rn. 4, § 23 Rn. 4; Hachenburg/*Ulmer* GmbHG § 53 Rn. 9.
[97] MüKoAktG/*Stein* Rn. 17; Großkomm AktG/*Wiedemann* Rn. 36; Kölner Komm AktG/*Zöllner* Rn. 54 ff.; Grigoleit/*Ehmann* Rn. 3.
[98] *Baumbach/Hueck* § 23 Rn. 3.
[99] Scholz/*Priester/Veil* GmbHG § 53 Rn. 9, 11; Hachenburg/*Ulmer* GmbHG § 53 Rn. 17.
[100] BGHZ 123, 347 (350) = NJW 1994, 51 (52).
[101] *Ulmer* FS Werner, 1984, 911 (915).
[102] Baumbach/Hueck/*Zöllner* GmbHG § 53 Rn. 4.
[103] Großkomm AktG/*Wiedemann* Rn. 36; Kölner Komm AktG/*Zöllner* Rn. 57.
[104] So BGHZ 38, 155 (161) = NJW 1963, 203 (204): „individualrechtlich".
[105] Großkomm AktG/*Wiedemann* Rn. 36; Grigoleit/*Ehmann* Rn. 6.
[106] MüKoAktG/*Stein* Rn. 19 f.
[107] Vgl. *Priester* DB 1979, 681 (682).

auch etwaige Sondervorteile der Aktionäre oder zu erstattende Gründungskosten (§ 26), die, trotz zwingender Satzungsaufnahme, lediglich Gläubigerrechte begründen.[108]

3. Materielle Satzungsbestimmungen. Unter **materiellen Satzungsbestimmungen** werden alle Regelungen verstanden, die das Grundgerüst der Gesellschaft bilden und auch das Verhältnis zwischen der Gesellschaft, Organen und Aktionären regeln.[109] Diesem korporativen Charakter entsprechend erstreckt sich die Wirkung idR auch auf zukünftige Organe und Aktionäre.[110] Die uneinheitliche Terminologie spricht teilweise von echten,[111] körperschaftlichen,[112] normativen[113] und korporativen[114] bzw. mitgliedschaftsrechtlichen[115] Satzungsbestandteilen oder von Organisationsnormen.[116]

a) Notwendige Satzungsbestimmungen. Nach § 23 Abs. 3 und 4 sind die notwendigen Satzungsbestimmungen als **Mindestinhalt** ein wesentlicher Teil der materiellen Bestandteile.[117] So müssen stets Firma und Sitz der Gesellschaft, der Unternehmensgegenstand, die vorgeschriebenen Angaben über Grundkapital, Aktien und Vorstandsmitglieder, sowie die Art der zu leistenden Einlagen in der Satzung angegeben werden. Auch die Ausgestaltung der mitgliedschaftlichen Einlagepflicht gem. § 23 Abs. 2 und § 36a fällt hierunter.[118]

b) Ergänzende Satzungsbestimmungen. Daneben können im Rahmen von § 23 Abs. 5 **freigestellte, ergänzende Satzungsbestandteile** aufgenommen werden. Darunter werden zunächst diejenigen verstanden, die durch ihren Gesellschaftsbezug außerhalb der Satzung keinen Regelungsbereich haben. Sie werden daher auch als **notwendig materielle bzw. echte**[119] oder **fakultative**[120] **Bestimmungen** bezeichnet. Hierunter fallen neben den zusätzlichen Satzungsänderungsanforderungen (Abs. 2 S. 2, 3) Nebenpflichten der Aktionäre (§ 55), Jahresüberschuss/Gewinnverteilungsbestimmungen (§§ 58, 60 Abs. 3) und in diesem Zusammenhang das wegen der Relevanz für den Gewinnanspruch nicht außerhalb der Satzung regelbare Geschäftsjahr,[121] Vinkulierung (§ 68 Abs. 2, 4), Mehrheiten (§§ 133, 134 Abs. 1), Kapitalerhöhung (§ 182 Abs. 1 S. 2, 3, § 193 Abs. 1 S. 2, § 202 Abs. 2 S. 3, § 207 Abs. 2 S. 1), Bezugsrechtsausschluss (§ 186 Abs. 3 S. 3, § 203 Abs. 1 S. 1, § 221 Abs. 4 S. 2), Wandel- und Gewinnschuldverschreibungen sowie Genussrechte (§ 221 Abs. 1 S. 3, Abs. 3), Kapitalherabsetzung (§ 222 Abs. 1 S. 2, § 229 Abs. 3, § 237 Abs. 4 S. 3), Zwangseinziehung (§ 237 Abs. 1 S. 2) sowie die Dauer der Gesellschaft (§ 39 Abs. 2, § 262 Abs. 1 Nr. 1). Auch die Anforderungen an die Zahl und Person von Verwaltungsmitgliedern (§ 95 Abs. 1 S. 2), Entsenderechte in den Aufsichtsrat (§ 101 Abs. 2), die Wahl des Aufsichtsratsvorsitzenden (§ 107 Abs. 1 S. 1)[122] oder Vorschriften zur Ordnung der Rechte und Pflichten der einzelnen Organe gehören in diese Kategorie.[123] Hierunter sind auch Ergänzungsbestimmungen kapitalmarktrechtlicher Pflichten bei Börsennotierung einzuordnen. So kann die Anwendbarkeit des europäischen Verhinderungsverbots (Neutralitätspflicht § 33a WpÜG), die Rechtsfolgen für den Übernahmefall (Durchbruchsregel § 33b WpÜG) und deren Gegenseitigkeit im Übernahmefall in der Satzung festgelegt werden.[124]

---

[108] Hüffer/Koch/*Koch* § 23 Rn. 4; eingehend MüKoAktG/*Stein* Rn. 20; unterscheidend Kölner Komm AktG/*Zöllner* Rn. 39, zu Kosten bei wirtschaftl. Neugründung OLG Stuttgart – 8 W 218/12AG 2013, 95; *Heinze* BB 2012, 67 ff.
[109] Kölner Komm AktG/*Zöllner* Rn. 23; *Würz* in Frodermann/Jannott AktR-HdB Kap. 4 Rn. 17.
[110] Vgl. BGHZ 123, 347 (350) = NJW 1994, 51 (52); BGHZ 123, 15 (19) = NJW 1993, 2246 (2247) – GmbH; auch Großkomm AktG/*Wiedemann* Rn. 37.
[111] Großkomm AktG/*Wiedemann* Rn. 36; Grigoleit/*Ehmann* Rn. 5.
[112] BGHZ 123, 347 (350) = NJW 1994, 51 (52); *Baumbach/Hueck* § 23 Rn. 3.
[113] Kölner Komm AktG/*Arnold* § 23 Rn. 13.
[114] Scholz/*Priester* GmbHG § 53 Rn. 5.
[115] Vgl. BGHZ 38, 155 (161) – GmbH; BGHZ 123, 347 (348) = NJW 1994, 51 (52 f.); Hachenburg/*Ulmer* GmbHG § 3 Rn. 41.
[116] MüKoAktG/*Stein* Rn. 8.
[117] MüKoAktG/*Stein* Rn. 9; Kölner Komm AktG/*Arnold* § 23 Rn. 13; Hachenburg/*Ulmer* GmbHG § 53 Rn. 13.
[118] Vgl. BGHZ 45, 338 (342) = NJW 1966, 1311 (1312) – GmbH.
[119] Hüffer/Koch/*Koch* § 23 Rn. 3; Großkomm AktG/*Wiedemann* Rn. 38.
[120] MüKoAktG/*Stein* Rn. 10; *Würz* in Frodermann/JannottaktR-HdB Kap. 4 Rn. 10.
[121] OLG Schleswig NJW-RR 2000, 1425; Kölner Komm AktG/*Zöllner* Rn. 34. Bei Nichtregelung gilt das Kalenderjahr als Geschäftsjahr.
[122] Vgl. Hüffer/Koch/*Koch* § 107 Rn. 4.
[123] Großkomm AktG/*Wiedemann* Rn. 35; Kölner Komm AktG/*Zöllner* Rn. 25, zB § 113 Abs. 1 S. 2.
[124] Die Durchbruchsregel ist allerdings nicht in der Satzung, die vor dem Börsengang gestaltet wird, verankerbar. *Holzborn/Peschke* BKR 2007, 101 ff.; vgl. auch → Rn. 91 ff.

36   Problematisch ist die Einordnung der Sachübernahme nach § 27 Abs. 1. Obwohl die Vereinbarung der **Sachübernahme** mit dem Aktionär zwar eine individualrechtliche Rechtsbeziehung darstellt, bildet die diesbezügliche Satzungsregelung mit der erlaubten Abweichung von der gesetzlichen Geschäftsführungskompetenz des Vorstandes eine korporationsrechtlich verbindliche Vorgabe und ist daher körperschaftsrechtlicher, materieller Natur.[125] Einen materiellen und ergänzenden Charakter hat, da generell für die Zukunft getroffen, auch die Befugnis zur Fassungsänderung für den Aufsichtsrat.[126]

37   **Daneben können** Satzungsbestimmungen, die außerhalb der Satzung als schuldrechtliche Vereinbarung bestehen, durch ihre Aufnahme auch für die Satzung materiellen Charakter erlangen. Sie werden auch als **indifferente** (schuldrechtliche und gesellschaftsrechtliche) **Satzungsbestimmungen** bezeichnet.[127] Es handelt sich dabei im Wesentlichen um freiwillige Satzungsergänzungen iSd § 23 Abs. 5 S. 2, die auch außerhalb der Satzung getroffen werden können.[128] Sie werden daher auch potenziell echte Bestandteile genannt.[129] Indifferente Satzungsbestandteile sind immer den formellen (echten) oder materiellen (unechten) Bestandteilen zuzuordnen.[130] Im Sinne der Satzungsklarheit sind diese im Zweifel bei Möglichkeit der Zugehörigkeit zu den materiellen Satzungsbestimmungen als solche anzusehen.[131]

38   Indifferent idS sind alle Regelungen, deren **Aufnahme** in die Satzung **vom Gesetz dispositiv** gestaltet ist, wie etwa Verfahrensfragen einschließlich Geschäftsführungsbefugnis des Vorstandes oder Aufsichtsratsvergütungsregelungen der Organe (zB § 113 Abs. 1 S. 2), deren Änderung auch noch nach Geschäftsjahresbeginn als zulässig angesehen wird,[132] und gesetzlich nicht genannte aber inhaltlich **mögliche Regelungen,** wie Vorstandsvergütungsregelungen.[133] Anders ist dies nur, wenn klar aus der Satzungsbestimmung hervorgeht, dass keine Dauerwirkung erwünscht ist und nur außerhalb der Satzung (im Anstellungsvertrag) getroffene Vereinbarungen wiederholt werden. Dann handelt es sich um rein formelle Satzungsbestandteile ohne Regelungsgehalt. Darüber hinaus haben die Festlegung eines Gerichtsstands oder Schiedsklauseln, wenn sie für alle gegenwärtigen und zukünftigen Aktionäre Geltung beanspruchen, einen entsprechenden Charakter.[134]

III. Satzungsänderung

39   **1. Allgemeines, Begriff, Arten.** Späteren Änderungen ist die Satzung durch Satzungsänderung zugänglich. Wird auf den Text der Satzungsurkunde durch Einfügen, Aufheben oder inhaltliche bzw. formale Veränderung eingewirkt, ist eine solche gegeben.[135] Der Beschlussvorgang einer Satzungsänderung stellt eine partielle nachträgliche Neuvornahme des Gründungsaktes dar.[136] Alle Erfordernisse und Schranken, die bei der Errichtung durch die Gründer gelten, sind auch bei den Hauptversammlungsbeschlüssen nach § 179 zwingend zu beachten. Auch nach dem Änderungsbeschluss muss das Statut daher die notwendigen Bestandteile nach § 23 Abs. 3 und 4 beinhalten, sofern sich diese ihrer Natur nach nicht ausschließlich auf die Gründung beziehen. Da es auch Einzelfallregelungen in der Satzung geben kann[137] ist grundsätzlich auch eine **Änderung der Satzung für einen Einzelfall zulässig.**[138]

---

[125] HM Kölner Komm AktG/*Zöllner* Rn. 35; *Würz* in Frodermann/Jannott AktR-HdB Kap. 4 Rn. 17; aA GHEK/*Bungeroth/Hefermehl* Rn. 12; *Priester* DB 1979, 681 (682).
[126] MüKoAktG/*Stein* Rn. 15 aE; eine Ermächtigung abl. Kölner Komm AktG/*Zöllner* Rn. 148.
[127] Hüffer/Koch/*Koch* § 23 Rn. 5.
[128] Ähnlich Großkomm AktG/*Wiedemann* Rn. 40.
[129] MüKoAktG/*Stein* Rn. 12.
[130] MüKoAktG/*Stein* Rn. 12; Großkomm AktG/*Röhricht* § 23 Rn. 25.
[131] Wie hier Großkomm AktG/*Röhricht* § 23 Rn. 27; Kölner Komm AktG/*Zöllner* Rn. 53; MüKoAktG/*Stein* Rn. 12; nur Indiz oder Vermutung für materielle Satzungsbestandteil bei maßgeblicher Heranziehung des Parteiwillens Großkomm AktG/*Wiedemann* Rn. 41; Hüffer/Koch/*Koch* § 23 Rn. 5.
[132] LG München AG 2013, 474.
[133] Unabhängig vom individualrechtlichen Charakter des Anstellungsvertrages reduziert die Satzungsvorgabe der Hauptversammlung die Personalhoheit des Aufsichtsrats; MüKoAktG/*Stein* Rn. 15; aA Kölner Komm AktG/*Zöllner* Rn. 25, der auf die jeweilige schuld- oder gesellschaftsrechtliche Einordnung abstellt; zur Zulässigkeit dieser Vorgaben; s. Kölner Komm AktG/*Zöllner* Rn. 27, Rn. 71 f.
[134] BGHZ 123, 347 (350) = NJW 1994, 51 (52); Hüffer/Koch/*Koch* § 23 Rn. 3; zur Zulässigkeit EuGH NJW 1992, 1671 (1672); ausf. Ausführungen zur Gerichtsstandsklauseln *Waclawik* DB 2005, 1151 (1155 ff.) bei Anlegerklagen *Mohrmann* AG 2011, 10 (14).
[135] Hüffer/Koch/*Koch* Rn. 4; MüKoAktG/*Stein* Rn. 22; K. Schmidt/Lutter/*Seibt* Rn. 7.
[136] Großkomm AktG/*Wiedemann* Rn. 48.
[137] ZB § 27 Sachübernahme; allgM Kölner Komm AktG/*Zöllner* Rn. 19; Großkomm AktG/*Wiedemann* Rn. 44.
[138] AllgM MüKoAktG/*Stein* Rn. 37; Kölner Komm AktG/*Zöllner* Rn. 93; zur älteren Diskussion Großkomm AktG/*Wiedemann* Rn. 44.

a) Umfang. Grundsätzlich ist zu unterscheiden, ob die jeweilige Änderung formelle oder materi- 40
elle Satzungsbestandteile betrifft.[139] Sind **ausschließlich formelle Satzungsbestandteile** betroffen,
bestimmt sich deren **inhaltliche Änderung,** sofern die Änderung nicht den Satzungstext selbst
betrifft, ausschließlich **nach dem zugrunde liegenden** (regelmäßig schuldrechtlichen) **Rechtsverhältnis.**[140] Eine Auslegung desselben kann aber auch gebieten,[141] dass die Änderung von einem (im
Verfahren des § 179) durchzuführenden Hauptversammlungsbeschluss abhängig sein kann und der
formelle Bestandteil deshalb in die Satzung aufgenommen wurde.[142] Ansonsten können sie unabhängig vom Verfahren nach § 179 verändert werden.

Wird ausschließlich der **Text eines formellen Bestandteils** verändert, der keine rechtsgestal- 41
tende Wirkung hat, ist die **Anwendung** aller Voraussetzungen des **§ 179 streitig. Teilweise** wird mit
der Begründung der mangelnden Bedeutsamkeit eine **einfache Mehrheit** für die Beschlussfassung
als **ausreichend** angesehen.[143] Dem lässt sich neben dem Argument der Rechtsklarheit angesichts
einer unklaren Abgrenzung bei fließenden Grenzen[144] entgegnen, dass das Gesetz, wie in § 181
Abs. 1 S. 2, alle Textänderungen mit einbezieht und § 26 Abs. 5 gerade an die Unabänderbarkeit
auch des deklaratorischen Textes anknüpft. Der Verweis auf die Möglichkeit des Rechtsschutzes
auch bei Befürwortung der Änderung durch Beschluss mit einfacher Mehrheit zeigt zudem,[145] dass
für eine von der Dogmatik abweichende Erleichterung des Mehrheitserfordernisses kein Bedürfnis
besteht, da diese angesichts eines Anfechtungsrisikos nicht einmal eine praktische Erleichterung
bringt. Dies gilt auch deshalb, weil mit der Übertragungsmöglichkeit von Fassungsänderungen auf
den Aufsichtsrat bereits eine gesetzliche Erleichterungsmöglichkeit des Verfahrens besteht, so dass
im Ergebnis **keine Ausnahme von § 179 für textliche Änderungen von formellen Bestandteilen ohne Regelungsgehalt** zuzulassen ist.[146] Demzufolge würde auch eine Ergänzung der Satzung
durch ein formelles Element eine textliche Änderung darstellen und damit als formale Änderung
ein Verfahren nach § 179 erfordern. Die Aktiengesellschaft ist **rechtlich nicht gehalten, überholte
Satzungsbestimmungen zu ändern.**[147]

Keinesfalls verzichtbar ist das **Bekanntmachungserfordernis** des § 124 Abs. 2 S. 2.[148] Wegen 42
der fehlenden Ausnahmemöglichkeit **bleibt es auch** bei Änderung formeller Satzungsbestandteile
ohne Regelungsgehalt **beim Erfordernis der Eintragung** der Satzungsänderung aus § 180.[149]

Für die **textliche** oder **inhaltliche Änderung** von **materiellen Satzungsbestandteilen** ist 43
**§ 179 mit dem Grunderfordernis des Dreiviertel-Mehrheitshauptversammlungsbeschlusses
uneingeschränkt anwendbar.**[150]

Die Bestimmungen der §§ 179–181 gelten jedoch **nicht für solche Grundlagen- und Struktur-** 44
änderungen, für die **speziellere** gesetzliche **Regelungen** vorhanden sind. Dies betrifft insbes.
Vermögensübertragungen, Kapitalerhöhungen und -herabsetzungen sowie Abschlüsse von Unternehmensverträgen[151] (→ Rn. 71 ff.).

Eine in Rechtsfortbildung entwickelte Hauptversammlungszuständigkeit unter Heranziehung der 45
Mehrheitserfordernisse aus § 179 ist für Strukturänderungen nach der „Holzmüller-Doktrin" anerkannt.[152] Diese wird allerdings nur hinsichtlich der Mehrheit auf eine Analogie zu § 179 gestützt,

---

[139] AllgM Kölner Komm AktG/*Zöllner* Rn. 74; Großkomm AktG/*Wiedemann* Rn. 49 ff.; MüKoAktG/*Stein* Rn. 22; vgl. zur Abgrenzung → Rn. 31 ff.

[140] AllgM MüKoAktG/*Stein* Rn. 30 f.; Kölner Komm AktG/*Zöllner* Rn. 86 f.; Hüffer/Koch/*Koch* Rn. 5.

[141] Großkomm AktG/*Wiedemann* Rn. 36, 41 weist darauf hin, dass nur (rein) echte (materielle) Bestandteile objektiv auszulegen seien, und legt ansonsten den Parteiwillen zugrunde. Nach Grigoleit/*Ehmann* Rn. 6 soll im Zweifel das Verfahren nach § 179 zur Anwendung kommen.

[142] Kölner Komm AktG/*Zöllner* Rn. 59 f., 86; MüKoAktG/*Stein* Rn. 31, Hüffer/Koch/*Koch* Rn. 5.

[143] Großkomm AktG/*Wiedemann* Rn. 51; Kölner Komm AktG/*Zöllner* Rn. 87; aA MüKoAktG/*Stein* Rn. 31 f.; Hüffer/Koch/*Koch* Rn. 6.

[144] Die auch Kölner Komm AktG/*Zöllner* Rn. 85 sieht; so auch MüKoAktG/*Stein* Rn. 33; Hüffer/Koch/*Koch* Rn. 6; Grigoleit/*Ehmann* Rn. 7.

[145] Kölner Komm AktG/*Zöllner* Rn. 84.

[146] MüKoAktG/*Stein* Rn. 22, 30 f.; Hüffer/Koch/*Koch* Rn. 4, 6; Wachter/*Wachter* Rn. 17.

[147] OLG Köln Rpfleger 1972, 257 (258) – GmbH; Hüffer/Koch/*Koch* Rn. 6 f.; Grigoleit/*Ehmann* Rn. 7.

[148] AllgM Kölner Komm AktG/*Zöllner* Rn. 84 aE.

[149] AllgM im Aktienrecht Kölner Komm AktG/*Zöllner* Rn. 85; MüKoAktG/*Stein* Rn. 33; Hüffer/Koch/*Koch* Rn. 6; für GmbH LG Dortmund GmbHR 1978, 235; aA für die GmbH UHL/*Ulmer* GmbHG § 53 Rn. 31.

[150] Kölner Komm AktG/*Zöllner* Rn. 74 ff.; Großkomm AktG/*Wiedemann* Rn. 48 f.; MüKoAktG/*Stein* Rn. 22, 33; Hüffer/Koch/*Koch* Rn. 6.

[151] Dabei werden entgegenstehende Satzungsregeln für die Dauer der Wirksamkeit des Unternehmensvertrages überlagert; vgl. Großkomm AktG/*Wiedemann* Rn. 50; auch Rn. 78, Eingliederungen, Auflösungen, Verschmelzungen und Umwandlungen.

[152] BGHZ 83, 122 (130 ff.) = NJW 1982, 1703 (1707); zuletzt Gelatine BGHZ 159, 30 = NJW 2004, 1860 näher *Fleischer* NJW 2004, 2335 ff.; *Bungert* BB 2004, 1345 ff.; *Liebscher* ZGR 2005, 1 ff.

obwohl sich auch weitere Parallelen zur Situation der Satzungsänderung finden lassen. Dagegen war das Mehrheitserfordernis des § 179 nicht bei der früher vom BGH geforderten Hauptversammlungskompetenz[153] beim Antrag auf Aufhebung der Börsenzulassung gem. § 39 Abs. 2 BörsG in der Fassung des RegE FRUG BT-Drs. 16/4028 („hot" Delisting) heranzuziehen.[154]

46 b) **Satzungsdurchbrechung.** Die teilweise auch Ad-hoc-Satzungsänderung[155] genannte Satzungsdurchbrechung bezeichnet einen **Aktionärsbeschluss, der** nicht generell und dauerhaft, sondern **bewusst für einen konkreten Einzelfall** gefasst wird, obwohl er bestehenden materiellen **Satzungsbestimmungen entgegensteht.**[156] Dabei wird diese so genannte Satzungsdurchbrechung insoweit von der Satzungsänderung unterschieden,[157] als dass der Hauptversammlungsbeschluss – wenn nicht nach § 243 Abs. 1 angefochten – ohne Einhaltung der sonst für eine Satzungsänderung notwendigen Voraussetzungen wirksam werden soll, wobei die Geltung der Satzung dabei für spätere Anlässe unberührt bleiben soll.

47 Ein solcher Beschluss widerspricht dann einer fortbestehenden materiellen Satzungsbestimmung, wenn die Satzung – möglicherweise nach Auslegung – nicht eine solche Ausnahme unter bestimmten Bedingungen einräumt.[158] Die entsprechende **Auslegung** muss sich allerdings **ohne Zweifel** aus dem Statut ergeben.[159] Eine Abweichung bzw. Durchbrechung der Satzung ist nach hier vertretener Meinung auch dann gegeben, wenn der Hauptversammlungsbeschluss (ohne erforderliche satzungsändernde Qualität) nur formelle bzw. unechte Satzungsbestandteile betrifft (→ Rn. 40 f.). Zum Begriff der Satzungsdurchbrechung gehören **nicht Abweichungen** vom Statut **durch Vorstand oder Aufsichtsrat,** die stets ein unzulässiges satzungswidriges Organverhalten darstellen.[160]

48 **Beispiele** für eine **Satzungsdurchbrechung** sind etwa die Bestellung von Organmitgliedern entgegen den hierfür durch die Satzung festgelegten Mindestqualifikationen[161] oder sonstigen persönlichen Voraussetzungen[162] und die einmalige Abweichung von Vergütungsmaßstäben für ein Vorstands- oder Aufsichtsratsmitglied[163] sowie die Durchbrechung von Satzungsregelungen hinsichtlich der Amtszeit solcher Organmitglieder.[164] Ferner sind auch die Genehmigung einer Aktienübertragung durch ein unzuständiges Organ, die vorübergehende Befreiung von einem in der Satzung enthaltenen Wettbewerbsverbot oder eine der Satzung einmal zuwiderlaufende Gewinnverteilung oder Gewinnverwendung Satzungsdurchbrechungen.

49 aa) **Zustandsbegründende/Punktuelle Satzungsdurchbrechung.** Entfaltet der Hauptversammlungsbeschluss **dauerhafte Wirkung,** so stellt er eine sog. zustandsbegründende Satzungsdurchbrechung dar. Durch einen solchen werden durch einmaligen Beschluss satzungswidrige Dauerwirkungen im Sinne eines mit der Satzung nicht im Einklang stehenden Zustandes begründet. Bleibt die Wirkung des Hauptversammlungsbeschlusses auf einen **einzelnen Akt** beschränkt wird von der sog. **punktuellen Satzungsdurchbrechung**[165] gesprochen. Dabei erledigt sich die Ausnahme von der Satzungsregelung gleichsam mit der einmaligen Durchbrechung der Regelungen des Statuts. Die Hauptversammlung will dabei die Maßnahme trotz Abweichung von der fortbestehenden Verbands-

---

[153] Aufgegeben mit BGH NZG 2013, 1342 (1343 f.) „keine Strukturänderung".
[154] Aufgegebene Rechtsprechung BGH WM 2003, 533 ff. 50 %; aA *Heidel* DB 2003, 548; mit ¾ Mehrheit *Süßmann* BKR 2003, 257 (258); zum Strukturbegriff allg. Emmerich/Habersack/*Habersack* Vor § 311 Rn. 13 f.; *Marsch-Barner* in Marsch-Barner/Schäfer Börsennotierte AG HdB § 31 Rn. 25 ff., 31.
[155] Kölner Komm AktG/*Zöllner* Rn. 92 ff.; Hüffer/Koch/*Koch* Rn. 7.
[156] *Boesebeck* NJW 1960, 2265; Großkomm AktG/*Wiedemann* Rn. 93; *Baumbach/Hueck* Rn. 3; Kölner Komm AktG/*Zöllner* Rn. 90; gegen das Erfordernis des Bewusstseins MüKoAktG/*Stein* Rn. 39.
[157] Begriff geht zurück auf *Ueberfeldt*, Satzungsänderung und Satzungsdurchbrechung im Vereinsrecht und Aktienrecht, 1934, in Anlehnung an den schon in der Weimarer Zeit geläufigen staatsrechtlichen Begriff der Verfassungsdurchbrechung. Die Verwendung erfolgt allerdings uneinheitlich. Teilweise werden nur die zulässigen und wirksamen Fälle der Abweichung von der Satzung so bezeichnet, nach anderen auch die eventuell unwirksamen, Kölner Komm AktG/*Zöllner* Rn. 90.
[158] *Priester* ZHR 151 (1987) 40 f.; Kölner Komm AktG/*Zöllner* Rn. 90 f.; Hüffer/Koch/*Koch* Rn. 7; Bürgers/Körber/*Körber* Rn. 9.
[159] Großkomm AktG/*Wiedemann* Rn. 94; MüKoAktG/*Stein* Rn. 38.
[160] Vgl. *Priester* ZHR 151 (1987) 40 ff.; → Rn. 56.
[161] Vgl. Hüffer/Koch/*Koch* Rn. 7; MüKoAktG/*Stein* Rn. 38; *Baumbach/Hueck* Rn. 3; NK-AktR/*Wagner* Rn. 15; K. Schmidt/Lutter/*Seibt* Rn. 19.
[162] ZB OLG Frankfurt WM 1986, 1437: Wahl eines Aufsichtsratsmitgliedes, das die satzungsmäßigen Voraussetzungen nicht erfüllt; vgl. auch Kölner Komm AktG/*Zöllner* Rn. 93: ein Ausländer wird zum Vorstand bestellt, obwohl satzungsgemäß nur deutsche Staatsangehörige bestellt werden dürfen; vgl. Hüffer/Koch/*Koch* Rn. 7: Bestellung eines Aufsichtsratsmitglieds, das entgegen der Satzung nicht Aktionär ist.
[163] Vgl. MüKoAktG/*Stein* Rn. 38; K. Schmidt/Lutter/*Seibt* Rn. 19.
[164] BGHZ 123, 15 = NJW 1993, 2246 – GmbH.
[165] Der Begriff wurde erstmals von *Priester* ZHR 151 (1987) 40 (53) aufgebracht.

ordnung für den Einzelfall als satzungskonform gelten lassen.[166] Die Grenzen können dabei fließend sein.

bb) Rechtliche Behandlung. Die zustandsbegründende Satzungsdurchbrechung stellt als **50** objektiv ermitteltes Abweichen vom Statut eine rechtswidrige Satzungsverletzung dar, sofern die Voraussetzungen einer wirksamen Satzungsänderung nicht erfüllt sind.[167] Im Rahmen der GmbH wird die Zulässigkeit einer Satzungsdurchbrechung mit punktueller Auswirkung, die dort objektiv bestimmt wird, ohne Einhaltung der formellen Anforderungen, insbes. bei fehlender Registereintragung, teilweise bejaht.[168] Die **Unterscheidung** zwischen zustandsbegründender und punktueller Satzungsdurchbrechung kann jedoch **im Aktienrecht** schon wegen der fehlenden begrifflichen Trennschärfe **keine Bedeutung** entfalten,[169] zumal das Abgrenzungskriterium der Dauerwirkung der Definition der Satzungsdurchbrechung als Einzelakt entgegenläuft. Ferner verbieten das Gebot der Rechtssicherheit und der den Satzungsänderungsbestimmungen immanente Aktionärsschutz, Beschlüsse der Hauptversammlung anzuerkennen, die die Satzung außer Kraft setzen sollen, ohne dass dies im ordnungsgemäßen aktienrechtlich vorgesehenen förmlichen Verfahren geschieht und durch Registereintragung dokumentiert und gegenüber der Öffentlichkeit offenbart wird.[170] Deshalb muss jeder **Hauptversammlungsbeschluss**, mit dem eine bestehende Satzungsbestimmung nicht eingehalten werden soll, **immer** in ein Verfahren der **ordnungsgemäßen Satzungsänderung** eingebettet werden. Nur in diesem Rahmen ist eine Einzelfalldurchbrechung der Satzung bei Einhaltung des in § 179 vorgesehenen Verfahrens als Ausfluss der Satzungsautonomie jederzeit möglich.[171]

cc) Rechtsfolgen. Als Wirksamkeitsvoraussetzung ist, neben dem Vorliegen der erforderlichen **51** Mehrheit und der sonstigen Beschlusserfordernisse, wie ordnungsgemäßer Ankündigung in der Tagesordnung,[172] die Anmeldung zum Handelsregister nach § 181 zwingend.[173] Solange und soweit ein gewollt das Statut durchbrechender Hauptversammlungsbeschluss **nicht in das Handelsregister eingetragen** ist, erlangt er nach § 181 Abs. 3 **keine Wirkung.** Einer Anfechtung des Beschlusses bedarf es nicht.[174] Zwar ist der in das Handelsregister **eingetragene** satzungsdurchbrechende Hauptversammlungsbeschluss nach den allgemeinen Regeln **anfechtbar,**[175] bei Eintritt der Unanfechtbarkeit wird die eingetragene Satzungsdurchbrechung aber wirksam. Denkbar ist die Umdeutung eines satzungsdurchbrechenden Beschlusses in eine von der Satzungsdurchbrechung zu unterscheidende schuldrechtliche Nebenabrede[176] der Aktionäre, die insbes. bei einstimmigem Beschluss in Erwägung zu ziehen ist und die Anfechtung des an und für sich satzungsdurchbrechenden Beschlusses ausschließen würde.[177]

Selbst bei **einstimmiger Beschlussfassung** unter Mitwirkung sämtlicher Aktionäre ist ein sat- **52** zungsdurchbrechender Hauptversammlungsbeschluss, der in das Handelsregister eingetragen wurde,

---

[166] *Habersack* ZGR 1994, 354 (368); Hüffer/Koch/*Koch* Rn. 7.
[167] MüKoAktG/*Stein* Rn. 39; Kölner Komm AktG/*Zöllner* Rn. 92; Großkomm AktG/*Wiedemann* Rn. 95; AllgM für zustandsbegründende Durchbrechung OLG Köln AG 2001, 426; weniger eindeutig bei punktueller Durchbrechung vgl. Hüffer/Koch/*Koch* Rn. 8; Kölner Komm AktG/*Zöllner* Rn. 92, 98 f.; aA *Boesebeck* NJW 1960, 2265 (2267); für Satzungsänderungswille statt Abweichungsbewußtsein, *Habersack* ZGR 1994, 354 (362 ff.); MHdB AG/*Semler* § 39 Rn. 58; aA *Leuschner* ZHR 180 (2016), 423 (43 ff.), der jede Einzelfalländerung als Satzungsverstoß sieht.
[168] BGHZ 123, 15 (19) = NJW 1993, 2246 (2247) – GmbH; vgl. zur Abgrenzung MüKoGmbHG/*Harbarth* GmbHG § 53 Rn. 48; Lutter/Hommelhoff/*Bayer* GmbHG § 53 Rn. 29 ff.; aA UHL/*Ulmer* GmbHG § 53 Rn. 32.
[169] „Mangelnde Eindeutigkeit" MüKoAktG/*Stein* Rn. 40.
[170] MüKoAktG/*Stein* Rn. 40; Kölner Komm AktG/*Zöllner* Rn. 98; Großkomm AktG/*Wiedemann* Rn. 99; Hüffer/Koch/*Koch* Rn. 8; MHdB AG/*Semler* § 39 Rn. 58; auch für Erweiterungen und Ergänzungen OLG Köln NJW-RR 1996, 1439 (1440 f.) – GmbH.
[171] Großkomm AktG/*Wiedemann* Rn. 98; *Würz* in Frodermann/Jannott AktR-HdB Kap. 4 Rn. 110; K. Schmidt/Lutter/*Seibt* Rn. 20.
[172] Sinn und Zweck des § 124 Abs. 1 iVm Abs. 2 S. 2 verlangen dazu mindestens, dass angegeben wird, von welcher Satzungsregelung abgewichen werden und was der Inhalt des die Satzung durchbrechenden Beschlusses sein soll, AllgM Kölner Komm AktG/*Zöllner* Rn. 96.
[173] MüKoAktG/*Stein* Rn. 40; Großkomm AktG/*Wiedemann* Rn. 99; Kölner Komm AktG/*Zöllner* Rn. 96 ff.
[174] *Habersack* ZGR 1994, 354 (369); MüKoAktG/*Stein* Rn. 41; Großkomm AktG/*Wiedemann* Rn. 100; Kölner Komm AktG/*Zöllner* Rn. 96; Hüffer/Koch/*Koch* Rn. 8; K. Schmidt/Lutter/*Seibt* Rn. 21; krit. *Leuschner* ZHR 180 (2016), 423 (434), der bei der Kritk der Nichtanwendbarkeit des § 243 AktG auf bewusste Satzungsänderungen verkennt, dass durch die mangelnde Eintragung und Geltung insoweit kein Raum besteht.
[175] Großkomm AktG/*Wiedemann* Rn. 100; Bürgers/Körber/*Körber* Rn. 10; → § 245 Rn. 1 ff.
[176] Vgl. BGH NJW 1993, 2246.
[177] BGH NZG 2010, 988 (zur GmbH); Grigoleit/*Ehmann* Rn. 31; Kölner Komm AktG/*Zöllner* Rn. 108; *Noack* NZG 2010, 1017 (1018); *Priester* ZHR 151 (1987) 40 (58); aA *Wolff* WiB 1997, 1009 (1017).

anfechtbar. Dies folgt aus dem dem Vorstand gem. § 245 Nr. 4 wie auch unter Umständen jedem einzelnen Mitglied des Vorstandes und des Aufsichtsrats nach § 245 Nr. 5 zustehenden Recht zur Anfechtung des Beschlusses.

53   c) **Unbewusste Satzungsverletzung durch Hauptversammlungsbeschluss.** Daneben gibt es Hauptversammlungsbeschlüsse, die zwar einen **objektiven Verstoß gegen die Satzung** darstellen, dabei aber **nicht** als **bewusste** Satzungsverletzung im Sinne einer formalen Rechtfertigung einer Satzungsverletzung gewollt sind. Diese sind ebenfalls weder im Einklang mit der Satzung, noch erfüllen sie die Erfordernisse des Verfahrens einer Satzungsänderung nach § 179; es fehlt allerdings die subjektive Komponente. Darin ist zunächst nur eine schlichte Satzungsverletzung zu sehen, die, wenn sie nicht schon auf Grund ihres Inhalts nichtig, nach § 243 Abs. 1 anfechtbar ist und bei Eintritt der Unanfechtbarkeit volle Wirksamkeit erlangt.[178] Insoweit sind „heimliche" schlicht satzungsverletzende Hauptversammlungsbeschlüsse gegenüber offenen Satzungsdurchbrechungen **privilegiert**.[179]

54   Von Teilen der Literatur wird in **Ablehnung einer solchen Privilegierung** nicht auf den subjektiven Aspekt der bewussten oder unbewussten Satzungsdurchbrechung abgestellt,[180] sondern es soll danach unterschieden werden, ob die betreffende Regelung ihrem Wesen und Inhalt nach eine Satzungsänderung überhaupt erfordert. Sollte dies der Fall sein, dann müsse ein solcher Beschluss auch deren Form einhalten, um wirksam werden zu können. Insbes. wäre dann auch eine Eintragung in das Handelsregister erforderlich[181] Dieses Kriterium bringt jedoch keine Abgrenzung, da die Diskussion auf die Beurteilung der materiellen Abweichung von der Satzung verlagert wird, die jeder Satzungsverletzung aber bereits immanent ist. Eine unbewusste Abweichung von der Satzung begründet deshalb keine Satzungsdurchbrechung. Eine Privilegierung der unbewussten Satzungsverletzung liegt darin nur scheinbar, da der Unterschied lediglich darin besteht, dass die offene Satzungsdurchbrechung die Anfechtbarkeit vermeidet, während die Eintragung erforderlich wird.[182] Damit ist die Eintragung in das Handelsregister bei der unbewussten Satzungsverletzung, anders als bei der Satzungsdurchbrechung keine Wirksamkeitsvoraussetzung.[183]

54a   *Leuschner* sieht sowohl subjektive (bewusst/unbewusst) und objektive (zustandsbegründend/punktuell) Abgrenzungskriterien als der Geltungsanordnung des § 243 AktG widersprechend an und schlägt eine Unterscheidung in inhaltliche Abweichungen bzw. Satzungsmissachtungen mit den Fallgruppen positiver Regelungsgehalt, darunter notwendiger (1), nicht notwendiger (2) und nicht notweniger perplexer (3) statuarischer Gegenstand, Regelung mit ausschließlich negativem Regelungsgehalt (4), prozeduraler Abweichung, darunter Beschlussverfahrensvorschriften (5), ergänzendes rechtsgeschäftliches Tatbestandsmerkmal (6) und Zuständigkeitsregelung unterfällt.[184] Diese Unterscheidung ist jedoch komplex und in der Abgrenzung wenig praktikabel, ohne das dem entscheidend überzeugende Ergebnisse gegenüberstehen. Vor allem erfordert die Fallgruppenunterteilung wiederum rechtsfortbildende Korrekturen unter Wertungsgesichtspunkten,[185] so dass auch das dogmatische Argument entwertet wird.

55   d) **Die faktische Satzungsänderung.** Als faktische Satzungsänderungen[186] werden zum einen Beschlüsse oder Maßnahmen von Gesellschaftsorganen, also Vorstand und Aufsichtsrat,[187] bezeichnet, deren Bestand oder dauerhafte Umsetzung dazu führt, dass die Gesellschaft sich bezüglich eines in der Satzung geregelten Gegenstandes in tatsächlicher Hinsicht abweichend verhält, ohne dass die dafür geltenden gesetzlichen Vorschriften beachtet worden sind (Änderung der Fakten). Zum anderen sind dies Beschlüsse oder Maßnahmen von Gesellschaftsorganen, die die

---

[178] HM bei AG Großkomm AktG/*Wiedemann* Rn. 95; Grigoleit/*Ehmann* § 179 Rn. 31; Kölner Komm AktG/*Zöllner* Rn. 99; Bürgers/Körber/*Körber* Rn. 11; aA MüKoAktG/*Stein* Rn. 42; gegen die Differenzierung krit. *Leuschner* ZHR 180 (2016), 423 (434) mit Fallgruppenlösung 436 ff.). Vgl. zur Anfechtung einer satzungswidrigen Aufsichtsratsbestellung OLG Frankfurt WM 1986, 1437.
[179] *Wolff* WiB 1997, 1009; Kölner Komm AktG/*Zöllner* Rn. 99.
[180] Gegen die Unterscheidung *Tieves* ZIP 1994, 1341 (1345 ff.).
[181] MüKoAktG/*Stein* Rn. 42 mit Verweis auf Roth/Altmeppen/*Altmeppen* GmbHG § 53 Rn. 29.
[182] Vgl. auch → Rn. 164 Kölner Komm AktG/*Zöllner* Rn. 99; Großkomm AktG/*Wiedemann* Rn. 95, 100; Bürgers/Körber/*Körber* Rn. 10.
[183] *Wolff* WiB 1997, 1009 (1014 f.); Kölner Komm AktG/*Zöllner* Rn. 99; Großkomm AktG/*Wiedemann* Rn. 95; weniger eindeutig „bloße Satzungsverletzung" Hüffer/Koch/*Koch* Rn. 8 aE.
[184] *Leuschner* ZHR 180 (2016), 423 (436 ff.).
[185] *Leuschner* ZHR 180 (2016), 423 (448 ff.).
[186] Großkomm AktG/*Wiedemann* Rn. 93, 96.
[187] Großkomm AktG/*Wiedemann* Rn. 95; Hüffer/Koch/*Koch* Rn. 9; aA „kann von Organen und Aktionären ausgehen" MüKoAktG/*Stein* Rn. 44.

Satzung formell nicht tangieren, aber dennoch eine mittelbare Abweichung herbeiführen.[188] Die **Terminologie** ist jedoch **irreführend**. Es handelt sich nämlich gerade **nicht um Satzungsänderungen, sondern** um **Satzungsverstöße**. Die Satzung wird in diesem Sinne „faktisch" außer Vollzug gesetzt.[189] Wichtigstes Beispiel in diesem Zusammenhang sind Veränderungen des Unternehmensgegenstandes durch Maßnahmen der Geschäftsführung.[190] Von der Satzung abweichende Handlungen können keinen Einfluss auf deren Inhalt ausüben.[191] Auch wiederholte und langandauernde Verstöße können nicht zur Satzungsänderung führen,[192] da das zeitliche Moment („Gewohnheit") den Satzungsverstoß der ständigen Übung statutenwidriger Beschlüsse nicht heilt.[193] Der einzig wirksame Weg, eine Satzungsänderung herbeizuführen, bleibt die Einhaltung der in §§ 179 ff. niedergelegten Verfahrensregeln.

Die fehlende Übereinstimmung des Satzungstextes mit der Satzungswirklichkeit stellt einen **satzungswidrigen Zustand** dar, **zu dessen Beendigung** der Vorstand grundsätzlich **verpflichtet** ist.[194] Daneben verpflichtet das beabsichtigte als auch das unbeabsichtigte Auseinanderklaffen von Satzungsinhalt und Handeln der Verwaltungsorgane den Vorstand, die **Hauptversammlung einzubeziehen** und über die Anpassung der Satzung oder ggf. der Unternehmenstätigkeit entscheiden zu lassen.[195] Die Geltendmachung des Anspruchs der Aktionäre auf Restitution ist nur in engen zeitlichen Grenzen möglich.[196] Die **im Außenverhältnis** meist unbegrenzte Vertretungsmacht des Vorstandes verhilft den Geschäften zur **vollen Wirksamkeit,** § 82 Abs. 1.[197] Selbst im Falle der Rückgängigmachung, oder wenn die Hauptversammlung in zulässiger Weise eine Veränderung oder Ergänzung der Satzung ablehnt, kann es dennoch für den Fall des Abweichens vom satzungsmäßigen Unternehmensgegenstand im Interesse der Gesellschaft nötig sein, dass die Geschäftstätigkeit nur langsam und in der am wenigsten schädlichen Weise auf den satzungsgerechten Gegenstand begrenzt wird.[198] In der faktischen Satzungsabweichung bzw. -änderung liegt idR eine Pflichtverletzung der Organmitglieder, die zur Abberufung führen kann.[199] Daneben sind, abhängig vom Verschulden, Schadensersatzansprüche gegen die Handelnden gegeben. 56

Die Abkehr von nicht von der Satzung gedeckter Geschäftstätigkeit ist nicht in jedem Fall zwingend bzw. die Weiterführung **indiziert nicht immer** eine **Pflichtwidrigkeit**. Wenn etwa die Ausübung des Geschäftsbereiches außerhalb des Unternehmensgegenstandes für die Gesellschaft in besonderem Maße von Vorteil ist, kommt im Einzelfall – sofern nicht schutzwürdige Interessen irgendwelcher Art betroffen sind – eine Verpflichtung der Aktionäre in Betracht, einer nachträglichen Angleichung der Satzung insoweit zuzustimmen.[200] 57

2. Einzelne Beschlussgegenstände. a) Gesellschaftszweck. Der Gesellschaftszweck erfasst die **bei der Gründung** der Gesellschaft durch die Gründungsaktionäre **verfolgten Ziele**. Davon ist der **Unternehmensgegenstand** iSv Abs. 2 S. 2 **zu unterscheiden,** der die Mittel zur Erreichung des Gesellschaftszwecks betrifft.[201] Der Gesellschaftszweck **kann ideeller, gemeinnütziger, wirtschaftlicher oder gemischter Art** sein. Den §§ 58, 174, 254 ist zu entnehmen, dass der Gesetzgeber grundsätzlich von einer wirtschaftlichen Zwecksetzung ausgeht.[202] Nicht zwingend ist dabei, dass 58

---

[188] Faktische Änderung: In diesem Sinne wird der Ausdruck der faktischen Satzungsänderung des Unternehmensgegenstandes durch Geschäftsführungsmaßnahmen in BGHZ 83, 122 (133) = NJW 1982, 1703 (1705) – Holzmüller verwandt; zur Hauptversammlungskompetenz in Rechtsfortbildung BGHZ 159, 30 = NJW 2004, 1860 – Gelatine, zuletzt ablehnend für Beteiligungsverkauf BGH v. 26.4.2010 – II ZR 22/09; BVerfG AG 2011, 873 ff.; → Rn. 28, → § 119 Rn. 2.
[189] MüKoAktG/*Stein* Rn. 44; Großkomm AktG/*Wiedemann* Rn. 96; Kölner Komm AktG/*Zöllner* Rn. 110; Hüffer/Koch/*Koch* Rn. 9.
[190] Vgl. BGHZ 83, 122 (130) = NJW 1982, 1703 (1705, 1707); OLG Hamburg AG 1981, 344 (346); LG Mainz AG 1978, 320 (322); MHdB AG/*Semler* § 39 Rn. 59; *Feldhaus* BB 2009, 562.
[191] OLGR Köln 1996, 116 = NJW-RR 1996, 1439 (1441) – GmbH; MüKoAktG/*Stein* Rn. 44; Kölner Komm AktG/*Zöllner* Rn. 110; Großkomm AktG/*Wiedemann* Rn. 96; Hüffer/Koch/*Koch* Rn. 9.
[192] Kölner Komm AktG/*Zöllner* Rn. 110; Hüffer/Koch/*Koch* Rn. 9; Bürgers/Körber/*Körber* Rn. 12.
[193] Großkomm AktG/*Wiedemann* Rn. 96; Hüffer/Koch/*Koch* Rn. 9; Kölner Komm AktG/*Zöllner* Rn. 110.
[194] Kölner Komm AktG/*Mertens* § 82 Rn. 27 f.
[195] Kölner Komm AktG/*Zöllner* Rn. 110; Großkomm AktG/*Wiedemann* Rn. 96; Hüffer/Koch/*Koch* Rn. 9.
[196] BGHZ 83, 122 (133 ff.) = NJW 1982, 1525; Hüffer/Koch/*Koch* Rn. 9.
[197] BGHZ 83, 122 (133 ff.) = NJW 1982, 1525; MHdB AG/*Semler* § 39 Rn. 59; Bürgers/Körber/*Körber* Rn. 12.
[198] Kölner Komm AktG/*Zöllner* Rn. 110 aE.
[199] §§ 93, 116; *Priester* ZHR 163 (1999) 187 (193); Hüffer/Koch/*Koch* Rn. 9; § 93 Rn. 35 ff.
[200] Kölner Komm AktG/*Zöllner* Rn. 110; Hüffer/Koch/*Koch* Rn. 9, 30, 169, 174; NK-AktR/*Wagner* Rn. 42.
[201] MüKoAktG/*Stein* Rn. 101, 129; Wachter/*Wachter* Rn. 19.
[202] Zu einer Gemeinwohlklausel *Müller-Michaels/Ringel* AG 2011, 101 (111).

der Gesellschaftszweck ausdrücklich in der Satzung geregelt ist.[203] Häufig ist er durch Auslegung zu ermitteln.[204]

59   **aa) Änderung.** Eine Änderung des Gesellschaftszwecks setzt eine Modifikation der faktischen Geschäftgrundlage des Zusammenschlusses der Gesellschafter voraus.[205] In dem Übergang vom wirtschaftlichen zum ideellen Gesellschaftszweck, aber auch in jeder Einschränkung der Gewinnerzielungsabsicht liegt, unabhängig von expliziter Satzungsnormierung, eine Änderung des Gesellschaftszwecks.[206] Eine solche liegt etwa in der Einräumung der Möglichkeit gem. § 58 Abs. 3 S. 2 Zuwendungen an Dritte zu Lasten der Minderheit zu beschließen.[207] Bei der **Änderung** des Gesellschaftszwecks **handelt es sich um Grundlagen- und Strukturänderungen.**[208]

60   **bb) Zustimmung der Aktionäre.** Umstritten ist die Frage der neben dem Mehrheitsbeschluss erforderlichen zusätzlichen **Zustimmung aller Aktionäre.** Eine Ansicht hält § 179 als spezialgesetzliche Sondervorschrift mit dem systematischen Argument des aktienrechtlichen Grundsatzes der Strukturänderungsmöglichkeit durch Mehrheitsbeschluss (etwa § 262 Abs. 1 Nr. 2 Hs. 2, § 274 Abs. 1 S. 2, § 293) allein für einschlägig, wenn gleichzeitig die Möglichkeit des Ausscheidens der Minderheit gegen Barabfindung gegeben ist.[209] Auch nach dieser Ansicht soll aber grundsätzlich die Zustimmung sämtlicher Aktionäre erforderlich sein, wenn der Gesellschaftszweck von erwerbswirtschaftlich auf gemeinnützig geändert werden soll.[210] Nach richtiger Ansicht bedarf es für eine Änderung des Gesellschaftszwecks gem. § 33 Abs. 1 S. 2 BGB der **Zustimmung sämtlicher Aktionäre.** § 33 Abs. 1 S. 2 BGB ist als Grundregel mitgliedschaftlicher Korporationen auch für das Aktienrecht heranzuziehen.[211] Begründet wird dies mit der Schwere des Eingriffs in das Recht der Mitgliedschaft.[212] Demzufolge reicht auch ein einstimmiger Beschluss der Hauptversammlung nicht aus, wenn nicht alle Aktionäre teilgenommen haben.[213]

61   **cc) Abdingbarkeit.** Aus dem in § 40 BGB niedergeschriebenen dispositiven Charakter von § 33 BGB ergibt sich, dass auch bei entsprechender Anwendung in der Aktiengesellschaft eine **satzungsmäßige Abdingbarkeit** vorliegt.[214] Dies erscheint insbes. deshalb sinnvoll, um einen gerechten Ausgleich zwischen dem Interesse einer Mehrheit und demjenigen eines Einzelaktionärs zu sichern. Wäre immer Einstimmigkeit gefordert, wäre eine Änderung des Gesellschaftszwecks in einer Publikumsgesellschaft quasi ausgeschlossen. Die Frage, ob eine allgemeine Mehrheitsabweichungsbestimmung in der Satzung auch die Änderung des Gesellschaftszwecks umfasst, wird allerdings nach objektiver Auslegung regelmäßig zu verneinen sein. Dies wird man nur dann annehmen können, wenn der Gesellschaftszweck in der Satzung explizit genannt ist.[215]

62   **b) Unternehmensgegenstand.** Die Satzungsbestimmung über den Unternehmensgegenstand gehört nach § 23 Abs. 3 Nr. 2 zum notwendigen Satzungsinhalt. Der Begriff des Unternehmensgegenstands ist aber weder dort noch in § 3 Abs. 1, § 4, § 37 Abs. 4 Nr. 5 und Abs. 2 S. 2 gesetzlich definiert. Für Industrie- und Handelsunternehmen ist in der Satzung nach § 23 Abs. 3 Nr. 2 die Art der Erzeugnisse und Waren, die hergestellt werden sollen, näher anzugeben. Diesen Einzelanforderungen ist zu entnehmen, dass der Unternehmensgegenstand in Abgrenzung zum Gesellschaftszweck

---

[203] HM Kölner Komm AktG/*Zöllner* Rn. 111; *Westermann* FS Schnorr v. Carolsfeld, 1973, 517; gegen die Möglichkeit der expliziten Festlegung *Mertens* NJW 1970, 1718 (1719 ff.).
[204] MüKoAktG/*Stein* Rn. 130; Großkomm AktG/*Wiedemann* Rn. 54.
[205] KG Berlin AG 2005, 90 (91).
[206] *Kind* NZG 2000, 567 (571); Kölner Komm AktG/*Zöllner* AktG Rn. 107; Hüffer/Koch/*Koch* § 23 Rn. 22; K. Schmidt/Lutter/*Seibt* Rn. 10.
[207] *Kind* NZG 2000, 567 (571); *Philipp* AG 2000, 62 (66); Großkomm AktG/*Röhricht* § 23 Rn. 103.
[208] Weitere Grundlagen und Strukturänderungen sind Maßnahmen, welche Identität, Rechtsform, Kapitalstruktur oder Organzuständigkeit der Gesellschaft ändern. Sie unterliegen hinsichtlich Verfahren, Ablauf und Zuständigkeit größtenteils spezialgesetzlichen Vorschriften, vgl. *Marsch-Barner* in Marsch-Barner/Schäfer Börsennotierte AG-HdB § 31 Rn. 25 ff.; keine Gesellschaftszweckänderung ist Umwandlung *Kort* AG 2011, 611 (614 f.).
[209] Großkomm AktG/*Wiedemann* Rn. 56; *Timm,* Die Aktiengesellschaft als Konzernspitze, 1980, 31 ff.; krit. Großkomm AktG/*Röhricht* § 23 Rn. 105.
[210] *Timm,* Die Aktiengesellschaft als Konzernspitze, 1980, 31 ff.; *Wiedemann* JZ 1978, 612; Hüffer/Koch/*Koch* Rn. 33.
[211] Kölner Komm AktG/*Zöllner* Rn. 113; Großkomm AktG/*Röhricht* § 23 Rn. 91; MüKoAktG/*Stein* Rn. 132; Hüffer/Koch/*Koch* Rn. 33, § 23 Rn. 22.
[212] Hüffer/Koch/*Koch* Rn. 33.
[213] HM MüKoAktG/*Stein* Rn. 132; *Göhmann* in Frodermann/Jannott AktR-HdB Kap. 9 Rn. 266; aA *Westermann* FS Schnorr v. Carolsfeld, 1973, 517 (529).
[214] HM Kölner Komm AktG/*Zöllner* Rn. 113; MüKoAktG/*Stein* Rn. 132; Hüffer/Koch/*Koch* Rn. 33; aA GHEK/*Bungeroth/Hefermehl* Rn. 114.
[215] MüKoAktG/*Stein* Rn. 132; Hüffer/Koch/*Koch* Rn. 33.

die durch die Gründungsaktionäre verfolgte Zielsetzung hinsichtlich der inhaltlichen Tätigkeit der Gesellschaft umfasst.[216] Gegenstand eines Unternehmens ist also die **Art der Tätigkeit, welche die Gesellschaft zu betreiben beabsichtigt.**[217] Demzufolge werden Unternehmensgegenstand und Gesellschaftszweck meist nicht zusammenfallen, der Unternehmensgegenstand ist vielmehr nur ein Mittel um den durch die Gesellschaft verfolgten Zweck zu erreichen.[218] Eine **genau umrissene Beschreibung des Unternehmensgegenstands** in individueller und umgrenzender Weise in der Satzung ist erforderlich.[219] Das Statut muss die Mitglieder der beteiligten Kreise (Anleger, Aktionäre, Vorstand, Aufsichtsrat, etc) die Branche erkennen lassen, in der und in welchem Rahmen die geschäftliche Tätigkeit der Aktiengesellschaft ausgeübt werden soll.[220] Die beabsichtigte **Größenordnung der Geschäftstätigkeit ist nicht anzugeben.**[221] Es muss auch **nicht zwingend eine erwerbswirtschaftliche Tätigkeit** beabsichtigt zu sein.[222]

aa) **Änderung.** Eine Änderung des Unternehmensgegenstands ist **jede Modifizierung des Wortlauts der Satzungsbestimmung** über den Unternehmensgegenstand. Erforderlich ist allerdings, dass die Änderung durch eine abweichende Beschreibung, zB durch Zusatz oder Streichung von Geschäftsfeldern eine **inhaltliche Relevanz** entfaltet.[223] Ziel der Änderung des Unternehmensgegenstandes kann es sein, das Betätigungsfeld der Gesellschaft für die Zukunft umzugestalten oder bereits unter Verstoß gegen die Satzung vollzogene Wandelungen für die Zukunft wieder mit der Satzung in Einklang zu bringen. Bloße **Änderungen des Wortlauts,** etwa als **Anpassung an den moderneren Sprachgebrauch,** stellen, soweit sie keine sachlichen Änderungen herbeiführen, keine Änderung des Unternehmensgegenstandes iSd Abs. 2 S. 2 dar, sind aber gleichwohl Satzungsänderung.[224] Als Mittel der Zweckverfolgung ist der Unternehmensgegenstand im Wege der förmlichen Satzungsänderung mit qualifizierter (Dreiviertel-)Mehrheit gem. Abs. 2 S. 1 abänderbar. Die Geltung des § 33 BGB ist durch die spezialgesetzliche Regelung des Abs. 2 verdrängt. In der Satzung kann von diesem Erfordernis nicht nach unten, sondern nur nach oben abgewichen werden, indem eine größere Mehrheit vorgesehen wird, Abs. 2 S. 2. Insoweit ist **nur eine Erschwerung, nicht aber eine Erleichterung** der Gegenstandsänderung möglich.

bb) **Anpassungserfordernis.** Eine Anpassung des Unternehmensgegenstandes kann je nach individueller Situation **sowohl bei Über- als auch bei Unterschreitung** des Unternehmensgegenstandes erforderlich sein. Maßstab für das Bedürfnis einer Anpassung des Unternehmensgegenstandes sind Sinn und Zweck der Satzung unter Berücksichtigung der individuellen Lage der Gesellschaft, die Verkehrsanschauung, die strukturellen und wirtschaftlichen Zusammenhänge sowie die Entwicklung der Märkte und der technologische Fortschritt.[225] Unter anderem soll das wirtschaftliche Risiko der Aktionäre über die Bindung[226] der Geschäftsführung (vgl. §§ 76, 77) an den Unternehmensgegenstand[227] begrenzt werden. **Indiz für die rechtliche Erforderlichkeit** einer Anpassung des Unternehmensgegenstandes **ist** demnach unter anderem die mit der Änderung der unternehmerischen Tätigkeit einhergehende **Risikoerhöhung**[228] bzw. Risikoänderung. **Ausgangspunkt** für die Beurteilung des Bedürfnisses einer Änderung des Unternehmensgegenstandes ist die **konkrete Ausgestaltung** der entsprechenden Satzungsregelung. Werden durch den in der Satzung festgelegten Unternehmensgegenstand **lediglich allgemeine Rahmenbedingungen** vorgegeben oder besitzen Aufzählungen von Tätigkeitsbereichen lediglich Regelbeispielcharakter, so steht dem Vorstand ein **weiterer Ermessensspielraum** hinsichtlich einer eigenverantwortlichen Ausgestaltung des Unter-

---

[216] Großkomm AktG/*Wiedemann* Rn. 54, zur börsennotierten AG *Gätsch* in Marsch-Barner/Schäfer Börsennotierte AG-HdB § 4 Rn. 32.
[217] BGHZ 102, 209 (213) = BGH NJW 1988, 1087 (1088) – GmbH; MüKoAktG/*Stein* Rn. 101; Großkomm AktG/*Wiedemann* Rn. 54.
[218] Kölner Komm AktG/*Zöllner* Rn. 112 ff.; Grigoleit/*Ehmann* Rn. 18.
[219] MüKoAktG/*Stein* Rn. 101; Großkomm AktG/*Wiedemann* Rn. 54; großzügiger RGZ 62, 96 (98); RG JW 1916, 745 (746); OLG Frankfurt DB 1987, 38 (jeweils zur GmbH).
[220] MüKoAktG/*Stein* Rn. 101.
[221] *Wallner* JZ 1986, 721 (726); Großkomm AktG/*Wiedemann* Rn. 56.
[222] Großkomm AktG/*Wiedemann* Rn. 57.
[223] Kölner Komm AktG/*Zöllner* Rn. 117; MüKoAktG/*Stein* Rn. 102; Bürgers/Körber/*Körber* Rn. 14.
[224] MüKoAktG/*Stein* Rn. 102; → Rn. 39.
[225] Großkomm AktG/*Wiedemann* Rn. 59; MüKoAktG/*Stein* Rn. 106; Bürgers/Körber/*Körber* Rn. 15.
[226] Diese Frage ist unabhängig von der Frage des Sinn und Zwecks (Schutz und Information der Öffentlichkeit oder lediglich Schutz der Aktionäre) des § 23 Abs. 3 Nr. 2 zu sehen; vgl. BGH WM 1981, 164; auch BayObLG NJW-RR 1994, 227 (228).
[227] MüKoAktG/*Stein* Rn. 104; Kölner Komm AktG/*Mertens* § 82 Rn. 14 ff.
[228] MüKoAktG/*Stein* Rn. 106; Bürgers/Körber/*Körber* Rn. 15.

nehmensgegenstandes zu.[229] Sind die **Aufzählungen** von einzelnen Gegenständen **verbindlich und abschließend,** so ist die Geschäftsführung **verpflichtet, diesen auszufüllen.**[230] Auch aus Umwandlung kann sich Erfordernis für Änderung des Unternehmensgegenstandes ergeben.[231]

65   cc) **Ausnahmen. Tätigkeiten außerhalb des Unternehmensgegenstandes** sind zulässig, soweit untergeordnete Tätigkeiten mit geringem Risiko im Verhältnis zur Gesamttätigkeit betroffen sind,[232] etwa der gewinnbringende Gebrauch ungenutzter Mittel,[233] Sicherungsgeschäfte[234] und nach dem Wortlaut nicht erfasste Geschäftszweige, soweit es sich um Rand- oder Annexbereiche[235] handelt. Diese dürfen jedoch einen angemessenen Umfang im Verhältnis zum Hauptbereich nicht überschreiten, so dass kein neuer Schwerpunkt der Unternehmenstätigkeit vorliegt.[236]

66   dd) **Problemfälle.** Problematisch ist, inwieweit der **Erwerb von Anteilen an dritten Unternehmen** und die **Ausgründung von firmeneigenen Unternehmensteilen** einer Satzungsänderung bedürfen. Hinsichtlich ihrer rechtlichen Beurteilung ist zwischen **kapitalistischer,** folglich investorischer Finanzlage, und **unternehmerischer,** folglich mit Beherrschungsmöglichkeit verbundener, strategischer Anlagebzw. **Beteiligung** zu unterscheiden.[237] Für die Erforderlichkeit einer Satzungsänderung ausschlaggebend ist weiter, ob die Satzung bereits eine diesbezügliche ausdrückliche Ermächtigung (so genannte Konzernklausel) enthältbzw. inwieweit es einer solchen bedarf.[238]

67   Bei einer **Holding-Gesellschaft,** deren Unternehmensgegenstand der Erwerb, das Halten oder der Verkauf von Beteiligungen ist, bedarf diese Betätigung keiner Änderung des Unternehmensgegenstandes. Eine Änderung der Satzung ist nur dann erforderlich, wenn die Holding nach der Veräußerung nicht mehr in der Lage ist, den Unternehmensgegenstand zu verfolgen. Bejaht wurde dies bei einer Holding mit Schwerpunkt „Industrieunternehmen", die sich von sämtlichen Industriebeteiligungen trennte und lediglich eine Immobilienbeteiligung zurückbehielt.[239] Soweit das Halten einer bestimmten Beteiligung Unternehmensgegenstand ist, bedarf jede diesbezügliche Umgestaltung einer Satzungsänderung.[240]

68   Soweit es sich um Gesellschaften handelt, deren Unternehmensgegenstand **auf Produktion, Handel oder Dienstleistung gerichtet** ist, kann der Erwerb von Beteiligungen durch ausdrückliche satzungsgemäße Ermächtigungen ermöglicht werden **(Konzernklauseln).**[241] Eine solche Ermächtigung kann sowohl Veräußerung[242] und Erwerb von Beteiligungen als auch die Ausgliederung von firmeneigenen Anteilen in beliebiger Größe umfassen.[243] Zu beachten sind jedoch die Grenzen, welche der Unternehmensgegenstand dem Beteiligungserwerb zieht. Finanzanlagen erfordern eine Ermächtigung, sobald sie über die bloße Verwendung brachliegender Mittel hinausgehen (→ Rn. 65). Unternehmerische[244] Beteiligungen an branchenfremden Beteiligungen bedürfen einer Satzungsänderung, da die Geschäftsführung andernfalls über die Beteiligung Tätigkeiten ausüben

---

[229] AllgM OLGR Stuttgart 2001, 153 = DB 2001, 854 (856); Kölner Komm AktG/*Mertens* § 82 Rn. 25; Kölner Komm AktG/*Zöllner* Rn. 118; MüKoAktG/*Stein* Rn. 106.

[230] Vgl. OLGR Stuttgart 2003, 446 = ZIP 2003, 1981 (1987); OLG Hamburg ZIP 1980, 1000 (1006); Großkomm AktG/*Wiedemann* Rn. 60; Kölner Komm AktG/*Zöllner* Rn. 118; aA *Baumbach/Hueck* Rn. 9.

[231] *Kort* AG 2011, 611 (614).

[232] Großkomm AktG/*Wiedemann* Rn. 58; Kölner Komm AktG/*Zöllner* Rn. 119.

[233] Hingabe von Darlehen, Finanzanlagen, Vermietung derzeit nicht genutzter Gebäude und Grundstücke, vgl. BGH ZIP 2000, 1162 (1163 f.); MüKoAktG/*Stein* Rn. 107; Kölner Komm AktG/*Mertens* § 82 Rn. 15 ff.

[234] ZB Devisenderivatgeschäfte zur Kurssicherung im Ausland, dies muss aber die Absicherung von Handelsgeschäften betreffen.

[235] Die Aufnahme eines neuen Betriebszweiges zur besseren Ausnutzung vorhandener Anlagen, Hilfs- und Ergänzungsgeschäfte.

[236] Kölner Komm AktG/*Zöllner* Rn. 119; *Groß* AG 1994, 266 (268).

[237] Kölner Komm AktG/*Mertens* § 82 Rn. 37 ff.; Kölner Komm AktG/*Zöllner* Rn. 121. Zum Begriff strittig „unternehmerisch" *Tieves,* Der Unternehmensgegenstand der Kapitalgesellschaft, 1998, 422 ff.; „einheitliche Leitung" *Götz* AG 1984, 85 (90); *Mülbert,* Aktiengesellschaft Unternehmensgruppe und Kapitalmarktrecht, 1995, 381; „25 %" *Timm* ZIP 1993, 114 (115).

[238] MüKoAktG/*Stein* Rn. 109, 113.

[239] LG Frankfurt AG 2001, 431 (433).

[240] LG Bonn AG 2001, 367 (370).

[241] In den meisten Satzungen der deutscher Aktiengesellschaften sind solche Konzernklauseln enthalten, vgl. BGHZ 159, 30 = NJW 2004, 1860 – Gelatine I; Mehrheitsregelungen in der Satzung im Zusammenhang mit Konzernklauseln können Mehrheitserfordernisse nicht herabsetzen.

[242] Die Ausgliederung soll auch dann von der Ermächtigung erfasst sein, wenn diese explizit nur den Erwerb nennt, vgl. BGHZ 159, 30 = NJW 2004, 1860.

[243] MüKoAktG/*Stein* Rn. 111, vgl. *Gätsch* in Marsch-Barner/Schäfer Börsennotierte AG-HdB § 3 Rn. 33.

[244] Im Gegensatz zu rein kapitalistischen Beteiligungen, Kölner Komm AktG/*Koppensteiner* Vor § 291 Rn. 61, 168.

könnte, die ihr im Rahmen des Unternehmensgegenstandes nicht gestattet sind.[245] Eine Satzungsänderung ist dagegen nicht erforderlich, sofern der Erwerb von Unternehmensbeteiligungen nicht unternehmerisch, sondern rein finanziell begründet ist.[246]

Umstritten ist, inwieweit **Erwerb und Beteiligungen an dritten Unternehmen** sowie die **69** Ausgliederung firmeneigener Unternehmensteile zulässig sind, **soweit** die Satzung **keine Konzernklausel** enthält. Zur Umschreibung des Unternehmensgegenstandes iSv § 23 Abs. 3 Nr. 2 gehört nach heute hM[247] auch die Angabe, inwieweit die Gesellschaft mittelbar tätig werden will.[248] Soweit die Satzung keine Ermächtigung enthält, ist grundsätzlich eine Satzungsänderung erforderlich.[249] Dies gilt auch für kapitalistische Beteiligungen[250] und für den Fall, dass Betriebsteile auf Tochtergesellschaften ausgegliedert werden. Da dem Vorstand jedoch eine Annexkompetenz zusteht, ist die Abgrenzung zwischen ermächtigungsfreien und ermächtigungsbedürftigen Investitionen nur im Einzelfall vorzunehmen.[251] Ein Beteiligungserwerb indiziert demnach die Änderung des Unternehmensgegenstandes.

Einer Satzungsänderung des Unternehmensgegenstandes bedürfen weiter auf Dauer angelegte **70** **Einschränkungen des Geschäftsbetriebes,** nicht jedoch solche, die lediglich vorübergehender Natur sind.[252] Ausschlaggebend für die lediglich vorübergehende Einschränkung sind die objektive Möglichkeit der Wiederaufnahme und der subjektive Wille der Verwaltung hinsichtlich einer Wiederaufnahme. Die endgültige Verlagerung der Tätigkeit durch Verkauf von Beteiligungen bedarf auch dann der expliziten Satzungsänderung, wenn bei Beteiligungsverkauf ein entsprechender Hauptversammlungsbeschluss mit qualifizierter Mehrheit gefasst wurde.[253]

c) **Grundkapital/Finanzverfassung. aa) Grundkapital.** Wie sich aus § 23 Abs. 3 Nr. 3 ergibt, **71** ist das Grundkapital ein **notwendiger Satzungsbestandteil. Veränderungen des Grundkapitals** sind daher Änderungen der Satzung. Zur Kapitalherab- oder Kapitalheraufsetzung ist demnach ein Beschluss der Hauptversammlung gem. Abs. 1 erforderlich.[254] Eine diesbezügliche Ermächtigung eines anderen Organs als der Hauptversammlung durch die Satzung ist nur im Ausnahmefall des genehmigten Kapitals iSd §§ 202 ff. zulässig.[255] Soweit die §§ 182 ff. AktG keine Spezialvorschriften enthalten, sind die allgemeinen gesetzlichen Vorschriften für Satzungsänderungen und die einschlägigen Satzungsregelungen anzuwenden. Gem. § 124 Abs. 2 S. 2 ist bei der Einberufung der Hauptversammlung der Kapitalerhöhungsbeschluss seinem gesamten Wortlaut nach bekannt zu machen. Bei der Anmeldung der erforderlichen Eintragung muss der vollständige Wortlaut der Satzungsänderung angegeben und eine notarielle Bestätigung gem. § 181 Abs. 1 S. 2 beigefügt werden.[256] Grundsätzlich bedarf eine Entscheidung über eine Kapitalveränderung gem. §§ 182 Abs. 2, 222 Abs. 2 zusätzlich zum Beschluss der Hauptversammlung eines Sonderbeschlusses aller Aktiengattungen.[257]

Hinsichtlich der Anforderung an die **erforderliche Mehrheit** sind Abweichungen vom Gesetz **72** aufgrund einschlägiger Spezialvorschriften nur begrenzt zulässig. Bei der Ausgabe stimmrechtsloser Vorzugsaktien iSd § 182 Abs. 1 S. 2 ist eine Abweichung durch die Satzung von der gesetzlich vorgeschrieben Dreiviertelmehrheit des vertretenen Grundkapitals nur nach oben zulässig. Ebenso ist eine Abweichung nur nach oben zulässig im Fall einer bedingten Kapitalerhöhung iSd § 193 Abs. 1 S. 2, für die Schaffung genehmigten Kapitals iSd § 202 Abs. 2 S. 3 und für Kapitalherabsetzungen

---

[245] MüKoAktG/*Stein* Rn. 112; Grigoleit/*Ehmann* Rn. 19.
[246] OLG Frankfurt AG 2008, 862.
[247] Früher wurde ein autonomes Entscheidungsrecht des Vorstandes hinsichtlich dem Erwerb und der Veräußerung von Anteilen an dritter Unternehmen, sowie der Ausgliederung firmeneigner Anteile zugestanden, soweit sich diese in den sachlichen Grenzen des Unternehmensgegenstandes hielten; vgl. OLG Hamburg ZIP 1980, 1000 (1006); Kölner Komm AktG/*Mertens* § 76 Rn. 51, § 82 Rn. 15 mwN.
[248] Großkomm AktG/*Wiedemann* Rn. 64; MüKoAktG/*Stein* Rn. 113; MHdB AG/*Krieger* § 69 Rn. 4.
[249] OLG Stuttgart AG 2005, 693 (695).
[250] Kölner Komm AktG/*Zöllner* Rn. 120; MHdB AG/*Krieger* § 69 Rn. 4; einschränkend Bürgers/Körber/*Körber* Rn. 17: die Finanzanlage muss einen eigenen Geschäftszweig bilden; aA Großkomm AktG/*Wiedemann* Rn. 63.
[251] Vgl. MüKoAktG/*Stein* Rn. 113; zur Annexkompetenz Fleischer/*Wedemann* GmbHR 2010, 449 (451).
[252] HM Großkomm AktG/*Wiedemann* Rn. 60, MüKoAktG/*Stein* Rn. 108; aA objektiv nach Verkehrsanschauung OLG Hamburg ZIP 1980, 1000 (1006).
[253] *Lutter/Leinekugel* ZIP 1998, 805 (810); aA *Wollburg/Gehling* FS Liebknecht, 1997, 133 (140 f.); nicht entschieden OLG Düsseldorf WM 1994, 337 (342).
[254] Großkomm AktG/*Wiedemann* Rn. 83; Kölner Komm AktG/*Zöllner* Rn. 129; Bürgers/Körber/*Körber* Rn. 18.
[255] Kölner Komm AktG/*Zöllner* Rn. 130; Bürgers/Körber/*Körber* Rn. 18.
[256] Großkomm AktG/*Wiedemann* Rn. 83.
[257] MüKoAktG/*Stein* Rn. 180; MüKoAktG/*Schürnbrand* § 182 Rn. 29; MüKoAktG/*Oechsler* § 222 Rn. 32.

iSd § 222 Abs. 1, § 229 Abs. 3, § 237 Abs. 2 S. 1.[258] Gem. § 179a Abs. 1 S. 2 ist im Rahmen einer Satzungsregelung für einen Beschluss der Hauptversammlung, welcher die Übertragung des gesamten Vermögens zum Gegenstand hat, lediglich eine Erhöhung der gem. Abs. 1 S. 2 vorgeschriebenen Kapitalmehrheit zulässig.[259] Nicht anwendbar ist Abs. 3 im Falle, dass eine Satzungsänderung in diesem Zusammenhang nachteilig in die Rechte einer Aktiengattung iSd § 11 eingreift. Insoweit bestehen vorrangige Sonderregelungen (vgl. § 182 Abs. 2, § 193 Abs. 1 S. 3, § 222 Abs. 2, § 229 Abs. 3).[260]

73 **bb) Ergebnisverwendung.** Der Gestaltungsspielraum hinsichtlich des Umfangs geplanter Ausschüttungen wird von § 58 abschließend festgelegt.[261] Nach § 58 Abs. 1 S. 2 und Abs. 2 S. 2 ist die Rücklagenbildung im Rahmen der Erstellung des Jahresabschlusses durch entsprechende Regelungen in der Satzung bis zur Höhe des gesamten Jahresüberschusses, ebenso wie Regelungen hinsichtlich der Bewertung des Jahresabschlusses zulässig. Gem. § 58 Abs. 5 besteht bei einer entsprechenden Satzungsregelung[262] die Möglichkeit, durch einen Hauptversammlungsbeschluss die Ausschüttung einer Sachdividende zu gestatten. Alle Gesellschaften, welche die Möglichkeit einer Sachdividende nutzen möchten, müssen eine entsprechende Satzungsänderung iSd §§ 179 ff. herbeiführen oder eine entsprechende Regelung bereits bei der Gründung in die Satzung aufnehmen.

74 **cc) Bilanzierung.** Der Hauptversammlung steht wenigstens eine **Rahmenkompetenz im Bilanzierungsbereich** zu, was sich aus der Zuordnung der Grundkompetenz gem. § 46 Nr. 1 GmbHG[263] an die Gesellschafterversammlung und der Zuordnung der Ersatzkompetenz an die Hauptversammlung gem. §§ 172 f. ergibt.[264] Diese grundsätzliche Kompetenzverteilung hinsichtlich des Jahresabschlusses ist dispositiv und demnach durch entsprechende Regelungen in der Satzung abdingbar. Eine Bindung durch satzungsgemäße Vorgaben bietet sich insbes. im Rahmen der §§ 238 ff. HGB und der Bilanzwahlrechte, sei es nach HGB oder internationaler Rechnungslegung wie etwa IFRS oder US-GAAP, an.[265] Unzulässig sollen jedoch im Rahmen von Unternehmensverbänden die Bildung von Rücklagen bei der Tochtergesellschaft durch entsprechende Beschlüsse oder Satzungsänderungen gem. § 58 Abs. 3 S. 1, § 68 Abs. 1 S. 1 und Abs. 2 S. 2 sein. Dies wäre ein ungerechtfertigter Eingriff in die Satzungsgewalt der Aktionäre der Muttergesellschaft, da einerseits die Befugnisse der Aktionäre der Muttergesellschaft verletzt würden und andererseits die umfangmäßige Begrenzung der Rücklagenbildung (vgl. beispielsweise § 58 Abs. 2 S. 3) unterlaufen würde.[266]

75 **d) Formwechsel.** Als **materielle Satzungsänderung** wird vom Gesetz die formwechselnde Umwandlung iSd § 243 UmwG behandelt. Die Satzung der Gesellschaft neuer Rechtsform weicht aufgrund des neuen Rechtsrahmens automatisch von dem bisherigen Gesellschaftsstatut ab.[267] Sind in dem neuen Gesellschaftsstatut trotz der notwendigen Beurkundung des Umwandlungsbeschlusses die neuen Begrifflichkeiten oder die geänderten Rahmenbedingungen nicht beachtet worden, führt dies nicht zur Unwirksamkeit des Umwandlungsbeschlusses.[268] Da die Begriffsänderungen notwendige Folge des Formwechsels sind, stehen sie nicht im Ermessen der Gesellschafter.[269] Beim Formwechsel einer **GmbH in eine AG** ist die in § 23 Abs. 5 AktG verankerte Satzungsstrenge zu berücksichtigen. Bestimmungen, die im Widerspruch zu aktienrechtlichen Vorschriften stehen, können nicht übernommen werden.[270] Bei der Umwandlung einer Aktiengesellschaft in eine KGaA ist die Zustimmung der künftigen persönlich haftenden Gesellschafter nötig (→ Rn. 97).

76 **aa) Inhalt des Umwandlungsbeschlusses.** Der Inhalt des Umwandlungsbeschlusses über einen Formwechsel zwischen Kapitalgesellschaften bestimmt sich nach § 194 Abs. 1 UmwG, der einen

---

[258] Großkomm AktG/*Wiedemann* Rn. 83; MüKoAktG/*Stein* Rn. 115.
[259] MüKoAktG/*Stein* Rn. 115.
[260] LG Mannheim AG 1967, 83 (84).
[261] Vgl. *Holzborn/Bunnemann* AG 2003, 671 (672).
[262] Bei Satzungsbestimmung, die die Ausschüttung einer Sachdividende ermöglicht, ist darauf zu achten, dass dem Gleichbehandlungsgebot der Aktionäre genügt wird, vgl. *Holzborn/Bunnemann* AG 2003, 671 (678).
[263] Mangels einschlägiger Spezialvorschriften wird hier auf das GmbHG zurückgegriffen.
[264] Großkomm AktG/*Wiedemann* Rn. 86.
[265] Großkomm AktG/*Wiedemann* Rn. 86; wobei US-GAAP nicht mehr zum befreienden Konzernabschluss verhilft.
[266] Großkomm AktG/*Wiedemann* Rn. 87.
[267] Lutter/*Happ* UmwG § 243 Rn. 29.
[268] Vgl. dazu *Kort* AG 2011, 611 (614).
[269] Lutter/*Happ* UmwG § 243 Rn. 31.
[270] Lutter/*Happ* UmwG § 243 Rn. 30.

Katalog von zwingenden Pflichtangaben festlegt.[271] Daneben werden noch einige besondere Voraussetzungen gefordert, bspw. muss gem. § 243 UmwG im Umwandlungsbeschluss die Gesellschaft neuer Rechtsform enthalten sein.[272] Im Rahmen eines formwechselnden Umwandlungsbeschlusses können die Gesellschafter die **Satzung** der Gesellschaft neuer Rechtsform **vollständig neu fassen**. Änderungen sind nicht auf die durch die Umwandlung an sich Erforderlichen begrenzt.[273]

bb) Mehrheit. Für den Formwechsel und die Verschmelzung von Gesellschaften stellt das UmwG in § 65 Abs. 1 S. 2, §§ 233, 240, 252 besondere Mehrheitserfordernisse auf.[274] Gem. § 65 UmwG bedarf die Beschlussfassung über den Formwechsel einer Dreiviertelmehrheit des vertretenen Grundkapitals. Eine abweichende Regelung durch die Satzung ist nur hinsichtlich einer Erhöhung der Anforderungen an den Umwandlungsbeschluss zulässig. Ob ein höheres Mehrheitserfordernis gilt, muss nach objektiver Ermittlung zweifelsfrei feststehen.[275] Sieht die Satzung für bestimmte Satzungsänderungen erhöhte Anforderungen vor, so gelten diese nicht nur für die Satzungsänderung, sondern auch für den Umwandlungsbeschluss.[276] Gem. § 65 Abs. 2 UmwG ist für den Formwechsel einer Kapitalgesellschaft ein **Sonderbeschluss** erforderlich.[277]

e) Unternehmensverträge. Keine Anwendung finden die satzungsgemäßen oder gesetzlichen Vorschriften über Satzungsänderungen, soweit es sich um Abschlüsse von Unternehmensverträgen gem. §§ 291 ff. handelt. Diese früher strittige Frage[278] wird jetzt durch § 293 Abs. 1 S. 4 und Abs. 2, § 295 Abs. 1 S. 2 gelöst. Ein Widerspruch zum Gesellschaftszweck wurde früher angenommen, wenn Gewinnabführungsverträge[279] oder Beherrschungsverträge[280] abgeschlossen wurden.[281] Der Gesetzgeber ließ ihren Abschluss mit Zustimmung der Hauptversammlung gem. §§ 291 ff. zu. Dies muss als eine dahingehende Satzungsänderung gewertet werden.[282] Der satzungsändernde Charakter von Unternehmensverträgen wird daher für die untergeordnete Gesellschaft inzwischen bejaht.[283] **Umstritten** ist nach wie vor, inwieweit **Unternehmensverträge** bei der begünstigten Gesellschaft **satzungsändernden Charakter** haben. Inhaltlich sind Unternehmensverträge nicht zwangsläufig identisch mit der Satzung. Vielmehr enthalten sie in weitem Umfang über die Satzung hinausgehende schuldrechtliche und individualrechtliche Absprachen.[284]

§ 293 Abs. 1 S. 4 erklärt die **Spezialvorschriften** des Gesetzes und der Satzung über Satzungsänderungen auf den Zustimmungsbeschluss der Hauptversammlung für unanwendbar, was jedoch lediglich deklaratorischen Charakter hat. Für die Anwendung dieser Vorschriften besteht schon wegen der spezialgesetzlich normierten Anforderungen in §§ 293, 294 kein Raum,[285] jedoch sind allgemeine zu Satzungsänderungen entwickelte Rechtsgrundsätze nicht von der Anwendung ausgeschlossen.[286] Gem. § 293 Abs. 1 ist zum Abschluss eines Unternehmensvertrages eine **Dreiviertelmehrheit** des vertretenen Grundkapitals erforderlich. Eine Abweichung von diesen zwingenden gesetzlichen Anforderungen ist nur nach oben zulässig.[287]

f) Gesellschaftsdauer und andere Identitätsmerkmale. aa) Dauer. Ist die Gesellschaftsdauer in der Satzung festgelegt und soll diese verkürzt oder nachträglich geändert werden, **findet § 262 Abs. 1 Nr. 2 Anwendung**.[288] Abs. 2 ist jedoch insoweit **einschlägig**, als der Bestand der Gesell-

---

[271] Mindestangaben iSd § 194 Abs. 1 UmwG sind Angaben über: die Rechtsform, die Firma, die Beteiligungen der bisherigen Anteilsinhaber, die Bestimmung der künftigen Beteiligung nach Art, Zahl und Umfang, die Zahl der auf jeden Anteilseigner entfallenden Beteiligungsrechte, die Art der Mitgliedschaften, den Umfang der Beteiligungsrechte, die speziellen Rechte einzelner Anteilsinhaber, die Abfindungsgebote. Genauer Lutter/*Happ* UmwG § 243 Rn. 4 ff.
[272] Lutter/*Happ* UmwG § 243 Rn. 21.
[273] Lutter/*Happ* UmwG § 243 Rn. 33.
[274] MüKoAktG/*Stein* Rn. 115.
[275] Hüffer/Koch/*Koch* Rn. 37; Bürgers/Körber/*Körber* Rn. 21.
[276] Vgl. Lutter/*Happ* UmwG § 243 Rn. 38; Lutter/*Grunewald* UmwG § 65 Rn. 4; Kölner Komm AktG/ *Zöllner* Rn. 140; aA Hüffer/Koch/*Koch* Rn. 37.
[277] Lutter/*Grunewald* UmwG § 65 Rn. 8 ff.
[278] Vgl. Großkomm AktG/*Wiedemann* Rn. 61.
[279] Liegt ein solcher vor, verpflichtet sich die Gesellschaft, ihren gesamten Gewinn abzuführen.
[280] Die Gesellschaft verpflichtet sich vertraglich, keinen Gewinn zu erzielen.
[281] Kölner Komm AktG/*Zöllner* Rn. 124.
[282] Großkomm AktG/*Wiedemann* Rn. 61.
[283] Kölner Komm AktG/*Zöllner* Rn. 124, Hüffer/Koch/*Koch* Rn. 36.
[284] Kölner Komm AktG/*Zöllner* Rn. 127 f.
[285] Großkomm AktG/*Wiedemann* Rn. 61.
[286] MüKoAktG/*Stein* Rn. 36; Großkomm AktG/*Wiedemann* Rn. 50.
[287] Großkomm AktG/*Wiedemann* Rn. 61.
[288] AllgM MüKoAktG/*Koch* § 262 Rn. 29; K. Schmidt/Lutter/*Seibt* Rn. 14.

schaft rechtzeitig vor Fristablauf **verlängert** (vgl. § 181 Abs. 3) oder entsprechende **Befristungen aufgehoben** werden.[289] Eine Satzungsänderung erfordern sowohl die Neueinführung einer Gesellschaftsdauer als auch die Aufhebung einer Zeitbestimmung. Weiter ist auch bei Änderung einer Befristung während des Liquidationsstadiums eine Satzungsänderung iSd Abs. 2 nötig.[290] Diskutiert wird darüber hinaus die Frage, inwieweit bereits in einer Befristung oder einer Bedingung des Liquidationsbeschlusses eine Satzungsänderung zu sehen ist.[291] Dies ist mit der hM abzulehnen, soweit die Befristung lediglich kurzfristig ist und die Bedingung alsbald eintreten wird.[292] In der Praxis regelmäßig schwierig wird die Abgrenzung zwischen der Befristung einer Gesellschaft und der Liquidation einer unbefristeten Gesellschaft sein. Abzustellen ist dabei auf die Sicht eines vernünftigen Gesellschafters hinsichtlich des Geschehens.[293]

81 Wenn die Satzung eine **Verkürzung der satzungsgemäßen Gesellschaftsdauer** vorsieht, ist dies gleichzeitig ein Beschluss über die Auflösung der Gesellschaft,[294] der nur eine **höhere als die für Satzungsänderungen gesetzlich vorgeschriebene Dreiviertelmehrheit** bestimmen kann. Ebenso ist eine Abweichung von den gesetzlich vorgeschriebenen Mehrheitserfordernissen nur nach oben zulässig, soweit eine mit unbestimmter Dauer gegründete Gesellschaft nachträglich in ihrer Dauer begrenzt werden soll.[295] Soweit es sich um Regelungen über die **Aufhebung oder das Verlängern einer zeitlichen Beschränkung** handelt, darf die Satzung hinsichtlich der **Mehrheitserfordernisse auch nach unten** abweichen. Nach Ablauf der Bedingung oder Befristung der Gesellschaft gilt jedoch § 274 Abs. 1 S. 3, so dass eine nachträgliche Verlängerung nicht möglich ist.[296]

82 **bb) Identitätsmerkmale.** Weitere Identitätsmerkmale der Gesellschaft sind der Sitz, die Firma und die Staatszugehörigkeit. Der **Sitz** einer Gesellschaft ist gem. §§ 5, 23 Abs. 3 Nr. 1 notwendiger Satzungsbestandteil.[297] Bedeutend ist der Sitz der Gesellschaft aufgrund der Anknüpfung verfahrensrechtlicher Vorschriften (vgl. § 17 ZPO, § 14 AktG), der Durchführung der Hauptversammlung und der Anknüpfung des internationalen Privatrechts an den Sitz.[298] Eine **Satzungsänderung** iSd § 179 **ist Voraussetzung einer** wirksamen **Sitzverlegung**. Nicht als Sitzverlegung iSd §§ 5, 23 Abs. 3 Nr. 1 behandelt wird eine Verlegung der Verwaltung oder eine Verlegung des Unternehmensschwerpunkts,[299] sowie die Errichtung oder Aufgabe unselbständiger Zweigniederlassungen. Im deutschen Aktienrecht erfolgt die Feststellung des Gesellschaftsstatus[300] (immer noch) anhand der Sitztheorie,[301] welche an den tatsächlichen Verwaltungssitz des Unternehmens, dh an den Ort, an dem sich die Gesellschaft tatsächlich befindet und Entscheidungen trifft, anknüpft.[302] Dies wird dahingehend eingeschränkt, dass ausländische EU-Gesellschaften, die nach der Gründungstheorie bei faktischer Sitzverlegung nach Deutschland nicht aufgelöst werden (zB Großbritannien und Niederlande), nicht deutschem Gesellschaftsrecht unterworfen sind. Die Überseering-Entscheidung des EuGH[303] stellt bei einer Sitzverlegung allein auf das nationale Recht des Gründungsstaates ab. Soweit mit der Sitz- oder Verwaltungsverlegung ins EU-Ausland nach nationalem Gründungsrecht kein Verlust der Rechtspersönlichkeit einhergeht, ist diese als bestehend anzusehen.[304] Daran ändert sich auch dann nichts, wenn Sinn und Zweck der Sitzverlegung die Umgehung strengerer Anforderungen des Heimatlandes war. Soweit kein schwerwiegender Missbrauch[305] vorliegt, ist es angesichts bestehender

---

[289] RGZ 65, 264 (266) – GmbH; Hüffer/Koch/*Koch* Rn. 38; Bürgers/Körber/*Körber* Rn. 19.
[290] Großkomm AktG/*Wiedemann* Rn. 82.
[291] Bejahend RGZ 65, 264 (265) – GmbH.
[292] → Rn. 157 ff.; RGZ 145, 99 (101) – GmbH; Großkomm AktG/*Wiedemann* Rn. 82.
[293] Großkomm AktG/*Wiedemann* Rn. 82.
[294] Großkomm AktG/*Wiedemann* Rn. 81; Kölner Komm AktG/*Kraft* § 262 Rn. 10.
[295] MüKoAktG/*Stein* Rn. 116.
[296] Vgl. Kölner Komm AktG/*Kraft* § 262 Rn. 11.
[297] Nennung der politischen Gemeinde in identifizierbarer Weise, also bei mehreren gleichnamigen Gemeinden unterscheidungskräftiger Zusatz.
[298] Großkomm AktG/*Wiedemann* Rn. 79.
[299] Eine Verlegung des Schwerpunkts des Unternehmens ist keine Sitzverlegung iSd § 13 HGB iVm § 23 Abs. 3 Nr. 1.
[300] Das Gesellschaftsstatut bestimmt, welches nationale Recht für die Beurteilung eines gesellschaftsrechtlichen Sachverhalts mit Auslandsberührung einschlägig ist. Kollisionsregeln sind im deutschen Recht nicht ausdrücklich normiert, sondern von Lehre und Rechtsprechung entwickelt. Die praktische Bedeutung des Gesellschaftsstatuts ist besonders bedeutend, wenn es um die Sitzverlegung oder die Gesellschaftsgründung im Ausland geht, vgl. *Spindler/Berner* RIW 2003, 949 (950).
[301] Vgl. BGHZ 97, 269 = NJW 1986, 2194.
[302] *v. Bernstorff* RIW 2004, 498.
[303] EuGH NZG 2000, 926.
[304] EuGH NZG 2000, 926.
[305] Dies wird erst ab der Qualität eines Betruges zu bejahen sein.

europäischer Gesellschaftsrechtsstandards nicht zulässig, eine solche Gesellschaft strengeren Anforderungen[306] zu unterwerfen, auch wenn diese fast ausschließlich im Aufnahmestaat tätig wird. Nach der Inspire Art-Entscheidung[307] des EuGH liegt in der Umgehung strengerer Anforderungen gerade kein Missbrauch.[308]

Hinsichtlich einer **Sitzverlegung ins Ausland** ist zu differenzieren zwischen einer Sitzverlegung ins innereuropäische EU-Ausland und außereuropäische Nicht EU-Ausland. Die Sitzverlegung einer Gesellschaft ins **Nicht EU-Ausland** führt nach der Sitztheorie zu einer Änderung des Gesellschaftsstatus. Materiellrechtlich versteht das deutsche Recht einen Verlegungsbeschluss als **Auflösungsbeschluss,** der zum Verlust jeglicher Rechtsfähigkeit führt.[309] Sowohl das Daily Mail-Urteil[310] als auch das Centros-Urteil[311] und die Cartesio-Entscheidung[312] des EuGH brachten hinsichtlich der Qualifikation einer Sitzverlegung ins EU-Ausland im Gegensatz zu einer Sitzverlegung ins Nicht EU-Ausland lediglich eine bedingte Wendung. Die Sitzverlegung ins EU-Ausland führte zuvor zu einem Verlust der Rechtspersönlichkeit der Gesellschaft. Allerdings wurde durch das Centros-Urteil im Rahmen der sekundären Niederlassungsfreiheit die Eintragung einer Zweigniederlassung im EU-Ausland zugestanden.[313]

Die **Firma** ist gem. §§ 4, 23 Abs. 3 Nr. 1 notwendiger Satzungsbestandteil. Für eine Änderung einschlägig sind demnach die §§ 179 f.[314] Die **Staatszugehörigkeit** der Gesellschaft richtet sich im deutschen Aktienrecht nach dem tatsächlichen Sitz der Verwaltung.[315] Sie ist kein notwendiger Satzungsbestandteil.

g) Verwaltungsorganisation. Hinsichtlich der **Zusammensetzung** der Verwaltungsorgane **(Vorstand und Aufsichtsrat)** sind die gesetzlichen Regelungen größtenteils nicht dispositiv. Von den gesetzlichen Regelungen kann die Satzung nur ausnahmsweise abweichen (vgl. § 23 Abs. 3 Nr. 6, § 95 Abs. 1, § 100 Abs. 4, § 101 Abs. 2 AktG; § 7 Abs. 1 MitbestG).[316]

aa) Zulässige Abweichungen. Zulässig sind, soweit ein sachlicher Zusammenhang mit dem Gesellschaftszweck und dem Unternehmensgegenstand sowie der Realstruktur der Gesellschaft es rechtfertigen, Vorgaben bezüglich **sachlicher und persönlicher Kriterien** hinsichtlich der Auswahl der Vorstandsmitglieder und im mitbestimmungsfreien Raum auch hinsichtlich der Aufsichtsratsmitglieder.[317] Durch Satzung dürfen jedoch keine Regelungen getroffen werden, welche den Ermessensspielraum[318] unzulässig begrenzen. Zustimmungsvorbehalte und Vorschlagsrechte können nur in den gesetzlich zulässigen Fällen (§ 6 Montan-MitbestG; § 36 Abs. 1 KWG) in der Satzung wirksam festgelegt werden. Zulässig ist die Festlegung gestaffelter Amtszeiten für Vorstands- und Aufsichtsratsmitglieder.[319] Daneben sind im Falle vinkulierter Namensaktien gem. § 101 Abs. 2 Entsenderrechte für bis zu einem Drittel der Aufsichtsratmitglieder in der Satzung verankerbar.[320]

bb) Zuständigkeit. Der Vorrang des Gesetzes gilt grundsätzlich auch hinsichtlich der Zuständigkeit der Verwaltungsorgane. Enthält das Gesetz insoweit Änderungsmöglichkeiten, sind diese grundsätzlich nicht analogiefähig und restriktiv anzuwenden.[321] Zuständigkeitsregelungen bezüglich der Abstimmungs- und Durchführungsmodalitäten der Hauptversammlung und ihrer Beschlüsse gem. §§ 121 ff., der Beschlussfassung im Aufsichtsrat und seinen Ausschüssen gem. §§ 108 f. und der Geschäftsführung und Vertretung des Vorstandes gem. §§ 77 f. sind weiter auszulegen, da es sich

---

[306] ZB hinsichtlich Mindestkapital oder Geschäftsführung.
[307] EuGHE I 2003, 10 155 = ABl. EU 2003, Nr. C 275, 10 = NZG 2003, 1064.
[308] Vgl. EuGHE I 2003, 10 155 = ABl. EU 2003, Nr. C 275, 10 = NZG 2003, 1064.
[309] *Möhrle* in Happ AktienR 1.07 Rn. 4.2; *Würz* in Frodermann/Jannott AktR-HdB Kap. 4 Rn. 94.
[310] Im Rahmen dieser Entscheidung ging es um die grenzüberschreitende Verlegung des tatsächlichen Sitzes ohne Verlust der Rechtspersönlichkeit, vgl. EuGHE 1988, 5483 = NJW 1989, 2186 (2187).
[311] EuGHE I 1999, 1459 = ABl. EG 1999 Nr. C 134, 3 = NJW 1999, 2027.
[312] EuGH WM 2008, 223, bestätigt Grundsätze der Daily Mail-Entscheidung; vgl. *Zimmer* NJW 2009, 545.
[313] *Möhrle* in Happ AktienR 1.07 Rn. 4.3 ff.
[314] Dies ist etwa dann der Fall, wenn die Firma zB im Rahmen einer Insolvenz veräußert wird, Gefahr der Täuschung der Öffentlichkeit durch Änderung des Unternehmensgegenstandes besteht oder ein Unternehmen mit Firma ins Ausland veräußert werden soll.
[315] BGHZ 53, 181 (183); Großkomm AktG/*Wiedemann* Rn. 80.
[316] Dazu Großkomm AktG/*Wiedemann* Rn. 89; zu einer Frauenquote in der Satzung *Redenius-Hövermann*, ZIP 2010, 661 (663); dazu auch Gesetz für die gleichberechtigte Teilhabe von Frauen und Männern an Führungspositionen, BGBl. 2015 I 642 ff.
[317] Großkomm AktG/*Wiedemann* Rn. 89.
[318] RGZ 133, 90 (94).
[319] Großkomm AktG/*Wiedemann* Rn. 90; Kölner Komm AktG/*Zöllner* Rn. 28 f.
[320] Hüffer/Koch/*Koch* § 101 Rn. 9 f.
[321] MüKoAktG/*Stein* Rn. 77.

lediglich um **verwaltungsinterne** Verschiebungen handelt.[322] Möglich ist in diesem Zusammenhang auch die Festsetzung von bestimmten Beschlussformen des Aufsichtsrats (fernmündlich, schriftlich), die ohne Satzungsbestimmung nicht in Frage kommen (§ 108 Abs. 4). Zuständigkeiten des Aufsichtsrats können und sollen bei börsennotierten Gesellschaften,[323] zudem im Rahmen von § 107 Abs. 3 S. 2 auf Ausschüsse übertragen werden.[324] Auch die Regelung der Einzelvertretungsmacht des Vorstandes ist möglich, § 78 Abs. 3.

88   Die Satzung kann die Vertretung abweichend regeln. Wenn von dem gesetzlichen Grundsatz der Gesamtvertretung des Vorstands (§ 77 Abs. 1, 2) abgewichen wird, besteht die Möglichkeit der Alleinvertretung oder der so genannten unechten Gesamtvertretung (§ 78 Abs. 3 S. 1 Alt. 1) des Vorstands durch einen Prokuristen und ein Vorstandsmitglied.[325]

89   **cc) Geschäftsordnung.** Gem. § 77 Abs. 2 S. 1 ist es möglich, dem Aufsichtsrat die Schaffung einer Geschäftsordnung für den Vorstand durch die Satzung zu übertragen. Gem. § 77 Abs. 2 S. 2 besteht darüber hinaus die Möglichkeit, gewisse Einzelfragen verbindlich durch die Satzung zu regeln (auch → Rn. 30). Zulässig ist auch eine nachträgliche Änderung der Satzung und eine damit verbundene teilweise oder ganze Aufhebung der Geschäftsordnung.[326] Für die Geschäftsordnung des Aufsichtsrates gilt hinsichtlich der Zuständigkeit zwischen Hauptversammlung und Aufsichtsrat dieselbe Befugnisverteilung.[327]

90   **dd) Änderung von Mehrheitsvoraussetzungen.** Für Beschlüsse der Hauptversammlung kann die Satzung Mehrheitsvoraussetzungen für bestimmte Beschlussarten vorsehen. dafür kommen sowohl Erschwerungen, als auch Erleichterungen in Betracht. Bei börsennotierten Aktiengesellschaften wird oftmals die einfache Mehrheit vorgesehen, sofern das Gesetz keine andere höhere Mehrheit vorsieht (dazu → Rn. 114).

91   **ee) Übernahmerecht/Neutralitätspflicht/Durchbruchsregel.** Herzstück der EU-Übernahmerichtlinie 2004/25/EG ist die Neuregelung der Neutralitätspflicht der Leitungs- und Aufsichtsorgane einer Aktiengesellschaft. Da weder eine Implementierung einer europaweit einheitlichen Neutralitätspflicht im Übernahmefall (Europäisches Verhinderungsverbot) noch der europaweite Abbau von Übernahmehindernissen (Durchbrechungsregel) nicht durchsetzbar waren,[328] wurde ein Optionsmodell eingeführt, das es Deutschland ermöglichte, auf die Umsetzung zu verzichten (Opt-Out),[329] und gleichzeitig die Möglichkeit zu schaffen, sich der **Europäischen Neutralitätspflicht (§ 33a WpÜG)** und/oder der **Europäischen Durchbrechungsregel (§ 33b WpÜG)** durch Satzungsaufnahme freiwillig zu unterwerfen (sog. individueller Opt-In). Die Satzung einer börsennotierten Aktiengesellschaft kann gem. § 33a Abs. 1 WpÜG die Anwendung des deutschen Verhinderungsverbots im Sinne des § 33 WpÜG ausschließen und für das europäische Verhinderungsverbot optieren.

92   Beim in die Satzung aufgenommenen **Opt-in-Beschluss** gilt als Verhaltensmaßstab für Vorstand und Aufsichtsrat der Gesellschaft im Übernahmefall § 33a Abs. 2 WpÜG anstelle von § 33 WpÜG. Wie in § 33 Abs. 1 S. 1 WpÜG sind zwischen der Veröffentlichung der Entscheidung zur Abgabe eines Angebots und der Veröffentlichung des Ergebnisses nach § 23 Abs. 1 S. 1 Nr. 2 Handlungen untersagt, durch die der Erfolg des Angebots objektiv verhindert werden könnte. Allerdings richtet sich das Verhinderungsverbot in § 33a Abs. 2 S. 1 WpÜG nunmehr ausdrücklich sowohl an den Vorstand als auch an den Aufsichtsrat der Zielgesellschaft,[330] während der Neutralitätspflicht nach § 33 WpÜG, zumindest dem Wortlaut nach, lediglich der Vorstand der Zielgesellschaft unterworfen ist.[331] Weitere Unterschiede zwischen deutschem und europäischem Verhinderungsverbot ergeben sich aus den Ausnahmeregelungen, die bei der europäischen Variante enger gefasst sind.[332]

---

[322] Großkomm AktG/*Wiedemann* Rn. 90; MüKoAktG/*Stein* Rn. 148.
[323] S. DCGK Ziff. 5.3.1 mit Empfehlung an Aufsichtsrat, nicht an Satzungsgeber.
[324] Mittlerweile allgM Hüffer/Koch/*Koch* § 107 Rn. 23 ff.
[325] MüKoAktG/*Stein* Rn. 14; Hüffer/Koch/*Koch* § 78 Rn. 17.
[326] Großkomm AktG/*Wiedemann* Rn. 91.
[327] Großkomm AktG/*Wiedemann* Rn. 91 f.
[328] *Maul/Muffat-Jeandet* AG 2004, 222 (223); *Mülbert* NZG 2004, 633; *Immenga/Israel* FS Nobel, 2005, 175 (192).
[329] BegrWpÜG-RegE, BT-Drs. 16/1003, 5; auch *Grundmann/Möslein* BKR 2002, 758 ff.; *Krause* NJW 2002, 2747 ff.
[330] Vgl. BegrWpÜG-RegE, BT-Drs. 16/1003, 19; vgl. *Seibt/Heiser* AG 2006, 301 (310); *Meyer* WM 2006, 1135 (1139).
[331] Existenz und Umfang einer Neutralitätspflicht des Aufsichtsrats in der Übernahmesituation sind umstritten; eine Neutralitätspflicht besteht wohl nicht, sofern Aufsichtsrat als Kontrollorgan agiert, da § 33 Abs. 1 S. 2 Alt. 3 sonst leer liefe, wird aber angenommen, wenn Aufsichtsrat als Verwaltungsorgan agiert; *Hirte* ZGR 2002, 623 (629); *Hopt* ZHR 166, 2002, 383 (424); MüKoAktG/*Schlitt* WpÜG § 33 Rn. 62; Schwark/Zimmer/*Noack/Zetzsche* WpÜG § 33 Rn. 19.
[332] Vgl. *Holzborn/Peschke* BKR 2007, 101 (103 f.).

Beschluß der Hauptversammlung　　　　　　　　　　　　　　　93–96　§ 179

Auch bei der **europäischen Durchbruchsregel** nach Art. 11 RL 2004/25/EG (EU-Übernahme-RL) hat Deutschland vom Opt-Out-Recht Gebrauch gemacht und den in Deutschland ansässigen Gesellschaften den individuellen Opt-In zur Durchbrechungsregel ermöglicht. Der bereits beim Europäischen Verhinderungsverbot gewählten Systematik folgend sieht § 33b Abs. 1 WpÜG vor, dass die in § 33b Abs. 2 WpÜG niedergelegten Durchbrechungsregeln bei den Aktiengesellschaften zur Anwendung kommen, die dies in ihrer Satzung ausdrücklich vorsehen.[333] Die in § 33b Abs. 2 niedergelegten Regelungen können nur insgesamt in die Satzung aufgenommen werden. 93

Dadurch gelten in der Annahmefrist gem. § 16 iVm § 14 Abs. 3 S. 1 WpÜG satzungsmäßige sowie vertraglich vereinbarte **Übertragungsbeschränkungen** nicht gegenüber dem Bieter. Als satzungsmäßige Übertragungsbeschränkung kommt vor allem die Vinkulierung von Namensaktien gem. § 68 Abs. 2 AktG in Betracht.[334] Auch Gesellschaftervereinbarungen werden in dieser ersten Phase durchbrochen. Weiterhin entfalten nach § 33b Abs. 2 Nr. 2 WpÜG während der Annahmefrist Stimmbindungsverträge keine Wirkung und Mehrstimmrechtsaktien berechtigen nur zu einer Stimme. Vor dem Unterzeichnungsdatum der Richtlinie, dem 22.4.2004, geschlossene Verträge genießen jedoch Bestandsschutz. In der zweiten Phase der Durchbrechungsregel entfalten Stimmbindungsverträge sowie Entsendungsrechte keine Wirkung und Mehrstimmrechtsaktien berechtigen nur zu einer Stimme in der ersten Hauptversammlung, die ein Bieter, der nach einem Angebot über mindestens 75 % des stimmberechtigten Kapitals der Zielgesellschaft verfügt, zum Zwecke der Satzungsänderung oder Neubesetzung des Aufsichtsrats einberuft.[335] Dies gilt nicht für gesetzliche Entsendungsrechte. Zum Ausgleich statuiert § 33b Abs. 5 WpÜG eine Verpflichtung des Bieters zur Zahlung einer angemessenen Barentschädigung, wenn Aktionären in Anwendung der Durchbrechungsregel gem. § 33b Abs. 1 WpÜG Rechte entzogen werden.[336] 94

Um eine Benachteiligung von Aktiengesellschaften zu verhindern, die sich dem strengen Verhinderungsverbot und der Durchbrechungsregel unterwerfen, erlaubt § 33c WpÜG einen **Gegenseitigkeitsvorbehalt**. Gem. Abs. 1 kann die Hauptversammlung einer Zielgesellschaft, deren Satzung die deutsche Neutralitätspflicht ausschließt, mit Wirkung für höchstens 18 Monate beschließen, dass § 33 WpÜG dennoch Anwendung finden soll, wenn ein Bieter oder ein den Bieter beherrschendes Unternehmen keiner dem § 33a Abs. 2 WpÜG entsprechenden Regelung unterliegen. Gleiches gestattet § 33c Abs. 2 WpÜG für den Fall, dass die Zielgesellschaft sich der Durchbrechungsregel unterworfen hat und mit einem Angebot eines Bieters konfrontiert ist, der dies nicht getan hat. Für die Beschlüsse der Hauptversammlung, die auch bereits vorhanden sein können, wie § 33c Abs. 3 S. 1 WpÜG deutlich machen soll,[337] reicht die **einfache Mehrheit**.[338] 95

IV. Zuständiges Organ

1. Hauptversammlung (Inhaltsänderungen). a) Grundsatz: Exklusivzuständigkeit. Die Änderung der Satzung obliegt nach Abs. 1 S. 1 der **Hauptversammlung.** Diese kann durch Fassung eines Beschlusses in der Hauptversammlung eine Satzungsänderung einleiten, die mit Eintragung in das Handelsregister Wirksamkeit erlangt. Diese Regelung ist zwingendes Recht.[339] Ausnahmen bestehen nur, wenn das Gesetz dies selbst ausdrücklich vorsieht oder die Satzung zur Regelung von Ausnahmen ermächtigt.[340] Die zum Wirksamwerden der Satzungsänderung notwendige Mitwirkung anderer Personenbzw. Stellen, wie des Notars oder des Registergerichts, bedeutet keine Einschränkung oder Änderung dieser Kompetenzverteilung. Ein Recht der sonstigen mitwirkenden Personen, die Wirksamkeit der Satzungsänderung zu verhindern, besteht nur dann, wenn das Gesetz ein solches 96

---

[333] Hierzu reicht ein Hauptversammlungsbeschluss mit qualifizierter Mehrheit (§ 179 Abs. 2 AktG); aA *Schüppen* BB 2006, 165 (167), der annimmt, dass sämtliche von der Durchbrechung negativ betroffenen Aktionäre zustimmen müssen und damit de facto ein Einstimmigkeitserfordernis unterstellt.
[334] Dies hat zur Folge, dass, sofern die Durchbrechungsregeln in der Satzung einer Gesellschaft für anwendbar erklärt werden, vinkulierte Namensaktien ohne die ansonsten regelmäßig obligatorische Zustimmung des Vorstands übertragen werden können, vgl. BegrWpÜG-RegE, BT-Drs. 16/1003, 20.
[335] Die Hauptversammlung muss dabei nicht ausschließlich zum Zwecke der Satzungsänderung bzw. Neubesetzung des Aufsichtsrates einberufen worden sein; vgl. BegrWpÜG-RegE, BT-Drs. 16/1003, 21; zum Wortlaut des § 33b Abs. 2 Nr. 3 WpÜG vgl. *Simon* Der Konzern 2006, 12 (13).
[336] Vgl. *Mülbert* NZG 2004, 633 (640); *Seibt/Heiser* ZGR 2005, 200 (228); *Seibt/Heiser* AG 2006, 301 (314); *Maul* NZG 2005, 151 (154); *Meyer* WM 2006, 1135 (1141); DAV-Stellungnahme NZG 2006, 177 (178).
[337] So zumindest BeschlEmpf und BerFARegE, BT-Drs. 16/1541, BT-Drs. 16/1003, 20.
[338] *Seibt/Heiser* AG 2006, 301 (312) plädieren für qualifizierte Mehrheit. § 33c WPüG soll aber lediglich Wettbewerbsnachteile auf dem Übernahmemarkt verhindern. Daher es richtig, die Beschlussfassung durch die Hauptversammlung so weit als möglich zu vereinfachen; ebenso *Hopt/Mülbert/Kumpan* AG 2005, 109 (112).
[339] MüKoAktG/*Stein* Rn. 77; Hüffer/Koch/*Koch* Rn. 10; K. Schmidt/Lutter/*Seibt* Rn. 22.
[340] MüKoAktG/*Stein* Rn. 78; Hüffer/Koch/*Koch* Rn. 10; Großkomm AktG/*Wiedemann* Rn. 103.

vorsieht. Ein Beispiel ist das Prüfungsrecht des Registerrichters bei Eintragung einer Kapitalmaßnahme.[341] Ein Zustimmungsrecht des Vorstands, des Aufsichtsrats oder anderer fakultativer Organe kann auch durch eine Satzungsänderung nicht begründet werden.[342] Folgerichtig kann auch die Anmeldung einer Satzungsänderung zum Handelsregister nicht in das Ermessen einer anderen Person oder eines anderen Organs gestellt werden.[343]

97 Dies gilt nicht für **Zustimmungsrechte dritter Personen, wenn** die Satzungsänderung **deren Rechtskreis berührt.** Satzungsändernde Beschlüsse, die nach § 180 zustimmungspflichtig sind, können von den Betroffenen durch Verweigerung der Zustimmung verhindert werden.[344] Ebenso ist bei der Umwandlung einer Aktiengesellschaft in die Rechtsform der KGaA die Zustimmung des persönlichen haftenden Komplementärs nach § 240 Abs. 2 S. 1 UmwG notwendig.[345] Das Zustimmungserfordernis begründet aber nur ein **Vetorecht** und beinhaltet keine Möglichkeit, die Kompetenz zur Satzungsänderung auf die zustimmungspflichtigen Personen zu übertragen.

98 Besteht **keine zulässige Ausnahme** (→ Rn. 99 ff.), ist die exklusive **Kompetenz** selbst für die Hauptversammlung **nicht dispositiv.** Dies gilt sowohl für den Einzelfall als auch generell. Eine Satzungsbestimmung, die anderen Personen eine Befugnis zur Satzungsänderung zuweist, ist nichtig.[346] Ein Verzicht ist nicht möglich. Davon zu unterscheiden ist die Frage, ob die Satzung sich selbst komplett, Teile der Satzung oder einzelne Bestimmungen für unabänderlich erklären kann. Dies ist im Hinblick auf die nicht nur die aktuellen Gesellschafter, sondern auch zukünftige Gesellschafter bindende Funktion der Satzung abzulehnen. Ansonsten wäre auch die Überlebensfähigkeit durch Anpassung an veränderte Umstände eingeschränkt.[347]

99 **b) Durchbrechungen.** Die §§ 179–181 gelten allerdings nicht uneingeschränkt für alle Satzungsänderungen. Das **Gesetz oder in bestimmten Fällen die Satzung können Ausnahmen** von der zwingenden Zuständigkeit der Hauptversammlung vorsehen (auch → § 243 Rn. 69).

100 **aa) Gesetzliche Durchbrechungen der Exklusivzuständigkeit.** Bei einer satzungsmäßig angeordneten **Zwangskapitalherabsetzung** (der Vorstand entscheidet in diesem Fall allein nach § 237 Abs. 6 S. 2), beim **Abschluss von Unternehmensverträgen** (dort ausdrücklich in § 293 Abs. 1 S. 4 geregelt) und bei der **Eingliederung** (ausdrücklich in § 319 Abs. 1 S. 2) sieht das Gesetz vor, dass die Regelungen über die Satzungsänderung nicht anzuwenden sind. Bei der Investmentaktiengesellschaft mit veränderlichem Kapital kann der Vorstand gem. § 115 KAGB kraft Gesetzes Aktien ohne Hauptversammlungsbeschluss ausgeben und damit das Grundkapital erhöhen. Bei entsprechender Satzungsermächtigung ist der Vorstand einer Investmentaktiengesellschaft nach § 116 KAGB auch berechtigt, ohne Hauptversammlungsbeschluss Aktien einzuziehen.

101 Für den Aufsichtsrat ergibt sich eine zusätzliche **gesetzliche Kompetenz** zur Fassungsänderung aus § 4 Abs. 1 S. 2 EGAktG. Nach dieser Vorschrift kann der Aufsichtsrat seit dem 1. Januar 2002 die für die **Euro-Umstellung** des Grundkapitals und der Aktiennennbeträge sowie weiterer satzungsmäßiger Betragsangaben notwendigen Fassungsänderungen vornehmen.[348]

102 **bb) Satzungsmäßige Durchbrechungen der Exklusivzuständigkeit.** Bei gesetzlich vorgesehener Möglichkeit einer Kompetenzübertragung kann auch in der Satzung selbst die Zuständigkeit zur Satzungsänderung abweichend von der grundsätzlichen Exklusivzuständigkeit der Hauptversammlung geregelt werden. Die in der Praxis relevanteste Satzungsermächtigung ist die Möglichkeit gem. Abs. 1 S. 2, in der Satzung dem Aufsichtsrat die Befugnis zu **Fassungsänderungen** zu übertragen. Bei **Versicherungsaktiengesellschaften** können dem Aufsichtsrat weitergehend unter anderem inhaltliche **Änderungskompetenzen** nach § 33 Abs. 2 VAG auch hinsichtlich des Änderungsverlangens der Aufsichtsbehörde[349] eingeräumt werden.[350] Die Satzungsänderung steht aber auch in diesem Fall nicht zur Disposition des Aufsichtsrates. Zwingende Voraussetzung für die Kompetenz ist ein Änderungsverlangen der Behörde; eine – auch ausdrückliche – Genehmigung der Aufsichtsbehörde genügt nicht.[351]

---

[341] Großkomm AktG/*Wiedemann* Vor § 182 Rn. 82.
[342] MüKoAktG/*Stein* Rn. 148; Großkomm AktG/*Wiedemann* Rn. 122, 134; Hüffer/Koch/*Koch* Rn. 23.
[343] LG Frankfurt AG 1990, 169; Hüffer/Koch/*Koch* Rn. 10; Großkomm AktG/*Wiedemann* Rn. 105.
[344] MüKoAktG/*Stein* Rn. 128.
[345] Hüffer/Koch/*Koch* Rn. 21.
[346] MüKoAktG/*Stein* Rn. 77; Hüffer/Koch/*Koch* Rn. 10; Kölner Komm AktG/*Zöllner* Rn. 143.
[347] MüKoAktG/*Stein* Rn. 55 ff.; → Rn. 5 ff.
[348] MüKoAktG/*Stein* Rn. 78.
[349] Bundesanstalt für Finanzdienstleistungsaufsicht (BaFin), vgl. § 1 Abs. 1 FinDAG.
[350] LG Stuttgart VerBAV 1968, 167; Hüffer/Koch/*Koch* Rn. 10.
[351] MüKoAktG/*Stein* Rn. 79.

Beschluß der Hauptversammlung   103–106 § 179

Eine **gesetzlich nicht vorgesehene Delegation** der Zuständigkeit ist dagegen nicht mög- **103**
lich.[352] Fehlt eine zulässige Ausnahmeregelung, ist eine getroffene **Regelung nichtig** und die
Hauptversammlung zwingend zuständig. Davon zu unterscheiden ist die Kompetenzübertragung
in **Regelungsbereichen,** die zwar als formelle Satzungsbestandteile **ohne Regelungsgehalt in
die Satzung** aufgenommen werden können, aber auch außerhalb der Satzung geregelt sein können. In diesen Fällen kann eine **Kompetenz zur Änderung des Rechtsverhältnisses auch
durch den Vorstand** begründet werden. Für die Änderung des Satzungstextes bedarf es jedoch
eines Hauptversammlungsbeschlusses (→ Rn. 41). Dies hat das OLG Stuttgart[353] bei einer
GmbH für die Übertragung der Kompetenz zur Änderung des Geschäftsjahres auf die Geschäftsführung angenommen.

2. Vorstand. Eine Satzungsänderung durch den Vorstand selbst ist vom Gesetz nur in **wenigen** **104**
Ausnahmefällen vorgesehen und dann auch **nur mittelbarer Natur.** Eine Notzuständigkeit des
Vorstands bei fehlender Ermächtigung des Aufsichtsrates besteht in keinem Fall.[354] Bei einer Ermäch-
tigung des Vorstands zur **Einziehung** von Aktien ist eine Fassungsänderung durch Anpassung der
Zahl der Aktien in der Satzung nach § 237 Abs. 3 Nr. 3 durch den Vorstand möglich. Ebenfalls kann
dies bei einer **Ermächtigung zur Erhöhung des Grundkapitals innerhalb der beschlossenen
Vorgaben**[355] oder bei einem in der Satzung angeordneten **Zwangseinziehungsverfahren**[356] der
Fall sein. In beiden Fällen ist ein vorheriger Hauptversammlungsbeschluss nötig. Bei einem **genehmigten Kapital** nach § 202 Abs. 2 S. 1 sind mindestens zwei Satzungsänderungen nötig. In einem
ersten Beschluss ändert die Hauptversammlung die Satzung und ermächtigt den Vorstand. Dieser
kann in einer zweiten Satzungsänderung die Satzung durch Ausgabe neuer Aktien dann eigenverantwortlich erneut ändern.[357]

Die weitergehende Frage, ob die Ausführung eines Hauptversammlungsbeschlusses in das **Ermes-** **105**
sen des Vorstands gestellt werden kann, ist – außer in den gesetzlich vorgesehenen Fällen – **zu
verneinen.** Auch wenn der Hauptversammlungsbeschluss die Ermächtigung konkretisiert und
Inhalt, Zweck und Ausmaß derselben festlegt, ist jeder Entscheidungsspielraum des Vorstands eine
Umgehung der zwingenden exklusiven Hauptversammlungszuständigkeit.[358] Denn die
Frage der Umsetzung einer Satzungsänderung obliegt ebenso wie die inhaltliche Frage ausschließlich
der Hauptversammlung und kann nicht auf Dritte übertragen werden. A maiore ad minus kann
damit auch ein Vorratsbeschluss, der den Vorstand allgemein ermächtigt, die Ausführung von Hauptversammlungsbeschlüssen von seinem Ermessen abhängig zu machen, nicht zulässig sein.[359] Satzungsänderungen, die den Vorstand ermächtigen, künftig eigenständig Satzungsänderungen vorzunehmen,
scheiden natürlich ebenfalls aus.[360]

Zulässig ist es dagegen, die Wirksamkeit des Hauptversammlungsbeschlusses von dem Eintritt **106**
einer **objektiven Bedingung**[361] oder **Befristung**[362] abhängig zu machen. Möglich ist auch, den
Vorstand anzuweisen, die Anmeldung des Beschlusses zum Handelsregister nur bei Eintritt einer
Bedingung vorzunehmen.[363] Dabei scheiden aus oben genannten Gesichtspunkten für Dritte potesta-
tive Bedingungen wiederum aus.[364] Eine gesetzlich angeordnete Ausnahme bildet das genehmigte
Kapital nach § 202. Es liegt in der Natur der Sache, die Entscheidung über die Ausnutzung der
Kapitalerhöhung des genehmigten Kapitals dem Vorstand zu überlassen. Das Gesetz sieht deswegen
zum Ausgleich auch eine maximal auf fünf Jahre in die Zukunft mögliche Ermächtigung vor, die
Rechtsprechung verlangt eine Begründung auf Basis der Ermächtigung, die der Hauptversammlung
mitzuteilen ist.[365] Problematisch ist dabei das Verhältnis zu Vorratsbeschlüssen bei Kapitalerhöhungen

---

[352] Großkomm AktG/*Wiedemann* Rn. 102.
[353] OLG Stuttgart NJW-RR 1992, 1391.
[354] MüKoAktG/*Stein* Rn. 171; aA *Cahn* AG 2001, 181 (184 f.).
[355] Genehmigtes Kapital nach § 202; → § 202 Rn. 1 ff.; MüKoAktG/*Stein* Rn. 79; Kölner Komm AktG/
Lutter § 182 Rn. 17; K. Schmidt/Lutter/*Seibt* Rn. 22, § 202 Rn. 12.
[356] § 237 Abs. 6; Großkomm AktG/*Wiedemann* Rn. 104, 106.
[357] Zu den Voraussetzungen Commerzbank/Mangusta I und II, BGHZ 164, 241 = NJW 2006, 371 (374);
Bürgers/Holzborn BKR 2006, 202 ff.
[358] → Rn. 98; MüKoAktG/*Stein* Rn. 80.
[359] AllgM LG Köln ZIP 2001, 572 (574); Kölner Komm AktG/*Zöllner* Rn. 145; Hüffer/Koch/*Koch* Rn. 10.
[360] *Wichert* AG 1999, 362 (363); Lutter/Leinekugel ZIP 1998, 805 (809); MüKoAktG/*Stein* Rn. 80.
[361] → Rn. 158; LG Duisburg BB 1989, 257; Hüffer/Koch/*Koch* Rn. 26.
[362] → Rn. 162; Hüffer/Koch/*Koch* Rn. 25.
[363] Unechte Bedingung → Rn. 161; Hüffer/Koch/*Koch* Rn. 26; MüKoAktG/*Stein* Rn. 152.
[364] Großkomm AktG/*Wiedemann* Rn. 162.
[365] BGHZ 164, 241 = NJW 2006, 371 (374) – Mangusta/Commerzbank I und II mit der Möglichkeit der
Feststellungsklage gegen den vollzogenen Beschluss, grundlegend BGHZ 136, 133 (140) – Siemens/Nold.

nach § 33 Abs. 2 WpÜG, die auf 18 Monate Laufzeit begrenzt sind.³⁶⁶ Eine weitergehende Satzungsänderungskompetenz des Vorstands muss schon deshalb ausscheiden, um Interessenkonflikten des Vorstands vorzubeugen und die Aktionäre vor ungewollten, den Aktionärsinteressen möglicherweise zuwiderlaufenden Entwicklungen zu schützen (Principal-Agent-Problematik).³⁶⁷

107 **3. Aufsichtsrat (Fassungsänderungen). a) Grundsatz.** Die Hauptversammlung ist grundsätzlich auch für reine Fassungsänderungen der Satzung allein zuständig, kann nach **Abs. 1 S. 2** aber den Aufsichtsrat als Organ zu Fassungsänderungen ermächtigen. Die **Ermächtigung zu** einer **bestimmten Fassungsänderung** ist selbst **keine Satzungsänderung, anders** dagegen bei einer **generellen Ermächtigung.**³⁶⁸ Die Vorschrift bezweckt, bei rein formellen **Satzungsänderungen ohne inhaltlichen Regelungsgehalt,** eine kostengünstige und schnelle Anpassung der Satzung zu ermöglichen. Mangels Notwendigkeit einer Hauptversammlung kann der Aufsichtsrat damit flexibel formelle Änderungen jederzeit, auch zwischen den ordentlichen und ohne kostenträchtige Einberufung von außerordentlichen Hauptversammlungen vornehmen. Durch die Beschränkung der Ermächtigungskompetenz auf rein formelle Änderungen ohne Regelungsgehalt wird die grundsätzliche Exklusivzuständigkeit der Hauptversammlung gewahrt. Das Gesetz spricht von der Befugnis des Aufsichtsrates und räumt bei vorliegender Ermächtigung damit dem Aufsichtsrat nur ein Recht ein.³⁶⁹ Der Aufsichtsrat kann aber auch zur Vornahme der Fassungsänderung verpflichtet sein, insbes. dann, wenn die Hauptversammlung dem Aufsichtsrat die sprachliche Formulierung einer beschlossenen Satzungsänderung überlässt.³⁷⁰

108 **b) Begriff der Fassungsänderung. aa) Echte Fassungsänderung.** Eine echte Fassungsänderung liegt vor, wenn **ohne inhaltliche Auswirkungen** ausschließlich der Wortlaut der Satzung geändert wird. Darunter fallen rein **sprachliche Anpassungen** (etwa an neue Rechtschreibregeln) oder die Behebung von Schreibfehlern. Bei einer **Umformulierung** von Satzungsbestimmungen kann eine echte Fassungsänderung **vorliegen, wenn unzweifelhaft die inhaltliche Bedeutung** der Klausel **nicht verändert** wird, etwa bei Neunummerierung.³⁷¹ **Auch die Streichung** einer Satzungsbestimmung **ohne inhaltliche Bedeutung** fällt unter den Begriff der Fassungsänderung. Dies ist der Fall bei deklaratorischen Satzungsbestandteilen wie der namentlichen Benennung des ersten Vorstands bzw. Aufsichtsrats oder den Angaben gem. § 23 Abs. 2 Nr. 1 oder gem. § 26 nach Ablauf der Fristen des § 26 Abs. 5, sowie abgelaufenen Ermächtigungen.³⁷² Angesichts der Berücksichtigung des Wortlauts bei der Auslegung von Satzungsbestimmungen ist dabei eine **Abgrenzung** zwischen einer echten Fassungsänderung ohne inhaltliche Auswirkungen und einer der Hauptversammlung vorbehaltenen Änderung mit inhaltlicher Auswirkung oft schwierig. **In Zweifelsfällen** ist eine Änderung durch den Aufsichtsrat **unzulässig.**³⁷³ Ein Zweifelsfall liegt schon dann vor, wenn der veränderte Wortlaut möglicherweise zu einer anderen vertretbaren Auslegung führen kann.

109 **bb) Erstmalige Neufassung.** Der Aufsichtsrat kann bei einem noch nicht im Wortlaut bestimmten Beschluss der Hauptversammlung zur Satzungsänderung die **Formulierung** vornehmen. Dieser Fall ist praktisch bedeutsam bei den meisten Beschlüssen über eine Kapitalerhöhung (zB Ausnutzung genehmigten Kapitals) mit Ausnahme der Kapitalerhöhung aus Gesellschaftsmitteln.³⁷⁴ Mangels bereits vorhandenen Satzungstext ist die Formulierung des Aufsichtsrates keine Änderung, wird aber aufgrund der inhaltlich durch die Hauptversammlung vorgegebenen Bestimmung von der hM analog zur Fassungsänderung als zulässige Kompetenzübertragung auf den Aufsichtsrat angesehen.³⁷⁵

110 **c) Modalitäten und Grenzen der Übertragung.** Die Ermächtigung kann für **Einzelfälle** oder aber auch **generell** erteilt werden.³⁷⁶ Eine Verankerung der generellen Kompetenz in der Satzung ist zulässig. Bei einer Einzelfallermächtigung ist jeweils ein Beschluss der Hauptversammlung nötig.

---

³⁶⁶ *Bürgers/Holzborn* ZIP 2003, 2273 (2276); die Ausnutzung im Übernahmefall ohne Vorratsbeschluss (§ 33 Abs. 2 WpÜG) abl. Kölner Komm AktG/*Hirte* WpÜG § 33 Rn. 92.
³⁶⁷ Großkomm AktG/*Wiedemann* Vor § 182 Rn. 48 ff.
³⁶⁸ MüKoAktG/*Stein* Rn. 168; Hüffer/Koch/*Koch* Rn. 11; Grigoleit/*Ehmann* Rn. 10.
³⁶⁹ MüKoAktG/*Stein* Rn. 165.
³⁷⁰ MüKoAktG/*Stein* Rn. 166; *Würz* in Frodermann/Jannott AktR-HdB Kap. 4 Rn. 88; Bürgers/Körber/*Körber* Rn. 30.
³⁷¹ Kölner Komm AktG/*Zöllner* Rn. 147, Grigoleit/*Ehmann* Rn. 9.
³⁷² MHdB AG/*Semler* § 39 Rn. 56; *Bayer* AG 2010, R 513; Wachter/*Wachter* Rn. 24.
³⁷³ Hüffer/Koch/*Koch* Rn. 11; MüKoAktG/*Stein* Rn. 160.
³⁷⁴ BayObLG AG 1974, 24 (26); Großkomm AktG/*Wiedemann* Rn. 107; Kölner Komm AktG/*Zöllner* Rn. 147.
³⁷⁵ MüKoAktG/*Stein* Rn. 161; Großkomm AktG/*Wiedemann* Rn. 107; Kölner Komm AktG/*Zöllner* Rn. 147.
³⁷⁶ Hüffer/Koch/*Koch* Rn. 11; MüKoAktG/*Stein* Rn. 164.

Beschluß der Hauptversammlung 111–114 § 179

Dieser Beschluss ist selbst zwar keine Satzungsänderung, bedarf aber der Mehrheit nach Abs. 2.[377] **Adressat** der Ermächtigung kann nur das **Organ Aufsichtsrat** sein, eine Ermächtigung einzelner Aufsichtsratsmitglieder oder gar des Vorstandes ist auch als Notzuständigkeit nicht möglich.[378] Die teilweise vertretene Auffassung, die eine allgemeine Ermächtigung für unzulässig hält,[379] findet weder in Gesetzeswortlaut noch -zweck eine Stütze.[380] Das Gesetz sieht keine Beschränkung auf eine Einzelermächtigung vor. Aktienrechtliche Gründe sind ebenfalls nicht ersichtlich. So lange gewährleistet ist, dass der Aufsichtsrat keine inhaltliche, sondern nur eine sprachliche Änderung vornimmt, spricht nichts gegen eine allgemeine Ermächtigung in der Satzung selbst. Die Zuständigkeit der Hauptversammlung als Beschlussorgan ist dadurch nicht gefährdet. Aus Gründen der Praktikabilität ist eine generelle Ermächtigung des Aufsichtsrates sogar zu empfehlen.

Daneben kann der Aufsichtsrat die **Ermächtigung auch** einem **Ausschuss des Aufsichtsrates** 111 (§ 107 Abs. 3) **übertragen**.[381] Dabei erfolgt die Übertragung zunächst auf den Aufsichtsrat, der nach § 107 Abs. 3, die Fassungsänderung ist nicht im Ausschlusskatalog des § 107 Abs. 3 S. 2 enthalten, die Aufgabe auf einen Ausschuss übertragen kann.[382] Eine Direktübertragung scheidet aus, da in Abs. 1 S. 2 nur der Aufsichtsrat als Adressat genannt ist und nach § 107 Abs. 3 auch nur dieser zur Weiterübertragung ermächtigt ist.[383]

d) Beschluss des Aufsichtsrates. Der Aufsichtsrat entscheidet über die Vornahme einer Fas- 112 sungsänderung durch Beschluss. Für den Beschluss gelten die allgemeinen Regeln, §§ 107, 108: Der Aufsichtsrat oder der beauftragte Ausschuss entscheidet mit **einfacher Mehrheit**.[384] Besondere Formerfordernisse sind dabei nicht zu beachten; anders als es § 130 bei Beschlüssen der Hauptversammlung vorsieht, bedarf es **keiner notariellen Beurkundung**.[385] Das Beschlussergebnis ist dem Vorstand mitzuteilen, um diesem die Anmeldung der Eintragung zum Handelsregister zu ermöglichen.

e) Folgen von Verstößen. Der Beschluss des Aufsichtsrates ist bei einer Überschreitung der 113 Änderungskompetenz nichtig.[386] Dasselbe gilt nach § 241 Nr. 3 für einen Hauptversammlungsbeschluss, der dem Aufsichtsrat bzw. einem Dritten Kompetenzen zur inhaltlichen Änderung der Satzung einräumt. Eine Heilung durch Eintragung erfolgt nicht (→ § 241 Rn. 18, 206).

V. Mehrheitserfordernisse

1. Gesetzliche Mehrheitserfordernisse. Ein satzungsändernder Beschluss der Hauptversamm- 114 lung bedarf einer Mehrheit von mindestens drei Vierteln des bei der Beschlussfassung vertretenen Grundkapitals **(qualifizierte Kapitalmehrheit)** gem. Abs. 2 S. 1. Zusätzlich ist die Mehrheit der abgegebenen Stimmen **(einfache Stimmenmehrheit;** → § 133 Rn. 5) nach § 133 Abs. 1 erforderlich. Dabei enthält die qualifizierte Kapitalmehrheit regelmäßig auch die einfache Stimmenmehrheit. Abweichungen können sich ausnahmsweise dann ergeben, wenn Aktien mit unterschiedlich hohem Stimmrecht vorhanden sind. Der gesetzgeberische Grund für das Abstellen auf eine Kapitalmehrheit lag darin, dass die Satzung nicht durch Mehrstimmrechtsaktionäre oder eine Mehrheit von Höchststimmrechtsaktionären geändert werden können soll, ohne dass diese zugleich die Kapitalmehrheit besitzen.[387] Es besteht allerdings abweichend vom Mehrheitserfordernis des Abs. 2 S. 1 die Möglichkeit, dass die Satzung die Mehrheitserfordernisse sowohl erhöht als auch, soweit die qualifizierte

---

[377] Hüffer/Koch/*Koch* Rn. 11; Grigoleit/*Ehmann* Rn. 10.
[378] MüKoAktG/*Stein* Rn. 170; Kölner Komm AktG/*Zöllner* Rn. 149; Bürgers/Körber/*Körber* Rn. 29; Grigoleit/*Ehmann* Rn. 10; aA zur Notzuständigkeit *Cahn* AG 2001, 181 (184 f.).
[379] Baumbach/Hueck Rn. 5; Großkomm AktG/*Wiedemann* Rn. 109.
[380] HM detailliert *Werner* AG 1972, 137 (140); MüKoAktG/*Stein* Rn. 164, 170; MHdB AG/*Semler* § 39 Rn. 57; Hüffer/Koch/*Koch* Rn. 11.
[381] Hüffer/Koch/*Koch* Rn. 11 f.; Großkomm AktG/*Wiedemann* Rn. 109; MüKoAktG/*Stein* Rn. 173; K. Schmidt/Lutter/*Seibt* Rn. 25.
[382] Kölner Komm AktG/*Zöllner* Rn. 149; Hüffer/Koch/*Koch* Rn. 12; MüKoAktG/*Stein* Rn. 174.
[383] HM Kölner Komm AktG/*Zöllner* Rn. 149; Wachter/*Wachter* Rn. 26; Grigoleit/*Ehmann* Rn. 10; aA offenbar Großkomm AktG/*Wiedemann* Rn. 109.
[384] Kölner Komm AktG/*Zöllner* Rn. 150; Großkomm AktG/*Wiedemann* Rn. 110; Bürgers/Körber/*Körber* Rn. 31.
[385] MüKoAktG/*Stein* Rn. 175; Hüffer/Koch/*Koch* Rn. 12; Großkomm AktG/*Wiedemann* Rn. 110.
[386] Hüffer/Koch/*Koch* Rn. 12; Baumbach/Hueck Rn. 5; Bürgers/Körber/*Körber* Rn. 31.
[387] Kölner Komm AktG/*Zöllner* Rn. 151 mwN; allerdings sind Mehrstimmrechte gem. § 5 Abs. 1 EGAktG ohne bestätigenden Hauptversammlungsbeschluss am 1.6.2003 erloschen und gem. § 12 Abs. 2 unzulässig; vgl. § 12 Rn. 6; Grigoleit/*Heider* § 12 Rn. 38 ff.; in diesem Zusammenhang dürfte die Ausgabe von neuen Mehrstimmrechtsaktien im Rahmen einer Kapitalerhöhung (außer aus Gesellschaftsmitteln) mangels einer Bestimmung wie § 216 Abs. 1 S. 1 auch bei erfolgter Bestätigung unzulässig sein.

Kapitalmehrheit nicht gesetzlich zwingend vorgeschrieben ist, bis zur einfachen Kapitalmehrheit herabsetzt.[388] Daneben sollen satzungsändernde Beschlüsse wegen ihrer besonderen Tragweite an die höhere Mehrheitshürde geknüpft werden.[389]

115   a) **Kapitalmehrheit und einfache Stimmenmehrheit.** Eine **qualifizierte Kapitalmehrheit** liegt vor, wenn drei Viertel **des bei Beschlussfassung vertretenen Grundkapitals** für den Beschluss stimmen. Zur **Berechnung** des vertretenen Grundkapitals sind alle Aktien, bei Nennwertaktien mit dem Nennbetrag, bei Stückaktien die Anzahl, für die gültige Stimmen abgegeben werden, zu berücksichtigen.[390] Aktien, deren Inhaber nicht zur Hauptversammlung erscheinen oder vertreten werden oder die trotz Anwesenheit freiwillig oder aus gesetzlichen Gründen nicht mitstimmen,[391] rechnen nicht dazu. Stimmrechtslose Vorzugsaktien sind bei der Berechnung der Kapitalmehrheit nicht zu berücksichtigen. Dies ergibt sich im Umkehrschluss aus § 140 Abs. 2 S. 2, der die Berücksichtigung nur im Sonderfall des rückständigen Vorzugsbetrages nach § 140 Abs. 1 S. 1 anordnet. Eine Berücksichtigung entfällt ferner für Aktien, die kein Stimmrecht gewähren oder deren Stimmrecht ruht.[392] Dies ist der Fall nach § 20 Abs. 7 S. 1 (unterlassene Mitteilung nach § 20 Abs. 1 oder Abs. 4), § 21 Abs. 4 S. 1 (unterlassene Mitteilung nach § 21 Abs. 1 oder Abs. 2), § 56 Abs. 3 S. 3 (treuhänderisch übernommene Aktien bei Gründung oder Zeichnung einer Kapitalerhöhung), §§ 71b, 71d, 71e (eigene Aktien der Gesellschaft), § 134 Abs. 2 S. 1 (nicht vollständige Leistung der Einlage ohne anders lautende Satzungsregelung) und § 136 Abs. 1 S. 1 (Stimmrecht der Aktien, über deren Inhaber ein Beschluss zu fassen ist), aber auch bei §§ 33, 34, 44 WpHG (fehlender Stimmrechtsmeldung bei börsennotierten Aktiengesellschaften)[393] und § 59 WpÜG (bei unterlassenem Pflichtangebot gem. § 35 WpÜG),[394] ggf. auch nach §§ 105, 119 ff., 134, 138 BGB.

116   Neben dem Erfordernis der qualifizierten Kapitalmehrheit bedarf es zur Satzungsänderung auch der **einfachen Stimmenmehrheit**,[395] also der Mehrheit der abgegebenen Stimmen. Dies folgt e contrario aus § 5 Abs. 2 EGAktG, wonach nur bei der Beseitigung der Mehrheitsstimmrechte ausdrücklich keine einfache Stimmenmehrheit vorgeschrieben wird.[396] Im Umkehrschluss ist daher bei allen anderen Beschlüssen diese einfache Stimmenmehrheit erforderlich. Diese zusätzliche Bedingung ist allerdings **erst dann von Bedeutung,** wenn Aktien an der Abstimmung teilnehmen, bei denen das **Stimmgewicht ihrem Nennbetrag** oder bei Stückaktien ihrer Zahl **nicht entspricht**.[397] In Betracht kommen daher nur ausnahmsweise fortbestehende Mehrstimmrechtsaktien,[398] Aktien mit Stimmrechtsbeschränkung nach § 134 Abs. 1 S. 2 ff., oder teileingezogene Aktien, die nach § 134 Abs. 2 S. 2 ff. ausnahmsweise ein Stimmrecht gewähren.

117   Eine doppelte Beschlussfassung ist nicht nötig. Die **Mehrheiten** können auch **bei einer Beschlussfassung** festgestellt werden. Da nur bei vom Nennbetrag bzw. bei vom rechnerischen Anteil am Nennbetrag abweichenden Stimmrechten überhaupt eine qualifizierte Kapitalmehrheit ohne einfache Stimmenmehrheit vorliegen kann, ist auch nur bei einer gegebenen Abweichung eine **doppelte Zählung** erforderlich.[399]

118   b) **Gesetzliche Ausnahmen.** Bestimmte Beschlussgegenstände sind vom Mehrheitserfordernis des Abs. 2 ausgenommen. Die Hauptversammlung kann gem. § 97 Abs. 2 S. 4, § 98 Abs. 4 S. 2 mit einfacher Stimmenmehrheit eine Satzungsbestimmung über die Zusammensetzung des Aufsichtsrates beschließen, wenn die alte Bestimmung den anzuwendenden gesetzlichen Vorschriften widerspricht.[400] Wird die Vergütung der Aufsichtsratsmitglieder in der Satzung festgesetzt, kann die Hauptversammlung die Vergütung gem. § 113 Abs. 1 S. 4 mit einfacher Stimmenmehrheit herabsetzen, nicht jedoch erhöhen. Weiterhin genügt einfache Stimmenmehrheit auch für bestimmte Fälle der

---

[388] *Möhrle* in Happ AktienR 1.06 Rn. 7.1; Bürgers/Körber/*Körber* Rn. 35.
[389] BGH AG 1975, 16 (17).
[390] Ja- und Nein-Stimmen nicht aber Enthaltungen: MüKoAktG/*Stein* Rn. 82, 84; Hüffer/Koch/*Koch* Rn. 14; → § 133 Rn. 12 mwN.
[391] Hüffer/Koch/*Koch* Rn. 14; Großkomm AktG/*Wiedemann* Rn. 112; Kölner Komm AktG/*Zöllner* Rn. 151; K. Schmidt/Lutter/*Seibt* Rn. 28.
[392] MüKoAktG/*Stein* Rn. 83; Grigoleit/*Ehmann* Rn. 12.
[393] Mit der Folge der Anfechtbarkeit, vgl. Assmann/Schneider/*U. H. Schneider* WpHG § 28 Rn. 10 ff. und 42 ff.
[394] Vgl. Kölner Komm WpÜG/*Kremer/Oesterhaus* § 59 Rn. 46 ff.; Schwark/Zimmer/*Noack/Zetzsche* WpÜG § 59 Rn. 7.
[395] Kölner Komm AktG/*Zöllner* Rn. 151; Bürgers/Körber/*Körber* Rn. 32.
[396] MüKoAktG/*Stein* Rn. 85.
[397] Großkomm AktG/*Wiedemann* Rn. 112; Hüffer/Koch/*Koch* Rn. 14.
[398] Diese sind gem. § 12 Abs. 2 unzulässig, wenn sie nicht ausdrücklich bestätigt wurden, → § 12 Rn. 16 f.
[399] MüKoAktG/*Stein* Rn. 114; Bürgers/Körber/*Körber* Rn. 32; Grigoleit/*Ehmann* Rn. 12.
[400] Vgl. MüKoAktG/*Stein* Rn. 87.

Kapitalherabsetzung durch Einziehung von Aktien gem. § 237 Abs. 4 S. 2, es sei denn die Satzung bestimmt nach § 237 Abs. 4 S. 3 eine größere Mehrheit oder weitere Erfordernisse. Auch die DM/Euro Umstellung ist durch § 4 Abs. 1 S. 1 und 2 EGAktG erleichtert.[401] § 37 Abs. 1 S. 2 MitbestG regelt zwingend das alleinige Erfordernis einer einfachen Mehrheit für den Fall, dass Satzungsbestimmungen wegen fehlender Vereinbarkeit mit dem MitbestG außer Kraft treten und eine bis zu diesem Zeitpunkt stattfindende Hauptversammlung neue Satzungsbestimmungen beschließt.

2. Satzungsgemäße Mehrheitserfordernisse. a) Grundsatz. Die Satzung kann **zusätzliche erschwerende oder erleichternde** Bedingungen für die zur Beschlussfassung benötigten Mehrheiten, sowohl für die Stimmenmehrheit als auch die Kapitalmehrheit, enthalten. Ein **völliger Verzicht** auf das Erfordernis von Kapital-[402] oder Stimmenmehrheit[403] ist jedoch außerhalb der genannten gesetzlichen Vorgaben **nicht möglich**. Zudem sperren manche gesetzlichen Vorschriften die Erleichterungsmöglichkeit.

b) Anforderungen an mehrheitsregelnde Satzungsbestimmungen. Der Wille, eine Erleichterung der Beschlussfassung herbeizuführen, muss zumindest in der Satzung **eindeutig und klar** zum Ausdruck gebracht werden.[404] Eindeutig ist etwa die Satzungsbestimmung, nach der Hauptversammlungsbeschlüsse, „soweit nicht zwingende Vorschriften des Gesetzes Abweichendes bestimmen, mit einfacher Mehrheit" zu fassen sind.[405] Dies gilt insbes., wenn die qualifizierte Mehrheit herabgesetzt wird. Sollten nach der Auslegung der entsprechenden Satzungsklausel immer noch Zweifel verbleiben, so gilt die gesetzliche Regelung.[406] Eine allgemeine Mehrheitserleichterung kann nicht im Rahmen von Konzernklauseln ausstrahlen oder „Holzmüller"-Mehrheitserfordernisse herabsetzen.[407]

c) Erleichterungen. Erleichterungen gegenüber den gesetzlichen Regelungen sind nur in sehr beschränktem Umfang möglich: In jedem Falle verlangt § 133 Abs. 1 **mindestens die einfache Stimmenmehrheit** für die Annahme eines Beschlussantrages.[408] Es ist daher nicht möglich, Stimmengleichheit oder einen Stichentscheid durch den Vorsitzenden oder das Los im Falle der Stimmengleichheit in der Satzung als ausreichend festzuschreiben.[409] Nur wenn das Gesetz, wie im Fall des § 103 Abs. 1 S. 3 (Abberufung von Aufsichtsratmitgliedern), eine geringere Stimmenmehrheit als die gesetzlich vorgesehene erlaubt, ist eine solche zulässig.

Für die daneben erforderliche **Kapitalmehrheit** ist es möglich, durch die Satzung das Erfordernis der qualifizierten Mehrheit **bis zur einfachen Mehrheit des vertretenen Grundkapitals** abzuschwächen.[410] Dies gilt für Satzungsänderungen ohne Änderung des Unternehmensgegenstandes (Abs. 2 S. 2) und für ordentliche Kapitalerhöhungen, soweit diese nicht durch Ausgabe von Vorzugsaktien ohne Stimmrecht erfolgen (§ 182 Abs. 1), nicht jedoch für die Schaffung von bedingtem oder genehmigtem Kapital, da hier gem. § 193 Abs. 1, § 202 Abs. 2 eine Dreiviertelmehrheit zwingend vorgeschrieben ist.[411] Eine Herabsetzung der Kapitalmehrheit ist weiterhin bei Kapitalerhöhungen durch Umwandlung von offenen Rücklagen (§ 207 Abs. 2) und bei der Ausgabe von Wandel- und Gewinnschuldverschreibungen (§ 221 Abs. 1) möglich.

Somit besteht die zwingende Untergrenze aus einer einfachen Kapital- und einer einfachen Stimmenmehrheit,[412] was nur dann unterschieden werden muss, wenn Aktien existieren, bei denen das Stimmgewicht ihrem Nennbetrag oder bei Stückaktien ihrer Zahl nicht entspricht. Eine solche Herabsetzung der Schwelle wird teilweise bei börsennotierten Gesellschaften vorgenommen.[413]

---

[401] Ein Hauptversammlungsbeschluss, der Mehrheitsstimmrechte bis 31.5.2003 beseitigte oder beschränkte, bedurfte gem. § 5 Abs. 2 S. 2 EGAktG nicht der einfachen Stimmenmehrheit, sondern nur einer Kapitalmehrheit gem. Abs. 2 S. 1.
[402] Hüffer/Koch/*Koch* Rn. 16; Wachter/*Wachter* Rn. 30.
[403] Hüffer/Koch/*Koch* § 133 Rn. 15.
[404] BGH NJW 1988, 260 f. (LS 2); Großkomm AktG/*Barz* § 133 Rn. 9 aE; MHdB AG/*Semler* § 39 Rn. 31.
[405] LG Frankfurt AG 2002, 356 (357); weitere Beispiele bei MüKoAktG/*Stein* Rn. 91.
[406] BGH LM AktG 1965 § 179 Nr. 1 = NJW 1975, 212 f.; BGH NJW 1988, 260 f.; Hüffer/Koch/*Koch* Rn. 18.
[407] BGHZ 159, 30 = NJW 2004, 1860 – Gelatine.
[408] MüKoAktG/*Stein* Rn. 93; Hüffer/Koch/*Koch* Rn. 16; *Wellkamp* WM 2001, 489 (490); mit Zweifeln Kölner Komm AktG/*Zöllner* Rn. 155.
[409] BGH LM AktG 1965 § 179 Nr. 1 = NJW 1975, 212 f.; MHdB AG/*Semler* § 39 Rn. 31; Kölner Komm AktG/*Zöllner* § 133 Rn. 85.
[410] BHZ NJW 1975, 212 f.
[411] MüKoAktG/*Stein* Rn. 115.
[412] Stimmenmehrheit allein reicht nicht; allgM Kölner Komm AktG/*Zöllner* Rn. 153; Großkomm AktG/*Wiedemann* Rn. 117; MüKoAktG/*Stein* Rn. 90.
[413] Vgl. *Gätsch* in Marsch-Barner/Schäfer Börsennotierte AG-HdB § 4 Rn. 86.

§ 179   124–128   Erstes Buch. Aktiengesellschaft

124   **d) Erschwerungen. aa) Erhöhung der Mehrheit/Einstimmigkeit.** Über die gesetzlich vorgeschriebene einfache Stimmenmehrheit hinaus können allgemein oder im Einzelfall zusätzliche Erfordernisse vorgeschrieben werden (§ 133 Abs. 1).[414] Dabei kann eine höhere als die einfache Stimmenmehrheit, mangels gesetzlicher oberer Begrenzung[415] bis hin zur **Einstimmigkeit**,[416] gefordert werden. Im Zweifel bezieht sich das Einstimmigkeitserfordernis auf die abstimmenden Aktionäre.[417] Auch kann die Satzung über die gesetzlich vorgegebenen Fälle hinaus eine Kapitalmehrheit festsetzen oder eine höhere als die im Gesetz vorgeschriebene Mehrheit verlangen.[418] Jedoch darf dies nicht dazu führen, dass die Satzung unabänderlich wird,[419] weil etwa das gesamte Grundkapital als Bezugsgröße bei geringen Hauptversammlungspräsenzen zu einer faktischen Änderungssperre wird. Davon wird man bei einem Erfordernis der Einstimmigkeit oder der Zustimmung aller Aktionäre bei Publikumsgesellschaften immer ausgehen müssen.[420] Außerdem kann es Bedenken hervorrufen, wenn ein Mehrheitserfordernis dazu führt, dass die Erfüllungen von im öffentlichen Interesse liegenden Pflichten unmöglich werden.[421]

125   **bb) Quorum.** Nach Abs. 2 S. 3 kann in der Satzung auch eine Mindestpräsenz oder eine Mindestteilnahme, ein sog. **Quorum,** festgesetzt werden. Dabei handelt es sich nicht um ein Mehrheitserfordernis, sondern ein weiteres Erfordernis der Beschlussfassung.[422]

126   **cc) Änderungserfordernisse (insbes. Mehrheitserfordernisse des Änderungsbeschlusses).** Die meisten Satzungen enthalten keine Vorgaben für die Änderung der Mehrheitserfordernisse. Diesbezüglich ist zu differenzieren zwischen den Mehrheitserfordernissen für Satzungsänderung auf der einen und denen für andere Hauptversammlungsbeschlüsse auf der anderen Seite.

127   Bezüglich der **Mehrheitserfordernisse für Satzungsänderungen** selbst gilt Folgendes: Wenn die Satzung keine Regelung darüber enthält, welche Mehrheiten für die Änderung der Satzung notwendig sind, dann gelten die gesetzlich vorgesehenen Mehrheiten. In der Satzung können aber auch höhere oder geringere Mehrheitserfordernisse vorgesehen sein. Sollte dabei eine **allgemeine Regelung** für alle Satzungsänderungen vorhanden sein, so ist diese **streng zu beachten**.[423] Schwieriger zu beantworten ist jedoch die Frage, ob Mehrheitserfordernisse, die nur für **bestimmte Satzungsänderungen** gelten, stets einzuhalten sind. Dies ist immer anhand des Einzelfalls durch **Auslegung** zu ermitteln.[424] Sieht die Satzung höhere Mehrheitserfordernisse für bestimmte Satzungsänderungen als das Gesetz vor, so sind diese einzuhalten.[425] Ansonsten würden sie praktisch leerlaufen. Im umgekehrten Fall, wenn also die Satzung für bestimmte Satzungsänderungen geringere als die gesetzlich vorgesehenen Mehrheiten vorsieht und dabei die Änderung ihrer selbst nicht anspricht, gelten hierfür die allgemein im Gesetz vorgesehenen Mehrheiten.[426]

128   Für **andere Hauptversammlungsbeschlüsse**, die keine Satzungsänderung zum Gegenstand haben, gilt § 133 Abs. 1, wonach diese grundsätzlich mit einfacher Mehrheit gefasst werden. Die Satzung kann hier allerdings gem. § 133 Abs. 1 für alle oder nur bestimmte Hauptversammlungsbeschlüsse eine **größere Mehrheit vorsehen. Änderungen** diesbezüglich **bedürfen** grundsätzlich der **Mehrheit**, die durch Gesetz oder Satzung **für Satzungsänderungen** vorgesehen ist.[427] Etwas **anderes** gilt aber dann, wenn die für die **Satzungsänderung vorgesehenen Mehrheiten geringer**

---

[414] MHdB AG/*Semler* § 39 Rn. 28; *Henze* DStR 1993, 1823.
[415] OLG Celle AG 1993, 178 (180); Großkomm AktG/*Wiedemann* Rn. 121.
[416] HM Hüffer/Koch/*Koch* Rn. 20; Großkomm AktG/*Wiedemann* Rn. 121; MüKoAktG/*Stein* Rn. 93 mwN und Darstellung der historisch abw. Meinung.
[417] *Baumbach/Hueck* Rn. 4. Ein Zustimmungserfordernis aller Aktionäre (nicht nur der auf der Hauptversammlung anwesenden) ist vor dem Hintergrund der Abänderlichkeit zu beurteilen; K. Schmidt/Lutter/*Seibt* Rn. 29.
[418] Großkomm AktG/*Barz* § 133 Rn. 8; Kölner Komm AktG/*Zöllner* § 133 Rn. 89 f.
[419] Hüffer/Koch/*Koch* Rn. 23; MüKoAktG/*Stein* Rn. 141 ff.; aA offenbar Großkomm AktG/*Wiedemann* Rn. 120 für Einstimmigkeit.
[420] Hüffer/Koch/*Koch* Rn. 20; Bürgers/Körber/*Körber* Rn. 38; Wachter/*Wachter* Rn. 31.
[421] BGHZ 76, 191 (195) = NJW 1980, 1465.
[422] → Rn. 137; Großkomm AktG/*Barz* § 133 Rn. 11; Hüffer/Koch/*Koch* Rn. 23; MHdB AG/*Semler* § 39 Rn. 33.
[423] AllgM OLG Celle AG 1993, 178 (179); Hüffer/Koch/*Koch* Rn. 19 f.; Großkomm AktG/*Wiedemann* Rn. 123 f.; Kölner Komm AktG/*Zöllner* Rn. 157, 159.
[424] Hüffer/Koch/*Koch* Rn. 20; MüKoAktG/*Stein* Rn. 120; Großkomm AktG/*Wiedemann* Rn. 123; Kölner Komm AktG/*Zöllner* Rn. 157.
[425] Hüffer/Koch/*Koch* Rn. 20; MüKoAktG/*Stein* Rn. 121; Großkomm AktG/*Wiedemann* Rn. 123; Kölner Komm AktG/*Zöllner* Rn. 157; nicht ganz eindeutig BGHZ 76, 191 (195) = NJW 1980, 1465 (1466).
[426] Hüffer/Koch/*Koch* Rn. 19; MüKoAktG/*Stein* Rn. 122; Großkomm AktG/*Wiedemann* Rn. 124; Kölner Komm AktG/*Zöllner* Rn. 160.
[427] Kölner Komm AktG/*Zöllner* Rn. 158.

sind **als die für den jeweiligen Hauptversammlungsbeschluss** vorgeschriebenen Mehrheiten. Dann gilt die in der Satzung vorgesehene Mehrheit für den jeweiligen Hauptversammlungsbeschluss auch für eine Aufhebung oder Milderung der jeweiligen Klausel selbst.[428] Zu begründen ist dies mit der Schutzfunktion der in der Satzungsklausel enthaltenen erhöhten Mehrheitserfordernisse. Für eine Verschärfung der in der Satzungsklausel enthaltenen Mehrheitserfordernisse sind allerdings die für Satzungsänderungen vorgesehenen geringeren Mehrheiten ausreichend.[429]

VI. Verfahren und weitere Erfordernisse

1. Ankündigung und Eintragung. a) Vorbereitung der satzungsändernden Hauptversammlung. Grundsätzlich ist die Hauptversammlung vom Vorstand durch Beschluss mit einfacher Mehrheit einzuberufen (§ 121 Abs. 2 S. 1 AktG). Dies geschieht in den gesetzlich vorgesehen Fällen und wenn das Wohl der Gesellschaft es erfordert (§ 121 Abs. 1). Die **Einberufungsfrist** beläuft sich auf 30 Kalendertage vor dem Tage der Versammlung (§ 123 Abs. 1, für die Berechnung gilt Abs. 4). Weiterhin ist der Vorstand verpflichtet die **Einberufung** in den Gesellschaftsblättern bekannt zu machen (§ 121 Abs. 3 S. 1). Die **Tagesordnung** der Hauptversammlung ist bei der Einberufung ebenso in den in der Satzung festgelegten Gesellschaftsblättern zu veröffentlichen (§ 124 Abs. 1) wie der **Wortlaut der** vorgeschlagenen **Satzungsänderung** (§ 124 Abs. 2 S. 1). Damit muss der Gegenstand der Satzungsänderung ordnungsgemäß zur Tagesordnung angekündigt werden. Werden Themen der Tagesordnung nicht ordnungsgemäß bekannt gegeben, dürfen über diese keine Beschlüsse gefasst werden (§ 124 Abs. 4). Der Vorstand ist gem. §§ 125, 126 verpflichtet, **Gegenanträge** von Aktionären zu einem bestimmten Tagesordnungspunkt zugänglich zu machen, solange diese zwei Wochen vor dem Tage der Hauptversammlung übersandt worden sind. Beschlüsse der Hauptversammlung, die entgegen § 124 Abs. 4 S. 1 nicht ordnungsgemäß bekannt gemacht wurden, sind nach § 243 Abs. 1 anfechtbar.[430]

Bei **börsennotierten Aktiengesellschaften** sind zusätzlich die in §§ 48 ff. WpHG niedergelegten Zulassungsfolgepflichten zu beachten, die RL 2004/109/EG (EU-Transparenz-RL) und RL 2013/50/EU (EU-Transparenz-RL II) umsetzen. Die Bekanntmachung der Tagesordnung und von Änderungen der mit den Wertpapieren verbundenen Rechte sind von bestimmten Emittenten (vgl. § 2 Abs. 14 und 17 WpHG) europaweit zu veröffentlichen (vgl. §§ 48 ff. WpHG, §§ 3a ff. WpAIV).

b) Anmeldung der Satzungsänderung. Die durch den Beschluss der Hauptversammlung herbeigeführte Satzungsänderung erhält erst durch die Eintragung in das Handelsregister Wirksamkeit, § 181 Abs. 3. Dem geht die Anmeldung der Satzungsänderung beim zuständigen Registergericht gem. § 181 Abs. 1 durch die Vorstandsmitglieder in vertretungsberechtigter Zahl voran. Letztere handeln dabei im Namen der Aktiengesellschaft.[431] Eine Fassungsänderung nach Abs. 1 S. 2 ist ebenfalls anzumelden. **Zuständig** für die Anmeldung und Eintragung ist das **Amtsgericht** in dessen Bezirk die Aktiengesellschaft ihren Sitz hat (§ 8 Abs. 1 HGB, § 376 Abs. 1 FamFG (vormals: § 125 Abs. 1 FGG), § 14; vgl. unten § 181 zu weiteren Einzelheiten). Der Vorstand ist nur gegenüber der Gesellschaft, gegenüber dieser aber grundsätzlich, verpflichtet den satzungsändernden Beschluss anzumelden.[432] Dies gilt selbst dann, wenn es sich nur um eine Fassungsänderung handelt.[433] Die Satzungsänderung ist unverzüglich (§ 121 Abs. 1 S. 1 BGB) anzumelden (im Einzelnen → § 181 Rn. 6 ff.).

2. Form und Inhalt der Anmeldung. Die Anmeldung muss elektronisch in öffentlich beglaubigter Form erfolgen (§ 12 Abs. 1 HGB, § 129 BGB, §§ 39, 40 BeurkG). Sie bedarf der schriftlichen Fassung sowie der notariellen Beglaubigung der Unterschrift(en). Der Anmeldung muss neben dem vollständigen Wortlaut der Satzung eine notarielle Bescheinigung darüber beiliegen, dass der Satzungstext fehlerfrei übertragen worden ist (§ 181 Abs. 1 S. 2; vgl. dazu die Ausführungen im Rahmen des § 181). Bei den inhaltlichen Anforderungen an die Anmeldung ist zu unterscheiden, ob eine Änderung von Angaben nach § 39 oder ob anderweitige Änderungen vorliegen. Sofern es sich um eine Änderung von Angaben nach § 39 handelt, muss der Anmeldung aus Gründen der Rechtssicher-

---

[428] BGHZ 76, 191 (195 f.) = NJW 1980, 1465; MüKoAktG/*Stein* Rn. 124 f.; Kölner Komm AktG/*Zöllner* Rn. 158; wohl weniger streng Großkomm AktG/*Wiedemann* Rn. 125.
[429] MüKoAktG/*Stein* Rn. 125; Grigoleit/*Ehmann* Rn. 14.
[430] → § 243 Rn. 3 ff.; Großkomm AktG/*Wiedemann* Rn. 126; MüKoAktG/*Stein* § 181 Rn. 13; Hüffer/Koch/*Koch* § 124 Rn. 27.
[431] BGHZ 105, 324 (327 f.) = NJW 1989, 295 (295); Hüffer/Koch/*Koch* § 181 Rn. 4.
[432] MüKoAktG/*Stein* Rn. 13; Großkomm AktG/*Wiedemann* § 179 Rn. 8, 9; Kölner Komm AktG/*Zöllner* § 181 Rn. 25; *Würz* in Frodermann/Jannott AktR-HdB Kap. 4 Rn. 86.
[433] Kölner Komm AktG/*Zöllner* § 181 Rn. 3; Grigoleit/*Ehmann* Rn. 11.

heit zumindest eine grobe Kennzeichnung des Inhalts der Satzungsänderung beigefügt werden.[434] Handelt es sich nicht um eine Änderung von Angaben nach § 39, reicht die Bezugnahme auf die beiliegenden Urkunden aus (dazu noch → § 181 Rn. 12 ff.).

133 **3. Eintragung durch das Registergericht.** Die angemeldete Satzungsänderung wird vom Registergericht von Amts wegen gem. § 26 FamFG (vormals: § 12 FGG) auf das Vorliegen der formellen und materiellen Voraussetzungen der Eintragung überprüft.[435] **Zuständig für die Entscheidung** des registergerichtlichen Verfahrens bei Satzungsänderungsanmeldungen ist nach § 17 Nr. 1 lit. b RPflG der Registerrichter, bei bloßen Fassungsänderungen kann ein Rechtspfleger entscheiden.[436]

134 **4. Verfahren.** Wenn die Eintragungsvoraussetzungen vorliegen, erlässt der Registerrichter nach § 25 Abs. 1 HRV eine Verfügung an den Urkundsbeamten der Geschäftsstelle, die angemeldete Satzungsänderung einzutragen. § 181 Abs. 2 unterscheidet zwischen Satzungsänderungen, die ihrem Inhalt nach einzutragen sind und solchen Änderungen, für die eine Bezugnahme auf die beigefügten Unterlagen ausreicht. Wenn die Satzungsänderung Angaben nach § 39 (Firma, Sitz, Unternehmensgegenstand, Höhe des Grundkapitals, Zeitdauer, Vertretungsbefugnis, genehmigtes Kapital) betrifft, ist eine genaue Bezeichnung der Änderung erforderlich.[437] Die Eintragung dieser Angaben bedarf nicht des exakten Satzungswortlauts.[438] Bei allen anderen Änderungen genügt die Bezugnahme auf die eingereichten Unterlagen, insbes. der Niederschrift der Hauptversammlung nach § 130 Abs. 1.[439]

135 Nach § 10 HGB ist das Registergericht zur **Bekanntmachung von Satzungsänderungen** in dem von der Landesjustizverwaltung bestimmten elektronischen Informations- und Kommunikationssystem (s. www.handelsregisterbekanntmachungen.de) verpflichtet. Eine weitergehende Bekanntmachung (zB in einer Zeitung oder im Bundesanzeiger) erfolgt nicht mehr, Art. 61 Abs. 4 EGHGB. Für das Verfahren gelten die §§ 32 ff. HRV. Die Bekanntmachung erfüllt die Aufgabe, die am Geschäftsverkehr Beteiligten über Änderungen zu unterrichten. Sie ist indes kein Wirksamkeitserfordernis der Satzungsänderung.[440]

136 **5. Rechtsmittel gegen das Registergericht.** Der verwaltungsinterne Vorgang der Eintragungsverfügung kann nur dann durch **Erinnerung und Beschwerde** vor der Eintragung durch den Urkundsbeamten verhindert werden, wenn das Registergericht dem Dritten die **Eintragungsverfügung bekannt gemacht** hat.[441] Die Eintragungsverfügung ist ansonsten **nicht rechtsmittelfähig**.[442] Nach der Eintragung besteht die Möglichkeit zur Erinnerung oder Beschwerde nicht mehr. **Beschwerdeberechtigt** ist nach § 59 Abs. 1 FamFG (vormals: § 20 Abs. 1 FGG) vor der Eintragung, wem gegenüber das Registergericht die Eintragung bekannt gemacht hat und wer zudem geltend machen kann, durch die Eintragungsverfügung in einem Recht verletzt zu werden.

137 **6. Zustimmungserfordernisse.** Nach **Abs. 2 S. 3** kann die Satzung über die Kapital- und Stimmenmehrheit weitere Zustimmungserfordernisse aufstellen. Darunter sind **Erfordernisse der Beschlussfassung** und **nicht** etwa die Veränderung von **Quorenmehrheitserfordernissen** zu verstehen.[443]

VII. Zulässigkeitsschranken der Satzungsänderung (Grenzen)

138 **1. Satzungsmäßige Zustimmungserfordernisse/Quoren.** Die Satzung kann die Zustimmung aller Aktionäre zur Änderung erfordern, sofern nicht eine Kollision mit dem **Gebot der**

---

[434] MüKoAktG/*Stein* § 181 Rn. 21; Hüffer/Koch/*Koch* § 181 Rn. 6.
[435] OLGR Karlsruhe 2002, 234 = EWiR 2002, 739; *Ammon* DStR 1993, 1025 (1029).
[436] Kölner Komm AktG/*Zöllner* § 181 Rn. 29; MüKoAktG/*Stein* § 181 Rn. 38.
[437] Großkomm AktG/*Wiedemann* § 181 Rn. 37; Kölner Komm AktG/*Zöllner* § 181 Rn. 40; MüKoAktG/*Stein* § 181 Rn. 58; Hüffer/Koch/*Koch* § 181 Rn. 20; → § 181 Rn. 12 ff.
[438] Großkomm AktG/*Wiedemann* § 181 Rn. 37; Kölner Komm AktG/*Zöllner* § 181 Rn. 40; MüKoAktG/*Stein* § 181 Rn. 58; Hüffer/Koch/*Koch* § 181 Rn. 20; → § 181 Rn. 11.
[439] Großkomm AktG/*Wiedemann* Rn. 37; Kölner Komm AktG/*Zöllner* Rn. 41; MüKoAktG/*Stein* § 181 Rn. 59; Hüffer/Koch/*Koch* § 181 Rn. 20.
[440] → § 181 Rn. 22 ff.; OLG Celle AG 1989, 209 (211); MüKoAktG/*Stein* § 181 Rn. 69; Hüffer/Koch/*Koch* Rn. 22.
[441] Großkomm AktG/*Wiedemann* § 181 Rn. 38; MüKoAktG/*Stein* § 181 Rn. 63; → § 181 Rn. 32 ff.
[442] HM überhaupt nicht rechtsmittelfähig: OLG Hamm AG 1980, 79 (80); OLG Hamburg KGJ 33, A 315, 318; Hüffer/Koch/*Koch* § 181 Rn. 18; beschränkt, bei Bekanntmachung: OLG Stuttgart OLGZ 1970, 419 (420); Kölner Komm AktG/*Zöllner* § 181 Rn. 48; *Schlegelberger* FGG § 19 Rn. 3.
[443] MüKoAktG/*Stein* Rn. 137; Großkomm AktG/*Wiedemann* Rn. 133; Kölner Komm AktG/*Zöllner* Rn. 169; Hüffer/Koch/*Koch* Rn. 22.

Änderungsmöglichkeit vorliegt.[444] Dies wird man bei Publikumsgesellschaften immer annehmen müssen, da ansonsten ein faktisches Änderungsverbot vorliegen würde.[445]

Abs. 2 S. 3 erfasst solche Voraussetzungen wie die Anwesenheit eines bestimmten Anteils **139** von stimmberechtigten Aktionären oder des gesamten Grundkapitals im Sinne eines **Quorums**.[446] Da gesetzlich kein Quorum für die Annahme eines Beschlussantrages vorgeschrieben ist, besteht die Möglichkeit, dass bei geringer Hauptversammlungspräsenz Inhaber relativ kleiner Beteiligungen mangels Teilnahme der anderen Aktionäre Beschlüsse fassen können. Dem wirkt ein solches entgegen. Hinsichtlich der **Höhe eines Quorums** ist der Satzungsgeber prinzipiell frei.[447] Das Zustandekommen der Satzungsänderung darf aber nicht faktisch unmöglich werden.[448] Fraglich ist, ob ein zusätzliches Zustimmungserfordernis nur in Bezug auf stimmberechtigte Aktionäre in Frage kommt. Da Abs. 2 S. 3 ein weiteres Erfordernis und nicht wie Abs. 2 S. 2 eine Mehrheitskonkretisierung enthält, ist ein **Bezug** zum (im Einzelfall oder dauerhaft) **nicht stimmberechtigten Aktionär nicht per se ausgeschlossen**. Wenn aber die fehlende Stimmberechtigung auf einer Norm beruht, deren Zweck es gerade ist, den Einfluss derjenigen Aktionäre ohne Stimmberechtigung auszuschließen, wird man auch die Bindung an ein Zustimmungserfordernis zur Satzungsänderung nicht zulassen können.[449] Dies ist insbes. bei Aktien, aus denen keine Rechte geltend gemacht werden können, wie § 20 Abs. 7, § 21 Abs. 4, § 56 Abs. 3, § 71b, ggf. bei Vorsatz § 44 WpHG, § 59 WpÜG), anzunehmen. Im Falle des § 136 wird man je nach dem Grund des Stimmverbots im Zweifelsfall eine Zustimmungsmöglichkeit als weiteres Erfordernis verneinen müssen. Stimmrechtslose Vorzugsaktien (§ 139) oder Aktien mit unvollständiger Einlage (§ 134 Abs. 2) können dagegen in ein weiteres Erfordernis einbezogen werden.[450]

Weitere Erfordernisse können auch das **Beratungsverfahren** oder die **Abstimmungsmodali- 140 täten** betreffen. Die Satzung kann bestimmen, dass einer Satzungsänderung die Beratung und Beschlussfassung in einer zweiten Hauptversammlung vorangehen muss oder dass wiederholt in einer Hauptversammlung abgestimmt werden muss.[451] Weitere Zustimmungserfordernisse enthalten **gesetzliche Vorschriften für spezielle Arten** von Satzungsänderungen oder gelten bei **Einschränkung oder Aufhebung von Sonderrechten** sowie bei dem **Eingriff in den Gleichbehandlungsgrundsatz**.

2. Gesetzliche Zustimmungserfordernisse. Für bestimmte Fälle von Satzungsänderungen for- **141** dert das Gesetz die Zustimmung der betroffenen Aktionäre und Aktiengattungen. Dabei handelt es sich um die Einführung von Nebenverpflichtungen nach §§ 55, 180 Abs. 1, um die Übertragung bzw. Vinkulierung von Namensaktien oder Zwischenscheinen nach § 68 Abs. 2 bzw. § 180 Abs. 2, um die Übertragung des gesamten Gesellschaftsvermögens nach § 179a und um die Umwandlung einer Gesellschaft gem. § 240.

Zu beachten ist zunächst der **Grundsatz der Zustimmung aller betroffenen Aktionäre** gem. **142** § 180, der auf alle Beschlüsse Anwendung findet, durch die Nebenverpflichtungen begründet werden sollen (Abs. 1), und auf solche, die die Übertragung von Namensaktien und Zwischenscheinen an die Zustimmung der Gesellschaft binden (Abs. 2). § 180 bildet iVm den spezielleren Normen wie § 55, § 68 Abs. 2 dann die Rechtsgrundlage für einen entsprechenden Beschluss.

Bei der **Übertragung von Namensaktien und Zwischenscheinen** ist § 68 einschlägig, der **143** vorsieht, dass die Zustimmung für die Übertragung solcher Aktien an die Zustimmung der Gesellschaft gebunden werden kann (Abs. 2 S. 1). Grundsätzlich ist insoweit die Zustimmung des Vorstands erforderlich (Abs. 2 S. 2). Die Satzung kann jedoch dahingehend geändert werden, dass der Aufsichtsrat oder die Hauptversammlung zustimmen müssen (Abs. 2 S. 3). Die Satzung kann ebenfalls die Gründe für die Ablehnung vorschreiben (Abs. 2 S. 4).

Nach § 55 Abs. 1 kann die Satzung den Aktionären **Nebenverpflichtungen** auf entgeltlicher **144** sowie unentgeltlicher Basis auferlegen. Somit stellt diese Vorschrift die Ausnahme zu § 54 Abs. 1

---

[444] MüKoAktG/*Stein* Rn. 142 ff.; Hüffer/Koch/*Koch* Rn. 23; → Rn. 124.
[445] MüKoAktG/*Stein* Rn. 144; → Rn. 124.
[446] Großkomm AktG/*Wiedemann* Rn. 133; MüKoAktG/*Stein* Rn. 139; Kölner Komm AktG/*Zöllner* Rn. 169.
[447] MüKoAktG/*Stein* Rn. 140; Hüffer/Koch/*Koch* Rn. 23; Kölner Komm AktG/*Zöllner* § 181 Rn. 169; ähnlich Großkomm AktG/*Wiedemann* Rn. 133 der zwar Zustimmung des gesamten Grundkapitals, aber nur einen Bruchteil der Stimmberechtigten zulässt.
[448] MüKoAktG/*Stein* Rn. 141; MHdB AG/*Semler* § 39 Rn. 67; Hüffer/Koch/*Koch* Rn. 23; → Rn. 127 f.
[449] Ebenso MüKoAktG/*Stein* Rn. 145; aA v. Godin/*Wilhelmi* Anm. 1.
[450] MüKoAktG/*Stein* Rn. 145; Bürgers/Körber/*Körber* Rn. 40.
[451] Großkomm AktG/*Wiedemann* Rn. 133; Kölner Komm AktG/*Zöllner* § 181 Rn. 169; MüKoAktG/*Stein* Rn. 155.

dar. Die Bestimmung hat hauptsächlich für die Zuckerrübenindustrie, die in Nebenleistungs-AG und Genossenschaften organisiert ist, praktische Bedeutung.[452]

145 Nach § 240 UmwG bedarf der **Umwandlungsbeschluss einer Aktiengesellschaft** oder Kommanditgesellschaft auf Aktien eine Mehrheit von drei Vierteln des vertretenen Grundkapitals (Abs. 1 S. 1). Die Satzung bzw. der Gesellschaftsvertrag kann nach § 240 Abs. 1 S. 2 eine größere Mehrheit und weitere Erfordernisse aufstellen und beim Formwechsel einer KG auf Aktien in eine Aktiengesellschaft auch eine geringere Mehrheit festlegen. Bei der Umwandlung einer Aktiengesellschaft in eine Kommanditgesellschaft auf Aktien müssen nach § 240 Abs. 2 S. 1 **alle Aktionäre** zustimmen, **die den Status** eines **persönlich haftenden Gesellschafters bekommen** werden. Beim Formwechsel einer Kommanditgesellschaft auf Aktien müssen nach § 240 Abs. 2 die bzw. der persönlich haftenden Gesellschafter zustimmen. Nach § 240 Abs. 3 S. 2 kann die Satzung eine Mehrheitsentscheidung dieser Gesellschafter vorsehen.

146 Nach § 179a ist auch ohne Satzungsänderung immer ein Beschluss mit einer Dreiviertelmehrheit des präsenten Grundkapitals erforderlich, wenn eine **Übertragung des gesamten Gesellschaftsvermögens** vorliegt (→ § 179a Rn. 1 ff.).

147 **3. Zustimmungen wegen Aufhebung von Sonderrechten und Eingriffen in den Gleichbehandlungsgrundsatz und Treuepflicht.** Bei Sonderrechten handelt es sich um Vorrechte, die im Gesellschaftsvertrag einzelnen Aktionären oder Aktionärsgattungen eingeräumt sind und nur mit ihrer Zustimmung eingeschränkt werden können.[453] Nicht zur Disposition der Hauptversammlung stehen unverzichtbare Mitgliedschaftsrechte wie Auskunfts- oder Anfechtungsrechte und Gläubigerrechte.[454]

148 Bei **Vorzugsaktien ohne Stimmrecht** bezüglich eines **Gewinnvorzugs oder eines Liquidationsvorrechts** ist die Aufhebung oder Beschränkung des Vorzugs nach § 141 Abs. 1 an die Zustimmung der Aktionäre gebunden; Abs. 3 wird dann verdrängt.[455] Das gleiche gilt für § 142 Abs. 2 S. 1, nach dem die Zustimmung der **Vorzugsaktionäre** erforderlich ist, wenn über die Ausgabe neuer Vorzugsaktien, die den bestehenden Vorzugsaktien ohne Stimmrecht vorgehen oder gleichstehen, beschlossen werden soll. Es gelten dafür die Ausnahmen in dem von § 142 Abs. 2 S. 2 bestimmten Rahmen, wenn die Ausgabe neuer Vorzugsaktien zum Zeitpunkt der Ausschließung ausdrücklich vorbehalten war und nicht ausgeschlossen wurde.

149 Ein Zustimmungserfordernis kann aus der Wahrung des **Gleichbehandlungsgebots** aus § 53a folgen. Dieses darf nicht außer Kraft gesetzt werden.[456] Die in § 53a formulierte Generalklausel verbietet der Aktiengesellschaft, ihre Aktionäre ohne sachliche Rechtfertigung, also willkürlich, unterschiedlich zu behandeln. Dadurch soll die Mitgliedschaft der Aktionäre gegenüber Eingriffen von Gesellschaftsorganen, etwa der Hauptversammlung geschützt werden. Es geht insbes. darum, Benachteiligungen zu verhindern, die nicht durch ein schutzwürdiges Interesse der Aktiengesellschaft gedeckt wären.[457] Dieser Grundsatz **hindert** Aktionäre und Gattungsaktionäre **jedoch nicht,** gegenüber anderen Gesellschaftern in einem Hauptversammlungsbeschluss auf ihre **Gleichbehandlung zu verzichten** bzw. ihre eigenen Anteilsrechte (zB an Dividenden) oder Vorrechte einzuschränken.[458] Ein solches Hindernis wäre nicht mit der Privatautonomie vereinbar.

150 Der Gleichbehandlungsgrundsatz wird durch eine **Treuepflicht ergänzt.** Ein solcher Ergänzungsbedarf ist besonders unter dem Aspekt des Minderheitenschutzes[459] sowie der Aktionäre untereinander anerkannt.[460] Somit ist von prinzipiell umfassender **Geltung mitgliedschaftlicher Treupflichten auch für das Aktienrecht** auszugehen. Deren Satzungsdisposition hat jedoch allenfalls theoretische Bedeutung, weil **Kapitalschutzregeln** und mit ihnen das Verbot jeglicher Einlagenrückgewähr (§§ 57, 62) zwingend sind und, was Treubindungen der Aktionäre untereinander betrifft,

---

[452] Die Vorschrift ermöglicht, mitgliedschaftliche Nebenpflichten, wie die Lieferpflicht der Zuckerrübenbauer, durch die Satzung zu begründen, ohne dass diesen, wie üblicherweise, das Austrittsrecht zusteht, das mit der Rechtsform der Genossenschaft einhergeht (§ 65 GenG); Hüffer/Koch/*Koch* § 55 Rn. 1.
[453] Großkomm AktG/*Wiedemann* Rn. 128.
[454] Großkomm AktG/*Wiedemann* Rn. 128.
[455] → Rn. 179; OLG Köln NZG 2002, 966 (967); Kölner Komm AktG/*Zöllner* Rn. 178; Hüffer/Koch/*Koch* Rn. 42.
[456] → § 53a Rn. 22; *Henn* AG 1985, 240 (243); Hüffer/Koch/*Koch* § 53a Rn. 5.
[457] BGHZ 33, 175 (186) = NJW 1961, 26 (27); BGHZ 70, 117 (121) = NJW, 1978, 540; Hüffer/Koch/*Koch* § 53a Rn. 4.
[458] Kölner Komm AktG/*Drygala* § 53a Rn. 29; Hüffer/Koch/*Koch* § 53a Rn. 5.
[459] Hüffer/Koch/*Koch* § 53a Rn. 14.
[460] BGHZ 103, 184 = NJW 1988, 1579 – Linotype; bestätigt durch BGH LM AktG 1965 § 183 Nr. 4 (2/1993) = NJW 1992, 3167 (3171); BGHZ 127, 107 (111) = NJW 1994, 3094 (3095); BGHZ 129, 136 (142 f.) = NJW 1995, 1739 (1741).

ein Satzungsdispens, besonders für die **Beschlusskontrolle,** schon für die GmbH ausscheidet, bei der Aktiengesellschaft also nicht in Frage kommt.[461] Nur in Einzelfällen denkbar ist die Verpflichtung der Aktionäre, den Satzungsänderungsbeschluss positiv zu unterstützen, wenn dies im **dringenden Interesse der Aktiengesellschaft** und dem Aktionär zumutbar ist.[462]

Eine **Änderung des Gesellschaftszwecks** nicht aber des davon zu unterscheidenden Unternehmensgegenstandes, ist im Grundsatz nur unter Zustimmung aller Aktionäre möglich (→ Rn. 58). 151

4. Zustimmung anderer Organe/außenstehender Dritte. Die Satzungsautonomie liegt ausschließlich bei der Hauptversammlung. **Andere Organe** wie der Aufsichtsrat und erst recht der Vorstand haben weder ein Veto- oder Zustimmungsrecht noch eine sonstige Befugnis, die Satzung zu verändern.[463] Dies gilt auch für Verwaltungsräte und Beiräte. Die Satzungsautonomie kann nicht übertragen, aufgeteilt oder von der Zustimmung außerhalb des Aktionärkreises abhängig gemacht werden.[464] Davon ausgenommen ist die Möglichkeit nach Abs. 1 S. 2, Fassungsänderungen dem Aufsichtsrat zu übertragen. 152

Satzungsbestimmungen von der **Zustimmung außenstehender Dritter** abhängig zu machen, ist ebenfalls **unzulässig.**[465] Von der Einflussnahme auf die Satzung sind auch Behörden ausgeschlossen.[466] Dies gilt nicht für die Zustimmung zu genehmigungspflichtigen Tätigkeiten und die Knüpfung einer Satzungsänderung an staatliche Zustimmung, wie bei Versicherungsaktiengesellschaften.[467] Die Hauptversammlung verfügt über die Organisationshoheit und ausschließliche Zuständigkeit für die Entscheidung über Satzungsänderungen (→ Rn. 96). Sie kann Satzungsänderungsbeschlüsse zwar an so genannte unechte Bedingungen knüpfen,[468] aber die Wirksamkeit einer Satzungsänderung in einem konkreten Fall nicht von der Zustimmung eines Dritten abhängig machen.[469] Sie kann auch nicht den Vorstand ermächtigen, die Gesellschaft gegenüber Dritten zu einer Satzungsänderung zu verpflichten, da dem das Verbot der Begebung der Satzungsautonomie entgegensteht.[470] 153

5. Änderungserfordernisse. Die Zusatzerfordernisse, die von Satzungsbestimmungen aufgestellt sind, gelten im Zweifel auch für ihre eigene Änderung.[471] Wenn die weiteren Erfordernisse nach Abs. 2 S. 3 nur für bestimmte Fälle von Satzungsänderungen bestimmt sind, ist es Auslegungssache, welcher Änderungsmaßstab angewendet wird. Eine systematische Auslegung legt nahe, die Milderung oder Aufhebung dieser Satzungsbestandteile aus Gründen des Minderheitenschutzes mit den vorgeschriebenen Zusatzerfordernissen zu versehen. Soll allerdings eine Verschärfung der bestehenden Regel eingeführt werden, besteht keine Notwendigkeit, denselben hohen Änderungsmaßstab anzuwenden.[472] 154

6. Zusammenhang mit Sonderbeschlüssen. Von Zustimmungserfordernissen nach Abs. 2 S. 3 zu unterscheiden sind Sonderbeschlüsse nach Abs. 3. Bestehen mehrere Gattungen, so ist danach für einen Satzungsänderungsbeschluss, der eine Gattung im Verhältnis zu den anderen **nachteilig verändert,** die **Zustimmung** der benachteiligten Aktionäre in einem **Sonderbeschluss** einzuholen. Auch wenn für den Sonderbeschluss ebenfalls eine **dreiviertel Mehrheit** erforderlich ist, kann von einem solchen kein zusätzliches Hindernis ausgehen, da ohne diese Regelung die individuelle Zustimmung jedes betroffen Aktionärs eingeholt werden müsste.[473] Der Sonderbeschluss stellt ein 155

---

[461] Vgl. weiter → Rn. 176 f.; Hüffer/Koch/*Koch* § 53a Rn. 18.
[462] BGHZ 98, 276 (278 f.) = NJW 1987, 189 – GmbH; Kölner Komm AktG/*Zöllner* Rn. 213 f.; Hüffer/Koch/*Koch* Rn. 30.
[463] Großkomm AktG/*Wiedemann* Rn. 134; Kölner Komm AktG/*Zöllner* § Rn. 171; MüKoAktG/*Stein* Rn. 148; Hüffer/Koch/*Koch* Rn. 23. Als nicht zulässiges Organzustimmungserfordernis ist auch eine Aufsichtsratszustimmung zu werten, die durch eine höhere Grundkapitalmehrheit kompensiert werden kann; Hüffer/Koch/*Koch* Rn. 23; *Eckhardt* NJW 1967, 259 (371 f.); aA OLG Stuttgart AG 1967, 265 (266); MHdB AG/*Semler* § 39 Rn. 64; *Würz* in Frodermann/Jannott AktR-HdB Kap. 4 Rn. 86.
[464] Großkomm AktG/*Wiedemann* Rn. 135; MüKoAktG/*Stein* Rn. 153.
[465] → Rn. 2 f.; hM RGZ 169, 65 (80); Großkomm AktG/*Wiedemann* Rn. 135; MüKoAktG/*Stein* Rn. 149; Kölner Komm AktG/*Zöllner* Rn. 170; Hüffer/Koch/*Koch* Rn. 23; für Privatpersonen *Beuthin/Gütsch* ZHR 156 (1992) 459 (477 f.).
[466] KG JW 1930, 1412, 14 B; Großkomm AktG/*Wiedemann* Rn. 135; MüKoAktG/*Stein* Rn. 150.
[467] § 9 Abs. 2 Nr. 1, § 12 Abs. 1 VAG; s. auch § 37 Abs. 4 Nr. 5; zur Beteiligung der öffentlichen Hand an privaten Aktiengesellschaften MüKoAktG/*Stein* Rn. 151.
[468] → Rn. 161; MüKoAktG/*Stein* Rn. 152.
[469] LG Frankfurt AG 1990, 169 (170); Kölner Komm AktG/*Zöllner* Rn. 196; MüKoAktG/*Stein* Rn. 152.
[470] → Rn. 2; Großkomm AktG/*Wiedemann* Rn. 136, 155; MüKoAktG/*Stein* Rn. 153; aA Hüffer/Koch/*Koch* Rn. 22.
[471] MüKoAktG/*Stein* Rn. 157; Großkomm AktG/*Wiedemann* Rn. 137; Hüffer/Koch/*Koch* Rn. 22.
[472] MüKoAktG/*Stein* Rn. 157; Großkomm AktG/*Wiedemann* Rn. 137.
[473] Großkomm AktG/*Wiedemann* Rn. 138; Kölner Komm AktG/*Zöllner* Rn. 174; MüKoAktG/*Stein* Rn. 178; Hüffer/Koch/*Koch* Rn. 41; dazu näher → Rn. 178.

zusätzliches **Wirksamkeitserfordernis** neben der ohnehin stattfindenden Hauptversammlungsentscheidung über den Satzungsänderungsbeschluss dar.[474] Ein Hauptversammlungsbeschluss ohne erteilte Zustimmung, die möglicherweise vorher oder nachher erfolgt, ist schwebend unwirksam.[475]

156 7. **Zustimmungsabgabe.** Eine erforderliche Zustimmung muss explizit oder eindeutig konkludent erfolgen. Eine Abstimmung für den Hauptversammlungsbeschluss ist im Zweifel eine Zustimmung, das Verstreichenlassen der Anfechtungsfrist keine solche.[476]

VIII. Besondere Beschlüsse

157 1. **Bedingung und Befristung.** Satzungsänderungen sind **Rechtsgeschäfte**, für die grundsätzlich die §§ 158–163 BGB gelten. Für Satzungsänderungen werden aufgrund ihrer **organisationsrechtlichen Besonderheiten** allerdings, ähnlich wie bei den bürgerlich-rechtlichen Gestaltungsgeschäften, Einschränkungen gemacht.[477]

158 a) **Bedingung. aa) Echte Bedingung.** Es ist zwischen den so genannten echten und unechten Bedingungen zu unterscheiden. Bereits der satzungsändernde Hauptversammlungsbeschluss kann unter eine aufschiebende Bedingung (§ 158 Abs. 1 BGB) gestellt werden, bis zu deren Eintritt er schwebend unwirksam ist.[478] Eine Eintragung des Beschlusses (§ 181) kann dann nicht vorgenommen werden. Der Beschluss kann hingegen nicht unter eine auflösende Bedingung iSd § 158 Abs. 2 gestellt werden, da dies nicht mit der gebotenen Rechtssicherheit vereinbar wäre.[479]

159 Außerdem ist es **nicht möglich,** eine **Bedingung als Satzungsbestandteil** zur Eintragung anzumelden, also den Eintritt der Rechtswirkungen einer Satzungsbestimmung an eine Bedingung anknüpfen zu lassen.[480] Eine solche Bestimmung wäre unwirksam; ihre Eintragung würde aufgrund der Ungewissheit des Bedingungseintritts nicht den Erfordernissen des Verkehrsschutzes genügen. Jedoch ist eine Eintragung im Fall einer **am materiellen Regelungsgehalt** einer Satzungsbestimmung **anknüpfenden** Bedingung möglich, **wenn es schon vor Eintragung zu deren Eintritt gekommen** ist. Die einzutragende Satzungsbestimmung ist dann zum Zeitpunkt der Eintragung eine unbedingte.[481] Da jedoch der Bedingungseintritt zur Voraussetzung der Eintragung wird, ähnelt diese Konstellation der sog. unechten Bedingung. Der **Gegenansicht**, der zufolge eine Eintragung bedingter Satzungsbestandteile auch nach Bedingungseintritt nicht in Betracht kommt, da sich die Grundordnung einer Organisation jederzeit und ohne weiteres aus der Satzung ergeben müsse,[482] ist zu widersprechen, da Rechtssicherheitsbedenken dem nicht (mehr) entgegenstehen.

160 Die Unzulässigkeit echter Bedingungen als Satzungsinhalt steht Satzungsbestandteilen, die ihrem **Tatbestand** nach **erst unter bestimmten Voraussetzungen** eingreifen, nicht entgegen, da es sich bei diesen um unbedingte Bestimmungen handelt.[483] In der Praxis lassen sich die mit einer unzulässigen echten Bedingung verfolgten Ziele vielfach im Wege einer Einarbeitung der Bedingung in die Voraussetzungen des Tatbestandes erreichen. So kann eine Satzungsbestimmung etwa vorsehen, dass bei Verlust eines bestimmten Teils des Grundkapitals umgehend eine außerordentliche Hauptversammlung einzuberufen ist.[484]

161 bb) **Unechte Bedingung.** Weist die Hauptversammlung den Vorstand bei einer Satzungsänderung an, die Anmeldung zum Handelsregister erst beim Eintritt bestimmter Umstände vorzunehmen, so handelt es sich um ein zulässiges Vorgehen (sog. unechte Bedingung).[485] Jedoch muss der Hauptversammlungsbeschluss die Umstände so genau bestimmen, dass kein Entscheidungsspielraum des

---

[474] OLGR Celle 2003, 6 (7) = NZG 2003, 184 (185); OLG Stuttgart AG 1993, 94; MüKoAktG/*Stein* Rn. 178.
[475] MüKoAktG/*Stein* Rn. 133; Großkomm AktG/*Wiedemann* Rn. 131; Bürgers/Körber/*Körber* Rn. 59.
[476] Großkomm AktG/*Wiedemann* Rn. 132.
[477] Großkomm AktG/*Wiedemann* Rn. 158.
[478] AllgM, vgl. nur Großkomm AktG/*Wiedemann* Rn. 161; Kölner Komm AktG/*Zöllner* Rn. 195.
[479] Vgl. Kölner Komm AktG/*Zöllner* Rn. 195; Bürgers/Körber/*Körber* Rn. 46; aA K. Schmidt/Lutter/*Seibt* Rn. 35.
[480] AllgM *Wirth/Arnold* ZGR 2002, 859 (888); Kölner Komm AktG/*Zöllner* Rn. 199; Großkomm AktG/*Wiedemann* Rn. 161; Hüffer/Koch/*Koch* Rn. 26; K. Schmidt/Lutter/*Seibt* Rn. 36.
[481] *Priester* ZIP 1987, 280 (285); *Lutter* FS Quack, 1991, 301 (310); MüKoAktG/*Stein* Rn. 50; Bürgers/Körber/*Körber* Rn. 46.
[482] Großkomm AktG/*Wiedemann* Rn. 161.
[483] MüKoAktG/*Stein* Rn. 51; Großkomm AktG/*Wiedemann* Rn. 161.
[484] Beispiel nach Großkomm AktG/*Wiedemann* Rn. 161.
[485] AllgM MüKoAktG/*Stein* Rn. 49; Großkomm AktG/*Wiedemann* Rn. 162.

Vorstands verbleibt.[486] Anderenfalls läge eine **unzulässige versteckte Vorratsermächtigung** des Vorstands vor. Des Weiteren darf auch die unechte Bedingung nicht gesetzlichen Bestimmungen oder gesellschaftsrechtlichen Prinzipien widersprechen. **Ausgeschlossen** ist daher ein **Zustimmungsvorbehalt zugunsten Dritter** oder zur Satzungsänderung nicht berechtigter Gesellschaftsorgane.[487] Darüber hinaus kann die Eintragung **nicht durch Ereignisse bedingt** werden, deren Eintritt **erst** nach der **nachfolgenden ordentlichen Hauptversammlung** erfolgt,[488] da ansonsten die Entschlussfreiheit dieser Hauptversammlung eingeschränkt würde. Es ist daher ein bestätigender Neubeschluss erforderlich, falls die Bedingung nicht bis zur nächsten Hauptversammlung eingetreten ist.

b) Befristung. aa) Echte Befristung. Auch bei der Befristung wird zwischen echter und unechter Befristung unterschieden. Sieht eine Satzungsbestimmung vor, dass sie erst ab oder nur bis zu einem bestimmten Zeitpunkt oder nur für einen bestimmten Zeitraum gelten soll, so spricht man von einer echten Befristung. Derartige Satzungsbestandteile sind zulässig, soweit sie eindeutig und objektiv bestimmbar sind.[489] Die jeweiligen Satzungsklauseln müssen daher so gestaltet sein, dass auch Dritte die maßgeblichen Zeitpunkte erkennen können, ohne besondere Nachforschungen anzustellen.[490] Einer Bestimmtheit nach dem Kalender bedarf es allerdings nicht.[491] Eine Satzungsbestimmung kann etwa vorsehen, dass sie nur bis zur Durchführung einer bestimmten Kapitalmaßnahme oder erst „ein halbes Jahr nach der ordentlichen Hauptversammlung" gelten soll. Eine Befristung oder Bedingung des Liquidationsbeschlusses ist keine Satzungsänderung (→ Rn. 80). 162

Befristete Satzungsbestimmungen können noch vor ihrem Inkrafttreten ins Handelsregister eingetragen werden, da nicht die Satzungsänderung als solche befristet ist, sondern neben die zeitlich unbeschränkt geltenden Satzungsbestandteile auch solche mit zeitlich begrenzter Anwendungsdauer treten.[492] Ein Wirksamwerden der aufschiebend befristeten Satzungsbestandteile kann dann jedoch nur dadurch verhindert werden, dass ihre Aufhebung im Zuge einer neuen Satzungsänderung noch vor dem für die Befristung maßgeblichen Zeitpunkt eingetragen wird.[493] 163

bb) Unechte Befristung. Die Hauptversammlung kann auch beschließen, dass eine Satzungsänderung vom Vorstand erst nach Ablauf einer gewissen Frist anzumelden ist (sog. unechte Befristung).[494] Der Hauptversammlungsbeschluss muss dabei die Wartefrist so genau bestimmen, dass kein Ermessen des Vorstands im Hinblick auf die Frage, ob es überhaupt zu einer Anmeldung kommt, verbleibt. Darüber hinaus darf die Frist nicht über den Zeitpunkt der nachfolgenden ordentlichen Hauptversammlung hinausgehen. Anderenfalls bedarf es eines bestätigenden Beschlusses dieser Hauptversammlung.[495] 164

2. Rückwirkung. Die rückwirkende Änderung von Satzungsbestimmungen ist nicht schlechterdings ausgeschlossen. Etwas anderes gilt auch nicht im Hinblick auf § 181 Abs. 3, der allein den Augenblick des Inkrafttretens der Satzungsänderung betrifft, zur Frage nach der Möglichkeit der Rückwirkung hingegen keine Aussage enthält.[496] Soweit nicht ausnahmsweise besondere Gesichtspunkte des Vertrauensschutzes entgegenstehen, können Mehrheitsbeschlüsse eine **Rückwirkung auf den Zeitpunkt der Beschlussfassung** vorsehen, denn ein berechtigtes Vertrauen der Aktionäre kann von der Beschlussfassung an regelmäßig nicht mehr bestehen.[497] 165

a) Sondervorschriften. Für bestimmte Fälle bestehen allerdings Sondervorschriften. Eine begrenzte Rückwirkung gestatten die §§ 234, 235 für die vereinfachte Kapitalherabsetzung und eine 166

---

[486] Kölner Komm AktG/*Zöllner* Rn. 196; MüKoAktG/*Stein* Rn. 49; Hüffer/Koch/*Koch* Rn. 26; K. Schmidt/Lutter/*Seibt* Rn. 38.
[487] LG Frankfurt/M AG 1990, 169 (170); *Grunewald* AG 1990, 133 (138 ff.); MüKoAktG/*Stein* Rn. 49; Großkomm AktG/*Wiedemann* Rn. 162.
[488] MüKoAktG/*Stein* Rn. 49; Bürgers/Körber/*Körber* Rn. 45.
[489] Kölner Komm AktG/*Zöllner* Rn. 197; MüKoAktG/*Stein* Rn. 47; Großkomm AktG/*Wiedemann* Rn. 159; Hüffer/Koch/*Koch* Rn. 25.
[490] *Börner* DB 1988, 1254 (1255); MüKoAktG/*Stein* Rn. 47; Großkomm AktG/*Wiedemann* Rn. 159; Kölner Komm AktG/*Zöllner* Rn. 197.
[491] *Eckardt* NJW 1967, 369 (372); MüKoAktG/*Stein* Rn. 47; Hüffer/Koch/*Koch* Rn. 25; Bürgers/Körber/*Körber* Rn. 46.
[492] *Lutter* FS Quack, 1991, 301 (311); Großkomm AktG/*Wiedemann* Rn. 159; MüKoAktG/*Stein* Rn. 48.
[493] Kölner Komm AktG/*Zöllner* Rn. 196.
[494] MüKoAktG/*Stein* Rn. 46; Bürgers/Körber/*Körber* Rn. 44.
[495] Großkomm AktG/*Wiedemann* Rn. 161; Bürgers/Körber/*Körber* Rn. 45.
[496] Heute allgM, vgl. schon BegrRegE *Kropff* S. 291; Hüffer/Koch/*Koch* Rn. 27; Kölner Komm AktG/*Zöllner* Rn. 206.
[497] *Horbach* AG 2001, 78 (80); MüKoAktG/*Stein* § 181 Rn. 78; Kölner Komm AktG/*Zöllner* Rn. 208.

dabei ergänzend vorgenommene Kapitalerhöhung. Die §§ 189, 200, § 203 Abs. 1 S. 1, § 211 Abs. 1, §§ 224, 238 S. 1 schließen für die übrigen Fälle der Kapitalerhöhung und -herabsetzung eine Rückwirkung aus. Ferner verhindert § 202 Abs. 2 UmwG in besonderen Fällen einen rückwirkenden Formwechsel.

167 **b) Grundsätze des Vertrauensschutzes.** Im Übrigen bestimmt sich die Zulässigkeit rückwirkender Satzungsänderungen nach den allgemeinen Grundsätzen des Vertrauensschutzes.[498] Eine Rückwirkung scheidet insb immer dann aus, wenn ein berechtigtes Vertrauen von Aktionären, Dritten, oder der Allgemeinheit entgegensteht.[499] Dies ist unter anderem der Fall, wenn die rechtsgeschäftlichen **Außenbeziehungen der Gesellschaft** betroffen sind oder **organisationsrechtliche Änderungen** vorgenommen werden. So kann die Vertretungsbefugnis der Vorstandsmitglieder (§ 78) rückwirkend weder von Einzel- in Gesamtvertretung[500] noch von Gesamt- in Einzelvertretung[501] geändert werden. Ebenfalls nicht mit Rückwirkung änderbar sind Geschäftsjahr,[502] Gesellschaftszweck und Unternehmensgegenstand,[503] die Firma und der Gesellschaftssitz[504] sowie der Katalog zustimmungspflichtiger Rechtsgeschäfte.[505] Ausgeschlossen sind als nachträgliche Eingriffe in die Mitgliedschaftsrechte der betroffenen Aktionäre auch die rückwirkende Umwandlung von Inhaber- in Namensaktien sowie die Vinkulierung von Namensaktien.[506] Ferner ist die rückwirkende Herabsetzung der Vergütung von Aufsichtsratsmitgliedern unzulässig, jedoch kann die variable Vergütung für das laufende Geschäftsjahr herab gesetzt werden. Eine rückwirkende Erhöhung ist möglich.[507] Vertrauensschutz genießen jedoch nicht Vergütungen, die entgegen von aufsichtsrechtlichen Vorschriften (zB Annex II AIFMD-RL 2011/61/EG) gewährt werden. Gründe des Vertrauensschutzes stehen außerdem einer rückwirkenden Beseitigung der rechtlichen Grundlagen des Satzungsänderungsbeschlusses entgegen.[508] So können beispielsweise die Vorschriften über die Einberufung und Beschlussfassung nicht rückwirkend geändert werden.

168 **3. Schranken der Satzungsänderung. a) Allgemeines.** Die §§ 179 ff. beinhalten nicht die Möglichkeit, im Rahmen einer Satzungsänderung die generell für die Satzungsgestaltung geltenden Vorschriften zu umgehen.[509] Auch für Änderungen gilt daher der Grundsatz der Satzungsstrenge (§ 23 Abs. 5); genauso wenig wie bei einer Änderung notwendige Satzungsbestandteile (§ 23 Abs. 3, 4) entfernt werden können, dürfen solche Bestimmungen hinzugefügt werden, die nicht auch Bestandteil der Gründungssatzung hätten sein können.[510] Bei der Satzungsänderung sind darüber hinaus alle anderen einschlägigen **gesetzlichen Vorschriften** zu beachten. In diesem Zusammenhang sind etwa die allgemeinen Vorschriften der §§ 134, 138 BGB zu nennen. Der Schutz der überstimmten Aktionäre erschöpft sich in diesen Bestimmungen jedoch nicht; sie stellen vielmehr lediglich Mindestanforderungen dar.[511] Gesetzesverstöße führen zur Anfechtbarkeit (§ 243 Abs. 1) oder zur Nichtigkeit des Beschlusses (§ 241 Nr. 3 und 4).

169 **b) Weitere Schranken.** Weitere Einschränkungen ergeben sich aus dem **Gleichbehandlungsgebot** (§ 53a), dem bei Satzungsänderungen eine besondere Tragweite zukommt,[512] da anders als bei der Gründung der Gesellschaft eine vorhandene Rechtsstellung betroffen ist. Auch konkrete mitgliedschaftliche Rechtspositionen können einer Satzungsänderung entgegenstehen. Satzungsän-

---

[498] AllgM, vgl. nur Großkomm AktG/*Wiedemann* Rn. 165, MHdB AG/*Semler* § 39 Rn. 61; Bürgers/Körber/ *Körber* Rn. 48.
[499] Inzwischen allgM, *Wellkamp* WM 2001, 489 (493); Hüffer/Koch/*Koch* Rn. 28; Großkomm AktG/*Wiedemann* Rn. 163; Kölner Komm AktG/*Zöllner* Rn. 206; allg. vgl. *U. H. Schneider* AcP 175 (1975) 279 (297).
[500] *Dempewolf* NJW 1958, 1212 (1215); *v. Godin/Wilhelmi* Anm. 11; Hüffer/Koch/*Koch* Rn. 28; MüKoAktG/ *Stein* § 181 Rn. 77; Großkomm AktG/*Wiedemann* Rn. 163.
[501] Die Zulässigkeit einer rückwirkenden Änderung bejahend jedoch *Dempewolf* NJW 1958, 1212 (1215); MHdB AG/*Semler* § 39 Rn. 61.
[502] OLGR Schleswig 2000, 316 = NJW-RR 2000, 1425; OLGR Frankfurt 1999, 135 = GmbHR 1999, 484 – GmbH; BFH 1997, 670; *Wolff* DB 1999, 2149 (2152); Hüffer/Koch/*Koch* Rn. 28; Kölner Komm AktG/ *Zöllner* Rn. 207; aA *Meilicke/Hohlfeld* BB 1957, 793 (797).
[503] AllgM vgl. zB Hüffer/Koch/*Koch* Rn. 28.
[504] AllgM MüKoAktG/*Stein* § 181 Rn. 77; Kölner Komm AktG/*Zöllner* Rn. 207.
[505] Wachter/*Wachter* Rn. 47 aE.
[506] Hüffer/Koch/*Koch* Rn. 28; Kölner Komm AktG/*Zöllner* Rn. 208; K. Schmidt/Lutter/*Seibt* Rn. 43.
[507] Kölner Komm AktG/*Zöllner* Rn. 208; Herabsetzung der variablen Vergütung LG München I ZIP 2013, 217 (219).
[508] MüKoAktG/*Stein* § 181 Rn. 79.
[509] AllgM, LG Köln ZIP 2001, 572 (574); Hüffer/Koch/*Koch* Rn. 24.
[510] MüKoAktG/*Stein* Rn. 6; Hüffer/Koch/*Koch* Rn. 24; vgl. auch → § 23 Rn. 287.
[511] Großkomm AktG/*Wiedemann* Rn. 173.
[512] Vgl. MüKoAktG/*Stein* Rn. 66.

derungen, die in unentziehbare Rechte (etwa das Recht auf Teilnahme an der Hauptversammlung, das Auskunfts- und das Anfechtungsrecht des Aktionärs) eingreifen, sind nicht möglich.[513] Sind **Sonderrechte** eines Aktionärs betroffen, die nicht unter Abs. 3 fallen, so bedarf es zur Satzungsänderung dessen Zustimmung.[514] Dasselbe gilt für die nachträgliche Auferlegung von Nebenpflichten und die nachträgliche Vinkulierung von Namensaktien (vgl. § 180). Soweit man § 243 Abs. 2 neben dem Gleichbehandlungsgrundsatz (§ 53a) noch eigenständige Bedeutung zumisst,[515] ergibt sich aus dem Sondervorteilsverbot eine weitere Beschränkung.

c) Grenzen der Mehrheitsmacht. Das der Beschlussfassung zugrunde liegende Mehrheitsprinzip untersteht dem **Vorbehalt des Missbrauchsverbots**.[516] Noch nicht eindeutig geklärt ist jedoch die Frage, inwieweit Satzungsänderungen darüber hinaus einer **materiellen Beschlusskontrolle** unterliegen (ausführlich zur materiellen Beschlusskontrolle → § 243 Rn. 3 ff., 156 ff.). Umstritten ist diesbezüglich bereits, ob es zusätzlich zu den formellen und den ggf. einschlägigen besonderen materiellen Voraussetzungen stets einer **sachlichen Rechtfertigung** des Änderungsbeschlusses am Gesellschaftsinteresse bedarf.[517] Teilweise wird eine solche Beschlusskontrolle nur für diejenigen Beschlüsse befürwortet, die sich für die Gesellschafterminderheit nachteilig auswirken.[518] Andere Stimmen unterscheiden danach, ob die jeweils eingreifenden gesellschaftsrechtlichen Vorschriften eine abschließende Regelung des Minderheitenschutzes durch den Gesetzgeber erkennen lassen.[519] Die **Rechtsprechung** hat sich in einer Vielzahl von Urteilen zu einer Inhaltskontrolle von Beschlüssen im Kapitalgesellschaftsrecht durchgerungen.[520] Die Entscheidungen beziehen sich dabei auf die mittlerweile im Verhältnis zwischen der Aktionärsminderheit und dem Mehrheitsaktionär oder einer Mehrheit von Aktionären anerkannten **Treuepflichten**.[521]

Eine materielle Beschlusskontrolle in allen Fällen der Beschlussfassung ist mit dem Umstand, dass der Minderheitenschutz Gegenstand zahlreicher aktienrechtlicher Bestimmungen ist, unvereinbar. Ein **allgemeines Rechtfertigungserfordernis** ist daher jedenfalls für solche Maßnahmen, die Gegenstand gesetzlicher **Einzelregelungen** sind (zB Unternehmensverträge, Eingliederungen, Verschmelzungen, Formwechsel usw), **abzulehnen**, soweit nicht ausnahmsweise Anhaltspunkte dafür bestehen, dass die jeweilige Fallsituation durch die einschlägigen Vorschriften nicht berücksichtigt wird.[522] Im Regelfall sind diese Maßnahmen folglich nur noch im Hinblick auf willkürliche und missbräuchliche Beschlussfassung überprüfbar. Kommt es danach zu einer materiellen Beschlusskontrolle, so ist die Pflicht der den Beschluss tragenden Mehrheit, in die Mitgliedschaftsrechte der anderen Aktionäre nur unter **Wahrung des Erforderlichkeits- und Verhältnismäßigkeitsgrundsatzes** einzugreifen, der für die materielle Beschlusskontrolle einschlägige **Prüfungsmaßstab**.[523]

4. Änderung und Aufhebung der Satzungsänderung. Nachdem Satzungsänderungen erst mit der Eintragung ins Handelsregister wirksam werden, stellt die **Aufhebung** eines satzungsändernden Beschlusses vor dessen Eintragung keine Satzungsänderung dar;[524] Gegenstand des Beschlusses ist vielmehr die Verhinderung einer Änderung. Die Hauptversammlung kann den Beschluss folglich gem. § 133 Abs. 1 mit einfacher Mehrheit aufheben, soweit nicht die Satzung andere Bestimmungen trifft.[525] **Änderungen und Teilaufhebungen** eines Satzungsänderungsbeschlusses führen dagegen

---

[513] Großkomm AktG/*Wiedemann* Rn. 171; MHdB AG/*Semler* § 39 Rn. 62. Str. ist, inwieweit der jeweilige Aktionär diese Rechtspositionen durch Verzicht preisgeben kann, vgl. hierzu Großkomm AktG/*Wiedemann* Rn. 171.
[514] AllgM BGHZ 15, 177 (181) = NJW 1955, 178 (zur Genossenschaft); MüKoAktG/*Stein* Rn. 63.
[515] Zum Verhältnis von § 53a und § 243 Abs. 2 vgl. Hüffer/Koch/*Koch* § 243 Rn. 31.
[516] Vgl. RGZ 132, 149 (163); BGHZ 71, 40 = NJW 1978, 1316; BGHZ 80, 69 = NJW 1981, 1512 – GmbH; *Zöllner* S. 287 ff.; *Wiedemann* GesR I § 8; *ders.* in Großkomm AktG Rn. 169; Hüffer/Koch/*Koch* Rn. 29.
[517] Eine allg. Beschlusskontrolle bejaht zB *Wiedemann* GesR I § 8 III 2 a; *ders.* in Großkomm AktG Rn. 169 ff., verneint von K. Schmidt/Lutter/*Seibt* Rn. 44.
[518] Kölner Komm AktG/*Zöllner* Einl. Rn. 55; K. Schmidt/Lutter/*Schwab* § 243 Rn. 14 ff.
[519] *Timm* ZGR 1987, 403 (408).
[520] Vgl. BGHZ 71, 40 = NJW 1978, 1316; BGHZ 80, 69 = NJW 1981, 1512 – GmbH; BGHZ 85, 350 (360) = JZ 1983, 556 (m. Anm. *Wiedemann*); BGHZ 103, 183 = NJW 1988, 1582 – m. Anm. *Timm*.
[521] BGHZ 103, 183 = NJW 1988, 1582; BGH NJW 1992, 3167 (3171); BGHZ 127, 107 (111) = BGH NJW 1994, 3094 (3095); BGHZ 129, 136 (142 f.) = NJW 1995, 1739 (1741); zur Zulässigkeit einer Verschärfung oder Lockerung von Satzungsänderung durch Satzungsänderung *Waclawik* DB 2005, 1151 ff.
[522] Wie hier im Erg. auch Hüffer/Koch/*Koch* Rn. 29, § 243 Rn. 27 ff.; zu den Einzelheiten der materiellen Beschlusskontrolle vgl. Hüffer/Koch/*Koch* § 243 Rn. 22 f.
[523] Zu der im Einzelnen streitbefangenen Frage des einschlägigen Prüfungsmaßstabs → § 243 Rn. 156 ff. Zur Unterstützungs- und positiven Stimmpflicht als spezieller Ausprägung der Treuepflichten → Rn. 176.
[524] Kölner Komm AktG/*Zöllner* Rn. 162; Hüffer/Koch/*Koch* Rn. 40; MüKoAktG/*Stein* Rn. 53.
[525] HM vgl. Hüffer/Koch/*Koch* Rn. 40; Kölner Komm AktG/*Zöllner* Rn. 162; Großkomm AktG/*Wiedemann* Rn. 183; *v. Godin/Wilhelmi* § 181 Rn. 10; aA Großkomm AktG/*Barz*, 3. Aufl., § 119 Rn. 16.

zu einer vom ursprünglichen Beschluss nicht mehr gedeckten Satzungsänderung. Sie müssen daher die für Satzungsänderungen geltenden gesetzlichen oder satzungsmäßigen Erfordernisse erfüllen.[526]

173 **5. Die Erzwingung der Satzungsänderung. a) Ansprüche Dritter gegenüber Gesellschaft und Aktionären.** Ansprüche Dritter, die unmittelbar auf eine Satzungsänderung gerichtet sind, können nicht bestehen.[527] Dies gilt sowohl im Verhältnis zur Aktiengesellschaft als auch zu den Aktionären. Die Aktiengesellschaft würde sich sonst ihrer Satzungsautonomie entledigen.[528] Auch **durch Rechtsgeschäft** kann der Vorstand keine unmittelbare Verpflichtung der Aktiengesellschaft zur Satzungsänderung herbeiführen. Für die Vornahme eines derartigen Rechtsgeschäfts fehlt es bereits an der Vertretungsmacht (§ 78), die solche Maßnahmen nicht umfasst, die die Grundverfassung der Gesellschaft berühren und damit in der ausschließlichen Kompetenz der Hauptversammlung liegen.[529] Eine Ausnahme ist auch nicht mit der Einschränkung denkbar, dass bereits eine **Ermächtigung des Vorstands** durch die Hauptversammlung alle Voraussetzungen eines Satzungsänderungsbeschlusses aufweist,[530] da auch in diesem Fall die Satzungsautonomie der nachfolgenden Hauptversammlung beeinträchtigt würde.[531]

174 Der Vorstand kann jedoch **Rechtsgeschäfte** vornehmen, die zwar nicht unmittelbar auf eine Satzungsänderung gerichtet sind, **deren Inhalt die Satzung jedoch entgegensteht**. In der Folge entsteht dann eine Notwendigkeit zur Satzungsänderung. Dies ist beispielsweise der Fall, wenn sich die Gesellschaft verpflichtet, einer Tätigkeit nachzugehen, die mit dem satzungsmäßigen Unternehmensgegenstand unvereinbar ist oder Betätigungsfelder aufzugeben, die bis dahin zum Unternehmensgegenstand gehörten.[532] Von praktischer Relevanz sind in diesem Zusammenhang auch Verträge, die den Gebrauch der Firma (§ 23 Abs. 3 Nr. 1) betreffen.[533] Ist dem Dritten die Unvereinbarkeit des Rechtsgeschäfts mit der Satzung bekannt, so greifen die allgemeinen Grundsätze über den Missbrauch der Vertretungsmacht ein.[534] Ein **kollusives Zusammenwirken** des Dritten mit dem Vorstand kann darüber hinaus auch Schadensersatzansprüche der Aktiengesellschaft aus § 826 BGB zur Folge haben.[535] Ist das Rechtsgeschäft unter Berücksichtigung dieser Grundsätze wirksam, so ändert sich daran auch dann nichts, wenn die Hauptversammlung eine nachträgliche Genehmigung ablehnt.[536]

175 Vorstehend bezeichnete Verträge begründen aber **keinen auf die Satzungsänderung gerichteten Anspruch eines Dritten** gegen die Aktionäre.[537] Der Dritte kann jedoch von der Aktiengesellschaft die Erfüllung der vertraglichen Pflichten verlangen. Eine Anpassung der Satzung an die aus dem Rechtsgeschäft resultierenden Pflichten ist dann jedoch regelmäßig unvermeidlich.[538] Ansprüche von Dritten, welche die Aktiengesellschaft zu einem Verhalten verpflichten das der Satzung widerspricht, können sich darüber hinaus auch aus Gesetz ergeben (§ 12 BGB, § 37 Abs. 2 HGB, §§ 1, 3, 13 UWG).

176 **b) Pflicht zur Stimmabgabe kraft Treuepflicht (zwischen den Aktionären).** Dass auch die Aktionäre einer Aktiengesellschaft bei Ausübung ihrer Rechte Treuepflichten sowohl im Verhältnis zur Gesellschaft als auch gegenüber den Mitaktionären[539] unterliegen, ist mittlerweile Konsens.[540] Dieser Pflicht kommt Gesetzesqualität zu.[541] Fraglich ist jedoch, unter welchen Voraussetzungen

---

[526] AllgM vgl. nur Hüffer/Koch/*Koch* Rn. 40, Kölner Komm AktG/*Zöllner* Rn. 162.
[527] Großkomm AktG/*Wiedemann* Rn. 155; Hüffer/Koch/*Koch* Rn. 32, der eine Ausnahme zulässt für den Fall eines konkreten Beschlussgegenstandes, für den eine Satzungsänderungsermächtigung mit der Zustimmungsqualität eines Satzungsänderungsbeschlusses vorliegt.
[528] *Lutter* FS Schilling, 2003, 228; MüKoAktG/*Stein* Rn. 212; Bürgers/Körber/*Körber* Rn. 51.
[529] RGZ 162, 370 (374); MüKoAktG/*Stein* Rn. 212; vgl. auch Kölner Komm AktG/*Zöllner* Rn. 170.
[530] Großkomm AktG/*Wiedemann* Rn. 155; Kölner Komm AktG/*Mertens* § 82 Rn. 4; aA Hüffer/Koch/*Koch* Rn. 32, der sich der hM im GmbH-Recht anschließt; vgl. zu dieser etwa Lutter/Hommelhoff/*Bayer* GmbHG § 53 Rn. 42, Hachenburg/*Ulmer* GmbHG § 53 Rn. 37.
[531] MüKoAktG/*Stein* Rn. 212.
[532] Vgl. RGZ 115, 246 (249); Großkomm AktG/*Wiedemann* Rn. 155; vgl. oben → Rn. 64 ff.
[533] Vgl. Hüffer/Koch/*Koch* Rn. 32.
[534] Vgl. BGHZ 50, 112 (114) = NJW 1983, 1056; *Mertens* AG 1978, 309 (311); Großkomm AktG/*Wiedemann* Rn. 155. Allg. zum Missbrauch organschaftlicher Vertretungsmacht vgl. *K. Schmidt* GesR § 10 II 2.
[535] MüKoAktG/*Stein* Rn. 215.
[536] Großkomm AktG/*Wiedemann* Rn. 155.
[537] AllgM, vgl. nur MüKoAktG/*Stein* Rn. 214, Hüffer/Koch/*Koch* Rn. 32.
[538] MüKoAktG/*Stein* Rn. 214; Grigoleit/*Ehmann* Rn. 34: „faktischer Druck".
[539] Aus Gesellschaftsvertrag oder § 242 BGB vgl. K. Schmidt/Lutter/*Schwab* § 243 Rn. 4 mwN.
[540] Vgl. BGHZ 103, 184 (193) = NJW 1988, 1579; BGHZ 142, 167 (179) = NJW 1999, 3197; Großkomm AktG/*Wiedemann* Rn. 157; Kölner Komm AktG/*Zöllner* Rn. 212; Bürgers/Körber/*Westermann* § 53a Rn. 12 ff.
[541] BGHZ 132, 84 (93 f.), OLG Düsseldorf AG 1994, 411 (413); Großkomm AktG/*K. Schmidt* § 243 Rn. 42.

sich diese zu einer **Pflicht zur Unterstützung eines Satzungsänderungsbeschlusses** oder gar zu einer Zustimmungspflicht verdichten können. Für Personengesellschaften ist – jedenfalls soweit diese vom Einstimmigkeitsprinzip beherrscht sind – anerkannt, dass die Gesellschafter Änderungen des Gesellschaftsvertrags zustimmen müssen, soweit das Interesse der Gesellschaft dies erfordert und sie dem Gesellschafter unter Berücksichtigung seiner schutzwürdigen Individualinteressen zumutbar sind.[542] Diese Grundsätze sind auch auf die GmbH übertragen worden.[543] Jedoch kommt eine Mitwirkungspflicht zu Satzungsänderungen hier in Anbetracht des Mehrheitsprinzips (§ 53 Abs. 2 GmbHG) nur ausnahmsweise in Betracht.[544] Bei der Aktiengesellschaft sind die Treuepflichten vergleichsweise schwächer ausgeprägt (→ § 53a Rn. 47).[545] Dabei gilt die Regel, dass ein größerer Einfluss stärker bindet. Die Treuepflicht erscheint insoweit in der Ausprägung der Rücksichtnahmepflicht.[546] Eine Pflicht des Publikumsaktionärs zur Unterstützung der Gesellschaftsinteressen unter Vernachlässigung seiner individuellen Belange kann daher nur für den besonderen Ausnahmefall angenommen werden, dass eine **Satzungsänderung im Interesse der Aktiengesellschaft dringend geboten und dem Aktionär zumutbar** ist.[547] In diesem Fall besteht auch eine Pflicht zur Zustimmung iSv Abs. 3[548] oder wenigstens zur Enthaltung.

c) Rechtsfolgen treuwidriger Stimmabgabe. Besteht nach den vorstehenden Ausführungen **177** eine Mitwirkungspflicht, so werden Gegenstimmen nach hM als nicht abgegeben angesehen.[549] Der Einwand der Meinung, die lediglich Anfechtbarkeit des Beschlusses annimmt, bezüglich der mangelnden Beurteilungskompetenz des Aufsichtsrates vermag demgegenüber nicht zu überzeugen.[550] Nachdem bei der **Berechnung der zur Satzungsänderung erforderlichen Mehrheit** das vertretene Grundkapital zu berücksichtigen ist, müssen die treuwidrig abgegebenen Stimmen überdies auch als nicht vertreten iSv Abs. 2 Satz 1 angesehen werden.[551] Der Versammlungsleiter wird dann regelmäßig einen Hauptversammlungsbeschluss mit der erforderlichen Mehrheit feststellen können. Eine **Pflicht zur positiven Stimmabgabe** ist folglich nur unter der besonderen Voraussetzung anzunehmen, dass ein Beschluss einstimmig gefasst werden oder anderen sich aus Gesetz oder Satzung ergebenden Mehrheits- oder Zustimmungserfordernissen genügen muss.[552] Werden **treuwidrig abgegebene Stimmen** vom Versammlungsleiter als wirksam oder vertreten angesehen, so kann die Satzungsänderung mittels **Anfechtungsklage** in Kombination mit positiver Beschlussfeststellungsklage gerichtlich durchgesetzt werden, soweit nicht ausnahmsweise Klage auf Zustimmung erhoben werden muss.[553] Im Gegensatz dazu haben vertragliche Pflichten zwischen den Aktionären, etwa aus Stimmbindungsverträgen, im Falle der Nichteinhaltung keine Folgen, ein Beschluss bleibt unwirksam.

IX. Sonderbeschlüsse gem. Abs. 3

1. Allgemein. Eine Satzungsänderung erfordert dann einen Sonderbeschluss (→ § 138 Rn. 2 ff.), **178** wenn im Falle mehrerer bestehender Aktiengattungen zum Nachteil einer Aktiengattung (→ § 11 Rn. 6) abgewichen werden soll. Der **Sonderbeschluss** wird von den nachteilig betroffenen Aktionä-

---

[542] BGHZ 44, 40 (41); BGH NJW 2010, 65 – OHG; BGHZ 64, 253 (257) – KG; BGH WM 2015, 1365; dazu *Escher-Weingart* WM 2016, 1569 f.; *Westermann* FS Hefermehl, 1976, 225 ff.; näher *Bohlken/Sprenger* DB 2010, 263 ff.
[543] → Rn. 167; BGHZ 98, 276 (279) = NJW 1987, 189 (190) – GmbH; für den Fall der Zustimmung zu einer Satzungsänderung zwecks Anpassung an die durch die GmbHG-Novelle von 1980 erhöhte Mindestkapitalziffer.
[544] Hachenburg/*Ulmer* GmbHG § 53 Rn. 70 ff.; Baumbach/Hueck/*Zöllner*/Hueck GmbHG § 53 Rn. 85 ff. jeweils mwN.
[545] Vgl. zur Diskussion um statuarischen Ursprung der Treuepflicht *Leuschner* FS Ahrens, 2016, 637 f.
[546] Etwa Mehrheitsaktionär gegenüber Minderheitsaktionär vgl. Bürgers/Körber/*Westermann* § 53a Rn. 13.
[547] Großkomm AktG/*Wiedemann* Rn. 157; Hüffer/Koch/*Koch* Rn. 30; K. Schmidt/Lutter/*Seibt* Rn. 45.
[548] *Lutter* ZHR 153 (1989) 446 (468); K. Schmidt/Lutter/*Schwab* § 243 Rn. 4.
[549] BGHZ 102, 172 (176); BGH ZIP 1991, 23 (24;) BGH ZIP 1993, 1228 (1230), *Marsch-Barner* ZHR 157 (1993) 172 (188); MüKoAktG/*Stein* Rn. 219; Kölner Komm AktG/*Zöllner* Rn. 213; Hüffer/Koch/*Koch* Rn. 31; Bürgers/Körber/*Westermann* § 53a Rn. 14; aA hingegen K. Schmidt/Lutter/*Schwab* § 243 Rn. 6 und Grigoleit/*Ehmann* Rn. 34, die in der Rechtsfolge Nichtigkeit eine Unvereinbarkeit mit der Wertung von § 243 Abs. 2 AktG erblicken und daher von einer bloßen Anfechtbarkeit des Beschlusses ausgehen.
[550] So aber mit Verweis auf „nur" anfechtbare Sondervorteile als besonders schwerem Treuepflichtverstoß in § 243 Abs. 2 AktG K. Schmidt/Lutter/*Schwab* § 243 Rn. 6 mwN in Fn. 35; MüKoAktG/*Hüffer/Schäfer* § 243 Rn. 17; Hüffer/Koch/*Koch* § 243 Rn. 24 ff.
[551] Kölner Komm AktG/*Zöllner* Rn. 213; aA Grigoleit/*Ehmann* Rn. 34.
[552] *Lutter* ZHR 153 (1989) 446 (468); *Säcker* FS Lukes, 1989, 547 (553 ff.); Kölner Komm AktG/*Zöllner* Rn. 214.
[553] *Lutter* ZHR 153 (1989) 446 (468); Kölner Komm AktG/*Zöllner* Rn. 213; Hüffer/Koch/*Koch* Rn. 31.

ren gefasst. Da ein Eingriff in Sonderrechte normalerweise der Zustimmung aller betroffenen Aktionäre bedarf,[554] handelt es sich bei § 179 Abs. 3 um die Erleichterung von Veränderungen zum Nachteil einer Aktiengattung. Während bestimmte Mitgliedschaftspositionen nicht entziehbar sind, wie das Recht auf Teilnahme an der Hauptversammlung, das Auskunfts- und Anfechtungsrecht sowie das Stimmrecht (sofern dieses bei der entsprechenden Gattung besteht), sind andere Rechtspositionen nur mit Zustimmung aller betroffenen Aktionäre zu entziehen, wie etwa das Recht auf Gleichbehandlung § 53a oder durch die Satzung eingeräumte Sonderrechte.[555] Bei vorliegendem Sonderbeschluss mit erforderlicher Mehrheit müssen nachteilig betroffene Gattungsangehörige jedoch nicht mehr einzeln zustimmen,[556] so dass insofern § 53a nicht mehr greift.[557] Der Sonderbeschluss der benachteiligten Aktionäre tritt als **zusätzliches Wirksamkeitserfordernis** kraft Gesetzes zu dem außerdem notwendigen Hauptversammlungsbeschluss gem. Abs. 2 hinzu. In dem über Abs. 3 Satz 3 geltenden Abs. 2 finden für den Sonderbeschluss gem. Abs. 3 die für alle Sonderbeschlüsse geltenden Vorschriften des § 138 Anwendung.

179   2. **Anwendungsbereich.** Abs. 3 wird bei der **Aufhebung oder Beschränkung des Vorzuges** bei Vorzugsaktien ohne Stimmrecht von § 141 Abs. 1 verdrängt (Spezialität).[558] Ebenfalls verdrängt wird Abs. 3 bei Beschluss über die **Ausgabe neuer Vorzugsaktien,** die bei der Gewinn- oder Vermögensverteilung den Vorzugsaktien ohne Stimmrecht vorgehen oder gleichstehen, und nur die Zustimmung der Vorzugsaktien gem. § 141 Abs. 2 erfordert.[559] Für den Fall, dass die Gattung der Vorzugsaktionäre benachteiligt wird, die speziellen Voraussetzungen des § 141 Abs. 1 oder 2 jedoch nicht erfüllt sind, greift Abs. 3 hilfsweise ein.[560]

180   Bei Aufhebung der Vorzugsaktien gegen Zuzahlung besteht nur die Möglichkeit dieses auf freiwilliger Basis, dh mit Einzelzustimmung der betreffenden Aktionären durchzuführen. In diesem Fall ist § 141 Abs. 1 als erleichternde qualifizierte Mehrheitsentscheidung mangels Schutzbedürfnis als überflüssige Formel und systemwidriges Vetorecht im Wege einer teleologischen Reduktion nicht anwendbar.[561] Die Formstrenge gebietet es hier nicht, dass jeder Betroffene in diesem Sonderfall zustimmt, da keine schützenswerten Interessen von nicht anwesenden Aktionären der besonderen Versammlung vorliegen können.[562] Insoweit greift Abs. 3 in einem solchen Fall ebenfalls nicht ein.

181   Der Anwendungsbereich des § 53a ist neben Abs. 3 nicht eröffnet, da Abs. 3 eine Verletzung des **Gleichbehandlungsgrundsatzes** zulässt, sofern ein Sonderbeschluss vorliegt.[563] Dies gilt auch für Einzelaspekte im Zusammenhang mit der beinhalteten Satzungsänderung, da sämtliche Nachteile mit dem Sonderbeschluss abgedeckt werden.[564] Im Rahmen der Kapitalerhöhung wird Abs. 3 von § 182 Abs. 2[565] und bei der Kapitalherabsetzung von § 222 Abs. 2 als weiterreichende Norm verdrängt.[566] Diese erfordern einen Sonderbeschluss der Aktionäre jeder Gattung, sofern mehrere Aktiengattungen bestehen, ohne dass es auf einen Nachteil iSd Abs. 3 ankommt. Gleiches gilt für den Sonderbeschluss nach § 65 Abs. 2 UmwG. Keinen Beschluss gem. Abs. 3 erfordert die **Abschaffung von Mehrstimmrechten** gem. § 5 Abs. 2 Satz 3 EG-AktG.[567] Da außenstehende Aktionäre keine eigene Gattung bilden können, liegt bei **konzernrechtlichen Sonderbeschlüssen,** wie etwa §§ 295 Abs. 2, 309 Abs. 3, keine Konkurrenz vor, es sei denn, es liegt aus anderen Gründen eine Aktiengattung vor.[568]

---

[554] MüKoAktG/*Stein* Rn. 178; MHdB AG/*Semler* § 39 Rn. 62; NK-AktR/*Wagner* Rn. 57.
[555] MAH AktR/*Sickinger* § 29 Rn. 35, 49.
[556] Kölner Komm AktG/*Zöllner* Rn. 174.
[557] OLGR Celle 2003, 6 (7) = AG 2003, 50)5 (506; offen lassend OLG Köln NZG 2002, 966 (967 f.); OLG Düsseldorf BB 1973, 910) 912 zum noch nicht kodifizierten allg. Gleichbehandlungsrundsatz; Kölner Komm AktG/*Zöllner* Rn. 175; MüKoAktG/*Heider* § 11 Rn. 46; Hüffer/Koch/*Koch* Rn. 41; Bürgers/Körber/*Körber* Rn. 53.
[558] OLG Köln NZG 2002, 966 (976); Kölner Komm AktG/*Zöllner* § 179 Rn. 178; MHdB AG/*Semler* § 39 Rn. 62; aA *Werner* AG 1971, 69 (75 f.).
[559] Kölner Komm AktG/*Zöllner* Rn. 179; Bürgers/Körber/*Körber* Rn. 53.
[560] Eingehend MüKoAktG/*Stein* Rn. 181; Großkomm AktG/*Wiedemann* Rn. 140; *Fuchs* ZGR 2003, 167 (187 f.).
[561] Detailliert *Altmeppen* NZG 2005, 771 (772 ff.); aA ohne nähere Auseinandersetzung OLG Köln NZG 2002, 966 ff.; → § 141 Rn. 60 ff.
[562] *Altmeppen* NZG 2005, 771 (774).
[563] OLG Celle 2003, 6 (7) = NZG 2003, 184 (185); MüKoAktG/*Heider* § 11 Rn. 46, 48; K. Schmidt/Lutter/*Seibt* Rn. 49.
[564] AA OLG Köln ZIP 2001, 2049 (2051); wie hier *Senger/Vogelmann* AG 2002, 193 (207); MüKoAktG/*Heider* § 11 Rn. 46 ff.; MüKoAktG/*Stein* Rn. 179.
[565] Hüffer/Koch/*Koch* Rn. 42 und § 182 Rn. 18; K. Schmidt/Lutter/*Seibt* Rn. 49.
[566] Hüffer/Koch/*Koch* § 222 Rn. 18; K. Schmidt/Lutter/*Seibt* Rn. 49.
[567] MüKoAktG/*Stein* Rn. 183.
[568] Kölner Komm AktG/*Zöllner* Rn. 180; Grigoleit/*Ehmann* Rn. 37.

3. Voraussetzungen des Zustimmungserfordernisses. a) Existenz verschiedener Gattungen im Beschlusszeitpunkt. Abs. 3 Satz 1 setzt voraus, dass mehrere Aktiengattungen, also Aktien mit gleichen Rechten iSd § 11 Satz 2, bereits bestehen, so dass die Satzungsänderung zur Schaffung unterschiedlicher Gattungen keines Sonderbeschlusses nach Abs. 3 bedarf.[569] Dann muss die mitgliedschaftliche Stellung der Aktionäre einer Gattung gleich ausgestaltet sein, wobei neben Rechten auch Pflichten in die Betrachtung einbezogen werden.[570] Dies gilt etwa bei **Vorzugsaktien zu Stammaktien**[571] und verschiedenen Sparten- oder Bereichsaktien,[572] wohingegen **Inhaber- und Namensaktien** mangels unterschiedlicher Ausstattung der mitgliedschaftlichen Stellung keine unterschiedlichen Gattungen bilden. Damit kommt bei Letzteren weder eine Anwendung von Abs. 3, noch das Erfordernis einer Einzelzustimmung aller Aktionäre in Betracht.[573] Eine etwaige Ungleichbehandlung der Aktionäre anlässlich der Einführung einer Gattung bedarf gem. § 53a der einzelnen Zustimmung aller betroffenen Aktionäre. Dies gilt etwa auch bei der Umwandlung bereits vorhandener Stammaktien.[574]

Nicht zur Anwendung von Abs. 3 kommt es daher auch, wenn **innerhalb einer Gattung ein Teil der Aktionäre schlechter** gestellt wird und so eine neue Gattung entsteht, wenn dabei das bisherige Verhältnis der Gattungen untereinander unberührt bleibt.[575] Dies gilt ebenfalls für Satzungsänderungen, die einen **Teil einer Gattung** dergestalt umgestalten, dass er **einer anderen Gattung gleichgestellt** wird.[576] Diese bedürfen bei Ermangelung anderer Sonderbeschlusserfordernisse einer Einzelzustimmung der benachteiligten Aktionäre.

b) Begriff der Benachteiligung einer Gattung. Jede Veränderung des bisherigen Verhältnisses mehrerer Aktiengattungen zum Nachteil einer Gattung erfordert einen Sonderbeschluss gem. Abs. 3. Ein solcher **Nachteil** kann vorliegen, wenn mit einer Gattung verbundene **Rechte beseitigt, beschränkt oder verstärkt oder neue Rechte hinzugefügt** werden.[577] Zudem kann das **Größenverhältnis** mehrerer Gattungen zueinander dergestalt verändert werden, dass die eine Gattung vergrößert oder verkleinert wird.[578] Ausgangspunkt ist die **ursprüngliche rechtliche Ausstattung einer Gattung**, die in Relation zu anderen Gattungen nicht verschlechtert werden darf. Eine rechtliche **Besserstellung** einer Gattung zulasten einer anderen Gattung bedarf ebenfalls der Zustimmung gem. Abs. 3.[579] Dies kann etwa der Fall sein, wenn sich der rechtliche Status der einen Gattung in geringerem Umfang verbessert, als derjenige einer anderen Gattung, da sich das bisherige Verhältnis der Gattungen verschiebt.[580] Dies stellt allerdings dann keinen Nachteil dar, wenn die Verbesserung der bevorteilten Gattung nicht zu Lasten der negativ betroffenen Gattung gestaltet wurde, allein die geringere Besserstellung reicht zur Begründung des Nachteils nicht.[581]

Da nicht jede zum Nachteil einer Gattung wirkende Satzungsänderung dem Sonderbeschlusserfordernis des Abs. 3 unterliegt, sondern nur diejenigen zustimmungsbedürftig sind, bei denen das Verhältnis mehrerer Gattungen zueinander verändert wird, bedarf es eines **Abgrenzungskriteriums.** So bleibt dieses Verhältnis gewahrt, wenn sich aus der Satzungsänderung nur Auswirkungen auf alle Gattungen gleichmäßig ergeben, etwa durch Änderung der satzungsmäßigen Gewinnverwendung und Erhöhung der Möglichkeit zur Gewinneinbehaltung.

Das der Gesetzesbegründung von 1884[582] folgend von der wohl hM geforderte Kriterium der **Unmittelbarkeit** zwischen Satzungsänderung und Benachteiligung einer Gattung[583] soll unbeachtli-

---

[569] AllgM MüKoAktG/*Stein* Rn. 185; Kölner Komm AktG/*Zöllner* Rn. 181; Großkomm AktG/*Wiedemann* Rn. 142; Hüffer/Koch/*Koch* Rn. 43.
[570] AllgM § 11 Rn. 6; Großkomm AktG/*Brändel* § 11 Rn. 6 ff.; *Noack* FS G. Bezzenberger, 2000, 291 (301).
[571] Kölner Komm AktG/*Kraft* § 11 Rn. 24.
[572] *Sieger/Hasselbach* AG 2001, 391 (392); *Fuchs* ZGR 2003, 167 (187).
[573] HM Großkomm AktG/*Röhricht* § 24 Rn. 11; MüKoAktG/*Heider* § 11 Rn. 30 mwN; *Baumbach/Hueck* § 24 Rn. 4; *Huep* WM 2000, 1623 (1624); aA Kölner Komm AktG/*Kraft* § 24 Rn. 18.
[574] Kölner Komm AktG/*Zöllner* Rn. 181; Großkomm AktG/*Wiedemann* Rn. 142; *Lutter/Schneider* ZGR 1975, 182 (190).
[575] MüKoAktG/*Stein* Rn. 193.
[576] Kölner Komm AktG/*Zöllner* Rn. 181; Großkomm AktG/*Wiedemann* Rn. 147.
[577] OLG Köln NZG 2002, 966 (967 f.); Großkomm AktG/*Wiedemann* Rn. 145; Hüffer/Koch/*Koch* Rn. 44; MHdB AG/*Semler* § 39 Rn. 54.
[578] Großkomm AktG/*Wiedemann* Rn. 145.
[579] OLGR Celle 2003, 6 (7) = NZG 2003, 184 (185); Bürgers/Körber/*Körber* Rn. 55.
[580] MüKoAktG/*Stein* Rn. 190 aE.
[581] OLGR Celle 2003, 6 (7) = NZG 2003, 184 (185), denkbar ist dann ein Verstoß gegen den Gleichbehandlungsgrundsatz MüKoAktG/*Stein* Rn. 190; Kölner Komm AktG/*Zöllner* Rn. 185.
[582] Allg. Begründung zum Entwurf eines Gesetzes betreffend die KGaA und AG (1884), abgedr. bei *Schubert/Hommelhoff*, Hundert Jahre modernes Aktienrecht, 1985, 423.
[583] OLGR Celle 2003, 6 (7) = NZG 2003, 184 (185); OLG Köln NZG 2002, 966 (968); RGZ 80, 95 (99); 125, 356 (361); MüKoAktG/*Stein* Rn. 187; Großkomm AktG/*Wiedemann* Rn. 144; *Ritter* AktG § 146 Anm. 3 b; *Teichmann/Köhler* AktG § 146 Anm. 3; K. Schmidt/Lutter/*Seibt* Rn. 51.

che mittelbare Beeinträchtigungen ausscheiden. Es reicht nicht aus, wenn die ungünstigen wirtschaftlichen oder rechtlichen Auswirkungen der Satzungsänderung später Wirkung entfalten, sie müssen vielmehr zeitlich unmittelbar eintreten.[584] Dieses greift allein jedoch zu kurz,[585] da immer auch der Vergleich zur Auswirkung auf andere Aktiengattungen heranzuziehen ist. Unmittelbarkeit kann gleichwohl als Indiz herangezogen werden.[586] Neben der zeitlichen Komponente ist dann auf das Hinzutreten weiterer Durchführungsmaßnahmen abzustellen.[587]

187 Deshalb ist das **Interesse der Mehrheit** an einer Satzungsänderung **ins Verhältnis zu dem Interesse der Gattungsaktionäre** am Fortbestand bisheriger oder gleichwertiger Verhältnisse zu **setzen**. Dabei kommt es auf die **Intensität des Eingriffs** in das Gattungsinteresse und auf die Einbeziehung **nachvollziehbarer Gesichtspunkte des Gesellschaftsinteresses** an.[588]

188 Eine **maßgebliche nachteilige Änderung** ist zB zu bejahen im Falle der negativen Änderung des Gewinnbezugsrechts einer Gattung,[589] etwa bei Beseitigung einer Dividendenbeschränkung von Vorzügen anlässlich Aufhebung eines Gewinnvorzugs im Hinblick auf die benachteiligten Stammaktionäre.[590] Ein Nachteil iSv Abs. 3 kann bei Umwandlung von Vorzugsaktien in Stammaktien vorliegen, weil dadurch wegen der gestiegenen Anzahl ein Verwässerungseffekt der ursprünglichen Gattung der Stammaktionäre eintritt.[591] Sparten- oder Bereichsaktionäre sind negativ betroffen, wenn ihr Bereichsgewinnvorzug verringert wird, während die Stammaktionäre bei Erhöhung eines Bereichsgewinnvorrangs einen Nachteil erleiden.[592] Denkbarer Nachteil ist die Aufhebung von Nebenleistungspflichten einer Aktiengattung, sofern diese entgeltlich war.[593] Wenn gegen Eintausch unter Zusammenlegung von Stammaktien bei Zuzahlung neue Stammaktien und gegen Eintausch und Zusammenlegung von Stammaktien ohne Zuzahlung Vorzugsaktien ausgegeben werden, so ergibt sich eine Zustimmungsbedürftigkeit nach Abs. 3 für die von der Zusammenlegung betroffenen Stammaktionäre.[594]

189 **Keine Benachteiligung** liegt vor, wenn lediglich Auswirkungen der Satzungsänderung auf den Wert der Aktie,[595] die Chance auf Gewinn[596] oder die allgemeine Machtposition in der Gesellschaft gegeben sind.[597] Schon mangels Unmittelbarkeit führt auch die reine Ertragseinbuße durch Satzungsänderung,[598] etwa durch Änderung von Satzungsbestimmungen über Abschreibungen, die verschiedene Gattungen unterschiedlich trifft, nicht zu einem Nachteil iSv Abs. 3.[599] Wegen der unklaren Abgrenzungskriterien des Nachteilsbegriffs in Abs. 3 wird **im Zweifel** regelmäßig ein zusätzlicher **Sonderbeschluss** herbeigeführt.[600]

190 c) **Nachteilsfolge.** Jeder maßgebliche Nachteil erfordert einen Sonderbeschluss, unabhängig von einer Verrechnung mit etwaigen Vorteilen, die mit einer nachteiligen Veränderung durch die Satzungsänderung verbunden sind.[601] Dies bedeutet, dass **eine Vorteilsanrechnung** nicht stattfindet. Die Verrechnung begegnete bereits mit dem Problem der unterschiedlichen Wertung durch verschiedene Aktionäre. Bei **gleichzeitiger Benachteiligung** mehrerer Gattungen durch Satzungsänderung

---

[584] Großkomm AktG/*Wiedemann* Rn. 143.
[585] Präzisierung fordernd Kölner Komm AktG/*Zöllner* Rn. 183; nicht entscheidungstragendes Kriterium Hüffer/Koch/*Koch* Rn. 44; als unbestimmten Begriff ansehend Großkomm AktG/*Wiedemann* Rn. 145; Bürgers/Körber/*Körber* Rn. 56.
[586] Hüffer/Koch/*Koch* Rn. 44.
[587] *Senger/Vogelmann* AG 2002, 193 (195); MüKoAktG/*Stein* Rn. 187.
[588] OLG Köln NZG 2002, 966 (968); ähnlich OLGR Celle 2003, 6 (7) = NZG 2003, 184 (185); Hüffer/Koch/*Koch* Rn. 44.
[589] RGZ 80, 95 (98 f.); Kölner Komm AktG/*Zöllner* Rn. 182.
[590] HM Großkomm AktG/*Wiedemann* Rn. 145; *v. Godin/Wilhelmi* § 11 Anm. 8; aA LG Berlin JW 1937, 2835.
[591] OLG Köln ZIP 2001, 2049 (2050) = NZG 2002, 966 (968); *Senger/Vogelmann* AG 2002, 193 (195); *Wirth/Arnold* ZGR 2002, 859 (871); *Krieger* FS Lutter, 2000, 497 (515).
[592] *Fuchs* ZGR 2003, 167 (187, 212).
[593] MüKoAktG/*Stein* § 180 Rn. 13.
[594] Großkomm AktG/*Wiedemann* Rn. 146 nach KGJ 16 (1897) 14 (20); zu den Vorzugsaktionären *Altmeppen* NZG 2005, 771 f.
[595] MüKoAktG/*Stein* Rn. 187.
[596] OLGR Celle 2003, 6 (7) = NZG 2003, 184 (185); Großkomm AktG/*Wiedemann* Rn. 145.
[597] Kölner Komm AktG/*Zöllner* Rn. 183; Grigoleit/*Ehmann* Rn. 39.
[598] OLGR Celle 2003, 6 (7) = NZG 2003, 184 (185).
[599] Ebenso MüKoAktG/*Stein* Rn. 188 aE; Kölner Komm AktG/*Zöllner* Rn. 183; Großkomm AktG/*Wiedemann* Rn. 145.
[600] So oft bei Umwandlung von Vorzugs- in Stammaktien durch die Stammaktionäre zusätzlich zum Beschluss der Vorzugsaktionäre nach § 141 Rn. 49 ff.; → § 141 Rn. 49 ff.; *Wirth/Arnold* ZGR 2002, 859 (867 ff.).
[601] *Wirth/Arnold* ZGR 2002, 859 (871); MüKoAktG/*Stein* Rn. 191; Großkomm AktG/*Wiedemann* Rn. 144; Hüffer/Koch/*Koch* Rn. 45; aA LG Berlin JW 1937, 2835.

bedarf es der **Zustimmung jeder einzelnen Gattung**. Durch eine gleiche Benachteiligung mehrerer Aktiengattungen im Verhältnis zu einer weiteren werden die nachteilig betroffenen Gattungen nämlich nicht zu einer neuen Gattung zusammengefasst, so dass es auch dann beim Bedürfnis getrennter Sonderbeschlüsse verbleibt.[602]

Die **Umwandlung von Vorzugsaktien in Stammaktien** bedarf deshalb eines Zustimmungsbeschlusses der Vorzugsaktionäre nach § 141 Abs. 1 und eines Sonderbeschlusses seitens der Stammaktionäre gem. Abs. 3 wegen Stimmrechtsverwässerung durch Vermehrung der Gesamtzahl der stimmberechtigten Aktien,[603] es sei denn, es liegt eine Einzelzustimmung im Rahmen eines freiwilligen Umtausches mit Zuzahlung vor.[604] Ebenfalls einen Sonderbeschluss der Stammaktionäre erfordert die gleichzeitige Abschaffung der Beschränkung des Gewinns der Vorzugsaktien auf den Vorzug, da insofern der Gewinnanteil der Stammaktionäre betroffen ist.[605]

Abs. 3 gilt nicht, sofern **nur gesetzliche Rechte** eingeschränkt werden und nicht der privilegierende Sonderstatus einer Gattung. In einem solchen Fall ist zunächst zu prüfen, ob die Einschränkung der gesetzlichen Rechte überhaupt zulässig ist. Wenn dies der Fall ist, müssen in der Regel alle betroffenen Aktionäre zustimmen.[606] **Kein Sonderbeschluss** und keine Einzelzustimmung benachteiligter Aktionäre ist erforderlich, wenn die entsprechenden Nachteile der Satzungsänderung in einem **Satzungsvorbehalt** enthalten waren, da die Satzung eine besondere Rechtsstellung von Aktiengattungen als entziehbares Recht gestalten darf.[607]

4. Verfahren des Sonderbeschlusses. Für das Verfahren des Sonderbeschlusses gem. Abs. 3 Satz 2 gilt die für alle Sonderbeschlüsse eingreifende Generalnorm des § 138. Nach § 138 S. 1 können Sonderbeschlüsse entweder in einer **gesonderten Versammlung** der betroffenen Aktionäre oder in einer Hauptversammlung in einer **gesonderten Abstimmung** der betroffenen Aktionäre gefasst werden.

a) Gesonderte Versammlung. Für den Fall der Veranstaltung einer **gesonderten Versammlung** gelten für deren Einberufung, für die Teilnahme an ihr und für die Auskunftsrechte der teilnehmenden Aktionäre gem. § 138 S. 2 die Vorschriften über die Hauptversammlung, dh die §§ 121–132 (→ § 121 Rn. 9 ff.), entsprechend. Da der Sonderbeschluss als zusätzliches Wirksamkeitserfordernis **kein Bestandteil des satzungsändernden Hauptversammlungsbeschlusses** ist, muss er auch **nicht gleichzeitig** mit diesem gefasst werden.[608] Der Wortlaut in Abs. 3 „Zustimmung" umfasst mit der vorherigen Einwilligung und der nachträglichen Genehmigung (§§ 183, 184 BGB) sowohl eine vorherige, als auch eine nachträgliche Abstimmung.[609] In Ermangelung einer gesetzlich festgelegten Grenze für die Nachholung eines Sonderbeschlusses ist dieser **binnen angemessener Frist** zu fassen.[610] Dabei ist unter Berücksichtigung von Treu und Glauben unter Rücksicht auf die Verkehrssitte auf die Umstände des Einzelfalles abzustellen.[611] Legt man dabei einen großzügigen Maßstab zu Grunde, so wird das Ende der angemessenen Frist durch die nächste auf die satzungsändernde Hauptversammlung **folgende ordentliche Hauptversammlung** markiert.[612] Die Satzung oder die Hauptversammlung im Einzelfall können bestimmen, bis zu welchem Termin ein erforderlicher Sonderbeschluss eingeholt werden muss.[613] Nach Ablauf der angemessenen Frist tritt endgültige Unwirksamkeit ein.

Ein Sonderbeschluss scheitert nicht daran, dass seit der satzungsändernden Hauptversammlung im Rahmen von Inhaberwechseln **Änderungen im Aktionärskreis** vorgenommen worden sind.[614]

---
[602] HM OLG Köln ZIP 2001, 2049 (2050); *Senger/Vogelmann* AG 2002, 193 (195); Kölner Komm AktG/ Zöllner Rn. 188; Großkomm AktG/*Wiedemann* Rn. 146; Großkomm AktG/*G. Bezzenberger* § 138 Rn. 17; Hüffer/Koch/*Koch* Rn. 45; aA v. Godin/*Wilhelmi* Anm. 9 aE.
[603] OLG Köln ZIP 2001, 2049 (2050); MüKoAktG/*Stein* Rn. 192; Grigoleit/*Ehmann* Rn. 38.
[604] *Altmeppen* NZG 2005, 771 (774).
[605] Großkomm AktG/*Wiedemann* Rn. 145; MüKoAktG/*Stein* Rn. 192.
[606] Kölner Komm AktG/*Zöllner* Rn. 185; Hüffer/Koch/*Koch* Rn. 43; Bürgers/Körber/*Körber* Rn. 55.
[607] OLG Karlsruhe OLGRspr 42, 215 (216); MüKoAktG/*Stein* Rn. 194; Großkomm AktG/*Wiedemann* Rn. 144.
[608] MüKoAktG/*Stein* Rn. 198; Kölner Komm AktG/*Zöllner* Rn. 194; *Göhmann* in Frodermann/Jannott AktR-HdB Kap. 9 Rn. 261; → Rn. 196.
[609] AllgM MüKoAktG/*Stein* Rn. 198; Kölner Komm AktG/*Zöllner* Rn. 194; Großkomm AktG/*Wiedemann* Rn. 149; Hüffer/Koch/*Koch* Rn. 46.
[610] AllgM MüKoAktG/*Stein* Rn. 199; Kölner Komm AktG/*Zöllner* Rn. 194; Hüffer/Koch/*Koch* Rn. 46.
[611] Großkomm AktG/*Wiedemann* Rn. 149; Hüffer/Koch/*Koch* Rn. 46.
[612] MüKoAktG/*Stein* Rn. 200; Großkomm AktG/*Wiedemann* Rn. 149.
[613] Großkomm AktG/*Wiedemann* Rn. 149; Hüffer/Koch/*Koch* Rn. 46.
[614] Kölner Komm AktG/*Zöllner* Rn. 192; Großkomm AktG/*Wiedemann* Rn. 149; Hüffer/Koch/*Koch* Rn. 46; aA *Waldmann* DGWR 1936, 433 (435).

Der Vorstand bleibt in jedem Fall schon aus entsprechender Anwendung von § 83 Abs. 2 verpflichtet, baldmöglichst organisatorische Maßnahmen zur Einholung eines benötigten Sonderbeschlusses zu ergreifen.[615]

196   **b) Gesonderte Abstimmung.** Wenn die Herbeiführung eines Sonderbeschlusses im Rahmen einer **gesonderten Abstimmung** anlässlich einer Hauptversammlung erfolgen soll, so gebietet die sinngemäße Anwendung der Hauptversammlungsvorschriften nach § 138 S. 2 die Bekanntmachung des Sonderbeschlusses bzw. des Gegenstandes als solchen in der Tagesordnung der Hauptversammlung gem. § 124.[616] Anderenfalls kommt gem. § 138 S. 2 iVm § 124 Abs. 4 S. 1 kein Sonderbeschluss zu Stande.

197   Eine **Zusammenfassung von Hauptversammlungsbeschluss und Sonderbeschluss** der benachteiligten Aktionäre kommt **nicht in Betracht.** Wegen der **Warnfunktion** des Sonderbeschlusses gilt dieses Erfordernis des getrennten Beschlusses selbst dann, wenn der satzungsändernde Beschluss der Hauptversammlung einstimmig getroffen worden ist.[617] Sind allerdings neben den Stammaktien einer Aktiengesellschaft nur nicht stimmberechtigte Vorzugsaktien vorhanden, so bedarf es zur Verbesserung der Rechtsstellung der Vorzugsaktionäre eines Sonderbeschlusses. Jedoch ist die gesonderte Abstimmung entbehrlich, da der Satzungsänderungsbeschluss bereits ausschließlich von den Stammaktionären, die auch den Sonderbeschluss zu fassen haben, gefasst wurde.[618] Allerdings ist es dann auch erforderlich, den Hauptversammlungsbeschluss auch als Sonderbeschluss der Stammaktionäre in der Tagesordnung bekanntzumachen, als solchen zu fassen und in die Niederschrift aufzunehmen.[619] Gesonderte Abstimmungen bleiben erforderlich, wenn über die stimmrechtslosen Vorzugsaktien hinaus weitere Gattungen stimmberechtigter Aktien vorliegen.

198   Eine entbehrliche reine Förmelei stellt der Sonderbeschluss jedoch bei der **Einmann-Aktiengesellschaft,** wie auch bei vorliegender Einzelabstimmung aller (nicht nur der anwesenden) Aktionäre, dar. Das Gebot der Rechtsklarheit kann dabei zu keinem anderen Ergebnis führen.[620]

199   Bei **Nichterscheinen der Aktionäre** bzw. Nichtteilnahme an der Abstimmung kommt kein Sonderbeschluss zu Stande. Er wird dadurch aber auch nicht überflüssig,[621] sondern es bedarf der erneuten Ansetzung einer Versammlung oder Abstimmung des Vorstandes unter Einhaltung der Vorgaben des § 138, um den Sonderbeschluss als Wirksamkeitsvoraussetzung der Satzungsänderung doch noch zu erreichen.

200   **5. Mehrheitserfordernisse des Sonderbeschlusses. Abs. 3 Satz 3** regelt, dass Abs. 2 Satz 1 auch für Sonderbeschlüsse anwendbar ist. Zudem legt § 138 S. 2 fest, dass die Norm des § 133 Abs. 1 entsprechend gilt. Wenn anderweitige abweichende Satzungsbestimmungen fehlen, gilt daher für Sonderbeschlüsse nach Abs. 3 entsprechend der für Satzungsänderungen geltenden Regelung das Erfordernis einer **Dreiviertel Kapitalmehrheit** und **zusätzlich** der **einfachen Stimmenmehrheit** aller an der Abstimmung teilnehmenden vom Nachteil betroffenen Aktionäre.[622]

201   Entsprechend den Regelungen für Satzungsänderungsbeschlüsse der Hauptversammlung kann die Satzung auch für Sonderbeschlüsse gem. Abs. 3 Satz 3 iVm Abs. 2 Satz 2 sowie § 138 S. 2 iVm § 133 Abs. 1 **abweichende Mehrheitserfordernisse** festlegen. Dabei kann die erforderliche **Kapitalmehrheit erhöht oder bis zur Grenze der einfachen Mehrheit herabgesetzt** werden. Dies gilt jedoch nicht für den Fall der Änderung des Unternehmensgegenstandes und einigen Sonderfällen (→ Rn. 120 ff.), bei denen lediglich eine Heraufsetzung der erforderlichen Kapitalmehrheit in Frage kommt. Die erforderliche **Stimmenmehrheit** kann dagegen **nur erhöht** werden, so dass die Untergrenze des Mehrheitserfordernisses für Sonderbeschlüsse nach Abs. 3 die einfache Kapitalmehrheit und die einfache Stimmenmehrheit ist.[623] Eine Veränderung des Mehrheitserfordernisses allein für den Sonderbeschluss bedarf ebenfalls der Zustimmung der Gattungsaktionäre mit dem vorher gelten-

---

[615] Hüffer/Koch/*Koch* Rn. 46.
[616] Großkomm AktG/*G. Bezzenberger* § 138 Rn. 26; Hüffer/Koch/*Koch* § 138 Rn. 5.
[617] RGZ 148, 175 (181 ff.); MüKoAktG/*Stein* Rn. 195; Kölner Komm AktG/*Zöllner* Rn. 187; Großkomm AktG/*Wiedemann* Rn. 148; Hüffer/Koch/*Koch* Rn. 45.
[618] Ebenso MüKoAktG/*Stein* Rn. 195; bereits für die Entbehrlichkeit des Sonderbeschlusses *Werner* AG 1971, 69 (74); *Wirth/Arnold* ZGR 2002, 859 (871); *Senger/Vogelmann* AG 2002, 193 (195); Hüffer/Koch/*Koch* Rn. 45; *T. Bezzenberger*, Vorzugsaktien ohne Stimmrecht, 1991, 177 f.
[619] Vgl. OLG Köln ZIP 2001, 2049 (2050 f.).
[620] So aber MüKoAktG/*Stein* Rn. 195; Kölner Komm AktG/*Zöllner* Rn. 187; Großkomm AktG/*Wiedemann* Rn. 148; Wachter/*Wachter* Rn. 48; wie hier GHEK/*Bungeroth/Hefermehl* Rn. 174; Großkomm AktG/*G. Bezzenberger* § 138 Rn. 18; Hüffer/Koch/*Koch* Rn. 45; *Waldmann* DGWR 1936, 433 (436).
[621] Großkomm AktG/*Wiedemann* Rn. 148.
[622] → Rn. 144 ff.; Kölner Komm AktG/*Zöllner* Rn. 190; Großkomm AktG/*Wiedemann* Rn. 150; Hüffer/Koch/*Koch* Rn. 47.
[623] MüKoAktG/*Stein* Rn. 203; Großkomm AktG/*Wiedemann* Rn. 138; Hüffer/Koch/*Koch* Rn. 47.

den Mehrheitserfordernis.[624] Es besteht die Möglichkeit, dass für Sonderbeschlüsse nach Abs. 3 in der Satzung **weitere Erfordernisse** festgelegt werden, da Abs. 2 Satz 3 nach Abs. 3 Satz 3 auch für Sonderbeschlüsse gilt. Denkbar sind in diesem Zusammenhang besondere Quoren, eine mehrmalige Beratung als Voraussetzung oder die Einhaltung von Fristen.[625]

Für den Fall, dass die Satzung Mehrheitsanforderungen für Satzungsänderungsbeschlüsse der Hauptversammlung enthält, diese aber nicht, wie möglich, nach Arten von Beschlüssen unterscheidet,[626] so gilt **im Zweifel,** dass diese Bestimmungen **auch** die Mehrheitserfordernisse **bei Sonderbeschlüssen** nach Abs. 3 gelten.[627] Diese Auslegungsregel gilt im Zweifel ebenfalls für weitere Erfordernisse für Satzungsänderungsbeschlüsse der Hauptversammlung, die regelmäßig auch für Sonderbeschlüsse nach Abs. 3 gelten.[628] 202

6. Fehlen und Fehlerhaftigkeit des Sonderbeschlusses. Der satzungsändernde **Hauptversammlungsbeschluss** tritt bei **Fehlen des Sonderbeschlusses** (noch) nicht in Kraft und bleibt **schwebend unwirksam.** Eine Nachholung macht den Beschluss gem. § 184 Abs. 1 BGB ex tunc auf den Zeitpunkt der Eintragung, sofern eine solche zuvor vorgenommen wurde, wirksam. Der Hauptversammlungsbeschluss wird allein durch das Fehlen des Sonderbeschlusses nicht nichtig oder anfechtbar.[629] Wenn allerdings ein **ablehnender Sonderbeschluss** gefasst wird, **führt dies zur Unwirksamkeit** des Hauptversammlungsbeschlusses.[630] Zur endgültigen Unwirksamkeit führt **auch das Versäumnis** der Einholung eines Sonderbeschlusses in **angemessener Frist,** ein verspäteter Sonderbeschluss kann keine Heilungswirkung mehr entfalten. Dies gilt auch dann, wenn eine Eintragung trotz fehlendem Sonderbeschluss erwirkt wird.[631] Auch die Umsetzung eines Hauptversammlungsbeschlusses, etwa durch Zahlung einer erhöhten Dividende, ändert nichts an der Unwirksamkeit.[632] Im Falle der Eintragung des schwebend unwirksamen Hauptversammlungsbeschlusses kann die Unwirksamkeit aber in entsprechender Anwendung von § 242 Abs. 2 geheilt werden, wenn nach dem Beschluss verfahren wird, keine Feststellungsklage erhoben wurde und drei Jahre seit der Eintragung vergangen sind.[633] 203

Daneben kommt eine **Fehlerhaftigkeit** in Betracht. Gem. § 138 S. 2 iVm §§ 241 ff. kann der mit Mängeln behaftete Sonderbeschluss je nach Art des Mangels nichtig oder anfechtbar sein. Daraus folgt, dass er selbstständiger Gegenstand einer Nichtigkeitsklage (§ 138 S. 2 iVm § 249, → § 249 Rn. 5 ff.) oder einer Anfechtungsklage (§ 138 S. 2 iVm § 246, → § 246 Rn. 5) sein kann.[634] Anfechtungsbefugt sind in entsprechender Anwendung von § 245 Nr. 1–3 (→ § 245 Rn. 1 ff.) nur die Aktionäre der benachteiligten Gattung.[635] 204

Ist ein Sonderbeschluss **nichtig,** so gilt, sofern nicht bereits eine Heilung nach § 138 S. 2 iVm § 242 eingetreten ist, die gleiche Rechtsfolge wie bei fehlendem Beschluss, dh **Unwirksamkeit des satzungsändernden Hauptversammlungsbeschlusses.** Das Registergericht hat in diesen Fällen die Eintragung abzulehnen.[636] Im Falle der **Anfechtbarkeit** kann das Registergericht die Eintragung des Hauptversammlungsbeschlusses gem. §§ 21 Abs. 1, 381 FamFG (vormals: § 127 FGG) aussetzen, solange die Anfechtungsfrist oder ein Anfechtungsprozess noch laufen (→ § 181 Rn. 24). Im Falle der rechtskräftigen Erklärung der Nichtigkeit eines Sonderbeschlusses wird wiederum der zugrunde liegende Satzungsänderungsbeschluss endgültig unwirksam.[637] Die Unwirksamkeit des satzungsän- 205

---

[624] Kölner Komm AktG/*Zöllner* Rn. 190; Bürgers/Körber/*Körber* Rn. 58.
[625] S. oben MüKoAktG/*Stein* Rn. 139 ff., 155, 200, 205.
[626] Kölner Komm AktG/*Zöllner* Rn. 190; Großkomm AktG/*Wiedemann* Rn. 150; aM v. Godin/Wilhelmi Anm. 10.
[627] Großkomm AktG/*Wiedemann* Rn. 138; MüKoAktG/*Stein* Rn. 204; Hüffer/Koch/*Koch* Rn. 47.
[628] Großkomm AktG/*Wiedemann* Rn. 150; Hüffer/Koch/*Koch* Rn. 47.
[629] AllgM seit RGZ 148, 175 (184 ff.); OLG Stuttgart AG 1993, 94; LG Mannheim AG 1967, 83 (84); Großkomm AktG/*Wiedemann* Rn. 152; MüKoAktG/*Stein* Rn. 207 Fn. 501 aE mit Hinweis auf die ältere Literatur, die Nichtigkeit annahm.
[630] OLG Stuttgart AG 1993, 94; MüKoAktG/*Stein* Rn. 207; Hüffer/Koch/*Koch* Rn. 49.
[631] RG JW 1935, 3098 (3101); MüKoAktG/*Stein* Rn. 201, 208; Großkomm AktG/*Wiedemann* Rn. 149, 153; v. Godin/Wilhelmi Anm. 9; *Waldmann* DGWR 1936, 433 (435); aA für Wirksamkeit bei Handelsregistereintrag Kölner Komm AktG/*Zöllner* Rn. 194.
[632] Geßler DJ 1936, 1491 (1491); Schlegelberger/Quassowski AktG § 146 Anm. 13.
[633] AllgM Großkomm AktG/*Wiedemann* Rn. 153; Kölner Komm AktG/*Zöllner* Rn. 192; Hüffer/Koch/*Koch* Rn. 49.
[634] Großkomm AktG/*Wiedemann* Rn. 154; Kölner Komm AktG/*Zöllner* Rn. 193; K. Schmidt/Lutter/*Seibt* Rn. 58.
[635] MüKoAktG/*Stein* Rn. 210; Hüffer/Koch/*Koch* Rn. 48.
[636] RGZ 148, 175 (186); LG Mannheim AG 1967, 83 (84).
[637] MüKoAktG/*Stein* Rn. 211.

§ 179a

dernden Hauptversammlungsbeschlusses wegen fehlenden Sonderbeschlusses kann von jedem in seinen Rechten **betroffenen Aktionär geltend gemacht** werden.[638]

§ 179a Verpflichtung zur Übertragung des ganzen Gesellschaftsvermögens

(1) [1]Ein Vertrag, durch den sich eine Aktiengesellschaft zur Übertragung des ganzen Gesellschaftsvermögens verpflichtet, ohne daß die Übertragung unter die Vorschriften des Umwandlungsgesetzes fällt, bedarf auch dann eines Beschlusses der Hauptversammlung nach § 179, wenn damit nicht eine Änderung des Unternehmensgegenstandes verbunden ist. [2]Die Satzung kann nur eine größere Kapitalmehrheit bestimmen.

(2) [1]Der Vertrag ist von der Einberufung der Hauptversammlung an, die über die Zustimmung beschließen soll, in dem Geschäftsraum der Gesellschaft zur Einsicht der Aktionäre auszulegen. [2]Auf Verlangen ist jedem Aktionär unverzüglich eine Abschrift zu erteilen. [3]Die Verpflichtungen nach den Sätzen 1 und 2 entfallen, wenn der Vertrag für denselben Zeitraum über die Internetseite der Gesellschaft zugänglich ist. [4]In der Hauptversammlung ist der Vertrag zugänglich zu machen. [5]Der Vorstand hat ihn zu Beginn der Verhandlung zu erläutern. [6]Der Niederschrift ist er als Anlage beizufügen.

(3) Wird aus Anlaß der Übertragung des Gesellschaftsvermögens die Gesellschaft aufgelöst, so ist der Anmeldung der Auflösung der Vertrag in Ausfertigung oder öffentlich beglaubigter Abschrift beizufügen.

Schrifttum: *Bayer/Lieder/Hoffmann*, Übertragung des gesamten Gesellschaftsvermögens nach § 179a AktG, AG 2017, 717 ff; *Bredthauer*, Zum Anwendungsbereich des § 179a AktG, NZG 2008, 816; *Even/Vera*, Die Techniken des Going Private in Deutschland, DStR 2002, 1315; *Feldhaus*, Der Verkauf von Unternehmensteilen einer Aktiengesellschaft und die Notwendigkeit einer außerordentlichen Hauptversammlung, BB 2009, 562; *Friedrich*, Auflösung einer Kapitalgesellschaft und Übernahme des Unternehmens durch einen Gesellschafter, BB 1994, 89; *Habersack*, Macrotron – was bleibt?, ZHR 2012 463; *Hadding*, Einschränkung des Umfangs organschaftlicher Vertretungsmacht bei OHG und KG entsprechend § 179a AktG?, FS Lutter, 2000, 851; *H. Hanau*, Der Bestandsschutz der Mitgliedschaft anlässlich der Einführung des „Squeeze-Out" im Aktienrecht, NZG 2002, 1040; *Henze*, Pünktlich zur Hauptversammlungssaison: Ein Rechtsprechungsüberblick zu Informations- und Auskunftsrechten, BB 2002, 893; *Henze*, Erscheinungsformen des Squeeze-out von Minderheitsaktionären, FS Wiedemann, 2002, 935; *Henze*, Der Schlusspunkt des Bundesverfassungsgerichts unter den Streit um die „übertragende Auflösung", FS Peltzer, 2001, 181; *Henze*, Minderheitenschutz durch materielle Kontrolle des Beschlüsse über die Zustimmungen nach § 179a AktG und die Änderung des Unternehmensgegenstandes der Aktiengesellschaft?, FS Boujong, 1996, 2833; *Henze*, Auflösung einer Aktiengesellschaft und Erwerb ihres Vermögens durch den Mehrheitsgesellschafter ZIP 1995, 1473; *Hofmeister*, Veräußerung und Erwerb von Beteiligungen bei der Aktiengesellschaft: Denkbare Anwendungsfälle der Gelatine-Rechtsprechung?, NZG 2008, 47; *Kallmeyer*, Anwendung von Verfahrensvorschriften des Umwandlungsgesetzes auf Ausgliederungen nach Holzmüller, Zusammenschlüsse nach der Pooling-of-interests-Methode und die sog. übertragende Auflösung, FS Lutter, 2000, 1245; *Kallmeyer*, Ausschluss von Minderheitsaktionären, AG 2000, 59; *Kossmann*, Ausschluss („Freeze-out") von Aktionären gegen Barabfindung, NZG 1999, 1198; *Küting*, Der Ausschluss von Minderheitsaktionären nach altem und neuem Recht – unter besonderer Berücksichtigung des „Squeeze-Out", DStR 2003, 838; *Land/Hasselbach*, „Going Private" und „Squeeze-Out" nach deutschem Aktien-, Börsen- und Übernahmerecht, DB 2000, 557; *Leinekugel*, die Ausstrahlungswirkungen des Umwandlungsgesetzes, 2000; *Lutter/Drygala*, Die übertragende Auflösung: Liquidation der Aktiengesellschaft oder Liquidation des Minderheitenschutzes?, FS Kropff, 1997, 191; *Lutter/Leinekugel*, Planmäßige Unterschiede im umwandlungsrechtlichen Minderheitenschutz?, ZIP 1999, 261; *Mertens*, Die Übertragung des ganzen Vermögens ist die Übertragung des (so gut wie) ganzen Vermögens, FS Zöllner, Bd. 1, 1998, 385; *v. Morgen*, Das Squeeze-Out und seine Folgen für Aktiengesellschaft und GmbH, WM 2003, 1553; *Mülbert*, Abschwächungen des mitgliedschaftlichen Bestandsschutzes im Aktienrecht, FS Ulmer, 2003, 433; *Mülbert*, Aktiengesellschaft, Unternehmensgruppe und Kapitalmarkt, 2. Aufl. 1996; *Noack*, „Holzmüller" in der Eigenverwaltung – Zur Stellung von Vorstand und Hauptversammlung im Insolvenzverfahren, ZIP 2002, 1873; *Peters*, Übertragung von Gesellschaftsvermögen und „Freeze-out" – Konfliktpotential in Minderheitenschutz, BB 1999, 801; *Reichert*, Ausstrahlungswirkungen der Ausgliederungsvoraussetzungen nach UmwG auf andere Strukturänderungen, in Habersack/Koch/Winter, Die Spaltung im neuen Umwandlungsrecht und ihre Rechtsfolgen, ZHR-Beiheft 68/1999, 25; *Richard/Weinheimer*, Der Weg zurück: Going Private, BB 1999, 1613; *M. Roth*, Die übertragende Auflösung nach Einführung des Squeeze-out, NZG 2003, 998; *Rühland*, Die Zukunft der übertragenden Auflösung (§ 179a AktG) – Die Konsequenzen des gesetzlichen Ausschlussrechts, der geplanten Reform des Spruchfahrens und der MotoMeter-Entscheidung des BVerfG für die übertragende Auflösung, WM 2002, 1957; *K. Schmidt*, Macrotron oder weitere Ausdifferenzierung des Aktionärsschutzes durch den BGH, NZG 2003, 601; *K. Schmidt*, Vermögensveräußerung aus der Personengesellschaft: ein Lehrstück am Rande des neuen Umwandlungsrechts, ZGR 1995, 675; *Schockenhoff*, Informationsrechte der HV bei der Veräußerung eines Tochterunternehmens, NZG 2001, 921; *Schön*, Der Aktionär im Verfassungsrecht, FS Ulmer, 2003, S. 1359; *Schwichtenberg*,

---

[638] OLG Stuttgart AG 1993, 94; MüKoAktG/*Stein* Rn. 208.

Going Private und Squeeze-outs in Deutschland, DStR 2001, 2075; *Spindler/Seidel*, Die Zustimmungspflicht bei Related Party Transactions in der konzernrechtlichen Diskussion, AG 2017, 169; *Stellmann/Stoeckle*, Verpflichtung zur Übertragung des ganzen Vermögens einer Gesellschaft, WM 2011, 1983; *Timm*, Zur Bedeutung des „Hoesch"-Urteils für die Fortentwicklung des Konzern- und Verschmelzungsrechts, JZ 1982, 403; *Timm*, Hauptversammlungskompetenzen und Aktionärsrechte in der Konzernspitze, AG 1980, 172; *Timm*, Die Aktiengesellschaft als Konzernspitze, 1980; *Tröger*, Informationsrechte der Aktionäre bei Beteiligungsveräußerungen, ZHR 165 (2201), 593; *Tröger*, Vorbereitung von Zustimmungsbeschlüssen bei Strukturmaßnahmen, ZIP 2001, 2029; *Trölitzsch*, Aktuelle Tendenzen im Umwandlungsrecht, DStR 1999, 764; *Weber*, Gesamtvermögensgeschäft und Gesellschafterbeschluss: Eine Studie des § 179a AktG am Beispiel von Grundstücksgeschäften, DNotZ 2018, 96; *Wiedemann*, Minderheitsrechte ernst genommen – Gedanken aus Anlass der Magna Media-Entscheidung BayObLG, ZIP 1998, 2002, ZGR 1999, 857; *Wiedemann*, Das Abfindungsrecht – ein gesellschaftlicher Interessenausgleich, ZGR 1978, 477; *Wilhelm/Dreier*, Beseitigung von Minderheitsbeteiligungen auch durch übertragende Auflösung einer Aktiengesellschaft?, ZIP 2003, 1369; *Windbichler*, Die Rechte der Hauptversammlung bei Unternehmenszusammenschlüssen durch Vermögensübertragung, AG 1981, 169; *M. Wolf*, Der Minderheitenausschluss qua „übertragender Auflösung" nach Einführung des Squeeze-Out gem. §§ 327a–f AktG, ZIP 2002, 153.

Übersicht

	Rn.		Rn.
I. Einleitung	1–12	**IV. Vermögensübertragung und Auflösung, Abs. 3**	29–33
1. Normzweck	1, 2	1. Regelungsgehalt	29, 30
2. Entstehungsgeschichte	3, 4	2. Gesonderter Auflösungsbeschluss	31
3. Systematische Einordnung	5	3. Vermögensübertragung der aufgelösten Gesellschaft	32
4. Regelungsgegenstand	6–9	4. KgaA	33
5. Zeitlicher und sachlicher Anwendungsbereich	10–12	**V. Sonderfall der übertragenden Auflösung**	34–45
a) Grundsatz	10	1. Begriff	34
b) Liquidation	11	2. Gefährdung der Minderheitsinteressen	35
c) Insolvenz	12	3. Zulässigkeit	36, 37
d) Anwendbarkeit auf andere Gesellschaftsformen	12	4. Keine sachliche Rechtfertigung	38–43
II. Zustimmungsbeschluss der Hauptversammlung, Abs. 1	13–25	a) Minderheit voll entschädigt	39, 40
1. Zustimmungserfordernis	13–18	b) Keine Anwendung umwandlungsrechtlicher Sonderregelungen	41
a) Allgemeines	13	c) Reaktion der Zivilgerichte	42, 43
b) Unabdingbarkeit der Zustimmung	14	5. Angemessenheitskontrolle durch Spruchverfahren	44, 45
c) Einwilligung oder Genehmigung	15	a) Analoge Anwendung	44
d) Vertretungsmacht	16	b) Gegenstand der Angemessenheitskontrolle	45
e) Formerfordernis	17		
f) Satzungsänderung	18	**VI. Anwendung der Grundsätze der übertragenden Auflösung auf einfache Vermögensübertragung iSv § 179a Abs. 1 iVm § 179**	46–50
2. Zustimmungsgegenstand	19	1. Auflösung durch Vermögensübertragung	46
3. Zustimmungsinhalt	20	2. Anwendung der Grundsätze der übertragenden Auflösung	47–49
4. Mehrheitserfordernisse	21, 22	a) Vermögensübertragung	47, 48
a) Qualifizierte Kapitalmehrheit	21	b) Umwandlungsrechtliche Sonderregelungen	49
b) Stimmrecht	22	3. Vermögensübertragung	50
5. Folgen von Beschlussmängeln	23		
6. Änderung des Unternehmensgegenstandes	24, 25		
a) Merkmal „auch dann"	24		
b) Doppeltes Beschlusserfordernis	25		
III. Informationspflichten, Abs. 2	26–28		
1. Allgemeines	26		
2. Analoge Anwendung	27, 28		

I. Einleitung

1. Normzweck. § 179a bezweckt den **materiellen Schutz** von Aktionärsrechten. Diese sind **1** bei der Übertragung des gesamten Gesellschaftsvermögens unter Umständen gefährdet. Mit der Veräußerung des Gesellschaftsvermögens an den Mehrheitsaktionär und der anschließenden Auflösung der Gesellschaft geht die Gefahr der Beeinträchtigung der Bestands- und Vermögensinteressen der Aktionäre einher.[1] Darüber hinaus bezweckt die Norm einen Schutz **vor unangemessener**

---

[1] MüKoAktG/*Stein* Rn. 5; NK-AktR/*Wagner* Rn. 2 f.

Vertragsgestaltung.[2] Bei der Vermögensübertragung an den bisherigen Mehrheitsaktionär[3] sind die Bestands- und Vermögensinteressen der Aktionäre insbes. gefährdet, wenn für die Übertragung des Gesellschaftsvermögens keine adäquate Gegenleistung vorgesehen ist.[4] Des Weiteren soll die **Dispositionsfreiheit** der Aktionäre durch die Mitwirkungskompetenz der Hauptversammlung geschützt werden.[5] Dem dient auch die Beschränkung der Vertretungsmacht des Vorstandes, da die Wirksamkeit des Übertragungsvertrages von der Zustimmung der Hauptversammlung abhängt.[6]

2   **Nicht bezweckt** ist der **Schutz** der Aktionäre vor der **Veräußerung des Gesellschaftsvermögens schlechthin**,[7] bzw.sie vor dem Verlust ihrer Mitgliedschaft zu bewahren.[8] Ein derartiges Vorgehen kann aufgrund der Entscheidung der qualifizierten Mehrheit möglich sein. Allerdings müssen bei solchen Vorgängen aus verfassungsrechtlichen Gründen die **Vermögensinteressen der Aktionäre** – speziell im Fall der übertragenden Auflösung – gewahrt werden.[9]

3   **2. Entstehungsgeschichte.** § 179a wurde durch Art. 6 Nr. 3 UmwBerG 1994 eingefügt und ersetzt § 361 aF.[10] Da ein Hinweis auf die KGaA wegen des Pauschalverweises in § 278 Abs. 3 entbehrlich ist, fehlt er entgegen § 361 Abs. 1 S. 1 aF. Auch hat der Gesetzgeber den in § 361 Abs. 1 aF noch enthaltenen Hinweis, dass die Satzung weitere Erfordernisse neben der größeren Kapitalmehrheit bestimmen kann, in Abs. 1 Satz 2 nicht aufgenommen. Wegen des Pauschalverweises in § 278 Abs. 3 ist ein Hinweis auf die KGaA entbehrlich (anders § 361 Abs. 1 S. 1 aF). Da mit der Neufassung keine sachliche Änderung verbunden sein sollte,[11] kann es sich insoweit nur um ein Redaktionsversehen des Gesetzgebers handeln.[12] Der Verweis in **Abs. 1** Satz 1 auf § 179 ist daher als Verweis auch auf § 179 Abs. 2 S. 3 zu verstehen, der seinerseits die Zulässigkeit „weiterer Erfordernisse" durch die Satzung regelt.[13] Abs. 2 ist unverändert geblieben. Den deklaratorischen Hinweis auf die Geltung der Abwicklungsvorschriften hielt der Gesetzgeber im heutigen Abs. 3 für entbehrlich.[14] Zuletzt wurde in Abs. 2 ein neuer Satz 3 durch das Gesetz zur Umsetzung der Aktionärsrichtlinie (ARUG) mit Wirkung vom 1. September 2009 eingefügt. Dieser führt die Möglichkeit des Ersatzes der Auslegung durch Internetveröffentlichung ein.

4   Die Regelung des § 361 aF geht auf § 255 AktG 1937 zurück, welcher wiederum auf § 303 HGB aF basiert.[15] 1937 wurde die zwingende Auflösungsfolge des Zustimmungsbeschlusses nach § 303 Abs. 2 HGB aF abgeschafft. Die 1965 erfolgte Klarstellung, dass der Vorstand ohne Zustimmungsbeschluss der Hauptversammlung keine Vertretungsmacht[16] hat, ist seit 1994 unscharf.

5   **3. Systematische Einordnung.** § 361 aF wurde im Recht der Umwandlung stets als Fremdkörper angesehen.[17] Jedoch verzichtete der Gesetzgeber auf die zunächst angedachte Einbeziehung der Vermögensübertragung in das UmwG,[18] daher musste eine aktienrechtliche Regelung beibehalten werden. Der jetzige Standort der Vermögensübertragung wird in Frage gestellt,[19] da die Vermögensübertragung nur in einigen Fällen eine Änderung des Unternehmensgegenstands und damit eine Satzungsänderung erforderlich macht.[20]

6   **4. Regelungsgegenstand.** § 179a betrifft vertragliche Regelungen, durch die die Aktiengesellschaft sich verpflichtet, ihr ganzes Vermögen zu übertragen, soweit nicht das UmwG einschlägig

---

[2] MüKoAktG/*Stein* Rn. 5; Bürgers/Körber/*Körber* Rn. 3.
[3] Kölner Komm AktG/*Kraft* § 361 aF Rn. 2; Hüffer/Koch/*Koch* Rn. 1; *Henze* FS Boujong, 1996, 233 (247, 248).
[4] AllgM Hüffer/Koch/*Koch* Rn. 1; Kölner Komm AktG/*Kraft* § 361 Rn. 3; MüKoAktG/*Stein* Rn. 7.
[5] Begr BT-Drs. 12/6699, 177.
[6] Vgl. BGHZ 82, 188 (197) = NJW 1982, 933 (935) – Hoesch/Hoogovens; BGH LM HGB § 126 Nr. 7 (3/1992) = NJW 1991, 2564 (2565).
[7] BVerfG LM GG Art. 14 (A) Nr. 63 j (5/2001) = NJW 2001, 279 (281) – MotoMeter; MüKoAktG/*Stein* Rn. 8; *Henze*, FS Wiedemann, 2002, 935 (949); Bürgers/Körber/*Körber* Rn. 3.
[8] MüKoAktG/*Stein* Rn. 8; *Henze*, FS Boujong, 1996, 233 (247); K. Schmidt/Lutter/*Seibt* Rn. 2.
[9] BVerfG LM GG Art. 14 (A) Nr. 63 j (5/2001) = NJW 2001, 279 (280); dazu unten → Rn. 34 ff.
[10] MüKoAktG/*Stein* Rn. 9; Hüffer/Koch/*Koch* Rn. 1.
[11] BegrRegE BT-Drs. 12/6699, 177.
[12] MüKoAktG/*Stein* Rn. 52.
[13] MüKoAktG/*Stein* Rn. 52; Hüffer/Koch/*Koch* Rn. 11, dazu → Rn. 21.
[14] BegrRegE BT-Drs. 12/6699, 177.
[15] MüKoAktG/*Stein* Rn. 10; Großkomm AktG/*Schilling* § 361 Rn. 1; *v. Godin/Wilhelmi* § 361 Anm. 1.
[16] Großkomm AktG/*Schilling* § 361 Rn. 1, 10.
[17] Begr BT-Drs. 12/6699, 177; BayObLGZ 1998, 211 (214) = AG 1999, 185 (186); GHEK/*Kropff* § 361 Rn. 2.
[18] Zu den Gründen: Begr BR-Drs. 75/91, 72; *Rühland* WM 2002, 1957 (1965).
[19] *Wiedemann* ZGR 1999, 857 (864), der § 119 als passenden Standort betrachtet; zust. MüKoAktG/*Stein* Rn. 11; aA *Mertens* FS Zöllner, Bd. 1, 1998, 385 (390); Grigoleit/*Ehmann* Rn. 3.
[20] MüKoAktG/*Stein* Rn. 11.

ist.²¹ Es darf also weder eine Verschmelzung (§§ 2 ff., 60 ff. UmwG), Spaltung (§§ 123 ff. UmwG), übertragende Umwandlung (Formwechsel: §§ 190 ff., 226 ff. UmwG) oder ein Sonderfall der Vermögensübertragung (§§ 174 ff., 178 f. UmwG) vorliegen.²² Im Unterschied zu den unter das UmwG fallenden Strukturveränderungen findet bei der Vermögensübertragung keine Gesamtrechtsnachfolge statt. Es hat eine einzelne Übertragung der Vermögensgegenstände der Aktiengesellschaft zu erfolgen.²³

Abs. 1 Satz 1 stellt den verpflichtenden Vermögensübertragungsvertrag unter den Vorbehalt der Zustimmung der Hauptversammlung. Die **Vertretungsmacht des Vorstandes ist insoweit begrenzt,** die Zustimmung ist **Wirksamkeitsvoraussetzung** für die Verpflichtung (→ Rn. 16). Der Zustimmungsbeschluss der Hauptversammlung ist unabhängig davon notwendig, ob bereits aus anderen Gründen (zB gleichzeitige Änderung des Unternehmensgegenstandes) über den Vorgang beschlossen wird.²⁴   7

Erforderlich für den Zustimmungsbeschluss ist gem. **Abs. 2 Satz 1 eine qualifizierte Mehrheit,** daneben nach § 133 Abs. 1 **die einfache Stimmrechtsmehrheit.** Die Mehrheitserfordernisse sind nicht durch Satzung herabsetzbar, Abs. 1 Satz 2. Abs. 2 beinhaltet notwendige **Informationspflichten** der Aktiengesellschaft gegenüber ihren Aktionären. Hierdurch soll der Schutz der Aktionäre sichergestellt werden, denn sie müssen die Möglichkeit haben, sich frühzeitig und vollumfänglich über die Konditionen des Veräußerungsvertrages zu unterrichten.²⁵   8

Aus Abs. 3 ergibt sich, dass die **Zustimmung** der Hauptversammlung zur Vermögensübertragung **nicht notwendigerweise zur Auflösung der Aktiengesellschaft** führt. Sofern mit der Übertragung die Auflösung einhergeht, muss der Vertrag der Handelsregisteranmeldung der Auflösung beigefügt werden.²⁶   9

5. Zeitlicher und sachlicher Anwendungsbereich. a) Grundsatz. Die Norm ist auf die **werbende Gesellschaft** anwendbar, die trotz der Vermögensübertragung fortbesteht und die ihrer unternehmerischen Tätigkeit mit Hilfe des Veräußerungserlöses weiter nachgeht.²⁷   10

b) Liquidation. Die Vorschrift findet ebenfalls auf Gesellschaften Anwendung, die sich in Liquidation befinden,²⁸ da die Situation im Abwicklungsstadium mit dem Normalfall vergleichbar ist. Auch hier müssen die Vermögensinteressen der Aktionäre insbes. vor ungünstigen Vertragsbedingungen gewahrt werden.²⁹   11

c) Insolvenz. Mangels einer an die Aktionäre zu verteilenden Vermögensmasse entfällt im Insolvenzverfahren der Normzweck; insofern findet die Vorschrift keine Anwendung.³⁰   12

d) Anwendbarkeit auf andere Gesellschaftsformen. § 179a gilt für die GmbH und die Personengesellschaften entsprechend.³¹

II. Zustimmungsbeschluss der Hauptversammlung, Abs. 1

1. Zustimmungserfordernis. a) Allgemeines. Aus Abs. 1 Satz 1 ergibt sich das Zustimmungserfordernis der Hauptversammlung zum **schuldrechtlichen Vertrag** der Aktiengesellschaft zur **Vermögensübertragung.**³² Dies gilt unabhängig davon, ob mit der Übertragung eine Änderung des Unternehmensgegenstandes einhergeht.³³ Die einzelnen **Erfüllungsgeschäfte,** die sich nach den   13

---

²¹ Hüffer/Koch/*Koch* Rn. 1; MüKoAktG/*Stein* Rn. 1; K. Schmidt/Lutter/*Seibt* Rn. 3.
²² Hüffer/Koch/*Koch* Rn. 6; Bürgers/Körber/*Körber* Rn. 6.
²³ MüKoAktG/*Stein* Rn. 1; Hüffer/Koch/*Koch* Rn. 3; zur Anwendung auf eine GmbH *Leitzen* NZG 2012, 491 ff.
²⁴ Vgl. Begr. BT-Drs. 12/6699, 177; Hüffer/Koch/*Koch* Rn. 8 ff.; *Reichert* ZHR-Beiheft 68/1999, 25 (42).
²⁵ MüKoAktG/*Stein* Rn. 3.
²⁶ MüKoAktG/*Stein* Rn. 4, 67; Hüffer/Koch/*Koch* Rn. 20.
²⁷ MüKoAktG/*Stein* Rn. 12; Hüffer/Koch/*Koch* Rn. 20.
²⁸ Hüffer/Koch/*Koch* Rn. 21; Kölner Komm AktG/*Kraft* § 361 Rn. 7; *Baumbach/Hueck* § 361 Rn. 5; MüKoAktG/*Stein* Rn. 12; Bürgers/Körber/*Körber* Rn. 1.
²⁹ MüKoAktG/*Stein* Rn. 12.
³⁰ Kölner Komm AktG/*Kraft* § 361 Rn. 16; K. Schmidt/Lutter/*Seibt* Rn. 3; MüKoAktG/*Stein* Rn. 13; Grigoleit/*Ehmann* Rn. 2.
³¹ Ganz hM: vgl MüKoAktG/*Stein* Rn. 14 mwN, aA zB *Bredthauer*, NZG 2008, 816 (819) für die GmbH.
³² MüKoAktG/*Stein* Rn. 16; Hüffer/Koch/*Koch* Rn. 3; NK-AktR/*Wagner* Rn. 10; Bürgers/Körber/*Körber* Rn. 13.
³³ Hüffer/Koch/*Koch* Rn. 2.

Vorschriften der §§ 398 ff., 413, 873, 925, 929 BGB richten,[34] bedürfen nicht der Zustimmung.[35] Die **Wirksamkeit** der **dinglichen Erfüllungsgeschäfte** ist **unabhängig** vom Fehlen des Zustimmungsbeschlusses.[36] Wird rechtsgrundlos erfüllt, richtet sich die Rückabwicklung nach den §§ 812 ff. BGB. Anders verhält es sich, wenn der Übertragungsvertrag wegen Verletzung des Verbotes der Einlagenrückgewähr nichtig ist. Diese Nichtigkeit nach § 134 BGB erfasst auch das dingliche Rechtsgeschäft, so dass erbrachte Leistungen nicht nach den §§ 812 ff. BGB, sondern nach § 62 Abs. 1 S. 1 zurückzugewähren sind.[37]

14 **b) Unabdingbarkeit der Zustimmung.** Das **Zustimmungserfordernis ist zwingend.** Ein Verzicht der Hauptversammlung auf die Zustimmung kann nicht erklärt werden,[38] da sie die Dispositionsfreiheit der Aktionäre gewährleisten soll. Es bedarf einer Entscheidung der Hauptversammlung, wenn das gesamte Vermögen übertragen werden soll. Die Zustimmung kann daher nicht innerhalb einer allgemeinen in der Satzung enthaltenen Ermächtigung erteilt werden, sondern sie bedarf bei der Verpflichtung der Aktiengesellschaft zur Übertragung des eigenen Vermögens eines Beschlusses, dessen konkreter Gegenstand die Übertragung ist.[39]

15 **c) Einwilligung oder Genehmigung.** Die **Zustimmung** der Hauptversammlung kann dem Abschluss des Vertrages zeitlich vor- oder nachgehen, dh **Einwilligung** (§ 183 BGB) **oder Genehmigung** (§ 184 BGB) sein.[40] Es ist jedoch notwendig, dass der Hauptversammlung der vollständige schriftliche Vertragstext vorliegt.[41] Sofern nach Erteilung der Zustimmung Änderungen an dem Vertrag vorgenommen werden, muss ein neuer Beschluss ergehen.[42]

16 **d) Vertretungsmacht.** Die Aktiengesellschaft wird durch den **Vorstand**, ggf. durch Abwickler, beim Abschluss des schuldrechtlichen Vertrages zur Vermögensübertragung vertreten.[43] Fehlt die Zustimmung nach § 179a Abs. 1 haben sie keine Vertretungsmacht,[44] die Regelungen der §§ 82, 269 Abs. 5 treten zurück.[45] Die dadurch entstehende Beeinträchtigung der Rechtssicherheit ist aus Gründen des Aktionärsschutzes hinzunehmen.[46] Der schuldrechtliche Verpflichtungsvertrag erlangt keine Wirkung.[47]

17 **e) Formerfordernis.** Der Vertragsschluss bedarf der **notariellen Beurkundung** gem. § 311b Abs. 3 BGB,[48] der auch für Vermögensübertragungen durch juristische Personen gilt.[49] Andernfalls ist der Verpflichtungsvertrag zur Vermögensübertragung nach § 125 S. 1 BGB nichtig. Eine Heilung durch Erfüllung gem. § 311b Abs. 1 S. 2 BGB ist nicht möglich,[50] da § 311b Abs. 3 BGB im Gegensatz zu § 311b Abs. 1 BGB keine Heilungsmöglichkeit vorsieht.[51]

18 **f) Satzungsänderung.** Der Verweis in Abs. 1 Satz 1 auf § 179 meint nicht, dass mit dem Beschluss als solchem eine Satzungsänderung einhergeht.[52] Dies ergibt sich aus der Systematik mit Abs. 1 Satz 2, der zum Ausdruck bringt, dass der Beschluss der qualifizierten Mehrheit nach § 179 Abs. 2

---

[34] Hüffer/Koch/*Koch* Rn. 3 aE; Grigoleit/*Ehmann* Rn. 8.
[35] Vgl. BGHZ 82, 188 (197) = NJW 1982, 933 – Hoesch/Hoogovens; BGH LM HGB § 126 Nr. 7 (3/1992) = NJW 1991, 2564 (2565); K. Schmidt/Lutter/*Seibt* Rn. 7.
[36] BHGZ 82, 188 (197) = NJW 1982, 933 (936); BGH LM HGB § 126 Nr. 7 (3/1992) = NJW 1991, 2564, 2565; MüKoAktG/*Stein* Rn. 41; Hüffer/Koch/*Koch* Rn. 4; *Broker/Schulenburg* BB 2015, 1993 (1994); aA *Timm* AG 1980, 172 (175 f.), der § 361 aF analog auf das Erfüllungsgeschäft anwenden will.
[37] MüKoAktG/*Stein* Rn. 41, 38; Grigoleit/*Ehmann* Rn. 8; auch → Rn. 23.
[38] BGHZ 82, 188 (197) = NJW 1982, 933; MüKoAktG/*Stein* Rn. 42; Bürgers/Körber/*Körber* Rn. 14.
[39] MüKoAktG/*Stein* Rn. 42.
[40] BGHZ 82, 188 (193 f.) = NJW 1982, 933 (935); LG Hamburg AG 1996, 233 (234); Hüffer/Koch/*Koch* Rn. 7; Bürgers/Körber/*Körber* Rn. 15.
[41] BGHZ 82, 188 (194) = NJW 1982, 933 (935); Kölner Komm AktG/*Kraft* § 362 Rn. 17; K. Schmidt/Lutter/*Seibt* Rn. 14.
[42] MüKoAktG/*Stein* Rn. 43; Hüffer/Koch/*Koch* Rn. 7; Grigoleit/*Ehmann* Rn. 9.
[43] MüKoAktG/*Stein* Rn. 31; Bürgers/Körber/*Körber* Rn. 9.
[44] MüKoAktG/*Stein* Rn. 31; Grigoleit/*Ehmann* Rn. 6; Wachter/*Wachter* Rn. 7.
[45] Hüffer/Koch/*Koch* Rn. 15.
[46] BGHZ 83, 122 (128 f.) = NJW 1982, 1703 (1704).
[47] MüKoAktG/*Stein* Rn. 40.
[48] Begr BT-Drs. 12/6699, 177 reSp; Hüffer/Koch/*Koch* Rn. 16.
[49] RGZ 137, 324 (348).
[50] Vgl. RGZ 76, 1 (3); RGZ 137, 324 (350); Hüffer/Koch/*Koch* Rn. 16; Palandt/*Grüneberg* BGB § 311b Rn. 68.
[51] MüKoAktG/*Stein* Rn. 32; Bürgers/Körber/*Körber* Rn. 10.
[52] Hüffer/Koch/*Koch* Rn. 8; Bürgers/Körber/*Körber* Rn. 16.

bedarf.⁵³ Da der Urkundentext bei der bloßen Zustimmung unverändert bleibt, liegt keine Satzungsänderung vor.⁵⁴

2. Zustimmungsgegenstand. Gegenstand der vertraglichen Verpflichtung muss die Übertragung des **ganzen Vermögens** sein. Bei der Übertragung darf es sich jedoch nicht um eine Umwandlung handeln. Entgegen des Wortlauts ist § 179a auch dann anwendbar, wenn nicht das ganze Gesellschaftsvermögen auf den Erwerber übertragen werden soll, sondern unwesentliches Vermögen bei der Aktiengesellschaft verbleibt.⁵⁵ Dies ergibt sich aus einem Vergleich mit § 174 Abs. 1 UmwG, der von der Vermögensübertragung „als Ganzem" spricht. Ähnlich ist auch die Formulierung in § 1365 BGB „Vermögen im Ganzen".⁵⁶ Bei § 179a handelt es sich um eine Einzelrechtsnachfolge; insoweit muss das Vermögen, anders als bei der umwandlungsrechtlichen Gesamtrechtsnachfolge, nicht restlos übertragen werden. Wann von einer **Wesentlichkeit** der Vermögensübertragung zu sprechen ist, ermittelt sich nicht nur anhand eines Wertvergleichs (**quantitative Beurteilung**).⁵⁷ Vielmehr ist entscheidend, ob die Gesellschaft mit dem zurückbehaltenen Vermögen ihren in der Satzung festgelegten **Unternehmensgegenstand weiter verfolgen kann (qualitative Beurteilung)**.⁵⁸ Bei Verbleib von wesentlichem Vermögen, zB Immobilien kann § 179a anwendbar sein, wenn der Unternehmensgegenstand nicht mehr verfolgbar ist. Auch ein beschränkter Tätigkeitsumfang ist hierfür ausreichend.⁵⁹ Darüber hinaus ist es nicht erforderlich, dass der Erwerber die Passiva übernimmt. Es genügt, dass die Gesellschaft ihr Aktivvermögen überträgt.⁶⁰ Einzelgegenstand, der nahezu gesamtes Vermögen ausmacht, ist ausreichend.⁶¹ Bei **Objektgesellschaften,** die in der Regel nur einen einzelnen Vermögensgegenstand halten bzw. verwalten, kommt es für die Anwendbarkeit des § 179a (zB im Rahmen von Asset Deals bei Immobilientransaktionen) jedoch darauf an, ob der Unternehmensgegenstand auch eine Verwertung bzw. Veräußerung des Vermögensgegenstandes vorsieht (was regelmäßig der Fall sein dürfte). Da in diesem Fall auch bei der Veräußerung des nur einzig verfügbaren Vermögensgegenstands der Gesellschaft in den Unternehmensgegenstand nicht eingegriffen wird, ist der Anwendungsbereich des § 179a nicht eröffnet.⁶² Auch **Betriebsaufspaltungen** können unter § 179a fallen, wenn sie so erfolgen, dass die Gesellschaft ihr Anlagevermögen durch Übertragung auf Besitzgesellschaften ausgliedert.⁶³ Unter Vergleich mit § 419 aF, 1365 BGB, § 15 Abs. 1 HGB, Art. 9 Abs. 1, 2. Unterabs. (nunmehr ersetzt durch Art. 9 Abs. 1, 2. Unterabs. RL 2017/1132/EU (GesR-RL), § 37 Abs. 2 GmbHG wird bei Anwendung auf die Übertragung einzelner Vermögensgegenstände die positive Kenntnis für die Qualifizierung als „gesamtes Gesellschaftsvermögen" verlangt. Eine andere Auslegung wäre eine von Art. 9 Abs. 1 2. Unterabs. GesR-RL nicht getragene Beschränkung der Vertretungsmacht.⁶⁴ Die erweiternde Auslegung fußt jedoch auf der gesetzlichen Regelung des § 179a, die ein einschränkendes Gesetz gem. GesR-RL, Art. 9 Abs. 1 letzter Hs. darstellt. Der Hinweis auf eine Beweismöglichkeit der positiven Kenntnis bei Überschreitung des Unternehmensgegenstandes aus GesR-RL, Art. 9 Abs. 1 2. Unterabs. hilft hier nicht. Auch der Hinweis auf die mangelnde Beurteilungskompetenz eines Notars begründet keine andere Einordnung.⁶⁵

---

⁵³ Hüffer/Koch/*Koch* Rn. 8.
⁵⁴ Hüffer/Koch/*Koch* Rn. 8.
⁵⁵ RGZ 124, 279 (294f.); BGHZ 83, 122 (128) = NJW 1982, 1703 (1704) – Holzmüller; OLGR Düsseldorf 1994, 34 = WM 1994, 337 (343); OLG Stuttgart NZG 2007, 234; Kölner Komm AktG/*Kraft* § 361 aF Rn. 9; MüKoAktG/*Stein* Rn. 18; *Feldhaus* BB 2009, 562; krit. *Bredthauer* NZG 2008, 816 (817ff.), der darin entgegen der hM einen Verstoß gegen Art. 9 Gesr-RL (2017/1132/EU), früher Publizitäts-RL (68/151/EWG) sieht.
⁵⁶ Auch dort ist dies bei einzelnen Gegenständen möglich, vgl. Palandt/*Brudermüller,* 77. Aufl. 2018, BGB § 1365 Rn. 4.
⁵⁷ Zum Meinungsstand über die Heranziehung von qualitativen und quantitativen Kriterien und für Anwendung beider, *Stellmann/Stoeckle* WM 2011, 1983 (1984f.); *Broker/Schulenburg* BB 2015, 1993 (1994f.).
⁵⁸ BGHZ 83, 122 (128) = NJW 1982, 1703 (1704); OLGR Düsseldorf 1994, 34 = WM 1994, 337 (343); OLG München AG 1995, 232; OLG Stuttgart AG 2005, 693 (695); Hüffer/Koch/*Koch* Rn. 5; *Broker/Schulenburg* BB 2015, 1993 (1995f.); *Hofmeister* NZG 2008, 47 (49); aA MüKoAktG/*Stein* Rn. 18; Grigoleit/*Ehmann* Rn. 5 (primär auf quantitative Maßstäbe abzielend).
⁵⁹ BGHZ 83, 122 (128) = NJW 1982, 1703 (1704); K. Schmidt/Lutter/*Seibt* Rn. 8.
⁶⁰ MüKoAktG/*Stein* Rn. 17; Großkomm AktG/*Schilling* § 361 Rn. 4 aE; Kölner Komm AktG/*Kraft* § 361 aF Rn. 9; v. Godin/*Wilhelmi* § 361 Rn. 1 aE; K. Schmidt/Lutter/*Seibt* Rn. 8.
⁶¹ *Stellmann/Stoeckle* WM 2011, 1983 (1985), aA *Bredthauer* NZG 2008, 816 (817).
⁶² Vgl. *Weber* DNotZ 2018, 96 (115f.).
⁶³ Hüffer/Koch/*Koch* Rn. 5; Hachenburg/*Ulmer* GmbHG § 53 Rn. 165.
⁶⁴ *Bredthauer* NZG 2008, 816 (817f.). AA Grigoleit/*Ehmann* Rn. 5: Erkennbarkeit ausreichend; wohl auch Wachter/*Wachter* Rn. 9; gegen subjektives Element: *Stellmann/Stoeckle* WM 2011, 1983 (1986f.).
⁶⁵ So aber *Bredthauer* NZG 2008, 816 (817ff.).

20 **3. Zustimmungsinhalt.** Der Beschluss muss die **Zustimmung** der Hauptversammlung **zum gesamten Vertragswerk** ausdrücken. Daran ändert die Aufspaltung in mehrere Teile nichts; sämtliche Teile sind vorzulegen.[66] Sollte nur bezüglich eines Teils des Vertrages – wenn zB einzelne schuldrechtliche Vereinbarungen der insgesamt zu erfolgenden Vermögensübertragung in unterschiedlichen Urkunden vorliegen – ein Beschluss vorliegen, so kann nach § 139 BGB **keine Teilwirksamkeit** entstehen. Hierin läge eine Umgehung des § 179a. Sind die schuldrechtlichen Vereinbarungen auf mehrere Urkunden verteilt, so ist dies für die Wirksamkeit unbeachtlich, wenn ein Beschluss zum Inhalt jeder einzelnen Urkunde und damit zum Gesamtvertragswerk vorliegt,[67] also Gegenstand der Beschlussfassung doch der gesamte Vertrag ist,[68] wie er der Transaktion tatsächlich zugrunde gelegt werden soll. Ähnliches gilt für den zu beurteilenden Zeitpunkt, der nach Auslegung auch einen Zeitraum umfassen kann, etwa bei einer zeitlich abfolgenden Umsetzungsfolge von Verfügungsgeschäften.[69] Einer **sachlichen Rechtfertigung** bedarf er auch dann nicht, wenn das Vermögen auf den Mehrheitsaktionär übertragen wird.[70] Der BGH verlangt eine solche Rechtfertigung selbst dann nicht, wenn der Mehrheitsgesellschafter das Gesellschaftsvermögen durch Liquidation übernehmen will.[71] Da die Vermögensübertragung ähnliche Ergebnisse erzielt, muss dies auch für sie gelten.[72]

21 **4. Mehrheitserfordernisse. a) Qualifizierte Kapitalmehrheit.** Da § 179a Abs. 1 S. 1 einen Hauptversammlungsbeschluss nach § 179 fordert, ist sowohl die **Kapitalmehrheit** des § 179 Abs. 2 S. 1 – also Dreiviertelmehrheit des bei der Beschlussfassung vertretenen Grundkapitals – als auch die **einfache Stimmenmehrheit** nach § 133 Abs. 1 notwendig. Die Satzung kann eine größere Kapitalmehrheit bestimmen, § 179a Abs. 1 S. 2. Auf § 179 Abs. 2 S. 3 (satzungsmäßige Möglichkeit der Aufstellung weiterer Erfordernisse) verweist § 179a Abs. 1 nicht explizit. Allerdings handelt es sich dabei um ein **Redaktionsversehen des Gesetzgebers,** denn er wollte **keine sachliche Änderung** mit der Neufassung des § 361 Abs. 1 aF, der einen solchen Hinweis noch enthielt, hervorrufen.[73] Deshalb umfasst der Verweis des § 179a Abs. 1 S. 1 auch § 179 Abs. 2 S. 3.[74] § 179a Abs. 1 S. 2 modifiziert § 179 Abs. 2 S. 2 nur dahingehend, dass die Kapitalmehrheit nicht geringer als drei Viertel sein darf.

22 **b) Stimmrecht.** Das **Stimmrecht** steht jedem zustimmungsberechtigten Aktionär zu. Dies trifft auch auf den Mehrheitsaktionär zu, selbst wenn er Erwerber des Gesellschaftsvermögens sein sollte.[75] Ein **Stimmrechtsverbot** ist in § 179a ebenso wenig wie beim Unternehmensvertrag enthalten und folgt auch nicht aus § 136 Abs. 1, da dieser nicht auf Vermögensübertragungen anwendbar ist.[76]

23 **5. Folgen von Beschlussmängeln.** Die Folgen von Beschlussmängeln ergeben sich grundsätzlich aus den allgemeinen aktienrechtlichen Grundsätzen (§§ 241, 243). Die Darlegungs- und Beweislast liegt beim Kläger.[77] Die **Nichtigkeit des Beschlusses** (gleichgültig ob von Anfang an, § 241, oder infolge Anfechtung, §§ 243, 248) führt zur **Rückabwicklung** erbrachter Leistungen (§§ 812 ff. BGB), wenn es nicht vorher zu einer erneuten gültigen Beschlussfassung kommt, da dem Verpflichtungsvertrag zur Übertragung sonst eine Wirksamkeitsvoraussetzung fehlt.[78] Anders ist es jedoch bei der übertragenden Auflösung, bei der das Spruchverfahren zur Anwendung kommt (→ Rn. 44). Ein Freigabeverfahren ist diesbezüglich im UMAG nicht vorgesehen.[79]

24 **6. Änderung des Unternehmensgegenstandes. a) Merkmal „auch dann".** Das Merkmal „auch dann [...]", wenn damit nicht eine **Änderung des Unternehmensgegenstandes** verbunden

---

[66] BGHZ 82, 188 (196 ff.) = NJW 1982, 933 (935 ff.); NK-AktR/*Wagner* Rn. 10.
[67] Vgl. MüKoAktG/*Stein* Rn. 30, 39; Hüffer/Koch/*Koch* Rn. 10.
[68] BGHZ 82, 188 (197) = NJW 1982, 933 (936); MüKoAktG/*Stein* Rn. 39.
[69] *Broker/Schulenburg* BB 2015, 1993 (1995).
[70] BGHZ 103, 184 (190) = NJW 1988, 1579 (1580 f.) – Linotype; OLGR Düsseldorf 1994, 34 = WM 1994, 337 (343); OLG Stuttgart AG 1993, 411 (413) – MotoMeter I; MüKoAktG/*Stein* Rn. 76; Hüffer/Koch/*Koch* Rn. 10; *Henze* FS Boujong, 1996, 233 (240 f.).
[71] BGHZ 103, 184 (191 f.) = NJW 1988, 1579 (1581) – Linotype.
[72] *Henze* ZIP 1995, 1473 (1477 ff.); *Lutter/Drygala* FS Kropff, 1997, 191 (215, 216). → Rn. 38.
[73] Begr BT-Drs. 12/6699, 177.
[74] MüKoAktG/*Stein* Rn. 52; Hüffer/Koch/*Koch* Rn. 11 (der von § 179 Abs. 1 S. 3 spricht, aber nur § 179 Abs. 2 S. 3 meinen kann).
[75] MüKoAktG/*Stein* Rn. 53; Hüffer/Koch/*Koch* Rn. 12.
[76] MüKoAktG/*Stein* Rn. 53; Hüffer/Koch/*Koch* Rn. 12 und § 136 Rn. 17; Grigoleit/*Ehmann* Rn. 9.
[77] Hüffer/Koch/*Koch* Rn. 14.
[78] Kölner Komm AktG/*Kraft* § 361 Rn. 21.
[79] BegrRegE BT-Drs. 15/5092, 60 ff.; vgl. *Holzborn/Brunnemann* BKR 2005, 51 (57); Bürgers/Körber/*Körber* Rn. 21; aA *Veil* AG 2005, 567 (575).

ist", soll eine Beteiligung der Hauptversammlung sicherstellen, falls die Vermögensübertragung nicht schon aus anderen Gründen eines Beschlusses mit qualifizierter Mehrheit bedarf.[80] Dieses Merkmal hat rein **deklaratorischen Charakter**.[81] Denn aus der Formulierung „auch dann, wenn" ergibt sich, dass das Beschlusserfordernis ausnahmslos gelten soll, wenn die Aktiengesellschaft sich zur Übertragung ihres Vermögens verpflichtet. Es ist also **gleichgültig**, ob eine **Änderung des Unternehmensgegenstandes** damit verbunden ist oder nicht. Es müssen die Voraussetzungen des § 179a deswegen sowohl beachtet werden, wenn die Vermögensübertragung nicht schon aus anderen Gründen eines qualifizierten Beschlusses der Hauptversammlung bedarf, wie auch, wenn gleichzeitig ein satzungsändernder Beschluss gefasst wird.[82]

b) Doppeltes Beschlusserfordernis. Grundsätzlich gilt das **doppelte Beschlusserfordernis in zwei getrennten Abstimmungen**, wenn die Hauptversammlung sowohl über die Änderung des Unternehmensgegenstandes als auch über die Vermögensübertragung entscheidet.[83] Ausnahmsweise genügt die Zusammenfassung beider Gegenstände in einem Beschluss: Wenn ein satzungsändernder, den Unternehmensgegenstand betreffender Beschluss in seinen Inhalt den Vermögensübertragungsvertrag (bzw. seinen Entwurf) als Änderungsanlass aufnimmt und den Erfordernissen des Abs. 2 gerecht wird, folgt daraus, dass ein zweiter, auf Zustimmung gerichteter Beschluss (ausnahmsweise) entbehrlich ist.[84] Dies folgt schon aus dem Wortlaut des Abs. 1 Satz 1. Der Satzungsänderungsbeschluss beinhaltet auch das Einverständnis bzgl. des Vertragsschlusses der Vermögensübertragung.[85] 25

III. Informationspflichten, Abs. 2

1. Allgemeines. Die Aktiengesellschaft ist nach Abs. 2 Satz 1 verpflichtet, ihren Aktionären durch Auslegung Einsichtnahme in den Übertragungsvertrag zu gewähren. Gem. Satz 2 hat auf Verlangen der Aktionäre die Erteilung von Abschriften zu erfolgen. Der neu eingefügte Satz 3 eröffnet als Alternative zur Auslegung des Vertrags und der Versendung von Abschriften die Veröffentlichung auf der Internetseite der Gesellschaft. Allerdings ist darauf zu achten, dass die Veröffentlichung nicht, wie von der Regelinternetpublizitätspflicht für börsennotierte Aktiengesellschaften in § 124a gefordert, alsbald nach, sondern bereits gleichzeitig mit der Einberufung erfolgt. Dies entspricht der Ersetzungsregelung des § 175 Abs. 1 S. 4 AktG. Satz 4 enthält die Verpflichtung, den Vertrag in der Hauptversammlung zugänglich zu machen und Satz 5 die Verpflichtung an den Vorstand, den Vertrag zu erläutern. Der Vertrag muss nicht verlesen werden, jedoch müssen die Aktionäre in die Lage versetzt werden, die Bedeutung des Vertrages in seinem gesamten Ausmaß zu erfassen.[86] Eine sinngemäße Widergabe der wesentlichen Bestandteile ist nicht ausreichend.[87] Nach § 130 muss der Vertrag der Niederschrift über die Hauptversammlung als Anlage beigefügt werden. Verstöße gegen diese Informationspflichten können ein Anfechtungsrecht begründen.[88] 26

2. Analoge Anwendung. Rspr. und Teile der Literatur wollen Informationspflichten nach Abs. 2 auch gegenüber Aktionären einer Gesellschaft beachtet wissen, deren Hauptversammlung **nicht schon kraft Gesetzes** nach Abs. 1 ihre Zustimmung zum Vermögensübertragungsvertrag gibt.[89] Dies ist dann der Fall, wenn die Hauptversammlung über den Vertrag beschließen muss, weil in dem Vertrag selbst die Zustimmung vorbehalten ist, nach „Holzmüller"-Grundsätzen eine ungeschriebene Zuständigkeit besteht oder weil der Vorstand der Hauptversammlung nach § 119 Abs. 2 den Vertrag aus eigenem Entschluss heraus vorlegt.[90] 27

---

[80] BegrRegE BT-Drs. 12/6699, 177.
[81] MüKoAktG/*Stein* Rn. 45.
[82] MüKoAktG/*Stein* Rn. 45; Hüffer/Koch/*Koch* Rn. 9; *Reichert* ZHR-Beiheft 68/1999, 25 (42).
[83] MüKoAktG/*Stein* Rn. 48; Wachter/*Wachter* Rn. 10.
[84] Vgl. BegrBT-Drs. 12/6699, 177 reSp; auch BGHZ 156, 38 = NJW 2003, 3412: einheitliche Abstimmung über beide Beschlussgegenstände, wenn kein Aktionär Einwände erhebt; Hüffer/Koch/*Koch* Rn. 9; *Reichert* ZHR-Beiheft 68/1999, 25 (42); Bürgers/Körber/*Körber* Rn. 16; differenzierend MüKoAktG/*Stein* Rn. 48 (Zusammenfassung zu einem Beschluss zwar möglich, aber nicht sinnvoll).
[85] Hüffer/Koch/*Koch* Rn. 9.
[86] MüKoAktG/*Stein* Rn. 59; Grigoleit/*Ehmann* Rn. 10.
[87] MüKoAktG/*Stein* Rn. 63; Bürgers/Körber/*Körber* Rn. 22.
[88] Vgl. BGHZ 82, 188 (199) = NJW 1982, 933 (936); OLG Dresden AG 2003, 433 (434 f.); LG München I ZIP 2001, 1148 (zur Parallelvorschrift § 293 f.); zu gesellschaftsinternen Informationspflichten *Cahn* AG 2014, 525 ff.
[89] BGHZ 146, 288 (293 ff.) = NJW 2001, 1277 (1278); OLG Dresden AG 2003, 433 (434); MüKoAktG/*Stein* Rn. 65; *Henze* BB 2002, 893 (895).
[90] MüKoAktG/*Stein* Rn. 65; Wachter/*Wachter* Rn. 24.

28 Dabei lehnt der BGH,[91] anders als teilweise die Instanzgerichte,[92] eine Gesamtanalogie zu § 179a Abs. 2, § 293f Abs. 1 Nr. 1, § 293g Abs. 1 AktG, § 63 Abs. 1 Nr. 1 UmwG, § 64 Abs. 1 S. 1 UmwG als zu undifferenziert ab. Mit dem BGH ist Abs. 2 aber wegen vergleichbarer Interessenlage analog auf Konstellationen anzuwenden, in denen auch die Hauptversammlung der Muttergesellschaft ohne durch Gesetz hervorgerufene Notwendigkeit über einen § 179a unterfallenden Verpflichtungsvertrag der Tochtergesellschaft zur Vermögensübertragung entscheiden soll.[93] Denn auch hier haben die Aktionäre das gleiche schutzwürdige Informationsinteresse, auch wenn eine an sich unzuständige Hauptversammlung durch Beschluss über einen Vermögensübertragungsvertrag entscheiden soll.

IV. Vermögensübertragung und Auflösung, Abs. 3

29 **1. Regelungsgehalt. Abs. 3** greift nur dann, wenn die Hauptversammlung eine Vermögensübertragung dazu nutzt, einen Auflösungsbeschluss nach § 262 Abs. 1 Nr. 2 zu fassen, und damit die Aktiengesellschaft in das Liquidationsverfahren überführt. Wird die Gesellschaft aus Anlass der Vermögensübertragung aufgelöst, muss nach Abs. 3, der sich auf § 263 Satz 1 bezieht, der Vermögensübertragungsvertrag der Handelsregisteranmeldung zur Auflösung entweder in Ausfertigung oder in öffentlich beglaubigter Abschrift beigefügt werden.[94] Um den Gläubigern der Gesellschaft die Vermögens- und Haftungsverhältnisse der Liquidationsgesellschaft transparent zu machen, sollte der Text des Vermögensübertragungsvertrages auch als Anlage zur Anmeldung der Auflösung vorhanden sein,[95] – also nicht nur als Anlage zur Niederschrift der letzten Hauptversammlung (Abs 2 Satz 5), welche nach § 130 Abs. 5 zum Handelsregister einzureichen ist.

30 Aus Abs. 3 ergibt sich **mittelbar** der **Fortbestand der Aktiengesellschaft**.[96] Anders als bei der Vorgängervorschrift des § 361 AktG aF, ist bei einer Vermögensübertragung nach § 179a die regelmäßige Rechtsfolge gerade **nicht die Auflösung der Gesellschaft**.[97] Weder die Vermögensübertragung selbst noch die Zustimmung der Hauptversammlung zu dem Vermögensübertragungsvertrag führt zur Auflösung der Gesellschaft.[98] Sie besteht **unverändert** als **werbende Gesellschaft** fort.

31 **2. Gesonderter Auflösungsbeschluss.** Aus Anlass der Vermögensübertragung kann die Hauptversammlung vielmehr durch **gesonderten Beschluss** nach § 262 Abs. 1 Nr. 2 die Auflösung der Gesellschaft bestimmen. Dieser Beschluss ist eigenständig und unterliegt den hierfür geltenden satzungsmäßigen wie gesetzlichen Anforderungen,[99] an ihn schließt sich das Liquidationsverfahren an, §§ 264 ff. Ein deklaratorischer Hinweis des Gesetzgebers auf diese Vorschriften unterblieb in § 179a,[100] im Unterschied zur Vorgängervorschrift des § 361 Abs. 3 S. 1 aF.

32 **3. Vermögensübertragung der aufgelösten Gesellschaft.** § 179a betrifft die werbende Gesellschaft.[101] Allerdings kann die Vermögensübertragung auch erst erfolgen, nachdem die Aktiengesellschaft durch gesonderten Beschluss nach § 262 Abs. 1 Nr. 2 aufgelöst wurde. Dabei bedürfen auch die Abwickler eines Zustimmungsbeschlusses nach Abs. 1 und müssen nach § 179a Abs. 2 vorgehen.[102] Der Veräußerungserlös unterliegt §§ 271, 272 und fällt in die Abwicklungsmasse.

33 **4. KgaA.** § 179a gilt über § 278 Abs. 3 sinngemäß für die KGaA, dh ist an einen zustimmenden Beschluss der Kommanditaktionäre gebunden. Dieser Beschluss bedarf nach § 285 Abs. 2 S. 1 seinerseits der Zustimmung der Komplementäre.[103]

V. Sonderfall der übertragenden Auflösung

34 **1. Begriff.** Die **übertragende Auflösung**,[104] auch auflösungsbedingte Übertragung[105] oder „MotoMeter-Methode"[106] genannt, stellt einen **Sonderfall der Vermögensübertragung** nach

---

[91] BGHZ 146, 288 (295) = NJW 2001, 1277 (1279).
[92] OLGR München 1996, 225 = AG 1996, 327 (328); OLGR Frankfurt 1999, 144 = AG 1999, 378 (379 f.).
[93] MüKoAktG/*Stein* Rn. 65; Bürgers/Körber/*Körber* Rn. 23.
[94] MüKoAktG/*Stein* Rn. 67; Hüffer/Koch/*Koch* Rn. 20.
[95] MüKoAktG/*Stein* Rn. 67.
[96] Hüffer/Koch/*Koch* Rn. 20.
[97] MüKoAktG/*Stein* Rn. 68; Bürgers/Körber/*Körber* Rn. 24.
[98] MüKoAktG/*Stein* Rn. 68; Hüffer/Koch/*Koch* Rn. 20.
[99] Kölner Komm AktG/*Kraft* § 361 aF Rn. 30; MüKoAktG/*Stein* Rn. 69; Hüffer/Koch/*Koch* Rn. 20.
[100] BT-Drs. 12/6699, 177, reSp.
[101] MüKoAktG/*Stein* Rn. 68; Hüffer/Koch/*Koch* Rn. 20.
[102] Kölner Komm AktG/*Kraft* § 361 aF Rn. 16; Hüffer/Koch/*Koch* Rn. 24.
[103] Hüffer/Koch/*Koch* Rn. 25; vgl. *Reger* in Bürgers/Fett KGaA-HdB § 5 Rn. 55.
[104] Heute allg. gebräuchliche Bezeichnung, erstmals: Lutter/Drygala FS Kropff, 1997, 191 (193).
[105] So *Wiedemann* ZGR 1999, 857 (860).
[106] Benannt nach dem bis zum BVerfG gelangten Rechtsstreit, vgl. LM GG Art. 14 (A) Nr. 63 j (5/2001) = NJW 2001, 279 (281).

§ 179a dar: Der Mehrheitsaktionär erwirbt dabei das gesamte Unternehmen der beherrschten Aktiengesellschaft (Tochtergesellschaft) und tritt an die Stelle der ausscheidenden Minderheit. Dazu schließt der Mehrheitsaktionär mit der Tochtergesellschaft einen Kaufvertrag über deren ganzes Vermögen, in der Hauptversammlung stimmt er dann mit qualifizierter Mehrheit dem Vertrag zu und bewirkt in einem Zug die Liquidation der Aktiengesellschaft. Die Gegenleistung, die für die Übernahme des Vermögens der Aktiengesellschaft erbracht wurde, wird Teil der Abwicklungsmasse, aus der die Minderheit im anschließenden Liquidationsverfahren abgefunden wird.[107]

2. Gefährdung der Minderheitsinteressen. In zweifacher Hinsicht liegt dabei ein Eingriff in 35 die Rechte der Minderheit vor:[108] Einerseits folgt eine Beeinträchtigung des **mitgliedschaftlichen Bestandsschutzinteresses** durch die Hinausdrängung aus dem Unternehmen und den mit Abschluss des Liquidationsverfahrens abgeschlossenen Ausschluss aus der Gesellschaft. Andererseits sind darüber hinaus die **vermögensrechtlichen Interessen** der Minderheit **am Werterhalt ihrer Investition** gefährdet. Im Fall der Veräußerung an einen außenstehenden Dritten ist durch das Zustimmungserfordernis des Abs. 1 aufgrund des Interessengleichlaufes von Aktionärsmehrheit und -minderheit für eine angemessene Gegenleistung gesorgt. Bei der übertragenden Auflösung fehlt es hingegen an dieser Gewähr für den vom Mehrheitsaktionär zu zahlenden Erwerbspreis, da der Mehrheitsaktionär auf beiden Seiten des Rechtsgeschäftes beteiligt ist.[109]

3. Zulässigkeit. Der Erwerb der Vermögensgegenstände der (beherrschten) Aktiengesellschaft 36 durch den Mehrheitsaktionär unter Ausschluss der Minderheit im Wege übertragender Auflösung ist eine prinzipiell **zulässige Gestaltung**,[110] trotz der Gefährdung von Minderheiteninteressen. Allein das Vorliegen von Schutzdefiziten führt nicht zu einem Gestaltungsverbot.[111] Da das UmwG keinen Typenzwang kennt, liegt darin auch **keine rechtsmissbräuchliche Umgehung der im UmwG** enthaltenen Schutzvorschriften.[112] Wie §§ 319 ff. und die Squeeze-Out-Vorschriften der §§ 327a ff. zeigen, geht der Gesetzgeber davon aus, dass die Mehrheit ein schutzwürdiges rechtliches Interesse haben kann, die Minderheit aus unternehmerischen oder wirtschaftlichen Gründen aus der Aktiengesellschaft auszuschließen.[113] Selbst wenn die übertragende Auflösung ausschließlich dazu dient, die Minderheit zu verdrängen, liegt deshalb kein Missbrauch der Mehrheitsmacht vor.[114]

Auch die **Squeeze-Out-Regelungen** der §§ 327a ff. führen – entgegen einer teilweise vertrete- 37 nen Ansicht[115] – nicht zur Unzulässigkeit der übertragenden Auflösung. Die Materialien zum Gesetzgebungsverfahren[116] enthalten keine Anhaltspunkte dafür, dass dem Gesetzgeber bekannte, bereits in der Praxis bestehende Verfahren zum Ausschluss von Minderheiten eingeschränkt werden sollten. Vielmehr wollte der Gesetzgeber lediglich zusätzlich ein vereinfachtes Verfahren zum Ausschluss von Aktionären aus der Aktiengesellschaft unter Berücksichtigung umfassenden Minderheitenschutzes zur Verfügung stellen.[117]

4. Keine sachliche Rechtfertigung. Der Hauptversammlungsbeschluss zur **Zustimmung** zum 38 Vermögensübertragungsvertrag bedarf ebenso wie der **Auflösungsbeschluss** (§ 262 Abs. 1 Nr. 2) **einer sachlichen Rechtfertigung.** Weder der Zustimmungsbeschluss der Hauptversammlung zum Übertragungsvertrag noch der Auflösungsbeschluss unterliegen einer materiellen Beschlusskontrolle; insbes. erfolgt keine gerichtliche Inhaltskontrolle unter dem Gesichtspunkt ihrer Erforderlichkeit bzw. Verhältnismäßigkeit.[118] Der **BGH**[119] verlangt eine solche Rechtfertigung für den **Auflösungsbeschluss** auch dann **nicht,** wenn der Mehrheitsgesellschafter das Vermögen der Aktiengesellschaft durch Liquidation übernehmen will, dh die Auflösung betreibt, um anschließend das

---

[107] MüKoAktG/*Stein* Rn. 71; K. Schmidt/Lutter/*Seibt* Rn. 24.
[108] MüKoAktG/*Stein* Rn. 71, 72; Grigoleit/*Ehmann* Rn. 12.
[109] BVerfG LM GG Art. 14 (A) Nr. 63 j (5/2001) = NJW 2001, 279 (280); BayObLGZ 1998, 211 (216) = NJW-RR 1999, 1559; MüKoAktG/*Stein* Rn. 72.
[110] BVerfG LM GG Art. 14 (A) Nr. 63 j (5/2001) = NJW 2001, 279 (281); BayObLGZ 1998, 211 (216) = NJW-RR 1999, 1559; OLG Stuttgart AG 1997, 136 (137); MüKoAktG/*Stein* Rn. 73; *Lutter/Drygala* FS Kropff, 1997, 191 (213); aA *Hanau* NZG 2002, 1040 (1042); Grigoleit/*Ehmann* Rn. 12.
[111] *Henze* ZIP 1995, 1473 (1474 f.).
[112] OLG Stuttgart AG 1997, 136 (137); MüKoAktG/*Stein* Rn. 73; K. Schmidt/Lutter/*Seibt* Rn. 25; aA *Lutter/Drygala* FS Kropff, 1997, 191 (195, 216 ff.).
[113] BVerfG LM GG Art. 14 (A) Nr. 63 j (5/2001) = NJW 2001, 279 (280).
[114] BVerfG LM GG Art. 14 (A) Nr. 63 j (5/2001) = NJW 2001, 279 (281); MüKoAktG/*Stein* Rn. 73.
[115] Vgl. *Hanau* NZG 2002, 1040 (1047); *Wilhelm/Dreier* ZIP 2003, 1369 (1373 ff.); Grigoleit/*Ehmann* Rn. 12.
[116] BegrRegE BT-Drs. 14/7034, 31 f. (72 f.).
[117] MüKoAktG/*Stein* Rn. 74; *v. Morgen* WM 2003, 1553 (1555); *Wolf* ZIP 2002, 153 (154).
[118] BGHZ 103, 184 (190) = NJW 1988, 1579 (1580) – Linotype; BGHZ 76, 352 (353) = NJW 1980, 1278 – GmbH.
[119] BGHZ 103, 184 (191 f.) = NJW 1988, 1579 (1581) – Linotype.

Unternehmen aus der Liquidationsmasse zu erwerben. Da durch die Vermögensübertragung ähnliche Ergebnisse erzielt werden, muss dies auch für den sie betreffenden **Zustimmungsbeschluss** im Fall der übertragenden Auflösung gelten.[120] Allerdings kann der Zustimmungsbeschluss im Einzelfall wegen treuwidriger (§ 243 Abs. 2) bzw. missbräuchlicher Stimmabgabe oder aufgrund anderer Gesetzesverstöße anfechtbar oder nichtig sein,[121] wenn zB gegen das Gleichbehandlungsgebot des § 53a verstoßen wird.[122]

39 **a) Minderheit voll entschädigt.** Sofern die **Minderheit voll entschädigt** wird, ist § 179a **verfassungskonform,** denn die Mitgliedschaft als solche genießt keinen Bestandsschutz.[123] Die volle wirtschaftliche Entschädigung der ausgeschlossenen Aktionäre für den Verlust ihrer Beteiligung ist durch den Eigentumsschutz geboten.[124] Das BVerfG folgert daraus die obligatorische Eröffnung einer **gerichtlichen Kontrollmöglichkeit** bzgl. des für die Übernahme des Gesellschaftsvermögens vom Mehrheitsaktionär gezahlten **Erwerbspreises.** Dabei sieht das BVerfG zwei prozessuale Wege einer Wertkontrolle als verfassungskonform an, ohne die Zivilgerichte dabei festzulegen:[125]

40 Entweder müssen die Gerichte eine Wertkontrolle im Wege der aktienrechtlichen **Anfechtungsklage** ermöglichen oder den Aktionären muss in analoger Anwendung des § 306 aF das aktienrechtliche **Spruchverfahren** eröffnet werden. Sollten beide Wege nicht gangbar sein, muss auf eine Anfechtungsklage von Minderheitenaktionären hin die übertragende Auflösung unterbunden werden.[126]

41 **b) Keine Anwendung umwandlungsrechtlicher Sonderregelungen.** Umwandlungsrechtliche Regelungen sind **weder unmittelbar noch analog** anzuwenden, um die bei der übertragenden Auflösung verbleibenden Lücken zum Schutz der Minderheit zu schließen.[127] Ebenso wenig sind konzernrechtliche Schutzvorschriften in §§ 293a ff. heranzuziehen. § 179a ist auf die Übertragung des Vermögens auf einen außenstehenden Erwerber zugeschnitten; bei einer solchen sorgen die gleichlaufenden Interessen aller Gesellschafter für einen ausreichenden Minderheitenschutz. Selbst wenn wirtschaftliche Vergleichbarkeit der übertragenden Auflösung mit einer umwandlungsrechtlichen Verschmelzung vorliegt, fehlt für eine Analogie eine planwidrige Regelungslücke. Bei der Neufassung des § 179a hat der Gesetzgeber des UmwBerG in Kenntnis von existierenden Lücken des Minderheitenschutzes auf einen weitergehenden Schutz verzichtet, denn er wollte die Teilnahme der außenstehenden Aktionäre am Liquidationsverfahren nicht mit dem Ausschluss der Minderheit bei der Verschmelzung gleichsetzen.[128]

42 **c) Reaktion der Zivilgerichte.** Der BGH[129] hatte sich zur Eignung der beiden verfassungsrechtlich zulässigen Wege inzwischen geäußert: Der zweite Senat hielt es bei einem **regulären Delisting** für **unzweckmäßig,** durch eine **Anfechtungsklage** sicherzustellen, ob das Verkaufsangebot dem Verkehrswert der Aktien entspricht.[130] Die Aufgabe der Macrotron Rechtsprechung ändert nichts an der Aussage zum Verfahren: Die **Wertkontrolle** im Rahmen eines **Spruchverfahrens** wird den Belangen der Beteiligten besser gerecht, denn die Rechtsschutzziel ist auf eine angemessene Entschädigungszahlung gerichtet. Bei einer Anfechtungsklage können die klagenden Aktionäre lediglich eine Kassation des angefochtenen Beschlusses erreichen und damit dessen Durchsetzung vermeiden.

43 Die Begründung greift auch bei einer gerichtlichen Angemessenheitskontrolle des Kaufpreises bei der übertragenden Auflösung.[131] Denn auch bei der übertragenden Auflösung ist eine aktienrechtliche Anfechtungsklage unzweckmäßig. Weder kann mit ihr eine Neufestsetzung des Kaufpreises

---

[120] MüKoAktG/*Stein* Rn. 76; Hüffer/Koch/*Koch* Rn. 10; Bürgers/Körber/*Körber* Rn. 17.
[121] Vgl. BGHZ 103, 184 (193 ff.) = NJW 1988, 1579 (1581 ff.); MüKoAktG/*Stein* Rn. 76; Hüffer/Koch/*Koch* Rn. 10.
[122] MüKoAktG/*Hüffer/Schäfer* § 243 Rn. 45.
[123] BVerfG LM GG Art. 14 (A) Nr. 63 j (5/2001) = NJW 2001, 279 (281).
[124] BVerfG LM GG Art. 14 (A) Nr. 63 j (5/2001) = NJW 2001, 279 (281); LG Osnabrück AG 2002, 527; MüKoAktG/*Stein* Rn. 77.
[125] BVerfG LM GG Art. 14 (A) Nr. 63 j (5/2001) = NJW 2001, 279 (281).
[126] BVerfG LM GG Art. 14 (A) Nr. 63 j (5/2001) = NJW 2001, 279 (281); vgl. OLG Zweibrücken NZG 2005, 936 (937) = NJW-spezial 2005, 560.
[127] BayObLGZ 1998, 211 (216 f.) = NJW-RR 1999, 1559 – Magna Media; OLG Stuttgart AG 1994, 411 (412) – MotoMeter I; OLG Stuttgart AG 1997, 136 (137) – MotoMeter II; MüKoAktG/*Stein* Rn. 80; aA *Lutter/Drygala* FS Kropff, 1997, 191 (208, 214 f., 222).
[128] MüKoAktG/*Stein* Rn. 80.
[129] BGHZ 153, 47 (51 f.) = NJW 2003, 1032 (1035) – Macrotron.
[130] Krit. dazu *Holzborn* WM 2003, 1105 (1109); Abfindungsanspruch im Hinblick auf die lediglich betroffene Fungibilität aufgegeben durch BGH NZG 2013, 1342 ff.
[131] MüKoAktG/*Stein* Rn. 83.

erreicht werden noch eine endgültige Konfliktbewältigung. Zusätzlich birgt die Anfechtungsklage ein erhöhtes „Erpressungspotential". Auch droht eine zusätzliche Kostenbelastung für die Aktiengesellschaft, da die Hauptversammlung erneut beschließen muss.[132] Daher ist auch bei der übertragenden Auflösung eine Wertkontrolle im Rahmen des Spruchverfahrens vorzugswürdig, da es den Interessen der Beteiligten besser gerecht wird.

5. Angemessenheitskontrolle durch Spruchverfahren. a) Analoge Anwendung. Das BVerfG 44 hatte § 306 aF für entsprechend anwendbar erklärt.[133] An seine Stelle ist das Spruchverfahrensgesetz getreten. Seine Verfahrensregelungen sind entsprechend anwendbar, wenn es im Rahmen der übertragenden Auflösung um eine Wertkontrolle des vom Mehrheitsaktionär gezahlten Kaufpreises geht. Die Voraussetzungen für eine Analogie sind gegeben. Es handelt sich um eine planwidrige Regelungslücke, die, wie das BVerfG betont,[134] nur durch eine Angemessenheitskontrolle im Wege des Spruchverfahrens beseitigt werden kann. Der Gesetzgeber hat in Kenntnis der Probleme der übertragenden Auflösung § 179a zwar nicht in den Anwendungsbereich des SpruchG einbezogen. Allerdings hat er auf Anforderung des Bundesrates zur Aufstellung einer abschließenden Liste unter Bezugnahme auf die inzwischen aufgegebene Macrotron Entscheidung des BGH klargestellt, dass § 1 SpruchG nicht abschließend den Anwendungsbereich des SpruchG regele; vielmehr sei Raum für dessen analoge Anwendung auf vergleichbare Fälle.[135] Die Erwägungen des BGH[136] in seiner Macrotron-Entscheidung, bei einem Delisting sei eine schließungsbedürftige Schutzlücke durch unzulänglichen formellen Minderheitsschutz hervorgerufen,[137] treffen jedenfalls auf die übertragende Auflösung zu. Denn hier führt Vermögensentzug durch die Mehrheit (anders als bei dem nur die Fungibilität betreffenden Delisting) dazu, dass der durch den erforderlichen Zustimmungsbeschluss nach § 179a bewirkte formelle Minderheitsschutz zu kurz greift, um den bestehenden Konflikt zwischen Mehrheit und Minderheit bzgl. des durch den Mehrheitsaktionär gezahlten Kaufpreises in einer Weise zu bewältigen, der keine verfassungsmäßigen Bedenken entgegenstehen.[138]

b) Gegenstand der Angemessenheitskontrolle. Als materiellrechtlicher Anspruch des Aktio- 45 närs kommen als Gegenstand der Angemessenheitskontrolle in Betracht: Ein **eigenständiger Abfindungsanspruch** des Aktionärs,[139] die unmittelbare **Äquivalenzkontrolle** des vom Mehrheitsaktionär an die Gesellschaft zu zahlenden **Kaufpreises**[140] oder der Anspruch des Minderheitsaktionärs auf seinen **Anteil am Liquidationserlös**.[141] Das Defizit des Minderheitenschutzes liegt bei der übertragenden Auflösung gerade in der fehlenden Angemessenheitskontrolle des vom Mehrheitsaktionär zu erbringenden Kaufpreises, weswegen nach den Grundsätzen des MotoMeter-Beschlusses eine gerichtliche Wertkontrolle stattfinden kann. Insoweit ist auf Antrag des Minderheitsaktionärs im Spruchverfahren der Unternehmenskaufvertrag selbst einer **Äquivalenzkontrolle** zu unterziehen.[142] Zwar regelt § 1 SpruchG in direkter Anwendung nur Ansprüche der Aktionäre, während hier in analoger Anwendung der Kaufpreisanspruch der Aktiengesellschaft selbst betroffen ist. Allerdings geht es im Ergebnis auch um die zutreffende Bewertung der Abfindungsansprüche einzelner Aktionäre, denn die Höhe des Gesellschaftsanspruches hat unmittelbar Einfluss auf die Höhe des individuellen Anteils der Aktionäre am Liquidationserlös. Im Rahmen der analogen Anwendung steht also der unmittelbare Regelungsbereich des § 1 SpruchG, dh Ansprüche der Aktionäre, einer Anwendung auf einen Anspruch der Aktiengesellschaft selbst nicht im Weg.

VI. Anwendung der Grundsätze der übertragenden Auflösung auf einfache Vermögensübertragung iSv § 179a Abs. 1 iVm § 179

1. Auflösung durch Vermögensübertragung. Abs. 3 setzt selbst die Möglichkeit voraus, dass 46 das eigentliche Ziel der Vermögensübertragung die Auflösung der Gesellschaft sein kann.[143] Zwar ist die Auflösung der Aktiengesellschaft nicht die regelmäßige Rechtsfolge einer Vermögensübertra-

---

[132] Vgl. LG Köln AG 1999, 333 (334); MüKoAkt/*Stein* Rn. 83; *K. Schmidt* NZG 2003, 601 (603).
[133] BVerfG LM GG Art. 14 (A) Nr. 63 j (5/2001) = NJW 2001, 279 (281).
[134] BVerfG NJW 2001, 279 (281) – MotoMeter.
[135] BegrRegE BT-Drs. 15/838, 16.
[136] BGHZ 153, 47 = NJW 2003, 1032 (1034 f.).
[137] Krit. *Holzborn* WM 2003, 1105 ff.; aufgegeben durch BGH NZG 2013, 1342 ff.; auch nach dieser Entscheidung bejahend *Stöber* BB 2014, 9 ff.
[138] MüKoAktG/*Stein* Rn. 85; auch → Rn. 1 ff., 39.
[139] BGHZ 153, 47 = NJW 2003, 1032 (1034 f.).
[140] MüKoAktG/*Stein* Rn. 88.
[141] Vgl. *Henze* FS Peltzer, 2001, 181 (193).
[142] MüKoAktG/*Stein* Rn. 88.
[143] MüKoAktG/*Stein* Rn. 70.

gung, was mittelbar aus Abs. 3 hervorgeht. Jedoch ist die Auflösung durch **gesonderten Beschluss** der Hauptversammlung nach § 262 Abs. 1 Nr. 2 aus Anlass der Vermögensübertragung möglich. **Grundsätzlich** bestehen, mit **Ausnahme des unter V.** (→ Rn. 34 ff.) gesagten, **keine Bedenken** die Vermögensübertragung als einfaches Verfahren zur frühzeitigen „Versilberung" des Gesellschaftsvermögens[144] zu wählen. Im Allgemeinen werden keine verfassungsrechtlich geschützten Minderheiteninteressen verletzt. Denn sowohl der Beschluss zur Auflösung der Gesellschaft wie auch die Zustimmung der Hauptversammlung zur Vermögensübertragung sind lediglich Ausfluss des Prinzips der Mehrheitsherrschaft in der Aktiengesellschaft. Abs. 3 setzt die Möglichkeit einer Vermögensübertragung mit dem Ziel der Auflösung selbst voraus. Einer sachlichen Rechtfertigung bedarf es ebenso wenig wie bei der übertragenden Auflösung.

47 **2. Anwendung der Grundsätze der übertragenden Auflösung. a) Vermögensübertragung.** Eine **Vermögensübertragung** mit dem Ziel der Auflösung (§ 179a Abs. 1 S. 1 iVm § 179) **außerhalb einer übertragenden Auflösung** wird im Ergebnis nicht durch die dort entwickelten Grundsätze beschränkt bzw. modifiziert. MaW: die zur **übertragenden Auflösung entwickelten Grundsätze zum Schutz der Minderheit** sind auf eine außerhalb dieser liegende Vermögensübertragung **nicht anwendbar**. Die übertragende Auflösung stellt insoweit einen Sonderfall dar.[145] Denn Sinn und Zweck von § 179a ist es nicht, Aktionäre vor der Veräußerung des Gesellschaftsvermögens schlechthin zu schützen (→ Rn. 2). Die Entscheidung über eine derartige Vermögensübertragung, die zur Auflösung führt, steht nach dem Mehrheitsprinzip zur Disposition der qualifizierten Mehrheit. Außerhalb einer übertragenden Auflösung besteht kein (verfassungsrechtlich gebotenes) Bestandschutzinteresse der Minderheit, sie vor dem Verlust ihrer Mitgliedschaft (vermögensrechtlich) zu bewahren.[146]

48 Das BVerfG führt aus, dass Art. 14 Abs. 1 GG es nicht grundsätzlich ausschließt, eine Minderheit aus der Aktiengesellschaft zu drängen. Dies gilt **auch** dann, wenn ein Großaktionär eine übertragende Auflösung wählt und dabei das Ziel verfolgt, die wenigen (verbliebenen) Minderheitenaktionäre möglichst einfach aus der Gesellschaft zu drängen.[147] **Soweit** der Gesetzgeber dem Großaktionär die **übertragende Auflösung** einräumt, müssen dem jedoch **Schutzvorkehrungen zu Gunsten der Minderheitsaktionäre** gegenüberstehen.[148] Das BVerfG[149] gibt durch das Wort „soweit" zu erkennen, dass besondere Schutzvorkehrungen nur für den Fall der übertragenden Auflösung verfassungsrechtlich geboten sind. Würde man die besonderen Schutzvorkehrungen bzgl. der Minderheit auch im Übrigen bejahen, liefe dies der ratio legis des § 179a zuwider, der gerade voraussetzt, dass die Vermögensübertragung als einfaches Verfahren zur frühzeitigen Veräußerung des Gesellschaftsvermögens gewählt werden kann.[150]

49 **b) Umwandlungsrechtliche Sonderregelungen.** Erwirbt der Mehrheitsaktionär nicht selbst unter Hinausdrängung der Minderheit das gesamte Unternehmen der beherrschten Aktiengesellschaft – liegt also keine übertragende Auflösung vor – steht der Minderheit auch aus gesellschaftsrechtlicher Sicht kein weitergehender Schutz ihrer Interessen zu. **Weder** sind **umwandlungsrechtliche Sonderregelungen direkt noch entsprechend anwendbar.** Insoweit kann nichts anderes gelten als bei der auflösenden Übertragung. Wenn schon bei dieser der Mehrheitsaktionär grundsätzlich nicht verpflichtet ist, sich zum Ausschluss der Minderheit der Aktiengesellschaft derjeniger aktien- bzw. umwandlungsrechtlicher Verfahrensvorschriften (Eingliederung, Verschmelzung) zu bedienen, die einen stärkeren Minderheitenschutz beinhalten,[151] so ist er es erst Recht nicht bei einer einfachen Vermögensübertragung. Denn diese Vermögensübertragung stellt einen geringeren Eingriff in die Bestandsinteressen der Minderheitsaktionäre dar. Auch ergibt sich aus der Argumentation des BGH,[152] der im entschiedenen Fall § 179a Abs. 2 analog (Informationspflichten) anwenden will (→ Rn. 27 f.), nichts Gegenteiliges. Er betraf die Konstellation, in der auch die Hauptversammlung der Muttergesellschaft ohne gesetzliche Notwendigkeit über einen § 179a unterfallenden Vermögensübertragungsvertrag der Tochtergesellschaft entscheiden sollte. Würde man aus diesem Sonderfall (Informationspflichten betreffend) eine allgemeine Pflicht ableiten, bei einer einfachen Vermögensübertragung auf die Grundsätze der übertragenden Auflösung zurückzugreifen, so wäre

---

[144] BVerfG LM GG Art. 14 (A) Nr. 63 j (5/2001) = NJW 2001, 279 (280); MüKoAktG/*Stein* Rn. 70.
[145] MüKoAktG/*Stein* Rn. 8 und 70 aE.
[146] Vgl. BVerfG LM GG Art. 14 (A) Nr. 63 j (5/2001) = NJW 2001, 279 (281); MüKoAktG/*Stein* Rn. 8.
[147] BVerfG LM GG Art. 14 (A) Nr. 63 j (5/2001) = NJW 2001, 279 LS 1.
[148] BVerfG LM GG Art. 14 (A) Nr. 63 j (5/2001) = NJW 2001, 279 LS 2.
[149] BVerfG LM GG Art. 14 (A) Nr. 63 j (5/2001) = NJW 2001, 279 (280).
[150] MüKoAktG/*Stein* Rn. 70, 8.
[151] BVerfG LM GG Art. 14 (A) Nr. 63 j (5/2001) = NJW 2001, 279 (281); MüKoAktG/*Stein* Rn. 73.
[152] BGHZ 146, 288 (295) = NJW 2001, 1277 (1279) – Altana/Milupa.

dies mit dem Regelungsgegenstand des Abs. 1, der gerade keine sachliche Rechtfertigung verlangt, nicht vereinbar. Insoweit würde man auch verkennen, dass die Informationspflichten bei der einfachen Vermögensübertragung selbst auch schon nach Abs. 2 in direkter Anwendung zu beachten sind. Deshalb sind Ausgleichsansprüche bzw. Abfindungen von Minderheitenaktionären im Rahmen eines Spruchverfahrens infolge einer Angemessenheitskontrolle außerhalb der übertragenden Auflösung abzulehnen, sie verstoßen gegen § 179a.

3. Vermögensübertragung. Im Fall der Vermögensübertragung bestimmt Abs. 3, dass der Vermögensübertragungsbericht der Handelsregisteranmeldung der Auflösung in Ausfertigung oder öffentlich beglaubigter Abschrift beizufügen ist, falls die Gesellschaft aus Anlass der Vermögensübertragung aufgelöst wird. **Obwohl es keiner sachlichen Rechtfertigung**[153] des Auflösungsbeschlusses im Rahmen der Vermögensübertragung bedarf (auch → Rn. 38 ff.) ist in der Praxis regelmäßig zusätzlich die Erstellung eines **Vorstandsberichtes** zu empfehlen. Unabhängig von den Informationspflichten des Vorstandes zu Beginn der Hauptversammlung nach Abs. 2 Satz 4 kann der **Vorstandsbericht** eine **sachliche Rechtfertigung** enthalten, um das **Anfechtungsrisiko** möglichst **gering** zu halten. Auch wenn im Rahmen der übertragenden Auflösung der Weg über die analoge Anwendung der SpruchG-Verfahrensvorschriften vorzugswürdig ist, so besteht mangels einheitlicher Rspr. auch außerhalb dieser Übertragungsart die Gefahr der Anfechtung, die es zu minimieren gilt. 50

§ 180 Zustimmung der betroffenen Aktionäre

(1) Ein Beschluß, der Aktionären Nebenverpflichtungen auferlegt, bedarf zu seiner Wirksamkeit der Zustimmung aller betroffenen Aktionäre.

(2) Gleiches gilt für einen Beschluß, durch den die Übertragung von Namensaktien oder Zwischenscheinen an die Zustimmung der Gesellschaft gebunden wird.

Schrifttum: Asmus, Die vinkulierte Mitgliedschaft, 2001; *Bermel/Müller,* Vinkulierte Namensaktien und Verschmelzung, NZG 1998, 331; *Jänig/Leißring,* Neues Verfahrensrecht für Streitigkeiten in AG und GmbH, ZIP 2010, 110; *Schönhofer,* „Vinkulierungsklauseln" betreffend Übertragungen unter Lebenden von Namensaktien und GmbH-Anteilen unter besonderer Berücksichtigung der Rechtslage in der Schweiz und in Frankreich, 1972; *Stupp,* Anforderungen an die Vinkulierungsklausel bei Namensaktien, NZG 2005, 205 ff.; *Wälzholz,* Nebenleistungspflichten beim aufnehmenden Rechtsträger als Verschmelzungshindernis?, DStR 2006, 236; *Wiedemann,* Die nachträgliche Vinkulierung von Aktien und GmbH-Anteilen, NJW 1964, 282.

Übersicht

	Rn.		Rn.
I. Einleitung	1, 2	1. Zustimmungserfordernis	8
1. Normzweck	1	2. Zustimmung nicht erforderlich	9
2. Entstehungsgeschichte	2	3. Kapitalerhöhung	10–12
		a) Keine Zustimmung erforderlich	10
II. Auferlegen von Nebenpflichten (Abs. 1)	3–6	b) Zustimmung erforderlich	11
		c) Abgrenzung zum UmwG	12
1. Nebenpflichten	3	4. Vinkulierungsklausel	13
2. Auferlegen	4, 5	IV. Zustimmung	14–17
a) Zustimmungserfordernis	4	1. Allgemeines	14
b) Entbehrlichkeit der Zustimmung	5	2. Rechtsnatur und Form der Zustimmung	15
3. Anpassung	6	3. Rechtsfolgen	16
III. Vinkulierung (Abs. 2)	7–13	4. Prüfung durch das Registergericht	17

I. Einleitung

1. Normzweck. § 180 ergänzt die Regelung des § 179, indem er die Satzungsänderung in zwei besonders wichtigen Fällen erschwert.[1] Abs. 1 dient dem Schutz der Aktionäre vor nachträglicher Vermehrung ihrer Pflichten und ist insofern Ausprägung des gesellschaftsrechtlichen **Belastungsverbotes**.[2] Abs. 2 soll eine engere Bindung an die Gesellschaft durch Veräußerungsbeschränkungen 1

---

[153] BGHZ 103, 184 (190) = NJW 1988, 1579 (1580); BGHZ 76, 352 (353) = NJW 1980, 1278 – GmbH.
[1] Kölner Komm AktG/*Zöllner* Rn. 2; MüKoAktG/*Stein* Rn. 1.
[2] Großkomm AktG/*Wiedemann* Rn. 4; Kölner Komm AktG/*Zöllner* Rn. 2; MüKoAktG/*Stein* Rn. 4; BGH NJW 2015, 549 (550) zur WEG.

§ 180   2–5   Erstes Buch. Aktiengesellschaft

(Vinkulierung) von Aktien oder Zwischenscheinen erschweren[3] und damit den Aktionären die Möglichkeit zum **Austritt aus der Gesellschaft** als Teil ihres Mitgliedschaftsrechts gewährleisten.[4] Das Vertrauen eines Investors in die freie Übertragbarkeit seiner Anteile wird geschützt.[5] Eine Schlechterstellung von Aktionären durch einen Hauptversammlungsbeschluss in einem der in Abs. 1 und Abs. 2 genannten Fälle erfordert die Einzelzustimmung der betroffenen Aktionäre. Dabei greift § 180 unabhängig davon ein, ob alle Aktionäre von einem Satzungsänderungsbeschluss gleichermaßen betroffen sind.[6] Die Regelung geht über den Schutz vor Ungleichbehandlung aus § 53a hinaus, da ein Verstoß gegen den Gleichbehandlungsgrundsatz nur zur Anfechtbarkeit des Beschlusses führt. Hingegen führt die Ablehnung des fraglichen Satzungsänderungsbeschlusses durch einen betroffenen Aktionär zur Unwirksamkeit desselben.[7]

2   **2. Entstehungsgeschichte.** § 180 Abs. 1 entspricht nahezu wörtlich § 147 AktG 1937.[8] Abs. 2 ist 1965 eingefügt worden und stellte der damals hM folgend klar, dass die Vinkulierung von Namensaktien und Zwischenscheinen von der Zustimmung aller betroffenen Aktionäre abhängig ist.[9]

II. Auferlegen von Nebenpflichten (Abs. 1)

3   **1. Nebenpflichten.** Der Anwendungsbereich des Abs. 1 ist auf mitgliedschaftliche Nebenpflichten iSv § 55 beschränkt, die den Aktionären nachträglich durch einen Satzungsänderungsbeschluss auferlegt werden.[10] Solche Nebenpflichten kommen nur für vinkulierte Namensaktien in Frage.[11] Die Vorschrift gilt weder für satzungsergänzende,[12] noch für auf schuldrechtlichen Vereinbarungen beruhende Nebenpflichten.[13]

4   **2. Auferlegen. a) Zustimmungserfordernis.** Vom Regelungszweck des Abs. 1 umfasst ist sowohl der Schutz vor nachträglicher Einführung als auch vor nachteiliger Veränderung bereits vorhandener Nebenpflichten durch einen Satzungsänderungsbeschluss.[14] Beispiele solcher nachteiliger Änderungen sind der Ausbau von Pflichten nach Art und Umfang,[15] die Einführung von Vertragsstrafen nach § 55 Abs. 2 zur Sicherung der Pflichten,[16] die Herabsetzung der satzungsmäßigen Gegenleistung,[17] die Aufhebung einer zeitlichen Begrenzung[18] sowie die Verlängerung einer satzungsmäßig auf bestimmte Zeit vorgesehenen Nebenleistungs-AG.[19] Diese Veränderungen bereits existenter Nebenpflichten sind ebenso wie die nachträgliche Einführung zustimmungsbedürftig.

5   **b) Entbehrlichkeit der Zustimmung.** Nicht zustimmungsbedürftig sind die Festlegung von Nebenpflichten in der Gründungssatzung[20] und die Erzeugung neuer Aktien zur effektiven Kapitalerhöhung.[21] Beschlüsse, die in Nebenpflichten nicht nachteilig eingreifen oder bestehende Nebenverpflichtungen abmildern oder gänzlich beseitigen, sind ebenfalls nicht zustimmungsbedürftig.[22] Dies ergibt sich bereits aus dem Zweck der Norm. Unter Umständen ist jedoch ein Sonderbeschluss der übrigen Aktionäre gem. § 179 Abs. 3 erforderlich.[23] Eine Zustimmung ist außerdem dann nicht

---

[3] Hüffer/Koch/*Koch* Rn. 1; K. Schmidt/Lutter/*Seibt* Rn. 1.
[4] Großkomm AktG/*Wiedemann* Rn. 5; Kölner Komm AktG/*Zöllner* Rn. 2; MüKoAktG/*Stein* Rn. 15.
[5] Kölner Komm AktG/*Zöllner* Rn. 10; Grigoleit/*Ehmann* Rn. 5.
[6] Kölner Komm AktG/*Zöllner* Rn. 2; MüKoAktG/*Stein* Rn. 1.
[7] Kölner Komm AktG/*Zöllner* Rn. 2.
[8] Kölner Komm AktG/*Zöllner* Rn. 1.
[9] Großkomm AktG/*Wiedemann* Rn. 2; MüKoAktG/*Stein* Rn. 2.
[10] Kölner Komm AktG/*Zöllner* Rn. 3; Großkomm AktG/*Wiedemann* Rn. 7; MüKoAktG/*Stein* Rn. 5; NK-AktR/*Wagner* Rn. 3.
[11] Kölner Komm AktG/*Zöllner* Rn. 3.
[12] MüKoAktG/*Stein* Rn. 5; Bürgers/Körber/*Körber* Rn. 2.
[13] MüKoAktG/*Stein* Rn. 5; Bürgers/Körber/*Körber* Rn. 2.
[14] Großkomm AktG/*Wiedemann* Rn. 8; MüKoAktG/*Stein* Rn. 8; Hüffer/Koch/*Koch* Rn. 3; K. Schmidt/Lutter/*Seibt* Rn. 5.
[15] RGZ 91, 166 (169); 121, 238 (241 f.); 136, 313 (317); Hüffer/Koch/*Koch* Rn. 3.
[16] RGZ 121, 238 (242); Kölner Komm AktG/*Zöllner* Rn. 5; K. Schmidt/Lutter/*Seibt* Rn. 5.
[17] Kölner Komm AktG/*Zöller* Rn. 5; Kölner Komm AktG/*Lutter* § 55 Rn. 18.
[18] Hüffer/Koch/*Koch* Rn. 3.
[19] Kölner Komm AktG/*Zöllner* Rn. 5; Großkomm AktG/*Wiedemann* Rn. 7.
[20] MüKoAktG/*Stein* Rn. 7; Bürgers/Körber/*Körber* Rn. 2.
[21] Großkomm AktG/*Wiedemann* Rn. 8; MüKoAktG/*Stein* Rn. 7; Hüffer/Koch/*Koch* Rn. 4; Bürgers/Körber/*Körber* Rn. 5.
[22] Großkomm AktG/*Wiedemann* Rn. 10; Kölner Komm AktG/*Zöllner* Rn. 6; MüKoAktG/*Stein* Rn. 13; Hüffer/Koch/*Koch* Rn. 3.
[23] Großkomm AktG/*Wiedemann* Rn. 10; Kölner Komm AktG/*Zöllner* Rn. 6; MüKoAktG/*Stein* Rn. 13; Hüffer/Koch/*Koch* Rn. 3 f.

erforderlich, wenn die Satzung einen Vorbehalt enthält, demzufolge die Hauptversammlung ermächtigt ist, Nebenpflichten aufzuerlegen.[24]

3. Anpassung. Nach einer entsprechenden Satzungsänderung sind Aktienurkunden wie Zwischenscheine nicht mehr aktuell und daher auszutauschen oder auf den neuesten Stand zu bringen.[25] Unter Umständen kann die AG nach Maßgabe des § 73 die notwendigen Änderungen erwirken, indem sie mit einer Kraftloserklärung der unberichtigten Aktienurkunden droht. 6

III. Vinkulierung (Abs. 2)

Nach Abs. 2 ist eine Zustimmung der Inhaber von Namensaktien und Zwischenscheinen in einem Satzungsänderungsbeschluss erforderlich, wenn die Übertragung dieser Anteile nachträglich an das Einverständnis der AG gebunden werden soll. Die Aufnahme einer solchen Klausel in die Satzung versetzt die Gesellschafter in die Lage, auf die Umlauffähigkeit der Aktien Einfluss zu nehmen. Eine Vinkulierung kommt nur für Namensaktien und Zwischenscheine in Betracht, weshalb sich der Anwendungsbereich von Abs. 2 auf diese Fälle beschränkt.[26] 7

1. Zustimmungserfordernis. Der Regelungsbereich des Abs. 2 erstreckt sich neben der nachträglichen Vinkulierung auch auf die Erschwerung einer bestehenden Vinkulierung.[27] Eine solche Erschwerung besteht zB in der Aufhebung oder in einer für die Betroffenen nachteiligen Änderung einer Satzungsklausel, die bestimmt, dass die Zustimmung zur Übertragung nur aus bestimmten Gründen versagt werden darf.[28] Die Zustimmung ist daher auch erforderlich, wenn eine satzungsmäßige Aufzählung von Verweigerungsgründen erweitert wird.[29] Als Verschärfung ist ferner die Übertragung der Zuständigkeit für die Vinkulierung anzusehen, wenn dadurch die Entscheidung verzögert wird.[30] Dies ist zB bei der Übertragung der Kompetenz seitens des Vorstands oder Aufsichtsrats hin zur Hauptversammlung der Fall.[31] Bei einer Verschmelzung müssen die Aktionäre der aufnehmenden Gesellschaft zustimmen, wenn ihre Aktien dabei vinkuliert werden sollen.[32] 8

2. Zustimmung nicht erforderlich. Eine Zustimmung ist nicht erforderlich, wenn durch den Beschluss eine Vinkulierung aufgehoben bzw. gelockert werden soll[33] oder wenn die Einführung der Vinkulierung auf einer Ermächtigung in der Satzung beruht.[34] § 180 Abs. 2 kommt nicht zur Anwendung, wenn bei einer Verschmelzung Aktionäre der übertragenden Gesellschaft vinkulierte Aktien der aufnehmenden AG erhalten sollen.[35] 9

3. Kapitalerhöhung. a) Keine Zustimmung erforderlich. Im Falle einer Kapitalerhöhung besteht nur dann die Notwendigkeit der Zustimmung von Altaktionären, sofern sich die Rechtslage der Aktionäre bezüglich der Jungaktien nachträglich verschlechtert.[36] Für die Inhaber von Namensaktien oder Zwischenscheinen, die laut Satzung bereits vor der Kapitalerhöhung vinkuliert waren, entfällt somit das Zustimmungsrecht bezüglich der Jungaktien.[37] Die Zustimmungspflicht besteht weiterhin nicht, wenn das Bezugsrecht der Altaktionäre ausgeschlossen ist[38] oder die Aktien nur für bestimmte Neuaktionäre bestimmt sind.[39] Dazu kann es zB im Rahmen der bedingten Kapitalerhö- 10

---

[24] Kölner Komm AktG/*Zöllner* Rn. 7; Hüffer/Koch/*Koch* Rn. 4; Bürgers/Körber/*Körber* Rn. 4.
[25] MüKoAktG/*Stein* Rn. 14.
[26] MüKoAktG/*Stein* Rn. 15; Hüffer/Koch/*Koch* Rn. 5 f.; *Stupp* NZG 2005, 205 ff.; K. Schmidt/Lutter/*Seibt* Rn. 8.
[27] HM Kölner Komm AktG/*Zöllner* Rn. 11; MüKoAktG/*Stein* Rn. 18; Großkomm AktG/*Wiedemann* Rn. 12; Hüffer/Koch/*Koch* Rn. 6.
[28] HM Kölner Komm AktG/*Zöllner* Rn. 11; MüKoAktG/*Stein* Rn. 19; Großkomm AktG/*Wiedemann* Rn. 12; Hüffer/Koch/*Koch* Rn. 6.
[29] MüKoAktG/*Stein* Rn. 19; Hüffer/Koch/*Koch* Rn. 6.
[30] MüKoAktG/*Stein* Rn. 19.
[31] MüKoAktG/*Stein* Rn. 19; Wachter/*Wachter* Rn. 10; aA MüKoAktG/*Bayer* § 68 Rn. 46.
[32] Hüffer/Koch/*Koch* Rn. 6 mwN.
[33] Kölner Komm AktG/*Zöllner* Rn. 15; MüKoAktG/*Stein* Rn. 22; Großkomm AktG/*Wiedemann* Rn. 12; Hüffer/Koch/*Koch* Rn. 6.
[34] Kölner Komm AktG/*Zöllner* Rn. 12; Grigoleit/*Ehmann* Rn. 5.
[35] Hüffer/Koch/*Koch* Rn. 6; Bürgers/Körber/*Körber* Rn. 8; unten → Rn. 12.
[36] Hüffer/Koch/*Koch* Rn. 7; NK-AktR/*Wagner* Rn. 7.
[37] LG Bonn AG 1970, 18 (19); Großkomm AktG/*Wiedemann* Rn. 14; Kölner Komm AktG/*Zöllner* Rn. 13; MüKoAktG/*Stein* Rn. 25; Hüffer/Koch/*Koch* Rn. 7; aA Großkomm AktG/*Barz* § 68 Rn. 6; v. Godin/*Wilhelmi* § 68 Rn. 10.
[38] Hüffer/Koch/*Koch* Rn. 7; Bürgers/Körber/*Körber* Rn. 9.
[39] Großkomm AktG/*Wiedemann* Rn. 15; Kölner Komm AktG/*Zöllner* Rn. 13; MüKoAktG/*Stein* Rn. 25; Hüffer/Koch/*Koch* Rn. 7.

hung nach § 192 Abs. 2 Nr. 2 und 3 oder durch eine Verschmelzung gem. § 69 UmwG kommen.[40] Die Vinkulierung junger Aktien erstreckt sich grundsätzlich auch auf die Bezugsrechte, eine abweichende Regelung kann aber bei der Kapitalerhöhung festgelegt werden,[41] um die Zustimmung der Stammaktionäre mit höherer Wahrscheinlichkeit zu erlangen.[42] Wird die Vinkulierung aufgehoben ist dies kein Nachteil für die Inhaber und deren Zustimmung folglich nicht notwendig.[43]

11   **b) Zustimmung erforderlich.** Ein mit der Zustimmung der betroffenen Aktionäre versehener Satzungsänderungsbeschluss ist notwendig, wenn die Satzung keine Vinkulierung vorsieht und eine solche erstmals durch eine Kapitalerhöhung für die neu gebildeten Jungaktien oder Zwischenscheine eingeführt werden soll.[44] Für einen Erhöhungsbeschluss, der nur eine Vinkulierung für Teile der Jungaktien beabsichtigt, gilt entsprechend, dass die Zustimmung derjenigen Aktionäre nach Abs. 2 erforderlich ist, deren Stammaktien frei übertragbar waren, und deren Jungaktien nun vinkuliert werden sollen.[45] In diesem Fall muss der Erhöhungsbeschluss klar stellen, dass und in welchem Ausmaß vinkulierte Aktien ausgegeben werden sollen.[46] Die Konsequenz fehlender Zustimmung ist nicht etwa die Unwirksamkeit der Kapitalerhöhung, sondern lediglich die der Vinkulierung.[47]

12   **c) Abgrenzung zum UmwG.** Bei einer **Verschmelzung zur Neugründung oder Aufnahme** durch die vinkulierten Aktien der übernehmenden Gesellschaft, welche den Aktionären des übertragenden Rechtsträgers angeboten werden, kommt § 180 Abs. 2 nicht zur Anwendung.[48] Es handelt sich weder bei den Aktionären der übernehmenden Aktiengesellschaft noch bei denen der übertragenden Gesellschaft um Betroffene im Sinne der Regelung.[49] Anwendbar ist § 29 Abs. 1 S. 2 UmwG.[50] Danach muss den Altaktionären ein Barabfindungsangebot gemacht werden, wenn die Aktien des übernehmenden Rechtsträgers Verfügungsbeschränkungen unterworfen sind.[51] Wird ein **Formwechsel** durchgeführt, kommt Abs. 2 ebenfalls nicht zur Anwendung, es entsteht der Barabfindungsanspruch nach § 207 UmwG.[52] Das Zustimmungserfordernis des Abs. 2 greift jedoch ein, wenn bei einer Verschmelzung bestehende Aktien vinkuliert oder Handelsbeschränkungen erweitert werden sollen.[53]

13   **4. Vinkulierungsklausel.** Eine über die Vinkulierung hinausgehende Einschränkung der Veräußerbarkeit der Aktien durch einen Satzungsbeschluss ist unzulässig.[54] Eine Bindung der Aktionäre außerhalb der Regelung des § 180 Abs. 2, beispielsweise durch Formerfordernisse bei der Vornahme der Abtretung der Namensaktien, widerspricht dem Grundsatz der freien Übertragbarkeit des Mitgliedschaftsrechts.[55] Denn die Übertragung von Namensaktien bestimmt sich allein nach den Vorschriften der §§ 398, 413 BGB; eine Erschwerung ist nur innerhalb der Regelung des § 180 Abs. 2 möglich.[56] Die Möglichkeit einer schuldrechtlichen Vereinbarung über eine Erschwerung der Veräußerung der Aktien ist damit jedoch nicht ausgeschlossen.[57] Eine solche schuldrechtliche Vereinbarung würde bei Nichteinhaltung jedoch nur intern zu einer Schadensersatzpflicht führen; die Veräußerung an sich ist wirksam.[58]

IV. Zustimmung

14   **1. Allgemeines.** Die Zustimmung aller betroffenen Aktionäre ist neben den Abstimmungsmehrheiten ein **weiteres Wirksamkeitserfordernis** für Satzungsänderungsbeschlüsse, die eine Einfüh-

---

[40] MüKoAktG/*Stein* Rn. 25; Hüffer/Koch/*Koch* Rn. 7.
[41] Großkomm AktG/*Wiedemann* Rn. 14; Kölner Komm AktG/*Zöllner* Rn. 14.
[42] Kölner Komm AktG/*Zöllner* Rn. 14.
[43] Kölner Komm AktG/*Zöllner* Rn. 15; Kölner Komm AktG/*Lutter* § 68 Rn. 25; Großkomm AktG/*Wiedemann* Rn. 12; Hüffer/Koch/*Koch* Rn. 6; MüKoAktG/*Stein* Rn. 22.
[44] Großkomm AktG/*Wiedemann* Rn. 16; Kölner Komm AktG/*Zöllner* Rn. 13; Hüffer/Koch/*Koch* Rn. 7; Lutter/*Schneider* ZGR 1975, 182 (185 f.); K. Schmidt/Lutter/*Seibt* Rn. 12.
[45] Kölner Komm AktG/*Zöllner* Rn. 13; Hüffer/Koch/*Koch* Rn. 7.
[46] Kölner Komm AktG/*Zöllner* Rn. 13; MüKoAktG/*Stein* Rn. 26; Hüffer/Koch/*Koch* Rn. 7.
[47] Kölner Komm AktG/*Zöllner* Rn. 13.
[48] MüKoAktG/*Stein* Rn. 28; *Wälzholz* DStR 2006, 236.
[49] MüKoAktG/*Stein* Rn. 28; Hüffer/Koch/*Koch* Rn. 6; Bürgers/Körber/*Körber* Rn. 8.
[50] Hüffer/Koch/*Koch* Rn. 6; MüKoAktG/*Stein* Rn. 28; *Bremel/Müller* NZG 1998, 331 (334).
[51] *Bremel/Müller* NZG 1998, 331 (334); MüKoAktG/*Stein* Rn. 28.
[52] MüKoAktG/*Stein* Rn. 28; aA zum früheren Recht (§ 369 AktG) LG Bonn AG 1991, 114 (115) mwN.
[53] MüKoAktG/*Stein* Rn. 28; Hüffer/Koch/*Koch* Rn. 6.
[54] BGH NJW 2004, 3561 (3562); zust. *Noack* EWiR 2005, 49 (50).
[55] BGHZ 160, 253 (256 f.) = NJW 2004, 3561 (3562).
[56] *Noack* EWiR 2005, 49 (50); Bürgers/Körber/*Körber* Rn. 7.
[57] *Stupp* NZG 2005, 205 (207).
[58] *Stupp* NZG 2005, 205 (207).

rung bzw. Verschärfung von Nebenpflichten oder eine Vinkulierung vorsehen.[59] Im Gegensatz zur Regelung des § 179 Abs. 3 ist ein mit qualifizierter Mehrheit gefasster Beschluss nicht ausreichend.[60] Liegt ein Fall der Einzelzustimmung nach § 180 vor, wird § 179 Abs. 3 verdrängt.[61]

2. Rechtsnatur und Form der Zustimmung. Bei der Zustimmung handelt es sich um eine empfangsbedürftige Willenserklärung eines betroffenen Aktionärs, die gegenüber der AG abzugeben ist.[62] Die Erklärung kann vor, während und nach der über einen Beschluss nach Abs. 1 oder Abs. 2 entscheidenden Hauptversammlung erfolgen.[63] Ein besonderes **Formbedürfnis** besteht nicht, soweit die Satzung ein solches nicht vorschreibt.[64] Eine formlose Zustimmung ist also grundsätzlich ebenfalls gültig.[65] Dies gilt auch für die nachträgliche Zustimmung eines betroffenen Aktionärs, der nicht an der Hauptversammlung teilgenommen hat.[66] Die Zustimmung kann ebenfalls stillschweigend oder durch schlüssiges Verhalten erklärt werden;[67] bspw. kann eine konkludente Zustimmung darin liegen, dass ein Betroffener die AG um Genehmigung der Veräußerung bittet[68] oder dem Hauptversammlungsbeschluss, der die Vinkulierung zum Gegenstand hat, zustimmt.[69] Im bloßen Verstreichenlassen einer Anfechtungsfrist kann hingegen keine Zustimmung gesehen werden.[70] Die Zustimmung bindet sowohl den Aktionär als auch einen Rechtsnachfolger, der die Aktie vor der Eintragung des Beschlusses in das Handelsregister erworben hat.[71]

3. Rechtsfolgen. Der Beschluss ist schwebend unwirksam, solange nicht alle Betroffenen ihre Zustimmung erklärt haben.[72] Wird die Zustimmung von mindestens einem Betroffenen nicht erteilt, führt dies grundsätzlich zur Unwirksamkeit des Beschlusses.[73] Dies soll auch dann gelten, wenn nicht alle Zustimmungen innerhalb einer angemessenen Frist vorliegen.[74] Eine Eintragung in das Handelsregister kann den Mangel der fehlenden Zustimmung nicht heilen.[75] Von dem Grundsatz der Unwirksamkeit des Beschlusses kann abgewichen werden, indem der Satzungsänderungsbeschluss so gefasst wird, dass die Vinkulierung von Anteilscheinen oder die Auferlegung von Nebenpflichten nur für diejenigen Aktionäre wirksam wird, die der Änderung zustimmen.[76] Von einer entsprechenden Zustimmung kann aber nur ausgegangen werden, wenn die Formulierung des Hauptversammlungsbeschlusses den Willen der Betroffenen erkennen lässt, sich binden zu wollen, obwohl andere Aktionäre die Veränderung ablehnen können. Bestehen hierüber Zweifel, ist der Beschluss unwirksam.[77]

4. Prüfung durch das Registergericht. Der Registerrichter muss im Rahmen der Wirksamkeitsprüfung der Satzungsänderung feststellen, ob die Zustimmung aller Betroffenen vorliegt. Ansons-

---

[59] MüKoAktG/*Stein* Rn. 29; Bürgers/Körber/*Körber* Rn. 10.
[60] MüKoAktG/*Stein* Rn. 30.
[61] Großkomm AktG/*Wiedemann* Rn. 17; MüKoAktG/*Stein* Rn. 29 f.
[62] Großkomm AktG/*Wiedemann* Rn. 18; MüKoAktG/*Stein* Rn. 31; Kölner Komm AktG/*Zöllner* Rn. 16; Hüffer/Koch/*Koch* Rn. 8.
[63] AllgM RGZ 68; 263 (266); 121, 238 (344); Großkomm AktG/*Wiedemann* Rn. 18; MüKoAktG/*Stein* Rn. 31; Kölner Komm AktG/*Zöllner* Rn. 16; Hüffer/Koch/*Koch* Rn. 8.
[64] Großkomm AktG/*Wiedemann* Rn. 19; MüKoAktG/*Stein* Rn. 32; K. Schmidt/Lutter/*Seibt* Rn. 14.
[65] AllgM RGZ 68, 263 (266); 121, 238 (344); Großkomm AktG/*Wiedemann* Rn. 19; MüKoAktG/*Stein* Rn. 32; Kölner Komm AktG/*Zöllner* Rn. 16; Hüffer/Koch/*Koch* Rn. 8.
[66] Großkomm AktG/*Wiedemann* Rn. 19.
[67] RGZ 121, 238 (244); MüKoAktG/*Stein* Rn. 33; K. Schmidt/Lutter/*Seibt* Rn. 14.
[68] Kölner Komm AktG/*Zöllner* Rn. 16.
[69] RGZ 68, 263 (266); Großkomm AktG/*Wiedemann* Rn. 19; MüKoAktG/*Stein* Rn. 33; Kölner Komm AktG/*Zöllner* Rn. 16; Hüffer/Koch/*Koch* Rn. 8.
[70] Großkomm AktG/*Wiedemann* Rn. 19; MüKoAktG/*Stein* Rn. 33; Kölner Komm AktG/*Zöllner* Rn. 16; Hüffer/Koch/*Koch* Rn. 8; aA für die Genossenschaft RGZ 140, 231 (247).
[71] Kölner Komm AktG/*Zöllner* Rn. 17; MüKoAktG/*Stein* Rn. 34; Hüffer/Koch/*Koch* Rn. 8.
[72] RGZ 121, 238 (244); Großkomm AktG/*Wiedemann* Rn. 20; MüKoAktG/*Stein* Rn. 35; Kölner Komm AktG/*Zöllner* Rn. 18; Hüffer/Koch/*Koch* Rn. 9; Bürgers/Körber/*Körber* Rn. 11.
[73] AllgM BGHZ 160, 253 (257) = NJW 2004, 3561 (3562); RGZ 121, 238 (244); Großkomm AktG/*Wiedemann* Rn. 20; MüKoAktG/*Stein* Rn. 35; Kölner Komm AktG/*Zöllner* Rn. 18; Hüffer/Koch/*Koch* Rn. 9; Baumbach/Hueck Rn. 4.
[74] Großkomm AktG/*Wiedemann* Rn. 20.
[75] Hüffer/Koch/*Koch* Rn. 9; Bürgers/Körber/*Körber* Rn. 11; aA Grigoleit/*Ehmann* Rn. 8, der Analogie zu § 242 Abs. 2 für denkbar und erwägenswert hält.
[76] Großkomm AktG/*Wiedemann* Rn. 20; MüKoAktG/*Stein* Rn. 36; Kölner Komm AktG/*Zöllner* Rn. 18; Hüffer/Koch/*Koch* Rn. 9.
[77] Großkomm AktG/*Wiedemann* Rn. 20; MüKoAktG/*Stein* Rn. 36; Kölner Komm AktG/*Zöllner* Rn. 18; Hüffer/Koch/*Koch* Rn. 9.

ten darf die Satzungsänderung nicht eintragen werden.[78] Jede Zustimmung muss zwar einzeln nachgewiesen werden, wegen der Formfreiheit der Zustimmung reicht dafür aber eine Erklärung des Vorstands aus.[79] Öffentlich beglaubigte Nachweise sind nicht erforderlich.[80] Schriftliche Zustimmungen einzelner oder namentliche Abstimmung sind dennoch empfehlenswerte Vorkehrungen, die der Vorstand treffen kann.[81] Bei einstimmigen Beschlüssen und der Anwesenheit aller Aktionäre besteht der einfachste und sicherste Nachweis in der Vorlage der Teilnehmerliste und des Hauptversammlungsprotokolls.[82]

§ 181 Eintragung der Satzungsänderung

(1) ¹Der Vorstand hat die Satzungsänderung zur Eintragung in das Handelsregister anzumelden. ²Der Anmeldung ist der vollständige Wortlaut der Satzung beizufügen; er muß mit der Bescheinigung eines Notars versehen sein, daß die geänderten Bestimmungen der Satzung mit dem Beschluß über die Satzungsänderung und die unveränderten Bestimmungen mit dem zuletzt zum Handelsregister eingereichten vollständigen Wortlaut der Satzung übereinstimmen.

(2) Soweit nicht die Änderung Angaben nach § 39 betrifft, genügt bei der Eintragung die Bezugnahme auf die beim Gericht eingereichten Urkunden.

(3) Die Änderung wird erst wirksam, wenn sie in das Handelsregister des Sitzes der Gesellschaft eingetragen worden ist.

Schrifttum: *Ammon,* Die Anmeldung zum Handelsregister, DStR 1993, 1025; *Baums,* Eintragung und Löschung von Gesellschafterbeschlüssen, 1981; *Bokelmann,* Eintragung eines Beschlusses: Prüfungskompetenz des Registerrichters bei Nichtanfechtung, rechtsmissbräuchlicher Anfechtungsklage und bei Verschmelzung, DB 1994, 1341; *Brombach,* Zum Problem der Rückwirkung von Satzungsänderungen, 1965; *Casper,* Die Heilung nichtiger Beschlüsse im Kapitalgesellschaftsrecht, 1998; *Dempewolf,* Die Rückwirkung von Satzungsänderungen aktienrechtlicher Gesellschaften, NJW 1985, 1212; *Geßler,* Der „vollständige Wortlaut" des Gesellschaftsvertrages einer Gesellschaft m. b. H., Rpfleger 1972, 241; *Gustavus,* Handelsregister-Anmeldungen, 5. Aufl. 2001; *Gustavus,* Möglichkeiten zur Beschleunigung des Eintragungsverfahrens bei der GmbH, GmbHR 1993, 259; *Gustavus,* Nochmals: Die Bescheinigung des Notars über den Wortlaut des Gesellschaftsvertrages einer GmbH, DNotZ 1971, 229; *Gustavus,* Die registerrechtlichen Bestimmungen des Gesetzes zur Durchführung der Ersten EWG-Richtlinie zur Koordinierung des Gesellschaftsrechts, BB 1969, 1335; *Jacobs/Woeste,* Satzungsänderung mit rückwirkender Gültigkeit?, AG 1958, 211; *Jänig/Leißring,* Neues Verfahrensrecht für Streitigkeiten in AG und GmbH, ZIP 2010, 110; *Krafka/Kühn,* Registerrecht, 10. Aufl. 2017; *Keidel* FamFG, 19. Aufl. 2017; *Leuering/Stein,* Vorstandspflichten im Hinblick auf Hauptversammlungsbeschlüsse, NJW-Spezial 2013, 271; *Lutter,* Die Eintragung anfechtbarer Hauptversammlungsbeschlüsse im Handelsregister, NJW 1969, 1873; *Priester,* Unwirksamkeit der Satzungsänderung bei Eintragungsfehlern?, BB 2002, 2613; *Rawert,* Prüfungspflichten des Registerrichters nach dem Entwurf des Handelsrechtsreformgesetzes, in Hommelhoff/Röhricht, RWS-Forum 10: Gesellschaftsrecht 1997, 1998, S. 81; *Ries,* Auswirkungen der Reform des Rechts der freiwilligen Gerichtsbarkeit auf das Gesellschaftsrecht unter Berücksichtigung der Neuerungen durch das MoMiG und das ARUG, NZG 2009, 654; *Roeckl-Schmidt/Stoll,* Auswirkungen der späteren Fertigstellung der notariellen Niederschrift auf die Wirksamkeit von Beschlüssen der Hauptversammlung, AG 2012, 225; *Röll,* Satzungsbescheinigung und Gestaltung des GmbH-Gesellschaftsvertrages, GmbHR 1982, 251; *Röll,* Gesellschaftsvertrag und die Satzungsbescheinigung, DNotZ 1981, 16; *Röll,* Die Bescheinigung des Notars über den Wortlaut des Gesellschaftsvertrags einer Gesellschaft mit beschränkter Haftung, DNotZ 1970, 337; *Säcker,* Inhaltskontrolle von Satzungen mitbestimmter Unternehmen durch das Registergericht, FS Stimpel, 1985, 867; *Volhard,* Muss der Vorstand anfechtbare oder angefochtene Hauptversammlungsbeschlüsse ausführen und verteidigen?, ZGR 1996, 55; *Wellkamp,* Rechtliche Zulässigkeit einer aktienkursorientierten Vergütung von Aufsichtsräten, WM 2001, 489; *Winkler,* Anmeldung der Änderung der GmbH-Satzung, NJW 1980, 2683; *Winkler,* Der Wortlaut des GmbH-Vertrags bei Anmeldungen zum Handelsregister, DNotZ 1980, 578; *Wolff,* Die Zulässigkeit einer rückwirkenden Änderung des Geschäftsjahres bei Kapitalgesellschaften, DB 1999, 2149; *Zilias,* Rückwirkende Satzungsänderungen bei Kapitalgesellschaften?, JZ 1959, 50.

---

[78] Großkomm AktG/*Wiedemann* Rn. 21; MüKoAktG/*Stein* Rn. 37; Kölner Komm AktG/*Zöllner* Rn. 20; Hüffer/Koch/*Koch* Rn. 10.
[79] MüKoAktG/*Stein* Rn. 37; Bürgers/Körber/*Körber* Rn. 13; Hüffer/Koch/*Koch* Rn. 10, sofern Aktionäre nicht widersprechen; aA Wachter/*Wachter* Rn. 15.
[80] HM Großkomm AktG/*Wiedemann,* Rn. 21; MüKoAktG/*Stein* Rn. 37; Kölner Komm AktG/*Zöllner* Rn. 20; Hüffer/Koch/*Koch* Rn. 10; aA RGZ 136, 185 (192); Großkomm AktG/*Barz* § 55 Rn. 7; Baumbach/*Hueck* Rn. 3.
[81] MüKoAktG/*Stein* Rn. 38.
[82] Kölner Komm AktG/*Zöllner* Rn. 20; MüKoAktG/*Stein* Rn. 38.

Übersicht

	Rn.		Rn.
I. Einleitung	1–3	c) Nichtigkeit des Satzungsänderungsbeschlusses	23, 24
1. Normzweck	1	d) Anfechtbarkeit des Satzungsänderungsbeschlusses	25–27
2. Entstehungsgeschichte	2		
3. Systematische Einordnung	3	3. Verfahren der Eintragung	28
II. Anmeldung der Satzungsänderung (Abs. 1)	4–18	4. Ablehnung der Eintragung	29
		5. Bindungswirkung	30
1. Allgemeines	4	6. Gerichtliches Eintragungsverbot	31
2. Zuständiges Gericht	5	7. Rechtsmittel gegen die Eintragungsverfügung	32–37
3. Pflichten des Vorstands	6–9		
a) Allgemeines	6	8. Bekanntmachung der Satzungsänderung	38, 39
b) Nichtigkeit des Beschlusses	7	**IV. Wirkung der Eintragung (Abs. 3)**	40–51
c) Anfechtbarkeit des Beschlusses	8	1. Konstitutive Wirkung	40
d) Zweifel über die Rechtmäßigkeit	9	2. Rechtslage vor der Eintragung	41
4. Vertretung und Vollmacht bei Anmeldung	10	3. Rückwirkung, Bedingung und Befristung	42–46
5. Form und Inhalt der Anmeldung	11–16	a) Rückwirkung	42
a) Form	11	b) Satzungsänderungen mit Außenwirkung	43
b) Inhalt	12	c) Satzungsänderungen ohne Außenwirkung	44
c) Beizufügende Dokumente	13–16	d) Befristung	45
6. Fehlerhaftigkeit der Satzungsänderung	17	e) Bedingung	46
7. Rücknahme der Anmeldung	18	4. Fehlerhafte Eintragung	47–49
III. Eintragung durch das Registergericht (Abs. 2)	19–39	a) Allgemeines	47
		b) Beschlussmängel	48
1. Allgemeines	19	c) Mängel des Eintragungsverfahrens	49
2. Prüfungsumfang	20–27	5. Amtslöschung	50, 51
a) Ordnungsmäßigkeit der Anmeldung	21	a) Allgemeines	50
b) Wirksamkeit des Satzungsänderungsbeschlusses	22	b) Rechtsmittel	51

I. Einleitung

1. Normzweck. § 181 enthält Vorschriften über das Verfahren der Anmeldung, Eintragung und Bekanntgabe der Satzungsänderung. Gem. Abs. 3 ist die Eintragung und vorhergehende Anmeldung beim Registergericht sowohl für die Wirksamkeit von Satzungs- als auch von Fassungsänderungen des Aufsichtsrates konstitutiv.[1] Die Vorschrift stellt die Satzungspublizität sicher,[2] indem sie gewährleistet, dass jedermann sich über den aktuellen Satzungstext informieren kann.[3] Darüber hinaus dient die Norm der Satzungskontrolle,[4] da die Voraussetzungen einer wirksamen Satzungsänderung vom Registergericht überprüft werden.[5] § 181 weitet die Registerpublizität und Satzungskontrolle der Gründungsphase einer Aktiengesellschaft auf alle folgenden Satzungsänderungen aus.[6] 1

2. Entstehungsgeschichte. Der Wortlaut des Abs. 1 Satz 1 und Satz 3 ist ebenso wie Abs. 2 mit der Fassung des § 148 AktG 1937 identisch.[7] Abs. 1 Satz 2 ist im Zuge des Durchführungsgesetzes zur ersten Publizitätsrichtlinie (RL 68/151/EG[8]) hinzugefügt worden.[9] Dies geschah zur Umsetzung des Art. 2 Abs. 1c Publizitäts-RL, der bestimmt, dass der Wortlaut jeder Satzungsänderung vollständig einsehbar sein soll.[10] Dies sollte eine wesentliche Vereinfachung zur alten Regelung darstellen, da früher der aktuelle Wortlaut nur durch den Vergleich der ursprünglichen Satzung mit nachträglichen 2

---

[1] Kölner Komm AktG/*Zöllner* Rn. 3; Großkomm AktG/*Wiedemann* Rn. 4; Hüffer/Koch/*Koch* Rn. 2; MüKo-AktG/*Stein* Rn. 3; K. Schmidt/Lutter/*Seibt* Rn. 1.
[2] Großkomm AktG/*Wiedemann* Rn. 4; Hüffer/Koch/*Koch* Rn. 1.
[3] Großkomm AktG/*Wiedemann* Rn. 4; NK-AktR/*Wagner* Rn. 2.
[4] Großkomm AktG/*Wiedemann* Rn. 4; Wachter/*Wachter* Rn. 1.
[5] Großkomm AktG/*Wiedemann* Rn. 4.
[6] MüKoAktG/*Stein* Rn. 1; Bürgers/Körber/*Körber* Rn. 1.
[7] Großkomm AktG/*Wiedemann* Rn. 1; MüKoAktG/*Stein* Rn. 4.
[8] BGBl. I 1969 S. 1146 zur Publizitätsrichtlinie 68/151 EWG v. 9. März 1968, ABl. EG 1968 Nr. L 65, 8.
[9] Kölner Komm AktG/*Zöllner* Rn. 1.
[10] BegrRegE BT-Drs. 5/3862; so auch Art. 14c GesR-RL (2017/1132/EU).

§ 181   3–6   Erstes Buch. Aktiengesellschaft

Änderungen möglich war, wodurch regelmäßig in Bezug genommene Urkunden in die Recherche miteinbezogen werden mussten.[11] Die Neufassung des Abs. 3 soll verdeutlichen, dass eine Satzungsänderung erst durch die Eintragung Wirksamkeit erlangt.[12] Über die Zulässigkeit der Rückwirkung von Satzungsänderungen hingegen sagt Abs. 3 nichts aus.[13] Der ehemalige Satz 2 des zweiten Absatzes wurde durch das Gesetz zur Modernisierung des GmbH-Rechts und zur Bekämpfung von Missbräuchen (MoMiG) mit Wirkung vom 1. November 2008 gestrichen. Zudem wurde der ehemalige Satz 3 des ersten Absatzes durch das Gesetz zur Umsetzung der Aktionärsrichtlinie (ARUG) mit Wirkung vom 1. September 2009 gestrichen.

3   **3. Systematische Einordnung.** Die Regelung wird durch Sonderregelungen für bestimmte Satzungsänderungen wie Sitzverlegung (§ 45), Kapitalerhöhung (§§ 184, 188–190, 195 f., 200 f., 203 Abs. 3 S. 4, § 207 Abs. 2, §§ 210 f.) oder Kapitalherabsetzung (§§ 223 f., 227, 229 Abs. 3, § 237 Abs. 2 S. 1, Abs. 4 S. 5, §§ 238 f.) ergänzt.

II. Anmeldung der Satzungsänderung (Abs. 1)

4   **1. Allgemeines.** Gem. Abs. 1 geht die Anmeldung der Satzungsänderung beim zuständigen Registergericht durch die Vorstandsmitglieder in vertretungsberechtigter Zahl der Eintragung voran. Letztere handeln dabei im Namen der AG.[14] Eine Fassungsänderung nach § 179 Abs. 1 S. 2 ist ebenfalls anzumelden.

5   **2. Zuständiges Gericht.** Zuständig für die Anmeldung und Eintragung ist grundsätzlich das Amtsgericht, in dessen Bezirk die AG ihren Sitz hat, § 14, § 8 Abs. 1 HGB, § 23a Abs. 1 S. 1 Nr. 2 GVG, § 376 Abs. 1 FamFG (vormals: § 125 Abs. 1 FGG). Bezüglich der Zuständigkeit sind einige **Sonderregelungen** zu beachten. Für die Anmeldung von Satzungsänderungen bei einer **Sitzverlegung** gem. § 45 ist das Registergericht des vormaligen Sitzes zuständig. Sofern eine AG **Zweigniederlassungen** hat, ist die Satzungsänderung beim Amtsgericht des Satzungssitzes anzumelden.[15] Bei bestimmten Kapitalmaßnahmen muss die Anmeldung zusätzlich vom Aufsichtsratsvorsitzenden unterschrieben werden (Kapitalerhöhung: §§ 184, 188, 195, 203 Abs. 3 S. 4; § 207 Abs. 2, § 210; Kapitalherabsetzungen: §§ 223, 229, 237 Abs. 4 S. 5; Abs. 4 S. 5). Die Eintragung im Handelsregister ist nach § 58 GNotKG gebührenpflichtig; gem. § 23 Nr. 7 KostO sind die Gebühren von der AG zu tragen.

6   **3. Pflichten des Vorstands. a) Allgemeines.** Der Vorstand ist gegenüber der Gesellschaft grundsätzlich verpflichtet den satzungsändernden Beschluss anzumelden.[16] Dies gilt auch für Fassungsänderungen.[17] Zur Anmeldung kann der Vorstand auch durch eine Klage seitens des Aufsichtsrats angehalten werden, § 112 Abs. 1. Dagegen besteht bezüglich der Anmeldung keine öffentliche – rechtliche Pflicht, die notfalls mit Zwangsmitteln durchgesetzt werden könnte, § 407 Abs. 2 S. 1.[18] Die Anmeldung hat grundsätzlich **unverzüglich** zu erfolgen. Wohl steht dem Vorstand gem. § 245 Nr. 4 eine angemessene Überlegungsfrist zu, falls er selbst den Beschluss anfechten möchte,[19] bei rechtwidrigen Beschlüssen kann er zur Anfechtung gezwungen sein.[20] Es besteht die Möglichkeit, dass die Hauptversammlung den Vorstand anweist, die Anmeldung zu einem **späteren Zeitpunkt,**[21] bspw. nach Ablauf einer Frist oder bei Eintritt bestimmter Umstände, vorzunehmen.[22] Daraus ist jedoch keineswegs zu folgern, dass dem Vorstand bezüglich der Durchführung der Anmeldung ein **Ermessensspielraum** eingeräumt werden darf.[23] Denn darin läge eine den aktienrechtlichen Zuständigkeitsvorschriften widersprechende Zuordnung der Satzungskompetenz.[24] Erfolgt die

---

[11] MüKoAktG/*Stein* Rn. 23.
[12] Großkomm AktG/*Wiedemann* Rn. 3.
[13] Großkomm AktG/*Wiedemann* Rn. 3. → Rn. 42 ff. und bereits → § 179 Rn. 165 ff.
[14] BGHZ 105, 324 (327 f.) = NJW 1989, 295 (295); Hüffer/Koch/*Koch* Rn. 4.
[15] Es genügt nunmehr eine einfache Ausfertigung; § 13c HGB aF mit Wirkung zum 1.1.2007 durch das EHUG aufgehoben.
[16] MüKoAktG/*Stein* Rn. 13; Großkomm AktG/*Wiedemann* Rn. 9; Kölner Komm AktG/*Zöllner* Rn. 25; K. Schmidt/Lutter/*Seibt* Rn. 9.
[17] Kölner Komm AktG/*Zöllner* Rn. 3; Bürgers/Körber/*Körber* Rn. 1u 5.
[18] Großkomm AktG/*Wiedemann* Rn. 10; Kölner Komm AktG/*Zöllner* Rn. 24; Hüffer/Koch/*Koch* Rn. 5.
[19] *Volhard* ZGR 1996, 55 (57).
[20] *Leuering/Stein* NJW-Spezial 2013, 271.
[21] MüKoAktG/*Stein* Rn. 19; Hüffer/Koch/*Koch* Rn. 5.
[22] Kölner Komm AktG/*Zöllner* Rn. 27.
[23] LG Frankfurt AG 1990, 169 (170); *Grunewald* AG 1990, 133 (138); *Würz* in Frodermann/Jannott AktR-HdB Kap. 4 Rn. 100.
[24] *Möhrle* in Happ AktienR 1.06 Rn. 9.1; MHdB AG/*Semler* § 39 Rn. 73.

Eintragung der Satzungsänderung   7–9 § 181

Anmeldung einer Satzungsänderung nicht vor der nächsten Hauptversammlung, muss der Vorstand diese Satzungsänderung der Hauptversammlung zur Bestätigung vorlegen.[25] Um diesen Vorgang zu vermeiden, müssen Satzungsänderungen spätestens innerhalb eines Jahres angemeldet werden,[26] Unverzüglichkeit gebietet meist schnellere Anmeldung. Bei Abwarten der Anfechtungsfrist ist Erfordernis regelmäßig gewahrt, es sei denn es liegt besondere Eilbedürftigkeit vor. Dagegen ist die AG nicht verpflichtet, überholte formelle Satzungsbestandteile zu beseitigen.[27] Ein **Kapitalerhöhungsbeschluss,** der unter Missachtung von § 182 Abs. 4 entstanden ist, führt nicht zu einer Anmeldepflicht des Vorstands.[28] **Eine versäumte oder verspätete Anmeldung** kann nach § 93 **Schadensersatz** und § 84 Abs. 3 die Abberufung des Vorstands zur Folge haben.[29]

b) **Nichtigkeit des Beschlusses.** Bei Nichtigkeit des Beschlusses entfällt die Pflicht zur 7
Anmeldung.[30] Zweifellos nichtige Beschlüsse dürfen nicht angemeldet werden.[31] Bestehen bezüglich der Wirksamkeit des Beschlusses Zweifel, so gehört es zu den Pflichten des Vorstands, den Beschluss sorgfältig zu prüfen.[32] Ist nach der Prüfung weiter nicht eindeutig, ob der Beschluss nichtig ist, kann der Vorstand die Satzungsänderung anmelden.[33] Dabei hat er jedoch das Registergericht auf die vorhandenen Zweifel hinzuweisen.[34]

c) **Anfechtbarkeit des Beschlusses.** Ist der Vorstand der Auffassung, dass der maßgebliche 8
Beschluss nicht mit dem Gesetz, der Satzung oder dem Gesellschaftsinteresse vereinbar ist oder die Anmeldung ein pflichtwidriges Verhalten darstellen würde,[35] so ist er berechtigt die Anmeldung trotz anfechtbarem oder angefochtenem Beschluss durchzuführen.[36] Dabei hat er jedoch die Verpflichtung, den Beschluss nach § 245 Nr. 4 anzufechten.[37] Weitergehend wird vertreten, dass den Vorstand **in jedem Fall eine Pflicht zur Anmeldung** trifft.[38] Dies gilt auch, wenn gegen den Beschluss bereits Anfechtungsklage erhoben wurde.[39] Für eine derartige Verpflichtung des Vorstands spricht die materielle Prüfung der Satzungsänderung durch das Registergericht sowie die mangelnde praktische Relevanz eventueller Konsequenzen von anfechtbaren Satzungsänderungsbeschlüssen. Der Vorstand handelt auf eigene Gefahr, wenn er mit der Anmeldung bis zum Ausgang des Anfechtungsprozesses abwartet oder sie sonst unangemessen verzögert.[40] Der Vorstand kann allerdings versuchen, eine Entscheidung der Hauptversammlung über die Anmeldung einzuholen.[41]

d) **Zweifel über die Rechtmäßigkeit.** Bestehen **Zweifel über die Rechtmäßigkeit** und 9
wirkt sich die Fehlerhaftigkeit des Beschlusses nicht zu Lasten der Gesellschaft aus, kann der Vorstand nach eigenem Ermessen die Anfechtungsfrist nach § 246 Abs. 1 verstreichen lassen. Dabei hat er nicht mit nachteiligen Konsequenzen zu rechnen.[42] Des Weiteren liegt es im Ermessen des Vorstands, ob er bei eingeleitetem Anfechtungsprozess dem Anfechtungskläger beitritt, selbst Anfechtungsklage erhebt, den Ausgang des Prozesses abwartet oder die Anmeldung ohne Verzögerung durchführt.[43]

---

[25] *Lutter* FS Quack, 1991, 301 (316); MHdB AG/*Semler* § 39 Rn. 73.
[26] Kölner Komm AktG/*Zöllner* Rn. 27.
[27] OLG Köln RPfleger 1972, 257 (258); Kölner Komm AktG/*Zöllner* Rn. 47; Hüffer/Koch/*Koch* § 179 Rn. 6.
[28] Großkomm AktG/*Wiedemann* Rn. 9.
[29] Hüffer/Koch/*Koch* Rn. 5; K. Schmidt/Lutter/*Seibt* Rn. 9.
[30] MüKoAktG/*Stein* Rn. 15; *Volhard* ZGR 1996, 55 (59); Hüffer/Koch/*Koch* Rn. 5; K. Schmidt/Lutter/*Seibt* Rn. 10.
[31] Kölner Komm AktG/*Zöllner* Rn. 26; *Volhard* ZGR 1996, 55 (59); *Casper*, Die Heilung nichtiger Beschlüsse im Kapitalgesellschaftsrecht, 1998, 230.
[32] *Volhard* ZGR 1996, 55 (61); MüKoAktG/*Stein* Rn. 16.
[33] MüKoAktG/*Stein* Rn. 15; Kölner Komm AktG/*Zöllner* Rn. 26; Hüffer/Koch/*Koch* Rn. 5. Nach Grigoleit/ *Ehmann* Rn. 5 sollte im Zweifel der Vorstand anmelden.
[34] Großkomm AktG/*Wiedemann* § 171 Rn. 9; MüKoAktG/*Stein* Rn. 16; Hüffer/Koch/*Koch* Rn. 5.
[35] MüKoAktG/*Stein* Rn. 15.
[36] So *Volhard* ZGR 1996, 55 (61); MüKoAktG/*Stein* Rn. 16.
[37] MüKoAktG/*Stein* Rn. 16; Kölner Komm AktG/*Mertens/Cahn* § 93 Rn. 68; *Volhard* ZGR 1996, 55 (60, 118); K. Schmidt/Lutter/*Seibt* Rn. 10.
[38] Kölner Komm AktG/*Zöllner* Rn. 26; Großkomm AktG/*Wiedemann* Rn. 9; Hüffer/Koch/*Koch* Rn. 5; aA MüKoAktG/*Stein* Rn. 16; *Würz* in Frodermann/Jannott AktR-HdB Kap. 4 Rn. 102; Bürgers/Körber/*Körber* Rn. 5.
[39] Kölner Komm AktG/*Zöllner* Rn. 26; Hüffer/Koch/*Koch* Rn. 5; *Würz* in Frodermann/Jannott AktR-HdB Kap. 4 Rn. 102.
[40] *Volhard* ZGR 1996, 55 (61); Kölner Komm AktG/*Zöllner* Rn. 26; Großkomm AktG/*Wiedemann* Rn. 9; MüKoAktG/*Stein* Rn. 17; *Würz* in Frodermann/Jannott AktR-HdB Kap. 4 Rn. 102.
[41] Kölner Komm AktG/*Zöllner* Rn. 26.
[42] *Volhard* ZGR 1996, 55 (61); MüKoAktG/*Stein* Rn. 17.
[43] *Volhard* ZGR 1996, 55 (64); MüKoAktG/*Stein* Rn. 17; Großkomm AktG/*Wiedemann* Rn. 9; K. Schmidt/ Lutter/*Seibt* Rn. 10.

Im Zweifel ist die Anmeldung der sicherste Weg. Bei Zweifeln des Vorstands an der Rechtmäßigkeit des Beschlusses aufgrund etwaig bestehenden Form- oder Verfahrensfehlern, ist eine Anmeldepflicht des Vorstands zu bejahen.[44]

10 **4. Vertretung und Vollmacht bei Anmeldung.** In Abweichung vom gesetzlichen Grundsatz der Gesamtvertretung des Vorstands aus § 78 Abs. 1 S. 2, besteht die Möglichkeit einer unechten Gesamtvertretung gem. § 78 Abs. 3 S. 1 Alt. 1 des Vorstands durch einen Prokuristen und ein Vorstandsmitglied.[45] Dies gilt nur, falls die Satzung diese Möglichkeit vorsieht.[46] Ein Dritter kann ebenfalls vom Vorstand bevollmächtigt werden, die Handelsregisteranmeldung durchzuführen. Dann muss die Vollmacht in öffentlich beglaubigter Form vorliegen, § 12 Abs. 2 S. 1 HGB. Eine Vertretung bei der Anmeldung ist dann nicht zulässig, wenn diese notwendige Erklärungen enthalten muss, für deren Richtigkeit der Anmeldende in zivilrechtlicher (§§ 46, 48, §§ 9a, 57 Abs. 4 GmbHG) und strafrechtlicher Hinsicht (§ 399, § 82 GmbHG) persönlich verantwortlich ist.[47] Die Anmeldung muss bei Kapitalmaßnahmen zusätzlich durch den Aufsichtsratsvorsitzenden, bzw. bei dessen Vertretung durch dessen Vertreter unterschrieben werden (§ 184 Abs. 1 S. 1, § 188 Abs. 1, § 195 Abs. 1, § 223).

11 **5. Form und Inhalt der Anmeldung. a) Form.** Die beschlossene Satzungsänderung ist anzumelden, was gleichbedeutend mit einem Eintragungsantrag ist.[48] Die Anmeldung muss elektronisch in öffentlich beglaubigter Form erfolgen (§ 12 Abs. 1 HGB, § 129 BGB, §§ 39, 40 BeurkG). Sie bedarf der schriftlichen Fassung sowie der notariellen Beglaubigung der Unterschrift(en). Der Anmeldung muss neben dem vollständigen Wortlaut der Satzung eine notarielle Bescheinigung darüber beiliegen, dass der Satzungstext fehlerfrei übertragen worden ist, § 181 Abs. 1 S. 2.

12 **b) Inhalt.** Es gibt zwei Kategorien von Inhaltsanforderungen an die Anmeldung. Grundsätzlich genügt die Bezugnahme auf die beigefügten Unterlagen, solange keine der in § 39 genannten Unternehmensdaten von der Änderung betroffen ist.[49] Handelt es sich bei der Änderung um eine der in § 39 aufgezählten Angaben (Firma, Sitz, Gegenstand des Unternehmens, Höhe des Grundkapitals, Vertretungsbefugnis der Vorstandsmitglieder, genehmigtes Kapital, Dauer der Gesellschaft), muss der Inhalt der Änderung mindestens schlagwortartig, jedenfalls hinreichend präzise, bezeichnet werden.[50] Erforderlich ist eine Bezeichnung des Inhalts, bspw. die Nennung der neuen Firma.[51] Bloße Bezugnahme reicht für diese Angaben nicht aus.[52]

13 **c) Beizufügende Dokumente.** Das Erfordernis, die Anmeldung durch bestimmte beizufügende Urkunden zu ergänzen, dient zum einen der Überprüfbarkeit des Änderungsverfahrens durch das Registergericht. Zum anderen wird hierdurch die Registerpublizität gewährleistet.[53] Neben der notariellen Beglaubigung der Unterschriften zur Anmeldung ist die notarielle **Niederschrift des Satzungsänderungsbeschlusses** (§ 130) die wesentliche Voraussetzung für die Eintragung.[54] Da die unverzügliche Einreichung der Hauptversammlungsniederschrift nach § 130 Abs. 5 schon im Anschluss an die Hauptversammlung erfolgen soll, reicht für die Anmeldung der Satzungsänderung die Bezugnahme auf die bereits eingereichte Urkunde aus, sofern diese bereits vorliegt.[55]

14 Der Anmeldung soll nach Abs. 1 S. 2 der **„vollständige Wortlaut der Satzung"** als separates **Dokument** im Sinne der Satzungsurkunde beiliegen, der sich aus dem Satzungsänderungstext und

---

[44] *Volhard* ZGR 1996, 55 (61).
[45] HM Großkomm AktG/*Wiedemann* Rn. 8; Hüffer/Koch/*Koch* Rn. 4; MAH AktR/*Sickinger* § 29 Rn. 57; K. Schmidt/*Seibt* Rn. 6.
[46] Kölner Komm AktG/*Zöllner* Rn. 4; MüKoAktG/*Stein* Rn. 12; Hüffer/Koch/*Koch* § 78 Rn. 17.
[47] BayObLGZ 1986, 203 (205) = NJW 1987, 135 f.; Hüffer/Koch/*Koch* Rn. 4; Bürgers/Körber/*Körber* Rn. 4.
[48] BayObLG DB 1979, 84; *Lutter* NJW 1969, 1873 Fn. 7; MüKoAktG/*Stein* Rn. 19.
[49] MHdB AG/*Semler* § 39 Rn. 69; Hüffer/Koch/*Koch* Rn. 6; MüKoAktG/*Stein* Rn. 20; Kölner Komm AktG/*Zöllner* Rn. 7; OLG Frankfurt MittBayNot 2011, 165 f. Bezugnahme in Niederschrift auf anliegende (veröffentlichte) Einladung zur HV reicht aus.
[50] BGH AG 1988, 74; BGH WM 1987, 1100 (1101) – GmbH; Kölner Komm AktG/*Zöllner* Rn. 8; Hüffer/Koch/*Koch* Rn. 6.
[51] Hüffer/Koch/*Koch* Rn. 20.
[52] Großkomm AktG/*Wiedemann* Rn. 13; Hüffer/Koch/*Koch* Rn. 6; Scholz/*Priester* GmbHG § 54 Rn. 12; aA Kölner Komm AktG/*Zöllner* Rn. 9.
[53] MüKoAktG/*Stein* Rn. 22; Großkomm AktG/*Wiedemann* Rn. 15.
[54] Kölner Komm AktG/*Zöllner* Rn. 11; Hüffer/Koch/*Koch* Rn. 11; dabei ist die „spätere" Fertigstellung der Hauptversammlungsniederschrift durch den Notar zulässig BGH AG 2009, 285 ff.; zur Rechtsqualität der Beschlüsse bis zur Fertigstellung („schwebend nichtig") *Roeckl-Schmidt/Stoll* AG 2012, 225 ff.
[55] Kölner Komm AktG/*Zöllner* Rn. 8; Großkomm AktG/*Wiedemann* Rn. 14, Rn. 22; Hüffer/Koch/*Koch* Rn. 7 ff.

auch aus den unveränderten, unechten oder überholten Satzungsbestandteilen zusammensetzt.[56] Die Herstellung des Satzungstextes ist Aufgabe des Vorstands.[57] Im Rahmen dieser rein redaktionellen Tätigkeit ist er nicht berechtigt, den Satzungstext zu bereinigen oder in einer von den Hauptversammlungsbeschlüssen abweichenden Weise zu verändern.[58] Überschreitet der Vorstand seine Befugnis durch unzulässige Veränderung oder Bereinigung, darf der Notar dies nicht als ordnungsgemäße Satzung bescheinigen.[59] Es ist auch dann notwendig, eine vollständige notariell bescheinigte Satzungsurkunde abzugeben, wenn die Hauptversammlung ausnahmsweise die Satzung völlig neu beschlossen hat und diese bereits in der Hauptversammlungsniederschrift enthalten ist.[60]

Die **notarielle Bescheinigung** nach Abs. 1 S. 2 soll sicherstellen, dass die geänderten Satzungsbestimmungen mit dem Beschlusswortlaut der Hauptversammlung (§ 179 Abs. 1 S. 1), des Aufsichtsrats (§ 179 Abs. 1 S. 2) oder eines vom Aufsichtsrat beauftragten Ausschusses (179 Abs. 1 S. 2 iVm § 107 Abs. 3) und die unveränderten Satzungsbestimmungen mit dem zuletzt im Handelsregister eingetragenen und wirksam gewordenen Wortlaut übereinstimmen.[61] Die Bescheinigung dient der Entlastung des Registergerichts und kann von jedem Notar getätigt werden. Aus Kostengründen ist es jedoch sinnvoll, den die Hauptversammlung beurkundenden Notar zu beauftragen, da die Erteilung der Bescheinigung ein gebührenfreies Nebengeschäft ist, vgl. Vorb. 2.1 II Nr. 4 KVfG GNotKG iVm § 108 GNotKG.[62] Andernfalls entstehen nach 25104 KVfG GNotKG der Gesellschaft zusätzliche Kosten. Die Form der Bescheinigung richtet sich nach § 39 BeurkG.[63] 15

Wenn eine vom Aufsichtsrat beschlossene **Fassungsänderung** angemeldet werden soll, muss dem Gericht die Hauptversammlungsniederschrift vorliegen, aus der die Beauftragung des Aufsichtsrats gem. § 179 Abs. 1 S. 2 hervorgeht. Die in § 107 Abs. 2 geforderte **Niederschrift des Aufsichtsratsbeschlusses** zur Fassungsänderung ist dem Gericht ebenfalls vorzulegen.[64] Ist die Satzungsänderung an einen **Sonderbeschluss** gebunden, so ist der Anmeldung auch der beglaubigte Text des Sonderbeschlusses beizufügen.[65] Das gleiche gilt nach § 196 VAG für die Anmeldung von Satzungsänderungen bei Versicherungsaktiengesellschaften, die gem. § 9 Abs. 2 Nr. 1, § 12 Abs. 1 VAG einer Genehmigung seitens der Bundesanstalt für Finanzdienstleistungsaufsicht (BaFinG-FinDAG v. 22. April 2002, BGBl. 2002 I 1310) bedürfen.[66] Die Pflicht zur Beifügung der Genehmigungsurkunde im Falle einer staatlichen Genehmigungspflicht in § 181 Abs. 1 S. 3 AktG aF ist durch das Gesetz zur Umsetzung der Aktionärsrechterichtlinie (ARUG) mit Wirkung vom 1.9.2009 entfallen. Dabei handelt es sich um eine Folgeänderung zu dem Gesetz zur Modernisierung des GmbH-Rechts und zur Bekämpfung von Missbräuchen (MoMiG), durch das für Aktiengesellschaften mit genehmigungsbedürftigem Unternehmensgegenstand die Erteilung der Genehmigung als Eintragungsvoraussetzung beim Handelsregister aufgehoben wurde.[67] 16

6. Fehlerhaftigkeit der Satzungsänderung. Bei Übertragungs- oder Fassungsfehlern des notariell bescheinigten Satzungstextes finden die allgemeinen Vorschriften über die Haftung des Notars aus § 19 BNotO Anwendung. Außerdem kommt eine Rechtsscheinhaftung der Gesellschaft in Betracht.[68] Wenn Aufsichtsrat oder Vorstand feststellen, dass der beim Gericht eingereichte **Satzungsänderungstext fehlerhaft** oder unvollständig ist, muss eine berichtigte und erneut notariell bescheinigte Fassung unverzüglich beim Registergericht eingereicht werden.[69] Wird die Fehlerhaftigkeit erst zum Zeitpunkt einer späteren Satzungsänderung festgestellt, entsteht die Pflicht, den Fehler bei der nächsten Anmeldung zu berichtigen und darauf in der notariellen Bescheinigung hinzuweisen.[70] 17

7. Rücknahme der Anmeldung. Die Rücknahme durch den Vorstand ist bis zur Eintragung ohne Angabe von Gründen möglich.[71] Sie wird erforderlich, wenn nachträglich ein Beschlussmangel 18

---

[56] MüKoAktG/*Stein* Rn. 25; Großkomm AktG/*Wiedemann* Rn. 16; Hüffer/Koch/*Koch* Rn. 7.
[57] MüKoAktG/*Stein* Rn. 24; Bürgers/Körber/*Körber* Rn. 9.
[58] Großkomm AktG/*Wiedemann* Rn. 16.
[59] Großkomm AktG/*Wiedemann* Rn. 16; Kölner Komm AktG/*Zöllner* Rn. 18.
[60] MüKoAktG/*Stein* Rn. 24; Großkomm AktG/*Wiedemann* Rn. 16; Kölner Komm AktG/*Zöllner* Rn. 15.
[61] Hüffer/Koch/*Koch* Rn. 8; Kölner Komm AktG/*Zöllner* Rn. 5; K. Schmidt/Lutter/*Seibt* Rn. 16.
[62] Kölner Komm AktG/*Zöllner* Rn. 17; Hüffer/Koch/*Koch* Rn. 8.
[63] Kölner Komm AktG/*Zöllner* Rn. 17; Großkomm AktG/*Wiedemann* Rn. 17; MüKoAktG/*Stein* Rn. 26.
[64] Kölner Komm AktG/*Zöllner* Rn. 12; Hüffer/Koch/*Koch* Rn. 11.
[65] MüKoAktG/*Stein* Rn. 31; Hüffer/Koch/*Koch* Rn. 11; MAH AktR/*Sickinger* § 29 Rn. 61.
[66] MüKoAktG/*Stein* Rn. 31; → Rn. 22.
[67] BR-Drs. 847/1/08, 11.
[68] MüKoAktG/*Stein* Rn. 30; Großkomm AktG/*Wiedemann* Rn. 17; Kölner Komm AktG/*Zöllner* Rn. 18.
[69] MüKoAktG/*Stein* Rn. 30; Großkomm AktG/*Wiedemann* Rn. 17.
[70] MüKoAktG/*Stein* Rn. 30; Großkomm AktG/*Wiedemann* Rn. 17.
[71] Großkomm HGB/*Koch* § 12 Rn. 21; Hüffer/Koch/*Koch* Rn. 2; K. Schmidt/Lutter/*Seibt* Rn. 20.

der Satzungsänderung festgestellt wird oder der Satzungsänderungsbeschluss aufgehoben wurde.[72] Zur Rücknahme des schon getätigten Antrags sind die Anmeldeberechtigten jedoch nur ausnahmsweise berechtigt, etwa wenn der Satzungsänderungsbeschluss aufgehoben wurde, er sich aufgrund Zeitablaufs erledigt hat, im Nachhinein festgestellt wird, dass der Satzungsänderungsbeschluss nichtig ist, oder ein sonstiges Eintragungshindernis besteht.[73]

III. Eintragung durch das Registergericht (Abs. 2)

19 **1. Allgemeines.** Die AG hat gem. § 38 einen Anspruch auf Eintragung, sofern der Satzungsänderungsbeschluss fehlerfrei zustande gekommen ist, die Anmeldung ordnungsgemäß erfolgte und kein gerichtliches Eintragungsverbot nach § 16 Abs. 2 HGB erwirkt wurde.[74] Zuständig für die Entscheidung im registergerichtlichen Verfahren ist nach § 17 Nr. 1 lit b RPflG der Registerrichter, bei bloßen Fassungsänderungen kann ein Rechtspfleger entscheiden.[75] Die angemeldete Satzungsänderung wird vom Registergericht von Amts wegen gem. § 26 FamFG (vormals: § 12 FGG) auf das Vorliegen der formellen und materiellen Voraussetzungen der Eintragung überprüft.[76]

20 **2. Prüfungsumfang.** Im Rahmen des Verfahrens wird überprüft, ob die Anmeldung ordnungsgemäß erfolgt ist und ob die Voraussetzungen einer wirksamen Satzungsänderung gegeben sind.[77] In diesem Zusammenhang wird auch die materiellrechtliche Wirksamkeit und Rechtmäßigkeit der Satzungsänderung überprüft.[78] Hingegen gehört eine Prüfung der Zweckmäßigkeit oder Angemessenheit der Satzungsänderung nicht zum Aufgabenbereich des Registergerichts.[79] Grundsätzlich wird der Registerrichter auch unklare, unrichtige oder widersprüchliche Satzungsbestandteile eintragen, solange diese nur gesellschaftsinterne Bedeutung haben und von ihnen keine verwirrende oder schädliche Wirkung für den Rechtsverkehr ausgeht.[80] Satzungsänderungen, die derartige Auswirkungen haben können, sind zB Regelungen über die Vertretungsmacht der Vorstandsmitglieder oder über die Höhe des Grundkapitals.[81] Ist davon auszugehen, dass sich solche Satzungsbestandteile negativ auf den Rechtsverkehr auswirken, hat das Gericht die Eintragung von der Berichtigung abhängig zu machen.[82] Bei Versicherungs-Aktiengesellschaften ist zu beachten, dass die Vorlage der Genehmigung einer Satzungsänderung durch die BaFin gem. § 10 Abs. 1 VAG, § 12 Abs. 1 VAG das Gericht nicht von seiner formellen Prüfungspflicht nach § 40 VAG befreit.[83]

21 **a) Ordnungsmäßigkeit der Anmeldung.** Das Registergericht prüft die eigene örtliche und sachliche Zuständigkeit, die Anmeldeberechtigung der Anmeldenden, ggf. die Ordnungsmäßigkeit der Vollmacht, die Form der Anmeldung, die Vollständigkeit der beigefügten Urkunden und die Übereinstimmung von Anmeldeinhalt und Satzungsänderungsbeschluss, sofern die Anmeldung nicht schon auf diesen Bezug nimmt.[84] Das Gericht kann sich hinsichtlich der Richtigkeit des Satzungswortlauts auf die notarielle Bescheinigung verlassen,[85] es sei denn, deutliche Hinweise legen eine fehlerhafte Übertragung nahe.[86] Wenn das Gericht Mängel des eingereichten Satzungswortlauts

---

[72] Großkomm AktG/*Wiedemann* Rn. 20; Kölner Komm AktG/*Zöllner* Rn. 28; Hüffer/Koch/*Koch* Rn. 2.
[73] MüKoAktG/*Stein* Rn. 37; Großkomm AktG/*Wiedemann* Rn. 20; Kölner Komm AktG/*Zöllner* Rn. 28.
[74] MüKoAktG/*Stein* Rn. 57; Hüffer/Koch/*Koch* Rn. 16; Großkomm AktG/*Wiedemann* Rn. 30; → Rn. 29.
[75] Kölner Komm AktG/*Zöllner* Rn. 29; MüKoAktG/*Stein* Rn. 38.
[76] OLG Karlsruhe DB 2002, 889 = EWiR 2002, 739; *Ammon* DStR 1993, 1025 (1029); *Möhrle* in Happ AktienR 1.06 Rn. 13.1; NK-AktR/*Wagner* Rn. 10.
[77] KG Berlin AG 2005, 537 (538); OLG Schleswig NJW Spezial 2005, 366 ff.
[78] AllgM BGHZ 113, 335 (352) = NJW 1991, 1754; RGZ 148, 175 (187); OLG Karlsruhe DB 2002, 889; *Ammon* DStR 1993, 1025 (1029); MüKoAktG/*Stein* Rn. 38; Großkomm AktG/*Wiedemann* Rn. 21; Hüffer/Koch/*Koch* Rn. 12.
[79] BayObLG WM 1985, 572; OLG Köln Rpfleger 1981, 405; *Ammon* DStR 1993, 1025 (1029); Hüffer/Koch/*Koch* Rn. 12; Bürgers/Körber/*Körber* Rn. 15, zur Erstreckung von § 181 auf gesellschaftsrechtliche Maßnahmen durch Scheme of Arrangements in Insolvenz nach englischem Recht *Eidenmüller/Frobenius* WM 2011, 1210 (1215).
[80] BayObLG WM 1985, 572 (573); DB 1971, 1612; *Lutter* NJW 1979, 1873 ff.; MüKoAktG/*Stein* Rn. 39; Hüffer/Koch/*Koch* Rn. 12; aA für Publikums-AG Bürgers/Körber/*Körber* Rn. 15 aE.
[81] MüKoAktG/*Stein* Rn. 39.
[82] Hüffer/Koch/*Koch* Rn. 12; Bürgers/Körber/*Körber* Rn. 15.
[83] OLG Hamburg OLGZ 1984, 307 (309); MüKoAktG/*Stein* Rn. 40; Hüffer/Koch/*Koch* Rn. 12.
[84] KG Berlin AG 2005, 537 (538); MüKoAktG/*Stein* Rn. 41; Großkomm AktG/*Wiedemann* Rn. 22; Hüffer/Koch/*Koch* Rn. 13.
[85] OLG Karlsruhe DB 2002, 889; Kölner Komm AktG/*Zöllner* Rn. 31.
[86] MüKoAktG/*Stein* Rn. 41; Großkomm AktG/*Wiedemann* Rn. 22.

feststellt, kann es die Eintragung von der Beseitigung des Mangels abhängig machen.[87] Es gehört auch zum Prüfungsumfang des Gerichts, festzustellen, ob der Beschluss von der letzten Hauptversammlung vor der Anmeldung gefasst oder bestätigt wurde. Anderenfalls darf eine Eintragung nicht erfolgen.[88]

b) Wirksamkeit des Satzungsänderungsbeschlusses. Die Eintragung einer angemeldeten Satzungsänderung durch den Registerrichter hängt von der Wirksamkeit des Satzungsänderungsbeschlusses ab.[89] Ein fehlender oder nichtiger Sonderbeschluss nach § 179 Abs. 3, das Fehlen einer gem. § 180 erforderlichen Zustimmung von Aktionären, eine fehlende staatliche Genehmigung oder die Bezugnahme auf eine Urkunde, die der Niederschrift des Beschlusses nicht beigefügt ist,[90] können zur Unwirksamkeit des Beschlusses führen.[91] Sofern die Anmeldung nicht ordnungsgemäß erfolgt ist, ein für die ordnungsgemäße Anmeldung notwendiges Erfordernis jedoch noch nachgeholt werden kann, ist der Satzungsänderungsbeschluss schwebend unwirksam. Das Gericht hat gem. § 26 S. 2 HRV die Möglichkeit, den Anmeldenden eine Frist zu setzen, innerhalb derer die fehlenden Unterlagen nachgereicht werden können.[92] Sollten die Betroffenen der Aufforderung nicht nachkommen, muss die Eintragung unterbleiben.[93]

c) Nichtigkeit des Satzungsänderungsbeschlusses. Gelangt das Registergericht in Ausübung seiner Prüfungspflicht zu der Überzeugung, dass Nichtigkeitsgründe gem. § 241 vorliegen, hat es die Eintragung abzulehnen.[94] Auf die Gründe der Nichtigkeit kommt es bei der Ablehnung nicht an. Unerheblich ist darüber hinaus, ob die Nichtigkeit des Beschlusses nach § 242 Abs. 1 durch die Eintragung geheilt würde.[95] Wenn von dem angemeldeten Beschluss nur einzelne Bestimmungen nichtig sind[96] oder wenn einer von mehreren zusammenhängenden Beschlüssen nichtig ist,[97] muss das Gericht im Zweifel die Eintragung des jeweiligen ganzen Beschlusses oder der gesamten Beschlussgruppe verweigern.[98] In Betracht kommt jedoch eine Überprüfung dahingehend, ob in Anlehnung an § 139 BGB der ordnungsgemäße Teil des Satzungsänderungsbeschlusses unabhängig vom unzulässigen Rest Bestand haben kann und insofern eintragungsfähig ist.[99]

Ist eine Anfechtungs- (§§ 243, 246) oder Nichtigkeitsklage (§ 249) wegen Vorliegens eines entsprechenden Grundes erhoben worden, kann das Registergericht nach § 21 Abs. 1 FamFG (vormals: § 127 S. 1 FGG) die Eintragung nach eigenem Ermessen aussetzen und die Entscheidung des Prozessgerichts abwarten.[100] Das Gericht sollte in der Ausübung des Ermessens einerseits die Erfolgsaussichten der Klage, andererseits die Interessen der Beteiligten an der Eintragung bzw. dessen Verhinderung berücksichtigen.[101] Dabei ist dem Interesse mit dem größeren potentiellen Rechtsverlust oder Schaden der Vorrang zu geben.[102] Im Gegensatz zum bisherigen § 127 S. 1 FGG setzt die Neuregelung der Verfahrensaussetzung in §§ 381, 21 FamFG die Vorgreiflichkeit und Anhängigkeit eines anderen Verfahrens nicht mehr zwingend voraus, allerdings muss das Registergericht nunmehr in Ermangelung eines anhängigen Rechtsstreits einem der Beteiligten eine Frist zur Klageerhebung setzen.[103]

d) Anfechtbarkeit des Satzungsänderungsbeschlusses. Hat ein Rechtsstreit wegen eventueller Anfechtungsgründe eines Satzungsänderungsbeschlusses noch nicht begonnen, liegt dem Gericht

---

[87] Kölner Komm AktG/*Zöllner* Rn. 31.
[88] Kölner Komm AktG/*Zöllner* Rn. 27; Hüffer/Koch/*Koch* Rn. 13; Grigoleit/*Ehmann* Rn. 8.
[89] Kölner Komm AktG/*Zöllner* Rn. 32; Hüffer/Koch/*Koch* Rn. 14; Bürgers/Körber/*Körber* Rn. 17.
[90] BGH NJW 1994, 1288; KG Berlin AG 2005, 537 (538).
[91] RGZ 136, 185 (192); MüKoAktG/*Stein* Rn. 44; Hüffer/Koch/*Koch* Rn. 14.
[92] OLG Hamm NJW 1963, 1554 (1554); Großkomm AktG/*Wiedemann* Rn. 24; MüKoAktG/*Stein* Rn. 44; Kölner Komm AktG/*Zöllner* Rn. 33; Hüffer/Koch/*Koch* Rn. 16.
[93] MüKoAktG/*Stein* Rn. 54.
[94] OLG Hamburg OLGZ 1984, 307 (310); BayObLGZ 1972, 126 (128); OLG Köln BB 1982, 579; MüKoAktG/*Stein* Rn. 42; Großkomm AktG/*Wiedemann* Rn. 23; Kölner Komm AktG/*Zöllner* Rn. 34; Hüffer/Koch/*Koch* Rn. 14; K. Schmidt/Lutter/*Seibt* Rn. 25.
[95] MüKoAktG/*Stein* Rn. 42, 55; Kölner Komm AktG/*Zöllner* Rn. 34; Wachter/*Wachter* Rn. 28.
[96] OLG Hamburg AG 1970, 230 (231); RGZ 146, 385 (394); MüKoAktG/*Stein* Rn. 42; Großkomm AktG/ *Wiedemann* Rn. 23; Hüffer/Koch/*Koch* Rn. 16.
[97] Großkomm AktG/*Wiedemann* Rn. 23.
[98] MüKoAktG/*Stein* Rn. 42; Bürgers/Körber/*Körber* Rn. 17.
[99] BGH AG 2015, 633 (636) zu Formnichtigkeit; MüKoAktG/*Stein* Rn. 55; Bürgers/Körber/*Körber* Rn. 17; K. Schmidt/Lutter/*Seibt* Rn. 25.
[100] Großkomm AktG/*Wiedemann* Rn. 23; MüKoAktG/*Stein* Rn. 43; Hüffer/Koch/*Koch* Rn. 17.
[101] MüKoAktG/*Stein* Rn. 50; Kölner Komm AktG/*Zöllner* Rn. 37; Hüffer/Koch/*Koch* Rn. 17.
[102] MüKoAktG/*Stein* Rn. 50; Großkomm AktG/*Wiedemann* Rn. 28; Hüffer/Koch/*Koch* Rn. 17; ähnlich *Volhard* ZGR 1996, 55 (58).
[103] *Ries* NZG 2009, 654 (656); Bürgers/Körber/*Körber* Rn. 20.

aber ein Widerspruch nach § 245 Nr. 1 zu einer vor Ablauf der Monatsfrist (§ 246 Abs. 1) eingereichten Anmeldung dieses Satzungsänderungsbeschlusses vor, so sollte der Registerrichter die Monatsfrist verstreichen lassen.[104] Das Registergericht hat in diesem Fall nach § 381 S. 2 FamFG (vormals: § 127 S. 2 FGG) einem der Beteiligten eine Frist zur Klageerhebung zu setzen.[105]

26 Nach Ablauf der mit Beschlussfassung beginnenden, in § 246 Abs. 1 bestimmten Monatsfrist wird der Beschluss unanfechtbar.[106] Ob der Registerrichter nach Ablauf der Frist den rechtswidrigen Beschluss trotz Mangelhaftigkeit grundsätzlich einzutragen hat, ist umstritten. Hauptargument für die Eintragung ist, dass die Mangelhaftigkeit nicht mehr geltend gemacht werden kann.[107] Zutreffende und hM im Gesellschaftsrecht ist, dass die **Eintragung nicht vollzogen werden darf, wenn sie gegen zwingendes Gesetzesrecht, gegen öffentliche Interessen, gegen Interessen der Gläubiger oder gegen Interessen zukünftiger Aktionäre verstößt**.[108] Vorschriften, die öffentliche Interessen der Aktienrechtsordnung schützen, sind zB § 182 Abs. 1 S. 4, § 192 Abs. 2, § 208 Abs. 2 S. 2, § 222 Abs. 3, § 229 Abs. 2, § 237 Abs. 1 S. 2.[109] Dass die Satzung grundsätzlich nicht von den Vorschriften des Aktiengesetzes abweichen darf, geht aus § 23 Abs. 5 hervor. Für eine vollumfängliche Prüfung und damit verbundenen Schutz öffentlicher Interessen spricht zunächst § 38, wonach das Gericht rechtswidrige Beschlüsse ablehnen muss. Des Weiteren spricht § 181 Abs. 3 für eine umfassende Prüfung, da das Wirksamwerden des Satzungsänderungsbeschlusses an die Eintragung gebunden ist.[110] Die Verletzung von Soll-Vorschriften kann ebenfalls zur Ablehnung des Satzungsänderungsbeschlusses führen. Dies trifft beispielsweise für § 192 Abs. 2 zu[111] und wird auch für § 121 Abs. 5 iVm § 130 vertreten.[112]

27 Das mit dem UMAG eingeführte Freigabeverfahren gem. § 246a gilt nicht für alle eintragungsbedürftigen Hauptversammlungsbeschlüsse, sondern nur für Kapitalbeschaffung und -herabsetzung sowie Unternehmensverträge.[113] § 246a ist nicht analog anwendbar.[114]

28 **3. Verfahren der Eintragung.** Wenn die Eintragungsvoraussetzungen vorliegen, erlässt der Registerrichter nach § 25 Abs. 1 HRV eine Verfügung an den Urkundsbeamten der Geschäftsstelle, die angemeldete Satzungsänderung einzutragen. § 181 Abs. 2 unterscheidet zwischen Satzungsänderungen, die ihrem Inhalt nach einzutragen sind und solchen Änderungen, für die eine Bezugnahme auf die beigefügten Unterlagen ausreicht. Wenn die Satzungsänderung Angaben nach § 39 betrifft, ist eine genaue Bezeichnung der Änderung erforderlich.[115] Bei allen anderen Änderungen genügt die Bezugnahme auf die eingereichten Unterlagen, insbes. die Niederschrift der Hauptversammlung nach § 130 Abs. 1.[116] Für die Wirksamkeit der Satzungsänderung ist die Bezeichnung des Gegenstands der Satzungsänderung nicht erforderlich, weil sie nicht in § 181 vorgeschrieben ist.[117] Das Registergericht ist allerdings gem. § 43 Nr. 6 lit f. HRV dazu verpflichtet, den Gegenstand zu bezeichnen. Die Eintragung muss nach § 381 Abs. 2 FamFG (vormals: § 130 Abs. 1 FGG) den Tag der Eintragung angeben. Dieser ist insbes. für das Wirksamwerden der Änderung nach § 181 Abs. 3 von Bedeutung. Die Angabe des Tages der Beschlussfassung ist dagegen weder vorgeschrieben noch erforderlich, im Übrigen ergibt dieser sich aus der Niederschrift nach § 130.[118] Das amtliche Muster

---

[104] Bokelmann DB 1994, 1341; MüKoAktG/*Stein* Rn. 45; aA OLG Köln GmbHR 1982, 211 (212).
[105] OLG Zweibrücken Rpfleger 1990, 77; OLG Köln BB 1995, 10; *Ammon* DStR 1993, 1025 (1029); MüKoAktG/*Stein* Rn. 46; K. Schmidt/Lutter/*Seibt* Rn. 26.
[106] MüKoAktG/*Stein* Rn. 46.
[107] Für Eintragung der GmbH OLG Köln GmbHR 1982, 211 (212); für die Genossenschaft KG Berlin OLGR 34, 348; für die AG: MHdB AG/*Semler* § 39 Rn. 74 ff.
[108] OLG Hamburg OLGZ 1994, 42 (47) = AG 1993, 384; KGJ 35, 162 (166); *Lutter* NJW 1969, 1874 f.; Bokelmann DB 1994, 1341 (1342); Großkomm AktG/*Wiedemann* Rn. 25; Kölner Komm AktG/*Zöllner* Rn. 35; MüKoAktG/*Stein* Rn. 46; Bürgers/Körber/*Körber* Rn. 22; *Baums*, Eintragung und Löschung von Gesellschafterbeschlüssen, 1981, 65.
[109] *Lutter* NJW 1969, 1873; Kölner Komm AktG/*Zöllner* Rn. 35; MüKoAktG/*Stein* Rn. 48; Großkomm AktG/*Wiedemann* Rn. 25.
[110] Großkomm AktG/*Wiedemann* Rn. 48.
[111] MüKoAktG/*Stein* Rn. 48; Kölner Komm AktG/*Zöllner* Rn. 35.
[112] OLG Hamburg OLGZ 1994, 42 (47) = AG 1993, 384; aA *Bar/Grothe* IPRax 1994, 269 ff.; MüKoAktG/*Stein* Fn. 99; vgl. auch OLG Frankfurt MittBayNot 2011, 165.
[113] *Göz/Holzborn* WM 2006, 775 ff.
[114] *Veil* AG 2005, 367 (574 f.); vgl. auch *Ihrig/Erwen* BB 2005, 1973; *Spindler* NZG 2005, 829.
[115] Großkomm AktG/*Wiedemann* Rn. 37; Kölner Komm AktG/*Zöllner* Rn. 40; MüKoAktG/*Stein* Rn. 58; Hüffer/Koch/*Koch* Rn. 20.
[116] Großkomm AktG/*Wiedemann* Rn. 37; Kölner Komm AktG/*Zöllner* Rn. 41; MüKoAktG/*Stein* Rn. 59; Hüffer/Koch/*Koch* Rn. 20.
[117] OLG Celle AG 1989, 209 (211); MüKoAktG/*Stein* Rn. 59; Hüffer/Koch/*Koch* Rn. 20.
[118] MüKoAktG/*Stein* Rn. 60; Kölner Komm AktG/*Zöllner* Rn. 43; Hüffer/Koch/*Koch* Rn. 21; aA Großkomm AktG/*Wiedemann* Rn. 37.

der Eintragung in Anlage 2 zu § 39 HRegVfg bezieht das Datum der Satzungsänderung allerdings mit ein.[119]

4. Ablehnung der Eintragung. Liegen keine Eintragungshindernisse vor, so muss das Registergericht die Anmeldung eintragen. Wegen **Form und Verfahrensmängeln** darf das Registergericht nach Eintritt der Unanfechtbarkeit den Satzungsänderungsbeschluss **nicht ablehnen**.[120] Verstöße des Beschlussinhalts gegen Teile der Satzung, gegen dispositives Gesetzesrecht oder gegen zwingende Gesetze dürfen ebenfalls nicht zu einer Ablehnung des Beschlusses führen, wenn die verletzte Norm lediglich dem Schutz der gegenwärtigen Aktionäre dient.[121] Für diese Fälle ist die Anfechtungsklage der Aktionäre vorgesehen, die ihnen ausreichenden Schutz der eigenen Interessen ermöglicht, soweit sie davon Gebrauch machen.[122] 29

5. Bindungswirkung. Eine durch Anfechtungsklage herbeigeführte Feststellung der Nichtigkeit des Beschlusses (§ 249 Abs. 1) oder Nichtigerklärung (248 Abs. 1) hat Bindungswirkung für das Registergericht.[123] Eine Klageabweisung hat allerdings keine Bindungswirkung; dies gilt insbes. bei einer aus Rechtsmissbrauch abgewiesenen Klage.[124] 30

6. Gerichtliches Eintragungsverbot. Die Eintragung eines angefochtenen Satzungsänderungsbeschlusses kann von einer beteiligten Partei vorläufig durch gerichtliches Eintragungsverbot seitens des Prozessgerichts nach § 16 Abs. 2 HGB verhindert werden, wovon auch im Wege der einstweiligen Verfügung nach §§ 935 ff. ZPO Gebrauch gemacht werden kann,[125] soweit die Entscheidung in der Hauptsache für das Registergericht bindend wäre. Dies ist der Fall, wenn in der Hauptsache über eine Anfechtungs- oder Nichtigkeitsklage entschieden wird, die nach § 248 Bindungswirkung entfaltet.[126] Angesichts des vorläufigen Charakters der einstweiligen Verfügung empfiehlt es sich für das Registergericht, im Falle einer einstweiligen Verfügung von der Aussetzung des Verfahrens nach § 21 Abs. 1 FamFG (vormals: § 127 S. 1 FGG) Gebrauch zu machen, bis die Entscheidung des Prozessgerichts in der Hauptsache gefällt ist.[127] Für das gerichtliche Eintragungsverbot ist eine vom Prozessgericht erlassene rechtskräftige oder vollstreckbare Entscheidung erforderlich. Die einstweilige Verfügung muss unter Vorlage eines formlos verfassten Widerspruchs und unter Beifügung der Entscheidung dem Registergericht im Eintragungsverfahren eingereicht werden.[128] Falls der Satzungsänderungsbeschluss trotz Widerspruchs eingetragen wird, kommt nur ein Amtslöschungsverfahren nach § 395 FamFG (vormals: §§ 142, 143 FGG) in Betracht.[129] 31

7. Rechtsmittel gegen die Eintragungsverfügung. Der verwaltungsinterne Vorgang der Eintragungsverfügung kann nur dann durch Erinnerung und Beschwerde vor der Eintragung durch den Urkundsbeamten angegriffen werden, wenn das Registergericht dem Dritten die Eintragungsverfügung bekannt gemacht hat.[130] Die Eintragungsverfügung ist ansonsten nicht rechtsmittelfähig.[131] Nach der Eintragung besteht die Möglichkeit zur Erinnerung oder Beschwerde nicht mehr, § 383 Abs. 3 FamFG.[132] Das Registergericht kann in Zweifelsfällen von der Möglichkeit einer Bekanntmachung der Eintragungsverfügung Gebrauch machen, weil ein Amtslöschungsverfahren an weitere 32

---

[119] Vgl. den Wortlaut des amtlichen Musters: „Der Sitz der Gesellschaft ist durch Beschluss der Hauptversammlung v. 14.6.1936 von Halle nach Berlin verlegt worden. Die Satzung ist entsprechend geändert in § 1 Abs. 2 (Sitz)" DJ 1937, 1251 (1262); Großkomm AktG/*Wiedemann* Rn. 37.
[120] *Bokelmann* DB 1994, 1341 (1344); Kölner Komm AktG/*Zöllner* Rn. 36; MüKoAktG/*Stein* Rn. 49; Großkomm AktG/*Wiedemann* Rn. 25; *Baums*, Eintragung und Löschung von Gesellschafterbeschlüssen, 1981, 65 f.
[121] MüKoAktG/*Stein* Rn. 49, § 243 Rn. 130; aA *Bokelmann* DB 1994, 1341 (1344); Großkomm AktG/*Wiedemann* Rn. 25; *Baums*, Eintragung und Löschung von Gesellschafterbeschlüssen, 1981, 65 f.
[122] MüKoAktG/*Stein* Rn. 49, § 243 Rn. 130; aA *Bokelmann* DB 1994, 1341 (1344); Großkomm AktG/*Wiedemann* Rn. 25; *Baums*, Eintragung und Löschung von Gesellschafterbeschlüssen, 1981, 65 f.
[123] MüKoAktG/*Stein* Rn. 52; Großkomm AktG/*Wiedemann* Rn. 23; Hüffer/Koch/*Koch* Rn. 15.
[124] Hüffer/Koch/*Koch* Rn. 15, 17; MüKoAktG/*Stein* Rn. 52.
[125] BayObLGZ 1909, 564 (566); LG Düsseldorf BB 1960, 226; LG Heilbronn AG 1971, 372; MüKoAktG/*Stein* Rn. 54; Großkomm AktG/*Wiedemann* Rn. 30 f.; *Baums*, Eintragung und Löschung von Gesellschafterbeschlüssen, 1981, 166; K. Schmidt/Lutter/*Seibt* Rn. 29.
[126] Großkomm AktG/*Wiedemann* Rn. 30; MüKoAktG/*Stein* Rn. 54.
[127] Großkomm AktG/*Wiedemann* Rn. 31; MüKoAktG/*Stein* Rn. 54.
[128] MüKoAktG/*Stein* Rn. 54; Jansen/*Steder* FGG § 127 Rn. 24 f.; MüKoFamFG/*Pabst* § 21 Rn. 26.
[129] Großkomm AktG/*Wiedemann* Rn. 31; Hüffer/Koch/*Koch* Rn. 18.
[130] OLG Stuttgart OLGZ 1970, 419 (420); Kölner Komm AktG/*Zöllner* Rn. 48; *Schlegelberger* FGG § 19 Rn. 3; für uneingeschränkte Rechtsmittelfähigkeit Großkomm AktG/*Wiedemann* Rn. 38; MüKoAktG/*Stein* Rn. 63.
[131] OLG Stuttgart OLGZ 1970, 419 (420); Kölner Komm AktG/*Zöllner* Rn. 48; *Schlegelberger* FGG § 19 Rn. 3; Überhaupt nicht rechtsmittelfähig: OLG Hamm AG 1980, 79 (80); OLG Hamburg KGJ 33, 315 (318); Hüffer/Koch/*Koch* Rn. 18; K. Schmidt/Lutter/*Seibt* Rn. 29.
[132] OLG Hamm DNotZ 1954, 92; Großkomm AktG/*Wiedemann* Rn. 68; MüKoAktG/*Stein* Rn. 100.

§ 181 33–38 Erstes Buch. Aktiengesellschaft

Voraussetzungen geknüpft ist. Nach der Eintragung ist das Amtslöschungsverfahren unter dessen speziellen Voraussetzungen (→ Rn. 50) das letzte Rechtsmittel gegen die Eintragung.[133]

33 Zu weit würde es führen, die Eintragungsverfügung einer uneingeschränkten Rechtsmittelfähigkeit auszusetzen.[134] Die Beschwerde als Rechtsmittel gegen die verwaltungsinterne Verfügung kommt vornehmlich dann in Frage, wenn eine beschwerdeberechtigte Partei es bis zur Verfügung versäumt hat, Anfechtungsklage zu erheben, die Monatsfrist zur Erhebung der Anfechtungsklage abgelaufen ist und die Eintragung den Beschwerdeberechtigten (zu den Besonderheiten der Beschwerdeberechtigung → Rn. 37) in einem Recht verletzt. Dies ist etwa der Fall, wenn eine Minderheit der Hauptversammlung nachteilig betroffen ist, der Vorstand aber die Eintragung als Vertreter der Mehrheit der Hauptversammlung vornehmen möchte.

34 Auch die konstitutive Wirkung der Eintragung lässt sich nicht als Argument für die uneingeschränkte Zulassung der Beschwerde ins Feld führen,[135] weil die Eintragung einen unwirksamen Beschluss nicht heilt.[136] Darüber hinaus besteht auch kein Rechtsschutzbedürfnis für ein über die Frist der Anfechtungsklage hinausreichendes Rechtsmittel: Die Wirkung der Eintragung ist im Gesetz bestimmt und es besteht die Möglichkeit, sich hiergegen mit den dafür vorgesehenen Rechtsmitteln zu wehren. Aus Gründen der Rechtssicherheit muss aber diese Möglichkeit gleichzeitig auch eine Grenze bedeuten.

35 Bei Verstößen gegen zwingende Vorschriften des Gesetzes oder der Notwendigkeit, eine Satzungsänderung im öffentlichen Interesse zu beseitigen, besteht außerdem die Möglichkeit der Amtslöschung nach § 395 FamFG (vormals: § 144 Abs. 2 iVm §§ 142, 143 FGG); dazu noch unter → Rn. 50 ff. Die früher bei einer inhaltlichen unrichtigen Eintragung nach § 18 FGG aF für die AG gegeben Möglichkeit, die Änderung oder Löschung der Eintragung zu beantragen, besteht heute gem. § 48 FamFG dagegen nicht mehr.[137] Eine Satzungsänderung kann nach der Eintragung nur durch eine erneute Satzungsänderung unter Berücksichtigung der Regelung des § 179 beseitigt oder verändert werden.[138]

36 Unter Berücksichtigung der vorgenannten Argumente besteht keine Notwendigkeit dahingehend, ein uneingeschränktes Rechtsmittel gegen die Eintragungsverfügung zu gewähren. Vielmehr verdeutlichen diese Umstände, dass dem an einer zügigen Abwicklung der Eintragung interessierten Geschäftsverkehr Vorrang gegenüber dem Rechtsschutzinteresse einer Partei einzuräumen ist. Dieses Ergebnis wird dadurch bekräftigt, dass die Partei ihr Interesse verfolgen kann, soweit sie innerhalb der gesetzlich bestimmten Frist tätig wird. Dies ist zumutbar.

37 Zur **Beschwerde** gegen die Eintragung **berechtigt** ist nach § 59 Abs. 1 FamFG (vormals: § 20 Abs. 1 FGG) jeder, demgegenüber die Eintragung eine Rechtsverletzung darstellt. Eine Rechtsverletzung kann beispielsweise darin liegen, dass eine zumindest auch im Interesse des Beschwerdeführers geschaffene Eintragungsvoraussetzung nicht erfüllt ist.[139] Der Inhaber eines Titels nach § 16 Abs. 2 HGB ist beschwerdeberechtigt, soweit die Eintragung gegen sein Recht aus dem Titel verstößt. Eine Erleichterung hinsichtlich der Beschwerdeberechtigung liegt zugunsten der Industrie- und Handelskammern vor. Gem. § 380 Abs. 5 FamFG (vormals: § 126 FGG) sind sie auch ohne eigene Rechtsbeeinträchtigung beschwerdeberechtigt, wenn sie am Verfahren beteiligt wurden. Das Oberlandesgericht fällt nach § 69 FamFG (vormals: § 19 Abs. 2 FGG) iVm § 133 Abs. 1 Nr. 1 lit. b GVG die Entscheidung über die Beschwerde. Gegen dessen Entscheidung kann gem. § 70 Abs. 1 FamFG iVm § 133 GVG Rechtsbeschwerde beim BGH eingelegt werden, sofern diese im Beschluss des Oberlandesgerichts zugelassen wurde.

38 **8. Bekanntmachung der Satzungsänderung.** Die Bekanntmachung erfüllt die Aufgabe, die am Geschäftsverkehr Beteiligten über Änderungen zu unterrichten, sie ist jedoch kein Wirksamkeitserfordernis der Satzungsänderung.[140] Nach § 10 HGB erfolgt die Bekanntmachung ausschließlich in dem von der Landesjustizverwaltung bestimmten elektronischen Informations- und Kommunikationssystem (s. www.handelsregisterbekanntmachungen.de). Eine weitergehende Bekanntmachung (zB in einer Zeitung oder im Bundesanzeiger) erfolgt nicht mehr, Art. 61 Abs. 4 EGHGB. Für das

---

[133] MüKoAktG/*Stein* Rn. 63; Großkomm AktG/*Wiedemann* Rn. 38.
[134] So aber OLG Karlsruhe Rpfleger 1963, 204; vgl. auch Großkomm AktG/*Wiedemann* Rn. 38; MüKoAktG/ *Stein* Rn. 63; *Baums,* Eintragung und Löschung von Gesellschafterbeschlüssen, 1981, 168 f.
[135] So Großkomm AktG/*Wiedemann* Rn. 38; MüKoAktG/*Stein* Rn. 63.
[136] MüKoAktG/*Stein* Rn. 83; Großkomm AktG/*Wiedemann* Rn. 46; Hüffer/Koch/*Koch* Rn. 26.
[137] MüKoAktG/*Stein* Rn. 103; aA offenbar Bürgers/Körber/*Körber* Rn. 41. → Rn. 50.
[138] Hüffer/Koch/*Koch* Rn. 24.
[139] Großkomm AktG/*Wiedemann* Rn. 38; MüKoAktG/*Stein* Rn. 64; *Baums,* Eintragung und Löschung von Gesellschafterbeschlüssen, 1981, 173 (176).
[140] OLG Celle AG 1989, 209 (211); MüKoAktG/*Stein* Rn. 69; Hüffer/Koch/*Koch* Rn. 22.

Verfahren gelten die §§ 32 ff. HRV. Gegenstand der Bekanntmachung sind der Inhalt der Handelsregistereintragung sowie das Eintragungsdatum und das registerführende Gericht.

Das Erfordernis der Bekanntmachung von Angaben gem. § 181 Abs. 2 S. 2 aF ist durch dessen 39 Aufhebung mit Wirkung vom 1. November 2008 durch das Gesetz zur Modernisierung des GmbH-Rechts und zur Bekämpfung von Missbräuchen (MoMiG) vom 23. Oktober 2008 weggefallen. Dabei handelt es sich um eine Folgeänderung zu dem im Rahmen des Gesetzes über elektronische Handelsregister und Genossenschaftsregister sowie das Unternehmensregister (EHUG) vorgesehenen Verzicht auf Zusatzbekanntmachungen.[141]

IV. Wirkung der Eintragung (Abs. 3)

1. Konstitutive Wirkung. Die Satzungsänderung wird erst durch die Eintragung im Handelsregister wirksam, § 181 Abs. 3. Dies gilt sowohl im Innenverhältnis als auch gegenüber Dritten.[142] Die Wirkung tritt im Zeitpunkt der Eintragung ein. Das Eintragungsdatum ist gem. § 382 Abs. 2 FamFG (vormals: § 130 Abs. 1 FGG) ebenfalls im Handelsregister festzuhalten. Verfügt die AG über Zweigniederlassungen, ist ausschließlich die Eintragung im Handelsregister des Sitzes der AG maßgeblich. Der Eintragung bei einem Handelsregister nach § 13c Abs. 3 S. 2 HGB fehlt es an der konstitutiven Wirkung.[143]

2. Rechtslage vor der Eintragung. Bereits vor der Eintragung der beschlossenen Satzungsände- 41 rung kommt ihr rechtliche Bedeutung zu.[144] Sie verpflichtet den Vorstand zur Anmeldung und bindet Neuaktionäre, die ihre Aktien zwischen dem Satzungsänderungsbeschluss und der Eintragung erworben haben.[145] Zudem begründet die einzutragende Satzungsänderung eine Treuepflicht der Aktionäre und Organe, den in der Satzungsänderung zum Ausdruck kommenden Aktionärswillen auch vor der Wirksamkeit nicht zu übergehen.[146] Darüber hinaus besteht die Möglichkeit, den Satzungsänderungsbeschluss mit der Anfechtungs- (§ 246) und Nichtigkeitsklage (§ 249) anzugreifen.

3. Rückwirkung, Bedingung und Befristung. a) Rückwirkung. Seit der Neuformulierung 42 des Abs. 3 ist die Rückwirkung von Satzungsänderungen grundsätzlich nicht mehr ausgeschlossen.[147] Für den Fall der **vereinfachten Kapitalabsetzung** bei gleichzeitiger Kapitalerhöhung ist nach §§ 234, 235 eine begrenzte Rückwirkung zulässig. Für alle anderen Fälle von Kapitaländerungen ist eine Rückwirkung ausgeschlossen.[148] Eine rückwirkende Inkraftsetzung von Satzungsänderungen darf nicht gegen den **Vertrauensschutz** von Aktionären, Dritten oder der Allgemeinheit verstoßen.[149] Deshalb muss die Änderung vorhersehbar gewesen sein.[150]

b) Satzungsänderungen mit Außenwirkung. wie etwa Angaben über das Geschäftsjahr, die 43 Vertretungsmacht, des Geschäftszwecks oder den Gesellschaftssitz, **können nicht rückwirkend** in Kraft gesetzt werden.[151] Solche organisationsrechtlichen Veränderungen betreffen grundsätzlich den Geschäftsverkehr, der erst durch die Eintragung von der Änderung erfahren kann.

c) Satzungsänderungen ohne Außenwirkung. können rückwirkend in Kraft treten, wenn 44 sie kein schutzwürdiges Vertrauen der Aktionäre oder der Aktionärsminderheit verletzen. Mehrheitsbeschlüsse können rückwirkend ab dem Zeitpunkt der Beschlussfassung in Kraft treten, weil die Änderung für Aktionäre seitdem vorhersehbar war.[152] Die Rückwirkung vom Zeitpunkt der Beschlussfassung einer Satzungsänderung, in der ein Großaktionär zugunsten des Gewinnauszahlungsanspruchs anderer Aktionäre auf seinen Gewinn verzichtet, ist zulässig.[153] Zulässig ist auch

---

[141] BegrRegE BT-Drs. 16/6140, 120.
[142] BFHE 194, 354 (356 f.) = NJW-RR 2002, 318; MüKoAktG/*Stein* Rn. 70; Hüffer/Koch/*Koch* Rn. 24; NK-AktR/*Wagner* Rn. 19; K. Schmidt/Lutter/*Seibt* Rn. 34.
[143] MüKoAktG/*Stein* Rn. 70.
[144] Großkomm AktG/*Wiedemann* Rn. 42; MüKoAktG/*Stein* Rn. 71; Hüffer/Koch/*Koch* Rn. 25.
[145] MüKoAktG/*Stein* Rn. 71; Hüffer/Koch/*Koch* Rn. 25; Bürgers/Körber/*Körber* Rn. 32.
[146] Kölner Komm AktG/*Zöllner* Rn. 49; Großkomm AktG/*Wiedemann* Rn. 42; MüKoAktG/*Stein* Rn. 71.
[147] Großkomm AktG/*Wiedemann* Rn. 3; Kölner Komm AktG/*Zöllner* Rn. 1; MüKoAktG/*Stein* Rn. 73; Hüffer/Koch/*Koch* § 179 Rn. 27; dazu auch → § 179 Rn. 165.
[148] Großkomm AktG/*Wiedemann* § 179 Rn. 163; MüKoAktG/*Stein* Rn. 75; Hüffer/Koch/*Koch* § 179 Rn. 27.
[149] KG DR 1942, 735; *Horbach* AG 2001, 78 (80); *Dempelwolf* NJW 1958, 1212 (1214); MüKoAktG/*Stein* Rn. 76; Hüffer/Koch/*Koch* § 179 Rn. 28. Bereits → § 179 Rn. 165 ff.
[150] *Horbach* AG 2001, 78 (80); Kölner Komm AktG/*Zöllner* § 179 Rn. 206, 208; MüKoAktG/*Stein* Rn. 76.
[151] Ganz hM OLG Schleswig NJW-RR 2000, 1425; OLG Frankfurt GmbHR 1999, 484; OLG Karlsruhe RPfleger 1975, 178; MüKoAktG/*Stein* Rn. 76; Großkomm AktG/*Wiedemann* § 179 Rn. 164; Kölner Komm AktG/*Zöllner* § 179 Rn. 207.
[152] *Horbach* AG 2001, 78 (80); MüKoAktG/*Stein* Rn. 78; Kölner Komm AktG/*Zöllner* § 179 Rn. 208.
[153] *Horbach* AG 2001, 78 (80); MüKoAktG/*Stein* Rn. 78.

eine nachträgliche Erhöhung der Vergütung der Aufsichtsratmitglieder,[154] wohingegen eine nachträgliche Senkung unzulässig ist.[155] Ebenso unzulässig ist die nachträgliche Veränderung von Aktionärsrechten,[156] von Bedingungen des Zustandekommens des Satzungsänderungsbeschlusses oder von Regelungen über die Einberufung und Beschlussfassung der Hauptversammlung.[157] Soll für Aufsichtsratsmitglieder eine teilweise Bilanz- oder dividendenorientierte Vergütung eingeführt werden, ist die Rückwirkung nur zulässig, wenn der variable Vergütungsteil den Fixbetrag ergänzen soll.[158]

45 **d) Befristung.** Satzungsänderungen, die erst von einem **zukünftigen Zeitpunkt an wirken**, aber schon davor eingetragen und dadurch formal wirksam werden, sind unbedenklich **zulässig**. Voraussetzung ist aber, dass die Befristung zweifelsfrei aus dem Satzungsänderungsbeschluss hervorgeht und dass die Änderung zum gewählten Zeitpunkt tatsächlich wirksam werden kann. Darüber hinaus darf keine Vorschrift einen anderen Wirksamkeitszeitpunkt bestimmen.[159]

46 **e) Bedingung.** Satzungsänderungen deren Rechtswirkungen von einer Bedingung abhängen, sind **unzulässig**.[160] Dagegen ist es zulässig, Regelungen in die Satzung zu integrieren, deren materielle Wirkung erst eintritt, wenn bestimmte Voraussetzungen erfüllt sind.[161] In diesem Fall wird lediglich die Anwendung einer Bestimmung durch bestimmte Umstände begrenzt.[162]

47 **4. Fehlerhafte Eintragung. a) Allgemeines.** § 181 Abs. 3 bestimmt, dass eine Satzungsänderung erst im Zeitpunkt der Eintragung wirksam wird. Abs. 3 darf aber nicht dahingehend ausgelegt werden, dass ein Satzungsänderungsbeschluss trotz vorhandener Mängel in jedem Fall Wirksamkeit erlangt.[163] Ein Satzungsänderungsbeschluss, der **nicht wirksam zustande gekommen** oder nach § 241 **nichtig** ist, erlangt durch die Eintragung **keine Wirksamkeit**. Die **Eintragung** des Satzungsänderungsbeschlusses **hat grundsätzlich keine heilende Wirkung**.[164] Die Konsequenzen von Beschlussmängeln für die Wirksamkeit des Satzungsänderungsbeschlusses unterscheiden sich nach Art und Schwere des Mangels. Während ein inhaltlich fehlerhafter Beschluss durch das Amtslöschungsverfahren aufgehoben werden kann, führen Verfahrensmängel zur Nichtigkeit des Beschlusses.[165]

48 **b) Beschlussmängel.** Eine **Ausnahme** von dem Grundsatz, dass die Eintragung keine Nichtigkeitsgründe heilt, gilt für die Gründe aus **§ 242**. Beurkundungsmängel (§ 241 Nr. 2) werden durch die Eintragung sofort geheilt, vgl. § 242 Abs. 1. Bei Einberufungs- und Inhaltsmängeln iSv § 242 Abs. 2 und Abs. 3 führt die Eintragung nach Ablauf einer Frist von drei Jahren seit der Eintragung zur Wirksamkeit des Satzungsänderungsbeschlusses. Ein eingetragener Satzungsänderungsbeschluss ist auch dann unwirksam, wenn Sonderbeschlüsse oder Zustimmungserklärungen fehlen. Nach dem Heilungseintritt besteht unter Umständen noch die Möglichkeit der Amtslöschung gem. §§ 398, 395 FamFG (vormals: § 144 Abs. 2 FGG),[166] vgl. § 242 Abs. 2 S. 3. Für unwirksame Beschlüsse gilt § 242 Abs. 2 entsprechend.[167] Bestehen Mängel, die zur Anfechtbarkeit des Satzungsänderungsbeschlusses führen, werden diese durch Ablauf der Anfechtungsfrist oder sonstigen Verlust der Anfechtungsbefugnis geheilt, jedoch nicht durch die Eintragung des Beschlusses.[168] Wurde eine Ordnungsvorschrift nicht beachtet, die entsprechend § 182 Abs. 4 den Satzungsänderungsbeschluss weder nichtig noch anfechtbar macht, muss das Registergericht die Eintragung zwar verweigern, eine bereits eingetragene Satzungsänderung wird dennoch wirksam.[169]

---

[154] Großkomm AktG/*Wiedemann* § 179 Rn. 165; Kölner Komm AktG/*Zöllner* § 179 Rn. 209; MüKoAktG/*Stein* Rn. 79; Hüffer/Koch/*Koch* § 179 Rn. 28.
[155] MüKoAktG/*Stein* Rn. 79.
[156] Kölner Komm AktG/*Zöllner* § 179 Rn. 208; MüKoAktG/*Stein* Rn. 79; Hüffer/Koch/*Koch* § 179 Rn. 28.
[157] Kölner Komm AktG/*Zöllner* § 179 Rn. 208; MüKoAktG/*Stein* Rn. 79.
[158] BGH NJW 2004, 1109 (1110); *Wellkamp* WM 2001, 489 (493 f.); MüKoAktG/*Stein* Rn. 79.
[159] MüKoAktG/*Stein* Rn. 80.
[160] → § 179 Rn. 159; MüKoAktG/*Stein* § 179 Rn. 50; Hüffer/Koch/*Koch* § 179 Rn. 26.
[161] MüKoAktG/*Stein* Rn. 81.
[162] → § 179 Rn. 160; MüKoAktG/*Stein* § 179 Rn. 50; Hüffer/Koch/*Koch* § 179 Rn. 26.
[163] MüKoAktG/*Stein* Rn. 82; Kölner Komm AktG/*Zöllner* Rn. 52; Hüffer/Koch/*Koch* Rn. 26; NK-AktR/*Wagner* Rn. 20.
[164] MüKoAktG/*Stein* Rn. 83; Kölner Komm AktG/*Zöllner* Rn. 52; Hüffer/Koch/*Koch* Rn. 26.
[165] OLG Hamm BB 1981, 259 (261); Großkomm AktG/*Wiedemann* Rn. 57, 60.
[166] BayObLGZ 1956, 303 (310); OLG Hamm BB 1981, 259 (260); Großkomm AktG/*Wiedemann* Rn. 54.
[167] OLG Hamburg AG 1970, 230 (231); MüKoAktG/*Stein* Rn. 85; Hüffer/Koch/*Koch* Rn. 27.
[168] MüKoAktG/*Stein* Rn. 86; Kölner Komm AktG/*Zöllner* Rn. 53.
[169] MüKoAktG/*Stein* Rn. 86; Bürgers/Körber/*Körber* Rn. 33.

c) Mängel des Eintragungsverfahrens. Fehlt die Anmeldung[170] oder wurde sie wirksam **49** zurückgenommen,[171] so ist die Eintragung wirkungslos und der Mangel wird auch nach Zeitablauf nicht durch die Eintragung geheilt.[172] Wird die ordnungsgemäße Anmeldung nachgeholt, heilt dies den Mangel.[173] Unwirksam ist eine Eintragung, die nicht von dem zuständigen Gericht, sondern bspw. durch das Gericht einer Zweigniederlassung durchgeführt wird. Entspricht der eingetragene Text nicht der angemeldeten Satzungsänderung, wird diese ebenfalls nicht wirksam.[174] In diesen Fällen kommt Amtslöschung nach § 395 FamFG (vormals: § 142 FGG), § 17 Abs. 2 HRV sowie Berichtigung auf Antrag oder Beschwerde nach § 59 Abs. 2 FamFG (vormals: § 20 Abs. 2 FGG) in Betracht. Wenn die Eintragung nur teilweise richtig ist, wird der richtige Beschlussteil wirksam, sofern er getrennt anmeldefähig und soweit die Teilwirkung im Interesse der AG, unter Berücksichtigung der rechtlichen Vorgaben, möglich ist.[175] Ist der eingetragene Satzungsänderungsbeschluss unvollständig, verhilft ihm die Eintragung zur Wirksamkeit.[176] Die Eintragung kann bei Formverstößen sowie bei Beurkundungsmängeln sofort heilende Wirkung entfalten, § 242 AktG.[177] Es steht der Wirksamkeit der Eintragung nicht entgegen, wenn die Anmeldung oder Vollmacht im Widerspruch zu § 12 HGB nicht in öffentlich beglaubigter Form vorliegt.[178]

5. Amtslöschung. a) Allgemeines. Wenn ein eingetragener Satzungsänderungsbeschluss gegen **50** zwingendes Recht verstößt und seine Beseitigung im öffentlichen Interesse erforderlich ist, kann er gem. §§ 398, 395 FamFG (vormals: § 144 Abs. 2 iVm §§ 142, 143 FGG) auch dann gelöscht werden, wenn die Heilungsfrist des § 242 Abs. 2 abgelaufen ist. Für die Löschung ist das Registergericht gem. § 395 Abs. 1 FamFG zuständig. Die Löschung kann auf Anregung der AG, der Aktionäre, oder Dritter aber auch von Amts wegen erfolgen. Förmliche Antragsbefugnis haben gem. § 395 Abs. 1 S. 1 FamFG dagegen nur die berufsständischen Organe. Das Löschungsverfahren bezweckt den Schutz der Gesellschaft.[179] Die früher gem. § 18 FGG aF gegebene Möglichkeit der Gesellschaft, die Löschung einer fehlerhaften Eintragung ohne die strengen Erfordernisse des Amtslöschungsverfahrens zu beantragen, besteht offenbar nicht mehr.[180] § 48 Abs. 1 FamFG, der dem alten § 18 FGG ansonsten entspricht, fordert hier eine wesentliche nachträgliche Änderung der Sach- oder Rechtslage. Nach § 17 Abs. 2 HRV kann das Registergericht Schreib- und Fassungsfehler berichtigen. Eine Satzungsänderung, die fälschlicherweise gelöscht wird, bleibt wirksam.[181] Eine zu Unrecht erfolgte Löschung kann nach § 395 FamFG (vormals: §§ 142, 143 FGG) rückgängig gemacht werden. Die Amtslöschung kann auch von Dritten angeregt werden.

b) Rechtsmittel. Der Registerrichter darf nach § 17 Nr. 1 lit. e RPflG als einziger den **51** Löschungsvermerk ins Handelsregister eintragen, um die Löschung zu vollziehen, § 395 Abs. 1 S. 2 FamFG (vormals: § 142 Abs. 1 S. 2 FGG). Das Gericht muss gem. § 395 Abs. 2 FamFG (vormals: § 142 Abs. 2 FGG) der Aktiengesellschaft eine angemessene Widerspruchsfrist setzen. Das Gericht, das die Löschung ankündigt, entscheidet nach § 395 Abs. 3 iVm § 393 Abs. 3 S. 1 FamFG (vormals: § 142 Abs. 3 iVm § 141 Abs. 3 S. 1 FGG) auch über den Widerspruch. Das Rechtsmittel gegen eine Zurückweisung des Widerspruchs ist gem. §§ 395 Abs. 3 iVm § 393 Abs. 3 S. 2 FamFG (vormals: §§ 142 Abs. 3 iVm 141 Abs. 3 S. 2 FGG) die Beschwerde.[182] Die Löschung darf gem. § 393 Abs. 5 FamFG (vormals: § 141 Abs. 4 FGG) nur erfolgen, wenn kein Widerspruch erhoben wurde oder der den Widerspruch zurückweisende Beschluss rechtskräftig geworden ist. Wenn das Gericht trotz

---

[170] HM RGZ 132, 22 (25); MüKoAktG/*Stein* Rn. 88; Großkomm AktG/*Wiedemann* Rn. 49; Kölner Komm AktG/*Zöllner* Rn. 54; Hüffer/Koch/*Koch* Rn. 28.
[171] MüKoAktG/*Stein* Rn. 88; Hüffer/Koch/*Koch* Rn. 28.
[172] MAH AktR/*Sickinger* § 29 Rn. 73; Grigoleit/*Ehmann* Rn. 13; Bürgers/Körber/*Körber* Rn. 35.
[173] MüKoAktG/*Stein* Rn. 88; Großkomm AktG/*Wiedemann* Rn. 49; Hüffer/Koch/*Koch* Rn. 28.
[174] OLG Hamm GmbHR 1971, 57 (59); Großkomm AktG/*Wiedemann* Rn. 50; Hüffer/Koch/*Koch* Rn. 28; aA *Priester* BB 2002, 2613 (2615); MüKoAktG/*Stein* Rn. 90; *Möhrle* in Happ AktienR 1.06 Rn. 13.1; NK-AktR/*Wagner* Rn. 20.
[175] RGZ 132, 22 (26); Hüffer/Koch/*Koch* Rn. 28; Bürgers/Körber/*Körber* Rn. 36; Grigoleit/*Ehmann* Rn. 13.
[176] MüKoAktG/*Stein* Rn. 91; Großkomm AktG/*Wiedemann* Rn. 51; Hüffer/Koch/*Koch* Rn. 28.
[177] → § 242 Rn. 25; MüKoAktG/*Stein* Rn. 84; Kölner Komm AktG/*Zöllner* Rn. 52; Hüffer/Koch/*Koch* Rn. 28.
[178] Großkomm AktG/*Wiedemann* Rn. 51; MüKoAktG/*Stein* Rn. 91; Hüffer/Koch/*Koch* Rn. 28.
[179] MüKoAktG/*Stein* Rn. 102; Bürgers/Körber/*Körber* Rn. 41.
[180] MüKoAktG/*Stein* Rn. 103; aA offenbar Bürgers/Körber/*Körber* Rn. 41, der weiterhin die zu § 18 FGG entwickelten Grundsätze anwendet.
[181] MüKoAktG/*Stein* Rn. 97.
[182] Nach FamFG ist die Beschwerde als Rechtsmittel gegeben, nicht mehr die sofortige Beschwerde; § 71 FamFG enthält daher keine § 29 Abs. 2 FGG entsprechende Regelung. Zuständig ist gem. § 119 Abs. 1 Nr. 1 lit. b GVG das Oberlandesgericht.

erhobener Klage gegen die Satzungsänderung das Eintragungsverfahren nicht nach § 21 FamFG (vormals: § 127 FGG) ausgesetzt hat, wird die Eintragung nicht gelöscht. Vielmehr wird das Urteil nach §§ 248 Abs. 1 S. 3, § 249 Abs. 1 in das Handelsregister eingetragen. Das Rechtsmittel der Beschwerde kann auch gegen eine Eintragungsverfügung eingelegt werden, bevor die Änderung eingetragen wurde. Die Eintragung selbst und die Verfügung nach Eintragung sind nicht mehr durch die Beschwerde angreifbar.[183] Eine Beschwerde gegen die Ablehnung einer von Dritten angeregten Amtslöschung ist wiederum zulässig. Um das Rechtsmittel der Beschwerde nach § 58 FamFG (vormals: § 19 FGG) als Dritter einzulegen, muss eine Rechtsbeeinträchtigung iSv § 59 Abs. 1 FamFG (vormals: § 20 Abs. 1 FGG) geltend gemacht werden können.[184] Eine Rechtsbeschwerde nach § 70 Abs. 1 FamFG kann dagegen nur von den Beteiligten erhoben werden. Ohne eigene Beeinträchtigung können nach § 380 Abs. 5 FamFG (vormals: § 126 FGG) die am Verfahren beteiligten Industrie- und Handelskammern Beschwerde einlegen.

---

[183] AllgM BGHZ 104, 61 (63) = NJW 1988, 1840; BGHZ 46, 7 (9) = NJW 1966, 1813; Großkomm AktG/*Wiedemann* Rn. 67; MüKoAktG/*Stein* Rn. 98, 100; *Baums,* Eintragung und Löschung von Gesellschafterbeschlüssen, 1981, 167.

[184] OLG Hamm DB 1971, 765; OLG Hamm BB 1981, 259 (260); Großkomm AktG/*Wiedemann* Rn. 63.

Zweiter Abschnitt. Maßnahmen der Kapitalbeschaffung

Erster Unterabschnitt. Kapitalerhöhung gegen Einlagen

Schrifttum: *Aha,* Vorbereitung des Zusammenschlusses im Wege der Kapitalerhöhung gegen Sacheinlage durch ein „Business Combination Agreement", BB 2001, 2225; *A. Arnold,* Nennwertanrechnung beim Debt-Equity Swap – Paradigmenwechsel durch das ESUG und die Aktienrechtsnovelle 2012, FS Hoffmann-Becking, 2013, 29; *Avvento,* Hin- und Herzahlen: Offenlegung als konstitutive Voraussetzung des Eintritts der Erfüllungswirkung?, BB 2010, 202; *Baldamus,* Die Reform der Kapitalrichtlinie, 2002; *Baums,* Eintragung und Löschung von Gesellschafterbeschlüssen, 1982; *Bayer,* Transparenz und Wertprüfung beim Erwerb von Sacheinlagen durch genehmigtes Kapital FS Ulmer, 2003, 21; *Bayer,* Kapitalerhöhung mit Bezugsrechtsausschluss und Vermögensschutz der Aktionäre nach § 255 Abs. 2 AktG, ZHR 168 (1999), 505; *Bayer,* Materielle Schranken und Kontrollinstrumente beim Einsatz des genehmigten Kapitals mit Bezugsrechtsausschluss, ZHR 168 (2004), 132; *Bayer,* Aktuelle Entwicklungen im Europäischen Gesellschaftsrecht, BB 2004, 1; *Bayer/J. Schmidt,* Die Reform der Kapitalaufbringung bei der Aktiengesellschaft durch das ARUG, ZGR 2009, 805; *Becker,* Aktienrechtliches und handelsrechtliches Agio, NZG 2003, 510; *T. Bezzenberger,* Das Kapital der Aktiengesellschaft, 2005; *T. Bezzenberger,* Erwerb eigener Aktien durch die AG, 2002; *T. Bezzenberger,* Das Bezugsrecht der Aktionäre und sein Ausschluss, ZIP 2002, 1917; *Böckenförde,* Die getarnte Enteignung, NJW 2009, 2484; *Boese,* Die Anwendungsgrenzen des Erfordernisses sachlicher Rechtfertigung bei HV-Beschlüssen, 2004; *Böttcher,* Die kapitalschutzrechtlichen Aspekte der Aktionärsrichtlinie (ARUG), NZG 2008, 481; *Brandi,* Gewährleistungen beim Anteilserwerb durch Kapitalerhöhung, NZG 2004, 600; *Braun/Uhlenbruck,* Unternehmensinsolvenz, 1997; *Binder,* Krisenbewältigung im Spannungsfeld zwischen Aufsichts-, Kapitalmarkt- und Gesellschaftsrecht, WM 2008, 2340; *Bücker,* Umsetzung einer ordentlichen Kapitalerhöhung in Teilschritten, NZG 2009, 1339; *Bunnemann,* Anwendung der Grundsätze der „verdeckten Sacheinlage" bei einer Sachkapitalerhöhung?, NZG 2005, 955; *Cahn,* Die Anpassung der Aktiengesellschaft an Kapitalerhöhungen, AG 2001, 181; *Cahn,* Pflichten des Vorstandes beim genehmigten Kapital mit Bezugsrechtsausschluss, ZHR 163 (1999), 544; *Casper,* Die Heilung fehlerhafter Beschlüsse, 1998; *Dauner-Lieb,* Die Auswirkungen des MoMiG auf die Behandlung verdeckter Sacheinlagen im Aktienrecht, AG 2009, 217; *Dietz,* Aktien als Akquisitionswährung, 2004; *Döser,* Erweiterte Bankenhaftung aus der Einzahlungsbestätigung bei gesellschaftsrechtlichen Kapitalmaßnahmen, NJW 2006, 881; *Drinkuth,* Die Kapitalrichtlinie – Mindest- oder Höchstnorm?, 1998; *Eimer,* Zeichnungsverträge und Zeichnungsvorverträge, 2009; *Ekkenga,* Sachkapitalerhöhung gegen Schuldbefreiung, ZGR 2009, 581; *Ekkenga/Schröer,* Handbuch der AG-Finanzierung, 2014; *Fastrich,* Funktionales Rechtsdenken am Beispiel des Gesellschaftsrechts, 2001; *Fendel,* Zur Tilgungswirkung von Voreinzahlungen auf künftige Kapitalerhöhungen in Sanierungsfällen, NZI 2007, 381; *Gehling,* Bezugspreis und faktischer Bezugsrechtsausschluss, ZIP 2011, 1699; *Giedinghagen/Lakenberg,* Kapitalaufbringung durch Dienstleistungen?, NZG 2009, 201; *Goette,* Zur Zuteilung der Aktien beim vereinfachten Bezugsrechtsausschluss nach § 186 Abs. 3 Satz 4 AktG, ZGR 2012, 505; *Götze,* Keine Angabe des Ausgabebetrags im Zeichnungsschein bei Sachkapitalerhöhungen in der AG?, AG 2002, 76; *Gundlach/Frenzel/Schmidt,* Die Kapitalerhöhung in der Insolvenz, DStR 2006, 1048; *Gurlit,* Finanzmarktstabilisierung und Eigentumsgarantie, NZG 2009, 601; *Habersack,* Verdeckte Sacheinlage und Hin- und Herzahlen nach dem ARUG – gemeinschaftsrechtlich betrachtet, AG 2009, 557; *Habersack,* Verdeckte (gemischte) Sacheinlage, Sachübernahme und Nachgründung im Aktienrecht, ZGR 2008, 48; *Haertlein,* Aktionärsschutz gegen Rekapitalisierungsmaßnahmen auf Grund des Finanzmarktstabilisierungsgesetzes, NZG 2009, 576; *Heinze,* Kapitalerhöhungskosten im Aktienrecht, ZIP 2011, 1848; *Herchen,* Agio und verdecktes Agio im Recht der Kapitalgesellschaften, 2004; *Hergeth/Eberl,* Wirksamkeitsvoraussetzungen des Zeichnungsvertrags, NZG 2003, 205; *Herrler/Reymann,* Die Neuregelungen im Aktienrecht durch das ARUG, DNotZ 2009, 914; *Heutz/Parameswaran,* Prüfungspflichten eines Sachkapitalprüfers in der AG, ZIP 2011, 1650; *Hirte,* Bezugsrechtsausschluss und Konzernbildung, 1986; *Hoffmann-Becking,* Der Einbringungsvertrag zur Sacheinlage eines Unternehmens oder Unternehmensteils in die Kapitalgesellschaft FS Lutter, 2000, 453; *Hopt/Fleckner/Kumpan/Steffek,* Kontrollerlangung über systemrelevante Banken nach dem Finanzmarktstabilisierungsgesetzen, WM 2009, 821 (826); *Hunecke,* Der Zeichnungsvertrag, 2011; *Hüttinger,* Instrumente zur vorinsolvenzlichen Sanierung des Unternehmensträgers, 2015; *Immenga,* Die personalistische Kapitalgesellschaft, 1970; *Kallweit,* Equity-Line-Finanzierungen und genehmigtes Kapital: Welche Grenzen setzt das Kapitalaufbringungs- und -erhaltungsrecht?, BB 2009, 2495; *Kaserer/Köndgen/Möllers,* Stellungnahmen zum Finanzmarktstabilisierungsergänzungsgesetz, ZBB 2009, 142; *Kiefner,* Konzernumbildung und Börsengang der Tochter, 2005; *Kindler,* Die sachliche Rechtfertigung des aktienrechtlichen Bezugsrechtsausschlusses im Lichte der Zweiten Gesellschaftsrechtlichen Richtlinie der Europäischen Gemeinschaft, ZHR 158 (1994), 339; *Klaaßen/van Lier,* Auswirkungen nichtiger Kapitalerhöhungsbeschlüsse auf nachfolgende Kapitalmaßnahmen, NZG 2014, 1250; *Klette,* Die Überpari-Emission bei der Kapitalerhöhung gegen Einlagen, DB 1968, 2203 und 2261; *Koppensteiner,* Ordentliche Kapitalerhöhungen und dividendenabhängige Ansprüche Dritter, ZHR 139 (1975), 191; *Kort,* Bestandsschutz fehlerhafter Strukturänderungen im Kapitalgesellschaftsrecht, 1998; *Kowalewski,* Das Vorerwerbsrecht der Mutteraktionäre beim Börsengang der Tochtergesellschaft, 2008; *Krieger,* Fehlerhafte Satzungsänderungen: Fallgruppen und Bestandskraft, ZHR 158 (1994), 35; *Kropff,* Aktiengesetz, 1965; *Kuntz,* Die Kapitalerhöhung in der Insolvenz, DStR 2006, 519; *Kuntz,* Nochmals: Die Kapitalerhöhung in der Insolvenz, DStR 2006, 1050; *Kuntz/Stegemann,* Grundfragen des faktischen Bezugsrechtsausschlusses, ZIP 2016, 2341; *Kuntz,* Gestaltung von Kapitalgesellschaften zwischen Freiheit und Zwang, 2016; *Lappe,* Gemischte Kapitalerhöhung und Bezugsrechtsausschluss in Restrukturierungsfällen, BB 2000, 313; *Lawall/Wille/Konopatzki,* Unwirksamkeit der Erbringung einer Sacheinlage bei fehlenden Angaben zu den Gründern der Aktiengesellschaft, AG 2009, 529; *Leßmann,* Heilung nichtiger Aktienzeichnungsvorverträge,

DB 2006, 1256; *Leuering,* Die vereinfachte Sacheinlage von nicht-börsengehandelten Wertpapieren nach § 33 a AktG, NZG 2016, 208; *Lüssow,* Das Agio im GmbH- und Aktienrecht, 2005; *Lutter,* Die Eintragung anfechtbarer Hauptversammlungsbeschlüsse im Handelsregister, NJW 1969, 1873; *Lutter,* Gescheiterte Kapitalerhöhungen FS Schilling, 1973, 207; *Lutter/Friedewald,* Kapitalerhöhung, Eintragung im Handelsregister und Amtslöschung, ZIP 1986, 691; *Lutter/Leinekugel,* Fehlerhaft angemeldete Kapitalerhöhungen, ZIP 2000, 1225; *Lwowski/Wunderlich,* Insolvenzanfechtung von Kapitalerhöhungsmaßnahmen, NZI 2008, 129; *Maidl/Kreifels,* Beteiligungsverträge und ergänzende Vereinbarungen, NZG 2003, 1091; *N. Maier,* Faktischer Bezugsrechtsausschluss, 2014; *Maier-Reimer,* Wert der Sacheinlage und Ausgabebetrag FS Bezzenberger, 2000, 253; *Maier-Reimer,* Die verdeckte gemischte und die verdeckt gemischte Sacheinlage FS Hoffmann-Becking, 2013, 755; *Martens,* Die Bewertung eines Beteiligungserwerbs nach § 255 Abs. 2 AktG – Unternehmenswert kontra Börsenkurs FS Bezzenberger, 2000, 267; *Martens,* Der Ausschluß des Bezugsrechts, ZIP 1992, 1677; *Martens,* Der Ausschluß des Bezugsrechts FS Fischer, 1979, 437; *Merkner/Decker,* Vereinfachte Sachkapitalerhöhung nach dem ARUG – Wertvolle Deregulierung oder Regelung auf dem Papier?, NZG 2009, 887; *Meyer,* Die Sachübernahme im Aktienrecht und ihre Bedeutung für die Lehre von der verdeckten Sacheinlage, 2008; *Mülbert,* Aktiengesellschaft, Unternehmensgruppe und Kapitalmarkt, 2. Aufl. 1996; *Mülbert,* Anwendung der Nachgründungsvorschriften auf die Sachkapitalerhöhung?, AG 2003, 136; *Mülbert,* Die Anwendung der allgemeinen Formvorschriften bei Sachgründungen und Sachkapitalerhöhungen, AG 2003, 281; *H.-F. Müller,* Die Kapitalerhöhung in der Insolvenz, ZGR 2004, 842; *Nodoushani,* Die Verpfändung konkreter Bezugsrechte, WM 2011, 1; *Parmentier,* Verdeckte Sacheinlage seitens der Emissionsbank?, ZInsO 2008, 9; *von Oppen/Menhart/Holst,* Die Ermittlung des Platzierungspreises bei einer 10 %-Kapitalerhöhung im beschleunigten Bookbuilding-Verfahren, WM 2011, 1835; *Perwein,* Ist ein Kapitalerhöhungsbeschluss mit festem Erhöhungsbetrag unverzüglich durchzuführen?, AG 2013, 10; *Pfeiffer/Buchinger,* Rücknahme von Handelsregisteranmeldungen bei gescheiterter Kapitalerhöhung einer Aktiengesellschaft, BB 2006, 2317; *Priester,* Kapitalaufbringungspflicht und Gestaltungsspielräume beim Agio FS Lutter, 2000, 617; *Priester,* Die nicht placierte Kapitalerhöhung – „Abgelaufene" Hauptversammlungsbeschlüsse FS Wiedemann, 2002, 1161; *Priester,* Emissions-Tranchen bei ordentlicher Kapitalerhöhung?, NZG 2010, 81; *Reichert,* Die Treuebindung der Aktionärsmehrheit in Sanierungsfällen, NZG 2018, 134; *Richter,* Die Verpflichtung des Inferenten zur Übertragung eines Vermögensgegenstandes als Gegenstand der Sacheinlage, ZGR 2009, 721; *Rittig,* Der gekreuzte Bezugsrechtsausschluss in der Höchstbetragskapitalerhöhung, NZG 2012, 1292; *Ruffert,* Verfassungsrechtliche Überlegungen zur Finanzmarktkrise, NJW 2009, 2093; *Samson/Flindt,* Internationale Unternehmenszusammenschlüsse, NZG 2006, 290; *Schäfer,* Die Lehre vom fehlerhaften Verband, 2003; *Schäfer,* Schuldrechtliches Agio im Aktienrecht – Kapitalaufbringung ad libitum?, ZIP 2016, 953; *F. W. Schäfer/Grützediek,* Haftung der Gesellschaft für „mangelhafte" Gesellschaftsanteile bei Kapitalerhöhungen, NZG 2006, 204; *F. W. Schäfer/Grützediek,* Die Haftung des Gesellschafters für mangelhafte Sacheinlagen, DB 2006, 1040; *Schall,* Kapitalaufbringung nach dem MoMiG, ZGR 2009, 126; *Scheunemann/Hoffmann,* Debt-Equity-Swap, DB 2009, 983; *Schmitz/Slopek,* PIPE-Transaktionen aus rechtlicher Sicht – Aktien- und wertpapierrechtliche Gestaltungsmöglichkeiten von Private Investments in Public Entities, NJOZ 2009, 1265; *Schorling/Vogel,* Schuldrechtliche Finanzierungsvereinbarungen neben Zeichnung und Kapitalerhöhungsbeschluss, AG 2003, 86; *Schürnbrand,* Geschriebener und ungeschriebener Bestandsschutz beim aktienrechtlichen Zeichnungsvertrag, AG 2014, 73; *Schürnbrand,* Die überzeichnete Kapitalerhöhung FS Stilz, 2014, 569; *Schulz,* Unwirksame Sacheinlagevereinbarungen bei börsennotierten Aktiengesellschaften, NZG 2010, 41; *Seibert/Florstedt,* Der Regierungsentwurf des ARUG, ZIP 2008, 2153; *Seibt/Vogt,* Kapitalerhöhungen zu Sanierungszwecken, AG 2009, 133; *Servatius,* Strukturmaßnahmen als Unternehmensleitung. Die Vorstandspflichten bei unternehmerischen Entscheidungen der Hauptversammlung, 2004; *Servatius,* Gläubigereinfluss durch Covenants, Hybride Finanzierungsinstrumente im Spannungsfeld von Fremd- und Eigenfinanzierung, 2008; *Siebert,* Die Haftung der Mitglieder des Übernahmekonsortiums nach den Regeln der verdeckten Sacheinlage, NZG 2006, 366; *Sieger/Hasselbach,* Die Übernahme von Gewährleistungen durch die Aktiengesellschaft bei Kapitalerhöhung und Aktientausch, BB 2004, 60; *Singhof,* Der „erleichterte" Bezugsrechtsausschluss im Rahmen von § 221 AktG, ZHR 170 (2007), 673; *Technau,* Rechtsfragen bei der Gestaltung von Übernahmeverträgen („Underwriting Agreements") im Zusammenhang mit Aktienemissionen, AG 1998, 445; *Theusinger/Liese,* Keine verdeckte Sacheinlage bei der „Einlage" von Dienstleistungen, NZG 2009, 641; *Thoß,* Differenzhaftung bei der Kapitalerhöhung zur Durchführung einer Verschmelzung, NZG 2006, 376; *Traugott/Groß,* Leistungsbeziehungen zwischen Aktionär und Aktiengesellschaft: Wie lässt sich das Risiko einer verdeckten Sacheinlage verringern?, BB 2003, 481; *Treeger-Huber,* Rechtliche Probleme der Stückaktien, 2004; *Trendelenburg,* Auswirkungen einer nichtigen Kapitalerhöhung auf die nachfolgenden Kapitalerhöhungen bei Aktiengesellschaften, NZG 2003, 860; *Wälzholz,* Aktuelle Probleme der Unterbilanz- und Differenzhaftung bei Umwandlungsvorgängen, AG 2006, 469; *Wagner,* Gründung bzw. Kapitalerhöhung von Kapitalgesellschaften: Aufgeld auf satzungsmäßiger bzw. schuldrechtlicher Grundlage, DB 2004, 293; *Wieneke,* Aktien als Akquisitionswährung, NZG 2004, 61; *Wieneke,* Die Differenzhaftung des Inferenten und die Zulässigkeit eines Vergleichs über ihre Höhe, NZG 2012, 136; *Wieneke,* Die Festsetzung des Gegenstands der Sacheinlage nach §§ 27, 183 AktG, AG 2013, 437; *Wieneke/Fett,* Das neue Finanzmarktstabilisierungsgesetz unter besonderer Berücksichtigung aktienrechtlicher Sonderregelungen, NZG 2009, 8; *Wirsch,* Die Vollwertigkeit des Rückgewähranspruchs – Kapitalaufbringung und Kapitalerhaltung im Cash Pool, Konzern 2009, 443; *Ziemons,* Rekapitalisierung nach dem Finanzmarktstabilisierungsgesetz – Die aktienrechtlichen Regelungen im Überblick, DB 2008, 2635; *Zöllner,* Die Anpassung dividendenbezogener Verpflichtungen von Kapitalgesellschaften bei effektiver Kapitalerhöhung, ZGR 1986, 288; *Zöllner,* Gerechtigkeit bei Kapitalerhöhung, AG 2002, 585; *Zöllner,* Folgen der Nichtigkeit einer Kapitalerhöhung für nachfolgende Kapitalerhöhungen. Zur Anwendung der Geschäftsgrundlagenlehre auf strukturändernde Beschlüsse bei Kapitalgesellschaften FS Hadding, 2004, 725.

§ 182 Voraussetzungen

(1) ¹Eine Erhöhung des Grundkapitals gegen Einlagen kann nur mit einer Mehrheit beschlossen werden, die mindestens drei Viertel des bei der Beschlußfassung vertretenen Grundkapitals umfaßt. ²Die Satzung kann eine andere Kapitalmehrheit, für die Ausgabe von Vorzugsaktien ohne Stimmrecht jedoch nur eine größere Kapitalmehrheit bestimmen. ³Sie kann weitere Erfordernisse aufstellen. ⁴Die Kapitalerhöhung kann nur durch Ausgabe neuer Aktien ausgeführt werden. ⁵Bei Gesellschaften mit Stückaktien muß sich die Zahl der Aktien in demselben Verhältnis wie das Grundkapital erhöhen.

(2) ¹Sind mehrere Gattungen von stimmberechtigten Aktien vorhanden, so bedarf der Beschluß der Hauptversammlung zu seiner Wirksamkeit der Zustimmung der Aktionäre jeder Gattung. ²Über die Zustimmung haben die Aktionäre jeder Gattung einen Sonderbeschluß zu fassen. ³Für diesen gilt Absatz 1.

(3) Sollen die neuen Aktien für einen höheren Betrag als den geringsten Ausgabebetrag ausgegeben werden, so ist der Mindestbetrag, unter dem sie nicht ausgegeben werden sollen, im Beschluß über die Erhöhung des Grundkapitals festzusetzen.

(4) ¹Das Grundkapital soll nicht erhöht werden, solange ausstehende Einlagen auf das bisherige Grundkapital noch erlangt werden können. ²Für Versicherungsgesellschaften kann die Satzung etwas anderes bestimmen. ³Stehen Einlagen in verhältnismäßig unerheblichem Umfang aus, so hindert dies die Erhöhung des Grundkapitals nicht.

Übersicht

	Rn.
I. Bedeutung der Norm	1–7
1. Regelungsgehalt	2
2. Entstehungsgeschichte	3
3. Der Ablauf einer Kapitalerhöhung	4–5e
a) Gesetzliche Ausgangslage	4
b) Praxis	5, 5a
c) Wagniskapital	5b–5d
d) Finanzkrise	5e
4. Die Vorstandspflichten bei der Kapitalerhöhung	6, 7
a) Formale Unterstützungsaufgaben	6
b) Materielle Beschlussverantwortung	7
II. Inhalt des Kapitalerhöhungsbeschlusses	8–10
1. Zwingender Inhalt	9
2. Fakultativer Inhalt	10
III. Beschlussfassung über eine Kapitalerhöhung	11–38
1. Grundlagen	11, 12
2. Gesetzlicher Regelfall	13–15b
a) Kumulation der Mehrheitserfordernisse	14
b) Vereinbarkeit mit Europarecht	15
c) Zustimmungspflichten	15a
d) Finanzmarktkrise	15b
3. Gestaltungsfreiheit	16–25
a) Geringere Kapitalmehrheit	18, 19
b) Größere Kapitalmehrheit	20–22
c) Weitere Erfordernisse	23–25
4. Getrennte Beschlussfassung	26–31
a) Erfordernis eines Sonderbeschlusses	27–29
b) Wirksamkeit des Sonderbeschlusses	30
c) Auswirkungen auf den Beschluss der Hauptversammlung	31
5. Aufhebung und Änderung des Kapitalerhöhungsbeschlusses	32–38
a) Aufhebung	33–36
b) Änderung	37
c) Schadensersatz	38
IV. Festsetzung des Betrags der Kapitalerhöhung	39–45
1. Genaue Bezifferung	40
2. Festlegung einer Mindest- und Höchstgrenze	41, 42
3. Festlegung einer Durchführungsfrist	43–45
V. Ausgabe von Nennbetrags- oder Stückaktien	46–48
1. Nennbetragsaktien	47
2. Stückaktien	48
VI. Festsetzung des Ausgabebetrags	49–57
1. Grundlagen	49
2. Kapitalerhöhung zum geringsten Ausgabebetrag	50
3. Kapitalerhöhung zu einem höheren Ausgabebetrag	51–57
a) Gestaltungsmöglichkeiten	51–53
b) Vorstandspflichten	54–56
c) Fehlender Ausgabebetrag	57
VII. Kapitalerhöhung bei ausstehenden Einlagen	58–65
1. Gesetzlicher Regelfall	59–62
a) Einlagen	60
b) Ausstehend	61
c) Verhältnismäßigkeit	62
2. Ausnahmen von der Subsidiarität	63, 64
a) Versicherungsgesellschaften	63
b) Verschmelzung	64
3. Auswirkungen auf den Hauptversammlungsbeschluss	65
VIII. Kapitalerhöhung im Liquidationsverfahren	66–68

	Rn.		Rn.
1. Kapitalerhöhungsbeschluss vor Auflösung	67	3. Kapitalerhöhung in der Tochtergesellschaft	75, 76
2. Kapitalerhöhungsbeschluss nach Auflösung	68	4. Kein Fall eines konzernrechtlichen Minderheitenschutzes	77
IX. Kapitalerhöhung im Insolvenzverfahren	69–72	5. Anforderungen an den Hauptversammlungsbeschluss	78, 79
1. Kapitalerhöhungsbeschluss vor Insolvenzeröffnung	70, 71	a) Mehrheitserfordernis	78
		b) Ermächtigungsbeschluss	79
2. Kapitalerhöhungsbeschluss nach Insolvenzeröffnung	72	6. Rechtsfolgen der Beschlussfassung	80
		7. Konsequenzen bei unterbliebener Mitwirkung	81
X. Kapitalerhöhung in einer Tochtergesellschaft	73–81	XI. Registerkosten	82–84
1. Ungeschriebene Mitwirkungsbefugnisse	73	1. Kapitalerhöhungsbeschluss	83
		2. Durchführung	84
2. Dogmatische Grundlage	74	XII. Steuern	85

I. Bedeutung der Norm

1 § 182 ist die **Zentralnorm für die Kapitalerhöhung gegen Einlagen** gemäß §§ 182–191. Auf sie wird bei der bedingten Kapitalerhöhung (§ 192 Abs. 3 Satz 2, § 193 Abs. 1 Satz 3), beim genehmigten Kapital (§ 202 Abs. 2 Satz 4), bei der Kapitalerhöhung aus Gesellschaftsmitteln (§ 207 Abs. 2 Satz 1) und bei Schuldverschreibungen (§ 221 Abs. 1 Satz 4) teilweise verwiesen. Die wirtschaftliche Bedeutung der Kapitalerhöhung zur Gewinnung von Eigenkapital ist sehr groß. Bei günstigen Bedingungen kann die Aktienemission insbesondere an der Börse den Kapitalbedarf des Unternehmens besser befriedigen als die Aufnahme von Fremdkapital am Kreditmarkt. In den Zeiten niedriger Börsenkurse suchen Privatinvestoren und institutionelle Anleger die Kapitalanlage in börsennotierten Unternehmen.[1] Die im Rahmen einer Kapitalerhöhung geschaffenen Aktien dienen oftmals auch als Akquisitionswährung beim Unternehmenskauf und ermöglichen so die Expansion ohne den Einsatz von Barmitteln (sog. Share for Share-Transaktionen).[2] In der Unternehmenskrise ist die Kapitalerhöhung schließlich auch ein Sanierungsinstrument, insbesondere als Dept-Equity-Swap im Rahmen eines Insolvenzplans (→ Rn. 69 ff.; → § 188 Rn. 53 ff.; → § 183 Rn. 12). Im Vorfeld solcher Transaktionen werden sog. Business Combination Agreements geschlossen (→ § 187 Rn. 19).[3] Mit Einführung des Freigabeverfahrens gemäß § 246a hat der Gesetzgeber die praktische Durchführung der Kapitalerhöhung erleichtert (Einzelheiten dort).[4]

2 **1. Regelungsgehalt. Abs. 1 Satz 1** bestimmt die Zuständigkeit der Hauptversammlung und die Mehrheitserfordernisse im gesetzlichen Regelfall (→ Rn. 13 f.). **Abs. 1 Satz 2** legt fest, in welchem Umfang die Mehrheitserfordernisse durch Satzungsregelung modifiziert werden können (→ Rn. 16 ff.). **Abs. 1 Satz 3** erlaubt, dass eine Satzungsregelung auch weitere Erfordernisse für die Wirksamkeit eines Erhöhungsbeschlusses aufstellen kann (→ Rn. 23). **Abs. 1 Satz 4** zwingt zur Ausgabe neuer Aktien (→ Rn. 46). **Abs. 1 Satz 5** fordert, dass sich bei Stückaktien die Zahl der Aktien entsprechend erhöhen muss (→ Rn. 48). Nach **Abs. 2** ist bei Vorhandensein verschiedener Aktiengattungen ein Sonderbeschluss der betroffenen Aktionäre erforderlich (→ Rn. 26 ff.). **Abs. 3** verlangt die Angabe eines Mindestausgabebetrags bei der Überpariemission (→ Rn. 51). Nach **Abs. 4** ist die Kapitalerhöhung gegenüber der Einforderung ausstehender Einlagen subsidiär (→ Rn. 58 ff.).

3 **2. Entstehungsgeschichte.** § 182 gilt seit dem AktG 1965 und beruht auf § 149 AktG 1937. In Abs. 2 Satz 1 wurde durch das Gesetz über kleine Aktiengesellschaften vom 2.8.1994 (BGBl. 1994 I 1961) das Wort „stimmberechtigten" hinzugefügt (→ Rn. 27). Abs. 1 Satz 5 wurde durch das StückAG vom 23.3.1998 (BGBl. 1998 I 590) eingefügt (→ Rn. 48).[5]

---

[1] Zu den PIPE-Transaktionen (Private Investment in Public Entities) ausführlich *Schmitz/Slopek* NJOZ 2009, 1265; zu den allgemein kapitalmarktrechtlichen Fragen der Aktienemission durch Kapitalerhöhung (Insiderrecht, Ad-hoc-Publizität) *Ekkenga/Jaspers* in Ekkenga/Schröer, Handbuch der AG-Finanzierung, 2014, Kap. 4 Rn. 40 ff.
[2] Hierzu ausführlich *Dietz*, Aktien als Akquisitionswährung, 2004; internationale Aspekte bei *Samson/Flindt* NZG 2006, 290 (294 ff.); vgl. zur Sachkapitalerhöhung § 183. Zu den ökonomischen Gründen für eine Aktienemission *Höll/Jostand* ZBB 2008, 180.
[3] Vgl. *Aha* BB 2001, 2225.
[4] Vgl. OLG Jena ZIP 2006, 1989; LG München BB 2006, 459 m. Anm. von *Aha/Hirschberger*.
[5] Zum Ganzen *Treeger-Huber*, Rechtliche Probleme der Stückaktien, 2004.

3. Der Ablauf einer Kapitalerhöhung. a) Gesetzliche Ausgangslage.
Zu trennen sind die Beschlussfassung und die Durchführung. Zunächst erfolgt der Kapitalerhöhungsbeschluss gemäß §§ 182, 183, 186, welcher gemäß § 184 zur Eintragung ins Handelsregister anzumelden ist und als solches auch eingetragen wird. Hieran schließen sich die Zeichnung der neuen Aktien gemäß § 185 und die Leistung der Einlagen (vgl. § 188 Abs. 2) an. Diese Durchführung der Kapitalerhöhung wird gemäß § 188 Abs. 1 zur Eintragung angemeldet. Nach der Prüfung durch das Registergericht gemäß § 188 Abs. 2 erfolgt die Eintragung der Durchführung gemäß § 189, welche die Wirksamkeit der Kapitalerhöhung herbeiführt. Die Eintragung ist gemäß § 190 bekannt zu machen. Die neuen Aktien dürfen gemäß § 191 ausgegeben werden. Dieses **gestufte Verfahren** entspricht Art. 25 Abs. 1 der früheren Kapitalrichtlinie, nunmehr Art. 68 RL (EU) 2017/1132.[6] Es unterscheidet sich vom Recht der GmbH, wo gemäß § 57 GmbHG allein die durchgeführte Kapitalerhöhung einzutragen ist. Zu den Kosten der Eintragung → Rn. 82 ff. Im Zuge des ARUG wurde die Reform der früheren Kapitalrichtlinie umgesetzt und die vereinfachte Sachkapitalerhöhung gemäß § 183a eingeführt.

b) Praxis. Nach § 188 Abs. 4 können die **Anmeldungen** des Beschlusses über die Kapitalerhöhung und der Eintragung der Durchführung miteinander **verbunden** werden. Sachgerecht ist diese Vereinfachung nicht in jedem Fall. So kann die rasche Eintragung des Beschlusses vor seiner Durchführung auch eine werbewirksame Signalwirkung für den Kapitalmarkt entfalten.[7] Gerade bei börsennotierten AG sind die Zeichner regelmäßig nicht die künftigen Aktionäre. Die Platzierung neuer Aktien am Kapitalmarkt erfolgt vielmehr zumeist mittels **Emissionsbanken** oder Konsortien, die die Aktien zunächst zeichnen und die Einlagen leisten (sog. Fremdemission). Auf diese Weise kann das Risiko, dass nicht alle Aktien einen Abnehmer finden, auf die Finanzinstitute verlagert werden, die hierfür eine entsprechende Emissionsprovision verlangen (sog. hard underwriting).[8] Die an die Emissionsbank geleistete Gebühr verstößt bei Marktüblichkeit nicht gegen § 57,[9] kann jedoch eine unzulässige Unterpariemission begründen.[10] In § 186 Abs. 5 findet dieses Verfahren insoweit Anerkennung, als hierüber das Bezugsrecht der Aktionäre mittelbar verwirklicht wird. Hiermit verwandt sind auch sog. **Equity-Line-Finanzierungen.** Hierbei verpflichtet sich jemand ggü. der AG, auf Abruf eine bestimmte Anzahl von Aktien zu zeichnen, meist aus genehmigtem Kapital. Der Zeichner hält die Aktien jedoch nur auf kurze Zeit, um sie am Kapitalmarkt zu platzieren, und übt währenddessen auch keine Aktionärsrechte aus.[11]

Das gestufte Verfahren der Kapitalerhöhung wird oftmals als zu kompliziert und aufwändig empfunden. Dies ist jedoch keineswegs zwingend. Durch die Möglichkeit, die **Kapitalerhöhung in Tranchen** durchzuführen, kann zumindest ansatzweise flexibel auf die Akzeptanz am Kapitalmarkt reagiert werden (sog. Bis-zu-Kapitalerhöhung, → Rn. 41 ff.). Gleichwohl wird insbesondere beim Unternehmenserwerb unter Einsatz von Aktien als Akquisitionswährung meist auf das **genehmigte Kapital** (§§ 202 ff.) zurück gegriffen, um flexibler handeln zu können und um die frühzeitige Aufdeckung der strategischen Unternehmenspolitik zu vermeiden.[12] Letzteres ist jedoch nicht möglich, wenn die Durchführung der Kapitalerhöhung bereits bei der Beschlussfassung konkret feststeht.[13] Jenseits dieser Sonderkonstellation besteht aber keine Subsidiarität des genehmigten Kapitals.[14] Das genehmigte Kapital bestand gemäß §§ 3 f. FMStBG aF bei **Unternehmen des Finanzsektors** sogar kraft Gesetzes, freilich nur befristet bis zum 29.2.2012. Verfassungs- und europarechtlich ließ sich dieses Aushebeln von § 119 Abs. 1 Nr. 6 und Art. 68 RL (EU) 2017/1132[15] wohl nur mit den (einzigartigen?) verheerenden Verwerfungen des Finanzsektors rechtfertigen.[16]

---

[6] Richtlinie des Europäischen Parlaments und des Rates vom 14. Juni 2017 über bestimmte Aspekte des Gesellschaftsrechts, ABl. EU 2017 Nr. L 169, 46 v. 30.6.2017.
[7] Vgl. *Priester* FS Wiedemann, 2002, 1161.
[8] Zum Ganzen ausführlich *Ekkenga* in Claussen Bank- und KapMarktR § 6 Rn. 304 ff.; *Ekkenga/Jaspers* in Ekkenga/Schröer, Handbuch der AG-Finanzierung, 2014, Kap. 4 Rn. 9 ff.; *Schanz*, Börseneinführung, 2012, § 9 Rn. 35 ff.; *Bezzenberger/Bezzenberger* FS Hopt, 2010, 391; zur Marktanalyse im Vorfeld einer Emission (sog. Pilot Phishing) *Fleischer* DB 2009, 2195; zu den Aktionärsvereinbarungen im Vorfeld der Platzierung *Singhof* FS Schneider, 2011, 1261 (1264 ff.).
[9] *Vaupel* AG 2010, 93 (98).
[10] Vgl. OLG Stuttgart AG 2013, 604 (609 f.).
[11] Einzelheiten bei *Kallweit* BB 2009, 2495.
[12] *Dietz*, Aktien als Akquisitionswährung, 2004, 37; weitere Rechtstatsachen bei → § 202 Rn. 18 ff.
[13] Vgl. LG München I WM 2009, 1976 (zum Vorstandsbericht).
[14] *Lieder* ZGR 2010, 858 (894).
[15] Richtlinie des Europäischen Parlaments und des Rates vom 14. Juni 2017 über bestimmte Aspekte des Gesellschaftsrechts, ABl. EU 2017 Nr. L 169, 46 v. 30.6.2017.
[16] Das BVerfG hat sich mit der Verfassungsmäßigkeit nicht befasst (vgl. AG 2009, 325); hierzu *Haertlein* NZG 2009, 576. Für eine Vereinbarkeit der Ausnahmeregelungen mit den europäischen Vorgaben *Köndgen* ZBB 2009, 144 (147); LG München I NZG 2010, 749 – HRE; dagegen statt anderer *Hopt/Fleckner/Kumpan/Steffek* WM 2009, 821 (826) (mwN).

5b **c) Wagniskapital.** Wagnisfinanzierungen **(venture capital)** finden sich auch bei jungen oder zu gründenden AG, das Gleiche gilt für **Private Equtiy-Finanzierungen** etablierter AG.[17] Beide Varianten zeichnen sich durch das praktische Bedürfnis nach großer Flexibilität aus, was insbesondere auch die Ausgestaltung des Finanzierungsbeitrags der zumeist hoch spezialisierten Investoren betrifft. In diesem Kontext stehen somit auch die gesetzlichen Vorgaben der ordentlichen Kapitalerhöhung im Fokus der Betrachtung, soweit es um ihre Passgenauigkeit und Abdingbarkeit geht. Vor diesem Hintergrund ist es geradezu typisch, dass die zumeist sukzessive finanzielle Beteiligung des Investors zumindest flankierend durch umfangreiche schuldrechtliche Vereinbarungen ausgestaltet wird.[18] Thematisch im Bereich der Kapitalerhöhung liegend sind insofern vor allem folgende Problemkreise:

5c Die Notwendigkeit der sofortigen Vollleistung eines **korporativen Agios** gemäß § 36a Abs. 1 (→ § 188 Rn. 42 f.) steht der gewünschten Staffelung der Finanzierungbeiträge vielfach entgegen, so dass derartige Leistungen zumeist auf schuldrechtlicher Grundlage erbracht werden (sog. schuldrechtliches Agio).[19] Sofern eine Kapitalerhöhung unter Bezugsrechtsausschluss erfolgt, scheidet diese Variante gemäß § 255 Abs. 2 indessen entgegen vieler Stimmen in der Literatur aus, da der höhere Ausgabebetrag in diesen Fällen richtigerweise zwingend nach Maßgabe von § 36a Abs. 1 in Gestalt eines korporativen Agios festzusetzen ist (→ Rn. 49).[20] Eine gewisse Flexibilität dieses starren Rahmens bietet immerhin die Möglichkeit zur Kapitalerhöhung in **Tranchen** (→ Rn. 41 ff.).

5d Praktisch bedeutsam sind im Rahmen der Wagnisfinanzierung auch umfangreiche **Investorenvereinbarungen** im Vorfeld der konkreten Umsetzung des Finanzierungsvorhabens.[21] Hier stellt sich vor allem die Problematik unzulässiger **Zusicherungen** neuer Aktien gemäß § 187 (→ § 187 Rn. 5 ff., bei Rn. 19 ff. auch im Hinblick auf business combination agreements). Problematisch sind in diesem Zusammenhang auch **Vorleistungen** auf eine künftige Kaptalerhöhung (→ § 188 Rn. 56 ff.).

5e **d) Finanzkrise.** Im Zuge der Finanzkrise wurde für Unternehmen des Finanzsektors auch das **Verfahren für die ordentliche Kapitalerhöhung flexibler** ausgestaltet und damit die Möglichkeit der Rekapitalisierung erleichtert. Einige der Maßnahmen sind verfassungs- und europarechtlich bedenklich,[22] andere sollten jedoch dauerhaft Bestandteil des Aktienrechts für alle AG werden.[23] Im Einzelnen gilt: Einführung einer kurzen Ladungsfrist von lediglich mindestens einem Tag für den Hauptversammlungsbeschluss, seit dem 2.8.2009 mindestens drei Wochen (§ 7 Abs. 1 Satz 2 und 3 FMStBG im Gegensatz zu § 123 Abs. 1),[24] Besonderheiten beim sog. record date (§ 7 Abs. 1 Satz 4 FMStBG im Gegensatz zu § 123 Abs. 3 Satz 3), Herabsetzung der erforderlichen Beschlussmehrheit (einfache Mehrheit gemäß § 7 Abs. 2 FMStBG im Gegensatz zu Abs. 1, → Rn. 15a), Herabsetzung der erforderlichen Mehrheit für den Bezugsrechtsausschluss (§ 7 Abs. 3 FMStBG im Gegensatz zu § 186 Abs. 3), ohne weiteres Zulässigkeit des Bezugsrechtsausschlusses zu Gunsten des Finanzmarktstabilisierungsfonds oder Dritter (§§ 7 Abs. 3 Satz 4, 7e FMStBG im Gegensatz zu den hohen materiell-rechtlichen Anforderungen gemäß § 186, → § 186 Rn. 40 ff.),[25] Möglichkeit zur Unterschreitung des Ausgabebetrags (§ 7 Abs. 3a FMStBG), Beschleunigung des Eintragungsverfahrens durch Beschränkung der Registerprüfung auf offensichtliche Nichtigkeit (§ 7 Abs. 3 FMStBG im Gegensatz

---

[17] Zum Ganzen mwN *Kuntz*, Gestaltung von Kapitalgesellschaften zwischen Freiheit und Zwang, 2016, 11 ff.
[18] Umfangreiche Nachweise bei *Kuntz*, Gestaltung von Kapitalgesellschaften zwischen Freiheit und Zwang, 2016, 19 f., 637 ff.
[19] Vgl. *Kuntz*, Gestaltung von Kapitalgesellschaften zwischen Freiheit und Zwang, 2016, 637 ff.
[20] *Becker* NZG 2003, 510, 514; *Herrchen*, Agio und verdecktes Agio im Recht der Kapitalgesellschaften, 2004, 333; in diese Richtung durchaus auch BGH NZG 2012, 69 – Babcock, vgl. hierzu *Schäfer* FS Stilz, 2014, 525 (528); abw. *Baums* FS Hommelhoff, 2012, 69; *Hoffmann-Becking* FS Lutter, 2000, 453 (456 ff.); *Priester* FS Lutter, 2000, 617 (627 ff.); *Verse* ZGR 2012, 875; *Wieneke* NZG 2012, 136 (137 f.); *Lüssow*, Das Agio im GmbH- und Aktienrecht, 2004, 106 ff.; *Kuntz*, Gestaltung von Kapitalgesellschaften zwischen Freiheit und Gesetz, 2016, 649 auf der Grundlage eines gesetzlich nicht vorgegebenen weiten Angemessenheitsbegriffs in § 255 Abs. 2; wohl auch *Ekkenga* ZIP 2013, 541 (542).
[21] Zum Ganzen *Kuntz*, Gestaltung von Kapitalgesellschaften zwischen Freiheit und Gesetz, 2016, 121 ff.; aus der Sanierungsperspektive auch *Hüttemann*, Instrumente zur vorinsolvenzlichen Sanierung des Unternehmensträgers, 2015, 266 ff.
[22] Hierzu ausführlich *Wieneke/Fett* NZG 2009, 8 (11 ff.); *Gurlitt* NZG 2009, 601; *Böckenförde* NJW 2009, 2484; das BVerfG hat sich hierzu nicht explizit geäußert (AG 2009, 325); hierzu *Haertlein* NZG 2009, 576; für einen Verstoß gegen europäisches Recht *Hopt/Fleckner/Kumpan/Steffek* WM 2009, 821 (826). Vgl. auch zum BRRD-Umsetzungsgesetz als zusätzliche Möglichkeit der Bankenrestrukturierung Hüffer/Koch/*Koch* Rn. 5a mwN.
[23] Zum Ganzen *Langenbucher* ZGR 2010, 75.
[24] Vgl. hierzu die Vorlage des LG München I an den EuGH (NZG 2010, 749 – HRE); zur Anwendung der Sonderregeln bei der Commerzbank AG *Trapp/Schlitt/Becker* AG 2012, 57.
[25] Gegen die Verfassungswidrigkeit dieser Regelungen LG München I NZG 2010, 749 – HRE.

zum weitergehenden Prüfungsrecht nach § 184, → § 184 Rn. 18 ff.); liberale Anrechnung von Voreinzahlungen (§ 7 Abs. 4 FMStBG im Gegensatz zu den strengen Anforderungen der hM, vgl. → § 188 Rn. 56 ff.) sowie die Schadensersatzpflicht von Aktionären, die durch ihre Stimmrechtsausübung oder die Einlegung unbegründeter Rechtsmittel die erforderliche Kapitalmaßnahme verzögern oder vereiteln gemäß § 7 Abs. 7 FMStBG.

4. Die Vorstandspflichten bei der Kapitalerhöhung. a) Formale Unterstützungsaufgaben. Die Kapitalerhöhung fällt als Grundlagenentscheidung und materielle Satzungsänderung in die Kompetenz der Hauptversammlung (→ Rn. 11). Der Vorstand hat nach der rudimentären gesetzlichen Regelung allein formale Unterstützungsaufgaben bei der Vorbereitung gemäß §§ 121 ff. und bei der Durchführung gemäß § 83 Abs. 2, §§ 184, 188; vgl. aber die Pflichten zur Festlegung des Ausgabebetrags (→ Rn. 54 ff.), die Bekanntmachungspflichten über die Zeichnungsmodalitäten gemäß § 186 Abs. 2 und die Berichtspflicht beim Bezugsrechtsausschluss gemäß § 186 Abs. 4 Satz 2 sowie die Besonderheiten bei der vereinfachten Sachkapitalerhöhung gemäß § 183a. Problematisch ist, ob sich die AG, vertreten durch den Vorstand, dazu verpflichten kann, eine Kapitalerhöhung nicht durchzuführen (sog. **Lock Up-Vereinbarungen** oder Marktschonungsgarantien). Das praktische Bedürfnis hierzu besteht vor allem bei Business Combination Agreements. Richtigerweise ist dies mangels Vorstandskompetenz zur Bindung der Hauptversammlung generell zu verneinen.[26]

b) Materielle Beschlussverantwortung. Den Vorstand trifft darüber hinaus eine umfassende Verantwortung für recht- und zweckmäßige Hauptversammlungsbeschlüsse.[27] Hieraus folgt, dass der Vorstand im Rahmen seiner Pflicht zur **Unternehmensplanung** stets eigenverantwortlich zu prüfen hat, ob eine Kapitalerhöhung das Gewinnziel (Steigerung der Eigenkapitalrendite) fördern würde.[28] Ist dies der Fall, hat er eine entsprechende Maßnahme vorzubereiten und der Hauptversammlung mit umfassender Begründung zur Abstimmung zu stellen. Im Anschluss an die Beschlussfassung trifft ihn zudem eine Pflicht zur Überprüfung der **Rechtmäßigkeit.** Hiernach ist er verpflichtet, die Ausführung eines rechtswidrigen Beschlusses zu verweigern und den Beschlussmangel gemäß § 245 Nr. 4 gerichtlich geltend zu machen.[29] Die bloße Mitteilung seiner Bedenken ggü. dem Registergericht ist nicht ausreichend.[30] Verletzt der Vorstand seine aus der materiellen Beschlussverantwortung resultierenden Pflichten, kann er gegenüber der AG und den Aktionären **schadensersatzpflichtig** sein.[31] Die Zweckmäßigkeitskontrolle eines formal ordnungsgemäß gefassten und auch materiell rechtmäßigen Kapitalerhöhungsbeschlusses obliegt dem Vorstand hingegen nicht.[32] Stellt sich **nach Beschlussfassung** heraus, dass das geplante Zeichnungsvolumen oder der festgesetzte Ausgabebetrag nicht erreicht wird oder dass die Durchführung der Kapitalerhöhung aus anderen Gründen nicht oder nicht mehr im Gesellschaftsinteresse liegt, obliegt es dem Vorstand, eine ggf. außerordentliche Hauptversammlung einzuberufen und den Aktionären Gelegenheit zur erneuten Beschlussfassung zu geben.[33] Zu Aufhebung und Änderung des Kapitalerhöhungsbeschlusses → Rn. 33 f.

II. Inhalt des Kapitalerhöhungsbeschlusses

Notwendiger und fakultativer Inhalt eines Kapitalerhöhungsbeschlusses werden in §§ 182 f. nur lückenhaft geregelt.[34]

1. Zwingender Inhalt. Anzugeben ist der **Betrag** in Euro, um den das Grundkapital erhöht werden soll (vgl. § 23 Abs. 3 Nr. 3; → Rn. 40 ff.). Weiterhin erforderlich ist gemäß § 23 Abs. 3 Nr. 4 die Zerlegung des Erhöhungsbetrags in **Nennbetrags- oder Stückaktien** und die Angabe der Zahl der neuen Aktien (→ Rn. 46 ff.). Die Hauptversammlung ist gemäß § 8 Abs. 1 an die bisherige Zerlegung gebunden.[35] Die fehlende Bezeichnung im Kapitalerhöhungsbeschluss ist daher unschäd-

---

[26] So für die Ausnutzung des genehmigten Kapitals auch LG München I NZG 2012, 1152 (1153); OLG München ZIP 2012, 2439 (2442 f.); *Ekkenga/Jaspers* in Ekkenga/Schröer, Handbuch der AG-Finanzierung, 2014, Kap. 4 Rn. 71; abw. *Bungert/Wansleben* ZIP 2013, 1841 (1842 ff.).
[27] Ausführlich *Servatius*, Strukturmaßnahmen als Unternehmensleitung, 2004.
[28] *Servatius* Strukturmaßnahmen S. 272 ff., insbes. 286 ff.
[29] *Servatius* Strukturmaßnahmen S. 330 ff.
[30] AA wohl MüKoAktG/*Schürnbrand* Rn. 15.
[31] *Servatius* Strukturmaßnahmen S. 369 ff.
[32] *Lutter* FS Schilling, 1973, 207 (209). – Etwas anderes gilt hingegen im Vorfeld der Beschlussfassung, wenn die Kapitalerhöhung von einem Aktionär zur Abstimmung gestellt wird (*Servatius* Strukturmaßnahmen S. 315 ff.).
[33] *Servatius* Strukturmaßnahmen S. 383 ff.; vgl. zu „abgelaufenen Beschlüssen" auch *Priester* FS Wiedemann, 2002, 1161 (1168); *Findeisen* ZIP 2009, 1648 (1650 ff.).
[34] Muster bei MVHdB/*Hölters* Bd. 1, V. 85.
[35] Hierzu für kleine Gesellschaften kritisch Hüffer/Koch/*Koch* § 8 Rn. 4. Dass es hierbei zu Fehlern kommen kann, verdeutlicht der Fall von BayObLG AG 2002, 397 (398).

lich.[36] Ferner ist gemäß § 23 Abs. 3 Nr. 5, § 10 Abs. 1 die Angabe erforderlich, ob **Inhaber- oder Namensaktien** ausgegeben werden.[37] Insofern sind Kombinationen möglich (→ § 10 Rn. 12), so dass eine eindeutige Angabe ratsam ist.[38] Gemäß Abs. 3 bedarf es einer Angabe über den **höheren Ausgabebetrag** (→ Rn. 51 ff.). Dies gilt auch bei der Sachkapitalerhöhung (→ § 183 Rn. 16). Sind bereits Aktien verschiedener **Gattungen** vorhanden, müssen die neuen Aktien diesen zugeordnet werden.[39] Sollen mehrere Gattungen geschaffen werden, sind die neuen Aktien diesen nach Nennbetrag oder Zahl zuzuordnen.[40] Sollen bei der Kapitalerhöhung Aktien einer neuen Gattung iSv § 11 ausgegeben werden, bedarf es hierfür einer eindeutigen Regelung über die betreffenden Rechte und Pflichten.[41] Zum Bezugsrecht bei verschiedenen Gattungen → § 186 Rn. 10a. Gleiches gilt für die **Vinkulierung** gemäß § 68 Abs. 2 (→ § 68 Rn. 42 ff.). Bei der Kapitalerhöhung gegen **Sacheinlagen** bedarf es gemäß § 183 weiterer Angaben (→ § 183 Rn. 10 ff.). Soll den Altaktionären ein Wahlrecht eingeräumt werden, ob sie Bar- oder Sacheinlagen erbringen, ist § 53a zu beachten.[42] Besondere Anforderungen an den Beschlussinhalt bestehen auch gemäß § 186 beim Ausschluss des **Bezugsrechts** und beim sog. mittelbaren Bezugsrecht (→ § 186 Rn. 36 und 67); welche Variante durchgeführt werden soll, darf nicht dem Vorstand überlassen werden.[43]

10 **2. Fakultativer Inhalt.** Praktisch bedeutsam ist eine Vielzahl von Angaben, die in den Beschluss der Hauptversammlung aufgenommen werden darf und der Verwaltung bindende Vorgaben macht. Dies gilt vor allem für die Bestimmung einer **Frist,** innerhalb derer der Vorstand verpflichtet ist, die Kapitalerhöhung durchzuführen, ggf. in Teilschritten (→ Rn. 42 f.). Auch die **Verfallfrist** gemäß § 185 Abs. 1 Satz 3 Nr. 4, innerhalb derer eine Zeichnung unverbindlich wird, darf bereits im Beschluss festgelegt werden (→ § 185 Rn. 33).[44] Weiterhin zweckmäßig ist die Angabe, ab welchem Zeitpunkt die **Gewinnberechtigung** der neuen Aktien beginnen soll; fehlt eine entsprechende Regelung, gilt § 60 Abs. 2 Satz 3 (→ § 60 Rn. 20 ff.). Die Hauptversammlung darf ferner die Fälligkeit der **Resteinlagen** bestimmen und dem Vorstand gemäß § 83 Abs. 2 bindende Vorgaben für die spätere Einforderung gemäß § 63 Abs. 1 machen (str.).[45] Im Kapitalerhöhungsbeschluss darf auch ein **höherer Mindestbetrag** der Einlageleistungen gemäß § 36a Abs. 1 festgesetzt werden (→ § 188 Rn. 35). Da mit der Kapitalerhöhung regelmäßig der Satzungswortlaut unrichtig wird,[46] ist es zweckmäßig, den Aufsichtsrat sogleich zur Vornahme der entsprechenden **Fassungsänderung** gemäß § 179 Abs. 1 Satz 2 zu ermächtigen. Die Durchführung der Kapitalerhöhung wird nur eingetragen, wenn ein entsprechender Antrag vorliegt (str., → § 188 Rn. 9). Die Hauptversammlung darf beim Bezugsrechtsausschluss und für den Fall nicht ausgeübter Bezugsrechte auch festlegen, wer **zur Zeichnung berechtigt** sein soll (→ § 185 Rn. 7). Auch kann sie im Kapitalerhöhungsbeschluss die Ausübungsfrist für die **Bezugserklärung** gemäß § 186 Abs. 1 Satz 1 festlegen (→ § 186 Rn. 14). Die Hauptversammlung kann schließlich auch beschließen, ob die **vereinfachte Sachkapitalerhöhung** gemäß § 183a durchgeführt werden soll. Praktisch bedeutsam ist dies freilich nicht, weil der externe Sachverständigenbericht im normalen Verfahren bereits bei der Beschlussfassung vorliegen sollte, um die ausreichende Aktionärsinformation zu gewährleisten. Regelmäßig entscheidet über die Wahl des vereinfachten Verfahrens daher der Vorstand pflichtgemäß.

III. Beschlussfassung über eine Kapitalerhöhung

11 **1. Grundlagen.** Die Kapitalerhöhung ist eine Satzungsänderung[47] und fällt gemäß § 119 Abs. 1 Nr. 6, § 182 Abs. 1 Satz 1 zwingend in die **Kompetenz der Hauptversammlung.** Der Grundsatz der Satzungsstrenge gemäß § 23 Abs. 5 AktG verbietet, die Zuständigkeit durch Satzungsregelung

---

[36] Hüffer/Koch/*Koch* Rn. 13.
[37] Großkomm AktG/*Wiedemann* Rn. 60; K. Schmidt/Lutter/*Veil* Rn. 18.
[38] Zwingend ist dies nicht, soweit sich im Wege der objektiven Satzungsauslegung eine grundsätzliche Regelung hierfür ermitteln lässt (Großkomm AktG/*Wiedemann* Rn. 60; MüKoAktG/*Schürnbrand* Rn. 48).
[39] Hüffer/Koch/*Koch* Rn. 13; vgl. zur Ausgabe von Vorzugsaktien gemäß §§ 139 ff. im Rahmen einer Sanierung *Hüttemann,* Instrumente zur vorinsolvenzlichen Sanierung des Unternehmensträgers, 2015, 290 ff.
[40] Hüffer/Koch/*Koch* Rn. 13.
[41] Hüffer/Koch/*Koch* Rn. 13; MüKoAktG/*Schürnbrand* Rn. 49; K. Schmidt/Lutter/*Veil* Rn. 18; vgl. zu Vorzugsaktien *Vaupel* AG 2010, 93 (101).
[42] KG Berlin ZIP 2010, 1849 (1850, 1852).
[43] OLG Hamburg NZG 2009, 549.
[44] MHdB AG/*Krieger* § 56 Rn. 31; K. Schmidt/Lutter/*Veil* Rn. 25.
[45] Kölner Komm AktG/*Lutter* Rn. 30; MHdB AG/*Krieger* § 56 Rn. 32; aA Hüffer/Koch/*Koch* Rn. 14; MüKoAktG/*Schürnbrand* Rn. 62.
[46] MHdB AG/*Krieger* § 56 Rn. 33.
[47] Kölner Komm AktG/*Ekkenga* § 184 Rn. 2; Großkomm AktG/*Wiedemann* § 184 Rn. 18; *Cahn* AG 2001, 181.

dem Vorstand, Aufsichtsrat oder einem anderem Gremium bzw. einer Einzelperson zuzuweisen.[48] Die Regelungen über die Beteiligung des Vorstands beim genehmigten Kapital (§§ 202 ff.) sind insoweit abschließend.

Die zwingende Beschlussfassung der Hauptversammlung war stets Bestandteil des deutschen Aktienrechts (vgl. Art. 215a Abs. 2 Satz 1 AktG 1884,[49] § 149 AktG 1937). Vorschläge, die Zuständigkeit für die Kapitalerhöhung *de lege ferenda* auf die Verwaltung zu übertragen, fanden keine Zustimmung.[50] Eine Fremdbestimmung darüber, entweder neues Kapital einzuzahlen oder eine Mediatisierung der Mitgliedschafts- und Vermögensrechte zu dulden, wäre nicht mit **Art. 14 Abs. 1 GG** vereinbar[51] und würde einen Verstoß gegen **Art. 68 RL (EU) 2017/1132** bedeuten.[52] Gleiches gilt für eine staatlich angeordnete Kapitalerhöhung zu Sanierungszwecken.[53] Im Zuge der **Finanzkrise** hat diesbezüglich jedoch ein rechtspolitisches Umdenken begonnen. Die Änderungen des FMStBG (→ Rn. 5a) laufen auf eine verfassungs- und europarechtlich fragwürdige Möglichkeit zur Enteignung von Aktionären hinaus, was der Fall HypoRealEstate anschaulich illustriert.[54] Die Herabsetzung der Mehrheitserfordernisse für die Kapitalerhöhung unter Bezugsrechtsausschluss, kombiniert mit einer Ausweitung des Sqeeze out kann nur als singuläre Sonderregelung zur Bewältigung der Finanzmarktkrise im öffentlichen Interesse Billigung finden. Hieraus sollte keineswegs der Schluss gezogen werden, die materiell-rechtliche Bestandskraft des Aktieneigentums der Minderheit weiter abzuschwächen. Für das gesetzliche genehmigte Kapital gemäß §§ 3 ff. FMStBG, welches die Hauptversammlungskompetenz gemäß § 119 Abs. Nr. 6 gänzlich aushebelt, gilt dies erst recht.[55]

2. Gesetzlicher Regelfall. Der Hauptversammlungsbeschluss bedarf gemäß Abs. 1 Satz 1 einer Mehrheit von mindestens drei Vierteln des bei der Beschlussfassung vertretenen Grundkapitals. Die Vorschrift ist insoweit inhaltsgleich mit § 179 Abs. 2 Satz 1. Vgl. zu satzungsmäßigen Modifizierungen des Mehrheitserfordernisses → Rn. 16 ff.

a) Kumulation der Mehrheitserfordernisse. Abs. 1 Satz 1 ist ein weiteres Erfordernis iSv § 133 Abs. 1.[56] Der Beschluss über eine Kapitalerhöhung bedarf somit sowohl der einfachen Mehrheit der abgegebenen Stimmen als auch der Mehrheit von drei Vierteln des vertretenen Grundkapitals. Hieraus folgt jedoch nicht, dass zweimal abzustimmen ist.[57] Erforderlich ist nur eine **getrennte Berechnung,** ob die jeweiligen Mehrheiten erreicht wurden oder nicht (zur Berechnung der Stimmenmehrheit vgl. § 133; zur Berechnung der Kapitalmehrheit → § 179 Rn. 115 ff.). Praktisch relevant wird die Kumulation der Mehrheitserfordernisse nur in den seltenen Fällen, dass **Höchst- oder Mehrstimmrechte** bestehen. Verfügt ein Aktionär zum Beispiel über ein gemäß § 5 Abs. 1 EGAktG fortbestehendes Mehrstimmrecht (→ § 12 Rn. 22 ff.), kann zwar die einfache Stimmenmehrheit gemäß § 133 Abs. 1 erreicht sein, nicht aber die gemäß Abs. 1 Satz 1 erforderliche Kapitalmehrheit. Ähnliches gilt umgekehrt, wenn einem Aktionär gemäß § 134 Abs. 1 Satz 2 weniger Stimmrechte zustehen als es seiner Beteiligung am Grundkapital entspricht. In diesem Fall ist es denkbar, dass zwar die Kapitalmehrheit gemäß Abs. 1 Satz 1 erreicht wird, nicht aber die einfache Stimmenmehrheit gemäß § 133 Abs. 1.

---

[48] LG Hamburg AG 1995, 92 (93) mit Anm. von *Bähr;* MüKoAktG/*Kubis* § 119 Rn. 92; MüKoAktG/*Schürnbrand* Rn. 18, 27. – Weitergehend *Grundmann* EuropGesR Rn. 354, der hierin im Umkehrschluss zu Art. 25 Abs. 2 der früheren Kapitalrichtlinie sogar einen Verstoß gegen das Europarecht sieht. Dies ist wegen der begrenzten Wirkung europäischer Vorgaben im Verhältnis von Privaten untereinander jedoch kaum zu begründen.

[49] *Schubert/Hommelhoff,* Hundert Jahre modernes Aktienrecht, 1985, 591.

[50] Vgl. hierzu den Bericht der Unternehmensrechtskommission, 1980, Rn. 251 ff.

[51] Zu den verfassungsrechtlichen Vorgaben für das Aktienrecht *Schön* FS Ulmer, 2003, 1359 (1364 ff.); zur unzulässigen Fremdbestimmung *Servatius* Strukturmaßnahmen S. 51 ff.

[52] RL (EU) 2017/1132 des Europäischen Parlaments und des Rates vom 14. Juni 2017 über bestimmte Aspekte des Gesellschaftsrechts, ABl. EU 2017 Nr. L 169, 46 v. 30.6.2017.

[53] Grundlegend EuGH Urt. v. 30.5.1991 – Rs C-19/90 und C-20/90 (Karella), Slg. 1991, I-2691, 2717 ff. Rn. 77 ff.; relativierend aber nunmehr EuGH Urt. v. 8.11.2016 – Rs C-41/15 (Permanent), WM 2017, 1, und EuGH Urt. v. 19.7.2016 – Rs C-526/14 (Kotnik), WM 2016, 1479; hierzu *Hammen* WuB 2017, 272; zum Ganzen *Habersack/Verse* EuropGesR § 6 Rn. 59; *Grundmann* EuropGesR Rn. 353; Großkomm AktG/*Wiedemann* Rn. 14 f.

[54] Hierzu ausführlich *Wieneke/Fett* NZG 2009, 8 (11 ff.); *Gurlitt* NZG 2009, 601; *Böckenförde* NJW 2009, 2484; *Servatius* in Roth (Hrsg.), Europäisierung des Rechts, 2010, 243 ff.

[55] Das BVerfG hat sich hierzu nicht explizit geäußert (AG 2009, 325); hierzu *Haertlein* NZG 2009, 576. Für eine Vereinbarkeit der Ausnahmeregelungen mit den europäischen Vorgaben *Köndgen* ZBB 2009, 144 (147); *Langenbucher* ZGR 2010, 75; dagegen statt anderer *Hopt/Fleckner/Kumpan/Steffek* WM 2009, 821 (826) (mwN).

[56] RGZ 125, 356 (359); Hüffer/Koch/*Koch* Rn. 7; MüKoAktG/*Schürnbrand* Rn. 23.

[57] MüKoAktG/*Schürnbrand* Rn. 24; Großkomm AktG/*Wiedemann* § 179 Rn. 114.

15 b) Vereinbarkeit mit Europarecht. Art. 25 Abs. 1 früheren Kapitalrichtlinie[58] bestimmt allein die Kompetenz der Hauptversammlung. Vorgaben darüber, mit welcher Mehrheit der Beschluss zu fassen ist, enthält die Regelung nicht. Aus Art. 41 folgt lediglich, dass die einfache Mehrheit ausreicht.[59] Die Vereinbarkeit der kumulativen Mehrheitserfordernisse (→ Rn. 14) mit den europäischen Vorgaben wird meist mit der Konzeption der früheren Kapitalrichtlinie[60] als **Mindestregelung** begründet.[61] Die Berufung auf diesen Aspekt ist jedoch nicht unproblematisch. Ein hohes Mehrheitserfordernis schützt zwar die Minderheit, geht jedoch auch auf Kosten der Flexibilität und behindert so die Mehrheit. Zur Rechtfertigung höherer Mehrheitserfordernisse kann jedoch mittlerweile auch Art. 59 SE-VO[62] herangezogen werden. Hiernach bedarf es zur Satzungsänderung einer SE eines Beschlusses der Hauptversammlung, der mit einer Mehrheit von nicht weniger als zwei Dritteln der abgegebenen Stimmen gefasst worden ist, sofern die Rechtsvorschriften für Aktiengesellschaften im Sitzstaat keine größere Mehrheit vorsehen oder zulassen. Eine nationale Regelung des Aktienrechts über ein höheres Mehrheitserfordernis, als es Abs. 1 Satz 1 bestimmt, wird somit europarechtlich anerkannt und dürfte konsequenterweise keine europarechtswidrige Einschränkung der Niederlassungs- und Kapitalverkehrsfreiheit darstellen.

15a c) Zustimmungspflichten. Die Aktionäre sind im Allgemeinen auch auf Grund ihrer **Treuepflicht** nicht gehalten, einem Kapitalerhöhungsbeschluss zuzustimmen.[63] Voraussetzung hierfür ist, dass die Maßnahme im dringenden Interesse der AG liegt und dem Aktionär zumutbar ist.[64] Bei der Kapitalerhöhung kann dies insbesondere in der Unternehmenskrise der Fall sein, zum Beispiel, um einen kapitalkräftigen Investor zu gewinnen oder einen Debt-Equity-Swap durchzuführen. Die bisherige Zurückhaltung für die Etablierung von Stimmpflichten sollte zumindest seit Inkrafttreten von § 7 Abs. 7 FMStBG aufgegeben werden.[65] Hiernach machen sich die Aktionäre von Unternehmen des Finanzsektors **schadensersatzpflichtig,** wenn sie eine für den Fortbestand der Gesellschaft erforderliche Kapitalmaßnahme, insbesondere durch ihre Stimmrechtsausübung, verzögern oder vereiteln. Wenngleich es sich hierbei um eine spezielle Regelung zur Behebung der Finanzmarktkrise handelt, enthält sie doch einen verallgemeinerungsfähigen und überzeugenden Grundgedanken: Die Mitgliedschaft in der AG begründet – in gewissem Umfang – auch die Pflicht, für deren Fortbestand zu sorgen, zumindest in der Unternehmenskrise.[66] Will man sich dem entziehen, können die Aktien veräußert werden. Aus der Stimmpflicht müssen auch nicht zwingend individuelle Nachteile für die Betroffenen entstehen, denn in der Krise sind die Anteile meist wertlos. Die Bejahung von Stimmpflichten nebst korrespondierender Schadensersatzhaftung begegnet daher keinen verfassungs- oder europarechtlichen Bedenken.[67]

15b d) Finanzmarktkrise. Für Unternehmen des Finanzsektors senkt § 7 Abs. 2 Satz 1 das Mehrheitserfordernis deutlich ab. Hiernach bedarf es für die Kapitalerhöhung zwingend lediglich der einfachen Mehrheit der abgegebenen Stimmen. Dies ist **verfassungsrechtlich** problematisch, weil die Anforderungen an die „Privateignung" nicht zu niedrig angesetzt werden dürfen, zumal gemäß § 7 Abs. 3 Satz 4 FMStBG der Bezugsrechtsausschluss „in jedem Fall" zulässig ist.[68] Insgesamt lässt sich die Regelung wohl nur mit den (singulären?) Verwerfungen des Finanzsektors rechtfertigen. **Europarechtlich** ist die Herabsetzung der Mehrheitserfordernisse für den Bezugsrechtsausschluss indessen unproblematisch, da sie sich noch an die Vorgaben von Art. 72 Abs. 4, 83 RL (EU) 2017/

---

[58] Nunmehr Art. 68 RL (EU) 2017/1132 des Europäischen Parlaments und des Rates vom 14. Juni 2017 über bestimmte Aspekte des Gesellschaftsrechts, ABl. Nr. L 169, 46 v. 30.6.2017.
[59] *Drinkuth,* Die Kapitalrichtlinie – Mindest- oder Höchstnorm?, 1998, 224.
[60] Nunmehr RL (EU) 2017/1132 des Europäischen Parlaments und des Rates vom 14. Juni 2017 über bestimmte Aspekte des Gesellschaftsrechts, ABl. EU Nr. L 169, 46 v. 30.6.2017.
[61] *Habersack/Verse* EuropGesR § 6 Rn. 61; *Meilicke* DB 1996, 513 (517); *Drinkuth,* Die Kapitalrichtlinie – Mindest- oder Höchstnorm?, 1998, 224 ff.
[62] Verordnung (EG) Nr. 2157/2001 des Rates vom 8.10.2001, ABl. EG 2001 Nr. L 294, 1.
[63] OLG Stuttgart AG 2003, 588 (590); OLG München ZIP 2014, 472 (474); zur GmbH auch BGHZ 98, 276 (278) = NJW 1987, 189.
[64] *Hüffer/Koch/Koch* § 179 Rn. 30; MüKoAktG/*Schürnbrand* Rn. 12; sehr weitgehend *Reichert* NZG 2018, 134.
[65] Abw. MüKoAktG/*Schürnbrand* Rn. 14.
[66] Zutreffend *Langenbucher* ZGR 2010, 75 (97): Kodifikation der Firmen-Rechtsprechung.
[67] *Langenbucher* ZGR 2010, 75 (97) (mN zur Gegenmeinung).
[68] In die andere Richtung jedoch *Eidenmüller/Engert* ZIP 2009, 541 (551), die sich de lege ferenda generell für eine Herabsetzung der Mehrheitserfordernisse aussprechen, um so die Sanierungsmöglichkeiten zu erhöhen; ähnlich K. Schmidt/Lutter/*Veil* Rn. 28.

1132⁶⁹ hält.⁷⁰ Abweichende Satzungsgestaltungen sind gemäß § 7 Abs. 2 Satz 2 FMStBG unbeachtlich.

3. Gestaltungsfreiheit. Nach Abs. 1 Satz 2 kann die Satzung als Erfordernis eine **andere Kapi-** 16 **talmehrheit,** für die Ausgabe von Vorzugsaktien ohne Stimmrecht und beim Bezugsrechtsausschluss (→ § 186 Rn. 38) jedoch nur eine größere Kapitalmehrheit bestimmen. Die hierdurch eröffnete Gestaltungsfreiheit bezieht sich allein auf Abs. 1 Satz 1. Die bei der Kapitalerhöhung darüber hinaus erforderliche einfache Stimmenmehrheit (→ Rn. 14) wird von der Regelung nicht betroffen. Diesbezüglich sieht jedoch § 133 Abs. 1 vor, dass die Satzung eine größere Mehrheit oder weitere Erfordernisse bestimmen kann.

Die betreffende Abweichung vom gesetzlichen Regelfall der erforderlichen qualifizierten Kapital- 17 mehrheit muss sich aus der **Satzung** selbst ergeben. Unzulässig ist, die jeweilige Erschwerung oder Erleichterung vom Willen eines anderen Organs, insbesondere des Aufsichtsrats, abhängig zu machen.⁷¹ Auch muss sich die Satzungsregelung **hinreichend deutlich** auf die Kapitalerhöhung beziehen, was bei einer generellen Änderung der Mehrheitserfordernisse für Satzungsänderungen jedoch der Fall ist.⁷²

a) Geringere Kapitalmehrheit. Für den Fall, dass die Kapitalerhöhung nicht durch Ausgabe 18 von Vorzugsaktien (→ Rn. 20) oder unter Bezugsrechtsausschluss (→ § 186 Rn. 38) verwirklicht wird, darf eine Satzungsregelung gemäß Abs. 1 Satz 2 bestimmen, dass zur Beschlussfassung eine geringere als die nach Abs. 1 Satz 1 geforderte Dreiviertelmehrheit des vertretenen Grundkapitals ausreicht. Die hiermit eröffnete Gestaltungsfreiheit entspricht der des § 179 Abs. 2 Satz 2 Alt. 1. Die Beschlussvoraussetzung des Abs. 1 kann **bis zur einfachen Kapitalmehrheit** herabgesetzt werden. Dies ist in der Praxis durchaus verbreitet.⁷³ Ein weitergehender Verzicht auf die einfache Kapitalmehrheit mit der Folge, dass allein die Stimmenmehrheit gemäß § 133 Abs. 1 ausreichen soll (→ Rn. 16), ist wegen des Wortlauts „andere Kapitalmehrheit" jedoch unzulässig.⁷⁴

Soll das Erfordernis einer geringeren Kapitalmehrheit **nachträglich eingeführt** werden, bedarf 19 es hierzu einer Satzungsänderung mit dem nach § 179 Abs. 2 maßgeblichen gesetzlichen oder hierfür einschlägigen satzungsmäßig modifizierten Mehrheitserfordernis.⁷⁵ Abs. 1 regelt dies nicht. Dies gilt gleichermaßen, wenn die satzungsmäßig vorgesehene geringere Kapitalmehrheit **nachträglich beseitigt oder** zu Gunsten einer Erschwerung (→ Rn. 20) **geändert** werden soll. Die Erleichterung gemäß Abs. 1 Satz 2 bezieht sich nur auf die Beschlussfassung über die Kapitalerhöhung, nicht auch auf die dieser Beschlussfassung vorgelagerte Satzungsänderung.⁷⁶

b) Größere Kapitalmehrheit. Zulässig ist auch das Erfordernis einer größeren Kapitalmehrheit. 20 Für den Fall, dass **Vorzugsaktien** ohne Stimmrecht gemäß § 12 Abs. 1 Satz 2 ausgegeben werden sollen, kann die Satzung nur dies vorsehen. Der Gesetzgeber wollte hierdurch einen Gleichlauf mit der Gestaltungsfreiheit beim Bezugsrechtsausschluss gemäß § 186 Abs. 2 Satz 3 herstellen (→ § 186 Rn. 38), weil die Ausgabe stimmrechtsloser Vorzugsaktien aus der Perspektive der Aktionäre ähnlich nachteilige Folgen hat.⁷⁷

Eine regelmäßig zulässige Erschwerung gemäß Abs. 1 Satz 2 ist die **Erhöhung** der erforderlichen 21 Kapitalmehrheit auf mehr als 75 %. Gleiches gilt für die Bezugnahme auf das satzungsmäßige Grundkapital anstelle des vertretenen.⁷⁸ Vom Wortlaut der Vorschrift gedeckt ist auch das satzungsmäßige Erfordernis der **Einstimmigkeit** des vertretenen Grundkapitals. Wie bei anderen Arten einer Satzungsänderung stellt sich in diesem Fall jedoch das Problem, ob dies die Beschlussfassung nicht faktisch unmöglich macht (Einzelheiten → § 179 Rn. 124). Zumindest bei der dem gesetzlichen

---

⁶⁹ RL (EU) 2017/1132, Art. 83 RL (EU) 2017/1132 des Europäischen Parlaments und des Rates vom 14. Juni 2017 über bestimmte Aspekte des Gesellschaftsrechts, ABl. EU 2017 Nr. L 169, 46 v. 30.6.2017.
⁷⁰ *Hopt/Fleckner/Kumpan/Steffek* WM 2009, 821 (827).
⁷¹ Großkomm AktG/*Wiedemann* § 179 Rn. 116; *Eckardt* NJW 1967, 369 (371); aA für Satzungsänderung OLG Stuttgart AG 1967, 265 (266).
⁷² MHdB AG/*Krieger* § 56 Rn. 14; aA wohl Hüffer/Koch/*Koch* Rn. 8: Satzungsklausel müsse deutlich erkennen lassen, dass sie einen Kapitalerhöhungsbeschluss erfasst.
⁷³ *Ekkenga/Jaspers* in Ekkenga/Schröer, Handbuch der AG-Finanzierung, 2014, Kap. 4 Rn. 76, die etwa auf die Satzung der Deutsche Bank AG verweisen.
⁷⁴ MüKoAktG/*Schürnbrand* Rn. 26; Hüffer/Koch/*Koch* Rn. 8.
⁷⁵ Vgl. Großkomm AktG/*Wiedemann* § 179 Rn. 124.
⁷⁶ Ähnlich Großkomm AktG/*Wiedemann* § 179 Rn. 124: Erleichterung gilt im Zweifel nicht für eigene Änderung.
⁷⁷ RegBegr. *Kropff* S. 292; zustimmend Großkomm AktG/*Wiedemann* Rn. 40.
⁷⁸ Hüffer/Koch/*Koch* Rn. 8, § 179 Rn. 17.

Leitbild entsprechenden Publikumsgesellschaft mit wechselndem Mitgliederbestand[79] sind der Gestaltungsfreiheit daher unter dem Aspekt des Funktionenschutzes Grenzen gesetzt.[80] Hieraus folgt, dass das Einstimmigkeitserfordernis nur bei kapitalmarktfremden Familien- oder Konzerngesellschaften zulässig ist (str.).[81]

22 Bei der **nachträglichen Einführung** einer größeren Kapitalmehrheit gelten gemäß § 179 Abs. 2 die für eine Satzungsänderung maßgeblichen gesetzlichen oder satzungsmäßig modifizierten Mehrheitserfordernisse.[82] Sollen die Erschwerungen iSv Abs. 1 Satz 2 **nachträglich aufgehoben** oder erleichtert werden, bedarf es hierfür nicht nur im Zweifel, sondern stets der Mehrheit, die als Erschwerung konkret vorgesehen wurde (str.).[83] Andernfalls würde der mit der Erschwerung bezweckte und satzungsmäßig verfestigte Zweck, die Aktionäre in besonderer Weise vor Verwässerung ihrer Mitgliedschafts- und Vermögensrechte zu schützen, leer laufen.[84]

23 **c) Weitere Erfordernisse.** Nach Abs. 1 Satz 3 kann die Satzung für die Wirksamkeit eines Kapitalerhöhungsbeschlusses weitere Erfordernisse aufstellen. Insofern gleicht die Regelung § 179 Abs. 2 Satz 3 (Einzelheiten → § 179 Rn. 124 ff.). Aus dem systematischen Zusammenhang mit Abs. 1 Satz 2 folgt zum einen, dass die weiteren Erfordernisse über die Veränderung der Kapitalmehrheit (→ Rn. 16 ff.) hinausgehen dürfen.[85] Zulässig ist daher vor allem die Einführung einer notwendigen Hauptversammlungspräsenz **(Quorum),**[86] sofern hierdurch nicht die Kapitalerhöhung faktisch ausgeschlossen ist (→ Rn. 21 aE).

24 Aus dem systematischen Zusammenhang mit Abs. 1 Satz 2 folgt zum anderen, dass sich die weiteren Erfordernisse nur auf besondere Anforderungen an die Willensbildung in der Hauptversammlung beziehen dürfen. Abzulehnen sind daher als zulässige weitere Erfordernisse die **Zustimmung einzelner oder aller Aktionäre** (str.)[87] und die Zustimmung **Dritter,** insbesondere die übereinstimmende Beschlussfassung mit der Hauptversammlung einer anderen (Konzern-)Gesellschaft (str.).[88] Gegen die Einbeziehung Dritter in die Willensbildung als weiteres Erfordernis iSv Abs. 1 Satz 3 spricht bereits § 118 Abs. 1 AktG, wonach nur die Aktionäre zur Abstimmung berufen sind. Gegen die Zubilligung besonderer Zustimmungsvorbehalte zu Gunsten einzelner Aktionäre spricht zunächst der Umstand, dass die Hauptversammlung als Organ entscheidet und nicht die einzelnen Aktionäre. Sind besondere Zustimmungsvorbehalte ausnahmsweise vorgesehen (vgl. §§ 55, 180 Abs. 1, § 68 Abs. 2, § 180 Abs. 2), knüpfen diese an eine Beeinträchtigung der individuellen Mitgliedschaft an, was sich nicht auf die Kapitalerhöhung übertragen lässt. Darüber hinaus besteht mit der Abschaffung von Mehrstimmrechten durch § 12 Abs. 2 ein starker gesetzgeberischer Wille für die Herstellung eines Zusammenhangs von Kapitaleinsatz und Stimmrechtseinfluss.

25 Unzulässig ist auch die Anbindung des Hauptversammlungsbeschlusses an die Zustimmung eines **anderen Organs.**[89] Vereinbart die AG auf rechtsgeschäftlicher Grundlage mit einem Dritten die Vornahme oder Nichtvornahme einer Kapitalerhöhung, zum Beispiel mittels **Covenants** in einem Kreditvertrag, verhindert dies die Wirksamkeit eines abweichenden Beschlusses der Hauptversammlung nicht.[90]

26 **4. Getrennte Beschlussfassung.** Sind **mehrere Gattungen von stimmberechtigten Aktien** vorhanden, bestimmt Abs. 2, dass der Beschluss der Hauptversammlung zu seiner Wirksamkeit der Zustimmung der Aktionäre jeder Gattung in Form eines Sonderbeschlusses gemäß § 138 bedarf. Die Regelung ist *lex specialis* zu § 179 Abs. 3, so dass insbesondere **keine Benachteiligung** der betroffenen Aktionäre **erforderlich ist.**[91] Insofern weicht die Regelung von Art. 68 Abs. 3 RL (EU) 2017/

---

[79] Hierzu *Servatius* Strukturmaßnahmen S. 157 ff.
[80] Zu dieser Präzisierung von § 23 Abs. 5 bereits *Servatius* Strukturmaßnahmen S. 150 ff., insb. 164 ff.
[81] So auch MüKoAktG/*Schürnbrand* Rn. 18 aE; aA Kölner Komm AktG/*Lutter* Rn. 4; Großkomm AktG/*Wiedemann* Rn. 40: generell zulässig.
[82] Großkomm AktG/*Wiedemann* § 179 Rn. 123.
[83] AA MüKoAktG/*Stein* § 179 Rn. 121; Hüffer/Koch/*Koch* § 179 Rn. 20; Großkomm AktG/*Wiedemann* § 179 Rn. 123; offen gelassen von BGHZ 76, 191 (195).
[84] So wohl auch Kölner Komm AktG/*Zöllner* § 179 Rn. 157.
[85] MüKoAktG/*Schürnbrand* Rn. 19.
[86] Großkomm AktG/*Wiedemann* Rn. 41; MüKoAktG/*Schürnbrand* Rn. 27; Kölner Komm AktG/*Ekkenga* Rn. 8.
[87] AA Großkomm AktG/*Wiedemann* Rn. 41; MüKoAktG/*Schürnbrand* Rn. 20; *Raiser/Veil* KapGesR § 20 Rn. 3.
[88] AA MüKoAktG/*Schürnbrand* Rn. 20; wie hier bereits Kölner Komm AktG/*Ekkenga* Rn. 9; Großkomm AktG/*Wiedemann* Rn. 41; *Raiser/Veil* KapGesR § 16 Rn. 75.
[89] MüKoAktG/*Schürnbrand* Rn. 27; Großkomm AktG/*Wiedemann* Rn. 41.
[90] MüKoAktG/*Schürnbrand* Rn. 27; Kölner Komm AktG/*Ekkenga* Rn. 9.
[91] Hüffer/Koch/*Koch* Rn. 18, § 179 Rn. 42; Kölner Komm AktG/*Ekkenga* Rn. 19; K. Schmidt/Lutter/*Veil* Rn. 38.

1132[92] ab. Hiernach ist die gesonderte Abstimmung nur dann erforderlich, wenn die Rechte der Aktionäre durch die Maßnahme berührt werden.[93] Die überschießende Umsetzung als generelles Erfordernis eines Sonderbeschlusses ist jedoch europarechtlich zulässig, weil es sich bei der früheren Kapitalrichtlinie bezüglich des Aktionärsschutzes um eine Mindestregelung handelt.[94]

a) Erfordernis eines Sonderbeschlusses. Voraussetzung sind mindestens zwei Gattungen von stimmberechtigten Aktien. Der Gattungsbegriff folgt aus § 11 Satz 2. Hiernach bedarf es eines Sonderbeschlusses vor allem bei der in § 11 Satz 1 genannten bevorzugten Gewinnbeteiligung einzelner Aktien oder wenn auf sie ein besonderer Anteil am Liquidationserlös entfällt.[95] Der bloß durch Hauptversammlungsbeschluss vorgezogene Gewinnbezug der neuen Aktien (→ Rn. 10) begründet indessen nicht das Erfordernis eines Sonderbeschlusses, weil hierfür der Beschluss gemäß Abs. 1 der Altaktionäre eine ausreichende Legitimation darstellt (str.).[96] Bei **Vorzugsaktien** ohne Stimmrecht ergibt sich das Erfordernis eines Sonderbeschlusses allein aus § 141.[97] 27

Gemäß § 11 Satz 2 werden nicht nur Aktien mit den gleichen Rechten zusammengefasst, sondern auch solche mit gleichen Pflichten.[98] Somit ist fraglich, ob nach Abs. 2 auch dann ein Sonderbeschluss erforderlich ist, wenn einzelne Aktionäre eine **Nebenleistungspflicht** iSv § 55 trifft. Zwar verlangt Abs. 2 abweichend von § 179 Abs. 3 keine Benachteiligung der Aktionäre (→ Rn. 26). Dies beruht jedoch darauf, dass die Kapitalerhöhung für die Inhaber besonderer Rechte zumindest die abstrakte Gefahr einer Verwässerung hervorruft.[99] Für die Adressaten einer besonderen Nebenleistungspflicht besteht diese Verwässerungsgefahr jedoch nicht. Abs. 2 ist daher insofern teleologisch zu reduzieren, als das Erfordernis eines Sonderbeschlusses nur besteht, wenn sich eine Gattungsdifferenzierung iSv § 11 Satz 2 aufgrund unterschiedlicher Rechte ergibt. Bei Vorhandensein von Aktien mit Nebenleistungspflicht ist kein Sonderbeschluss erforderlich. 28

Wurde die Kapitalerhöhung **einstimmig von der Hauptversammlung beschlossen,** ändert dies an Abs. 2 nichts.[100] Problematisch ist aber, ob ein Sonderbeschluss auch dann erforderlich ist, wenn die Satzung in zulässiger Weise die **Einstimmigkeit aller Aktionäre** fordert und diese tatsächlich erreicht wurde. In diesen auf kapitalmarktferne Familien- und Konzerngesellschaften beschränkten Fällen (→ Rn. 21) läuft das Erfordernis eines Sonderbeschlusses zur Bewältigung möglicher Konfliktlagen innerhalb der verschiedenen Gattungen leer. Abs. 2 ist insofern teleologisch zu reduzieren, so dass ein Sonderbeschluss in diesen Fällen entbehrlich ist.[101] Dasselbe gilt für die **Ein-Personen-Gesellschaft.**[102] 29

b) Wirksamkeit des Sonderbeschlusses. Für jede Aktiengattung bedarf es eines Sonderbeschlusses. Für das Verfahren gilt jeweils § 138. Bezüglich der erforderlichen Stimmen- und Kapitalmehrheit verweist Abs. 2 Satz 2 auf Abs. 1. Im gesetzlichen Regelfall bedarf es somit auch beim Sonderbeschluss kumulativ der einfachen Stimmenmehrheit gemäß § 133 Abs. 1 und der Drei-Viertel-Kapitalmehrheit gemäß Abs. 1 Satz 1 (→ Rn. 14).[103] Für die Gestaltungsfreiheit gilt das in → Rn. 23 ff. Gesagte sinngemäß. Die Abweichungen vom gesetzlichen Regelfall müssen nicht mit denen für den Beschluss der Hauptversammlung identisch sein.[104] Die Modifizierungen für den Hauptversammlungsbeschluss gelten jedoch im Zweifel auch für den Sonderbeschluss.[105] 30

c) Auswirkungen auf den Beschluss der Hauptversammlung. Der Sonderbeschluss kann zeitlich vor oder nach dem Beschluss der Hauptversammlung erfolgen.[106] Bis zur Beschlussfassung 31

---

[92] Richtlinie des Europäischen Parlaments und des Rates vom 14. Juni 2017 über bestimmte Aspekte des Gesellschaftsrechts, ABl. EU 2017 Nr. L 169, 46 v. 30.6.2017.
[93] Vgl. *Grundmann* EuropGesR Rn. 354.
[94] *Habersack/Verse* EuropGesR § 6 Rn. 5 f.
[95] MüKoAktG/*Schürnbrand* Rn. 21.
[96] Hüffer/Koch/*Koch* Rn. 18; abw. K. Schmidt/Lutter/*Ziemons* § 11 Rn. 5.
[97] Heute nahezu unstreitig, MüKoAktG/*Schürnbrand* Rn. 31; Hüffer/Koch/*Koch* Rn. 19; K. Schmidt/Lutter/ *Veil* Rn. 33; vgl. aber *Brause,* Stimmrechtslose Vorzugsaktien bei Umwandlungen, 2002, 58 ff.
[98] RGZ 80, 95 (97).
[99] Vgl. MüKoAktG/*Schürnbrand* Rn. 3.
[100] RGZ 148, 175, (179 f.); Hüffer/Koch/*Koch* Rn. 18; MüKoAktG/*Schürnbrand* Rn. 25; abw. *Werner* AG 1972, 69 (74).
[101] AA Kölner Komm AktG/*Lutter* Rn. 10 unter Bezugnahme auf RGZ 148, 175, wo es jedoch um einen Fall ging, in dem lediglich der Versammlung einstimmig entschieden hat.
[102] Hüffer/Koch/*Koch* Rn. 18 aE; zustimmend MüKoAktG/*Schürnbrand* Rn. 29.
[103] Hüffer/Koch/*Koch* Rn. 20.
[104] MüKoAktG/*Schürnbrand* Rn. 32.
[105] Hüffer/Koch/*Koch* Rn. 20 aE; Kölner Komm AktG/*Ekkenga* Rn. 23.
[106] MüKoAktG/*Schürnbrand* Rn. 32; Großkomm AktG/*Wiedemann* Rn. 52.

nach Abs. 2 ist der Beschluss der Hauptversammlung schwebend unwirksam.[107] Wird die Kapitalerhöhung durch den Sonderbeschluss abgelehnt oder erfolgt die Beschlussfassung nicht binnen angemessener Frist von höchstens drei Monaten, wird er endgültig unwirksam.[108] Zur Prüfung durch das Registergericht → § 184 Rn. 18 ff.

32 **5. Aufhebung und Änderung des Kapitalerhöhungsbeschlusses.** Bis zur Eintragung der Durchführung der Kapitalerhöhung ins Handelsregister (§ 189) ist die Beschlussfassung gemäß Abs. 1 eine verbandsinterne Willensbildung, die den Vorstand gemäß § 83 Abs. 2 zur Durchführung verpflichtet (→ Rn. 7).[109] Sowohl der Hauptversammlungsbeschluss nach Abs. 1 Satz 1 (→ Rn. 11 ff.) als auch ein ggf. erforderlicher Sonderbeschluss gemäß Abs. 2 (→ Rn. 26 ff.) können daher bis zur Eintragung der Durchführung aufgehoben oder inhaltlich abgeändert werden.[110] Im Einzelnen ist dabei nach den **verschiedenen Phasen** der Kapitalerhöhung (→ Rn. 4) zu differenzieren. Zu den Auswirkungen einer Aufhebung oder Änderung auf bereits erfolgte Zeichnungen → § 185 Rn. 14.

33 a) **Aufhebung.** Die Aufhebung des Hauptversammlungs- bzw. Sonderbeschlusses ist **bis zur Eintragung** des Hauptversammlungsbeschlusses gemäß § 184 mit einfacher Stimmenmehrheit gemäß § 133 Abs. 1 möglich, wenn die Satzung diesbezüglich keine Abweichung vorsieht (vgl. § 133).[111] Dieser scheinbare Widerspruch zum qualifizierten Mehrheitserfordernis gemäß Abs. 1 wird bei formaler Betrachtung dadurch aufgelöst, dass die Aufhebung vor Eintragung der Durchführung keine Satzungsänderung ist. Wertungsmäßig überzeugt dies nicht, weil die einfache Stimmenmehrheit auf diese Weise leicht die Entscheidung einer qualifizierten Mehrheit unterlaufen kann. Insofern vermag jedoch die **Treuepflicht** Missbräuche zu verhindern (→ § 243 Rn. 149 ff.), so dass es bei der formalen Betrachtung bleibt.

34 Problematisch ist, unter welchen Voraussetzungen die Beschlüsse nach § 182 aufgehoben werden können, wenn der **Beschluss bereits eingetragen,** aber noch nicht durchgeführt wurde. Nach einer Ansicht soll § 222 Abs. 1 entsprechend gelten,[112] andere sprechen sich auch hier für die einfache Mehrheit nach § 133 Abs. 1 aus.[113] Letzterem ist aus den bereits → Rn. 33 genannten Gründen zuzustimmen, da auch hier die Treuepflicht der für die Aufhebung stimmenden Aktionäre einen ausreichenden Schutz bietet. Dass der Eintragung des Beschlusses gemäß § 184 hierdurch letztlich keine eigenständige Bedeutung zukommt, ist wegen der eindeutigen Regelung des § 189 hinzunehmen. Die Kapitalerhöhung ist ein gestuftes Verfahren, welches erst mit Eintragung der Durchführung seinen Abschluss findet.

35 **Nach Eintragung** der Durchführung gemäß § 189 kommt eine Aufhebung der Beschlüsse gemäß § 182 nicht mehr in Betracht.[114] Es gelten allein die §§ 222 ff.

36 Die Aufhebung eines Kapitalerhöhungsbeschlusses kann auch **konkludent** erfolgen, wenn die Hauptversammlung vor Eintragung der Durchführung (§ 189) eine der ursprünglichen Beschlussfassung widersprechende Entscheidung trifft. Beim Auflösungsbeschluss gemäß § 262 Abs. 1 Nr. 2 und der Kapitalherabsetzung gemäß §§ 222, 229 ist dies regelmäßig anzunehmen (→ Rn. 67). Bei sonstigen Strukturänderungen, insbesondere nach UmwG, bedarf es für die Annahme eines konkludenten Aufhebungswillens jedoch besonderer Anhaltspunkte.[115]

37 b) **Änderung.** Für die nachträgliche Änderung eines Beschlusses über die Kapitalerhöhung gilt im Ausgangspunkt das zur konkludenten Aufhebung Gesagte (→ Rn. 36). Sie ist daher bis zur Wirksamkeit der Kapitalerhöhung gemäß § 189 möglich. Im Unterschied zur Aufhebung handelt es sich bei der inhaltlichen Änderung jedoch stets zugleich um eine **Änderung der bis dahin gültigen Satzung,** weil eine andere Art der Kapitalerhöhung beschlossen wird. Dies gilt auch dann, wenn nur einzelne, leicht abtrennbare oder fakultative Bestandteile des ersten Kapitalerhöhungsbeschlusses geändert werden sollen (zum Inhalt → Rn. 8 f.). Die Änderung bedarf somit stets eines Beschlusses der Hauptversammlung, der den Anforderungen von Abs. 1 genügt (→ Rn. 13 ff.), ggf. zusätzlich eines Sonderbeschlusses nach Abs. 2 (→ Rn. 26 ff.).[116]

---

[107] RGZ 148, 175 (186 f.).
[108] Großkomm AktG/*Wiedemann* Rn. 52; MüKoAktG/*Schürnbrand* Rn. 32.
[109] Vgl. OLG Karlsruhe OLGZ 1986, 155 (157): Beschluss hat „vorbereitenden Charakter".
[110] MüKoAktG/*Schürnbrand* Rn. 35; Hüffer/Koch/*Koch* Rn. 16; *Priester* FS Wiedemann, 2002, 1161 (1165 ff.).
[111] Ganz hM, Hüffer/Koch/*Koch* Rn. 16; MüKoAktG/*Schürnbrand* Rn. 36; Kölner Komm AktG/*Ekkenga* § 189 Rn. 37; K. Schmidt/Lutter/*Veil* Rn. 31; *Priester* FS Wiedemann, 2002, 1161 (1166).
[112] MHdB AG/*Krieger* § 56 Rn. 56; *Priester* FS Wiedemann, 2002, 1161 (1166 f.).
[113] Großkomm AktG/*Wiedemann* § 184 Rn. 30; MüKoAktG/*Schürnbrand* Rn. 38; K. Schmidt/Lutter/*Veil* Rn. 31; Hüffer/Koch/*Koch* Rn. 16; Kölner Komm AktG/*Ekkenga* Rn. 84.
[114] Hüffer/Koch/*Koch* Rn. 16; MüKoAktG/*Schürnbrand* Rn. 38.
[115] Großzügiger Hüffer/Koch/*Koch* Rn. 16; MüKoAktG/*Schürnbrand* Rn. 36.
[116] Hüffer/Koch/*Koch* Rn. 16; MüKoAktG/*Schürnbrand* Rn. 39.

c) Schadensersatz. Wird der Kapitalerhöhungsbeschluss vor der Eintragung seiner Durchführung geändert oder aufgehoben, können Zeichner von der AG einen etwaigen Vertrauensschaden ersetzt verlangen (→ § 185 Rn. 14 aE). **38**

IV. Festsetzung des Betrags der Kapitalerhöhung

Oftmals bereitet es Schwierigkeiten, bereits im Zeitpunkt der Beschlussfassung vorauszusehen, in welchem Umfang die Kapitalerhöhung tatsächlich durchgeführt wird.[117] Da der genaue Betrag der Kapitalerhöhung erst bei der Anmeldung der Durchführung feststehen muss (→ § 188 Rn. 30), besteht zur Überwindung der Unsicherheit ein erheblicher **Gestaltungsspielraum** zu Gunsten der Hauptversammlung. Hiervon abzugrenzen ist der Gestaltungsspielraum bei der Festsetzung des Ausgabebetrags (→ Rn. 49 ff.). **39**

1. Genaue Bezifferung. Die Hauptversammlung kann ohne weiteres selbst den genauen Betrag der Kapitalerhöhung im Beschluss nach Abs. 1 festlegen. Übernimmt ein **Emissionskonsortium** vereinbarungsgemäß die jungen Aktien (→ Rn. 5), ist diese Gestaltung regelmäßig unproblematisch, weil es sich zur vollständigen Übernahme bereit erklärt hat.[118] Andernfalls birgt die genaue Bezifferung jedoch das **Risiko** in sich, dass die gesamte Kapitalerhöhung scheitert. Erreicht nämlich das Zeichnungsvolumen bei der Durchführung den festgesetzten Betrag nicht, ist der Beschluss insgesamt undurchführbar und kann auch nicht in reduziertem Umfang gemäß § 189 eingetragen werden (str.).[119] Erforderlich ist vielmehr eine Änderung des Kapitalerhöhungsbeschlusses entsprechend dem vom Zeichnungsvolumen gedeckten Betrag (→ Rn. 37).[120] **40**

2. Festlegung einer Mindest- und Höchstgrenze. Aus Gründen der Flexibilität praktisch bedeutsam und zulässig ist die Festlegung einer (kombinierten) **Mindest- und Höchstgrenze** im Hauptversammlungsbeschluss (sog. „Bis-zu-Kapitalerhöhung").[121] Dies gilt auch beim mittelbaren Bezugsrecht gemäß § 186 Abs. 5 Satz 1.[122] Die Spannweite zwischen Mindest- und Höchstgrenze kann von der Hauptversammlung frei gewählt werden.[123] Gleichfalls zulässig ist die alleinige Bestimmung einer **Höchstgrenze**[124] bzw. die Festlegung eines **Maximalbetrags der Kapitalerhöhung**.[125] Von einer solchen Höchstgrenze ist im Zweifel nicht auszugehen, wenn im Beschluss ein bestimmter Betrag festgesetzt wurde.[126] Um die Durchführung der Kapitalerhöhung im Umfang der Zeichnung nicht zu gefährden (→ Rn. 40), sollte daher eine ausdrückliche Regelung in den Beschluss aufgenommen werden, dass es sich um keine feste Größe, sondern um einen Maximalbetrag handelt. Die alleinige Festsetzung einer **Mindestgrenze** ist unzulässig.[127] Fehlt im Beschluss der Hauptversammlung eine Höchstgrenze, ist er gemäß § 241 Nr. 3 nichtig.[128] **41**

Legt der Hauptversammlungsbeschluss eine Spannweite bzw. Höchstgrenze fest, wird die **Durchführung** der Kapitalerhöhung nur in dem tatsächlich gedeckten Zeichnungsvolumen eingetragen (→ § 188 Rn. 30). Der gemäß § 93 pflichtengebundene **Vorstand** ist nicht frei, den Gestaltungsraum auszufüllen. Er hat sich vielmehr am tatsächlichen Kapitalbedarf der AG zu orientieren und darf nicht darüber hinausgehen. Der Vorstand kann aber auch bei der ordentlichen Kapitalerhöhung aufgrund Hauptversammlungsbeschlusses ermächtigt werden, innerhalb der Durchführungsfrist in Teilschritten vorzugehen (sog. Kapitalerhöhung in Tranchen).[129] In allen Fällen der vorgenannten **42**

---

[117] Hierzu ausführlich *Priester* FS Wiedemann, 2002, 1161 ff.
[118] *Schlitt/Schäfer* CFL 2011, 410 (411); *Findeisen* ZIP 2009, 1647 (1649); *Ekkenga/Jaspers* in Ekkenga/Schröer, Handbuch der AG-Finanzierung, 2014, Kap. 4 Rn. 80.
[119] RGZ 55, 65 (67); RGZ 85, 205 (207) (für die GmbH); aA *Schüppen* AG 2001, 125 ff. (Kapitalerhöhung in Tranchen); dagegen *Priester* FS Wiedemann, 2002, 1161 (1164).
[120] RGZ 85, 205 (207) (für die GmbH).
[121] RGZ 55, 65 (67); LG Hamburg AG 1995, 92 (93); OLG Hamburg AG 2000, 326 (327) = NZG 2000, 549; OLG München NZG 2009, 1274; hierzu *Priester* NZG 2010, 81; *Holzmann/Eichstädt* DStR 2010, 277; *Findeisen* ZIP 2009, 1648; *Ekkenga/Jaspers* in Ekkenga/Schröer, Handbuch der AG-Finanzierung, 2014, Kap. 4 Rn. 81 ff.
[122] OLG Stuttgart AG 2013, 604 (610 f.); *Seibt/Voigt* AG 2009, 133 (136).
[123] OLG Hamburg AG 2000, 326 (327).
[124] KG KGJ 14 (1894), 19 (26); LG Hamburg AG 1995, 92 (93); Großkomm AktG/*Wiedemann* Rn. 55; *Raiser/Veil* KapGesR § 20 Rn. 3; Bedenken hiergegen bei MüKoAktG/*Schürnbrand* Rn. 42.
[125] OLG Hamburg AG 2000, 326 (327); abw. aber KG KGJ 14 (1894), 19 (26), wonach der Verwaltung keine „in absehbarer Zeit nicht erreichbare Höchstgrenze" gezogen werden dürfe.
[126] KG KGJ 14 (1894), 19 (24); Hüffer/Koch/*Koch* Rn. 12; *Priester* FS Wiedemann, 2002, 1161 (1164).
[127] *Hüttinger*, Instrumente zur vorinsolvenzlichen Sanierung des Unternehmensträgers, 2015, 256.
[128] Vgl. KG KGJ 14 (1894), 19 (25 f.).
[129] Offen lassend OLG München NZG 2009, 1274; wie hier *Holzmann/Eichstädt* DStR 2010, 277 (280); abw. *Priester* NZG 2010, 81 (84 ff.).

§ 182   43, 44   Erstes Buch. Aktiengesellschaft

flexiblen Festlegung des Kapitalerhöhungsbetrags stellt sich indessen das Problem der Abgrenzung zum genehmigten Kapital. Richtigerweise kann dies nur durch das Erfordernis einer **Durchführungsfrist** sachgerecht erfolgen (→ Rn. 44).[130] Beim **Bezugsrechtsausschluss** ist die Freiheit zur Ausübung weiterhin durch das fortwirkende Merkmal der Erforderlichkeit im Rahmen der materiellen Beschlusskontrolle begrenzt (→ § 186 Rn. 40 ff.). Der mit dem Bezugsrechtsausschluss verbundene Verwässerungseffekt rechtfertigt auch bei angemessenem Ausgabebetrag keine Aufnahme zurzeit nicht benötigter Zeichner.

43   **3. Festlegung einer Durchführungsfrist.** Im gesetzlichen Regelfall ist die beschlossene Kapitalerhöhung **unverzüglich** durchzuführen (→ § 184 Rn. 15).[131] Im Regelfall können hierfür zwei bis vier Monate veranschlagt werden.[132] Die Hauptversammlung kann jedoch auch eine Durchführungsfrist beschließen und damit eine **zeitliche Höchstgrenze** festlegen.[133] Ob eine solche gesetzt wurde, ist ggf. im Wege der Auslegung zu ermitteln.[134] Gibt die Hauptversammlung eine Durchführungsfrist vor, hat der Vorstand sie gemäß § 83 Abs. 2 durch die Ausgestaltung der Zeichnungsfrist zu beachten (→ § 185 Rn. 36).[135]

44   Bei der von der Hauptversammlung gewollten **Kapitalerhöhung in Tranchen** oder in den sonstigen Fällen der Festlegung von Mindest- und Höchstgrenzen der Kapitalerhöhung (→ Rn. 41) ist zur gesetzessystematischen Abgrenzung der ordentlichen Kapitalerhöhung zum genehmigten Kapital jedoch zwingend erforderlich, dass die Hauptversammlung im Erhöhungsbeschluss eine konkrete **Durchführungsfrist** vorsieht, weil der Handlungsspielraum der Verwaltung ansonsten zu weit wäre.[136] Diese darf nicht zu lang bemessen sein, in der Regel nur **maximal 6 Monate**.[137] Insofern ist eine eindeutige Regelung im Beschluss erforderlich.[138] Insbesondere können nicht aus der Angabe über die Dividendenberechtigung der jungen Aktien Rückschlüsse auf eine Durchführungsfrist gezogen werden.[139] Es genügt aber, wenn der Beschluss eine Regelung enthält, nach der er ungültig wird, wenn nicht bis zu einem bestimmten Datum eine festgelegte Zeichnungssumme erreicht wird.[140] Als Fristbeginn kann die Hauptversammlung nur den Tag der Beschlussfassung festlegen, nicht den ggf. viel späteren tag der Eintragung des Kapitalerhöhungsbeschlusses gemäß § 184.[141] Die von der Hauptversammlung festgesetzte sechsmonatige Durchführungsfrist verlängert sich um **weitere vier Monate**, falls sich die Durchführung wegen anhängiger Beschlussmängelklagen verzögert.[142] Fehlt die erforderliche Durchführungsfrist, ist der Beschluss gemäß § 241 Nr. 3 nichtig (str.).[143] Insofern gilt dasselbe wie beim genehmigten Kapital (→ § 202 Rn. 63). Nach Ablauf der Durchführungsfrist dürfen auf Grund des Kapitalerhöhungsbeschlusses keine Anmeldungen einer Durchführung mehr erfolgen.[144] Hintereinandergeschaltete Durchführungsfristen sind auch im Rahmen der grds. zulässigen Kapitalerhöhung in Tranchen nicht möglich, so dass insofern nur das genehmigte Kapital in Betracht kommt.[145] Besteht nach dem Vorgesagten die Pflicht zur Festlegung einer angemessenen Durchführungsfrist, hat der

---

[130] OLG München NZG 2009, 1274.
[131] RGZ 144, 138 (141); OLG München BB 2010, 80 (81); *Priester* FS Wiedemann, 2002, 1161 (1162); Hüffer/Koch/*Koch* Rn. 14; abw. gegen jegliche Durchführungsfrist *Perwein* AG 2013, 10 (11 ff.), der jedoch nicht ausreichend den im HV-Beschluss zum Ausdruck kommenden Durchführungswillen der Aktionäre berücksichtigt.
[132] Großkomm AktG/*Wiedeman* Rn. 57.
[133] Ekkenga/Jaspers in Ekkenga/Schröer, Handbuch der AG-Finanzierung, 2014, Kap. 4 Rn. 83.
[134] RGZ 144, 138 (142).
[135] KG KGJ 14 (1894), 19 (26); abw. Kölner Komm AktG/*Ekkenga* Rn. 61.
[136] KG KGJ 14 (1894), 19 (25); LG Hamburg AG 1995, 92 (93); OLG München BB 2010, 80 (81); *Perwein* AG 2013, 10 (11); Hüffer/Koch/*Koch* Rn. 14; abw. *Kossmann/Heinrich* Konzern 2010, 27 (29), *Albrecht/Lange* BB 2010, 142, MüKoAktG/*Schürnbrand* Rn. 44 und Kölner Komm AktG/*Ekkenga* Rn. 30; unter Hinweis auf die generelle Pflicht zur unverzüglichen Durchführung, was aber zu vage ist.
[137] *Lutter* FS Schilling, 1973, 207 (214); Großkomm AktG/*Wiedemann* Rn. 82; MüKoAktG/*Schürnbrand* Rn. 44; K. Schmidt/Lutter/*Veil* Rn. 16; Kölner Komm AktG/*Ekkenga* Rn. 60; *Perwein* AG 2013, 10 (11).
[138] OLG München BB 2010, 80 (81).
[139] LG Hamburg AG 1995, 92 (93).
[140] KG Berlin ZIP 2010, 1849 (1850) (re. Sp.).
[141] Abw. Hüffer/Koch/*Koch* Rn. 14; K. Schmidt/Lutter/*Veil* Rn. 17; *Kossmann/Heinrich* Konzern 2010, 27 (31 f.).
[142] Ähnlich Hüffer/Koch/*Koch* Rn. 14; *Seibt/Vogt* AG 2009, 133 (135); *Bücker* NZG 2009, 1339 (1341).
[143] Vgl. KG KGJ 14 (1894), 19, (25 f.); grundlegend *Netter* JW 1930, 3692 (3695); Großkomm AktG/*Wiedemann* Rn. 57; Hüffer/Koch/*Koch* Rn. 17; abw. für Anfechtbarkeit LG Hamburg AG 1995, 92 (93), dagegen *Bähr* AG 1995, 93 (94); unentschieden OLG München BB 2010, 80 (81): anfechtbar oder nichtig; nicht eindeutig auch KG Berlin ZIP 2010, 1849 (1850): kein besonders schwerer Regelverstoß im Rahmen eines Freigabeverfahrens.
[144] OLG München BB 2010, 80 (81).
[145] Abw. *Nietsch* FS U. H. Schneider, 2011, 873 (890 ff.); *Schüppen* AG 2001, 125; *Hüttemann*, Instrumente zur vorinsolvenzlichen Sanierung des Unternehmensträgers, 2015, 258.

Vorstand diese im Rahmen von § 185 Abs. 1 Satz 3 Nr. 4 auch bei der Ausgestaltung der Verfallsfrist im **Zeichnungsschein** zu berücksichtigen (→ § 185 Rn. 36).[146]

Problematisch ist, wenn die Frist zwar festgelegt wurde, aber **zu lang bemessen** ist. Die überwiegende Ansicht spricht sich auch in diesem Fall für die Nichtigkeit des Hauptversammlungsbeschlusses gemäß § 241 Nr. 3 aus.[147] Dies ist unter dem Aspekt der Umgehung jedoch nur dann zu rechtfertigen, wenn die Durchführungsfrist der des genehmigten Kapitals nach § 202 Abs. 2 Satz 1 zumindest nahe kommt oder sie überschreitet.[148] Unangemessene Gestaltungen unterhalb dieser hohen Hürde, zum Beispiel länger als ein Jahr, führen nur zur Anfechtbarkeit gemäß § 243 Abs. 1.[149]   45

V. Ausgabe von Nennbetrags- oder Stückaktien

Nach Abs. 1 Satz 4 kann die Kapitalerhöhung nur durch **Ausgabe neuer Aktien** ausgeführt werden. Ein Heraufsetzen der Nennbeträge der Altaktien ist – anders als bei der GmbH[150] und gemäß § 207 Abs. 2 Satz 2 bei der Kapitalerhöhung aus Gesellschaftsmitteln – nicht zulässig.[151] Ein dem widersprechender Beschluss ist anfechtbar.[152]   46

1. Nennbetragsaktien. Die auszugebenden Nennbetragsaktien müssen gemäß § 8 Abs. 2 Satz 1 auf **mindestens einen Euro** lauten. Der Nennbetrag (geringster Ausgabebetrag gemäß § 9 Abs. 1, → Rn. 50) kann jedoch auch höher liegen. Er muss nicht mit den Nennbeträgen der Altaktien übereinstimmen (vgl. § 23 Abs. 3 Nr. 4). Im Zusammenhang mit einem Kapitalschnitt (→ § 222 Rn. 10) kann der Mehrheitsaktionär aufgrund der Treuepflicht dazu gehalten sein, eine Kapitalerhöhung **zum niedrigsten Nennbetrag** zu beschließen, damit möglichst viele Aktionäre in der Gesellschaft verbleiben können.[153]   47

2. Stückaktien. Sollen Stückaktien gemäß § 8 Abs. 2 ausgegeben werden, muss sich gemäß Abs. 1 Satz 5 die Zahl der Aktien **in demselben Verhältnis** wie das Grundkapital erhöhen. Erfolgt zum Beispiel bei einem Grundkapital von 100 000 Euro, zerlegt in 100 000 Stückaktien, eine Kapitalerhöhung um 10 000 Euro, müssen 10 000 neue Aktien ausgegeben werden. Die Regelung schützt auf diese Weise die Altaktionäre vor einer Verwässerung ihrer Mitgliedschaft. Würden nämlich mehr als die 10 000 neuen Aktien ausgegeben, würde sich die Beteiligung der Altaktionäre gemäß § 8 Abs. 4 automatisch verringern.[154] Insofern verwirklicht Abs. 1 Satz 5 denselben Schutz wie das gesetzliche Bezugsrecht (→ § 186 Abs. 1). Ein hiergegen verstoßender Hauptversammlungsbeschluss ist anfechtbar.[155]   48

VI. Festsetzung des Ausgabebetrags

1. Grundlagen. Gemäß Abs. 3 bedarf es nur dann einer Festsetzung eines Mindestbetrags im Beschluss der Hauptversammlung, wenn die neuen Aktien zu einem höheren Betrag als dem geringsten Ausgabebetrag ausgegeben werden sollen **(Überpariemission)**. Dies gilt gleichermaßen für die Ausgabe von Nennbetrags- und Stückaktien (→ Rn. 46 f.).[156] Erfolgt eine Kapitalerhöhung unter **Bezugsrechtsausschluss** begründet die gemäß § 255 Abs. 2 erforderliche Angemessenheit des Ausgabebetrags richtigerweise zwingend[157] die Festsetzung eines höheren Ausgabebetrags iSv. § 9 Abs. 2, mithin ein **korporatives Agio** nach Maßgabe von § 36a Abs. 1, welches gemäß § 272 Abs. 1 Nr. 1   49

---

[146] Abw. Kölner Komm AktG/*Ekkenga* Rn. 61.
[147] Zumindest, wenn „wesentlich zu lang bemessen", Kölner Komm AktG/*Ekkenga* Rn. 62; MüKoAktG/*Schürnbrand* Rn. 45; Hüffer/Koch/*Koch* Rn. 17.
[148] Vgl. RGZ 144, 138 (142).
[149] Ähnlich, Nichtigkeit auf gravierende Fälle beschränkt, MüKoAktG/*Schürnbrand* Rn. 45; vgl. für die fehlerhafte Festsetzung des Ausgabebetrages auch RGZ 143, 20 (23 f.); RGZ 144, 138 (143); unentschieden OLG München NZG 2009, 1274 (1275): anfechtbar oder nichtig.
[150] Vgl. Baumbach/Hueck/*Zöllner/Fastrich* GmbHG § 55 Rn. 46.
[151] RegBegr. *Kropff* S. 292.
[152] Hüffer/Koch/*Koch* Rn. 17.
[153] BGHZ 142, 167 (170 f.) = NJW 1999, 3197. Zur Treuepflicht → § 243 Rn. 149 ff.
[154] Vgl. *Treeger-Huber*, Rechtliche Probleme der Stückaktien, 2004, 129.
[155] Hüffer/Koch/*Koch* Rn. 17; *Treeger-Huber*, Rechtliche Probleme der Stückaktien, 2004, 129 ff.
[156] MüKoAktG/*Schürnbrand* Rn. 49; K. Schmidt/Lutter/*Veil* Rn. 19.
[157] *Becker* NZG 2003, 510, 514; *Herrchen*, Agio und verdecktes Agio im Recht der Kapitalgesellschaften, 2004, 333; in diese Richtung durchaus auch BGH NZG 2012, 69 – Babcock, vgl. hierzu *Schäfer* FS Stilz, 2014, 525 (528); abw. *Baums* FS Hommelhoff, 2012, 69; *Hoffmann-Becking* FS Lutter, 2000, 453 (456 ff.); *Priester* FS Lutter, 2000, 617, 627 ff.; *Verse* ZGR 2012, 875; *Wieneke* NZG 2012, 136 (137 f.); *Lüssow*, Das Agio im GmbH- und Aktienrecht, 2004, 106 ff.; *Kuntz*, Gestaltung von Kapitalgesellschaften zwischen Freiheit und Gesetz, 2016, 649 auf der Grundlage eines gesetzlich nicht vorgegebenen weiten Angemessenheitsbegriffs in § 255 Abs. 2; wohl auch *Ekkenga* ZIP 2013, 541 (542).

HGB in die Kapitalrücklage einzustellen ist und worauf sich bei Sacheinlagen auch die Differenzhaftung erstreckt (→ § 183 Rn. 70 ff.). Nur jenseits des allein beim Bezugsrechtsausschluss gemäß § 255 Abs. 2 gebotenen Verwässerungsschutzes sind die Aktionäre frei, in welches rechtliche Kleid sie etwaige Zuzahlungen einkleiden.[158] Praktisch bedeutsam für solche aus kapitalgesellschaftsrechtlicher Perspektive „freiwilligen" Leistungen oder Zuzahlungen ist insofern das sog. **schuldrechtliche Agio**, welches im Hinblick auf die Kapitalaufbringung keinen gesellschaftsrechtlichen Vorgaben genügen muss.[159] Angesichts dieser klaren Differenzierung von korporativem und schuldrechtlichem Agio ist für die vielfach angeführte Figur des **verdeckten Agios** kein Raum. – Von der Überpariemission abzugrenzen sind die Kapitalerhöhung zum geringsten Ausgabebetrag, **Pariemission** (sogleich → Rn. 50), und die gemäß § 241 Nr. 3, § 9 Abs. 1 auch bei der Kapitalerhöhung unzulässige **Unterpariemission**.[160] Diese kann nicht nur durch eine offene, dh formale Unterschreitung des geringsten Ausgabebetrags begründet werden, sondern auch dann, wenn die Zeichner im Zuge der Aktienübernahme causa societatis Leistungen der AG erhalten, zB Provisionen an Emissionsbanken.[161]

50   **2. Kapitalerhöhung zum geringsten Ausgabebetrag.** Möglich ist die Kapitalerhöhung zum geringsten Ausgabebetrag gemäß § 9 Abs. 1. Hierbei werden die Aktien zum Nennwert bzw. bei Stückaktien zum Betrag, der auf die einzelne Aktie entfällt (§ 8 Abs. 3 Satz 2), ausgegeben. Die Zeichner erhalten auf diese Weise durch Zahlung des niedrigen Nennwerts unter Umständen eine wertvollere Beteiligung am Gesellschaftsvermögen. Wegen § 255 Abs. 2 ist diese Gestaltung regelmäßig nur möglich, wenn nicht das Bezugsrecht gemäß § 186 ausgeschlossen wurde.[162] Aus Gründen des Gläubigerschutzes besteht jedenfalls keine Pflicht, einen höheren Ausgabebetrag festzusetzen.[163] Liegt der Ausgabebetrag unter dem „wahren Wert" der Anteile, begründet dies auch keinen Verstoß gegen § 57[164] und grds. auch keinen unzulässigen Sondervorteil iSv § 243 Abs. 2 (aber → Rn. 53). Die Aktionäre können bei der Emission zum geringsten Ausgabebetrag auch vereinbaren, der Gesellschaft auf sonstiger – gesellschafts- oder schuldrechtlicher – Grundlage weitere Vermögenswerte zukommen zu lassen (sog. freiwillige Zuzahlungen, vgl. § 272 Abs. 2 Nr. 4 HGB).[165] Bei der Pariemission bedarf es keiner besonderen Festsetzung des Ausgabebetrages im Kapitalerhöhungsbeschluss (*argumentum e contrario* Abs. 3).[166]

51   **3. Kapitalerhöhung zu einem höheren Ausgabebetrag. a) Gestaltungsmöglichkeiten.** Soll oder muss (→ Rn. 49), die Ausgabe zu einem höheren Ausgabebetrag erfolgen, erfordert der Wortlaut von Abs. 3 die Festsetzung eines **Mindestbetrags** im Beschluss der Hauptversammlung. In diesem praktisch häufigen Fall liegt es in den Händen des gemäß § 93 pflichtengebundenen Vorstands (→ Rn. 54), die Aktien zu dem unter Berücksichtigung des Finanzierungsinteresses der AG höchstmöglichen am Markt erzielbaren Kurs auszugeben.[167] Sofern die Hauptversammlung den Ausgabebetrag nicht entsprechend niedrig festsetzt (→ Rn. 52), haben die Aktionäre keinen Anspruch auf den Bezug preisgünstiger Aktien. Umgekehrt ist der Vorstand bei der Kapitalerhöhung ohne Bezugsrechtsausschluss nicht verpflichtet, den Ausgabebetrag am aktuellen Marktpreis der Aktien auszurichten. Es kann durchaus im Gesellschaftsinteresse liegen, die neuen Aktien mit Abschlägen auszugeben.[168] In diesem Kontext haben sich in der Praxis verschiedene

---

[158] *Schäfer* ZIP 2016, 963, gegen *Schnorbus/Plassmann* ZIP 2016, 693.
[159] Zur Differenzierung von schuldrechtlichem und korporativen Agio ausführlich *Lüssow*, Das Agio im GmbH- und Aktienrecht, 2005, 24 ff. (38 ff.).
[160] Vgl. OLG Hamburg AG 2000, 326 (327). – Zum Kapitalschnitt → § 222 Rn. 10.
[161] Vgl. OLG Stuttgart AG 2013, 604 (609 f.).
[162] Kölner Komm AktG/*Ekkenga* Rn. 43; Hüffer/Koch/*Koch* § 255 Rn. 8; *Bayer* ZHR 163 (1999), 505 (518 ff.); *Herchen*, Agio und verdecktes Agio im Recht der Kapitalgesellschaften, 2004, 43 ff.; undeutlich MüKoAktG/*Schürnbrand* Rn. 52.
[163] BGH NZG 2008, 76; Hüffer//Koh/*Koch* Rn. 23; *Dietz*, Aktien als Akquisitionswährung, 2004, 78; *Kuntz*, Gestaltung von Kapitalgesellschaften zwischen Freiheit und Zwang, 2016, 638 f.; teilweise abw. *H. P. Müller* FS Heinsius, 1991, 591 (593); *Herchen*, Agio und verdecktes Agio im Recht der Kapitalgesellschaften, 2004, 323 ff.; abw. auch Kölner Komm AktG/*Ekkenga* Rn. 43.
[164] *Seibt/Vogt* AG 2009, 133 (139).
[165] Vgl. OLG München BB 2006, 2711; *Lüssow*, Das Agio im GmbH- und Aktienrecht, 2005, 24 ff., 38 ff.
[166] OLG Hamburg AG 2000, 326 (327); weitergehend für die generelle Pflicht zur Festlegung eines angemessenen Ausgabebetrags zumindest bei personalistisch geprägten AG *Immenga*, Die personalistische Kapitalgesellschaft, 1970, 237 ff.; dagegen *Seibt/Vogt* AG 2009, 133 (139).
[167] RG JW 1929, 1745 (1745); *Priester* FS Wiedemann, 2002, 1161 (1163); *Bayer* ZHR 163 (1999), 505 (518); *Seibt/Vogt* AG 2009, 133 (140); zu unscharf MHdB AG/*Krieger* § 56 Rn. 22: „unternehmerisches Ermessen".
[168] *Vaupel* AG 2010, 93 (94).

Verfahren zur Preisbildung etabliert.[169] Unterlaufen dem Vorstand bei der Festsetzung des Ausgabebetrags Fehler, kann dies gegenüber der Gesellschaft eine Ersatzpflicht begründen. Der Ausgabebetrag muss erst bei Beginn der Zeichnung endgültig feststehen (vgl. beim Bezugsrechtsausschluss auch § 186 Abs. 2).

Zulässig sind auch die Festsetzung eines **konkreten höheren Ausgabebetrags** oder eines höheren **Mindest- und Höchstbetrags**.[170] Wegen der gesetzlichen Klarstellung des Mindestbetrags für die Ausgabe gemäß § 9 Abs. 1 ist es auch zulässig, allein einen darüber liegenden **Höchstbetrag** anzugeben (str.).[171] Die Pflicht, den gesetzlich vorgegebenen Nennbetrag als Mindestbetrag im Beschluss bezeichnen zu müssen, wäre eine begriffsjuristische Förmelei. Der Hauptversammlung steht es frei, welche Gestaltung sie wählt[172] und welche Höhe der Ausgabebetrag haben soll.[173] Aus Gründen des Gläubigerschutzes besteht keine Pflicht, einen höheren Ausgabebetrag festzusetzen (→ Rn. 50). Wird das Bezugsrecht ausgeschlossen, ist jedoch § 255 Abs. 2 Satz 1 zu beachten. 52

Der Ausgabebetrag begrenzt gemäß § 54 Abs. 1 die Leistungspflicht der Aktionäre. Ist er daher entgegen § 255 Abs. 2 **zu niedrig festgesetzt**, ist der Hauptversammlungsbeschluss lediglich anfechtbar. Die Zeichner haben keine Pflicht zur Zuzahlung; die Altaktionäre können von ihnen keinen Vermögensausgleich fordern, der konsequenterweise in entsprechender Anwendung des Spruchverfahrens geltend gemacht würde.[174] Sie haben aber Ansprüche gegen den Vorstand, wenn er pflichtwidrig einen unangemessenen Ausgabebetrag festgesetzt hat[175] bzw. gegen den treuepflichtgebundenen Mehrheitsaktionär. Ein zu niedriger Ausgabebetrag kann auch ohne Bezugsrechtsausschluss treuepflichtwidrig sein und gemäß § 243 Abs. 2 zur Anfechtbarkeit des Hauptversammlungsbeschlusses wegen der Gewährung von Sondervorteilen führen. Voraussetzung dafür ist, dass die Altaktionäre hierdurch faktisch zur Teilnahme an der Kapitalerhöhung gezwungen werden, um eine Wertverwässerung zu vermeiden.[176] Ein **zu hoher Ausgabebetrag** kann zu einem faktischen Ausschluss des Bezugsrechts führen (→ § 186 Rn. 75 ff.).[177] 53

b) Vorstandspflichten. Wählt die Hauptversammlung eine Mindest- oder kombinierte Mindest- und Höchstregelung, richtet sich die hieraus resultierende Ermächtigung zur Konkretisierung im Gesellschaftsinteresse gemäß § 83 Abs. 2 nur an den **Vorstand**.[178] Eine Delegation an den Aufsichtsrat ist gemäß § 23 Abs. 5 unzulässig.[179] Gleiches gilt wegen § 111 Abs. 4 Satz 1 auch für eine Ermächtigung von Vorstand und Aufsichtsrat gemeinsam (beides str.). Die Beteiligung des Aufsichtsratsvorsitzenden an der Durchführung ist keine Einräumung von Geschäftsführungsbefugnis, sondern Teil der Überwachungspflicht.[180] Ein entsprechender Beschluss der Hauptversammlung ist gemäß § 241 Nr. 3 nichtig. 54

Bei der Durchführung der Kapitalerhöhung darf der Vorstand im Rahmen seiner Ermächtigung (→ Rn. 51) den **Ausgabebetrag** den Marktgegebenheiten **anpassen,** sofern dies zur Verwirklichung des Gesellschaftsinteresses geboten ist. Erfolgt zum Beispiel die Zeichnung von Aktien schleppend, ist er verpflichtet, den Ausgabebetrag entsprechend zu senken, um die Nachfrage zu steigern und den Kapitalbedarf der AG zu befriedigen. Dass hierdurch die bisherigen Zeichnungsscheine neu ausgestellt werden müssen (vgl. § 185 Abs. 1 Satz 3 Nr. 2), lässt sich nicht vermeiden.[181] Will die Hauptversammlung verhindern, dass die neuen Aktien zu günstig ausgegeben werden, hat sie einen entsprechenden Mindestausgabebetrag festzusetzen. **Grenzen** bestehen im Fall des **Bezugsrechtsausschlusses.** Der aktuelle Börsenkurs ist nicht notwendig mit dem angemessenen Ausgabepreis 55

---

[169] Vgl. nur *Ekkenga/Jaspers* in Ekkenga/Schröer, Handbuch der AG-Finanzierung, 2014, Kap. 4 Rn. 21 ff.: Auktionsverfahren, Bookbuilding.
[170] RG JW 1929, 1745 (1745); OLG München BB 2010, 80 (81); Großkomm AktG/*Wiedeman* Rn. 63.
[171] Wohl auch OLG München BB 2010, 80 (81): „Mindest- und/oder Höchstbetrag"; aA Großkomm AktG/ *Wiedemann* Rn. 63.
[172] Hüffer/Koch/*Koch* Rn. 22; MüKoAktG/*Schürnbrand* Rn. 53; *Hermanns* ZIP 2003, 788 (789).
[173] *Bayer* ZHR 163 (1999), 505 (517); hierzu ausführlich *Sommerschuh* AG 1966, 354 ff.
[174] LG Mannheim NZG 2007, 639.
[175] Vgl. zur Haftung gemäß § 25 Abs. 1 Satz 1 UmwG analog *Servatius* Strukturmaßnahmen S. 389 ff.
[176] So zur GmbH OLG Stuttgart NZG 2007, 156; zur Vermeidung dieses Risikos durch Einrichtung eines Bezugsrechtshandels *Seibt/Vogt* AG 2009, 133 (139).
[177] *Bayer* ZHR 163 (1999), 505 (517 f.); *Herchen,* Agio und verdecktes Agio im Recht der Kapitalgesellschaften, 2004, 108 ff.
[178] OLG Hamburg AG 2000, 326 (327); Hüffer/Koch/*Koch* Rn. 24; MüKoAktG/*Schürnbrand* Rn. 55.
[179] MüKoAktG/*Schürnbrand* Rn. 55; Großkomm AktG/*Wiedeman* Rn. 65; aA RGZ 143, 20 (23); RGZ 144, 138 (143); Hüffer/Koch/*Koch* Rn. 24; *Priester* FS Wiedemann, 2002, 1161 (1163).
[180] AA Hüffer/Koch/*Koch* Rn. 24; MüKoAktG/*Schürnbrand* Rn. 55; Großkomm AktG/*Wiedemann* Rn. 63.
[181] Vgl. *Priester* FS Wiedemann, 2002, 1161 (1163); *Seibt/Vogt* AG 2009, 133 (137).

iSv § 255 Abs. 2 identisch.[182] Stellt sich bei der Durchführung der Kapitalerhöhung heraus, dass der ursprünglich anvisierte, angemessene Ausgabebetrag nicht zu erreichen ist, hat der Vorstand die Durchführung abzubrechen. Das Gleiche gilt, wenn der festgesetzte Höchstbetrag wegen **veränderter wirtschaftlicher Rahmenbedingungen** für die Aktienemission zu niedrig oder der Mindestbetrag zu hoch ist. In allen Fällen ist der Vorstand verpflichtet, die weitere Ausführung einzustellen und die Hauptversammlung gemäß § 121 Abs. 1 zu einer erneuten Beschlussfassung einzuberufen.[183]

56 Eine **Bekanntmachung** des Ausgabebetrags in den Gesellschaftsblättern (§ 25) ist nur bei Wahrung des Bezugsrechts gemäß § 186 Abs. 2 Satz 1 vorgesehen (→ § 186 Rn. 14). Da der Ausgabebetrag jedoch gemäß § 185 Abs. 1 Satz 3 Nr. 2 auch im Zeichnungsschein anzugeben ist, ist es geboten, den Vorstand in **Analogie zu § 186 Abs. 2 Satz 1** generell zur Bekanntmachung des durch ihn konkretisierten Ausgabebetrags zu verpflichten. Andernfalls wäre die Zeichnung von Aktien oftmals nur durch eine mehrfache Abgabe eines korrigierten förmlichen Angebots gemäß § 185 möglich.

57 **c) Fehlender Ausgabebetrag.** Problematisch sind die Rechtsfolgen, wenn im Kapitalerhöhungsbeschluss die Festsetzung eines Ausgabebetrags fehlt. Ausgehend vom Wortlaut von Abs. 3 „sollen" ist vorrangig der **Beschluss auszulegen,** ob überhaupt eine Ausgabe über dem Nennbetrag gewollt ist.[184] Ist dies – wie regelmäßig bei Publikumsgesellschaften – der Fall, darf der Beschluss bei Fehlen einer entsprechenden Angabe über den Ausgabebetrag nicht so interpretiert werden, dass der Verwaltung das Recht zustehe, die Aktien zum geringsten Ausgabebetrag auszugeben (str.).[185] In diesem Fall ist der Beschluss vielmehr wegen der fehlenden Angabe nach Abs. 3 anfechtbar (str.),[186] so dass die Aktien vom Vorstand überhaupt nicht ausgegeben werden dürfen (str.).[187] Ergibt die Auslegung, dass die Ausgabe zum Nennbetrag gewollt war, wofür die fehlende Festsetzung eines höheren Ausgabebetrags beim fehlenden Bezugsrechtsausschluss zumindest ein Indiz ist (str.),[188] gilt das in → Rn. 50 Gesagte. Die Verwaltung ist in diesem Fall mangels Legitimation aufgrund eines Hauptversammlungsbeschlusses nicht berechtigt, die Aktien zu einem höheren Betrag auszugeben (str.).[189] Setzt die Verwaltung sich über diese Vorgaben hinweg, indem sie die Aktien zu einem zu hohen oder zu niedrigen Kurs ausgibt, macht sie sich gegenüber der AG schadensersatzpflichtig.[190]

VII. Kapitalerhöhung bei ausstehenden Einlagen

58 Nach Abs. 4 Satz 1 soll das Grundkapital nicht erhöht werden, solange ausstehende Einlagen auf das bisherige Grundkapital noch erlangt werden können. Abs. 4 Satz 2 macht hierfür für Versicherungsgesellschaften eine Ausnahme.

59 **1. Gesetzlicher Regelfall.** Wie beim genehmigten Kapital gemäß § 203 Abs. 3 Satz 1 geht das Gesetz auch bei der ordentlichen Kapitalerhöhung im Grundsatz von der **Subsidiarität** aus. Soweit aus der Gründung oder früheren Kapitalerhöhungen noch Sach- oder Geldeinlagen ausstehen, sollen die Aktionäre nicht mit neuen Einlagepflichten belastet werden. Der Gläubigerschutz wird hierüber nicht vermittelt, da ausstehende Einlagen in der Bilanz gemäß § 272 Abs. 1 Satz 2 HGB gesondert auszuweisen sind. § 183 Abs. 4 gilt auch bei einer Sachkapitalerhöhung.[191] Bei der bedingten Kapitalerhöhung nach §§ 192 ff. und bei der Kapitalerhöhung aus Gesellschaftsmitteln gemäß §§ 202 ff. fehlen vergleichbare Regelungen.

---

[182] Etwas anderes gilt nur gemäß § 5 Abs. 3 Satz 1 FMStBG für Unternehmen des Finanzsektors, was jedoch eine auf die akute Krisenbewältigung bezogene Sonderregelung darstellt, welche nicht verallgemeinert werden sollte (in diesem Sinne auch *Wieneke/Fett* NZG 2009, 8 (10); *Ziemons* DB 2008, 2635 (2639)): Vgl. aber bei Sacheinlagen neuerdings die Erleichterungen gemäß § 183a Abs. 1 iSv § 33a, wonach der mittels Referenzzeitraums ermittelte Börsenkurs weitergehende Bewertungen entbehrlich macht.

[183] *Servatius* Strukturmaßnahmen S. 382 ff.; *Priester* FS Wiedemann, 2002, 1161 (1166 ff.).

[184] Insofern zutreffend MüKoAktG/*Schürnbrand* Rn. 61; vgl. auch *Herchen,* Agio und verdecktes Agio im Recht der Kapitalgesellschaften, 2004, 24 ff.

[185] Abw. RGZ 143, 20 (23); RGZ 144, 138 (142 f.); BGHZ 33, 175 (178); in diese Richtung auch die RegBegr. bei *Kropff* S. 342; wie hier wohl auch Hüffer/Koch/*Koch* Rn. 22: Überpariemission ist die Regel.

[186] RGZ 143, 20 (23) f.; Hüffer/Koch/*Koch* Rn. 17; Henssler/Strohn/*Hermanns* Rn. 22; abw. wohl MüKoAktG/*Schürnbrand* Rn. 59.

[187] *Servatius* Strukturmaßnahmen S. 330 ff. – Abw. für die Ausgabe zum angemessenen oder bestmöglichen Kurs Kölner Komm AktG/*Lutter* Rn. 26; Großkomm AktG/*Wiedemann* Rn. 68; MHdB AG/*Krieger* § 56 Rn. 22; wohl auch *Bayer* ZHR 163 (1999), 505 (519).

[188] Abw. Großkomm AktG/*Wiedemann* Rn. 68 f.; MHdB AG/*Krieger* § 56 Rn. 25; Hüffer/Koch/*Koch* Rn. 25.

[189] AA Kölner Komm AktG/*Ekkenga* Rn. 49 ff.; MüKoAktG/*Schürnbrand* Rn. 60 (Vorrang des Finanzierungsinteresses der AG); Hüffer/Koch/*Koch* Rn. 25; *Klette* DB 1968, 2203 (2207 und 2261 ff.); *Hirte,* Bezugsrechtsausschluss und Konzernbildung, 1986, 98.

[190] Einzelheiten bei *Klette* DB 1968, 2203.

[191] Hüffer/Koch/*Koch* Rn. 65; K. Schmidt/Lutter/*Veil* Rn. 37.

a) Einlagen. Erfasst werden sowohl die Resteinlagen iSv § 63 als auch die fälschlich nicht bei der 60
Anmeldung geleisteten Mindesteinlagen gemäß § 36a bzw. § 188 Abs. 2.[192] Auch das rückständige
korporative **Agio** fällt wegen seiner Bedeutung im Rahmen von § 255 hierunter.[193] Nichterfüllte
Ansprüche aus **Einlagenrückgewähr** gemäß §§ 57, 62 hindern die Kapitalerhöhung hingegen nicht
(str.).[194] Die vom BGH aufgestellte funktionale Vergleichbarkeit von Einlage- und Rückerstattungsforderung vermag nicht zu überzeugen.[195] Gleiches gilt für Ansprüche aus **Verlustdeckungs- und
Vorbelastungshaftung** (→ § 41 Rn. 87 ff. und 77 ff.). Ansprüche aus **Differenzhaftung** wegen
der Überbewertung einer Sacheinlage (→ § 183 Rn. 61 ff.) können die Subsidiarität hingegen
begründen. Gleiches gilt für ausstehende Forderungen im Rahmen der **Kaduzierung**.[196] Hält die
AG nicht voll eingezahlte **eigene Aktien,** stehen ihr gemäß § 71b hieraus keine Rechte zu. Da die
Aktien jedoch verkauft werden können, ist es geboten, diese Einlagen als ausstehend zu betrachten
(str.).[197]

b) Ausstehend. Eine der nach → Rn. 60 maßgeblichen Forderungen ist ausstehend, wenn sie 61
im Zeitpunkt der Beschlussfassung nicht erfüllt ist. Aus dem Schutzzweck, die Aktionäre vor einer
wirtschaftlich nicht gebotenen Vermehrung von Leistungspflichten zu schützen (→ Rn. 59), folgen
jedoch **Einschränkungen.** Ist die ausstehende Einlage vom betreffenden Aktionär und den ggf. nach
§§ 64 f. daneben Haftenden **nicht zu erlangen,** vermag sie die Subsidiarität nicht zu begründen.
Der Verkauf gemäß § 65 Abs. 3 hat Vorrang. Dies ist sowohl bei andauernder Vermögenslosigkeit
des Schuldners zu bejahen als auch bei einer dem aktuellen Finanzierungsinteresse der AG entgegenstehenden bloß vorübergehenden Zahlungsunfähigkeit (str.).[198] Ist die Leistung **noch nicht fällig,**
steht sie der Kapitalerhöhung ebenfalls nicht entgegen (str.).[199]

c) Verhältnismäßigkeit. Nach Abs. 4 Satz 3 hindert es eine Kapitalerhöhung nicht, wenn Einla- 62
gen in verhältnismäßig unerheblichem Umfang ausstehen. Die Literatur stellt hierfür entweder auf
das Verhältnis von ausstehenden Einlagen und Grundkapital ab[200] oder auf das Verhältnis von ausstehenden und bisher geleisteten Einlagen.[201] Richtigerweise ist jedoch zu fragen, ob die **Summe der
ausstehenden Einlagen im Verhältnis zur geplanten Kapitalerhöhung** unbedeutend ist und
es daher nicht vertretbar wäre, das im ansonsten rechtmäßigen Hauptversammlungsbeschluss konkretisierte Finanzierungsinteresse der AG zurückzustellen.[202] Dies wird vor allem dann relevant, wenn
die Kapitalerhöhung unter Bezugsrechtsausschluss erfolgt und ein Investor, anders als die Altaktionäre,
bereit und willens ist, sofort zu investieren.[203] Anhand welcher **Prozentsätze** die Verhältnismäßigkeit
zu bestimmen ist, bedarf stets einer Erörterung im Einzelfall. Die Unerheblichkeit dürfte jedenfalls
nicht erst dann gegeben sein, wenn die ausstehenden Einlagen weniger als 5 % der Kapitalerhöhung
ausmachen.[204]

2. Ausnahmen von der Subsidiarität. a) Versicherungsgesellschaften. Gemäß Abs. 4 Satz 2 63
kann die Satzung von Versicherungsgesellschaften den gesetzlichen Regelfall der Subsidiarität modifizieren („etwas anderes"). Möglich ist jedoch allein, Abs. 4 Satz 1 abzubedingen mit der Folge,
dass eine Kapitalerhöhung auch bei ausstehenden Einlagen ohne weiteres zulässig ist. Dies ist bei

---

[192] Hüffer/Koch/*Koch* Rn. 65; MüKoAktG/*Schürnbrand* Rn. 59.
[193] Hüffer/Koch/*Koch* Rn. 65; MüKoAktG/*Schürnbrand* Rn. 59. – Zum gesonderten Ausweis in der Bilanz Baumbach/Hueck/*Schulze-Osterloh* GmbHG, 18. Aufl. 2006, § 42 Rn. 105.
[194] Wie hier MüKoAktG/*Schürnbrand* Rn. 65; Kölner Komm AktG/*Ekkenga* Rn. 72; abw. Hüffer/Koch/*Koch* Rn. 26.
[195] Für die GmbH BGH NJW 2000, 2577; dagegen bereits *Servatius* GmbHR 2000, 1028 (1029 ff.).
[196] Hüffer/Koch/*Koch* Rn. 26; MüKoAktG/*Schürnbrand* Rn. 65.
[197] MüKoAktG/*Schürnbrand* Rn. 63; aA Hüffer/Koch/*Koch* Rn. 27; *Ekkenga/Jaspers* in Ekkenga/Schröer, Handbuch der AG-Finanzierung, 2014, Kap. 4 Rn. 62.
[198] MHdB AG/*Krieger* § 56 Rn. 4; Hüffer/Koch/*Koch* Rn. 26; aA MüKoAktG/*Schürnbrand* Rn. 67.
[199] MHdB AG/*Krieger* § 56 R 4; Hüffer/Koch/*Koch* Rn. 27; aA Kölner Komm AktG/*Ekkenga* Rn. 72; MüKoAktG/*Schürnbrand* Rn. 60.
[200] Großkomm AktG/*Wiedemann* Rn. 88.
[201] Kölner Komm AktG/*Ekkenga* Rn. 75; Hüffer/Koch/*Koch* Rn. 28; Grigoleit/*Rieder/Holzmann* Rn. 32; K. Schmidt/Lutter/*Veil* Rn. 40.
[202] MüKoAktG/*Schürnbrand* Rn. 69; *Ekkenga/Jaspers* in Ekkenga/Schröer, Handbuch der AG-Finanzierung, 2014, Kap. 4 Rn. 59.
[203] Vgl. auch OLG Celle AG 2002, 292 (293), wonach die – nachgewiesen – fehlende Bereitschaft der Altaktionäre durchaus einen vollständigen Bezugsrechtsausschluss rechtfertigen könne.
[204] So aber Großkomm AktG/*Wiedemann* Rn. 88; wohl auch MüKo AktG/*Schürnbrand* Rn. 70, bezogen auf den jeweiligen Vergleichsmaßstab; differenzierend Hüffer/Koch/*Koch* Rn. 28; für eine 10 %-Grenze sogar *Ekkenga/Jaspers* in Ekkenga/Schröer, Handbuch der AG-Finanzierung, 2014, Kap. 4 Rn. 59; ebenso Kölner Komm AktG/*Ekkenga* Rn. 75.

Versicherungsgesellschaften mit der besonderen Bedeutung des Grundkapitals als Risikoreserve zu erklären.[205] Konsequenterweise ermöglicht die durch § 184 Abs. 4 Satz 2 eröffnete Gestaltungsfreiheit nicht, den gesetzlichen Regelfall zu verschärfen, indem zum Beispiel die Kapitalerhöhung bei ausstehenden Einlagen zwingend ausgeschlossen ist. Die Voraussetzungen einer nachträglichen Satzungsänderung iSv Abs. 4 Satz 2 richten sich nach § 179. Sie kann zeitgleich mit der Kapitalerhöhung beschlossen werden.[206]

64   **b) Verschmelzung.** Erfolgt die Kapitalerhöhung bei der aufnehmenden Gesellschaft anlässlich der Verschmelzung, findet Abs. 4 gemäß § 69 Abs. 1 Satz 1 UmwG keine Anwendung. Gleiches gilt über § 78 Satz 1 UmwG für die KGaA.

65   **3. Auswirkungen auf den Hauptversammlungsbeschluss.** Die Subsidiarität gemäß Abs. 4 Satz 1 ist eine **Sollvorschrift.** Hiermit kann nicht begründet werden, dass ein Verstoß nicht zur Nichtigkeit des Hauptversammlungsbeschlusses führt.[207] Dies folgt bereits aus § 241, dessen abschließender Katalog Abs. 4 nicht enthält. Problematisch ist daher allein, ob eine Missachtung der Subsidiarität die **Anfechtbarkeit** gemäß § 255 Abs. 1, § 243 Abs. 1 begründet. Vielfach wird dies unter Hinweis auf den Charakter von Abs. 4 als reine Ordnungsvorschrift generell ausgeschlossen.[208] Hiernach sei allein das Registergericht verpflichtet, die Eintragung eines Beschlusses zu verweigern.[209] Richtigerweise ist die Anfechtbarkeit jedoch nicht bereits wegen des Charakters als Sollvorschrift generell abzulehnen.[210] Es bedarf vielmehr der Auslegung, ob die Missachtung des in der Vorschrift zum Ausdruck kommenden Regel-Ausnahme-Verhältnisses einen Anfechtungsgrund darstellen kann oder nicht.[211] Dies ist zu bejahen, denn Abs. 1 will die Aktionäre vor einer nicht gebotenen Vermehrung von Leistungspflichten schützen.[212] Es wäre daher verfehlt, die Subsidiarität der Kapitalerhöhung allein der gerade nicht im Interesse der gegenwärtigen Aktionäre erfolgenden Registerkontrolle zu prüfen (→ § 184 Rn. 21). Abs. 4 begründet vielmehr einen weiteren **Anwendungsfall der materiellen Beschlusskontrolle.** Der Kapitalerhöhungsbeschluss ist hiernach anfechtbar, wenn die Missachtung der Subsidiarität nicht durch das Gesellschaftsinteresse gerechtfertigt ist und die Rechte der Altaktionäre in nicht erforderlicher und nicht verhältnismäßiger Weise beeinträchtigt werden (zum Ganzen → § 186 Rn. 40 ff.). Auf diese Weise wird der Zusammenhang zwischen den mit der Subsidiarität zu schützenden Aktionärsinteressen und dem Finanzierungsinteresse der AG hergestellt und gewährleistet, dass die Überwindung der Subsidiarität nur in angemessener Art und Weise in bestimmten Sonderfällen zur Wahrung eines höherrangigen Gesellschaftsinteresses möglich ist. Zu den **Vorstandspflichten** bei Missachtung von Abs. 4 → Rn. 7 und zur Eintragung des Erhöhungsbeschlusses durch das **Registergericht** → § 184 Rn. 18 ff.

VIII. Kapitalerhöhung im Liquidationsverfahren

66   Auch für die Kapitalerhöhung gilt der Grundsatz, dass alle für die werbende Gesellschaft geltenden Vorschriften anzuwenden sind, soweit sich nicht aus dem Zweck der Abwicklung etwas anderes ergibt.[213]

67   **1. Kapitalerhöhungsbeschluss vor Auflösung.** Wurde die Kapitalerhöhung vor der Auflösung beschlossen, ist es zulässig, die Kapitalerhöhung auch im Liquidationsverfahren durchzuführen.[214] Der Vorstand ist hierzu jedoch nur verpflichtet (→ Rn. 7), wenn die Herbeiführung des Auflösungsgrunds nicht einen entgegenstehenden Willen der Hauptversammlung ergibt. Insbesondere der auf die beschlossene, noch nicht durchgeführte Kapitalerhöhung folgende **Auflösungsbeschluss** beinhaltet im Zweifel die Aufhebung der Kapitalerhöhung (→ Rn. 33 ff.).[215] Auch die anderen Auflösungsgründe können sich als **unvorhersehbare nachträgliche Änderung** der für die Kapitalerhöhung maßgeblichen Umstände darstellen. In diesem Fall ist der Vorstand als Abwickler (§ 265 Abs. 1)

---

[205] K. Schmidt/Lutter/*Veil* Rn. 39; zum Ganzen *Zöllner* AG 1985, 18 (19 ff.).
[206] Großkomm AktG/*Wiedemann* Rn. 89; Hüffer/Koch/*Koch* Rn. 28.
[207] So aber MüKoAktG/*Schürnbrand* Rn. 73; Hüffer/Koch/*Koch* Rn. 29.
[208] Kölner Komm AktG/*Ekkenga* Rn. 79; K. Schmidt/Lutter/*Veil* Rn. 42; *Kort,* Bestandsschutz fehlerhafter Strukturänderungen im Kapitalgesellschaftsrecht, 1998, 82.
[209] MHdB AG/*Krieger* § 56 Rn. 6; Kölner Komm AktG/*Lutter* Rn. 41.
[210] RGZ 170, 83 (97).
[211] Vgl. auch Großkomm AktG/*K. Schmidt* § 243 Rn. 12.
[212] Hüffer/Koch/*Koch* Rn. 29; MüKoAktG/*Schürnbrand* Rn. 73.
[213] BGHZ 24, 279 (286).
[214] BGHZ 24, 279 (286), für den Fall, dass der Kapitalerhöhungsbeschluss bereits eingetragen war.
[215] Hüffer/Koch/*Koch* Rn. 31; MüKoAktG/*Schürnbrand* Rn. 77; *Lutter* FS Schilling, 1973, 207 (210 f.).

zur ggf. vorläufigen Einstellung der Durchführung und zur Einberufung einer außerordentlichen Hauptversammlung nach § 121 Abs. 1 verpflichtet.[216]

2. Kapitalerhöhungsbeschluss nach Auflösung. Die Kapitalerhöhung kann auch nach Auflösung beschlossen und durchgeführt werden.[217] Die Zulässigkeit steht allerdings unter dem Vorbehalt der Verwirklichung des Liquidationszwecks.[218] Dies ist unproblematisch, wenn die Kapitalerhöhung der Gläubigerbefriedigung dient; sie kann aber auch zulässig sein, um die Fortsetzung nach § 274 vorzubereiten.[219]

IX. Kapitalerhöhung im Insolvenzverfahren

Mit Eröffnung des Insolvenzverfahrens wird die Gesellschaft gemäß § 262 Abs. 1 Nr. 3 **aufgelöst**. Die Organstellung der Hauptversammlung bleibt unberührt.[220] Im Ausgangspunkt kann daher sowohl eine beschlossene Kapitalerhöhung im Insolvenzverfahren durchgeführt als auch im Insolvenzverfahren erstmalig beschlossen werden. Einschränkungen ergeben sich jedoch aufgrund des Insolvenz- und Abwicklungszwecks.[221] Vgl. zur Durchführung eine Kapitalerhöhung in der vorinsolvenzlichen Krise → § 188 Rn. 53.

1. Kapitalerhöhungsbeschluss vor Insolvenzeröffnung. Durch die Eröffnung des Insolvenzverfahrens über das Vermögen der Gesellschaft wird ein noch nicht abgeschlossenes Kapitalerhöhungsverfahren nicht automatisch beendet (str.).[222] Die Kapitalerhöhung kann weiter durchgeführt werden, der Insolvenzverwalter macht dann gemäß § 80 Abs. 1 InsO die **Einlageforderungen** gegen die Zeichner als **Bestandteil der Insolvenzmasse** (§ 35 InsO) geltend (str.).[223] Dies entspricht jedoch im Regelfall nicht der Interessenlage der übrigen an der Kapitalerhöhung Beteiligten.

Problematisch ist daher, ob die Hauptversammlung bzw. der Vorstand die **Durchführung** einer beschlossenen Kapitalerhöhung während des Insolvenzverfahrens **verhindern** kann oder ob insoweit die Zuständigkeit des Insolvenzverwalters gemäß § 80 Abs. 1 InsO vorrangig ist. Während sich die hM bei zur Eintragung der Durchführung im Handelsregister für einen Vorrang der gesellschaftsrechtlichen Zuständigkeit ausspricht,[224] sehen andere zumindest dann, wenn bereits neue Aktien gezeichnet wurden, die alleinige Zuständigkeit des Verwalters begründet.[225] Dieser Ansicht ist zuzustimmen, denn die Prämisse der hM, der Zeichner könne seinen Zeichnungsvertrag bei Insolvenzeröffnung kündigen oder widerrufen,[226] vermag nicht zu überzeugen.[227] Das **Grundkapital ist Risikokapital** und unterscheidet sich insbesondere vom Darlehen (vgl. § 490 Abs. 1 BGB).[228] Wer Aktien zeichnet, muss daher hinnehmen, dass die rechtsgeschäftliche Verpflichtung gerade auch in der Krise und Insolvenz Bestand hat. Soweit somit zur Durchführung der Kapitalerhöhung bereits **Zeichnungsverträge geschlossen** wurden (→ § 185 Rn. 10 ff.), kann der Insolvenzverwalter gemäß § 188 die Durchführung vollenden. Er kann auch bereits vorhandene Zeichnungsangebote für die Gesellschaft annehmen (zur Unwiderruflichkeit der Zeichnung → § 185 Rn. 33). In beiden

---

[216] *Servatius* Strukturmaßnahmen S. 383 ff.
[217] BGHZ 24, 279 (286).
[218] Grigoleit/*Rieder*/*Holzmann* Rn. 18.
[219] Hüffer/Koch/*Koch* Rn. 31.
[220] Ganz hM, OLG München AG 1995, 232; MüKoAktG/*Hüffer* § 264 Rn. 40.
[221] Zum Ganzen *H. F. Müller* ZGR 2004, 842; *Kuntz* DStR 2006, 519.
[222] KG NZG 2000, 103 (104) (für die GmbH); Grigoleit/*Rieder*/*Holzmann* Rn. 19; *Ekkenga/Becker* in Ekkenga/Schröer, Handbuch der AG-Finanzierung, 2014, Kap. 16 Rn. 113; Kölner Komm AktG/*Ekkenga* Rn. 101; für die GmbH auch Baumbach/Hueck/*Zöllner*/*Fastrich* GmbHG § 55 Rn. 5: Beschlussfassung im Zweifel unter der auflösenden Bedingung der Insolvenzeröffnung.
[223] *H. F. Müller* ZGR 2004, 845 (845 f.); *Kuntz* DStR 2006, 519 (519); vgl. für die GmbH BGH NJW 1995, 460 (460); aA *Braun/Uhlenbruck*, Unternehmensinsolvenz, 1997, 88 f.; *Schlitt* NZG 1998, 755 (756): vom Insolvenzbeschlag nicht erfasster Hinzuerwerb; ebenso Grigoleit/*Rieder*/*Holzmann* Rn. 20.
[224] Für die GmbH BGH NJW 1995, 460; BayObLG NZG 2004, 582; OLG Zweibrücken NZG 2014, 472; Hüffer/Koch/*Koch* Rn. 32; MüKoAktG/*Schürnbrand* Rn. 80 f. („Gesellschafter bleiben Herren des Kapitalbeschaffungsverfahrens"); *Kuntz* DStR 2006, 519 (520); für die GmbH auch Baumbach/Hueck/*Zöllner*/*Fastrich* GmbHG § 55 Rn. 5.
[225] *H.-F. Müller* ZGR 2004, 842 (848 ff.).
[226] BGH NJW 1995, 460 (für die GmbH); zustimmend Baumbach/Hueck/*Zöllner*/*Fastrich* GmbHG § 55 Rn. 5; *Kuntz* DStR 2006, 519 (522 f.); *Ekkenga/Becker* in Ekkenga/Schröer, Handbuch der AG-Finanzierung, 2014, Kap. 16 Rn. 116.
[227] Vgl. auch *H.-F. Müller* ZGR 2004, 842 (852 ff.).
[228] Wie hier *Gundlach/Frenzel/Schmidt* DStR 2006, 1048 (1049 f.); aA dezidiert *Kuntz* DStR 2006, 519 (523): Einlageforderung aufgrund Zeichnungsvertrags ist kein materielles Eigenkapital; ähnlich *Kuntz* DStR 2006, 1050 (1051).

Fällen sind die aus der Zeichnung resultierenden Einlageforderungen Bestandteil der Insolvenzmasse. **Stehen** hingegen bezüglich des von der Hauptversammlung beschlossenen Betrags der Kapitalerhöhung (→ Rn. 40) **noch Zeichnungen aus,** ist es der Hauptversammlung möglich, die Kapitalerhöhung insoweit aufzuheben, was der Vorstand gemäß § 83 Abs. 2 umzusetzen hat.[229] Soweit noch keine Zeichnungen bestehen, fallen keine hieraus resultierenden Vermögenswerte in die Insolvenzmasse.

72   2. **Kapitalerhöhungsbeschluss nach Insolvenzeröffnung.** Da das Insolvenzverfahren seit Einführung der InsO weniger stark auf die Zerschlagung und Vollbeendigung des Schuldnerunternehmens gerichtet ist (vgl. § 1 InsO), besteht zu Recht Einigkeit, dass die Hauptversammlung auch nach Insolvenzeröffnung eine Kapitalerhöhung beschließen kann.[230] Die aus der Kapitalerhöhung resultierenden Einlagepflichten der Zeichner (→ § 185 Rn. 15) bzw. ihre Leistungen gehören zur **Insolvenzmasse** gemäß § 35 InsO und stehen uneingeschränkt der Gläubigerbefriedigung zur Verfügung (str.).[231] Wegen des Verlustrisikos wird eine solche Kapitalerhöhung daher regelmäßig in einen umfassenden **Sanierungsplan** gemäß §§ 217 ff. InsO unter Einbeziehung verzichtsbereiter Gläubiger eingebettet sein.[232] Im Zuge des ESUG wurde ermöglicht, durch den Insolvenzplan in Anteils- und Mitgliedschaftsrechte einzugreifen (vgl. §§ 225a, 254a Abs. 2 InsO). Praktische Relevanz hat dies insbesondere beim **Debt-Equity-Swap,** bei dem Gläubiger ihre Forderungen im Zuge einer Kapitalerhöhung als Sacheinlage einbringen und die Mitgliedschaftsrechte der Altaktionäre verwässert bzw. beim Kapitalschnitt auf Null[233] sogar gänzlich vernichtet werden (§ 225a Abs. 2 InsO). Rechtspolitisch ist diese Sanierungsoption durchaus auch kritisch zu sehen. Sie eröffnet einmal ein großes Missbrauchspotential, die Unternehmenseigentümer hinauszudrängen, im Rahmen der distressed-debt finance sogar planmäßig.[234] Zudem ist der in § 254 Abs. 4 InsO angelegte Ausschluss der Differenzhaftung[235] im Hinblick auf die Gleichbehandlung mit den Aktionären und den Gläubigerschutz fragwürdig (→ § 183 Rn. 12). Es ist eine große Herausforderung, das Zusammenwachsen von Insolvenz- und Gesellschaftsrecht im Planverfahren feinsinnig und wertungsadäquat auszugestalten.

X. Kapitalerhöhung in einer Tochtergesellschaft

73   1. **Ungeschriebene Mitwirkungsbefugnisse.** Die Kapitalerhöhung fällt nach dem Leitbild des Abs. 1 in die Kompetenz der Hauptversammlung. Mit Ausnahme des genehmigten Kapitals (§§ 202 ff.) ist der Vorstand allein in die Vorbereitung und Durchführung einbezogen (→ Rn. 6). Ist die AG hingegen Allein- oder Mehrheitsgesellschafterin einer anderen Gesellschaft, kann der Vorstand dort als Vertretungsorgan der Obergesellschaft Maßnahmen beschließen, die in der unverbundenen AG der Zustimmung der Hauptversammlung bedürften. Dieser **Mediatisierungseffekt** betrifft im Ausgangspunkt alle in die Kompetenz der Gesellschafter der Tochtergesellschaft fallenden Maßnahmen. Im Hinblick auf eine nicht hinnehmbare Kompetenzausweitung des Vorstands wird er aber vor allem bei Kapitalmaßnahmen relevant. In Übereinstimmung mit der Rechtsprechung und der überwiegenden Meinung in der Literatur besteht daher unter anderem[236] dann eine ungeschriebene Mitwirkungsbefugnis der Hauptversammlung der Obergesellschaft, wenn der Vorstand als Vertreter der AG in der Tochtergesellschaft eine Kapitalerhöhung beschließt.[237]

74   2. **Dogmatische Grundlage.** Die dogmatische Grundlage dieser ungeschriebenen Mitwirkungsbefugnis ist umstritten. Während sich der BGH zunächst für die Verengung des Vorlageermessens gemäß § 119 Abs. 2 ausgesprochen hat,[238] erfolgte ein Bekenntnis zu einer **offenen Rechtsfortbil-**

---

[229] Wohl auch *Gundlach/Frenzel/Schmidt* DStR 2006, 1048 (1049); *Ekkenga/Becker* in Ekkenga/Schröer, Handbuch der AG-Finanzierung, 2014, Kap. 16 Rn. 115.
[230] Hüffer/Koch/*Koch* Rn. 32; MüKoAktG/*Koch* § 264 Rn. 75; MüKoAktG/*Schürnbrand* Rn. 83; *H. F. Müller* ZGR 2004, 842 (843 f.); *Kuntz* DStR 2006, 519 (520), jeweils mit Nachweisen zur früheren Gegenmeinung. Für die früheren Zwangsvergleich bereits LG Heidelberg ZIP 1988, 1257 f. Für die GmbH auch Baumbach/Hueck/*Zöllner/Fastrich* GmbHG § 55 Rn. 5.
[231] Hüffer/Koch/*Koch* Rn. 32a; MüKoAktG/*Schürnbrand* Rn. 83; Uhlenbruck/*Hirte* InsO § 11 Rn. 193; *H. F. Müller* ZGR 2004, 842 (845 ff.); aA *Braun/Uhlenbruck,* Unternehmensinsolvenz, 1997, 88 f.; *Schlitt* NZG 1998, 755 (756): vom Insolvenzbeschlag nicht erfasster Hinzuerwerb; ebenso Grigoleit/*Rieder/Holzmann* Rn. 20; für eine teleologische Reduktion von § 35 InsO auch *Pleister/Kindler* ZIP 2010, 503 (509).
[232] Vgl. *H. F. Müller* ZGR 2004, 842 (843 f.); *Pleister/Kindler* ZIP 2010, 503.
[233] Hierzu *Redeker* BB 2007, 673.
[234] Vgl. zu „Loan to own"-Transaktionen *Aleth/Böhle* DStR 2010, 1186 (1188 f.).
[235] Hierzu *Meyer/Degener* BB 2011, 846 (849); *Frind* ZInsO 2011, 656 (657).
[236] Zu den ungeschriebenen Hauptversammlungskompetenzen ausführlich → § 119 Rn. 21 ff.
[237] Grundlegend BGHZ 83, 122 (142) – Holzmüller: „Hauptfall"; BGH NZG 2004, 575 (577) – Gelatine.
[238] BGHZ 83, 122 (140) – Holzmüller.

dung.²³⁹ Bei der notwendigen Präzisierung der ungeschriebenen Mitwirkungsbefugnisse darf indessen nicht konturenlos ein allgemeiner Schutz der Aktionäre für faktischen Satzungsänderungen das Wort geredet werden.²⁴⁰ Vielmehr bedarf es einer Bezugnahme auf den Mediatisierungseffekt und der hierauf bezogenen Ermittlung der Schwere des Eingriffs in die Mitgliedschaftsrechte und Vermögensinteressen der Aktionäre. Dies gilt auch bei der Investment-AG.²⁴¹

3. Kapitalerhöhung in der Tochtergesellschaft. Die ungeschriebene Mitwirkungsbefugnis der 75 Hauptversammlung ist zumindest für die Kapitalerhöhung in der Tochtergesellschaft regelmäßig zu bejahen und zwar unabhängig davon, ob das Bezugsrecht ausgeschlossen wird oder nicht (str.).²⁴² Die Gefahr, dass der Vorstand eigenverantwortlich große Teile des Geschäftsbetriebs in die Tochtergesellschaft verlagert und dort zugleich Gesellschafterrechte ausübt, besteht unabhängig hiervon.²⁴³ Auch das Eindringen neuer Gesellschafter ist nicht allein Folge eines Bezugsrechtsausschlusses, sondern kann über eine spätere Anteilsveräußerung durch die Obergesellschaft erreicht werden.²⁴⁴ Bei einer anhand des konkreten Einzelfalles zu ermittelnden großen wirtschaftlichen Bedeutung der Kapitalerhöhung²⁴⁵ läuft der mit den §§ 182 ff. verwirklichte Schutz der Hauptversammlung als Willensbildungsorgan der Aktionäre in beiden Fällen leer.

Der auf die vorherige Beteiligung der Hauptversammlung bezogene Zweck verbietet es auch, 76 anstelle einer ungeschriebenen Mitwirkungskompetenz den Aktionären der Obergesellschaft ein **Bezugsrecht** bei den Kapitalerhöhungen in der Tochtergesellschaft einzuräumen (str.).²⁴⁶ Hierdurch würden die Aktionäre nicht ausreichend in die Lage versetzt, die vom Vorstand angestrebte Maßnahme zu verhindern.²⁴⁷

4. Kein Fall eines konzernrechtlichen Minderheitenschutzes. In der Praxis betreffen die 77 durch die Notwendigkeit einer ungeschriebenen Mitwirkungskompetenz gekennzeichneten Fälle meist Konzernlagen, in denen der Vorstand auf faktisches Geheiß des Mehrheitsaktionärs oder aufgrund einer Weisung gemäß § 308 Abs. 1 die erforderliche Maßnahme vornimmt. Der vielfach im Zusammenhang mit den ungeschriebenen Mitwirkungsbefugnissen genannte Aspekt des konzernrechtlichen Präventivschutzes oder einer hiermit begründeten Konzernleitungskontrolle²⁴⁸ darf jedoch nicht als Bewältigung eines konzernspezifischen Mehrheiten-Minderheiten-Konflikts verstanden werden.²⁴⁹ Der in → Rn. 73 aufgezeigte nicht hinnehmbare Mediatisierungseffekt ist das Ergebnis der gemäß § 119 Abs. 2 in jeder Gesellschaft angelegten Aufgabentrennung von Vorstand und Hauptversammlung.²⁵⁰ Eine besondere Gefahr, dass sich die Mehrheitsverhältnisse zu Gunsten eines Gesellschafters verändern, ist nicht erforderlich. Eine ungeschriebene Hauptsammlungskompetenz als Kompensation des Mediatisierungseffekts besteht konsequenterweise auch bei der **Ein-Mann-Gesellschaft** und bei **Publikumsgesellschaften** mit einem pluralistischen Aktionärskreis ohne feststehende Mehrheiten. Auf die Begründung oder Verfestigung einer Konzernstruktur zu Gunsten eines herrschenden Unternehmens iSv § 17 Abs. 1 kommt es nicht an. Hieraus folgt umgekehrt, dass die nach Holzmüller-Grundsätzen mögliche **Klage** auf Unterlassung oder Feststellung (→ Rn. 81) nicht zulässig ist, wenn eine lediglich konzernrechtlich nachteilige Maßnahme des Vorstands in Rede steht, die den erforderlichen Mediatisierungseffekt gerade nicht herbeiführt.²⁵¹

---

²³⁹ BGH NZG 2004, 575 (578) – Gelatine; bestätigend OLG München ZIP 2006, 2036 (2039) – Infineon.
²⁴⁰ In diese Richtung aber K. Schmidt/Lutter/*K. Schmidt* § 278 Rn. 39.
²⁴¹ Vgl. *Blenk*, Die Mitgliedschaft in der Investmentaktiengesellschaft, 2018, 79 ff.
²⁴² Wohl auch BGHZ 83, 122 (143); abw. Kölner Komm AktG/*Ekkenga* Rn. 128; MüKoAktG/*Schürnbrand* Rn. 85; *Kiefner*, Konzernumbildung und Börsengang der Tochter, 2005, 276 ff.
²⁴³ Die Notwendigkeit des Präventivschutzes betont auch BGH NZG 2004, 575 (577).
²⁴⁴ BGHZ 83, 122 (143).
²⁴⁵ Vgl. BGH NZG 2004, 575 (578 f.); BGH DStR 2007, 586; BGHZ 83, 122 (131 f.); OLG München ZIP 2006, 2036 (2040).
²⁴⁶ So aber *Martens* ZHR 147 (1983), 377 (412 ff.); ähnlich für ein konzerndimensionales Bezugsrecht auch *Lutter* AG 2001, 349 (350) u *Kiefner*, Konzernumbildung und Börsengang der Tochter, 2005, 288 ff.; *Kowalewski*, Das Vorwerwerbsrecht der Mutteraktionäre beim Börsengang der Tochtergesellschaft, 2008, 233 ff.
²⁴⁷ Wie hier bereits LG Kassel AG 2002, 414; MüKoAktG/*Schürnbrand* Rn. 87: Erfordernis einer „inhaltlichen Beteiligung" der Aktionäre der Obergesellschaft; Großkomm AktG/*Wiedemann* Rn. 14 f.; *Habersack* WM 2001, 545.
²⁴⁸ Vgl. MüKoAktG/*Schürnbrand* Rn. 86 mwN; *Kiefner*, Konzernumbildung und Börsengang der Tochter, 2005, 92 ff.
²⁴⁹ Vgl. auch BGH NZG 2004, 575 (577): „Für diese Lehre kann die (…) Entscheidung (…) nicht in Anspruch genommen werden".
²⁵⁰ BGH NZG 2004, 575 (577).
²⁵¹ OLG Köln AG 2009, 416 für einen asset deal.

78 **5. Anforderungen an den Hauptversammlungsbeschluss. a) Mehrheitserfordernis.** Nach Ansicht des BGH benötigt der Zustimmungsbeschluss eine Dreiviertel-Mehrheit.[252] Von diesem Erfordernis sei auch nicht abzuweichen, wenn die Satzung eine sog. Konzernklausel enthält. Dem ist nicht uneingeschränkt zuzustimmen. Zumindest für die Fälle der Kapitalerhöhung in der Tochtergesellschaft bedarf die Beschlussfassung in **Analogie zu Abs. 1** der Mehrheit, wie sie die Satzung für die Kapitalerhöhung in der AG selbst vorsieht (→ Rn. 16 ff.).[253] Die Holzmüller-Doktrin soll die Aktionäre vor dem in → Rn. 75 genannten Mediatisierungseffekt schützen. Dem wird genügt, wenn für die Wahrnehmung der ungeschriebenen Mitwirkungskompetenz dieselben Anforderungen wie für die entsprechende Maßnahme in der AG gelten. Soll die Kapitalerhöhung in der Tochtergesellschaft unter Ausschluss des Bezugsrechts der AG erfolgen, gilt für den Zustimmungsbeschluss **§ 186 analog** (→ § 186 Rn. 50).

79 **b) Ermächtigungsbeschluss.** Problematisch ist, ob der notwendige Beschluss auch im Voraus erfolgen darf. Hierdurch könnte der Vorstand ermächtigt werden, bei Bedarf eine Kapitalerhöhung in der Tochtergesellschaft schnell zu verwirklichen, ohne zunächst das komplizierte Einberufungsverfahren gemäß §§ 123 ff. durchlaufen zu müssen. Zumindest für die **Kapitalerhöhung in der Tochtergesellschaft** scheint dies möglich, weil ein entsprechendes Verfahren im genehmigten Kapital Anerkennung findet und sich auf die Holzmüller-Doktrin sinngemäß übertragen lässt (str.).[254] In Verfolgung seiner Pflicht zur Unternehmensplanung[255] müsste der Vorstand hiernach gemäß § 119 Abs. 2 einen Ermächtigungsbeschluss gemäß §§ 182, 202 Abs. 2 Satz 1 analog einholen, innerhalb eines bestimmten Zeitraums in der Tochtergesellschaft das Kapital in den von der Hauptversammlung gezogenen Grenzen erhöhen zu dürfen. Kommt der Vorstand seiner umfassenden Berichts- und Begründungspflicht bei der Vorbereitung eines solchen Ermächtigungsbeschlusses nach,[256] spricht nichts dagegen, dass die Hauptversammlung auch im Voraus einer Mediatisierung von Mitgliedschaftsrechten zustimmt oder diese ablehnt.

80 **6. Rechtsfolgen der Beschlussfassung.** Stimmt die Hauptversammlung der geplanten Kapitalerhöhung in der Tochtergesellschaft zu, hat der Vorstand sie – wenn es sich nicht um einen bloßen Ermächtigungsbeschluss nach → Rn. 79 handelt – gemäß § 83 Abs. 2 auszuführen. Lehnt sie die Kapitalerhöhung ab, hat die Maßnahme zu unterbleiben.

81 **7. Konsequenzen bei unterbliebener Mitwirkung.** Unterbleibt die nach → Rn. 75 erforderliche Zustimmung, hat dies keine Auswirkung auf die Vertretungsmacht des Vorstands.[257] Seine Abstimmung in der Tochtergesellschaft ist daher in jedem Fall wirksam. Die Aktionäre können hiergegen jedoch auf Unterlassung und Feststellung der Rechtswidrigkeit klagen[258] (Einzelheiten bei → § 119 Rn. 52).

XI. Registerkosten

82 Im Zuge der nach §§ 184, 188 AktG erforderlichen Registereintragungen sind **zwei Kostenvorgänge** zu trennen.[259] Zum einen entstehen gemäß § 105 GNotKG Kosten durch die notarielle Beurkundung der Anmeldungen zum Handelsregister (vgl. § 12 Abs. 1 HGB). Zum anderen entstehen weitere Kosten durch die Eintragung im Handelsregister gemäß § 58 GNotKG iVm der HRegGebV.[260]

83 **1. Kapitalerhöhungsbeschluss.** Bei den Kosten für die notarielle **Beurkundung** der Anmeldung der Eintragung des Kapitalerhöhungsbeschlusses (§ 184 AktG) ist der Geschäftswert der Anmeldung maßgeblich, vgl. § 3 Abs. 1 GNotKG. Dieser bemisst sich gemäß § 105 Abs. 1 GNotKG nach dem Geldbetrag der Kapitalerhöhung (Unterschiedsbetrag).[261] Für die **Eintragung** des Beschlusses

---

[252] BGH NZG 2004, 575 (579).
[253] Für diesen Gleichlauf bereits BGHZ 83, 122 (138); wie hier wohl MüKoAktG/*Schürnbrand* Rn. 89.
[254] Weitergehend *Tröger* ZIP 2001, 2029 (2037 ff.); Kölner Komm AktG/*Ekkenga* Rn. 126; aA LG Frankfurt AG 2001, 431 (433 f.).
[255] Hierzu ausführlich *Servatius* Strukturmaßnahmen S. 274 ff.
[256] Zum Strukturbericht *Servatius* Strukturmaßnahmen S. 299 ff.; für die Delegation von Holzmüller-Beschlüssen ausführlich *Tröger* ZIP 2001, 2029 (2039 ff.).
[257] BGHZ 83, 122 (132).
[258] BGHZ 83, 122 (133, 135) – Holzmüller; OLG Köln AG 2009, 416.
[259] MüKoAktG/*Schürnbrand* Rn. 95 ff.
[260] Verordnung über die Gebühren in Handels-, Partnerschafts- und Genossenschaftsregistersachen vom 30.9.2004, BGBl. 2004 I 2562.
[261] Vgl. Korintenberg/*Tiedtke* GNotKG § 105 Rn. 23; Hüffer/Koch/*Koch* Rn. 34; vgl. auch LG Wuppertal BeckRS 2015, 02587.

selbst entsteht dagegen gemäß § 1 HRegGebV iVm GebVerz. Nr. 2400 eine aufwandsbezogene Festgebühr von 210 Euro. Die Gebührenhöhe bemisst sich hier also nicht nach dem Geschäftswert, sondern nur nach dem Geschäftsaufwand.[262]

2. Durchführung. Welche Kosten im Zuge der Eintragung der Durchführung der Kapitalerhöhung (§ 188 AktG) entstehen, ist davon abhängig, ob die Eintragung gesondert oder zusammen mit der Eintragung des Kapitalerhöhungsbeschlusses erfolgt (vgl. § 188 Abs. 4).[263] Bei **getrennter Anmeldung** löst die Beurkundung der Anmeldung eine weitere Kostenfolge zugunsten des Notars aus. Der Geschäftswert beträgt hier gemäß § 105 Abs. 4 Nr. 1 GNotKG 1 Prozent des eingetragenen (noch nicht erhöhten, vgl. § 189) Grundkapitals, mindestens aber 30 000 Euro. Für die Eintragung selbst fällt gemäß § 1 HRegGebV iVm GebVerz Nr. 2400 wiederum die aufwandsbezogene Gebühr in Höhe von 210 Euro an. Werden beide Eintragungsanträge – wie in der Praxis üblich – miteinander **verbunden,** handelt es sich nur für den Notar gemäß § 109 Abs. 1 GNotKG um einen Kostenvorgang, dessen Geschäftswert sich aus § 105 Abs. 1 Nr. 4a GNotKG ergibt.[264] Für die Eintragung im Handelsregister dagegen liegen zwei Registertatsachen vor.[265] Erfolgt die Eintragung aufgrund derselben Anmeldung, wobei gemäß § 2 Abs. 4 HRegGebV die Einreichung zweier Anmeldungen am selben Tag genügt, wird die aufwandsbezogene Gebühr gemäß GebVerz Nr. 2502 um 30 Euro auf zusammen 240 Euro erhöht. Die durch die Erhöhung des Grundkapitals erforderlich werdende Anpassung der Satzung ist dagegen bei beiden Kostenvorgängen kostenneutral, wenn sie zusammen mit der Eintragung der Durchführung der Kapitalerhöhung vorgenommen wird.[266] Zur Notwendigkeit einer einheitlichen Anmeldung von Durchführung und Fassungsänderung → § 188 Rn. 9.

XII. Steuern

Die geleisteten Einlagen auf die neuen Aktien unterliegen nicht der Körperschaftssteuer (vgl. § 8 Abs. 1 KStG iVm § 4 Abs. 1 Satz 1 EStG 2002). Die frühere Börsenumsatzsteuer bzw. die frühere Gesellschaftssteuer fallen seit 1.1.1991 bzw. 1.1.1992 nicht mehr an.[267] Dagegen sind die Kosten der Kapitalerhöhung gemäß § 8 Abs. 1 KStG iVm § 4 Abs. 4 EStG 2002 als Betriebsausgaben abziehbar.[268] Zur Sachkapitalerhöhung → § 183 Rn. 58.

§ 183 Kapitalerhöhung mit Sacheinlagen; Rückzahlung von Einlagen

(1) ¹Wird eine Sacheinlage (§ 27 Abs. 1 und 2) gemacht, so müssen ihr Gegenstand, die Person, von der die Gesellschaft den Gegenstand erwirbt, und der Nennbetrag, bei Stückaktien die Zahl der bei der Sacheinlage zu gewährenden Aktien im Beschluß über die Erhöhung des Grundkapitals festgesetzt werden. ²Der Beschluß darf nur gefaßt werden, wenn die Einbringung von Sacheinlagen und die Festsetzungen nach Satz 1 ausdrücklich und ordnungsgemäß bekanntgemacht worden sind.

(2) § 27 Abs. 3 und 4 gilt entsprechend.

(3) ¹Bei der Kapitalerhöhung mit Sacheinlagen hat eine Prüfung durch einen oder mehrere Prüfer stattzufinden. ²§ 33 Abs. 3 bis 5, die §§ 34, 35 gelten sinngemäß.

Schrifttum: S. § 182.

Übersicht

	Rn.		Rn.
I. Bedeutung der Norm	1–4	II. Sacheinlage und fingierte Sacheinlage	5, 6
1. Regelungsgehalt	2		
2. Entstehungsgeschichte	3	III. Mischformen	7–9
3. Reform der früheren Kapitalrichtlinie	4	1. Mischeinlage	8

---

[262] Zum europarechtlichen Hintergrund der Neuregelung der Eintragungsgebühren siehe MüKoAktG/*Schürnbrand* Rn. 92 f.; K. Schmidt/Lutter/*Veil* Rn. 49.
[263] Ausführlich Korintenberg/*Tiedtke* GNotKG § 105 Rn. 26; vgl. auch LG Wuppertal BeckRS 2015, 02587.
[264] Hüffer/Koch/*Koch* Rn. 34a.
[265] Bormann/Diehn/Sommerfeld/*Bormann* GNotKG § 105 Rn. 11.
[266] Bormann/Diehn/Sommerfeld/*Bormann* GNotKG § 105 Rn. 11; Hüffer/Koch/*Koch* Rn. 34.
[267] S. Art. 4 Erstes Finanzmarktförderungsgesetz vom 22.2.1990, BGBl. 1990 I 266; dazu Hüffer/Koch/*Koch* Rn. 35; K. Schmidt/Lutter/*Schürnbrand* Rn. 90; K. Schmidt/Lutter/*Veil* Rn. 53.
[268] MüKoAktG/*Schürnbrand* Rn. 90 aE; zum Ganzen, auch zur Bilanzierung, ausf. Ekkenga/Jaspers/Ortmann-Babel in Ekkenga/Schröer, Handbuch der AG-Finanzierung, 2014, Kap. 4 Rn. 387 ff.

	Rn.		Rn.
2. Gemischte Sacheinlage	9	4. Verzicht auf die externe Prüfung	47–55
IV. Festsetzung der Sacheinlage im Kapitalerhöhungsbeschluss	10–19	a) Europarechtliche Vorgaben	47–51
		b) Erweiterte Publizität	52, 53
1. Gegenstand der Sacheinlage	11–15	c) Umsetzung im deutschen Recht	54
2. Person des Veräußerers	16	d) Kritische Würdigung	55
3. Nennbetrag bzw. Zahl der zu gewährenden Aktien	17, 18	**VIII. Prüfung der Sachkapitalerhöhung durch das Registergericht**	56–65
4. Ausgabebetrag	19	1. Notwendige Differenzierung	56
V. Bekanntmachung der Sacheinlage vor Beschlussfassung	20, 20a	2. Rechtmäßigkeit des Sachkapitalerhöhungsbeschlusses	57, 58
		a) Grundsatz	57
VI. Rechtsfolgen fehlender oder falscher Festsetzungen	21–33	b) Eingeschränktes Prüfungsrecht	58
		3. Rechtmäßigkeit der externen Prüfung	59
1. Hauptversammlungsbeschluss	21–24	4. Werthaltigkeit von Sacheinlagen	60–65
a) Fehlende Festsetzungen	21	a) Prüfungsmaßstab	61–64
b) Falsche Festsetzungen	22, 23	b) Prüfungsumfang	65
c) Überbewertung von Sacheinlagen	24	**IX. Entscheidung des Gerichts**	66
2. Verdeckte Sacheinlagen	25–27	**X. Kosten und Steuern**	67
a) Altes Recht	25	**XI. Verhältnis zur Nachgründung**	68, 69
b) Neues Recht	26, 27	**XII. Differenzhaftung**	70–82
3. Hin- und Herzahlen	28–31	1. Grundlegung bei der GmbH	70
a) Altes Recht	28	2. Erweiterte Geltung bei der AG	71–76
b) Neues Recht	29–31	a) Gesetzliche Differenzhaftung	72
4. Vorrang der Bareinlagepflicht	32, 33	b) Haftung aufgrund Kapitaldeckungszusage	73–75
VII. Die Prüfung der Sacheinlage durch Verwaltung und Sachverständige	34–55	c) Sonstige Leistungen	76
		3. Haftungsumfang	77–79
1. Interne Prüfung	34	4. Zu niedriger Ausgabebetrag	80
2. Externe Prüfung	35–38	5. Weitere Ausgestaltung der Haftung	81
3. Umsetzung ins deutsche Recht	39–46	6. Differenzhaftung bei der Verschmelzung	82
a) Prüfungsmaßstab	40–44		
b) Sonstige Leistungen	45		
c) Prüfungsverfahren	46		

I. Bedeutung der Norm

1 § 183 bestimmt – seit dem ARUG nur noch sehr unvollständig – zwingend die **besonderen Voraussetzungen einer Sachkapitalerhöhung.** Die praktische Bedeutung ist sehr groß, insbesondere bei der Finanzierung von Unternehmenskäufen („Aktien als Kaufwährung").[1] Es ist davon auszugehen, dass bei börsennotierten AG ca. 50 % der Kapitalerhöhungen gegen Sacheinlagen erfolgen.[2] Vor diesem Hintergrund ist auch die Einführung der vereinfachten Sachkapitalerhöhung durch das ARUG zu sehen (§ 183a). Bei jungen Gesellschaften überschneidet sich die Sachkapitalerhöhung oftmals mit dem Regelungsbereich der Nachgründung gemäß § 52 (→ Rn. 68 ff.).

2 **1. Regelungsgehalt. Abs. 1 Satz 1** sieht für (fingierte) Sacheinlagen (→ Rn. 5 ff.) besondere inhaltliche Anforderungen an den Hauptversammlungsbeschluss vor (→ Rn. 10 ff.). Nach **Abs. 1 Satz 2** ist bei der Sachkapitalerhöhung zudem eine besondere Bekanntmachung vor der Hauptversammlung erforderlich (→ Rn. 20). **Abs. 2** verweist auf die durch das ARUG neu gefassten § 27 Abs. 3 und 4 und stellt insoweit für verdeckte Sacheinlagen und Hin- und Herzahlen von Einlageleistungen einen Gleichlauf mit dem liberalisierten GmbH-Recht her (→ Rn. 25 ff.). **Abs. 3** ordnet eine externe Prüfung der Sacheinlagen an und verweist insoweit auf das Gründungsrecht (→ Rn. 34 ff.). Die Regelung wird seit dem ARUG zum einen ergänzt durch **§ 183a**. In Umsetzung der geänderten früheren Kapitalrichtlinie kann hiernach wie bei der Gründung unter bestimmten Voraussetzungen auf die externe Prüfung von Sacheinlagen verzichtet werden. Zum anderen findet sich in **§ 184 Abs. 3 Satz 1** die früher in Abs. 3 Satz 3 enthaltene Regelung, wonach das Registergericht die Eintragung des Kapitalerhöhungsbeschlusses ablehnen kann, wenn der Wert einer Sacheinlage nicht unwesentlich hinter dem geringsten Ausgabebetrag der dafür zu gewährenden Aktien zurückbleibt (→ Rn. 56 ff. sowie → § 184 Rn. 21 ff.).

---

[1] Hierzu ausführlich *Dietz*, Aktien als Akquisitionswährung, 2004; *Wieneke* NZG 2004, 61.
[2] Vgl. *Bayer* FS Ulmer, 2003, 21 unter Hinweis auf eine Studie aus dem Jahr 2000.

2. Entstehungsgeschichte. Abs. 1 und 2 beruhen im Wesentlichen auf dem AktG 1965, der 3
§ 150 AktG 1937 ersetzte.[3] Änderungen erfolgten im Zuge der Einführung von Stückaktien im Jahr
1998.[4] Die Sachkapitalerhöhung ist Gegenstand der früheren **Kapitalrichtlinie**.[5] In Umsetzung
dieser europäischen Vorgaben im Jahr 1978 erfolgte die Einführung einer zwingenden Sacheinlageprüfung gemäß Abs. 3 Satz 1 und 2 (→ Rn. 34 ff.).[6] Im Zuge des **MoMiG** wurde § 183 nicht
unmittelbar geändert (vgl. jedoch die Abschaffung des Gebots zur Sicherheitsleistung bei der EinPersonen-Gesellschaft durch Streichung von § 36 Abs. 2 Satz 2 iVm § 188 Abs. 2 Satz 1). Die Liberalisierung der Kapitalaufbringungsregelung im Einklang mit dem reformierten GmbHG erfolgte jedoch
kurz darauf durch das **ARUG**. Infolge der Neufassung von § 27 Abs. 3 und 4, auf die Abs. 2 ausdrücklich verweist, gelten die Erleichterungen bei verdeckten Sacheinlagen und dem ehemals strikt verbotenen Hin- und Herzahlen auch bei der Kapitalerhöhung in der AG (→ Rn. 25 ff. sowie → § 188
Rn. 68 ff.). Eine eher redaktionelle Anpassung ist die ebenfalls durch das ARUG herbeigeführte
Streichung des Verweises in Abs. 1 auf den seinerseits geänderten § 124 Abs. 1 aF (→ Rn. 20).
Bedeutsamer ist indessen der modifizierte Verweis in Abs. 3 auf die Gründungsvorschriften. Während
§ 34 Abs. 1 nach früherer Rechtslage nicht erwähnt wurde, hat die interne Prüfung durch Vorstand
und Aufsichtsrat auch bei der Kapitalerhöhung stattzufinden (→ Rn. 34 ff.).

3. Reform der früheren Kapitalrichtlinie. Die Richtlinie 2006/68/EG vom 6. September 4
2006[7] zur Änderung der früheren Kapitalrichtlinie[8] brachte unter anderem wesentliche Erleichterungen bei der Erbringung von Sacheinlagen, was auch bei der Kapitalerhöhung gilt. Nach Art. 50 f.
RL (EU) 2017/1132[9] kann seitdem unter bestimmten Voraussetzungen bei Sacheinlagen auf die
externe Prüfung verzichtet werden; an deren Stelle tritt eine besondere Offenlegungspflicht
(→ Rn. 47 ff.). Der Gesetzgeber hat diesen Umsetzungsauftrag im Zuge des **ARUG** erfüllt: Zentral
ist die Einführung der **vereinfachten Sachkapitalerhöhung** gemäß § 183a. Hiernach kann wie
bei der Gründung gemäß § 33a bei der Einbringung von Wertpapieren und Geldmarktinstrumenten
sowie bereits anderweitig bewerteten Gegenständen als Sacheinlagen auf die externe Prüfung verzichtet
werden. Als Folgeänderung für das Anmeldeverfahren und die gerichtliche Prüfung s. § 184 Abs. 1
Satz 2, Abs. 2 sowie § 184 Abs. 3 Satz 2.

II. Sacheinlage und fingierte Sacheinlage

§ 183 setzt voraus, dass der Wille der Hauptversammlung auf die Kapitalerhöhung mit Sacheinla- 5
gen iSv § 27 Abs. 1 und 2 gerichtet ist. Die Übernahme der Aktien soll somit durch Leistung eines
anderen Gegenstandes als Geld erfolgen.

§ 27 Abs. 1 sieht insofern zwei Möglichkeiten vor: Sollen die Aktionäre auf den Ausgabebetrag 6
einen anderen Gegenstand als Geld leisten, handelt es sich gemäß Satz 1 Alt. 1 um eine **Sacheinlage**. Soll die Gesellschaft einen Vermögensgegenstand übernehmen, für den eine Vergütung
gewährt wird, die auf die Einlage eines Aktionärs angerechnet werden soll, handelt es sich gemäß
Satz 2 um eine sog. **fingierte Sacheinlage**.[10] Beide Gestaltungen sind auch bei der Kapitalerhöhung möglich und werden von § 183 erfasst. Eine besondere (schuldrechtliche) Vereinbarung
zwischen AG und Zeichner über diese Gestaltungen ist gesetzlich nicht vorgesehen (str.),[11] kann
jedoch in den Grenzen von § 187 erfolgen (vgl. im Übrigen zur Zeichnung § 185). Die **Sachübernahme** gemäß § 27 Abs. 1 Satz 1 Alt. 2, also der Erwerb eines Vermögensgegenstands ohne
Anrechnung auf die Einlagepflicht, bedarf hingegen – abweichend von der Rechtslage bei Grün-

---

[3] Vgl. *Kropff* S. 293.
[4] Änderung von § 183 Abs. 1 Satz 1 durch Art. 1 Nr. 8 Stückaktiengesetz vom 25.3.1998, BGBl. 1998 I 590,
Änderung von § 183 Abs. 2 Satz 3 durch Art. 1 Nr. 4 Stückaktiengesetz, Einfügung von § 183 Abs. 3 Satz 3 durch
Art. 1 Nr. 9 Stückaktiengesetz.
[5] Nunmehr RL (EU) 2017/1132 des Europäischen Parlaments und des Rates vom 14. Juni 2017 über
bestimmte Aspekte des Gesellschaftsrechts, ABl. EU 1977 Nr. L 169, 46 v. 30.6.2017. – Zum Ganzen ausführlich
Habersack/Verse EuropGesR § 6; *Grundmann* EuropGesR § 10; *Drinkuth*, Die Kapitalrichtlinie – Mindest- oder
Höchstnorm?, 1998.
[6] Durchführungsgesetz vom 13.12.1978, BGBl. 1978 I 1959.
[7] ABl. EG 2006 Nr. L 264, 32 ff.; zur Entwicklung *Bayer* BB 2001, 1 (8 f.).
[8] Nunmehr RL (EU) 2017/1132 des Europäischen Parlaments und des Rates vom 14. Juni 2017 über
bestimmte Aspekte des Gesellschaftsrechts, ABl. EU 2017 Nr. L 169, 46 v. 30.6.2017.
[9] Richtlinie des Europäischen Parlaments und des Rates vom 14. Juni 2017 über bestimmte Aspekte des
Gesellschaftsrechts, ABl. EU 2017 Nr. L 169, 46 v. 30.6.2017.
[10] Zum Ganzen ausführlich → § 27 Rn. 7 ff.; vgl. auch *Ekkenga/Jaspers* in Ekkenga/Schröer, Handbuch der
AG-Finanzierung, 2014, Kap. 4 Rn. 290, die bereits die (echte) Sacheinlage als Fall des § 364 Abs. 1 BGB sehen,
was der Systematik von § 27 Abs. 1 nicht gerecht wird.
[11] MüKoAktG/*Schürnbrand* Rn. 23 ff. (mwN).

dung der AG – keiner besonderen Festsetzung im Kapitalerhöhungsbeschluss.[12] Insofern kann jedoch eine **verdeckte Sachkapitalerhöhung** vorliegen oder bei Kapitalerhöhung innerhalb von zwei Jahren nach Gründung ein Geschäft iSv § 52 (zur verdeckten Sacheinlage → § 188 Rn. 57 ff.; zum Verhältnis von § 183 und § 52 → Rn. 68 f.).

III. Mischformen

7 Die Kapitalerhöhung muss nicht einheitlich als Bar- oder Sacheinlage ausgestaltet werden.

8 **1. Mischeinlage.** Bei der sog. Mischeinlage erbringt ein Zeichner vereinbarungsgemäß sowohl eine Bar- als auch eine Sacheinlage. Dies ist zulässig. Beide Vorgänge sind rechtlich voneinander zu trennen.[13] § 183 gilt allein für die nicht durch Geldleistung zu erbringende Einlage (→ Rn. 15).[14] Zur gemischten Bar- und Sachkapitalerhöhung unter teilweisem Bezugsrechtsausschluss → § 186 Rn. 45.[15] Soll den Altaktionären ein Wahlrecht eingeräumt werden, ob sie Bar- oder Sacheinlagen erbringen, ist § 53a zu beachten.[16]

9 **2. Gemischte Sacheinlage.** Hiervon abzugrenzen ist die sog. gemischte Sacheinlage. Hierbei lässt sich der Zeichner für den überlassenen Gegenstand teils Aktien, teils eine Vergütung gewähren.[17] Dies hat den Vorteil, dass bei Unsicherheiten über den tatsächlichen Wert des einzubringenden Gegenstands oder Wertschwankungen flexiblere Lösungen möglich sind. Bei der Gründung handelt es sich hierbei um eine Kombination von Sacheinlage gemäß § 27 Abs. 1 Satz 1 Alt. 1 und Sachübernahme gemäß § 27 Abs. 2.[18] Die herrschende Meinung spricht sich dort für eine **einheitliche Behandlung** nach den für die Sacheinlage geltenden Regeln aus, jedenfalls bei einer unteilbaren Leistung[19] (vgl. auch → § 27 Rn. 65). Dem ist für die Kapitalerhöhung nur eingeschränkt zu folgen, denn die Sachübernahme iSv § 27 Abs. 2 fällt gerade nicht unter § 183 (→ Rn. 6). Der Gesetzgeber gibt hiermit zu erkennen, dass Umsatzgeschäfte mit Aktionären außerhalb des Gründungsverfahrens allein über §§ 57, 62 und § 52 (→ Rn. 68 f.) kontrolliert werden sollen.[20] Auch Art. 45 RL (EU) 2017/1132[21] knüpft die besonderen Erfordernisse für Leistungen, die nicht Bareinlagen sind, daran an, dass es sich um „Einlagen" handelt. Hiervon abtrennbare Umsatzgeschäfte fallen konsequenterweise nicht hierunter. Ist die gemischte Sacheinlage **objektiv teilbar,** erfolgt somit eine getrennte Beurteilung (str.).[22] Nur die Leistung des Zeichners, für die Mitgliedschaftsrechte gewährt werden, muss gemäß § 183 in den Beschluss der Hauptversammlung aufgenommen und geprüft werden. Ist die Leistung hingegen unteilbar, gelten die Anforderungen des § 183 bezüglich des gesamten Geschäfts, um den Schutzzweck der besonderen Anforderungen nicht leer laufen zu lassen.[23] Wird im Rahmen einer gemischten Bar- und Sachkapitalerhöhung das **Bezugsrecht gekreuzt ausgeschlossen,** kommt jedoch eine Anfechtung wegen eines infolge einer Überbewertung von Sacheinlagen zu niedrig festgesetzten Ausgabebetrags gemäß § 255 Abs. 2 analog in Betracht.[24] Ein Individualanspruch der Aktionäre, der im Spruchverfahren geltend gemacht werden könnte, folgt hieraus jedoch nicht.[25]

---

[12] Hüffer/Koch/*Koch* Rn. 2; MüKoAktG/*Schürnbrand* Rn. 8; abw. BGH NJW 2007, 3425 (3427) – Lurgi I, soweit es sich um Geschäfte mit Aktionären handelt; dagegen *Habersack* ZGR 2008, 48 (55); abw. auch *Meyer* (Sachübernahme § 10), auf der Grundlage eines nur schwer begründbaren Gesamttatbestands von Sacheinlage und Sachübernahme.
[13] Hüffer/Koch/*Koch* § 36 Rn. 12; MüKoAktG/*Pentz* § 36 Rn. 98.
[14] MüKoAktG/*Schürnbrand* Rn. 7; Großkomm AktG/*Wiedemann* Rn. 26.
[15] Vgl. OLG Jena ZIP 2006, 1989.
[16] KG Berlin ZIP 2010, 1849 (1850, 1852).
[17] Zum Ganzen *Maier-Reimer* FS Hoffmann-Becking, 2013, 755.
[18] MüKoAktG/*Pentz* § 27 Rn. 67; für die Kapitalerhöhung ebenso BGH NJW 2007, 3425 (3426 f.) – Lurgi I, auf der Grundlage, dass es auch bei der Kapitalerhöhung die Sachübernahme iSv § 27 Abs. 2 gibt.
[19] BGH NJW 2007, 765.
[20] BGH NZG 2012, 69 (75) Rn. 49 – Babcock; Großkomm AktG/*Wiedemann* Rn. 28.
[21] RL (EU) 2017/1132 des Europäischen Parlaments und des Rates vom 14. Juni 2017 über bestimmte Aspekte des Gesellschaftsrechts, ABl. EU 2017 Nr. L 169, 46 v. 30.6.2017.
[22] BGH NZG 2012, 69 (75 Rn. 49) – Babcock; wie hier Grigoleit/*Rieder/Holzmann* Rn. 2; Hüffer/Koch/*Koch* Rn. 3; aA Henssler/Strohn/*Hermanns* Rn. 7; nicht eindeutig MüKoAktG/*Schürnbrand* Rn. 11 und Großkomm AktG/*Wiedemann* Rn. 26; für ein Abstellen auf das Gewollte *Ekkenga/Jaspers* in Ekkenga/Schröer, Handbuch der AG-Finanzierung, 2014, Kap. 4 Rn. 318 f.
[23] So auch BGH NJW 2007, 765 (für vereinbarte einheitliche Behandlung des Vorgangs der Gründung; ebenso BGH NJW 2007, 3425 (3427) – Lurgi I; vgl. zur verdeckten Sacheinlage → § 188 Rn. 68 ff.).
[24] OLG Jena ZIP 2006, 1989 (1993).
[25] LG Mannheim NZG 2007, 639.

IV. Festsetzung der Sacheinlage im Kapitalerhöhungsbeschluss

§ 183 Abs. 1 ergänzt den gemäß § 182 notwendigen Beschlussinhalt und verlangt bei der Sachkapi- 10
talerhöhung iSv § 27 Abs. 1 und 2 (→ Rn. 5 f.) **besondere Angaben,** um die Prüfung durch
das Registergericht zu ermöglichen.[26] Die Angaben sind gemäß § 185 Abs. 1 Satz 3 Nr. 3 **auch**
notwendiger **Inhalt der Zeichnungsscheine** (→ § 185 Rn. 34). Der Kapitalerhöhungsbeschluss
kann bis zur Eintragung der Durchführung abgeändert werden (→ § 182 Rn. 37). Zu den Rechtsfolgen fehlender oder falscher Angaben → Rn. 21 ff.; zu den besonderen Angaben beim Bezugsrechtsausschluss → § 186 Rn. 36.

1. Gegenstand der Sacheinlage. Festzusetzen ist der Gegenstand, der im Rahmen der (fingier- 11
ten) Sacheinlage (→ Rn. 5 f.) von der Gesellschaft erworben werden soll. Die Vorschrift deckt sich
insoweit mit § 27 Abs. 1 Satz 1 und § 56 Abs. 1 Satz 1 GmbHG. Erforderlich ist, dass es sich um
einen **sacheinlagefähigen Gegenstand** iSv § 27 Abs. 2 handelt (hierzu vor allem → § 27
Rn. 10 ff.).[27] Befindet sich der betreffende Gegenstand der Sacheinlage bereits im Besitz der AG,
kann eine zulässige Voreinzahlung auf die künftige Kapitalerhöhung vorliegen (→ § 188 Rn. 56 ff.).
Andernfalls ist die dem Zeichner zustehende Forderung auf (Rück-)Übertragung des Gegenstands
gegen die AG einzulegen. Dienstleistungen sind nicht sacheinlagefähig (§ 27 Abs. 2).[28] Sacheinlagen
sind grds. nach dem **objektiven Verkehrswert** zu bewerten (zum Ganzen → § 27 Rn. 34 ff.;
→ Rn. 60 ff.). Sollen ein Unternehmen oder Aktien als Sacheinlage eingebracht werden, ist regelmäßig eine **Unternehmensbewertung** erforderlich (vgl. aber § 183a). Hierbei können durchaus **Verbundvorteile** angerechnet werden, weil es auf den Wertzuwachs bei der AG ankommt[29] und dieser
Aspekt regelmäßig auch bei der gesetzlich legitimierten Bezugnahme auf den Börsenkurs einzubrin-
gender Aktien Berücksichtigung findet (→ § 183a Rn. 5 ff.).

Indem die AG bei einer Kapitalerhöhung bereits besteht, sind jedoch im Gegensatz zur Sach- 12
gründung weitere Gestaltungen denkbar. Hierbei gilt: Gegenstand der Sacheinlage können auch
Forderungen des Zeichners gegen die AG sein **(Debt-Equity-Swap).**[30] Selbst wenn die
eingebrachten Forderungen wirtschaftlich bargeldgleich sind, folgt auch europarechtlich, dass
diese Gestaltungen als Sacheinlagen zu bewerten sind.[31] Als sog. **scrip dividend** erfährt diese
Gestaltung auch außerhalb von Sanierungssituationen zunehmend Beliebtheit.[32] Konstruktiv
erfolgt die Leistung der Sacheinlage entweder im Wege des Erlasses (§ 399 BGB) oder durch
Abtretung an die AG, so dass die Verbindlichkeit der AG durch Konfusion erlischt.[33] Will man
diesen Weg nicht einschlagen, besteht nach wie vor die Gefahr der verdeckten Sacheinlage gemäß
Abs. 3 iVm § 27 Abs. 3 (→ § 188 Rn. 57 ff.). Zu bedenken ist auch, dass die Forderung des
Zeichners gegen die AG ggf. mit erheblichen **Abschlägen** zu bewerten ist, da andernfalls die
Differenzhaftung des Inferenten droht (→ Rn. 70 ff.).[34] Die stark im Vordringen befindliche
Gegenansicht, wonach die Einbringung zum **Nominalwert** erfolgen darf, überzeugt nicht. Wirt-
schaftlich betrachtet ist es zwar zutreffend, dass der reine Passivtausch keine Benachteiligung der
Altgesellschafter und Gläubiger nach sich zieht. Immerhin rücken die Inferenten ja durch die
Übernahme einer Eigenkapitalposition weiter nach hinten. Bei einer allein hierauf bezogenen
Betrachtung wird indessen übersehen, dass die durch den Debt-Equitiy-Swap erlangten **Aktionärsrechte** im Ausgangspunkt auf den Nominalbetrag der übernommenen Einlagen bezogen
sind. Die ehemaligen Gläubiger erhalten so volles Stimm- und Dividendenrecht, was die Mitgliedschaft der Altaktionäre verwässert. Es begründet daher einen Verstoß gegen § 53a bzw. im Hinblick
auf die neu geschaffene Möglichkeit des Swaps im Insolvenzplan gemäß § 225a Abs. 2 InsO sogar
gegen Art. 3 Abs. 1 GG, wenn die Inferenten Gesellschafterrechte erlangen, ohne dass hierfür
real bzw. zumindest wirtschaftlich ein (positiver) Vermögenswert geleistet wurde. Die Zulässigkeit

---

[26] Muster bei MVHdB/*Hölters* Bd. 1, V. 95.
[27] Zur Einbringung eines Unternehmens beim „share deal" und „asset deal" ausführlich *Dietz*, Aktien als Akquisitionswährung, 2004, 34 ff.
[28] BGH NZG 2009, 463 – Qivive; *Giedinghagen/Lakenberg* NZG 2009, 201.
[29] *Ekkenga/Jaspers* in Ekkenga/Schröer, Handbuch der AG-Finanzierung, 2014, Kap. 4 Rn. 304.
[30] Hierzu ausführlich *Ekkenga* ZGR 2009, 581; *Schleusener*, Der Debt-Equity-Swap, 2012; *Schillerwein*, Debt-Equity-Swaps im Spiegel bilanzieller Sanierungsinstrumente, 2014.
[31] Ganz hM, vgl. nur MüKoAktG/*Schürnbrand* Rn. 15 (mN zur Gegenmeinung).
[32] Vgl. Hüffer/Koch/*Koch* § 58 Rn. 33a (mwN).
[33] BGHZ 110, 47 (60) = NJW 1990, 981 – IBH/Lemmerz.
[34] So die hM, vgl. *Priester* DB 2010, 1445; *Ekkenga* DB 2012, 331; *Ekkenga* in Ekkenga/Schröer, Handbuch der AG-Finanzierung, 2014, Kap. 15 Rn. 56; MüKoAktG/*Schürnbrand* Rn. 18; *A. Arnold* FS Hoffmann-Becking, 2012, 29; abw. *Cahn/Simon/Theiselmann* DB 2012, 501; *Wansleben* WM 2012, 2083; für Neuregelungen bei der Einbringung von Anleihen *Cahn/Hutter/Kaulamo/Meyer/Weiß* WM 2014, 1309.

der Nominalbewertung ist daher davon abhängig, dass die hierüber geschaffenen Aktionärsrechte der Inferenten **entsprechend § 134 Abs. 2 Satz 1** behandelt werden. Sie müssen also solange ruhen, bis aus Gewinnen der AG die entsprechende Eigenkapitalposition aufgebaut werden kann.

13   Sacheinlagefähig sind auch Forderungen des Zeichners aus **Gesellschafterdarlehen**.[35] Diese unterliegen seit dem MoMiG im Vorfeld der Insolvenz zwar keiner materiell-rechtlichen Umqualifizierung in Quasi-Eigenkapital mehr,[36] sind jedoch in der Krise oftmals nicht mehr werthaltig. Hat der Zeichner für seine Forderung bereits einen Rangrücktritt erklärt, schließt dies die Einbringung als Sacheinlage nicht aus; immerhin kann der Rangrücktritt im Vorfeld der Insolvenz jederzeit wieder aufgehoben werden.[37] Nach früherem Recht war es unzulässig, wenn ein Gesellschafter einen Betrag, den ihm die Gesellschaft aus einem eigenkapitalersetzenden Darlehen zur Verfügung gestellt hat, umgehend zur Erfüllung einer Einlageschuld aus der Kapitalerhöhung an die Gesellschaft zurück zahlt.[38] Für die Verrechnung galt dies erst recht. Beides ist seitdem möglich, weil im Vorfeld der Insolvenz keine materiell-rechtliche Rückzahlungssperre für Gesellschafterdarlehen mehr besteht. Der Zeichner trägt jedoch in der (masselosen) Insolvenz der AG das Anfechtungsrisiko gemäß § 135 Abs. 1 Nr. 2 InsO bzw. § 6 Abs. 1 Satz 1 Nr. 2 AnfG. Hiernach ist er ggf. gehalten, die Darlehensrückzahlung erneut an die AG zu erstatten. Richtigerweise sollte diese sanierungsfeindliche Lösung jedoch dadurch ausgeräumt werden, dass man den **Dept-Equity-Swap** als wirtschaftliche Einheit ansieht und die Gläubigerbenachteiligung so verneint, mithin die Anfechtung ausscheidet (→ § 185 Rn. 47).

14   **Aktien der AG** können nicht als Sacheinlage eingebracht werden; die §§ 71 ff. sind nicht anwendbar.[39] Das Gleiche gilt für die von der AG ausgegebenen **Genussscheine**, Wandelschuldverschreibungen und Optionsanleihen. Lediglich hieraus resultierende Gewinnansprüche können wie jede andere schuldrechtliche Forderung gegen die AG als Sacheinlage eingebracht werden.[40] Etwas anderes gilt aber, wenn der der Forderung zu Grunde liegende Sachverhalt unter §§ 57, 63 fällt (hierzu → § 57 Rn. 99 ff.). Der bloße Umstand, dass ein Nicht-Aktionär gemäß den betreffenden Anleihen künftige Gewinne in Aussicht gestellt werden, zieht diese Sanktion indessen noch nicht nach sich (str.).[41] Auch eine **stille Beteiligung** an der AG kann als Sacheinlage eingebracht werden. Die Bewertung richtet sich nach dem Auseinandersetzungsguthaben im Einbringungszeitpunkt, ggf. nach unten korrigiert, wenn sich die AG in der Krise befindet.[42] Eine gesetzliche, materiell-rechtliche Umqualifizierung der stillen Einlage in Eigenkapital findet außerhalb der Insolvenz nicht statt.[43] Das einzubringende Auseinandersetzungsguthaben wird daher allein nach der vertraglich vereinbarten Verlustbeteiligung ermittelt.

15   Der Gegenstand der Sacheinlage muss im Beschluss – ggf. als Anlage – **genau bezeichnet** werden. Dies dient jedoch allein Individualisierungszwecken und ist nicht alleiniger Gegenstand der Prüfung nach Abs. 1 Satz 1 (→ Rn. 35 ff.). Die objektive Bestimmbarkeit reicht daher aus.[44] Bei **Sachgesamtheiten** genügt eine individualisierende Beschreibung; die einzelnen Vermögensgegenstände müssen nicht aufgeführt werden.[45] Um den Beschlussinhalt und dessen Bekanntmachung (→ § 184 Rn. 29 f.) nicht zu überfrachten, sind die Anforderungen an die Angabe von **wertbildenden Faktoren** nicht zu überziehen. Dies gilt vor allem für die in der Praxis häufige Wiedergabe der Eröffnungsbilanz bei Unternehmenseinbringungen.[46] Auch der **Wert** des Gegenstands ist im Beschluss nicht anzugeben.[47] Etwas anderes gilt jedoch für das Bestehen von **Nebenabsprachen**, die Einfluss auf

---

[35] MüKoAktG/*Schürnbrand* Rn. 14.
[36] Hierzu ausführlich *Servatius*, Gläubigereinfluss durch Covenants, 2008, 411 ff.
[37] Zutreffend *Ekkenga* ZGR 2009, 581 (589 f.); abw. *Weitnauer* ZIP 2007, 1932 (1935); zu den bloß schuldrechtlichen Wirkungen eines Rangrücktritts im Vorfeld der Insolvenz *Servatius*, Gläubigereinfluss durch Covenants, 2008, 412.
[38] BGH NZG 2009, 427.
[39] Vgl. BGH NZG 2011, 1271 – ISION; hierzu *Binder* ZGR 2012, 757 und *Merkt/Mylich* NZG 2012, 525; MüKoAktG/*Schürnbrand* Rn. 22; kritisch *Altmeppen* FS Hoffmann-Becking, 2013, 1 (5 ff.).
[40] Vgl. zur GmbH OLG Düsseldorf GmbHR 1997, 606; zu Gewinnansprüchen aus Genussrechten *Scholz/Priester* GmbHG § 56 Rn. 17.
[41] MüKoAktG/*Schürnbrand* Rn. 21.
[42] Einzelheiten bei *Schlitt/Beck* NZG 2001, 688 (693 f.); zu den konzernrechtlichen Anforderungen auch *Ekkenga* ZGR 2009, 581 (590).
[43] *Servatius*, Gläubigereinfluss durch Covenants, 2008, 411 f.; abw. BGH NJW 1995, 1079.
[44] Vgl. KG OLGR 22, 25 f. („alle seine Schiffe").
[45] Großkomm AktG/*Wiedemann* Rn. 50; zur Unternehmenseinbringung *Hoffmann-Becking* FS Lutter, 2000, 453 (462 ff.); *Wieneke* AG 2013, 437.
[46] Vgl. RGZ 159, 327; aA für die GmbH Lutter/Hommelhoff/*Lutter/Bayer* GmbHG § 5 Rn. 30; vgl. OLG Düsseldorf DB 1993, 974.
[47] MüKoAktG/*Pentz* § 27 Rn. 71.

den Wert des einzubringenden Gegenstands haben.[48] Die Wiedergabe des gesamten Wortlauts der Regelung ist meist nicht erforderlich, jedoch unschädlich.[49] Gleiches gilt für dingliche **Belastungen,** die mit einem einzelnen Gegenstand übernommen werden.[50]

2. Person des Veräußerers. Aufzunehmen ist – wie bei § 56 Abs. 1 GmbHG[51] – auch die **16** Person, von der die Gesellschaft den Gegenstand erwirbt (ausführlich → § 27 Rn. 15). Diese ist nicht notwendig der künftige Aktionär. Im Fall des § 267 Abs. 1 BGB ist dies der **Dritte,** der die Sacheinlage für Rechnung eines Zeichners leistet.[52] Auch bei der fingierten Sacheinlage kann der Gegenstand von einer anderen Person übernommen werden und die Vergütung auf die Einlage eines Aktionärs angerechnet werden. Die Festsetzung der Person dient der **Identifizierung des Veräußerers,** so dass bei natürlichen Personen die Angabe des Namens, Vornamens und der Anschrift, bei juristischen Personen und Gesellschaften die Angabe von Firma und Sitz erforderlich ist.[53] Soll den Altaktionären ein Wahlrecht eingeräumt werden, ob sie Bar- oder Sacheinlagen erbringen, ist § 53a zu beachten.[54]

3. Nennbetrag bzw. Zahl der zu gewährenden Aktien. Zentraler Bestandteil der Prüfung **17** durch das Registergericht ist die Werthaltigkeit der Sacheinlagen (→ Rn. 60 ff.). Im Beschluss der Kapitalerhöhung ist daher wie bei der Gründung nach § 27 Abs. 1 Satz 1 und bei der GmbH gemäß § 56 Abs. 1 Satz 1 GmbHG der Bezugspunkt für die Einlage anzugeben. Bei Nennbetragsaktien ist dies der Nennbetrag der Aktien, auf den der Gegenstand geleistet wird, bei Stückaktien die Zahl der zu gewährenden Aktien.

Bei der **Mischeinlage** (→ Rn. 8) bedarf es einer Festsetzung, auf welche Nennbetrags- oder **18** Stückaktien der Gegenstand geleistet wird. Bei der **gemischten Sacheinlage** hängt die Festsetzung davon ab, ob der Gegenstand der Einlage teilbar ist oder nicht (→ Rn. 9). Bei unteilbarer Leistung des Zeichners bedarf es einer Festsetzung des gesamten Gegenstands. Bei teilbaren Gegenständen bzw. Sachgesamtheiten genügt es, den auf die Einlagepflicht anzurechnenden Teil festzusetzen. Um das Risiko einer Überbewertung zu minimieren, sollte hierbei großzügig verfahren werden.

4. Ausgabebetrag. Problematisch ist, ob im Kapitalerhöhungsbeschluss auch ein **höherer (Min-** **19** **dest-)Ausgabebetrag** festzusetzen ist. Nach dem Wortlaut von Abs. 1 ist dies nicht erforderlich, wohl aber aufgrund der systematischen Nähe zu § 182 Abs. 3 (str.).[55] Ist bei der Barkapitalerhöhung die Angabe eines höheren Ausgabebetrags zwingender Beschlussinhalt, wäre es ein Wertungswiderspruch, diese Anforderung bei der Sachkapitalerhöhung aufzugeben. Relevanz hat der höhere Ausgabebetrag gemäß § 255 Abs. 2 vor allem beim Bezugsrechtsausschluss. Da sich die externe Prüfung gemäß Abs. 3 Satz 1 bereits vor der Durchführung der Kapitalerhöhung darauf erstreckt, ob die Sacheinlage dem festgesetzten höheren Ausgabebetrag entspricht (→ Rn. 35 ff.), ist es nur konsequent, die Angabe des Bezugspunkts der Prüfung bereits im Hauptversammlungsbeschluss zu verlangen. Auch die Aktionäre müssen Anhaltspunkte haben, ob sie ihr Anfechtungsrecht gemäß § 255 Abs. 2 ausüben sollen oder nicht. In **Analogie zu § 182 Abs. 3** ist daher auch bei der Sachkapitalerhöhung die Festsetzung eines über dem geringsten Ausgabebetrag liegenden Mindestausgabebetrages im Beschluss erforderlich, sofern dies von der Hauptversammlung – ggf. wegen § 255 Abs. 2 – gewollt ist (zu Einzelheiten und Gestaltungsspielraum → § 182 Rn. 49 ff.). Fehlt diese, ist der Beschluss anfechtbar. Zur Angabe des höheren Ausgabebetrags im Zeichnungsschein → § 185 Rn. 27 f. Die **Bis-zu-Kapitalerhöhung** (→ § 182 Rn. 41 ff.) kann auch bei Sacheinlagen beschlossen und durchgeführt werden; etwas anderes gilt nur, wenn der hiervon erfasste Gegenstand der Sacheinlage unteilbar ist.[56]

---

[48] RGZ 114, 77 (81 f.) für den Fall eines Wohn- und Benutzungsrechts; RGZ 118, 113 (117) (zur GmbH); zurückhaltend *Wieneke* AG 2013, 437 (440 ff.).
[49] MüKoAktG/*Pentz* § 27 Rn. 69; Hüffer/Koch/*Koch* § 27 Rn. 16 aE.
[50] Baumbach/Hueck/*Fastrich* GmbHG § 5 Rn. 45.
[51] Baumbach/Hueck/*Zöllner/Fastrich* GmbHG § 56 Rn. 10.
[52] Hierzu *Bayer* GmbHR 2004, 445 (454).
[53] MüKoAktG/*Pentz* § 27 Rn. 71; K. Schmidt/Lutter/*Veil* Rn. 14; *Lawall/Wille/Konopatzki* AG 2009, 529 (530).
[54] KG Berlin ZIP 2010, 1849 (1850, 1852).
[55] AA Hüffer/Koch/*Koch* Rn. 9; MüKoAktG/*Schürnbrand* Rn. 37; *Maier-Reimer* FS Bezzenberger, 2000, 253 (260 ff.); *Hoffmann-Becking* FS Lutter, 2000, 453 (465); MHdB AG/*Krieger* § 56 Rn. 40; Grigoleit/*Rieder/Holzmann* Rn. 12; *Wieneke* NZG 2012, 136 (137 f.); wohl auch BayObLG NZG 2002, 583 (583); wie hier Großkomm AktG/*Wiedemann* Rn. 51, der zudem darauf hinweist, dass es gemäß § 183 Abs. 2 Satz 3 auch bei der Sachkapitalerhöhung einen „Ausgabebetrag" gibt; auch Kölner Komm AktG/*Ekkenga* Rn. 104; unentschlossen *Lüssow,* Das Agio im GmbH- und Aktienrecht, 2005, 73 („denkbar"); vgl. auch *Götze* AG 2002, 76 (78) und *Dietz,* Aktien als Akquisitionswährung, 2004, 153.
[56] MüKoAktG/*Schürnbrand* Rn. 36.

V. Bekanntmachung der Sacheinlage vor Beschlussfassung

20   Nach Abs. 1 Satz 2 darf der Beschluss über eine Sachkapitalerhöhung nur gefasst werden, wenn die Einbringung von Sacheinlagen und die Festsetzung nach Abs. 1 Satz 1 **ausdrücklich und ordnungsgemäß** bekannt gemacht worden sind (zu den Einzelheiten siehe §§ 121, 124). Ist eine vereinfachte Sachkapitalerhöhung gemäß § 183a geplant, ist auch dies zu erwähnen (str.).[57] Die Angaben müssen gemäß § 121 Abs. 3 Satz 2 mit der Bekanntmachung der Tagesordnung bei der Einberufung der Hauptversammlung erfolgen, bei Ergänzungsverlangen von Aktionären gemäß § 124 Abs. 1. Die Bekanntmachung erfolgt gemäß § 121 Abs. 4 Satz 1 grds. in den Gesellschaftsblättern (vgl. § 25; zu den Ausnahmen siehe § 121 Abs. 4 Satz 2). Zusätzlich ist seit Inkrafttreten des **ARUG** bei börsennotierten Gesellschaftern erforderlich, dass der Inhalt der Einberufung bzw. des Änderungsverlangens auf der Internetseite der Gesellschaft zugänglich ist (§ 124a). Nach § 121 Abs. 4a müssen bei börsennotierten Gesellschaften zusätzlich die Medien informiert werden.

20a   Wurde gegen diese formalen Anforderungen verstoßen, ist der Kapitalerhöhungsbeschluss grds. **anfechtbar**.[58] Die erforderliche Relevanz des Verfahrensfehlers (vgl. § 243 Abs. 4 Satz 1)[59] ist wegen der besonderen Gefahren bei der Bewertung von Sacheinlagen und des meist zugleich gegebenen Bezugsrechtsausschlusses regelmäßig zu bejahen.[60] Der Gesetzgeber hat sich gemäß § 243 Abs. 3 Nr. 2 jedoch teilweise anders entschieden und Informationsmängel im Bereich der § 121 Abs. 4a, § 124a vom Anfechtungsrecht ausgenommen. Zur Anfechtung berechtigen so allein Fehler bei der Bekanntmachung in den Gesellschaftsblättern gemäß § 25. Das in Abs. 1 Satz 2 angeordnete Erfordernis der ausdrücklichen und ordnungsgemäßen Bekanntmachung wird insofern nur unzureichend geschützt, was rechtspolitisch zu kritisieren ist.[61] Immerhin wurden aber weitergehende Ordnungswidrigkeiten geschaffen (vgl. § 405 Abs. 3a).[62] Ein Mangel ist zudem unbeachtlich, wenn bei einer Vollversammlung kein Aktionär widerspricht (§ 121 Abs. 6).[63] Ein zur Anfechtung berechtigender Bekanntmachungsfehler liegt auch im Fall der **verdeckten Sachkapitalerhöhung** vor (→ § 188 Rn. 56 ff.).[64]

VI. Rechtsfolgen fehlender oder falscher Festsetzungen

21   **1. Hauptversammlungsbeschluss. a) Fehlende Festsetzungen.** Fehlen die gemäß Abs. 1 erforderlichen Angaben, obwohl der Wille der Hauptversammlung auf eine Sachkapitalerhöhung gerichtet ist, ist der Beschluss gemäß § 255 Abs. 1, § 243 Abs. 1 **anfechtbar**.[65] Trotz des gläubigerschützenden Charakters von Abs. 1[66] ist für die Nichtigkeit nach § 241 Nr. 3 kein Raum, weil die Heilungswirkung gemäß § 182 Abs. 2 Satz 2 gegenüber den strengeren Anforderungen gemäß § 242 Abs. 2 Satz 1 vorrangig ist. Anfechtungsbefugt sind gemäß § 245 nicht die Zeichner, sondern nur die Altaktionäre.[67] Zur Rechtmäßigkeitsprüfung durch das Registergericht → Rn. 57 ff. Zur Einlagepflicht des Inferenten → Rn. 32.

22   **b) Falsche Festsetzungen.** Für die Auswirkungen einer Überbewertung von Sacheinlagen ist danach zu differenzieren, ob der Mangel im Beschluss der Hauptversammlung Niederschlag gefunden hat oder ob er allein die Erfüllung des Einlageversprechens und damit die Durchführung der Kapitalerhöhung betrifft.

23   Liegt der im Beschluss festgesetzte Ausgabebetrag **unter dem geringsten Ausgabebetrag** nach § 9 Abs. 1, ist der Beschluss gemäß § 241 Nr. 3 nichtig.[68] Sollte eine Ausgabe zu einem höheren Betrag als dem geringsten Ausgabebetrag erfolgen, ist dieser gemäß § 182 Abs. 3 analog (→ Rn. 19) notwendiger Beschlussinhalt. Die fehlende Festsetzung eines **höheren Mindestausgabebetrags** führt zur Anfechtbarkeit (→ § 182 Rn. 57). Wurden diese Anforderungen eingehalten, erfolgt eine inhaltliche Überprüfung des von der Hauptversammlung festgesetzten (Mindest-)Ausgabebetrags

---

[57] Abw. MüKoAktG/*Schürnbrand* Rn. 38; Hüffer/Koch/*Koch* Rn. 10.
[58] RegBegr. *Kropff* S. 293.
[59] Vgl. BGHZ 149, 158 (163 ff.) = NJW 2002, 1128. – Zum Ganzen → § 243 Rn. 90 ff.
[60] Ebenso MüKoAktG/*Schürnbrand* Rn. 39.
[61] Vgl. auch Hüffer/Koch/*Koch* Rn. 10: Hinweis- und Warnfunktion der Norm.
[62] Nach der Gesetzesbegründung ist dies die „ausreichende Sanktion" (BT-Drs. 16/11 642, 62).
[63] MüKoAktG/*Schürnbrand* Rn. 38; Hüffer/Koch/*Koch* Rn. 10.
[64] Vgl. OLG Frankfurt AG 1999, 231; MüKoAktG/*Schürnbrand* Rn. 39.
[65] MüKoAktG/*Schürnbrand* Rn. 53; Hüffer/Koch/*Koch* Rn. 11; aA möglicherweise BGH NJW 1992, 3167 (3168 f.): „Kapitalerhöhung unwirksam".
[66] Vgl. BGH NJW 1992, 3167.
[67] Hüffer/Koch/*Koch* Rn. 11.
[68] Hüffer/Koch/*Koch* Rn. 20; MüKoAktG/*Schürnbrand* Rn. 67; *Dietz*, Aktien als Akquisitionswährung, 2004, 59. Zum Schutzzweck von § 183 BGH NJW 1992, 3167.

allein gemäß § 255 Abs. 2, wenn das Bezugsrecht ausgeschlossen wurde.[69] Andernfalls besteht nur Raum für eine rechtswidrige Beschlussfassung unter dem Aspekt einer Treupflichtwidrigkeit, der Verletzung des Gleichbehandlungsgrundsatzes bzw. gemäß § 243 Abs. 2.[70]

c) **Überbewertung von Sacheinlagen.** Hiervon ist abzugrenzen, dass der Ausgabebetrag im Hauptversammlungsbeschluss zwar rechtmäßig festgesetzt wurde, jedoch der Wert der Sacheinlagen zu niedrig ist. Unabhängig davon, ob das Bezugsrecht ausgeschlossen wurde oder nicht, scheidet bei zutreffend festgesetztem Ausgabebetrag (→ Rn. 24) eine Anfechtung des Beschlusses regelmäßig aus (str.).[71] Wie beim genehmigten Kapital[72] hat die Überbewertung von Sacheinlagen bei inhaltlicher Richtigkeit des Hauptversammlungsbeschlusses allein Auswirkungen auf das **Registerverfahren** (→ Rn. 60 ff.) und die **Differenzhaftung** des Zeichners (→ Rn. 70 ff.).[73]

2. Verdeckte Sacheinlagen. a) Altes Recht. Nach Abs. 2 Satz 1 aF waren die Verträge über Sacheinlagen und die Rechtshandlungen zu ihrer Ausführung der Gesellschaft gegenüber relativ unwirksam, wenn die in Abs. 1 geforderten Festsetzungen im Kapitalerhöhungsbeschluss fehlten.[74] Dies entsprach § 27 Abs. 3 Satz 1 aF und galt vor allem bei der verdeckten Sacheinlage. Die Rechtsfolge erfasste Verpflichtungs- und Verfügungsgeschäfte.[75] Die relative Unwirksamkeit wurde nicht durch die Eintragung der Durchführung geheilt;[76] gemäß Abs. 3 Satz 4 aF auch nicht durch Satzungsänderung, nachdem die Durchführung der Kapitalerhöhung in das Handelsregister eingetragen worden ist.[77]

b) Neues Recht. Durch das **ARUG** wurde die Rechtslage bei verdeckten Sacheinlagen dem reformierten GmbH-Recht angepasst. Abs. 2 verweist insofern auf § 27 Abs. 3 Satz 2, wonach eine verdeckte Sacheinlage den Zeichner zwar nicht von seiner Einlagepflicht befreit, die Verträge über die Sacheinlage und die Rechtshandlungen zu ihrer Ausführung jedoch **wirksam** sind. Die Neuregelung der verdeckten Sacheinlage bei der AG ist konsequent, um dem gesetzgeberischen Anliegen, den Inferenten in der Insolvenz der AG nicht über Gebühr doppelt zu belasten, Rechnung zu tragen. Zivilrechtlich „sanktioniert" wird die verdeckte Sacheinlage seitdem vor allem durch die Anrechnungslösung nach § 27 Abs. 3 Satz 3–5, wonach der Inferent das **Risiko der fehlenden Wertdeckung** des geleisteten Gegenstands trägt (→ § 188 Rn. 78). Die früher bestehende Gefahr, die Bareinlage noch einmal leisten zu müssen und für die eigene Leistung einen in der Insolvenz der AG wertlosen Rückerstattungsanspruch zu haben, besteht somit nicht mehr. Dies hat insbesondere die Kapitalaufbringung im Cash Pool erheblich erleichtert.[78] Es gilt jedoch nur, soweit es sich auch um **sacheinlagefähige Gegenstände** handelt.[79] Europarechtlich ist diese liberale Konkretisierung von Art. 3 und 49 RL (EU) 2017/1132[80] in Umgehungsfällen unbedenklich.[81] Vgl. im Übrigen jedoch die nach wie vor bestehende Strafbarkeit der Vorstände und Aufsichtsratsmitglieder wegen falscher Angaben nach § 399 Abs. 1 Nr. 4 (→ § 399 Rn. 135 ff.)[82] und die Koppelung des Stimm-

---

[69] BGHZ 71, 40 (50 ff.) = NJW 1978, 1316; Großkomm AktG/*Wiedemann* Rn. 69; *Bayer* ZHR 163 (1999), 505 (520); *Bayer* FS Ulmer, 2003, 21 (25); vgl. auch OLG Jena ZIP 2006, 1989 (1993 f.).
[70] Vgl. Hüffer/Koch/*Koch* Rn. 20 aE.
[71] Wie hier Kölner Komm AktG/*Ekkenga* Rn. 109; aA BGHZ 70, 41 (50 f.); OLG Frankfurt NZG 1999, 121; OLG Düsseldorf BeckRS 2006, 06233; wohl auch OLG Jena ZIP 2006, 1989 (1992); *Bayer* ZHR 163 (1999), 505 (520), Anfechtung nach § 255 Abs. 2 analog; MüKoAktG/*Schürnbrand* Rn. 68; wohl auch Hüffer/Koch/*Koch* Rn. 20 und § 255 Rn. 8; undeutlich Großkomm AktG/*Wiedemann* Rn. 68, wonach auch eine Nichtigkeit nach § 241 Nr. 4 möglich sein soll; wohl zustimmend OLG Schleswig NZG 2004, 1006 (1006 f.); vgl. für die GmbH auch BGHZ 29, 300 (307 f.).
[72] Vgl. *Bayer* ZHR 163 (1999), 505 (521).
[73] Insofern zutreffend Großkomm AktG/*Wiedemann* Rn. 68; MüKoAktG/*Schürnbrand* Rn. 67: vgl. auch *Dietz*, Aktien als Akquisitionswährung, 2004, 59.
[74] Zu den international-privatrechtlichen Implikationen dieser Rechtsfolge bei grenzüberschreitenden Verkehrsgeschäften *Lappe/Schefold* GmbHR 2005, 585.
[75] RGZ 130, 248 (251 f.); BGH AG 1975, 76 (77).
[76] Großkomm AktG/*Wiedemann* Rn. 78; Hüffer/Koch/*Koch* Rn. 11.
[77] *Knobbe-Keuk* ZIP 1986, 885 (889); kritisch Hüffer/Koch/*Koch* Rn. 15 unter Bezugnahme auf BGHZ 132, 141 (150 ff.) (für die GmbH).
[78] Vgl. BGH WM 2009, 1574: verdeckte Sacheinlage, wenn der Saldo auf dem Zentralkonto zu Lasten der AG negativ ist; andernfalls Hin- und Herzahlen nach § 27 Abs. 5.
[79] MüKoAktG/*Schürnbrand* Rn. 56.
[80] RL (EU) 2017/1132 des Europäischen Parlaments und des Rates vom 14. Juni 2017 über bestimmte Aspekte des Gesellschaftsrechts, ABl. EU 2017 Nr. L 169, 46 v. 30.6.2017.
[81] *Habersack* AG 2009, 557 (559 f.).
[82] Vgl. BGH BeckRS 2016, 13110; für eine deliktische Außenhaftung des Vorstands Kölner Komm AktG/*Ekkenga* Rn. 161.

rechts an die vollständige Einlageleistung gemäß § 134 Abs. 2 Satz 1 und 2.[83] Richtigerweise kann der Inferent den **Stimmrechtsausschluss** bei der verdeckten Sacheinlage nur verhindern, soweit es ihm gelingt, die für die Anrechnung erforderliche Werthaltigkeit des eingebrachten Gegenstands (rückwirkend) zu beweisen (str.).[84] Man muss damit nach wie vor mit Nachdruck konstatieren, dass die verdeckte Sacheinlage **keine legitime Gestaltung** ist.[85] Die rechtlichen Berater haben die Gesellschafter auf die Risiken einer verdeckten Sacheinlage hinzuweisen und machen sich andernfalls ggf. schadensersatzpflichtig.[86] Zu bedenken ist aber nach wie vor, dass eine **ex nunc-Heilung** auch nach Eintragung der Durchführung der Kapitalerhöhung durch entsprechenden Hauptversammlungsbeschluss (§§ 182, 183) möglich ist.[87] Wenngleich dies bei der AG auf den ersten Blick kompliziert erscheint, kann es doch Fälle geben, um hierüber die praktisch gebotene Rechtssicherheit zu erzielen.

27 Ohne Änderung gegenüber dem alten Recht sind indessen die Gestaltungen zu fassen, in denen die Festsetzungen nach Abs. 1 zwar vorhanden, aber falsch sind. Dies betrifft vor allem die **Überbewertung** einer Sacheinlage. Hierfür bietet nach wie vor die allgemeine **Differenzhaftung** des Inferenten eine angemessene Lösung zur Verwirklichung des Aktionärs- und Gläubigerschutzes (→ Rn. 70 ff.). Auf die Anrechnungslösung nach § 27 Abs. 3 kommt es daher nicht an.[88] Dennoch macht ein Aspekt im reformierten Kapitalaufbringungsrecht scheinbar die Abgrenzung zur verdeckten Sacheinlage erforderlich: Die **Beweislast** für die fehlende Werthaltigkeit des geleisteten Gegenstands trägt nach der allgemeinen Differenzhaftung die AG, mithin in der Insolvenz der Verwalter (→ Rn. 79); bei der verdeckten Sacheinlage hat umgekehrt der Zeichner zu beweisen, dass der geleistete Gegenstand werthaltig war (§ 27 Abs. 3 Satz 5).[89] Richtigerweise sollte man diese Abgrenzungsprobleme und Wertungswidersprüche dadurch vermeiden, dass man § 27 Abs. 3 Satz 5 auch auf die allgemeine Differenzhaftung anwendet. Die Regeln von der verdeckten Sacheinlage gelten auch beim **mittelbaren Aktienerwerb** unter Zwischenschaltung einer Emissionsbank (→ Rn. 31 aE).

28 **3. Hin- und Herzahlen. a) Altes Recht.** Nach altem Recht unzulässig waren Verwendungsabsprachen im Zusammenhang mit der Einlageerbringung, wenn diese dazu führten, dass die Einlageleistung als Darlehen[90] oder aufgrund einer Treuhandabrede[91] an den Zeichner zurückfließt, auch im Rahmen eines Cash Pools.[92] Indem die freie Verfügbarkeit des Vorstands verneint wurde, konnte keine Erfüllungswirkung eintreten, und der Zeichner musste die Einlage wie bei der verdeckten Sacheinlage ggf. noch einmal leisten.[93] Das dem Hin- und Herzahlen zu Grunde liegende Rechtsgeschäft, zB die Darlehensabrede, war wegen Verstoßes gegen die Kapitalaufbringungsvorschriften unwirksam.[94]

29 **b) Neues Recht.** Auch für diese insbesondere beim Cash Pool praxisrelevanten Gestaltungen brachte das MoMiG bei der GmbH eine erhebliche Liberalisierung (vgl. § 19 Abs. 5 GmbHG), welche im Zuge des **ARUG** auf die AG übertragen wurde. Bei der Gründung gilt insofern seitdem § 27 Abs. 4, auf den Abs. 3 für die Kapitalerhöhung ausdrücklich verweist. Wird hiernach vor der Einlageleistung vereinbart, dass die Leistung wirtschaftlich betrachtet an den Aktionär zurückfließt, befreit ihn dies von seiner Einlageschuld nur, wenn die Leistung an ihn durch einen **vollwertigen Rückgewähranspruch** gedeckt ist, der jederzeit fällig ist oder durch fristlose Kündigung durch die Gesellschaft fällig werden kann (zum Ganzen → § 188 Rn. 50). Um in den Genuss dieser Privilegierung zu gelangen, muss die Leistung oder die Vereinbarung einer solchen Leistung gemäß § 27 Abs. 3 Satz 2 bei der Anmeldung der Kapitalerhöhung **offen gelegt** werden.[95] In der Literatur wird diese konstitutive Bedeutung der Offenlegungspflicht teilweise unter Hinweis auf Wertungswider-

---

[83] Hierzu *Habersack* FS Maier-Reimer, 2010, 161 (166 ff.).
[84] Liberaler, Ausschluss des Stimmrechts nur bei offensichtlichem Wertunterschied, MüKoAktG/*Schürnbrand* Rn. 46.
[85] *Dauner-Lieb* AG 2009, 217.
[86] Vgl. BGH ZIP 2009, 1427.
[87] MüKoAktG/*Schürnbrand* Rn. 56.
[88] *H.-F. Müller* NZG 2011, 761 (763).
[89] Pointiert *Priester* in VGR, Die GmbH-Reform in der Diskussion, 2006, 1, 21: Wertnachweise im Panzerschrank aufbewahren.
[90] BGH NZG 2006, 24; BGH NZG 2006, 716 (beide zur GmbH).
[91] BGH NZG 2006, 227 (zur GmbH).
[92] Vgl. BGH NZG 2006, 195; BGH NZG 2006, 344 (für die GmbH).
[93] Diese Sanktion relativierend *Schall* ZGR 2009, 126 (136).
[94] BGH NZG 2006, 24 (25) (zur GmbH).
[95] BGH NZG 2009, 463 (465) – Qivive; bestätigt durch BGH WM 2009, 1574 (1576) – Cash Pool II; MüKoAktG/*Schürnbrand* Rn. 48.

sprüche zu § 27 Abs. 3 und die ansonsten bestehende Rechtsunsicherheit über den Zeitpunkt der Erfüllungswirkung abgelehnt.[96] Dies greift jedoch letztlich nicht durch. Die Liberalisierung bietet ein großes Missbrauchspotential, so dass der präventiven Registerkontrolle hohe Bedeutung zukommt. Die angeführten Kritikpunkte lassen sich auch zur Verwirklichung dieses höherrangigen Schutzaspekts korrigieren. Man muss nur zulassen, dass entsprechend § 27 Abs. 3 eine **Teilanrechnung** möglich ist.[97] Auch der Zeitpunkt der Erfüllungswirkung lässt sich präzise nach materiellem Recht bestimmen, indem die Offenlegung im Registerverfahren eine entsprechende Rückwirkung herbeiführt.

Die Regelung über das zulässige Hin- und Herzahlen ist insgesamt betrachtet konsequent, wenn man die **bilanzielle Betrachtungsweise** als das (fast) allein maßgebliche Kriterium des Kapitalschutzsystems erachtet. Eine Herabsetzung des Gläubigerschutzniveaus ist hiermit gleichwohl verbunden.[98] § 27 Abs. 4 ermöglicht nämlich, die gemäß § 66 stark gesicherte Einlageforderung gegen eine schuldrechtliche Forderung auszutauschen. Der Gesetzgeber wollte dies, vgl. nur die ähnlich reformierte Kapitalerhaltung gemäß § 57 Abs. 1 Satz 3. Rechtspolitisch ist diese Tendenz indessen fragwürdig, denn die Bedeutung des satzungsmäßig ausgewiesenen Eigenkapitals wird herabgewürdigt.[99] Zudem muss man sich fragen, ob die derzeitige Rechtslage nicht inkonsequent ist, denn eine Vielzahl von Vorschriften über die Sicherung der Kapitalaufbringung sind nur noch Makulatur (vgl. vor allem das Aufrechnungsverbot gemäß § 66 Abs. 1 Satz 2, bei der Gründung auch die Kaduzierung nach §§ 65 f.).[100] Gleichwohl ist die Neuregelung hinzunehmen. Sie vermag jedoch nur dann zu überzeugen, wenn man die **Geschäftsleiterpflichten** in diesem Zusammenhang ernst nimmt. Der BGH hat zutreffend angeführt, dass die nach der Neukonzeption des Kapitalschutzes ermöglichte bilanzielle Betrachtung nur dann anzuerkennen ist, wenn die Geschäftsleiter die haftungsbewährte Pflicht trifft, die Bonität des Gesellschafters fortlaufend zu überwachen und die Darlehensausreichung ggf. sofort zu beenden, um einen Schaden der Gesellschaft zu vermeiden.[101] Dies ist eine rechtspolitisch kritikwürdige,[102] im Ergebnis jedoch notwendige und konsequente Verlagerung der Finanzierungsverantwortung auf die Geschäftsleiter. Sie steht insofern im Einklang mit der neuen Insolvenzverursachungshaftung gemäß § 92 Abs. 2 Satz 2.[103]

Ein weiterer, bisher noch nicht ausreichend bedachter Aspekt, ist die mögliche **Europarechtswidrigkeit** der Neuregelung. Art. 48 Abs. 1 RL (EU) 2017/1132[104] verlangt die effektive Leistung der Mindesteinlagen. Dies ist ein Viertel des geringsten Ausgabebetrags sowie das korporative Agio (§ 36a Abs. 1; bei der Kapitalerhöhung iVm § 188 Abs. 2 Satz 1; → § 188 Rn. 42 ff.). Richtigerweise ist der nach § 27 Abs. 4 mögliche Austausch von Forderungen keine effektive Leistung in diesem Sinne. Es spricht daher Vieles dafür, die Regelung in europarechtskonformer Auslegung nicht auf die Mindesteinlagen und das korporative Agio zu erstrecken.[105] Insofern verbleibt es daher bei der → bei Rn. 28 genannten Rechtslage zum alten Recht. Die Bewertung eines Vorgangs als Hin- und Herzahlen kommt auch in Betracht beim **mittelbaren Aktienerwerb** unter Zwischenschaltung einer Emissionsbank. Hieraus folgt zunächst, dass der mittelbare Aktienerwerber im Hinblick auf die Regelungen des § 27 Abs. 3 und 4 einem Zeichner gleichgestellt werden.[106] Von dieser überzeugenden Ausweitung der Kapitalaufbringungsregeln zu unterscheiden ist die Frage, ob das Emissionsunternehmen als formaler Zeichner ebenfalls hiervon erfasst wird. Die wohl hM verneint dies unter Hinweis auf die „fremdnützige Treuhandschaft" des Emissionsunternehmens.[107] Dies ist indessen

---

[96] Vgl. nur Kölner Komm AktG/*Ekkenga* Rn. 176; Roth/Altmeppen/*Roth* GmbHG § 19 Rn. 8; *Lieder* GmbHR 2009, 1177 (1179 f.); *Avvento* BB 2010, 202.
[97] So auch MüKoAktG/*Schürnbrand* Rn. 52 (mwN).
[98] So auch *Schall* ZGR 2009, 126 (146 f.): Erfordernis einer realen Geldbewegung als Seriositätsaspekt.
[99] Hierzu bereits (zur GmbH) *Servatius* DStR 2004, 1176; zur Ingangsetzungsfunktion des Eigenkapitals und der Notwendigkeit, diese auch rechtlich zu gewährleisten, ausführlich *Servatius*, Gläubigereinfluss durch Covenants, 2008, 293 ff.
[100] So auch *Habersack* AG 2009, 557 (560); Lutter/Hommelhoff/*Bayer* GmbHG § 19 Rn. 89.
[101] BGH NZG 2009, 107 – MPS.
[102] Vgl. nur *K. Schmidt* GmbHR 2007, 1072 (zur GmbH).
[103] Hierzu ausführlich *Lorys*, Die Insolvenzverursachungshaftung gemäß § 63 S. 3 GmbHG als Ausschüttungssperre nach dem Vorbild des Wrongful Trading, 2016.
[104] RL (EU) 2017/1132 des Europäischen Parlaments und des Rates vom 14. Juni 2017 über bestimmte Aspekte des Gesellschaftsrechts, ABl. EU 2017 Nr. L 169, 46 v. 30.6.2017.
[105] So für die Mindesteinlagen *Habersack* AG 2009, 557 (561); MüKoAktG/*Schürnbrand* Rn. 50; Kölner Komm AktG/*Ekkenga* Rn. 173; aA *Herrler* DNotZ 2010, 237 (238); *Seibert* FS Meier-Reimer, 2010, 673 (686).
[106] BGH NZG 2010, 343 (344) – Euroleihe.
[107] BGHZ 122, 180 (186); BGH NZG 2010, 343 (344) – Euroleihe; *Ekkenga/Jaspers* in Ekkenga/Schröer, Handbuch der AG-Finanzierung, 2014, Kap. 4 Rn. 352, jedenfalls im Rahmen von § 186 Abs. 5; *Hüttemann*, Instrumente zur vorinsolvenzlichen Sanierung des Unternehmensträgers, 2015, S, 280 ff.; kritisch *Assmann/Sethe* ZHR 158 (1994), 646 (664); *Schäfer* ZGR 1994, 113 (114).

nur dann richtig, wenn das Emissionsunternehmen jenseits dieser auf die spezifisch treuhänderische Tätigkeit mit der AG keinerlei weitere Rechts- oder Geschäftsbeziehungen unterhält, woraus Eigeninteressen resultieren, die einer teleologischen Reduktion der formalen Zeichnerstellung entgegenstehen.

4. Vorrang der Bareinlagepflicht. Nach Abs. 3 Satz 3 aF waren die Aktionäre verpflichtet, den Ausgabebetrag der Aktien einzuzahlen, wenn die Festsetzungen nach Abs. 1 fehlten oder unvollständig waren. Diese Regelung ist wie der entsprechende § 27 Abs. 3 im Zuge des ARUG aufgehoben worden und findet sich auch nicht in den seitdem maßgeblichen § 27 Abs. 3 und 4. Für die dort geregelten Fälle der verdeckten Sacheinlage und des Hin- und Herzahlens ist sie auch überflüssig, da die Bareinlagepflicht hiernach fortbesteht, wenn die genannten Anforderungen nicht erfüllt werden.[108] Die sonstigen Fälle, in denen die Anforderungen von **Abs. 1 nicht ordnungsgemäß erfüllt** sind, werden hiervon jedoch nicht erfasst. Dies betrifft zum Beispiel die fehlende Bezeichnung des Gegenstands der Sacheinlage, Unklarheiten über die Person des Inferenten oder den Nennbetrag bzw. die Zahl der für die Sacheinlage zu gewährenden Aktien. Insbesondere bei den erforderlichen Angaben über die Person des Veräußerers scheint in der Praxis Rechtsunsicherheit zu bestehen.[109]

Unabhängig davon, dass falsche, fehlende oder missverständliche Festsetzungen iSv Abs. 1 die Anfechtbarkeit begründen (→ Rn. 21 ff.), stellt sich die Frage, ob – wie bei Abs. 3 aF – die **Verträge** über die Erbringung von Sachleistungen **unwirksam** sind und der Zeichner mangels Heilungsmöglichkeit nach Eintragung ggf. zur entsprechenden Bareinlage verpflichtet ist, was in der Insolvenz der AG zu der gefürchteten **Zweimalzahlung** führt.[110] Zumindest nach Inkrafttreten von MoMiG und ARUG ist dies zu verneinen (str.).[111] Formale Fehler bei der Festsetzung gemäß Abs. 1 vermögen keine Pflicht zur Nachzahlung oder gar einen Vorrang der Bareinlage entsprechend Abs. 3 aF zu begründen. Maßgeblich für die Erfüllung ist nämlich nicht der Hauptversammlungsbeschluss iSv Abs. 1, sondern der Zeichnungsschein iSv § 185. Hat der Zeichner das geleistet, wozu er hiernach verpflichtet war, ist seine Sacheinlagepflicht erloschen. Etwas anderes gilt allein in den Fällen von § 27 Abs. 3 und 4, wenn die betreffenden Voraussetzungen nicht eingehalten wurden. Hiervon abzugrenzen sind auch die Fälle, bei denen der Kapitalerhöhungsbeschluss rechtmäßig, jedoch die **Zeichnung nichtig** oder unwirksam ist.[112] Vgl. hierzu → § 189 Rn. 8.

VII. Die Prüfung der Sacheinlage durch Verwaltung und Sachverständige

1. Interne Prüfung. Abs. 3 wurde durch das **ARUG** geändert. Während nach früherem Recht allein auf die Prüfung der Sacheinlage durch externe Sachverständige Bezug genommen wurde, wird seitdem auf § 34 insgesamt verwiesen.[113] Aus § 34 Abs. 1 folgt daher mittelbar, dass auch bei der Kapitalerhöhung eine interne Prüfung durch **Vorstand und Aufsichtsrat** stattzufinden hat. Zu den Einzelheiten siehe die Erläuterung zu §§ 33, 34. Aus den notwendigen Versicherungen und Nachweisen gemäß § 188 Abs. 2 Satz 1 folgte jedoch bereits früher, dass die Anmeldenden die Organpflicht haben, die erforderlichen Angaben zu überprüfen.[114] Schuldhafte Pflichtverletzungen können insofern Schadensersatzansprüche der AG und der Zeichner auslösen (→ § 185 Rn. 16 ff.). Den Vorstand trifft schließlich aufgrund seiner materiellen Beschlussverantwortung die umfassende Pflicht, auf eine rechtmäßige Beschlussfassung hinzuwirken und die Ausführung rechtswidriger Beschlüsse zu verweigern (→ § 182 Rn. 7).

2. Externe Prüfung. Erforderlich ist nach wie vor die Prüfung der Sacheinlage durch **externe Prüfer,** soweit nicht von der Befreiung gemäß § 183a Gebrauch gemacht wird (→ Rn. 47 ff.). Die Prüfung ist abzugrenzen von der Prüfung durch das Registergericht, welche sich aus § 184 Abs. 3 ergibt (→ Rn. 60 ff.). Die externe Pflichtprüfung beruht auf Art. 70 **RL (EU) 2017/1132,** der früheren Kapitalrichtlinie[115] (→ Rn. 3).

---

[108] Letztlich auch MüKoAktG/*Schürnbrand* Rn. 54.
[109] Vgl. *Lawall/Wille/Konopatzki* AG 2009, 529.
[110] Lediglich zum alten Recht *Lawall/Wille/Konopatzki* AG 2009, 529 (531 ff.).
[111] Abw. Hüffer/Koch/*Koch* Rn. 14; MüKoAktG/*Schürnbrand* Rn. 52, jedoch im Ergebnis ähnlich durch Anwendung von § 27 Abs. 3 S. 2 analog.
[112] Dies verkennt *Schulz* NZG 2010, 41, wenn er unwirksame Sacheinlagevereinbarungen unter § 183 Abs. 2 Satz 3 aF fasst.
[113] Laut Regierungsbegründung ist dies klarzustellen, eine Verweisung fehlte bisher „ohne erkennbaren Grund" (Begr RegE BT-Drs. 16/16 642, 54).
[114] Abw. wohl *Dietz*, Aktien als Akquisitionswährung, 2004, 41.
[115] RL (EU) 2017/1132 des Europäischen Parlaments und des Rates vom 14. Juni 2017 über bestimmte Aspekte des Gesellschaftsrechts, ABl. EU 2017 Nr. L 169, 46 v. 30.6.2017.

Art. 70 Abs. 2 GesR-RL: Die Einlagen nach Abs. 1 (*scil.* Einlagen, die nicht Bareinlagen sind) 36
sind Gegenstand eines besonderen Berichts, der durch einen oder mehrere von der Gesellschaft
unabhängige Sachverständige, (…) vor der Durchführung der Erhöhung des gezeichneten Kapitals
erstellt wird. (…) Art. 49 Abs. 2 und 3 sind anzuwenden.

Art. 49 Abs. 2 und 3 GesR-RL: Der Sachverständigenbericht muss mindestens jede Einlage 37
beschreiben, die angewandten Bewertungsverfahren nennen und angeben, ob die Werte, zu denen
diese Verfahren führen, wenigstens der Zahl und dem Nennbetrag oder, wenn ein Nennbetrag nicht
vorhanden ist, dem rechnerischen Wert und gegebenenfalls dem Mehrbetrag der dafür auszugebenden Aktien entsprechen. Der Sachverständigenbericht ist (…) offen zu legen.

Hiernach erstreckt sich die Prüfung des Wertes der Sacheinlagen auf den **Nennbetrag** und 38
gegebenenfalls den Mehrbetrag der dafür auszugebenden Aktien. Bei der Pariemission (→ § 182
Rn. 50) muss geprüft werden, ob die im Beschluss der Hauptversammlung festgesetzten Gegenstände
(→ § 182 Rn. 11) den geringsten Ausgabebetrag (§ 9 Abs. 1) wertmäßig decken. Bei der Überpariemission
(→ § 182 Rn. 51 ff.) muss geprüft werden, ob der Wert auch das (korporative) **Agio** deckt.[116]

3. Umsetzung ins deutsche Recht. Der deutsche Gesetzgeber ist dem Erfordernis einer exter- 39
nen Prüfung durch Abs. 3 nachgekommen (→ Rn. 3). Hiernach hat bei der Kapitalerhöhung mit
Sacheinlagen eine Prüfung durch einen oder mehrere Prüfer stattzufinden. Die § 33 Abs. 3–5 und
die §§ 34, 35 gelten sinngemäß.[117]

a) Prüfungsmaßstab. Bezüglich des Prüfungsmaßstabs ließen sich dem Wortlaut von Abs. 3 40
lange Zeit keine Vorgaben entnehmen. Der nach früherem Recht alleinige Verweis auf § 34 Abs. 2
und 3 war missverständlich, weil dort allein formale Anforderungen an den Prüfungsbericht gestellt
werden. Inhaltliche Vorgaben, worauf sich die externe Prüfung zu beziehen hat, enthält allein § 34
Abs. 1, auf den in Abs. 3 aF gerade nicht verwiesen wird. Dieses Problem hat der Gesetzgeber durch
das **ARUG** vordergründig gelöst, indem seitdem auch auf § 34 Abs. 1 verwiesen wird. Hiernach hat
sich die externe Prüfung von Sacheinlagen gelöst, indem bei der Sachkapitalerhöhung auch § 34
Abs. 1 gilt. Es liegt daher noch mehr als früher nahe, den Prüfungsumfang gemäß § 34 Abs. 1 Nr. 2
lediglich auf den Wert des **geringsten Ausgabebetrags** zu beschränken, denn dieser ist gemäß
Abs. 3 Satz 3 auch für die Prüfung durch das Registergericht maßgeblich (→ Rn. 61 ff.). Hiergegen
spricht jedoch nach wie vor die eindeutige Vorgabe der früheren **Kapitalrichtlinie**[118] (→ Rn. 37),
dass bei Vorhandensein eines höheren Ausgabebetrags auch dessen Wertdeckung zu prüfen ist. Diese
Regelung hat – wie die frühere Kapitalrichtlinie generell – eine **doppelte Schutzrichtung:** Zum
einen wird im Interesse der Gläubiger sichergestellt, dass das Grundkapital real aufgebracht wird.
Zum anderen sollen die Aktionäre (insbesondere beim Bezugsrechtsausschluss)[119] vor einer Verwässerung ihrer Mitgliedschafts- und Vermögensrechte geschützt werden, falls die Leistung der Einlagen
nicht werthaltig ist.[120]

Auf dieser Grundlage wird seit langem dafür plädiert, den Umfang der externen Prüfung bei der 41
Sachkapitalerhöhung im Wege der europarechtskonformen Auslegung von Abs. 3 auch auf die
Deckung eines **höheren Ausgabebetrags** zu erstrecken.[121] Dem ist zuzustimmen. Hiergegen
spricht nicht, dass gemäß Art. 72 RL (EU) 2017/1132[122] bei der Sachkapitalerhöhung gerade kein

---

[116] *Bayer* FS Ulmer, 2003, 21 (32 f.); *Lüssow,* Das Agio im GmbH- und Aktienrecht, 2005, 204 f. Hierfür spricht auch die Entstehungsgeschichte der Richtlinie, vgl. *Baldamus,* Die Reform der Kapitalrichtlinie, 2002, 93 f. mit Hinweisen auf den Kommissionsbericht, den Bericht des Wirtschafts- und Sozialausschusses und den Bericht des Europäischen Parlaments; vorsichtiger *Habersack/Verse* EuropGesR § 6 Rn. 31.

[117] Überblick bei *Heutz/Parameswaran* ZIP 2011, 1650.

[118] Nunmehr RL (EU) 2017/1132 des Europäischen Parlaments und des Rates vom 14. Juni 2017 über bestimmte Aspekte des Gesellschaftsrechts, ABl. EU 2017 Nr. L 169, 46 v. 30.6.2017.

[119] Vgl. *Habersack* EuropGesR § 6 Rn. 67 ff. und § 186 Rn. 40 ff.

[120] *Bayer* FS Ulmer, 2003, 21 (33); *Baldamus,* Die Reform der Kapitalrichtlinie, 2002, 92; vgl. auch *Habersack/Verse* EuropGesR § 6 Rn. 3.

[121] BGH NZG 2012, 69 (72) – Babcock; Großkomm AktG/*Wiedemann* Rn. 82; Kölner Komm AktG/*Ekkenga* Rn. 223; K. Schmidt/Lutter/*Veil* Rn. 28; *Hirte* DB 1995, 1113 (1114); Hüffer/Koch/*Koch* Rn. 16; MüKoAktG/*Schürnbrand* Rn. 63; *Meilicke* DB 1996, 513 (514); *Drinkuth,* Die Kapitalrichtlinie – Mindest- oder Höchstnorm?, 1998, 153 (233); *Bayer* FS Ulmer, 2003, 21 (34); *Baldamus,* Die Reform der Kapitalrichtlinie, 2002, 96; *Lüssow,* Das Agio im GmbH- und Aktienrecht, 2005, 204 ff.; *Habersack/Verse* EuropGesR § 6 Rn. 31; abw. (Prüfung des geringsten Ausgabebetrags) Kölner Komm AktG/*Kraft* § 34 Rn. 2; Großkomm AktG/*Röhricht* § 34 Rn. 8; MHdB AG/*Hoffmann-Becking* § 4 Rn. 25; MüKoAktG/*Pentz* § 34 Rn. 15; Grigoleit/*Rieder/Holzmann* Rn. 29; *Dietz,* Aktien als Akquisitionswährung, 2004, 42 f.; wohl auch Kölner Komm AktG/*Lutter* Rn. 52, jedoch nicht zwischen der Prüfung durch die Sachverständigen und durch das Gericht unterscheidend.

[122] RL (EU) 2017/1132 des Europäischen Parlaments und des Rates vom 14. Juni 2017 über bestimmte Aspekte des Gesellschaftsrechts, ABl. EU 2017 Nr. L 169, 46 v. 30.6.2017.

Bezugsrecht vorgesehen ist (diese Einschränkung ist rechtspolitisch fragwürdig). Das Erfordernis der umfassenden Prüfung gilt gemäß Art. 49 RL (EU) 2017/1132 nämlich auch bei der Gründung, wo es keinen Bezugsrechtsausschluss gibt. Die europäischen Vorgaben über die umfassende Prüfung sollen damit nicht allein den Schutz der nicht an einer Kapitalerhöhung partizipierenden Aktionäre verwirklichen.[123] Art. 72 RL (EU) 2017/1132 verwirklicht vielmehr ein generelles an die Werthaltigkeit des Agios geknüpftes Schutzanliegen zu Gunsten der Aktionäre.

42 Auch bei der **Überpariemission** besteht die Gefahr, dass der gemäß Art. 85 RL (EU) 2017/1132 auch europarechtlich vorgegebene **Gleichbehandlungsgrundsatz verletzt** wird, indem die Überbewertung einer Sacheinlage zu Gunsten einzelner Inferenten erfolgt (§§ 53a, 243 Abs. 2). Weiterhin haben auch die Gläubiger ein Interesse daran, dass das über den geringsten Ausgabebetrag hinausgehende Agio, welches gemäß § 272 Abs. 2 Nr. 1 HGB in die Kapitalrücklage einzustellen ist und gemäß § 150 Abs. 2 und 3 einer **Ausschüttungssperre** unterliegt,[124] nicht überhöht ausgewiesen wird.[125] Um diesen Gefahren umfassend zu begegnen, hat sich die Sachverständigenprüfung somit auf die Wertdeckung des von der Hauptversammlung oder dem Vorstand festgesetzten höheren Ausgabebetrags zu beziehen. Die Neufassung des Verweises in Abs. 3 muss vor diesem Hintergrund wohl als Redaktionsversehen verstanden werden und sollte die europarechtskonforme Auslegung nicht in Frage stellen.

43 Von der Erstreckung der Prüfung auf das korporative Agio ist auch **keine Ausnahme** für den Fall zu machen, dass die Hauptversammlung außerhalb von § 255 Abs. 2 freiwillig einen höheren Ausgabebetrag festsetzt (→ § 182 Rn. 51 ff.). Eine Verwässerung der Mitgliedschaftsrechte ist in diesem Fall zwar nicht Folge eines Bezugsrechtsausschlusses, kann jedoch hiermit vergleichbar sein. Dies gilt zum einen, wenn der Ausgabebetrag so hoch angesetzt wird, dass ein faktischer Bezugsrechtsausschluss vorliegt (→ § 186 Rn. 75 ff.). Zum anderen besteht auch hier die Gefahr, dass dem Inferenten wegen der Überbewertung des einzubringenden Gegenstands ein gemäß §§ 53a, 243 Abs. 2 rechtswidriger Sondervorteil zukommt.

44 Etwas anderes gilt auch nicht bei der **Ein-Personen-Gesellschaft,** obwohl der Aspekt des Minderheitenschutzes hier ausscheidet. Der mit der Publizität des Agios gemäß § 272 Abs. 2 Nr. 1 HGB und der besonderen Ausschüttungsgrenzen gemäß § 150 Abs. 2 und 3 verwirklichte Gläubigerschutz schützt nämlich auch hier die Öffentlichkeit vor einer nicht gerechtfertigten Überhöhung des Ausgabebetrags, so dass die Überprüfung durch Sachverständige bereits im Vorfeld der Prüfung des Jahresabschlusses geboten ist.

45 **b) Sonstige Leistungen.** Auf die Werthaltigkeit des einzubringenden Gegenstands erstreckt sich die externe Prüfung hingegen nicht, wenn es sich hierbei um Zuzahlungen handelt, für deren Gegenwert keine Mitgliedschaftsrechte eingeräumt werden, **Sachübernahme** oder **schuldrechtliches Agio** (str.).[126] Nach Art. 49 RL (EU) 2017/1132[127] bedarf es der umfassenden Prüfung nur, wenn es sich um „Einlagen auf Aktien" handelt. Der hiervon abzugrenzende Erwerb von Vermögensgegenständen ist allein Gegenstand der Nachgründung gemäß Art. 52 Abs. 2 RL (EU) 2017/1132 (vgl. § 52). Die schuldrechtliche Übertragung von Vermögensgegenständen fällt somit nicht hierunter, auch wenn sie im Zusammenhang mit der Kapitalerhöhung erfolgt. Das Gleiche gilt, wenn ein Übernahmekonsortium oder sonstiger Dienstleister im Rahmen von Equity-Line-Finanzierungen für seine Tätigkeit eine Vergütung erhält.[128] § 183 erfasst anders als bei der Kapitalaufbringung bei der Gründung einer AG nicht die Sachübernahme (→ Rn. 6). Die Leistung des Aktionärs kann in einem solchen Fall zwar gemäß § 272 Abs. 2 Nr. 4 HGB in die Kapitalrücklage eingestellt werden. Sie unterliegt gemäß § 150 Abs. 2 und 3 jedoch keiner besonderen Ausschüttungssperre zu Gunsten der Gläubiger.[129] Lässt sich daher ein Aktionär im Rahmen einer Sachübernahme einen nicht gerechtfertigten Sondervorteil gewähren, bedeutet dies allein eine ggf. schadensersatzpflichtige Verletzung von § 53a oder eine verdeckte Einlagenrückgewähr nach §§ 57, 62. Die externe Prüfung nach Abs. 3 hat sich hierauf nicht zu erstrecken. Etwas anderes gilt nur, wenn im Rahmen der

---

[123] Undeutlich MüKoAktG/*Schürnbrand* Rn. 65.
[124] Hierzu ausführlich, auch mit europarechtlichen Bezügen, *Bezzenberger,* Das Kapital der Aktiengesellschaft, 2005, 16 ff.; *Mülbert/Birke* EBOR 3 (2002), 695 (704, 720).
[125] Zur gefährlichen Agiotage instruktiv *Lutter,* Das Kapital der Aktiengesellschaft in Europa, 2006, 9.
[126] Hüffer/Koch/*Koch* Rn. 16; *Stein/Fischer* ZIP 2014, 1362 (1368); *Schorling/Vogel* AG 2003, 86. Zur Differenzierung von schuldrechtlichem und korporativen Agio *Lüssow,* Das Agio im GmbH- und Aktienrecht, 2005, 24 ff., 38 ff.; vgl. auch BayObLG NZG 2002, 583; abw. für ein verdecktes korporatives Agio *Schäfer* FS Stilz, 2014, 525 (527 ff.).
[127] RL (EU) 2017/1132 des Europäischen Parlaments und des Rates vom 14. Juni 2017 über bestimmte Aspekte des Gesellschaftsrechts, ABl. EU 2017 Nr. L 169, 46 v. 30.6.2017.
[128] Abw. *Kallweit* BB 2009, 2945 (2497).
[129] OLG München BB 2006, 2711; bestätigt durch BGH NZG 2009, 76.

gemischten Sacheinlage ein für die Bewertung nicht teilbarer Gegenstand eingebracht wird (→ Rn. 7).

c) **Prüfungsverfahren.** Bezüglich der weiteren Einzelheiten der externen Prüfung verweist 46 Abs. 3 Satz 2 in das Gründungsrecht (Einzelheiten siehe dort). Die Auswahl und Bestellung der Prüfer richtet sich nach § 33 Abs. 3 bis 5. Der Prüfungsbericht hat gemäß § 34 Abs. 2 schriftlich abgefasst zu werden und muss den Gegenstand jeder Sacheinlage beschreiben und angeben, welche Bewertungsmethoden[130] angewandt wurden. Je ein Exemplar des Berichts ist gemäß § 34 Abs. 3 Satz 1 dem Vorstand auszuhändigen und vom Prüfer beim Registergericht einzureichen. Dort kann der Bericht gemäß § 34 Abs. 3 Satz 2 von jedermann eingesehen werden. Gemäß § 35 Abs. 1 können die Prüfer von der Gesellschaft und den Zeichnern alle Aufklärungen und Nachweise verlangen, die für eine sorgfältige Prüfung erforderlich sind. Auch § 35 Abs. 2 und 3 gelten sinngemäß. Die Prüfung muss gemäß § 184 Abs. 1 Satz 2 vor der Anmeldung des Kapitalerhöhungsbeschlusses beendet sein.

4. Verzicht auf die externe Prüfung. a) Europarechtliche Vorgaben. Gemäß der Änderung 47 der früheren Kapitalrichtlinie vom 6. September 2006 (→ Rn. 3) können die Mitgliedstaaten Regelungen vorsehen, wonach bei der Einbringung von Sacheinlagen die Bewertung durch externe Sachverständige entbehrlich ist, wenn es für die Bewertung der betreffenden Einlagen einen klaren Anhaltspunkt gibt.[131] Dies gilt gemäß Art. 70 Abs. 2 UAbs. 2 RL (EU) 2017/1132 auch für die Kapitalerhöhung.

Gemäß **Art. 50 Abs. 1** können die Mitgliedstaaten beschließen, dass ein Sachverständigenbericht 48 entbehrlich ist, wenn auf Beschluss des Verwaltungs- oder Leitungsorgans übertragbare Wertpapiere oder Geldmarktinstrumente als Sacheinlage[132] eingebracht werden und diese zu dem gewichteten Durchschnittspreis bewertet werden, zu dem sie während einer durch die nationalen Rechtsvorschriften zu bestimmenden ausreichenden Zeitspanne vor dem Tag ihrer tatsächlichen Einbringung als Sacheinlage auf einem oder mehreren geregelten Märkten[133] gehandelt wurden. Wurde dieser Preis durch außergewöhnliche Umstände beeinflusst, die eine erhebliche Änderung des Wertes des Vermögensgegenstandes zum Zeitpunkt seiner tatsächlichen Einbringung bewirken würden, und zwar auch in Fällen, in denen der Markt für diese Wertpapiere oder Geldmarktinstrumente illiquide geworden ist, so veranlasst das Verwaltungs- oder Leitungsorgan für diese eine Neubewertung gemäß Art. 49 Abs. 1–3 RL (EU) 2017/1132.

Durch **Art. 50 Abs. 2** RL (EU) 2017/1132 wird diese Möglichkeit auf die Einbringung anderer 49 Vermögensgegenstände als die nach Abs. 1 erweitert, sofern sie bereits von einem anerkannten unabhängigen Sachverständigen zum beizulegenden Zeitwert „fair value" bewertet wurden. Voraussetzung ist, dass (a) der beizulegende Zeitwert für einen Stichtag ermittelt wird, der nicht mehr als sechs Monate vor dem Tag der tatsächlichen Einbringung des Vermögensgegenstands liegt und (b) die Bewertung nach den in dem Mitgliedstaat für die Art der einzubringenden Vermögensgegenstände allgemein anerkannten Bewertungsnormen und -grundsätzen vorgenommen wurde.

Sind neue erhebliche Umstände eingetreten, die eine wesentliche Änderung des beizulegenden 50 Zeitwerts zum Zeitpunkt der tatsächlichen Einbringung bewirken würden, so veranlasst das Verwaltungs- oder Leitungsorgan eine Neubewertung gemäß Art. 49 Abs. 1–3 RL (EU) 2017/1132. Wurde eine solche Neubewertung nicht vorgenommen, können ein oder mehrere Aktionäre, die am Tag des Beschlusses über eine Kapitalerhöhung zusammengenommen mindestens 5 % des gezeichneten Kapitals der Gesellschaft halten, eine Bewertung durch einen unabhängigen Sachverständigen verlangen.

Schließlich können die Mitgliedstaaten gemäß **Art. 50 Abs. 3** RL (EU) 2017/1132 beschließen, 51 vom Erfordernis eines Sachverständigenberichts auch dann abzusehen, wenn auf Beschluss des Verwaltungs- oder Leitungsorgans andere Vermögensgegenstände als nach Abs. 1 eingebracht werden, deren beizulegender Zeitwert aus der Vermögensaufstellung des gesetzlichen Abschlusses des vorausgegangenen Geschäftsjahrs hervorgeht, sofern dieser Abschluss nach Maßgabe der Richtlinie 2006/43/EG (Publizitäts-RL) geprüft wurde. In diesem Fall gilt für die Neubewertung Art. 49 Abs. 2 entsprechend.

b) **Erweiterte Publizität.** Werden die in Art. 50 RL (EU) 2017/1132 genannten Sacheinlagen 52 ohne Sachverständigenbericht eingebracht, sieht Art. 51 Abs. 1 Art. 68 RL (EU) 2017/1132 eine besondere Offenlegung vor.

---

[130] Hierzu bei der Unternehmenseinbringung ausführlich *Dietz*, Aktien als Akquisitionswährung, 2004, 50 ff.
[131] Einzelheiten, auch zur Umsetzung ins deutsche Recht, bei *Bayer/J. Schmidt* ZGR 2009, 805 (806 ff.).
[132] Wertpapiere im Sinne von Art. 4 Abs. 1 Nr. 18 RL 2004/39/EG, ABl. EG 2003 Nr. L 336, 33; Geldmarktinstrumente im Sinne von Art. 4 Abs. 1 Nr. 19 RL 2004/39/EG.
[133] Märkte im Sinne von Art. 4 Abs. 1 Nr. 14 RL 2004/39/EG.

53 Hiernach ist innerhalb eines Monats nach dem Tag der tatsächlichen Einbringung der Vermögensgegenstände in einer Erklärung Folgendes offen zu legen: (a) eine Beschreibung der betreffenden Sacheinlage; (b) ihr Wert, die Quelle dieser Bewertung sowie gegebenenfalls die Bewertungsmethode; (c) Angaben darüber, ob der Wert wenigstens der Zahl und dem Nennbetrag oder – falls ein Nennbetrag nicht vorhanden – dem rechnerischen Wert und gegebenenfalls dem Mehrbetrag der für eine solche Sacheinlage auszugebenden Aktien entspricht; (d) eine Erklärung, dass in Bezug auf die ursprüngliche Bewertung keine neuen erheblichen Umstände eingetreten sind. Diese Offenlegung ist gemäß Art. 3 RL 68/151/EWG zu veröffentlichen.

54 c) Umsetzung im deutschen Recht. Ein zwingender Umsetzungsbedarf im deutschen Recht besteht wegen des den Mitgliedstaaten in Art. 50 eingeräumten Wahlrechts nicht. Dessen ungeachtet hat sich der Gesetzgeber für eine weitgehende Umsetzung im Rahmen des **ARUG** entschieden.[134] Zentral sind die Einführung von § 33a für die Sachgründung und § 183a für die Sachkapitalerhöhung. Die Folgeänderungen, insbesondere für das Anmeldeverfahren und die Registerprüfung finden sich für die Gründung in §§ 37a, 38 Abs. 3 und für die Kapitalerhöhung in § 184 Abs. 1 und 3. Für das genehmigte Kapital siehe § 205 Abs. 5–7.

55 d) Kritische Würdigung. Die mit der Neuregelung verbundenen Erleichterungen für die Einbringung von Sacheinlagen sind im Grundsatz zu begrüßen, bedeuten sie doch eine **Vereinfachung** des Verfahrens einer Kapitalerhöhung. Ihre Wirkung darf indessen nicht überschätzt werden. Zu bedenken ist nämlich, dass die möglichen Änderungen allein das formale Registerverfahren betreffen, mithin eine tatsächliche Wertkontrolle im Rahmen von **§ 255 Abs. 2** und die **Differenzhaftung** des Inferenten hiervon nicht überlagert werden. Sollte sich daher herausstellen, dass der sich aus Aktienkurs oder Bilanz ergebende Wert zu niedrig ist, bleibt noch Raum für eine Anfechtung des Kapitalerhöhungsbeschlusses und für eine Differenzhaftung des Inferenten. Im Hinblick auf die durch Art. 50 Abs. 3 RL (EU) 2017/1132 ermöglichte Einbringung zu einem im Jahresabschluss festgestellten Wert wird sich zeigen, ob die Praxis hiervon Gebrauch macht. Zumindest nach deutschem Bilanzdenken sind die Bestrebungen nach wie vor groß, die Aktiva gering auszuweisen, was eine geplante Einbringung von Vermögensgegenständen als Sacheinlage behindern könnte. Schließlich ist zu bedenken, dass dem Vorstand nach dem Modell der geänderten Kapitalrichtlinie eine noch größere Bedeutung zukommt als bisher. Man wird Art. 50 RL (EU) 2017/1132 so interpretieren müssen, dass der Vorstand darüber zu befinden hat, ob von der Befreiung Gebrauch gemacht wird oder nicht. Das ggf. schadensersatzbewehrte **Risiko von Fehlbewertungen** trifft ihn somit stärker, zumal ihm gerade kein selbst haftender Sachverständiger zur Seite steht, auf dessen Prüfergebnis entschuldigend zurückgegriffen werden kann.

VIII. Prüfung der Sachkapitalerhöhung durch das Registergericht

56 1. Notwendige Differenzierung. Die Prüfung der Sachkapitalerhöhung ist im Zuge des ARUG in § 184 Abs. 3 geregelt. Infolge der Möglichkeit des Verzichts auf die externe Sachverständigenprüfung (→ Rn. 47 ff.) ist auch bei der gerichtlichen Prüfung zu differenzieren: § 184 Abs. 3 Satz 1 bestimmt für den gesetzlichen Regelfall der Sachkapitalerhöhung einschließlich externer **Sachverständigenprüfung** wie bereits § 183 Abs. 3 Satz 3 aF, dass das Gericht die Eintragung ablehnen kann, wenn der Wert der Sacheinlage nicht unwesentlich hinter dem geringsten Ausgabebetrag der dafür zu gewährenden Aktien zurückbleibt; dies entspricht § 38 Abs. 2 Satz 2. Hierzu nachfolgend → Rn. 61 ff. Wird auf die externe Sachverständigenprüfung **verzichtet,** hat das Gericht gemäß § 184 Abs. 3, § 38 Abs. 3 allein zu prüfen, ob die Voraussetzungen des § 37a erfüllt sind (→ § 183a Rn. 38 f.).

57 2. Rechtmäßigkeit des Sachkapitalerhöhungsbeschlusses. a) Grundsatz. Das Gericht hat auch bei der Sachkapitalerhöhung von Amts wegen (§ 26 FamFG) zu prüfen, ob die allgemeinen Voraussetzungen eines rechtmäßigen Kapitalerhöhungsbeschlusses eingehalten wurden (→ § 184 Rn. 20 ff.) und ob der Hauptversammlungsbeschluss die besonderen Anforderungen nach Abs. 1 erfüllt. Zu prüfen ist im Ausgangspunkt, ob die → Rn. 10–19 genannten Erfordernisse eingehalten wurden.[135] Stellt das Gericht einen Mangel fest, hat es die Eintragung des Beschlusses abzulehnen (→ Rn. 66 sowie → § 184 Rn. 34 f.). Wurde die Anmeldung gemäß § 188 Abs. 4 mit der Anmeldung der Durchführung verbunden, ist auch diese abzulehnen.[136] Zur Änderung eines Kapitalerhöhungsbeschlusses → § 182 Rn. 32 ff.

---

[134] Die sog. „Buchwertklausel" gemäß Art. 50 Abs. 3 RL (EU) 2017/1132 wurde zu Recht nicht umgesetzt, vgl. *Bayer/J. Schmidt* ZGR 2009, 805 (807).
[135] BayObLG NZG 2002, 583 (583).
[136] Hüffer/Koch/*Koch* Rn. 11.

b) Eingeschränktes Prüfungsrecht. Das Prüfungsrecht ist jedoch wie bei allen Satzungsände- 58
rungen insoweit beschränkt, als das Gericht nur solche Anfechtungsgründe zu berücksichtigen hat,
die nicht allein die Individualinteressen der gegenwärtigen Aktionäre betreffen. Die Nichtbeachtung
der Anforderungen des Abs. 1 führt zur Anfechtbarkeit des Hauptversammlungsbeschlusses. Wegen
des gläubigerschützenden Charakters der Norm[137] ist ein nichtbeachtlicher Anfechtungsgrund
jedoch kaum denkbar. Etwas anderes gilt allein, wenn der freiwillig oder gemäß § 255 Abs. 2 festzusetzende höhere Ausgabebetrag (→ Rn. 19) zu niedrig ist.[138] Handelt es sich nicht um einen Verstoß
gegen § 9 Abs. 1, führt dies zwar zur Anfechtbarkeit des Beschlusses, nicht aber zu einem beachtlichen
Ablehnungsgrund im Registerverfahren. Das **Agio** schützt allein die gegenwärtigen Aktionäre, deren
Interessen durch das Anfechtungsrecht und die materielle Beschlusskontrolle des Vorstands ausreichend verwirklicht werden (zum Ganzen → § 184 Rn. 20 ff., → § 188 Rn. 33 ff.).

3. Rechtmäßigkeit der externen Prüfung. Das Gericht hat auch zu prüfen, ob die Vorausset- 59
zungen der externen Prüfung gemäß Abs. 3 Satz 2 ordnungsgemäß eingehalten wurden, soweit hierauf nicht gemäß § 183a verzichtet wurde (Einzelheiten bei §§ 33–35; zur Prüfung beim Verzicht
auf die externe Sachverständigenprüfung → § 183a Rn. 38 f.). Wurde die externe Prüfung versäumt,
hat dies auf die Gültigkeit des versehentlich eingetragenen Kapitalerhöhungsbeschlusses keinen Einfluss; sie kann auch nicht nachträglich erzwungen werden.[139]

4. Werthaltigkeit von Sacheinlagen. Die gerichtliche Prüfung erstreckt sich gemäß § 184 60
Abs. 3 Satz 1 auch auf den Wert der Sacheinlagen.

a) Prüfungsmaßstab. Der Wert des Gegenstands der Sacheinlage (→ Rn. 11) muss dem 61
geringsten Ausgabebetrag (§ 9 Abs. 1) der hierfür gewährten Aktien entsprechen. Maßgeblicher
Zeitpunkt ist der der Prüfung durch das Gericht, nicht der der Anmeldung.[140] Die Deckung eines
im Beschluss der Hauptversammlung festgesetzten **höheren Ausgabebetrags** wird nach § 184 Abs. 3
Satz 1 nicht geprüft (str.).[141] Eine Ausweitung der registergerichtlichen Kontrolle kommt *de lege lata*
nicht in Betracht.[142]

Hierin liegt zunächst **kein Wertungswiderspruch** zum Gründungsrecht. Auch aus dem erfolgten 62
Verweis auf § 34 Abs. 1 in Abs. 1 Satz 2 folgt nichts anderes.[143] Hiermit kann nämlich keine über
den geringsten Ausgabebetrag hinausgehende Registerprüfung von Sacheinlagen begründet werden.[144] Zum einen betrifft § 34 Abs. 1 die Prüfung durch die Verwaltung und die externen Prüfer,
nicht aber die des Registergerichts. Zum anderen trennt die Regelung zwischen Sacheinlagen und
Sachübernahmen. Für erstere hat sich die Gründungsprüfung gemäß § 34 Abs. 1 Nr. 2 Alt. 1 wie
bei § 182 Abs. 3 Satz 3 nur auf den geringsten Ausgabebetrag zu erstrecken. Nur bei der Sachübernahme kommt es gemäß § 34 Abs. 1 Nr. 2 Alt. 2 auf die Deckung des Gesamtbetrags der hierfür
gewährten Leistung an. Da die Sachübernahme jedoch eine gründungsspezifische Besonderheit ist,
welche in keinem Zusammenhang zur Gewährung von Mitgliedschaftsrechten steht, wird sie nicht
von § 183 erfasst (→ Rn. 6). Diese gesetzgeberische Entscheidung ist eindeutig, so dass es nicht
gerechtfertigt wäre, über die nicht mit der Sacheinlage vergleichbare Sachübernahme eine über den
geringsten Ausgabebetrag hinausgehende Werthaltigkeitskontrolle bei der Sachkapitalerhöhung zu
begründen.

In der Beschränkung der registergerichtlichen Prüfung auf die Deckung des geringsten Ausgabe- 63
betrags liegt auch **kein Verstoß gegen EU-Recht.** Nach Art. 70 Abs. 2 Satz 3 RL (EU) 2017/
1132RL hat sich allein die externe Prüfung darauf zu erstrecken, ob der Wert der Einlage „gegebe-

---

[137] Vgl. BGH NJW 1992, 3167.
[138] Großkomm AktG/*Wiedemann* Rn. 83; Hüffer/Koch/*Koch* § 184 Rn. 6: Prüfung bezweckt nicht, Rechte der Altaktionäre zu sichern.
[139] Hüffer/Koch/*Koch* Rn. 19.
[140] Hüffer/Koch/*Koch* Rn. 18; K. Schmidt/Lutter/*Veil* Rn. 30; aA Großkomm AktG/*Wiedemann* § 188 Rn. 68: Redaktionsversehen.
[141] OLG Frankfurt AG 1976, 298 (303); Kölner Komm AktG/*Lutter* Rn. 52; K. Schmidt/Lutter/*Veil* Rn. 30; *Dietz*, Aktien als Akquisitionswährung, 2004, 44 f.; *Schorling/Vogel* AG 2003, 86; *Wagner* DB 2004, 293 (295 ff.); vgl. auch *Priester* FS Lutter, 2000, 617 (623 f.); aA BayObLG NZG 2002, 583; OLG München BB 2006, 2711; Hüffer/Koch/*Koch* § 184 Rn. 6; MüKoAktG/*Schürnbrand* § 184 Rn. 31; Henssler/Strohn/*Hermanns* Rn. 8; *Verse* ZGR 2012, 875 (881); *Ekkenga/Jaspers* in Ekkenga/Schröer, Handbuch der AG-Finanzierung, 2014, Kap. 4 Rn. 216 f., 368 mit nicht überzeugender Differenzierung nach der Prüfung des Kapitalerhöhungsbeschlusses und der Durchführung.
[142] Überlegungen *de lege ferenda* bei *Baums*, Bericht der Regierungskommission Corporate Governance, 2001, Rn. 232.
[143] Abw. zum alten Recht MüKoAktG/*Schürnbrand* Rn. 63.
[144] AA MüKoAktG/*Schürnbrand* Rn. 63.

nenfalls dem Mehrbetrag der dafür auszugebenden Aktien entspricht" (→ Rn. 37). Über die Notwendigkeit einer gerichtlichen Prüfung finden sich keine Vorgaben.[145] Ein europarechtlich begründetes Gebot einer über den geringsten Ausgabebetrag hinausgehenden Werthaltigkeitsprüfung durch das Registergericht besteht somit nicht.[146]

64 Die auf den geringsten Ausgabebetrag beschränkte Prüfung der Sacheinlage durch das Registergericht gemäß § 184 Abs. 3 Satz 1 ist schließlich **kein Widerspruch** zur umfassenderen Prüfung durch externe Sachverständige (→ Rn. 35 ff.).[147] Die auf das korporative Agio bezogene externe Prüfung gewährleistet in erster Linie den durch § 255 Abs. 2 gebotenen Aktionärsschutz. Die Aktionäre sollen darüber informiert werden, ob der erforderliche höhere Ausgabebetrag durch die Sacheinlage gedeckt wird oder nicht. Der Bericht ist insofern eine wesentliche Grundlage zur Entscheidung, das Anfechtungsrecht gemäß § 255 Abs. 2 auszuüben. Der Gläubigerschutz wird durch das korporative Agio und die externe Prüfung seiner Werthaltigkeit nur reflexiv verwirklicht. Solange es **keine Pflicht** gibt, die Aktien aus Gründen des Gläubigerschutzes **über dem Nennwert** auszugeben,[148] ist der durch die Ausschüttungssperre gemäß § 272 Abs. 2 Nr. 1 HGB, § 150 Abs. 3 und 4 bewirkte Schutz zufällig.[149] Insofern ist es geboten, den allgemeinen Grundsatz, die Registerkontrolle auf die Verletzung von Vorschriften zu beschränken, die nicht allein dem Schutz der gegenwärtigen Aktionäre zu dienen bestimmt sind, fortzuentwickeln. Die staatliche Kontrolle tritt insofern zu Gunsten der privatautonomen Selbstregulierung in der AG zurück (→ § 184 Rn. 20 ff.). Nur Verstöße gegen § 9 Abs. 1 werden durch die registergerichtliche Prüfung aufgedeckt und mit der Nichteintragung sanktioniert. Erreicht zum Beispiel der Wert der Sacheinlage mit Gewissheit den geringsten Ausgabebetrag, muss das Gericht den Kapitalerhöhungsbeschluss eintragen; zu einem ggf. langwierigen Gutachterstreit kommt es insofern nicht. Den weitergehenden Schutz vor Vermögensverwässerung gewährleisten das Beschlussmängelrecht und die materielle Beschlussverantwortung des Vorstands (→ § 182 Rn. 7). Zur Verwirklichung dieses Gedankens bei der registergerichtlichen Überprüfung der Durchführung der Kapitalerhöhung → § 188 Rn. 33 ff.

65 b) **Prüfungsumfang.** Das Gericht hat ein **eigenes Prüfungsrecht,** ob der Wert der Sacheinlage dem geringsten Ausgabebetrag entspricht. Dieses ist gemäß § 26 FamFG von Amts wegen auszuüben.[150] Es ist nicht an die Bewertung des Berichts der Prüfer gebunden. Kommt dieser jedoch zum Ergebnis, dass der Wert der Sacheinlagen auch den höheren Ausgabebetrag deckt (→ Rn. 39 ff.), wird die Prüfung nach § 184 Abs. 3 Satz 1 regelmäßig ohne weitere Nachforschungen zu bejahen sein. Kommt der Bericht zu dem Ergebnis, dass der Wert unter dem geringsten Ausgabebetrag gemäß § 9 Abs. 1 liegt, wird das Registergericht bei seiner Prüfung regelmäßig unter Bezugnahme hierauf zum selben Ergebnis kommen.

IX. Entscheidung des Gerichts

66 Liegen die – für das Gericht beachtlichen – Voraussetzungen eines rechtmäßigen Sachkapitalerhöhungsbeschlusses nicht vor (→ Rn. 21 f.), oder wurden die Voraussetzungen der externen Prüfung (→ Rn. 35 ff.) nicht eingehalten, hat das Gericht die Eintragung des Beschlusses abzulehnen. Hinsichtlich der **Werthaltigkeit von Sacheinlagen** hat das Gericht gemäß § 184 Abs. 3 Satz 1 jedoch **Ermessen** (vgl. auch § 38 Abs. 2 Satz 2). Dies erscheint insofern widersprüchlich, als die Deckung des geringsten Ausgabebetrags gemäß § 9 Abs. 1 zu den zentralen Elementen des Gläubigerschutzes gehört.[151] Auch war bis zur Neufassung von Abs. 3 im Jahr 1978 (→ Rn. 3) in § 184 Abs. 3 Satz 3 aF vorgesehen, dass das Gericht die Eintragung bei einer Unterdeckung ablehnen muss.[152] Dessen ungeachtet ist die Zubilligung von Ermessen eine Entscheidung des Gesetzgebers, die es aus Gründen der Verfahrensökonomie zu respektieren gilt (str.).[153] Das Ermessen des Registergerichts ist jedoch insoweit **eingeschränkt,** als die Eintragung zu unterbleiben hat, wenn die – ohnehin nur unwesentliche – Unterdeckung des geringsten Ausgabebetrags nicht bloß aufgrund von Bewertungsschwierigkeiten oder Wertschwankungen eintritt, sondern endgültig feststeht.

---

[145] Dies verkennt *Drinkuth,* Die Kapitalrichtlinie – Mindest- oder Höchstnorm?, 1998, 233.
[146] AA *Bayer* ZHR 168 (2004), 132 (162 f.); *Bayer* FS Ulmer, 2003, 21 (39); früher bereits *Hirte* DB 1995, 1113 (1114 f.); *Meilicke* DB 1996, 513 (514).
[147] AA jedoch *Lüssow,* Das Agio im GmbH- und Aktienrecht, 2005, 209.
[148] BGH WM 2007, 2381.
[149] Vgl. auch *Becker* NZG 2003, 510.
[150] Hüffer/Koch/*Koch* Rn. 18; Kölner Komm AktG/*Lutter* § 184 Rn. 12; MüKoAktG/*Schürnbrand* Rn. 68.
[151] Vgl. *Bergmann* AG 1987, 57 (58).
[152] Undeutlich MüKoAktG/*Schürnbrand* Rn. 66; vgl. auch *Bergmann* AG 1987, 57 (58).
[153] AA Großkomm AktG/*Wiedemann* Rn. 87: Neufassung ist missglückt und bedarf der Korrektur; für eine Verdichtung des Ermessens auch MüKoAktG/*Schürnbrand* Rn. 67; Hüffer/Koch/*Koch* Rn. 18.

X. Kosten und Steuern

Zunächst → § 182 Rn. 82 ff. Bei jeder Sachkapitalerhöhung entstehen **zusätzliche Kosten** 67 durch die notwendige Bestellung eines **externen Prüfers** (→ Rn. 35). Das für die Bestellung zuständige Gericht (§ 183 Abs. 3 Satz 2 iVm § 33 Abs. 3 Satz 2 AktG, § 375 Nr. 3 FamFG) setzt durch Beschluss die Auslagen und die Vergütung des Prüfers fest (§ 183 Abs. 3 Satz 2 iVm § 35 Abs. 3 Satz 2 AktG). Der hierfür zu Grunde zu legende Geschäftswert beträgt gemäß § 67 Abs. 1 Nr. 1 GNotKG grds. 60.000 Euro (vgl. zu Herabsetzungen und Erhöhungen § 67 Abs. 3 GNotKG).[154] Kostenschuldner ist gemäß § 22 Abs. 1 GNotKG die Gesellschaft.[155] Bei der Einbringung von **Grundstücken** entstehen darüber hinaus zusätzliche Notarkosten und Eintragungskosten beim Grundbuchamt. Zudem unterliegt die Einbringung eines Grundstücks als Sacheinlage der **Grunderwerbsteuer** gemäß § 1 Abs. 1 Nr. 1 GrErwStG. Bei der Einbringung eines Betriebs, Teilbetriebs oder Mitunternehmeranteils sind die steuerlichen Begünstigungstatbestände gemäß §§ 20–23 **UmwStG** zu beachten. Nach § 20 Abs. 2 Satz 1 UmwStG kann die Gesellschaft das eingebrachte Betriebsvermögen mit seinem Buchwert oder zu einem höheren Wert (Teilwert) ansetzen.

XI. Verhältnis zur Nachgründung

Bei der Sachkapitalerhöhung stellt sich die Frage, ob neben § 183 AktG die Nachgründungsvor- 68 schriften der §§ 52, 53 AktG gelten. Die Befürworter einer (ggf. analogen) Anwendung auf die Sachkapitalerhöhung begründen dies vor allem mit den strengeren Voraussetzungen des § 52 AktG (zwingende Kapitalmehrheit von drei Vierteln gemäß Abs. 5, interne Prüfung und Berichterstattung des Aufsichtsrates gemäß Abs. 3, weitergehende Informationsrechte gemäß Abs. 2).[156] Begründet wird dies teilweise unter Rückgriff auf eine jeder Sacheinlage zu Grunde liegende schuldrechtliche Vereinbarung als Vertrag gemäß § 52 Abs. 1. Dem ist nicht zu folgen.[157] Die Nachgründung ist ein besonderer Fall der **Sachübernahme** gemäß § 27 Abs. 1 Satz 1 Alt. 2, denn sie knüpft nicht an die Gewährung von Mitgliedschaftsrechten an. Indem die Sachkapitalerhöhung gemäß § 183 die Sachübernahme gerade nicht erfasst (→ Rn. 6), ist die Regelung insoweit abschließend. Das hieraus resultierende Schutzgefälle ist hinzunehmen, selbst wenn die Kapitalerhöhung innerhalb der Zweijahresfrist des § 52 Abs. 1 erfolgt. Für die Zeichnung neuer Aktien gegen Sacheinlagen müssen somit allein die Voraussetzungen der §§ 182 ff. eingehalten werden. Einer darüber hinausgehenden **schuldrechtlichen Sacheinlagevereinbarung** bedarf es wegen des Zeichnungsvertrages (→ § 185 Rn. 10 ff.) nicht, so dass auch eine hierauf gestützte (analoge) Anwendung von § 52 nicht zu begründen ist.[158]

Etwas anderes gilt – innerhalb der Zweijahresfrist seit Gründung – allein bei der **gemischten** 69 **Sacheinlage** (→ Rn. 9).[159] Ist diese teilbar, finden die §§ 52 ff. auf den Teil der Leistung des Zeichners (unmittelbare) Anwendung, der über die Einräumung von Mitgliedschaftsrechten hinausgeht.[160] Ist die Leistung unteilbar, gelten die §§ 52 f. bezüglich der gesamten Einbringung, weil ansonsten deren Schutzanliegen unterlaufen würde (str.).[161] Für die Berechnung der 10 %-Quote ist nach dem in → Rn. 68 Gesagten konsequenterweise auf die bestehende Grundkapitalziffer abzustellen (str.).[162] Die Vorschriften über die Nachgründung schließen die Anwendung der Lehre von der **verdeckten Sacheinlage** bei der AG nicht aus (Einzelheiten → § 188 Rn. 57 ff.).[163]

---

[154] MüKoAktG/*Schürnbrand* Rn. 80; vgl. zu den unionsrechtlichen Vorgaben für die Kostenhöhe auch OLG Karlsruhe Rpfleger 2001, 270.
[155] Hüffer/Koch/*Koch* Rn. 22; MüKoAktG/*Pentz* § 35 Rn. 24.
[156] OLG Oldenburg AG 2002, 620; KG Berlin MittBayNot 2016, 437, 438; Hüffer/Koch/*Koch* Rn. 5, § 52 Rn. 11; MüKoAktG/*Pentz* § 52 Rn. 73 ff.; MüKoAktG/*Schürnbrand* Rn. 30; Kölner Komm AktG/*Lutter* Rn. 6; Großkomm AktG/*Wiedemann* Rn. 29; MHdB AG/*Krieger* § 56 Rn. 48; *Grub/Fabian* AG 2002, 614 (615 f.); abw. bei der Ein-Personen-AG aber OLG Hamm AG 2008, 713 (715).
[157] So auch *Mülbert* AG 2003, 136 (139 ff.); *Kley* DNotZ 2003, 17 (21 ff.); *Reichert* ZGR 2001, 554 (576 ff.); *Bork/Stangier* AG 1984, 320 (322 f.); Henssler/Strohn/*Hermanns* Rn. 3; MüKoAktG/*Schürnbrand* Rn. 31; Kölner Komm AktG/*Ekkenga* Rn. 14.
[158] Überzeugend *Mülbert* AG 2003, 131 (138 ff.); *Habersack* ZGR 2008, 48 (59 f.); MüKoAktG/*Schürnbrand* Rn. 25.
[159] Zustimmend Henssler/Strohn/*Hermanns* Rn. 3.
[160] MüKoAktG/*Schürnbrand* Rn. 31.
[161] MüKoAktG/*Schürnbrand* Rn. 31.
[162] AA Hüffer/Koch/*Koch* Rn. 5; MüKoAktG/*Schürnbrand* Rn. 44: Analogie zu § 67 Satz 3 UmwG; wie hier *Dietz*, Aktien als Akquisitionswährung, 2004, 85 f.
[163] Zum alten Recht, aber insofern nach wie vor maßgeblich, BGHZ 110, 47 = NJW 1990, 982; BGH NJW 2007, 3425 (3426) – Lurgi I; BGH NZG 2008, 425 (426) – Rheinmöve.

XII. Differenzhaftung

70 1. Grundlegung bei der GmbH. Für die GmbH bestimmt § 9 Abs. 1 Satz 1 GmbHG, dass der Gesellschafter den Fehlbetrag einer Einlage in Geld zu leisten hat, wenn der Wert einer Sacheinlage im Zeitpunkt der Anmeldung der Gesellschaft zur Eintragung ins Handelsregister nicht den Betrag des dafür übernommenen Geschäftsanteils erreicht.[164] Diese **verschuldensunabhängige** Differenzhaftung[165] gilt gemäß § 56 Abs. 2 GmbHG auch bei der Sachkapitalerhöhung. Maßgeblicher Bezugspunkt ist bei der GmbH der **Nennbetrag** der übernommenen Stammeinlage. Bei der Kapitalerhöhung wird zwar mittlerweile anerkannt, dass die Geschäftsanteile zum sog. inneren Wert ausgegeben werden müssen, also ergänzt durch ein korporatives Agio.[166] Dennoch besteht bei der GmbH weitgehend Einigkeit, dass sich die **gesetzliche Haftung** gemäß § 56 Abs. 2 GmbHG, § 9 Abs. 1 GmbHG allein auf die Deckung des Nennbetrags der Anteile bezieht.[167] Eine weitergehende Haftung wird gemäß dem im Zuge des MoMiG eingefügten § 9 Abs. 1 Satz 2 GmbHG nicht ausgeschlossen. Dies betrifft bei der GmbH das nicht vollständig gedeckte Agio.[168] Zudem kann der Inferent über die Differenzhaftung hinaus auch nach (kaufrechtlichem) Leistungsstörungsrecht ersatzpflichtig sein.[169]

71 2. Erweiterte Geltung bei der AG. Die in § 9 Abs. 1 GmbHG gesetzlich angeordnete Differenzhaftung gilt auch bei der AG (→ § 27 Rn. 45). Im Hinblick auf die dogmatische Begründung und den Haftungsumfang ist zu differenzieren.

72 a) Gesetzliche Differenzhaftung. Erfolgt die Ausgabe zum **geringsten Ausgabebetrag** (→ § 182 Rn. 50), haftet der Inferent gemäß § 56 Abs. 2 GmbHG, § 9 Abs. 1 Satz 1 GmbHG analog für den Fehlbetrag.[170] Dies ist eine gesetzliche Haftung (str.).[171] Auf Verschulden oder Bösgläubigkeit des Aktionärs kommt es nicht an.[172]

73 b) Haftung aufgrund Kapitaldeckungszusage. Erfolgt die Ausgabe freiwillig oder gemäß § 255 Abs. 2 zu einem **höheren Ausgabebetrag,** erstreckt sich die Differenzhaftung des Inferenten zwingend auch auf die Wertdeckung des korporativen Agios.[173] Sie ist eine wichtige haftungsrechtliche Kompensation der aus Gründen der Verfahrensökonomie auf den Nennbetrag beschränkten Registerkontrolle (→ Rn. 61 ff.). Die Einordnung dieser weitergehenden Differenzhaftung als Ausfluss einer Kapitaldeckungszusage ändert am zwingenden Charakter nichts (str.).[174] Die Begründung folgt zum einen aus dem **Verbot widersprüchlichen Verhaltens** (§ 242 BGB). Zeichnet jemand Aktien zu einem bestimmten Betrag und leistet hierauf (§ 27 Abs. 1!) vereinbarungsgemäß einen anderen Gegenstand als Geld, muss er den Willen haben, hiermit seine Einlagepflicht (§ 54 Abs. 1) in Höhe dieses Betrages zu tilgen. Eine die Einlagepflicht zum Erlöschen bringende Tilgungsleistung wäre gemäß §§ 133, 157 BGB von vornherein abzulehnen, wenn die Leistung des Inferenten den Erklärungswert hätte, die Gesellschaft solle das Wertrisiko tragen. Hierfür bedürfte es eines Erfüllungsvertrages gemäß § 364 Abs. 1 BGB, der jedoch gemäß § 66 Abs. 1 unzulässig ist.[175] Nach der Konzeption des Gesetzes ist die Verknüpfung der Sachleistung mit einem hierdurch wertmäßig zu deckenden Ausgabebetrag zwingender Bestandteil der rechtsgeschäftlichen Verpflichtung des Zeich-

---

[164] Die Regelung wurde im Jahr 1980 eingefügt und normierte die bereits davor anerkannte Differenzhaftung (vgl. für die AG BGHZ 64, 52 (62); für die GmbH BGHZ 68, 191 (195 f.)).
[165] Vgl. die Begründung des Regierungsentwurfs zu § 9 Abs. 1 GmbHG (BT-Drs. 8/1347, 35).
[166] *Baumbach/Hueck/Zöllner/Fastrich* GmbHG § 56 Rn. 13.
[167] Vgl. *Lüssow*, Das Agio im GmbH- und Aktienrecht, 2005, 252 ff.; *Michalski/Hermanns* GmbHG § 56 Rn. 78; *Schäfer/Grützediek* DB 2006, 1040 (1040); Lutter/Hommelhoff/*Bayer* GmbHG § 9 Rn. 4.
[168] BegrRegE BR-Drs. 354/07, 81.
[169] Überblick bei *Schäfer/Grützediek* DB 2006, 1040 (1041 ff.).
[170] BGHZ 64, 52 (62) = NJW 1975, 974; BGH NZG 2012, 69 (70) – Babcock.
[171] AA OLG München NZG 2006, 73: Haftung aufgrund Kapitaldeckungszusage; ähnlich BGH NJW-RR 2009, 1487: Kapitaldeckungszusage in Verbindung mit dem Verbot der Unterpariemission; noch weiter BGH NZG 2012, 69 (70) – Babcock: aus § 36a Abs. 2, der Kapitaldeckungszusage sowie einer Analogie zu § 9 Abs. 1 GmbHG; ebenso Kölner Komm AktG/*Ekkenga* § 189 Rn. 14: Analogie überflüssig.
[172] Vgl. LG Düsseldorf BeckRS 2010, 10649.
[173] BGH NZG 2012, 69 (71) – Babcock (gesetzliche Haftung); OLG Jena ZIP 2006, 1989 (1997); *Trölitzsch*, Differenzhaftung für Sacheinlagen in Kapitalgesellschaften, 1998, 217 ff.; *Lüssow*, Das Agio im GmbH- und Aktienrecht, 2005, 216 ff.; Kölner Komm AktG/*Ekkenga* § 189 Rn. 17; Hüffer/Koch/*Koch* Rn. 21; MüKoAktG/*Schürnbrand* Rn. 71; *Dietz*, Aktien als Akquisitionswährung, 2004, 73 ff.
[174] AA für die GmbH BGH DStR 1998, 1884, wonach es wegen des rechtsgeschäftlichen Charakters der über den Nennbetrag hinausgehenden Haftung des Inferenten für möglich erachtet wird, diese auszuschließen; in diese Richtung auch OLG Jena ZIP 2006, 1989 (1997) und BGH NZG 2012, 69 (71) – Babcock.
[175] Vgl. OLG Köln ZIP 1989, 174 (176).

ners. Fehlt die Wertdeckungszusage, ist die Zeichnung nicht etwa insgesamt unwirksam. Vielmehr besteht gemäß § 54 Abs. 2 eine Zahlungspflicht.

Zum anderen spricht für die Haftung auf das korporative Agio der **Rechtsgedanke des § 243 Abs. 2 Satz 2.** Wird der Inferent mit Eintragung der Durchführung Aktionär, unterliegt er § 53a. Im Verhältnis zu den übrigen Aktionären darf ihm daher kein sachlich nicht gerechtfertigter Sondervorteil zukommen. Dieser wäre jedoch im Hinblick auf die vermögensmäßige Beteiligung gegeben, wenn der Sacheinlagegegenstand nicht den gemäß § 255 Abs. 2 angemessenen Ausgabebetrag deckt. Um die Verwässerung zu kompensieren, bedarf es daher einer entsprechenden Zahlungspflicht des Zeichners, was § 243 Abs. 2 Satz 2 klarstellt. Wegen der Kapitalbindung gemäß §§ 57, 61 und der besonderen Ausschüttungssperre gemäß § 150 Abs. 3 und 4 (vgl. auch Art. 56 RL (EU) 2017/1132),[176] ist diese Kompensation entgegen dem Wortlaut von § 243 Abs. 2 Satz 2 jedoch nicht unmittelbar an die Altaktionäre zu leisten, sondern in das Gesellschaftsvermögen. Dies verwirklicht die das korporative Agio umfassende Differenzhaftung.

Nach dem Vorgesagten ist die Differenzhaftung **zwingend.** Sie kann nicht abbedungen oder auf den geringsten Ausgabebetrag beschränkt werden (str.).[177] Der Gesellschaft bzw. den Aktionären verbleibt als Ausweg nur, im Rahmen ihrer Finanzierungsfreiheit, dh außerhalb von § 255 Abs. 2, auf die Vereinbarung eines korporativen Agios zu verzichten.[178] Die durch die Reform der früheren Kapitalrichtlinie ermöglichten Vereinfachungen bei der Einbringung von Sacheinlagen (→ Rn. 47 ff.) verhindern eine Differenzhaftung bei verzerrtem Börsenkurs und zwischenzeitlichem Wertverfall nicht (→ § 183a Rn. 21).

c) **Sonstige Leistungen.** Sonstige Leistungen des Aktionärs, insbesondere im Rahmen einer **Sachübernahme** oder eines **schuldrechtlichen Agios** können zwar ebenfalls Bestandteil der Kapitalrücklage werden (vgl. § 272 Abs. 2 Nr. 4 HGB), unterliegen jedoch keiner Ausschüttungssperre gemäß § 150.[179] Insofern ist es gerechtfertigt, hierauf nicht die Kapitalaufbringungsvorschriften und die haftungsrechtliche Effektuierung derselben mittels Differenzhaftung anzuwenden (str.).[180] Wegen der insbesondere bei der Kapitalerhöhung unter Bezugsrechtsausschluss gebotenen klaren Trennung von korporativem und schuldrechtlichem Agio (→ § 182 Rn. 49) besteht auch kein Raum für eine abweichende Beurteilung unter dem Aspekt der gesetzlich nicht nachvollziehbare Figur des **verdeckten Agios.**[181] Wird im Rahmen von § 255 Abs. 2 gegen die Pflicht zur Festsetzung eines korporativen Agios verstoßen, indem ein zu niedriger Ausgabebetrag festgesetzt wurde, ist somit konsequenterweise auch kein Raum für die über diesen Ausgabebetrag hinausgehende Differenzhaftung. Die AG und die Altaktionäre sind indessen nicht schutzlos gestellt: Hiervon unberührt bleibt nämlich die Möglichkeit, dass der Zeichner im Rahmen solcher Leistungen einen **§§ 57, 62** widersprechenden Vermögensvorteil erlangt oder sich wegen Verletzung von § 53a gegenüber den Mitaktionären ersatzpflichtig macht, Letzteres freilich nur bei Verschulden, was aber zumindest bei professionellen Investoren regemäßig zu bejahen sein dürfte (siehe auch → Rn. 80). Bei einer **gemischten Sacheinlage** (→ Rn. 9) erstreckt sich die Differenzhaftung auf den gesamten Vorgang, wenn eine einheitliche Behandlung gewollt oder die Leistung unteilbar ist.[182] Ist dies nicht der Fall, kommt für den nicht als Sacheinlage zu qualifizierenden Teil eine Differenzhaftung nicht in Betracht.[183]

3. **Haftungsumfang.** Erreicht der Wert der Sacheinlage im Anmeldezeitpunkt nicht den des konkret festgesetzten Ausgabebetrags, hat der Inferent die **Wertdifferenz vollständig auszugleichen.**[184] Die Gegenansicht, wonach geringfügige Überbewertungen in Anlehnung an Abs. 3 Satz 3 unberücksichtigt bleiben sollen, ist allein eine registerrechtliche Besonderheit zu Gunsten der Verfahrensökonomie (→ Rn. 61 ff.).

Ist das als Sacheinlage **eingebrachte Unternehmen überschuldet** oder ein **Grundstück mit Altlasten verseucht,** kann die Beseitigung dieser Mängel Kosten verursachen, die weit über den betreffenden Ausgabebetrag hinausgehen. Im Erst-recht-Schluss erstrecken sich sowohl die gesetzli-

---

[176] RL (EU) 2017/1132 des Europäischen Parlaments und des Rates vom 14. Juni 2017 über bestimmte Aspekte des Gesellschaftsrechts, ABl. 2017 Nr. L 169, 46 v. 30.6.2017; zum Ganzen *Bezzenberger,* Das Kapital der Aktiengesellschaft, 2005, 20 ff., 37 f.; *Mülbert/Birke* EBOR 3 (2002), 695 (704, 720).
[177] AA *Wieneke* NZG 2004, 61 (65 ff.).
[178] Weitergehend *Schäfer/Grützediek* DB 2006, 1040 (1043 f.): Ausgabe zum geringsten Ausgabebetrag auch bei Bezugsrechtsausschluss.
[179] *Bezzenberger,* Das Kapital der Aktiengesellschaft, 2005, 20.
[180] MüKoAktG/*Schürnbrand* Rn. 69; Hüffer/Koch/*Koch* Rn. 21.
[181] Abw. wohl für das verdeckte korporative Agio *Schäfer* FS Stilz, 2014, 525 (528 ff.).
[182] Vgl. BGH NZG 2012, 69 (72) – Babcock.
[183] *Verse* ZGR 2012, 875 (894 ff.).
[184] AA Hüffer/Koch/*Koch* Rn. 21; MüKoAktG/*Schürnbrand* Rn. 73.

che Differenzhaftung gemäß § 56 Abs. 2 GmbHG, § 9 Abs. 1 GmbHG analog als auch die Differenzhaftung aufgrund Kapitaldeckungszusage auch auf diesen negativen Wert (str.).[185] Aus § 54 Abs. 1 folgt nichts anderes. Die Begrenzung der Einlagepflicht kommt nur zum Tragen, wenn bis zum Ausgabebetrag gehörig geleistet wurde. Dass das Risiko des Sacheinlegers größer ist als das bei einer Bareinlage, ist hinzunehmen. Der Inferent hat es in der Hand, die Werthaltigkeit des entsprechenden Gegenstands vor der Zeichnung zu prüfen.

79 **Maßgeblicher Zeitpunkt** für die Wertdeckungspflicht ist in Analogie zu § 9 Abs. 1 GmbHG die Anmeldung des Kapitalerhöhungsbeschlusses gemäß § 184 (str.).[186] Hierdurch ist die Haftung für den Inferenten weitgehend kalkulierbar. Nachträgliche Wertschwankungen wirken sich daher weder zu seinen Gunsten noch zu seinen Lasten aus (str.).[187] Die **Beweislast** für die fehlende Wertdeckung des geleisteten Gegenstands trägt entsprechend § 9 Abs. 1 GmbHG grds. die AG, dem Inferenten obliegt jedoch eine gesteigerte sekundäre Darlegungslast über der Werthaltigkeit der Sacheinlage.[188] Faktisch wird so eine Beweislastumkehr begründet, die sich auch wertungsmäßig in die im Zuge des MoMiG eingeführten § 27 Abs. 3 und § 19 Abs. 4 GmbHG einfügt.[189]

80 **4. Zu niedriger Ausgabebetrag.** Wurde das **Bezugsrecht nicht ausgeschlossen,** ist die Hauptversammlung frei, ob sie einen höheren Ausgabebetrag beschließt oder nicht (→ § 182 Rn. 49 ff.).[190] Insofern ist nur der konkret festgesetzte Ausgabebetrag für die von der Ausschüttungssperre betroffene Kapitalrücklage maßgeblich. Die Differenzhaftung erstreckt sich ebenfalls nur auf die Wertdeckung des konkret festgesetzten Ausgabebetrags. Etwas anderes gilt auch dann nicht, wenn das **Bezugsrecht ausgeschlossen** wurde. Aus § 255 Abs. 2 folgt zwar, dass der Ausgabebetrag den inneren Wert der auszugebenden Beteiligung wiederspiegeln muss (str.).[191] Die Hauptversammlung bzw. der Vorstand sind daher bei der Festsetzung des Ausgabebetrags gebunden und handeln bei der Wahl eines zu niedrigen Ausgabebetrags pflichtwidrig.[192] Diese Pflichtwidrigkeit wirkt aber nicht zu Lasten des Zeichners, indem sich hierauf die Differenzhaftung erstrecken würde (str.).[193] Seine Leistungspflicht ist gemäß § 54 Abs. 1 durch den konkret festgesetzten Ausgabebetrag begrenzt. Wurde dieser entgegen § 255 Abs. 2 zu niedrig festgesetzt, führt dies allein zu Ansprüchen der von der Verwässerung betroffenen Aktionäre gegen den Vorstand[194] bzw. gegen den treuepflichtgebundenen Mehrheitsaktionär. Den „Nur-Zeichner" trifft keine Pflicht zur Nachzahlung, sondern allenfalls eine Ersatzpflicht gemäß §§ 57, 62 (→ Rn. 76).

81 **5. Weitere Ausgestaltung der Haftung.** Auf den Anspruch finden die **Beschränkungen des § 66** entsprechende Anwendung.[195] Die Verzinsung richtet sich nach § 63 Abs. 2, so dass auch die Geltendmachung eines weiteren Schadens nicht ausgeschlossen ist.[196] Eine zwischenzeitlich erfolgte Wertsteigerung des Gegenstands lässt die Differenzhaftung nicht entfallen.[197] Der Anspruch **verjährt** gemäß § 9 Abs. 2 GmbHG analog in zehn Jahren seit der Eintragung der Durchführung ins Handelsregister.[198] Ist die Sacheinlage auf Grund des – fragwürdigen – § 36a Abs. 2 Satz 2 Alt. 2 erst später zu erbringen, beginnt die Verjährung erst mit Erbringung.[199] Die Verjährungsfrist kann nicht verkürzt werden.[200] Der

---

[185] MüKoAktG/*Schürnbrand* Rn. 73; *Dietz*, Aktien als Akquisitionswährung, 2004, 66; wohl auch BGHZ 68, 191 (198) (für die KG) und BGHZ 80, 129 (140); aA Kölner Komm AktG/*Lutter* Rn. 66.
[186] K. Schmidt/Lutter/*Veil* Rn. 8; abw., grds. Tag der Anmeldung der Durchführung der Kapitalerhöhung, MüKoAktG/*Schürnbrand* Rn. 73; Hüffer/Koch/*Koch* Rn. 21.
[187] MüKoAktG/*Schürnbrand* Rn. 73; so auch die hM zur GmbH, vgl. Baumbach/Hueck/*Fastrich* GmbHG § 9 Rn. 4; aA *Lieb* FS Zöllner, 1998, 359 f.
[188] OLG Düsseldorf AG 2011, 823 (824 f.); MüKoAktG/*Schürnbrand* Rn. 74.
[189] Für eine echte Beweislastumkehr BeckOK GmbHG/*Ziemons* GmbHG § 9 Rn. 28.
[190] *Dietz*, Aktien als Akquisitionswährung, 2004, 78; teilweise abw. *H. P. Müller* FS Heinsius, 1991, 591 (593).
[191] Hüffer/Koch/*Koch* Rn. 21; abw. für ein verdecktes korporatives Agio *Schäfer* FS Stilz, 2014, 525 (530).
[192] Wohl aA *Verse* ZGR 2012, 875 (882 f.).
[193] MüKoAktG/*Schürnbrand* Rn. 72; abw. für ein verdecktes korporatives Agio *Schäfer* FS Stilz, 2014, 525 (530).
[194] Vgl. zur Haftung gemäß § 25 Abs. 1 Satz 1 UmwG analog *Servatius* Strukturmaßnahmen S. 389 ff.
[195] BGH NZG 2012, 69 (72) – Babcock.
[196] *Ekkenga/Jaspers* in Ekkenga/Schröer, Handbuch der AG-Finanzierung, 2014, Kap. 4 Rn. 378.
[197] Vgl. für § 31 Abs. 1 GmbHG BGHZ 144, 336 = NJW 2000, 2577; für die Unterbilanzhaftung BGH DStR 2006, 711.
[198] BGH NZG 2012, 69 (74) Rn. 41 – Babcock; MüKoAktG/*Schürnbrand* Rn. 55; Hüffer/Koch/*Koch* Rn. 15; abw. für Beginn mit Einforderung durch Vorstand *Ekkenga/Jaspers* in Ekkenga/Schröer, Handbuch der AG-Finanzierung, 2014, Kap. 4 Rn. 378, was aber wegen der gesetzlichen sofortigen Fälligkeit nicht überzeugt.
[199] *Verse* ZGR 2012, 875 (894).
[200] BGH NZG 2012, 69 (74) Rn. 42 – Babcock.

Kapitalerhöhung mit Sacheinlagen ohne Prüfung **§ 183a**

Anspruch unterfällt dem **Aufrechnungsverbot** gemäß § 66 Abs. 1 analog.[201] Ein **Vergleich** ist nur zulässig, wenn er wegen tatsächlicher oder rechtlicher Ungewissheit über den Bestand oder Umfang des Anspruchs geschlossen wird und sich dahinter nicht nur eine Befreiung in Form eines Vergleichs versteckt.[202] Der Vergleichsinhalt darf daher nicht den Bereich verlassen, der bei objektiver Beurteilung ernstlich zweifelhaft ist.[203] Die Zahlungsfähigkeit des Aktionärs ist hierbei unbeachtlich.[204] Die Hauptversammlung muss einem Vergleich nicht zustimmen;[205] eine relative Unwirksamkeit gegenüber den Gläubigern entsprechend § 93 Abs. 5 Satz 3 kommt auch nicht in Betracht.[206] Auf die vergleichsweise begründete Forderung gilt zwingend wiederum § 66 entsprechend.[207]

6. Differenzhaftung bei der Verschmelzung. Stellt sich nach der Verschmelzung gemäß § 69 **82** UmwG heraus, dass der Wert der übertragenden Gesellschaft nicht den Ausgabebetrag der dafür ausgegebenen Aktien der übernehmenden Gesellschaft deckt, kommt eine Differenzhaftung der Gesellschafter der übertragenden Gesellschaft nicht in Betracht (str.).[208] Dies folgt zum einen daraus, dass die betreffenden Gesellschafter, anders als bei der Zeichnung, keine Aktien durch Zeichnung übernehmen[209] und damit kein Raum für die Annahme widersprüchlichen Verhaltens ist (→ Rn. 73). Zum anderen ist zu berücksichtigen, dass der Gläubiger- und Gesellschafterschutz gemäß UmwG auf andere Weise abschließend gesichert wird (vgl. für die Gesellschafter der aufnehmenden Gesellschaft § 29 UmwG; für deren Gläubiger § 22 UmwG) und die an der Verschmelzung nur mittelbar beteiligten Gesellschafter keinen unmittelbaren Einfluss auf die Ausgestaltung der Verschmelzungsrelation haben, sondern möglicherweise sogar überstimmt wurden.

§ 183a Kapitalerhöhung mit Sacheinlagen ohne Prüfung

(1) ¹Von einer Prüfung der Sacheinlage (§ 183 Abs. 3) kann unter den Voraussetzungen des § 33a abgesehen werden. ²Wird hiervon Gebrauch gemacht, so gelten die folgenden Absätze.

(2) ¹Der Vorstand hat das Datum des Beschlusses über die Kapitalerhöhung sowie die Angaben nach § 37a Abs. 1 und 2 in den Gesellschaftsblättern bekannt zu machen. ²Die Durchführung der Erhöhung des Grundkapitals darf nicht in das Handelsregister eingetragen werden vor Ablauf von vier Wochen seit der Bekanntmachung.

(3) ¹Liegen die Voraussetzungen des § 33a Abs. 2 vor, hat das Amtsgericht auf Antrag von Aktionären, die am Tag der Beschlussfassung über die Kapitalerhöhung gemeinsam fünf vom Hundert des Grundkapitals hielten und am Tag der Antragstellung noch halten, einen oder mehrere Prüfer zu bestellen. ²Der Antrag kann bis zum Tag der Eintragung der Durchführung der Erhöhung des Grundkapitals (§ 189) gestellt werden. ³Das Gericht hat vor der Entscheidung über den Antrag den Vorstand zu hören. ⁴Gegen die Entscheidung ist die Beschwerde gegeben.

(4) Für das weitere Verfahren gelten § 33 Abs. 4 und 5, die §§ 34, 35 entsprechend.

Übersicht

	Rn.		Rn.
I. Bedeutung der Norm	1–4	1. Bezugnahme auf das WpHG	6
1. Regelungsgehalt	1–3	2. Übertragbare Wertpapiere	7–11
2. Entstehungsgeschichte	4	a) Aktien	8
II. Übertragbare Wertpapiere und		b) Vergleichbare Anteile	9
Geldmarktinstrumente	5–16	c) Übertragbare Schuldtitel	10
		d) Sonstige übertragbare Wertpapiere	11

---

[201] BGH NZG 2012, 69 (74) Rn. 42 – Babcock; grundsätzlich zustimmend *Schäfer* FS Stilz, 2014, 525 (531 f.), aber analog § 27 Abs. 3 eine Anrechnungslösung befürwortend; ebenso *Verse* ZGR 2012, 875 (892 f.); zum Ganzen → § 66 Rn. 30 ff.
[202] BGH NZG 2012, 69 (72) Rn. 22 – Babcock.
[203] BGH NZG 2012, 69 (72) Rn. 23 – Babcock.
[204] *Verse* ZGR 2012, 875 (886 f.).
[205] BGH NZG 2012, 69 (72) Rn. 25 f.– Babcock; aA *Priester* AG 2012, 525 (526 f.).
[206] BGH NZG 2012, 69 (73) Rn. 28 – Babcock.
[207] BGH NZG 2012, 69 (74) Rn. 34 – Babcock.
[208] So bezogen auf die Deckung des geringsten Ausgabebetrags OLG München NZG 2006, 73; bestätigt durch BGH NJW-RR 2007, 1487. AA zumindest für die zustimmenden Gesellschafter *Thoß* NZG 2006, 376, wobei jedoch die kollektive Willensbildung in der Hauptversammlung und die individuelle Begründung einer Einlagepflicht in unzulässiger Weise miteinander vermischt werden; ebenso *Wälzholz* AG 2006, 469.
[209] BGH NJW-RR 2007, 1487; Lutter/*Grunewald* UmwG § 69 Rn. 27 mwN.

Rn.		Rn.
3. Geldmarktinstrumente 12	IV. Verfahren der vereinfachten Sachkapitalerhöhung	26–40
4. Am organisierten Markt gehandelt 13	1. Wahlrecht	27
5. Ausnahme 14–16	2. Einladung zur Hauptversammlung	28
a) Keine ausreichende Zeitspanne 15	3. Beschlussfassung	29
b) Verzerrte Preisbildung 16	4. Bekanntmachung	30
III. Bereits anderweitig bewertete andere Vermögensgegenstände 17–25	5. Registeranmeldung	31–36
	a) Ausübung des Wahlrechts	31a
1. Andere Vermögensgegenstände 17	b) Beizufügende Anlagen	32
2. Anderweitig bewertet 18–22	c) Erklärungen	33, 34
a) Sachverständiger 19	d) Versicherungen	35, 36
b) Bewertungsgrundsätze 20	6. Eingeschränkte Prüfung durch das Registergericht	37–39
c) Bewertungsstichtag 21	7. Durchführung der Kapitalerhöhung	40
d) Meinungsverschiedenheiten 22	**V. Minderheitenschutz**	41, 42
3. Ausnahme 23–25		

I. Bedeutung der Norm

1 **1. Regelungsgehalt.** § 183a ist die Zentralnorm für die im Zuge des ARUG eingeführte **vereinfachte Sachkapitalerhöhung.** Diese beruht auf den Vorgaben der im Jahr 2006 geänderten früheren Kapitalrichtlinie[1] (→ § 183 Rn. 47 ff.). Die Regelung wird ergänzt durch die teilweise Neufassung von § 184 im Hinblick auf das Anmeldeverfahren. Inhaltlich deckt sich die vereinfachte Sachkapitalerhöhung weitgehend mit der vereinfachten Sachgründung gemäß § 33a, auf den unter anderem auch verwiesen wird. Die Vereinfachungen kommen auch in Betracht bei der bedingten Kapitalerhöhung (§ 194 Abs. 3) sowie beim genehmigten Kapital (§ 205 Abs. 5–7). **Abs. 1 Satz 1** bestimmt durch Verweis auf § 33a die materiell-rechtlichen Voraussetzungen, nach denen von der externen Prüfung der Sacheinlagen gemäß § 183 Abs. 3 abgesehen werden kann. Wird hiervon Gebrauch gemacht, besagt **Abs. 1 Satz 2** (etwas banal), dass sich die Folgen aus Abs. 2 bis 4 ergeben: Nach **Abs. 2 Satz 1** hat der Vorstand das Datum des Beschlusses über die Kapitalerhöhung sowie die Angaben nach § 37a Abs. 1 und 2 in den Gesellschaftsblättern bekannt zu machen. Für das weitere Verfahren verweist **Abs. 4** auf § 33 Abs. 4 und 5, §§ 34, 35; vgl. insofern aber auch den teilweise neu gefassten § 184. **Abs. 2 Satz 2** untersagt die Eintragung der Durchführung der Kapitalerhöhung (§ 189) vor Ablauf von vier Wochen seit der Bekanntmachung iSv Abs. 2 Satz 1. Nach **Abs. 3** kann eine Aktionärsminderheit die externe Prüfung erzwingen, wenn die Voraussetzungen für die vereinfachte Sachkapitalerhöhung gemäß § 33a Abs. 2 nicht vorliegen.

2 Im Kern geht es bei der Neuregelung darum, bei leicht bewertbaren oder bereits anderweitig bewerteten Vermögensgegenständen auf die externe Sachverständigenprüfung gemäß § 183 Abs. 3 sowie die gerichtliche Prüfung nach § 184 Abs. 3 Satz 1 zu verzichten und damit das Verfahren zu **beschleunigen.**[2] Ob dies gelingt, ist fragwürdig, denn bei den genannten Vermögensgegenständen fällt wohl auch die Werthaltigkeitsprüfung gemäß den Anforderungen des normalen Verfahrens recht kurz aus.[3] Hiernach richtet sich die Bewertung bei börsengängigen Wertpapieren ebenfalls am Kurswert aus; eine bei anderen Gegenständen kurz vor der Einbringung angestellte Wertprüfung kann als Ausgangspunkt für die neuerliche Prüfung herangezogen werden.

3 Eine wesentliche **Schwäche** der Neuregelung ist, dass die eigentliche Prüfung, ob der Wert der Sacheinlage dem konkreten Ausgabetrag entspricht (vgl. § 34 Abs. 1 Nr. 2), nicht mehr gefordert wird. Der maßgebliche gewichtete Börsenpreis bzw. die früheren Wertgutachten hängen gleichsam in der Luft, ohne dass die Sachverständigenexpertise dezidiert dazu Stellung nimmt, ob die Kapitalerhöhung insoweit rechtmäßig ist oder nicht. Der Verweis in Abs. 4 auf § 34 ist insofern sinnlos, weil die Sachverständigen zum früheren Zeitpunkt überhaupt noch nicht wissen konnten, welchen Zweck ihre Prüfung haben wird. Im Kern reduziert sich die Werthaltigkeitsprüfung bei Sacheinlagen so auf die zivil- und strafrechtlichen Sanktionen, die die Anmeldenden trifft, wenn sie eine unrichtige Versicherung gemäß § 37a Abs. 2 bzw. § 184 Abs. 1 Satz 3 abgeben.[4] Die registergerichtliche Ex-ante-Kontrolle im Eintragungsverfahren wird so durch eine haftungsmäßige Ex-post-Sanktion ersetzt.

---

[1] Nunmehr RL (EU) 2017/1132 des Europäischen Parlaments und des Rates vom 14. Juni 2017 über bestimmte Aspekte des Gesellschaftsrechts, ABl. EU 2017 Nr. L 169, 46 v. 30.6.2017.
[2] Nach *Klasen* BB 2008, 2694 (2695), dauert die gerichtliche Bestellung eines Sachverständigen zwei Wochen.
[3] Letztlich auch MüKoAktG/*Schürnbrand* Rn. 6.
[4] Dies wird in der Regierungsbegründung auch ausdrücklich hervorgehoben (BT-Drs. 16/11642, 56).

Die Neuregelung ist so neben der fragwürdigen Vereinfachung vor allem eine Abschwächung der Aktionärs- und Gläubigerinformation.[5]

2. Entstehungsgeschichte. Die vereinfachte Sachkapitalerhöhung beruht auf Art. 70 Abs. 2, 50 f. RL (EU) 2017/1132, der geänderten früheren Kapitalrichtlinie[6] (→ § 183 Rn. 35 ff., → 47 ff.). Die Umsetzung erfolgte im Rahmen des ARUG mit Wirkung zum 1.9.2009. Im Zuge der „Aktienrechtsnovelle 2014" erfolgte eine redaktionelle Änderung von § 33a Abs. 1, auf den in Abs. 1 verwiesen wird (→ Rn. 6 f.).

II. Übertragbare Wertpapiere und Geldmarktinstrumente

Die vereinfachte Sachkapitalerhöhung kommt nur in Betracht, wenn die in § 33a Abs. 1 aufgeführten Gegenstände eingebracht werden sollen. Sollen im Rahmen der Kapitalerhöhung noch andere Gegenstände eingebracht werden, gelten die Erleichterungen hierfür nicht.[7]

1. Bezugnahme auf das WpHG. Nach § 33a Abs. 1 Nr. 1 fallen unter die Erleichterungen die übertragbaren Wertpapiere und Geldmarktinstrumente iSv § 2 Abs. 1 und 2 WpHG.[8] Diese müssen während der letzten drei Monate vor dem Tag ihrer tatsächlichen Einbringung auf einem oder mehreren organisierten Märkten iSv § 2 Abs. 11 WpHG gehandelt worden sein.

§ 2 Abs. 1 WpHG:
Wertpapiere im Sinne dieses Gesetzes sind, auch wenn keine Urkunden über sie ausgestellt sind, alle Gattungen von übertragbaren Wertpapieren mit Ausnahme von Zahlungsinstrumenten, die ihrer Art nach auf den Finanzmärkten handelbar sind, insbesondere
1. Aktien,
2. andere Anteile an in- oder ausländischen juristischen Personen, Personengesellschaften und sonstigen Unternehmen, soweit sie Aktien vergleichbar sind, sowie Hinterlegungsscheine, die Aktien vertreten,
3. Schuldtitel,
    a) insbesondere Genussscheine und Inhaberschuldverschreibungen und Orderschuldverschreibungen sowie Hinterlegungsscheine, die Schuldtitel vertreten,
    b) sonstige Wertpapiere, die zum Erwerb oder zur Veräußerung von Wertpapieren nach den Nummern 1 und 2 berechtigen oder zu einer Barzahlung führen, die in Abhängigkeit von Wertpapieren, von Währungen, Zinssätzen oder anderen Erträgen, von Waren, Indices oder Messgrößen bestimmt wird; (...).

§ 2 Abs. 2 WpHG:
Geldmarktinstrumente im Sinne dieses Gesetzes sind Instrumente, die üblicherweise auf dem Geldmarkt gehandelt werden, insbesondere Schatzanweisungen, Einlagenzertifikate, Commercial Papers und sonstige vergleichbare Instrumente, sofern im Einklang mit Artikel 11 der Delegierten Verordnung (EU) 2017/565
1. ihr Wert jederzeit bestimmt werden kann,
2. es sich nicht um Derivate handelt und
3. ihre Fälligkeit bei Emission höchstens 397 Tage beträgt,
    es sei denn, es handelt sich um Zahlungsinstrumente.

§ 2 Abs. 11 WpHG:
Organisierter Markt im Sinne dieses Gesetzes ist ein im Inland, in einem anderen Mitgliedstaat der Europäischen Union oder einem anderen Vertragsstaat des Abkommens über den Europäischen Wirtschaftsraum betriebenes oder verwaltetes, durch staatliche Stellen genehmigtes, geregeltes und überwachtes multilaterales System, das die Interessen einer Vielzahl von Personen am Kauf und Verkauf von dort zum Handel zugelassenen Finanzinstrumenten innerhalb des Systems und nach festgelegten Bestimmungen in einer Weise zusammenbringt oder das Zusammenbringen fördert, die zu einem Vertrag über den Kauf dieser Finanzinstrumente führt.

2. Übertragbare Wertpapiere. Der Verweis in § 33a Abs. 1 Nr. 1 verweist auf die betreffenden Regelungen des WpHG in der jeweils gültigen Fassung.

a) Aktien. Nach dem vereinfachten Verfahren sacheinlagefähig sind so vor allem Aktien **in- und ausländischer AG** (§ 2 Abs. 1 Nr. 1 WpHG). In der Praxis dürfte dies den Hauptanwendungsfall

---
[5] Auf das Missbrauchspotential hinweisend Kölner Komm AktG/*Ekkenga* Rn. 5.
[6] RL (EU) 2017/1132 des Europäischen Parlaments und des Rates vom 14. Juni 2017 über bestimmte Aspekte des Gesellschaftsrechts, ABl. EU 2017 Nr. L 169, 46 v. 30.6.2017.
[7] BegrRegE BT-Drs. 16/11642 S. 30.
[8] Einzelheiten bei *Bayer/J. Schmidt* ZGR 2009, 805 (808 ff.).

§ 183a 9–11 Erstes Buch. Aktiengesellschaft

der vereinfachten Sachkapitalerhöhung darstellen (Aktien als Akquisitionswährung; Share für share-Transaktionen).⁹ Auf die wertpapierrechtliche Verbriefung kommt es nicht an. Vinkulierte Namensaktien sind nach Maßgabe von § 68 Abs. 2 übertragbar und können daher eingebracht werden. Nebenpapiere, wie etwa Kuponbögen, Erneuerungsschein oder einzelne Kupons sind untrennbar mit den Aktien verbunden und können als solche daher nicht eingebracht werden.¹⁰

9 **b) Vergleichbare Anteile.** Im vereinfachten Verfahren sacheinlagefähig sind ferner Anteile, die mit Aktien vergleichbar sind (§ 2 Abs. 1 Nr. 2 Alt. 1 WpHG). Maßgeblich hierfür ist, dass die Anteile die Mitgliedschaft in einem Personenverband verkörpern.¹¹ Dies sind vor allem Anteile an GmbH und KG. Diese sind wertpapierrechtlich betrachtet zwar fungibel,¹² können jedoch nicht an einem organisierten Markt iSv § 2 Abs. 11 WpHG gehandelt werden (→ Rn. 13). Die vereinfachte Sachgründung kommt hierfür somit nicht in Betracht. Als mit Aktien vergleichbare Anteile sind daher wohl nur **Zwischenscheine** iSv § 8 Abs. 6 denkbar.¹³ Weiterhin erfasst sind gemäß § 2 Abs. 1 Nr. 2 Alt. 2 WpHG **Hinterlegungsscheine,** die Aktien vertreten. Diese werden meist ausgestellt, um die Handelbarkeit von Aktien zu erleichtern, insbesondere, wenn die Aktien selbst nicht verbrieft sind.¹⁴ Aktienbezogene Derivate, landläufig auch als „Zertifikate" bezeichnet, fallen hingegen nicht hierunter (vgl. § 2 Abs. 2 WpHG), so dass es konsequent war, im Rahmen der jüngsten Reform des WpHG den Begriff „Zertifikate" in § 2 Abs. 1 Nr. 2 Alt. 2 WpHG durch Hinterlegungsscheine zu ersetzen. Ebenso kein Wertpapier im Sinne der Regelung sind die Sammel- und Globalurkunden; sie verbriefen die Aktien und sind daher Teil derselben.¹⁵

10 **c) Übertragbare Schuldtitel.** Vereinfacht eingebracht werden können schließlich auch übertragbare Schuldtitel iSv § 2 Abs. 1 Nr. 3a WpHG in- und ausländischer Emittenten. Genannt werden beispielhaft („insbesondere") zunächst **Genussscheine** (vgl. hierzu § 160 Abs. 3 Nr. 6, § 221 Abs. 3 und 4). Diese können als Inhaber-, Order- oder Rektapapiere ausgestaltet werden.¹⁶ Weiter genannt werden **Inhaber- und Orderschuldverschreibungen.** Hierunter fallen vor allem Unternehmensanleihen und Anleihen der öffentlichen Hand, zum Beispiel Schatzanweisungen.¹⁷ **Namensschuldverschreibungen** werden nicht genannt, fallen wegen der nur beispielhaften Aufzählung jedoch ebenfalls hierunter.¹⁸ Problematisch ist hier jedoch stets, ob sie überhaupt und wenn ja an einem organisierten Markt iSv § 2 Abs. 11 WpHG gehandelt werden (→ Rn. 14). Schließlich sind auch Hinterlegungsscheine, die diese Schuldtitel vertreten, vereinfacht sacheinlagefähig.¹⁹

11 **d) Sonstige übertragbare Wertpapiere.** Gemäß § 2 Abs. 1 Nr. 3b WpHG erfasst sind sonstige übertragbare Wertpapiere, die zum Erwerb oder zur Veräußerung von Wertpapieren nach Nr. 1 und 2 berechtigen oder zu einer Barzahlung führen, die in Abhängigkeit von Wertpapieren, von Währungen, Zinssätzen oder anderen Erträgen, von Waren, Indices oder Messgrößen bestimmt wird.²⁰ Bei den hierunter zu fassenden **Optionsscheinen** spielt es keine Rolle, ob sie mit entsprechenden Anteilen unterlegt sind oder nicht („naked" oder „covered warrant"). Auch **Bezugsrechte** iSv § 186 bei anderen AG fallen hierunter, soweit hierfür ein Bezugsrechtshandel eingerichtet ist. Erfasst werden weiter übertragbare Wertpapiere, die zu einer Bezahlung führen, die in Abhängigkeit von Wertpapieren, Währungen, Zinssätzen oder anderen Erträgen, von Waren, Indices oder Messgrößen bestimmt sind.²¹

---

⁹ Hierzu ausführlich *Dietz,* Aktien als Akquisitionswährung.
¹⁰ Vgl. Assmann/Schneider/*Assmann* WpHG § 2 Rn. 14.
¹¹ Assmann/Schneider/*Assmann* WpHG § 2 Rn. 16.
¹² Assmann/Schneider/*Assman* WpHG § 2 Rn. 16; EBJS/*Grundmann* Rn. VI 50.
¹³ Assmann/Schneider/*Assmann* WpHG § 2 Rn. 18.
¹⁴ Assmann/Schneider/*Assmann* WpHG § 2 Rn. 19 unter Hinweis auf die American Depositary Receipts (ADRs).
¹⁵ Kölner Komm AktG/*Versteegen* WpHG § 2 Rn. 23; Assmann/Schneider/*Assmann* WpHG § 2 Rn. 19; abw. Schwark/*Beck* WpHG § 2 Rn. 5.
¹⁶ Assmann/Schneider/*Assmann* WpHG § 2 Rn. 22.
¹⁷ Assmann/Schneider/*Assmann* WpHG § 2 Rn. 25.
¹⁸ Assmann/Schneider/*Assmann* WpHG § 2 Rn. 28.
¹⁹ Assmann/Schneider/*Assmann* WpHG § 2 Rn. 29.
²⁰ Nähere Bestimmungen enthält die Delegierte Verordnung (EU) 2017/565 der Kommission vom 25. April 2016 zur Ergänzung der Richtlinie 2014/65/EU des Europäischen Parlaments und des Rates in Bezug auf die organisatorischen Anforderungen an Wertpapierfirmen und die Bedingungen für die Ausübung ihrer Tätigkeit sowie in Bezug auf die Definition bestimmter Begriffe für die Zwecke der genannten Richtlinie (ABl. L 87 vom 31.3.2017, S. 1), in der jeweils geltenden Fassung.
²¹ Einzelheiten bei Kölner Komm AktG/*Versteegen* WpHG § 2 Rn. 24.

3. Geldmarktinstrumente. Sacheinlagefähige Gegenstände iSv § 2 Abs. 2 WpHG sind alle übli- 12
cherweise auf dem Geldmarkt gehandelten Forderungen, soweit sie nicht bereits unter § 2 Abs. 1
WpHG fallen.[22] Dies sind kurzfristige Schuldscheindarlehen oder Schatzwechsel, mangels bestim-
mungsgemäßer Handelbarkeit jedoch keine Termin- oder Tagesgelder oder Sparbriefe.[23] Erfasst sind
auch kurzfristige Euro-Notes mit den Certificates of Deposit bzw. Commercial Papers (begeben von
Kreditinstituten bzw. sonstigen Emittenten).[24]

4. Am organisierten Markt gehandelt. Die vereinfacht sacheinlagefähigen Wertpapiere müssen 13
nicht nur übertragbar sein iSv § 2 Abs. 1 Satz 1 WpHG, sondern gemäß § 33a Abs. 1 Nr. 1 auch am
Tag der tatsächlichen Einbringung auf einem oder mehreren organisierten Märkten iSv § 2 Abs. 11
WpHG gehandelt worden sein. Um einen – in- oder ausländischen – **organisierten Markt** handelt
es sich immer dann, wenn ein multilaterales Handelssystem besteht, welches durch staatliche Stellen
genehmigt, geregelt und überwacht wird.[25] In Deutschland ist dies der regulierte Markt iSv § 32
BörsG, nicht jedoch der Freiverkehr.[26] Eine Liste der anderen regulierten Märkte in der EU und
im EWR ist im Internet abrufbar.[27] Die Wertpapiere müssen **tatsächlich gehandelt** worden sein.
Dieses Merkmal ist wichtig, denn der Verzicht auf die externe Sachverständigenprüfung beruht
gerade darauf, dass sich ein angemessener Marktpreis gebildet hat. Es bedarf daher nennenswerter
Umsätze, entgegen dem zu engen Wortlaut jedoch nicht nur am Tag der Einbringung selbst. Das
Kriterium „am Markt gehandelt" ist wertend zu konkretisieren; § 33a Abs. 2 stellt dies mittelbar
klar, indem ein „gewichteter Durchschnittspreis" ermittelt werden muss. Gibt es keine **Zeitspanne**
von mindestens drei Monaten (in Anlehnung an § 5 Abs. 1 WpÜG-AngV; vgl. auch § 37a Abs. 3
Nr. 1), in denen ein öffentlicher Handel mit den betreffenden Wertpapieren oder Geldmarktinstrumenten stattgefunden hat, scheidet der gebildete Marktpreis als Grundlage für die erleichterte Einbringung aus. Der Vorstand hat dies im Vorfeld der Kapitalerhöhung zu ermitteln.

5. Ausnahme. Das vereinfachte Verfahren kommt gemäß § 33a Abs. 2 nicht in Betracht, wenn der 14
gewichtete Durchschnittspreis der Wertpapiere oder Geldmarktinstrumente durch außergewöhnliche
Umstände erheblich beeinflusst worden ist. Diese Ausnahme kann gemäß Abs. 3 von einer Aktionärsminderheit durch gerichtliche Entscheidung geltend gemacht werden (→ Rn. 41). Der Umstand
allein, dass der tatsächliche Börsenkurs im Zeitpunkt der Einbringung niedriger ist als der nach dem
Vorgesagten ermittelte gewichtete Durchschnittskurs, verhindert die vereinfachte Kapitalerhöhung
indessen nicht.

a) Keine ausreichende Zeitspanne. Der gewichtete Durchschnittspreis wird gesetzlich nicht 15
definiert. Laut Regierungsbegründung ist dies ein abstrakter Maßstab, der als solcher nichts darüber
aussagt, von wem und in welchem Verfahren er zu ermitteln ist. Neben den von der BAFin ermittelten Werten können auch die Daten anderer Anbieter herangezogen werden.[28] In der Regierungsbegründung wird zutreffend darauf hingewiesen, dass sich der Durchschnittspreis nur im Rahmen einer
Zeitspanne von **drei Monaten** zuverlässig ermitteln lässt.[29] Lässt sich daher ein derartiger Zeitraum
nicht nachweisen, kommt die vereinfachte Kapitalerhöhung nicht in Betracht.

b) Verzerrte Preisbildung. Der innerhalb der Zeitspanne von drei Monaten ermittelte gewich- 16
tete Durchschnittspreis darf nicht durch **außergewöhnliche Umstände** beeinflusst worden sein.
Hierdurch wird anerkannt, dass der Börsenpreis nicht in jedem Fall das sachgerechte Bewertungskri-
terium ist, um hierüber Gläubiger- und Minderheitsinteressen zu berücksichtigen.[30] Welche
Umstände die Ausnahme rechtfertigen, lässt sich derzeit noch nicht absehen. In der Regierungsbegründung heißt es lediglich, dass dies zum Beispiel dann gegeben ist, wenn der Handel mit den
betreffenden Instrumenten über einen längeren Zeitraum zum Erliegen gekommen ist („illiquide")
oder ausgesetzt war.[31] Auf diese Extremfälle ist die Ausnahme indessen nicht begrenzt, da es dort
regelmäßig bereits am Merkmal des „Gehandeltwerdens" fehlt (→ Rn. 13). Außergewöhnliche
Umstände liegen auch dann vor, wenn der Markt durch eine objektiv verbotene **Kursmanipulation**

---

[22] Assmann/Schneider/*Assmann* WpHG § 2 Rn. 36.
[23] Assmann/Schneider/*Assmann* WpHG § 2 Rn. 37.
[24] EBJS/*Grundmann* HGB Rn. VI 48.
[25] Assmann/Schneider/*Assmann* WpHG § 2 Rn. 161.
[26] EBJS/*Grundmann* HGB Rn. VI 62.
[27] https://eur-lex.europa.eu/legal-content/DE/TXT/?uri=CELEX:52010XC1221(02).
[28] BT-Drs.16/11642, 30.
[29] BegrRegE BT-Drs. 16/11642, 31, unter Hinweis auf § 5 WpÜG-AngV und die Moto Meter-Entscheidung des BVerfG (BVerfG ZIP 2007, 175).
[30] BegrRegE BT-Drs. 16/11642, 31; dies sieht auch der EuGH (vgl. AG 2009, 283).
[31] BegrRegE BT-Drs. 16/11642, 31 unter Hinweis auf BVerfGE 100, 289 Rn. 66 f. und BGHZ 147, 108.

(Art. 12, 15 Marktmissbrauchs-VO)[32] beeinflusst wurde, sofern hierdurch eine erhebliche Änderung des Börsenwerts bewirkt worden ist.[33] Hierbei sollte es indessen nicht bleiben. Auch sonstige, für sich genommen nicht zu beanstandende besondere Umstände, die den Preis verzerren („Übernahmefieber", drohender squeeze out etc.), sollten geeignet sein, eine Ausnahme zu begründen.[34] Eine Bereichsausnahme für **marktübliches Verhalten** iSv der früheren § 20a Abs. 2 WpHG iVm §§ 7 ff. MaKonV sowie bei erlaubten Rückkaufprogrammen eigener Aktien und Maßnahmen zur Kursstabilisierung ist nicht angezeigt (str.).[35] Letztlich muss im Rahmen von § 183a vielmehr stets **einzelfallorientiert** geprüft werden, ob die Preisbildung am Markt im Drei-Monats-Zeitraum eine taugliche Grundlage ist, auf eine externe Sachverständigenprüfung zu verzichten. Hierbei ist vor allem maßgeblich, auf welche Parameter sich diese Prüfung im Einbringungszeitpunkt stützen würde und worauf im Rahmen von § 255 Abs. 2 abzustellen ist (→ § 255 Rn. 21 ff.). Wären die Umstände dort beachtlich für ein Abweichen von der Maßgeblichkeit des Börsenkurses, kann für die Ausnahmen nach Abs. 2 nichts anderes gelten.

III. Bereits anderweitig bewertete andere Vermögensgegenstände

17 **1. Andere Vermögensgegenstände.** Über die genannten Wertpapiere und Geldmarktinstrumente hinaus sieht § 33 Abs. 1 Nr. 2 auch für andere, gemäß § 27 Abs. 2 sacheinlagefähige[36] und nicht bereits unter § 33 Abs. 1 Nr. 1 fallende Vermögensgegenstände vor, dass auf die externe Sachverständigenprüfung verzichtet werden kann. Diese Regelung dürfte eine größere praktische Bedeutung haben. Sie erfasst indessen nur solche Sacheinlagen, die nach § 36a Abs. 2 Satz 1 – wie im Regelfall – sogleich quoad dominium zu leisten sind. Auf die rechtspolitisch fragwürdige Einbringungsmöglichkeit nach § 36a Abs. 2 Satz 2 (dazu → § 188 Rn. 44 ff.) ist die Vereinfachung nicht anwendbar.[37]

18 **2. Anderweitig bewertet.** Voraussetzung ist, dass für die genannten erfassten Gegenstände im Kapitalerhöhungsverfahren (Beschlussvorbereitung, Beschlussfassung und Durchführung) eine Bewertung zu Grunde gelegt wird, die ein unabhängiger, ausreichend vorgebildeter und erfahrener Sachverständiger nach den allgemein anerkannten Bewertungsgrundsätzen mit dem beizulegenden Zeitwert ermittelt hat.

19 **a) Sachverständiger.** Der Begriff des Sachverständigen ist laut Regierungsbegründung § 34 Abs. 1 Nr. 1 und § 143 Abs. 1 Nr. 1 entlehnt.[38] In Betracht kommen hiernach alle, die Gründungsprüfer iSv § 33 Abs. 4 oder Sonderprüfer sein können (Einzelheiten bei → § 33 Rn. 18 ff. und → § 142 Rn. 6 ff.). Der Verweis in Abs. 4 auf § 33 Abs. 4 und 5 stellt dies ausdrücklich klar.[39] Die im Rahmen des Jahresabschlusses erfolgte Bewertung kann hierfür nicht herangezogen werden.[40]

20 **b) Bewertungsgrundsätze.** Ziel der Bewertung muss es sein, den **Zeitwert** zu ermitteln („fair value" iSv Art. 50 Abs. 2 RL (EU) 2017/1132).[41] Welche die in § 33 Abs. 1 Nr. 2 genannten „allgemein anerkannten Bewertungsgrundsätze" sind, bleibt offen. Es spricht vieles dafür, dass hierunter diejenigen Bewertungsmaßstäbe fallen, die beim normalen Verfahren der Sachgründung bzw. Sachkapitalerhöhung nach § 34 Abs. 2 maßgeblich sind (Einzelheiten bei § 34). Der Sachverständige kann gemäß Abs. 3 iVm § 35 Abs. 1 vom Inferenten **Aufklärungen und Nachweise** verlangen, die für eine sorgfältige Prüfung notwendig sind (Einzelheiten bei § 35). Er hat gemäß Abs. 4 iVm § 35 Abs. 3 einen gerichtlich festsetzbaren **Vergütungsanspruch** (Einzelheiten bei § 35).

21 **c) Bewertungsstichtag.** Der Bewertungsstichtag darf nicht mehr als **sechs Monate** vor dem Tag der tatsächlichen Einbringung liegen. Hierin liegt ein deutlicher Unterschied zum normalen Verfahren der Sachkapitalerhöhung, wo sich die Bewertung auf den Eintragungsstichtag bezieht. Verfahrensrechtlich betrachtet ist die Neuregelung durchaus sachgerecht, um das Eintragungsverfah-

---

[32] VO (EU) Nr. 596/2014.
[33] BegrRegE BT-Drs. 16/11642, 31.
[34] Abw. BegrRegE BT-Drs. 16/11642, 31; ebenso *Bayer/J. Schmidt* ZGR 2009, 805 (809 f.).
[35] AA BegrRegE BT-Drs. 16/11642, 31; *Böttcher* NZG 2008, 481 (482 f.); *Sauter* ZIP 2008, 1706 (1709); unter Hinweis auf den Vorrang des Europarechts auch MüKoAktG/*Schürnbrand* Rn. 21; wie hier aber Kölner Komm AktG/*Ekkenga* Rn. 15.
[36] Hierauf weist die Regierungsbegründung ausdrücklich hin (BT-Drs. 16/11642, 31).
[37] *Sauter* ZIP 2008, 1706 (1709); *Merkner/Decker* NZG 2009, 887 (890).
[38] BegrRegE BT-Drs. 16/11642, 31.
[39] Abw. Kölner Komm AktG/*Ekkenga* Rn. 13.
[40] Kölner Komm AktG/*Arnold* § 33a Rn. 15.
[41] *Sauter* ZIP 2008, 1706 (1709); RL (EU) 2017/1132 des Europäischen Parlaments und des Rates vom 14. Juni 2017 über bestimmte Aspekte des Gesellschaftsrechts, ABl. EU 2017 Nr. L 169, 46 v. 30.6.2017.

ren zu beschleunigen.[42] Materiell-rechtlich darf diese jedoch nicht dazu führen, dass die Differenzhaftung des Inferenten bzw. die Unangemessenheit des Ausgabebetrags gemäß § 255 Abs. 2 auf den früheren Zeitpunkt bezogen wird. Insofern käme es zu einer im Vergleich zu den sonstigen Regeln der früheren Kapitalrichtlinie[43] und des AktG systemwidrigen Erosion des Grundsatzes der realen Kapitalaufbringung und des Minderheitenschutzes beim Bezugsrechtsausschluss.[44] Dem mag man zwar entgegen halten, dass dann die bezweckte Beschleunigung zur Vermeidung von Haftungs- und Anfechtungsrisiken praktisch leer läuft. Dies ist jedoch hinzunehmen. Vom vereinfachten Verfahren sollte nur dann Gebrauch gemacht werden, wenn die Voraussetzungen von § 33a Abs. 2 eingehalten werden, mithin keine zwischenzeitlichen Wertverluste drohen.

d) Meinungsverschiedenheiten. Kommt es zu Meinungsverschiedenheiten zwischen Sachverständigem und Inferenten, gilt gemäß Abs. 4 § 35 Abs. 2 (Einzelheiten bei § 35).

3. Ausnahme. Die vereinfachte Sachkapitalerhöhung kommt bei den bereits anderweitig bewerteten Gegenständen gemäß § 33a Abs. 2 nicht in Betracht, wenn im Zeitpunkt der Registeranmeldung anzunehmen ist, dass der beizulegende **Zeitwert** am Tag ihrer tatsächlichen Einbringung auf Grund neuer oder neu bekannt gewordener Umstände **erheblich niedriger** ist als der von dem Sachverständigen angenommene Wert. Es ist ausreichend, wenn Umstände hierauf hindeuten.[45] Nach Abs. 3 kann die Minderheit die Neubewertung gerichtlich erzwingen (→ Rn. 41).

Die **Erheblichkeitsschwelle** ist nicht so hoch anzusetzen, dass durch die bekannte oder anzunehmende Überbewertung die reale Kapitalaufbringung gefährdet sein muss.[46] Als erheblich sind daher nicht nur die Fälle anzusehen, bei denen durch die Überbewertung der geringste oder höhere Ausgabebetrag unterschritten würde. Ausreichend ist vielmehr der abstrakte Umstand, dass die Bewertung **nicht nur ganz geringfügig** hinter dem aktuellen Zeitwert zurückbleibt. Zur Begründung lässt sich anführen, dass die vereinfachte Kapitalerhöhung lediglich verfahrensrechtlich Vereinfachungen bringen will. Die materiell-rechtlichen Maßstäbe für die reale Kapitalaufbringung nach § 184 Abs. 3 und die Angemessenheit nach § 255 Abs. 2 werden hierdurch nicht berührt. Bestehen daher begründete Zweifel an der Aktualität der früheren Bewertung, bedarf es einer aktuellen Neubewertung, damit die materiell-rechtlichen Vorgaben über die Werthaltigkeit von Sacheinlagen eingehalten werden können.

Werden Umstände bekannt, dass sich der **Zeitwert nach der Einbringung** geändert hat, beseitigt dies die Zulässigkeit der vereinfachten Sachkapitalerhöhung grds. nicht.[47] Aus § 184 Abs. 1 Satz 2 folgt jedoch, dass die vereinfachte Sachkapitalerhöhung dann nicht mehr möglich ist, wenn im Zeitraum zwischen Einbringung und Anmeldung bekannt wird, dass die Bewertung nicht mehr aktuell ist (→ Rn. 36).[48]

IV. Verfahren der vereinfachten Sachkapitalerhöhung

Liegen die Voraussetzungen für die vereinfachte Sachkapitalerhöhung vor, ergibt sich das Verfahren aus Abs. 1 Satz 2, Abs. 2 bis 4 und § 184. Diese Regelungen sind unvollständig. Für die vereinfachte Sachkapitalerhöhung gelten daher grds. auch die allgemeinen Regeln. Hiernach ist zwischen Beschlussfassung iSv § 183 Abs. 1 und Durchführung zu differenzieren.

1. Wahlrecht. Bei der Kapitalerhöhung hat die AG vorbehaltlich der Einschränkungen nach § 33a Abs. 2 ein Wahlrecht, ob sie von dem vereinfachten Verfahren Gebrauch macht oder nicht.[49] Entsprechende Satzungsregelungen sind möglich;[50] ebenso Vorgaben im Hauptversammlungsbeschluss. Praktisch bedeutsam ist Letzteres freilich nicht, weil der externe Sachverständigenbericht im normalen Verfahren bereits bei der Beschlussfassung vorliegen sollte, um die ausreichende Aktionärsinformation zu gewährleisten. Regelmäßig entscheidet über die Wahl des vereinfachten Verfahrens daher der **Vorstand** pflichtgemäß; er hat auch die entsprechenden Erklärungen und Versicherungen im Registerverfahren abzugeben (→ Rn. 33 ff.). Die vereinfachte Kapitalerhöhung ist auch beim

---

[42] So auch *Böttcher* NZG 2008, 481 (482).
[43] Nunmehr RL (EU) 2017/1132 des Europäischen Parlaments und des Rates vom 14. Juni 2017 über bestimmte Aspekte des Gesellschaftsrechts, ABl. EU 2017 Nr. L 169, 46 v. 30.6.2017.
[44] Abw. wohl *Böttcher* NZG 2008, 481 (482) und Kölner Komm AktG/*Ekkenga* Rn. 13.
[45] BegrRegE BT-Drs. 16/11642, 32.
[46] BegrRegE BT-Drs. 16/11642, 32.
[47] BegrRegE BT-Drs. 16/11642, 32.
[48] BegrRegE BT-Drs. 16/11642, 32; abw. Kölner Komm AktG/*Ekkenga* Rn. 17.
[49] BegrRegE BT-Drs. 16/11642, 55.
[50] Formulierungsbeispiel: „Sollen Gegenstände iSv § 33a Abs. 1 als Sacheinlage eingebracht werden, ist grds. das Verfahren der vereinfachten Sachkapitalerhöhung gemäß § 183a durchzuführen".

Bezugsrechtsausschluss möglich. Sprechen nachträglich Gründe gegen das vereinfachte Verfahren, kann die Ausübung des Wahlrechts bis zur Eintragung der Durchführung (§ 189) rückgängig gemacht werden.

28 **2. Einladung zur Hauptversammlung.** Grds. gelten für die Einladung zur Hauptversammlung die allgemeinen Regeln gemäß §§ 121 ff. Nach § 183 Abs. 3 Satz 1 ist darüber hinaus richtigerweise in der Einladung zur Hauptversammlung auch ausdrücklich und ordnungsgemäß bekannt zu machen, dass die Kapitalerhöhung im vereinfachten Verfahren erfolgen soll (→ § 183 Rn. 20).[51]

29 **3. Beschlussfassung.** Im Hauptversammlungsbeschluss kann festgelegt werden, dass das vereinfachte Verfahren gewählt wird **(fakultativer Inhalt).** Ist dies der Fall, muss der Vorstand es grds. einhalten (§ 83 Abs. 2).[52] Er hat jedoch im Rahmen seiner materiellen Beschlussverantwortung zu prüfen, ob die Voraussetzungen hierfür vorliegen.[53] Fehlen entsprechende Angaben, entscheidet der **Vorstand** pflichtgemäß, ob das vereinfachte Verfahren in Betracht kommt oder nicht. Die hiermit einhergehende verfahrensrechtliche Vereinfachung spricht regelmäßig für die Wahl dieses Verfahrens.[54] Bei Zweifeln über die Voraussetzungen nach § 33a Abs. 1 ist hierauf jedoch zu verzichten. Vgl. zum Minderheitenschutz nach Abs. 3 → Rn. 41.

30 **4. Bekanntmachung.** Nach der Beschlussfassung hat der **Vorstand** gemäß Abs. 2 Satz 1 das Datum des Beschlusses über die Kapitalerhöhung sowie die Angaben nach § 37a Abs. 1 und 2 in den Gesellschaftsblättern (§ 25) bekannt zu machen. Der Verweis auf § 37a Abs. 1 und 2 ist misslungen.[55] Diese Regelungen betreffen unmittelbar nur das Registerverfahren und sind bei der Kapitalerhöhung somit an den Vorstand und den Aufsichtsratsvorsitzenden gerichtet (vgl. § 184 Abs. 1). Abs. 2 ändert hieran nichts, sondern besagt allein, dass die Bekanntmachung der nach § 37a Abs. 1 und 2 geforderten und tatsächlich erfolgten Erklärungen vom Vorstand vorzunehmen ist. In der Regierungsbegründung wird dies freilich anders gesehen. Hiernach soll es bei der vereinfachten Sachkapitalerhöhung überhaupt keine an das Registergericht ergehenden **Erklärungen** gemäß § 37a Abs. 1 und 2 geben. Diese seien lediglich Bestandteil der Bekanntmachung nach Abs. 2 Satz 1.[56] Dem ist nicht zuzustimmen. Richtig ist, dass die Bekanntmachung gemäß Art. 51 RL (EU) 2017/1132[57] gefordert wird (→ § 183 Rn. 52 f.). Diesem Umstand ist jedoch nicht dadurch Rechnung zu tragen, dass die Erklärungen und Versicherungen nach § 37a Abs. 1 und 2 aus dem Registerverfahren herausgenommen werden. Richtigerweise sind die in der Bekanntmachung abzugebenden Erklärungen daher bei der Anmeldung des Hauptversammlungsbeschlusses zur Eintragung ins Handelsregister noch einmal abzugeben, ergänzt durch den nach § 184 Abs. 1 Satz 3 erforderlichen Hinweis, dass sich keine Veränderungen ergeben haben (→ Rn. 36). Die Bekanntmachung in den Gesellschaftsblättern verwirklicht nicht allein Aktionärsschutz. Sie ist daher auch bei der Ein-Personen-Gesellschaft bzw. bei der Zustimmung aller Aktionäre **nicht entbehrlich** (str.).[58]

31 **5. Registeranmeldung.** Die Anmeldung des Kapitalerhöhungsbeschlusses erfolgt im Ausgangspunkt nach § 184 Abs. 1 Satz 1 (→ § 184 Rn. 4 ff.).

31a **a) Ausübung des Wahlrechts.** In der Anmeldung ist jedoch gemäß § 37a Abs. 1 Satz 1 zu erklären, dass von einer externen Sachverständigenprüfung abgesehen wird, mithin das Wahlrecht ausgeübt wird.

32 **b) Beizufügende Anlagen.** Vorstand und Aufsichtsratsvorsitzender haben konsequenterweise nicht den entbehrlichen Sachverständigenbericht, sondern die gemäß § 184 Abs. 2 Alt. 2 die in § 37a Abs. 3 bezeichneten Anlagen in **elektronischer Form** (§ 12 Abs. 2 HGB) beizufügen. Dies sind in den Fällen von § 33a Abs. 1 Nr. 1 die Unterlagen über die Ermittlung des gewichteten Durchschnittspreises, zu dem die einzubringenden Wertpapiere oder Geldmarktinstrumente während der letzten drei Monate vor dem Tag ihrer tatsächlichen Einbringung auf einem organisierten Markt gehandelt

---

[51] Abw. MüKoAktG/*Schürnbrand* Rn. 38; Hüffer/Koch/*Koch* Rn. 10.
[52] MüKoAktG/*Schürnbrand* Rn. 12; abw. Wachter/*Dürr* Rn. 2.
[53] *Servatius* Strukturmaßnahmen S. 330 ff.
[54] Abw. MüKoAktG/*Schürnbrand* Rn. 10; Kölner Komm AktG/*Ekkenga* Rn. 18.
[55] So auch MüKoAktG/*Schürnbrand* Rn. 15.
[56] BegrRegE BT-Drs. 16/11642, 57: „Die Erklärung findet sich in diesem Fall nicht in der Anmeldung, sondern in der Bekanntmachung".
[57] RL (EU) 2017/1132 des Europäischen Parlaments und des Rates vom 14. Juni 2017 über bestimmte Aspekte des Gesellschaftsrechts, ABl. EU 2017 Nr. L 169, 46 v. 30.6.2017.
[58] MüKoAktG/*Schürnbrand* Rn. 13; Hüffer/Koch/*Koch* Rn 4; Kölner Komm AktG/*Ekkenga* Rn. 20; abw. *Klasen* BB 2008, 2694 (2698); *Bayer/J. Schmidt* ZGR 2009, 805 (817 f.); *Herrler/Reymann* DNotZ 2009, 914 (934); *Grigoleit/Rieder/Holzmann* Rn. 7.

worden sind; in den Fällen des § 33 Abs. 1 Nr. 2 jedes frühere Sachverständigengutachten, auf das sich die Bewertung stützt. Eine interne Prüfung der Sacheinlage iSv § 34 findet bei der vereinfachten Kapitalerhöhung nicht statt,[59] so dass dieser Bericht auch nicht beizufügen ist.

c) Erklärungen. Wenngleich nicht ausdrücklich erwähnt, muss die Registeranmeldung auch die Erklärungen nach § 37a Abs. 1 und 2 enthalten. Dem Ansatz der Regierungsbegründung, die Bekanntmachung nach Abs. 2 Satz 1 würde diese ersetzen, ist nicht zuzustimmen (→ Rn. 30). Wie bei der Gründung haben die Anmeldenden daher gemäß § 37a Abs. 1 Satz 1 zu erklären, dass von einer externen Gründungsprüfung abgesehen wird (Ausübung des Wahlrechts). 33

Weiterhin ist gemäß § 37a Abs. 1 Satz 2 der Gegenstand der Sacheinlage zu beschreiben. Die Anmeldung muss gemäß § 37a Abs. 1 Satz 3 ferner die Erklärung enthalten, dass der Wert der Sacheinlage den geringsten Ausgabebetrag der dafür zu gewährenden Aktien erreicht. Der Wert, die Quelle der Bewertung sowie die angewandte Bewertungsmethode sind schließlich gemäß § 37a Abs. 1 Satz 4 anzugeben.[60] Zu den Einzelheiten siehe jeweils die Erläuterung bei § 37a. Unrichtige Erklärungen sind gemäß § 399 Abs. 1 Nr. 1 **strafbewehrt**.[61] Zivilrechtlich machen sich die Anmeldenden gemäß §§ 93, 116 gegenüber der AG schadensersatzpflichtig. 34

d) Versicherungen. Über die Erklärungen hinaus haben Vorstand und Aufsichtsratsvorsitzender noch besondere Versicherungen abzugeben. Die bloße Bezugnahme auf die Bekanntmachung nach Abs. 1 Satz 2 genügt entgegen der Regierungsbegründung nicht (→ Rn. 30). Nach § 37a Abs. 2 Satz 1 ist in den Fällen des § 33a Abs. 1 Nr. 1 zu versichern, dass ihnen außergewöhnliche Umstände, die den gewichteten Durchschnittspreis der einzubringenden Wertpapiere oder Geldmarktinstrumente während der letzten drei Monate vor dem Tag ihrer tatsächlichen Einbringung erheblich beeinflusst haben könnten, nicht bekannt geworden sind. In den Fällen des § 33a Abs. 1 Nr. 2 haben sie zu versichern, dass ihnen Umstände, die darauf hindeuten, dass der beizulegende Zeitwert der Vermögensgegenstände am Tag ihrer tatsächlichen Einbringung auf Grund neuer oder neu bekannt gewordener Umstände erheblich niedriger ist als der von dem Sachverständigen angenommene, nicht bekannt geworden sind. Die Unrichtigkeit der Versicherungen ist ebenfalls nach § 399 Abs. 1 Nr. 1 **strafbewehrt**;[62] die Anmeldenden machen sich ggf. gegenüber der AG schadensersatzpflichtig. 35

Ist die Bekanntmachung des Hauptversammlungsbeschlusses und der Angaben nach § 37a Abs. 1 und 2 gemäß Abs. 2 Satz 1 bereits erfolgt, haben die Anmeldenden gemäß § 184 Abs. 1 Satz 2 **ergänzend zu versichern,** dass ihnen seit der Bekanntmachung keine Umstände iSv § 37a Abs. 2 bekannt geworden sind. Hieraus folgt mittelbar eine **Verlängerung der maßgeblichen Zeitspanne** für die Entbehrlichkeit der externen Prüfung. Während § 33a Abs. 2 darauf abstellt, dass sich im Zeitraum bis zur tatsächlichen Einbringung keine Änderungen ergeben, verlängert dies § 184 Abs. 1 Satz 2 auf den Zeitpunkt der Anmeldung. Das vereinfachte Verfahren kann daher unzulässig werden, wenn die Ausnahmen gemäß § 33a Abs. 2 im Zeitraum zwischen Einbringung und Anmeldung bekannt werden. Die Unrichtigkeit dieser Versicherung ist ebenfalls nach § 399 Abs. 1 Nr. 1 strafbewehrt.[63] 36

6. Eingeschränkte Prüfung durch das Registergericht. Auch bei der vereinfachten Sachkapitalerhöhung gelten im Ausgangspunkt die allgemeinen Regeln. Das Gericht hat vor der Eintragung des Kapitalerhöhungsbeschlusses die **Rechtmäßigkeit der Anmeldung** sowie die **Rechtmäßigkeit des Kapitalerhöhungsbeschlusses** zu überprüfen (→ § 184 Rn. 18 ff.).[64] 37

Nach § 184 Abs. 3 Satz 2 gilt § 38 Abs. 3 entsprechend. Enthält die Anmeldung hiernach die Erklärung nach § 37a Abs. 1 Satz 1 über die Wahl der vereinfachten Sachkapitalerhöhung, hat das Gericht ausschließlich zu prüfen, ob die **Voraussetzungen des § 37a** erfüllt sind (str.).[65] Das Gericht prüft zunächst, ob das Wahlrecht für die vereinfachte Sachkapitalerhöhung ausgeübt wurde, mithin bei der Anmeldung erklärt wurde (§ 37a Abs. 1 Satz 1). Weiterhin hat es zu prüfen, ob der Gegenstand der Sacheinlage ordnungsgemäß beschrieben ist (§ 37a Abs. 1 Satz 2) und ob die straf- und haftungsbewehrten Erklärungen gemäß § 37a Abs. 1 Satz 3 vorliegen, wonach der Wert der Sacheinlagen den geringsten Ausgabebetrag (§ 9 Abs. 1) erreicht. Zu prüfen ist auch, ob die Quelle der Bewertung sowie die angewandte Bewertungsmethode angegeben wurden. Das nach § 33a Abs. 1 Nr. 2 AktG 38

---

[59] Henssler/Strohn/*Hermanns* Rn. 6.
[60] *Herrler/Reymann* DNotZ 2009, 914 (932).
[61] Vgl. BGH BeckRS 2016, 13110.
[62] Vgl. BGH BeckRS 2016, 13110.
[63] Vgl. BGH BeckRS 2016, 13110.
[64] Abw. *Bayer/J. Schmidt* ZGR 2009, 805 (817 f.): bloß formale Prüfung.
[65] So auch die RegBegr., BT-Drs. 16/11642, 24; abw. *Grigoleit/Rieder/Holzmann* Rn. 18: Prüfung auch der Voraussetzungen des § 33a; ebenso K. Schmidt/Lutter/*Veil* Rn. 13; MüKoAktG/*Schürnbrand* Rn. 26; die Frage offen lassend KG Berlin MittBayNot 2016, 437.

vorgelegte Gutachten kann durch das Registergericht aber grundsätzlich nur darauf hin überprüft werden, ob der Gutachter die nach § 33a Abs. 1 Nr. 2 AktG erforderlichen Voraussetzungen erfüllt und ob er von zutreffenden Anknüpfungstatsachen ausgegangen ist; die Auswahl des Bewertungsverfahrens obliegt grundsätzlich dem Sachverständigen.[66] Ist der Antrag unvollständig, kann das Registergericht gemäß § 26 FamFG weiter ermitteln. Zu prüfen ist auch, ob die straf- und haftungsbewehrten Versicherungen nach § 37a Abs. 2 vorliegen und die nach § 37a Abs. 3 einzureichenden Unterlagen sowie die früheren Sachverständigengutachten vorliegen. Auch hier kann das Registergericht gemäß § 26 FamFG nachermitteln.

39 Der entscheidende Unterschied zum normalen Verfahren der Sachkapitalerhöhung ist, dass das Gericht die **Werthaltigkeit der Sacheinlage** nicht mehr prüfen muss und darf (vgl. hierzu im normalen Verfahren → § 183 Rn. 56 ff.). Hiervon ist lediglich dann eine **Ausnahme** zu machen, wenn die Gegenstände offenkundig und erheblich überbewertet wurden (vgl. die Erläuterung zu § 38 Abs. 3). Die Regelung ist insofern unvollkommen. Das Registergericht hat auch zu prüfen, ob die Voraussetzungen von § 33a Abs. 1 erfüllt sind, mithin das vereinfachte **Verfahren überhaupt statthaft** ist. Ergibt die Prüfung keine beachtlichen Mängel, hat das Registergericht den Kapitalerhöhungsbeschluss unter Hinweis auf das vereinfachte Verfahren ins Handelsregister einzutragen und die Eintragung bekannt zu machen (Einzelheiten → § 184 Rn. 28 ff.).

40 **7. Durchführung der Kapitalerhöhung.** Über die Durchführung der Kapitalerhöhung finden sich in den neuen Regeln keine Hinweise. Abs. 2 Satz 2 besagt allein, dass die Durchführung der Erhöhung gemäß § 189 nicht vor Ablauf von vier Wochen seit der Bekanntmachung iSv Abs. 2 Satz 1 in das Handelsregister eingetragen werden darf.[67] Hierdurch soll den Aktionären ermöglicht werden, ggf. das Verfahren nach Abs. 3 einzuleiten. Diese **Registersperre** wird von der Praxis zum Anlass genommen, der vereinfachten Kapitalerhöhung wenig Attraktivität zuzusprechen.[68] Man muss daher überlegen, auf die Einhaltung der Vier-Wochen-Frist zumindest bei der Ein-Personen-Gesellschaft bzw. bei der Zustimmung aller Aktionäre zu verzichten.[69] Im Übrigen gilt § 188, freilich mit der Ausnahme, dass die Prüfung der Werthaltigkeit der Sacheinlage unterbleibt. Die sonstigen Voraussetzungen, insbesondere, ob die Sacheinlage überhaupt geleistet wurde, sind jedoch einzuhalten (→ § 188 Rn. 33 ff.). Auch bei der vereinfachten Sachkapitalerhöhung bleibt daher der Inferent der Differenzhaftung ausgesetzt. Wird bis zur Eintragung ein Antrag nach Abs. 3 gestellt (sogleich → Rn. 41), kann das Registergericht gemäß § 381 FamFG das Verfahren aussetzen.

V. Minderheitenschutz

41 Liegen die Voraussetzungen für eine **Neubewertung** gemäß § 33a Abs. 2 vor (→ Rn. 14 ff., 23 f.), hat das nach §§ 376 f. FamFG zuständige Amtsgericht gemäß Abs. 3 Satz 1 auf **Antrag von Aktionären,** die am Tag der Beschlussfassung über die Kapitalerhöhung gemeinsam 5 % des Grundkapitals hielten und am Tag der Antragstellung noch halten, einen oder mehrere Prüfer zu bestellen. Der Antrag kann gemäß Abs. 3 Satz 2 bis zum Tag der Eintragung der Durchführung gestellt werden, was das Registergericht zur Aussetzung nach § 381 FamFG berechtigt.[70] Im Antrag sind die Beteiligungsverhältnisse glaubhaft zu machen.[71] Der Antrag ist nur zulässig, wenn die betreffenden Aktionäre den Vorstand zunächst zur Neubewertung der Einlagegegenstände aufgefordert haben.[72]

42 Das Gericht **prüft** unter Anhörung des Vorstands (Abs. 3 Satz 3)[73] von Amts wegen (§ 26 FamFG), ob die Notwendigkeit für eine Neubewertung nach § 33 Abs. 2 vorliegt. Ist dies der Fall, hat es entsprechend § 33 Abs. 4 und 5 einen oder mehrere Prüfer zu bestellen. Gegen die Entscheidung ist gemäß Abs. 3 Satz 4 die Beschwerde nach §§ 58 ff. FamFG statthaft.[74] Im Übrigen haben die

---

[66] KG Berlin MittBayNot 2016, 437.
[67] *Bayer/J. Schmidt* ZGR 2009, 805 (818 f.) sprechen sich mit guten Gründen dafür aus, dass bereits die Anmeldung erst nach Ablauf der Frist erfolgen darf, damit keine Überschneidung mit dem Verfahren nach Abs. 3 eintreten kann; ebenso Kölner Komm AktG/*Ekkenga* Rn. 24.
[68] Stellungnahme des DAV NZG 2009, 96 (97 f.).
[69] So bereits *Klasen* BB 2008, 2694 (2698); *Bayer/J. Schmidt* ZGR 2009, 805 (817 f.); *Herrler/Reymann* DNotZ 2009, 914 (934); wohl auch MüKoAktG/*Schürnbrand* Rn. 18, wonach die Registersperre allein dem Individualinteresse zu dienen bestimmt sei; noch deutlicher → Rn. 24.
[70] Diesen späten Antragszeitpunkt zu Recht kritisierend Hüffer/Koch/*Koch* Rn. 7.
[71] BegrRegE BT-Drs. 16/11642, 56.
[72] *Böttcher* NZG 2008, 481 (484); abw. *Bayer/J. Schmidt* ZGR 2009, 805 (816) unter Hinweis auf den insoweit vom Gesetz abweichenden Referentenentwurf; ebenso Kölner Komm AktG/*Ekkenga* Rn. 27.
[73] Gegen das Erfordernis einer Anhörung bei Zurückweisung des Auftrags Hüffer/Koch/*Koch* Rn. 7, was jedoch nicht überzeugt, dass der Vorstand in allen Fällen wesentliche Informationen darlegen kann.
[74] Abw. für die sofortige Beschwerde nach § 567 ZPO die hM, vgl. nur Hüffer/Koch/*Koch* Rn. 7.

verfahrensrechtlichen Besonderheiten von § 183a insbesondere keine Auswirkungen auf die Beschlussanfechtung gemäß § 255 Abs. 2.[75]

§ 184 Anmeldung des Beschlusses

(1) ¹Der Vorstand und der Vorsitzende des Aufsichtsrats haben den Beschluss über die Erhöhung des Grundkapitals zur Eintragung in das Handelsregister anzumelden. ²In der Anmeldung ist anzugeben, welche Einlagen auf das bisherige Grundkapital noch nicht geleistet sind und warum sie nicht erlangt werden können. ³Soll von einer Prüfung der Sacheinlage abgesehen werden und ist das Datum des Beschlusses der Kapitalerhöhung vorab bekannt gemacht worden (§ 183a Abs. 2), müssen die Anmeldenden in der Anmeldung nur noch versichern, dass ihnen seit der Bekanntmachung keine Umstände im Sinne von § 37a Abs. 2 bekannt geworden sind.

(2) Der Anmeldung sind der Bericht über die Prüfung von Sacheinlagen (§ 183 Abs. 3) oder die in § 37a Abs. 3 bezeichneten Anlagen beizufügen.

(3) ¹Das Gericht kann die Eintragung ablehnen, wenn der Wert der Sacheinlage nicht unwesentlich hinter dem geringsten Ausgabebetrag der dafür zu gewährenden Aktien zurückbleibt. ²Wird von einer Prüfung der Sacheinlage nach § 183a Abs. 1 abgesehen, gilt § 38 Abs. 3 entsprechend.

Schrifttum: Siehe vor § 182.

Übersicht

	Rn.		Rn.
I. Bedeutung der Norm	1–3	2. Rechtmäßigkeit des Kapitalerhöhungsbeschlusses	20–26
1. Regelungsgehalt	2, 2a	a) Grundsatz	20
2. Entstehungsgeschichte	3	b) Eingeschränktes Prüfungsrecht	21–26
II. Anmeldung des Kapitalerhöhungsbeschlusses	4–17	3. Besonderheiten bei Sacheinlagen	27
1. Inhalt der Anmeldung	5–9	4. Finanzmarktkrise	27a
a) Genaue Bezeichnung	5, 6	IV. Entscheidung des Gerichts	28–41
b) Erklärung über ausstehende Einlagen	7	1. Rechtmäßiger Kapitalerhöhungsbeschluss	29–32
c) Bericht über die Prüfung von Sacheinlagen	8	a) Eintragung und Bekanntmachung	29, 30
d) Besonderheiten bei der Mantelverwendung	9	b) Besonderheiten bei der Sachkapitalerhöhung	31, 32
2. Adressaten der Anmeldepflicht	10–14	2. Fehlerhafte Anmeldung	33
a) Durchsetzung	11	3. Rechtswidriger Kapitalerhöhungsbeschluss	34, 35
b) Vertretung der AG	12–14	4. Verhältnis zum Beschlussmängelstreit	36–41
3. Ordnungsgemäße Anmeldung	15, 16	a) Beachtlicher Beschlussmangel	37, 38
4. Rücknahme der Anmeldung	17	b) Kein Beschlussmangel	39
III. Prüfung durch das Registergericht	18–27a	c) Unbeachtlicher Beschlussmangel	40, 41
1. Rechtmäßigkeit der Anmeldung	19	V. Missbräuchliche Anfechtungsklagen	42, 43

I. Bedeutung der Norm

§ 184 gewährleistet, dass der Kapitalerhöhungsbeschluss als erste Stufe der Kapitalerhöhung **1** (→ § 182 Rn. 4) zum Handelsregister eingetragen wird. Eine weitere Anmeldepflicht bestimmt § 188 Abs. 1 für die Durchführung der Kapitalerhöhung. Beide Anmeldungen können gemäß § 188 Abs. 4 miteinander verbunden werden.[1] Das **gestufte Verfahren** bezweckt eine frühzeitige Prüfung der geplanten Kapitalerhöhung durch den Registerrichter, damit etwaige Mängel beseitigt werden können.[2] Insofern unterscheidet es sich vom Recht der GmbH (vgl. § 57 Abs. 1 GmbHG). Die Kapitalerhöhung wird gemäß § 189 erst mit der Eintragung der Durchführung wirksam. Die Einfüh-

---
[75] Kölner Komm AktG/*Ekkenga* Rn. 31.
[1] Muster bei MVHdB/*Hölters* Bd. 1, V.97.
[2] MüKoAktG/*Schürnbrand* Rn. 1; vgl. OLG Karlsruhe OLGZ 1986, 155 (157): Beschluss hat „vorbereitenden Charakter".

rung des **elektronischen Registerverkehrs** durch das EHUG brachte eine erhebliche Vereinfachung und stärkt den Informationsgehalt des Handelsregisters.[3] Hiernach sind die **Anmeldungen** zur Eintragung gemäß § 12 Abs. 1 HGB elektronisch in öffentlich beglaubigter Form einzureichen; beizufügende Dokumente sind gemäß § 12 Abs. 2 HGB in elektronischer Form zu übermitteln (vgl. auch § 37 Abs. 5). Für die Kapitalerhöhung betrifft dies die Anmeldung des Beschlusses gemäß § 184 (→ Rn. 4 ff.) und die Anmeldung der Durchführung gemäß § 188 (→ § 188 Rn. 4 ff.). Die **Bekanntmachung** der Eintragung des Beschlusses und der Durchführung im Handelsregister erfolgt gemäß § 10 HGB in den von den Landesjustizverwaltungen bestimmten elektronischen Informations- und Kommunikationssystemen und gemäß § 8b Abs. 2 Nr. 1 HGB im neu geschaffenen Unternehmensregister (→ Rn. 29, 31 f. und → § 188 Rn. 54).[4] Als Konsequenz dieser Neuregelungen wurden § 188 Abs. 5 und § 191 gestrichen.

2 **1. Regelungsgehalt. Abs. 1 Satz 1** bestimmt die Anmeldepflichtigen (→ Rn. 10). Die Vorschrift verdrängt insoweit § 181 Abs. 1 Satz 1. In der Anmeldung ist gemäß **Abs. 1 Satz 2** anzugeben, welche Einlagen auf das bisherige Grundkapital noch nicht geleistet sind und warum sie nicht erlangt werden können (→ Rn. 7 f.). Bei der Kapitalerhöhung mit Sacheinlagen ist seit dem ARUG zu differenzieren: Im normalen Verfahren ist nach **Abs. 2 Alt. 1** der Bericht über die Prüfung von Sacheinlagen (→ § 183 Rn. 35 ff.) beizufügen (→ Rn. 16). Das Gericht kann gemäß **Abs. 3 Satz 1** ebenso wie nach § 183 Abs. 3 Satz 3 aF die Eintragung ablehnen, wenn der Wert der Sacheinlage nicht unwesentlich hinter dem geringsten Ausgabebetrag der dafür zu gewährenden Aktien zurückbleibt (→ § 183 Rn. 61 ff.).

2a Bei der **vereinfachten Sachkapitalerhöhung** gemäß § 183a müssen die Anmeldenden gemäß **Abs. 1 Satz 3** nur noch versichern, dass ihnen seit der Bekanntmachung keine Umstände iSv § 37a Abs. 2 bekannt geworden sind (→ § 183a Rn. 36). Nach **Abs. 2 Alt. 2** müssen anstelle des externen Sachverständigenberichts die in § 37a bezeichneten Anlagen beigefügt werden (→ § 183a Rn. 32). Das Gericht prüft bei der Eintragung des Kapitalerhöhungsbeschlusses gemäß **Abs. 3 Satz 2** iVm § 38 Abs. 3 nur noch, ob die Voraussetzungen von § 37a erfüllt sind. Die Prüfung der Werthaltigkeit von Sacheinlagen entfällt im Regelfall (→ § 183a Rn. 39).

3 **2. Entstehungsgeschichte.** § 184 stimmt weitgehend mit § 151 AktG 1937 überein.[5] Abs. 3 AktG 1965 bestimmte ursprünglich eine fakultative externe Sacheinlageprüfung. Diese Vorschrift wurde in Umsetzung der früheren Kapitalrichtlinie[6] im Jahr 1978 gestrichen und findet sich seitdem als Pflichtprüfung in § 183 Abs. 3 Satz 1 und 2 (→ § 183 Rn. 35 ff.).[7] Abs. 1 Satz 2 wurde im selben Zusammenhang eingefügt, und verwirklicht die durch Art. 70 Abs. 2 Satz 3 RL (EU) 2017/1132[8] gebotene Veröffentlichung der externen Sacheinlageprüfung (→ Rn. 31). Für das Registerverfahren ist der Prüfbericht wegen der unterschiedlichen Prüfungsmaßstäbe von Sachverständigen und Gericht nur von eingeschränkter Bedeutung (→ § 183 Rn. 61; → § 188 Rn. 33 ff.). Im Zuge des **ARUG** wurden die Vorgaben der im Jahr 2006 geänderten früheren Kapitalrichtlinie über die vereinfachte Sachkapitalerhöhung umgesetzt (→ § 183 Rn. 47 ff., § 183a). Der neu gefasste Abs. 3 Satz 1 ersetzt den identischen § 183 Abs. 3 Satz 3 aF. Die Änderungen von Abs. 1 Satz 3, Abs. 2 und Abs. 3 Satz 2 ergänzen verfahrensrechtlich § 183a (Einzelheiten zur vereinfachten Sachkapitalerhöhung bei § 183a).

II. Anmeldung des Kapitalerhöhungsbeschlusses

4 Die Anmeldung zum Handelsregister ist sowohl organschaftlicher Akt als auch Verfahrenshandlung. Hierauf sind die Vorschriften über Willenserklärungen zumindest teilweise analog anzuwenden.[9] Mit Einführung des elektronischen Registerverkehrs durch das EHUG mit Wirkung vom 1.1.2007 sind die Anmeldung und beizufügenden Dokumente elektronisch zu übermitteln (§ 12 HGB, § 37 Abs. 5).

---

[3] *Noack* NZG 2006, 801 (806).
[4] Vgl. www.handelsregister.de und www.unternehmensregister.de. Kritisch zur doppelten Bekanntmachung unter dem Aspekt von § 15 HGB *Noack* NZG 2006, 801 (803).
[5] RegBegr. *Kropff* S. 293.
[6] Zweite Gesellschaftsrechtliche Richtlinie des Rates vom 13. Dezember 1976 (77/91/EWG), ABl. EG 1977 Nr. L 26, 1; vgl. nunmehr die RL (EU) 2017/1132 des Europäischen Parlaments und des Rates vom 14. Juni 2017 über bestimmte Aspekte des Gesellschaftsrechts, ABl. EU 2017 Nr. L 169, 46 v. 30.6.2017.
[7] Durchführungsgesetz vom 13.12.1978, BGBl. 1978 I 1959.
[8] RL (EU) 2017/1132 des Europäischen Parlaments und des Rates vom 14. Juni 2017 über bestimmte Aspekte des Gesellschaftsrechts, ABl. EU 2017 Nr. L 169, 46 v. 30.6.2017.
[9] Vgl. für Abgabe und Zugang OLG Düsseldorf NJW-RR 2000, 702 (703); für Zugang entsprechend § 130 Abs. 1 Satz 1 BGB BayObLG NZG 2004, 421 (jeweils für GmbH).

1. Inhalt der Anmeldung. a) Genaue Bezeichnung. Ziel der Anmeldung ist die Eintragung **5** des gemäß § 182 Abs. 1 Satz 1 gefassten Hauptversammlungsbeschlusses. Dieser muss genau bezeichnet und inhaltlich wiedergegeben werden.[10] Dies gilt vor allem, wenn mehrere Kapitalerhöhungen getrennt, aber aufeinander aufbauend beschlossen wurden. Wurde für die Kapitalerhöhung ein **Mindest- und Höchstbetrag** festgelegt (→ § 182 Rn. 41 ff.), ist dieser Rahmen anzumelden. Die Anmeldung der Neufassung der durch die Kapitalerhöhung (geänderten) Satzung gemäß § 181 Abs. 1 Satz 2 erfolgt erst bei der Anmeldung der Durchführung gemäß § 188 (→ § 188 Rn. 9).[11]

Beizufügen ist die notarielle Niederschrift des Kapitalerhöhungsbeschlusses gemäß § 130. Etwas **6** anderes gilt nur, wenn die Niederschrift dem Registergericht bereits vorliegt (vgl. § 130 Abs. 5).[12] Waren gemäß § 182 Abs. 2 Sonderbeschlüsse zu fassen (→ § 182 Rn. 27), müssen diese in der Anmeldung ebenfalls bezeichnet und inhaltlich wiedergegeben werden.[13] Auch ihre notarielle Niederschrift gemäß §§ 138, 130 ist beizufügen. Zur elektronischen Einreichung → Rn. 16.

b) Erklärung über ausstehende Einlagen. Die Anmeldung muss dem Registergericht ermögli- **7** chen, die Voraussetzungen des § 182 Abs. 4 zu überprüfen (→ Rn. 26). Erforderlich ist daher eine genaue Angabe, welche Einlagen noch ausstehen und aus welchen Gründen sie bisher nicht beigetrieben wurden bzw. beigetrieben werden konnten. Stehen keine Einlagen aus, ist auch dies zu erklären.[14] Wurde bei einer **Versicherungsgesellschaft** die Subsidiarität gemäß § 182 Abs. 4 Satz 2 abbedungen (→ § 182 Rn. 58 ff.) oder erfolgt die Kapitalerhöhung im Rahmen einer **Verschmelzung** (§ 69 Abs. 1 Satz 1 UmwG), ist die Erklärung über ausstehende Einlagen entbehrlich.[15] Stattdessen ist in der Anmeldung auf die entsprechende Satzungsregelung bzw. die bevorstehende Verschmelzung hinzuweisen. Die Unrichtigkeit der Erklärung über ausstehende Einlagen ist gemäß § 399 Abs. 1 Nr. 4 strafbewehrt.[16] Die fehlende oder unrichtige Erklärung lässt die Wirksamkeit der durchgeführten Kapitalerhöhung unberührt.[17]

c) Bericht über die Prüfung von Sacheinlagen. Beizufügen ist auch der Bericht gemäß § 183 **8** Abs. 3 Satz 1 (→ Rn. 16). Da die Prüfer gemäß § 183 Abs. 3 Satz 2, § 34 Abs. 3 ihrerseits den Bericht zum Handelsregister einzureichen haben, ist die Beifügung entbehrlich, wenn die Unterlagen dem Gericht bereits vorliegen.[18] Vgl. für die vereinfachte Sachkapitalerhöhung § 183a.

d) Besonderheiten bei der Mantelverwendung. Erfolgt die Kapitalerhöhung anlässlich einer **9** Mantelverwendung, hat die Anmeldung des Beschlusses auch eine **Erklärung** über die wirtschaftliche Neugründung zu enthalten.[19] Hiervon abzugrenzen ist die im Rahmen der Mantelverwendung ebenfalls erforderliche Erklärung, dass das Gesellschaftsvermögen noch wertmäßig zur freien Verfügung des Vorstands steht; diese Erklärung ist Bestandteil der Anmeldung der Durchführung der Kapitalerhöhung (→ § 188 Rn. 18). Die zivilrechtlich erforderliche Offenlegung der Mantelverwendung begründet wegen des Analogieverbots keine Strafbarkeit wegen falscher Angaben gemäß § 399 Abs. 1 Nr. 4 (str.).[20]

2. Adressaten der Anmeldepflicht. Zur Anmeldung verpflichtet sind gemäß Abs. 1 Satz 1 der **10** Vorstand und der Vorsitzende des Aufsichtsrats. Insoweit unterscheidet sich die Anmeldepflicht von der des Vorstands bei Satzungsänderungen nach § 181 Abs. 1 Satz 1.

a) Durchsetzung. Die Anmeldung einer Kapitalerhöhung ist keine im öffentlichen Interesse **11** gebotene Registerpflicht. Sie folgt allein aus der aktienrechtlichen Organisationsstruktur und der Zweckbindung der Organe (vgl. auch § 83 Abs. 2) und kann gemäß § 407 Abs. 2 Satz 1 nicht durch die Festsetzung eines Zwangsgelds herbeigeführt werden.[21] Weigert sich der Vorstand pflichtwidrig,

---

[10] Weitergehend Hüffer/Koch/*Koch* Rn. 2a, wonach die Bezugnahme auf beigefügte Unterlagen genüge.
[11] MHdB AG/*Krieger* § 56 Rn. 54.
[12] Hüffer/Koch/*Koch* Rn. 5; MüKoAktG/*Schürnbrand* Rn. 20.
[13] MüKoAktG/*Schürnbrand* Rn. 20.
[14] Hüffer/Koch/*Koch* Rn. 2a; Großkomm AktG/*Wiedemann* Rn. 18; K. Schmidt/Lutter/*Veil* Rn. 9.
[15] MüKoAktG/*Schürnbrand* Rn. 17.
[16] Vgl. BGH BeckRS 2016, 13110.
[17] Großkomm AktG/*Wiedemann* Rn. 18; vgl. zur GmbH RGZ 54, 389 (392 f.).
[18] MüKoAktG/*Schürnbrand* Rn. 18; Hüffer/Koch/*Koch* Rn. 5; Großkomm AktG/*Wiedemann* Rn. 20; K. Schmidt/Lutter/*Veil* Rn. 6.
[19] BGHZ 153, 158 = NJW 2003, 892; BGHZ 155, 318 = NZG 2003, 972; BGH NZG 2012, 539 (jeweils für GmbH); vgl. zur AG auch BGH NJW-RR 2007, 1487 (1489); zum Ganzen *Herresthal/Servatius* ZIP 2012, 197.
[20] LG Koblenz ZIP 1991, 1284 (1297); für § 82 Abs. 1 Nr. 1 GmbHG Baumbach/Hueck/*Haas* GmbHG § 82 Rn. 10; abw. Spindler/Stilz/*Hefendehl* § 399 Rn. 91.
[21] MüKoAktG/*Schürnbrand* Rn. 14; K. Schmidt/Lutter/*Veil* Rn. 5; *Servatius* Strukturmaßnahmen S. 335 f.

die Anmeldung vorzunehmen, kann die AG, vertreten durch den Aufsichtsrat (§ 112), die Verpflichtung klageweise durchsetzen (vgl. zur Überprüfung der Rechtmäßigkeit des Kapitalerhöhungsbeschlusses durch den Vorstand → § 182 Rn. 7). Dieselbe Befugnis hat der Vorstand gemäß § 78 Abs. 1, wenn der Vorsitzende des Aufsichtsrats seine Mitwirkung an der Anmeldung pflichtwidrig verweigert.[22] Die **Vollstreckung** einer pflichtwidrig unterlassenen Anmeldung richtet sich wegen § 399 Abs. 1 Nr. 4 nach § 888 ZPO (str.).[23]

12 **b) Vertretung der AG.** Die Anmeldung ist eine Erklärung der AG, die auch zur Kostentragung des Registerverfahrens verpflichtet ist (→ § 182 Rn. 82). Die zur Anmeldung Verpflichteten handeln somit als Vertreter (str.).[24] Hieraus folgt grundsätzlich, dass die Anmeldung im Namen der AG zu erfolgen hat.[25] Im Hinblick auf die Strafbarkeit der Anmeldenden nach § 399 Abs. 1 Nr. 4 müssen diese jedoch **im eigenen Namen** zeichnen.[26] Diese Besonderheit darf jedoch nicht darüber hinwegtäuschen, dass die Strafbarkeit nach § 399 Abs. 1 Nr. 4 in Form des pflichtwidrigen Unterlassens auch für die nicht anmeldenden Organmitglieder in Betracht kommt.[27]

13 Ist der Vorstand ein **Kollegialorgan**, bedarf es zur Anmeldung der Mitwirkung von Mitgliedern in vertretungsberechtigter Zahl gemäß § 78 Abs. 2.[28] Ist der Aufsichtsratsvorsitzende an der Anmeldung gehindert, handelt gemäß § 107 Abs. 1 Satz 3 sein Stellvertreter.[29] Die **Bevollmächtigung** anderer Personen ist wegen § 399 Abs. 1 Nr. 4 als organbezogenem Sonderdelikt unzulässig.[30] Um Strafbarkeitslücken zu verhindern, ist ein Prokurist im Fall der **unechten Gesamtvertretung** (§ 78 Abs. 2 Satz 1) ebenfalls nicht zur Mitwirkung befugt (str.).[31] Der Vorstand hat vielmehr in einer anderen Vertretungskombination zu handeln.

14 Im **Liquidationsverfahren** handelt neben dem Vorsitzenden des Aufsichtsrates der Vorstand als Abwickler (§ 265 Abs. 1; zur Kapitalerhöhung in der Liquidation → § 182 Rn. 66 ff.). Im **Insolvenzverfahren** ist der Insolvenzverwalter nur im Umfang der tatsächlich erfolgten Zeichnungen befugt, eine beschlossene, aber noch nicht durchgeführte Kapitalerhöhung anzumelden (str., → § 182 Rn. 70 f.).[32]

15 **3. Ordnungsgemäße Anmeldung.** Die Anmeldung hat **unverzüglich** zu erfolgen, soweit die Hauptversammlung nicht im Kapitalerhöhungsbeschluss etwas anderes bestimmt hat. Für Unternehmen des Finanzsektors stellt dies § 7c Satz 1 FMStBG ausdrücklich klar.[33] Da die Anmeldung des Kapitalerhöhungsbeschlusses gemäß § 188 Abs. 4 mit der Anmeldung der Durchführung verbunden werden kann, ist es im Regelfall nicht zu beanstanden, wenn mit der Anmeldung solange zugewartet wird, bis die Voraussetzungen des § 188 vorliegen.[34] Die Anmeldung kann einheitlich oder durch getrennte Erklärungen von Vorstand und Aufsichtsratsvorsitzendem erfolgen.[35]

16 **Zuständig** für die Anmeldung ist das Registergericht gemäß §§ 376, 377 FamFG. Dies gilt gemäß § 13 HGB auch, wenn die Gesellschaft Zweigniederlassungen hat. Das Handelsregister ist gemäß EHUG von den Gerichten elektronisch zu führen (§ 8 Abs. 1 HGB).[36] Die **Anmeldung** der Eintragung des Kapitalerhöhungsbeschlusses muss gemäß § 12 Abs. 1 HGB elektronisch in öffentlich

---

[22] Großkomm AktG/*Wiedemann* Rn. 13; Kölner Komm AktG/*Ekkenga* Rn. 3; Hüffer/Koch/*Koch* Rn. 3; K. Schmidt/Lutter/*Veil* Rn. 5; abw. MüKoAktG/*Schürnbrand* Rn. 13.
[23] MüKoAktG/*Schürnbrand* Rn. 13; Hüffer/Koch/*Koch* § 36 Rn. 5; Hüffer/Koch/*Koch* Rn. 3; Kölner Komm AktG/*Ekkenga* Rn. 3.
[24] Hüffer/Koch/*Koch* Rn. 3; für die GmbH BGHZ 105, 324 (327 f.); aA für den Aufsichtsratsvorsitzenden MüKoAktG/*Schürnbrand* Rn. 11; Lutter/Leinekugel ZIP 2000, 1225 (1229).
[25] Hüffer/Koch/*Koch* Rn. 3.
[26] HM, MüKoAktG/*Schürnbrand* Rn. 9; Hüffer/Koch/*Koch* Rn. 3; Großkomm AktG/*Wiedemann* Rn. 10.
[27] Vgl. für § 82 GmbHG Baumbach/Hueck/*Haas* GmbHG § 82 Rn. 25.
[28] KG KGJ 41 (1917), A 135; K. Schmidt/Lutter/*Veil* Rn. 4. – Abw. § 78 GmbHG, wonach zur Anmeldung nach § 57 Abs. 1 GmbHG sämtliche Geschäftsführer verpflichtet sind.
[29] RegBegr. *Kropff* S. 293; Henssler/Strohn/*Hermanns* Rn. 7.
[30] Großkomm AktG/*Wiedemann* Rn. 11; MüKoAktG/*Schürnbrand* Rn. 10; vgl. auch KG KGJ 28 (1904), A 228 (236) (für die Durchführung einer Kapitalerhöhung); vgl. auch Lutter/Leinekugel ZIP 2000, 1225 (1230): Unzulässigkeit der Stellvertretung bei Wissenserklärungen. Dies greift jedoch zu kurz, weil auch bei der Anmeldung selbst als Willenserklärung eine Strafbarkeit in Betracht kommt.
[31] Großkomm AktG/*Wiedeman* Rn. 10; Hensslre/Strohn/*Hermanns* Rn. 7; Lutter/Leinekugel ZIP 2000, 1225 (1230 f.); aA KG JW 1938, 3121; Hüffer/Koch/*Koch* Rn. 3; MüKoAktG/*Schürnbrand* Rn. 10; MHdB AG/*Krieger* § 56 Rn. 53.
[32] Abw. für die GmbH BayObLG ZIP 2004, 1426 = NZG 2004, 582.
[33] Abw. Kölner Komm AktG/*Ekkenga* Rn. 18.
[34] MüKoAktG/*Schürnbrand* Rn. 15; Hüffer/Koch/*Koch* Rn. 2.
[35] Hüffer/Koch/*Koch* Rn. 3; MüKoAktG/*Schürnbrand* Rn. 12.
[36] Zur Praxis in den einzelnen Bundesländern www.handelsregister.de.

beglaubigter **Form** erfolgen (§ 129 BGB iVm §§ 39 ff. BeurkG, insb. § 39a BeurkG).[37] Die bei der Anmeldung beizufügenden **Dokumente** sind gemäß § 12 Abs. 2 HGB ebenfalls elektronisch einzureichen. Dies betrifft vor allem die notarielle Niederschrift über den Hauptversammlungsbeschluss (→ Rn. 6) und den bei Sacheinlagen beizufügenden Sachverständigenbericht (→ Rn. 8). Für die elektronische Einreichung genügt die Einhaltung der **Textform** gemäß § 126b BGB.[38] Die Einzelheiten der elektronischen Übermittlung werden gemäß § 8a Abs. 2 HGB von den einzelnen Landesregierungen durch Rechtsverordnung geregelt.

4. Rücknahme der Anmeldung. Verfahrensrechtlich ist die Rücknahme der Anmeldung 17 ohne Begründung bis zur Eintragung des Kapitalerhöhungsbeschlusses möglich.[39] Die Befugnis hierzu richtet sich nicht nach Abs. 1 (str.).[40] Es ist daher nicht erforderlich, dass die Rücknahme von denselben Personen wie bei der Anmeldung erklärt wird. Auch die Beteiligung des Aufsichtsratsvorsitzenden ist nicht geboten. Der vertretungsberechtigte Vorstand darf vielmehr die Rücknahme allein erklären.[41] Eine **gesellschaftsrechtliche Pflicht** zur Rücknahme besteht gemäß § 83 Abs. 2, wenn der Kapitalerhöhungsbeschluss aufgehoben oder geändert wurde (→ § 182 Rn. 32 ff.). Gleiches gilt zumindest für den Vorstand, wenn er im Rahmen seiner Pflicht zur Rechtmäßigkeitskontrolle nachträglich erkennt, dass der Beschluss unheilbar nichtig oder anfechtbar ist (→ § 182 Rn. 7).

III. Prüfung durch das Registergericht

Das Registergericht hat ein **formales und materielles Prüfungsrecht** im Hinblick auf die 18 Rechtmäßigkeit des Kapitalerhöhungsbeschlusses und die ordnungsgemäße Anmeldung.[42] Vgl. für die vereinfachte Sachkapitalerhöhung § 183a.

1. Rechtmäßigkeit der Anmeldung. Das Gericht prüft von Amts wegen (§ 26 FamFG), ob 19 die Voraussetzungen einer ordnungsgemäßen Anmeldung vorliegen (→ Rn. 4 ff.).[43] Obwohl in der Praxis meist der Rechtmäßigkeit des Kapitalerhöhungsbeschlusses besondere Aufmerksamkeit geschenkt wird (→ Rn. 20 ff.), ist die Überprüfung der formellen Anmeldevoraussetzungen nicht zu vernachlässigen.[44] Dies gilt insbesondere für die eigene örtliche und sachliche Zuständigkeit des Registergerichts, die Befugnis der anmeldenden Personen, die Form und die Vollständigkeit der beizufügenden Unterlagen. Das Registergericht hat weiter zu prüfen, ob die Voraussetzungen einer **wirtschaftlichen Neugründung** und der hieraus resultierenden Pflicht zur Offenlegung vorliegen (→ Rn. 9). Zu den Folgen fehlerhafter Anmeldungen → Rn. 33.

2. Rechtmäßigkeit des Kapitalerhöhungsbeschlusses. a) Grundsatz. Im Ausgangspunkt hat 20 das Gericht den Kapitalerhöhungsbeschluss neben den für Satzungsänderungen geltenden formalen Voraussetzungen der Beschlussfassung (→ § 182 Rn. 11 ff.) vor allem darauf zu überprüfen, ob die erforderliche Mehrheit erreicht wurde (→ § 182 Rn. 13 ff.), ob ein Sonderbeschluss zu fassen war (→ § 182 Rn. 26 ff.) und rechtmäßig zustande kam (§ 138), ob der Beschluss den notwendigen Inhalt aufweist (→ § 182 Rn. 9) und ob die Subsidiarität der Kapitalerhöhung beachtet wurde (→ § 182 Rn. 58 ff.). Die Zweckmäßigkeit der Kapitalerhöhung wird nicht überprüft.[45] Gegenstand der Prüfung sind zunächst die im Rahmen der Anmeldung einzureichenden Unterlagen und Erklärungen (→ Rn. 6 ff.). Das Registergericht kann bei Zweifeln gemäß § 26 FamFG eigene Ermittlungen anstellen und Beweise erheben.[46]

b) Eingeschränktes Prüfungsrecht. Das Prüfungsrecht des Registergerichts ist bei der Eintra- 21 gung von Hauptversammlungsbeschlüssen durch das differenzierte Beschlussmängelrecht der §§ 241 ff. beschränkt. Indem das Gesetz dort zwischen unwirksamen, nichtigen und anfechtbaren Beschlüssen unterscheidet, wäre es nicht gerechtfertigt, diese Differenzierung durch ein umfassendes Prüfungsrecht zu überwinden. Insofern besteht heute weitgehend Einigkeit, dass das Registergericht zwar umfassend prüfen muss, ob der Beschluss unwirksam oder nichtig ist, jedoch nur auf solche

---

[37] Einzelheiten bei *Noack* NZG 2006, 801 (802); *Liebscher/Scharff* NJW 2006, 3745 (3746).
[38] *Noack* NZG 2006, 801 (802); *Clausnitzer/Blatt* GmbHR 2006, 1303 (1305).
[39] BGH NJW 1959, 1323; Hüffer/Koch/*Koch* Rn. 2; MüKoAktG/*Schürnbrand* Rn. 22; Großkomm AktG/ *Wiedemann* Rn. 21.
[40] *Pfeiffer/Buchinger* BB 2006, 2137; aA wohl die hM, vgl. nur MüKoAktG/*Schürnbrand* Rn. 22.
[41] Zutreffend *Pfeiffer/Buchinger* BB 2006, 2317 (2318 f.).
[42] BayObLG NZG 2002, 583; grundlegend *Lutter* NJW 1969, 1873 (1867): präventive Legalitätskontrolle.
[43] BayOBLG NZG 2002, 583; Hüffer/Koch/*Koch* Rn. 6; MüKoAktG/*Schürnbrand* Rn. 23; K. Schmidt/Lutter/*Veil* Rn. 9.
[44] *Lutter/Leinekugel* ZIP 2000, 1225 (1226).
[45] MüKoAktG/*Schürnbrand* Rn. 24; K. Schmidt/Lutter/*Veil* Rn. 9.
[46] BayObLG NZG 2002, 583.

Anfechtungsgründe hin, die nicht allein die Individualinteressen der gegenwärtigen Aktionäre betreffen.[47] Prüfungsgegenstand sind hiernach vor allem die gläubigerschützenden Vorschriften und die Regelungen des AktG, die die Binnenorganisation im Hinblick auf eine kapitalmarkttaugliche Rechtsform zu Gunsten künftiger Aktionäre ausgestalten. Diese Beschränkung der registergerichtlichen Kontrolle bei **rein individualschützenden Anfechtungsgründen** korrespondiert mit dem Anfechtungsrecht der Aktionäre gemäß § 245 Nr. 1, welches sie nicht schutzlos stellt. Darüber hinaus gewährleistet die materielle Beschlussverantwortung des Vorstands, sein Anfechtungsrecht gemäß § 245 Nr. 4 auch zu Gunsten von (Minderheits-)Aktionären auszuüben.[48] Verstößt er hiergegen, haftet er diesen gegenüber gemäß § 25 Abs. 1 Satz 1 UmwG analog.[49]

22 Bedeutung entfaltet das eingeschränkte Prüfungsrecht nicht nur bei der Überprüfung des **Kapitalerhöhungsbeschlusses** (→ Rn. 26). Die Zurückhaltung staatlicher Kontrolle zu Gunsten der Selbstregulierung in der AG kommt auch bei der gerichtlichen Überprüfung der **Durchführung** der Kapitalerhöhung zur Geltung. Während sich die materiell-rechtlichen Regelungen über die Kapitalaufbringung auch auf die Wertdeckung eines korporativen Agios beziehen, ist die Registerkontrolle zu Gunsten des Gläubigerschutzes darauf beschränkt, die Deckung des geringsten Ausgabebetrags (§ 9 Abs. 1) zu überprüfen (→ § 183 Rn. 61 ff., → § 188 Rn. 33 ff.).

23 **aa) Unwirksamer Kapitalerhöhungsbeschluss.** Der Registerrichter muss von Amts wegen (§ 26 FamFG) prüfen, ob ein Unwirksamkeitsgrund vorliegt.[50] Fehlt zum Beispiel der gemäß § 182 Abs. 2 erforderliche Sonderbeschluss oder ist dieser seinerseits unwirksam oder nichtig, hat das Gericht die Eintragung abzulehnen (→ Rn. 37).[51] Besteht Unsicherheit, ob der Sonderbeschluss nachgeholt wird, kann das Gericht das Eintragungsverfahren gemäß § 381 FamFG **aussetzen**.[52]

24 **bb) Nichtiger Kapitalerhöhungsbeschluss.** Die Überprüfung der Nichtigkeitsgründe nach § 241 erfolgt ebenfalls umfassend.[53] Liegt ein Nichtigkeitsgrund vor, ist die Eintragung abzulehnen (→ Rn. 34).[54] Dies ist insbesondere der Fall, wenn der Beschluss entgegen § 9 Abs. 1 einen zu niedrigen Ausgabebetrag festsetzt (→ § 182 Rn. 50), keine Höchstgrenze für die Kapitalerhöhung enthält (→ § 182 Rn. 4 f.), oder wenn die erforderliche Durchführungsfrist fehlt (→ § 182 Rn. 43).

25 Kann der Nichtigkeitsgrund **geheilt** werden (§ 242), ändert dies an der Pflicht zur Ablehnung der Eintragung nichts.[55] Die Heilung dient allein der Rechtssicherheit und stellt ex ante kein legitimes Mittel dar, rechtswidrige Beschlüsse in Bestandskraft wachsen zu lassen.[56] Ist eine **Nichtigkeitsklage anhängig,** kann das Registergericht deren Ausgang abwarten und das Eintragungsverfahren gemäß § 381 FamFG aussetzen (→ Rn. 36 ff.).[57]

26 **cc) Anfechtungsgründe.** Ist der Beschluss gemäß § 243 anfechtbar, hat das Gericht die Eintragung nur abzulehnen, wenn der Anfechtungsgrund **nicht allein dem Schutz von Individualinteressen** der gegenwärtigen Aktionäre zu dienen bestimmt ist (str., → Rn. 21). Ein beachtlicher Anfechtungsgrund liegt hiernach zum Beispiel vor, wenn die Durchführungsfrist zu lang bemessen ist (→ § 182 Rn. 43 f.), wenn die Kapitalerhöhung entgegen § 182 Abs. 1 Satz 4 durch Aufstockung der Altaktien erfolgen soll (→ § 182 Rn. 46), wenn die Zahl der Stückaktien entgegen § 182 Abs. 1 Satz 5 nicht entsprechend erhöht wurde (→ § 182 Rn. 47), wenn der Mindestausgabebetrag entgegen § 182 Abs. 3 fehlt (→ § 182 Rn. 57) oder wenn die Subsidiarität gemäß § 182 Abs. 4 missachtet wurde (→ § 182 Rn. 58 ff.).[58] Die Folgen dieser Beschlussmängel betreffen zwar im Wesentlichen

---

[47] Grundlegend *Lutter* NJW 1873, 1878 f.; *Bokelmann* DB 1994, 1341 (1342 f.); *Volhard* ZGR 1996, 55 (58); *Kort,* Bestandsschutz fehlerhafter Strukturveränderungen im Kapitalgesellschaftsrecht, 1998, 76 f.; Hüffer/Koch/*Koch* Rn. 6; MüKoAktG/*Schürnbrand* Rn. 27; K. Schmidt/Lutter/*Veil* Rn. 9; für die Verletzung der Treuepflicht aus OLG Frankfurt GmbHR 2009, 378; Kölner Komm Akt/*Ekkenga* Rn. 20; aA Großkomm AktG/*Wiedemann* Rn. 25: Ablehnung auch bei evidenter Rechtswidrigkeit zu Lasten der gegenwärtigen Aktionäre.
[48] *Servatius* Strukturmaßnahmen S. 330 ff., 355 ff.
[49] *Servatius* Strukturmaßnahmen S. 389 ff.
[50] *Kort,* Bestandsschutz fehlerhafter Strukturveränderungen im Kapitalgesellschaftsrecht, 1998, 76.
[51] RGZ 148, 175 (186); Kölner Komm AktG/*Lutter* Rn. 16.
[52] MüKoAktG/*Schürnbrand* Rn. 26; Kölner Komm AktG/*Lutter* Rn. 16; *Kort,* Bestandsschutz fehlerhafter Strukturveränderungen im Kapitalgesellschaftsrecht, 1998, 82.
[53] *Kort,* Bestandsschutz fehlerhafter Strukturveränderungen im Kapitalgesellschaftsrecht, 1998, 76.
[54] Hüffer/Koch/*Koch* Rn. 6; MüKoAktG/*Schürnbrand* Rn. 26; Großkomm AktG/*Wiedemann* Rn. 25; K. Schmidt/Lutter/*Veil* Rn. 11; *Kort,* Bestandsschutz fehlerhafter Strukturveränderungen im Kapitalgesellschaftsrecht, 1998, 82.
[55] Vgl. OLG Köln BB 1993, 317.
[56] *Servatius* Strukturmaßnahmen S. 344 f.
[57] MüKoAktG/*Schürnbrand* Rn. 26.
[58] Hüffer/Koch/*Koch* § 182 Rn. 30; MüKoAktG/*Schürnbrand* § 182 Rn. 74; *Kort,* Bestandsschutz fehlerhafter Strukturveränderungen im Kapitalgesellschaftsrecht, 1998, 82.

die gegenwärtigen Aktionäre. Die betreffenden Vorschriften sind jedoch auch gemäß § 23 Abs. 5 zwingende Ausprägung der gesetzgeberischen Vorstellung, die Rechtsform Aktiengesellschaft kapitalmarkttauglich auszugestalten, so dass deren Einhaltung zugleich im Interesse potentieller Aktionäre liegt.[59] Wurde hingegen das **Bezugsrecht** rechtswidrig ausgeschlossen, sind allein die Interessen der gegenwärtigen Aktionäre betroffen, so dass das Registergericht die Eintragung nicht allein deswegen ablehnen darf. Gleiches gilt, wenn der **Ausgabebetrag** zwar § 9 Abs. 1 entspricht, aber entgegen § 255 Abs. 2 unangemessen niedrig ist. Schließt das Gesetz die Anfechtbarkeit für die Aktionäre aus, gilt dies erst Recht auch für das Registerverfahren. Insbesondere die ordnungsgemäße **Aktionärsinformation** im Vorfeld der Beschlussfassung wird daher nicht geprüft (vgl. § 243 Abs. 4).[60] Dies gilt auch für Berichtsfehler im Rahmen von § 183 Abs. 4 Satz 2.[61] Zu den Auswirkungen der Anfechtbarkeit auf das Registerverfahren → Rn. 36 ff.

3. Besonderheiten bei Sacheinlagen. Gemäß Abs. 3 Satz 1 hat das Registergericht die Eintragung auch abzulehnen, wenn der Wert der Sacheinlage nicht unwesentlich hinter dem geringsten Ausgabebetrag der dafür zu gewährenden Aktien zurückbleibt. Hierzu → § 183 Rn. 61 ff.; für die vereinfachte Sachkapitalerhöhung § 183a. 27

4. Finanzmarktkrise. Das FMStBG hat für die Unternehmen des Finanzsektors auch **Erleichterungen** im Registerverfahren vorgesehen. Gemäß § 7c Satz 1 FMStBG sind Kapitalerhöhungsbeschlüsse unverzüglich zur Eintragung ins Handelsregister anzumelden. Die Eintragung hat nach § 7c Satz 3 FMStBG unverzüglich zu erfolgen, sofern der Hauptversammlungsbeschluss nicht offensichtlich nichtig ist. Klagen und Anträge auf Erlass von Entscheidungen im einstweiligen Anordnungsverfahren stehen der Eintragung gemäß § 7c Satz 3 FMStBG nicht entgegen. Nach § 7c Satz 4 FMStBG gilt § 246a Abs. 4 entsprechend, so dass eine erfolgreiche Klage von Aktionären die Bestandskraft des Beschlusses nicht berührt, sondern allenfalls Schadensersatzansprüche auslöst. Diese Erleichterungen des Registerverfahrens sind **zu begrüßen** und sollten als effektive Lösung räuberischer Aktionärsklagen generell Einzug ins AktG halten. Das Gleiche gilt für § 7 Abs. 7 FMStBG. Hiernach sind Aktionäre, die eine für den Fortbestand der Gesellschaft erforderliche Kapitalmaßnahme, insbesondere durch ihre Stimmrechtsausübung oder die Einlegung unbegründeter Rechtsmittel, verzögern oder vereiteln, der AG als Gesamtschuldner zum **Schadensersatz** verpflichtet. Wenngleich man hierin keine verschuldensunabhängige Haftung sehen kann, sollte diese Regelung jedoch herangezogen werden, um eine treupflichtgestützte Aktionärshaftung bei missbräuchlichen Klagen fortzuentwickeln.[62] 27a

IV. Entscheidung des Gerichts

Die Entscheidung des Gerichts hängt von der ordnungsgemäßen Anmeldung (→ Rn. 4 ff.) und der Rechtmäßigkeit des Kapitalerhöhungsbeschlusses (→ Rn. 18 ff.) ab. Zu den Kosten des Verfahrens → § 182 Rn. 82 ff. und → § 183 Rn. 67. Vgl. für die vereinfachte Sachkapitalerhöhung § 183a. 28

1. Rechtmäßiger Kapitalerhöhungsbeschluss. a) Eintragung und Bekanntmachung. Ergibt die Prüfung die Rechtmäßigkeit des Kapitalerhöhungsbeschlusses, hat der Registerrichter die Eintragung des Hauptversammlungsbeschlusses, nicht der ggf. erforderlichen Sonderbeschlüsse, in das **Handelsregister** zu verfügen (§§ 25, 27 HRV). Da der Beschluss allein die Kapitalerhöhung nicht bewirkt (vgl. § 189), erfolgt die Eintragung gemäß § 43 Nr. 7 HRV. Die Eintragung ist gemäß § 10 HGB in dem von den Landesjustizverwaltungen bestimmten elektronischen Informations- und Kommunikationssystem bekannt zu machen. Sofern die Länder nicht von der gemäß § 10 Satz 1 2. HS HGB iVm § 9 Abs. 1 Satz 4 HGB eröffneten Möglichkeit zur Schaffung eines länderübergreifenden, zentralen elektronischen Systems Gebrauch machen, bleiben die Bekanntmachungen der Eintragungen ins Handelsregister somit auf 16 Landessysteme verteilt.[63] Die europäischen Vorgaben zur Schaffung einer „zentralen elektronischen Plattform" für die Unternehmenspublizität werden nur dadurch erfüllt, dass die Bekanntmachungen gemäß § 8b Abs. 2 Nr. 1 HGB zugleich im neu geschaffenen **Unternehmensregister** erfolgen.[64] Über die Pflichtbekanntmachung hinaus kann die 29

---

[59] Zur Legitimation von § 23 Abs. 5 mit den Anforderungen an eine kapitalmarkttaugliche Rechtsform *Servatius* Strukturmaßnahmen S. 153 ff.
[60] Abw. zu § 183 Abs. 1 Satz 2 Hüffer/Koch/*Koch* § 183 Rn. 10.
[61] Zu den Folgewirkungen derartiger Mängel auf weitere Kapitalerhöhungen OLG Frankfurt NZG 2011, 1029.
[62] In diese Richtung zutreffend, jedoch nur auf § 826 BGB eingehend, OLG Frankfurt BB 2009, 225 sowie OLG Hamburg NZG 2011, 232.
[63] Dies kritisiert zu Recht *Noack* NZG 2006, 801 (803); vgl. aber www.handelsregister.de.
[64] Vgl. www.unternehmensregister.de.

Satzung vorsehen, dass der Beschluss auch in den Gesellschaftsblättern (§ 25 Satz 2) zu veröffentlichen ist.

30 Wurde der Kapitalerhöhungsbeschluss im Zeitraum zwischen Anmeldung und Eintragung **aufgehoben oder geändert** (→ § 182 Rn. 32 ff.), kann die gleichwohl erfolgte Eintragung gemäß § 395 FamFG gelöscht werden.[65] Zur Frage, ob die Eintragung der Durchführung gemäß § 189 Heilungswirkung entfaltet, → § 189 Rn. 4 ff. Lehnt das Registergericht die Eintragung eines rechtmäßigen Kapitalerhöhungsbeschlusses ab, können die Anmeldeverpflichteten (→ Rn. 10) **Rechtsmittel** einlegen (→ § 181 Rn. 36).[66] Das **Freigabeverfahren** gemäß § 246a soll eine Beschleunigung des Registerverfahrens bewirken (Einzelheiten → Rn. 37 ff.).[67]

31 **b) Besonderheiten bei der Sachkapitalerhöhung.** Bei der Sachkapitalerhöhung ist gemäß Art. 70 Abs. 2 Satz 3 RL (EU) 2017/1132[68] der nach § 183 Abs. 3 Satz 1 anzufertigende **Prüfungsbericht** (→ § 183 Rn. 35) in der Form des Art. 3 Publizitäts-RL offen zu legen. In Umsetzung dieses Erfordernisses ist § 43 Nr. 7 HRV dahingehend auszulegen, dass in der Spalte „Bemerkungen" ein Hinweis auf den bei Gericht eingereichten Prüfungsbericht **einzutragen** ist. Dieser kann dann gemäß § 9 Abs. 1 HGB von jedermann zu Informationszwecken eingesehen werden.

32 Gemäß Art. 3 Abs. 4 Publizitätsrichtlinie bedarf es weiterhin einer **Bekanntmachung**, dass der **Prüfungsbericht** beim Registergericht hinterlegt ist. Eine Bekanntmachung des Ergebnisses der Prüfung ist nicht erforderlich.[69] Die deutsche Umsetzung dieser Vorgaben war bis zum Inkrafttreten des EHUG misslungen: Einerseits sah Abs. 1 Satz 2 vor, dass der Bericht bereits bei der Anmeldung des Kapitalerhöhungsbeschlusses beizufügen ist, andererseits war die Bekanntmachung gemäß § 190 Satz 1 aF erst mit Eintragung der Durchführung der Kapitalerhöhung vorgesehen. Um zu verhindern, dass der Kapitalerhöhungsbeschluss ohne Hinweis auf die europarechtlich gebotene Information des Rechtsverkehrs eingetragen wird, war § 190 richtigerweise analog bereits auf das Registerverfahren nach § 184 anzuwenden (str.). Infolge der Streichung von § 190 aF bereitet es keine Probleme mehr, dieses Informationsanliegen bereits bei der isolierten Eintragung des Kapitalerhöhungsbeschlusses zu verwirklichen. Nach § 10 HGB und § 8b Abs. 2 Nr. 1 HGB ist somit auch bekannt zu machen, dass der gemäß § 183 Abs. 3 Satz 1 anzufertigende Prüfungsbericht beim Registergericht eingereicht wurde. Nach § 190 aF erstreckte sich die Bekanntmachung der Eintragung der Durchführung auch auf die bei der Kapitalerhöhung mit Sacheinlagen vorgesehenen **Festsetzungen gemäß § 183 Abs. 1 Satz 1.** Wie beim Hinweis auf den eingereichten Prüfungsbericht war der späte Zeitpunkt der Bekanntmachung bereits nach früherer Rechtslage entsprechend zu korrigieren, so dass die Festsetzungen bereits bei der isolierten Eintragung des Kapitalerhöhungsbeschlusses bekannt zu machen waren (str.). Nach der Streichung von § 190 lässt sich dieses Ergebnis ebenfalls ohne weiteres auf der Grundlage von § 10 HGB und § 8b Abs. 2 Nr. 1 HGB begründen.

33 **2. Fehlerhafte Anmeldung.** Ist die Anmeldung unvollständig oder fehlerhaft, darf der Registerrichter den Kapitalerhöhungsbeschluss nicht eintragen.[70] Ist der Eintragungsantrag als solches zu erkennen, kann das Registergericht durch Erlass von Zwischenverfügungen gemäß § 26 Satz 2 HRV darauf hinwirken, dass die Anmeldung ordnungsgemäß wird.[71] Zur Heilung von Mängeln gemäß § 189 → § 189 Rn. 4 ff.

34 **3. Rechtswidriger Kapitalerhöhungsbeschluss.** Ergibt die Prüfung des Registergerichts die nach → Rn. 18 ff. beachtliche Rechtswidrigkeit des Kapitalerhöhungsbeschlusses, hat es die **Eintragung abzulehnen.**[72] Eine nur teilweise Eintragung des Kapitalerhöhungsbeschlusses ist unzulässig.[73]

35 Ist die **Eintragung** eines rechtswidrigen Beschlusses **zu Unrecht** erfolgt oder fehlerhaft, besteht hiergegen kein Rechtsmittel.[74] Möglich ist allein die Anregung eines Amtslöschungsverfahrens gemäß §§ 395 ff. FamFG.[75] Dies setzt jedoch gemäß § 398 FamFG die Nichtigkeit des Beschlusses

---

[65] Vgl. Lutter/Leinekugel ZIP 2000, 1225 (1226).
[66] Einzelheiten bei MüKoAktG/*Schürnbrand* Rn. 40.
[67] Vgl. bereits OLG Jena ZIP 2006, 1989; OLG München BB 2006, 459.
[68] RL (EU) 2017/1132 des Europäischen Parlaments und des Rates vom 14. Juni 2017 über bestimmte Aspekte des Gesellschaftsrechts, ABl. EU 2017 Nr. L 169, 46 v. 30.6.2017.
[69] Kölner Komm AktG/*Lutter* Rn. 3; Hüffer/Koch/*Koch* Rn. 3; MüKoAktG/*Schürnbrand* Rn. 8.
[70] K. Schmidt/Lutter/*Veil* Rn. 11; Lutter/Leinekugel ZIP 2000, 1225 (1226); *Baums*, Eintragung und Löschung von Gesellschafterbeschlüssen, 1982, 135; *Kort*, Bestandsschutz fehlerhafter Strukturänderungen im Kapitalgesellschaftsrecht, 1998, 76 (194).
[71] Vgl. OLG Hamm NJW 1963, 1554.
[72] *Kort*, Bestandsschutz fehlerhafter Strukturänderungen im Kapitalgesellschaftsrecht, 1998, 82.
[73] Großkomm AktG/*Wiedemann* Rn. 26; MüKoAktG/*Schürnbrand* Rn. 39.
[74] Großkomm AktG/*Wiedemann* Rn. 27; MüKoAktG/*Schürnbrand* Rn. 42; Hüffer/Koch/*Koch* Rn. 8.
[75] MüKoAktG/*Schürnbrand* Rn. 42; Kölner Komm AktG/*Lutter* Rn. 18. Vgl. OLG Karlsruhe OLGZ 1986, 155 (157 ff.). (für die Eintragung der Durchführung).

nach § 241 Nr. 3 voraus. Es genügen weder die bloße Anfechtbarkeit[76] noch Fehler bei der Anmeldung.[77] Wird die Nichtigkeit eines Beschlusses im Anfechtungs- oder Nichtigkeitsverfahren nach Eintragung rechtskräftig festgestellt, ist das Urteil gemäß § 248 Abs. 1 Satz 3 und 4, § 249 Abs. 1 Satz 1 einzutragen und bekannt zu machen. Zur erneuten Überprüfung des Kapitalerhöhungsbeschlusses bei der Eintragung der Durchführung → § 188 Rn. 29; zu den Auswirkungen einer durchgeführten fehlerhaften Kapitalerhöhung → § 189 Rn. 4 ff.

4. Verhältnis zum Beschlussmängelstreit. In jedem Fall hat das Gericht die Eintragung abzulehnen, wenn der angefochtene Beschluss bereits gemäß § 248 Abs. 1 Satz 1 rechtskräftig für nichtig erklärt worden ist.[78] Ist im Beschlussmängelstreit jedoch noch keine abschließende Entscheidung ergangen, kommt es zu Problemen im Zusammenspiel von registergerichtlicher Prüfung der Eintragungsvoraussetzungen und dem weitergehenden Beschlussmängelrecht gemäß §§ 241 ff. Hierbei ist nach den verschiedenen Beschlussmängeln wegen ihrer teilweise eingeschränkten Bedeutung im Registerverfahren (→ Rn. 21) zu unterscheiden. 36

a) Beachtlicher Beschlussmangel. Wurde der Eintragungsantrag gestellt, bevor die Klagefrist nach § 246 Abs. 1 abgelaufen ist bzw. während bereits Beschlussmängelklage erhoben wurde, entbindet das den Registerrichter nicht von seiner Prüfungspflicht.[79] Ergibt die Prüfung, dass ein nach → Rn. 21 ff. beachtlicher Mangel vorliegt, ist grds. die Eintragung abzulehnen. Das Verfahren kann jedoch bis zur Behebung des Mangels gemäß § 381 FamFG **ausgesetzt** werden. Eine Pflicht hierzu besteht nicht. Das Registergericht muss nicht abwarten, bis der betreffende, für beachtlich erachtete Mangel auch im Urteil des streitigen Verfahrens festgestellt wird. Das Gleiche gilt umgekehrt, wenn eine **Beschlussmängelklage** rechtskräftig **abgewiesen** wurde. In diesem Fall folgt aus der eigenständigen Prüfungspflicht des Registergerichts, ob die Eintragung vorzunehmen ist oder nicht.[80] Eine weitergehende Bindung besteht nicht. Der Registerrichter hat daher den Hauptversammlungsbeschluss einzutragen, wenn das Eintragungsverfahren (Amtsermittlung, § 26 FamFG) abweichend vom streitigen Verfahren ergibt, dass kein Anfechtungsgrund besteht oder dies im streitigen Verfahren überhaupt nicht erörtert wurde (zum Beispiel bei Klageabweisung infolge Unzulässigkeit). Bestehen lediglich **Anhaltspunkte für einen beachtlichen Mangel,** hat das Gericht gemäß § 26 FamFG eigene Ermittlungen anzustellen und Beweise zu erheben, um eine eigene Entscheidung treffen zu können. Auf die Erfolgsaussichten des Klageverfahrens kommt es nicht unmittelbar an (str.).[81] Der Einfluss der anhängigen Beschlussmängelklage ist vielmehr darauf beschränkt, Anhaltspunkte für eine genauere Prüfung bestimmter, im Klageverfahren streitiger Eintragungsvoraussetzungen zu bieten.[82] Für ein parallel zum Eintragungsverfahren laufendes Freigabeverfahren gilt dasselbe (str.).[83] 37

Wurde ein beachtlicher Beschlussmangel im Rahmen des **Freigabeverfahrens übersehen** und fälschlicherweise durch Beschluss festgestellt, dass die Erhebung der Klage der Eintragung nicht entgegensteht und Mängel des Hauptversammlungsbeschlusses die Wirkung der Eintragung unberührt lassen, entfaltet das gemäß § 246a Abs. 3 Satz 4 Bindungswirkung. Dass der Registerrichter hiernach – trotz Beschlussmangels – zur Eintragung verpflichtet sein soll, begegnet jedoch Bedenken: Es ist bereits fraglich, ob ein summarisches Verfahren überhaupt geeignet ist, eine endgültige Bestandkraft im komplexen Beschlussmängelrecht herbeizuführen. Selbst wenn man dies als eindeutige gesetzgeberische Entscheidung sogar bei Fehlern im Freigabeverfahren hinnimmt, kann die Bindungswirkung jedenfalls nur soweit reichen wie der Streitgegenstand der Beschlussmängelklage, über deren Einfluss auf das Registerverfahren im Rahmen von § 246a entschieden wurde. Erhebt daher zum Beispiel ein Aktionär erfolglos Anfechtungsklage wegen der Verletzung von Informationspflichten, vermag die Bindungswirkung gemäß § 246a Abs. 3 Satz 4 keine „Heilung" für die Verletzung gläubigerschützender Vorschriften zu begründen. Insoweit verbleibt es bei der **autonomen Prüfungskompetenz** des Registergerichts,[84] was § 246a Abs. 4 Satz 2 mittelbar bestätigt. Hat das Prozessgericht im Freigabeverfahren umgekehrt den Antrag der AG abgelehnt, bedeutet dies nicht zwingend, dass der Beschluss fehlerhaft ist. Auch hier vermag die Bindungswirkung gemäß § 246a 38

---

[76] Großkomm AktG/*K. Schmidt* § 243 Rn. 72.
[77] *Lutter/Leinekugel* ZIP 2000, 1225 (1227 f.).
[78] MüKoAktG/*Schürnbrand* Rn. 27; Hüffer/Koch/*Koch* Rn. 6.
[79] OLG Düsseldorf NZG 2009, 351: „selbstständige Prüfung der Sach- und Rechtslage"; vgl. auch Hüffer/Koch/*Koch* § 243 Rn. 54; *Paschos/Johannsen-Roth* NZG 2006, 327 (328); *Schulte* ZIP 2010, 1166.
[80] Hüffer/Koch/*Koch* § 243 Rn. 55.
[81] Abw. Hüffer/Koch/*Koch* § 243 Rn. 53.
[82] So wohl auch LG München BB 2006, 459 (459).
[83] *Aha/Hirschberger* BB 2006, 459; abw. für Vorrang des Freigabeverfahrens *Göz/Holzborn* WM 2006, 157 (161).
[84] Vgl. OLG Düsseldorf NZG 2009, 351.

Abs. 3 Satz 4 nur insoweit Wirkung zu entfalten, wie sie die „Klage" iSv § 246a Abs. 1 betrifft. Wegen eines anderen Streitgegenstands kann daher im Registerverfahren sehr wohl noch ein beachtliches Eintragungshindernis bestehen.

39 **b) Kein Beschlussmangel.** Ergibt die registergerichtliche Prüfung, dass überhaupt kein Mangel vorliegt, hat das Gericht den Kapitalerhöhungsbeschluss auch vor Ablauf der Klagefrist bzw. vor dem Ausgang eines Beschlussmängelstreits **einzutragen** (str.).[85] Hierdurch wird der Eintragungsanspruch der AG verwirklicht.[86] Das Registerverfahren ist ein eigenständiges unternehmensrechtliches Verfahren, welches nicht auf die Hilfe der streitigen Gerichtsbarkeit angewiesen ist. Da bei der Eintragung der Kapitalerhöhung, anders als zum Beispiel bei der Verschmelzung nach § 16 Abs. 2 UmwG, keine Negativerklärung erforderlich ist, hat der Gesetzgeber die Eintragung anfechtbarer Beschlüsse in Kauf genommen. Auch die Möglichkeit der Heilung nichtiger Beschlüsse gemäß § 242 und das Amtslöschungsverfahren nach § 398 FamFG zeigen, dass Beschlussmängel trotz § 26 FamFG im Registerverfahren übersehen werden können. Wurde im Rahmen des **Freigabeverfahrens** vom Prozessgericht durch Beschluss festgestellt, dass die Erhebung einer Klage der Eintragung nicht entgegensteht, entfaltet dies gemäß § 246a Abs. 3 Satz 4 bezogen auf den Streitgegenstand eine Bindungswirkung (→ Rn. 38 aE).

40 **c) Unbeachtlicher Beschlussmangel.** Problematisch sind die Fälle, in denen lediglich ein gemäß → Rn. 26 unbeachtlicher Mangel vorliegt, zum Beispiel die Festsetzung eines unangemessenen Ausgabebetrags gemäß § 255 Abs. 2 oder die Rechtswidrigkeit eines Bezugsrechtsausschlusses. Stellt sich dieser während der registergerichtlichen Prüfung heraus, kollidiert das beschränkte Prüfungsrecht des Registergerichts mit dem weitergehenden im streitigen Verfahren der Beschlussmängelklage. Es wäre einerseits nicht gerechtfertigt, dem Eintragungsanspruch der AG wegen der an sich unbeachtlichen Anfechtbarkeit nicht zu entsprechen. Umgekehrt wäre es nicht hinzunehmen, wenn das Registergericht einen Beschluss der Hauptversammlung einträgt, obwohl bereits Anhaltspunkte für seine Aufhebung nach Abschluss des streitigen Verfahrens bestehen. Aus dem Gedanken eines auf die Zivilgerichtsbarkeit einheitlich angewendeten Gedankens des *venire contra factum proprium* muss das Registergericht daher in bestimmten Fällen eine summarische Prüfung der **Erfolgsaussichten** eines streitigen Anfechtungsprozesses vornehmen.

41 Hiernach gilt Folgendes: Wurde bereits **Anfechtungsklage erhoben,** hat das Registergericht auch bezüglich der für sich genommen unbeachtlichen Beschlussmängel die Eintragung des Beschlusses von den Erfolgsaussichten der Klage abhängig zu machen. Sind diese positiv, kann das Eintragungsverfahren bis zum rechtskräftigen Urteil gemäß § 381 FamFG ausgesetzt werden. Andernfalls ist sogleich einzutragen; nach Durchführung eines Freigabeverfahrens ist es ggf. zur Eintragung verpflichtet (vgl. § 246a Abs. 3 Satz 4). Wurde **noch keine Klage erhoben,** gilt dasselbe. Bieten sich dem Gericht Anhaltspunkte für einen von der Prüfungspflicht umfassten Beschlussmangel, der nach erfolgreicher Anfechtungsklage zur Nichtigkeit des Beschlusses gemäß § 248 Abs. 1 führt, kann das Gericht das Eintragungsverfahren aussetzen und dem Vorstand gemäß § 381 Satz 2 FamFG aufgeben, Klage zu erheben. Zeigt sich ein solcher Mangel nicht oder sind die Erfolgsaussichten einer gerichtlichen Geltendmachung dieses Mangels zum Beispiel wegen Fristablaufs nicht gegeben, ist der Beschluss sogleich einzutragen.

V. Missbräuchliche Anfechtungsklagen

42 Dass **räuberische Aktionäre** das Anfechtungsrecht benutzen, um hieraus Profit zu schlagen, ist allgemein bekannt; ebenso die oftmals großzügige Streitbeilegung durch künstlich hochgesetzte Gebühren („Vergleichsmehrwert"). Solange sich die Gerichte auf derartige Händel einlassen, besteht materiell-rechtlich wenig Raum, diesem Missbrauch durch die **Kapitalbindung** gemäß §§ 57, 62 beizukommen (Einzelheiten bei → § 57 Rn. 43 f.). Ein wichtiger Schritt, das Drohpotential missbräuchlicher Anfechtungsklagen einzudämmen, ist die Schaffung des **Freigabeverfahrens** gemäß § 246a durch das UMAG und die sinnvolle Umgestaltung durch das ARUG.[87] Dessen ungeachtet besteht nach wie vor Anlass, missbräuchliche Anfechtungsklagen als solche zu kennzeichnen und zu unterbinden. Die **Schadensersatzhaftung** der Aktionäre ist hierfür ein wichtiger Schritt. Die Rechtsprechung beschreitet diesen Weg zunehmend. Hiernach haftet ein Aktionär der AG gemäß

---

[85] Großkomm AktG/*K. Schmidt* § 243 Rn. 72; aA Hüffer/Koch/*Koch* § 243 Rn. 53: Aussetzung nach §§ 21, 381 FamFG bei unsicheren Erfolgsaussichten; *Kort,* Bestandsschutz fehlerhafter Strukturänderungen im Kapitalgesellschaftsrecht, 1998, 82 f.

[86] Vgl. *Kort,* Bestandsschutz fehlerhafter Strukturänderungen im Kapitalgesellschaftsrecht, 1998, 84: Recht auf Eintragung.

[87] Hierzu *Rothley* GWR 2009, 312; *Schulte* ZIP 2010, 1166.

§ 826 BGB bei rechtsmissbräuchlicher Klagerhebung auf Schadensersatz. Dies ist gegeben, wenn er weder ein berechtigtes Interesse als Teilhaber des Unternehmens noch allgemeine Aktionärsinteressen, sondern illoyale bzw. eigennützige Ansichten verfolgt.[88] Dies gilt insbesondere dann, wenn deutlich wird, dass der Aktionär sich nur den Lästigkeitswert seiner Klage abkaufen lassen will.[89] Die Notwendigkeit, anhand dieser Kriterien legitime von missbräuchlichen Anfechtungsklagen abzugrenzen, ist zwar nicht im AktG angelegt, sollte jedoch als „offene Rechtsfortbildung" Einzug in die Rechtsprechung halten. Es ist den Gerichten durchaus zuzutrauen, die einschlägigen Fälle sachgerecht zu beurteilen.

Aufschlussreich ist in diesem Zusammenhang auch § 7 Abs. 7 Satz 1 FMStBG. Hiernach sind **43** Aktionäre von **Unternehmen des Finanzsektors**, die eine für den Fortbestand der Gesellschaft erforderliche Kapitalmaßnahme, insbesondere durch ihre Stimmrechtsausübung oder die Einlegung unbegründeter Rechtsmittel, verzögern oder vereiteln, der Gesellschaft gesamtschuldnerisch zum Schadensersatz verpflichtet. Diese Regelung ist etwas zu scharf, wenn bereits die Einlegung unbegründeter Rechtmittel eine Ersatzpflicht begründen kann. Sie ist jedoch insgesamt betrachtet ein sinnvoller gesetzgeberischer Versuch, die Schadensersatzhaftung bei missbräuchlichen Anfechtungsklagen zu begründen. Man sollte sie daher auch über die aktuelle Finanzmarktkrise hinaus ins AktG übernehmen.[90]

§ 185 Zeichnung der neuen Aktien

(1) ¹Die Zeichnung der neuen Aktien geschieht durch schriftliche Erklärung (Zeichnungsschein), aus der die Beteiligung nach der Zahl und bei Nennbetragsaktien dem Nennbetrag und, wenn mehrere Gattungen ausgegeben werden, der Gattung der Aktien hervorgehen muß. ²Der Zeichnungsschein soll doppelt ausgestellt werden. ³Er hat zu enthalten
1. den Tag, an dem die Erhöhung des Grundkapitals beschlossen worden ist;
2. den Ausgabebetrag der Aktien, den Betrag der festgesetzten Einzahlungen sowie den Umfang von Nebenverpflichtungen;
3. die bei einer Kapitalerhöhung mit Sacheinlagen vorgesehenen Festsetzungen und, wenn mehrere Gattungen ausgegeben werden, den auf jede Aktiengattung entfallenden Betrag des Grundkapitals;
4. den Zeitpunkt, an dem die Zeichnung unverbindlich wird, wenn nicht bis dahin die Durchführung der Erhöhung des Grundkapitals eingetragen ist.

(2) Zeichnungsscheine, die diese Angaben nicht vollständig oder die außer dem Vorbehalt in Absatz 1 Nr. 4 Beschränkungen der Verpflichtung des Zeichners enthalten, sind nichtig.

(3) Ist die Durchführung der Erhöhung des Grundkapitals eingetragen, so kann sich der Zeichner auf die Nichtigkeit oder Unverbindlichkeit des Zeichnungsscheins nicht berufen, wenn er auf Grund des Zeichnungsscheins als Aktionär Rechte ausgeübt oder Verpflichtungen erfüllt hat.

(4) Jede nicht im Zeichnungsschein enthaltene Beschränkung ist der Gesellschaft gegenüber unwirksam.

Schrifttum: Siehe vor § 182.

Übersicht

	Rn.		Rn.
I. Bedeutung der Norm	1–4	a) Vorgaben im Hauptversammlungsbeschluss	7
1. Regelungsgehalt	3	b) Vorstandspflichten beim Fehlen entsprechender Vorgaben	8
2. Entstehungsgeschichte	4	c) Überzeichnung	9
II. Zeichnung neuer Aktien	5–9	**III. Zeichnungsvertrag**	10–21
1. Zeichner	5	1. Zeitpunkt	11
2. Auswahl der Zeichner	6–9		

---

[88] LG Frankfurt NZG 2007, 949.
[89] LG Hamburg WM 2009, 1330.
[90] In diese Richtung zutreffend, jedoch nur auf § 826 BGB eingehend, OLG Frankfurt BB 2009, 225, ähnlich OLG Hamburg NZG 2011, 232; wie hier auch *Langenbucher* ZGR 2010, 75 (97 ff.).

	Rn.		Rn.
2. Rechtsnatur	12	f) Ausgabe verschiedener Aktiengattungen	35
3. Unwirksamkeit	13	g) Unverbindlichkeit der Zeichnung, Verfallfrist	36
4. Überschuss an Zeichnungsverträgen	14	h) Weitergehender Inhalt	37
5. Sicherung der Kapitalaufbringung	15	**V. Nichtigkeit der Zeichnung**	38–47
6. Die Haftung der AG gegenüber Zeichnern	16–18	1. Nichtbeachtung der Schriftform	39
a) Kapitalmarktemission	17	2. Unvollständiger oder fehlerhafter Zeichnungsschein	40–44
b) Privatplatzierung	18	a) Nichtigkeit	40
7. Die Haftung von Organmitgliedern	19–21	b) Heilung	41–44
a) Innenhaftung	20	3. Gesetzliches Widerrufsrecht, Naturalrestitution	45
b) Außenhaftung	21	4. Insolvenzanfechtung	46–47
IV. Zeichnungsschein	22–37	a) Insolvenz des Zeichners	46a
1. Schriftform	23	b) Insolvenz der AG	47
2. Doppelte Ausstellung	24	**VI. Zeichnungsvorvertrag**	48–54
3. Angaben über die Beteiligung des künftigen Aktionärs	25–27	1. Verpflichtung der AG	49, 50
		a) Vor der Beschlussfassung	49
4. Allgemeine Angaben	28–37	b) Nach der Beschlussfassung	50
a) Tag der Beschlussfassung	29	2. Verpflichtung der potentiellen Zeichner	51–54
b) Ausgabebetrag der Aktien	30, 31		
c) Betrag der festgesetzten Einzahlungen	32	a) Förmliche Zeichnung	52
d) Umfang von Nebenverpflichtungen	33	b) Schuldrechtlicher Zeichnungsvorvertrag	53, 54
e) Besonderheiten bei Sacheinlagen	34		

I. Bedeutung der Norm

1 § 185 bestimmt **Inhalt und Form der Erklärung des Zeichners** neuer Aktien. Sie gilt gemäß § 203 Abs. 1 Satz 1 auch beim genehmigten Kapital, nicht aber bei der bedingten Kapitalerhöhung (vgl. § 198 Abs. 2 Satz 1) und im Rahmen einer Verschmelzung (vgl. § 69 Abs. 1 Satz 1 UmwG). Auf schuldrechtliche Beteiligungen an der AG ist die Regelung nicht entsprechend anwendbar.[1]

2 Üblicherweise wird zwischen **Zeichnung, Zeichnungsschein** und **Zeichnungsvertrag** unterschieden.[2] Die Zeichnung ist die im Zeichnungsschein gemäß § 185 (→ Rn. 22 ff.) enthaltene Willenserklärung des künftigen Aktionärs, Mitglied der AG gegen Übernahme von Aktien zu werden.[3] Mit der Annahme dieses Vertragsangebots durch die AG kommt der Zeichnungsvertrag zustande (→ Rn. 10 ff.). Angebot und Annahme können jedoch auch dergestalt erfolgen, dass die AG einer Person die Zeichnung anbietet und diese dann in der Form des § 185 angenommen wird. Bei der Einbringung von Sacheinlagen wird vielfach der Begriff der **Sacheinlagevereinbarung** verwendet. Hierin enthalten ist regelmäßig die Verpflichtung des Investors, an der Kapitalerhöhung teilzunehmen und einen bestimmten Gegenstand einzubringen; ergänzend finden sich auch Regelungen über die Einzelheiten der Leistung, wie Festlegungen zur bilanziellen und steuerlichen Behandlung oder Übergangsregeln bei notwendiger Zustimmung Dritter.[4] Das AktG kennt diesen Begriff nicht. Rechtlich ist daher zu differenzieren, welche Teile dieser Vereinbarung Bestandteile des förmlichen Zeichnungsvertrages sind und welche darüber hinausgehende schuldrechtliche Abreden. Zum **Vorvertrag** über die Zeichnung von Aktien → Rn. 48 ff., zu sog. Business Combination Agreements im Vorfeld der Kapitalerhöhung → § 187 Rn. 19 ff.; zur **Bezugserklärung** → § 186 Rn. 13.

3 **1. Regelungsgehalt.** Nach **Abs. 1 Satz 1** muss die Willenserklärung des Zeichners schriftlich erfolgen und seine künftige Beteiligung an der AG nach Zahl bzw. Nennbetrag und ggf. Gattung der Aktien beinhalten (→ Rn. 22 ff.). Der Zeichnungsschein hat darüber hinaus gemäß **Abs. 1 Satz 3 Nr. 1 bis 4** die für alle Zeichner gleichermaßen geltenden Angaben zu enthalten (→ Rn. 28 ff.). Andernfalls ist er gemäß **Abs. 2** nichtig (→ Rn. 38). Hierauf kann sich der Zeichner gemäß **Abs. 3** jedoch nach Eintragung der Durchführung der Kapitalerhöhung nicht mehr berufen, wenn er auf Grund des Zeichnungsscheins als Aktionär bereits Rechte ausgeübt oder Verpflichtungen erfüllt hat (→ Rn. 41 ff.). Der Zeichnungsschein soll gemäß **Abs. 1 Satz 2** doppelt ausgestellt wer-

---
[1] OLG Frankfurt BKR 2013, 126 (127) für eine Hybridanleihe.
[2] Hüffer/Koch/*Koch* Rn. 3; MüKoAktG/*Schürnbrand* Rn. 7; Kölner Komm AktG/*Ekkenga* Rn. 2.
[3] Vgl. KG Berlin AG 2006, 201.
[4] Vgl. *Schulz* NZG 2010, 41; Kölner Komm AktG/*Ekkenga* Rn. 94 ff.

den (→ Rn. 24). **Abs. 4** bestimmt, dass eine nicht im Zeichnungsschein enthaltene Beschränkung der Gesellschaft gegenüber unwirksam ist (→ Rn. 36).

2. Entstehungsgeschichte. § 185 gilt seit dem AktG 1965 und beruht auf dem weitgehend identischen § 152 AktG 1937. Mit dem Stückaktiengesetz 1998[5] wurden Abs. 1 Satz 1 und Satz 3 Nr. 3 entsprechend geändert.

II. Zeichnung neuer Aktien

1. Zeichner. Zeichner neuer Aktien kann **jeder** sein, der auch Gründer einer AG sein kann (→ § 2 Rn. 7). Die **AG selbst** darf gemäß § 56 Abs. 1 keine Aktien zeichnen. Gleiches gilt gemäß § 56 Abs. 2 für ein von der AG gemäß § 17 abhängiges Unternehmen und für ein gemäß § 16 in Mehrheitsbesitz stehendes Unternehmen; der Verstoß hiergegen macht die Aktienübernahme jedoch nicht unwirksam (§ 56 Abs. 2 Satz 2). § 56 Abs. 3 schützt vor Umgehungen. Ein Strohmann oder Treuhänder, der die Aktien für Rechnung der AG bzw. eines abhängigen oder in Mehrheitsbesitz stehenden Unternehmens gezeichnet hat, ist an die eigene Zeichnung gebunden, muss jedoch zur Ausübung von Mitgliedschaftsrechten seine Innenbeziehung zur AG bzw. zu den einbezogenen Unternehmen beenden (Einzelheiten, auch zur Haftung des Vorstands, bei § 56).

2. Auswahl der Zeichner. Die Durchführung der Kapitalerhöhung obliegt gemäß § 83 Abs. 2 dem **Vorstand** (bei den Anmeldungen nach §§ 184, 188 unter Beteiligung des Aufsichtsratsvorsitzenden).[6] Er ist verpflichtet, die Aktienemission nach den von der Hauptversammlung festgelegten Vorgaben über den Ausgabebetrag (→ § 182 Rn. 49 ff., → § 183 Rn. 19) bestmöglich zu platzieren.[7] Hiermit hat er, sofern nichts Abweichendes beschlossen wurde, unverzüglich zu beginnen.[8]

a) Vorgaben im Hauptversammlungsbeschluss. Wurde das Bezugsrecht ausgeschlossen, kann die Hauptversammlung im Beschluss nach § 182 festlegen, wer zur Zeichnung der neuen Aktien berechtigt sein soll.[9] Das Gleiche gilt für die Aktien, die wegen der Nichtausübung von Bezugsrechten zuteilungsfähig sind. Der Vorstand ist hieran gemäß § 83 Abs. 2 gebunden und muss die betreffenden Personen zur Zeichnung auffordern.

b) Vorstandspflichten beim Fehlen entsprechender Vorgaben. Wurde das Bezugsrecht nicht ausgeschlossen, hat der Vorstand die neuen Aktien **den Aktionären anzubieten.** Eine entsprechende Bekanntmachung in den Gesellschaftsblättern gemäß § 25 genügt (→ § 186 Rn. 23 f.). Wurde das Bezugsrecht ausgeschlossen oder zeigen sich die Altaktionäre uninteressiert, hat sich der Vorstand **um andere Zeichner zu bemühen.** Er kann dies durch entsprechende Bekanntmachungen und Anzeigen seitens der Gesellschaft verwirklichen oder unter Zuhilfenahme von Banken oder sonstigen Emissionskonsortien.[10] Im Regelfall ist der Vorstand verpflichtet, sich bereits im Vorfeld der Kapitalerhöhung um entsprechende Zusagen von Zeichnern zu bemühen bzw. die Emission am Kapitalmarkt in professionelle Hände zu legen.

c) Überzeichnung. Für die Verteilung von Knappheit gilt ein Stufenmodell: Die **Inhaber eines Bezugsrechts gemäß § 186** haben einen vorrangig zu befriedigenden gesetzlichen Anspruch auf Zuteilung der neuen Aktien.[11] Hierbei ist der Gleichbehandlungsgrundsatz gemäß § 53a zu beachten. Die **Inhaber eines Bezugsrechts gemäß § 187** sind grundsätzlich vor den sonstigen Zeichnern zu bedienen, weil sich die AG ansonsten schadensersatzpflichtig macht (→ § 187 Rn. 16).[12] Hiervon besteht keine Ausnahme, wenn die drohende Schadensersatzpflicht niedriger ausfällt als der am Kapitalmarkt zu erzielende Zeichnungsgewinn. Die **Auswahl der sonstigen Zeichner** erfolgt allein anhand des Gesellschaftsinteresses ohne Geltung eines gesellschafts- oder kapitalmarktrechtlich begründeten Gleichbehandlungsgrundsatzes.[13] Der Vorstand kann und muss ggf. einzelne Zeichner

---

[5] Art. 1 Nr. 22 des Gesetzes vom 25.3.1998, BGBl. 1998 I 590.
[6] Vgl. OLG Hamburg AG 2000, 326 = NZG 2000, 549.
[7] *Priester* FS Wiedemann, 2002, 1161 (1162).
[8] RGZ 144, 138 (141 f.).
[9] Kölner Komm AktG/*Lutter* Rn. 10.
[10] Vgl. *Priester* FS Wiedemann, 2002, 1161 (1162).
[11] Kölner Komm AktG/*Ekkenga* Rn. 126; Hüffer/Koch/*Koch* Rn. 25; MüKoAktG/*Schürnbrand* Rn. 64; *Schürnbrand* FS Stilz, 2014, 569 (572); vgl. auch KG Berlin AG 2006, 201.
[12] Hüffer/Koch/*Koch* Rn. 25; abw. *Schürnbrand* FS Stilz, 2014, 569 (573 f.).
[13] Kölner Komm AktG/*Ekkenga* Rn. 126; vgl. aber → Rn. 28; wohl auch Hüffer/Koch/*Koch* Rn. 25: grundsätzlich in der Zuteilung frei; aA *Priester* FS Wiedemann, 2002, 1161 (1163). – Vgl. auch die „Grundsätze für die Zuteilung von Aktienemissionen an Privatanleger" der Börsensachverständigenkommission (hierzu *Kümpel* ZBB 2000, 287 und *Kümpel* Bank- und Kapitalmarktrecht Rn. 9.36 ff.).

bevorzugen, wenn der Gesellschaft hierdurch ein Vorteil erwächst, zum Beispiel eine „strategische Allianz" begründet wird. Dies gilt auch zu Lasten von Altaktionären, die über ihr Bezugsrecht hinaus weitere Aktien zeichnen wollen. Ihr Schutz wird abschließend über § 186 verwirklicht. Gibt es zum Beispiel wegen der fehlenden Ausübung von Bezugsrechten noch zuteilungsfähige Aktien, ist der Vorstand nicht verpflichtet, diese erneut den Altaktionären anzubieten. Bietet er sie hingegen nur einem oder einzelnen Altaktionären an, bedarf es wegen § 53a einer sachlichen Rechtfertigung dieser Ungleichbehandlung gemäß **§ 186 analog** (→ § 186 Rn. 40 ff.). Zu den Folgen eines Überschusses an Zeichnungsverträgen → Rn. 14.

III. Zeichnungsvertrag

10 Zeichner und AG schließen einen Zeichnungsvertrag. Inhalt und Form richten sich nach § 185 (→ Rn. 22 ff.). Die AG wird gemäß § 78 vom Vorstand vertreten. Auch der Zeichner kann sich vertreten lassen.[14] § 174 Satz 1 BGB gilt anders als bei der einseitigen Bezugserklärung iSv § 186 Abs. 1 nicht.[15]

11 **1. Zeitpunkt.** Der Abschluss eines Zeichnungsvertrages ist im Zeitraum zwischen der Beschlussfassung und der Eintragung der Durchführung möglich.[16] Die **Zeichnung** gemäß § 185 kann lediglich im Sanierungsfall **vor der Beschlussfassung** über die Kapitalerhöhung wirksam abgegeben werden (str.).[17] Die notwendige Angabe des Tages der „beschlossenen" Kapitalerhöhung gemäß Abs. 1 Satz 3 Nr. 1 ist insoweit eindeutig. Eine generelle Zulässigkeit der Abgabe einer förmlichen Zeichnung vor Beschlussfassung ist abzulehnen, weil hierdurch die Willensbildung der Aktionäre in der Hauptversammlung beeinflusst werden kann. Die Gefahr, dass die Kapitalerhöhung aus der Sicht der Aktionäre „beschlossene Sache" ist und ihre Aktivität lähmt, wird insbesondere beim Bezugsrechtsausschluss relevant, wenn bereits feststeht, dass ein Aktionär oder Investor alle Aktien übernimmt. In Analogie zu § 235 Abs. 1 Satz 2, der das Stichtagsprinzip zur Erleichterung von Sanierungsbemühungen durchbricht,[18] ist der Wortlaut von Abs. 1 Satz 3 Nr. 1 jedoch dann zu korrigieren, wenn die Zeichnung im Rahmen von objektiv notwendigen und geeigneten Sanierungsbemühungen in einen **Zeichnungsvorvertrag** eingebettet ist (→ Rn. 49 f.). Die Übernahme der Aktien durch ein Emissionskonsortium reicht zur Bejahung einer teleologischen Reduktion von Abs. 1 Satz 3 Nr. 1 regelmäßig nicht aus.

12 **2. Rechtsnatur.** Der Zeichnungsvertrag ist ein Rechtsgeschäft mit **körperschaftlichem Charakter** zwischen dem Zeichner und der AG.[19] Der Zeichner verpflichtet sich (nur)[20] gegenüber der AG, die übernommene Einlagepflicht zu leisten (→ Rn. 25 ff.); die AG verpflichtet sich, nach Durchführung der Kapitalerhöhung hierfür Mitgliedschaftsrechte einzuräumen. Der Zeichnungsvertrag ist kein gegenseitiger Vertrag.[21] Wegen des gestuften Verfahrens der Kapitalerhöhung wird der Zeichner erst mit der Eintragung gemäß § 189 Aktionär.[22] Vorher hat er keinen aus dem Zeichnungsvertrag resultierenden Anspruch gegen die AG auf Zuteilung von Aktien (→ Rn. 36; vgl. auch § 187), auch kein Anwartschaftsrecht.[23] Der gemäß Abs. 1 Satz 3 Nr. 4 festzulegende Zeitpunkt ist eine auflösende Rechtsbedingung mit einer Zeitbestimmung; § 158 Abs. 2 BGB gilt entsprechend.[24]

---

[14] Vgl. RGZ 63, 96 (97 f.); BGHZ 21, 378 (381) = NJW 1957, 19 (für die GmbH).
[15] Wohl auch KG Berlin AG 2006, 201.
[16] MüKoAktG/*Schürnbrand* Rn. 41.
[17] Abw. für die generelle Zulässigkeit Kölner Komm AktG/*Lutter* Rn. 25; Großkomm AktG/*Wiedemann* Rn. 36; Henssler/Strohn/*Hermanns* Rn. 4; MüKoAktG/*Schürnbrand* Rn. 29; Hüffer/Koch/*Koch* Rn. 6; *Kley* RNotZ 2003, 17 (30); *Ekkenga/Jaspers* in Ekkenga/Schröer, Handbuch der AG-Finanzierung, 2014, Kap. 4 Rn. 269; *Hüttemann*, Instrumente zur vorinsolvenzlichen Sanierung des Unternehmensträgers, 2015, S, 268; wohl auch *Leßmann* DB 2006, 1256.
[18] Vgl. Hüffer/Koch/*Koch* § 235 Rn. 1.
[19] BGH AG 1999, 230 (230) = NJW 1999, 1252 (für die GmbH); ähnlich Hüffer/Koch/*Koch* Rn. 4 (schuld- und korporationsrechtlicher Vertrag); ebenso Kölner Komm AktG/*Ekkenga* Rn. 83; Großkomm AktG/*Wiedemann* Rn. 29; MüKoAktG/*Schürnbrand* Rn. 32 und Kölner Komm AktG/*Lutter*: korporationsrechtlicher Vertrag; *Schürnbrand* AG 2014, 73; vgl. für Sacheinlagen BGH NJW-RR 2007, 1487: körperschaftliches Hilfsgeschäft.
[20] Abw. die früher hM, wonach die Zeichnung zugleich eine Haftungserklärung an die Allgemeinheit sei (vgl. RGZ 79, 112 (114)).
[21] RGZ 79, 174 (177); RGZ 118, 269 (274); BGH AG 1999, 230; vgl. zu Sacheinlagen auch OLG Schleswig NZG 2004, 1006.
[22] RGZ 55, 65 (67).
[23] OLG Schleswig NZG 2004, 1006 (1006); vgl. auch BGH NJW 1999, 1252 (1253); zum Ganzen *Schürnbrand* FS Stilz, 2014, 569 (571 f.).
[24] OLG Stuttgart NZG 2012, 586; BGH AG 1999, 230 (für die GmbH); Großkomm AktG/*Wiedemann* Rn. 22 (auflösende Bedingung); Kölner Komm AktG/*Ekkenga* Rn. 49; abw. OLG Hamm WM 1979, 1277 (1278) (Befristung).

Scheitert die Kapitalerhöhung, hat der Zeichner wegen der erbrachten Einlageleistung gegen die AG einen Rückforderungsanspruch aus § 812 BGB.[25] Die **Übertragung** der Stellung eines Zeichners ist nur mit Zustimmung der AG möglich (vgl. auch § 191).[26] Es ist grundsätzlich möglich, zwischen AG und Zeichner sowie ggf. auch unter den Zeichnern eine **gesellschaftsrechtliche Verbindung** anzunehmen, sofern über die durch §§ 182 ff. vorgeprägten Rechte und Pflichten eine besondere Zwecksetzung vereinbart wurde (Auslegung!).[27] Die rechtliche Ausgestaltung ergibt sich dann aber aus den allgemeinen Regeln, so dass regelmäßig nur GbR oder stille Gesellschaft in Betracht kommen.[28]

3. Unwirksamkeit. Der Zeichnungsvertrag kann gemäß Abs. 2 und aufgrund der allgemeinen 13 Regeln unwirksam sein. Für die Nichtigkeit des Zeichnungsscheins gemäß Abs. 2 bestimmt Abs. 3 eine besondere Heilungsmöglichkeit (→ Rn. 41 ff.). Zur Heilung bei sonstigen Unwirksamkeitsgründen → § 189 Rn. 4 ff.

4. Überschuss an Zeichnungsverträgen. Schließt der Vorstand mehr Zeichnungsverträge ab 14 als zur Deckung des Betrags der Kapitalerhöhung (→ § 182 Rn. 39 ff.) erforderlich sind, berührt dies allein die Wirksamkeit der Verträge nicht (§ 311a Abs. 1 BGB). Erfüllungsansprüche auf Einräumung der Mitgliedschaft stehen vor der Eintragung gemäß § 189 keinem Zeichner zu, danach erst Recht nicht.[29] Um die größere Nachfrage zu bedienen, besteht die Möglichkeit, den Kapitalerhöhungsbeschluss zu ändern (→ § 182 Rn. 32 ff.). Ist dies nicht möglich oder gewollt, muss der Vorstand pflichtgemäß eine Knappheit verwalten. Bei welchen Zeichnern er den Zeichnungsvertrag durch Entgegennahme der Einlageleistung vollzieht, richtet sich nach dem in → Rn. 9 genannten Stufenmodell (str.).[30] Nicht berücksichtigte Zeichner können gegen die AG einen Anspruch auf Schadensersatz geltend machen.[31] Der Ersatz des positiven Interesses wegen Nichterfüllung gemäß §§ 275 Abs. 4, 280 BGB scheidet aus, weil die Zeichner vor Eintragung der Durchführung keinen Anspruch auf Einräumung der Mitgliedschaft haben (→ Rn. 12), auch kein Anwartschaftsrecht.[32] Geltend gemacht werden kann allein ein **Vertrauensschaden** gemäß § 311 BGB, wenn die AG die Überzeichnung – wie regelmäßig – zu vertreten hat.[33] Dieser erstreckt sich auf die Kosten des Zeichners, die er im Hinblick auf die Zuteilung der Aktien gemacht hat. Möglich ist es auch, die geleisteten Einlagen von der AG zurückzufordern.[34] Für diese Ansprüche kann die AG den Vorstand gemäß § 93 in Regress nehmen.[35] Wurde der Kapitalerhöhungsbeschluss vor Eintragung der Durchführung aufgehoben oder geändert (→ § 182 Rn. 32 ff.), können die Zeichner ebenfalls Ersatz des Vertrauensschadens verlangen. Regressansprüche der AG gegen den Vorstand bestehen in diesem Fall wegen der Pflicht zur Ausführung gemäß § 83 Abs. 2 regelmäßig nicht.

5. Sicherung der Kapitalaufbringung. Mit wirksamem Zeichnungsvertrag entstehen die indi- 15 viduellen Einlageverpflichtungen der künftigen Aktionäre gemäß § 54 Abs. 1. Die Eintragung der Kapitalerhöhung oder deren Wirksamkeit spielen hierfür keine Rolle (vgl. aber zur Unverbindlichkeit der Zeichnung → Rn. 36). Die **Fälligkeit** der Mindesteinlagen folgt aus § 188 Abs. 2 Satz 1 iVm § 36a (→ § 188 Rn. 35); die der Resteinlagen hängt im Regelfall von der Einforderung durch den Vorstand ab (§ 63 Abs. 1). Der Kapitalerhöhungsbeschluss kann jedoch diesbezüglich anderweitige Vorgaben enthalten (str., → § 182 Rn. 10). Die Aufbringung der Einlagepflichten wird durch § 66 gesichert, so dass ein **Verzicht** oder **Erlass** oder vergleichbare Sachverhalte stets, die **Aufrechnung** regelmäßig unwirksam sind (Einzelheiten dort). Die **Abtretung** der Einlageforderung gegen den Zeichner ist grundsätzlich nur gestattet, wenn die AG im Gegenzug eine vollwertige Leistung hierfür erhält.[36] Die **Folgen nicht rechtzeitiger Einzahlung,** insbesondere Kaduzierung und Haftung der Vormänner, richten sich nach §§ 63–65 (Einzelheiten dort). Die Einlagepflicht **verjährt** gemäß

---

[25] BGH NZG 2005, 976 (977); OLG Schleswig NZG 2004, 1006; OLG Düsseldorf AG 2010, 878.
[26] OLG Frankfurt NZG 2006, 792 (793).
[27] Vgl. OLG Schleswig ZIP 2014, 1525; hierzu *Priester* GWR 2014, 405; *Lieder* DStR 2014, 2464.
[28] Weitergehend *Eimer,* Zeichnungsverträge und Zeichnungsvorverträge, 2009, 185 ff.; kritisch Hüffer/Koch/*Koch* Rn. 32; MüKoAktG/*Schürnbrand* Rn. 33.
[29] Vgl. OLG Koblenz NJW-RR 1993, 1062.
[30] Kölner Komm AktG/*Ekkenga* Rn. 126; vgl. auch Baumbach/Hueck/*Zöllner* GmbHG § 55 Rn. 50: zeitliche Priorität maßgeblich; zum Ganzen ausführlich *Schürnbrand* FS Stilz, 2014, 569 (577 ff.), freilich wenig überzeugend im Hinblick auf das weite Vorstandsermessen.
[31] Vgl. OLG Koblenz NJW-RR 1993, 1062.
[32] Hüffer/Koch/*Koch* Rn. 23; *Lutter* FS Schilling, 1973, 207 (228 ff.).
[33] Hüffer/Koch/*Koch* Rn. 26; MüKoAktG/*Schürnbrand* Rn. 49; Kölner Komm AktG/*Ekkenga* Rn. 128.
[34] Hüffer/Koch/*Koch* Rn. 25; *Schürnbrand* FS Stilz, 2014, 569 (582).
[35] Hüffer/Koch/*Koch* Rn. 26.
[36] OLG Hamburg DStR 2006, 1713; zum Ganzen *Habersack/Weber* ZGR 2014, 509, 534 f.

§ 54 Abs. 4 Satz 1 in zehn Jahren.[37] Entgegen dem missverständlichen Wortlaut „von seiner Entstehung an" beginnt die Verjährung nicht vor der Fälligkeit der Einlage.[38] Im Insolvenzverfahren erfolgt gemäß § 54 Abs. 4 Satz 2 eine sechsmonatige Ablaufhemmung. Die **Beweislast** für die Erbringung der Einlage trägt der Zeichner.[39] Vgl. zur Leistung der Mindesteinlagen und Prüfung durch Externe sowie das Registergericht → § 183 Rn. 25 ff., 34 ff.; → § 188 Rn. 42 ff.

16 **6. Die Haftung der AG gegenüber Zeichnern.** Ist der Ausgabebetrag höher als der tatsächliche Wert der Beteiligung, stellt sich die Frage, ob die Zeichner gegenüber der AG Schadensersatz, Minderung oder Rücktritt verlangen können. In allen Fällen besteht die Gefahr, dass über die Haftung der AG die Bestandskraft der Kapitalerhöhung gemäß § 189 und das Verbot der Einlagenrückgewähr gemäß §§ 57, 63 unterlaufen werden.[40]

17 **a) Kapitalmarktemission.** Bei einer Aktienemission am Kapitalmarkt kommen vor allem Ansprüche der Zeichner gegen die AG aus **Prospekthaftung** gemäß §§ 21, 22 WpPG in Betracht[41] sowie aus §§ 97, 98 WpHG wegen unterbliebener oder **unrichtiger Kapitalmarktinformation** im Vorfeld der Zeichnung.[42] Das RG ging noch davon aus, dass es einem Aktionär in jedem Fall verwehrt sei, seine Aktienbeteiligung in ein Gläubigerrecht umzuwandeln.[43] Die heute herrschende Ansicht in der Literatur räumt hingegen der Prospekthaftung zumindest dann einen Vorrang vor § 57 AktG ein, wenn die Anteile derivativ, vor allem von einer Emissionsbank, erworben wurden. Beim unmittelbaren Erwerb der Anteile stünde die Bestandskraft des Zeichnungsvertrages einer Ersatzpflicht entgegen.[44] Die jüngere Rechtsprechung geht davon aus, dass bei einer kapitalmarktrechtlich begründeten Ersatzpflicht wegen vorsätzlich fehlerhafter Ad-hoc-Mitteilungen die Kapitalbindung zurückzutreten habe.[45] Dieser kapitalmarktrechtliche Ansatz überzeugt und ist auf die Prospekthaftung zu übertragen.[46] Die gesetzliche Kapitalbindung und die Bestandskraft des Zeichnungsvertrages finden ihre Grenzen in den vorrangigen gesetzlichen Haftungstatbeständen, weil diese ansonsten praktisch leer liefen. Dies gilt unabhängig davon, ob der Zeichner die Aktien unmittelbar von der AG oder von einer Emissionsbank erworben hat.[47]

18 **b) Privatplatzierung.** Bei einer Privatplatzierung oder beim Einsatz von Aktien als „Akquisitionswährung" stellt sich regelmäßig das Problem, ob die AG selbst gegenüber den Zeichnern eine **besondere Gewährleistungsübernahme** für die Werthaltigkeit der Anteile übernehmen darf.[48] Die liberale, kapitalmarktorientierte Ansicht (→ Rn. 17) gilt hier nur sehr eingeschränkt. Die Korrektur eines zu hohen Ausgabebetrags ist nur in begrenzten Ausnahmefällen zulässig. Um Umgehungen zu verhindern und die Kapitalbindung gemäß §§ 57, 62 nicht zu unterlaufen, ist eine Ersatzpflicht von vornherein nur für **gesetzliche Ansprüche auf Schadensersatz** anzuerkennen, vor allem aus Delikt.[49] Die Gesellschaft hat nur in diesen Fällen regelmäßig Regressansprüche gegen die Organwalter und sonstige Erfüllungsgehilfen (sogleich → Rn. 19). Der teilweise vertretene Ansatz, die individualvertragliche Vereinbarung einer weitergehenden Gewährleistungsübernahme durch die Gesell-

---

[37] Zu Problemen der zeitlichen Anwendung der im Jahr 2004 eingeführten Verjährungsregeln OLG Hamburg NJOZ 2006, 3513 (3519); Baumbach/Hueck/*Fastrich* GmbHG § 19 Rn. 12 und *Benecke/Geldsetzer* NZG 2006, 7.

[38] Zum Ganzen *Thiessen* ZHR 168 (2004), 503 (519).

[39] BGH NJW 2007, 3067; OLG Jena NZG 2010, 68 (auch noch nach 17 Jahren); vgl. für Voreinzahlungen BGH DStR 2006, 2266.

[40] Vgl. Großkomm AktG/*Henze* § 57 Rn. 55 f.; *Casper* BKR 2005, 83 (89); zu § 826 BGB OLG München NZG 2005, 518; zur Vorsicht ratend auch *Aha* BB 2001, 2225 (2230): Gewährleistungen ausschließlich von den Aktionären abgeben lassen.

[41] Zum Ganzen *Kümpel* Bank- und Kapitalmarktrecht Rn. 9.348 ff.

[42] Hierzu ausführlich Assmann/Schneider/*Sethe* WpHG §§ 37b, 37c.

[43] RGZ 54, 128 (132); RGZ 62, 29 (31).

[44] Vgl. Großkomm AktG/*Henze* § 57 Rn. 14 f.; MüKoAktG/*Bayer* § 52 Rn. 19; *Schwark* FS Raisch, 1995, 269 (287 ff.).

[45] OLG Frankfurt ZIP 2005, 710 – Comroad; BGH NZG 2005, 672 – EM.TV.

[46] So auch K. Schmidt/Lutter/*Fleischer* § 57 Rn. 40; Hüffer/Koch/*Koch* § 57 Rn. 3; Assmann/Schneider/*Sethe* WpHG §§ 37b, 37c Rn. 6; zurückhaltender *Cahn/v. Spannenberg* → § 57 Rn. 47; die europarechtliche Zulässigkeit dieses Ansatzes bestätigen EuGH NZG 2014, 215; eine andere Beurteilung gilt bei der Zweitplatzierung von Aktien, wenn die AG zu Gunsten von Altaktionären das Prospekthaftungsrisiko ohne Freistellungsanspruch übernimmt, vgl. BGH NZG 2011, 829 – Dritter Börsengang.

[47] In diese Richtung auch OLG Frankfurt ZIP 2005, 710 (713) – Comroad; BGH NZG 2005, 672 (674) – EM.TV.; BGH NZG 2007, 345 – Comroad.

[48] *Sieger/Hasselbach* BB 2004, 60 (63 ff.); *Brandi* NZG 2004, 600 (603); vgl. insbesondere im Zusammenhang von Business Combination Agreements *Aha* BB 2001, 2225 (2230).

[49] In diese Richtung auch BGH NZG 2011, 829 Rn. 23 – Dritter Börsengang.

schaft könne einem „Drittvergleich" standhalten und eine verbotene Einlagenrückgewähr ausschließen,[50] erscheint konstruiert.[51] Weiterhin dürfen der gemäß § 9 Abs. 1 geschützte **Nennbetrag** und das gemäß § 272 Abs. 2 Nr. 2 HGB iVm § 150 besonders gesicherte **korporative Agio** überhaupt nicht im Wege des Schadensersatzes oder aufgrund eines Rücktrittsrechts zurückgewährt werden (str.).[52] Hier steht die Bestandskraft des Zeichnungsscheins einer Ersatzpflicht entgegen. Etwas anderes gilt nur für die darüber hinausgehenden Leistungen des Aktionärs, zum Beispiel bei der Sachübernahme oder einem schuldrechtlichen Agio. Grenzen der Gestaltungsfreiheit setzt für Letzteres jedoch § 255 Abs. 2, wonach vorrangig ein korporatives Agio vereinbart werden muss.[53]

7. Die Haftung von Organmitgliedern. Die vorstehende Ersatzpflicht der AG wird zumeist 19 über § 31 BGB begründet, indem ein Verhalten ihrer Organwalter zugerechnet wird. Von der Haftung der AG zu trennen ist daher die Frage, nach welchen Regelungen sich die unmittelbar handelnden Personen ersatzpflichtig machen und gegenüber wem diese Haftung besteht.

a) Innenhaftung. Die Erfüllung der Informationspflichten im Vorfeld der Kapitalerhöhung 20 gegenüber den Zeichnern obliegt regelmäßig den Mitgliedern des **Vorstands**; immerhin vertreten diese auch die AG beim Abschluss des Zeichnungsvertrages. Kommt es hierbei zu schuldhaften Pflichtverletzungen, machen sich die Vorstandsmitglieder gemäß § 93 Abs. 2 gegenüber der AG schadensersatzpflichtig, soweit dieser hierdurch ein Schaden entstanden ist. Letzteres ist wegen der über § 31 BGB begründeten eigenen Haftung gegenüber den Zeichnern regelmäßig der Fall, so dass die AG beim Vorstand **Regress** nehmen kann und muss.[54] Auch die Mitglieder des **Aufsichtsrates** können sich wegen schuldhafter Verletzung ihrer Überwachungspflichten gegenüber der AG gemäß §§ 116, 93 Abs. 2 bzw. § 823 Abs. 2 BGB iVm § 266 StGB schadensersatzpflichtig machen, ggf. als Gehilfe iSv § 830 BGB.[55] Dies gilt insbesondere für den Aufsichtsratsvorsitzenden, der gemäß § 184 in das Anmeldeverfahren einbezogen ist. Allgemein gilt jedoch, dass sich der Aufsichtsrat auf die vom Vorstand mitgeteilten Tatsachen verlassen darf. Er ist nur in Ausnahmefällen zu eigenen Nachforschungen verpflichtet; dies ist jedoch der Fall, wenn der dringende Verdacht besteht, dass der Vorstand bei der Kapitalerhöhung sittenwidrig oder strafbar handelt, zB bei der missbräuchlichen Verwendung von Zeichnungsbeträgen.[56]

b) Außenhaftung. Relevanz erlangt eine unmittelbare Schadensersatzhaftung der Mitglieder von 21 Vorstand und Aufsichtsrat vor allem im Rahmen **unrichtiger Informationen** im Vorfeld der Zeichnung. Nachdem der umstrittene Entwurf des KapInHaG[57] nicht weiter verfolgt wurde (vgl. allein die Emittentenhaftung nach §§ 97, 98 WpHG), stützt sich die Haftung von Organwaltern gegenüber den Zeichnern auf die allgemeinen Regeln: Dies ist zunächst die spezialgesetzliche **Prospekthaftung** gemäß §§ 21 ff. WpPG.[58] Für nicht prospektbezogene Verlautbarungen haften die Vorstandsmitglieder Dritten gegenüber unmittelbar aus **§ 826 BGB** bzw. vor allem nach §§ 97, 98 WpHG[59] wegen unterbliebener oder unrichtiger **Kapitalmarktinformation** im Vorfeld der Zeichnung sowie aus **culpa in contrahendo** (§ 311 Abs. 2 Nr. 2, Abs. 3 BGB) wegen der Inanspruchnahme eines besonderen persönlichen Vertrauens. Letzteres kommt dann in Betracht, wenn sie den potentiellen Zeichnern bei Anbahnung des Vertrages persönlich gegenüber treten und mit der Autorität ihres Amtes und ihrer besonderen Sachkunde über das Anlageobjekt unrichtige oder unvollständige Informationen erteilen.[60] Die Haftung aus § 826 BGB,[61] ggf. iVm § 830 BGB, kann auch die **Mitglieder des Aufsichtsrats** treffen, wegen seiner Beteiligung im Anmeldeverfahren nach § 184 vor allem auch den Aufsichtsratsvorsitzenden.[62] Stets zu beachten ist, dass sog. **Reflexschäden** nicht ersatzfähig

---

[50] So *Schaefer/Grützediek* DStR 2006, 204 (206 ff.); *Maidl/Kreifels* NZG 2003, 1091 (1094).
[51] Zutreffend *Dietz*, Aktien als Akquisitionswährung, 2004, 182 f.; *Technau* AG 1998, 445 (455 f.); *Sieger/Hasselbach* BB 2004, 60 (61).
[52] Vgl. RGZ 88, 187 (188) – zur GmbH; für § 281 BGB auch OLG Schleswig AG 2003, 524 (525); *Hüffer/Koch/Koch* Rn. 28; aA *Dietz*, Aktien als Akquisitionswährung, 2004, 182 ff.; wohl auch *Maidl/Kreifels* NZG 2003, 1091 (1093); *Schaefer/Grützediek* DStR 2006, 204 (206 ff.); *Brandi* NZG 2004, 600 (602).
[53] Undeutlich *Schaefer/Grützediek* DStR 2006, 204 (206 f.).
[54] Vgl. zur Geltendmachungspflicht bei Schadensersatzansprüchen BGH NJW 1997, 1926 – ARAG/Garmenbeck; zum Verzichtsverbot bei unrichtigen Kapitalmarktinformationen §§ 97 Abs. 5, 98 Abs. 5 WpHG.
[55] Zu den Anforderungen an den Gehilfenvorsatz OLG Düsseldorf NZG 2008, 713.
[56] Zu § 266 StGB OLG Düsseldorf NZG 2008, 713.
[57] Kapitalmarktinformationshaftungsgesetz, Diskussionsentwurf abgedruckt in NZG 2004, 1042.
[58] Zum Ganzen *Kümpel* Bank- und Kapitalmarktrecht Rn. 9, 348 ff.
[59] Hierzu ausführlich *Assmann/Schneider/Sethe* WpHG §§ 37b, 37c.
[60] BGH NZG 2008, 661 (662).
[61] Grundlegend BGH NJW 2004, 2664 – Infomatec.
[62] Instruktiv OLG Düsseldorf NZG 2008, 713.

sind. Die dem Grunde nach anspruchsberechtigten Zeichner können daher aus eigenem Recht nur Leistung in das Gesellschaftsvermögen verlangen, soweit die Pflichtverletzung nicht in einem über die Anteilsentwertung hinausgehenden Eigenschaden begründet.[63] Ausnahmen hiervon bestehen allein im Rahmen der Prospekthaftung, wo § 21 Abs. 1 WpPG ausdrücklich vorsieht, dass auch die Aktien selbst im Wege der **Naturalrestitution** zurückgegeben werden können.[64]

IV. Zeichnungsschein

22 Der Zeichnungsschein ist die **förmliche Erklärung des Zeichners,** Aktien gegen die Übernahme von Einlagen zu übernehmen (→ Rn. 10).[65] Inhaltlich muss er zum einen die für alle Zeichner geltenden **allgemeinen Angaben** über die Kapitalerhöhung gemäß Abs. 1 Satz 3 (→ Rn. 25 ff.) enthalten, darüber hinaus gemäß Abs. 1 Satz 1 die je nach dem Umfang der Zeichnung unterschiedliche individuelle **rechtsgeschäftliche Verpflichtung** (→ Rn. 22 ff.). Die Zeichnung ist von der Bezugserklärung gemäß § 186 Abs. 1 zu unterscheiden.[66] Die Anforderungen an den Zeichnungsschein können auch auf einen nach dem → Rn. 11 Gesagten und wegen § 187 – freilich nur in engen Grenzen zulässigen – Vorvertrag angewendet werden.[67]

23 **1. Schriftform.** Die **Erklärung des Zeichners** bedarf gemäß Abs. 1 Satz 1 der Schriftform gemäß § 126 BGB (strenger § 55 Abs. 1 GmbHG: notarielle Beglaubigung). Die Erklärung der AG, die Zeichnung anzunehmen, kann formfrei erfolgen.[68] Der Zeichnungsschein ist kein Wertpapier.[69] Wurde die Form nicht gewahrt, ist der Zeichnungsschein gemäß § 125 Satz 1 BGB nichtig (zur Heilung → Rn. 36). Die Zeichnungen verschiedener Personen können in einer Urkunde zusammengefasst werden **(Zeichnungsliste).**[70] Ein Vorvertrag über die Zeichnung neuer Aktien bedarf ebenfalls der Schriftform (vgl. auch § 187).[71]

24 **2. Doppelte Ausstellung.** Der Zeichnungsschein soll gemäß Abs. 1 Satz 3 doppelt ausgestellt werden, wovon ein Exemplar gemäß § 188 Abs. 3 Nr. 1 in elektronischer Form zum Handelsregister einzureichen ist (→ § 188 Rn. 19 f.). Der Wortlaut „doppelt ausgestellt" ist missverständlich. Erforderlich ist nicht, dass zwei gemäß § 126 BGB formgerechte Zeichnungsscheine in Urschrift erstellt werden. Gemäß § 188 Abs. 5 genügt es, wenn von einem Schein eine **Ausfertigung oder öffentlich beglaubigte Abschrift** erstellt wird. Dies kann auch nachträglich erfolgen.[72] Stimmen Urschrift und Ausfertigung bzw. öffentlich beglaubigte Abschrift nicht überein, kommt es wegen § 126 Abs. 1 allein auf den Zeichnungsschein an.[73] Fehlt die doppelte Ausstellung des Zeichnungsscheins, hat das Registergericht die Eintragung der Durchführung abzulehnen (→ § 188 Rn. 55). Auf die Gültigkeit der Zeichnung hat dies keinen Einfluss.[74]

25 **3. Angaben über die Beteiligung des künftigen Aktionärs.** Nach Abs. 1 Satz 1 muss der Zeichnungsschein die Erklärung enthalten, in welcher Höhe der Zeichner am Betrag der Kapitalerhöhung (→ § 182 Rn. 39 ff.) partizipiert. Werden Stückaktien ausgegeben, ist zu erklären, wie viele Aktien er übernimmt, bei Nennbetragsaktien deren Nennbetrag.[75] Hierdurch erfolgt die individuelle **rechtsgeschäftliche Verpflichtung** des künftigen Aktionärs über den Umfang der gemäß Abs. 1 Satz 3 Nr. 2 und 3 umschriebenen Leistungspflicht. Die **Auslegung** dieser individuellen Verpflichtungserklärung richtet sich nach §§ 133, 157 BGB.[76] Die Identität des Zeichners (→ Rn. 5) muss sich aus dem Zeichnungsschein ergeben.[77] Gleiches gilt für die AG als Partnerin des Zeichnungsvertrages

---

[63] Grundlegend BGH AG 1995, 368 – Girmes; vgl. auch → § 93 Rn. 279.
[64] Zum Ganzen bei der Kapitalerhöhung *Oltmanns/Zöllter-Petzold* NZG 2013, 489.
[65] Muster bei *Happ* AktienR Rn. 12.01 lit. f.
[66] KG Berlin AG 2006, 201.
[67] Zum Ganzen *Leßmann* DB 2006, 1256, der sich sogar für die nur schwer zu begründende Heilung des Vorvertrages analog 185 Abs. 3 AktG ausspricht.
[68] Kölner Komm AktG/*Ekkenga* Rn. 87; Hüffer/Koch/*Koch* Rn. 7; Großkomm AktG/*Wiedemann* Rn. 32.
[69] RGZ 85, 284 (286).
[70] Kölner Komm AktG/*Ekkenga* Rn. 34.
[71] RGZ 130, 73 (75) (zur GmbH).
[72] MüKoAktG/*Schürnbrand* Rn. 13; Hüffer/Koch/*Koch* Rn. 8; Großkomm AktG/*Wiedemann* Rn. 16; K. Schmidt/Lutter/*Veil* Rn. 9.
[73] AA Kölner Komm AktG/*Ekkenga* Rn. 36; Hüffer/Koch/*Koch* Rn. 8: Inhalt der (einheitlichen) Erklärung ist durch Auslegung zu ermitteln.
[74] MüKoAktG/*Schürnbrand* Rn. 13; Hüffer/Koch/*Koch* Rn. 8; K. Schmidt/Lutter/*Veil* Rn. 9.
[75] Vgl. RGZ 85, 284 (288); RGZ 118, 269 (272 f.).
[76] RGZ 85, 284 (287 f.); RGZ 118, 269 (272 f.), auch zu Auslegungsfragen.
[77] RGZ 85, 284 (287).

(→ Rn. 10).⁷⁸ Sollen Aktien verschiedener Gattungen iSv § 11 ausgegeben werden, bedarf es weiterhin einer Erklärung, auf welche Gattung sich die Zeichnung bezieht.⁷⁹

Will der Zeichner eine **Bareinlage** übernehmen, bedarf es gemäß Abs. 1 Satz 1 einer Angabe, 26 zu welchem Gesamt-Ausgabebetrag er die in den allgemeinen Angaben gemäß Abs. 1 Satz 3 Nr. 2 näher umschriebenen Aktien zeichnet.⁸⁰ Bei der **Sacheinlage** (→ § 183 Rn. 5 ff.) muss der Zeichner zusätzlich angeben, welchen Gegenstand er zu leisten verspricht (str.).⁸¹ Hierauf unter Hinweis auf die allgemeine Angabe nach § 183 Abs. 1 Satz 3 zu verzichten, würde die *essentialia negotii* der individuellen Sacheinlagepflicht durch die bloße Bezugnahme auf die allgemeinen Angaben ersetzen und ohne Not eine außerhalb der Konzeption der §§ 182 ff. liegende besondere schuldrechtliche Sacheinlagevereinbarung konstruieren.⁸² Unterliegt die rechtsgeschäftliche Verpflichtung zur Leistung der Sacheinlage einem **besonderen Formzwang** (zum Beispiel gemäß § 311b BGB, § 15 Abs. 4 GmbHG), ist auch dieser in dem Zeichnungsschein zu wahren.⁸³ Der **Einbringungswert** einer Sacheinlage ist nicht anzugeben (str.).⁸⁴ Dieser ist ohne eigenständigen Aussagegehalt, weil sich die Differenzhaftung des Inferenten aus der Differenz zwischen dem tatsächlichen Wert der Sacheinlage und dem Ausgabebetrag der hierfür übernommenen Aktien ergibt, ohne dass der Zeichner dies ausschließen oder beschränken könnte (→ § 183 Rn. 77 ff.). Bei der **Mischeinlage** (→ § 183 Rn. 8) müssen die jeweiligen Leistungspflichten unterschieden werden können. Bei der **gemischten Sacheinlage** (→ § 183 Rn. 9) muss der Zeichner erklären, auf welche Einlagepflicht der versprochene Gegenstand geleistet wird. Gleiches gilt bei der **fingierten Sacheinlage** (→ § 183 Rn. 6).

Lassen sich die vorstehenden Anforderungen nicht im Wege der Auslegung ermitteln, ist der 27 Zeichnungsschein nichtig.⁸⁵ Beinhaltet der Zeichnungsschein den Willen zur Übernahme einer bestimmten Zahl neuer Aktien, steht es der AG vorbehaltlich des Bezugsrechts nach § 186 frei, dem Zeichner eine **geringere Zahl zuzuteilen** (zur Überzeichnung → Rn. 9). Bei dieser „Teilablehnung" handelt es sich grundsätzlich um ein neues Angebot gemäß § 150 Abs. 2 BGB. Um die negativen Folgen einer hierdurch bedingten erneuten Annahme des reduzierten Angebots der AG in der Form des § 185 zu verhindern, ist regelmäßig davon auszugehen, dass der Zeichner sich von vornherein mit einer geringeren Zuteilung einverstanden erklärt.⁸⁶

4. Allgemeine Angaben. Abs. 1 Satz 3 sieht den **für alle Zeichnungsscheine** einer Kapitaler- 28 höhung gleichermaßen anzugebenden Inhalt vor. Während bei der **Auslegung** der für jeden Zeichner möglicherweise unterschiedlichen Angaben nach Abs. 1 Satz 1 Raum für individuelle Vorstellungen der Parteien ist (→ Rn. 25), gilt dies für die allgemeinen Angaben nicht beschränkt. Bei der Vielzahl von Zeichnern ist der nach §§ 133, 157 maßgebliche Empfängerhorizont vielmehr generalisierend zu bestimmen und am Wortlaut der Erklärung auszurichten.

a) Tag der Beschlussfassung. Anzugeben ist gemäß Abs. 1 Satz 3 Nr. 3 der Tag der Beschlussfas- 29 sung über die Erhöhung des Grundkapitals. Maßgeblich ist der Beschluss der Hauptversammlung gemäß § 182 Abs. 1, nicht der Zeitpunkt eines Sonderbeschlusses.⁸⁷ Ist die Zeichnung im Sanierungsfall ausnahmsweise vor der Beschlussfassung erfolgt (→ Rn. 11), bedarf es der Angabe des geplanten Tags der Beschlussfassung.

b) Ausgabebetrag der Aktien. Abs. 1 Satz 3 Nr. 2 Alt. 1 verlangt die Angabe des Ausgabebe- 30 trags der Aktien. Machte der Beschluss der Hauptversammlung diesbezüglich exakte Vorgaben, ist der Vorstand hieran gebunden; andernfalls hat er den gewährten Handlungsspielraum in Verwirklichung des Gesellschaftsinteresses pflichtgemäß auszufüllen, beim Bezugsrechtsausschluss vor allem im Einklang mit § 255 Abs. 2. Der Ausgabebetrag ist im Zeichnungsschein **genau zu beziffern**.⁸⁸ Dies kann Schwierigkeiten bereiten, wenn der Zeichner bei Abgabe seiner Erklärung noch nicht weiß, welcher Ausgabebetrag letztlich festgesetzt wird. Um die Abgabe eines erneuten förmlichen Angebots zu vermeiden, ist es daher erforderlich, den Vorstand in Analogie zu § 186 Abs. 2 Satz 1

---

[78] RGZ 85, 284 (287).
[79] MüKoAktG/*Schürnbrand* Rn. 19.
[80] MüKoAktG/*Schürnbrand* Rn. 15; K. Schmidt/Lutter/*Veil* Rn. 12.
[81] Kölner Komm AktG/*Ekkenga* Rn. 39; aA Hüffer/Koch/*Koch* Rn. 10; MüKoAktG/*Schürnbrand* Rn. 20; K. Schmidt/Lutter/*Veil* Rn. 12; Grigoleit/*Rieder/Holzmann* Rn. 12.
[82] Vgl. Hüffer/Koch/*Koch* § 183 Rn. 6; *Kley* RNotZ 2003, 17 (20 ff.).
[83] *Mülbert* AG 2003, 281 (282 ff.).
[84] AA Großkomm AktG/*Wiedemann* Rn. 27.
[85] RGZ 118, 269 (272 f.).
[86] Hüffer/Koch/*Koch* Rn. 11.
[87] Kölner Komm AktG/*Lutter* Rn. 39; Hüffer/Koch/*Koch* Rn. 12; MüKoAktG/*Schürnbrand* Rn. 21.
[88] Hüffer/Koch/*Koch* Rn. 12.

generell zur unverzüglichen **Bekanntmachung** des durch ihn konkretisierten Ausgabebetrags zu verpflichten (vgl. auch → § 182 Rn. 54 f.).

31 Stellt sich bei der Durchführung der Kapitalerhöhung heraus, dass der **Ausgabebetrag zu hoch** und damit für die potentiellen Zeichner unattraktiv ist, ist der Vorstand verpflichtet, ihn im Rahmen seines Gestaltungsspielraums herabzusetzen (→ § 182 Rn. 54 f.). Die bisher ausgestellten Zeichnungsscheine sind zu korrigieren. Der Ausgabebetrag begrenzt gemäß § 54 Abs. 1 die Leistungspflicht der Aktionäre. Ist daher der Ausgabebetrag entgegen § 255 Abs. 2 zu **niedrig festgesetzt,** führt dies allein zu Ansprüchen der von der Verwässerung betroffenen Aktionäre gegen den Vorstand[89] bzw. gegen den treuepflichtgebundenen Mehrheitsaktionär. Den Zeichner trifft keine Pflicht zur Nachzahlung.

32 **c) Betrag der festgesetzten Einzahlungen.** Anzugeben ist weiterhin der **höhere Mindestbetrag** der Einlageleistungen gemäß § 188 Abs. 2 Satz 1, § 36a Abs. 1. Dies gilt nur, wenn die Hauptversammlung diese Mehrleistung beschlossen hat (→ § 188 Rn. 36). Verbleibt es beim gesetzlichen Regelfall der Mindesteinzahlungen gemäß § 36a Abs. 1, ergibt sich die diesbezügliche Zahlungspflicht bereits zwingend aus dem Gesetz, so dass der Zeichnungsschein sie nicht wiederholen muss (str.).[90] Gleiches gilt für das Agio, welches darüber hinaus bereits im Ausgabebetrag nach Abs. 1 Satz 2 Nr. 2 Alt. 1 enthalten ist (→ Rn. 30).

33 **d) Umfang von Nebenverpflichtungen.** Abs. 1 Satz 3 Nr. 2 Alt. 3 verlangt die Angabe von Art und Umfang von Nebenverpflichtungen iSv § 55 Abs. 1, § 180 Abs. 1. Schuldrechtliche Leistungspflichten der Zeichner sind nicht aufzunehmen.[91]

34 **e) Besonderheiten bei Sacheinlagen.** Jeder Zeichnungsschein muss gemäß Abs. 3 Satz 3 Nr. 3 Alt. 1 die **Festsetzungen nach § 183 Abs. 1 Satz 1** enthalten (Einzelheiten → § 183 Rn. 10 ff.). Nach der hier vertretenen Ansicht hat der Kapitalerhöhungsbeschluss in Analogie zu § 182 Abs. 3 auch bei Sacheinlagen einen **höheren Ausgabebetrag** zu enthalten, soweit dies von der Hauptversammlung gewollt wird (→ § 183 Rn. 9 ff.). Konsequenterweise ist dieser dann auch in den Zeichnungsschein aufzunehmen (str.).[92] Ist hingegen die Ausgabe zu pari gewollt, bedarf es einer Wiederholung von § 9 Abs. 1 nicht.

35 **f) Ausgabe verschiedener Aktiengattungen.** Gemäß Abs. 1 Satz 3 Nr. 3 Alt. 2 muss der Zeichnungsschein bei der Ausgabe verschiedener Gattungen (§ 11) den auf jede Aktiengattung entfallenden Betrag des Grundkapitals angeben. Diese Regelung bezieht sich entgegen dem missverständlichen Wortlaut nicht nur auf die Sachkapitalerhöhung.

36 **g) Unverbindlichkeit der Zeichnung, Verfallfrist.** Da die Kapitalerhöhung erst mit Eintragung der Durchführung wirksam wird, stehen die Zeichnungsverträge bis dahin unter einer (auflösenden) Rechtsbedingung (→ Rn. 12). Gemäß Abs. 1 Satz 3 Nr. 4 hat der Zeichnungsschein den Zeitpunkt zu bestimmen, an dem die **Zeichnung endgültig unverbindlich** wird, wenn bis dahin nicht die Eintragung nach § 189 erfolgt ist (Verfallfrist). Hierdurch soll der Zeichner vor einer nicht kalkulierbaren zeitlichen Bindung an sein Angebot bewahrt werden.[93] Im Umkehrschluss hierzu ergibt sich bis zu diesem Zeitpunkt die Unwiderruflichkeit der Zeichnung. Die Frist des Abs. 1 Satz 3 Nr. 4 deckt sich regelmäßig, aber grundsätzlich nicht zwingend mit der **Durchführungsfrist** für die Kapitalerhöhung und ist somit hiervon zu unterscheiden. Die Kompetenz zur Bestimmung beider Fristen obliegt im Regelfall dem Vorstand. Sieht der Hauptversammlungsbeschluss für den Betrag der Kapitalerhöhung jedoch Mindest- und Höchstgrenzen vor, muss im Beschluss auch eine Durchführungsfrist vorgesehen werden, an die der Vorstand bei der Ausgestaltung der Zeichnungen gebunden ist (→ § 182 Rn. 43 f.). In diesem Fall gilt dies auch für die Festsetzung der Verfallfrist gemäß Abs. 1 Satz 3 Nr. 4.[94] Die Verfallfrist muss für alle Zeichner gleich und zumindest kalendermäßig bestimmbar sein.[95] Mit **Ablauf der Frist** vor Eintragung nach § 189 erlischt der gesamte Zeich-

---

[89] Vgl. zur Haftung gemäß § 25 Abs. 1 Satz 1 UmwG analog *Servatius* Strukturmaßnahmen S. 389 ff.
[90] AA OLG Hamm BB 1982, 694; LG Frankfurt AG 1992, 240; Kölner Komm AktG/*Ekkenga* Rn. 45; Hüffer/Koch/*Koch* Rn. 12; MüKoAktG/*Schürnbrand* Rn. 22.
[91] MüKoAktG/*Schürnbrand* Rn. 23; Hüffer/Koch/*Koch* Rn. 12; K. Schmidt/Lutter/*Veil* Rn. 16.
[92] Wie hier (aus anderen Gründen) *Götze* AG 2002, 76 (77 ff.); wohl auch Hüffer/Koch/*Koch* Rn. 10; aA *Maier-Reimer* FS Bezzenberger, 2000, 253 (260 ff.).
[93] Großkomm AktG/*Wiedemann* Rn. 21; MüKoAktG/*Schürnbrand* Rn. 25; Hüffer/Koch/*Koch* Rn. 14; K. Schmidt/Lutter/*Veil* Rn. 18.
[94] Hüffer/Koch/*Koch* Rn. 14.
[95] Kölner Komm AktG/*Ekkenga* Rn. 47; Großkomm AktG/*Wiedemann* Rn. 21; MüKoAktG/*Schürnbrand* Rn. 25; abw. für unterschiedliche Verfallfristen Henssler/Strohn/*Hermanns* Rn. 11.

nungsvertrag.⁹⁶ Dies begründet ein endgültiges Eintragungshindernis.⁹⁷ Wird die Durchführung der Kapitalerhöhung dennoch eingetragen, gilt Abs. 3 (→ Rn. 41 ff.). Das Erfordernis der Angabe eines Endtermins für die verbindliche Zeichnung soll auch beim **Zeichnungsvorvertrag** gelten (→ Rn. 48 ff.).⁹⁸

h) Weitergehender Inhalt. Der Inhalt des Zeichnungsscheins wird durch Abs. 1 abschließend bestimmt. Insbesondere die Aufnahme einer **Beschränkung der Verpflichtung des Zeichners** führt gemäß Abs. 2 zur Nichtigkeit (→ Rn. 40). Dies gilt zum Beispiel für eine über Abs. 1 Satz 3 Nr. 4 hinausgehende **Befristung oder Bedingung** der Zeichnung.⁹⁹ Unzulässig ist auch, dass der Zeichner sein Angebot gemäß § 148 BGB befristet (str.).¹⁰⁰ Das Argument, hierbei handele es sich nicht um eine unzulässige inhaltliche Beschränkung, vermag nicht zu überzeugen. Abs. 2 stellt die Unzulässigkeit weitergehender Beschränkungen gerade in den Zusammenhang der Durchführungsfrist und erklärt Abs. 1 Satz 1 Nr. 4 insofern für abschließend. Es ist daher nicht zulässig, dass alle oder einzelne Zeichner durch Angabe einer gegenüber Abs. 1 Satz 3 Nr. 4 kürzeren Befristung gemäß § 148 BGB den Vorstand unter Druck setzen, die Kapitalerhöhung schnell durchzuführen, so dass nachfolgende, eventuell höhere Zeichnungsangebote unberücksichtigt bleiben. Auch die Vereinbarung eines **Widerrufsvorbehalts** zu Gunsten des Zeichners ist unwirksam, weil die Bestandskraft des Angebots durch die in Abs. 1 Satz 3 Nr. 4 genannte Durchführungsfrist abschließend umschrieben wird (str.).¹⁰¹ Dies wird insbesondere in der Insolvenz relevant (→ § 182 Rn. 69 ff.). Ein gesetzlich begründetes Widerrufsrecht, zum Beispiel nach HaustürWG, hat hingegen Bestand (vgl. jetzt aber § 312g Abs. 2 Nr. 8 BGB).¹⁰² Wurde **außerhalb des Zeichnungsscheins** eine den Anforderungen von Abs. 1 widersprechende Vereinbarung geschlossen, ist diese gemäß Abs. 3 analog ebenfalls nichtig. Dies hat wegen § 184 Abs. 4 jedoch keine Auswirkungen auf den Zeichnungsschein.¹⁰³

V. Nichtigkeit der Zeichnung

Die Nichtigkeit des Zeichnungsscheins und die Möglichkeit der Heilung hängen von der Art des Mangels ab.¹⁰⁴

1. Nichtbeachtung der Schriftform. Wurde die Schriftform gemäß Abs. 1 nicht gewahrt, ist die Zeichnung gemäß § 125 Satz 1 BGB **nichtig** (→ Rn. 23). Weder dem Zeichner noch der AG stehen Ansprüche aus dem Zeichnungsvertrag zu. Etwaige Leistungen erfolgen rechtsgrundlos und können nach § 812 BGB zurückgefordert werden. Mit Eintragung der Durchführung wird die Nichtigkeit **nicht** gemäß Abs. 3 **geheilt** (str.).¹⁰⁵ Der Wortlaut ließe diese Interpretation zwar zu, die systematischen Erwägungen sprechen jedoch dafür, dass die Regelung allein die Mängel gemäß Abs. 2 betrifft, mithin die Wahrung der Schriftform voraussetzt (→ Rn. 41 f.).¹⁰⁶ Dieses Ergebnis ist auch nur dann über § 242 BGB zu korrigieren, wenn die Missachtung der Schriftform sich nur auf Teile des Zeichnungsscheins bezieht.¹⁰⁷ Die schriftliche Verkörperung der Zeichnung dient dem Prüfungszweck des Registerverfahrens (vgl. § 188 Abs. 3 Nr. 1). Es ist daher ausgeschlossen, dass jemand aufgrund mündlicher Erklärung Aktionär wird (str.).¹⁰⁸ Bedurfte die Zeichnung aus anderen Gründen einer besonderen Form (zum Beispiel gemäß § 311b Abs. 1 BGB, § 15 Abs. 4 GmbHG;

---

⁹⁶ RGZ 55, 65 (68); BGH AG 1999, 230 = NJW 1999, 1252 (für die GmbH); *Lutter* FS Schilling, 1973, 207 (216 f.); vgl. zur dogmatischen Konstruktion Hüffer/Koch/*Koch* Rn. 14 (mwN).
⁹⁷ OLG Stuttgart NZG 2012, 586.
⁹⁸ OLG Frankfurt NZG 2001, 758.
⁹⁹ Vgl. RGZ 83, 256 (258) (zur GmbH).
¹⁰⁰ Wie hier Kölner Komm AktG/*Ekkenga* Rn. 30; aA Großkomm AktG/*Wiedemann* Rn. 49; Hüffer/Koch/ *Koch* Rn. 15; ausführlich *Lutter* FS Schilling, 1973, 207 (216 f.).
¹⁰¹ AA LG Frankfurt AG 1999, 472; Hüffer/Koch/*Koch* Rn. 15; unter Verkennung von Abs. 4 auch *Kuntz* DStR 2006, 519 (522) (stillschweigende Vereinbarung).
¹⁰² LG Schwerin NZG 2004, 876; einschränkend LG Tübingen BeckRS 2012, 020202, unter Berufung auf § 242 BGB, was europarechtlich bedenklich ist.
¹⁰³ So für den Aspekt des § 139 BGB MüKoAktG/*Schürnbrand* Rn. 55.
¹⁰⁴ Zum Ganzen *Schürnbrand* AG 2014, 73.
¹⁰⁵ AA *Schürnbrand* AG 2014, 73 (76); *Ekkenga/Jaspers* in Ekkenga/Schröer, Handbuch der AG-Finanzierung, 2014, Kap. 4 Rn. 266; Hüffer/Koch/*Koch* Rn. 21.
¹⁰⁶ RGZ 118, 266 (273) (zur GmbH); Großkomm AktG/*Wiedemann* Rn. 55; kritisch MüKoAktG/*Schürnbrand* Rn. 56.
¹⁰⁷ Weitergehend Grigoleit/*Rieder/Holzmann* Rn. 34.
¹⁰⁸ AA Kölner Komm AktG/*Lutter* Rn. 60; MüKoAktG/*Schürnbrand* Rn. 56; MHdB AG/*Krieger* § 56 Rn. 105; Hüffer/Koch/*Koch* Rn. 21.

→ Rn. 23), kommt allein diesbezüglich eine Heilung durch dinglichen Vollzug in Betracht.[109] Wegen der Nichtigkeit kann der Zeichner seine Einlage nach § 812 BGB zurückfordern; § 57 steht dem nicht entgegen.[110]

40 **2. Unvollständiger oder fehlerhafter Zeichnungsschein. a) Nichtigkeit.** Werden die in Abs. 1 genannten Anforderungen nicht oder fehlerhaft erfüllt, ist der Zeichnungsschein gemäß Abs. 2 nichtig. Das Registergericht hat die Eintragung abzulehnen, wenn die Mängel nicht behoben werden können (→ § 188 Rn. 55).[111] Von der Nichtigkeit der Zeichnung **abzugrenzen** ist die hierdurch hervorgerufene oder aus anderen Gründen folgende Nichtigkeit der Kapitalerhöhung als solches, mithin des Kapitalerhöhungsbeschlusses und der Durchführung. Mit der Eintragung der Durchführung gemäß § 189 wird die Kapitalerhöhung als solches auch bei Nichtigkeit einzelner oder aller Zeichnungsscheine wirksam; auf die Heilung nach Abs. 3 (dazu sogleich) kommt es insofern nicht an (→ § 189 Rn. 6).

41 **b) Heilung.** Die Nichtigkeit eines schriftlichen Zeichnungsscheins wegen Missachtung von Abs. 1 Satz 1 und 3 kann gemäß Abs. 3 **rückwirkend** geheilt werden, indem der Zeichner nach Eintragung der Durchführung aufgrund des Zeichnungsscheins als Aktionär Rechte ausübt oder Verpflichtungen erfüllt. Eine Heilung scheidet jedoch aus, wenn sich der Inhalt des fehlerhaften Zeichnungsscheins nicht im Wege der Auslegung eindeutig ermitteln lässt (Perplexität).[112] In diesem Fall ist die Zeichnung endgültig nichtig, so dass die neuen Aktien der AG selbst zufallen.[113] Von § 182 Abs. 3 erfasst sind nur die Nichtigkeit nach Abs. 2 und die Unverbindlichkeit gemäß Abs. 1 Satz 3 Nr. 4. Die Nichtbeachtung der Schriftform (→ Rn. 23) oder sonstige Wirksamkeitshindernisse der Zeichnung werden hierdurch nicht geheilt (vgl. aber → § 189 Rn. 8).[114]

42 **aa) Ausübung von Aktionärsrechten.** Dies sind insbesondere die Teilnahme an der Hauptversammlung, der Bezug von Gewinn und die Entgegennahme der Aktienurkunde.[115] Da Abs. 2 eine Ausprägung des allgemeinen Verbots des *venire contra factum proprium* ist, fällt in erweiterter Auslegung auch darunter, dass der Aktionär seine Aktien veräußert. War ein Zeichner bereits Aktionär, bedarf es der Auslegung, ob die betreffenden Rechte aufgrund der Altaktien oder auf Grund des Zeichnungsscheins geltend gemacht werden (zur getrennten Ausübung von Mitgliedschaftsrechten vgl. § 133). Der Zeichner muss von der Nichtigkeit keine Kenntnis haben.[116]

43 **bb) Erfüllung von Verpflichtungen.** Zur Heilung führt auch, wenn der Zeichner aufgrund des Zeichnungsscheins Verpflichtungen erfüllt. Dies betrifft in jedem Fall die Erfüllung der Resteinlagepflicht gemäß § 54 Abs. 1 nach Eintragung der Durchführung.[117] Gleiches gilt für die Erfüllung einer Pflicht gemäß § 55. Aus dem in § 188 Abs. 3 zum Ausdruck kommenden Verbot des *venire contra factum proprium* folgt jedoch, dass dies auch für die vor der Anmeldung gemäß §§ 188 Abs. 2, 36a zu leistenden Mindesteinlagen gilt (str.).[118] Die Heilungsvorschrift verlangt nicht, dass der Zeichner „als Aktionär" Verpflichtungen erfüllt, sondern allein „aufgrund des Zeichnungsscheins".[119] Weiterhin muss es sich bereits nach dem Wortlaut nicht um eine aus der Mitgliedschaft resultierende Verpflichtung handeln. Ausreichend zur Verwirklichung des Heilungszwecks ist auch die Erfüllung **schuldrechtlicher Pflichten,** die im Zusammenhang mit der Zeichnung begründet wurden, zum Beispiel die Leistung eines schuldrechtlichen Agios oder Leistungen aufgrund eines *investors agreement* der Aktionäre untereinander.[120]

44 **cc) Rechtsfolge der Heilung.** Der Zeichnungsvertrag wird im gesetzlich zulässigen Umfang vollständig wirksam.[121] Unzulässige Beschränkungen iSv Abs. 2 (→ Rn. 37) bleiben unwirksam.

---

[109] *Mübert* AG 2003, 281 (289).
[110] *Schürnbrand* AG 2014, 73 (78).
[111] Vgl. *Klevemann* AG 1993, 273.
[112] RGZ 85, 284 (287 f.).
[113] Vgl. MüKoAktG/*Schürnbrand* Rn. 61; Hüffer/Koch/*Koch* Rn. 16 aE.
[114] Hüffer/Koch/*Koch* Rn. 17; abw. Kölner Komm AktG/*Ekkenga* Rn. 55.
[115] RGZ 63, 96 (98); MüKoAktG/*Schürnbrand* Rn. 63; Hüffer/Koch/*Koch* Rn. 18; Großkomm AktG/*Wiedemann* Rn. 56; Kölner Komm AktG/*Ekkenga* Rn. 63.
[116] MüKoAktG/*Schürnbrand* Rn. 62; wohl auch Kölner Komm AktG/*Ekkenga* Rn. 64.
[117] MüKoAktG/*Schürnbrand* Rn. 64; Hüffer/Koch/*Koch* Rn. 19.
[118] Großkomm AktG/*Wiedemann* Rn. 56; aA Kölner Komm AktG/*Ekkenga* Rn. 64, MüKoAktG/*Schürnbrand* Rn. 64; Hüffer/Koch/*Koch* Rn. 19; *Schürnbrand* AG 2014, 73 (74).
[119] AA MüKoAktG/*Schürnbrand* Rn. 64; Hüffer/Koch/*Koch* Rn. 19; *Schürnbrand* AG 2014, 73 (74); wie hier bereits Großkomm AktG/*Wiedemann* Rn. 56.
[120] Vgl. hierzu BayObLG NZG 2002, 583.
[121] Kölner Komm AktG/*Lutter* Rn. 62; Hüffer/Koch/*Koch* Rn. 20; MüKoAktG/*Schürnbrand* Rn. 65; K. Schmidt/Lutter/*Veil* Rn. 23.

War der Zeichnungsschein unvollständig, ist die Lücke im Wege der ergänzenden Vertragsauslegung im Einklang mit dem Hauptversammlungsbeschluss gemäß §§ 182, 183, den Maßnahmen, die zur Herbeiführung der Heilung geführt haben (→ Rn. 41 f.), und den Erklärungen der übrigen Zeichner (§ 53a) zu schließen.

3. Gesetzliches Widerrufsrecht, Naturalrestitution. Steht dem Zeichner ein gesetzliches 45 Widerrufsrecht zu, zum Beispiel früher nach HaustürWG (vgl. § 312g Abs. 2 Satz 1 Nr. 8 BGB), kommt eine Heilung gemäß Abs. 3 nicht in Betracht, weil sich die Zeichnung nach ausgeübtem Widerruf in ein Rückgewährschuldverhältnis umwandelt.[122] Das Gleiche gilt, wenn der Zeichner gemäß Prospekthaftung die Rückgängigmachung der Zeichnung im Wege der Naturalrestitution verlangen darf (→ Rn. 17).[123]

4. Insolvenzanfechtung. Bisher noch wenig erörtert ist das Zusammenspiel von Gesellschafts- 46 und Insolvenzrecht im Hinblick auf die Insolvenzanfechtung.

a) Insolvenz des Zeichners. Wird der Zeichner insolvent, stellt sich die Frage, inwieweit die 46a §§ 129 ff. InsO zu einer Rückgewähr der geleisteten Einlage führen können. Fraglich ist bereits, ob und ggf. wann eine **Gläubigerbenachteiligung** iSv § 129 InsO vorliegt. Dies ist bereits mit dem Abschluss des Zeichnungsvertrages gegeben, sofern der Wert der zu leistenden Einlage höher ist als der Wert der hiermit zu erlangenden Mitgliedschaft.[124] Wurde die Einlage bereits geleistet, ist dies grds. eine Benachteiligung, denn den Gläubigern des Zeichners wird durch die Umwandlung des Vermögens in ein Mitgliedschaftsrecht der Vollstreckungszugriff erschwert.[125] Dies gilt selbst dann, wenn sich Einlageleistung und Anteilswert decken, insbesondere bei Sacheinlagen.[126] Eine abweichende Beurteilung ist jedoch geboten, wenn die erlangten Aktien fungibel sind, mithin vor allem bei einer Börsennotierung.[127] Ist die Gläubigerbenachteiligung zu bejahen, stellt sich weiterhin die Frage, ob die **Anfechtungsfolge** gemäß § 143 InsO uneingeschränkt gilt oder ob die Bestandskraft des Zeichnungsvertrages nach Eintragung sowie die Kapitalschutzregeln gemäß §§ 57, 62 Einschränkungen verlangen. Die hM bejaht Ersteres, so dass der Insolvenzverwalter über das Vermögen des Zeichners die Leistung in jedem Fall zurückverlangen, respektive der Zeichnungsvertrag widerrufen werden kann.[128]

b) Insolvenz der AG. Wird die AG insolvent, kann die Einräumung der Mitgliedschaft an einen 47 (ehemaligen) Gläubiger im Rahmen des **Debt-Equity-Swaps** der Insolvenzanfechtung unterliegen. Die an sich gebotene getrennte Beurteilung von Darlehensrückzahlung und Einlageleistung hat zur Folge, dass die Darlehensrückzahlung an die AG zu erstatten ist, obwohl der Betrag bereits an die AG geleistet wurde. Dass dies sanierungsfeindlich ist, steht außer Frage. Es spricht daher Vieles dafür, den Debt-Equity-Swap als wirtschaftliche Einheit anzusehen mit der Folge, dass die erforderliche Gläubigerbenachteiligung zu verneinen ist. Immerhin verliert der ehemalige Gläubiger seine Stellung als Insolvenzgläubiger und wird auf den Überschuss iSv § 199 Satz 2 InsO verwiesen. Die übrigen Gläubiger werden so nicht benachteiligt, sondern können auf eine Verbesserung ihrer Quote hoffen. Eine andere Beurteilung ist auch nicht geboten, wenn bei der Sachkapitalerhöhung Forderungen aus **Gesellschafterdarlehen** iSv § 39 Abs. 1 Nr. 5 InsO als Sacheinlage eingebracht werden. Selbst wenn die Umwandlung des Rückzahlungsanspruchs aus § 488 Abs. 1 BGB in die Mitgliedschaft im Wege der Aufrechnung mit der Einlageforderung erfolgt, begründet dies kein Anfechtungsrecht nach § 135 Abs. 1 Nr. 2 InsO. Es fehlt wiederum an der Gläubigerbenachteiligung, weil der Zeichner die ohnehin nicht gläubigerschützende Stellung als nachrangiger Insolvenzgläubiger gemäß § 39 Abs. 1 Nr. 5 InsO gegen die eines Eigenkapitalgebers iSv § 199 Satz 2 InsO eintauscht.[129]

VI. Zeichnungsvorvertrag

Vorverträge zur Zeichnung von Aktien sind in der Praxis weit verbreitet.[130] Das Bedürfnis hierzu 48 besteht einmal bei der geplanten Aktienemission am Kapitalmarkt unter Einschaltung eines Emissionskonsortiums, welches die Aktien vorab selbst zeichnet. Zum anderen in den Fällen, in denen

---

[122] LG Schwerin NZG 2004, 876 (877).
[123] Vgl. zur Naturalrestitution bei der Kapitalmarkthaftung BGH 2004, 907 (908); BGH NZG 2005, 672.
[124] *Hüttemann* GmbHR 2000, 357 (358); einschränkend *Habersack* FS Kübler, 2015, 219 (222 ff.).
[125] Vgl. BGHZ 128, 184 (189).
[126] *Lwowski/Wunderlich* NZI 2008, 129 (130 f.).
[127] *Lwowski/Wunderlich* NZI 2008, 129 (131).
[128] Grundlegend RGZ 24, 14 (23 f.); zum Ganzen *Lwowski/Wunderlich* NZI 2008, 129 (131 ff.).
[129] Abw. *Ekkenga* ZGR 2009, 581 (588).
[130] Vgl. *Hergeth/Eberl* NZG 2003, 205; *Leßmann* DB 2006, 1256.

sich die Gesellschaft in der Krise befindet und möglichst schnell ein Investor gefunden werden soll, der bereit ist, neues Eigenkapital aufzubringen (zur Voreinzahlung auf die Kapitalerhöhung → § 188 Rn. 56 ff.). Oftmals besteht das Interesse, die geplante Beteiligung im Vorfeld der Beschlussfassung nach § 182 rechtsverbindlich auszugestalten. Das AktG enthält diesbezüglich jedoch wichtige **Grenzen der Gestaltungsfreiheit** (vgl. zum sog. Business Combination Agreement auch → § 187 Rn. 19 ff.).

49 **1. Verpflichtung der AG. a) Vor der Beschlussfassung.** Enthält der Zeichnungsvorvertrag bereits die Verpflichtung der AG, neue Aktien zu gewähren, gilt insofern § 187.[131] Erfolgt die rechtsgeschäftliche Zusicherung vor der Beschlussfassung über die betreffende Kapitalerhöhung, ist sie gemäß § 187 Abs. 2 **dauerhaft unwirksam,** insbesondere erfolgt auch keine Heilung mit Beschlussfassung (str., → § 187 Rn. 13).[132] Ausnahmen bestehen nur bei der Ein-Personen-Gesellschaft und wenn alle Aktionäre der Zusicherung auf den Bezug der Aktien zustimmen (→ § 187 Rn. 13).

50 **b) Nach der Beschlussfassung.** Sichert die AG einem Investor nach dem Kapitalerhöhungsbeschluss Aktien zu, bedarf es gemäß § 187 Abs. 1 der Aufnahme eines **ausdrücklichen Vorbehalts** des Bezugsrechts der Aktionäre, sofern das Bezugsrecht nicht ausgeschlossen wurde (→ § 187 Rn. 14 ff.). Die wirksame Zusicherung gewährt einen Anspruch auf Abschluss eines Zeichnungsvertrages, bis zur Eintragung der Durchführung gemäß § 189 hingegen keinen Anspruch auf Einräumung einer Mitgliedschaft bzw. auf Zuteilung von Aktien (→ Rn. 12).

51 **2. Verpflichtung der potentiellen Zeichner.** Über die Verpflichtung eines Investors, aus einer bevorstehenden Kapitalerhöhung Aktien zu übernehmen, finden sich im AktG keine ausdrücklichen Regelungen.

52 **a) Förmliche Zeichnung.** Aus Abs. 1 Satz 2 Nr. 1 folgt mittelbar, dass die förmliche Zeichnung grundsätzlich nicht mit verbindlicher Wirkung abgegeben werden darf, bevor die Kapitalerhöhung beschlossen wurde (str., vgl. → Rn. 11).

53 **b) Schuldrechtlicher Zeichnungsvorvertrag.** In der Praxis finden sich zunehmend Vorverträge, in denen sich ein potentieller Zeichner gegenüber der AG verpflichtet, Aktien aus einer bevorstehenden Kapitalerhöhung zu übernehmen.[133] Die herrschende Ansicht tendiert dazu, dies großzügig zuzulassen und die besonderen Anforderungen gemäß **§ 185 analog** anzuwenden.[134] Dem ist nur eingeschränkt zuzustimmen. Das formale Argument, § 187 regele diese Fälle nicht, führt nicht zu einer Freiheit, verbindliche Zusagen auf den Bezug von Aktien vorbehaltlos anzuerkennen und sogar der Form des § 185 zu unterstellen. Die förmliche Zeichnung darf gemäß Abs. 1 Satz 3 Nr. 1 im Regelfall nur nach der Beschlussfassung erfolgen (→ Rn. 11). Diese Regelung schützt wie § 187 Abs. 2 die **Willensentschließungsfreiheit der Hauptversammlung.** Insbesondere beim Bezugsrechtsausschluss wird diese stark eingeschränkt, wenn bereits im Vorfeld der Beschlussfassung feststeht, dass ein potentieller Zeichner sich zum Aktienbezug verpflichtet hat. Die entsprechende Beschlussfassung nebst Bezugsrechtsausschluss ist nicht mehr als eine reine Formsache, der sich niemand ernsthaft widersetzt.

54 Die Fälle aus der Praxis verdeutlichen weiterhin die **Gefahr der unzulässigen Einmischung** durch den vorvertraglich gebundenen Investor. So wird berichtet, dass ein Interessent sich nach Anzahlung seiner künftigen Einlage wie ein Aktionär geriert, in die Organisation und Verwaltung der Gesellschaft eingreift und gegenüber Banken, Lieferanten und der Presse als Gesellschafter auftritt, bevor er letztlich das Interesse verliert, in Erfüllung seiner Verpflichtung Aktien zu beziehen.[135] Es scheint, als würde die Bindung eines Investors an die AG aufgrund eines Zeichnungsvorvertrages faktisch eine Nähe zur AG begründen, die noch nicht einmal zu Gunsten der Aktionäre besteht. Sollen **formunwirksame** Zeichnungsvorverträge schließlich noch durch ein tatsächliches Verhalten

---

[131] Abw. möglicherweise Hüffer/Koch/*Koch* Rn. 31, unter Hinweis darauf, dass der Vorvertrag die Hauptversammlung nicht binde.
[132] Insofern zutreffend *Leßmann* DB 2006, 1256 (1256); aA wohl OLG Frankfurt NZG 2001, 758, wo der Aspekt des § 187 Abs. 2 überhaupt nicht problematisiert wurde, obwohl die AG den der Investor nach dem Zeichnungsvorvertrag „bei der Durchführung der Kapitalerhöhung berücksichtigen sollte".
[133] Vgl. für Beteiligungsverträge *Maidl* NZG 2014, 1008.
[134] Für Abs. 1 Satz 3 Nr. 4 OLG Frankfurt NZG 2001, 758; *Maidl* NZG 2014, 1008; noch weitergehend *Hergeth/Eberl* NZG 2005, 205; *Leßmann* DB 2006, 1256; Hüffer/Koch/*Koch* Rn. 31; Kölner Komm AktG/ *Ekkenga* Rn. 101; *Ekkenga/Jaspers* in Ekkenga/Schröer, Handbuch der AG-Finanzierung, 2014, Kap. 4 Rn. 278 *Hüttemann,* Instrumente zur vorinsolvenzlichen Sanierung des Unternehmensträgers, 2015, S, 268 f.
[135] *Leßmann* DB 20906, 1256: „Erdachtes, an einen konkreten Fall angelehntes Beispiel, das so oder ähnlich immer wieder vorkommt".

in Anlehnung an die Ausübung von Aktionärsrechten gemäß Abs. 3 analog **geheilt** werden können,[136] wird dieser Widerspruch evident: Ein Nicht-Aktionär kann durch das tatsächliche (rechtswidrige!) Agieren als Aktionär einen wirksamen Vertrag herbeiführen, der ihm die Mitgliedschaft in der AG vermittelt. Dass diese Konzeption nicht mit den Wertungen des AktG im Einklang steht, liegt auf der Hand. Insofern ist verbindlichen Zeichnungsvorverträgen mit Skepsis zu begegnen und diesen allenfalls im **Sanierungsfall** (→ Rn. 11) oder bei **Zustimmung aller** Aktionäre (→ § 187 Rn. 13) verbindliche Wirkung beizumessen. Ob es darüber hinaus notwendig ist, die Anforderungen gemäß Abs. 1 anzuwenden und damit letztlich die Grenze zwischen schuldrechtlicher Verpflichtung und förmlicher, zumindest auch körperschaftlicher Zeichnung zu verwischen, erscheint zweifelhaft.

§ 186 Bezugsrecht

(1) ¹Jedem Aktionär muß auf sein Verlangen ein seinem Anteil an dem bisherigen Grundkapital entsprechender Teil der neuen Aktien zugeteilt werden. ²Für die Ausübung des Bezugsrechts ist eine Frist von mindestens zwei Wochen zu bestimmen.

(2) ¹Der Vorstand hat den Ausgabebetrag oder die Grundlagen für seine Festlegung und zugleich eine Bezugsfrist gemäß Absatz 1 in den Gesellschaftsblättern bekannt zu machen. ²Sind nur die Grundlagen der Festlegung angegeben, so hat er spätestens drei Tage vor Ablauf der Bezugsfrist den Ausgabebetrag in den Gesellschaftsblättern und über ein elektronisches Informationsmedium bekannt zu machen.

(3) ¹Das Bezugsrecht kann ganz oder zum Teil nur im Beschluß über die Erhöhung des Grundkapitals ausgeschlossen werden. ²In diesem Fall bedarf der Beschluß neben den in Gesetz oder Satzung für die Kapitalerhöhung aufgestellten Erfordernissen einer Mehrheit, die mindestens drei Viertel des bei der Beschlußfassung vertretenen Grundkapitals umfaßt. ³Die Satzung kann eine größere Kapitalmehrheit und weitere Erfordernisse bestimmen. ⁴Ein Ausschluß des Bezugsrechts ist insbesondere dann zulässig, wenn die Kapitalerhöhung gegen Bareinlagen zehn vom Hundert des Grundkapitals nicht übersteigt und der Ausgabebetrag den Börsenpreis nicht wesentlich unterschreitet.

(4) ¹Ein Beschluß, durch den das Bezugsrecht ganz oder zum Teil ausgeschlossen wird, darf nur gefaßt werden, wenn die Ausschließung ausdrücklich und ordnungsgemäß bekanntgemacht worden ist. ²Der Vorstand hat der Hauptversammlung einen schriftlichen Bericht über den Grund für den teilweisen oder vollständigen Ausschluß des Bezugsrechts zugänglich zu machen; in dem Bericht ist der vorgeschlagene Ausgabebetrag zu begründen.

(5) ¹Als Ausschluß des Bezugsrechts ist es nicht anzusehen, wenn nach dem Beschluß die neuen Aktien von einem Kreditinstitut oder einem nach § 53 Abs. 1 Satz 1 oder § 53b Abs. 1 Satz 1 oder Abs. 7 des Gesetzes über das Kreditwesen tätigen Unternehmen mit der Verpflichtung übernommen werden sollen, sie den Aktionären zum Bezug anzubieten. ²Der Vorstand hat dieses Bezugsangebot mit den Angaben gemäß Absatz 2 Satz 1 und einen endgültigen Ausgabebetrag gemäß Absatz 2 Satz 2 bekannt zu machen; gleiches gilt, wenn die neuen Aktien von einem anderen als einem Kreditinstitut oder Unternehmen im Sinne des Satzes 1 mit der Verpflichtung übernommen werden sollen, sie den Aktionären zum Bezug anzubieten.

Schrifttum: Siehe § 182.

Übersicht

	Rn.		Rn.
I. Bedeutung der Norm	1–6a	II. Das gesetzliche Bezugsrecht der Aktionäre (Abs. 1 und 2)	7–21
1. Anwendungsbereich	2	1. Bezugsberechtigte	9, 10
2. Regelungsgehalt	3, 4	a) Aktionäre	9
a) Gesetzliches Bezugsrecht	3	b) Sicherungsrechte	10
b) Ausschluss des Bezugsrechts	4	2. Umfang des Bezugsrechts	11–11c
3. Entstehungsgeschichte	5	3. Bekanntmachung der Zeichnungsmodalitäten	11d
4. Reform	6		
5. Finanzmarktkrise	6a	4. Ausübung des Bezugsrechts	12–16a

---

[136] So *Leßmann* DB 2006, 1256 (1259 ff.).

	Rn.
a) Bezugserklärung	13
b) Ausübungsfrist	14, 15
c) Rechtsfolge	16, 16a
5. Übertragbarkeit des Bezugsrechts	17–20
a) Nach der Bezugserklärung	18
b) Vor der Bezugserklärung	19
c) Vor der Beschlussfassung	20
6. Nicht ausgeübte Bezugsrechte	21
III. Der Ausschluss des Bezugsrechts (Abs. 3 und 4)	22–66
1. Vorbereitung des Hauptversammlungsbeschlusses	23–34
a) Bekanntmachung	23, 24
b) Vorstandsbericht	25–34
2. Besondere Anforderungen an die Beschlussfassung	35–39
a) Beschlussinhalt	36
b) Erforderliche Mehrheit	37, 38
c) Festsetzung eines angemessenen Ausgabebetrags	39
3. Materielle Beschlusskontrolle	40–54
a) Grundlagen	40–42
b) Kontrollmaßstab	43–54
4. Erleichterter Bezugsrechtsausschluss (Abs. 3 Satz 4)	55–61

	Rn.
a) Voraussetzungen	56–60
b) Rechtsfolge	61
5. Teilausschluss	62, 63
6. Rechtsfolgen des Bezugsrechtsausschlusses	64, 65
7. Gerichtliche Kontrolle	66
IV. Mittelbare Verwirklichung des Bezugsrechts (Abs. 5)	67–74
1. Voraussetzungen	68–71
a) Festsetzungen im Kapitalerhöhungsbeschluss	68, 69
b) Verpflichtung zu Gunsten der Aktionäre	70
c) Bekanntmachung des Bezugsangebots	71
2. Rechtsfolge	72–74
V. Faktischer Bezugsrechtsausschluss	75–85
1. Dogmatische Grundlegung	76, 77
2. Tatbestandliche Fallgruppen	78–83
a) Festsetzung eines zu hohen Ausgabebetrags	79–81
b) Kapitalerhöhung zum Nennwert	82
c) Weitere Fälle	83
3. Mögliche Rechtsfolgen	84, 85

I. Bedeutung der Norm

1 § 186 gewährt den Aktionären ein **gesetzliches Bezugsrecht** und bestimmt die Voraussetzungen, nach denen dieses ausgeschlossen werden kann. Beides ist Gegenstand von Art. 72 RL (EU) 2017/1132.[1] In Ziff. 2.2.2 bestimmt der Deutsche Corporate Governance Kodex deklaratorisch, dass die Aktionäre bei der Ausgabe neuer Aktien grundsätzlich ein ihrem Anteil am Grundkapital entsprechendes Bezugsrecht haben. Mit der Möglichkeit des **Bezugsrechtsausschlusses** korrespondiert die Pflicht gemäß § 255 Abs. 2, einen angemessenen Ausgabebetrag festzusetzen, um die Vermögensinteressen der Altaktionäre nicht zu beeinträchtigen.[2] Wird hiergegen verstoßen, ist der Kapitalerhöhungsbeschluss anfechtbar; ein ggf. im Spruchverfahren durchzusetzender Individualanspruch der Altaktionäre besteht nicht.[3]

2 **1. Anwendungsbereich.** § 186 gilt unmittelbar für die **ordentliche Kapitalerhöhung** gemäß §§ 182 ff., beim **genehmigten Kapital** gemäß § 203 Abs. 1 und 2 sinngemäß. Bei der Kapitalerhöhung aus Gesellschaftsmitteln gilt § 212. Bei der bedingten Kapitalerhöhung wird das Bezugsrecht durch die Zweckgebundenheit gemäß § 192 Abs. 2 verwirklicht. Etwas anderes gilt jedoch gemäß § 221 Abs. 4 bei der **Ausgabe von Wandel- und Gewinnschuldverschreibungen**.[4] Bei der **Veräußerung eigener Aktien** gelten Abs. 3 und 4 gemäß § 71 Abs. 1 Satz 1 Nr. 8 entsprechend (str.).[5] Bei der Kapitalerhöhung im Rahmen einer Verschmelzung ist § 186 gemäß § 69 Abs. 1 Satz 1 UmwG nicht anwendbar. Anstelle einer ordentlichen Kapitalerhöhung unter Bezugsrechtsausschluss greift die **Praxis** meist auf das flexiblere genehmigte Kapital gemäß §§ 202 ff. zurück, bei dem die Entscheidung über den Bezugsrechtsausschluss auf den Vorstand delegiert werden kann (§ 202 Abs. 2 Satz 1).[6]

---

[1] RL (EU) 2017/1132 des Europäischen Parlaments und des Rates vom 14. Juni 2017 über bestimmte Aspekte des Gesellschaftsrechts, ABl. EU 2017 Nr. L 169, 46 v. 30.6.2017.
[2] Die Bedeutung des auf den tatsächlichen Marktwert bezogenen Angemessenheitskriteriums im Lichte von Art. 29 Abs. 4 der früheren Kapitalrichtlinie betont auch EuGH AG 2009, 283.
[3] LG Mannheim NZG 2007, 639.
[4] Umgekehrt haben die Inhaber von Wandelschuldverschreibungen kein gesetzliches Bezugsrecht, vgl. EuGH NZG 2009, 187.
[5] MüKoAktG/*Schürnbrand* Rn. 21; Wachter/*Servatius* § 71 Rn. 43 ff.; abw. Hüffer/Koch/*Koch* Rn. 3; Kölner Komm AktG/*Ekkenga* Rn. 10; zum Ganzen *Dietz*, Aktien als Akquisitionswährung, 2004, 129 ff.; *Bezzenberger*, Erwerb eigener Aktien, 2002, Rn. 145 ff.; *Wilsing/Siebmann* DB 2006, 881 (882 f.).
[6] Bei Unternehmen des Finanzsektors bestand diese Möglichkeit gemäß § 3 FMStBG zu Gunsten des Finanzmarktstabilisierungsfonds sogar kraft Gesetzes, freilich nur befristet bis zum 29.2.2012; vgl. zu den verfassungs- und europarechtlichen Problemen dieser Regelungen *Wieneke/Fett* NZG 2009, 8 (11 ff.); *Gurlit* NZG 2009, 601; *Böckenförde* NJW 2009, 2484.

Bei der Kapitalerhöhung in einer **Tochtergesellschaft** gilt § 186 analog (→ § 182 Rn. 78 und → Rn. 50). Bei der **Investment-AG** gilt § 186 ebenfalls (vgl. § 115 Satz 2 Hs. 1 KAGB).[7]

2. Regelungsgehalt. a) Gesetzliches Bezugsrecht. Abs. 1 Satz 1 bestimmt das gesetzliche 3 Bezugsrecht der Aktionäre bei der Kapitalerhöhung (→ Rn. 7 ff.). **Abs. 1 Satz 2** verlangt eine Ausübungsfrist von mindestens zwei Wochen (→ Rn. 14). Nach **Abs. 2 Satz 1** hat der Vorstand den Ausgabebetrag bzw. die Grundlagen seiner Festlegung und die Bezugsfrist in den Gesellschaftsblättern bekannt zu machen. Insbesondere beim Bookbuilding sind diese Angaben spätestens drei Tage vor Ablauf der Bezugsfrist durch erneute Bekanntmachung zu präzisieren (→ Rn. 14).

b) Ausschluss des Bezugsrechts. Abs. 2 Satz 1 sieht vor, dass das gesetzliche Bezugsrecht 4 ganz oder zum Teil im Kapitalerhöhungsbeschluss ausgeschlossen werden kann (→ Rn. 22). Im Umkehrschluss hierzu ergibt sich ein Verbot, das Bezugsrecht allgemein auf Grund Satzungsreglung auszuschließen. Besondere formale Anforderungen bestimmen **Abs. 2 Satz 2 und 3** im Hinblick auf die erforderliche Beschlussmehrheit (→ Rn. 37) sowie **Abs. 4 Satz 1** über die vorherige Bekanntmachung (→ Rn. 23 f.) und den Vorstandsbericht (→ Rn. 25 ff.). **Abs. 3 Satz 4** sieht für börsennotierte AG eine praktisch bedeutsame Erleichterung des Bezugsrechtsausschlusses vor (→ Rn. 55 ff.). Weitere inhaltliche Anforderungen bestehen nach der gesetzlichen Ausgangslage nicht, ergeben sich jedoch durch die materielle Beschlusskontrolle des Bezugsrechtsausschlusses (→ Rn. 40 ff.). **Abs. 5** erleichtert die Kapitalerhöhung unter Einsatz von Emissionsbanken, sog. „mittelbares Bezugsrecht"[8] (→ Rn. 67 ff.). Zum faktischen Bezugsrechtsausschluss → Rn. 75 ff.

3. Entstehungsgeschichte. § 186 beruhte bei Neufassung im Jahr 1965 im Wesentlichen auf 5 § 153 AktG 1937. Neu eingefügt wurde allein das mittelbare Bezugsrecht gemäß Abs. 5.[9] Die Berichtspflicht des Vorstands gemäß Abs. 4 Satz 2 ist eine Umsetzung von Art. 72 Abs. 4 RL (EU) 2017/1132.[10] Abs. 3 Satz 4 wurde im Jahr 1994 eingefügt,[11] der Kreis der Emissionsinstitute in Abs. 5 Satz 1 im Jahr 1997 erweitert.[12] Änderungen von Abs. 2 und Abs. 5 Satz 2 erfolgten durch das TransPuG vom 19.7.2002 (BGBl. 2002 I 2681). Einen Schutz vor missbräuchlichen Anfechtungsklagen bietet seit dem ARUG aus dem Jahr 2009 auch das Freigabeverfahren gemäß § 246a, welches explizit auch bei Kapitalerhöhungen statthaft ist.

4. Reform. Auf europäischer Ebene wird seit langem diskutiert, den **Bezugsrechtsausschluss** 6 zumindest bei börsennotierten AG **zu erleichtern** und der Verwaltung insofern einen größeren Handlungsspielraum zuzubilligen. Dies betrifft vornehmlich das genehmigte Kapital und findet sich ähnlich bereits jetzt in dem erleichterten Bezugsrechtsausschluss gemäß Abs. 3 Satz 4 (→ Rn. 55 ff.). Der **Kommissionsvorschlag für eine Änderung der früheren Kapitalrichtlinie** vom 21.9. 2004[13] enthielt in Art. 29 Abs. 5a eine Regelung, wonach die Berichtspflicht des Vorstands beim genehmigten Kapital grundsätzlich dann entfällt, wenn die Hauptversammlung die Ermächtigung unter der zusätzlichen Auflage erteilt, dass die Aktien für eine künftige Erhöhung des gezeichneten Kapitals zu dem im Zeitpunkt der Emission an einem oder mehreren geregelten Märkten ausgegeben werden müssen. Dieser Vorschlag wurde nicht in die Änderungsrichtlinie vom 6. September 2006 übernommen[14] und fand auch fortan keine Erwähnung mehr.

5. Finanzmarktkrise. Besonderheiten brachte die Finanzmarktkrise auch für den Bezugsrechts- 6a ausschluss. Dies ist verfassungs- und europarechtlich bedenklich und lässt sich allein mit den verheerenden Verwerfungen der (singulären?) Finanzmarktkrise rechtfertigen.[15] Das Gleiche gilt für § 7 Abs. 3 Satz 4 FMStBG, wonach bei der ordentlichen Kapitalerhöhung der Bezugsrechtsausschluss zu

---

[7] Hierzu *Blenk*, Die Mitgliedschaft in der Investmentaktiengesellschaft, 2018, 64 ff.
[8] Begriff bereits in der RegBegr. *Kropff* S. 295.
[9] Zum Gesetzgebungsverfahren RegBegr. *Kropff* S. 295 f.; zur nachträglichen Entwicklung ausführlich MüKo-AktG/*Schürnbrand* Rn. 8 ff.
[10] RL (EU) 2017/1132 des Europäischen Parlaments und des Rates vom 14. Juni 2017 über bestimmte Aspekte des Gesellschaftsrechts, ABl. EU 2017 Nr. L 169, 46 v. 30.6.2017.
[11] Gesetz für kleine Aktiengesellschaften und zur Deregulierung des Aktienrechts vom 2.8.1994 (BGBl. 1994 I 1961).
[12] Art. 4 Nr. 13 des Begleitgesetzes zum Gesetz zur Umsetzung von EG-Richtlinien zur Harmonisierung bank- und wertpapieraufsichtsrechtlicher Vorschriften vom 22.10.1997 (BGBl. 1997 I 2576).
[13] http://europa.eu.int/comm/internal_market/company/docs/capital/2004-proposal/proposalde.pdf; hierzu kritisch *Bayer* BB 2004, 1 (8 f.); MüKoAktG/*Bayer* § 203 Rn. 179 ff.
[14] Richtlinie 2006/68/EG vom 6. September 2006 (ABl. EU 2006 Nr. L 264, 32). Vgl. auch → § 183 Rn. 4.
[15] Das BVerfG hat sich hierzu nicht explizit geäußert (AG 2009, 325); für eine Vereinbarkeit mit Art. 14 GG aber LG München I NZG 2010, 749; zum Ganzen *Haertlein* NZG 2009, 573; *Köndgen* ZBB 2009, 144 (147); *Hopt/Fleckner/Kumpan/Steffek* WM 2009, 821 (826).

Gunsten des Finanzmarktstabilisierungsfonds oder Dritter (vgl. § 7e FMStBG) in jedem Fall zulässig ist (hierzu → Rn. 40 ff.).[16] Weiterhin wurde gemäß § 7 Abs. 2 FMStBG die erforderliche Beschlussmehrheit herabgesetzt. Ausreichend für den Bezugsrechtsausschluss ist hiernach zwingend die einfache Mehrheit der abgegebenen Stimmen, selbst wenn die Satzung weitere Erfordernisse aufstellt (hierzu → Rn. 37 ff.).

II. Das gesetzliche Bezugsrecht der Aktionäre (Abs. 1 und 2)

7   Nach Abs. 1 Satz 1 haben die Aktionäre bei jeder Kapitalerhöhung einen verhaltenen Anspruch gegen die AG auf Zuteilung neuer Aktien im Umfang ihrer bisherigen Beteiligung (vgl. auch Art. 72 Abs. 1 RL (EU) 2017/1132). Es ist untrennbarer **Bestandteil der Mitgliedschaft**.[17] Es gewährleistet zu Gunsten der Aktionäre Schutz vor Beeinträchtigung ihrer Mitgliedschaftsrechte durch Verwässerung in Bezug auf das Stimmgewicht und die vermögensmäßige Teilhabe. Darüber hinaus hat es eine legitime Bedeutung zur Sicherung der Investitionsfreiheit der Altaktionäre[18] und kann als Instrument zur Disziplinierung des Managements verstanden werden.[19] Gleichwohl ist – für jede Kapitalerhöhung gesondert[20] – gemäß Abs. 2 ein **Bezugsrechtsausschluss** möglich, um hiervon in begründungsbedürftigen Fällen abzuweichen (→ Rn. 22 ff., zum faktischen Bezugsrechtsausschluss → Rn. 75 ff.). **Europarechtlich** besteht das gesetzliche Bezugsrecht und die Möglichkeit der Ausschließung desselben nur bei Bareinlagen (vgl. Art. 72 RL (EU) 2017/113229).[21] Die durch § 186 bewirkte umfassende Geltung bei Bar- und Sacheinlagen ist somit eine überschießende Richtlinienumsetzung, welche indessen europarechtlich zulässig ist.[22] Das gilt insbesondere auch für das allein im deutschen Recht bestehende, rechtsfortbildend entwickelte Erfordernis der materiellen Beschlusskontrolle beim Bezugsrechtsausschluss (→ Rn. 40 ff.).[23]

8   Die **rechtspolitische Diskussion** über die Vor- und Nachteile eines gesetzlichen Bezugsrechts nimmt vor allem bei börsennotierten Publikumsgesellschaften nicht ab.[24] Vorgebracht wird der nicht von der Hand zu weisende Einwand, dass eine Aktienemission am Kapitalmarkt regelmäßig der effektivere und vor allem auch kostengünstigere Weg ist, das Partizipationsinteresse der Altaktionäre an der Kapitalerhöhung zu verwirklichen als das aufwändige Verfahren gemäß Abs. 3. De lege ferenda sollte daher überlegt werden, den bereits jetzt geltenden erleichterten Bezugsrechtsausschluss gemäß Abs. 3 Satz 4 (→ Rn. 55 ff.) auf alle Kapitalerhöhungen auszuweiten, mithin über die 10 %-Grenze hinaus.[25] Die notwendigen Änderungen hierzu sind jedoch zuvörderst auf europäischer Ebene vorzunehmen, weil Art. 72 RL (EU) 2017/1132[26] derzeit kaum Raum bietet für eine grundlegende Umgestaltung des gesetzlichen Bezugsrechts. Bei nicht börsennotierten Gesellschaften und beim Bezugsrechtsausschluss zur Verwirklichung von Sachkapitalerhöhungen („Aktien als Akquisitionswährung") ist die geltende Lösung hingegen adäquat. Die Zeichner verfolgen in diesen Fällen regelmäßig unternehmerische Interessen, so dass die Gefahr einer Verschiebung der Herrschafts- und Teilhaberechte auf Kosten der Minderheit besteht. Generell erscheint es auch nicht als gerechtfertigt, de lege ferenda die Anfechtbarkeit gemäß § 255 Abs. 2 dem Spruchverfahren zuzuweisen, um auf das hierbei bestehende Blockadepotential der Minderheit angemessen zu reagieren (→ Rn. 39).

9   **1. Bezugsberechtigte. a) Aktionäre.** Inhaber des Bezugsrechts sind die Aktionäre der jeweiligen AG, unabhängig von der Aktiengattung (→ Rn. 11a), nicht aber die Aktionäre der Muttergesellschaft (str., → § 185 Rn. 11b). Bei mehreren Berechtigten gilt § 69. Maßgeblich ist der Zeitpunkt der Beschlussfassung gemäß § 182 Abs. 1 (str.).[27] Einer besonderen Beschlussfassung über die Zuweisung der Aktien bedarf es anders als bei der GmbH nicht. Hält die AG eigene Aktien, steht ihr hieraus

---

[16] Vgl. hierzu LG München I WM 2012, 32.
[17] Vgl. nur MüKoAktG/*Schürnbrand* Rn. 1 ff. (mwN).
[18] MüKoAktG/*Schürnbrand* Rn. 3.
[19] *Kowalewski*, Das Vorerwerbsrecht der Mutteraktionäre beim Börsengang der Tochtergesellschaft, 2008, 55 ff.; *Hellgardt* ZHR 174 (2010), 619 (621); MüKoAktG/*Schürnbrand* Rn. 4.
[20] Vgl. *Cahn* ZHR 164 (2000), 113 (125 f.).
[21] RL (EU) 2017/1132 des Europäischen Parlaments und des Rates vom 14. Juni 2017 über bestimmte Aspekte des Gesellschaftsrechts, ABl. EU 2017 Nr. L 169, 46 v. 30.6.2017.
[22] EuGH NJW 1997, 721 – Siemens/Nold; MüKoAktG/*Schürnbrand* Rn. 18.
[23] MüKoAktG/*Schürnbrand* Rn. 19.
[24] Vgl. nur *Zöllner* AG 2002, 585 (588 ff.); für eine Verkürzung der Bezugsfrist gemäß Abs. 1 S. 2 auf sechs Werktage auch *Meyer/Weber* CFL 2012, 249, 254.
[25] Ebenso MüKoAktG/*Schürnbrand* Rn. 16, jedoch letztlich eine allgemeine Beschränkung der materiellen Beschlusskontrolle bevorzugend.
[26] RL (EU) 2017/1132 des Europäischen Parlaments und des Rates vom 14. Juni 2017 über bestimmte Aspekte des Gesellschaftsrechts, ABl. EU 2017 Nr. L 169, 46 v. 30.6.2017.
[27] MüKoAktG/*Schürnbrand* Rn. 26, 34.

gemäß § 71b kein Bezugsrecht zu (vgl. aber zur Kapitalerhöhung aus Gesellschaftsmitteln § 215) und kann ein solches konsequenterweise auch nicht an Dritte veräußern (str.).[28] Das Gleiche gilt gemäß § 71d Satz 4, wenn jemand die Aktien für Rechnung der AG oder eines abhängigen oder in Mehrheitsbesitz stehenden Unternehmens hält sowie, wenn die Aktien einem von der AG abhängigen oder in Mehrheitsbesitz stehen Unternehmen gehören (vgl. auch § 56 und → § 185 Rn. 5).[29] Unterhält ein Aktionär bei einem Kreditinstitut ein Depot, bleibt er bezugsberechtigt (vgl. aber Nr. 15 Abs. 1 Satz 2 AGB-Wertpapiergeschäfte zur Verkaufsmöglichkeit der Bank, falls keine gegenteilige Weisung erfolgt ist). Die Inhaber von Wandelschuldverschreibungen haben kein Bezugsrecht.[30] Bei der Investment-AG steht das Bezugsrecht gemäß § 115 Satz 2 Hs. 2 KAGB allein den Unternehmensaktionären zu.[31] Vgl. für die Vereinbarung eines vertraglichen Bezugsrechts § 187.

b) Sicherungsrechte. Wurde an der Aktie ein **Nießbrauch** bestellt (§§ 1064 ff. BGB), verbleibt **10** das Bezugsrecht beim Aktionär.[32] Das Gleiche gilt beim **Pfandrecht**.[33] In beiden Fällen kann es indessen zu einem schuldrechtlichen Anspruch des Sicherungsnehmers gegen den Aktionär kommen, wenn er auf Grund der Ausübung des Bezugsrechts durch diesen oder einen Dritten infolge der Verwässerung seiner Sicherheit einen Nachteil erleidet.[34] Hiervon abzugrenzen ist im Übrigen die Gestaltung, dass das Bezugsrecht selbst Gegenstand eines Nießbrauchs oder Pfandrechts ist.[35] Bei Sicherungseigentum und -zession ist der **Sicherungsnehmer** bezugsberechtigt.[36]

2. Umfang des Bezugsrechts. Abs. 1 gewährt dem Bezugsberechtigten **einen Anspruch auf** **11** **proportionale Beteiligung** am Betrag der Kapitalerhöhung in demselben Umfang, wie er zuvor am Grundkapital beteiligt war. Ergibt die Umrechnung wie regelmäßig Bruchteilsrechte, kann der Aktionär seine überschüssigen Bezugsrechte veräußern oder fehlende hinzuerwerben (→ Rn. 17 f.). Entfällt bei bestimmten Aktien das Bezugsrecht (→ Rn. 9), erhöht sich der Anteil der übrigen Bezugsrechte durch Anwachsung entsprechend.[37] Erfolgt die Kapitalerhöhung innerhalb der noch nicht abgelaufenen Frist beim genehmigten Kapital gemäß § 202 Abs. 2 Satz 1, ist wegen § 203 Abs. 1 Satz 1, § 189 das noch nicht erhöhte Grundkapital maßgeblich, auch wenn im Beschluss über das genehmigte Kapital das Bezugsrecht ausgeschlossen wurde.

Problematisch ist das Gebot der proportionalen Partizipation bei **verschiedenen Aktiengattun-** **11a** **gen.** Hierbei stellt sich die Frage, wie die neuen Aktien, ggf. ihrerseits in verschiedene Gattungen aufgeteilt, auf die Altaktionäre verschiedener Gattungen aufzuteilen sind.[38] Dogmatisch kohärent lassen sich diese Probleme nur durch eine konsequente, auf § 53a abgestimmte Auslegung von § 186 lösen, wobei indessen der Gestaltungsfreiheit der Hauptversammlung bei der Beschlussfassung durchaus Raum zuzubilligen ist. Hieraus folgt im einzelnen: Gibt es **Altaktionäre verschiedener Gattungen,** besteht für die neuen Aktien, soweit sie nicht ihrerseits in Gattungen aufgeteilt sind, im Einklang mit der traditionellen hM ein sog. **Mischbezugsrecht.** Die Altaktionäre haben hiernach unterschiedslos einen Anspruch auf Zuteilung der neu ausgegebenen Aktien; die Hauptversammlung ist nicht verpflichtet, bei der Kapitalerhöhung die bisherige Aufteilung fortzuschreiben, das Bezugsrecht gemäß Abs. 1 verschafft keinen Anspruch auf Zuteilung bestimmter Aktiengattungen.[39] Dies folgt insbesondere aus dem Wortlaut von § 140 Abs. 1, wonach die Vorzugsaktionäre allein hinsichtlich des Stimmrechts Einbußen erleiden, nicht aber im Hinblick auf andere Rechtspositionen aus der Mitgliedschaft. Will die Hauptversammlung indessen auch im Zuge der Kapitalerhöhung den bisherigen status quo der Aktiengattungen fortentwickeln, ist dies im Wege eines **gekreuzten** **Bezugsrechtsausschlusses** möglich, wonach sich die Bezugsrechte jeweils nur auf die Aktien dersel-

---

[28] MüKoAktG/*Schürnbrand* Rn. 35; Kölner Komm AktG/*Ekkenga* Rn. 28; abw. *Busch* AG 2005, 429 (430 ff.).
[29] Hüffer/Koch/*Koch* Rn. 9; MüKoAktG/*Schürnbrand* Rn. 35; Kölner Komm AktG/*Ekkenga* Rn. 29.
[30] EuGH AG 2009, 283.
[31] Hierzu *Blenk*, Die Mitgliedschaft in der Investmentaktiengesellschaft, 2018, 64 ff.
[32] BGHZ 58, 316 (319) = NJW 1979, 1755 (zur KG); OLG Bremen AG 1970, 335; Einzelheiten bei Großkomm AktG/*Wiedemann* Rn. 71 ff.; Kölner Komm AktG/*Ekkenga* Rn. 31 ff.; MüKoAktG/*Schürnbrand* Rn. 40 f. und Hüffer/Koch/*Koch* Rn. 10; zum Ganzen *Meyer*, Der Nießbrauch an GmbH-Geschäftsanteilen und Aktien, 2002; *Nodoushani* WM 2011, 1.
[33] Kölner Komm AktG/*Ekkenga* Rn. 33; Großkomm AktG/*Wiedemann* Rn. 76 ff.; MüKoAktG/*Schürnbrand* Rn. 42 f.; Hüffer/Koch/*Koch* Rn. 11.
[34] MüKoAktG/*Schürnbrand* Rn. 41 f., offen gelassen von OLG Bremen AG 1970, 335.
[35] MüKoAktG/*Schürnbrand* Rn. 44.
[36] Kölner Komm AktG/*Ekkenga* Rn. 34; Großkomm AktG/*Wiedemann* Rn. 82 f.; MüKoAktG/*Schürnbrand* Rn. 45; Hüffer/Koch/*Koch* Rn. 12; K. Schmidt/Lutter/*Veil* Rn. 6.
[37] Hüffer/Koch/*Koch* Rn. 9.
[38] Vgl. hierzu bei der Investment-AG *Blenk*, Die Mitgliedschaft in der Investmentaktiengesellschaft, 2018, 64 ff.
[39] Grundlegend RGZ 68, 235 (240); Hüffer/Koch/*Koch* Rn. 4; *Rittig* NZG 2012, 1292 (1293).

ben Gattung erstrecken (zur erforderlichen sachlichen Rechtfertigung → Rn. 17 f.).[40] Hierdurch erlangen die Altaktionäre ein entsprechendes Bezugsrecht auf Aktien ihrer jeweiligen Gattung (sog. **Gattungsbezugsrecht**).[41] Weicht die von der Hauptversammlung beschlossene Aufteilung der neuen Aktien indessen vom bisherigen Verhältnis der Aktiengattungen ab, verbleibt es wegen § 53a beim sog. Mischbezugsrecht, so dass die Altaktionäre im Hinblick auf die nicht den status quo wiederspiegelnde **freie Spitze** der neuen Aktien gleichermaßen ein Bezugsrecht haben.[42] In allen dieser Fälle ist für die Kapitalerhöhung keine Zustimmung der Altaktionäre gemäß § 180 erforderlich.[43] Es bleibt vielmehr bei der ggf. getrennten Beschlussfassung gemäß § 182 Abs. 2.

11b Bestehen **Tracking Stocks,** bei denen sich die Vermögens- und Gewinnbeteiligung auf bestimmte Unternehmenssparten beschränken, gilt das Vorgesagte wegen der kaum ausgeprägten gesetzlichen Anerkennung dieser Gestaltung nur eingeschränkt.[44] Anders als bei Vorzugsaktien gemäß § 140 lässt sich das Gattungsbezugsrecht hier de lege lata hier nicht rechtssicher verwirklichen, so dass bei einer Kapitalerhöhung grds. alle Altaktionäre unterschiedslos zum Bezug berechtigt sind. Das Bedürfnis, das Tracking Stock-Regime aufrecht zu erhalten, kann daher nur durch einen (gekreuzten) Bezugsrechtsausschluss verwirklicht werden. Rechtspolitisch ist das starre Regime der Aktiengattungen insoweit zu kritisieren, was sich auch an der zurückhaltenden Verwendung von Tracking Stocks manifestiert.[45] Die bei Investment-AG mögliche Bildung von Teilgesellschaftsvermögen (§§ 117, 108 Abs. 4 KAGB, § 96 KAGB) sollten künftig darauf hin überprüft werden, ob sie auch als Regelungen des allgemeinen Aktienrechts taugen.

11c Das gesetzliche Bezugsrecht bezieht sich auch nur auf Aktien der die Kapitalerhöhung beschließenden AG, nicht auch auf Anteile aus der Kapitalerhöhung einer **Tochtergesellschaft** (str.).[46] Für die Anerkennung eines „konzernweiten Bezugsrechts" besteht wegen der ungeschriebenen Mitwirkungsbefugnisse der Hauptversammlung der Obergesellschaft kein Bedürfnis (vgl. auch → § 182 Rn. 73 ff.). Auch die Möglichkeit, individuelle Zeichnungsgewinne zu erzielen, ist für sich genommen kein Anlass, hiervon abzuweichen, weil dieser Aspekt bereits bei der sachgerechten Festlegung des Ausgabebetrags mittelbar den Aktionären zugutekommt. Hiervon zu trennen ist die Frage, ob die Kapitalerhöhung in der Tochtergesellschaft unter Bezugsrechtsausschluss den materiellen Anforderungen gemäß Abs. 3 entspricht (→ Rn. 40 ff.).

11d **3. Bekanntmachung der Zeichnungsmodalitäten.** Soweit das Bezugsrecht nicht ausgeschlossen wurde (→ Rn. 22 ff.), hat der Vorstand gemäß **Abs. 2** den Ausgabebetrag oder die Grundlagen für seine Festlegung sowie die Bezugsfrist nach Abs. 1 in den Gesellschaftsblättern bekannt zu machen.[47] Es besteht Einigkeit, dass diese Informationspflichten zu eng gefasst sind. Richtigerweise hat der Vorstand über die genannten Aspekte hinaus weitergehende Angaben zu machen, die die Kapitalbeschaffung durch die AG ermöglichen und den Altaktionären ein zutreffendes Bild von den **Zeichnungsmodalitäten** bieten (vor allem Erhöhungsbetrag, Bezugsverhältnis).[48] Umgekehrt ist aber etwa die Bekanntmachung von Ausgabebetrag und Bezugsfrist entbehrlich, soweit das Bezugsrecht mittelbar verwirklicht wird (Abs. 5 Satz 2, → Rn. 71). Die Bekanntmachung muss **unverzüglich** nach der Beschlussfassung gemäß § 182 erfolgen, regelmäßig bereits vor der Eintragung gemäß § 184 (str.).[49] Bekannt zu machen ist neben der Ausübungsfrist stets – sofern bereits vorhanden – der konkrete **Ausgabebetrag** oder die Grundlagen für seine Festlegung.[50] Wird der Ausgabebetrag vom Vorstand im Verlauf der Ausübungsfrist konkretisiert,[51] ist der Ausgabebetrag gemäß Abs. 2 Satz 2 spätestens drei Tage[52] vor Ablauf der Bezugs-

---

[40] MüKoAktG/*Schürnbrand* Rn. 50.
[41] Hüffer/Koch/*Koch* Rn. 4; MüKoAktG/*Schürnbrand* Rn. 49; Wachter/*Dürr* Rn. 6; *Wirth/Arnold* ZGR 2002, 859 (864).
[42] Hüffer/Koch/*Koch* Rn. 4; *Frey/Hirte* DB 1989, 2465 (2476).
[43] Hüffer/Koch/*Koch* § 180 Rn. 7.
[44] Abw. MüKoAktG/*Schürnbrand* Rn. 50.
[45] Vgl. → § 11 Rn. 2 (mwN).
[46] LG Kassel AG 2002, 414 (415 f.); MüKoAktG/*Schürnbrand* Rn. 38; Hüffer/Koch/*Koch* Rn. 5a; K. Schmidt/Lutter/*Veil* Rn. 5; *Habersack* WM 2001, 545 ff.; *Fleischer* ZHR 165 (2001), 513 (541 ff.); aA *Lutter* AG 2000, 342 (342 ff.) und AG 2001, 349 (350 ff.); *Wackerbarth* AG 2002, 14 (15 ff.); *Becker/Fett* WM 2001, 548 (555 f.); *Kiefner*, Konzernumbildung und Börsengang der Tochter, 2005, 288 ff.
[47] Einzelheiten zur Bekanntmachung bei MüKoAktG/*Schürnbrand* Rn. 72.
[48] Statt anderer MüKoAktG/*Schürnbrand* Rn. 66.
[49] Großzügiger MüKoAktG/*Schürnbrand* Rn. 66.
[50] Einzelheiten zu den bekannt zu machenden Grundlagen bei MüKoAktG/*Schürnbrand* Rn. 69.
[51] Zum sog. Bookbuilding ausführlich *Groß* ZHR 162 (1998), 313 (333).
[52] Kalendertage, vgl. *Krug* BKR 2005, 302 (303); MüKoAktG/*Schürnbrand* Rn. 70; Europarechtliche Bedenken gegen diese kurze Frist bei *Bezzenberger* ZIP 2002, 1917 (1922).

frist in den Gesellschaftsblättern (§ 25) bekannt zu machen.[53] Vgl. allgemein zur Festlegung des Ausgabebetrags → § 182 Rn. 49 ff.

4. Ausübung des Bezugsrechts. Das gesetzliche Bezugsrecht begründet einen **verhaltenen** 12 **Anspruch,** dessen Entstehen von der Ausübung durch den Berechtigten abhängig ist (vgl. Abs. 1: „auf sein Verlangen").[54] Eine Verpflichtung zur Ausübung des Bezugsanspruchs begründet die Abgabe der Bezugserklärung noch nicht, weil diese den verhaltenen Anspruch überhaupt erst zum Entstehen bringt.[55] Bezugserklärung und förmliche Zeichnung gemäß § 185 sind zu unterscheiden, können jedoch miteinander verbunden werden.[56]

a) Bezugserklärung. Die Bezugserklärung ist eine einseitige **geschäftsähnliche Handlung**.[57] 13 Sie ist vom Aktionär oder dessen Stellvertreter gegenüber der AG (§ 78) abzugeben und an keine Form gebunden. Der Aktionär hat sich gegenüber der AG zu **legitimieren** (Vorlage der Aktienurkunde bzw. gemäß § 67 Abs. 2); in der Praxis wird oftmals zusätzlich die Vorlage eines Dividendenscheins verlangt, was gemäß § 186 Abs. 2 Satz 1, § 25 bekannt zu machen ist.[58] Die AG kann die Erklärung gemäß § 174 BGB analog zurückweisen, wenn der **Vertreter** seine Vertretungsmacht nicht durch Vorlage einer Vollmachtsurkunde nachweist.[59] Dieser Nachweis dürfte bei der Vorlage einer Vollmachtsurkunde, wonach der Vertreter berechtigt ist, den Aktionär in „allen gesellschaftsrechtlichen Angelegenheiten" zu vertreten, regelmäßig gegeben sein (str.).[60]

b) Ausübungsfrist. Gemäß Abs. 1 Satz 2 ist für die Ausübung des Bezugsrechts eine **Frist von** 14 **mindestens zwei Wochen** zu bestimmen (vgl. auch Art. 72 Abs. 3 RL (EU) 2017/1132[61]). Rechtspolitisch wird diese Mindestfrist zwar als zu lang kritisiert.[62] Angesichts der hiermit verwirklichten Bedenkzeit für die Altaktionäre und der Einräumung von Planungszeit zu Gunsten der AG besteht hierfür indessen kaum ein beachtliches Bedürfnis. Die Ausübungsfrist kann im Hauptversammlungsbeschluss, aufgrund Satzungsregelung oder durch den Vorstand festgelegt werden.[63] Die Frist ist gemäß Abs. 2 Satz 1 wie die Kapitalerhöhung selbst und das Bezugsverhältnis[64] unverzüglich nach der Beschlussfassung gemäß § 182 in den Gesellschaftsblättern (§ 25) **bekannt zu machen.** Hiermit wird der Fristlauf in Gang gesetzt (vgl. § 10 Abs. 2 HGB), sofern durch den Kapitalerhöhungsbeschluss oder den Vorstand kein späterer Fristbeginn festgelegt wird.[65] Eine spezielle Information ausländischer Aktionäre ist nicht geboten.[66] Bezugsrechtsangebote unterliegen grds. der **Prospektpflicht** gemäß § 3 Abs. 1 WpPG.[67] Vgl. zur Prospekthaftung → § 185 Rn. 21.

Die Bezugserklärung muss der AG vor Ablauf der Ausübungsfrist (§§ 187, 188 BGB) zugehen 15 (**Ausschlussfrist**). Verspätet eingegangene Bezugserklärungen begründen keinen Anspruch auf Zuteilung neuer Aktien.[68] Die AG kann jedoch aufgrund ihrer Treuepflicht gegenüber den Aktionären[69] gehalten sein, nicht ausgeübte Bezugsrechte vorrangig bezugsbereiten Aktionären anzubieten, bevor sie an Dritte weitergegeben werden (str.).[70] Die Fristwahrung bezieht sich im Übrigen nur auf den Zugang der Bezugserklärungen; die Zeichnung gemäß § 185 kann später erfolgen.[71] **Wurde keine Frist bestimmt,** gilt nicht automatisch die Zwei-Wochen-Frist gemäß Abs. 1 Satz 2.[72] Diese muss „bestimmt" werden, ist somit keine gesetzliche Frist. Auch auf die Durchführungsfrist gemäß

---

[53] Hüffer/Koch/*Koch* Rn. 19a; MüKoAktG/*Schürnbrand* Rn. 72.
[54] Vgl. auch MüKoAktG/*Schürnbrand* Rn. 25, der Bezugsstammrecht und Bezugsanspruch unterscheidet.
[55] Kölner Komm AktG/*Ekkenga* Rn. 39; Großkomm AktG/*Wiedemann* Rn. 89; Hüffer/Koch/*Koch* Rn. 14; MüKoAktG/*Schürnbrand* Rn. 53; vgl. auch KG Berlin AG 2006, 201: einseitige Absichtserklärung.
[56] Vgl. KG Berlin AG 2006, 201; MüKoAktG/*Schürnbrand* Rn. 54.
[57] KG Berlin AG 2006, 201; MüKoAktG/*Schürnbrand* Rn. 52; Kölner Komm AktG/*Ekkenga* Rn. 40.
[58] MüKoAktG/*Schürnbrand* Rn. 54.
[59] KG Berlin AG 2006, 201.
[60] AA KG Berlin AG 2006, 201; wie hier MüKoAktG/*Schürnbrand* Rn. 52.
[61] RL (EU) 2017/1132 des Europäischen Parlaments und des Rates vom 14. Juni 2017 über bestimmte Aspekte des Gesellschaftsrechts, ABl. EU 2017 Nr. L 169, 46 v. 30.6.2017.
[62] Für eine Verkürzung der Bezugsfrist gemäß Abs. 1 S. 2 auf sechs Werktage de lege ferenda Meyer/Weber CFL 2012, 249 (254).
[63] Hüffer/Koch/*Koch* Rn. 15; MüKoAktG/*Schürnbrand* Rn. 55.
[64] Hüffer/Koch/*Koch* Rn. 19.
[65] Vgl. MüKoAktG/*Schürnbrand* Rn. 55.
[66] Zutreffend Kuntz/Stegemann ZIP 2016, 2341 (2343): allenfalls aus Treuepflichterwägungen.
[67] Einzelheiten bei Oltmanns/Zöllter-Petzold NZG 2013, 489.
[68] Hüffer/Koch/*Koch* Rn. 16; MüKoAktG/*Schürnbrand* Rn. 55; K. Schmidt/Lutter/*Veil* Rn. 9.
[69] Vgl. BGHZ 127, 107 (111).
[70] AA wohl Hüffer/Koch/*Koch* Rn. 14.
[71] MüKoAktG/*Schürnbrand* Rn. 56.
[72] Kölner Komm AktG/*Ekkenga* Rn. 43; Hüffer/Koch/*Koch* Rn. 15.

§ 185 Abs. 1 Satz 3 Nr. 4 (→ § 185 Rn. 33) kann nicht ohne weiteres abgestellt werden, da die Aktionäre hiervon keine Kenntnis haben müssen. Im Regelfall wird man bei fehlender Fristbestimmung die Ausübungserklärung solange zulassen müssen, wie die Anmeldung der Durchführung gemäß § 188 noch nicht erfolgt ist. Das Versäumnis der AG und ihrer Organe darf nicht zu Lasten der Aktionäre gehen.

16 **c) Rechtsfolge.** Mit rechtzeitiger Bezugserklärung hat der Aktionär gegen die AG einen **Anspruch auf Abschluss eines Zeichnungsvertrages** zu den im Kapitalerhöhungsbeschluss bzw. durch Vorstandshandeln konkretisierten Konditionen (→ § 182 Rn. 54).[73] Der Anspruch steht freilich ebenso wie der Anspruch nach Abschluss des Zeichnungsvertrages unter der auflösenden Bedingung der tatsächlichen Durchführung der Kapitalerhöhung (→ § 185 Rn. 12).[74] Sofern nichts Abweichendes beschlossen wurde, erhalten die Aktionäre Aktien der jeweiligen Gattung wie die ihnen bereits gehörenden Aktien (str., → Rn. 11a). Die Summe der Bezugsrechte muss sich mit dem Ausgabebetrag der betreffenden Aktien (→ § 182 Rn. 49 ff.) decken. Überschießende Bruchteilsrechte werden nicht aufgerundet.

16a Der vorstehend bezeichnete auflösend bedingte Anspruch des Bezugsberechtigten gegenüber der AG kann mittels **Klage** geltend gemacht werden, auch eine einstweilige Verfügung ist möglich.[75] Dies ist freilich nur erfolgversprechend, soweit die Durchführung der Kapitalerhöhung noch nicht eingetragen wurde (§ 189). Wurde der Bezugsberechtigte somit rechtswidrig übergangen, stehen ihm ab diesem Zeitpunkt nur noch **Schadensersatzansprüche** zu.[76] Diese richten sich vornehmlich gegen die AG und können durchaus auf Zuteilung entsprechender Aktien gerichtet sein, sofern die AG eigene Aktien hält; andernfalls besteht eine Geldersatzpflicht in Höhe der erhöhten Kosten für eine Ersatzbeschaffung über die Börse bzw. ansonsten in Höhe des im Bezugsrecht verkörperten Verwässerungsschadens.[77]

17 **5. Übertragbarkeit des Bezugsrechts.** Insbesondere wegen der meist nur in Bruchteilen zu verwirklichenden Bezugsberechtigung haben die Aktionäre ein Interesse, ihr Bezugsrecht zu veräußern bzw. fehlende Bezugsrechte hinzuzuerwerben. Aus der Treuepflicht der AG gegenüber ihren Aktionären[78] und der sich auch auf die Bezugsrechte erstreckenden Verkehrsfähigkeit der Aktien[79] kann sich ein Anspruch der Aktionäre gegen die AG auf **Einrichtung eines Börsenhandels für Bezugsrechte** ergeben (str.).[80] Die Hürde hierfür liegt angesichts der Aufgabe der Macrotron-Rechtsprechung durch BVerfG[81] und BGH[82] sehr hoch.[83] Die Börsenzulassung ist nicht automatisch ein wertbildender Faktor für Anteile.[84] Dies gilt auch bei Bezugsrechten. Das Bedürfnis nach Einrichtung eines Börsenhandels kann daher nur damit begründet werden, dass andernfalls die quotale Verwirklichung des Bezugsrechts auf erheblich erschwert wird und vorhersehbar nicht ausgeübte Bezugsrechte entstehen.

18 **a) Nach der Bezugserklärung.** Wurde das Bezugsrecht fristgerecht ausgeübt (→ Rn. 11 ff.), kann der hieraus resultierende Anspruch auf Abschluss eines Zeichnungsvertrages gemäß § 398 BGB abgetreten werden. Sind die zuzuteilenden Aktien gemäß § 68 Abs. 2 vinkuliert, bedarf es hierzu der Zustimmung der AG.[85] Das gilt ohne weiteres, wenn bislang alle Aktien vinkuliert waren.[86] Im Kapitalerhöhungsbeschluss kann jedoch die freie Übertragbarkeit der Bezugsrechte auch bei bisheriger Vinkulierung bestimmt werden.[87] Sollen umgekehrt neue Vinkulierungen eingeführt werden, gilt insofern zusätzlich § 180 Abs. 2.

---

[73] MüKoAktG/*Schürnbrand* Rn. 26.
[74] Abw. MüKoAktG/*Schürnbrand* Rn. 26: auflösende Bedingung.
[75] AllgM, vgl. nur MüKoAktG/*Schürnbrand* Rn. 57.
[76] Einzelheiten bei MüKoAktG/*Schürnbrand* Rn. 58.
[77] Einzelheiten bei *Busch* NZG 2006, 81 (87); skeptisch ob der Berechenbarkeit zumindest bei Kleinanlegern MüKoAktG/*Schürnbrand* Rn. 61.
[78] Vgl. BGHZ 127, 107 (111).
[79] Vgl. BGH NJW 2003, 1032 – Macrotron I.
[80] AA LG Hamburg AG 1999, 382; Hüffer/Koch/*Koch* Rn. 7; *Vaupel* AG 2010, 93 (97); *Ekkenga/Jaspers* in Ekkenga/Schröer, Handbuch der AG-Finanzierung, 2014, Kap. 4 Rn. 146; zurückhaltend auch MüKoAktG/*Schürnbrand* Rn. 31; offen gelassen von OLG Hamburg AG 1999, 519 (520).
[81] BVerfG NJW 2012, 3081.
[82] BGH AG 2013, 877 – Macrotron II.
[83] Weitergehend Hüffer/Koch/*Koch* Rn. 7: Problematik sei endgültig erledigt.
[84] Vgl. hierzu *Heldt/Royé* AG 2012, 660 (667).
[85] MüKoAktG/*Schürnbrand* Rn. 29.
[86] Vgl. zu Mischgestaltungen → § 68 Rn. 42 ff.
[87] MüKoAktG/*Schürnbrand* Rn. 29.

b) Vor der Bezugserklärung. Das Bezugsrecht kann bereits vor seiner Ausübung übertragen 19 werden. Die individuelle Befugnis, mittels Ausübungserklärung den verhaltenen Anspruch auf Abschluss des Zeichnungsvertrages zum Entstehen zu bringen, ist wie eine Option ein selbstständiges Recht. Es entsteht im Zeitpunkt der Beschlussfassung gemäß § 182 Abs. 1 und ist gemäß §§ 398, 413 BGB übertragbar.[88] Auch hier gilt, dass die Gesellschaft der Übertragung zustimmen muss, wenn die aus dem Bezugsrecht zuzuteilenden Aktien gemäß § 68 Abs. 2 vinkuliert sind.

c) Vor der Beschlussfassung. Wurde die Kapitalerhöhung noch nicht beschlossen, kann das 20 Bezugsrecht als untrennbarer Bestandteil der Mitgliedschaft nicht isoliert übertragen werden.[89] Zulässig ist aber eine **Vorausabtretung** des im Zeitpunkt der Beschlussfassung entstehenden (künftigen) Bezugsrechts (soeben → Rn. 19).[90] Das Bezugsrecht entsteht in der Person des Aktionärs und wird nach Ablauf einer „logischen Sekunde" auf den Zessionar übertragen (Durchgangserwerb). Eine Vinkulierung ist somit beachtlich. Für die **Pfändung und Verpfändung** gilt dies gleichermaßen.[91]

6. Nicht ausgeübte Bezugsrechte. Die Aktionäre sind nicht verpflichtet, aufgrund ihres 21 Bezugsrechts neue Aktien zu zeichnen. Lassen sie es mit Ablauf der Ausübungsfrist verfallen (→ Rn. 14) oder verzichten sie herauf, erlischt es; eine automatische Anwachsung dieser sog. rump shares zu Gunsten der übrigen Aktionäre erfolgt nicht (str.).[92] Ob der Vorstand die verbleibenden zuteilungsfähigen Aktien den Aktionären oder Dritten erneut anbieten darf, ist richtigerweise vorrangig eine Frage der **Auslegung des Kapitalerhöhungsbeschlusses**, so dass der Vorstand insofern nicht etwa Ermessen hat (str.).[93] Lässt sich dem Kapitalerhöhungsbeschuss im Wege der Auslegung kein hinreichend deutlicher Inhalt entnehmen, spricht § 186 Abs. 1 als verallgemeinerungsfähige Norm dafür, ein **Nachbezugsrecht** der verbleibenden Altaktionäre anzuerkennen, welches dann nach Maßgabe des Gleichbehandlungsgebots gemäß § 53a durch den Vorstand pflichtgemäß zu erfüllen ist (str.).[94] Praktisch geboten und üblich ist es daher, Aktien zunächst vorläufig Investoren zuzuteilen unter Vorbehalt der Ausübung der Bezugsrechte („Claw-back"). Im Kapitalerhöhungsbeschluss kann indessen durchaus bestimmt werden, dass die neuen Aktien aus nicht ausgeübten Bezugsrechten Dritten angeboten werden dürfen, den sog. backstop-Investors.[95] Dies ist bei börsennotierten Gesellschaften auch ohne entsprechende Festlegung zu bejahen, bei einer personalistisch strukturierten AG nur bei Vorliegen einer ausdrücklichen Regelung. **Verzichtet** ein Aktionär auf sein Bezugsrecht, kann er nicht verbindlich festlegen, wer stattdessen zum Bezug berechtigt sein soll.[96] Als Alternative bietet sich insofern jedoch die Übertragung des Bezugsrechts an (→ Rn. 17 ff.).

III. Der Ausschluss des Bezugsrechts (Abs. 3 und 4)

Das gesetzliche Bezugsrecht der Aktionäre kann gemäß Abs. 3 Satz 1 allein auf Grund eines 22 entsprechenden Hauptversammlungsbeschlusses **ganz oder zum Teil** ausgeschlossen werden (zum Teilausschluss → Rn. 62). Dies gilt auch bei der Investment-AG.[97] Das Gesetz sieht hierfür bei Bar- und Sachkapitalerhöhung besondere formale (→ Rn. 23 ff.) und materielle Voraussetzungen (→ Rn. 40 ff.) vor. Der Bezugsrechtsausschluss ist auch Gegenstand der früheren Kapitalrichtlinie (vgl. Art. 72 Abs. 4 Satz 2 RL (EU) 2017/1132);[98] gemäß deren Konzeption jedoch nur bei der Barkapitalerhöhung (vgl. → Rn. 44 aE). Zum mittelbaren Bezugsrecht → Rn. 67 ff. Bei **Unternehmen des Finanzsektors** ist gemäß § 7 Abs. 3 Satz 4 FMStBG ein Bezugsrechtsausschluss zu Gunsten des Finanzmarktstabilisierungsfonds oder Dritter (vgl. § 7e FMStBG) in jedem Fall zulässig und angemessen.[99]

---

[88] RGZ 65, 21 (22); RGZ 97, 239 (240).
[89] Hüffer/Koch/*Koch* Rn. 6.
[90] Zustimmend MüKoAktG/*Schürnbrand* Rn. 26.
[91] Zum Ganzen ausführlich *Nodoushani* WM 2011, 1.
[92] MüKoAktG/*Schürnbrand* Rn. 62; abw. *Groß* ZHR 162 (1998), 318 (333).
[93] Abw. *Schlitt/Seiler* WM 2003, 2175 (2183); *Seibt* Konzern 2009, 261 (265); *Seibt/Vogt* AG 2009, 133 (137 f.); *Vaupel/Reers* AG 2010, 93 (96); *Hüttemann*, Instrumente zur vorinsolvenzlichen Sanierung des Unternehmensträgers, 2015, S, 261; wohl auch MüKoAktG/*Schürnbrand* Rn. 64.
[94] Abw. MüKoAktG/*Schürnbrand* Rn. 62 für die Geltung von § 53a aber *Vaupel* AG 2010, 93 (96).
[95] Vgl. *Gehling* ZIP 2011, 1699 (1699); *Schlitt/Schäfer* CFL 2011, 410 (415 f.).
[96] MüKoAktG/*Schürnbrand* Rn. 63; abw. MHdB AG/*Kraft/Krieger* § 56 Rn. 74.
[97] *Blenk*, Die Mitgliedschaft in der Investmentaktiengesellschaft, 2018, 73 f.
[98] RL (EU) 2017/1132 des Europäischen Parlaments und des Rates vom 14. Juni 2017 über bestimmte Aspekte des Gesellschaftsrechts, ABl. EU 2017 Nr. L 169, 46 v. 30.6.2017; rechtsvergleichend *Bagel*, Der Ausschluss des Bezugsrechts in Europa, 1999.
[99] Vgl. zu den verfassungs- und europarechtlichen Problemen dieser Regelung *Wieneke/Fett* NZG 2009, 8 (11 ff.); *Gurlitt* NZG 2009, 601; *Böckenförde* NJW 2009, 2484; *Köndgen* ZBB 2009, 144 (147); *Hopt/Fleckner/Kumpan/Steffek* WM 2009, 821 (826). Das BVerfG hat sich hierzu nicht explizit geäußert (AG 2009, 325), vgl. *Haertlein* NZG 2009, 573.

23 1. Vorbereitung des Hauptversammlungsbeschlusses. a) Bekanntmachung. Gemäß **Abs. 4 Satz 1** darf der Kapitalerhöhungsbeschluss (§ 182 Abs. 1) nur gefasst werden, wenn die geplante Ausschließung des Bezugsrechts ausdrücklich und ordnungsgemäß bekannt gemacht worden ist. Die Streichung des Verweises auf § 124 Abs. 1 im Zuge des ARUG hat inhaltlich keine Veränderungen hervorgerufen.[100] Hiernach ist die Abstimmung über die Kapitalerhöhung unter Hinweis auf den Bezugsrechtsausschluss in die Tagesordnung aufzunehmen und in den Gesellschaftsblättern zu veröffentlichen (§ 25). Das gegenüber dem Regelfall gemäß § 124 Abs. 1 strengere Erfordernis einer ausdrücklichen Bekanntmachung bezweckt, die Aktionäre über die aus dem Bezugsrechtsausschluss resultierenden Einschnitte in ihr Mitgliedschaftsrecht zu **informieren** und zu **warnen**.[101] Eine verharmlosende Ankündigung, dass in der Hauptversammlung lediglich „über das Bezugsrecht" abgestimmt werde, genügt nicht. Erforderlich ist vielmehr eine **eindeutige Formulierung,** anhand derer die Aktionäre erkennen können, dass es bei der Abstimmung um den Ausschluss eines ihnen an sich zustehenden Bezugsrechts geht. Beim Bezugsrechtsausschluss gegen Sacheinlagen ist zusätzlich § 183 Abs. 1 Satz 2 zu wahren (→ § 183 Rn. 17).

24 Erfolgt keine ordnungsgemäße Bekanntmachung, ist der gleichwohl gefasste Hauptversammlungsbeschluss **anfechtbar** (§ 124 Abs. 4 Satz 1).[102] Die Billigung des Fehlers durch die erschienenen Aktionäre ändert hieran nichts. Auch die erforderliche **Relevanz des Verfahrensfehlers** (§ 243 Abs. 4 Satz 1) ist wegen der gravierenden Folgen des Bezugsrechtsausschlusses regelmäßig zu bejahen.[103] Die Anfechtbarkeit ist nur dann ausgeschlossen, wenn bei einer Vollversammlung kein Aktionär widerspricht (§ 121 Abs. 6).[104] Wurde eine (voraussichtlich erfolglose) Anfechtungsklage erhoben, kann die Verwirklichung der Kapitalerhöhung im **Freigabeverfahren** gemäß § 246a beschleunigt werden (vgl. aber → § 184 Rn. 38).

25 b) Vorstandsbericht. Nach **Abs. 4 Satz 2** hat der Vorstand der Hauptversammlung einen schriftlichen Bericht über den Grund des Bezugsrechtsausschlusses zugänglich zu machen und hierin den vorgeschlagenen Ausgabebetrag zu begründen. Die Regelung wurde in Umsetzung von Art. 29 Abs. 4 Satz 3 der früheren **Kapitalrichtlinie**[105] im Jahr 1978 eingefügt (→ Rn. 5). Hierdurch soll die Hauptversammlung zuverlässig in die Lage versetzt werden, die Interessen der Gesellschaft an einer Kapitalerhöhung mit Bezugsrechtsausschluss gegenüber anderen Alternativen zu bewerten, die Nachteile für die ausgeschlossenen Aktionäre zu erkennen und beides gegeneinander abzuwägen.[106] Der Bericht ist eine wesentliche, nicht aber die alleinige Grundlage für die **gerichtliche Überprüfung** des Bezugsrechtsausschlusses (str., → Rn. 52).[107] Konsequenterweise ist es auch verfehlt, aus der im späteren gerichtlichen Verfahren ggf. erfolgten umfangreicheren Darlegung der materiellen Rechtfertigung automatisch auf die Fehlerhaftigkeit des Berichts zu schließen (str.).[108]

26 Beim **genehmigten Kapital** gilt Abs. 4 Satz 2 gemäß § 203 Abs. 2 lediglich sinngemäß. Hiernach ist insbesondere vor der Ausübung der Ermächtigung zur Aktienausgabe kein schriftlicher Bericht über den Grund des Bezugsrechtsausschlusses erforderlich;[109] es genügt eine nachgelagerte Berichterstattung, die sich jedoch an Abs. 4 Satz 2 zu orientieren hat (zum Ganzen → § 203 Rn. 64 ff.).[110] Sobald die geplante Ausnutzung des genehmigten Kapitals jedoch bereits bei der Beschlussfassung feststeht, bedarf es dann eines hinreichend konkreten Vorstandsberichts.[111] Erfolgt die Kapitalerhöhung unter Bezugsrechtsausschluss im Rahmen einer **Verschmelzung,** ist der Bericht gemäß § 69 Abs. 1 Satz 1 UmwG nicht erforderlich. An seine Stelle treten die umfassenderen Informations- und Berichtspflichten nach §§ 12, 60, 63 Abs. 1 Nr. 5 UmwG, § 64 UmwG.

---

[100] MüKoAktG/*Schürnbrand* Rn. 79.
[101] Kölner Komm AktG/*Ekkenga* Rn. 48; Großkomm AktG/*Wiedemann* Rn. 112; MüKoAktG/*Schürnbrand* Rn. 79; K. Schmidt/Lutter/*Veil* Rn. 15.
[102] Großkomm AktG/*Wiedemann* Rn. 112; MüKoAktG/*Schürnbrand* Rn. 79; Hüffer/Koch/*Koch* Rn. 22.
[103] Vgl. BGHZ 149, 158 (163 ff.) = NJW 2002, 1128.
[104] Hüffer/Koch/*Koch* Rn. 22.
[105] Nunmehr Art. 72 RL (EU) 2017/1132 des Europäischen Parlaments und des Rates vom 14. Juni 2017 über bestimmte Aspekte des Gesellschaftsrechts, ABl. EU 2017 Nr. L 169, 46 v. 30.6.2017.
[106] So zum genehmigten Kapital BGHZ 83, 319 (326) = NJW 1982, 2444 – Holzmann.
[107] AA OLG Celle AG 2002, 292 unter Hinweis auf BGHZ 83, 319 (326 f.), wo es hingegen unter Bezugnahme auf *Lutter* ZGR 1979, 401 (408 f.) nur heißt, der Bericht sei eine „sichere Ausgangsbasis für die gerichtliche Nachprüfung".
[108] So aber Hüffer/Koch/*Koch* Rn. 37; *Lutter* ZGR 1979, 401 (415 f.).
[109] BGH NJW 2006, 371 – Mangusta/Commerzbank I; für die Ermächtigung zum Bezugsrechtsausschluss bei der Ausgabe von Wandelschuldverschreibungen nach bedingter Kapitalerhöhung auch BGH NZG 2006, 229.
[110] OLG Frankfurt NZG 2011, 1029 (1030), insbesondere zur Schriftform; hierzu *Kossmann* NZG 2012, 1129 und *Klie* DStR 2013, 530.
[111] LG München I WM 2009, 1976.

aa) Grund des Bezugsrechtsausschlusses. Inhaltlich hat sich der Vorstandsbericht an den materiellen Erfordernissen des Bezugsrechtsausschlusses zu orientieren (→ Rn. 40 ff.).[112] Nicht ausreichend sind **abstrakte Umschreibungen**, zum Beispiel Wendungen wie „im Interesse der Gesellschaft erforderlich" oder „um Schaden von der Gesellschaft abzuwenden" oder durch Aufzählung einer Reihe theoretischer Möglichkeiten, mit deren Eintritt tatsächlich noch gar nicht zu rechnen ist.[113] Fachbegriffe sind aus der Laiensicht zu erläutern.[114] Der Vorstand muss im Rahmen des Möglichen und im Interesse der Gesellschaft Vertretbaren so viele **Tatsachen** mit den dazu angestellten Überlegungen aufzeigen, dass sich die Hauptversammlung ein Bild von der Stichhaltigkeit des mit dem Bezugsrechtsausschluss zu verwirklichenden unternehmerischen Konzepts und seiner Folgen für die Interessen der Altaktionäre machen kann.[115] Lediglich Tatsachen, über die der Vorstand gemäß § 131 Abs. 3 die Auskunft verweigern darf, müssen nicht angegeben werden.[116] Insgesamt ist der Vorstand gehalten, den Bericht **knapp und aussagekräftig** auszugestalten und nicht mit Details zu überfrachten.[117] Dessen ungeachtet bietet es sich in der Praxis oftmals an, zur Wahrung eines über § 131 Abs. 2 hinausgehenden legitimen Geheimhaltungsinteresses auf den flexibleren Weg des genehmigten Kapitals zurückzugreifen, wo die inhaltlichen Anforderungen an den Vorstandsbericht durch die Rechtsprechung erheblich herabgesetzt wurden.[118]

Da die Durchführungsfrist für die Kapitalerhöhung anders als beim genehmigten Kapital nicht sehr lang ist (→ § 182 Rn. 44), sind die Anforderungen an die **Präzisierung** des unternehmerischen Konzepts entsprechend hoch. Indem die geplante Kapitalerhöhung unter Bezugsrechtsausschluss regelmäßig Folge der dem Vorstand obliegenden **Pflicht zur Unternehmensplanung** ist,[119] dürfte dies jedoch keine Probleme bereiten. Etwas anderes gilt freilich, wenn der Bezugsrechtsausschluss von einer „Minderheit", in der Regel einem Großaktionär, gemäß § 124 Abs. 1 Satz 2 zur Abstimmung gestellt wurde. Kommt der Vorstand im Rahmen seiner **Pflicht zur präventiven Beschlusskontrolle** zu dem Ergebnis, dass der hiernach geplante Bezugsrechtsausschluss rechtswidrig oder nicht zweckmäßig ist, hat er dies – neben einem eigenen Beschlussvorschlag – im Bericht ausreichend deutlich zu machen, um einer Schadensersatzhaftung gegenüber den Aktionären zu entgehen.[120]

bb) Begründung des vorgeschlagenen Ausgabebetrags. Dem Ausgabebetrag kommt beim Bezugsrechtsausschluss gemäß § 255 Abs. 2 eine besondere Bedeutung zu. Die Begründungspflicht gemäß Abs. 4 Satz 2 ist hiernach ein gesetzlich geregelter Fall der präventiven Beschlusskontrolle des Vorstands.[121] Er hat den Aktionären darzulegen, warum der im Beschluss der Hauptversammlung konkret oder als Mindest- und Höchstbetrag festgesetzte Ausgabebetrag der neuen Aktien (→ § 182 Rn. 49 ff., → § 183 Rn. 19) die Verwässerung ihrer Mitgliedschaftsrechte vermögensmäßig kompensiert. Bei der Begründung des Ausgabebetrags sind die **Berechnungsgrundlagen und Bewertungskriterien** zu nennen; ein bloßer Hinweis auf allgemeine Bewertungsgrundsätze genügt nicht.[122] Unterlaufen dem Vorstand hierbei schuldhaft Fehler zu Lasten der Altaktionäre, kommt eine Schadensersatzhaftung analog § 25 Abs. 1 Satz 1 UmwG in Betracht.[123]

cc) Formale Anforderungen. Der Bericht hat gemäß Abs. 4 Satz 2 **schriftlich** zu erfolgen (§ 126 BGB). Er ist von allen Vorstandsmitgliedern zu **unterzeichnen** (str.).[124] Die Begründung folgt wie bei § 293a Abs. 1 Satz 1 aus der wesentlichen Bedeutung des Berichts für die Verzichtswir-

---

[112] LG Aachen AG 1995, 45 (46).
[113] Vgl. BGHZ 83, 319 (327) = NJW 1982, 2444 – Holzmann; OLG München AG 1991, 210 (211); OLG Schleswig AG 2004, 155 (158); *Kort* ZIP 2002, 685 (688); *Bayer* ZHR 168 (2004), 132 (153).
[114] LG München I WM 2009, 1976.
[115] Vgl. BGHZ 83, 319 (327) = NJW 1982, 2444 – Holzmann; OLG München NZG 2002, 1113 (zum genehmigten Kapital).
[116] LG Heidelberg BB 2001, 1809 (1810); Großkomm AktG/*Wiedemann* Rn. 128; MüKoAktG/*Schürnbrand* Rn. 81.
[117] Ähnlich Hüffer/Koch/*Koch* Rn. 23: angemessene Kürze.
[118] Vgl. Hüffer/Koch/*Koch* Rn. 11 ff.; *Waclawik* ZIP 2006, 397; *Dietz*, Aktien als Akquisitionswährung, 2004, 95 f.
[119] *Servatius* Strukturmaßnahmen S. 274 ff.
[120] *Servatius* Strukturmaßnahmen S. 315 ff., 388 ff.
[121] Ähnlich Kölner Komm AktG/*Lutter* Rn. 56: Minderheitenschutz durch Verfahren.
[122] *Bayer* ZHR 168 (2004), 132 (168); Hüffer/Koch/*Koch* Rn. 24; MüKoAktG/*Schürnbrand* Rn. 84; K. Schmidt/Lutter/*Veil* Rn. 18.
[123] Vgl. *Servatius* Strukturmaßnahmen S. 389 ff.
[124] Abw., Unterzeichnung in vertretungsberechtigender Zahl, MüKoAktG/*Schürnbrand* Rn. 84; K. Schmidt/Lutter/*Veil* Rn. 19.

kung gemäß § 93 Abs. 4 Satz 1.[125] Die Haftungsfreistellung aufgrund Hauptversammlungsbeschlusses ist nur gerechtfertigt, wenn der Vorstand im Vorfeld der Beschlussfassung seiner Pflicht zur Herbeiführung rechtmäßiger Beschlüsse nachkommt. Praktisch bedeutsam ist die Frage, inwieweit der Bericht **in elektronischer Form** erstattet werden darf. Im Ausgangspunkt ist dies gemäß § 126 Abs. 3 BGB, § 126a BGB zulässig, soweit keine aktienrechtlichen Besonderheiten entgegenstehen. In einer **Übernahmesituation** sieht § 16 Abs. 5 Satz 4 WpÜG eine Erleichterung vor. Das hiernach erforderliche Zugänglichmachen kann nach zutreffender Ansicht auch dadurch erfolgen, dass der Bericht ungekürzt in den Gesellschaftsblättern (§ 25) veröffentlicht wird (str.).[126] Außerhalb dieser Spezialregelung soll die alleinige elektronische Veröffentlichung des Vorstandsberichts hingegen nicht genügen, mithin auch nicht im Bereich von § 186.[127] Dem ist *de lege lata* zuzustimmen. Die aktienrechtlichen Regelungen werden vom Gesetzgeber nur langsam und vereinzelt auf den Einsatz neuer Medien abgestimmt, so dass sich eine allgemeine Analogie zu § 126a BGB verbietet (str.).[128]

31 Der schriftliche Bericht muss gemäß dem Wortlaut von Abs. 4 Satz 2 („schriftlichen Bericht ... vorlegen") in jedem Fall **vor der Beschlussfassung abgefasst** werden und während der Hauptversammlung den Aktionären **zugänglich** gemacht werden. Die Auslage des Berichts zur Einsichtnahme in der Hauptversammlung genügt dem,[129] ebenso die Anzeige auf Monitoren.[130] Die Bekanntmachung auf der Internetseite der AG genügt ebenfalls.[131] Darüber hinaus ist er gemäß § 293f Abs. 2 analog jedem Aktionär auf Verlangen **zuzusenden** (str.).[132] Die Versendung kann in elektronischer Form erfolgen.[133]

32 Aus dem Umkehrschluss zu Abs. 4 Satz 1 folgt, dass der Bericht als solcher, dh mit seinem Wortlaut, nicht gemäß § 124 Abs. 1 bekannt zu machen ist.[134] Entsprechend dem Schutzzweck der Bekanntmachung nach § 124 Abs. 2 Satz 2 Alt. 2, die Information der Aktionäre in konzentrierter Form im Vorfeld der Abstimmung zu gewährleisten, und zur Legitimation der Verzichtswirkung gemäß § 93 Abs. 4 Satz 1, ist jedoch der **wesentliche Inhalt** des Berichts gemäß § 124 Abs. 2 Satz 2 Alt. 2 analog **bekannt zu machen**.[135]

33 **dd) Verzicht.** Der Vorstandsbericht befriedigt allein das Informationsbedürfnis der Aktionäre, so dass er im Grundsatz verzichtbar ist.[136] Entsprechend § 121 Abs. 6 bedarf es hierfür jedoch einer Vollversammlung, in der kein Aktionär der Beschlussfassung widerspricht.[137]

34 **ee) Auswirkungen eines fehlerhaften Berichts.** Erfüllt der Bericht nicht die in → Rn. 25 ff. genannten Voraussetzungen, ist der (gesamte, str.)[138] Hauptversammlungsbeschluss **anfechtbar.**[139] Die erforderliche Relevanz des Verfahrensfehlers (§ 243 Abs. 4 Satz 1) ist wegen der gravierenden Folgen des Bezugsrechtsausschlusses regelmäßig zu bejahen.[140] Auch eine Einschränkung der Anfechtbarkeit wegen abfindungswertbezogener Informationspflichtverletzung[141] bzw. gemäß § 243 Abs. 4 Satz 2 scheidet aus, weil es beim Bezugsrechtsausschluss nicht um die individuelle vermögensmäßige Kompensation der Altaktionäre geht. Wurde eine (voraussichtlich erfolglose) Anfechtungsklage erhoben, kann die Verwirklichung der Kapitalerhöhung im **Freigabeverfahren** gemäß § 246a

---

[125] Hierzu ausführlich *Servatius* Strukturmaßnahmen S. 307 ff.
[126] Kölner Komm AktG/*Hasselbach* WpÜG § 16 Rn. 68; Hüffer/Koch/*Koch* Rn. 23; aA Kölner Komm AktG/*Oechsler* WpÜG § 16 Rn. 24 und MüKoAktG/*Schürnbrand* Rn. 84 unter Hinweis auf die RegBegr., wonach die Unterlagen auch bei der Zielgesellschaft auszulegen sind.
[127] K. Schmidt/Lutter/*Veil* Rn. 19.
[128] Abw. MüKoAktG/*Schürnbrand* Rn. 84; Hüffer/Koch/*Koch* Rn. 23.
[129] Hüffer/Koch/*Koch* Rn. 23.
[130] MüKoAktG/*Schürnbrand* Rn. 85.
[131] *Reger/Stenzel* NZG 2009, 1210 (1211); *Bayer* ZHR 168 (2004), 132 (153).
[132] MüKoAktG/*Schürnbrand* Rn. 86; K. Schmidt/Lutter/*Veil* Rn. 20; aA Hüffer/Koch/*Koch* Rn. 23; *Marsch* AG 1981, 211 (213): Auslage in der Hauptversammlung ausreichend; offen gelassen von BGHZ 120, 141 (156 f.) = NJW 1993, 400 – Bremer Bankverein.
[133] MüKoAktG/*Schürnbrand* Rn. 72.
[134] BGHZ 120, 141 (155 f.) = NJW 1993, 400 – Bremer Bankverein.
[135] BGHZ 120, 141 (155 f.) = NJW 1993, 400 – Bremer Bankverein; *Servatius* Strukturmaßnahmen S. 297 f.; ähnlich mit weiteren Einzelheiten MüKoAktG/*Schürnbrand* Rn. 86.
[136] Undeutlich OLG München AG 1991, 210 (211).
[137] Hüffer/Koch/*Koch* Rn. 23.
[138] Gegen eine Teilanfechtung des Bezugsrechtsausschlusses RGZ 118, 67 (70 f.); LG Braunschweig AG 1993, 194; dafür aber nach Maßgabe von § 139 BGB MüKoAktG/*Schürnbrand* Rn. 148 (mwN).
[139] Hüffer/Koch/*Koch* Rn. 42; MüKoAktG/*Schürnbrand* Rn. 110; K. Schmidt/Lutter/*Veil* Rn. 21; zum Verschmelzungsbericht BGHZ 107, 296 = NJW 1989, 2689 – Kochs Adler.
[140] Vgl. BGHZ 149, 158 (163 ff.) = NJW 2002, 1128.
[141] Grundlegend BGHZ 146, 179 (181) = NJW 2001, 1425; BGH NJW 2001, 1428.

beschleunigt werden (vgl. aber → § 184 Rn. 37 aE).[142] Der fehlende oder fehlerhafte Vorstandsbericht kann nicht durch mündliche Äußerungen in der Hauptversammlung nachgeholt werden.[143] Die **Registerkontrolle** erstreckt sich nicht auf die ordnungsgemäße Berichterstattung, weil Abs. 4 allein die Interessen der gegenwärtigen Aktionäre schützt (→ § 184 Rn. 21 ff.).

2. Besondere Anforderungen an die Beschlussfassung. Der Bezugsrechtsausschluss ist gemäß § 183 Abs. 1 Satz 1 unselbstständiger **Bestandteil des Kapitalerhöhungsbeschlusses** (zur Anfechtbarkeit → Rn. 34). Mit Ausnahme der teilweisen Kompetenzverlagerung beim genehmigten Kapital (vgl. § 203 Abs. 2) ist die Zuständigkeit der Hauptversammlung zwingend. Dies entspricht Art. 72 Abs. 4 Satz 2 RL (EU) 2017/1132.[144] Die Verlagerung der Zuständigkeit auf ein anderes Organ oder der satzungsmäßige Ausschluss des Bezugsrechts sind unzulässig (auch → § 182 Rn. 12).[145]

a) Beschlussinhalt. Der Bezugsrechtsausschluss kann **ausdrücklich oder konkludent** erfolgen.[146] Letzteres ist zum Beispiel der Fall, wenn im Beschluss einzelne oder eine bestimmte Gruppe von Zeichnern (vor allem Arbeitnehmer) oder bei der Sachkapitalerhöhung die Person des Inferenten angegeben wird. Soll im Rahmen eines Bezugsrechtsausschlusses auch die **Gewinnverteilung** zu Lasten der Altaktionäre geändert werden, bedarf dies nach Maßgabe der materiellen Beschlusskontrolle ebenfalls der sachlichen Rechtfertigung.[147]

b) Erforderliche Mehrheit. aa) Gesetzlicher Regelfall. Der Hauptversammlungsbeschluss bedarf gemäß Abs. 3 Satz 2 neben den in Gesetz und Satzung für die Kapitalerhöhung aufgestellten Erfordernissen einer Mehrheit von **mindestens drei Viertel** des bei der Beschlussfassung vertretenen Grundkapitals. Dies entspricht Art. 40 Abs. 1 der früheren Kapitalrichtlinie[148] und deckt sich im Ausgangspunkt mit dem (doppelten) Mehrheitserfordernis gemäß § 182 Abs. 1 Satz 1 (→ § 182 Rn. 13 f.). Für **Unternehmen des Finanzsektors** senkt § 7 Abs. 2 Satz 1 FMStBG das Mehrheitserfordernis deutlich ab. Hiernach bedarf es für den Bezugsrechtsausschluss zwingend lediglich der einfachen Mehrheit der abgegebenen Stimmen. Dies ist verfassungsrechtlich problematisch, weil die Anforderungen an die „Privatenteignung" nicht zu niedrig angesetzt werden dürfen, zumal gemäß § 7 Abs. 3 Satz 4 FMStBG der Bezugsrechtsausschluss „in jedem Fall" zulässig ist.[149] Insgesamt lässt sich die Regelung wohl nur mit den (singulären?) Verwerfungen des Finanzsektors rechtfertigen. Europarechtlich ist die Herabsetzung der Mehrheitserfordernisse für den Bezugsrechtsausschluss indessen unproblematisch, da sie sich noch an die Vorgaben von Art. 29 Abs. 4 Satz 4 iVm Art. 40 früheren Kapitalrichtlinie hält.[150]

bb) Abgeleitete Gestaltungsfreiheit. Abs. 3 Satz 2 stellt teilweise eine Akzessorietät zu der Gestaltungsfreiheit für den Hauptversammlungsbeschluss gemäß § 182 Abs. 1 Satz 1 her: Wurden für den Kapitalerhöhungsbeschluss gemäß § 182 Abs. 1 Satz 2 eine **größere Kapitalmehrheit** oder gemäß § 182 Abs. 1 Satz 3 **weitere Erfordernisse** festgelegt (→ § 182 Rn. 16 ff.), gelten diese zwingend auch für den Bezugsrechtsausschluss (Wortlaut „neben").[151] Eine für den Kapitalerhöhungsbeschluss zulässige **geringere Kapitalmehrheit** (→ § 182 Rn. 18 f.) gilt jedoch nicht und darf gemäß Abs. 3 Satz 3 auch nicht durch Satzungsregelung festgelegt werden (vgl. auch Art. 40 Abs. 1 der früheren Kapitalrichtlinie[152]). Zulässige Abweichungen, die nur für den Bezugsrechtsausschluss gelten sollen, sind allein die Festlegung einer **größeren Kapitalmehrheit** und die Aufstellung **weiterer Erfordernisse** (Beispiele bei → § 182 Rn. 20 ff.). Sind gemäß § 182 Abs. 2 **Sonderbe-**

---

[142] Instruktiv zu den möglichen Anfechtungsklagen nach früherem Recht *Martens* ZIP 1992, 1667.
[143] Hüffer/Koch/*Koch* Rn. 42; MüKoAktG/*Schürnbrand* Rn. 110; K. Schmidt/Lutter/*Veil* Rn. 21.
[144] RL (EU) 2017/1132 des Europäischen Parlaments und des Rates vom 14. Juni 2017 über bestimmte Aspekte des Gesellschaftsrechts, ABl. EU 2017 Nr. L 169, 46 v. 30.6.2017.
[145] Kölner Komm AktG/*Ekkenga* Rn. 127; Großkomm AktG/*Wiedemann* Rn. 108; Hüffer/Koch/*Koch* Rn. 20; MüKoAktG/*Schürnbrand* Rn. 74.
[146] Kölner Komm AktG/*Ekkenga* Rn. 128; Großkomm AktG/*Wiedemann* Rn. 110; Hüffer/Koch/*Koch* Rn. 20; MüKoAktG/*Schürnbrand* Rn. 75; Muster bei MVHdB/*Hölters* Bd. 1, V.94.
[147] MüKoAktG/*Bayer* § 60 Rn. 24; vgl. auch *Henssler/Glindemann* ZIP 2012, 949 (956).
[148] Nunmehr Art. 83 Abs. 1 RL (EU) 2017/1132 des Europäischen Parlaments und des Rates vom 14. Juni 2017 über bestimmte Aspekte des Gesellschaftsrechts, ABl. EU 2017 Nr. L 169, 46 v. 30.6.2017.
[149] In die andere Richtung jedoch *Eidenmüller/Engert* ZIP 2009, 541 (551), die sich de lege ferenda generell für eine Herabsetzung der Mehrheitserfordernisse aussprechen, um so die Sanierungsmöglichkeiten zu erhöhen; ähnlich K. Schmidt/Lutter/*Veil* § 182 Rn. 28.
[150] *Hopt/Fleckner/Kumpan/Steffek* WM 2009, 821 (827); *Langenbucher* ZGR 2010, 75.
[151] MüKoAktG/*Schürnbrand* Rn. 77.
[152] Nunmehr Art. 83 Abs. 1 RL (EU) 2017/1132 des Europäischen Parlaments und des Rates vom 14. Juni 2017 über bestimmte Aspekte des Gesellschaftsrechts, ABl. EU 2017 Nr. L 169, 46 v. 30.6.2017.

schlüsse erforderlich (→ § 182 Rn. 26 ff.), gilt das Vorgesagte auch hierfür.[153] Bei Unternehmen des Finanzsektors haben derartige Satzungsgestaltungen gemäß § 7 Abs. 2 Satz 2 FMStBG keine Wirkung.

39 **c) Festsetzung eines angemessenen Ausgabebetrags.** Sofern nicht alle Aktionäre auf ihr Anfechtungsrecht verzichten, hat die Kapitalerhöhung unter Bezugsrechtsausschluss gemäß § 255 Abs. 2 zu einem **höheren Ausgabebetrag** zu erfolgen, sofern der hierdurch verwirklichte Verwässerungsschutz dies gebietet. In diesem Fall sind im Beschluss der Hauptversammlung gemäß § 182 Abs. 3 ein konkreter höherer Ausgabebetrag bzw. ein höherer Mindest- und ggf. Höchstbetrag festzusetzen (→ § 182 Rn. 51 ff.). Bei der Sachkapitalerhöhung gilt dies analog (str., → § 183 Rn. 19, auch zu den Rechtsfolgen einer fehlerhaften Festsetzung). Ist der Ausgabebetrag unangemessen niedrig, berechtigt dies allein zur **Beschlussanfechtung**. Ein ggf. im Spruchverfahren festzusetzender Individualanspruch der Altaktionäre resultiert hieraus nicht.[154] Überlegungen, de lege ferenda anstelle der Beschlussanfechtung das Spruchverfahren zu eröffnen, überzeugen nicht.[155] Das Gebot, einen angemessenen Ausgabebetrag festzusetzen und einzufordern, schützt gerade die Aktionäre, die weiterhin in der AG verbleiben wollen. Es geht somit nicht darum, einen Rechtsverlust zu kompensieren, sondern um die Verhinderung eines solchen. Zur Stärkung des hierbei bedeutsamen Präventionsaspekts wäre es wenig effektiv, wenn ein Bezugsrechtsausschluss in anfechtungsfester Weise beschlossen und vollzogen werden könnte, ohne dass die durch § 255 Abs. 2 verhinderte Verwässerung zum Gegenstand der Beschlussfassung und Durchführung der Kapitalerhöhung gemacht würde, einschließlich der hierbei aktionärsveranlassten Rechtskontrolle.

40 **3. Materielle Beschlusskontrolle. a) Grundlagen.** Beschlüsse der Hauptversammlung werden im Regelfall nicht auf ihre inhaltliche Richtigkeit hin überprüft.[156] Die Selbstbetroffenheit der Abstimmenden bewirkt eine Richtigkeitsgewähr und rechtfertigt die Zurückhaltung staatlicher Kontrolle.[157] Darüber hinaus bieten die sog. beweglichen Schranken der Mehrheitsmacht, insbesondere die Treuepflicht, der Gleichbehandlungsgrundsatz und § 826 BGB, im Ausgangspunkt ausreichend Schutz vor Funktionsstörungen.[158] Für den Bezugsrechtsausschluss wird demgegenüber nahezu einhellig eine unterhalb dieser hohen Schwellen angesiedelte materielle Beschlusskontrolle befürwortet (zum Ganzen → § 243 Rn. 156).[159] Etwas anderes gilt nur dann, wenn alle vom Bezugsrechtsausschluss betroffenen Altaktionäre zustimmen.[160]

41 Seine nach wie vor nicht geklärte **dogmatische Reichweite**[161] und die **Rechtsunsicherheit bei der praktischen Anwendung**[162] sind gute Gründe, das Rechtsinstitut der materiellen Beschlusskontrolle und seinen Vorrang gegenüber den übrigen Kontrollmechanismen in Zweifel zu ziehen. Auch kommt ihm (noch) nicht der Charakter einer gewohnheitsrechtlichen Verfestigung aktienrechtlicher Generalklauseln zu.[163] Dessen ungeachtet ist der Entwicklung zumindest für den Bezugsrechtsausschluss im Grundsatz zuzustimmen. Die AG soll gemäß dem gesetzlichen Leitbild auch für rational uninteressierte und passive Publikumsaktionäre attraktiv sein.[164] Um dies zu verwirklichen, muss die auf Selbstregulierung beruhende Binnenorganisation der AG auch auf solche Funktionsstörungen reagieren, die im Einklang mit dem Prinzip der Abstimmungsfreiheit gerade nicht auf einem Fehlver-

---

[153] Kölner Komm AktG/*Ekkenga* Rn. 130; Hüffer/Koch/*Koch* Rn. 21; MüKoAktG/*Schürnbrand* Rn. 78.
[154] LG Mannheim NZG 2007, 639.
[155] Vgl. aber *DAV-Handelsrechtsausschuss* NZG 2007, 497; *Hüffer* ZHR 172 (2002), 8; *Bayer* ZHR 172 (2008), 24, 26; *Hoffmann* FS Stilz, 2014, 267 ff.; MüKoAktG/*Schürnbrand* Rn. 16; → § 255 Rn. 2; wie hier aber *Lutter* JZ 2000, 837 (839).
[156] Grundlegend RGZ 68, 235 (254 f.) – Hibernia, auch heute noch wichtig.
[157] Vgl. bereits *Fastrich*, Funktionales Rechtsdenken am Beispiel des Gesellschaftsrechts, 2001, 15 ff., 35 ff.; für die AG auch *Servatius* Strukturmaßnahmen S. 230 ff.
[158] Grundlegend *Zöllner*, Die Schranken mitgliedschaftlicher Stimmrechtsmacht, 1963, 339 ff.
[159] Grundlegend *Zöllner*, Die Schranken mitgliedschaftlicher Stimmrechtsmacht, 1963, 339 ff.; BGHZ 71, 40 (44 ff.) = NJW 1978, 1316 – Kali & Salz; für das genehmigte Kapital BGHZ 83, 319 (321 ff.) = NJW 1982, 2444 – Holzmann; BGHZ 125, 239 – Siemens/Nold; zustimmend statt anderer Hüffer/Koch/*Koch* Rn. 25 ff.; kritisch *Fastrich*, Funktionales Rechtsdenken am Beispiel des Gesellschaftsrechts, 2001, 48 ff.; *Mülbert*, Aktiengesellschaft, Unternehmensgruppe und Kapitalmarkt, 2. Aufl. 1996, 310 ff.; MüKoAktG/*Schürnbrand* Rn. 88, 93 ff.
[160] *Lutter/Schneider* ZGR 1975, 192 (198).
[161] Vgl. zu den diskutierten Kontrollmaßstäben nur Großkomm AktG/*K. Schmidt* § 243 Rn. 46 ff.: Angemessenheitskontrolle, Sachkontrolle, objektive Inhaltskontrolle, institutionelle Inhaltskontrolle, institutioneller und individueller Rechtsmissbrauch, Treuepflicht.
[162] Vgl. nur *Zöllner* AG 2002, 585 (587): maßgeblich sind die Verhältnisse und Umstände des Einzelfalles.
[163] Vgl. aber Hüffer/Koch/*Koch* § 243 Rn. 22: etabliertes Rechtsinstitut.
[164] Hierzu *Servatius* Strukturmaßnahmen S. 196 ff.

halten der Beteiligten beruht. Insofern besteht beim Bezugsrechtsausschluss in besonderer Weise ein Schutzbedürfnis der Altaktionäre, welches anderweitig nicht zu befriedigen ist.

Der durch § 255 Abs. 2 verwirklichte **Schutz der Altaktionäre ist unvollkommen.** Er verhin- 42 dert allein, dass den Zeichnern ein vermögensmäßiger Sondervorteil zukommt; die Verwässerung der Mitgliedschaft der Altaktionäre wird hierdurch nicht kompensiert.[165] Der Bezugsrechtsausschluss begünstigt auch nicht zwangsläufig einen Altaktionär. Die Fälle der Auslandsplatzierung und des Einsatzes von Aktien als Akquisitionswährung (→ Rn. 45) zeigen dies. Aus diesem Grund können auch der aktienrechtlichen **Treuepflicht,** dem **Gleichbehandlungsgrundsatz** und dem Verbot gemäß **§ 243 Abs. 2 Satz 1** keine ausreichende Funktion zukommen, den Gefahren der Verwässerung zu begegnen.[166] Zumindest beim Bezugsrechtsausschluss findet die materielle Beschlusskontrolle damit ihre Rechtfertigung nicht in der Lösung von Mehrheiten-Minderheiten-Konflikten.[167] Sie gilt bei jedem Bezugsrechtsausschluss und sanktioniert ein rechtswidriges Beschlussergebnis, welches nicht zwangsläufig auf einem individuellen Fehlverhalten der Abstimmenden beruhen muss. Auch ein zufällig zustande gekommener Beschluss kann die überstimmten und aus rationalen Gründen an der Hauptversammlung überhaupt nicht teilnehmenden Aktionäre beeinträchtigen und damit die Attraktivität der Aktienanlage schmälern.[168] Aus Gründen des **objektiven Funktionenschutzes** ist es daher geboten, die Zulässigkeit eines Bezugsrechtsausschlusses an besondere, über § 255 Abs. 2 hinausgehende Voraussetzungen zu knüpfen, die das durch Art. 14 Abs. 1 GG[169] geschützte Interesse der Altaktionäre an einer nicht gerechtfertigten Verwässerung ihrer Mitgliedschaft verwirklichen. Ein Verstoß gegen die frühere Kapitalrichtlinie,[170] die eine solche Inhaltskontrolle nicht ausdrücklich vorsieht, aber eine Mindestregelung ist, ist hierin nicht zu sehen (str.).[171] Liegt indessen ausnahmsweise eine **Zustimmung aller betroffenen Aktionäre** zum Bezugsrechtsausschluss vor, ist für die materielle Beschlusskontrolle kein Raum.[172] Die mittels Anfechtungsklage zu überprüfende Angemessenheit des Ausgabebetrags gemäß § 255 Abs. 2 gilt freilich auch in diesen Fällen, sofern nicht alle betroffenen Aktionäre auch dem festgesetzten Ausgabebetrag zugestimmt haben (→ § 182 Rn. 49 ff.).[173]

b) Kontrollmaßstab. Nach der mittlerweile nahezu einhellig gebilligten Formel ist der Bezugs- 43 rechtsausschluss (teilweise abweichend von den Anforderungen beim genehmigten Kapital)[174] sowohl bei der Bar- als auch bei der Sachkapitalerhöhung sachlich gerechtfertigt, wenn er **im Gesellschaftsinteresse** liegt, zur Verwirklichung des Gesellschaftsinteresses **geeignet und erforderlich** ist und in einem **angemessenen Verhältnis** zu den Nachteilen der betroffenen Altaktionäre steht.[175] Diese Kriterien sind ihrerseits konkretisierungsbedürftig (→ Rn. 44 ff.). Letztlich geht es bei der sachlichen

---

[165] Bedenklich insofern der Ansatz von *Mülbert*, Aktiengesellschaft, Unternehmensgruppe und Kapitalmarkt, 2. Aufl. 1996, 324 ff., der für den Bezugsrechtsausschluss ein System des „dulde und liquidiere" herausarbeitet; wie hier *Bayer* FS Ulmer, 2003, 21 (23 ff.).

[166] Abw. *Bezzenberger* ZIP 2002, 1917 (1921, 1923), wonach die materielle Beschlusskontrolle nur dann erforderlich sei, wenn das Bezugsrecht zu Gunsten einzelner Aktionäre ausgeschlossen wird; ebenso MüKoAktG/ *Schürnbrand* Rn. 95, im Übrigen eine reine Missbrauchskontrolle befürwortend, mit der sich besser auf die Besonderheiten des Einzelfalles reagieren lasse, was aber wohl kaum zutrifft.

[167] Abw. *Fastrich*, Funktionales Rechtsdenken am Beispiel des Gesellschaftsrechts, 2001, 48 ff., der die materielle Beschlusskontrolle durch eine Störung des Interessengleichlaufs der Aktionäre („alle sitzen in einem Boot") rechtfertigt und damit letztlich vor allem Konzernsachverhalte und „typische" Treuepflicht-Fälle ins Auge fasst. Für die Verankerung der materiellen Beschlusskontrolle in der Treuepflicht auch *Zöllner* AG 2002, 585 (587 f.), wonach allerdings die sachliche Rechtfertigung bei der Begebung an Dritte einer weniger starken Rechtfertigung bedürfe.

[168] *Servatius* Strukturmaßnahmen S. 225 ff. (232 ff.).

[169] Ebenso und unter Gerechtigkeitsaspekten *Zöllner* AG 2002, 585 (587 ff.).

[170] Nunmehr RL (EU) 2017/1132 des Europäischen Parlaments und des Rates vom 14. Juni 2017 über bestimmte Aspekte des Gesellschaftsrechts, ABl. EU 2017 Nr. L 169, 46 v. 30.6.2017.

[171] OLG München AG 1993, 283 (285); OLG Dresden WM 1996, 2151 (2155 f.); zum genehmigten Kapital EuGH NJW 1997, 721 – Siemens/Nold; *Lutter* ZGR 1979, 401 (408); *Drinkuth*, Die Kapitalrichtlinie – Mindest- oder Höchstnorm?, 1998, 245 ff., auch mit rechtsvergleichenden Aspekten; Hüffer/Koch/*Koch* Rn. 34a; MüKo-AktG/*Schürnbrand* Rn. 78; abw. *Kindler* ZHR 158 (1994), 339 (357 ff.).

[172] Hüffer/Koch/*Koch* Rn. 25; *Lutter/Schneider* ZGR 1975, 182 (198).

[173] *Kuntz*, Gestaltung von Kapitalgesellschaften zwischen Freiheit und Zwang, 2016, 680.

[174] Grundlegend BGHZ 136, 133 = BB 1997, 1755 – Siemens/Nold.

[175] Grundlegend BGHZ 71, 40 (44 ff.) = NJW 1978, 1316 – Kali & Salz; OLG Celle AG 2002, 292 f.; vgl. auch (zum genehmigten Kapital) BGHZ 120, 141 (145 f.) = NJW 1993, 400; BGHZ 125, 239 (241) = NJW 1994, 1410 und BGHZ 136, 133 = BB 1997, 1755; die Argumentation bedenklich verkürzend OLG München AG 2012, 802 (803). Aus der umfangreichen Lit. Kölner Komm AktG/*Ekkenga* Rn. 64 ff.; Großkomm AktG/ *Wiedemann* Rn. 134 ff.; Hüffer/Koch/*Koch* Rn. 25 ff.; MüKoAktG/*Schürnbrand* Rn. 73 ff.; K. Schmidt/Lutter/ *Veil* Rn. 30, jeweils mwN.

Rechtfertigung eines Bezugsrechtsausschlusses allein darum, ob ein am Gesellschaftszweck zu messendes sinnvolles unternehmerisches Konzept die Mitgliedschaft der Altaktionäre in angemessener Weise beeinträchtigt oder nicht. Hieran sind zumindest bei der dem gesetzlichen Leitbild der Publikumsgesellschaft mit wechselndem Mitgliederbestand[176] entsprechenden AG **keine überzogenen Anforderungen** zu stellen. Ein Vertrauen der Aktionäre auf den dauerhaften Bestand verfestigter Minderheitspositionen wird außerhalb von Mehrheiten-Minderheiten-Konflikten, die vorrangig über die Treuepflicht, § 243 Abs. 2 Satz 1 und den Gleichbehandlungsgrundsatz zu lösen sind,[177] nicht geschützt. Zum erleichterten Bezugsrechtsausschluss bei Börsennotierung gemäß Abs. 3 Satz 4 → Rn. 55 ff.

44   **aa) Gesellschaftsinteresse.** Dieses lässt sich nicht allein mit dem durch die Kapitalerhöhung als solches zu befriedigenden Finanzierungsinteresse der AG umschreiben. Es muss vielmehr auf den Bezugsrechtsausschluss bezogen sein, dh das **Ziel** des Bezugsrechtsausschlusses muss im Gesellschaftsinteresse liegen.[178] Maßstab ist bei der gewinnorientierten AG die aus der Zweckgebundenheit von Organhandeln folgende **Steigerung der Eigenkapitalrendite**.[179] Die Partikularinteressen einzelner Aktionäre sind unbeachtlich, sofern sich diese nicht mit dem Gesellschaftsinteresse decken.[180]

45   So kann es zum Beispiel zulässig sein, dass zur **Verfestigung einer „strategischen Allianz"** das Bezugsrecht zu Gunsten eines Altaktionärs ausgeschlossen wird, wenn sich hierdurch für die Gesellschaft erhebliche Synergieeffekte ergeben.[181] Insofern lassen sich auch Gestaltungen zur Verhinderung einer **feindlichen Übernahme** rechtfertigen.[182] Wann eine drohende Übernahme „feindlich" und damit möglicherweise zu verhindern ist, bestimmt sich allein aus der im Gesellschaftszweck objektivierten Aktionärssicht, nicht der des Vorstands. Der Bezugsrechtsausschluss kann auch ein im Gesellschaftsinteresse liegendes **Sanierungsinstrument** sein, wenn zum Beispiel kurzfristig gewährleistet sein muss, dass alle Aktien übernommen werden oder wenn ein Investor bereit ist, im Rahmen des Aktienerwerbs dringend benötigte Betriebsmittel oder know how einzubringen.[183] Dies gilt insbesondere beim sog. Debt-Equity-Swap, wenn ein Gesellschaftsgläubiger bereit ist, seine – regelmäßig mit erheblichen Abschlägen zu bewertende[184] – Forderung als Sacheinlage einzubringen.[185] Die Unsicherheit, ob die Altaktionäre ihr Bezugsrecht ausüben würden, rechtfertigt für sich genommen den Bezugsrechtsausschluss indessen nicht.[186] Im Gesellschaftsinteresse liegt es regelmäßig, wenn das Bezugsrecht (teilweise und geringfügig) zur Vermeidung **freier Spitzen** ausgeschlossen werden soll. Bei der Ausgabe von **Belegschaftsaktien** und zur Bedienung von **Wandlungs- und Optionsrechten** (vgl. auch § 221 Abs. 4 Satz 2) bedarf es hingegen einer genaueren Begründung, warum die hiermit verfolgten unternehmerischen Ziele eine Steigerung der Eigenkapitalrendite erwarten lassen (→ Rn. 44).[187]

45a   Die durch den Bezugsrechtsausschluss ermöglichte **Platzierung von Aktien** an einer ausländischen Börse kann ebenfalls im Gesellschaftsinteresse liegen, wenn hierdurch finanzstarke Kapitalmärkte erschlossen werden.[188] Umgekehrt kann es im Gesellschaftsinteresse liegen, **ausländische Aktionäre** vom Bezug auszuschließen, um hierüber ausufernde Prospektpflichten zu vermeiden.[189] Der geplante **Börsengang** selbst rechtfertigt einen Bezugsrechtsausschluss hingegen nicht, soweit hierfür lediglich die große Nachfrage des Kapitalmarkts an den neuen Aktien angeführt wird. Insofern

---

[176] Vgl. *Servatius* Strukturmaßnahmen S. 157 ff., 199 ff., 214 f.
[177] Abw. *Bezzenberger* ZIP 2002, 1917 (1923).
[178] Großkomm AktG/*Wiedemann* Rn. 139 f.; Hüffer/Koch/*Koch* Rn. 26; MüKoAktG/*Schürnbrand* Rn. 98.
[179] Hierzu ausführlich *Servatius* Strukturmaßnahmen S. 33 ff.; ähnlich Hüffer/Koch/*Koch* Rn. 26 und MüKoAktG/*Schürnbrand* Rn. 98: Förderung des Gesellschaftszwecks im Rahmen des Unternehmensgegenstands.
[180] LG Kiel BeckRS 2008, 12662.
[181] Vgl. BGHZ 83, 319 (323) = NJW 1982, 2444 – Holzmann, zum genehmigten Kapital; *Servatius* Strukturmaßnahmen S. 286 ff.
[182] Vgl. BGHZ 33, 175 (186) = NJW 1961, 26; Großkomm AktG/*Wiedemann* Rn. 161 ff.; Hüffer/Koch/*Koch* Rn. 32; Kölner Komm AktG/*Ekkenga* Rn. 104.
[183] Vgl. BGHZ 83, 319 (323) = NJW 1982, 2444 – Holzmann, zum genehmigten Kapital; LG Heidelberg ZIP 1988, 1257; *Hüttemann*, Instrumente zur vorinsolvenzlichen Sanierung des Unternehmensträgers, 2015, S, 262 ff.
[184] BGHZ 110, 47 (61) = NJW 1990, 982 – IBH/Lemmerz; s. auch → § 183 Rn. 12.
[185] Vgl. Kölner Komm AktG/*Ekkenga* Rn. 116 f.; *Scheunemann/Hoffmann* DB 2009, 983 (984); zum Ganzen ausführlich *Ekkenga* ZGR 2009, 581.
[186] OLG Celle AG 2002, 292; vgl. auch OLG Köln BeckRS 2014, 01445; aA für Sanierungssituationen *Ekkenga* ZGR 2009, 581 (611); *Vaupel* AG 2010, 93 (95).
[187] Vgl. BGHZ 83, 319 (323) = NJW 1982, 2444 – Holzmann, zum genehmigten Kapital; BGHZ 144, 290 (292) = NJW 2000, 2356; OLG Frankfurt AG 1986, 233 (234); LG München I AG 1991, 73.
[188] Vgl. BGHZ 125, 239 (242 f.) – Deutsche Bank; OLG Frankfurt AG 1993, 281 zum genehmigten Kapital.
[189] Vgl. *Kuntz/Stegemann* ZIP 2016, 2341 (2342 f.).

geht es allein um das Finanzierungsinteresse der AG, so dass es weiterer Gründe bedarf, warum dieses nicht von den Altaktionären befriedigt werden kann.[190] Ist die Börsenemission hiernach gerechtfertigt, können durch den Bezugsrechtsausschluss auch Aktien zur Befriedigung von Mehrzuteilungsoptionen („greenshoe") gebildet werden.[191] Auch der Bezugsrechtsausschluss bei einer Sachkapitalerhöhung zum Zwecke des **Beteiligungserwerbs** liegt nicht *per se* im Gesellschaftsinteresse, sondern muss in ein die Steigerung der Eigenkapitalrendite oder den Verlustabbau bewirkendes unternehmerisches Konzept eingebettet sein (zur gerichtlichen Überprüfung → Rn. 51 f.).[192] Das Gleiche gilt bei dem im Beteiligungserwerb oftmals anzufindenden sog. **gekreuzten Bezugsrechtsausschluss**[193] und bei der **gemischten Bar- und Sachkapitalerhöhung** unter teilweisem Bezugsrechtsausschluss (→ Rn. 63, 76). Hierbei ist stets erforderlich, dass die auf den Sachkapitalerhöhungsteil zu leistenden Einlagen nicht überbewertet wurden.[194] Wird die Kapitalerhöhung als **Equity-Line-Finanzierung** ausgestaltet, mithin das Bezugsrecht zu Gunsten eines Finanzierungsgebers ausgeschlossen, der die Aktien dann später am Markt platzieren soll, kann die sachliche Rechtfertigung ebenfalls nicht ohne weiteres angenommen werden.[195] Auch hier bedarf es einer genauen Begründung, warum dieses Vorgehen Vorteile bringt und die Altaktionäre nicht unangemessen benachteiligt.

Erfolgt der Bezugsrechtsausschluss bei einer durch **Beherrschungsvertrag** gemäß § 291 Abs. 1 Satz 1 gebundenen AG, richtet sich der Kontrollmaßstab in konsequenter Verwirklichung der §§ 308 ff. nach dem **Konzerninteresse** (str.).[196] Dass sich das Weisungsrecht nicht auf Maßnahmen erstreckt, die in die Kompetenz der Hauptversammlung fallen, spricht nicht dagegen. Die erforderliche Rechtfertigung des Bezugsrechtsausschlusses im Gesellschaftsinteresse folgt unmittelbar aus der Zweckbindung (→ Rn. 44), welche im Konzern durch das Konzerninteresse überlagert wird.[197] Beim **faktischen Konzern** verbleibt es hingegen bei der Maßgeblichkeit des Gesellschaftsinteresses als unverbundene AG. Die dem Privileg des § 311 zu Grunde liegende Vermögenskompensation zu Gunsten der Gesellschaft vermag die Nachteile des Bezugsrechtsausschlusses für die Altaktionäre nicht zu verwirklichen. **46**

bb) Geeignetheit. Nach der allgemeinen Formel (→ Rn. 43) muss der Bezugsrechtsausschluss ein geeignetes Mittel sein, das im Gesellschaftsinteresse liegende Ziel zu verwirklichen.[198] Dieses Merkmal ist wegen des notwendigen Zusammenhangs von Bezugsrechtsausschluss als Mittel zur Verwirklichung des Gesellschaftsinteresses (→ Rn. 44 ff.) ohne eigenständige Bedeutung und sollte aufgegeben werden.[199] **47**

cc) Erforderlichkeit. Der Bezugsrechtsausschluss muss weiterhin erforderlich sein, um das als Wahrung des Gesellschaftsinteresses verstandene unternehmerische Ziel zu verwirklichen. Hierunter ist nicht zu verstehen, dass der Bezugsrechtsausschluss das **am besten geeignete Mittel** sein muss (str.).[200] Dieses Merkmal folgt bereits aus der erforderlichen Wahrung des Gesellschaftsinteresses (→ Rn. 44). Die „nur zweitbeste Lösung" liegt definitionsgemäß nicht im Gesellschaftsinteresse, sofern es eine bessere gibt. Maßgebliches Kriterium der Erforderlichkeit ist vielmehr, ob der Bezugsrechtsausschluss aus Sicht der Altaktionäre das **schonendste Mittel** ist, das im Gesellschaftsinteresse **48**

---

[190] Ähnlich Hüffer/Koch/*Koch* Rn. 31; MüKoAktG/*Schürnbrand* Rn. 98 f.; weitergehend Großkomm AktG/*Wiedemann* Rn. 159: im Zweifel müsse der Bestandsschutz der Altaktionäre gegenüber dem Finanzierungsinteresse zurücktreten.
[191] Vgl. BGH NZG 2009, 589.
[192] BGHZ 71, 40 (46) = NJW 1978, 1316 – Kali & Salz; OLG München AG 1993, 283 (285); LG Aachen AG 1995, 45 f.; Großkomm AktG/*Wiedemann* Rn. 171; Hüffer/Koch/*Koch* Rn. 34; kritisch *Dietz*, Aktien als Akquisitionswährung, 2004, 99 ff.; vgl. zu internationalen Unternehmenszusammenschlüssen *Samson/Flindt* NZG 2006, 290 (294 ff.).
[193] Vgl. LG Tübingen AG 1991, 406, 408; hierzu mit teilweise weniger strengen Anforderungen *Dietz,* Aktien als Akquisitionswährung, 2004, 174 ff.; *Lappe* BB 2000, 313 (315); *Aha* BB 2001, 2225 (2226 f.); *Rittig* NZG 2012, 1292.
[194] Vgl. OLG Jena ZIP 2006, 1989 (1993 ff.).
[195] Abw. wohl *Kallweit* BB 2009, 2495 (2496).
[196] AA Hüffer/Koch/*Koch* Rn. 26; undeutlich MüKoAktG/*Schürnbrand* Rn. 99; wie hier bereits *Martens* FS Fischer, 1979, 437 (449 f.).
[197] Zur Zweckänderung durch Konzernierung *Mülbert*, Aktiengesellschaft, Unternehmensgruppe und Kapitalmarkt, 2. Aufl. 1996, 157.
[198] Hüffer/Koch/*Koch* Rn. 27; MüKoAktG/*Schürnbrand* Rn. 101.
[199] Ebenso MüKoAktG/*Schürnbrand* Rn. 101; vgl. auch *Zöllner* AG 2002, 585 (588), der dieses Merkmal überhaupt nicht erwähnt.
[200] Abw. Kölner Komm AktG/*Ekkenga* Rn. 75; Hüffer/Koch/*Koch* Rn. 27; alle unter Bezugnahme auf die Entscheidung BGHZ 83, 319 (321) = NJW 1982, 2444 – Holzmann, die insofern jedoch nicht eindeutig ist.

liegende Ziel zu verwirklichen.[201] Ist zum Beispiel die gebotene Aufnahme von Kapital in der Krise sowohl am Fremdkapitalmarkt möglich als auch durch Eintritt eines neuen Aktionärs, ohne dass sich die Konditionen unterscheiden, lässt sich eine Kapitalerhöhung unter Bezugsrechtsausschluss nicht rechtfertigen.[202] Auch bei Sanierungsfällen hat daher grds. ein nur **teilweiser Bezugsrechtsausschluss** Vorrang.[203] Zur Kapitalerhöhung in der Tochtergesellschaft → Rn. 50; zur gerichtlichen Überprüfung → Rn. 54.

49 dd) **Verhältnismäßigkeit.** Begründet man das Erfordernis einer materiellen Beschlusskontrolle beim Bezugsrechtsausschluss mit der Schutzlücke, die weder § 255 Abs. 2 noch die sonstigen beweglichen Schranken der Mehrheitsmacht zu schließen vermögen (→ Rn. 41), kommt der Verhältnismäßigkeitsprüfung die **zentrale Bedeutung** zu.[204] Zu fragen ist, ob der das Gesellschaftsinteresse verwirklichende Bezugsrechtsausschluss als schonendstes Mittel in einem angemessenen Verhältnis zur Verwässerung der Mitgliedschaftsrechte der Altaktionäre steht (str.).[205] Hierbei ist eine **Gesamtabwägung** vorzunehmen, bei der auch eine Rolle spielt, ob die aktuell unmittelbar benachteiligten Altaktionäre nicht insgesamt, dh nach Verwirklichung des unternehmerischen Konzepts, besser stehen würden als ohne den Bezugsrechtsausschluss.[206] Wie bei jeder Generalklausel hängt die Entscheidung sehr vom Einzelfall ab, so dass präzise Aussagen schwer möglich sind. Einen Ausgangspunkt für die Argumentation bietet aber die Formel: Je schwerer der Eingriff in die Mitgliedschaft der Altaktionäre, desto gewichtiger muss das Interesse der Gesellschaft am Bezugsrechtsausschluss sein.[207] Der **Realstruktur** der Gesellschaft kommt insofern eine besondere Bedeutung zu. In der Publikumsgesellschaft wiegt die Verwässerung der Mitgliedschaft weniger schwer als in einer personalistisch strukturierten AG (bereits → Rn. 43).

50 Bei der **Kapitalerhöhung in einer Tochtergesellschaft** erfolgt der Bezugsrechtsausschluss allein auf Kosten der Muttergesellschaft. Die Aktionäre der Muttergesellschaft haben kein gesetzliches Bezugsrecht auf Anteile an der Tochter (str., → Rn. 9). Bei der Ermittlung, ob ein Bezugsrechtsausschluss eine angemessene Verwirklichung des Gesellschafts- bzw. Konzerninteresses (→ Rn. 46) ist, wäre es verkürzt, allein auf das Verhältnis zwischen der Tochtergesellschaft und ihrer Muttergesellschaft als Alleinaktionärin abzustellen. Soll das Bezugsrecht zu Gunsten eines Nichtaktionärs der Muttergesellschaft ausgeschlossen werden oder zu Gunsten nur eines oder einzelner Aktionäre der Muttergesellschaft, ist im Rahmen der sachlichen Rechtfertigung des Bezugsrechtsausschlusses zu fragen, ob die Beteiligung der Aktionäre der Muttergesellschaft nicht ein das Partizipationsinteresse weniger einschneidender Weg wäre, das Finanzierungsinteresse zu befriedigen. Steht zum Beispiel zu erwarten, dass die Aktionäre der Muttergesellschaft genauso bereit sind wie der Kapitalmarkt oder ein Dritter, die neuen Aktien zu zeichnen, gebietet die Treuepflicht der Muttergesellschaft gegenüber ihren Aktionären,[208] das **Bezugsrecht** in der Tochtergesellschaft vorrangig zu Gunsten der Aktionäre der Muttergesellschaft **auszuschließen.** Zu den ungeschriebenen Mitwirkungsbefugnissen der Aktionäre der Obergesellschaft bei Kapitalmaßnahmen in der Tochtergesellschaft → § 182 Rn. 73 ff.

51 ee) **Gerichtliche Kontrolle.** Ist der Bezugsrechtsausschluss nicht sachlich gerechtfertigt, ist der gleichwohl gefasste Kapitalerhöhungsbeschluss anfechtbar.[209] Die sachliche Rechtfertigung eines Bezugsrechtsausschlusses anhand der vorgenannten Kriterien ist eine **Rechtsfrage**, die im Grundsatz vollumfänglich kontrolliert wird (aber → Rn. 53 f.).[210] Die **Beweislast** trägt derjenige, der sich darauf beruft, im Regelfall somit die im Anfechtungsprozess beklagte AG.[211]

---

[201] Vgl. bereits Großkomm AktG/*Wiedemann* Rn. 144; anders auch MüKoAktG/*Schürnbrand* Rn. 101 f.: taugliches Mittel, aber ultima ratio.
[202] So beim Debt-Equity-Swap auch *Scheunemann/Hoffmann* DB 2009, 983 (984); vgl. aber BGHZ 71, 40 (50) = NJW 1978, 1316 – Kali & Salz, wo die Kapitalerhöhung gegenüber der Fremdfinanzierung der sicherste, mit den geringsten Risiken verbundene Ausweg war.
[203] *Reger/Stenzel* NZG 2009, 1210 (1211) (insbesondere beim Kapitalschnitt auf Null).
[204] Vgl. auch BGHZ 71, 40 (46) = NJW 1978, 1316 – Kali & Salz, wo nur eine Abwägung der Interessen und die Verhältnismäßigkeit von Mittel und Zweck ausreichen sollte.
[205] MüKoAktG/*Schürnbrand* Rn. 193; abw. Hüffer/Koch/*Koch* Rn. 28, wonach das Gesellschaftsinteresse höher zu bewerten sein müsse als das Interesse der Aktionäre am Erhalt ihrer Rechtsposition; nicht eindeutig BGHZ 71, 40 (46 f.) = NJW 1978, 1316 – Kali & Salz: „aufwiegen".
[206] Hierzu im Hinblick auf die Treuepflicht bereits BGHZ 129, 136 (152 ff.) – Girmes.
[207] Hüffer/Koch/*Koch* Rn. 28; vgl. auch die abwägungserheblichen Faktoren bei MüKoAktG/*Schürnbrand* Rn. 105.
[208] Vgl. BGHZ 127, 107, (111).
[209] BGHZ 71, 40 (49); Hüffer/Koch/*Koch* Rn. 42; MüKoAktG/*Schürnbrand* Rn. 110; K. Schmidt/Lutter/*Veil* Rn. 21.
[210] LG Kiel BeckRS 2008, 12662.
[211] Hüffer/Koch/*Koch* Rn. 38; MüKoAktG/*Schürnbrand* Rn. 111; vgl. aber BGH WM 2018, 1550 Rn. 45 ff.

Der gemäß Abs. 4 Satz 2 zu erstellende **Vorstandsbericht** ist eine wesentliche Grundlage der 52 gerichtlichen Prüfung, nicht aber die alleinige (str.).[212] Trägt die AG im Prozess weitere Tatsachen vor, indiziert dies auch nicht in jedem Fall die Fehlerhaftigkeit des Berichts mit der Folge, dass der Beschluss bereits aus diesem Grund anfechtbar wäre (str.).[213] Der Vorstandsbericht ist vor der Beschlussfassung zu erstellen und enthält zwangsläufig Prognosen, die sich möglicherweise im Rahmen einer nachfolgenden gerichtlichen Überprüfung verifizieren lassen. Insofern ist es durchaus möglich, dass ein unternehmerisches Konzept, welches im Bericht nur in groben Zügen skizziert werden konnte, mittlerweile konkrete Gestalt angenommen hat und die Voraussetzungen der sachlichen Rechtfertigung im **Zeitpunkt** der letzten mündlichen Verhandlung zu bejahen sind.[214] Ein **Austausch der Gründe,** die zu einer sachlichen Rechtfertigung führen sollen, ist hingegen nicht möglich. Hierdurch würde die Kompetenz der Hauptversammlung, über den Bezugsrechtsausschluss auf die Grundlage des Vorstandsberichts zu entscheiden, unterlaufen.[215]

Hiervon abzugrenzen ist die Frage, inwieweit eine über den Zeitpunkt der gerichtlichen Überprü- 53 fung hinausgehende **Prognose** gerichtlich kontrollierbar ist. Dies wird zum Beispiel relevant, wenn die Rechtfertigung im Gesellschaftsinteresse mit künftig zu erzielenden Synergieeffekten begründet wird (→ Rn. 45). Dieses Prognoseproblem ist eine Frage der aus der Betriebswirtschaftslehre stammenden „Entscheidung unter Unsicherheit", auf die die Neufassung von § 93 Abs. 1 Satz 2 durch das UMAG angemessen reagiert. Die hierin zum Ausdruck kommende **business judgement rule** ist für dessen Bewältigung analog heranzuziehen.[216]

Vom Prognoseproblem abzugrenzen ist wiederum die Frage, ob die gerichtliche Kontrolle weiter- 54 gehend einzuschränken ist, indem der Hauptversammlung und damit der AG ein Kernbereich nicht nachprüfbaren **Beurteilungsermessens** verbleiben muss. Die wohl überwiegende Meinung erkennt dies an[217] und verlangt bei der Überprüfung der sachlichen Rechtfertigung allein die **Plausibilität** des in Rede stehenden unternehmerischen Konzepts (→ Rn. 44).[218] Dies ist nicht unproblematisch. Nimmt man den Kriterien-Katalog der materiellen Beschlusskontrolle ernst, verlangt insbesondere das Merkmal der Erforderlichkeit einen Vergleich mehrerer in Frage kommender Maßnahmen. Ein Abstellen auf (lediglich) plausible Konzepte bietet keine sachgerechten Lösungen, sondern nur Raum für Missbräuche.[219] Auf der anderen Seite ist zu berücksichtigen, dass die Kapitalerhöhung unter Bezugsrechtsausschluss – wie das Vorstandshandeln[220] – eine **unternehmerische Entscheidung** ist.[221] Auch hier sind Entscheidungsfreudigkeit und das Eingehen von Risiken gewünscht, so dass die gerichtliche Kontrolle dem Rechnung tragen muss. Daher ist es auch diesbezüglich gerechtfertigt, die Anforderungen an die Kontrolle unternehmerischer Entscheidungen des Vorstands durch die **business judgement rule,** wie sie § 93 Abs. 1 Satz 2 präzisiert, analog heranzuziehen. Bei der Gegenüberstellung von in ihren Folgen für die AG und die Aktionäre gleichwertiger Handlungsalternativen ist es somit auch nicht Aufgabe des Gerichts, eine Entscheidung für die eine oder andere zu treffen und eine Maßnahme *ex post* zu missbilligen.

4. Erleichterter Bezugsrechtsausschluss (Abs. 3 Satz 4). Nach Abs. 3 Satz 4 ist ein Ausschluss 55 des Bezugsrechts insbesondere dann zulässig, wenn die Kapitalerhöhung gegen Bareinlagen 10 % des

---

[212] AA OLG Celle AG 2002, 292; vgl. auch MüKoAktG/*Schürnbrand* Rn. 111: gerichtliche Prüfung trägt Züge einer Informationshaftung.
[213] AA *Lutter* ZGR 1979, 401 (415); Hüffer/Koch/*Koch* Rn. 37; *Dietz*, Aktien als Akquisitionswährung, 2004, 107: einheitlicher Anfechtungstatbestand.
[214] AA Hüffer/Koch/*Koch* Rn. 36, wonach sich die gerichtliche Kontrolle auf den Zeitpunkt der Beschlussfassung bezieht und nachträglich bekannt gewordene Umstände nicht zu berücksichtigen seien.
[215] Insofern zutreffend OLG Celle AG 2002, 292 (293); *Dietz*, Aktien als Akquisitionswährung, 2004, 107; vgl. auch BGHZ 71, 40 (50) = NJW 1978, 1316 – Kali & Salz.
[216] LG Kiel BeckRS 2008, 12662; *Zöllner* AG 2002, 585 (587); wohl auch Hüffer/Koch/*Koch* Rn. 36; im Kern bereits BGHZ 71, 40 f. = NJW 1978, 1316 – Kali & Salz.
[217] So MüKoAktG/*Schürnbrand* Rn. 108 f.; nicht eindeutig BGHZ 71, 40 (49) = NJW 1978, 1316 – Kali & Salz; LG Kassel AG 1975, 163 (164); zumindest für den Fall, dass der Bezugsrechtsausschluss nicht im Interesse der Aktionärsmehrheit liegt, auch *Zöllner* AG 2002, 585 (587 f.).
[218] OLG Braunschweig AG 1999, 84 (86); aus der Lit. statt anderer *Zöllner* AG 2002, 585 (587 ff.); aA unter Befürwortung einer reinen Missbrauchskontrolle *Martens* ZIP 1992, 1677 (1695); *Cahn* ZHR 163 (1999), 554 (577); *Bezzenberger* ZIP 2002, 1917 (1917 ff.); *Dietz*, Aktien als Akquisitionswährung, 2004, 100 ff.
[219] Für die Verhältnismäßigkeitsprüfung erkennt dies *Zöllner* ausdrücklich an (AG 2002, 585 (588)); vgl. auch OLG Celle AG 2002, 292 (293), wonach für einen völligen Bezugsrechtsausschluss nicht die Behauptung ausreiche, die Altaktionäre würden das erforderliche Kapital nicht schnell genug aufbringen.
[220] Kritisch zu einer durch die materielle Beschlusskontrolle erfolgenden Einschränkung der unternehmerischen Freiheit des Vorstands auch *Cahn* ZHR 193 (1999), 554 (577 ff.).
[221] Vgl. hierzu *Servatius* Strukturmaßnahmen S. 184 ff.

Grundkapitals nicht übersteigt und der Ausgabebetrag den Börsenpreis nicht wesentlich unterschreitet. Diese Regelung wurde im Jahr 1994 eingefügt (→ Rn. 5) und sollte die Unternehmensfinanzierung durch Eigenkapital erleichtern, ohne dabei die schutzwürdigen Interessen der Altaktionäre, insbesondere der Kleinaktionäre, zu beeinträchtigen.[222] Die gesetzliche Ausgestaltung dieses anerkennenswerten Ziels wird heftig kritisiert.[223] Die Regelung muss jedoch als eindeutige gesetzgeberische Entscheidung respektiert werden (zur nach wie vor möglichen Missbrauchskontrolle → Rn. 61). Der erleichterte Bezugsrechtsausschluss findet in der Praxis eine häufige Anwendung, insbesondere auch beim genehmigten Kapital.[224]

56 **a) Voraussetzungen. aa) Barkapitalerhöhung.** Die Erleichterung gilt nur für eine Barkapitalerhöhung.[225] Erfolgt eine kombinierte Bar- und Sachkapitalerhöhung, bedarf es einer getrennten Beurteilung der beiden Vorgänge.[226] Auf die Kapitalerhöhung zur Ausgabe von **Wandelschuldverschreibungen** findet nach dem Wortlaut des Verweises gemäß § 212 Abs. 4 Satz 2 auch der vereinfachte Bezugsrechtsausschluss gemäß Abs. 3 Satz 4 Anwendung. Dies erscheint verfehlt, weil das entscheidende Merkmal der Ausgabe von Aktien zum „Börsenpreis" gerade nicht erfüllt ist und die finanz-mathematische Ermittlung des Anleihewerts kaum eine taugliche Grundlage ist, einen § 255 Abs. 2 entsprechenden Ausgabebetrag im Hauptversammlungsbeschluss festzusetzen (str., Einzelheiten → § 221 Rn. 92 ff.).[227]

57 **bb) Höchstgrenze.** Der Betrag der Kapitalerhöhung (→ § 182 Rn. 39), auf den die Erleichterung anzuwenden ist, darf **10 % des Grundkapitals** nicht übersteigen. Maßgeblich ist die im Zeitpunkt der Beschlussfassung eingetragene Grundkapitalziffer; bei einer zuvor erfolgten bedingten Kapitalerhöhung kommt es auf die Ausgabe der Bezugsaktien an (§ 200). Auf einen Vorratsbeschluss, der den Vorstand im Rahmen des genehmigten Kapitals ermächtigt, in Tranchen von 10 % das Kapital nochmals zu erhöhen, findet die Erleichterung keine Anwendung.[228]

58 **cc) Börsenpreis als angemessener Ausgabebetrag.** Der Ausgabebetrag (→ § 182 Rn. 49) darf den Börsenpreis von Aktien der vergleichbaren Gattung nicht wesentlich unterschreiten. Erforderlich ist hiernach, dass diese **Aktien der AG** im regulierten Markt (§§ 32 ff. BörsG) oder zum Freiverkehr (§ 48 BörsG) **zugelassen und tatsächlich gehandelt** werden. Auch eine Auslandsnotierung und der dortige Handel können ausreichen, sofern hierdurch das Schutzanliegen von § 255 Abs. 2 gewährleistet wird (str.).[229] Lässt sich kein Referenzkurs feststellen, kommt die Erleichterung nicht in Betracht, so dass die allgemeinen Anforderungen der materiellen Beschlusskontrolle gelten (→ Rn. 40 ff.), nicht etwa eine bloße Missbrauchskontrolle gemäß §§ 138, 242 BGB. Das Gleiche gilt, wenn der Zukauf von Aktien über die Börse aus anderen Gründen für die Altaktionäre erschwert ist.[230] Richtigerweise spielt es keine Rolle, ob die aus der Kapitalerhöhung resultierenden **jungen Aktien an der Börse platziert** werden müssen (str.).[231] Der Börsenpreis hat im Rahmen des erleichterten Bezugsrechtsausschlusses gemäß Abs. 3 Satz 4 allein die Funktion, die Angemessenheit des Ausgabebetrags zu gewährleisten. Hieraus kann aber nicht gefolgert werden, dass die wegen des Bezugsrechtsausschlusses nicht zum Zuge kommenden Altaktionäre selbst die jungen Aktien zeichnen können müssen; andernfalls wäre für den Bezugsrechtsausschluss kein Bedarf.

59 Problematisch und nach wie vor erheblich umstritten ist, auf **welchen Börsenpreis** abzustellen ist. Auf den Kurs der Aktien am Tag der Ausgabe der neuen Aktien oder den Durchschnittskurs in einen Zeitraum kurz davor kann es nicht ankommen. Ansonsten würden die auf den Tag der Beschlussfassung bezogene Rechtmäßigkeit des Beschlusses und die Information der Aktionäre vor der Abstimmung nicht gewährleistet (str.).[232] Auch auf die Frist des Abs. 2 kann nicht abgestellt

---

[222] Begr BT-Drs. 12/6721, 9 f.
[223] Ausführlich mwN Hüffer/Koch/*Koch* Rn. 39 a f.; *Zöllner* AG 2002, 585 (591 ff.).
[224] Vgl. nur *von Oppen/Menhart/Holst* WM 2011, 1835; *Schlitt/Schäfer* AG 2011, 56.
[225] Abw. die ursprünglichen Pläne des Gesetzgebers, vgl. *Hirte* ZIP 1994, 356 (358).
[226] Hüffer/Koch/*Koch* Rn. 39c; MüKoAktG/*Schürnbrand* Rn. 130.
[227] Teilweise aA OLG München NZG 2006, 784; ähnlich *Kniehase* AG 2006, 180 und *Singhof* ZHR 170 (2006), 673 (684 ff.); die Frage offen lassend BGH NZG 2007, 907.
[228] Vgl. OLG München AG 1996, 518: unzulässig.
[229] AA Hüffer/Koch/*Koch* Rn. 39b: nur Inlandsnotierung in inländischer Währung sowie Notierung im geregelten Markt in Staaten des EWR; ebenso MüKoAktG/*Schürnbrand* Rn. 129.
[230] Vgl. OLG München NZG 2007, 784, 787; MüKoAktG/*Schürnbrand* Rn. 136 (teleologische Reduktion).
[231] Hüffer/Koch/*Koch* Rn. 39b; MüKoAktG/*Schürnbrand* Rn. 136; *Habersack* AG 2015, 613 (617 f.); abw. Kölner Komm AktG/*Ekkenga* Rn. 156; Großkomm AktG/*Wiedemann* Rn. 150.
[232] AA *Lutter* AG 1994, 429 (442) („letzte fünf Börsentage vor der Ausgabe"); K. Schmidt/Lutter/*Veil* Rn. 42; für eine Durchschnittsbetrachtung auch Grigoleit/*Rieder/Holzmann* Rn. 73; *Hasselbach/Jakobs* AG 2014, 217 (220 f.).

werden, weil das Bezugsrecht gerade ausgeschlossen werden soll (str.).²³³ Sachgerecht erscheint, den Börsenkurs **im Zeitpunkt** der Einladung zur Hauptversammlung heranzuziehen und diesen **nach Maßgabe von § 33a Abs. 1 Nr. 1** zu ermitteln. Stellt sich nach der Beschlussfassung heraus, dass der konkrete Ausgabebetrag entsprechend den Marktgegebenheiten viel höher ausfallen muss, hat der Vorstand dies bei der Aktienausgabe zu berücksichtigen.²³⁴ Empfehlenswert ist daher die Festlegung eines Mindestausgabebetrags durch die Hauptversammlung (→ § 182 Rn. 51 ff.). Im Einklang mit der Gesetzesbegründung liegt ein wesentliches Unterschreiten nicht vor, wenn der Ausgabebetrag **maximal 5 % unter diesem Referenzkurs** liegt.²³⁵

dd) Vorstandsbericht. Auch beim erleichterten Bezugsrechtsausschluss bedarf es eines Vorstandsberichts gemäß Abs. 4 Satz 2 (→ Rn. 25 ff.). Dieser ist jedoch auf die Erleichterung abzustimmen und **erheblich zu reduzieren.** Das Erfordernis, den Grund für den Bezugsrechtsausschluss darzulegen, entfällt, weil ein solcher Grund nicht erforderlich ist (str.).²³⁶ Würde man anders entscheiden, wäre über die Möglichkeit der Beschlussanfechtung wegen Informationspflichtverletzung (→ Rn. 34) das Ziel von Abs. 3 Satz 4 konterkariert. Gemäß Abs. 4 Satz 2 zu begründen ist somit allein der **vorgeschlagene Ausgabebetrag** (→ Rn. 29), weil hierdurch das vom erleichterten Bezugsrechtsausschluss nicht betroffene Anfechtungsrecht gemäß § 255 Abs. 2 geschützt wird. In erweiterter Auslegung von Abs. 4 Satz 2 bedarf es weiterhin der Darlegung, dass die Voraussetzungen gemäß **Abs. 3 Satz 4** vorliegen.²³⁷ 60

b) Rechtsfolge. Liegen die Voraussetzungen des erleichterten Bezugsrechtsausschlusses vor, entfällt allein die **materielle Beschlusskontrolle** (→ Rn. 40 ff., str.).²³⁸ Die engeren beweglichen Schranken der Mehrheitsmacht, insbesondere die Treuepflicht und der Gleichbehandlungsgrundsatz, werden jedoch nicht suspendiert.²³⁹ Letzteres ist insbesondere relevant, wenn der Bezugsrechtsausschluss nur einen Teil der Altaktionäre betrifft; hierfür bedarf es dann eines sachlichen Grundes.²⁴⁰ Ebenfalls von der Privilegierung unberührt bleibt die Anfechtbarkeit gemäß § 255 Abs. 2 bezogen auf den konkreten Ausgabebetrag der neuen Aktien. Da die materielle Beschlusskontrolle ein Rechtsinstitut ist, welches § 255 Abs. 2 ergänzt, nicht aber ersetzt (→ Rn. 41), kommt der Erleichterung des Bezugsrechtsausschlusses für den Vermögensschutz der Aktionäre keine Bedeutung zu (str.).²⁴¹ 61

5. Teilausschluss. Nach Abs. 1 Satz 1 ist es zulässig, einen **Teil des Betrages der Kapitalerhöhung** (→ § 182 Rn. 39) gegen Bezugsrechtsausschluss durchzuführen. Die besonderen Anforderungen des § 186 beziehen sich dann allein auf den entsprechenden Betrag. Der **Ausschluss einzelner Aktionäre** von der Kapitalerhöhung wird nicht durch Abs. 1 Satz 1 legitimiert. Dessen Zulässigkeit bestimmt sich nach den allgemeinen materiellen Anforderungen an den Bezugsrechtsausschluss (→ Rn. 40 ff.) und in besonderem Maße nach dem Gleichbehandlungsgebot (§ 53a).²⁴² 62

In der Praxis erfolgt ein Teilausschluss oftmals zur **Vermeidung freier Spitzen.**²⁴³ Dies ist bei Geringfügigkeit regelmäßig zulässig (→ Rn. 45).²⁴⁴ Der beim Beteiligungserwerb praktizierte Kapitalerhöhungsbeschluss mit **Bar- und Sachkomponente** ist ein einheitlicher Vorgang, bei dem allein für den auf die Sachkapitalerhöhung anfallenden Teil das Bezugsrecht ausgeschlossen wird und der insgesamt einer sachlichen Rechtfertigung bedarf (→ Rn. 45). Die Anforderungen hieran sind regelmäßig weniger streng, weil die Altaktionäre über die Barkomponente ausreichend geschützt sind. 63

---

²³³ AA MüKoAktG/*Schürnbrand* Rn. 133 f.
²³⁴ *v. Oppen/Menhart/Holst* WM 2011, 1835 (1839 f.); noch weitergehend Hüffer/Koch/*Koch* Rn. 39c: Maßgeblich ist stets Tag der Preisfestlegung durch den Vorstand; abw. auch *Habersack* AG 2015, 613, (617 f.), was aber der Wertung des § 57 widerspricht.
²³⁵ Begr. BT-Drs. 12/6721, 9; MüKoAktG/*Schürnbrand* Rn. 135; Hüffer/Koch/*Koch* Rn. 39d; für die Möglichkeit weiterer Abschläge auch *Seibt* CFL 2011, 74 (80).
²³⁶ AA OLG München AG 1996, 138 (139); MüKoAktG/*Schürnbrand* Rn. 140; Hüffer/Koch/*Koch* Rn. 39 f.
²³⁷ Hüffer/Koch/*Koch* Rn. 39 f. aE.
²³⁸ Ähnlich BGH NZG 2007, 907: „Spezialfall sachlicher Rechtfertigung"; aA MüKoAktG/*Schürnbrand* Rn. 139: im Hinblick auf § 53a lediglich widerlegliche Vermutung; so mit verfassungsrechtlichen Erwägungen auch *Zöllner* AG 2002, 585 (592).
²³⁹ BGH NZG 2007, 907; WM 2018, 1550 Rn. 42; MüKoAktG/*Schürnbrand* Rn. 136 für den Fall, dass der erleichterte Bezugsrechtsausschluss missbräuchlich eingesetzt wird; aA wohl Hüffer/Koch/*Koch* Rn. 39e.
²⁴⁰ *Goette* ZGR 2012, 505.
²⁴¹ MüKoAktG/*Schürnbrand* Rn. 138; Hüffer/Koch/*Koch* Rn. 39e; abw. *Martens* FS Bezzenberger, 2000, 267 (277 f.).
²⁴² BGHZ 33, 175 (186).
²⁴³ MüKoAktG/*Schürnbrand* Rn. 141; Hüffer/Koch/*Koch* Rn. 39.
²⁴⁴ Kölner Komm AktG/*Lutter* Rn. 95, sehr weitgehend.

Etwas anderes gilt jedoch, wenn der Ausgabebetrag der Aktien so hoch ist, dass auch diesbezüglich ein faktischer Bezugsrechtsausschluss vorliegt (→ Rn. 75 ff.).[245]

64 **6. Rechtsfolgen des Bezugsrechtsausschlusses.** Wurde das Bezugsrecht nach Maßgabe von Abs. 3 Satz 4 rechtmäßig ausgeschlossen, ist der Vorstand gemäß § 83 Abs. 2 verpflichtet, die Aktien den im Kapitalerhöhungsbeschluss angegebenen oder umschriebenen **Zeichnern zum Bezug anzubieten.**[246] Schlägt die Kapitalerhöhung wegen einer Veränderung der zu Grunde liegenden Umstände, insbesondere der fehlenden Bereitschaft des Bezugsberechtigten zur Zeichnung von Aktien, fehl, hat der Vorstand in Ausübung seiner materiellen Beschlussverantwortung die Durchführung der Kapitalerhöhung abzubrechen und die Hauptversammlung zur erneuten Beschlussfassung über eine Änderung oder Aufhebung des Kapitalerhöhungsbeschlusses einzuberufen.[247] Ein eigenverantwortliches Auswechseln des Grundes für den Bezugsrechtsausschluss oder die Zuteilung der Aktien an die Altaktionäre kommt wegen der zwingenden Kompetenzzuweisung an die Hauptversammlung und ihrer im konkreten Beschluss manifestierten Willensbildung nicht in Betracht (str.).[248]

65 Bei der Zuteilung der neuen Aktien ist der Vorstand an den im Hauptversammlungsbeschluss konkret oder als Spanne festgesetzten **Ausgabebetrag** gebunden. Die ggf. erforderliche Präzisierung hat im Einklang mit § 255 Abs. 2 zu erfolgen. Stellt sich der von der Hauptversammlung festgesetzte Ausgabebetrag wegen nachträglicher Veränderungen als zu niedrig heraus, um den durch § 255 Abs. 2 gewährleisteten Verwässerungsschutz zu verwirklichen, hat der Vorstand die Hauptversammlung kurzfristig einzuberufen, um die erforderlichen Änderungen beschließen zu lassen. Die **Anfechtbarkeit** gem. § 255 Abs. 2 ist richtigerweise durch Abs. 3 Satz 4 nicht ausgeschlossen.[249] Als sachgerecht erscheint es aber, bei Übereinstimmung des Ausgabebetrags mit dem maßgeblichen Börsenpreis eine (ggf. vom Anfechtenden zu widerlegende) tatsächliche Vermutung für die Angemessenheit anzuerkennen.[250]

66 **7. Gerichtliche Kontrolle.** Werden die formalen und materiellen Voraussetzungen des Bezugsrechtsausschlusses nicht gewahrt, ist der Kapitalerhöhungsbeschluss regelmäßig **anfechtbar** (zum Vorstandsbericht → Rn. 34, zur sachlichen Rechtfertigung → Rn. 51). Bei der registergerichtlichen Kontrolle gemäß § 184 und § 188 werden diese Anfechtungsgründe jedoch nicht geprüft, weil hiermit allein die Interessen der gegenwärtigen Aktionäre geschützt werden.[251] Das Gleiche gilt für einen zu niedrig festgesetzten Ausgabebetrag (→ § 184 Rn. 26 aE).

IV. Mittelbare Verwirklichung des Bezugsrechts (Abs. 5)

67 Nach Abs. 5 gilt es nicht als Bezugsrechtsausschluss, wenn der Kapitalerhöhungsbeschluss die neuen Aktien einem Finanzdienstleistungsinstitut zuweist, welches sich gegenüber der AG verpflichtet hat, die Aktien den Altaktionären zum Bezug anzubieten.[252] Dieses sog. **mittelbare Bezugsrecht** bedeutet bei der kapitalmarktorientierten AG eine große Erleichterung, um die Kapitalerhöhung über **Emissionsbanken** abwickeln zu können (→ § 182 Rn. 5).[253] Die Regelung wurde ins AktG 1965 neu eingefügt (→ Rn. 5) und mit der besonderen staatlichen Kontrolle über die Kreditinstitute gerechtfertigt.[254] Sie hat in Art. 29 Abs. 7 der früheren Kapitalrichtlinie[255] eine europarechtliche Grundlage. Das mittelbare Bezugsrecht kann auch im Rahmen einer „Bis-zu-Kapitalerhöhung" gewählt werden.[256]

68 **1. Voraussetzungen. a) Festsetzungen im Kapitalerhöhungsbeschluss.** Nach Abs. 5 Satz 1 müssen die neuen Aktien „nach dem Beschluss" von einem Kreditinstitut (§ 1 Abs. 1 KWG, § 2 Abs. 1 KWG) oder einem nach § 53 Abs. 1 Satz 1 oder § 53b Abs. 1 Satz 1 oder Abs. 7 KWG tätigen

---

[245] Vgl. hierzu beim sog. „Reverse Merger" *Aha* BB 2001, 2225 (2227 f.).
[246] Vgl. RGZ 119, 248 (254).
[247] *Servatius* Strukturmaßnahmen S. 383 ff.
[248] AA Großkomm AktG/*Wiedemann* Rn. 187; Hüffer/Koch/*Koch* Rn. 40; MüKoAktG/*Schürnbrand* Rn. 146, wonach der Vorstand nach Abs. 1 und 2 vorgehen kann.
[249] Hüffer/Koch/*Koch* Rn. 39e; MüKoAktG/*Schürnbrand* Rn. 138; abw. *Martens* FS Bezzenberger, 2000, 267 (72).
[250] Hüffer/Koch/*Koch* Rn. 39e.
[251] Ebenso für die Verletzung der Treuepflicht OLG Frankfurt GmbHR 2009, 378.
[252] Muster für die Registeranmeldungen bei MVHdB/*Hölters* Bd. 1, V. 88, V. 91; für die Bekanntmachung des Bezugsangebots der Emissionsbank und die Bezugsanmeldung Formular V. 89 f.
[253] K. Schmidt/Lutter/*Veil* Rn. 45; zum Ganzen *Schlitt/Seiler* WM 2003, 2175.
[254] Vgl. RegBegr. *Kropff* S. 295 f.
[255] Nunmehr Art. 72 Abs. 7 RL (EU) 2017/1132 des Europäischen Parlaments und des Rates vom 14. Juni 2017 über bestimmte Aspekte des Gesellschaftsrechts, ABl. EU 2017 Nr. L 169, 46 v. 30.6.2017.
[256] OLG Stuttgart AG 2013, 604 (610); *Seibt/Vogt* AG 2009, 133 (135); Einzelheiten bei → § 182 Rn. 41 ff.

Unternehmen übernommen werden. Voraussetzungen für die Privilegierung des Abs. 5 ist somit der im Kapitalerhöhungsbeschluss erfolgende **Bezugsrechtsausschluss** zu Gunsten eines der genannten Emissionsunternehmen.[257] Finanzdienstleistungsinstitute nach § 1 Abs. 1a KWG und Finanzunternehmen iSv § 1 Abs. 3 KWG fallen nicht hierunter.[258] Zumindest bei der ordentlichen Kapitalerhöhung ist es nicht zulässig, die Entscheidung, ob nach Abs. 5 vorgegangen wird oder nicht, dem Vorstand zu überlassen.[259] Eine genaue Bezeichnung des Unternehmens ist hingegen nicht erforderlich. In diesem Fall hat der Vorstand in Durchführung der Kapitalerhöhung ein geeignetes Unternehmen auszuwählen.[260]

Erfolgt die Zuweisung der neuen Aktien an ein **Emissionskonsortium**, muss jeder Konsorte 69 unter die genannten Emissionsdienstleistungsunternehmen fallen. Andernfalls ist der Kapitalerhöhungsbeschluss anfechtbar.[261] Werden Aktien **sonstigen Personen** zugewiesen, handelt es sich um einen gewöhnlichen Bezugsrechtsausschluss außerhalb von Abs. 5; die vom Dritten übernommene Verpflichtung, die Aktien den Aktionären anzubieten, ändert hieran nichts.[262] Beim Bezugsrechtsausschluss können auch gesetzliches und mittelbares Bezugsrecht miteinander **kombiniert** werden, zum Beispiel bei einem Nebeneinander von Groß- und Kleinaktionären.[263]

b) Verpflichtung zu Gunsten der Aktionäre. Das Emissionsunternehmen muss sich verpflich- 70 ten, den Aktionären die Aktien **unverzüglich** zum Bezug anzubieten.[264] Dies muss im Kapitalerhöhungsbeschluss ebenfalls festgesetzt werden.[265] In Umsetzung dieses Erfordernisses bedarf es eines Vertrages zwischen der AG und dem Unternehmen zu Gunsten der Aktionäre (§ 328 BGB).[266] Er muss inhaltlich so ausgestaltet sein, dass der durch §§ 186, 255 Abs. 2 vermittelte Aktionärsschutz gewährleistet wird.[267] Der Vorstand ist zum Abschluss einer solchen Vereinbarung verpflichtet[268] und macht sich ggf. gegenüber den Aktionären schadensersatzpflichtig. Eine **ausdrückliche Anweisung** im Kapitalerhöhungsbeschluss, dass der Vorstand die Zeichnungsverträge mit dem Emissionsunternehmen nur Zug um Zug gegen dessen Verpflichtung, die gesamten jungen Aktien an die Bezugsberechtigten nach Maßgabe der Regeln für das reguläre Bezugsrecht unverzüglich weiterzugeben abschließen darf, ist nicht erforderlich (str.).[269] Dies ergibt sich bereits aus § 83 Abs. 2. Die Verpflichtung des Emissionsunternehmens muss spätestens im **Zeitpunkt der Zeichnung** eingegangen werden. Die Altaktionäre können ihren rechtsgeschäftlichen Bezugsanspruch gemäß § 398 BGB an Dritte **abtreten**. Sind die auszugebenden Aktien vinkuliert, bedarf es hierzu gemäß § 68 Abs. 2 analog der Zustimmung der AG.

c) Bekanntmachung des Bezugsangebots. Gemäß Abs. 5 Satz 2 hat der Vorstand das Bezugs- 71 angebot des Emissionsunternehmens an die Aktionäre mit den Angaben gemäß Abs. 2 Satz 1 und dem endgültigen Ausgabebetrag gemäß Abs. 2 Satz 2 bekannt zu machen (→ Rn. 14).[270] Der von den Erwerbern zu zahlende **Bezugspreis** kann im Kapitalerhöhungsbeschluss festgesetzt werden. Andernfalls erfolgt dies durch den Vorstand; dieser ist hierbei bis zur Grenze des faktischen Bezugsrechtsausschlusses (→ Rn. 75 ff.) frei, sofern der die angemessene Vertriebsprovision übersteigende Mehrerlös an die AG abgeführt wird.[271]

2. Rechtsfolge. Liegen die Voraussetzungen des Abs. 5 vor, gilt die Zuweisung der neuen Aktien 72 im Kapitalerhöhungsbeschluss nicht als Bezugsrechtsausschluss.[272] Die besonderen **formalen und**

---

[257] LG Düsseldorf AG 1999, 134 (134); OLG Hamburg AG 2000, 326 (328). – Zum Kreis der genannten Unternehmen *du Buisson* WM 2003, 1401; zu Equity-Line-Finanzierungen *Kallweit* BB 2009, 2495.
[258] MüKoAktG/*Schürnbrand* Rn. 153; Hüffer/Koch/*Koch* Rn. 46.
[259] OLG Hamburg NZG 2009, 549; MüKoAktG/*Schürnbrand* Rn. 151.
[260] Hüffer/Koch/*Koch* Rn. 49; *Schlitt/Seiler* WM 2003, 2175 (2177).
[261] Hüffer/Koch/*Koch* Rn. 46; MüKoAktG/*Schürnbrand* Rn. 153; K. Schmidt/Lutter/*Veil* Rn. 46.
[262] OLG Koblenz NZG 1998, 552 (553); Kölner Komm AktG/*Ekkenga* Rn. 199.
[263] MüKoAktG/*Schürnbrand* Rn. 152; Hüffer/Koch/*Koch* Rn. 45.
[264] Hüffer/Koch/*Koch* Rn. 47.
[265] OLG Stuttgart AG 2013, 604 (610); MüKoAktG/*Schürnbrand* Rn. 154.
[266] BGHZ 114, 203 (208) = NJW 1991, 2764; BGHZ 118, 83 (86) = NJW 1992, 2222; BGHZ 122, 180 (186) = NJW 1993, 1983; OLG Düsseldorf AG 2001, 51 (52 f.); OLG Stuttgart AG 2013, 604 (610); Hüffer/*Koch*/*Koch* Rn. 47.
[267] Zum Ganzen MüKoAktG/*Schürnbrand* Rn. 155 f.
[268] Kölner Komm AktG/*Lutter* Rn. 109.
[269] AA Kölner Komm AktG/*Lutter* Rn. 106.
[270] OLG Karlsruhe AG 2002, 91; Hüffer/Koch/*Koch* Rn. 52; zum Ganzen *Schlitt/Seiler* WM 2003, 2175.
[271] OLG Stuttgart AG 2013, 604 (611), auch zur möglichen Schadensersatzpflicht des Vorstands sowie zur Möglichkeit der Aktionäre, Unterlassungsklage zu erheben.
[272] BGHZ 118, 83 (96); LG Düsseldorf AG 1999, 134.

materiellen Anforderungen sind nicht einzuhalten.[273] Dies betrifft den Vorstandsbericht gemäß Abs. 4 Satz 2 (→ Rn. 25), die Bekanntmachung nach Abs. 4 Satz 1 (→ Rn. 23) und die Notwendigkeit einer sachlichen Rechtfertigung des Beschlusses (→ Rn. 40 ff.).

73 **Zeichner der neuen Aktien** gemäß § 185 und Schuldner der Einlagepflicht gemäß § 54 Abs. 1 in Höhe des Ausgabebetrags wird allein das Emissionsunternehmen.[274] Dieses ist zur Zeichnung der Mindesteinlagen bzw. des höheren eingeforderten Betrags verpflichtet (→ § 188 Rn. 43) und hat die Aktien unverzüglich den Aktionären nach Eintragung der Durchführung (§ 189) zum Erwerb anzubieten.[275] Die betreffenden Aktionäre haben gegen das Unternehmen einen schuldrechtlichen **Anspruch auf Übertragung** der Aktien gegen Zahlung des Ausgabebetrags.[276] Wird mit der AG ein höherer Bezugspreis vereinbart, hat das Emissionshaus den Mehrerlös an die AG abzuführen und erhält dafür im Gegenzug eine Provision.[277] Diese an die Emissionsbank durch die AG geleistete **Gebühr** verstößt bei Marktüblichkeit nicht gegen § 57 (str.);[278] das Erfordernis der Marktüblichkeit gilt auch, wenn die Vergütung, wie in der Praxis verbreitet, unmittelbar aus dem vom Aktienbezieher geleisteten Aufgeld gezahlt wird.[279] Verweigert das Emissionshaus die Leistung der Aktien, können die Aktionäre gemäß § 328 Abs. 1 BGB, § 280 Abs. 1 BGB, § 286 BGB Verzugsschaden und gemäß § 328 Abs. 1 BGB, §§ 281, 283 BGB Schadensersatz statt der Leistung verlangen. Auf ein vorvertragliches Schuldverhältnis zwischen Emissionsunternehmen und Aktionären kommt es wegen des Vertrags zu Gunsten Dritter (→ Rn. 70) insofern nicht an.[280] Zur Einbeziehung der mittelbaren Erwerber und des Emissionsunternehmens in § 27 Abs. 3 und 4 → § 183 Rn. 31 aE.

74 Werden die Aktien **nicht vollständig übernommen,** kann abweichend vom Regelfall des Bezugsrechtsausschlusses (→ Rn. 21) der Betrag der Kapitalerhöhung meist nicht mehr reduziert werden. Das Emissionsunternehmen bleibt zunächst Aktionär, ist in entsprechender Anwendung von Abs. 1 jedoch verpflichtet, die verbliebenen Aktien den Aktionären erneut anzubieten (auch → § 185 Rn. 14). An dieser Vorgabe haben sich auch die zunehmend verbreiteten Nach- oder Überbezugsrechte der Altaktionäre zu messen.[281]

V. Faktischer Bezugsrechtsausschluss

75 Der durch Abs. 2–5 vermittelte Schutz kann auch **bei Wahrung des gesetzlichen Bezugsrechts** der Aktionäre leer laufen, so dass man insoweit auch vom faktischen Bezugsrechtsausschluss spricht. Die dogmatische Grundlegung zur Behandlung solcher Fälle, die tatbestandliche Reichweite und die Rechtsfolgen einer etwaigen Sanktionierung sind indessen nach wie vor sehr umstritten oder ungeklärt.[282]

76 **1. Dogmatische Grundlegung.** Im Ausgangspunkt steht es der Hauptversammlung frei, ob sie die Kapitalerhöhung mit oder ohne Bezugsrecht beschließt. Man kann auch nicht postulieren, dass die Bezugsrechtskapitalerhöhung einen Vorrang hätte. Die mittlerweile hoch entwickelten formalen und materiellen Voraussetzungen des wirksamen Bezugsrechtsausschlusses gemäß §§ 186, 255 Abs. 2 machen vielmehr deutlich, dass es sich bei Einhaltung derselben um **gleichwertige Alternativen** handelt. Die Erfassung der Problematik eines faktischen Bezugsrechtsausschlusses kann daher nur auf die Weise erfolgen, dass man auf der ersten Stufe eine **Umgehungsproblematik** identifiziert: Die Bezugsrechtskapitalerhöhung bewirkt aus der Perspektive einzelner Altaktionäre eine (drohende) **Verwässerung** ihrer Mitgliedschaft, die durch eine ordnungsgemäß beschlossene und durchgeführte Kapitalerhöhung unter Bezugsrechtsausschluss nach der Konzeption des Gesetzes adäquat ausgestaltet wäre. Erforderlich ist hierfür nicht erst, dass die Verwässerung wegen objektiver Umstände auch tatsächlich eintritt; vielmehr reicht es aus, dass die beschlossene Kapitalerhöhung die Entscheidungsfreiheit der betroffenen Aktionäre bei verständiger Würdigung so beeinflusst, dass sie in vorhersehbarer Weise ihr Bezugsrecht nicht ausüben.[283] Ergibt sich dieser objektive Befund, ist auf einer zweiten

---

[273] Hüffer/Koch/*Koch* Rn. 44; MüKoAktG/*Schürnbrand* Rn. 149.
[274] OLG Stuttgart AG 2013, 604 (610).
[275] Hüffer/Koch/*Koch* Rn. 50; MüKoAktG/*Schürnbrand* Rn. 154.
[276] MüKoAktG/*Schürnbrand* Rn. 156.
[277] OLG Stuttgart AG 2013, 604 (610).
[278] *Vaupel* AG 2010, 93 (98); abw. unter Hinweis aus § 54 Abs. 2 Hüffer/Koch/*Koch* Rn. 47.
[279] Vgl. OLG Stuttgart AG 2013, 604 (610); MüKoAktG/*Schürnbrand* Rn. 158; Hüffer/Koch/*Koch* Rn. 47; *Immenga* FS Beusch, 1993, 413 (419 ff.); *Schippel* FS Steindorff, 1990, 299 (254 ff.).
[280] Vgl. aber OLG Düsseldorf AG 1984, 188 (190).
[281] S. *Seibt/Vogt* AG 2009, 133 (137 f.).
[282] Zum Ganzen eingehend *N. Maier*, Faktischer Bezugsrechtsausschluss, 2014; *Kuntz/Stegemann* ZIP 2016, 2341.
[283] Ähnlich MüKoAktG/*Schürnbrand* Rn. 142.

Stufe unter dem Aspekt der **Treuepflicht** der beschließenden Mehrheit[284] sowie der Treuepflicht der AG gegenüber ihren Aktionären[285] zu fragen, ob durch die Beschlussfassung und Durchführung der Kapitalerhöhung das **Rücksichtnahmegebot** verletzt wird. Die Schwelle hierfür ist nicht zu niedrig anzusetzen, denn der Mehrheit steht gerade bei der Kapitalerhöhung ein weiter Ermessensspielraum in unternehmenspolitischen Fragen zu.[286] Auf subjektive Merkmale der beschließenden Mehrheit oder der AG, insbesondere eine **Umgehungsabsicht,** kommt es aber richtigerweise nicht an.[287] Wohl aber kann die bewiesene Umgehungs- oder Schädigungsabsicht die Treuwidrigkeit indizieren.

Eine weitergehende, analoge Anwendung der **materiellen Beschlusskontrolle** eines gewollten **77** Bezugsrechtsausschlusses (→ Rn. 40 ff.) wäre demgegenüber zu streng, weil hierüber die prinzipielle Erlaubnis einer Bezugsrechtskapitalerhöhung außer Acht gelassen würde; deren Vorgaben im Hinblick auf die sachliche Rechtfertigung können jedoch im Rahmen der Treuepflichtargumentation fruchtbar gemacht werden.[288] Auch überzeugt es nicht, wenn gefordert wird, dass der Vorstand entsprechend Abs. 4 Satz 1 schon in der Tagesordnung darauf hinweisen müsse, dass das Bezugsrecht der Aktionäre faktisch ausgeschlossen wird.[289] Auch hier würde die prinzipielle Freiheit zur Bezugsrechtskapitalerhöhung ignoriert und dem Vorstand zudem eine Verantwortung auferlegt, der er mangels Einblicken in die Sphäre der Aktionäre auch gar nicht nachkommen kann. Als Konsequenz der hier vertretenen rein treuepflichtgesteuerten Kontrolle eines faktischen Bezugsrechtsausschlusses obliegt daher die **Beweislast** für eine etwaige Verletzung des Rücksichtnahmegebots vornehmlich den betroffenen Aktionären. Sie müssen darlegen und beweisen, dass sie durch die konkret beschlossene und durchgeführte Bezugsrechtskapitalerhöhung rücksichtslos behandelt werden, indem ihnen die Ausübung des Bezugsrechts aus tatsächlichen oder rechtlichen Gründen erschwert oder unmöglich ist. In Anlehnung an die Kriterien der materiellen Beschlusskontrolle beim Bezugsrechtsausschluss (→ Rn. 40 ff.) kann die AG dies dann entkräften, indem sie darlegt und ggf. beweist, dass die Maßnahme im Gesellschaftsinteresse liegt und die hiermit einhergehende faktische Beeinträchtigung des Bezugsrechts der Altaktionäre erforderlich und angemessen ist, um dieses Ziel zu verwirklichen.[290]

2. Tatbestandliche Fallgruppen. Allgemein, aber insbesondere auf der Grundlage des hier **78** vertretenen treuepflichtgesteuerten Ansatzes zur Behandlung eines faktischen Bezugsrechtsausschlusses kann man nur Fallgruppen entwickeln, um das potentiell pflichtwidrige Verhalten der Mehrheit bzw. der durch den Vorstand vertretenen AG gegenüber der Minderheit zu ermitteln. Dies entbindet freilich nicht von der präzisen **Prüfung jedes Einzelfalles** anhand der allgemeinen, hoch entwickelten Vorgaben der aktienrechtlichen Treuepflicht (Einzelheiten → § 53a Rn. 36 ff.).

a) Festsetzung eines zu hohen Ausgabebetrags. Das wichtigste Beispiel für die Bejahung **79** eines faktischen Bezugsrechtsausschlusses ist die Festsetzung eines zu hohen Ausgabebetrags mit der Folge, dass eine Gruppe von Aktionären vorhersehbar nicht in der Lage ist, ihr Bezugsrecht auszuüben.[291] Zur tatbestandlichen Ermittlung einer etwaigen Treuwidrigkeit ist **§ 255 Abs. 2 umgekehrt analog** heranzuziehen. Ist der Ausgabebetrag hiernach im Vergleich zum Nennwert der Aktien unangemessen hoch, obliegt es dem betreffenden Aktionär darzulegen und zu beweisen, dass er hierdurch rücksichtslos behandelt wird, indem ihm die Ausübung des Bezugsrechts aus tatsächlichen oder rechtlichen Gründen erschwert oder unmöglich ist. In Anlehnung an die Kriterien der materiellen Beschlusskontrolle beim Bezugsrechtsausschluss (→ Rn. 40 ff.) kann die AG dies entkräften, indem sie darlegt und ggf. beweist, dass der hohe Ausgabebetrag im Gesellschaftsinteresse liegt

---

[284] Grundlegend BGH ZIP 1988, 301 (Linotype); *Lutter* ZHR 162 (1998), 164 (183); vgl. auch Wachter/ *Servatius* § 53a Rn. 44 ff.; zur Kapitalerhöhung bei der GmbH OLG Stuttgart NZG 2000, 156.
[285] BGH ZIP 1994, 1597 (BMW); Wachter/*Servatius* Rn. 59 (Treuepflicht der AG zielt auf die effektive Wahrnehmung der Gesellschafterrechte); vgl. auch *Gehling* ZIP 2011, 1699 (1700 f.).
[286] Zur GmbH OLG Stuttgart NZG 2000, 156.
[287] MüKoAktG/*Schürnbrand* Rn. 142; vgl. auch BGH NJW 2006, 1066 (1067).
[288] Weitergehend Kölner Komm AktG/*Ekkenga* Rn. 126 und Hüffer/Koch/*Koch* Rn. 43: formelle und materielle Voraussetzungen des Bezugsrechtsausschlusses müssen eingehalten werden; ebenso wohl MüKoAktG/*Schürnbrand* Rn. 142.
[289] So aber MüKoAktG/*Schürnbrand* Rn. 142; kritisch *Kuntz/Stegemann* ZIP 2016, 2341 (2343); vgl. auch *Gehling* ZIP 2011, 1699 (1700).
[290] Ähnlich für die GmbH OLG Stuttgart NZG 2000, 156, wonach die Minderheit eine Entscheidung der Mehrheit akzeptieren müsse, wenn diese im „vertretbaren Interesse der Gesellschaft" liege.
[291] LG Düsseldorf AG 1999, 134; MüKoAktG/*Schürnbrand* Rn. 143; Hüffer/Koch/*Koch* Rn. 43; *Seibt/Vogt* AG 1999, 133 (138); *Kocher/Feigen* CFL 2013, 116 (117); zum Ganzen *N. Maier*, Faktischer Bezugsrechtsausschluss, 2014.

und die hiermit einhergehende faktische Beeinträchtigung des Bezugsrechts der Altaktionäre erforderlich und angemessen ist, um dieses Ziel zu verwirklichen.

80 Ein hiernach unzulässiger faktischer Bezugsrechtsausschluss kann insbesondere beim sog. **Reverse Merger**, also der Aufnahme einer großen Gesellschaft durch eine kleine, eintreten. Zur Vermeidung bietet es sich jedoch an, eine gemischte Bar- und Sachkapitalerhöhung mit gekreuztem Bezugsrechtsausschluss zu beschließen, bei der sich der Bezugsrechtsausschluss nur auf die Sachkapitalerhöhung bezieht (bereits → Rn. 63).[292] Die Altaktionäre werden dann dadurch geschützt, dass sie im Volumen der Sachkapitalerhöhung zur Bareinlage berechtigt werden. Auch hierdurch lässt sich die Gefahr des faktischen Bezugsrechtsausschlusses jedoch nicht völlig ausschließen. Zu bedenken ist nämlich, dass hierüber das Volumen der Kapitalerhöhung stark erhöht wird, ggf. über den Finanzierungsbedarf der AG hinaus, und die Gesellschafter der Zielgesellschaft meist kein Interesse haben, entsprechend gering an der aufnehmenden Gesellschaft beteiligt zu sein. Ist die Gestaltung daher von vornherein darauf angelegt, dass die Altaktionäre der aufnehmenden AG ihr Bezugsrecht nicht ausüben können und werden, liegt bezüglich der Barkapitalerhöhung ein faktischer Bezugsrechtsausschluss vor, der wegen einer bewussten Umgehung von Abs. 1 zur Anfechtung berechtigt (str.).[293]

81 Ein **über dem aktuellen Börsenkurs liegender Ausgabebetrag** ist nicht stets treuwidrig, wenngleich das Bezugsrecht hierdurch praktisch wertlos ist. Ein höherer Ausgabebetrag kann zum Beispiel dadurch gerechtfertigt und angemessen sein, dass Altaktien kaum gehandelt werden oder der Börsenkurs auf Grund externer Effekte nicht den „wahren Wert" der Anteile widerspiegelt.[294] Allgemein gilt, dass ein Ausgabebetrag erst dann unangemessen hoch ist, wenn der Bezugspreis über dem „wirklichen Wert" der Aktien, einschließlich stiller Reserven und innerem Geschäftswert, liegt.[295] Um Bewertungsunsicherheiten auszuräumen, sollte dies erst ab einer Überschreitung von 20 % angenommen werden.[296] Der maßgebliche Börsenkurs kann in Anlehnung an § 33a Abs. 1 Nr. 1 ermittelt werden. Der Erwerb von Aktien aus nicht ausgeübten Bezugsrechten durch einen **Backstop-Investor** (→ Rn. 21) vermag ebenfalls regelmäßig keinen faktischen Bezugsrechtsausschluss zu begründen.[297]

82 **b) Kapitalerhöhung zum Nennwert.** Wird eine Bezugsrechtskapitalerhöhung zum geringsten Ausgabebetrag (§ 9 Abs. 1) beschlossen und durchgeführt, besteht auch hier grds. die Möglichkeit, dass bestimmte Aktionäre aus finanziellen oder anderen Gründen das Bezugsrecht nicht ausüben können oder wollen, so dass insofern eine Verwässerung ihrer Mitgliedschaft droht. Allerdings kann anders als beim zu hohen Ausgabebetrag dies nur **in extremen Ausnahmefällen** einen treuwidrigen faktischen Bezugsrechtsausschluss hervorrufen. Zu nennen sei etwa der Fall, dass die AG bei der Kapitalerhöhung im Vergleich zum Bisherigen **ungewöhnlich hohe Nennbeträge** für die neu auszugebenden Aktien festlegt.[298] Hier liegt ein rücksichtsloses Vorgehen gegenüber einem zeichnungsunfähigen oder -unwilligen Altaktionär nahe, denn es ist regelmäßig ohne weiteres möglich, die Stückelung entsprechend anzupassen.[299] Im Übrigen ist bei der Kapitalerhöhung zum Nennbetrag jedoch zu bedenken, dass es der AG nicht möglich ist, eine Unterpariemission durchzuführen. Es besteht daher kein Raum, den Interessen der beteiligungsunfähigen oder -unwilligen Aktionäre entgegenzukommen, ohne auf die Kapitalerhöhung in Gänze zu verzichten. Es kann kaum verlangt werden, das Bezugsrecht allein deswegen auszuschließen, weil die betreffenden Aktionäre es nicht ausüben können oder wollen. Letztlich besteht daher bei der Kapitalerhöhung zum geringsten Ausgabebetrag nur dann Raum für eine Treuwidrigkeit, wenn hierüber eine **bewusste Schädigung** der Minderheit erfolgen soll, wofür diese allerdings beweispflichtig ist. Das allgemeine Verlangen, dass der Ausgabepreis neuer Anteile mit deren **wirklichen Wert** übereinstimmen müsse,[300] findet keine hinreichende gesetzliche Stütze. Vor allem erscheint es als zu pauschal, in diesem Fall generell eine an sich nicht vorgesehene Nachschusspflicht anzunehmen[301] oder voreilig und konturenlos

---

[292] Grundlegend *Lutter* ZGR 1979, 401 (406 f.); aus der Praxis *Groß* AG 1993, 449 (455); *Hennerkes/Binge* AG 1996, 119; *Aha* BB 2001, 2225 (2227 f.); vgl. den Fall von OLG Jena ZIP 2006, 1989.
[293] AA *Groß* AG 1993, 449 (455); *Hennerkes/Binge* AG 1996, 119; *Aha* BB 2001, 2225 (2227 f.).
[294] *Seibt/Vogt* AG 2009, 133 (138).
[295] *Vaupel* AG 2010, 93 (95) (mwN).
[296] So *Groß* AG 1993, 449 (456); zu großzügig aber *Kocher/Feigen* CFL 2013, 116 (120 f.): Toleranz von 30 % sowie *Ekkenga/Jaspers* in Ekkenga/Schröer, Handbuch der AG-Finanzierung, 2014, Kap. 4 Rn. 145: unbedenklich; hingegen zutreffend Hüffer/Koch/*Koch* Rn. 43; MüKoAktG/*Schürnbrand* Rn. 144.
[297] Vgl. *Gehling* ZIP 2011, 1699 (1700) unter Hinweis auf die Treuepflicht als weiteres Korrektiv.
[298] MüKoAktG/*Schürnbrand* Rn. 143.
[299] Vgl. aber auch *Groß* AG 1990, 449 (455).
[300] So für die GmbH OLG Stuttgart NZG 2000, 156 (157).
[301] So aber für die GmbH OLG Stuttgart NZG 2000, 156 (157).

einem **faktischen Bezugszwang** das Wort zu reden.[302] Diese Argumentation ließe sich nämlich auf jede Bezugsrechtskapitalerhöhung übertragen, was kaum der gesetzlichen Konzeption entspricht. Zudem wird hierbei die durchaus mögliche Veräußerung des Bezugsrechts außer Acht gelassen, was die Rechtslage bei der publikumsoffenen AG gegenüber der personalistisch geprägten GmbH strukturell sehr unterscheidet. Die Ausgabe neuer Aktien zum Nennwert (unter dem vermeintlichen wirklichen Wert) kann im Übrigen verschiedene **legitime Gründe** haben, die einer Treuwidrigkeit ohne das Hinzutreten weiterer Aspekte entgegenstehen. Dies etwa bei der Finanzierung hoch risikoreicher Start up-Gesellschaften; ebenso im Sanierungsfall, wenn der innere Wert der Aktien bzw. der Börsenpreis deutlich darunter liegt.[303] Selbst wenn daher die Kapitalerhöhung zum Nennbetrag unter dem (vermeintlich höheren) wirklichen Anteilswert zurückbleibt, ist ein treuwidriger faktischer Bezugsrechtsausschluss nur dann anzunehmen, wenn die Mehrheit hierüber eine bewusste Schädigung der Minderheit bezweckt.[304] Liegen diese Voraussetzungen nicht vor, ist es auch nicht erforderlich, eine Unternehmens- oder **Anteilsbewertung** vorzunehmen (str.).[305]

c) **Weitere Fälle.** Um einen faktischen Bezugsrechtsausschluss handelt es sich nicht, wenn die neuen **Aktien zunächst nicht börsennotiert** sein sollen, um auf diese Weise die Prospektpflicht zu vermeiden.[306] Es ist zwar richtig, dass bei diesem Vorgehen zu Lasten der potentiellen Zeichner ein kapitalmarktrechtliches Informationsdefizit besteht. Dies ist jedoch gesellschaftsrechtlich hinzunehmen, weil die zum Bezug der Aktien berechtigten Altaktionäre im Rahmen des Kapitalerhöhungsverfahrens ausreichend informiert werden. Auch der Ausschluss eines organisierten **Bezugsrechtshandels** vermag für sich genommen keinen unzulässigen faktischen Bezugsrechtsausschluss zu rechtfertigen.[307] Die Treuepflicht der AG gegenüber ihren Aktionären kann es jedoch gebieten, dass die AG einen solchen Handel einrichtet (str., → Rn. 17). Sollen **ausländische Aktionäre** vom Aktienbezug ausgeschlossen werden, um hierüber ausufernde Prospektpflichten zu verhindern, kann dies durchaus mittels eines (echten) Bezugsrechtsausschlusses bewirkt werden (→ Rn. 45a). Kategorisch unzulässig ist es demgegenüber, wenn jenseits dieser Gestaltungsmöglichkeit gleichsam durch die Hintertür die Zeichnungserklärungen ausländischer Aktionäre „zurückgewiesen" werden sollen.[308] Hieran vermag auch nicht die scheinbare Kompensation dieses Verstoßes etwas zu ändern, wonach der Vorstand die betreffenden Aktionäre im Vorfeld der Beschlussfassung auf ihre Benachteiligung hinweisen muss.[309]

3. **Mögliche Rechtsfolgen.** Bislang wenig erörtert sind die Rechtsfolgen eines faktischen Bezugsrechtsausschlusses.[310] Hierbei ist im Wesentlichen grundlegend zu differenzieren, ob man die tatbestandliche Erfassung des faktischen Bezugsrechtsausschlusses – wie hier vertreten (→ Rn. 76 f.) – als Verletzung der gesellschaftsrechtlichen **Treuepflicht** durch die Beschlussmehrheit oder die AG sanktioniert[311] oder – wie wohl die bislang herrschende Ansicht – mittels einer **Analogie zu § 186,** einschließlich seiner ungeschriebenen materiellen Anforderungen.[312] Wenngleich wegen der genauen Verortung des potentiell inkriminierten Verhaltens und der dogmatisch ausgereiften Diskussion die besseren Gründe für die Treuepflichtlösung sprechen als der sehr pauschale Rekurs auf § 186 analog als Folge einer objektiven Gesetzesumgehung, kann es durchaus Fälle geben, in denen die herrschende Ansicht überzeugt. Man muss hierbei jedoch die **verschiedenen Zeitpunkte** für die Geltendmachung eines (rechtswidrigen) faktischen Bezugsrechtsausschluss durch einen betroffenen Aktionär unterscheiden.

Ergibt sich etwa bereits im **Vorfeld des Kapitalerhöhungsbeschlusses,** dass der hierin festzusetzende Ausgabebetrag oder ein sonstiger Beschlussinhalt einen faktischen Bezugsrechtsausschluss begründet, müssen die formellen und materiellen Anforderungen gemäß § 186 Abs. 3 vollumfänglich eingehalten werden.[313] Lässt sich dieses Verfahren nicht mehr einhalten, muss die Beschlussfassung unterbleiben, ggf. von einem Aktionär im Wege des einstweiligen Rechtsschutzes erzwungen werden. Ist

---

[302] Vgl. etwa Hüffer/Koch/*Koch* Rn. 43; *Kocher/Feigen* CFL 2013, 116 (119); *Schlitt/Schäfer* CFL 2011, 410 (413); *Seibt/Vogt* AG 2009, 133 (138 f.).
[303] Zu Letzterem MüKoAktG/*Schürnbrand* Rn. 143; *Vaupel/Reers* AG 2010, 93 (96).
[304] Rowedder/Schmidt-Leithoff/*Schnorbus* § 55 Rn. 41.
[305] Abw. für die GmbH OLG Stuttgart NZG 2000, 156.
[306] In diese Richtung auch *Seibt/Vogt* AG 2009, 133 (141); zur Prospektpflicht bei der Kapitalerhöhung allgemein *Oltmanns/Zöllter-Petzold* NZG 2013, 489.
[307] *Seibt/Vogt* AG 2009, 133 (142).
[308] Undeutlich *Kuntz/Stegemann* ZIP 2016, 2341 (2343 f.).
[309] So aber *Kuntz/Stegemann* ZIP 2016, 2341 (2344 f.).
[310] Erste Ansätze bei *Gehling* ZIP 2011, 1699 (1670); vgl. auch *Kuntz/Stegemann* ZIP 2016, 2341 (2344 ff.).
[311] Ebenso *Gehling* ZIP 2011, 1699 (1670).
[312] Vgl. nur Kölner Komm AktG/*Ekkenga* Rn. 126; Hüffer/Koch/*Koch* Rn. 43.
[313] So auch *Kuntz/Stegemann* ZIP 2016, 2341 (2345).

der **Beschluss bereits gefasst** ohne die an sich gebotenen Voraussetzungen gemäß § 186 Abs. 3, kann der hierin enthaltene faktische Bezugsrechtsausschluss durch Anfechtungsklage geltend gemacht werden, nach der hier vertretenen Treuepflichtlösung allerdings mit der grundsätzlichen Beweislast des Aktionärs (→ Rn. 77). Ergibt sich erst bei der nachfolgenden **Konkretisierung des Ausgabebetrages** durch den Vorstand ein faktischer Bezugsrechtsausschluss, kann der Verwirklichung von § 186 Abs. 1 dadurch Rechnung getragen werden, dass die Vorstandspflichten beim Bezugsrechtsausschluss im Zuge des genehmigten Kapitals entsprechend gelten (hierzu → § 203 Rn. 96 ff.).[314] Ein Abbruch der Kapitalerhöhung ist deswegen nicht geboten. Ergibt sich schließlich erst **im Laufe der Zeichnung** ein faktischer Bezugsrechtsausschluss, insbesondere durch die parallele Entwicklung des Börsenkurses, obliegt es dem Vorstand, eine ggf. außerordentliche Hauptversammlung einzuberufen und den Aktionären Gelegenheit zur erneuten Beschlussfassung zu geben.[315] Zu Aufhebung und Änderung des Kapitalerhöhungsbeschlusses → § 182 Rn. 33 f.

§ 187 Zusicherung von Rechten auf den Bezug neuer Aktien

(1) Rechte auf den Bezug neuer Aktien können nur unter Vorbehalt des Bezugsrechts der Aktionäre zugesichert werden.

(2) Zusicherungen vor dem Beschluß über die Erhöhung des Grundkapitals sind der Gesellschaft gegenüber unwirksam.

Schrifttum: Siehe vor § 182.

Übersicht

	Rn.		Rn.
I. Bedeutung der Norm	1–4	1. Unwirksamkeit	11
1. Anwendungsbereich	2	2. Aufnahme eines Vorbehalts unbeachtlich	12
2. Regelungsgehalt	3	3. Teleologische Reduktion	13
3. Entstehungsgeschichte	4	IV. Zusicherung nach dem Kapitalerhöhungsbeschluss (Abs. 1)	14–18
II. Zusicherung auf den Bezug von Aktien	5–9	1. Ausdrücklicher Vorbehalt	14, 15
1. Verpflichtung der AG	5	2. Fehlen des Vorbehalts	16
2. Einseitige Verpflichtung des künftigen Zeichners	6	3. Teleologische Reduktion	17
3. Mittelbares Bezugsrecht	7, 8	4. Auswirkungen auf die Durchführung	18
4. Bezugsrechte auf Schuldverschreibungen und Genussrechte	9	V. Business Combination Agreements	19–21
III. Zusicherung vor dem Kapitalerhöhungsbeschluss (Abs. 2)	10–13	1. Grundlagen	19
		2. Grenzen der Gestaltungsfreiheit	20, 21

I. Bedeutung der Norm

1 § 187 verfolgt eine **doppelte Schutzrichtung:** Gesichert wird gemäß Abs. 1 das gesetzliche Bezugsrecht der Aktionäre (§ 186 Abs. 1), gemäß Abs. 2 die Entscheidungsfreiheit der Hauptversammlung.[1] Beide Regelungen beschränken die Gestaltungsfreiheit im Hinblick auf vorherige Vereinbarungen zwischen der AG mit künftigen Investoren, was rechtspolitisch durchaus kritisiert wird.[2] Die zunehmende, letztlich in der Anerkennung der positiven Effekte von shareholder activism fußende Akzeptanz umfangreicher **Investorenvereinbarungen** stellt in der Tat eine Herausforderung für die Ausgestaltung des bislang weitgehend dem gesetzlichen Leitbild der Publikumsgesellschaft verhafteten Aktienrechts dar. Solange allerdings professionelle Investoren und Privat- bzw. Kleinanleger in der Rechtsform AG vereint sind, spricht vieles dafür, auch § 187 mit seinen vor allem die Entscheidungsautonomie der Hauptversammlung stärkenden Zielen anzuerkennen. **Praktische Bedeutung** hat die Regelung vor allem bei der Aktienplatzierung am Kapitalmarkt, wenn die Gesellschaft sich eines Emissionsunternehmens bedient (→ Rn. 7). Darüber hinaus kommt es oftmals

---

[314] Einzelheiten bei *Kuntz/Stegemann* ZIP 2016, 2341 (2345 ff.).
[315] *Servatius* Strukturmaßnahmen S. 383 ff.; vgl. zu „abgelaufenen Beschlüssen" auch *Priester* FS Wiedemann, 2002, 1161 (1168); *Findeisen* ZIP 2009, 1648 (1650 ff.).
[1] Großkomm AktG/*Wiedemann* Rn. 4; Kölner Komm AktG/*Ekkenga* Rn. 3; MüKoAktG/*Schürnbrand* Rn. 1; Hüffer/Koch/*Koch* Rn. 1; K. Schmidt/Lutter/*Veil* Rn. 1.
[2] MüKoAktG/*Schürnbrand* Rn. 2.

beim Einsatz von Aktien als Akquisitionswährung bzw. share for share-Transaktionen zu sog. Business Combination Agreements im Vorfeld der Transaktion (→ Rn. 19 ff.).

1. Anwendungsbereich. § 187 gilt zuvörderst bei der ordentlichen Kapitalerhöhung gemäß 2 §§ 182 ff. sowie sinngemäß beim genehmigten Kapital (§ 203 Abs. 1 Satz 1, → § 203 Rn. 27 ff.).³ Bei der bedingten Kapitalerhöhung gilt gemäß § 193 Abs. 1 Satz 3 nur Abs. 2. Bei der Kapitalerhöhung aus Gesellschaftsmitteln ist das Bezugsrecht gemäß § 212 zwingend, so dass für Vereinbarungen der AG über den Bezug neuer Aktien kein Raum ist. Auf die Kapitalerhöhung im Rahmen einer Verschmelzung ist § 187 gemäß § 69 Abs. 1 Satz 1 UmwG nicht anwendbar. Zur Anwendung bei Wandelschuldverschreibungen und Genussrechten → Rn. 9. Zur **teleologischen Reduktion** von § 187 bei der Ein-Personen-Gesellschaft und dem allseitigen Verzicht auf den hierdurch vermittelten Schutz → Rn. 13 sowie beim Ausschluss des Bezugsrechts → Rn. 17.

2. Regelungsgehalt. Die Regelung knüpft an rechtsgeschäftlich begründete Zusicherungen der 3 AG auf den Aktienbezug an (→ Rn. 5 ff.) und schränkt als zwingendes Recht die Gestaltungsfreiheit im Hinblick auf den **Zeitpunkt der Vereinbarung** unterschiedlich ein: **Abs. 1** lässt vertragliche Zusicherungen über den Bezug von Aktien nach dem Kapitalerhöhungsbeschluss nur zu, soweit sie einen Vorbehalt zu Gunsten des Bezugsrechts der Aktionäre beinhalten (→ Rn. 5 ff., 14 ff.). Nach **Abs. 2** wird dieser Grundsatz für Vereinbarungen vor der Beschlussfassung über die Kapitalerhöhung noch weiter eingeschränkt (→ Rn. 10 ff.).

3. Entstehungsgeschichte. Die Vorschrift wurde mit dem AktG 1965 eingeführt und gilt seit- 4 dem unverändert. Sie beruht ohne sachliche Änderung auf § 154 AktG 1937.⁴

II. Zusicherung auf den Bezug von Aktien

1. Verpflichtung der AG. Abs. 1 und Abs. 2 verlangen **Zusicherungen der AG.** Erfasst wird 5 jede rechtsgeschäftliche Vereinbarung eines Aktionärs oder Dritten mit der AG, wonach dieser zum Bezug neuer Aktien berechtigt sein soll. Dies gilt ohne weiteres für einen **schuldrechtlichen Vorvertrag** im Vorfeld der Kapitalerhöhung (→ § 185 Rn. 43 ff.).⁵ Der **Zeichnungsvertrag** enthält wegen § 189 zwar keine Verpflichtung der AG zur Zuteilung von Aktien (→ § 185 Rn. 12). Wird er jedoch vor der Beschlussfassung über die Kapitalerhöhung geschlossen, ist wegen der hieraus resultierenden Gefährdung der Willensentschließungsfreiheit der Hauptversammlung eine analoge Anwendung von Abs. 2 geboten (→ § 185 Rn. 11). Der Zeichnungsvertrag nach Beschlussfassung fällt indessen nicht unter § 187. Eine Zusicherung zu Gunsten eines Aktionärs durch **Satzungsregelung** ist bereits gemäß §§ 186 Abs. 3 Satz 1, 23 Abs. 5 (absolut) unwirksam, so dass § 187 hierauf nicht anzuwenden ist (str.).⁶ Eine bloße **Absichtserklärung** (oftmals sog. Memorandum of Understanding) fällt grundsätzlich nicht unter § 187, weil hieraus keine Zusicherungen auf den Bezug von Aktien resultieren. Etwas anderes gilt allerdings, wenn die Folgen im Fall der Missachtung (zum Beispiel Schadensersatzpflichten) so gravierend sind, dass die Absichtserklärung faktisch einer Verpflichtung der AG entspricht.⁷

2. Einseitige Verpflichtung des künftigen Zeichners. § 187 will allein die verbindliche Zusi- 6 cherung seitens der AG verhindern. Die einseitige Verpflichtung eines Aktionärs oder Dritten, Aktien aus der Kapitalerhöhung zu übernehmen, falls die Hauptversammlung oder der Vorstand sie ihm zuteilen, fällt konsequenterweise nicht hierunter.⁸ Etwas anderes gilt jedoch, wenn die einseitige Verpflichtung bzw. das bindende Vertragsangebot des künftigen Zeichners bereits die Anforderungen an einen formgerechten Zeichnungsschein gemäß § 185 erfüllt (→ § 185 Rn. 11).⁹

3. Mittelbares Bezugsrecht. Die einseitige **Verpflichtung eines Emissionsunternehmens** 7 im Rahmen von § 186 Abs. 5 gegenüber der AG, die Aktien zu übernehmen und den Aktionären

---

³ v. Falkenhausen/Bruckner AG 2009, 732.
⁴ RegBegr. Kropff S. 296; zur früheren Entwicklung MüKoAktG/Schürnbrand Rn. 4; K. Schmidt/Lutter/Veil Rn. 3.
⁵ Undeutlich Leßmann DB 2006, 1256.
⁶ AA (§ 187 anwendbar) Kölner Komm AktG/Ekkenga Rn. 6; Großkomm AktG/Wiedemann Rn. 5; Hüffer/Koch/Koch Rn. 2; MüKoAktG/Schürnbrand Rn. 5.
⁷ Vgl. zum Schutz der AG vor Schadensersatzansprüchen aus Doppelverpflichtungen auch Kölner Komm AktG/Ekkenga Rn. 3; MüKoAktG/Schürnbrand Rn. 1.
⁸ MüKoAktG/Schürnbrand Rn. 6; Hüffer/Koch/Koch Rn. 2; vgl. auch OLG Frankfurt NZG 2001, 759, wo allerdings missverständlich vom „Zeichnungsvorvertrag" gesprochen wird; zur möglichen Heilung von „Aktienzeichnungsvorverträgen" Leßmann DB 2006, 1256.
⁹ Undeutlich Leßmann DB 2006, 1256.

zum Bezug anzubieten (hard underwriting), wird nicht von § 187 erfasst (→ Rn. 6). Dasselbe gilt für die Zusicherung von Aktien im Rahmen einer Equity-Line-Finanzierung.[10] Beinhaltet der Emissionsvertrag jedoch **zugleich eine Verpflichtung der AG,** die Aktien dem Emissionsunternehmen zuzuteilen, gilt § 187. Die mittelbare Verwirklichung des Bezugsrechts gemäß § 186 Abs. 5 setzt einen Bezugsrechtsausschluss zu Gunsten des Emissionsunternehmens voraus (→ § 186 Rn. 68). Erfolgt die Vereinbarung im Vorfeld des Kapitalerhöhungsbeschlusses, besteht die Gefahr der Beeinflussung der Willensentschließungsfreiheit der Hauptversammlung, der Abs. 2 begegnet. Dass die Aktionäre letztlich ihr Bezugsrecht erhalten, ändert hieran nichts, weil der Schutz der Willensentschließungsfreiheit auch beinhaltet, dass die Hauptversammlung sich gegen den Weg des § 186 Abs. 5 entscheidet.

8 Auf die zwischen dem **Emissionsunternehmen** und den Aktionären geschlossenen Verträge über den Bezug der neuen Aktien ist § 187 nicht anwendbar.[11] Einschränkungen können sich aber daraus ergeben, dass die Vereinbarung funktional einem unzulässigen Stimmbindungsvertrag zwischen Aktionär und Emissionsunternehmen entspricht (vgl. § 133).

9 **4. Bezugsrechte auf Schuldverschreibungen und Genussrechte.** Nach § 221 Abs. 4 Satz 1 haben die Aktionäre auf Wandel- und Gewinnschuldverschreibungen und Genussrechte ein gesetzliches Bezugsrecht. In § 221 Abs. 4 Satz 2 wird zwar nicht auf § 187 verwiesen, dies ist jedoch inkonsequent. Der doppelte Schutzzweck von § 187 (→ Rn. 1) ist auch bei der Ausgabe solcher Papiere zu verwirklichen, so dass die Regelung **analog** anzuwenden ist.[12] Auf den Bezugsanspruch aus den entsprechenden Schuldverschreibungen ist § 187 hingegen nicht anwendbar, weil die Aktionäre insoweit auch kein gesetzliches Bezugsrecht (mehr) haben (str.).[13]

III. Zusicherung vor dem Kapitalerhöhungsbeschluss (Abs. 2)

10 Erfolgt die Zusicherung vor dem Kapitalerhöhungsbeschluss gemäß § 182 Abs. 1 (nicht den ggf. nach § 182 Abs. 2 erforderlichen Sonderbeschlüssen), ist sie gemäß Abs. 2 der AG gegenüber unwirksam. Hierdurch wird zum einen die AG vor Schadensersatzansprüchen geschützt, wenn die geplante Kapitalerhöhung nicht durchgeführt wird.[14] Zum anderen schützt Abs. 2 die Willensentschließungsfreiheit der Hauptversammlung, indem die Aktionäre bei der Abstimmung keine Rücksicht auf vertragliche Bindungen gegenüber Dritten oder einem Aktionär nehmen müssen.

11 **1. Unwirksamkeit.** Die relative Unwirksamkeit ist **dauerhaft** und wird nicht durch die nachfolgende Beschlussfassung geheilt (str.).[15] Die Gegenansicht, die sich für eine lediglich schwebende Unwirksamkeit ausspricht, berücksichtigt nicht ausreichend den mit Abs. 2 verwirklichten Präventionsaspekt. Wäre es dem Vorstand unbenommen, Zusicherungen gemäß Abs. 1 im Vorfeld des Beschlusses abzugeben, bestünde die Gefahr, dass die Hauptversammlung sich bei der Beschlussfassung hiervon faktisch leiten lässt. Dies soll verhindert werden. Hiergegen spricht auch nicht, dass über ein solches Verständnis sämtliche vor einem Kapitalerhöhungsbeschluss ausgegebenen Wandelschuldverschreibungen nichtig wären (vgl. § 193 Abs. 1 Satz 3).[16] Werden solche oder ähnliche Optionen ausgegeben, bedarf es zur Bedienung nicht notwendigerweise „neuer Aktien" iSv Abs. 1. Hierbei kann auch auf § 71 Abs. 1 Nr. 8 zurückgegriffen werden.[17]

12 **2. Aufnahme eines Vorbehalts unbeachtlich.** Die Unwirksamkeit wird auch nicht dadurch ausgeschlossen, dass die Vereinbarung einen Vorbehalt zu Gunsten des Bezugsrechts gemäß Abs. 1 enthält (→ Rn. 14). Der Schutz des gesetzlichen Bezugsrechts ist vom Schutz der Willensentschließungsfreiheit abzugrenzen (→ Rn. 1). Letzterer ist nach der Konzeption des Gesetzes weitergehend. Für Zusicherungen auf den Bezug von Aktien vor der Beschlussfassung bestimmt Abs. 2 ein **generelles Verbot,** für Zusicherungen nach der Beschlussfassung ist gemäß Abs. 1 eine Zusicherung unter Vorbehalt zulässig. Würde man Zusicherungen unter Vorbehalt generell für zulässig erachten, wäre

---

[10] Hierzu *Kallweit* BB 2009, 2945.
[11] MüKoAktG/*Schürnbrand* Rn. 5.
[12] Hüffer/Koch/*Koch* Rn. 2; MüKoAktG/*Schürnbrand* Rn. 2; gegen die Anwendung auf Contingent Convertibles auch *Bader* AG 2014, 472.
[13] MüKoAktG/*Schürnbrand* Rn. 3; aA Großkomm AktG/*Wiedemann* Rn. 9.
[14] Kölner Komm AktG/*Lutter* Rn. 2; MüKoAktG/*Schürnbrand* Rn. 18.
[15] Großkomm AktG/*Wiedemann* Rn. 10; aA Kölner Komm AktG/*Ekkenga* Rn. 21; MüKoAktG/*Schürnbrand* Rn. 13; Hüffer/Koch/*Koch* Rn. 6; K. Schmidt/Lutter/*Veil* Rn. 9.
[16] So aber Kölner Komm AktG/*Lutter* Rn. 18.
[17] Hüffer/Koch/*Koch* § 192 Rn. 15.

Abs. 2 überflüssig. Dies ist von der Praxis insbesondere bei Übernahmevereinbarungen mit einem sog. Backstop Investor zu beachten.[18]

3. Teleologische Reduktion. Abs. 2 stellt die Praxis oftmals vor erhebliche Schwierigkeiten, vor allem wenn Unternehmenszusammenschlüsse unter Einsatz von Aktien als Akquisitionswährung vorbereitet werden (→ Rn. 19 ff.). Bereits *de lege lata* zu begründen ist eine teleologische Reduktion von Abs. 2 bei der **Ein-Personen-Gesellschaft** und bei der personalistisch geprägten AG, **wenn alle** Aktionäre der Zusicherung auf den Bezug der Aktien **zustimmen**.[19] Der durch Abs. 2 verwirklichte Schutz der Willensentschließungsfreiheit ist bei vorheriger Billigung durch die Gesamtheit der Aktionäre nicht tangiert (zum doppelten Schutzzweck → Rn. 1). 13

IV. Zusicherung nach dem Kapitalerhöhungsbeschluss (Abs. 1)

1. Ausdrücklicher Vorbehalt. Nach Abs. 1 muss die vertragliche Zusicherung auf den Bezug von Aktien einen **ausdrücklichen Vorbehalt** dahingehend enthalten, dass das gesetzliche Bezugsrecht der Aktionäre Vorrang hat (str.).[20] Der Gegenmeinung, wonach dies entbehrlich ist, weil sich der entsprechende Vorbehalt unmittelbar aus Abs. 1 ergebe, ist nicht zu folgen. Dass die Zeichner oder rechtsgeschäftlich Bezugsberechtigten bis zur Eintragung der Durchführung gemäß § 189 keinen Anspruch auf Einräumung der Mitgliedschaft haben, folgt bereits aus dem gestuften Verfahren (→ § 185 Rn. 12). Für die Zeichnung stellt dies § 185 Abs. 1 Satz 3 Nr. 4 mittelbar klar, indem der Zeichner nicht über einen zu langen Zeitraum an sein Angebot gebunden ist. Für den bloß rechtsgeschäftlich zum Bezug Berechtigten gilt daher erst recht, dass er keinen Anspruch auf Einräumung von Aktien hat, soweit er nicht an der Durchführung der Kapitalerhöhung beteiligt wird. 14

Die Bedeutung von Abs. 1 liegt somit allein darin, die **AG präventiv vor Sekundäransprüchen auf Schadensersatz zu schützen**. Dieser Schutz wird jedoch nur verwirklicht, wenn zu Gunsten des rechtsgeschäftlich Bezugsberechtigten kein Vertrauenstatbestand geschaffen wird, an der Kapitalerhöhung zu partizipieren. Die gesetzliche Regel des Abs. 1 reicht hierfür nicht aus, wenn die vertragliche Vereinbarung zwischen AG und Bezugsberechtigtem hierauf keinen Bezug nimmt.[21] Erforderlich ist daher, dass der Vorbehalt ausdrücklich in die Zusicherung aufgenommen wird. Der ausdrückliche Vorbehalt ist regelmäßig eine **aufschiebende Bedingung** gemäß § 158 Abs. 1 BGB, dass die Hauptversammlung die Kapitalerhöhung unter Bezugsrechtsausschluss beschließt.[22] 15

2. Fehlen des Vorbehalts. Fehlt der ausdrückliche Vorbehalt, ist die **Zusicherung nicht nichtig** (str.).[23] Der Begünstigte hat jedoch bis zur Eintragung der Durchführung gemäß § 189 (erst recht) keinen Anspruch auf Einräumung der Mitgliedschaft, weil bereits der Zeichner keinen solchen Anspruch hat (→ Rn. 14). **Schadensersatzansprüche** wegen Nichterfüllung sind trotz Abs. 1 denkbar, wenn die rechtsgeschäftliche Bezugsberechtigung dem gutgläubigen Begünstigten mehr verspricht, als wegen des gestuften Verfahrens und der Entscheidungsautonomie der vorrangig zu befriedigenden Bezugsberechtigten zulässig ist (str.).[24] Dass der mit Abs. 1 vermittelte Schutz vor Schadensersatzansprüchen damit teilweise leer läuft, ist hinzunehmen. Die AG ist ggf. gegenüber dem Vorstand gemäß § 93 Abs. 2 zum Regress berechtigt. 16

3. Teleologische Reduktion. Abs. 1 ist überflüssig, wenn im – zeitlich vorgelagerten (sonst → Rn. 10 f.) – Hauptversammlungsbeschluss das **Bezugsrecht ausgeschlossen** wurde. Der Schutzzweck, das gesetzliche Bezugsrecht der Aktionäre nicht zu unterlaufen, kann über die Aufnahme eines Vorbehalts nicht verwirklicht werden, so dass eine teleologische Reduktion geboten ist. Beim genehmigten Kapital gilt Abs. 2 nur dann nicht, wenn der Bezugsrechtsausschluss bereits im Kapitalerhöhungsbeschluss festgelegt wurde.[25] 17

4. Auswirkungen auf die Durchführung. Die unter Vorbehalt nach dem Kapitalerhöhungsbeschluss vereinbarten Zusicherungen sind gültig. Die Begünstigten haben gegen die AG einen 18

---
[18] Hierzu *Gehling* ZIP 2011, 1699 (1699).
[19] K. Schmidt/Lutter/*Veil* Rn. 10; Hüffer/Koch/*Koch* Rn. 5.
[20] Großkomm AktG/*Wiedemann* Rn. 14; aA Kölner Komm AktG/*Ekkenga* Rn. 14; MüKoAktG/*Schürnbrand* Rn. 10; Hüffer/Koch/*Koch* Rn. 4.
[21] AA die hM, die bereits aus § 187 Abs. 1 einen Ausschluss der Ersatzpflicht folgert, MüKoAktG/*Schürnbrand* Rn. 15.
[22] *Wieneke* NZG 2004, 61 (62).
[23] MüKoAktG/*Peiffer* Rn. 10; Hüffer/Koch/*Koch* Rn. 4; aA Großkomm AktG/*Wiedemann* Rn. 15; K. Schmidt/Lutter/*Veil* Rn. 7.
[24] AA wohl Kölner Komm AktG/*Ekkenga* Rn. 18; MüKoAktG/*Schürnbrand* Rn. 10; K. Schmidt/Lutter/*Veil* Rn. 8.
[25] Hüffer/Koch/*Koch* Rn. 3.

Anspruch auf Abschluss eines Zeichnungsvertrages.[26] Wurde das Bezugsrecht rechtmäßig ausgeschlossen (→ § 186 Rn. 22 ff.) oder haben die Aktionäre es nicht vollumfänglich ausgeübt (→ § 186 Rn. 64), können die Ansprüche vom Vorstand im Rahmen der Durchführung befriedigt werden.[27] Üben die Aktionäre ihr Bezugsrecht aus, ist der Vorstand verpflichtet, zunächst deren gesetzliches Bezugsrecht zu bedienen (→ § 185 Rn. 14).

V. Business Combination Agreements

19 **1. Grundlagen.** Unternehmenszusammenschlüsse unter Einsatz von Aktien als Kaufwährung („Aktientausch") werden zunehmend durch **schuldrechtliche Vereinbarungen** zwischen den beteiligten Gesellschaften bzw. deren Gesellschaftern vorbereitet.[28] Im Gegensatz zu bloßen Absichtserklärungen haben solche Business Combination Agreements (BCA) bereits einen rechtsverbindlichen Inhalt. Im Mittelpunkt der Vereinbarungen steht oftmals eine Abrede, wonach den Anteilseignern der Zielgesellschaft verbindlich der Bezug von Aktien im Rahmen der Sachkapitalerhöhung unter Bezugsrechtsausschluss zugesagt wird.[29] Ein rechtlicher Rahmen besteht für diese funktional dem Verschmelzungsvertrag entsprechenden Vereinbarungen nicht, so dass die zulässige Reichweite solcher Gestaltungen noch nicht abschließend geklärt ist. Die Praxis tendiert dazu, BCA weitgehend losgelöst von gesellschaftsrechtlichen Zwängen für zulässig zu erachten. Dem ist nur eingeschränkt zuzustimmen (siehe sogleich). *De lege ferenda* wäre zu überlegen, die sich beim Unternehmenszusammenschluss außerhalb des UmwG vielfach aus dem gestuften Verfahren der Kapitalerhöhung ergebenden Schwierigkeiten[30] durch eine Ausweitung der umwandlungsrechtlichen Informationspflichten, der Minderheitenschutzinstrumente und der Anwendung des SpruchG zu lösen.

20 **2. Grenzen der Gestaltungsfreiheit.** Erfolgt der **Abschluss eines BCA im Vorfeld des Kapitalerhöhungsbeschlusses,** ist er in jedem Fall gemäß Abs. 2 unwirksam, wenn die aufnehmende AG den Gesellschaftern der Zielgesellschaft eine bestimmte Beteiligungsquote zusagt. Verpflichtet sich der Mehrheitsaktionär, bei der Abstimmung nach § 182 das vertraglich Vereinbarte umzusetzen, kann eine Anfechtung des Kapitalerhöhungsbeschlusses wegen unzulässiger Stimmbindung in Betracht kommen (vgl. § 136 Abs. 2 sowie § 405 Abs. 3 Nr. 6 und 7).[31] Eine Verletzung der gesellschaftsrechtlichen Treuepflicht zu Lasten der Minderheit ist denkbar, wenn das BCA nur von einigen Aktionären unterzeichnet wird. Auch die **sachliche Rechtfertigung eines** (ggf. gekreuzten) **Bezugsrechtsausschlusses** folgt nicht allein daraus, dass die Kapitalerhöhung in einen Unternehmenszusammenschluss eingebettet ist (→ § 186 Rn. 45). Zur teleologischen Reduktion von § 187 → Rn. 13.

21 Zu beachten ist weiter, dass die Gestaltungsfreiheit insoweit eingeschränkt ist, als nicht allein die Interessen der gegenwärtigen Aktionäre betroffen sind. Insbesondere die beim Unternehmenskauf verbreiteten **Gewährleistungen** seitens der aufnehmenden AG für den Wert der durch die neuen Aktien vermittelten Beteiligung sind daher an §§ 57, 62 zu messen und damit regelmäßig unzulässig (→ § 185 Rn. 16 ff.). – Verpflichtet sich umgekehrt die AG im Rahmen eines BCA bzw. einer Lock Up-Vereinbarung, eine **Kapitalerhöhung nicht durchzuführen,** begründet dies wegen des hierbei nicht tangierten Schutzes der Aktionäre im Hinblick auf ihr Bezugsrecht keinen Verstoß gegen § 187 (aber → § 182 Rn. 6).[32] Problematisch ist auch, ob sich die AG, vertreten durch den Vorstand, zu einer derartigen **Lock Up-Vereinbarung** bzw. Marktschonungsgarantie verpflichten kann. Richtigerweise ist dies mangels Vorstandskompetenz zur Bindung der Hauptversammlung generell zu verneinen, so dass eine entsprechende Vereinbarung nichtig ist (str.).[33] Schadensersatzansprüche eines Dritten gegenüber der AG wegen enttäuschten Vertrauens auf die Gültigkeit derartiger Vereinbarungen sind durchaus möglich.[34]

---

[26] Hüffer/Koch/*Koch* Rn. 6.
[27] Großkomm AktG/*Wiedemann* Rn. 17.
[28] Zum Ganzen *Aha* BB 2001, 2225; *Wieneke* NZG 2004, 61 (62 ff.); *Samson/Flindt* NZG 2006, 290 (294 ff.); *Schall* in Kämmerer/Veil, Übernahme- und Kapitalmarktrecht in der Diskussion, 2013, 75; *Reichert* ZGR 2015, 1; vgl. auch *Dietz*, Aktien als Akquisitionswährung, 2004, 144.
[29] Vgl. *Kiem* AG 2009, 301; zu „no shop-clauses", „no talk-clauses" und break fee-Vereinbarungen *Seibt/Wunsch* DK 2009, 195 (203); *Fleischer* ZHR 172 (2008), 538 (556 ff.).
[30] Instruktiv hierzu die soeben Genannten.
[31] *Reichert* ZGR 2015, 1 (8); aA *Wieneke* NZG 2004, 61 (63).
[32] *Bungert/Wansleben* ZIP 2013, 1841 (1842).
[33] So für die Ausnutzung des genehmigten Kapitals auch LG München I NZG 2012, 1152 (1153); OLG München ZIP 2012, 2439 (2442 f.); *Ekkenga/Jaspers* in Ekkenga/Schröer, Handbuch der AG-Finanzierung, 2014, Kap. 4 Rn. 71; abw. *Bungert/Wansleben* ZIP 2013, 1841 (1842 ff.) wohl auch *Reichert* ZGR 2015, 1 (8).
[34] So auch *Wansleben* AG 2014, 29 (32 f.).

§ 188 Anmeldung und Eintragung der Durchführung

(1) Der Vorstand und der Vorsitzende des Aufsichtsrats haben die Durchführung der Erhöhung des Grundkapitals zur Eintragung in das Handelsregister anzumelden.

(2) ¹Für die Anmeldung gelten sinngemäß § 36 Abs. 2, § 36a und § 37 Abs. 1. ²Durch Gutschrift auf ein Konto des Vorstands kann die Einzahlung nicht geleistet werden.

(3) Der Anmeldung sind beizufügen
1. die Zweitschriften der Zeichnungsscheine und ein vom Vorstand unterschriebenes Verzeichnis der Zeichner, das die auf jeden entfallenden Aktien und die auf sie geleisteten Einzahlungen angibt;
2. bei einer Kapitalerhöhung mit Sacheinlagen die Verträge, die den Festsetzungen nach § 183 zugrunde liegen oder zu ihrer Ausführung geschlossen worden sind;
3. eine Berechnung der Kosten, die für die Gesellschaft durch die Ausgabe der neuen Aktien entstehen werden.

(4) Anmeldung und Eintragung der Durchführung der Erhöhung des Grundkapitals können mit Anmeldung und Eintragung des Beschlusses über die Erhöhung verbunden werden.

Schrifttum: Siehe vor § 182.

Übersicht

	Rn.
I. Bedeutung der Norm	1–4
1. Regelungsgehalt	2, 3
2. Entstehungsgeschichte	4
II. Anmeldung der Durchführung	5–8
1. Adressaten der Anmeldepflicht	6
2. Ordnungsgemäße Anmeldung	7
3. Rücknahme der Anmeldung	8
III. Inhalt der Anmeldung	9–32
1. Antrag	9
2. Fassungsänderung	10
3. Erklärungen und Nachweise	11–23
a) Angabe des Ausgabebetrags	12
b) Leistung der Einlagen	13–20
c) Maßgeblicher Stichtag	21
d) Wirtschaftliche Neugründung	22
e) Vereinfachte Sachkapitalerhöhung	23
4. Die beizufügenden Dokumente	24–32
a) Abs. 1 Nr. 1	25, 26
b) Abs. 1 Nr. 2	27, 28
c) Abs. 1 Nr. 3	29
d) Staatliche Genehmigung	30
e) Fassungsänderung	31
f) Vereinfachte Sachkapitalerhöhung	32
IV. Prüfung der Durchführung durch das Registergericht	33–62
1. Ordnungsgemäße Anmeldung	34
2. Erneute Überprüfung des Kapitalerhöhungsbeschlusses	35
3. Vollständige Zeichnung des Erhöhungsbetrages	36, 37
4. Rechtmäßigkeit eines Bezugsrechtsausschlusses	38
5. Rechtmäßigkeit der Durchführung (Abs. 2)	39–62
a) Prüfungsmaßstab	40, 41
b) Mindesteinzahlungen bei Bareinlagen	42, 43
c) Vollständige Leistung der Sacheinlagen	44–47
d) Zur freien Verfügung des Vorstands	48–51
e) Ein-Personen-Gesellschaft	52
f) Kapitalerhöhung in der Krise	53–55
g) Vorleistungen auf eine künftige Kapitalerhöhung	56–60
h) Besonderheiten bei der Mantelverwendung	61
i) Vereinfachte Sachkapitalerhöhung	62
V. Entscheidung des Gerichts	63–67
1. Ordnungsgemäße Durchführung	64, 65
2. Fehlerhafte Anmeldung	66
3. Fehlerhafte Durchführung	67
VI. Verdeckte Sachkapitalerhöhung	68–81
1. Grundlagen, Reform	68–77
a) Umgehung der Sacheinlagevorschriften	70, 71
b) Zusammenhang mit der Kapitalerhöhung	72–77
2. Rechtsfolgen	78, 79
3. Verdeckte Sachübernahme	80
4. Gegenleistungen	80a
5. Risikovermeidung	81
VII. Hin- und Herzahlen	82–88
1. Grundlagen, Reform	82–84
2. Zulässiger Mittelrückfluss	85
3. Mögliche Fehler	86, 87
a) Fehlende Offenlegung	86
b) Unzureichender Rückgewähranspruch	87
4. Rechtsfolgen	88

I. Bedeutung der Norm

1 § 188 bestimmt die materiell- und registerrechtlichen Anforderungen an die **Durchführung der Kapitalerhöhung** (zum gestuften Verfahren → § 182 Rn. 4). Die Regelung erklärt wesentliche Teile des Gründungsrechts zur Sicherung der realen Kapitalaufbringung für anwendbar. Sie gilt gemäß § 203 Abs. 1 Satz 1 auch beim genehmigten Kapital, soweit es sich nicht um die Ausgabe von Belegschaftsaktien handelt (§ 204 Abs. 3 Satz 2). Bei der Verschmelzung gelten gemäß § 69 Abs. 1 Satz 1 UmwG die §§ 188 Abs. 2, Abs. 3 Nr. 1 nicht für die Kapitalerhöhung der übernehmenden Gesellschaft.[1] Von der Durchführung der Kapitalerhöhung abzugrenzen ist die zusätzlich erforderliche Fassungsänderung (→ Rn. 31). Zu den Kosten der Kapitalerhöhung → § 182 Rn. 82 ff. und → § 183 Rn. 67.

2 **1. Regelungsgehalt.** **Abs. 1** legt dem Vorstand und dem Vorsitzenden des Aufsichtsrats die Pflicht auf, die Durchführung der Kapitalerhöhung zur Eintragung ins Handelsregister anzumelden (→ Rn. 9 ff.). Nach **Abs. 2 Satz 1 iVm § 36 Abs. 2, § 36a** darf die Anmeldung erst erfolgen, wenn die Mindesteinlagen ordnungsgemäß geleistet wurden (→ Rn. 42 ff.). Gemäß **Abs. 2 Satz 1 iVm § 37 Abs. 1** haben die Anmeldepflichtigen dies zu erklären und nachzuweisen (→ Rn. 13 ff.). Die Einlageleistung auf ein Konto des Vorstands befreit den Zeichner gemäß **Abs. 2. Satz 2** nicht. **Abs. 3** bestimmt weitere der Anmeldung beizufügende Dokumente (→ Rn. 24 ff.). Nach **Abs. 4** können die Anmeldungen des Kapitalerhöhungsbeschlusses und der Durchführung miteinander verbunden werden.

3 Die Regelung ist seit Inkrafttreten von MoMiG und ARUG **unvollständig.** Zur Durchführung der Kapitalerhöhung gehört auch, ob die Voraussetzungen gemäß § 183 Abs. 2 iVm § 27 Abs. 4 und 5 eingehalten wurden, mithin kein unzulässiges Hin- und Herzahlen oder eine verdeckte Sacheinlage vorliegen (→ Rn. 68 ff.). Infolge der Neuregelungen über die vereinfachte Sachkapitalerhöhung erstreckt sich das Prüfungsrecht des Registergerichts bei der Durchführung auch darauf, ob die Wartefrist gemäß § 183a Abs. 2 Satz 2 abgelaufen ist, und ob die Voraussetzungen von § 183 Abs. 3 eingehalten wurden (→ § 183a Rn. 37 ff.).

4 **2. Entstehungsgeschichte.** Die Regelung beruht auf § 155 AktG 1937 und wurde bei der Neufassung des AktG 1965 nur geringfügig geändert.[2] Nach Abs. 4 aF war eine externe Prüfung durch Sachverständige nur erforderlich, wenn das Gericht Zweifel hat, ob der Wert der Sacheinlage den Nennbetrag der dafür zu gewährenden Aktien erreicht. Diese Regelung wurde im Jahr 1978 im Zuge der Umsetzung der früheren **Kapitalrichtlinie** gestrichen.[3] Sie findet sich seitdem als Pflichtprüfung in § 183 Abs. 3 Satz 1 (→ § 183 Rn. 35 ff.). Der Verweis ins Gründungsrecht in Abs. 2 wurde aus demselben Anlass um § 36a ergänzt. Im Jahr 1994 ist die gemäß Abs. 3 Nr. 2 aF bestehende Verpflichtung, den Prüfungsbericht bei der Industrie- und Handelskammer einzureichen, entfallen.[4] Abs. 5 wurde im Zuge des EHUG aufgehoben, so dass sich die elektronische Form für die Einreichung von Unterlagen seitdem unmittelbar aus § 12 Abs. 2 HGB ergibt (→ Rn. 7, 24). Das **MoMiG** führte keine unmittelbaren Änderungen bei § 188 herbei, wohl aber durch die Aufhebung von § 36 Abs. 2 Satz 2, auf den Abs. 2 verweist. Durch das **ARUG** wurde mit Wirkung zum 1.9.2009 die ohnehin weitgehend überflüssige Regelung über staatliche Genehmigungen gemäß Abs. 4 Nr. 4 aufgehoben (→ Rn. 30). Bedeutsamer sind die mittelbar § 188 betreffenden Änderungen: Infolge der auch bei der AG maßgeblichen Liberalisierung des Kapitalaufbringungsrechts hat das Registergericht vor Eintragung der Durchführung auch zu prüfen, ob die Voraussetzungen gemäß § 183 Abs. 2 iVm § 27 Abs. 4 und 5 eingehalten wurden, mithin kein unzulässiges Hin- und Herzahlen oder eine verdeckte Sacheinlage vorliegen. Darüber hinaus betrifft die im Zuge des ARUG umgesetzte **Reform der früheren Kapitalrichtlinie** auch die Durchführung. Infolge der Neuregelungen über die vereinfachte Sachkapitalerhöhung erstreckt sich das Prüfungsrecht des Registergerichts bei der Durchführung gemäß § 184 Abs. 3 Satz 2 auch darauf, ob die Wartefrist gemäß § 183a Abs. 2 Satz 2 abgelaufen ist, und ob die Voraussetzungen von § 183 Abs. 3 eingehalten wurden.

---

[1] Gegen die Differenzhaftung des Sacheinlegers bei der Verschmelzung BGH NZG 2007, 1487; zuvor bereits OLG München NZG 2006, 73 (→ § 183 Rn. 61 ff.); zu den Vorteilen der „Konzernverschmelzung" *Dietz*, Aktien als Akquisitionswährung, 2004, 37 ff.

[2] Vgl. RegBegr. *Kropff* S. 297.

[3] Gesetz vom 13.12.1978, BGBl. 1978 I 1959; vgl. nunmehr die RL (EU) 2017/1132 des Europäischen Parlaments und des Rates vom 14. Juni 2017 über bestimmte Aspekte des Gesellschaftsrechts, ABl. EU 2017 Nr. L 169, 46 v. 30.6.2017.

[4] Gesetz für kleine Aktiengesellschaften und zur Deregulierung des Aktienrechts vom 2.8.1994, BGBl. 1994 I 1961. Vgl. auch → § 34 Rn. 11 ff.

II. Anmeldung der Durchführung

Nach Abs. 1 ist die Durchführung der Erhöhung des Grundkapitals zur Eintragung in das Handelsregister anzumelden. Die Regelung ergänzt § 184 Abs. 1 Satz 1, wonach bereits der Beschluss über die Kapitalerhöhung zur Eintragung anzumelden ist. Beide Anmeldungen können gemäß Abs. 4 miteinander verbunden werden (zum gestuften Verfahren → § 182 Rn. 4).

1. Adressaten der Anmeldepflicht. Zur Anmeldung verpflichtet sind der **Vorstand** und der **Vorsitzende des Aufsichtsrats**. Wie bei § 184 Abs. 1 handelt es sich auch hier nicht um eine öffentlich-rechtliche Anmeldepflicht. Die Verpflichtung beruht vielmehr auf der gesellschaftsrechtlichen Organstellung und kann daher auch nur von der AG selbst durchgesetzt werden (→ § 184 Rn. 11; vgl. auch § 407 Abs. 2 Satz 1, der die Anmeldepflicht von der Zwangsgeldandrohung ausnimmt). Die Anmeldung erfolgt in **Vertretung der AG**. Wegen der strafrechtlichen Verantwortlichkeit der Anmeldenden nach § 399 Abs. 1 Nr. 4 müssen diese jedoch **im eigenen Namen** zeichnen (→ § 184 Rn. 12 ff.). Zur Anmeldung berufen sind die Vorstandsmitglieder in vertretungsberechtigter Zahl.[5] Für den Vorsitzenden des Aufsichtsrates handelt bei Verhinderung gemäß § 107 Abs. 1 Satz 3 sein Stellvertreter. Die Bevollmächtigung anderer Personen ist wie bei § 184 Abs. 1 unzulässig (str., → § 184 Rn. 13).[6] Im Liquidationsverfahren handelt neben dem Vorsitzenden des Aufsichtsrates der Vorstand als Abwickler (§ 265 Abs. 1; → § 182 Rn. 66 ff.). Zur Durchführung der Kapitalerhöhung im Insolvenzverfahren → § 182 Rn. 69 ff.

2. Ordnungsgemäße Anmeldung. Vgl. zunächst → § 184 Rn. 15 f., insbesondere zum elektronischen Registerverkehr gemäß § 12 HGB. Weiterhin gilt: Die Anmeldung hat gemäß Abs. 2 Satz 1 die Erklärungen und Nachweise nach § 37 Abs. 1 über die Einlageleistungen zu enthalten (→ Rn. 11 ff.). Ihr sind gemäß Abs. 3 weitere Dokumente beizufügen (→ Rn. 24 ff.). Zu den Kosten → § 182 Rn. 82 ff., → § 183 Rn. 67. Die Anmeldung hat im Regelfall **unverzüglich** zu erfolgen, nachdem die Durchführung der Kapitalerhöhung abgeschlossen ist. Für Unternehmen des Finanzsektors stellt dies § 7c FMStBG ausdrücklich klar, freilich bezogen auf die Eintragung nach § 184. Läuft die Zeichnung schleppend, muss der Vorstand pflichtgemäß anhand des Finanzierungsinteresses der AG entscheiden, ob er die Durchführung eintragen lässt oder noch wartet, bis sich weitere Zeichner melden.

3. Rücknahme der Anmeldung. Verfahrensrechtlich kann die Anmeldung der Durchführung jederzeit ohne die Angabe von Gründen zurückgenommen werden (→ § 184 Rn. 17). Eine gesellschaftsrechtliche **Pflicht** zur Rücknahme besteht gemäß § 83 Abs. 2, wenn der Kapitalerhöhungsbeschluss aufgehoben oder geändert wurde (→ § 182 Rn. 32). Gleiches gilt zumindest für den Vorstand, wenn er im Rahmen seiner Pflicht zur Rechtmäßigkeitskontrolle nachträglich erkennt, dass der Kapitalerhöhungsbeschluss unheilbar nichtig oder anfechtbar ist oder wenn er erkennt, dass die Voraussetzungen einer rechtmäßigen Durchführung der Kapitalerhöhung nicht vorliegen (→ § 182 Rn. 7).

III. Inhalt der Anmeldung

1. Antrag. Die Anmeldung ist als verfahrensrechtlicher Antrag darauf gerichtet, die Durchführung der Kapitalerhöhung ins Handelsregister einzutragen.[7] Wegen des gestuften Verfahrens stimmt der Betrag der Kapitalerhöhung im Hauptversammlungsbeschluss nicht notwendig mit dem Betrag der Durchführung überein (→ § 182 Rn. 4). Die Anmeldung der Durchführung muss daher die Angabe enthalten, in welcher Höhe der im Kapitalerhöhungsbeschluss festgesetzte **Betrag** der Kapitalerhöhung durch die Zeichnung neuer Aktien gedeckt ist.[8] Bei der sog. **Bis-zu-Kapitalerhöhung** können innerhalb der zulässigen Durchführungsfrist von 6 Monaten (→ § 182 Rn. 44) mehrere Tranchen angemeldet werden, wenn der Hauptversammlungsbeschluss den Vorstand hierzu ermächtigt.[9] Eine Pflicht, bei der Anmeldung der ersten Tranche auf die Möglichkeit weiterer Anmeldungen hinzuweisen, besteht nicht.

2. Fassungsänderung. Mit Eintragung der Durchführung werden die Kapitalerhöhung als Satzungsänderung gemäß § 189 wirksam und der Text der bisherigen Satzung unrichtig. Er ist im

---

[5] MüKoAktG/*Schürnbrand* Rn. 6; Großkomm AktG/*Wiedemann* Rn. 50.
[6] MüKoAktG/*Schürnbrand* Rn. 6; Großkomm AktG/*Wiedemann* Rn. 50; K. Schmidt/Lutter/*Veil* Rn. 21.
[7] MüKoAktG/*Schürnbrand* Rn. 5; K. Schmidt/Lutter/*Veil* Rn. 22.
[8] MüKoAktG/*Schürnbrand* Rn. 5; Hüffer/Koch/*Koch* Rn. 4.
[9] Vgl. OLG München BB 2010, 80 (81); hierzu *Findeisen* ZIP 2009, 1647; *Holzmann/Eichstädt* DStR 2010, 277; *Bücher* NZG 2009, 1339; abw. *Priester* NZG 2010, 81.

Rahmen einer Fassungsänderung ebenfalls zu ändern (§ 179 Abs. 1 Satz 2). Umstritten ist, ob diese formale Satzungsänderung zwingend mit der Anmeldung nach § 188 zu verbinden ist[10] oder ob sie auch nachträglich erfolgen kann.[11] Letzterem ist nicht zu folgen. Die Fassungsänderung setzt zwar die Eintragung gemäß § 189 voraus, hängt mit ihr jedoch unmittelbar zusammen. Damit der Informationsgehalt der Registerpublizität nicht durch sich widersprechende Verlautbarungen (Kapitalerhöhung einerseits, nicht geänderte Grundkapitalziffer andererseits) verringert wird, darf das Registergericht mit der Eintragung nach § 189 solange warten, bis die Fassungsänderung beantragt wird.[12] Zu den hierbei einzureichenden Unterlagen → Rn. 31.

11 **3. Erklärungen und Nachweise.** Gemäß Abs. 2 Satz 1 hat die Anmeldung die Erklärung und Nachweise nach § 37 Abs. 1 zu enthalten, dass die **Voraussetzungen des § 36 Abs. 2 und des § 36a erfüllt** sind. Hierdurch wird die Kapitalaufbringung weitgehend dem Gründungsrecht angepasst. Vgl. daher auch die Kommentierung zu §§ 37, 36, 36a und 54. Die Erklärungen und Nachweise sind die Grundlage für die – allerdings beschränkte – Prüfung der Durchführung durch das Registergericht (→ Rn. 39 ff.). Die Unrichtigkeit der Erklärung ist gemäß § 399 Abs. 1 Nr. 4 **strafbewehrt**.[13]

12 **a) Angabe des Ausgabebetrags.** Die zur Anmeldung Verpflichteten (→ Rn. 6) haben gemäß § 37 Abs. 1 Satz 1 zu erklären, zu welchem Betrag die neuen Aktien ausgegeben wurden. Dies gilt bei Bar- und Sacheinlagen. Die Erklärung muss sich mit dem im Kapitalerhöhungsbeschluss konkret festgesetzten Ausgabebetrag decken, den von der Hauptversammlung festgesetzten Mindestausgabebetrag erreichen bzw. innerhalb der Spanne von Mindest- und Höchstbetrag liegen (→ § 182 Rn. 51 ff., → § 183 Rn. 19).

13 **b) Leistung der Einlagen.** Weiterhin ist gemäß § 37 Abs. 1 Satz 1 zu erklären, welche Beträge auf den Ausgabebetrag der Aktien gezahlt wurden. Wegen der Strafbarkeit falscher Angaben gemäß § 399 Abs. 1 Nr. 4 für die Anmeldeverpflichteten muss sich diese Erklärung auf jeden einzelnen Zeichner unter der Angabe des Ausgabebetrags und des darauf eingezahlten Betrags beziehen (str.).[14] Dies ist nicht wegen Abs. 3 Nr. 1 entbehrlich. Hiernach müssen die beizufügenden Unterlagen allein vom Vorstand unterschrieben sein, so dass den Vorsitzenden des Aufsichtsrats möglicherweise keine Verantwortlichkeit für die Liste trifft (→ Rn. 26).

14 **aa) Bareinlagen.** Bei Bareinlagen ist zunächst zu erklären, ob der **eingeforderte Betrag** (§ 36 Abs. 2) dem gesetzlichen Regelfall entsprechend gemäß § 36a Abs. 1 ein Viertel des geringsten Ausgabebetrags und bei der Ausgabe der Aktien für einen höheren Betrag auch diesen Mehrbetrag (korporatives Agio) umfasst (→ Rn. 42 f.) oder ob die Hauptversammlung im Kapitalerhöhungsbeschluss einen höheren Mindestbetrag der Einlageleistungen beschlossen hat (vgl. § 36a Abs. 1 „mindestens"). Zum eingeforderten Betrag gehören nicht weitere Zuzahlungen der Zeichner, die in die freie Kapitalrücklage gemäß § 272 Abs. 2 Nr. 4 HGB geleistet werden („schuldrechtliches Agio").[15] Diese sind im Registerverfahren grds. nicht offen zu legen (→ Rn. 20).

15 Nach § 37 Abs. 1 Satz 1 ist weiterhin zu erklären, ob auf jede Aktie der eingeforderte Betrag **ordnungsgemäß eingezahlt** worden ist (§ 54 Abs. 3) und, soweit er nicht bereits zur Bezahlung der bei der Kapitalerhöhung angefallenen Steuern und Gebühren verwandt wurde, endgültig zur freien Verfügung des Vorstands steht (→ Rn. 42). Die Zahlung auf ein **Konto des Vorstands** genügt gemäß Abs. 2 Satz 2 nicht. Zeichnet bei der Ein-Personen-AG der **Alleingesellschafter** alle neuen Aktien, hat die Anmeldung infolge der Streichung von § 36 Abs. 2 Satz 2 durch das MoMiG nicht mehr die Erklärung zu enthalten, dass die früher erforderliche Bestellung einer Sicherung für die Resteinlagen erfolgt ist.

16 Indem mittlerweile nicht mehr erforderlich ist, dass der eingezahlte Betrag noch gegenständlich oder wertmäßig vorhanden ist,[16] reicht die Erklärung, dass der Betrag an die AG geleistet wurde (zur Voreinzahlung auf künftige Kapitalerhöhung → Rn. 56) und nicht wieder an den Zeichner

---

[10] So MüKoAktG/*Schürnbrand* Rn. 9; Hüffer/Koch/*Koch* Rn. 17; ähnlich: neuer Wortlaut und notarielle Bescheinigung nach § 181 Abs. 1 Satz 2 sind beizufügen, Kölner Komm AktG/*Ekkenga* Rn. 61; (vgl. → Rn. 24 ff.).
[11] Großkomm AktG/*Wiedemann* Rn. 66; Wachter/*Dürr* Rn. 17; *Schüppen* AG 2001, 125 (127).
[12] Hierzu, insbesondere zur Befugnis, die Anmeldung der Fassungsänderung ohne besondere Ermächtigung vornehmen zu dürfen, *Cahn* AG 2001, 181.
[13] Vgl. BGH BeckRS 2016, 13110.
[14] Kölner Komm AktG/*Ekkenga* Rn. 16 f., 55; aA, Zeichnerliste ausreichend, Hüffer/Koch/*Koch* Rn. 3; MüKoAktG/*Schürnbrand* Rn. 35.
[15] OLG München BB 2006, 2711; bestätigt durch BGH NZG 2009, 76.
[16] BGH NZG 2005, 976 (977); früher bereits zur GmbH BGHZ 150, 197 (201); MüKoAktG/*Schürnbrand* Rn. 31; K. Schmidt/Lutter/*Veil* Rn. 10; Hüffer/Koch/*Koch* Rn. 6; hierzu kritisch *Hüffer* ZGR 1993, 474 (482 f.).

oder eine ihm zurechenbare Person[17] zurückgeflossen ist.[18] Über diese bereits seit längerem durch die Rechtsprechung herbeigeführte Aufgabe des Gebots **wertgleicher Deckung** brachte das **ARUG** gemäß § 183 Abs. 2 eine weitere Liberalisierung der Kapitalaufbringungsregeln, was auch Auswirkungen auf die Offenlegungspflichten im Eintragungsverfahren hat: Wurde bis zum Anmeldezeitpunkt vereinbart, dass die Einlage darlehensweise, auf Grund einer Treuhandabrede oder auf sonstige Weise an den Zeichner oder einen ihm zuzurechnenden Dritten zurückfließt (sog. **Hin- und Herzahlen**), haben die Anmeldenden dies gemäß § 27 Abs. 4 Satz 2 offen zu legen; andernfalls wird die Einlagepflicht nicht erfüllt (→ Rn. 88).[19] Dies gilt auch, wenn die AG Sicherheit für ein vom Zeichner bei einem Dritten aufgenommenes Darlehen gewährt[20] oder wenn die AG die Einlage für spätere Zwecke des Zeichners reserviert.[21] Die Offenlegung muss inhaltlich so genau sein, dass das Registergericht prüfen kann, ob die Voraussetzungen von § 27 Abs. 4 Satz 1 vorliegen; ggf. sind gemäß § 26 FamFG weitere Nachweise einzuholen (zu den Einzelheiten § 27). Auch bei der **verdeckten Sacheinlage** besteht eine Offenlegungspflicht über die zu Grunde liegende Abrede, soweit sie besteht. Die Anrechnungslösung gemäß § 27 Abs. 3 legitimiert keine Umgehung der Sachgründung, sondern erlaubt lediglich ex post die Anrechnung. Diese Offenlegungspflichten sind daher gemäß § 399 Abs. 1 Nr. 4 **strafbewehrt**.[22] Die rechtlichen Berater haben die Gesellschafter auf die Risiken einer verdeckten Sacheinlage hinzuweisen und machen sich andernfalls ggf. schadensersatzpflichtig.[23]

Nach § 37 Abs. 1 Satz 2, 3 und 5 sind die Zahlung zur freien Verfügung und die Zahlung von Steuern und Gebühren zusätzlich[24] **nachzuweisen.** Der Nachweis der Zahlung auf das Konto der AG erfolgt gemäß § 37 Abs. 1 Satz 3 durch eine **Bankbestätigung**.[25] Es steht im pflichtgemäßen Ermessen des Gerichts, welche weiteren Nachweise es fordert.[26] Die der Anmeldung beizufügenden Dokumente sind gemäß § 12 Abs. 2 HGB elektronisch einzureichen (Textform gemäß § 126b BGB, vgl. → § 184 Rn. 16). Verlangt das Registergericht in Ausübung von § 26 FamFG weitere Nachweise, gilt hierfür § 12 Abs. 2 HGB nicht. Nach § 37 Abs. 1 Satz 4 besteht eine **Haftung** des Kreditinstituts für die Richtigkeit der Bestätigung. Diese ist verschuldensunabhängig, setzt aber voraus, dass die Bestätigung von der Bank zur Vorlage zum Handelsregister ausgestellt wurde.[27] 17

bb) Sacheinlagen. Bei Sacheinlagen ist zu erklären, ob die Gegenstände gemäß § 36 Abs. 2 Satz 1 **vollständig** vor Anmeldung der Kapitalerhöhung **geleistet** wurden (→ Rn. 44 ff.). Besteht die Sacheinlage in der Verpflichtung, der Gesellschaft einen Vermögensgegenstand zu übertragen, ist auch dies zu erklären sowie, ob die Leistung gemäß § 36 Abs. 2 Satz 2 innerhalb von fünf Jahren nach Eintragung der Kapitalerhöhung (§ 189) zu bewirken ist. Die Anmeldung muss weiterhin gemäß § 36a Abs. 2 Satz 2 die Erklärung enthalten, dass der Wert der Sacheinlagen dem **geringsten Ausgabebetrag** und bei Ausgabe der Aktien zu einem höheren Betrag auch dem **Mehrbetrag** (korporatives Agio) entspricht. Die Erklärung korrespondiert insofern mit dem Prüfungsauftrag der externen Sachverständigen gemäß § 183 Abs. 3 Satz 1 (→ § 183 Rn. 40; zur eingeschränkten registergerichtlichen Prüfung → § 183 Rn. 58). Über den Wortlaut der Regelungen hinaus ist auch bei Sacheinlagen zu erklären und nachzuweisen, dass sie **zur freien Verfügung** des Vorstands stehen (vgl. § 7 Abs. 3 GmbHG und → Rn. 48 ff.).[28] 18

cc) Mischformen. Bei einer **Mischeinlage** (→ § 183 Rn. 8) haben sich die erforderlichen Erklärungen und Nachweise auf die jeweiligen Teile der Einlagepflicht des Zeichners zu beziehen. Bei der **gemischten Sacheinlage** (→ § 182 Rn. 9) kommt es auf die Teilbarkeit der Sachleistung an. Ist dies der Fall, bedarf es der Erklärungen und Nachweise nur für den Teil, der auf die Einlagepflicht angerechnet wird. Ist die Leistung unteilbar, müssen sich die Erklärungen auf den gesamten Gegenstand beziehen, um die Sicherung der Kapitalaufbringung nicht leer laufen zu lassen. 19

---

[17] OLG München BB 2005, 2543 (zur GmbH); OLG München BB 2006, 2711.
[18] Abw. noch OLG München MittBayNotZ 2007, 417.
[19] BGH NZG 2009, 463 – Qivive; bestätigt durch BGH WM 2009, 1574 (1576) – Cash Pool II; aA zum Beispiel *Roth*/Altmeppen GmbHG § 19 Rn. 108; *Avvento* BB 2010, 202.
[20] BeckOK GmbHG/*Ziemons* § 19 Rn. 223.
[21] Vgl. BGH NZG 2009, 463 – Qivive, freilich mit im Ergebnis anderer rechtlicher Würdigung.
[22] Abw. *Altmeppen* ZIP 2009, 1545 (1548) indem er annimmt, der Gesetzgeber erlaube derartige geheime Absprachen, was jedoch nur aus der Ex-post-Perspektive nach Eintragung richtig ist, nicht jedoch während des Eintragungsverfahrens.
[23] Vgl. BGH ZIP 2009, 1427.
[24] Den Unterschied zwischen Erklärung und Nachweis betont zu Recht BayObLG AG 2002, 397 (398).
[25] Zum notwendigen Inhalt BGH NZG 2008, 304 (307).
[26] BayObLG AG 2002, 397 (398).
[27] BGH NZG 2008, 304 (306); vgl. auch BGH NZG 2005, 976; zum Ganzen *Döser* NJW 2006, 881 sowie die Erläuterung zu § 37.
[28] Hüffer/Koch/*Koch* Rn. 3 und § 36a Rn. 5; K. Schmidt/Lutter/*Veil* Rn. 24.

20 dd) Sonstige Leistungen. Erfolgen im Rahmen der Kapitalerhöhung sonstige Leistungen aller oder einzelner Zeichner, sind hierüber keine Erklärungen abzugeben.[29] Dies betrifft sowohl die **Sachübernahme,** auch bei einer teilbaren gemischten Sacheinlage (soeben → Rn. 19), als auch ein sog. schuldrechtliches **Agio.** Das Registergericht kann jedoch die Vorlage der entsprechenden Vereinbarungen verlangen, wenn es zur Überprüfung der Rechtmäßigkeit der Kapitalerhöhung erforderlich erscheint.[30]

21 c) Maßgeblicher Stichtag. Der maßgebliche Stichtag für die Erklärungen und Nachweise ist wegen des Wortlauts von § 37 Abs. 1 („erfüllt sind", „zur freien Verfügung des Vorstands steht") der der **Anmeldung.** In der Praxis bereitet dies oftmals Schwierigkeiten, weil der Gegenstand einer Sacheinlage Wertschwankungen unterliegt oder der Geschäftsbetrieb der AG bereits Leistungen eines Zeichners aufgezehrt hat oder für die Bareinlage Vermögensgegenstände erworben wurden. Zu Gunsten der Anmeldenden wird vor diesem Hintergrund mittlerweile nicht mehr gefordert, dass der einmal geleistete Gegenstand noch unverändert oder zumindest wertmäßig im Vermögen der AG vorhanden ist. Die Anmeldenden[31] haben allein zu erklären, dass die in → Rn. 13 ff. aufgeführten Leistungen nach dem Kapitalerhöhungsbeschluss zur freien Verfügung des Vorstands eingezahlt wurden und nicht an den Zeichner zurückgeflossen sind;[32] bei dem durch § 183 Abs. 2 iVm § 27 Abs. 4 zulässigen Hin- und Herzahlen muss erklärt werden, ob eine derartige Vereinbarung vorliegt und die Voraussetzungen eingehalten wurden. Zum eingeforderten Betrag gehören nicht weitere Zuzahlungen der Zeichner, die in die freie Kapitalrücklage gemäß § 272 Abs. 2 Nr. 4 HGB geleistet werden („schuldrechtliches Agio"). Diese sind im Registerverfahren grds. nicht offen zu legen und können ohne weiteres wieder an den Zeichner oder ein verbundenes Konzernunternehmen zurückfließen.[33]

22 d) Wirtschaftliche Neugründung. Erfolgt die Kapitalerhöhung anlässlich einer **Mantelverwendung,** ist der Tatbestand der wirtschaftlichen Neugründung bereits bei der Anmeldung des Kapitalerhöhungsbeschlusses gegenüber dem Registergericht offenzulegen (→ § 184 Rn. 9). Im Rahmen der Durchführung bedarf es weiterhin der Erklärung, dass das bei der Gründung eingezahlte Grundkapital noch oder wieder vorhanden ist und zur freien Verfügung des Vorstands steht.[34] Ist das Grundkapital durch Verluste aufgebraucht, haften die Aktionäre bei fehlender Offenlegung im Registerverfahren gemäß Unterbilanzhaftung.[35] Zur erneuten Prüfung der Gründungsvorschriften durch das Registergericht → Rn. 61.

23 e) Vereinfachte Sachkapitalerhöhung. Wird die vereinfachte Sachkapitalerhöhung nach § 183a unter Verzicht auf die externe Prüfung gewählt, ist dies gemäß § 184 Abs. 3 Satz 2 iVm § 37a Abs. 1 bei der Anmeldung zu erklären. Die Anmeldung muss zudem gemäß § 184 Abs. 3 Satz 2 iVm § 37a Abs. 2 bestimmte Versicherungen über die Bewertung enthalten. Einzelheiten bei § 183a.

24 4. Die beizufügenden Dokumente. Der Anmeldung sind neben den nach § 37 Abs. 1 erforderlichen Nachweisen (→ Rn. 11 f.) gemäß Abs. 3 iVm § 12 Abs. 2 HGB weitere Dokumente in elektronischer Form beizufügen (Textform gemäß § 126b BGB, → § 184 Rn. 16). Verfügt die Gesellschaft über eine oder mehrere Zweigniederlassungen, sind die Unterlagen nur einfach einzureichen.[36] Die Strafbarkeit nach § 399 Abs. 1 Nr. 4 bezieht sich auch auf die Unrichtigkeit der einzureichenden Unterlagen. Die Unterlagen unterliegen ebenfalls dem Einsichtsrecht nach § 9 Abs. 1 HGB.[37]

25 a) Abs. 1 Nr. 1. Beizufügen sind **Zweitschriften** aller Zeichnungsscheine (→ § 185 Rn. 22 ff.); weiterhin ein **Verzeichnis** aller Zeichner. Dieses muss den Namen der Zeichner, die auf jeden entfallenden Aktien (Nennbetrag bzw. Stück) und die auf sie geleisteten Einzahlungen enthalten.

---

[29] Vgl. OLG München BB 2006, 2711; abw. für die gemischte Sacheinlage BGH NJW 2007, 3425 (3427) – Lurgi I, wobei jedoch verkannt wird, dass es bei der Kapitalerhöhung keine Sachübernahme gibt (→ § 183 Rn. 6).
[30] BayObLG NZG 2002, 583; vgl. auch BGH DB 2007, 212.
[31] AA Hüffer/Koch/*Koch* Rn. 6: Versicherung des Vorstands.
[32] BGHZ 150, 197 (201) (für die GmbH); BGH NZG 2005, 976 (977) (für die AG); abw. noch OLG München MittBayNotZ 2007, 417.
[33] OLG München BB 2006, 2711; bestätigt durch BGH NZG 2009, 76.
[34] BGHZ 153, 158 (162, 164) = NJW 2003, 892; BGHZ 155, 318 (321 f., 327) = NZG 2003, 972 (975); BGH NZG 2012, 539 (jeweils zur GmbH); zum Ganzen *Herresthal/Servatius* ZIP 2012, 197.
[35] BGH DB 2007, 1241 (1243); BGH NZG 2012, 539 (für die GmbH); OLG München ZIP 2010, 579; zur Verjährung auch OLG Schleswig NZG 2007, 75 und LG München I NZG 2012, 1384.
[36] Vgl. bereits RegBegr. *Kropff* S. 297.
[37] OLG Hamm FGPrax 2007, 34.

Dies gilt wegen Abs. 3 Nr. 2 auch bei Sacheinlagen.[38] Besteht die Sacheinlage in der Verpflichtung, der Gesellschaft einen Vermögensgegenstand zu überlassen (§ 36a Abs. 2 Satz 2), ist die vertragliche Vereinbarung über das zu Gunsten der AG eingeräumte Nutzungsrecht beizufügen (str., → Rn. 46).

Das Verzeichnis ist vom Vorstand zu **unterschreiben.** Insofern können die Anmeldenden 26 (→ Rn. 5) und die Unterzeichner der Liste auseinanderfallen. Die Strafbarkeit nach § 399 Abs. 1 Nr. 4 wegen einer unrichtigen Zeichnerliste trifft auch die Unterzeichner, die nicht an der Anmeldung beteiligt sind.[39] Erforderlich ist die Unterzeichnung von Vorstandsmitgliedern in vertretungsberechtigter Zahl.[40] Die Zeichnung erfolgt wegen § 399 Abs. 1 Nr. 4 im eigenen Namen (→ § 184 Rn. 12). Eine öffentliche Beglaubigung der Unterschriften ist nicht erforderlich.[41]

b) Abs. 1 Nr. 2. Die Regelung entspricht teilweise § 37 Abs. 4 Nr. 2. Beizufügen sind die **Ver-** 27 **träge über Sacheinlagen.** Die Vorlagepflicht betrifft nicht die gesellschaftsrechtliche Verpflichtung des Zeichners, den betreffenden Gegenstand als Sacheinlage einzubringen (str.).[42] Diese ist nämlich bereits gemäß Abs. 3 Nr. 1 einzureichen (→ Rn. 25).[43] Von Abs. 3 Nr. 2 Alt. 2 erfasst sind somit nur der Vertrag über das dingliche Erfüllungsgeschäft (→ Rn. 13 ff.)[44] sowie gemäß Alt. 1 sonstige schuldrechtliche Verträge, die die Zeichnung der Aktien vorbereiten oder begleiten (→ Rn. 28).[45] Aus Abs. 3 Nr. 2 resultiert zwar kein Formzwang für die betreffenden Verträge, wohl aber die Pflicht zur Dokumentation (str., vgl. auch Abs. 5, § 9 Abs. 1 HGB).[46]

Die tatbestandliche Weite der aus Abs. 3 Nr. 2 Alt. 2 resultierenden Vorlagepflicht sonstiger 28 schuldrechtlicher Verträge ist **teleologisch zu reduzieren.** Die Vorlage dient allein dazu, das beschränkte Prüfungsrecht des Registergerichts zu effektuieren (→ § 183 Rn. 58 ff.). Da sich dieses nicht auf die allein das Rechtsverhältnis der gegenwärtigen Aktionäre betreffende Wertdeckung eines – korporativen oder schuldrechtlichen – **Agios** erstreckt, sind die Verträge, die sich allein hierauf beziehen, grundsätzlich nicht von der Vorlagepflicht umfasst (str.).[47] Das Gleiche gilt für Verträge über sonstige Zuzahlungen, zum Beispiel im Rahmen eines sog. Business Combination Agreements oder einer Sachübernahme, die ebenfalls nicht Gegenstand der vom Registergericht zu prüfenden Sacheinlagevorschriften sind. Hiervon ist allerdings abzuweichen, wenn der über das beschränkte Prüfungsrecht hinausgehende Teil der Einlageleistung bzw. Zuzahlung untrennbar mit dem der Registerkontrolle unterliegenden Rechtsgeschäft verbunden ist. In diesem Fall ist in Anlehnung an das vergleichbare Problem bei der unteilbaren gemischten Sacheinlage (→ § 183 Rn. 9) die Vorlage sämtlicher Verträge geboten, soweit die (beschränkte) registergerichtliche Kontrolle ansonsten erheblich erschwert würde.[48]

c) Abs. 1 Nr. 3. Beizufügen ist auch eine Berechnung der **Kosten der Kapitalerhöhung.** Hier- 29 unter fallen sämtliche bei der Vorbereitung und Durchführung anfallenden Ausgaben der AG.[49] Neben den Kosten des Registerverfahrens (→ § 182 Rn. 82 ff., → § 183 Rn. 67) sind dies vor allem Notarkosten, Steuern, Provisionen an Emissionskonsortien, Kosten für den Druck neuer Aktienurkunden, Kosten für die externe Prüfung nach § 183 Abs. 3 Satz 1.[50] Da die genaue Bezifferung der insgesamt anfallenden Kosten im Anmeldezeitpunkt nicht möglich ist, genügt eine nachvollziehbare Schätzung. Belege müssen nicht eingereicht werden.

d) Staatliche Genehmigung. Bedarf die Kapitalerhöhung einer staatlichen Genehmigung, war 30 nach Abs. 1 Nr. 4 aF die Genehmigungsurkunde einzureichen. Diese Regelung war seit dem Verbot

---

[38] Kölner Komm AktG/*Ekkenga* Rn. 55; MüKoAktG/*Schürnbrand* Rn. 40; K. Schmidt/Lutter/*Veil* Rn. 28; wohl auch Hüffer/Koch/*Koch* Rn. 13.
[39] Zustimmend MüKoAktG/*Schürnbrand* Rn. 41.
[40] Hüffer/Koch/*Koch* Rn. 13; MüKoAktG/*Schürnbrand* Rn. 40; Großkomm AktG/*Wiedemann* Rn. 58.
[41] Hüffer/Koch/*Koch* Rn. 13; MüKoAktG/*Schürnbrand* Rn. 41; Großkomm AktG/*Wiedemann* Rn. 58.
[42] AA wohl Hüffer/Koch/*Koch* Rn. 14; MüKoAktG/*Schürnbrand* Rn. 42; Kölner Komm AktG/*Ekkenga* Rn. 57; Großkomm AktG/*Wiedemann* Rn. 59.
[43] So für § 57 Abs. 3 Nr. 3 GmbHG Baumbach/Hueck/*Zöllner/Fastrich* GmbHG § 57 Rn. 20.
[44] MüKoAktG/*Schürnbrand* Rn. 42; Hüffer/Koch/*Koch* Rn. 14.
[45] Vgl. für § 57 Abs. 3 Nr. 3 GmbHG Baumbach/Hueck/*Zöllner/Fastrich* GmbHG § 57 Rn. 20 sowie *Kley* RNotZ 2003, 17.
[46] Ähnlich Großkomm AktG/*Wiedemann* Rn. 60: Erklärung über Tatsachen; aA Kölner Komm AktG/*Ekkenga* Rn. 57: vorzulegen sind Verträge, soweit sie vorliegen; aA auch die hM zu § 57 Abs. 3 Nr. 3 GmbHG, vgl. Baumbach/Hueck/*Zöllner/Fastrich* GmbHG § 57 Rn. 20 mwN.
[47] AA für ein sog. Investors-Agreement unter Aktionären BayObLG NZG 2002, 583; vgl. auch OLG München BB 2006, 2711; zustimmend wohl Hüffer/Koch/*Koch* Rn. 20; wie hier *Gerber* MittBayNot 2002, 305; *Hermanns* ZIP 2003, 788 (791); MüKoAktG/*Schürnbrand* Rn. 48; Kölner Komm AktG/*Ekkenga* Rn. 57.
[48] In diese Richtung auch BGH DB 2007, 212.
[49] Einzelheiten bei *Heinze* ZIP 2011, 1848.
[50] MüKoAktG/*Schürnbrand* Rn. 44; Hüffer/Koch/*Koch* Rn. 15.

der Einführung von Mehrstimmrechten gemäß § 12 Abs. 2 ohne Anwendungsbereich und wurde durch das ARUG konsequenterweise gestrichen.

31 **e) Fassungsänderung.** Zur Korrektur des mit Eintragung der Durchführung der Kapitalerhöhung unrichtig werdenden Wortlauts der Satzung bedarf es einer Fassungsänderung, welche von der Hauptversammlung beschlossen oder an den Aufsichtsrat delegiert werden kann (→ Rn. 8). Dem Antrag nach § 189 beizufügen sind daher gemäß § 181 Abs. 1 Satz 2 auch der vollständige Wortlaut der geänderten Satzungsregelung über das geänderte Grundkapital und die Zahl der ausgegebenen Aktien und die notarielle Bescheinigung gemäß § 130.[51]

32 **f) Vereinfachte Sachkapitalerhöhung.** Wird die vereinfachte Sachkapitalerhöhung nach § 183a unter Verzicht auf die externe Prüfung gewählt, sind gemäß § 184 Abs. 3 Satz 2 iVm § 37a Abs. 3 die entsprechenden Bewertungsunterlagen der Anmeldung beizufügen. Einzelheiten bei § 183a.

IV. Prüfung der Durchführung durch das Registergericht

33 Eine ausdrückliche gesetzliche Grundlage für die Prüfung der Durchführung durch das Registergericht enthält § 188 nicht. Insoweit besteht ein Unterschied zur Gründung gemäß § 38 Abs. 1. Dennoch ist allgemein anerkannt, dass dem Registergericht auch bezüglich der Durchführung der Kapitalerhöhung ein umfassendes **formales und materielles Prüfungsrecht** zusteht.[52] Dieses ist jedoch insbesondere bei der Überprüfung der Rechtmäßigkeit eines Bezugsrechtsausschlusses (→ Rn. 38) und im Hinblick auf die Kapitalaufbringung **beschränkt** (→ Rn. 43, 51 ff.). Grundlage der Prüfung sind die mit der Anmeldung einzureichenden Erklärungen und Nachweise. Bestehen Zweifel an deren Richtigkeit, hat das Gericht gemäß § 26 FamFG von Amts wegen eigene Ermittlungen anzustellen und Beweise zu erheben.[53] Ist der betreffende Mangel zu beheben, kann das Gericht gemäß § 26 Satz 1 HRV zur Beseitigung auffordern.

34 **1. Ordnungsgemäße Anmeldung.** Zu prüfen sind die in → Rn. 6 ff. genannten Voraussetzungen für eine ordnungsgemäße Anmeldung.[54] Weiterhin wird geprüft, ob die gemäß Abs. 2 erforderlichen Nachweise (→ Rn. 11 ff.) und die gemäß § 188 Abs. 3 erforderlichen Dokumente (→ Rn. 24 ff.) beigefügt sind.[55] Die Angemessenheit der nach § 188 Abs. 3 Nr. 3 angefallenen Kosten der Kapitalerhöhung unterliegt nicht der registergerichtlichen Überprüfung (str.).[56] Zur Vorlage und Überprüfung von Verträgen bei freiwilligen Zuzahlungen → Rn. 28.

35 **2. Erneute Überprüfung des Kapitalerhöhungsbeschlusses.** Werden die Anmeldung des Kapitalerhöhungsbeschlusses und seine Durchführung gemäß Abs. 4 miteinander verbunden, hat das Registergericht von vornherein auch die Voraussetzungen der Eintragung nach § 184 zu prüfen (→ § 184 Rn. 18 ff.). Selbst wenn die Eintragung nach § 184 bereits erfolgt ist, kann das Registergericht sich nicht allein auf die Prüfung der Durchführung der Kapitalerhöhung beschränken. Bestehen Anhaltspunkte für die Rechtswidrigkeit des bereits nach § 184 eingetragenen Kapitalerhöhungsbeschlusses, hat es gemäß § 26 FamFG erneut zu prüfen, ob die Voraussetzungen für die Eintragung des Kapitalerhöhungsbeschlusses vorliegen.[57] Die Kapitalerhöhung ist nach der Konzeption des Gesetzes ein gestuftes, aufeinander aufbauendes Verfahren (→ § 182 Rn. 4). Stellt sich daher heraus, dass der Kapitalerhöhungsbeschluss unwirksam, nichtig oder in einer nicht nur die Individualinteressen der gegenwärtigen Aktionäre betreffenden Weise anfechtbar ist, wäre es nicht gerechtfertigt, diesen Mangel bei der weiteren Durchführung zu ignorieren.[58] Dies gilt nicht, wenn zwischenzeitlich die **Anfechtungsfrist** für den Kapitalerhöhungsbeschluss **abgelaufen ist,** ohne dass Klage erhoben wurde (str.).[59] In diesem Fall hat der Vorstand im Rahmen seiner materiellen Beschlussverantwortung jedoch zu prüfen, ob die weitere Durchführung der Kapitalerhöhung nicht aufzugeben ist (→ § 182 Rn. 7). Ist eine Beschlussmängelklage oder ein Freigabeverfahren anhängig, entbindet dies das Registergericht nicht von einer eigenständigen Prüfung (→ § 184 Rn. 33 ff.). Etwas anderes gilt nur gemäß § 246a Abs. 3 Satz 4 (aber → § 184 Rn. 38).

---

[51] Kölner Komm AktG/*Ekkenga* Rn. 61; Hüffer/Koch/*Koch* Rn. 18.
[52] BayObLG NZG 2002, 583; BayObLG AG 2002, 397; Kölner Komm AktG/*Ekkenga* Rn. 66; Hüffer/Koch/*Koch* Rn. 20; MüKoAktG/*Schürnbrand* Rn. 48; K. Schmidt/Lutter/*Veil* Rn. 34.
[53] BayObLG NZG 2002, 583 (583).
[54] MüKoAktG/*Schürnbrand* Rn. 46; K. Schmidt/Lutter/*Veil* Rn. 34.
[55] Hüffer/Koch/*Koch* Rn. 20; MüKoAktG/*Schürnbrand* Rn. 46 f.
[56] MüKoAktG/*Schürnbrand* Rn. 44; abw. *Heinze* ZIP 2011, 1848 (1850); Kölner Komm AktG/*Ekkenga* Rn. 75.
[57] Großkomm AktG/*Wiedemann* Rn. 65; Kölner Komm AktG/*Ekkenga* Rn. 66; Hüffer/Koch/*Koch* Rn. 21.
[58] MüKoAktG/*Schürnbrand* Rn. 50; Großkomm AktG/*Wiedemann* Rn. 67.
[59] MüKoAktG/*Schürnbrand* Rn. 50.

3. Vollständige Zeichnung des Erhöhungsbetrages. Der zur Durchführung angemeldete 36 Gesamtbetrag der Kapitalerhöhung muss vollständig durch entsprechende Zeichnungsscheine gedeckt sein. Sieht der Kapitalerhöhungsbeschluss diesbezüglich einen festen Betrag vor, ist dieser maßgeblich. Enthält er einen Mindest- und/oder Höchstbetrag, muss sich die Summe der Zeichnungen innerhalb dieses Rahmens bewegen (→ § 182 Rn. 41 f.).[60]

Zu prüfen ist weiterhin die **Wirksamkeit der Zeichnungen**.[61] Dies betrifft neben den Anforde- 37 rungen gemäß § 185 die sonstigen zivilrechtlichen Wirksamkeitshindernisse des Zeichnungsvertrages. Hat die AG selbst Aktien gezeichnet, ist der Zeichnungsvertrag gemäß § 56 Abs. 1, § 134 BGB nichtig.[62] Wurde gegen § 56 Abs. 2 verstoßen, berührt dies die Wirksamkeit der Zeichnung nicht. In Ausübung seiner präventiven Rechtmäßigkeitskontrolle hat das Registergericht dennoch die Eintragung abzulehnen.[63] Im Fall des § 56 Abs. 3 liegt hingegen kein Eintragungshindernis vor.[64] § 56 Abs. 3 Satz 3 sieht es als rechtmäßige Gestaltung an, die Aktien für Rechnung der AG zu halten, ohne aus ihnen Rechte herzuleiten. Auch die Haftung nach § 56 Abs. 4 betrifft nicht § 56 Abs. 3.

4. Rechtmäßigkeit eines Bezugsrechtsausschlusses. Die Anforderungen an die Rechtmäßig- 38 keit des Bezugsrechtsausschlusses verwirklichen allein die Interessen der gegenwärtigen Aktionäre (→ § 186 Rn. 66). Wird hiergegen verstoßen, sind die Aktionäre durch das Anfechtungsrecht und die auch zu ihren Gunsten wirkende materielle Beschlussverantwortung des Vorstands[65] ausreichend geschützt (→ § 184 Rn. 20 ff.). Die registergerichtliche Kontrolle erstreckt sich daher nur darauf, ob die formalen und materiellen Anforderungen gemäß § 186 Abs. 3–5 eingehalten wurden und ob der Ausgabebetrag gemäß § 255 Abs. 2 angemessen ist (str.).[66]

5. Rechtmäßigkeit der Durchführung (Abs. 2). Zentrale Bedeutung im Registerverfahren 39 hat die Prüfung, ob die Einlagen ordnungsgemäß geleistet wurden. Abs. 2 verweist insofern auf die relevanten Regelungen des Gründungsrechts (§ 36 Abs. 2, §§ 36a, 37 Abs. 1). Die Regelung ist seit dem Inkrafttreten von **MoMiG** und **ARUG** unvollständig. Das Registergericht hat im Rahmen der Durchführung auch zu prüfen, ob die Voraussetzungen von § 183 Abs. 2 iVm § 27 Abs. 3 und 4 eingehalten wurden, mithin kein unzulässiges Hin- und Herzahlen oder eine verdeckte Sacheinlage vorliegen. Infolge der Neuregelungen über die vereinfachte Sachkapitalerhöhung erstreckt sich das Prüfungsrecht des Registergerichts bei der Durchführung auch darauf, ob die Wartefrist gemäß § 183a Abs. 2 Satz 2 abgelaufen ist, und ob die Voraussetzungen von § 183 Abs. 3 eingehalten wurden.

a) Prüfungsmaßstab. Der früheren Kapitalrichtlinie[67] lassen sich – anders als zur externen Prü- 40 fung durch Sachverständige – keine Vorgaben darüber entnehmen, worauf sich die Prüfung der Rechtmäßigkeit der Durchführung durch das Registergericht gemäß Abs. 2 erstreckt (→ § 183 Rn. 60 ff.). Auch die gesetzliche Ausgangslage ist widersprüchlich. Einerseits bestimmt § 184 Abs. 3 Satz 1, dass sich die gerichtliche Prüfung bei Sacheinlagen auf die **Wertdeckung** des geringsten Ausgabebetrags erstreckt. Andererseits verweist Abs. 2 Satz 1 bezüglich der Anmeldung der Durchführung nicht nur auf die aus § 37 Abs. 1 resultierende Erklärungs- und Nachweispflicht (→ Rn. 11 ff.), sondern auch auf die materiellen Anforderungen gemäß § 36 Abs. 2 und § 36a. Maßgeblicher Bezugspunkt der Kapitalaufbringung ist hiernach bei Bar- und Sacheinlagen der **konkrete Ausgabebetrag** der neuen Aktien, einschließlich eines korporativen Agios. Dies deckt sich insofern mit den gemäß Abs. 2 iVm § 37 Abs. 1 abzugebenden Erklärungen (→ Rn. 11 ff.) und der externen Prüfung der Sacheinlagen durch Sachverständige gemäß § 183 Abs. 3 Satz 1 und 2 (→ § 183 Rn. 35 ff.). Hiernach liegt der Schluss nahe, alle Prüfungen liefen synchron. Dies ist jedoch nicht zutreffend.

Für die Wertdeckung von Sacheinlagen wurde bereits aufgezeigt, dass das auf den geringsten 41 Ausgabebetrag der Aktien beschränkte Prüfungsrecht des Registergerichts im Einklang mit dem allgemeinen Grundsatz steht, die Kontrolle von Vorschriften insoweit einzuschränken, als hiermit allein die Interessen der gegenwärtigen Aktionäre verwirklicht werden (→ § 183 Rn. 57 ff.). Führt man diesen – das staatliche Registerverfahren erheblich entlastenden – Gedanken konsequent zu Ende, hat sich die Kontrolle der Durchführung der Kapitalerhöhung insgesamt nur auf die Verletzung

---

[60] Hüffer/Koch/*Koch* Rn. 4.
[61] Kölner Komm AktG/*Ekkenga* Rn. 66.
[62] OLG München BB 2010, 80 (81).
[63] MüKoAktG/*Schürnbrand* Rn. 51; Hüffer/Koch/*Koch* § 56 Rn. 10.
[64] Hüffer/Koch/*Koch* Rn. 20; MüKoAktG/*Schürnbrand* Rn. 51.
[65] Vgl. *Servatius* Strukturmaßnahmen S. 225 ff. insb. 338 ff., 386 ff.
[66] AA möglicherweise BayObLG NZG 2002, 583 (583), wonach der gesamte Vorgang der Kapitalerhöhung der gerichtlichen Kontrolle unterliegt; wohl zustimmend Hüffer/Koch/*Koch* Rn. 20.
[67] Nunmehr RL (EU) 2017/1132 des Europäischen Parlaments und des Rates vom 14. Juni 2017 über bestimmte Aspekte des Gesellschaftsrechts, ABl. EU 2017 Nr. L 169, 46 v. 30.6.2017.

von (insbesondere) gläubigerschützenden Vorschriften zu beschränken. Das in § 183 Abs. 4 Satz 1 definierte **beschränkte Prüfungsrecht** ist daher kein Redaktionsversehen. Es ist vielmehr insofern zu verallgemeinern, als sich die aus dem Verweis des Abs. 2 Satz 1 in das Gründungsrecht ergebenden Anforderungen an Bar- und Sacheinlagen gemäß § 36 Abs. 2 und § 36a für die registergerichtliche Prüfung nur darauf beziehen, dass sie zur **Aufbringung des geringsten Ausgabebetrags** eingehalten wurden (str.).[68] Dies bedeutet freilich nicht, dass die Wertdeckung eines über dem geringsten Ausgabebetrag liegenden Agios überhaupt keine Relevanz mehr hätte. Sie wird lediglich der registergerichtlichen Kontrolle entzogen und verhindert so die Eintragung gemäß § 189 nicht. Die strafrechtliche Verantwortlichkeit gemäß § 399 Abs. 1 Nr. 4, die Differenzhaftung (→ § 183 Rn. 70 ff.) und die Anfechtbarkeit, vor allem nach § 255 Abs. 2, bleiben hiervon unberührt. Die Beschränkung der Registerkontrolle verwirklicht so allein den bereits bei der Überprüfung eintragungsrelevanter Hauptversammlungsbeschlüsse anerkannten Grundsatz, die staatliche Kontrolle der Binnenorganisation zu reduzieren und auf diese Weise der Selbstregulierung der Aktionäre in der AG, unter Einbeziehung einer umfassenden materiellen Beschlusskontrolle des Vorstands, Geltung zu verschaffen (→ § 184 Rn. 20 ff.). Die materiell-rechtlichen Vorgaben für eine ordnungsgemäße Durchführung gehen so teilweise über das hinaus, was das Registergericht prüfen darf und muss.

42 **b) Mindesteinzahlungen bei Bareinlagen. aa) Materiell-rechtliche Vorgaben.** Bei der Pariemission muss vor Anmeldung gemäß § 36 Abs. 2 Satz 1 auf jede Aktie mindestens ein Viertel des geringsten Ausgabebetrags eingezahlt worden sein (§ 36a Abs. 1 Alt. 1, § 54 Abs. 3). Bei der Überpariemission gilt dies gemäß § 36a Abs. 1 Alt. 2 nicht für das Agio; dieses ist in jedem Fall vollständig zu leisten. Ist der eingeforderte Betrag durch eine entsprechende Regelung im Kapitalerhöhungsbeschluss größer (vgl. § 36a Abs. 1 „mindestens"), muss auch diese Mehrforderung geleistet sein. Dies entspricht Art. 26 der früheren Kapitalrichtlinie.[69] Sonstige freiwillige Zuzahlungen in die „freie Kapitalrücklage" gemäß § 272 Abs. 2 Nr. 4 HGB unterliegen jedoch nicht dem Kapitalaufbringungsgebot.[70] Grundsätzlich hat der Zeichner die Darlegungs- und Beweislast für die Erbringung der jeweiligen Einlageschuld und zwar für erfüllungswirksame Einlageleistung und nicht nur für den bloßen Mittelzufluss.[71]

43 **bb) Eingeschränktes Prüfungsrecht.** Die registergerichtliche Überprüfung dieser materiell-rechtlich geforderten Mindesteinzahlungen erstreckt sich allein darauf, dass der eingeforderte Betrag je Aktie **mindestens ein Viertel** des geringsten Ausgabebetrags deckt (§ 36a Abs. 1 Alt. 1). Wurde im Kapitalerhöhungsbeschluss eine **höhere Mindesteinzahlung** auf den geringsten Ausgabebetrag beschlossen, muss auch diese geleistet worden sein. Die Leistung eines korporativen Agios ist demgegenüber nicht Gegenstand der registergerichtlichen Prüfung (str.).[72] Das materiell-rechtliche Gebot der vollständigen Leistung gemäß § 36a Abs. 2 Alt. 2 hat nur insofern Bedeutung, als sich die gemäß § 399 Abs. 1 Nr. 4 straf- und § 823 Abs. 2 BGB haftungsbewehrten Erklärungen der Anmeldenden (→ Rn. 11 ff.) hierauf beziehen müssen. Sonstige Verpflichtungen der Zeichner, zum Beispiel die Leistung eines schuldrechtlichen Agios oder die Erbringung einer Sachübernahme, sind ebenfalls nicht Gegenstand der registergerichtlichen Prüfung (→ Rn. 28).

44 **c) Vollständige Leistung der Sacheinlagen. aa) Materiell-rechtliche Vorgaben.** Der maßgebliche Leistungszeitpunkt von Sacheinlagen ist unklar.[73] Einerseits sind sie gemäß § 36a Abs. 2 Satz 1 vollständig zu leisten. Anderseits bestimmt § 36a Abs. 2 Satz 2, dass die Leistung innerhalb von 5 Jahren nach der Eintragung der Kapitalerhöhung fällig sein muss, wenn die Sacheinlage in der Verpflichtung besteht, einen Vermögensgegenstand auf die Gesellschaft zu übertragen. Letzteres entspricht Art. 49 Abs. 1 RL (EU) 2017/1132.[74] Die wohl hM sieht in § 36a Abs. 2 Satz 2 den gesetzlichen Regelfall und in § 36a Abs. 2 Satz 1 die Ausnahme (zum Ganzen → § 36a Rn. 10 ff.).[75] Dieser Ansicht ist nicht zu folgen. Zum einen sprechen bereits gesetzessystematische Erwägungen gegen das genannte Regel-Ausnahme-Verhältnis. Zum anderen ist die Einordnung von § 36a Abs. 2 Satz 2 als Regelfall der Leistung von Sacheinlagen teleologisch inkonsequent. Das AktG und die

---

[68] Abw. *Ekkenga/Jaspers* in Ekkenga/Schröer, Handbuch der AG-Finanzierung, 2014, Kap. 4 Rn. 216 f., 368.
[69] Nunmehr Art. 48 Abs. 1 RL (EU) 2017/1132 des Europäischen Parlaments und des Rates vom 14. Juni 2017 über bestimmte Aspekte des Gesellschaftsrechts, ABl. EU 2017 Nr. L 169, 46 v. 30.6.2017.
[70] BGH WM 2007, 2381.
[71] Vgl. OLG München BeckRS 2016, 18630, Rn. 12 (zur GmbH).
[72] Hüffer/Koch/*Koch* Rn. 21.
[73] Ausführlich MüKoAktG/*Pentz* § 36a Rn. 9 ff.; *Richter* ZGR 2009, 721.
[74] RL (EU) 2017/1132 des Europäischen Parlaments und des Rates vom 14. Juni 2017 über bestimmte Aspekte des Gesellschaftsrechts, ABl. EU 2017 Nr. L 169, 46 v. 30.6.2017.
[75] Vgl. nur Hüffer/Koch/*Koch* § 36a Rn. 3; *Richter* ZGR 2009, 721 (724 ff.); abw. aber Kölner Komm AktG/*Ekkenga* Rn. 45.

europäischen Vorgaben messen der **präventiven Werthaltigkeitskontrolle** durch Sachverständige und Registergericht eine große Bedeutung zu (vgl. § 183 Abs. 3 Satz 1 und 2). Der aktionärs- und gläubigerschützende Aspekt dieser Prüfungen liefe jedoch weitgehend leer, wenn es im Regelfall ausreichen würde, dass sie sich auf einen innerhalb von fünf Jahren zu bewirkenden Gegenstand beziehen. Die Validität der Prüfung ist wegen des starken Prognoseelements zweifelhaft, und das Bewertungsrisiko wird allein auf die Mitaktionäre und Gläubiger abgewälzt.[76] Eine erneute Prüfung im konkreten Erfüllungszeitpunkt erfolgt weder nach dem AktG noch nach den Vorgaben der früheren Kapitalrichtlinie.[77] Somit ist Art. 49 Abs. 1 RL (EU) 2017/1132 **rechtspolitisch fragwürdig,** denn letztlich wird hierdurch die an sich unzulässige Einlagefähigkeit obligatorischer Rechte gegen den Gesellschafter anerkannt.[78]

Dieser Fehlgriff des europäischen Gesetzgebers wiegt jedoch nicht schwer, weil es sich hierbei **45** lediglich um eine **Mindestregelung** handelt.[79] Es ist daher mit der früheren Kapitalrichtlinie vereinbar, § 36a Abs. 2 Satz 1 im Wege einer national begründeten teleologischen Auslegung als gesetzlichen Regelfall anzusehen und § 36a Abs. 2 Satz 2 als Ausnahme mit beschränktem Anwendungsbereich. Auch für die GmbH gilt dies unbestritten (vgl. § 7 Abs. 3 GmbHG).[80] Die Prüfung des Registergerichts bezieht sich somit – umgekehrt zur herrschenden Meinung – gemäß Abs. 2 Satz 1 iVm § 36a Abs. 2 Satz 1 im Regelfall darauf, ob die im Zeichnungsschein versprochenen (fingierten) Sacheinlagen vollständig geleistet wurden. Bei der Einbringung *quoad dominium* bedeutet dies den dinglichen Vollzug der Vollrechtsübertragung. Bei beweglichen Sachen und Forderungen genügt die auf den Eintragungszeitpunkt aufschiebend oder auflösend bedingte Übertragung nicht (str.).[81] Lediglich bei der Einbringung von Grundstücken ist es wegen des aufwändigen Grundbuchverfahrens ausreichend, dass die Einigung gemäß §§ 873, 925 BGB wirksam erfolgt ist und der Eintragungsantrag beim Grundbuchamt gestellt wurde bzw. eine Vormerkung zu Gunsten der AG eingetragen wurde.[82]

Der **beschränkte Anwendungsbereich** von Abs. 2 Satz 1 iVm § 36a Abs. 2 Satz 2 ist hiernach **46** lediglich dann eröffnet, wenn der Zeichner eine Sacheinlage *quoad usum* erbringt, zum Beispiel einen Gegenstand nutzungsweise überlässt.[83] In diesem Fall muss das Gericht prüfen, ob die vertragliche Verpflichtung mit dem Zeichner nicht länger als 5 Jahre befristet ist, der Wert dieser Sacheinlage den Ausgabebetrag deckt[84] und der Besitz am betreffenden Gegenstand gemäß § 36a Abs. 2 Satz 1 analog bereits an die Gesellschaft übergegangen ist.[85] Darüber hinaus kann auf diese Regelung abgestellt werden, wenn ein Inferent einen Übertragungsanspruch gegen einen Dritten als Sacheinlage einbringt.[86]

bb) Eingeschränkte Registerkontrolle. Die gerichtliche Kontrolle der in → Rn. 37 ff. **47** genannten Voraussetzungen erstreckt sich allein darauf, ob der Wert des betreffenden Gegenstands den **geringsten Ausgabebetrag** deckt (str., → Rn. 42 f.).[87] In Abweichung zu Bareinlagen muss dieser Wert jedoch im Anmeldezeitpunkt **vollständig** gedeckt sein, nicht lediglich zu einem Viertel (→ Rn. 42). Bei der Überpariemission führt die Beschränkung des Prüfungsrechts dazu, dass Bewertungsschwierigkeiten weitgehend nicht Gegenstand des Registerverfahrens sind, sondern allein im Rahmen der Differenzhaftung (→ § 183 Rn. 70 ff.), der Anfechtung nach § 255 Abs. 2 und bei der strafrechtlichen Verfolgung gemäß § 399 Abs. 1 Nr. 4 relevant werden. Erreicht somit der Wert der Sacheinlage mit Gewissheit den geringsten Ausgabebetrag, muss das Gericht die Durchführung der Kapitalerhöhung eintragen. Auf einen ggf. langwierigen Gutachterstreit kommt es insofern nicht an.

---

[76] Dies verkennt *Richter* ZGR 2009, 721 (752).
[77] Hüffer/Koch/*Koch* § 36a Rn. 4.
[78] Vgl. für die GmbH auch Baumbach/Hueck/*Fastrich* GmbHG § 5 Rn. 24. – Zur Entwicklung von Art. 27 der früheren Kapitalrichtlinie MüKoAktG/*Pentz* § 36a Rn. 14 f., auch mit Hinweis auf die Einbringung mittels Sukzessivlieferungsverträgen in Belgien; hierzu *Richter* ZGR 2009, 721 (764).
[79] *Drinkuth*, Die Kapitalrichtlinie – Mindest- oder Höchstnorm?, 1998, 231 ff.; Habersack/*Verse* EuropGesR § 6 Rn. 5.
[80] Hierzu Baumbach/Hueck/*Fastrich* GmbHG § 7 Rn. 12 ff.
[81] AA *Dietz*, Aktien als Akquisitionswährung, 2004, 188 f.; wie hier MüKoAktG/*Pentz* § 36 Rn. 65.
[82] MüKoAktG/*Pentz* § 36 Rn. 11.
[83] Vgl. BGHZ 144, 290 = NZG 2000, 836; BGH NZG 2004, 910; *Hüffer* NJW 1979, 1065 (1068); Henssler/Strohn/*Hermanns* Rn. 8; aA *Meyer* Sachübernahme § 7, die in § 36a Abs. 2 Satz 2 einen Anwendungsbereich für die Sachübernahme sieht.
[84] Zu den hierbei auftretenden Bewertungsschwierigkeiten und -abschlägen *Döllerer* FS Fleck, 1988, 35 (38 ff.).
[85] Hüffer/Koch/*Koch* NJW 1979, 1065 (1068); MüKoAktG/*Pentz* § 56 Rn. 22; vgl. für die GmbH Baumbach/Hueck/*Fastrich* GmbHG § 5 Rn. 25.
[86] *Ekkenga/Jaspers* in Ekkenga/Schröer, Handbuch der AG-Finanzierung, 2014, Kap. 4 Rn. 298.
[87] AA OLG München BB 2006, 2711; MüKoAktG/*Schürnbrand* Rn. 52; Großkomm AktG/*Wiedemann* Rn. 68; Hüffer/Koch/*Koch* Rn. 21.

48   **d) Zur freien Verfügung des Vorstands.** Zentraler Aspekt, die Kapitalaufbringung nicht nur wertmäßig, sondern real zu verstehen, ist das Kriterium, dass sich die Einlage zur freien Verfügung des Vorstands befinden muss. Hierdurch wird gewährleistet, dass ein – gemäß § 93 Abs. 1 – pflichtengebundenes Gesellschaftsorgan über die Mittelverwendung bestimmen kann und sich bei zweckwidriger Ausgabe ggf. schadensersatzpflichtig macht. Die Neuregelungen von **MoMiG** und **ARUG** über das erlaubte Hin- und Herzahlen (§ 183 Abs. 2 iVm § 27 Abs. 4) haben dieses berechtigte gesetzliche Anliegen freilich erheblich relativiert.[88] Die gegenwärtige Gesetzeslage ist daher inkonsequent. De lege ferenda muss überlegt werden, ob der Restbestand an gesetzlichen Gewährleistungen des Gebots der „realen" Kapitalaufbringung nicht aufgegeben wird, um damit dem eindeutigen gesetzgeberischen Anliegen, die bilanzielle Betrachtung anzustellen, durchgängig Rechnung zu tragen.

49   **aa) Materiell-rechtliche Vorgaben.** Bei **Bareinlagen** müssen gemäß § 188 Abs. 2 Satz 1 iVm § 36 Abs. 2 Satz 1 die Mindesteinzahlungen (→ Rn. 42) vor der Anmeldung gezahlt werden und, soweit sie nicht bereits zur Bezahlung der bei der Kapitalerhöhung anfallenden Steuern und Gebühren verwandt wurden, endgültig zur freien Verfügung des Vorstands stehen. Mittlerweile ist nicht mehr erforderlich, dass der eingezahlte Betrag noch **gegenständlich oder wertmäßig** vorhanden ist.[89] Es genügt vielmehr, dass der Betrag an die AG geleistet wurde (zur Voreinzahlung auf künftige Kapitalerhöhung → Rn. 56 ff.) und nicht wieder an den Zeichner oder eine ihm zurechenbare Person[90] zurückgeflossen ist (zu den weiteren Ausnahmen beim Hin- und Herzahlen → Rn. 50). Insofern unterscheidet sich die Kapitalaufbringung bei der Kapitalerhöhung grundlegend von der Kapitalaufbringung bei der Gründung, wo nach wie vor das Vorbelastungsverbot gilt (→ § 41 Rn. 34, 73). Eine Einzahlung der Bareinlage auf das **Konto des Vorstands** genügt gemäß Abs. 2 Satz 2 nicht. Für **Sacheinlagen** (→ Rn. 44 ff.) gilt das Erfordernis der Zeichnung zur freien Verfügung des Vorstands analog (vgl. auch § 7 Abs. 3 GmbHG).[91]

50   Das Merkmal ist nicht erfüllt, wenn zwischen Zeichner und AG eine Verwendungsabsprache besteht, wonach der Betrag wieder an ihn zurückfließen soll, insbesondere im Fall der **verdeckten Sacheinlage.** Hieran ändert auch die Neuregelung von § 183 Abs. 2 iVm § 27 Abs. 3 nichts, denn hierdurch wird allein aus der Ex-post-Perspektive die Anrechnung möglich. Ergibt sich während des Eintragungsverfahrens, dass die verdeckte Sacheinlage geplant ist, liegt hinsichtlich der geleisteten Bareinlage keine Erfüllungswirkung vor (vgl. § 27 Abs. 3 Satz 1; Einzelheiten → Rn. 68 ff.). Eine Tilgung der Einlagepflicht liegt weiterhin grundsätzlich dann nicht vor, wenn die Einlage als Darlehen oder auf Grund einer Treuhandabrede an den Zeichner zurückfließt **(Hin- und Herzahlen),** auch im Rahmen eines Cash Pools.[92] Es besteht eine widerlegliche Vermutung, dass die Einzahlung nicht zur freien Verfügung der Geschäftsführung stand, wenn sie in einem engen zeitlichen Zusammenhang zwischen Gesellschaft und Gesellschafter hin- und hergezahlt wird.[93] Derartige Gestaltungen sind jedoch seit dem ARUG unter den Voraussetzungen von § 183 Abs. 2 iVm § 27 Abs. 4 zulässig, was ggü. dem Registergericht offenzulegen ist.[94] Zu den Einzelheiten → Rn. 82 ff.

51   **bb) Eingeschränkte Registerkontrolle.** Die Einhaltung der in → Rn. 42 f. genannten materiell-rechtlichen Anforderungen an die Einlageleistung werden wegen des eingeschränkten Prüfungsrechts (→ Rn. 43) nur insoweit überprüft, als sich die Leistung auf die **Deckung des geringsten Ausgabebetrags** bezieht (str.).[95] Auch hier bewirkt die Reduzierung der staatlichen Präventivkontrolle auf die Vorschriften, die nicht allein die Interessen der gegenwärtigen Aktionäre schützen, eine Beschleunigung des Eintragungsverfahrens. Bestehen bei der Überpariemission Verwendungsabsprachen allein hinsichtlich des **Agios,** verhindert dies die Eintragung der Durchführung nicht. Fließt durch eine solche Absprache der Wert des Agios an einen Gesellschafter zurück, wird dies allein durch §§ 57, 62 sanktioniert. Die weitergehenden, sich auch auf das Agio beziehenden, Versicherungen der Anmeldenden (→ Rn. 12) haben insofern nur Bedeutung für die Strafbewehrung nach § 399 Abs. 1 Nr. 4 (vgl. zur Differenzhaftung im Hinblick auf das Agio → § 183 Rn. 77 ff.,

---

[88] Nach *Habersack* (AG 2009, 557 (560 f.)), handelt es sich hierbei sogar um eine europarechtswidrige Regelung.
[89] BGH NZG 2005, 976 (977); früher bereits zur GmbH BGHZ 150, 197 (201); MüKoAktG/*Schürnbrand* Rn. 18; Hüffer/Koch/*Koch* Rn. 6.
[90] OLG München BB 2005, 2543 (zur GmbH); OLG München BB 2006, 2711; vgl. auch BGH WM 2009, 1574 (1576) – Cash Pool II.
[91] Hüffer/Koch/*Koch* Rn. 3 und § 36a Rn. 5; *Ekkenga* ZGR 2009, 581 (594).
[92] BGH WM 2009, 1574 (1576) – Cash Pool II, auch zur Abgrenzung von § 27 Abs. 3 und 4.
[93] OLG Jena BeckRS 2017, 116905, Rn. 38 (zur GmbH); vgl. auch OLG München BeckRS 2016, 18630, Rn. 12 (zur GmbH).
[94] BGH NZG 2009, 463 – Qivive; bestätigt durch BGH WM 2009, 1574 (1576) – Cash Pool II.
[95] AA OLG München BB 2006, 2711.

zur verdeckten Sachkapitalerhöhung → Rn. 68 ff.). Sonstige **freiwillige Zuzahlungen** in die „freie Kapitalrücklage" gemäß § 272 Abs. 2 Nr. 4 HGB unterliegen nicht dem Kapitalaufbringungsgebot und sind daher vom Registergericht nicht auf ihre effektive Leistung hin zu überprüfen.[96]

e) Ein-Personen-Gesellschaft. Zeichnet der Alleinaktionär alle Aktien, hatte er gemäß Abs. 2 Satz 1 iVm § 36 Abs. 2 Satz 2 aF für die über die Mindesteinlagen hinausgehende Einlageforderung Sicherheit zu bestellen. Diese Regelung ist mit Inkrafttreten des MoMiG entfallen. 52

f) Kapitalerhöhung in der Krise. Die Kapitalerhöhung ist in der Unternehmenskrise ein wirksames Sanierungsinstrument, indem hierdurch die Eigenkapitalbasis gestärkt werden kann und sich hierdurch die Möglichkeit zur Bejahung einer positiven Fortbestehensprognose gemäß § 19 Abs. 2 Satz 1 InsO bietet bzw. eine Überschuldung beseitigt werden kann.[97] An der **grundsätzlichen Zulässigkeit** einer solchen Kapitalerhöhung dürfte kein Zweifel bestehen. Im Rahmen der Registerprüfung nach Abs. 2 kann jedoch problematisch sein, dass der vom Einleger geleistete Betrag zwar den geringsten bzw. höheren Ausgabebetrag deckt, er jedoch wegen der bereits bestehenden Unterbilanz bzw. Überschuldung die hiermit verbundenen Gläubigerinteressen nur unzureichend befriedigt. Die Kernfrage lautet daher, ob das Registergericht in diesen Fällen die Eintragung der Durchführung deswegen ablehnen darf bzw. sogar muss. 53

Hat die AG im Zeitpunkt der Prüfung durch das Registergericht eine **Unterbilanz,** ist dies unbeachtlich. Im Einklang mit der Aufgabe des Gebots wertgleicher Deckung (→ Rn. 41) und als Konsequenz daraus, dass es bei der Kapitalerhöhung keine Vorbelastungshaftung gibt, haben die Gläubiger keinen Anspruch darauf, dass der Betrag der Kapitalerhöhung ihnen zusätzlich zur (gedeckten) Grundkapitalziffer zur Verfügung steht.[98] Die Frage, inwieweit die Einlageleistung durch eine bereits eingetretene Schmälerung des Grundkapitals „aufgezehrt" wird, ist daher nicht Gegenstand der registergerichtlichen Prüfung. Etwas anderes gilt nur bei der Mantelverwendung (→ Rn. 61). 54

Dies gilt grds. auch bei einer bereits eingetretenen **Überschuldung.** In der Lit. wird zwar teilweise unter Hinweis auf § 210 Abs. 1 Satz 2 vertreten, dass die Eintragung nur erfolgen dürfe, wenn die AG über ein Reinvermögen von mindestens dem angemeldeten Erhöhungsbetrag verfügt.[99] Dem ist jedoch nicht zuzustimmen. Diese Vorschrift betrifft nur den Sonderfall, dass bei der Kapitalerhöhung aus Gesellschaftsmitteln ein Zeitraum seit der letzten Bilanzfeststellung besteht.[100] Bei der normalen Kapitalerhöhung fehlt gerade die gesetzlich angelegte Bezugnahme auf das bisherige Gesellschaftsvermögen.[101] Hier führt daher auch eine bestehende Überschuldung nicht dazu, dass das Registergericht die Eintragung der Durchführung ablehnt, wenn die Durchführung ihrerseits rechtmäßig ist. Immerhin kann durch die Kapitalerhöhung die Überschuldung ja beseitigt werden. Würde man dies anders beurteilen, käme der Kapitalerhöhung als Sanierungsinstrument eine nur sehr begrenzte Bedeutung zu. Richtigerweise ist eine Kapitalerhöhung daher sogar dann noch zulässig, wenn eine Überschuldung beseitigt wird, der Kapitalerhöhungsbetrag jedoch nicht zu einem darüber hinausgehenden Aktiva der AG führt.[102] Zu beachten sind jedoch stets die **Insolvenzantragspflichten** nach § 15a Abs. 1 InsO. Praktisch bedeutsam ist die Kapitalerhöhung zur Beseitigung der Überschuldung daher nur beim flexiblen genehmigten Kapital, wenn sie noch innerhalb der dreiwöchigen Überlegungsfrist durchgeführt werden kann.[103] 55

g) Vorleistungen auf eine künftige Kapitalerhöhung. Insbesondere im Sanierungsfall kann der Bedarf an Eigenkapital oftmals nicht rechtzeitig durch das aufwändige Verfahren der §§ 182 ff. befriedigt werden.[104] Es entspricht daher seit langem der Praxis, dass ein Altaktionär bzw. sonstiger Investor der AG kurzfristig Kapital zur Verfügung stellt und diese Leistung auf die noch einzuleitende bzw. zu vollendende Barkapitalerhöhung angerechnet wird. Ein ähnliches Bedürfnis kann bei der 56

---

[96] BGH WM 2007, 2381.
[97] Vgl. *Reichert* NZG 2018, 134; *Hüttinger,* Instrumente zur vorinsolvenzlichen Sanierung des Unternehmensträgers, 2015, 245 ff., 298 ff.
[98] Zutreffend *Ekkenga* ZGR 2009, 581 (595); ebenso *Hüttinger,* Instrumente zur vorinsolvenzlichen Sanierung des Unternehmensträgers, 2015, 247 f.; abw. aber *Ihrig,* Die endgültige freie Verfügung über die Einlage von Kapitalgesellschaften, 1990, 302 ff.
[99] *Ulmer* GmbHR 1993, 189 (195); wohl auch *Ekkenga* ZGR 2009, 581 (598).
[100] BGH AG 2002, 456 (457).
[101] *Hüttinger,* Instrumente zur vorinsolvenzlichen Sanierung des Unternehmensträgers, 2015, 247 f.
[102] AA *Ekkenga* ZGR 2009, 581 (592 f., 598 ff.): vorher Kapitalherabsetzung notwendig.
[103] So auch *Hüttinger,* Instrumente zur vorinsolvenzlichen Sanierung des Unternehmensträgers, 2015, 255 unter Hinweis auf den mehrwöchigen Vorlauf zur Vorbereitung einer Hauptversammlung.
[104] *K. Schmidt/Lutter/ Veil* Rn. 14; zum Ganzen *Lamb,* Die „Vorfinanzierung" von Kapitalerhöhungen, 1991; *Priester* DStR 2010, 494; *Hüttemann,* Instrumente zur vorinsolvenzlichen Sanierung des Unternehmensträgers, 2015, S, 270 ff.

Leistung von Sacheinlagen bestehen, insbes beim Debt-Equity-Swap. Nachdem die hM mittlerweile vom Erfordernis wertgleicher Deckung im Anmeldezeitpunkt abgerückt ist (→ Rn. 16), stellt sich umso mehr die Frage, bis zu welchem **frühesten Zeitpunkt** eine solche Vorleistung **einlagewirksam** erbracht werden darf. Für die AG hat der BGH noch nicht eindeutig Stellung bezogen. Für die GmbH heißt es seit langem, dass der Kapitalerhöhungsbeschluss die maßgebliche Zäsur im Kapitalaufbringungssystem bilde, so dass Voreinzahlungen auf die künftige Kapitalerhöhung nur dann schuldtilgende Wirkung haben, wenn der eingezahlte Betrag im Zeitpunkt der Fassung des Erhöhungsbeschlusses noch als solcher im Vermögen der Gesellschaft vorhanden ist.[105] Ob etwas anderes gilt, wenn die Voreinbringung aus Sanierungsgründen geboten ist, wurde zunächst ausdrücklich offen gelassen, mittlerweile aber bejaht.[106] Auch die Instanzgerichte sind zumindest für die GmbH vom strengen Erfordernis, dass die Voreinzahlung noch im Anmeldezeitpunkt[107] bzw. im Zeitpunkt des Entstehens der Einlagepflicht[108] unverbraucht zur freien Verfügung stehen muss, abgerückt.[109] Die Rechtslage ist unbefriedigend und sollte vom Gesetzgeber klargestellt werden. Dies gilt vor allem im Hinblick auf die schadensersatzbewehrte **Belehrungspflicht des Notars** über die Voraussetzungen einer anlagewirksamen Voreinzahlung.[110] Für Unternehmen des Finanzsektors hat der Gesetzgeber durch § 5 Abs. 3 FMStBG, § 7 Abs. 4 FMStBG insoweit – etwas zu apodiktisch und damit de lege lata nicht verallgemeinerungsfähig – Klarheit geschaffen, indem Vorauszahlungen des Finanzmarktstabilisierungsfonds und Dritter (§ 7e FMStBG) bei Kapitalerhöhungen in jedem Fall Erfüllungswirkung haben.[111]

57   **aa) Die Grundprobleme.** Problematisch sind die Vorleistungen unter zwei verschiedenen Aspekten: Zum einen in Hinblick auf die gemäß Abs. 2 Satz 1 iVm § 37 Abs. 1 abzugebende Erklärung, dass die Einlageleistung endgültig zur freien Verfügung des Vorstands steht (→ Rn. 13 ff.) und die hierauf bezogene Prüfung durch das Registergericht (→ Rn. 42 ff.). In konsequenter Verwirklichung der Aufgabe des Gebots wertgleicher Deckung (→ Rn. 16) reicht es im Hinblick auf den Gläubigerschutz zwar aus, wenn die eingezahlten Mittel in Höhe des geringsten Ausgabebetrags zur freien Verfügung des Vorstands standen und nicht an den Zeichner zurückgeflossen sind. Das Problem liegt jedoch darin, dass über eine allzu großzügige Anerkennung von Voreinzahlungen die **Sachgründungsvorschriften leer laufen** können.[112] Die schuld- oder mitgliedschaftlich begründete causa einer Voreinzahlung erfährt noch nicht die gläubigerschützende Ausgestaltung, die es rechtfertigt, sie als bloße zeitliche Vorverlagerung der Erfüllung einer Einlageschuld zu qualifizieren. Die Absicherung, dass der Betrag eine „Einlageleistung" ist und damit Haftkapital zu Gunsten der Gläubiger, erfolgt nicht kraft Gesetzes, so dass es Möglichkeiten gibt, die Einlage zurückzufordern. Letztlich bedeutet die Voreinzahlung auf eine noch nicht entstandene Einlageschuld damit die Einbringung eines Rückerstattungsanspruchs gegen die AG als Sacheinlage mit der registergerichtlichen Werthaltigkeitsprüfung und den notwendigen Festsetzungen im Hauptversammlungsbeschluss gemäß § 183 Abs. 1 als Folge.[113]

58   Zum anderen ist zu bedenken, dass die im Einvernehmen mit dem Vorstand oder einem Aktionär erfolgende Voreinzahlung eines potentiellen Zeichners vollendete Tatsachen schafft und der Hauptversammlung kaum eine andere Möglichkeit bleibt, als das Geschehen zu billigen. Gerade die schnelle finanzielle Hilfe eines Aktionärs oder Dritten birgt so die Gefahr in sich, dass die **sachliche Rechtfertigung eines Bezugsrechtsausschlusses** und ihre präventive Kontrolle gemäß § 186 funktionslos werden. Managementfehler, den Kapitalbedarf nicht frühzeitig erkannt zu haben (vgl. § 92 Abs. 1), beeinflussen so die Willensbildung der Hauptversammlung. Um den durch Art. 72 RL (EU) 2017/1132[114] vorgegebenen Aktionärsschutz nicht leer laufen zu lassen (→ § 186 Rn. 40 ff.), ist daher der Zulässigkeit von Voreinzahlungen mit Zurückhaltung zu begegnen. Insgesamt betrachtet sind Rechtsprechung und Literatur daher aufgefordert, verlässliche Kriterien herauszuarbeiten, unter

---

[105] BGH NJW 2001, 67; BGH NZG 2004, 515; BGH NZG 2007, 23, hierzu *Ehlke* ZIP 2007, 749.
[106] BGH NZG 2004, 515; BGH NZG 2007, 23 (zur GmbH); hierzu *Fendel* NZI 2007, 381.
[107] Vgl. BGH NJW 1968, 44 (für die GmbH).
[108] Vgl. BGHZ 51, 157 = NJW 1969, 840 (für die GmbH).
[109] Vgl. (alle für die GmbH) OLG München NZG 1999, 84; OLG Schleswig NZG 1999, 318; 1999, 454; OLG Karlsruhe GmbHR 1999, 1298; OLG Düsseldorf NZG 2000, 690; OLG Schleswig NZG 2001, 137; OLG Köln 2001, 1042; aus der Literatur *Lutter/Hommelhoff/Timm* BB 1980, 963; *Kort* DStR 2002, 1223.
[110] Vgl. BGH DB 2008, 1316; OLG Naumburg DStR 2010, 564.
[111] Hierzu *Ziemons* NZG 2009, 369 (372); *Schuster* ZGR 2010, 325 (335).
[112] *Priester* DStR 2010, 494 (496), für die Umwandlung von Darlehen in Eigenkapital.
[113] Zutreffend BGH NZG 2004, 515 (515) (zur GmbH).
[114] RL (EU) 2017/1132 des Europäischen Parlaments und des Rates vom 14. Juni 2017 über bestimmte Aspekte des Gesellschaftsrechts, ABl. EU 2017 Nr. L 169, 46 v. 30.6.2017.

welchen Voraussetzungen Vorleistungen zulässig sind. Dies ist bisher noch nicht abschließend gelungen, so dass die Praxis Zurückhaltung üben muss.[115]

bb) Voreinzahlungen nach Beschlussfassung. Voreinzahlungen nach Beschlussfassung sind **59** zulässig. Wurde die Kapitalerhöhung bereits beschlossen, kann mit der Zeichnung begonnen werden (→ § 185 Rn. 11).[116] Erfolgt nun – aus welchen Gründen auch immer – eine Leistung des potentiellen Zeichners, bevor der (förmliche) Zeichnungsvertrag wirksam zustande kam, handelt es sich zwar um die Tilgung einer noch nicht begründeten Verbindlichkeit. Diese erfolgt nicht rechtsgrundlos, sondern aufgrund einer besonderen Zweckabrede als Voreinzahlung auf eine künftige Verbindlichkeit, was ggf. vom Zeichner zu beweisen ist.[117] Im Hinblick auf die Umgehung der Entscheidungszuständigkeit der Hauptversammlung bestehen keine Probleme, weil der Beschluss gemäß § 182 bereits gefasst wurde; ggf. unter Wahrung von § 186. Auch der Gläubigerschutz ist in diesem Fall gewahrt, soweit die nach der Aufgabe des Gebots wertgleicher Deckung geltenden Anforderungen eingehalten wurden (→ Rn. 42 f.). Eine Umgehung der Sachgründungsvorschriften ist ausgeschlossen, weil § 183 Abs. 1 deutlich macht, dass im Zeitpunkt der Beschlussfassung bereits feststehen muss, dass ein anderer Gegenstand als Geld eingebracht wird. Eine Voreinzahlung auf die künftige Zeichnung nach Beschlussfassung gemäß § 182 ist somit im Einklang mit der Aufgabe des Gebots wertgleicher Deckung grundsätzlich zulässig, auch außerhalb einer Sanierungssituation.

cc) Voreinzahlungen vor Beschlussfassung. Wurde die Kapitalerhöhung noch nicht beschlos- **60** sen, sind die Voreinzahlungen auf die Einlageschuld **grundsätzlich unzulässig**.[118] Bei der Begründung von Ausnahmen bedarf es neben der Beachtung des gläubigerschützenden Aspekts der Kapitalaufbringung stets einer genauen Prüfung, ob die Voreinzahlung nicht die Gefahr begründet, die Entscheidungsautonomie der Hauptversammlung und den hieraus resultierenden Aktionärsschutz zu unterlaufen.[119] Eine Voreinzahlung vor der Beschlussfassung ist daher nur ausnahmsweise in einer **Krisensituation** (str.)[120] unter folgenden Voraussetzungen **einlagewirksam** anzuerkennen: **(1)** Anerkannt werden können von vornherein nur solche Leistungen, die im engen zeitlichen Zusammenhang zu der nachfolgenden Kapitalerhöhung geleistet wurden; im Regelfall muss bereits die Einladung zu einer Hauptversammlung mit dem Tagesordnungspunkt „Kapitalerhöhung" erfolgt sein.[121] Die Voreinzahlung muss als solche hinreichend deutlich gekennzeichnet werden.[122] **(2)** Da die Voreinzahlung meist einen Bezugsrechtsausschluss einleitet, müssen die Voraussetzungen gemäß § 186 analog für die Voreinzahlung angewendet werden. Die sachliche Rechtfertigung der Vorleistung eines künftigen Zeichners wird vor allem bei der Krisenbewältigung zu bejahen sein.[123] **(3)** Um der Gefahr eines vorzeitigen Mittelabzugs abzuwenden, ist weiterhin erforderlich, dass der künftige Zeichner sogleich einen verbindlichen Rangrücktritt iSv § 39 Abs. 2 InsO erklärt.[124] **(4)** Die Verwirklichung des durch Abs. 2 Satz 1 vermittelten Gläubigerschutzes ist schließlich nur gewährleistet, wenn die mittlerweile gelockerten Anforderungen an die freie Verfügbarkeit eingehalten wurden. Es genügt hiernach, wenn die Voreinzahlung – in Höhe des geringsten Ausgabebetrags – wirksam geleistet wurde und nicht an den Zeichner zurückgeflossen ist.[125] Das gegenständliche oder wertmäßige Vorhandensein im Anmeldezeitpunkt ist nicht erforderlich (str.).[126] Etwas anderes gilt jedoch

---

[115] Pointiert *Priester* DStR 2010, 494 (501): „Hände weg von den Voreinzahlungen!".
[116] Abw. MüKoAktG/*Schürnbrand* Rn. 24 (erst ab Abschluss des Zeichnungsvertrages).
[117] OLG Thüringen ZIP 2006, 1862 (zur GmbH); *Wilhelm* Kapitalgesellschaftsrecht, 2. Aufl. 2005, Rn. 296; zur Eindeutigkeit des Zwecks der Voreinzahlung auch BGH ZIP 1996, 1466.
[118] BGH NJW 1995, 460; BGHZ 145, 150 (154) = NJW 2001, 67; BGH DNotZ 2016, 549 (jeweils für die GmbH).
[119] So für Sacheinlagen ausdrücklich BGH NJW 2001, 67.
[120] Vgl. BGH NJW 1992, 222 (zur GmbH); Hüffer/Koch/*Koch* Rn. 8; Kölner Komm AktG/*Ekkenga* Rn. 28; abw. für eine generelle Liberalisierung MüKoAktG/*Schürnbrand* Rn. 32, was aber angesichts des erklärten und unbestrittenen Ausnahmecharakters der Voreinzahlungen und die hiermit verbundenen Gefahren für die Entscheidungsautonomie der Hauptversammlung nicht überzeugt; ebenso für eine nicht durch die Krisenbewältigung gerechtfertigte Zulässigkeit *Lamb*, Die Vorfinanzierung von Kapitalerhöhungen, 1991, 48 ff.
[121] BGH NJW 1995, 460 (461) (für die GmbH); ebenso *Priester* DStR 2010, 494 (497); großzügiger Hüffer/Koch/*Koch* Rn. 8 und BGH NZG 2007, 23: Kapitalerhöhung mit aller gebotenen Beschleunigung beschlossen und durchgeführt.
[122] *Priester* DStR 2010, 494 (496): auf dem Überweisungsträger; Hüffer/Koch/*Koch* Rn. 8; abw. *Kort* DStR 2002, 1223 (1226 f.).
[123] Ähnlich BGHZ 145, 150 (154) = NJW 2001, 67; BGH NZG 2007, 23: akuter Sanierungsfall.
[124] Abw. *Priester* DStR 2010, 494 (497) unter Hinweis auf BGH DStR 2006, 2266; ebenso Hüffer/Koch/*Koch* Rn. 8.
[125] Vgl. BGH NZG 2005, 976 (977); enger BGH NZG 2007, 23, soweit kein Sanierungsfall.
[126] Anders BGHZ 145, 150 (154 f.) = NJW 2001, 67; BGH DNotZ 2016, 549, Rn. 18 (jeweils zur GmbH); wie hier *Priester* DStR 2010, 494 (498).

für Sacheinlagen, um die Werthaltigkeitskontrolle durch Gericht und Sachverständige zu ermöglichen.[127] Werden die vorgenannten Voraussetzungen nicht eingehalten, soll die Leistung gemäß § 27 Abs. 3 gleichwohl **angerechnet** werden.[128] Dem ist zumindest für die AG nicht zu folgen, weil hierdurch die Entscheidungsautonomie der Hauptversammlung missachtet würde.

61 **h) Besonderheiten bei der Mantelverwendung.** Erfolgt die Kapitalerhöhung im Rahmen einer wirtschaftlichen Neugründung, ist dies im Rahmen von § 184 gegenüber dem Registergericht offen zu legen (→ § 184 Rn. 9). Darüber hinaus hat das Gericht in entsprechender Anwendung von §§ 36, 36a die erstmalige Kapitalausstattung der AG erneut zu prüfen.[129]

62 **i) Vereinfachte Sachkapitalerhöhung.** Nach § 184 Abs. 3 Satz 2 hat das Registergericht bei der vereinfachten Sachkapitalerhöhung (§ 183a) unter Verzicht auf die externen Sachverständigengutachten ausschließlich zu prüfen, ob die Voraussetzungen des § 37a erfüllt sind. Einzelheiten bei § 183a.

V. Entscheidung des Gerichts

63 Die Entscheidung des Registergerichts hängt vom Ergebnis der Prüfung ab (→ Rn. 33 ff.).

64 **1. Ordnungsgemäße Durchführung.** Liegen die Voraussetzungen der ordnungsgemäßen Durchführung der Kapitalerhöhung vor, hat das Gericht die Durchführung in das elektronische Handelsregister einzutragen. Hierdurch wird die Kapitalerhöhung wirksam (§ 189). Die **Eintragung** der Durchführung erfolgt gemäß § 43 Nr. 6 lit. a HRV, die Eintragung der geänderten Grundkapitalziffer gemäß § 43 Nr. 3 HRV. Wird die Eintragung der Durchführung gemäß Abs. 4 in Verbindung mit der Eintragung des Kapitalerhöhungsbeschlusses angemeldet, erfolgt zunächst dessen Eintragung gemäß § 43 Nr. 7 HRV (→ § 184 Rn. 29 ff.). Gegen die Eintragungen bestehen **keine Rechtsmittel.**[130] Es kommt nur eine Anregung einer Amtslöschung gemäß § 398 FamFG in Betracht.[131] Zu den **Kosten** der Eintragung → § 182 Rn. 88 ff. und → § 183 Rn. 67. Zur Heilung von Durchführungsmängeln mit Eintragung → § 189 Rn. 4 ff. Bei der **vereinfachten Sachkapitalerhöhung** darf die Eintragung gemäß § 183a Abs. 2 Satz 2 nicht vor Ablauf von vier Wochen seit der Bekanntmachung gemäß § 182a Abs. 2 Satz 1 erfolgen (→ § 183a Rn. 40). Kommt es zur **Ablehnung der Eintragung** durch das Registergericht, steht der AG (§ 59 Abs. 2 FamFG) hiergegen das Rechtsmittel der Beschwerde gemäß § 59 Ab. 1 FamFG zu, gemäß § 70 FamFG hieran anschließend auch die Rechtsbeschwerde gemäß § 133 GVG.[132]

65 Die Eintragung der Durchführung ist gemäß § 10 HGB und § 8b Abs. 2 Nr. 1 HGB bekannt zu machen. Ausdrückliche Vorgaben über den Inhalt der **Bekanntmachung** bestehen seit Inkrafttreten des EHUG im Gegensatz zu § 190 aF nicht mehr. Im Einzelnen gilt: Bekannt zu machen ist in jedem Fall, in welchem Umfang die **Kapitalerhöhung tatsächlich durchgeführt** wurde (zur zulässigen Festlegung einer Höchstgrenze bzw. kombinierten Mindest- und Höchstgrenze durch die Hauptversammlung → § 182 Rn. 42). Weiterhin bekannt zu machen ist wie bei § 190 Satz 1 aF der konkrete **Ausgabebetrag** der Aktien. Hierbei handelt es sich um eine aus Gründen des Gläubiger- und Aktionärsschutzes wesentliche Information, die schwerlich unter Hinweis auf die in der Regierungsbegründung zur Streichung von § 191 Satz 1 aF enthaltene Aussage „Verzicht auf Zusatzbekanntmachungen"[133] entfallen kann (str.).[134] Das Gleiche gilt für die gemäß § 191 Satz 1 aF bekannt zu machenden **Festsetzungen bei Sacheinlagen** gemäß § 183 Abs. 1 Satz 1, die bereits bei der (isolierten) Eintragung des Kapitalerhöhungsbeschlusses bekannt zu machen sind (→ § 184 Rn. 31 f.). Die Bekanntmachung, dass der bei Sacheinlagen anzufertigende **Prüfungsbericht** gemäß § 183 Abs. 3 Satz 1 beim Registergericht eingereicht wurde, ist eine notwendige Umsetzung von Art. 49 Abs. 2 RL (EU) 2017/1132, der früheren Kapitalrichtlinie,[135] und damit ebenfalls bereits bei der Eintragung des Kapitalerhöhungsbeschlusses bekannt zu machen (→ § 184 Rn. 31).

---

[127] Vgl. BGHZ 145, 150 (155 f.) = NJW 2001, 67; abw. *Priester* DStR 2010, 494 (500).
[128] Vgl. Kölner Komm AktG/*Ekkenga* Rn. 29 unter Hinweis auf BGH (ZIP 2016, 615 (617 f.), zur GmbH).
[129] BGHZ 155, 318 = NZG 2003, 972 (für die GmbH); vgl. *Werner* NZG 2001, 397; *K. Schmidt* ZIP 2010, 857.
[130] Kölner Komm AktG/*Lutter* Rn. 48; MüKoAktG/*Schürnbrand* Rn. 52; Großkomm AktG/*Wiedemann* Rn. 71; K. Schmidt/Lutter/*Veil* Rn. 38.
[131] Kölner Komm AktG/*Lutter* Rn. 51; vgl. OLG Karlsruhe ZIP 1986, 711 (713).
[132] MüKoAktG/*Schürnbrand* Rn 54.
[133] Vgl. RegBegr. zu Art. 11 (Änderung des AktG), Nummer 8 EHUG.
[134] Abw. MüKoAktG/*Schürnbrand* Rn. 56.
[135] RL (EU) 2017/1132 des Europäischen Parlaments und des Rates vom 14. Juni 2017 über bestimmte Aspekte des Gesellschaftsrechts, ABl. EU 2017 Nr. L 169, 46 v. 30.6.2017.

2. Fehlerhafte Anmeldung. Ist die Anmeldung unvollständig oder fehlerhaft, darf die Durchführung der Kapitalerhöhung nicht eingetragen werden.[136] Das Gericht kann gemäß § 26 Satz 2 HRV durch Erlass von Zwischenverfügungen darauf hinwirken, dass die Anmeldung ordnungsgemäß wird.[137] Zur Heilung einer fehlerhaften Anmeldung durch Eintragung → § 189 Rn. 7. 66

3. Fehlerhafte Durchführung. Wurde die Kapitalerhöhung nicht ordnungsgemäß durchgeführt, ist die Eintragung ebenfalls abzulehnen. Gegen die ablehnende Entscheidung steht der AG die Beschwerde zu.[138] Die Anhängigkeit einer Beschlussmängelklage oder eines Freigabeverfahrens verhindern die Eintragung der Durchführung nicht ohne weiteres (→ § 184 Rn. 36 ff.). Ist nur die Durchführung (behebbar) mangelhaft, ist das Registergericht im Fall von §§ 188 Abs. 4 (gemeinsame Anmeldung von Beschluss und Durchführung) mangels abweichender Mitteilung durch die AG nicht befugt, vorab alleine den Kapitalerhöhungsbeschluss einzutragen (str.).[139] 67

VI. Verdeckte Sachkapitalerhöhung

1. Grundlagen, Reform. Die Lehre von der verdeckten Sacheinlage gilt auch bei der Kapitalerhöhung.[140] Das hiermit verwirklichte Schutzanliegen, Umgehungen der Sacheinlagevorschriften zu sanktionieren,[141] besteht hier gleichermaßen, was § 182 Abs. 2 durch den Verweis auf den durch das ARUG neu gefassten § 27 Abs. 3 ausdrücklich klarstellt.[142] Die Vorschriften über die **Nachgründung** (§§ 52, 53) schließen die Anwendung bei der AG nicht aus.[143] Auch bestehen keine durchgreifenden Bedenken im Hinblick auf die Vereinbarkeit mit den Vorschriften der früheren **Kapitalrichtlinie**,[144] soweit sich die Anwendung dieser Grundsätze streng am Schutzzweck der Umgehung der Kapitalaufbringung orientiert.[145] 68

Die Lehre von der verdeckten Sacheinlage wurde grundlegend reformiert und im Hinblick auf die Rechtsfolgen deutlich entschärft. Im Zuge des **ARUG** gilt gemäß § 183 Abs. 2, § 27 Abs. 3 auch bei der AG die für die GmbH durch das MoMiG herbeigeführte Erleichterung (vgl. § 19 Abs. 4 GmbHG). Während sich der Tatbestand der verdeckten Sacheinlage nicht geändert hat und diese nach wie vor kein legitimes Gestaltungsmittel ist, die Sacheinlagevorschriften zu umgehen, hat der Inferent im Hinblick auf die Rechtsfolgen jedoch nicht die nach früherem Recht konsequente,[146] jedoch von der Praxis als überzogen empfundene Gefahr der Doppelzahlung zu befürchten.[147] Die **Anrechnungslösung** führt vielmehr dazu, dass er allein das Risiko der Überbewertung des geleisteten Gegenstands trägt. Dessen ungeachtet haben die rechtlichen Berater die Gesellschafter auf die Risiken einer verdeckten Sacheinlage hinzuweisen und machen sich andernfalls ggf. schadensersatzpflichtig.[148] 69

a) Umgehung der Sacheinlagevorschriften. Die Leistung des Zeichners an die AG muss gemäß § 27 Abs. 1 Satz 1 dazu führen, die Bareinlage bei wirtschaftlicher Betrachtung vollständig oder teilweise als Sacheinlage zu bewerten. 70

Voraussetzung ist hiernach, dass es sich um einen **sacheinlagefähigen Gegenstand** iSv § 27 Abs. 2 handelt. § 27 Abs. 3 ist daher bei der verdeckten Einbringung von Dienstleistungen nicht anwendbar.[149] Dies ist aus Gläubigerschutzaspekten fragwürdig.[150] Leistet ein Zeichner zum Beispiel 71

---

[136] Lutter/Leinekugel ZIP 2000, 1225 (1226); MüKoAktG/Schürnbrand Rn. 47, 52.
[137] Vgl. OLG Hamm NJW 1963, 1553.
[138] MüKoAktG/Schürnbrand Rn. 50; vgl. auch BGHZ 105, 324 (zur GmbH).
[139] MüKoAktG/Schürnbrand Rn. 47; abw. Grigoleit/Rieder/Holzmann Rn. 36.
[140] OLG Dresden NZG 2017, 985 (zur KGaA); Hüffer/Koch/Koch § 183 Rn. 3; Kölner Komm AktG/Ekkenga Rn. 49; Großkomm AktG/Wiedemann § 183 Rn. 89 ff.; MHdB AG/Krieger § 56 Rn. 49; Brunnemann NZG 2005, 955; einschränkend für einen Vorrang der „verdeckten Sachübernahme" Meyer Sachübernahme § 7.
[141] So zum alten Recht, aber insofern nach wie vor maßgeblich, BGH NZG 2009, 463 – Qivive.
[142] Hierzu ausführlich Dauner-Lieb AG 2009, 217.
[143] BGHZ 110, 47 = NJW 1990, 982; BGH NJW 2007, 3425 (3426) – Lurgi I; BGH NZG 2008, 425 (426) – Rheinmöve.
[144] So zur alten Rechtslage BGH DStR 2006, 2326; der EuGH hat dazu nicht in der Sache entschieden (ZIP 1992, 1076); vgl. aber ZIP 1992, 1036 (1042 f.).
[145] MüKoAktG/Schürnbrand § 183 Rn. 19 für eine Liberalisierung; DAV NZG 2007, 211 (228).
[146] Dies betont zutreffend Dauner-Lieb AG 2009, 217 (219).
[147] Instruktiv zum komplizierten Zusammenspiel von Gesellschafts- und Bereicherungsrecht nach früherem Recht BGH NJW 2007, 3425 (3426) – Lurgi I; BGH NZG 2009, 747 – Lurgi II; BGH NZG 2008, 425 – Rheinmöve.
[148] Vgl. BGH ZIP 2009, 1427.
[149] Vgl. zum alten Recht, aber insofern nach wie vor maßgeblich, BGH NZG 2009, 463 – Qivive; hierzu Theusinger/Liese NZG 2009, 641; zum neuen Recht BGH DStR 2010, 560 – Eurobike.
[150] Zutreffend BeckOK GmbHG/Ziemons GmbHG § 19 Rn. 143; vgl. auch → § 27 Rn. 125.

Dienst- oder Werkleistungen und lässt sich diese Vergütung auf die Einlagepflicht anrechnen, wird die registergerichtliche Prüfung der Werthaltigkeit dieser Leistungen ebenso unterlaufen wie bei Veräußerungsgeschäften. Dass eine derartige Prüfung gemäß § 27 Abs. 2 2. Hs überhaupt nicht vorgesehen ist, ändert nichts daran, dass die Bareinlage hier (potentiell) gleichermaßen entwertet ist wie bei der Umgehung der Sacheinlagemöglichkeit. Man sollte daher § 27 Abs. 3 dahingehend erweitern, dass die Regelung auch Gestaltungen erfasst, die keine unmittelbare Umgehung der Sacheinlagevorschriften darstellen. Hierfür spricht auch § 27 Abs. 4, wonach die Einlageforderung nur durch eine werthaltige schuldrechtliche Forderung surrogiert werden kann. Es ist hiernach konsequent, **jeden** gründungs- bzw. kapitalerhöhungsnahen **Mittelrückfluss** an den Zeichner ex ante betrachtet zu verbieten bzw. mit einer Offenlegungspflicht zu belegen, ex post jedoch entsprechend § 27 Abs. 3 der Anrechnungslösung zu unterwerfen.[151] Die bei Anmeldung verabredete entgeltliche Erbringung von Dienst- und Werkleistungen aus Einlagemitteln ist so grds. verboten und dem Registergericht ggü. offenzulegen. Wird dies missachtet, kann der Zeichner jedoch im Wege der Anrechnungslösung beweisen, dass die an die AG erbrachte Leistung werthaltig war (Drittvergleich) und muss dementsprechend seine Bareinlage nicht nochmals leisten.

72 **b) Zusammenhang mit der Kapitalerhöhung.** Die Möglichkeiten, dass eine Leistung wirtschaftlich als Sacheinlage zu bewerten ist, sind vielfältig. Zu den allgemeinen Voraussetzungen der Umgehung und den beiden Fallgruppen der **Verrechnung** und des **Hin- und Herzahlens** → § 27 Rn. 122. Die gesetzlichen Regeln werden objektiv dadurch unterlaufen, dass zwar eine Bareinlage vereinbart wird, die AG jedoch bei wirtschaftlicher Betrachtung von dem Einleger auf Grund eines im Zusammenhang mit der Übernahme der Einlage abgeschlossenen Gegengeschäfts einen Sachwert erhalten soll. Hierbei macht es keinen Unterschied, ob das für die einzubringenden Gegenstände vereinbarte Entgelt mit dem für die Aktien einzuzahlenden Betrag verrechnet wird, ob die AG die übernommenen Sachgüter zunächst bezahlt und der veräußernde Inferent alsdann mit dem Erlös seine Bareinlageschuld begleicht oder ob die Gesellschaft eine schon erbrachte Bareinlage alsbald wieder zur Vergütung einer Sachleistung zurückzahlt.[152]

73 Nicht jedes Rechtsgeschäft zwischen AG und Zeichner begründet jedoch eine verdeckte Sacheinlage. Erforderlich ist vielmehr ein **zeitlicher und sachlicher Zusammenhang**.[153] Hierfür trägt die AG die Beweislast.[154] Im Idealfall der verdeckten Sacheinlage hat der Zeichner daher mit den anderen Aktionären oder mit dem Vorstand spätestens bei der Zeichnung eine (ggf. konkludente,[155] nicht notwendig rechtsgültige[156]) **Abrede** darüber getroffen, dass der AG anstelle der Geldeinlage wirtschaftlich ein Sachwert zukommen soll.[157] Da sich dies kaum beweisen lässt, gilt eine **widerlegliche Vermutung** für das Vorliegen einer derartigen Abrede, wenn der Mittelrückfluss innerhalb von 6 Monaten nach der Einlageleistung erfolgt.[158] Eine generelle Herausnahme von gewöhnlichen **Umsatzgeschäften** im Rahmen des laufenden Geschäftsverkehrs der AG kommt nicht in Betracht (str.).[159] Die Vermutung der Umgehungsabrede (→ § 27 Rn. 137) sollte jedoch zumindest bei der Kapitalerhöhung ausscheiden, wenn zwischen AG und Aktionär vergleichbare Geschäfte bereits früher getätigt wurden.[160]

74 Eine personelle Identität zwischen Inferent und Partei des Umgehungsgeschäfts ist nicht erforderlich.[161] Eine verdeckte Sachkapitalerhöhung kann daher auch dann vorliegen, wenn der Inferent durch die Leistung der AG an einen **Dritten** mittelbar in gleicher Weise begünstigt wird wie durch eine unmittelbare Leistung.[162] Dies ist jedoch nicht bereits gegeben, wenn der Einlagebetrag

---

[151] Zutreffend *Habersack* FS Priester, 2008, 157 (163); ähnlich *Bayer/Lieder* NZG 2010, 86; dagegen ausdrücklich BGH DStR 2010, 560 (562) – Eurobike unter Hinweis auf § 57 Abs. 1.
[152] BGH NJW 2007, 765 (766 f.); OLG Düsseldorf DStR 2008, 2079.
[153] Beides muss für die Vermutungswirkung kumulativ vorliegen (NZG 2017, 985, zur KGaA).
[154] OLG Dresden NZG 2017, 985 (zur KGaA), allerdings mit überzogenen Anforderungen.
[155] BGH NZG 2006, 344.
[156] BGH NZG 2007, 144; OLG Dresden NZG 2017, 985 (zur KGaA).
[157] Vgl. BGH NZG 2003, 867; OLG Dresden NZG 2017, 985 (zur KGaA).
[158] OLG Dresden NZG 2017, 985 (zur KGaA); keine Vermutung mehr, wenn 8 Monate verstrichen sind, vgl. BGH NZG 2002, 1172.
[159] BGH DB 2007, 212 (215) = DStR 2007, 263 (für Übernahme eines Warenlagers bei Gründung einer AG); aA OLG Hamm AG 2005, 444; *Henze* ZHR 154 (1990), 105 (112 f.); die Frage offenlassend OLG Dresden NZG 2017, 985 (zur KGaA).
[160] In diese Richtung auch BGH DB 2007, 212 (215 f.); BeckOK GmbHG/*Ziemons* GmbHG § 19 Rn. 156.
[161] BGH DStR 2007, 541 (zur GmbH); BGH DStR 2007, 263.
[162] BGH DStR 2007, 263 (für den Fall eines vom Inferenten beherrschten Unternehmens oder eines Unternehmens, von dem der Inferent seinerseits abhängig ist); vgl. auch BGH DStR 2007, 541; BGH DStR 2010, 560.

absprachegemäß zum Erwerb des Unternehmens einer Schwestergesellschaft verwendet wird, an welcher der Zeichner weder unmittelbar noch mittelbar beteiligt ist.[163]

Beim **Cash Pool** liegt eine verdeckte Sacheinlage vor, wenn der Saldo auf dem Zentralkonto im Zeitpunkt der Weiterleitung zu Lasten der AG negativ ist; andernfalls handelt es sich um ein Hin- und Herzahlen nach § 27 Abs. 4, wobei auch eine Kombination beider Sachverhalte möglich ist (→ Rn. 82 ff.).[164] Die rechtliche Behandlung als verdeckte Sacheinlage hat Vorrang ggü. dem Hin- und Herzahlen nach § 27 Abs. 4. Ist ein Vorgang hiernach teilbar, ist eine getrennte Beurteilung geboten.[165]

Übernimmt ein **Übernahmekonsortium** Aktien, um diese am Kapitalmarkt zu platzieren, liegt grds. eine verdeckte Sacheinlage vor, wenn die Erlöse aus der Baremission vereinbarungsgemäß zur Tilgung von Darlehensverbindlichkeiten gegenüber dem Konsortium oder zurechenbaren Kreditinstitute verwendet werden (str.).[166] Eine Durchbrechung der formalen Stellung der Erstzeichner unter Hinweis auf die Stellung der Emissionsbank als „fremdnützige Treuhandschaft"[167] kommt im Rahmen des mittelbaren Bezugsrechts gemäß § 186 Abs. 5 im Hinblick auf die gläubigerschützenden Kapitalaufbringungsregeln nur in Betracht, wenn das Emissionsunternehmen jenseits dieser spezifisch treuhänderischen Tätigkeit mit der AG keinerlei weitere Rechts- oder Geschäftsbeziehungen unterhält (→ § 183 Rn. 31 aE). Hiervon abzugrenzen sind im Rahmen der vorläufigen Übernahme zu leistende Vergütungen, auch bei **Equity-Line-Finanzierungen**.[168] Diese sind wirtschaftlich betrachtet sicher eine Schmälerung der Einlageleistung. Hierin ist jedoch keine verdeckte Sacheinlage zu sehen, allenfalls ein Hin- und Herzahlen gemäß § 27 Abs. 4 (→ Rn. 82 ff.).[169] Gleichwohl liegt jedenfalls dann kein Verstoß gegen die Anforderungen an die freie Verfügbarkeit der Einlageleistung gemäß § 37 Abs. 1 Satz 2 vor, wenn die Vergütung marktüblich ist.[170]

Auch die Kapitalerhöhung im Wege des sog. **Schütt-aus-Hol-zurück-Verfahrens** ist eine Sachkapitalerhöhung, da anstatt eines Geldbetrages der gegen die Gesellschaft gerichtete Anspruch auf Dividendenauszahlung oder der aus schuldrechtlicher Überlassung des stehen gelassenen Gewinns resultierende Rückzahlungsanspruch eingebracht wird.[171] Als sog. **scrip dividend** erfährt diese Gestaltung auch bei der AG zunehmend Beliebtheit.[172] Hierbei kann es sich einmal um eine verdeckte Sachkapitalerhöhung handeln.[173] Darüber hinaus lässt der BGH im Recht der GmbH alternativ eine Durchführung als Kapitalerhöhung aus Gesellschaftsmitteln gelten.[174] Auf die AG ist diese Rechtsprechung übertragbar.[175]

2. Rechtsfolgen. Liegt eine verdeckte Sacheinlage vor, wird der Zeichner durch die geleistete Bareinlage gemäß § 27 Abs. 3 Satz 1 von seiner Bareinlagepflicht **nicht befreit**. Die Verträge über die Sacheinlage sind jedoch **nicht unwirksam** (§ 27 Abs. 3 Satz 2). Wenngleich hieraus im Einklang mit dem früheren Recht folgen müsste, dass der Zeichner verpflichtet wäre, die Bareinlage nochmals zu leisten, entschärft § 27 Abs. 3 Satz 3 die Rechtsfolgen seitdem deutlich. Auf die fortbestehende Geldeinlagepflicht wird der Wert des Vermögensgegenstands im Anmeldezeitpunkt der Durchführung der Kapitalerhöhung gemäß § 189 oder im Zeitpunkt seiner Überlassung an die Gesellschaft, falls diese später erfolgt, **angerechnet**.[176] Hierdurch wird die an sich gegebene Umgehung rückwirkend geheilt, was im Hinblick auf die verhaltenssteuernde Wirkung rechtspolitisch zweifelhaft ist, zumal es bereits Stimmen gibt, die Strafbarkeit nach § 399 Abs. 1 Nr. 4 leer laufen zu lassen.[177] Die Umgehung der Sacheinlagevorschriften ist nach wie vor kein legitimes Gestaltungsmittel. Liegt eine entsprechende Abrede vor, muss dies bei der Anmeldung dem Registergericht **offen gelegt** werden,

---

[163] BGH NJW 2007, 3285 (zur GmbH).
[164] BGH WM 2009, 1574 – Cash Pool II (zur GmbH); Einzelheiten bei *Wirsch* Konzern 2009, 443.
[165] BGH WM 2009, 1574 (1575) – Cash Pool II (zur GmbH).
[166] AA *Siebert* NZG 2006, 366 (368); *Parmentier* ZInsO 2008, 9; *Seibt/Vogt* AG 2009, 133 (146 f.); *Vaupel* AG 2010, 93 (99 ff.); für Equity-Line-Finanzierungen auch *Kallweit* BB 2009, 2495 (2497 f.).
[167] Vgl. BGHZ 122, 180 (186) = NJW 1993, 1983 (1985); BGH NZG 2010, 343 – Eurobike.
[168] Hierzu *Kallweit* BB 2009, 2495.
[169] BGH NZG 2009, 463 – Qivive.
[170] So auch *Benecke* ZIP 2010, 105 (108).
[171] Vgl. BGHZ 113, 335 (für die GmbH); undeutlich MüKoAktG/*Schürnbrand* § 183 Rn. 22.
[172] Vgl. Hüffer/Koch/*Koch* § 58 Rn. 33a (mwN).
[173] Vgl. OLG Dresden NZG 2017, 985 (zur KGaA).
[174] BGHZ 135, 381 (384 ff.) = NJW 1997, 2516 f.; zustimmend *Priester* ZGR 1998, 856; vgl. auch BGH NJW 2000, 725 (726); vgl. zur KGaA OLG Dresden NZG 2017, 985.
[175] Hüffer/Koch/*Koch* AktG § 183 Rn. 3; MHdB AG/*Krieger* § 56 Rn. 51; MüKoAktG/*Schürnbrand* Rn. 20.
[176] Überblick über die verschiedenen Ansichten, dies dogmatisch schlüssig zu konstruieren, bei BeckOK GmbHG/*Ziemons* GmbHG § 19 Rn. 180 ff.; kritisch zur Neuregelung im Hinblick hierauf *Dauner-Lieb* AG 2009, 217 (217 f.).
[177] Vgl. *Altmeppen* ZIP 2009, 1545 (1548 ff.).

damit es auf eine Änderung hinwirkt; andernfalls hat es die Eintragung abzulehnen.[178] Die **Strafbarkeit** nach § 399 Abs. 1 Nr. 4 ist so eine notwendige Kompensation der Neuregelung und damit ernst zu nehmen. Die Sachgründungskautelen sind keine bloßen Formalitäten.[179] Die Anrechnung erfolgt gemäß § 27 Abs. 3 Satz 4 nicht vor Eintragung der Durchführung der Kapitalerhöhung in das Handelsregister. Die rechtlichen Berater haben die Gesellschafter auf die Risiken einer verdeckten Sacheinlage hinzuweisen und machen sich andernfalls ggf. schadensersatzpflichtig.[180] Angesichts dieser nach wie vor bestehenden Problemkreise erscheint es in Einzelfällen nach wie vor geboten, eine **ex nunc-Heilung** durch Fassung eines Hauptversammlungsbeschlusses gemäß §§ 182, 183 vorzunehmen, was auch nach Eintragung der Durchführung der Kapitalerhöhung noch möglich ist.[181]

79   Der **Umfang der Anrechnung** richtet sich nach dem objektiven Wert des verdeckt geleisteten Gegenstands. Bei der verdeckten Einbringung von Forderungen des Zeichners ggü. der AG kommt es darauf an, ob und in welcher Höhe die AG in der Lage gewesen wäre, diese aus ihrem Vermögen zu erfüllen.[182] Hierbei darf die Kapitalerhöhung nicht mit berücksichtigt werden.[183] Insbesondere in den Fällen, in denen eine Kapitalerhöhung zu Sanierungszwecken durchgeführt werden soll (debt-equity-swap), bestehen daher nach wie vor Risiken. Diese können durch eine „Restrukturierung der Forderung" im Vorfeld der Einbringung durch Zinsänderung oder Verlängerung der Laufzeit kaum ausgeräumt werden.[184] Wurde das vom Zeichner (regelmäßig die konzernrechtliche Obergesellschaft) bereits im Vorfeld auf einem Verrechnungskonto bereitgestellte Kapital mittlerweile von der AG aufgebraucht, ist die einzubringende Forderung möglicherweise nicht im vollen Nennbetrag werthaltig.[185] Die **Beweislast** für die Werthaltigkeit des Vermögensgegenstands trägt gemäß § 27 Abs. 3 Satz 5 der Gesellschafter.[186] Liegt im maßgeblichen Zeitpunkt eine Überschuldung der Gesellschaft vor, ist es offensichtlich, dass die Forderung nicht vollwertig ist; eine Unterbilanz schadet dagegen im Grundsatz nicht.[187] Der maßgebliche **Zeitpunkt** für die Anrechnung ist grds. der der Anmeldung der Durchführung; bei späterer Erbringung der verdeckten Leistung der der Überlassung an die Gesellschaft (§ 27 Abs. 3 Satz 3).[188] Siehe zu den Einzelheiten die Erläuterung bei § 27. Zur Behandlung der verdeckten gemischten Sacheinlage → Rn. 80.

80   **3. Verdeckte Sachübernahme.** Lässt sich ein Zeichner für den überlassenen Gegenstand teils Aktien, teils eine Vergütung gewähren, handelt es sich um eine **gemischte Sacheinlage**. Hierbei erfolgt grds. eine getrennte Beurteilung der beiden Vorgänge. Nur wenn der zu leistende Gegenstand unteilbar ist, sind die notwendigen Festsetzungen gemäß § 183 auf den Gesamtvorgang zu erstrecken (→ § 183 Rn. 9).[189] Problematisch ist der Fall, dass eine Bareinlage nebst Sachübernahme vereinbart wurde, infolge einer Umgehung jedoch letztlich nur der unteilbare Gegenstand in das Vermögen der AG gelangt. Für die Gründung spricht sich der BGH zu Recht dafür aus, die Lehre von der verdeckten Sacheinlage auf den Gesamttatbestand anzuwenden.[190] Bei der Kapitalerhöhung ist eine abweichende Beurteilung geboten. Da die Sachübernahme gemäß § 27 Abs. 1 Satz 1 Alt. 2 nicht von den §§ 182 ff. erfasst wird (→ § 183 Rn. 6), kann es insoweit keine sanktionswürdige Umgehung geben.[191] Werden die Anforderungen an die Festsetzungen von Sacheinlagen umgangen, bezieht sich die Rechtsfolge der verdeckten Sacheinlage nur auf den Teil der unteilbaren Leistung, für den Mitgliedschaftsrechte eingeräumt wurden. Bei der Kapitalerhöhung gibt es keine verdeckte Sachübernahme. Der Inferent hat ggf. den Nennbetrag und das korporative Agio nochmals zu leisten, nicht aber seine auf die Sachübernahme entfallene Leistung. Diesbezüglich gelten allein die §§ 57, 62, sofern das Geschäft unausgeglichen ist; ggf. ist der Vorgang nachgründungspflichtig gemäß § 52 (→ § 183 Rn. 68 f.).

---

[178] *Müller* NZG 2011, 761 (762).
[179] Zutreffend *Dauner-Lieb* AG 2009, 217 (219).
[180] Vgl. BGH ZIP 2009, 1427.
[181] MüKoAktG/*Schürnbrand* § 183 Rn. 56.
[182] BGH WM 2009, 1574 – Cash Pool II.
[183] *Vaupel* AG 2010, 93 (99).
[184] Abw. *Vaupel* AG 2010, 93 (99).
[185] *Wirsch* Konzern 2009, 443 (445).
[186] Vgl. BGH DNotZ 2016, 549, Rn. 33 (zur GmbH).
[187] Vgl. BGH DNotZ 2016, 549, Rn. 34 (zur GmbH).
[188] Vgl. BGH DNotZ 2016, 549, Rn. 33 (zur GmbH).
[189] Vgl. für ein Warenlager BGH DB 2007, 212; hierzu *Stiller/Redeker* ZIP 2010, 865; zum Ganzen auch *Maier-Reimer* FS Hoffmann-Becking, 2013, 755 (763 ff.).
[190] Zum alten Recht BGH DB 2007, 212 (214 ff.).
[191] Abw. BGH NJW 2007, 3425 (3427) – Lurgi I; dagegen *Habersack* ZGR 2008, 48 (55).

4. Gegenleistungen. Ebenfalls problematisch sind die Fälle, bei denen der Zeichner im Zusammenhang mit der Kapitalerhöhung eine Gegenleistung von der AG erhält, zB im Rahmen eines Dienst- oder Werkvertrages. Relevanz hat dies vor allem, wenn ein **Übernahmekonsortium** die Aktien vorläufig übernimmt, um sie später am Kapitalmarkt zu platzieren, ggf. im Rahmen einer **Equity-Line-Finanzierung.** Die Gegenleistung bei Dienst- und Werkverträgen betrifft keine sacheinlagefähigen Gegenstände und ist daher kein Fall der verdeckten Sacheinlage gemäß § 27 Abs. 4.[192] Gleichwohl kann hierin eine unzulässige Schmälerung der Einlageleistung iSv § 37 Abs. 1 Satz 2 liegen. Richtigerweise ist danach zu differenzieren, ob die Gegenleistung marktgerecht ist oder nicht. Letzteres führt in entsprechender Anwendung von § 27 Abs. 5 dazu, dass die Einlagepflicht insoweit nicht getilgt ist.[193] 80a

5. Risikovermeidung. Von Seiten der Praxis werden Vorschläge gemacht, das Risiko der verdeckten Sacheinlage zu vermeiden.[194] Die hierbei genannte **„vorsorgliche Sacheinlage",** also die Einbringung eines leicht zu bewertenden Gegenstands, um sodann die ursprünglich geplante Veräußerung eines nicht leicht zu bewertenden Gegenstands nicht mehr als Umgehung der Sacheinlagevorschriften einordnen zu können, ist nicht unproblematisch. Richtig ist, dass die Sacheinlagevorschriften nicht umgangen werden können, wenn sie eingehalten wurden. Erfolgt das „Vorschieben" eines Gegenstands jedoch mit der Absicht, die präventive Werthaltigkeitskontrolle hinsichtlich eines anderen Gegenstands zu umgehen, um (zu Lasten der Gläubiger) allein einer im Nachhinein schwer zu begründenden Haftung nach §§ 57, 62 ausgesetzt zu sein, liegt zumindest die Bejahung von § 826 BGB nahe.[195] Auch scheint es nicht ausgeschlossen, die Vereinbarung der einen Sacheinlage bei Vorliegen einer entsprechenden Abrede als Umgehung einer anderen Sacheinlage anzusehen und so § 27 Abs. 3 hierauf (analog) anzuwenden. Schließlich sollte man überlegen, die Strafbarkeit gemäß § 399 Abs. 1 Nr. 4 hierauf zu erstrecken. 81

VII. Hin- und Herzahlen

1. Grundlagen, Reform. Trotz Aufgabe des Gebots wertgleicher Deckung stand die Einlageleistung traditionell gemäß § 36 Abs. 2 nur dann **zur freien Verfügung** des Vorstands, wenn die Mittel nicht an den Zeichner oder eine ihm zuzurechnende Person zurückgeflossen sind (→ Rn. 42). Die Kapitalaufbringung wurde so real, das heißt nicht nur wertmäßig bzw. bilanziell, geschützt.[196] Dies empfand die Praxis insbesondere beim Cash Pooling als nachteilig;[197] auch die Literatur sprach sich zunehmend dafür aus, die Kapitalaufbringungsregeln nur so weit reichen zu lassen, wie die Vermögensinteressen der Gläubiger wertmäßig betroffen sind, ohne auf die gegenständliche Zusammensetzung des Haftungsfonds der Gesellschaft zu achten. Hierauf hat der Gesetzgeber durch das **MoMiG** reagiert und § 19 Abs. 5 GmbHG eingeführt. Diese Liberalisierung gilt seit dem **ARUG** gemäß § 183 Abs. 2 iVm § 27 Abs. 4 auch bei der Kapitalerhöhung der AG. Wie bei der Kapitalerhaltung (vgl. § 30 Abs. 1 Satz 1 GmbHG, § 57 Abs. 1 Satz 1) erfolgt auch bei der Kapitalaufbringung die sog. **bilanzielle Betrachtung:** Die Einlageleistung ist wirksam erbracht, selbst wenn sie darlehensweise wieder an den Zeichner zurückfließt. Dies gilt auch, wenn überhaupt kein effektiver Zahlungsvorgang stattgefunden hat, mithin wie beim Vereinbarungsdarlehen eine bloße schuldrechtliche Verrechnung von Zahlungsströmen erfolgt.[198] Der rechtlichen Behandlung eines Sachverhalts als Hin- und Herzahlen vorgelagert ist die Frage, ob es sich nicht um eine verdeckte Sacheinlage gemäß § 27 Abs. 3 handelt (vgl. § 27 Abs. 4); gerade bei Cash Pool-Finanzierungen sind jedoch auch Kombinationen möglich, so dass ein Teil der Leistung unter § 27 Abs. 3, ein anderer unter § 27 Abs. 4 fällt.[199] 82

Die Liberalisierung von § 27 Abs. 4 ist eine eindeutige gesetzgeberische Entscheidung, die es zu respektieren gilt. Eine **Herabsetzung des Gläubigerschutzniveaus** ist hiermit gleichwohl 83

---

[192] BGH NZG 2009, 463 – Qivive; BGH DStR 2010, 560 – Eurobike; dies verkennt *Kallweit* BB 2009, 2495 (2497).
[193] In diese Richtung auch *Benecke* ZIP 2010, 105 (108); wohl auch *Kallweit* BB 2009, 2495 (2497); abw. BGH DStR 2010, 560 – Eurobike: Lösung über § 57.
[194] Zum alten Recht *Traugott/Groß* BB 2003, 481.
[195] Vgl. zur Leistung eines anderen Gegenstands als die geschuldete Sacheinlage auch Baumbach/Hueck/ *Fastrich* GmbHG § 19 Rn. 28.
[196] Grundlegend zur GmbH BGH DStR 2004, 427 („November-Entscheidung"); hierzu *Servatius* DStR 2004, 1176.
[197] Vgl. zum alten Recht BGH NJW 2006, 1736.
[198] *Wicke* GmbHG § 19 Rn. 33; ähnlich für das „Her- und Hinzahlen" Lutter/Hommelhoff/*Bayer* GmbHG § 19 Rn. 103; abw. BeckOK GmbHG/*Ziemons* GmbHG § 19 Rn. 235.
[199] BGH WM 2009, 1574 (1576) – Cash Pool II (zur GmbH).

verbunden. § 27 Abs. 4 ermöglicht nämlich, die gemäß § 66 stark gesicherte Einlageforderung gegen eine schuldrechtliche Forderung auszutauschen. Rechtspolitisch ist diese Tendenz fragwürdig, denn die Bedeutung des satzungsmäßig ausgewiesenen Eigenkapitals wird herabgewürdigt.[200] Zudem muss man sich fragen, ob die derzeitige Rechtslage nicht inkonsequent ist, denn eine Vielzahl von Vorschriften über die Sicherung der Kapitalaufbringung sind nur noch Makulatur (vgl. vor allem das Aufrechnungsverbot gemäß § 66 Abs. 1 Satz 2, bei der Gründung auch die Kaduzierung nach §§ 65 f.).[201] Die Neuregelung vermag daher nur dann zu überzeugen, wenn man die **Geschäftsleiterpflichten** in diesem Zusammenhang ernst nimmt. Der BGH hat zutreffend angeführt, dass die nach der Neukonzeption des Kapitalschutzes ermöglichte bilanzielle Betrachtung nur dann anzuerkennen ist, wenn die Geschäftsleiter die haftungsbewährte Pflicht trifft, die Bonität des Gesellschafters fortlaufend zu überwachen und die Darlehensausreichung ggf. sofort zu beenden, um einen Schaden der Gesellschaft zu vermeiden.[202] Dies ist zwar eine ihrerseits rechtspolitisch fragwürdige,[203] im Ergebnis jedoch notwendige und konsequente Verlagerung der Finanzierungsverantwortung auf die Geschäftsleiter. Sie steht insofern im Einklang mit der neuen Insolvenzverursachungshaftung gemäß § 92 Abs. 2 Satz 3.

84 Ein weiterer, bisher noch nicht ausreichend bedachter Aspekt ist die mögliche **Europarechtswidrigkeit** der Neuregelung. Art. 26 der früheren Kapitalrichtlinie[204] verlangt die effektive Leistung der Mindesteinlagen. Dies ist ein Viertel des geringsten Ausgabebetrags sowie das korporative Agio (§ 36a Abs. 1; bei der Kapitalerhöhung iVm § 188 Abs. 2 Satz 1; → Rn. 44 ff.). Richtigerweise ist der nach § 27 Abs. 4 mögliche Austausch von Forderungen keine effektive Leistung. Es spricht daher Vieles dafür, die Regelung in europarechtskonformer Auslegung nicht auf die Mindesteinlagen und das korporative Agio zu erstrecken.[205] Insofern verbleibt es daher bei der alten Rechtslage. Der Praxis kann nur empfohlen werden, des Hin- und Herzahlen nur jenseits der Mindesteinlagen von 25 % und des korporativen Agios durchzuführen.[206]

85 **2. Zulässiger Mittelrückfluss.** Im Ausgangspunkt besteht eine widerlegliche Vermutung, dass die Einzahlung **nicht zur freien Verfügung** der Geschäftsführung stand, wenn sie in einem engen zeitlichen Zusammenhang zwischen Gesellschaft und Gesellschafter hin- und hergezahlt wird.[207] Die Voraussetzungen, nach denen ein Mittelrückfluss an den Zeichner gleichwohl zulässig ist, folgen aus § 183 Abs. 2 iVm § 27 Abs. 4 (zu den Einzelheiten § 27). Ist vor der Einlage eine Leistung an den Aktionär vereinbart worden, die wirtschaftlich der Rückzahlung der Einlage entspricht und die nicht als verdeckte Sacheinlage iSv § 27 Abs. 3 zu beurteilen ist, befreit dies den Aktionär von seiner Einlagepflicht nur dann, wenn die Leistung durch einen vollwertigen Rückgewähranspruch gedeckt ist, der jederzeit fällig oder durch fristlose Kündigung durch die Gesellschaft fällig gestellt werden kann.[208] Der Anspruch muss auf Geldzahlung gerichtet sein.[209] Eine solche Leistung oder die Vereinbarung einer solchen Leistung ist in der Anmeldung nach § 37 anzugeben. Beim **Cash Pool** liegt ein Hin- und Herzahlen vor, wenn der Saldo auf dem Zentralkonto im Zeitpunkt der Weiterleitung zu Gunsten der AG positiv ist; andernfalls handelt es sich um eine verdeckte Sacheinlage iSv § 27 Abs. 3 (→ Rn. 68 ff.).[210] Die rechtliche Behandlung als verdeckte Sacheinlage hat Vorrang ggü. dem Hin- und Herzahlen nach § 27 Abs. 4. Ist ein Vorgang hiernach teilbar, ist eine getrennte Beurteilung geboten.[211]

86 **3. Mögliche Fehler. a) Fehlende Offenlegung.** Die Befreiung von der Einlagepflicht tritt nur ein, wenn die Anmeldenden bei der Anmeldung des Kapitalerhöhungsbeschlusses oder spätestens

---

[200] Hierzu bereits (zur GmbH) *Servatius* DStR 2004, 1176; zur Ingangsetzungsfunktion des Eigenkapitals und der Notwendigkeit, diese auch rechtlich zu gewährleisten, ausführlich *Servatius*; Gläubigereinfluss durch Covenants, 2008, 293 ff.; ähnlich *Schall* ZGR 2009, 126 (146 f.): Erfordernis einer realen Geldbewegung als Seriositätsaspekt.
[201] So auch *Habersack* AG 2009, 557 (560); Lutter/Hommelhoff/*Bayer* GmbHG § 19 Rn. 89.
[202] BGH NZG 2009, 107 – MPS.
[203] Vgl. nur *K. Schmidt* GmbHR 2007, 1072 (zur GmbH).
[204] Nunmehr Art. 48 Abs. 1 RL (EU) 2017/1132 des Europäischen Parlaments und des Rates vom 14. Juni 2017 über bestimmte Aspekte des Gesellschaftsrechts, ABl. EU 2017 Nr. L 169, 46 v. 30.6.2017.
[205] So für die Mindesteinlagen *Habersack* AG 2009, 557 (561); wohl auch *Herrler/Reymann* DNotZ 2009, 914 (924 f.).
[206] *Ekkenga/Jaspers* in Ekkenga/Schröer, Handbuch der AG-Finanzierung, 2014, Kap. 4 Rn. 370.
[207] OLG Jena BeckRS 2017, 116905, Rn. 38 (zur GmbH); vgl. auch OLG München BeckRS 2016, 18630, Rn. 12 (zur GmbH).
[208] Zur Bilanzierung *Wirsch* Konzern 2009, 443 (445 ff.).
[209] *Giedinghagen/Lakenberg* NZG 2009, 201 (204 f.).
[210] BGH WM 2009, 1574; Einzelheiten mwN bei *Wirsch* Konzern 2009, 443; zur steuerrechtlichen Behandlung *Podewils* GmbHR 2009, 803.
[211] BGH WM 2009, 1574 (1575).

der Anmeldung der Durchführung offen legen, dass der Mittelrückfluss an den Zeichner oder die **Vereinbarung** desselben erfolgte (§ 27 Abs. 4 Satz 2).[212] Kommt es zu der Vereinbarung erst im Zeitraum zwischen Einlageleistung und Registeranmeldung, gilt § 27 Abs. 4 analog (str.);[213] die Anmeldenden haben die Offenlegung dann nachzuholen. Wie bei der verdeckten Sacheinlage wird das Vorliegen einer entsprechenden Abrede widerlegich **vermutet**, wenn der Mittelrückfluss innerhalb von sechs Monaten nach der Kapitalerhöhung erfolgt (→ Rn. 72 ff.);[214] um Haftungsrisiken zu vermeiden, ist daher dringend anzuraten, die Offenlegungspflicht zu erfüllen. In der Literatur wird diese konstitutive Bedeutung der Offenlegungspflicht teilweise unter Hinweis auf Wertungswidersprüche zu § 27 Abs. 3 und die ansonsten bestehende Rechtsunsicherheit über den Zeitpunkt der Erfüllungswirkung abgelehnt.[215] Dies greift jedoch letztlich nicht durch. Die Liberalisierung bietet ein großes Missbrauchspotential, so dass der präventiven Registerkontrolle hohe Bedeutung zukommt. Die angeführten Kritikpunkte lassen sich auch zur Verwirklichung dieses höherrangigen Schutzaspekts korrigieren. Man muss nur für möglich halten, dass entsprechend § 27 Abs. 3 eine Teilanrechnung möglich ist. Auch der Zeitpunkt der Erfüllungswirkung lässt sich präzise nach materiellem Recht bestimmen, indem die Offenlegung im Registerverfahren eine entsprechende Rückwirkung herbeiführt. **Inhaltlich** hat sich die Offenlegung nicht nur auf den Mittelrückfluss als solches zu beziehen. Anzugeben sind auch Rechtsgrund und Fälligkeit für die Leistung an den Zeichner oder einen ihm zuzurechnenden Dritten. Die Tilgung der Einlageschuld sollte jedoch nicht bereits dann verneint werden, wenn diese zusätzlichen Angaben fehlen. Ausreichend ist, dass der Mittelrückfluss als solches offen gelegt wurde. Weitere Nachforschungen sind allein Gegenstand des Registerverfahrens (§ 26 FamFG). Dies betrifft insbesondere die Nachweise über die Bonität des Gesellschafters.[216]

b) Unzureichender Rückgewähranspruch. Ist der Rückgewähranspruch im Zeitpunkt des Herzahlens (Rückgewähr bzw. Verrechnung) nicht vollwertig und jederzeit fällig bzw. sofort fällig zu stellen, tritt die Tilgungswirkung nicht ein. Dies betrifft insbesondere die anfänglich fehlende Bonität des Gesellschafters,[217] die fehlende Verzinsung (str.),[218] sowie die anfängliche Nichtvorhandensein von Einreden. Der Anspruch muss auf Grund vertraglicher Vereinbarung mit dem Gesellschafter durch die AG sofort fällig zu stellen sein.[219] Der bloße Hinweis auf das allgemeine Kündigungsrecht aus wichtigem Grund gemäß § 314 BGB genügt nicht. Die Anforderungen an die Vollwertigkeit sind hoch anzusetzen, um die Kapitalaufbringungsregeln nicht gänzlich leer laufen zu lassen. Eine nachträgliche Entwertung des Rückzahlungsanspruchs ist jedoch unbeachtlich[220] und kann allenfalls Schadensersatzpflichten des Vorstands gemäß § 93 Abs. 2 wegen unterlassener rechtzeitiger Geltendmachung des Anspruchs auslösen.[221] Die Vollwertigkeit muss dem Registergericht belegt werden.[222] Zu den weiteren Einzelheiten s. § 27.

4. Rechtsfolgen. Werden die Voraussetzungen von § 27 Abs. 4 nicht eingehalten, befreit dies den Zeichner nicht von seiner Einlagepflicht. Spätere Leistungen können nicht angerechnet werden.[223] Auch eine **Teilanrechnung** ist nicht möglich, was im Gesetzgebungsverfahren zum MoMiG ausdrücklich erwähnt wurde.[224] Vgl. zu den Folgen §§ 63 ff., § 134 Abs. 2 Satz 1. Rechtspolitisch ist dies trotz der notwendigen verhaltenssteuernden Wirkung, die hiervon ausgeht, zweifelhaft. Hierdurch wird die alte Rechtsfolge des Doppelzahlenmüssens möglich, was bei der verdeckten Sacheinlage gemäß § 27 Abs. 3 gerade vermieden werden sollte. Auch wertungsmäßig überzeugt es nicht, die verdeckte Sacheinlage weniger scharf auszugestalten als das Hin- und Herzahlen. Bei formalen oder klar abgrenzbaren Mängeln sollte daher eine anteilige Tilgung der Einlageforderung bejaht werden, mithin § 27 Abs. 4 Satz im Grundsatz auch der teleologischen Reduktion zugänglich sein.

---

[212] BGH NZG 2009, 463 – Qivive; bestätigt durch BGH WM 2009, 1574 (1576) – Cash Pool II.
[213] *Wachter* NotBZ 2008, 361 (368); abw. Lutter/Hommelhoff/*Bayer* GmbHG § 19 Rn. 92: Beurteilung anhand von § 57.
[214] BeckOK GmbHG/*Ziemons* GmbHG § 19 Rn. 240; Lutter/Hommelhoff/*Bayer* GmbHG § 19 Rn. 92.
[215] Vgl. nur Kölner Komm AktG/*Ekkenga* Rn. 52; Roth/Altmeppen/*Roth* GmbHG § 19 Rn. 108; *Avvento* BB 2010, 202.
[216] Abw. für eine sofortige Offenlegungspflicht Lutter/Hommelhoff/*Bayer* GmbHG § 19 Rn. 93.
[217] Einzelheiten bei *Wirsch* Konzern 2009, 443 (446 ff.) (mwN).
[218] Zutreffend BeckOK GmbHG/*Ziemons* GmbHG § 19 Rn. 243; *Wirsch* Konzern 2009, 443 (446 ff.); abw. *Heinze* GmbHR 2008, 565 (570).
[219] BGH WM 2009, 1574 (1576) – Cash Pool II: „jederzeit".
[220] *Wirsch* Konzern 2009, 443 (450).
[221] Die Beobachtungspflicht betont zutreffend BGH NZG 2009, 107 – MPS.
[222] Vgl. OLG München DB 2011, 581.
[223] BGH WM 2009, 1574 (1576) – Cash Pool II (zur GmbH).
[224] BT-Drs. 16/6160, 76; Lutter/Hommelhoff/*Bayer* GmbHG § 19 Rn. 100: Alles-oder-nichts-Prinzip.

Die **Beweislast** dafür, dass § 27 Abs. 4 Satz 1 gewahrt wurde, trifft den Zeichner.[225] Diese fehlerhafte Offenlegung ist gemäß § 399 Abs. 2 Nr. 4 strafbewehrt.[226]

§ 189 Wirksamwerden der Kapitalerhöhung

Mit der Eintragung der Durchführung der Erhöhung des Grundkapitals ist das Grundkapital erhöht.

Schrifttum: Siehe vor § 182.

Übersicht

	Rn.		Rn.
I. Bedeutung der Norm	1	a) Grundsatz	5
		b) Bestandsschutz	6
II. Wirksamwerden der Kapitalerhöhung	2, 3	2. Fehler bei der Durchführung	7–10
		a) Fehlerhafte Anmeldung	7
1. Eintragung ins Handelsregister	2	b) Fehlerhafte Zeichnung	8, 9
2. Rechtsfolgen	3	c) Überbewertung von Sacheinlagen	10
III. Die Auswirkungen der Eintragung auf Mängel im Verfahren	4–11	3. Auswirkungen auf weitere Kapitalerhöhungen	11
		IV. Die Auswirkungen der Kapitalerhöhung auf Rechte Dritter	12, 13
1. Fehlerhafter Kapitalerhöhungsbeschluss	5, 6		

I. Bedeutung der Norm

1 Nach § 189 bildet die Eintragung der Durchführung den **Abschluss des gestuften Verfahrens** der Kapitalerhöhung (→ § 182 Rn. 4). Die Vorschrift stimmt mit § 155 AktG 1937 überein und wurde seit ihrer Einführung im Jahr 1965 nicht geändert. § 189 gilt sinngemäß beim genehmigten Kapital (§ 203 Abs. 1 Satz 1), nicht aber bei der Kapitalerhöhung aus Gesellschaftsmitteln (§ 211 Abs. 1) und bei der bedingten Kapitalerhöhung (§ 200).

II. Wirksamwerden der Kapitalerhöhung

2 **1. Eintragung ins Handelsregister.** Die ordnungsgemäß beschlossene und durchgeführte Kapitalerhöhung wird erst mit der Eintragung der Durchführung wirksam. Auf die Bekanntmachung gemäß § 10 HGB kommt es nicht an.[1]

3 **2. Rechtsfolgen.** Die Folgen der Wirksamkeit betreffen zunächst die Änderung der **Grundkapitalziffer** gemäß § 23 Abs. 3 Nr. 3. Da der bisherige Satzungstext unrichtig wird, bedarf es zusätzlich einer Fassungsänderung gemäß § 179 Abs. 1 Satz 2. Der Antrag hierfür ist mit der Anmeldung gemäß § 188 zu verbinden (str., → § 188 Rn. 9). Das Gleiche gilt hinsichtlich der **Zahl der ausgegebenen Aktien** gemäß § 23 Abs. 3 Nr. 4. Weiterhin lässt die Eintragung gemäß § 189 die **Mitgliedschaften** der Zeichner entstehen.[2] Sie werden Aktionäre und unterliegen von nun an den aus der Mitgliedschaft resultierenden Rechten und Pflichten.[3] Zuvor ausgegebene Aktien und Zwischenscheine sind gemäß § 191 Satz 2 nichtig (→ § 191 Rn. 5 ff.). Ist der Anspruch auf Verbriefung nicht gemäß § 10 Abs. 2 ausgeschlossen, steht er den Aktionären ab dem Zeitpunkt der Eintragung zu. Die Mitgliedschaft ist bis dahin gemäß §§ 398, 413 BGB formlos übertragbar.[4] Ist die AG **börsennotiert,** müssen die neuen Aktien zum Handel zugelassen werden (vgl. § 33 Abs. 4 EGAktG, § 69 BörsZulV).

III. Die Auswirkungen der Eintragung auf Mängel im Verfahren

4 Die möglichen Heilungsfolgen der Eintragung haben sich an den möglichen Fehlern zu orientieren. Hierbei ist zu **differenzieren:** Die Eintragung der Durchführung bewirkt gemäß § 185 Abs. 3

---

[225] BeckOK GmbHG/*Ziemons* GmbHG § 19 Rn. 247; Lutter/Hommelhoff/*Bayer* GmbHG § 19 Rn. 95.
[226] Abw. *Altmeppen* ZIP 2009, 1545 (1548) indem er annimmt, der Gesetzgeber erlaube derartige geheime Absprachen, was jedoch nur aus der Ex-post-Perspektive nach Eintragung richtig ist, nicht jedoch während des Eintragungsverfahrens.

[1] MüKoAktG/*Schürnbrand* Rn. 4; K. Schmidt/Lutter/*Veil* (zu § 190 aF).
[2] BGH AG 1977, 295 (296).
[3] Hüffer/Koch/*Koch* Rn. 3; MüKoAktG/*Schürnbrand* Rn. 6. – Zur Bilanzierung von Einlageleistungen *ADS* HGB § 272 Rn. 18 ff.
[4] BGH AG 1977, 295 (296).

allein die Heilung der Nichtigkeit oder Unverbindlichkeit der Zeichnung, wenn der betreffende Zeichner aufgrund des Zeichnungsscheins als Aktionär Rechte ausgeübt oder Verpflichtungen erfüllt hat (→ § 185 Rn. 38 ff.). Aus § 189 folgt darüber hinaus Heilung von sonstigen Mängeln der einzelnen Zeichnungen (→ Rn. 8); grundsätzlich jedoch keine allgemeine Heilung von Mängeln bei der Beschlussfassung oder der Durchführung der Kapitalerhöhung.[5]

1. Fehlerhafter Kapitalerhöhungsbeschluss. a) Grundsatz. Wenn ein gemäß § 182 Abs. 1 und 2 erforderlicher Beschluss **fehlt, nichtig oder unwirksam** ist, führt dies im Ausgangspunkt zur Unwirksamkeit der gesamten Kapitalerhöhung.[6] Dies gilt auch beim Fehlen oder der Unwirksamkeit eines nach § 182 Abs. 2 erforderlichen Sonderbeschlusses. Bei diesen Mängeln entstehen grds. auch nach Eintragung der Durchführung keine Mitgliedschaften der Zeichner (→ Rn. 3). Ausgegebene Aktienurkunden sind unrichtig, ein gutgläubiger Erwerb der Mitgliedschaft durch Dritte kommt nicht in Betracht.[7] Die geleisteten Einlagen können gemäß § 812 BGB wegen Zweckverfehlung zurückgefordert werden.[8] Eine Bindung der Einlage erfolgt jedoch gemäß § 277 Abs. 3 analog, wenn dies zur Erfüllung nach der Eintragung gemäß § 189 eingegangener Verbindlichkeiten erforderlich ist (str.).[9] Stellt sich nachträglich heraus, dass der Kapitalerhöhungsbeschluss nichtig oder unwirksam ist, kann dieser gemäß § 398 FamFG gelöscht werden.[10] Die bloße **Anfechtbarkeit** des Kapitalerhöhungsbeschlusses verhindert die Wirksamkeit des Beschlusses hingegen nicht. Der Kapitalerhöhungsbeschluss kann jedoch gemäß § 248 auch noch nach Eintragung der Durchführung auf Grund Anfechtungsklage für nichtig erklärt werden.[11] Zu den Auswirkungen des Beschlussmängelrechts auf das laufende Registerverfahren → § 184 Rn. 36 ff.

b) Bestandsschutz. Sowohl die anfängliche Nichtigkeit des Kapitalerhöhungsbeschlusses als auch die nachträgliche Vernichtung infolge einer Anfechtungsklage bringen regelmäßig **Rückabwicklungsprobleme** mit sich. Aus diesem Grund ist allgemein anerkannt, einer durchgeführten und eingetragenen Kapitalerhöhung Bestandsschutz zuzubilligen. Hierbei ist zu differenzieren: Wurde der Beschlussmangel gemäß § 242 **geheilt,** wird die Kapitalerhöhung rückwirkend wirksam.[12] Im Zeitraum davor kann die aus dem Beschlussmangel resultierende Fehlerhaftigkeit gemäß der Lehre von der **vorläufigen Bestandskraft** strukturverändernder Beschlüsse[13] jedoch nur mit Wirkung für die Zukunft geltend gemacht werden.[14] Bis zur Rechtskraft des Urteils, welches die Nichtigkeit oder Unwirksamkeit der erforderlichen Beschlüsse ausspricht, gilt die Durchführung der Kapitalerhöhung hiernach grundsätzlich als wirksam, sofern keine sonstigen Mängel, insbesondere der Zeichnung (→ Rn. 8), vorliegen. Bis dahin kann der Fehler auch durch Neuvornahme der entsprechenden Beschlüsse geheilt werden, was die Zeichner im Regelfall gelten lassen müssen.[15] Nach einem **Freigabeverfahren** gilt § 246a Abs. 4 Satz 2.

2. Fehler bei der Durchführung. a) Fehlerhafte Anmeldung. Übersieht das Registergericht beim Eintragungsverfahren einen Fehler bei der Anmeldung gemäß § 184 (→ § 184 Rn. 19 ff.) oder § 188 (→ § 188 Rn. 33 ff.), sind die Folgen der Eintragung nach der Art des Mangels zu unterscheiden. Erfolgte überhaupt keine Anmeldung oder wurde die Anmeldung wieder zurückgenommen, wird die Kapitalerhöhung nicht gemäß § 189 wirksam.[16] Die Eintragung der Durchführung kann gemäß § 398 FamFG analog gelöscht werden.[17] Ist die Anmeldung hingegen aus anderen Gründen fehlerhaft, zum Beispiel unvollständig oder unrichtig, tritt gemäß § 189 Heilung ein.[18]

---

[5] Kölner Komm AktG/*Ekkenga* Rn. 4 f.; Hüffer/Koch/*Koch* Rn. 4; MüKoAktG/*Schürnbrand* Rn. 16.
[6] RGZ 144, 138 (141); zur GmbH auch RGZ 85, 205 (206 ff.); *Lutter/Leinekugel* ZIP 2000, 1225 (1226).
[7] HM, vgl. *Treeger-Huber,* Rechtliche Probleme der Stückaktien, 2004, 59 ff.; aA *Canaris* Wertpapierrecht, 12. Aufl. 1986, 218 ff.
[8] Kölner Komm AktG/*Lutter* Rn. 15.
[9] RGZ 143, 394 (399); RGZ 144, 138 (141); Hüffer/Koch/*Koch* Rn. 6; abw. MüKoAktG/*Schürnbrand* Rn. 30.
[10] OLG Karlsruhe OLGZ 1986, 155 (157 f.); *Lutter/Friedewald* ZIP 1986, 691 (693); MüKoAktG/*Schürnbrand* Rn. 31; Hüffer/Koch/*Koch* Rn. 7; vgl. zur GmbH BGHZ 139, 225 (231).
[11] Vgl. RGZ 124, 279.
[12] Ausführlich *Casper,* Die Heilung fehlerhafter Beschlüsse, 1998, 268 ff.
[13] Begriff nach *Zöllner* FS Hadding, 2004, 725 (728).
[14] Grundlegend *Zöllner* AG 1993, 68; mittlerweile ganz hM, vgl. nur Großkomm AktG/*Wiedemann* Rn. 34 ff.; MüKoAktG/*Schürnbrand* Rn. 23; K. Schmidt/Lutter/*Veil* Rn. 7; zum Ganzen ausführlich *Kort,* Bestandsschutz fehlerhafter Strukturänderungen im Kapitalgesellschaftsrecht, 1998, 200 ff.; *Schäfer,* Die Lehre vom fehlerhaften Verband, 2003, 289 ff. (422 f.).
[15] Vgl. Großkomm AktG/*Wiedemann* Rn. 45 ff.; zur „Reparaturpflicht" auch *Zöllner* FS Hadding, 2004, 725 (730).
[16] *Lutter/Leinekugel* ZIP 2000, 1225 (1226); Hüffer/Koch/*Koch* Rn. 4; MüKoAktG/*Schürnbrand* Rn. 17.
[17] So zu § 144 Abs. 2 FGG aF OLG Frankfurt FGPrax 2002, 35.
[18] Grundlegend *Baums,* Eintragung und Löschung von Gesellschafterbeschlüssen, 1982, 131 ff.; Hüffer/Koch/*Koch* Rn. 4; MüKoAktG/*Schürnbrand* Rn. 18; ausführlich *Lutter/Leinekugel* ZIP 2000, 1225 (1226 ff.).

8   b) Fehlerhafte Zeichnung. § 185 Abs. 3 sieht eine rückwirkende Heilung nur für die dort genannten Mängel vor (→ § 185 Rn. 38 ff.). Sonstige Mängel, richtigerweise nicht aber die Nichtbeachtung der Schriftform (→ § 185 Rn. 38), werden jedoch ebenfalls mit der Eintragung nach § 189 geheilt, sofern der Mangel nicht überragende Allgemein- oder Individualinteressen beeinträchtigt (insbesondere den Minderjährigenschutz, Fälschung durch Dritte, Zwang).[19] Dem Aktionär erwächst aus dieser Heilung kein Anspruch auf Schadensersatz gegen die AG.[20] Aus der gesellschaftsrechtlichen Treuepflicht (→ § 53a Rn. 36) kann jedoch ein Anspruch des Betroffenen resultieren, dass die AG seine Aktien erwirbt oder dass die Mehrheit einer Kapitalherabsetzung zustimmt.[21] Auch ist es geboten, die notwendige Zurechenbarkeit der Bestandskraft einer fehlerhaften Zeichnung zu Lasten eines Aktionärs analog § 185 Abs. 3 daran zu knüpfen, dass er aufgrund der Zeichnungen als Aktionär Rechte ausgeübt oder Verpflichtungen erfüllt hat (Einzelheiten → § 185 Rn. 39 ff.).[22] Sind diese Voraussetzungen nicht erfüllt, kann der Aktionär regelmäßig mit Ex-nunc-Wirkung die Übernahme seiner Aktien durch die AG verlangen. § 57 steht dem nicht entgegen.[23]

9   Steht dem Zeichner ein **gesetzliches Widerrufsrecht** zu, zum Beispiel früher nach HaustürWG, kommt eine Heilung mit Eintragung der Durchführung nicht in Betracht, weil sich die Zeichnung nach ausgeübtem Widerruf in ein Rückgewährschuldverhältnis umwandelt (vgl. auch § 312g Abs. 2 Nr. 8 BGB).[24] Das Gleiche gilt, wenn der Zeichner aufgrund Prospekthaftung die Rückgängigmachung der Zeichnung im Wege der **Naturalrestitution** verlangen darf (→ § 185 Rn. 16 ff.).[25] Vgl. zu den Folgen einer **Insolvenzanfechtung** → § 185 Rn. 42a.

10   c) Überbewertung von Sacheinlagen. Findet die Überbewertung Niederschlag im Kapitalerhöhungsbeschluss, ist dieser nichtig oder anfechtbar (→ § 183 Rn. 24). In diesem Fall gilt das → Rn. 5 ff. Gesagte. Ist hingegen die Festsetzung des Ausgabebetrags im Beschluss der Hauptversammlung rechtmäßig, verhindert die Überbewertung einer Sacheinlage die Wirksamkeit einer Kapitalerhöhung nicht (str., → § 183 Rn. 24).[26] Die Rechtsfolgen richten sich dann allein nach der Differenzhaftung des Inferenten (→ § 183 Rn. 70 ff.).

11   3. Auswirkungen auf weitere Kapitalerhöhungen. Problematisch ist, ob eine zweite Kapitalerhöhung ihrerseits deswegen fehlerhaft ist, weil sie auf einer fehlerhaften Kapitalerhöhung aufbaut. Diese Frage ist noch nicht abschließend geklärt. Sachgerecht erscheint, hierbei danach zu differenzieren, ob der Beschluss über die zweite Kapitalerhöhung mit dem ersten (fehlerhaften) inhaltlich zusammen hängt (dann Perpetuierung des Mangels) oder ob sie nach dem Willen der Hauptversammlung auch selbständig Bestand haben soll.[27] Praktisch relevant ist dies vor allem, wenn ein zweiter Kapitalerhöhungsbeschluss auf einen vorherigen oder die bisherige Grundkapitalziffer Bezug nimmt, was rechtlich nicht geboten und zur Vermeidung von Rechtsunsicherheit auch nicht angezeigt ist. Sollte dies aber zu bejahen sein, bestimmt sich die dauerhafte Bestandskraft der zweiten Kapitalerhöhung nach Maßgabe von **§ 313 BGB**.[28] – Eine im Hinblick auf die Vorstandsberichterstattung fehlerhafte Ausnutzung von genehmigtem Kapital infiziert nicht automatisch nachfolgende Kapitalerhöhungen, so dass diese allein deswegen auch nicht anfechtbar sind (str.).[29]

IV. Die Auswirkungen der Kapitalerhöhung auf Rechte Dritter

12   Die Erhöhung des Grundkapitals kann zu einer Verwässerung und Entwertung schuldrechtlicher Ansprüche Dritter gegen die AG führen.[30] Voraussetzung dafür ist, dass sich die jeweiligen Ansprüche

---

[19] RGZ 124, 279 (287); Hüffer/Koch/*Koch* § 185 Rn. 28; Großkomm AktG/*Wiedemann* § 185 Rn. 67; MüKoAktG/*Schürnbrand* § 185 Rn. 57 ff.; K. Schmidt/Lutter/*Veil* Rn. 6; zum Ganzen ausführlich *Schürnbrand* AG 2014, 73.
[20] RGZ 88, 187 (188) (zur GmbH).
[21] Hüffer/Koch/*Koch* § 185 Rn. 28; MüKoAktG/*Schürnbrand* § 185 Rn. 59; vgl. auch *Krieger* ZHR 158 (1994), 35 (49).
[22] Weitergehend, allein auf die Eintragung der Durchführung ins Handelsregister abstellend, *Schürnbrand* AG 2014, 73 (77 f.).
[23] *Schürnbrand* AG 2014, 73 (78).
[24] LG Schwerin NZG 2004, 876 (877); einschränkend aber LG Tübingen BeckRS 2012, 20202 unter Berufung auf § 242 BGB, was europarechtlich bedenklich ist.
[25] Vgl. zur Naturalrestitution bei der Kapitalmarkthaftung BGH 2004, 907 (908); BGH NZG 2005, 672.
[26] AA Hüffer/Koch/*Koch* Rn. 5 für den Fall eines groben Missverhältnisses zwischen Ausgabebetrag und Wert der Sacheinlage; Kölner Komm AktG/*Ekkenga* Rn. 42 ff.
[27] Zum Ganzen ausführlich *Zöllner* FS Hadding, 2004, 275, teilweise gegen *Trendelenburg* NZG 2003, 860; *Klaaßen/van Lier* NZG 2014, 1250; wie hier Kölner Komm AktG/*Ekkenga* Rn. 6.
[28] Weitergehend MüKoAktG/*Schürnbrand* Rn. 32; Hüffer/Koch/*Koch* Rn. 7a.
[29] Zutreffend *Niggemann/Wansleben* AG 2013, 269 (275 ff.); aA OLG Frankfurt NZG 2011, 1029; *Litzenberger* NZG 2010, 1019 (1020).
[30] Einzelheiten bei MüKoAktG/*Schürnbrand* Rn. 8 f.

auf das Verhältnis der ausgegebenen Aktien zum Grundkapital bzw. zum Gesellschaftsvermögen beziehen und dass die Vermehrung der Aktien im Rahmen einer Kapitalerhöhung nicht gegen eine auf dieses Verhältnis abgestimmte Zahlung erfolgt. Dies betrifft regelmäßig **Ansprüche auf Einräumung von Mitgliedschaftsrechten,** zum Beispiel aus Wandelschuldverschreibungen (§ 221 Abs. 1 Satz 1 Alt. 1). Das gleiche Problem stellt sich bei **gewinnabhängigen Ansprüchen,** zum Beispiel aus partiarischen Darlehen, Genussrechten, Gewinnschuldverschreibungen (§ 221 Abs. 1 Satz 1 Alt. 2) und gewinnabhängigen Tantiemen von Vorständen und Mitarbeitern, sofern diese nicht gegenüber dem Gewinnanspruch der Aktionäre vorrangig zu befriedigen sind.

Das Interesse der (nur) schuldrechtlich Beteiligten ist mit dem Interesse der Aktionäre beim Bezugsrechtsausschluss vergleichbar. Mangels §§ 186, 255 vergleichbarer Regelungen werden die Auswirkungen solcher Verwässerungen in der Praxis meist durch eine vertragliche Vereinbarung innerhalb des betroffenen Schuldverhältnisses festgelegt.[31] Bei Unklarheiten hilft die **ergänzende Vertragsauslegung.**[32] Beim Fehlen einer vertraglichen Regelung besteht ein gesetzlicher Anspruch auf **Vertragsanpassung** gemäß § 313 BGB. Eine niedrigeren Anforderungen genügende gesetzliche Anpassung der Leistungspflichten findet nicht statt (str.).[33] Die § 216 Abs. 3 und § 23 UmwG können jedoch zur Konkretisierung der Geschäftsgrundlagenlehre herangezogen werden.[34]

13

§ 190 *(aufgehoben)*

§ 191 Verbotene Ausgabe von Aktien und Zwischenscheinen

¹Vor der Eintragung der Durchführung der Erhöhung des Grundkapitals können die neuen Anteilsrechte nicht übertragen, neue Aktien und Zwischenscheine nicht ausgegeben werden. ²Die vorher ausgegebenen neuen Aktien und Zwischenscheine sind nichtig. ³Für den Schaden aus der Ausgabe sind die Ausgeber den Inhabern als Gesamtschuldner verantwortlich.

Schrifttum: Siehe vor § 182.

Übersicht

	Rn.		Rn.
I. Bedeutung der Norm	1–3	1. Übertragung vor Eintragung der Durchführung	9, 10
1. Regelungsgehalt	2		
2. Entstehungsgeschichte	3	2. Auf den Zeitpunkt der Eintragung bezogene Übertragungen	11
II. Ausgabeverbot	4	3. Schuldrechtliche Verpflichtungen	12
III. Nichtigkeit von Aktien und Zwischenscheinen	5–7	**V. Schadensersatzpflicht der Ausgeber**	13–17
1. Ausstellung zu Gunsten eines Nicht-Zeichners	6	1. Kreis der Ersatzpflichtigen	14
2. Ausstellung zu Gunsten eines Zeichners	7	2. Kreis der Ersatzberechtigten	15
IV. Übertragungsverbot	8–12	3. Umfang der Ersatzpflicht	16
		4. Konkurrenzen	17

I. Bedeutung der Norm

§ 191 gewährleistet das gestufte Verfahren der Kapitalerhöhung. Die Wirksamkeit der Kapitalerhöhung mit Eintragung der Durchführung gemäß § 189 soll nicht durch die vorzeitige Ausgabe von verbrieften Mitgliedschaftsrechten und deren gutgläubigen Erwerb zu Lasten der Gesellschaft unterlaufen werden können. Die Regelung gilt gemäß § 203 Abs. 1 sinngemäß beim genehmigten Kapital; vgl. zur bedingten Kapitalerhöhung § 197, zur Kapitalerhöhung aus Gesellschaftsmitteln § 219.

1

---

[31] *Zöllner* ZGR 1988, 288 (296 ff.); *M. Arnold/Gärtner* AG 2013, 414 (415); Kölner Komm AktG/*Ekkenga* Rn. 26 ff.; dies der Praxis dringend ratend MüKoAktG/*Schürnbrand* Rn. 15; vgl. BGH DStR 2007, 539 (für Kapitalherabsetzung).
[32] Hüffer/Koch/*Koch* Rn. 9; MüKoAktG/*Schürnbrand* Rn. 12; K. Schmidt/Lutter/*Veil* Rn. 3; Einzelheiten bei *Schürnbrand* ZHR 171 (2009). 689.
[33] Hüffer/Koch/*Koch* Rn. 9; vgl. auch BGHZ 28, 259 (277) = NJW 1959, 31; aA *Koppensteiner* ZHR 139 (1975), 191 (197 ff.); wohl MüKoAktG/*Schürnbrand* Rn. 11; auch *Zöllner* ZGR 1988, 288 (294 ff.).
[34] Vgl. hierzu *M. Arnold/Gärtner* AG 2013, 415.

2 **1. Regelungsgehalt. Satz 1** bestimmt, dass vor der Eintragung der Kapitalerhöhung die neuen Anteilsrechte nicht übertragen werden können (→ Rn. 8) und neue Aktien und Zwischenscheine nicht ausgegeben werden dürfen (→ Rn. 4). Gemäß **Satz 2** sind die entgegen diesem Verbot ausgegebenen Aktien und Zwischenscheine nichtig (→ unten Rn. 5). Als Kompensation sind die Ausgeber gemäß **Satz 3** den Inhabern solcher Urkunden zum Schadensersatz verpflichtet (→ Rn. 13 ff.).

3 **2. Entstehungsgeschichte.** Die Regelung wurde 1965 eingefügt und seitdem nicht geändert. Sie entspricht § 158 AktG 1939 bis auf den Austausch der Formulierung „Besitzer" gegen „Inhaber" in Satz 3.[1]

II. Ausgabeverbot

4 Gemäß Satz 1 Alt. 2 dürfen Aktien und Zwischenscheine nicht vor Eintragung der Durchführung der Kapitalerhöhung (§ 189) ausgegeben werden. Die Regelung entspricht § 41 Abs. 4 Satz 1 Alt. 2. Gegenstand des Verbots ist die Ausgabe wertpapierrechtlich verbriefter **Aktienurkunden und Zwischenscheine** gemäß § 10. Unmittelbarer Adressat des Verbots ist der Vorstand, der die Kapitalerhöhung gemäß § 83 Abs. 2 durchführt. Es richtet sich jedoch auch gegen den Aufsichtsrat (vgl. auch § 405 Abs. 1 Nr. 2). Vorbereitungshandlungen, insbesondere die Anfertigung der Urkunden, sind bereits vor der Eintragung zulässig und regelmäßig geboten.[2] Maßgeblicher **Stichtag** für das Ausgabeverbot ist die Eintragung ins Handelsregister, nicht deren Bekanntmachung gemäß § 10 HGB. Die Herstellung der Urkunden ist bereits vor der Eintragung zulässig.[3]

III. Nichtigkeit von Aktien und Zwischenscheinen

5 Werden vor der Eintragung der Durchführung der Kapitalerhöhung (§ 189) Aktien und Zwischenscheine verbotswidrig (→ Rn. 4) ausgegeben, sind diese gemäß Satz 2 nichtig. Der Regelung entspricht im Gründungsverfahren § 41 Abs. 4 Satz 2.

6 **1. Ausstellung zu Gunsten eines Nicht-Zeichners.** Erfolgt die Ausstellung zu Gunsten einer nicht an der Kapitalerhöhung teilnehmenden Person, scheidet ein gutgläubiger Erwerb der Aktienurkunde bzw. der Mitgliedschaft aus.[4] Der Betreffende wird weder aufgrund Zeichnung noch aufgrund Besitzes der Aktienurkunde Aktionär.

7 **2. Ausstellung zu Gunsten eines Zeichners.** Erfolgt die unzulässige Ausstellung zu Gunsten eines Zeichners, wird dieser aufgrund des Zeichnungsvertrages mit Eintragung der Durchführung der Kapitalerhöhung Aktionär. Die verbotswidrige vorzeitige Ausgabe von Aktien und Zwischenscheinen hat hierauf keinen Einfluss. Deren Nichtigkeit wird auch nicht durch die Eintragung der Durchführung der Kapitalerhöhung geheilt.[5] Erforderlich ist vielmehr ein **neuer Begebungsvertrag** zwischen der AG und dem Inhaber der Urkunde (str.).[6] Befindet sich die Urkunde im Besitz eines Dritten, verhindert dies das Entstehen der Mitgliedschaft des Zeichners mit Eintragung nicht. Er hat ggf. einen Anspruch auf erneute Verbriefung gemäß § 10.

IV. Übertragungsverbot

8 Nach Satz 1 Alt. 1 dürfen die neuen Anteilsrechte – abweichend vom Recht der GmbH[7] – vor der Eintragung der Durchführung nicht übertragen werden.[8]

9 **1. Übertragung vor Eintragung der Durchführung.** Diese Regelung ist **überflüssig**, soweit es darum geht, die Übertragung, Pfändung oder Verpfändung[9] verbotswidrig ausgegebener (→ Rn. 4) wertpapierrechtlich verbriefter Aktien und Zwischenscheine vor Eintragung der Durchführung zu verbieten. Indem Satz 1 die Nichtigkeit der Aktienurkunden und Zwischenscheine anordnet und den gutgläubigen Erwerb ausschließt, wird das Übertragungsverbot bereits verwirklicht

---

[1] Vgl. RegBegr. *Kropff* S. 298. Zur früheren Entwicklung Großkomm AktG/*Wiedemann* Rn. 1.
[2] BGH AG 1977, 295 (296).
[3] K. Schmidt/Lutter/*Veil* Rn. 4.
[4] Kölner Komm AktG/*Ekkenga* Rn. 8; Großkomm AktG/*Wiedemann* Rn. 7; Hüffer/Koch/*Koch* Rn. 4; MüKoAktG/*Schürnbrand* Rn. 8.
[5] BGH AG 1988, 76 (78).
[6] Kölner Komm AktG/*Lutter* Rn. 4; Großkomm AktG/*Wiedemann* Rn. 8; Hüffer/Koch/*Koch* Rn. 4; MüKoAktG/*Schürnbrand* Rn. 9; K. Schmidt/Lutter/*Veil* Rn. 5; aA OLG Frankfurt AG 1976, 77 (78): einseitige Gültigerklärung.
[7] Baumbach/Hueck/*Zöllner/Fastrich* GmbHG § 55 Rn. 44.
[8] Vgl. OLG Frankfurt NZG 2006, 792 (793).
[9] MüKoAktG/*Schürnbrand* Rn. 4; Hüffer/Koch/*Koch* Rn. 2.

(→ Rn. 5). Ein eigenständiger Anwendungsbereich könnte sich nur durch eine nicht am Wertpapierbegriff orientierte Auslegung von „Anteilsrechte" ergeben mit der Folge, dass die Regelung die Übertragung der Mitgliedschaft gemäß §§ 398, 413 BGB vor der Eintragung der Kapitalerhöhung verbieten will. Hierzu besteht allerdings ebenfalls kein Bedürfnis, weil der (ggf. gutgläubige) Erwerb eines gemäß § 189 nicht existenten unverbrieften Rechts im Umkehrschluss zu § 405 BGB nicht in Betracht kommt. Die unwirksame Verfügung über die nicht existente Mitgliedschaft wird auch nicht mit Eintragung der Durchführung geheilt.[10] Vgl. aber zur Vorausverfügung → Rn. 11.

Von der verbotenen bzw. ins Leere gehenden Übertragung der vor Eintragung nicht existierenden Mitgliedschaften bzw. Anteilsrechte abzugrenzen ist die **Übertragung der Stellung aus dem Zeichnungsvertrag**. Diese kann – im Einvernehmen mit der AG – regelmäßig ohne weiteres auf einen Dritten übertragen werden (→ § 185 Rn. 12). Etwas anderes gilt nur im Fall des Bezugsrechtsausschlusses. Ist die Person des Zeichners entscheidend, um den Bezugsrechtsausschluss sachlich zu rechtfertigen (→ § 186 Rn. 40 ff.), darf der Vorstand bei der Durchführung des Beschlusses keine Änderungen vornehmen, sondern muss ggf. auf eine erneute Beschlussfassung hinwirken. **Verstirbt** der Zeichner, rücken die Erben gemäß § 1922 BGB in dessen Position ein.[11]

2. Auf den Zeitpunkt der Eintragung bezogene Übertragungen. Nicht unmittelbar vom Verbot des Satz 1 Alt. 1 erfasst sind Verfügungen über die im Eintragungszeitpunkt erst entstehenden künftigen Mitgliedschaftsrechte. Eine solche einseitige **Vorausabtretung** der künftigen Mitgliedschaft soll nach herrschender Ansicht ebenfalls unwirksam sein.[12] Dem ist nicht zu folgen. Eine Vorausabtretung ist zulässig, bewirkt jedoch in konsequenter Verwirklichung von Satz 1 Alt. 1 **keinen Direkterwerb** der Mitgliedschaft durch den Zessionar. Der Zeichner wird somit zumindest eine „juristische Sekunde" Aktionär, in der er ohnehin über seine Stellung disponieren kann, sofern die Mitgliedschaft nicht vinkuliert ist. Da auch die Vormänner für rückständige Einlagen haften (§ 65), ist kein Grund ersichtlich, der Vorausabtretung bzw. -pfändung und -verpfändung die Wirksamkeit zu versagen.

3. Schuldrechtliche Verpflichtungen. Schuldrechtliche Verpflichtungen auf Übertragung der künftigen Mitgliedschaft werden vom Übertragungsverbot nicht erfasst.[13] Sie sind bis zur Eintragung der Durchführung nicht erfüllbar.[14]

V. Schadensersatzpflicht der Ausgeber

Gemäß Satz 3 sind die Ausgeber den Inhabern von nichtigen Aktienurkunden und Zwischenscheinen als Gesamtschuldner zum Schadensersatz verpflichtet. Hierdurch wird der durch Satz 2 ausgeschlossene gutgläubige Erwerb vermögensmäßig kompensiert. Die Regelung begründet eine **verschuldensunabhängige Veranlassungshaftung** (str.).[15] Die analoge Anwendung dieser verschuldensunabhängigen Haftung auf die Ausgabe von Aktien aufgrund einer nichtigen, aber gemäß § 189 durchgeführten Kapitalerhöhung, wäre wegen der unter Umständen schwierigen Erkennbarkeit des Beschlussmangels unverhältnismäßig und ist abzulehnen (str.).[16]

1. Kreis der Ersatzpflichtigen. Ausgeber ist derjenige, der das Inverkehrbringen der Urkunden vor Eintragung der Kapitalerhöhung **veranlasst** hat. Er muss der AG gemäß § 31 BGB analog oder § 278 BGB **zurechenbar** sein. Dies betrifft regelmäßig Mitglieder von Vorstand und Aufsichtsrat.[17] Möglich ist aber auch die Ausgabe durch Angestellte der AG, die nicht bloß aufgrund der Weisung eines Vorgesetzten handeln, sondern die Ausgabe selbstständig und verantwortlich veranlassen.[18] Werden die vorbereiteten Urkunden von einem Dritten entwendet und in Verkehr gebracht, liegt keine Ausgabe vor. Etwas anderes gilt nur, wenn eine als Ausgeber zu qualifizierende Person nicht

---

[10] OLG Frankfurt NZG 2006, 792 (793).
[11] MüKoAktG/*Schürnbrand* Rn. 4; Hüffer/Koch/*Koch* Rn. 2; Großkomm AktG/*Wiedemann* Rn. 3.
[12] OLG Frankfurt NZG 2006, 792 (793); Kölner Komm AktG/*Ekkenga* Rn. 4; Großkomm AktG/*Wiedemann* Rn. 3; Hüffer/Koch/*Koch* Rn. 4; MüKoAktG/*Schürnbrand* Rn. 4; *Ekkenga/Jaspers* in Ekkenga/Schröer, Handbuch der AG-Finanzierung, 2014, Kap. 4 Rn. 277.
[13] OLG Frankfurt NZG 2006, 792 (793); Kölner Komm AktG/*Ekkenga* Rn. 6; Großkomm AktG/*Wiedemann* Rn. 4; Hüffer/Koch/*Koch* Rn. 2; AktG/*Schürnbrand* Rn. 5; K. Schmidt/Lutter *Veil* Rn. 3.
[14] Hüffer/Koch/*Koch* Rn. 2.
[15] AA Gefährdungshaftung OLG Frankfurt AG 1976, 77 (78); Kölner Komm AktG/*Ekkenga* Rn. 12; Großkomm AktG/*Wiedemann* Rn. 9; MüKoAktG/*Schürnbrand* Rn. 12; offen gelassen von BGH AG 1977, 295 (296); gegen ein Verschuldenserfordernis ausdrücklich LG Düsseldorf BeckRS 2008, 11010.
[16] Wie hier Hüffer/Koch/*Koch* Rn. 7; MüKoAktG/*Schürnbrand* Rn. 12; K. Schmidt/Lutter *Veil* Rn. 8; *Zöllner* AG 1993, 68 (76 f.); *Schockenhoff* DB 1994, 2327 (2329); Kölner Komm AktG/*Ekkenga* Rn. 16.
[17] Vgl. BGH AG 1977, 295 (296).
[18] Für Prokuristen LG Düsseldorf BeckRS 2008, 11010; Hüffer/Koch/*Koch* Rn. 5; MüKoAktG/*Schürnbrand* Rn. 9.

§ 192　　　　　　　　　　　　　　　　　　　　Erstes Buch. Aktiengesellschaft

genügend für die sichere Verwahrung gesorgt hat.[19] Satz 3 verwirklicht den Vermögensschutz der enttäuschten Inhaber wertloser Urkunden außerhalb des Gesellschaftsvermögens im Wege einer Direkthaftung. Eine **Haftung der AG,** vermittelt über die Zurechnung des Ausgebers gemäß § 31 BGB analog, scheidet daher aus.[20]

15　**2. Kreis der Ersatzberechtigten.** Zum Schadensersatz berechtigt ist der **gegenwärtige Inhaber** der verbotswidrig ausgegebenen Urkunde. Maßgeblich ist nicht der Besitz iSv § 854 BGB, sondern die aus der wertpapierrechtlichen Übertragung resultierende (hypothetische) Inhaberstellung.[21] Der Dieb, der die Urkunde dem Erwerber gestohlen hat, ist hiernach nicht zum Ersatz berechtigt.

16　**3. Umfang der Ersatzpflicht.** Ersatzfähig ist der **Vertrauensschaden.** Der Berechtigte ist so zu stellen, wie wenn die Urkunde und der hieraus resultierende Erwerb der Mitgliedschaft wirksam wären. Der Schadensersatz ist regelmäßig auf Geldzahlung gerichtet und fällt entsprechend gering aus, wenn die Mitgliedschaft nach Eintragung der Kapitalerhöhung eingeräumt wurde. Der Zeichner hat hierauf aus dem Zeichnungsvertrag einen Erfüllungsanspruch.[22] Die Ersatzpflicht **entfällt** gemäß § 122 Abs. 2 BGB analog, wenn der Berechtigte die verbotene Ausgabe kannte oder kennen musste.[23]

17　**4. Konkurrenzen.** Darüber hinaus haften die Ausgeber auch aus § 823 Abs. 2 BGB iVm § 405 Abs. 1 Nr. 3.[24] Insofern kommt auch eine verschuldensabhängige Teilnehmerhaftung gemäß § 830 Abs. 2 BGB in Betracht. Satz 1 ist wegen der speziellen Haftung nach Satz 3 jedoch kein Schutzgesetz iSv § 823 Abs. 2 BGB (str.).[25]

Zweiter Unterabschnitt. Bedingte Kapitalerhöhung

§ 192 Voraussetzungen

(1) Die Hauptversammlung kann eine Erhöhung des Grundkapitals beschließen, die nur so weit durchgeführt werden soll, wie von einem Umtausch- oder Bezugsrecht Gebrauch gemacht wird, das die Gesellschaft hat oder auf die neuen Aktien (Bezugsaktien) einräumt (bedingte Kapitalerhöhung).

(2) Die bedingte Kapitalerhöhung soll nur zu folgenden Zwecken beschlossen werden:
1. zur Gewährung von Umtausch- oder Bezugsrechten auf Grund von Wandelschuldverschreibungen;
2. zur Vorbereitung des Zusammenschlusses mehrerer Unternehmen;
3. zur Gewährung von Bezugsrechten an Arbeitnehmer und Mitglieder der Geschäftsführung der Gesellschaft oder eines verbundenen Unternehmens im Wege des Zustimmungs- oder Ermächtigungsbeschlusses.

(3) ¹Der Nennbetrag des bedingten Kapitals darf die Hälfte und der Nennbetrag des nach Absatz 2 Nr. 3 beschlossenen Kapitals den zehnten Teil des Grundkapitals, das zur Zeit der Beschlußfassung über die bedingte Kapitalerhöhung vorhanden ist, nicht übersteigen. ²§ 182 Abs. 1 Satz 5 gilt sinngemäß. ³Satz 1 gilt nicht für eine bedingte Kapitalerhöhung nach Absatz 2 Nummer 1, die nur zu dem Zweck beschlossen wird, der Gesellschaft einen Umtausch zu ermöglichen, zu dem sie für den Fall ihrer drohenden Zahlungsunfähigkeit oder zum Zweck der Abwendung einer Überschuldung berechtigt ist. ⁴Ist die Gesellschaft ein Institut im Sinne des § 1 Absatz 1b des Kreditwesengesetzes, gilt Satz 1 ferner nicht für eine bedingte Kapitalerhöhung nach Absatz 2 Nummer 1, die zu dem Zweck beschlossen wird, der Gesellschaft einen Umtausch zur Erfüllung bankaufsichtsrechtlicher oder zum Zweck der Restrukturierung oder Abwicklung erlassener Anforderungen zu ermöglichen. ⁵Eine Anrechnung von bedingtem Kapital, auf das Satz 3 oder Satz 4 Anwendung findet, auf sonstiges bedingtes Kapital erfolgt nicht.

(4) Ein Beschluß der Hauptversammlung, der dem Beschluß über die bedingte Kapitalerhöhung entgegensteht, ist nichtig.

---

[19] BGH AG 1977, 295 (296) (für den Vorstand); OLG Frankfurt WM 1976, 514.
[20] Ohne nähere Begr. Großkomm AktG/*Wiedemann* Rn. 11; Hüffer/Koch/*Koch* Rn. 5; MüKoAktG/*Schürnbrand* Rn. 9.
[21] Großkomm AktG/*Wiedemann* Rn. 10; Hüffer/Koch/*Koch* Rn. 5; MüKoAktG/*Schürnbrand* Rn. 10.
[22] BGH AG 1977, 295 (296); K. Schmidt/Lutter/*Veil* Rn. 8.
[23] Zustimmend MüKoAktG/*Schürnbrand* Rn. 10.
[24] MüKoAktG/*Schürnbrand* Rn. 11; Hüffer/Koch/*Koch* Rn. 6; K. Schmidt/Lutter/*Veil* Rn. 7.
[25] Wie hier Grigoleit/*Rieder*/*Holzmann* Rn. 11; abw. Kölner Komm AktG/*Ekkenga* Rn. 18; MüKoAktG/ *Schürnbrand* Rn. 11; Hüffer/Koch/*Koch* Rn. 6; K. Schmidt/Lutter/*Veil* Rn. 7.

(5) Die folgenden Vorschriften über das Bezugsrecht gelten sinngemäß für das Umtauschrecht.

Schrifttum: 1. Allgemeines: *Alexandropoulou,* Die rechtliche Behandlung von Options- und Umtauschrechten im Rahmen eines Squeeze-out, 2007; *Apfelbacher/Kopp,* Pflichtwandelanleihen als sonstiges (hybrides) Kernkapital, CFL 2011, 21; *Arens,* Die Behandlung von bedingten Aktienbezugsrechten beim verschmelzungsrechtlichen Squeeze-out, WM 2014, 682; *Bader,* Contingent Convertible, Wandelanleihe und Pflichtwandelanleihe im Aktienrecht, AG 2014, 472; *Binnewies/Ruske/Schwedhelm,* Zur steuerlichen Behandlung der Überlassung von Aktienoptionsrechten an Arbeitnehmer, AG 2016, 853; *Böhringer/Mihm/Schaffelhuber/Seiler,* Contingent Convertible Bonds als regulatorisches Kernkapital, RdF 2011, 48; *Böttcher/Carl/Schmidt/Seibert,* Die Aktienrechtsnovelle, 2016; *Bungert/Wettich,* Kleine Aktienrechtsnovelle 2011 – Kritische Würdigung des Referentenentwurfs aus Sicht der Praxis, ZIP 2011, 160; *Busch,* Bezugsrecht und Bezugsrechtsausschluß bei Wandel- und Optionsanleihen, WM 1999, 58; *Casper,* Der Optionsvertrag, 2005; *Claussen,* Aktienrechtsreform 1997, AG 1996, 481; *Claussen,* Wie ändert das KonTraG das Aktiengesetz?, DB 1998, 177; *Diekmann/Nolting,* Aktienrechtsnovelle 2011, NZG 2011, 6; *Dierks,* Selbständige Aktienoptionsscheine, 2000; *Drinhausen/Keinath,* Referentenentwurf einer „kleinen Aktienrechtsnovelle", BB 2011, 11; *Drinhausen/Keinath,* Regierungsentwurf zur Aktienrechtsnovelle 2012, BB 2012, 395; *Drygala,* Wandelanleihen mit Wandlungsrecht des Anleiheschuldners nach dem Entwurf für eine Aktienrechtsnovelle 2011, WM 2011, 1637; *Engelhardt,* Convertible Bonds beim Squeeze-out, 2007; *Engelhardt,* Optionen im Squeezeout: Abfindung des Bezugsrechtsinhaber – aber wie?, BKR 2008, 45; *Fehling/Arens,* Informationsrechte und Rechtsschutz von Bezugsrechtsinhabern beim aktienrechtlichen Squeeze-out, AG 2010, 735; *Florstedt,* Die umgekehrte Wandelschuldverschreibung, ZHR 180 (2016), 152; *Franke,* Bedingte Kapitalerhöhung und genehmigtes Kapital, Diss. Breslau 1939; *Fuchs,* Selbständige Optionsscheine als Finanzierungsinstrument der Aktiengesellschaft, AG 1995, 433; *Fuchs,* Kapitalbeteiligung ohne Mitgliedschaft – Genussscheine, Optionsanleihen und andere hybride Finanztitel im Spannungsfeld von Schuldverhältnis, Verbandsordnung und Kapitalmarkt, 1998; *Gallego Sánchez,* Das Erwerbsrecht auf Aktien bei Optionsanleihen und Wandelschuldverschreibungen, 1999; *Gätsch/Theusinger,* Naked Warrants als zulässige Finanzierungselemente für Aktiengesellschaften, WM 2005, 1256; *Gelhausen/Rimmelspacher,* Wandel- und Optionsanleihen in den handelsrechtlichen Jahresabschlüssen des Emittenten und des Inhabers, AG 2006, 729; *Gleske/Ströbele,* Bedingte Pflichtwandelanleihen – aktuelle bankaufsichtsrechtliche Anforderungen und Aktienrechtsnovelle 2012, CFL 2012, 49; *Götze,* Aktienrechtsnovelle – und ein (vorläufiges) Ende!, NZG 2016, 48; *Götze/M. Arnold/Carl,* Der Regierungsentwurf der Aktienrechtsnovelle 2012 – Anmerkungen aus der Praxis, NZG 2012, 321; *Götze/Nartowska,* Der Regierungsentwurf der Aktienrechtsnovelle 2014 – Anmerkungen aus der Praxis, NZG 2015, 298; *Gustavus,* Die Sicherung von mit ausländischen Optionsanleihen verbundenen Bezugsrechten auf deutsche Aktien, BB 1970, 694; *Haag/Peters,* Aktienrechtsnovelle 2011–2015 – Ermöglichung der Neuregelungen zur „umgekehrten Wandelanleihe" auch die Ausgabe von Pflichtwandelanleihen des bankaufsichtsrechtlichen zusätzlichen Kernkapitals", WM 2015, 2303; *Habersack,* Anwendungsvoraussetzungen und -grenzen des § 221 AktG, dargestellt am Beispiel von Pflichtwandelanleihen, Aktienanleihen und „warrants", FS Nobbe, 2009, 539; *Habersack,* Die Finanzierung der AG – gestern und heute, AG 2015, 613; *Habersack/Mülbert/Schlitt,* Unternehmensfinanzierung am Kapitalmarkt, 3. Aufl. 2013; *Harbarth/Freiherr von Plettenberg,* Aktienrechtsnovelle 2016: Punktuelle Fortentwicklung des Aktienrechts, AG 2016, 145; *Harrer/Janssen/Halbig,* Genussscheine – Eine interessante Form der Mezzanine Mittelstandsfinanzierung, FB 2005, 1; *Hinze/Menk/Mies,* Kriseninstrument Contingent Convertible Bond: Struktur und aktuelle Entwicklungen, ZBB 2017, 95; *Hirte,* Wandel- und Optionsanleihen im Rechtsvergleich, in Lutter/Hirte, Wandel- und Optionsanleihen in Europa, ZGR-Sonderheft 16, 2000, 1; *Hoffmann,* Optionsanleihen ausländischer Töchter unter Garantie ihrer deutschen Muttergesellschaft, AG 1973, 47; *Hoppe,* Gewährung zusätzlicher Aktien bei Unternehmenskäufen und Umwandlungen, 2015; *Hueck,* Die Behandlung von Wandelschuldverschreibungen bei Änderung des Grundkapitals, DB 1963, 1347; *Ihrig/Wagner,* Volumengrenzen für Kapitalmaßnahmen bei der AG, NZG 2002, 657; *Ihrig/Wandt,* Die Aktienrechtsnovelle 2016, BB 2016, 6; *Kimpler,* Die Abgrenzung der Zuständigkeiten von Vorstand und Hauptversammlung bei der Kapitalerhöhung, 1994; *Königshausen,* Die Aktienrechtsnovelle 2013 – Endlich vollendet?, WM 2013, 909; *Krause,* Atypische Kapitalerhöhungen im Aktienrecht, ZHR 181 (2017), 641; *Kuntz,* Die Zulässigkeit selbständiger Aktienoptionen („naked warrants"), AG 2004, 180; *Lutter,* Optionsanleihen ausländischer Tochtergesellschaften, AG 1972, 125; *Lutter,* Die rechtliche Behandlung von Erlösen aus der Verwertung von Bezugsrechten bei der Ausgabe von Optionsanleihen, DB 1986, 1607; *Lutter/Drygala,* Die zweite Chance für Spekulanten? – Zur nachträglichen Korrektur der Konditionen von Optionsschuldverschreibungen, FS Claussen, 1997, 261; *Martens,* Die bilanzrechtliche Behandlung internationaler Optionsanleihen, in Busse von Colbe/Großfeld/Kley/Martens/Schlede, Bilanzierung von Optionsanleihen im Handelsrecht, 1987, 151; *Martens,* Die mit Optionsrechten gekoppelte Aktienemission, AG 1989, 69; *Martens,* Die rechtliche Behandlung von Options- und Wandlungsrechten anlässlich der Eingliederung der verpflichteten Gesellschaft, AG 1992, 209; *Merkner/Schmidt-Bendun,* Die Aktienrechtsnovelle 2012 – Überblick über den Regierungsentwurf, DB 2012, 98; *Meyer/Weber,* Kurzfristige Eigenkapitalaufnahme de lege ferenda – Denkanstöße zur Deregulierung der rechtlichen Anforderungen an Kapitalmaßnahmen börsennotierter Gesellschaften in der Finanzkrise, CFL 2012, 249; *Müller-Eising,* Aktienrechtsnovelle 2011 – Änderungen zur Vorzugsaktie und zum bedingten Kapital für Wandelanleihen, GWR 2010, 591; *Müller-Eising,* Aktienrechtsnovelle 2012 – Was bringt sie Neues?, GWR 2012, 77; *Müller-Eising/Heinrich,* Bedingte Kapitalerhöhung – Zulässigkeit einer aufschiebend bedingten Beschlussfassung vor dem Hintergrund der Höchstgrenzen in § 192 Abs. 3 S. 1 AktG?, ZIP 2010, 2390; *Nodoushani,* CoCo-Bonds in Deutschland – Die neue Wandelschuldverschreibung, ZBB 2011, 143; *Oulds,* Neues zur Emission von Wandelschuldverschreibungen im Lichte des geplanten VorstKoG und der Delegierten Verordnung (EU) 759/2013, CFL 2013, 213; *Paschos/Goslar,* Die Aktienrechtsnovelle 2016 – Ein Überblick, NJW 2016, 359; *Rosener,* Aktienoptionen beim Börsengang, FS Bezzenberger, 2000, S. 745; *Rozijin*, Wandelanleihe mit Wandlungspflicht – eine deutsche equity note?, ZBB 1998, 77; *Rubner/Pospiech*, Umgekehrte Wandelanleihen und Pflichtwandelanleihen, NJW-Spezial 2016, 399; *Rümker*, Anleihen mit Tilgungswahlrecht des Emittenten unter besonderer Berücksichtigung der Tilgung durch Lieferung von Aktien, FS Beusch, 1993, 739; *Schäfer*, Wandel- und Optionsanleihen in Deutschland – Praxisprobleme von Equity-linked-Emissionen, in Lutter/Hirte, Wandel- und Optionsanleihen in Europa, ZGR-Sonderheft 16, 2000, 62; *Schanz*, Wandel- und Optionsanleihen, BKR 2011, 410; *ders.*, Wandelanleihen in der Insolvenz des Schuldners, CFL 2012, 26; *Schaub*, Nochmals „Warrant-Anleihen" von Tochtergesellschaften, AG 1972, 340; *Schlitt/Brandi/Schröder/Gemmel/Ernst*, Aktuelle Entwicklungen bei Hybridanleihen, CFL 2011, 105; *Schlitt/Seiler/Singhof*, Rechtsfragen und Gestaltungsmöglichkeiten bei Wandelschuldverschreibungen, AG 2003, 254; *Schmidt-Bendun*, Aktienrechtsnovelle 2014 – Überblick über die Reform des Aktienrechts, DB 2016, 419; *Schüppen/Tretter*, Aktienrechtsnovelle 2012 – Aschenputtel oder graue Maus?, WPg 2012, 338; *Schüppen/Tretter*, Aktienrecht 2015 – Jubiläum, Restposten und Reform, WPg 2015, 643; *Schumann*, Optionsanleihen, 1990; *Seibert/Böttcher*, Der Regierungsentwurf der Aktienrechtsnovelle 2012, ZIP 2012, 12; *Seibt*, Wandelschuldverschreibungen: Marktbericht, Dokumentationen und Refinanzierungsoptionen, CFL 2010, 165; *Silcher*, Bedingtes Kapital für „Warrant-Anleihen" von Tochtergesellschaften, FS Geßler, 1971, 185; *Singhof*, Ausgabe von Aktien aus bedingtem Kapital, FS Hoffmann-Becking, 2013, 1163; *Söhner*, Die Aktienrechtsnovelle 2016, ZIP 2016, 151; *K. Steiner*, Zulässigkeit der Begebung von Optionsrechten auf Aktien ohne Optionsschuldverschreibung (naked warrants), WM 1990, 1776; *M. Steiner*, Isoliert begebene Optionsscheine mit Finanzierungsfunktion, 2012; *Stöber*, Die Aktienrechtsnovelle 2016, DStR 2016, 611; *Sünner*, Einzelfragen der Aktienrechtsnovelle 2012, CCZ 2012, 107; *Süßmann*, Die Behandlung von Options- und Wandelrechten in den einzelnen Squeeze-out-Verfahren, AG 2013, 158; *Viertel*, Sind Aktien aus einer bedingten Kapitalerhöhung wirksam, wenn ausstellender und ausgebender Vorstand verschieden besetzt sind?, BB 1974, 1328; *Wehrhahn*, Wandelschuldverschreibungen nach der Aktienrechtsnovelle 2016, GWR 2016, 133; *Weiler*, Auf und nieder, immer wieder – Teleologische Reduktion der Höchstgrenzen für bedingtes Kapital in § 192 III 1 AktG bei gleichzeitiger Kapitalherabsetzung?, NZG 2009, 46; *Werner*, Aktienrechtsnovelle 2011: Referentenentwurf eines Gesetzes zur Änderung des AktG, StBW 2011, 43; *Wicke*, Einführung in das Recht der Hauptversammlung, das Recht der Sacheinlagen und das Freigabeverfahren nach dem ARUG, 2009; *Wolff*, Bedingtes Kapital für warrant-Anleihen, Huckepack-Emissionen und naked warrants?, WiB 1997, 505.

2. Stock Options: *Achleitner/Wollmert*, Stock Options, 2. Aufl. 2002; *Ackermann/Suchan*, Repricing von Stock Options – aktienrechtliche Zulässigkeit und bilanzielle Behandlung, BB 2002, 1497; *Adams*, Aktienoptionspläne und Vorstandsvergütungen, ZIP 2002, 1325; *Aha*, Ausgewählte Gestaltungsmöglichkeiten bei Aktienoptionsplänen, BB 1997, 2225; *Chr. Arnold*, Variable Vergütung von Vorstandsmitgliedern im faktischen Konzern, FS Bauer, 2010, 35; *M.S. Arnold*, Lohnsteuerliche Behandlung von Stock Options – Ein Überblick über die Praxis, NZG 2001, 215; *Baeck/Diller*, Arbeitsrechtliche Probleme bei Aktienoptionen und Belegschaftsaktien, DB 1998, 1405; *Bauer/Gemmeke*, Zur steuerlichen Behandlung von Aktienoptionsrechten nach dem Erlass des Finanzministeriums NRW vom 27.3.2003, DStR 2003, 1818; *Baums*, Aktienoptionen für Vorstandsmitglieder, FS Claussen, 1997, 3; *Bauwens*, Aktienkursorientierte Vergütung im arbeitsrechtlichen Regelungssystem, 2001; *Bebchuk/Fried*, Pay without Performance, 2004; *Benner-Heinacher*, Stock-option-Pläne und Erwerb eigener Aktien aus Sicht der Praxis, in RWS-Forum 15, Gesellschaftsrecht 1999, 2000, 251; *Bernhardt/Witt*, Stock Options und Shareholder Value, ZfB 67 (1997), 85; *Binz/Sorg*, Erfolgsabhängige Vergütung von Vorstandsmitgliedern einer Aktiengesellschaft auf dem Prüfstand, BB 2002, 1273; *Bredow*, Steuergünstige Gestaltung von Aktienoptionen für leitende Angestellte („stock options"), DStR 1996, 2033; *Bürgers*, Keine Aktienoptionen für Aufsichtsräte – Hindernis für die Professionalisierung des Aufsichtsrats, NJW 2004, 3022; *Casper*, Insiderverstöße bei Aktienoptionsprogrammen, WM 1999, 363; *Casper*, Repricing von Stock Options, DStR 2004, 1391; *Claussen*, Stock Options – Quo vadis?, FS Horn, 2006, 313; *Dietborn/Strnad*, Besteuerung von Aktienoptionen nach dem Erlass des Finanzministeriums NRW vom 27.3.2003 – erste Würdigung, BB 2003, 1094; *Deutsches Aktieninstitut e. V. (DAI)*, Aktienoptionspläne für Führungskräfte, 1996; *Djanani/Hartmann*, Die Ausgabe von Stock-Options zur Mitarbeiterentlohnung: Personalaufwand im Ausgabezeitpunkt?, StuB 2000, 359; *Dörr*, Kein Betriebsausgabenabzug bei unentgeltlicher Einräumung von Stock Options an Mitarbeiter, NWB 2011, 350; *von Dryander/Schröder*, Gestaltungsmöglichkeiten für die Gewährung von Aktienoptionen an Vorstandsmitglieder im Lichte des neuen Insiderrechts, WM 2007, 534; *Eberhartinger/Engelsing*, Zur steuerlichen Behandlung von Aktienoptionen bei den optionsberechtigten Führungskräften, WPg 2001, 99; *Eckardt*, Besteuerung von Stock Options, DB 1999, 2490; *Egner/Wilder*, Besteuerung von Stock Options – Überbesteuerung oder Besteuerungslücke?, DB 2002, 235; *von Einem/Götze*, Die Verwendung wirtschaftlicher Erfolgsziele in Aktienoptionsprogrammen, AG 2002, 72; *Engelsing*, Zur steuerlichen Behandlung von Aktienoptionen bei optionsberechtigten Arbeitnehmern, StuB 2003, 595; *Eschbach*, Management Buy-Out und Ausgabe von Stock Options, BB 1999, 2484; *Eschbach*, Stock Options – Irrelevanz des Besteuerungszeitpunkts?, DStR 1999, 1869; *Eschbach*, Anmerkungen zum DRS C-Positionspapier „Bilanzierung von Aktienoptionsplänen und ähnlichen Entlohnungsformen", DB 2001, 1373; *Esterer/Härteis*, Die Bilanzierung von Stock Options in der Handels- und Steuerbilanz, DB 1999, 2073; *Ettinger*, Stock-Options – Gesellschaftsrechtliche Rahmenbedingungen und einkommensteuerliche Behandlung von Aktienoptionen als Vergütungsbestandteil, 1999; *Fach*, Die Zulässigkeit von Bindungsklauseln im Rahmen von Aktienoptionen, 2007; *Feddersen*, Aktienoptionsprogramme für Führungskräfte aus kapitalmarktrechtlicher und steuerlicher Sicht, ZHR 161 (1997), 269; *Feddersen/Pohl*, Die Praxis der Mitarbeiterbeteiligung seit Einführung des KonTraG, AG 2001, 26; *Friedrichsen*, Aktienoptionspläne für Führungskräfte, 2000; *Fritsche/Bäumler*, Der Besteuerungszeitpunkt von Stock-Options: fortlaufende Probleme nach den Urteilen des BFH aus dem Jahre 2001, DStR 2003, 1005; *Fuchs*, Aktienoptionen für Führungskräfte und bedingte Kapitalerhöhung, DB 1997, 661; *Führhoff*, Insiderrechtliche Behandlung von Aktienoptionsprogrammen und Management Buy-Outs, AG 1998, 83; *Gebhardt*, Konsistente Bilanzierung von

Aktienoptionen und Stock Appreciation Rights – eine konzeptionelle Auseinandersetzung mit E-DRS 11 und IFRS ED 2, BB 2003, 675; *Goette,* Zur Orientierung der Vorstandsvergütung an der Lage der Muttergesellschaft, FS Hopt, 2010, 689; *Götze,* Aktienoptionen für Vorstandsmitglieder und Aktionärsschutz, 2001; *Habersack,* Die erfolgsabhängige Vergütung des Aufsichtsrats und ihre Grenzen, ZGR 2004, 721; *Habersack,* Die Einbeziehung des Tochtervorstands in das Aktienoptionsprogramm der Muttergesellschaft – ein Problem der §§ 311 ff. AktG?, FS Raiser, 2005, 111; *Hagen,* Besteuerung von Aktienoptionen als Arbeitslohn bei einem unbeschränkt Steuerpflichtigen, FR 2001, 726; *Harrer,* Mitarbeiterbeteiligungen und Stock-Option-Pläne, 2. Aufl. 2004; *Hasbargen/ Stauske,* IFRS 2 und FASB Exposure Draft „Share-based Payment": Auswirkungen auf Bilanzierung und Gestaltung aktienbasierter Vergütung, BB 2004, 1153; *Hasbargen/Schmitt/Betz,* Aktuelle Entwicklungen bei der Besteuerung von Mitarbeiterbeteiligungsmodellen, BB 2010, 1951; *Haunhorst,* Der Lohnzufluss bei Gewährung handelbarer Aktienoptionen – oder wie aus dem Traum vom günstigen Aktienbezug ein Alptraum werden kann, DB 2003, 1864; *Heidel,* „Wes Brot ich ess, dess Lied ich sing" – Vergütung von Vorständen nach dem Erfolg des Konzerns – Anknüpfungspunkt für eine strafrechtliche Haftung?, FS Mehle, 2009, 247; *Herzig,* Steuerliche und bilanzielle Probleme bei Stock Options und Stock Appreciation Rights, DB 1999, 1; *Herzig/Lochmann,* Der Besteuerungszeitpunkt von Stock Options, DB 2001, 1436; *Hirte,* Ausgewählte Fragen zu Stock-option-Plänen und zum Erwerb eigener Aktien, RWS-Forum 15, Gesellschaftsrecht 1999, 2000, 211; *Hoff,* Aktienoptionen für Aufsichtsräte über § 71 Abs. 1 Nr. 8 AktG?, WM 2003, 910; *Hoffmann,* Zur Lohnbesteuerung von Stock Options in der Baisse, DStR 2001, 1789; *Hoffmann/Lüdenbach,* Die Bilanzierung aktienorientierter Vergütungsformen nach IFRS 2 (Share-Based Payment), DStR 2004, 786; *Hoffmann-Becking,* Gestaltungsmöglichkeiten bei Anreizsystemen, NZG 1999, 797; *Hohenstatt/Seibt/Wagner,* Einbeziehung von Vorstandsmitgliedern in ergebnisabhängige Vergütungssysteme von Konzernobergesellschaften, ZIP 2008, 2289; *Hüffer,* Aktienbezugsrechte als Bestandteil der Vergütung von Vorstandsmitgliedern und Mitarbeitern – gesellschaftsrechtliche Analyse, ZHR 161 (1997), 214; *Isensee,* Mitarbeiteraktienoptionen – mehr als eine steuerliche Gewinnchance?, DStR 1999, 143; *Jäger,* Aktienoptionspläne in Recht und Praxis – eine Zwischenbilanz, DStR 1999, 28; *Jungen,* Mitarbeiterbeteiligung, 2000; *Kallmeyer,* Aktienoptionspläne für Führungskräfte im Konzern, AG 1999, 97; *M. Käpplinger,* Inhaltskontrolle von Aktienoptionsplänen, 2003; *M. Käpplinger/S. Käpplinger,* Möglichkeiten des Repricings von Aktienoptionsplänen, WM 2004, 1169; *Kau/Levenrenz,* Mitarbeiterbeteiligung und leistungsgerechte Vergütung durch Aktien-Options-Pläne, BB 1998, 2269; *Kessler/Sauter,* Handbuch Stock Options, 2003; *Kessler/Strnad,* Der Besteuerungszeitpunkt bei Stock Options – nächste Runde, BB 2000, 641; *Keul/Semmer,* Das zulässige Volumen von Aktienoptionsplänen, DB 2002, 2255; *Kiethe,* Aktienoptionen für den Vorstand im Maßnahmenkatalog der Bundesregierung – ein Beitrag zur Überregulierung des Aktienrechts, WM 2004, 458; *Klahold,* Aktienoptionen als Vergütungsinstrument, 1999; *Klasen,* Insiderrechtliche Fragen zu aktienkursorientierten Vergütungsmodellen, AG 2006, 24; *Kleindiek,* Stock Options und Erwerb eigener Aktien, in RWS-Forum 10, Gesellschaftsrecht 1997, 1998, S. 23; *Knoll,* Stock options vor den Schranken deutscher Finanzgerichtsbarkeit, DStZ 1999, 242; *Knoll,* Kumulative Nutzung von bedingtem Kapital und Aktienrückkauf zur Bedienung von Aktienoptionsprogrammen – sind 10 % nicht genug?, ZIP 2002, 1382; *Knoll/Möller,* Die Entscheidung der Aktionäre über Aktienoptionspläne: Notwendigkeit der Vermittlung relevanter Informationen, ZBB 1999, 69; *König,* Aktienbasierte Vergütungssysteme für Arbeitnehmer und ihre Wirkung auf die Corporate Governance börsennotierter Unternehmen, 2005; *Kohler,* Stock Options für Führungskräfte aus der Sicht der Praxis, ZHR 161 (1997), 246; *Kropp,* Aktienoptionen statt finanzielle Gewinnbeteiligung: Wann und in welcher Höhe werden sie aufwandswirksam?, DStR 2002, 1919 (Teil I) und 1960 (Teil II); *Kroschel,* Zum Zeitpunkt der Besteuerung von Arbeitnehmer-Aktienoptionen, BB 2000, 176; *Kühnberger/Kessler,* Stock option incentives – betriebswirtschaftliche und rechtliche Probleme eines anreizorientierten Vergütungssystems, AG 1999, 453; *Küting/Dürr,* IFRS 2 Share-based Payment – ein Schritt zur weltweiten Konvergenz?, WPg 2004, 609; *Kußmaul/Weißmann,* Stock Option Plans und ihre gesellschaftsrechtlichen Voraussetzungen, StB 2001, 300 (Teil I) und 327 (Teil II); *Legerlotz/Laber,* Arbeitsrechtliche Grundlagen bei betrieblichen Arbeitnehmerbeteiligungen durch Aktienoptionsprogramme und Belegschaftsaktien, DStR 1999, 1658; *Lochmann,* Betriebsausgabenabzug bei Stock Options für Vergütungszwecke, DB 2010, 2761; *Lörcher,* Aktienoptionen bei Strukturveränderungen der Arbeitgebergesellschaft, 2004; *Lucke,* Aktienoptionsprogramme als Managementvergütung, ZBB 1999, 205; *Lüpkes,* Zulässigkeit und Zweckmäßigkeit aktienkursorientierter Vergütung von Mitgliedern des Aufsichtsrats, 2008; *Lützeler,* Aktienoptionen bei einem Betriebsübergang, 2007; *Lutter,* Aktienoptionen für Führungskräfte – de lege lata und de lege ferenda, ZIP 1997, 1; *Lutter,* Corporate Governance und ihre aktuellen Probleme, vor allem: Vorstandsvergütung und ihre Schranken, ZIP 2003, 737; *Lutter,* Zur Zulässigkeit der Vergütung des Aufsichtsrats in Aktien der Gesellschaft, FS Hadding, 2004, 561; *Maletzky,* Verfallklauseln bei Aktienoptionen für Mitarbeiter, NZG 2003, 715; *Martens,* Erwerb und Veräußerung eigener Aktien im Börsenhandel, AG 1996, 337; *Martens,* Eigene Aktien und Stock Options in der Reform, AG Sonderheft 1997, 83; *Martens,* Stand und Entwicklung im Recht der Stock Options, FS Ulmer, 2003, 399; *Mauroschat,* Aktienoptionsprogramme – Arbeitsrechtliche Strukturen und Fragestellungen, 2005; *Menichetti,* Aktienoptionsprogramme für das Top-Management, DB 1996, 1688; *Michel,* Stock Options in Deutschland: Gesellschaftsrechtliche Anwendungsfragen zur Verknüpfung von Pay und Performance vor dem Hintergrund internationaler Erfahrungen unter besonderer Berücksichtigung des US-amerikanischen Rechts, 1999; *P. Müller,* Die aktienrechtliche Zulässigkeit variabler Vorstandsvergütungen mittels vertikaler Aktienoptionen im faktischen Konzern, 2014; *Müller-Michaels,* Anreizprogramme für Vorstände im Konzern, ZCG 2008, 17; *Mutter,* Darf's ein bisschen mehr sein? – Überlegungen zum zulässigen Gesamtvolumen von Aktienoptionsprogrammen nach dem KonTraG, ZIP 2002, 295; *Mutter/Mikus,* Das „Stuttgarter Modell": Steueroptimierte Stock Option-Programme ohne Beschluss der Hauptversammlung, ZIP 2001, 1949; *Naumann,* Zur Bilanzierung von Stock Options, DB 1998, 1428; *Nehls/Sudmeyer,* Zum Schicksal von Aktienoptionen bei Betriebsübergang, ZIP 2002, 201; *Oser/Vater,* Bilanzierung von Stock Options nach US-GAAP und IAS, DB 2001, 1261; *Paefgen,* Eigenkapitalderivate bei Aktienrückkäufen und Managementbeteiligungsmodellen, AG 1999,

67; *Paefgen,* Börsenpreisorientierte Vergütung und Überwachungsaufgabe des Aufsichtsrats, WM 2004, 1169; *Pellens,* Unternehmenswertorientierte Entlohnungssysteme, 1998; *Pellens/Crasselt,* Bilanzierung von Stock Options, DB 1998, 217; *Peltzer,* Steuer- und Rechtsfragen bei der Mitarbeiterbeteiligung und der Einräumung von Aktienoptionen (Stock Options), AG 1996, 307; *Peltzer,* Keine Aktienoptionen mehr für Aufsichtsratsmitglieder, NZG 2004, 509; *Portner,* Mitarbeiter-Optionen (Stock Options): Gesellschaftsrechtliche Grundlagen und Besteuerung, DStR 1997, 786; *Portner,* Neueste Rechtsprechung des BFH zur Besteuerung von Arbeitnehmer-Aktienoptionen – sind damit die steuerlichen Fragen beantwortet?, DStR 2001, 1331; *Portner,* Besteuerung von Stock Options – Zeitpunkt der Bewertung des Sachbezugs, DB 2002, 235; *Portner/Bödefeld,* Besteuerung von Arbeitnehmer-Aktienoptionen, DStR 1995, 629; *Pulz,* Personalbindung durch aktienkursorientierte Vergütung, 2003; *Rammert,* Die Bilanzierung von Aktienoptionen für Manager – Überlegungen zur Anwendung von US-GAAP im handelsrechtlichen Jahresabschluss, WPg 1998, 766; *Ravenstein,* Aktienoptionsprogramme im handelsrechtlichen Jahresabschluss, 2007; *Richter,* Aktienoptionen für den Aufsichtsrat?, BB 2004, 949; *Rode,* Besteuerung und Bilanzierung von Stock Options, DStZ 2005, 404; *Rosener,* Aktienoptionen beim Börsengang, FS Bezzenberger, 2000, 745; *Rothenburg,* Aktienoptionen in der Verschmelzung, 2009; *Roß/Pommerening,* Angabepflichten zu Aktienoptionsplänen im Anhang und Lagebericht – Bestandsaufnahme und Regierungsentwurf TransPuG, WPg 2002, 371; *Schaefer,* Aktuelle Probleme der Mitarbeiterbeteiligung nach Inkrafttreten des KonTraG, NZG 1999, 531; *Schanz,* Mitarbeiterbeteiligungsprogramme, NZA 2000, 626; *Schildbach,* Personalaufwand aus Managerentlohnung mittels realer Aktienoptionen – Reform der IAS im Interesse besserer Informationen?, DB 2003, 893; *Schiemzik,* Virtual Stock Options, NWB 2011, 798; *von Schlabrendorff,* Repricing von Stock Options, 2008; *U. H. Schneider,* Aktienoptionen als Bestandteil der Vergütung von Vorstandsmitgliedern, ZIP 1996, 1769; *Schönhaar,* Ausgestaltung von virtuellen Mitarbeiterbeteiligungsprogrammen, GWR 2017, 293; *I. Scholz,* Aktienoptionen und Optionspläne beim grenzüberschreitenden Unternehmenserwerb, ZIP 2001, 1341; *Schubert,* Die Überlassung von Stock Options ist bereits lohnsteuerpflichtig, FR 1999, 639; *Schwarz/Michel,* Aktienoptionspläne: Reformvorhaben in Deutschland – Erfahrungsvorsprung in Frankreich, BB 1998, 489; *Seibert,* Stock Options für Führungskräfte – zur Regelung im Kontrolle- und Transparenzgesetz (KonTraG), in Pellens, Unternehmenswertorientierte Entlohnungssysteme, 1998, 31; *Semmer,* Repricing – Die nachträgliche Modifikation von Aktienoptionsplänen zugunsten des Managements, 2005; *Sigloch/Egner,* Bilanzierung von Aktienoptionen und ähnlichen Entlohnungsformen, BB 2000, 1878; *Simons/Knoll,* Die Steuerbemessungsgrundlage bei der Überlassung von Stock Options, DB 2002, 2070; *Spenner,* Aktienoptionen als Bestandteil der Vergütung von Vorstandsmitgliedern – Eine Analyse der rechtlichen Rahmenbedingungen für Aktienoptionsmodelle nach bisherigem Aktienrecht und nach dem KonTraG, 1999; *Spindler,* Konzernbezogene Anstellungsverträge und Vergütungen von Organmitgliedern, FS K. Schmidt, 2009, 1529; *Spindler,* Prämien und Leistungen an Vorstandsmitglieder bei Unternehmenstransaktionen, FS Hopt, 2010, 1407; *Spindler/Gerdemann,* Die erfolgsabhängige Vergütung des Aufsichtsrats – Variable Vergütungsbestandteile im Spannungsfeld von Anreiz und Überwachungsfunktion, FS Stilz, 2014, 629; *Staake,* Verfall von Aktienoptionen bei Mitarbeiterbeteiligungsprogrammen, NJW 2010, 3755; *Stiegel,* Aktienoptionen als Vergütungselement aus arbeitsrechtlicher Sicht, 2007; *Tegtmeier,* Die Vergütung von Vorstandsmitgliedern in Publikumsaktiengesellschaften, 1998; *Thomas,* Lohnsteuerliche Aspekte bei Aktienoptionen, DStZ 1999, 710; *Thüsing,* Auf der Suche nach dem iustum pretium der Vorstandstätigkeit, ZGR 2003, 457; *Tröger,* Anreizorientierte Vorstandsvergütung im faktischen Konzern, ZGR 2009, 447; *Utzig,* Corporate Governance, Shareholder Value und Aktienoptionen – die Lehren aus Enron, WorldCom und Co., Die Bank 2002, 594; *Vater,* Bilanzielle und körperschaftsteuerliche Behandlung von Stock Options, DB 2000, 2177; *Versteegen/Schulz,* Auslegungsfragen des Insiderhandelsverbots gem. § 14 Abs. 1 Nr. 1 WpHG bei der Teilnahme an Aktienoptionsprogrammen, ZIP 2009, 110; *Vetter,* Stock Options für Aufsichtsräte – ein Widerspruch?, AG 2004, 234; *Vogel,* Aktienoptionsprogramme für nicht börsennotierte AG – Anforderungen an Hauptversammlungsbeschlüsse, BB 2000, 937; *Waldhausen/Schüller,* Variable Vergütung von Vorständen und weiteren Führungskräften im AG-Konzern, AG 2009, 179; *Walter,* Bilanzierung von Aktienoptionsplänen in Handels- und Steuerbilanz – einheitliche Behandlung unabhängig von der Art der Unterlegung, DStR 2006, 1101; *Weiß,* Aktienoptionspläne für Führungskräfte, 1999; *Weiß,* Aktienoptionsprogramme nach dem KonTraG, WM 1999, 353; *Wenger/Knoll,* Aktienkursgebundene Management-Anreize: Erkenntnisse der Theorie und Defizite der Praxis, BFuP 1999, 565; *Widder,* Insiderrisiken und Insider-Compliance bei Aktienoptionsprogrammen für Führungskräfte, WM 2010, 1882; *Wiechers,* Die Beteiligung von Aufsichtsratsmitgliedern am Unternehmenserfolg über die Ausgabe von Wandelschuldverschreibungen und die Bedienung von Aktienbezugsrechten, DB 2003, 595; *Wulff,* Aktienoptionen für das Management, 2000; *Zeidler,* Aktienoptionspläne – nicht nur für Führungskräfte – im Lichte neuster Rechtsprechung, NZG 1998, 789; *Zimmer,* Die Ausgabe von Optionsrechten an Mitglieder des Aufsichtsrates und externe Berater, DB 1999, 999; *Zitzewitz,* Konzernrechtliche Probleme bei Stock Options, NZG 1999, 698; *Zitzewitz,* Stock Options, 2003.

Übersicht

	Rn.		Rn.
I. Überblick	1–14	**II. Bedingte Kapitalerhöhung**	
1. Normzweck	1–4	**(Abs. 1)**	15–24
2. Verhältnis zur regulären Kapitalerhöhung gegen Einlagen	5–7	1. Allgemeines	15, 16
3. Verhältnis zum genehmigten Kapital	8, 9	2. Bezugsrechtsausschluss	17
4. Entstehungsgeschichte	10–11a	3. Satzungsänderung	18, 19
5. Rechtstatsachen	12–14	4. Beschlusserfordernis	20–24

	Rn.		Rn.
III. Zwecke der bedingten Kapitalerhöhung (Abs. 2)	25–73b	**IV. Schranken der bedingten Kapitalerhöhung (Abs. 3)**	74–78
1. Abschließende Aufzählung	25–27	1. Höchstbeträge	74–76
2. Wandelschuldverschreibungen (Abs. 2 Nr. 1)	28–35	a) 50 %-Grenze	74–75g
		b) 10 %-Grenze	76
a) Kreis der möglichen Begünstigten	28–34	2. Stückaktien	77
b) Verhältnis von Ausgabe- und Erhöhungsbeschluss	35	3. Rechtsfolgen eines Verstoßes	78
3. Zusammenschluss mehrerer Unternehmen (Abs. 2 Nr. 2)	36–38a	**V. Nichtigkeit entgegenstehender Hauptversammlungsbeschlüsse (Abs. 4)**	79–84
4. Bezugsrechte für Arbeitnehmer und Mitglieder der Geschäftsführung (Stock Options) (Abs. 2 Nr. 3)	39–73b	1. Allgemeines	79, 80
a) Allgemeines	39–57	2. Entgegenstehende Hauptversammlungsbeschlüsse	81–83
b) Kreis der Begünstigten	58–62	3. Rechtsfolgen	84
c) Zustimmungs- oder Ermächtigungsbeschluss	63, 64	**VI. Entsprechende Anwendung der Vorschriften über das Bezugsrecht (Abs. 5)**	85
d) Steuerliche und bilanzielle Behandlung	65–72		
e) Sonstige Publizitätserfordernisse	73–73b	**VII. Kosten**	86

I. Überblick

1. Normzweck. Die in den §§ 192–201 geregelte bedingte Kapitalerhöhung ist für Fälle **1** bestimmt, in denen die Höhe des benötigten Kapitals zunächst noch nicht feststeht, da sie von der Ausübung von Umtausch- oder Bezugsrechten abhängig ist. Sie wird nur in dem Umfang durchgeführt, wie von diesen Rechten Gebrauch gemacht wird (§ 192 Abs. 1). Die bedingte Kapitalerhöhung ermöglicht eine **bedarfsabhängige Kapitalbeschaffung,** indem sie eine sukzessive Ausgabe von Aktienrechten über einen theoretisch unbegrenzten Zeitraum ohne weitere registergerichtliche Durchführungskontrolle erlaubt.[1]

Die Schaffung eines bedingten Kapitals ist grundsätzlich nur zu den in § 192 Abs. 2 **bestimmten** **2** **Zwecken** zulässig (Einräumung von Umtausch- oder Bezugsrechten für Gläubiger von Wandelschuldverschreibungen, Vorbereitung von Unternehmenszusammenschlüssen, Gewährung von Bezugsrechten an Arbeitnehmer und Mitglieder der Geschäftsführung). Ein weiterer Verwendungszweck ist in § 7a FMStBG geregelt (→ Rn. 25a). Die bedingte Kapitalerhöhung unterliegt den **quantitativen Grenzen** des § 193 Abs. 3. Einen besonderen Schutz der Umtausch- oder Bezugsberechtigten gegenüber späteren entgegenstehenden Hauptversammlungsbeschlüssen sieht § 192 Abs. 4 vor.

Die bedingte Kapitalerhöhung bietet der Gesellschaft ein erhebliches Maß an Flexibilität im **3** Hinblick auf ihre Finanzierungsmöglichkeiten. Zugleich steigert sie die Attraktivität von Wandel- und Optionsanleihen, indem sie die praktische **Durchsetzbarkeit der Umtausch- oder Bezugsrechte** sichert. Ohne die Sicherung durch ein bedingtes Kapital wären die Inhaber der Umtausch- oder Bezugsrechte für den Erhalt junger Aktien grundsätzlich in jedem Einzelfall auf die Mitwirkung der Hauptversammlung angewiesen.[2] Die bedingte Kapitalerhöhung ist daher Grundlage für die Praxistauglichkeit derartiger Finanzierungsformen.[3] Darüber hinaus lassen sich über die Schaffung eines bedingten Kapitals Unternehmenszusammenschlüsse und die Ausgabe von Bezugsaktien an Arbeitnehmer und Mitglieder der Geschäftsführung technisch vereinfachen.[4]

Die bedingte Kapitalerhöhung vollzieht sich in folgenden **Schritten:** (1) Hauptversammlungsbe- **4** schluss über die bedingte Kapitalerhöhung (§§ 192–194); (2) Anmeldung und Eintragung des Erhöhungsbeschlusses in das Handelsregister (§ 195); (3) Einräumung der Umtausch- oder Bezugsrechte; (4) Abgabe der Bezugserklärung durch die Berechtigten (§ 198); (5) Leistung des vollen Gegenwerts und Ausgabe der Bezugsaktien durch die Verwaltung (§ 199); (6) mindestens einmal jährlich Anmeldung der ausgegebenen Bezugsaktien und Eintragung der Aktienausgabe in das Handelsregister (§ 201).

---

[1] Wachter/*Dürr* Rn. 1; *Busch* in Marsch-Barner/Schäfer Börsennotierte AG-HdB Rn. 44.1.
[2] Bürgers/Körber/*Marsch-Barner* Rn. 1.
[3] MüKoAktG/*Fuchs* Rn. 11; s. auch Grigoleit/*Rieder/Holzmann* Rn. 1 f.; *Maier-Reimer* GS Bosch, 2003, 85 (96).
[4] Vgl. Großkomm AktG/*Frey* Rn. 2.

5 **2. Verhältnis zur regulären Kapitalerhöhung gegen Einlagen.** Bei der bedingten Kapitalerhöhung handelt es sich um eine Sonderform der Kapitalerhöhung gegen Einlagen,[5] die in den §§ 192–201 einer eigenständigen Regelung unterworfen ist. Die Vorschriften der §§ 182 ff. sind nur anwendbar, soweit ausdrücklich auf sie verwiesen wird.[6] Aus dem in § 193 Abs. 1 S. 3 enthaltenen Verweis auf § 182 Abs. 2 folgt, dass der Beschluss über die bedingte Kapitalerhöhung bei Vorhandensein mehrerer stimmberechtigter Aktiengattungen nur wirksam wird, wenn zustimmende Sonderbeschlüsse jeder Gattung vorliegen. Gem. § 193 Abs. 1 S. 3 iVm § 187 Abs. 2 sind Zusicherungen von Rechten auf den Bezug neuer Aktien vor dem Beschluss über die Erhöhung des Grundkapitals der Gesellschaft gegenüber unwirksam. Dementsprechend ist die Hauptversammlung nicht verpflichtet, einen Erhöhungsbeschluss zu fassen. § 187 Abs. 2 verhindert darüber hinaus, dass die AG auf Schadensersatz in Anspruch genommen werden kann, sofern ein zugesichertes Bezugsrecht nicht bedient wird (→ § 193 Rn. 5).

6 Unterschiede bestehen im Hinblick auf das Bezugsrecht der Altaktionäre: Während bei der regulären Kapitalerhöhung ein Ausschluss des Bezugsrechts nur nach Maßgabe des § 186 möglich ist, ist bei der bedingten Kapitalerhöhung das Bezugsrecht der Aktionäre kraft Gesetzes ausgeschlossen (→ Rn. 17). In den Fällen des § 192 Abs. 2 Nr. 1 haben die Aktionäre aber ein gesetzliches Bezugsrecht auf die Wandelschuldverschreibungen (§ 221 Abs. 4).

7 Anders als die reguläre Kapitalerhöhung wird die bedingte Kapitalerhöhung nicht insgesamt erst mit der Eintragung ihrer Durchführung in das Handelsregister wirksam, sondern etappenweise bereits mit der Ausgabe der Bezugsaktien.[7] Die anschließende Eintragung der Kapitalerhöhung (§ 201) hat nur deklaratorische Bedeutung (→ § 201 Rn. 1). Anders als eine reguläre Kapitalerhöhung setzt eine bedingte Kapitalerhöhung nicht voraus, dass die Einlagen auf das bisherige Grundkapital voll eingezahlt sind. § 182 Abs. 4, § 184 Abs. 2 sind nicht entsprechend anwendbar.[8]

8 **3. Verhältnis zum genehmigten Kapital.** Das genehmigte Kapital ist im Gegensatz zur bedingten Kapitalerhöhung (§ 192 Abs. 2) nicht an bestimmte Zwecke gebunden. Allerdings darf die Ermächtigung gem. § 202 höchstens für fünf Jahre erteilt werden, während für die bedingte Kapitalerhöhung keine zeitliche Beschränkung vorgesehen ist. Dementsprechend ermöglicht die Schaffung eines bedingten Kapitals die Absicherung von Umtausch- oder Bezugsrechten mit längeren Laufzeiten, wie sie insbesondere bei Wandel- und Optionsanleihen sinnvoll sein können.[9]

9 Anders als bei der bedingten Kapitalerhöhung (→ Rn. 17) besteht beim genehmigten Kapital grundsätzlich ein Bezugsrecht der Altaktionäre (§ 203 Abs. 1 S. 1 iVm § 186). Ein besonderer Schutz gegen beeinträchtigende Hauptversammlungsbeschlüsse, wie ihn § 192 Abs. 4 für die bedingte Kapitalerhöhung vorsieht, ist in den §§ 202 ff. nicht vorgesehen. Ein weiterer Unterschied besteht darin, dass die Eintragung der Durchführung der Kapitalerhöhung beim genehmigten Kapital – wie bei der regulären Kapitalerhöhung – konstitutive Wirkung hat (§ 203 Abs. 1 S. 1 iVm § 189). Wie bei der regulären Kapitalerhöhung gilt zudem auch beim genehmigten Kapital das grundsätzliche Verbot der Ausgabe neuer Aktien, solange ausstehende Einlagen auf das bisherige Grundkapital noch erlangt werden können (§ 203 Abs. 3).

10 **4. Entstehungsgeschichte.** Die Vorschriften über das bedingte Kapital gehen auf Anregungen des 33. und 34. Deutschen Juristentags zurück.[10] Hintergrund war der nach Ende des 1. Weltkriegs bei deutschen Aktiengesellschaften zu beobachtende Liquiditätsmangel. Über die erleichterte Emission hybrider Finanzierungsinstrumente nach dem Vorbild amerikanischer Convertible Bonds sollten Anreize insbesondere für ausländische Investoren geschaffen werden.[11] Eingang in das deutsche Aktienrecht fand die bedingte Kapitalerhöhung im Rahmen einer 1934 erlassenen **Durchführungs-**

---

[5] Großkomm AktG/*Frey* Vor § 192 Rn. 15; MüKoAktG/*Fuchs* Rn. 12; BeckHdB AG/*Gotthardt* § 9 Rn. 51.
[6] S. die Verweise in § 192 Abs. 3 S. 2 auf § 182 Abs. 1 S. 5, in § 193 Abs. 1 S. 3 auf die § 182 Abs. 2, § 187 Abs. 1, in § 194 Abs. 5 auf § 183a, in § 195 Abs. 1 S. 2 auf § 184 Abs. 1 S. 3 und in § 195 Abs. 3 S. 2 auf § 183a Abs. 1.
[7] Kölner Komm AktG/*Drygala/Staake* Rn. 33; MüKoAktG/*Fuchs* Rn. 4; MAH AktR/*Dissars* § 35 Rn. 2.
[8] Großkomm AktG/*Frey* Vor § 192 Rn. 16; Hüffer/Koch/*Koch*, 13. Aufl. 2018, Rn. 6; Kölner Komm AktG/*Drygala/Staake* Rn. 35; MüKoAktG/*Fuchs* Rn. 4; *Busch* in Marsch-Barner/Schäfer Börsennotierte AG-HdB Rn. 44.15; MHdB AG/*Krieger* § 57 Rn. 9.
[9] Vgl. Grigoleit/*Rieder/Holzmann* Rn. 7; MüKoAktG/*Fuchs* Rn. 5.
[10] Vgl. *Flechtheim*, Gutachten zum 33. DJT, 1924, 386 ff.; *Hachenburg*, Gutachten zum 33. DJT, 1924, 407 ff.; *Lehmann*, Gutachten zum 34. DJT, 1926, Bd. 1, 258 (268 ff.); s. auch den „Bericht der durch den 34. Deutschen Juristentag zur Prüfung einer Reform des Aktiengesetzes niedergesetzten Kommission", abgedruckt bei *Schubert*, Quellen zur Aktienrechtsreform der Weimarer Republik (1926–1931) Bd. 1, 1999, 161 (171 ff.).
[11] Ausf. Großkomm AktG/*Frey* Vor § 192 Rn. 31; MüKoAktG/*Fuchs* Rn. 8, jeweils mwN.

verordnung zur Kapitalherabsetzung in erleichterter Form.[12] Danach konnte das Grundkapital zur Ermöglichung der Einziehung von Vorratsaktien und eigenen Aktien bedingt erhöht werden, sofern die einzuziehenden Aktien zur Erfüllung von unentziehbaren Umtausch- oder Bezugsrechten bestimmt waren. Eine eingehende Regelung der bedingten Kapitalerhöhung fand sich erstmals in den §§ 159–168 AktG 1937, die vom Gesetzgeber des **AktG 1965** weitgehend unverändert in den §§ 192–201 übernommen wurden. Dabei wurde der Anwendungsbereich erweitert: Außer zur Bedienung von Wandel- und Optionsanleihen sowie zur Vorbereitung von Unternehmenszusammenschlüssen wurde die bedingte Kapitalerhöhung auch für die Schaffung von Belegschaftsaktien zugelassen.

Nach 1965 gab es zunächst europarechtlich bedingte Änderungen: Durch das **Durchführungs**G[13] **zur Kapitalrichtlinie**[14] wurde auch für die bedingte Kapitalerhöhung eine Pflicht zur Prüfung von Sacheinlagen durch unabhängige Sachverständige angeordnet (§ 194 Abs. 4 aF, § 195 Abs. 2 Nr. 1 aF, § 196 S. 1 aF). Überwiegend sprachliche Änderungen brachte das **BiRiLiG** vom 19. Dezember 1985, das in § 199 Abs. 2 S. 1 den Begriff „freie Rücklage" durch „andere Rücklage" ersetzte. Ebenfalls überwiegend redaktionelle Anpassungen erfolgten durch das **StückAG** vom 25. März 1998. Demgegenüber erweiterte das **KonTraG** vom 27. April 1998 den Anwendungsbereich des bedingten Kapitals im Hinblick auf die Absicherung von Bezugsrechten für Mitarbeiter (Stock Options), die nicht an Schuldverschreibungen oder bestehende Arbeitnehmerforderungen aus Gewinnbeteiligungen gekoppelt sind. Daneben wurde durch das KonTraG in § 192 Abs. 2 Nr. 3 die Möglichkeit eines Ermächtigungsbeschlusses geschaffen. Im Zuge der Umstellung auf eine elektronische Registerführung wurden § 195 Abs. 3, § 196 und § 201 Abs. 4 durch das **EHUG** vom 10. November 2006 mit Wirkung zum 1. Januar 2007 aufgehoben. Durch das **ARUG** vom 31. Juli 2009 wurde insbesondere die bedingte Kapitalerhöhung gegen Sacheinlagen erleichtert. Hierzu wurde in § 194 Abs. 2 ein Verweis auf die durch das ARUG neu eingeführten Regelungen zur verdeckten Sacheinlage (§ 27 Abs. 3) und zum Hin- und Herzahlen (§ 27 Abs. 4) eingefügt. Darüber hinaus wurden die §§ 194, 195 im Hinblick auf das vereinfachte Eintragungsverfahren (§§ 33a, 37a, 38 Abs. 3, § 183a) ergänzt. Weiterhin wurde durch das ARUG in § 193 Abs. 2 Nr. 3 klargestellt, dass bei einer bedingten Kapitalerhöhung zur Gewährung von Umtausch- oder Bezugsrechten an die Gläubiger von Wandelschuldverschreibungen die Festsetzung eines Mindestausgabebetrags genügt. Durch das **VorstAG** vom 31. Juli 2009 wurde in § 193 Abs. 2 Nr. 4 die Wartezeit für die erstmalige Ausübung von Aktienoptionen von zwei auf vier Jahre verlängert.

Bereits das im Gesetzgebungsverfahren am Grundsatz der Diskontinuität gescheiterte **VorstKoG**[15] (zuvor Aktienrechtsnovelle 2012) sah mehrere Änderungen in den §§ 192, 194 und 195 vor.[16] Die entsprechenden Änderungen wurden schließlich (teilweise leicht modifiziert) durch die **Aktienrechtsnovelle 2016**[17] umgesetzt. Durch die Änderungen wurde insbesondere die Zulässigkeit sog. „umgekehrter" Wandelanleihen, die ein Umtauschrecht der Gesellschaft vorsehen, klargestellt.[18] Hierzu wurde parallel zur Änderung von § 221 Abs. 1 S. 1 der Wortlaut von § 192 Abs. 1 und Abs. 2 Nr. 1 entsprechend angepasst. Zugleich wurde durch Einfügung der Sätze 3 bis 5 in § 192 Abs. 3 die 50 %-Grenze für bestimmte bedingte Kapitalerhöhungen nach § 192 Abs. 2 Nr. 1 zur Unterlegung „umgekehrter" Wandelanleihen aufgehoben und eine Anrechnung auf sonstiges bedingtes Kapital

---

[12] Achte Verordnung zur Durchführung der Vorschriften über die Kapitalherabsetzung in erleichterter Form v. 14.3.1934, RGBl. 1934 I 196.
[13] Durchführungsgesetz v. 13.12.1978, BGBl. 1978 I 1959.
[14] Zweite Richtlinie 77/91/EWG des Rates v. 13.12.1976 zur Koordinierung der Schutzbestimmungen, die in den Mitgliedstaaten den Gesellschaften im Sinne des Art. 58 Abs. 2 des Vertrages im Interesse der Gesellschafter sowie Dritter für die Gründung der Aktiengesellschaft sowie für die Erhaltung und Änderung ihres Kapitals vorgeschrieben sind, um diese Bestimmungen gleichwertig zu gestalten, ABl. EG 1977 Nr. L 26, 1, neu gefasst durch Richtlinie 2012/30/EU des Europäischen Parlaments und des Rates v. 25.10.2012 zur Koordinierung der Schutzbestimmungen, die in den Mitgliedstaaten den Gesellschaften im Sinne des Art. 54 Abs. 2 des Vertrages über die Arbeitsweise der Europäischen Union im Interesse der Gesellschafter sowie Dritter für die Gründung der Aktiengesellschaft sowie für die Erhaltung und Änderung ihres Kapitals vorgeschrieben sind, um diese Bestimmungen gleichwertig zu gestalten, ABl. EU 2012 Nr. L 315, 74; kodifiziert durch Richtlinie (EU) 2017/1132 des Europäischen Parlaments und des Rates v. 14.6.2017 über bestimmte Aspekte des Gesellschaftsrechts, ABl. EU 2017 Nr. L 169, 46.
[15] Gesetz zur Verbesserung der Kontrolle der Vorstandsvergütung und zur Änderung weiterer aktienrechtlicher Vorschriften (VorstKoG).
[16] Vgl. den Gesetzesbeschluss des Deutschen Bundestags vom 30.8.2013, BR-Drs. 637/13; s. auch Beschlussempfehlung und Bericht des Rechtsausschusses, BT-Drs. 17/14214, 8.
[17] Gesetz zur Änderung des Aktiengesetzes (Aktienrechtsnovelle 2016) v. 22.12.2015, BGBl. 2015 I 2565.
[18] BegrRegE, BT-Drs. 18/4349, 27; zum VorstKoG (Aktienrechtsnovelle 2012) vgl. BegrRegE, BT-Drs. 17/8989, 17.

ausgeschlossen.[19] § 194 Abs. 1 S. 2 wurde umformuliert, um klarzustellen, dass die Ausnahme von der Behandlung als Sacheinlage auch auf „umgekehrte" Wandelanleihen anwendbar ist. In § 195 Abs. 1 S. 2 wurde ein Redaktionsversehen korrigiert (Verweis auf § 184 Abs. 1 S. 3 statt S. 2). § 201 Abs. 1 wurde durch die Aktienrechtsnovelle 2016 dahingehend geändert, dass der Vorstand ausgegebene Bezugsaktien mindestens einmal jährlich bis spätestens zum Ende des auf den Ablauf des Geschäftsjahrs folgenden Kalendermonats zur Eintragung in das Handelsregister anmeldet. Damit ist klargestellt, dass auch eine unterjährige Anmeldung erfolgen kann.[20]

12   **5. Rechtstatsachen.** Seit Ende der 90er-Jahre des 20. Jahrhunderts wird das bedingte Kapital in der Praxis vermehrt zur Einräumung von Bezugsrechten an Arbeitnehmer und Vorstandsmitglieder im Rahmen von **Aktienoptionsplänen** eingesetzt.[21] Der Grund hierfür ist vor allem in der Modifikation des § 192 Abs. 2 Nr. 3 durch das KonTraG zu sehen, wonach Aktienoptionspläne nunmehr in größerem Umfang als zuvor zulässig sind. Im Hinblick auf die Diskussion zu einer ergebniswirksamen Erfassung derartiger Vergütungsmodelle (→ Rn. 69 ff.) wird allerdings teilweise bereits ein Umschwung prognostiziert.[22]

13   Große praktische Bedeutung hatte das bedingte Kapital zunächst als Grundlage für die Ausgabe von **Optionsanleihen** (Schuldverschreibungen, die dem Gläubiger neben dem Recht auf Rückzahlung des Nennbetrags und dem Recht auf Verzinsung auch das Recht gewähren, innerhalb eines bestimmten Zeitraums zu einem festgelegten Entgelt eine bestimmte Zahl von Aktien zu erwerben, → § 221 Rn. 6).[23] Die praktische Bedeutung von Optionsanleihen ist seit den 80er-Jahren des 20. Jahrhunderts jedoch stark zurückgegangen.[24] **Wandelanleihen** (Schuldverschreibungen, die dem Gläubiger das Recht gewähren, seinen Anspruch auf Rückzahlung des Nennbetrags gegen eine bestimmte Zahl von Aktien einzutauschen, → § 221 Rn. 5) waren gegenüber Optionsanleihen in der Vergangenheit nur von untergeordneter Bedeutung, da sie am Kapitalmarkt weniger gefragt waren.[25] Seit den 90er-Jahren des 20. Jahrhunderts erfreuen sie sich jedoch wieder zunehmender Beliebtheit.[26]

14   Bedingte Kapitalerhöhungen zur Vorbereitung von Unternehmenszusammenschlüssen haben nur geringe praktische Bedeutung.[27] Eine Ausnahme gilt für den Fall der Bereitstellung von Aktien als **Abfindung** bei Abschluss von Beherrschungs- und Gewinnabführungsverträgen.[28]

II. Bedingte Kapitalerhöhung (Abs. 1)

15   **1. Allgemeines.** Nach der Legaldefinition des § 192 Abs. 1 ist für die bedingte Kapitalerhöhung charakteristisch, dass sie nur so weit durchgeführt werden soll, wie von einem Umtausch- oder Bezugsrecht auf die neuen Aktien Gebrauch gemacht wird, das die Gesellschaft hat oder auf die neuen Aktien einräumt. Die Formulierung wurde durch Art. 1 Nr. 20 lit. a der Aktienrechtsnovelle 2016 dahingehend klargestellt, dass auch Umtauschrechte der Gesellschaft aus „umgekehrten" Wandelanleihen erfasst sind (→ Rn. 11a). Die Ausübung der in § 192 Abs. 1 genannten Umtausch- oder Bezugsrechte ist nach Zeit und Umfang ungewiss. Demgemäß ist die **Bedingung in der Ausübung der Umtausch- oder Bezugsrechte** zu sehen. Der Kapitalerhöhungsbeschluss selbst ist unbedingt,[29] so dass die Bezeichnung als „bedingte Kapitalerhöhung" eher irreführend ist.

---

[19] Der RefE der Aktienrechtsnovelle 2011 sah noch eine generelle Ausnahme von der 50 %-Grenze für Schuldverschreibungen nach § 192 Abs. 2 Nr. 1 mit Umtauschrecht der Gesellschaft vor; s. dazu *Bungert/Wettich* ZIP 2011, 160 (164); *Diekmann/Nolting* NZG 2011, 6 (8); *Drinhausen/Keinath* BB 2011, 11 (12 f.); *Drygala* WM 2011, 1637 (1639 f.); *Müller-Eising* GWR 2010, 591 (593 f.); *Nodoushani* ZBB 2011, 143 (146).
[20] Vgl. BegrRegE, BT-Drs. 18/4349, 29.
[21] Vgl. Großkomm AktG/*Frey* Vor § 192 Rn. 34; *Busch* in Marsch-Barner/Schäfer Börsennotierte AG-HdB Rn. 44.2 f.; s. auch die empirische Studie bei *Sauter/Babel* in Kessler/Sauter, Stock Options, 2003, Rn. 58 ff.
[22] *Busch* in Marsch-Barner/Schäfer Börsennotierte AG-HdB Rn. 44.3; s. auch *Claussen* FS Horn, 2006, 313 (326 f.).
[23] Großkomm AktG/*Frey* Vor § 192 Rn. 35 mwN.
[24] *Madjlessi/Leopold* in Habersack/Mülbert/Schlitt, Unternehmensfinanzierung am Kapitalmarkt, 3. Aufl. 2013, § 11 Rn. 5; s. auch Hölters/*Apfelbacher/Niggemann* Rn. 23: seit etlichen Jahren kaum noch eine Bedeutung.
[25] Vgl. Großkomm AktG/*Frey* Vor § 192 Rn. 35; Hüffer/Koch/*Koch*, 13. Aufl. 2018, § 221 Rn. 2.
[26] MüKoAktG/*Habersack* § 221 Rn. 9; *Groß* in Marsch-Barner/Schäfer Börsennotierte AG-HdB Rn. 51.25; Schlitt/Seiler/Singhoff AG 2003, 254.
[27] Großkomm AktG/*Frey* Vor § 192 Rn. 36.
[28] So etwa für den Beherrschungsvertrag zwischen Deutsche Wohnen AG und GSW Immobilien AG (s. die Einberufung der ordentlichen Hauptversammlung 2014 der Deutsche Wohnen AG, abrufbar unter www.bundesanzeiger.de); vgl. auch Hölters/*Apfelbacher/Niggemann* Rn. 40; MüKoAktG/*Fuchs* Rn. 6; *Busch* in Marsch-Barner/Schäfer Börsennotierte AG-HdB Rn. 44.2; MHdB AG/*Scholz* § 58 Rn. 3, 10.
[29] Heute allgM, s. Grigoleit/*Rieder/Holzmann* Rn. 3; Großkomm AktG/*Frey* Rn. 19; Hölters/*Apfelbacher/Niggemann* Rn. 1; Hüffer/Koch/*Koch*, 13. Aufl. 2018 Rn. 2, 4; Kölner Komm AktG/*Drygala/Staake* Rn. 15; MüKoAktG/*Fuchs* Rn. 1; *Busch* in Marsch-Barner/Schäfer Börsennotierte AG-HdB Rn. 44.1; anders noch *Ritter* AktG § 159 Anm. 2a.

Bezugsaktien sind nach der in § 192 Abs. 1 enthaltenen Legaldefinition die neuen Aktien, auf **16** die sich das Umtausch- oder Bezugsrecht richtet. Bei einem **Umtauschrecht** ist der Gläubiger berechtigt, seinen Zahlungsanspruch durch Ausübung einer Ersetzungsbefugnis in einen Anspruch auf Gewährung von Aktien umzuwandeln. Ein Umtauschrecht kann auch zugunsten der Gesellschaft vorgesehen werden. Demgegenüber ist unter einem **Bezugsrecht** das Recht auf Abschluss eines Zeichnungsvertrags zu verstehen. Bezugsrechte können isoliert (Stock Options oder Naked Warrants) oder zusammen mit einem von der Ausübung unabhängigen Zahlungsanspruch (Optionsanleihen) eingeräumt werden.[30] Gem. § 192 Abs. 5 gelten die Vorschriften der §§ 193–201 über das Bezugsrecht sinngemäß für das Umtauschrecht.

2. Bezugsrechtsausschluss. Die Aktionäre haben bei der bedingten Kapitalerhöhung **kein** **17** **gesetzliches Bezugsrecht**.[31] Dies folgt aus der Zweckgebundenheit des bedingten Kapitals. Anders als bei den übrigen Formen der Kapitalerhöhung unter Bezugsrechtsausschluss, ist – zumindest in den Fällen des § 192 Abs. 2 Nr. 1 und 3 – für die bedingte Kapitalerhöhung **keine besondere sachliche Rechtfertigung** erforderlich. Bei **Wandelschuldverschreibungen** sind die Aktionäre über das vorgelagerte Bezugsrecht nach §§ 221 Abs. 4, 186 ausreichend geschützt, so dass eine zusätzliche materielle Inhaltskontrolle nicht erforderlich ist.[32] Bei **Aktienoptionsplänen** ist eine besondere sachliche Rechtfertigung nach zutreffender hM angesichts der Beschränkung des Umfangs (§ 192 Abs. 3 S. 1) und der speziellen inhaltlichen Beschlussanforderungen (§ 193 Abs. 2 Nr. 4) ebenfalls entbehrlich.[33] Dementsprechend bedarf es hier auch keines Vorstandsberichts entsprechend § 186 Abs. 4 S. 2 (→ Rn. 24).[34] Dient die bedingte Kapitalerhöhung der Vorbereitung eines **Unternehmenszusammenschlusses** gem. § 192 Abs. 2 Nr. 2, ist zu differenzieren: Sofern der Unternehmenszusammenschluss ohnehin einer gesonderten Zustimmung der Anteilsinhaber mit Berichtspflicht unterliegt, ist eine ausreichende Beschlusskontrolle gesichert und eine besondere sachliche Rechtfertigung nicht erforderlich (etwa bei Abschluss eines Unternehmensvertrags, Eingliederung, Verschmelzung oder Spaltung).[35] In diesem Fall muss auch kein Vorstandsbericht entsprechend § 186 Abs. 4 S. 2 erstattet werden.[36] In den verbleibenden Fällen ist dagegen eine besondere sachliche Rechtfertigung erforderlich, da hier die erforderliche Interessenabwägung nicht bereits im Gesetz angelegt ist.[37] Auch die Erstattung eines Vorstandsberichts entsprechend § 186 Abs. 4 S. 2 ist dann ausnahmsweise erforderlich.[38]

3. Satzungsänderung. Das Grundkapital ist gem. § 200 mit der Ausgabe der Bezugsaktien **18** erhöht. Hierdurch ändern sich die gem. § 23 Abs. 3 Nr. 3 und 4 notwendigen Satzungsbestandteile.

---

[30] MüKoAktG/*Fuchs* Rn. 16.
[31] AllgM, s. BGH ZIP 2006, 368 (369); Bürgers/Körber/*Marsch-Barner* Rn. 4; Hölters/*Apfelbacher/Niggemann* Rn. 10; Hüffer/Koch/*Koch*, 13. Aufl. 2018, Rn. 3; Kölner Komm AktG/*Drygala/Staake* Rn. 21; MüKoAktG/ *Fuchs* Rn. 19; K. Schmidt/Lutter/*Veil* Rn. 5; Wachter/*Dürr* Rn. 4; *Busch* in Marsch-Barner/Schäfer Börsennotierte AG-HdB Rn. 44.32.
[32] Kölner Komm AktG/*Drygala/Staake* Rn. 45; MüKoAktG/*Fuchs* Rn. 33; zu Ausnahmefällen s. Großkomm AktG/*Frey* Rn. 122.
[33] OLG Stuttgart ZIP 2001, 1367 (1370) – DaimlerChrysler; Bürgers/Körber/*Marsch-Barner* Rn. 15; Grigoleit/ *Rieder/Holzmann* Rn. 26 f.; Hüffer/Koch/*Koch*, 13. Aufl. 2018, Rn. 18; Kölner Komm AktG/*Drygala/Staake* Rn. 48; K. Schmidt/Lutter/*Veil* Rn. 20; *Busch* in Marsch-Barner/Schäfer Börsennotierte AG-HdB Rn. 44.33; MHdB AG/*Scholz* § 58 Rn. 19; *Weiß*, Aktienoptionspläne für Führungskräfte, 1999, 225 ff.; *Aha* BB 1997, 2225 f.; *Casper* DStR 2004, 1391 (1392 f.); *Hoffmann-Becking* NZG 1999, 797 (802); *Hüffer* ZHR 161 (1997) 214 (240); *Weiß* WM 1999, 353 (359 f.); aA Großkomm AktG/*Frey* Rn. 125; *Wulff*, Aktienoptionen für das Management, 2000, 119 ff.; *Kallmeyer* AG 1999, 97 (100); *Zeidler* NZG 1998, 789 (794 ff.); s. auch MüKoAktG/*Fuchs* Rn. 35, 108 ff., der zwar grundsätzlich eine sachliche Rechtfertigung verlangt, bei Einhaltung der gesetzlichen Beschlusserfordernisse aber eine dahingehende tatsächliche Vermutung annehmen will.
[34] OLG Stuttgart ZIP 2001, 1367 (1371) – DaimlerChrysler; Kölner Komm AktG/*Drygala/Staake* Rn. 133; *Busch* in Marsch-Barner/Schäfer Börsennotierte AG-HdB Rn. 44.33; MHdB AG/*Scholz* § 58 Rn. 20; *Weiß* WM 1999, 353 (360); aA *Wulff*, Aktienoptionen für das Management, 2000, 113 ff.; *Zeidler* NZG 1998, 789 (797 f.).
[35] GHEK/*Bungeroth* Rn. 45; Großkomm AktG/*Frey* Rn. 123; Kölner Komm AktG/*Drygala/Staake* Rn. 46; MüKoAktG/*Fuchs* Rn. 34; *Busch* in Marsch-Barner/Schäfer Börsennotierte AG-HdB Rn. 44.34; *Hirte*, Bezugsrechtsausschluss und Konzernbildung, 1986, 70 ff.; s. auch MHdB AG/*Scholz* § 58 Rn. 20 f.; *Lutter* ZGR 1979, 401 (411 f.); aA OLG München WM 1993, 1285 (1288); *Timm*, Die Aktiengesellschaft als Konzernspitze, 1980, 81 ff.
[36] MüKoAktG/*Fuchs* Rn. 34; s. auch MHdB AG/*Scholz* § 58 Rn. 20 f.
[37] Vgl. MüKoAktG/*Fuchs* Rn. 34; für Beschränkung auf Missbrauchskontrolle Kölner Komm AktG/*Drygala/ Staake* Rn. 47; aA MHdB AG/*Scholz* § 58 Rn. 19, 21.
[38] Großkomm AktG/*Frey* Rn. 123; MüKoAktG/*Fuchs* Rn. 34; *Busch* in Marsch-Barner/Schäfer Börsennotierte AG-HdB Rn. 44.34; aA Kölner Komm AktG/*Drygala/Staake* Rn. 50; MHdB AG/*Scholz* § 58 Rn. 21.

Es handelt sich um eine **materielle Satzungsänderung** ohne Änderung des Satzungstextes.[39] Spätestens mit Ablauf der Bezugsfrist oder nach Ausübung aller Bezugsrechte ist der unrichtig gewordene Satzungswortlaut zu berichtigen (→ § 200 Rn. 9; → § 201 Rn. 9). Die erforderliche Anpassung der Satzung richtet sich nach den §§ 179 ff., wobei sich in der Praxis regelmäßig eine Ermächtigung des Aufsichtsrats nach § 179 Abs. 1 S. 2 empfiehlt.

19 Das **Bestehen eines bedingten Kapitals** wird üblicherweise in den **Satzungstext** aufgenommen. Eine entsprechende Pflicht besteht nicht.[40] In der **Gründungssatzung** kann ein bedingtes Kapital noch nicht vorgesehen werden.[41] Dies folgt e contrario aus den zeitgleich mit den Vorschriften zum bedingten Kapital in das AktG integrierten Regelungen zum genehmigten Kapital, die anders als § 192 Abs. 1 neben der Möglichkeit eines Erhöhungsbeschlusses (§ 202 Abs. 2) ausdrücklich auch die Aufnahme in die Satzung (§ 202 Abs. 1) zulassen.[42] Es ist zwar nicht zu verkennen, dass zumindest bei der Verschmelzung durch Neugründung die Aufnahme eines bedingten Kapitals in die Gründungssatzung sinnvoll sein kann. Ein zwingender Bedarf, der eine Hinwegsetzung über den insoweit eindeutigen Gesetzeswortlaut rechtfertigen würde, ist jedoch nicht erkennbar.[43]

20 **4. Beschlusserfordernis.** Gem. § 192 Abs. 1 ist für die bedingte Kapitalerhöhung ein **Hauptversammlungsbeschluss** erforderlich. Die Umtausch- oder Bezugsrechte entstehen noch nicht allein aufgrund dieses Beschlusses, sondern durch ein besonderes Rechtsgeschäft zwischen der Gesellschaft und dem Berechtigten.[44] Dabei wird die Gesellschaft durch den Vorstand vertreten. In den Fällen des § 112 vertritt ausnahmsweise der Aufsichtsrat die Gesellschaft. Für die bedingte Kapitalerhöhung selbst ist allein die Hauptversammlung zuständig, eine Delegation an die Verwaltung ist unzulässig.[45] Dies gilt auch nach der Neufassung des § 192 Abs. 2 Nr. 3 durch das KonTraG. Der dort genannte Ermächtigungsbeschluss bezieht sich nicht auf die Durchführung der Kapitalerhöhung selbst (anders § 202 Abs. 1), sondern auf die Entscheidung über die Einräumung der Umtausch- oder Bezugsrechte an den von der Hauptversammlung bestimmten Kreis der Bezugsberechtigten.[46]

21 Der Hauptversammlungsbeschluss bedarf der qualifizierten Kapitalmehrheit des § 193 Abs. 1 (→ § 193 Rn. 2). In dem Beschluss muss der **Umfang der Kapitalerhöhung** durch einen bestimmten Betrag festgelegt werden. Da der Umfang der tatsächlichen Durchführung der Kapitalerhöhung zunächst noch offen ist, handelt es sich um einen bloßen Höchstbetrag. Weitere inhaltliche Beschlussanforderungen regelt § 193 Abs. 2 (→ § 193 Rn. 6 ff.). Hierzu zählen Angaben zum Zweck der bedingten Kapitalerhöhung, zum Kreis der Bezugsberechtigten, zum Ausgabebetrag oder den Grundlagen nach denen dieser Betrag errechnet wird sowie – bei Beschlüssen nach § 192 Abs. 2 Nr. 3 – zur Aufteilung der Bezugsrechte auf Mitglieder der Geschäftsführung und Arbeitnehmer und zu den Ausübungsbedingungen (Erfolgsziele, Erwerbs- und Ausübungszeiträume, Wartezeit für die erstmalige Ausübung).

22 Notwendiger Bestandteil des Erhöhungsbeschlusses ist darüber hinaus die **Anweisung an den Vorstand zur Gewährung von Umtausch- oder Bezugsrechten** an den gem. § 193 Abs. 2 Nr. 2 zu bezeichnenden Kreis der Bezugsberechtigten. Fehlt es an einer Anweisung zur Gewährung von Umtausch- oder Bezugsrechten, ist der Erhöhungsbeschluss nach § 241 Nr. 3 nichtig.[47] Allerdings wird man in der Festlegung des Kreises der Bezugsberechtigten regelmäßig zumindest auch eine konkludente Anweisung an das geschäftsführungs- und vertretungsberechtigte Organ sehen können, so dass eine Nichtigkeit aufgrund fehlender Anweisung zur Gewährung von Umtausch- oder Bezugs-

---

[39] Großkomm AktG/*Frey* Vor § 192 Rn. 24.
[40] Grigoleit/*Rieder/Holzmann* Rn. 11; Großkomm AktG/*Frey* Vor § 192 Rn. 23; Hüffer/Koch/*Koch*, 13. Aufl. 2018, Rn. 6; MHdB AG/*Scholz* § 58 Rn. 28, 58; aA Kölner Komm AktG/*Drygala/Staake* Rn. 10; MüKoAktG/*Fuchs* Rn. 21.
[41] So die wohl hM, s. Bürgers/Körber/*Marsch-Barner* Rn. 5; GHEK/*Bungeroth* Rn. 8; Hüffer/Koch/*Koch*, 13. Aufl. 2018, Rn 7; Kölner Komm AktG/*Drygala/Staake* Rn. 18; MüKoAktG/*Fuchs* Rn. 22; v. Godin/*Wilhelmi* Anm. 2; *Maier-Reimer* ZHR 164 (2000) 563 (582); zweifelnd Hölters/*Apfelbacher/Niggemann* Rn. 64; aA Grigoleit/*Rieder/Holzmann* Rn. 10; Großkomm AktG/*Frey* Rn. 24 ff.; MHdB AG/*Scholz* § 58 Rn. 25.
[42] Zur gesetzgeberischen Intention, das bedingte und das genehmigte Kapital insoweit unterschiedlich zu behandeln, vgl. den seinerzeitigen Referentenkommentar Schlegelberger/*Quassowski* AktG, 3. Aufl. 1939, § 159 Rn. 3.
[43] Ausf. MüKoAktG/*Fuchs* Rn. 22.
[44] Großkomm AktG/*Frey* Rn. 30 ff., Vor § 192 Rn. 2, 7; Hüffer/Koch/*Koch*, 13. Aufl. 2018, Rn. 3; Kölner Komm AktG/*Drygala/Staake* Rn. 20; MüKoAktG/*Fuchs* Rn. 17, 25; aA Großkomm AktG/*Schilling*, 3. Aufl. 1973, § 197 Anm. 3; *Ritter* AktG § 159 Anm. 2b aa; *Werner* AG 1972, 137 (142); unklar NK-AktR/*Wagner* Rn. 2, 7.
[45] Großkomm AktG/*Frey* Rn. 23; Kölner Komm AktG/*Drygala/Staake* Rn. 13; MüKoAktG/*Fuchs* Rn. 18; MHdB AG/*Scholz* § 58 Rn. 25.
[46] MüKoAktG/*Fuchs* Rn. 18.
[47] Grigoleit/*Rieder/Holzmann* Rn. 9; wohl auch MüKoAktG/*Fuchs* Rn. 25.

rechten in der Praxis nur dann denkbar ist, wenn es auch an einer hinreichenden Konkretisierung der Bezugsberechtigten fehlt.[48]

Die mit der bedingten Kapitalerhöhung verbundenen Umtausch- oder Bezugsrechte unterliegen **23** grundsätzlich keiner Ausübungsfrist. Allerdings steht es der Hauptversammlung frei, die Anweisung zur Gewährung der Umtausch- oder Bezugsrechte durch Festlegung eines frühesten (Sperrfrist) oder spätesten Ausübungszeitpunkts mit einer **Befristung** zu verbinden.[49] Auch die Aufnahme einer **Bedingung** oder eines **Kündigungsvorbehalts** ist möglich.[50]

Da der Erhöhungsbeschluss spätestens mit der Ausgabe der Bezugsaktien zu einer Satzungsänderung **24** führt, ist der Beschlusswortlaut in der Einberufung der Hauptversammlung bekannt zu machen (§ 124 Abs. 2 S. 3).[51] Obwohl den Altaktionären bei der bedingten Kapitalerhöhung kein Bezugsrecht zusteht, ist grundsätzlich **kein förmlicher Vorstandsbericht** erforderlich (→ Rn. 17). § 186 Abs. 4 S. 2 ist nicht anwendbar. Dies gilt auch für die bedingte Kapitalerhöhung nach § 192 Abs. 2 Nr. 3 zur Bedienung von Aktienoptionsplänen (→ Rn. 48 ff.). Eine Ausnahme gilt nur bei Unternehmenszusammenschlüssen iSv § 192 Abs. 2 Nr. 2, sofern für diese eine ausreichende Beschlusskontrolle nicht – wie regelmäßig – bereits durch ohnehin bestehende Berichtspflichten sichergestellt ist (→ Rn. 17).

III. Zwecke der bedingten Kapitalerhöhung (Abs. 2)

1. Abschließende Aufzählung. Gem. § 192 Abs. 2 soll die bedingte Kapitalerhöhung nur zu den **25** dort genannten Zwecken beschlossen werden. Trotz dieser Formulierung („soll") handelt es sich um eine **grundsätzlich abschließende Aufzählung**.[52] Für eine solche Begrenzung spricht vor allem der Umstand, dass bei der bedingten Kapitalerhöhung das Bezugsrecht der Altaktionäre unabhängig von § 186 Abs. 3 und 4 kraft Gesetzes ausgeschlossen ist.[53] Darüber hinaus wird die Gesellschaft durch die Bindungswirkung des § 192 Abs. 4 in ihrer Handlungsfreiheit eingeschränkt, was ebenfalls für eine enge Begrenzung der zulässigen Anwendungszwecke der bedingten Kapitalerhöhung spricht.[54] Zudem unterliegt die bedingte Kapitalerhöhung gegenüber der ordentlichen Kapitalerhöhung einem gewissen Transparenzdefizit, da sich die Kapitalerhöhung zunächst außerhalb des Handelsregisters vollzieht (vgl. § 200).[55] Schließlich weisen auch die in § 192 Abs. 2 genannten Fälle keine Gemeinsamkeiten auf, die es rechtfertigen könnten, im Wege einer Gesamtanalogie weitere zulässige Einsatzzwecke zu konstruieren.[56] Dies schließt allerdings nicht aus, dass **im Einzelfall eine Analogie** in Betracht kommen kann, wenn der betreffende Zweck einem der in § 192 Abs. 2 Nr. 1 bis 3 genannten Zwecke in Inhalt und Auswirkungen weitgehend entspricht.[57] Dabei sollte eine Analogiefähigkeit im Hinblick auf das fehlende Bezugsrecht der Altaktionäre aber nur zurückhaltend bejaht werden.[58]

Durch das **FMStErG** vom 7. April 2009 hat der Gesetzgeber in § 7a FMStBG eine zusätzliche **25a** Verwendungsmöglichkeit für das bedingte Kapital eingeführt. Danach kann eine bedingte Kapitalerhöhung im Zusammenhang mit einer Rekapitalisierung nach § 7 FMStFG auch zur Gewährung von Umtausch- oder Bezugsrechten an den SoFFin als stillen Gesellschafter beschlossen werden (§ 7a Abs. 1 S. 1 FMStBG).[59] Entsprechend sieht § 15 Abs. 2 S. 1 FMStBG nunmehr vor, dass in der Vereinbarung über die Leistung einer **stillen Einlage durch den SoFFin** ein Umtausch- oder Bezugsrecht auf Aktien eingeräumt werden kann. In diesem Fall ist das Bezugsrecht der Aktionäre

---

[48] So auch MüKoAktG/*Fuchs* Rn. 25.
[49] MüKoAktG/*Fuchs* Rn. 26.
[50] MüKoAktG/*Fuchs* Rn. 26.
[51] Bürgers/Körber/*Marsch-Barner* Rn. 5; Hüffer/Koch/*Koch*, 13. Aufl. 2018, Rn. 7; Kölner Komm AktG/*Drygala/Staake* Rn. 49; MüKoAktG/*Fuchs* Rn. 27.
[52] Ganz hM, s. Bürgers/Körber/*Marsch-Barner* Rn. 6; GHEK/*Bungeroth* Rn. 17; Grigoleit/*Rieder/Holzmann* Rn. 13; Großkomm AktG/*Frey* Rn. 49; Hölters/*Apfelbacher/Niggemann* Rn. 22; Hüffer/Koch/*Koch*, 13. Aufl. 2018, Rn. 8; Kölner Komm AktG/*Drygala/Staake* Rn. 31, 58; MüKoAktG/*Fuchs* Rn. 36; K. Schmidt/Lutter/*Veil* Rn. 10; Wachter/*Dürr* Rn. 7; *Busch* in Marsch-Barner/Schäfer Börsennotierte AG-HdB Rn. 44.5; Frodermann/*Becker* in Frodermann/Jannott AktR-HdB Kap. 5 Rn. 180; MHdB AG/*Scholz* § 58 Rn. 16; aA Großkomm AktG/*Schilling*, 3. Aufl. 1973, Anm. 7; *Werner* AG 1972, 137 (142); *Werner* WM 1991, 1741 (1742).
[53] Grigoleit/*Rieder/Holzmann* Rn. 14; Hüffer/Koch/*Koch*, 13 Aufl. 2018, Rn. 8; Kölner Komm AktG/*Drygala/Staake* Rn. 59; MüKoAktG/*Fuchs* Rn. 36.
[54] Kölner Komm AktG/*Drygala/Staake* Rn. 59; MüKoAktG/*Fuchs* Rn. 36.
[55] Großkomm AktG/*Frey* Vor § 192 Rn. 21.
[56] Vgl. Großkomm AktG/*Frey* Rn. 49: kraft Analogie keine „Nr. 4".
[57] Bürgers/Körber/*Marsch-Barner* Rn. 6; GHEK/*Bungeroth* Rn. 17; Grigoleit/*Rieder/Holzmann* Rn. 14; Hölters/*Apfelbacher/Niggemann* Rn. 22; Hüffer/Koch/*Koch*, 13. Aufl. 2018, Rn. 8; MüKoAktG/*Fuchs* Rn. 37 ff.; K. Schmidt/Lutter/*Veil* Rn. 10; *Busch* in Marsch-Barner/Schäfer Börsennotierte AG-HdB Rn. 44.5; MHdB AG/*Scholz* § 58 Rn. 16; *Lutter* AG 1972, 125 (135).
[58] Vgl. *Busch* in Marsch-Barner/Schäfer Börsennotierte AG-HdB Rn. 44.5.
[59] S. dazu *Ziemons* NZG 2009, 369 (373).

ausgeschlossen (§ 15 Abs. 2 S. 2 FMStBG).⁶⁰ Für die Einräumung eines solchen Umtausch- oder Bezugsrechts ist eine Zustimmung oder Ermächtigung durch die Hauptversammlung erforderlich. Der entsprechende Beschluss bedarf einer Mehrheit von mindestens 2/3 der abgegebenen Stimmen oder des vertretenen Grundkapitals (§ 15 Abs. 2 S. 3 FMStBG). Ist die Hälfte des Grundkapitals vertreten, reicht die einfache Mehrheit (§ 15 Abs. 2 S. 4 FMStBG). In den Fällen, in denen sich der SoFFin am Grundkapital eines Unternehmens des Finanzsektors beteiligt, kann er durch die Einräumung eines Umtausch- oder Bezugsrechts iSv § 15 Abs. 2 S. 1 FMStBG vor einer Verwässerung seiner Beteiligung geschützt werden.

26   Beschließt die Hauptversammlung eine bedingte Kapitalerhöhung zu einem **nicht zulässigen Zweck**, ist der betreffende Beschluss nicht nichtig, sondern nur wegen Verletzung des Gesetzes **anfechtbar** (§ 243 Abs. 1).⁶¹ Die Vorschrift des § 192 Abs. 2 ist auch vom Registergericht zu beachten. Nach heute ganz hM behält das **Registergericht** seine aus § 192 Abs. 2 und § 195 Abs. 1 folgende **Prüfungskompetenz** auch dann, wenn die Anfechtungsfrist bereits abgelaufen ist.⁶² Dies erscheint zutreffend. Nach allgemeinen Grundsätzen steht die Anfechtbarkeit eines eintragungsbedürftigen Beschlusses der Eintragung nur dann entgegen, wenn der Mangel auf der Verletzung von Vorschriften beruht, die nicht nur dem Schutz der gegenwärtigen Aktionäre, sondern zumindest auch dem Schutz des öffentlichen Interesses (einschließlich der Interessen nicht anfechtungsbefugter Dritter, auch künftiger Aktionäre) dienen (→ § 181 Rn. 26).⁶³ Die Regelung des § 192 Abs. 2 dient zwar primär dem Schutz der gegenwärtigen Aktionäre vor einer Verwässerung ihrer Beteiligung, schützt aber zumindest auch die künftigen Aktionäre, indem sie über die Begrenzung der zulässigen Einsatzzwecke des bedingten Kapitals und der damit gem. § 192 Abs. 4 einhergehenden Bindungswirkung verhindert, dass die Handlungsfreiheit der Gesellschaft übermäßig beschränkt wird (→ Rn. 25). Wird der Beschluss trotz eines Verstoßes gegen § 192 Abs. 2 eingetragen, ist eine **Amtslöschung** (§ 398 FamFG) **unzulässig**.⁶⁴ In diesem Fall ist der Vorstand gem. § 83 Abs. 2 zur Ausführung verpflichtet.⁶⁵

27   Von der Angabe eines unzulässigen Zwecks ist die **fehlende Zweckangabe** zu unterscheiden. In diesem Fall verstößt der Hauptversammlungsbeschluss nicht nur gegen § 192 Abs. 2, sondern zugleich gegen § 193 Abs. 2 Nr. 1. Dies führt zu seiner **Nichtigkeit** gem. § 241 Nr. 3.⁶⁶

28   **2. Wandelschuldverschreibungen (Abs. 2 Nr. 1). a) Kreis der möglichen Begünstigten. aa) Inhaber von Gläubigerrechten gemäß § 221.** Nach § 192 Abs. 2 Nr. 1 kann eine bedingte Kapitalerhöhung zur Gewährung von Umtausch- oder Bezugsrechten auf Grund von Wandelschuldverschreibungen beschlossen werden. Die Formulierung wurde durch Art. 1 Nr. 20 lit. b Aktienrechtsnovelle 2016 angepasst (Ersetzung der Worte „an Gläubiger von" durch die Worte „auf Grund von" → Rn. 11a). Die gesetzliche Formulierung wird vielfach als verunglückt bezeichnet,⁶⁷ da die Bezugsrechte entgegen dem Wortlaut der Vorschrift durch die bedingte Kapitalerhöhung nicht gewährt, sondern abgesichert werden.

29   **Wandelschuldverschreibungen** iSv § 192 Abs. 2 Nr. 1 sind nach der Legaldefinition in § 221 Abs. 1 S. 1 Schuldverschreibungen, bei denen den Gläubigern oder der Gesellschaft ein Umtausch-

---

⁶⁰ Der Bezugsrechtsausschluss ist mit der Kapitalrichtlinie vereinbar, vgl. *Ziemons* NZG 2009, 369 (373).

⁶¹ Bürgers/Körber/*Marsch-Barner* Rn. 6; Großkomm AktG/*Frey* Rn. 129; Hüffer/Koch/*Koch*, 13. Aufl. 2018, Rn. 8; MüKoAktG/*Fuchs* Rn. 41; K. Schmidt/Lutter/*Veil* Rn. 11; *Busch* in Marsch-Barner/Schäfer Börsennotierte AG-HdB Rn. 44.5; aA Kölner Komm AktG/*Drygala/Staake* Rn. 32, 62: Nichtigkeit gem. § 241 Nr. 3.

⁶² Bürgers/Körber/*Marsch-Barner* Rn. 6; Grigoleit/*Rieder/Holzmann* Rn. 16; Hüffer/Koch/*Koch*, 13. Aufl. 2018, Rn. 8; Kölner Komm AktG/*Drygala/Staake* Rn. 61; MüKoAktG/*Fuchs* Rn. 41; Wachter/*Dürr* Rn. 7; *Busch* in Marsch-Barner/Schäfer Börsennotierte AG-HdB Rn. 44.5; aA noch *Ritter* AktG § 159 Anm. 3.

⁶³ So die heute ganz hM, grundlegend *Lutter* NJW 1969, 1873 (1878 f.); ebenso OLG Hamburg AG 1993, 384 (385); Grigoleit/*Ehmann* § 181 Rn. 8; Hüffer/Koch/*Koch*, 13. Aufl. 2018, § 181 Rn. 14, § 243 Rn. 56; MüKoAktG/*Hüffer/Schäfer* § 243 Rn. 138 f.; MüKoAktG/*Stein* § 181 Rn. 46 ff.; K. Schmidt/Lutter/*Seibt* § 181 Rn. 26; weitergehend Großkomm AktG/*Wiedemann* § 181 Rn. 25: jeder evidente Rechtsmangel steht Eintragung entgegen; aA KG OLGE 34, 348; *Bumiller/Harders* FamFG § 381 Rn. 6; *Keidel/Heinemann* FamFG § 374 Rn. 59; widersprüchlich NK-AktR/*Wagner* § 181 Rn. 14, der zwar einerseits die hM ausdrücklich ablehnt, andererseits aber selbst eine Ausnahme bei Verstoß gegen öffentliche Interessen und sogar pauschal gegen zwingendes Gesetzesrecht zulassen will; aA zur GmbH auch OLG München NZG 2013, 557 (558); OLG Köln BB 1982, 579; OLG Köln WM 1981, 1263 (1264).

⁶⁴ Grigoleit/*Rieder/Holzmann* Rn. 16; Hüffer/Koch/*Koch*, 13. Aufl. 2018, Rn. 8; MüKoAktG/*Fuchs* Rn. 41; K. Schmidt/Lutter/*Veil* Rn. 11; Wachter/*Dürr* Rn. 7; *Busch* in Marsch-Barner/Schäfer Börsennotierte AG-HdB Rn. 44.5.

⁶⁵ Grigoleit/*Rieder/Holzmann* Rn. 16; Hüffer/Koch/*Koch*, 13. Aufl. 2018, Rn. 8; MüKoAktG/*Fuchs* Rn. 41; K. Schmidt/Lutter/*Veil* Rn. 11; aA noch Kölner Komm AktG/*Lutter*, 2. Aufl. 1994, Rn. 20.

⁶⁶ Bürgers/Körber/*Marsch-Barner* Rn. 6; Großkomm AktG/*Frey* Rn. 128; MüKoAktG/*Fuchs* Rn. 42.

⁶⁷ Vgl. Grigoleit/*Rieder/Holzmann* Rn. 18; Großkomm AktG/*Frey* Rn. 50; Hölters/*Apfelbacher/Niggemann* Rn. 30; MüKoAktG/*Fuchs* Rn. 43.

oder Bezugsrecht auf Aktien eingeräumt wird. Hierunter fallen **Wandel- und Optionsanleihen** (→ § 221 Rn. 1 ff.), die nach wie vor den wohl wichtigsten Anwendungsfall der bedingten Kapitalerhöhung darstellen.[68] Erfasst sind zudem **Gewinnschuldverschreibungen,** die in § 221 Abs. 1 S. 1 mit den Wandel- und Optionsanleihen auf eine Stufe gestellt werden.[69] Gleiches gilt für **Genussrechte,** die ein Umtausch- oder Bezugsrecht gewähren.[70] § 221 Abs. 3 stellt diese den Wandel- und Gewinnschuldverschreibungen ausdrücklich gleich, so dass im Rahmen von § 192 Abs. 2 Nr. 1 nichts anderes gelten kann. Dies gilt richtiger Ansicht nach unabhängig davon, ob die Genussrechte als Fremdfinanzierungsmittel ausgestaltet sind.[71]

bb) „Umgekehrte" Wandelanleihen. Bis zur Änderung von § 192 Abs. 2 Nr. 1 durch die Aktienrechtsnovelle 2016 (→ Rn. 11a, 28) erfasste der Wortlaut der Norm nur die „Gewährung von Umtausch- oder Bezugsrechten an Gläubiger von Wandelschuldverschreibungen".[72] Streng nach dem Wortlaut wäre es daher nicht möglich gewesen, Wandelanleihen, die kein Umtauschrecht des Anleihegläubigers, sondern nur ein **Umtauschrecht der Gesellschaft** vorsehen (sog. **„umgekehrte" Wandelanleihen**) mit einem bedingten Kapital zu unterlegen. Angesichts der vergleichbaren Interessenlage war jedoch anerkannt, dass § 192 Abs. 2 Nr. 1 aF im Fall von „umgekehrten" Wandelanleihen zumindest entsprechend anwendbar war, so dass auch bislang schon ein bedingtes Kapital zur Unterlegung „umgekehrter" Wandelanleihen geschaffen werden konnte.[73] Durch Art. 1 Nr. 20 lit. b der Aktienrechtsnovelle 2016 wurden in § 192 Abs. 2 Nr. 1 die Worte „an Gläubiger von" durch die Worte „auf Grund von" ersetzt. Parallel wurden in § 192 Abs. 1 hinter dem Wort „Gesellschaft" die Worte „hat oder" eingefügt und die Definition von Wandelschuldverschreibungen in § 221 Abs. 1 S. 1 dahingehend ergänzt, dass es sich um Schuldverschreibungen handelt, bei denen den Gläubigern oder der Gesellschaft ein Umtauschoder Bezugsrecht auf Aktien eingeräumt wird. Die Änderungen wird man als bloße Klarstellung betrachten müssen, wovon offenbar auch der Gesetzgeber ausgeht.[74]

Die Ausgabe „umgekehrter" Wandelanleihen soll es der Gesellschaft ermöglichen, einen „Debt-Equity-Swap" auf Vorrat anzulegen, der bei Eintritt einer Notsituation, problemlos vollzogen werden kann.[75] Der Gesetzgeber erhofft sich von einem Einsatz enspechender Wandelanleihen insbesondere durch Kredit- und Finanzdienstleistungsinstitute, dass eine Insolvenz leichter abgewendet und hierdurch einer Rekapitalisierung mit Steuermitteln vorgebeugt werden kann.[76] Allerdings ist die Vereinbarung eines Umtauschrechts auch **unabhängig von einer Notsituation** möglich. § 192 Abs. 2 Nr. 1 schränkt an diesem Punkt die Vertragsfreiheit nicht ein.[77] Die Gesetzesbegründung weist zudem darauf hin, dass Kredit- und Finanzdienstleistungsinstitute die für die aufsichtsrechtliche Anerkennung als zusätzliches Kernkapital erforderliche Ausstattung von Wandelanleihen (vgl. Art. 52 Abs. 1 lit. n VO (EU) Nr. 575/2013 iVm Art. 54 VO (EU) Nr. 575/2013 – CRR[78]) sicherstellen könnten.[79] Durch die Änderung von § 192 Abs. 2 Nr. 1 soll dementsprechend klargestellt werden, dass Wandelanleihen, die eine Wandlung bei Eintritt eines Auslösungsereignisses („Trigger Event") in Form der Unterschreitung einer aufsichtsrechtlichen Eigenmittelziffer vorsehen (sog. AT1-Instru-

---

[68] Vgl. MHdB AG/*Scholz* § 58 Rn. 6.
[69] Bürgers/Körber/*Marsch-Barner* Rn. 7a; Grigoleit/*Rieder/Holzmann* Rn. 18; Hüffer/Koch/*Koch,* 13. Aufl. 2018, Rn. 10; Kölner Komm AktG/*Drygala/Staake* Rn. 66, 70; MüKoAktG/*Fuchs* Rn. 44; K. Schmidt/Lutter/ *Veil* Rn. 12.
[70] Bürgers/Körber/*Marsch-Barner* Rn. 8; Grigoleit/*Rieder/Holzmann* Rn. 18; Hüffer/Koch/*Koch,* 13. Aufl. 2018, Rn. 10; Kölner Komm AktG/*Drygala/Staake* Rn. 66, 71; MüKoAktG/*Fuchs* Rn. 44, 47; MHdB AG/ *Scholz* § 58 Rn. 9.
[71] Bürgers/Körber/*Marsch-Barner* Rn. 8; MüKoAktG/*Fuchs* Rn. 47; MüKoAktG/*Habersack* § 221 Rn. 40; aA Kölner Komm AktG/*Drygala/Staake* Rn. 67, 71; *Schumann,* Optionsanleihen, 1990, 42 f.
[72] Kritisch zur Formulierung „Gläubiger von Wandelschuldverschreibungen" etwa Grigoleit/*Rieder/Holzmann* Rn. 18; Großkomm AktG/*Frey* Rn. 50; MüKoAktG/*Fuchs* Rn. 43.
[73] Vgl. Vorauflage Rn. 29b; *Groß* in Marsch-Barner/Schäfer Börsennotierte AG-HdB Rn. 51.8a ff.; *Drinhausen/ Keinath* BB 2012, 395; *Götze/M. Arnold/Carl* NZG 2012, 321 (324); *Merkner/Schmidt-Bendun* DB 2012, 98 (100); *Rubner/Pospiech* NJW-Spezial 2016, 399; *Seibert/Böttcher* ZIP 2012, 12 (15); *Schüppen/Tretter* WPg 2012, 338 (341); s. auch *Stöber* DStR 2016, 611 (614); wohl auch *Gleske/Ströbele* CFL 2012, 49 (53 f.); *Nodoushani* ZBB 2011, 143 (145); *Oulds* CFL 2013, 213 (218 f.); *Schüppen/Tretter* WPg 2012, 338 (341); unklar *Werner* StBW 2011, 43 (46).
[74] BegrRegE, BT-Drs. 18/4349, 27.
[75] BegrRegE, BT-Drs. 18/4349, 27; vgl. auch *Seibert/Böttcher* ZIP 2012, 12 (16).
[76] BegrRegE, BT-Drs. 18/4349, 27.
[77] BegrRegE, BT-Drs. 18/4349, 27; *Rubner/Pospiech* NJW-Spezial 2016, 399; vgl. zum RegE der Aktienrechtsnovelle 2012 auch *Merkner/Schmidt-Bendun* DB 2012, 98 (101).
[78] Verordnung (EU) Nr. 575/2013 des Europäischen Parlaments und des Rates v. 26.6.2013 über Aufsichtsanforderungen an Kreditinstitute und Wertpapierfirmen und zur Änderung der Verordnung (EU) Nr. 646/2012, ABl. EU 2012 Nr. L 176, 1.
[79] BegrRegE, BT-Drs. 18/4349, 27.

§ 192 29c–29e   Erstes Buch. Aktiengesellschaft

mente), mit einem bedingten Kapital unterlegt werden können.[80] Voraussetzung hierfür ist allerdings, dass die Anleihebedingungen bei Eintritt eines Auslösungsereignisses eine zwingende Umwandlung vorsehen (vgl. Art. 52 Abs. 1 lit. n VO (EU) Nr. 575/2013 – CRR).[81] Dies lässt sich insbesondere durch die Ausgestaltung als CoCo-Bonds (→ Rn. 29f) erreichen. § 192 Abs. 2 Nr. 1 erfasst auch Wandelschuldverschreibungen mit **beiderseitigem Wandlungsrecht**.[82]

29c **cc) Anleihen mit Tilgungswahlrecht.** Mit „umgekehrten" Wandelanleihen eng verwandt sind **Anleihen mit Tilgungswahlrecht** der Gesellschaft, bei denen die Gesellschaft im Fälligkeitszeitpunkt wahlweise statt der Rückzahlung Aktien liefern kann. Auch für solche Anleihen kann ein bedingtes Kapital geschaffen werden.[83]

29d **dd) Pflichtwandelanleihen.** Pflichtwandelanleihen (Mandatory Convertible Bonds) sehen am Ende der Laufzeit eine Wandlungspflicht vor (→ § 221 Rn. 150). Die Anleihegläubiger haben somit nicht nur ein Wandlungsrecht, sondern sind auch verpflichtet, dieses zu dem vorgesehenen Termin auszuüben. Dogmatisch wird die Verpflichtung zur Ausübung des Umtauschrechts zumeist als **Vorvertrag** eingeordnet.[84] Um sicherzustellen, dass die Wandlungspflicht erfüllt wird, sehen die Anleihebedingungen in der Praxis regelmäßig die unwiderrufliche Ermächtigung einer **Umtauschstelle** zur Abgabe der Bezugserklärung vor.[85] Bereits vor der Änderung von § 192 Abs. 2 Nr. 1 durch die Aktienrechtsnovelle 2016 (→ Rn. 11a, 28) wurden Pflichtwandelanleihen jedenfalls dann erfasst, wenn sie neben der Wandlungspflicht auch ein weitergehendes Umtauschrecht des Anleihegläubigers vorsahen (→ § 221 Rn. 151).[86] Nach zutreffender Ansicht war § 192 Abs. 2 Nr. 1 aF aufgrund der vergleichbaren Interessenlage aber auch auf Pflichtwandelanleihen, die neben der Wandlungspflicht nicht ausdrücklich noch ein weitergehendes Umtauschrecht des Anleihegläubigers vorsahen, zumindest entsprechend anwendbar.[87]

29e Jedenfalls seit der Änderung von § 192 Abs. 2 Nr. 1 durch die **Aktienrechtsnovelle 2016,** durch die in § 192 Abs. 2 Nr. 1 die Worte „an Gläubiger von" durch die Worte „auf Grund von" ersetzt wurden, dürfte nunmehr geklärt sein, dass die Norm auch ein bedingtes Kapital zur Unterlegung von Pflichtwandelanleihen ohne Umtauschrecht des Anleihegläubigers erfasst. § 192 Abs. 2 Nr. 1 spricht zwar nur von der „Gewährung von Umtausch- oder Bezugsrechten auf Grund von Wandelschuldverschreibungen", so dass der Wortlaut eine Umtauschpflicht nicht erfasst. Dennoch besteht Einigkeit, dass auch Pflichtwandelanleihen, die kein weitergehendes Umtauschrecht des Anleihegläubigers vorsehen, mit einem bedingten Kapital nach § 192 Abs. 2 Nr. 1 unterlegt werden können.[88] Dies entspricht

---

[80] Ausführlich dazu *Haag/Peters* WM 2015, 2303 ff.

[81] Zur Frage, ob die Wandlung automatisch erfolgen muss, s. *Gleske/Ströbele* CF law 2012, 49 (54); *Haag/Peters* WM 2015, 2303 (2304 ff.), die es als ausreichend ansehen, wenn die Wandlung nicht automatisch erfolgt, sondern von der Ausübung einer Ersetzungsbefugnis abhängt.

[82] BegrRegE, BT-Drs. 18/4349, 27; Beschlussempfehlung und Bericht des Ausschusses für Recht und Verbraucherschutz, BT-Drs. 18/6681, 12; *Carl* in Böttcher/Carl/Schmidt/Seibert, Die Aktienrechtsnovelle, 2016, § 5 Rn. 128; *Schmidt-Bendun* DB 2015, 419 (422); *Stöber* DStR 2016, 611 (614).

[83] *Bürgers/Körber/Marsch-Barner* Rn. 7; *Hüffer/Koch/Koch,* 13. Aufl. 2018, Rn. 9a; MüKoAktG/*Habersack* § 221 Rn. 52a; *Groß* in Marsch-Barner/Schäfer Börsennotierte AG-HdB Rn. 51.9; MHdB AG/*Scholz* § 58 Rn. 7, § 64 Rn. 54; *Drinhausen/Keinath* BB 2011, 11 (12); *Habersack* FS Nobbe, 2009, 539 (551); aA Großkomm AktG/*Frey* Rn. 83.

[84] MüKoAktG/*Habersack* § 221 Rn. 52; *Schlitt/Hemeling* in Habersack/Mülbert/Schlitt, Unternehmensfinanzierung am Kapitalmarkt, 3. Aufl. 2013, § 12 Rn. 65; *Rozijn* ZBB 1998, 77 (81); aA *Casper,* Der Optionsvertrag, 2005, 339 f.; *Schanz* BKR 2011, 410 (414) Fn. 48: auf Termin geschlossener Zeichnungsvertrag.

[85] *Groß* in Marsch-Barner/Schäfer Börsennotierte AG-HdB Rn. 51.7; MHdB AG/*Scholz* § 64 Rn. 54; *Haag/Peters* WM 2015, 2303 (2305); *Singhof* FS Hoffmann-Becking, 2013, 1163 (1167).

[86] *Wachter/Dürr* Rn. 8; *Busch* in Marsch-Barner/Schäfer Börsennotierte AG-HdB Rn. 44.7; *Groß* in Marsch-Barner/Schäfer Börsennotierte AG-HdB Rn. 51.7; *Schlitt/Hemeling* in Habersack/Mülbert/Schlitt, Unternehmensfinanzierung am Kapitalmarkt, 3. Aufl. 2013, § 12 Rn. 65; *Apfelbacher/Kopp* CFL 2011, 21 (27); *Bungert/Wettich* ZIP 2011, 160 (163); *Habersack* FS Nobbe, 2009, 539 (550); *Schlitt/Brandi/Schröder/Gemmel/Ernst* CFL 2011, 105 (129); *Schlitt/Seiler/Singhof* AG 2003, 254 (266 f.); *Trapp/Schlitt/Becker* AG 2012, 57 (66); wohl auch *Drinhausen/Keinath* BB 2011, 11 (12).

[87] Vgl. Vorauflage Rn. 29a; MHdB AG/*Scholz* § 58 Rn. 7, § 64 Rn. 54; *Bungert/Wettich* ZIP 2011, 160 (163); *Seibert/Böttcher* ZIP 2012, 12 (15); wohl auch *Groß* in Marsch-Barner/Schäfer Börsennotierte AG-HdB Rn. 51.7; vgl. auch *Königshausen* WM 2013, 909 (912); *Merkner/Schmidt-Bendun* DB 2012, 98 (100); aA Großkomm AktG/*Frey* Rn. 84.

[88] *Bürgers/Körber/Marsch-Barner* Rn. 7; *Hüffer/Koch/Koch,* 13. Aufl. 2018, Rn. 9a; Kölner Komm AktG/*Drygala/Staake* Rn. 30; *Carl* in Böttcher/Carl/Schmidt/Seibert, Die Aktienrechtsnovelle, 2016, § 5 Rn. 127; *Götze* NZG 2016, 48 f.; *Harbarth/Frhr. v. Plettenberg* AG 2016, 145 (153); *Ihrig/Wandt* BB 2016, 6 (15); *Paschos/Goslar* NJW 2016, 359 (360); *Rubner/Pospiech* NJW-Spezial 2016, 399; *Schüppen/Tretter* WPg 2015, 643 (647); *Söhner* ZIP 2016, 151 (154 f.); *Stöber* DStR 2016, 611 (614); *Wehrhahn* GWR 2016, 133 (134 f.); zum RefE der Aktienrechtsnovelle 2012 bereits *Götze/Arnold/Carl* NZG 2012, 321 (324 f.).

auch der Intention des Gesetzgebers. Anders als noch die Begründung zum Regierungsentwurf der Aktienrechtsnovelle 2012[89] ist die Begründung zum Regierungsentwurf der Aktienrechtsnovelle 2016 (seinerzeit noch Aktienrechtsnovelle 2014) in diesem Punkt zwar nicht ganz eindeutig.[90] Die Begründung der Beschlussempfehlung des Ausschusses für Recht und Verbraucherschutz bringt jedoch mehr Klarheit. Dort ist ausdrücklich ausgeführt, dass auch Gestaltungen zulässig seien, bei denen eine der Seiten zur Ausübung des Umtausch- oder Bezugsrechts verpflichtet sei oder der Umtausch unmittelbar durch den Eintritt einer Bedingung oder den Ablauf einer Frist erfolge.[91] Begründen lässt sich die Einbeziehung von Pflichtwandelanleihen ohne Umtauschrecht des Anleihegläubigers entweder über eine entsprechende Anwendung von § 192 Abs. 2 Nr. 1 oder über eine erweiternde Auslegung des Begriffs „Umtauschrecht".[92] Eine Klarstellung im Gesetzeswortlaut wäre allerdings wünschenswert gewesen.[93] Voraussetzung für die Einbeziehung von Pflichtwandelanleihen ist, dass die Anleihebedingungen unter bestimmten Voraussetzungen einen **Rückzahlungsanspruch** des Anleihegläubigers vorsehen, so dass es sich überhaupt um Schuldverschreibungen und nicht bloß um reine Terminkäufe von Aktien handelt.[94]

ee) CoCo-Bonds. Ebenfalls eng verwandt mit „umgekehrten" Wandelanleihen sind die teilweise auch als bedingte Pflichtwandelanleihen bezeichneten **CoCo-Bonds** (Contingent Convertible Bonds), die in jüngerer Zeit als Reaktion auf verschärfte regulatorische Eigenkapitalanforderungen für Banken (vgl. Art. 52 Abs. 1 lit. n VO (EU) Nr. 575/2013 iVm Art. 54 VO (EU) Nr. 575/2013 – CRR[95]) entwickelt wurden.[96] Es handelt sich um nachrangige Schuldverschreibungen mit langer Laufzeit, bei denen die Wandlung vom Eintritt bestimmter Bedingungen (sog. Trigger Events) abhängt.[97] Trotz des auf die „Gewährung von Umtausch- oder Bezugsrechten auf Grund von Wandelschuldverschreibungen" beschränkten Wortlauts von § 192 Abs. 2 Nr. 1, sind auch CoCo-Bonds vom Anwendungsbereich der Norm erfasst.[98] § 192 Abs. 2 Nr. 1 ist auf derartige Gestaltungen zumindest entsprechend anwendbar. Es gelten dieselben Erwägungen wie für Pflichtwandelanleihen (→ Rn. 29e). Ebenso wie für Pflichtwandelanleihen, war die Schaffung eines bedingten Kapitals zur Unterlegung von CoCo-Bonds bereits vor der Änderung von § 192 Abs. 2 Nr. 1 durch die Aktienrechtsnovelle 2016 zulässig,[99] so dass die Änderung nur einen klarstellenden Charakter hat.

---

[89] BegrRegE, BT-Drs. 17/4349, 17: „So war beispielsweise umstritten, ob die Schaffung von bedingtem Kapital für Pflichtwandelanleihen möglich ist. Dass dies möglich ist, wird nun klargestellt."

[90] Vgl. BegrRegE, BT-Drs. 18/4349, 27: „Nunmehr wird klargestellt, dass bedingtes Kapital auch für Wandelanleihen mit Umtauschrecht der Gesellschaft geschaffen werden kann, ohne dass damit eine Aussage über die Zulässigkeit oder Unzulässigkeit anderer, im Gesetz nicht genannter Gestaltungsformen getroffen wird."

[91] Beschlussempfehlung und Bericht des Ausschusses für Recht und Verbraucherschutz, BT-Drs. 18/6681, 12.

[92] Für ersteres etwa *Rubner/Pospiech* NJW-Spezial 2016, 399; für letzteres etwa *Wehrhahn* GWR 2016, 133 (134 f.).

[93] Kritisch insoweit auch *Götze/Nartowska* NZG 2015, 298 (304); *Söhner* ZIP 2016, 151 (155); zum RefE der Aktienrechtsnovelle 2011 s. bereits *Drinhausen/Keinath* BB 2011,11 (13); zum RegE der Aktienrechtsnovelle 2012 auch *Merkner/Schmidt-Bendun* DB 2012, 98 (101); *Oulds* CF law 2013, 213 (215).

[94] *Hölters/Apfelbacher/Niggemann* Rn. 25b; MHdB AG/*Scholz* § 58 Rn. 7; für Anwendbarkeit von § 192 Abs. 2 Nr. 1 unabhängig von einem Rückzahlungsanspruch *Apfelbacher/Kopp* CFL 2011, 21 (27 f.); wohl auch *Hüffer/Koch/Koch,* 13. Aufl. 2018, Rn. 9.

[95] Verordnung (EU) Nr. 575/2013 des Europäischen Parlaments und des Rates v. 26.6.2013 über Aufsichtsanforderungen an Kreditinstitute und Wertpapierfirmen und zur Änderung der Verordnung (EU) Nr. 646/2012, ABl. EU 2013 Nr. L 176, 1.

[96] Vgl. *Hölters/Apfelbacher/Niggemann* Rn. 25b; *Groß* in Marsch-Barner/Schäfer Börsennotierte AG-HdB Rn. 51.8a; *Schlitt/Hemeling* in Habersack/Mülbert/Schlitt, Unternehmensfinanzierung am Kapitalmarkt, 3. Aufl. 2013, § 12 Rn. 9; *Bader* AG 2014, 472 (480 ff.); *Florstedt* ZHR 180 (2016), 152 (153 f., 158 ff.); *Hinze/Menk/Mies* ZBB 2017, 95 ff.; *Meyer/Weber* CFL 2012, 249 (258); *Müller-Eising* GWR 2012, 77 (78); *Nodoushani* ZBB 2011, 143 f. *Nodoushani* WM 2016, 589 f.

[97] *Hölters/Apfelbacher/Niggemann* Rn. 25b; *Schlitt/Hemeling* in Habersack/Mülbert/Schlitt, Unternehmensfinanzierung am Kapitalmarkt, 3. Aufl. 2013, § 12 Rn. 9; *Schlitt/Brandi/Schröder/Gemmel/Ernst* CFL 2011, 105 (111 f.).

[98] *Bürgers/Körber/Marsch-Barner* Rn. 7; *Hüffer/Koch/Koch,* 13. Aufl. 2018, Rn. 9a; *Carl* in Böttcher/Carl/Schmidt/Seibert, Die Aktienrechtsnovelle, 2016, § 5 Rn. 127; *Götze* NZG 2016, 48 f.; *Florstedt* ZHR 180 (2016), 152 (182); *Harbarth/Frhr. v. Plettenberg* AG 2016, 145 (153); *Hinze/Menk/Mies* ZBB 2017, 95 (101 f.); *Nodoushani* WM 2016, 589 (591 f.); *Söhner* ZIP 2016, 151 (155); *Stöber* DStR 2016, 611 (614); *Wehrhahn* GWR 2016, 133 (134 f.); zum RefE der Aktienrechtsnovelle 2012 bereits *Götze/Arnold/Carl* NZG 2012, 321 (324 f.); *Nodoushani* ZBB 2011, 143 (145 f.).

[99] Vgl. Vorauflage Rn. 29c; *Hüffer/Koch/Koch,* 13. Aufl. 2018, Rn 9a; *Groß* in Marsch-Barner/Schäfer Börsennotierte AG-HdB Rn. 51.8a ff.; MHdB AG/*Scholz* § 58 Rn. 7, § 64 Rn. 55; *Bader* AG 2014, 472, 480 ff.; *Böhringer/Mihm/Schaffelhuber/Seiler* RdF 2011, 48 (50); *Königshausen* WM 2013, 909 (12); *Meyer/Weber* CFL 2012, 249 (258).

§ 192   30, 31   Erstes Buch. Aktiengesellschaft

30   **ff) Selbständige Optionsrechte (Naked Warrants). (1) Meinungsstand.** Selbständige („reine" oder „nackte") Optionsrechte (Naked Warrants), die nicht mit einer Schuldverschreibung verbunden sind, stellen ein im Ausland gebräuchliches Finanzierungsinstrument dar.[100] Obwohl auch in Deutschland bereits Naked Warrants ausgegeben und durch die Schaffung eines bedingten Kapitals abgesichert wurden,[101] ist die Zulässigkeit einer solchen Gestaltung in Literatur und Rechtsprechung nach wie vor umstritten. Eine Klärung durch den BGH steht noch aus. Eine verbreitete Ansicht sieht die Schaffung eines bedingten Kapitals zur Absicherung selbständiger Optionsrechte als unzulässig an.[102] Dies wird seit der mit dem KonTraG erfolgten gesetzlichen Anerkennung von selbständigen Optionsrechten für Arbeitnehmer und Mitglieder der Geschäftsführung teilweise im Wege eines Umkehrschlusses aus § 192 Abs. 2 Nr. 3 hergeleitet: Der Gesetzgeber habe eine abschließende Regelung schaffen wollen, die eine Ausweitung des Anwendungsbereichs von § 192 Abs. 2 Nr. 1 verbiete.[103] Die Gegenansicht hält die Ausgabe von selbständigen Optionsrechten und deren Absicherung durch ein bedingtes Kapital auch nach der Neufassung des § 192 Abs. 2 Nr. 3 jedenfalls dann für zulässig, wenn die Emission zu Finanzierungszwecken erfolgt.[104]

31   **(2) Stellungnahme.** Die Unzulässigkeit einer bedingten Kapitalerhöhung zur Absicherung selbständiger Optionsrechte kann sich entgegen teilweise vertretener Ansicht nicht e contrario aus § 192 Abs. 2 Nr. 3 ergeben. Der Gesetzgeber wollte die Einsatzmöglichkeiten des bedingten Kapitals für Vergütungszwecke erweitern, nicht jedoch den Anwendungsbereich für Finanzierungszwecke einschränken.[105] Vom Wortlaut des § 192 Abs. 2 Nr. 1 ist die Ausgabe selbständiger Optionsrechte zwar nicht unmittelbar gedeckt. Auch hier muss jedoch ein Gleichlauf mit dem Anwendungsbereich von § 221 erzielt werden: Sieht man Naked Warrants als eine nach § 221 zulässige Gestaltungsform an, spricht nichts dagegen, auch die Absicherung durch ein bedingtes Kapital zu akzeptieren.[106] Gegen die Einbeziehung selbständiger Optionsrechte in den Anwendungsbereich von § 221 wird zwar teilweise vorgebracht, dass hierdurch § 187 ausgehebelt und das Regel-Ausnahme-Verhältnis zwi-

---

[100] Neben der Funktion als Finanzierungsinstrument können selbständige Optionsrechte auch im Rahmen des Bookbuilding-Verfahrens als sog. „Greenshoe" eingesetzt werden, vgl. *Busch* in Marsch-Barner/Schäfer Börsennotierte AG-HdB Rn. 44.8; *Dierks*, Selbständige Aktienoptionsscheine, 2000, 80 ff.; *Fuchs* AG 1995, 433 (438 f.); *Roth/Schoneweg* WM 2002, 677.
[101] Zu Fällen aus der Praxis s. Großkomm AktG/*Frey* Rn. 63 Fn. 174; *Spenner*, Aktienoptionen als Bestandteil der Vergütung von Vorstandsmitgliedern – Eine Analyse der rechtlichen Rahmenbedingungen für Aktienoptionsmodelle nach bisherigem Aktienrecht und nach dem KonTraG, 1999, 147.
[102] LG Braunschweig NZG 1998, 387 (388); LG Stuttgart ZIP 1998, 422 (425) – Wenger/Daimler Benz; GHEK/*Bungeroth* Rn. 29; Großkomm AktG/*Frey* Rn. 65 ff.; Kölner Komm AktG/*Lutter*, 2. Aufl. 1994, Rn. 9, § 221 Rn. 185; K. Schmidt/Lutter/*Veil* Rn. 13; MAH AktR/*Dissars* § 35 Rn. 5; *Klahold*, Aktienoptionen als Vergütungsinstrument, 1999, 124 ff.; *Schumann*, Optionsanleihen, 1990, 42 f.; *Spenner*, Aktienoptionen als Bestandteil der Vergütung von Vorstandsmitgliedern – Eine Analyse der rechtlichen Rahmenbedingungen für Aktienoptionsmodelle nach bisherigem Aktienrecht und nach dem KonTraG, 1999, 146 ff.; *Hirte* WM 1993, 2067 (2068); *Hüffer* ZHR 161 (1997) 214 (223); *Lutter* ZIP 1997, 1 (7); *Martens* FS Stimpel, 1985, 621 (629 f.); *Martens* AG 1989, 69 (71 ff.); *Martens* FS Ulmer, 2003, 399 (410); *Rosener* FS Bezzenberger, 2000, 745 (750 f.); *Zimmer* DB 1999, 999 (1001); s. auch OLG Stuttgart ZIP 2002, 1807 (1808 f.), das eine Zurückweisungsentscheidung des Registergerichts mit der Begründung bestätigt, dass eine Kapitalbeschaffung durch Naked Warrants nicht zu den Gestaltungen gehöre, die erkennbar nach Inhalt und Auswirkungen den in § 192 Abs. 2 Nr. 1 genannten Fällen entsprechen und das Registergericht bei neuen Finanzierungsinstrumenten in seinen Prüfungspflichten und -möglichkeiten nicht überfordert werden dürfe; dagegen zu Recht krit. *Klöhn* ZIP 2003, 420 ff.
[103] Vgl. *Zimmer* DB 1999, 999 (1001).
[104] Bürgers/Körber/*Marsch-Barner* Rn. 11; Grigoleit/*Rieder/Holzmann* Rn. 21; Hölters/*Apfelbacher/Niggemann* Rn. 28; Hüffer/Koch/*Koch*, 13. Aufl. 2018, § 221 Rn. 75; Kölner Komm AktG/*Drygala/Staake* Rn. 28, 75 f.; MüKoAktG/*Fuchs* Rn. 48 ff.; MüKoAktG/*Habersack* § 221 Rn. 37 f.; Wachter/*Dürr* Rn. 10; *Busch* in Marsch-Barner/Schäfer Börsennotierte AG-HdB Rn. 44.8; *Ekkenga* in Claussen, Bank- und Börsenrecht, 4. Aufl. 2008, § 6 Rn. 180; MHdB AG/*Scholz* § 58 Rn. 9, § 64 Rn. 53; *Dierks*, Selbständige Aktienoptionsscheine, 2000, 131 ff.; *Kniehase*, Derivate auf eigene Aktien, 2005, 65 f.; *M. Steiner*, Isoliert begebene Optionsscheine mit Finanzierungsfunktion, 2012, 182; *Weiß*, Aktienoptionspläne für Führungskräfte, 1999, 158 ff.; *Fuchs* DB 1997, 661 (664 ff.); *Gätsch/Theusinger* WM 2005, 1256 (1259 ff.); *Paefgen* AG 1999, 67 (70 f.); *Roth/Schoneweg* WM 2002, 677 (681 f.); *Schlitt/Löschner* BKR 2002, 150 (153 ff.); *Steiner* WM 1990, 1776 (1777 ff.); s. auch *Kerber*, Eigenkapitalverwandte Finanzierungsinstrumente, 2002, 85 ff.; *Kuntz* AG 2004, 480 (483 ff.); *Schäfer* ZGR-Sonderheft 16, 2000, 62 (78 f.); offen BeckHdB AG/*Gotthardt* § 9 Rn. 53; *Groß* in Marsch-Barner/Schäfer Börsennotierte AG-HdB Rn. 51.13.
[105] Vgl. Bürgers/Körber/*Marsch-Barner* Rn. 11; MüKoAktG/*Fuchs* Rn. 49.
[106] Vgl. Hüffer/Koch/*Koch*, 13. Aufl. 2018, § 192 Rn. 10; *Groß* in Marsch-Barner/Schäfer Börsennotierte AG-HdB Rn. 51.13; MHdB AG/*Scholz* § 58 Rn. 9, § 64 Rn. 53; *M. Steiner*, Isoliert begebene Optionsscheine mit Finanzierungsfunktion, 2012, 182; *Hüffer* ZHR 161 (1997) 214 (223); anders NK-AktR/*M. Müller* § 221 Rn. 594 ff., der zwar die Zulässigkeit von Naked Warrants offen lässt, aber jedenfalls die Bedienung aus einem bedingten Kapital als unzulässig ansieht; s. auch OLG Stuttgart ZIP 2002, 1807 (1808 f.), das die Frage nach der Zulässigkeit von Naked Warrants offen lässt, aber jedenfalls die Besicherung durch ein bedingtes Kapitals als unzulässig ansieht.

schen § 187 und §§ 192 Abs. 2, 221 in sein Gegenteil verkehrt werden könne.[107] Die besseren Argumente sprechen jedoch für die **Zulässigkeit von Naked Warrants analog § 221.**[108] Der Unterschied zwischen selbständigen Optionsrechten und den in § 221 Abs. 1 geregelten Optionsanleihen ist allein darin zu sehen, dass letztere zusätzlich eine Fremdfinanzierungskomponente aufweisen. Inhaltlich besteht zwischen einem selbständigen und einem zusammen mit einer Anleihe ausgegebenen Optionsrecht kein Unterschied.[109] Der Schutz der Aktionäre lässt sich auch bei der Ausgabe von Naked Warrants über das Bezugsrecht gem. § 221 Abs. 4 sicherstellen. Daher ist nicht erkennbar, weshalb allein die Kombination mit einer zusätzlichen Fremdfinanzierungskomponente eine unterschiedliche Behandlung von Naked Warrants und Optionsanleihen rechtfertigen sollte,[110] zumal in der Praxis auch bei letzteren die Optionsrechte regelmäßig von der Anleihe abtrennbar und selbständig handelbar sind.[111]

gg) Aktien mit Optionsrechten. Zur Steigerung des Ausgabekurses können Aktien aus einer **32** regulären oder genehmigten Kapitalerhöhung mit Optionsrechten auf weitere Aktien verbunden werden (sog. **„Huckepack-Emission"**). Bei den mit Aktien gekoppelten Optionsrechten handelt es sich um eine **besondere Erscheinungsform der selbständigen Optionsrechte,** so dass eine Gleichbehandlung geboten ist. Hält man zutreffend die Ausgabe von Naked Warrants und deren Absicherung durch ein bedingtes Kapital für zulässig (→ Rn. 30 f.), muss gleiches auch für Optionsrechte gelten, die mit Aktien gekoppelt sind.[112] Für die Ausgabe der Optionsrechte ist neben den beiden Kapitalerhöhungsbeschlüssen (nach § 192 und nach § 182 oder § 202) kein zusätzlicher Hauptversammlungsbeschluss nach § 221 Abs. 1 erforderlich, da der notwendige Erhöhungsbeschluss nach § 182 oder § 202 in seinen Anforderungen den Vorgaben des § 221 Abs. 1 entspricht.[113]

hh) Schuldverschreibungen Dritter. Bei Wandelschuldverschreibungen wird die Anleihe in **33** der Praxis teilweise aus finanztechnischen und steuerlichen Gründen (insbesondere Steuervorteile für ausländische Zeichner) von einer ausländischen Tochtergesellschaft aufgenommen, während sich die Umtausch- oder Bezugsrechte gegen die deutsche Muttergesellschaft richten (sog. **„Warrant-Anleihen"**).[114] Nach zutreffender und heute ganz hM lassen sich auch in derartigen Fällen die von der Muttergesellschaft eingeräumten Umtausch- oder Bezugsrechte grundsätzlich durch ein bedingtes Kapital absichern.[115] Erforderlich ist allerdings ein Hauptversammlungsbeschluss analog § 221 Abs. 1.[116] Entsprechend anwendbar ist auch § 221 Abs. 4. Die Anleiheemittentin muss daher den Aktionären der Muttergesellschaft nach Maßgabe von § 186 ein Bezugsrecht einräumen. Andernfalls

---

[107] Kölner Komm AktG/*Lutter,* 2. Aufl. 1994, Rn. 9, § 221 Rn. 185; ähnlich GHEK/*Bungeroth* Rn. 29.
[108] Für direkte Einbeziehung in den Anwendungsbereich von § 221 Kölner Komm AktG/*Drygala/Staake* Rn. 28, 75; MüKoAktG/*Fuchs* Rn. 51; MüKoAktG/*Habersack* § 221 Rn. 37: atypische Genussrechte.
[109] MüKoAktG/*Fuchs* Rn. 50; MüKoAktG/*Habersack* § 221 Rn. 37.
[110] Vgl. MüKoAktG/*Habersack* § 221 Rn. 37; s. auch *Busch* in Marsch-Barner/Schäfer Börsennotierte AG-HdB Rn. 44.8, der zu Recht darauf hinweist, dass die Verneinung der Zulässigkeit Umgehungsgestaltungen provoziere.
[111] Vgl. MüKoAktG/*Fuchs* Rn. 48; s. auch *Busch* in Marsch-Barner/Schäfer Börsennotierte AG-HdB Rn. 44.8.
[112] Vgl. Bürgers/Körber/*Marsch-Barner* Rn. 10; Grigoleit/*Rieder/Holzmann* Rn. 22; Hölters/*Apfelbacher/Niggemann* Rn. 29; Hüffer/Koch/*Koch,* 13. Aufl. 2018, § 221 Rn. 76; Kölner Komm AktG/*Drygala/Staake* Rn. 77; MüKoAktG/*Fuchs* Rn. 53; MüKoAktG/*Habersack* § 221 Rn. 39; NK-AktR/*Wagner* Rn. 12; Wachter/*Dürr* Rn. 10; MHdB AG/*Scholz* § 64 Rn. 53; offen BeckHdB AG/*Gotthardt* § 9 Rn. 53; teilweise werden derartige Gestaltungen auch von den Gegnern selbständiger Optionsrechte als zulässig angesehen, s. etwa Großkomm AktG/*Frey* Rn. 81; *Martens* AG 1989, 69 (71 ff.); konsequent dagegen GHEK/*Bungeroth* Rn. 29; Kölner Komm AktG/*Lutter,* 2. Aufl. 1994, Rn. 9, § 221 Rn. 186; MAH AktR/*Dissars* § 35 Rn. 5, die sowohl Naked Warrants als auch die Ausgabe von Aktien mit Optionsrechten als unzulässig ansehen.
[113] Großkomm AktG/*Frey* Rn. 81; Hüffer/Koch/*Koch,* 13. Aufl. 2018, § 221 Rn. 76; MHdB AG/*Scholz* § 64 Rn. 53; aA MüKoAktG/*Fuchs* Rn. 53; MüKoAktG/*Habersack* § 221 Rn. 39.
[114] Zu verschiedenen Gestaltungsformen s. Hüffer/Koch/*Koch,* 13. Aufl. 2018, § 221 Rn. 71.
[115] Bürgers/Körber/*Marsch-Barner* Rn. 9; GHEK/*Bungeroth* Rn. 21 ff.; GHEK/*Karollus* § 221 Rn. 39 f.; Großkomm AktG/*Frey* Rn. 78 ff.; Hölters/*Apfelbacher/Niggemann* Rn. 26; Hüffer/Koch/*Koch,* 13. Aufl. 2018, Rn. 12; Kölner Komm AktG/*Drygala/Staake* Rn. 80; MüKoAktG/*Fuchs* Rn. 55; K. Schmidt/Lutter/*Veil* Rn. 13; Wachter/*Dürr* Rn. 9; *Busch* in Marsch-Barner/Schäfer Börsennotierte AG-HdB Rn. 44.6; MHdB AG/*Scholz* § 64 Rn. 63; *Hirte,* Bezugsrechtsausschluss und Konzernbildung, 1986, 60 f.; *Schumann,* Optionsanleihen, 1990, 159 ff.; *Busch* AG 1999, 58; *Martens* FS Stimpel, 1985, 621 (627 ff.); *Silcher* FS Geßler, 1971, 185 (188 ff.); *Wolff* WiB 1997, 505 (510); anders noch *Gustavus* BB 1970, 694 f.; *Würdinger* AktR S. 93.
[116] Bürgers/Körber/*Marsch-Barner* Rn. 9; GHEK/*Bungeroth* Rn. 24; GHEK/*Karollus* § 221 Rn. 39; Hüffer/Koch/*Koch,* 13. Aufl. 2018, Rn. 12, § 221 Rn. 72; Kölner Komm AktG/*Drygala/Staake* Rn. 79; MüKoAktG/*Fuchs* Rn. 54; K. Schmidt/Lutter/*Veil* Rn. 13; *Busch* in Marsch-Barner/Schäfer Börsennotierte AG-HdB Rn. 44.6; MHdB AG/*Scholz* § 64 Rn. 64; *Schumann,* Optionsanleihen, 1990, 163; *Busch* AG 1999, 58; *Martens* FS Stimpel, 1985, 621 (631); *Wolff* WiB 1997, 505 (510).

muss dieses unter den Voraussetzungen von § 186 Abs. 3 und 4 explizit ausgeschlossen werden.[117] Um die Grenzen des § 192 Abs. 2 nicht zu sehr aufzuweichen, wird man eine bedingte Kapitalerhöhung zur Absicherung der Umtausch- oder Bezugsrechte aus Warrant-Anleihen allerdings nur dann zulassen können, wenn die Emission den Finanzierungsinteressen des Konzerns dient.[118] Dies dürfte bei Bestehen einer Konzernverbindung iSd § 18 aber regelmäßig der Fall sein.[119]

34 **ii) Umwandlung von Komplementäranteilen.** Bei der KGaA finden sich in der Praxis teilweise Satzungsregelungen, wonach der Komplementär berechtigt ist, seine Sondereinlage in Kommanditaktien umzuwandeln.[120] Zur Absicherung des Rechts auf Umwandlung kann analog § 192 Abs. 2 Nr. 1 ein bedingtes Kapital geschaffen werden.[121] Dabei ist sicherzustellen, dass die umwandelbaren Komplementäranteile zum vollen Wert ausgegeben werden und die Komplementäre im selben Umfang wie Aktionäre Rücklagen bilden, damit die Aktionäre, die kein Bezugsrecht auf Komplementäranteile haben, infolge der Umwandlung keine Verwässerung ihrer Anteile hinnehmen müssen.[122]

35 **b) Verhältnis von Ausgabe- und Erhöhungsbeschluss.** Der Beschluss über die bedingte Kapitalerhöhung gem. § 192 Abs. 1 ist von dem Beschluss über die Ausgabe der Wandelschuldverschreibungen (oder der gleichstehenden Finanzierungsinstrumente) gem. § 221 Abs. 1 und 3 zu unterscheiden. Die Beschlüsse **können verbunden und einheitlich zur Abstimmung gestellt werden**.[123] Eine bestimmte zeitliche Reihenfolge ist nicht vorgeschrieben. Wird zunächst der Beschluss gem. § 221 Abs. 1 gefasst, ist die Hauptversammlung nicht verpflichtet, auch die bedingte Kapitalerhöhung zu beschließen. Die vorausgehende Ausgabe der Wandelschuldverschreibungen ist ungeachtet von § 193 Abs. 1 S. 3 iVm § 187 Abs. 2 wirksam.[124] Möglich ist auch, dass der Beschluss über die Ausgabe der Wandelschuldverschreibungen dem Erhöhungsbeschluss zeitlich nachfolgt. In diesem Fall muss der Beschluss über die bedingte Kapitalerhöhung aber bereits die Anweisung zur Einräumung von Umtausch- oder Bezugsrechten an die künftigen Inhaber der Wandelschuldverschreibungen enthalten.[125] Wird der Erhöhungsbeschluss vor dem Beschluss nach § 221 Abs. 1 gefasst, ist er mit einer aufschiebenden Bedingung oder der Anweisung an den Vorstand zu versehen, die Anmeldung erst nach der Beschlussfassung gem. § 221 Abs. 1 vorzunehmen.[126]

36 **3. Zusammenschluss mehrerer Unternehmen (Abs. 2 Nr. 2).** Gem. § 192 Abs. 2 Nr. 2 ist die bedingte Kapitalerhöhung zulässig, um den Zusammenschluss mehrerer Unternehmen vorzubereiten. Da gem. § 193 Abs. 2 Nr. 2 im Erhöhungsbeschluss der Kreis der Bezugsberechtigten anzugeben ist, muss sich die Schaffung des bedingten Kapitals stets auf einen **konkreten Zusammenschluss** beziehen.[127] Die bedingte Kapitalerhöhung hat daher den Nachteil, dass sie zu einer frühzeitigen

---

[117] Bürgers/Körber/*Marsch-Barner* Rn. 9; GHEK/*Bungeroth* Rn. 24; Hüffer/Koch/*Koch*, 13. Aufl. 2018, Rn. 12, § 221 Rn. 73; MüKoAktG/*Fuchs* Rn. 54; K. Schmidt/Lutter/*Veil* Rn. 13; MHdB AG/*Scholz* § 64 Rn. 65.
[118] GHEK/*Bungeroth* Rn. 22; Grigoleit/*Rieder/Holzmann* Rn. 20; Hüffer/Koch/*Koch*, 13. Aufl. 2018, Rn. 12; Kölner Komm AktG/*Drygala/Staake* Rn. 80; MüKoAktG/*Fuchs* Rn. 55; *Martens* FS Stimpel, 1985, 621 (627 ff.); s. auch Großkomm AktG/*Frey* Rn. 80; aA MHdB AG/*Scholz* § 64 Rn. 63.
[119] Vgl. GHEK/*Bungeroth* Rn. 22; Kölner Komm AktG/*Drygala/Staake* Rn. 80; MüKoAktG/*Fuchs* Rn. 55 Fn. 128.
[120] Ausf. MHdB AG/*Herfs* § 80 Rn. 12 ff.; *Wichert*, Die Finanzen der Kommanditgesellschaft auf Aktien, 1998, 163 ff.
[121] Großkomm AktG/*Assmann/Sethe* § 278 Rn. 191; MüKoAktG/*Perlitt* § 278 Rn. 390; *Busch* in Marsch-Barner/Schäfer Börsennotierte AG-HdB Rn. 44.8; MHdB AG/*Herfs* § 80 Rn. 15 f.; MHdB AG/*Scholz* § 58 Rn. 16; *Wichert*, Die Finanzen der Kommanditgesellschaft auf Aktien, 1998, 171 ff.; aA *Krug* AG 2000, 510 (514).
[122] MHdB AG/*Herfs* § 80 Rn. 16.
[123] BGH ZIP 2006, 368 (369); Bürgers/Körber/*Marsch-Barner* Rn. 12; GHEK/*Bungeroth* Rn. 30; Grigoleit/*Rieder/Holzmann* Rn. 23; Hölters/*Apfelbacher/Niggemann* Rn. 33; Hüffer/Koch/*Koch*, 13. Aufl. 2018, Rn. 13; Kölner Komm AktG/*Drygala/Staake* Rn. 83; MüKoAktG/*Fuchs* Rn. 56 f.; K. Schmidt/Lutter/*Veil* Rn. 14; Wachter/*Dürr* Rn. 11; *Busch* in Marsch-Barner/Schäfer Börsennotierte AG-HdB Rn. 44.36.
[124] Bürgers/Körber/*Marsch-Barner* Rn. 12; Großkomm AktG/*Frey* Rn. 55; Hüffer/Koch/*Koch*, 13. Aufl. 2018, Rn. 13; Kölner Komm AktG/*Drygala/Staake* Rn. 82; MüKoAktG/*Fuchs* Rn. 56.
[125] Hüffer/Koch/*Koch*, 13. Aufl. 2018, Rn. 13; MüKoAktG/*Fuchs* Rn. 57.
[126] Hölters/*Apfelbacher/Niggemann* Rn. 33; Hüffer/Koch/*Koch*, 13. Aufl. 2018, Rn. 13; *Busch* in Marsch-Barner/Schäfer Börsennotierte AG-HdB Rn. 44.36; s. auch Kölner Komm AktG/*Drygala/Staake* Rn. 84; teilweise anders Großkomm AktG/*Frey* Rn. 56; MüKoAktG/*Fuchs* Rn. 57: Aufnahme einer aufschiebenden Bedingung oder einer entsprechenden Anweisung an den Vorstand nicht zwingend erforderlich; so wohl auch Grigoleit/*Rieder/Holzmann* Rn. 23.
[127] Vgl. Bürgers/Körber/*Marsch-Barner* Rn. 13; Hölters/*Apfelbacher/Niggemann* Rn. 40; Hüffer/Koch/*Koch*, 13. Aufl. 2018, Rn. 14; Kölner Komm AktG/*Drygala/Staake* Rn. 88; MüKoAktG/*Fuchs* Rn. 58; K. Schmidt/Lutter/*Veil* Rn. 16; Wachter/*Dürr* Rn. 13; *Busch* in Marsch-Barner/Schäfer Börsennotierte AG-HdB Rn. 44.9.

Offenlegung des Zusammenschlussvorhabens führt.[128] Dementsprechend kommt § 192 Abs. 2 Nr. 2 eine wesentlich geringere Bedeutung zu als § 192 Abs. 2 Nr. 1 und 3 (→ Rn. 14).

§ 192 Abs. 2 Nr. 2 setzt den Zusammenschluss mehrerer Unternehmen voraus. Dabei ist der **37 Unternehmensbegriff rechtsformneutral** zu verstehen, so dass neben juristischen Personen auch Personengesellschaften, Einzelkaufleute, Freiberufler und Personen des öffentlichen Rechts erfasst werden.[129] Der Rechtsträger, bei dem die bedingte Kapitalerhöhung durchgeführt wird, muss stets eine AG, KGaA oder SE sein. Als **Zusammenschluss** iSv § 192 Abs. 2 Nr. 2 ist jede Verbindung zwischen mindestens zwei Unternehmen anzusehen, sofern für deren Durchführung Aktien benötigt werden.[130] Hierfür ist es ausreichend, wenn die Ausgabe der Aktien aus dem bedingten Kapital nach Vollzug der Transaktion erfolgt.[131] Auch insoweit wird die bedingte Kapitalerhöhung jedenfalls dann noch iSv § 192 Abs. 2 Nr. 2 „zur Vorbereitung" des Zusammenschlusses mehrerer Unternehmen beschlossen, wenn die Beschlussfassung vor Vollzug der Transaktion erfolgt. Für die Einordnung als „Zusammenschluss" gem. § 192 Abs. 2 Nr. 2 kommt es nicht darauf an, ob die rechtliche Selbständigkeit nach dem Zusammenschluss fortbesteht oder verloren geht.[132] Anders als nach § 37 GWB ist auch die Erreichung eines bestimmten Maßes an Einfluss nicht erforderlich.[133]

§ 192 Abs. 2 Nr. 2 erfasst zunächst den Abschluss von **Beherrschungs- und Gewinnabfüh- 38 rungsverträgen,** bei denen die gem. § 305 Abs. 2 Nr. 1 oder 2 als Abfindung zu gewährenden Aktien aus einer bedingten Kapitalerhöhung stammen können. Daneben kann die bedingte Kapitalerhöhung bei der **Eingliederung** (§§ 319 ff.), der **Verschmelzung** durch Aufnahme (§§ 4 ff., 60 ff. UmwG) sowie bei der **Spaltung** und der **Ausgliederung** zur Aufnahme (§§ 126 ff., 141 ff., 153 ff. UmwG) zum Einsatz kommen.[134] In diesen Fällen können durch die Schaffung eines bedingten Kapitals die den Gesellschaftern der übertragenden bzw. eingegliederten Gesellschaft zu gewährenden oder für die Abfindung der Inhaber von Umtausch- oder Bezugsrechten benötigten Aktien bereitgestellt werden.[135] Eine bedingte Kapitalerhöhung kann sich im Fall einer Verschmelzung oder Spaltung anbieten, um bei der übertragenden Gesellschaft bestehende Umtausch- oder Bezugsrechte abzusichern, für die **gleichwertige Rechte** in dem übernehmenden Rechtsträger zu gewähren sind (§ 23 UmwG).[136] § 192 Abs. 2 Nr. 2 erfasst nicht die Verschmelzung durch Neugründung (§§ 36 ff., 73 ff. UmwG), da die Gründung keine Kapitalerhöhung darstellt.[137]

Ein bedingtes Kapital gem. § 192 Abs. 2 Nr. 2 kann zur Durchführung eines Unternehmenser- **38a** werbs gegen Gewährung von Aktien **(Share-for-Share)** genutzt werden (Einbringung der Anteile an der Zielgesellschaft als Sacheinlage).[138] Erfasst ist nicht nur die Begleichung des ursprünglichen Kaufpreises durch Gewährung von Aktien, sondern auch die Ergänzung einer zunächst erfolgten Aktienausgabe durch zusätzliche Aktien erst im Anschluss an den Vollzug der Transaktion (→ Rn. 37). Dabei geht es primär um eine Korrektur des Umtauschverhältnisses, um im Nachhinein festgestellte Verschiebungen im Wertverhältnis zwischen Zielgesellschaft und Erwerber auszuglei-

---

[128] Vgl. Bürgers/Körber/*Marsch-Barner* Rn. 13; GHEK/*Bungeroth* Rn. 31; Grigoleit/*Rieder/Holzmann* Rn. 24; Großkomm AktG/*Frey* Rn. 86; Kölner Komm AktG/*Drygala/Staake* Rn. 86; MüKoAktG/*Fuchs* Rn. 61.

[129] Bürgers/Körber/*Marsch-Barner* Rn. 13; GHEK/*Bungeroth* Rn. 32; Großkomm AktG/*Frey* Rn. 89 f.; Hölters/*Apfelbacher/Niggemann* Rn. 41; Hüffer/Koch/*Koch*, 13. Aufl. 2018, Rn. 14; Kölner Komm AktG/*Drygala/Staake* Rn. 87; MüKoAktG/*Fuchs* Rn. 59; K. Schmidt/Lutter/*Veil* Rn. 16.

[130] Bürgers/Körber/*Marsch-Barner* Rn. 13; Hüffer/Koch/*Koch*, 13. Aufl. 2018, Rn. 14; Kölner Komm AktG/*Drygala/Staake* Rn. 86; MüKoAktG/*Fuchs* Rn. 60; Wachter/*Dürr* Rn. 12; MHdB AG/*Scholz* § 58 Rn. 10; teilweise einschränkend *Busch* in Marsch-Barner/Schäfer Börsennotierte AG-HdB Rn. 44.9.

[131] Vgl. *Hoppe*, Gewährung zusätzlicher Aktien bei Unternehmenskäufen und Umwandlungen, 2015, S. 131 f., 248; *Krause* ZHR 181 (2017), 641 (675).

[132] OLG München WM 1993, 1285 (1288); Bürgers/Körber/*Marsch-Barner* Rn. 13; Großkomm AktG/*Frey* Rn. 88; Hölters/*Apfelbacher/Niggemann* Rn. 41; Hüffer/Koch/*Koch*, 13. Aufl. 2018, Rn. 14; Kölner Komm AktG/*Drygala/Staake* Rn. 86; MüKoAktG/*Fuchs* Rn. 60.

[133] Großkomm AktG/*Frey* Rn. 88; Kölner Komm AktG/*Drygala/Staake* Rn. 90; MüKoAktG/*Fuchs* Rn. 60.

[134] Bürgers/Körber/*Marsch-Barner* Rn. 13; Grigoleit/*Rieder/Holzmann* Rn. 25; Großkomm AktG/*Frey* Rn. 87; Hölters/*Apfelbacher/Niggemann* Rn. 41; Kölner Komm AktG/*Drygala/Staake* Rn. 93 f.; MüKoAktG/*Fuchs* Rn. 60; K. Schmidt/Lutter/*Veil* Rn. 17; Wachter/*Dürr* Rn. 12; *Busch* in Marsch-Barner/Schäfer Börsennotierte AG-HdB Rn. 44.10; MHdB AG/*Scholz* § 58 Rn. 10.

[135] Vgl. OLG München WM 1993, 1285 (1288); GHEK/*Bungeroth* Rn. 35; MHdB AG/*Scholz* § 58 Rn. 10; *Martens* AG 1992, 209 (214).

[136] Bürgers/Körber/*Marsch-Barner* Rn. 13; Kallmeyer/*Marsch-Barner* UmwG § 69 Rn. 16; Kölner Komm AktG/*Drygala/Staake* Rn. 93; MüKoAktG/*Fuchs* Rn. 61; *Busch* in Marsch-Barner/Schäfer Börsennotierte AG-HdB Rn. 44.10.

[137] Grigoleit/*Rieder/Holzmann* Rn. 25; Großkomm AktG/*Frey* Rn. 87; Hüffer/Koch/*Koch,* 13. Aufl. 2018, Rn. 14; MüKoAktG/*Fuchs* Rn. 60; K. Schmidt/Lutter/*Veil* Rn. 17.

[138] *Hoppe*, Gewährung zusätzlicher Aktien bei Unternehmenskäufen und Umwandlungen, 2015, 245 f.; Kölner Komm AktG/*Drygala/Staake* Rn. 90.

chen. Von § 192 Abs. 2 Nr. 2 gedeckt ist etwa der Einsatz eines bedingten Kapitals zur Bedienung sog. **Earn-out-Klauseln,** nach denen sich der endgültig zu zahlende Kaufpreis bei Erreichen bestimmter Ertragsziele erhöht.[139] Gleiches gilt für Vereinbarungen über sog. **Contingent Shares,** dh zusätzliche Aktien, die vom Erwerber bei Eintritt bestimmter sonstiger Ereignisse in Bezug auf die Zielgesellschaft zu gewähren sind.[140] Ebenfalls erfasst ist die Bedienung sog. **Contingent Value Rights** (CVR), die für den Veräußerer einen Ausgleich schaffen, wenn der Wert des Erwerbers im Verhältnis zum Wert des Zielunternehmens geringer als zunächst angenommen ist.[141] Auch für die Bereitstellung von Zusatzaktien, um Inhabern von Umtausch- oder Bezugsrechten auf Aktien der Zielgesellschaft nach Vollzug der Transaktion Aktien des Erwerbers zu gewähren (sog. **Roll-over**), kann ein bedingtes Kapital gem. § 192 Abs. 2 Nr. 2 geschaffen werden.[142]

39 **4. Bezugsrechte für Arbeitnehmer und Mitglieder der Geschäftsführung (Stock Options) (Abs. 2 Nr. 3). a) Allgemeines. aa) Entstehungsgeschichte.** Eine bedingte Kapitalerhöhung kann gem. § 192 Abs. 2 Nr. 3 auch zur Gewährung von Bezugsrechten (Stock Options) an Arbeitnehmer und Mitglieder der Geschäftsführung der Gesellschaft oder eines verbundenen Unternehmens beschlossen werden. § 192 Abs. 2 Nr. 3 wurde 1998 durch Art. 1 Nr. 26 **KonTraG** grundlegend umgestaltet. Die zuvor geltende Fassung gestattete die Schaffung eines bedingten Kapitals lediglich zur Gewährung von Bezugsrechten an Arbeitnehmer der Gesellschaft zum Bezug neuer Aktien gegen Einlage von Geldforderungen, die den Arbeitnehmern aus einer ihnen von der Gesellschaft eingeräumten Gewinnbeteiligung zustehen. Die praktische Relevanz dieser Vorschrift war äußerst gering.[143] Vor Inkrafttreten des KonTraG wurden Aktienoptionsprogramme regelmäßig über die Ausgabe von Wandelschuldverschreibungen realisiert (verbunden mit einer bedingten Kapitalerhöhung nach § 192 Abs. 2 Nr. 1).[144] Dieser Weg ist seit 1998 entbehrlich. Nach der Neufassung von § 192 Abs. 2 Nr. 3 kann die bedingte Kapitalerhöhung nunmehr unmittelbar zur Absicherung „nackter" Bezugsrechte für Arbeitnehmer und Mitglieder der Geschäftsführung eingesetzt werden. Trotz der gesetzlichen Anerkennung von Stock Options in § 192 Abs. 2 Nr. 3 und § 193 Abs. 2 Nr. 4 bleibt der herkömmliche Weg über die Ausgabe von Wandelschuldverschreibungen weiterhin zulässig.[145]

40 Durch das KonTraG wurde nicht nur die Gewährung von Stock Options ermöglicht, sondern auch der **Kreis der Bezugsberechtigten** erweitert. Mögliche Begünstigte sind nunmehr auch Mitglieder der Geschäftsführung. Soweit in der Neufassung ausdrücklich auch die Arbeitnehmer und Mitglieder der Geschäftsführung von verbundenen Unternehmen einbezogen werden, handelt es sich um eine bloße Klarstellung. Bereits vor der Änderung entsprach es der wohl einhelligen Auffassung, dass auch Arbeitnehmer von verbundenen Unternehmen in den Anwendungsbereich der Vorschrift einzubeziehen sind.[146] Die alternative Erwähnung von Zustimmungs- und Ermächtigungsbeschluss in der Neufassung hat zur Folge, dass die Hauptversammlung nicht in jedem Fall selbst die endgültige Entscheidung über die Auflegung eines Aktienoptionsplans treffen muss.[147]

41 **bb) Normzweck.** Die Neufassung von § 192 Abs. 2 Nr. 3 durch das KonTraG erweitert die Möglichkeiten für eine erfolgsorientierte Vergütung des Managements. Der Gesetzgeber hat sich

---

[139] *Hoppe*, Gewährung zusätzlicher Aktien bei Unternehmenskäufen und Umwandlungen, 2015, 248; *Krause* ZHR 181 (2017), 641 (675); aA *Baums*, Bericht der Regierungskommission Corporate Governance, 2001, Rn. 223; *Hoffmann-Becking* ZHR-Beiheft 71, 2002, 215 (228 f.).

[140] *Hoppe*, Gewährung zusätzlicher Aktien bei Unternehmenskäufen und Umwandlungen, 2015, 248; aA *Baums*, Bericht der Regierungskommission Corporate Governance, 2001, Rn. 223; *Hoffmann-Becking* ZHR-Beiheft 71, 2002, 215 (228 f.).

[141] *Hoppe*, Gewährung zusätzlicher Aktien bei Unternehmenskäufen und Umwandlungen, 2015, 131 f., 248; *Krause* ZHR 181 (2017), 641 (678 f.).

[142] *Krause* ZHR 181 (2017), 641 (676); weitergehend *Hoppe*, Gewährung zusätzlicher Aktien bei Unternehmenskäufen und Umwandlungen, 2015, 308 ff.; *I. Scholz* ZIP 2001, 1341 (1343), die den Beschluss einer bedingten Kapitalerhöhung gem. § 192 Abs. 2 Nr. 2 wohl auch noch nach Vollzug der Transaktion zulassen wollen.

[143] Vgl. BegrRegE BT-Drs. 13/9712, 23; Großkomm AktG/*Frey* Rn. 6; Hüffer/Koch/*Koch*, 13. Aufl. 2018, Rn. 15; MüKoAktG/*Fuchs* Rn. 62; *Hüffer* ZHR 161 (1997) 214 (239); *Fuchs* DB 1997, 661 (662).

[144] Vgl. Hüffer/Koch/*Koch*, 13. Aufl. 2018, Rn. 15; MüKoAktG/*Fuchs* Rn. 62; *Holzborn* in Marsch-Barner/Schäfer Börsennotierte AG-HdB Rn. 53.6; *Hüffer* ZHR 161 (1997) 214 (238 f.).

[145] Vgl. BegrRegE BT-Drs. 13/9712, 23; s. auch LG München I AG 2001, 376 (377); Bürgers/Körber/*Marsch-Barner* Rn. 14; Hüffer/Koch/*Koch*, 13. Aufl. 2018, Rn. 15; Kölner Komm AktG/*Mertens/Cahn* § 87 Rn. 46; MüKoAktG/*Fuchs* Rn. 62; *Holzborn* in Marsch-Barner/Schäfer Börsennotierte AG-HdB Rn. 53.6; *Zimmer* DB 1999, 999 (1000); einschränkend Kölner Komm AktG/*Drygala/Staake* Rn. 144: nur wenn die Wandelschuldverschreibungen nicht nur eine Vergütungs-, sondern auch eine Finanzierungsfunktion haben.

[146] Vgl. MüKoAktG/*Fuchs* Rn. 63 mwN.

[147] Vgl. MüKoAktG/*Fuchs* Rn. 64.

darauf berufen, dass über die Auflegung von Aktienoptionsplänen an den Finanzmärkten Vertrauen in eine entsprechende Motivation des Managements begründet werden könne. Darüber hinaus findet sich in der Gesetzesbegründung zum KonTraG der Hinweis, dass ausländische Führungskräfte solche Vergütungskomponenten erwarten würden. Dementsprechend könnten sie von deutschen Unternehmen als Faktor im Wettbewerb um Führungskräfte eingesetzt werden. Gerade junge und innovative Unternehmen seien dadurch in der Lage, geeignetes Führungspersonal zu gewinnen, ohne durch hohe fixe Gehaltskosten belastet zu sein.[148]

Über die Gewährung von Aktienoptionen sollen die Interessen der Begünstigten und der Aktionäre mit dem Ziel einer für alle Beteiligten positiven Entwicklung der Gesellschaft zusammengeführt werden.[149] Auf diese Weise soll die Gefahr opportunistischen Verhaltens von Führungskräften gemindert und der sog. **Principal-Agent-Konflikt**[150] entschärft werden.[151] Die gesetzliche Erleichterung der Ausgabe von Aktienoptionen an Mitglieder der Geschäftsführung ist **Ausdruck des Shareholder-Value-Gedankens,** wonach Kontroll- und Steuerungsinstrumente der Unternehmensführung an der Wertentwicklung des Unternehmens zu orientieren sind.[152] Gleichwohl lässt sich aus ihr keine generelle Entscheidung des Gesetzgebers zugunsten des Shareholder-Value-Ansatzes ableiten.[153] 42

Anders als bei Aktienoptionsplänen für das Management geht es bei der Ausgabe von Stock Options an Arbeitnehmer weniger um eine Ausrichtung auf die Aktionärsinteressen, da der einzelne Arbeitnehmer nur einen begrenzten Einfluss auf den wirtschaftlichen Erfolg des Unternehmens hat. Im Vordergrund steht vielmehr eine **stärkere Identifikation der Arbeitnehmer mit ihrem Unternehmen.**[154] Neben einer Motivationssteigerung soll hierdurch typischerweise eine langfristige Bindung an das Unternehmen erreicht werden, was insbesondere in Branchen mit hoher Mitarbeiterfluktuation von Bedeutung sein kann.[155] Die Bindung an das Unternehmen wird zumeist durch den Einsatz von Verfallklauseln verstärkt, wonach die Aktienoptionen bei Beendigung des Arbeitsverhältnisses ersatzlos verfallen.[156] 43

In der Praxis ist die Auflegung von Aktienoptionsplänen häufig auch dadurch motiviert, dass diese Vergütungsform das Ergebnis nicht durch Personalaufwendungen belastet und unter Umständen außerhalb des Rechnungswesens gehalten werden kann.[157] Bei der Bilanzierung nach IFRS ist allerdings eine Verbuchung als Aufwand erforderlich (→ Rn. 72). Im Hinblick auf den zunehmenden Einfluss der internationalen Rechnungslegungsstandards wird auch für die Bilanzierung nach HGB zunehmend bezweifelt, ob sich eine ergebniswirksame Erfassung tatsächlich vermeiden lässt. Nach richtiger Ansicht ist dies jedoch nach wie vor der Fall (→ Rn. 69 ff.). 44

cc) Gefahren bei der Ausgestaltung von Aktienoptionsplänen. Die durch das KonTraG eingeführten gesetzlichen Erleichterungen zur Auflegung von Aktienoptionsplänen sind von der Literatur zunächst überwiegend begrüßt worden.[158] Inzwischen ist jedoch eine gewisse Ernüchterung eingekehrt. Stock Options werden auch international zunehmend kritisch gesehen.[159] Ein Grund hierfür sind die US-amerikanischen Bilanzskandale zu Beginn des 21. Jahrhunderts (Enron, 45

---

[148] BegrRegE BT-Drs. 13/9712, 23.
[149] BegrRegE BT-Drs. 13/9712, 23.
[150] Eine Principal-Agent-Beziehung liegt vor, wenn ein Auftraggeber (Principal) einen Auftragnehmer (Agent) vertraglich mit einer Aufgabe betraut; da annahmegemäß jeder Vertragspartner eigennützig handelt, entsteht hierdurch eine Konfliktsituation, s. dazu grundlegend *Jensen/Meckling* 3 JFE 1976, 305–360.
[151] Vgl. Grigoleit/*Rieder/Holzmann* Rn. 26; Hölters/*Apfelbacher/Niggemann* Rn. 42; Hüffer/Koch/*Koch*, 13. Aufl. 2018, Rn. 16; Kölner Komm AktG/*Drygala/Staake* Rn. 99; MüKoAktG/*Fuchs* Rn. 65; Wachter/*Dürr* Rn. 14; *Holzborn* in Marsch-Barner/Schäfer Börsennotierte AG-HdB Rn. 53.7; *Achleitner/Wichels* in Achleitner/Wollmert, Stock Options, 2. Aufl. 2002, 1 (5 f.); *Sauter/Babel* in Kessler/Sauter, Stock Options, 2003, Rn. 11 ff., 23 f.; *M. Käpplinger*, Inhaltskontrolle von Aktienoptionsplänen, 2003, 18 f.
[152] Vgl. Grigoleit/*Rieder/Holzmann* Rn. 26; Großkomm AktG/*Frey* Rn. 93; Hölters/*Apfelbacher/Niggemann* Rn. 42; Hüffer/Koch/*Koch*, 13. Aufl. 2018, Rn. 17; Kölner Komm AktG/*Drygala/Staake* Rn. 99; MüKoAktG/*Fuchs* Rn. 65; *Sauter/Babel* in Kessler/Sauter, Stock Options, 2003, Rn. 2 ff.
[153] MüKoAktG/*Fuchs* Rn. 66.
[154] Großkomm AktG/*Frey* Rn. 93; Kölner Komm AktG/*Drygala/Staake* Rn. 100; MüKoAktG/*Fuchs* Rn. 67; s. auch *Holzborn* in Marsch-Barner/Schäfer Börsennotierte AG-HdB Rn. 53.7.
[155] *Holzborn* in Marsch-Barner/Schäfer Börsennotierte AG-HdB Rn. 53.7.
[156] *Holzborn* in Marsch-Barner/Schäfer Börsennotierte AG-HdB Rn. 53.7; *M. Käpplinger*, Inhaltskontrolle von Aktienoptionsplänen, 2003, 19; *Stiegel*, Aktienoptionen als Vergütungselement aus arbeitsrechtlicher Sicht, 2007, 150 ff.
[157] Vgl. Großkomm AktG/*Frey* Rn. 93; *Busch* in Marsch-Barner/Schäfer Börsennotierte AG-HdB Rn. 44.12; *Holzborn* in Marsch-Barner/Schäfer Börsennotierte AG-HdB Rn. 53.7.
[158] Vgl. *Hüffer* ZHR 161 (1997) 214 (237 ff.); *Lutter* ZIP 1997, 1 (7); *Martens* AG Sonderheft 1997, 83 (88).
[159] Dezidiert etwa *Bebchuk/Fried*, Pay without Performance, 2004, 137 ff.

WorldCom, Adelphia etc.), die ua auch auf Fehlanreize aus falsch strukturierten Aktienoptionsprogrammen zurückgeführt werden.[160] In der jüngeren Literatur finden sich insbesondere folgende Kritikpunkte:[161] Zum einen wird vor einem erheblichen **Transparenzdefizit** gewarnt.[162] Zum anderen wird auf die Gefahr unerwünschter **Fehlanreize** hingewiesen. Insbesondere bei einer Orientierung allein am Aktienkurs könne bei den Begünstigten die Neigung bestehen, kurz vor dem ersten Ausübungszeitpunkt ihrer Aktienoptionen einen volatilen, auch nur kurzfristig steigenden Aktienkurs herbeizuführen.[163] Bestehe die Vergütung zu einem Großteil aus Aktienoptionen, könne zudem eine übermäßige Risikobereitschaft drohen, da sich ein sinkender Kurs auf die Entlohnung nicht anders auswirke als ein konstant bleibender Kurs.[164] Der Gefahr von Fehlanreizen lässt sich aber idR durch die Wahl geeigneter Erfolgsziele (→ § 193 Rn. 23 ff.) und eine entsprechende Ausgestaltung der Optionsbedingungen begegnen. Durch die Wahl geeigneter Erfolgsziele lässt sich auch der Gefahr von Zufallsgewinnen **(Windfall Profits),** die unabhängig von der Leistung der Geschäftsführung eintreten, angemessen begegnen (→ § 193 Rn. 26). Gleiches gilt für Zufallsverluste **(Windfall Losses),** die auf externe, von der Geschäftsführung nicht zu beeinflussende Umstände zurückgehen.

46 Insbesondere seit dem Mannesmann-Strafverfahren[165] ist zunehmend auch die **Angemessenheit der Vorstandsvergütung** ins Blickfeld gerückt.[166] Gerade bei Aktienoptionsprogrammen wird häufig die Gefahr einer Übervergütung kritisiert.[167] Die Diskussion wurde zuletzt insbesondere durch die Finanzmarktkrise befeuert. Der Gesetzgeber hat hierauf mit dem **VorstAG** vom 31. Juli 2009 reagiert. Ziel des VorstAG war eine stärkere Ausrichtung der Vorstandsvergütung an einer nachhaltigen Unternehmensentwicklung.[168] Hierzu wurden insbesondere die Kriterien der Angemessenheitsprüfung konkretisiert (§ 87 Abs. 1 S. 1) und die Herabsetzung der Vergütung bei einer Verschlechterung der Lage der Gesellschaft erleichtert (§ 87 Abs. 2 S. 1).[169] Für börsennotierte Gesellschaften schreibt § 87 Abs. 1 S. 2 nunmehr ausdrücklich vor, dass die Vergütungsstruktur auf eine **nachhaltige Unternehmensentwicklung** auszurichten ist. Variable Vergütungsbestandteile sollen eine mehrjährige Bemessungsgrundlage haben (§ 87 Abs. 1 S. 3 Hs. 1). Flankiert wird dies durch eine Verlängerung der Wartezeit für die erstmalige Ausübung von Aktienoptionen von zwei auf vier Jahre (→ § 193 Rn. 32 ff.). Zudem schreibt § 87 Abs. 1 S. 3 Hs. 2 nunmehr zwingend die Vereinbarung einer Begrenzungsmöglichkeit **(Cap)** für außerordentliche Entwicklungen vor.[170] Ziff. 4.2.3 DCGK, der vor der Änderung von § 87 Abs. 1 durch das VorstAG nur eine dahingehende Empfehlung enthielt, wurde zunächst entsprechend angepasst. Die bloße Wiedergabe der gesetzlichen Vorgabe wurde später im Zuge der Kodexanpassung vom 13. Mai 2013 gestrichen. Stattdessen sieht Ziff. 4.2.3 Abs. 2 S. 6 DCGK nunmehr vor, dass die Vergütung insgesamt und hinsichtlich ihrer variablen Vergütungsteile betragsmäßige Höchstgrenzen aufweisen soll.

46a In § 120 Abs. 4 wurde durch das VorstAG für börsennotierte Gesellschaften zudem die Möglichkeit einer (unverbindlichen) Beschlussfassung der Hauptversammlung über die Billigung des Systems der Vorstandsvergütung eingeführt (sog. **„Say on Pay"**). Bei „echten" Aktienoptionen, die mit einem bedingten Kapital unterlegt sind, kommt dieser Möglichkeit allerdings keine größere Bedeutung zu, da hier die wesentlichen Eckdaten des Aktienoptionsprogramms ohnehin gem. § 193 Abs. 2 Nr. 4 in

---

[160] Vgl. *Baums* ZHR 166 (2002) 375 (380); *Donald* WM 2003, 705 f.; *Paefgen* WM 1004, 1169; *Utzig* Die Bank 2002, 594 ff.

[161] Zusammenfassung bei *Claussen* FS Horn, 2006, 313 (319 ff.).

[162] *Klahold,* Aktienoptionen als Vergütungsinstrument, 1999, 259 ff.; *Michel,* Stock Options in Deutschland: Gesellschaftsrechtliche Anwendungsfragen zur Verknüpfung von Pay und Performance vor dem Hintergrund internationaler Erfahrungen unter besonderer Berücksichtigung des US-amerikanischen Rechts, 1999, 101 ff.

[163] *Thüsing* ZGR 2003, 457 (479); s. auch Kölner Komm AktG/*Drygala/Staake* Rn. 102; MüKoAktG/*Fuchs* Rn. 70.

[164] Vgl. *Thüsing* ZGR 2003, 457 (479); teilweise wird dagegen im Zusammenhang mit einem hohen Anteil von Aktienoptionen an der Gesamtvergütung von der Gefahr eines risikoaversen Verhaltens gesehen, s. *Sauter/Babel* in Kessler/Sauter, Stock Options, 2003, Rn. 26 mwN.

[165] S. dazu BGHSt 50, 331 = NZG 2006, 141 – Mannesmann.

[166] Aus der Diskussion s. etwa *Adams* ZIP 2002, 1325 ff.; *Binz/Sorg* BB 2002, 1273 ff.; *Fastrich* FS Heldrich, 2005, 142 ff.; *Hoffmann-Becking* ZHR 169 (2005), 155 ff.; *Lutter* ZIP 2003, 737 (739 ff.); *Martens* ZHR 169 (2005), 124 ff.; *Thüsing* ZGR 2003, 457 ff.

[167] Vgl. *Lutter* ZIP 2003, 737 (742), der von „unglaublichen Fehlentwicklungen" seit der Änderung der §§ 192, 193 durch das KonTraG spricht; s. auch *Adams* ZIP 2002, 1325 ff.; *Binz/Sorg* BB 2002, 1273 ff.

[168] BegrFraktionsE, BT-Drs. 16/12 278, 5.

[169] Vgl. BegrFraktionsE, BT-Drs. 16/12 278, 6 f.; s. auch *Hohaus/Weber* DB 2009, 1515 ff.; *Hohenstatt* ZIP 2009, 1349 (1350 ff.); *Wagner/Wittgens* BB 2009, 906 (907 ff.).

[170] Eine entsprechende Pflicht wurde bereits vor Inkrafttreten des VorstAG bejaht von *Lutter* ZIP 2003, 737 (739 f.).

den Erhöhungsbeschluss aufzunehmen sind. Durch das am Grundsatz der Diskontinuität gescheiterte **VorstKoG** (zuvor Aktienrechtsnovelle 2012) sollte § 120 Abs. 4 neu gefasst werden. Die geplante Neufassung sah eine jährliche Beschlussfassung vor, die zudem verbindlich sein sollte.[171] Zudem war vorgesehen, dass die Darstellung des Vergütungssystems gegenüber der Hauptversammlung auch Angaben zu den höchstens erreichbaren Gesamtbezügen, aufgeschlüsselt nach dem Vorstandsvorsitzenden, dessen Stellvertreter und einem einfachen Vorstandsmitglied, zu enthalten hat. In der **Aktienrechtsnovelle 2016** wurde dann jedoch auf eine Änderung von § 120 Abs. 4 verzichtet.[172] Allerdings sieht nunmehr die **Änderungsrichtlinie zur Aktionärsrechterichtlinie**[173] vom 17. Mai 2017 die Einführung eines grundsätzlich verbindlichen **Votums der Hauptversammlung über die Vergütungspolitik** in Bezug auf die Mitglieder der Unternehmensleitung vor (Art. 9a Abs. 1, Abs. 2 S. 1 Aktionärsrechte-RL).[174] Im Gegensatz zu der noch im Richtlinienvorschlag[175] enthaltenen Regelung können die Mitgliedstaaten aber nunmehr vorsehen, dass die Abstimmung in der Hauptversammlung über die Vergütungspolitik nur empfehlenden Charakter hat (Art. 9a Abs. 3 S. 1 Aktionärsrechte-RL). Ob der deutsche Gesetzgeber von dieser Möglichkeit Gebrauch machen wird, bleibt abzuwarten. Die Umsetzungsfrist läuft noch bis zum 10. Juni 2019. Die Mitgliedstaaten müssen sicherstellen, dass Gesellschaften ihre Vergütungspolitik bei jeder wesentlichen Änderung, mindestens jedoch alle vier Jahre der Hauptversammlung zur Abstimmung vorlegen (Art. 9a Abs. 5 Aktionärsrechte-RL). Dabei sieht die Richtlinie detaillierte Vorgaben für die Darstellung der Vergütungspolitik vor (Art. 9a Abs. 6 Aktionärsrechte-RL). Gewährt die Gesellschaft variable Vergütungsbestandteile, müssen in der Vergütungspolitik klare, umfassende und differenzierte Kriterien für die Gewährung der variablen Vergütungsbestandteile festgelegt werden. Es müssen die finanziellen und die nicht finanziellen Leistungskriterien, einschließlich ggf. der Kriterien im Zusammenhang mit der sozialen Verantwortung der Gesellschaften, angegeben werden, und es muss erläutert werden, inwiefern sie die Geschäftsstrategie, die langfristigen Interessen und die langfristige Tragfähigkeit der Gesellschaft fördern und mit welchen Methoden festgestellt werden soll, inwieweit die Leistungskriterien erfüllt wurden. Die Vergütungspolitik muss zudem Informationen zu etwaigen Aufschubzeiten und zur Möglichkeit der Gesellschaft, variable Vergütungsbestandteile zurückzufordern, erhalten (Art. 9a Abs. 6 Unterabs. 3 Aktionärsrechte-RL). Ergänzt wird dies durch die Vorgabe zwingender Elemente für den Vergütungsbericht (Art. 9b Aktionärsrechte-RL). Hierzu zählt auch die Angabe der Anzahl gewährter oder angebotener Aktien und Aktienoptionen und der wichtigsten Bedingungen für die Ausübung der Rechte, einschließlich Ausübungspreis, Ausübungsdatum und etwaiger Änderungen dieser Bedingungen (Art. 9b Abs. 1 lit. d Aktionärsrechte-RL). Die Aktionäre sollen das Recht haben, in der Hauptversammlung **über den Vergütungsbericht für das abgelaufene Geschäftsjahr abzustimmen,** wobei die Abstimmung aber nur empfehlenden Charakter hat (Art. 9b Abs. 4 Unterabs. 1 S. 1 Aktionärsrechte-RL).[176] Für kleine und mittlere Unternehmen können die Mitgliedstaaten allerdings vorsehen, dass der Vergütungsbericht des letzten Geschäftsjahrs zur Erörterung in der Hauptversammlung als eigener Tagesordnungspunkt vorgelegt wird; die Gesellschaft muss dann im darauffolgenden Vergütungsbericht darlegen, wie der Erörterung in der Hauptversammlung Rechnung getragen wurde (Art. 9b Abs. 4 Unterabs. 1 S. 2 Aktionärsrechte-RL).

Eine allgemeine **gesetzliche Obergrenze** für die Vorstandsvergütung sieht die Änderungsrichtlinie zur Aktionärsrechterichtlinie dagegen nicht vor. Auch der deutsche Gesetzgeber hat entsprechende Vorschläge aus der rechtspolitischen Diskussion bislang nicht aufgegriffen. Eine Ausnahme gilt aufgrund europarechtlicher Vorgaben (vgl. Art. 9a Abs. 1 lit. g CRD IV-Richtlinie[177]) für Kredit-

---

[171] Vgl. Beschlussempfehlung und Bericht des Rechtsausschusses, BT-Drs. 17/14214, 17.
[172] Vgl. BegrRegE, BT-Drs. 18/4349, 13.
[173] Richtlinie des Europäischen Parlaments und des Rates vom 17.5.2017 zur Änderung der Richtlinie 2007/36/EG im Hinblick auf die Förderung der langfristigen Mitwirkung der Aktionäre, ABl. EU 2017 Nr. L 132, 1.
[174] S. dazu *Bungert/Wansleben* DB 2017, 1190 (1191 f.); *Gaul* AG 2017, 178 (181 ff.); *Lanfermann/Maul* BB 2017, 1218 (1219 f.); *Velte* NZG 2017, 368 f.
[175] Vorschlag für eine Richtlinie des Europäischen Parlaments und des Rates zur Änderung der Richtlinie 2007/36/EG im Hinblick auf die Förderung der langfristigen Einbeziehung der Aktionäre sowie der Richtlinie 2013/34/EU in Bezug auf bestimmte Elemente der Erklärung zur Unternehmensführung v. 9.4.2014, COM(2014) 213 final – 2014/0121 (COD); s. dazu *Bayer/J. Schmidt* BB 2014, 1219 (1220 ff.); *Lanfermann/Maul* BB 2014, 1283 (1284 ff.).
[176] S. dazu *Bungert/Wansleben* DB 2017, 1190 (1193); *Gaul* AG 2017, 178 (183 f.); *Lanfermann/Maul* BB 2017, 1218 (1220 f.); *Velte* NZG 2017, 368 f.
[177] Richtlinie 2013/36/EU des Europäischen Parlaments und des Rates v. 26.6.2013 über den Zugang zur Tätigkeit von Kreditinstituten und die Beaufsichtigung von Kreditinstituten und Wertpapierfirmen, zur Änderung der Richtlinie 2002/87/EG und zur Aufhebung der Richtlinien 2006/48/EG und 2006/49/EG, ABl. EU 2013 Nr. L 176, 338.

und Finanzdienstleistungsinstitute: Der durch das **CRD IV-Umsetzungsgesetz**[178] eingefügte § 25a Abs. 5 S. 2 KWG sieht vor, dass die variable Vergütung jeweils 100 % der fixen Vergütung für jeden einzelnen Mitarbeiter oder Geschäftsleiter nicht überschreiten darf. Die Hauptversammlung kann beschließen, die Grenze auf 200 % der fixen Vergütung anzuheben (§ 25a Abs. 5 S. 5 KWG), wobei das Gesetz bestimmte Mindestanforderungen an den Inhalt des Beschlussvorschlags der Verwaltung vorsieht (§ 25a Abs. 5 S. 6 Hs. 2 KWG).[179] Ergänzt werden die Regelungen in § 25a Abs. 5 KWG durch § 6 InstitutsVergV.

46c Regelungen zur Steigerung der Transparenz der Vorstandsvergütung hat der Gesetzgeber bereits durch das **VorstOG** vom 3. August 2005 in § 285 Nr. 9 lit. a HGB und § 314 Nr. 6 lit. a HGB geschaffen. Durch das VorstAG wurden diese Regelungen ausgeweitet. Sie erfordern eine **Offenlegung der Vorstandsvergütung** im Anhang bzw. im Konzernanhang (→ Rn. 73a).

47 Auf Kritik ist in der Literatur vor allem das in den USA verbreitete **Repricing** von Stock Options gestoßen.[180] Hierunter ist insbesondere eine nachträgliche Änderung des Ausübungspreises als Reaktion auf eine unerwartet negative Kursentwicklung zu verstehen (sog. „echtes" Repricing; → § 193 Rn. 18). Die teilweise beschworene Gefahr einer Selbstbedienung besteht allerdings nur eingeschränkt,[181] da eine nachträgliche Anpassung bei „echten" Aktienoptionen nicht ohne Mitwirkung der Hauptversammlung möglich ist (→ § 193 Rn. 18).

48 **dd) Keine Berichtspflicht.** Bei der bedingten Kapitalerhöhung gem. § 192 Abs. 2 Nr. 3 ist das Bezugsrecht der Aktionäre kraft Gesetzes ausgeschlossen.[182] Eine besondere sachliche Rechtfertigung ist nicht erforderlich (→ Rn. 17). Auch ein **Vorstandsbericht** gem. § 186 Abs. 4 S. 2 ist nicht vorgesehen (→ Rn. 17, 24).[183] An seine Stelle treten die besonderen inhaltlichen Beschlussanforderungen nach § 193 Abs. 2 Nr. 4.[184]

49 In der fehlenden Berichtspflicht wird teilweise – jedenfalls soweit Stock Options für Vorstandsmitglieder betroffen sind – ein Verstoß gegen Art. 72 Abs. 4 S. 3 der Richtlinie über bestimmte Aspekte des Gesellschaftsrechts[185] (zuvor Art. 33 Abs. 4 S. 3 Kapital-RL[186] bzw. Art. 29 Abs. 4 S. 3 Kapital-RL 1977[187]) gesehen,[188] wonach ein Bezugsrechtsausschluss nur zulässig ist, wenn ein schriftlicher Bericht des Vorstands über die Gründe des Ausschlusses und der Ausgabe vorliegt. Die Beschlussvorlage für einen Erhöhungsbeschluss gemäß § 192 Abs. 2 Nr. 3 sei nicht mit einem schriftlichen Bericht vergleichbar, da es insbesondere an der erwünschten leicht verständlichen Interpretation und Abwägung zum Bezugsrechtsausschluss fehle, insbesondere zum Ausmaß der Wertverwässerung und der

---

[178] Gesetz zur Umsetzung der Richtlinie 2013/36/EU über den Zugang zur Tätigkeit von Kreditinstituten und die Beaufsichtigung von Kreditinstituten und Wertpapierfirmen und zur Anpassung des Aufsichtsrechts an die Verordnung (EU) Nr. 575/2013 über Aufsichtsanforderungen an Kreditinstitute und Wertpapierfirmen (CRD IV-Umsetzungsgesetz) v. 28.8.2013, BGBl. 2013 I 3395.

[179] S. dazu *Lackhoff/Kulenkmap* AG 2014, 770 (772 ff.); vgl. auch *Insam/Hinrichs/Hörtz* WM 2014, 1415; *Merkelbach* WM 2014, 1990 f.

[180] Vgl. MüKoAktG/*Fuchs* Rn. 73; *Sauter/Babel* in Kessler/Sauter, Stock Options, 2003, Rn. 34 f.; *Bernhardt/Witt* ZfB 1997, 85 (89 f.); *Thüsing* ZGR 2003, 457 (498 f.); Übersichten über die gegen ein Repricing erhobenen Einwände bei *Semmer*, Repricing – Die nachträgliche Modifikation von Aktienoptionsplänen zugunsten des Managements, 2005, 29 ff. und *v. Schlabrendorff*, Repricing von Stock Options, 2008, 19 ff.

[181] Vgl. *v. Schlabrendorff*, Repricing von Stock Options, 2008, 215.

[182] Vgl. BegrRegE BT-Drs. 13/9712, 24; s. auch LG Stuttgart ZIP 2000, 2110 (2112) – DaimlerChrysler; Bürgers/Körber/*Marsch-Barner* Rn. 15; Hüffer/Koch/*Koch*, 13. Aufl. 2018, Rn. 16, 18; K. Schmidt/Lutter/*Veil* Rn. 19.

[183] BegrRegE BT-Drs. 13/9712, 24.

[184] Vgl. MHdB AG/*Scholz* § 58 Rn. 19.

[185] Richtlinie (EU) 2017/1132 des Europäischen Parlaments und des Rates v. 14.6.2017 über bestimmte Aspekte des Gesellschaftsrechts, ABl. EU 2017 L 169, 46.

[186] Richtlinie 2012/30/EU des Europäischen Parlaments und des Rates v. 25.10.2012 zur Koordinierung der Schutzbestimmungen, die in den Mitgliedstaaten den Gesellschaften im Sinne des Art. 54 Abs. 2 des Vertrages über die Arbeitsweise der Europäischen Union im Interesse der Gesellschafter sowie Dritter für die Gründung der Aktiengesellschaft sowie für die Erhaltung und Änderung ihres Kapitals vorgeschrieben sind, um diese Bestimmungen gleichwertig zu gestalten, ABl. EU 2012 Nr. L 315, 74.

[187] Zweite Richtlinie 77/91/EWG des Rates v. 13.12.1976 zur Koordinierung der Schutzbestimmungen, die in den Mitgliedstaaten den Gesellschaften im Sinne des Art. 58 Abs. 2 des Vertrages im Interesse der Gesellschafter sowie Dritter für die Gründung der Aktiengesellschaft sowie für die Erhaltung und Änderung ihres Kapitals vorgeschrieben sind, um diese Bestimmungen gleichwertig zu gestalten, ABl. EG 1977 Nr. L 26, 1.

[188] Großkomm AktG/*Frey* Rn. 120; MüKoAktG/*Fuchs* Rn. 113 f.; *Wulff*, Aktienoptionen für das Management, 2000, 97 ff.; *Lutter* ZIP 1997, 1 (7 ff.); s. auch *Friedrichsen*, Aktienoptionspläne für Führungskräfte, 2000, 92 ff., 135, der in richtlinienkonformer Auslegung zwar keinen Vorstandsbericht, aber eine schriftliche Begründung des Beschlussvorschlags für erforderlich hält.

Verlagerung von Chancen von den Aktionären auf die Vorstandsmitglieder.[189] Als Konsequenz wird daher teilweise bereits de lege lata die Notwendigkeit eines Vorstandsberichts aus dem Gebot richtlinienkonformer Auslegung nationalen Rechts hergeleitet.[190]

Die besseren Argumente sprechen **gegen eine Berichtspflicht**.[191] Die Regelung des § 192 50 Abs. 2 Nr. 3 ist durch Art. 84 Abs. 1 der Richtlinie über bestimmte Aspekte des Gesellschaftsrechts (RL 2017/1132/EU; zuvor Art. 45 Abs. 1 Kapital-RL bzw. Art. 41 Abs. 1 Kapital-RL 1977) gedeckt, wonach die Mitgliedstaaten von Art. 72 RL 2017/1132/EU abweichen können, soweit dies für den Erlass oder die Anwendung von Vorschriften erforderlich ist, die eine Beteiligung der Arbeitnehmer oder anderer durch einzelstaatliches Recht festgelegter Gruppen von Personen am Kapital der Unternehmen fördern sollen.[192] Nach der Gesetzesbegründung zum KonTraG soll es sich aber von selbst verstehen, dass der Vorstand der Hauptversammlung eine ausführliche Begründung und nähere Erläuterung zum Vorschlag über die Schaffung des bedingten Kapitals gibt.[193] Hieraus ergibt sich gleichwohl keine entsprechende Rechtspflicht. Die Informationspflicht des Vorstands richtet sich allein nach § 131.[194] In der Praxis dürfte sich dennoch mit der Bekanntmachung des Beschlussvorschlags regelmäßig eine über die Angabe der wesentlichen Parameter des Aktienoptionsplans hinausgehende Erläuterung empfehlen.[195]

ee) Andere Gestaltungsformen. Neben der Einräumung von Stock Options und deren Absi- 51 cherung durch ein bedingtes Kapital sind auch andere Gestaltungsformen für Aktienoptionsprogramme denkbar.

(1) Wandelschuldverschreibungen. Bis zu der 1998 erfolgten Änderung von § 192 Abs. 2 Nr. 3 52 durch das KonTraG bediente sich die Praxis vor allem der Ausgabe von Wandelschuldverschreibungen, verbunden mit einer bedingten Kapitalerhöhung nach § 192 Abs. 2 Nr. 1. Ein solches Vorgehen ist auch weiterhin zulässig (→ Rn. 39). Obwohl dieser Weg vielfach als umständlich empfunden wird,[196] wird er in der Praxis teilweise weiterhin beschritten.[197] Seine Bedeutung hat jedoch stark abgenommen.[198] Ein Vorteil der Verwirklichung von Aktienoptionsplänen über die Ausgabe von Wandelschuldverschreibungen ist in der uU größeren Flexibilität dieser Gestaltungsform zu sehen.[199]

(2) Genehmigtes Kapital. Aktienoptionspläne können grundsätzlich auch aus einem genehmig- 53 ten Kapital gem. §§ 202 ff. bedient werden. Dieser Gestaltungsform kommt in der Praxis aber nur eine untergeordnete Bedeutung zu,[200] da sie einen erheblichen organisatorischen Aufwand erfordert.[201] Darüber hinaus bestehen steuerliche Nachteile.[202]

---

[189] Großkomm AktG/*Frey* Rn. 120; s. auch MüKoAktG/*Fuchs* Rn. 112.
[190] MüKoAktG/*Fuchs* Rn. 113 f.; *Wulff*, Aktienoptionen für das Management, 2000, 113 ff.
[191] So auch die wohl hM, s. OLG Stuttgart ZIP 2001, 1367 (1371) – DaimlerChrysler; Bürgers/Körber/*Marsch-Barner* Rn. 20; Hüffer/Koch/*Koch*, 13. Aufl. 2018, Rn. 18; Hüffer/Koch/*Koch* ZHR 161 (1997) 214 (239 f.); *Busch* in Marsch-Barner/Schäfer Börsennotierte AG-HdB Rn. 44.33; MHdB AG/*Scholz* § 58 Rn. 20; *Klahold*, Aktienoptionen als Vergütungsinstrument, 1999, 249 f.; *Spenner*, Aktienoptionen als Bestandteil der Vergütung von Vorstandsmitgliedern – Eine Analyse der rechtlichen Rahmenbedingungen für Aktienoptionsmodelle nach bisherigem Aktienrecht und nach dem KonTraG, 1999, 243 f.; *Weiß*, Aktienoptionspläne für Führungskräfte, 1999, 223 ff.
[192] BegrRegE BT-Drs. 13/9712, 24.
[193] BegrRegE BT-Drs. 13/9712, 24.
[194] So auch MHdB AG/*Scholz* § 58 Rn. 20; aA MüKoAktG/*Fuchs* Rn. 28, 108 ff.; *Friedrichsen*, Aktienoptionspläne für Führungskräfte, 2000, 104 f.: Berichtspflicht nach § 221 Abs. 3, Abs. 4 S. 2, § 186 Abs. 4 S. 2, da sich in jeder rechtsgeschäftlichen Einräumung eines Umtausch- oder Bezugsrechts die Gewährung eines Genussrechts verberge; *Wulff*, Aktienoptionen für das Management, 2000, 118 f.: Analogie zu § 186 Abs. 4 S. 2.
[195] Vgl. BegrRegE BT-Drs. 13/9712, 24; *Busch* in Marsch-Barner/Schäfer Börsennotierte AG-HdB Rn. 44.33; *Kessler/Suchan* in Kessler/Sauter, Stock Options, 2003, Rn. 155; *Weiß* WM 1999, 353 (360).
[196] Vgl. *Roschmann/Erwe* in Harrer, Mitarbeiterbeteiligungen und Stock-Option-Pläne, 2. Aufl. 2004, Rn. 183; *Lutter* ZIP 1997, 1 (7); *Seibert* WM 1997, 1 (9).
[197] Vgl. MüKoAktG/*Fuchs* Rn. 78; *Holzborn* in Marsch-Barner/Schäfer Börsennotierte AG-HdB Rn. 53.6; *Feddersen/Pohl* AG 2001, 26 (28 f.).
[198] Kölner Komm AktG/*Drygala/Staake* Rn. 145; MüKoAktG/*Fuchs* Rn. 78; anders wohl *Holzborn* in Marsch-Barner/Schäfer Börsennotierte AG-HdB Rn. 53.6, nach dem Aktienoptionspläne auf der Basis von Wandelschuldverschreibungen noch immer einen bedeutenden Platz einnehmen.
[199] Vgl. MüKoAktG/*Fuchs* Rn. 80; *Holzborn* in Marsch-Barner/Schäfer Börsennotierte AG-HdB Rn. 53.6; *Suchan/Baumunk* in Kessler/Sauter, Stock Options, 2003, Rn. 415.
[200] S. die empirische Untersuchung bei *M. Käpplinger*, Inhaltskontrolle von Aktienoptionsplänen, 2003, 26 f.
[201] Vgl. Kölner Komm AktG/*Drygala/Staake* Rn. 134; *Holzborn* in Marsch-Barner/Schäfer Börsennotierte AG-HdB Rn. 53.11; *Schlitt/Löschner* BKR 2002, 150 (152, 156); *Tollkühn* NZG 2004, 594.
[202] S. dazu *Holzborn* in Marsch-Barner/Schäfer Börsennotierte AG-HdB Rn. 53.11; *Ritter/Gittermann* AG 2004, 277 (278).

54 (3) **Eigene Aktien.** Die im Rahmen eines Aktienoptionsplans zu liefernden Aktien können auch durch einen Erwerb eigener Aktien beschafft werden. Dieser Weg ist aber regelmäßig mit wirtschaftlichen Nachteilen verbunden, da der Gesellschaft mit dem Erwerb der eigenen Aktien Liquidität entzogen wird.[203] Der Erwerb eigener Aktien zur Bedienung von Aktienoptionsplänen kann nach § 71 Abs. 1 Nr. 8 erfolgen, der für die Beschlussanforderungen auf § 193 Abs. 2 Nr. 4 verweist. Der in § 71 Abs. 1 Nr. 8 ebenfalls enthaltene Verweis auf § 186 Abs. 3 und 4 gilt nach zutreffender Ansicht lediglich alternativ zu dem Verweis auf § 193 Abs. 2 Nr. 4, so dass er für die Bedienung von Aktienoptionsplänen nicht einschlägig ist.[204]

55 Weder die Anforderungen des § 193 Abs. 2 Nr. 4 noch diejenigen des § 186 Abs. 3 und 4 sind anwendbar, wenn eigene Aktien gem. § 71 Abs. 1 Nr. 2 erworben werden, um diese Arbeitnehmern der Gesellschaft oder eines verbundenen Unternehmens zum Erwerb anzubieten. Ein Rückgriff auf § 71 Abs. 1 Nr. 2 im Zusammenhang mit Aktienoptionsplänen kommt jedoch praktisch nicht in Betracht.[205] Abgesehen von der Begrenzung des Anwendungsbereichs auf Arbeitnehmer ist umstritten, ob gem. § 71 Abs. 1 Nr. 2 erworbene Aktien überhaupt zur Bedienung von Aktienoptionsplänen verwendet werden dürfen.[206]

56 (4) **Programmkauf.** Die Gesellschaft muss die Aktienoptionen nicht selbst ausgeben, sondern kann auch von Dritten emittierte Optionen auf ihre Aktien erwerben und an die Begünstigten weiterreichen (sog. „Stuttgarter Modell").[207] Die Gesellschaft zahlt dem Dritten (idR ein Kreditinstitut oder eine Investmentbank) eine Optionsprämie. Das mit dem Aktienoptionsplan verbundene Risiko wird nicht von der Gesellschaft, sondern von dem als Stillhalter fungierenden Kreditinstitut getragen. Zusätzlich kann das Kreditinstitut auch die Administration des Aktienoptionsplans übernehmen.[208] In diesem Fall ist weder § 71 Abs. 1 Nr. 8 noch § 193 Abs. 2 Nr. 4 anwendbar.[209] Das Stuttgarter Modell hat gegenüber herkömmlichen Gestaltungen den Vorteil größerer Flexibilität, da keine Mitwirkung der Hauptversammlung erforderlich ist. Zudem ist der Rückgriff auf von Dritten emittierte Optionen steuerlich vorteilhaft.[210] Ein Nachteil ist dagegen die Liquiditätsbelastung im Hinblick auf die von der Gesellschaft aufzuwendende Optionsprämie.[211]

57 (5) **Virtuelle Aktienoptionsprogramme.** In der Praxis wird eine langfristige erfolgsorientierte Vergütung vielfach über virtuelle Aktienoptionsprogramme realisiert. Gebräuchliche Gestaltungsformen sind Phantom Stocks und Stock Appreciation Rights (SAR). Bei **SAR** handelt es sich um Wertsteigerungsrechte (virtuelle Optionen), die im Gegensatz zu „echten" Aktienoptionen nicht auf Lieferung von Aktien, sondern auf eine Barauszahlung gerichtet sind.[212] Die Begünstigten haben nur einen Zahlungsanspruch und erwerben keine Mitglied-

---

[203] Kölner Komm AktG/*Mertens/Cahn* § 87 Rn. 47; MüKoAktG/*Fuchs* Rn. 81; *Holzborn* in Marsch-Barner/Schäfer Börsennotierte AG-HdB Rn. 53.14; *Wulff*, Aktienoptionen für das Management, 2000, 47.

[204] Hüffer/Koch/*Koch*, 13. Aufl. 2018, § 71 Rn. 19j; MHdB AG/*Scholz* § 64 Rn. 129; *Seibert* in Pellens, Unternehmenswertorientierte Entlohnungssysteme, 1998, S. 29 (35) Fn. 18; *Weiß*, Aktienoptionspläne für Führungskräfte, 1999, 251; *Fischer* ZIP 2003, 282 (283); *Weiß* WM 1999, 353 (361 f.); aA OLG Schleswig AG 2003, 102 (103 f.) – MobilCom; MüKoAktG/*Fuchs* Rn. 82, 116; *Kau/Leverenz* BB 1998, 2269 (2274); *Lingemann/Wasmann* BB 1998, 853 (860); grundsätzlich auch Großkomm AktG/*Merkt* § 71 Rn. 287; Kölner Komm AktG/*Drygala/Staake* Rn. 139; MüKoAktG/*Oechsler* § 71 Rn. 259 ff., die aber eine sachliche Rechtfertigung noch einen Vorstandsbericht verlangen; offen LG Berlin AG 2000, 328 (329) – Bankgesellschaft Berlin AG.

[205] Vgl. MüKoAktG/*Fuchs* Rn. 83; *Kessler/Suchan* in Kessler/Sauter, Stock Options, 2003, Rn. 567.

[206] Dagegen etwa Hüffer/Koch/*Koch*, 13. Aufl. 2018, § 71 Rn. 12; *Weiß*, Aktienoptionspläne für Führungskräfte, 1999, 242 f.; *Hüffer* ZHR 161 (1997) 214 (220 f.); dafür etwa Marsch-Barner/Schäfer/*Holzborn*, HdB börsennotierte AG Rn. 53.14 f.; *Umnuß/Ehle* BB 2002, 1042 (1043).

[207] Ausf. dazu *Kessler/Strnad* in Kessler/Sauter, Stock Options, 2003, Rn. 668 ff.; *Kessler/Suchan* in Sauter, Stock Options, 2003, Rn. 655 ff.; *Roß/Baumunk* in Kessler/Sauter, Stock Options, 2003, Rn. 659 ff.; *Suchan/Baumunk* in Kessler/Sauter, Stock Options, 2003, Rn. 652 ff.; *Wiesmann* in Kessler/Sauter, Stock Options, 2003, Rn. 664 ff.; *Weiß*, Aktienoptionspläne für Führungskräfte, 1999, 253 ff.; *Martens* FS Ulmer, 2003, 399 (408 f.); *Mutter/Mikus* ZIP 2001, 1949 ff.

[208] *Köhler* in Harrer, Mitarbeiterbeteiligungen und Stock-Option-Pläne, 2. Aufl. 2004, Rn. 616; *Suchan/Baumunk* in Kessler/Sauter, Stock Options, 2003, Rn. 652.

[209] Kölner Komm AktG/*Drygala/Staake* Rn. 142; MüKoAktG/*Fuchs* Rn. 84; *Suchan/Baumunk* in Kessler/Sauter, Stock Options, 2003, Rn. 653; *Mutter/Mikus* ZIP 2001, 1949 (1950).

[210] Ausf. dazu *Kessler/Strnad* in Kessler/Sauter, Stock Options, 2003, Rn. 668 ff.; *Mutter/Mikus* ZIP 2001, 1949 (1950 f.); *Wiesmann* in Kessler/Sauter, Stock Options, 2003, Rn. 664 ff.; s. auch *Martens* FS Ulmer, 2003, 399 (409).

[211] Vgl. Kölner Komm AktG/*Drygala/Staake* Rn. 142; MüKoAktG/*Fuchs* Rn. 84.

[212] Ausf. dazu *Kessler/Strnad* in Kessler/Sauter, Stock Options, 2003, Rn. 766 ff.; *Kessler/Suchan* in Kessler/Sauter, Stock Options, 2003, Rn. 684 ff.; *Roß/Baumunk* in Kessler/Sauter, Stock Options, 2003, Rn. 687 ff.; *Suchan/Baumunk* in Kessler/Sauter, Stock Options, 2003, Rn. 680 ff.; s. auch Kölner Komm AktG/*Drygala/Staake* Rn. 148; MüKoAktG/*Fuchs* Rn. 85.

Voraussetzungen

schaftsrechte.[213] Die Höhe der Auszahlung bestimmt sich idR nach der Differenz zwischen dem Basispreis und dem aktuellen Börsenkurs im Zeitpunkt der Optionsausübung.[214] Bei **Phantom Stocks** handelt es sich um eine schuldrechtliche Nachbildung von Aktien (virtuelle Aktien).[215] Vom Begünstigten ist idR ein unter dem Börsenkurs liegender Ausgabepreis zu entrichten. Am Ende der Laufzeit erfolgt eine Auszahlung in Höhe des aktuellen Börsenkurses.[216] Der Anspruch kann auch wie bei SAR von vornherein auf Auszahlung der Differenz zwischen dem Basispreis und dem aktuellen Börsenkurs am Ende der Laufzeit gerichtet sein.[217] Eine Besonderheit gegenüber SAR besteht aber darin, dass bei Phantom Stocks idR auch die ausgeschütteten Dividenden berücksichtigt werden.[218] Da es sich bei Phantom Stocks und SAR um rein schuldrechtliche Gestaltungsformen handelt, sind weder die §§ 71 ff. noch die §§ 192 ff. anwendbar (weder unmittelbar noch analog).[219] Insbesondere ist für die Auflegung virtueller Aktienoptionsprogramme **keine Beteiligung der Hauptversammlung** erforderlich.[220] Virtuelle Aktienoptionsprogramme haben für die Gesellschaft gegenüber „echten" Aktienoptionsprogrammen den Nachteil, dass die Auszahlung zu einer Liquiditätsbelastung führt.[221]

b) Kreis der Begünstigten. aa) Arbeitnehmer. § 192 Abs. 2 Nr. 3 nennt als mögliche Begünstigte zunächst Arbeitnehmer. Hierzu gehören alle Personen, die zu der Gesellschaft in einem **gegenwärtigen Beschäftigungsverhältnis** stehen. Erfasst sind nicht nur leitende Angestellte, sondern etwa auch Heimarbeiter oder Auszubildende.[222] Auf die Vorgabe einer hierarchischen Ebene, die nicht unterschritten werden darf, hat der Gesetzgeber bewusst verzichtet.[223] Ehemalige Arbeitnehmer scheiden dagegen als Begünstigte aus.[224] Dies ergibt sich zum einen aus einem Umkehrschluss zu § 71 Abs. 1 Nr. 2, der anders als § 192 Abs. 2 Nr. 3 ehemalige Arbeitnehmer ausdrücklich mit einbezieht. Zum anderen wäre eine Einbeziehung von Personen, die dem Unternehmen nicht mehr angehören, mit dem Normzweck unvereinbar, da hiernach die Gewährung von Aktienoptionen geeignet sein muss, eine die Motivation fördernde Wirkung zu entfalten.[225] Dies schließt nicht aus, dass ehemalige Arbeitnehmer im Rahmen eines nach wie vor zulässigen (vgl. § 194 Abs. 3) Verfahrens der Umwandlung von Zahlungsansprüchen aus Gewinnbeteiligung in Belegschaftsaktien berücksichtigt werden.[226]

---

[213] Vgl. MüKoAktG/*Fuchs* Rn. 85; *Holzborn* in Marsch-Barner/Schäfer Börsennotierte AG-HdB Rn. 54.11 f.; *Roschmann/Erwe* in Harrer, Mitarbeiterbeteiligungen und Stock-Option-Pläne, 2. Aufl. 2004, Rn. 142; *Suchan/Baumunk* in Kessler/Sauter, Stock Options, 2003, Rn. 680.

[214] *Holzborn* in Marsch-Barner/Schäfer Börsennotierte AG-HdB Rn. 54.11; *Suchan/Baumunk* in Kessler/Sauter, Stock Options, 2003, Rn. 681; *Friedrichsen*, Aktienoptionspläne für Führungskräfte, 2000, 14; *Martens* FS Ulmer, 2003, 399 (402).

[215] Ausf. dazu *Kessler/Strnad* in Kessler/Sauter, Stock Options, 2003, Rn. 817 ff.; *Kessler/Suchan* in Kessler/Sauter, Stock Options, 2003, Rn. 782 ff.; *Roß/Baumunk* in Kessler/Sauter, Stock Options, 2003, Rn. 786 ff.; *Suchan/Baumunk* in Kessler/Sauter, Stock Options, 2003, Rn. 777 ff.; s. auch Kölner Komm AktG/*Drygala/Staake* Rn. 148; MüKoAktG/*Fuchs* Rn. 85; *Schönhaar* GWR 2017, 293 ff.

[216] Großkomm AktG/*Kort* § 87 Rn. 193; Kölner Komm AktG/*Drygala/Staake* Rn. 149; MüKoAktG/*Spindler* § 87 Rn. 112.

[217] *Holzborn* in Marsch-Barner/Schäfer Börsennotierte AG-HdB Rn. 54.11; *Suchan/Baumunk* in Kessler/Sauter, Stock Options, 2003, Rn. 777.

[218] Großkomm AktG/*Kort* § 87 Rn. 193; Kölner Komm AktG/*Drygala/Staake* Rn. 149; MüKoAktG/*Fuchs* Rn. 85; MüKoAktG/*Spindler* § 87 Rn. 112; *Holzborn* in Marsch-Barner/Schäfer Börsennotierte AG-HdB Rn. 54.11; *Friedrichsen*, Aktienoptionspläne für Führungskräfte, 2000, 15; *Baums* FS Claussen, 1997, 3 (6); *Feddersen* ZHR 161 (1997) 269 (285); *Martens* FS Ulmer, 2003, 399 (402 f.).

[219] MüKoAktG/*Fuchs* Rn. 86.

[220] Ganz hM, s. OLG München ZIP 2008, 1237 (1240) – RWE Energy; LG München I NZG 2008, 114 (116) – RWE Energy; Großkomm AktG/*Kort* § 87 Rn. 193; Kölner Komm AktG/*Mertens/Cahn* § 87 Rn. 80; MüKoAktG/*Spindler* § 87 Rn. 112; *Holzborn* in Marsch-Barner/Schäfer Börsennotierte AG-HdB Rn. 54.34; *Kessler/Suchan* in Kessler/Sauter, Stock Options, 2003, Rn. 686; *Baums*, Bericht der Regierungskommission Corporate Governance, 2001, Rn. 45; *Friedrichsen*, Aktienoptionspläne für Führungskräfte, 2000, 14; *Binz/Sorg* BB 2002, 1273 (1275); s. auch Großkomm AktG/*Frey* Rn. 108; aA Kölner Komm AktG/*Drygala/Staake* Rn. 150; MüKoAktG/*Fuchs* Rn. 86, die SAR und Phantom Stocks als Genussrechte iSd § 221 Abs. 3 einstufen.

[221] Kölner Komm AktG/*Mertens/Cahn* § 87 Rn. 80; *Holzborn* in Marsch-Barner/Schäfer Börsennotierte AG-HdB Rn. 54.12; *Suchan/Baumunk* in Kessler/Sauter, Stock Options, 2003, Rn. 682; *Friedrichsen*, Aktienoptionspläne für Führungskräfte, 2000, 14; *Martens* FS Ulmer, 2003, 399 (403).

[222] Großkomm AktG/*Frey* Rn. 95; Kölner Komm AktG/*Drygala/Staake* Rn. 121; MüKoAktG/*Fuchs* Rn. 87; *Busch* in Marsch-Barner/Schäfer Börsennotierte AG-HdB Rn. 44.13.

[223] BegrRegE BT-Drs. 13/9712, 24.

[224] Bürgers/Körber/*Marsch-Barner* Rn. 16; Grigoleit/*Rieder/Holzmann* Rn. 29; Hölters/*Apfelbacher/Niggemann* Rn. 47; Hüffer/Koch/*Koch*, 13. Aufl. 2018, Rn. 19; Kölner Komm AktG/*Drygala/Staake* Rn. 122; MüKoAktG/*Fuchs* Rn. 87; NK-AktR/*Wagner* Rn. 22; K. Schmidt/Lutter/*Veil* Rn. 21; Wachter/*Dürr* Rn. 15.

[225] Vgl. Hüffer/Koch/*Koch*, 13. Aufl. 2018, Rn. 19; MüKoAktG/*Fuchs* Rn. 87.

[226] Hölters/*Apfelbacher/Niggemann* Rn. 47; Hüffer/Koch/*Koch*, 13. Aufl. 2018, Rn. 19; MüKoAktG/*Fuchs* Rn. 87.

59 **bb) Mitglieder der Geschäftsführung.** Mitglieder der Geschäftsführung sind alle Mitglieder des gesetzlichen Vertretungsorgans der Gesellschaft. Erfasst sind bei der AG somit die **Vorstandsmitglieder.** Die weite Gesetzesformulierung („Mitglieder der Geschäftsführung") wurde mit Rücksicht auf vergleichbare Funktionen in verbundenen Unternehmen gewählt.[227] Leitende Angestellte sind als Arbeitnehmer von § 192 Abs. 2 Nr. 3 erfasst. Mitglieder von Bei- oder Verwaltungsräten sind selbst dann nicht als Mitglieder der Geschäftsführung anzusehen, wenn ihnen satzungsmäßig bestimmte Geschäftsführungsaufgaben zugewiesen sind oder wenn sie die Stellung eines faktischen Geschäftsführers einnehmen. Andernfalls wäre eine klare Abgrenzung kaum möglich.[228] Ebenfalls nicht erfasst sind Mitglieder des Aufsichtsrats der Gesellschaft (→ Rn. 62).

60 **cc) Verbundene Unternehmen.** § 192 Abs. 2 Nr. 3 bezieht seit seiner Neufassung durch das KonTraG ausdrücklich auch Arbeitnehmer und Mitglieder der Geschäftsführung von verbundenen Unternehmen mit ein.[229] Der Begriff „verbundene Unternehmen" ist in § 15 definiert. Er umfasst nicht nur Tochter- und Enkelgesellschaften, sondern auch Schwestergesellschaften und herrschende Unternehmen.

60a **(1) Bezugsberechtigung auf Aktien der Tochter.** Da § 192 Abs. 2 Nr. 3 uneingeschränkt auf verbundene Unternehmen Bezug nimmt, können nach dem Wortlaut auch Arbeitnehmern und Mitgliedern der Geschäftsführung des herrschenden Unternehmens Bezugsrechte auf Aktien der Tochter eingeräumt werden. Dies widerspräche allerdings den Vorstellungen des Gesetzgebers, der bei der Neufassung von § 192 Abs. 2 Nr. 3 davon ausging, dass eine solche Bezugsberechtigung nicht vorgesehen ist.[230] Nach teilweise vertretener Ansicht soll es angesichts des uneingeschränkten Wortlauts der Norm dennoch möglich sein, auch den Arbeitnehmern und Mitgliedern der Geschäftsführung des herrschenden Unternehmens Bezugsrechte auf Aktien der Tochter zu gewähren.[231] Hiergegen wird von der hM zu Recht eingewandt, dass einer solchen Gestaltung eine gesteigerte Missbrauchsgefahr innewohnt, da die Begünstigten ihren Einfluss auf die Tochtergesellschaft in eigennütziger Weise ausnutzen könnten.[232] Grundsätzlich ist daher von der Unzulässigkeit einer solchen Gestaltung auszugehen. Dennoch wird man aber die Gewährung von Bezugsrechten auf Aktien einer Tochtergesellschaft ausnahmsweise dann zulassen können, wenn sie durch besondere Gründe gerechtfertigt ist.

61 **(2) Bezugsberechtigung auf Aktien der Mutter.** Umstritten ist, ob Arbeitnehmern und Mitgliedern der Geschäftsführung eines abhängigen Unternehmens Bezugsrechte auf Aktien der Muttergesellschaft eingeräumt werden dürfen. Keine Bedenken bestehen nach nahezu allgemeiner Ansicht im **Vertragskonzern** (auch bei isoliertem Gewinnabführungsvertrag) und bei **Fehlen von Minderheitsgesellschaftern.**[233] Im Übrigen werden derartige Gestaltungen teilweise pauschal als unzulässig angesehen.[234] Ein Teil der Literatur bejaht die Zulässigkeit nur bei Vereinbarung tochterspezifischer

---

[227] Vgl. Grigoleit/*Rieder/Holzmann* Rn. 29; Großkomm AktG/*Frey* Rn. 96; Hölters/*Apfelbacher/Niggemann* Rn. 48; Hüffer/Koch/*Koch*, 13. Aufl. 2018, Rn. 19; MüKoAktG/*Fuchs* Rn. 88.
[228] Vgl. Großkomm AktG/*Frey* Rn. 96; Hüffer/Koch/*Koch*, 13. Aufl. 2018, Rn. 20; Kölner Komm AktG/*Drygala/Staake* Rn. 112, 119; MüKoAktG/*Fuchs* Rn. 88; s. auch K. Schmidt/Lutter/*Veil* Rn. 22.
[229] Hat ein Konzernunternehmen in einem Aktienoptionsplan eigenständig Verpflichtungen gegenüber Arbeitnehmern übernommen, die im Betrieb eines anderen Konzernunternehmens beschäftigt sind, gehen diese Verpflichtungen im Falle der Veräußerung des Betriebs nicht auf den Betriebserwerber über, s. BGH NZA 2003, 487 (488 ff.) – Nokia; *Lützeler*, Aktienoptionen bei einem Betriebsübergang, 2007, 129 ff.; *Lembke* BB 2003, 1070 (1071); *v. Steinau-Steinrück* NZA 2003, 473 f.
[230] So ausdrücklich BegrRegE BT-Drs. 13/9712, 24.
[231] M. *Käpplinger*, Inhaltskontrolle von Aktienoptionsplänen, 2003, 96; *v. Einem/Pajunk* in Achleitner/Wollmert, Stock Options, 2. Aufl. 2002, 85 (98 f.); s. auch *Martens* FS Ulmer, 2003, S. 399 (415 f.); *Zitzewitz* NZG 1999, 698 (702 ff.).
[232] Großkomm AktG/*Frey* Rn. 99; MüKoAktG/*Fuchs* Rn. 89; gegen die Zulässigkeit auch Bürgers/Körber/*Marsch-Barner* Rn. 17; Grigoleit/*Rieder/Holzmann* Rn. 31; Großkomm AktG/*Kort* § 87 Rn. 150; Hölters/*Apfelbacher/Niggemann* Rn. 49; Hüffer/Koch/*Koch*, 13. Aufl. 2018, Rn. 20; Kölner Komm AktG/*Drygala/Staake* Rn. 115; K. Schmidt/Lutter/*Veil* Rn. 23; MHdB AG/*Scholz* § 64 Rn. 105.
[233] So bereits die Gesetzesbegründung des KonTraG, s. BegrRegE BT-Drs. 13/9712, 23 f.; ebenso etwa Bürgers/Körber/*Marsch-Barner* Rn. 17; Hüffer/Koch/*Koch*, 13. Aufl. 2018, Rn. 20; MHdB AG/*Scholz* § 64 Rn. 106; *Baums* AG-Sonderheft 1997, 26 (35); für Vertragskonzern auch MüKoAktG/*Spindler* § 87 Rn. 65; aA *Heidel* FS Mehle, 2009, 247 (257 f.), der ein Gewährung von Bezugsrechten auf Aktien der Mutter allein bei der Eingliederung als zulässig ansehen will.
[234] Vgl. *Baums* FS Claussen, 1997, 3 (12); *Baums* AG-Sonderheft 1997, 26 (35) (vor Inkrafttreten des KonTraG); *Heidel* FS Mehle, 2009, 247 (253 ff.); *Tröger* ZGR 2009, 447 (453 ff.); *Zitzewitz* NZG 1999, 698 (700 f.); wohl auch *Spindler* WuB II A. § 192 AktG 2.08; *Spindler* FS K. Schmidt, 2009, 1529 (1536 ff.); *Wackerbarth* ZIP 2009, 2437 ff.

Erfolgsziele.[235] Vereinzelt wird auch die Zustimmung sämtlicher Mitgesellschafter verlangt.[236] In der Rechtsprechung hat sich das OLG München in einem obiter dictum kritisch zur Teilnahme des Vorstands einer Enkelgesellschaft an einem konzernweiten virtuellen Aktienoptionsprogramm geäußert. Dabei nahm es einen Verstoß gegen § 87 Abs. 1 an, weil die am Aktienkurs der Konzernobergesellschaft orientierten Vergütungsbestandteile nach seiner Berechnung den überwiegenden Teil der Gesamtvergütung und rund 80 % der variablen Vergütung der Vorstandsmitglieder ausmachten.[237] Hierdurch sah es die Gefahr begründet, dass sich der Vorstand nicht vorrangig am Wohl der eigenen Gesellschaft, sondern am Wohl der Konzernmutter orientiere.

Trotz dieser Bedenken ist die Gewährung von Bezugsrechten auf Aktien der Mutter nach zutreffender Ansicht **auch im faktischen Konzern zulässig.**[238] Dies gilt unabhängig davon, ob tochterspezifische Erfolgsziele vereinbart werden. Ein generelles Verbot wäre mit dem auf Einzelausgleich angelegten Schutzsystem der §§ 311 ff. nicht vereinbar. Es lässt sich auch nicht aus § 87 Abs. 1 herleiten (soweit die Vergütung von der Tochter geleistet wird). Dem steht nicht entgegen, dass § 87 Abs. 1 auf die „Lage der Gesellschaft" abstellt.[239] Dieses Kriterium ist primär auf die Vergütungshöhe bezogen, so dass Raum für eine Berücksichtigung des Konzernerfolgs verbleibt.[240] Die Tochter hat schon angesichts der Vorteile aus der Konzernverbundenheit ein unmittelbares Eigeninteresse, die Identifikation mit dem Konzern zu fördern. Auch kann die Teilnahme an einem konzernweiten Optionsprogramm als Mittel zur Gewinnung qualifizierter Führungskräfte dienen. Dass die gegenteilige Ansicht des OLG München[241] mit § 87 AktG nicht vereinbar ist, hat nunmehr auch der BGH unmissverständlich zum Ausdruck gebracht. In dem Beschluss, mit dem er die Nichtzulassungsbeschwerde einer Nebenintervenientin zurückgewiesen hat, spricht der BGH ausdrücklich von einem „sich von den Regeln des § 87 AktG aF entfernenden Ansatz des Berufungsgerichts".[242] Auch die Wertungen der §§ 311 ff. stehen der Zulässigkeit konzernweiter Optionsprogramme nicht entgegen. Dies zeigt insbesondere ein **Vergleich mit konzerninternen Vorstandsdoppelmandaten,** die nach heute ganz hM zulässig sind.[243] § 87 Abs. 1 und § 88 Abs. 1 S. 2 lassen bei Vorstandsdoppelmandaten auch die Gewährung einer erfolgsabhängigen Vergütung durch das herrschende Unternehmen zu, so dass hier ebenfalls ein Interessenkonflikt droht, der regelmäßig stärker ist als bei der bloßen Teilnahme an einem konzernweiten Optionsprogramm.[244] Allein die abstrakte Gefahr von Fehlanreizen, die dem faktischen Konzern ohne-

---

[235] Großkomm AktG/*Frey* Rn. 101; NK-AktR/*Wagner* § 193 Rn. 14; *Busch* in Marsch-Barner/Schäfer Börsennotierte AG-HdB Rn. 44.13; *Casper*, Der Optionsvertrag, 2005, 444 f.; *Spindler/Lönner* WuB II A. § 192 AktG 1.08; vgl. auch MüKoAktG/*Fuchs* Rn. 90.

[236] *Kallmeyer* AG 1999, 97 (102); s. auch MüKoAktG/*Spindler* § 87 Rn. 105.

[237] OLG München ZIP 2008, 1237 (1339 ff.). – RWE Energy; anders noch die Vorinstanz, s. LG München I NZG 2008, 114 (115 f.) – RWE Energy; s. nunmehr auch BGH ZIP 2009, 2436 (2437) – RWE Energy.

[238] Kölner Komm AktG/*Drygala/Staake* Rn. 117, § 193 Rn. 104; K. Schmidt/Lutter/ *Vetter* § 311 Rn. 33; *Klawitter* in Achleitner/Wollmert, Stock Options, 2. Aufl. 2002, 67 (72); MHdB AktG/*Scholz* § 64 Rn. 106; *Seyfarth* VorstandsR § 5 Rn. 146; *Friedrichsen,* Aktienoptionspläne für Führungskräfte, 2000, 207 ff.; *Chr. Arnold* FS Bauer, 2010, 35 (39 ff.); *Austmann* ZGR 2009, 277 (288 f.); *Drinkuth* FD-HGR 2007, 248 682; *Gebhardt* ZCG 2008, 229 f.; *Goette* FS Hopt, 2010, 689 (693 ff.); *Habersack* FS Raiser, 2005, 111 (118 ff.); *Habersack* NZG 2008, 634 f.; *Hohenstatt/ Seibt/Wagner* ZIP 2008, 2289 (2291 ff.); *Martens* FS Ulmer, 2003, 399 (416 f.); *Waldhausen/Schüller* AG 2009, 179 (182 ff.); s. auch BegrRegE BT-Drs. 13/9712, 23 f., wo lediglich eine „sorgfältige Prüfung" verlangt wird; grundsätzlich auch Hüffer/Koch/*Koch,* 13. Aufl. 2018, Rn. 20, § 87 Rn. 14 f.; MüKoAktG/*Fuchs* Rn. 90; MüKoAktG/ *Spindler* § 87 Rn. 66 ff. (teilweise anders noch *Spindler* FS Hopt, 2010, 1407 (1420 ff.); *Spindler* FS K. Schmidt, 2009, 1629 (1536 ff.)); *Hirte* RWS-Forum 15, Gesellschaftsrecht 1999, 215; *Hoffmann-Becking* NZG 1999, 797 (803); *Müller-Michaels* ZCG 2008, 17 (18 ff.), die entsprechende Gestaltungen lediglich als „problematisch" ansehen; ähnlich Bürgers/Körber/*Marsch-Barner* Rn. 17; Grigoleit/*Rieder/Holzmann* Rn. 31, die eine Vereinbarung tochterspezifischer Erfolgsziele zwar empfehlen, aber offenbar nicht zwingend voraussetzen; einschränkend K. Schmidt/Lutter/ *Veil* Rn. 25; *Binder* BB 2008, 131 (132), die zwar von der grundsätzlichen Zulässigkeit ausgehen, aber stets einen Nachteil iSv § 311 annehmen wollen, wenn die Vergütung von der Tochter getragen wird; weniger streng *P. Müller,* Die aktienrechtliche Zulässigkeit variabler Vorstandsvergütungen mittels vertikaler Aktienoptionen im faktischen Konzern, 2014, 144 ff., 151, der einen Nachteil iSv § 311 erst dann annehmen will, wenn die von der Tochter zu tragende, an Kenndaten der Mutter orientierte variable Vergütung mehr als 30 % der Gesamtvergütung ausmacht.

[239] So aber *Tröger* ZGR 2009, 447 (453 ff.), der davon auszugehen scheint, dass eine Ausrichtung am Konzernerfolg für die Tochter per se nachteilig ist; ähnlich auch OLG München ZIP 2008, 1237 (1339) – RWE Energy; *Heidel* FS Mehle, 2009, 247 (253 ff.).

[240] *Chr. Arnold* FS Bauer, 2010, 35 (40); *Goette* FS Hopt, 2010, 689 (693 f.); *Hohenstatt/Seibt/Wagner* ZIP 2008, 2289 (2292); ähnlich *Waldhausen/Schüller* AG 2009, 179 (182).

[241] OLG München ZIP 2008, 1237 (1339 ff.) – RWE Energy.

[242] BGH ZIP 2009, 2436 (2437) – RWE Energy.

[243] Zur Zulässigkeit s. BGH ZIP 2009, 1162 (1163 f.).

[244] Vgl. LG München I NZG 2008, 114 (115 f.) – RWE Energy; *Chr. Arnold* FS Bauer, 2010, 35 (43 f.); *Habersack* FS Raiser, 2005, 111 (123 ff.); *Habersack* NZG 2008, 634 (635); *Hohenstatt/Seibt/Wagner* ZIP 2008, 2289 (2293).

hin immanent ist, vermag die Unzulässigkeit nicht zu begründen. Anderenfalls würde der anlassbezogene Charakter des Schutzsystems der §§ 311 ff. negiert. Hiergegen lässt sich auch nicht die (empirisch nicht belegte) vermeintliche Unzulänglichkeit des gesetzlichen Schutzsystems einwenden.[245] Der Gesetzgeber hat den Schutz der Minderheitsgesellschafter im faktischen Konzern bewusst als System aus Nachteilsausgleich (§ 311) und Schadensersatz (§§ 317 f.) ausgestaltet. Über diese gesetzgeberische Grundentscheidung lässt sich nicht ohne weiteres hinwegsehen.

61b Es ist daher jeweils **für den konkreten Einzelfall zu prüfen,** ob durch die Gewährung von Bezugsrechten auf Aktien der Mutter eine übermäßige Gefahr von Fehlanreizen begründet wird, die nicht durch die Vorteile einer solchen Vergütungsgestaltung aufgewogen wird.[246] Beruft sich ein Minderheitsaktionär auf angebliche Fehlanreize, kommt ihm **keine Beweiserleichterung** zugute.[247] Die Gefahr von Fehlanreizen ist jedenfalls dann ausgeschlossen, wenn die am Konzernerfolg orientierten Vergütungsbestandteile nicht den überwiegenden Teil der variablen Vergütung ausmachen.[248] Gleiches sollte gelten, wenn die am Konzernerfolg orientierten Vergütungsbestandteile nicht den überwiegenden Teil der Gesamtvergütung ausmachen.[249] Bei der Berechnung sind nur die in dem betreffenden Geschäftsjahr neu gewährten Bezugsrechte zu berücksichtigen, da nur diese Teil der Vergütungsentscheidung für das betreffende Geschäftsjahr sind.[250] Bei der Beurteilung möglicher Fehlanreize ist auch zu berücksichtigen, ob durch ein Handeln zum Nachteil der eigenen Gesellschaft der Aktienkurs der Mutter überhaupt beeinflusst werden kann.[251] Regelmäßig dürfte dies nicht der Fall sein. Besteht keine übermäßige Gefahr von Fehlanreizen, spielt es für die Zulässigkeit einer am Konzernerfolg orientierten variablen Vergütung keine Rolle, ob die Vergütung durch die Anstellungsgesellschaft (etwa bei einem virtuellen Optionsprogramm) oder unmittelbar durch die Konzernmutter gewährt wird.[252] Auch Drittvergütungen sind – jedenfalls mit Zustimmung des Aufsichtsrats – grundsätzlich zulässig (vgl. auch Ziff. 4.2.2 Abs. 2 S. 1 DCGK: „unter Einbeziehung von etwaigen Konzernbezügen").[253]

62 dd) **Aufsichtsratsmitglieder.** Aufsichtsratsmitglieder fallen nach allgemeiner Ansicht **nicht unter § 192 Abs. 2 Nr. 3.**[254] Der Gesetzgeber hat sich bei der Neufassung der Norm durch das KonTraG bewusst gegen eine Einbeziehung von Aufsichtsratsmitgliedern entschieden.[255] Dies gilt

---

[245] So aber OLG München ZIP 2008, 1237 (1340) – RWE Energy, das implizit unterstellt, dass die Vorstandsmitglieder des abhängigen Unternehmens allein aufgrund wirtschaftlicher Anreize bewusst ihre aktienrechtlichen Pflichten verletzten würden; ansatzweise in diese Richtung auch MüKoAktG/*Spindler* § 87 Rn. 67; *Spindler* FS Hopt, 2010, 1407 (1421 f.); *Spindler* FS K. Schmidt, 2009, 1529 (1538 f.); wie hier dagegen *Chr. Arnold* FS Bauer, 2010, 35 (40 ff.); *Goette* FS Hopt, 2010, 689 (698 ff.).
[246] Hüffer/Koch/*Koch,* 13. Aufl. 2018, § 87 Rn 15; MüKoAktG/*Fuchs* Rn. 90; MüKoAktG/*Spindler* § 87 Rn. 70 f.; s. auch *P. Müller,* Die aktienrechtliche Zulässigkeit variabler Vorstandsvergütungen mittels vertikaler Aktienoptionen im faktischen Konzern, 2014, 65 ff.; *Chr. Arnold* FS Bauer, 2010, 35 (40 ff.); *Goette* FS Hopt, 2010, 689 (696 ff.).
[247] Vgl. MüKoAktG/*Fuchs* Rn. 90; allgemein zum Ausschluss von Beweiserleichterungen zugunsten der Minderheitsgesellschafter im faktischen Konzern BGH ZIP 2008, 1872 f. – Züblin; OLG Stuttgart ZIP 2007, 1210 (1214) – Züblin; OLG Köln AG 2009, 416 (419 f.) – Strabag; teilweise anders *P. Müller,* Die aktienrechtliche Zulässigkeit variabler Vorstandsvergütungen mittels vertikaler Aktienoptionen im faktischen Konzern, 2014, 76.
[248] Ähnlich *Hohenstatt/Seibt/Wagner* ZIP 2008, 2289 (2294 f.); *Waldhausen/Schüller* AG 2009, 179 (183).
[249] MüKoAktG/*Fuchs* Rn. 90; etwas enger MüKoAktG/*Spindler* § 87 Rn. 71, der ein deutliches Überwiegen der fixen und am Erfolg der Tochter orientierten Vergütungsbestandteile verlangt; für Grenze von 30 % der Gesamtvergütung *P. Müller,* Die aktienrechtliche Zulässigkeit variabler Vorstandsvergütungen mittels vertikaler Aktienoptionen im faktischen Konzern, 2014, 99 ff., der dies aus der Wertung des § 29 Abs. 2 WpÜG ableiten will; ein solcher Vergleich mit dem Übernahmerecht ist jedoch offenkundig verfehlt, da die 30 %-Grenze des § 29 Abs. 2 WpÜG vor dem Hintergrund durchschnittlicher Hauptversammlungspräsenzen zu sehen ist.
[250] Unzutreffend daher OLG München ZIP 2008, 1237 (1238) – RWE Energy, das bei der Berechnung des Anteils sowohl die in dem betreffenden Geschäftsjahr neu gewährten als auch die ausgezahlten Performance Shares berücksichtigt.
[251] Vgl. *Hohenstatt/Seibt/Wagner* ZIP 2008, 2289 (2294 f.); *Waldhausen/Schüller* AG 2009, 179 (184); s auch *P. Müller,* Die aktienrechtliche Zulässigkeit variabler Vorstandsvergütungen mittels vertikaler Aktienoptionen im faktischen Konzern, 2014, 76 f.; aA MüKoAktG/*Spindler* § 87 Rn. 72.
[252] *Chr. Arnold* FS Bauer, 2010, 35 (43, 49 f.); teilweise anders K. Schmidt/Lutter/*Veil* Rn. 25; *Binder* BB 2008, 131 (132), die stets einen Nachteil iSv § 311 annehmen wollen, wenn die Vergütung von der Tochter getragen wird; für Einzelfallprüfung *Goette* FS Hopt, 2010, 689 (698 ff.).
[253] Hölters/*Weber* § 87 Rn. 12 f.; MüKoAktG/*Spindler* § 87 Rn. 73 (teilweise anders noch *Spindler* FS Hopt, 2010, 1407 (1420 ff.)); *Bauer/Chr. Arnold* DB 2006, 260 (265 f.); *Diekmann* FS Maier-Reimer, 2010, 75 (78 ff.); *Mayer-Uellner* AG 2011, 193 (195 ff.); aA *Wollburg* ZIP 2004, 646 (649).
[254] S. statt vieler Grigoleit/*Rieder/Holzmann* Rn. 30; Großkomm AktG/*Frey* Rn. 97; Hüffer/Koch/*Koch,* 13. Aufl. 2018, Rn. 21; Kölner Komm AktG/*Drygala/Staake* Rn. 98, 119; MüKoAktG/*Fuchs* Rn. 92; MHdB AG/*Scholz* § 64 Rn. 135; *Spindler/Gerdemann* FS Stilz, 2014, 629 (636 f.).
[255] Vgl. BegrRegE BT-Drs. 13/9712, 24; anders noch der RefE, der allgemein von „Organmitgliedern" sprach, s. RefE KonTraG ZIP 1996, 2129 (2137).

Voraussetzungen 63 § 192

sowohl für Aufsichtsratsmitglieder der Gesellschaft als auch für solche von verbundenen Unternehmen. In der Vergangenheit war allerdings von der hM anerkannt, dass Aktienoptionsprogramme zugunsten von Aufsichtsratsmitgliedern über die Begebung von **Wandel- oder Optionsanleihen** realisiert werden können.[256] Nach teilweise vertretener Ansicht sollte es darüber hinaus zulässig sein, Aktienoptionspläne für Aufsichtsratsmitglieder mit **eigenen Aktien** zu bedienen.[257] Dem ist der BGH in der „MobilCom"-Entscheidung vom 16. Februar 2004 entgegengetreten. Danach sind Aktienoptionsprogramme zugunsten von Aufsichtsratsmitgliedern bei Unterlegung mit eigenen Aktien der Gesellschaft ebenso unzulässig wie bei Unterlegung mit einem bedingtem Kapital.[258] Ob der Weg über § 221 für Aktienoptionsprogramme zugunsten von Aufsichtsratsmitgliedern noch gangbar ist, hat der BGH ausdrücklich offen gelassen, jedoch in einem obiter dictum erhebliche Zweifel angemeldet.[259] Die Unzulässigkeit ergibt sich nunmehr aus dem durch Art. 1 Nr. 17 UMAG in § 221 Abs. 4 S. 2 eingefügten Verweis auf § 193 Abs. 2 Nr. 4.[260] Die sinngemäße Anwendung der Norm soll sich nach dem Willen des Gesetzgebers auch auf den in § 193 Abs. 2 Nr. 4 genannten Kreis der möglichen Bezugsberechtigten beziehen.[261] Noch ungeklärt ist, ob diese gesetzgeberische Wertung auf **virtuelle Aktienoptionsprogramme** zu erstrecken ist. Hierfür könnte die insoweit vergleichbare Interessenlage sprechen.[262] Allerdings ist ein dahingehender gesetzgeberischer Wille nicht zu erkennen. Die Gesetzesbegründung des UMAG trifft insoweit keine Aussage.[263] Auch die Überwachungsfunktion des Aufsichtsrats erfordert kein generelles Verbot. Den vom BGH in der „MobilCom"-Entscheidung geäußerten Bedenken, wonach bei einer Angleichung der Vergütungsinteressen von Vorstand und Aufsichtsrat eine Beeinträchtigung der Überwachungsaufgabe drohe,[264] lässt sich durch eine angemessene Begrenzung der variablen Vergütung begegnen.[265] Die Teilnahme von Aufsichtsratsmitgliedern an einem virtuellen Aktienoptionsprogramm ist daher nach wie vor zulässig (→ § 113 Rn. 53 ff.).[266]

c) Zustimmungs- oder Ermächtigungsbeschluss. § 192 Abs. 2 Nr. 3 sieht alternativ die 63 Möglichkeit eines Zustimmungs- oder Ermächtigungsbeschlusses vor. Die vom Gesetzgeber gewählte

---

[256] Vgl. OLG München AG 2003, 164; LG München I AG 2001, 210 f. – Consumer Electronic AG; LG Memmingen AG 2001, 375 f. – Schneider Rundfunkwerke AG; *Baums*, Bericht der Regierungskommission Corporate Governance, 2001, Rn. 64; *Hoff* WM 2003, 910 (911 f.); *Wiechers* DB 2003, 595 (596).
[257] Vgl. OLG Schleswig AG 2003, 102 f. – MobilCom; *Fischer* ZIP 2003, 282 f.; *Hoff* WM 2003, 910 (913 ff.); *Lutter* FS Hadding, 2004, 561 (567 ff.); *Schaefer* NZG 1999, 531 (533).
[258] BGHZ 158, 122 (125 ff.) – MobilCom; zustimmend etwa Grigoleit/*Grigoleit/Tomasic* § 113 Rn. 14; Grigoleit/*Rieder/Holzmann* Rn. 30; Großkomm AktG/*Hopt/Roth* § 113 Rn. 41; Hölters/*Hambloch-Gesinn/Gesinn* § 113 Rn. 20; Kölner Komm AktG/*Mertens/Cahn* § 113 Rn. 27; MüKoAktG/*Habersack* § 113 Rn. 17; K. Schmidt/Lutter/*Drygala* § 113 Rn. 34; *E. Vetter* in Marsch-Barner/Schäfer Börsennotierte AG-HdB Rn. 29.42; MHdB AG/*Scholz* § 64 Rn. 135; *Spindler/Gerdemann* FS Stilz, 2014, 629 (637 f.); aA MüKoAktG/*Fuchs* Rn. 94 ff.
[259] BGHZ 158, 122 (129) – MobilCom.
[260] BegrRegE BT-Drs. 15/5092, 25; *Henze* BB 2005, 165 (172); s. auch *Bürgers* NJW 2004, 3022 (3024); Bürgers/Körber/*Marsch-Barner* Rn. 18; Grigoleit/*Grigoleit/Tomasic* § 113 Rn. 14; Grigoleit/*Rieder/Holzmann* Rn. 30; Hüffer/Koch/*Koch*, 13. Aufl. 2018, § 221 Rn. 46b; Kölner Komm AktG/*Mertens/Cahn* § 113 Rn. 28; MüKoAktG/*Habersack* § 113 Rn. 19; K. Schmidt/Lutter/*Drygala* § 113 Rn. 34; *E. Vetter* in Marsch-Barner/Schäfer Börsennotierte AG-HdB Rn. 29.42; MHdB AG/*Scholz* § 64 Rn. 135; *Lüpkes*, Zulässigkeit und Zweckmäßigkeit aktienkursorientierter Vergütung von Mitgliedern des Aufsichtsrats, 2008, 278 f.; *Goette* DStR 2005, 561 (562); *Spindler/Gerdemann* FS Stilz, 2014, 629 (638); aA Großkomm AktG/*Hopt/Roth* § 113 Rn. 43 ff.; MüKoAktG/*Fuchs* Rn. 94 ff.
[261] BegrRegE BT-Drs. 15/5092, 25.
[262] Dafür etwa Hölters/*Hambloch-Gesinn/Gesinn* § 113 Rn. 21; Kölner Komm AktG/*Mertens/Cahn* § 113 Rn. 29; MüKoAktG/*Habersack* § 113 Rn. 19; K. Schmidt/Lutter/*Drygala* § 113 Rn. 36; wohl auch Hüffer/Koch/*Koch*, 13. Aufl. 2018, § 113 Rn. 12; bereits aus der „MobilCom"-Entscheidung des BGH wurde vielfach der Schluss gezogen, dass der BGH künftig auch virtuelle Aktienoptionsprogramme zugunsten von Aufsichtsratsmitgliedern als unzulässig ansehen werde, vgl. *Habersack* ZGR 2004, 721 (731 f.); *Jacobs* JR 2005, 154 (155); *Lenenbach* EWiR 2004, 413 (414); *Meyer/Ludwig* ZIP 2004, 940 (944 f.); *Paefgen* WM 2004, 1169 (1172).
[263] Vgl. BegrRegE BT-Drs. 15/5092, 25.
[264] BGHZ 158, 122 (126 f.) – MobilCom.
[265] *E. Vetter* in Marsch-Barner/Schäfer Börsennotierte AG-HdB Rn. 29.43; *E. Vetter* ZIP 2008, 1 (5); s. auch *Bösl* BKR 2004, 474 (477).
[266] Bürgers/Körber/*Bürgers/Israel* § 113 Rn. 12; Grigoleit/*Grigoleit/Tomasic* § 113 Rn. 15; Großkomm AktG/*Hopt/Roth* § 113 Rn. 47; MüKoAktG/*Fuchs* Rn. 99; *E. Vetter* in Marsch-Barner/Schäfer Börsennotierte AG-HdB Rn. 29.43; MHdB AG/*Scholz* § 64 Rn. 136; *Lüpkes*, Zulässigkeit und Zweckmäßigkeit aktienkursorientierter Vergütung von Mitgliedern des Aufsichtsrats, 2008, 293 ff.; *E. Vetter* ZIP 2008, 1 (5); aus der Zeit vor Inkrafttreten des UMAG auch *Fuchs* WM 2004, 2233 (2239); *Gehling* ZIP 2005, 549 (557); *Richter* BB 2004, 949 (956); *Spindler/Gerdemann* FS Stilz, 2014, 629 (638 ff.); aA Hölters/*Hambloch-Gesinn/Gesinn* § 113 Rn. 21; Kölner Komm AktG/*Mertens/Cahn* § 113 Rn. 29; MüKoAktG/*Habersack* § 113 Rn. 19; K. Schmidt/Lutter/*Drygala* § 113 Rn. 36; wohl auch Hüffer/Koch/*Koch*, 13. Aufl. 2018, § 113 Rn. 12.

Formulierung ist im Hinblick auf den **Zustimmungsbeschluss** vielfach kritisiert worden:[267] Anders als der Wortlaut des § 192 Abs. 2 Nr. 3 zu suggerieren scheint, handelt es sich nicht um eine bloße Geschäftsführungsmaßnahme, die lediglich der Billigung durch die Hauptversammlung bedarf. Die bedingte Kapitalerhöhung erfolgt vielmehr durch einen Beschluss der Hauptversammlung. Die Hauptversammlung hat wie bei jeder sonstigen Kapitalerhöhung ein Initiativ- und Gestaltungsrecht. Sie bestimmt den Kreis der Begünstigten und weist den Vorstand nach § 83 Abs. 2 an, die Bezugsrechte zu gewähren.

64 Mit der Fassung eines **Ermächtigungsbeschlusses** kann die Hauptversammlung die Entscheidung über die Verwirklichung des Aktienoptionsprogramms in das pflichtgemäße Ermessen des Vorstands stellen. Der Vorstand entscheidet in diesem Fall über den Zeitpunkt und kann auch ganz von der Durchführung absehen.[268] Der Gesetzgeber wollte der Verwaltung auf diese Weise zu mehr Flexibilität verhelfen.[269] Die Zulassung eines Ermächtigungsbeschlusses war im Referentenentwurf des KonTraG noch nicht vorgesehen und wurde erst auf Anregung von *Lutter* in die endgültige Fassung des § 192 Abs. 2 Nr. 3 aufgenommen.[270] Dabei hat der Gesetzgeber allerdings darauf verzichtet, für die Ausübung der Ermächtigung eine zeitliche Begrenzung vorzuschreiben.[271] Da eine unbegrenzte Ermächtigung im Hinblick auf die gesetzliche Zuständigkeitsverteilung zwischen Hauptversammlung und Verwaltung bedenklich wäre, wendet die hM zu Recht die Fünfjahresfrist des § 221 Abs. 2 analog auf die Ermächtigung nach § 192 Abs. 2 Nr. 3 an.[272] Die Formulierung in der Gesetzesbegründung, wonach das bedingte Kapital für langfristige Optionsprogramme besonders geeignet sei, da die Fünfjahresfrist für die Ausübung des genehmigten Kapitals nicht für das bedingte Kapital gelte,[273] steht nicht entgegen, da diese sich nur auf die Laufzeit des Aktienoptionsprogramms, nicht aber auf die Auflegung des Programms durch den Vorstand bezieht.[274]

65 **d) Steuerliche und bilanzielle Behandlung. aa) Besteuerung beim Arbeitnehmer. (1) Zurechnung als steuerpflichtiges Einkommen.** Das EStG sieht keine speziellen Vorschriften für die Besteuerung von Stock Options vor. Der Vorteil, der aus der Beteiligung an einem Aktienoptionsplan erzielt wird, gehört nach ständiger Rechtsprechung des BFH zu den **Einkünften aus nichtselbständiger Arbeit** gem. § 19 Abs. 1 Nr. 1 iVm § 8 Abs. 1 EStG.[275] Arbeitnehmer in diesem Sinne sind auch Vorstandsmitglieder.[276] Gem. § 2 Abs. 1 S. 1 LStDV sind Arbeitslohn alle Einnahmen, die dem Arbeitnehmer aus dem Dienstverhältnis zufließen. Es gilt das Veranlassungsprinzip. Ausreichend ist bereits, dass der Vorteil im weitesten Sinn als Gegenleistung für die Zurverfügungstellung der eigenen Arbeitskraft gewährt wird.[277] Diese Voraussetzung ist bei dem aus Stock Options resultierenden Vorteil regelmäßig erfüllt. Einkünfte aus dem Dienstverhältnis liegen auch dann vor, wenn die Stock Options von der Konzernmutter an Angestellte

---

[267] S. etwa Grigoleit/*Rieder/Holzmann* Rn. 32; Großkomm AktG/*Frey* Rn. 110; Hölters/*Apfelbacher/Niggemann* Rn. 54; Hüffer/Koch/*Koch*, 13. Aufl. 2018, Rn. 22; Kölner Komm AktG/*Drygala/Staake* Rn. 128; MüKoAktG/*Fuchs* Rn. 99; *Claussen* DB 1998, 177 (185) Fn. 104.

[268] Bürgers/Körber/*Marsch-Barner* Rn. 19; Hüffer/Koch/*Koch*, 13. Aufl. 2018, Rn. 22; Kölner Komm AktG/*Drygala/Staake* Rn. 129; MüKoAktG/*Fuchs* Rn. 100; K. Schmidt/Lutter/*Veil* Rn. 26.

[269] BegrRegE BT-Drs. 13/9712, 24.

[270] Vgl. *Lutter* AG Sonderheft 1997, 52 (57).

[271] Anders der Vorschlag von *Lutter* AG Sonderheft 1997, 52 (57).

[272] Bürgers/Körber/*Marsch-Barner* Rn. 19; Kölner Komm AktG/*Drygala/Staake* Rn. 129; MüKoAktG/*Fuchs* Rn. 101; *Klahold*, Aktienoptionen als Vergütungsinstrument, 1999, 242 f.; *Wulff*, Aktienoptionen für das Management, 2000, 59 ff.; *Hirte* RWS-Forum 15, Gesellschaftsrecht 1999, 211 (224); wohl auch K. Schmidt/Lutter/*Veil* R 26; für analoge Anwendung nur bei Stock Options für Führungskräfte Großkomm AktG/*Frey* Rn. 113.

[273] BegrRegE BT-Drs. 13/9712, 23.

[274] Großkomm AktG/*Frey* Rn. 113; MüKoAktG/*Fuchs* Rn. 101 Fn. 348.

[275] BFH BStBl. 2001 II S. 512 (513); BFH BStBl. II 2001, 509 (510); vgl. auch BFH BStBl. II 2017, 149 (150 f.) = ZIP 2017, 570 (571); BFH BStBl. II 2008, 826 (827 f.) = DStR 2008, 1632 (1633 f.); BFH BStBl. II 2005, 766 (768) = ZIP 2005, 1507 (1508); s. auch FG Hamburg DStRE 2017, 395; ebenso die ganz hM in der Literatur, s. etwa Großkomm AktG/*Frey* Rn. 173 f.; Großkomm AktG/*Kort* § 87 Rn. 197; MüKoAktG/*Fuchs* Rn. 119; *Kessler/Strnad* in Kessler/Sauter, Stock Options, 2003, Rn. 322 ff.; *Friedrichsen*, Aktienoptionspläne für Führungskräfte, 2000, 288 ff.; für eine Zuordnung zu den sonstigen Einkünften iSd § 22 Nr. 3 EStG *Portner* DStR 1997, 786 (788); *Portner* DStR 1997, 1876 (1877).

[276] BFH BStBl. II 2017, 149 (151) = ZIP 2017, 570 (571); Blümich/*Geserich* EStG § 19 Rn. 120; Kirchhof/*Eisgruber* EStG § 19 Rn. 54; MüKoAktG/*Fuchs* Rn. 119; Schmidt/*Krüger* EStG § 19 Rn. 35.

[277] BFH BStBl. II 2014, 904 (905) = AG 2014, 625 (626); BFH BStBl. II 2013, 689 (690); BFH BStBl. II 2010, 1022 f.; BFH BStBl. II 2008, 826 (828) = DStR 2008, 1632 (1633); Blümich/*Geserich* EStG § 19 Rn. 190; Kirchhof/*Eisgruber* EStG § 19 Rn. 62; Schmidt/*Krüger* EStG § 19 Rn. 45.

Voraussetzungen 66 § 192

einer Tochtergesellschaft eingeräumt werden.[278] Stock Options als solche sind keine Vermögensbeteiligungen iSd 5. VermBG.[279]

(2) Besteuerungszeitpunkt. Der Besteuerungszeitpunkt richtet sich gem. § 38 Abs. 2 S. 2 iVm 66 § 11 Abs. 1 EStG nach dem Zuflussprinzip. Dem Arbeitnehmer muss ein geldwerter Vorteil zufließen, was die Erlangung der wirtschaftlichen Verfügungsmacht über den Vorteil voraussetzt.[280] Nach teilweise vertretener Ansicht soll diese Voraussetzung unabhängig von der Handelbarkeit der Option bereits im Zeitpunkt der Optionsgewährung erfüllt sein.[281] Eine andere Ansicht stellt auf die Ausübbarkeit der Optionsrechte ab.[282] Der BFH ist diesen Ansätzen nicht gefolgt und hat im Jahr 2001 in mehreren Entscheidungen zunächst für **nicht handelbare Optionsrechte** entschieden, dass es auf die **Optionsausübung** ankommt.[283] Dem ist zuzustimmen. Einen messbaren Vorteil erlangt der Berechtigte erst, wenn er die Option ausübt und der Kurswert der Aktien den Ausübungspreis übersteigt.[284] Entscheidend ist der **Tag der Einbuchung** in das Depot des Steuerpflichtigen.[285] Die frühere Auffassung der Finanzverwaltung, wonach der Tag der Ausbuchung der Aktien aus dem Depot des Überlassenden maßgebend sein sollte,[286] ist überholt. Für Aktienoptionen im Zusammenhang mit einer bedingten Kapitalerhöhung konnte sie ohnehin nicht gelten, da hier die Aktien erst mit der Einbuchung in das Depot des Steuerpflichtigen entstehen.[287] Auch wenn es grundsätzlich auf den Zeitpunkt der Optionsausübung ankommt, fließt dem Steuerpflichtigen ein geldwerter Vorteil nicht zu, solange ihm eine Verfügung über die erhaltenen Aktien rechtlich unmöglich ist (etwa bei vinkulierten Namensaktien).[288] Dagegen stehen **Sperr- und Haltefristen** einem Zufluss nicht entgegen.[289] Werden die Aktien sofort mit der Optionsausübung verkauft, ohne dass sie in das Depot des Berechtigten eingebucht werden (sog. Exercise-and-Sell-Variante), soll der Zufluss des geldwerten Vorteils nach Auffassung der Finanzverwaltung grundsätzlich bereits mit Zugang der Ausübungserklärung beim Optionsgeber bewirkt werden.[290] Virtuelle Optionen (→ Rn. 57) werden

---

[278] BFH BStBl. II 2001, 512 (514f.); BFH BStBl. II 2001, 509 (510f.); BFH BStBl. II 1972, 596 (597); Großkomm AktG/*Frey* Rn. 174; *Holzborn* in Marsch-Barner/Schäfer Börsennotierte AG-HdB Rn. 53.82.

[279] BMF, Schreiben v. 8.12.2009, IV C 5-S 2347/09/10002, 2009/0810442, BStBl. I 2009, 1513; s. auch *Hasbargen/Schmitt/Betz* BB 2010, 1951 (1952) (mit dem Hinweis, dass etwas anderes für die bei Optionsausübung erlangten Aktien gelten kann); aA *Holzborn* in Marsch-Barner/Schäfer Börsennotierte AG-HdB Rn. 53.84.

[280] BFH BStBl. II 2017, 149 (152) = ZIP 2017, 570 (573); BFH BStBl. II 1986, 342 (343); BFH BStBl. II 1983, 755 (757); BFH BStBl. II 1975, 776 (777).

[281] *Aha* BB 1997, 2225 (2228); *Engelsieg* StuB 2003, 595 (596ff.); *Neyer* BB 1999, 130 (131ff.); *Peltzer* AG 1996, 307 (314f.); *Portner/Bödefeld* DStR 1995, 629 (633f.); *Portner* DStR 1997, 1876 (1877f.); *Schubert* FR 1999, 639ff.

[282] Großkomm AktG/*Frey* Rn. 176; *Eberhartinger/Engelsing* WPg 2001, 99 (104ff.); *Egner/Wildner* FR 2001, 62 (65f.); *Kroschel* BB 2000, 176 (179f.).

[283] Grundlegend BFH BStBl. II 2001, 509, 510ff.; BFH BStBl. II 2001, 512 (513ff.); bestätigt durch BFH BStBl. II 2013, 289 (290); BFH BStBl. II 2009, 382 (384); BFH BStBl. II 2001, 689 (690); s. auch H 38.2 LStR 2015; BMF, Schreiben v. 12.11.2014, IV B 2-S 1300/08/1027, BStBl. I 2014, 1467 (1491 Rn. 195); ebenso FG Hamburg DStRE 2017, 395f.; Großkomm AktG/*Kort* § 87 Rn. 197; Kirchhof/*Eisgruber* EStG § 19 Rn. 78; Kölner Komm AktG/*Mertens/Cahn* § 87 Rn. 78; MüKoAktG/*Fuchs* Rn. 120f.; Schmidt/*Krüger* EStG § 19 Rn. 100; *Holzborn* in Marsch-Barner/Schäfer Börsennotierte AG-HdB Rn. 53.84; *Friedrichsen*, Aktienoptionspläne für Führungskräfte, 2000, 298ff.; *Binnewies/Ruske/Schwedhelm* AG 2016, 853 (854); *Feddersen* ZHR 161 (1997) 269 (277ff.); *Rode* DStZ 2005, 404 (405f.); *Simons/Knoll* DB 2002, 2070f.; für nicht handelbare Wandelschuldverschreibungen im Rahmen eines Arbeitsverhältnisses auch BFH BStBl. II 2009, 282 (283) BFH BStBl. II 2005, 766 (768ff.) = BB 2005, 1774 (1776ff.); vgl. auch BFH AG 2015, 203 (204f.); für Wandeldarlehen auch BFH BStBl. II 2005, 770 (773ff.).

[284] Vgl. BFH BStBl. II 2001, 512 (515); BFH BStBl. II 2001, 509 (511); MüKoAktG/*Fuchs* Rn. 121; *Simons/Knoll* DB 2002, 2070f.

[285] BFH BStBl. II 2013, 289 (290f.); BFH BStBl. II 2009, 382 (385); Großkomm AktG/*Kort* § 87 Rn. 197; Kirchhof/*Eisgruber* EStG § 19 Rn. 78; MüKoAktG/*Fuchs* Rn. 125; *Fritsche/Bäumler* DStR 2003, 1005 (1009f.).

[286] BMF Schreiben v. 10.3.2003, VV DEU BMF 2003-03-10 IV C 5-S. 2332-11/03, DStR 2003, 509 (aufgehoben durch BMF, Schreiben v. 29.3.2007, IV C 6-O 1000/07/0018, 2007/0145039); ebenso der koordinierte Ländererlass, s. FinMin NRW, Erlass v. 27.3.2003, S. 2332-109-V B 3, DStR 2003, 689 (gegenstandslos gemäß FinMin Bayern, Schreiben v. 16.3.2009, 34/32-S. 2347-008-10 068/09).

[287] Vgl. MüKoAktG/*Fuchs* Rn. 125; *Fritsche/Bäumler* DStR 2003, 1005 (1009).

[288] BFH BStBl. II 2011, 923 (924f.) (Restricted Shares); s. auch H 38.2 LStR 2015; ebenso Kirchhof/*Eisgruber* EStG § 19 Rn. 78; Schmidt/*Krüger* EStG § 19 Rn. 100; *Binnewies/Ruske/Schwedhelm* AG 2016, 853 (854).

[289] BFH BStBl. II 2011, 923 (924) (Restricted Shares); BFH BStBl. II 2009, 282 (283f.) (Wandelschuldverschreibungen); s. auch H 38.2 LStR 2015; ebenso Kirchhof/*Eisgruber* EStG § 19 Rn. 78; MüKoAktG/*Fuchs* Rn. 126; Schmidt/*Krüger* EStG § 19 Rn. 100; *Binnewies/Ruske/Schwedhelm* AG 2016, 853 (854).

[290] BMF Schreiben v. 12.11.2014, IV B 2-S 1300/08/1027, BStBl. 2014 I S. 1467 (1491 Rn. 196); krit. *Binnewies/Ruske/Schwedhelm* AG 2016, 853 (854).

erst bei Realisierung des Erfolgs (Exit) besteuert.[291] Für den Zufluss sollte auf die Gutschrift auf dem Konto des Berechtigten abgestellt werden.[292]

67 Für **handelbare Optionsrechte** wurde von der Finanzverwaltung früher danach differenziert, ob die Optionsrechte an einer Wertpapierbörse gehandelt werden. Danach sollte bei uneingeschränkter Veräußerbarkeit an einem vorhandenen und für alle offenen Markt die Besteuerung bereits im Zeitpunkt der Optionsgewährung erfolgen.[293] Der BFH hat die Frage nach dem Besteuerungszeitpunkt zunächst offen gelassen.[294] Nunmehr hat er jedoch entschieden, dass auch bei handelbaren Optionsrechten ein wirtschaftlicher Vorteil grundsätzlich erst dann zufließt, wenn die Aktien unentgeltlich oder verbilligt in das wirtschaftliche Eigentum des Steuerpflichtigen gelangen.[295] Dabei geht er nicht explizit darauf ein, ob dies auch für börsengehandelte Optionsrechte gilt. Die Entscheidungsgründe deuten jedoch drauf hin, dass auch bei solchen Optionsrechten eine Besteuerung erst im **Zeitpunkt der Ausübung** erfolgen soll.[296] Nach Auffassung des BFH lässt sich der Zufluss eines geldwerten Vorteils bereits im Zeitpunkt der Einräumung nicht damit begründen, dass es sich bei dem Optionsrecht um ein selbständig bewertbares Wirtschaftsgut handelt, da der für den Zufluss von Arbeitslohn maßgebliche geldwerte Vorteil, der in dem auf die Aktien gewährten Preisnachlass zu sehen sei, grundsätzlich erst aufgrund der Ausübung der Option in das wirtschaftliche Eigentum des Steuerpflichtigen gelange.[297] Diese Argumentation lässt sich grundsätzlich auch dann anwenden, wenn die Optionsrechte uneingeschränkt veräußerbar sind und an einem vorhandenen und für alle offenen Markt gehandelt werden. Hierfür spricht auch, dass der BFH nur den Fall, dass sich der Arbeitgeber Optionsrechte gegenüber einem Dritten am Markt verschafft, ausdrücklich offen lässt.[298] Außer bei Optionsausübung fließt dem Steuerpflichtigen ein geldwerter Vorteil auch dann zu, wenn er die Optionsrechte **anderweitig verwertet** (insbesondere durch Veräußerung an einen Dritten).[299] Gleiches gilt bei einem entgeltlichen Verzicht auf die Optionsrechte.[300]

68 **(3) Bemessungsgrundlage.** Gem. § 8 Abs. 2 S. 1 EStG sind Sachbezüge, wozu auch verbilligt ausgegebene Aktien zählen, mit dem um übliche Preisnachlässe geminderten üblichen Endpreis am Abgabeort anzusetzen.[301] Bei **nicht handelbaren Optionsrechten** ist die Differenz zwischen dem Ausübungspreis und dem niedrigsten Börsenkurs im Zeitpunkt der Optionsausübung zu versteuern.[302] Stellt man mit dem BFH für den Zufluss eines geldwerten Vorteils auch bei **handelbaren Optionsrechten** auf die Optionsausübung ab (→ Rn. 67), muss auch hier die Differenz zwischen dem Ausübungspreis und dem niedrigsten Börsenkurs im Zeitpunkt der Optionsausübung maßgeblich sein.[303] Als Zeitpunkt der Optionsausübung ist insoweit jeweils die Einbuchung in das Depot

---

[291] Kirchhof/*Eisgruber* EStG § 19 Rn. 78; *Schiemzik* NWB 2011, 798 (803).
[292] *Binnewies/Ruske/Schwedhelm* AG 2016, 853 (854).
[293] FinMin NRW Erlass v. 27.3.2003, S. 2332-109-V B 3, DStR 2003, 68; ebenso Großkomm AktG/*Frey* Rn. 177; Kölner Komm AktG/*Mertens/Cahn* § 87 Rn. 78; *Holzborn* in Marsch-Barner/Schäfer Börsennotierte AG-HdB Rn. 53.86; *Eckert* DB 1999, 2490 (2491); *Engelsieg* StuB 2003, 595 (596 ff.); *Kroschel* BB 2000, 176 (180); *Rode* DStZ 2005, 404 (407 f.); aA *Thomas* DStZ 1999, 710 (711 ff.); krit. auch *Kessler/Strnad* in Kessler/Sauter, Stock Options, 2003, Rn. 341 ff.
[294] Vgl. BFH BStBl. II 2001, 509 (510); BFH BStBl. II 2001, 512 (514).
[295] BFH BStBl. II 2009, 382 (384); s. auch H 38.2 LStR 2015; BMF Schreiben v. 12.11.2014, IV B 2-S 1300/08/1027, BStBl. I 2014, 1467 (1491 Rn. 195); ebenso MüKoAktG/*Fuchs* Rn. 127a; Schmidt/*Krüger* EStG § 19 Rn. 100; *Behrens/Renner* AG 2011, 121 f.; *Thomas* DStZ 1999, 710 (713 f.).
[296] Anders die Bewertung durch *Hasbargen/Schmitt/Betz* BB 2010, 1951 (1957).
[297] BFH BStBl. II 2009, 382 (384).
[298] Vgl. BFH BStBl. II 2009, 382 (385).
[299] BFH BStBl. II 2013, 289 (290 f.) = BB 2013, 550 m. Anm. *Behrens*; BFH BStBl. II 2009, 382 (384); FG Hamburg DStRE 2017, 395 (396); s. auch H 38.2 LStR 2015; BMF Schreiben v. 12.11.2014, IV B 2-S 1300/08/1027, BStBl. I 2014, 1467 (1491 Rn. 197); vgl. auch BFH BStBl. II 2005, 770 (775) (Wandeldarlehen); ebenso Kirchhof/*Eisgruber* EStG § 19 Rn. 78; *Binnewies/Ruske/Schwedhelm* AG 2016, 853 (854); *Thiele* DStRK 2017, 118.
[300] Vgl. BFH BStBl. II 2008, 826 (828 f.) (Verzicht auf Aktienankaufs- und Vorkaufsrechte); s. auch H 38.2 LStR 2015; ebenso Kirchhof/*Eisgruber* EStG § 19 Rn. 78.
[301] Vgl. BFH BStBl. II 2009, 382 (385).
[302] BFH BStBl. II 2003, 689 (690); FinMin NRW Erlass v. 27.3.2003, DStR 2003, 689; Kölner Komm AktG/*Mertens/Cahn* § 87 Rn. 78; MüKoAktG/*Fuchs* Rn. 128; Schmidt/*Krüger* EStG § 19 Rn. 100; *Holzborn* in Marsch-Barner/Schäfer Börsennotierte AG-HdB Rn. 53.87; *M. S. Arnold* NZG 2001, 215; *Behrens/Renner* AG 2011, 121 (122).
[303] BFH BStBl. II 2009, 382 (385); die Gegenansicht stellt demgegenüber konsequent auf den Unterschiedsbetrag zwischen dem Geldwert des Optionsrechts und einem ggf. gezahlten Entgelt ab, s. Großkomm AktG/*Frey* Rn. 177; vgl. auch FinMin NRW Erlass v. 27.3.2003, S. 2332-109-V B 3, DStR 2003, 689; folgt man dem, wäre das Optionsrecht gem. § 8 Abs. 2 S. 1 EStG als Sachbezug mit dem um übliche Preisnachlässe geminderten üblichen Endpreis am Abgabeort anzusetzen; bei Auseinanderfallen von Bestelltag und Liefertag wären für die Preisfeststellung die Verhältnisse am Bestelltag (Kauftag) maßgebend.

Voraussetzungen 69, 70 § 192

des Steuerpflichtigen anzusehen (→ Rn. 66). Bei nicht börsennotierten Aktien muss der gemeine Wert der Aktien nach § 11 Abs. 2 BewG ermittelt werden.[304] Hierzu ist primär auf Verkäufe abzustellen, die am Bewertungsstichtag oder, wenn solche Verkäufe nicht feststellbar sind, möglichst in zeitlicher Nähe zum Bewertungsstichtag getätigt wurden.[305] Sind börsennotierte gattungsgleiche Aktien vorhanden, kann der Wert der nicht börsennotierten Aktien aus deren Wert abgeleitet werden.[306] Werden Optionsrechte durch Veräußerung an einen Dritten verwertet, sind sie ebenfalls gem. § 8 Abs. 2 S. 1 EStG als Sachbezüge mit dem um übliche Preisnachlässe geminderten üblichen Endpreis am Abgabeort anzusetzen.[307] Entscheidend ist der Wert der Optionsrechte im Zeitpunkt der Übertragung.

bb) Handelsbilanzielle Erfassung. (1) Bilanzierung nach deutschen GoB. Die Frage nach 69 einer erfolgswirksamen Erfassung von Stock Options auf Basis eines bedingten Kapitals wird in der Literatur nicht einheitlich beantwortet. Nach verbreiteter Ansicht soll die Ausgabe von Aktienoptionen als Personalaufwand zu erfassen sein.[308] Der Gesamtwert der Aktienoptionen sei in analoger Anwendung von § 272 Abs. 2 Nr. 2 HGB in die Kapitalrücklage einzustellen.[309] Diese Ansicht hatte sich auch die Arbeitsgruppe Stock Options des DSR in einem Positionspapier vom 21. Juni 2001 für den Entwurf eines Rechnungslegungsstandards E-DRS 11 („Bilanzierung von Aktienoptionsplänen und ähnlichen Entlohnungsformen") zu Eigen gemacht (inzwischen eingestellt).

Die Gegenansicht, der sich inzwischen auch der BFH angeschlossen hat, geht demgegenüber 70 zutreffend davon aus, dass die Ausgabe von Stock Options auf Basis eines bedingten Kapitals erfolgsneutral ist und **keine Passivierung bei der Gesellschaft** erfolgt.[310] Es kommt weder eine Einstellung in die Kapitalrücklage noch die Bildung einer aufwandswirksamen Verbindlichkeitsrückstellung in Betracht. Die Rückstellungsbildung scheidet nach Ansicht des BFH selbst dann aus, wenn der Gesellschaft ein Wahlrecht zusteht, statt der Gewährung von Aktien eine entsprechende Barzahlung zu leisten, sofern die Optionsausübung – wie von § 193 Abs. 2 Nr. 4 vorausgesetzt – vom Eintritt eines künftigen Ereignisses (insb. Erreichung eines Erfolgsziels) abhängt.[311] Dabei soll es auf die Wahrscheinlichkeit des Eintritts des Ereignisses nicht ankommen.[312] Eine **Buchung** erfolgt somit

---

[304] Binnewies/Ruske/Schwedhelm AG 2016, 853 (854).
[305] Vgl. BFH BStBl. II 2017, 149 (153) = ZIP 2017, 570 (573); Binnewies/Ruske/Schwedhelm AG 2016, 853 (854 f.).
[306] Vgl. BFH BStBl. II 2017, 149 (152) = ZIP 2017, 570 (573).
[307] BFH BStBl. II 2013, 289 (291).
[308] So insbes. Pellens/Crasselt in Pellens, Unternehmenswertorientierte Entlohnungssysteme, 1998, 125 (140 ff.); Pellens/Crasselt DB 1998, 217 (222 f.); Pellens/Crasselt DB 1998, 1431 ff.; ebenso BeBiKo/Winkeljohann/K. Hoffmann HGB § 272 Rn. 505; Großkomm AktG/Frey Rn. 179; Großkomm AktG § 87 Rn. 195; MüKo-BilR/Kropff HGB § 272 Rn. 131 ff.; Beck HdR/Scheffler B233 Rn. 463; Ravenstein, Aktienoptionsprogramme im handelsrechtlichen Jahresabschluss, 2007, 83 ff.; Adams ZIP 2002, 1325 (1336 f.); Djanani/Hartmann StuB 2000, 359 (360 ff.); Esterer/Härteis DB 1999, 2073 ff.; Gelhausen/Hönsch WPg 2001, 69 (76 ff.); Sigloch/Egner BB 2000, 1878 (1881 f.); wohl auch Busch in Marsch-Barner/Schäfer Börsennotierte AG-HdB Rn. 44.12; Holzborn in Marsch-Barner/Schäfer Börsennotierte AG-HdB Rn. 53.99 f.; Gelhausen/Rimmelspacher AG 2006, 729 (733).
[309] BeBiKo/Winkeljohann/K. Hoffmann HGB § 272 Rn. 505; Großkomm AktG/Frey Rn. 179; Großkomm AktG/Kort § 87 Rn. 195; Beck HdR/Scheffler B233 Rn. 463; Pellens/Crasselt in Pellens, Unternehmenswertorientierte Entlohnungssysteme, 1998, 125 (140 ff.); Ravenstein, Aktienoptionsprogramme im handelsrechtlichen Jahresabschluss, 2007, 79 ff.; Adams ZIP 2002, 1325 (1336); Djanani/Hartmann StuB 2000, 359 (360 ff.); Esterer/Härteis DB 1999, 2073 (2075 f.); Pellens/Crasselt DB 1998, 217 (223); Pellens/Crasselt DB 1998, 1431 (1432 f.); für eine Passivierung in Form einer Rückstellung für ungewisse Verbindlichkeiten Walter DStR 2006, 1101 (1103 ff.); s. auch Sigloch/Egner BB 2000, 1878 (1881 f.); für die Bildung einer Verbindlichkeitsrückstellung im Hinblick auf die Stillhalteverpflichtung Niedling BB 2017, 1906.
[310] BFH BStBl. II 2011, 215 (217 f.) = AG 2011, 27 (28 f.); bestätigt durch BFH ZIP 2017, 1561 (1563); ebenso FG München EFG 2010, 250 (251 f.); FG Münster DStRE 2017, 641 (647); Baumbach/Hopt/Merkt HGB § 272 Rn. 7; Großkomm HGB/Hüttemann HGB § 272 Rn. 50; MüKoAktG/Fuchs Rn. 136 ff.; MüKoBilR/Kessler/Freisleben HGB § 275 Rn. 117; MüKoHGB/Reiner HGB § 272 Rn. 95 ff.; Roß/Baumunk in Kessler/Sauter, Stock Options, 2003, Rn. 174; Behrens/Renner AG 2011, 121 (122); Dörr NWB 2011, 350 (354); Ekkenga DB 2004, 1897 (1900 ff.); Herzig DB 1999, 1 (6 ff.); Hoffmann-Becking ZHR 169 (2005) 155 (165 f.); Lange StuW 2001, 137 (146 ff.); Lochmann DB 2010, 2761 (2762 f.); Naumann DB 1998, 1428 ff.; Rammert WPg 1998, 766 (772 f.); Rode DStZ 2005, 404 (409).
[311] BFH ZIP 2017, 1561 (1563 f.); s. dazu Naujork EWiR 2017, 651 f.; im konkreten Fall war neben dem Erfolgsziel eine weitere Bedingung in Form eines „Exit-Ereignisses" (Verkauf des Unternehmens oder Börsengang) vorgesehen.
[312] BFH ZIP 2017, 1561 (1563); aA FG Münster DStRE 2017, 641 (648) (Vorinstanz); Beck HdR/Scheffler B233 Rn. 470; Bünning BB 2015, 1134; Prinz FR 2011, 234 (236); Roth GWR 2015, 286, die auf die Wahrscheinlichkeit einer Barzahlung abstellen; generell für Rückstellungsbildung bei Wahlrecht der Gesellschaft BeBiKo/Winkeljohann/K. Hoffmann HGB § 272 Rn. 521.

stets **erst bei Optionsausübung,** wobei das der Gesellschaft zufließende Kapital in Höhe des Nennbetrags bzw. des anteiligen Betrags des Grundkapitals dem gezeichneten Kapital und in Höhe des Agios der Kapitalrücklage gutzuschreiben ist.[313] Hierfür spricht, dass die Auflegung eines Aktienoptionsplans nach § 192 Abs. 2 Nr. 3 regelmäßig nicht mit einem Aufwand der Gesellschaft verbunden ist. Im Zeitpunkt der Bezugsrechtsausübung tritt ausschließlich bei den Altaktionären eine Belastung in Form der Kapitalverwässerung ein.[314] Der Gesellschaft entstehen lediglich administrative Kosten. Aus dem Gesellschaftsvermögen fließen keine liquiden Mittel ab.[315] Darüber hinaus fehlt es auch an einer Einlageleistung der Optionsinhaber, die in der Bilanz als Zuführung zur Kapitalrücklage gewertet werden könnte. Insbesondere lässt sich nicht an erbrachte Arbeitsleistungen anknüpfen,[316] da es allenfalls um künftige Arbeitsleistungen gehen kann und Verpflichtungen zu Dienstleistungen gem. § 27 Abs. 2 Hs. 2 nicht einlagefähig sind.[317]

71 Eine bilanzielle Erfassung ist auch nicht erforderlich, um eine Vergleichbarkeit mit den Jahresabschlüssen von Gesellschaften, die keine Aktienoptionen gewähren, zu ermöglichen. Die erforderliche Transparenz wird durch die Pflichtangaben gem. § 285 Nr. 9 lit. a HGB gewährleistet.[318] Danach sind im Anhang die Gesamtbezüge der Mitglieder des Geschäftsführungsorgans einschließlich der ihnen gewährten Bezugsrechte anzugeben. Entsprechende Pflichtangaben sieht § 314 Nr. 6 lit. a HGB für den Konzernanhang vor (→ Rn. 73a).

72 **(2) Bilanzierung nach IAS/IFRS.** Für Berichtsperioden, die nach dem 1. Januar 2005 beginnen, regelt IFRS 2 („Share-based Payment") die erfolgswirksame Bilanzierung aktienbasierter Vergütungsinstrumente als **Personalaufwand.**[319] Erfasst sind alle Stock Options, die nach dem 7. November 2002 gewährt und noch nicht ausgeübt worden sind. Gem. IFRS 2 sind Aktienoptionen in dem Geschäftsjahr, in dem sie gewährt werden, zum Zeitwert zu bilanzieren. Sofern keine gehandelten Optionen mit ähnlichen Vertragsbedingungen existieren, ist der Zeitwert mithilfe eines Optionspreismodells zu schätzen.[320]

73 **e) Sonstige Publizitätserfordernisse.** Gem. **§ 160 Abs. 1 Nr. 3** ist im Anhang die Zahl der Aktien jeder Gattung zu nennen, wobei zu Nennbetragsaktien der Nennbetrag und zu Stückaktien der rechnerische Wert je Aktie anzugeben ist, sofern sich diese Angaben nicht aus der Bilanz ergeben. Davon sind Aktien, die bei einer bedingten Kapitalerhöhung oder einem genehmigten Kapital im Geschäftsjahr gezeichnet wurden, jeweils gesondert anzugeben. Zudem ist nach **§ 160 Abs. 1 Nr. 5** die Gesamtzahl der ausgegebenen, aber noch nicht ausgeübten Optionen gem. § 192 Abs. 2 Nr. 3 im Anhang zu nennen.

73a Gem. **§ 285 Nr. 9a S. 1 HGB** sind im Anhang für die Mitglieder des Vorstands und des Aufsichtsrats die für die Tätigkeit **im Geschäftsjahr gewährten Gesamtbezüge** anzugeben. Dabei sind Bezugsrechte und sonstige aktienbasierte Vergütungen mit ihrer Anzahl und dem beizulegenden Zeitwert zum Zeitpunkt ihrer Gewährung anzugeben; spätere Wertveränderungen, die auf einer Änderung der Ausübungsbedingungen beruhen, sind zu berücksichtigen (§ 285 Nr. 9a S. 4 HGB). Bei **börsennotierten Gesellschaften** sind gem. **§ 285 Nr. 9 lit. a S. 5 HGB** zusätzlich die **Bezüge jedes einzelnen Vorstandsmitglieds,** aufgeteilt nach erfolgsunabhängigen und erfolgsbezogenen Komponenten sowie Komponenten mit langfristiger Anreizwirkung, gesondert anzugeben. Die Darstellung soll nach der Empfehlung gem. Ziff. 4.2.5 Abs. 1 S. 3 DCGK in allgemein verständlicher Form erfolgen. Für den Konzernanhang sieht **§ 314 Nr. 6 lit. a S. 5 HGB** eine entsprechende Offenlegungspflicht vor (→ Rn. 46c). Die Individualisierung der Vorstandsvergütung kann unterbleiben, wenn die Hauptversammlung einen **Befreiungsbeschluss** fasst (§ 286 Abs. 5 S. 1 HGB, § 314 Abs. 2 S. 1 HGB). Der Befreiungsbeschluss bedarf einer Mehrheit von mindestens drei Viertel

---

[313] MüKoAktG/*Fuchs* Rn. 140; *Roß/Baumunk* in Kessler/Sauter, Stock Options, 2003, Rn. 174.
[314] MüKoAktG/*Fuchs* Rn. 137; MüKoHGB/*Reiner* HGB § 272 Rn. 95; *Roß/Baumunk* in Kessler/Sauter, Stock Options, 2003, Rn. 174; *Hoffmann-Becking* ZHR 169 (2005) 155 (165).
[315] MüKoAktG/*Fuchs* Rn. 137; MüKoHGB/*Reiner* § 272 Rn. 95; *Roß/Baumunk* in Kessler/Sauter, Stock Options, 2003, Rn. 174.
[316] So aber E-DRS 11.8; s. auch *Djanani/Hartmann* StuB 2000, 359 (362); *Esterer/Härteis* DB 1999, 2073 (2075 f.); *Pellens/Crasselt* DB 1998, 1431 f.; *Sigloch/Egner* BB 2000, 1878 (1881).
[317] BFH BStBl. II 2011, 215 (217 f.) = AG 2011, 27 (29); MüKoAktG/*Fuchs* Rn. 139; MüKoHGB/*Reiner* HGB § 272 Rn. 95; *Roß/Baumunk* in Kessler/Sauter, Stock Options, 2003, Rn. 197 ff.; *Hoffmann-Becking* ZHR 169 (2005) 155 (165 f.).
[318] Vgl. Großkomm HGB/*Hüttemann* § 272 Rn. 50; MüKoAktG/*Fuchs* Rn. 140; *Hoffmann-Becking* ZHR 169 (2005) 155 (166).
[319] S. dazu MüKoAktG/*Fuchs* Rn. 142; Beck IFRS-HdB/*Kirnberger* § 24 Rn. 11 ff.; *Hasbargen/Stauske* BB 2004, 1153 ff.; *Hoffmann/Lüdenbach* DStR 2004, 786 ff.; *Küting/Dürr* WPg 2004, 609 ff.; *Rode* DStZ 2005, 404 (409 f.); *Rossmanith/Funk/Alber* WPg 2006, 664 ff.
[320] Vgl. IFRS 2, Appendix B, Rn. B 4 ff.

des bei der Beschlussfassung vertretenen Grundkapitals und kann jeweils für höchstens fünf Jahre gefasst werden (§ 286 Abs. 5 S. 2 HGB, § 314 Abs. 2 S. 1 HGB). Eine **börsennotierte AG** hat zudem gem. **§ 289a Abs. 2 S. 1 HGB** im Lagebericht und gem. **§ 315a Abs. 2 S. 1 HGB** im Konzernlagebericht auf die **Grundzüge des Vergütungssystems** der Gesellschaft für die in § 285 Nr. 9 HGB bzw. § 314 Nr. 6 HGB genannten Gesamtbezüge einzugehen. Werden dabei auch Angaben entsprechend § 285 Nr. 9 lit. a S. 5 bis 8 HGB bzw. § 314 Nr. 6 lit. a S. 5 bis 8 HGB gemacht, können diese im Anhang unterbleiben (§ 289a Abs. 2 S. 2 HGB, § 315 Abs. 2 S. 2 HGB).

Gem. **Ziff. 4.2.5 Abs. 3 DCGK** sollen im Vergütungsbericht für Geschäftsjahre, die nach dem **73b** 31. Dezember 2013 beginnen, **für jedes Vorstandsmitglied** dargestellt werden: (i) die für das Berichtsjahr gewährten **Zuwendungen** einschließlich der Nebenleistungen, bei variablen Vergütungsteilen ergänzt um die erreichbare Maximal- und Minimalvergütung, (ii) der **Zufluss** im bzw. für das Berichtsjahr aus Fixvergütung, kurzfristiger variabler Vergütung und langfristiger variabler Vergütung mit Differenzierung nach den jeweiligen Bezugsjahren sowie (iii) bei der Altersversorgung und sonstigen Versorgungsleistungen der **Versorgungsaufwand** im bzw. für das Berichtsjahr. Für diese Informationen sollen die dem DCGK als Anlage beigefügten **Mustertabellen** verwendet werden (Ziff. 4.2.5 Abs. 4 DCGK).

IV. Schranken der bedingten Kapitalerhöhung (Abs. 3)

1. Höchstbeträge. a) 50 %-Grenze. aa) Grundsatz und Berechnung. Nach § 192 Abs. 3 **74** S. 1 darf der Nennbetrag des bedingten Kapitals ohne Rücksicht auf den Verwendungszweck die Hälfte des Grundkapitals, das zum Zeitpunkt der Beschlussfassung über das bedingte Kapital vorhanden ist, nicht übersteigen. Die Regelung soll einen übermäßigen Einsatz des bedingten Kapitals verhindern. Sie dient zum einen dem Schutz der Aktionäre vor einer Verringerung ihrer Dividendenerwartung und vor einer Veränderung der Machtstruktur, zum anderen aber auch der Übersichtlichkeit der Kapitalverhältnisse.[321] Die 50 %-Grenze des § 192 Abs. 3 S. 1 steht eigenständig neben der für das genehmigte Kapital geltenden Höchstgrenze von 50 % des Grundkapitals gem. § 202 Abs. 3 S. 1. Eine gegenseitige Anrechnung findet nicht statt.[322]

Für die 50 %-Grenze sind der Nennbetrag des bedingten Kapitals und das statutarische Grundkapi- **75** tal maßgebend. Der **Nennbetrag** des bedingten Kapitals ergibt sich grundsätzlich aus dem Erhöhungsbeschluss. Es sind aber auch bereits früher beschlossene und im Handelsregister eingetragene bedingte Kapitalerhöhungen zu berücksichtigen, sofern diese noch nicht durch Aktienausgabe vollständig ausgeschöpft wurden.[323] Wird dagegen ein altes bedingtes Kapital gleichzeitig mit dem Beschluss über die neue bedingte Kapitalerhöhung aufgehoben, kann es unberücksichtigt bleiben.[324] Bei der Bestimmung des Grundkapitals sind ordentliche und genehmigte Kapitalerhöhungen nur dann zu berücksichtigen, wenn sie **im Zeitpunkt der Beschlussfassung bereits wirksam geworden** sind. Hierzu muss ihre Durchführung im Handelsregister eingetragen sein (§§ 189, 203 Abs. 1). Eine ordentliche Kapitalerhöhung ist auch dann erst mit der Eintragung ihrer Durchführung zu berücksichtigen, wenn die bedingte Kapitalerhöhung in derselben Hauptversammlung beschlossen wird und der Beschluss eine entsprechende aufschiebende Bedingung oder Anweisung an den Vorstand zur Eintragungsreihenfolge vorsieht.[325] Gleiches gilt für ordentliche Kapitalherabsetzungen (§ 224). Auch eine noch nicht eingetragene Kapitalherabsetzung ist daher selbst dann nicht zu berücksichtigen, wenn die bedingte Kapitalerhöhung in derselben Hauptversammlung beschlossen wird.[326]

bb) Ausnahmen. Die 50 %-Grenze gilt nicht für eine bedingte Kapitalerhöhung im Zusammen- **75a** hang mit einer **Rekapitalisierung nach § 7 FMStFG**, die zur Gewährung von Umtausch- oder Bezugsrechten an den SoFFin als stillen Gesellschafter beschlossen wird (§ 7a Abs. 1 S. 3 FMStBG).

---

[321] Vgl. Grigoleit/*Rieder*/*Holzmann* Rn. 33; Großkomm AktG/*Frey* Rn. 132; Hüffer/Koch/*Koch*, 13. Aufl. 2018, Rn. 23; Kölner Komm AktG/*Drygala*/*Staake* Rn. 153; MüKoAktG/*Fuchs* Rn. 145; Wachter/*Dürr* Rn. 18.

[322] Kölner Komm AktG/*Drygala*/*Staake* Rn. 161; MüKoAktG/*Fuchs* Rn. 147; einschränkend Großkomm AktG/*Hirte* § 202 Rn. 151: Anrechnung, wenn bedingtes und genehmigtes Kapital identischen Verwendungszwecken dienen.

[323] OLG München AG 2012, 44; Bürgers/Körber/*Marsch-Barner* Rn. 23; Grigoleit/*Rieder*/*Holzmann* Rn. 33; Großkomm AktG/*Frey* Rn. 134; Hölters/*Apfelbacher*/*Niggemann* Rn. 58; Hüffer/Koch/*Koch*, 13. Aufl. 2018, Rn. 23; Kölner Komm AktG/*Drygala*/*Staake* Rn. 152, 159 f.; MüKoAktG/*Fuchs* Rn. 146; Wachter/*Dürr* Rn. 18; MHdB AG/*Scholz* § 58 Rn. 23; *Ihrig*/*Wagner* NZG 2002, 657 (658).

[324] Kölner Komm AktG/*Drygala*/*Staake* Rn. 160; MüKoAktG/*Fuchs* Rn. 146; *Ihrig*/*Wagner* NZG 2002, 657 (658).

[325] Hölters/*Apfelbacher*/*Niggemann* Rn. 57; Kölner Komm AktG/*Drygala*/*Staake* Rn. 157; Wachter/*Dürr* Rn. 18; *Müller-Eising*/*Heinrich* ZIP 2010, 2390 (2393 f.).

[326] Kölner Komm AktG/*Drygala*/*Staake* Rn. 158; MüKoAktG/*Fuchs* Rn. 146; *Weiler* NZG 2009, 46 (47 f.).

Zwei weitere Ausnahmen von der 50 %-Grenze wurden durch Art. 1 Nr. 20 lit. c der **Aktienrechtsnovelle 2016** in § 192 Abs. 3 S. 3 und 4 für bestimmte bedingte Kapitalerhöhungen nach § 192 Abs. 2 Nr. 1 zur Unterlegung „umgekehrter" Wandelanleihen eingefügt (→ Rn. 11a).[327] Mit der Ausgabe „umgekehrter" Wandelanleihen soll nach den Vorstellungen des Gesetzgebers Vorsorge für den Krisenfall getroffen werden. Aus diesem Grund hat er entsprechenden Finanzierungsinstrumenten unter bestimmten Voraussetzungen einen Vorrang vor dem Vermögensschutz der Altaktionäre eingeräumt, denen im Fall der Wandlung eine erhebliche Anteilsverwässerung drohen kann. Die Altaktionäre sind durch das qualifizierte Mehrheitserfordernis für das bedingte Kapital und die Ermächtigung zur Ausgabe der Wandelschuldverschreibungen (vgl. § 193 Abs. 1 S. 1, § 221 Abs. 1 S. 2) und durch das Bezugsrecht auf die Wandelschuldverschreibungen (vgl. § 221 Abs. 4 S. 1) bzw. die Anforderungen an einen Bezugsrechtsausschluss geschützt.[328]

75b Gem. § 192 Abs. 3 S. 3 gilt die 50 %-Grenze nicht, wenn die bedingte Kapitalerhöhung nach § 192 Abs. 2 Nr. 1 nur zu dem Zweck beschlossen wird, der **Gesellschaft einen Umtausch zu ermöglichen,** zu dem sie **für den Fall ihrer drohenden Zahlungsunfähigkeit oder zum Zweck der Abwendung einer Überschuldung** berechtigt ist. Durch diese Privilegierung sollen Sanierungen im Interesse aller Beteiligten erleichtert werden.[329] Beschränkt sich das Umtauschrecht auf eine solche Notsituation, würde die 50 %-Grenze sanierungsfeindlich wirken.[330] Eine **drohende Zahlungsunfähigkeit** iSv § 192 Abs. 3 S. 3 Alt. 1 ist nach dem Maßstab des § 18 Abs. 2 InsO zu beurteilen.[331] Sie ist gegeben, wenn der Schuldner voraussichtlich nicht in der Lage sein wird, die bestehenden Zahlungspflichten im Zeitpunkt der Fälligkeit zu erfüllen. Weniger klar sind die Anforderungen an einen Umtausch, zu dem die Gesellschaft iSv § 192 Abs. 3 S. 3 Alt. 2 zum Zweck der **Abwendung einer Überschuldung** berechtigt ist. Für den Begriff der Überschuldung kann grundsätzlich auf § 19 Abs. 2 InsO abgestellt werden.[332] Danach liegt eine Überschuldung vor, wenn das Vermögen des Schuldners die bestehenden Verbindlichkeiten nicht mehr deckt, es sei denn, die Fortführung des Unternehmens ist nach den Umständen überwiegend wahrscheinlich (§ 19 Abs. 2 S. 1 InsO).[333] Allerdings setzt § 192 Abs. 3 S. 3 Alt. 2 nicht voraus, dass die Gesellschaft bereits überschuldet ist. Die Formulierung „zum Zweck der Abwendung" soll vielmehr zum Ausdruck bringen, dass die **Überschuldung noch nicht eingetreten oder festgestellt** sein muss.[334] Gleichwohl legt der Wortlaut nahe, dass im Wandlungszeitpunkt eine Überschuldung zwar nicht unmittelbar bevorstehen, aber zumindest drohen muss. Die Gesellschaft muss sich also in einer Krisensituation befinden.[335] Allerdings lassen sich weder dem Gesetzestext von § 192 Abs. 3 S. 3 noch der Gesetzesbegründung nähere Hinweise zur Bestimmung einer drohenden Überschuldung entnehmen. Auch die InsO kennt den Tatbestand der drohenden Überschuldung im Gegensatz zur drohenden Zahlungsun-

---

[327] Entsprechende Ausnahmen waren mit leicht abweichender Formulierung bereits in dem nach dem Grundsatz der Diskontinuität erledigten VorstKoG vorgesehen, vgl. Beschlussempfehlung und Bericht des Rechtsausschusses, BT-Drs. 17/14214, 8; der Referentenentwurf des VorstKoG (seinerzeit noch Aktienrechtsnovelle 2011) sah noch eine generelle Aufhebung der 50 %-Grenze für bedingte Kapitalerhöhungen zur Unterlegung von „umgekehrten" Wandelschuldverschreibungen vor; krit. dazu *DAV-Handelsrechtsausschuss* NZG 2011, 217 (220); *Bungert/Wettich* ZIP 2011, 160 (164); *Drygala* WM 2011, 1637 (1639 f.); *Müller-Eising* GWR 2010, 591 (593 f.); s. auch *Diekmann/Nolting* NZG 2011, 6 (8); *Drinhausen/Keinath* BB 2011, 11 (12); *Nodoushani* ZBB 2011, 143 (146).

[328] Vgl. *Carl* in Böttcher/Carl/Schmidt/Seibert, Die Aktienrechtsnovelle, 2016, § 5 Rn. 134.

[329] Vgl. BegrRegE, BT-Drs. 18/4349, 28; zum VorstKoG (Aktienrechtsnovelle 2012) vgl. BegrRegE BT-Drs. 17/8989, 18; s. auch Hüffer/Koch/*Koch*, 13. Aufl. 2018, Rn. 24a; krit. *Bader* AG 2014, 472 (482 Fn. 51): zeitlicher Awendungsbereich von § 193 Abs. 3 S. 3 zu eng, da es die Beschränkung auf eine drohende Zahlungsunfähigkeit oder die Abwendung einer Überschuldung unmöglich mache, im Nichtbankenbereich Contingent Convertibles zu strukturieren, die bereits im Vorfeld der Krise automatisch wandeln.

[330] BegrRegE, BT-Drs. 18/4349, 28; vgl. auch *Königshausen* WM 2013, 909 (913); *Merkner/Schmidt-Bendun* DB 2012, 98 (101); *Oulds* CF law 2013, 213 (219); *Seibert/Böttcher* ZIP 2012, 12 (16).

[331] Hüffer/Koch/*Koch*, 13. Aufl. 2018, Rn. 24a; *Carl* in Böttcher/Carl/Schmidt/Seibert, Die Aktienrechtsnovelle, 2016, § 5 Rn. 147; *Götze/Nartowska* NZG 2015, 298 (304); *Haag/Peters* WM 2015, 2303 (2307 Fn. 48); *Ihrig/Wandt* BB 2016, 6 (15); *Söhner* ZIP 2016, 151 (154); *Stöber* DStR 2016, 611 (614); zum RegE der Aktienrechtsnovelle 2012 auch *Götze/M. Arnold/Carl* NZG 2012, 321 (325).

[332] Hüffer/Koch/*Koch*, 13. Aufl. 2018, Rn. 24a; Kölner Komm AktG/*Drygala/Staake* Rn. 171; *Carl* in Böttcher/Carl/Schmidt/Seibert, Die Aktienrechtsnovelle, 2016, § 5 Rn. 148.

[333] Zu den Schwierigkeiten bei der Feststellung einer Überschuldung s. *Carl* in Böttcher/Carl/Schmidt/Seibert, Die Aktienrechtsnovelle, 2016, § 5 Rn. 149 mwN.

[334] BegrRegE, BT-Drs. 18/4349, 28.

[335] Vgl. MüKoAktG/*Fuchs* Rn. 151a; *Bader* AG 2014, 472 (482 Fn. 51); aA Kölner Komm AktG/*Drygala/Staake* Rn. 172; Kölner Komm AktG/*Florstedt* § 221 Rn. 306; *Florstedt* ZHR 180 (2016), 152 (186), die jede zur Krisenprävention abstrakt geeignete Gestaltung ausreichen lassen und nur rechtsmissbräuchliche Gestaltungen ausnehmen wollen.

fähigkeit nicht. Maßgeblich sollte sein, ob eine begründete Erwartung besteht, dass innerhalb eines überschaubaren Zeitraums die konkrete Gefahr einer Überschuldung droht.[336] Im Ergebnis wird man bei der Festlegung des maßgeblichen Betrachtungszeitraums die individuellen wirtschaftlichen Verhältnisse der Gesellschaft, die notwendige Umsetzungszeit und das mit den Wandelanleihen verfolgte Sanierungskonzept berücksichtigen müssen.[337] Im Hinblick auf die erhebliche Verwässerung, die mit der Ausnutzung eines bedingten Kapitals iSv § 192 Abs. 3 S. 3 verbunden sein kann, ist die Ausnahme grundsätzlich **eng auszulegen**.[338] Nicht ausreichend wäre jedenfalls ein bloßer Sanierungswunsch, so dass der Kapitalerhöhungsbeschluss an einen objektiven Tatbestand anknüpfen muss.[339] Allerdings ist zu berücksichtigen, dass im Zeitpunkt der Beschlussfassung eine Krisensituation noch nicht eingetreten sein muss. Die Ausgestaltung muss daher unter Berücksichtigung der individuellen Verhältnisse der Gesellschaft abstrakt geeignet sein, eine Krisensituation zu beseitigen.[340] Die Konkretisierung des gem. § 192 Abs. 3 S. 3 zulässigen Zwecks muss nicht zwingend im Kapitalerhöhungsbeschluss erfolgen, sondern kann sich auf den Ermächtigungsbeschluss gem. § 221 mit der Umschreibung der Anleihebedingungen beschränken.[341] Für den Kapitalerhöhungsbeschluss reicht in diesem Fall eine Wiedergabe des Wortlauts von § 192 Abs. 3 S. 3 aus.

Aus der Gesetzesformulierung („nur zu dem Zweck beschlossen") folgt, dass die bedingte **75c** Kapitalerhöhung **ausschließlich zu dem in § 192 Abs. 3 S. 3 genannten Zweck** beschlossen werden muss, um in den Genuss der Privilegierung zu kommen.[342] Es ist somit grundsätzlich ein gesondertes bedingtes Kapital zu bilden.[343] Angesichts des Ausnahmecharakters der Regelung wird man zudem davon ausgehen müssen, dass die Aufhebung der 50 %-Grenze nur gilt, soweit die Gesellschaft zum Umtausch berechtigt ist oder eine Umtauschpflicht besteht. Wird zugleich auch den Gläubigern ein Umtauschrecht eingeräumt, gilt hierfür die 50 %-Grenze.[344] Zulässig wäre aber eine Gestaltung, bei der den Gläubigern neben dem Umtauschrecht der Gesellschaft bzw. der Umtauschpflicht ein auf Aktien in Höhe von insgesamt 50 % des Grundkapitals beschränktes Umtauschrecht eingeräumt wird.[345] In diesem Fall ließe sich ein einheitliches bedingtes Kapital verwenden. Es wäre aber auch möglich, die Wandelschuldverschreibungen mit zwei bedingten Kapitalia zu unterlegen (ein auf 50 % des Grundkapital begrenztes bedingtes Kapital für die Umtauschrechte der Gläubiger und ein nicht an die 50 %-Grenze gebundenes bedingtes Kapital für das Umtauschrecht der Gesellschaft bzw. die Umtauschpflicht).[346] Entsprechendes sollte gelten, wenn die bedingte Kapitalerhöhung nicht ausschließlich zu dem in § 192 Abs. 3 S. 3 genannten Zweck beschlossen wird. Auch hier lässt sich ein einheitliches bedingtes Kapital verwenden, wenn der Umtausch zu den nicht privilegierten Zwecken auf Aktien in Höhe von insgesamt 50 % des Grundkapitals beschränkt ist.

Für **Institute iSd § 1 Abs. 1b KWG** sieht § 192 Abs. 3 S. 4 eine noch weitergehende Ausnahme **75d** vor. Danach gilt die 50 %-Grenze auch dann nicht, wenn die bedingte Kapitalerhöhung nach § 192 Abs. 2 Nr. 1 zu dem Zweck beschlossen wird, der Gesellschaft einen **Umtausch zur Erfüllung bankaufsichtsrechtlicher oder zum Zweck der Restrukturierung oder Abwicklung erlassener Anforderungen** zu ermöglichen.[347] Diese Privilegierung soll es Kreditinstituten erleichtern, die neuen

---

[336] *Carl* in Böttcher/Carl/Schmidt/Seibert, Die Aktienrechtsnovelle, 2016, § 5 Rn. 158.
[337] *Götze/Nartowska* NZG 2015, 298 (304f.); zust. Hüffer/Koch/*Koch*, 13. Aufl. 2018, Rn. 24a; MüKoAktG/*Fuchs* Rn. 151a; *Ihrig/Wandt* BB 2016, 6 (15f.).
[338] MüKoAktG/*Fuchs* Rn. 151a; *Ihrig/Wandt* BB 2016, 6 (16).
[339] *Florstedt* ZHR 180 (2016), 152 (186).
[340] Weitergehend Kölner Komm AktG/*Florstedt* § 221 Rn. 306; *Florstedt* ZHR 180 (2016), 152 (186), der bereits eine abstrakte Eignung zur bloßen Krisenprävention ausreichen lassen will.
[341] *Carl* in Böttcher/Carl/Schmidt/Seibert, Die Aktienrechtsnovelle, 2016, § 5 Rn. 150.
[342] Kölner Komm AktG/*Drygala/Staake* Rn. 170; *Carl* in Böttcher/Carl/Schmidt/Seibert, Die Aktienrechtsnovelle, 2016, § 5 Rn. 136; *Ihrig/Wandt* BB 2016, 6 (16); s. auch Grigoleit/*Rieder/Holzmann* Rn. 36; Hölters/*Apfelbacher/Niggemann* Rn. 61a; MüKoAktG/*Fuchs* Rn. 151b; *Schmidt-Bendun* DB 2016, 419 (422); *Schüppen/Tretter* WPg 2015, 643 (648); wohl auch Kölner Komm AktG/*Florstedt* § 221 Rn. 306; zum RegE der Aktienrechtsnovelle 2012 auch *Drinhausen/Keinath* BB 2012, 395 (397); *Gleske/Ströbele* CF law 2012, 49 (55); *Schüppen/Tretter* WPg 2012, 338 (341); *Sünner* CCZ 2012, 107 (110f.); aA wohl *Wehrhahn* GWR 2016, 133 (135).
[343] Vgl. *Haag/Peters* WM 2015, 2303 (2307).
[344] AA *Carl* in Böttcher/Carl/Schmidt/Seibert, Die Aktienrechtsnovelle, 2016, § 5 Rn. 138.
[345] *Carl* in Böttcher/Carl/Schmidt/Seibert, Die Aktienrechtsnovelle, 2016, § 5 Rn. 138.
[346] *Carl* in Böttcher/Carl/Schmidt/Seibert, Die Aktienrechtsnovelle, 2016, § 5 Rn. 138.
[347] Krit. *Bader* AG 2014, 472 (482 Fn. 51): Anwendungsbereich zu eng, da die Wandlung ohne weitere Prüfung möglich sein müsse, wenn der Wandlungsauslöser eingetreten sei; krit. zur Beschränkung des Anwendungsbereichs auf Kreditinsitute und für eine Erstreckung auf Versicherungsunternehmen de lege ferenda *Habersack* AG 2015, 613 (620); für analoge Anwendung auf Versicherungsunternehmen bereits de lege lata Kölner Komm AktG/*Florstedt* § 221 Rn. 304; *Florstedt* ZHR 180 (2016), 152 (185).

regulatorischen Kapitalanforderungen zu erfüllen.[348] Die Gesetzesbegründung verweist auf die Anforderungen an die Kernkapitalquote gem. Art. 92 Abs. 1 lit. a und lit. b VO (EU) Nr. 575/2013 – CRR[349] und den Bedarf an wandlungsfähigem Kapital, der durch die Umsetzung der Abwicklungsrichtlinie[350] entsteht.[351] Art. 52 Abs. 1 lit. n VO (EU) Nr. 575/2013 setzt für die Anerkennung als Instrumente des zusätzlichen Kernkapitals[352] ua voraus, dass laut den für die Instrumente geltenden Bestimmungen bei Eintreten eines Auslöseereignisses der Kapitalbetrag der Instrumente dauerhaft oder vorübergehend herabgeschrieben werden muss oder die Instrumente in Instrumente des harten Kernkapitals umgewandelt werden müssen. Nach Art. 54 Abs. 6 VO (EU) Nr. 575/2013 hat ein Institut, das Instrumente des zusätzlichen Kernkapitals begibt, die bei Eintreten eines Auslöseereignisses in harten Kernkapitals umgewandelt werden, sicherzustellen, dass sein „genehmigtes Stammkapital" jederzeit ausreicht, um sämtliche umwandelbaren Instrumente des zusätzlichen Kernkapitals bei Eintreten eines Auslöseereignisses in Aktien umzuwandeln. Als „genehmigtes Stammkapital" iSv Art. 54 Abs. 6 VO (EU) Nr. 575/2013 ist auch ein bedingtes Kapital anzusehen.[353]

75e Die Ausnahme des § 192 Abs. 3 S. 4 beruht auf dem Gedanken, dass sich die Krisenanfälligkeit der Kreditinstitute und damit auch die Gefahr einer Inanspruchnahme von Steuergeldern zur Rettung verringert, je mehr wandlungsfähiges Kapital zur Verfügung steht.[354] Der ursprünglich vorgesehene § 192 Abs. 3 S. 4 idF des VorstKoG sprach noch von einem Umtausch, zu dem die Gesellschaft für den Fall einer Belastungssituation[355] oder für den Fall berechtigt ist, dass der Umtausch auf Inititative der BaFin erfolgt. Die Anpassung in der letztlich Gesetz gewordenen Fassung ist darauf zurückzuführen, dass sich der im VorstKoG vorgesehene Wortlaut noch an § 10 Abs. 4 S. 9 KWG aF orientierte, der zwischenzeitlich durch das CRD-IV-Umsetzungsgesetz[356] geändert wurde. Der Kapitalerhöhungsbeschluss muss die in Betracht kommenden Einzeltatbestände der VO (EU) Nr. 575/2013 oder die aufsichtsrechtlichen Eingriffsnormen nicht im Einzelnen nennen, sondern kann sich auf eine Wiedergabe des Wortlauts von § 192 Abs. 3 S. 4 beschränken.[357]

75f Wie die Ausnahme des § 192 Abs. 3 S. 3 (→ Rn. 75b), ist auch die Ausnahme des § 192 Abs. 3 S. 4 **eng auszulegen.**[358] Anders als S. 3 spricht S. 4 zwar nicht davon, dass die bedingte Kapitalerhöhung „nur" zu dem darin genannten Zweck beschlossen wird. Angesichts des Ausnahmecharakters der Regelung wird man aber auch hier davon ausgehen müssen, dass sie nur dann Anwendung findet, wenn die bedingte Kapitalerhöhung ausschließlich zu dem in § 192 Abs. 3 S. 4 genannten Zweck beschlossen wird. Zudem sollte die Aufhebung der 50 %-Grenze auch hier nur gelten, soweit die Gesellschaft zum Umtausch berechtigt ist oder eine Umtauschpflicht besteht, nicht aber, soweit auch den Gläubigern ein Umtauschrecht eingeräumt ist.[359] Wie im Rahmen des § 192 Abs. 3 S. 3 (→ Rn. 75c), lässt sich aber auch im Rahmen des § 192 Abs. 3 S. 4 ein einheitliches bedingtes Kapital verwenden, wenn die Aktienausgabe für nicht privilegierte Zwecke oder aufgrund der Aus-

---

[348] BegrRegE, BT-Drs. 18/4349, 28; zum VorstKoG (Aktienrechtsnovelle 2012) vgl. BegrRegE BT-Drs. 17/8989, 18.
[349] Verordnung (EU) Nr. 575/2013 des Europäischen Parlaments und des Rates v. 26.6.2013 über Aufsichtsanforderungen an Kreditinstitute und Wertpapierfirmen und zur Änderung der Verordnung (EU) Nr. 646/2012; ABl. EU 2013 Nr. L 176, 1.
[350] Richtlinie 2014/59/EU des Europäischen Parlaments und des Rates v. 15.5.2014 zur Festlegung eines Rahmens für die Sanierung und Abwicklung von Kreditinstituten und Wertpapierfirmen und zur Änderung der Richtlinie 82/891/EWG des Rates, der Richtlinien 2001/24/EG, 2002/47/EG, 2004/25/EG, 2005/56/EG, 2007/36/EG, 2011/35/EU, 2012/30/EU und 2013/36/EU sowie der Verordnungen (EU) Nr. 1093/2010 und (EU) Nr. 648/2012 des Europäischen Parlaments und des Rates, ABl. EU 2014 Nr. L 173, 190.
[351] BegrRegE, BT-Drs. 18/4349, 28 f.
[352] Das Kernkapital eines Instituts besteht gem. Art. 25 VO (EU) Nr. 575/2013 aus der Summe des harten Kernkapitals (vgl. Art. 26 ff. VO (EU) Nr. 575/2013) und des zusätzlichen Kernkapitals (vgl. Art. 51 ff. VO (EU) Nr. 575/2013).
[353] Kölner Komm AktG/*Drygala/Staake* Rn. 177.
[354] BegrRegE, BT-Drs. 18/4349, 28 f.; vgl. auch *Harbarth/Frhr. v. Plettenberg* AG 2016, 145 (154).
[355] Krit. zur Verwendung unbestimmter Rechtsbegriffe wie „Belastungssituation" im Ausnahmetatbestand *Sünner* CCZ 2012, 107 (111), der hierin ein Risiko langwieriger Rechtsstreitigkeiten sieht.
[356] Gesetz zur Umsetzung der Richtlinie 2013/36/EU über den Zugang zur Tätigkeit von Kreditinstituten und die Beaufsichtigung von Kreditinstituten und Wertpapierfirmen und zur Anpassung des Aufsichtsrechts an die Verordnung (EU) Nr. 575/2013 über Aufsichtsanforderungen an Kreditinstitute und Wertpapierfirmen (CRD IV-Umsetzungsgesetz) v. 28.8.2013, BGBl. 2013 I 3395.
[357] *Carl* in Böttcher/Carl/Schmidt/Seibert, Die Aktienrechtsnovelle, 2016, § 5 Rn. 151.
[358] MüKoAktG/*Fuchs* Rn. 151b; *Ihrig/Wandt* BB 2016, 6 (16).
[359] MüKoAktG/*Fuchs* Rn. 151b; *Ihrig/Wandt* BB 2016, 6 (16); *Söhner* ZIP 2016, 151 (154); offen *Müller-Eising* GWR 2014, 229 (231); vgl. zum RegE der Aktienrechtsnovelle 2012 auch *Gleske/Ströbele* CF law 2012, 49 (55); aA Kölner Komm AktG/*Florstedt* § 221 Rn. 306; wohl auch *Haag/Peters* WM 2015, 2303 (2307); *Wehrhahn* GWR 2016, 133 (135).

Voraussetzungen 75g–78 § 192

übung eines den Gläubigern gewährten Umtauschrechts auf Aktien in Höhe von insgesamt 50 % des Grundkapitals beschränkt ist.

Ein bedingtes Kapital, auf das § 192 Abs. 3 S. 3 oder 4 Anwendung findet, wird gem. § 192 Abs. 3 **75g** S. 5 **nicht auf sonstiges bedingtes Kapital angerechnet.** Die Schaffung eines bedingten Kapitals nach § 192 Abs. 3 S. 3 oder 4 sperrt somit nicht die Schaffung von bedingtem Kapital, für das die 50 %-Grenze des § 192 Abs. 3 S. 1 gilt.[360]

b) 10 %-Grenze. Neben die unabhängig vom Verwendungszweck geltende 50 %-Grenze tritt **bei** **76** **Beschlüssen nach § 192 Abs. 2 Nr. 3** kumulativ ein spezieller **Höchstbetrag von 10 % des Grundkapitals.** Die durch das KonTraG eingeführte Regelung geht auf eine Beschlussempfehlung des Rechtsausschusses zurück und soll den bei den Altaktionären eintretenden Verwässerungseffekt begrenzen.[361] Für die Berechnung der 10 %-Grenze gelten die allgemeinen Grundsätze (→ Rn. 75). Besteht neben dem bedingten Kapital eine Ermächtigung nach § 71 Abs. 1 Nr. 8, die ebenfalls der Bedienung von Aktienoptionsprogrammen dient, findet eine gegenseitige Anrechnung statt.[362] Eine solche Anrechnung ist geboten, da die Ausgabe eigener Aktien zwar nicht zu einer Verwässerung der Beteiligungsquote, wohl aber zu einer Wertverwässerung führt, sofern die Aktien – wie üblich – unter ihrem wahren Wert an die Bezugsberechtigten ausgegeben werden.[363] Einzubeziehen ist auch ein genehmigtes Kapital, das zur Bedienung von Aktienoptionsplänen verwendet werden soll.[364] Eine generelle Anrechnung der Grenze des § 186 Abs. 3 S. 4 findet nicht statt.[365] Bedingte Kapitalerhöhungen nach § 192 Abs. 2 Nr. 1 zur Bedienung von Wandelschuldverschreibungen sind, auch soweit sie der Absicherung von Aktienoptionsplänen dienen, nicht auf die 10 %-Grenze des § 192 Abs. 3 anzurechnen.[366]

2. Stückaktien. Gem. § 192 Abs. 3 S. 2 iVm § 182 Abs. 1 S. 5 muss sich bei Gesellschaften mit **77** Stückaktien (§ 8 Abs. 3) die **Zahl der Aktien in demselben Verhältnis wie das Grundkapital erhöhen.** § 192 Abs. 3 S. 2 wurde (ebenso wie § 182 Abs. 1 S. 5) durch das StückAG vom 25. März 1998 angefügt. Durch die Regelung soll eine überproportionale Beeinträchtigung alter Stückaktien vermieden werden.[367] Die Bezugsaktien müssen so gestückelt sein, dass nach ihrer vollständigen Ausgabe (§ 199) die Erhöhung der Aktienzahl der Erhöhung des Grundkapitals entspricht.[368]

3. Rechtsfolgen eines Verstoßes. Ein Verstoß gegen § 192 Abs. 3 S. 1 führt zur **Nichtigkeit** **78** **des gesamten Kapitalerhöhungsbeschlusses** gem. § 241 Nr. 3.[369] Die Nichtigkeit beschränkt sich nicht auf den Teil des Beschlusses, der die Grenzen des § 192 Abs. 3 S. 1 überschreitet. Das Registergericht muss die Eintragung ablehnen. Durch eine gleichwohl erfolgte Eintragung wird der Beschluss nicht geheilt.[370] Die Eintragung kann gem. § 398 FamFG von Amts wegen gelöscht werden. Möglich ist allerdings eine Heilung durch Zeitablauf gem. § 242 Abs. 2.[371] Bereits ausgegebene Aktien werden erst mit der Heilung wirksam.[372]

---

[360] BegrRegE, BT-Drs. 18/4349, 29.
[361] Bericht des Rechtsausschusses, BT-Drs. 13/10 038, 26.
[362] HM, s. Grigoleit/*Rieder*/*Holzmann* Rn. 34; Großkomm AktG/*Frey* Rn. 140; Großkomm AktG/*Hirte* § 202 Rn. 151; Hölters/*Apfelbacher*/*Niggemann* Rn. 62; Hüffer/Koch/*Koch*, 13. Aufl. 2018, Rn. 24; Kölner Komm AktG/*Drygala*/*Staake* Rn. 166; MüKoAktG/*Fuchs* Rn. 149; *Busch* in Marsch-Barner/Schäfer Börsennotierte AG-HdB Rn. 44.18; MHdB AG/*Scholz* § 64 Rn. 104; *Hoffmann-Becking* NZG 1999, 797 (804); *Keul*/*Semmer* DB 2002, 2256 ff.; *Knoll* ZIP 2002, 1382 (1383 f.); aA *Mutter* ZIP 2002, 295 (296 f.); s. auch *Ihrig*/*Wagner* NZG 2002, 657 (663 f.).
[363] Großkomm AktG/*Frey* Rn. 140; MüKoAktG/*Fuchs* Rn. 149.
[364] Großkomm AktG/*Frey* Rn. 140; Großkomm AktG/*Hirte* § 202 Rn. 151; MüKoAktG/*Fuchs* Rn. 149.
[365] Hölters/*Apfelbacher*/*Niggemann* Rn. 62; Kölner Komm AktG/*Drygala*/*Staake* Rn. 168; MüKoAktG/*Fuchs* Rn. 148; *Busch* in Marsch-Barner/Schäfer Börsennotierte AG-HdB Rn. 44.18; *Ihrig*/*Wagner* NZG 2002, 657 (664).
[366] Ausf. MüKoAktG/*Fuchs* Rn. 150; s. auch Kölner Komm AktG/*Drygala*/*Staake* Rn. 164.
[367] BegrRegE BT-Drs. 13/9573, 17.
[368] Grigoleit/*Rieder*/*Holzmann* Rn. 37; Hüffer/Koch/*Koch*, 13. Aufl. 2018, Rn. 25; MüKoAktG/*Fuchs* Rn. 152; K. Schmidt/Lutter/*Veil* Rn. 30.
[369] OLG München ZIP 2011, 2007 (2008); Bürgers/Körber/*Marsch-Barner* Rn. 25; GHEK/*Bungeroth* Rn. 55; Grigoleit/*Rieder*/*Holzmann* Rn. 38; Großkomm AktG/*Frey* Rn. 143; Hölters/*Apfelbacher*/*Niggemann* Rn. 63; Hüffer/Koch/*Koch*, 13. Aufl. 2018, Rn. 23; Kölner Komm AktG/*Drygala*/*Staake* Rn. 181; MüKoAktG/*Fuchs* Rn. 153; Wachter/*Dürr* Rn. 21; MHdB AG/*Scholz* § 64 Rn. 24; *Pluskat*/*Rozsa* EWiR 2012, 267 (268).
[370] GHEK/*Bungeroth* Rn. 56; Grigoleit/*Rieder*/*Holzmann* Rn. 38; Hölters/*Apfelbacher*/*Niggemann* Rn. 63; Kölner Komm AktG/*Drygala*/*Staake* Rn. 182; MüKoAktG/*Fuchs* Rn. 154; Wachter/*Dürr* Rn. 21.
[371] Bürgers/Körber/*Marsch-Barner* Rn. 25; Grigoleit/*Rieder*/*Holzmann* Rn. 38; Großkomm AktG/*Frey* Rn. 143; Hölters/*Apfelbacher*/*Niggemann* Rn. 63; Hüffer/Koch/*Koch*, 13. Aufl. 2018, Rn. 23; Kölner Komm AktG/*Drygala*/*Staake* Rn. 183; MüKoAktG/*Fuchs* Rn. 154; Wachter/*Dürr* Rn. 21.
[372] Bürgers/Körber/*Marsch-Barner* Rn. 25; Grigoleit/*Rieder*/*Holzmann* Rn. 38; Großkomm AktG/*Frey* Rn. 143; Hüffer/Koch/*Koch*, 13. Aufl. 2018, Rn. 23; Kölner Komm AktG/*Drygala*/*Staake* Rn. 183; MüKoAktG/*Fuchs* Rn. 154.

V. Nichtigkeit entgegenstehender Hauptversammlungsbeschlüsse (Abs. 4)

79 **1. Allgemeines.** Die von § 192 Abs. 4 angeordnete Nichtigkeit entgegenstehender Hauptversammlungsbeschlüsse dient dem **Schutz der Bezugsberechtigten**, indem sie die Autonomie der Hauptversammlung einschränkt und dadurch dem Beschluss über die bedingte Kapitalerhöhung eine erhöhte Bestandskraft verleiht.[373] Dabei sichert § 192 Abs. 4 nicht den rechtlichen Bestand der Umtausch- oder Bezugsrechte, sondern lediglich ihre rechtliche Durchsetzbarkeit.[374] Da die geschützten Umtausch- oder Bezugsrechte erst mit der Eintragung des Beschlusses über die bedingte Kapitalerhöhung entstehen (§ 197 S. 2), steht § 192 Abs. 4 einer Aufhebung oder Änderung des Beschlusses vor seiner Eintragung in das Handelsregister nicht entgegen. Eine Aufhebung des Beschlusses vor der Eintragung kann mit einfacher Stimmenmehrheit erfolgen.[375] Soll der Beschluss vor der Eintragung inhaltlich geändert oder erweitert werden, gilt das Mehrheitserfordernis des § 193 Abs. 1.[376]

80 Da § 192 Abs. 4 dem Schutz der Bezugsberechtigten dient, können entgegenstehende Hauptversammlungsbeschlüsse **ausnahmsweise auch nach Eintragung des Erhöhungsbeschlusses** noch gefasst werden, wenn Bezugsberechtigte noch nicht oder nicht mehr vorhanden sind. Dies ist der Fall, solange noch keine Umtausch- oder Bezugsrechte eingeräumt wurden.[377] Gleiches gilt, wenn die Umtausch- oder Bezugsrechte nicht mehr entstehen können, weil bei bedingter oder befristeter Einräumung die Bedingung ausgefallen oder die Frist abgelaufen ist.[378] Schließlich ist auch denkbar, dass alle Umtausch- oder Bezugsberechtigten auf ihre Rechte verzichten.[379] Dies kann auch dadurch geschehen, dass sie dem neuen Hauptversammlungsbeschluss zustimmen.[380] Für die Aufhebung des bedingten Kapitals bedarf es in diesen Fällen stets einer satzungsändernden Mehrheit. Die Voraussetzungen für eine Ausnahme von § 192 Abs. 4 sind dem Registergericht in geeigneter Form nachzuweisen.[381]

81 **2. Entgegenstehende Hauptversammlungsbeschlüsse.** Ein Hauptversammlungsbeschluss steht dem Beschluss über die bedingte Kapitalerhöhung iSv § 192 Abs. 4 entgegen, wenn er die **Durchsetzung der Umtausch- oder Bezugsrechte erschwert.** Erfasst werden insbesondere solche Beschlüsse, die den eingetragenen Erhöhungsbeschluss aufheben oder den Erhöhungsbetrag zum Nachteil der Berechtigten herabsetzen. Dagegen erstreckt sich § 192 Abs. 4 nicht auf Beschlüsse, die lediglich zu einer wirtschaftlichen Entwertung oder einer sonstigen mittelbaren Beeinträchtigung der Umtausch- oder Bezugsrechte führen.[382] Die Vorschrift steht daher weiteren Kapitalmaßnahmen oder ungewöhnlichen Dividendenzahlungen, die zu einer Verwässerung führen können, nicht entgegen. Dies gilt auch dann, wenn hierdurch der Aktienkurs unter den Ausübungspreis sinkt und dadurch die Umtausch- oder Bezugsrechte faktisch beseitigt werden.[383] Dem Schutz der Umtausch-

---

[373] Vgl. GHEK/*Bungeroth* Rn. 58; Hüffer/Koch/*Koch*, 13. Aufl. 2018, Rn. 26; Kölner Komm AktG/*Drygala/Staake* Rn. 7, 184; MüKoAktG/*Fuchs* Rn. 155.
[374] Vgl. Großkomm AktG/*Frey* Rn. 144; Kölner Komm AktG/*Drygala/Staake* Rn. 185; MüKoAktG/*Fuchs* Rn. 155.
[375] Bürgers/Körber/*Marsch-Barner* Rn. 26; Grigoleit/*Rieder/Holzmann* Rn. 39; Hölters/*Apfelbacher/Niggemann* Rn. 66; Kölner Komm AktG/*Drygala/Staake* Rn. 187; MüKoAktG/*Fuchs* Rn. 156; Wachter/*Dürr* Rn. 22; MHdB AG/*Scholz* § 58 Rn. 62.
[376] MHdB AG/*Scholz* § 58 Rn. 62; so wohl auch Kölner Komm AktG/*Drygala/Staake* Rn. 187; MüKoAktG/*Fuchs* Rn. 156, die eine „satzungsändernde Mehrheit" verlangen.
[377] GHEK/*Bungeroth* Rn. 58; Grigoleit/*Rieder/Holzmann* Rn. 39; Hölters/*Apfelbacher/Niggemann* Rn. 67; Hüffer/Koch/*Koch*, 13. Aufl. 2018, Rn. 26; Kölner Komm AktG/*Drygala/Staake* Rn. 188; MüKoAktG/*Fuchs* Rn. 157; Wachter/*Dürr* Rn. 22; MHdB AG/*Scholz* § 58 Rn. 62.
[378] GHEK/*Bungeroth* Rn. 58; Grigoleit/*Rieder/Holzmann* Rn. 39; Großkomm AktG/*Frey* Rn. 151; Hölters/*Apfelbacher/Niggemann* Rn. 67; Hüffer/Koch/*Koch*, 13. Aufl. 2018, Rn. 26; Kölner Komm AktG/*Drygala/Staake* Rn. 188; MüKoAktG/*Fuchs* Rn. 157; MHdB AG/*Scholz* § 58 Rn. 62.
[379] GHEK/*Bungeroth* Rn. 58; Grigoleit/*Rieder/Holzmann* Rn. 39; Großkomm AktG/*Frey* Rn. 150; Hölters/*Apfelbacher/Niggemann* Rn. 67; Hüffer/Koch/*Koch*, 13. Aufl. 2018, Rn. 26; Kölner Komm AktG/*Drygala/Staake* Rn. 189; MüKoAktG/*Fuchs* Rn. 157; K. Schmidt/Lutter/*Veil* Rn. 32; MHdB AG/*Scholz* § 58 Rn. 62.
[380] Bürgers/Körber/*Marsch-Barner* Rn. 26; GHEK/*Bungeroth* Rn. 58; Grigoleit/*Rieder/Holzmann* Rn. 39; Kölner Komm AktG/*Drygala/Staake* Rn. 189; MüKoAktG/*Fuchs* Rn. 157; MHdB AG/*Scholz* § 58 Rn. 62.
[381] Vgl. Großkomm AktG/*Frey* Rn. 151; *Busch* in Marsch-Barner/Schäfer Börsennotierte AG-HdB Rn. 44.50: eidesstattliche Versicherung von Vorstand und Aufsichtsrat.
[382] Bürgers/Körber/*Marsch-Barner* Rn. 27; GHEK/*Bungeroth* Rn. 61; Grigoleit/*Rieder/Holzmann* Rn. 40; Großkomm AktG/*Frey* Rn. 160; Hölters/*Apfelbacher/Niggemann* Rn. 68; Hüffer/Koch/*Koch*, 13. Aufl. 2018, Rn. 27; Kölner Komm AktG/*Drygala/Staake* Rn. 192; MüKoAktG/*Fuchs* Rn. 159; K. Schmidt/Lutter/*Veil* Rn. 32; Wachter/*Dürr* Rn. 22; MHdB AG/*Scholz* § 58 Rn. 63.
[383] Bürgers/Körber/*Marsch-Barner* Rn. 27; GHEK/*Bungeroth* Rn. 62; Großkomm AktG/*Frey* Rn. 160; Hüffer/Koch/*Koch*, 13. Aufl. 2018, Rn. 27; Kölner Komm AktG/*Drygala/Staake* Rn. 192 ff.; MüKoAktG/*Fuchs* Rn. 160; aA noch Kölner Komm AktG/*Lutter*, 2. Aufl. 1994, Rn. 35.

oder Bezugsberechtigten kann durch eine sachgerechte Ausgestaltung der Anleihebedingungen angemessen Rechnung getragen werden. In der Praxis geschieht dies regelmäßig durch entsprechende **Verwässerungsschutzklauseln** (auch → § 193 Rn. 16).[384] Fehlen derartige Regelungen, ist eine Anpassung im Wege der ergänzenden Vertragsauslegung vorzunehmen (→ § 200 Rn. 10).[385]

Auflösungsbeschlüsse der Hauptversammlung (§ 262 Abs. 1 Nr. 2) werden nicht von § 192 Abs. 4 erfasst.[386] Gleiches gilt für **Strukturmaßnahmen der Gesellschaft nach dem UmwG**. Die Schaffung eines bedingten Kapitals kann die Organisationsautonomie der Gesellschaft nicht beschränken.[387] Bei Verschmelzung, Spaltung und Formwechsel sind den Umtausch- oder Bezugsberechtigten gleichwertige Rechte in dem übernehmenden Rechtsträger zu gewähren (§ 23 UmwG, § 36 Abs. 1 UmwG, § 125 UmwG, § 204 UmwG).[388] Bei der Vermögensübertragung besteht ein Anspruch auf Barabfindung (§ 176 Abs. 2 S. 4 UmwG, § 177 Abs. 2 UmwG, § 178 Abs. 2 UmwG, § 179 Abs. 2 UmwG). Wird die AG auf eine GmbH oder eine andere Rechtsform, die kein bedingtes Kapital kennt, verschmolzen, muss der übernehmende Rechtsträger dafür sorgen, dass für den Fall der Wandlung bzw. Ausübung des Bezugsrechts die erforderlichen Geschäftsanteile aufgrund einer Kapitalerhöhung geschaffen werden.[389] Gleiches gilt bei einem Formwechsel. **Eingliederungsbeschlüsse** (§§ 319 f.) fallen ebenfalls nicht unter § 192 Abs. 4.[390]

Umstritten ist, welche Auswirkungen ein **Squeeze-out-Beschluss** auf ein bestehendes bedingtes Kapital hat. Nach teilweise vertretener Ansicht soll das bedingte Kapital mangels gesetzlicher Regelung in den §§ 327a ff. unverändert fortbestehen.[391] Dies hätte zur Folge, dass der Hauptaktionär das Squeeze-out-Verfahren nach Ausübung der Umtausch- oder Bezugsrechte wiederholen müsste. Die heute wohl hM geht daher zutreffend davon aus, dass sich die Umtausch- oder Bezugsrechte im Fall eines Squeezeout analog § 327a Abs. 1 S. 1 auf eine **Barabfindung** richten, die an die Stelle der Aktien tritt.[392]

---

[384] In modernen Anleihebedingungen finden sich zumeist auch Regelungen für den Fall der Übernahme der emittierenden Gesellschaft, vgl. Hölters/Apfelbacher/Niggemann Rn. 21; Kölner Komm AktG/Drygala/Staake Rn. 194; Busch in Marsch-Barner/Schäfer Börsennotierte AG-HdB Rn. 44.52; Schlitt/Seiler/Singhof AG 2003, 254 (267); Zahn/Lemke BKR 2002, 527 (532); krit. zu solchen Klauseln v. Falkenhausen/v. Klitzing ZIP 2006, 1512 ff.; uU sind § 289a Abs. 1 S. 1 Nr. 8 HGB und § 315a Abs. 1 S. 1 Nr. 8 HGB zu beachten, wonach wesentliche Vereinbarungen, die unter der Bedingung eines Kontrollwechsels infolge eines Übernahmeangebots stehen, und die hieraus folgenden Wirkungen im Lagebericht bzw. Konzernlagebericht anzugeben sind.

[385] Grigoleit/Rieder/Holzmann Rn. 41; Großkomm AktG/Frey Rn. 160; Hüffer/Koch/Koch, 13. Aufl. 2018, Rn. 27 iVm § 189 Rn. 9, § 221 Rn. 63; Kölner Komm AktG/Drygala/Staake Rn. 194; MüKoAktG/Fuchs Rn. 160; MüKoAktG/Habersack § 221 Rn. 291; MHdB AG/Scholz § 57 Rn. 195 ff., § 58 Rn. 63, § 64 Rn. 46; Zöllner ZGR 1986, 288 (296 f.); für Anpassung analog § 216 Abs. 3 GHEK/Bungeroth Rn. 61; GHEK/Hefermehl/Bungeroth § 189 Rn. 18 f.; Gallego Sánchez, Das Erwerbsrecht auf Aktien bei Optionsanleihen und Wandelschuldverschreibungen, 1999, 176 ff.; Köhler AG 1984, 197 (198 ff.); Koppensteiner ZHR 139 (1975) 191 (197 ff.); vgl. zur Anpassung von Genussscheinbedingungen bei Abschluss eines Beherrschungs- und Gewinnabführungsvertrags auch BGHZ 197, 284 (293 ff.) – Eurohypo/Rheinhyp/Essenhyp, wo der BGH eine Anpassung nach den Regeln des Wegfalls der Geschäftsgrundlage gem. § 313 BGB vornimmt, aber einräumt, dass der Übergang zur ergänzenden Vertragsauslegung fließend sei; s. dazu Driver BB 2014, 195 ff.; Ehmann AG 2013, 751 ff.; Maerker DB 2013, 2549 ff.; Müller-Michaels BB 2013, 2516; Priester EWiR 2013, 533 f.; Verse/Wiersch NZG 2014, 5 ff.

[386] BGHZ 24, 279 (286 f.); Bürgers/Körber/Marsch-Barner Rn. 27; GHEK/Bungeroth Rn. 43; Grigoleit/Rieder/Holzmann Rn. 42; Großkomm AktG/Frey Rn. 158; Hölters/Apfelbacher/Niggemann Rn. 69; Hüffer/Koch/Koch, 13. Aufl. 2018, Rn. 27; Kölner Komm AktG/Drygala/Staake Rn. 209; MüKoAktG/Fuchs Rn. 161; Busch in Marsch-Barner/Schäfer Börsennotierte AG-HdB Rn. 44.51; MHdB AG/Scholz § 58 Rn. 64.

[387] Vgl. GHEK/Bungeroth Rn. 63; Großkomm AktG/Frey Rn. 157; Hüffer/Koch/Koch, 13. Aufl. 2018, Rn. 27; Kölner Komm AktG/Drygala/Staake Rn. 196; MüKoAktG/Fuchs Rn. 162; Loos DB 1960, 543 (544).

[388] Ausf. zur Gewährung gleichwertiger Rechte an die Inhaber von Aktienoptionen im Fall der Verschmelzung Rothenburg, Aktienoptionen in der Verschmelzung, 2009, 45 ff.

[389] Kallmeyer/Marsch-Barner UmwG § 23 Rn. 11; Kölner Komm AktG/Lutter, 2. Aufl. 1994, Rn. 37; s. auch MHdB AG/Scholz § 58 Rn. 64, § 64 Rn. 50; aA GHEK/Karollus § 221 Rn. 196; Lutter/Grunewald UmwG § 23 Rn. 17: wahlweise Recht zum sofortigen Umtausch bzw. Bezug oder Abfindungsanspruch analog § 29 UmwG; allein für Abfindungsanspruch analog § 29 UmwG Kölner Komm AktG/Drygala/Staake Rn. 198; MüKoAktG/Fuchs Rn. 162.

[390] GHEK/Bungeroth Rn. 64; Großkomm AktG/Frey Rn. 161; Hüffer/Koch/Koch, 13. Aufl. 2018, Rn. 27; Kölner Komm AktG/Drygala/Staake Rn. 200; MüKoAktG/Fuchs Rn. 163; MHdB AG/Scholz § 58 Rn. 64; Martens AG 1992, 209 (210).

[391] P. Baums, Ausschluss von Minderheitsaktionären, 2001, 152 ff.; P. Baums WM 2001, 1843 (1847 ff.); Kiem, RWS-Forum 20, Gesellschaftsrecht 2001, 329 (349 f.); Schüppen WPg 2001, 958 (975 f.).

[392] LG Düsseldorf ZIP 2004, 1755 (1757) – Kamps; DAV-Handelsrechtsausschuss NZG 2001, 420 (431); Angerer/Geibel/Süßmann/Grzimek AktG § 327e Rn. 32 f.; Bürgers/Körber/Marsch-Barner Rn. 28; Hölters/Apfelbacher/Niggemann Rn. 69; Hüffer/Koch/Koch, 13. Aufl. 2018, § 327b Rn. 3; Kölner Komm AktG/Drygala/Staake Rn. 205; Kölner Komm WpÜG/Hasselbach AktG § 327e Rn. 22; MüKoAktG/Fuchs Rn. 166 f.; MüKoAktG/Grunewald § 327b Rn. 13 f.; Wachter/Dürr Rn. 24; Busch in Marsch-Barner/Schäfer Börsennotierte AG-HdB Rn. 44.50; Alexandropoulou, Die rechtliche Behandlung von Options- und Umtauschrechten im Rahmen eines

§ 193 Erstes Buch. Aktiengesellschaft

Auf diese Weise wird verhindert, dass den Inhabern von Umtausch- oder Bezugsrechten eine stärkere Stellung als den Aktionären eingeräumt wird. Die Umtausch- oder Bezugsberechtigten sind durch die Barabfindung ausreichend geschützt. Durchgreifende Bedenken im Hinblick auf § 192 Abs. 4 bestehen nicht.[393] Da die Frage noch nicht höchstrichterlich geklärt ist, empfiehlt sich für die Praxis eine entsprechende schuldrechtliche Regelung in den Bedingungen für die Begebung der Umtausch- oder Bezugsrechte.[394] Bei der Berechnung der gem. § 327a Abs. 1 erforderlichen 95 %-Mehrheit ist ein bestehendes bedingtes Kapital nicht zu berücksichtigen.[395] Gleiches gilt für bereits ausgegebene Umtausch- oder Bezugsrechte.[396] Dieselben Grundsätze wie für einen aktienrechtlichen Squeeze-out gem. §§ 327a ff. gelten auch für den umwandlungsrechtlichen Squeeze-out gem. § 62 Abs. 5 UmwG iVm §§ 327a ff.[397] und den übernahmerechtlichen Squeeze-out gem. §§ 39a ff. WpÜG.[398]

84 **3. Rechtsfolgen.** Ein entgegenstehender Hauptversammlungsbeschluss ist gem. § 192 Abs. 4 nichtig. Das Registergericht muss die Eintragung ablehnen. Durch eine gleichwohl erfolgte Eintragung wird der Beschluss nicht geheilt. Auch eine Heilung nach § 242 scheidet aus.[399]

VI. Entsprechende Anwendung der Vorschriften über das Bezugsrecht (Abs. 5)

85   § 192 Abs. 5 ordnet die sinngemäße Geltung der §§ 193–201, die sich mit Ausnahme der §§ 194 Abs. 1 S. 2, 199 Abs. 2 durchgängig auf das Bezugsrecht beziehen, auch für das Umtauschrecht an. Die Vorschrift dient lediglich der sprachlichen Vereinfachung der §§ 193–201.[400]

VII. Kosten

86   An Kosten entstehen insbesondere Notarkosten für die Beurkundung und Anmeldung des Beschlusses über die bedingte Kapitalerhöhung, Druck- und Emissionskosten sowie Kosten für die Registereintragung des Erhöhungsbeschlusses (§ 195) und der Ausgabe von Bezugsaktien (§ 201).[401] Zu den Eintragungsgebühren → § 195 Rn. 21; → § 201 Rn. 23.

§ 193 Erfordernisse des Beschlusses

(1) ¹Der Beschluß über die bedingte Kapitalerhöhung bedarf einer Mehrheit, die mindestens drei Viertel des bei der Beschlußfassung vertretenen Grundkapitals umfaßt. ²Die

---

Squeeze-out, 2007, 97 ff.; *Engelhardt,* Convertible Bonds im Squeeze-out, 2007, 108 ff.; *I. Fuchs,* Der aktienrechtliche Squeeze-out, 2009, 386 ff.; *Lörcher,* Aktienoptionen bei Strukturveränderungen der Arbeitgebergesellschaft, 2004, 111 ff.; *Arens* WM 2014, 682 (683); *Ehricke/Roth* DStR 2001, 1120 (1122); *Engelhardt* BKR 2008, 45 (47 ff.); *Fehling/Arens* AG 2010, 735; *Schlitt/Seiler/Singhof* AG 2003, 254 (267 f.); *Süßmann* AG 2013, 158 ff.; *Wilsing/Kruse* ZIP 2002, 1465 (1467 ff.); differenzierend Emmerich/Habersack/*Habersack* § 327b Rn. 7; *Angerer* BKR 2002, 260 (267); *Gesmann-Nuissl* WM 2002, 1205 (1206 f.); *Grunewald* ZIP 2002, 18; *Krieger* BB 2002, 53 (61): Umwandlung des Anspruchs auf Aktien in einen Anspruch auf Barabfindung nur dann, wenn auf die Umtausch- oder Bezugsrechte im Falle ihrer Ausübung nicht mehr als 5 % des Grundkapitals entfallen würde.
[393] Ausf. MüKoAktG/*Fuchs* Rn. 167.
[394] So auch Kölner Komm AktG/*Drygala/Staake* Rn. 206; MüKoAktG/*Fuchs* Rn. 167; NK-AktR/*Wagner* Rn. 27; *Angerer* BKR 2002, 260 (267); *Fehling/Arens* AG 2010, 735 (745).
[395] Emmerich/Habersack/*Habersack* § 327a Rn. 17; Hüffer/Koch/*Koch,* 13. Aufl. 2018, § 327a Rn. 15; Kölner Komm AktG/*Drygala/Staake* Rn. 203; MüKoAktG/*Fuchs* Rn. 165; NK-AktR/*Wagner* Rn. 27.
[396] MüKoAktG/*Grunewald* § 327a Rn. 6; *Ehricke/Roth* DStR 2001, 1120 (1122); *Engelhardt* BKR 2008, 45 (47 f.); *Krieger* BB 2002, 53 (61); *Markwardt* BB 2004, 277 (278); *Schlitt/Seiler/Singhof* AG 2003, 254 (267); *Süßmann* AG 2013, 158 (159); *Wilsing/Kruse* ZIP 2002, 1465 (1467); aA LG Düsseldorf ZIP 2004, 1755 (1757) – Kamps; *Alexandropoulou,* Die rechtliche Behandlung von Options- und Umtauschrechten im Rahmen eines Squeeze-out, 2007, 92 ff.; Kölner Komm WpÜG/*Hasselbach* AktG § 327e Rn. 23; *Sieger/Hasselbach* ZGR 2002, 120 (158).
[397] Kölner Komm AktG/*Drygala/Staake* Rn. 207; *Süßmann* AG 2013, 158 (159); aA *Arens* WM 2014, 682 (683 ff.).
[398] Kölner Komm AktG/*Drygala/Staake* Rn. 208; Steinmeyer/Häger/*Santelmann* WpÜG § 39b Rn. 47; Wachter/*Dürr* Rn. 24; *Arens* WM 2014, 682 (683); s. auch *Süßmann* AG 2013, 158 f.
[399] Bürgers/Körber/*Marsch-Barner* Rn. 29; GHEK/*Bungeroth* Rn. 65; Grigoleit/*Rieder/Holzmann* Rn. 42; Hölters/*Apfelbacher/Niggemann* Rn. 71; Hüffer/Koch/*Koch,* 13. Aufl. 2018, Rn. 29; Kölner Komm AktG/*Drygala/Staake* Rn. 211; MüKoAktG/*Fuchs* Rn. 168; K. Schmidt/Lutter/*Veil* Rn. 33; Wachter/*Dürr* Rn. 25.
[400] Vgl. Grigoleit/*Rieder/Holzmann* Rn. 43; Hölters/*Apfelbacher/Niggemann* Rn. 73; Hüffer/Koch/*Koch,* 13. Aufl. 2018, Rn. 29; Kölner Komm AktG/*Drygala/Staake* Rn. 8, 212; MüKoAktG/*Fuchs* Rn. 169; K. Schmidt/Lutter/*Veil* Rn. 34; Wachter/*Dürr* Rn. 26.
[401] Vgl. Bürgers/Körber/*Marsch-Barner* Rn. 31; Grigoleit/*Rieder/Holzmann* Rn. 44; Großkomm AktG/*Frey* Rn. 165; Hölters/*v. Dryander/Niggemann* Rn. 74; Hüffer/Koch/*Koch,* 13. Aufl. 2018, Rn. 30; K. Schmidt/Lutter/*Veil* Rn. 35; Wachter/*Dürr* Rn. 27.

Satzung kann eine größere Kapitalmehrheit und weitere Erfordernisse bestimmen. ³§ 182 Abs. 2 und § 187 Abs. 2 gelten.

(2) Im Beschluß müssen auch festgestellt werden
1. der Zweck der bedingten Kapitalerhöhung;
2. der Kreis der Bezugsberechtigten;
3. der Ausgabebetrag oder die Grundlagen, nach denen dieser Betrag errechnet wird; bei einer bedingten Kapitalerhöhung für die Zwecke des § 192 Abs. 2 Nr. 1 genügt es, wenn in dem Beschluss oder in dem damit verbundenen Beschluss nach § 221 der Mindestausgabebetrag oder die Grundlagen für die Festlegung des Ausgabebetrags oder des Mindestausgabebetrags bestimmt werden; sowie
4. bei Beschlüssen nach § 192 Abs. 2 Nr. 3 auch die Aufteilung der Bezugsrechte auf Mitglieder der Geschäftsführungen und Arbeitnehmer, Erfolgsziele, Erwerbs- und Ausübungszeiträume und Wartezeit für die erstmalige Ausübung (mindestens vier Jahre).

Schrifttum: Vgl. die Angaben zu § 192 sowie *Angerer/Pläster*, Steine statt Brot für Wandel- und Optionsanleihe-Emittenten, NZG 2008, 326; *Becker/Otte*, Ist das Ende von isolierten Mindestausgabebeträgen bei bedingten Kapitalerhöhungen wirklich schon eingeläutet?, NZG 2008, 485; *Böttcher/Kautzsch*, Rechtssicherheit für Wandelschuldverschreibungen, NZG 2009, 978; *Groß*, Zulässigkeit der Ausgabe neuer Aktien mit Gewinnanteilsberechtigung für ein bereits abgelaufenes Geschäftsjahr auch bei Bezugsrechtsausschluss, FS Hoffmann-Becking, 2013, 395; *Maul*, Zur Unzulässigkeit der Festsetzung lediglich eines Mindestausgabebetrages im Rahmen des § 193 Abs. 2 Nr. 3, NZG 2000, 679; *Maier-Reimer*, Bedingtes Kapital für Wandelanleihen, GS Bosch, 2006, S. 85; *Pluskat*, Neues zum Ausgabebetrag bei Wandelschuldverschreibungen, DB 2008, 975; *Schlitt/Schäfer*, Wandel- und Optionsanleihen, CF law 2010, 258; *Spiering/Grabbe*, Bedingtes Kapital und Wandelschuldverschreibungen – Mindestausgabebetrag und Errechnungsgrundlagen im Rahmen des § 193 Abs. 2 Nr. 3 AktG, AG 2004, 91; *Umbeck*, Zulässigkeit eines Mindestausgabebetrags bei der bedingten Kapitalerhöhung zur Bedienung von Wandelschuldverschreibungen, AG 2008, 67; *Vogel*, Aktienoptionsprogramme für nicht börsennotierte AG – Anforderungen an Hauptversammlungsbeschlüsse, BB 2000, 937; *Wieneke*, Die Incentivierung der vorzeitigen Ausübung des Wandlungsrechts, WM 2017, 698; *Zöllter-Petzoldt/Höhling*, Die Annahme von Aktienoptionen als Directors' Dealings, NZG 2018, 687.

Übersicht

	Rn.		Rn.
I. Überblick	1, 1a	a) Zweckfestsetzung (Abs. 2 Nr. 1)	9
II. Formelle Beschlusserfordernisse	2–4	b) Kreis der Bezugsberechtigten (Abs. 2 Nr. 2)	10
III. Verweis auf § 187 Abs. 2	5	c) Ausgabebetrag (Abs. 2 Nr. 3)	11–18a
IV. Inhaltliche Beschlusserfordernisse (Abs. 2)	6–36	d) Konkretisierung bei Stock Options (Abs. 2 Nr. 4)	19–36
1. Allgemeiner Inhalt	6–8	V. Rechtsfolgen fehlerhafter Beschlüsse	37
2. Besonderer Inhalt	9–36		

I. Überblick

§ 193 ergänzt § 192 um **formelle und inhaltliche Beschlusserfordernisse.** Die Norm legt die erforderliche Mehrheit fest, lässt jedoch verschärfende Satzungsregelungen zu (§ 193 Abs. 1 S. 1 und 2). Daneben bestimmt sie das Erfordernis von Sonderbeschlüssen bei mehreren stimmberechtigten Aktiengattungen (§ 193 Abs. 1 S. 3 iVm § 182 Abs. 2) und stellt klar, dass die Hauptversammlung durch die Ausgabe von Wandelschuldverschreibungen nicht verpflichtet wird, ein bedingtes Kapital zu schaffen (§ 193 Abs. 1 S. 3 iVm § 187 Abs. 2). Die allgemeinen inhaltlichen Anforderungen an Kapitalerhöhungsbeschlüsse werden durch § 193 Abs. 2 um weitere Erfordernisse ergänzt. § 193 Abs. 2 dient dem **Verwässerungsschutz**, indem er die Hauptversammlung zwingt, über die wesentlichen Fragen der bedingten Kapitalerhöhung selbst zu entscheiden.[1] Besondere inhaltliche Beschlussanforderungen für die Schaffung eines bedingten Kapitals zur Bedienung von Stock Options (§ 192 Abs. 2 Nr. 3) enthält § 193 Abs. 2 Nr. 4. Seit der Neufassung von § 221 Abs. 4 S. 2 durch Art. 1 Nr. 17 UMAG gilt § 193 Abs. 2 Nr. 4 sinngemäß auch für die Gewährung von Wandelschuldverschreibungen an Arbeitnehmer oder Mitglieder der Geschäftsführung.

§ 193 geht auf § 160 AktG 1937 zurück. Die Vorgängernorm wurde abgesehen von geringfügigen sprachlichen Modifikationen weitgehend unverändert in das AktG 1965 übernommen. § 193 Abs. 2 Nr. 4 wurde 1998 durch Art. 1 Nr. 27 KonTraG angefügt und zuletzt durch Art. 1 Nr. 7 VorstAG

---

[1] Vgl. BGHZ 181, 144 (155) = ZIP 2009, 1566 (1570) – Continental; Grigoleit/*Rieder/Holzmann* Rn. 1; Großkomm AktG/*Frey* Rn. 4; Kölner Komm AktG/*Drygala/Staake* Rn. 5.

geändert (Verlängerung der Wartezeit von zwei auf vier Jahre). Durch Art. 1 Nr. 29 ARUG wurde in § 193 Abs. 2 Nr. 3 klargestellt, dass bei einer bedingten Kapitalerhöhung für die Zwecke des § 192 Abs. 2 Nr. 1 die Festsetzung eines Mindestausgabebetrags genügt.

II. Formelle Beschlusserfordernisse

2 § 193 Abs. 1 S. 1 verlangt eine **Kapitalmehrheit** von drei Vierteln des bei der Beschlussfassung vertretenen Grundkapitals. Daneben ist stets die einfache Stimmenmehrheit erforderlich (§ 133 Abs. 1). Gem. § 193 Abs. 1 S. 2 kann die Satzung eine größere Kapitalmehrheit und weitere Erfordernisse bestimmen. Anders als bei der regulären Kapitalerhöhung (§ 182 Abs. 1 S. 2) ist eine Absenkung der Mehrheitserfordernisse ausgeschlossen. Diese Einschränkung der Satzungsautonomie steht nicht im Wertungswiderspruch zu § 221 Abs. 1 S. 3, wonach eine Absenkung des Mehrheitserfordernisses für die Ausgabe von Wandelschuldverschreibungen zulässig ist.[2] Sie rechtfertigt sich aus dem der bedingten Kapitalerhöhung immanenten Bezugsrechtsausschluss. Für eine bedingte Kapitalerhöhung im Zusammenhang mit einer Rekapitalisierung nach § 7 FMStFG, die zur Gewährung von Umtausch- oder Bezugsrechten an den **SoFFin** als stillen Gesellschafter beschlossen wird, genügt abweichend von § 193 Abs. 1 die einfache Stimmenmehrheit (§ 7a Abs. 1 S. 2 FMStBG).

3 Bestehen **mehrere Gattungen stimmberechtigter Aktien,** wird der Erhöhungsbeschluss gem. § 193 Abs. 1 S. 3 iVm § 182 Abs. 2 nur wirksam, wenn die Aktionäre jeder dieser Gattungen der bedingten Kapitalerhöhung in Form eines Sonderbeschlusses zustimmen. Wegen der Einzelheiten → § 182 Rn. 26 ff.

4 Bestehen **stimmrechtslose Vorzugsaktien,** ist gem. § 141 Abs. 2 S. 1 ein zustimmender Sonderbeschluss der Vorzugsaktionäre erforderlich, sofern im Rahmen des bedingten Kapitals neue Vorzugsaktien ausgegeben werden sollen, die bei der Verteilung des Gewinns oder des Gesellschaftsvermögens den bestehenden Vorzugsaktien vorgehen oder gleichstehen.[3] Die Ausnahme des § 141 Abs. 2 S. 2, wonach ein Sonderbeschluss nicht erforderlich ist, wenn die Ausgabe bei Einräumung des Vorzugs oder, falls das Stimmrecht später ausgeschlossen wurde, bei der Ausschließung ausdrücklich vorbehalten worden war und das Bezugsrecht der Vorzugsaktionäre nicht ausgeschlossen wird, greift nicht ein. Streng genommen wird das Bezugsrecht der Vorzugsaktionäre zwar nicht durch den Kapitalerhöhungsbeschluss ausgeschlossen, so dass § 141 Abs. 2 S. 2 zumindest vom Wortlaut her einschlägig sein könnte. Da bei der bedingten Kapitalerhöhung das Bezugsrecht aber bereits kraft Gesetzes ausgeschlossen ist, besteht kein Grund für eine Ungleichbehandlung. Die Ausnahme kann daher auch für diesen Fall nicht gelten.[4]

III. Verweis auf § 187 Abs. 2

5 Der in § 193 Abs. 1 S. 3 enthaltene Verweis auf § 187 Abs. 2 stellt klar, dass Zusicherungen von Rechten auf den Bezug neuer Aktien, die der Vorstand im Rahmen seiner unbeschränkten Vertretungsmacht (§§ 78, 82 Abs. 1) gegeben hat, die Hauptversammlung nicht verpflichten können, eine bedingte Kapitalerhöhung zu beschließen. Entgegen dem etwas missverständlichen Wortlaut von § 187 Abs. 2, können aber Umtausch- oder Bezugsrechte bereits vor dem Erhöhungsbeschluss begründet werden (→ § 187 Rn. 11). Der Normzweck erfordert keine Unwirksamkeit. Die Rechtsfolge des § 187 Abs. 2 beschränkt sich insoweit auf den **Ausschluss einer Schadensersatzpflicht** der Gesellschaft für den Fall, dass die Hauptversammlung den Erhöhungsbeschluss nicht fasst.[5]

---

[2] So auch Bürgers/Körber/*Marsch-Barner* Rn. 2; GHEK/*Bungeroth* Rn. 4; Hüffer/Koch/*Koch*, 13. Aufl. 2018, Rn. 2; Kölner Komm AktG/*Drygala/Staake* Rn. 10; MüKoAktG/*Fuchs* Rn. 3; K. Schmidt/Lutter/*Veil* Rn. 2; Wachter/*Dürr* Rn. 2; Keinen Wertungswiderspruch sehen dagegen Grigoleit/*Rieder/Holzmann* Rn. 2; Großkomm AktG/*Frey* Rn. 6; NK-AktR/*Wagner* Rn. 3; *Lehmann* AG 1983, 113 (115).

[3] Bürgers/Körber/*Marsch-Barner* Rn. 2; Grigoleit/*Rieder/Holzmann* Rn. 4; Großkomm AktG/*Frey* Rn. 11; MüKoAktG/*Fuchs* Rn. 4; Wachter/*Dürr* Rn. 3; *Busch* in Marsch-Barner/Schäfer Börsennotierte AG-HdB Rn. 44.16; MHdB AG/*Scholz* § 58 Rn. 27.

[4] Großkomm AktG/*Frey* Rn. 12; Hüffer/Koch/*Koch*, 13. Aufl. 2018, § 141 Rn. 17; Kölner Komm AktG/*Drygala/Staake* Rn. 14; MüKoAktG/*Fuchs* Rn. 4; Wachter/*Dürr* Rn. 3; *Busch* in Marsch-Barner/Schäfer Börsennotierte AG-HdB Rn. 44.16.

[5] Vgl. Bürgers/Körber/*Marsch-Barner* Rn. 2; GHEK/*Bungeroth* Rn. 27 f.; Grigoleit/*Rieder/Holzmann* Rn. 5; Großkomm AktG/*Frey* Rn. 13; Hölters/*Apfelbacher/Niggemann* Rn. 9; Hüffer/Koch/*Koch*, 13. Aufl. 2018, Rn. 3; Kölner Komm AktG/*Drygala/Staake* Rn. 19; MüKoAktG/*Fuchs* Rn. 6; K. Schmidt/Lutter/*Veil* Rn. 3; Wachter/*Dürr* Rn. 4; *Spenner*, Aktienoptionen als Bestandteil der Vergütung von Vorstandsmitgliedern – Eine Analyse der rechtlichen Rahmenbedingungen für Aktienoptionsmodelle nach bisherigem Aktienrecht und nach dem KonTraG, 1999, 98 f.; anders noch Baumbach/Hueck Rn. 2; Großkomm AktG/*Schilling*, 3. Aufl. 1973, Anm. 3; v. Godin/Wilhelmi Anm. 4.

IV. Inhaltliche Beschlusserfordernisse (Abs. 2)

1. Allgemeiner Inhalt. Der notwendige Inhalt des Erhöhungsbeschlusses ergibt sich aus § 193 **6**
Abs. 2 sowie aus § 23 Abs. 2 Nr. 2 und Abs. 3. Der Beschluss muss erkennen lassen, dass es sich um
eine bedingte Kapitalerhöhung handeln soll. Hierzu muss die Hauptversammlung den **Vorstand
in dem Beschluss anweisen,** Umtausch- oder Bezugsrechte an einen eindeutig bestimmbaren
Personenkreis (§ 193 Abs. 2 Nr. 2) zu gewähren.[6]

In dem Erhöhungsbeschluss ist zunächst die **Gesamthöhe** des bedingten Kapitals festzulegen. Dabei **7**
handelt es sich stets um einen Höchstbetrag, der durch die Ausgabe von Bezugsaktien nicht überschritten werden darf. Auch die zusätzliche Angabe eines **Mindestbetrags** (zu unterscheiden von einem
Mindestausgabebetrag, → Rn. 14 f.) ist zulässig.[7] Hierdurch wird die Verwaltung verpflichtet, die
Ausgabe von Bezugsaktien (§ 200) zu verweigern, solange nicht eine bestimmte Zahl von Bezugsrechten
ausgeübt wurde. Die Verwaltung muss bei Angabe eines Mindestbetrags die Bezugsrechte entsprechend
ausgestalten.[8] Soweit nicht bereits die Satzung entsprechende Regelungen enthält, muss der Erhöhungsbeschluss zudem – wie bei allen Kapitalerhöhungen – die Art (Inhaber- oder Namensaktien), die
Gattung und die Nennbeträge (§ 8 Abs. 2) bzw. bei Stückaktien die Zahl (§ 8 Abs. 3) der neuen Aktien
bestimmen. Die Zahl der neuen Aktien muss nicht angegeben werden, wenn sie sich anhand der
bisherigen Einteilung des Grundkapitals durch Rückrechnung aus dem Erhöhungsbetrag ergibt.[9] Sieht
die Satzung nur einen Aktientyp vor, sind auch Angaben zur Art der neuen Aktien nicht erforderlich.[10]
Bestehen unterschiedliche **Aktiengattungen,** muss die Zahl bzw. der Erhöhungsbetrag für jeden
Aktientyp einzeln erkennbar sein.[11] Soll eine neue Aktiengattung geschaffen werden, sind in dem
Beschluss die gattungsbestimmenden Rechte und Pflichten festzulegen.[12]

Der Erhöhungsbeschluss kann zudem eine von § 60 Abs. 2 S. 2 abweichende **Dividendenberech-** **7a**
tigung festlegen. Angesichts der sukzessiven Erhöhung des Grundkapitals mit jeder einzelnen Aktienausgabe ist dies bei einer bedingten Kapitalerhöhung aus praktischen Gründen auch regelmäßig
zu empfehlen. Zulässig und in der Praxis üblich ist insbesondere eine Festlegung, wonach die Dividendenberechtigung für das gesamte Geschäftsjahr des Bezugs gilt.[13] Werden junge Aktien aus dem
bedingten Kapital vor der ordentlichen Hauptversammlung ausgegeben, führen derartige Festlegungen entgegen teilweise vertretener Ansicht nicht dazu, dass diese nach Beschlussfassung über
die Gewinnverwendung für das abgelaufene Geschäftsjahr eine eigene Aktiengattung bilden.[14] Bei
börsennotierten Gesellschaften notieren die bis zur ordentlichen Hauptversammlung aus dem bedingten Kapital ausgegebenen jungen Aktien und die bereits für das abgelaufene Geschäftsjahr gewinnberechtigten alten Aktien aber unter verschiedenen Wertpapierkennnummern (WKN).[15] Um dies zu
vermeiden, kann die Ausgabe von jungen Aktien vor der ordentlichen Hauptversammlung durch

---

[6] Bürgers/Körber/*Marsch-Barner* Rn. 3; Grigoleit/*Rieder/Holzmann* Rn. 6; Hüffer/Koch/*Koch,* 13. Aufl. 2018, Rn. 4; Kölner Komm AktG/*Drygala/Staake* Rn. 21, § 192 Rn. 23; MüKoAktG/*Fuchs* Rn. 7; K. Schmidt/Lutter/ *Veil* Rn. 4.

[7] Grigoleit/*Rieder/Holzmann* Rn. 7; Großkomm AktG/*Frey* Rn. 20; Kölner Komm AktG/*Drygala/Staake* Rn. 24; K. Schmidt/Lutter/*Veil* Rn. 4; Wachter/*Dürr* Rn. 5; MHdB AG/*Scholz* § 58 Rn. 33; aA GHEK/*Bungeroth* Rn. 23; Hüffer/Koch/*Koch,* 13. Aufl. 2018, Rn. 4; MüKoAktG/*Fuchs* Rn. 7; s. auch noch Kölner Komm AktG/ *Lutter,* 2. Aufl. 1994, Rn. 6: Angabe eines Mindestbetrags wegen § 200 nicht praktikabel.

[8] Großkomm AktG/*Frey* Rn. 20.

[9] BGHZ 181, 144 (157 f.) = ZIP 2009, 1566 (1570) – Continental; Großkomm AktG/*Frey* Rn. 15; Grigoleit/ *Rieder/Holzmann* Rn. 8; Hölters/*Apfelbacher/Niggemann* Rn. 13; Hüffer/Koch/*Koch,* 13. Aufl. 2018, Rn. 4 iVm § 182 Rn. 13a; Kölner Komm AktG/*Drygala/Staake* Rn. 28; *Rieckers* WuB II A. § 193 AktG 1.09; aA MüKoAktG/ *Fuchs* Rn. 7 (anders aber *Fuchs* LMK 2009, 293152).

[10] BGHZ 181, 144 (157) = ZIP 2009, 1566 (1570) – Continental; Großkomm AktG/*Frey* Rn. 17; Hüffer/ Koch/*Koch,* 13. Aufl. 2018, Rn. 4 iVm § 182 Rn. 13; *Schröer/Heusel* in Semler/Volhard/Reichert HV-HdB § 23 Rn. 14; *Rieckers* WuB II A. § 193 AktG 1.09.

[11] Grigoleit/*Rieder/Holzmann* Rn. 8; Großkomm AktG/*Frey* Rn. 16; Kölner Komm AktG/*Drygala/Staake* Rn. 29; MüKoAktG/*Fuchs* Rn. 7; *Busch* in Marsch-Barner/Schäfer Börsennotierte AG-HdB Rn. 44.21; MHdB AG/*Scholz* § 58 Rn. 31.

[12] Kölner Komm AktG/*Drygala/Staake* Rn. 29; MüKoAktG/*Fuchs* Rn. 7; s. auch Hüffer/Koch/*Koch,* 13. Aufl. 2018, § 182 Rn. 13; MüKoAktG/*Schürnbrand* § 182 Rn. 48.

[13] Großkomm AktG/*Frey* Rn. 18; Kölner Komm AktG/*Drygala/Staake* Rn. 32; NK-AktR/*Wagner* Rn. 5; *Singhof* FS Hoffmann-Becking, 2013, 1163 (1179 f.); s. auch *Busch* in Marsch-Barner/Schäfer Börsennotierte AG-HdB Rn. 44.21.

[14] Wie hier Kölner Komm AktG/*Drygala/Staake* Rn. 33; *Busch* in Marsch-Barner/Schäfer Börsennotierte AG-HdB Rn. 44.21; *Butzke* in Marsch-Barner/Schäfer Börsennotierte AG-HdB Rn. 6.5a; *Singhof* FS Hoffmann-Becking, 2013, 1163 (1180 f.); aA Bürgers/Körber/*Westermann* § 11 Rn. 10; K. Schmidt/Lutter/*Ziemons* § 11 Rn. 8.

[15] Vgl. *Busch* in Marsch-Barner/Schäfer Börsennotierte AG-HdB Rn. 44.21; *Groß,* FS Hoffmann-Becking, 2013, 395 (396 Fn. 5).

Festlegung einer Ausübungssperre verhindert werden.[16] Nach zutreffender Ansicht ist es aber auch zulässig, die jungen Aktien mit einer Gewinnberechtigung für das abgelaufene Geschäftsjahr auszustatten (solange über die Gewinnverwendung noch nicht beschlossen wurde).[17]

8 Der Erhöhungsbeschluss **kann** die einzuräumenden Umtausch- oder Bezugsrechte **näher ausgestalten**. Ihre Ausübung kann befristet oder von einer aufschiebenden oder auflösenden Bedingung abhängig gemacht werden.[18] In der Praxis üblich und zu empfehlen ist eine **Ermächtigung des Aufsichtsrats gem. § 179 Abs. 1 S. 2** zur Änderung der Fassung der Satzung entsprechend der durchgeführten Kapitalerhöhung (sofern nicht die Satzung ohnehin eine entsprechende allgemeine Ermächtigung enthält).[19] Zudem wird in den Beschluss üblicherweise eine Ermächtigung des Vorstands aufgenommen, wonach dieser – gegebenenfalls mit Zustimmung des Aufsichtsrats – befugt sein soll, die weiteren Einzelheiten der bedingten Kapitalerhöhung und ihrer Durchführung festzulegen. Eine solche Ermächtigung hat lediglich deklaratorischen Charakter.[20]

9 **2. Besonderer Inhalt. a) Zweckfestsetzung (Abs. 2 Nr. 1).** Bei dem gem. § 193 Abs. 2 Nr. 1 anzugebenden Zweck der bedingten Kapitalerhöhung muss es sich um einen der in § 192 Abs. 2 (und § 7a Abs. 1 S. 1 FMStBG) grundsätzlich abschließend (→ § 192 Rn. 25 f.) aufgezählten Zwecke handeln. Der Erhöhungsbeschluss muss den Zweck nennen und näher konkretisieren. Bei Beschlüssen gem. § 192 Abs. 2 Nr. 1 genügt die Bezugnahme auf den Beschluss nach § 221, sofern dieser beim Handelsregister hinterlegt wird.[21] In der Praxis wird dies üblicherweise dadurch sichergestellt, dass die Beschlüsse gem. § 192 Abs. 2 Nr. 1 und § 221 formal in einem Beschluss zusammengefasst werden (→ § 192 Rn. 35). Wurde der Beschluss nach § 221 noch nicht gefasst, genügt eine Bezugnahme auf die künftigen Anleihegläubiger. Die weitere Konkretisierung kann vollständig in dem Beschluss nach § 221 erfolgen.[22] Bei Beschlüssen gem. § 192 Abs. 2 Nr. 2 sind das konkrete Unternehmen (in der Regel Firma und Sitz) und – soweit möglich – die Art des Zusammenschlusses zu nennen.[23] Bei der Ausgabe von Bezugsrechten im Rahmen von Aktienoptionsplänen muss lediglich die Zuordnung zu § 192 Abs. 2 Nr. 3 erkennbar sein, wozu die Verwendung der in § 192 Abs. 2 Nr. 3 enthaltenen Formulierung genügt.[24]

10 **b) Kreis der Bezugsberechtigten (Abs. 2 Nr. 2).** Gem. § 193 Abs. 2 Nr. 2 muss im Erhöhungsbeschluss der Kreis der Bezugsberechtigten festgestellt werden. Hierzu sind Kriterien anzugeben, die eine **eindeutige Bestimmbarkeit** ermöglichen.[25] Eine namentliche Nennung der Bezugsberechtigten ist nicht erforderlich.[26] In den Fällen des § 192 Abs. 2 Nr. 1 reicht die genaue Bezeichnung der Schuldverschreibung, deren Inhaber Umtausch- oder Bezugsrechte wahrnehmen können.[27] Bei Unternehmens-

---

[16] Busch in Marsch-Barner/Schäfer Börsennotierte AG-HdB Rn. 44.21.
[17] Ausf. *Singhof* FS Hoffmann-Becking, 2013, 1163 (1181 ff.); ebenso Kölner Komm AktG/*Drygala/Staake* Rn. 33; Busch in Marsch-Barner/Schäfer Börsennotierte AG-HdB Rn. 44.21; vgl. auch *Groß*, FS Hoffmann-Becking, 2013, 395 (398 ff.); wohl auch *Butzke* Die Hauptversammlung der AG Rn. H 87.
[18] Vgl. BGHZ 24, 279 (289); GHEK/*Bungeroth* Rn. 25; Grigoleit/*Rieder/Holzmann* Rn. 8; Hölters/*Apfelbacher/Niggemann* Rn. 14; Hüffer/Koch/*Koch*, 13. Aufl. 2018, Rn. 4; Kölner Komm AktG/*Drygala/Staake* Rn. 34; MüKoAktG/*Fuchs* Rn. 8; K. Schmidt/Lutter/*Veil* Rn. 5; MHdB AG/*Scholz* § 58 Rn. 43.
[19] Hüffer/Koch/*Koch*, 13. Aufl. 2018, Rn. 4; Kölner Komm AktG/*Drygala/Staake* Rn. 30; MüKoAktG/*Fuchs* Rn. 8; K. Schmidt/Lutter/*Veil* Rn. 5; MHdB AG/*Scholz* § 58 Rn. 42.
[20] Bürgers/Körber/*Marsch-Barner* Rn. 3; Grigoleit/*Rieder/Holzmann* Rn. 8; Hüffer/Koch/*Koch*, 13. Aufl. 2018, Rn. 4; Kölner Komm AktG/*Drygala/Staake* Rn. 35; MüKoAktG/*Fuchs* Rn. 8; MHdB AG/*Scholz* § 58 Rn. 42.
[21] Kölner Komm AktG/*Drygala/Staake* Rn. 41.
[22] Vgl. Großkomm AktG/*Frey* Rn. 22; NK-AktR/*Wagner* Rn. 6; Wachter/*Dürr* Rn. 6; *Maier-Reimer* GS Bosch, 2006, 85 (95); teilweise aA MüKoAktG/*Fuchs* Rn. 10: Eckdaten müssen bereits im Erhöhungsbeschluss genannt werden; ähnlich GHEK/*Bungeroth* Rn. 6; Kölner Komm AktG/*Drygala/Staake* Rn. 42.
[23] Bürgers/Körber/*Marsch-Barner* Rn. 5; Grigoleit/*Rieder/Holzmann* Rn. 9; Großkomm AktG/*Frey* Rn. 23; Hölters/*Apfelbacher/Niggemann* Rn. 16; Hüffer/Koch/*Koch*, 13. Aufl. 2018, Rn. 5; Kölner Komm AktG/*Drygala/Staake* Rn. 43; MüKoAktG/*Fuchs* Rn. 10; K. Schmidt/Lutter/*Veil* Rn. 6; Wachter/*Dürr* Rn. 6; MHdB AG/*Scholz* § 58 Rn. 32.
[24] Großkomm AktG/*Frey* Rn. 26.
[25] Bürgers/Körber/*Marsch-Barner* Rn. 6; Grigoleit/*Rieder/Holzmann* Rn. 10; Hüffer/Koch/*Koch*, 13. Aufl. 2018, Rn. 5; Kölner Komm AktG/*Drygala/Staake* Rn. 46; MüKoAktG/*Fuchs* Rn. 11; K. Schmidt/Lutter/*Veil* Rn. 7; Wachter/*Dürr* Rn. 7; MHdB AG/*Scholz* § 58 Rn. 33; s. auch Großkomm AktG/*Frey* Rn. 29, der darauf hinweist, dass nicht eindeutig bestimmbar sein müsse, wer künftig ein Bezugsrecht erhalten solle, sondern nur, ob ein Bezugsrecht, wenn es bestehe, durch ein bedingtes Kapital gesichert sei.
[26] Bürgers/Körber/*Marsch-Barner* Rn. 6; Grigoleit/*Rieder/Holzmann* Rn. 10; Großkomm AktG/*Frey* Rn. 28; Hölters/*Apfelbacher/Niggemann* Rn. 17; Hüffer/Koch/*Koch*, 13. Aufl. 2018, Rn. 5; Kölner Komm AktG/*Drygala/Staake* Rn. 46; MüKoAktG/*Fuchs* Rn. 11; K. Schmidt/Lutter/*Veil* Rn. 7; Wachter/*Dürr* Rn. 7; MHdB AG/*Scholz* § 58 Rn. 33.
[27] Vgl. Bürgers/Körber/*Marsch-Barner* Rn. 6; Grigoleit *Rieder/Holzmann* Rn. 10; Großkomm AktG/*Frey* Rn. 30; Hölters/*Apfelbacher/Niggemann* Rn. 17; Hüffer/Koch/*Koch*, 13. Aufl. 2018, Rn. 5; Kölner Komm AktG/*Drygala/Staake* Rn. 47; MüKoAktG/*Fuchs* Rn. 11; MHdB AG/*Scholz* § 58 Rn. 33.

zusammenschlüssen reicht die Nennung des konkreten Unternehmens. Gegebenenfalls sind zusätzlich die Kriterien anzugeben, nach denen die Gesellschafter, denen Bezugsrechte gewährt werden sollen, zu bestimmen sind.[28] Bei Beschlüssen gem. § 192 Abs. 2 Nr. 3 ist nach § 193 Abs. 2 Nr. 2 nur eine Abgrenzung des Kreises der Bezugsberechtigten gegenüber Nicht-Bezugsberechtigten erforderlich.[29] Für die Aufteilung der Bezugsrechte innerhalb des derart umgrenzten Kreises ist § 193 Abs. 2 Nr. 4 einschlägig. Die im Erhöhungsbeschluss genannten Bezugsberechtigten erwerben durch die Festsetzung noch kein Umtausch- oder Bezugsrecht. Der Vorstand ist nur im Innenverhältnis gebunden.[30]

c) **Ausgabebetrag (Abs. 2 Nr. 3). aa) Allgemeines.** Gem. § 193 Abs. 2 Nr. 3 Hs. 1 müssen im Erhöhungsbeschluss der Ausgabebetrag oder die Grundlagen, nach denen sich dieser Betrag errechnet, festgestellt werden. Die entsprechenden Festsetzungen können sich bei der Absicherung von Umtausch- oder Bezugsrechten aus Wandelschuldverschreibungen auch in dem Ermächtigungsbeschluss nach § 221 Abs. 2 finden, sofern der Beschluss über die bedingte Kapitalerhöhung hierauf Bezug nimmt.[31] Der Ausgabebetrag hat Einfluss auf den Wert der Umtausch- oder Bezugsrechte und auf den Verwässerungseffekt bei deren Ausübung.[32] Er darf den Nennbetrag bzw. (bei Stückaktien) den anteiligen Betrag des Grundkapitals nicht unterschreiten (§ 9 Abs. 1).

bb) **Festsetzung des Ausgabebetrags.** Bei **Umtauschrechten** ist Ausgabebetrag der Ausübungspreis, auf den der Nennbetrag der Wandelschuldverschreibung angerechnet wird. Hierzu sind das Umtauschverhältnis und etwaige Zuzahlungen festzulegen.[33] Das Umtauschverhältnis ergibt sich aus der Division des Nennbetrags der Wandelschuldverschreibung durch den Wandlungspreis.[34] Der (Gesamt-)nennbetrag der umzutauschenden Schuldverschreibungen kann hinter dem geringsten Ausgabebetrag zurückbleiben. § 9 Abs. 1 wird insoweit durch § 199 Abs. 2 modifiziert. Bei der Einräumung von **Bezugsrechten** sind der Bezugskurs (Basis- bzw. Optionspreis) und das Bezugsverhältnis anzugeben.[35]

cc) **Festsetzung der Berechnungsgrundlagen.** Anstelle des Ausgabebetrags können gem. § 193 Abs. 2 Nr. 3 Hs. 1 Alt. 2 auch dessen Berechnungsgrundlagen festgesetzt werden. Bei der Vorbereitung von **Unternehmenszusammenschlüssen** kann das Umtauschverhältnis festgelegt werden, aus dem sich mittelbar der spätere Bezugskurs ergibt.[36] Zulässig sind auch Gestaltungen, bei denen das Umtauschverhältnis von bestimmten Daten, etwa vom Börsenkurs zu einem bestimmten Stichtag, von bestimmten Aktienindizes oder von sonstigen bestimmbaren Kriterien abhängig gemacht wird.[37] Ferner kommen Regelungen im Erhöhungsbeschluss in Betracht, wonach das Umtauschverhältnis durch einen Sachverständigen nach bestimmten Kriterien errechnet werden soll.[38]

dd) **Mindestausgabebetrag.** Bei bedingten Kapitalerhöhungen im Zusammenhang mit Ermächtigungsbeschlüssen nach § 221 Abs. 2 wird in der Praxis zumeist nur ein Mindestausgabebetrag (Floor) bzw. ein maximaler Kursabschlag bestimmt und die endgültige Festsetzung des Ausgabebetrags in das **Ermessen des Vorstands** gestellt. Dabei wird üblicherweise eine Formulierung gewählt, wonach der Ausgabebetrag mindestens einen bestimmten Prozentsatz des durchschnittlichen Börsenkurses, bezogen auf einen festgelegten Zeitraum, betragen muss (häufig 80 %).[39] Der Gesetz-

---

[28] Bürgers/Körber/*Marsch-Barner* Rn. 6; MüKoAktG/*Fuchs* Rn. 11.
[29] Vgl. Bürgers/Körber/*Marsch-Barner* Rn. 6; Großkomm AktG/*Frey* Rn. 33; NK-AktR/*Wagner* Rn. 10.
[30] Bürgers/Körber/*Marsch-Barner* Rn. 6; Grigoleit/*Rieder/Holzmann* in Rn. 10; Hüffer/Koch/*Koch*, 13. Aufl. 2018, Rn. 5; Kölner Komm AktG/*Drygala/Staake* Rn. 48 f.; MüKoAktG/*Fuchs* Rn. 11; Wachter/*Dürr* Rn. 7.
[31] Bürgers/Körber/*Marsch-Barner* Rn. 7; *Busch* in Marsch-Barner/Schäfer Börsennotierte AG-HdB Rn. 44.24.
[32] Vgl. Bürgers/Körber/*Marsch-Barner* Rn. 7; Grigoleit/*Rieder/Holzmann* Rn. 11; Großkomm AktG/*Frey* Rn. 36; Kölner Komm AktG/*Drygala/Staake* Rn. 50; MüKoAktG/*Fuchs* Rn. 12.
[33] Bürgers/Körber/*Marsch-Barner* Rn. 7; GHEK/*Bungeroth* Rn. 13; Grigoleit/*Rieder/Holzmann* Rn. 11; Hüffer/Koch/*Koch*, 13. Aufl. 2018, Rn. 6; Kölner Komm AktG/*Drygala/Staake* Rn. 52; MüKoAktG/*Fuchs* Rn. 12; Wachter/*Dürr* Rn. 8; MHdB AG/*Scholz* § 58 Rn. 35.
[34] *Busch* in Marsch-Barner/Schäfer Börsennotierte AG-HdB Rn. 44.24; s. auch Kölner Komm AktG/*Drygala/Staake* Rn. 52.
[35] Bürgers/Körber/*Marsch-Barner* Rn. 7; Grigoleit/*Rieder/Holzmann* Rn. 11; Hüffer/Koch/*Koch*, 13. Aufl. 2018, Rn. 6; Kölner Komm AktG/*Drygala/Staake* Rn. 53; MüKoAktG/*Fuchs* Rn. 12; K. Schmidt/Lutter/*Veil* Rn. 8; Wachter/*Dürr* Rn. 8; MHdB AG/*Scholz* § 58 Rn. 35.
[36] Grigoleit *Rieder/Holzmann* Rn. 12; Hölters/*Apfelbacher/Niggemann* Rn. 22; Hüffer/Koch/*Koch*, 13. Aufl. 2018, Rn. 6a; Kölner Komm AktG/*Drygala/Staake* Rn. 55; Wachter/*Dürr* Rn. 8; MHdB AG/*Scholz* § 58 Rn. 39.
[37] GHEK/*Bungeroth* Rn. 13 f.; Hüffer/Koch/*Koch*, 13. Aufl. 2018, Rn. 6a; Kölner Komm AktG/*Drygala/Staake* Rn. 56; MüKoAktG/*Fuchs* Rn. 12; MHdB AG/*Scholz* § 58 Rn. 35; *Spiering/Grabbe* AG 2004, 91 (92).
[38] Hölters/*Apfelbacher/Niggemann* Rn. 22; Hüffer/Koch/*Koch*, 13. Aufl. 2018, Rn. 6a; Kölner Komm AktG/*Drygala/Staake* Rn. 56; MHdB AG/*Scholz* § 58 Rn. 35; *Spiering/Grabbe* AG 2004, 91 (92).
[39] Vgl. Grigoleit/*Rieder/Holzmann* Rn. 13; Kölner Komm AktG/*Drygala/Staake* Rn. 58; *Busch* in Marsch-Barner/Schäfer Börsennotierte AG-HdB Rn. 44.25; *Seibt* CFL 2010, 165 (170 f.) (mit Formulierungsvorschlag); s. auch Klawitter AG 2005, 792 (793); *Spiering/Grabbe* AG 2004, 91 f., jeweils mit zahlreichen Beispielen aus der Praxis.

geber des **ARUG** hat diese Praxis durch Anfügung von § 193 Abs. 2 Nr. 3 Hs. 2 ausdrücklich legitimiert. Danach genügt es bei einer bedingten Kapitalerhöhung für die Zwecke des § 192 Abs. 2 Nr. 1, wenn in dem Kapitalerhöhungsbeschluss oder in dem damit verbundenen Beschluss nach § 221 der Mindestausgabebetrag oder die Grundlagen für die Festlegung des Ausgabebetrags oder des Mindestausgabebetrags bestimmt werden. Vor dieser Ergänzung sahen diverse Land- und Oberlandesgerichte in der Festsetzung eines Mindestausgabebetrags einen Verstoß gegen § 193 Abs. 2 Nr. 3 aF, der zur Nichtigkeit der bedingten Kapitalerhöhung und (über § 139 BGB) der Ermächtigung zur Ausgabe von Wandelschuldverschreibungen führen sollte.[40] Zur Begründung wurde primär auf den Wortlaut von § 193 Abs. 2 Nr. 3 aF verwiesen.

15 Diese praxisferne Rechtsprechung führte zu einer erheblichen Rechtsunsicherheit, wodurch die Nutzung von Wandelschuldverschreibungen als Finanzierungsinstrument ernsthaft gefährdet wurde.[41] Die Anfügung von § 193 Abs. 2 Nr. 3 Hs. 2 durch Art. 1 Nr. 29 ARUG dient der Beseitigung dieser Rechtsunsicherheit.[42] Der Gesetzgeber hat einen entsprechenden Vorschlag des DAV-Handelsrechtsausschusses aufgegriffen.[43] Die Ergänzung von § 193 Abs. 2 Nr. 3 ist uneingeschränkt zu begrüßen. Es handelt sich allerdings nur um eine **Klarstellung**.[44] Die ganz hM in der Literatur ging bereits vor Inkrafttreten des ARUG zutreffend davon aus, dass bei bedingten Kapitalerhöhungen im Zusammenhang mit Ermächtigungsbeschlüssen nach § 221 Abs. 2 die Festsetzung eines Mindestausgabebetrags zulässig ist (→ § 221 Rn. 69).[45] Dieser Ansicht hat sich kurz vor dem Inkrafttreten des ARUG auch der **BGH** in zwei nahezu gleichlautenden Entscheidungen vom 18. Mai 2009 angeschlossen.[46] Damit ist auch für Altfälle geklärt, dass entsprechende Kapitalerhöhungsbeschlüsse wirksam sind. Anderenfalls würde § 221 Abs. 2 teilweise leer laufen, da eine Ermächtigung zur Ausgabe von Wandelschuldverschreibungen ohne eine gewisse Flexibilität bei der Gestaltung des Ausgabebetrags weitgehend unpraktikabel wäre.[47] Im Anwendungsbereich des § 221 Abs. 2 bietet sich daher für Altfälle eine teleologische Reduktion von § 193 Abs. 2 Nr. 3 aF an.[48] Schützenswerte Interessen der Aktionäre, die der Festsetzung eines Mindestausgabebetrags entgegenstehen könnten, sind nicht ersichtlich. Durch einen Mindestausgabebetrag wird eine definitive Obergrenze für die Verwässerung gesetzt. Entscheidet sich der Vorstand zu einer Verschärfung der von der Hauptversammlung zuvor festgelegten Mindestkonditionen, stellt dies lediglich eine Abschwächung des von den Aktionären bereits autorisierten Eingriffs in ihre Rechte dar.[49] Die Festsetzung eines Mindestausgabebetrags unterscheidet sich auch nicht wesentlich von der Angabe bestimmter Kriterien zur Errechnung des Ausgabebetrags, wie sie auch in § 193 Abs. 2 Nr. 3 aF bereits ausdrücklich zugelassen war.[50]

---

[40] OLG Celle AG 2008, 85 (86 f.) – Continental; OLG Hamm AG 2008, 506 (507 f.) – Arcandor; KG ZIP 2008, 648 f., LG Berlin Urt. v. 6.1.2006 – 94 O 57/05; LG Coburg Urt. v. 21.6.2006 – 1 HKO 43/05; LG Hamburg Urt. v. 20.10.2005 – 415 O 85/05; LG Kiel Urt. v. 30.9.2005 – 15 O 68/05; ebenso *Geßler* Rn. 8; Großkomm AktG/*Frey* Rn. 51, 57; K. *Schmidt*/Lutter/*Veil* Rn. 10; *v. Godin/Wilhelmi* Anm. 6c; *Ackermann/Suchan* BB 2002, 1497 (1499); *Klawitter* AG 2005, 792 (793) Fn. 7; *Maul* NZG 2000, 679 (680).

[41] In der Praxis wurde teilweise auf parallele Ermächtigungen mit unterschiedlichen Ausgabebeträgen ausgewichen, vgl. *Müller-Eising* GWR 2009, 270.

[42] BegrRegE BT-Drs. 16/11642, 37.

[43] Vgl. *DAV-Handelsrechtsausschuss* NZG 2007, 857.

[44] Vgl. Bürgers/Körber/*Marsch-Barner* Rn. 7; Hölters/*Apfelbacher/Niggemann* Rn. 27; Kölner Komm AktG/*Drygala/Staake* Rn. 59; MüKoAktG/*Fuchs* Rn. 14 f.; *Busch* in Marsch-Barner/Schäfer Börsennotierte AG-HdB Rn. 44.25; *Groß* in Marsch-Barner/Schäfer Börsennotierte AG-HdB Rn. 51.35; *Schlitt/Hemeling* in Habersack/Mülbert/Schlitt, Unternehmensfinanzierung am Kapitalmarkt, 3. Aufl. 2013, § 12 Rn. 34; *Just/Voß* EWiR 2010, 41 (42); *Rieckers* WuB II A. § 193 AktG 1.09; *Sauter* ZIP 2008, 1706 (1711); wohl auch *Drinhausen/Keinath* BB 2008, 2078 (2083).

[45] S. etwa Hüffer/Koch/*Koch,* 13. Aufl. 2018, Rn. 6b; MHdB AG/*Scholz* § 58 Rn. 36; *Angerer/Pläster* NZG 2008, 326 (328 f.); *Becker/Otte* NZG 2008, 485 (486 ff.); *Böttcher/Kautzsch* NZG 2009, 978 (979 f.); *Matyschok* BB 2008, 1477; *Pluskat* DB 2008, 975 f.; *Schlitt/Seiler/Singhof* AG 2003, 254 (256); *Spiering/Grabbe* AG 2004, 91 (92 ff.); *Umbeck* AG 2008, 67 (68 ff.); *Weiß* WM 1999, 353 (357).

[46] BGHZ 181, 144 (151 ff.) = ZIP 2009, 1566 (1568 ff.) – Continental; BGH ZIP 2009, 1624 (nur Leitsätze) = BeckRS 2009, 22 024 – Arcandor; ebenso bereits LG Essen Urt. v. 26.1.2007 – 45 O 47/06 – Arcandor; s. auch OLG München ZIP 2006, 1440 ff.; LG München AG 2006, 169 f.

[47] Vgl. BGHZ 181, 144 (152 f.) = ZIP 2009, 1566 (1568 f.) – Continental; *Fuchs* LMK 2009, 293152; *Maier-Reimer* GS Bosch, 2003, 85 (96); *Rieckers* WuB II A. § 193 AktG 1.09.

[48] BGHZ 181, 144 (153) = ZIP 2009, 1566 (1569) – Continental; *Rieckers* WuB II A. § 193 AktG 1.09; hilfsweise auch *Maier-Reimer* GS Bosch, 2003, 85 (96), der aber die Einordnung der jüngeren Ermächtigungsnorm des § 221 Abs. 2 als lex specialis gegenüber § 193 Abs. 2 Nr. 3 aF als vorzugswürdig ansieht.

[49] BGHZ 181, 144 (155 f.) = ZIP 2009, 1566 (1570) – Continental; MüKoAktG/*Fuchs* Rn. 14; *Fuchs* LMK 2009, 293152; *Rieckers* WuB II A. § 193 AktG 1.09; *Spiering/Grabbe* AG 2004, 91 (94); *Weiß* WM 1999, 353 (357).

[50] MüKoAktG/*Fuchs* Rn. 14; *Fuchs* LMK 2009, 293152; *Spiering/Grabbe* AG 2004, 91 (93); s. auch *Maier-Reimer* GS Bosch, 2003, 85 (88); nicht überzeugend *Umbeck* AG 2008, 67 (68 f.), die auch die Festsetzung eines Mindestausgabebetrags unmittelbar unter § 192 Abs. 2 Nr. 3 Hs. 1 Alt. 2 subsumieren will.

Gem. § 193 Abs. 2 Nr. 3 Hs. 2 kann die Hauptversammlung einen Mindestausgabebetrag oder **15a** die Grundlagen für die Festlegung des Ausgabebetrags oder des Mindestausgabebetrags bestimmen. Sie kann daher entweder einen **absoluten Mindestbetrag** festsetzen oder die **Berechnungsgrundlagen** bestimmen, wobei stets das Verbot der Unter-pari-Emission (§ 9) zu beachten ist. Alternativ kann die Hauptversammlung bestimmen, dass der Ausgabebetrag oder der Mindestausgabebetrag nach üblichen Verfahren **(Bookbuilding)** mit dem Ziel festgesetzt wird, das Verhältnis zwischen Verwässerungsgefahr und Zinsvorteil zu optimieren.[51] Indem § 193 Abs. 2 Nr. 3 Hs. 2 von den „Grundlagen für die Festlegung" (nicht: Errechnung) spricht, soll die Möglichkeit einer späteren Veränderung des Wandlungskurses aufgrund üblicher **Verwässerungsschutzregelungen** berücksichtigt werden.[52] Auch insoweit kann dem Vorstand daher ein Ermessensspielraum eingeräumt werden. § 193 Abs. 2 Nr. 3 Hs. 2 stellt zudem ausdrücklich klar, dass die Festsetzung eines Mindestausgabebetrags **auch in dem Ermächtigungsbeschluss** gem. § 221 Abs. 2 erfolgen kann.

ee) **Verwässerungsschutz.** Bei Wandelschuldverschreibungen werden in der Praxis üblicher- **16** weise **Verwässerungsschutzklauseln** (→ § 192 Rn. 81; → § 221 Rn. 153 ff.) in die Anleihebedingungen aufgenommen, die zu einer Unterschreitung des festgelegten (Mindest-)Ausgabebetrags führen können.[53] Derartige Klauseln sind mit § 193 Abs. 2 Nr. 3 vereinbar (→ Rn. 15a), da die Berechnungsgrundlagen regelmäßig schon im Zeitpunkt des Hauptversammlungsbeschlusses eindeutig feststehen.[54] Der Vorstand hat insoweit keinen echten Ermessensspielraum.

ff) **Angemessenheit des Ausgabebetrags.** Da das Bezugsrecht der Aktionäre bei der bedingten **17** Kapitalerhöhung kraft Gesetzes ausgeschlossen ist, muss der Ausgabebetrag **analog § 255 Abs. 2 angemessen** sein.[55] Maßgeblich ist nicht der Zeitpunkt der Ausgabe der Bezugsaktien, sondern der Zeitpunkt der Beschlussfassung über das bedingte Kapital.[56] Bei der Angemessenheitsbeurteilung ist grundsätzlich der festgesetzte Ausgabebetrag mit dem vollen Wert der Aktie zu vergleichen. Bei nicht börsennotierten Gesellschaften ist auf den anteiligen inneren Wert des Unternehmens abzustellen, wozu es regelmäßig einer Unternehmensbewertung bedarf (→ § 255 Rn. 20). Die wohl hM will auch bei börsennotierten Gesellschaften grundsätzlich auf den inneren Wert abstellen.[57] In Anknüpfung an die „DAT/Altana"-Entscheidung des BVerfG müsste dabei der Börsenkurs zumindest als Untergrenze berücksichtigt werden.[58] Allerdings sprechen gute Argumente dafür, mit der Gegenansicht allein den Börsenkurs als Grundlage für die Angemessenheitsbeurteilung heranzuziehen (→ § 255 Rn. 21 ff.).[59] Neben dem Wert der Aktien können bei der Angemessenheitsbeurteilung auch weitere Kriterien berücksichtigt werden. Berücksichtigungsfähig sind etwa strategische Vorteile oder die mit einem Aktienoptionsprogramm intendierte Anreizwirkung (→ § 255 Rn. 19).[60] Eine

---

[51] *DAV-Handelsrechtsausschuss* NZG 2007, 857 (858); s. auch *Böttcher* NZG 2008, 481 (484); *Grigoleit/Rieder/Holzmann* Rn. 15; *Hölters/Apfelbacher/Niggemann* Rn. 24 ff.; aA hinsichtlich eines Mindestausgabebetrags Kölner Komm AktG/*Drygala/Staake* Rn. 62.

[52] Vgl. *DAV-Handelsrechtsausschuss* NZG 2007, 857 (858).

[53] Zu den verschiedenen Berechnungsarten s. Kölner Komm AktG/*Florstedt* § 221 Rn. 363 ff.; *Gallego Sánchez*, Das Erwerbsrecht auf Aktien bei Optionsanleihen und Wandelschuldverschreibungen, 1999, 159 ff.; s. auch *Seibt* CFL 2010, 165 (171) (mit Formulierungsvorschlag).

[54] Hölters/*Apfelbacher/Niggemann* Rn. 23; Kölner Komm AktG/*Drygala/Staake* Rn. 63; MüKoAktG/*Fuchs* Rn. 15; *Wachter/Dürr* Rn. 10; *Schlitt/Hemeling* in Habersack/Mülbert/Schlitt, Unternehmensfinanzierung am Kapitalmarkt, 3. Aufl. 2013, § 12 Rn. 67; *Maier-Reimer* GS Bosch, 2003, 85 (93 f.); *Spiering/Grabbe* AG 2004, 91 (95 f.); teilweise anders für Change-of-Control-Klauseln *v. Falkenhausen/v. Klitzing* ZIP 2006, 1513 (1518).

[55] Vgl. *Bürgers/Körber/Marsch-Barner* Rn. 7; *Grigoleit/Rieder/Holzmann* Rn. 12; Großkomm AktG/*K. Schmidt* § 255 Rn. 4; *Hüffer/Koch/Koch*, 13. Aufl. 2018, Rn. 6a, § 255 Rn. 17; Kölner Komm AktG/*Drygala/Staake* Rn. 64; Kölner Komm AktG/*A. Arnold* § 255 Rn. 17; MüKoAktG/*Fuchs* Rn. 16; K. Schmidt/Lutter/*Schwab* § 255 Rn. 9; *Wachter/Dürr* Rn. 9; *Busch* in Marsch-Barner/Schäfer Börsennotierte AG-HdB Rn. 44.35; MHdB AG/*Scholz* § 58 Rn. 22; s. auch Großkomm AktG/*Frey* Rn. 50.

[56] Kölner Komm AktG/*Drygala/Staake* Rn. 65; K. Schmidt/Lutter/*Schwab* § 255 Rn. 9; *Wachter/Dürr* Rn. 9; *Busch* AG 2002, 230 (233).

[57] BGHZ 71, 40 (51) – Kali + Salz; OLG Frankfurt AG 1999, 231 (232 f.) – AS I Automotive AG; *Bürgers/Körber/Göz* § 255 Rn. 5; *Hüffer/Koch/Koch*, 13. Aufl. 2018, § 255 Rn. 8; MüKoAktG/*Koch* § 255 Rn. 20; *Mülbert*, Aktiengesellschaft, Unternehmensgruppe und Kapitalmarkt, 1995, 266 ff.; *Hirte* WM 1997, 1001 (1004); *Johannsen-Roth/Goslar* AG 2007, 573 (577).

[58] Vgl. BVerfGE 100, 289 (302 ff.) – DAT/Altana; s. auch BGHZ 147, 108 (114 ff.) – DAT/Altana.

[59] Kölner Komm AktG/*Drygala/Staake* Rn. 66; K. Schmidt/Lutter/*Schwab* § 255 Rn. 4; *Bayer* ZHR 163 (1999) 505 (535 ff.); *Martens* FS G. Bezzenberger, 2000, 267 (279 ff.); *Rodewald* BB 2004, 613 (615 f.); *Sinewe* NZG 2002, 314 (316 f.).

[60] Zu Aktienoptionsprogrammen s. OLG Koblenz ZIP 2002, 1845 (1848); vgl. auch OLG Braunschweig NZG 1998, 814 (818) – Wenger/VW; OLG Stuttgart NZG 1998, 822 (827) – Wenger/Daimler-Benz; Kölner Komm AktG/*Mertens/Cahn* § 87 Rn. 48; K. Schmidt/Lutter/*Schwab* § 255 Rn. 9; *Busch* in Marsch-Barner/Schäfer Börsennotierte AG-HdB Rn. 44.35.

Anreizwirkung kann ein Aktienoptionsprogramm nur entfalten, wenn es den Teilnehmern einen vergünstigten Aktienbezug ermöglicht. Eine angemessene Unterschreitung des Börsenkurses muss daher zulässig sein. Soweit die Ausgabe von Aktien an Arbeitnehmer der Gesellschaft betroffen ist, spricht hierfür auch die Wertung des § 204 Abs. 3.[61] In den Fällen des § 192 Abs. 2 Nr. 1 findet § 255 Abs. 2 keine Anwendung, sofern das Bezugsrecht der Aktionäre (§ 221 Abs. 4) bei Ausgabe der Wandelschuldverschreibungen nicht ausgeschlossen wird.[62]

17a **gg) Incentivierung zur Wandlung.** Aus Sicht des Emittenten kann es sinnvoll sein, die Gläubiger von Wandelschuldverschreibungen zu einer (vorzeitigen) Wandlung zu motivieren (→ § 221 Rn. 158a).[63] Als Mittel der Incentivierung ist außer einer Herabsetzung des Wandlungspreises („echtes" Repricing) insbesondere eine Barzahlung des Emittenten an die Anleihegläubiger denkbar. Da der Ausgabebetrag gem. § 193 Abs. 2 Nr. 3 zwingend von der Hauptversammlung festzusetzen ist, ist für ein „echtes" Repricing grundsätzlich ein neuer Hauptversammlungsbeschluss erforderlich. Eine **nachträgliche Herabsetzung des Wandlungspreises** ohne erneute Befassung der Hauptversammlung kommt nur dann in Betracht, wenn die Hauptversammlung einen Mindestausgabebetrag (§ 193 Abs. 2 Nr. 3 Hs. 2) festgesetzt hat und sich die Anpassung innerhalb des von der Hauptversammlung gesteckten Rahmens hält.[64] In diesen Grenzen ist auch eine **Anreizzahlung** durch den Emittenten zulässig. Eine Änderung des Wandlungspreises liegt nicht vor, wenn die Anreizzahlung nicht über eine Vorfälligkeitsentschädigung als Ausgleich für die infolge der vorzeitigen Wandlung entgangenen Zinsansprüche hinausgeht.[65] Dies ist der Fall, wenn der gezahlte Betrag dem abdiskontierten Zeitwert der künftigen Zinszahlungen entspricht (→ § 221 Rn. 158a).[66] Entsprechendes gilt, soweit die Zahlung nur den infolge der Wandlung verlorenen Zeitwert der Option kompensiert.[67] Stellt die Anreizzahlung eine bloße Kompensation dar, wird hierdurch das Bezugsrecht der Aktionäre nicht verletzt. Auch ein Verstoß gegen das Verbot der Einlagenrückgewähr gem. § 57 AktG oder das Verbot der Financial Assistance gem. § 71a AktG liegt in diesem Fall nicht vor.[68]

18 **hh) Repricing von Stock Options.** Bei einem „echten" Repricing wird der **Ausübungspreis** bereits ausgegebener Stock Options als Reaktion auf eine unerwartet negative Kursentwicklung **nachträglich herabgesetzt**.[69] Um ein **Repricing im weiten Sinne** handelt es sich bei der Aufhebung in Verbindung mit der gleichzeitigen Neuausgabe von Stock Options mit einem geringeren Ausübungspreis **(Canceling and Reissuing)** oder bei einem sog. **Cash Bonus Arrangement,** wonach dem Optionsberechtigten bei Ausübung der Option eine Bonuszahlung gewährt wird, die wirtschaftlich zu einer Herabsetzung des Ausgabebetrags führt. § 193 Abs. 2 Nr. 3 ordnet die Festsetzung des Ausgabebetrags dem **Kompetenzbereich der Hauptversammlung** zu, so dass auch eine nachträgliche Änderung des Ausgabebetrags grundsätzlich nur von der Hauptversammlung beschlossen werden kann.[70] Umstritten ist, ob die Hauptversammlung die Verwaltung zu einer nachträglichen Herabsetzung des Ausgabebetrags ermächtigen kann. Angesichts der eindeutigen Kompetenzzuweisung in § 193 Abs. 2 Nr. 3 wird man eine solche Ermächtigung als unzulässig

---

[61] Für die Zulässigkeit angemessener Abschläge bei Arbeitnehmeraktien Bürgers/Körber/*Marsch-Barner* Rn. 7; Grigoleit/*Rieder*/*Holzmann* Rn. 12; Hüffer/Koch/*Koch*, 13. Aufl. 2018, Rn. 6a; Kölner Komm AktG/*Drygala*/*Staake* Rn. 68; MüKoAktG/*Fuchs* Rn. 16; K. Schmidt/Lutter/*Schwab* § 255 Rn. 9; MHdB AG/*Scholz* § 58 Rn. 22.

[62] Grigoleit/*Rieder*/*Holzmann* Rn. 12; Hölters/*Apfelbacher*/*Niggemann* Rn. 21; Hüffer/Koch/*Koch*, 13. Aufl. 2018, Rn. 6a; Kölner Komm AktG/*Drygala*/*Staake* Rn. 69; MüKoAktG/*Fuchs* Rn. 17; Wachter/*Dürr* Rn. 9; Busch in Marsch-Barner/Schäfer Börsennotierte AG-HdB Rn. 44.35; MHdB AG/*Scholz* § 58 Rn. 22.

[63] Ausf. zu den verschiedenen Konstellationen *Wieneke* WM 2017, 698 ff.; s. auch *Schlitt*/*Schäfer* CF law 2010, 252 (258); *Seibt* CF law 2010, 165 (175).

[64] *Schlitt*/*Schäfer* CF law 2010, 252 (258); *Seibt* CF law 2010, 165 (175); *Wieneke* WM 2017, 698 (701 ff.).

[65] *Wieneke* WM 2017, 698 (703 f.).

[66] *Wieneke* WM 2017, 698 (703).

[67] *Wieneke* WM 2017, 698 (703).

[68] *Wieneke* WM 2017, 698 (704 ff.).

[69] Kölner Komm AktG/*Drygala*/*Staake* Rn. 72; Kölner Komm AktG/*Mertens*/*Cahn* § 87 Rn. 69; *Holzborn* in Marsch-Barner/Schäfer Börsennotierte AG-HdB Rn. 53.51; *v. Schlabrendorff*, Repricing von Stock Options, 2008, 7 f.; *Wieneke* WM 2017, 698 (700 f.).

[70] Bürgers/Körber/*Marsch-Barner* Rn. 7; Grigoleit/*Rieder*/*Holzmann* Rn. 17; Großkomm AktG/*Frey* Rn. 46; Großkomm AktG/*Kort* § 87 Rn. 181; Hüffer/Koch/*Koch*, 13. Aufl. 2018, Rn. 7; Kölner Komm AktG/*Mertens*/*Cahn* § 87 Rn. 71; MüKoAktG/*Fuchs* § 192 Rn. 73; MüKoAktG/*Spindler* § 87 Rn. 107; Wachter/*Dürr* Rn. 10; *Busch* in Marsch-Barner/Schäfer Börsennotierte AG-HdB Rn. 44.27; *Holzborn* in Marsch-Barner/Schäfer Börsennotierte AG-HdB Rn. 53.60; MHdB AG/*Scholz* § 64 Rn. 113; *Seibert* in Pellens, Unternehmenswertorientierte Entlohnungssysteme, 1998, 29 (41); *Friedrichsen*, Aktienoptionspläne für Führungskräfte, 2000, 180; *M. Käpplinger*, Inhaltskontrolle von Aktienoptionsplänen, 2003, 100 f.; *Ackermann*/*Suchan* BB 2002, 1497 (1499, 1501 f.); *Hoffmann-Becking* NZG 1999, 797 (803); *Wieneke* WM 2017, 698 (700 f.).

ansehen müssen, so dass für ein **„echtes"** **Repricing** grundsätzlich ein erneuter Hauptversammlungsbeschluss erforderlich ist.[71] Die Hauptversammlung kann allerdings einen Mindestausgabebetrag festsetzen. In diesem Fall kommt eine nachträgliche Herabsetzung des Ausübungspreises bis auf den Mindestausgabebetrag in Betracht.[72] Bei börsennotierten Gesellschaften ist aber die Empfehlung gem. **Ziff. 4.2.3 Abs. 2 S. 8 DCGK** zu beachten, wonach eine nachträgliche Änderung der Erfolgsziele oder der Vergleichsparameter ausgeschlossen sein soll. Hiervon ist trotz des Wortlauts auch die nachträgliche Änderung des Ausübungspreises erfasst.[73] Eine Abweichung wäre gem. § 161 offen zu legen. Im Zusammenhang mit Stabilisierungsmaßnahmen nach § 7 FMStFG ist § 5 Abs. 2 Nr. 4 lit. d) FMStFV zu beachten, wonach der SoFFin darauf hinwirken soll, dass Erfolgsziele, Ausübungspreise für Aktienoptionsprogramme und andere Parameter für erfolgsabhängige Vergütungen nicht nachträglich zu Lasten des Unternehmens geändert werden. Ein **Canceling and Reissuing** erfordert ebenfalls grundsätzlich einen erneuten Hauptversammlungsbeschluss. Hierauf kann nur dann verzichtet werden, wenn der ursprüngliche Beschluss zur Ausgabe mehrerer Bezugsrechtstranchen ermächtigt und dabei nur einen Mindestausgabebetrag oder dessen Berechnungsgrundlagen festsetzt. Der Ausübungspreis kann sich dann jeweils nach dem Börsenkurs im Zeitpunkt der Ausgabe der Bezugsrechte richten.[74] Dabei ist von dem zuständigen Organ jeweils im Einzelfall zu prüfen, ob die Ausgabe neuer Bezugsrechte sinnvoll ist. Auch insoweit ist Ziff. 4.2.3 Abs. 2 S. 8 DCGK zu beachten.[75] Dem „echten" Repricing gleichzusetzen ist auch ein **Cash Bonus Arrangement**.[76] Gleiches gilt für einen **Rückkauf** von Stock Options, sofern dieser den Optionsberechtigten besser stellt als er bei der Optionsausübung stünde.[77] Keine Bedenken bestehen gegen eine Ermächtigung der Verwaltung zu einer **nachträglichen Heraufsetzung** bestimmter, von der Hauptversammlung festgelegter Mindesthürden (zur Zulässigkeit eines Mindestausgabebetrags → Rn. 14 f.).[78]

ii) **Hedging von Stock Options.** Unter Hedging ist der Abschluss von Gegengeschäften (Kauf gegenläufiger Put-Optionen) zur Minimierung des Risikos aus Stock Options zu verstehen.[79] Derartige Gegengeschäfte widersprechen der mit Stock Options verbundenen Anreizfunktion. Ob allein dieser Widerspruch dazu führt, dass Vorstandsmitglieder durch den Abschluss von Gegengeschäften ihre gegenüber der Gesellschaft bestehende Loyalitätspflicht verletzen,[80] erscheint zweifelhaft. In die Optionsbedingungen oder den Anstellungsvertrag sollte aber ein entsprechendes Verbot aufgenommen werden.[81] Unbedenklich ist ein sog. **Basket Hedging** durch den Kauf von Derivaten, die sich nicht allein auf die Gesellschaft, sondern auf einen bestimmten Kreis von zumeist einer Branche zugehörigen Unternehmen oder auf einen Branchenindex beziehen.[82] Da hierdurch nur das Branchenrisiko neutralisiert wird, ist die Anreizfunktion nicht gefährdet. Allerdings kann auch ein Basket Hedging vertraglich ausgeschlossen werden.

---

[71] Vgl. Bürgers/Körber/*Marsch-Barner* Rn. 7; Großkomm AktG/*Frey* Rn. 46; Hölters/*Apfelbacher/Niggemann* Rn. 29; Kölner Komm AktG/*Drygala/Staake* Rn. 72 ff.; *Busch* in Marsch-Barner/Schäfer Börsennotierte AG-HdB Rn. 44.27; MHdB AG/*Scholz* § 64 Rn. 113; *Friedrichsen*, Aktienoptionspläne für Führungskräfte, 2000, 180; *Weiß*, Aktienoptionspläne für Führungskräfte, 1999, 219; *Schwark* FS Raiser, 2005, 377 (390); wohl auch *Wieneke* WM 2017, 698 (701); MüKoAktG/*Spindler* § 87 Rn. 107; aA *Klahold*, Aktienoptionen als Vergütungsinstrument, 1999, 42 f.; *Semmer*, Aktienoptionen – Die nachträgliche Modifikation von Aktienoptionsplänen zugunsten des Managements, 2005, 185 ff.; *v. Schlabrendorff*, Repricing von Stock Options, 2008, 122 ff.; s. auch *Casper* DStR 2004, 1391 (1393).

[72] Ebenso Kölner Komm AktG/*Drygala/Staake* Rn. 73.

[73] Kölner Komm AktG/*Drygala/Staake* Rn. 76; *v. Schlabrendorff*, Repricing von Stock Options, 2008, 106 f.; *Casper* DStR 2004, 1391 (1392, 1395); *Thüsing* ZGR 2003, 457 (498); wohl auch MüKoAktG/*Spindler* § 87 Rn. 107; *Ackermann/Suchan* BB 2002, 1497 (1500) Fn. 35; aA *Geßler/M. Käpplinger* Anh. 8a Rn. 49; *M. Käpplinger/S. Käpplinger* WM 2004, 712 (716).

[74] *Grigoleit/Rieder/Holzmann* Rn. 17; Hölters/*Apfelbacher/Niggemann* Rn. 29; Kölner Komm AktG/*Drygala/Staake* Rn. 75; Kölner Komm AktG/*Mertens/Cahn* § 87 Rn. 69; *Wachter/Dürr* Rn. 10; *Busch* in Marsch-Barner/Schäfer Börsennotierte AG-HdB Rn. 44.27; *Ackermann/Suchan* BB 2002, 1497 (1500).

[75] *Casper* DStR 2004, 1391 (1392, 1395).

[76] MHdB AG/*Scholz* § 64 Rn. 113; für Unzulässigkeit auch *M. Käpplinger/S. Käpplinger* WM 2004, 712 (716 f.), die aber einen Verstoß gegen § 57 annehmen.

[77] MHdB AG/*Scholz* § 64 Rn. 113.

[78] Kölner Komm AktG/*Drygala/Staake* Rn. 78; *Weiß*, Aktienoptionspläne für Führungskräfte, 1999, 219; aA Großkomm AktG/*Frey* Rn. 46.

[79] MüKoAktG/*Spindler* § 87 Rn. 110.

[80] So die wohl hM, s. Großkomm AktG/*Kort* § 87 Rn. 188; Kölner Komm AktG/*Mertens/Cahn* § 87 Rn. 68; MüKoAktG/*Spindler* § 87 Rn. 110; *Baums*, Bericht der Regierungskommission Corporate Governance, 2001, Rn. 47.

[81] *Grigoleit/Rieder/Holzmann* Rn. 17; *Thüsing* ZGR 2003, 457 (500); s. auch *Adams* ZIP 2002, 1325 (1334).

[82] *Grigoleit/Rieder/Holzmann* Rn. 17; Großkomm AktG/*Kort* § 87 Rn. 191; *Thüsing* in Fleischer Vorstands-HdB § 6 Rn. 74; *Thüsing* ZGR 2003, 457 (500); krit. MüKoAktG/*Spindler* § 87 Rn. 110 Fn. 460.

19   d) Konkretisierung bei Stock Options (Abs. 2 Nr. 4). aa) Allgemeines. Beschlüsse über bedingte Kapitalerhöhungen zur Gewährung von Bezugsrechten an Arbeitnehmer und Mitglieder der Geschäftsführung (§ 192 Abs. 2 Nr. 3) müssen neben den allgemeinen Beschlussanforderungen (→ Rn. 6 ff.) und den besonderen Anforderungen von § 193 Abs. 2 Nr. 1 bis 3 (→ Rn. 9 ff.) zusätzlich die besonderen inhaltlichen Anforderungen gem. § 193 Abs. 2 Nr. 4 erfüllen. Die in § 193 Abs. 2 Nr. 4 enthaltene Aufzählung ist **im Hinblick auf die regelungsbedürftigen Punkte abschließend.** Die Hauptversammlung ist aber nicht gehindert, weitere Einzelheiten zu beschließen.[83] Verzichtet sie hierauf, können Vorstand und Aufsichtsrat etwaige Lücken schließen und weitere Details festlegen.[84] Die Bekanntmachung des Beschlussvorschlags (§ 124 Abs. 3 S. 1) muss lediglich die zwingend von der Hauptversammlung zu beschließenden Eckdaten des Aktienoptionsprogramms enthalten.[85] § 124 Abs. 2 S. 3 ist nicht entsprechend anwendbar. Eine weitergehende Erläuterung kann sich gleichwohl empfehlen (→ § 192 Rn. 50).

20   Bei § 193 Abs. 2 Nr. 4 handelt es sich primär um eine **Kompetenznorm,** die abweichend von der bei Vergütungsfragen nach allgemeinen Grundsätzen gem. §§ 76, 87 gegebenen Zuständigkeit von Vorstand (Vergütung von Arbeitnehmern) und Aufsichtsrat (Vergütung von Vorstandsmitgliedern) eine Zuständigkeit der Hauptversammlung begründet.[86] Die Hauptversammlung soll die wesentlichen Eckdaten des Bezugsrechts selbst regeln. Der Gesetzgeber des KonTraG begründet dies pauschal damit, dass die begünstigten Organe befangen sein dürften.[87] Diese Begründung trifft jedoch teilweise nicht mehr zu, da nach der endgültigen Fassung des KonTraG − anders als noch nach dem Referentenentwurf[88] − Aufsichtsratsmitglieder nicht mehr als Begünstigte von Stock Options in Betracht kommen (→ § 192 Rn. 62). Die Regelung rechtfertigt sich jedoch daraus, dass die Aktionäre von einer Kapitalverwässerung betroffen sind.[89]

21   bb) Gruppenmäßige Aufteilung. Erforderlich ist zunächst eine gruppenmäßige Aufteilung der Bezugsrechte. Hierzu müssen im Erhöhungsbeschluss regelmäßig **mindestens vier Gruppen** festgelegt werden:[90] Vorstandsmitglieder der AG, Mitglieder der Geschäftsführung von verbundenen Unternehmen, Arbeitnehmer der AG und Arbeitnehmer von verbundenen Unternehmen. Demgegenüber wird in der Literatur teilweise eine Aufteilung auf nur drei Gruppen als ausreichend angesehen, wobei die Arbeitnehmer der AG und die Arbeitnehmer von verbundenen Unternehmen zu einer Gruppe zusammengefasst werden.[91] Gegen eine solche Dreiteilung spricht, dass die Erfolgsziele für Arbeitnehmer der AG und Arbeitnehmer von verbundenen Unternehmen abweichend festgesetzt werden können.[92] Auch die Gesetzesbegründung zum KonTraG geht von vier Gruppen aus.[93]

22   Die Hauptversammlung kann die Gruppen weiter unterteilen. Soll das bedingte Kapital teilweise auch für einen der in § 192 Abs. 2 Nr. 1 und 2 genannten Zwecke reserviert werden, ist eine

---

[83] OLG Stuttgart ZIP 2001, 1367 (1373) – DaimlerChrysler; Bürgers/Körber/*Marsch-Barner* Rn. 8, 13; Großkomm AktG/*Frey* Rn. 58; Hüffer/Koch/*Koch,* 13. Aufl. 2018, Rn. 8; Kölner Komm AktG/*Drygala/Staake* Rn. 84; MüKoAktG/*Fuchs* Rn. 19.

[84] Großkomm AktG/*Frey* Rn. 58; Kölner Komm AktG/*Drygala/Staake* Rn. 84, 124; MüKoAktG/*Fuchs* Rn. 19.

[85] OLG Stuttgart ZIP 2001, 1367 (1371) – DaimlerChrysler; Grigoleit/*Rieder/Holzmann* Rn. 18; Großkomm AktG/*Frey* Rn. 58; Hüffer/Koch/*Koch,* 13. Aufl. 2018, Rn. 8; Kölner Komm AktG/*Drygala/Staake* Rn. 85; MüKoAktG/*Fuchs* Rn. 19.

[86] Vgl. Großkomm AktG/*Frey* Rn. 58; Hüffer/Koch/*Koch,* 13. Aufl. 2018, Rn. 7; Kölner Komm AktG/*Drygala/Staake* Rn. 80; MüKoAktG/*Fuchs* Rn. 18.

[87] BegrRegE BT-Drs. 13/9712, 23.

[88] Vgl. RefE KonTraG ZIP 1996, 2129 (2137).

[89] Hüffer/Koch/*Koch,* 13. Aufl. 2018, Rn. 7; MüKoAktG/*Fuchs* Rn. 18; *Seibert* in Pellens, Unternehmenswertorientierte Entlohnungssysteme, 1998, 29 (40); s. auch Hüffer/Koch ZHR 161 (1997) 214 (240 f.).

[90] Bürgers/Körber/*Marsch-Barner* Rn. 9; Grigoleit/*Rieder/Holzmann* Rn. 18; Großkomm AktG/*Frey* Rn. 59; Kölner Komm AktG/*Drygala/Staake* Rn. 86 ff.; MüKoAktG/*Fuchs* Rn. 21; K. Schmidt/Lutter/*Veil* Rn. 12; Wachter/*Dürr* Rn. 12; *Busch* in Marsch-Barner/Schäfer Börsennotierte AG-HdB Rn. 44.28; MHdB AG/*Scholz* § 64 Rn. 109; *Klahold,* Aktienoptionen als Vergütungsinstrument, 1999, 246; *Hirte* RWS-Forum 15, Gesellschaftsrecht 1999, 211 (216 ff.); *Weiß* WM 1999, 353 (357).

[91] Hüffer/Koch/*Koch,* 13. Aufl. 2018, Rn. 9; *Schröer/Heusel* in Semler/Volhard/Reichert HV-HdB § 24 Rn. 19; die Bildung von nur zwei Gruppen erwägt *Hirte,* RWS-Forum 15, Gesellschaftsrecht 1999, 211 (217 f.); s. auch OLG Koblenz ZIP 2002, 1845 (1846): genaue Aufteilung auf Vorstand der AG und Mitglieder der Geschäftsführung von verbundenen Unternehmen nicht zwingend erforderlich.

[92] Vgl. MüKoAktG/*Fuchs* Rn. 21.

[93] Vgl. BegrRegE BT-Drs. 13/9712, 23: „Nach der neuen Nummer 4 ist ferner zu beschließen die Aufteilung der Bezugsrechte auf Mitglieder der Geschäftsführungen und Arbeitnehmer, das heißt auf die Gruppen Vorstand der Gesellschaft, Geschäftsführung der Töchter (...) sowie Führungskräfte der Gesellschaft und Führungskräfte bei Töchtern".

zusätzliche Gruppe zu bilden.⁹⁴ Die Aufteilung der Bezugsrechte auf die einzelnen Gruppen steht **im Ermessen der Hauptversammlung,** wobei die Aufteilung nach Prozentsätzen vom Gesamtvolumen angegeben werden kann.⁹⁵ Doppelbezüge sind zu vermeiden.⁹⁶ Einzelne Personen und die für sie vorgesehenen Bezugsrechte müssen nicht genannt werden.⁹⁷ Bei der Aufteilung können einzelne Gruppen unberücksichtigt bleiben.⁹⁸ Leere Gruppen müssen in dem Erhöhungsbeschluss nicht angegeben werden.⁹⁹

cc) Erfolgsziele. Der Erhöhungsbeschluss muss die Erfolgsziele definieren. Das Erreichen der Erfolgsziele ist **Bedingung für die Ausübung der Bezugsrechte.**¹⁰⁰ Über die Auswahl geeigneter Erfolgsziele sollen die Interessen der Bezugsberechtigten und der Aktionäre aneinander angeglichen werden, um eine Wertsteigerung der von den Aktionären gehaltenen Anteile zu bewirken (→ § 192 Rn. 42).¹⁰¹ Bei der Bestimmung der Erfolgsziele tritt regelmäßig das Problem auf, dass der Anteilswert nicht nur durch die Leistung des Managements, sondern teilweise auch durch äußere Umstände erheblich beeinflusst werden kann. Hierauf ist angemessen Rücksicht zu nehmen. Jedoch ist grundsätzlich nicht erforderlich, dass die gewählten Kriterien ausschließlich von der Leistung des Managements beeinflusst werden können.¹⁰² 23

§ 193 Abs. 2 Nr. 4 belässt der Hauptversammlung ein **weites Ermessen bei der Definition der Erfolgsparameter.** Der Begriff „Erfolgsziele" geht zurück auf eine Beschlussempfehlung des Rechtsausschusses und ersetzt den noch im Regierungsentwurf des KonTraG verwendeten Begriff „Kursziele". Durch diese Änderung sollte die Vielgestaltigkeit von Aktienoptionsprogrammen besser berücksichtigt werden.¹⁰³ Dementsprechend können sich die Erfolgsziele nicht nur am Börsenkurs, sondern auch an anderen Kriterien orientieren, wie etwa der Eigenkapital- oder Gesamtrendite, dem Economic Value Added (EVA) oder dem Gewinn pro Aktie.¹⁰⁴ Auch eine Kombination mehrerer Kriterien ist möglich. Bei nicht börsennotierten Gesellschaften kommen als Erfolgsziele alle wertrelevanten Unternehmenskennzahlen in Betracht.¹⁰⁵ Grundsätzlich lässt sich auch an die erfolgreiche Platzierung einer Kapitalerhöhung oder an einen gelungenen Börsengang anknüpfen.¹⁰⁶ Dabei kann aber nicht auf den Börsengang oder die Kapitalerhöhung als solche abgestellt werden. Vielmehr ist stets auf einen messbaren wirtschaftlichen Erfolg abzustellen (zB Mindestkurs).¹⁰⁷ 24

Die Erfolgsziele können **für die einzelnen Gruppen von Bezugsberechtigten unterschiedlich festgelegt** werden, was häufig auch zu empfehlen ist.¹⁰⁸ Zur Motivation von Arbeitnehmern unterer Führungsebenen kann es sich anbieten, auf das Ergebnis einzelner Geschäftsbereiche abzustellen.¹⁰⁹ Bei Arbeitnehmern und Mitgliedern der Geschäftsführung von **verbundenen Unternehmen** kann sich die Vorgabe von tochterspezifischen Erfolgszielen anbieten. Zwingend ist dies nicht. 25

---

⁹⁴ Großkomm AktG/*Frey* Rn. 60; Kölner Komm AktG/*Drygala/Staake* Rn. 90; MüKoAktG/*Fuchs* Rn. 22.
⁹⁵ Vgl. BegrRegE BT-Drs. 13/9712, 24.
⁹⁶ BegrRegE BT-Drs. 13/9712, 23.
⁹⁷ Bürgers/Körber/*Marsch-Barner* Rn. 9; Grigoleit/*Rieder/Holzmann* Rn. 19; Hölters/*Apfelbacher/Niggemann* Rn. 31; Hüffer/Koch/*Koch*, 13. Aufl. 2018, Rn. 9; Kölner Komm AktG/*Drygala/Staake* Rn. 91; MüKoAktG/ *Fuchs* Rn. 22; K. Schmidt/Lutter/*Veil* Rn. 12; s. auch *Lutter* AG Sonderheft 1997, 52 (57).
⁹⁸ Kölner Komm AktG/*Drygala/Staake* Rn. 89; MüKoAktG/*Fuchs* Rn. 22; MHdB AG/*Scholz* § 64 Rn. 109.
⁹⁹ Großkomm AktG/*Frey* Rn. 60; Kölner Komm AktG/*Drygala/Staake* Rn. 89, 92.
¹⁰⁰ Bürgers/Körber/*Marsch-Barner* Rn. 10; Grigoleit/*Rieder/Holzmann* Rn. 21; Kölner Komm AktG/*Drygala/ Staake* Rn. 93; MüKoAktG/*Fuchs* Rn. 23; *Busch* in Marsch-Barner/Schäfer Börsennotierte AG-HdB Rn. 44.29; *Friedrichsen*, Aktienoptionspläne für Führungskräfte, 2000, 144; wohl auch Hüffer/Koch/*Koch*, 13. Aufl. 2018, Rn. 9a; aA Großkomm AktG/*Frey* Rn. 62: aufschiebend bedingte Einräumung der Bezugsrechte.
¹⁰¹ Vgl. Großkomm AktG/*Frey* Rn. 61; MüKoAktG/*Fuchs* Rn. 23.
¹⁰² Vgl. LG Stuttgart ZIP 2000, 2110 (2113) – DaimlerChrysler; Großkomm AktG/*Frey* Rn. 61; MüKoAktG/ *Fuchs* Rn. 23.
¹⁰³ Bericht des Rechtsausschusses BT-Drs. 13/10 038, 26.
¹⁰⁴ Vgl. Großkomm AktG/*Frey* Rn. 67; Kölner Komm AktG/*Drygala/Staake* Rn. 101; MüKoAktG/*Fuchs* Rn. 24; MHdB AG/*Scholz* § 64 Rn. 112; *Klahold*, Aktienoptionen als Vergütungsinstrument, 1999, 35; *Seibert* in Pellens, Unternehmenswertorientierte Entlohnungssysteme, 1998, 29 (45 f.); *Hoffmann-Becking* NZG 1999, 797 (802); zum EVA s. *Thüsing* ZGR 2003, 457 (479).
¹⁰⁵ Großkomm AktG/*Frey* Rn. 67.
¹⁰⁶ LG München I ZIP 2001, 287 (288); Großkomm AktG/*Frey* Rn. 67; Großkomm AktG/*Kort* § 87 Rn. 164; Hölters/*Apfelbacher/Niggemann* Rn. 32; MüKoAktG/*Fuchs* Rn. 24; Wachter/*Dürr* Rn. 13; wohl auch OLG München NZG 2002, 677 (678).
¹⁰⁷ Vgl. LG München I ZIP 2001, 287 (288); OLG München NZG 2002, 677 (678); MüKoAktG/*Fuchs* Rn. 24 Fn. 87; Wachter/*Dürr* Rn. 13; aA Kölner Komm AktG/*Drygala/Staake* Rn. 102.
¹⁰⁸ Kölner Komm AktG/*Drygala/Staake* Rn. 104; MüKoAktG/*Fuchs* Rn. 26; s. auch Großkomm AktG/*Frey* Rn. 67; Hölters/*Apfelbacher/Niggemann* Rn. 32.
¹⁰⁹ Großkomm AktG/*Frey* Rn. 67; MüKoAktG/*Fuchs* Rn. 26; *Seibert* in Pellens, Unternehmenswertorientierte Entlohnungssysteme, 1998, 29 (46).

26 Auch im faktischen Konzern (mit Minderheitsgesellschaftern) ist eine **Anknüpfung an den Konzernerfolg** bzw. den Erfolg der Muttergesellschaft grundsätzlich zulässig (→ § 192 Rn. 61 ff.).
In der Praxis werden zumeist kursorientierte Erfolgsziele gewählt.[110] In Betracht kommen sowohl absolute als auch relative Kurshürden. **Absolute Kurshürden** knüpfen an eine Steigerung des Aktienkurses um einen bestimmten Betrag oder Prozentsatz an.[111] Demgegenüber stellen **relative Kurshürden** auf das Abschneiden im Vergleich zu einem Aktienindex (zB Branchenindex) ab (sog. „Benchmarking"). Die Anknüpfung an absolute Kurshürden ist nicht unproblematisch, da der Börsenkurs vielfältigen externen Einflüssen ausgesetzt ist, wodurch die Gefahr von Zufallsgewinnen (Windfall Profits) besteht.[112] Dennoch ist sie grundsätzlich zulässig.[113] Vorzuziehen ist regelmäßig die Wahl relativer Kurshürden,[114] wobei eine Indexierung aber nur bei Vorhandensein einer Gruppe vergleichbarer Unternehmen bzw. bei einem passenden Branchenindex in Betracht kommt. Dies ist bei jungen Unternehmen häufig nicht der Fall.[115]

27 Die gleiche Wirkung wie eine absolute Kurshürde kann auch ein **fester Ausgabebetrag** haben, da das Bezugsrecht in diesem Fall bei der Ausübung nur dann einen Wert hat, wenn der Börsenkurs den Ausgabekurs übersteigt. Die Wahl eines festen Ausgabebetrags ist grundsätzlich zulässig.[116] Zweifelhaft ist, ob auch ein Basispreis unterhalb des Kurswerts im Zeitpunkt der Bezugsrechtseinräumung festgesetzt werden kann.[117] Dies sollte grundsätzlich nur dann in Betracht kommen, wenn auf andere Weise eine hinreichende Anreizfunktion gewährleistet ist.[118] Bedenklich ist die Auffassung des OLG Koblenz, wonach ein Erfolgsziel nicht voraussetzen soll, dass der wirtschaftliche Wert oder die Wirtschaftskraft des Unternehmens gesteigert wird und auch ein gesunkener Aktienkurs ein zulässiges Erfolgsziel sein könne, wenn ein negativer Börsentrend langsam gestoppt werden soll mit dem Ziel einer allmählichen Kurskonsolidierung.[119]

28 Bei der Definition der Erfolgsziele für die begünstigten Vorstandsmitglieder ist die Hauptversammlung nicht an die nur für den Aufsichtsrat geltende Vorschrift des **§ 87 Abs. 1** gebunden.[120] Die Maßstäbe des § 87 Abs. 1 sind aber vom Aufsichtsrat bei der Umsetzung des Aktienoptionsplans zu beachten.[121] Dabei ist der Aufsichtsrat an den von der Hauptversammlung vorgegebenen Rahmen gebunden. Er darf die Umsetzung eines Aktienoptionsplans nicht mit der Begründung verweigern,

---

[110] S. die Beispiele bei *Weiß*, Aktienoptionspläne für Führungskräfte, 1999, 218 Fn. 865; *Weiß* WM 1999, 353 (358).
[111] Bei den absoluten Kurshürden lässt sich weiter differenzieren nach statischen und dynamischen Hürden, s. *Holzborn* in Marsch-Barner/Schäfer Börsennotierte AG-HdB Rn. 53.32; *M. Käpplinger*, Inhaltskontrolle von Aktienoptionsplänen, 2003, 46 f.
[112] Vgl. BegrRegE BT-Drs. 13/9712, 24.
[113] Vgl. BAG ZIP 2008, 1390 (1395); BAG AG 2008, 352 (354); OLG Schleswig AG 2003, 102 (103) – MobilCom; OLG Stuttgart AG 1998, 529 (532) – Wenger/Daimler-Benz; OLG Stuttgart ZIP 2001, 1367 (1370 f.) – DaimlerChrysler; LG Stuttgart ZIP 2000, 2110 (2113) – DaimlerChrysler; Grigoleit/*Rieder/Holzmann* Rn. 22; Großkomm AktG/*Frey* Rn. 67; Großkomm AktG/*Kort* § 87 Rn. 165 ff.; Hölters/*Apfelbacher/Niggemann* Rn. 32; Hüffer/Koch/*Koch*, 13. Aufl. 2018, Rn. 9a; Kölner Komm AktG/*Drygala/Staake* Rn. 100; MüKoAktG/*Fuchs* Rn. 25; K. Schmidt/Lutter/*Veil* Rn. 14; Wachter/*Dürr* Rn. 13; Busch in Marsch-Barner/Schäfer Börsennotierte AG-HdB Rn. 44.29; MHdB AG/*Scholz* § 64 Rn. 112; *Weiß* WM 1999, 353 (358); s. auch BegrRegE BT-Drs. 13/9712, 24; aA *Benner-Heinacher*, RWS-Forum 15, Gesellschaftsrecht 1999, 251 (253); s. auch *Kallmeyer* AG 1999, 97 (100).
[114] So bereits BegrRegE BT-Drs. 13/9712, 24; s. auch Großkomm AktG/*Frey* Rn. 67; Hüffer/Koch/*Koch*, 13. Aufl. 2018, Rn. 9a; Kölner Komm AktG/*Mertens/Cahn* § 87 Rn. 56; MüKoAktG/*Fuchs* Rn. 25; Busch in Marsch-Barner/Schäfer Börsennotierte AG-HdB Rn. 44.29; *Baums* FS Claussen, 1997, 3 (12 ff.); *Kallmeyer* AG 1999, 97 (100); *Weiß* WM 1999, 353 (358); s. auch Ziff. 4.2.3 Abs. 2 S. 7 DCGK, wonach die variablen Vergütungsteile auf anspruchsvolle, relevante Vergleichsparameter bezogen sein sollen.
[115] Vgl. MüKoAktG/*Fuchs* Rn. 25; Kölner Komm AktG/*Drygala/Staake* Rn. 99; *Weiß* WM 1999, 353 (358).
[116] Großkomm AktG/*Frey* Rn. 63; Busch in Marsch-Barner/Schäfer Börsennotierte AG-HdB Rn. 44.29; *Friedrichsen*, Aktienoptionspläne für Führungskräfte, 2000, 146 f.
[117] Vgl. *Busch* in Marsch-Barner/Schäfer Börsennotierte AG-HdB Rn. 44.29; *Hoffmann-Becking* NZG 1999, 797 (803).
[118] Ähnlich Großkomm AktG/*Frey* Rn. 55, 67; Kölner Komm AktG/*Mertens/Cahn* § 87 Rn. 52; restriktiver *Friedrichsen*, Aktienoptionspläne für Führungskräfte, 2000, 175 f.: beschränkt auf Sanierungsfälle; *Lutter* ZIP 1997, 1 (6): kaum je sachgerecht; für generelle Unzulässigkeit *Schröer/Heusel* in Semler/Volhard/Reichert HV-HdB § 24 Rn. 21.
[119] Vgl. OLG Koblenz ZIP 2002, 1845 (1847 f.); zust. Grigoleit/*Rieder/Holzmann* Rn. 22; Kölner Komm AktG/*Mertens/Cahn* § 87 Rn. 52; Wachter/*Dürr* Rn. 13; zu Recht krit. Bürgers/Körber/*Marsch-Barner* Rn. 10; Hüffer/Koch/*Koch*, 13. Aufl. 2018, Rn. 9a; MüKoAktG/*Fuchs* Rn. 25 Fn. 96; Busch in Marsch-Barner/Schäfer Börsennotierte AG-HdB Rn. 44.29.
[120] Kölner Komm AktG/*Drygala/Staake* Rn. 106; *Busch* in Marsch-Barner/Schäfer Börsennotierte AG-HdB Rn. 44.30; *Hoffmann-Becking* NZG 1999, 797 (802); anders wohl *Seibert* in Pellens, Unternehmenswertorientierte Entlohnungssysteme, 1998, 29 (41).
[121] Vgl. Großkomm AktG/*Kort* § 87 Rn. 160 f.; Hüffer/Koch/*Koch*, 13. Aufl. 2018, § 87 Rn. 19; *Busch* in Marsch-Barner/Schäfer Börsennotierte AG-HdB Rn. 44.30; *Hoffmann-Becking* NZG 1999, 797 (802 f.).

Erfordernisse des Beschlusses 29, 30 § 193

dass es sich um eine im Lichte von § 87 Abs. 1 unangemessene Zielvorgabe handle.[122] Ob der Aufsichtsrat darüber hinaus bereits bei der Vorbereitung des Hauptversammlungsbeschlusses korrigierend einzugreifen hat,[123] ist zweifelhaft, da sich die Zulässigkeit des Verwaltungsvorschlags nach § 124 Abs. 3 grundsätzlich nach den für den vorgeschlagenen Beschluss geltenden Bindungen richtet.[124]

Eine vereinzelt vertretene Ansicht will eine **Haftung der Aufsichtsratsmitglieder** annehmen, 29 wenn ersichtlich ist, dass der Motivationseffekt des vorgeschlagenen oder konkretisierten Aktienoptionsprogramms auch „billiger" möglich gewesen wäre und diese „billigere" Möglichkeit die Vorstandsmitglieder realistischerweise nicht zu einer Abwanderung veranlasst hätte.[125] Dem kann jedenfalls für die Fälle **nicht gefolgt werden**, in denen von der Hauptversammlung rechtlich zulässige, aber unzweckmäßige Erfolgsziele gewählt wurden. Eine solche Haftung stünde im Widerspruch zur Ausgestaltung des § 193 Abs. 2 Nr. 4 als Kompetenznorm, die ausnahmsweise eine Zuständigkeit der Hauptversammlung für Vergütungsfragen begründet.[126] Zudem würden nicht unerhebliche Abgrenzungsschwierigkeiten drohen. Ob ein Motivationseffekt „billiger" möglich gewesen wäre, dürfte sich kaum jemals feststellen lassen.

dd) Erwerbszeiträume. Die Hauptversammlung muss die Erwerbszeiträume festsetzen. Dies erfor- 30 dert einen Beschluss über den Beginn und das Ende der Möglichkeit, das angebotene Bezugsrecht zu zeichnen.[127] Durch die Verwendung der Pluralform eröffnet § 193 Abs. 2 Nr. 4 die Möglichkeit, mehrere Tranchen vorzusehen. Ein solches Vorgehen ist zur Abmilderung von Sondereinflüssen regelmäßig zu empfehlen.[128] Über die Festlegung von Erwerbszeiträumen lässt sich die Gefahr einer Ausnutzung niedriger Kurse durch Wahl des Zeichnungszeitpunkts verringern.[129] Dies kann allgemein der Stärkung des Vertrauens des Kapitalmarkts dienen.[130] Der Zweck der Regelung wird dementsprechend zumeist in der **Verhinderung von Insidermissbräuchen** gesehen.[131] Vor Inkrafttreten der MMVO[132] sah die BaFin unveräußerliche Bezugsrechte, die im Rahmen von Aktienoptionsprogrammen ausgegeben werden und auf börsennotierte Aktien bezogen sind, als Insiderpapiere iSv § 12 S. 1 Nr. 3 WpHG aF an (Finanzinstrumente, deren Preis unmittelbar oder mittelbar von Finanzinstrumenten nach § 12 S. 1 Nr. 1 oder 2 WpHG aF abhängt).[133] Diese Einstufung war zweifelhaft, da Aktienoptionen keinen Preis haben.[134] Unter Geltung der MMVO fällt die Beurteilung nunmehr eindeutig aus. Gemäß Art. 2 Abs. 1 lit. d MMVO gilt die MMVO für Finanzinstrumente, deren Kurs oder Wert vom Kurs oder Wert eines unter Art. 2 Abs. 1 lit. a, lit. b oder lit. c MMVO genannten Finanzinstruments abhängt oder sich darauf auswirkt. Bei Aktienoptionen handelt es sich um Finanzinstrumente iSv Art. 3 Abs. 1 Nr. 1 MMVO iVm Art. 4 Abs. 1 Nr. 15 iVm Anh. I Abschn. C Abs. 4 RL 2014/65/EU (ab 3. Januar 2018) bzw. Art. 4 Abs. 1 Nr. 17 iVm Anh. I Abschn. C Abs. 4 RL 2004/39/EG (bis einschließlich 2. Januar 2018, vgl. Art. 39 Abs. 4 MMVO). Sind die Aktienoptionen auf börsennotierte Aktien bezogen, hängt ihr Wert von dem Wert eines Finanzinstruments iSv Art. 2 Abs. 1 lit. a MMVO ab. Die Aktienoptionen können daher Gegenstand von Insidergeschäften gem. Art. 8 MMVO sein. Der Erwerb von Aktienoptionen kann zudem gem. Art. 19 Abs. 1 MMVO (Eigengeschäfte von Führungskräften) meldepflichtig sein (vgl. Art. 10 Abs. 2 lit. b Delegierte VO (EU) 2016/522). Zu beachten ist auch das Handelsverbot gem.

---

[122] Kölner Komm AktG/*Drygala/Staake* Rn. 109; *Hoffmann-Becking* NZG 1999, 797 (803); s. auch *Busch* in Marsch-Barner/Schäfer Börsennotierte AG-HdB Rn. 44.30.
[123] So *Busch* in Marsch-Barner/Schäfer Börsennotierte AG-HdB Rn. 44.30; *Lutter* ZIP 2003, 737 (742).
[124] Vgl. *Hoffmann-Becking* NZG 1999, 797 (802) Fn. 30.
[125] So Großkomm AktG/*Frey* Rn. 61; aA MüKoAktG/*Fuchs* Rn. 27.
[126] Vgl. MüKoAktG/*Fuchs* Rn. 27; s. auch Kölner Komm AktG/*Drygala/Staake* Rn. 108.
[127] BegrRegE BT-Drs. 13/9712, 24.
[128] Vgl. Kölner Komm AktG/*Drygala/Staake* Rn. 110; MüKoAktG/*Fuchs* Rn. 28; *Baums* FS Claussen, 1997, 3 (16); s. auch *Weiß*, Aktienoptionspläne für Führungskräfte, 1999, 216.
[129] Vgl. MüKoAktG/*Fuchs* Rn. 29; *Kessler/Suchan* in Kessler/Sauter, Handbuch Stock Options, 2003, Rn. 150; *Friedrichsen*, Aktienoptionspläne für Führungskräfte, 2000, 137 f.; *Weiß*, Aktienoptionspläne für Führungskräfte, 1999, 216.
[130] Vgl. Großkomm AktG/*Frey* Rn. 70; MüKoAktG/*Fuchs* Rn. 30; *Feddersen* ZHR 161 (1997) 269 (290).
[131] Großkomm AktG/*Frey* Rn. 69; *Friedrichsen*, Aktienoptionspläne für Führungskräfte, 2000, 77; *Weiß*, Aktienoptionspläne für Führungskräfte, 1999, 216; *Kau/Leverenz* BB 1998, 2269 (2272).
[132] VO (EU) Nr. 596/2014 des Europäischen Parlaments und des Rates v. 16.4.2014 über Marktmissbrauch (Marktmissbrauchsverordnung) und zur Aufhebung der Richtlinie 2003/6/EG des Europäischen Parlaments und des Rates und der Richtlinien 2003/124/EG, 2003/125/EG und 2004/72/EG der Kommission, ABl. EU 2014 Nr. L 173, 1.
[133] *BaFin*, Emittentenleitfaden, 4. Aufl. (Stand: 15.7.2005) S. 31 f.; ebenso Kölner Komm WpHG/*Klöhn* § 12 Rn. 21; Schwark/*Schwark/Zimmer* WpHG § 12 Rn. 15 ff.; *Eichelberger* WuB I G 6. § 14 WpHG 1.05; *Klasen* AG 2006, 24 (26); *Röder/Merten* NZA 2005, 268 (269); v. *Dryander/Schröder* WM 2007, 534 (536).
[134] Abl. daher Kölner Komm AktG/*Mertens/Cahn* § 87 Rn. 73; MüKoAktG/*Fuchs* Rn. 30; *Versteegen/Schulz* ZIP 2009, 110 (112); *Widder* WM 2010, 1882 (1884 f.); s. auch Großkomm AktG/*Kort* § 87 Rn. 194.

Art. 19 Abs. 11 MMVO. Danach darf eine Person, die bei einem Emittenten Führungsaufgaben wahrnimmt, weder direkt noch indirekt Eigengeschäfte oder Geschäfte für Dritte im Zusammenhang mit den Anteilen oder Schuldtiteln des Emittenten oder mit Derivaten oder anderen mit diesen in Zusammenhang stehenden Finanzinstrumenten während eines geschlossenen Zeitraums von 30 Kalendertagen vor Ankündigung eines Zwischenberichts oder eines Jahresabschlussberichts tätigen, zu deren Veröffentlichung der Emittent nach den Vorschriften des Handelsplatzes, auf dem seine Anteile zum Handel zugelassen sind, oder nach nationalem Recht verpflichtet ist (zu Ausnahmen s. Art. 19 Abs. 12 MMVO).

31   Die Erwerbszeiträume sollten regelmäßig auf **kurze Zeitfenster mit möglichst umfangreicher Kapitalmarktinformation** begrenzt werden.[135] Allerdings sieht das Gesetz keine Höchstgrenze für ihre Dauer vor.[136] Eine kalendermäßige Bestimmung der Erwerbszeiträume ist nicht erforderlich, so dass sich etwa auch an eine Bilanzpressekonferenz noch unbestimmten Datums anknüpfen lässt.[137]

32   **ee) Wartezeit.** Die Wartezeit umfasst die Zeitspanne zwischen Einräumung des Bezugsrechts und erstmaliger Ausübungsmöglichkeit für jede Tranche.[138] Die Festlegung einer Frist für die Erstausübung dient der langfristigen Ausrichtung der Verhaltensanreize und der Bindung an das Unternehmen.[139] Die Wartezeit darf gem. § 193 Abs. 2 Nr. 4 **nicht kürzer als vier Jahre** sein. Hierbei handelt es sich um eine Mindestfrist. § 193 Abs. 2 Nr. 4 wurde durch Art. 1 Nr. 7 VorstAG geändert. Zuvor betrug die durch das KonTraG eingeführte Mindestfrist lediglich zwei Jahre. Allerdings ging bereits der Gesetzgeber des KonTraG von einer Regel-Erstausübung nach drei Jahren aus, die nur in besonderen Fällen, etwa bei sehr innovativen Unternehmen mit sehr kurzen Produktzyklen unterschritten werden sollte.[140] Auf eine ausdrückliche Regelung der vom Gesetzgeber als angemessen betrachteten Dreijahresfrist wurde aber zur Gewährleistung der erforderlichen Flexibilität verzichtet.[141] Die Praxis orientierte sich vor Inkrafttreten des VorstAG eher an der Mindestfrist von zwei Jahren,[142] was von der Rechtsprechung akzeptiert wurde.[143] Mit der Heraufsetzung der Mindestfrist auf vier Jahre will der Gesetzgeber sicherstellen, dass den Begünstigten ein stärkerer Anreiz zu langfristigem Handeln zum Wohl des Unternehmens gesetzt wird.[144] Durch die **Übergangsregelung** in § 23 Abs. 3 EGAktG wird klargestellt, dass die Vierjahresfrist nur für Beschlüsse gilt, die in Hauptversammlungen gefasst werden, die nach Inkrafttreten des VorstAG (5. August 2009) einberufen werden. Die Übergangsregelung gilt auch für die Fälle des § 71 Abs. 1 Nr. 8 S. 5.[145]

32a   Nicht unbedenklich ist, dass die Mindestfrist für die erstmalige Ausübung von Aktienoptionen die fünfjährige **Höchstbestelldauer** für Vorstandsmitglieder (§ 84 Abs. 1 S. 1) nur noch um ein Jahr unterschreitet. Dies gilt insbesondere auch vor dem Hintergrund, dass die maximal mögliche Bestelldauer von fünf Jahren nach der Anregung gem. Ziff. 5.1.2 Abs. 2 S. 1 DCGK für Erstbestellungen nicht die Regel sein sollte. In diesen Fällen kann von einem Aktienoptionsplan nur eine begrenzte Anreizwirkung ausgehen, die das Instrument der Aktienoptionen teilweise entwertet.[146] Noch ungeklärt ist, inwieweit die Vierjahresfrist gem. § 193 Abs. 2 Nr. 4 auch im Rahmen von **virtuellen Aktienoptionsprogrammen** zu berücksichtigen ist. Die Gesetzesbegründung des VorstAG führt aus, dass Phantom Stocks und ähnliche schuldrechtliche Instrumente gleichfalls nur die langfristige Kursentwicklung und damit das langfristige Unternehmenswohl belohnen sollten. Überdies will der

---

[135] Kölner Komm AktG/*Drygala/Staake* Rn. 112; MüKoAktG/*Fuchs* Rn. 31; Wachter/*Dürr* Rn. 15; *Weiß*, Aktienoptionspläne für Führungskräfte, 1999, 216.

[136] Großkomm AktG/*Frey* Rn. 69; Kölner Komm AktG/*Drygala/Staake* Rn. 112; teilweise anders MüKoAktG/*Fuchs* Rn. 31; *Weiß*, Aktienoptionspläne für Führungskräfte, 1999, 216f., die Erwerbszeiträume, die sich über mehrere Monate oder sogar Jahre erstrecken als unzulässig ansehen, sofern der Ausübungsgewinn durch die Wahl des Erwerbszeitpunkts beeinflusst werden kann.

[137] Bürgers/Körber/*Marsch-Barner* Rn. 11; Großkomm AktG/*Frey* Rn. 69; Kölner Komm AktG/*Drygala/Staake* Rn. 113; MüKoAktG/*Fuchs* Rn. 31; aA für Zustimmungsbeschlüsse *Schröer/Heusel* in Semler/Volhard/Reichert HV-HdB § 24 Rn. 24.

[138] BegrRegE BT-Drs. 13/9712, 24.

[139] *Weiß*, Aktienoptionspläne für Führungskräfte, 1999, 217; s. auch *Baums* FS Claussen, 1997, 3 (9f.); MüKoAktG/*Fuchs* Rn. 32.

[140] BegrRegE BT-Drs. 13/9712, 24.

[141] BegrRegE BT-Drs. 13/9712, 24; Bericht des Rechtsausschusses BT-Drs. 13/10038, 26.

[142] S. die Beispiele bei *Weiß*, Aktienoptionspläne für Führungskräfte, 1999, 217 Fn. 861; *Weiß* WM 1999, 353 (357) Fn. 62.

[143] Vgl. OLG Braunschweig AG 1999, 84 (87); OLG Stuttgart AG 1998, 529 (532) – Wenger/Daimler-Benz; OLG Stuttgart ZIP 2001, 1367 (1370) – DaimlerChrysler; wohl auch BAG ZIP 2008, 1390 (1395f.); BAG AG 2008, 852 (855).

[144] Begr FraktionsE BT-Drs. 16/12278, 5.

[145] *DAV-Handelsrechtsausschuss* NZG 2009, 612 (615).

[146] Vgl. *DIHK-Stellungnahme* NZG 2009, 538 (540); MüKoAktG/*Fuchs* Rn. 32a; *Hohenstatt* ZIP 2009, 1349 (1356); *Wagner/Wittgens* BB 2009, 906 (908); aA Kölner Komm AktG/*Drygala/Staake* Rn. 116.

Gesetzgeber die Vierjahresfrist als Auslegungshilfe für die Formulierung langfristiger Verhaltensanreize iSd § 87 Abs. 1 verstanden wissen.[147] Man wird daher in der Vierjahresfrist auch für virtuelle Gestaltungen einen Anhaltspunkt sehen können. Die Vierjahresfrist ist hier aber nicht als starre Mindestfrist zu interpretieren, da sich Fehlanreize auch über die sonstigen Parameter eines virtuellen Aktienoptionsprogramms (insbesondere die Erfolgsziele) minimieren lassen.[148]

§ 193 Abs. 2 Nr. 4 sieht für die Wartezeit **keine Obergrenze** vor. Im Hinblick auf § 624 BGB 33 kann allerdings eine mehr als fünfjährige Wartezeit unzulässig sein, wenn hierdurch – in Kombination mit einer Verfallklausel – unbefristet beschäftigte Arbeitnehmer faktisch in ihrer Kündigungsmöglichkeit beschränkt werden.[149] Dabei wird man die Fünfjahresfrist des § 624 BGB aber nicht als starre Grenze für die Zulässigkeit ansehen können.[150]

Von der Wartezeit zu unterscheiden ist eine **Haltefrist** (Sperrfrist), bis zu deren Ablauf die nach 34 Ausübung des Bezugsrechts erworbenen Aktien nicht verkauft werden dürfen. Eine solche Haltefrist ist gem. § 193 Abs. 2 Nr. 4 nicht zwingend vorgeschrieben, wird jedoch in der Praxis häufig vereinbart, um die Bindung an das Unternehmen zu stärken und die Anreizwirkung für das Management zu steigern.[151] Wird eine Haltefrist vereinbart, muss die Wartezeit dennoch mindestens vier Jahre betragen. Eine Anrechnung ist nicht möglich.[152]

ff) Ausübungszeiträume. Die Hauptversammlung muss Zeiträume festsetzen, in denen die 35 Bezugsrechte ausgeübt werden können (durch Zugang der Bezugserklärung). Um die **Ausnutzung von Insiderwissen zu vermeiden**,[153] sollte dabei an Phasen angeknüpft werden, in denen auch die übrigen Marktteilnehmer aktuelle Unternehmensinformationen haben.[154] Die Gesetzesbegründung nennt als Beispiel einen Zeitraum von drei Wochen nach der Vorlage eines Geschäfts- oder Zwischenberichts oder nach einer Bilanzpressekonferenz.[155] Es kann sich anbieten, zwischen Informationserteilung und Fristbeginn einige Tage verstreichen zu lassen, damit der Kapitalmarkt die Information verarbeiten kann.[156] Auch die Festsetzung längerer Ausübungszeiträume ist zulässig. Je nach Länge der Ausübungszeiträume sollte sich die Gesellschaft in den Optionsbedingungen jedoch die Festsetzung von Blackout Periods vorbehalten, in denen keine Optionsrechte ausgeübt werden dürfen. Im Anwendungsbereich der MMVO ist auch das gesetzliche Handelsverbot gem. Art. 19 Abs. 11 MMVO zu beachten (mit den Ausnahmen gem. Art. 19 Abs. 12 MMVO; → Rn. 30). Die Festlegung einer **Optionslaufzeit** durch die Hauptversammlung ist nicht erforderlich.[157] Dies kann bei einer Anknüpfung der Ausübungszeiträume an jährlich wiederkehrende Ereignisse zu einer theoretisch unendlichen Laufzeit der Bezugsrechte führen, was allerdings den Handlungsspielraum der Hauptversammlung für künftige Aktienoptionsprogramme beschränken würde.[158]

---

[147] BegrFraktionsE, BT-Drs. 16/12278, 5.
[148] Hüffer/Koch/*Koch*, 13. Aufl. 2018, Rn. 9b; *Hohenstatt* ZIP 2009, 1349 (1356); *Kann/Keilweit* DStR 2009, 1587 (1589); *Wagner/Wittgens* BB 2009, 906 (908); s. auch *DAV-Handelsrechtsausschuss* NZG 2009, 612 (615); aA Kölner Komm AktG/*Drygala/Staake* Rn. 121; *Fleischer* NZG 2009, 801 (803); *Hohaus/Weber* DB 2009, 1515 (1517); *Thüsing* AG 2009, 517 (521); wohl auch MüKoAktG/*Fuchs* Rn. 32a; *Bosse* BB 2009, 1650 (1651); s. auch Bürgers/Körber/*Marsch-Barner* Rn. 12: entsprechende Anwendung zu empfehlen.
[149] Vgl. BAG ZIP 2008, 1390 (1396); BAG AG 2008, 852 (855); Großkomm AktG/*Frey* Rn. 75; MüKoAktG/*Fuchs* Rn. 34; Hölters/*Apfelbacher/Niggemann* Rn. 34; *Wachter/Dürr* Rn. 16; *Baeck/Diller* DB 1998, 1405 (1407 f.); s. auch *Holzborn* in Marsch-Barner/Schäfer Börsennotierte AG-HdB Rn. 53.73; aA Kölner Komm AktG/*Drygala/Staake* Rn. 119, 129.
[150] Vgl. MüKoAktG/*Fuchs* Rn. 34, der eine moderate Überschreitung als zulässig ansieht; s. auch *Holzborn* in Marsch-Barner/Schäfer Börsennotierte AG-HdB Rn. 53.73.
[151] Vgl. Großkomm AktG/*Frey* Rn. 73; Kölner Komm AktG/*Mertens/Cahn* § 87 Rn. 66; MüKoAktG/*Fuchs* Rn. 33; *Friedrichsen*, Aktienoptionspläne für Führungskräfte, 2000, 183.
[152] Großkomm AktG/*Frey* Rn. 74; Kölner Komm AktG/*Drygala/Staake* Rn. 117; MüKoAktG/*Fuchs* Rn. 33.
[153] Zu den Meldepflichten gem. Art. 19 Abs. 1 MMVO (Eigengeschäfte von Führungskräften) im Fall der Annahme oder Ausübung von Aktienoptionen sowie der Veräußerung von aufgrund der Ausübung von Aktienoptionen gewährten Aktien vgl. Art. 10 Abs. 2 lit. b Delegierte VO (EU) 2016/522; s. auch *Poelzig* NZG 2016, 761 (768); *Zöllter-Petzoldt/Höhling* NZG 2018, 687 (689).
[154] Vgl. BegrRegE BT-Drs. 13/9712, 24; s. auch Grigoleit/*Rieder/Holzmann* Rn. 23; Großkomm AktG/*Frey* Rn. 71; Kölner Komm AktG/*Mertens/Cahn* § 87 Rn. 61, 75; MüKoAktG/*Fuchs* Rn. 35; *Klasen* AG 2006, 24 (31); *v. Dryander/Schröder* WM 2007, 534 (539 f.).
[155] BegrRegE BT-Drs. 13/9712, 24.
[156] *Hoffmann-Becking* NZG 1999, 797 (804); zust. Großkomm AktG/*Frey* Rn. 71; Kölner Komm AktG/*Drygala/Staake* Rn. 122; MüKoAktG/*Fuchs* Rn. 35.
[157] Großkomm AktG/*Frey* Rn. 72; Kölner Komm AktG/*Drygala/Staake* Rn. 123; Kölner Komm AktG/*Mertens/Cahn* § 87 Rn. 62; MüKoAktG/*Fuchs* Rn. 36; *Holzborn* in Marsch-Barner/Schäfer Börsennotierte AG-HdB Rn. 53.40; aA *Weiß* WM 1999, 353 (358); *ders.* S. 220 f.
[158] Vgl. Großkomm AktG/*Frey* Rn. 72; Kölner Komm AktG/*Drygala/Staake* Rn. 123; MüKoAktG/*Fuchs* Rn. 36.

§ 193 36, 37

36 **gg) Weitere Festsetzungen.** Die Hauptversammlung kann neben den gem. § 193 Abs. 2 Nr. 4 zwingend vorgeschriebenen Festsetzungen weitere Einzelheiten des Aktienoptionsprogramms regeln. Verzichtet die Hauptversammlung hierauf, stehen Ergänzungen oder Konkretisierungen im Ermessen des für die Vergütung zuständigen Organs (Vorstand für die Arbeitnehmer bzw. Aufsichtsrat für den Vorstand).[159] Als weitere Regelungen kommen zunächst Mindesthaltefristen (Veräußerungssperren; → Rn. 34) in Betracht. Da Aktienoptionspläne einen langfristigen Anreiz schaffen sollen, ist eine Veräußerungssperre regelmäßig zu empfehlen.[160] Daneben sind insbesondere **Verfall- und Bindungsklauseln** denkbar, die für den Fall des Ausscheidens aus dem Unternehmen den Verfall der Stock Options vorsehen.[161] In diesem Zusammenhang können überdies weitere Einzelfragen bei Ausscheiden, Eintritt in den Ruhestand und Todesfall des Bezugsberechtigten geregelt werden. In der Praxis üblich ist zudem ein ausdrücklicher **Ausschluss der Übertragbarkeit** der Bezugsrechte.[162] Weiterhin können Regelungen zum **Verwässerungsschutz** vorgesehen werden (→ Rn. 16). Weitere Beispiele sind ergänzende Regelungen zur technischen Abwicklung, zum Verfahren der Zeichnung und Ausübung, zur Einrichtung eines Stock-Option-Kontos mit Depot, zu Bankprovisionen, zur Dividendenberechtigung, zu den Möglichkeiten einer Kreditfinanzierung oder zur Kündbarkeit durch die Gesellschaft.[163]

V. Rechtsfolgen fehlerhafter Beschlüsse

37 Fehlt die gem. § 193 Abs. 2 Nr. 1 erforderliche Zweckangabe, ist der Erhöhungsbeschluss nach allgemeiner Ansicht gem. § 241 Nr. 3 nichtig.[164] Fehlen die Pflichtangaben nach § 193 Abs. 2 Nr. 2 bis 4, sind die Rechtsfolgen dagegen umstritten. Bei Verstößen gegen § 193 Abs. 2 Nr. 4 geht die hM von einer bloßen Anfechtbarkeit des Erhöhungsbeschlusses aus.[165] Dem ist zuzustimmen, da § 193 Abs. 2 Nr. 4 kein besonderes öffentliches Schutzanliegen verfolgt. Fehlen die gem. § 193 Abs. 2 Nr. 4 erforderlichen Festsetzungen, handelt es sich nur um eine Kompetenzunterschreitung durch die Hauptversammlung.[166] Die Regelung will vor allem die Aktionäre vor einer Kapitalverwässerung schützen (→ Rn. 1). Auf diesen Schutz können die Aktionäre verzichten.[167] Demgegenüber nimmt die bislang ganz hM an, dass ein Fehlen der Pflichtangaben nach § 193 Abs. 2 Nr. 2 und 3 zur Nichtigkeit des Erhöhungsbeschlusses führt.[168] Zur Begründung wird ausgeführt, dass die Norm insoweit dem öffentlichen Interesse diene, indem sie einen Missbrauch der bedingten Kapitalerhöhung (als erleichterte Form im Verhältnis zur regulären Kapitalerhöhung) verhindern solle.[169] Dies erscheint zweifelhaft. Es spricht einiges dafür, dass

---

[159] BegrRegE BT-Drs. 13/9712, 24; s. auch Grigoleit/*Rieder*/*Holzmann* Rn. 18; Großkomm AktG/*Frey* Rn. 76; MüKoAktG/*Fuchs* Rn. 37.

[160] Vgl. Großkomm AktG/*Kort* § 87 Rn. 189; *Kessler*/*Suchan* in Kessler/Sauter, Handbuch Stock Options, 2003, Rn. 1258 f.; *Stiegel*, Aktienoptionen als Vergütungselement aus arbeitsrechtlicher Sicht, 2007, 148 f.; *Thüsing* ZGR 2003, 457 (500).

[161] Zur arbeitsrechtlichen Zulässigkeit s. BAG ZIP 2008, 1390 (1394 ff.); BAG AG 2008, 852 (854 ff.); Kölner Komm AktG/*Drygala*/*Staake* Rn. 128; *Holzborn* in Marsch-Barner/Schäfer Börsennotierte AG-HdB Rn. 53.73 f.; *Mohr*/*Bihn* in Kessler/Sauter, Handbuch Stock Options, 2003, Rn. 937 ff.; *Fach*, Die Zulässigkeit von Bindungsklauseln im Rahmen von Aktienoptionsprogrammen, 2007, passim; *Stiegel*, Aktienoptionen als Vergütungselement aus arbeitsrechtlicher Sicht, 2007, 150 f.; *Baeck*/*Diller* DB 1998, 1405 (1407 f.); *Legerlotz*/*Laber* DStR 1999, 1658 (1664 f.); *Staake* NJW 2010, 3755.

[162] Die Gesetzesbegründung geht davon aus, dass die Unübertragbarkeit der Optionen selbstverständlich sei, s. BegrRegE BT-Drs. 13/9712, 24; ebenso Kölner Komm AktG/*Mertens*/*Cahn* § 87 Rn. 67.

[163] BegrRegE BT-Drs. 13/9712, 24.

[164] Bürgers/Körber/*Marsch-Barner* Rn. 14; GHEK/*Bungeroth* Rn. 26; Grigoleit/*Rieder*/*Holzmann* Rn. 24; Großkomm AktG/*Frey* Rn. 77; Hölters/*Apfelbacher*/*Niggemann* Rn. 37; Hüffer/Koch/*Koch*, 13. Aufl. 2018, Rn. 10; Kölner Komm AktG/*Drygala*/*Staake* Rn. 132; MüKoAktG/*Fuchs* Rn. 38; K. Schmidt/Lutter/*Veil* Rn. 17; Wachter/*Dürr* Rn. 18; MHdB AG/*Scholz* § 58 Rn. 43.

[165] Bürgers/Körber/*Marsch-Barner* Rn. 14; Grigoleit/*Rieder*/*Holzmann* Rn. 25; Großkomm AktG/*Frey* Rn. 77; Hüffer/Koch/*Koch*, 13. Aufl. 2018, Rn. 10; MHdB AG/*Scholz* § 58 Rn. 43; *Hirte* RWS-Forum 15, Gesellschaftsrecht 1999, S. 211 (226 ff.); *Vogel* BB 2000, 937 (939); aA Hölters/*Apfelbacher*/*Niggemann* Rn. 37; Kölner Komm AktG/*Drygala*/*Staake* Rn. 137 f.; K. Schmidt/Lutter/*Veil* Rn. 17; Wachter/*Dürr* Rn. 18; *Weiß* WM 1999, 353 (358): generell Nichtigkeit; differenzierend MüKoAktG/*Fuchs* Rn. 14b, 39: Nichtigkeit nur bei fehlenden Angaben zur Aufteilung der Bezugsrechte und zur Festlegung von Erfolgszielen sowie bei nicht hinreichend bestimmter Festlegung des Mindestausgabebetrags oder seiner Berechnungsgrundlagen.

[166] Großkomm AktG/*Frey* Rn. 83; Hüffer/Koch/*Koch*, 13. Aufl. 2018, Rn. 10; *Hirte* RWS-Forum 15, Gesellschaftsrecht 1999, 211 (226 f.).

[167] *Vogel* BB 2000, 937 (939).

[168] GHEK/*Bungeroth* Rn. 26; Grigoleit/*Rieder*/*Holzmann* Rn. 24; Hölters/*Apfelbacher*/*Niggemann* Rn. 37; Hüffer/Koch/*Koch*, 13. Aufl. 2018, Rn. 10; Kölner Komm AktG/*Drygala*/*Staake* Rn. 132; MüKoAktG/*Fuchs* Rn. 38; K. Schmidt/Lutter/*Veil* Rn. 17; Wachter/*Dürr* Rn. 18; s. auch Vorauflage; aA Bürgers/Körber/*Marsch-Barner* Rn. 14; Großkomm AktG/*Frey* Rn. 77; MHdB AG/*Scholz* § 58 Rn. 43.

[169] Hüffer/Koch/*Koch*, 13. Aufl. 2018, Rn. 10; Kölner Komm AktG/*Drygala*/*Staake* Rn. 132; MüKoAktG/*Fuchs* Rn. 38.

Bedingte Kapitalerhöhung mit Sacheinlagen; Rückzahlung von Einlagen **§ 194**

auch die Regelungen in § 193 Abs. 2 Nr. 2 und 3 primär dem Aktionärsschutz dienen.[170] Eine bloße Anfechtbarkeit wegen Verletzung des Gesetzes gem. § 243 Abs. 1 erscheint daher als die angemessene Rechtsfolge.[171] Geht man dagegen mit der hM bei Fehlen der Pflichtangaben nach § 193 Abs. 2 Nr. 2 oder 3 von einer Nichtigkeit des Erhöhungsbeschlusses aus, wäre eine Heilung gem. § 242 Abs. 2 möglich.

§ 194 Bedingte Kapitalerhöhung mit Sacheinlagen; Rückzahlung von Einlagen

(1) ¹Wird eine Sacheinlage gemacht, so müssen ihr Gegenstand, die Person, von der die Gesellschaft den Gegenstand erwirbt, und der Nennbetrag, bei Stückaktien die Zahl der bei der Sacheinlage zu gewährenden Aktien im Beschluß über die bedingte Kapitalerhöhung festgesetzt werden. ²Als Sacheinlage gilt nicht der Umtausch von Schuldverschreibungen gegen Bezugsaktien. ³Der Beschluß darf nur gefaßt werden, wenn die Einbringung von Sacheinlagen ausdrücklich und ordnungsgemäß bekanntgemacht worden ist.

(2) § 27 Abs. 3 und 4 gilt entsprechend; an die Stelle des Zeitpunkts der Anmeldung nach § 27 Abs. 3 Satz 3 und der Eintragung nach § 27 Abs. 3 Satz 4 tritt jeweils der Zeitpunkt der Ausgabe der Bezugsaktien.

(3) Die Absätze 1 und 2 gelten nicht für die Einlage von Geldforderungen, die Arbeitnehmern der Gesellschaft aus einer ihnen von der Gesellschaft eingeräumten Gewinnbeteiligung zustehen.

(4) ¹Bei der Kapitalerhöhung mit Sacheinlagen hat eine Prüfung durch einen oder mehrere Prüfer stattzufinden. ²§ 33 Abs. 3 bis 5, die §§ 34, 35 gelten sinngemäß.

(5) § 183a gilt entsprechend.

Schrifttum: Vgl. die Angaben zu § 192 sowie *Avvento*, Hin- und Herzahlen: Offenlegung als konstitutive Voraussetzung des Eintritts der Erfüllungswirkung?, BB 2010, 202; *Drinhausen/Keinath*, Nutzung eines bedingten Kapitals bei Ausgabe von Wandelschuldverschreibungen gegen Sachleistung, BB 2011, 1736; *Groh*, Einlage wertgeminderter Gesellschafterforderungen in Kapitalgesellschaften, BB 1997, 2523; *Herfs/Leyendecker*, Sacheinlageprüfung und Differenzhaftung beim Debt-to-Convertible Swap, AG 2018, 213; *Hoffmann-Becking*, Vorschläge der Regierungskommission „Corporate Governance" zum Recht der Unternehmensfinanzierung, in Hommelhoff/Lutter/K. Schmidt/Schön/Ulmer, Corporate Governance, ZHR-Beiheft 71, 2002, S. 215; *Holland/Goslar*, Die Bedienung von Wandelanleihen aus genehmigtem Kapital, NZG 2006, 892; *Hoppe*, Gewährung zusätzlicher Aktien bei Unternehmenskäufen und Umwandlungen, 2014; *Juretzek*, Bedingtes Kapitalerhöhung zur Unterlegung einer (auch) gegen Sacheinlage auszugebenden Schuldverschreibung, DStR 2014, 431; *Karollus*, Die Umwandlung von Geldkrediten in Grundkapital – eine verdeckte Sacheinlage?, ZIP 1994, 589; *Kopp/Metzner*, Rechtliche Aspekte der Finanzierung des Rückkaufs von Wandelschuldverschreibungen durch vorherige Kapitalerhöhung oder Emission neuer Wandelschuldverschreibungen, AG 2012, 856; *Marsch-Barner*, Nochmals: Umgehung der Sacheinlagevorschriften durch Wandelschuldverschreibungen und Wandelgenussrechte?, DB 1995, 1497; *Meilicke*, Umgehung der Sacheinlagevorschriften durch Wandelschuldverschreibungen und Wandelgenussrechte?, DB 1995, 1061; *Roth*, Neue Fallstricke beim Hin- und Herzahlen – Cash Pool, NJW 2009, 3397; *Schnorbus/Trapp*, Die Ermächtigung des Vorstands zur Ausgabe von Wandelschuldverschreibungen gegen Sacheinlage, ZGR 2010, 1023; *Trölitzsch*, Differenzhaftung für Sacheinlagen in Kapitalgesellschaften, 1998.

Übersicht

	Rn.		Rn.
I. Überblick	1–3	3. Arbeitnehmergewinnbeteiligungen (Abs. 3)	14–16
II. Anwendungsbereich	4–16	**III. Besondere Beschlusserfordernisse**	17–19
1. Allgemeines	4	1. Weiterer Beschlussinhalt (Abs. 1 Satz 1)	17, 18
2. Schuldverschreibungen (Abs. 1 S. 2)	5–13a		
a) Wandelanleihen	5–10a	2. Bekanntmachung (Abs. 1 S. 3)	19
b) Wandelgenussrechte	11		
c) Wandelanleihen und -genussrechte mit Verlustbeteiligung und Nachrangabrede	11a, 12	**IV. Verdeckte Sacheinlage, Hin- und Herzahlen (Abs. 2)**	20–23a
d) Optionsanleihen und -genussrechte	13	1. Überblick	20
e) Entsprechende Geltung (§ 7a Abs. 1 S. 4 FMStFG)	13a	2. Entsprechende Geltung von § 27 Abs. 3 und 4	21

---

[170] Vgl. zu § 193 Abs. 2 Nr. 3 Vgl. BGHZ 181, 144 (155 f.) = ZIP 2009, 1566 (1570) – Continental; s. auch MHdB AG/*Scholz* § 58 Rn. 43.
[171] Bürgers/Körber/*Marsch-Barner* Rn. 14; Großkomm AktG/*Frey* Rn. 77; MHdB AG/*Scholz* § 58 Rn. 43.

	Rn.		Rn.
3. Maßgeblicher Zeitpunkt	22	V. Prüfungspflicht (Abs. 4 und 5)	24–26
4. Sanktionen	23	1. Grundsatz (Abs. 4)	24, 24a
5. Sonstige fehlerhafte Festsetzungen	23a	2. Vereinfachtes Eintragungsverfahren (Abs. 5)	25, 26

I. Überblick

1 § 194 enthält Sonderregeln für die bedingte Kapitalerhöhung mit Sacheinlagen. Weitere Sonderregeln enthalten § 195 Abs. 2 Nr. 1 und Abs. 3 sowie § 198 Abs. 1 S. 3. Jede bedingte Kapitalerhöhung begründet zunächst eine Pflicht zur Bareinlage. Bei Einhaltung bestimmter Voraussetzungen gestattet § 194 jedoch die Ersetzung der geschuldeten Bareinlage durch eine Sacheinlage in Form einer Leistung an Erfüllungs statt (§ 364 Abs. 1 BGB).[1] Die Bareinlagepflicht wird hierdurch nur verdrängt und nicht vollständig beseitigt. Sind Sacheinlagevereinbarungen fehlerhaft oder wird gegen die Vorgaben das § 194 verstoßen, lebt die Bareinlagepflicht nach Wirksamwerden der bedingten Kapitalerhöhung (§ 200) wieder auf.[2] Dabei erfolgt aber eine Anrechnung entsprechend § 27 Abs. 3. Dies gilt auch dann, wenn der Vorgang nicht als verdeckte Sacheinlage zu qualifizieren ist (zB bei nur unzureichender Bezeichnung des Inferenten).[3]

2 § 194 bezweckt die **Sicherung der effektiven Kapitalaufbringung**.[4] In ihrem Wortlaut entspricht die Norm im Wesentlichen der Regelung des § 183 zur regulären Kapitalerhöhung. § 194 ermöglicht eine präventive Wertkontrolle und sorgt für die dazu notwendigen Informationen. Hierdurch sollen zum einen die Altaktionäre gegen Verwässerung und zum anderen die künftigen Aktionäre und die Gläubiger gegen Kurs- und Insolvenzverluste geschützt werden.[5] Abweichend von § 183 werden in § 194 Abs. 1 S. 2 und Abs. 3 bestimmte Formen der Sacheinlage (Umtausch von Wandelschuldverschreibungen, Ausgabe von Arbeitnehmeraktien gegen Einlage von Forderungen aus Gewinnbeteiligungen) aus Gründen der Praxistauglichkeit ganz oder teilweise von den sonst geltenden Anforderungen befreit (zur Frage, ob es sich bei dem Umtausch von Wandelschuldverschreibungen um eine Sacheinlage handelt → Rn. 6).[6] Die **praktische Bedeutung** von bedingten Kapitalerhöhungen mit Sacheinlagen ist bislang gering.[7] Ermächtigungen zur Ausgabe von Wandelschuldverschreibungen sehen zwar häufig eine Ausgabe auch gegen Sacheinlagen vor.[8] Bislang sind aber kaum Fälle bekannt geworden, in denen von einer solchen Ermächtigung auch Gebrauch gemacht wurde.[9] Dies dürfte insbesondere auf die nur unzureichende Harmonisierung der Vorschriften über das bedingte Kapital und der Ermächtigung nach § 221 Abs. 2 zurückzuführen sein (→ Rn. 7, 18, 24a). Durchaus praktische Relevanz hat dagegen die Frage nach der Reichweite der Ausnahmevorschrift des § 194 Abs. 1 S. 2 (→ Rn. 5 ff.).

3 § 194 Abs. 1 geht (ebenso wie § 194 Abs. 2 aF) auf den inhaltsgleichen § 161 AktG 1937 zurück. § 194 Abs. 4 wurde 1978 durch das DurchführungsG zur Kapitalrichtlinie[10] (BGBl. 1978 I 1959) angefügt,

---

[1] Bürgers/Körber/*Marsch-Barner* Rn. 2; Grigoleit/*Rieder/Holzmann* Rn. 2; Hölters/*Apfelbacher/Niggemann* Rn. 3; Hüffer/Koch/*Koch*, 13. Aufl. 2018, Rn. 2; MüKoAktG/*Fuchs* Rn. 2; K. Schmidt/Lutter/*Veil* Rn. 3.
[2] Bürgers/Körber/*Marsch-Barner* Rn. 2; Hölters/*Apfelbacher/Niggemann* Rn. 3; Hüffer/Koch/*Koch*, 13. Aufl. 2018, Rn. 2; MüKoAktG/*Fuchs* Rn. 2; K. Schmidt/Lutter/*Veil* Rn. 3; Wachter/*Dürr* Rn. 1.
[3] *Schnorbus/Trapp* ZGR 2010, 1023 (1049); wohl auch MüKoAktG/*Fuchs* Rn. 2; allgemein auch Kölner Komm AktG/*A. Arnold* § 27 Rn. 41.
[4] Bürgers/Körber/*Marsch-Barner* Rn. 1; Grigoleit/*Rieder/Holzmann* Rn. 1; Hölters/*Apfelbacher/Niggemann* Rn. 1; Hüffer/Koch/*Koch*, 13. Aufl. 2018, Rn. 1; MüKoAktG/*Fuchs* Rn. 1; K. Schmidt/Lutter/*Veil* Rn. 1; Wachter/*Dürr* Rn. 2; s. auch Kölner Komm AktG/*Drygala/Staake* Rn. 4.
[5] Großkomm AktG/*Frey* Rn. 3 ff.; MüKoAktG/*Fuchs* Rn. 1.
[6] Vgl. MüKoAktG/*Fuchs* Rn. 1.
[7] Vgl. Hölters/*Apfelbacher/Niggemann* Rn. 1.
[8] Zur Zulässigkeit s. *Schlitt/Hemeling* in Habersack/Mülbert/Schlitt, Unternehmensfinanzierung am Kapitalmarkt, 3. Aufl. 2013, § 12 Rn. 8.
[9] Vgl. *Schnorbus/Trapp* ZGR 2010, 1023 (1025).
[10] Zweite Richtlinie 77/91/EWG des Rates v. 13.12.1976 zur Koordinierung der Schutzbestimmungen, die in den Mitgliedstaaten den Gesellschaften im Sinne des Art. 58 Abs. 2 des Vertrages im Interesse der Gesellschafter sowie Dritter für die Gründung der Aktiengesellschaft sowie für die Erhaltung und Änderung ihres Kapitals vorgeschrieben sind, um diese Bestimmungen gleichwertig zu gestalten, ABl. EG 1976 Nr. L 26, 1; geändert durch Richtlinie 2006/68/EG des Europäischen Parlaments und des Rates v. 6.9.2006 zur Änderung der Richtlinie 77/91/EWG des Rates in Bezug auf die Gründung von Aktiengesellschaften und für die Erhaltung und Änderung ihres Kapitals, ABl. EU 2006 Nr. L 264, 32; neugefasst durch Richtlinie 2012/30/EU des Europäischen Parlaments und des Rates v. 25.10.2012 zur Koordinierung der Schutzbestimmungen, die in den Mitgliedstaaten den Gesellschaften im Sinne des Art. 54 Abs. 2 des Vertrages über die Arbeitsweise der Europäischen Union im Interesse der Gesellschafter sowie Dritter für die Gründung der Aktiengesellschaft sowie für die Erhaltung und Änderung ihres Kapitals vorgeschrieben sind, um diese Bestimmungen gleichwertig zu gestalten, ABl. EU 2012 Nr. L 315, 75; kodifiziert durch Richtlinie (EU) 2017/1132 des Europäischen Parlaments und des Rates v. 14.6.2017 über bestimmte Aspekte des Gesellschaftsrechts, ABl. EU 2017 L 169, 46.

wobei die Prüfungsanforderungen gegenüber der ursprünglich in § 195 Abs. 3 aF enthaltenen Regelung verschärft wurden. § 194 Abs. 1 S. 1 wurde (ebenso wie Abs. 2 S. 3 und Abs. 4 S. 3 aF) im Zuge der Einführung von Stückaktien durch das StückAG vom 25. März 1998 angepasst. Erhebliche Modifikationen hat § 194 durch das **ARUG** erfahren: Durch die Neufassung von § 194 Abs. 2 wurden die durch Art. 1 Nr. 1 ARUG in § 27 Abs. 3 und 4 eingefügten Regelungen über die verdeckte Sacheinlage und das Hin- und Herzahlen auf die bedingte Kapitalerhöhung erstreckt. Der durch das ARUG neu angefügte § 194 Abs. 5 enthält einen Verweis auf § 183a und erstreckt dadurch das vereinfachte Eintragungsverfahren (§§ 33a, 37a, 38 Abs. 3) auf die bedingte Kapitalerhöhung. Mit dieser Regelung hat der Gesetzgeber von einer Deregulierungsoption Gebrauch gemacht, die den Mitgliedstaaten durch die Änderung der Kapitalrichtlinie im Zuge der sog. SLIM-Initiative (Simpler Legislation for the Internal Market)[11] eröffnet wurde.[12] In § 194 Abs. 1 und 4 wurden durch das ARUG redaktionelle Änderungen und Klarstellungen vorgenommen. Die Regelung zur Registerkontrolle in § 194 Abs. 4 S. 3 aF wurde gestrichen und findet sich nunmehr wortgleich in § 195 Abs. 3 S. 1. Durch Art. 1 Nr. 21 der **Aktienrechtsnovelle 2016**[13] wurde der Wortlaut von § 194 Abs. 1 S. 2 dahingehend angepasst, dass als Sacheinlage nicht der Umtausch von Schuldverschreibungen gegen Bezugsaktien gilt (statt „die Hingabe von Schuldverschreibungen im Umtausch gegen Bezugsaktien"). Eine entsprechende Regelung sah bereits das nach dem Grundsatz der Diskontinuität erledigte VorstKoG (zuvor Aktienrechtsnovelle 2012) vor. Durch die Änderung von § 194 Abs. 1 S. 2 soll klargestellt werden, dass die Sacheinlagevorschriften auch dann nicht anwendbar sind, wenn die Gesellschaft im Rahmen einer „umgekehrten" Wandelanleihe, wie sie der Gesetzgeber durch die mit der Aktienrechtsnovelle 2016 vorgenommene Änderung von § 192 Abs. 1 und 2 ausdrücklich zugelassen hat (→ § 192 Rn. 11a, 29b), von ihrer Ersetzungsbefugnis Gebrauch macht.[14]

II. Anwendungsbereich

1. Allgemeines. Hinsichtlich des **Begriffs der Sacheinlage** gelten auch im Rahmen von § 194 die Legaldefinition des § 27 Abs. 1 S. 1 und die Beschränkungen des § 27 Abs. 2.[15] Dass § 194 Abs. 1 S. 1 anders als § 183 Abs. 1 S. 1 auf diese Vorschriften nicht ausdrücklich verweist, dürfte auf einem bloßen Redaktionsversehen des Gesetzgebers beruhen.[16] Hauptanwendungsfall des § 194 ist die bedingte Kapitalerhöhung zur **Vorbereitung eines Unternehmenszusammenschlusses** (§ 192 Abs. 2 Nr. 2).[17] Sacheinlage ist in diesem Fall die Beteiligung an einem Unternehmen oder das Unternehmen selbst. Diesbezüglich können Aktien aus einem bedingten Kapital etwa zur Gewährung von Anteilen an dem übernehmenden Rechtsträger im Rahmen einer Verschmelzung oder Spaltung oder als Gegenleistung im Rahmen eines öffentlichen Übernahmeangebots oder eines sonstigen Unternehmenserwerbs genutzt werden (→ § 192 Rn. 38 f.). Dabei ist es zulässig, die Sacheinlage (Anteile an der Zielgesellschaft) von Beginn an als Einlage nicht für in einer ersten Tranche ausgegebene Aktien, sondern für etwaige in weiteren Tranchen ausgegebene Aktien zu qualifizieren.[18] Dies kann etwa im Fall von Earn-out-Klauseln, Contingent Shares oder Contingent Value Rights (CVR) relevant werden (→ § 192 Rn. 38). Ein bedingtes Kapital kann zudem zur Bedienung von Abfindungsansprüchen gem. § 305 Abs. 2 Nr. 1 oder 2 bei Abschluss eines Beherrschungs- oder Gewinnabführungsvertrags oder gem. § 320b Abs. 1 S. 2 oder 3 bei der Eingliederung eingesetzt werden (→ § 192 Rn. 38). Bei bedingten Kapitalerhöhungen im Zusammenhang mit **Verschmelzungen und Spaltungen** findet § 194 Abs. 4 keine Anwendung. Eine separate Werthaltigkeitsprüfung ist hier analog § 69 Abs. 1 S. 2 UmwG nicht erforderlich.[19] Ebenfalls ent-

---

[11] S. dazu *Baldamus*, Reform der Kapitalrichtlinie, 2002, 38 ff.
[12] Vgl. Richtlinie 2006/68/EG des Europäischen Parlaments und des Rates v. 6.9.2006 zur Änderung der Richtlinie 77/91/EWG des Rates in Bezug auf die Gründung von Aktiengesellschaften und die Erhaltung und Änderung ihres Kapitals, ABl. EU 2006 Nr. L 264, 32.
[13] Gesetz zur Änderung des Aktiengesetzes (Aktienrechtsnovelle 2016) v. 22.12.2015, BGBl. 2015 I 2565.
[14] BegrRegE, BT-Drs. 18/4349, 29; zum RegE der Aktienrechtsnovelle 2012 vgl. BegrRegE, BT-Drs. 17/8989, 19.
[15] Bürgers/Körber/*Marsch-Barner* Rn. 3; Kölner Komm AktG/*Drygala/Staake* Rn. 7; MüKoAktG/*Fuchs* Rn. 3; K. Schmidt/Lutter/*Veil* Rn. 4.
[16] Großkomm AktG/*Frey* Rn. 95; MüKoAktG/*Fuchs* Rn. 3.
[17] Vgl. Grigoleit/*Rieder/Holzmann* Rn. 3; Großkomm AktG/*Frey* Rn. 18; Hüffer/Koch/*Koch*, 13. Aufl. 2018, Rn. 3; Kölner Komm AktG/*Drygala/Staake* Rn. 9; MüKoAktG/*Fuchs* Rn. 4.
[18] *Hoppe*, Gewährung zusätzlicher Aktien bei Unternehmenskäufen und Umwandlungen, 2014, 246; *Krause* ZHR 181 (2017), 641 (674); aA *Hoffmann-Becking* ZHR-Beiheft 71, 2002, S. 215 (229).
[19] Bürgers/Körber/*Marsch-Barner* Rn. 3; Grigoleit/*Rieder/Holzmann* Rn. 3; Großkomm AktG/*Frey* Rn. 85; Kallmeyer/*Marsch-Barner* UmwG § 69 Rn. 15; Kölner Komm AktG/*Drygala/Staake* Rn. 11; Lutter/*Grunewald* UmwG § 69 Rn. 25; *Busch* in Marsch-Barner/Schäfer Börsennotierte AG-HdB Rn. 44.40, 44.44; MHdB AG/*Scholz* § 58 Rn. 45.

behrlich ist eine separate Werthaltigkeitsprüfung in den Fällen der **Sicherung von Abfindungsansprüchen** bei Abschluss von Beherrschungs- oder Gewinnabführungsverträgen und bei Eingliederungen.[20] Ein weiterer Anwendungsfall von § 194 ist die bedingte Kapitalerhöhung im Zusammenhang mit der Ausgabe von **Wandelschuldverschreibungen gegen Sacheinlage**.[21] Obwohl Beschlüsse nach § 221 Abs. 2 in der Praxis häufig eine Ermächtigung zur Ausgabe von Wandelschuldverschreibungen auch gegen Sacheinlage vorsehen, wurde hiervon bislang angesichts diverser Zweifelsfragen hinsichtlich der Reichweite der §§ 194, 195 kaum Gebrauch gemacht (→ Rn. 2).

5   **2. Schuldverschreibungen (Abs. 1 S. 2). a) Wandelanleihen. aa) Reichweite.** Gem. § 194 Abs. 1 S. 2 gilt der Umtausch von Schuldverschreibungen gegen Bezugsrechte nicht als Sacheinlage. Dementsprechend sind weder § 194 noch §§ 195 Abs. 2 Nr. 1 und Abs. 3, 198 Abs. 1 S. 3 anwendbar. § 194 Abs. 1 S. 2 bezieht sich auf Wandelanleihen **(Wandelschuldverschreibungen im engeren Sinne)** und sonstige von § 192 Abs. 2 Nr. 1 erfasste Instrumente, die ein Umtauschrecht gewähren.[22] Unmittelbar erfasst sind jedenfalls seit der Änderung von § 194 Abs. 1 S. 2 durch die Aktienrechtsnovelle 2016 (→ Rn. 3) auch **„umgekehrte" Wandelanleihen.** Auch vor dieser Änderung war die Regelung auf „umgekehrte" Wandelanleihen aber zumindest entsprechend anwendbar.[23] Auch der Umtausch von **Pflichtwandelanleihen** (Mandatory Convertible Bonds) ist jedenfalls dann privilegiert, wenn diese für besondere Fälle einen Rückzahlungsanspruch des Gläubigers vorsehen (→ § 221 Rn. 151).[24] Dies gilt unabhängig davon, ob sie zusätzlich zu der Wandlungspflicht auch ein Wandlungsrecht des Gläubigers vorsehen.[25] Auch ohne zusätzliches Wandlungsrecht ist § 194 Abs. 1 S. 2 zumindest entsprechend anwendbar. Gleiches gilt für **CoCo-Bonds** (Contingent Convertible Bonds).[26] Eine Verlustbeteiligung und Nachrangigkeit stehen der Anwendbarkeit von § 194 Abs. 1 S. 2 nicht entgegen (→ Rn. 11a f.). Auf **Optionsanleihen** findet § 194 Abs. 1 S. 2 dagegen grundsätzlich keine Anwendung, da es sich um eine Bareinlage handelt, wenn der Gläubiger von seinem Bezugsrecht dadurch Gebrauch macht, dass er die Aktien aus dem bedingten Kapital gegen Geldzahlung erwirbt. Etwas anderes gilt, wenn die Optionsbedingungen eine Inzahlungnahme der Anleihe oder eine Verrechnung der Einlageforderung mit dem Rückzahlungsanspruch vorsehen. In diesem Fall ist die Privilegierung des § 194 Abs. 1 S. 2 entsprechend anwendbar.[27]

6   **bb) Dogmatische Einordnung.** Die dogmatische Einordnung von § 194 Abs. 1 S. 2 ist umstritten. Während die Regelung im älteren Schrifttum zumeist als gesetzliche Fiktion eingestuft wurde,[28] geht die heute hM davon aus, dass der Umtausch von gegen Barzahlung ausgegebenen Wandelschuldverschreibungen **von vornherein nicht als Sacheinlage anzusehen** sei und § 194 Abs. 1 S. 2 nur deklaratorische Bedeutung habe.[29] Dem liegt das Verständnis

---

[20] Großkomm AktG/*Frey* Rn. 87; *Busch* in Marsch-Barner/Schäfer Börsennotierte AG-HdB Rn. 44.40; MHdB AG/*Scholz* § 58 Rn. 45.
[21] Zur Zulässigkeit s. etwa *Kopp/Metzner* AG 2012, 856 (863 Fn. 47).
[22] Vgl. Hölters/*Apfelbacher/Niggemann* Rn. 5; wohl auch GHEK/*Bungeroth* Rn. 6; MüKoAktG/*Fuchs* Rn. 5, 14, die aber nur Wandelschuldverschreibungen ieS erwähnen.
[23] *Groß* in Marsch-Barner/Schäfer Börsennotierte AG-HdB Rn. 51.8d; *Bader* AG 2014, 472 (483); *Böhringer/Mihm/Schaffelhuber/Seiler* RdF 2011, 48 (50); *Singhof* FS Hoffmann-Becking, 2013, 1163 (1175).
[24] Hölters/*Apfelbacher/Niggemann* Rn. 10; *Busch* in Marsch-Barner/Schäfer Börsennotierte AG-HdB Rn. 44.7; *Habersack* FS Nobbe, 2009, 539 (550); *Schanz* BKR 2011, 410 (414); weitergehend *Apfelbacher/Kopp* CFL 2011, 21 (28); *Krause* ZHR 181 (2017), 641 (671); *Singhof* FS Hoffmann-Becking, 2013, 1163 (1176 f.), die auf das Erfordernis eines Rückzahlungsanspruchs verzichten wollen.
[25] So wohl auch *Singhof* FS Hoffmann-Becking, 2013, 1163 (1176 f.).
[26] Kölner Komm AktG/*Drygala/Staake* Rn. 26; aA wohl MüKoAktG/*Fuchs* Rn. 13a.
[27] Bürgers/Körber/*Marsch-Barner* Rn. 4; Großkomm AktG/*Hirte* § 221 Rn. 216; Hölters/*Apfelbacher/Niggemann* Rn. 7; Kölner Komm AktG/*Drygala/Staake* Rn. 28; MüKoAktG/*Habersack* § 221 Rn. 237 f.; K. Schmidt/Lutter/*Merkt* § 221 Rn. 38; *Groß* in Marsch-Barner/Schäfer Börsennotierte AG-HdB Rn. 51.62; MHdB AG/*Scholz* § 58 Rn. 48; *Schumann*, Optionsanleihen, 1990, 70 f.; *Drinhausen/Keinath* BB 2011, 1736; *Hirte* WM 1994, 321 (328 f.); wohl auch Ekkenga/Schröer/*Schröer* HdB AG-Finanzierung, Kap. 6 Rn. 8; aA offenbar GHEK/*Bungeroth* Rn. 6, 9; Wachter/*Dürr* Rn. 4; MüKoAktG/*Fuchs* Rn. 5, 14.
[28] *Baumbach/Hueck* Rn. 2; Großkomm AktG/*Schilling*, 3. Aufl. 1973, Anm. 2; *v. Godin/Wilhelmi* Anm. 3; *Würdinger* S. 191; aus der jüngeren Literatur aber auch *Busch* in Marsch-Barner/Schäfer Börsennotierte AG-HdB Rn. 44.39; *Harrer/Janssen/Halbig* FB 2005, 1 (3).
[29] Grundlegend Kölner Komm AktG/*Lutter*, 2. Aufl. 1994, Rn. 3 f.; ebenso etwa GHEK/*Bungeroth* Rn. 7; Grigoleit/*Rieder/Holzmann* Rn. 5; Großkomm AktG/*Hirte* § 221 Rn. 215; MüKoAktG/*Habersack* § 221 Rn. 230; K. Schmidt/Lutter/*Merkt* § 221 Rn. 26; *Groß* in Marsch-Barner/Schäfer Börsennotierte AG-HdB Rn. 51.64; *Hirte* WM 1994, 321 (328); *Krause* ZHR 181 (2017), 641 (670); wohl auch *Drinhausen/Keinath* BB 2011, 1736; offen Hölters/*Apfelbacher/Niggemann* Rn. 6; MüKoAktG/*Fuchs* Rn. 6 f.

zugrunde, dass der Inhaber der Schuldverschreibung mit der Ausübung seines Wandlungsrechts nur den Charakter seiner früheren Leistung ändere, so dass diese rückwirkend in eine Einlageleistung auf die Aktien aus dem bedingten Kapital umgewidmet werde.[30] Hierzu passt, dass § 194 Abs. 1 S. 2 nach heute ganz überwiegender Auffassung auf dem Gedanken einer **Voreinzahlung der Bareinlage** beruht,[31] was insbesondere auch in § 199 Abs. 2 zum Ausdruck kommt, indem dieser auf den Ausgabebetrag der Wandelschuldverschreibungen abstellt.[32] Dennoch erscheint die von der hM vorgenommene Einstufung von § 194 Abs. 1 S. 2 als rein deklaratorische Regelung nicht zweifelsfrei. Insbesondere steht sie in einem gewissen Widerspruch dazu, dass die wohl hM den Umtausch einer Wandelschuldverschreibung (Einbringung der Rückzahlungsforderung) bei der – praktisch wohl nicht vorkommenden, aber dennoch möglichen – Bedienung aus genehmigtem Kapital als Sacheinlage wertet und in dieser Konstellation zumeist ausdrücklich eine entsprechende Anwendung von § 194 Abs. 1 S. 2 verneint.[33] Hätte § 194 Abs. 1 S. 2 ohnehin nur eine deklaratorische Bedeutung, würde sich die Frage nach einer entsprechenden Anwendung auf das genehmigte Kapital gar nicht erst stellen. Es lässt sich daher fragen, ob § 194 Abs. 1 S. 2 die Umwidmung der ursprünglichen Leistung in eine Bareinlage nicht gerade erst ermöglicht. Auch bei diesem Verständnis ließe sich der Gedanke einer Voreinzahlung der Bareinlage bei der Normanwendung durchaus zur Geltung bringen. Letztlich dürfte der unterschiedlichen dogmatischen Einordnung nur eine untergeordnete Bedeutung zukommen, da jedenfalls im Ergebnis Einigkeit besteht, dass die Sacheinlagevorschriften in den von § 194 Abs. 1 S. 2 erfassten Konstellationen keine Anwendung finden. Unabhängig von der dogmatischen Einordnung steht § 194 Abs. 1 S. 2 im Einklang mit den Vorgaben der Richtlinie über bestimmte Aspekte des Gesellschaftsrechts (vgl. → Rn. 3), nach deren Art. 49 (zuvor Art. 10 der Kapitalrichtlinie) für Einlagen, die nicht Bareinlagen sind, grundsätzlich ein Prüfungsbericht erforderlich ist. Selbst wenn man in § 194 Abs. 1 S. 2 eine bloße Fiktion sehen wollte, müsste der Umtausch der Wandelschuldverschreibung bzw. die Einbringung der Rückzahlungsforderung europarechtlich nicht als Sacheinlage qualifiziert werden, da Geldforderungen jedenfalls dann als „Bareinlagen" im Sinne der Richtlinie behandelt werden können, wenn ihnen eine Zahlung an die Gesellschaft zugrunde liegt.[34]

Nach heute ganz hM beruht § 194 Abs. 1 S. 2 auf dem Gedanken einer Voreinzahlung der 7 Bareinlage (→ Rn. 6). Hieran anknüpfend findet sich häufig die Formulierung, dass die Privilegierung des § 194 Abs. 1 S. 2 nur dann zur Anwendung komme, wenn die **Wandelschuldverschreibungen ihrerseits gegen Barzahlung** ausgegeben wurden, da anderenfalls eine Umgehung der Sacheinlagevorschriften drohe.[35] Diese Formulierung ist ungenau, da § 194 Abs. 1 S. 2 nur den Umtausch von Schuldverschreibungen als solchen regelt. Der Umtausch als solcher ist aber auch dann privilegiert, wenn die Schuldverschreibungen ihrerseits gegen Sachleistungen ausgegeben wurden. Nur hinsichtlich dieser Sachleistungen auf die Schuldverschreibungen sind die besonderen

---

[30] GHEK/*Bungeroth* Rn. 7; Grigoleit/*Rieder*/*Holzmann* Rn. 5; Großkomm AktG/*Hirte* § 221 Rn. 215; Kölner Komm AktG/*Drygala*/*Staake* Rn. 13; MüKoAktG/*Habersack* § 221 Rn. 230; K. Schmidt/Lutter/*Merkt* § 221 Rn. 26; *Groß* in Marsch-Barner/Schäfer Börsennotierte AG-HdB Rn. 51.64; *Hirte* WM 1994, 321 (328); *Krause* ZHR 181 (2017), 641 (670); s. auch die BegrRegE der Aktienrechtsnovelle 2012, BT-Drs. 17/8989, 19.

[31] S. etwa Bürgers/Körber/*Marsch-Barner* Rn. 4; Grigoleit/*Rieder*/*Holzmann* Rn. 6; Kölner Komm AktG/*Drygala*/*Staake* Rn. 13 f.; MüKoAktG/*Fuchs* Rn. 8; *Busch* in Marsch-Barner/Schäfer Börsennotierte AG-HdB Rn. 44.41; MHdB AG/*Scholz* § 58 Rn. 48; *Schumann*, Optionsanleihen, 1990, 66 f.; *Gleske*/*Ströbele* CFL 2012, 49 (55); *Schnorbus*/*Trapp* ZGR 2010, 1023 (1029).

[32] Vgl. GHEK/*Bungeroth* Rn. 7; MüKoAktG/*Fuchs* Rn. 7.

[33] Gegen entsprechende Anwendung von § 194 Abs. 1 S. 2 etwa MüKoAktG/*Habersack* § 221 Rn. 230; *Hirte* WM 1994, 321 (329) (anders aber jetzt Großkomm AktG/*Hirte* § 205 Rn. 9, § 221 Rn. 217); *Maier-Reimer* GS Bosch, 2006, 85 Fn. 3; *Schnorbus*/*Trapp* ZGR 2010, 1023 (1027); wohl auch *Groh* BB 1997, 2523 (2524); für eine Analogie aber Bürgers/Körber/*Stadler* § 221 Rn. 53; Hüffer/Koch/*Koch*, 13. Aufl. 2018, Rn. 4a; *Groß* in Marsch-Barner/Schäfer Börsennotierte AG-HdB Rn. 51.60; *Schumann*, Optionsanleihen, 1990, 80 f.; *Holland*/*Goslar* NZG 2006, 892 (895).

[34] Ausf. Großkomm AktG/*Frey* Rn. 11; zust. MüKoAktG/*Fuchs* Rn. 7; krit. zu der Einordnung als Bareinlage *Groh* BB 1997, 2523 (2528 f.).

[35] S. etwa OLG München ZIP 2013, 1913 (1914) – Allgeier; GHEK/*Bungeroth* Rn. 8; Grigoleit/*Rieder*/*Holzmann* Rn. 6; Großkomm AktG/*Frey* Rn. 25, 28 ff.; Hüffer/Koch/*Koch*, 13. Aufl. 2018, Rn. 4; Kölner Komm AktG/*Drygala*/*Staake* Rn. 14; MüKoAktG/*Fuchs* Rn. 8; NK-AktR/*Wagner* Rn. 3; K. Schmidt/Lutter/*Veil* Rn. 5; Wachter/*Dürr* Rn. 4; *Busch* in Marsch-Barner/Schäfer Börsennotierte AG-HdB Rn. 44.41; MHdB AG/*Scholz* § 58 Rn. 48; *Drinhausen*/*Keinath* BB 2011, 1736; *Karollus* ZIP 1994, 589 (597); *Marsch-Barner* DB 1995, 1497; *Merkner*/*Schmidt-Bendun* DB 2012, 98 (101 f.); anders aber Bürgers/Körber/*Marsch-Barner* Rn. 4; GHEK/*Karollus* § 221 Rn. 152; Großkomm AktG/*Hirte* § 221 Rn. 218; Hölters/*Apfelbacher*/*Niggemann* Rn. 15; v. Godin/Wilhelmi Anm. 3; *Kopp*/*Metzner* AG 2012, 856 (863).

Regeln für die Einbringung von Sacheinlagen zu beachten.[36] Dies bedeutet, dass die Werthaltigkeitskontrolle bereits bei Ausgabe der Schuldverschreibungen erfolgen muss (→ Rn. 24a und → § 221 Rn. 14a).[37] Wendet man § 194 Abs. 1 S. 2 mit dieser Maßgabe auch auf den Umtausch von gegen Sachleistungen ausgegebenen Wandelschuldverschreibungen an, wäre es präziser, nicht von „Voreinzahlung der Bareinlage", sondern allgemeiner von einer ausnahmsweise zulässigen „Vorausleistung der Einlage" zu sprechen.[38] Voraussetzung ist aber stets, dass ein tauglicher Einlagegegenstand geleistet wird. Fehlt es hieran (etwa bei Begebung einer Wandelschuldverschreibung gegen die Verpflichtung zur Erbringung von Dienstleistungen), ist § 194 Abs. 1 S. 2 nicht anwendbar, da in diesem Fall die besonderen Regeln für die Erbringung von Sacheinlagen auch im Zeitpunkt der Leistung auf die Wandelschuldverschreibung nicht angewendet werden könnten. Auch bei Fehlen einer Gegenleistung für die Ausgabe der Wandelschuldverschreibung kann die Privilegierung des § 194 Abs. 1 S. 2 nicht eingreifen, da es hier von vornherein an einer Vorausleistung der Einlage fehlt.[39] Bei nachträglicher Vereinbarung eines Umtauschrechts ist § 194 Abs 1 S. 2 ebenfalls nicht anwendbar. Das Umtauschrecht muss vielmehr bereits bei Erbringung der Leistung auf die Schuldverschreibung bestanden haben.[40] Auch wenn bei der Ausgabe von Wandelschuldverschreibungen gegen Sachleistungen für die Werthaltigkeitskontrolle auf die Ausgabe der Schuldverschreibungen abzustellen ist, kommt eine Differenzhaftung erst dann in Betracht, wenn von einem Wandlungsrecht auch Gebrauch gemacht wird (→ § 221 Rn. 8, 14a). Erst mit Zustandekommen des Zeichnungsvertrags entsteht eine Einlagepflicht, die Voraussetzung für eine Differenzhaftung ist.

8   cc) Zinsen. § 194 Abs. 1 S. 2 bezieht sich allein auf den Nennbetrag, nicht dagegen auf aufgelaufene Zinsen.[41] Eine Zinskomponente enthält auch ein den Nennbetrag übersteigender Rückzahlungsbetrag. Dieser Fall entspricht zwar im Ergebnis der Ausgabe einer Wandelschuldverschreibung zu einem unter dem Nennbetrag liegenden Ausgabebetrag, die unter den Voraussetzungen des § 199 Abs. 2 von § 194 Abs. 1 S. 2 erfasst ist. Führt man die Privilegierung des § 194 Abs. 1 S. 2 jedoch auf den Gedanken der Vorausleistung der Einlage zurück (→ Rn. 6 f.), spricht dies eher für eine restriktive Handhabung von § 199 Abs. 2.[42]

9   dd) Tochterwandelanleihen. Begibt eine **Tochtergesellschaft** Wandelschuldverschreibungen mit Umtauschrechten in Aktien der Mutter (→ § 192 Rn. 33), soll die Privilegierung des § 194 Abs. 1 S. 2 nach hM nur dann anwendbar sein, wenn durch die Ausgestaltung der Anleihe ein Zustand geschaffen wird, der mit der Begebung durch die Gesellschaft selbst vergleichbar ist.[43] Daraus wird gefolgert, dass die Finanzierungstochter ihren Rückzahlungsanspruch anteilig an die

---

[36] Bürgers/Körber/*Marsch-Barner* Rn. 4; GHEK/*Karollus* § 221 Rn. 152; Großkomm AktG/*Hirte* § 221 Rn. 218; Hölters/*Apfelbacher/Niggemann* Rn. 15; *Juretzek* DStR 2014, 431 (432 f.); *Kopp/Metzner* AG 2012, 856 (863); iE auch *Busch* in Marsch-Barner/Schäfer Börsennotierte AG-HdB Rn. 44.41; *Drinhausen/Keinath* BB 2011, 1736 (1739 ff.); *Marsch-Barner* DB 1995, 1497; *Schnorbus/Trapp* ZGR 2010, 1023 (1029 ff.); wohl auch Großkomm AktG/*Frey* Rn. 25, 28 ff.; aA GHEK/*Bungeroth* Rn. 8, der in diesem Fall die Sacheinlagevorschriften auf den Umtausch der Wandelschuldverschreibungen anwenden will; unklar Grigoleit/*Rieder/Holzmann* Rn. 6; MüKoAktG/*Fuchs* Rn. 8; K. Schmidt/Lutter/*Veil* Rn. 5; *Karollus* ZIP 1994, 589 (597).
[37] Hölters/*Apfelbacher/Niggemann* Rn. 15; K. Schmidt/Lutter/*Merkt* § 221 Rn. 28; *Busch* in Marsch-Barner/Schäfer Börsennotierte AG-HdB Rn. 44.41; *Groß* in Marsch-Barner/Schäfer Börsennotierte AG-HdB Rn. 51.64; *Drinhausen/Keinath* BB 2011, 1736 (1741); *Krause* ZHR 181 (2017), 641 (671 f.); *Marsch-Barner* DB 1995, 1497; *Singhof* FS Hoffmann-Becking, 2013, 1163 (1178); wohl auch OLG München ZIP 2013, 1913 (1914) – Allgeier; Großkomm AktG/*Frey* Rn. 30; Großkomm AktG/*Hirte* § 221 Rn. 218; MüKoAktG/*Habersack* § 221 Rn. 231; iE ähnlich Hüffer/Koch/*Koch*, 13. Aufl. 2018, Rn. 9; *Kopp/Metzner* AG 2012, 856 (863 f.); *Schnorbus/Trapp* ZGR 2010, 1023 (1042 f.): Zeitpunkt der Sacheinlageleistung (die regelmäßig Zug um Zug gegen Ausgabe der Schuldverschreibungen erfolgt); grundsätzlich auch Bürgers/Körber/*Marsch-Barner* Rn. 4, der in diesem Fall aber offenbar eine Prüfung gem. § 194 Abs. 4 als entbehrlich (bzw. nicht möglich) ansieht; s. auch *Herfs/Leyendecker* AG 2018, 213 (216), die eine Prüfung der Werthaltigkeit allein durch den Vorstand als ausreichend ansehen.
[38] In diese Richtung auch *Groß* in Marsch-Barner/Schäfer Börsennotierte AG-HdB Rn. 51.64.
[39] MüKoAktG/*Habersack* § 221 Rn. 232.
[40] Großkomm AktG/*Frey* Rn. 21, 25, 67 ff.; Hölters/*Apfelbacher/Niggemann* Rn. 5a; Kölner Komm AktG/*Drygala/Staake* Rn. 14; MüKoAktG/*Fuchs* Rn. 8.
[41] Bürgers/Körber/*Marsch-Barner* Rn. 4; Hölters/*Apfelbacher/Niggemann* Rn. 5a; *Busch* in Marsch-Barner/Schäfer Börsennotierte AG-HdB Rn. 44.41; *Schlitt/Seiler/Singhof* AG 2003, 254 Fn. 4.
[42] *Busch* in Marsch-Barner/Schäfer Börsennotierte AG-HdB Rn. 44.41.
[43] Bürgers/Körber/*Marsch-Barner* Rn. 4a; GHEK/*Bungeroth* Rn. 8; GHEK/*Karollus* § 221 Rn. 154 ff.; Grigoleit/*Rieder/Holzmann* Rn. 6; Großkomm AktG/*Hirte* § 221 Rn. 217; Hölters/*Apfelbacher/Niggemann* Rn. 9; *Groß* in Marsch-Barner/Schäfer Börsennotierte AG-HdB Rn. 51.63; *Schumann*, Optionsanleihen, 1990, 71 ff.; *Hirte* WM 1994, 321 (329); *Schanz* BKR 2011, 410 (413 f.); wohl auch *Busch* in Marsch-Barner/Schäfer Börsennotierte AG-HdB § 44 Rn. 44.42; aA Großkomm AktG/*Frey* Rn. 36 f.; Kölner Komm AktG/*Drygala/Staake* Rn. 19; MüKoAktG/*Fuchs* Rn. 10; Wachter/*Dürr* Rn. 5.

Anleihegläubiger abtreten müsse, wenn sie den Anleiheerlös – wie in der Praxis üblich – als Darlehen an die Mutter weiterleitet. Bei Ausübung des Umtauschrechts müsse die Darlehensforderung dann von den Anleihegläubigern auf die Muttergesellschaft übertragen werden, so dass sie durch Konfusion erlösche. Werden die Anleihegläubiger nicht zugleich auch Gläubiger der Muttergesellschaft, soll es bei den allgemeinen Sacheinlageregeln bleiben.

Die Konstruktion der hM erscheint unnötig kompliziert und berücksichtigt nicht hinreichend, **10** dass es in allen Fällen des § 192 Abs. 2 Nr. 1, in denen eine Finanzierungstochter Wandelschuldverschreibungen begibt, wirtschaftlich um eine Konzernfinanzierung geht.[44] Die ursprüngliche Zahlung des Anleihegläubigers auf die Schuldverschreibung lässt sich als Geldeinlage an einen Dritten auf Veranlassung der Muttergesellschaft qualifizieren.[45] Die erforderliche Veranlassung durch die Muttergesellschaft ist spätestens in dem Erhöhungsbeschluss gem. § 192 Abs. 2 Nr. 1 und der darin zum Ausdruck kommenden Billigung der Begebung der Anleihe durch die Finanzierungstochter zu sehen.[46] § 194 Abs. 1 S. 2 sollte dementsprechend auf **alle von § 192 Abs. 2 Nr. 1 erfassten Fälle drittemittierter Wandelschuldverschreibungen** Anwendung finden. Wird der Anleiheerlös als Darlehen an die Mutter weitergeleitet, sollte es dementsprechend nicht darauf ankommen, ob der sich daraus ergebende Rückzahlungsanspruch anteilig an die Anleihegläubiger abgetreten wird.

ee) Fremdwährungsanleihen, ausländisches Recht. Noch ungeklärt ist, unter welchen **10a** Voraussetzungen § 194 Abs. 1 S. 2 auf Wandelanleihen anwendbar ist, die nicht auf Euro, sondern auf eine **Fremdwährung** lauten. Da § 194 Abs. 1 S. 2 auf dem Gedanken einer Vorausleistung der Einlage beruht (→ Rn. 7), kommt es bei einer Ausgabe der Wandelanleihe gegen Barzahlung darauf an, ob die Zahlung den Anforderungen des § 54 Abs. 3 S. 1 genügt.[47] Dies ist jedenfalls dann der Fall, wenn sie in Euro geleistet wird. Erkennt man an, dass eine Kontogutschrift in Fremdwährung (jedenfalls, wenn es sich um die Währung eines anderen EWR-Staats handelt) nicht nur auf einem ausländischen, sondern auch auf einem inländischen Konto den Anforderungen des § 54 Abs. 3 S. 1 genügt (→ § 54 Rn. 56),[48] spricht nichts dagegen, § 194 Abs. 1 S. 2 auch bei einer solchen Gestaltung anzuwenden. § 194 Abs. 1 S. 2 sollte auch dann anwendbar bleiben, wenn eine **Wandelanleihe unter ausländischem Recht** begeben wird.[49] Dabei ist aber sicherzustellen, dass den aktienrechtlichen Anforderungen Rechnung getragen ist, so dass insbesondere die Bezugserklärung deutschem Recht unterliegen muss.[50]

b) Wandelgenussrechte. § 194 Abs. 1 S. 2 ist auf Wandelgenussrechte zumindest dann **entspre- 11 chend anwendbar,** wenn diese gegen Barzahlung ausgegeben wurden und einen verlustunabhängigen Anspruch auf Rückzahlung eines festen Geldbetrags gewähren.[51] Richtigerweise kann nichts anderes gelten, wenn die Wandelgenussrechte gegen Sacheinlagen ausgegeben wurden, wobei in diesem Fall aber hinsichtlich der Sachleistungen auf die Wandelgenussrechte die besonderen Regeln für die Erbringung von Sacheinlagen zu beachten sind (→ Rn. 7).

c) Wandelanleihen und -genussrechte mit Verlustbeteiligung und Nachrangabrede. 11a Umstritten ist, ob die Privilegierung des § 194 Abs. 1 S. 2 auch Wandelanleihen und Wandelgenussrechte mit **Verlustbeteiligung** erfasst. Nach **bislang hM** ist dies nicht der Fall.[52] Begründet wird

---

[44] Großkomm AktG/*Frey* Rn. 36; MüKoAktG/*Fuchs* Rn. 10; s. auch Kölner Komm AktG/*Drygala/Staake* Rn. 19.
[45] Ausf. Großkomm AktG/*Frey* Rn. 37; zust. MüKoAktG/*Fuchs* Rn. 10; ebenso Kölner Komm AktG/*Drygala/Staake* Rn. 19.
[46] Großkomm AktG/*Frey* Rn. 38; Kölner Komm AktG/*Drygala/Staake* Rn. 19; MüKoAktG/*Fuchs* Rn. 10.
[47] Hölters/*Apfelbacher/Niggemann* Rn. 13.
[48] So etwa Großkomm AktG/*Henze* § 54 Rn. 87; Hüffer/Koch/*Koch*, 13. Aufl. 2018; § 54 Rn. 16; K. Schmidt/Lutter/*Fleischer* § 54 Rn. 31; s. auch Hölters/*Laubert* § 54 Rn. 13; aA Grigoleit/*Grigoleit/Rachlitz* § 54 Rn. 13; MüKoAktG/*Bungeroth* § 54 Rn. 67.
[49] Hölters/*Apfelbacher/Niggemann* Rn. 14.
[50] Hölters/*Apfelbacher/Niggemann* Rn. 14.
[51] Bürgers/Körber/*Marsch-Barner* Rn. 4b; GHEK/*Bungeroth* Rn. 14; Großkomm AktG/*Frey* Rn. 77; Hüffer/Koch/*Koch*, 13. Aufl. 2018, Rn. 4a; Kölner Komm AktG/*Drygala/Staake* Rn. 22; MüKoAktG/*Fuchs* Rn. 11; MHdB AG/*Scholz* § 58 Rn. 48.
[52] Bürgers/Körber/*Marsch-Barner* Rn. 4a; GHEK/*Bungeroth* Rn. 15; Grigoleit/*Rieder/Holzmann* Rn. 6; Hüffer/Koch/*Koch*, 13. Aufl. 2018, Rn. 4a; Kölner Komm AktG/*Lutter*, 2. Aufl. 1994; Rn. 4; Wachter/*Dürr* Rn. 4; *Drygala* WM 2011, 1637 (1642); *Harrer/Janssen/Halbig* FB 2005, 1 (3); wohl auch *Busch* in Marsch-Barner/Schäfer Börsennotierte AG-HdB Rn. 44.43; aA Großkomm AktG/*Frey* Rn. 79 ff.; Großkomm AktG/*Hirte* § 221 Rn. 216; Hölters/*Apfelbacher/Niggemann* Rn. 11; Kölner Komm AktG/*Drygala/Staake* Rn. 24; MüKoAktG/*Habersack* § 221 Rn. 244; *Groß* in Marsch-Barner/Schäfer Börsennotierte AG-HdB Rn. 51.8d; MHdB AG/*Scholz* § 58 Rn. 49; *Böhringer/Mihm/Schaffelhuber/Seiler* RdF 2011, 48 (51); *Singhof* FS Hoffmann-Becking, 2013, 1163 (1177 ff.); wohl auch *Gleske/Ströbele* CFL 2012, 49 (56); differenzierend MüKoAktG/*Fuchs* Rn. 13: § 194 Abs. 1 S. 2 anwendbar, solange die Emittentin nur Gewinne erwirtschaftet.

dies mit der Gefahr, dass eine Rückzahlungspflicht im Zeitpunkt der Wandlung ggf. nicht mehr oder nicht mehr in vollem Umfang besteht.[53] Dies hätte zur Folge, dass auf Wandelgenussrechte mit Verlustbeteiligung die Sacheinlageregeln anzuwenden wären. Da die Vorschriften über das bedingte Kapital keine Werthaltigkeitskontrolle bei der Wandlung vorsehen, bliebe allerdings auch bei Anwendung der Sacheinlageregeln ungelöst, wie die Prüfung durch einen externen Prüfer erfolgen sollte. Daher wurde empfohlen, auf Wandelgenussrechte mit Verlustbeteiligung ganz zu verzichten.[54] Diese Konsequenz ist unbefriedigend, da in der Praxis insbesondere bei Kreditinstituten und Versicherungen durchaus ein Bedarf für Wandelgenussrechte mit Verlustbeteiligung besteht.[55] Letztlich ist sie auch nicht geboten. Berücksichtigt man, dass § 194 Abs. 1 S. 2 auf dem Gedanken einer ausnahmsweise zulässigen Vorausleistung der Einlage beruht (→ Rn. 6 f.), erscheint der Hinweis auf die im Zeitpunkt der Wandlung ggf. nicht mehr in vollem Umfang bestehende Rückzahlungspflicht wenig überzeugend. So besteht etwa bei einer Ausgabe der Wandelanleihen oder -genussrechte gegen Sachleistungen stets das Risiko, dass diese im Zeitpunkt der Wandlung nicht mehr werthaltig sind (zum maßgeblichen Zeitpunkt für die Werthaltigkeitskontrolle → Rn. 7). Dies wird von § 194 Abs. 1 S. 2 bewusst in Kauf genommen. Auch nimmt § 194 Abs. 1 S. 2 bewusst in Kauf, dass die verbriefte Forderung im Zeitpunkt der Wandlung nicht mehr vollwertig ist, so dass eine Wandlung selbst bei Insolvenzreife der Emittentin noch zulässig ist.[56] Dann sollte es aber keinen entscheidenden Unterschied ausmachen, ob die Forderung nur nicht mehr werthaltig ist oder formal herabgeschrieben wurde. Dies spricht dafür, dass § 194 Abs. 1 S. **2 auch im Fall einer Verlustbeteiligung anwendbar** ist. Jedenfalls anwendbar sein sollte § 194 Abs. 1 S. 2, wenn die eingetretene Verlustbeteiligung bei der Wandlung berücksichtigt wird (zweckmäßigerweise, indem die Anleihe- bzw. Genussrechtsbedingungen eine Anpassung des Wandlungsverhältnisses vorsehen).[57] Auf diese Weise würde auch dem Einwand Rechnung getragen, dass § 194 Abs. 1 S. 2 vom fortbestehenden Nominalprinzip ausgehe und für den Gläubiger nur das allgemeine Delcredere-Risiko beseitige.[58]

12   Bislang nicht geklärt ist die Frage, ob eine **Nachrangabrede** zum Verlust der Privilegierung des § 194 Abs. 1 S. 2 führt. Nach vereinzelt vertretener Auffassung soll dies der Fall sein, wenn der Nachrang durch eine Krise aktuell geworden ist.[59] Eine solche Differenzierung ist aufgrund der damit verbundenen Abgrenzungsschwierigkeiten abzulehnen.[60] Die Gründe, die dafür sprechen, dass § 194 Abs. 1 S. 2 auch im Fall einer Verlustbeteiligung anwendbar bleibt (→ Rn. 11a), sprechen vielmehr dafür, dass auch eine Nachrangabrede **unschädlich** ist.[61] Wollte man § 194 Abs. 1 S. 2 im Fall einer Nachrangabrede entgegen der hier vertretenen Ansicht grundsätzlich nicht anwenden, böte sich als Ausweg die Aufnahme einer auflösenden Bedingung an, wonach die Nachrangabrede im Fall der Wandlung entfällt.[62]

13   **d) Optionsanleihen und -genussrechte.** Optionsanleihen sehen regelmäßig eine Ausgabe von Bezugsaktien gegen Bareinlage vor. Gleiches gilt für Optionsgenussrechte. § 194 ist nur anwendbar, wenn Optionsanleihen oder -genussrechte ausnahmsweise einen Aktienbezug gegen Leistung einer Sacheinlage vorsehen.[63] Sehen die Optionsbedingungen eine Inzahlungnahme der Anleihe oder eine

---

[53] GHEK/*Bungeroth* Rn. 15; Kölner Komm AktG/*Lutter*, 2. Aufl. 1994, Rn. 7.
[54] So noch *Busch* in Marsch-Barner/Schäfer Börsennotierte AG-HdB, 2. Aufl. 2009, § 44 Rn. 42 (anders jetzt in 4. Aufl. 2018, Rn. 44.43).
[55] Vgl. Hölters/*Apfelbacher/Niggemann* Rn. 11; MHdB AG/*Scholz* § 58 Rn. 49.
[56] MüKoAktG/*Habersack* § 221 Rn. 244; s. auch Hölters/*Apfelbacher/Niggemann* Rn. 11; Kölner Komm AktG/*Drygala/Staake* Rn. 24.
[57] So MHdB AG/*Scholz* § 58 Rn. 49; *Böhringer/Mihm/Schaffelhuber/Seiler* RdF 2011, 48 (51); *Singhof* FS Hoffmann-Becking, 2013, 1163 (1179).
[58] So der Einwand von Kölner Komm AktG/*Lutter*, 2. Aufl. 1994, Rn. 7; ähnlich *Singhof* FS Hoffmann-Becking, 2013, 1163 (1179), der die Verlustteilnahme mit einem Rückfluss der Einlage an den Inferenten vergleicht.
[59] GHEK/*Karollus* § 221 Rn. 167; vgl. auch MüKoAktG/*Fuchs* Rn. 13 Fn. 42.
[60] Ebenso *Singhof* FS Hoffmann-Becking, 2013, 1163 (1178); krit. auch Großkomm AktG/*Frey* Rn. 78 Fn. 110.
[61] Für Unschädlichkeit einer Nachrangabrede auch *Apfelbacher/Kopp* CFL 2011, 21 (28); Großkomm AktG/*Frey* Rn. 79 ff.; Großkomm AktG/*Hirte* § 221 Rn. 216; Hölters/*Apfelbacher/Niggemann* Rn. 12; Kölner Komm AktG/*Drygala/Staake* Rn. 25; MüKoAktG/*Habersack* § 221 Rn. 244; *Groß* in Marsch-Barner/Schäfer Börsennotierte AG-HdB Rn. 51.8d; *Böhringer/Mihm/Schaffelhuber/Seiler* RdF 2011, 48 (51); *Schlitt/Brandi/Schröder/Gemmel/Ernst* CFL 2011, 105 (129); *Singhof* FS Hoffmann-Becking, 2013, 1163 (1177 ff.); wohl auch *Gleske/Ströbele* CFL 2012, 49 (56); offen *Busch* in Marsch-Barner/Schäfer Börsennotierte AG-HdB Rn. 44.43.
[62] *Busch* in Marsch-Barner/Schäfer Börsennotierte AG-HdB Rn. 44.43, mit einem Beispiel aus der Praxis in Fn. 2; krit. *Apfelbacher/Kopp* CFL 2011, 21 (28).
[63] GHEK/*Bungeroth* Rn. 10; *Grigoleit/Rieder/Holzmann* Rn. 7; Hölters/*Apfelbacher/Niggemann* Rn. 7; Hüffer/Koch/*Koch*, 13. Aufl. 2018, Rn. 3; Kölner Komm AktG/*Drygala/Staake* Rn. 28; MüKoAktG/*Fuchs* Rn. 14.

Verrechnung der Einlageforderung mit dem Rückzahlungsanspruch vor, ist aber die Privilegierung des § 194 Abs. 1 S. 2 entsprechend anwendbar (→ Rn. 5).

e) Entsprechende Geltung (§ 7a Abs. 1 S. 4 FMStFG). Eine bedingte Kapitalerhöhung kann gem. § 7a Abs. 1 S. 1 FMStBG im Zusammenhang mit einer Rekapitalisierung nach § 7 FMStFG auch zur Gewährung von Umtausch- oder Bezugsrechten an den **SoFFin** als stillen Gesellschafter beschlossen werden (→ § 192 Rn. 25a). Für diesen Fall ordnet § 7a Abs. 1 S. 4 FMStBG die entsprechende Geltung von § 194 Abs. 1 S. 2 an. Auch die Umwandlung einer stillen Einlage des SoFFin gilt daher nicht als Sacheinlage. 13a

3. Arbeitnehmergewinnbeteiligungen (Abs. 3). § 194 Abs. 3 sieht für die Einbringung von Geldforderungen aus Arbeitnehmergewinnbeteiligungen, bei der es sich um eine Sacheinlage handelt, eine teilweise Befreiung von den Sacheinlagevorschriften vor. Die Regelung wurde zusammen mit § 192 Abs. 2 Nr. 3 aF und § 205 Abs. 5 in das AktG 1965 eingefügt und soll die Ausgabe von Bezugsaktien an Arbeitnehmer erleichtern.[64] Hierzu befreit § 194 Abs. 3 von den ansonsten gem. § 194 Abs. 1 erforderlichen Festsetzungen und erklärt auch die Regelung des § 194 Abs. 2 für unanwendbar. Der Gesetzgeber begründet dies damit, dass über den Wert der Sacheinlagen kein Zweifel bestehe.[65] Anwendbar bleibt jedoch die Prüfungspflicht gem. § 194 Abs. 4 (einschließlich der Erleichterungen gem. § 194 Abs. 5 iVm § 183a). 14

Gewinnbeteiligungen iSv § 194 Abs. 3 sind konkrete Auszahlungsansprüche, deren Höhe zumindest auch vom Gewinn oder Umsatz beeinflusst wird. Hierzu zählen neben Gewinn- und Umsatzbeteiligungen auch Gratifikationen und Leistungsprämien.[66] Darüber hinaus sind auch Stock Appreciation Rights und Phantom Stocks (→ § 192 Rn. 57) als Gewinnbeteiligungen iSv § 194 Abs. 3 anzusehen.[67] Im Wege der Analogie kann § 194 Abs. 3 zudem auf die Einlage nicht erfolgsabhängiger Geldforderungen von Arbeitnehmern gegen die Gesellschaft erstreckt werden.[68] 15

Über den Wortlaut der Norm hinaus erfasst § 194 Abs. 3 auch Arbeitnehmer und leitende Angestellte von verbundenen Unternehmen.[69] Zudem kann die Privilegierung auf die Einlage von Gewinnbeteiligungen durch Mitglieder der Geschäftsführung und damit auf den **gesamten in § 192 Abs. 2 Nr. 3 genannten Personenkreis** erstreckt werden.[70] Der Umstand, dass § 194 Abs. 3 im Rahmen des KonTraG nicht dem geänderten Wortlaut des § 192 Abs. 2 Nr. 3 angepasst wurde, dürfte auf einem Redaktionsversehen des Gesetzgebers beruhen. 16

III. Besondere Beschlusserfordernisse

1. Weiterer Beschlussinhalt (Abs. 1 Satz. 1). Der Beschluss über die bedingte Kapitalerhöhung mit Sacheinlagen muss die allgemeinen und die besonderen inhaltlichen Anforderungen gem. § 193 Abs. 2 erfüllen (→ § 193 Rn. 6 ff.). Darüber hinaus muss der Erhöhungsbeschluss die besonderen Festsetzungen gem. § 194 Abs. 1 S. 1 enthalten (den Gegenstand der Sacheinlage, die Person des Einlegers und den Nennbetrag bzw. bei Stückaktien die Zahl der zu gewährenden Aktien), die denen des § 183 Abs. 1 S. 1 bei der regulären Kapitalerhöhung entsprechen. Wegen der Einzelheiten kann auf die Kommentierung zu § 183 verwiesen werden (→ § 183 Rn. 10 ff.). Eine Festsetzung des Werts der Sacheinlage ist nicht zwingend erforderlich.[71] 17

---

[64] BegrRegE bei *Kropff* S. 300.
[65] BegrRegE bei *Kropff* S. 300; krit. zu dieser Begründung Hüffer/Koch/*Koch*, 13. Aufl. 2018, Rn. 5; Kölner Komm AktG/*Drygala/Staake* Rn. 32; MüKoAktG/*Fuchs* Rn. 15.
[66] Bürgers/Körber/*Marsch-Barner* Rn. 5; Großkomm AktG/*Frey* Rn. 89; Hölters/*Apfelbacher/Niggemann* Rn. 17; Kölner Komm AktG/*Drygala/Staake* Rn. 37; MüKoAktG/*Fuchs* Rn. 16; K. Schmidt/Lutter/*Veil* Rn. 6; *Busch* in Marsch-Barner/Schäfer Börsennotierte AG-HdB Rn. 44.44.
[67] Bürgers/Körber/*Marsch-Barner* Rn. 5; Großkomm AktG/*Frey* Rn. 89; Hölters/*Apfelbacher/Niggemann* Rn. 17; Kölner Komm AktG/*Drygala/Staake* Rn. 37; MüKoAktG/*Fuchs* Rn. 16; K. Schmidt/Lutter/*Veil* Rn. 6; Wachter/*Dürr* Rn. 6.
[68] Ausf. Großkomm AktG/*Frey* Rn. 90; zust. *Busch* in Marsch-Barner/Schäfer Börsennotierte AG-HdB Rn. 44.44; aA Hölters/*Apfelbacher/Niggemann* Rn. 17; Kölner Komm AktG/*Drygala/Staake* Rn. 38; MüKoAktG/*Fuchs* Rn. 17.
[69] Bürgers/Körber/*Marsch-Barner* Rn. 5; Großkomm AktG/*Frey* Rn. 89; Hölters/*Apfelbacher/Niggemann* Rn. 17; Kölner Komm AktG/*Drygala/Staake* Rn. 35; MüKoAktG/*Fuchs* Rn. 17.
[70] Bürgers/Körber/*Marsch-Barner* Rn. 5; Grigoleit/*Rieder/Holzmann* Rn. 9; Kölner Komm AktG/*Drygala/Staake* Rn. 36; *Busch* in Marsch-Barner/Schäfer Börsennotierte AG-HdB Rn. 44.44; aA Großkomm AktG/*Frey* Rn. 91; Hölters/*Apfelbacher/Niggemann* Rn. 17; MüKoAktG/*Fuchs* Rn. 17; Wachter/*Dürr* Rn. 6.
[71] Bürgers/Körber/*Marsch-Barner* Rn. 6; Grigoleit/*Rieder/Holzmann* Rn. 10; Großkomm AktG/*Frey* Rn. 97; Hölters/*Apfelbacher/Niggemann* Rn. 19; Hüffer/Koch/*Koch*, 13. Aufl. 2018, Rn. 6; Kölner Komm AktG/*Drygala/Staake* Rn. 39; MüKoAktG/*Fuchs* Rn. 18; Wachter/*Dürr* Rn. 7; *Busch* in Marsch-Barner/Schäfer AG-HdB Rn. 44.39; *Drinhausen/Keinath* BB 2011, 1736 (1737); aA Kölner Komm AktG/*Lutter*, 2. Aufl. 1994, Rn. 14.

18 Eine Besonderheit gegenüber § 183 Abs. 1 S. 1 besteht bei § 194 Abs. 1 S. 1 darin, dass die Sacheinleger im Zeitpunkt des Hauptversammlungsbeschlusses über die bedingte Kapitalerhöhung häufig nicht namentlich benannt werden können, etwa wenn es sich um Inhaber von Aktien einer zu übernehmenden Gesellschaft handelt. In diesem Fall genügen wie bei § 193 Abs. 2 Nr. 2 Angaben, die den **Kreis der Einleger eindeutig bestimmbar** machen.[72] Auch eine Individualisierung der Sacheinlage kann bei Fassung des Hauptversammlungsbeschlusses über die bedingte Kapitalerhöhung schwierig sein. Es genügt daher eine gattungsmäßige Beschreibung der einzulegenden Gegenstände, wenn diese völlig gleichwertig sind und ihre Individualisierung auf die Bewertung keinen Einfluss hat.[73] Hinsichtlich der Festsetzung des Nennbetrags bzw. der Zahl der für die Sacheinlage auszugebenden Aktien genügt ebenfalls objektive Bestimmbarkeit.[74] Dient ein bedingtes Kapital der Sicherung von Umtauschrechten aus Wandelschuldverschreibungen, die aufgrund einer **Ermächtigung gem. § 221 Abs. 2 S. 1 gegen Sacheinlage** begeben werden, sind die Anforderungen des § 194 Abs. 1 S. 1 im Zeitpunkt der Beschlussfassung regelmäßig nicht erfüllbar, da die erforderlichen Angaben noch nicht feststehen. In diesem Fall reicht es aus, wenn die Festsetzungen analog § 205 Abs. 2 S. 1 vom Vorstand **bei Ausgabe der Wandelschuldverschreibungen** vorgenommen werden.[75] Eine entsprechende Klarstellung durch den Gesetzgeber wäre zu begrüßen.

19 **2. Bekanntmachung (Abs. 1 S. 3).** Die beabsichtigte Einbringung von Sacheinlagen ist gem. § 194 Abs. 1 S. 3 ausdrücklich und ordnungsgemäß bekannt zu machen. Die Bekanntmachung erfolgt mit der ursprünglichen Tagesordnung (§ 121 Abs. 3 S. 2) oder – im Fall eines Ergänzungsverlangens gem. § 122 Abs. 2 – der ergänzten Tagesordnung (§ 124 Abs. 1). § 194 Abs. 1 S. 3 aF enthielt noch einen ausdrücklichen Hinweis auf § 124 Abs. 1 aF, der durch Art. 1 Nr. 30 ARUG gestrichen wurde. Inhaltlich hat sich durch diese Streichung nichts geändert, da der Hinweis rein deklaratorisch war.[76] Der Wortlaut von § 194 Abs. 1 S. 3 entspricht im Wesentlichen § 183 Abs. 1 S. 2. Anders als § 183 Abs. 1 S. 2 erwähnt § 194 Abs. 1 S. 3 jedoch nicht die nach Satz 1 erforderlichen **besonderen Festsetzungen.** Da kein Grund für diese Abweichung ersichtlich ist, wird allgemein von einem Redaktionsversehen des Gesetzgebers ausgegangen, so dass auch die Festsetzungen nach § 194 Abs. 1 S. 1 bekannt zu machen sind.[77] Ein **Verstoß** gegen § 194 Abs. 1 S. 3 macht den Erhöhungsbeschluss **anfechtbar.**[78] In diesem Fall hat das Registergericht nach hM die Eintragung des Beschlusses selbst dann abzulehnen, wenn innerhalb der Anfechtungsfrist keine Anfechtungsklage erhoben wurde.[79] Dies erscheint zweifelhaft. Nach allgemeinen Grundsätzen steht die Anfechtbarkeit eines eintragungsbedürftigen Beschlusses der Eintragung nur dann entgegen, wenn der Mangel auf der Verletzung von Vorschriften beruht, die nicht nur dem Schutz der gegenwärtigen Aktionäre, sondern zumindest auch dem Schutz des öffentlichen Interesses (einschließlich der Interessen nicht anfechtungsbefugter Dritter, auch künftiger Aktionäre) dienen (→ § 181 Rn. 26).[80] Die Bekanntma-

---

[72] Bürgers/Körber/*Marsch-Barner* Rn. 6; GHEK/*Bungeroth* Rn. 18; Grigoleit/*Rieder/Holzmann* Rn. 10; Großkomm AktG/*Frey* Rn. 96; Hölters/*Apfelbacher/Niggemann* Rn. 19; Hüffer/Koch/*Koch*, 13. Aufl. 2018, Rn. 6; Kölner Komm AktG/*Drygala/Staake* Rn. 40; MüKoAktG/*Fuchs* Rn. 18; K. Schmidt/Lutter/*Veil* Rn. 7; *v. Godin/Wilhelmi* Anm. 2; Wachter/*Dürr* Rn. 7; *Busch* in Marsch-Barner/Schäfer Börsennotierte AG-HdB Rn. 44.39; MHdB AG/*Scholz* § 58 Rn. 45; Drinhausen/Keinath BB 2011, 1736 (1737).

[73] Großkomm AktG/*Frey* Rn. 96; Kölner Komm AktG/*Drygala/Staake* Rn. 41; *Drinhausen/Keinath* BB 2011, 1736 (1737).

[74] Bürgers/Körber/*Marsch-Barner* Rn. 6; Kölner Komm AktG/*Drygala/Staake* Rn. 41; *Drinhausen/Keinath* BB 2011, 1736 (1737).

[75] Hüffer/Koch/*Koch*, 13. Aufl. 2018, Rn. 6; Kölner Komm AktG/*Drygala/Staake* Rn. 42; Wachter/*Dürr* Rn. 8; *Drinhausen/Keinath* BB 2011, 1736 (1739 ff.); *Schnorbus/Trapp* ZGR 2010, 1023 (1040); ohne Rückgriff auf § 205 Abs. 2 S. 1 auch *Otte* GWR 2013, 441; einschränkend NK-AktR/*Wagner* Rn. 3a: Gegenstand der Sacheinlage stets im Kapitalerhöhungsbeschluss anzugeben.

[76] Vgl. BegrRegE, BT-Drs. 16/11642, 36 (38).

[77] Bürgers/Körber/*Marsch-Barner* Rn. 7; GHEK/*Bungeroth* Rn. 20; Grigoleit/*Rieder/Holzmann* Rn. 10; Großkomm AktG/*Frey* Rn. 98; Hölters/*Apfelbacher/Niggemann* Rn. 18; Hüffer/Koch/*Koch*, 13. Aufl. 2018, Rn. 7; Kölner Komm AktG/*Drygala/Staake* Rn. 44; MüKoAktG/*Fuchs* Rn. 19; K. Schmidt/Lutter/*Veil* Rn. 8; *v. Godin/Wilhelmi* Anm. 4; Wachter/*Dürr* Rn. 9; MHdB AG/*Scholz* § 58 Rn. 45.

[78] Bürgers/Körber/*Marsch-Barner* Rn. 7; GHEK/*Bungeroth* Rn. 26; Grigoleit/*Rieder/Holzmann* Rn. 10; Großkomm AktG/*Frey* Rn. 98; Hüffer/Koch/*Koch*, 13. Aufl. 2018, Rn. 7; Kölner Komm AktG/*Drygala/Staake* Rn. 45; MüKoAktG/*Fuchs* Rn. 24; K. Schmidt/Lutter/*Veil* Rn. 8.

[79] Bürgers/Körber/*Marsch-Barner* Rn. 7; GHEK/*Bungeroth* Rn. 26; Grigoleit/*Rieder/Holzmann* Rn. 10; MüKoAktG/*Fuchs* Rn. 24; Wachter/*Dürr* Rn. 11; aA Großkomm AktG/*Frey* Rn. 98: Registerrichter habe Ermessen bis zum Ablauf der Anfechtungsfrist und müsse danach Eintragung verfügen.

[80] So die heute ganz hM, grundlegend *Lutter* NJW 1969, 1873 (1878 f.); ebenso OLG Hamburg AG 1993, 384 (385); Grigoleit/*Ehmann* § 181 Rn. 8; Hüffer/Koch/*Koch*, 13. Aufl. 2018, § 181 Rn. 14, § 243 Rn. 56; MüKoAktG/*Hüffer* § 243 Rn. 139; MüKoAktG/*Stein* § 181 Rn. 46 ff.; K. Schmidt/Lutter/*Seibt* § 181 Rn. 26; weitergehend Großkomm AktG/*Wiedemann* § 181 Rn. 25: jeder evidente Rechtsmangel stehe Eintragung entge-

chung gem. § 194 Abs. 1 S. 3 dient allein den Interessen der gegenwärtigen Aktionäre, die bereits durch ihr Anfechtungsrecht geschützt sind. Dies spricht dafür, dass das Registergericht einen gegen § 194 Abs. 1 S. 3 verstoßenden Erhöhungsbeschluss eintragen muss, wenn er unanfechtbar geworden ist.[81]

IV. Verdeckte Sacheinlage, Hin- und Herzahlen (Abs. 2)

1. Überblick. Regelungen zur verdeckten Sacheinlage und zum Hin- und Herzahlen enthält 20 § 194 Abs. 2, der durch Art. 1 Nr. 30 ARUG vollständig neu gefasst wurde. § 194 Abs. 2 S. 1 aF sah noch vor, dass Verträge über Sacheinlagen und die Rechtshandlungen zu ihrer Ausführung ohne die nach § 194 Abs. 1 S. 1 erforderlichen Festsetzungen der Gesellschaft gegenüber unwirksam sind. Hiervon waren nicht nur fehlende, sondern auch unrichtige und unvollständige Angaben erfasst.[82] Mit dem ARUG ist der Gesetzgeber von der grundsätzlichen Unwirksamkeit abgerückt, indem er in § 27 Abs. 3 und 4 Regelungen zur verdeckten Sacheinlage und zum Hin- und Herzahlen aufgenommen hat, auf die in § 194 Abs. 2 verwiesen wird. Hierdurch wird die durch das **MoMiG** in § 19 Abs. 4 und 5 GmbHG erfolgte Neuregelung der verdeckten Sacheinlage und des Hin- und Herzahlens nahezu unverändert in das Aktienrecht übertragen.[83] Die Übertragung in das Aktienrecht geht auf einen Vorschlag des Rechtsausschusses zurück.[84] Der Regierungsentwurf des ARUG sah noch keine entsprechende Regelung vor. Die Anwendbarkeit von § 27 Abs. 3 und 4 in der Fassung des ARUG auf vor dem 1. September 2009 bewirkte Einlageleistungen richtet sich nach der Übergangsvorschrift des § 20 Abs. 7 EGAktG.[85] Nach einer Entscheidung des OLG Koblenz sollen die Neuregelungen nicht auf Fälle anzuwenden sein, in denen die mündliche Verhandlung vor Inkrafttreten des ARUG stattgefunden hat.[86]

2. Entsprechende Geltung von § 27 Abs. 3 und 4. Gem. § 194 Abs. 2 Hs. 1 gelten die Rege- 21 lungen zur verdeckten Sacheinlage (§ 27 Abs. 3) und zum Hin- und Herzahlen (§ 27 Abs. 4) **entsprechend für die bedingte Kapitalerhöhung.** Der Verweis ist erforderlich, da § 27 nach seiner systematischen Stellung grundsätzlich nur für die Gründung gilt.[87] Gem. § 27 Abs. 3 S. 1 befreit eine **verdeckte Sacheinlage** den Aktionär zwar nicht von seiner Einlage, die Verträge über die Sacheinlage und die Rechtshandlungen zu ihrer Ausführung sind jedoch anders als nach bisheriger Rechtslage wirksam (§ 27 Abs. 3 S. 2). Der Wert des Vermögensgegenstands wird auf die fortbestehende Geldeinlagepflicht des Aktionärs angerechnet (§ 27 Abs. 3 S. 3), wobei der Aktionär die Beweislast für die Werthaltigkeit des Vermögensgegenstands trägt (§ 27 Abs. 3 S. 5). Die Beweislastumkehr gilt auch bei der bedingten Kapitalerhöhung.[88] Eine verdeckte Sacheinlage kann auch dann vorliegen, wenn eine neue Wandelanleihe begeben wird und unter Verwendung der daraus resultierenden Emissionserlöse ausstehende Wandelschuldverschreibungen zurückgekauft werden. Durch eine entsprechende Ausgestaltung lässt sich eine verdeckte Sacheinlage in dieser Konstellation jedoch regelmäßig vermeiden.[89] Im Fall eines Hin- und Herzahlens hat die Leistung des Aktionärs befreiende Wirkung, wenn sie durch einen vollwertigen Gegenleistungs- oder Rückgewähranspruch gedeckt ist, der jederzeit fällig ist oder durch fristlose Kündigung fällig gestellt werden kann (§ 27 Abs. 4 S. 1). Ein **Hin- und Herzahlen** ist in der Anmeldung offen zu legen (§ 27 Abs. 4 S. 2). Zu den Einzelheiten der verdeckten Sacheinlage und des Hin- und Herzahlens kann auf die Kommentierung zu § 27 Abs. 3 und 4 verwiesen werden (→ § 27 Rn. 103 ff. und 213 ff.).

3. Maßgeblicher Zeitpunkt. Gem. § 194 Abs. 2 Hs. 2 tritt für die **Wertbestimmung** und 22 die **Anrechnung** an die Stelle des Zeitpunkts der Anmeldung nach § 27 Abs. 3 S. 3 und der

---

gen; aA KG OLGE 34, 348; Bumiller/Harders/*Bumiller/Harders/Schwamb* FamFG § 381 Rn. 6; Keidel/*Heinemann* FamFG § 374 Rn. 59: Eintragung unabhängig von dem zur Anfechtbarkeit führenden Mangel; widersprüchlich NK-AktR/*Wagner* § 181 Rn. 14, der zwar einerseits die hM ausdrücklich ablehnt, aber selbst eine Ausnahme bei Verstoß gegen öffentliche Interessen und sogar pauschal gegen zwingendes Gesetzesrecht zulassen will; aA zur GmbH auch OLG München NZG 2013, 557 (558); OLG Köln BB 1982, 579; OLG Köln WM 1981, 1263 (1264).

[81] Ebenso Großkomm AktG/*Frey* Rn. 98; Kölner Komm AktG/*Drygala/Staake* Rn. 45.
[82] Großkomm AktG/*Frey* Rn. 101; MüKoAktG/*Fuchs* Rn. 20.
[83] Vgl. Beschlussempfehlung und Bericht des Rechtsausschusses, BT-Drs. 16/13098, 36 ff.
[84] Vgl. Beschlussempfehlung und Bericht des Rechtsausschusses, BT-Drs. 16/13098, 5.
[85] Zur verfassungsrechtlichen Problematik s. *Wicke*, Einführung in das Recht der Hauptversammlung, das Recht der Sacheinlagen und das Freigabeverfahren nach dem ARUG, 2009, 53 mwN.
[86] OLG Koblenz NZG 2010, 29 (30).
[87] Beschlussempfehlung und Bericht des Rechtsausschusses BT-Drs. 16/13098, 40.
[88] Beschlussempfehlung und Bericht des Rechtsausschusses BT-Drs. 16/13098, 40.
[89] *Kopp/Metzner* AG 2012, 856 (859 ff.).

Eintragung nach § 27 Abs. 3 S. 4 jeweils der **Zeitpunkt der Ausgabe der Bezugsaktien.** Durch diese Modifikation will der Gesetzgeber den Besonderheiten der bedingten Kapitalerhöhung Rechnung tragen. Da sich das Grundkapital bereits mit der Ausgabe der Bezugsaktien erhöht (§ 200) und die nachfolgende Anmeldung (§ 201) nur deklaratorischen Charakter hat, wäre es bei der bedingten Kapitalerhöhung unzweckmäßig, für die Wertbestimmung und die Anrechnung auf den Zeitpunkt der Anmeldung abzustellen. Da bei der bedingten Kapitalerhöhung zwischen der Einlageleistung und der Anmeldung der Kapitalerhöhung mitunter ein nicht unerheblicher Zeitraum liegen kann, wäre insoweit eine zutreffende Erfassung des der Gesellschaft zugeführten Werts nicht gewährleistet.[90] Dass der Gesetzgeber stattdessen auf die Ausgabe der Bezugsaktien abgestellt hat, kann jedenfalls für verdeckte Sacheinlagen im Zusammenhang mit der Ausgabe von Wandelschuldverschreibungen nicht voll überzeugen. Berücksichtigt man, dass die Privilegierung des § 194 Abs. 1 S. 2 auf den Gedanken der Vorausleistung der Einlage zurückzuführen ist und dementsprechend bei der Ausgabe von Wandelschuldverschreibungen gegen Sacheinlage die Werthaltigkeitskontrolle bereits bei Ausgabe der Schuldverschreibungen erfolgen muss (→ Rn. 6f., 24a), ist auch in diesem Zeitpunkt zu prüfen, ob eine verdeckte Sacheinlage vorliegt.[91] Es hätte daher nahegelegen, auch für die Wertbestimmung und die Anrechnung auf die Ausgabe der Schuldverschreibungen abzustellen.[92]

23 **4. Sanktionen.** Anders als bei der Gründung und bei den übrigen Fällen der Kapitalerhöhung hat eine **verdeckte Sacheinlage** bei der bedingten Kapitalerhöhung **keine strafbewehrte falsche Anmeldung** zur Folge.[93] Gem. § 201 Abs. 3 muss der Vorstand bei der Anmeldung der Kapitalerhöhung lediglich erklären, dass die Bezugsaktien nicht vor der vollen Leistung des Gegenwerts ausgegeben worden sind. Eine Erklärung, dass die Einlagen endgültig zur freien Verfügung des Vorstands stehen, ist bei der bedingten Kapitalerhöhung nicht erforderlich (→ § 201 Rn. 16). Die Sanktion bei einer verdeckten Sacheinlage besteht daher allein in der fortbestehenden Bareinlagepflicht iVm der Beweislastumkehr für die Werthaltigkeit des Vermögensgegenstands. Ein **Hin- und Herzahlen** ist auch bei der bedingten Kapitalerhöhung bei der Anmeldung offen zu legen (§ 194 Abs. 2 iVm § 27 Abs. 4 S. 2). Verstöße sind gem. § 399 Abs. 1 Nr. 4 strafbewehrt. Unklar ist, ob die **ordnungsgemäße Anmeldung** gem. § 194 Abs. 2 iVm § 27 Abs. 4 S. 2 auch Voraussetzung für die **Erfüllungswirkung** gem. § 194 Abs. 2 iVm § 27 Abs. 4 S. 1 ist. Vom BGH wurde diese Frage zu § 19 Abs. 5 GmbHG bejaht.[94] Es ist davon auszugehen, dass der BGH diese Rechtsprechung auch auf das Aktienrecht übertragen wird.[95] Überzeugend ist die Ansicht des BGH nicht (→ § 27 Rn. 256). Gegen sie spricht, dass § 27 Abs. 4 S. 1 für den Eintritt der Erfüllungswirkung allein auf die Vollwertigkeit und Fälligkeit des Rückgewähranspruchs abstellt und die Anmeldung in § 27 Abs. 4 S. 2 als eigenständige (durch § 399 Abs. 1 Nr. 4 hinreichend sanktionierte) Pflicht angeordnet wird.[96] Beim bedingten Kapital kommt hinzu, dass zwischen Erhöhung des Grundkapitals und Anmeldung der Kapitalerhöhung ein nicht unerheblicher Zeitraum liegen kann. Zudem hat die Anmeldung nur deklaratorischen Charakter. Hierzu würde es schlecht passen, wenn die ordnungsgemäße Offenlegung des Hin- und Herzahlens im Rahmen der Anmeldung Voraussetzung für den Eintritt der Erfüllungswir-

---

[90] Beschlussempfehlung und Bericht des Rechtsausschusses BT-Drs. 16/13098, 40.
[91] *Kopp/Metzner* AG 2012, 856 (864).
[92] *Krause* ZHR 181 (2017), 641 (673f.), der eine teleologische Reduktion von § 194 Abs. 2 Hs. 2 im Lichte von § 194 Abs. 1 S. 2 vorschlägt.
[93] Beschlussempfehlung und Bericht des Rechtsausschusses BT-Drs. 16/13098, 40; Kölner Komm AktG/*Drygala/Staake* Rn. 51; *Wicke*, Einführung in das Recht der Hauptversammlung, das Recht der Sacheinlagen und das Freigabeverfahren nach dem ARUG, 2009, 53.
[94] BGHZ 180, 38 (46) – *Qivive*; bestätigt durch BGHZ 182, 103 (111) – Cash-Pool II; ebenso *Bormann/Urlichs* in Römermann/Wachter, GmbH-Beratung nach dem MoMiG, GmbH-Sonderheft 2008, 37 (44); *Heckschen* DStR 2009, 166 (173); *Pentz* GmbHR 2009, 505 (511); *Schluck-Amend/Penke* DStR 2009, 1433 (1436); *Wälzholz* GmbHR 2008, 841 (846); aA Lutter/Hommelhoff/*Bayer* GmbHG § 19 Rn. 122; Roth/Altmeppen/*Roth* GmbHG § 19 Rn. 113; *Avvento* BB 2010, 202 (203f.); *Lieder* GmbHR 2009, 1177 (1179f.); *Roth* NJW 2009, 3397 (3398f.); *Wedemann* GmbHR 2008, 1131 (1133) Fn. 18 (jeweils zu § 19 Abs. 5 GmbHG).
[95] Für Übertragbarkeit auf das Aktienrecht OLG Stuttgart AG 2011, 794f.; Hüffer/Koch/*Koch* § 27 Rn. 48; Kölner Komm AktG/*A. Arnold* § 27 Rn. 147; MüKoAktG/*Pentz* § 27 Rn. 230; *Wicke*, Einführung in das Recht der Hauptversammlung, das Recht der Sacheinlagen und das Freigabeverfahren nach dem ARUG, 2009, 54, 59f.; speziell zu § 194 Abs. 2 s. Bürgers/Körber/*Marsch-Barner* Rn. 9; Grigoleit/*Rieder/Holzmann* Rn. 15; MüKoAktG/*Fuchs* Rn. 20aff.; aA Grigoleit/*Vedder* § 27 Rn. 79; krit. zur Lösung des BGH auch K. Schmidt/Lutter/*Bayer* § 27 Rn. 111.
[96] Vgl. zu § 19 Abs. 5 GmbHG Lutter/Hommelhoff/*Bayer* GmbHG § 19 Rn. 122; *Avvento* BB 2010, 202 (203); *Lieder* GmbHR 2009, 1177 (1179); *Roth* NJW 2009, 3397 (3398).

kung wäre.⁹⁷ Folgt man der Ansicht des BGH, müsste daher eher auf den Zeitpunkt der Anmeldung des Kapitalerhöhungsbeschlusses abgestellt werden.⁹⁸

5. Sonstige fehlerhafte Festsetzungen. § 194 Abs. 2 regelt seit der Neufassung durch Art. 1 Nr. 30 ARUG (→ Rn. 20) nicht mehr, wie mit sonstigen fehlerhaften Festsetzungen, die sich weder auf eine verdeckte Sacheinlage noch auf ein Hin- und Herzahlen beziehen, umzugehen ist. Die Rechtsfolgen richten sich daher nach allgemeinen Grundsätzen. Danach führen fehlende, unrichtige oder unvollständige Angaben nach § 194 Abs. 1 S. 1 zu einer **Anfechtbarkeit des Kapitalerhöhungsbeschlusses**.⁹⁹ Das Registergericht muss die Eintragung des Beschlusses ablehnen.¹⁰⁰ Trägt das Registergericht den Beschluss dennoch ein, darf der Vorstand die Kapitalerhöhung nicht ausführen und keine Bezugsaktien ausgeben.¹⁰¹ Kommt es gleichwohl zu einer Aktienausgabe, führt dies insoweit zu einer Heilung der bedingten Kapitalerhöhung.¹⁰² Den Aktionär trifft dann eine Bareinlagepflicht (so noch ausdrücklich § 194 Abs. 2 S. 3 aF).¹⁰³ Dabei kommt es aber zu einer Anrechnung entsprechend § 27 Abs. 3 (→ Rn. 1).¹⁰⁴ Auch nach Ausgabe der Bezugsaktien ist noch eine Heilung des Mangels durch einen neuen, den Anforderungen des § 194 Abs. 1 S. 1 genügenden Beschluss möglich.¹⁰⁵ § 194 Abs. 2 S. 4 aF, der eine Heilung durch satzungsändernden Beschluss nach Ausgabe der Bezugsaktien ausschloss, wurde im Zuge der Neufassung von § 194 Abs. 2 durch Art. 1 Nr. 30 ARUG aufgehoben.

V. Prüfungspflicht (Abs. 4 und 5)

1. Grundsatz (Abs. 4). § 194 Abs. 4 regelt die obligatorische Sacheinlageprüfung durch unabhängige Prüfer. Hierzu verweist § 194 Abs. 4 S. 2 auf § 33 Abs. 3 bis 5 sowie auf §§ 34 und 35. Seit der Änderung von § 194 Abs. 4 durch Art. 1 Nr. 30 ARUG erstreckt sich der Verweis ausdrücklich auch auf § 34 Abs. 1 (zuvor waren nur § 34 Abs. 2 und 3 erwähnt). Damit ist klargestellt, dass auch bei der bedingten Kapitalerhöhung insbesondere zu prüfen ist, ob der Wert der Sacheinlagen den geringsten Ausgabebetrag der dafür zu gewährenden Aktien deckt (§ 194 Abs. 4 S. 2 iVm § 34 Abs. 1 Nr. 2).¹⁰⁶ Da der Inhalt der Prüfung bei einer Sachkapitalerhöhung nicht von dem bei einer Sachgründung abweicht, war ein Grund für den bislang fehlenden Verweis auf § 34 Abs. 1 nicht ersichtlich.¹⁰⁷ Die in § 194 Abs. 4 S. 3 aF geregelte registerrichterliche Wertkontrolle wurde durch das ARUG an die systematisch passende Stelle in § 195 Abs. 3 S. 1 verschoben (→ § 195 Rn. 23).¹⁰⁸ § 194 Abs. 4 stimmt wörtlich mit § 183 Abs. 3 überein, so dass wegen der Einzelheiten auf die dortige Kommentierung verwiesen werden kann (→ § 183 Rn. 35 ff.).

Da § 195 Abs. 2 Nr. 1 die Einreichung des Prüfungsberichts bei der Anmeldung des Kapitalerhöhungsbeschlusses verlangt, muss die Sacheinlageprüfung grundsätzlich vor der Eintragung des Beschlusses durchgeführt werden.¹⁰⁹ Gem. § 199 Abs. 1 darf der Vorstand die Bezugsaktien nicht vor der vollen Leistung des Gegenwerts ausgeben, der sich aus dem Kapitalerhöhungsbeschluss ergibt. Hieraus wird teilweise gefolgert, dass der Vorstand sich bei der Ausgabe der Bezugsaktien (gegen Leistung der Sacheinlage) davon zu überzeugen habe, dass die Sacheinlage noch werthaltig ist. Ist die Sacheinlage nicht mehr werthaltig, müsse er die Ausgabe der Bezugsaktien unterlassen, bis die

---

⁹⁷ Zust. Kölner Komm AktG/*Drygala/Staake* Rn. 53.
⁹⁸ So Grigoleit/*Rieder/Holzmann* Rn. 15; MüKoAktG/*Fuchs* Rn. 21a; anders wohl Bürgers/Körber/*Marsch-Barner* Rn. 9.
⁹⁹ Bürgers/Körber/*Marsch-Barner* Rn. 8; Grigoleit/*Rieder/Holzmann* Rn. 16; Hölters/*Apfelbacher/Niggemann* Rn. 23; Kölner Komm AktG/*Drygala/Staake* Rn. 55; K. Schmidt/Lutter/*Veil* Rn. 9.
¹⁰⁰ Bürgers/Körber/*Marsch-Barner* Rn. 8; Grigoleit/*Rieder/Holzmann* Rn. 16; Kölner Komm AktG/*Drygala/Staake* Rn. 55; MüKoAktG/*Fuchs* Rn. 22; K. Schmidt/Lutter/*Veil* Rn. 9.
¹⁰¹ Kölner Komm AktG/*Drygala/Staake* Rn. 55; MüKoAktG/*Fuchs* Rn. 22.
¹⁰² Hölters/*Apfelbacher/Niggemann* Rn. 23; Kölner Komm AktG/*Drygala/Staake* Rn. 56; MüKoAktG/*Fuchs* Rn. 22a.
¹⁰³ Kölner Komm AktG/*Drygala/Staake* Rn. 57; MüKoAktG/*Fuchs* Rn. 22a.
¹⁰⁴ Kölner Komm AktG/*Drygala/Staake* Rn. 57; Schnorbus/Trapp ZGR 2010, 1023 (1049); wohl auch MüKoAktG/*Fuchs* Rn. 2; allgemein auch Kölner Komm AktG/*A. Arnold* § 27 Rn. 41.
¹⁰⁵ Hölters/*Apfelbacher/Niggemann* Rn. 22; Kölner Komm AktG/*Drygala/Staake* Rn. 58; MüKoAktG/*Fuchs* Rn. 22a f.; aA Bürgers/Körber/*Marsch-Barner* Rn. 8.
¹⁰⁶ Zu der Frage, ob sich die Sacheinlageprüfung nicht nur auf den geringsten Ausgabebetrag, sondern darüber hinaus auch auf ein (korporatives) Agio erstreckt s. Drinhausen/Keinath BB 2011, 1736 (1737 f.); der BGH hat entschieden, dass ein Differenzhaftungsanspruch auch besteht, soweit der Wert der Sacheinlage zwar den geringsten Ausgabebetrag, nicht aber das Agio deckt, s. BGHZ 191, 364 (371 f.). – Babcock.
¹⁰⁷ Vgl. BegrRegE BT-Drs. 16/11642, 36 (38).
¹⁰⁸ Vgl. BegrRegE BT-Drs. 16/11642, 38.
¹⁰⁹ Drinhausen/Keinath BB 2011, 1736 (1738); s. auch Bürgers/Körber/*Marsch-Barner* Rn. 10; MHdB AG/*Scholz* § 58 Rn. 45.

Einlage durch Zuzahlung der Differenz vollständig erbracht wurde.[110] Besonderheiten bestehen, wenn ein bedingtes Kapital dazu dient, Umtauschrechte aus Wandelschuldverschreibungen, die aufgrund einer **Ermächtigung gem. § 221 Abs. 2 S. 1 gegen Sacheinlage** begeben werden, zu sichern. In diesem Fall muss die nach § 194 Abs. 4 erforderliche Sacheinlageprüfung analog § 205 Abs. 5 erst bei Ausgabe der Schuldverschreibungen durchgeführt werden (→ Rn. 7).[111] Bei der Ausgabe der Aktien aus dem bedingten Kapital ist in keinem Fall eine erneute Sacheinlageprüfung erforderlich.[112] In diesem Fall ist bei Ausgabe der Bezugsaktien auch keine Prüfung nach § 199 Abs. 1 mehr erforderlich.[113] Maßgeblicher Zeitpunkt für eine Differenzhaftung ist hier die Ausgabe der Wandelschuldverschreibungen (gegen Leistung der Sacheinlagen).[114]

25 2. **Vereinfachtes Eintragungsverfahren (Abs. 5).** Von der gem. § 194 Abs. 4 S. 1 grundsätzlich erforderlichen Sacheinlageprüfung durch unabhängige Prüfer kann in den Fällen des vereinfachten Eintragungsverfahrens (§§ 33a, 37a, 38 Abs. 3) abgesehen werden. Hierzu wurde durch Art. 1 Nr. 30 ARUG ein neuer Abs. 5 angefügt, der die entsprechende Geltung von § 183a anordnet. Das in § 183a geregelte Verfahren tritt insoweit an die Stelle der Prüfung durch unabhängige Prüfer (zu den Einzelheiten → § 183a Rn. 26 ff.). Das vereinfachte Eintragungsverfahren kommt optional in zwei Fällen in Betracht: Zum einen kann auf eine externe Prüfung verzichtet werden, wenn **übertragbare Wertpapiere oder Geldmarktinstrumente** iSd § 2 Abs. 1 S. 1 und Abs. 2 WpHG zu dem gewichteten Durchschnittskurs eingebracht werden, zu dem sie während der letzten drei Monate vor dem Tag ihrer tatsächlichen Einbringung auf einem oder mehreren organisierten Märkten gehandelt worden sind (§ 33a Abs. 1 Nr. 1). Zum anderen ist eine externe Prüfung nicht erforderlich, wenn **sonstige Vermögensgegenstände** eingebracht werden und eine Bewertung zugrunde gelegt wird, die ein unabhängiger, ausreichend vorgebildeter und erfahrener **Sachverständiger** nach den allgemein anerkannten Bewertungsgrundsätzen mit dem beizulegenden Zeitwert ermittelt hat. Voraussetzung ist dabei, dass der Bewertungsstichtag nicht mehr als sechs Monate vor dem Tag der tatsächlichen Einbringung liegt (§ 33a Abs. 1 Nr. 2). Zu den Einzelheiten kann auf die Kommentierung zu § 33a verwiesen werden (→ § 33a Rn. 3 ff.).

26 Der Vorstand hat das Datum des Beschlusses über die bedingte Kapitalerhöhung sowie die Angaben nach § 37a Abs. 1 und 2 in den Gesellschaftsblättern (Bundesanzeiger, § 25) bekannt zu machen (§ 194 Abs. 5 iVm § 183a Abs. 2 S. 1). Gem. § 183a Abs. 2 S. 2 darf die Durchführung der Erhöhung des Grundkapitals **nicht vor Ablauf von vier Wochen** seit der Bekanntmachung in das Handelsregister eingetragen werden. Da die Eintragung der Erhöhung des Grundkapitals bei der bedingten Kapitalerhöhung nur deklaratorische Bedeutung hat, muss auch hier (wie in § 194 Abs. 2 Hs. 2) auf die Ausgabe der Bezugsaktien abgestellt werden.[115] Liegen die Voraussetzungen des § 33a Abs. 2 vor, hat das Amtsgericht auf Antrag von Aktionären, die am Tag der Beschlussfassung über die Kapitalerhöhung gemeinsam mindestens 5 % des Grundkapitals hielten und am Tag der Antragstellung noch halten, einen oder mehrere Prüfer zu bestellen (→ § 183a Rn. 41 f.).

§ 195 Anmeldung des Beschlusses

(1) ¹Der Vorstand und der Vorsitzende des Aufsichtsrats haben den Beschluß über die bedingte Kapitalerhöhung zur Eintragung in das Handelsregister anzumelden. ²§ 184 Abs. 1 Satz 3 gilt entsprechend.

---

[110] Großkomm AktG/*Frey* Rn. 107; *Drinhausen/Keinath* BB 2011, 1736 (1741); anders, sofern die Einbringung des Sacheinlagegegenstands zeitlich vor Ausgabe der Aktien erfolgt ist, Kölner Komm AktG/*Drygala/Staake* Rn. 61.

[111] Kölner Komm AktG/*Drygala/Staake* Rn. 62; MHdB AG/*Scholz* § 58 Rn. 46; *Drinhausen/Keinath* BB 2011, 1736 (1739 ff.); ohne Rückgriff auf § 205 Abs. 5 auch Hölters/*Apfelbacher/Niggemann* Rn. 15; *Juretzek* DStR 2014, 431 (432 f.); *Otte* GWR 2013, 441; ebenso wohl OLG München ZIP 2013, 1913 (1914) – Allgeier; Wachter/*Dürr* Rn. 15; *Krause* ZHR 181 (2017), 641 (671 f.); *Matyschok* BB 2013, 2579; iE ähnlich Hüffer/Koch/*Koch*, 13. Aufl. 2018, Rn. 9; *Kopp/Metzner* AG 2012, 856 (863 f.); *Schnorbus/Trapp* ZGR 2010, 1023 (1042 f.): Zeitpunkt der Sacheinlageleistung (die regelmäßig Zug um Zug gegen Ausgabe der Schuldverschreibungen erfolgt); anders offenbar Bürgers/Körber/*Marsch-Barner* Rn. 4, 10, der in diesem Fall wohl ganz auf eine Sacheinlageprüfung gem. § 194 Abs. 4 verzichten und allein eine Prüfung durch den Vorstand gem. § 199 Abs. 1 verlangen will; so auch *Herfs/Leyendecker* AG 2018, 213 (216).

[112] Bürgers/Körber/*Marsch-Barner* Rn. 10; MHdB AG/*Scholz* § 58 Rn. 45 f.; *Drinhausen/Keinath* BB 2011, 1736 (1738); *Krause* ZHR 181 (2017), 641 (671 f.); *Kopp/Metzner* AG 2012, 856 (864); *Schnorbus/Trapp* ZGR 2010, 1023 (1043).

[113] Vgl. *Krause* ZHR 181 (2017), 641(673 f.).

[114] MHdB AG/*Scholz* § 58 Rn. 47; *Herfs/Leyendecker* AG 2018, 213 (217); *Kopp/Metzner* AG 2012, 856 (864 Fn. 55); *Krause* ZHR 181 (2017), 641 (674);.

[115] Bürgers/Körber/*Marsch-Barner* Rn. 11; Grigoleit/*Rieder/Holzmann* Rn. 19; Kölner Komm AktG/*Drygala/Staake* Rn. 68; MüKoAktG/*Fuchs* Rn. 29; *Bayer/J. Schmidt* ZGR 2009, 805 (819).

(2) Der Anmeldung sind beizufügen
1. bei einer bedingten Kapitalerhöhung mit Sacheinlagen die Verträge, die den Festsetzungen nach § 194 zugrunde liegen oder zu ihrer Ausführung geschlossen worden sind, und der Bericht über die Prüfung von Sacheinlagen (§ 194 Abs. 4) oder die in § 37a Abs. 3 bezeichneten Anlagen;
2. eine Berechnung der Kosten, die für die Gesellschaft durch die Ausgabe der Bezugsaktien entstehen werden.

(3) ¹Das Gericht kann die Eintragung ablehnen, wenn der Wert der Sacheinlage nicht unwesentlich hinter dem geringsten Ausgabebetrag der dafür zu gewährenden Aktien zurückbleibt. ²Wird von einer Prüfung der Sacheinlage nach § 183a Abs. 1 abgesehen, gilt § 38 Abs. 3 entsprechend.

Schrifttum: Vgl. die Angaben zu §§ 184, 188, 192.

Übersicht

	Rn.		Rn.
I. Überblick	1–3a	**IV. Eintragung des Erhöhungsbeschlusses**	15–22a
II. Anmeldung des Erhöhungsbeschlusses (Abs. 1)	4–8	1. Allgemeines	15
1. Zuständigkeit und Formalien	4–5a	2. Registerkontrolle	16, 17
2. Anmelder	6–8	3. Inhalt der Eintragung	18
III. Beizufügende Dokumente (Abs. 2)	9–14	4. Rechtsmittel	19
1. Allgemeines	9	5. Rechtsfolgen	20
2. Verträge und Prüfungsberichte über Sacheinlagen (Abs. 2 Nr. 1)	10–12	6. Kosten	21
3. Berechnung der Kosten (Abs. 2 Nr. 2)	13	7. Bekanntmachung	22, 22a
4. Genehmigungsurkunde	14	**V. Wertkontrolle (Abs. 3)**	23, 23a
		VI. Aufbewahrung	24

I. Überblick

§ 195 regelt die **Anmeldung des Beschlusses über die bedingte Kapitalerhöhung** zur Eintragung in das Handelsregister. Der Wortlaut von § 195 Abs. 1 S. 1 ist im Wesentlichen mit § 184 Abs. 1 S. 1 identisch. § 195 Abs. 1 S. 2 ordnet zudem die entsprechende Geltung von § 184 Abs. 1 S. 3 an. § 195 Abs. 2 entspricht weitgehend § 188 Abs. 3 Nr. 2 bis 4, wobei lediglich der gem. § 195 Abs. 2 Nr. 1 beizufügende Bericht über die Prüfung von Sacheinlagen in § 184 Abs. 2 geregelt ist. § 195 Abs. 3 betrifft die registergerichtliche Wertkontrolle. 1

Wie bei der regulären Kapitalerhöhung ist auch bei der bedingten Kapitalerhöhung die Anmeldung des Erhöhungsbeschlusses (§ 195) von der Anmeldung der Durchführung der Kapitalerhöhung zu unterscheiden (§ 201). Anders als bei der regulären Kapitalerhöhung (vgl. § 188 Abs. 4), können bei der bedingten Kapitalerhöhung die Anmeldung und Eintragung der Durchführung der Kapitalerhöhung nicht mit der Anmeldung und Eintragung des Erhöhungsbeschlusses verbunden werden, da die Bezugsaktien gem. § 197 Abs. 1 S. 1 vor Eintragung des Erhöhungsbeschlusses nicht ausgegeben werden können und die bedingte Kapitalerhöhung erst mit der Ausgabe wirksam wird (§ 200). 2

Das Bestehen eines bedingten Kapitals wird üblicherweise in die Satzung aufgenommen. In diesem Fall kann die Anmeldung der Satzungsänderung (§ 181 Abs. 1) mit der Anmeldung des Erhöhungsbeschlusses verbunden werden.[1] Hiervon zu unterscheiden ist die (materielle) Satzungsänderung, die sich mit Wirksamwerden der bedingten Kapitalerhöhung durch Ausgabe der Bezugsaktien ohne Änderung des Satzungstextes vollzieht (→ § 192 Rn. 18).[2] Die erforderliche Anpassung der Satzung richtet sich nach §§ 179 ff. 3

§ 195 geht zurück auf § 162 AktG 1937, der zunächst weitgehend unverändert übernommen wurde. Die ursprünglich in § 195 Abs. 3 aF enthaltene Regelung zur Wertprüfung wurde 1978 3a

---

[1] Grigoleit/*Rieder*/*Holzmann* Rn. 1; Großkomm AktG/*Frey* Rn. 27; Hölters/*Apfelbacher*/*Niggemann* Rn. 4; Hüffer/Koch/*Koch*, 13. Aufl. 2018, Rn. 1; MüKoAktG/*Fuchs* Rn. 2; Wachter/*Dürr* Rn. 3; vgl. auch MHdB AG/ *Scholz* § 58 Rn. 58.

[2] Hüffer/Koch/*Koch*, 13. Aufl. 2018, Rn. 1; MüKoAktG/*Fuchs* Rn. 2; MHdB AG/*Scholz* § 58 Rn. 98.

durch das DurchführungsG³ zur Kapitalrichtlinie⁴ gestrichen und in veränderter Form in § 194 Abs. 4 wieder eingefügt. § 195 Abs. 2 wurde durch Art. 9 Nr. 18 EHUG geändert. Durch Art. 9 Nr. 9 EHUG wurde § 195 Abs. 3 aF, der die Aufbewahrung eingereichter Schriftstücke regelte, aufgehoben. Diverse Änderungen hat § 195 durch das **ARUG** erfahren. Zum einen wurde § 195 Abs. 1 S. 2 angefügt. Zum anderen wurde in § 195 Abs. 2 Nr. 1 eine Anpassung im Hinblick auf das vereinfachte Eintragungsverfahren (§§ 33a, 37a, 38 Abs. 3) vorgenommen. § 195 Abs. 2 Nr. 3 aF (Beifügung der Genehmigungsurkunde) wurde gestrichen. Zudem wurde ein neuer § 195 Abs. 3 angefügt, dessen S. 1 wörtlich § 194 Abs. 4 S. 3 aF entspricht. Durch Art. 1 Nr. 22 der **Aktienrechtsnovelle 2016**⁵ wurde der durch das ARUG in § 194 Abs. 1 S. 2 aufgenommene Verweis korrigiert (auf § 184 Abs. 1 S. 3 statt S. 2).

II. Anmeldung des Erhöhungsbeschlusses (Abs. 1)

4   **1. Zuständigkeit und Formalien.** Sachlich zuständig ist das **Amtsgericht als Registergericht** (§ 8 Abs. 1 HGB, § 1 HRV, § 23a Abs. 1 Nr. 2, Abs. 2 Nr. 3 GVG). Funktional ist gem. § 17 Nr. 1 lit. b RPflG der **Richter** zuständig, wobei die Landesregierungen gem. § 19 Abs. 1 Nr. 6 RPflG ermächtigt sind, durch Rechtsverordnung den Richtervorbehalt ganz oder teilweise aufzuheben.⁶ Örtlich zuständig ist das **Gericht des Satzungssitzes** der Gesellschaft (§ 377 Abs. 1 FamFG), wobei die besonderen Zuständigkeitsregelungen des § 376 FamFG zu beachten sind. Bei Bestehen von Zweigniederlassungen war vor dem 1. Januar 2007 § 13c Abs. 1 HGB aF zu beachten, wonach von der Anmeldung so viele Stücke einzureichen waren, wie Niederlassungen bestehen. Die Norm wurde durch Art. 1 Nr. 4 EHUG aufgehoben, da die Einreichung von Überstücken wegen der durch das EHUG in § 13 Abs. 1 HGB eingeführten ausschließlichen Registrierung bei dem Gericht der Hauptniederlassung entbehrlich ist.⁷

5   Der Erhöhungsbeschluss muss unverzüglich angemeldet werden, sofern nicht die Hauptversammlung Abweichendes bestimmt.⁸ Gem. § 12 Abs. 1 HGB ist die Anmeldung elektronisch **in öffentlich beglaubigter Form** einzureichen (s. dazu § 129 BGB, § 39a BeurkG). Nach der durch Art. 2 EHUG eingeführten Übergangsvorschrift des Art. 61 Abs. 1 EGHGB konnten die Landesregierungen bis zum 31. Dezember 2009 durch Rechtsverordnung auch eine papierschriftliche Anmeldung zulassen. Inhaltlich ist eine Bezugnahme auf die beigefügten Unterlagen ausreichend.⁹ Die Anmeldung kann bis zur Eintragung jederzeit ohne Begründung **zurückgenommen** werden.¹⁰ Anders als bei der Anmeldung ist hierfür ein gemeinsames Handeln des Vorstands und des Aufsichtsratsvorsitzenden nicht erforderlich.¹¹ Die Rücknahme kann auch durch einen Bevollmächtigten erfolgen.¹² Zur Rechtsnatur der Anmeldung → § 184 Rn. 4.

5a   Gem. **§ 195 Abs. 1 S. 2** gilt **§ 184 Abs. 1 S. 3** entsprechend. Danach müssen die Anmeldenden in der Anmeldung nur noch versichern, dass ihnen seit der Bekanntmachung keine Umstände iSv

---

³ Durchführungsgesetz v. 13.12.1978, BGBl. 1978 I 1959.
⁴ Zweite Richtlinie 77/91/EWG des Rates v. 13.12.1976 zur Koordinierung der Schutzbestimmungen, die in den Mitgliedstaaten den Gesellschaften im Sinne des Art. 58 Abs. 2 des Vertrages im Interesse der Gesellschaft sowie Dritter für die Gründung der Aktiengesellschaft sowie für die Erhaltung und Änderung ihres Kapitals vorgeschrieben sind, um diese Bestimmungen gleichwertig zu gestalten, ABl. EG 1977 Nr. L 26, 1; geändert durch Richtlinie 2006/68/EG des Europäischen Parlaments und des Rates v. 6.9.2006 zur Änderung der Richtlinie 77/91/EWG des Rates in Bezug auf die Gründung von Aktiengesellschaften und die Erhaltung und Änderung ihres Kapitals, ABl. EU 2006 Nr. L 264, 32; neugefasst durch Richtlinie 2012/30/EU des Europäischen Parlaments und des Rates v. 25.10.2012 zur Koordinierung der Schutzbestimmungen, die in den Mitgliedstaaten den Gesellschaften im Sinne des Art. 54 Abs. 2 des Vertrages über die Arbeitsweise der Europäischen Union im Interesse der Gesellschafter sowie Dritter für die Gründung der Aktiengesellschaft sowie für die Erhaltung und Änderung ihres Kapitals vorgeschrieben sind, um diese Bestimmungen gleichwertig zu gestalten, ABl. EU 2012 Nr. L 315, 75; kodifiziert durch Richtlinie (EU) 2017/1132 des Europäischen Parlaments und des Rates v. 14.6.2017 über bestimmte Aspekte des Gesellschaftsrechts, ABl. EU 2017 Nr. L 169, 46.
⁵ Gesetz zur Änderung des Aktiengesetzes (Aktienrechtsnovelle 2016) v. 22.12.2015, BGBl. 2015 I 2565.
⁶ Vgl. MüKoAktG/*Fuchs* Rn. 4.
⁷ BegrRegE BT-Drs. 16/960, 46.
⁸ Grigoleit/*Rieder*/Holzmann Rn. 2; Hüffer/Koch/*Koch*, 13. Aufl. 2018, Rn. 2; Kölner Komm AktG/*Drygala*/*Staake* Rn. 12.
⁹ Grigoleit/*Rieder*/Holzmann Rn. 2; Hüffer/Koch/*Koch*, 13. Aufl. 2018, Rn. 2; MüKoAktG/*Fuchs* Rn. 5.
¹⁰ Grigoleit/*Rieder*/Holzmann Rn. 2; Hüffer/Koch/*Koch*, 13. Aufl. 2018, Rn. 2; Kölner Komm AktG/*Drygala*/*Staake* Rn. 29; MüKoAktG/*Fuchs* Rn. 5; NK-AktG/*Wagner* Rn. 4; Wachter/*Dürr* Rn. 5.
¹¹ Großkomm AktG/*Frey* Rn. 24; Kölner Komm AktG/*Drygala*/*Staake* Rn. 30; vgl. zur regulären Kapitalerhöhung auch MüKoAktG/*Ekkenga* § 184 Rn. 16; MüKoAktG/*Schürnbrand* § 184 Rn. 22; *Pfeiffer*/*Buchinger* BB 2006, 2317 (2318 f.).
¹² Großkomm AktG/*Frey* Rn. 24; Kölner Komm AktG/*Drygala*/*Staake* Rn. 31.

§ 37a Abs. 2 bekannt geworden sind, wenn von einer Prüfung der Sacheinlage abgesehen werden soll und das Datum des Beschlusses der Kapitalerhöhung vorab gem. § 194 Abs. 5 iVm § 183a Abs. 2 bekannt gemacht worden ist. § 195 Abs. 1 S. 2 wurde durch Art. 1 Nr. 31 ARUG angefügt, wobei aufgrund eines Redaktionsversehens des Gesetzgebers[13] zunächst auf § 184 Abs. 1 S. 2 verwiesen wurde.[14] Der Gesetzesbegründung des ARUG ließ sich entnehmen, dass ein Verweis auf § 184 Abs. 1 S. 3 beabsichtigt war.[15] Dieses Redaktionsversehen wurde durch Art. 1 Nr. 22 der Aktienrechtsnovelle 2016 korrigiert, indem der Verweis entsprechend angepasst wurde.[16]

2. Anmelder. Die Anmeldung des Erhöhungsbeschlusses muss gem. § 195 Abs. 1 S. 1 **durch den Vorstand und den Vorsitzenden des Aufsichtsrats gemeinsam** erfolgen. Insoweit unterscheidet sie sich von der Anmeldung der Ausgabe der Bezugsaktien, die der Vorstand allein vornehmen kann (§ 201 Abs. 1). Der Vorstand und der Aufsichtsratsvorsitzende handeln bei der Anmeldung im Namen der Gesellschaft.[17] Wegen ihrer persönlichen Verantwortung (zur strafrechtlichen Verantwortung s. § 399 Abs. 1 Nr. 4) unterschreiben sie jedoch mit ihrem eigenen Namen.[18] Die handschriftliche Unterzeichnung der Handelsregisteranmeldung ist auch nach der Umstellung auf eine elektronische Registerführung erforderlich (vgl. § 129 Abs. 1 BGB). Dabei kann die notarielle Unterschriftsbeglaubigung gem. § 39a BeurkG als einfaches elektronisches Zeugnis erfolgen.[19] Eine Anmeldung durch Dritte als Bevollmächtigte ist unzulässig.[20]

Bei der Anmeldung müssen alle Vorstandsmitglieder mitwirken. Ausreichend ist eine **Mitwirkung in vertretungsberechtigter Zahl.**[21] Bei unechter Gesamtvertretung nach § 78 Abs. 3 S. 1 kann auch ein Prokurist mitwirken.[22] Der Vorsitzende des Aufsichtsrats wird im Fall seiner Verhinderung gem. § 107 Abs. 1 S. 3 durch den stellvertretenden Vorsitzenden vertreten. Eine Zuständigkeit des Gesamtaufsichtsrats besteht auch dann nicht, wenn die bedingte Kapitalerhöhung der Sicherung von Bezugsrechten dient, die dem Vorstand eingeräumt werden sollen.[23]

Für den Vorstand und den Aufsichtsratsvorsitzenden besteht **keine öffentlich-rechtliche Pflicht zur Anmeldung.** Sie sind lediglich der Gesellschaft gegenüber zur Anmeldung verpflichtet.[24] Nach der Anmeldung besteht allerdings eine öffentlich-rechtliche Pflicht, die nach § 195 Abs. 2 erforderlichen Dokumente einzureichen.[25] Anders als die Anmeldung kann dies gem. § 14 HGB erzwungen werden.

---

[13] Vgl. Grigoleit/Rieder/Holzmann Rn. 1, 4; Hüffer/Koch/Koch, 13. Aufl. 2018, Rn. 2; MüKoAktG/Fuchs Rn. 11; Wachter/Dürr Rn. 6; Wicke, Einführung in das Recht der Hauptversammlung, das Recht der Sacheinlagen und das Freigabeverfahren nach dem ARUG, 2009, 46 f.

[14] § 184 Abs. 1 S. 2 ist im Zusammenhang mit § 182 Abs. 4 S. 1 zu sehen, wonach das Grundkapital nicht erhöht werden soll, solange ausstehende Einlagen noch erlangt werden können; bei der bedingten Kapitalerhöhung fehlt es an einer entsprechenden Vorschrift, so dass der Verweis auf § 184 Abs. 1 S. 2 nicht passt.

[15] Vgl. BegrRegE BT-Drs. 16/11642, 38, wo es zur Änderung von § 195 Abs. 1 heißt, dass es in der Anmeldung des Beschlusses nur noch einer ergänzenden Erklärung bedürfe, wenn der Vorstand das Datum der Kapitalerhöhung und die Angaben nach § 37a bereits vorab gem. § 194 Abs. 5 (§ 183a) veröffentlicht habe.

[16] Vgl. BegrRegE, BT-Drs. 18/4349, 29, wo auch der Gesetzgeber von einem Redaktionsversehen ausgeht.

[17] Vgl. BGHZ 117, 323 (325 ff.); Bürgers/Körber/Marsch-Barner Rn. 3; Grigoleit/Rieder/Holzmann Rn. 3; Großkomm AktG/Frey Rn. 23; Hüffer/Koch/Koch, 13. Aufl. 2018, Rn. 3; Kölner Komm AktG/Drygala/Staake Rn. 8; MüKoAktG/Fuchs Rn. 6; K. Schmidt/Lutter/Veil Rn. 4.

[18] Bürgers/Körber/Marsch-Barner Rn. 3; Grigoleit/Rieder/Holzmann Rn. 3; Großkomm AktG/Frey Rn. 23; Hölters/Apfelbacher/Niggemann Rn. 9; Hüffer/Koch/Koch, 13. Aufl. 2018, Rn. 3; Kölner Komm AktG/Drygala/Staake Rn. 8; MüKoAktG/Fuchs Rn. 6.

[19] MüKoAktG/Fuchs Rn. 6; vgl. auch Schlotter BB 2007, 1.

[20] Bürgers/Körber/Marsch-Barner Rn. 3; Großkomm AktG/Frey Rn. 10, 12, 23; Kölner Komm AktG/Drygala/Staake Rn. 11; MüKoAktG/Fuchs Rn. 8 f.; K. Schmidt/Lutter/Veil Rn. 4; aA Henssler/Strohn/Hermanns § 195 AktG Rn. 3; differenzierend GHEK/Bungeroth Rn. 6 f.: Vertretung durch Bevollmächtigte nur bei bedingten Kapitalerhöhungen mit Sacheinlagen unzulässig.

[21] Bürgers/Körber/Marsch-Barner Rn. 3; Grigoleit/Rieder/Holzmann Rn. 3; Hölters/Apfelbacher/Niggemann Rn. 9; Kölner Komm AktG/Drygala/Staake Rn. 9; MüKoAktG/Fuchs Rn. 8; K. Schmidt/Lutter/Veil Rn. 4; Wachter/Dürr Rn. 5; s. auch Hüffer/Koch/Koch, 13. Aufl. 2018, § 181 Rn. 4.

[22] Kölner Komm AktG/Drygala/Staake Rn. 9; MüKoAktG/Fuchs Rn. 8; Wachter/Dürr Rn. 5; s. auch Hüffer/Koch/Koch, 13. Aufl. 2018, § 181 Rn. 4; aA Schaub DStR 1999, 1699 (1701); differenzierend GHEK/Bungeroth Rn. 6 f.: unechte Gesamtvertretung nur bei bedingten Kapitalerhöhungen mit Sacheinlagen unzulässig.

[23] Großkomm AktG/Frey Rn. 12; MüKoAktG/Fuchs Rn. 9; zweifelnd Hirte RWS-Forum 15, Gesellschaftsrecht 1999, 211 (225 f.).

[24] Bürgers/Körber/Marsch-Barner Rn. 3; Grigoleit/Rieder/Holzmann Rn. 3; Großkomm AktG/Frey Rn. 13; Hüffer/Koch/Koch, 13. Aufl. 2018, Rn. 3; Kölner Komm AktG/Drygala/Staake Rn. 13 f.; MüKoAktG/Fuchs Rn. 7; Wachter/Dürr Rn. 5.

[25] MüKoAktG/Fuchs Rn. 7; Wachter/Dürr Rn. 5.

III. Beizufügende Dokumente (Abs. 2)

9 1. Allgemeines. § 195 Abs. 2 bestimmt die der Anmeldung beizufügenden Dokumente. Die Dokumente sind gem. § 12 Abs. 2 S. 1 HGB elektronisch einzureichen. Da § 195 Abs. 2 nicht zwingend die Einreichung notariell beurkundeter Dokumente oder öffentlich beglaubigter Abschriften erfordert, genügt die **Übermittlung elektronischer Aufzeichnungen** (§ 12 Abs. 2 S. 2 Hs. 1 HGB). Neben den in § 195 Abs. 2 ausdrücklich genannten Dokumenten ist der Anmeldung auch die Niederschrift über den von der Hauptversammlung gefassten Erhöhungsbeschluss und etwaige Sonderbeschlüsse nach § 193 Abs. 1 iVm § 182 Abs. 2 beizufügen, sofern nicht bereits eine Einreichung gem. § 130 Abs. 5 erfolgt ist.[26] Wird das bedingte Kapital in die Satzung aufgenommen und wird die Anmeldung der Satzungsänderung mit der Anmeldung des Erhöhungsbeschlusses verbunden (→ Rn. 3), ist gem. § 181 Abs. 1 S. 2 Hs. 1 auch der vollständige Satzungswortlaut beizufügen (mit der gem. § 181 Abs. 1 S. 2 Hs. 2 erforderlichen Bescheinigung eines Notars, dass die geänderten Satzungsbestimmungen mit dem Satzungsänderungsbeschluss und die unveränderten Bestimmungen mit dem zuletzt zum Handelsregister eingereichten vollständigen Satzungswortlaut übereinstimmen).

10 2. Verträge und Prüfungsberichte über Sacheinlagen (Abs. 2 Nr. 1). § 195 Abs. 2 Nr. 1 betrifft nur die bedingte Kapitalerhöhung mit Sacheinlagen. Auf die Hingabe von Schuldverschreibungen im Umtausch gegen Bezugsaktien, die nach § 194 Abs. 1 S. 2 nicht als Sacheinlage gilt, ist die Vorschrift nicht anwendbar. Gem. § 195 Abs. 2 Nr. 1 sind alle **Verträge** beizufügen, die den Festsetzungen nach § 194 zugrunde liegen oder zu ihrer Ausführung geschlossen worden sind. Der Anmeldung des Erhöhungsbeschlusses ist ferner der **Prüfungsbericht** nach § 194 Abs. 4 beizufügen, soweit dieser noch nicht nach § 194 Abs. 4 S. 2 iVm § 34 Abs. 3 S. 1 eingereicht wurde.[27] Wird gem. § 194 Abs. 5 iVm § 183a von dem vereinfachten Eintragungsverfahren Gebrauch gemacht, sind anstelle des Prüfungsberichts die in § 37a bezeichneten Anlagen beizufügen. Besonderheiten bestehen, wenn ein bedingtes Kapital dazu dient, Umtauschrechte aus Wandelschuldverschreibungen, die aufgrund einer **Ermächtigung gem. § 221 Abs. 2 S. 1 gegen Sacheinlage** begeben werden, zu sichern. In diesem Fall muss die nach § 194 Abs. 4 erforderliche Sacheinlageprüfung analog § 205 Abs. 5 erst bei Ausgabe der Schuldverschreibungen durchgeführt werden (→ § 194 Rn. 24a). Demensprechend liegt im Zeitpunkt der Anmeldung des Erhöhungsbeschlusses der Prüfungsbericht noch nicht vor, so dass er der Anmeldung nicht beigefügt werden kann. Hieraus ergibt sich kein Eintragungshindernis für den Erhöhungsbeschluss.[28] Der Prüfungsbericht ist spätestens mit der Anmeldung nach § 201 Abs. 2 einzureichen.[29] Gleiches gilt für die den Festsetzungen nach § 194 zugrunde liegenden Verträge (→ Rn. 12), die bei Anmeldung des Erhöhungsbeschlusses ebenfalls noch nicht vorliegen, wenn das bedingtes Kapital im Zusammenhang mit einer Ermächtigung gem. § 221 Abs. 2 S. 1 zur Ausgabe von Wandelschuldverschreibungen gegen Sacheinlage geschaffen wurde.

11 Als **den Festsetzungen nach § 194 zugrunde liegende Verträge** iSd § 195 Abs. 2 Nr. 1 sind nur diejenigen Rechtsgeschäfte anzusehen, die bei der bedingten Kapitalerhöhung mit Sacheinlagen die Bezugsrechte einräumen.[30] Dient die bedingte Kapitalerhöhung der Vorbereitung einer Verschmelzung, sind anstelle der Verträge über Sacheinlagen die in § 69 Abs. 2 UmwG vorgesehenen Unterlagen einzureichen.[31] **Verträge zur Ausführung** iSd § 195 Abs. 2 Nr. 1 sind die Verträge, die zur Erfüllung eines Anspruchs der Gesellschaft geschlossen werden.

12 Bei den Verträgen iSd § 195 Abs. 2 Nr. 1 sind grundsätzlich die **unterschriebenen Vertragsurkunden** (als elektronische Aufzeichnungen) beizufügen. Existieren diese nicht, weil die Verträge noch nicht oder nur mündlich geschlossen wurden, tritt an die Stelle der Vertragsurkunden eine

---

[26] Bürgers/Körber/*Marsch-Barner* Rn. 4; GHEK/*Bungeroth* Rn. 18; Grigoleit/*Rieder/Holzmann* Rn. 5; Großkomm AktG/*Frey* Rn. 26; Hölters/*Apfelbacher/Niggemann* Rn. 11; Hüffer/Koch/*Koch*, 13. Aufl. 2018, Rn. 4; Kölner Komm AktG/*Drygala/Staake* Rn. 26; MüKoAktG/*Fuchs* Rn. 17; K. Schmidt/Lutter/*Veil* Rn. 5; Wachter/ *Dürr* Rn. 7; *Busch* in Marsch-Barner/Schäfer Börsennotierte AG-HdB Rn. 44.46; MHdB AG/*Scholz* § 58 Rn. 56.
[27] Vgl. GHEK/*Bungeroth* Rn. 13; Grigoleit/*Rieder/Holzmann* Rn. 6; Großkomm AktG/*Frey* Rn. 28; Kölner Komm AktG/*Drygala/Staake* Rn. 18; s. auch MüKoAktG/*Pentz* § 34 Rn. 24.
[28] OLG München ZIP 2013, 1913 (1914) – Allgeier; Hölters/*Apfelbacher/Niggemann* Rn. 13; vgl. auch *Drinhausen/Keinath* BB 2011, 1736 (1740 f.); *Juretzek* DStR 2014, 431 (432 f.); *Schnorbus/Trapp* ZGR 2010, 1023 (1042 ff.); anders wohl Kölner Komm AktG/*Lutter*, 2. Aufl. 1994, Rn. 7, der davon auszugehen scheint, dass mit der Anmeldung des Erhöhungsbeschlusses zumindest ein abstrakter Prüfungsbericht einzureichen ist.
[29] Wachter/*Dürr* Rn. 8; *Drinhausen/Keinath* BB 2011, 1736 (1741); vgl. auch OLG München ZIP 2013, 1913 (1914) – Allgeier; *Matyschok* BB 2013, 2579; *Schnorbus/Trapp* ZGR 2010, 1023 (1042 ff.); anders wohl *Juretzek* DStR 2014, 431 (433): Einreichung stets unmittelbar nach Ausgabe der Schuldverschreibungen.
[30] Zu den Einzelheiten s. Großkomm AktG/*Frey* Rn. 29.
[31] Grigoleit/*Rieder/Holzmann* Rn. 6; Großkomm AktG/*Frey* Rn. 29; Kölner Komm AktG/*Drygala/Staake* Rn. 21; MüKoAktG/*Fuchs* Rn. 14.

entsprechende Erklärung.[32] Aus § 195 Abs. 2 Nr. 1 lässt sich nicht ableiten, dass die Verträge mit den Bezugsberechtigten im Zeitpunkt der Anmeldung des Erhöhungsbeschlusses bereits vollständig vorliegen müssen. Noch ausstehende Dokumente sind mit der Anmeldung nach § 201 Abs. 2 einzureichen (→ § 201 Rn. 15).[33]

3. Berechnung der Kosten (Abs. 2 Nr. 2). Nach § 195 Abs. 2 Nr. 2 ist der Anmeldung eine 13 Berechnung der Kosten, die für die Gesellschaft durch die Ausgabe der Bezugsaktien entstehen, beizufügen. Erforderlich ist eine umfassende Zusammenstellung der Kosten der bedingten Kapitalerhöhung (→ § 192 Rn. 86). Anzugeben sind etwa die Gerichts- und Notarkosten, Steuern und Druckkosten.[34] Nicht zu den Kosten iSd § 195 Abs. 2 Nr. 2 zählen die Kosten für die Ausgabe der Schuldverschreibungen sowie die Kosten des Unternehmenszusammenschlusses.[35] Berechnung iSd § 195 Abs. 2 Nr. 2 bedeutet nicht nur Angabe der Summe, sondern erfordert eine detaillierte **Aufschlüsselung der einzelnen Posten**. Soweit diese noch nicht feststehen, ist eine Schätzung erforderlich.[36] Belege müssen nicht beigefügt werden.[37]

4. Genehmigungsurkunde. Bedarf die Kapitalerhöhung staatlicher Genehmigung, war gem. 14 § 195 Abs. 2 Nr. 3 aF auch die Genehmigungsurkunde beizufügen. § 195 Abs. 2 Nr. 3 aF wurde durch Art. 1 Nr. 31 ARUG aufgehoben. Hierdurch soll ein Gleichlauf mit der Gründung erzielt werden, da seit der Aufhebung von § 37 Abs. 4 Nr. 5 aF durch das MoMiG auch bei einem genehmigungsbedürftigen Unternehmensgegenstand die Erteilung der Genehmigung nicht mehr Eintragungsvoraussetzung ist.[38] Seit der durch das KonTraG erfolgten Streichung von § 12 Abs. 2 S. 2, der eine ministerielle Ausnahmegenehmigung für Mehrstimmrechtsaktien vorsah, verblieb für § 195 Abs. 2 Nr. 3 ohnehin kein praktischer Anwendungsfall. Insbesondere besteht angesichts der Ausnahmevorschrift des § 12 Abs. 1 S. 3 VAG auch für bedingte Kapitalerhöhungen von Versicherungsgesellschaften keine Genehmigungspflicht.[39]

IV. Eintragung des Erhöhungsbeschlusses

1. Allgemeines. Die Eintragung des Erhöhungsbeschlusses hat bei der bedingten Kapitalerhö- 15 hung eine wesentlich **größere Bedeutung** als bei der regulären Kapitalerhöhung: Während sie bei der regulären Kapitalerhöhung primär vorbereitenden Charakter hat, wirkt sie bei der bedingten Kapitalerhöhung teilweise konstitutiv, indem sie das Bezugsrecht erst entstehen lässt, wenn die entsprechenden Vereinbarungen bereits getroffen worden sind (§ 197 S. 2). Zudem setzt der besondere Schutz des § 192 Abs. 4 erst mit der Eintragung des Erhöhungsbeschlusses ein (→ § 192 Rn. 79).

2. Registerkontrolle. Das Registergericht hat vor der Eintragung des Erhöhungsbeschlusses von 16 Amts wegen (§ 26 FamFG) die **Ordnungsmäßigkeit der Anmeldung** (Vorliegen der Anmeldevoraussetzungen und Vollständigkeit der nach § 195 Abs. 2 beizufügenden Dokumente) und die **Rechtmäßigkeit des Erhöhungsbeschlusses** zu prüfen. Dabei darf sich das Registergericht auf die Richtigkeit einer widerspruchsfreien Anmeldung verlassen.[40] Bei einer bedingten Kapitalerhöhung mit Sacheinlagen ist gem. § 195 Abs. 3 S. 1 auch zu prüfen, ob der Wert der Sacheinlage hinter dem geringsten Ausgabebetrag der dafür zu gewährenden Aktien zurückbleibt (→ Rn. 23).[41] Wird ein **bestehendes bedingtes Kapital ersetzt** (zu den Voraussetzungen → § 192 Rn. 80), ist in der

---

[32] Großkomm AktG/*Frey* Rn. 28; Kölner Komm AktG/*Drygala/Staake* Rn. 20; MüKoAktG/*Fuchs* Rn. 12; K. Schmidt/Lutter/*Veil* Rn. 6; Wachter/*Dürr* Rn. 8.
[33] Bürgers/Körber/*Marsch-Barner* Rn. 5; GHEK/*Bungeroth* Rn. 15; Grigoleit/*Rieder/Holzmann* Rn. 6; Großkomm AktG/*Frey* Rn. 32; Hölters/*Apfelbacher/Niggemann* Rn. 12; Hüffer/Koch/*Koch*, 13. Aufl. 2018, Rn. 5; Kölner Komm AktG/*Drygala/Staake* Rn. 20; MüKoAktG/*Fuchs* Rn. 13; K. Schmidt/Lutter/*Veil* Rn. 6.
[34] Bürgers/Körber/*Marsch-Barner* Rn. 6; Grigoleit/*Rieder/Holzmann* Rn. 8; Hüffer/Koch/*Koch*, 13. Aufl. 2018, Rn. 6; Kölner Komm AktG/*Drygala/Staake* Rn. 23; MüKoAktG/*Fuchs* Rn. 16; K. Schmidt/Lutter/*Veil* Rn. 7.
[35] Bürgers/Körber/*Marsch-Barner* Rn. 6; Grigoleit/*Rieder/Holzmann* Rn. 8; Großkomm AktG/*Frey* Rn. 34; Hölters/*Apfelbacher/Niggemann* Rn. 14; Hüffer/Koch/*Koch*, 13. Aufl. 2018, Rn. 6; Kölner Komm AktG/*Drygala/Staake* Rn. 23; MüKoAktG/*Fuchs* Rn. 16; K. Schmidt/Lutter/*Veil* Rn. 7; Wachter/*Dürr* Rn. 9.
[36] Bürgers/Körber/*Marsch-Barner* Rn. 6; Grigoleit/*Rieder/Holzmann* Rn. 8; Großkomm AktG/*Frey* Rn. 34; Hölters/*Apfelbacher/Niggemann* Rn. 14; Hüffer/Koch/*Koch*, 13. Aufl. 2018, Rn. 6; Kölner Komm AktG/*Drygala/Staake* Rn. 24; MüKoAktG/*Fuchs* Rn. 16; K. Schmidt/Lutter/*Veil* Rn. 7.
[37] Grigoleit/*Rieder/Holzmann* Rn. 8; Hüffer/Koch/*Koch*, 13. Aufl. 2018, Rn. 6; Kölner Komm AktG/*Drygala/Staake* Rn. 24; MüKoAktG/*Fuchs* Rn. 16; NK-AktG/*Wagner* Rn. 5.
[38] Beschlussempfehlung und Bericht des Rechtsausschusses BT-Drs. 16/13098, 41.
[39] Großkomm AktG/*Frey* Rn. 35; vgl. auch MüKoAktG/*Schürnbrand* § 188 Rn. 45.
[40] Bürgers/Körber/*Marsch-Barner* Rn. 8; Großkomm AktG/*Frey* Rn. 38; MüKoAktG/*Fuchs* Rn. 19.
[41] Vgl. Bürgers/Körber/*Marsch-Barner* Rn. 8; K. Schmidt/Lutter/*Veil* Rn. 9.

Anmeldung anzugeben und auf Anforderung des Gerichts glaubhaft zu machen, dass keine Bezugsrechte mehr ausstehen, die durch das alte bedingte Kapital gesichert sind. Dies kann durch eidesstattliche Versicherung geschehen (§ 31 Abs. 1 FamFG).[42] Fehlen einzelne der nach § 195 Abs. 2 beizufügenden Dokumente, kann das Registergericht eine Zwischenverfügung erlassen und eine Frist zur Nachreichung setzen (§ 382 Abs. 4 FamFG).[43] Wurde gegen den Erhöhungsbeschluss Anfechtungs- oder Nichtigkeitsklage erhoben, kann das Registergericht das Eintragungsverfahren nach § 21 Abs. 1 FamFG **aussetzen**.[44] Liegen die sonstigen Voraussetzungen des § 21 Abs. 1 FamFG vor, kann das Registergericht das Verfahren gem. § 381 S. 1 FamFG auch aussetzen, wenn kein Rechtsstreit anhängig ist. In diesem Fall muss es einem der Beteiligten eine Frist zur Klageerhebung setzen (§ 381 S. 2 FamFG).

17 Bei **Vorliegen eines Eintragungshindernisses** weist das Registergericht den Eintragungsantrag unter Mitteilung der Gründe für die Ablehnung zurück (vgl. § 382 Abs. 3 iVm § 38 Abs. 3 S. 1 FamFG). Dies ist insbesondere dann der Fall, wenn der Erhöhungsbeschluss nach § 241 von Beginn an nichtig ist, etwa wegen eines Verstoßes gegen § 192 Abs. 3 oder wegen fehlender Festsetzungen nach § 193 Abs. 2 Nr. 1–3.[45] Gleiches gilt, wenn er auf eine Anfechtungsklage hin rechtskräftig (mit Wirkung ex tunc) für nichtig erklärt wird. Wird innerhalb der Anfechtungsfrist keine Anfechtungsklage erhoben, ist der Eintragungsantrag bei **Vorliegen von Anfechtungsgründen** nur dann zurückzuweisen, wenn **Drittinteressen** maßgeblich betroffen sind.[46] Abzulehnen ist die Eintragung daher etwa bei Anfechtbarkeit des Erhöhungsbeschlusses wegen Angabe eines unzulässigen Zwecks (→ § 192 Rn. 26). Besonderheiten bestehen bei einer bedingten Kapitalerhöhung im Zusammenhang mit einer Rekapitalisierung nach § 7 FMStFG zur Gewährung von Umtausch- oder Bezugsrechten an den SoFFin als stillen Gesellschafter (vgl. § 7a FMStBG). Hier ist der Erhöhungsbeschluss gem. **§ 7c S. 2 FMStBG** unverzüglich in das Handelsregister einzutragen, sofern er nicht offensichtlich nichtig ist.

18 **3. Inhalt der Eintragung.** Bei Vorliegen der Eintragungsvoraussetzungen verfügt das Registergericht die Eintragung des Erhöhungsbeschlusses. Die Eintragung erfolgt gem. § 43 Nr. 6 lit. b gg HRV in Spalte 6 unter Buchstabe b. Ausreichend ist die Eintragung „Die Hauptversammlung vom [...] hat die bedingte Erhöhung des Grundkapitals mit einem Betrag von bis zu [...] EUR [zur Bedienung von Wandelschuldverschreibungen] beschlossen".[47] In Spalte 3, in der bei einer AG, SE oder KGaA die jeweils aktuellen Beträge der Höhe des Grundkapitals einzutragen sind (§ 43 Nr. 3 HRV), erfolgt noch keine Eintragung, da die bedingte Kapitalerhöhung erst mit der Ausgabe der Bezugsaktien wirksam wird (§ 200).

19 **4. Rechtsmittel.** Der Gesellschaft stehen gegen die Zurückweisung des Eintragungsantrags die **Beschwerde** zum Oberlandesgericht (§ 58 FamFG, § 119 Abs. 1 Nr. 1 lit. b GVG) und anschließend – bei entsprechender Zulassung durch das Beschwerdegericht – die **Rechtsbeschwerde** zum BGH zu (§ 70 FamFG, § 133 GVG). Beschwerdeberechtigt als Antragsteller ist gem. § 59 Abs. 2 FamFG allein die Gesellschaft. Die Vertretung der Gesellschaft richtet sich nach allgemeinen Grundsätzen, so dass Bevollmächtigung genügt. Eine gemeinsame Beschwerdeeinlegung durch den Vorstand und den Aufsichtsratsvorsitzenden ist nicht erforderlich.[48]

20 **5. Rechtsfolgen.** Der Erhöhungsbeschluss ist mit seiner Eintragung wirksam. Die vom Beschluss umfassten Bezugsansprüche sind mit der Eintragung bzw. mit ihrer Entstehung durch bedingtes Kapital gesichert.[49] Bezugsaktien können jetzt ausgegeben werden (§ 197 S. 1, 3).

---

[42] Großkomm AktG/*Frey* Rn. 40; Hölters/*Apfelbacher/Niggemann* Rn. 17; *Busch* in Marsch-Barner/Schäfer Börsennotierte AG-HdB Rn. 44.47.

[43] Grigoleit/*Rieder/Holzmann* Rn. 9; Großkomm AktG/*Frey* Rn. 38; MüKoAktG/*Fuchs* Rn. 19.

[44] Bürgers/Körber/*Marsch-Barner* Rn. 8; MüKoAktG/*Fuchs* Rn. 20; s. auch Kölner Komm AktG/*Drygala/Staake* Rn. 37; K. Schmidt/Lutter/*Veil* Rn. 9 (allerdings unter Bezugnahme auf § 381 FamFG).

[45] Bürgers/Körber/*Marsch-Barner* Rn. 8; Grigoleit/*Rieder/Holzmann* Rn. 9; Hüffer/Koch/*Koch,* 13. Aufl. 2018, Rn. 9; MüKoAktG/*Fuchs* Rn. 21.

[46] Vgl. Bürgers/Körber/*Marsch-Barner* Rn. 8; Grigoleit/*Rieder/Holzmann* Rn. 9; Hölters/*Apfelbacher/Niggemann* Rn. 18; Hüffer/Koch/*Koch,* 13. Aufl. 2018, Rn. 9; Kölner Komm AktG/*Drygala/Staake* Rn. 36; MüKoAktG/*Fuchs* Rn. 21; K. Schmidt/Lutter/*Veil* Rn. 10; aA Großkomm AktG/*Frey* Rn. 38: Registergericht muss Eintragungsantrag bei bloßer Anfechtbarkeit stets zurückweisen.

[47] Vgl. Bürgers/Körber/*Marsch-Barner* Rn. 9; Grigoleit/*Rieder/Holzmann* Rn. 13; Großkomm AktG/*Frey* Rn. 41; Hüffer/Koch/*Koch,* 13. Aufl. 2018, Rn. 10; Kölner Komm AktG/*Drygala/Staake* Rn. 43; MüKoAktG/*Fuchs* Rn. 22; Wachter/*Dürr* Rn. 12; *Krafka/Kühn* RegisterR Rn. 1510.

[48] Großkomm AktG/*Frey* Rn. 46; Hüffer/Koch/*Koch,* 13. Aufl. 2018, Rn. 9; Kölner Komm AktG/*Drygala/Staake* Rn. 42; MüKoAktG/*Fuchs* Rn. 23.

[49] Vgl. Grigoleit/*Rieder/Holzmann* Rn. 13; Großkomm AktG/*Frey* Rn. 49; MüKoAktG/*Fuchs* Rn. 24.

Anmeldung des Beschlusses 21–23a § 195

6. Kosten. Die Gebühr für die Eintragung des Erhöhungsbeschlusses beträgt EUR 270,00 (§ 58 21
Abs. 1 Nr. 1 GNotKG iVm § 1 S. 1 HRegGebV und Ziff. 2400 des Gebührenverzeichnisses der
Anlage zur HRegGebV).[50]

7. Bekanntmachung. Seit der Aufhebung von § 196 durch Art. 9 Nr. 9 EHUG zum 1. Januar 22
2007 richtet sich die Bekanntmachung der Eintragung ausschließlich nach den allgemeinen Vorschriften. Die Bekanntmachung erfolgt gem. § 10 Abs. 1 HGB von Amts wegen in dem von der Landesjustizverwaltung bestimmten **elektronischen Informations- und Kommunikationssystem**. Das Erfordernis einer Bekanntmachung im Bundesanzeiger und in Tageszeitungen (§§ 10, 11 HGB aF) wurde durch das EHUG abgeschafft. Nach der durch das EHUG eingeführten Übergangsvorschrift des Art. 61 Abs. 4 EGHGB waren Eintragungen in das Handelsregister bis zum 31. Dezember 2008 zusätzlich in einer Tageszeitung oder einem sonstigen Blatt bekannt zu machen. Bezeichnet die Satzung weitere Blätter oder elektronische Informationsmedien als Gesellschaftsblätter (§ 25 S. 2 aF iVm § 26h Abs. 3 EGAktG), erfolgt die Bekanntmachung in diesen nicht von Amts wegen, sondern durch den Vorstand.[51] Die Bekanntmachung hat nur **deklaratorische Bedeutung**. Der Erhöhungsbeschluss wird bereits mit seiner Eintragung wirksam. Die Wirksamkeit der bedingten Kapitalerhöhung richtet sich nach der Ausgabe der Bezugsaktien (§ 200). Eine rechtliche Bedeutung kann der Bekanntmachung im Rahmen des § 15 HGB zukommen.[52]

Gem. § 49 Abs. 1 Nr. 2 WpHG muss ein Emittent von zugelassenen Aktien, für den die Bundes- 22a
republik Deutschland der Herkunftsstaat ist, ua Mitteilungen über die Ankündigung der Ausgabe neuer Aktien und die Vereinbarung oder Ausübung von Umtausch-, Bezugs-, Einziehungs- und Zeichnungsrechten sowie die Beschlussfassung über diese Rechte unverzüglich im Bundesanzeiger veröffentlichen. Da mit der bedingten Kapitalerhöhung ein Bezugsrechtsausschluss verbunden ist, handelt es sich nach Auffassung der BaFin um eine Beschlussfassung über Bezugsrechte iSv § 49 Abs. 1 Nr. 2 WpHG, so dass für entsprechende Emittenten neben der Bekanntmachung gem. § 10 HGB auch eine Veröffentlichung nach § 49 Abs. 1 Nr. 2 WpHG erforderlich ist, die unverzüglich nach wirksamer Beschlussfassung der Hauptversammlung über die bedingte Kapitalerhöhung erfolgen muss.[53] Die Ausgabe der Aktien aus dem bedingten Kapital führt nicht zu einer erneuten Veröffentlichungspflicht gem. § 49 Abs. 1 Nr. 2 WpHG.[54]

V. Wertkontrolle (Abs. 3)

§ 195 Abs. 3 deckt sich mit § 184 Abs. 3 und regelt die registergerichtliche Wertkontrolle. Ebenso 23
wie im Fall des § 184 Abs. 3 muss die Wertkontrolle vor Anmeldung des Erhöhungsbeschlusses zum Handelsregister erfolgen (vgl. § 195 Abs. 2 Nr. 1).[55] Gem. § 195 Abs. 3 S. 1 kann das Gericht die Eintragung ablehnen, wenn der Wert der Sacheinlage nicht unwesentlich hinter dem geringsten Ausgabebetrag der dafür zu gewährenden Aktien zurückbleibt. Die Regelung entspricht wörtlich § 194 Abs. 4 S. 3 aF, der durch das ARUG aufgehoben und an der systematisch passenden Stelle in § 195 Abs. 3 S. 1 wieder eingefügt wurde (→ § 194 Rn. 3).[56]

Ergänzend wurde durch Art. 1 Nr. 31 ARUG in § 195 Abs. 3 S. 2 für den Fall, dass gem. § 194 23a
Abs. 5 iVm § 183a Abs. 1 von einer Prüfung der Sacheinlage abgesehen wird, die entsprechende Geltung von § 38 Abs. 3 angeordnet. Gem. § 38 Abs. 3 S. 1 hat das Gericht hinsichtlich der Werthaltigkeit der Sacheinlage ausschließlich zu prüfen, ob die Voraussetzungen des § 37a für eine Anmeldung ohne externe Prüfung erfüllt sind (→ § 38 Rn. 9). § 37a verlangt diverse Angaben. Neben der Erklärung, dass von einer externen Gründungsprüfung abgesehen wird (§ 37a Abs. 1 S. 1), ist eine Beschreibung des Gegenstands jeder Sacheinlage erforderlich (§ 37a Abs. 1 S. 2). Darüber hinaus ist zu erklären, dass der Wert der Sacheinlagen den geringsten Ausgabebetrag der dafür zu gewährenden Aktien erreicht (§ 37a Abs. 1 S. 3). Zudem sind der Wert, die Quelle der Bewertung sowie die angewandte Bewertungsmethode anzugeben (§ 37a Abs. 1 S. 3). Gem. § 37a Abs. 2 haben die Anmeldenden außerdem in der Anmeldung zu versichern, dass keine Umstände iSv § 33a Abs. 2 bekannt geworden sind. Die Angaben nach § 37a Abs. 1 und 2 sind gem. § 194 Abs. 5 iVm § 183a Abs. 2

---

[50] Verordnung über die Gebühren in Handels-, Partnerschafts- und Genossenschaftsregistersachen (Handelsregistergebührenverordnung – HRegGebV) v. 30.9.2004, BGBl. 2004 I 2562.
[51] Großkomm AktG/*Frey* § 196 Rn. 5; MüKoAktG/*Fuchs* Rn. 26; anders wohl *v. Godin/Wilhelmi* § 196.
[52] MüKoAktG/*Fuchs* § 195 Rn. 27.
[53] *BaFin*, FAQ zu den Transparenzpflichten des WpHG in den Abschnitten 6 (§§ 33 ff.) und 7 (§§ 48 ff.), Frage 57b; zust. Kölner Komm AktG/*Drygala/Staake* Rn. 52.
[54] Vgl. *BaFin*, FAQ zu den Transparenzpflichten des WpHG in den Abschnitten 6 (§§ 33 ff.) und 7 (§§ 48 ff.), Frage 57b; s. auch *BaFin*, Emittentenleitfaden, 4. Aufl. (Stand: 22.7.2013) S. 167.
[55] Vgl. GHEK/*Bungeroth* § 194 Rn. 28; Großkomm AktG/*Frey* § 194 Rn. 106.
[56] BegrRegE BT-Drs. 13/11642, 38.

S. 1 zusammen mit dem Datum des Erhöhungsbeschlusses in den Gesellschaftsblättern (Bundesanzeiger, § 25) bekannt zu machen. Wurde diese Bekanntmachungspflicht vor der Anmeldung des Erhöhungsbeschlusses erfüllt, müssen die betreffenden Angaben in der Anmeldung nicht wiederholt werden. Es reicht aus, wenn der Vorstand und der Aufsichtsratsvorsitzende in der Anmeldung ergänzend erklären, dass ihnen seit der Bekanntmachung keine Umstände iSv § 33a Abs. 2 bekannt geworden sind.[57] Liegen die Voraussetzungen des § 37a vor, kann das Registergericht die Eintragung nur bei einer offensichtlichen Überbewertung ablehnen (§ 195 Abs. 3 S. 2 iVm § 38 Abs. 3 S. 2). Eine weitergehende Werthaltigkeitskontrolle durch das Registergericht erfolgt nicht. Ein gem. § 194 Abs. 5 iVm §§ 183a Abs. 1 S. 1, 33a Abs. 1 Nr. 2 vorgelegtes Bewertungsgutachten darf das Registergericht grundsätzlich nur daraufhin überprüfen, ob der Gutachter die Voraussetzungen des § 33a Abs. 1 Nr. 2 erfüllt und ob er von zutreffenden Anknüpfungstatsachen ausgegangen ist.[58] Die Auswahl des Bewertungsverfahrens obliegt grundsätzlich dem Gutachter.[59]

VI. Aufbewahrung

24 § 195 Abs. 3 aF sah bis zum Inkrafttreten des EHUG vor, dass eingereichte Schriftstücke beim Gericht in Urschrift, Ausfertigung oder öffentlich beglaubigter Abschrift aufbewahrt werden. Mit der Umstellung auf eine elektronische Registerführung durch das EHUG (vgl. § 8 Abs. 1 HGB, § 7 HRV) ist diese Regelung obsolet geworden, so dass sie mit Wirkung zum 1. Januar 2007 aufgehoben wurde. Die gem. § 195 Abs. 2 zum Handelsregister einzureichenden Dokumente werden nach § 9 Abs. 1 S. 1 HRV für jedes Registerblatt (§ 13 HRV) in einen dafür bestimmten (elektronischen) Registerordner aufgenommen. Die Terminologie „Registerordner" soll keine bestimmte Speichertechnik vorgeben.[60] Die eingereichten Dokumente unterliegen gem. § 9 Abs. 1 S. 1 HGB der unbeschränkten Einsicht (zu den Einzelheiten der Einsichtnahme s. § 9 HGB, § 10 HRV).

§ 196 *(aufgehoben)*

§ 196 regelte zusätzliche Anforderungen an die Bekanntmachung der Eintragung des Erhöhungsbeschlusses. Danach waren in die Bekanntmachung außer dem Inhalt der bedingten Kapitalerhöhung die nach § 194 bei der Erbringung von Sacheinlagen vorgesehenen Festsetzungen und ein Hinweis auf den Bericht über die Prüfung von Sacheinlagen (§ 194 Abs. 4) aufzunehmen. Die Norm wurde durch das EHUG vom 10. November 2006 mit Wirkung zum 1. Januar 2007 aufgehoben, so dass sich die Bekanntmachung nunmehr allein nach den allgemeinen Vorschriften richtet (→ § 195 Rn. 22). Die Aufhebung von § 196 entspricht dem grundsätzlichen Verzicht auf Zusatzbekanntmachungen, wonach nur der im Handelsregister eingetragene Text bekannt gemacht werden soll.[1]

§ 197 Verbotene Aktienausgabe

[1]Vor der Eintragung des Beschlusses über die bedingte Kapitalerhöhung können die Bezugsaktien nicht ausgegeben werden. [2]Ein Anspruch des Bezugsberechtigten entsteht vor diesem Zeitpunkt nicht. [3]Die vorher ausgegebenen Bezugsaktien sind nichtig. [4]Für den Schaden aus der Ausgabe sind die Ausgeber den Inhabern als Gesamtschuldner verantwortlich.

Schrifttum: Vgl. die Angaben zu § 192.

Übersicht

	Rn.		Rn.
I. Überblick	1, 2	IV. Entstehung des Bezugsanspruchs (Satz 2)	13–18
II. Verbot der Aktienausgabe	3–8		
1. Tatbestand (S. 1)	3–5	1. Rechtlicher Charakter	13, 14
2. Nichtigkeit (S. 3)	6–8	2. Zeitpunkt der Entstehung	15, 16
III. Schadensersatzpflicht (Satz 4)	9–12	3. Fehler	17, 18

---

[57] Grigoleit/*Rieder/Holzmann* Rn. 12.
[58] KG WM 2016, 514 (515); teilweise krit. *Wachter* EWiR 2016, 137 f.
[59] KG WM 2016, 514 (515).
[60] BegrRegE BT-Drs. 16/960, 56.
[1] Vgl. BegrRegE BT-Drs. 16/960, 34.

I. Überblick

§ 197 dient der Rechtssicherheit und Rechtsklarheit (S. 1 und 3) und schützt die Entscheidungsfreiheit der Hauptversammlung (S. 2) sowie die Erwerber nichtiger Bezugsaktien.[1] Die Norm ist den §§ 41 Abs. 4, 191 nachgebildet, enthält aber zusätzlich in S. 2 eine Regelung zur Entstehung des Bezugsrechts. Diese Abweichung resultiert daraus, dass die bedingte Kapitalerhöhung im Gegensatz zur regulären Kapitalerhöhung (§ 189) nicht erst mit der Eintragung ihrer Durchführung, sondern bereits mit der Ausgabe der Bezugsaktien wirksam wird (§ 200). Andererseits fehlt in § 197 eine dem § 191 S. 1 Hs. 1 entsprechende Regelung, da die Mitgliedschaftsrechte erst mit der Ausgabe der Bezugsaktien entstehen.[2] § 197 steht in engem Zusammenhang mit den §§ 199, 200, da er eine weitere wichtige Voraussetzung für die Ausgabe der Bezugsaktien nennt, von der wiederum die Wirksamkeit der bedingten Kapitalerhöhung abhängt.[3]

Die heutige Fassung von § 197 entspricht abgesehen von geringfügigen sprachlichen Änderungen der Vorgängernorm des § 164 AktG 1937.

II. Verbot der Aktienausgabe

1. Tatbestand (S. 1). Gem. § 197 S. 1 ist eine wirksame Ausgabe von Bezugsaktien vor der Eintragung des Beschlusses über die bedingte Kapitalerhöhung nicht möglich. Neben der Eintragung des Kapitalerhöhungsbeschlusses müssen als weitere Voraussetzungen für die Aktienausgabe die Ausübung der Bezugsrechte (§ 198) und grundsätzlich auch die volle Leistung des Gegenwerts hinzukommen (§ 199).

Eine **Ausgabe von Bezugsaktien** liegt vor, wenn die Aktienurkunden durch ein der Gesellschaft zurechenbares Handeln oder Unterlassen tatsächlich in den Verkehr gebracht werden.[4] Damit unterscheidet sich der Begriff der „Ausgabe" in § 197 S. 1 von demjenigen in den §§ 198–200, wo es um den Entstehungsgrund für die Mitgliedschaft geht (→ § 199 Rn. 4).[5] Als Ausgabe iSv § 197 S. 1 ist bereits die Weitergabe der Aktienurkunden an einen Dritten (zB eine Emissionsbank) anzusehen.[6] Bloße Vorbereitungshandlungen, etwa die Herstellung der Aktienurkunden, sind dagegen nicht erfasst.[7] Gleiches gilt für den Diebstahl der ordnungsgemäß gesicherten Urkunden.[8] Ebenso wie § 191 S. 1 bezieht sich § 197 S. 1 über den Wortlaut der Vorschrift hinaus nicht bloß auf das rechtliche Können, sondern auch auf das Dürfen.[9] Die vorzeitige Aktienausgabe ist nicht nur unwirksam, sondern auch verboten. Bei einem Verstoß handeln Mitglieder des Vorstands oder des Aufsichtsrats **ordnungswidrig** gem. § 405 Abs. 1 Nr. 2. Die Ordnungswidrigkeit kann gem. § 405 Abs. 4 mit einer Geldbuße bis zu EUR 25 000 geahndet werden.

Anders als in §§ 41 Abs. 4, 191 werden in § 197 S. 1 und 3 **Zwischenscheine** nicht genannt. Zwischenscheine sind Anteilscheine, die den Aktionären vor der Aktienausgabe erteilt werden (§ 8). Nach teilweise vertretener Ansicht soll bei der bedingten Kapitalerhöhung eine Ausgabe von Zwischenscheinen von vornherein ausscheiden, da die Mitgliedschaftsrechte erst mit Ausgabe der Aktien entstehen (§ 200).[10] Im Rahmen des § 197 kommt es auf die Frage nach der grundsätzlichen

---

[1] Bürgers/Körber/*Marsch-Barner* Rn. 1; Grigoleit/*Rieder/Holzmann* Rn. 1; Großkomm AktG/*Frey* Rn. 5; Hölters/*Apfelbacher/Niggemann* Rn. 1; Kölner Komm AktG/*Drygala/Staake* Rn. 2, 4; MüKoAktG/*Fuchs* Rn. 1; Wachter/*Dürr* Rn. 1.

[2] Vgl. Kölner Komm AktG/*Drygala/Staake* Rn. 3; MüKoAktG/*Fuchs* Rn. 2.

[3] GHEK/*Bungeroth* Rn. 3; MüKoAktG/*Fuchs* Rn. 3.

[4] Bürgers/Körber/*Marsch-Barner* Rn. 2; Grigoleit/*Rieder/Holzmann* Rn. 2; Großkomm AktG/*Frey* Rn. 13; Hölters/*Apfelbacher/Niggemann* Rn. 2; Hüffer/Koch/*Koch*, 13. Aufl. 2018, Rn. 2; Kölner Komm AktG/*Drygala/Staake* Rn. 10; MüKoAktG/*Fuchs* Rn. 5; K. Schmidt/Lutter/*Veil* Rn. 2; Wachter/*Dürr* Rn. 2.

[5] Vgl. MüKoAktG/*Fuchs* Rn. 5; teilw. anders Großkomm AktG/*Frey* Rn. 13, nach dem sich der Begriff der „Ausgabe" in § 197 S. 1 und 3 auf beide Aspekte beziehen soll.

[6] Grigoleit/*Rieder/Holzmann* Rn. 2; Hölters/*Apfelbacher/Niggemann* Rn. 2; Hüffer/Koch/*Koch*, 13. Aufl. 2018, Rn. 2 iVm § 191 Rn. 3; Kölner Komm AktG/*Drygala/Staake* Rn. 11; MüKoAktG/*Fuchs* Rn. 5, 11; Wachter/*Dürr* Rn. 2; aA Großkomm AktG/*Frey* Rn. 17, nach dem die Weitergabe an eine Emissionsbank nicht genügen soll.

[7] Großkomm AktG/*Frey* Rn. 13; Hölters/*Apfelbacher/Niggemann* Rn. 2; Hüffer/Koch/*Koch*, 13. Aufl. 2018, Rn. 2 iVm § 191 Rn. 3; Kölner Komm AktG/*Drygala/Staake* Rn. 11; MüKoAktG/*Fuchs* Rn. 5; Wachter/*Dürr* Rn. 2; vgl. zu § 191 S. 1 auch BGH AG 1977, 295 (296); GHEK/*Hefermehl/Bungeroth* § 191 Rn. 12; MüKoAktG/*Schürnbrand* § 191 Rn. 6.

[8] Vgl. Hölters/*Apfelbacher/Niggemann* Rn. 2; Hüffer/Koch/*Koch*, 13. Aufl. 2018, Rn. 2 iVm § 191 Rn. 3; vgl. zu § 191 S. 1 auch GHEK/*Hefermehl/Bungeroth* § 191 Rn. 12; MüKoAktG/*Schürnbrand* § 191 Rn. 6.

[9] GHEK/*Bungeroth* Rn. 12; Großkomm AktG/*Frey* Rn. 19; Kölner Komm AktG/*Drygala/Staake* Rn. 8; MüKoAktG/*Fuchs* Rn. 6.

[10] GHEK/*Bungeroth* Rn. 14; MüKoAktG/*Fuchs* Rn. 7.

Zulässigkeit der Ausgabe von Zwischenscheinen bei der bedingten Kapitalerhöhung aber nicht an (→ § 199 Rn. 6).[11] Vorzeitig ausgegebene Zwischenscheine sind zumindest entsprechend § 197 S. 3 nichtig und haben eine gesamtschuldnerische Haftung der Ausgeber analog § 197 S. 4 zur Folge.[12]

6 **2. Nichtigkeit (S. 3).** Werden Bezugsaktien entgegen § 197 S. 1 vor der Eintragung des Kapitalerhöhungsbeschlusses ausgegeben, sind sie gem. § 197 S. 3 nichtig. Es entsteht **keine gültige wertpapierrechtliche Verbriefung der Mitgliedschaftsrechte.**[13] Da die Verbriefung bei der bedingten Kapitalerhöhung Voraussetzung für die Entstehung der Mitgliedschaften ist (§ 200), entstehen anders als bei den vergleichbaren § 41 Abs. 4 S. 2 und § 191 S. 2 auch keine unverbrieften Mitgliedschaftsrechte.[14]

7 Die Nichtigkeit gem. § 197 S. 3 ist endgültig und kann durch spätere Eintragung des Kapitalerhöhungsbeschusses **nicht geheilt** werden.[15] Nach Eintragung des Kapitalerhöhungsbeschlusses kann die Gesellschaft den Eigentümern der vorzeitig ausgegebenen Aktienurkunden aber durch Abschluss eines neuen Begebungsvertrags mit Wirkung *ex nunc* Mitgliedschaftsrechte einräumen und diese mit den bisherigen Urkunden verknüpfen. Eine einseitige Gültigkeitserklärung durch die Gesellschaft ist nicht ausreichend.[16] Ein weiterer Publizitätsakt ist für die erneute Begebung nicht notwendig, kann sich jedoch aus Gründen der Rechtssicherheit und Rechtsklarheit empfehlen.[17]

8 Sind die ausgegebenen Bezugsaktien gem. § 197 S. 3 nichtig, können die Mitgliedschaftsrechte auch **nicht gutgläubig erworben** werden. Dies gilt sowohl für den Ersterwerber als auch für spätere Erwerber der Aktienurkunden.[18]

III. Schadensersatzpflicht (Satz 4)

9 Gem. § 197 S. 4 besteht eine Schadensersatzpflicht zugunsten der Inhaber nichtiger Bezugsaktien. **Schadensersatzpflichtig sind die Ausgeber.** Dies sind alle Personen, welche die Ausgabe der unterschriebenen Aktienurkunden veranlasst haben, nicht aber die Gesellschaft selbst.[19] Eine solche Veranlassung kann auch in einem pflichtwidrigen Unterlassen bestehen.[20] Als Ausgeber kommen alle selbständig und verantwortlich handelnden Personen in Betracht. Hierzu zählen neben den Vorstandsmitgliedern in den Fällen des § 111 Abs. 4 S. 2 auch die Mitglieder des Aufsichtsrats.[21] Ferner werden leitende Angestellte, insbesondere Prokuristen erfasst, sofern sie im konkreten Fall nicht bloß auf Weisung handeln, sondern aus eigener Initiative die Aktien ausgeben.[22] Allein die

---

[11] Vgl. Großkomm AktG/*Frey* Rn. 10; Kölner Komm AktG/*Drygala/Staake* Rn. 12.
[12] Großkomm AktG/*Frey* Rn. 10; Kölner Komm AktG/*Drygala/Staake* Rn. 12; MüKoAktG/*Fuchs* Rn. 7.
[13] Bürgers/Körber/*Marsch-Barner* Rn. 3; GHEK/*Bungeroth* Rn. 16; Grigoleit/*Rieder/Holzmann* Rn. 3; Großkomm AktG/*Frey* Rn. 20; Hölters/*Apfelbacher/Niggemann* Rn. 5; Hüffer/Koch/*Koch*, 13. Aufl. 2018, Rn. 3; Kölner Komm AktG/*Drygala/Staake* Rn. 14; MüKoAktG/*Fuchs* Rn. 8; K. Schmidt/Lutter/*Veil* Rn. 3.
[14] Bürgers/Körber/*Marsch-Barner* Rn. 2; Grigoleit/*Rieder/Holzmann* Rn. 3; Großkomm AktG/*Frey* Rn. 20; Hölters/*Apfelbacher/Niggemann* Rn. 5; Kölner Komm AktG/*Drygala/Staake* Rn. 14; MüKoAktG/*Fuchs* Rn. 8; Wachter/*Dürr* Rn. 3.
[15] Bürgers/Körber/*Marsch-Barner* Rn. 3; GHEK/*Bungeroth* Rn. 17; Grigoleit/*Rieder/Holzmann* Rn. 3; Großkomm AktG/*Frey* Rn. 22; Hölters/*Apfelbacher/Niggemann* Rn. 6; Hüffer/Koch/*Koch*, 13. Aufl. 2018, Rn. 3; Kölner Komm AktG/*Drygala/Staake* Rn. 17; MüKoAktG/*Fuchs* Rn. 9; Wachter/*Dürr* Rn. 3.
[16] Bürgers/Körber/*Marsch-Barner* Rn. 3; GHEK/*Bungeroth* Rn. 17; Grigoleit/*Rieder/Holzmann* Rn. 3; Großkomm AktG/*Frey* Rn. 22; Hölters/*Apfelbacher/Niggemann* Rn. 6; Hüffer/Koch/*Koch*, 13. Aufl. 2018, Rn. 3; Kölner Komm AktG/*Drygala/Staake* Rn. 18; MüKoAktG/*Fuchs* Rn. 9; aA zu § 191 S. 2 OLG Frankfurt a. M. AG 1976, 77 (78); *Baumbach/Hueck* § 191 Rn. 2.
[17] S. dazu Großkomm AktG/*Frey* Rn. 22; Kölner Komm AktG/*Drygala/Staake* Rn. 19; MüKoAktG/*Fuchs* Rn. 9.
[18] GHEK/*Bungeroth* Rn. 16; Großkomm AktG/*Frey* Rn. 23, 26; Hüffer/Koch/*Koch*, 13. Aufl. 2018, Rn. 3; Kölner Komm AktG/*Drygala/Staake* Rn. 15 f.; MüKoAktG/*Fuchs* Rn. 10; Wachter/*Dürr* Rn. 3.
[19] Bürgers/Körber/*Marsch-Barner* Rn. 4; Grigoleit/*Rieder/Holzmann* Rn. 5; Großkomm AktG/*Frey* Rn. 15; Kölner Komm AktG/*Drygala/Staake* Rn. 21, 24; MüKoAktG/*Fuchs* Rn. 11; vgl. zu § 191 S. 3 auch GHEK/*Hefermehl/Bungeroth* § 191 Rn. 18 f.; Kölner Komm AktG/*Ekkenga* § 191 Rn. 10; MüKoAktG/*Schürnbrand* § 191 Rn. 9.
[20] Großkomm AktG/*Frey* Rn. 15; Hölters/*Apfelbacher/Niggemann* Rn. 9; Kölner Komm AktG/*Drygala/Staake* Rn. 24; MüKoAktG/*Fuchs* Rn. 11; vgl. zu § 191 S. 3 auch BGH AG 1977, 295 (296); OLG Frankfurt a. M. AG 1976, 77 (78); GHEK/*Hefermehl/Bungeroth* § 191 Rn. 18; Kölner Komm AktG/*Ekkenga* § 191 Rn. 10.
[21] Großkomm AktG/*Frey* Rn. 15; Kölner Komm AktG/*Drygala/Staake* Rn. 25; MüKoAktG/*Fuchs* Rn. 12.
[22] Bürgers/Körber/*Marsch-Barner* Rn. 4; Hüffer/Koch/*Koch*, 13. Aufl. 2018, Rn. 4 iVm § 191 Rn. 5; Kölner Komm AktG/*Drygala/Staake* Rn. 26; vgl. zu § 191 S. 3 auch GHEK/*Hefermehl/Bungeroth* § 191 Rn. 18; Kölner Komm AktG/*Ekkenga* § 191 Rn. 10; teilw. anders Großkomm AktG/*Frey* Rn. 16; MüKoAktG/*Fuchs* Rn. 12, nach denen es allein auf ein Handeln aus eigener Initiative und nicht (auch) auf die formale Stellung als „leitender Angestellter" ankommen soll.

formale Stellung als leitender Angestellter reicht nicht aus.[23] Keine Ausgeber sind nach allgemeiner Ansicht Arbeitnehmer, die die Aktienurkunden lediglich auf Weisung ihres Vorgesetzten ausgeben.[24] Mehrere Ausgeber haften gem. § 197 S. 4 als Gesamtschuldner (§§ 421 ff. BGB).

Anspruchsberechtigt sind die Inhaber der nichtigen Bezugsaktien. Dies sind nicht die Besitzer 10 (§ 854) der Aktienurkunden, sondern die **hypothetisch Berechtigten,** die zum Zeitpunkt der Geltendmachung aus den Urkunden unter der Prämisse ihrer Gültigkeit berechtigt gewesen wären.[25] Inhaber können dementsprechend neben den Eigentümern der Aktienurkunden auch Pfandgläubiger oder Nießbraucher sein.[26]

§ 197 S. 4 begründet eine **verschuldensunabhängige Haftung.**[27] Zu ersetzen ist der Schaden 11 aus der Ausgabe. Dies ist das **negative Interesse** nach Maßgabe der §§ 249 ff. BGB (einschließlich eines entgangenen Gewinns gem. § 252 BGB).[28]

Bei § 197 S. 4 handelt es sich wie bei § 405 Abs. 1 Nr. 2 um ein **Schutzgesetz** iSd § 823 Abs. 2 12 BGB.[29] Ein Schadensersatzanspruch nach § 823 Abs. 2 BGB setzt allerdings Verschulden voraus. Praktische Bedeutung haben entsprechende Ansprüche vor allem im Hinblick auf geschädigte frühere Inhaber sowie auf Anstifter und Gehilfen (§ 830 BGB).[30] Die nach § 823 Abs. 2 BGB Verpflichteten haften mit den Ausgebern gem. § 840 BGB als Gesamtschuldner.[31]

IV. Entstehung des Bezugsanspruchs (Satz 2)

1. Rechtlicher Charakter. Gem. § 197 S. 2 kommt der Anspruch des Bezugsberechtigten vor 13 der Eintragung des Kapitalerhöhungsbeschlusses nicht zur Entstehung. Umfasst sind neben Bezugsrechten auch Umtauschrechte (§ 192 Abs. 5). Nach früher vertretener Ansicht sollten die Bezugsrechte aufgrund des Kapitalerhöhungsbeschlusses kraft Gesetzes durch dessen Eintragung entstehen.[32] Demgegenüber ist heute anerkannt, dass das Bezugsrecht durch einen **Vertrag zwischen der Gesellschaft und dem Bezugsberechtigten** entsteht.[33] § 197 S. 2 setzt lediglich eine zeitliche Schranke, vor der das Bezugsrecht nicht entstehen kann.[34] Die vertragliche Einräumung konkreter Umtausch- oder Bezugsrechte obliegt dem Vorstand, der die diesbezüglichen Vereinbarungen mit den Berechtigten schließt.[35]

Bei dem Vertrag zwischen der Gesellschaft und dem Bezugsberechtigten handelt es sich um einen 14 **einseitig die AG verpflichtenden Vorvertrag,** der auf Abschluss eines Zeichnungsvertrags auf die neuen Aktien gerichtet ist.[36] Eine besondere Form ist nicht erforderlich.[37] Der Vertrag kann

---

[23] Insoweit zutr. Großkomm AktG/*Frey* Rn. 16; MüKoAktG/*Fuchs* Rn. 12; s. auch Hölters/*Apfelbacher/Niggemann* Rn. 9.
[24] Großkomm AktG/*Frey* Rn. 15; Hölters/*Apfelbacher/Niggemann* Rn. 9; Hüffer/Koch/*Koch*, 13. Aufl. 2018, Rn. 4 iVm § 191 Rn. 5; Kölner Komm AktG/*Drygala/Staake* Rn. 27; MüKoAktG/*Fuchs* Rn. 12; Wachter/*Dürr* Rn. 4.
[25] Grigoleit/*Rieder/Holzmann* Rn. 5; Großkomm AktG/*Frey* Rn. 30; Hölters/*Apfelbacher/Niggemann* Rn. 10; Hüffer/Koch/*Koch*, 13. Aufl. 2018, Rn. 4 iVm § 191 Rn. 5; Kölner Komm AktG/*Drygala/Staake* Rn. 31; MüKoAktG/*Fuchs* Rn. 13; vgl. zu § 191 S. 3 auch GHEK/*Hefermehl/Bungeroth* § 191 Rn. 21.
[26] Großkomm AktG/*Frey* Rn. 30; Kölner Komm AktG/*Drygala/Staake* Rn. 31; MüKoAktG/*Fuchs* Rn. 13.
[27] Bürgers/*Körber/Marsch-Barner* Rn. 4; Großkomm AktG/*Frey* Rn. 28; Hüffer/Koch/*Koch*, 13. Aufl. 2018, Rn. 4 iVm § 191 Rn. 6; Kölner Komm AktG/*Drygala/Staake* Rn. 22; MüKoAktG/*Fuchs* Rn. 14; vgl. zu § 191 S. 3 auch OLG Frankfurt a. M. AG 1976, 77 (78); GHEK/*Hefermehl/Bungeroth* § 191 Rn. 22; Kölner Komm AktG/*Ekkenga* § 191 Rn. 12.
[28] Großkomm AktG/*Frey* Rn. 35; Hölters/*Apfelbacher/Niggemann* Rn. 11; Kölner Komm AktG/*Drygala/Staake* Rn. 33 f.; MüKoAktG/*Fuchs* Rn. 15; Wachter/*Dürr* Rn. 4.
[29] Großkomm AktG/*Frey* Rn. 28; Hölters/*Apfelbacher/Niggemann* Rn. 12; Kölner Komm AktG/*Drygala/Staake* Rn. 23; MüKoAktG/*Fuchs* Rn. 17; Wachter/*Dürr* Rn. 4.
[30] Vgl. Großkomm AktG/*Frey* Rn. 28; MüKoAktG/*Fuchs* Rn. 17.
[31] Großkomm AktG/*Frey* Rn. 28.
[32] Vgl. Großkomm AktG/*Schilling*, 3. Aufl. 1973, § 197 Anm. 3; *Ritter* § 159 Anm. 2b aa; Schlegelberger/*Quassowski* AktG 1937, § 159 Rn. 2; *Würdinger* AktR S. 189.
[33] GHEK/*Bungeroth* Rn. 6; Grigoleit/*Rieder/Holzmann* Rn. 4; Großkomm AktG/*Frey* Rn. 38; Hölters/*Apfelbacher/Niggemann* Rn. 13; Hüffer/Koch/*Koch*, 13. Aufl. 2018, Rn. 5; Kölner Komm AktG/*Drygala/Staake* Rn. 36; MüKoAktG/*Fuchs* Rn. 18; K. Schmidt/Lutter/*Veil* Rn. 5; *v. Godin/Wilhelmi* § 193 Anm. 6b; *Busch* in Marsch-Barner/Schäfer Börsennotierte AG-HdB Rn. 44.48; MHdB AG/*Scholz* § 58 Rn. 59.
[34] Vgl. Bürgers/*Körber/Marsch-Barner* Rn. 5; Grigoleit/*Rieder/Holzmann* Rn. 4; Hüffer/Koch/*Koch*, 13. Aufl. 2018, Rn. 5; Kölner Komm AktG/*Drygala/Staake* Rn. 38; MüKoAktG/*Fuchs* Rn. 18.
[35] GHEK/*Bungeroth* Rn. 7; Grigoleit/*Rieder/Holzmann* Rn. 4; Hüffer/Koch/*Koch*, 13. Aufl. 2018, § 198 Rn. 5; Kölner Komm AktG/*Drygala/Staake* Rn. 36; MüKoAktG/*Fuchs* Rn. 22; MHdB AG/*Scholz* § 58 Rn. 59.
[36] GHEK/*Bungeroth* Rn. 8; Grigoleit/*Rieder/Holzmann* Rn. 4; Kölner Komm AktG/*Drygala/Staake* Rn. 41; MüKoAktG/*Fuchs* Rn. 18; Wachter/*Dürr* Rn. 5.
[37] GHEK/*Bungeroth* Rn. 8; Kölner Komm AktG/*Drygala/Staake* Rn. 37; MüKoAktG/*Fuchs* Rn. 19.

unter einer Bedingung oder Befristung geschlossen werden und richtet sich inhaltlich nach den Festsetzungen gem. § 193 Abs. 2.[38]

15   **2. Zeitpunkt der Entstehung.** Das Bezugsrecht entsteht nach allgemeinen rechtsgeschäftlichen Grundsätzen, sofern der Vertrag nach der Eintragung des Kapitalerhöhungsbeschlusses geschlossen wird.[39] Wird der Vertrag bereits vorher geschlossen, ist die Entstehung des Bezugsrechts kraft Gesetzes durch die Eintragung des Kapitalerhöhungsbeschlusses aufschiebend bedingt.[40] Das Bezugsrecht entsteht in diesem Fall erst mit der Eintragung des Kapitalerhöhungsbeschlusses. Der Vertrag kann auch schon vor der Beschlussfassung über die bedingte Kapitalerhöhung geschlossen werden.[41] In diesem Fall steht er zusätzlich unter dem Vorbehalt, dass die Hauptversammlung einen entsprechenden Kapitalerhöhungsbeschluss fasst. Dem Schutzanliegen von § 193 Abs. 1 S. 3 iVm § 187 Abs. 2 wird durch die Annahme einer aufschiebenden Bedingung ausreichend Rechnung getragen.

16   Der vertragliche Bezugsanspruch muss nicht zwingend auf eine bestimmte Kapitalerhöhungsmaßnahme bezogen sein. Kann er auch mit alten Aktien erfüllt werden, ist er sofort erfüllbar.[42] Richtet sich der Bezugsanspruch auf die Lieferung junger Aktien und ist die Form der Kapitalerhöhung nach dem Inhalt des Vertrags offen, kann er auch ohne den Eintragungsvorbehalt des § 197 S. 2 zur Entstehung kommen und bei Zustimmung der Hauptversammlung nach § 221 auch ohne Erhöhungsbeschluss.[43] Ansonsten steht er unter dem Vorbehalt des § 187 Abs. 2.[44]

17   **3. Fehler.** Hält sich der Vorstand bei der Einräumung der Bezugsrechte **nicht an die inhaltlichen Vorgaben des Erhöhungsbeschlusses,** hat dies auf die Wirksamkeit der Bezugsrechte grundsätzlich keinen Einfluss. Der Vorstand überschreitet lediglich seine Geschäftsführungsbefugnis im Innenverhältnis, nicht aber seine Vertretungsmacht.[45] Zu beachten sind aber stets die Regeln über den Missbrauch der Vertretungsmacht, die zu einer Unwirksamkeit der getroffenen Vereinbarungen führen können.[46] Ist die Einräumung wirksam, sind die zweckwidrig gewährten Bezugsrechte gleichwohl nicht durch bedingtes Kapital gesichert. Aus § 199 Abs. 1 folgt insoweit ein Erfüllungsverbot.[47] Die Bezugsberechtigten haben nur einen Schadensersatzanspruch gegen die Gesellschaft, die ihrerseits im Innenverhältnis den Vorstand und ggf. auch den Aufsichtsrat in Regress nehmen kann (§§ 93, 116).

18   Räumt der Vorstand **mehr Bezugsrechte** ein **als bedingtes Kapital zur Verfügung steht,** richtet sich der Vorrang einzelner Vertragspartner nach dem Inhalt des Erhöhungsbeschlusses. Enthält dieser keine entsprechenden Vorgaben, ist nach dem Prioritätsgrundsatz auf den Zeitpunkt des Vertragsschlusses abzustellen.[48] Bezugsrechte, die nach diesen Grundsätzen unberücksichtigt bleiben, stehen unter dem Vorbehalt von § 193 Abs. 1 S. 3 iVm § 187 Abs. 2.[49]

---

[38] Vgl. GHEK/*Bungeroth* Rn. 8; Kölner Komm AktG/*Drygala/Staake* Rn. 44; MüKoAktG/*Fuchs* Rn. 19.
[39] GHEK/*Bungeroth* Rn. 9; Grigoleit/*Rieder/Holzmann* Rn. 4; Hüffer/Koch/*Koch*, 13. Aufl. 2018, Rn. 5; Kölner Komm AktG/*Drygala/Staake* Rn. 38; MüKoAktG/*Fuchs* Rn. 20; Wachter/*Dürr* Rn. 6.
[40] GHEK/*Bungeroth* Rn. 10; Grigoleit/*Rieder/Holzmann* Rn. 4; Großkomm AktG/*Frey* Rn. 38; Hölters/*Apfelbacher/Niggemann* Rn. 13; Hüffer/Koch/*Koch*, 13. Aufl. 2018, Rn. 5; Kölner Komm AktG/*Drygala/Staake* Rn. 39; MüKoAktG/*Fuchs* Rn. 20; K. Schmidt/Lutter/*Veil* Rn. 5; Wachter/*Dürr* Rn. 6; MHdB AG/*Scholz* § 58 Rn. 60.
[41] Bürgers/Körber/*Marsch-Barner* Rn. 5; GHEK/*Bungeroth* Rn. 10; Großkomm AktG/*Frey* Rn. 38; Hölters/*Apfelbacher/Niggemann* Rn. 13; Hüffer/Koch/*Koch*, 13. Aufl. 2018, Rn. 5; Kölner Komm AktG/*Drygala/Staake* Rn. 39; MüKoAktG/*Fuchs* Rn. 20; K. Schmidt/Lutter/*Veil* Rn. 5; Wachter/*Dürr* Rn. 6; MHdB AG/*Scholz* § 58 Rn. 60; aA *Baumbach/Hueck* § 193 Anm. 2; Großkomm AktG/*Schilling*, 3. Aufl. 1973, § 193 Anm. 3, die den Vertrag in diesem Fall als unwirksam ansehen; für schwebende Unwirksamkeit Grigoleit/*Rieder/Holzmann* Rn. 4.
[42] Großkomm AktG/*Frey* Rn. 40; Hölters/*Apfelbacher/Niggemann* Rn. 14; Kölner Komm AktG/*Drygala/Staake* Rn. 40; s. auch *Klahold*, Aktienoptionen als Vergütungsinstrument, 1999, 239 f.
[43] Großkomm AktG/*Frey* Rn. 40; Kölner Komm AktG/*Drygala/Staake* Rn. 40; MüKoAktG/*Fuchs* Rn. 21.
[44] Großkomm AktG/*Frey* Rn. 40; Hölters/*Apfelbacher/Niggemann* Rn. 14; Kölner Komm AktG/*Drygala/Staake* Rn. 44; MüKoAktG/*Fuchs* Rn. 21.
[45] Großkomm AktG/*Frey* Rn. 43; Hölters/*Apfelbacher/Niggemann* Rn. 15; Kölner Komm AktG/*Drygala/Staake* Rn. 46; MüKoAktG/*Fuchs* Rn. 22.
[46] Vgl. Großkomm AktG/*Frey* Rn. 43; Hölters/*Apfelbacher/Niggemann* Rn. 15; Hüffer/Koch/*Koch*, 13. Aufl. 2018, § 198 Rn. 5; Kölner Komm AktG/*Drygala/Staake* Rn. 46.
[47] Hölters/*Apfelbacher/Niggemann* Rn. 15; Kölner Komm AktG/*Drygala/Staake* Rn. 48; MüKoAktG/*Fuchs* Rn. 22.
[48] Grigoleit/*Rieder/Holzmann* Rn. 4; Großkomm AktG/*Frey* Rn. 41; Kölner Komm AktG/*Drygala/Staake* Rn. 47; MüKoAktG/*Fuchs* Rn. 23; Wachter/*Dürr* Rn. 7; aA NK-AktG/*Wagner* Rn. 12 f., der auf das Erfüllungsverhalten der AG abstellt und denjenigen Bezugsberechtigten, denen die AG keine Aktien liefert, einen Schadensersatzanspruch nach § 311a Abs. 2 BGB gewähren will.
[49] Großkomm AktG/*Frey* Rn. 41; Kölner Komm AktG/*Drygala/Staake* Rn. 478; MüKoAktG/*Fuchs* Rn. 23.

§ 198 Bezugserklärung

(1) ¹Das Bezugsrecht wird durch schriftliche Erklärung ausgeübt. ²Die Erklärung (Bezugserklärung) soll doppelt ausgestellt werden. ³Sie hat die Beteiligung nach der Zahl und bei Nennbetragsaktien dem Nennbetrag und, wenn mehrere Gattungen ausgegeben werden, der Gattung der Aktien, die Feststellungen nach § 193 Abs. 2, die nach § 194 bei der Einbringung von Sacheinlagen vorgesehenen Festsetzungen sowie den Tag anzugeben, an dem der Beschluß über die bedingte Kapitalerhöhung gefaßt worden ist.

(2) ¹Die Bezugserklärung hat die gleiche Wirkung wie eine Zeichnungserklärung. ²Bezugserklärungen, deren Inhalt nicht dem Absatz 1 entspricht oder die Beschränkungen der Verpflichtung des Erklärenden enthalten, sind nichtig.

(3) Werden Bezugsaktien ungeachtet der Nichtigkeit einer Bezugserklärung ausgegeben, so kann sich der Erklärende auf die Nichtigkeit nicht berufen, wenn er auf Grund der Bezugserklärung als Aktionär Rechte ausgeübt oder Verpflichtungen erfüllt hat.

(4) Jede nicht in der Bezugserklärung enthaltene Beschränkung ist der Gesellschaft gegenüber unwirksam.

Schrifttum: Vgl. die Angaben zu §§ 192, 199.

Übersicht

	Rn.		Rn.
I. Überblick	1–3	8. Wirkung (Abs. 2 S. 1)	24, 25
II. Bezugserklärung	4–25	**III. Mängel und Heilung**	26–38
1. Allgemeines	4–8	1. Allgemeines	26
2. Form (Abs. 1 S. 1 und 2)	9, 10	2. Inhaltsmängel (Abs. 2 S. 2 Alt. 1)	27
3. Inhalt (Abs. 1 S. 3)	11–19	3. Beschränkungen in der Bezugserklärung (Abs. 2 S. 2 Alt. 2)	28, 29
a) Allgemeines	11	4. Heilung (Abs. 3)	30–35
b) Generelle Angaben	12–17	a) Allgemeines	30
c) Individuelle Angaben	18, 19	b) Voraussetzungen	31–34
4. Erklärungsberechtigte und Vertretung	20	c) Wirkung	35
5. Erklärungszeitpunkt	21	5. Beschränkungen außerhalb der Bezugserklärung (Abs. 4)	36
6. Teilausübung	22		
7. Erklärungspflicht	23	6. Sonstige Mängel	37, 38

I. Überblick

§ 198 ist § 185 nachgebildet und regelt die **Ausübung des Bezugsrechts durch die Bezugserklärung.** Die Bezugserklärung tritt an die Stelle der Zeichnungserklärung bei der regulären Kapitalerhöhung. Sie enthält stets zugleich auch das Verlangen auf Abschluss eines Zeichnungsvertrags und Einräumung entsprechender Mitgliedschaften. Insoweit besteht ein Unterschied zum gesetzlichen Bezugsrecht nach § 186 Abs. 1, wo die Geltendmachung des Rechts und die förmliche Zeichnung nicht notwendig in einer Erklärung enthalten sein müssen.[1] § 198 regelt neben Form (Abs. 1 S. 1 und 2) und Inhalt (Abs. 1 S. 3) auch die Wirkung der Bezugserklärung (Abs. 2 S. 1) sowie die Rechtsfolgen bei Missachtung der Vorgaben (Abs. 2 S. 2, Abs. 3). Ferner bestimmt die Norm, dass nicht in der Bezugserklärung enthaltene Beschränkungen der Gesellschaft gegenüber unwirksam sind (Abs. 4).

Die besonderen Anforderungen an Form und Inhalt der Bezugserklärung gem. § 198 Abs. 1 S. 1 und 3 dienen primär dem Schutz des Erklärenden vor Übereilung und darüber hinaus der Sicherung eines Beweismittels (vgl. § 201 Abs. 2 und 4).[2] Die Rechtsfolgenregelung in § 198 Abs. 2 bis 4 dient vor allem der Rechtssicherheit und Rechtsklarheit. Die Heilungsregelung in § 198 Abs. 3 schützt daneben auch die Gläubiger.[3]

§ 198 ist mit geringfügigen sprachlichen Änderungen in Abs. 1 S. 2 und 3 sowie in Abs. 2 S. 1 aus § 165 AktG 1937 hervorgegangen. § 198 Abs. 1 und 3 wurden 1998 durch Art. 1 Nr. 24 StückAG geändert.

---

[1] Vgl. GHEK/*Bungeroth* Rn. 4; Kölner Komm AktG/*Drygala/Staake* Rn. 3; s. auch Hüffer/Koch/*Koch*, 13. Aufl. 2018, Rn. 2.
[2] Vgl. Großkomm AktG/*Frey* Rn. 4; Kölner Komm AktG/*Drygala/Staake* Rn. 4; MüKoAktG/*Fuchs* Rn. 2; Wachter/*Dürr* Rn. 1.
[3] Großkomm AktG/*Frey* Rn. 4; Kölner Komm AktG/*Drygala/Staake* Rn. 5; MüKoAktG/*Fuchs* Rn. 2.

II. Bezugserklärung

4 **1. Allgemeines.** Das Bezugsrecht ist ein vertraglicher Anspruch gegen die Gesellschaft auf Mitwirkung beim Abschluss eines Zeichnungsvertrags (→ § 197 Rn. 13 f.). Die Inhaber der Bezugsrechte müssen dem gem. § 193 Abs. 2 Nr. 2 im Erhöhungsbeschluss ausgewiesenen Personenkreis angehören. Nach § 198 Abs. 1 S. 1 wird das Bezugsrecht durch die Bezugserklärung ausgeübt. Nach der gesetzlichen Konzeption wird der Bezugsberechtigte im Rahmen des Bezugsvorgangs unmittelbar gegenüber der Gesellschaft tätig.[4] Eine gewisse „Mediatisierung des Bezugsvorgangs" kann aber durch Einschaltung einer Options- oder Umtauschstelle erfolgen. So sehen die Bedingungen von Aktienoptionsplänen in der Praxis regelmäßig vor, dass die Bezugserklärung durch eine **Optionsstelle** abgegeben wird. Die Optionsstelle wird von den Optionsberechtigten entweder direkt oder über ihre Depotbanken bzw. eine in den Optionsbedingungen vorgesehene Annahmestelle zur Abgabe der Bezugserklärung beauftragt und ermächtigt.[5] Auch bei Wandelanleihen ist die Einschaltung einer **Umtauschstelle** üblich (→ Rn. 23), wobei regelmäßig der Konsortialführer im Rahmen der vorangegangenen Emission der Wandelanleihen die Rolle als Hauptumtauschstelle übernimmt.[6] Erfolgt die Abwicklung über eine Options- oder Umtauschstelle, sehen die Options- oder Anleihebedingungen regelmäßig die Verwendung eines bestimmten Ausübungsformulars durch die Options- oder Umtauschberechtigten vor. Die entsprechende Ausübungserklärung der Options- oder Umtauschberechtigten unterliegt nicht den Anforderungen des § 198.[7]

5 Die **Bezugserklärung** ist eine an die AG gerichtete **empfangsbedürftige Willenserklärung**. Sie ist auf den **Abschluss eines Zeichnungsvertrags** gerichtet und bedarf grundsätzlich der Annahme durch die Gesellschaft.[8] Die Annahmeerklärung kann formlos erfolgen, wobei der Zugang der Erklärung regelmäßig nach § 151 BGB entbehrlich ist.[9] Sind die Bezugsbedingungen so ausgestaltet, dass ihnen (im Wege der Auslegung) ein befristetes Angebot auf Abschluss eines Zeichnungsvertrags entnommen werden kann, kommt der Zeichnungsvertrag bereits mit Zugang der Bezugserklärung zustande.[10]

6 Der **Zeichnungsvertrag** verpflichtet die Gesellschaft zur Ausgabe der Bezugsaktien und den Zeichner zur Leistung des Gegenwerts (Umtausch der Wandelschuldverschreibung, Barzahlung oder Sacheinlage). Der Zeichner ist vorleistungspflichtig (§ 199 Abs. 1). Anders als bei der regulären Kapitalerhöhung stehen die Verpflichtungen aus dem Zeichnungsvertrag bei der bedingten Kapitalerhöhung nicht unter der Bedingung, dass die Kapitalerhöhung durchgeführt und die Durchführung eingetragen wird. Der Zeichnungsvertrag führt vielmehr zu einem vorbehaltlosen Anspruch auf Aktienausgabe.[11] Sofern der Vertrag, der das Bezugsrecht einräumt, eine Ersetzungsbefugnis vorsieht, ist es der Gesellschaft gestattet, statt eines Zeichnungsvertrags über junge Aktien einen Kaufvertrag über bereits existierende Aktien zu schließen.[12] Eine solche Ersetzungsbefugnis muss nicht ausdrücklich geregelt sein, sondern kann sich auch im Wege der Vertragsauslegung ergeben. Im Zweifel wird man annehmen können, dass es der Gesellschaft freistehen soll, den Bezugsanspruch mit alten Aktien zu erfüllen.[13]

7 § 198 gilt auch für Umtauschrechte (§ 192 Abs. 5). Bei der **Wandlungserklärung** handelt es sich ebenfalls um eine auf den Abschluss eines Zeichnungsvertrags gerichtete, empfangsbedürftige

---

[4] Vgl. Grigoleit/*Rieder*/*Holzmann* Rn. 1; MüKoAktG/*Fuchs* Rn. 2.

[5] Vgl. Großkomm AktG/*Frey* Rn. 20; *Busch* in Marsch-Barner/Schäfer Börsennotierte AG-HdB Rn. 44.53; *Groß* in Bosch/Groß, Das Emissionsgeschäft, 1998, Rn. 10/303; *Rozijn* ZBB 1998, 77 (82); Muster für eine Ausübungserklärung mit entsprechender Ermächtigung bei *Schumann*, Optionsanleihen, 1990, 298.

[6] Vgl. *Nodoushani* ZBB 2011, 143 (147); *Singhof* FS Hoffmann-Becking, 2013, 1163 (1168).

[7] *Busch* in Marsch-Barner/Schäfer Börsennotierte AG-HdB Rn. 44.53; *Singhof* FS Hoffmann-Becking, 2013, 1163 (1169).

[8] Bürgers/Körber/*Marsch-Barner* Rn. 2; GHEK/*Bungeroth* Rn. 5; Hölters/*Apfelbacher*/*Niggemann* Rn. 8; Hüffer/Koch/*Koch,* 13. Aufl. 2018, Rn. 2; Kölner Komm AktG/*Drygala*/*Staake* Rn. 6; MüKoAktG/*Fuchs* Rn. 4; K. Schmidt/Lutter/*Veil* Rn. 3; Wachter/*Dürr* Rn. 5; *Staake* AG 2017, 188 (189); iE auch Großkomm AktG/*Frey* Rn. 10.

[9] Bürgers/Körber/*Marsch-Barner* Rn. 2; Grigoleit/*Rieder*/*Holzmann* Rn. 3; Großkomm AktG/*Frey* Rn. 14; Hölters/*Apfelbacher*/*Niggemann* Rn. 11; Kölner Komm AktG/*Drygala*/*Staake* Rn. 10; MüKoAktG/*Fuchs* Rn. 4; Wachter/*Dürr* Rn. 5; s. auch *Lutter* FS Schilling, 1973, S. 207 (215).

[10] Bürgers/Körber/*Marsch-Barner* Rn. 2; GHEK/*Bungeroth* Rn. 5; Grigoleit/*Rieder*/*Holzmann* Rn. 3; Hüffer/Koch/*Koch,* 13. Aufl. 2018, Rn. 2; Kölner Komm AktG/*Drygala*/*Staake* Rn. 11; MüKoAktG/*Fuchs* Rn. 4; K. Schmidt/Lutter/*Veil* Rn. 3; Wachter/*Dürr* Rn. 5; MHdB AG/*Scholz* § 58 Rn. 73.

[11] GHEK/*Bungeroth* Rn. 34; Grigoleit/*Rieder*/*Holzmann* Rn. 10; Großkomm AktG/*Frey* Rn. 15; Hüffer/Koch/*Koch,* 13. Aufl. 2018, Rn. 15; Hölters/*Apfelbacher*/*Niggemann* Rn. 5; Kölner Komm AktG/*Drygala*/*Staake* Rn. 8; MüKoAktG/*Fuchs* Rn. 5; *v. Godin*/*Wilhelmi* Anm. 4.

[12] Vgl. Großkomm AktG/*Frey* Rn. 8; Kölner Komm AktG/*Drygala*/*Staake* Rn. 49; MüKoAktG/*Fuchs* Rn. 5.

[13] Kölner Komm AktG/*Drygala*/*Staake* Rn. 49; MHdB AG/*Scholz* § 58 Rn. 61; s. auch Großkomm AktG/*Frey* Rn. 8; aA MüKoAktG/*Fuchs* Rn. 5: nur bei ausdrücklicher Regelung oder sonstigen konkreten Anhaltspunkten; zweifelnd auch *Busch* in Marsch-Barner/Schäfer Börsennotierte AG-HdB Rn. 44.49.

Willenserklärung. Die Anleihebedingungen von Wandelanleihen sind idR so ausgestaltet, dass die Wandlungserklärung als Annahmeerklärung anzusehen ist.[14] Einer zusätzlichen Annahme durch die Gesellschaft bedarf es dann nicht mehr.

Die Abgabe einer gesonderten Bezugs- oder Wandlungserklärung für jede einzelne zu beziehende 8 Aktie ist nicht erforderlich. Ist der Bezugsberechtigte Inhaber mehrerer, voneinander unabhängiger Umtausch- oder Bezugsrechte, kann er diese in einer **gemeinsamen Erklärung** ausüben.[15]

2. Form (Abs. 1 S. 1 und 2). Gem. § 198 Abs. 1 S. 1 bedarf die Bezugserklärung der **Schrift-** 9 **form**. Erforderlich ist die schriftliche Fixierung des gem. § 198 Abs. 1 S. 3 vorgeschriebenen Erklärungsinhalts sowie die eigenhändige Namensunterschrift des Erklärenden (§ 126 Abs. 1 BGB). Die Schriftform kann gem. § 126 Abs. 3 BGB durch die elektronische Form (§ 126a BGB) ersetzt werden.[16] Die Nichteinhaltung der Form führt zur Nichtigkeit der Bezugserklärung (§ 125 S. 1 BGB). Nach § 198 Abs. 3 ist eine Heilung möglich (→ Rn. 30 ff.). Das Formerfordernis gilt nur für die Bezugserklärung, nicht aber für die korrespondierende Erklärung der Gesellschaft.[17]

Die Bezugserklärung soll gem. § 198 Abs. 1 S. 2 **doppelt ausgestellt** werden. Sie ist aber auch 10 bei einfacher Ausstellung wirksam.[18] Die Zweitschrift der Bezugserklärung ist nach § 201 Abs. 2 S. 1 lediglich zur Einreichung beim Registergericht bestimmt. Dies war ursprünglich notwendig, da Dokumente vor Inkrafttreten des EHUG in physischer Form zum Handelsregister einzureichen waren. Seit der Umstellung auf eine elektronische Registerführung durch das EHUG sind Dokumente nunmehr ausschließlich in elektronischer Form einzureichen (§ 12 Abs. 2 S. 1 HGB). Da hierfür ohne weiteres auch die Erstschrift eingescannt werden könnte, hat das Erfordernis einer Zweitschrift seinen Sinn verloren. Gleichwohl hat der Gesetzgeber § 198 Abs. 1 S. 2 und § 201 Abs. 2 S. 1 nicht angepasst, so dass grundsätzlich weiterhin von dem Erfordernis einer Zweitschrift auszugehen ist.[19] Die Zweitschrift kann auch nachträglich ausgestellt werden.[20] Auch wenn eine fehlende Zweitschrift nicht zur Unwirksamkeit der Bezugserklärung führt, bleibt der Zeichner zur Einreichung verpflichtet. Kommt er dieser Pflicht nicht nach, kann nach tradierter Auffassung die Gesellschaft auf Kosten des Zeichners eine beglaubigte Kopie der Erstschrift erstellen lassen.[21] Hiergegen spricht aber, dass für die in elektronischer Form vorzunehmende Einreichung zum Handelsregister auch die Erstschrift eingescannt werden könnte. Die Anfertigung einer beglaubigten Kopie der Erstschrift, um diese dann anstelle der Erstschrift einzuscannen und zum Handelsregister einzureichen, erscheint als übertriebener Formalismus.[22] Wird eine Zweitschrift erstellt und stimmen die beiden Ausfertigungen nicht überein, ist der **notwendig einheitliche Inhalt** der Erklärung durch Auslegung zu ermitteln, wobei auf den objektiven Empfängerhorizont der Gesellschaft abzustellen ist.[23] Im Zweifel ist die Erstschrift maßgeblich.[24] Sofern der Text einer Ausfertigung von dem durch Auslegung ermittelten Inhalt der Bezugserklärung abweicht, ist der Zeichner zur Nachlieferung einer ordnungsgemäßen Ausfertigung verpflichtet.[25] Lässt sich ein eindeutiger Inhalt der Bezugserklärung nicht ermitteln, fehlt es wegen Perplexität an einer wirksamen Erklärung, worauf die Gesellschaft den Zeichner grundsätzlich hinweisen muss.[26]

3. Inhalt (Abs. 1 S. 3). a) Allgemeines. § 198 Abs. 1 S. 3 schreibt den Inhalt der Bezugserklä- 11 rung vor. Die Bezugserklärung entspricht hinsichtlich ihres Inhalts weitgehend dem Zeichnungs-

---

[14] GHEK/*Bungeroth* Rn. 5; Hölters/*Apfelbacher/Niggemann* Rn. 8; Hüffer/Koch/*Koch*, 13. Aufl. 2018, Rn. 3; Kölner Komm AktG/*Drygala/Staake* Rn. 11; MüKoAktG/*Fuchs* Rn. 4; *Singhof* FS Hoffmann-Becking, 2013, 1163 (1173 f.).
[15] GHEK/*Bungeroth* Rn. 22; Großkomm AktG/*Frey* Rn. 44; Hölters/*Apfelbacher/Niggemann* Rn. 14; Kölner Komm AktG/*Drygala/Staake* Rn. 19; MüKoAktG/*Fuchs* Rn. 21; *v. Godin/Wilhelmi* Anm. 1.
[16] Kölner Komm AktG/*Drygala/Staake* Rn. 22; aA MüKoAktG/*Fuchs* Rn. 6; Wachter/*Dürr* Rn. 6.
[17] Bürgers/Körber/*Marsch-Barner* Rn. 5; Grigoleit/*Rieder/Holzmann* Rn. 8; Hölters/*Apfelbacher/Niggemann* Rn. 11; Hüffer/Koch/*Koch*, 13. Aufl. 2018, Rn. 8; Kölner Komm AktG/*Drygala/Staake* Rn. 20; K. Schmidt/Lutter/*Veil* Rn. 5.
[18] Bürgers/Körber/*Marsch-Barner* Rn. 5; Grigoleit/*Rieder/Holzmann* Rn. 8; Großkomm AktG/*Frey* Rn. 22; Kölner Komm AktG/*Drygala/Staake* Rn. 24; MüKoAktG/*Fuchs* Rn. 7; Wachter/*Dürr* Rn. 16; aA wohl Hölters/*Apfelbacher/Niggemann* Rn. 21.
[19] Für Nichtanwendung von § 198 Abs. 1 S. 2 aber Kölner Komm AktG/*Drygala/Staake* Rn. 25.
[20] Hüffer/Koch/*Koch*, 13. Aufl. 2018, Rn. 8 iVm § 185 Rn. 8; MüKoAktG/*Fuchs* Rn. 7.
[21] Großkomm AktG/*Frey* Rn. 23; MüKoAktG/*Fuchs* Rn. 7; s. auch Vorauflage; aA Kölner Komm AktG/*Drygala/Staake* Rn. 26.
[22] Kölner Komm AktG/*Drygala/Staake* Rn. 26.
[23] Großkomm AktG/*Frey* Rn. 22; Hüffer/Koch/*Koch*, 13. Aufl. 2018, Rn. 8 iVm § 185 Rn. 8; MüKoAktG/*Fuchs* Rn. 8.
[24] MüKoAktG/*Fuchs* Rn. 8.
[25] Bürgers/Körber/*Marsch-Barner* Rn. 5; Großkomm AktG/*Frey* Rn. 23; MüKoAktG/*Fuchs* Rn. 8.
[26] Großkomm AktG/*Frey* Rn. 24; Kölner Komm AktG/*Drygala/Staake* Rn. 27; MüKoAktG/*Fuchs* Rn. 8.

schein. Sie muss neben der Erklärung, den Zeichnungsvertrag schließen zu wollen, generelle Angaben über den Erhöhungsbeschluss sowie bestimmte individuelle Angaben zu dem verlangten Zeichnungsvertrag enthalten. Die Gesellschaft ist im Zweifel verpflichtet, dem Bezugsberechtigten oder seiner Hausbank ein entsprechendes Formular nebst Doppel anzubieten.[27]

12 **b) Generelle Angaben.** Als generellen Inhalt muss die Bezugserklärung gem. § 198 Abs. 1 S. 3 die Feststellungen nach § 193 Abs. 2, die nach § 194 bei der Einbringung von Sacheinlagen vorgesehenen Festsetzungen und den Tag des Kapitalerhöhungsbeschlusses angeben. Hierbei bestehen strenge formale Anforderungen, so dass fehlende Angaben nicht im Wege der Auslegung ergänzt werden können.[28]

13 Anzugeben sind der Zweck der bedingten Kapitalerhöhung (§ 193 Abs. 2 Nr. 1), der Kreis der Bezugsberechtigten (§ 193 Abs. 2 Nr. 2) und der Ausgabebetrag (§ 193 Abs. 2 Nr. 3). Die vom Wortlaut des § 198 Abs. 1 S. 3 eigentlich mit erfassten **Festsetzungen nach § 193 Abs. 2 Nr. 4** sind dagegen **nicht anzugeben,** da sie einen erheblichen Umfang annehmen können und für die Bezugsberechtigten keine besondere Bedeutung haben.[29] Vieles spricht dafür, dass der Gesetzgeber bei der Einführung des § 193 Abs. 2 Nr. 4 den Anpassungsbedarf bei § 198 Abs. 1 S. 3 übersehen hat. Dementsprechend bietet sich eine **teleologische Reduktion** der Norm an.[30]

14 Die Feststellungen nach § 193 Abs. 2 Nr. 1 und 2 müssen ihrem ganzen Inhalt nach in die Bezugserklärung aufgenommen werden. Diesbezüglich empfiehlt sich der wörtliche Abdruck der entsprechenden Teile des Kapitalerhöhungsbeschlusses.[31] Der **Ausgabebetrag** gem. § 193 Abs. 2 Nr. 3 ist **in der Bezugserklärung zu konkretisieren,** sofern er im Erhöhungsbeschluss noch abstrakt gefasst und zB durch eine Verwässerungsschutzklausel mitbestimmt ist. In diesem Fall muss die Bezugserklärung den **genauen Ausgabebetrag in Euro** angeben.[32]

15 Die nach § 194 bei der Einbringung von **Sacheinlagen** vorgesehenen Festsetzungen umfassen den Gegenstand der Sacheinlage, die Person des Einlegers sowie den Nennbetrag bzw. bei Stückaktien die Zahl der im Austausch zu gewährenden Aktien. Sofern die Ausnahmeregelungen gem. § 194 Abs. 1 S. 2 und Abs. 3 eingreifen, sind auch in die Bezugserklärung keine Festsetzungen aufzunehmen.[33]

16 Nach § 198 Abs. 1 S. 3 ist zudem das **Datum des Kapitalerhöhungsbeschlusses** anzugeben. Dies gilt auch dann, wenn notwendige Sonderbeschlüsse gem. § 193 Abs. 1 S. 3 iVm § 182 Abs. 2 erst später gefasst worden sind.[34]

17 Anders als § 185 Abs. 1 Nr. 2 verlangt § 198 Abs. 1 S. 3 keine Angaben über den Umfang von **Nebenverpflichtungen** (§ 55). Dennoch besteht Einigkeit, dass auch etwaige Nebenverpflichtungen in die Bezugserklärung aufzunehmen sind, da sie nur auf diese Weise gegenüber dem Bezugsberechtigten wirksam werden.[35] Fehlt eine entsprechende Angabe, ist die Bezugserklärung aber nicht gem. § 198 Abs. 2 S. 2 nichtig, da es sich nach der Gesetzesfassung nicht um einen zwingenden Bestandteil handelt.[36]

18 **c) Individuelle Angaben.** Die nach § 198 Abs. 1 S. 3 erforderlichen individuellen Angaben beziehen sich auf die gewünschte Beteiligung nach Zahl und ggf. Nennbetrag sowie Gattung der gewünschten Aktien. Insoweit entspricht die Norm § 185 Abs. 1 S. 1. Wegen der Einzelheiten kann

---

[27] Großkomm AktG/*Frey* Rn. 25.
[28] Kölner Komm AktG/*Drygala/Staake* Rn. 32; MüKoAktG/*Fuchs* Rn. 12.
[29] Vgl. Bürgers/Körber/*Marsch-Barner* Rn. 6; Kölner Komm AktG/*Drygala/Staake* Rn. 34; MüKoAktG/*Fuchs* Rn. 13.
[30] Bürgers/Körber/*Marsch-Barner* Rn. 6; Grigoleit/*Rieder/Holzmann* Rn. 6; Hüffer/Koch/*Koch,* 13. Aufl. 2018, Rn. 9; Kölner Komm AktG/*Drygala/Staake* Rn. 34; MüKoAktG/*Fuchs* Rn. 13; K. Schmidt/Lutter/*Veil* Rn. 7; Wachter/*Dürr* Rn. 8; *Vogel* BB 2000, 937 (940); aA Großkomm AktG/*Frey* Rn. 28; NK-AktG/*Wagner* Rn. 4.
[31] Großkomm AktG/*Frey* Rn. 28; Kölner Komm AktG/*Drygala/Staake* Rn. 33; MüKoAktG/*Fuchs* Rn. 14.
[32] Bürgers/Körber/*Marsch-Barner* Rn. 6; Großkomm AktG/*Frey* Rn. 27; Kölner Komm AktG/*Drygala/Staake* Rn. 33; MüKoAktG/*Fuchs* Rn. 14.
[33] Vgl. Großkomm AktG/*Frey* Rn. 29; Kölner Komm AktG/*Drygala/Staake* Rn. 36; MüKoAktG/*Fuchs* Rn. 16.
[34] Bürgers/Körber/*Marsch-Barner* Rn. 6; Grigoleit/*Rieder/Holzmann* Rn. 6; Hüffer/Koch/*Koch,* 13. Aufl. 2018, Rn. 9 iVm § 185 Rn. 12; Kölner Komm AktG/*Drygala/Staake* Rn. 37; aA *v. Godin/Wilhelmi* Anm. 3 iVm § 185 Anm. 8; MüKoAktG/*Fuchs* Rn. 17.
[35] Bürgers/Körber/*Marsch-Barner* Rn. 6; GHEK/*Bungeroth* Rn. 13; Grigoleit/*Rieder/Holzmann* Rn. 6; Hölters/*Apfelbacher/Niggemann* Rn. 10; Hüffer/Koch/*Koch,* 13. Aufl. 2018, Rn. 9; Kölner Komm AktG/*Drygala/Staake* Rn. 38; MüKoAktG/*Fuchs* Rn. 15; K. Schmidt/Lutter/*Veil* Rn. 7; Wachter/*Dürr* Rn. 9.
[36] Bürgers/Körber/*Marsch-Barner* Rn. 6; GHEK/*Bungeroth* Rn. 13; Grigoleit/*Rieder/Holzmann* Rn. 6; Hölters/*Apfelbacher/Niggemann* Rn. 10; Hüffer/Koch/*Koch,* 13. Aufl. 2018, Rn. 9; Kölner Komm AktG/*Drygala/Staake* Rn. 38; MüKoAktG/*Fuchs* Rn. 15; Wachter/*Dürr* Rn. 16; aA *v. Godin/Wilhelmi* Anm. 3.

auf die Kommentierung zu § 185 verwiesen werden (→ § 185 Rn. 22 ff.). Fehlende individuelle Angaben können – anders als fehlende generelle Angaben (→ Rn. 12) – im Wege der **Auslegung** ergänzt werden.[37]

Zu den ausdrücklich in § 198 Abs. 1 S. 3 genannten individuellen Angaben kommen **weitere ungeschriebene Voraussetzungen** hinzu. Erforderlich ist zum einen, dass aus der Bezugserklärung die Person des Zeichners sowie die Gesellschaft als Adressat zweifelsfrei hervorgehen.[38] Zum anderen muss der genaue Gegenstand der Einlagepflicht aus der Erklärung ersichtlich sein.[39] Nicht zwingend erforderlich, jedoch empfehlenswert, ist darüber hinaus die Bezeichnung der Schuldverschreibungen, aus denen das Bezugsrecht ausgeübt wird.[40]

4. Erklärungsberechtigte und Vertretung. Berechtigt zur Abgabe der Wandlungs- oder Bezugserklärung sind die **Inhaber der Umtausch- oder Bezugsrechte.** Dies sind die Personen, denen die Gesellschaft vertraglich ein Umtausch- oder Bezugsrecht eingeräumt hat.[41] Die Bezugserklärung muss nicht persönlich abgegeben werden. **Stellvertretung** ist zulässig.[42] Die Bevollmächtigung bedarf gem. § 167 Abs. 2 BGB nicht der Form des § 198 Abs. 1 S. 1. Möglich ist auch eine mittelbare Stellvertretung.[43] In der Praxis wird üblicherweise die Umtausch- oder Optionsstelle in den Anleihe- oder Optionsbedingungen bzw. den Ausübungsformularen zur Abgabe der Bezugserklärung beauftragt und ermächtigt (→ Rn. 4). Die Umtausch- oder Optionsstelle gibt die Bezugserklärung regelmäßig in offener Stellvertretung für den Wandlungs- oder Optionsberechtigten ab, so dass der Zeichnungsvertrag unmittelbar mit diesem zustande kommt[44]

5. Erklärungszeitpunkt. Grundsätzlich kann das Bezugsrecht **zu einem beliebigen Zeitpunkt nach der Eintragung des Erhöhungsbeschlusses** ausgeübt werden (vgl. § 197 S. 2). Die Hauptversammlung kann in dem Erhöhungsbeschluss allerdings eine Frist für die Ausübung bestimmen (→ § 193 Rn. 8). Die **Auflösung** (§ 262) der AG steht der Ausgabe neuer Aktien aus einer bedingten Kapitalerhöhung nicht entgegen.[45] Gleiches gilt für die **Insolvenz.**[46] Dementsprechend kann die Bezugserklärung auch im Liquidationsstadium oder während eines Insolvenzverfahrens noch abgegeben werden. Im Insolvenzverfahren muss der Insolvenzverwalter die Annahme des Angebots auf Abschluss eines Zeichnungsvertrags erklären. Ein Wahlrecht gem. § 103 InsO besteht nicht.[47]

6. Teilausübung. Ein einheitliches Recht zum Bezug mehrerer Aktien kann grundsätzlich auch teilweise ausgeübt werden, sofern vertraglich nichts anderes vereinbart ist.[48] Voraussetzung ist die **Teilbarkeit des Anspruchs,** was etwa bei Optionsanleihen grundsätzlich zu bejahen ist. Dagegen fehlt es bei Umtauschrechten aus Wandelanleihen regelmäßig an der Teilbarkeit, da die Aushändigung der Wandelschuldverschreibung an die Gesellschaft erforderlich ist.[49] Gleiches gilt

---

[37] Grigoleit/*Rieder/Holzmann* Rn. 5, 11; Großkomm AktG/*Frey* Rn. 33; Hölters/*Apfelbacher/Niggemann* Rn. 17; Hüffer/Koch/*Koch*, 13. Aufl. 2018, Rn. 9 iVm § 185 Rn. 11; MüKoAktG/*Fuchs* Rn. 10; Wachter/*Dürr* Rn. 10; einschränkend Kölner Komm AktG/*Drygala/Staake* Rn. 31: keine Auslegung hinsichtlich des Umfangs der gewünschten Beteiligung.
[38] Bürgers/Körber/*Marsch-Barner* Rn. 6; Großkomm AktG/*Frey* Rn. 31; Kölner Komm AktG/*Drygala/Staake* Rn. 30; MüKoAktG/*Fuchs* Rn. 11.
[39] Großkomm AktG/*Frey* Rn. 31; Kölner Komm AktG/*Drygala/Staake* Rn. 30; MüKoAktG/*Fuchs* Rn. 11.
[40] Grigoleit/*Rieder/Holzmann* Rn. 7; Hölters/*Apfelbacher/Niggemann* Rn. 10; Hüffer/Koch/*Koch*, 13. Aufl. 2018, Rn. 9; Kölner Komm AktG/*Drygala/Staake* Rn. 30; K. Schmidt/Lutter/*Veil* Rn. 7; Wachter/*Dürr* Rn. 10; s. auch Großkomm AktG/*Frey* Rn. 32.
[41] Vgl. GHEK/*Bungeroth* Rn. 18; Kölner Komm AktG/*Drygala/Staake* Rn. 12; MüKoAktG/*Fuchs* Rn. 18.
[42] Bürgers/Körber/*Marsch-Barner* Rn. 4; GHEK/*Bungeroth* Rn. 20; Grigoleit/*Rieder/Holzmann* Rn. 4; Großkomm AktG/*Frey* Rn. 10; Hölters/*Apfelbacher/Niggemann* Rn. 9; Hüffer/Koch/*Koch*, 13. Aufl. 2018, Rn. 7; Kölner Komm AktG/*Drygala/Staake* Rn. 14; MüKoAktG/*Fuchs* Rn. 18; Wachter/*Dürr* Rn. 12; Busch in Marsch-Barner/Schäfer Börsennotierte AG-HdB Rn. 44.53.
[43] Kölner Komm AktG/*Drygala/Staake* Rn. 16.
[44] Kölner Komm AktG/*Drygala/Staake* Rn. 15; *Singhof* FS Hoffmann-Becking, 2013, 1163 (1173).
[45] BGHZ 24, 279 (286 f.); GHEK/*Bungeroth* Rn. 21; Grigoleit/*Rieder/Holzmann* Rn. 5; Kölner Komm AktG/*Drygala/Staake* Rn. 40; Busch in Marsch-Barner/Schäfer Börsennotierte AG-HdB Rn. 44.51.
[46] Bürgers/Körber/*Marsch-Barner* Rn. 4; GHEK/*Bungeroth* Rn. 21; Grigoleit/*Rieder/Holzmann* Rn. 5; Kölner Komm AktG/*Drygala/Staake* Rn. 40; MüKoAktG/*Fuchs* Rn. 20; Wachter/*Dürr* Rn. 13; Busch in Marsch-Barner/Schäfer Börsennotierte AG-HdB Rn. 44.51; *Schanz* CFL 2012, 26 (27 f.).
[47] Großkomm AktG/*Frey* Rn. 17, 19; Kölner Komm AktG/*Drygala/Staake* Rn. 40; MüKoAktG/*Fuchs* Rn. 20; Busch in Marsch-Barner/Schäfer Börsennotierte AG-HdB Rn. 44.51; *Schanz* CFL 2012, 26 (27).
[48] Bürgers/Körber/*Marsch-Barner* Rn. 4; GHEK/*Bungeroth* Rn. 22; Grigoleit/*Rieder/Holzmann* Rn. 3; Großkomm AktG/*Frey* Rn. 44; Hüffer/Koch/*Koch*, 13. Aufl. 2018, Rn. 7; Kölner Komm AktG/*Drygala/Staake* Rn. 42; MüKoAktG/*Fuchs* Rn. 21.
[49] Bürgers/Körber/*Marsch-Barner* Rn. 4; GHEK/*Bungeroth* Rn. 22; Grigoleit/*Rieder/Holzmann* Rn. 3; Hüffer/Koch/*Koch*, 13. Aufl. 2018, Rn. 7; Kölner Komm AktG/*Drygala/Staake* Rn. 42; MüKoAktG/*Fuchs* Rn. 21; *v. Godin/Wilhelmi* Anm. 1; aA Großkomm AktG/*Frey* Rn. 44.

für die bedingte Kapitalerhöhung mit Sacheinlagen, die nur einheitlich erbracht werden können.[50]

23   **7. Erklärungspflicht.** Die Umtausch- oder Bezugsrechte verleihen dem Berechtigten nur das Recht zur Teilnahme an der Kapitalerhöhung durch Abgabe der Umtausch- oder Bezugserklärung. Eine Pflicht, von diesem Recht auch Gebrauch zu machen besteht grundsätzlich nicht. Allerdings kann eine solche Pflicht vertraglich vereinbart werden, wie es bei den in der Praxis gebräuchlichen **Pflichtwandelanleihen** (Mandatory Convertible Bonds) der Fall ist.[51] Dabei sehen die Anleihebedingungen regelmäßig eine von den Anleihegläubigern erteilte unwiderrufliche Ermächtigung der Umtauschstelle zur Abgabe der Wandlungserklärung vor.[52] Umstritten ist, ob auf den Bezug von Pflichtwandelanleihen das **Schriftformerfordernis** des § 198 Abs. 1 S. 1 entsprechend anwendbar ist.[53] Dafür könnte sprechen, dass bereits der Bezug einer Pflichtwandelanleihe den Anleihegläubiger wie eine Bezugserklärung bindet. Allerdings wäre ein Schriftformerfordernis für den Bezug von Pflichtwandelanleihen kaum mit den Bedürfnissen des Kapitalmarkts zu vereinbaren. Jedenfalls im Anwendungsbereich des WpPG sollte daher eine entsprechende Anwendung von § 198 Abs. 1 S. 1 verneint werden. Hier ist schon das Vorliegen einer Regelungslücke zweifelhaft, da es neben den Informationspflichten des WpPG keines weiteren Übereilungsschutzes bedarf. Soweit das WpPG qualifizierte Anleger als weniger schutzwürdig ansieht und auf ein Prospekterfordernis verzichtet (vgl. § 3 Abs. 2 Nr. 1 WpPG), darf auch diese Wertung nicht durch eine Analogie zu § 198 Abs. 1 S. 1 unterlaufen werden.[54]

24   **8. Wirkung (Abs. 2 S. 1).** Die Bezugserklärung hat gem. § 198 Abs. 2 S. 1 die gleiche Wirkung wie eine Zeichnungserklärung. Die Wirkung einer Zeichnungserklärung (§ 185) ist im Gesetz allerdings nicht ausdrücklich geregelt.

25   Die Bezugnahme auf die Zeichnungserklärung ist ungenau, da es zwischen Bezugs- und Zeichnungserklärung neben grundlegenden Gemeinsamkeiten auch Unterschiede hinsichtlich des Umfangs der Bindung gibt.[55] Anders als die Zeichnungserklärung, die unter der zeitlichen Vorgabe des § 185 Abs. 1 S. 3 Nr. 4 steht, **bindet die Bezugserklärung endgültig.**[56] Ein weiterer Unterschied besteht darin, dass bei der Zeichnungserklärung nach § 185 eine Kontrahierungspflicht der Gesellschaft nur im Fall eines gesetzlichen (§ 186) oder vertraglichen (§ 187) Bezugsrechts besteht. Demgegenüber hat der Bezugsberechtigte bei der bedingten Kapitalerhöhung stets einen vertraglichen Anspruch auf Abschluss eines Zeichnungsvertrags, sofern die Bezugserklärung nicht bereits als Annahmeerklärung anzusehen ist (→ Rn. 5).[57]

III. Mängel und Heilung

26   **1. Allgemeines.** Bei der Bezugserklärung handelt es sich um eine **Willenserklärung,** die nach den allgemeinen Vorschriften der §§ 104 ff. BGB nichtig sein kann. Wird die gem. § 198 Abs. 1 S. 1 erforderliche Schriftform nicht eingehalten, ergibt sich die Nichtigkeit aus § 125 S. 1 BGB (→ Rn. 9). Im Übrigen unterscheidet § 198 zwischen Inhaltsmängeln und Beschränkungen der Bezugserklärung (§ 198 Abs. 2 S. 2) sowie nicht in der Bezugserklärung enthaltenen Beschränkungen (§ 198 Abs. 2 S. 4). Während letztere der Gesellschaft gegenüber unwirksam sind, folgt aus § 198 Abs. 2 S. 2 die Nichtigkeit der Bezugserklärung, sofern sie einen Inhaltsmangel aufweist oder eine Beschränkung der Verpflichtung des Erklärenden enthält. Die Nichtigkeit bedeutet, dass aus der Bezugserklärung keine Rechte und Pflichten folgen.[58] § 198 Abs. 3 sieht für diese Fälle eine Heilungsmöglichkeit vor (→ Rn. 30 ff.).

---

[50] Grigoleit/Rieder/Holzmann Rn. 3; Kölner Komm AktG/Drygala/Staake Rn. 43; MüKoAktG/Fuchs Rn. 21.
[51] Auf Pflichtwandelanleihen sind die §§ 221, 192 Abs. 2 zumindest entsprechend anwendbar, vgl. MüKoAktG/Habersack § 221 Rn. 52; MHdB AG/Scholz § 64 Rn. 54; für unmittelbare Anwendbarkeit MüKoAktG/Fuchs Rn. 22; Groß in Marsch-Barner/Schäfer Börsennotierte AG-HdB Rn. 51.7; Friel, Wandelanleihen mit Pflichtwandlung, 2000, 176, 180 ff.; Rozijn ZBB 1998, 77 (89 ff.); Schlitt/Seiler/Singhoff AG 2003, 254 (266 f.).
[52] Vgl. Hölters/Apfelbacher/Niggemann Rn. 8; Busch in Marsch-Barner/Schäfer Börsennotierte AG-HdB Rn. 44.7; Groß in Marsch-Barner/Schäfer Börsennotierte AG-HdB Rn. 51.7; Rozijn ZBB 1998, 77 (82); Singhof FS Hoffmann-Becking, 2013, 1163 (1167); s. auch Schlitt/Seiler/Singhoff AG 2003, 254 (266).
[53] Dafür GHEK/Bungeroth Rn. 22; MüKoAktG/Fuchs Rn. 22; MHdB AG/Scholz § 64 Rn. 54; dagegen Kölner Komm AktG/Drygala/Staake Rn. 45; Busch in Marsch-Barner/Schäfer Börsennotierte AG-HdB Rn. 44.7 Fn. 7; Singhof FS Hoffmann-Becking, 2013, 1163 (1170 f.).
[54] Ausf. Singhof FS Hoffmann-Becking, 2013, 1163 (1170 f.).
[55] Vgl. GHEK/Bungeroth Rn. 25; MüKoAktG/Fuchs Rn. 23.
[56] Bürgers/Körber/Marsch-Barner Rn. 7; Grigoleit/Rieder/Holzmann Rn. 9; Hölters/Apfelbacher/Niggemann Rn. 15; Hüffer/Koch/Koch, 13. Aufl. 2018, Rn. 10; Kölner Komm AktG/Drygala/Staake Rn. 48; MüKoAktG/Fuchs Rn. 24; K. Schmidt/Lutter/Veil Rn. 13.
[57] Vgl. Bürgers/Körber/Marsch-Barner Rn. 7; GHEK/Bungeroth Rn. 27; MüKoAktG/Fuchs Rn. 24.
[58] Vgl. Bürgers/Körber/Marsch-Barner Rn. 10; Hüffer/Koch/Koch, 13. Aufl. 2018, Rn. 11; Kölner Komm AktG/Drygala/Staake Rn. 50; MüKoAktG/Fuchs Rn. 33.

2. Inhaltsmängel (Abs. 2 S. 2 Alt. 1). Entspricht der Inhalt der Bezugserklärung nicht den 27 Anforderungen des § 198 Abs. 1 S. 3, ist die Bezugserklärung gem. § 198 Abs. 2 S. 2 Alt. 1 nichtig. Dies ist der Fall, wenn Angaben ganz oder teilweise fehlen oder wenn die Angaben inhaltlich nicht den Vorgaben des § 198 Abs. 1 S. 3 entsprechen.[59] Sofern individuelle Angaben fehlen oder unvollständig sind, können diese unter Umständen im Wege der Auslegung ergänzt werden (→ Rn. 18). Verstöße gegen das Schriftformerfordernis (§ 198 Abs. 1 S. 1) oder gegen das Erfordernis doppelter Ausfertigung (§ 198 Abs. 1 S. 2) werden nicht von § 198 Abs. 2 S. 2 erfasst.[60]

3. Beschränkungen in der Bezugserklärung (Abs. 2 S. 2 Alt. 2). Bezugserklärungen sind 28 gem. § 198 Abs. 2 S. 2 Alt. 2 nichtig, wenn sie Beschränkungen der Erklärung des Verpflichteten enthalten. Hiermit sind **Beschränkungen der aus dem Zeichnungsvertrag erwachsenden Pflichten** gemeint.[61] Zulässig sind dagegen Beschränkungen des Angebots auf Abschluss eines Zeichnungsvertrags, etwa in Form einer Befristung (§ 148 BGB) oder eines befristeten Widerrufsvorbehalts.[62] Eine Befristung nach dem Vorbild des § 185 Abs. 1 S. 3 Nr. 4 ist dagegen unzulässig.[63]

§ 198 Abs. 2 S. 2 Alt. 2 erfasst nur Beschränkungen der Verpflichtung des Erklärenden. Demge- 29 genüber können **Beschränkungen der Verpflichtung der Gesellschaft** in die Bezugserklärung aufgenommen werden.[64] Dabei ist aber stets das Schriftformerfordernis des § 198 Abs. 1 S. 1 zu beachten.[65] Beschränkungen außerhalb der Bezugserklärung fallen nicht unter § 198 Abs. 2 S. 2 Alt. 2, sondern ausschließlich unter § 198 Abs. 4 (→ Rn. 36).

4. Heilung (Abs. 3). a) Allgemeines. § 198 Abs. 3 sieht eine Heilungsmöglichkeit für den Fall 30 vor, dass Bezugsaktien ungeachtet der Nichtigkeit einer Bezugserklärung ausgegeben werden. Voraussetzung für die Heilung ist, dass der Erklärende auf Grund der Bezugserklärung als Aktionär Rechte ausgeübt hat. Die Norm erfasst unmittelbar nur Mängel, die gem. § 198 Abs. 2 S. 2 zur Nichtigkeit der Bezugserklärung führen. Bei Verstößen gegen das Schriftformerfordernis gem. § 198 Abs. 1 S. 1 kommt allerdings eine analoge Anwendung in Betracht.[66]

b) Voraussetzungen. Für eine Heilung nach § 198 Abs. 3 ist erforderlich, dass Bezugsaktien 31 ungeachtet der Nichtigkeit der Bezugserklärung ausgegeben (→ § 199 Rn. 4 ff.) worden sind und der Erklärende auf Grund der Bezugserklärung als Aktionär Rechte ausgeübt oder Verpflichtungen erfüllt hat.

aa) Ausübung von Rechten oder Erfüllung von Verpflichtungen. Im Hinblick auf die gem. 32 § 198 Abs. 3 erforderliche Ausübung von Rechten ist umstritten, ob hierzu bereits die **Entgegennahme der Aktienurkunde** ausreicht.[67] Dies hätte zur Folge, dass die Heilung regelmäßig mit der Aktienausgabe erfolgen würde. Hiergegen spricht der Wortlaut der Norm, der die Aktienausgabe neben der Ausübung von Rechten nennt. Zudem verlangt § 198 Abs. 3 eine Ausübung von Rechten „als Aktionär". Bei der bedingten Kapitalerhöhung entstehen die Mitgliedschaftsrechte aber erst mit der Ausgabe der Bezugsaktien (§ 200), so dass der Erklärende zum Zeitpunkt der Entgegennahme

---

[59] Bürgers/Körber/*Marsch-Barner* Rn. 8; Grigoleit/*Rieder/Holzmann* Rn. 11; Hüffer/Koch/*Koch*, 13. Aufl. 2018, Rn. 11; MüKoAktG/*Fuchs* Rn. 29.
[60] GHEK/*Bungeroth* Rn. 35; MüKoAktG/*Fuchs* Rn. 29.
[61] Bürgers/Körber/*Marsch-Barner* Rn. 9; GHEK/*Bungeroth* Rn. 37; Kölner Komm AktG/*Drygala/Staake* Rn. 56; MüKoAktG/*Fuchs* Rn. 30.
[62] Großkomm AktG/*Frey* Rn. 40; Kölner Komm AktG/*Drygala/Staake* Rn. 56; MüKoAktG/*Fuchs* Rn. 30; Wachter/*Dürr* Rn. 17; vgl. zu § 185 Abs. 2 auch LG Frankfurt a. M. AG 1999, 472.
[63] Bürgers/Körber/*Marsch-Barner* Rn. 9; Hüffer/Koch/*Koch*, 13. Aufl. 2018, Rn. 11; Kölner Komm AktG/ *Drygala/Staake* Rn. 56; MüKoAktG/*Fuchs* Rn. 30; aA Großkomm AktG/*Frey* Rn. 41.
[64] Bürgers/Körber/*Marsch-Barner* Rn. 9; GHEK/*Bungeroth* Rn. 38; Großkomm AktG/*Frey* Rn. 37; Hölters/ *Apfelbacher/Niggemann* Rn. 19; Kölner Komm AktG/*Drygala/Staake* Rn. 57; MüKoAktG/*Fuchs* Rn. 31; Wachter/ *Dürr* Rn. 17; anders wohl *v. Godin/Wilhelmi* Anm. 8.
[65] Großkomm AktG/*Frey* Rn. 37; MüKoAktG/*Fuchs* Rn. 31; aA Kölner Komm AktG/*Drygala/Staake* Rn. 57.
[66] Grigoleit/*Rieder/Holzmann* Rn. 8, 12; Großkomm AktG/*Frey* Rn. 56; Hölters/*Apfelbacher/Niggemann* Rn. 21; Hüffer/Koch/*Koch*, 13. Aufl. 2018, Rn. 13, MüKoAktG/*Fuchs* Rn. 34; Wachter/*Dürr* Rn. 18; iE ähnlich GHEK/*Bungeroth* Rn. 43, der auf den § 198 Abs. 3 zugrunde liegenden Gedanken des Verbots des venire contra factum proprium abstellt; für unmittelbare Anwendung von § 198 Abs. 3 Kölner Komm AktG/*Lutter*, 2. Aufl. 1994, Rn. 12; wohl auch K. Schmidt/Lutter/*Veil* Rn. 5, 17.
[67] Dafür Großkomm AktG/*Frey* Rn. 51; Kölner Komm AktG/*Drygala/Staake* Rn. 63 f.; *v. Godin/Wilhelmi* Anm. 7; *Busch* in Marsch-Barner/Schäfer Börsennotierte AG-HdB Rn. 44.54; dagegen Bürgers/Körber/*Marsch-Barner* Rn. 11; GHEK/*Bungeroth* Rn. 46; Grigoleit/*Rieder/Holzmann* Rn. 13; Hölters/*Apfelbacher/Niggemann* Rn. 23; Hüffer/Koch/*Koch*, 13. Aufl. 2018, Rn. 12; MüKoAktG/*Fuchs* Rn. 37; Wachter/*Dürr* Rn. 19; MHdB AG/*Scholz* § 58 Rn. 76.

der Bezugsaktien noch nicht „als Aktionär" handeln kann.[68] Insofern unterscheidet sich die Konstellation von derjenigen des § 185 Abs. 3, da bei der regulären Kapitalerhöhung die Mitgliedschaften bereits unverbrieft mit der Eintragung der Durchführung der Kapitalerhöhung entstehen (§ 198). Für eine Heilung nach § 198 Abs. 3 ist daher neben der bloßen Entgegennahme der Aktien noch eine **weitere Handlung erforderlich.**

33 Die **Ausübung von Rechten** als Aktionär kann **gegenüber der Gesellschaft oder gegenüber Dritten** erfolgen.[69] Eine Ausübung gegenüber der Gesellschaft ist ua anzunehmen, wenn der Erklärende an der Hauptversammlung teilnimmt, Minderheitsrechte außerhalb der Hauptversammlung geltend macht, eine Dividende bezieht oder Bezugsrechte nach § 186 ausübt. Eine Ausübung gegenüber Dritten liegt etwa bei einer Veräußerung oder Belastung des Mitgliedschaftsrechts vor.[70] Eine **Erfüllung von Verpflichtungen** als Aktionär ist grundsätzlich noch nicht in der Leistung der Einlage zu sehen, da diese gem. § 199 Abs. 1 regelmäßig vor der Ausgabe der Bezugsaktien und damit vor Erlangung der Aktionärsstellung erfolgen muss. Abgesehen von dem Fall, dass die Aktienausgabe entgegen § 199 Abs. 1 vorzeitig erfolgt, bleibt für § 198 Abs. 3 nur die Erfüllung von Nebenpflichten gem. § 55.[71]

34 **bb) Auf Grund der Bezugserklärung.** Der Erklärende muss gem. § 198 Abs. 3 „auf Grund der Bezugserklärung" als Aktionär Rechte ausgeübt oder Verpflichtungen erfüllt haben. Dies bedeutet, dass Handlungen, die einen Aktienaltbesitz des Erklärenden betreffen, nicht genügen.[72] Unerheblich ist dagegen, ob dem Erklärenden die Nichtigkeit seiner Bezugserklärung bekannt war.[73]

35 **c) Wirkung.** Gem. § 198 Abs. 3 kann sich der Erklärende unter den dort genannten Voraussetzungen nicht auf die Nichtigkeit der Bezugserklärung berufen. Entgegen dem Wortlaut der Norm ist anerkannt, dass sich im Fall der Heilung auch die Gesellschaft nicht auf die Nichtigkeit der Bezugserklärung berufen kann.[74] Die Bezugserklärung und der Zeichnungsvertrag werden durch die Heilung **rückwirkend wirksam.**[75] Enthält die Bezugserklärung entgegen § 198 Abs. 2 S. 2 Beschränkungen, bewirkt die Heilung nicht deren Wirksamkeit. Die Beschränkungen gelten lediglich als nicht geschrieben.[76]

36 **5. Beschränkungen außerhalb der Bezugserklärung (Abs. 4).** Gem. § 198 Abs. 4 ist jede nicht in der Bezugserklärung enthaltene Beschränkung der Gesellschaft gegenüber unwirksam. Anders als in der Bezugserklärung enthaltene Beschränkungen (§ 198 Abs. 2 S. 2) haben Beschränkungen außerhalb der Bezugserklärung keinen Einfluss auf deren Wirksamkeit. Sie gelten lediglich als von Anfang an nicht getroffen.[77] § 198 Abs. 4 bezieht sich sowohl auf mündlich erklärte als auch auf schriftlich außerhalb der Bezugserklärung fixierte Beschränkungen.[78] Die Nichtigkeit mündlich erklärter Beschränkungen ergibt sich zwar bereits aus § 125 S. 1 BGB. Hier schließt § 198 Abs. 3 aber die Anwendbarkeit von § 139 BGB aus.[79] Trotz des uneingeschränkten Wortlauts, erfasst § 198 Abs. 4 – wie § 198 Abs. 2 S. 2 – **nur Beschränkungen der Verpflichtung des Erklärenden.**[80]

---

[68] Vgl. Bürgers/Körber/*Marsch-Barner* Rn. 11; GHEK/*Bungeroth* Rn. 46; MüKoAktG/*Fuchs* Rn. 37.
[69] MüKoAktG/*Fuchs* Rn. 38; Wachter/*Dürr* Rn. 20.
[70] Hölters/*Apfelbacher/Niggemann* Rn. 24; MüKoAktG/*Fuchs* Rn. 38.
[71] Bürgers/Körber/*Marsch-Barner* Rn. 11; GHEK/*Bungeroth* Rn. 48; Hölters/*Apfelbacher/Niggemann* Rn. 25; MüKoAktG/*Fuchs* Rn. 39.
[72] Großkomm AktG/*Frey* Rn. 52; MüKoAktG/*Fuchs* Rn. 36.
[73] Bürgers/Körber/*Marsch-Barner* Rn. 11; GHEK/*Bungeroth* Rn. 45; Großkomm AktG/*Frey* Rn. 52; MüKoAktG/*Fuchs* Rn. 36.
[74] Bürgers/Körber/*Marsch-Barner* Rn. 11; Grigoleit/*Rieder/Holzmann* Rn. 14; Großkomm AktG/*Frey* Rn. 53; Hüffer/Koch/*Koch*, 13. Aufl. 2018, Rn. 12; MüKoAktG/*Fuchs* Rn. 40; Wachter/*Dürr* Rn. 18.
[75] Bürgers/Körber/*Marsch-Barner* Rn. 11; Großkomm AktG/*Frey* Rn. 54; Hüffer/Koch/*Koch*, 13. Aufl. 2018, Rn. 12; Kölner Komm AktG/*Drygala/Staake* Rn. 65; MüKoAktG/*Fuchs* Rn. 41.
[76] Bürgers/Körber/*Marsch-Barner* Rn. 11; Grigoleit/*Rieder/Holzmann* Rn. 14; Großkomm AktG/*Frey* Rn. 55; Hüffer/Koch/*Koch*, 13. Aufl. 2018, Rn. 12; Kölner Komm AktG/*Drygala/Staake* Rn. 66; MüKoAktG/*Fuchs* Rn. 41.
[77] Bürgers/Körber/*Marsch-Barner* Rn. 12; GHEK/*Bungeroth* Rn. 51; Grigoleit/*Rieder/Holzmann* Rn. 15; Großkomm AktG/*Frey* Rn. 48; Hüffer/Koch/*Koch*, 13. Aufl. 2018, Rn. 14; MüKoAktG/*Fuchs* Rn. 42; Wachter/*Dürr* Rn. 21.
[78] Bürgers/Körber/*Marsch-Barner* Rn. 12; Grigoleit/*Rieder/Holzmann* Rn. 15; Hüffer/Koch/*Koch*, 13. Aufl. 2018, Rn. 14; Kölner Komm AktG/*Drygala/Staake* Rn. 59; MüKoAktG/*Fuchs* Rn. 42.
[79] GHEK/*Bungeroth* Rn. 51; Grigoleit/*Rieder/Holzmann* Rn. 15; Großkomm AktG/*Frey* Rn. 48; MüKoAktG/*Fuchs* Rn. 42; Wachter/*Dürr* Rn. 21.
[80] Bürgers/Körber/*Marsch-Barner* Rn. 12; GHEK/*Bungeroth* Rn. 50; Grigoleit/*Rieder/Holzmann* Rn. 15; Großkomm AktG/*Frey* Rn. 49; Kölner Komm AktG/*Drygala/Staake* Rn. 60; MüKoAktG/*Fuchs* Rn. 43; Wachter/*Dürr* Rn. 21; aA noch Kölner Komm AktG/*Lutter*, 2. Aufl. 1994, Rn. 14.

Die Gesellschaft kann ihre Verpflichtungen grundsätzlich auch außerhalb der Bezugserklärung einschränken.

6. Sonstige Mängel. Neben den in § 198 Abs. 2 S. 2 und Abs. 4 genannten Mängeln kommen 37 weitere Mängel der Bezugserklärung in Betracht. Da es sich bei der Bezugserklärung um eine Willenserklärung handelt, kann diese bis zum Wirksamwerden der bedingten Kapitalerhöhung nach **den allgemeinen Vorschriften über fehlerhafte Rechtsgeschäfte** unwirksam sein.[81] Auch eine Anfechtbarkeit nach den §§ 119 ff. BGB kommt in Betracht. Fehlt es an einer Bezugserklärung oder ist diese nach den allgemeinen Vorschriften unwirksam, kann der Erklärende seine Einwendungen sowohl der Gesellschaft als auch Dritten entgegenhalten. Bereits erbrachte Einlageleistungen können nach den §§ 812 ff. BGB zurückgefordert werden.[82]

Nach Wirksamwerden der bedingten Kapitalerhöhung durch Ausgabe der Bezugsaktien 38 (§ 200) kann eine Unwirksamkeit oder Anfechtbarkeit der Bezugserklärung nach den allgemeinen Vorschriften grundsätzlich nicht mehr geltend gemacht werden.[83] Etwas anderes gilt jedoch, sofern es an einer zurechenbaren Bezugserklärung fehlt,[84] etwa im Fall der Geschäftsunfähigkeit (§§ 104, 105 BGB) oder beschränkten Geschäftsfähigkeit (§ 106 BGB) des Erklärenden.[85] Gleiches gilt bei Abhandenkommen oder gänzlichem Fehlen der Bezugserklärung.

§ 199 Ausgabe der Bezugsaktien

(1) Der Vorstand darf die Bezugsaktien nur in Erfüllung des im Beschluß über die bedingte Kapitalerhöhung festgesetzten Zwecks und nicht vor der vollen Leistung des Gegenwerts ausgeben, der sich aus dem Beschluß ergibt.

(2) ¹Der Vorstand darf Bezugsaktien gegen Wandelschuldverschreibungen nur ausgeben, wenn der Unterschied zwischen dem Ausgabebetrag der zum Umtausch eingereichten Schuldverschreibungen und dem höheren geringsten Ausgabebetrag der für sie zu gewährenden Bezugsaktien aus einer anderen Gewinnrücklage, soweit sie zu diesem Zweck verwandt werden kann, oder durch Zuzahlung des Umtauschberechtigten gedeckt ist. ²Dies gilt nicht, wenn der Gesamtbetrag, zu dem die Schuldverschreibungen ausgegeben sind, den geringsten Ausgabebetrag der Bezugsaktien insgesamt erreicht oder übersteigt.

Schrifttum: Vgl. die Angaben zu § 192 sowie *Klein,* Die Rechtsstellung der Emissionsbank bei der Aktien- und Wandelanleiheemission und ihre Auswirkung auf die Unterpariemission nach § 199 Abs. 2 Satz 1 AktG, AG 2017, 415; *Staake,* Unverkörperte Mitgliedschaften beim bedingten Kapital, AG 2017, 188.

Übersicht

	Rn.		Rn.
I. Überblick	1–3	d) Art und Weise der Leistung einer Bareinlage	12
II. Allgemeine Voraussetzungen der Aktienausgabe (Abs. 1)	4–12	III. Besondere Voraussetzungen bei Umtauschrechten (Abs. 2)	13–26
1. Aktienausgabe	4–6	1. Allgemeines	13–15
2. Zweckerfüllung	7	2. Deckungserfordernis (Abs. 2 S. 1)	16–24
3. Volle Leistung des Gegenwerts	8–12	a) Ausgabebetrag der Schuldverschreibung	16
a) Allgemeines	8		
b) Sofortige Fälligkeit	9, 10	b) Höherer geringster Ausgabebetrag der Bezugsaktie	17
c) Zeitpunkt der Leistung	11		

---

[81] Vgl. Bürgers/Körber/*Marsch-Barner* Rn. 13; GHEK/*Bungeroth* Rn. 52; Hüffer/Koch/*Koch,* 13. Aufl. 2018, Rn. 15; MüKoAktG/*Fuchs* Rn. 44.
[82] Kölner Komm AktG/*Drygala/Staake* Rn. 71; MüKoAktG/*Fuchs* Rn. 44.
[83] Bürgers/Körber/*Marsch-Barner* Rn. 13; Grigoleit/*Rieder/Holzmann* Rn. 10; Hölters/*Apfelbacher/Niggemann* Rn. 16; Hüffer/Koch/*Koch,* 13. Aufl. 2018, Rn. 15; Kölner Komm AktG/*Drygala/Staake* Rn. 69; MüKoAktG/*Fuchs* Rn. 46; *Busch* in Marsch-Barner/Schäfer Börsennotierte AG-HdB Rn. 44.54; vgl. auch BGH ZIP 2017, 2295 (2296) (zur Übernahmeerklärung gemäß § 55 Abs. 1 GmbH).
[84] Vgl. Bürgers/Körber/*Marsch-Barner* Rn. 13; Großkomm AktG/*Frey* Rn. 58; Hölters/*Apfelbacher/Niggemann* Rn. 16; Hüffer/Koch/*Koch,* 13. Aufl. 2018, Rn. 15; Kölner Komm AktG/*Drygala/Staake* Rn. 70; MüKoAktG/*Fuchs* Rn. 45; *Busch* in Marsch-Barner/Schäfer Börsennotierte AG-HdB Rn. 54; vgl. auch BGH ZIP 2017, 2295 (2296) (zur Übernahmeerklärung gemäß § 55 Abs. 1 GmbH).
[85] Bürgers/Körber/*Marsch-Barner* Rn. 13; Grigoleit/*Rieder/Holzmann* Rn. 10; Hölters/*Apfelbacher/Niggemann* Rn. 16; Hüffer/Koch/*Koch,* 13. Aufl. 2018, Rn. 15; MüKoAktG/*Fuchs* Rn. 45; *Busch* in Marsch-Barner/Schäfer Börsennotierte AG-HdB Rn. 44.54.

	Rn.		Rn.
c) Deckung der Differenz	18–24	1. Wirksamkeit der Aktienausgabe	27–29
3. Ausnahme vom Deckungserfordernis (Abs. 2 S. 2)	25, 26	2. Verantwortlichkeit von Vorstand und Aufsichtsrat	30–32
		3. Ansprüche der Bezugsberechtigten	33
IV. Rechtsfolgen von Verstößen	27–34	4. Ansprüche von Altaktionären	34

I. Überblick

1 § 199 nennt **Voraussetzungen für die Ausgabe der Bezugsaktien**. § 199 Abs. 1 gilt sowohl für Umtausch- als auch für Bezugsrechte und bestimmt, dass die Ausgabe der neuen Aktien nur in Erfüllung des im Erhöhungsbeschluss festgesetzten Zwecks und nicht vor Leistung des vollen Gegenwerts erfolgen darf. Die in § 199 Abs. 1 enthaltene Aufzählung der Voraussetzungen ist nicht abschließend.[1] Zusätzliche Voraussetzungen sind die Eintragung des Kapitalerhöhungsbeschlusses (§ 197 S. 1) und der Abschluss eines Zeichnungsvertrags (→ § 198 Rn. 5 f.). Nach Abschluss des Zeichnungsvertrags kann der Anspruch des Berechtigten auf Ausgabe der Bezugsaktien gem. §§ 883, 888, 894, 897 ZPO zwangsweise durchgesetzt werden.[2]

2 Die Zweckbindung dient dem **Schutz der Altaktionäre,** denen bei der bedingten Kapitalerhöhung kein gesetzliches Bezugsrecht zusteht.[3] Das Erfordernis der Leistung des vollen Gegenwerts schon vor Entstehung der Mitgliedschaft dient der **Sicherung der Kapitalaufbringung** und trägt dem Umstand Rechnung, dass die registergerichtliche Kontrolle (§ 201) erst nach der konstitutiven Aktienausgabe (§ 200) erfolgt.[4] § 199 Abs. 2 modifiziert das auch bei der bedingten Kapitalerhöhung geltende Verbot der Unter-pari-Emission (§ 9 Abs. 1).[5]

3 § 199 Abs. 1 stimmt wörtlich mit § 166 Abs. 1 AktG 1937 überein. § 199 Abs. 2 S. 1 wurde 1985 durch das BiRiLiG der Terminologie von § 266 Abs. 3 HGB angepasst („andere Gewinnrücklage" statt „freie Rücklage"). § 199 Abs. 2 S. 1 wurde 1998 durch Art. 1 Nr. 9 und 25 StückAG geändert („geringster Ausgabebetrag" statt „Gesamtnennbetrag").

II. Allgemeine Voraussetzungen der Aktienausgabe (Abs. 1)

4 **1. Aktienausgabe.** Die Ausgabe der Bezugsaktien wirkt konstitutiv (§ 200). Dementsprechend bezieht sich der Begriff der Aktienausgabe in den §§ 198–200 – wie auch in § 9 – auf den rechtlichen Tatbestand, der das in der Aktienurkunde **verbriefte Mitgliedschaftsrecht** und die damit einhergehenden Verpflichtungen der Gesellschaft **entstehen lässt**.[6] Damit unterscheidet er sich von dem Begriff der Aktienausgabe in § 8 Abs. 2 S. 3, § 10 Abs. 4 S. 2, § 41 Abs. 4 S. 3, § 191, § 197 und § 405 Abs. 1 Nr. 1–3, der sich auf das tatsächliche Inverkehrbringen der Aktienurkunden bezieht. Der Tatbestand für die Entstehung der verbrieften Mitgliedschaftsrechte ist Gegenstand der Wertpapierrechtstheorien.[7] Erforderlich ist neben der Übergabe der Aktienurkunde der Abschluss eines **Begebungsvertrags**. Letzterer hat einen doppelten Charakter und ist zum einen schuldrechtliche Kausalabrede und zum anderen sachenrechtliches Verfügungsgeschäft, das auf die Übereignung der Aktienurkunde und die damit verbundene Begründung des verbrieften Mitgliedschaftsrechts gerich-

---

[1] Bürgers/Körber/*Marsch-Barner* Rn. 1; Grigoleit/*Rieder/Holzmann* Rn. 4; Kölner Komm AktG/*Drygala/Staake* Rn. 6; MüKoAktG/*Fuchs* Rn. 1.
[2] Bürgers/Körber/*Marsch-Barner* Rn. 6; Grigoleit/*Rieder/Holzmann* Rn. 4; Hölters/*Apfelbacher/Niggemann* Rn. 12; Hüffer/Koch/*Koch*, 13. Aufl. 2018, Rn. 5; Kölner Komm AktG/*Drygala/Staake* Rn. 6; K. Schmidt/Lutter/*Veil* Rn. 5.
[3] Bürgers/Körber/*Marsch-Barner* Rn. 1; Grigoleit/*Rieder/Holzmann* Rn. 1; Großkomm AktG/*Frey* Rn. 5; Hölters/*Apfelbacher/Niggemann* Rn. 2; Hüffer/Koch/*Koch*, 13. Aufl. 2018, Rn. 1; Kölner Komm AktG/*Drygala/Staake* Rn. 3; MüKoAktG/*Fuchs* Rn. 2.
[4] Bürgers/Körber/*Marsch-Barner* Rn. 1; Grigoleit/*Rieder/Holzmann* Rn. 1; Großkomm AktG/*Frey* Rn. 6; Hölters/*Apfelbacher/Niggemann* Rn. 2; MüKoAktG/*Fuchs* Rn. 2.
[5] Bürgers/Körber/*Marsch-Barner* Rn. 1; Grigoleit/*Rieder/Holzmann* Rn. 1; Großkomm AktG/*Frey* Rn. 7; Hölters/*Apfelbacher/Niggemann* Rn. 2; Hüffer/Koch/*Koch*, 13. Aufl. 2018, Rn. 1; MüKoAktG/*Fuchs* Rn. 2.
[6] Bürgers/Körber/*Marsch-Barner* Rn. 2; Grigoleit/*Rieder/Holzmann* Rn. 2; Großkomm AktG/*Frey* Rn. 12; Hölters/*Apfelbacher/Niggemann* Rn. 3; Hüffer/Koch/*Koch*, 13. Aufl. 2018, Rn. 2; Kölner Komm AktG/*Drygala/Staake* Rn. 7; MüKoAktG/*Fuchs* Rn. 4; K. Schmidt/Lutter/*Veil* Rn. 2; Wachter/*Dürr* Rn. 2; *Staake* AG 2017, 188 (189 f.).
[7] Vgl. Großkomm AktG/*Frey* Rn. 12; Hölters/*Apfelbacher/Niggemann* Rn. 3; Hüffer/Koch/*Koch*, 13. Aufl. 2018, Rn. 2; Kölner Komm AktG/*Drygala/Staake* Rn. 9; MüKoAktG/*Fuchs* Rn. 4; zu den Wertpapierrechtstheorien s. MüKoBGB/*Habersack* BGB Vor § 793 Rn. 22 ff.; Palandt/*Sprau* BGB § 793 Rn. 8.

tet ist.[8] Die Ausgabe der Bezugsaktien erfolgt durch den Vorstand, der in vertretungsberechtigter Zahl handeln muss.[9] Dabei ist die Einschaltung von Hilfspersonen zulässig (→ § 200 Rn. 5).[10] Werden Aktien an Mitglieder des Vorstands ausgegeben, wird die Gesellschaft bei Abschluss des Begebungsvertrags durch den Aufsichtsrat vertreten (§ 112 S. 1).[11]

Abweichend von dem allgemeinen Grundsatz, wonach Mitgliedschaftsrechte auch unverbrieft **5** entstehen können, ist bei der bedingten Kapitalerhöhung nach ganz hM eine **Verbriefung der Mitgliedschaftsrechte zwingend erforderlich.**[12] Die Ausgabe der Aktienurkunden kann nicht durch die bloße Zuteilung der Mitgliedschaftsrechte oder eine Eintragung der Berechtigten in das Aktienregister ersetzt werden.[13] Da die bedingte Kapitalerhöhung mit der Ausgabe der Bezugsaktien wirksam wird (§ 200), bedarf es eines nach außen sichtbaren Zeichens.[14] In der Praxis werden die Mitgliedschaftsrechte heute überwiegend in zentral verwahrten **Globalurkunden** (§ 9a DepotG) verbrieft.[15] Da die Mitgliedschaftsrechte bei der bedingten Kapitalerhöhung sukzessive entstehen, werden zulässigerweise „bis-zu"-Globalurkunden verwendet, die schrittweise valutiert werden.[16] Die genaue Anzahl der aktuell verbrieften Mitgliedschaften ergibt sich aus den Büchern der Clearstream Banking AG.[17] Der Eigentumserwerb erfolgt jeweils dadurch, dass die Clearstream Banking AG die Globalurkunde in Absprache mit der Gesellschaft aufstockt und den neuen Miteigentumsanteil dem entsprechenden Kundendepot gutschreibt.[18]

Die Ausgabe von **Zwischenscheinen** steht der Ausgabe von Bezugsaktien gleich.[19] Allein der **6** Umstand, dass Zwischenscheine in den §§ 197–200 nicht erwähnt sind, reicht nicht aus, um ein Verbot zu unterstellen.[20] Die Ausführungen zur Aktienausgabe (→ Rn. 4 f.) gelten für die Ausgabe von Zwischenscheinen entsprechend.

2. Zweckerfüllung. Der Vorstand darf die Bezugsaktien gem. § 199 Abs. 1 nur in Erfüllung des **7** im Kapitalerhöhungsbeschluss festgesetzten Zwecks ausgeben. Maßgeblich ist der **im konkreten Kapitalerhöhungsbeschluss** gem. § 192 Abs. 2, § 193 Abs. 2 Nr. 1 **festgesetzte Zweck.**[21] Die Ersetzung durch einen ebenfalls zulässigen Zweck scheidet aus. Aus der Bindung an den im Kapitalerhöhungsbeschluss festgesetzten Zweck folgt weiterhin, dass die Bezugsaktien nur an den gem. § 193

---

[8] Bürgers/Körber/*Marsch-Barner* Rn. 2; Grigoleit/*Rieder/Holzmann* Rn. 2; Hüffer/Koch/*Koch*, 13. Aufl. 2018, Rn. 3; MüKoAktG/*Fuchs* Rn. 4; K. Schmidt/Lutter/*Veil* Rn. 2; teilw. anders NK-AktG/*Wagner* Rn. 7; Wachter/*Dürr* Rn. 4, die dem Begebungsvertrag offenbar einen rein sachenrechtlichen Charakter beimessen; wiederum anders Großkomm AktG/*Frey* Rn. 12, der offenbar die Übereignung der Aktienurkunde nicht als Bestandteil des Begebungsvertrags ansieht.
[9] Bürgers/Körber/*Marsch-Barner* Rn. 3; Hüffer/Koch/*Koch*, 13. Aufl. 2018, Rn. 3; Kölner Komm AktG/*Drygala/Staake* Rn. 15; K. Schmidt/Lutter/*Veil* Rn. 2; MHdB AG/*Scholz* § 58 Rn. 79.
[10] Bürgers/Körber/*Marsch-Barner* Rn. 3; Großkomm AktG/*Frey* Rn. 22; Hüffer/Koch/*Koch*, 13. Aufl. 2018, Rn. 3; Kölner Komm AktG/*Drygala/Staake* Rn. 15.
[11] Großkomm AktG/*Frey* Rn. 23; Kölner Komm AktG/*Drygala/Staake* Rn. 16, § 200 Rn. 10; MHdB AG/*Scholz* § 58 Rn. 79.
[12] Bürgers/Körber/*Marsch-Barner* Rn. 2; GHEK/*Bungeroth* Rn. 4; Grigoleit/*Rieder/Holzmann* Rn. 2; Großkomm AktG/*Frey* Rn. 14; MüKoAktG/*Fuchs* Rn. 5; K. Schmidt/Lutter/*Veil* Rn. 2; v. Godin/*Wilhelmi* § 200 Anm. 2; *Busch* in Marsch-Barner/Schäfer Börsennotierte AG-HdB Rn. 44.55; MHdB AG/*Scholz* § 58 Rn. 78; *Viertel* BB 1974, 1328; aA Baumbach/*Hueck* § 200 Rn. 2; Kölner Komm AktG/*Drygala/Staake* Rn. 13 f., § 200 Rn. 7, 12 ff. (anders jedoch § 197 Rn. 9); *Staake* AG 2017, 188 (191 f.); s. auch Hüffer/Koch/*Koch*, 13. Aufl. 2018, Rn. 2.
[13] Anders für die Eintragung im Aktienregister Baumbach/*Hueck* § 200 Rn. 2; *Staake* AG 2017, 188 (191 f.).
[14] Bürgers/Körber/*Marsch-Barner* Rn. 2; Hölters/*Apfelbacher/Niggemann* Rn. 3; Hüffer/Koch/*Koch*, 13. Aufl. 2018, Rn. 2; Kölner Komm AktG/*Drygala/Staake* Rn. 8; MüKoAktG/*Fuchs* Rn. 5.
[15] Vgl. Großkomm AktG/*Frey* Rn. 18; Hölters/*Apfelbacher/Niggemann* Rn. 5; Kölner Komm AktG/*Drygala/Staake* Rn. 10; *Staake* AG 2017, 188 (190).
[16] Ausf. Großkomm AktG/*Frey* Rn. 19 f.; s. auch Hölters/*Apfelbacher/Niggemann* Rn. 5; Kölner Komm AktG/*Drygala/Staake* Rn. 11, § 200 Rn. 9; MüKoAktG/*Fuchs* Rn. 5; Wachter/*Dürr* Rn. 3.
[17] Großkomm AktG/*Frey* Rn. 19; Kölner Komm AktG/*Drygala/Staake* Rn. 11; MüKoAktG/*Fuchs* Rn. 5; *Busch* in Marsch-Barner/Schäfer Börsennotierte AG-HdB Rn. 44.55.
[18] Großkomm AktG/*Frey* Rn. 20; Hölters/*Apfelbacher/Niggemann* Rn. 5.
[19] Bürgers/Körber/*Marsch-Barner* Rn. 2; Großkomm AktG/*Frey* Rn. 15; Hölters/*Apfelbacher/Niggemann* Rn. 6; Hüffer/Koch/*Koch*, 13. Aufl. 2018, Rn. 1; Kölner Komm AktG/*Drygala/Staake* Rn. 12; *Staake* AG 2017, 188 (190); aA GHEK/*Bungeroth* § 197 Rn. 14; MüKoAktG/*Fuchs* Rn. 4 iVm § 197 Rn. 7.
[20] Ausf. Großkomm AktG/*Frey* Rn. 15.
[21] Bürgers/Körber/*Marsch-Barner* Rn. 4; GHEK/*Bungeroth* Rn. 4; Grigoleit/*Rieder/Holzmann* Rn. 5; Hölters/*Apfelbacher/Niggemann* Rn. 7; Hüffer/Koch/*Koch*, 13. Aufl. 2018, Rn. 6; Kölner Komm AktG/*Drygala/Staake* Rn. 19, MüKoAktG/*Fuchs* Rn. 4; K. Schmidt/Lutter/*Veil* Rn. 6; Wachter/*Dürr* Rn. 6; MHdB AG/*Scholz* § 58 Rn. 82; wohl auch Großkomm AktG/*Frey* Rn. 31: all das, was die Hauptsammlung dem Vorstand in ihrem Beschluss vorgegeben hat.

Abs. 2 Nr. 2 festgesetzten **Kreis der Bezugsberechtigten** ausgegeben werden dürfen.[22] Sofern der Kreis der Bezugsberechtigten durch die gem. § 193 Abs. 2 Nr. 1 und 4 getroffenen Festsetzungen weiter eingeschränkt wird, ist dies bei der Ausgabe der Bezugsaktien zu berücksichtigen.[23]

8 3. **Volle Leistung des Gegenwerts. a) Allgemeines.** Gem. § 199 Abs. 1 darf die Ausgabe der Bezugsaktien nicht vor der vollen Leistung des Gegenwerts erfolgen. Der Begriff „Gegenwert" bezieht sich auf die **nach dem Zeichnungsvertrag geschuldete Einlage,** nicht auf etwaige Nebenleistungen iSd § 55.[24] Es kann sich um eine Bar-, Sach- oder gemischte Einlage handeln. Die vollständige Leistung umfasst auch ein etwaiges Aufgeld.[25]

9 **b) Sofortige Fälligkeit.** Anders als bei der Gründung (§ 36 Abs. 2, § 37 Abs. 1), der regulären Kapitalerhöhung (§ 188 Abs. 2 S. 1) oder dem genehmigten Kapital (§ 203 Abs. 1), muss die Einlage bei der bedingten Kapitalerhöhung **vor Ausgabe der Bezugsaktien vollständig erbracht** werden, so dass die gesamte Einlageverpflichtung sofort und in vollem Umfang zu erfüllen ist.[26] Bei Sacheinlagen findet dementsprechend § 36a Abs. 2 S. 2 keine Anwendung.[27] Das Erfordernis vollständiger Einlageleistung kann von der Hauptversammlung **nicht abbedungen** werden.[28] Abweichende Regelungen im Erhöhungsbeschluss sind nach § 241 Nr. 3 nichtig.[29] § 199 Abs. 1 bezieht sich auf die Ausgabe jeder einzelnen Bezugsaktie. Er verlangt nicht, dass bereits der Gegenwert für alle Bezugsaktien sämtlicher Bezugsberechtigter geleistet sein muss, bevor einzelne Aktien ausgegeben werden.[30]

10 Im Rahmen des § 199 Abs. 1 ist grundsätzlich von einer **Vorleistungspflicht des Bezugsberechtigten** auszugehen.[31] § 199 Abs. 1 steht allerdings der Vereinbarung einer Zug-um-Zug-Leistung nicht entgegen.[32] Unzulässig ist dagegen eine Vorleistung durch den Vorstand oder eine entsprechende Verpflichtung der Gesellschaft im Zeichnungsvertrag.[33]

11 **c) Zeitpunkt der Leistung.** Geleistet ist die Einlage erst, wenn der **Erfolg des Verfügungsgeschäfts eingetreten** ist.[34] So ist etwa bei der Einbringung von Grundstücken neben der Auflassung (§ 925 BGB) auch die Eintragung im Grundbuch (§ 873 BGB) erforderlich. Bei der Übereignung beweglicher Sachen muss zur Einigung die Übergabe oder ein Übergabesurrogat hinzukommen (§§ 929 ff. BGB). Bei der Einbringung von Arbeitnehmerforderungen müssen die Arbeitnehmer der Gesellschaft ihre Forderung abgetreten (§ 398 BGB) oder erlassen (§ 397 BGB) haben. Wandelanleihen müssen der Gesellschaft spätestens im Zeitpunkt der Aktienausgabe unwiderruflich zur Verfügung gestellt werden und etwaige Zuzahlungen nach § 199 Abs. 2 S. 1 voll geleistet sein. Bei Unter-

---

[22] Bürgers/Körber/*Marsch-Barner* Rn. 4; GHEK/*Bungeroth* Rn. 6; Grigoleit/*Rieder/Holzmann* Rn. 5; Großkomm AktG/*Frey* Rn. 27; Hölters/*Apfelbacher/Niggemann* Rn. 7; Hüffer/Koch/*Koch*, 13. Aufl. 2018, Rn. 6; Kölner Komm AktG/*Drygala/Staake* Rn. 20; MüKoAktG/*Fuchs* Rn. 7; K. Schmidt/Lutter/*Veil* Rn. 6; Wachter/*Dürr* Rn. 6.
[23] Großkomm AktG/*Frey* Rn. 27; Kölner Komm AktG/*Drygala/Staake* Rn. 20; MüKoAktG/*Fuchs* Rn. 7.
[24] Bürgers/Körber/*Marsch-Barner* Rn. 5; GHEK/*Bungeroth* Rn. 7; Grigoleit/*Rieder/Holzmann* Rn. 6; Großkomm AktG/*Frey* Rn. 33 f.; Hüffer/Koch/*Koch*, 13. Aufl. 2018, Rn. 7; Kölner Komm AktG/*Drygala/Staake* Rn. 22 f., MüKoAktG/*Fuchs* Rn. 8.
[25] Bürgers/Körber/*Marsch-Barner* Rn. 5; Großkomm AktG/*Frey* Rn. 32; Hölters/*Apfelbacher/Niggemann* Rn. 9; Hüffer/Koch/*Koch*, 13. Aufl. 2018, Rn. 7; Kölner Komm AktG/*Drygala/Staake* Rn. 23; MüKoAktG/*Fuchs* Rn. 9; K. Schmidt/Lutter/*Veil* Rn. 7.
[26] Vgl. Bürgers/Körber/*Marsch-Barner* Rn. 5; Großkomm AktG/*Frey* Rn. 33; Hüffer/Koch/*Koch*, 13. Aufl. 2018, Rn. 7; Kölner Komm AktG/*Drygala/Staake* Rn. 24; MüKoAktG/*Fuchs* Rn. 9; K. Schmidt/Lutter/*Veil* Rn. 7; MHdB AG/*Scholz* § 58 Rn. 83.
[27] Bürgers/Körber/*Marsch-Barner* Rn. 5; Grigoleit/*Rieder/Holzmann* Rn. 6; Großkomm AktG/*Frey* Rn. 33; Hölters/*Apfelbacher/Niggemann* Rn. 8; Hüffer/Koch/*Koch*, 13. Aufl. 2018, Rn. 7; Kölner Komm AktG/*Drygala/Staake* Rn. 28; MüKoAktG/*Fuchs* Rn. 9; Wachter/*Dürr* Rn. 7; aA Richter ZGR 2009, 721 (760 f.).
[28] Grigoleit/*Rieder/Holzmann* Rn. 6; Großkomm AktG/*Frey* Rn. 33; Kölner Komm AktG/*Drygala/Staake* Rn. 25; MüKoAktG/*Fuchs* Rn. 9; aA v. Godin/Wilhelmi Anm. 4.
[29] Großkomm AktG/*Frey* Rn. 33; MüKoAktG/*Fuchs* Rn. 9; Wachter/*Dürr* Rn. 7.
[30] GHEK/*Bungeroth* Rn. 11; Kölner Komm AktG/*Drygala/Staake* Rn. 24; MüKoAktG/*Fuchs* Rn. 10.
[31] Grigoleit/*Rieder/Holzmann* Rn. 6; Großkomm AktG/*Frey* Rn. 33; Hölters/*Apfelbacher/Niggemann* Rn. 9; Kölner Komm AktG/*Drygala/Staake* Rn. 26; MüKoAktG/*Fuchs* Rn. 11; Wachter/*Dürr* Rn. 7; teilweise anders noch Kölner Komm AktG/*Lutter*, 2. Aufl. 1994, Rn. 12: rechtlich Verpflichtung zur Leistung Zug um Zug, praktisch aber vorleistungspflichtig; ebenso wohl Hüffer/Koch/*Koch*, 13. Aufl. 2018, Rn. 7.
[32] Grigoleit/*Rieder/Holzmann* Rn. 6; Großkomm AktG/*Frey* Rn. 33; Hölters/*Apfelbacher/Niggemann* Rn. 9; Kölner Komm AktG/*Drygala/Staake* Rn. 26; MüKoAktG/*Fuchs* Rn. 11; Wachter/*Dürr* Rn. 7; s. auch GHEK/*Bungeroth* Rn. 9; Hüffer/Koch/*Koch*, 13. Aufl. 2018, Rn. 7.
[33] Grigoleit/*Rieder/Holzmann* Rn. 6; Großkomm AktG/*Frey* Rn. 33; Kölner Komm AktG/*Drygala/Staake* Rn. 26; MüKoAktG/*Fuchs* Rn. 11; Wachter/*Dürr* Rn. 7.
[34] Grigoleit/*Rieder/Holzmann* Rn. 6; Großkomm AktG/*Frey* Rn. 34; Hölters/*Apfelbacher/Niggemann* Rn. 10; Hüffer/Koch/*Koch*, 13. Aufl. 2018, Rn. 7; MüKoAktG/*Fuchs* Rn. 12; Wachter/*Dürr* Rn. 7.

nehmenszusammenschlüssen im Wege der Verschmelzung oder Eingliederung erfolgt die Einlageleistung mit der Eintragung in das Handelsregister. Die gem. § 71 Abs. 1 UmwG vor Eintragung der Verschmelzung erforderliche Übergabe der Bezugsaktien an einen Treuhänder stellt noch keine Aktienausgabe iSd § 199 Abs. 1 dar.[35]

d) Art und Weise der Leistung einer Bareinlage. Bei der Gründung, der regulären Kapitalerhöhung und beim genehmigten Kapital müssen Bareinlagen auf bestimmte Art und Weise erbracht werden und endgültig zur freien Verfügung des Vorstands stehen (§ 36 Abs. 2, § 54 Abs. 3, § 188 Abs. 2, § 203 Abs. 1). In den §§ 192 ff. fehlt ein Verweis auf die betreffenden Vorschriften. Dies schließt allerdings eine **analoge Anwendung** nicht aus.[36] Für eine solche Analogie spricht, dass kein sachlicher Grund für eine Ungleichbehandlung erkennbar ist. Auch im Rahmen der bedingten Kapitalerhöhung sind Bareinlagen daher auf die in **§ 54 Abs. 3** beschriebene Art und Weise derart zu erbringen, dass sie gem. **§ 36 Abs. 2** endgültig zur freien Verfügung des Vorstands stehen. 12

III. Besondere Voraussetzungen bei Umtauschrechten (Abs. 2)

1. Allgemeines. § 199 Abs. 2 modifiziert das Verbot der Unter-pari-Emission gem. § 9 Abs. 1. Die Vorschrift regelt den Fall, dass bei der Ausgabe von Bezugsaktien gegen Wandelschuldverschreibungen der Ausgabebetrag der zum Umtausch eingereichten Schuldverschreibungen den Ausgabebetrag der für sie zu gewährenden Bezugsaktien unterschreitet. Nach § 199 Abs. 2 S. 1 muss die Differenz aus einer anderen Gewinnrücklage oder durch Zuzahlung des Umtauschberechtigten gedeckt werden. Ergänzend lässt § 199 Abs. 2 S. 2 eine **Gesamtbetrachtung** zu. Danach reicht es aus, dass der geringste Ausgabebetrag, zu dem die Schuldverschreibungen ausgegeben sind, den geringsten Ausgabebetrag der Bezugsaktien insgesamt erreicht oder übersteigt. 13

§ 199 Abs. 2 knüpft an den in § 194 Abs. 1 S. 2 zum Ausdruck kommenden Gedanken an, dass sich mit der Ausübung des Wandlungsrechts der Charakter der früheren Einlage ändert und diese nunmehr rückwirkend als Einlage auf die Bezugsaktien betrachtet wird.[37] Indem die Regelung auf den konkreten Ausgabebetrag der Wandelschuldverschreibungen abstellt (→ Rn. 16), wird verhindert, dass diese unter pari ausgegeben und anschließend zu pari in Bezugsaktien umgetauscht werden. Hierdurch wirkt § 199 Abs. 2 zugleich einer möglichen Umgehung von § 9 Abs. 1 entgegen.[38] 14

§ 199 Abs. 2 gilt grundsätzlich nur für **Wandelanleihen** (Wandelschuldverschreibungen im engeren Sinne), nicht dagegen für Optionsanleihen, da es bei diesen nicht zu einem Umtausch der Anleihe kommt.[39] Etwas anderes gilt, wenn die Optionsbedingungen eine Inzahlungnahme der Anleihe oder eine Verrechnung der Einlageforderung mit dem Rückzahlungsanspruch vorsehen. In diesem Fall ist auch § 199 Abs. 2 entsprechend anwendbar.[40] Der Anwendungsbereich der Norm deckt sich insoweit mit demjenigen des systematisch verwandten § 194 Abs. 1 S. 2 (→ § 194 Rn. 5). Auf **Wandelgenussrechte** findet § 199 Abs. 2 aufgrund der vergleichbaren Interessenlage ebenfalls entsprechende Anwendung.[41] Nach hM gilt dies allerdings nicht für Wandelgenussrechte mit Verlustbeteiligung.[42] Diese Einschränkung steht im Einklang damit, dass die bislang hM auch die Privilegierung des § 194 Abs. 1 S. 2 nicht auf Wandelgenussrechte mit Verlustbeteiligung anwendet und die 15

---

[35] GHEK/*Bungeroth* Rn. 12; Großkomm AktG/*Frey* Rn. 34; Kölner Komm AktG/*Drygala/Staake* Rn. 30, § 200 Rn. 11, 17; MüKoAktG/*Fuchs* Rn. 12.
[36] GHEK/*Bungeroth* Rn. 13 f.; Hölters/*Apfelbacher/Niggemann* Rn. 9; Hüffer/Koch/*Koch*, 13. Aufl. 2018, Rn. 7; Kölner Komm AktG/*Drygala/Staake* Rn. 27; MüKoAktG/*Fuchs* Rn. 13 f.; Wachter/*Dürr* Rn. 8; Busch in Marsch-Barner/Schäfer Börsennotierte AG-HdB Rn. 44.56; MHdB AG/*Scholz* § 58 Rn. 83; aA Baumbach/*Hueck* Rn. 2; Großkomm AktG/*Frey* Rn. 35 ff.; v. Godin/*Wilhelmi* Anm. 4.
[37] Vgl. GHEK/*Bungeroth* Rn. 17; Grigoleit/*Rieder/Holzmann* Rn. 9; Kölner Komm AktG/*Drygala/Staake* Rn. 32; MüKoAktG/*Fuchs* Rn. 18.
[38] GHEK/*Bungeroth* Rn. 17; Grigoleit/*Rieder/Holzmann* Rn. 10; Hölters/*Apfelbacher/Niggemann* Rn. 15; Kölner Komm AktG/*Drygala/Staake* Rn. 32; MüKoAktG/*Fuchs* Rn. 18.
[39] Vgl. GHEK/*Bungeroth* Rn. 15; MüKoAktG/*Fuchs* Rn. 16; s. auch Hüffer/Koch/*Koch*, 13. Aufl. 2018, Rn. 10.
[40] Großkomm AktG/*Frey* Rn. 39; Hölters/*Apfelbacher/Niggemann* Rn. 16; Kölner Komm AktG/*Drygala/Staake* Rn. 35; aA GHEK/*Bungeroth* Rn. 15; MüKoAktG/*Fuchs* Rn. 16.
[41] Bürgers/*Marsch-Barner* Rn. 7; GHEK/*Bungeroth* Rn. 34; Großkomm AktG/*Frey* Rn. 38, 42; Hüffer/Koch/*Koch*, 13. Aufl. 2018, Rn. 10; Kölner Komm AktG/*Drygala/Staake* Rn. 36; MüKoAktG/*Fuchs* Rn. 17; MHdB AG/*Scholz* § 58 Rn. 85.
[42] Bürgers/Körber/*Marsch-Barner* Rn. 7; GHEK/*Bungeroth* Rn. 34; Grigoleit/*Rieder/Holzmann* Rn. 9; MHdB AG/*Scholz* § 58 Rn. 85; für analoge Anwendung aber Großkomm AktG/*Frey* Rn. 42; Hüffer/Koch/*Koch*, 13. Aufl. 2018, Rn. 10; Kölner Komm AktG/*Drygala/Staake* Rn. 36; differenzierend MüKoAktG/*Fuchs* Rn. 17: § 199 Abs. 2 anwendbar, solange Wandelgenussrechte nicht tatsächlich zur Deckung von Verlusten herangezogen worden sind.

Leistung des Berechtigten in diesem Fall als Sacheinlage behandelt. Die besseren Gründe sprechen aber dafür, dass eine Verlustbeteiligung die Anwendbarkeit des § 194 Abs. 1 S. 2 nicht ausschließt (→ § 194 Rn. 11a). Dementsprechend sollte eine Verlustbeteiligung auch der Anwendbarkeit von § 199 Abs. 2 nicht entgegenstehen.[43] Dies gilt unabhängig davon, ob sich die Verlustbeteiligung bereits tatsächlich realisiert hat.[44]

16   **2. Deckungserfordernis (Abs. 2 S. 1). a) Ausgabebetrag der Schuldverschreibung.** Der Ausgabebetrag der Schuldverschreibung ist der von dem konkret Berechtigten tatsächlich auf die Anleihe gezahlte Betrag.[45] Auf den Rückzahlungs- oder den Nennbetrag kommt es nicht an. Berücksichtigt wird nur die **tatsächliche Nettoleistung.** Der nach den Ausgabebedingungen auf die Anleihe zu zahlende Betrag ist unerheblich, sofern – aufgrund eines Rabatts oder sonstiger dem Berechtigten eingeräumter Vorteile – tatsächlich ein geringerer Betrag gezahlt wurde.[46] Kosten, Steuern und ähnliche Belastungen im Zusammenhang mit der Ausgabe der Wandelschuldverschreibung bleiben dagegen unberücksichtigt.[47] Dies gilt auch für die Vergütung einer bei der Ausgabe der Wandelschuldverschreibung zwischengeschalteten Emissionsbank.[48]

17   **b) Höherer geringster Ausgabebetrag der Bezugsaktie.** § 199 Abs. 2 S. 1 verlangt einen Ausgleich der Differenz zwischen dem Ausgabebetrag der Schuldverschreibung und dem höheren geringsten Ausgabebetrag der Bezugsaktie. Eine solche Differenz kann aus verschiedenen Gründen zustande kommen.[49] Denkbar ist zum einen, dass eine Schuldverschreibung mit einem Disagio ausgegeben wird (Beispiel: Ausgabe einer Schuldverschreibung mit einem Nennwert von EUR 100,00 gegen Zahlung von EUR 90,00). Zum anderen kann eine zu pari ausgegebene Schuldverschreibung zum Bezug von Aktien mit einem höheren geringsten Ausgabebetrag berechtigen (Beispiel: Ausgabe einer Schuldverschreibung zum Nennwert von EUR 100,00, die zum Umtausch in Aktien zu einem Nennwert von EUR 110,00 berechtigt).

18   **c) Deckung der Differenz.** Besteht eine Differenz, ist diese gem. § 199 Abs. 2 S. 1 entweder aus einer anderen Gewinnrücklage oder durch Zuzahlung des Umtauschberechtigten zu decken. Rücklagenverwendung und Zuzahlung sind **gleichwertige Alternativen,** unter denen der Vorstand wählen kann.[50]

19   **aa) Zuzahlung.** Auf die Zuzahlung ist § 199 Abs. 1 entsprechend anwendbar, so dass sie bereits vor oder bei Ausgabe der Aktien geleistet werden muss.[51] Für die Leistung gelten wiederum § 36 Abs. 2, § 54 Abs. 3, § 188 Abs. 2 und § 203 Abs. 1. Sofern bereits die Ausgabebedingungen der Schuldverschreibung eine Zuzahlung verlangen, ist diese Teil der Einlage, so dass es an einer Differenz iSd § 199 Abs. 2 fehlt.[52]

20   **bb) Deckung aus einer anderen Gewinnrücklage.** Neben der Einforderung von Zuzahlungen erlaubt § 199 Abs. 2 S. 1 auch die Deckung aus einer anderen Gewinnrücklage. In diesem Fall wird die Differenz aus Gesellschaftsmitteln ausgeglichen, so dass letztlich die Altaktionäre die Mittel zugunsten des Umtauschberechtigten aufbringen.[53] Die Altaktionäre sind durch das Erfordernis

---

[43] Ebenso Großkomm AktG/*Frey* Rn. 42; Hüffer/Koch/*Koch,* 13. Aufl. 2018, Rn. 10; Kölner Komm AktG/ *Drygala/Staake* Rn. 36; grds. auch MüKoAktG/*Fuchs* Rn. 17.
[44] Zust. Kölner Komm AktG/*Drygala/Staake* Rn. 36; aA MüKoAktG/*Fuchs* Rn. 17.
[45] Bürgers/Körber/*Marsch-Barner* Rn. 8; GHEK/*Bungeroth* Rn. 17, 19; Großkomm AktG/*Frey* Rn. 43; Hölters/*Apfelbacher/Niggemann* Rn. 17; Hüffer/Koch/*Koch,* 13. Aufl. 2018, Rn. 11; Kölner Komm AktG/*Drygala/ Staake* Rn. 38; MüKoAktG/*Fuchs* Rn. 18; K. Schmidt/Lutter/*Veil* Rn. 10; Wachter/*Dürr* Rn. 12; MHdB AG/ *Scholz* § 58 Rn. 86.
[46] Bürgers/Körber/*Marsch-Barner* Rn. 8; Grigoleit/*Rieder/Holzmann* Rn. 10; Großkomm AktG/*Frey* Rn. 43; Hölters/*Apfelbacher/Niggemann* Rn. 17; Hüffer/Koch/*Koch,* 13. Aufl. 2018, Rn. 11; Kölner Komm AktG/*Drygala/Staake* Rn. 38; MüKoAktG/*Fuchs* Rn. 20; K. Schmidt/Lutter/*Veil* Rn. 10; Wachter/*Dürr* Rn. 12.
[47] Bürgers/Körber/*Marsch-Barner* Rn. 8; Grigoleit/*Rieder/Holzmann* Rn. 10; Großkomm AktG/*Frey* Rn. 43; Hölters/*Apfelbacher/Niggemann* Rn. 17; Hüffer/Koch/*Koch,* 13. Aufl. 2018, Rn. 11; Kölner Komm AktG/*Drygala/Staake* Rn. 39; MüKoAktG/*Fuchs* Rn. 20; K. Schmidt/Lutter/*Veil* Rn. 10; *Klein* AG 2017, 415 (419).
[48] *Klein* AG 2017, 415 (420 ff.).
[49] Vgl. die Beispiele bei GHEK/*Bungeroth* Rn. 18; Großkomm AktG/*Frey* Rn. 45; Kölner Komm AktG/ *Drygala/Staake* Rn. 42 f.; MüKoAktG/*Fuchs* Rn. 19.
[50] Bürgers/Körber/*Marsch-Barner* Rn. 9; Großkomm AktG/*Frey* Rn. 46; Hölters/*Apfelbacher/Niggemann* Rn. 19; Kölner Komm AktG/*Drygala/Staake* Rn. 44; MüKoAktG/*Fuchs* Rn. 21.
[51] Bürgers/Körber/*Marsch-Barner* Rn. 9; GHEK/*Bungeroth* Rn. 20; Grigoleit/*Rieder/Holzmann* Rn. 11; Hölters/*Apfelbacher/Niggemann* Rn. 17; Hüffer/Koch/*Koch,* 13. Aufl. 2018, Rn. 12; Kölner Komm AktG/*Drygala/ Staake* Rn. 45; MüKoAktG/*Fuchs* Rn. 21; *v. Godin/Wilhelmi* Anm. 9; Wachter/*Dürr* Rn. 12.
[52] Großkomm AktG/*Frey* Rn. 46; Kölner Komm AktG/*Drygala/Staake* Rn. 45.
[53] Vgl. GHEK/*Bungeroth* Rn. 21; Kölner Komm AktG/*Drygala/Staake* Rn. 46; MüKoAktG/*Fuchs* Rn. 22.

ihrer Mitwirkung am Beschluss über die bedingte Kapitalerhöhung sowie insbesondere durch das gesetzliche Bezugsrecht gem. § 221 Abs. 4 iVm § 186 hinreichend geschützt.[54]

Andere Gewinnrücklagen iSd § 199 Abs. 2 S. 1 sind nur die Rücklagen gem. § 266 Abs. 3 A III Nr. 4 HGB, nicht dagegen die Kapitalrücklage (§ 266 Abs. 3 A II HGB) oder die Gewinnrücklagen gem. § 266 Abs. 3 A III Nr. 1–3 HGB (gesetzliche Rücklage, Rücklage für Anteile an einem herrschenden oder mehrheitlich beteiligten Unternehmen, satzungsmäßige Rücklagen).[55] Der Begriff der „anderen Gewinnrücklage" wurde 1985 durch das BiRiLiG in § 199 Abs. 2 S. 1 als Ersatz für den Begriff der „freien Rücklage" eingeführt. Hierdurch wurde die zuvor mögliche Verwendung der satzungsmäßigen Rücklagen zur Deckung der Differenz ausgeschlossen.[56] **21**

Die Deckung der Differenz aus einer anderen Gewinnrücklage setzt gem. § 199 Abs. 2 S. 1 voraus, dass die Rücklage zu diesem Zweck verwendet werden kann. Sie darf also **nicht anderweitig gebunden** sein. Der **Bilanzgewinn** kann – anders als nach früherer Rechtslage (§ 166 Abs. 2 AktG 1937) – **nicht** zur Deckung der Differenz verwendet werden.[57] Gleiches gilt entgegen der wohl hM[58] auch für einen **Gewinnvortrag**.[59] Hierfür spricht neben dem Wortlaut des § 199 Abs. 2 S. 1 auch der Umstand, dass ein Gewinnvortrag dem Verfügungsbereich der Hauptversammlung wesentlich näher ist als eine Gewinnrücklage.[60] Der Gesetzgeber des AktG 1965 hat den Bilanzgewinn bewusst von der Verwendung im Rahmen des § 199 Abs. 2 S. 1 ausgenommen, da dieser nach § 58 Abs. 4 grundsätzlich an die Aktionäre zu verteilen ist.[61] Entsprechendes muss für den Gewinnvortrag gelten, bei dem es sich um einen ehemaligen und künftigen Teil des Bilanzgewinns handelt.[62] **22**

Werden Schuldverschreibungen über ihrem Nennwert ausgegeben, ist das Agio in die Kapitalrücklage (§ 272 Abs. 2 Nr. 2 HGB) einzustellen.[63] Werden Schuldverschreibungen unter ihrem Nennwert ausgegeben, muss die AG die entsprechenden Verbindlichkeiten zum Rückzahlungsbetrag bilanzieren (§ 253 Abs. 2 S. 2 HGB). Sie kann das Disagio im Jahr der Entstehung verrechnen oder gem. § 250 Abs. 3 HGB als Rechnungsabgrenzungsposten aktivieren und planmäßig abschreiben.[64] Ist das Disagio **durch Verrechnung oder Abschreibung ergebniswirksam geworden,** ist der Zweck des § 199 Abs. 2 S. 1 erfüllt, da im wirtschaftlichen Ergebnis eine Deckung aus frei verfügbaren Mitteln erfolgt ist. Die Differenz muss nicht noch einmal gedeckt werden.[65] § 199 Abs. 2 S. 1 ist insoweit teleologisch zu reduzieren.[66] Voraussetzung ist allerdings, dass die ergebniswirksame Verbuchung tatsächlich den Gewinn der Gesellschaft gemindert und nicht zur Entstehung oder Vergrößerung eines aus den frei verfügbaren anderen Gewinnrücklagen nicht gedeckten Jahresfehlbetrags geführt hat.[67] Ist bei Umtausch der Schuldverschreibungen ein gem. § 250 Abs. 3 HGB gebildeter Rechnungsabgrenzungsposten noch vorhanden, muss dieser durch Restabschreibung aufgelöst werden. Zum Ausgleich können auf der Passivseite der Bilanz in entsprechender Höhe frei verfügbare andere Gewinnrücklagen aufgelöst werden.[68] **23**

---

[54] GHEK/*Bungeroth* Rn. 21; Grigoleit/*Rieder/Holzmann* Rn. 11; Kölner Komm AktG/*Drygala/Staake* Rn. 46; MüKoAktG/*Fuchs* Rn. 22.
[55] Bürgers/Körber/*Marsch-Barner* Rn. 9; GHEK/*Bungeroth* Rn. 23; Grigoleit/*Rieder/Holzmann* Rn. 11; Großkomm AktG/*Frey* Rn. 53; Hüffer/Koch/*Koch*, 13. Aufl. 2018, Rn. 12; Kölner Komm AktG/*Drygala/Staake* Rn. 48; MüKoAktG/*Fuchs* Rn. 23; MHdB AG/*Scholz* § 58 Rn. 89.
[56] GHEK/*Bungeroth* Rn. 23; Großkomm AktG/*Frey* Rn. 53; MüKoAktG/*Fuchs* Rn. 23.
[57] Bürgers/Körber/*Marsch-Barner* Rn. 9; GHEK/*Bungeroth* Rn. 26; Grigoleit/*Rieder/Holzmann* Rn. 11; Großkomm AktG/*Frey* Rn. 56; Hölters/*Apfelbacher/Niggemann* Rn. 20; Hüffer/Koch/*Koch*, 13. Aufl. 2018, Rn. 12; Kölner Komm AktG/*Drygala/Staake* Rn. 48; MüKoAktG/*Fuchs* Rn. 24; K. Schmidt/Lutter/*Veil* Rn. 11; Wachter/*Dürr* Rn. 12; MHdB AG/*Scholz* § 58 Rn. 89.
[58] Bürgers/Körber/*Marsch-Barner* Rn. 9; Grigoleit/*Rieder/Holzmann* Rn. 11; Hölters/*Apfelbacher/Niggemann* Rn. 20; Hüffer/Koch/*Koch*, 13. Aufl. 2018, Rn. 12; Kölner Komm AktG/*Drygala/Staake* Rn. 49; K. Schmidt/Lutter/*Veil* Rn. 11; Wachter/*Dürr* Rn. 12; MHdB AG/*Scholz* § 58 Rn. 89.
[59] Wie hier GHEK/*Bungeroth* Rn. 26; Großkomm AktG/*Frey* Rn. 56; Kölner Komm AktG/*Drygala/Staake* Rn. 49; MüKoAktG/*Fuchs* Rn. 24.
[60] GHEK/*Bungeroth* Rn. 26; zust. Großkomm AktG/*Frey* Rn. 56; MüKoAktG/*Fuchs* Rn. 24.
[61] BegrRegE bei *Kropff* S. 302.
[62] Großkomm AktG/*Frey* Rn. 56.
[63] Großkomm AktG/*Frey* Rn. 63; Kölner Komm AktG/*Drygala/Staake* Rn. 51.
[64] Vgl. GHEK/*Bungeroth* Rn. 29; Grigoleit/*Rieder/Holzmann* Rn. 10; Großkomm AktG/*Frey* Rn. 57; Hüffer/Koch/*Koch*, 13. Aufl. 2018, Rn. 11; Kölner Komm AktG/*Drygala/Staake* Rn. 53; MüKoAktG/*Fuchs* Rn. 26; MHdB AG/*Scholz* § 58 Rn. 90.
[65] GHEK/*Bungeroth* Rn. 29; Großkomm AktG/*Frey* Rn. 57; Hüffer/Koch/*Koch*, 13. Aufl. 2018, Rn. 11; MüKoAktG/*Fuchs* Rn. 27; MHdB AG/*Scholz* § 58 Rn. 90; aA Kölner Komm AktG/*Drygala/Staake* Rn. 55.
[66] MüKoAktG/*Fuchs* Rn. 27; aA Kölner Komm AktG/*Drygala/Staake* Rn. 55.
[67] Vgl. GHEK/*Bungeroth* Rn. 30; Großkomm AktG/*Frey* Rn. 60; MüKoAktG/*Fuchs* Rn. 27; MHdB AG/*Scholz* § 58 Rn. 90.
[68] Vgl. GHEK/*Bungeroth* Rn. 30; Großkomm AktG/*Frey* Rn. 58; Kölner Komm AktG/*Drygala/Staake* Rn. 53; MHdB AG/*Scholz* § 58 Rn. 90.

24 Berechtigen zu pari ausgegebene Schuldverschreibungen zum **Umtausch in Aktien mit einem höheren Nennbetrag,** übersteigt die Erhöhung des Grundkapitals im Zeitpunkt des Umtauschs die Abnahme der Verbindlichkeiten. In diesem Fall sind zum Ausgleich die anderen Gewinnrücklagen in Höhe des Differenzbetrags aufzulösen.[69]

25 **3. Ausnahme vom Deckungserfordernis (Abs. 2 S. 2).** Abweichend von § 199 Abs. 2 S. 1 ist eine Deckung der Differenz gem. § 199 Abs. 2 S. 2 nicht erforderlich, sofern der Gesamtbetrag, zu dem die Schuldverschreibungen ausgegeben sind, den geringsten Ausgabebetrag der Bezugsaktien insgesamt erreicht oder übersteigt. § 199 Abs. 2 S. 2 setzt voraus, dass Schuldverschreibungen zu unterschiedlichen Ausgabebeträgen ausgegeben wurden. Erfolgte die Ausgabe teilweise unter und teilweise über dem Nennwert, ist gem. § 199 Abs. 2 S. 2 im Wege einer **Gesamtsaldierung** danach zu fragen, ob das Agio insgesamt das Disagio erreicht oder übersteigt.[70] Anders als bei § 199 Abs. 2 S. 1 wird somit nicht auf den einzelnen Umtausch, sondern auf den Umtausch im Ganzen abgestellt.[71] Der Gesamtbetrag umfasst nicht nur die bereits eingetauschten, sondern alle ursprünglich umtauschbaren Schuldverschreibungen.[72]

26 Eine Gesamtbetrachtung gem. § 199 Abs. 2 S. 2 kommt nur im Hinblick auf eine **einzelne bedingte Kapitalerhöhung** in Betracht. Verschiedene Erhöhungsbeschlüsse sind separat zu betrachten.[73] Möglich ist eine Gesamtbetrachtung dagegen bei mehreren Emissionen von Wandelanleihen, die durch dieselbe bedingte Kapitalerhöhung gesichert sind.[74]

IV. Rechtsfolgen von Verstößen

27 **1. Wirksamkeit der Aktienausgabe.** § 199 regelt nicht die Vertretungsmacht, sondern die Geschäftsführungsbefugnis des Vorstands.[75] Verstößt der Vorstand gegen § 199, hat dies daher grundsätzlich **keinen Einfluss auf die Wirksamkeit der Aktienausgabe.** Dies gilt sowohl für die gegen § 199 Abs. 1 verstoßende Aktienausgabe zu einem anderen als dem im Erhöhungsbeschluss festgesetzten Zweck, die Ausgabe an eine nicht zum Kreis der Bezugsberechtigten gehörende Person und die Ausgabe vor Leistung des vollen Gegenwerts als auch für den Umtausch von Wandelschuldverschreibungen ohne die gem. § 199 Abs. 2 erforderliche Deckung.[76]

28 Werden Bezugsaktien entgegen § 199 Abs. 1 vor der vollen Leistung des Gegenwerts ausgegeben, bleibt der Aktienerwerber gem. §§ 54, 63 ff. zur Erbringung der restlichen Einlage verpflichtet.[77] Gleiches gilt, wenn ein Umtauschberechtigter Mitgliedschaftsrechte unter Verstoß gegen § 199 Abs. 2 erwirbt.[78] Ein gutgläubiger lastenfreier Ersterwerb ist nicht möglich.[79] Handelt es sich um Inhaberaktien, können diese aber im Fall der späteren Weiterveräußerung **gutgläubig lastenfrei erworben** werden, da sich der Erwerber auf die Beachtung von § 10 Abs. 2 S. 1 verlassen darf und die Eigenschaft als Bezugsaktie nicht erkennen kann.[80] Auch bei Namensaktien

---

[69] GHEK/*Bungeroth* Rn. 28; Großkomm AktG/*Frey* Rn. 62; Kölner Komm AktG/*Drygala/Staake* Rn. 56.

[70] Bürgers/Körber/*Marsch-Barner* Rn. 10; GHEK/*Bungeroth* Rn. 31 f.; Grigoleit/*Rieder/Holzmann* Rn. 11; Großkomm AktG/*Frey* Rn. 65; Hüffer/Koch/*Koch*, 13. Aufl. 2018, Rn. 13; Kölner Komm AktG/*Drygala/Staake* Rn. 57; MüKoAktG/*Fuchs* Rn. 28 f.; Wachter/*Dürr* Rn. 13; MHdB AG/*Scholz* § 58 Rn. 91.

[71] Kölner Komm AktG/*Drygala/Staake* Rn. 57.

[72] Bürgers/Körber/*Marsch-Barner* Rn. 10; GHEK/*Bungeroth* Rn. 33; Grigoleit/*Rieder/Holzmann* Rn. 11; Großkomm AktG/*Frey* Rn. 65; Hölters/*Apfelbacher/Niggemann* Rn. 18; Hüffer/Koch/*Koch*, 13. Aufl. 2018, Rn. 13; Kölner Komm AktG/*Drygala/Staake* Rn. 58; MüKoAktG/*Fuchs* Rn. 28, 30.

[73] Bürgers/Körber/*Marsch-Barner* Rn. 10; Großkomm AktG/*Frey* Rn. 65; Kölner Komm AktG/*Drygala/Staake* Rn. 59; MüKoAktG/*Fuchs* Rn. 31.

[74] Großkomm AktG/*Frey* Rn. 65; Kölner Komm AktG/*Drygala/Staake* Rn. 59; MüKoAktG/*Fuchs* Rn. 31; aA noch Kölner Komm AktG/*Lutter*, 2. Aufl. 1994, Rn. 24.

[75] Bürgers/Körber/*Marsch-Barner* Rn. 11; GHEK/*Bungeroth* Rn. 35; Grigoleit/*Rieder/Holzmann* Rn. 7; Großkomm AktG/*Frey* Rn. 68; Hölters/*Apfelbacher/Niggemann* Rn. 13; Hüffer/Koch/*Koch*, 13. Aufl. 2018, Rn. 8, 14; Kölner Komm AktG/*Drygala/Staake* Rn. 5, 60; MüKoAktG/*Fuchs* Rn. 32; K. Schmidt/Lutter/*Veil* Rn. 13; Wachter/*Dürr* Rn. 9.

[76] Bürgers/Körber/*Marsch-Barner* Rn. 11; GHEK/*Bungeroth* Rn. 36 f.; Großkomm AktG/*Frey* Rn. 68; Hüffer/Koch/*Koch*, 13. Aufl. 2018, Rn. 8, 14; Kölner Komm AktG/*Drygala/Staake* Rn. 60; MüKoAktG/*Fuchs* Rn. 33; MHdB AG/*Scholz* § 58 Rn. 92.

[77] Bürgers/Körber/*Marsch-Barner* Rn. 11 f.; GHEK/*Bungeroth* Rn. 38; Großkomm AktG/*Frey* Rn. 68; Hüffer/Koch/*Koch*, 13. Aufl. 2018, Rn. 8, 14; Kölner Komm AktG/*Drygala/Staake* Rn. 62; MüKoAktG/*Fuchs* Rn. 36.

[78] Bürgers/Körber/*Marsch-Barner* Rn. 11; GHEK/*Bungeroth* Rn. 38; Großkomm AktG/*Frey* Rn. 68 f.; Hüffer/Koch/*Koch*, 13. Aufl. 2018, Rn. 14; Kölner Komm AktG/*Drygala/Staake* Rn. 63; MüKoAktG/*Fuchs* Rn. 36.

[79] Bürgers/Körber/*Marsch-Barner* Rn. 12; GHEK/*Bungeroth* Rn. 38; Großkomm AktG/*Frey* Rn. 68; MüKoAktG/*Fuchs* Rn. 37.

[80] RGZ 144, 138 (145); KG JW 1927, 2434 (2435 f.); Bürgers/Körber/*Marsch-Barner* Rn. 12; GHEK/*Bungeroth* Rn. 38; Grigoleit/*Rieder/Holzmann* Rn. 12; Großkomm AktG/*Frey* Rn. 68; Hölters/*Apfelbacher/Niggemann*

kommt ein gutgläubiger lastenfreier Zweiterwerb in Betracht, da gem. § 10 Abs. 2 S. 2 Teilleistungen in der Aktie anzugeben sind.[81]

Werden weitere Bezugsaktien ausgegeben, obwohl der im Erhöhungsbeschluss festgelegte **Umfang der bedingten Kapitalerhöhung bereits voll ausgeschöpft** ist, sind diese Bezugsaktien nichtig.[82] Die Empfänger werden nicht Aktionäre. Ein gutgläubiger Erwerb ist ausgeschlossen.[83] Daneben können die Bezugsaktien auch aus anderen Gründen nichtig sein, etwa gem. § 197 S. 3 oder bei Fehlen eines wirksamen Zeichnungsvertrags.[84] 29

2. Verantwortlichkeit von Vorstand und Aufsichtsrat. Der Vorstand handelt **pflichtwidrig**, wenn er unter Verstoß gegen § 199 Aktien ausgibt. Die beteiligten Vorstandsmitglieder sind der Gesellschaft gem. § 93 Abs. 1, 2 und 3 Nr. 9 zum Ersatz des daraus entstehenden Schadens verpflichtet. Verletzen Mitglieder des Aufsichtsrats in diesem Zusammenhang ihre Aufsichtspflicht, sind sie der Gesellschaft gem. § 116 iVm § 93 in gleicher Weise verantwortlich. 30

§ 93 Abs. 3 Nr. 9 nimmt auf die Ausgabe von Bezugsaktien vor der vollen Leistung des Gegenwerts Bezug. Diesbezüglich ist ergänzend § 199 Abs. 1 heranzuziehen, wonach es auf den Gegenwert ankommt, der sich aus dem Beschluss über die bedingte Kapitalerhöhung ergibt.[85] Ist nach dem Inhalt des Erhöhungsbeschlusses eine Ausgabe unter pari zulässig, haftet der Vorstand, wenn er Aktien ausgibt, ohne dass der verbliebene Fehlbetrag aus einer Zuzahlung oder aus einer anderen Gewinnrücklage gedeckt werden kann. Die Haftung richtet sich nach § 93 Abs. 3 Nr. 9, wenn die Zuzahlung durch den Umtauschberechtigten nicht geleistet wurde, und nach § 93 Abs. 2, wenn es an der Deckung durch eine andere Gewinnrücklage fehlt.[86] 31

Gem. § 405 Abs. 1 Nr. 1 handelt **ordnungswidrig,** wer als Mitglied des Vorstands oder des Aufsichtsrats oder als Abwickler Namensaktien ausgibt, in denen der Betrag der Teilleistung nicht angegeben ist, oder Inhaberaktien ausgibt, bevor auf sie der Ausgabebetrag voll geleistet ist. Erforderlich ist gem. § 10 OWiG ein vorsätzliches Handeln. § 405 Abs. 1 Nr. 1 ist Schutzgesetz iSd § 823 Abs. 2 BGB.[87] 32

3. Ansprüche der Bezugsberechtigten. Einzelne Bezugsberechtigte können gegen die Gesellschaft gemäß § 280 Abs. 1, 3 BGB, § 283 BGB einen Anspruch auf Schadensersatz haben, wenn die Ausgabe von Bezugsaktien ihnen gegenüber dadurch unmöglich wird, dass der Vorstand Aktien an nicht berechtigte Dritte ausgegeben hat und eine anderweitige Erfüllung ausscheidet.[88] Insbesondere ist die Hauptversammlung nicht verpflichtet, eine neue Kapitalerhöhung zu beschließen (vgl. § 187 Abs. 2, § 193 Abs. 1 S. 3, § 203 Abs. 1). Vertragliche Ansprüche der Bezugsberechtigten gegen den Vorstand scheiden aus.[89] § 199 Abs. 1 ist zudem kein Schutzgesetz iSd § 823 Abs. 2 BGB zugunsten der anderen Bezugsberechtigten.[90] 33

4. Ansprüche von Altaktionären. Bei Verletzung der Zweckbindung des bedingten Kapitals können sich deliktische Ansprüche von Altaktionären unter Umständen aus § 823 Abs. 2 BGB iVm § 186 ergeben.[91] 34

Rn. 22; Hüffer/Koch/*Koch*, 13. Aufl. 2018, Rn. 14; Kölner Komm AktG/*Drygala/Staake* Rn. 64; MüKoAktG/ *Fuchs* Rn. 37; K. Schmidt/Lutter/*Veil* Rn. 15.

[81] Großkomm AktG/*Frey* Rn. 68; Kölner Komm AktG/*Drygala/Staake* Rn. 64.

[82] Vgl. Bürgers/Körber/*Marsch-Barner* Rn. 11; GHEK/*Bungeroth* Rn. 36; Grigoleit/*Rieder/Holzmann* Rn. 7; Großkomm AktG/*Frey* Rn. 70; Hüffer/Koch/*Koch*, 13. Aufl. 2018, Rn. 8; Kölner Komm AktG/*Drygala/Staake* Rn. 61, § 200 Rn. 41; MüKoAktG/*Fuchs* Rn. 34.

[83] GHEK/*Bungeroth* Rn. 36; Großkomm AktG/*Frey* Rn. 70; Kölner Komm AktG/*Drygala/Staake* Rn. 61; MüKoAktG/*Fuchs* Rn. 34.

[84] Vgl. Bürgers/Körber/*Marsch-Barner* Rn. 11; Grigoleit/*Rieder/Holzmann* Rn. 7; Großkomm AktG/*Frey* Rn. 68, 71; Hüffer/Koch/*Koch*, 13. Aufl. 2018, Rn. 8; Kölner Komm AktG/*Drygala/Staake* Rn. 61; MüKoAktG/ *Fuchs* Rn. 34.

[85] Großkomm AktG/*Frey* Rn. 72; MüKoAktG/*Fuchs* Rn. 38.

[86] Grigoleit/*Rieder/Holzmann* Rn. 13; Großkomm AktG/*Frey* Rn. 72; Hüffer/Koch/*Koch*, 13. Aufl. 2018, Rn. 14; teilw. anders Kölner Komm AktG/*Drygala/Staake* Rn. 66; MüKoAktG/*Fuchs* Rn. 38; MHdB AG/*Scholz* § 58 Rn. 92, die jeweils eine Haftung aus § 93 Abs. 3 Nr. 9 annehmen.

[87] Großkomm AktG/*Frey* Rn. 72; Kölner Komm AktG/*Drygala/Staake* Rn. 69; MüKoAktG/*Fuchs* Rn. 39.

[88] Bürgers/Körber/*Marsch-Barner* Rn. 12; Grigoleit/*Rieder/Holzmann* Rn. 7; Großkomm AktG/*Frey* Rn. 70; Hölters/*Apfelbacher/Niggemann* Rn. 14; Hüffer/Koch/*Koch*, 13. Aufl. 2018, Rn. 9; Kölner Komm AktG/*Drygala/ Staake* Rn. 71; MüKoAktG/*Fuchs* Rn. 35; Wachter/*Dürr* Rn. 10.

[89] Hüffer/Koch/*Koch*, 13. Aufl. 2018, Rn. 9; Kölner Komm AktG/*Drygala/Staake* Rn. 72.

[90] Kölner Komm AktG/*Drygala/Staake* Rn. 72.

[91] Grigoleit/*Rieder/Holzmann* Rn. 7; Großkomm AktG/*Frey* Rn. 70; Kölner Komm AktG/*Drygala/Staake* Rn. 70; Wachter/*Dürr* Rn. 10; s. auch Hölters/*Apfelbacher/Niggemann* Rn. 14; Hüffer/Koch/*Koch*, 13. Aufl. 2018, Rn. 9.

§ 200 Wirksamwerden der bedingten Kapitalerhöhung
Mit der Ausgabe der Bezugsaktien ist das Grundkapital erhöht.

Schrifttum: Vgl. die Angaben zu §§ 192, 199.

Übersicht

	Rn.		Rn.
I. Überblick	1, 2	4. Auswirkungen auf Rechte Dritter	10, 11
II. Voraussetzungen der Kapitalerhöhung	3–5	IV. Mängel	12–19
		1. Allgemeines	12
1. Aktienausgabe	3, 4	2. Fehlerhafte Aktienausgabe	13, 14
2. Zuständigkeit	5	a) Erfordernis eines wirksamen Begebungsvertrags	13
III. Rechtsfolgen der Aktienausgabe	6–11	b) Gutgläubiger Erwerb	14
1. Erhöhung des Grundkapitals und Entstehung der Mitgliedschaftsrechte	6	3. Fehlerhafter Kapitalerhöhungsbeschluss	15
		4. Mängel der Bezugserklärung und des Zeichnungsvertrags	16, 17
2. Rechnungslegung und Publizität	7–8a		
3. Änderung der Satzung	9	5. Rechtsfolgen	18, 19

I. Überblick

1 § 200 bestimmt den **Zeitpunkt des Wirksamwerdens** der bedingten Kapitalerhöhung. Anders als bei der regulären Kapitalerhöhung und beim genehmigten Kapital, ist nicht die Eintragung der Durchführung der Kapitalerhöhung (vgl. §§ 189, 203 Abs. 1 S. 1), sondern die Ausgabe der Bezugsaktien maßgebend. Die nachfolgende Eintragung der Aktienausgabe (§ 201) hat lediglich deklaratorische Bedeutung. Da die Ausgabe der Bezugsaktien bei der bedingten Kapitalerhöhung typischerweise in einem zeitlich gestreckten Vorgang erfolgt, erhöht sich das Grundkapital schrittweise außerhalb von Satzung und Handelsregister.[1] Hierdurch soll es den einzelnen Bezugsberechtigten ermöglicht werden, die entsprechenden Mitgliedschaftsrechte jeweils zeitnah nach Abgabe der Bezugserklärung zu erwerben.[2] Anders als bei der regulären Kapitalerhöhung und beim genehmigten Kapital hat der Gesetzgeber beim bedingten Kapital auf eine registergerichtliche Durchführungskontrolle vor dem Wirksamwerden der Kapitalerhöhung verzichtet. Eine solche wäre ohnehin kaum praktikabel und würde auch dem Beschleunigungsziel zuwider laufen.[3]

2 Die Vorschrift stimmt wörtlich mit § 167 AktG 1937 überein.

II. Voraussetzungen der Kapitalerhöhung

3 **1. Aktienausgabe.** Der Begriff der Aktienausgabe bezieht sich auf den rechtlichen Tatbestand, der das in der Aktienurkunde verbriefte Mitgliedschaftsrecht und die damit einhergehenden Verpflichtungen der Gesellschaft entstehen lässt. Neben der Übergabe der Aktienurkunde ist der Abschluss eines Begebungsvertrags erforderlich (→ § 199 Rn. 4). Die Entstehung unverbriefter Mitgliedschaftsrechte ist bei der bedingten Kapitalerhöhung ausgeschlossen (→ § 199 Rn. 5).

4 Bei den auszugebenden Aktienurkunden kann es sich um Namensaktien (§ 10 Abs. 1 S. 1) oder – unter den Voraussetzungen des § 10 Abs. 1 S. 2 – um Inhaberaktien handeln. Die Aktien können als Nennbetrags- oder Stückaktien begründet werden (§ 8 Abs. 1). Der Ausgabe von Aktienurkunden steht die Ausgabe von Zwischenscheinen gleich (→ § 199 Rn. 6).

5 **2. Zuständigkeit.** Für die Ausgabe der Bezugsaktien ist der Vorstand zuständig. Er kann die Aktienausgabe nicht delegieren, sich bei der Ausführung jedoch eines Boten, Vertreters oder Treuhänders bedienen.[4] In diesen Fällen tritt die Wirkung des § 200 noch nicht mit der Übergabe der Aktienurkunden an die **Hilfsperson** ein, sondern erst mit der Übergabe an den Umtausch- oder

---

[1] Vgl. Bürgers/Körber/*Marsch-Barner* Rn. 1, 3; GHEK/*Bungeroth* Rn. 2; Grigoleit/*Rieder/Holzmann* Rn. 1, 3; Hölters/*Apfelbacher/Niggemann* Rn. 2; Hüffer/Koch/*Koch*, 13. Aufl. 2018, Rn. 1; Kölner Komm AktG/*Drygala/Staake* Rn. 3; MüKoAktG/*Fuchs* Rn. 2, 9.
[2] GHEK/*Bungeroth* Rn. 2; Grigoleit/*Rieder/Holzmann* Rn. 1; Großkomm AktG/*Frey* Rn. 2; Kölner Komm AktG/*Drygala/Staake* Rn. 3; MüKoAktG/*Fuchs* Rn. 2; Wachter/*Dürr* Rn. 1.
[3] Vgl. Grigoleit/*Rieder/Holzmann* Rn. 1; Großkomm AktG/*Frey* Rn. 2; Hölters/*Apfelbacher/Niggemann* Rn. 2; MüKoAktG/*Fuchs* Rn. 2.
[4] Bürgers/Körber/*Marsch-Barner* Rn. 2; Grigoleit/*Rieder/Holzmann* Rn. 2; Großkomm AktG/*Frey* Rn. 5; Kölner Komm AktG/*Drygala/Staake* Rn. 11, § 199 Rn. 15; MüKoAktG/*Fuchs* Rn. 5.

Bezugsberechtigten.[5] Der Vorstand muss die Aktienurkunden unterzeichnen, wobei gem. § 13 S. 1 eine vervielfältigte Unterschrift genügt. Eine Änderung der Zusammensetzung des Vorstands im Zeitraum zwischen Unterzeichnung und Ausgabe der Aktien hat auf die Wirksamkeit der Aktienausgabe keinen Einfluss.[6] Die Aktienurkunden müssen nicht von allen Vorstandsmitgliedern unterzeichnet werden. Es genügt ein Handeln in vertretungsberechtigter Zahl.[7] Eine Unterzeichnung durch den Vorsitzenden des Aufsichtsrats ist nicht erforderlich.

III. Rechtsfolgen der Aktienausgabe

1. Erhöhung des Grundkapitals und Entstehung der Mitgliedschaftsrechte. Das Grundkapital ist gem. § 200 mit der Ausgabe der Bezugsaktien erhöht. Die Aktienausgabe wirkt konstitutiv, wobei sich das Grundkapital **schrittweise** mit der Ausgabe jeder einzelnen Bezugsaktie erhöht. Für die **Entstehung der Mitgliedschaftsrechte** ist ebenfalls die Aktienausgabe maßgeblich. Mit der Entgegennahme der Aktienurkunden erlangen die Empfänger die Aktionärsstellung mit allen Rechten und Pflichten.[8] Die Dividendenverteilung für das Geschäftsjahr erfolgt bei Fehlen einer abweichenden Satzungsbestimmung anteilig nach dem Zeitpunkt der Einlageleistung (§ 60 Abs. 2 S. 3).[9]

2. Rechnungslegung und Publizität. Die veränderte Grundkapitalziffer muss von der Gesellschaft jeweils **zeitnah in ihren Büchern vermerkt** werden.[10] Der Betrag des bedingten Kapitals ist in den Büchern entsprechend zu kürzen. Beim Umtausch von Wandelschuldverschreibungen ist jeweils der Betrag der Anleiheverbindlichkeiten zu berichtigen.[11] Eine tägliche Erfassung ist nicht erforderlich.[12]

In der Jahresbilanz sind das am Stichtag bestehende, erhöhte Grundkapital und die nach § 272 Abs. 2 Nr. 1 HGB in der Regel erhöhte Kapitalrücklage auszuweisen (§§ 242, 264, 266 Abs. 3 A I, II HGB).[13] Bei der Erstellung des Jahresabschlusses ist in der Bilanz gem. **§ 152 Abs. 1 S. 3** der noch vorhandene Nennbetrag des bedingten Kapitals zu vermerken.[14] Im Anhang sind gem. **§ 160 Abs. 1 Nr. 3** die Zahl und der Nennbetrag bzw. der rechnerische Wert der im betreffenden Geschäftsjahr aus dem bedingten Kapital ausgegebenen Aktien anzugeben. Dabei ist die Ausgabe der Bezugsaktien zu erläutern.[15] Gem. **§ 160 Abs. 1 Nr. 1** ist über Fälle der mittelbaren und unmittelbaren Selbstzeichnung sowie die Verwertung entsprechender Aktien zu berichten.[16] Nach § 160 Abs. 1 Nr. 5 sind die verringerten Zahlen der Bezugsrechte gem. § 192 Abs. 2 Nr. 3 und der Wandelschuldverschreibungen anzugeben.

Gem. **§ 41 Abs. 1 S. 1 WpHG** ist ein Inlandsemittent (vgl. § 2 Abs. 14 WpHG), bei dem es zu einer Zu- oder Abnahme von Stimmrechten gekommen ist, grundsätzlich verpflichtet, die Gesamtzahl der Stimmrechte und das Datum der Wirksamkeit der Zu- oder Abnahme unverzüglich, spätestens innerhalb von zwei Handelstagen zu veröffentlichen. Allerdings macht **§ 41 Abs. 2 WpHG** eine Ausnahme für die Ausgabe von Bezugsaktien. Danach ist die Gesamtzahl bei der Ausgabe von Bezugsaktien abweichend von § 41 Abs. 1 S. 1 WpHG nur im Zusammenhang mit einer ohnehin

---

[5] Bürgers/Körber/*Marsch-Barner* Rn. 2; Großkomm AktG/*Frey* Rn. 5; Kölner Komm AktG/*Drygala/Staake* Rn. 11; MüKoAktG/*Fuchs* Rn. 5.

[6] GHEK/*Bungeroth* Rn. 8; Großkomm AktG/*Frey* Rn. 6; Hüffer/Koch/*Koch*, 13. Aufl. 2018, § 199 Rn. 3; Kölner Komm AktG/*Drygala/Staake* Rn. 10, § 199 Rn. 17; MüKoAktG/*Fuchs* Rn. 6; MHdB AG/*Scholz* § 58 Rn. 78; *Kümpel* FS Werner, 1984, 449 ff.; *Viertel* BB 1974, 1328 f.

[7] GHEK/*Bungeroth* Rn. 8; MüKoAktG/*Fuchs* Rn. 6.

[8] GHEK/*Bungeroth* Rn. 12; Großkomm AktG/*Frey* Rn. 23; Kölner Komm AktG/*Drygala/Staake* Rn. 19; MüKoAktG/*Fuchs* Rn. 13.

[9] Vgl. Großkomm AktG/*Frey* Rn. 23; Hölters/*Apfelbacher/Niggemann* Rn. 11; Kölner Komm AktG/*Drygala/Staake* Rn. 19; MüKoAktG/*Fuchs* Rn. 13; Wachter/*Dürr* Rn. 3.

[10] GHEK/*Bungeroth* Rn. 11; Grigoleit/*Rieder/Holzmann* Rn. 3; Großkomm AktG/*Frey* Rn. 25; Hölters/*Apfelbacher/Niggemann* Rn. 12; Hüffer/Koch/*Koch*, 13. Aufl. 2018, Rn. 3; Kölner Komm AktG/*Drygala/Staake* Rn. 20; MüKoAktG/*Fuchs* Rn. 9; Wachter/*Dürr* Rn. 4; MHdB AG/*Scholz* § 58 Rn. 93.

[11] GHEK/*Bungeroth* Rn. 11; Grigoleit/*Rieder/Holzmann* Rn. 3; Großkomm AktG/*Frey* Rn. 25; Hölters/*Apfelbacher/Niggemann* Rn. 12; Hüffer/Koch/*Koch*, 13. Aufl. 2018, Rn. 3; Kölner Komm AktG/*Drygala/Staake* Rn. 20; Wachter/*Dürr* Rn. 4; MHdB AG/*Scholz* § 58 Rn. 93.

[12] Großkomm AktG/*Frey* Rn. 25; Hölters/*Apfelbacher/Niggemann* Rn. 13; Kölner Komm AktG/*Drygala/Staake* Rn. 20; Wachter/*Dürr* Rn. 4; aA wohl Kölner Komm AktG/*Lutter*. 2. Aufl. 1994, Rn. 11.

[13] Bürgers/Körber/*Marsch-Barner* Rn. 3; Großkomm AktG/*Frey* Rn. 25; MüKoAktG/*Fuchs* Rn. 12.

[14] Vgl. Bürgers/Körber/*Marsch-Barner* Rn. 3; GHEK/*Bungeroth* Rn. 11; Grigoleit/*Rieder/Holzmann* Rn. 3; Großkomm AktG/*Frey* Rn. 25; Hölters/*Apfelbacher/Niggemann* Rn. 14; Hüffer/Koch/*Koch*, 13. Aufl. 2018, Rn. 3; Kölner Komm AktG/*Drygala/Staake* Rn. 21; MüKoAktG/*Fuchs* Rn. 12.

[15] Großkomm AktG/*Frey* Rn. 25; Kölner Komm AktG/*Drygala/Staake* Rn. 21; MüKoAktG/*Fuchs* Rn. 12.

[16] Vgl. Großkomm AktG/*Frey* Rn. 25; Hölters/*Apfelbacher/Niggemann* Rn. 14; Kölner Komm AktG/*Drygala/Staake* Rn. 21; MüKoAktG/*Fuchs* Rn. 12.

erforderlichen Veröffentlichung nach § 41 Abs. 1 WpHG, spätestens jedoch am Ende des Kalendermonats, in dem es zu einer Zu- oder Abnahme von Stimmrechten gekommen ist, zu veröffentlichen (§ 41 Abs. 2 S. 1 WpHG). Der Veröffentlichung des Datums der Wirksamkeit der Zu- oder Abnahme bedarf es in diesem Fall nicht (§ 41 Abs. 2 S. 2 WpHG). Die Veröffentlichung nach § 41 WpHG ist gleichzeitig der BaFin anzuzeigen (§ 41 Abs. 1 S. 2 WpHG) und unverzüglich, jedoch nicht vor der Veröffentlichung, dem Unternehmensregister nach § 8a HGB zur Speicherung zu übermitteln (§ 41 Abs. 1 S. 3 WpHG; zu den Einzelheiten s. §§ 3a, 3b, 3c, 16 WpAV). Die Meldepflicht nach § 41 WpHG besteht auch bei nur geringfügigen Änderungen.[17]

9   **3. Änderung der Satzung.** Die Erhöhung der Zahl der Aktien und des Grundkapitals stellt eine **materielle Satzungsänderung** dar (vgl. § 23 Abs. 3 Nr. 3 und 4). Der Satzungstext wird hierdurch unrichtig und muss angepasst werden. Hierzu bedarf es grundsätzlich gem. § 179 Abs. 1 S. 1 eines Hauptversammlungsbeschlusses. Gem. § 179 Abs. 1 S. 2 kann aber auch der Aufsichtsrat zur Anpassung des Satzungstextes ermächtigt werden.[18] In der Praxis ist dies regelmäßig zu empfehlen. Auch die Streichung einer wegen Zeitablaufs gegenstandslos gewordenen Regelung über ein bedingtes Kapital kann im Wege der Fassungsänderung durch den Aufsichtsrat gem. § 179 Abs. 1 S. 2 erfolgen.[19] Die Satzungsänderung ist vom Vorstand zur Eintragung in das Handelsregister anzumelden (§ 181 Abs. 1) und wird erst mit der Eintragung wirksam (§ 181 Abs. 3). Das Registergericht kann die Anpassung der Satzung nicht analog § 181 Abs. 1 S. 2, § 407 Abs. 1 erzwingen, da insoweit keine öffentlich-rechtliche Anmeldepflicht besteht (→ § 201 Rn. 9).[20]

10 **4. Auswirkungen auf Rechte Dritter.** Werden im Rahmen einer bedingten Kapitalerhöhung neue Aktien unter dem Wert der bisherigen Aktien ausgegeben, können dadurch Rechte Dritter, die sich am Aktienwert oder am Dividendensatz orientieren, **verwässert** werden. Sofern das Rechtsverhältnis zwischen dem Dritten und der Gesellschaft keine Verwässerungsschutzklauseln enthält, ist es im Wege der **ergänzenden Vertragsauslegung** anzupassen.[21]

11 Da bei der bedingten Kapitalerhöhung kein Bezugsrecht der Altaktionäre besteht, kommt bei ihr der Wert eines solchen Bezugsrechts als Maßstab für die Anpassung der Ansprüche Dritter an den Verwässerungseffekt nicht unmittelbar in Betracht.[22] Bei der Ausgabe von Bezugsaktien zur Bedienung von Umtausch- oder Bezugsrechten aus Wandelschuldverschreibungen (§ 192 Abs. 2 Nr. 1) ist für die Feststellung und Bemessung einer auszugleichenden Verwässerungswirkung im Hinblick auf Ansprüche Dritter nicht auf das Verhältnis des Ausgabebetrags der Bezugsaktien zum Wert der bisherigen Aktien im Zeitpunkt des Wirksamwerdens der bedingten Kapitalerhöhung (§ 200) abzustellen. Anzuknüpfen ist vielmehr an den Wert der bisherigen Aktien im Zeitpunkt der Emission der Schuldverschreibungen, da deren Inhaber ihre jetzt günstig erscheinenden Umtausch- oder Bezugsrechte regelmäßig zumindest teilweise mit einer ungünstigen Verzinsung und dem Nachteil der Ungewissheit hinsichtlich des künftigen Werts der Bezugsaktien erkauft haben.[23]

IV. Mängel

12 **1. Allgemeines.** Die bedingte Kapitalerhöhung kann mit Mängeln behaftet sein, die in bestimmten Fällen das Wirksamwerden der Kapitalerhöhung verhindern. Die Ausgabe der Bezugsaktien hat – wie die Eintragung der Durchführung einer regulären Kapitalerhöhung (§ 189) – grundsätzlich **keine heilende Wirkung**.[24] Etwaige Mängel können sich nicht nur auf die Aktienausgabe selbst bzw. den Begebungsvertrag, sondern auch auf den Kapitalerhöhungsbeschluss, die Bezugserklärung oder den Zeichnungsvertrag beziehen.

---

[17] MüKoAktG/*Fuchs* Rn. 12; *Bosse* DB 2006, 39 (42).
[18] OLG München ZIP 2014, 1783 (1784); GHEK/*Bungeroth* Rn. 11; Grigoleit/*Rieder/Holzmann* Rn. 3; Großkomm AktG/*Frey* Rn. 22; Hölters/*Apfelbacher/Niggemann* Rn. 10; Kölner Komm AktG/*Drygala/Staake* Rn. 25; MüKoAktG/*Fuchs* Rn. 10; Wachter/*Dürr* Rn. 3; MHdB AG/*Scholz* § 58 Rn. 98.
[19] OLG München ZIP 2014, 1783 (1784); Kölner Komm AktG/*Drygala/Staake* Rn. 25.
[20] OLG München ZIP 2014, 1783 (1784); GHEK/*Bungeroth* Rn. 11; Großkomm AktG/*Frey* Rn. 22; MüKoAktG/*Fuchs* Rn. 11; aA Grigoleit/*Rieder/Holzmann* Rn. 5; Hüffer/Koch/*Koch*, 13. Aufl. 2018, § 201 Rn. 5; Kölner Komm AktG/*Drygala/Staake* Rn. 26, § 201 Rn. 38; *v. Godin/Wilhelmi* § 201 Anm. 2.
[21] Großkomm AktG/*Frey* Rn. 26; Hölters/*Apfelbacher/Niggemann* Rn. 16; Kölner Komm AktG/*Drygala/Staake* Rn. 28; Wachter/*Dürr* Rn. 5; vgl. auch *Zöllner* ZGR 1986, 288 (296 ff.); für Anpassung analog § 216 Abs. 3 GHEK/*Bungeroth* Rn. 13; vgl. auch *Köhler* AG 1984, 197 (198 ff.); *Koppensteiner* ZHR 139 (1975) 197 (197 ff.); offen hinsichtlich Anpassung im Wege der ergänzenden Vertragsauslegung oder analog § 216 Abs. 3 MüKoAktG/*Fuchs* Rn. 14.
[22] GHEK/*Bungeroth* Rn. 14; Kölner Komm AktG/*Drygala/Staake* Rn. 28; MüKoAktG/*Fuchs* Rn. 15.
[23] Ausf. GHEK/*Bungeroth* Rn. 14; MüKoAktG/*Fuchs* Rn. 15; ähnlich Großkomm AktG/*Frey* Rn. 28; wohl auch Kölner Komm AktG/*Drygala/Staake* Rn. 28.
[24] GHEK/*Bungeroth* Rn. 15; MüKoAktG/*Fuchs* Rn. 16.

2. Fehlerhafte Aktienausgabe. a) Erfordernis eines wirksamen Begebungsvertrags. Die 13
Erhöhung des Grundkapitals und die Entstehung der Mitgliedschaftsrechte setzen einen wirksamen
Begebungsvertrag voraus. Daran fehlt es, wenn die Aktienurkunden abhanden kommen oder der
Begebungsvertrag nichtig ist.[25] Eine Nichtigkeit des Begebungsvertrags kann sich aus den allgemeinen
rechtsgeschäftlichen Regeln des BGB ergeben.[26] Darüber hinaus sind die Bezugsaktien gem. § 197
S. 3 nichtig, sofern sie vor Eintragung des Erhöhungsbeschlusses ausgegeben werden (→ § 197
Rn. 6 ff.). Verstößt die Aktienausgabe nur gegen § 199, hat dies auf die Wirksamkeit des Begebungsvertrags keinen Einfluss (→ § 199 Rn. 27).

b) Gutgläubiger Erwerb. Fehlt es an einem wirksamen Begebungsvertrag, kann der Empfänger 14
der Aktien die Mitgliedschaft auch nicht gutgläubig erwerben.[27] Dies gilt grundsätzlich auch für
den abgeleiteten Erwerb. Eine Ausnahme gilt jedoch im Rahmen des abgeleiteten Erwerbs zugunsten
eines **gutgläubigen rechtsgeschäftlichen Zweiterwerbers,** sofern der Vorstand **zurechenbar
den Rechtsschein einer wirksamen Aktienausgabe gesetzt** hat und das bedingte Kapital noch
nicht ausgeschöpft ist.[28] Diese unterschiedliche Behandlung im Vergleich zur Gründung, zur regulären Kapitalerhöhung und zum genehmigten Kapital rechtfertigt sich daraus, dass die Aktie bei der
bedingten Kapitalerhöhung ein konstitutives Wertpapier ist.[29] Die Mitgliedschaft entsteht originär
mit dem gutgläubigen Erwerb durch den Zweiterwerber. Zu diesem Zeitpunkt erhöht sich auch das
Grundkapital um den entsprechenden Nennbetrag, während sich das noch verfügbare bedingte
Kapital um denselben Betrag vermindert.[30]

3. Fehlerhafter Kapitalerhöhungsbeschluss. Fehlt der Beschluss über die bedingte Kapitaler- 15
höhung oder ist er nichtig, entstehen keine Mitgliedschaftsrechte.[31] Gleiches gilt, sofern der Erhöhungsbeschluss wegen Fehlens eines Sonderbeschlusses (§ 193 Abs. 1 S. 3 iVm § 182 Abs. 2) schwebend unwirksam ist. Die Aktienurkunden sind nichtig. Ein gutgläubiger Erwerb – auch durch einen
Zweiterwerber – scheidet aus.[32]

4. Mängel der Bezugserklärung und des Zeichnungsvertrags. Erfolgt die Ausgabe der 16
Bezugsaktien an Personen, die keine Bezugserklärung gem. § 198 abgegeben haben, oder fehlt
es aus sonstigen Gründen an einem wirksamen Zeichnungsvertrag, ist auch der Begebungsvertrag
unwirksam.[33] Bezugserklärungen, die einen Inhaltsmangel aufweisen oder eine Beschränkung der
Verpflichtung des Erklärenden enthalten sind gem. § 198 Abs. 2 S. 2 nichtig. Für den Fall, dass
Bezugsaktien ungeachtet der Nichtigkeit einer Bezugserklärung ausgegeben werden, sieht § 198
Abs. 3 eine Heilungsmöglichkeit vor (→ § 198 Rn. 30 ff.).

Die Bezugserklärung kann auch nach den allgemeinen Vorschriften über fehlerhafte Rechtsge- 17
schäfte unwirksam sein. Nach der Ausgabe der Bezugsaktien kann eine Unwirksamkeit oder Anfechtbarkeit der Bezugserklärung nach diesen Vorschriften jedoch grundsätzlich nicht mehr geltend
gemacht werden, sofern es nicht von vornherein an einer zurechenbaren Bezugserklärung fehlt
(→ § 198 Rn. 38).

5. Rechtsfolgen. Fehlt es an einem wirksamen Begebungsvertrag und liegt auch kein Fall des 18
gutgläubigen Erwerbs der Mitgliedschaft vor, muss der Vorstand die ausgegebenen Aktienurkunden
gem. §§ 985, 812 Abs. 1 BGB von den Empfängern oder den bösgläubigen Zweiterwerbern heraus-

---

[25] Vgl. GHEK/*Bungeroth* Rn. 16; Großkomm AktG/*Frey* Rn. 7; Kölner Komm AktG/*Drygala*/*Staake* Rn. 33;
MüKoAktG/*Fuchs* Rn. 17.
[26] Vgl. GHEK/*Bungeroth* Rn. 16; Kölner Komm AktG/*Drygala*/*Staake* Rn. 33; MüKoAktG/*Fuchs* Rn. 17.
[27] Bürgers/Körber/*Marsch-Barner* Rn. 4; GHEK/*Bungeroth* Rn. 17; Großkomm AktG/*Frey* Rn. 11 ff.; Kölner
Komm AktG/*Drygala*/*Staake* Rn. 35; MüKoAktG/*Fuchs* Rn. 17; Wachter/*Dürr* Rn. 7.
[28] GHEK/*Bungeroth* Rn. 18; Grigoleit/*Rieder*/*Holzmann* Rn. 4; Hölters/*Apfelbacher*/*Niggemann* Rn. 7; Kölner
Komm AktG/*Drygala*/*Staake* Rn. 35 ff.; MüKoAktG/*Fuchs* Rn. 18; K. Schmidt/Lutter/*Veil* Rn. 3; Wachter/*Dürr*
Rn. 7; *Staake* AG 2017, 188 (190); aA Großkomm AktG/*Frey* Rn. 11 ff.
[29] Vgl. GHEK/*Bungeroth* Rn. 19; Kölner Komm AktG/*Drygala*/*Staake* Rn. 38; MüKoAktG/*Fuchs* Rn. 19.
[30] GHEK/*Bungeroth* Rn. 18.
[31] Bürgers/Körber/*Marsch-Barner* Rn. 4; GHEK/*Bungeroth* Rn. 20; Grigoleit/*Rieder*/*Holzmann* Rn. 4; Hölters/*Apfelbacher*/*Niggemann* Rn. 5; Hüffer/Koch/*Koch*, 13. Aufl. 2018, Rn. 4; Kölner Komm AktG/*Drygala*/*Staake*
Rn. 30; MüKoAktG/*Fuchs* Rn. 20; K. Schmidt/Lutter/*Veil* Rn. 3; Wachter/*Dürr* Rn. 9; aA wohl MHdB AG/
Scholz § 58 Rn. 94.
[32] Bürgers/Körber/*Marsch-Barner* Rn. 4; GHEK/*Bungeroth* Rn. 20; Grigoleit/*Rieder*/*Holzmann* Rn. 4; Hölters/*Apfelbacher*/*Niggemann* Rn. 5; Hüffer/Koch/*Koch*, 13. Aufl. 2018, Rn. 4; Kölner Komm AktG/*Drygala*/*Staake*
Rn. 30; MüKoAktG/*Fuchs* Rn. 20; Wachter/*Dürr* Rn. 9; aA wohl MHdB AG/*Scholz* § 58 Rn. 94.
[33] GHEK/*Bungeroth* Rn. 21; Großkomm AktG/*Frey* Rn. 10; Kölner Komm AktG/*Drygala*/*Staake* Rn. 31;
MüKoAktG/*Fuchs* Rn. 21.

§ 201   1   Erstes Buch. Aktiengesellschaft

verlangen.³⁴ Besteht noch die Möglichkeit des gutgläubigen Erwerbs, hat der Vorstand zudem ein Aufgebotsverfahren analog § 72 durchzuführen.³⁵ Die Empfänger der Bezugsaktien können von der AG gem. § 812 Abs. 1 BGB die geleistete Einlage zurückfordern.³⁶

19   Wurde eine nichtige Aktienausgabe in das Handelsregister eingetragen (§ 201), sind die Empfänger der Bezugsaktien entsprechend § 277 Abs. 3 zur Einlageleistung verpflichtet, soweit dies zur Befriedigung der Gesellschaftsgläubiger erforderlich ist.³⁷

§ 201 Anmeldung der Ausgabe von Bezugsaktien

(1) Der Vorstand meldet ausgegebene Bezugsaktien zur Eintragung in das Handelsregister mindestens einmal jährlich bis spätestens zum Ende des auf den Ablauf des Geschäftsjahrs folgenden Kalendermonats an.

(2) ¹Der Anmeldung sind die Zweitschriften der Bezugserklärungen und ein vom Vorstand unterschriebenes Verzeichnis der Personen, die das Bezugsrecht ausgeübt haben, beizufügen. ²Das Verzeichnis hat die auf jeden Aktionär entfallenden Aktien und die auf sie gemachten Einlagen anzugeben.

(3) In der Anmeldung hat der Vorstand zu erklären, daß die Bezugsaktien nur in Erfüllung des im Beschluß über die bedingte Kapitalerhöhung festgesetzten Zwecks und nicht vor der vollen Leistung des Gegenwerts ausgegeben worden sind, der sich aus dem Beschluß ergibt.

Schrifttum: Vgl. die Angaben zu § 192.

Übersicht

	Rn.		Rn.
I. Überblick	1–3	3. Verzeichnis der Personen, die das Bezugsrecht ausgeübt haben	12–14
II. Anmeldung der Aktienausgabe (Abs. 1)	4–9	4. Sonstige Dokumente	15
1. Inhalt und Zeitpunkt der Anmeldung	4	IV. Erklärung gem. Abs. 3	16, 17
2. Zuständiges Gericht und Form der Anmeldung	5	V. Eintragungsverfahren	18–23
3. Pflicht zur Anmeldung	6–8	1. Registerkontrolle	18, 19
4. Änderung der Satzung	9	2. Eintragung und Bekanntmachung	20, 21
III. Beizufügende Dokumente (Abs. 2)	10–15	3. Rechtsbehelfe	22
1. Allgemeines	10	4. Kosten	23
2. Zweitschriften der Bezugserklärungen	11	VI. Aufbewahrung der Dokumente	24

I. Überblick

1   § 201 regelt die Anmeldung der Aktienausgabe. Die bedingte Kapitalerhöhung wird bereits mit der Ausgabe der Bezugsaktien wirksam (§ 200). Anders als bei der regulären Kapitalerhöhung und beim genehmigten Kapital (§§ 189, 203 Abs. 1 S. 1) hat die Eintragung hier eine rein **deklaratorische Wirkung**.¹ Sie soll den Rechtsverkehr über die Höhe des Grundkapitals informie-

---

[34] Bürgers/Körber/*Marsch-Barner* Rn. 4; GHEK/*Bungeroth* Rn. 27; Grigoleit/*Rieder/Holzmann* Rn. 6; Großkomm AktG/*Frey* Rn. 31; Hüffer/Koch/*Koch*, 13. Aufl. 2018, Rn. 4; Kölner Komm AktG/*Drygala/Staake* Rn. 42; MüKoAktG/*Fuchs* Rn. 25; K. Schmidt/Lutter/*Veil* Rn. 4.
[35] Grigoleit/*Rieder/Holzmann* Rn. 6; Hüffer/Koch/*Koch*, 13. Aufl. 2018, Rn. 4; Kölner Komm AktG/*Drygala/Staake* Rn. 43; K. Schmidt/Lutter/*Veil* Rn. 4; s. auch Großkomm AktG/*Frey* Rn. 31, der die Möglichkeit eines gutgläubigen Erwerbs der Mitgliedschaft allerdings von vornherein ablehnt.
[36] Bürgers/Körber/*Marsch-Barner* Rn. 4; Grigoleit/*Rieder/Holzmann* Rn. 6; Kölner Komm AktG/*Drygala/Staake* Rn. 44; MüKoAktG/*Fuchs* Rn. 25; Wachter/*Dürr* Rn. 10.
[37] Bürgers/Körber/*Marsch-Barner* Rn. 4; GHEK/*Bungeroth* Rn. 28; Hölters/*Apfelbacher/Niggemann* Rn. 5; Hüffer/Koch/*Koch*, 13. Aufl. 2018, Rn. 4; Kölner Komm AktG/*Drygala/Staake* Rn. 45; MüKoAktG/*Fuchs* Rn. 26; für den Fall der Aktienausgabe durch ein unzuständiges Organ auch Großkomm AktG/*Frey* Rn. 5; aA Grigoleit/*Rieder/Holzmann* Rn. 5; Großkomm AktG/*Frey* Rn. 10, § 198 Rn. 57; K. Schmidt/Lutter/*Veil* Rn. 3; MHdB AG/*Scholz* § 58 Rn. 94: Anwendung der Lehre von der fehlerhaften Gesellschaft.
[1] GHEK/*Bungeroth* Rn. 1; Grigoleit/*Rieder/Holzmann* Rn. 1; Hölters/*Apfelbacher/Niggemann* Rn. 1; Hüffer/Koch/*Koch*, 13. Aufl. 2018, Rn. 2; Kölner Komm AktG/*Drygala/Staake* Rn. 4; MüKoAktG/*Fuchs* Rn. 1; Wachter/*Dürr* Rn. 1.

ren.[2] Obwohl sich das Grundkapital fortlaufend mit jeder einzelnen Aktienausgabe erhöht, erlaubt § 201 Abs. 1 aus Gründen der praktischen Vereinfachung eine jährliche Anmeldung für den Gesamtumfang der bis dahin ausgegebenen Bezugsaktien.[3] Hierdurch werden die Gesellschaft und das Registergericht entlastet. Anders als nach der vor dem 31. Dezember 2015 geltenden Fassung von § 201 Abs. 1 sind jedoch auch unterjährige Anmeldungen ohne weitere Voraussetzungen zulässig.

Die Erklärungspflicht gem. § 201 Abs. 3 soll sicherstellen, dass der Vorstand bei der Ausgabe der Bezugsaktien die Regeln des § 199 Abs. 1 einhält.[4] Die gem. § 201 Abs. 2 beizufügenden Dokumente ermöglichen dem Registergericht die Prüfung, ob die Anmeldung und die Erklärung gem. § 201 Abs. 3 korrekt sind bzw. ob die Voraussetzungen des § 199 eingehalten wurden.[5]

§ 201 geht zurück auf § 168 AktG 1937. Die Vorgängernorm wurde mit nur geringfügigen (insbesondere sprachlichen) Änderungen in das AktG 1965 übernommen. § 201 wurde durch das EHUG mit Wirkung zum 1. Januar 2007 geändert: In § 201 Abs. 2 S. 1 wurden durch Art. 9 Nr. 18 EHUG die Worte „für das Gericht des Sitzes der Gesellschaft" gestrichen. § 201 Abs. 4, der die Aufbewahrung eingereichter Schriftstücke beim Gericht regelte, wurde durch Art. 9 Nr. 9 EHUG aufgehoben. Durch Art. 1 Nr. 23 der **Aktienrechtsnovelle 2016**[6] wurde § 201 Abs. 1 mit Wirkung zum 31. Dezember 2015 neu gefasst. Die Regelung sieht nunmehr vor, dass die Anmeldung der ausgegebenen Bezugsaktien zur Eintragung in das Handelsregister mindestens einmal jährlich bis spätestens zum Ende des auf den Ablauf des Geschäftsjahrs folgenden Kalendermonats erfolgen muss, während § 201 Abs. 1 aF noch zwingend eine jährliche Anmeldung innerhalb eines Monats nach Ablauf des Geschäftsjahrs vorsah.

II. Anmeldung der Aktienausgabe (Abs. 1)

1. Inhalt und Zeitpunkt der Anmeldung. Gem. § 201 Abs. 1 hat der Vorstand ausgegebene Bezugsaktien mindestens einmal jährlich bis spätestens zum Ende des auf den Ablauf des Geschäftsjahrs folgenden Kalendermonats zur Eintragung in das Handelsregister anzumelden. Anzugeben sind die **Zahl** und ggf. der **Nennbetrag** der ausgegebenen Aktien.[7] Die Anmeldung muss gem. § 201 Abs. 1 **mindestens einmal jährlich** bis spätestens zum Ende des auf den Ablauf des Geschäftsjahrs folgenden Kalendermonats erfolgen. Mit dieser durch Art. 1 Nr. 23 der Aktienrechtsnovelle 2016 eingefügten Formulierung (→ Rn. 3) hat der Gesetzgeber klargestellt, dass auch **unterjährige Anmeldungen zulässig** sind. Nach § 201 Abs. 1 aF musste der Vorstand innerhalb eines Monats nach Ablauf des Geschäftsjahrs zur Eintragung in das Handelsregister anmelden, in welchem Umfang im abgelaufenen Geschäftsjahr Bezugsaktien ausgegeben worden sind. Unterjährige Anmeldungen waren danach nur dann zulässig, wenn die Gesellschaft ein berechtigtes Interesse an der unterjährigen Anmeldung hatte (etwa, wenn die Satzung im Vorfeld von Kapital- oder Umwandlungsmaßnahmen bereinigt werden sollte).[8] Nach der Neufassung kann nunmehr auch ohne besonderen Grund eine unterjährige Anmeldung erfolgen.[9] Hierdurch will der Gesetzgeber die Handelsregisterpublizität verbessern, indem der Registerinhalt schneller an die tatsächliche Lage angeglichen werden kann.[10] Gleichwohl bleibt es den Gesellschaften grundsätzlich weiterhin unbenommen, sich auf eine jährliche Anmeldung zu beschränken (unabhängig von der Zahl der ausgegebenen Bezugsaktien). § 201 Abs. 1 begründet keine Anmeldepflicht. Der Vorstand entscheidet vielmehr nach **pflichtgemäßem Ermessen**, ob er unterjährige Anmeldungen vornimmt.[11] Dabei darf er insbesondere auch Praktikabilitäts- und Kostenerwägungen in die Abwägung einstellen.[12] Anzumelden sind bei jeder Anmeldung jeweils **alle in dem Zeitraum seit der letzten Anmeldung**

---

[2] GHEK/*Bungeroth* Rn. 1; Grigoleit/*Rieder*/*Holzmann* Rn. 1; Großkomm AktG/*Frey* Rn. 5; Kölner Komm AktG/*Drygala*/*Staake* Rn. 4; MüKoAktG/*Fuchs* Rn. 1; Wachter/*Dürr* Rn. 1.
[3] Vgl. Grigoleit/*Rieder*/*Holzmann* Rn. 1; Hüffer/Koch/*Koch,* 13. Aufl. 2018, Rn. 2; Kölner Komm AktG/*Drygala*/*Staake* Rn. 5; MüKoAktG/*Fuchs* Rn. 1; Wachter/*Dürr* Rn. 1.
[4] Großkomm AktG/*Frey* Rn. 5, 29; Hüffer/Koch/*Koch,* 13. Aufl. 2018, Rn. 6; Kölner Komm AktG/*Drygala*/*Staake* Rn. 6; MüKoAktG/*Fuchs* Rn. 15.
[5] Großkomm AktG/*Frey* Rn. 5.
[6] Gesetz zur Änderung des Aktiengesetzes (Aktienrechtsnovelle 2016) v. 22.12.2015, BGBl. 2015 I 2565.
[7] Bürgers/Körber/*Marsch-Barner* Rn. 3; GHEK/*Bungeroth* Rn. 4; Grigoleit/*Rieder*/*Holzmann* Rn. 3; Hölters/*Apfelbacher*/*Niggemann* Rn. 6; Hüffer/Koch/*Koch,* 13. Aufl. 2018, Rn. 3; Kölner Komm AktG/*Drygala*/*Staake* Rn. 15; MüKoAktG/*Fuchs* Rn. 3; K. Schmidt/Lutter/*Veil* Rn. 2; Wachter/*Dürr* Rn. 3; teilw. anders Großkomm AktG/*Frey* Rn. 15: nur Angabe des Gesamtnennbetrags erforderlich.
[8] S. Vorauflage.
[9] Vgl. BegrRegE, BT-Drs. 18/4349, 29.
[10] BegrRegE, BT-Drs. 18/4349, 29; vgl. auch Hüffer/Koch/*Koch,* 13. Aufl. 2018, Rn. 3.
[11] *Ihrig*/*Wandt* BB 2016, 6 (16 f.); s. auch Kölner Komm AktG/*Drygala*/*Staake* Rn. 17; Stöber DStR 2016, 611 (614).
[12] *Ihrig*/*Wandt* BB 2016, 6 (16 f.).

ausgegebenen Bezugsaktien.[13] Wurden in einem Geschäftsjahr keine Bezugsaktien ausgegeben, ist nach Ablauf des Geschäftsjahrs eine Anmeldung bzw. Fehlanzeige nicht erforderlich.[14]

5 **2. Zuständiges Gericht und Form der Anmeldung.** Sachlich zuständig für die Eintragung ist das **Amtsgericht als Registergericht** (§ 8 Abs. 1 HGB, § 1 HRV, § 23a Abs. 1 Satz 1 Nr. 2, Abs. 2 Nr. 3 GVG). Funktional ist gem. § 17 Nr. 1 lit. b RPflG der **Richter** zuständig, wobei die Landesregierungen gem. § 19 Abs. 1 Nr. 6 RPflG ermächtigt sind, durch Rechtsverordnung den Richtervorbehalt ganz oder teilweise aufzuheben. Die örtliche Zuständigkeit richtet sich gem. § 377 Abs. 1 FamFG nach dem **Sitz der Gesellschaft,** der sich aus der Satzung ergibt (§ 5 Abs. 1). Dabei sind die besonderen Zuständigkeitsregelungen des § 376 FamFG zu beachten. Die Anmeldung muss gem. § 12 Abs. 1 HGB elektronisch in öffentlich beglaubigter Form (vgl. § 129 BGB, § 39a BeurkG) eingereicht werden. Von der Anmeldung ist auch bei Bestehen von Zweigniederlassungen nur ein Exemplar einzureichen. § 13c Abs. 1 HGB aF, der vorsah, dass so viele Stücke einzureichen sind, wie Niederlassungen bestehen, wurde durch Art. 1 Nr. 4 EHUG mit Wirkung zum 1. Januar 2007 aufgehoben (→ § 195 Rn. 4).

6 **3. Pflicht zur Anmeldung.** Zur Anmeldung berechtigt und verpflichtet ist gem. § 201 Abs. 1 allein der **Vorstand.** Anders als bei § 184 Abs. 1 S. 1, § 188 Abs. 1 und § 195 Abs. 1 ist eine Mitwirkung des Aufsichtsratsvorsitzenden nicht erforderlich. Dies rechtfertigt sich aus dem rein deklaratorischen Charakter der Eintragung der Aktienausgabe.[15]

7 Bei der Anmeldung muss der Vorstand in **vertretungsberechtigter Zahl** handeln.[16] Eine gemischte Gesamtvertretung durch ein Vorstandsmitglied und einen Prokuristen gem. § 78 Abs. 3 ist zulässig (→ § 195 Rn. 7).[17] Die Vorstandsmitglieder handeln im Namen der Gesellschaft, zeichnen aber nicht mit deren Firma, sondern mit ihrem eigenen Namen.[18] Unvollständige oder falsche Angaben sind gem. § 399 Abs. 1 Nr. 4 strafbar. Angesichts dieser strafrechtlichen Verantwortlichkeit können sich Vorstandsmitglieder bei der Anmeldung nicht vertreten lassen.[19]

8 Der Vorstand ist nicht nur gegenüber der Gesellschaft, sondern auch **öffentlich-rechtlich zur Anmeldung verpflichtet.**[20] Nach Ende des auf den Ablauf des Geschäftsjahrs folgenden Kalendermonats (§ 201 Abs. 1) ist die Anmeldung vom Registergericht gem. § 14 HGB durch Festsetzung von Zwangsgeld erzwingbar.[21] Die Ausnahmevorschrift des § 407 Abs. 2 gilt nicht für Anmeldungen nach § 201.

9 **4. Änderung der Satzung.** Durch die Ausgabe der Bezugsaktien erhöhen sich die Zahl der Aktien und das Grundkapital, so dass die Satzung inhaltlich unrichtig wird und der **Satzungstext angepasst** werden muss (vgl. § 23 Abs. 3 Nr. 3 und 4). Vorstand und Aufsichtsrat sind gegenüber der Gesellschaft verpflichtet, spätestens mit der letzten Anmeldung nach § 201 (also nach Ausübung sämtlicher Bezugsrechte) auf die Satzungsänderung und deren Anmeldung hinzuwirken.[22] Da inso-

---

[13] BegrRegE, BT-Drs. 18/4349, 29; *Ihrig/Wandt* BB 2016, 6 (17).
[14] Kölner Komm AktG/*Drygala/Staake* Rn. 15; *Ihrig/Wandt* BB 2016, 6 (17); vgl. zu § 201 Abs. 1 aF auch GHEK/*Bungeroth* Rn. 4; Grigoleit/*Rieder/Holzmann* Rn. 3; Großkomm AktG/*Frey* Rn. 13; Hölters/*Apfelbacher/Niggemann* Rn. 6; MüKoAktG/*Fuchs* Rn. 3; Wachter/*Dürr* Rn. 3.
[15] GHEK/*Bungeroth* Rn. 7; Hölters/*Apfelbacher/Niggemann* Rn. 3; Kölner Komm AktG/*Drygala/Staake* Rn. 9; MüKoAktG/*Fuchs* Rn. 6; Wachter/*Dürr* Rn. 4; *Busch* in Marsch-Barner/Schäfer Börsennotierte AG-HdB Rn. 44.58.
[16] Bürgers/Körber/*Marsch-Barner* Rn. 2; GHEK/*Bungeroth* Rn. 8; Grigoleit/*Rieder/Holzmann* Rn. 2; Großkomm AktG/*Frey* Rn. 11; Hölters/*Apfelbacher/Niggemann* Rn. 3; Hüffer/Koch/*Koch*, 13. Aufl. 2018, Rn. 3; Kölner Komm AktG/*Drygala/Staake* Rn. 8; MüKoAktG/*Fuchs* Rn. 7; K. Schmidt/Lutter/*Veil* Rn. 2; *Busch* in Marsch-Barner/Schäfer Börsennotierte AG-HdB Rn. 44.58.
[17] Bürgers/Körber/*Marsch-Barner* Rn. 2; Großkomm AktG/*Frey* Rn. 11; Kölner Komm AktG/*Drygala/Staake* Rn. 8; MüKoAktG/*Fuchs* Rn. 7; Wachter/*Dürr* Rn. 4; *Busch* in Marsch-Barner/Schäfer Börsennotierte AG-HdB Rn. 44.58; aA GHEK/*Bungeroth* Rn. 9; NK-AktG/*Wagner* Rn. 4; *v. Godin/Wilhelmi* Anm. 2.
[18] Bürgers/Körber/*Marsch-Barner* Rn. 2; GHEK/*Bungeroth* Rn. 8; Grigoleit/*Rieder/Holzmann* Rn. 2; Großkomm AktG/*Frey* Rn. 11; Hölters/*Apfelbacher/Niggemann* Rn. 3; Hüffer/Koch/*Koch*, 13. Aufl. 2018, Rn. 3; Kölner Komm AktG/*Drygala/Staake* Rn. 10; MüKoAktG/*Fuchs* Rn. 6 f.; K. Schmidt/Lutter/*Veil* Rn. 2.
[19] Bürgers/Körber/*Marsch-Barner* Rn. 2; GHEK/*Bungeroth* Rn. 9; Großkomm AktG/*Frey* Rn. 11; MüKoAktG/*Fuchs* Rn. 7; NK-AktG/*Wagner* Rn. 4.
[20] GHEK/*Bungeroth* Rn. 11; Grigoleit/*Rieder/Holzmann* Rn. 2; Großkomm AktG/*Frey* Rn. 12; Hüffer/Koch/*Koch*, 13. Aufl. 2018, Rn. 3; MüKoAktG/*Fuchs* Rn. 8; Wachter/*Dürr* Rn. 4.
[21] Bürgers/Körber/*Marsch-Barner* Rn. 1; GHEK/*Bungeroth* Rn. 11; Grigoleit/*Rieder/Holzmann* Rn. 2; Großkomm AktG/*Frey* Rn. 12; Hüffer/Koch/*Koch*, 13. Aufl. 2018, Rn. 3; Kölner Komm AktG/*Drygala/Staake* Rn. 11; MüKoAktG/*Fuchs* Rn. 8; K. Schmidt/Lutter/*Veil* Rn. 2.
[22] Großkomm AktG/*Frey* Rn. 19; Kölner Komm AktG/*Drygala/Staake* Rn. 35; MüKoAktG/*Fuchs* Rn. 9; Wachter/*Dürr* Rn. 5; *Busch* in Marsch-Barner/Schäfer Börsennotierte AG-HdB Rn. 44.62; ebenso Grigoleit/*Rieder/Holzmann* Rn. 5, die allerdings die hier vertretene Ansicht dahingehend missverstehen, dass mit jeder Anmeldung nach § 201 eine Anpassung der Satzung verlangt werde.

weit keine öffentlich-rechtliche Anmeldepflicht besteht, kann die Anpassung der Satzung vom Registergericht nicht analog § 181 Abs. 1 S. 2, § 407 Abs. 1 erzwungen werden (→ § 200 Rn. 9). In der Praxis empfiehlt es sich regelmäßig, den Aufsichtsrat im Erhöhungsbeschluss gem. § 179 Abs. 1 S. 2 zur Änderung des Satzungstextes zu ermächtigen. Die Anmeldung der Satzungsänderung sollte aus Kostengründen gemeinsam mit der Anmeldung nach § 201 erfolgen.[23]

III. Beizufügende Dokumente (Abs. 2)

1. Allgemeines. Gem. § 201 Abs. 2 S. 1 sind der Anmeldung die **Zweitschriften der Bezugserklärungen** und ein vom Vorstand unterschriebenes **Verzeichnis der Personen, die das Bezugsrecht ausgeübt haben,** beizufügen. Die Dokumente sind gem. § 12 Abs. 2 S. 1 HGB elektronisch einzureichen. Da § 201 Abs. 2 nicht zwingend die Einreichung notariell beurkundeter Dokumente oder öffentlich beglaubigter Abschriften erfordert, genügt die Übermittlung elektronischer Aufzeichnungen (§ 12 Abs. 2 S. 2 Hs. 1 HGB).[24] Das Registergericht kann die Beifügung durch Festsetzung von Zwangsgeld gem. § 14 HGB erzwingen.[25] Die vorsätzliche Beifügung unrichtiger oder unvollständiger Unterlagen ist gem. § 399 Abs. 1 Nr. 4 strafbar.

2. Zweitschriften der Bezugserklärungen. Der Anmeldung sind gem. § 201 Abs. 2 S. 1 die nach § 198 Abs. 1 S. 2 zu erstellenden Zweitschriften der Bezugserklärungen bzw. der Umtauscherklärungen (§ 192 Abs. 5) beizufügen. Dabei kann es sich um **Sammelbezugserklärungen** der Umtausch- oder Optionsstelle (→ § 198 Rn. 4) handeln.[26] Sofern ein Verstoß gegen das Schriftformerfordernis (§ 198 Abs. 1 S. 1 iVm § 126 BGB) geheilt wurde (→ § 198 Rn. 30 ff.), hat der Vorstand dies anzugeben.[27] Da Dokumente seit der Umstellung auf eine elektronische Registerführung durch das EHUG ausschließlich in elektronischer Form einzureichen sind (§ 12 Abs. 2 S. 1 HGB), hat das in § 198 Abs. 1 S. 2 vorgesehene Erfordernis einer doppelten Ausstellung der Bezugserklärungen seinen Sinn verloren. Gleichwohl hat der Gesetzgeber § 198 Abs. 1 S. 2 und § 201 Abs. 2 S. 1 nicht angepasst, so dass grundsätzlich weiterhin von dem Erfordernis einer Zweitschrift auszugehen ist (→ § 198 Rn. 10).[28] Wird keine Zweitschrift erstellt, sollten die Anforderungen des § 201 Abs. 2 S. 1 jedoch auch dann erfüllt sein, wenn die Erstschrift in elektronischer Form zum Handelsregister eingereicht wird.[29]

3. Verzeichnis der Personen, die das Bezugsrecht ausgeübt haben. Der Anmeldung ist ein vom Vorstand unterschriebenes Verzeichnis der Personen, die das Bezugsrecht ausgeübt haben, beizufügen. Dabei reicht ein Handeln des Vorstands in **vertretungsberechtigter Zahl**.[30] Gem. § 201 Abs. 2 S. 2 hat das Verzeichnis die auf jeden Aktionär entfallenden Aktien und die auf sie gemachten Einlagen anzugeben.

Verlangt ist zunächst eine **namentliche Aufstellung** der Personen, an die in dem betreffenden Zeitraum wirksam Bezugsaktien ausgegeben worden sind. Entgegen dem insoweit ungenauen Wortlaut des § 201 Abs. 2 S. 1 kommt es nicht allein auf die Ausübung des Bezugsrechts an.[31] Für jeden neuen Aktionär ist bei Stückaktien die Zahl der Aktien anzugeben. Bei Nennbetragsaktien sind der Einzelnennbetrag sowie wahlweise die Zahl der Aktien oder der Gesamtnennbetrag anzugeben. Bei verschiedenen Nennbeträgen ist die Aktienzahl je Nennbetrag zu nennen.[32]

Anzugeben sind ferner die auf die Aktien gemachten **Einlagen,** die inhaltlich dem Gegenwert iSd § 199 Abs. 1 entsprechen. Anders als nach § 188 Abs. 3 Nr. 1 müssen daher gem. § 201 Abs. 2 S. 2 auch die erbrachten Sacheinlagen mit aufgeführt werden.[33] Dabei ist der Wert der Sacheinlage

---

[23] Vgl. GHEK/*Bungeroth* Rn. 14; Grigoleit/*Rieder/Holzmann* Rn. 2; Großkomm AktG/*Frey* Rn. 19; MüKoAktG/*Fuchs* Rn. 9; s. auch Bürgers/Körber/*Marsch-Barner* Rn. 1.
[24] Bürgers/Körber/*Marsch-Barner* Rn. 4; Kölner Komm AktG/*Drygala/Staake* Rn. 13, 18; MüKoAktG/*Fuchs* Rn. 10.
[25] GHEK/*Bungeroth* Rn. 17; Großkomm AktG/*Frey* Rn. 20; Kölner Komm AktG/*Drygala/Staake* Rn. 19; MüKoAktG/*Fuchs* Rn. 10.
[26] Grigoleit/*Rieder/Holzmann* Rn. 4; Busch in Marsch-Barner/Schäfer Börsennotierte AG-HdB Rn. 44.59.
[27] Großkomm AktG/*Frey* Rn. 21; Hölters/*Apfelbacher/Niggemann* Rn. 8; Kölner Komm AktG/*Drygala/Staake* Rn. 22; MüKoAktG/*Fuchs* Rn. 11; Wachter/*Dürr* Rn. 7.
[28] Für Nichtanwendung von § 198 Abs. 1 S. 2 aber Kölner Komm AktG/*Drygala/Staake* § 198 Rn. 25.
[29] Kölner Komm AktG/*Drygala/Staake* Rn. 21.
[30] Kölner Komm AktG/*Drygala/Staake* Rn. 27; Wachter/*Dürr* Rn. 8.
[31] Bürgers/Körber/*Marsch-Barner* Rn. 5; GHEK/*Bungeroth* Rn. 19; Großkomm AktG/*Frey* Rn. 23; Kölner Komm AktG/*Drygala/Staake* Rn. 23; MüKoAktG/*Fuchs* Rn. 12.
[32] Großkomm AktG/*Frey* Rn. 24; Kölner Komm AktG/*Drygala/Staake* Rn. 24; MüKoAktG/*Fuchs* Rn. 13.
[33] GHEK/*Bungeroth* Rn. 20; Grigoleit/*Rieder/Holzmann* Rn. 4; Großkomm AktG/*Frey* Rn. 25; Hölters/*Apfelbacher/Niggemann* Rn. 11; Hüffer/Koch/*Koch*, 13. Aufl. 2018, Rn. 4; Kölner Komm AktG/*Drygala/Staake* Rn. 25; MüKoAktG/*Fuchs* Rn. 13.

im Zeitpunkt der Leistung anzugeben.[34] Etwaige Zuzahlungen sind ebenfalls anzugeben.[35] Beim Umtausch von Wandelschuldverschreibungen in neue Aktien müssen die Zahl der eingereichten Schuldverschreibungen und deren Ausgabebetrag sowie gegebenenfalls geleistete Zuzahlungen genannt werden.[36] Wurde die Differenz zwischen dem Ausgabebetrag einer Schuldverschreibung und dem höheren geringsten Ausgabebetrag der Bezugsaktie gemäß § 199 Abs. 2 S. 1 Alt. 1 aus einer anderen Gewinnrücklage gedeckt, ist auch dies anzugeben.[37]

15 **4. Sonstige Dokumente.** Sofern bei der Anmeldung des Beschlusses über die bedingte Kapitalerhöhung (§ 195) bestimmte Dokumente noch nicht eingereicht werden konnten, ist dies nunmehr nachzuholen.[38] Dies kann etwa bei Verträgen zur Erfüllung von Sacheinlageverpflichtungen gem. § 195 Abs. 2 Nr. 1 der Fall sein (→ § 195 Rn. 12).

IV. Erklärung gem. Abs. 3

16 Der Vorstand hat gem. § 201 Abs. 3 in der Anmeldung zu erklären, dass die Bezugsaktien nur in Erfüllung des im Erhöhungsbeschluss festgesetzten Zwecks und nicht vor der vollen Leistung des Gegenwerts ausgegeben worden sind. Auf diese Weise soll sichergestellt werden, dass der Vorstand die Voraussetzungen des § 199 Abs. 1 einhält (→ Rn. 2). Wurden die Regeln des § 199 Abs. 1 bei der Ausgabe der Bezugsaktien nicht beachtet, führt dies grundsätzlich nicht zur Unwirksamkeit der Ausgabe, so dass auch in diesem Fall die Anmeldepflicht gem. § 201 Abs. 1 besteht. In diesem Fall ist aber vom Vorstand in der Erklärung gem. § 201 Abs. 3 darzulegen, auf welche Weise gegen § 199 Abs. 1 verstoßen wurde.[39] Auf die Voraussetzungen des § 199 Abs. 2 erstreckt sich die Erklärung nicht.[40] Anders als bei der regulären Kapitalerhöhung (vgl. § 188 Abs. 2 S. 1 iVm § 37 Abs. 1 S. 1, § 36 Abs. 2) muss auch nicht versichert werden, dass die Einlagen endgültig zur freien Verfügung des Vorstands stehen.[41]

17 Die Erklärung gem. § 201 Abs. 3 ist **Bestandteil der Anmeldung.** Sie muss jedoch nicht in demselben Dokument enthalten sein, sofern die Form des § 12 Abs. 1 HGB gewahrt ist.[42] Das Registergericht kann die Abgabe der Erklärung durch Festsetzung von Zwangsgeld gem. § 14 HGB erzwingen.[43] Falsche oder unvollständige Erklärungen sind gem. § 399 Abs. 1 Nr. 4 strafbar.

V. Eintragungsverfahren

18 **1. Registerkontrolle.** Das Registergericht (zur funktionalen Zuständigkeit → Rn. 5) hat zu prüfen, ob die Anmeldung **formell und inhaltlich korrekt** ist.[44] In materieller Hinsicht erstreckt sich die Prüfung insbesondere darauf, ob die Regeln des § 199 Abs. 1 beachtet wurden und eine

---

[34] Großkomm AktG/*Frey* Rn. 25; Hölters/*Apfelbacher/Niggemann* Rn. 11; Kölner Komm AktG/*Drygala/Staake* Rn. 25.
[35] Grigoleit/*Rieder/Holzmann* Rn. 4; Großkomm AktG/*Frey* Rn. 25; Hölters/*Apfelbacher/Niggemann* Rn. 11; Kölner Komm AktG/*Drygala/Staake* Rn. 25; MüKoAktG/*Fuchs* Rn. 13; Wachter/*Dürr* Rn. 8.
[36] GHEK/*Bungeroth* Rn. 20; Großkomm AktG/*Frey* Rn. 26; Hölters/*Apfelbacher/Niggemann* Rn. 11; Kölner Komm AktG/*Drygala/Staake* Rn. 26; MüKoAktG/*Fuchs* Rn. 13; aA Grigoleit/*Rieder/Holzmann* Rn. 4; Hüffer/Koch/*Koch*, 13. Aufl. 2018, Rn. 4; K. Schmidt/Lutter/*Veil* Rn. 3: Zahl und Nennbetrag der Wandelschuldverschreibungen.
[37] Vgl. Großkomm AktG/*Frey* Rn. 26; Hölters/*Apfelbacher/Niggemann* Rn. 11.
[38] Bürgers/Körber/*Marsch-Barner* Rn. 5; Grigoleit/*Rieder/Holzmann* Rn. 4; Großkomm AktG/*Frey* Rn. 28; Hölters/*Apfelbacher/Niggemann* Rn. 12; Hüffer/Koch/*Koch*, 13. Aufl. 2018, Rn. 5; Kölner Komm AktG/*Drygala/Staake* Rn. 28; MüKoAktG/*Fuchs* Rn. 14; K. Schmidt/Lutter/*Veil* Rn. 4; Wachter/*Dürr* Rn. 9.
[39] Bürgers/Körber/*Marsch-Barner* Rn. 6; GHEK/*Bungeroth* Rn. 24; Grigoleit/*Rieder/Holzmann* Rn. 6; Großkomm AktG/*Frey* Rn. 29; Hölters/*Apfelbacher/Niggemann* Rn. 13; Hüffer/Koch/*Koch*, 13. Aufl. 2018, Rn. 6; Kölner Komm AktG/*Drygala/Staake* Rn. 30; MüKoAktG/*Fuchs* Rn. 17; K. Schmidt/Lutter/*Veil* Rn. 5; Wachter/*Dürr* Rn. 10.
[40] GHEK/*Bungeroth* Rn. 21; Großkomm AktG/*Frey* Rn. 30; Kölner Komm AktG/*Drygala/Staake* Rn. 31; MüKoAktG/*Fuchs* Rn. 15; *v. Godin/Wilhelmi* Anm. 4.
[41] Bürgers/Körber/*Marsch-Barner* Rn. 6; GHEK/*Bungeroth* Rn. 21; Großkomm AktG/*Frey* Rn. 30; Kölner Komm AktG/*Drygala/Staake* Rn. 31; MüKoAktG/*Fuchs* Rn. 15.
[42] Bürgers/Körber/*Marsch-Barner* Rn. 6; Großkomm AktG/*Frey* Rn. 31; Grigoleit/*Rieder/Holzmann* Rn. 6; Hüffer/Koch/*Koch*, 13. Aufl. 2018, Rn. 6; Kölner Komm AktG/*Drygala/Staake* Rn. 32; MüKoAktG/*Fuchs* Rn. 16.
[43] GHEK/*Bungeroth* Rn. 23; Grigoleit/*Rieder/Holzmann* Rn. 6; Großkomm AktG/*Frey* Rn. 29; Hüffer/Koch/*Koch*, 13. Aufl. 2018, Rn. 6; Kölner Komm AktG/*Drygala/Staake* Rn. 33; MüKoAktG/*Fuchs* Rn. 16; K. Schmidt/Lutter/*Veil* Rn. 5.
[44] Bürgers/Körber/*Marsch-Barner* Rn. 7; Grigoleit/*Rieder/Holzmann* Rn. 7; Großkomm AktG/*Frey* Rn. 32; Hüffer/Koch/*Koch*, 13. Aufl. 2018, Rn. 7; Kölner Komm AktG/*Drygala/Staake* Rn. 40; MüKoAktG/*Fuchs* Rn. 18; K. Schmidt/Lutter/*Veil* Rn. 6; Wachter/*Dürr* Rn. 11.

etwaige Differenz gem. § 199 Abs. 2 gedeckt ist.[45] Sofern Verträge über Sacheinlagen (§ 195 Abs. 2 Nr. 2) nachgereicht wurden (→ Rn. 15), sind auch diese zu prüfen. Enthalten sie Mängel, ist die Kapitalerhöhung als Barkapitalerhöhung vollzogen.[46] In diesem Fall haben die Aktionäre eine Bareinlage zu erbringen. Der Vorstand muss das Verzeichnis nach § 201 Abs. 2 sowie die Erklärung gem. § 201 Abs. 3 entsprechend ergänzen.[47]

Voraussetzung für die Eintragung ist neben der Anmeldung gem. § 201 Abs. 1 die wirksame **19** Ausgabe der Bezugsaktien. Da Verstöße gegen § 199 Abs. 1 keinen Einfluss auf die Wirksamkeit der Aktienausgabe haben, darf aus diesem Grund die Eintragung nicht abgelehnt werden.[48] Auch bei Verstößen gegen § 201 Abs. 2 und 3 darf die Eintragung nicht verweigert werden, wobei das Registergericht aber über die Festsetzung von Zwangsgeld gem. § 14 HGB auf eine Behebung derartiger Mängel hinwirken kann.[49]

2. Eintragung und Bekanntmachung. Liegen die Eintragungsvoraussetzungen vor, hat das **20** Registergericht unverzüglich die Eintragung und Bekanntmachung zu verfügen.[50] Die Eintragung erfolgt gem. § 43 Nr. 3, Nr. 6 lit. a, b gg HRV. Dabei ist nach § 43 Nr. 3 HRV unter nächstfolgender Nummer der neue Betrag des Grundkapitals in Spalte 3 einzutragen und der bisherige Betrag zu röten. Gem. § 43 Nr. 6 lit. a HRV ist in Spalte 6 unter Buchstabe a die Summe des Betrags der ausgegebenen Bezugsaktien unter Hinweis auf den Erhöhungsbeschluss einzutragen.[51] Sofern mit der Ausgabe der Bezugsaktien auch die (formelle) Änderung der Satzung angemeldet wurde (→ Rn. 9), ist dies gem. § 43 Nr. 6a HRV ebenfalls in Spalte 6 unter Buchstabe a zu vermerken.[52] Die Eintragung kann in diesem Fall lauten: „Auf Grund der am [...] beschlossenen bedingten Kapitalerhöhung sind im Geschäftsjahr [...] Bezugsaktien im Nennwert von EUR [...] ausgegeben worden; das Grundkapital beträgt jetzt EUR [...], das am [...] beschlossene bedingte Kapital beträgt noch EUR [...]; § [...] der Satzung (Höhe und Einteilung des Grundkapitals) sowie § [...] der Satzung (Bedingtes Kapital) wurden entsprechend geändert."[53] Gem. § 43 Nr. 6 lit. b gg HRV ist in Spalte 6 unter Buchstabe b die Höhe des verbleibenden bedingten Kapitals einzutragen.[54]

Die Bekanntmachung erfolgt gem. § 10 Abs. 1 HGB von Amts wegen in dem von der Landesjus- **21** tizverwaltung bestimmten **elektronischen Informations- und Kommunikationssystem**. Das Erfordernis einer Bekanntmachung im Bundesanzeiger und in Tageszeitungen (§§ 10, 11 HGB aF) wurde durch das EHUG abgeschafft. Nach der durch das EHUG eingeführte Übergangsvorschrift des Art. 61 Abs. 4 EGHGB waren Eintragungen in das Handelsregister bis zum 31. Dezember 2008 zusätzlich in einer Tageszeitung oder einem sonstigen Blatt bekannt zu machen. Eine Veröffentlichung in den Gesellschaftsblättern (Bundesanzeiger, § 25) sieht das Gesetz nicht vor.[55]

3. Rechtsbehelfe. Der Gesellschaft stehen gegen die Zurückweisung des Eintragungsantrags die **22** **Beschwerde** zum Oberlandesgericht (§ 58 FamFG, § 119 Abs. 1 Nr. 1 lit. b GVG) und anschließend die **Rechtsbeschwerde** zum BGH zu (§ 70 FamFG, § 133 GVG). Beschwerdeberechtigt als Antragsteller ist gem. § 59 Abs. 2 FamFG allein die Gesellschaft. Die Vertretung der Gesellschaft richtet sich nach allgemeinen Grundsätzen.[56] Dementsprechend wird die Gesellschaft durch den Vorstand

---

[45] Vgl. Hüffer/Koch/*Koch*, 13. Aufl. 2018, Rn. 7; Kölner Komm AktG/*Drygala/Staake* Rn. 41; MüKoAktG/*Fuchs* Rn. 18.
[46] Grigoleit/Rieder/*Holzmann* Rn. 7; Hüffer/Koch/*Koch*, 13. Aufl. 2018, Rn. 7; Kölner Komm AktG/*Drygala/Staake* Rn. 43; MüKoAktG/*Fuchs* Rn. 18.
[47] Grigoleit/Rieder/*Holzmann* Rn. 7; Hüffer/Koch/*Koch*, 13. Aufl. 2018, Rn. 7; Kölner Komm AktG/*Drygala/Staake* Rn. 43; MüKoAktG/*Fuchs* Rn. 18; Wachter/*Dürr* Rn. 11.
[48] Bürgers/Körber/*Marsch-Barner* Rn. 6 f.; Grigoleit/Rieder/*Holzmann* Rn. 8; Großkomm AktG/*Frey* Rn. 33; Hölters/Apfelbacher/*Niggemann* Rn. 16; Hüffer/Koch/*Koch*, 13. Aufl. 2018, Rn. 7; Kölner Komm AktG/*Drygala/Staake* Rn. 42; MüKoAktG/*Fuchs* Rn. 19; Wachter/*Dürr* Rn. 11.
[49] GHEK/*Bungeroth* Rn. 25; Großkomm AktG/*Frey* Rn. 33, 37; Hüffer/Koch/*Koch*, 13. Aufl. 2018, Rn. 7; MüKoAktG/*Fuchs* Rn. 19; Wachter/*Dürr* Rn. 11; aA Kölner Komm AktG/*Drygala/Staake* Rn. 42, die in Verstößen gegen § 201 Abs. 2 und 3 offenbar ein Eintragungshindernis sehen.
[50] Vgl. Großkomm AktG/*Frey* Rn. 34; Hüffer/Koch/*Koch*, 13. Aufl. 2018, Rn. 8; MüKoAktG/*Fuchs* Rn. 19.
[51] Großkomm AktG/*Frey* Rn. 38; Hölters/Apfelbacher/*Niggemann* Rn. 19; Hüffer/Koch/*Koch*, 13. Aufl. 2018, Rn. 8; Kölner Komm AktG/*Drygala/Staake* Rn. 44; MüKoAktG/*Fuchs* Rn. 20; *Busch* in Marsch-Barner/Schäfer Börsennotierte AG-HdB Rn. 44.60; Krafka/Kühn RegisterR Rn. 1520; aA Baumbach/Hueck Rn. 2: nur Angabe des Betrags der im abgelaufenen Geschäftsjahr ausgegebenen Bezugsaktien erforderlich.
[52] Kölner Komm AktG/*Drygala/Staake* Rn. 44; MüKoAktG/*Fuchs* Rn. 20; Krafka/Kühn RegisterR Rn. 1520.
[53] Vgl. Großkomm AktG/*Frey* Rn. 38; MüKoAktG/*Fuchs* Rn. 20; Krafka/Kühn RegisterR Rn. 1521.
[54] Kölner Komm AktG/*Drygala/Staake* Rn. 44; MüKoAktG/*Fuchs* Rn. 20; Krafka/Kühn RegisterR Rn. 1520.
[55] Vgl. Großkomm AktG/*Frey* Rn. 41; Kölner Komm AktG/*Drygala/Staake* Rn. 45; MüKoAktG/*Fuchs* Rn. 21.
[56] Großkomm AktG/*Frey* Rn. 40; Kölner Komm AktG/*Drygala/Staake* Rn. 46; MüKoAktG/*Fuchs* Rn. 22.

§ 202

oder durch einen von diesem bestellten Bevollmächtigten vertreten. Ein Rechtsmittel gegen die Eintragung existiert nicht.[57]

23   **4. Kosten.** Die Gebühr für die Eintragung der Ausgabe von Bezugsaktien beträgt EUR 70,00 (§ 58 Abs. 1 Nr. 1 GNotKG iVm § 1 S. 1 HRegGebV und Ziffer 2500 des Gebührenverzeichnisses der Anlage zur HRegGebV).[58] Die frühere Praxis, den Geschäftswert aus dem Nennbetrag der im Geschäftsjahr ausgegebenen Bezugsaktien zu bestimmen,[59] ist überholt.[60]

VI. Aufbewahrung der Dokumente

24   § 201 Abs. 4 aF sah vor, dass eingereichte Schriftstücke beim Gericht in Urschrift, Ausfertigung oder öffentlich beglaubigter Abschrift aufbewahrt werden. Mit der Umstellung auf eine elektronische Registerführung durch das EHUG (vgl. § 8 Abs. 1 HGB, § 7 HRV) ist diese Regelung obsolet geworden, so dass § 201 Abs. 4 – wie auch der wortgleiche § 195 Abs. 3 – aufgehoben wurde. Die gem. § 201 Abs. 2 zum Handelsregister einzureichenden Dokumente werden nach § 9 Abs. 1 S. 1 HRV für jedes Registerblatt (§ 13 HRV) in einen dafür bestimmten (elektronischen) Registerordner aufgenommen. Die Terminologie „Registerordner" soll keine bestimmte Speichertechnik vorgeben.[61] Die eingereichten Dokumente unterliegen gem. § 9 Abs. 1 S. 1 HGB der unbeschränkten Einsicht (zu den Einzelheiten der Einsichtnahme s. § 9 HGB, § 10 HRV).

Dritter Unterabschnitt. Genehmigtes Kapital

§ 202 Voraussetzungen

(1) Die Satzung kann den Vorstand für höchstens fünf Jahre nach Eintragung der Gesellschaft ermächtigen, das Grundkapital bis zu einem bestimmten Nennbetrag (genehmigtes Kapital) durch Ausgabe neuer Aktien gegen Einlagen zu erhöhen.

(2) ¹Die Ermächtigung kann auch durch Satzungsänderung für höchstens fünf Jahre nach Eintragung der Satzungsänderung erteilt werden. ²Der Beschluß der Hauptversammlung bedarf einer Mehrheit, die mindestens drei Viertel des bei der Beschlußfassung vertretenen Grundkapitals umfaßt. ³Die Satzung kann eine größere Kapitalmehrheit und weitere Erfordernisse bestimmen. ⁴§ 182 Abs. 2 gilt.

(3) ¹Der Nennbetrag des genehmigten Kapitals darf die Hälfte des Grundkapitals, das zur Zeit der Ermächtigung vorhanden ist, nicht übersteigen. ²Die neuen Aktien sollen nur mit Zustimmung des Aufsichtsrats ausgegeben werden. ³§ 182 Abs. 1 Satz 5 gilt sinngemäß.

(4) Die Satzung kann auch vorsehen, daß die neuen Aktien an Arbeitnehmer der Gesellschaft ausgegeben werden.

Schrifttum: *Baums,* Empfiehlt sich eine Neuregelung des aktienrechtlichen Anfechtungs- und Organhaftungsrechts, insbesondere der Klagemöglichkeiten von Aktionären? Verhandlungen des 63. deutschen Juristentages, Band I, Teil F, 2000; *Busch/Groß,* Vorerwerbsrechte der Aktionäre beim Verkauf von Tochtergesellschaften über die Börse?, AG 2000, 503; *Cahn,* Die Anpassung der Satzung der Aktiengesellschaft an Kapitalerhöhungen, AG 2001, 181; *Cahn,* Ansprüche und Klagemöglichkeiten der Aktionäre wegen Pflichtverletzungen der Verwaltung beim genehmigten Kapital, ZHR 164 (2000), 113; *Dautel,* Der Greenshoe – Wirtschaftliche Funktionsweise, zivilrechtliche Ausgestaltung und Besteuerung, DStR 2000, 891; *Ekkenga,* Das Organisationsrecht des genehmigten Kapitals, AG 2001, 567 und 615; *Gotthardt/Krengel,* Der actus contrarius im Aktienrecht am Beispiel der Ermächtigung zum Bezugsrechtsausschluss, AG 2017, 222; *Habersack,* Die Finanzierung der AG – gestern und heute, AG 2015, 613; *Hensler/Glindemann,* Die Beteiligung junger Aktien am Gewinn eines abgelaufenen Geschäftsjahres bei einer Kapitalerhöhung aus genehmigtem Kapital, ZIP 2012, 949; *Hergeth,* Wirksamkeitsvoraussetzungen des Zeichnungsvorvertrages, NZG 2003, 205; *Hirte,* Umgekehrte Streitwertspaltung. Prozessuale Konsequenzen aus der vermehrten Zulassung individueller Gesellschafterklagen im Aktienrecht, FS Bezzenberger, 2000, 393; *Hirte,* Bezugsrecht, Berichtspflicht, genehmigtes Kapital und europäisches Recht, DStR 2001, 577; *Hoffmann-Becking,* Neue Formen der Aktienemission, FS Lieberknecht, 1997, 25; *Ihrig/Wagner,* Volumengrenzen für Kapitalmaßnahmen der AG – Zu den aktienrechtlichen Höchstgrenzen bei Kapitalmaßnahmen, NZG 2001, 657; *Kimpler,* Die Abgrenzung der Zuständigkeiten von Hauptversammlung und

---

[57] BGHZ 104, 61 (63); Großkomm AktG/*Frey* Rn. 40; Kölner Komm AktG/*Drygala/Staake* Rn. 47; MüKo-AktG/*Fuchs* Rn. 22.
[58] Verordnung über die Gebühren in Handels-, Partnerschafts- und Genossenschaftsregistersachen (Handelsregistergebührenverordnung – HRegGebV) v. 30.9.2004, BGBl. 2004 I 2562.
[59] Vgl. OLG Köln Rpfleger 1966, 25 f.; s. auch Großkomm AktG/*Frey* Rn. 42.
[60] Hüffer/Koch/*Koch,* 13. Aufl. 2018, § 192 Rn. 30; Kölner Komm AktG/*Drygala/Staake* Rn. 48; MüKo-AktG/*Fuchs* Rn. 23.
[61] BegrRegE BT-Drs. 16/960, 56.

Vorstand bei der Kapitalerhöhung, 1994; *Kort*, Aktien aus vernichteten Kapitalerhöhungen, ZGR 1994, 291; *Leuering/Hubner*, Arbeitnehmerbeteiligung mittels genehmigten Kapitals, NJW-Spezial 2015, 143; *Lutter*, Das Vor-Erwerbsrecht/Bezugsrecht der Aktionäre beim Verkauf von Tochtergesellschaften über die Börse, AG 2000, 342; *Kossmann*, Schriftform des Vorstandsberichts nach Ausnutzung eines genehmigten Kapitals mit Ausschluss des Bezugsrechts, NZG 2012; *Maier*, Der Einsatz des genehmigten Kapitals, Diss. Jena 2003; *Meul/Ritter*, Die verborgenen Lücken des Freigabeverfahrens, AG 2017, 841; *Meyer-Panhuysen*, Die fehlerhafte Kapitalerhöhung, Diss. Bonn 2000; *Natterer*, Bezugsrechtsausschluss und zweite gesellschaftsrechtliche Richtlinie, ZIP 1995, 1481; *Rottnauer*, Geltungsdauer der Ermächtigungsbefugnis beim genehmigten Kapital: Dispositionsspielraum des Vorstands, BB 1999, 330; *Paefgen*, Unternehmerische Entscheidungen und Rechtsbindung der Organe in der AG, 2002; *Schockenhoff*, Die Haftung für die Ausgabe neuer Aktien bei Nichtigerklärung des Kapitalerhöhungsbeschlusses, DB 1994, 2327; *Schürnbrand*, Bestands- und Rechtsschutz beim genehmigten Kapital, ZHR 171 (2007), 731; *Technau*, Rechtsfragen bei der Gestaltung von Übernahmeverträgen („Underwriting Agreements") im Zusammenhang mit Aktienemissionen, AG 1998, 445; *van Venrooy*, Voraussetzungen und Verwendbarkeit genehmigten Kapitals, AG 1981, 205; *Zöllner*, Folgen der Nichtigerklärung durchgeführter Kapitalerhöhungsbeschlüsse, AG 1993, 68.

Übersicht

	Rn.		Rn.
A. Normzweck	1–13	b) Höchstsumme	68, 69
I. Begriff und Rechtsnatur des genehmigten Kapitals	1–9	c) Bezugsrecht	70
		3. Fakultative Inhalte	71–83
1. Grundlagen	1, 2	a) Fakultative Erweiterungen	74–82
2. Ermöglichen rascher und flexibler Entscheidungen	3	b) Fakultative Schranken	83
		III. Die Ausnutzung genehmigten Kapitals	84–99
3. Keine Ausnutzungspflicht	4–7	1. Vorstandsentscheidung	84–89
4. Genehmigtes Kapital I und II	8	2. Zustimmung des AR	90–93
5. Schutz der Minderheitsaktionäre	9	3. Besonderheit bei Stückaktien	94–97
II. Abgrenzungen	10–13	4. Anmeldung und Eintragung	98, 99
B. Entstehungsgeschichte	14–17	**IV. Arbeitnehmeraktien**	100–111
C. Rechtstatsachen	18–23	1. Regelungsgehalt	101–108
I. Schaffung des genehmigten Kapitals	19	2. Begünstigter Personenkreis	109
II. Ausnutzung des genehmigten Kapitals	20–22	3. Unternehmenspraxis	110, 111
		V. Kapitalerhöhung trotz Liquidation oder Insolvenz	112–118
III. Einschätzung	23	1. Liquidation	113–115
D. Einzelerläuterung	24–133	2. Insolvenz	116–118
I. Die Ermächtigung als Satzungsbestandteil	24–59	**VI. Rechtsfolgen eines fehlerhaften Beschlusses**	119–127
1. Ermächtigung in der Gründungssatzung	27	1. Rechtsfolgen bei fehlender oder fehlerhafter Ermächtigung	119–124
2. Ermächtigung durch Satzungsänderung	28–59	a) Vor Eintragung der Durchführung	120–122
a) Vorbereitung durch Vorstand	28	b) Nach Eintragung der Durchführung	123, 124
b) Beschluss der Hauptversammlung	29–36	2. Sonstige Fehler bei der Kapitalerhöhung	125–127
c) Registergerichtliches Verfahren	37–59		
II. Inhalt der Ermächtigung	60–83	**VII. Kosten**	128–133
1. Inhaltliche Mindesterfordernisse	61, 62	1. Notarkosten	129–132
2. Inhaltliche Schranken	63–70	2. Registerkosten	133
a) Fünfjahresfrist	63–67		

A. Normzweck

I. Begriff und Rechtsnatur des genehmigten Kapitals

1. Grundlagen. Beim genehmigten Kapital beschließt die Hauptversammlung, anders als bei **1** einer ordentlichen Kapitalerhöhung gem. §§ 182 ff., nicht abschließend selbst über die Erhöhung des Grundkapitals Sie ermächtigt vielmehr den **Vorstand** dazu, unter mehr oder weniger detailliert von ihr festgelegten Bedingungen zu einem dem Vorstand günstig erscheinenden Zeitpunkt durch Ausgabe neuer Aktien das Eigenkapital zu vergrößern. Die Schaffung von neuem Eigenkapital mittels genehmigten Kapitals vollzieht sich daher in zwei Schritten: Zum einen durch die Grundlagenentscheidung der Hauptversammlung über die Schaffung genehmigten Kapitals und zum anderen durch die Geschäftsführungsmaßnahme des Vorstands zur Ausnutzung der ihm durch die Hauptversammlung eingeräumten Kapitalerhöhungsmöglichkeit.

2 Die Hauptversammlung begibt sich damit freiwillig eines nicht geringen Teils des für den einzelnen Aktionär essentiellen Rechts, selbst darüber zu entscheiden, auf wie viele Aktien das Gesellschaftsvermögen verteilt wird. Denn bei der Ausgabe neuer Aktien besteht immer die Gefahr einer **Verwässerung** der schon bestehenden Aktionärsrechte, wobei diese Gefahr umso höher ist, je weniger sichergestellt ist, dass der Gesellschaft für die von ihr ausgegebenen jungen Aktien ein dem dadurch verkörperten Anteil am Gesellschaftsvermögen entsprechender Gegenwert in Form einer Sach- oder Bareinlage auch tatsächlich zufließt.

3 **2. Ermöglichen rascher und flexibler Entscheidungen.** Zu diesem teilweisen Rechtsverzicht erklärt sich die Hauptversammlung bereit, weil sie die damit für die Gesellschaft eröffneten Chancen höher einstuft als die damit verbunden Risiken. Zu den Chancen genehmigten Kapitals gehört die dadurch geschaffene **Flexibilisierung**. Dem Vorstand wird ein geschmeidiges Instrumentarium an die Hand gegeben, junge Aktien in genau dem Umfang und zu genau dem Zeitpunkt auszugeben, in dem die dafür erzielbare Gegenleistung von der Gesellschaft bestmöglich genutzt werden kann. Ein solcher Vorteil kann bei börsennotierten Gesellschaften zum Beispiel darin liegen, dass aufgrund eines momentan hohen Kurses der Aktie und insoweit günstiger Anlagestimmung für die neuen Aktien ein relativ hoher Zuwachs an Eigenkapital erzielt werden kann. Eine wichtige Rolle spielt genehmigtes Kapital auch bei Unternehmenserwerbungen, bei denen (junge) Aktien häufig eine geeignete Akquisitionswährung darstellen. Die in diesen Fällen notwendige Flexibilisierung wird durch die mit genehmigtem Kapital ebenfalls verbundene **Schnelligkeit** von Entscheidungen ergänzt. Sich bietende Gelegenheiten, seien es hohe Börsenkurse, seien es günstige Beteiligungschancen, können rasch ausgenutzt werden, ohne dass zuvor das aufwändige und zeitraubende Verfahren einer Hauptversammlung durchgeführt werden müsste.

4 **3. Keine Ausnutzungspflicht.** Bietet sich während der Laufzeit des genehmigten Kapitals keine Gelegenheit, von ihm sinnvoll Gebrauch zu machen, trifft den Vorstand **keine Pflicht zur Ausnutzung**. Es entspricht der Rechtsnatur des genehmigten Kapitals als einer Ermächtigung, dass dadurch der Handlungsspielraum des Vorstands erweitert, nicht aber eingeschränkt werden soll. Hiergegen kann nicht § 83, wonach der Vorstand verpflichtet ist, die von der Hauptversammlung im Rahmen ihrer Zuständigkeit beschlossenen Maßnahmen auszuführen, angeführt werden, da die Hauptversammlung den Vorstand nur ermächtigt und nicht beauftragt.

5 Möglich und in der Praxis üblich ist es, von dem genehmigten Kapital nur zu einem Teil Gebrauch zu machen, den Ermächtigungsrahmen also **nicht in voller Höhe** auszuschöpfen. Eine solche Vorgehensweise kann sich innerhalb der Ermächtigungsfrist, also idR innerhalb von fünf Jahren (§ 202 Abs. 1 und Abs. 2 Satz 1), wiederholen. Die Ausnutzung des genehmigten Kapitals kann also **in mehreren Tranchen** erfolgen.

6 In besonders gelagerten Situationen mag es Fälle geben, in denen sich das unternehmerische Ermessen des Vorstands **auf Null reduzieren** kann und eine andere Entscheidung als die der Ausnutzung des genehmigten Kapitals nicht mehr im Unternehmensinteresse liegt. Auch in einem solchen Fall haben einzelne Aktionäre oder die Hauptversammlung keinen einklagbaren Anspruch gegen den Vorstand auf die Ausnutzung der Ermächtigung. Es verbleibt bei dem allgemeinen Schadensersatzanspruch der Gesellschaft gegen den Vorstand (§ 93).

7 Halten Aktionäre eine Kapitalerhöhung für erforderlich, müssen sie den Weg über § 122 beschreiten und eine Hauptversammlung mit dem – vom Vorstand gem. § 83 Abs. 1 Satz 1 vorzubereitendem – Tagungsordnungspunkt einer ordentlichen Kapitalerhöhung gem. §§ 182 ff. in der Erwartung einberufen lassen, dem Kapitalerhöhungsvorschlag würde gefolgt. Nicht möglich ist ein einfacher Hauptversammlungsbeschluss, der den Vorstand anweist, von dem genehmigten Kapital Gebrauch zu machen. Die Ausnutzungsentscheidung ist eine Geschäftsführungsmaßnahme, über die gem. § 119 Abs. 2 die Hauptversammlung nur entscheiden kann, wenn der Vorstand es verlangt.

8 **4. Genehmigtes Kapital I und II.** Das Gesetz kennt die Kapitalerhöhung aus genehmigtem Kapital mit und ohne Bezugsrecht der Altaktionäre. Die Anforderungen an die Gewährung genehmigten Kapitals mit Bezugsrechtsausschluss sind wegen des dadurch vergrößerten Verwässerungseffektes der alten Aktien höher als an die Einräumung genehmigten Kapitals mit Bezugsrecht, so dass sich die Beschlussfassung über genehmigtes Kapital mit Bezugsrechtsausschluss als wesentlich fehleranfälliger erwiesen hat. Damit der mit einem Bezugsrechtsausschluss verbundene, anfechtbare oder gar nichtige Ermächtigungsbeschluss nicht auch den darin als Minus enthaltenen, weniger fehlergeneigten Beschluss ohne Bezugsrechtsausschluss gleichsam infiziert, ist die Praxis dazu übergegangen,

zwei **getrennte Ermächtigungsbeschlüsse** fassen zu lassen, nämlich einmal mit und einmal ohne Bezugsrechtsausschluss Zur Unterscheidung werden hierfür in der Praxis häufig die Begriffe Genehmigtes Kapital I (mit Bezugsrecht) und Genehmigtes Kapital II (ohne Bezugsrecht) verwendet. Seit der Siemens/Nold-Entscheidung[1] des BGH aus dem Jahre 1997, wonach ein Bezugsrechtsausschluss schon dann zulässig ist, wenn die Maßnahme, zu deren Durchführung der Vorstand ermächtigt werden soll, im wohlverstandenen Interesse der Gesellschaft liegt und der Hauptversammlung allgemein und in abstrakter Form bekannt gegeben wird, scheint die Tendenz dahin zu gehen, ein einheitliches genehmigtes Kapital zu schaffen, da das Anfechtungsrisiko bei einem Bezugsrechtsausschluss nunmehr zu Recht als geringer eingeschätzt wird.

5. Schutz der Minderheitsaktionäre. Die gesetzlichen Vorschriften gewährleisten einen **Ausgleich** zwischen dem Erfordernis einer schnellen und flexiblen Vorstandsentscheidung einerseits und der Wahrung der grundlegenden Entscheidungskompetenz bei den in der Hauptversammlung organisierten Aktionären andererseits. Das Gesetz will auf diese Weise die Hauptversammlung vor einer zu weitgehenden Selbstentmachtung schützen, die anderenfalls insbesondere ein Mehrheitsaktionär zu Lasten der Minderheitsaktionäre durchsetzen könnte. Zu den gesetzlichen Kautelen gehören – neben dem schlechthin grundlegenden Erfordernis einer Ermächtigung durch die Hauptversammlung – die zeitliche (fünf Jahre) und summenmäßige (Hälfte des Grundkapitals) Begrenzung des genehmigten Kapitals sowie das Erfordernis, dass der Aufsichtsrat einer Ausnutzung der Ermächtigung durch den Vorstand zustimmen muss. Die Einhaltung dieser Vorschriften wird vom Registergericht überprüft.

II. Abgrenzungen

Ermächtigt wird der Vorstand durch das genehmigte Kapital nur zu einer ansonsten **regulären Kapitalerhöhung,** nicht aber zu einer bedingten Kapitalerhöhung oder zu einer Kapitalerhöhung aus Gesellschaftsmitteln. Die Entscheidung über diese beiden letzteren Formen der Kapitalerhöhung bleibt im vollen Umfang der Hauptversammlung vorbehalten.

Von der **ordentlichen Kapitalerhöhung** unterscheidet sich das genehmigte Kapital dadurch, dass die Kapitalerhöhung bei jener von der Hauptversammlung, bei dieser aber (erst) vom Vorstand verbindlich beschlossen wird. Die Hauptversammlung hat die Wahl, ob sie selbst die Kapitalerhöhung beschließen oder lediglich den Vorstand hierzu ermächtigen will. Die Schaffung genehmigten Kapitals kommt selbst dann in Betracht, wenn die Kapitalerhöhung ohne weiteres auch von der Hauptversammlung beschlossen werden könnte.[2] Denn wie der BGH in seiner Entscheidung Commerzbank/Mangusta II klar gestellt hat, bleibt der Rechtsschutz der Minderheitsaktionäre beim genehmigten Kapital nicht wesentlich hinter demjenigen bei einer ordentlichen Kapitalerhöhung zurück.[3] Um Umgehungen der Voraussetzungen der §§ 202, 203 zu vermeiden, wird bei einer ordentlichen Kapitalerhöhung verlangt werden müssen, dass der Beschluss eine Frist enthält, bis zu welcher der Vorstand die Kapitalerhöhung durchzuführen hat, wobei nach überwiegender Meinung bis zu sechs Monate als zulässig angesehen werden.[4]

Bei der **bedingten Kapitalerhöhung** beschließt die Hauptversammlung eine Erhöhung des Grundkapitals, die nur so weit durchgeführt werden soll, wie von einem Umtausch- oder Bezugsrecht Gebrauch gemacht wird, das die Gesellschaft auf die neuen Aktien (Bezugsaktien) einräumt (§ 192 Abs. 1). Der wichtigste dogmatische Unterschied liegt darin, dass gem. § 200 mit der Ausgabe der Bezugsaktien die Mitgliedschaftsrechte entstehen, die vorherige Eintragung der konkreten Kapitalerhöhung im Handelsregister also – im Gegensatz zur Rechtslage beim genehmigten Kapital (§ 203 Abs. 1 Satz 1 iVm § 189) – nicht erforderlich ist. Von praktischer Bedeutung ist die bedingte Kapitalerhöhung, wenn ein Aktienoptionsprogramm länger als fünf Jahre laufen soll, da für genehmigtes Kapital die Höchstfrist fünf Jahre beträgt (§ 202 Abs. 2).

Von einer **Kapitalerhöhung aus Gesellschaftsmitteln** unterscheidet sich die Kapitalerhöhung aufgrund genehmigten Kapitals dadurch, dass sie nicht durch Umwandlung der Kapitalrücklage oder von Gewinnrücklagen (§ 207), sondern durch Zuführung von Vermögenswerten, die der Gesellschaft zuvor nicht dinglich zugeordnet waren, bewirkt wird. Bei der Ausgabe von Belegschaftsaktien im Wege genehmigten Kapitals gibt es von diesem Grundsatz gewisse Ausnahmen. Die für sie zu leistenden Einlagen können aus dem Jahresüberschuss (§ 204 Abs. 3, hierzu näher → § 204 Rn. 55) oder aus Gewinnbeteiligungen, die den Arbeitnehmern von der Gesellschaft eingeräumt wurden, geleistet werden (§ 205 Abs. 4, hierzu näher → § 205 Rn. 24).

---

[1] BGHZ 136, 133 = NJW 1997, 2815 = LM AktG 1965 § 186 Nr. 9 – Siemens/Nold.
[2] LG Düsseldorf AG 1999, 134 (135).
[3] BGHZ 164, 249 = NJW 2006, 374.
[4] OLG München NZG 2009, 1274 (1275) mwN; LG Hamburg AG 1995, 92 (93).

B. Entstehungsgeschichte

14 Das Rechtsinstitut des genehmigten Kapitals wurde durch das AktG 1937 eingeführt (§§ 169 ff.). Bereits zuvor hatte sich ein praktisches Bedürfnis nach einer flexiblen Möglichkeit einer Kapitalerhöhung herausgebildet. Mangels gesetzlicher Regelung wurde dieses betriebswirtschaftliche Desideratum einer raschen, unkomplizierten Erhöhung des Grundkapitals durch die Ausgabe sog. **Vorratsaktien** befriedigt. Ein Teil der regulären Aktien wurde an Dritte begeben, die diese mit Hilfe von Darlehen seitens der Gesellschaft finanzierten und auf Rechnung der Gesellschaft hielten. Oft handelte es sich bei diesen Dritten um die Hausbanken. Da die Finanzierung über Gesellschaftsdarlehen erfolgte, floss der AG zunächst kein neues Geld zu. Hierzu kam es erst, wenn die Aktien an Außenstehende verkauft wurden. Der Nachteil dieser Vorgehensweise lag zum einen in ihrer fehlenden Transparenz, da die Gesellschaft nicht auszuweisen brauchte, wie viele ihrer Aktien solche auf ihre Rechnung von Treuhändern gehaltene Vorratsaktien waren. Da den Vorratsaktien in aller Regel durch die darlehensweise Finanzierung seitens der AG kein wirklicher Mittelzufluss entsprach, spiegelte sie den Gesellschaftsgläubigern eine höhere Eigenkapitalbasis vor, als tatsächlich vorhanden war. Zum anderen wurde es als nachteilig empfunden, dass die Verwaltung durch die zumindest mittelbare Ausübung der Stimmrechte der Vorratsaktien einen Einfluss auf die Beschlüsse der Hauptversammlung nehmen konnte, worunter insbesondere der Minderheitenschutz litt. Schließlich bestand auch die Gefahr einer Abhängigkeit von den Fremdkapital zur Verfügung stellenden Kreditinstituten.

15 Nach längeren Diskussionen entschloss sich der Gesetzgeber des **AktG 1937**, den Forderungen der Praxis nach einem flexiblen Instrument zur Kapitalerhöhung nachzugeben und die mit der Ausgabe von Vorratsaktien verbundenen Missbrauchsgefahren zu bannen. Da aber zugleich ein zu großer Machtzuwachs des Vorstands verhindert werden sollte, wurde zwar das – auf englischen und US-amerikanischen Vorbildern beruhende – Rechtsinstitut des genehmigten Kapitals eingeführt, dieses aber zweifach beschränkt, nämlich zeitlich und der Höhe nach. Gleichzeitig sollte der Ermächtigungsbeschluss dem Vorstand den Bezugsrechtsausschluss gestatten, ohne dass dies in dem Beschluss der Hauptversammlung ausdrücklich Niederschlag finden musste. Eine Sachkapitalerhöhung war nur bei entsprechender Ermächtigung zulässig.

16 Auch wenn sich die Einführung des genehmigten Kapitals schnell als gelungen herausstellte, wurde es doch immer als Nachteil empfunden, dass die Verwaltung frei darüber entscheiden konnte, ob den Altaktionären ein Bezugsrecht an den jungen Aktien eingeräumt wurde. Im **AktG 1965** wurde daher die Regelung aufgenommen, dass der Vorstand das Bezugsrecht nur ausschließen darf, wenn ihm dies von der Hauptversammlung im Ermächtigungsbeschluss ausdrücklich gestattet wurde. Zugleich wurde die Ausgabe von Arbeitnehmeraktien erleichtert.

17 Eine letzte Änderung erfuhr die Vorschrift des § 202 durch das **Stückaktiengesetz** vom 25.3.1998 (BGBl. 1998 I 590), das den Abs. 3 Satz 3 einfügte, wonach bei Gesellschaften mit Stückaktien sich die Zahl der Aktien in demselben Verhältnis wie das Grundkapital erhöhen muss.

C. Rechtstatsachen

18 In der **Unternehmenspraxis** des genehmigten Kapitals ist zwischen seiner Schaffung und seiner Ausnutzung zu unterscheiden. Ferner ist zwischen kleineren Aktiengesellschaften, insbesondere Familiengesellschaften, einerseits und größeren Aktiengesellschaften, insbesondere börsennotierten, andererseits zu unterscheiden.

I. Schaffung des genehmigten Kapitals

19 Die **Siemens/Nold-Entscheidung**[5] des BGH aus dem Jahre 1997 hat die Schaffung von genehmigtem Kapital mit dem für die Unternehmenspraxis verbundenen Bezugsrechtsausschluss erheblich erleichtert, indem sie einen Bezugsrechtsausschluss schon dann zulässt, wenn die Maßnahme, zu deren Durchführung der Vorstand ermächtigt werden soll, im wohlverstandenen Interesse der Gesellschaft liegt und der Hauptversammlung allgemein und in abstrakter Form bekannt gegeben wird. Dies hat zur weiteren Verbreitung des ohnehin bereits beliebten genehmigten Kapitals erheblich beigetragen. Verfügten im Jahr 1984 nur gut 22 % der börsennotierten Aktiengesellschaften über ein solches Finanzierungsinstrument,[6] waren es 1998 fast zwei Drittel.[7] Hierbei lässt sich eine Korrelation zwischen Grundkapital und genehmigtem Kapital feststellen: Je höher das Grundkapital der AG ist,

---

[5] BGHZ 136, 133 = NJW 1997, 2815 = LM AktG 1965 § 186 Nr. 9 – Siemens/Nold.
[6] *Commerzbank* (Hrsg.) Rund um die Börse 1984, 56 ff.
[7] *Roth* ZBB 2001, 50 (51).

desto größer ist die Wahrscheinlichkeit, dass sie über genehmigtes Kapital verfügt. Im Durchschnitt betrug der Umfang des genehmigten Kapitals ein knappes Drittel des Grundkapitals. In der Unternehmenspraxis hat die Kapitalerhöhung aufgrund eines genehmigten Kapitals die reguläre Kapitalerhöhung an Bedeutung längst überholt.

II. Ausnutzung des genehmigten Kapitals

Je größer eine Aktiengesellschaft ist, eine desto größere Rolle spielt genehmigtes Kapital. Dies beruht zum einen darauf, dass die Einberufung einer Hauptversammlung bei steigender Aktionärszahl immer aufwändiger wird, so dass jedenfalls eine kurzfristige ordentliche Kapitalerhöhung unter wirtschaftlichen Gesichtspunkten häufig ausscheidet. Zum anderen neigen **größere Gesellschaften** eher zu Expansionen, Zukäufen und (Überkreuz-)Beteiligungen als kleinere Gesellschaften, so dass größere Gesellschaften auch einen höheren Bedarf nach schnell verfügbarem, neuem Eigenkapital haben.

Eine **empirische Studie** hat alle 2421 Kapitalerhöhungen gegen Einlagen des Jahres 2000 näher untersucht.[8] Ein knappes Drittel der Kapitalerhöhungen erfolgte durch Ausnutzung eines genehmigten Kapitals,[9] allerdings betrug der Anteil des durch genehmigtes Kapital geschaffenen neuen Grundkapitals gegenüber solchem aus ordentlichen Kapitalerhöhungen weniger als ein Fünftel.[10] Betrachtet man nur die börsennotierten Aktiengesellschaften, steigt die Anzahl der Kapitalerhöhungen aus genehmigtem Kapital auf fast zwei Drittel,[11] das Volumen der dadurch bewirkten Erhöhung des Grundkapitals verändert sich dadurch jedoch praktisch nicht.[12] Blickt man nur auf die DAX-Werte, überwiegen sowohl von der bloßen Anzahl als auch vom Volumen her die Kapitalerhöhungen aus genehmigtem Kapital bei weitem.

In der Unternehmenswirklichkeit hat sich eine vom gesetzlichen Leitbild abweichende **Ausgabepraxis** bei der Durchführung der Kapitalerhöhung im Rahmen genehmigten Kapitals entwickelt. Die Zeichnungsverträge werden nicht zwischen der Gesellschaft und den einzelnen Anlegern geschlossen, sondern die neuen Aktien werden von einem Kreditinstitut oder einem Konsortium von Kreditinstituten gezeichnet, welche die neuen Aktien an die bezugsberechtigten Aktionäre sowie sonstige interessierte Anleger weiterreichen. Ein etwaiger Mehrerlös, der sich daraus ergibt, dass der Ausgabebetrag niedriger ist als der Betrag, den das Kreditinstitut von den Anlegern fordert, wird abzüglich der Emissionsvergütung an die Aktiengesellschaft weitergeleitet.[13] Ihre gesetzliche Grundlage findet diese Vorgehensweise in § 186 Abs. 5.

III. Einschätzung

Zieht man den Umstand in Betracht, dass bei weitem nicht alle Ermächtigungen zur Kapitalerhöhung ausgenutzt werden, und dass die Kapitalerhöhungen aus genehmigtem Kapital vom Volumen her weit hinter den ordentlichen Kapitalerhöhungen zurückbleiben, ist es für den Vorstand wohl auch eine Prestigefrage, dass die Hauptversammlung den unternehmerischen Entscheidungen des Vorstands vertraut und ihn zu einer Kapitalerhöhung ermächtigt. Bei den börsennotierten Gesellschaften wird auch der Streubesitz eine Rolle spielen, der auf die Entscheidungen der Hauptversammlung eine geringere Einflussmöglichkeit hat als finanzielle Investoren. Denn diese Aktionärsstruktur erleichtert es der Verwaltung, in Absprache mit den Großaktionären Kapital im von ihm für notwendig erachteten Umfang genehmigt zu bekommen. Auch wird in größeren Aktiengesellschaften eher das für die Schaffung genehmigten Kapitals notwendige Know-how vorhanden sein. Größeren Aktiengesellschaften mit entsprechend größeren finanziellen Ressourcen und größeren Kapitalerhöhungsbeträgen ist es leichter möglich, bei der Ausnutzung genehmigten Kapitals die Ausgabe der Aktien an die bezugsberechtigten Aktionäre sowie sonstige Anleger in Ausnutzung der Gestaltungsmöglichkeit des § 186 Abs. 5 Kreditinstituten zu übertragen, um die Gesellschaft von dem mit der Aktienausgabe verbundenen organisatorischen Aufwand zu entlasten. Festzuhalten bleibt aber insbesondere angesichts der aus Anlegerkreisen immer wieder vorgebrachten Kritik am Rechtsinstitut des genehmigten Kapitals, dass dieses in der Unternehmenswirklichkeit durchaus **überlegt und zurückhaltend eingesetzt** wird.

---

[8] *Maier*, Der Einsatz des genehmigten Kapitals, 2003.
[9] *Maier*, Der Einsatz des genehmigten Kapitals, 2003, 52.
[10] *Maier*, Der Einsatz des genehmigten Kapitals, 2003, 53.
[11] *Maier*, Der Einsatz des genehmigten Kapitals, 2003, 63.
[12] *Maier*, Der Einsatz des genehmigten Kapitals, 2003, 64.
[13] Hierzu ausführlich *Liebert*, Der Bezugsrechtsausschluss bei Kapitalerhöhungen von Aktiengesellschaften, 2003, 145–150.

D. Einzelerläuterung

I. Die Ermächtigung als Satzungsbestandteil

24 Gem. § 23 Abs. 3 Nr. 3 muss die Satzung die Höhe des Grundkapitals bestimmen. Jede Veränderung des Grundkapitals muss daher einen Niederschlag in der Satzung finden. Die Satzung wird von den Gründern festgestellt, § 28. Spätere Änderungen der Satzungen erfolgen nach § 119 Abs. 1 Nr. 5 durch die Hauptversammlung. Es sind also die Aktionäre, sei es in ihrer Eigenschaft als Gründer, sei es in ihrer Organisation als Hauptversammlung, die über die Höhe des Grundkapitals entscheiden. Das genehmigte Kapital macht hiervon insoweit eine Ausnahme, als die endgültige Entscheidung über die Erhöhung des Grundkapitals beim Vorstand liegt. Um die **Kompetenzordnung** und die grundsätzlich bei den Aktionären liegende Zuständigkeit zur Bestimmung der Höhe des Grundkapitals zu wahren, ordnet das Gesetz an, dass der Vorstand das Kapital nur erhöhen kann, wenn er hierdurch entweder bereits durch die Ursprungssatzung (§ 202 Abs. 1) oder aber später durch eine Satzungsänderung (§ 202 Abs. 2) ermächtigt wurde.

25 Damit wird das **europarechtliche Transparenzgebot** gewahrt. Nach Art. 25 Abs. 2 Satz 1 iVm Abs. 1 Zweite gesellschaftsrechtliche (Kapital-)Richtlinie der EG vom 13. Dezember 1978 iVm Art. 3 Erste gesellschaftsrechtliche (Kapital-)Richtlinie der EG ist der den Vorstand ermächtigende Hauptversammlungsbeschluss offen zu legen.

26 Bei der Ermittlung von Quoren, die auf die Höhe des Grundkapitals abstellen (§ 50, § 52 Abs. 1, § 71 Abs. 2, § 93 Abs. 4, § 122 Abs. 1, § 142 Abs. 2, § 179 Abs. 2, § 182 Abs. 1), bleibt das genehmigte Kapital unberücksichtigt. Der Begriff des genehmigten Kapitals ist irreführend, da es sich hierbei gar nicht um Kapital handelt, sondern um eine **rechnerische Größe**, um die der Vorstand das Grundkapital erhöhen darf. Erst wenn die Kapitalerhöhung durchgeführt, insbesondere im Handelsregister eingetragen wurde, erhöht sich das Grundkapital, § 203 Abs. 1 iVm § 189. Soweit die Genehmigung erteilt und im Handelsregister eingetragen (§ 181 Abs. 3), von ihr aber noch kein Gebrauch gemacht wurde, ist das genehmigte Kapital im Anhang zum Jahresabschluss auszuweisen (§ 160 Abs. 1 Nr. 4).

27 **1. Ermächtigung in der Gründungssatzung.** Es ist nicht unüblich, dass bereits in der Gründungssatzung die Möglichkeit geschaffen wird, dass der Vorstand zu einem späteren Zeitpunkt das Kapital erhöht. Einer solchen Vorgehensweise, die insbesondere bei sog. Start-up-Unternehmen zu beobachten ist, liegt die Überlegung zugrunde, dass sich häufig erst, dann aber auch alsbald nach dem Beginn der werbenden Tätigkeit herausstellt, ob das Unternehmen Erfolg haben wird und dementsprechend expandieren kann. Wollen bereits die Gründer, also die die Satzung feststellenden Aktionäre (§ 28), den Vorstand zu einer späteren Kapitalerhöhung ermächtigen, haben sie diese Ermächtigung in der Gründungssatzung mit aufzunehmen; dieser Teil bedarf wie jeder andere Satzungsteil der notariellen Beurkundung nach § 23 Abs. 1 Nr. 1. Enthält die Ursprungssatzung genehmigtes Kapital, ist dieser Umstand **bei der Anmeldung anzugeben.** Die Bestimmung über genehmigtes Kapital wird gem. § 39 Abs. 2 gesondert eingetragen, und zwar im Handelsregister unter der Rubrik „Rechtsverhältnisse" in Spalte 6 der Abteilung B. Als Inhalt der Eintragung iSd § 40 wird es nach näherer Maßgabe der §§ 10 und 11 HGB bekannt gemacht. Da das genehmigte Kapital die Höhe des Grundkapitals solange unberührt lässt, als von der Genehmigung kein Gebrauch gemacht wird, bleibt die Höhe des genehmigten Kapitals bei der Berechnung des Mindestnennbetrages des Grundkapitals von 50 000 € (§ 6) unberücksichtigt.

28 **2. Ermächtigung durch Satzungsänderung. a) Vorbereitung durch Vorstand.** Enthält die Gründungssatzung noch keine Ermächtigung des Vorstands zur Ausnutzung genehmigten Kapitals, wird die Initiative zu einem entsprechenden satzungsändernden Hauptversammlungsbeschluss, mit dem genehmigtes Kapital geschaffen werden soll, in aller Regel vom Vorstand ausgehen. Der richtige Ort für die Herbeiführung eines solchen Ermächtigungsbeschlusses wird regelmäßig die nächste **ordentliche Hauptversammlung** sein. Die Einberufung einer außerordentlichen Hauptversammlung zur Schaffung genehmigten Kapitals wird gewöhnlich nicht angezeigt sein. Denn bestünde ein konkreter, dringender Bedarf nach einer Kapitalerhöhung, könnte eine solche sogleich von einer außerordentlichen Hauptversammlung selbst als ordentliche Kapitalerhöhung gem. §§ 182 ff. beschlossen werden. Für die Einberufung der Hauptversammlung gelten die allgemeinen Vorschriften. Der Vorstand hat den Vorschlag für den Ermächtigungsbeschluss im Wortlaut bei der Einberufung bekannt zu machen (§ 124 Abs. 2 Satz 2), da die Schaffung genehmigten Kapitals eine Satzungsänderung darstellt (§ 202 Abs. 2 Satz 2).

29 **b) Beschluss der Hauptversammlung.** Für die Beschlussfassung in der Hauptversammlung gelten zunächst die allgemeinen Bestimmungen für Satzungsänderungen, da die Schaffung genehmigten Kapitals eine Satzungsänderung erforderlich macht (§ 202 Abs. 2 Satz 2). Hinsichtlich der Mehr-

heitserfordernisse enthalten § 202 Abs. 2 Satz 2–4 jedoch ergänzende Vorschriften. Der Ermächtigungsbeschluss bedarf danach einer doppelten Mehrheit: Neben dem allgemeinen Erfordernis der einfachen Mehrheit der abgegebenen Stimmen gem. § 133 Abs. 1 (einfache Stimmenmehrheit) ist nach § 202 Abs. 2 Satz 2 zusätzlich eine Mehrheit erforderlich, die mindestens drei Viertel des bei der Beschlussfassung vertretenen Grundkapitals umfasst (**qualifizierte Kapitalmehrheit**). Gezählt werden hinsichtlich beider Mehrheitserfordernisse gemäß den allgemeinen Regeln nur die abgegebenen Ja- und Nein-Stimmen. Stimmenthaltungen bleiben ebenso unberücksichtigt wie ungültige Stimmen. Würde man anders zählen, würde dies in der Konsequenz bedeuten, dass ungültige oder trotz Stimmverbots abgegebene Stimmen sowie die (fiktiven) Stimmen von nicht zur Hauptversammlung erschienenen Aktionären als Nein-Stimmen gezählt werden würden. Die Satzung kann eine größere Kapitalmehrheit vorsehen, nicht jedoch eine geringere; insoweit derogiert § 202 Abs. 2 Satz 3 als die speziellere Norm die allgemeinere Vorschrift des § 179 Abs. 2 Satz 2.

Sind **mehrere Gattungen** von stimmberechtigten Aktien vorhanden, bedarf der Beschluss der 30 Hauptversammlung zu seiner Wirksamkeit der Zustimmung der Aktionäre jeder Gattung (§ 202 Abs. 2 Satz 4 iVm § 182 Abs. 5). Über die Zustimmung haben die Aktionäre jeder Gattung einen Sonderbeschluss zu fassen. Für diese Sonderbeschlüsse gelten jeweils die Erfordernisse der einfachen Stimmenmehrheit und der qualifizierten Kapitalmehrheit. Die allgemein für Satzungsänderungen geltende Regel des § 179 Abs. 3, wonach nur die nachteilig betroffenen Aktionärsgattungen gesondert zustimmen müssen, gilt nicht.

Solange ein notwendiger Sonderbeschluss fehlt, ist der Hauptversammlungsbeschluss (**schwebend**) **unwirksam.** Hat der Satzungsgeber für Satzungsänderungen in Ausübung des ihm nach 31 § 179 Abs. 2 Satz 2 eingeräumten Rechts höhere Mehrheitserfordernisse aufgestellt, gelten diese im Zweifel auch für Sonderbeschlüsse. Allgemein wird angenommen, dass der Beschluss der Hauptversammlung nach Ablauf von drei Monaten endgültig unwirksam wird, wenn nicht bis dahin der erforderliche Sonderbeschluss gefasst ist. Diese Frist, die im Gesetz keinen Anhaltspunkt findet, erscheint als Richtschnur sinnvoll, darf jedoch keine starre Regelung darstellen. Soweit es einen sachlichen Grund für die Verzögerung gibt, sollte das Verstreichenlassen eines längeren Zeitraumes unschädlich sein. Dem Gesetzgeber schwebten im Zusammenhang mit der Schaffung genehmigten Kapitals keine ganz kurzen Fristen vor, wie sich aus der Fünfjahresfrist der Ermächtigungsdauer (§ 202 Abs. 1 und 2) ablesen lässt.

Sind Vorzugsaktionäre ohne Stimmrecht vorhanden und sollen **Vorzugsaktien,** die bei der Vertei- 32 lung des Gewinns oder des Gesellschaftsvermögens diesen Vorzugsaktien vorgehen oder gleichstehen, ausgegeben werden, müssen die an sich nicht stimmberechtigten Vorzugsaktionäre dem ebenfalls mit einfacher Stimmenmehrheit und qualifizierter Kapitalmehrheit zustimmen (§ 204 Abs. 2 iVm § 141 Abs. 2 Satz 1). Dies gilt nur dann nicht, wenn die Ausgabe bei Einräumung des Vorzugs oder, falls das Stimmrecht später ausgeschlossen wurde, bei der Ausschließung ausdrücklich vorbehalten worden war und das Bezugsrecht der Aktionäre nicht ausgeschlossen wird (§ 204 Abs. 2 iVm § 141 Abs. 2 Satz 2).

Gem. § 202 Abs. 2 Satz 3 kann die Satzung eine **größere Kapitalmehrheit** und weitere Erfor- 33 dernisse bestimmen. Eine kleinere Mehrheit als drei Viertel des bei der Beschlussfassung vertretenen Grundkapitals kann nicht wirksam statuiert werden, da diese Vorschrift als die speziellere Vorschrift der allgemeineren Norm des § 179 Abs. 2 Satz 2 vorgeht.

Nach § 179 Abs. 2 kann die Satzung von den gesetzlichen Vorschriften **abweichende Regelun-** 34 **gen** über die bei einer Satzungsänderung zu beachtenden Erfordernisse treffen. Ist hiervon Gebrauch gemacht worden, sind diese individuellen Regelungen auch bei der Beschlussfassung über genehmigtes Kapital zu beachten,[14] soweit sie nicht hinter den speziellen gesetzlichen Anforderungen der §§ 202–206 zurück bleiben. Ob sie auch gilt, wenn solche individuellen Satzungsbestimmungen nur für „Kapitalerhöhungen" vorgesehen sind, ist eine Auslegungsfrage, wird aber in aller Regel zu bejahen sein.

Will die Hauptversammlung, aus welchen Gründen auch immer, das genehmigte Kapital wieder 35 **beseitigen,** kann sie dies durch einen Hauptversammlungsbeschluss tun. Solange die Ermächtigung noch nicht ins Handelsregister eingetragen ist, genügt hierfür ein mit einfacher Stimmenmehrheit gefasster Hauptversammlungsbeschluss, denn in diesem Fall ist der Beschluss gem. § 181 Abs. 3 noch nicht wirksam und die Satzung damit noch nicht geändert. Anders sieht es nach der Eintragung aus. Da es sich dann um eine Satzungsänderung handelt, sind die allgemein für Satzungsänderungen in den §§ 179–181 geltenden Erfordernisse einzuhalten. Der Einhaltung der speziellen Vorgaben des

---

[14] Bürgers/Körber/*Marsch-Barner* Rn. 6; MüKoAktG/*Bayer* Rn. 42; Großkomm AktG/*Hirte* Rn. 100; aA Hüffer/Koch/Koch/*Koch* Rn. 9 („iZw nicht"); NK-AktR/*Groß/Fischer* Rn. 24 und 30 (für Mehrheitserfordernisse nur, wenn der Satzungsgeber dies „erkennbar zum Ausdruck bring[e]", für andere Erfordernisse im Zweifel doch).

§ 202 Abs. 2 bedarf es nicht, da es sich um Schutzvorschriften zugunsten von einer Kapitalerhöhung ablehnend gegenüber stehenden Minderheitsaktionären handelt.

36 Soll die Ermächtigung nicht gänzlich beseitigt, sondern lediglich **modifiziert** werden, ist zu differenzieren, ob die Ermächtigung teilweise zurückgenommen oder aber erweitert werden soll. Handelt es sich um eine Erweiterung der Ermächtigung, sind dieselben Vorgaben zu beachten, wie sie für den ursprünglichen Ermächtigungsbeschluss galten, denn anderenfalls würde der Minderheitenschutz umgangen. Zu einer Erweiterung der Ermächtigung sind zum einen alle summenmäßigen Erhöhungen zu zählen. Zum anderen gehören hierzu alle Änderungen der Bedingungen, unter denen von dem genehmigten Kapital Gebrauch gemacht werden darf, da anderenfalls Abgrenzungsprobleme und Wertungsschwierigkeiten entstünden. Lediglich eine Herabsetzung des Betrages des genehmigten Kapitals bedarf nur der Beachtung der für Satzungsänderungen allgemein geltenden Mehrheitserfordernisse.

37 **c) Registergerichtliches Verfahren.** Bei einer Ermächtigung zu einer Kapitalerhöhung durch nachträgliche Satzungsänderung schließt sich an den Ermächtigungsbeschluss der Hauptversammlung die Anmeldung des Beschlusses an das Handelsregister an. Denn der Beschluss über die Gewährung genehmigten Kapitals stellt eine Satzungsänderung dar (§ 202 Abs. 2 Satz 1) und wird daher erst **mit seiner Eintragung wirksam** (§ 181 Abs. 3).

38 **aa) Anmeldung.** Der Beschluss über die Gewährung genehmigten Kapitals ist vom Vorstand in vertretungsberechtigter Zahl zum Handelsregister anzumelden (§ 181 Abs. 1 Satz 1). Hierbei handelt es sich um **keine öffentlich-rechtliche Pflicht,** da der Beschluss über die Gewährung genehmigten Kapitals als Satzungsänderung (§ 202 Abs. 2 Satz 1) ohnehin erst mit seiner Eintragung wirksam wird (§ 181 Abs. 3), das Register also bei unterbliebener Anmeldung nicht unrichtig wird.

39 Bei der Pflicht des Vorstands zur Anmeldung des Beschlusses handelt es sich um eine **gegenüber der Gesellschaft bestehende Verpflichtung.** Zwar könnte auch eine solche Pflicht mit der Begründung verneint werden, da es dem Vorstand ohnehin freisteht, ob er von der Ermächtigung zur Kapitalerhöhung Gebrauch machen oder aber davon absehen will, könne es ihm auch schon auf der vorangehenden Stufe überlassen bleiben, ob er den Ermächtigungsbeschluss überhaupt zum Handelsregister anmelden möchte. Der Ermächtigungsbeschluss ermächtigt jedoch nicht den Vorstand in der persönlichen Zusammensetzung zum Zeitpunkt des Hauptversammlungsbeschlusses, sondern den Vorstand als das geschäftsführende Verwaltungsorgan in seiner jeweiligen persönlichen Zusammensetzung. Das Absehen von der Anmeldung würde daher auch einen späteren, sich ganz oder teilweise aus anderen Personen zusammensetzenden Vorstand binden.

40 Die gegenüber der Gesellschaft bestehende Pflicht zur Anmeldung des Ermächtigungsbeschlusses gewährt dem einzelnen Aktionär **kein subjektives Aktionärsrecht** gegenüber dem Vorstand. Ein solches subjektives Aktionärsrecht wäre mit der Kompetenzordnung des Aktiengesetzes nicht vereinbar. Nach dessen § 111 Abs. 1 ist es die Aufgabe des Aufsichtsrats, und nicht des einzelnen Aktionärs, die Geschäftsführung des Vorstands zu überwachen. Sollte der Vorstand seiner Anmeldepflicht nicht nachkommen, kommt eine Organklage in Betracht, bei der die Gesellschaft von dem Aufsichtsrat vertreten wird (§ 112). Aus der unterlassenen Anmeldung kann sich ferner eine Schadensersatzpflicht des Vorstands ergeben (§ 93 Abs. 2).

41 Es wird angenommen, dass die Anmeldung **unverzüglich,**[15] spätestens aber innerhalb von drei Monaten[16] erfolgen muss. Es ist angesichts des Zwecks des genehmigten Kapitals richtig, den Ermächtigungsbeschluss möglichst zügig eintragen zu lassen, damit er wirksam wird. Die Festsetzung von starren Fristen empfiehlt sich jedoch nicht. Denn bei der Anmeldung sind auch die Zweitschriften der Zeichnungsscheine und die auf ihrer Grundlage geleisteten Einzahlungen anzugeben (§ 188 Abs. 3 Nr. 1); daraus können sich Verzögerungen ergeben, die nicht im Verantwortungsbereich der Gesellschaft liegen und von dieser nicht vermieden werden können. Es wird daher zu Recht eine unverzügliche (§ 121 Abs. 1 BGB) Anmeldung gefordert, aber auch für ausreichend gehalten, da damit die Besonderheiten des Einzelfalles Berücksichtigung finden können. Der Vorstand muss hierbei jedoch den Zeitpunkt beachten, an dem die Zeichnung unverbindlich wird, wenn nicht bis dahin die Durchführung der Erhöhung des Grundkapitals eingetragen ist (§ 185 Abs. 1 Satz 3 Nr. 4).

42 Da es sich bei dem Beschluss über die Gewährung genehmigten Kapitals um eine Satzungsänderung handelt (§ 202 Abs. 2 Satz 1), ist der Anmeldung der **vollständige Wortlaut der Satzung** beizufügen (§ 181 Abs. 1 Satz 2 HS 1). Die eingereichte Satzung muss mit der Bescheinigung eines Notars versehen sein, dass die geänderten Bestimmungen der Satzung mit dem Beschluss über

---

[15] MüKoAktG/*Bayer* Rn. 49; Hüffer/Koch/*Koch* Rn. 11.
[16] Großkomm AktG/*Hirte* Rn. 108; NK-AktR/*Groß/Fischer* Rn. 33.

die Satzungsänderung und die unveränderten Bestimmungen mit dem zuletzt zum Handelsregister eingereichten vollständigen Wortlaut der Satzung übereinstimmen (§ 181 Abs. 1 Satz 2 HS 2).

Trotz der lediglich befristeten Wirkung von genehmigtem Kapital können hiervon **keine Ausnahmen** gemacht werden. Dies folgt einerseits aus dem Gesetzeswortlaut, der Ausnahmen nicht vorsieht, und andererseits aus der Bedeutung des genehmigten Kapitals gerade auch für beitrittswillige Aktionäre, die sich durch Einsichtnahme in das Handelsregister sowie der zum Handelsregister eingereichten Schriftstücke (§ 9 HGB) jederzeit über den genauen Satzungsinhalt müssen informieren können. 43

Da der Ermächtigungsbeschluss das Grundkapital betrifft, kann auf bei Gericht eingereichte Urkunden mit Bezug genommen werden, wie sich aus § 181 Abs. 2 Satz 1 iVm § 39 Abs. 1 Satz 1 ergibt. Die relevanten **Urkunden** müssen vollständig eingereicht werden. Hiervon unberührt bleibt insbesondere die Pflicht nach § 130, eine öffentlich beglaubigte Abschrift des Hauptversammlungsprotokolls bei Gericht einzureichen. Nach der allgemeinen Regel des § 12 Abs. 1 HGB muss die Anmeldung in öffentlich beglaubigter Form erfolgen. 44

Der Verweis in § 203 Abs. 1 Satz 1 auf § 188 Abs. 4, wonach die Anmeldung und Eintragung der Durchführung der Erhöhung des Grundkapitals mit der Anmeldung und Eintragung des Beschlusses über die Kapitalerhöhung verbunden werden kann, darf nicht dahin missverstanden werden, dass bereits mit der Anmeldung des Beschlusses der Hauptversammlung über die Gewährung genehmigten Kapitals der Beschluss des Vorstands über die Ausnutzung der Ermächtigung verbunden werden kann. Zum einen stellt der bloße Ermächtigungsbeschluss noch keinen Kapitalerhöhungsbeschluss dar. Zum anderen kann der Vorstand den Ermächtigungsbeschluss erst dann zur Grundlage eines Beschlusses über die Kapitalerhöhung machen, wenn der Ermächtigungsbeschluss wirksam ist, was aber dessen Eintragung in das Handelsregister zwingend voraussetzt (§ 202 Abs. 2 Satz 1 iVm § 181 Abs. 3). In einer Anmeldung können Ermächtigungsbeschluss und Ausnutzungsbeschluss daher **nicht zusammengefasst** werden. Dies ist bei der von der Hauptversammlung zu beschließenden Frist, binnen derer das genehmigte Kapital auszunutzen ist, zu berücksichtigen. Angesichts der unvermeidlichen Bearbeitungszeit beim Registergericht darf eine datumsmäßig festgelegte Frist („bis zum 31. März 2007") nicht zu kurz bemessen werden, da sie anderenfalls abzulaufen droht, bevor sie überhaupt wirksam zu laufen begonnen hat. 45

bb) Prüfungskompetenz des Registergerichts. Dem Registergericht kommt entsprechend seiner Funktion eine umfassende Prüfungskompetenz zu. Hinsichtlich der **Ablehnungskompetenz** des Registergerichts ist danach zu differenzieren, ob der Beanstandungsgrund die Nichtigkeit oder lediglich die Anfechtbarkeit des Hauptversammlungsbeschlusses mit sich bringt. 46

Ein **Nichtigkeitsgrund** hat zur Ablehnung des Eintragungsantrags zu führen, weil bei Eintragung eines nichtigen Beschlusses das Handelsregister unrichtig werden würde. Darüber hinaus muss wegen des Gewichts der Nichtigkeitsgründe bereits jeglicher Anschein der Rechtmäßigkeit oder Wirksamkeit des nichtigen Beschlusses vermieden werden. Das Registergericht darf zu einem solchen falschen Rechtsschein keinen Beitrag leisten. 47

Ist der Beschluss **anfechtbar,** hat das Registergericht seine Eintragung jedenfalls dann abzulehnen, wenn die Anfechtbarkeit auf der Verletzung einer auch im öffentlichen Interesse liegenden Norm gründet. Beruht die Anfechtbarkeit hingegen auf der Verletzung einer Norm, die nur die Rechte der zur Beschlussfassung vorhandenen Aktionäre betrifft, ist es vertretbar, es den Aktionären zu überlassen, ob sie gegen den Beschluss vorgehen oder aber ihn aus übergeordneten Unternehmensinteressen nicht angreifen wollen. Ist gegen den Hauptversammlungsbeschluss Anfechtungsklage erhoben werden, muss das Registergericht selbständig prüfen, ob die Klage erfolgreich sein wird. Zur Beurteilung dieser Frage hat das Gericht anhand einer jedenfalls summarischen Prüfung der vorgebrachten Anfechtungsgründe deren Begründetheit zu überprüfen. Hier wie auch in den anderen Fällen erst mit der Eintragung wirksam werdender Hauptversammlungsbeschlüsse hat das Registergericht häufig erheblichen, mit der Drohung von Schadensersatzansprüchen verbundenen Druck des Unternehmensmanagements einerseits und der, nicht selten lediglich auf eigene Vorteile bedachten, Anfechtungskläger andererseits auszuhalten. Prüfungsmaßstab kann in diesen Fällen allein sein, ob die Anfechtungsklage nach überwiegender Wahrscheinlichkeit entweder zulässig und begründet oder aber unzulässig bzw. unbegründet sein wird. Im ersteren Fall ist das Eintragungsverfahren auszusetzen und der Ausgang des Anfechtungsprozesses abzuwarten (§ 381 FamFG). Darüber hinaus kann das Registergericht das Verfahren auch aussetzen, wenn ein Rechtsstreit nicht anhängig ist; es hat in diesem Fall einem der Beteiligten eine Frist zur Erhebung der Klage zu bestimmen (§ 381 FamFG). Dieser Mechanismus führt meistens zu einer sog. faktischen Registersperre, da der Registerrichter nicht dem Spruchrichterprivileg des § 839 Abs. 2 BGB unterliegt[17] und damit – zu Recht – Schadensersatzansprüche für den Fall fürchtet, dass sich die Anfechtungsklage im 48

---

[17] *Schlitt/Seiler* ZHR 166 (2002), 544 (564).

Nachhinein als begründet erweist, durch die vom Registerrichter bewirkte Eintragung jedoch vollendete Tatsachen geschaffen wurden.

49   Der Gesetzgeber hätte dem begegnen können, indem er das Spruchrichterprivileg auf Eintragungen im Zusammenhang mit Kapitalmaßnahmen bei Kapitalgesellschaften erstreckte. Er hat sich stattdessen im Anschluss an Überlegungen des 63. DJT[18] für ein sog. **Freigabeverfahren** entschieden, wie es bereits in § 319 Abs. 6 und § 16 Abs. 3 UmwG existierte. Nach dem durch das UMAG im Jahre 2005 eingeführten § 246a kann dann, wenn gegen einen Hauptversammlungsbeschluss über eine Maßnahme der Kapitalbeschaffung Klage erhoben wird, das Prozessgericht auf Antrag der Gesellschaft durch Beschluss feststellen, dass die Erhebung der Klage der Eintragung nicht entgegensteht und Mängel des Hauptversammlungsbeschlusses die Wirkung der Eintragung unberührt lassen. Ein solcher Beschluss darf gem. § 246a Abs. 2 nur ergehen, wenn die Klage unzulässig oder offensichtlich unbegründet ist oder wenn das alsbaldige Wirksamwerden des Hauptversammlungsbeschlusses nach freier Überzeugung des Gerichts unter Berücksichtigung der Schwere der mit der Klage geltend gemachten Rechtsverletzungen zur Abwendung der vom Antragsteller dargelegten wesentlichen Nachteile für die Gesellschaft und ihre Aktionäre vorrangig erscheint. Die letzte Alternative erlaubt es insbesondere, den geringen ökonomischen Interessen von klagenden – und nicht selten Sondervorteile verfolgenden – Kleinaktionären die erheblichen wirtschaftlichen Interessen der Gesellschaft als überwiegend gegenüber zu stellen.[19] Der im Wege des Freigabeverfahrens erwirkten Eintragung kommt Bestandskraft zu (§ 246a Abs. 4 Satz 2). Auch wenn der Weg zur vorzeitigen Wirksamkeit einer Kapitalmaßnahme in der Zukunft über das Freigabeverfahren führen wird,[20] bietet es sich stets an, frühzeitig Kontakt mit dem Registergericht aufzunehmen und so die Grundlagen für einen reibungslosen Verfahrensfortgang zu schaffen.[21]

50   Das Registergericht hat die Eintragung abzulehnen, wenn der Beschluss der Hauptversammlung die für das genehmigte Kapital **spezifischen gesetzlichen Vorgaben** nicht einhält. Hierbei handelt es sich zum einen um die quantitative Vorgabe, dass der Nennbetrag des genehmigten Kapitals die Hälfte des Grundkapitals, das zurzeit der Ermächtigung vorhanden ist, nicht übersteigen darf (§ 202 Abs. 3 Satz 1), und zum anderen um die zeitliche Beschränkung, dass die Ermächtigung für höchstens fünf Jahre erteilt werden darf (§ 202 Abs. 2 Satz 1). Beide Verstöße haben die Nichtigkeit des Hauptversammlungsbeschlusses zur Folge (§ 241 Nr. 3).

51   Handelt es sich um behebbare Fehler, bspw. um das Fehlen eines nach § 202 Abs. 2 Satz 4 iVm § 182 Abs. 1 erforderlichen Sonderbeschlusses, hat das Gericht der Aktiengesellschaft im Rahmen einer **Zwischenverfügung** aufzugeben, den Fehler binnen einer bestimmten Frist zu beseitigen (§ 26 HRV). Kommt die Gesellschaft dem nicht nach oder handelt es sich um einen nicht behebbaren Fehler, hat das Gericht die angemeldete Eintragung abzulehnen. Gegen den ablehnenden Beschluss kann die Gesellschaft Beschwerde beim Landgericht einlegen (§ 58 FamFG). Ist sie auch hier erfolglos, kann sie beim Oberlandegericht Rechtsbeschwerde einlegen, sofern diese zugelassen wurde (§ 70 FamFG). Die Gesellschaft wird hierbei durch ihren Vorstand vertreten (§ 78 Abs. 1). Den Aktionären kommt in aller Regel kein eigenes Beschwerderecht zu. Dies ergibt sich zum einen aus der Kompetenzverteilung innerhalb der Aktiengesellschaft und zum anderen aus § 59 Abs. 2 FamFG, wonach dann, wenn eine Verfügung nur auf Antrag erlassen werden kann und der Antrag zurückgewiesen worden ist, die Beschwerde nur dem Antragsteller zusteht. Gegen die vollzogene Eintragung ist eine Beschwerde nicht statthaft, da sonst die besonderen Voraussetzungen des Amtslöschungsverfahrens umgangen werden könnten. Etwaige Mängel können noch im Beschwerdeverfahren erster und zweiter Instanz geheilt werden.

52   cc) **Eintragung und Publizität.** Die **Eintragung** erfolgt in den Spalten 6a und 6b des Handelsregisters Abteilung B (Anlagen 5 und 7 zur HRV). Sie lautet in Spalte 6 a: „Durch Beschluss der Hauptversammlung vom … ist die Satzung geändert in/geändert um § … (genehmigtes Kapital)." In Spalte 6b wird eingetragen: „Der Vorstand ist durch Beschluss der Hauptversammlung vom … ermächtigt, das Grundkapital bis zum … um einen Betrag von bis zu … Euro zu erhöhen (genehmigtes Kapital)."

53   Die Eintragung wird ihrem ganzen Inhalt nach in dem von der Landesjustizverwaltung bestimmten elektronischen Informations- und Kommunikationssystem bekannt gemacht (§ 10 HGB). Hierdurch wird die **Publizität** gewährleistet. Anders als die Eintragung ist die Bekanntmachung nicht Voraussetzung für die Wirksamkeit des Ermächtigungsbeschlusses, wie sich aus dem Wortlaut des § 181 Abs. 3 ergibt.

---

[18] Sitzungsberichte zum 63. DJT Bd. II/1, 2000, S. O 55, 61 bis 62.
[19] *Veil* AG 2005, 567 (574); aA *Meilicke/Heidel* DB 2004, 1479 (1484).
[20] *Veil* AG 2005, 567 (571).
[21] *Krämer/Kiefner* ZIP 2006, 301 (309 bis 310).

dd) Wirkung der Eintragung. Mit der Eintragung wird der Ermächtigungsbeschluss **wirksam** 54 (§ 202 Abs. 2 Satz 1 iVm § 181 Abs. 3). Ab diesem Zeitpunkt kann der Vorstand von dem Ermächtigungsbeschluss Gebrauch machen und unter dessen Ausnutzung eine Kapitalerhöhung beschließen.

Dies gilt nicht, wenn der Beschluss der Hauptversammlung **nichtig** war; der Eintragung in das Handelsregister kommt nach allgemeiner Auffassung in diesem Fall keine heilende Wirkung zu. Eine Ausnahme von dieser Regel gilt nur, wenn die Nichtigkeit des Hauptversammlungsbeschlusses auf dessen fehlender Beurkundung beruht; in diesem Fall wirkt die Eintragung konstitutiv (§ 242 Abs. 1). Hinsichtlich der übrigen Nichtigkeitsgründe tritt keine Heilung ein, jedoch kann die Nichtigkeit nicht mehr geltend gemacht werden, wenn seit der Eintragung des Beschlusses drei Jahre verstrichen sind (§ 242 Abs. 2). Nicht gelten soll dies nach allgM für ein Überschreiten der quantitativen Vorgabe (§ 202 Abs. 3 Satz 1) oder der zeitlichen Beschränkung (§ 202 Abs. 2 Satz 1). In diesen Fällen soll die Regelung des § 242 Abs. 2 lediglich dazu führen, dass die gesetzlich zulässige Höchstfrist bzw. der gesetzlich zulässige Höchstbetrag gilt. Denn die Hauptversammlung hat in diesen Fällen ihren Willen zum Ausdruck gebracht, dem Vorstand möglichst lange einen möglichst hohen Kapitalbetrag zu genehmigen.[22]

Dies schließt die **Löschung von Amts wegen** nach § 398 FamFG nicht aus Die Anregung 56 hierzu kann von jedermann erfolgen, gegen eine ablehnende Entscheidung hiergegen kann Beschwerde einlegen, wer hierdurch in seinen eigenen Rechten beeinträchtigt wird (§ 59 Abs. 1 FamFG). In einem besonders gelagerten Fall, in dem die Eintragung durch Vorlage einer unrichtigen Bescheinigung über die Einzahlung des Gegenwerts der Zeichnungssumme neuer Aktien erwirkt wurde, hat das OLG Karlsruhe die Beschwerde eines Aktionärs zugelassen (OLGZ 1986, 155).

Die Regelung des § 242 Abs. 2, wonach die Nichtigkeit nicht mehr geltend gemacht werden 57 kann, wenn seit der Eintragung des Beschlusses drei Jahre verstrichen sind, stellt dem Vorstand keinen Freibrief aus. In aller Regel wird die **Durchführung eines nichtigen Beschlusses** angesichts der Gewichtigkeit der Nichtigkeitsgründe nicht im Unternehmensinteresse liegen und zu unterbleiben haben.

War der Hauptversammlungsbeschluss **anfechtbar,** tritt nach Ablauf der Anfechtungsfrist Wirk- 58 samkeit ein, wenn eine Anfechtungsklage nicht erhoben wurde. Wurde eine Anfechtungsklage erhoben, der Ermächtigungsbeschluss aber gleichwohl eingetragen, kann trotz der laufenden Anfechtungsklage das Kapital durch einen Ausnutzungsbeschluss des Vorstands erhöht werden. Wird das genehmigte Kapital während der Ermächtigungszeit nicht ausgenutzt, erledigt sich eine dann noch anhängige Anfechtungsklage durch den Ablauf der Ermächtigungsfrist.[23]

Verstöße gegen formelle **Vorschriften des Anmeldungs- und Eintragungsverfahrens** berüh- 59 ren die Wirksamkeit des eingetragenen Beschlusses grundsätzlich nicht. Entscheidend ist, dass die Willensbildung beim Zustandekommen des Beschlusses, also während der Hauptversammlung, fehlerfrei erfolgt ist. In diesen Fällen kommt auch keine Löschung von Amts wegen in Betracht.

II. Inhalt der Ermächtigung

Beim Ermächtigungsinhalt ist zwischen notwendigem und freigestelltem Inhalt zu unterscheiden. 60 Das Gesetz setzt dem genehmigten Kapital **enge Grenzen.** Damit sollen zum einen Gläubiger und künftige Aktionäre geschützt werden, indem ein Höchstmaß an Transparenz hergestellt wird, und zum anderen soll die Hauptversammlung vor einer zu weitgehenden Selbstentmachtung bewahrt werden. Vor dem Hintergrund dieses Gesetzeszwecks sind die Bestimmungen über den Ermächtigungsinhalt zu interpretieren.

1. Inhaltliche Mindesterfordernisse. Wie sich aus dem Gesetzeswortlaut ergibt, hat der Ermäch- 61 tigungsbeschluss neben der eigentlichen Ermächtigung wenigstens Angaben zur Höhe des genehmigten Kapitals und zu dessen Laufzeit zu enthalten. Soweit er solche Angaben nicht enthält, stellt sich die Frage, ob dann die jeweils höchst zulässigen Grenzen gelten sollen.[24] Hierfür spricht, dass der Wille der Hauptversammlung in diesen Fällen offensichtlich dahin geht, den Vorstand möglichst umfassend und ohne die Setzung von zeitlichen oder summenmäßigen Schranken zur Ausgabe neuer Aktien zu ermächtigen. Im Wege der geltungserhaltenden Reduktion würde der Intention der Hauptversammlung soweit als von Rechts wegen möglich Geltung verschafft werden. Entscheidendes Argument gegen eine solche Auslegungspraxis ist, dass der Hauptversammlung in diesen Fällen nicht ausschließbar überhaupt nicht bewusst war, dass sie dem Vorstand solche zeitlichen und summenmäßigen Schranken setzen kann und muss, und dass sie in Kenntnis dieser Umstände sich für andere Festlegungen als die gesetzlich jeweils höchst zulässigen entschieden hätte. Im Interesse der größtmöglichen Wahrung der Kompetenzen der Hauptver-

---

[22] Zur Rechtslage nach Eintragung in das Handelsregister → Rn. 61.
[23] BGHZ 136, 133 (135) = NJW 1997, 2815 (2815) = LM AktG 1965 § 186 Nr. 9 – Siemens/Nold.
[24] Zur Rechtslage vor Eintragung in das Handelsregister → Rn. 55.

sammlung kommt eine solche **geltungserhaltende Reduktion** vor Eintragung des Ermächtigungsbeschlusses daher **nicht** in Betracht.[25] Daneben muss die Ermächtigung des Vorstands zur Erhöhung des Grundkapitals einem **konkreten unternehmerischen Zweck** zugeordnet werden (zB Durchführung des Börsengangs der Gesellschaft mit Hilfe einer Mehrzuteilungsoption), da anderenfalls ein unzulässiger Vorratsbeschluss vorläge.[26]

62 Fehlen die Mindestangaben, führt dies gem. § 241 Nr. 3 zur **Nichtigkeit** des Hauptversammlungsbeschlusses. Der Beschluss ist daher mit den erforderlichen Begrenzungen im Rahmen der nächsten ordentlichen Hauptversammlung, oder, bei dringendem Eigenkapitalbedarf, auf einer außerordentlichen Hauptversammlung nachzuholen. Nach allgM tritt zwar noch nicht durch die bloße Eintragung, aber doch nach Ablauf von drei Jahren eine Heilung gem. § 242 Abs. 2 Satz 1 ein, jedoch nicht im vollen Umfang, also zeitlich und quantitativ unbegrenzt, sondern im Rahmen des jeweiligen gesetzlichen Höchstmaßes. Auch wenn die Regelung des § 242 Abs. 2 Satz 1 grundsätzlich keine Heilung vorsieht und ein Amtslöschungsverfahren wegen unrichtiger Eintragung im Handelsregister möglich bleibt, und auch wenn eine echte Heilung konsequenterweise zu einer uneingeschränkten Ermächtigung führen müsste, kann dem aus Gründen der Rechtssicherheit gefolgt werden. In diesem Fall hat der Vorstand sorgfältig zu prüfen, ob dieses Ergebnis wirklich dem Willen der Hauptversammlung entspricht. Die Umsetzung eines nichtigen Beschlusses kann sich als sorgfaltswidrig darstellen, auch wenn der Beschluss nicht mehr angreifbar ist. Sollte keine besondere Eilbedürftigkeit gegeben sein, wird der Vorstand im Zweifel einen ordnungsgemäßen Hauptversammlungsbeschluss nachzuholen haben, notfalls auch im Wege einer außerordentlichen Hauptversammlung.

63 **2. Inhaltliche Schranken. a) Fünfjahresfrist.** Gem. § 202 Abs. 1 und 2 kann dem Vorstand für höchstens **fünf Jahre** genehmigtes Kapital eingeräumt werden, unabhängig davon, ob das genehmigte Kapital bereits in der Ursprungssatzung oder erst in einer späteren Satzungsänderung geschaffen wird. In beiden Fällen beginnt die Frist mit der Eintragung der Satzung bzw. der Satzungsänderung in das Handelsregister zu laufen. Hierdurch hat es nicht etwa der Vorstand in der Hand, durch den Zeitpunkt, zu dem er den Beschluss über die Schaffung genehmigten Kapitals zum Handelsregister anmeldet, den Beginn und damit die Dauer der Ermächtigungsfrist zu beeinflussen. Denn der Vorstand ist gehalten, einen Ermächtigungsbeschluss ohne schuldhaftes Zögern einzureichen, wobei teilweise eine Frist von 3 Monaten angenommen wird (→ Rn. 41). Ob ein Überschreiten dieser Frist generell oder im Einzelfall tatsächlich zu einer Zurückweisung der beantragten Eintragung durch das Registergericht führt, muss zwar als zumindest offen bezeichnet werden, jedoch muss ein Vorstand mit der Möglichkeit einer solchen Zurückweisung rechnen. Da der Vorstand durch Hinauszögern der Anmeldung die Frist der ihm erteilten Ermächtigung faktisch verlängern kann, ist die – sinnvolle – rechtspolitische Forderung erhoben worden, die Fünfjahresfrist ab dem Zeitpunkt der Beschlussfassung der Hauptversammlung laufen zu lassen.[27]

64 Eine satzungsmäßige Bestimmung, wonach die Fünfjahresfrist erst zu einem späteren, zeitlich **nach der Eintragung liegendem Zeitpunkt** zu laufen beginnen soll, ist nur zulässig, wenn hierdurch die Fünfjahresfrist, gerechnet vom Zeitpunkt der Eintragung des Ermächtigungsbeschlusses an, nicht überschritten wird. Auf keinen Fall wird man einen Fristbeginn zulassen können, der nach der nächsten ordentlichen Hauptversammlung liegt. Denn dann hätte die Hauptversammlung des Vorjahres eine Entscheidung, die eigentlich der Hauptversammlung des nächsten Jahres oblegen hätte, an sich gezogen.

65 Die **Berechnung** der gesetzlich zulässigen Frist von fünf Jahren sowie einer etwaigen durch die Hauptversammlung bestimmten kürzeren Frist richtet sich nach den allgemeinen Regeln, wie sie im BGB niedergelegt sind. Danach wird bei der Fristberechnung der Tag der Eintragung des Ermächtigungsbeschlusses in das Handelsregister nicht mitgerechnet (§ 187 Abs. 1 BGB). Die Frist endet mit dem Tag, der durch seine Zahl dem Anfangstag der Frist entspricht (§ 188 Abs. 2 BGB), bzw., wenn ein solcher Tag fehlt, mit dem Ablauf des letzten Tages des Monats (§ 188 Abs. 3 BGB). Ist in dem Beschluss ein konkretes Datum genannt („bis zum 31.7.2021"), ist dieses maßgeblich.

66 Hiervon zu unterscheiden ist der Zeitpunkt, ab dem der Vorstand von der Ermächtigung **Gebrauch machen** kann. Die Ermächtigung ist schon ab dem Moment ihrer Eintragung wirksam und kann ab diesem Moment ausgenutzt werden.

67 Zur **Wahrung der Frist** genügt es nach allgM, dass die Kapitalerhöhung vor Fristablauf in das Handelsregister eingetragen wird. Denn dann wird sie wirksam, § 203 Abs. 1 Satz 1 iVm § 189. Die Ausgabe der Aktien braucht nicht innerhalb der Frist abgeschlossen zu werden.

---

[25] So iE auch die allgM, siehe nur OLG Celle AG 1962, 347 (347 bis 348); LG Mannheim BB 1957, 689 (690); K. Schmidt/Lutter/*Veil* Rn. 17; Hüffer/Koch/*Koch* Rn. 11.
[26] BGH NZG 2009, 589 (591).
[27] *Rottnauer* BB 1999, 330 (334).

b) Höchstsumme. Das Gesetz sieht als **Höchstsumme** vor, dass der Nennbetrag des genehmigten Kapitals die Hälfte des Grundkapitals, das zur Zeit der Ermächtigung vorhanden ist, nicht übersteigen darf. Entscheidend ist, ob die Summe des gesamten genehmigten Kapitals die Hälfte des Grundkapitals nicht überschreitet. Ist etwa aus einem vorhergehenden Ermächtigungsbeschluss noch nicht ausgenutztes genehmigtes Kapital vorhanden, ist der noch offene Betrag dem Betrag des nunmehr genehmigten Kapitals hinzuzurechnen. Gegebenenfalls sind die früheren Ermächtigungen aufzuheben, was auch zeitgleich mit dem neuen Beschluss möglich ist.[28] Nicht dem Grundkapital hinzuzurechnen sind genehmigtes Kapital vor seiner Ausnutzung und bedingtes Kapital vor der Ausgabe der Bezugsaktien.

Die ganz hM[29] verlangt die Angabe eines **konkreten, bezifferten Betrages.** Die Festsetzung eines prozentualen Anteils soll nicht genügen. Dem ist im Interesse größtmöglicher Transparenz über den Umfang genehmigten Kapitals zuzustimmen, da bei Kapitalerhöhungen nach dem Fassen des Ermächtigungsbeschlusses aber vor dem Fassen des Ausnutzungsbeschlusses Unklarheiten über den Umfang des genehmigten Kapitals entstünden. Ferner ergeben sich anderenfalls Probleme beim bedingten Kapital. Denn das Grundkapital ist zwar mit der Ausgabe der Bezugsaktien erhöht (§ 200), der Vorstand hat jedoch erst innerhalb eines Monats nach Ablauf des Geschäftsjahres zur Eintragung in das Handelsregister anzumelden, in welchem Umfang im abgelaufenen Geschäftsjahr Bezugsaktien ausgegeben worden sind (§ 200 Abs. 1).

c) Bezugsrecht. Bedingtes Kapital hat außer Betracht zu bleiben, solange es durch Ausgabe neuer Aktien nicht gem. § 200 wirksam geworden ist. Diese getrennte Betrachtungsweise muss auch insoweit gelten, als das **bedingte Kapital** für Umtausch- und Bezugsrechte von Vorstandsmitgliedern zur Verfügung steht.[30] Zwar kann in diesen Fällen im wirtschaftlichen Ergebnis der Vorstand sowohl über die Inanspruchnahme bedingten Kapitals als auch über eine solche genehmigten Kapitals entscheiden. Aber hierbei handelt es sich um völlig unterschiedliche Finanzierungsinstrumente. Die Inanspruchnahme bedingten Kapitals durch Vorstandsmitglieder beruht auf einer individuellen Entscheidung, die der persönlichen Lebensplanung des einzelnen Vorstandsmitgliedes folgt. Die Ausnutzung genehmigten Kapitals hingegen ist eine Kollektiventscheidung des Vorstands, die unternehmerischen Zwecken dient.

3. Fakultative Inhalte. Wegen der weitreichenden Auswirkungen von Erhöhungen des Eigenkapitals hat hierüber die **Hauptversammlung** als das Organ zu entscheiden, in dem die wirtschaftlichen Eigentümer der Aktiengesellschaft ihren Einfluss auf die Gesellschaft geltend machen können. Der Hauptversammlung steht es frei, die Ermächtigung des Vorstands an bestimmte Voraussetzungen zu knüpfen, oder aber den Vorstand umfangreicher zu ermächtigen, als es dem gesetzlichen Normalfall entspricht.

Möglich und durchaus üblich ist es, mehrere genehmigte Kapitale mit unterschiedlichen Inhalten zu schaffen.[31] Diese werden in der Praxis zwecks Unterscheidung voneinander mit römischen Ziffern durchnummeriert, wenn ein Bezugsrechtsausschluss nur für einen Teil der Gesamtsumme des genehmigten Kapitals gerechtfertigt ist **(genehmigtes Kapital I und II).** Auf diese Weise wird auch das Anfechtungsrisiko reduziert, indem sich ein Fehler nur bei einem von mehreren genehmigten Kapitalen auswirkt.

Die fakultativen Inhalte können **nachträglich** festgesetzt werden. Der nachträgliche Beschluss muss seinerseits den Vorgaben des § 202 Abs. 2 entsprechen.

a) Fakultative Erweiterungen. An fakultativen Erweiterungen kommen insbesondere der **Ausschluss des Bezugsrechts,** die Ausgabe von Vorzugsaktien, die Ausgabe gegen Sacheinlagen, die Ausgabe der neuen Aktien an Arbeitnehmer der Gesellschaft, oder – bei börsennotierten Gesellschaften – die Einsetzbarkeit des genehmigten Kapitals zur Abwehr unerwünschter Übernahmeangebote in Betracht.

aa) Bezugsrechtsausschluss. Ein Bezugsrechtsausschluss greift in das Mitgliedschaftsrecht des einzelnen Aktionärs schwer ein, da es dessen relative Beteiligung an der Aktiengesellschaft notwendig vermindert. Ein Bezugsrechtsausschluss kann daher nur auf der Grundlage eines entsprechenden Hauptversammlungsbeschlusses erfolgen. Der Ermächtigungsbeschluss kann das Bezugsrecht ausschließen oder den Vorstand zu einem solchen Bezugsrechtsausschluss ermächtigen (§ 203 Abs. 2). Voraussetzung für einen Bezugsrechtsausschluss, sei er direkt von der Hauptversammlung beschlossen

---

[28] OLG Frankfurt, Beschluss vom 10. Mai 2010 – 20 W 115/10, juris.
[29] S. nur K. Schmidt/Lutter/*Veil* Rn. 18 mwN; aA Kölner Komm AktG/*Lutter* Rn. 11.
[30] K. Schmidt/Lutter/*Veil* Rn. 18; aA Großkomm AktG/*Hirte* Rn. 152.
[31] *Freitag* AG 2009, 473.

oder sei er der Entscheidung des Vorstands übertragen, ist, dass die Maßnahme, zu deren Durchführung der Vorstand ermächtigt werden soll, **im wohlverstandenen Interesse der Gesellschaft liegt** und der Hauptversammlung allgemein und in abstrakter Form bekannt gegeben wird.[32] Wird der Vorstand zu einem Bezugsrechtsausschluss ermächtigt, darf er davon nur Gebrauch machen, wenn das konkrete Vorhaben seiner abstrakten Umschreibung entspricht und auch im Zeitpunkt seiner Realisierung im wohlverstandenen Interesse der Gesellschaft liegt.[33]

76 **bb) Vorzugsaktien.** Der Ermächtigungsbeschluss kann vorsehen, dass Vorzugsaktien ausgegeben werden dürfen. Sind bereits Vorzugsaktien ohne Stimmrecht vorhanden, können Vorzugsaktien, die bei der Verteilung des Gewinns oder des Gesellschaftsvermögens ihnen vorgehen oder gleichstehen, nur ausgegeben werden, wenn die Ermächtigung dies vorsieht (§ 204 Abs. 2).

77 **cc) Sacheinlagen.** Sollen Aktien gegen Sacheinlagen ausgegeben werden dürfen, ist dies in der Ermächtigung ausdrücklich vorzusehen. Denn zum einen besteht bei Sacheinlagen immer ein erhöhtes Risiko, dass die Gesellschaft für die neuen Aktien keine **angemessene Gegenleistung** erhält, und zum anderen ist bei einer Sacheinlage zumindest faktisch das Bezugsrecht ausgeschlossen. Der Ermächtigungsbeschluss kann die Person des Inferenten sowie die einzubringende Sache festlegen. Der Vorstand entscheidet in diesen Fällen nur noch über das Ob und Wann der Kapitalerhöhung.

78 **dd) Übernahmeangebot.** Nach der Regelung des § 33 WpÜG darf bei einem Übernahmeangebot der Vorstand der – börsennotierten (§ 1 WpÜG) – Zielgesellschaft keine Handlungen vornehmen, durch die der Erfolg des Angebots verhindert werden könnte. Die Hauptversammlung kann jedoch den Vorstand vor der Abgabe eines Übernahmeangebotes zur Vornahme von Handlungen, die in die Zuständigkeit der Hauptversammlung fallen, ermächtigen, um den Erfolg von Übernahmeangeboten zu verhindern. Diese Handlungen sind in der Ermächtigung der Art nach zu bestimmen, wobei die Ermächtigung für höchstens 18 Monate erteilt werden kann. Der Beschluss der Hauptversammlung bedarf einer Mehrheit, die mindestens drei Viertel des bei der Beschlussfassung vertretenen Grundkapitals umfasst; die Satzung kann eine größere Kapitalmehrheit und weitere Erfordernisse bestimmen.

79 Wünscht die Hauptversammlung, dass das genehmigte Kapital auch über den Zeitraum von 18 Monaten hinaus zur Abwehr unerwünschter Übernahmeangebote eingesetzt werden kann, muss es die entsprechende Zweckbestimmung **spätestens nach 18 Monaten wiederholen.** Aus praktischen Gründen bietet es sich an, in der jährlich stattfindenden ordentlichen Hauptversammlung einen solchen Beschluss fassen bzw. wiederholen zu lassen. Eine solche Beschlusskette stellt keine Gesetzesumgehung dar. Die Begrenzung der Ermächtigung auf 18 Monate soll sicherstellen, dass es der Hauptversammlung überlassen bleibt, zu entscheiden, ob neue Aktien zur Abwehr eines feindlichen Übernahmeversuchs eingesetzt werden. Die wiederholende Beschlussfassung muss jeweils den Vorgaben des § 202 Abs. 2 genügen.

80 **ee) Arbeitnehmeraktien.** Im Ermächtigungsbeschluss kann vorgesehen werden, dass die neuen Aktien an Arbeitnehmer der Gesellschaft ausgegeben werden (§ 202 Abs. 4) (hierzu ausführlich → Rn. 100–111). Hierin liegt in aller Regel ein gesetzlich anerkannter Grund für einen – damit notwendigerweise verbundenen – **Bezugsrechtsausschluss.**

81 **ff) Ermächtigung des Aufsichtsrats zur Satzungsänderung.** Da die Ausnutzung des Ermächtigungsbeschlusses zu einer Erhöhung des Grundkapitals und damit zu einer Änderung der Satzung führt – aus dem genehmigten Kapital wird tatsächliches Kapital –, ist es aus Gründen der **Verfahrensvereinfachung** zweckmäßig, den Aufsichtsrat zur Satzungsänderung zu ermächtigen. Die Möglichkeit hierzu ergibt sich aus § 179 Abs. 1 Satz 2, wonach die Befugnis zu Änderungen, die nur die Fassung der Satzung betreffen, von der Hauptversammlung auf den Aufsichtsrat übertragen werden kann.

82 **gg) Grenzen der Ermächtigung.** Nicht möglich ist es, den Vorstand zu einer **Kapitalerhöhung aus Gesellschaftsmitteln** oder zu einer **bedingten Kapitalerhöhung** zu ermächtigen. Dies folgt zum einen aus dem Wortlaut des § 202 Abs. 1, der von einer Ausgabe gegen Einlagen spricht. Zum anderen haben diese Finanzierungsinstrumente im Aktiengesetz eigenständige Regelungen erfahren, die eine Ermächtigung des Vorstands nicht vorsehen.

---

[32] BGHZ 136, 133 (135) = NJW 1997, 2815 (2815) = LM AktG 1965 § 186 Nr. 9 – Siemens/Nold; BGH NZG 2009, 589 (591).
[33] BGHZ 136, 133 (140) = NJW 1997, 2815 (2816) = LM AktG 1965 § 186 Nr. 9 – Siemens/Nold; hierzu im Einzelnen die Kommentierung zu → § 203 Rn. 57–116.

b) **Fakultative Schranken.** An fakultativen Schranken kommt eine **Zweckbindung** in Betracht. **83**
So kann vorgesehen werden, dass das genehmigte Kapital nur zum Erwerb von Unternehmensbeteiligungen oder nur zum Erwerb eines bestimmten Unternehmens eingesetzt werden darf. In diesen Fällen ist der Ermächtigungsbeschluss aus praktischen Gründen mit einem Bezugsrechtsausschluss zu verbinden. Die Hauptversammlung kann **weitere Vorgaben** hinsichtlich der Inhalte der neuen Aktien sowie der Bedingungen der Aktienausgabe im Ermächtigungsbeschluss festschreiben. Denkbar sind Bestimmungen über den geringsten und höchsten Ausgabebetrag oder über die Ausgabe von Namens- oder Inhaberaktien. Soweit die Ermächtigung keine Bestimmungen über den Inhalt der Aktienrechte und die Bedingungen der Aktienausgabe enthält, entscheidet hierüber der Vorstand mit Zustimmung des Aufsichtsrats. Eine Ausgabe in **Tranchen** ist, auch wenn der Ermächtigungsbeschluss hierzu schweigt, im Zweifel immer möglich.

III. Die Ausnutzung genehmigten Kapitals

1. Vorstandsentscheidung. Die **gesetzlichen Vorgaben**, welche vom Vorstand im Rahmen **84**
der Ausnutzung von genehmigtem Kapital zu beachten sind, verteilen sich über die §§ 202–205. Die wichtigsten Vorschriften sind § 203 Abs. 2, wonach die Ermächtigung vorsehen kann, dass der Vorstand über einen etwaigen Bezugsrechtsausschluss entscheiden kann, § 204 Abs. 1, der die Entscheidung über den Inhalt der Aktienrechte und die Bedingungen der Aktienausgabe dem Vorstand insoweit zuweist, als diese Punkte nicht schon in der Ermächtigung festgelegt sind, sowie § 203 Abs. 1 mit seinem Verweis auf die Vorschriften über die Kapitalerhöhung gegen Einlagen. Andere grundlegende Dinge, wie etwa die Frage, inwiefern der Vorstand zur Ausnutzung des genehmigten Kapitals verpflichtet oder unter welchen Bedingungen ein Bezugsrechtsausschluss zulässig ist, sind gesetzlich nicht geregelt. Die hierfür maßgeblichen Grundsätze wurden von Rspr. und Lit. entwickelt, wobei über die meisten Punkte Konsens besteht.

Die Entscheidung über die Ausnutzung der Ermächtigung ist eine Geschäftsführungsaufgabe nach **85**
§ 77. Der Vorstand kann im Rahmen des ihm eingeräumten **unternehmerischen Ermessens** frei entscheiden, inwieweit er von der ihm erteilten Ermächtigung Gebrauch macht und das genehmigte Kapital zu einer Kapitalerhöhung verwendet. Dieses Ermessen geht so weit, als es nicht durch Vorgaben in der Ermächtigung eingeschränkt ist. Nur ganz selten werden die wirtschaftlichen Rahmenbedingungen so sein, dass eine Ermessenreduzierung auf Null eintritt und sich nur eine einzige Entscheidung nicht als gesellschaftsschädigend und pflichtwidrig iSd § 93 Abs. 2 darstellt.

Der Vorstand fasst seinen Beschluss nach den allgemeinen Vorschriften, also grundsätzlich einstim- **86**
mig, wenn nicht, was die Regel ist, die Geschäftsordnung des Vorstands etwas anderes vorsieht (§ 77). Der Vorstandsbeschluss kann formlos getroffen werden. Er ist **nicht eintragungsfähig.** Denn dem Beschluss als solchen kommt noch kein Regelungsgehalt zu, da noch die gem. § 202 Abs. 3 Satz 2, § 204 Abs. 1 erforderliche Zustimmung des Aufsichtsrats aussteht. Da die Kapitalerhöhung anzumelden ist (§ 203 Abs. 1 Satz 1 iVm § 188 Abs. 1) und erst mit der Eintragung wirksam wird (§ 203 Abs. 1 Satz 1 iVm § 189), besteht kein praktisches Bedürfnis nach einer Eintragung bereits des bloßen Vorstandsbeschlusses.

Börsennotierte Aktiengesellschaften haben die Meldepflicht nach **Art. 17 MAR** zu beachten. Bei **87**
dem Beschluss über eine Kapitalerhöhung wird es sich häufig um eine Insiderinformation handeln, wobei dies maßgeblich auch von der Höhe der Emission und deren Verhältnis zum Grundkapital abhängt. Hinsichtlich des maßgeblichen Zeitpunktes stellt das BaFin darauf ab, wann der – mehrstufige – Entscheidungsprozess bereits soweit vorangeschritten ist, dass dem Umstand die Eignung zur erheblichen Preisbeeinflussung zukommt[34] Auch wenn dies idR der Vorstandsbeschluss sein wird, gestattet das BaFin es doch, dass angesichts der gebotenen Prüfung durch den Aufsichtsrat dessen Entscheidung abgewartet wird, soweit die Vertraulichkeit der Insiderinformation während der Zeit der Befreiung sichergestellt ist.[35] Eine vorzeitige Mitteilung würde die erforderliche Abstimmung zwischen Vorstand und Aufsichtsrat stören, die der durch den Deutschen Corporate Governance Kodex bezweckten Aufwertung des Aufsichtsrats zuwiderlaufen würde.

Unbeschadet kapitalmarktrechtlicher Publizitätspflichten braucht unter aktienrechtlichen Aspek- **88**
ten der Vorstand seine Absicht, von dem bezugsrechtsfreien genehmigten Kapital Gebrauch zu machen, den Aktionären nicht vorab bekannt zu geben. Zwar hat der BGH dies ausdrücklich nur für den Fall entschieden, dass der Bezugsrechtsausschluss nicht bereits durch die Hauptversammlung, sondern erst durch den Vorstand erfolgte.[36] Angesichts dessen dürfte bei einem bereits durch die

---

[34] Ziff. III.2.1.1.1 des Emittentenleitfadens der BaFin vom 22. Juli 2013 (www.bafin.de).
[35] Ziff. IV.2.2.7 des Emittentenleitfadens der BaFin vom 22. Juli 2013 (www.bafin.de).
[36] BGHZ 164, 241 (245–248) = NJW 2006, 371 (372–373) – Mangusta/Commerzbank I; bestätigt von BVerfG NZG 2006, 781 (782).

Hauptversammlung beschlossenen Bezugsrechtsausschluss erst recht **keine Vorabberichtspflicht** bestehen. Denn in diesem Fall hat die Hauptversammlung bereits die Entscheidung über den Bezugsrechtsausschluss gefasst, so dass dem Vorstand lediglich ein entsprechend reduzierter Entscheidungsspielraum verbleibt. Ist die Entscheidungskompetenz aber verringert, ergibt sich umso weniger die Notwendigkeit, dass der Vorstand die Aktionäre vor seiner Entscheidung über seine Pläne und Absichten in Kenntnis setzt.

89 Bis zur Eintragung der Kapitalerhöhung im Handelsregister kann der Vorstand seinen eigenen Beschluss durch einen gegenläufigen Beschluss **aufheben.** Ein solcher Aufhebungsbeschluss ist auch dann noch möglich, wenn der Aufsichtsrat der Kapitalerhöhung bereits zugestimmt hat. Denn es handelt sich nicht um einen gemeinsamen Beschluss von Aufsichtsrat und Vorstand, sondern um einen Beschluss des Vorstands, der vom Aufsichtsrat lediglich zu billigen ist. Hebt der Vorstand seinen Beschluss vor der Eintragung auf, hat diese zu unterbleiben, so dass es nicht zur Kapitalerhöhung kommt (§ 203 Abs. 1 iVm § 189). Etwa schon abgeschlossene Zeichnungsverträge gewähren keinen Erfüllungsanspruch; unter Umständen kommen Schadensersatzansprüche in Betracht.

90 **2. Zustimmung des AR.** Das Gesetz sieht die Zustimmung des Aufsichtsrats **an drei Stellen** vor: Gem. § 202 Abs. 3 Satz 2 sollen die neuen Aktien nur mit Zustimmung des Aufsichtsrats ausgegeben werden, wobei unter „Ausgabe" der Entschluss des Vorstands, das genehmigte Kapital auszunutzen, zu verstehen ist, und nicht die körperliche Ausgabe der Aktienurkunden. Nach § 204 Abs. 1 bedürfen die Entscheidungen des Vorstands über den Inhalt der Aktienrechte, die Bedingungen der Aktienausgabe und den Bezugsrechtsausschluss der Zustimmung des Aufsichtsrats. Bei einer Ausgabe gegen Sacheinlagen schließlich soll der Vorstand die notwendigen Festsetzungen über den Gegenstand der Sacheinlage, die Person, von der die Gesellschaft den Gegenstand erwirbt, und den Nennbetrag der zu gewährenden Aktien nur mit Zustimmung des Aufsichtsrats treffen (§ 205 Abs. 2 Satz 2).

91 Das Zustimmungserfordernis des **§ 202 Abs. 3 Satz 2** – wie des § 205 Abs. 2 Satz 2 – ist als Sollvorschrift ausgestaltet und berührt daher die Wirksamkeit eines ohne die Zustimmung des Aufsichtsrats gefassten Vorstandsbeschlusses nicht. Dies ändert jedoch weder daran etwas, dass der Vorstand pflichtwidrig handelt, wenn er die von Gesetzes wegen erforderliche Zustimmung des Aufsichtsrats nicht einholt, noch daran, dass das Registergericht in einem solchen Fall die Eintragung abzulehnen hat. Die praktische Bedeutung dieser Vorschrift ist jedoch gering. Denn wenn der Ermächtigungsbeschluss – wie in aller Regel – den Inhalt der Aktienrechte und die Bedingungen der Aktienausgabe nicht vollständig und abschließend regelt, besteht ohnehin das als Wirksamkeitsvoraussetzung ausgestaltete Zustimmungserfordernis des Aufsichtsrats nach § 204 Abs. 1.

92 Der Aufsichtsrat entscheidet über seine Zustimmung durch **Beschluss** nach den allgemeinen Regeln. Er kann die Aufgabe an einen aus seiner Mitte zu bildenden Ausschuss delegieren, wie sich aus einem Umkehrschluss zu § 107 Abs. 3 Satz 2 ergibt. Er kann seine Zustimmung nicht generell erteilen, sondern muss ihn für jede einzelne Tranche gesondert erklären. Denn anderenfalls könnte er seiner Überwachungsfunktion nicht gerecht werden.

93 Das **Registergericht** hat zu überprüfen, ob die Zustimmung des Aufsichtsrats vorliegt. Da der Beschluss über die Kapitalerhöhung gem. § 203 Abs. 1 Satz 1 iVm § 188 Abs. 1 aber ohnehin vom Vorstand und dem Vorsitzenden des Aufsichtsrats anzumelden ist, kann das Registergericht mangels entgegenstehender Anhaltspunkte in aller Regel davon ausgehen, dass der Aufsichtsrat das Zustimmungsverfahren durchgeführt und positiv abgeschlossen hat.

94 **3. Besonderheit bei Stückaktien.** Bei Stückaktien ist die Regelung des § 203 Abs. 1 iVm § 182 Abs. 1 Satz 5 zu beachten. Die Zahl der neuen Aktien muss sich **in demselben Verhältnis** wie das Grundkapital erhöhen. Andernfalls träte eine nach § 53a unzulässige Ungleichbehandlung der Aktionäre ein, bei der Ausgabe von relativ zu wenigen neuen Aktien zu Lasten der Altaktionäre und im umgekehrten Fall zu Lasten der neuen Aktionäre.

95 Das Gebot verhältniswahrender Erhöhung von Grundkapital und Stückaktien stößt auf Probleme, wenn die Aktiengesellschaft über **bedingtes Kapital** verfügt. In diesen Fällen ist bereits mit der Ausgabe der Bezugsaktien das Grundkapital erhöht (§ 200), auch wenn die Eintragung, in welchem Umfang im Geschäftsjahr Bezugsaktien ausgegeben worden sind, erst innerhalb eines Monats nach Ablauf des Geschäftsjahres zur Eintragung in das Handelsregister anzumelden ist (§ 200 Abs. 1). Es ist nun denkbar, dass in dem Zeitraum zwischen dem Ausnutzungsbeschluss des Vorstandes und der Eintragung der Kapitalerhöhung im Handelsregister Bezugsaktien ausgegeben werden und sich damit das Grundkapital entsprechend erhöht. Eine solche Entwicklung kann der Vorstand an sich in seinem Kapitalerhöhungsbeschluss nicht berücksichtigen, da er nicht wissen kann, ob und in welcher Höhe in dem Zeitraum zwischen seinem Kapitalerhöhungsbeschluss und der Eintragung der Kapitalerhöhung Bezugserklärungen abgegeben und Bezugsaktien ausgegeben werden.

96 Zur Bewältigung dieser Problematik ist zweistufig zu verfahren. Zum einen sind Umtausch- und Bezugsrechte für die Zukunft so auszugestalten, dass sie in dem Zeitraum zwischen einem Kapitalerhöhungsbeschluss und dessen Eintragung nicht ausgeübt werden dürfen. Eine solche **vertragliche Lösung** stößt jedoch auf die praktische Schwierigkeit, dass der Kapitalerhöhungsbeschluss als zunächst rein korporationsinterner Akt noch nicht verlautbart wird und vor der Zustimmung des Aufsichtsrats auch noch nicht verlautbart werden sollte. Seine Mitteilung nur an solche Personen, die ein Bezugsrecht ausüben wollen, scheitert an dem Gebot der gleichmäßigen Information aller Aktionäre.

97 Zum anderen hat der Vorstand in seinem Kapitalerhöhungsbeschluss zwei Erhöhungssummen zu beschließen und diese entsprechend zur Eintragung anzumelden.[37] Hierbei handelt es sich einerseits um eine Mindestsumme, die sich auf der Grundlage der bereits zum Kapitalerhöhungsbeschluss ausgegebenen Bezugsaktien errechnet, und andererseits um den Betrag, um den sich das Grundkapital wegen der möglichen Ausgabe weiterer Bezugsaktien erhöhen kann. Beide Beträge, also letztendlich eine **Betragsspanne,** sind in das Handelsregister einzutragen. Sobald das Eintragungsdatum und damit der Stichtag des Wirksamwerdens der Kapitalerhöhung (§ 203 Abs. 1 iVm § 189) feststehen, hat der Vorstand zu ermitteln, wie viele Bezugsaktien bis zu diesem Tag tatsächlich ausgegeben wurden. Auf dieser Grundlage hat der Vorstand sodann den Betrag, auf den das Grundkapital erhöht wurde, sowie die dafür auszugebenden Stückaktien zu ermitteln und unverzüglich dem Handelsregister zur Eintragung anzumelden.

98 **4. Anmeldung und Eintragung.** Der Beschluss über die Kapitalerhöhung ist gem. § 203 Abs. 1 Satz 1 iVm § 188 Abs. 1 vom Vorstand in vertretungsberechtigter Zahl sowie vom Aufsichtsratsvorsitzenden anzumelden. Das **Registergericht** hat zu **überprüfen,** ob der Vorstand die Vorgaben des Ermächtigungsbeschlusses und des Gesetzes eingehalten und die Zustimmung des Aufsichtsrats eingeholt hat. Unabhängig von der Art des Mangels bildet grundsätzlich jeder **Fehler** der Kapitalerhöhung ein **Eintragungshindernis.**

99 Handelt es sich um behebbare Fehler, bspw. um das Fehlen der Zustimmung des Aufsichtsrats, hat das Gericht der Aktiengesellschaft im Rahmen einer **Zwischenverfügung** aufgeben, den Fehler binnen einer bestimmten Frist zu beseitigen (§ 26 HRV). Kommt die Gesellschaft dem nicht nach oder handelt es sich um einen nicht behebbaren Fehler, hat das Gericht die angemeldete Eintragung abzulehnen. Gegen den ablehnenden Beschluss kann die Gesellschaft Beschwerde beim Landgericht einlegen (§ 58 FamFG). Ist sie auch hier erfolglos, kann sie beim Oberlandesgericht Rechtsbeschwerde einlegen, sofern diese zugelassen wurde (§ 70 FamFG). Die Gesellschaft wird hierbei gemäß den allgemeinen Vorschriften durch ihren Vorstand vertreten (§ 78 Abs. 1). Den Aktionären kommt in aller Regel kein eigenes Beschwerderecht zu. Dies ergibt sich zum einen aus der Kompetenzverteilung innerhalb der Aktiengesellschaft und zum anderen aus § 59 Abs. 2 FamFG, wonach dann, wenn eine Verfügung nur auf Antrag erlassen werden kann und der Antrag zurückgewiesen worden ist, die Beschwerde nur dem Antragsteller zusteht. Gegen die vollzogene Eintragung ist eine Beschwerde nicht statthaft, da sonst die besonderen Voraussetzungen des Amtslöschungsverfahrens umgangen werden könnten. Etwaige Mängel können noch im Beschwerdeverfahren erster und zweiter Instanz geheilt werden.

IV. Arbeitnehmeraktien

100 Das Aktiengesetz sieht an vielen Stellen **Erleichterungen** vor, mit denen die Ausgabe von Belegschaftsaktien gefördert werden soll, bspw. § 71 Abs. 1 Nr. 2, § 192 Abs. 2 Nr. 3 und § 194 Abs. 3. Entsprechende, die Ausgabe von Arbeitnehmeraktien erleichternde Regelungen finden sich im Rahmen des genehmigten Kapitals, nämlich in den Vorschriften der § 202 Abs. 4, § 203 Abs. 4, § 204 Abs. 3 und § 205 Abs. 4.

101 **1. Regelungsgehalt.** Nach § 202 Abs. 4 kann die Satzung vorsehen, dass die neuen Aktien an Arbeitnehmer der Gesellschaft ausgegeben werden. Es ist fraglich, worin der Regelungsgehalt dieser Vorschrift besteht. Denn es ist selbstverständlich, dass Arbeitnehmer genauso wie Dritte neue Aktien zeichnen können. Mit der Vorschrift soll nach heute allgemeiner Auffassung **zweierlei** gesagt werden:

102 Zum einen rechtfertigt die Ausgabe von Belegschaftsaktien grundsätzlich einen **Bezugsrechtsausschluss.**[38] Nur wenn besondere Umstände vorliegen, etwa der Umfang der Arbeitnehmeraktien oder die den Arbeitnehmer gewährten Vorzugskonditionen das Branchenübliche deutlich übersteigen, bedarf die Verwendung des genehmigten Kapitals für die Ausgabe von Arbeitnehmeraktien

---

[37] Großkomm AktG/*Hirte* Rn. 170; MüKoAktG/*Bayer* Rn. 96.
[38] BGHZ 144, 290 (292) = NJW 2000, 2356 (2356–2357) = LM AktG 1965 § 27 Nr. 6 – adidas; Bürgers/Körber/*Marsch-Barner* Rn. 18.

einer besonderen Rechtfertigung. Die im Falle eines Bezugsrechtsausschlusses allgemein bestehende Berichtspflicht nach § 203 Abs. 2 Satz 2 iVm § 186 Abs. 4 Satz 2 besteht jedoch nach einhelliger Auffassung auch in diesem Fall. Sie hat sich insbesondere zu den den Arbeitnehmer eingeräumten Ausgabebedingungen zu verhalten.

103 Zum anderen soll die Vorschrift auch die Einräumung von **Vorzugskonditionen** rechtfertigen, die einem Drittvergleich an sich nicht standhalten würden. Die Arbeitnehmer sollen nicht darauf verwiesen werden, wie andere zeichnungsinteressierte Dritte die Aktien zu Marktbedingungen zu erwerben, sondern dürfen gleichsam einen Personalrabatt bekommen. Unterstützt wird diese Auffassung durch die Regelung des § 205 Abs. 4, die in der Sache eine Kapitalerhöhung aus Gesellschaftsmitteln zwecks Bildung von Belegschaftsaktien vorsieht. Denn auch in diesem Fall wird dem Unternehmen nicht in einer Weise Vermögen zugeführt, wie dies bei einer Kapitalerhöhung an sich üblich ist.

104 Bei der Ausgabe von Belegschaftsaktien zu Vorzugskonditionen kann eine **Anfechtungsklage** daher grundsätzlich nicht auf § 255 Abs. 2 gestützt werden.[39] Zwar kann danach eine Anfechtung, wenn das Bezugsrecht der Aktionäre ganz oder zum Teil ausgeschlossen worden ist, darauf gestützt werden, dass der sich aus dem Erhöhungsbeschluss ergebende Ausgabebetrag unangemessen niedrig ist. Jedoch wiegt in diesen Fällen die gesetzgeberische Intention, die Arbeitnehmer stärker an „ihr" Unternehmen zu binden und sie angesichts der Sozialpflichtigkeit des Eigentums auch am wirtschaftlichen Erfolg des Unternehmens teilhaben zu lassen, schwerer als der unter den Aktionären geltende Gleichbehandlungsgrundsatz des § 53a. Ob auch eine kostenlose Ausgabe von neuen Aktien an Arbeitnehmer gerechtfertigt ist[40] und wo die Grenze zwischen von den Altaktionären noch hinzunehmenden und von ihnen nicht mehr zu akzeptierenden Ausgabekonditionen liegt, ist eine Frage des Einzelfalls.

105 Zum Teil wird der Vorschrift darüber hinaus entnommen, dass die Satzung eine **generelle Ermächtigung** zur Ausgabe von Belegschaftsaktien enthalten kann, die für alle jetzigen und späteren genehmigten Kapitale gelten soll.[41] Problematisch erscheint an dieser Ansicht, dass angesichts der grundsätzlich langen Lebensdauer von Aktiengesellschaften in diesen Fällen die Gründer oder eine spätere satzungsändernde Hauptversammlung eine Grundlagenentscheidung treffen würden, die auch im Rahmen von sich völlig veränderten wirtschaftlichen Umständen noch Geltung beanspruchen könnte, solange sie nicht ausdrücklich aufgehoben ist.

106 Beim **Fehlen einer speziellen Ermächtigung** darf der Vorstand richtiger,[42] aber bestrittener[43] Ansicht nach keine Belegschaftsaktien ausgeben, wie sich dem § 202 Abs. 4 im Umkehrschluss entnehmen lässt. Die Entscheidung, ob die mit der Ausgabe von Arbeitnehmeraktien erhofften Vorteile den Ausschluss des Bezugsrechts kompensieren, ist nach der gesetzgeberischen Entscheidung, wie sie in § 202 Abs. 4 Niederschlag gefunden hat, von der Hauptversammlung zu treffen. Beim Fehlen einer Ermächtigung müssen sich zeichnungsinteressierte Arbeitnehmer daher um neue Aktien zu denselben Bedingungen wie Dritte bemühen.

107 Der Hauptversammlung steht es frei, ob sie das genehmigte Kapital ganz oder nur teilweise zur Ausgabe von Belegschaftsaktien zur Verfügung stellt, ob sie genehmigtes Kapital nur mit der Maßgabe gewährt, dass dieses zwingend zur Ausgabe von Belegschaftsaktien benutzt werden muss, oder ob sie dem Vorstand lediglich die Option einräumt, das genehmigte Kapital auch zum Zwecke der Mitarbeiterbeteiligung auszugeben. In allen Fällen besteht, wie auch sonst beim genehmigten Kapital, **keine Verpflichtung des Vorstands**, von dem genehmigten Kapital Gebrauch zu machen. Auch irgendwelche subjektiven Ansprüche der Arbeitnehmer bestehen nicht.

108 Ergänzt wird die Vorschrift des § 202 Abs. 4 durch § 203 Abs. 4, § 204 Abs. 3 und § 205 Abs. 4. Nach **§ 203 Abs. 4** dürfen Arbeitnehmeraktien im Wege der Ausnutzung genehmigten Kapitals ausnahmsweise auch dann ausgegeben werden, wenn ausstehende Einlagen auf das bisherige Grundkapital noch erlangt werden können. **§ 204 Abs. 3** erlaubt die Ausgabe von Aktien an Arbeitnehmer der Gesellschaft in der Weise, dass die auf sie zu leistende Einlage aus dem Teil des Jahresüberschusses gedeckt wird, den nach § 58 Abs. 2 Vorstand und Aufsichtsrat in andere Gewinnrücklagen einstellen können, wenn der mit einem uneingeschränkten Bestätigungsvermerk versehene Jahresabschluss

---

[39] MüKoAktG/*Bayer* Rn. 103; aA (bei unangemessen niedrigem Ausgabekurs): Großkomm AktG/*Hirte* Rn. 177; Bürgers/Körber/*Marsch-Barner* Rn. 25; Hölters/*v. Dryander/Niggemann* Rn. 82; s. auch Hüffer/Koch/*Koch* Rn. 27.

[40] Bejahend: MüKoAktG/*Bayer* Rn. 103; offenbar auch: Bürgers/Körber/*Marsch-Barner* Rn. 21; für die entsprechende Heranziehung der in § 19a EStG getroffenen Regelung über Freibeträge bei der Überlassung von Vermögensbeteiligungen an Arbeitnehmer: K. Schmidt/Lutter/*Veil* Rn. 29 mwN.

[41] Großkomm AktG/*Hirte* Rn. 174; Kölner Komm AktG/*Lutter* Rn. 26.

[42] Hüffer/Koch/*Koch* Rn. 26; Kölner Komm AktG/*Lutter* Rn. 27.

[43] Großkomm AktG/*Hirte* Rn. 178; *Knepper* ZGR 1985, 419 (433).

einen Jahresüberschuss aufweist (hierzu näher → § 204 Rn. 52–57). Gem. **§ 205 Abs. 4** können Geldforderungen, die Arbeitnehmer der Gesellschaft aus einer ihnen von der Gesellschaft eingeräumten Gewinnbeteiligung zustehen, als Sacheinlage entgegengenommen werden, ohne dass die für Sacheinlagen sonst geltenden Vorschriften zur Anwendung gelangen (hierzu näher → § 205 Rn. 24).

2. Begünstigter Personenkreis. Zum begünstigten Personenkreis gehören nicht nur die Arbeitnehmer der Aktiengesellschaft selbst. In entsprechender Anwendung des § 71 Abs. 1 Nr. 2 und § 192 Abs. 2 Nr. 3 zählen hierzu **auch die Arbeitnehmer verbundener Unternehmen.** Nicht hierzu zählen jedoch die Vorstandsmitglieder der Aktiengesellschaft. Denn wie sich dem § 192 Abs. 1 Nr. 3 entnehmen lässt, unterscheidet das Gesetz zwischen Arbeitnehmer einerseits und Mitgliedern der Geschäftsführung andererseits Die Unterscheidung ist auch in der Sache gerechtfertigt, denn insoweit bestehen hinsichtlich der Finanzkraft, der Motivation und der Identifikation mit dem Unternehmen zwischen den beiden Gruppen erhebliche Unterschiede. Für die Beteiligung der Mitglieder der Geschäftsführung am Unternehmen steht in erster Linie das Rechtsinstitut des bedingten Kapitals zur Verfügung.

3. Unternehmenspraxis. Bei einer Untersuchung über den Einsatz genehmigten Kapitals ergab sich bei den börsennotierten Unternehmen für das Jahr 2000, dass knapp 5 % der Kapitalerhöhungen der Schaffung und Ausgabe von Belegschaftsaktien dienten.[44]

In der Praxis werden die neuen Aktien nicht direkt an die Arbeitnehmer ausgegeben. Vielmehr werden sie von den **Emissionsbanken** zu einem marktgerechten Kaufpreis erworben, was der Gesellschaft zunächst entsprechendes Eigenkapital verschafft.[45] Sodann erwirbt die Gesellschaft die Aktien zum gleichen Preis zurück, um sie zu einem niedrigeren Preis an ihre Arbeitnehmer weiter zu veräußern. Die Differenz zwischen dem von ihr an die Emissionsbank gezahlten Erwerbspreis einerseits und dem von den Belegschaftsaktionären verlangten Kaufpreis andererseits kann als Betriebsausgabe (Personalkosten) bei der Steuerbilanz in Abzug gebracht werden.[46] Eine solche Vorgehensweise wird durch die Vorschrift des § 71 Abs. 1 Nr. 2 gedeckt.

V. Kapitalerhöhung trotz Liquidation oder Insolvenz

Im Einzelnen umstritten ist, ob nach der Auflösung der Aktiengesellschaft oder nach der Eröffnung des Insolvenzverfahrens über ihr Vermögen genehmigtes Kapital ausgenutzt werden kann. Ausschlaggebend muss sein, ob ein solches Vorgehen mit dem **Zweck des genehmigten Kapitals** vereinbar ist.

1. Liquidation. Teilweise wird vertreten, mit der Auflösung der Gesellschaft **erlösche** auch genehmigtes Kapital; ein Auflösungsbeschluss der Hauptversammlung beinhalte (konkludent) die Aufhebung einer bestehenden Kapitalerhöhungsermächtigung.[47] Jedenfalls dürfe der Vorstand, wenn er bereits einen Kapitalerhöhungsbeschluss gefasst habe, dessen Umsetzung, insbesondere dessen Eintragung in das Handelsregister, nicht mehr weiter betreiben.[48] Denn mit der Auflösung habe sich der Zweck der Gesellschaft geändert.

Daran ist richtig, dass eine nach dem Ermächtigungsbeschluss erfolgte Auflösung der Gesellschaft nicht ohne **Einfluss auf die Willensbildung des Vorstands** bleiben kann. Der Ermächtigungsbeschluss wird mit Liquidationseröffnung nicht automatisch unwirksam.[49] Der Vorstand hat zu prüfen, ob eine Kapitalerhöhung trotz der zwischenzeitlich eingetretenen Liquidation noch im Gesellschaftsinteresse liegt. Im Regelfall wird dies nicht der Fall und eine Kapitalerhöhung zu diesem Zeitpunkt wirtschaftlich unsinnig sein, da das Geld nach Beendigung der Liquidation wieder anteilig an die Aktionäre ausgezahlt werden müsste. Sollte sich abzeichnen, dass die durch die Kapitalerhöhung der Gesellschaft zufließenden Mittel zur vorrangigen Begleichung von Gesellschaftsschulden benötigt werden, werden sich kaum Interessenten zur Zeichnung der jungen Aktien finden. Bereits zum Zeitpunkt der Auflösung erfolgte Zeichnungsverträge können daher stets aus wichtigem Grund gekündigt werden.[50]

Es sind jedoch auch Fälle denkbar, in denen gerade in der Liquidation eine Kapitalerhöhung **noch sinnvoll** ist und im Unternehmensinteresse liegt. Solche Konstellationen sind insbesondere

---

[44] *Maier,* Der Einsatz des genehmigten Kapitals, 2003, 70.
[45] *Knepper* ZGR 1985, 419 (434); *Klein/Braun* BB 1986, 673 (676).
[46] *Klein/Braun* BB 1986, 673 (676).
[47] Großkomm AktG/*Hirte* Rn. 201.
[48] MüKoAktG/*Bayer* Rn. 108.
[49] *Kimpler,* Die Abgrenzung der Zuständigkeiten von Hauptversammlung und Vorstand bei der Kapitalerhöhung, 1994, 97 ff.
[50] BGH NJW 1995, 460 = LM AktG § 188 Nr. 3 (für die GmbH in der Insolvenz).

dann vorstellbar, wenn mit dem genehmigten Kapital ein Unternehmen, eine Anlage, eine Maschine oder ein sonstiges Wirtschaftsgut erworben werden soll, das zur Vervollständigung und Abrundung des Geschäftsbetriebes in einer Weise notwendig ist, dass dadurch eine Zerschlagung des Unternehmens vermieden werden und dieses als Gesamtheit veräußert und damit ein höherer Liquidationserlös erzielt werden kann. In diesen Fällen wird man nicht verlangen können, dass der Vorstand vor der Durchführung der Kapitalerhöhung die Zustimmung der Hauptversammlung einholt. Unbestritten ist, dass die Hauptversammlung noch während der Liquidation der Gesellschaft genehmigtes Kapital schaffen kann, solange die Gesellschaft nicht vollständig abgewickelt ist.

116   **2. Insolvenz.** Anders liegen die Dinge in der Insolvenz der Gesellschaft. Zwar ist auch in diesem Fall eine Kapitalerhöhung noch möglich.[51] Jedoch muss hier idR mit einem Verlust der aus der Kapitalerhöhung der Gesellschaft zufließenden Mittel gerechnet werden. Interessenten für die neuen Aktien werden sich kaum finden, vor Insolvenzeröffnung bereits abgeschlossene Zeichnungsverträge können aus wichtigem Grund gekündigt werden. **Im Einzelfall** kann aber auch in der Insolvenz die Durchführung einer Kapitalerhöhung **sinnvoll** sein, nämlich wenn die berechtigte Erwartung besteht, dass dadurch das Unternehmen saniert werden kann. Der Insolvenzeröffnungsbeschluss oder dessen Beantragung durch den Vorstand bringt das genehmigte Kapital nicht *ipso iure* zum Erlöschen.[52]

117   Es ist daher auch **nicht in jedem Fall ein Hauptversammlungsbeschluss** zu verlangen.[53] Denn zum einen würde der mit der Einberufung einer außerordentlichen Hauptversammlung einhergehende Zeitverlust den Sanierungserfolg gefährden. Zum anderen würde die Ausnutzung genehmigten Kapitals nicht mehr sinnvoll sein, denn die Hauptversammlung könnte über die Kapitalerhöhung im Wege einer ordentlichen Kapitalerhöhung beschließen.

118   Nach der Insolvenzeröffnung ist eine Kapitalerhöhung selbstverständlich nur im Zusammenwirken mit dem **Insolvenzverwalter** möglich. Denn an sich würden die durch die Kapitalerhöhung der Gesellschaft zufließenden Vermögenswerte dem Zugriff des Insolvenzverwalters unterliegen (§ 35 InsO). Der Vorstand hat in seiner Anmeldung der Kapitalerhöhung jedoch nachzuweisen, dass der eingezahlte Betrag endgültig zu seiner freien Verfügung steht (§ 203 Abs. 1 iVm § 188 Abs. 2, § 37 Abs. 1). Der Vorstand hat daher mit dem Insolvenzverwalter, der seinerseits die Gläubiger zu konsultieren haben wird, zu vereinbaren, dass das Geld für den Sanierungsversuch und nicht zur unmittelbaren Gläubigerbefriedigung eingesetzt werden kann.

VI. Rechtsfolgen eines fehlerhaften Beschlusses

119   **1. Rechtsfolgen bei fehlender oder fehlerhafter Ermächtigung.** Der Kapitalerhöhungsbeschluss des Vorstands kann in Bezug auf die Ermächtigung unter **zwei Arten von Fehlern** leiden. Zum einen kann bereits der Ermächtigungsbeschluss der Hauptversammlung bzw. die Satzungsbestimmung der Ursprungssatzung fehlerhaft sein. Die Ermächtigung kann nichtig sein, weil sie die gesetzlichen Mindestangaben nicht enthält oder deren Grenzen nicht einhält. Sie kann anfechtbar sein, weil sie bspw. in einer nicht ordnungsgemäß einberufenen Hauptversammlung beschlossen wurde. Zum anderen kann zwar eine wirksame Ermächtigung vorliegen, der Vorstand deren Vorgaben jedoch nicht eingehalten haben.

120   **a) Vor Eintragung der Durchführung.** Ist der Ermächtigungsbeschluss nichtig oder anfechtbar, darf der Vorstand das Kapitalerhöhungsverfahren nicht weiter betreiben. Verstößt er hiergegen, macht er sich im **Innenverhältnis** gegenüber der Gesellschaft schadensersatzpflichtig (§ 93 Abs. 2 Satz 1). Das Gleiche gilt für den Aufsichtsrat, soweit er die Durchführung der Kapitalerhöhung trotz Möglichkeit hierzu nicht verhindert oder der Kapitalerhöhung gar gem. § 202 Abs. 3 Satz 2 oder § 204 Abs. 1 Satz 2 zustimmt (§ 116).

121   Die Fehlerhaftigkeit des Ermächtigungsbeschlusses schlägt sich im **Außenverhältnis** nieder. Angesichts der Fehlerhaftigkeit des Ermächtigungsbeschlusses wird die Kapitalerhöhung spätestens an der Eintragung in das Handelsregister scheitern. Bereits abgeschlossene Zeichnungsverträge sind anfänglich unmöglich. Während die anfängliche Unmöglichkeit vor der Schuldrechtsreform gem. § 306 BGB aF zur Nichtigkeit des Vertrages führt, steht es der Wirksamkeit eines Vertrages nach § 311a Abs. 1 BGB nunmehr nicht entgegen, dass das Leistungshindernis schon bei Vertragsschluss

---

[51] Grundlegend Lutter FS Schilling, 1973, 207 (212); s. auch (zum insoweit vergleichbaren früheren Zwangsvergleich) LG Heidelberg ZIP 1988, 1257 (1257).
[52] BGH NJW 1995, 460 (460) = LM AktG § 188 Nr. 3 (für die GmbH in der Insolvenz); K. Schmidt/Lutter/ *Veil* Rn. 33; aA Großkomm AktG/*Hirte* Rn. 205.
[53] K. Schmidt/Lutter/*Veil* Rn. 33; aA MüKoAktG/*Bayer* Rn. 112.

vorlag. Der Gläubiger kann in diesen Fällen gem. § 311a Abs. 2 BGB nach seiner Wahl Schadensersatz statt der Leistung oder Ersatz seiner Aufwendungen verlangen.

Erkennt das **Registergericht,** dass das Verfahren der Kapitalerhöhung unter einem Fehler leidet, hat es die Eintragung grundsätzlich abzulehnen. Ist der Beschluss (lediglich) anfechtbar, hat das Registergericht seine Eintragung jedenfalls dann abzulehnen, wenn die Anfechtbarkeit auf der Verletzung einer auch im öffentlichen Interesse liegenden Norm gründet; beruht die Anfechtbarkeit hingegen auf der Verletzung einer Norm, die nur die Rechte der zur Beschlussfassung vorhandenen Aktionäre betrifft, ist es vertretbar, es den Aktionären zu überlassen, ob sie gegen den Beschluss vorgehen wollen oder aber ihn aus übergeordneten Unternehmensinteressen nicht angreifen wollen (hierzu näher → Rn. 48). Ist gegen den Hauptversammlungsbeschluss Anfechtungsklage erhoben werden, muss das Registergericht selbständig prüfen, ob die Klage erfolgreich sein wird oder nicht (hierzu näher → Rn. 48–49).

b) Nach Eintragung der Durchführung. Umstritten ist, welche Bedeutung der Eintragung der ohne wirksamen Ermächtigungsbeschluss durchgeführten Kapitalerhöhung zukommt. Nach heute allgM[54] kommt der Eintragung in diesem Fall **keine heilende Wirkung** zu. Der Wortlaut des § 189, wonach mit der Eintragung der Durchführung der Erhöhung des Grundkapitals das Grundkapital erhöht ist, bezeichnet allein den Zeitpunkt des Wirksamwerdens eines ordnungsgemäß durchgeführten Kapitalerhöhungsverfahrens. Etwas anderes gilt nach allgM nur für ein Überschreiten der quantitativen Vorgabe, dass der Nennbetrag des genehmigten Kapitals die Hälfte des Grundkapitals, das zurzeit der Ermächtigung vorhanden ist, nicht übersteigen darf (§ 202 Abs. 3 Satz 1), sowie für ein Überschreiten der zeitlichen Beschränkung, dass die Ermächtigung für höchstens fünf Jahre erteilt werden darf (§ 202 Abs. 2 Satz 1). In diesen Fällen soll die Regelung des § 242 Abs. 2 lediglich dazu führen, dass die gesetzlich zulässige Höchstfrist bzw. der gesetzlich zulässige Höchstbetrag gilt.

Aus Zeichnungsverträgen kann weiterhin nicht auf Erfüllung geklagt werden, auch nicht bei Gutgläubigkeit des Zeichners. Ausgegebene Aktien vermitteln keine Rechte. Allenfalls haben die – vermeintlichen – Gesellschafter im Falle einer Insolvenz die Einlagen zu leisten, soweit dies zur Erfüllung der eingegangenen Verbindlichkeiten nötig ist (§ 277 Abs. 3), da sie gegenüber den Gläubigern der Gesellschaft den Rechtsschein einer entsprechenden Eigenkapitalzufuhr gesetzt haben. Jedoch sind mit der Eintragung der Kapitalerhöhung die Grundsätze der **fehlerhaften Gesellschaft** anwendbar, soweit deren sonstige Voraussetzungen gegeben sind.[55] Die Eintragung ist zu löschen.[56]

2. Sonstige Fehler bei der Kapitalerhöhung. Ist der Kapitalerhöhungsbeschluss des Vorstands von einer wirksamen Ermächtigung des Satzungsgebers (Gründer oder Hauptversammlung) gedeckt, und hält er die ihm im Ermächtigungsbeschluss gemachten Vorgaben und gesetzten Schranken ein, kann das **Verfahren** der Kapitalerhöhung dennoch unter einem Fehler leiden.

Ist der Ermächtigungsbeschluss rechtmäßig, aber der **Ausnutzungsbeschluss fehlerbehaftet,** etwa weil er die Vorgaben des Ermächtigungsbeschlusses über den Inhalt der Aktienrechte und die Bedingungen der Aktienausgabe nicht einhält, gehen Rspr.[57] und Lehre[58] davon aus, dass die Kapitalerhöhung wirksam ist, wenn ihre Durchführung im Handelsregister eingetragen wurde (hierzu ausführlich → § 203 Rn. 49–52). Nachdem diese Wirksamkeitsfolge vom BGH in seiner jüngsten Entscheidung zu diesem Thema – wenn auch lediglich obiter dictu – bestätigt wurde, ist entgegen einer Prognose in der Lit.[59] nicht zu erwarten, dass der BGH diese Differenzierung wieder aufgeben wird, auch wenn einzuräumen ist, dass dadurch der Rechtsschutz bei Ausschluss des Bezugsrechts durch den Vorstand weniger effektiv ist als bei einem Bezugsrechtsausschluss durch einen Hauptversammlungsbeschluss.[60]

Ist erst die **Anmeldung mangelhaft,** weil sie bspw. nicht vom Vorstand in vertretungsberechtigter Zahl durchgeführt wurde (§ 203 Abs. 1 iVm § 188 Abs. 1), bleibt dies als rein formeller Mangel auf die Wirksamkeit der ansonsten ordnungsgemäßen Kapitalerhöhung ohne Einfluss.[61] Das Gleiche gilt für rein formelle Mängel bei der Eintragung oder Bekanntmachung.

---

[54] So schon RGZ 144, 138 (141).
[55] *Zöllner* AG 1993, 68 (71–75); *Kort* ZGR 1994, 291 (306); *Schockenhoff* DB 1994, 2327.
[56] OLG Frankfurt aM NZG 2002, 981 (981, 982).
[57] BGHZ 164, 249 (257) *(obiter dictum)* = NJW 2006, 374 (376) – Mangusta/Commerzbank II.
[58] *Busch* NZG 2006, 81 (87) mwN.
[59] *Kubis* DStR 2006, 188 (192).
[60] Für die Anwendung der Lehre von der fehlerhaften Gesellschaft auch in diesen Fällen daher *Schürnbrand* ZHR 171 (2007), 731 (742 ff.).
[61] *Lutter/Leinekugel* ZIP 2000, 1225 (1228).

VII. Kosten

128 Bei der Schaffung und Ausnutzung genehmigten Kapitals wird nur ein geringer Teil der Kosten auf die Gebühren für den Notar und die Handelsregister-Eintragung entfallen. Den weitaus größeren Teil werden die sonstigen Verwaltungskosten ausmachen, etwa die Kosten für die externen Berater und die Emissionsbanken.

129 1. **Notarkosten.** Für die **Beurkundung des Ermächtigungsbeschlusses** im Rahmen der Hauptversammlung wird eine 2,0-Gebühr erhoben (Nr. 21100 KV). Die Höhe einer vollen Gebühr bemisst sich nach dem Geschäftswert (§ 3 GNotKG). Geschäftswert ist der Erhöhungshöchstbetrag, auch bei einer Verlängerung der Vorstandsermächtigung (§ 108 Abs. 1 GNotKG). Weil dadurch bei großen Kapitalbeträgen unverhältnismäßig hohe Gebühren entstehen könnten, beträgt bei der Beurkundung von Beschlüssen der Hauptversammlung der Geschäftswert maximal 5 Millionen Euro (§ 108 Abs. 5 GNotKG).

130 Die Einräumung genehmigten Kapitals stellt eine **Satzungsänderung** dar (§ 202 Abs. 2 Satz 1) und ist zur Eintragung in das Handelsregister anzumelden (§ 181 Abs. 1 Satz 1). Der Anmeldung ist der vollständige Wortlaut der Satzung beizufügen; er muss mit der Bescheinigung des Notars versehen sein, dass die geänderten Bestimmungen der Satzung mit dem Beschluss über die Satzungsänderung und die unveränderten Bestimmungen mit dem zuletzt zum Handelsregister eingereichten vollständigen Wortlaut der Satzung übereinstimmen (§ 181 Abs. 1 Satz 2). Die Ausstellung dieser Bescheinigung stellt ein gebührenfreies Nebengeschäft dar, wenn sie, wie dies aus praktischen Gründen in der Regel der Fall sein wird, von dem die Beurkundung der Hauptversammlung durchführenden Notar erstellt wird (Vorbemerkung 2.1 Abs. 2 Nr. 4 KV). Wird mit der Bescheinigung ein anderer Notar beauftragt, fällt hierfür eine 1,0-Gebühr nach Nr. 25104 KV an, wobei der Notar den Geschäftswert mangels spezieller Wertvorschriften anhand des Wertes der Satzungsänderung nach billigem Ermessen zu bestimmen hat (§ 36 GNotKG).

131 Die durch den Vorstand nach § 180 Abs. 1 Satz 1 vorzunehmende Anmeldung der Satzungsänderung hat in öffentlich beglaubigter Form zu erfolgen (§ 12 Abs. 1 HGB). Für die **Beglaubigung** von Unterschriften wird ein Fünftel der vollen Gebühr, höchstens jedoch ein Betrag von 70 € erhoben (§ 121 GNotKG iVm Nr. 25100 KV). Entwirft und beurkundet der Notar darüber hinaus die Anmeldung, erhält er hierfür eine halbe Gebühr (KV Nr. 21201 Nr. 5). Der Geschäftswert für die Anmeldung des Beschlusses ist der Erhöhungshöchstbetrag (§ 105 Abs. 1 S. 1 Nr. 4 GNotKG). Eine zusätzliche Beglaubigungsgebühr fällt nicht an, da die Beglaubigung in der Beurkundung aufgeht (Vorbemerkung 2.4.1 Abs. 2 KV).

132 Fasst der Vorstand mit Zustimmung des Aufsichtsrats einen **Kapitalerhöhungsbeschluss**, ist dieser zum Handelsregister anzumelden (§ 203 Abs. 1 iVm § 188 Abs. 1), und zwar in öffentlich beglaubigter Form (§ 12 Abs. 1 HGB). Der Geschäftswert bestimmt sich in diesem Fall nach § 105 Abs. 4 Nr. 1 GNotKG und beträgt 1 % des eingetragenen Grund- oder Stammkapitals, mindestens 30 000 €.

133 2. **Registerkosten.** Für die Anmeldung eines nach der Ersteintragung gefassten Ermächtigungsbeschlusses sowie einer etwaigen späteren Durchführung der Kapitalerhöhung fällt eine Gebühr von jeweils 270 Euro an (§ 58 GNotKG iVm Nr. 2400 Anlage zu § 1 HRegGebV). Hierin enthalten ist die Eintragung der damit jeweils verbundenen Satzungsänderung.

§ 203 Ausgabe der neuen Aktien

(1) ¹Für die Ausgabe der neuen Aktien gelten sinngemäß, soweit sich aus den folgenden Vorschriften nichts anderes ergibt, §§ 185–191 über die Kapitalerhöhung gegen Einlagen. ²An die Stelle des Beschlusses über die Erhöhung des Grundkapitals tritt die Ermächtigung der Satzung zur Ausgabe neuer Aktien.

(2) ¹Die Ermächtigung kann vorsehen, daß der Vorstand über den Ausschluß des Bezugsrechts entscheidet. ²Wird eine Ermächtigung, die dies vorsieht, durch Satzungsänderung erteilt, so gilt § 186 Absatz 4 sinngemäß.

(3) ¹Die neuen Aktien sollen nicht ausgegeben werden, solange ausstehende Einlagen auf das bisherige Grundkapital noch erlangt werden können. ²Für Versicherungsgesellschaften kann die Satzung etwas anderes bestimmen. ³Stehen Einlagen in verhältnismäßig unerheblichem Umfang aus, so hindert dies die Ausgabe der neuen Aktien nicht. ⁴In der ersten Anmeldung der Durchführung der Erhöhung des Grundkapitals ist anzugeben, welche Einlagen auf das bisherige Grundkapital noch nicht geleistet sind und warum sie nicht erlangt werden können.

(4) Absatz 3 Satz 1 und 4 gilt nicht, wenn die Aktien an Arbeitnehmer der Gesellschaft ausgegeben werden.

Schrifttum: *Bayer,* Materielle Schranken und Kontrollinstrumente beim Einsatz des genehmigten Kapitals mit Bezugsrechtsausschluss, ZHR 168 (2004); *Bayer,* Kapitalerhöhung mit Bezugsrechtsausschluss und Vermögensschutz der Aktionäre nach § 255 Abs. 2 AktG. Kritische Betrachtung der lex lata und Überlegungen de lege ferenda, ZHR 163 (1999), 505; *Born,* Berichtspflichten nach Ausnutzung genehmigten Kapitals mit Ausschluss des Bezugsrechts, ZIP 2011, 1793; *Bosse,* Informationspflichten des Vorstands beim Bezugsrechtsausschluss im Rahmen des Beschlusses und der Ausnutzung eines genehmigten Kapitals, ZIP 2001, 104; *Böttger,* Der Bezugsrechtsausschluss beim genehmigten Kapital, Diss. Frankfurt aM 2005; *Bungert,* Ausnutzung eines genehmigten Kapitals mit Bezugsrechtsausschluss – Anmerkung zu den BGH-Urteilen Mangusta/Commerzbank I und II; *Busch,* Mangusta/Commerzbank – Rechtsschutz nach Ausnutzung eines genehmigten Kapitals, NZG 2006, 81; *Dreier,* Bezugsrechtsausschluss im Aktienrecht, Diss. Universität Münster, 2005; *Drinkuth,* Rechtsschutz beim genehmigten Kapital, AG 2006, 142; *Drinkuth,* Informationspflichten bei Ermächtigungsbeschlüssen nach § 33 WpÜG, AG 2005, 597; *Ekkenga,* Börsengang und Bezugsrechtsausschluss, VGR Bd. 3 (2001), 77; *Heinsius,* Bezugsrechtsausschluss bei der Schaffung von Genehmigtem Kapital, FS Kellermann, ZGR-Sonderheft 10, 1991, 115; *Hirte,* Bezugsrechtsausschluss und Konzernbildung. Minderheitenschutz bei Eingriffen in die Beteiligungsstruktur der Aktiengesellschaft, 1986; *Hirte,* Bezugsrechtsausschluss, Berichtspflicht, genehmigtes Kapital und europäisches Recht, DStR 2001, 577; *Kindler,* Bezugsrechtsausschluss und unternehmerisches Ermessen nach deutschem und europäischem Recht, ZGR 1998, 35; *Klie,* Informationspflichten des Vorstands einer AG bei der Ausnutzung genehmigten Kapitals unter Bezugsrechtsausschluss und Folgen ihrer Missachtung, DStR 2013, 530; *Knepper,* Die Belegschaftsaktie in Theorie und Praxis, ZGR 1985, 419; *Kossmann,* Vorbereitung und Durchführung von Stock-for-Stock-Akquisitionen, AG 2005, 9; *Krämer/Kiefner,* Präventiver Rechtsschutz und Flexibilität beim genehmigten Kapital, ZIP 2006, 301; *Kubis,* Information und Rechtsschutz der Aktionäre beim genehmigten Kapital, DStR 2006, 188; *Liebert,* Der Bezugsrechtsausschluss bei Kapitalerhöhungen von Aktiengesellschaften, Diss. Konstanz 2003; *Maier,* Der Einsatz des genehmigten Kapitals, Diss. Jena 2003; *Niggemann/Wansleben,* Berichtspflichten und Folgen ihrer Verletzung bei der bezugsrechtsfreien Ausnutzung genehmigten Kapitals, AG 2013, 269; *Schürnbrand,* Bestands- und Rechtsschutz beim genehmigten Kapital, ZHR 171 (2007), 731; *Tettinger,* Materielle Anforderungen an den Bezugsrechtsausschluss, Diss. Köln 2001; *Waclawik,* Die Aktionärskontrolle bei Ausnutzung des genehmigten Kapitals, ZIP 2006, 397; *Weisner,* Zeichnungsschein und Ziele des TransPuG, NZG 2005, 578.

Übersicht

	Rn.
A. Normzweck	1–5
I. Verweis auf die Vorschriften über die ordentliche Kapitalerhöhung	1
II. Ermächtigung zum Bezugsrechtsausschluss	2, 3
III. Vorrang ausstehender Einlagen	4
IV. Arbeitnehmeraktien	5
B. Entstehungsgeschichte	6
C. Rechtstatsachen	7–9
I. Ermächtigung zum Bezugsrechtsausschluss	7, 8
II. Arbeitnehmeraktien	9
D. Einzelerläuterung	10–130
I. Verweis auf die Vorschriften über die ordentliche Kapitalerhöhung	10–56
1. Grundlagen	10–13
2. Verweis auf § 185 (Zeichnung der neuen Aktien)	14–25
3. Verweis auf § 186 (Bezugsrecht)	26
4. Verweis auf § 187 (Zusicherung auf den Bezug neuer Aktien)	27–29
5. Verweis auf § 188 (Anmeldung und Eintragung der Durchführung)	30–45
a) Anmeldung	30–40
b) Prüfung, Eintragung und Bekanntmachung	41–44
c) Rechtsfolgen fehlerhafter Eintragung	45
6. Verweis auf § 189 (Wirksamwerden der Kapitalerhöhung)	46–53
7. Verweis auf § 190 (Bekanntmachung)	54
8. Verweis auf § 191 (Verbotene Ausgabe)	55
9. Ausnahmen bei Verschmelzung, Auf- und Abspaltung	56
II. Ermächtigung zum Bezugsrechtsausschluss	57–116
1. Grundlagen	57–60
2. Ausschluss oder Ermächtigung hierzu in der Ursprungssatzung	61
3. Satzungsändernder Beschluss hinsichtlich des Ausschlusses	62–116
a) Bei dem Hauptversammlungsbeschluss zu beachtende Vorgaben	63–95
b) Bei dem Ausnutzungsbeschluss zu beachtende Vorgaben	96–116
III. Vorrang ausstehender Einlagen	117–129
1. Die Regel	117–123
2. Die Ausnahmen	124–127
a) Unerheblicher Umfang	124
b) Versicherungsgesellschaften	125
c) Arbeitnehmeraktien	126
d) Umwandlungstatbestände	127
3. Angabepflicht	128
4. Rechtsfolgen von Verstößen	129
IV. Arbeitnehmeraktien	130

A. Normzweck

I. Verweis auf die Vorschriften über die ordentliche Kapitalerhöhung

1   Mit dem Verweis auf die §§ 185–191, welche die reguläre Kapitalerhöhung regeln, wird ein größtmöglicher **Gleichlauf** zwischen der ordentlichen Kapitalerhöhung gegen Einlagen und dem genehmigten Kapital erreicht. Dadurch wird die Handhabung der gesetzlichen Regelung erleichtert. Zugleich wird damit deutlich, dass es sich nicht um zwei isoliert voneinander zu betrachtende Rechtsinstitute handelt, sondern dass das genehmigte Kapital letztendlich einen Unterfall der Kapitalerhöhung darstellt, nämlich eine aufschiebend bedingte Kapitalerhöhung.

II. Ermächtigung zum Bezugsrechtsausschluss

2   Indem das Gesetz eine Ermächtigung des Vorstands zum Ausschluss des Bezugsrechts bei der Ausnutzung genehmigten Kapitals vorsieht, erkennt es an, dass sich die Notwendigkeit eines Bezugsrechtsausschlusses häufig nicht bereits zum Zeitpunkt der Schaffung genehmigten Kapitals sicher beurteilen lässt. Das Gesetz lässt jedoch **einige bedeutsame Fragen unbeantwortet,** so insbesondere die nach den materiell-rechtlichen Voraussetzungen für einen Bezugsrechtsausschluss, nach einer etwaigen Berichtspflicht des Vorstands vor der Ausnutzung des genehmigten Kapitals unter Bezugsrechtsausschluss sowie nach den Rechtsschutzmöglichkeiten der Aktionäre. Diese Lücken hat der II. Zivilsenat des BGH, unter lebhafter Anteilnahme von Wissenschaft und Schrifttum, in einigen grundlegenden Urteilen zwischenzeitlich weitgehend geschlossen.[1]

3   In der Sache geht es darum, die in einer bezugsrechtsfreien Kapitalerhöhung liegenden Chancen für die Expansion und Prosperität des Unternehmens mit den Nachteilen, die ein Bezugsrechtsausschluss für die Aktionäre mit sich bringt, in **Einklang** zu bringen. Die nachteiligen Auswirkungen eines Bezugsrechtsausschluss hat der BGH in der grundlegenden Entscheidung Kali + Salz[2] ausführlich dargelegt: Der Ausschluss des Bezugsrechtsrechts führt dazu, dass der Anteil der betroffenen Aktionäre am Gesellschaftsvermögen mit dem entsprechenden Gewinnanteil und Liquidationsanteil mindestens relativ absinkt; zugleich verschieben sich die Stimmrechtsquoten, und zwar entweder zu Lasten aller Aktionäre, wenn nur Außenstehende bezugsberechtigt sind, oder bereits im Verhältnis der bisherigen Aktionäre untereinander, wenn sich das Bezugsrecht auf einen oder einen Teil von ihnen beschränkt. Das kann sich unter Umständen als Verlust einer Sperrminorität oder sogar von Minderheitsrechten, wie sie zB in § 93 Abs. 4 Satz 3, § 142 Abs. 2, § 147 Abs. 1 oder § 309 Abs. 3 bestimmt sind, auswirken. Auf der anderen Seite kann die Gesellschaft bei Zuteilung der neuen Aktien an einen Großaktionär von diesem abhängig werden; eine schon bestehende Abhängigkeit kann sich noch verstärken.

III. Vorrang ausstehender Einlagen

4   Nach § 203 Abs. 3 Satz 1 sollen neue Aktien nicht ausgegeben werden, solange ausstehende Einlagen auf das bisherige Grundkapital noch erlangt werden können. Diese als Sollvorschrift ausgestaltete Ordnungsnorm dient der **Übersichtlichkeit der Finanzverfassung** der Aktiengesellschaft, insbesondere hinsichtlich ihrer Ausstattung mit Eigenkapital.

IV. Arbeitnehmeraktien

5   Die Vorschrift des § 203 Abs. 4 will, wie auch § 202 Abs. 4, § 204 Abs. 3 und § 205 Abs. 4, die Ausgabe von Arbeitnehmeraktien im Rahmen der Ausnutzung genehmigten Kapitals **erleichtern.** Zugunsten der Schaffung von Arbeitnehmeraktien soll von genehmigtem Kapital daher auch dann Gebrauch gemacht werden, wenn wegen noch ausstehender Einlagen an sich keine neuen Aktien ausgegeben werden dürften. Die Norm reiht sich ein in eine Reihe weiterer Vorschriften, mit denen die Ausgabe von Belegschaftsaktien und von Aktien für Mitglieder der Geschäftsführung privilegiert werden soll (§ 71 Abs. 1 Nr. 2, § 192 Abs. 2 Nr. 3, § 194 Abs. 3 AktG; § 19a Abs. 1 EStG aF, § 3 Nr. 39 EStG).

---

[1] BGHZ 71, 40 = NJW 1978, 1316 = LM AktG 1965 § 186 Nr. 1 – Kali + Salz; BGHZ 83, 319 = NJW 1982, 2444 = LM AktG 1965 § 186 Nr. 2 – Holzmann; BGHZ 136, 133 = NJW 1997, 2815 = LM AktG 1965 § 186 Nr. 9 – Siemens/Nold; BGHZ 164, 241 = NJW 2006, 371 – Mangusta/Commerzbank I und BGHZ 164, 249 = NJW 2006, 374 – Mangusta/Commerzbank II.

[2] BGHZ 71, 40 (45) = NJW 1978, 1316 (1317) = LM AktG 1965 § 186 Nr. 1 – Kali + Salz.

B. Entstehungsgeschichte

Abs. 1 und 3 der Vorschrift entsprechen mit einer Einschränkung dem § 170 AktG 1937. Hinzugekommen ist der Verweis auf § 185 Abs. 3–5. Die Ermächtigung zum Ausschluss des Bezugsrechts, die § 203 Abs. 2 nunmehr ausdrücklich verlangt, ist damit an dieselben formellen Kriterien geknüpft wie ein bereits unmittelbar durch die Hauptversammlung beschlossener Bezugsrechtsausschluss Mit der Änderung des § 186 Abs. 4 durch das Gesetz zur Durchführung der Zweiten gesellschaftsrechtlichen (Kapital-)Richtlinie der EG vom 13. Dezember 1978 (BGBl. 1978 I 1959) wurde über die in **Abs. 2** Satz 2 enthaltene Verweisung auch für die Einräumung genehmigten Kapitals eine Berichtspflicht eingeführt. **Abs. 4** wurde anlässlich der Aktienrechtsreform 1965 und der damals als rechtspolitisch für wünschenswert erachteten Förderung von Belegschaftsaktien eingeführt.

C. Rechtstatsachen

I. Ermächtigung zum Bezugsrechtsausschluss

Gehört es mittlerweile zum guten Ton von Aktienvorständen, über genehmigtes Kapital zu verfügen, gilt dies umso mehr für eine damit einhergehende Ermächtigung zum Bezugsrechtsausschluss Insbesondere in Reaktion auf die Siemens/Nold-Entscheidung vom 23. Juni 1997,[3] mit der für das genehmigte Kapital die Anforderungen an einen Ausschluss des Bezugsrechts durch die Hauptversammlung und an eine Ermächtigung des Vorstands zum Bezugsrechtsausschluss herabgesetzt wurden, war ein sprunghafter Anstieg an genehmigtem Kapital mit Bezugsrechtsausschluss zu verzeichnen. Hierbei wurde in der ersten Euphorie gelegentlich übersehen, dass auch weiterhin ein Bezugsrechtsausschluss als Abweichung von dem gesetzlichen Normalfall des Bezugsrechts eines besonderen, von der Gesellschaft darzulegenden Rechtfertigung bedarf. Nachdem der BGH die Rechte der Aktionäre im Rahmen der Ausnutzung genehmigten Kapitals gestärkt hat, indem er dem Vorstand zwar keine Pflicht zu einem Vorabbericht auferlegt,[4] die Vorstandentscheidung jedoch im Rahmen einer Feststellungsklage für gerichtlich überprüfbar erklärt hat,[5] wird abzuwarten bleiben, ob der Trend zur vermehrten Schaffung genehmigten Kapitals weiter anhalten wird. Im Rahmen einer Untersuchung aller 377 Kapitalerhöhungen der börsennotierten Gesellschaften aus genehmigtem Kapital im Jahre 2000 konnte festgestellt werden, dass mindestens 76 % aller Kapitalerhöhungen unter Ausschluss des Bezugsrechts erfolgten.[6] Zugleich lagen 81 % der Kapitalerhöhungen bei einer Höhe von bis zu 10 % des Grundkapitals,[7] was an dem bei Einhalten dieser Obergrenze vereinfachten Bezugsrechtsausschluss gem. § 186 Abs. 3 Satz 4 liegen wird.

Die Beliebtheit des genehmigten Kapitals mit Bezugsrechtsausschluss liegt auch darin, dass die Durchführung des **Bezugsrechts zeitraubend und kostenintensiv** ist. Bei der Gewährung des Bezugsrechts verteuert sich bereits deswegen die Eigenkapitalfinanzierung. Hinzu kommt bei börsennotierten Gesellschaften, dass wegen der zeitlichen Verzögerung zwischen dem Festsetzen des Ausgabebetrages und der Emission der Aktien angesichts der möglichen Börsenkurssenkungen innerhalb der etwa 50 Tage, die zur Abwicklung einer genehmigten Kapitalerhöhung mit Bezugsrecht notwendig sind, ein Risikoabschlag vorzunehmen ist. Erfahrungen aus der Praxis zeigen, dass dieser Risikoabschlag bis zu 15 % betragen kann, wohingegen bei einer Aktienausgabe ohne Bezugsrecht nahezu der zum Zeitpunkt des Ausnutzungsbeschlusses des Vorstands aktuelle Börsenkurs erzielt werden kann.[8]

II. Arbeitnehmeraktien

Das Schaffen von Arbeitnehmeraktien erfreut sich weiterhin einer **gewissen Beliebtheit,** auch wenn sich die von reformfreudigen Politikern vor allem in den sechziger und siebziger Jahren des vergangenen Jahrhunderts gehegten Erwartungen nach einer möglichst umfassenden Mitarbeiterbeteiligung nicht erfüllt haben. Im Jahre 2000 wurden knapp 5 % der Kapitalerhöhungen börsennotierter Gesellschaften aus genehmigtem Kapital zur Ausgabe von Belegschaftsaktien verwendet.[9]

---

[3] BGHZ 136, 133 = NJW 1997, 2815 = LM AktG 1965 § 186 Nr. 9 – Siemens/Nold.
[4] BGHZ 164, 249 = NJW 2006, 374 – Mangusta/Commerzbank II.
[5] BGHZ 164, 241 = NJW 2006, 371 – Mangusta/Commerzbank I.
[6] *Maier*, Der Einsatz des genehmigten Kapitals, 2003, 68 bis 69.
[7] *Maier*, Der Einsatz des genehmigten Kapitals, 2003, 72.
[8] *Dreier*, Bezugsrechtsausschluss im Aktienrecht, 2005, 25.
[9] *Maier*, Der Einsatz des genehmigten Kapitals, 2003, 70.

D. Einzelerläuterung

I. Verweis auf die Vorschriften über die ordentliche Kapitalerhöhung

10 **1. Grundlagen.** Abs. 1 verweist für die Ausgabe der neuen Aktien auf die Vorschriften der §§ 185–191 über die Kapitalerhöhung gegen Einlagen. Dieser Verweis steht unter **zwei Vorbehalten:** Zum einen sollen die Normen nur „sinngemäß" gelten, es bleibt also Raum für Anpassungen an die Besonderheiten des genehmigten Kapitals gegenüber der ordentlichen Kapitalerhöhung.[10] Zum anderen beanspruchen die Vorschriften der §§ 185–191 nur Geltung, als sich aus den „folgenden Vorschriften", also den § 203 Abs. 2 bis 4 und §§ 204–206 nichts anderes ergibt; diese Vorschriften gehen jenen im Wege der Spezialität vor.

11 Nach **Abs. 1 Satz 2** tritt an die Stelle des Beschlusses über die Erhöhung des Grundkapitals die Ermächtigung der Satzung zur Ausgabe neuer Aktien. Diese Modifizierung ist dem Umstand geschuldet, dass der Satzungsgeber, also die Gründer oder die Hauptversammlung, beim genehmigten Kapital noch nicht über die Kapitalerhöhung selbst, sondern lediglich über die Ermächtigung dazu entscheiden, die Vorschriften der §§ 185–191 jedoch auf die Entscheidung der Hauptversammlung und nicht des Vorstands abstellen. Betroffen von dieser Modifikation sind § 185 Abs. 1 Satz 3 Nr. 1 (Aufnahme des Tages, an dem die Erhöhung des Grundkapitals beschlossen wurde, in den Zeichnungsschein), § 186 Abs. 3 Satz 1 (vollständiger oder teilweiser Ausschluss des Bezugsrechts nur im Beschluss über die Erhöhung des Grundkapitals) sowie § 187 Abs. 2 (relative Unwirksamkeit von vor dem Beschluss über die Erhöhung des Grundkapitals abgegebenen Zusicherungen von Rechten auf den Bezug neuer Aktien).

12 Da die Ermächtigung gem. § 181 Abs. 3 erst mit der **Eintragung in das Handelsregister** Wirksamkeit erlangt, kann erst ab diesem Moment mit dem Verfahren der Ausnutzung des genehmigten Kapitals begonnen werden. § 188 Abs. 4, wonach Anmeldung und Eintragung der Durchführung der Erhöhung des Grundkapitals mit Anmeldung und Eintragung des Beschlusses über die Erhöhung verbunden werden können, gilt daher nicht. Der uneingeschränkte Verweis in Abs. 1 Satz 1 auch auf diese Norm beruht auf einem gesetzgeberischen Versehen.

13 Dies hindert den **Vorstand** nicht, bereits nach dem Fassen des Ermächtigungsbeschlusses durch die Hauptversammlung die Ausnutzung des genehmigten Kapitals zu beschließen, obwohl der Hauptversammlungsbeschluss noch nicht im Handelsregister eingetragen und damit noch nicht wirksam ist. Ein Ausnutzungsbeschluss steht in diesem Fall unter dem konkludenten Vorbehalt, dass es zur Eintragung des Ermächtigungsbeschlusses kommt. Fallen allerdings Ermächtigungsbeschluss und Ausnutzungsbeschluss zeitlich zu eng zusammen, stellt sich die Frage nach der Sinnhaftigkeit für die in der Einräumung genehmigten Kapitals liegende Delegation des an sich der Hauptversammlung zustehenden Rechts auf die Entscheidung über die Höhe des Grundkapitals auf den Vorstand. Ein solches Vorgehen wird daher nur dann in Betracht kommen, wenn sich das handelsregisterliche Eintragungsverfahren ungewöhnlich lange hinzieht.

14 **2. Verweis auf § 185 (Zeichnung der neuen Aktien).** Mit dem Verweis auf § 185 stellt das Gesetz klar, dass bei einer Kapitalerhöhung aufgrund der Ausnutzung genehmigten Kapitals die Zeichnung der neuen Aktien grundsätzlich nach demselben Muster abläuft wie bei einer ordentlichen Kapitalerhöhung. Die Zeichnung der neuen Aktien geschieht durch eine formgebundene, schriftliche Erklärung des Erwerbsinteressenten. Die Nichtbeachtung des Schriftformerfordernisses, das sich auf die in § 185 Abs. 1 im Einzelnen aufgezählten Mindestangaben erstrecken muss, führt nach der allgemeinen Regel des § 125 BGB zur Nichtigkeit des Zeichnungsscheines Eine Heilung des Formverstoßes kommt nur in Betracht, wenn die Durchführung der Erhöhung des Grundkapitals ins Handelsregister eingetragen ist und der Jungaktionär auf Grund des Zeichnungsscheins als Aktionär Rechte ausgeübt oder Verpflichtungen erfüllt hat (§ 185 Abs. 3). Die **Zeichnungsschein** genannte Offerte muss zu ihrer Wirksamkeit der Aktiengesellschaft zugehen. Sie bleibt bis zu dem im Zeichnungsschein benannten Zeitpunkt für den Erwerbsinteressenten verbindlich. Die Annahme durch die Gesellschaft kann konkludent erfolgen; in diesem Fall ist gem. § 151 BGB ein Zugang der Annahmeerklärung beim Zeichner nicht erforderlich. Mit der Annahme der Erwerbsofferte verpflichtet sich die Gesellschaft, dem Erwerbsinteressenten für den Fall, dass die Kapitalerhöhung tatsächlich zustande kommt, Aktien in dem im Zeichnungsschein bestimmten Umfang zuzuteilen. Damit verpflichtet sich die Gesellschaft allgM nach jedoch nicht, überhaupt eine Kapitalerhöhung durchzuführen. Die Annahmeerklärung erfolgt stets unter der stillschweigenden Bedingung, dass die geplante Kapitalerhöhung tatsächlich zustande kommt.

---

[10] BGHZ 136, 133 (141 bis 142) = NJW 1997, 2815 (2817) = LM AktG 1965 § 186 Nr. 9 – Siemens/Nold.

§ 185 Abs. 1 enthält einen – nicht vollständigen – Katalog derjenigen Angaben, die der Zeich- 15
nungsschein enthalten muss. Fehlt eine dieser **Pflichtangaben,** ist die Erwerbsofferte formunwirksam (§ 125 BGB).

Enthalten sein muss die – nicht in § 185 Abs. 1 erwähnte – Angabe, an welche **Aktiengesellschaft** 16
sich die Offerte richtet.[11] Ferner muss der Tag angegeben werden, an dem der Ermächtigungsbeschluss durch **Eintragung** in das Handelsregister wirksam wurde (§ 203 Abs. 1 Satz 2 iVm § 185 Abs. 1 Satz 3 Nr. 1).

Des Weiteren muss die **angestrebte Beteiligung** angegeben werden, und zwar bei Stückaktien 17
nach der Zahl und bei Nennbetragsaktien nach dem Nennbetrag (§ 185 Abs. 1 Satz 1). Werden verschiedene Aktiengattungen ausgegeben, ist die gewünschte Gattung anzugeben.

Ferner ist der Ausgabebetrag der Aktien anzugeben, also der **Ausgabekurs** (§ 185 Abs. 1 Satz 2 18
Nr. 2). Der Ausgabebetrag ist konkret zu beziffern. Zwar ist durch das TransPuG vom 19.7.2002 (BGBl. 2002 I 2681) durch die Änderung von § 186 Abs. 2 und 5 die Möglichkeit geschaffen worden, in der Bezugsaufforderung statt des Ausgabebetrages (bzw. Bezugskurses) für die neuen Aktien nur die Grundlagen für deren Festlegung anzugeben und den konkreten Ausgabebetrag (bzw. Bezugskurs) erst drei Tage vor Ablauf der Bezugsfrist festzusetzen, und ferner heißt es zwar in der Gesetzesbegründung, dass die Aktionäre auch auf Basis der mit der Bezugsaufforderung mitgeteilten Berechnungsgrundlagen ohne weitere Beobachtung des späteren konkreten Ausgabebetrages zeichnen könnten.[12] Jedoch wurde der Wortlaut des § 185 Abs. 1 Satz 2 Nr. 2 nicht geändert. Angesichts des klaren Wortlautes kann daher bei Gebrauchmachen der Möglichkeit der späteren Festsetzung des Ausgabebetrages (bzw. Bezugskurses) die Zeichnung frühestens mit der Festlegung des konkreten Ausgabebetrages erfolgen, auch wenn der damit verbundene Mehraufwand für die Gesellschaft erheblich ist.[13]

Mit dem ebenfalls anzugebenden Betrag der **festgesetzten Einzahlungen** ist der Betrag gemeint, 19
dessen ordnungsgemäße Einzahlung und freie Verfügbarkeit der Vorstand bei der Anmeldung der Kapitalerhöhung gem. § 36 Abs. 1 zu versichern hat; bei Bareinlagen muss der eingeforderte Betrag mindestens ein Viertel des geringsten Ausgabebetrages und bei Ausgabe der Aktien für einen höheren als diesen auch den Mehrbetrag umfassen (§ 36a Abs. 1). In diesem Zusammenhang sind auch etwaige Nebenverpflichtungen anzugeben (§ 185 Abs. 1 Satz 3 Nr. 2), jedoch nur, soweit sie gem. § 55 in der Satzung niedergelegt sind; rein schuldrechtliche Nebenpflichten brauchen nach allgM nicht in den Zeichnungsschein aufgenommen zu werden.

Gem. § 185 Abs. 1 Satz 3 Nr. 3, § 205 Abs. 2 Satz 1 sind bei einer Kapitalerhöhung gegen **Sach-** 20
einlagen die vorgesehenen Festsetzungen anzugeben. Diese Formulierung lässt offen, ob die Festsetzungen in schlechthin alle Zeichnungsscheine aufzunehmen sind, also auch in solche, die mit Bareinlegern geschlossen werden, oder nur in die Zeichnungsscheine der Sacheinleger. Die Meinungen sind geteilt. Es wird sowohl die Position vertreten, dass die Festsetzung nur in Zeichnungsscheine des jeweils betroffenen Einlegers enthalten sein muss,[14] als auch die gegenteilige Position, wonach die Aufnahme in alle Zeichnungsscheine derselben Aktienausgabe erforderlich ist.[15] Die Lösung ergibt sich aus dem mit der Aufnahme in den Zeichnungsschein verfolgtem Zweck. Dieser besteht darin, den zunächst rein intern bestehenden Kapitalerhöhungsbeschluss des Vorstands nebst seinen Einzelheiten nach außen hin kundzutun. Dazu genügt aber die Aufnahme der Festsetzung in den Zeichnungsschein des konkreten Sacheinlegers Zwar mögen auch andere an einem Erwerb neuer Aktien Interessierte ein berechtigtes Interesse an der Mitteilung der Bedingungen der Sacheinlage haben, da sie auf diese Weise den Wert ihrer eigenen, beabsichtigten Beteiligung besser beurteilen können. Es ist nicht angezeigt, wegen dieses Informationsinteresses die Aufnahme der Angaben in alle Zeichnungsscheine zum Wirksamkeitserfordernis für die Festsetzung zu erheben. Es steht zeichnungswilligen Anlegern frei, sich über die Konditionen der Sacheinlage zu erkundigen und bei unbefriedigender Information durch die Gesellschaft von einem Beteiligungserwerb abzusehen. IdR wird der an einem hohen Ausgabekurs interessierte Vorstand jedoch keine allzu restriktive Informationspolitik betreiben, da er sonst für eine ungünstige Anlagestimmung sorgt. Wird von einem genehmigten Kapital in mehreren Schritten Gebrauch gemacht, brauchen nach allgM jedenfalls die Zeichnungsscheine der nicht von der konkreten Sacheinlage betroffenen Tranche die Festsetzungen nicht zu enthalten. Es wäre jedenfalls unverhältnismäßig, würde man sämtliche Zeichnungsscheine für nichtig halten, nur weil in einem einzigen Schein die Festsetzungen nicht aufgenommen wurden.

---

[11] RGZ 85, 284 (287).
[12] *Weisner* NZG 2005, 578 (579).
[13] Deswegen für den Verzicht auf die Angabe eines bezifferten Ausgabebetrages *Weisner* NZG 2005, 578 (579 bis 580).
[14] Kölner Komm AktG/*Lutter* Rn. 8 u 13; MüKoAktG/*Bayer* Rn. 14.
[15] Großkomm AktG/*Hirte* Rn. 13.

Ferner muss nach hM auch bei Sacheinlagen aus Gründen der Rechtsklarheit ein etwaiges Agio in den Zeichnungsschein aufgenommen werden.[16]

21 Ebenfalls gem. § 185 Abs. 1 Satz 3 Nr. 3 ist, wenn mehrere Gattungen angegeben werden, der auf jede **Aktiengattung** entfallende Betrag des Grundkapitals in den Zeichnungsschein aufzunehmen. Nur so ist für den Erwerbsinteressenten der Wert seiner angestrebten Beteiligung im Hinblick auf die mit den Aktien anderer Interessenten verbundenen Pflichten und Rechte erkennbar.

22 Schließlich ist in dem Zeichnungsschein der Zeitpunkt zu benennen, an dem die Zeichnung **unverbindlich** wird, wenn nicht bis dahin die Durchführung der Erhöhung des Grundkapitals eingetragen ist, § 185 Abs. 1 Satz 3 Nr. 4. Damit wird in der Sache die Regelung in § 147 Abs. 2 BGB modifiziert, wonach der einem Abwesenden gemachte Antrag nur bis zu dem Zeitpunkt angenommen werden kann, in welchem der Antragende den Eingang der Antwort unter regelmäßigen Umständen erwarten darf.

23 Wird von dem genehmigten Kapital in **mehreren Tranchen** Gebrauch gemacht, sind die Angaben immer nur für die jeweilige Tranche zu machen.

24 Nach § 185 Abs. 1 Satz 2 soll der Zeichnungsschein **doppelt** ausgegeben werden. Anders als das Fehlen einer der oben aufgeführten Pflichtangaben hat ein Verstoß hiergegen nicht die Nichtigkeit des Zeichnungsscheines zur Folge, da es sich hierbei nur um eine Sollvorschrift handelt. Relativ, nämlich der Gesellschaft gegenüber, unwirksam ist jede nicht im Zeichnungsschein enthaltene **Beschränkung** (§ 185 Abs. 4).

25 In der Praxis werden jedenfalls bei börsennotierten Gesellschaften die Aktien nicht mehr direkt von der Aktiengesellschaft an die Jungaktionäre ausgegeben. Vielmehr wird von der Regelung des § 186 Abs. 5 Gebrauch gemacht, wonach es nicht als Ausschluss des Bezugsrechts anzusehen ist, wenn nach dem Kapitalerhöhungsbeschluss die neuen Aktien von einem **Kreditinstitut** übernommen werden, das sich verpflichtet hat, die Aktien den Aktionären anzubieten.[17] Auf diesem Wege kann die eigentliche Emissionstätigkeit auf die darauf spezialisierten Banken und Sparkassen delegiert werden. Nach allgM braucht in diesen Fällen das mittelbare Bezugsrecht der Aktionäre nicht in den Zeichnungsschein aufgenommen zu werden. Durch das TransPuG vom 19.7.2002 (BGBl. 2002 I 2681) ist die Möglichkeit geschaffen worden, in der Bezugsaufforderung statt des Ausgabebetrages (bzw. Bezugskurses) für die neuen Aktien nur die Grundlagen für deren Festlegung anzugeben und den konkreten Ausgabebetrag (bzw. Bezugskurs) erst drei Tage vor Ablauf der Bezugsfrist festzusetzen. Damit soll Spekulationen der Aktionäre vorgebeugt und bei einer Bezugsrechtsemission ein dem Bookbuilding ähnlicndes Verfahren ermöglicht werden.[18]

26 **3. Verweis auf § 186 (Bezugsrecht).** Der Verweis auf die das Bezugsrecht regelnde Vorschrift des § 186 wird **ausführlich** unter D. II. (→ Rn. 57–117) erörtert.

27 **4. Verweis auf § 187 (Zusicherung auf den Bezug neuer Aktien).** Nach § 187 Abs. 1 können Rechte auf den Bezug neuer Aktien nur unter **Vorbehalt des Bezugsrechts der (Alt-)Aktionäre** zugesichert werden. Das Bezugsrecht der Aktionäre soll nicht durch vertragliche Absprachen mit an neuen Aktien Interessierten beeinträchtigt werden. Geschützt wird nach allgM nur das gesetzliche, nicht aber das vertragliche Bezugsrecht. Diese Unterscheidung ist gerechtfertigt, weil auf der vertraglichen Ebene kein Grund für die Bevorzugung der (Alt-)Aktionäre besteht. Umgekehrt spielt es hingegen keine Rolle, ob die Rechte auf den Bezug neuen Aktionären durch vertragliche oder korporationsrechtliche Vereinbarungen zugesichert werden.

28 Wird das Bezugsrecht der Aktionäre ausgeschlossen, geht der Vorbehalt ins Leere. Im Falle eines **Bezugsrechtsausschlusses bereits in der Ermächtigung** soll nach einer Meinung in der Lit[19] der Vorbehalt ebenfalls entfallen, und zwar ab der Eintragung des Ermächtigungsbeschlusses in das Handelsregister. Hiergegen werden zu Recht Bedenken unter dem Gesichtspunkt angemeldet, dass die Kapitalerhöhung in diesen Fällen noch der Beschlussfassung durch den Vorstand bedarf und dass sich zu diesem Zeitpunkt der Bezugsrechtsausschluss als gerechtfertigt erweisen muss.[20] Habe die Gesellschaft bereits vorher Dritten Rechte auf den Bezug neuer Aktien zugesichert, ließen sich Zielkonflikte nicht vermeiden. Man wird daher auch bei einem im Ermächtigungsbeschluss vorgesehenen Bezugsrechtsausschluss Bezugsvereinbarungen des Vorstands mit Dritten nur zulassen dürfen, wenn für den Vorstand klar erkennbar ist, dass dadurch keine ungerechtfertigte Einschränkung des Bezugsrechtes der Aktionäre eintreten wird. Eine solche Prognose wird der Vorstand erst kurz vor

---

[16] Großkomm AktG/*Wiedemann* § 183 Rn. 51; *Ekkenga* AG 2001, 615 (624); aA: *Kossmann* AG 2005, 9 (16).
[17] Hierzu ausführlich *Liebert*, Der Bezugsrechtsausschluss bei Kapitalerhöhungen von Aktiengesellschaften, 2003, 145–150.
[18] *Weisner* NZG 2005, 578 (579).
[19] Kölner Komm AktG/*Lutter* Rn. 50.
[20] Großkomm AktG/*Hirte* Rn. 28; MüKoAktG/*Bayer* Rn. 19; Hüffer/Koch/*Koch* Rn. 13.

seiner endgültigen Beschlussfassung über die Ausnutzung der Ermächtigung treffen können. – Wird das Bezugsrecht noch nicht im Ermächtigungsbeschluss ausgeschlossen, sondern der Vorstand zu einem solchen lediglich ermächtigt, findet § 187 Abs. 1 nach allgM uneingeschränkt Anwendung. Solange der Vorstand keinen Ausnutzungsbeschluss gefasst hat, kann er also außenstehenden Erwerbsinteressenten keine Rechte auf den Bezug neuer Aktien verbindlich zusagen.

§ 187 Abs. 2 ordnet an, dass **Zusicherungen** vor dem Beschluss über die Erhöhung des Grundkapitals der Gesellschaft gegenüber unwirksam sind. Soweit Konflikte zwischen dem gesetzlichen Bezugsrecht der (Alt-)Aktionäre einerseits und den Dritten eingeräumten Rechten auf den Bezug neuer Aktien andererseits bestehen, dürfen diese mithin weder zu Lasten der (Alt-)Aktionäre noch zu Lasten der Gesellschaft gelöst werden. Für die Gesellschaft entstehen aus etwaigen Bezugsvereinbarungen mit Außenstehenden weder Primär- noch Sekundärverpflichtungen. Da die in § 187 Abs. 2 angeordnete Unwirksamkeit jedoch nur eine relative, gegenüber der Gesellschaft bestehende ist, wird der Erwerbsinteressent aus einem etwaigen Zeichnungsvorvertrag gebunden. Zu seinem Schutz wird man verlangen müssen, dass ein solcher Zeichnungsvorvertrag den Formvorschriften des § 185 Abs. 1 genügen, insbesondere also die dort aufgeführten Pflichtangaben enthalten muss.[21] **29**

5. Verweis auf § 188 (Anmeldung und Eintragung der Durchführung). a) Anmeldung. **30**
Die Ausnutzung des genehmigten Kapitals ist von der Gesellschaft zur Eintragung in das Handelsregister anzumelden. Innerhalb der Gesellschaft sind hierfür nach der ausdrücklichen Anordnung des § 188 Abs. 1 der **Vorstand** sowie der **Vorsitzende des Aufsichtsrats** zuständig. Besteht der Vorstand aus mehreren Personen, genügt die Anmeldung durch eine vertretungsberechtigte Anzahl von Vorstandsmitgliedern. Die Anmeldung braucht nicht durch sämtliche Vorstandsmitglieder zu erfolgen, wenn die Satzung die Vertretung durch einen oder mehrere Vorstandsmitglieder anstatt der gemeinschaftlichen Vertretung durch alle Vorstandsmitglieder vorsieht (§ 78 Abs. 2 Satz 1).

Die den Vorstand und den Aufsichtsratsvorsitzenden treffende Anmeldepflicht besteht **gegenüber** **31** **der Gesellschaft** und nicht dem Staat. Kommen Verwaltungsmitglieder ihrer Anmeldepflicht nicht nach, können sie sich unter Umständen gegenüber der Gesellschaft schadensersatzpflichtig machen. Sie können jedoch nicht vom Registergericht durch die Androhung und Festsetzung von Zwangsgeld zur Vornahme der Anmeldung angehalten werden. In Betracht kommt eine auf die Vornahme bzw. Mitwirkung an der Anmeldung gerichtete Leistungsklage des Vorstands gegen den Aufsichtsratsvorsitzenden bzw. des Aufsichtsrats gegen den Vorstand.

Es wird angenommen, dass die Anmeldung **unverzüglich,**[22] spätestens aber innerhalb von drei **32** Monaten[23] erfolgen muss. Es ist angesichts des Zwecks des genehmigten Kapitals richtig, den Ermächtigungsbeschluss möglichst zügig eintragen zu lassen, damit er wirksam wird. Die Festsetzung von starren Fristen empfiehlt sich jedoch nicht. Denn bei der Anmeldung sind auch die Zweitschriften der Zeichnungsscheine und die auf ihrer Grundlage geleisteten Einzahlungen anzugeben (§ 188 Abs. 3 Nr. 1); daraus können sich Verzögerungen ergeben, die nicht im Verantwortungsbereich der Gesellschaft liegen und von dieser nicht vermieden werden können. Es wird daher zu Recht eine unverzügliche (§ 121 Abs. 1 BGB) Anmeldung gefordert, aber auch für ausreichend gehalten, da damit die Besonderheiten des Einzelfalles Berücksichtigung finden können. Der Vorstand muss hierbei den Zeitpunkt beachten, an dem die Zeichnung unverbindlich wird, wenn nicht bis dahin die Durchführung der Erhöhung des Grundkapitals eingetragen ist (§ 185 Abs. 1 Satz 3 Nr. 4).

Zusammen mit der Vorlage der Zweitschriften der Zeichnungsscheine hat der Vorstand ein Verzeichnis einzureichen, aus dem sich die auf jeden Zeichner entfallenden Aktien und die auf sie **33** **geleisteten Einzahlungen** ergeben (§ 188 Abs. 3 Nr. 1). Wie hoch die zu leistenden Einzahlungen sind, setzt der Vorstand fest; der Betrag wird im Zeichnungsschein verlautbart (§ 185 Abs. 1 Satz 3 Nr. 2). Bei Bareinlagen muss der eingeforderte Betrag mindestens ein Viertel des geringsten Ausgabebetrages und bei Ausgabe der Aktien für einen höheren Betrag als diesen auch den Mehrbetrag umfassen (§ 188 Abs. 2 Satz 1 iVm § 36a Abs. 1). In der Anmeldung muss ferner versichert werden, dass die eingezahlten Beträge endgültig zur freien Verfügung des Vorstands stehen (§ 188 Abs. 2 Satz 1 iVm § 36 Abs. 2). Bei Sacheinlagen hat die Versicherung dahin zu gehen, dass sie vollständig geleistet sind (§ 188 Abs. 2 Satz 1 iVm § 36a Abs. 2). Besteht die Scheinlage jedoch, wie in der Praxis die Regel, in der Verpflichtung, einen Vermögensgegenstand auf die Gesellschaft zu übertragen, muss diese Leistung (erst) innerhalb von fünf Jahren nach der Eintragung der Gesellschaft in das Handelsregister bewirkt werden. In beiden Fällen muss der Wert den geringsten Ausgabebetrag und bei Ausgabe der Aktien für einen höheren Betrag als diesen auch den Mehrbetrag umfassen (§ 188 Abs. 2 Satz 1 iVm § 36a Abs. 2 Satz 2). Der – ersten – Anmeldung ist ferner die Erklärung beizufügen,

---
[21] *Hergeth/Eberl* NZG 2003, 205 (206).
[22] MüKoAktG/*Bayer* § 202 Rn. 49.
[23] Großkomm AktG/*Hirte* Rn. 108; NK-AktR/*Groß/Fischer* § 202 Rn. 33.

dass ausstehende Einlagen auf das bisherige Grundkapital nicht mehr erlangt werden können (§ 203 Abs. 3 Satz 1); wegen der Einzelheiten → Rn. 118–130.

34 Voraussetzung für die Anmeldung ist, dass die im Rahmen der Kapitalerhöhung zu schaffenden neuen Aktien gezeichnet wurden. Nutzt der Vorstand das genehmigte Kapital nur zu einem **Teil** aus, braucht nur diese Tranche gezeichnet zu sein. Hält sich der Vorstand – was möglich und bei Anwendung des sog. Greenshoe-Verfahrens auch üblich ist – offen, bis zu welcher Höhe er von dem genehmigten Kapital Gebrauch machen will kann er die Kapitalerhöhung entsprechend den vorgenommenen Zeichnungen in mehreren Betragsschritten anmelden.[24] Auf diese Weise kann eine Beschleunigung hinsichtlich der gezeichneten Beträge erreicht werden. Eine solche Beschleunigung ist insbesondere im Hinblick auf § 185 Abs. 1 Satz 3 Nr. 4 angezeigt, wonach in den Zeichnungsschein aufzunehmen ist der Zeitpunkt, an dem die Zeichnung unverbindlich wird, wenn nicht bis dahin die Durchführung der Erhöhung des Grundkapitals eingetragen ist.

35 Gem. § 399 Abs. 1 Nr. 4 wird mit Freiheitsstrafe bis zu drei Jahren oder mit Geldstrafe **bestraft,** wer als Mitglied des Vorstands oder des Aufsichtsrat zum Zweck der Eintragung einer Erhöhung des Grundkapitals über die Einbringung des bisherigen, die Zeichnung oder Einbringung des neuen Kapitals, den Ausgabebetrag der Aktien, die Ausgabe der Bezugsaktien oder über Sacheinlagen falsche Angaben macht oder erhebliche Umstände verschweigt.

36 Die Strafvorschrift des § 399 Abs. 1 Nr. 4 ist **Schutzgesetz** iSd § 823 Abs. 2 BGB. Denn neben dem Schutz der Allgemeinheit davor, dass Aktien in Umlauf gesetzt werden, die nur Scheinwerte darstellen, bezweckt die gesetzliche Vorschrift den individuellen Schutz bestimmter Personenkreise. Dazu sind neben der Aktiengesellschaft die Personen zu rechnen, welche aus der Kapitalerhöhung hervorgegangene Aktien erwerben. § 399 Abs. 1 Nr. 4 wird daher als Gesetz angesehen, das zumindest den Schutz der Erwerber der aus einer Kapitalerhöhung hervorgegangenen jungen Aktien bezweckt.[25]

37 Neben den Zweitschriften der Zeichnungsscheine, dem vom Vorstand unterschriebenen Verzeichnis der Zeichner samt den auf sie entfallenden Aktien und den auf diese geleisteten Einzahlungen (§ 188 Abs. 3 Nr. 1), sowie den Verträgen über eine etwaige Sacheinlage (§ 188 Abs. 3 Nr. 1) ist der Anmeldung eine **Berechnung der Kosten,** die für die Gesellschaft durch die Ausgabe der neuen Aktien entstehen, beizufügen (§ 188 Abs. 3 Nr. 1). Dadurch soll transparent werden, zu welchem Mittelzufluss die Kapitalerhöhung tatsächlich geführt hat.

38 Die Kapitalerhöhung wird mit ihrer Eintragung in das Handelsregister wirksam, § 189. Damit ändert sich zugleich die Satzung der Gesellschaft. Aus dem genehmigten Kapital wird im Umfang seiner Ausnutzung echtes Grundkapital. Umstritten ist, ob deswegen mit der Anmeldung der Kapitalerhöhung eine geänderte Satzungsfassung bei Gericht einzureichen ist,[26] oder ob dies noch später erfolgen kann, da die Ausnutzung des genehmigten Kapitals noch keine Satzungsänderung ist, sondern lediglich eine solche nach sich zieht.[27] § 181 Abs. 1 schreibt vor, dass jede **Satzungsänderung** durch den Vorstand zur Eintragung in das Handelsregister anzumelden ist. Der Anmeldung ist der vollständige Wortlaut der Satzung beizufügen; er muss mit der Bescheinigung eines Notars versehen sein, dass die geänderten Bestimmungen der Satzung mit dem Beschluss über die Satzungsänderung und die unveränderten Bestimmungen mit dem zuletzt zum Handelsregister eingereichten vollständigen Wortlaut der Satzung übereinstimmen. Gegen eine Pflicht des Vorstands, bei der Anmeldung der Kapitalerhöhung auch eine der Vorschrift des § 181 Abs. 1 genügende Anmeldung der Satzungsänderung beizufügen, spricht zum einen, dass die Satzungsänderung erst mit der Eintragung der Kapitalerhöhung wirksam wird, zum Zeitpunkt der Anmeldung also noch nicht erfolgt ist, und zum anderen, dass weder in § 188 noch in § 203 auf die Vorschrift des § 181 Abs. 1 verwiesen wird. Jedoch kann § 181 auf die in der Erhöhung des Grundkapitals liegende Satzungsänderung auch ohne ausdrücklichen Verweis in § 188 oder § 203 Geltung beanspruchen, weil insoweit der in sich abgeschlossene Regelungsgegenstand der Satzungsänderung betroffen ist und für diesen abstrakt und ohne Einschränkung hinsichtlich der mit der Satzungsänderung anderweitig verbundenen Anmeldepflichten § 188 Abs. 1 gilt. Unschädlich ist, dass die Satzungsänderung erst mit der Eintragung der Kapitalerhöhung in das Handelsregister wirksam wird. Denn die Anmeldung der Satzungsänderung wird ersichtlich nur für den Fall gestellt, dass auch die Kapitalerhöhung eingetragen wird. Wird diese nicht eingetragen, so wird auch jene nicht eingetragen. Im Übrigen ist es bei Satzungsänderungen der Regelfall, dass diese Änderungen zu einem Zeitpunkt angemeldet werden, zu dem sie noch gar nicht wirksam sind. Denn gem. § 181 Abs. 3 wird eine Satzungsänderung erst wirksam, wenn sie in das Handelsregister eingetragen wird.

---

[24] *Trapp* AG 1997, 115 (122).
[25] BGHZ 105, 121 (124) = NJW 1988, 2794 (2795) = LM BGB § 823 (Dc) Nr. 99 – Kerkerbachbahn.
[26] MüKoAktG/*Bayer* Rn. 28; Hüffer/Koch/*Koch* Rn. 15; MHdB AG/*Krieger* § 58 Rn. 51.
[27] Kölner Komm AktG/*Lutter* Rn. 51; Großkomm AktG/*Hirte* Rn. 38.

Ist mithin bei der Anmeldung der Kapitalerhöhung zugleich die darin liegende Satzungsänderung 39
mit anzumelden, empfiehlt es sich, dass die Hauptversammlung bereits anlässlich des Ermächtigungsbeschlusses dem **Aufsichtsrat** in Anwendung des § 179 Abs. 1 Satz 2 die Befugnis überträgt, die Satzungsänderung festzustellen. Anderenfalls müsste allein zur Feststellung der Satzungsänderung eine (außerordentliche) Hauptversammlung einberufen werden. In der Lit. wird vertreten, in dem Ermächtigungsbeschluss zur Schaffung genehmigten Kapitals liege zugleich ein konkludenter Beschluss nach § 179 Abs. 1 Satz 2, mit dem der Aufsichtsrat zur Feststellung der Satzungsänderung ermächtigt wird.[28] Dieser Auffassung ist zuzustimmen; um der Gesellschaft jedoch vermeidbare Diskussionen mit dem Registergericht zu ersparen, sollte ein Beschluss nach § 179 Abs. 1 Satz 2 ausdrücklich erfolgen.

Die Anmeldung hat gem. § 12 Abs. 1 HGB elektronisch **in öffentlich beglaubigter Form** zu 40
erfolgen. Es ist zwar nicht vorgeschrieben, Niederschriften bzw. Auszüge hiervon über die Sitzung des Vorstands oder des AR, in der die Ausnutzung des genehmigten Kapitals beschlossen wurde, beizufügen; gleichwohl empfiehlt sich dies, um dem Registergericht die Nachvollziehbarkeit zu erleichtern und so eine reibungslose Eintragung zu gewährleisten. Die eingereichten Unterlagen werden beim Gericht in den Registerakten der Gesellschaft aufbewahrt (§ 8 HRV). In diese kann gem. § 9 Abs. 1 HGB jedermann Einsicht nehmen.

b) Prüfung, Eintragung und Bekanntmachung. Nach erfolgter Anmeldung hat das Register- 41
gericht zu prüfen, ob die angemeldete Kapitalerhöhung nebst Satzungsänderung in formeller und materieller Hinsicht **rechtmäßig** ist. Besonderes Augenmerk wird das Registergericht dabei auf die Frage zu richten haben, ob der Ausnutzungsbeschluss die gesetzlichen und statuarischen Bindungen beachtet. An gesetzlichen Vorgaben sind insbesondere die zeitliche Befristung von fünf Jahren (§ 202 Abs. 1) sowie die höhenmäßige Beschränkung des genehmigten Kapitals auf die Hälfte des Grundkapitals (§ 202 Abs. 3) von Bedeutung. Satzungsmäßige Beschränkungen sind insbesondere solche, die den Inhalt der Aktienrechte und die Bedingungen der Aktienausgabe betreffen (§ 204 Abs. 1). Bei Sacheinlagen hat das Registergericht zu prüfen, ob der Wert der Sacheinlage nicht unwesentlich hinter dem geringsten Ausgabebetrag der dafür zu gewährenden Aktien zurückbleibt (§ 205 Abs. 7 Satz 1).

Das Registergericht hat die Eintragung abzulehnen, wenn der Kapitalerhöhungsbeschluss diese 42
Vorgaben nicht beachtet. Handelt es sich um behebbare Fehler, bspw. um das Fehlen der erforderlichen Zustimmung des Aufsichtsrats, hat das Gericht der Aktiengesellschaft im Rahmen einer **Zwischenverfügung** aufzugeben, den Fehler binnen einer bestimmten Frist zu beseitigen (§ 26 HRV). Kommt die Gesellschaft dem nicht nach oder handelt es sich um einen nicht behebbaren Fehler, hat das Gericht die angemeldete Eintragung abzulehnen. Gegen den ablehnenden Beschluss kann die Gesellschaft Beschwerde beim Landgericht einlegen (§ 58 FamFG). Ist sie auch hier erfolglos, kann sie beim Oberlandegericht Rechtsbeschwerde einlegen, sofern diese zugelassen wurde (§ 70 FamFG). Die Gesellschaft wird hierbei gemäß den allgemeinen Vorschriften durch ihren Vorstand vertreten (§ 78 Abs. 1). Den Aktionären kommt kein eigenes Beschwerderecht zu. Dies ergibt sich zum einen aus der Kompetenzverteilung innerhalb der Aktiengesellschaft und zum anderen aus § 59 Abs. 2 FamFG, wonach dann, wenn eine Verfügung nur auf Antrag erlassen werden kann und der Antrag zurückgewiesen worden ist, die Beschwerde nur dem Antragsteller zusteht. Etwaige Mängel können noch im Beschwerdeverfahren erster und zweiter Instanz geheilt werden.

Die vom Registerrichter zu verfügende und vom Urkundsbeamten der Geschäftsstelle vorzuneh- 43
mende **Eintragung** erfolgt in den Spalten 6a und 6b des Registerblattes der Gesellschaft. Sie lautet in Spalte 6 a: „Aufgrund der in der Satzung vom … enthaltenen Ermächtigung/am … erteilten Ermächtigung ist das Grundkapital um … Euro auf … Euro erhöht. Die Kapitalerhöhung ist durchgeführt." In Spalte 6b wird eingetragen: „Das genehmigte Kapital beträgt nach teilweiser Ausschöpfung noch … Euro/ist damit ausgeschöpft". Ebenfalls eingetragen wird die durch die Kapitalerhöhung erfolgte Änderung der Satzung. Insoweit wird in der Spalte „6. Rechtsverhältnisse" eingetragen: „Durch Beschluss des Aufsichtsrats vom … ist die Satzung geändert worden in § … [Höhe und Einteilung des Grundkapitals]." In der Spalte „3. Grundkapital" ist die alte Grundkapitalziffer gem. § 16 HRV rot zu unterstreichen und die neue Betragsziffer einzutragen.

Die Eintragung wird ihrem ganzen Inhalt nach veröffentlicht, und zwar im Bundesanzeiger sowie 44
in dem weiteren, vom Registergericht bestimmten (§ 11 HGB) Veröffentlichungsblatt (§ 10 HGB). Hierdurch wird die **Publizität** gewährleistet. Anders als die Eintragung ist die Bekanntmachung nicht Voraussetzung für die Wirksamkeit des Ermächtigungsbeschlusses, wie sich aus dem Wortlaut des § 181 Abs. 3 ergibt.

---

[28] *Cahn* AG 2001, 181 (184, 185).

45 **c) Rechtsfolgen fehlerhafter Eintragung.** Die Rechtsfolgen fehlerhafter Eintragungen wurden oben im Rahmen der Kommentierung zu § 202 (→ Rn. 119–127) ausführlich erörtert. Auf die dortigen Ausführungen wird verwiesen.

46 **6. Verweis auf § 189 (Wirksamwerden der Kapitalerhöhung).** Mit der Eintragung der Durchführung der Erhöhung des Grundkapitals ist das Grundkapital erhöht. Die Eintragung wirkt **konstitutiv**. Mit ihr sind die Beteiligungsrechte gemäß den von der Gesellschaft angenommenen Zeichnungsscheinen entstanden, aus den Erwerbsinteressenten sind Aktionäre geworden. Der Wortlaut des § 189, wonach mit der Eintragung der Durchführung der Erhöhung des Grundkapitals das Grundkapital erhöht ist, bezeichnet zunächst nur den Zeitpunkt des Wirksamwerdens eines ordnungsgemäß durchgeführten Kapitalerhöhungsverfahrens.

47 Hinsichtlich der möglichen **Heilung** durch die Eintragung ist zwischen Fehlern, die den Ermächtigungsbeschluss anhaften, einerseits und Fehlern, die allein den Ausnutzungsbeschluss betreffen, andererseits zu unterscheiden.

48 Fehlt der **Ermächtigungsbeschluss** gänzlich oder ist er nichtig bzw. anfechtbar, und wurde die Nichtigkeit bzw. die Anfechtbarkeit rechtzeitig (§ 246 Abs. 1, § 256 Abs. 6) geltend gemacht, kommt nach heute allgM[29] der Eintragung keine heilende Wirkung zu. Der Wortlaut des § 189, wonach mit der Eintragung der Durchführung der Erhöhung des Grundkapitals das Grundkapital erhöht ist, bezeichnet insoweit daher allein den Zeitpunkt des Wirksamwerdens eines ordnungsgemäß durchgeführten Kapitalerhöhungsverfahrens. Etwas anderes gilt nach allgM nur für ein Überschreiten der quantitativen Vorgabe, dass der Nennbetrag des genehmigten Kapitals die Hälfte des Grundkapitals, das zur Zeit der Ermächtigung vorhanden ist, nicht übersteigen darf (§ 202 Abs. 3 Satz 1), sowie für ein Überschreiten der zeitlichen Beschränkung, dass die Ermächtigung für höchstens fünf Jahre erteilt werden darf (§ 202 Abs. 2 Satz 1). In diesen Fällen soll die Regelung des § 242 Abs. 2 dazu führen, dass die gesetzlich zulässige Höchstfrist bzw. der gesetzlich zulässige Höchstbetrag gilt.

49 Aus Zeichnungsverträgen kann weiterhin nicht auf Erfüllung geklagt werden, auch nicht bei Gutgläubigkeit des Zeichners. Ausgegebene Aktien vermitteln keine Rechte. Allenfalls haben die – vermeintlichen – Gesellschafter im Falle einer Insolvenz die Einlagen zu leisten, soweit dies zur Erfüllung der eingegangenen Verbindlichkeiten nötig ist (§ 277 Abs. 3), da sie gegenüber den Gläubigern der Gesellschaft den Rechtsschein einer entsprechenden Eigenkapitalzufuhr gesetzt haben. Jedoch sind mit der Eintragung der Kapitalerhöhung die Grundsätze der **fehlerhaften Gesellschaft** anwendbar, soweit deren sonstige Voraussetzungen gegeben sind.[30] Die Eintragung ist zu löschen.[31]

50 Ist der Ermächtigungsbeschluss rechtmäßig, aber der **Ausnutzungsbeschluss fehlerbehaftet,** etwa weil er die Vorgaben des Ermächtigungsbeschlusses über den Inhalt der Aktienrechte und die Bedingungen der Aktienausgabe nicht einhält, gehen Rspr[32] und Lehre[33] davon aus, dass die Kapitalerhöhung gleichwohl wirksam ist, wenn ihre Durchführung im Handelsregister eingetragen wurde. Nachdem diese Wirksamkeitsfolge vom BGH in seiner jüngsten Entscheidung zu diesem Thema – wenn auch lediglich *obiter dictu* – bestätigt wurde, ist entgegen einer Prognose in der Lit.[34] nicht zu erwarten, dass der BGH diese Differenzierung wieder aufgeben wird, auch wenn einzuräumen ist, dass dadurch der Rechtsschutz bei Ausschluss des Bezugsrechts durch den Vorstand weniger effektiv ist als bei einem Bezugsrechtsausschluss durch einen Hauptversammlungsbeschluss.[35]

51 Unabhängig von der Art des Mangels bildet grundsätzlich jeder **Fehler** der Kapitalerhöhung ein **Eintragungshindernis.** Wegen der Einzelheiten der Prüfungskompetenz des Registergerichts wird auf die Kommentierung in → § 202 Rn. 46–51 verwiesen.

52 Auch und gerade in den Fällen eines rechtswidrigen und damit nichtigen Ausnutzungsbeschlusses kann trotz der durch die Eintragung der Kapitalerhöhung erfolgten Wirksamkeit der Kapitalbeschaffungsmaßnahme die fortbestehende Nichtigkeit der rechtswidrigen Vorstandsbeschlüsse auch nach der Eintragung der Kapitalerhöhung noch mit der **Feststellungsklage** gem. § 256 ZPO festgestellt werden, weil die betroffenen Aktionäre daran ein legitimes Rechtsschutzinteresse schon im Hinblick auf weiterhin nicht ausgeschlossene Sekundäransprüche und sonstige Rechtsbehelfe haben.[36] Geheilt

---

[29] So schon RGZ 144, 138 (141).
[30] *Zöllner* AG 1993, 68 (71–75); *Kort* ZGR 1994, 291 (306); *Schockenhoff* DB 1994, 2327.
[31] OLG Frankfurt aM NZG 2002, 981 (981, 982).
[32] BGHZ 164, 249 (257) *(obiter dictum)* = NJW 2006, 374 (376) – Mangusta/Commerzbank II.
[33] *Busch* NZG 2006, 81 (87) mwN.
[34] *Kubis* DStR 2006, 188 (192).
[35] Für die Anwendung der Lehre von der fehlerhaften Gesellschaft auch in diesen Fällen daher *Schürnbrand* ZHR 171 (2007), 731 (742 ff.).
[36] BGHZ 164, 249 (257) = NJW 2006, 374 (376) – Mangusta/Commerzbank II.

wird also nur die Kapitalerhöhung selbst, nicht aber die ihr zugrunde liegende Vorstandsentscheidung.[37]

Während der Vorstand bis zur Eintragung seinen Kapitalerhöhungsbeschluss und seine Anmeldung **zurückziehen** kann, kann er dies nach der Eintragung nicht mehr.

7. Verweis auf § 190 (Bekanntmachung). § 190 wurde aufgehoben. Die Bekanntmachung richtet sich nunmehr nach § 10 HGB, wonach das Gericht die Eintragungen in das Handelsregister in dem von der Landesjustizverwaltung bestimmten elektronischen Informations- und Kommunikationssystem bekannt macht, wobei die Eintragungen ihrem ganzen Inhalt nach zu veröffentlichen sind, soweit nicht das Gesetz ein anderes vorschreibt.

8. Verweis auf § 191 (Verbotene Ausgabe). Das in § 191 statuierte Ausgabe- und Übertragungsverbot ist die Konsequenz aus der Anordnung des § 189, wonach die Kapitalerhöhung (erst) mit der Eintragung der Durchführung in das Handelsregister wirksam wird. **Vor der Eintragung** der Durchführung der Erhöhung des Grundkapitals können Aktien und Zwischenscheine auf den Erhöhungsbetrag nicht ausgegeben werden. Denn noch sind die neuen Aktienrechte nicht entstanden und vor der Prüfung und Billigung der Kapitalerhöhung durch das Registergericht sollen mit ihr noch keine Geschäfte gemacht werden. Die durch den von der Gesellschaft angenommenen Zeichnungsschein erworbene Anwartschaft soll, da sie mangels positiver Prüfung durch das Registergericht noch rechtlich ungesichert ist, kein übertragbares Wirtschaftsgut sein. Damit sollen Erwerbsinteressenten vor einem Vermögensverlust geschützt werden, der anderenfalls im Falle eines Scheiterns der Kapitalerhöhung einträte. Gegen das Ausgabe- und Übertragungsverbot verstoßende Rechtsgeschäfte sind nichtig. Für etwaige Schäden aus der Ausgabe sind die Ausgeber den Inhabern als Gesamtschuldner verantwortlich.

9. Ausnahmen bei Verschmelzung, Auf- und Abspaltung. Bei einer Kapitalerhöhung der übernehmenden Gesellschaft zur Durchführung einer Verschmelzung sowie bei Auf- und Abspaltungen finden die §§ 185, 186, 187 Abs. 1, § 188 Abs. 2 und 3 Nr. 1 **keine Anwendung**.

II. Ermächtigung zum Bezugsrechtsausschluss

1. Grundlagen. Für die Kapitalerhöhung bestimmt die zentrale Vorschrift des § 186 Abs. 1 Satz 1: „Jedem Aktionär muss auf sein Verlangen ein seinem Anteil an dem bisherigen Grundkapital entsprechender Teil der neuen Aktien zugeteilt werden." Damit trägt das Gesetz der **grundlegenden Bedeutung des Bezugsrechts** für den Aktionär Rechnung. Werden neue Aktien ausgegeben, ohne dass die Altaktionäre eine Chance haben, diese neuen Aktien zu erwerben, werden durch die neuen Aktien sowohl ihr Stimmrecht als auch ihr Vermögensrecht beeinträchtigt. Denn dadurch, dass sich ihre Quote am Gesamtaktienbestand vermindert, reduzieren sich auch ihre Einflussmöglichkeit auf die Meinungsbildung in der Hauptversammlung und ihr Anteil am Gewinn und Liquidationserlös der Gesellschaft. Werden die neuen Aktien, etwa zur Kurspflege, unter Wert ausgegeben, hat der Aktionär ein besonderes Interesse am Erwerb der neuen Aktien, da anderenfalls sein Gewinnteilhaberecht doppelt beeinträchtigt werden würde. Selbst wenn der Aktionär nicht über die finanziellen Mittel der Erwerb der jungen Aktien besitzt, kann es doch für ihn wirtschaftlich lukrativ sein, sein Bezugsrecht an einen Dritten zu veräußern. In Anbetracht dessen ist das Bezugsrecht daher zu Recht als „mitgliedschaftliches Grundrecht der Aktionäre"[38] bezeichnet worden und als Teil des mitgliedschaftlichen Aktieneigentums vom Bundesverfassungsgericht unter den Schutz des Eigentumsgrundrechts (Art. 14 GG) gestellt worden.[39]

Zwar ist Stimmen in der Lit. zuzugeben, dass bei **Kleinstaktionären börsennotierter Großunternehmen** die Vermögensrechte die entscheidende Rolle spielen und die mitgliedschaftlichen Rechte mangels unternehmerischen Engagements und Erreichens irgendwelcher Quoren in den Hintergrund gedrängt werden,[40] auch wenn der Umfang des Einflussverlustes nicht nur von der einzelnen Stimme, sondern auch von der Einflussmöglichkeit der kumulierten Stimmgewalt aller dissentierenden Aktionäre abhängt.[41] Gleichwohl ist das Mitgliedschaftsrecht von Rechts wegen eigentumsgrundrechtlich geschützt und die gesetzliche Anordnung des § 186 Abs. 1 Satz 1 eindeutig. Von daher erscheint der Vorwurf, der BGH vernachlässige die Situation des anlageorientierten Aktionärs einer börsennotierten Publikumsgesellschaft, der kein schutzwürdiges Recht an der Auf-

---

[37] *Drinkuth* AG 2006, 142 (146).
[38] *Zöllner* AG 1994, 336 (341).
[39] BVerfGE 100, 298 (302) = NJW 1999, 3769 (3770).
[40] S. nur *Martens* ZIP 1992, 1677 (1688–1690).
[41] *Liebert*, Der Bezugsrechtsausschluss bei Kapitalerhöhungen von Aktiengesellschaften, 2003, 102–106.

rechterhaltung der vermögensmäßig neutralen Stimmrechts- bzw. Beteiligungsquote habe,[42] zwar wirtschaftlich verständlich, aber mit der gesetzlichen Ausgangslage nur schwer vereinbar. Hiervon zu unterscheiden ist das Problem sog. räuberischer Aktionäre. Um deren Vorgehen zu begegnen, nimmt der BGH bei Rechtsmissbräuchlichkeit die Unbegründetheit der Anfechtungsklage an.[43]

59 Es ist seit jeher unbestritten, dass es Situationen gibt, in denen im Interesse der Aktiengesellschaft und ihrer Aktionäre ein **Bezugsrechtsausschluss geboten** sein kann. Solche Konstellationen sind gegeben, wenn mittels der Kapitalerhöhung eine Sacheinlage für die Gesellschaft erworben werden soll oder wenn im Rahmen einer Unternehmensbeteiligung eine Überkreuzbeteiligung angestrebt wird. Das Gesetz sieht sowohl auf der gemeinschaftsrechtlichen, europäischen Ebene (Art. 29 Abs. 4 Kapital-RL, jetzt Art. 69 Abs. 4 GesR-RL) als auch auf der Ebene des nationalen Rechts (§ 186 Abs. 3 Satz 1, § 203 Abs. 2 Satz 1) vor, dass das Bezugsrecht ganz oder zum Teil im Beschluss über die Erhöhung des Grundkapitals ausgeschlossen werden kann. Ein solcher Bezugsrechtsausschluss wird jedoch an besondere formelle Voraussetzungen geknüpft. Er bedarf einer Mehrheit, die mindestens drei Viertel des bei der Beschlussfassung vertretenen Grundkapitals umfasst (§ 186 Abs. 3 Satz 2). Materiell ist der Bezugsrechtsausschluss nach der Rspr. des BGH nur gerechtfertigt, wenn er unter gebührender Berücksichtigung der Folgen, die für die vom Bezugsrecht ausgeschlossenen Aktionäre eintreten, durch sachliche Gründe im Interesse der Gesellschaft gerechtfertigt ist. Die Prüfung dieser sachlichen Wirksamkeitsvoraussetzung schließt eine Abwägung der Gesellschafts- und Aktionärsinteressen und der Verhältnismäßigkeit von Mittel und Zweck ein.[44]

60 Auch im Rahmen des genehmigten Kapitals sieht das Gesetz die Möglichkeit eines Bezugsrechtsausschlusses vor. Gem. § 203 Abs. 1 iVm § 186 Abs. 3 Satz 1 kann im Ermächtigungsbeschluss das Bezugsrecht ausgeschlossen werden. Es besteht aber auch die Möglichkeit, dass die Hauptversammlung den Vorstand ermächtigt, im Rahmen der Ausnutzung des genehmigten Kapitals über einen Bezugsrechtsausschluss zu beschließen, § 203 Abs. 2. Gerade im letzteren Fall, in dem nicht die in der Hauptversammlung zusammengefassten Aktionäre abschließend und unmittelbar über den Bezugsrechtsausschluss entscheiden, besteht die erhöhte Gefahr einer sachlich nicht gerechtfertigten Benachteiligung der (Alt-)Aktionäre. Der Bezugsrechtsausschluss im Rahmen des genehmigten Kapitals war eines der großen gesellschaftsrechtlichen Themen der letzten Jahre. Die vielstimmig und zum Teil heftig geführte **Diskussion** findet ihren Grund zum einen darin, dass sich das genehmigte Kapital bei den Aktiengesellschaften zunehmend größerer Beliebtheit erfreut und zum anderen in der Vielschichtigkeit der betroffenen Themenkomplexe, etwa dem Verhältnis zwischen Minderheitenschutz einerseits und der Blockadepolitik sog. räuberischer Aktionäre andererseits oder der Frage nach einer Unterscheidung zwischen börsennotierten und nicht börsennotierten Aktiengesellschaften. Der BGH hat insbesondere in seinen grundlegenden Entscheidungen vom 23. Juni 1997[45] und vom 10. Oktober 2005[46] wichtige Marksteine gesetzt und spezielle Kautelen zur Zulässigkeit einer Ermächtigung zum Bezugsrechtsausschluss aufgestellt.

61 **2. Ausschluss oder Ermächtigung hierzu in der Ursprungssatzung.** Findet sich der Direktausschluss oder die Ermächtigung des Vorstandes zu einem Bezugsrechtsausschluss in der Gründungssatzung, ist **§ 186 nicht anwendbar.** In diesem Fall bedarf der Ausschluss nach dem vertraglichen Konsensprinzip der Zustimmung aller Gründungsaktionäre. Sind auf der ersten Stufe bei der Schaffung des genehmigten Kapitals mit Bezugsrechtsausschluss durch das Einstimmigkeitsprinzip die Aktionäre hinreichend geschützt, setzt sich dieser Schutz bei der Ausnutzung des genehmigten Kapitals mit gleichzeitigem Bezugsrechtsausschluss durch eine materielle Kontrolle des Vorstandshandelns fort. Der Vorstand darf von der Ermächtigung zur Kapitalerhöhung und zum Bezugsrechtsausschluss nur Gebrauch machen, wenn das konkrete Vorhaben seiner abstrakten Umschreibung entspricht und auch im Zeitpunkt seiner Realisierung noch im wohlverstandenen Interesse der Gesellschaft liegt; er hat diesen Umstand im Rahmen seines unternehmerischen Ermessens sorgfältig zu prüfen.[47] Da der Prüfungsmaßstab insofern derselbe ist, wie er sich auch bei einem durch eine

---

[42] Dreier, Bezugsrechtsausschluss im Aktienrecht, 2005, 293.
[43] BGHZ 107, 296 (311) = NJW 1989, 2689 (2682) = LM AktG 1965 § 340a Nr. 1.
[44] BGHZ 71, 40 (44 bis 46) = NJW 1978, 1316 (1317) = LM AktG 1965 § 186 Nr. 1 – Kali + Salz; BGHZ 83, 319 (321) = NJW 1982, 2444 (2444) = LM AktG 1965 § 186 Nr. 2 – Holzmann; BGHZ 125, 239 (241) = NJW 1994, 1410 (1410) = LM AktG 1965 § 186 Nr. 6; BGH LM AktG 1965 § 203 Nr. 3 = ZIP 1995, 372 (373).
[45] BGHZ 136, 133 (139) = NJW 1997, 2815 (2816) = LM AktG 1965 § 186 Nr. 9 – Siemens/Nold.
[46] BGHZ 164, 241 = NJW 2006, 371 – Mangusta/Commerzbank I sowie BGHZ 164, 249 = NJW 2006, 374 – Mangusta/Commerzbank II.
[47] BGHZ 136, 133 (139) = NJW 1997, 2815 (2816) = LM AktG 1965 § 186 Nr. 9 – Siemens/Nold (für Bezugsrechtsausschluss durch spätere Satzungsänderung).

spätere Satzungsänderung erfolgenden Bezugsrechtsausschluss darstellt, was in der Praxis die weitaus größere Zahl der Fälle darstellt, soll auf → Rn. 75–91 verwiesen werden.

3. Satzungsändernder Beschluss hinsichtlich des Ausschlusses. In der unternehmerischen 62 Praxis ist zwischen einerseits einem Ausschluss des Bezugsrechts bereits in dem satzungsändernden Beschluss selbst sowie andererseits einem Beschluss, der den Vorstand zu einem Bezugsrechtsausschluss ermächtigt, zu unterscheiden. In rechtlicher Hinsicht gelten für beide Erscheinungsformen im Wesentlichen die **gleichen Regeln**.

a) Bei dem Hauptversammlungsbeschluss zu beachtende Vorgaben. aa) Formelle Vorgaben. 63 Erfolgt der Bezugsrechtsausschluss in dem Beschluss über die Schaffung genehmigten Kapitals (**Direktausschluss**), gelten gem. § 203 Abs. 1 Satz 1 die Vorschriften des § 186 Abs. 3 und 4 sinngemäß. Beschließt die Hauptversammlung nicht selbst über den – durch die Ausnutzung des genehmigten Kapitals aufschiebend bedingten – Bezugsrechtsausschluss, sondern ermächtigt sie den Vorstand dazu, im Rahmen seiner Ausnutzungsentscheidung das Bezugsrecht ganz oder teilweise auszuschließen (**Ausschlussermächtigung**), gilt gem. § 203 Abs. 2 Satz 2 die Vorschrift des § 186 Abs. 4 sinngemäß.

(1) Information der Aktionäre bei der Ladung zur Hauptversammlung. Ein Beschluss, 64 durch den das Bezugsrecht ganz oder zum Teil ausgeschlossen wird oder durch den der Vorstand hierzu ermächtigt wird, darf nur gefasst werden, wenn die Ausschließung bei der Einberufung der Hauptversammlung[48] ausdrücklich und ordnungsgemäß **bekannt gemacht** worden ist, § 203 Abs. 1 Satz 1, Abs. 2 Satz 2 iVm § 186 Abs. 4 Satz 1.

Gem. dem auf Art. 29 Abs. 4 Satz 2 Kapital-RL (jetzt Art. 72 Abs. 4 Satz 3 GesR-RL) beruhen- 65 den Vorschrift des § 186 Abs. 4 Satz 1, die über die Verweisungsnormen des § 203 Abs. 1 Satz 1 und Abs. 2 Satz 2 auf das genehmigte Kapital Anwendung findet, hat der Vorstand der Hauptversammlung einen **schriftlichen Bericht** über den Grund für den teilweisen oder vollständigen Ausschluss des Bezugsrechts vorzulegen. Hinsichtlich der Berichtsdichte hat der BGH im Jahre 1997 in Abwendung von seiner bisherigen, strengeren Rspr. entschieden, dass die Maßnahme, zu deren Durchführung der Vorstand ermächtigt werden soll, allgemein umschrieben und in dieser Form der Hauptversammlung bekannt gegeben werden muss.[49] Sie müsse ferner im Interesse der Gesellschaft liegen.[50] Bei der vorzunehmenden Abwägung mit den Aktionärsinteressen muss das Gesellschaftsinteresse überwiegen.

Auch wenn für den Bericht eine generell-abstrahierende Beschreibung des geplanten Verwendungs- 66 zweckes des genehmigten Kapitals und eine allgemeine Umschreibung der Gründe für den Bezugsrechtsausschluss ausreichen, dürfen hierbei **keine nichtssagenden Formeln** verwendet werden. Zwar kann im Anschluss an die Siemens/Nold-Entscheidung formuliert werden, die Erteilung von „Vorratsermächtigungen" an den Vorstand zur Schaffung bezugsrechtsfreien genehmigten Kapitals sei nunmehr zulässig,[51] jedoch ist dabei nicht aus den Augen zu verlieren, dass der BGH in dem Urteil die Unterscheidung zwischen zulässigen Ermächtigungsbeschlüssen mit Bezugsrechtsausschluss und unzulässigen Vorratsermächtigungen zwar verworfen hat, er jedoch weiterhin ein Mindestmaß an Begründung verlangt.

Rein **floskelhafte Umschreibungen** genügen nicht den Berichtsanforderungen. Die Formulie- 67 rung, der Gesellschaft solle im Rahmen ihrer strategischen Neuorientierung die Möglichkeit gegeben werden, in geeigneten Einzelfällen Beteiligungen und/oder Marken und/oder Lizenzen und/oder sonstige Vermögensgegenstände von Unternehmen gegen Überlassung von Aktien der Gesellschaft erwerben zu können, hat das OLG München mit der Begründung nicht gebilligt, es bestünden Zweifel, ob eine solche Darstellung überhaupt noch als „Bericht" qualifiziert werden könne, jedenfalls erfülle eine solche Reduzierung der Begründung nicht mehr den Zweck des Aktionärsschutzes.[52] Diese Entscheidung ist insofern zweifelhaft, als die vom BGH in dem Siemens/Nold-Urteil gebilligte Formulierung, die Gesellschaft solle „die Möglichkeit haben, in geeigneten Einzelfällen Beteiligungen gegen Überlassung von Stammaktien der Siemens AG erwerben zu können" nicht detaillierter war.[53] Bei der Entscheidung des OLG mag eine Rolle gespielt haben, dass das beantragte bezugsrechtsfreie Kapital nahezu 50 % des bisherigen Grundkapitals betrug; möglicherweise kann ihr, wenn auch keine Verweigerung, so doch eine gewisse Zurückhaltung seitens der Instanzgerichte bei der Anwendung der durch Siemens/Nold geänderten Judikatur entnommen werden.[54]

---

[48] LG Berlin DB 2005, 1320 (1321).
[49] BGH NZG 2009, 589 (591).
[50] BGHZ 136, 133 = NJW 1997, 2815 = LM AktG 1965 § 186 Nr. 9 – Siemens/Nold.
[51] *Böttger*, Der Bezugsrechtsausschluss beim genehmigten Kapital, 2005, 29.
[52] OLG München ZIP 2002, 1580 (1582, 1583) – MHM.
[53] *Liebert*, Der Bezugsrechtsausschluss bei Kapitalerhöhungen von Aktiengesellschaften, 2003, 219.
[54] *Waclawik* ZIP 2006, 397 (398).

68 Ausreichen lassen hat der **BGH** die Begründung, die vorgeschlagene Ausgabe von neuen Aktien gegen Sacheinlagen unter Ausschluss des Bezugsrechts der Aktionäre solle den Vorstand in die Lage versetzen, eine Beteiligung, ein Unternehmen oder Lizenzen zu erwerben, wobei zu dem Erwerb von Lizenzen bemerkt wurde, der Vorstand verhandle zur Zeit mit verschiedenen Vereinen im In- und Ausland über den Abschluss von Sponsorenverträgen, die es der Gesellschaft erlauben sollten, die bekannten Namen und Logos dieser Sportvereine unter einer Lizenz bei der Vermarktung der Markenprodukte des Unternehmens zu verwerten. Die Lizenzgeber hätten deutlich zu erkennen gegeben, dass sie auf einer Bezahlung in Form von Aktien der Gesellschaft bestehen könnten. Der Gesellschaft sollte weiter die Möglichkeit gegeben werden können, strategisch wichtigen Partnern in geeigneten Einzelfällen eine Beteiligung gegen Bareinlage zu gewähren.[55]

69 Zu dem vorgeschlagenen **Ausgabebetrag** braucht sich der Bericht nur zu äußern, wenn dieser durch die Hauptversammlung festgesetzt werden soll. Soll die Festsetzung des Ausgabebetrages dem Vorstand im Rahmen des Ermächtigungsbeschlusses überlassen bleiben, braucht der Bericht keine Angaben zum Ausgabebetrag enthalten. Der BGH hat den Hinweis ausreichen lassen, dass zu den jeweiligen Ausgabebeträgen noch keine Angaben gemacht werden könnten und diese unter Berücksichtigung der Gesellschafts- und Aktionärsinteressen und des jeweiligen Zwecks angemessen festgesetzt werden würden, wobei der Ausgabebetrag den aktuellen Börsenkurs der bereits an der Börse gehandelten Aktien nicht wesentlich unterschreiten soll.[56]

70 Ermächtigt in Anwendung des **§ 33 Abs. 3 WpÜG** die Hauptversammlung den Vorstand zur bezugsrechtsfreien Kapitalerhöhung zwecks Verhinderung von feindlichen Übernahmen, verlangt das LG München detaillierte Ausführungen, warum eine feindliche Übernahme drohe und weshalb die Kapitalmaßnahme zur Abwehr des Übernahmeangebots geeignet und erforderlich ist.[57] Dem ist mit der Maßgabe zuzustimmen, dass an die Berichtspflichten zu Ermächtigungsbeschlüssen gem. § 33 WpÜG keine höheren als die allgemeinen aktienrechtlichen Anforderungen zu stellen sind, wie sie in der Siemens/Nold-Entscheidung festgelegt wurden.[58]

71 Der Bericht des Vorstandes braucht nicht in seinem vollen Wortlaut, sondern nur seinem **wesentlichen Inhalt** nach zusammen mit der Einladung versandt und in den Gesellschaftsblättern veröffentlicht zu werden. Denn nur § 186 Abs. 4 Satz 1 (Bezugsrechtsausschluss), nicht aber § 186 Abs. 4 Satz 2 (Erstattung des schriftlichen Vorstandsberichtes) verweist auf die Vorschrift des § 124 Abs. 1, nach der die Tagesordnung der Hauptversammlung bei der Einberufung in den Gesellschaftsblättern bekannt zu machen ist.[59] Der Bericht ist von der Einberufung der Hauptversammlung an in den Geschäftsräumen der Gesellschaft zur Einsicht der Aktionäre auszulegen und diesen auf Verlangen zu übersenden.

72 Entsprechend dem Sinn und Zweck der Vorschrift des § 125 Abs. 1, die umfassende Unterrichtung der Aktionäre über die in der Hauptversammlung anstehenden Beschlussvorlagen auch tatsächlich sicherzustellen, wird man diese Vorschrift nach richtiger, aber stark umstrittener Ansicht auf den Bericht über den von der Verwaltung vorgeschlagenen Bezugsrechtsausschluss anzuwenden haben.[60] Das bedeutet, dass der Vorstand binnen zwölf Tagen nach der Bekanntmachung der Einberufung der Hauptversammlung im elektronischen Bundesanzeiger den **Kreditinstituten** und den **Aktionärsvereinigungen,** die in der letzten Hauptversammlung Stimmrechte für Aktionäre ausgeübt oder die Mitteilung verlangt haben, die Einberufung der Hauptversammlung und die Bekanntmachung der Tagesordnung mitzuteilen hat. Die Kreditinstitute und Aktionärsvereinigungen haben diese Mitteilung unverzüglich an die Aktionäre weiterzuleiten, § 128 Abs. 1.

73 **(2) Beschlussfassung und Mehrheitserfordernisse.** Der Beschluss bedarf neben den in Gesetz oder Satzung für die Kapitalerhöhung aufgestellten Erfordernissen einer **qualifizierten Mehrheit,** die mindestens drei Viertel des bei der Beschlussfassung vertretenen Grundkapitals umfasst, soweit nicht die Satzung eine größere Kapitalmehrheit und weitere Erfordernisse bestimmt.

74 Der Beschluss über den Bezugsrechtsausschluss ist Bestandteil des Ermächtigungsbeschlusses. Es spricht nichts dagegen, ihn **zeitlich nach** dem Beschluss über die Schaffung genehmigten Kapitals zu fassen, etwa auf der Hauptversammlung des Folgejahres. In diesem Fall müssen sämtliche formellen und materiellen Voraussetzungen für den Bezugsrechtsausschluss zum Zeitpunkt der Beschlussfassung über den Bezugsrechtsausschluss vorliegen.

---

[55] BGHZ 144, 290 (292) = NJW 2000, 2356 (2357) = LM AktG 1965 § 27 Nr. 6 – adidas.
[56] BGHZ 144, 290 (291) = NJW 2000, 2356 (2356) = LM AktG 1965 § 27 Nr. 6 – adidas.
[57] LG München DB 2005, 824 (825) (rkr.).
[58] *Drinkuth* AG 2005, 597 (601).
[59] BGHZ 120, 141 (155, 156) = NJW 1993, 400 (403) = LM AktG 1965 § 186 Nr. 4.
[60] Wie hier: Kölner Komm AktG/*Lutte* § 186 Rn. 57; *Timm* DB 1982, 211 (217); *Hirte,* Bezugsrechtsausschluss und Konzernbildung, 1986, 124; aA: Hüffer/Koch/*Koch* § 186 Rn. 23; *Marsch* AG 1981, 211 (214).

bb) Materielle Vorgaben. (1) Sachliche Rechtfertigung. (a) Kali + Salz. In seiner grundlegenden Kali + Salz-Entscheidung[61] hat der BGH ausgeführt, dass der Ausschluss des Bezugsrechts bei einer – regulären – Kapitalerhöhung nur zulässig ist, wenn er aus der Sicht im Zeitpunkt der Beschlussfassung bei gebührender Berücksichtigung der Folgen für die ausgeschlossenen Aktionäre durch sachliche Gründe im Interesse der Gesellschaft gerechtfertigt ist. Die Prüfung, ob diese (ungeschriebene) sachliche Wirksamkeitsvoraussetzung erfüllt sei, schließe die **Abwägung der Interessen** und der Verhältnismäßigkeit von Mittel und Zweck ein. 75

(b) Holzmann. In seiner Holzmann-Entscheidung[62] aus dem Jahre 1982 stellte der BGH klar, dass dieses für den Bezugsrechtsausschluss im Rahmen einer regulären Kapitalerhöhung geltende Erfordernis einer sachlichen Rechtfertigung auch für einen Bezugsrechtsausschluss durch den Vorstand im Rahmen genehmigten Kapitals Geltung beanspruche. Das bedeute, dass auch der Vorstand von der Ermächtigung nach § 203 Abs. 2 nur Gebrauch machen dürfe, wenn er nach pflichtgemäßer kaufmännischer Prüfung der Überzeugung sein dürfe, der Ausschluss sei das angemessene und am besten geeignete Mittel zur Verfolgung **überwiegender Gesellschaftsinteressen.** Dabei handele es sich um eine (ungeschriebene) Wirksamkeitsvoraussetzung für den Ausschluss des Bezugsrechts, die von vornherein die dem Vorstand erteilte Ermächtigung materiell einschränke. Darüber hinaus machten die Gefahren, die ein Bezugsrechtsausschluss für die betroffenen Aktionäre mit sich bringe, eine sorgfältige sachliche Prüfung schon dann notwendig, wenn die Hauptversammlung darüber beschließe, ob der Vorstand zu einem solchen schwerwiegenden Eingriff in die Aktionärsrechte ermächtigt werden soll. Insofern bedürfe auch der Hauptversammlungsbeschluss nach § 203 Abs. 2 Satz 2 sachlicher Rechtfertigung. Die hierfür maßgebenden Gründe habe die Gesellschaft darzulegen. 76

Angesichts der hohen Anforderungen, die der BGH in seiner Holzmann-Entscheidung an einen Bezugsrechtsausschluss stellte, erschien den Unternehmen eine Kapitalerhöhung aus genehmigtem Kapital unter Ausschluss des Bezugsrechts als ein unkalkulierbares Risiko. Tatsächlich war es seit der Holzmann-Entscheidung zu keinem genehmigten Kapital in Form der Ermächtigung zur Kapitalerhöhung gegen Sacheinlage mehr gekommen; das Rechtsinstitut der bezugsrechtsfreien genehmigten Kapitalerhöhung war **praktisch bedeutungslos** geworden.[63] 77

(c) Deutsche Bank. Das Deutsche Bank-Urteil aus dem Jahre 1994[64] brachte eine **erste Liberalisierung** des bezugsrechtsfreien genehmigten Kapitals mit sich.[65] Der BGH hatte keine Einwände dagegen, dass der Bank Kapital genehmigt wurde, bei dem bereits die Hauptversammlung das Bezugsrecht ausgeschlossen hatte, damit die Aktionärsbasis im Ausland verbreitert werden konnte. Die neuen Aktien sollten an Börsen in den USA oder an den Börsen in London, Paris, Mailand oder Madrid platziert werden, wobei der Ausgabekurs am Börsenkurs orientieren sollte. Der BGH, und hierin lag der Liberalisierungseffekt der Entscheidung, hielt es für unschädlich, dass zum Zeitpunkt des von der Hauptversammlung beschlossenen Bezugsrechtsausschlusses noch nicht feststand, an welchen Börsen die Aktien tatsächlich platziert werden würden. Der Forderung des Berufungsgerichts,[66] dass die Höhe des für jeden Börsenplatz verfügbar zu haltenden Nominalbetrages angegeben werden müsse, erteilte der BGH eine Absage. Da der Erfolg derartiger Börsenplatzierungen nicht sicher prognostiziert werden könne, sondern von einer Reihe zeitbedingter Faktoren und Entwicklungen abhänge, müssten Vorstand und Aufsichtsrat in der Lage sein, auf diese Umstände und Entwicklungen zu reagieren, und die Höhe der an jedem Ort einsetzbaren Beträge zu verändern. 78

(d) Siemens/Nold. An der Notwendigkeit einer sachlichen Rechtfertigung für den Bezugsrechtsausschluss hat der BGH festgehalten, auch wenn er die **Rechtfertigungsschwelle substantiell herabgesetzt** hat. Hierzu sah sich der BGH durch zweierlei Beobachtungen veranlasst.[67] Zum einen betrachteten die Vorstände die hohen Anforderungen, die an die sachliche Rechtfertigung der bezugsrechtsfreien genehmigten Kapitalerhöhung gestellt wurden, als nur mit dem (zu) hohen Risiko der Fehleinschätzung erfüllbar. Zum anderen nahmen – nicht selten erfolgreiche – Anfechtungsklagen sog. räuberischer Aktionäre weiter zu,[68] so dass sich für die Gesellschaften die im Bezugsrechtsausschluss genehmigten Kapitals liegenden Risiken weiter erhöhten. 79

---

[61] BGHZ 71, 40 (44–46) = NJW 1978, 1316 (1317) = LM AktG 1965 § 186 Nr. 1 – Kali + Salz.
[62] BGHZ 83, 319 (321) = NJW 1982, 2444 = LM AktG 1965 § 186 Nr. 2 – Holzmann.
[63] *Dreier,* Bezugsrechtsausschluss im Aktienrecht, 2005, 64.
[64] BGHZ 125, 239 = NJW 1994, 1410 = LM AktG 1965 § 186 Nr. 6.
[65] *Liebert,* Der Bezugsrechtsausschluss bei Kapitalerhöhungen von Aktiengesellschaften, 2003, 169, 170; *Paschos* WM 2005, 356 (362); *Kossmann* AG 2005, 9 (10); aA *Wiedemann* EWiR 1994, 425 (nicht verallgemeinerbarer Sonderfall einer Auslandsplatzierung).
[66] OLG Frankfurt ZIP 1993, 509 (511).
[67] *Röhricht* ZGR 1999, 445 (470, 471).
[68] *Dreier,* Bezugsrechtsausschluss im Aktienrecht, 2005, 65 m. zahlr. Nachw.

80 In seiner Siemens/Nold-Entscheidung aus dem Jahre 1997 hat der BGH in Abwendung von seiner bisherigen Rspr. entschieden, dass es genüge, wenn die Maßnahme, zu deren Durchführung der Vorstand ermächtigt werden soll, **allgemein umschrieben** und in dieser Form der Hauptversammlung bekannt gegeben wird. Sie müsse ferner im Interesse der Gesellschaft liegen.[69] Bei der vorzunehmenden Abwägung mit den Aktionärsinteressen muss das Gesellschaftsinteresse überwiegen. Obwohl die Entscheidung nur den Direktausschluss des Bezugsrechts im Rahmen genehmigten Kapitals betraf, beansprucht sie nach ihrem klaren Wortlaut ausdrücklich auch Geltung für die Ermächtigung des Vorstands zu einem Bezugsrechtsausschluss.[70]

81 Obwohl es in der Entscheidung um eine Sachkapitalerhöhung ging, will der BGH seine geänderte Rspr. **auch** auf **Bareinlagen** angewendet wissen. Dies ergibt sich zum einen daraus, dass er ausdrücklich die Holzmann-Rspr. aufgegriffen hat, die eine Barkapitalerhöhung zum Gegenstand hatte. Zum anderen hat der BGH in seiner Entscheidung ganz allgemein ausgeführt, dass die bislang erhobene Forderung, bei einem Ausschluss des Bezugsrechtes durch die Hauptversammlung müsse im Beschlusszeitpunkt feststehen, dass der Ausschluss durch sachliche Gründe im Interesse der Gesellschaft gerechtfertigt sei, den Ausschluss des Bezugsrechtes vor dem Zeitpunkt, in dem die Verhandlungen in ein konkretes Stadium getreten sind, nicht zulasse. Kurzfristige Entscheidungen seien beim Festhalten an dieser Rspr. ausgeschlossen. Auch die Ausweichmöglichkeit, den Vorstand zur Entscheidung über den Bezugsrechtsausschluss zu ermächtigen, gewähre den Unternehmen nicht die Flexibilität, die erforderlich sei, um auf Entwicklungen des Marktes rasch reagieren und so im heutigen Wirtschaftsleben erfolgreich bestehen zu können. Denn auch ein solcher Beschluss setze nach der bisherigen Rspr. voraus, dass die Ermächtigung von sachlichen Gründen getragen werde. Diese seien aber nur dann als gegeben angesehen worden, wenn bei der Beschlussfassung der Hauptversammlung bestimmte tatsächliche Anzeichen dafür vorgelegen hätten, dass der Vorstand während der Dauer seiner Ermächtigung im Interesse der Gesellschaft genötigt sein könnte, eine Kapitalerhöhung mit Bezugsrechtsausschluss durchzuführen. Zudem habe sich gezeigt, dass es nicht möglich sei, der Hauptversammlung Einzelheiten aus Vorgängen, die im Interesse der Gesellschaft insgesamt noch geheimhaltungsbedürftig seien, bekannt zu geben, ohne dadurch zumindest die für Konkurrenzunternehmen bedeutsamen Unternehmensstrategien vorzeitig durchschaubar zu machen.

82 **(e) Zusammenfassende Würdigung.** Das Siemens/Nold-Urteil ist überwiegend dahin verstanden worden, dass der BGH die materiell-rechtlichen **Anforderungen** an einen Bezugsrechtsausschluss **herabgesetzt** hat,[71] und zwar nicht nur für die der Entscheidung zugrunde liegende Ermächtigung zum Bezugsrechtsausschluss durch den Vorstand, sondern auch für den Bezugsrechtsausschluss durch die Hauptversammlung bei Schaffung genehmigten Kapitals. Verlangt werde nur noch, dass der Bezugsrechtsausschluss im wohlverstandenen Interesse der Gesellschaft liege; eine Abwägung zwischen den Belangen der Gesellschaft einerseits und den Interessen der vom Bezugsrecht ausgeschlossenen Aktionäre andererseits brauche nicht mehr stattzufinden.[72] Dementsprechend ist das Urteil bei der Wirtschaft nahe stehenden Autoren auf Zustimmung,[73] bei anderen Autoren auf – teilweise heftige[74] – Ablehnung gestoßen.[75]

83 Es ist richtig, die sachliche Rechtfertigung des Bezugsrechtsausschlusses denselben Maßstäben zu unterwerfen, unabhängig davon, ob die Kapitalerhöhung im regulären Verfahren oder im Wege des genehmigten Kapitals erfolgt. In der Siemens/Nold-Entscheidung hatte sich der BGH zwar streitgegenständlich nur mit der Frage zu befassen, welche Anforderungen an einen Bezugsrechtsausschluss zum Zeitpunkt der Gewährung genehmigten Kapitals zu stellen sind. Soll es zur Ausnutzung des genehmigten Kapitals und damit zur Realisierung des Bezugsrechtsausschlusses kommen, sei es, weil dieser bereits von der Hauptversammlung beschlossen wurde, sei es, weil der Vorstand zu dem Ausschluss ermächtigt wurde, muss der Bezugsrechtsausschluss auch und gerade zu diesem Zeitpunkt **sachlich gerechtfertigt** sein. Denn in seiner Siemens/Nold-Entscheidung stellte der BGH entscheidend darauf ab, dass es für den Vorstand angesichts der Unvorhersehbarkeit wirtschaftlicher Entwicklungen schwierig sei, für einen Zeitraum von bis zu fünf Jahren im Voraus zu begründen, warum ein Bezugsrechtsausschluss notwendig werden könnte. Zeichnet sich aber ein Vorhaben konkret ab,

---

[69] BGHZ 136, 133 (139) = NJW 1997, 2815 (2816) = LM AktG 1965 § 186 Nr. 9 – Siemens/Nold.
[70] BGHZ 136, 133 (139) = NJW 1997, 2815 (2816) = LM AktG 1965 § 186 Nr. 9 – Siemens/Nold.
[71] S. die gründliche Analyse bei *Liebert*, Der Bezugsrechtsausschluss bei Kapitalerhöhungen von Aktiengesellschaften, 2003, 178–183; s. ferner etwa *Kossmann* AG 2005, 9 (13).
[72] OLG Stuttgart ZIP 1998, 1482 (1487); *Henze* ZHR 167 (2003), 1 (3); *Cahn* ZHR 163 (1999), 554 (574–576); *Kindler* ZGR 1998, 35 (59, 60); *Ihrig* WiB 1997, 1181 (1182); *Kerber* DZWiR 1998, 326 (332).
[73] *Volhard* AG 1997, 397 (403); *Heinsius* WuB II A. § 186 AktG 3.97; *Bungert* NJW 1998, 488.
[74] *Lutter* JZ 1998, 50 („Das Urteil ist ein Unglück.").
[75] *Bayer* ZHR 163 (1999), 505 (512, 513); *Zöllner* AG 2002, 585.

muss der Vorstand prüfen, ob es im Interesse der Gesellschaft unter angemessener Berücksichtigung der Interessen der Aktionäre tatsächlich notwendig ist, in Abweichung vom gesetzlichen Normalfall das Bezugsrecht der Aktionäre auszuschließen.

Dies gilt wegen des Gleichbehandlungsgebots (§ 53a) und des damit einhergehenden Verbots von Sondervorteilen umso mehr, wenn das Bezugsrecht zugunsten eines Aktionärs oder einiger Aktionäre ausgeschlossen werden soll.[76] Zu weitgehend ist jedoch die Forderung, dass beim genehmigten Kapital ein **Bezugsrechtsausschluss zugunsten des Mehrheitsaktionärs** generell unzulässig sein soll.[77] Insbesondere bei konzerninternen Umstrukturierungen kann ein solcher Bezugsrechtsausschluss zugunsten des Mehrheitsaktionärs in einer Weise geboten sein, die im besten Interesse der Gesellschaft und damit auch im Interesse der übrigen Aktionäre an einer wirtschaftlichen Prosperität der Gesellschaft liegt. Richtig ist, dass in den Fällen des Bezugsrechtsausschlusses zugunsten des Mehrheitsaktionärs die Überprüfung der sachlichen Rechtfertigung des Bezugsrechtsausschlusses besonders gründlich zu erfolgen hat.

Bei der Beurteilung der Frage, ob ein Bezugsrechtsausschluss im Interesse der Gesellschaft liegt, ist dem Vorstand ein gewisser **unternehmerischer Ermessensspielraum** einzuräumen.[78] Der BGH weist ausdrücklich darauf hin, dass der Vorstand in eigener Verantwortung zu prüfen habe, ob aus unternehmerischer Sicht der Ausschluss des Bezugsrechts – und nicht nur die Kapitalerhöhung selbst – im Interesse der Gesellschaft liegt.[79] Er hat formuliert, die einen Bezugsrechtsausschluss rechtfertigende Verhältnismäßigkeit sei „dann als gegeben anzusehen, wenn die Hauptversammlung der Überzeugung sein durfte, der Bezugsrechtsausschluss sei das angemessene und am besten geeignete Mittel zur Verfolgung überwiegender Gesellschaftsinteressen".[80] Angesichts der Komplexität von in die Zukunft gerichteten wirtschaftlichen Entscheidungen und der Mehrzahl denkbarer Strategien wird selten nur eine unternehmerische Entscheidung die allein richtige sein. Die richterliche Überprüfung muss sich darauf beschränken, ob es aus Sicht der Gesellschaft plausible Gründe für die vom Vorstand angenommene wirtschaftliche Vorteilhaftigkeit der Kapitalerhöhung unter Bezugsrechtsausschluss gibt.[81] Maßstab ist, ob der Vorstand bei seiner unternehmerischen Entscheidung vernünftigerweise annehmen durfte, auf der Grundlage angemessener Information zum Wohle der Gesellschaft zu handeln (vgl. § 93 Abs. 1 Satz 2). Abzustellen ist auf das Interesse der Gesellschaft an der Kapitalerhöhung,[82] weil eine wirtschaftlich gesunde und prosperierende Gesellschaft letztlich auch im Interesse der Aktionäre als den Eigentümern der Gesellschaft liegt. Stehen jedoch den relativ kleinen Vorteilen einer bezugsrechtsfreien Kapitalerhöhung gravierende Nachteile für einzelne Aktionäre gegenüber, dürfte der Bezugsrechtsausschluss wegen grober Unverhältnismäßigkeit rechtswidrig sein.[83]

Das durch das UMAG im Jahre 2005 eingeführte **Freigabeverfahren** des § 246a für Hauptversammlungsbeschlüsse über Maßnahmen der Kapitalbeschaffung hat das genehmigte Kapital ebenfalls attraktiver gemacht, indem es das von sog. räuberischen Aktionären ausgehende Erpressungspotential weiter verminderte und der im Wege des Freigabeverfahrens erwirkten Eintragung Bestandskraft verleiht (§ 246a Abs. 4 Satz 2).

(2) Verwässerungsschutz. Gem. § 255 ist ein Beschluss über eine Kapitalerhöhung anfechtbar, wenn bei einem vollständigen oder teilweisen Ausschluss des Bezugsrechts der Aktionäre der sich aus dem Erhöhungsbeschluss ergebende Ausgabebetrag oder der Mindestbetrag, unter dem die neuen Aktien nicht ausgegeben werden sollen, unangemessen niedrig ist. Diese Vorschrift findet auch beim genehmigten Kapital Anwendung.[84] Damit soll der Altaktionär davor geschützt werden, dass er einen wirtschaftlichen Verlust dadurch erleidet, dass neue Aktien unter dem ihren Anteil am Unternehmenswert entsprechenden Ausgabebetrag ausgegeben werden, dann aber in gleicher Weise an den Gewinnausschüttungen und einem etwaigen Veräußerungs- oder Liquidationserlös teilnehmen.

Bei **börsennotierten Unternehmen** wird sich der Ausgabebetrag daher am Börsenkurs zu orientieren haben. Da dieser idR wegen der Ausgabe weiterer Aktien sinken wird, sind maßvolle Abschläge bis zu 15 % zulässig, da unvermeidbar. Ist das Unternehmen nicht an der Börse notiert,

---

[76] BGHZ 33, 175 (187).
[77] So aber MüKoAktG/*Bayer* Rn. 119, 124.
[78] *Dreier*, Bezugsrechtsausschluss im Aktienrecht, 2005, 140; *Liebert*, Der Bezugsrechtsausschluss bei Kapitalerhöhungen von Aktiengesellschaften, 2003, 107.
[79] BGHZ 136, 133 (139) = NJW 1997, 2815 (2816) = LM AktG 1965 § 186 Nr. 9 – Siemens/Nold.
[80] BGHZ 125, 239 (244) = NJW 1994, 1410 (1411) = LM AktG 1965 § 186 Nr. 6.
[81] *Tettinger*, Materielle Anforderungen an den Bezugsrechtsausschluss, 2001, 80, 81; *Böttger*, Der Bezugsrechtsausschluss beim genehmigten Kapital, 2005, 128–131.
[82] *Böttger*, Der Bezugsrechtsausschluss beim genehmigten Kapital, 2005, 129, 130.
[83] *Cahn* ZHR 163 (1999), 554 (577).
[84] Hüffer/Koch/*Koch* § 255 Rn. 1; *Kossmann* AG 2005, 9 (13).

wird man häufig um eine Bewertung des Unternehmens nicht umhin kommen, will man nicht die Anfechtbarkeit des Bezugsrechtsausschlusses riskieren. Jedoch ist ein zeit- und kostenaufwändiges Bewertungsverfahren nicht zu verlangen, wenn diesbezüglich des Umfangs der Kapitalerhöhung unverhältnismäßig wäre, oder der Vorstand eine kurzfristige Chance für einen Unternehmenserwerb nicht ausnützen könnte, nur weil die Anfertigung eines Wertgutachtens noch aussteht.[85] Gerade in diesen Fällen wirkt es sich aus, dass zwecks Praxistauglichkeit des genehmigten Kapitals dem Vorstand bei der Festlegung des Ausgabepreises ein unternehmerisches Ermessen zuzugestehen ist.[86] Denn indem § 255 Abs. 2 Satz 1 darauf abstellt, dass der Ausgabebetrag nicht „unangemessen niedrig" sein darf, wird der Gesellschaft ein gewisser Spielraum eingeräumt.[87] Bei der Festlegung des Ausgabekurses ist entscheidend die Rspr. des BGH zu beachten. Danach beantwortet sich „die Frage, welche Gegenleistung für die bei einer Kapitalerhöhung ausgegebenen Aktien angemessen (sei) ... nach dem wirklichen, unter Einschluss stiller Reserven und des inneren Geschäftswerts zu ermittelnden Wert".[88]

89 Bei **unterbewerteten, börsennotierten Unternehmen** wird man die Entbehrlichkeit einer Unternehmensbewertung beim Verkauf zum Börsenkurs mit der Überlegung erwägen können, dass der vom Bezugsrecht ausgeschlossene Aktionär seinen Verlust durch Zukauf weiterer Aktien zum Börsenkurs aufrechterhalten kann. Soweit von dieser Möglichkeit eine Mehrzahl von Aktionären Gebrauch macht und der Börsenkurs daher steigt, wird der vom erwerbswilligen Altaktionär zu zahlende Preiszuschlag durch den sich auch auf seine Altaktien erstreckenden Kursgewinn ausgeglichen. Der Verweis auf die Zukaufsmöglichkeit sollte nicht an die Einhaltung der starren Grenze des § 186 Abs. 3 Satz 4 geknüpft werden, wonach ein Ausschluss des Bezugsrechts insbesondere dann zulässig ist, wenn die Kapitalerhöhung gegen Bareinlagen 10 % des Grundkapitals nicht übersteigt.[89] Rein rechnerisch ist eine solche Kompensation durch eine Börsenwertsteigerung auch noch bei einer größeren Kapitalerhöhung möglich. Abzustellen ist daher auf die konkrete Situation, insbesondere die Anzahl der über die Börse tatsächlich verfügbaren Aktien und die Höhe der Differenz zwischen tatsächlichem Wert und Börsenkurs. Dieses Verständnis findet auch im Wortlaut der Vorschrift des § 186 Abs. 3 Satz 4 durch die Verwendung des Begriffs „insbesondere" eine Stütze. Denn schließlich gilt es zu bedenken, dass bei einem unterbewerteten, börsennotierten Unternehmen die Ausgabe der Aktien zum höheren, wahren Wert praktisch ausgeschlossen ist, da an einer Beteiligung an dem Unternehmen Interessierte sich in diesem Fall preiswerter über die Börse eindecken können.[90]

90 Die Vorschrift des § 255 Abs. 2 ist auf eine Kapitalerhöhung mit **Sacheinlage** entsprechend anzuwenden, weil hier die vom Bezugsrecht ausgeschlossenen Aktionäre in gleicher Weise wie bei einer Bareinlage gegen eine Verwässerung ihrer Beteiligungen geschützt sein müssen und § 243 Abs. 2 diesen Schutz schon wegen der dort aufgestellten subjektiven Voraussetzungen nicht in genügendem Maße bietet. Dabei tritt an die Stelle des „Ausgabebetrages" der Wert der Sacheinlage, den diese für das Unternehmen besitzt; ist dieser im Verhältnis zum Wert der dafür auszugebenden neuen Aktien unangemessen niedrig, ist der Anfechtungstatbestand des § 255 Abs. 2 erfüllt.[91]

91 cc) **Kapitalerhöhung nicht höher als 10 % des Grundkapitals.** Gem. § 186 Abs. 3 Satz 4 ist ein Ausschluss des Bezugsrechts insbesondere dann zulässig, wenn die Kapitalerhöhung gegen Bareinlagen 10 % des Grundkapitals nicht übersteigt und der Ausgabebetrag den Börsenpreis nicht wesentlich unterschreitet. Diese Vorschrift wurde durch das Gesetz für kleine Aktiengesellschaften und zur Deregulierung des Aktienrechts (BGBl. 1994 I 1961) im Jahre 1994 auf Drängen der Wirtschaft eingeführt, die sich durch den Wegfall des Bezugsrechts bei Kapitalerhöhungen geringeren Umfangs höhere Erlöse bei gleichzeitig verringertem Organisationsaufwand versprach. Die durch die Vorschrift gewährte Erleichterung besteht darin, dass der Bezugsrechtsausschluss in diesen Fällen keiner sachlichen Rechtfertigung bedarf.[92] Die Vorschrift hat in der Praxis große Bedeutung erlangt.[93]

92 Die Inanspruchnahme dieser Privilegierungsnorm ist an **fünf Voraussetzungen** geknüpft: (1) Die Gesellschaft muss börsennotiert sein, und zwar schon zum Zeitpunkt des Bezugsrechtsausschlusses, so dass eine Kapitalerhöhung unter Bezugsrechtsausschluss anlässlich eines Börsengangs

---

[85] *Kossmann* AG 2005, 9 (14).
[86] *Cahn* ZHR 163 (1999), 554 (586).
[87] *Böttger*, Der Bezugsrechtsausschluss beim genehmigten Kapital, 2005, 157.
[88] BGHZ 71, 40 (51) = NJW 1978, 1316 (1318) = LM AktG 1965 § 186 Nr. 1 – Kali + Salz.
[89] Wie hier *Dreier*, Bezugsrechtsausschluss im Aktienrecht, 2005, 254; aA MüKoAktG/*Bayer* Rn. 59.
[90] *Cahn* ZHR 163 (1999), 554 (584); *Böttger*, Der Bezugsrechtsausschluss beim genehmigten Kapital, 2005, 160.
[91] BGHZ 71, 40 (50, 51) = NJW 1978, 1316 (1318) = LM AktG 1965 § 186 Nr. 1 – Kali + Salz.
[92] BT-Drs. 12/6721, 10.
[93] *Schlitt/Schäfer* AG 2005, 67 (67).

nicht unter § 186 Abs. 3 Satz 4 fällt. Dieses Erfordernis ergibt sich daraus, dass die Vorschrift auf den Börsenpreis abstellt. Hieraus folgt auch, dass die neuen Aktien der gleichen Gattung angehören müssen wie die bereits börsennotierten Wertpapiere.[94] (2) Es muss sich um eine Barkapitalerhöhung handeln, da die Norm nur von Bareinlagen spricht.[95] (3) Ferner darf die Kapitalerhöhung 10 % des Grundkapitals nicht übersteigen, wobei auf den Nennbetrag und nicht zusätzlich auf ein etwaiges Aufgeld abzustellen ist, da mit der höhenmäßigen Beschränkung die Altaktionäre vor einer Verwässerung ihrer Mitgliedschaftsrechte, aber – selbstverständlich – nicht vor der Zuführung weiteren Eigenkapitals geschützt werden sollen. Nicht möglich ist die Schaffung eines die 10 %-Grenze übersteigenden genehmigten Kapitals unter Beschränkung der Ausnutzung pro Einzelfall auf 10 % (sog. Stufenermächtigung).[96] (4) Des Weiteren darf der Ausgabebetrag den Börsenpreis nicht wesentlich unterschreiten. Dem Gesetzgeber schwebte hierbei ein Regelabschlag von 3 % und eine Obergrenze von 5 % vor,[97] eine Größenordnung, die von der hM im Schrifttum geteilt wird.[98] Diese Bandbreite kann im Einzelfall unter- oder überschritten werden, denn es hängt von den Umständen des Einzelfalles ab, welcher Preis erzielbar und, etwa auch unter dem Aspekt der Kurspflege, im besten Interesse der Gesellschaft liegt.

(5) Schließlich muss es allen (Alt-)Aktionären realistisch möglich sein, die jungen Aktien zu **93** erwerben **(Zukaufsmöglichkeit).** Dieses Tatbestandsmerkmal hat zwar keinen Niederschlag im Gesetzeswortlaut gefunden, die Notwendigkeit seines Vorliegens ist jedoch geboten[99] und entspricht dem Willen des Gesetzgebers, der durch die Vorschrift die schutzwürdigen Interessen der Altaktionäre, insbesondere der Kleinaktionäre, nicht beeinträchtigt wissen wollte, und unterstellte, dass unter den Voraussetzungen des § 186 Abs. 3 Satz 4 stets ein Nachkauf zur Erhaltung der relativen Beteiligung über die Börse möglich ist.[100] Aus der Wahl des Begriffs der „Unterstellung" in der Gesetzesbegründung kann entgegen anderslautender Ansicht[101] nicht abgeleitet werden, dass der Gesetzgeber insofern eine unwiderlegliche Vermutung aufstellen wollte; vielmehr gilt es, den Willen des Gesetzgebers, die Aktionärsrechte nicht mehr als im Gesellschaftsinteresse unabdingbar nötig zu beeinträchtigen, umzusetzen. Soweit – zu Recht – darauf hingewiesen wird, dass die Prüfung der Zukaufsmöglichkeit auf praktische Schwierigkeiten stoßen kann, da nicht vorhersehbar ist, welche Aktionäre ihren Beteiligungsverlust über die Börse ausgleichen wollen, wann sie dies tun werden und wie der Börsenkurs darauf reagieren wird,[102] kann man diesen Schwierigkeiten dadurch begegnen, dass dem Vorstand bei der Abschätzung der realen Zukaufsmöglichkeit ein gewisser Beurteilungsspielraum eingeräumt wird. Ist den Aktionären aufgrund einer besonderen Marktenge ein Kauf von Aktien nur zu einem deutlich überhöhten Kurs möglich, kann sich der Bezugsrechtsausschluss nicht auf § 186 Abs. 3 Satz 4 stützen.[103]

Einer über diese fünf Punkte hinausgehenden, **zusätzlichen sachlichen Rechtfertigung** bedarf **94** die Kapitalerhöhung, die nicht höher als 10 % des Grundkapitals ist, entgegen anderslautender Ansicht[104] richtiger Auffassung nach[105] angesichts des mit der Vorschrift bezweckten Liberalisierungseffektes[106] **nicht.**

Die Ausnutzung des genehmigten Kapitals löst auch im Fall einer 10 % des Grundkapitals nicht **95** übersteigenden Kapitalerhöhung idR gem. Art. 17 MAR eine **Ad-hoc-Meldepflicht** aus. Hinsichtlich des maßgeblichen Zeitpunktes ist darauf abzustellen, wann der – mehrstufige – Entscheidungsprozess so weit vorangeschritten ist, dass dem Umstand die Eignung zur erheblichen Preisbeeinflussung zukommt.[107] Auch wenn dies idR der Vorstandsbeschluss sein wird, gestattet das BaFin, dass angesichts der gebotenen Prüfung durch den Aufsichtsrat dessen Entscheidung abgewartet wird, soweit die Vertraulichkeit der Insiderinformation während der Zeit der Befreiung sichergestellt ist.[108]

---

[94] Schlitt/Schäfer AG 2005, 67 (68).
[95] BT-Drs. 12/7848, 9; OLGR München 1995, 30 (31) = NJW-RR 1995, 674 (675).
[96] OLG München NJW-RR 1997; 871 (871); Ihrig/Wagner NZG 2002, 657 (661).
[97] BT-Drs. 12/7848, 16.
[98] S. die Nachw. bei Schlitt/Schäfer AG 2005, 67 (70 Fn. 47).
[99] Henze ZHR 167 (2003), 1 (6); Lutter AG 1994, 429 (442, 443); Claussen AG 1995, 163 (169); aA: Hoffmann-Becking ZIP 1995, 1 (10); Heckschen DNotZ 1995, 275 (287).
[100] BT-Drs. 12/7848, 9, 10.
[101] Liebert, Der Bezugsrechtsausschluss bei Kapitalerhöhungen von Aktiengesellschaften, 2003, 157.
[102] Liebert, Der Bezugsrechtsausschluss bei Kapitalerhöhungen von Aktiengesellschaften, 2003, 158.
[103] Schlitt/Schäfer AG 2005, 67 (68).
[104] Zöllner AG 2002, 585 (592); Henze ZHR 167 (2003), 1 (6); Bayer ZHR 163 (1999), 505 (542); Lutter AG 1994, 429 (443).
[105] OLG Hamburg ZIP 2005, 1074 (1080); Hoffmann-Becking ZIP 1995, 1 (9); Bungert NJW 1998, 488 (489); Schlitt/Schäfer AG 2005, 67 (67); Ihrig/Wagner NZG 2002, 657 (659).
[106] Seibert ZIP 1994, 247 (252).
[107] Ziff. III.2.1.1.1 des Emittentenleitfadens der BaFin vom 22. Juli 2013 (www.bafin.de).
[108] Ziff. IV.2.2.7 des Emittentenleitfadens der BaFin vom 22. Juli 2013 (www.bafin.de).

96 b) Bei dem Ausnutzungsbeschluss zu beachtende Vorgaben. aa) Sachliche Rechtfertigung für den Bezugsrechtsausschluss. Will der Vorstand von dem genehmigten Kapital **Gebrauch machen,** hat er die Vorgaben der Siemens/Nold-Entscheidung[109] zu beachten: Hat die Hauptversammlung das Bezugsrecht selbst ausgeschlossen und waren ihr bestimmte Einzelumstände des geplanten Vorhabens bekannt, hat sie die Frage, ob der Bezugsrechtsausschluss im Gesellschaftsinteresse gerechtfertigt ist, anhand der ihr bekannt gemachten Tatsachen geprüft und bejaht. Sind ihr außer dem abstrakt umschriebenen Vorhaben bei der Beschlussfassung keine weiteren Tatsachen bekannt gewesen, hat sie diese Prüfung an den abstrakt umschriebenen Umständen ausgerichtet. In beiden Fällen ist es die Pflicht des Vorstandes, im Rahmen seines unternehmerischen Ermessens sorgfältig zu prüfen, ob der allein ihm bekannte vollständige Sachverhalt die Durchführung des Hauptversammlungsbeschlusses, der den Ausschluss des Bezugsrechts der Aktionäre umfasst, im Gesellschaftsinteresse rechtfertigt.[110]

97 bb) Keine Vorabberichtspflicht. In der Lit ist umstritten, ob den Vorstand vor Ausnutzung des genehmigten Kapitals eine Vorabberichtspflicht trifft.[111] Zwar nicht für den Fall des Direktausschlusses, aber doch für den Fall einer Ermächtigung des Vorstandes zum Bezugsrechtsausschluss hat der BGH nunmehr ausdrücklich entschieden, dass im Rahmen des genehmigten Kapitals der Vorstand nicht verpflichtet ist, vor Ausübung der Ermächtigung zur Kapitalerhöhung und zum Bezugsrechtsausschluss die Aktionäre über den Bezugsrechtsausschluss und dessen Gründe zu unterrichten; er ist lediglich gehalten, nach Inanspruchnahme der Ermächtigung über die Einzelheiten seines Vorgehens **auf der nächsten ordentlichen Hauptversammlung** der Gesellschaft zu berichten und Rede und Antwort zu stehen.[112] Das OLG Frankfurt fordert darüberhinausgehend, dass der Vorstand von sich aus einen Bericht liefert.[113]

98 Im Einzelnen hat der **BGH** ausgeführt: Eine Vorabberichtspflicht des Vorstandes gegenüber den Aktionären vor Inanspruchnahme der Ermächtigung zum Bezugsrechtsausschluss im Rahmen des genehmigten Kapitals lasse sich dem Gesetz (scil: hinsichtlich **Wortlaut und Systematik**) nicht entnehmen. Im Rahmen des eigenständigen Rechtsinstituts des genehmigten Kapitals könne die Hauptversammlung bereits im Ermächtigungsbeschluss über die Kapitalerhöhung selbst das Bezugsrecht der Aktionäre verbindlich ausschließen; in diesem Fall würden die förmlichen Erfordernisse des für die reguläre Kapitalerhöhung maßgeblichen § 186 Abs. 4 – darunter auch die hier umstrittene Berichtpflicht – kraft der generellen Verweisungsnorm des § 203 Abs. 1 Satz 1 sinngemäß gelten. Die Hauptversammlung könne aber auch im Ermächtigungsbeschluss über die Kapitalerhöhung den Vorstand zugleich zum Bezugsrechtsausschluss ermächtigen (§ 203 Abs. 2); für diesen Fall ordne § 203 Abs. 2 Satz 2 die sinngemäße Geltung des § 186 Abs. 4 an. Danach seien nur bei der der Hauptversammlung obliegenden Beschlussfassung über die Erteilung der Ermächtigung des Vorstandes die formellen Anforderungen des § 186 Abs. 4 zu beachten; das bedeute, dass der von der Verwaltung vorgeschlagene Beschluss über die Ermächtigung des Vorstandes zum Bezugsrechtsausschluss den Aktionären bei der Einberufung der ordentlichen Hauptversammlung bekannt zu machen und durch einen schriftlichen Bericht zu erläutern sei. Demgegenüber finde aus Anlass der Ausübung der Ermächtigung durch den hierzu entscheidungsbefugten Vorstand wegen keine Hauptversammlung statt, auf deren Beschlusskompetenz die Regelung des § 186 Abs. 4 allein zugeschnitten sei; eine solche eigens zur Entgegennahme eines Berichts einzuberufen, würde dem Rechtsinstitut des genehmigten Kapitals schon deswegen zuwiderlaufen, weil in einem solchen Fall die Hauptversammlung selbst unmittelbar den Bezugsrechtsausschluss beschließen könnte.

99 Auch die **historische Auslegung** komme zu keinem anderen Ergebnis Die dem Gesetzentwurf bei der Einführung des § 186 Abs. 4 Satz 2 beigegebene Begründung beschränke sich auf einen Verweis auf die Zweite Gesellschaftsrechtliche Richtlinie: „Das Erfordernis eines schriftlichen Berichts des Vorstands an die Hauptversammlung (§ 186 Abs. 4 Satz 2) beruht auf Art. 29 Abs. 4 der

---

[109] BGHZ 136, 133 = NJW 1997, 2815 = LM AktG 1965 § 186 Nr. 9 – Siemens/Nold.
[110] Zuletzt bestätigt von BGH BB 2006, 457 (458) (für einen Bezugsrechtsausschluss bei der Ausgabe von Wandelschuldverschreibungen mit einer bedingten Kapitalerhöhung).
[111] Dafür: *Natterer* ZIP 2002, 1672 (1676); *Sinewe* ZIP 2001, 403 (405); *Bosse* ZIP 2001, 104 (106); *Volhard* AG 1998, 397 (402); *Quack* ZGR 1983, 257 (264); *Marsch* AG 1981, 211 (215); siehe auch Bericht der Regierungskommission „Corporate Governance", BT-Drs. 14/7515 Rn. 230. Dagegen: MüKoAktG/*Bayer* Rn. 161; *Bayer* ZHR 168 (2004), 132 (155); *Bayer* FS Ulmer, 2003, 21 (30); Großkomm AktG/*Hirte* Rn. 84 ff.; *Lutter* BB 1981, 861 (863); Kölner Komm AktG/*Lutter* Rn. 31; *Lutter* JZ 1998, 50 (52); *Timm* DB 1982, 211 (215, 216): Bürgers/Körber/*Marsch-Barner* Rn. 31; zweifelnd K. Schmidt/Lutter/*Veil* Rn. 31.
[112] BGHZ 164, 241 (244) = NJW 2006, 371 – Mangusta/Commerzbank I; bestätigt von BVerfG NZG 2006, 781 (782).
[113] OLG Frankfurt NZG 2011, 1029 (1030); Wachter/*Dürr* Rn. 18. Zur Frage, ob ein solcher Bericht schriftlich zu erfolgen hat, siehe *Kossmann* NZG 2012, 1129 (1133); *Niggemann/Wansleben* AG 2013, 269.

Richtlinie" (BT-Drs. 8/1678, 18). Da Art. 29 Abs. 4 der Zweiten Gesellschaftsrechtlichen Richtlinie sich ausschließlich mit dem Bezugsausschluss unmittelbar durch die Hauptversammlung selbst befasse, habe der Bundesgesetzgeber offensichtlich allein diesen Fall vor Augen gehabt. Hätte er – über die Verweisungsnorm des § 203 Abs. 2 Satz 2 – eine bis dahin nicht existierende Berichtspflicht außerhalb einer Hauptversammlung einführen wollen, wäre zu erwarten gewesen, dass er sich hierzu zumindest in der Begründung des Gesetzentwurfes ausdrücklich geäußert hätte.

Der Verzicht auf eine Vorabinformationspflicht entspreche auch dem **Sinn und Zweck** des **100** genehmigten Kapitals als einem flexiblen Finanzierungsinstrument. Das Institut des genehmigten Kapitals solle der Aktiengesellschaft die erforderliche Bewegungsfreiheit geben, um sich auf dem Beteiligungs- und Kapitalmarkt bietende Gelegenheiten rasch und flexibel ausnutzen zu können. Dieser gebotenen Flexibilität würde das genehmigte Kapital weitgehend wieder beraubt, wenn man den Vorstand verpflichten würde, vor der Ausnutzung des genehmigten Kapitals die Aktionäre über die beabsichtigte Kapitalerhöhung schriftlich zu informieren. Abgesehen davon, dass die Umsetzung einer Vorabinformation idR zu einer nicht unerheblichen zeitlichen Verzögerung der Maßnahme führen müsste, wären insbesondere durch die Veröffentlichung der geplanten Transaktion auch die für das Gelingen vieler Finanz- und Beteiligungsgeschäfte notwendige Diskretion oder sogar eine weitergehend erforderliche – und durch § 131 Abs. 3 Nr. 1 als berechtigt anerkannte – Geheimhaltung nicht mehr gewährleistet. Der wirtschaftliche Erfolg eines Geschäfts der Gesellschaft und damit deren Gewinnaussichten wären durch einen Vorabbericht gefährdet, was dem wohlverstandenen Interesse aller redlichen Aktionäre an einem möglichst hohen Wert ihrer Aktie, der die Ertrags- und Substanzkraft des Unternehmens widerspiegelt, zuwiderlaufen würde. Die mit der Schaffung von genehmigtem Kapital im Gesellschaftsinteresse beabsichtigte Flexibilität und Reaktionsschnelligkeit wäre vollends in Frage gestellt, wenn zusätzlich zu einer Vorberichtspflicht die Einhaltung einer Wartefrist verlangt werden würde, vor deren Ablauf von dem genehmigten Kapital nicht Gebrauch gemacht werden dürfte. Gerade eine solche Wartefrist würde darüber hinaus ein erhebliches Missbrauchspotential für einzelne Aktionäre mit sich bringen, die die Aktionärsrechte zu einer Obstruktionspolitik umfunktionieren, mit der sie nicht Schaden von der Gesellschaft abwenden, sondern mit der sie sich Sondervorteile in Form des Abkaufens ihres „Lästigkeitswerts" durch die Gesellschaft verschaffen wollen. Die Entstehung solcher Missbrauchsmöglichkeiten sei im Interesse der Gesellschaft und der Mehrheit ihrer redlichen Aktionäre zu vermeiden.

Die **Praxis** hatte sich bereits vor der Entscheidung Mangusta/Commerzbank I entsprechend **101** verhalten und in den allermeisten Fällen von der Erstattung eines Vorabberichts abgesehen.[114] Gut die Hälfte aller Kapitalerhöhungen börsennotierter Gesellschaften aus genehmigtem Kapital ist jedoch ohnehin Gegenstand einer Ad-hoc-Meldung nach den kapitalmarktrechtlichen Vorschriften.[115] Hingewiesen wird auch darauf, dass unabhängig von den gesetzlichen Mitteilungspflichten der Markt jedenfalls bei börsennotierten Gesellschaften die Wahrung eines gewissen Informationsstandards erwartet.[116] Es wird ferner zu bedenken gegeben, ob nicht das nach Erlass des Urteils in § 246a eingeführte Freigabeverfahren auch auf gegen die Ausnutzung genehmigten Kapitals gerichtete Aktionärsklagen entsprechende Anwendung finden kann, so dass dann einer der maßgeblichen Gründe, die den BGH zur Ablehnung einer Vorab-Berichtspflicht veranlassten, nämlich die Gefahr rechtsmissbräuchlicher Aktionärsklagen, weitgehend entfallen würde.[117]

cc) Schutz der Aktionäre. (1) Bindungen des Vorstands. Die neue Rspr. stellt die **Aktio- 102 näre nicht schutzlos.** Will der Vorstand der Hauptversammlung den Erlass eines Ermächtigungsbeschlusses vorschlagen, ist dies den Aktionären bei der Einberufung der Hauptversammlung bekannt zu machen. Ferner hat der Vorstand zu diesem Punkt einen schriftlichen Bericht zu erstatten, der sich insbesondere zu den Gründen für den möglichen Bezugsrechtsausschluss äußern muss. Erscheinen die Angaben zu allgemein, können die Aktionäre von ihrem Auskunftsrecht nach § 131 Abs. 1 Gebrauch machen und nähere Informationen einfordern, soweit solche dem Vorstand zu diesem Zeitpunkt bereits möglich sind. Auf diese Weise wird die Hauptversammlung in die Lage versetzt, fundiert darüber zu entscheiden, ob der Vorstand zu einem Bezugsrechtsausschluss ermächtigt werden soll. Darüber hinaus muss die Ermächtigung im wohlverstandenen Interesse der Gesellschaft liegen, das gegenüber dem Interesse der Aktionäre an einem Bezugsrecht dominiert. Fasst die Hauptversammlung mit der nach Gesetz oder Satzung vorgeschriebenen qualifizierten Mehrheit einen Ermächtigungsbeschluss, ist dieser anfechtbar, wenn die vorgenann-

---

[114] *Maier*, Der Einsatz des genehmigten Kapitals, 2003, 74–76.
[115] *Maier*, Der Einsatz des genehmigten Kapitals, 2003, 77–81.
[116] *Hirte* EWiR 2006, 35 (36).
[117] *Hirte* EWiR 2006, 35 (36).

103 ten Erfordernisse der Vorabinformation, der Berichtspflicht und der Wahrung des Gesellschaftsinteresses nicht beachtet wurden.[118]

103 Auch wenn der Ermächtigungsbeschluss mit qualifizierter Mehrheit und unter Beachtung der übrigen formellen und materiellen Erfordernisse zustande gekommen ist, gewährt er dem Vorstand **keine Blankettermächtigung**. Die Umsetzung der Ermächtigung muss in Übereinstimmung mit dem in der Satzung festgelegten Unternehmensgegenstand stehen, die zugrunde liegenden konkreten Tatsachen müssen der abstrakten Umschreibung des Vorhabens entsprechen und das Gebrauchmachen von der Ermächtigung muss seinerseits wiederum im wohlverstandenen Interesse der Gesellschaft liegen.

104 Bei der Bemessung des Ausgabebetrages hat der Vorstand den in **§ 255 Abs. 2** niedergelegte Gedanke, dass der Ausgabebetrag oder der Mindestbetrag, unter dem die neuen Aktien nicht ausgegeben werden sollen, nicht unangemessen niedrig sein darf, entsprechend anzuwenden.[119] Auch wenn die Vorschrift mit ihrer Erweiterung der Anfechtungsmöglichkeit auf die Festsetzung des Ausgabebetrages durch die Hauptversammlung abstellt, kann ihr doch der allgemeine Gedanken entnommen werden, dass die neuen Aktien bestmöglich zu verwerten sind; die Pflicht zur Wahrung des angemessenen Ausgabebetrages geht in diesen Fällen auf den Vorstand über.[120]

105 Soweit der Vorstand unter Zustimmung des Aufsichtsrats von der ihm erteilten Ermächtigung Gebrauch gemacht hat, ist er gehalten, über die Einzelheiten seines Vorgehens auf der nächsten ordentlichen Hauptversammlung der Gesellschaft zu berichten und Rede und Antwort zu stehen. Sollte sich hierbei eine Pflichtwidrigkeit herausstellen, muss er damit rechnen, dass diese zum Gegenstand einer gegen die Gesellschaft gerichteten **Feststellungsklage** wird. Ferner kann er gem. § 93 Abs. 2 zur Leistung von **Schadensersatz** herangezogen werden.

106 Bereits das Bestehen dieser auf Schadensersatz gerichteten Klagemöglichkeiten wird den Vorstand **zum pflichtgemäßen Handeln motivieren**. Angesichts der allgemein zunehmenden Überwachungstätigkeit der Aufsichtsräte und der gesteigerten, kritischen Aufmerksamkeit der Aktionäre sind die drohenden Ersatzforderungen nicht nur theoretischer Natur. Zwar sind Schadensersatzansprüche gegen den Vorstand vom Aufsichtsrat geltend zu machen, der seinerseits an dem möglicherweise pflichtwidrigen Beschluss mitgewirkt hat, so dass dessen Neigung zur Geltendmachung von Schadensersatzansprüchen wegen eines Vorganges, an dem er selbst beteiligt war, häufig nicht allzu ausgeprägt sein dürfte.[121] Jedoch sind Fälle denkbar, in denen zwar der Vorstand, nicht aber der Aufsichtsrat pflichtwidrig gehandelt hat, so insbesondere dann, wenn der Vorstand den Aufsichtsrat nur unvollständig über die gesamten Aspekte des Bezugsrechtsausschlusses oder des Ausgabebetrages informiert hat oder er den Aufsichtsrat in einem fortgeschrittenen Verhandlungsstadium so spät informiert hat, dass dieser gleichsam vor vollendete Tatsachen gestellt worden ist und seine Zustimmung nur erteilt hat, um durch den plötzlichen Abbruch der Vertragsverhandlungen anderenfalls drohenden Schaden von der Gesellschaft abzuwenden. Ferner kann die erfolgreiche Feststellungsklage eines Aktionärs einen solchen Druck auf den Aufsichtsrat ausüben, dass dieser sich trotz seiner Zustimmung zu dem pflichtwidrigen Geschäft aufgrund seiner Organpflichten und seiner eigenen Schadensminderungspflichten gezwungen sieht, Schadensersatzansprüche gegen den Vorstand geltend zu machen. Außerstenfalls kann es sogar über § 103 zu einer Auswechslung von Aufsichtsrat und Vorstand kommen, so dass die neu besetzten Organe gegen die ehemaligen Organmitglieder ohne Rücksicht auf mögliche eigene Versäumnisse Schadensersatzansprüche geltend machen können.

107 Schließlich kommt eine Geltendmachung von Schadensersatzansprüchen gegen Vorstand und Aufsichtsrat gem. **§ 147 Abs. 1** in Betracht, wenn es die Hauptversammlung mit einfacher Stimmenmehrheit beschließt. Gem. **§ 148 Abs. 1** können Aktionäre, deren Anteile zusammen den hundertsten Teil des Grundkapitals oder einen anteiligen Betrag von 100 000 Euro erreichen, die Zulassung beantragen, im eigenen Namen die Ersatzansprüche der Gesellschaft geltend zu machen. Angesichts dieser Spezialregelung kommt eine *actio pro socio* eines einzelnen Aktionärs gegen die Gesellschaft nicht in Betracht.[122] Auch eine wegen der Verletzung des Mitgliedschaftsrechts auf **§ 823 Abs. 1 BGB** gestützte Klage eines Einzelaktionärs wird angesichts des darin liegenden Eingriffs in die Kompetenzverteilung der Aktiengesellschaft abzulehnen sein, wenn damit die mittelbare Wertminderung der Beteiligung des Aktionärs in Folge von Schäden am Gesellschaftsvermögen (sog. Reflexschä-

---

[118] Zur Teilanfechtbarkeit nur des Bezugsrechtsausschlusses OLG München WM 2015, 1859 (1860).
[119] BGHZ 136, 133 (141) = NJW 1997, 2815 (2817) = LM AktG 1965 § 186 Nr. 9 – Siemens/Nold.
[120] *Tettinger*, Materielle Anforderungen an den Bezugsrechtsausschluss, 2001, 76, 77.
[121] *Tettinger*, Materielle Anforderungen an den Bezugsrechtsausschluss, 2001, 144; *Böttger*, Der Bezugsrechtsausschluss beim genehmigten Kapital, 2005, 196.
[122] *Cahn* ZHR 164 (2000), 113 (119); *Tettinger*, Materielle Anforderungen an den Bezugsrechtsausschluss, 2001, 145.

den) geltend gemacht werden soll.¹²³ In Betracht kommt eine deliktische Haftung der Gesellschaft für ihre Organmitglieder wegen Verletzung des Bezugs- bzw. Mitgliedschaftsrechts.¹²⁴ Jedoch wird der Nachweis eines Schadens¹²⁵ sowie eines Verschuldens der handelnden Organmitglieder dem Aktionär in aller Regel schwer fallen. Erwägenswert sind Vorschläge in der Lit.,¹²⁶ Schadensersatzansprüche des Aktionärs grundsätzlich unter den Vorbehalt zu stellen, dass rechtzeitig und erfolgreich Anfechtungs- bzw. Feststellungsklage erhoben wurde. Hingegen sind Überlegungen, *de lege ferenda* den Gerichten die Möglichkeit zu geben, abweichend von § 91 ZPO die Kosten einer erfolglosen Anfechtungsklage ganz oder teilweise der Gesellschaft aufzuerlegen,¹²⁷ abzulehnen; denn sie enthalten geradezu eine Einladung an sog. räuberische Aktionäre, zu versuchen, sich auf Kosten der übrigen Aktionäre Sondervorteile zu verschaffen.

(2) Kontrolle durch den Aufsichtsrat. Nach § 204 Abs. 2 Satz 2 bedarf die Entscheidung des Vorstandes über den Bezugsrechtsausschluss der **Zustimmung des Aufsichtsrats.** Da die Entscheidungen über die Ausnutzung genehmigten Kapitals in der Unternehmenspraxis häufig schnell und unter großem Zeitdruck erfolgen müssen, empfiehlt sich die vorherige Einsetzung eines entsprechenden Aufsichtsratsausschusses (§ 107 Abs. 3). Bei einer Kapitalerhöhung gegen Sacheinlagen hat darüber hinaus eine – wenn auch eingeschränkte – Prüfung des Wertes der Sacheinlage durch einen unabhängigen Sonderprüfer stattzufinden (§ 205 Abs. 5 Satz 1) Eine externe **Werthaltigkeitsprüfung** ist **entbehrlich** in den Fällen des § 33a, also bei in organisierten Märkten gehandelten Wertpapieren und bei sachverständig bewerteten Vermögensgegenständen. 108

(3) Prüfung durch das Registergericht. Das Registergericht hat die Eintragung abzulehnen, wenn der Wert der Sacheinlage nicht unwesentlich hinter dem geringsten Ausgabebetrag der dafür zu gewährenden Aktien zurückbleibt (§ 205 Abs. 7 Satz 1). Das Gericht hat darüber hinaus eine Eintragung abzulehnen, wenn es sonstige begründete **Zweifel an der Rechtmäßigkeit der Kapitalerhöhung** hat, insbesondere wenn die Ausnutzung des genehmigten Kapitals von dem Ermächtigungsbeschluss nicht gedeckt ist oder der Aufsichtsrat die erforderlichen Zustimmungen (§ 202 Abs. 3 Satz 2, § 204 Abs. 1 Satz 2) nicht erteilt hat. 109

(4) Feststellungsklage. Nach der grundlegenden Entscheidung **Mangusta/Commerzbank II**¹²⁸ kann der in seinen Mitgliedschaftsrechten beeinträchtigte Aktionär pflichtwidriges, kompetenzüberschreitendes Organhandeln des Vorstands und des Aufsichtsrat einer Aktiengesellschaft bei der Ausnutzung eines genehmigten Kapitals mit Bezugsrechtsausschluss zum Gegenstand einer gegen die Gesellschaft zu richtenden allgemeinen **Feststellungsklage** machen. 110

Zur Begründung hat der **BGH** im Einzelnen ausgeführt: Eine gegen den Beschluss des Vorstands oder des Aufsichtsrats gerichtete Anfechtungsklage iSd §§ 241 ff. komme nicht in Betracht, da im System der aktienrechtlichen „**Gewaltenteilung**" die Kontrolle des Vorstands dem Aufsichtsrat und nicht dem einzelnen Aktionär obliege. Soweit – wie bei der Ausübung der Ermächtigung bei genehmigtem Kapital – Vorstand und Aufsichtsrat zusammenwirken müssten und die Kontrolle dementsprechend strukturell weniger wirksam sei, verbleibe es bei der Rechenschaftspflicht der Mitglieder der beiden Organe gegenüber der nächsten ordentlichen Hauptversammlung, der Möglichkeit der Verweigerung der Entlastung, etwaigen Regress- und Schadensersatzansprüchen sowie schließlich einem denkbaren gerichtlichen Rechtsschutz gegenüber der Gesellschaft in Gestalt einer (vorbeugenden) Unterlassungsklage hinsichtlich der Eintragung der Maßnahme in das Handelsregister und einer allgemeinen Feststellungsklage in Bezug auf die Pflichtwidrigkeit der beiden Organe. Jedoch sei eine allgemeine Feststellungsklage gem. § 256 Abs. 1 ZPO statthaft und auch noch nach der Eintragung der Kapitalerhöhungen im Handelsregister und der Ausgabe der neuen Aktien zulässig, weil mit dem Wirksamwerden der Strukturmaßnahme infolge der konstitutiven Eintragung (§ 203 Abs. 1 iVm § 189) nicht das Rechtsschutzinteresse für die Feststellung der Nichtigkeit der 111

---

¹²³ *Tettinger*, Materielle Anforderungen an den Bezugsrechtsausschluss, 2001, 146; *Martens* FS Steindorff, 1990, 151 (168, 171); *Raiser* ZHR 153 (1989), 1 (25–27); *Zöllner* ZGR 1988, 392 (423, 424); *Lutter* AcP 180 (1980), 84 (140–144); aA offenbar der Gesetzgeber des durch das UMAG eingeführten § 246a, wenn er in BegrRegE UMAG, BT-Drs. 15/5092, 62 schreibt: „Typischerweise wird der Schaden des Klägers in erster Linie in seinen, aufgrund der Bestandskraft der Eintragung vergeblichen, Prozesskosten bestehen. Bei fehlerhaften Kapitalerhöhungen ist auch ein Verwässerungsschaden möglich, der sich freilich bei Kleinstaktionären weniger auswirken wird, als bei nennenswert beteiligten Aktionären.".
¹²⁴ *Böttger*, Der Bezugsrechtsausschluss beim genehmigten Kapital, 2005, 309.
¹²⁵ *Böttger*, Der Bezugsrechtsausschluss beim genehmigten Kapital, 2005, 341–343.
¹²⁶ *Liebert*, Der Bezugsrechtsausschluss bei Kapitalerhöhungen von Aktiengesellschaften, 2003, 286.
¹²⁷ *Baums* 63. DJT, S. F 31 f., F 77 ff.; *Liebert*, Der Bezugsrechtsausschluss bei Kapitalerhöhungen von Aktiengesellschaften, 2003, 262–264.
¹²⁸ BGHZ 164, 249 = NJW 2006, 374.

zugrunde liegenden Beschlüsse der beiden Gesellschaftsorgane entfallen sei. Die gegen die Gesellschaft zu richtende Feststellungsklage sei – da das Handeln der Geschäftsleitung in Form von Beschlüssen nur entweder rechtmäßig und dann wirksam oder aber rechtswidrig und dann nichtig sei – verfahrenstechnisch auf Feststellung der Nichtigkeit des zugrunde liegenden Vorstandsbeschlusses zu richten; für einen rechtswidrigen Zustimmungsbeschluss des Aufsichtsrats gelte Entsprechendes.

112 Wollte die Gesellschaft entgegen einem Feststellungsurteil den tatsächlich geschaffenen Zustand zum Nachteil der klagenden Aktionäre aufrechterhalten, könnte das für diese die Grundlage für die Geltendmachung konkreter **Sekundäransprüche** im Klagewege bilden sowie entsprechende Anträge in der Hauptversammlung, etwa auf Versagung der Entlastung von Vorstand und Aufsichtsrat, auf Abberufung der Aufsichtsratsmitglieder (§ 103) oder auf Geltendmachung von Ersatzansprüchen nach § 147 rechtfertigen.

113 Maßgebliche Erwägung für die Zulassung eines derartigen gerichtlichen Rechtsschutzes gegen unrechtmäßiges, kompetenzüberschreitendes Organhandeln sei, dass die durch die Siemens/Nold-Entscheidung beabsichtigte und bewirkte Erleichterung bei der Herbeiführung eines Ermächtigungsbeschlusses zur Schaffung von genehmigtem Kapital nicht zu einer die Mitgliedschaftsrechte der Aktionäre, darunter insbesondere das Bezugsrecht, ungerechtfertigt verkürzenden, unkontrollierten Blankettermächtigung der Geschäftsleitung führen dürfe. Mit dem Absenken der Anforderungen an den Ermächtigungsbeschluss zur Schaffung genehmigten Kapitals sei allein auf die Erfordernisse des Wirtschaftslebens reagiert worden, Beteiligungs- und Erwerbschancen schnell und flexibel nutzen zu können. Keinesfalls sollte aber der vom Gesetzgeber beabsichtigte Schutz der Aktionäre herabgesetzt und der Kompetenzbereich des Vorstands zu Lasten der Hauptversammlung erweitert werden. Angesichts der Lockerung der präventiven Schranken bei der Erteilung der Ermächtigung müsse danach sichergestellt sein, dass im Rahmen der Ausübung der Ermächtigung eine angemessene, **systemkonforme gerichtliche Kontrollmöglichkeit** zur Verfügung stehe; diese bestehe – neben der im Hinblick auf das Zeitmoment nur beschränkt möglichen (vorbeugenden) Unterlassungsklage – vornehmlich in der allgemeinen Feststellungsklage gem. § 256 ZPO.

114 Offengelassen hat der BGH, ob der Antrag auf Feststellung der Nichtigkeit eines Verwaltungsbeschlusses zur Ausübung der Ermächtigung einer Kapitalerhöhung unter Bezugsrechtsausschluss aus Gründen der Rechtssicherheit binnen einer bestimmten Frist klageweise geltend zu machen ist und wann eine solche Frist beginnt. Unter Hinweis auf seine Entscheidung BGHZ 83, 122 (Holzmüller) hat der Senat ausgeführt,[129] dass Aktionäre bei rechtswidrigem Verwaltungshandeln ihre Rechte nicht unter Verletzung der Rücksichtnahmepflicht gegenüber der Gesellschaft missbräuchlich ausüben dürften. Daher sei erforderlich, einen Anspruch **ohne unangemessene Verzögerung** geltend zu machen.[130]

115 Die Zulassung einer Feststellungsklage ist kritisiert,[131] aber auch begrüßt[132] worden. Es wurde festgestellt, dass dem BGH, wollte er die Aktionäre nicht schutzlos lassen, bei der derzeitigen Gesetzeslage keine andere Möglichkeit blieb, als auf die allgemeine Feststellungsklage zurückzugreifen; gleichzeitig wurde betont, dass der Gesetzgeber Abhilfe schaffen müsste, etwa durch Einführung einer Anfechtungsklage auch gegen Verwaltungsentscheidungen.[133] Durch das nach Erlass der Mangusta/Commerzbank-Urteile in Kraft getretene **UMAG** ist zur Anfechtungsbefugnis nach § 245 Nr. 1 und 3 nunmehr erforderlich, dass der Aktionär die Aktien schon vor der Bekanntmachung der Tagesordnung erworben hat. Ausweislich der Gesetzesbegründung sollte dadurch vermieden werden, dass „der Grund und die Motivation der Klage nicht ernsthaft aus der wirtschaftlichen Beteiligung an der Gesellschaft hergeleitet wird", sondern dass der klagende Aktionär die Aktien „in Kenntnis des möglichen Pflichtverstoßes und damit im Zweifel zu Zwecken missbräuchlicher Klageerhebung nur kurzfristig und (…) ohne spürbaren wirtschaftlichen Einsatz" erworben hat. Es bleibt abzuwarten, ob der BGH in Ausfüllung der von ihm erkannten[134] Lücke des Aktionärsschutzes auch für die Feststellungsklage in Zukunft den Nachweis verlangen wird, dass der Kläger die Aktien schon vor der Bekanntmachung der Tagesordnung erworben hat. Jedenfalls ist zu erwarten, dass der BGH die zur Rechtsmissbräuchlichkeit einer Anfechtungsklage entwickelten Kriterien[135] auch auf die Feststellungsklage anwenden wird. Hinsichtlich des Streitwertes ist der BGH offenbar stillschweigend

---

[129] BGHZ 164, 249 (259) = NJW 2006, 374 (376 bis 377) – Mangusta/Commerzbank II.
[130] K. Schmidt/Lutter/ *Veil* Rn. 30; für eine Monatsfrist spricht sich aus *Waclawik* ZIP 2006, 397(404).
[131] *Waclawik* ZIP 2006, 397 (402–404); *Paschos* DB 2005, 2731 (2731, 2732); *Krämer/Kiefner* ZIP 2006, 301 (303–305); *Bungert* BB 2005, 2757 (2758); *Nietsch* WuB II A. § 202 AktG 1.06.
[132] *Kubis* DStR 2006, 188 (193).
[133] *Hirte* EWiR 2006, 65 (66).
[134] BGHZ 164, 249 (258) = NJW 2006, 374 (376) – Mangusta/Commerzbank II.
[135] BGHZ 107, 296 (311) = NJW 1989, 2689 (2691, 2692) = LM AktG 1965 § 340a Nr. 1.

von der entsprechenden Anwendbarkeit des § 247 ausgegangen. Hierdurch wird der Rechtsweg zu den Landgerichten und Oberlandesgerichten eröffnet, die häufig über auf Gesellschaftsrecht spezialisierte Spruchkörper verfügen.

(5) Einstweiliger Rechtsschutz. Die Erwirkung einer einstweiligen Verfügung gegen die Durchführung der Kapitalerhöhung wird für die Aktionäre **regelmäßig nicht in Betracht** kommen. Zum einen werden die Aktionäre mangels Vorabberichtspflicht häufig gar nicht erst um die anstehende Kapitalerhöhung wissen. Zum anderen werden sie vor der drohenden, verschuldensunabhängigen Schadensersatzpflicht nach § 945 ZPO zurückschrecken, wobei dieses Risiko von dem bekannten Zirkel klagefreudiger Kleinaktionäre zunehmend durch die Zwischenschaltung einer gering kapitalisierten Kapitalgesellschaft, die formal als Klägerin auftritt, minimiert wird.[136] Eine Begrenzung der Schadensersatzpflicht ist rechtlich weder möglich noch sachlich geboten. In Betracht kommt allenfalls eine nach § 254 BGB anspruchsmindernd wirkende Berücksichtigung mitwirkenden Verschuldens des Antragsgegners, etwa wenn der Vorstand durch rechtswidriges Vorenthalten relevanter Information den Antrag des Aktionärs auf einstweiligen Rechtsschutz verursacht hat.[137]

III. Vorrang ausstehender Einlagen

1. Die Regel. Nach § 203 Abs. 3 Satz 1 sollen neue Aktien nicht ausgegeben werden, solange ausstehende Einlagen auf das bisherige Grundkapital noch erlangt werden können. Diese als Sollvorschrift ausgestaltete **Ordnungsnorm** dient der Übersichtlichkeit der Finanzverfassung der Aktiengesellschaft, insbesondere ihrer Ausstattung mit Eigenkapital.

Während § 182 Abs. 4 in diesem Fall bereits den Kapitalerhöhungsbeschluss untersagt, verbietet § 203 Abs. 3 Satz 1 erst die Ausgabe der Aktien. Mit dem Begriff der „Ausgabe der Aktien" ist in diesem Zusammenhang nach allgemeiner Auffassung nicht die körperliche Aushändigung der Aktienurkunden gemeint, sondern der **Abschluss der Zeichnungsverträge.** Dem über genehmigtes Kapital verfügenden Vorstand ist es trotz ausstehender Einlagen nicht verwehrt, einen Kapitalerhöhungsbeschluss zu fassen; durchführen darf er ihn erst, wenn die ausstehenden Einlagen jedenfalls im Wesentlichen eingezahlt worden sind.

Maßgeblicher **Berechnungszeitpunkt** ist derjenige der Anmeldung der Kapitalerhöhung. In Erwartung eines kurzfristig bevorstehenden Zahlungseinganges auf noch ausstehende Einlagen kann der Vorstand also bereits einen Kapitalerhöhungsbeschluss fassen, mit dessen Durchführung er allerdings bis zum erwarteten Zahlungseingang zuwarten muss. Damit wird dem Vorstand ein rasches Handeln ermöglicht, er aber gleichzeitig veranlasst, nachhaltig für die Erfüllung noch ausstehender Einlageverpflichtungen zu sorgen.

Zu den **ausstehenden Einlagen** gehören nicht nur Einlageleistungsverpflichtungen aufgrund von Zeichnungsverträgen, sondern auch solche Beträge, die aufgrund einer Bezugserklärung im Rahmen bedingten Kapitals (§ 198), aufgrund einer Haftung wegen verbotener Einlagenrückgewähr oder infolge Kaduzierung gem. §§ 64, 65 fällig geworden sind. Ebenfalls erfasst werden etwaige Aufgelder.

Dem weiten Wortlaut, der nur allgemein von Einlagen spricht, kann überdies entnommen werden, dass nicht nur Bareinlagen, sondern **auch Sacheinlagen** bei der Berechnung der noch ausstehenden Einlagen zu berücksichtigen sind. Dieses Verbot kann sich in der Praxis misslich auswirken, wenn das Unternehmen Bareinlagen benötigt und zu diesem Zweck erst noch ausstehende Sacheinlagen einziehen muss, anders als beim Einzug von noch nicht entrichteten Bareinlagen also keine neuen Barmittel zur Verfügung gestellt bekommt. Vergleichbare Nachteile entstehen, wenn das Unternehmen sein Kapital im Wege einer Sacheinlage erhöhen will, aber noch Bareinlagen oder andere Sacheinlagen ausstehen. Obwohl es dem Vorstand in diesen Fällen regelmäßig auf die Erlangung eines bestimmten Gegenstandes ankommt, ist er hieran wegen noch ausstehender, auf die Leistung ganz anderer Dinge gerichteter Einlageverpflichtungen gehindert.

Wenn es in § 203 Abs. 3 Satz 4 heißt, dass in der ersten Anmeldung der Durchführung der Erhöhung des Grundkapitals anzugeben ist, welche Einlagen auf das bisherige Grundkapital noch nicht geleistet worden sind, setzt diese Formulierung die Zulässigkeit der Ausnutzung genehmigten Kapitals in mehreren **Tranchen** voraus. Ausstehende Einlagen stehen der Durchführung genehmigten Kapitals nach einhelliger Auffassung nur entgegen, wenn die Einlagen nicht aus vorhergehenden Tranchen desselben genehmigten Kapitals herrühren. Da es dem Vorstand frei gestanden hätte, sofort das gesamte Kapital auszunutzen, muss es ihm auch gestattet werden, zunächst nur einen Teilbetrag in Anspruch zu nehmen und erst später einen weiteren Teilbetrag, auch wenn die Einlagen für die

---

[136] Krämer/Kiefner ZIP 2006, 301 (307, 308); Waclawik ZIP 2006, 397 (404).
[137] Böttger, Der Bezugsrechtsausschluss beim genehmigten Kapital, 2005, 280, 281.

erste Tranche noch nicht erbracht worden sind. Eine solche Vorgehensweise kann dann sinnvoll sein, wenn das Unternehmen kurzfristig weiteres Eigenkapital benötigt, und die Betreibung noch ausstehender Einlagen mehr Zeit in Anspruch nehmen würde als die Durchführung einer weiteren Ausnutzung genehmigten Kapitals.

123 Soweit der Vorstand, etwa aus verschiedenen Jahren, über **mehrere genehmigte Kapitalien** verfügt, sind die aus der Ausnutzung eines anderen genehmigten Kapitals noch offen stehenden Einlagen, anders als die aus anderen Tranchen desselben genehmigten Kapitals noch ausstehenden Einlagen, zu berücksichtigen. Unschädlich ist es, wenn der Vorstand von mehreren ihm eingeräumten genehmigten Kapitalien von dem jüngeren Gebrauch macht, obwohl ein älteres existiert, das er bisher noch nicht in Anspruch genommen hat. Insoweit ist vom Ermächtigungsgeber (Gründer oder Hauptversammlung) bei Schaffung weiterer genehmigter Kapitalien die Grenze des § 202 Abs. 3 Satz 1 zu beachten, wonach der Nennbetrag des genehmigten Kapitals die Hälfte des Grundkapitals, das zurzeit der Ermächtigung vorhanden ist, nicht übersteigen darf.

124 **2. Die Ausnahmen. a) Unerheblicher Umfang.** Der Ausnutzung genehmigten Kapitals steht nicht jede noch ausstehende Einlage entgegen. § 203 Abs. 3 Satz 3 bestimmt vielmehr, dass dann, wenn Einlagen in **verhältnismäßig** unerheblichem Umfang ausstehen, dies die Ausgabe neuer Aktien nicht hindert. Das Verhältnis ist herzustellen zwischen der Summe der insgesamt noch ausstehenden Einlagen einerseits und der Höhe des vom Vorstand gewünschten Ausnutzungsbetrages andererseits Je mehr sich die Summe der insgesamt noch ausstehenden Einlagen der Höhe des vom Vorstand gewünschten Ausnutzungsbetrages nähert, desto eher muss mit einer Zurückweisung der Anmeldung des Kapitalerhöhungsbeschluss durch das Registergericht gerechnet werden.

125 **b) Versicherungsgesellschaften.** Für als Aktiengesellschaften organisierte Versicherungsgesellschaften ist der **Subsidiaritätsgrundsatz satzungsdispositiv;** gem. § 203 Abs. 3 Satz 2 kann die Satzung vorsehen, dass neue Aktien ausgegeben werden können, obwohl ausstehende Einlagen auf das bisherige Grundkapital noch erlangt werden können. Versicherungs-Aktiengesellschaften soll es auf diese Weise ermöglicht werden, ihre Eigenkapitalbasis und damit ihren Haftungsfonds möglichst flexibel den tatsächlichen Risikoverhältnissen anzupassen. Hiervon unberührt bleiben gem. § 203 Abs. 1 iVm § 188 Abs. 2 die allgemeinen Vorschriften der § 36 Abs. 2 und § 36a.

126 **c) Arbeitnehmeraktien.** Für Arbeitnehmeraktien gilt das Verbot der Durchführung eines Kapitalerhöhungsbeschlusses bei noch ausstehenden Einlagen nach der ausdrücklichen Anordnung des § 203 Abs. 4 **nicht.**

127 **d) Umwandlungstatbestände.** Keine Anwendung findet die Vorschrift des § 203 Abs. 3 ferner auf folgende **Umwandlungsfälle.** Erhöht eine Aktiengesellschaft zur Durchführung der Verschmelzung ihr Grundkapital, ist § 203 Abs. 3 nach der ausdrücklichen Anordnung in § 69 Abs. 1 Satz 3 UmwG nicht anzuwenden. Entsprechendes gilt für Auf- und Abspaltungen gem. § 125 Satz 1 iVm § 69 Abs. 1 Satz 3 UmwG. In diesen Fällen machen die umwandlungsspezifischen Schutzvorschriften das Eingreifen der allgemeinen Ordnungsvorschriften entbehrlich.

128 **3. Angabepflicht.** Das Durchführungsverbot wird von einer Angabepflicht flankiert, welche die allgemeine Anmeldevorschrift des § 203 Abs. 1 iVm § 188 ergänzt. Gem. § 203 Abs. 3 Satz 4 ist in der ersten Anmeldung der Durchführung der Erhöhung des Grundkapitals anzugeben, welche **Einlagen** auf das bisherige Grundkapital noch **nicht geleistet** sind und warum sie nicht erlangt werden können. Diese Pflichtangaben sollen es dem Registergericht ermöglichen, die Einhaltung der Vorschrift des § 203 Abs. 3 Satz 1 zu überprüfen.

129 **4. Rechtsfolgen von Verstößen.** Der Verstoß gegen das Verbot der Ausnutzung genehmigten Kapitals trotz noch einbringlicher, ausstehender Einlagen zieht zum einen **strafrechtliche** und zum anderen **registerrechtliche** Konsequenzen nach sich. Gem. § 399 Abs. 1 Nr. 4 kann mit Freiheitsstrafe bis zu drei Jahren oder mit Geldstrafe bestraft werden, wer als Mitglied des Vorstands oder des Aufsichtsrats zum Zweck der Eintragung einer Erhöhung des Grundkapitals über die Einbringung des bisherigen Kapitals falsche Angaben macht oder erhebliche Umstände verschweigt. Stehen noch Einlagen in verhältnismäßig nicht unerheblichem Umfang aus und können diese an sich auch noch erlangt werden, hat das Registergericht die Eintragung abzulehnen. Im Rahmen des ihm eingeräumten Ermessens kann das Registergericht auch noch nach der Anmeldung eingegangene Einlageleistungen berücksichtigen. Wird die Kapitalerhöhung gleichwohl eingetragen, steht der Umstand der noch ausstehenden Einlagen der Wirksamkeit der Kapitalerhöhung nicht entgegen. Diese wird, ebenso wie abgeschlossene Zeichnungsverträge, wirksam. Eine Löschung von Amts wegen scheidet in diesem Fall ebenso aus wie eine Aktionärsklage auf Unterlassung der weiteren Durchführung der Kapitalerhöhung (allgM).

IV. Arbeitnehmeraktien

Gem. § 203 Abs. 4 gelten die Einschränkungen und Angabepflichten des § 203 Abs. 3 Satz 1 und 4 nicht, wenn die jungen Aktien an die Arbeitnehmer der Gesellschaft ausgegeben werden. Die Vorschrift des § 203 Abs. 4 will, wie auch die Regelungen der § 202 Abs. 4, § 204 Abs. 3 und § 205 Abs. 4, die Ausgabe von Arbeitnehmeraktien im Rahmen der Ausnutzung genehmigten Kapitals erleichtern. Zugunsten der Schaffung von Arbeitnehmeraktien soll von genehmigtem Kapital auch dann Gebrauch gemacht werden können, wenn wegen noch ausstehender Einlagen an sich keine neuen Aktien ausgegeben werden dürften. Denn bei diesen Kapitalerhöhungen steht nicht die Kapitalbeschaffung, sondern die Mitarbeiterbeteiligung im Vordergrund, wie sich auch aus § 202 Abs. 4, § 204 Abs. 3 und § 205 Abs. 4 ergibt. Umfasst von dieser **Privilegierung** sind neben den Mitarbeitern der Aktiengesellschaft auch diejenigen verbundener Unternehmen (vgl. hierzu ausführlich → § 204 Rn. 54).

§ 204 Bedingungen der Aktienausgabe

(1) ¹Über den Inhalt der Aktienrechte und die Bedingungen der Aktienausgabe entscheidet der Vorstand, soweit die Ermächtigung keine Bestimmungen enthält. ²Die Entscheidung des Vorstands bedarf der Zustimmung des Aufsichtsrats; gleiches gilt für die Entscheidung des Vorstands nach § 203 Abs. 2 über den Ausschluß des Bezugsrechts.

(2) Sind Vorzugsaktien ohne Stimmrecht vorhanden, so können Vorzugsaktien, die bei der Verteilung des Gewinns oder des Gesellschaftsvermögens ihnen vorgehen oder gleichstehen, nur ausgegeben werden, wenn die Ermächtigung es vorsieht.

(3) ¹Weist ein Jahresabschluß, der mit einem uneingeschränkten Bestätigungsvermerk versehen ist, einen Jahresüberschuß aus, so können Aktien an Arbeitnehmer der Gesellschaft auch in der Weise ausgegeben werden, daß die auf sie zu leistende Einlage aus dem Teil des Jahresüberschusses gedeckt wird, den nach § 58 Abs. 2 Vorstand und Aufsichtsrat in andere Gewinnrücklagen einstellen können. ²Für die Ausgabe der neuen Aktien gelten die Vorschriften über eine Kapitalerhöhung gegen Bareinlagen, ausgenommen § 188 Abs 2. ³Der Anmeldung der Durchführung der Erhöhung des Grundkapitals ist außerdem der festgestellte Jahresabschluß mit Bestätigungsvermerk beizufügen. ⁴Die Anmeldenden haben ferner die Erklärung nach § 210 Abs. 1 Satz 2 abzugeben.

Schrifttum: *Bayer,* Kapitalerhöhung mit Bezugsrechtsausschluss und Vermögensschutz der Aktionäre – Kritische Betrachtung der lex lata und Vorschläge de lege ferenda, ZHR 163 (1999), 505; *Busch,* Aktuelle Rechtsfragen des Bezugsrechts und Bezugsrechtsausschlusses beim Greenshoe im Rahmen von Aktienemissionen, AG 2002, 230; *Hoffmann-Becking,* Neue Formen der Aktienemission, FS Lieberknecht, 1997, 25; *Liebert,* Der Bezugsrechtsausschluss bei Kapitalerhöhungen von Aktiengesellschaften, Diss. Konstanz 2003; *Mertens,* Zulässigkeit einer Ermächtigung des Vorstands, Aktien mit einem Gewinnbezugsrecht für das abgelaufene Geschäftsjahr auszugeben?, FS Wiedemann, 2002, 1113; *Technau,* Rechtsfragen bei der Gestaltung von Übernahmeverträgen („Underwriting Agreements") im Zusammenhang mit Aktienemissionen, AG 1998, 445; *Tettinger,* Materielle Anforderungen an den Bezugsrechtsausschluss, Diss. Köln 2001.

Übersicht

	Rn.		Rn.
I. Normzweck	1	b) Zusammenspiel zwischen Gründern, Hauptversammlung, Vorstand und Aufsichtsrat	22–41
II. Entstehungsgeschichte	2	c) Rechtsfolgen von Verstößen	42–46
III. Rechtstatsachen	3, 4	2. Vorzugsaktien	47–51
IV. Einzelerläuterung	5–57	3. Belegschaftsaktien	52–57
1. Aktieninhalt und Aktienausgabe	5–46	a) Begünstigter Personenkreis	54
a) Anwendungsbereich des § 204 Abs. 1	5–21	b) Verwendbarer Jahresüberschuss	55
		c) Verfahren	56, 57

I. Normzweck

§ 204 **Abs. 1** ist die notwendige Ergänzung zu der genehmigtes Kapital zulassenden Vorschrift des § 202. Sie stellt klar, dass die Hauptversammlung über den Inhalt der neuen Aktienrechte und die Bedingungen entweder selbst entscheiden oder aber die Festsetzungen ganz oder teilweise dem Vorstand überlassen kann. Da der Vorstand im Falle einer Ermächtigung durch die Hauptversammlung mit den gegebenenfalls weitreichenden Festsetzungen von Inhalt und Ausgabekonditionen der neuen Aktien umfangreiche, in die Rechte der vorhandenen Aktionäre wirtschaftlich eingreifende Kompetenzen zugesprochen bekommt, wird ihm der Aufsichtsrat als Kontrollinstanz an die Seite gestellt, ohne dessen Zustimmung die Festsetzungen unwirksam sind. **Abs. 2** bezweckt den Schutz der Vorzugsaktionäre vor Verwässerung ihrer finanziellen Beteiligung am Unternehmensgewinn. Die durch **Abs. 3** erleichterte Ausgabe von Belegschaftsaktien unter Verwendung von Teilen des Jahresüberschusses soll die Gewinnbeteiligung der Arbeitnehmer an dem Unternehmen, für das sie arbeiten, befördern und so die Motivation der Belegschaft erhöhen und ihren Beitrag am wirtschaftlichen Erfolg der Gesellschaft honorieren. Die Norm reiht sich ein in eine Reihe weiterer Vorschriften, mit denen die Ausgabe von Belegschaftsaktien und von Aktien für Mitglieder der Geschäftsführung privilegiert werden soll (§ 71 Abs. 1 Nr. 2, § 192 Abs. 2 Nr. 3, § 194 Abs. 3, § 203 Abs. 4, § 205 Abs. 4 AktG; § 19a Abs. 1 EStG aF, § 3 Nr. 39 EStG).

II. Entstehungsgeschichte

2   § 204 hat, soweit heute noch von Interesse, gegenüber seiner Vorgängernorm, dem § 171 AktG 1937, mehrere **wesentliche Änderungen** erfahren. Zum einen wurde das in Abs. 1 Satz 2 niedergelegte Zustimmungserfordernis des Aufsichtsrats verbindlich ausgestaltet, während es vorher lediglich eine Sollvorschrift war. Zum anderen wurde Abs. 3 neu eingeführt, der eine erleichterte Ausgabe von Belegschaftsaktien, nämlich unter Verwendung von Teilen des Jahresüberschusses, ermöglicht.

III. Rechtstatsachen

3   Es gibt so gut wie kein genehmigtes Kapital, bei dem die Hauptversammlung die mit den neuen Aktien verbundenen Rechte sowie die Bedingungen ihrer Ausgabe bereits detailliert und vollumfänglich selbst festlegen würde. Demgemäß spielt die den **Vorstand** zu eigenverantwortlichem Handeln ermächtigende Norm in der Praxis des genehmigten Kapitals eine entscheidende Rolle.

4   Die Ausgabe von **Belegschaftsaktien** aus Gesellschaftsmitteln spielt keine große Rolle; bevorzugt werden durch bedingtes Kapital unterlegte Aktienoptionspläne sowie der Einsatz eigener oder von einem Kreditinstitut im Auftrag der Gesellschaft erworbener Aktien.

IV. Einzelerläuterung

5   **1. Aktieninhalt und Aktienausgabe. a) Anwendungsbereich des § 204 Abs. 1.** Der Anwendungsbereich von Abs. 1 erstreckt sich seinem Wortlaut nach auf „den Inhalt der **Aktienrechte** und die Bedingungen der **Aktienausgabe**". Der Wortlaut ist insoweit zu weit gefasst, als einzelne dieser Inhalte und Bedingungen an anderer Stelle geregelt und von der Norm gerade nicht erfasst werden. So wird etwa die zum Inhalt des Aktienrechts zu zählende Frage der Ausgabe von Vorzugsaktien, die bei der Verteilung des Gewinns oder des Gesellschaftsvermögens bereits bestehenden stimmrechtslosen Vorzugsaktien vorgehen oder gleichstehen, nicht in Abs. 1, sondern in Abs. 2 geregelt. Der zu den Bedingungen der Aktienausgabe gehörende mögliche Bezugsrechtsausschluss wird von § 203 Abs. 2 behandelt.

6   **aa) Aktieninhalt.** Der Begriff des Aktieninhalts ist in Abgrenzung zum Terminus der Aktienausgabe zu verstehen. Vom Aktieninhalt erfasst werden alle mit der durch die Aktie verkörperten Beteiligung an der Gesellschaft verbundenen **Rechte und Pflichten,** soweit diese nicht den erstmaligen Erwerb der Aktie, also deren Zeichnung, betreffen.

7   Zum Aktieninhalt in diesem Sinne gehört zum einen die **Aktienart,** also die Entscheidung, ob die jungen Aktien als Inhaber- oder als Namensaktien (§ 10 Abs. 1) ausgegeben werden. Die Unterschiede zwischen diesen beiden Aktienformen sind formaler Natur. Zum einen betreffen sie die Eignung der Aktie, den Besitzer als Aktionär auszuweisen, zum anderen unterscheiden sie sich in der Übertragungsart. In der Praxis überwiegen außer bei Familiengesellschaften mit kleinem Aktionärskreis die Inhaberaktien wegen der mit ihnen verbundenen leichteren Übertragbarkeit. Eine Aktiengesellschaft kann sowohl über Inhaber- als auch über Namensaktien verfügen. Diese beiden Formen können auch im Rahmen genehmigten Kapitals nebeneinander ausgegeben werden. Da bei einer Aktiengesellschaft gem. § 8 Abs. 1, § 23 Abs. 3 Nr. 4 einheitlich entweder nur Nennbetrags- oder nur Stückaktien ausgegeben werden können, ist mit der Entscheidung in der Satzung für die eine oder die andere Aktienart auch die Aktienart für das genehmigte Kapital festgesetzt. Für eine Vorstandsentscheidung bleibt insoweit nur noch Raum, falls die Gesellschaft über Nennbetragsaktien verfügt; in diesem Fall hat der Vorstand die Nennbeträge der neuen Aktien zu bestimmen.

8   Ferner gehören zum Aktienrechtsinhalt die mit der Aktie verbundenen Rechte, also die **Aktiengattung.** Gem. § 11 Satz 1 können Aktien verschiedene Rechte gewähren, namentlich bei der

Verteilung des Gewinns und des Gesellschaftsvermögens. Die damit angesprochene Unterscheidung zwischen Stamm- und Vorzugsaktien kann auch im Rahmen genehmigten Kapitals getroffen werden.[1] Während Stammaktien als der gesetzliche Normalfall ihrem Inhaber das Stimm- und Dividendenrecht entsprechend dem Anteil am Grundkapital gewähren (§ 12 Abs. 1 Satz 1), sind Vorzugsaktien in irgendeiner Weise mit einem Vorrecht ausgestattet. Der Vorzug betrifft regelmäßig die Dividendenverteilung, wobei die dann sog. Vorzugsaktie im Gegenzug grundsätzlich kein Stimmrecht gewährt (§ 12 Abs. 1 Satz 2). Sollen im Rahmen der Ausnutzung genehmigten Kapitals Vorzugsaktien ausgegeben werden, die bei der Verteilung des Gewinns und des Gesellschaftsvermögens bereits bestehenden Vorzugsaktien ohne Stimmrecht vorgehen, ist Abs. 2 zu beachten, wonach diese Möglichkeit im Ermächtigungsbeschluss ausdrücklich aufgeführt sein muss. Bestehen solche Vorzugsaktien noch nicht, bedarf es zur Ausgabe von Vorzugsaktien keiner besonderen Ermächtigung. Vom Normalfall abweichende Aktienrechtsinhalte sind auch im Bereich des Stimmrechts nach näherer Maßgabe des § 134 möglich.

Umstritten ist, ob der Vorstand eine **rückwirkende Gewinnbeteiligung** für ein abgelaufenes 9
Geschäftsjahr bestimmen kann. Nach einer Auffassung ist dies möglich, soweit die Hauptversammlung die Gewinnverwendung noch nicht beschlossen hat und das Bezugsrecht nicht ausgeschlossen wird.[2] Nach aA ist eine solche nachträgliche Gewinnbeteiligung unzulässig, da sie in das mitgliedschaftsrechtliche Dividendenrecht eingreifen würde.[3] Von den Stimmen, die eine nachträgliche Gewinnbeteiligung ablehnen, wird teilweise zusätzlich auf die Vorschrift des § 217 Abs. 2 verwiesen.[4] Dort wird bei einer Kapitalerhöhung aus Gesellschaftsmitteln die Möglichkeit eingeräumt, dass im Beschluss über die Erhöhung des Grundkapitals bestimmt werden kann, dass die neuen Aktien bereits am Gewinn des letzten vor der Beschlussfassung über die Kapitalerhöhung abgelaufenen Geschäftsjahres teilnehmen können. Mit dem Hinweis auf diese Vorschrift dürfte die Überlegung verbunden sein, dass das Fehlen einer entsprechenden gesetzlichen Gestattung beim genehmigten Kapital den Schluss *e contrario* zulässt, dass dort eine solche nachträgliche Gewinnbeteiligung nicht zulässig sein soll.

Richtig ist, dass eine Festlegung des Vorstandes über eine rückwirkende Gewinnbeteiligung für 10
ein abgelaufenes Geschäftsjahr nicht mehr in Betracht kommt, wenn die Hauptversammlung durch einen **Gewinnverwendungsbeschluss** nach § 174 bereits positiv darüber entschieden hat, wie der Gewinn zu verteilen ist. Denn in diesem Fall hat die Hauptversammlung von dem ihr kraft Gesetzes originär und ausschließlich zustehendem Recht der Gewinnverwendung Gebrauch gemacht. Hat die Hauptversammlung noch keinen Gewinnverwendungsbeschluss gefasst, bestehen keine Bedenken, gegen einen Vorstandsbeschluss die jungen Aktionäre am Gewinn auch des abgelaufenen Geschäftsjahres teilnehmen zu lassen. Zwar mag es für eine solche Gewinnbeteiligung keine innere Rechtfertigung geben, da die Jungaktionäre zu dem fraglichen Zeitraum der Aktiengesellschaft kein Kapital zur Verfügung gestellt hatten. Jedoch ist es denkbar, dass im Einzelfall wirtschaftliche Gründe für eine solche Ausdehnung des Dividendenrechts sprechen. Denn die Aktie wird dadurch für Zeichnungsinteressenten lukrativer. Bei wirtschaftlicher Betrachtung nähert sich die Frage der nachträglichen Gewinnbeteiligung derjenigen des Ausgabekurses an. Möchten die Altaktionäre ausschließen, dass durch einen Vorstandsbeschluss Jungaktionäre am Gewinn auch des bereits abgelaufenen Geschäftsjahres partizipieren, haben sie in dem durch die Hauptversammlung zu beschließenden Ermächtigungsbeschluss ein entsprechendes Verbot aufzunehmen.

Neben der Festlegung von Umfang und Zeitpunkt der Gewinnberechtigung (§ 60) gehören zum 11
Aktieninhalt schließlich auch etwaige **Nebenverpflichtungen** gem. § 55 oder **Entsenderechte** nach § 101 Abs. 2.

bb) Aktienausgabe. Neben dem Inhalt der Aktienrechte erfasst § 204 Abs. 1 auch die Aktienausgabe. 12
Das sind die Bedingungen, unter denen ein **Zeichnungsinteressent** die neuen Aktien **erwerben** kann. Welche Rechte dann dauerhaft mit diesen Aktien verbunden sind, ist eine Frage des im vorangehenden Unterabschnitt behandelten Aktienrechtsinhalts Zu den Bedingungen der Aktienausgabe zählen insbesondere der Zeitpunkt der Aktienausgabe, der Bezugsrechtsausschluss (§ 203 Abs. 2) oder die Bestimmung eines nur mittelbaren Bezugsrechts (§ 203 Abs. 1 Satz 1 iVm § 186 Abs. 5), der Zeitpunkt der auflösenden Bedingung, an dem die Zeichnung unverbindlich wird, wenn nicht

---

[1] BGHZ 33, 175 (188) = NJW 1961, 26 ff.
[2] Großkomm AktG/*Hirte* Rn. 9; Hüffer/Koch/*Koch* Rn. 4; Kölner Komm AktG/*Lutter* Rn. 7; K. Schmidt/Lutter/*Veil* Rn. 7; Hölters/*v. Dryander/Niggemann* Rn. 5.
[3] *Mertens* FS Wiedemann, 2002, 1113 (1123–1126); MüKoAktG/*Bayer* Rn. 10; NK-AktR/*Groß/Fischer* Rn. 12; auch bei einem Bezugsrechtsausschluss: MHdB AG/*Krieger* § 58 Rn. 34; Bürgers/Körber/*Marsch-Barner* Rn. 4.
[4] MHdB AG/*Krieger* § 58 Rn. 34.

bis dahin die Durchführung der Erhöhung des Grundkapitals eingetragen ist (§ 203 Abs. 1 Satz 1 iVm § 185 Abs. 1 Nr. 4), die Fälligkeit der Ausgabeverpflichtung (§ 203 Abs. 1 Satz 1 iVm § 188 Abs. 2, § 36 Abs. 2, § 36a), die Ausgabe neuer Aktien gegen Sacheinlagen (§ 205 Abs. 1) sowie die Höhe des Ausgabekurses.

13   Von besonderer Bedeutung ist hierbei zum einen ein etwaiger **Bezugsrechtsausschluss,** der nur dann vom Vorstand beschlossen werden kann, wenn ein solcher Ausschluss im Ermächtigungsbeschluss ausdrücklich vorgesehen ist (§ 203 Abs. 2). Wegen der Einzelheiten wird auf → § 203 Rn. 57–116 verwiesen. Soweit zum anderen eine Ausgabe neuer Aktien gegen Sacheinlagen (§ 205 Abs. 1) eine Rolle spielt, wird auf die Ausführungen → § 205 Rn. 8–24 verwiesen.

14   Von zentraler Bedeutung ist der **Ausgabekurs,** bestimmt er doch darüber, wie viel Eigenkapital der Aktiengesellschaft durch die Kapitalerhöhung zufließt. Gem. § 204 Abs. 1 entscheidet über die Bedingungen der Aktienausgabe der Vorstand, soweit die Ermächtigung keine Bestimmungen enthält. Bei der Festlegung des Ausgabekurses ist danach zu differenzieren, ob das Bezugsrecht der Altaktionäre ausgeschlossen ist, oder ob das nicht der Fall ist. Der in § 255 Abs. 2 niedergelegte Gedanke, dass der Ausgabebetrag oder der Mindestbetrag, unter dem die neuen Aktien nicht ausgegeben werden sollen, nicht unangemessen niedrig sein darf, ist entsprechend anzuwenden.[5] Auch wenn die Vorschrift mit ihrer Erweiterung der Anfechtungsmöglichkeit auf die Festsetzung des Ausgabebetrages durch die Hauptversammlung abstellt, kann ihr doch der allgemeine Gedanken entnommen werden, dass die neuen Aktien bestmöglich zu verwerten sind; die Pflicht zur Wahrung des angemessenen Ausgabebetrages geht in diesen Fällen auf den Vorstand über.[6]

15   Wenn die **Altaktionäre keine Möglichkeit** haben, die im Wege der Kapitalerhöhung ausgegebenen **Aktien zu erwerben,** müssen sie in besonderer Weise an einem möglichst hohen Ausgabekurs interessiert sein. Denn anderenfalls würde sich der Unternehmenswert auf eine größere Anzahl beteiligungsberechtigter Aktionäre verteilen, ohne dass dem eine die Vergrößerung des Beteiligungskreises rechtfertigende Mittelzufuhr gegenüberstünde.

16   Besteht ein **Bezugsrecht der Aktionäre,** ist umstritten, ob von Rechts wegen eine Pflicht zu einem möglichst niedrigen[7] oder zu einem möglichst hohen Ausgabekurs[8] besteht oder ob das unternehmerische Ermessen frei ist, sieht man von der Untergrenze des § 9 Abs. 1 ab, wonach Aktien für einen geringeren Betrag als den Nennbetrag oder den auf die einzelne Stückaktie entfallenden anteiligen Betrag des Grundkapitals nicht ausgegeben werden dürfen.[9] Richtig ist, dass bei einem Bezugsrecht der Aktionäre diese die gleiche rechtliche Möglichkeit haben, von einem günstigen Ausgabekurs zu profitieren und selbst junge Aktien zu erwerben. Zu bedenken ist aber zum einen, dass nicht jedem Altaktionär zum Ausgabezeitpunkt die notwendigen Mittel zum Erwerb weiterer Aktien, auch wenn sich diese als günstige Investition darstellen, zur Verfügung stehen werden. Zum anderen wird praktisch nie eine gleichmäßige, der Kapitalerhöhung relativ entsprechende Erhöhung der Beteiligung sämtlicher Aktionäre erreicht werden, so dass die quotalen Beteiligungsrechte nach einer Kapitalerhöhung stets anders sein werden als vor der Erhöhung. Auch bei bestehendem Bezugsrecht wird daher das unternehmerische Ermessen in aller Regel dahin gehen, dass die Kapitalerhöhung zu einem möglichst hohen Eigenkapitalzufluss führt. Der Ausgabekurs wird sich eher am tatsächlichen Wert des Unternehmens richten als wesentlich darunter bleiben. Sollte es strategische, unternehmenspolitische Gründe für einen verhältnismäßig niedrigen Ausgabekurs geben, wird sich ein solcher angesichts der jedenfalls formalen Chancengleichheit aller Aktionäre auf Teilnahme an der Ausgabe neuer Aktien eher rechtfertigen lassen als bei einem Bezugsrechtsausschluss.

17   Anders stellt sich die Situation bei einem **Bezugsrechtsausschluss** dar. Hier müssen die Aktionäre, die keine Möglichkeit zum Erwerb der neuen Aktien haben, vor einer Verwässerung ihrer Beteiligung geschützt werden, die dadurch eintreten könnte, dass sie nach der Kapitalerhöhung zu einem prozentual geringeren Anteil an der Gesellschaft beteiligt sind, ohne dass deren Wert entsprechend gestiegen wäre. Nach § 255 kann die Anfechtung eines Beschlusses über eine Kapitalerhöhung gegen Einlagen, bei der das Bezugsrecht der Aktionäre ganz oder zum Teil ausgeschlossen worden ist, darauf gestützt werden, dass der sich aus dem Erhöhungsbeschluss ergebende Ausgabebetrag oder der Mindestbetrag, unter dem die neuen Aktien nicht ausgegeben werden sollen, unangemessen niedrig ist. Diese Angemessenheitsgrenze muss im Rahmen genehmigten Kapitals entsprechend gelten, weil ansonsten der Rechtsschutz der Aktionäre verkürzt werden würde. Der Ausgabekurs wird in aller Regel dem Verkehrswert der Aktie zu entsprechen haben. Wollen die Hauptversamm-

---

[5] BGHZ 136, 133 (141) = NJW 1997, 2815 (2817) = LM AktG 1965 § 186 Nr. 9 – Siemens/Nold.
[6] *Tettinger,* Materielle Anforderungen an den Bezugsrechtsausschluss, 2001, 76, 77.
[7] MHdB AG/*Krieger* § 56 Rn. 27.
[8] Kölner Komm AktG/*Lutter* § 182 Rn. 28; Großkomm AktG/*Wiedemann* § 182 Rn. 69.
[9] *Bayer* ZHR 163 (1999), 505 (518); MüKoAktG/*Bayer* Rn. 13; Großkomm AktG/*Hirte* Rn. 10.

lung oder der Vorstand einen niedrigeren Ausgabekurs festlegen, muss dieser auch unter Berücksichtigung der Dividendenrechte der Altaktionäre im überragenden Unternehmensinteresse liegen; anderenfalls machen sich die Organe unter Umständen schadensersatzpflichtig.

Aus dem Vorgesagten darf nicht geschlossen werden, dass aus der Verpflichtung des Vorstands zur Erzielung eines möglichst hohen Ausgabekurses folgt, der Vorstand sei bei günstiger, einen hohen Ausgabekurs versprechender Anlagestimmung verpflichtet, schon deswegen vom genehmigten Kapital Gebrauch zu machen. Es muss vielmehr der **unternehmerischen Einschätzung des Vorstands** überlassen bleiben, zu beurteilen, ob das Unternehmen gerade jetzt eine Eigenkapitalzufuhr in einem bestimmten Umfang benötigt oder nicht. 18

Eine gewisse Einschränkung der Pflicht zur Festlegung eines möglichst hohen Ausgabebetrages ergibt sich in den Fällen des sog. **vereinfachten Bezugsrechtsausschlusses** nach § 186 Abs. 3 Satz 4. Danach ist ein Ausschluss des Bezugsrechts insbesondere dann zulässig, wenn die Kapitalerhöhung gegen Bareinlagen zehn vom Hundert des Grundkapitals nicht übersteigt und der Ausgabebetrag den Börsenpreis nicht wesentlich unterschreitet. Ihre Rechtfertigung findet diese Regelung in der Überlegung, dass interessierte Altaktionäre die jungen Aktien über die Börse erwerben können. Besteht eine solche Zukaufsmöglichkeit nicht, ist § 186 Abs. 3 Satz 4 richtiger Ansicht nach nicht anwendbar (hierzu näher → § 203 Rn. 93). In diesen Fällen bleibt es bei der allgemeinen Regel, dass im Rahmen der Ausübung genehmigten Kapitals ein möglichst hoher Ausgabekurs zu erzielen ist, der bei einer börsennotierten Gesellschaft in aller Regel dem Börsenkurs möglichst nahe kommt. 19

Bei umfangreichen Emissionen großer Aktiengesellschaften werden die jungen Aktien idR aus logistisch-organisatorischen Gründen über **Kreditinstitute** ausgegeben. Diese erwerben die Aktien zum Nennbetrag und veräußern sie zu einem angemessenen, höheren Preis an Investoren weiter. Den Kaufpreis leiten die Banken sodann an die Aktiengesellschaft weiter, wobei sie die Verkaufskosten sowie den von ihr bezahlten Einlagebetrag von dem von den Investoren erhaltenen Kaufpreis abziehen.[10] In diesem Fall muss durch vertragliche Abreden zwischen der Bank und der Aktiengesellschaft sichergestellt sein, dass die Höhe des Kaufpreises letztverbindlich vom Vorstand festgesetzt wird. Denn nach den gesetzlichen Vorschriften ist die Höhe des Ausgabekurses von den Gründern, der Hauptversammlung, oder dem Vorstand festzulegen, nicht aber von der die Emission durchführenden Bank. 20

Wird diese Zuständigkeitsordnung bedacht, ist gegen einen sog. **Greenshoe,** also einer Mehrzuteilungsoption, die den Konsortialbanken zur Ausgabe weiterer Aktien zur Kursstabilität und Nachfragebefriedigung eingeräumt wird,[11] nichts einzuwenden. Der BGH hat diesen Typus genehmigten Kapitals nunmehr ausdrücklich zugelassen.[12] Es muss nur sichergestellt sein, dass der Ausgabebetrag im Sinne der vorstehenden Ausführungen angemessen ist und von den zuständigen Organen der Aktiengesellschaft festgesetzt wird. Die anderslautende Entscheidung des Kammergerichts[13] verkennt, dass der Preis für die Mehrzuteilungsoption stets mit dem Preis der Haupttranche identisch ist. Die Frage nach der Angemessenheit des festgelegten Preises, die sich insbesondere bei auf Spekulationen beruhenden kurzfristigen Börsenschwankungen stellt, wie sie auch bei den am Neuen Markt notierten Unternehmen der Entscheidung des Kammergerichts vorlagen, ist keine Frage des Greenshoe, sondern stellt sich bei jeder Kapitalerhöhung in gleicher Weise. 21

b) Zusammenspiel zwischen Gründern, Hauptversammlung, Vorstand und Aufsichtsrat. Die Vorschrift des § 204 ist geprägt von einem Zusammenspiel zwischen Gründern, Hauptversammlung, Vorstand und Aufsichtsrat. Die Entscheidung, **ob und in welcher Höhe** überhaupt genehmigtes Kapital geschaffen wird, liegt bei den Gründern oder der Hauptversammlung. Neben der Entscheidung über das Ob und die Höhe genehmigten Kapitals haben die Gründer bzw. hat die Hauptversammlung zwingend noch über die Dauer der Ermächtigung zu beschließen, die idR entsprechend dem gesetzlich zulässigen Höchstmaß auf fünf Jahre festgesetzt wird. 22

Von diesen zwingend von den Gründern bzw. der Hauptversammlung zu entscheidenden Punkten sind die Regelungskomplexe zu unterscheiden, über die zwar nur die Gründer oder die Hauptversammlung entscheiden können und nicht der Vorstand, über die aber die Gründer oder die Hauptversammlung **keine Entscheidung zu treffen brauchen** (Bezugsrechtsausschluss [§ 204 Abs. 2], Ausgabe gegen Sacheinlagen [§ 205 Abs. 1] sowie die Ausgabe von bestimmten Vorzugsaktien [§ 204 Abs. 2]). 23

---

[10] Beschreibung bei *Technau* AG 1998, 445 (454), sowie ausführlich *Liebert,* Der Bezugsrechtsausschluss bei Kapitalerhöhungen von Aktiengesellschaften, 2003, 145–150.
[11] *Hoffmann-Becking* FS Lieberknecht, 1997, 39 ff.; *Liebert,* Der Bezugsrechtsausschluss bei Kapitalerhöhungen von Aktiengesellschaften, 2003, 206.
[12] BGH NZG 2009, 589 (591).
[13] KG ZIP 2001, 2178 (2180, 2181) – Senator-AG.

24 Den Gründern und der Hauptversammlung steht es frei, über diese Kernfestlegungen hinaus **weitere Einzelheiten** des Inhalts der Aktienrechte oder der Ausgabekonditionen zu bestimmen. Inwieweit sie hiervon Gebrauch machen wollen, ist grundsätzlich ihre freie Entscheidung und wird von den wirtschaftlichen Rahmenbedingungen und dem daraus resultierenden Flexibilisierungsgrad einerseits sowie dem Vertrauen in den Vorstand andererseits abhängen. Das Erfordernis, dass der Aufsichtsrat den Festsetzungen zustimmen muss, soweit diese vom Vorstand getroffen werden, und dass ohne diese Zustimmung die Festsetzungen unwirksam sind, mag es den Aktionären erleichtern, den Vorstand zur Festlegung der Details zu ermächtigen und nicht alles im Ermächtigungsbeschluss im Einzelnen selbst zu beschließen.

25 Gründer und Hauptversammlung können auch einen **Mittelweg** wählen und es hinsichtlich einzelner Punkte zwar grundsätzlich der Entscheidung des Vorstands überlassen, die Einzelheiten festzulegen, hierbei jedoch dem Vorstand einen gewissen Rahmen abstecken. Eine solche Vorgehensweise kommt vor allem beim Ausgabekurs in Betracht. Hier kann die Satzung für den Ausgabekurs einen Mindest- und einen Höchstbetrag vorsehen.

26 Dem Wesen genehmigten Kapitals entsprechend ist die Entscheidung, **ob, wann und in welcher Höhe** von dem genehmigten Kapital Gebrauch gemacht wird, allein dem Vorstand überlassen. Die Entscheidung hierüber kann die Hauptversammlung also nicht an sich ziehen.

27 **aa) Zuständigkeit der Gründer bzw. der Hauptversammlung.** Bei der Frage der Zuständigkeit der Gründer bzw. der Hauptversammlung sind **drei Kompetenzbereiche** voneinander zu unterscheiden.

28 Die erste Zuständigkeitsgruppe betrifft die **zwingend von den Aktionären** zu treffenden Entscheidungen. Es geht hierbei um die Frage, ob überhaupt genehmigtes Kapital geschaffen werden soll. Hierüber können nur die Gründer oder die Aktionäre der Hauptversammlung entscheiden (§ 202 Abs. 1 und Abs. 2 Satz 1). Erfolgt insoweit eine positive Entscheidung, haben die Aktionäre zwingend auch über die Höhe des genehmigten Kapitals sowie über die Dauer der Ermächtigung zu entscheiden, die fünf Jahre nicht übersteigen darf (§ 202 Abs. 1 und Abs. 2 Satz 1).

29 Der zweite Kompetenzbereich betrifft diejenigen Entscheidungen, die nur von den Gründern oder Aktionären getroffen werden können, über die aber **keine ausdrückliche Beschlussfassung zu erfolgen braucht.** Dies betrifft den Bezugsrechtsausschluss oder die Ermächtigung hierzu (Abs. 2), die Ausgabe gegen Sacheinlagen (§ 205 Abs. 1) sowie die Ausgabe von Vorzugsaktien, die bei der Verteilung des Gewinns oder des Gesellschaftsvermögens bereits bestehenden stimmrechtslosen Vorzugsaktien vorgehen oder gleichstehen (Abs. 2). Der Umstand, dass über diese drei Punkte nur die Gründer bzw. Aktionäre entscheiden können, bedeutet, dass beim Fehlen einer ausdrücklichen Beschlussfassung diese Gegenstände als nicht beschlossen gelten und der Vorstand einen entsprechenden Beschluss mangels organschaftlicher Kompetenz nicht fassen kann. Nachgeholt werden kann eine Entscheidung hierüber nur durch einen den Ermächtigungsbeschluss ergänzenden Beschluss der Hauptversammlung.

30 Bei der dritten Zuständigkeitsgruppe geht es schließlich um den den Gegenstand von Abs. 1 bildenden **Inhalt der Aktienrechte** und die **Bedingungen der Aktienausgabe.** Hier steht es den Aktionären frei, über diese Punkte im Ermächtigungsbeschluss oder in einem später zu fassenden Ergänzungsbeschluss Festsetzungen zu treffen, die dann den Vorstand binden. Die Festsetzungen können einzelne oder – was in der Praxis nicht vorkommt – alle Punkte betreffen. Die Festlegung hinsichtlich einzelner Punkte kann durchaus sinnvoll sein. Auch die Festlegung von Rahmenbedingungen kann im Einzelfall angezeigt sein, so insbesondere die Bestimmung eines Mindest- und – seltener – eines Höchstbetrages für den Ausgabekurs.

31 Haben die Gründer bzw. hat die Hauptversammlung in diesem Bereich Festsetzungen getroffen, die **dem Vorstand nicht sinnvoll** erscheinen, bleiben diesem zwei Möglichkeiten: Er kann entweder durch einen entsprechenden Vorschlag im Rahmen der nächsten Hauptversammlung versuchen, eine Änderung der Ermächtigung herbeizuführen, oder er verzichtet auf die Ausnutzung des genehmigten Kapitals in der Hoffnung, weiteres Kapital zu ihm sinnvoller erscheinenden Rahmenbedingungen genehmigt zu bekommen. Schweigt sich der Ermächtigungsbeschluss zu diesen Punkten aus, bedeutet dies keine negative Vorentscheidung. Vielmehr steht es dann dem Vorstand frei, den Inhalt der Aktienrechte und die Bedingungen der Aktienausgabe im Zusammenhang mit der Entscheidung über die Ausnutzung der Genehmigung zu treffen.

32 **bb) Zuständigkeit des Vorstands.** Soweit die Zuständigkeit des Vorstands für die Festsetzungen des Inhalts des Aktienrechts und der Bedingungen der Aktienausgabe gegeben ist, hat der Vorstand dieser Zuständigkeit **nach pflichtgemäßem Ermessen im Rahmen der ihm gesetzten Grenzen** nachzukommen. Zu den seinem Ermessen gezogenen Grenzen gehören die Satzung, der Ermächtigungsbeschluss sowie die gesetzlichen Vorschriften über die Aktienausgabe.

Die Entscheidung über die Ausnutzung genehmigten Kapitals stellt sich als ein **Akt der** 33 **Geschäftsführung** dar, für den die allgemein für die Geschäftsführung geltende Vorschrift des § 77 sowie auf ihrer Grundlage ergangene Geschäftsordnungen Anwendung finden. Der Vorstand entscheidet durch Beschluss. Für diesen gelten keine Formvorschriften. Der Beschluss ist weder eintragungsbedürftig noch eintragungsfähig.

Zu den allgemeinen **satzungsrechtlichen Vorgaben** gehören etwa die Entscheidung für Nenn- 34 betrags- oder Stückaktien (§ 8 Abs. 1, § 23 Abs. 3 Nr. 4) oder die gelegentlich in Satzungen von Familiengesellschaften anzutreffende Bestimmung, dass zwecks Kontrolle des Aktionärskreises nur vinkulierte Namensaktien (§ 68 Abs. 2 Satz 1) ausgegeben werden dürfen.

Soweit der **Ermächtigungsbeschluss detaillierte Regelungen** enthält, etwa einen Rahmen 35 für den Ausgabekurs, hat der Vorstand diese Vorgaben zu beachten. Hält er die im Ermächtigungsbeschluss niedergelegten Vorentscheidungen für so unangemessen, dass ihm angesichts dessen die Durchführung einer Kapitalerhöhung nicht sinnvoll erscheint, hat er entweder auf eine Änderung des Ermächtigungsbeschlusses hinzuwirken oder von der Ausnutzung des genehmigten Kapitals abzusehen. Hält er eine Kapitalerhöhung für im Unternehmensinteresse dringend geboten, jedoch unter den Bedingungen des Ermächtigungsbeschlusses für nicht durchführbar, kann sich im Einzelfall eine Pflicht des Vorstandes ergeben, durch einen entsprechenden Verwaltungsvorschlag an die Hauptversammlung eine Änderung des Ermächtigungsbeschlusses herbeizuführen. Gelingt ihm dies nicht, darf er sich nicht über die ihm durch den Ermächtigungsbeschluss gezogenen Grenzen hinwegsetzen. Er hat abzuwägen, ob für die Gesellschaft eine Kapitalerhöhung zu den durch die Ermächtigung festgesetzten Bedingungen oder ein Verzicht auf die Kapitalerhöhung im Unternehmensinteresse liegt.

Die **gesetzlichen Vorgaben** sind vielfältig. Die wichtigsten im Zusammenhang mit einer Kapital- 36 erhöhung zu beachtenden Vorschriften wurden im Zusammenhang mit der Erörterung des Inhalts des Aktienrechts und der Bedingungen der Aktienausgabe dargestellt (→ Rn. 5–21), so etwa das Verbot, Aktien für einen geringeren Betrag als den Nennbetrag oder den auf die einzelne Stückaktie entfallenden anteiligen Betrag des Grundkapitals auszugeben (§ 9 Abs. 1). Neben diesen kapitalspezifischen Vorschriften kommt dem in § 53a gesetzlich angeordneten Gleichbehandlungsgrundsatz zentrale Bedeutung zu. Der Vorstand muss darauf achten, dass nicht einzelne Aktionäre zu Lasten der übrigen Aktionäre bevorzugt werden, etwa durch die sachlich nicht gebotene Festlegung von Nebenverpflichtungen iSd § 55, die von vornherein nur von einigen wenigen Aktionären erfüllt werden können, so dass die übrigen Aktionäre vom Bezugsrecht faktisch ausgeschlossen sind.

Im Rahmen der allgemeinen Satzungsbestimmungen, der besonderen Festsetzungen des Ermäch- 37 tigungsbeschlusses sowie der gesetzlichen Vorgaben hat der Vorstand im Zusammenhang mit der Ausnutzung genehmigten Kapitals sein **unternehmerisches Ermessen** pflichtgemäß auszuüben. Dazu gehört zunächst die Entscheidung, ob, wann und in welchem Umfang vom genehmigten Kapital Gebrauch gemacht werden soll. Fällt die Entscheidung positiv aus, sind die Inhalte der Aktienrechte und die Bedingungen der Ausgabe im Rahmen des dem Vorstand eingeräumten Spielraums festzusetzen. Bei allen diesen Entscheidungen hat sich der Vorstand gleichermaßen am Wohl der Gesellschaft wie der (Alt)Aktionäre zu orientieren.

cc) **Zuständigkeit des Aufsichtsrats.** Da der Vorstand im Rahmen des genehmigten Kapitals 38 je nach Dichte der Vorgaben im Ermächtigungsbeschluss recht weitgehende Entscheidungsspielräume eingeräumt bekommt, erschien dem Gesetzgeber eine **Kontrolle des Vorstandshandelns** durch den Aufsichtsrat angezeigt. Der Normgeber hat sich hierbei für ein **gestuftes Verfahren** entschieden. Zu unterscheiden ist zwischen als Wirksamkeitsvoraussetzung ausgestalteten Zustimmungserfordernissen und bloßen Sollvorschriften, die bei Fehlen der Zustimmung des Aufsichtsrats die Wirksamkeit des Vorstandshandelns nicht berühren.

Bereits die **Entscheidung, dass von der Ermächtigung Gebrauch gemacht** und eine Kapital- 39 erhöhung durchgeführt werden soll, bedarf der Zustimmung des Aufsichtsrats. § 202 Abs. 3 Satz 2 spricht davon, dass die neuen Aktien nur mit Zustimmung des Aufsichtsrats ausgegeben werden sollen. Mit dieser Formulierung ist nach allgM weder der Abschluss des Zeichnungsvertrages noch die tatsächliche Herausgabe der Aktienurkunde gemeint, sondern die Entscheidung des Vorstandes, von der Ermächtigung zur Kapitalerhöhung Gebrauch zu machen. Diese Vorschrift ist als Soll-Vorschrift ausgestaltet, so dass ihre Nichtbeachtung die Wirksamkeit eines Ausnutzungsbeschlusses nicht berührt. Dies überrascht zunächst, stellt sich doch die Vorstandsentscheidung zur Ausnutzung der Ermächtigung als die wichtigste, zentrale und weichenstellende Verwaltungsentscheidung im Zusammenhang mit genehmigtem Kapital überhaupt dar. Erklärlich wird die Vorschrift dadurch, dass bei den auf den Ausnutzungsbeschluss folgenden Festsetzungen des Inhalts der Aktienrechte und der Bedingungen der Aktienausgabe erneut eine Zustimmung des Aufsichtsrats vorgesehen ist, und zwar auf dieser Stufe als zwingende Wirksamkeitsvoraussetzung (§ 204 Abs. 1 Satz 2). Da es in der Praxis nicht vorkommt, dass im Ermächtigungsbeschluss bereits sämtliche Festsetzungen des Inhalts der Aktienrechte und der Bedingungen der Aktienausgabe getroffen worden sind, kommt es stets zu entsprechenden Festsetzungen durch den Vorstand. Auch wenn der Aufsichtsrat vorher nicht vom Vorstand von der beabsichtigten Kapitalerhöhung unterrichtet worden wäre, würde er hiervon spätestens im Rahmen seiner Befasstheit mit den Festsetzungen des Inhalts der Aktienrechte und der Bedingungen der Aktienausgabe erfahren. Durch die Verweigerung seiner Zustimmung könnte er die weitere Durchführung der Kapitalerhöhung stoppen. Als Muss-Vorschrift ausgestaltet ist wiederum das Zustimmungserfordernis des Aufsichtsrats zu einem **Bezugsrechtsausschluss**. Für einen vom Vorstand beschlossenen Bezugsrechtsausschluss folgt dies aus § 204 Abs. 1 Satz 2 HS 2 iVm § 203 Abs. 2, für einen bereits im Ermächtigungsbeschluss festgesetzten Direktausschluss, der im Rahmen der Ausnutzung des genehmigten Kapitals zur Anwendung gebracht werden soll, aus der Rspr. des BGH.[14] Ist eine **Ausgabe gegen Sacheinlagen** vorgesehen, soll der Vorstand die Entscheidungen über den Gegenstand der Sacheinlage, die Person, von der die Gesellschaft den Gegenstand erwirbt, und den Nennbetrag, bei Stückaktien die Zahl der bei der Sacheinlage zu gewährenden Aktien, nur mit Zustimmung des Aufsichtsrats treffen, § 205 Abs. 2.

40 Für die Zustimmung finden die allgemein für die **Beschlussfassung** des Aufsichtsrats geltenden gesetzlichen Regelungen insbesondere der §§ 107, 108 Anwendung. Der Aufsichtsrat kann durch einen Ausschuss entscheiden, da Zustimmungserfordernisse im Rahmen genehmigten Kapitals nicht in den Katalog des § 107 Abs. 3 Satz 2 der Aufgaben aufgenommen sind, die einer Entscheidung durch einen Ausschuss nicht zugänglich sind. Der Aufsichtsrat kann seine Zustimmung entweder vorab als Einwilligung (§ 183 Satz 1 BGB) oder nachträglich als Genehmigung (§ 184 Abs. 1 BGB) erteilen. Solange die Zustimmung nicht erteilt wurde, ist ein etwaiges Vorstandshandeln schwebend unwirksam (§ 184 BGB).

41 Der Aufsichtsrat kann seiner Kontrollfunktion nur nachkommen, wenn er sich mit dem **konkreten** Kapitalerhöhungsverfahren unter Beachtung der aktuellen gesamtwirtschaftlichen Rahmenbedingungen und der Unternehmenssituation auseinandersetzt. Eine vorab erteilte, abstrakte Zustimmung zu einer vom Vorstand noch gar nicht konkret beschlossenen Kapitalerhöhung kann den Zustimmungserfordernissen nicht genügen.[15] Unbeschadet dessen ist die Durchführung eines Bookbuilding-Verfahrens auch unter dem Aspekt der Mitwirkung des Aufsichtsrats unbedenklich möglich. Zwar kann der Aufsichtsrat hier keinem konkreten Ausgabekurs zustimmen, da dieser erst nach Abschluss des Verfahrens feststeht. Da es sich bei diesem Preisfindungsverfahren jedoch um eine ebenso sinnvolle wie anerkannte Methode handelt, genügt die Zustimmung des Aufsichtsrats zu dem konkreten Preisfindungsverfahren. Die Richtigkeit dieser Auffassung wird nunmehr durch § 186 Abs. 2 Satz 1 bestätigt, wonach es ausreicht, wenn der Vorstand die Grundlagen für die Festlegung des Ausgabebetrages bekannt macht.

42 **c) Rechtsfolgen von Verstößen. aa) Fehlerhafter Ermächtigungsbeschluss.** Ist der **Ermächtigungsbeschluss** fehlerhaft, hat dies auf seine Wirksamkeit idR zunächst keinen Einfluss. Der Beschluss ist jedoch binnen Monatsfrist anfechtbar. Wird er angefochten, wird die Rechtmäßigkeit des Beschlusses gerichtlich überprüft (§§ 243–248). Soweit der Beschluss aufgrund einer Anfechtungsklage durch rechtskräftiges Urteil für nichtig erklärt wird, wirkt das Urteil *inter omnes*. Er kann dann nicht mehr Grundlage für eine Kapitalerhöhung sein. Etwas anderes gilt, wenn ausnahmsweise ein Nichtigkeitsgrund iSd § 241 vorliegt. In diesem Fall kann die Nichtigkeit ebenfalls durch Klage, aber auch auf andere Weise geltend gemacht werden (§ 249 Abs. 1).

43 Fehlt der Ermächtigungsbeschluss gänzlich, oder ist er nichtig oder anfechtbar und wurde die Nichtigkeit oder die Anfechtbarkeit rechtzeitig (§ 246 Abs. 1, § 256 Abs. 6) geltend gemacht, die Kapitalerhöhung aber gleichwohl eingetragen, ist umstritten ist, welche Bedeutung der Eintragung zukommt. Nach heute allgM[16] kommt der Eintragung in diesem Fall **keine heilende Wirkung** zu. Der Wortlaut des § 189, wonach mit der Eintragung der Durchführung der Erhöhung des Grundkapitals das Grundkapital erhöht ist, bezeichnet allein den Zeitpunkt des Wirksamwerdens eines ordnungsgemäß durchgeführten Kapitalerhöhungsverfahrens. Etwas anderes gilt nach allgM nur für ein Überschreiten der quantitativen Vorgabe, dass der Nennbetrag des genehmigten Kapitals die Hälfte des Grundkapitals, das zur Zeit der Ermächtigung vorhanden ist, nicht übersteigen darf (§ 202 Abs. 3 Satz 1), sowie für ein Überschreiten der zeitlichen Beschränkung, dass die Ermächtigung für höchstens fünf Jahre erteilt werden darf (§ 202 Abs. 2 Satz 1). In diesen Fällen soll die Regelung des § 242 Abs. 2 dazu führen, dass die gesetzlich zulässige Höchstfrist bzw. der gesetzlich zulässige

---

[14] BGHZ 136, 133 (140) = NJW 1997, 2815 (2816) = LM AktG 1965 § 186 Nr. 9 – Siemens/Nold.
[15] *Hoffmann-Becking* FS Lieberknecht, 1997, 25 (38 f.).
[16] So schon RGZ 144, 138 (141).

Höchstbetrag gilt. Aus Zeichnungsverträgen kann weiterhin nicht auf Erfüllung geklagt werden, auch nicht bei Gutgläubigkeit des Zeichners. Ausgegebene Aktien vermitteln keine Rechte. Allenfalls haben die – vermeintlichen – Gesellschafter im Falle einer Insolvenz die Einlagen zu leisten, soweit dies zur Erfüllung der eingegangenen Verbindlichkeiten nötig ist (§ 277 Abs. 3), da sie gegenüber den Gläubigern der Gesellschaft den Rechtsschein einer entsprechenden Eigenkapitalzufuhr gesetzt haben. Jedoch sind mit der Eintragung der Kapitalerhöhung die Grundsätze der **fehlerhaften Gesellschaft** anwendbar, soweit deren sonstige Voraussetzungen gegeben sind.[17] Die Eintragung ist zu löschen.[18]

bb) Fehlerhafter Ausnutzungsbeschluss. Ist der Ermächtigungsbeschluss rechtmäßig, aber der **Ausnutzungsbeschluss fehlerbehaftet,** etwa weil er die Vorgaben des Ermächtigungsbeschlusses über den Inhalt der Aktienrechte und die Bedingungen der Aktienausgabe nicht einhält, gehen Rspr[19] und Lehre[20] davon aus, dass die Kapitalerhöhung gleichwohl wirksam ist, wenn ihre Durchführung im Handelsregister eingetragen wurde (hierzu ausführlich → § 203 Rn. 49–52). Nachdem diese Wirksamkeitsfolge vom BGH in seiner jüngsten Entscheidung zu diesem Thema – wenn auch lediglich *obiter dictu* – bestätigt wurde, ist entgegen einer Prognose in der Lit[21] nicht zu erwarten, dass der BGH diese Differenzierung wieder aufgeben wird, auch wenn einzuräumen ist, dass dadurch der Rechtsschutz bei Ausschluss des Bezugsrechts durch den Vorstand weniger effektiv ist als bei einem Bezugsrechtsausschluss durch einen Hauptversammlungsbeschluss. 44

Zur Prüfungskompetenz des Registergerichts siehe die Ausführungen → § 202 Rn. 46–51 (hinsichtlich des Ermächtigungsbeschlusses) sowie → § 203 Rn. 41, 42 (hinsichtlich des Ausnutzungsbeschlusses). 45

Solange eine notwendige Zustimmung des Aufsichtsrats fehlt, ist die Vorstandsentscheidung **schwebend unwirksam** (§ 184 BGB). Kommt es gleichwohl zur Eintragung, wird die Kapitalerhöhung wirksam. 46

2. Vorzugsaktien. Nach Abs. 2 können beim Vorhandensein von Vorzugsaktien ohne Stimmrecht Vorzugsaktien, die bei der Verteilung des Gewinns oder des Gesellschaftsvermögens diesen vorgehen oder gleichstehen, nur ausgegeben werden, wenn die **Ermächtigung es ausdrücklich vorsieht.** Die Vorschrift ergänzt damit die allgemeine Regel des § 141 Abs. 2 Satz 1, wonach ein Beschluss über die Ausgabe von Vorzugsaktien, die bei der Verteilung des Gewinns oder des Gesellschaftsvermögens den Vorzugsaktien ohne Stimmrecht vorgehen oder gleichstehen, der Zustimmung der Vorzugsaktionäre bedarf. Bei streng teleologischer Betrachtung hätte es der Vorschrift des § 204 Abs. 2 gar nicht bedurft, da sich bereits aus § 141 Abs. 2 Satz 1 ergibt, dass ein Ermächtigungsbeschluss, der die Ausgabe von stimmrechtslosen Vorzugsaktien vorsieht, die bereits bestehenden gleich- oder vorrangig sein sollen, nur mit Zustimmung der bereits existierenden Vorzugsaktionäre möglich ist. 47

Sieht bereits der Ermächtigungsbeschluss die Schaffung gleich- oder vorrangiger stimmrechtsloser Vorzugsaktien im Wege genehmigten Kapitals vor, ist § 141 Abs. 2 Satz 1 ohnehin direkt anwendbar. Denn in diesem Fall handelt es sich um einen „Beschluss über die Ausgabe von Vorzugsaktien", wenn auch die Ausgabe durch einen entsprechenden Ausnutzungsbeschluss des Vorstands aufschiebend bedingt ist. Über die Zustimmung haben die Vorzugsaktionäre in einer gesonderten Versammlung einen **Sonderbeschluss** zu fassen, der einer Mehrheit, die mindestens drei Viertel der abgegebenen Stimmen umfasst, bedarf (§ 141 Abs. 3 Satz 1 und 2). Wird darüber hinaus in dem Beschluss das Bezugsrecht der Vorzugsaktionäre auf solche vor- oder gleichrangigen Aktien ausgeschlossen, gilt für den Sonderbeschluss zusätzlich § 186 Abs. 3–5 sinngemäß (§ 141 Abs. 3 Satz 4). Der Sonderbeschluss kann entweder im zeitlichen Zusammenhang mit dem Ermächtigungsbeschluss gefasst werden oder erst nach dem Ausnutzungsbeschluss des Vorstands letztere Vorgehensweise wird idR den Vorteil haben, dass Inhalt und Ausgabebedingungen der neuen Aktien zum Zeitpunkt der Beschlussfassung der Vorzugsaktionäre feststehen und diese so auf einer gesicherten Tatsachengrundlage abstimmen. 48

Ein Zustimmungsbeschluss kommt nicht in Betracht, wenn zum Zeitpunkt der Beschlussfassung der Hauptversammlung über die Ermächtigung **noch keine Vorzugsaktien ausgegeben** sind. Nach allgemeiner Ansicht muss angesichts des § 141 Abs. 2 Satz 2 der Ermächtigungsbeschluss in einem solchen Fall vorsehen, dass für den Fall, dass zum Zeitpunkt der Ausnutzung der Ermächtigung Vorzugsaktionäre vorhanden sind, diese vom Bezugsrecht nicht ausgeschlossen werden. Es spielt 49

---

[17] *Zöllner* AG 1993, 68 (71–75); *Kort* ZGR 1994, 291 (306); *Schockenhoff* DB 1994, 2327.
[18] OLG Frankfurt aM NZG 2002, 981 f.
[19] BGHZ 164, 249 (257) *(obiter dictum)* = NJW 2006, 374 (376) – Mangusta/Commerzbank II.
[20] *Bürgers/Körber/Marsch-Barner* Rn. 7; *Busch* NZG 2006, 81 (87) mwN.
[21] *Kubis* DStR 2006, 188 (192).

hierbei keine Rolle, ob der Beschluss über die Schaffung genehmigten Kapitals die Schaffung von Vorzugsaktien für den Fall der Ausnutzung des genehmigten Kapitals selbst anordnet oder den Vorstand hierzu ermächtigt. Das Gleiche gilt, wenn der (durch den Ausnutzungsbeschluss aufschiebend bedingte) Bezugsrechtsausschluss oder die Ermächtigung hierzu in der Ursprungssatzung enthalten sind.

50 Fehlt die erforderliche Zustimmung der Vorzugsaktionäre, hat das Registergericht die Anmeldung zurückzuweisen. Erfolgt gleichwohl eine Eintragung, kommt dieser nach allgM **keine heilende Wirkung** zu. Der Vorstand handelt pflichtwidrig, wenn er trotz fehlender Zustimmung die Kapitalerhöhung durchführt und zur Eintragung beim Handelsregister anmeldet; der Aufsichtsrat, wenn er hierzu seine Zustimmung gem. § 204 Abs. 1 Satz 2 erteilt.

51 Werden andere als stimmrechtslose Vorzugsaktien im Rahmen der Kapitalerhöhung ausgegeben, oder werden zwar solche ausgegeben, sollen diese aber **den bestehenden Vorzugsaktien nicht vor- oder gleichrangig** sein, greifen die Schutzvorschriften des § 204 Abs. 2 und § 141 Abs. 2 nicht. Gem. § 202 Abs. 2 Satz 4 iVm § 182 Abs. 2 haben jedoch auch in diesem Fall die Aktionäre jeder Gattung von stimmberechtigten Aktien einen Sonderbeschluss zu fassen. Wegen der damit gleichwohl verbundenen Bevorzugung der Jungaktionäre bedarf die Ausgabe solcher Aktien jedoch besonderer Begründung, insbesondere unter dem Aspekt des Gleichheitsgrundsatzes nach § 53a.

52 **3. Belegschaftsaktien.** Mit dem gemeinsam mit § 202 Abs. 4, § 203 Abs. 4 und § 205 Abs. 4 durch die Aktienrechtsreform 1965 eingeführten Abs. 3 will das Gesetz die Beteiligung von Arbeitnehmer an dem Unternehmen, für das sie arbeiten, fördern. Abs. 3 enthält insoweit eine wesentliche **Erleichterung,** als die Arbeitnehmer für die Gewährung der Aktien keine Mittel aus ihrem eigenen Vermögen leisten müssen. Als Einlage wird vielmehr ein entsprechender Teil der aus dem Jahresüberschuss gebildeten freien Rücklagen verwendet. Der Sache nach erhalten die Arbeitnehmer also einen Anteil aus dem Gewinn, der sodann mit der von ihnen als Gegenleistung für die zu gewährenden Aktien an sich zu erbringenden Einlageleistung „verrechnet" wird.[22] Wirtschaftlich betrachtet handelt es sich um eine Sacheinlage, die jedoch nicht als solche behandelt wird, sowie um eine Kapitalerhöhung aus Gesellschaftsmitteln, auf die jedoch nicht die Vorschriften der §§ 207–220 Anwendung finden sollen. Die Kapitalerhöhung führt nicht zu einer Zuführung neuen Gesellschaftsvermögens, sondern zur Umwandlung von freiem in gebundenes Vermögen.

53 Umstritten ist, ob der Vorstand zu dieser Form der Kapitalerhöhung ausdrücklich ermächtigt sein muss, oder ob die allgemeine Ermächtigung des § 204 Abs. 4, dass die neuen Aktien an Arbeitnehmer der Gesellschaft ausgegeben werden können, ausreicht. Von einer Mindermeinung wird eine ausdrückliche Ermächtigung verlangt, da aufgrund des Charakters dieser Kapitalerhöhung als einer solchen aus Gesellschaftsmitteln stärker in die Aktionärsrechte eingegriffen wird als bei einer Ausgabe von Arbeitnehmeraktien gegen – aus gesellschaftsfremden Vermögen stammende, tatsächlich erbrachte – Einlagen.[23] Zwar ist dieser Ansicht zuzugeben, dass die Verwendung eines Teiles des Jahresüberschusses für eine Gewinnbeteiligung der Arbeitnehmer einen gravierenden Eingriff in die Aktionärsrechte darstellt. Jedoch geht grundsätzlich jede Leistung an die Arbeitnehmer zu Lasten des Gewinns der Gesellschaft und damit zu Lasten der Aktionäre. Im wirtschaftlichen Ergebnis der Vermögensminderung der Gesellschaft macht es keinen großen Unterschied, ob die Arbeitnehmer eine Lohnerhöhung, eine Gewinnbeteiligung oder Belegschaftsaktien aus Gesellschaftsmitteln erhalten. Es reicht daher aus, wenn sich die Aktionäre gem. § 202 Abs. 4 **grundsätzlich mit der Ausgabe von Belegschaftsaktien einverstanden erklärt** haben; eine darüber hinausgehende Ermächtigung gerade auch zur Ausgabe solcher Aktien aus Gesellschaftsmitteln ist nicht erforderlich.[24]

54 **a) Begünstigter Personenkreis.** Zu dem begünstigten Personenkreis zählen nach dem Wortlaut der Vorschrift „die Arbeitnehmer der Gesellschaft". Nach wohl überwiegender Ansicht gehören hierzu **auch die Arbeitnehmer verbundener Gesellschaften** (§ 15). Dies wird den Vorschriften der § 71 Abs. 1 Nr. 2, § 192 Abs. 2 Nr. 3 entnommen, in denen neben den Arbeitnehmer der Gesellschaft ausdrücklich solche von Arbeitnehmer verbundener Unternehmen aufgeführt werden.[25] Auslegungstechnisch würde dieser Befund eher den Umkehrschluss nahe legen, dass dann, wenn die Arbeitnehmer verbundener Unternehmen nicht ausdrücklich aufgeführt werden, diese vom Anwendungsbereich der Norm nicht erfasst sein sollen. Hier hilft ein Besinnen auf den Sinn und Zweck der Norm weiter, der darin liegt, die Arbeitnehmer durch die Gewährung von Belegschaftsaktien in der Arbeit für „ihr" Unternehmen zu motivieren. Ein solcher Ansporn, der auch durch die

---

[22] Hüffer/Koch/*Koch* Rn. 12.
[23] Großkomm AktG/*Hirte* Rn. 30.
[24] Hüffer/Koch/*Koch* Rn. 14 mwN.
[25] Hüffer/Koch/*Koch* Rn. 13; aA K. Schmidt/Lutter/*Veil* Rn. 16; Großkomm AktG/*Hirte* Rn. 31.

Identifikation mit dem Unternehmen, an dem man selbst beteiligt ist, erhöht wird, ist auch bei Unternehmen desselben Konzerns, der von den Arbeitnehmern häufig ohnehin als Einheit betrachtet wird, gegeben. Bedenkenswert ist auch die vermittelnde Ansicht,[26] wonach die Vorschrift jedenfalls die Arbeitnehmer solcher Unternehmen umfassen soll, die mit der Gesellschaft einen Ergebnisabführungsvertrag geschlossen haben oder die 100 %ige Töchter der Gesellschaft sind, denn in diesen Fällen sind die mit der Ausgabe von Belegschaftsaktien verbundenen Kosten iE ohnehin von der Gesellschaft zu tragen. Unstreitig von der Vorschrift nicht erfasst sind nach ihrem eindeutigen Wortlaut Verwaltungsmitglieder und Betriebsrentner, wohl aber leitende Angestellte einschließlich Prokuristen.

b) Verwendbarer Jahresüberschuss. Zur Ausgabe von Belegschaftsaktien aus Gesellschaftsmitteln darf nur ein Jahresüberschuss genutzt werden, der durch den mit einem uneingeschränkten Bestätigungsvermerk versehenen Jahresabschluss ausgewiesen ist, und den nach § 58 Abs. 2 Vorstand und Aufsichtsrat in **andere Gewinnrücklagen** einstellen können (Abs. 3 Satz 1). 55

c) Verfahren. Das Verfahren weist aufgrund seiner **Mischform** zwischen Kapitalerhöhung aus Gesellschaftsmitteln, Ausgabe gegen Sacheinlage und Ausgabe gegen Bareinlage einige Besonderheiten auf. Das Gesetz sieht die größten Gemeinsamkeiten mit einer Kapitalerhöhung gegen Bareinlagen und verweist daher in Abs. 3 Satz 2 auf die für diese Kapitalerhöhungsform geltenden Vorschriften der §§ 185–191. Dieser Verweis bedeutet insbesondere, dass die Arbeitnehmer die neuen Aktien zu zeichnen haben, obwohl sie auf die Aktien keine Einlage leisten (§ 185 Abs. 1 Satz 1). Wichtig ist, in den Zeichnungsscheinen den Umstand aufzunehmen, dass die Einlage gem. § 204 Abs. 3 aus dem Jahresüberschuss erfolgt, da die Arbeitnehmer die Einlage ansonsten bar zu erbringen haben (§ 185 Abs. 4). 56

Bei der **Anmeldung** ist der festgestellte Jahresabschluss mit – uneingeschränktem (Abs. 3 Satz 1) – Bestätigungsvermerk beizufügen (Abs. 3 Satz 3), damit das Registergericht die speziellen Voraussetzungen des Abs. 3 zu überprüfen vermag und sich hierbei zugleich von der Richtigkeit des eingereichten Jahresabschlusses überzeugen kann. Bei der Anmeldung haben die anmeldenden Verwaltungsmitglieder, also der Vorstand und der Vorsitzende des Aufsichtsrats, nach § 204 Abs. 3 Satz 1 iVm § 210 Abs. 1 Satz 2 zu versichern, dass nach ihrer Kenntnis seit dem Stichtag der zugrunde gelegten Bilanz bis zum Tag der Anmeldung keine Vermögensminderung eingetreten ist, die der Ausgabe von Belegschaftsaktien gegen Gesellschaftsmitteln entgegenstünde, wenn sie am Tag der Anmeldung beschlossen worden wäre. Machen sie bei der Anmeldung insoweit schuldhaft falsche Angaben, ist dies gem. § 204 Abs. 3 Satz 4 iVm § 210 Abs. 1 Satz 2, § 399 Abs. 2 strafbar. Gem. § 204 Abs. 3 Satz 2 nicht anwendbar sind § 188 Abs. 2 iVm § 36 Abs. 2, §§ 36a, 37 Abs. 1, was sich daraus erklärt, dass als Einlage die Umbuchung aus dem Jahresüberschuss gilt. Wegen der Fiktion einer Barkapitalerhöhung ebenfalls nicht anwendbar ist § 188 Abs. 3 Nr. 2. Dem Registergericht kommt eine uneingeschränkte Prüfungsbefugnis zu. 57

§ 205 Ausgabe gegen Sacheinlagen; Rückzahlung von Einlagen

(1) Gegen Sacheinlagen dürfen Aktien nur ausgegeben werden, wenn die Ermächtigung es vorsieht.

(2) ¹Der Gegenstand der Sacheinlage, die Person, von der die Gesellschaft den Gegenstand erwirbt, und der Nennbetrag, bei Stückaktien die Zahl, der bei der Sacheinlage zu gewährenden Aktien sind, wenn sie nicht in der Ermächtigung festgesetzt sind, vom Vorstand festzusetzen und in den Zeichnungsschein aufzunehmen. ²Der Vorstand soll die Entscheidung nur mit Zustimmung des Aufsichtsrats treffen.

(3) § 27 Abs. 3 und 4 gilt entsprechend.

(4) Die Absätze 2 und 3 gelten nicht für die Einlage von Geldforderungen, die Arbeitnehmern der Gesellschaft aus einer ihnen von der Gesellschaft eingeräumten Gewinnbeteiligung zustehen.

(5) ¹Bei Ausgabe der Aktien gegen Sacheinlagen hat eine Prüfung durch einen oder mehrere Prüfer stattzufinden; § 33 Abs. 3 bis 5, die §§ 34, 35 gelten sinngemäß. ²§ 183a ist entsprechend anzuwenden. ³Anstelle des Datums des Beschlusses über die Kapitalerhöhung hat der Vorstand seine Entscheidung über die Ausgabe neuer Aktien gegen Sacheinlagen sowie die Angaben nach § 37a Abs. 1 und 2 in den Gesellschaftsblättern bekannt zu machen.

---

[26] NK-AktR/*Groß*/*Fischer* Rn. 33.

(6) Soweit eine Prüfung der Sacheinlage nicht stattfindet, gilt für die Anmeldung der Durchführung der Kapitalerhöhung zur Eintragung in das Handelsregister (§ 203 Abs 1 Satz 1, § 188) auch § 184 Abs. 1 Satz 3 und Abs. 2 entsprechend.

(7) [1]Das Gericht kann die Eintragung ablehnen, wenn der Wert der Sacheinlage nicht unwesentlich hinter dem geringsten Ausgabebetrag der dafür zu gewährenden Aktien zurückbleibt. [2]Wird von einer Prüfung der Sacheinlage nach § 183a Abs 1 abgesehen, gilt § 38 Abs 3 entsprechend.

Schrifttum: *Bayer,* Transparenz und Wertprüfung beim Erwerb von Sacheinlagen durch genehmigtes Kapital, FS Ulmer, 2003, 21; *Grub/Fabian,* Die Anwendung der Nachgründungsvorschriften auf Sachkapitalerhöhungen, AG 2002, 614; *Maier,* Der Einsatz des genehmigten Kapitals, Diss. Jena 2003; *Maier-Reimer,* Wert der Sacheinlage und Ausgabebetrag, FS Bezzenberger, 2000, 253; *Mülbert,* Anwendung der Nachgründungsvorschriften auf die Sachkapitalerhöhung?, AG 2003, 136; *Priester,* Kapitalaufbringungspflicht und Gestaltungsspielraum beim Agio, FS Lutter, 2000, 617.

Übersicht

	Rn.
I. Normzweck	1–5
II. Entstehungsgeschichte	6
III. Rechtstatsachen	7
IV. Einzelerläuterung	8–33
1. Wirksamkeitserfordernisse einer Sachkapitalerhöhung	8–17
a) Anwendungsbereich	9–12
b) Ermächtigung durch die Hauptversammlung	13
c) Sachkapitalerhöhung ohne entsprechende Ermächtigung	14
d) Notwendige Festsetzungen	15–17
2. Sachverständige Prüfung der Sacheinlage	18–20
3. Beteiligung des Registergerichts	21–24
a) Anmeldung	22
b) Prüfung durch das Registergericht	23
c) Besonderheit bei Belegschaftsaktien	24
4. Fehlende, fehlerhafte oder unvollständige Festsetzungen	25–29
5. Verfahren ohne externe Prüfung	30–32
6. Nachgründung	33

I. Normzweck

1   Die Norm reiht sich ein in die Reihe der der **effektiven Kapitalaufbringung** bei Sacheinlagen dienenden Vorschriften der §§ 27, 183, 194. Die Prüfungsintensität bleibt nicht hinter derjenigen bei einer Sachgründung zurück. Damit wird der mit Sacheinlagen stets verbundenen Gefahr, dass das Kapital wegen einer Überbewertung der Sacheinlage nicht in vollem Umfang erbracht wird, wirkungsvoll begegnet.

2   Durch das von der Vorschrift geforderte **Zusammenwirken von Hauptversammlung, Vorstand und Aufsichtsrat** wird das kompetenzrechtliche Gefüge der Aktiengesellschaft im Rahmen einer genehmigten Sachkapitalerhöhung gewahrt, wonach die grundlegenden Entscheidungen durch die in der Hauptversammlung vereinten Aktionäre getroffen werden und die Maßnahme sodann durch den Vorstand ausgeführt wird, wobei dieser durch den Aufsichtsrat kontrolliert wird. Dadurch, dass die Hauptversammlung die Sachkapitalerhöhung nicht selbst beschließt, sondern sich darauf beschränkt, den Vorstand zu einer solchen Erhöhung zu ermächtigen, wird dessen Aufgabe, die Gesellschaft unter eigener Verantwortung zu leiten (§ 76 Abs. 1), betont.

3   Zwar theoretisch denkbar, aus praktischen Gründen jedoch weniger interessant dürfte die Ausnutzung genehmigten Kapitals zum Erwerb eines Unternehmens im Rahmen einer **Verschmelzung** sein. Denn in diesen Fällen ist bei der aufnehmenden Aktiengesellschaft ohnehin ein die Einzelheiten festlegender Umwandlungsbeschluss durch die Hauptversammlung zu fassen (§ 13 Abs. 1, § 65 UmwG), so dass in diesem Zusammenhang auch die Sachkapitalerhöhung beschlossen werden kann, ohne dass dem Vorstand vorab ein solches Kapital genehmigt werden müsste.

4   Das Rechtsinstitut der genehmigten Sachkapitalerhöhung kann auch bei der Durchführung eines sog. **Ausschüttungs-Rückhol-Verfahrens** eingesetzt werden. Zwar hat der BGH – für die GmbH – klargestellt, dass in diesen Fällen häufig eine Kapitalerhöhung aus Gesellschaftsmitteln ein gangbarerer Weg ist.[1] Gleichwohl wird es Konstellationen geben, in denen die Ausnutzung einer genehmigten Sachkapitalerhöhung sinnvoll ist, da für eine Kapitalerhöhung im Ausschüttungs-Rückhol-Verfahren die Sacheinlagevorschriften Anwendung finden.[2]

---

[1] BGHZ 135, 381 (384) = NJW 1997, 2516 (2517) = LM GmbHG § 57 Nr. 5 (zur GmbH).
[2] BGHZ 113, 335 (342) = NJW 1991, 1754 (1755) = LM GmbHG § 57 Nr. 3 (zur GmbH).

Die verfahrensmäßigen Erleichterungen, die § 205 Abs. 4 bei der Ausgabe von **Belegschaftsaktien** gegen Ansprüche aus Gewinnbeteiligungsrechten anordnet, soll die Teilhabe der Arbeitnehmer an dem Unternehmen, für das sie arbeiten, erleichtern. 5

II. Entstehungsgeschichte

Abs. 1, 2 und 3 entsprechen, von kleineren sprachlichen Änderungen abgesehen, der **Vorgängernorm § 172 AktG 1937.** Die nunmehr in Abs. 4 angeordnete Privilegierung für die Einlage von Geldforderungen, die Arbeitnehmer der Gesellschaft aus einer ihnen von der Gesellschaft eingeräumten Gewinnbeteiligung zustehen, wurde im Zuge der Förderung von Belegschaftsaktien gemeinsam mit den entsprechenden Vorschriften von § 202 Abs. 4, § 203 Abs. 4 und § 204 Abs. 3 im Rahmen der Aktienrechtsreform von 1965 ins Gesetz eingeführt. Die umfangreichen Prüfpflichten des § 205 Abs. 5 beruhen im Wesentlichen auf dem Gesetz zur Durchführung der Zweiten gesellschaftsrechtlichen (Kapital-)Richtlinie der EG vom 13. Dezember 1978 (BGBl. I S. 1954). Die Regelungen zur Kapitalerhöhung mit Sacheinlagen ohne Prüfung (§ 205 Abs. 5 S. 2 und 3, Abs. 6 und 7) wurden 2009 durch das ARUG eingeführt. 6

III. Rechtstatsachen

Die genehmigte Sachkapitalerhöhung gegen Einlagen erfreut sich in der Praxis einiger Beliebtheit. Sie ist ein **flexibles Finanzierungsinstrument,** insbesondere wenn die Ermächtigung dahin geht, dass eine Kapitalerhöhung sowohl gegen Geld- als auch gegen Sacheinlagen genehmigt wird und das Bezugsrecht der Aktionäre ausgeschlossen werden kann.[3] Eine **Studie** hat alle 804 Kapitalerhöhungen gegen Einlagen im Rahmen genehmigten Kapitals des Jahres 2000 näher untersucht; 220 oder 27 % hiervon waren Sacheinlagen.[4] Stellt man nicht auf die Anzahl der Kapitalerhöhungen, sondern auf die Höhe der Einlageleistung ab, machen die Sacheinlagen fast die Hälfte, nämlich 46 % der Einlageleistung aus.[5] Im Durchschnitt betrug bei den Sachkapitalerhöhungen die Höhe der Einlage 3,22 Mio. Euro, während bei den Barkapitalerhöhungen der Durchschnittswert bei 1,42 Mio. Euro lag.[6] Diese Zahlen unterstreichen die wirtschaftliche Bedeutung der Sachkapitalerhöhung. Das genehmigte Kapital wird hierbei in erster Linie zur Ausgabe von Belegschaftsaktien und zum Beteiligungserwerb eingesetzt. 7

IV. Einzelerläuterung

1. Wirksamkeitserfordernisse einer Sachkapitalerhöhung. Das Gesetz stellt in § 205 bestimmte Wirksamkeitserfordernisse einer Sachkapitalerhöhung auf. Die aus der Nichtbeachtung einzelner dieser Voraussetzungen zu ziehenden **rechtlichen Konsequenzen** ihrer Nichtbeachtung können dem Gesetz nur teilweise entnommen werden und sind im Übrigen im Wege der insbesondere teleologischen Auslegung den gesetzlichen Vorschriften über die Sacheinlage und das genehmigte Kapital zu entnehmen. 8

a) Anwendungsbereich. Der Anwendungsbereich der Vorschrift des § 205 setzt das Vorliegen von genehmigtem Kapital bei Ausgabe gegen **Sacheinlagen** voraus. Sacheinlage ist nach der Legaldefinition des § 27 Abs. 1 Satz 1 jede Einlage, die nicht durch Einzahlung des Ausgabebetrages der Aktie zu leisten ist. Da gem. § 205 Abs. 5 Satz 1 iVm § 34 Abs. 1 Nr. 2 sowie gem. § 205 Abs. 7 Satz 1 die Kapitalerhöhungsprüfung sich darauf erstrecken muss, ob der Wert der Sacheinlage den geringsten Ausgabebetrag der dafür zu gewährenden Aktien erreicht, sind nur solche Vermögensgegenstände sacheinlagefähig, deren wirtschaftlicher Wert feststellbar ist (§ 27 Abs. 2 HS 1). Aus dem Gebot der Kapitalerhaltung folgt das ungeschriebene Erfordernis der Übertragbarkeit des Vermögensgegenstandes auf die Gesellschaft. Verpflichtungen zu Dienstleistungen sind nicht einlagefähig (§ 27 Abs. 2 HS 1). 9

Ebenfalls eine Sacheinlage sind die gemischte Sacheinlage und die Mischeinlage. Eine **gemischte Sacheinlage** liegt vor, wenn der der Aktiengesellschaft übertragene Vermögensgegenstand einen höheren Wert hat als die dafür gewährten Aktien, und der einbringende Aktionär deswegen zusätzlich 10

---

[3] Siehe hierzu und zum folgenden die Sachverhalte in BGHZ 136, 133 = NJW 1997, 2815 = LM AktG 1965 § 186 Nr. 9 – Siemens/Nold; BGHZ 144, 290 = NJW 2000, 2356 = LM AktG 1965 § 27 Nr. 6 – adidas; OLG Karlsruhe NZG 2002, 959 mitgeteilten Sachverhalte sowie ferner *Maier,* Der Einsatz des genehmigten Kapitals, 2003, 70.
[4] *Maier,* Der Einsatz des genehmigten Kapitals, 2003, 54.
[5] *Maier,* Der Einsatz des genehmigten Kapitals, 2003, 55.
[6] *Maier,* Der Einsatz des genehmigten Kapitals, 2003, 55.

zu den Aktien ein weiteres, anderes Entgelt erhält. Von einer **Mischeinlage** spricht man, wenn der Inferent auf eine Aktie gleichzeitig eine Bareinlage und eine Sacheinlage leistet.

11 Erweist sich eine im Rahmen genehmigten Kapitals geleistete Bareinlage als Sacheinlage (**verdeckte Sacheinlage**), ohne dass die für Sacheinlagen geltenden Regeln eingehalten wurden, führt dies zur Unwirksamkeit der Sacheinlagefestsetzung und Sacheinlageleistung; der Aktionär ist zur Bareinzahlung verpflichtet (Abs. 3). Eine verdeckte Sacheinlage liegt vor, wenn spätestens zum Zeitpunkt der Eintragung der Kapitalerhöhung ein einheitlicher Erwerbsvorgang gewollt ist, dieser jedoch in zwei rechtlich getrennte Geschäfte aufgespalten wird, nämlich in eine Bareinlage und einen anschließenden Erwerb des Vermögensgegenstandes durch die Gesellschaft.

12 Nicht anwendbar ist § 205 auf eine **Sachübernahme**, die dann vorliegt, wenn die Gesellschaft vorhandene oder herzustellende Anlagen oder andere Vermögensgegenstände gegen eine nicht in Aktien bestehende Vergütung übernehmen soll (§ 27 Abs. 1 Satz 1). Solche müssen zwar in der Gründungssatzung wegen der dadurch bewirkten Bindung der Aktiengesellschaft verlautbart werden, spielen nach der Gründung im Rahmen der werbenden Tätigkeit der Gesellschaft aber keine Rolle mehr. Daher kann im Zusammenhang mit einer Kapitalerhöhung jeder entgeltliche Vertrag mit Dritten abgeschlossen werden. Zu beachten ist beim Abschluss solcher Austauschverträge zweierlei: Zum einen gilt es als Sacheinlage, wenn die Gesellschaft einen Vermögensgegenstand übernehmen soll, für den eine Vergütung gezahlt wird, die auf die Einlage eines Aktionärs angerechnet werden soll (§ 27 Abs. 1 Satz 2, sog. fingierte Sacheinlage). Zum anderen werden Verträge der Gesellschaft mit Gründern oder mit mehr als 10 % des Grundkapitals an der Gesellschaft beteiligten Aktionären, nach denen die Gesellschaft vorhandene oder herzustellende Anlagen oder andere Vermögensgegenstände für eine den zehnten Teil des Grundkapitals übersteigende Vergütung erwerben soll, und die in den ersten zwei Jahren seit der Eintragung der Gesellschaft in das Handelsregister geschlossen werden, nur mit Zustimmung der Hauptversammlung und durch Eintragung in das Handelsregister wirksam (§ 52, sog. Nachgründung).

13 **b) Ermächtigung durch die Hauptversammlung.** Wie jede Kapitalerhöhung bedarf auch die genehmigte Sachkapitalerhöhung der Ermächtigung durch die Hauptversammlung. Anders als bei einer Barkapitalerhöhung, bei welcher der Vorstand nach der allgemeinen Ermächtigung durch den Satzungsgeber über den Inhalt der Aktienrechte und die Bedingungen der Aktienausgabe frei entscheiden kann, soweit die Ermächtigung keine Bestimmungen enthält (§ 204 Abs. 1 Satz 1), muss die Ermächtigung zu einer Sachkapitalerhöhung zumindest die Bestimmung enthalten, dass **neue Aktien gerade (auch) gegen Sacheinlagen** ausgegeben werden dürfen. Dies ergibt sich aus dem ausdrücklichen Wortlaut des Abs. 1. Soll die Ermächtigung bereits in die Gründungssatzung aufgenommen werden, ist § 206 zu beachten. Im Übrigen steht es der Hauptversammlung frei, ob sie die Ermächtigung einschränkt oder ausdehnt. Eine Ausdehnung kommt insofern in Betracht, als dem Vorstand freigestellt werden kann, ob er die Kapitalerhöhung gegen Bar- oder Sacheinlagen ausführt. Eine Einschränkung der Ermächtigung kann sich in quantitativer und in qualitativer Hinsicht ergeben. Quantitativ kann die Ermächtigung zur Kapitalerhöhung dadurch begrenzt werden, dass der Vorstand nur einen Teil der Kapitalerhöhung gegen Sacheinlagen, im Übrigen aber gegen Bareinlagen durchzuführen hat. Qualitative Konkretisierungen kann die Ermächtigung insofern enthalten, als nur bestimmte Arten von Sacheinlagen (etwa nur Unternehmensbeteiligungen) oder sogar nur eine bestimmte Sacheinlage (eine konkrete Anlage) als Sacheinlage eingebracht werden kann.

14 **c) Sachkapitalerhöhung ohne entsprechende Ermächtigung.** Führt der Vorstand eine Sachkapitalerhöhung ohne entsprechende Ermächtigung durch, führt dies nach allgM in entsprechender Anwendung des § Abs. 4 Satz 1 aF zur **Unwirksamkeit** der zu ihrer Ausführung getätigten Rechtshandlungen gegenüber der Gesellschaft. Begründet wurde dies damit, wenn bereits das Fehlen der Angabe der Einzelheiten der Aktienausgabe gegen Sacheinlage zur Unwirksamkeit der zu ihrer Ausführung vorgenommenen Rechtshandlungen führe, müsse dies erst recht gelten, wenn es überhaupt an einer Ermächtigung fehlt. Auch wenn nunmehr gem. § 205 Abs. 3 iVm § 27 Abs. 3 Satz 2 von einer Wirksamkeit der Verträge und Rechtshandlungen auszugehen ist, wird weiterhin von einer Unwirksamkeit im Falle einer fehlenden Ermächtigung auszugehen sein. Denn in diesem Fall leidet der Erhöhungsbeschluss angesichts der Kompetenzverletzung an einem so schweren Fehler, dass eine Wirksamkeit aus Gründen des Aktionärsschutzes nicht toleriert werden kann. In diesen Fällen fehlender Ermächtigung finden jedoch § 205 Abs. 3 iVm § 27 Abs. 3 Satz 2–5, Abs. 4 aus Gründen des Gläubigerschutzes analoge Anwendung, wenn die Kapitalerhöhung zu Unrecht – im Handelsregister eingetragen wird. Im Übrigen steht es dem Vorstand frei, die Gegenstände, deren Einbringung unzulässigerweise vereinbart und daher gescheitert ist, käuflich zu erwerben. Handelt es sich bei dem Verkäufer um einen Gründer oder einen mit mehr als 10 % des Grundkapitals an der Gesellschaft beteiligten Aktionär, übersteigt die Vergütung 10 % des (erhöhten) Grundkapitals und soll das

Geschäft in den ersten zwei Jahren nach der Eintragung der Gesellschaft in das Handelsregister geschlossen werden, ist § 52 zu beachten.

d) Notwendige Festsetzungen. Im Zusammenhang mit der Sachkapitalerhöhung müssen nach § 205 Abs. 2 **festgesetzt** werden (1) der Gegenstand der Sacheinlage, (2) die Person, von der die Gesellschaft den Gegenstand erwirbt, und (3) der Nennbetrag, bei Stückaktien die Zahl der für die Sacheinlage zu gewährenden Aktien. Über diese gesetzlichen Vorgaben hinaus soll nach einer verbreiteten Meinung aus Gründen der Transparenz auch der Ausgabekurs angegeben werden,[7] denn nur dann könne die Angemessenheit der Bewertung der Sacheinlage durch die Aktionäre und das Registergericht überprüft werden.[8] Der Ausgabekurs lässt sich leicht errechnen, indem der Wert der Sacheinlage zum Nennwert bzw. zur Summe der geringsten Ausgabebeträge ins Verhältnis gesetzt wird. Da die ausdrückliche Angabe des Ausgabekurses gesetzlich nicht vorgeschrieben ist, kann seine fehlende Festsetzung die Wirksamkeit einer ansonsten ordnungsgemäßen Sachkapitalerhöhung nicht beeinträchtigen; seine Angabe erleichtert möglicherweise das Eintragungsverfahren. Die Festsetzungserfordernisse gelten nicht, soweit als Sacheinlagen Geldforderungen bestimmt sind, die Arbeitnehmer der Gesellschaft aus einer ihnen von der Gesellschaft eingeräumten Gewinnbeteiligung zustehen, § 205 Abs. 4. 15

Die Festsetzungen können ganz oder teilweise von der **Hauptversammlung** im Ermächtigungsbeschluss getroffen werden. Dies dürfte jedoch eine Ausnahme darstellen, da in dem Fall, dass die Hauptversammlung bereits alle relevanten Daten der Sachkapitalerhöhung selbst festlegen kann, sie die Kapitalerhöhung selbst beschließen wird und es einer Einräumung genehmigten Kapitals nicht bedarf. Eine Ausnahme besteht nur, wenn bereits vor der Eintragung der Gesellschaft Verträge geschlossen werden, nach denen auf das genehmigte Kapital eine Sacheinlage zu leisten ist. In diesem Fall müssen nach § 206 die Gründer bereits die Festsetzungen in die Ursprungssatzung aufnehmen. Soweit die erforderlichen Festsetzungen nicht durch die Hauptversammlung getroffen wurden, sind sie gem. § 205 Abs. 2 Satz 1 vom **Vorstand** festzusetzen. Wegen der Bedeutung der Entscheidung soll der Vorstand die Entscheidung nur mit Zustimmung des Aufsichtsrats treffen, § 205 Abs. 2 Satz 2. Da es sich hierbei nur um eine Soll-Vorschrift handelt, ist die Zustimmung des Aufsichtsrats keine Wirksamkeitsvoraussetzung. Ist die Einholung der Zustimmung versäumt worden, hat der Vorstand aufgrund seiner allgemeinen Pflicht zum gesetzeskonformen Handeln die Zustimmung nachträglich einzuholen. Wird sie verweigert, darf der Vorstand die Kapitalerhöhung nicht weiter betreiben. 16

Soweit die Festsetzungen vom Vorstand getroffen worden sind, sind sie nach § 205 Abs. 2 Satz 1 „in den **Zeichnungsschein** aufzunehmen". Diese Formulierung lässt offen, ob die Festsetzungen in schlechthin alle Zeichnungsscheine aufzunehmen sind, also auch in solche, die mit Bareinlegern geschlossen werden, oder nur in die Zeichnungsscheine der Sacheinleger. Die Meinungen sind geteilt. Wegen der Einzelheiten wird auf → § 203 Rn. 20 verwiesen. 17

2. Sachverständige Prüfung der Sacheinlage. Ist die Sachkapitalerhöhung in dieser Weise aufgrund einer Satzungsermächtigung durch den Vorstand im Zusammenwirken mit dem Aufsichtsrat beschlossen worden und sind die erforderlichen Festsetzungen getroffen und, soweit erforderlich, in die Zeichnungsscheine aufgenommen worden, schließt sich die sachverständige Prüfung der Sacheinlage an, mit der die **Angemessenheit von Leistung und Gegenleistung** sichergestellt werden soll. Eine externe **Werthaltigkeitsprüfung** ist **entbehrlich** in den Fällen des § 33a, also bei in organisierten Märkten gehandelten Wertpapieren und bei sachverständig bewerteten Vermögensgegenständen. 18

Die Prüfung hat durch einen oder mehrere sachverständige, durch das Registergericht zu bestellende **Prüfer** zu erfolgen (§ 205 Abs. 5 Satz 1 iVm § 33 Abs. 3–5). Worauf sich die Prüfung zu erstrecken hat, kann dem Gesetz nunmehr entnommen werden, da durch das ARUG der Verweis auf § 34 Abs. 1 erstreckt wurde. 19

Es ist mit überzeugenden Argumenten dargelegt worden, dass die Prüfung sich darüber hinaus darauf zu erstrecken hat, ob ein festgesetztes **Aufgeld** vom Wert der Sacheinlage abgedeckt wird.[9] War nach der Vorläuferregelung im Rahmen einer Kapitalerhöhung eine Prüfung der Sacheinlage nur notwendig, wenn das Registergericht Zweifel hatte, ob der Wert der Sacheinlage den Nennbetrag der dafür auszugebenden Aktien erreichte, hat sich die Prüfung nach Art. 27 Abs. 2 Satz 3 Kapital-RL iVm Art. 10 Abs. 2 Kapital-RL (Art. 49 Abs. 2 GesR-RL) nicht nur darauf zu erstrecken, ob der Wert der Sacheinlage zumindest dem Nennwert, bei Stückaktien zumindest dem anteiligen Wert, und – soweit die Aktien über dem Nennwert oder bei Stückaktien über dem anteiligen 20

---

[7] Großkomm AktG/*Hirte* Rn. 9; Bürgers/Körber/*Marsch-Barner* Rn. 5.
[8] MüKoAktG/*Bayer* Rn. 12.
[9] MüKoAktG/*Bayer* Rn. 20 bis 35, auf dessen Erkenntnissen die folgenden Ausführungen beruhen.

rechnerischen Wert ausgegeben werden – auch dem Mehrbetrag entspricht. Der Prüfung kommt nicht nur eine gläubigerschützende Wirkung zu, indem sie die nominelle Kapitalaufbringung sicher stellen soll, sondern bewirkt auch den Schutz der Altaktionäre, deren eigener Aktienwert bei einem unangemessen niedrigen Aufgeld weiter verwässert wird, was bei dem mit einer Sacheinlage verbundenen Bezugsrechtsausschluss in besonderem Maße zu vermeiden ist. Entgegen der hM,[10] welche die Prüfung bei der Sachkapitalerhöhung darauf beschränken will, ob der niedrigste Ausgabebetrag der neuen Aktien erreicht ist, ist § 205 Abs. 5 Satz 1 richtlinienkonform dahin auszulegen, dass die Prüfung nicht nur festzustellen hat, dass die neuen Aktien nicht unter pari ausgegeben wurden, sondern auch, dass ein festgesetztes Aufgeld vom Wert der Sacheinlage abgedeckt wird.[11]

21   **3. Beteiligung des Registergerichts.** Ist der Prüfungsbericht erstellt, schließt sich die Anmeldung beim und die Prüfung durch das Registergericht an. Damit ist die **öffentliche Kontrolle** der Angemessenheit von Leistung und Gegenleistung zugunsten der Gläubiger und der (Alt-)Aktionäre sichergestellt.

22   **a) Anmeldung.** Die Verweisungsnorm des § 205 Abs. 5 Satz 1 spart den § 36 aus, so dass sich die Anmeldung nach den **allgemein für Kapitalerhöhung geltenden Vorschriften** (§ 203 Abs. 1 iVm § 188) richtet. Die Kapitalerhöhung ist daher vom Vorstand und vom Vorsitzenden des Aufsichtsrats gemeinsam beim Registergericht anzumelden. Die Anmeldung braucht nicht von allen Vorstandsmitgliedern unterzeichnet zu werden; nach allgemeiner Auffassung genügt es, dass der Vorstand in vertretungsberechtigter Zahl auftritt, was im Übrigen der allgemeinen Regel des § 78 entspricht. Der Anmeldung sind neben dem Prüfungsbericht (§ 205 Abs. 5 Satz 1 iVm § 34 Abs. 3) insbesondere Kopien der Zeichnungsscheine sowie die Verträge, die den Festsetzungen zugrunde liegen oder zu ihrer Ausführung geschlossen worden sind, beizufügen (§ 203 Satz 1 iVm § 188 Abs. 3 Nr. 1 und 2).

23   **b) Prüfung durch das Registergericht.** Auf die Anmeldung folgt die eingehende Prüfung durch das Registergericht. Die Prüfung erfolgt anhand der bei der Anmeldung **einzureichenden Unterlagen.** Ein besonderes Augenmerk wird das Gericht neben dem Bestehen einer die angemeldete Kapitalerhöhung deckenden Ermächtigung durch die Hauptversammlung auf die Frage zu richten haben, ob die Sacheinlage angemessen bewertet ist, wobei nach der hier vertretenen Auffassung sich die Prüfung darauf zu erstrecken hat, ob der Wert der Sacheinlage auch ein etwaiges Aufgeld deckt.[12] Wenn der Prüfungsbericht wesentliche Fehler des Kapitalerhöhungsvorgangs aufweist oder selbst in wesentlichen Punkten fehlerhaft ist, hat das Registergericht der Gesellschaft durch eine Zwischenverfügung Gelegenheit zur Behebung des Mangels zu geben. In diesem Stadium kann ein etwa fehlender Ermächtigungsbeschluss noch nachgeholt oder ein unklarer oder unvollständiger Beschluss nachgebessert werden. Handelt es sich um einen nicht zu beseitigenden Mangel oder ist der Mangel zwar behebbar, erfolgt jedoch seitens der Gesellschaft trotz Aufforderung durch das Registergericht keine Nachbesserung, ist die Eintragung der angemeldeten Kapitalerhöhung abzulehnen. In diesem Fall wird die Kapitalerhöhung mangels Eintragung nicht wirksam (§ 189). Gem. § 205 Abs. 7 Satz 1 kann das Gericht die Eintragung auch dann ablehnen, wenn der **Wert der Sacheinlage** nicht unwesentlich hinter dem geringsten Ausgabebetrag der dafür zu gewährenden Aktien zurückbleibt.

24   **c) Besonderheit bei Belegschaftsaktien.** Gem. § 205 Abs. 4 gelten § 205 Abs. 2 und 3 nicht, wenn als Sacheinlagen Geldforderungen vorgesehen sind, die Arbeitnehmer der Gesellschaft aus einer ihnen von der Gesellschaft eingeräumten Gewinnbeteiligung zustehen.

25   **4. Fehlende, fehlerhafte oder unvollständige Festsetzungen.** Hinsichtlich der Rechtsfolgen bei fehlenden, fehlerhaften oder unvollständigen Festsetzungen ist danach **zu differenzieren,** ob die Festsetzungen von der Hauptversammlung oder vom Vorstand vorgenommen wurden. Ferner hängen die Rechtsfolgen davon ab, ob es trotz der nicht gesetzesgemäßen Festsetzung und damit zu Unrecht zu einer Eintragung der Sachkapitalerhöhung ins Handelsregister gekommen ist.

26   Hat die Hauptversammlung die Festsetzung vorgenommen, ist diese aber, gemessen am Anforderungskatalog des § 205 Abs. 2 **unvollständig,** ist danach zu unterscheiden, ob eine bewusste oder eine unbewusste Lücke vorliegt. Liegt eine unbewusste Lücke vor, wollte die Hauptversammlung also alle notwendigen Festsetzungen treffen, ist dies aber nicht gelungen, kommt eine ergänzende Festsetzung durch den Vorstand nicht in Betracht, da dieser ansonsten in den Kompetenzbereich der

---

[10] Hüffer/Koch/*Koch* § 183 Rn. 16; Kölner Komm AktG/*Lutter* § 183 Rn. 52; MHdB AG/*Krieger* § 56 Rn. 41.
[11] K. Schmidt/Lutter/*Veil* Rn. 7.
[12] MüKoAktG/*Bayer* Rn. 34 unter Hinweis auf anderenfalls drohende Staatshaftungsansprüche nach den Grundsätzen des Gemeinschaftsrechts.

Hauptversammlung eingreifen würde, den diese auch für sich in Anspruch nehmen wollte. Hat die Hauptversammlung bewusst nur einzelne Festsetzungen getroffen und wollte sie dadurch dem Vorstand ermöglichen, die noch offenen Festsetzungen flexibel je nach Situation und Bedarf zu ergänzen, kann der Vorstand diesem Auftrag im Rahmen der Ausnutzung des genehmigten Kapitals nachkommen.

Vor der Eintragung in das Handelsregister können noch fehlende Festsetzungen nachgeholt und falsche Festsetzungen korrigiert werden, wobei die organschaftlichen Zuständigkeiten beachtet werden müssen. Solange es nicht zu einer Ergänzung oder Nachbesserung kommt, sind die Verträge über Sacheinlagen und die Rechtshandlungen zu ihrer Ausführung seit dem ARUG gem. § 205 Abs. 3 iVm § 27 Abs. 3 **nicht unwirksam**. 27

Kommt es zur **Eintragung** der Sachkapitalerhöhung, obwohl notwendige Festsetzungen durch den Vorstand fehlen, fehlerhaft oder unvollständig sind, hätte diese Eintragung zwar nicht erfolgen dürfen, sie entfaltet aber doch konstitutive Bedeutung (hierzu näher → § 203 Rn. 50). Zum einen wird mit der Eintragung das Grundkapital erhöht (§ 189). Zum anderen ist der Aktionär verpflichtet, statt der Sacheinlage den Ausgabebetrag der Aktien einzuzahlen (§ 204). Eine Besonderheit gilt, wenn die Geldeinlage eines Aktionärs bei wirtschaftlicher Betrachtung und aufgrund einer im Zusammenhang mit der Übernahme der Geldeinlage getroffenen Abrede vollständig oder teilweise als Sacheinlage zu bewerten ist (verdeckte Sacheinlage). In diesem Fall wird gem. § 205 Abs. 3 iVm § 27 Abs. 3 auf die fortbestehende Geldeinlagepflicht des Aktionärs der Wert des Vermögensgegenstandes angerechnet. 28

Ist vor der Einlage eine Leistung an den Aktionär vereinbart worden, die wirtschaftlich einer Rückzahlung der Einlage entspricht und die nicht als verdeckte Sacheinlage zu beurteilen ist, befreit dies den Aktionär von seiner Einlageverpflichtung nur, wenn die Leistung durch einen vollwertigen Rückgewährsanspruch gedeckt ist, der jederzeit fällig ist oder durch fristlose Kündigung durch die Gesellschaft fällig werden kann; eine solche Leistung oder die Vereinbarung einer solchen Leistung ist in der Anmeldung anzugeben (§ 205 Abs. 3 iVm § 27 Abs. 4). 29

5. Verfahren ohne externe Prüfung. Eine externe Werthaltigkeitsprüfung ist entbehrlich in den Fällen des § 33a, also bei in organisierten Märkten gehandelten Wertpapieren und bei sachverständig bewerteten Vermögensgegenständen. In diesen Fällen hat der Vorstand seine Entscheidung, über die Ausgabe neuer Aktien gegen Sacheinlagen sowie die Angaben nach § 37a Abs. 1 und 2 **vorab zu veröffentlichen** (§ 205 Abs. 5 Satz 2 iVm § 183a). Auf die Weise wird den Aktionären die Möglichkeit eingeräumt, einen Antrag auf Neubewertung gem. § 183a Abs. 3 iVm § 33a zu stellen. 30

Bei Sacheinlagen ohne Wertprüfung ist bei der **Anmeldung** zu versichern, dass ihnen seit der Bekanntmachung keine Umstände iSv § 37a Abs. 2 bekannt geworden sind; ferner sind der Anmeldung die in § 37a Abs. 3 bezeichneten Anlagen beizufügen (§ 205 Abs. 6 iVm § 184 Abs. 1 Satz 3 und Abs. 2 Alt. 2). 31

Hat der Ermächtigungsbeschluss sämtliche erforderlichen Festsetzungen vollständig und fehlerfrei enthalten und sind diese nicht in den **Zeichnungsschein** aufgenommen worden, ergeben sich die Rechtsfolgen aus den allgemeinen Vorschriften (§ 203 Abs. 1 Satz 1, § 185 Abs. 2 und 3). Zwar sind die Zeichnungsscheine, welche die erforderlichen Festsetzungen nicht oder nicht vollständig enthalten, unwirksam; ist die Durchführung der Erhöhung des Grundkapitals eingetragen, kann sich der Zeichner auf die Nichtigkeit oder Unverbindlichkeit des Zeichnungsscheines nicht mehr berufen, wenn er auf Grund des Zeichnungsscheines als Aktionär Rechte ausgeübt oder Verpflichtungen erfüllt hat. In diesen Fällen tritt also eine echte Heilung ein und der Aktionär kann und muss die Sacheinlage erbringen. Das Gesetz konnte hier eine umfassende Heilungswirkung anordnen, da durch die Publizität des die Festsetzungen enthaltenden Ermächtigungsbeschlusses (§§ 9, 10 HGB) diese hinreichend nach außen manifestiert wurden. 32

6. Nachgründung. Neben § 205 können die Vorschriften des § 52 über die **Nachgründung** eingreifen. Betroffen hiervon sind Verträge der Gesellschaft mit Gründern oder mit mehr als 10 % des Grundkapitals an der Gesellschaft beteiligten Aktionären, nach denen die Gesellschaft vorhandene oder herzustellende Anlagen oder andere Vermögensgegenstände für eine den zehnten Teil des Grundkapitals übersteigende Vergütung erwerben soll, und die **in den ersten zwei Jahren** seit der Eintragung der Gesellschaft in das Handelsregister geschlossen werden. Solche Absprachen werden nur mit Zustimmung der Hauptversammlung und durch Eintragung in das Handelsregister wirksam. 33

§ 206 Verträge über Sacheinlagen vor Eintragung der Gesellschaft

¹Sind vor Eintragung der Gesellschaft Verträge geschlossen worden, nach denen auf das genehmigte Kapital eine Sacheinlage zu leisten ist, so muß die Satzung die Festsetzungen

enthalten, die für eine Ausgabe gegen Sacheinlagen vorgeschrieben sind. ²Dabei gelten sinngemäß § 27 Abs. 3 und 5, die §§ 32 bis 35, 37 Abs. 4 Nr. 2, 4 und 5, die §§ 37a, 38 Abs. 2 und 3 sowie § 49 über die Gründung der Gesellschaft. ³An die Stelle der Gründer tritt der Vorstand und an die Stelle der Anmeldung und Eintragung der Gesellschaft die Anmeldung und Eintragung der Durchführung der Erhöhung des Grundkapitals.

Schrifttum: *Semler,* Vorfinanzierung zukünftigen Aktienkapitals durch stille Gesellschaften, FS Werner, 1984, 855.

Übersicht

	Rn.		Rn.
I. Normzweck	1–4	2. Festsetzungspflichten	10, 11
II. Entstehungsgeschichte	5, 6	3. Folgen fehlender oder fehlerhafter Festsetzungen	12–14
III. Rechtstatsachen	7		
IV. Einzelerläuterung	8–21	4. Durchführen der Kapitalerhöhung	15–20
1. Anwendungsbereich	8, 9	5. Verhältnis zu § 52	21

I. Normzweck

1 Die Vorschrift will der Gefahr einer **Umgehung der Sachgründungsvorschriften** durch die Gründergesellschafter begegnen. Für den Fall einer Sachgründung enthält das Aktiengesetz in den §§ 27, 31–38 detaillierte Vorschriften, um die wertmäßige Aufbringung des Grundkapitals zu gewährleisten. Die bei einer Sachgründung durchzuführende Gründungsprüfung (§ 33 Abs. 2 Nr. 4) ist zeit- und kostenintensiv. Sollen nach dem wirtschaftlichen Gründungskonzept die Aktionäre statt der Einzahlung des Ausgabebetrags der Aktien Sacheinlagen leisten, könnten die Gründer versucht sein, die damit ausgelösten strengen Sachgründungsvorschriften dadurch zu umgehen, dass sie die Gesellschaft im Wege einer reinen Bargründung errichten, indem sie etwa als Grundkapital nur den gesetzlichen Mindestnennbetrag von 50 000 € (§ 7) festsetzen, der mangels abweichender Bestimmung sodann durch Einzahlung des Ausgabebetrages zu leisten ist. Ebenfalls in der Satzung wäre dann ein genehmigtes Kapital festzusetzen, das in Form einer näher bezeichneten Sacheinlage zu erbringen ist.

2 Das Gesetz lässt es zu, dass zugleich mit der Gründungssatzung ein genehmigtes Kapital festgesetzt wird, bei dem die neuen Aktien gegen Sacheinlagen ausgegeben werden dürfen. Damit durch eine solche Gestaltungsvariante die Sachgründungsvorschriften nicht außer Kraft gesetzt werden, ordnet es in § 206 der Sache nach zugleich die **entsprechende Anwendung der Sachgründungsvorschriften** an.

3 Damit sollen verdeckte Sachgründungen vermieden werden und eine **Transparenz** für die Aktionäre und Gesellschaftsgläubiger hergestellt werden, die noch über die bei der Ausgabe gegen Sacheinlagen gem. § 205 ohnehin zu beachtenden Verfahrenserfordernisse hinausgeht. Wenn auch nach der – durch das Gesetz zur Durchführung der Zweiten gesellschaftsrechtlichen (Kapital-)Richtlinie der EG vom 13. Dezember 1978 (BGBl. 1978 I 1959) eingeführten – Vorschrift des § 205 Abs. 5 grundsätzlich (mit Ausnahme der Fälle des § 33a) bei der Ausgabe gegen Sacheinlagen im Rahmen genehmigten Kapitals eine Prüfung der Sacheinlagen durch sachverständige Prüfer und das Registergericht erfolgen muss, ordnet § 206 darüber hinaus an, dass der Gegenstand der Sacheinlage, die Person, von der die Gesellschaft den Gegenstand erwirbt, und der Nennbetrag, bei Stückaktien die Zahl der bei der Sacheinlage zu gewährenden Aktien, anders als im Anwendungsbereich des § 205 nicht durch den Vorstand, sondern bereits in der Gründungssatzung festzusetzen sind. Insbesondere interessierten Anlegern und potentiellen Kreditgebern wird dadurch eine umfangreiche Informationsgrundlage für die von ihnen zu treffenden Entscheidungen zur Verfügung gestellt.

4 **Keine Anwendung** findet die Vorschrift, wenn die zu gründende Gesellschaft im Wege genehmigten Kapitals vorhandene oder herzustellende Anlagen oder andere Vermögensgegenstände **übernehmen** soll. In diesen Fällen findet § 27 unmittelbare Anwendung.

II. Entstehungsgeschichte

5 Neben einigen unwesentlichen sprachlichen Änderungen erfuhr die Vorschrift des § 206 gegenüber ihrer Vorgängernorm § 173 AktG 1937 zwei inhaltliche Änderungen. Zum einen wurde die Möglichkeit der Änderung oder Beseitigung rechtswirksamer Festsetzungen eingeschränkt. Hierdurch wird die durch die Vorschrift beabsichtigte Transparenzfunktion erhöht. Zum anderen wurde

das – vorher schon durch die hM bejahte –[1] Prüfungs- und Ablehnungsrecht des **Registergerichts** bei nicht den gesetzlichen Vorgaben genügender Anmeldung ausdrücklich ins Gesetz aufgenommen (§ 206 Satz 2 iVm § 38 Abs. 2), was für den Wirkungsgrad der Norm bedeutsam ist.

Durch das ARUG wurde 2009 der Verweis auf § 37a erstreckt; von der Verweisung auf die §§ 32– 35 wird auch der ebenfalls durch das ARUG neu eingeführte § 33a erfasst. **6**

III. Rechtstatsachen

Von der Möglichkeit des § 206 wird in der Praxis **nur selten** Gebrauch gemacht, wie sich auch **7** daran zeigt, dass es zu dieser Vorschrift keine (veröffentlichte) Rspr. gibt. In der Tat sind nur wenige Konstellationen denkbar, in denen die Festsetzung eines genehmigten Kapitals gegen Sacheinlagen bereits in der Ursprungssatzung sinnvoll ist, zumal dadurch gegenüber einer Sachgründung (§ 27) oder einer späteren Festsetzung von genehmigtem Kapital gegen Sacheinlagen (§ 205) in rechtlicher Hinsicht keine Erleichterungen bestehen. Einen möglichen Anwendungsfall stellt die Umwandlung einer Personengesellschaft mit daran beteiligten stillen Gesellschaftern in eine Aktiengesellschaft dar, bei der die Umwandlung der stillen Beteiligungen in eine Sacheinlage vereinbart wird.[2]

IV. Einzelerläuterung

1. Anwendungsbereich. Voraussetzung für ein Eingreifen der Norm ist, dass bereits **vor Eintra- 8 gung** der Gesellschaft in das Handelsregister Abreden getroffen werden, nach denen auf das genehmigte Kapital eine Sacheinlage zu leisten ist. Entsprechend seiner anleger- und gläubigerschützenden Funktion ist die Norm weit auszulegen. Erfasst werden alle Vereinbarungen, die ein Gründer oder ein Dritter mit der in der Gründung befindlichen Aktiengesellschaft trifft. Die Rechtsnatur der Abrede ist dabei unbeachtlich, erfasst werden schuldrechtliche und dingliche Absprachen gleichermaßen. Keine Rolle spielt es, ob die Absprache allen Wirksamkeitsvoraussetzungen genügt, ob sie insbesondere etwaige Formvorschriften (bspw. § 311b Abs. 1 Satz 1 BGB) oder Vertretungsregeln (§ 164 BGB) beachtet, da die Wirksamkeit noch nachträglich herbeigeführt werden kann, etwa durch Heilung (§ 311b Abs. 1 Satz 1 BGB) oder Genehmigung (§ 177 Abs. 1 BGB).

Nicht erfasst vom Anwendungsbereich der Norm wird die **bloße Einigung** der Gründer in **9** der Satzung, dass der Vorstand zur Kapitalerhöhung gegen Sacheinlagen ermächtigt werden soll, wenn mit dieser Absprache keine weiteren Vorbereitungs- oder Vollzugsgeschäfte verbunden sind. In einem solchen Fall findet die Prüfung im Rahmen des § 205 beim Ausnutzen des genehmigten Kapitals statt.

2. Festsetzungspflichten. Sind vor Eintragung der Gesellschaft Abreden im vorgenannten Sinne **10** über Leistungen auf die Sacheinlagen im Rahmen des genehmigten Kapitals getroffen worden, sind gem. § 206 Satz 1 iVm § 205 Abs. 2 die folgenden **Angaben in die Gründungssatzung aufzunehmen:** der Gegenstand der Sacheinlage; die Person, von der die Gesellschaft den Gegenstand erwirbt; sowie der Nennbetrag, bei Stückaktien die Zahl der bei der Sacheinlage zu gewährenden Aktien.

Fehlen diese Änderungen, können sie weder durch eine Satzungsänderung noch durch den **11** Vorstand **nachgeholt** werden. **Änderungen** können erst fünf Jahre nach der Eintragung der Gesellschaft im Handelsregister vorgenommen werden; eine Beseitigung der Satzungsbestimmungen über die Festsetzungen durch Satzungsänderung ist erst möglich, wenn die Gesellschaft 30 Jahre im Handelsregister eingetragen ist und die Rechtsverhältnisse, die den Festsetzungen zugrunde liegen, seit mindestens fünf Jahren abgewickelt sind (§ 206 Satz 2 iVm § 27 Abs. 5, § 26 Abs. 4 und 5).

3. Folgen fehlender oder fehlerhafter Festsetzungen. Werden die **Festsetzungen nicht 12 oder fehlerhaft** getroffen, ist zwischen der Zeit vor der Eintragung und nach der Eintragung der Gesellschaft in das Handelsregister zu unterscheiden. Nach der Anmeldung und vor der Eintragung hat das Registergericht jedenfalls ein Prüfungsrecht. Es kann die Gründer auf die fehlerhaften Satzungsbestandteile aufmerksam machen und so möglicherweise noch für eine Korrektur sorgen.

Umstritten ist, ob es zu einer **Eintragungsablehnung durch das Registergericht** kommen **13** kann, wenn die Festsetzungen ganz oder teilweise unvollständig oder ersichtlich unrichtig sind. Gegen ein solches Ablehnungsrecht wird eingewandt, dass maßgeblicher Zeitpunkt für die registergerichtliche Prüfung derjenige der Anmeldung der Durchführung sei, der an die Stelle der Anmeldung der Gesellschaft trete.[3] Dem kann nicht gefolgt werden.[4] Dieser Ansicht ist zwar zuzugeben, dass sie

---

[1] *Weipert/Schilling* § 173 Anm. 6; *Schlegelberger/Quassowski* AktG 1937 § 173 Anm. 2.
[2] *Semler* FS Werner, 1984, 865.
[3] MüKoAktG/*Bayer* Rn. 2; NK-AktR/*Groß/Fischer* Rn. 5.
[4] *Wachter/Dürr* Rn. 4; so auch iE Hüffer/Koch/*Koch* Rn. 2.

klar zwischen der Einräumung genehmigten Kapitals und der Ausnutzung solchen Kapitals unterscheidet. Jedoch widerspricht es der insbesondere aktionärs- und gläubigerschützenden Funktion des registergerichtlichen Prüfungsauftrags, sehenden Auges eine Aktiengesellschaft einzutragen, deren Satzung jedenfalls in Teilen nicht den gesetzlichen Vorgaben entspricht. Wie die Vorschrift des § 206 zeigt, soll gerade in den Fällen, in denen bereits vor der Eintragung der Gesellschaft Rechtsgeschäfte in Bezug auf genehmigtes Kapital abgeschlossen werden, besondere Vorsicht Platz greifen. Lehnt man ein Prüfungsrecht des Registergerichts ab, besteht zum einen die Gefahr, dass die Mängel bei der späteren Anmeldung der Durchführung der Kapitalerhöhung übersehen werden, möglicherweise weil der Zweitrichter der irrigen Ansicht ist, der Erstrichter habe die Beachtung des § 206 bereits bei der Eintragung der Gesellschaft geprüft. Zum anderen werden durch eine Nichtbeanstandung fehlerhafter oder unvollständiger Satzungsteile unvollständige und dadurch verwirrende Informationen über den beabsichtigten weiteren Geschäftsgang der Aktiengesellschaft gegeben, was weder im Interesse der Gesellschaft noch ihrer Aktionäre oder ihrer Geschäftspartner liegen kann.

14 Waren die Festsetzungen fehlerhaft oder unvollständig, wird dadurch die Wirksamkeit der übrigen Satzungsbestandteile nicht berührt (§ 206 Satz 2 iVm § 27 Abs. 3 Satz 2). Jedoch sind die bezüglich der Sacheinlagen abgeschlossenen Verträge gegenüber der Gesellschaft ebenso unwirksam wie die Rechtshandlungen zu ihrer Ausführung (§ 206 Satz 2 iVm § 27 Abs. 3 Satz 1). Eine Sacheinlage auf der Grundlage der fehlerhaften Satzungsbestimmung kommt nicht in Betracht, der Aktionär hat den **Ausgabebetrag der Aktie bar einzuzahlen** (§ 206 Satz 2 iVm § 27 Abs. 3 Satz 3). Hat er an die Gesellschaft bereits Sachen übereignet, kann er sie nach §§ 985, 812 ff. BGB von der Gesellschaft zurückverlangen, die ihrerseits den Rückforderungsanspruch erst zu erfüllen braucht, wenn der Aktionär seiner Bareinzahlungspflicht nachkommt (§ 273 BGB). Eine Verrechnung der wechselseitigen Ansprüche darf freilich nicht erfolgen, da hierin eine verdeckte Sacheinlage läge, die den Aktionär nicht von der Bareinzahlungspflicht befreien kann.

15 **4. Durchführen der Kapitalerhöhung.** Sind die notwendigen Festsetzungen in der Satzung vollständig und fehlerfrei getroffen worden, kann der Vorstand von der Ermächtigung durch einen entsprechenden Vorstandsbeschluss Gebrauch machen. In diesem Fall finden nach näherer Maßgabe des § 206 Satz 2 und 3 die **Vorschriften über die Sachgründung** entsprechende Anwendung, wobei an die Stelle der Gründer der Vorstand und an die Stelle der Anmeldung und Eintragung der Gesellschaft die Anmeldung und Eintragung der Durchführung der Kapitalerhöhung treten.

16 Der Vorstand hat zunächst einen schriftlichen Bericht über die Kapitalerhöhung zu erstellen, in dem insbesondere die Zeichnungen und die Sacheinlage nebst den wesentlichen Umständen darzulegen sind, von denen die Angemessenheit der Leistung für die Sacheinlage abhängt (**Kapitalerhöhungsbericht**, § 206 Satz 2 iVm § 32). Sodann hat der Aufsichtsrat den Hergang zu prüfen (**Prüfungsbericht**, § 206 Satz 2 iVm § 33 Abs. 1).

17 Die in § 33 an sich auch vorgesehene **Prüfung durch den Vorstand entfällt**, da dieser bereits den Kapitalerhöhungsbericht erstellt hat.[5] Zwar sind Kapitalerhöhungsbericht und Prüfungsbericht nicht deckungsgleich, jedoch liefe eine doppelte Berichtspflicht darauf hinaus, dass der Vorstand letztendlich die Rechtmäßigkeit, Richtigkeit und Angemessenheit seiner eigenen, im Kapitalerhöhungsbericht beschriebenen Verhaltensweisen und Einschätzungen überprüfen müsste, was keine neuen Erkenntnisse mehr bringen wird. Die Vorschrift des § 33 ist auf die Gründung und nicht die Kapitalerhöhung zugeschnitten, woraus sich die Berichtspflicht der Gründer einerseits und der Prüfpflicht von Vorstand und Aufsichtsrat andererseits erklärt. Bei der Fassung der Vorschrift des § 206 Satz 3, wonach im Rahmen der Sachgründungsvorschriften der Vorstand an die Stelle der Gründer tritt, ist offenbar nicht bedacht worden, dass dies für das Zusammenspiel von § 32 und § 33 bedeutet, dass der Vorstand die von ihm selbst initiierte Kapitalerhöhung überprüfen müsste.

18 Außerdem hat eine Prüfung durch einen oder mehrere sachverständige, durch das Registergericht zu bestellende **Prüfer** zu erfolgen (§ 206 Satz 2 iVm § 33 Abs. 2 bis 5). Die Prüfung sowohl des Aufsichtsrat als auch der externen Prüfer hat sich namentlich darauf zu erstrecken, ob die Angaben des Vorstands über die Übernahme der Aktien und über die Einlagen auf das Grundkapital vollständig sind sowie, und hierin liegt in der Praxis das Schwergewicht, ob der Wert der Sacheinlagen den geringsten Ausgabebetrag der dafür zu gewährenden Aktien erreicht (§ 206 Satz 2 iVm § 34 Abs. 1 und 2). Die Gründungsprüfer unterliegen dem Pflichten- und Haftungskatalog des § 323 Abs. 1 bis 4 HGB (§ 206 Satz 2 iVm § 49). Je ein Exemplar des Berichts ist beim Vorstand und beim Registergericht einzureichen, wo er von jedermann eingesehen werden kann (§ 206 Satz 2 iVm § 34 Abs. 3). Eine externe Werthaltigkeitsprüfung ist entbehrlich in den Fällen des § 33a, also bei in organisierten Märkten gehandelten Wertpapieren und bei sachverständig bewerteten Vermögensgegenständen.

---

[5] Großkomm AktG/*Hirte* Rn. 12; MüKoAktG/*Bayer* Rn. 12; Hüffer/Koch/*Koch* Rn. 5.

Die Verweisungsnorm des § 206 Satz 2 spart den § 36 aus, so dass sich die **Anmeldung** nach 19
den allgemein für Kapitalerhöhung geltenden Vorschriften des § 203 Abs. 1 iVm § 188 richtet.
Die Kapitalerhöhung ist vom Vorstand und vom Vorsitzenden des Aufsichtsrats gemeinsam beim
Registergericht anzumelden. Die Anmeldung braucht nicht von allen Vorstandsmitgliedern vorgenommen
zu werden; nach allgM genügt es, dass der Vorstand in vertretungsberechtigter Zahl
auftritt, was im Übrigen der allgemeinen Regel des § 78 entspricht. Der Anmeldung sind neben
dem Kapitalerhöhungsbericht und dem Prüfungsbericht die Verträge, die den Festsetzungen
zugrunde liegen oder zu ihrer Ausführung geschlossen worden sind, beizufügen (§ 206 Satz 2 iVm
§ 37 Abs. 4 Nr. 2, 4 und 5). Ist von einer externen Werthaltigkeitsprüfung gem. § 33a abgesehen
worden, ist bei der Anmeldung zusätzlich § 37a zu beachten und die Bewertung im Einzelnen
darzulegen.

Auf die Anmeldung folgt die eingehende **Prüfung durch das Registergericht** (§ 206 Satz 2 20
iVm § 38 Abs. 2). Ein besonderes Augenmerk wird es dabei auf die Frage zu richten haben, ob die
Sacheinlage angemessen bewertet worden und ob ihr Wert jedenfalls nicht mehr als unwesentlich hinter dem
geringsten Ausgabebetrag der dafür zu gewährenden Aktien zurückbleibt. Der Prüfungsumfang
entspricht insofern dem allgemeinen Prüfungsumfang bei einer Kapitalerhöhung gegen Sacheinlagen,
wie er in § 205 Abs. 3 niedergelegt ist. Wenn der Kapitalerhöhungs- oder der Prüfungsbericht
wesentliche Fehler des Kapitalerhöhungsvorgangs aufweist oder selbst in wesentlichen Punkten fehlerhaft
ist und nicht nachgebessert werden kann oder nicht nachgebessert wird, sowie dann, wenn
die Sacheinlage überbewertet ist, hat das Registergericht die Eintragung der angemeldeten Kapitalerhöhung
abzulehnen. In diesem Fall wird die Kapitalerhöhung mangels Eintragung nicht wirksam,
das Grundkapital wird nicht erhöht (§ 189).

5. Verhältnis zu § 52. Bei einer Kapitalerhöhung gegen Sacheinlagen ist zusätzlich zu den in 21
§ 206 angeordneten Verfahrensvorschriften die Nachgründungsregel des **§ 52 nicht ergänzend
anwendbar.** Die Kapitalerhöhungsvorschriften stellen die spezielleren Regelungen dar. § 52 kann
aber in den Fällen Bedeutung gelangen, in denen die Sacheinlage im Rahmen des § 206 gescheitert
ist, sei es, weil die entsprechenden Satzungsbestimmungen wegen ihrer Fehlerhaftigkeit gar nicht
erst eingetragen wurden oder sei es, weil sie sich im Rahmen der Ausübung des Kapitals als unwirksam
erwiesen. Hier kommt als Ausweg möglicherweise eine Nachgründung gem. § 52 in Betracht.

Vierter Unterabschnitt. Kapitalerhöhung aus Gesellschaftsmitteln

§ 207 Voraussetzungen

(1) Die Hauptversammlung kann eine Erhöhung des Grundkapitals durch Umwandlung
der Kapitalrücklage und von Gewinnrücklagen in Grundkapital beschließen.

(2) ¹Für den Beschluß und für die Anmeldung des Beschlusses gelten § 182 Abs. 1, § 184
Abs. 1 sinngemäß. ²Gesellschaften mit Stückaktien können ihr Grundkapital auch ohne
Ausgabe neuer Aktien erhöhen; der Beschluß über die Kapitalerhöhung muß die Art der
Erhöhung angeben.

(3) Dem Beschluß ist eine Bilanz zugrunde zu legen.

Schrifttum: *Broer*, Kapitalerhöhungsteuergesetz, in Blümich, EStG, KStG, GewStG; *Fett/Spiering*, Typische
Probleme bei der Kapitalerhöhung aus Gesellschaftsmitteln, NGZ 2002, 358; *Geßler*, Das Gesetz über Kapitalerhöhung
aus Gesellschaftsmitteln und über die Gewinn- und Verlustrechnung, WM 1960, Sonderbeilage Nr. 1, 11–
32; *Hüffer/Koch*, Die Kapitalerhöhung aus Gesellschaftsmitteln bei Ausgabe von Bezugsaktien zwischen dem
Erhöhungsbeschluss und seiner Eintragung in das Handelsregister, FS Lüer, 2008, 395; *Korsten*, Kapitalerhöhung
aus Gesellschaftsmitteln bei unrichtigem Jahresabschluss, AG 2006, 321; *Stegemann*, Die steuerliche Behandlung
von Gratisaktien, BB 2000, 953; *Than*, Rechtliche und praktische Fragen der Kapitalerhöhung aus Gesellschaftsmitteln
bei einer Aktiengesellschaft, WM-Festgabe Heinsius, 1991, 54.

Übersicht

	Rn.		Rn.
I. Allgemeines	1–6a	c) Gründe für die Durchführung einer Kapitalerhöhung aus Gesellschaftsmitteln	4
1. Regelungsgegenstand	1		
2. Grundlagen der Kapitalerhöhung aus Gesellschaftsmitteln	2–4	3. Ablauf	5
a) Rechtlicher Charakter	2	4. Kombination mit anderen Kapitalmaßnahmen	6, 6a
b) Entwicklung der Kapitalerhöhung aus Gesellschaftsmitteln	3	a) Kapitalerhöhungen	6

	Rn.		Rn.
b) Kapitalherabsetzung	6a	4. Erhöhungsbilanz (Abs. 3)	18
II. Kapitalerhöhungsbeschluss	7–20	5. Anmeldeberechtigte Personen (Abs. 2 S. 1	
1. Zuständigkeit (Abs. 1)	7	2. Alt. iVm § 184 Abs. 1)	19
2. Anwendung von § 182 Abs. 1 (§ 207		6. Beschlussmängel	20
Abs. 2 S. 1 1. Alt.)	8–12	III. Sonstiges	21–33
a) Mehrheiten (§ 182 Abs. 1 S. 1–3)	8, 9	1. Kapitalmarktrechtliche Aspekte	21
b) Weitere Beschlussanforderungen	10, 11	2. Besteuerung	22–32
c) Art der Kapitalerhöhung (§ 182 Abs. 1		a) Ausgangspunkt	22, 23
S. 4 und 5)	12	b) Besteuerung des Aktionärs	24–27
3. Beschlussinhalt	13–17	c) Ebene der Gesellschaft	28–31
a) Zwingender Inhalt	13, 14	d) Schütt-aus-Hol-zurück-Verfahren	32
b) Fakultativer Inhalt	15, 16	3. Kosten	33
c) Satzungsanpassung	17		

I. Allgemeines

1 **1. Regelungsgegenstand.** § 207 und die nachfolgenden Vorschriften regeln die Kapitalerhöhung aus Gesellschaftsmitteln. § 207 Abs. 1 macht deutlich, dass die Kapitalerhöhung aus Gesellschaftsmitteln als einheitliche Maßnahme durch Umwandlung der Kapitalrücklage bzw. von Gewinnrücklagen erfolgt (zur ursprünglich anderen Struktur der Kapitalerhöhung aus Gesellschaftsmitteln → Rn. 3). § 207 Abs. 2 bestimmt insbesondere die Anforderungen an den entsprechenden Beschluss der Hauptversammlung und verweist dazu auf die Vorschrift des § 182 Abs. 1 betreffend die Voraussetzungen der Kapitalerhöhung gegen Einlagen (Abs. 2 S. 1 1. Alt.). Des Weiteren regelt die Vorschrift über den Verweis auf § 184 Abs. 1 teilweise die Anmeldung des Kapitalerhöhungsbeschlusses zur Eintragung im Handelsregister (Abs. 2 S. 1 2. Alt.).[1]

2 **2. Grundlagen der Kapitalerhöhung aus Gesellschaftsmitteln. a) Rechtlicher Charakter.** Trotz der Einordnung im Zweiten Abschnitt des Sechsten Teils des Aktiengesetzes handelt es sich bei der Kapitalerhöhung aus Gesellschaftsmitteln nicht um eine „Maßnahme der Kapitalbeschaffung", da durch die Kapitalerhöhung aus Gesellschaftsmitteln der Gesellschaft **kein neues Kapital zugeführt** wird. Sie ist aber gleichwohl **echte Kapitalerhöhung,** da durch die Kapitalerhöhung aus Gesellschaftsmitteln das Grundkapital erhöht wird.[2] Anders als bei der Kapitalerhöhung gegen Einlagen (§§ 182–191) erfolgt die Erhöhung des Grundkapitals nicht durch neue Einlagen der Zeichner nach Beschlussfassung über die Kapitalerhöhung, sondern durch Umwandlung von bereits vorhandenem Gesellschaftsvermögen in Grundkapital. Das umgewandelte Vermögen wird dadurch einer noch strengeren Kapitalbindung unterworfen. An den Nachweis dieses Vermögens stellt das Gesetz besondere Anforderungen, indem es die Publizität des umzuwandelnden Vermögens als Rücklage in einer geprüften Bilanz verlangt.

3 **b) Entwicklung der Kapitalerhöhung aus Gesellschaftsmitteln.** Die Kapitalerhöhung aus Gesellschaftsmitteln war bis Ende 1959 gesetzlich nicht geregelt. Das Aktiengesetz (und auch das Gesetz betreffend die GmbH) kannten nur die Kapitalerhöhung gegen Einlagen. Die sachlich trotz fehlender Regelung bereits praktizierte Kapitalerhöhung aus Gesellschaftsmitteln erfolgte daher im Wege der Einlage.[3] Dazu beschloss in einem ersten Schritt die Hauptversammlung eine Ausschüttung an die Aktionäre. In einem sich unmittelbar anschließenden zweiten Schritt wurde das Nennkapital der Gesellschaft um den Betrag der Ausschüttung erhöht und die Aktionäre brachten ihre Ansprüche auf Ausschüttung der Gewinne als Sacheinlagen in die Gesellschaft ein. Die Kapitalerhöhung aus Gesellschaftsmitteln stellte sich dementsprechend als **Doppelmaßnahme** dar (Ausschüttung und Kapitalerhöhung gegen Einlagen).[4] Das KapErhG von 1959[5] enthielt erstmals Regelungen über die Kapitalerhöhung aus Gesellschaftsmitteln, die im Jahre 1965 im Wesentlichen unverändert in das AktG übernommen wurden. Sie folgen nicht der Theorie der Doppelmaßnahme, sondern gestalten

---
[1] Zur Anmeldung des Kapitalerhöhungsbeschlusses zur Eintragung im Handelsregister siehe auch § 210.
[2] Kölner Komm AktG/*Lutter* Vor § 207 Rn. 7 und 10; MHdB AG/*Scholz* § 60 Rn. 1; *Than* WM-Festgabe Th. Heinsius, 1991, 54 (55).
[3] S. dazu *Geßler* WM-Sonderbeil. 1/1960, 11; Kölner Komm AktG/*Lutter* Vor § 207 Rn. 1.
[4] Zur Kritik daran s. Kölner Komm AktG/*Lutter* Vor § 207 Rn. 2; *Than* WM-Festgabe Heinsius, 1991, 54.
[5] Gesetz über die Kapitalerhöhung aus Gesellschaftsmitteln und über die Gewinn- und Verlustrechnung v. 23.12.1959, BGBl. 1959 I 789. Dieses ging auf die Dividendenabgabenverordnung von 1941 zurück, vgl. *Hüffer/Koch,* Die Kapitalerhöhung aus Gesellschaftsmitteln bei Ausgabe von Bezugsaktien zwischen dem Erhöhungsbeschluss und seiner Eintragung in das Handelsregister, FS Lüer, 2008, 395 (400 f.).

die Kapitalerhöhung aus Gesellschaftsmitteln als **einheitliche Maßnahme** aus, im Zuge derer sonstiges Eigenkapital in Grundkapital umgewandelt wird.

c) Gründe für die Durchführung einer Kapitalerhöhung aus Gesellschaftsmitteln. Die 4 Kapitalerhöhung aus Gesellschaftsmitteln dient nicht der Zuführung neuen Kapitals. Sie verstärkt die Bindung der umgewandelten Rücklagen und kann durch das erhöhte Grundkapital eine verstärkte Kapitalbasis nach außen dokumentieren. Dies wird aber nur selten der Beweggrund für ihre Durchführung sein. Von Bedeutung ist vor allem eine mit der Kapitalerhöhung verbundene Erhöhung der Anzahl der Aktien, zB um den Börsenkurs der Papiere zu reduzieren, also die Aktie „leichter" zu machen, oder um pro Aktie berechnete Kennzahlen zu beeinflussen, wie zB den Gewinn pro Aktie oder das Kurs-Gewinn-Verhältnis. Im Vorfeld eines Börsenganges kann die Kapitalerhöhung aus Gesellschaftsmitteln dazu dienen, das Grundkapital und vor allem die Anzahl der Aktien den Markterwartungen anzupassen. Die Kapitalerhöhung aus Gesellschaftsmitteln kann zudem dazu genutzt werden, an die Aktionäre keine Bardividende, sondern eine Dividende in Form von jungen Aktien auszuschütten (Aktiendividende).[6]

3. Ablauf. Das Verfahren der Kapitalerhöhung aus Gesellschaftsmitteln teilt sich im Wesentlichen 5 in vier Schritte auf. Es erfordert zunächst einen entsprechenden **Kapitalerhöhungsbeschluss** durch die Hauptversammlung (§ 207 Abs. 1). Der Beschluss ist durch den Vorstand und den Aufsichtsratsvorsitzenden **zur Eintragung in das Handelsregister anzumelden** (§ 207 Abs. 2 iVm § 184 Abs. 1). Hierbei ist zu beachten, dass die dem Kapitalerhöhungsbeschluss zugrunde liegende Bilanz im Zeitpunkt der Anmeldung nicht älter als acht Monate sein darf (§ 209 Abs. 1, Abs. 2 S. 2). Mit der **Eintragung des Kapitalerhöhungsbeschlusses im Handelsregister** wird die Kapitalerhöhung wirksam (§ 211). Sofern die Kapitalerhöhung aus Gesellschaftsmitteln durch Ausgabe neuer Aktien erfolgt, schließt sich dann die **Ausgabe der neuen Aktienurkunden** bzw. Zuteilung der neuen Aktien an (§ 214). Anders als bei der Kapitalerhöhung gegen Einlagen (vgl. § 188) bedarf es bei der Kapitalerhöhung aus Gesellschaftsmitteln keiner Anmeldung und Eintragung ihrer Durchführung im Handelsregister, da die Einlagen auf das erhöhte Grundkapital bereits vorhanden und nicht erst noch zu erbringen sind.

4. Kombination mit anderen Kapitalmaßnahmen. a) Kapitalerhöhungen. Die Kapitaler- 6 höhung aus Gesellschaftsmitteln kann nach ganz herrschender Ansicht nicht mit einer Kapitalerhöhung gegen Einlagen in einem einheitlichen Kapitalerhöhungsbeschluss derart verbunden werden, dass der Ausgabebetrag der neuen Aktien teils durch Umwandlung von Rücklagen und teils durch Bar- oder Sacheinlagen erbracht wird.[7] Eine solche Kombination scheitert an der unterschiedlichen rechtlichen Ausgestaltung der Kapitalerhöhungsarten.[8] Die Unvereinbarkeit zeigt sich beispielhaft an der Bezugsberechtigung.[9] Bei der Kapitalerhöhung aus Gesellschaftsmitteln stehen die neuen Aktien zwingend sämtlichen Aktionären zu (vgl. § 212), bei der Kapitalerhöhung gegen Einlagen hängt der Bezug der neuen Aktien dagegen von deren Zeichnung ab. Zeichnungsberechtigt sind zwar grundsätzlich die Aktionäre, doch können diese ihre Bezugsrechte veräußern oder auf die Ausübung ihrer Bezugsrechte verzichten. Auch im Falle der Mangelhaftigkeit nur eines Teils der Kapitalerhöhung dürfte eine Kombination der Kapitalerhöhung gegen Einlagen mit der aus Gesellschaftsmitteln zu kaum lösbaren Problemen führen.

b) Kapitalherabsetzung. Hingegen ist die Verknüpfung der Kapitalerhöhung aus Gesellschafts- 6a mitteln mit einer Herabsetzung des Grundkapitals möglich. In Betracht kommt etwa eine der Umwandlung von Rücklagen vorgeschaltete Einziehung von Aktien mit der Folge, dass die eingezogenen Aktien nicht an der nachfolgenden Kapitalerhöhung aus Gesellschaftsmitteln teilnehmen.[10] Hingegen lässt sich die vereinfachte Kapitalherabsetzung mit einer solchen Kapitalerhöhung nicht kombinieren, da erstere gem. § 229 Abs. 2 die Auflösung der Rücklagen verlangt.[11] Diskutiert wird

---

[6] Hüffer/Koch/*Koch* Rn. 4 und § 208 Rn. 5 aE; MHdB AG/*Scholz* § 60 Rn. 2. In der Sache handelt es sich um eine normale Kapitalerhöhung aus Gesellschaftsmitteln, bei der nicht Rücklagen, sondern Zuführungen zu den Rücklagen umgewandelt werden (§ 208 Abs. 1 S. 1 aE).

[7] Kölner Komm AktG/*Lutter* Rn. 15; Hüffer/Koch/*Koch* Rn. 6; Bürgers/Körber/*Marsch-Barner* Rn. 9; MHdB AG/*Scholz* § 60 Rn. 5; *Fett/Spiering* NZG 2002, 358 (368); aA Großkomm AktG/*Hirte* Rn. 145 ff. unter Verweis auf die Zulässigkeit solcher Kombinationen in anderen Rechtsordnungen und die Rechtsprechung des BGH zum „Schütt-aus-Hol-zurück-Verfahren", mit der der BGH selbst beide Arten der Kapitalerhöhung miteinander vermengt habe.

[8] Hüffer/Koch/*Koch* Rn. 6; MHdB AG/*Scholz* § 60 Rn. 5.

[9] *Fett/Spiering* NZG 2002, 358 (368); Kölner Komm AktG/*Lutter* Vor § 207 Rn. 15.

[10] MHdB AG/*Scholz* § 60 Rn. 6; Bürgers/Körber/*Marsch-Barner* Rn. 10.

[11] Kölner Komm AktG/*Lutter* Rn. 20.

auch die Möglichkeit der Kapitalherabsetzung in Anschluss an eine Kapitalerhöhung aus Gesellschaftsmitteln, wenn eine direkte Ausschüttung der Rücklage nach § 150 nicht möglich ist.[12]

II. Kapitalerhöhungsbeschluss

1. Zuständigkeit (Abs. 1). Nach § 207 Abs. 1 kann die Hauptversammlung eine Erhöhung des Grundkapitals durch Umwandlung der Kapitalrücklage und von Gewinnrücklagen in Grundkapital beschließen. **Zuständig** für den Kapitalerhöhungsbeschluss ist nach Abs. 1 folglich die **Hauptversammlung**. Eine Delegation an den Vorstand, also eine Ermächtigung des Vorstandes zur Erhöhung des Grundkapitals durch Umwandlung von Rücklagen im Rahmen eines genehmigten Kapitals wird bislang überwiegend als unzulässig erachtet.[13] Diese Auffassung wird zwar vereinzelt angezweifelt,[14] ihr ist aber zuzustimmen. Zum einen erlaubt § 202 Abs. 1 eine Ermächtigung des Vorstandes zur Erhöhung des Grundkapitals ausdrücklich nur „durch Ausgabe neuer Aktien gegen Einlagen", umfasst also nicht die Erhöhung des Grundkapitals aus Gesellschaftsmitteln. Zum anderen besteht für eine solche Ermächtigung auch kein Bedürfnis, denn Zweck des genehmigten Kapitals ist, dem Vorstand zu ermöglichen, schnell und flexibel neues Eigenkapital beschaffen zu können. Diese Flexibilität ist bei einer Kapitalerhöhung durch Umwandlung von Rücklagen nicht notwendig.

2. Anwendung von § 182 Abs. 1 (§ 207 Abs. 2 S. 1 1. Alt.). a) Mehrheiten (§ 182 Abs. 1 S. 1–3). § 207 Abs. 2 S. 1 verweist für den Kapitalerhöhungsbeschluss auf die entsprechende Regelung für die Kapitalerhöhung gegen Einlagen in § 182 Abs. 1. Für die Mehrheitserfordernisse und weiteren Anforderungen an den Beschluss über die Kapitalerhöhung aus Gesellschaftsmitteln gelten § 182 Abs. 1 S. 1 bis S. 3. Sofern die Satzung keine andere Mehrheit vorschreibt, bedarf der Kapitalerhöhungsbeschluss der **einfachen Stimmenmehrheit** des § 133 Abs. 1 und einer Mehrheit von mindestens **drei Viertel des vertretenen Grundkapitals**. Die Satzung kann eine andere, also sowohl eine geringere als auch eine größere Kapitalmehrheit bestimmen (§ 182 Abs. 1 S. 2). Die Satzung kann auch andere Beschlusserfordernisse aufstellen (§ 182 Abs. 1 S. 3), beispielsweise das Erfordernis der Zustimmung der Inhaber bestimmter Aktiengattungen oder auch einzelner Aktionäre. Auf § 182 Abs. 2 verweist § 207 Abs. 2 nicht, daher sind keine Sonderbeschlüsse der einzelnen Aktiengattungen erforderlich.

Die Einschränkung des § 182 Abs. 1 S. 2 2. Alt., wonach bei Ausgabe von Vorzugsaktien ohne Stimmrecht die Satzung nur eine größere Kapitalmehrheit vorsehen kann, findet nach allgemeiner Ansicht auf die Kapitalerhöhung aus Gesellschaftsmitteln keine Anwendung, auch wenn sie nicht ausdrücklich von der Verweisung des § 207 Abs. 2 S. 1 1. Alt. ausgenommen ist.[15] Der mit dieser Einschränkung bezweckte Aktionärsschutz spielt bei der Kapitalerhöhung aus Gesellschaftsmitteln keine Rolle, da alle Aktionäre zwingend aus der Kapitalerhöhung berechtigt sind (§ 212)[16] und das Verhältnis der mit den Aktien verbundenen Rechte zueinander durch die Kapitalerhöhung aus Gesellschaftsmitteln nicht berührt wird (§ 216 Abs. 1 S. 1). Lässt man entgegen der herrschenden Meinung allerdings im Rahmen der Kapitalerhöhung aus Gesellschaftsmitteln die erstmalige Ausgabe von stimmrechtslosen Vorzugsaktien zu,[17] muss für diesen Fall die Einschränkung des § 182 Abs. 1 S. 2 2. Alt. gelten.

b) Weitere Beschlussanforderungen. Ursprünglich sah § 207 Abs. 3 aF vor, dass die Kapitalerhöhung erst beschlossen werden kann, nachdem der Jahresabschluss für das letzte vor der Beschlussfassung abgelaufene Geschäftsjahr festgestellt ist. Diese Einschränkung wurde durch das TransPuG aufgehoben, wobei sich dies lediglich bei der Verwendung einer Erhöhungsbilanz nach § 209 Abs. 2–6 auswirkt.[18] Das Gesetz über die Kapitalerhöhung aus Gesellschaftsmitteln von 1959 verlangte darüber hinaus nicht die vorherige Fassung des Gewinnverwendungsbeschlusses. Diese Reihenfolge ist weiterhin erforderlich, wenn die Kapitalerhöhung aus Gesellschaftsmitteln unmittelbar auf Grundlage der Rücklagenzuführung vorgenommen werden soll (→ § 208 Rn. 12), andernfalls gilt diese Einschränkung nicht. Sollen die neuen Aktien bereits am Gewinn des letzten vor der Beschlussfassung über die Kapitalerhöhung abgelaufenen Geschäftsjahrs teilnehmen, ist dagegen die umgekehrte Rei-

---

[12] Hierzu *Weiss* BB 2005, 2697 ff.
[13] Kölner Komm AktG/*Lutter* Rn. 3; Hüffer/Koch/*Koch* Rn. 6 aE; MHdB AG/*Scholz* § 60 Rn. 9; MüKoAktG/*Arnold* Rn. 12.
[14] Großkomm AktG/*Hirte* Rn. 144.
[15] Großkomm AktG/*Hirte* Rn. 117; MüKoAktG/*Arnold* Rn. 5.
[16] Großkomm AktG/*Hirte* Rn. 117; MüKoAktG/*Arnold* Rn. 5.
[17] MHdB AG/*Scholz* § 60 Rn. 74; aA die ganz hM, Hüffer/*Koch* § 216 Rn. 2; Kölner Komm AktG/*Lutter* Rn. 5; Großkomm AktG/*Hirte* Rn. 112; → § 216 Rn. 3.
[18] Zu den Gründen hierfür s. die Begründung des Gesetzentwurfes der Bundesregierung, BT-Drs. 14/8769, 24.

Voraussetzungen   11–14 § 207

henfolge einzuhalten und die Erhöhung des Grundkapitals zu beschließen, bevor über die Verwendung des Bilanzgewinns des letzten vor der Beschlussfassung abgelaufenen Geschäftsjahrs ein Beschluss gefasst worden ist (§ 217 Abs. 2 S. 2).

Nach der **Auflösung der Gesellschaft** (§ 262) darf eine Kapitalerhöhung aus Gesellschaftsmitteln **11** nicht mehr beschlossen werden und eine bereits beschlossene Kapitalerhöhung darf nicht durchgeführt werden, da dies mit der Zweckrichtung der aufgelösten Gesellschaft nicht vereinbar wäre.[19]

c) **Art der Kapitalerhöhung (§ 182 Abs. 1 S. 4 und 5).** Aus § 182 Abs. 1 S. 4 folgt, dass die **12** Kapitalerhöhung aus Gesellschaftsmitteln grundsätzlich durch **Ausgabe neuer Aktien** ausgeführt wird. Allerdings bestimmt § 207 Abs. 2 S. 2 1. Alt. für Gesellschaften mit Stückaktien eine Ausnahme, diese können ihr Grundkapital auch **ohne die Ausgabe neuer Aktien** erhöhen. In diesem Zusammenhang ist zudem auf die Regelung des § 215 Abs. 2 S. 2 hinzuweisen, nach der für teileingezahlte Aktien die Kapitalerhöhung aus Gesellschaftsmitteln nicht durch Ausgabe neuer Aktien durchgeführt werden kann (siehe dazu im Einzelnen unter § 215). Aus diesen Regelungen folgt, dass bei Gesellschaften mit Nennbetragsaktien die Kapitalerhöhung aus Gesellschaftsmitteln durch Ausgabe neuer Aktien durchgeführt werden muss,[20] es sei denn, Aktien sind teileingezahlt. Für teileingezahlte Aktien kann die Kapitalerhöhung nur durch Erhöhung der Nennbeträge erfolgen.[21] Bei Gesellschaften mit Stückaktien besteht ein Wahlrecht, ob im Rahmen der Kapitalerhöhung aus Gesellschaftsmitteln neue Aktien ausgegeben werden. Werden keine neuen Aktien ausgegeben (§ 207 Abs. 2 S. 2 1. Hs.), erhöht sich automatisch der auf die einzelne Aktie entfallende anteilige Betrag des Grundkapitals. Gem. § 182 Abs. 1 S. 5 muss sich die Zahl der Aktien in demselben Verhältnis wie das Grundkapital erhöhen.[22] Bestehen teileingezahlte Stückaktien, ist die Ausgabe neuer Aktien ausgeschlossen.[23]

3. **Beschlussinhalt. a) Zwingender Inhalt.** Der Beschluss über die Kapitalerhöhung aus Gesell- **13** schaftsmitteln muss den **Betrag** festlegen, um den das Grundkapital erhöht wird. Der Erhöhungsbetrag ist genau zu beziffern, eine „bis zu"-Erhöhung ist nicht zulässig.[24] Der Erhöhungsbetrag muss vollständig auf Aktien verteilt werden können.[25] Dagegen ist nicht erforderlich, den Erhöhungsbetrag so zu wählen, dass auf jeden Aktionär nur ganze Aktien entfallen, denn § 213 sieht die Entstehung von Teilrechten ausdrücklich vor. Gleichwohl ist die Vermeidung von Teilrechten im Hinblick auf die komplizierte Regelung des § 213 Abs. 2 zu empfehlen.[26] Die Aktionäre haben keinen Anspruch auf die Vermeidung unnötig vieler Teilrechte bei der Wahl des Erhöhungsbetrages oder der Stückelung der Aktien durch die Hauptversammlung, es erfolgt allenfalls eine Missbrauchskontrolle im Hinblick auf eine eventuelle Treuwidrigkeit.[27] Weiter bestimmt Abs. 2 S. 2 2. Hs. ausdrücklich, dass in dem Beschluss die **Art der Erhöhung** festgelegt werden muss (→ Rn. 12). Fehlt diese Angabe, führt dies zur Nichtigkeit des Beschlusses.[28] Etwas anderes gilt, wenn lediglich eine Art der Erhöhung in Betracht kommt. Dies ist der Fall bei teileingezahlten Stückaktien (keine Ausgabe neuer Aktien möglich) oder bei Gesellschaften mit Nennbetragsaktien, die entweder alle voll eingezahlt sind (Ausgabe neuer Aktien zwingend) oder sämtlich teileingezahlt sind (Erhöhung der Nennbeträge zwingend) (→ Rn. 12).

Des Weiteren ist im Beschluss festzulegen, ob die Kapitalerhöhung durch Umwandlung von **14** Kapital- und/oder Gewinnrücklagen erfolgt, wobei die umzuwandelnde Rücklage konkret zu benennen ist.[29] Dabei kann der Kapitalerhöhungsbetrag auf mehrere Rücklagen verteilt werden.[30]

---

[19] Kölner Komm AktG/*Lutter* Rn. 20; MHdB AG/*Scholz* § 60 Rn. 7.
[20] Ein anderslautender Kapitalerhöhungsbeschluss ist anfechtbar, s. Kölner Komm AktG/*Lutter* Rn. 15.
[21] Bestehen teileingezahlte und volleingezahlte Aktien nebeneinander, besteht ein Wahlrecht, ob für die volleingezahlten Aktien die Nennbeträge erhöht oder neue Aktien ausgegeben werden sollen, s. § 215 Abs. 2 S. 3.
[22] Wegen der zwingenden Regelung des § 212 besteht diese Gefahr aber ohnehin nicht, weshalb es der Verweisung auf § 182 Abs. 1 S. 5 nicht bedurft hätte, s. Hüffer/Koch/*Koch* Rn. 9.
[23] § 215 Abs. 2 S. 2. Dies gilt auch dann, wenn neben teileingezahlten Aktien volleingezahlte Aktien bestehen. Anders als bei Nennbetragsaktien kann bei Stückaktien auch für die volleingezahlten Aktien keine Ausgabe neuer Aktien erfolgen. Grund ist, dass nach § 8 Abs. 3 S. 2 Stückaktien stets im gleichen Umfang am Grundkapital beteiligt sein müssen.
[24] Hüffer/Koch/*Koch* Rn. 12. Dabei genügt es, wenn der Erhöhungsbetrag im Beschluss durch eine Rechenoperation beschrieben wird: OLG Karlsruhe DB 2007, 331; Grigoleit/*Rieder/Holzmann* Rn. 8. Letzteres ist insbesondere bei Vorliegen von bedingtem Kapital von Bedeutung, s. ausf. Hüffer/Koch FS Lüer, 2008, 395 ff.
[25] Kölner Komm AktG/*Lutter* Rn. 10; *Than* WM-Festgabe Heinsius, 1991, 54 (56).
[26] Ausf. dazu und zu Maßnahmen zur Vermeidung der Entstehung von Teilrechten *Than* WM-Festgabe Heinsius, 1991, 54 (56 ff.), sowie Kölner Komm AktG/*Lutter* Rn. 10 f.; s. auch Fett/*Spiering* NZG 2002, 358 (359).
[27] MHdB AG/*Scholz* § 60 Rn. 64; K. Schmidt/Lutter/*Veil* Rn. 10; Hüffer/Koch/*Koch* § 213 Rn. 1.
[28] Für die Unwirksamkeit des Beschlusses Hüffer/Koch/*Koch* Rn. 11a; Grigoleit/*Rieder/Holzmann* Rn. 11.
[29] *Than* WM-Festgabe Heinsius, 1991, 54 (55).
[30] Hüffer/Koch/*Koch* Rn. 12a; MHdB AG/*Scholz* § 60 Rn. 13.

Ferner ist festzulegen, in welcher Höhe die jeweilige Rücklage umgewandelt werden soll. Weiter erforderlich ist die Angabe, auf welcher Bilanz der Beschluss über die Kapitalerhöhung beruht (§ 207 Abs. 3).

15 **b) Fakultativer Inhalt.** Die **Angabe des Erhöhungsverhältnisses,** also der Anzahl der bei Ausgabe neuer Aktien auf eine alte entfallenden neuen Aktien, ist nicht notwendig, da dieses sich zwingend aus dem Verhältnis zwischen dem Betrag der Kapitalerhöhung und der Höhe des bisherigen Grundkapitals ergibt. Diese Angabe erhöht aber die Transparenz der Kapitalerhöhung aus Gesellschaftsmitteln für die Aktionäre, für die das Erhöhungsverhältnis leichter nachvollziehbar ist als die bloße Nennung des Erhöhungsbetrages. Sie ist daher allgemein üblich. Wird das Erhöhungsverhältnis angegeben, muss diese Angabe richtig sein. Eine falsche Angabe führt aufgrund des darin liegenden Verstoßes gegen § 212 zur Nichtigkeit dieses Teils des Beschlusses und als Folge dürfte gem. § 139 BGB der gesamte Kapitalerhöhungsbeschluss nichtig sein.[31] Daher ist dazu zu raten, diese Angabe, wie überhaupt sämtliche über den zwingenden Mindestinhalt des Beschlusses hinausgehenden Angaben mit Informationscharakter, nicht im Kapitalerhöhungsbeschluss zu machen, sondern den Aktionären als separate Information zu übermitteln.[32] Dem Informationsbedürfnis der Aktionäre wird so Rechnung getragen, ohne die Wirksamkeit des Beschlusses zu gefährden.

16 Des Weiteren kann im Beschluss über die Kapitalerhöhung festgelegt werden, dass die neuen Aktien bereits am Gewinn des letzten vor der Beschlussfassung abgelaufenen Geschäftsjahres teilnehmen, vgl. § 217 Abs. 2 S. 1. Andernfalls nehmen die neuen Aktien am Gewinn des gesamten, im Zeitpunkt der Beschlussfassung laufenden Geschäftsjahres teil, vgl. § 217 Abs. 1. Zusätzliche Regelungen im Kapitalerhöhungsbeschluss können auch durch die Vorschriften der §§ 216, 218 veranlasst sein, etwa die Änderung der Satzung im Hinblick auf die automatische Erhöhung eines bedingten Kapitals nach § 218 S. 1.

17 **c) Satzungsanpassung.** Durch den Beschluss über die Erhöhung des Grundkapitals wird nicht zugleich auch der Wortlaut der Satzung an das erhöhte Grundkapital angepasst. Dazu ist ein weiterer die Satzung formell ändernder Beschluss erforderlich. Dieser Beschluss wird üblicherweise mit dem Beschluss über die Kapitalerhöhung aus Gesellschaftsmitteln verbunden. Da die Änderung lediglich die Fassung der Satzung betrifft, kann die Hauptversammlung die Satzungsänderung gem. § 179 Abs. 1 S. 2 auf den Aufsichtsrat delegieren bzw. kann der Aufsichtsrat von einer in der Satzung enthaltenen generellen Ermächtigung zur Änderung der Fassung der Satzung Gebrauch machen.[33]

18 **4. Erhöhungsbilanz (Abs. 3).** Nach Abs. 3 ist dem Beschluss eine Bilanz zugrunde zu legen. Auf diese muss sich der Beschluss der Hauptversammlung durch konkrete Bezeichnung der umzuwandelnden Rücklagen beziehen (→ Rn. 14). Die Anforderungen an die Bilanz sind in § 209 geregelt.

19 **5. Anmeldeberechtigte Personen (Abs. 2 S. 1 2. Alt. iVm § 184 Abs. 1).** Der Verweis auf § 184 Abs. 1 gehört systematisch zu der in § 210 geregelten Anmeldung des Kapitalerhöhungsbeschlusses. Nach § 184 Abs. 1 S. 1 haben der Vorstand und der Vorsitzende des Aufsichtsrats den Beschluss über die Erhöhung des Grundkapitals zur Eintragung in das Handelsregister anzumelden. Der Verweis umfasst zwar auch § 184 Abs. 1 S. 2, wonach der Anmeldung der Bericht über die Prüfung von Sacheinlagen beizufügen ist, diese Vorschrift spielt bei der Kapitalerhöhung aus Gesellschaftsmitteln jedoch keine Rolle, da keine Einlagen auf das erhöhte Grundkapital geleistet werden. § 184 Abs. 2 ist von der Bezugnahme des § 207 Abs. 2 S. 1 nicht umfasst.

20 **6. Beschlussmängel.** Ein Kapitalerhöhungsbeschluss, der nicht den zwingenden Inhaltsanforderungen genügt, ist regelmäßig nichtig. Keine Nichtigkeit ist anzunehmen, wenn eine zwingende Angabe fehlt, hinsichtlich dieser Angabe aber keine Wahlmöglichkeiten der Hauptversammlung bestanden, zB die Angabe der Art der Kapitalerhöhung, wenn nur eine Art der Erhöhung in Betracht kommt (→ Rn. 13). Ebenfalls zur Nichtigkeit führt ein Verstoß gegen Abs. 3, da dieser den Schutz der Gesellschaftsgläubiger bezweckt.[34] Ein nichtiger Erhöhungsbeschluss darf nicht in das Handelsregister eingetragen werden.

III. Sonstiges

21 **1. Kapitalmarktrechtliche Aspekte.** Sind die Aktien der Gesellschaft zum Handel im regulierten Markt zugelassen, bedürfen neue Aktien aus einer Kapitalerhöhung aus Gesellschaftsmitteln

---

[31] Kölner Komm AktG/*Lutter* Rn. 14.
[32] Fett/Spiering NZG 2002, 358 (359).
[33] AA Großkomm AktG/*Hirte* § 210 Rn. 19.
[34] Hüffer/Koch/*Koch* Rn. 17; Kölner Komm AktG/*Lutter* Rn. 18; Bürgers/Körber/*Marsch-Barner* Rn. 8; Grigoleit/*Rieder*/Holzmann Rn. 14.

keiner gesonderten Zulassung. § 33 Abs. 4 EGAktG erstreckt die Zulassung auch auf neue Aktien aus einer Kapitalerhöhung aus Gesellschaftsmitteln.[35] Diese Vorschrift geht auf § 18 KapErhG zurück und ist als andere gesetzliche Bestimmung iSd § 32 Abs. 1 BörsG anzusehen. Aufgrund der automatischen Zulassung bedarf es auch keines Prospekts. Die Ausnahme des § 4 Abs. 2 Nr. 5 WpPG ist daher überflüssig.[36]

2. Besteuerung. a) Ausgangspunkt. Auch die Besteuerung der Kapitalerhöhung aus Gesellschaftsmitteln folgte früher der Theorie der **Doppelmaßnahme** (→ Rn. 3). Daher galt auch für steuerliche Zwecke, dass der Vorgang in eine Ausschüttung der Rücklagen an die Aktionäre und eine Wiedereinlage der Ausschüttung in Form der sofortigen Verrechnung aufzuteilen war.[37] Hiermit waren im Regelfall steuerliche Nachteile verbunden. Denn die Aufteilung führte zum einen zu einer Dividendenbesteuerung beim Anleger und zum anderen zu einer Belastung der Einlage mit Gesellschaftsteuer.[38] 22

Parallel zum KapErhG erließ der Gesetzgeber das **KapErhStG**.[39] Zweck des Gesetzes war es, die Kapitalerhöhung aus Gesellschaftsmitteln auch steuerlich als einen einheitlichen Vorgang anzuerkennen und somit von steuerlichen Nachteilen zu befreien. Hinsichtlich der steuerlichen Konsequenzen muss zwischen der Gesellschaft und den Gesellschaftern unterschieden werden. 23

b) Besteuerung des Aktionärs. Hinsichtlich der Besteuerung der Gesellschafter bestimmt § 1 KapErhStG, dass der Wert der neuen Anteilsrechte, die durch die Umwandlung von Rücklagen in Nennkapital einer Kapitalgesellschaft iSv § 1 Abs. 1 Nr. 1 KStG entstehen, nicht zu den Einkünften iSv § 2 Abs. 1 EStG zählt. Folglich stellen die neu gewährten Anteile **weder Einkünfte aus Kapitalvermögen** iSv § 20 EStG noch **Betriebseinnahmen** dar. Diese steuerliche Behandlung trägt dem Umstand Rechnung, dass dem Anleger wirtschaftlich betrachtet durch die Gewährung neuer Aktien nichts zugeflossen ist, sondern sich sein Anteil an der Gesellschaft lediglich auf eine größere Anzahl von Aktien verteilt. Entgegen ihrem Wortlaut gilt die Vorschrift auch, wenn die Kapitalerhöhung aus Gesellschaftsmitteln durch Umwandlung nicht von Rücklagen, sondern von Rücklagenzuführungen unmittelbar aus dem Bilanzgewinn vorgenommen wird.[40] 24

Nach § 3 KapErhStG sind die **Anschaffungskosten** des Gesellschafters auf die Alt- und Neuaktien nach dem Verhältnis der Anteile am Grundkapital zu verteilen. Dies entspricht der Regelung des § 220 für Zwecke der handelsrechtlichen Bilanzierung. 25

Aus der Existenz von § 1 Abs. 1 KapErhStG ergibt sich, dass es sich bei der Kapitalerhöhung aus Gesellschaftsmitteln nach Sicht des Gesetzgebers im Grundsatz um einen Vermögenszufluss und nicht lediglich um eine nachträgliche Minderung der Anschaffungskosten auf die Altaktien handelt.[41] Greift daher diese Vorschrift nicht ein, etwa weil die aktienrechtlichen Voraussetzungen nicht vorgelegen haben, bleibt es also bei einem steuerpflichtigen Zufluss der neu gewährten Aktien beim Gesellschafter.[42] 26

Zu beachten ist, dass § 1 KapErhStG nichts an einer möglichen Steuerpflicht der **späteren Veräußerung** der neuen Aktien ändert. Soweit es hierbei, etwa im Hinblick auf Übergangsregelungen im Zusammenhang mit der Einführung der Abgeltungssteuer, auf den Zeitpunkt des Erwerbs der Aktien ankommt, so ist auf die Anschaffung der Altaktien abzustellen. Denn aus § 1 KapErhStG ergibt sich, dass die Gewährung der neuen Aktien gerade keinen Erwerbstatbestand darstellt.[43] Gleiches gilt für Zwecke von § 17 EStG.[44] 27

---

[35] *Groß* KapitalmarktR WpPG § 4 Rn. 17; aA wohl Großkomm AktG/*Hirte* Rn. 161, der aber für die Frage der Zulassung nicht auf § 33 Abs. 4 EGAktG abstellt.

[36] *Groß* KapitalmarktR WpPG § 4 Rn. 17; NK-AktR/*Grosjean* WpPG § 4 Rn. 16; Holzborn/*Israel* WpPG § 4 Rn. 1.

[37] RFH RStBl. 1934, 370; BFH BStBl. III 1957, 401.

[38] § 2 Abs. 1 Nr. 1 KVStG 1972 unterstellte den erstmaligen Erwerb von Gesellschaftsrechten an einer inländischen Kapitalgesellschaft der Gesellschaftsteuer in Höhe von zuletzt 1 %. Die Gesellschaftsteuer wurde abgeschafft zum 1.1.1992 durch das Finanzmarktförderungsgesetz v. 22.2.1990 (BGBl. 1990 I 226).

[39] Gesetz über steuerrechtliche Maßnahmen bei Erhöhung des Nennkapitals aus Gesellschaftsmitteln und bei Überlassung von eigenen Aktien an Arbeitnehmer (Kapitalerhöhungsteuergesetz – KapErhStG) v. 30.12.1959, BGBl. 1959 I 834.

[40] Blümich/*Broer* KapErhStG § 1 Rn. 9 mwN.

[41] Diese Frage ist bei der Beurteilung der Treueaktien der Deutsche Telekom AG kontrovers diskutiert worden, s. hierzu BFH, BStBl. II 2005, 468: Keine steuerneutrale Minderung der Anschaffungskosten.

[42] Blümich/*Broer* KapErhStG § 1 Rn. 19a.

[43] So auch *Stegemann* BB 2000, 953 (956).

[44] S. BFH DStR 2009, 714, wonach eine Kapitalerhöhung aus Gesellschaftsmitteln die steuerliche Verstrickung von Aktien, die unentgeltlich vom wesentlich beteiligten Rechtsvorgänger erworben wurden, nicht durchbricht.

28 c) Ebene der Gesellschaft. Ertragsteuerlich ist die Umwandlung von Rücklagen in Grundkapital für die Gesellschaft ein **neutraler Vorgang** und zwar unabhängig davon, ob man hierfür den Weg über die Kapitalerhöhung aus Gesellschaftsmitteln oder den Weg der Ausschüttung und sofortigen Wiedereinlage wählt. Denn Kapitaleinlagen und Kapitalentnahmen bleiben bei der Gewinnermittlung durch Betriebsvermögensvergleich (§ 4 Abs. 1 S. 1 EStG) unbeachtet. Hingegen musste die Befreiung der Kapitalerhöhung aus Gesellschaftsmitteln von der **Gesellschaftsteuer** bis zur Abschaffung derselben in § 2 KapErhStG und später in § 7 Abs. 3 Nr. 2a KVStG ausdrücklich statuiert werden.

29 Allerdings muss bei der Kapitalerhöhung aus Gesellschaftsmitteln entschieden werden, welchen steuerlichen Status das neu geschaffene Nennkapital im Hinblick auf eine spätere Kapitalherabsetzung und Ausschüttung an den Gesellschafter besitzt. Daran hat auch der Übergang vom körperschaftsteuerlichen Anrechnungsverfahren zum damaligen Halbeinkünfteverfahren im Zuge der Unternehmenssteuerreform 2000 nichts geändert, da Rückzahlungen des Nennkapitals beim Gesellschafter nicht steuerpflichtig sind.

30 Nach § 28 KStG ist für steuerliche Zwecke zu unterstellen, dass die Umwandlung aus dem **steuerlichen Einlagenkonto** finanziert ist. Im steuerlichen Einlagenkonto einer Kapitalgesellschaft sind die nicht in das Nennkapital geleisteten Einlagen der Gesellschafter auszuweisen, § 27 KStG. Durch diesen Ausweis will der Gesetzgeber sicherstellen, dass – nicht anders als bei der Rückzahlung von Nennkapital – Rückzahlungen dieser Einlagen nicht als Einkünfte aus Kapitalvermögen besteuert werden.[45] Denn Ausschüttungen einer Kapitalgesellschaft, für die das steuerliche Einlagenkonto als verwendet gilt, zählen nach § 20 Abs. 1 Nr. 1 S. 3 EStG ebenfalls nicht zu den Kapitaleinkünften.

31 Um einen Sonderausweis zu vermeiden schreibt daher § 28 Abs. 1 KStG vor, dass für die Kapitalerhöhung aus Gesellschaftsmitteln zunächst das steuerliche Einlagenkonto einzusetzen ist, da sich die steuerliche Behandlung von Ausschüttungen aus dem Einlagenkonto und der Rückzahlung von Nennkapital nicht unterscheiden. Sind nach Verbrauch des Einlagenkontos auch sonstige Rücklagen für die Umwandlung in Nennkapital heranzuziehen, muss dieser Betrag nach § 28 Abs. 1 S. 3 KStG gesondert ausgewiesen werden. Kommt es später zu einer Herabsetzung des Nennkapitals und einer Rückzahlung an die Aktionäre, liegen in Höhe dieses Sonderausweises steuerpflichtige Einkünfte aus Kapitalvermögen vor, § 28 Abs. 2 S. 2 KStG. Dies ist konsequent, da die direkte Ausschüttung von Gewinnrücklagen, ohne zwischenzeitliche Umwandlung in Grundkapital der Gesellschaft, ebenfalls der Dividendenbesteuerung unterliegt.

32 **d) Schütt-aus-Hol-zurück-Verfahren.** Weiterhin möglich ist das so genannte Schütt-aus-Hol-zurück-Verfahren, bei dem die Gewinnausschüttung mit einer unmittelbar nachfolgenden Wiedereinlage der ausgeschütteten Beträge kombiniert wird. Dieses der Theorie der Doppelmaßnahme entsprechende Verfahren war unter dem körperschaftsteuerlichen Anrechnungsverfahren mit Vorteilen verbunden, da hier ausgeschüttete Gewinne mit einem niedrigeren Körperschaftsteuersatz belegt waren als thesaurierte Gewinne. Seit Abschaffung des Anrechnungsverfahrens hat das Schütt-aus-Hol-zurück-Verfahren weitgehend an Bedeutung eingebüßt, da es seither nur noch einen einheitlichen Körperschaftsteuersatz für thesaurierte und ausgeschüttete Gewinne gibt.[46]

33 **3. Kosten.** Bei der Kapitalerhöhung aus Gesellschaftsmitteln verursachen die Beurkundung des Erhöhungsbeschlusses und die Anmeldung des Beschlusses zur Eintragung im Handelsregister sowie die Eintragung selbst Kosten. Die Kapitalerhöhung aus Gesellschaftsmitteln unterscheidet sich an diesem Punkt nicht von der Kapitalerhöhung gegen Einlagen[47] mit der Ausnahme, dass es bei der Kapitalerhöhung aus Gesellschaftsmitteln nur einer Eintragung im Handelsregister bedarf.[48]

§ 208 Umwandlungsfähigkeit von Kapital- und Gewinnrücklagen

(1) ¹Die Kapitalrücklage und die Gewinnrücklagen, die in Grundkapital umgewandelt werden sollen, müssen in der letzten Jahresbilanz und, wenn dem Beschluß eine andere Bilanz zugrunde gelegt wird, auch in dieser Bilanz unter „Kapitalrücklage" oder „Gewinnrücklagen" oder im letzten Beschluß über die Verwendung des Jahresüberschusses oder des Bilanzgewinns als Zuführung zu diesen Rücklagen ausgewiesen sein. ²Vorbehaltlich des Absatzes 2 können andere Gewinnrücklagen und deren Zuführungen in voller

---

[45] Gosch/*Bauschatz* KStG § 27 Rn. 10.
[46] So auch die Einschätzung von *Dötsch* KStG Vor § 1 Rn. 18.
[47] Zu den Kosten bei → § 182 Rn. 82 ff.
[48] Bei der Kapitalerhöhung gegen Einlagen bedürfen sowohl der Beschluss über die Kapitalerhöhung als auch ihre Durchführung der Anmeldung zur Eintragung im Handelsregister (§§ 184, 188), allerdings können beide Anmeldungen miteinander verbunden werden.

Höhe, die Kapitalrücklage und die gesetzliche Rücklage sowie deren Zuführungen nur, soweit sie zusammen den zehnten oder den in der Satzung bestimmten höheren Teil des bisherigen Grundkapitals übersteigen, in Grundkapital umgewandelt werden.

(2) ¹Die Kapitalrücklage und die Gewinnrücklagen sowie deren Zuführungen können nicht umgewandelt werden, soweit in der zugrunde gelegten Bilanz ein Verlust einschließlich eines Verlustvortrags ausgewiesen ist. ²Gewinnrücklagen und deren Zuführungen, die für einen bestimmten Zweck bestimmt sind, dürfen nur umgewandelt werden, soweit dies mit ihrer Zweckbestimmung vereinbar ist.

Schrifttum: S. das Schrifttum zu § 207.

Übersicht

	Rn.		Rn.
I. Allgemeines	1–3	**III. Beschränkungen (Abs. 1 S. 2 und Abs. 2)**	18–32
1. Zweck	1	1. Beschränkung der Höhe nach (Abs. 1 S. 2)	18–23
2. Entwicklung der Vorschrift	2	a) Andere Gewinnrücklagen	18
3. Überblick	3	b) Sicherung der gesetzlichen Rücklage	19–23
II. Umwandlungsfähigkeit von Rücklagen (Abs. 1 S. 1)	4–17	2. Keine Umwandlung in Verlustsituation (Abs. 2 S. 1)	24–29
1. Rücklagen	4–9	a) Grundregel	24–27
a) Kapitalrücklage	5	b) Berücksichtigung weiterer Gegenpositionen?	28
b) Gewinnrücklage	6	c) Bilanzausweis	29
c) Rücklage für eigene Anteile und für Anteile an verbundenen Unternehmen	7	3. Umwandlung zweckbestimmter Gewinnrücklagen (Abs. 2 S. 2)	30–32
d) Weitere Rücklagen der Gesellschaft	8, 9	**IV. Rechtsfolgen bei Verstoß**	33, 34
2. Zuführungen zu den Rücklagen	10–13	1. Abs. 1 und Abs. 2 S. 1	33
3. Ausweis in der Bilanz	14–17	2. Verstoß gegen Zweckbestimmung	34

I. Allgemeines

1. Zweck. In Ergänzung zu § 207 Abs. 1 regelt § 208, wie die Rücklagen der Aktiengesellschaft **1** beschaffen sein müssen, damit sie in Grundkapital umgewandelt werden können. Dabei dienen die in Abs. 1 und Abs. 2 S. 1 genannten Anforderungen dem Prinzip der Kapitalaufbringung. Da die Kapitalerhöhung aus Gesellschaftsmitteln eine echte Kapitalerhöhung ist, muss sichergestellt werden, dass nur tatsächlich in der Gesellschaft vorhandenes Vermögen als Grundkapital ausgewiesen wird. Zweck der Vorschrift ist damit die Kontrolle, ob das für die Umwandlung heranzuziehende Vermögen tatsächlich gebildet wurde und der Gesellschaft noch zur Verfügung steht.[1] Eine andere, nämlich mehr gesellschaftsinterne, Bedeutung besitzt hingegen Abs. 2 S. 2, wonach die Umwandlung zweckbezogener Gewinnrücklagen in Grundkapital die Vereinbarkeit der Kapitalerhöhung mit dieser Zweckbestimmung voraussetzt. Es fällt auf, dass für die Kapitalerhöhung aus Gesellschaftsmitteln Rücklagen der Gesellschaft in größerem Umfang verwendet werden können, als dies nach § 150 Abs. 3 für die Auflösung und anschließende Ausschüttung von Rücklagen der Fall ist. Daher wird auch vorgeschlagen, die Kapitalerhöhung aus Gesellschaftsmitteln als Mittel zur Befreiung der Rücklagen von ihrer Ausschüttungssperre einzusetzen (→ § 207 Rn. 6a).

2. Entwicklung der Vorschrift. § 208 geht auf § 2 KapErhG zurück. Die Vorschrift wurde **2** allerdings durch das BiRiLiG[2] völlig neu gefasst. Insbesondere erlaubt das Gesetz seither auch die Umwandlung von Rücklagenzuführungen in Grundkapital (→ Rn. 10 ff.).

3. Überblick. Abs. 1 S. 1 benennt die für die Umwandlung in Grundkapital zur Verfügung **3** stehenden Rücklagen und Rücklagenzuführungen. Der nachfolgende Abs. 1 S. 2 enthält eine Beschränkung der Kapitalerhöhung aus Gesellschaftsmitteln zum Zwecke der Sicherung der gesetzlichen Rücklage iSv § 150. Abs. 2 beschränkt in Satz 1 die Umwandlung in Grundkapital für die Dauer einer Verlustsituation, während S. 2 eine Einschränkung für die Verwendung zweckgebundener Rücklagen enthält.

---

[1] Kölner Komm AktG/*Lutter* Rn. 2; Großkomm AktG/*Hirte* Rn. 4.
[2] Gesetz zur Durchführung der Vierten, Siebenten und Achten Richtlinie des Rates der Europäischen Gemeinschaften zur Koordinierung des Gesellschaftsrechts (Bilanzrichtlinien-Gesetz) v. 19.12.1985, BGBl. 1985 I 2355.

II. Umwandlungsfähigkeit von Rücklagen (Abs. 1 S. 1)

4 1. Rücklagen. Für die Kapitalerhöhung aus Gesellschaftsmitteln kommen nur die in Abs. 1 S. 1 genannten Rücklagen und Rücklagenzuführungen in Betracht. Es handelt sich hierbei um die Kapitalrücklage und die Gewinnrücklagen der Gesellschaft iSv § 266 Abs. 3 A. III. HGB einschließlich entsprechender Rücklagenzuführungen.

5 a) Kapitalrücklage. Umgewandelt werden kann zunächst – vorbehaltlich der Einschränkungen in § 208 – die Kapitalrücklage der Gesellschaft. Die Kapitalrücklage entsteht durch weitere Kapitalzuführungen derzeitiger und künftiger Aktionäre, § 272 Abs. 2 HGB. Des Weiteren sind Beträge in die Kapitalrücklage einzustellen bei der Einziehung von Aktien im vereinfachten Verfahren nach § 237 Abs. 5 und wenn sich im Rahmen der vereinfachten Kapitalherabsetzung der auszugleichende Verlust als zu hoch angesetzt erweist, § 232.

6 b) Gewinnrücklage. Anders als die Kapitalrücklage entstehen Gewinnrücklagen nicht durch Kapitalzuführungen von außen, sondern aus der Thesaurierung von Gewinnen, § 272 Abs. 3 HGB. Bilanziell ist nach § 266 Abs. 3 A. III. HGB zwischen der gesetzlichen Rücklage iSv § 150, der Rücklage für eigene Anteile, den satzungsmäßigen Rücklagen und den anderen Gewinnrücklagen zu unterscheiden. Im Hinblick auf die verschiedenen Formen von Gewinnrücklagen ist § 208 ungenau formuliert. Obgleich in Abs. 1 S. 2 nur von der gesetzlichen Rücklage und den anderen Gewinnrücklagen die Rede ist, entspricht es der allgemeinen Auffassung, dass auch die satzungsmäßigen Rücklagen für die Kapitalerhöhung aus Gesellschaftsmitteln herangezogen werden können, da es sich insoweit um ein Redaktionsversehen des Gesetzgebers handelt.[3]

7 c) Rücklage für eigene Anteile und für Anteile an verbundenen Unternehmen. Zu den Gewinnrücklagen iSv § 266 Abs. 3 A. III. zählte bis zum Inkrafttreten des BilMoG auch die in § 272 Abs. 4 HGB a. F. vorgeschriebene Rücklage für eigene Anteile. Um zu gewährleisten, dass für den Rückkauf von Anteilen nur in der Gesellschaft vorhandene Gewinne verwendet werden, musste nach dieser Regelung in Höhe des auf der Aktivseite für die eigenen Anteile angesetzten Betrags eine Rücklage gebildet werden. § 272 Abs. 1a HGB sieht hingegen jetzt vor, dass der Nennbetrag bzw. der rechnerische Wert von erworbenen eigenen Aktien offen vom Grundkapital abzusetzen ist. Hingegen bleibt es bei der Rücklage für Anteile an einem bestehenden oder mit Mehrheit beteiligten Unternehmen nach § 272 Abs. 4 HGB. Obgleich auch diese Rücklage vom Wortlaut des § 208 erfasst ist, entspricht es der ganz einhelligen Auffassung, dass sie nicht in Grundkapital umgewandelt werden kann.[4] Dies ergibt sich aus dem Umstand, dass diese Rücklage nach § 272 Abs. 4 HGB **zweckbestimmt** ist und Abs. 2 S. 2 eine Umwandlung zweckbestimmter Rücklagen nur zulässt, wenn die Kapitalerhöhung aus Gesellschaftsmitteln mit diesem Zweck vereinbar ist. Dies ist bei der Rücklage nach § 272 Abs. 4 HGB nicht der Fall.

8 d) Weitere Rücklagen der Gesellschaft. Die Auflistung der in §§ 207, 208 genannten Rücklagen ist abschließend.

9 Weitere Rücklagen der Gesellschaft können für eine Erhöhung des Grundkapitals nicht verwendet werden. Dies gilt etwa für eventuelle **stille Reserven** in der Bilanz der Gesellschaft. Wirtschaftlich betrachtet stellen stille Reserven, die etwa durch die Unterbewertung von Vermögensgegenständen entstanden sind, ebenfalls Rücklagen dar. Allerdings werden sie in der Bilanz nicht ausgewiesen. Daher fehlt es insoweit an der für die Kapitalerhöhung aus Gesellschaftsmitteln notwendigen Rücklagenpublizität (→ § 207 Rn. 2). Die Umwandlung stiller Reserven in Grundkapital setzt daher deren Aufdeckung im Rahmen einer Gewinnrealisierung und ihre Zuführung zu den Rücklagen voraus.

10 2. Zuführungen zu den Rücklagen. Seit dem BiRiLiG aus dem Jahre 1985[5] beschränkt das Gesetz die Kapitalerhöhung aus Gesellschaftsmitteln nicht auf die Umwandlung bereits ausgewiesener Rücklagen. Vielmehr ist seither auch eine Verwendung von Rücklagenzuführungen möglich. Insoweit lässt sich von „zukünftigen Rücklagen"[6] oder auch „potentiellen Rücklagen"[7] sprechen, wobei die betreffenden Beträge jedoch nicht erst in eine Rücklage eingestellt und im Anschluss in Grundkapital umgewandelt werden müssen, sondern die Kapitalerhöhung aus Gesellschaftsmitteln unmittelbar auf Grundlage der Rücklagenzuführung vorgenommen werden kann. Entgegen ihrem Wortlaut

---

[3] Großkomm AktG/*Hirte* Rn. 9; MüKoAktG/*Arnold* Rn. 14; Bürgers/Körber/*Marsch-Barner* Rn. 2.

[4] Kölner Komm AktG/*Lutter* Rn. 12; Hüffer/Koch/*Koch* Rn. 4; Großkomm AktG/*Hirte* Rn. 40; Bürgers/Körber/*Marsch-Barner* Rn. 2.

[5] Gesetz zur Durchführung der Vierten, Siebenten und Achten Richtlinie des Rates der Europäischen Gemeinschaften zur Koordinierung des Gesellschaftsrechts (Bilanzrichtlinien-Gesetz) v. 19.12.1985, BGBl. 1985 I 2355.

[6] Kölner Komm AktG/*Lutter* Rn. 3.

[7] Hüffer/Koch/*Koch* Rn. 5.

erfasst die Regelung ausschließlich **Zuführungen zu den Gewinnrücklagen**. Denn die in der Vorschrift ebenfalls erwähnte Kapitalrücklage wird nicht durch Gewinnzuweisungen dotiert. Dieser Teil der Vorschrift geht also ins Leere.[8]

Ebenfalls ins Leere geht die Bestimmung, soweit sie von einer Zuführung zu den Rücklagen „im letzten Beschluss über die Verwendung des Jahresüberschusses" spricht. Denn ein gesonderter Beschluss über die Ergebnisverwendung wird nicht gefasst. Vielmehr wird über diese Ergebnisverwendung **im Rahmen der Feststellung des Jahresabschlusses** entschieden.[9] Wird die Feststellung des Jahresabschlusses nach § 58 Abs. 2 von der Verwaltung vorgenommen und stellt diese einen Teil des Jahresüberschusses in andere Gewinnrücklagen ein, werden die betreffenden Beträge bereits im festgestellten Jahresabschluss in den Rücklagen ausgewiesen. Sie stehen damit der Hauptversammlung, die über die Verwendung des Bilanzgewinns zu entscheiden hat, als Rücklage – und nicht bloß als Rücklagenzuführung – für die Kapitalerhöhung aus Gesellschaftsmitteln zur Verfügung.[10] Gleiches gilt, wenn die Hauptversammlung über die Feststellung des Jahresabschlusses beschließt, §§ 173, 234 Abs. 2, § 270 Abs. 2 und § 286 Abs. 1.[11] 11

Daher liegt die eigentliche Bedeutung der im Gesetz erwähnten Rücklagenzuführungen darin, der Hauptversammlung im Rahmen der Gewinnverwendung nach § 174 die Möglichkeit zu geben, den Bilanzgewinn für die Umwandlung in Grundkapital zu verwenden. Damit kann die Kapitalerhöhung in derselben Hauptversammlung beschlossen werden, welche über die Rücklagenzuführung entschieden hat.[12] Dabei ist es erforderlich, dass zunächst über die Gewinnverwendung bzw. Rücklagenzuführung und erst im Anschluss über die Kapitalerhöhung entschieden wird.[13] Es handelt sich insoweit um den Beschluss zur Ausschüttung einer **Aktiendividende**. 12

Zu beachten ist, dass der Gewinn im Hauptversammlungsbeschluss tatsächlich den Rücklagen iSv § 174 Abs. 2 Nr. 3 zugewiesen werden muss. Es genügt daher nicht, den Gewinn auf neue Rechnung **vorzutragen**.[14] Ein aus einem früheren Jahr stammender Gewinnvortrag kann ebenfalls nicht unmittelbar für die Kapitalerhöhung aus Gesellschaftsmitteln herangezogen werden. Allerdings ist es möglich, einen dem Gewinnvortrag entsprechenden Betrag im Verwendungsbeschluss den Rücklagen zuzuführen und ebenfalls in Grundkapital umzuwandeln.[15] 13

3. Ausweis in der Bilanz. Das Gesetz verlangt, dass die umzuwandelnden Rücklagen in der letzten Jahresbilanz unter der Kapitalrücklage oder den Gewinnrücklagen ausgewiesen sind. Dies gilt auch für Rücklagenzuführungen. Die Anforderungen an die Bilanz selbst sind in § 209 geregelt. 14

Soll der Kapitalerhöhung aus Gesellschaftsmitteln eine eigens hierfür erstellte **Erhöhungsbilanz** zugrunde gelegt werden, wie dies § 209 Abs. 2–6 erlauben, so müssen die Rücklagen „auch" in dieser Erhöhungsbilanz ausgewiesen sein.[16] Es ist also nicht ausreichend, die Rücklage nur in der Erhöhungsbilanz anzusetzen. Vielmehr kommt die Umwandlung nur in Betracht, wenn die Rücklage sowohl in der Erhöhungsbilanz als auch in der letzten Jahresbilanz besteht. Hat sich die Höhe der betreffenden Rücklagen zwischen Jahresabschluss und Erhöhungsbilanz geändert, kann nur der niedrigere Betrag in Grundkapital umgewandelt werden.[17] 15

Eine **Zuführung** zu den Rücklagen kann nur auf Grundlage eines Jahresabschlusses, nicht auch einer Erhöhungsbilanz iSv § 209 Abs. 2–6 vorgenommen werden. Macht die Hauptversammlung von der Möglichkeit Gebrauch, für die Kapitalerhöhung aus Gesellschaftsmitteln eine eigens erstellte Erhöhungsbilanz heranzuziehen, so sind die im letzten Gewinnverwendungsbeschluss als Rücklagenzuführungen ausgewiesenen Beträge in der Erhöhungsbilanz bereits in den Rücklagen zu erfassen.[18] 16

Aus der Abschaffung von § 207 Abs. 3 aF (→ § 207 Rn. 10) ergibt sich, dass der Begriff „letzte Jahresbilanz" nicht notwendigerweise die Bilanz des letzten vor der Beschlussfassung über die Kapitalerhöhung abgelaufenen Geschäftsjahres meint. In den ersten Monaten des neuen Geschäftsjahres kommt es insbesondere auch in Betracht, sich auf den Jahresabschluss des **vorletzten Geschäftsjahres** zu beziehen, wenn dies der letzte festgestellte Abschluss ist. Da allerdings in dieser Konstellation außer bei einem Rumpfgeschäftsjahr seit dem Stichtag dieses Abschlusses die Achtmonatsfrist des 17

---

[8] So auch MüKoAktG/*Arnold* Rn. 6.
[9] MüKoAktG/*Arnold* Rn. 11. S. auch Bürgers/Körber/*Marsch-Barner* Rn. 3 sowie OLG Stuttgart AG 2003, 527 (529).
[10] Großkomm AktG/*Hirte* Rn. 10.
[11] Großkomm AktG/*Hirte* Rn. 10.
[12] *Than* WM-Festgabe Heinsius, 1991, 56.
[13] MüKoAktG/*Arnold* Rn. 9.
[14] *Fett/Spiering* NGZ 2002, 359 f.
[15] MüKoAktG/*Arnold* Rn. 15.
[16] Anders ist die Situation im Hinblick auf einen möglichen Verlust iSv Abs. 2 S. 1, → Rn. 27.
[17] MüKoAktG/*Arnold* Rn. 5.
[18] So auch Hüffer/Koch/*Koch* Rn. 5.

§ 209 Abs. 1 abgelaufen sein wird, kommt insoweit nur eine Kapitalerhöhung aus Gesellschaftsmitteln auf Grundlage einer Erhöhungsbilanz in Betracht.[19]

III. Beschränkungen (Abs. 1 S. 2 und Abs. 2)

18 1. **Beschränkung der Höhe nach (Abs. 1 S. 2). a) Andere Gewinnrücklagen.** Abs. 1 S. 2 bestimmt, in welchem Umfang die genannten Rücklagen für eine Kapitalerhöhung aus Gesellschaftsmitteln verwendet werden können. Dabei unterscheidet die Vorschrift zwischen der Kapitalrücklage sowie der gesetzlichen Rücklage auf der einen und den anderen Gewinnrücklagen auf der anderen Seite. Während die Regelung für die Umwandlung der Kapitalrücklage und der gesetzlichen Rücklage eine Beschränkung enthält, ist die Gesellschaft, vorbehaltlich von Abs. 2, bei der Verwendung der anderen Gewinnrücklagen frei.

19 b) **Sicherung der gesetzlichen Rücklage.** Als Gewinnrücklage ist im Grundsatz auch die gesetzliche Rücklage iSv § 150 umwandlungsfähig (→ Rn. 6). Allerdings bestimmt Abs. 1 S. 2 korrespondierend mit § 150 Abs. 4 Nr. 3, dass die Kapitalrücklage und die gesetzliche Rücklage einschließlich deren Zuführungen nur insoweit für die Kapitalerhöhung aus Gesellschaftsmitteln herangezogen werden dürfen, als sie zusammen 10 % des bisherigen Grundkapitals oder einen in der Satzung festgelegten höheren Grenzbetrag übersteigen. Zweck der Regelung ist die Sicherung der gesetzlichen Rücklage, da der Zwang zur Bildung der gesetzlichen Rücklage nicht durch eine Kapitalerhöhung aus Gesellschaftsmitteln unterlaufen werden soll.[20] Die gesetzliche Rücklage unterliegt **strengeren Bindungen** als andere Gewinnrücklagen, da sie selbst dann nicht für Gewinnausschüttungen herangezogen werden kann, wenn ihre Höhe den in § 150 Abs. 2 verlangten Betrag übersteigt.[21]

20 Zu beachten ist, dass in den Grenzen von Abs. 1 S. 2 sowohl die Kapitalrücklage als auch die gesetzliche Rücklage einschließlich der Rücklagenzuführungen für die Kapitalerhöhung verwendet werden dürfen.[22] Denn beide bilden gemeinsam den nach Maßgabe des § 150 Abs. 2 zu bildenden **Reservefonds**.[23] Anders als im Falle der Verwendung der gesetzlichen Rücklage zum Zwecke des Verlustausgleichs ist deren Umwandlung in Grundkapital auch dann erlaubt, wenn gleichzeitig Gewinnrücklagen zur Gewinnausschüttung aufgelöst werden, s. § 150 Abs. 4.

21 Die Begrenzung des Abs. 1 S. 2 bemisst sich nach der Höhe des Grundkapitals vor der Rücklagenumwandlung.[24] Daher ist es denkbar, dass die Kapitalrücklage und die gesetzliche Rücklage unmittelbar nach Wirksamwerden der Kapitalerhöhung den Grenzbetrag wieder unterschreiten. Dann muss nach § 150 Abs. 2 die gesetzliche Rücklage **wieder aufgefüllt** werden.

22 Abs. 1 S. 2 beschränkt die Umwandlung der Kapitalrücklage iSv § 272 Abs. 2 HGB, dh ohne nähere Spezifizierung, welche Art von Kapitalrücklage hiervon erfasst ist. Hingegen bilden nach § 150 Abs. 2 nur die Kapitalrücklage iSv § 272 Abs. 2 Nr. 1–3 HGB gemeinsam mit der gesetzlichen Rücklage den Reservefonds. Dementsprechend schränkt § 150 Abs. 3 und 4 die Verwendung der aus **anderen Zuzahlungen der Gesellschafter** entstandenen Kapitalrücklage iSv § 272 Abs. 2 Nr. 4 HGB nicht ein. Offensichtlich handelt es sich bei dieser Abweichung zwischen Abs. 1 S. 2 und § 150 um ein Redaktionsversehen.[25] Daher kann die Kapitalrücklage iSv § 272 Abs. 2 Nr. 4 HGB uneingeschränkt in Grundkapital umgewandelt werden.[26] Im Gegenzug ist diese Kapitalrücklage auch nicht in die Berechnung der 10 %-Grenze einzubeziehen. Daher darf die gesetzliche Rücklage nur dann zur Kapitalerhöhung aus Gesellschaftsmitteln herangezogen werden, wenn der Reservefonds aus der Kapitalrücklage iSv § 272 Abs. 2 Nr. 1–3 HGB vollständig aufgefüllt ist. Zu beachten ist, dass die Umwandlungsbeschränkung auch die Kapitalrücklage iSv § 232 und § 237 Abs. 5 erfasst, da deren fehlende Erwähnung in § 150 ebenfalls ein Redaktionsversehen darstellt.[27]

23 Strittig ist, ob ein in der Satzung festgesetzter höherer Grenzbetrag iSv § 150 Abs. 2 zeitgleich mit dem Beschluss über die Kapitalerhöhung aus Gesellschaftsmitteln herabgesetzt werden kann.[28] Da die **Änderung des Grenzbetrages** nach § 181 Abs. 3 erst mit Eintragung der Satzungsänderung

---

[19] Siehe auch die Begründung zur Abschaffung von § 207 Abs. 3: BT-Drs. 14/8769, 24.
[20] Großkomm AktG/*Hirte* Rn. 15.
[21] Aus diesem Grund wird auch vorgeschlagen, durch die zwischenzeitliche Kapitalerhöhung aus Gesellschaftsmitteln die Ausschüttungssperren zu überwinden.
[22] MüKoAktG/*Arnold* Rn. 24; Großkomm AktG/*Hirte* Rn. 19 mwN.
[23] Hüffer/Koch/*Koch* § 150 Rn. 1.
[24] Bürgers/Körber/*Marsch-Barner* Rn. 6; Grigoleit/*Rieder/Holzmann* Rn. 6.
[25] MüKoAktG/*Arnold* Rn. 21 und Großkomm AktG/*Hirte* Rn. 16 jeweils mwN.
[26] MüKoAktG/*Arnold* Rn. 21 f.; Großkomm AktG/*Hirte* Rn. 16.
[27] Bürgers/Körber/*Marsch-Barner* Rn. 6.
[28] Vgl. MüKoAktG/*Arnold* Rn. 25 mwN.

in das Handelsregister wirksam wird, ist eine Verknüpfung mit der Kapitalerhöhung abzulehnen.[29] Die für eine solche Verknüpfungsmöglichkeit vorgebrachten Argumente[30] können angesichts des klaren Gesetzeswortlauts nicht überzeugen.

2. Keine Umwandlung in Verlustsituation (Abs. 2 S. 1). a) Grundregel. Nach Abs. 2 S. 1 24 kommt eine Kapitalerhöhung aus Gesellschaftsmitteln nicht in Betracht, soweit in der dem Umwandlungsbeschluss zugrunde liegenden Bilanz ein Verlust oder ein Verlustvortrag ausgewiesen ist. Der Ausweis eines Verlustes ist Ausdruck der Tatsache, dass in dieser Höhe in der Gesellschaft **kein umwandlungsfähiges Vermögen** vorhanden ist.[31]

Hintergrund der Vorschrift ist der Umstand, dass es keine Pflicht gibt, einen Verlust durch 25 die Auflösung von Rücklagen auszugleichen. Folglich können Gewinnrücklagen unbeschadet einer Verlustsituation bestehen bleiben und würden, ohne die Beschränkung des Abs. 2 S. 1, für eine Umwandlung in Grundkapital weiter zur Verfügung stehen. Die Vorschrift soll also erreichen, dass die umzuwandelnde Rücklage nicht nur formell, sondern auch materiell, also auch nach Verrechnung mit etwaigen passiven Gegenposten, vorhanden ist.[32] Übersteigen die betreffenden Rücklagen einen ausgewiesenen Verlust oder einen Verlustvortrag, bleibt die Kapitalerhöhung in Höhe des übersteigenden Betrages möglich.[33]

Die Regelung bezieht sich auf die Gesamtheit der für eine Umwandlung in Grundkapital in 26 Betracht kommenden Rücklagen[34] und beschränkt sich anders als in Abs. 1 S. 2 nicht auf den Reservefonds iSv § 150 Abs. 2. Es ist nicht möglich, den betreffenden Verlust mit **nicht umwandlungsfähigen Rücklagen zu saldieren**.[35] Denn dies würde wirtschaftlich dazu führen, dass an sich nicht umwandlungsfähige Rücklagen für die Kapitalerhöhung aus Gesellschaftsmitteln herangezogen werden.[36]

Anders als in Bezug auf die Rücklagen selbst ist für die Frage einer möglichen Verlustberücksichti- 27 gung nur die Bilanz von Bedeutung, die der Kapitalerhöhung zugrunde gelegt wird. Handelt es sich hierbei um eine besondere Erhöhungsbilanz iSv § 209 Abs. 2, so kommt es auf den Verlustausweis in der letzten Jahresbilanz nicht an.[37]

b) Berücksichtigung weiterer Gegenpositionen? Vor Änderung durch das BiRiLiG[38] enthielt 28 § 208 auch insoweit ein Umwandlungsverbot, als andere Gegenposten zum Eigenkapital in der Bilanz der Gesellschaft ausgewiesen waren. Aufgrund dieser Regelung wurde früher diskutiert, ob solche Aktivposten, deren Vermögenswert in Zweifel gezogen werden könnten, wie etwa ein Geschäfts- oder Firmenwert, gleichfalls von den an sich umwandlungsfähigen Rücklagen abzuziehen sind.[39] Diese Diskussion hat sich durch den neuen Wortlaut von § 208 erübrigt. Allerdings waren vor deren Abschaffung durch das BilMoG als bloße **Bilanzierungshilfe** anzusehende Aktivpositionen wie etwa Aufwendungen für die Ingangsetzung des Geschäftsbetriebs weiterhin als Abzugsposten zu berücksichtigen.[40]

c) Bilanzausweis. Die Umwandlungssperre iSv Abs. 2 S. 1 kann sich stets nur aus der dem 29 Kapitalerhöhungsbeschluss zugrunde liegenden Bilanz ergeben. Allerdings sind die Anmeldenden nach § 210 Abs. 1 verpflichtet, eine Erklärung abzugeben, dass nach ihrer Kenntnis seit dem Stichtag der Bilanz keine Vermögensminderung eingetreten ist, welche der Kapitalerhöhung entgegenstünde.

3. Umwandlung zweckbestimmter Gewinnrücklagen (Abs. 2 S. 2). Ist eine Gewinnrück- 30 lage für einen bestimmten Zweck vorgesehen, so erlaubt Abs. 2 S. 2 deren Umwandlung in Grundkapital nur, soweit dies mit der jeweiligen Zweckbestimmung vereinbar ist. Gleiches gilt für die Umwandlung von Rücklagenzuführungen iSv Abs. 1 S. 1. Die Vorschrift soll vermeiden, dass eine zweckbestimmte Rücklage durch die Kapitalerhöhung aus Gesellschaftsmitteln ihrer **Zweckbestim-**

---

[29] Kölner Komm AktG/*Lutter* Rn. 10.
[30] Großkomm AktG/*Hirte* Rn. 20; Hüffer/Koch/*Koch* Rn. 6; MüKoAktG/*Arnold* Rn. 25.
[31] Hüffer/Koch/*Koch* Rn. 7; Großkomm AktG/*Hirte* Rn. 22.
[32] Kölner Komm AktG/*Lutter* Rn. 14.
[33] Kölner Komm AktG/*Lutter* Rn. 16.
[34] MüKoAktG/*Arnold* Rn. 26; Großkomm AktG/*Hirte* Rn. 23.
[35] Allgemeine Auffassung s. Hüffer/Koch/*Koch* Rn. 7; MüKoAktG/*Arnold* Rn. 32.
[36] Großkomm AktG/*Hirte* Rn. 29.
[37] Großkomm AktG/*Hirte* § 209 Rn. 33; Kölner Komm AktG/*Lutter* § 209 Rn. 11.
[38] Gesetz zur Durchführung der Vierten, Siebenten und Achten Richtlinie des Rates der Europäischen Gemeinschaften zur Koordinierung des Gesellschaftsrechts (Bilanzrichtlinien-Gesetz) v. 19.12.1985, BGBl. 1985 I 2355.
[39] S. *Geßler* WM-Sonderbeil. 1/1960, 11 (15).
[40] So auch Großkomm AktG/*Hirte* Rn. 28; MüKoAktG/*Arnold* Rn. 31.

mung entzogen wird. Die Vorschrift enthält keine Begrenzung der Umwandlung der Kapitalrücklage.

31 Die Zweckbestimmung einer Rücklage kann sich aus dem Gesetz oder der Satzung ergeben. Ein Beispiel für eine gesetzliche Regelung ist die bereits erwähnte Rücklage für eigene Anteile iSv § 272 Abs. 4 HGB (→ Rn. 7). Daneben ist es aber auch möglich, dass der Zweck im Beschluss über die Rücklagenzuführung festgelegt wird.

32 Das Gesetz erlaubt die Umwandlung zweckbestimmter Gewinnrücklagen dann, wenn die Kapitalerhöhung mit dem betreffenden **Zweck vereinbar** ist. Daher ist mit der Zweckbindung der Rücklage nicht automatisch deren mangelnde Umwandlungsfähigkeit verbunden. Wird die Rücklage für die Anschaffung aktivierungsfähiger Vermögensgegenstände verwendet, soll die Vereinbarkeit im Grundsatz stets gegeben sein, da hierdurch der Gesellschaft Vermögen nicht entzogen wird.[41] Dies erscheint zweifelhaft, da auch die Vermögensumschichtung eine Vermögensdisposition darstellt, die ihrerseits mit der Zweckbestimmung vereinbar sein muss.

IV. Rechtsfolgen bei Verstoß

33 **1. Abs. 1 und Abs. 2 S. 1.** Da die Anforderungen von § 208 mit Ausnahme von Abs. 2 S. 2 die Interessen des Gläubigerschutzes verfolgen, führt ein Verstoß gegen diese Vorschriften zur **Nichtigkeit** des Kapitalerhöhungsbeschlusses (→ § 241 Nr. 3).

34 **2. Verstoß gegen Zweckbestimmung.** Anders als die restlichen Regelungen von § 208 dient die Sicherung der Zweckbestimmung einer Gewinnrücklage nicht den Interessen der Gläubiger, sondern denen der Gesellschaft. Daher ist der Umwandlungsbeschluss der Hauptversammlung unter Missachtung von Abs. 2 S. 2 nicht nach § 241 Nr. 3 nichtig, sondern **lediglich anfechtbar**.[42] Diese allgemein anerkannte Abweichung von sonstigen Verstößen gegen § 208 wird unter anderem vom unterschiedlichen Wortlaut getragen. Während Abs. 1 und Abs. 2 S. 1 von „können" oder „müssen" sprechen, enthält Abs. 2 S. 2 ein weniger strenges „dürfen nicht". Die bloße Anfechtbarkeit des Umwandlungsbeschlusses ändert allerdings nichts daran, dass der Registerrichter die Eintragung der Kapitalerhöhung aus Gesellschaftsmitteln verweigern muss, wenn er den Verstoß gegen die Zweckbestimmung der umgewandelten Rücklage feststellt.[43] Denn insoweit handelt es sich um einen Verstoß gegen zwingendes Gesetzesrecht (→ § 181 Rn. 29). Eine Differenzierung danach, ob die Zweckbindung Aktionärsinteressen oder andere Interessen betrifft, ist nicht vorzunehmen.

§ 209 Zugrunde gelegte Bilanz

(1) Dem Beschluß kann die letzte Jahresbilanz zugrunde gelegt werden, wenn die Jahresbilanz geprüft und die festgestellte Jahresbilanz mit dem uneingeschränkten Bestätigungsvermerk des Abschlußprüfers versehen ist und wenn ihr Stichtag höchstens acht Monate vor der Anmeldung des Beschlusses zur Eintragung in das Handelsregister liegt.

(2) ¹Wird dem Beschluß nicht die letzte Jahresbilanz zugrunde gelegt, so muß die Bilanz §§ 150, 152 dieses Gesetzes, §§ 242 bis 256, 264 bis 274a des Handelsgesetzbuchs entsprechen. ²Der Stichtag der Bilanz darf höchstens acht Monate vor der Anmeldung des Beschlusses zur Eintragung in das Handelsregister liegen.

(3) ¹Die Bilanz muß durch einen Abschlußprüfer darauf geprüft werden, ob sie §§ 150, 152 dieses Gesetzes, §§ 242 bis 256a, 264 bis 274a des Handelsgesetzbuchs entspricht. ²Sie muß mit einem uneingeschränkten Bestätigungsvermerk versehen sein.

(4) ¹Wenn die Hauptversammlung keinen anderen Prüfer wählt, gilt der Prüfer als gewählt, der für die Prüfung des letzten Jahresabschlusses von der Hauptversammlung gewählt oder vom Gericht bestellt worden ist. ²Soweit sich aus der Besonderheit des Prüfungsauftrags nichts anderes ergibt, sind auf die Prüfung § 318 Abs. 1 Satz 3 und 4, § 319 Abs. 1 bis 4, § 319a Abs. 1, § 319b Abs. 1, § 320 Abs. 1, 2, §§ 321, 322 Abs. 7 und § 323 des Handelsgesetzbuchs entsprechend anzuwenden.

---

[41] Großkomm AktG/*Hirte* Rn. 49 mit Hinweis auf die Gesetzesmaterialien. S. auch MüKoAktG/*Arnold* Rn. 35 und Bürgers/Körber/*Marsch-Barner* Rn. 8.
[42] MüKoAktG/*Arnold* Rn. 39; Großkomm AktG/*Hirte* Rn. 55; aA *Geßler* Rn. 11, der bei „Sozialgebundenheit" der Rücklage ebenfalls Nichtigkeit annimmt.
[43] Großkomm AktG/*Hirte* Rn. 56; Hüffer/Koch/*Koch* Rn. 11; aA MHdB AG/*Scholz* § 60 Rn. 53.

(5) ¹Bei Versicherungsgesellschaften wird der Prüfer vom Aufsichtsrat bestimmt; Absatz 4 Satz 1 gilt sinngemäß. ²Soweit sich aus der Besonderheit des Prüfungsauftrags nichts anderes ergibt, ist auf die Prüfung § 341k des Handelsgesetzbuchs anzuwenden.

(6) Im Fall der Absätze 2 bis 5 gilt für das Zugänglichmachen der Bilanz und für die Erteilung von Abschriften § 175 Abs. 2 sinngemäß.

Schrifttum: S. das Schrifttum zu § 207.

Übersicht

	Rn.		Rn.
I. Inhalt und Zweck der Norm	1	1. Bedeutung	16–18
II. Anforderung an die letzte Jahresbilanz (Abs. 1)	2–15	2. Bilanz	19–21
		a) Gliederung und Wertansätze	19
1. Jahresbilanz	2–4	b) Stichtag	20
2. Prüfung der Jahresbilanz	5–7	c) Keine Feststellung	21
3. Bestätigungsvermerk und Feststellung	8–10	3. Prüfung	22–24
		a) Grundsatz	22
4. Achtmonatsfrist	11–14	b) Abschlussprüfer iSv Abs. 3	23
5. Zugänglichmachen	15	c) Bestätigungsvermerk	24
III. Erstellung einer besonderen Erhöhungsbilanz (Abs. 2 bis 6)	16–28	4. Zugänglichmachen	25–28
		IV. Rechtsfolgen bei Verstoß	29–33

I. Inhalt und Zweck der Norm

Gem. § 207 Abs. 3 ist dem Beschluss über die Kapitalerhöhung aus Gesellschaftsmitteln eine 1 Bilanz zugrunde zu legen. Im Anschluss an die Regelungen über den Kapitalerhöhungsbeschluss in § 207 und über die umzuwandelnden Rücklagen in § 208 enthält das Gesetz in § 209 nähere Anforderungen an zugrunde gelegte Bilanz. Dabei unterscheidet die Vorschrift zwischen der Heranziehung der letzten **Jahresbilanz** (Abs. 1) und der Erstellung einer ausschließlich für Zwecke der Kapitalerhöhung aus Gesellschaftsmitteln verwendeten Sonderbilanz, der so genannten **Erhöhungsbilanz** (Abs. 2–6). Die Anforderungen des Gesetzes an die dem Beschluss zugrunde zu legende Bilanz dienen entsprechend § 208 Abs. 1 und Abs. 2 S. 1 dem Gläubigerschutz.[1] Die Vorschrift geht auf §§ 3–5 KapErhG zurück. Sie wurde redaktionell angepasst durch das BiRiLiG[2] und erfuhr seither Änderungen in Abs. 5 S. 2 durch das VersRiLiG,[3] in Abs. 4 S. 2 durch das KonTraG,[4] in Abs. 2 bis 4 durch das BilMoG,[5] in Abs. 6 durch das ARUG,[6] und in Abs. 2 und durch das BilRUG.[7]

II. Anforderung an die letzte Jahresbilanz (Abs. 1)

1. Jahresbilanz. Nach Abs. 1 kann die Kapitalerhöhung aus Gesellschaftsmitteln auf Grundlage 2 der letzten Jahresbilanz beschlossen werden, also auf Grundlage der Bilanz des letzten vor dem Kapitalerhöhungsbeschluss abgelaufenen Geschäftsjahres.[8]

Unter Jahresbilanz ist die Bilanz iSv § 242 HGB zu verstehen. Diese bildet gemeinsam mit der 3 Gewinn- und Verlustrechnung den Jahresabschluss, welcher nach § 264 Abs. 1 HGB wiederum um den Anhang und den Lagebericht – und bei nicht konzernrechnungslegungspflichtigen kapitalmarktorientierten Aktiengesellschaften auch um eine Kapitalflussrechnung und einen Eigenkapitalspiegel – zu ergänzen ist. Entsprechend dem Wortlaut der Vorschrift ist dem Beschluss über die Kapitalerhö-

---

[1] Großkomm AktG/*Hirte* Rn. 8; Grigoleit/Rieder/*Holzmann* Rn. 1.
[2] Gesetz zur Durchführung der Vierten, Siebenten und Achten Richtlinie des Rates der Europäischen Gemeinschaften zur Koordinierung des Gesellschaftsrechts (Bilanzrichtlinien-Gesetz) v. 19.12.1985, BGBl. 1985 I 2355.
[3] Gesetz zur Durchführung der Richtlinie des Rates der Europäischen Gemeinschaften über den Jahresabschluss und den konsolidierten Abschluss von Versicherungsunternehmen (Versicherungsbilanzrichtlinie-Gesetz) v. 24.6.1994, BGBl. 1994 I 1377.
[4] Gesetz zur Kontrolle und Transparenz im Unternehmensbereich v. 27.4.1998, BGBl. 1998 I 786.
[5] Gesetz zur Modernisierung des Bilanzrechts (Bilanzmodernisierungsgesetz) v. 25.5.2009; BGBl. 2009 I 1102.
[6] Gesetz zur Umsetzung der Aktionärsrichtlinie v. 30.7.2009, BGBl. 2009 I 2479.
[7] Gesetz zur Umsetzung der Richtlinie 2013/34/EU des Europäischen Parlaments und des Rates vom 26. Juni 2013 über den Jahresabschluss, den konsolidierten Abschluss und damit verbundene Berichte von Unternehmen bestimmter Rechtsformen und zur Änderung der Richtlinie 2006/43/EG des Europäischen Parlaments und des Rates und zur Aufhebung der Richtlinien 78/660/EWG und 83/349/EWG des Rates (Bilanzrichtlinie-Umsetzungsgesetz – BilRUG v. 17.7.2015, BGBl. 2015 I 1245.
[8] Zur Frage, ob es sich auch um die Bilanz des vorletzten Geschäftsjahres handeln kann, → § 208 Rn. 17.

hung aus Gesellschaftsmitteln nur die Bilanz und nicht auch die Gewinn- und Verlustrechnung bzw. der Anhang zugrunde zu legen.[9] Da allerdings die Jahresbilanz nicht gesondert von den übrigen Teilen des Jahresabschlusses festgestellt werden kann, gilt auch nach Aufhebung von § 207 Abs. 3 (→ § 207 Rn. 10), dass vorbehaltlich einer besonderen Erhöhungsbilanz nach Abs. 2 bis 6 der (gesamte) Jahresabschluss **festgestellt** sein muss, damit dessen Jahresbilanz für den Kapitalerhöhungsbeschluss Verwendung finden kann.[10]

4 Mangels besonderer Regelungen in Abs. 1 sind für die Aufstellung der Jahresbilanz einschließlich der Gliederung und Wertansätze die allgemeinen Bestimmungen anzuwenden. Allerdings ist strittig, ob dies auch im Falle einer **verkürzten Bilanz** iSv § 266 Abs. 1 S. 3 HGB gilt. Eine kleine Aktiengesellschaft iSv § 267 Abs. 1 HGB kann nach § 266 Abs. 1 S. 3 HGB eine verkürzte Bilanz aufstellen, in der die einzelnen Rücklagenpositionen nicht gesondert aufgeschlüsselt werden, vgl. § 266 Abs. 3 A. III. HGB. *Lutter* hält eine verkürzte Jahresbilanz als Grundlage für den Beschluss über die Kapitalerhöhung aus Gesellschaftsmitteln einer kleinen Aktiengesellschaft für unzulässig.[11] Er schließt dies aus der in Abs. 1 angeordneten Prüfungspflicht auch dieser Aktiengesellschaft und dem Umstand, dass § 208 mit dem Hinweis auf „andere Gewinnrücklagen" eine solche Aufschlüsselung der Rücklagen, welche die verkürzte Bilanz gerade nicht vornimmt, ausdrücklich verlangt. Die andere Auffassung lässt auch die verkürzte Bilanz für die Kapitalerhöhung aus Gesellschaftsmitteln genügen.[12] Für dieses Ergebnis spricht nicht nur der Wortlaut von Abs. 1, sondern auch die Regelung von Abs. 2, in der für die dort geregelte Erhöhungsbilanz auch auf § 266 Abs. 1 S. 3 HGB und damit die Bestimmungen über die verkürzte Bilanz der kleinen Kapitalgesellschaft Bezug genommen wird. Daher muss auch bei Zugrundelegung der letzten Jahresbilanz die Verwendung der verkürzten Bilanz zulässig sein. Da allerdings die Zusammensetzung der Gewinnrücklagen nicht zuletzt für die Eintragungsfähigkeit des Beschlusses von entscheidender Bedeutung ist, muss die Aktiengesellschaft Informationen hierüber in anderer Form vorlegen, etwa in Gestalt der Aufgliederung der Bilanzpositionen im Prüfbericht.[13]

5 **2. Prüfung der Jahresbilanz.** Nach Abs. 1 kann nur eine geprüfte Jahresbilanz dem Beschluss über die Kapitalerhöhung aus Gesellschaftsmitteln zugrunde gelegt werden. Da Aktiengesellschaften mit Ausnahme der kleinen Aktiengesellschaft iSv § 267 HGB, die kein Kreditinstitut oder Versicherungsunternehmen ist, nach §§ 316 ff. HGB stets prüfungspflichtig sind, hat diese Anforderung von Abs. 1 nur für kleine Aktiengesellschaften Bedeutung. Die Notwendigkeit einer geprüften Jahresbilanz gilt insbesondere auch bei der Erhöhung des Grundkapitals um einen nur geringfügigen Betrag.[14]

6 Die Vorschrift verlangt ausschließlich die Prüfung der Jahresbilanz. Der **Beschluss über die Kapitalerhöhung** aus Gesellschaftsmitteln ist nicht Gegenstand der Prüfung. Vielmehr beschränkt sich die Prüfung auf den Ausweis der für die Kapitalerhöhung heranzuziehenden Rücklagen in der Bilanz. Ob diese Rücklagen nach den §§ 207 ff. in Grundkapital umgewandelt werden können, ist vom Abschlussprüfer nicht zu untersuchen.[15]

7 Wird die Bilanz geändert, muss die **geänderte Bilanz** erneut geprüft werden. Wurde die Änderung von der Hauptversammlung vorgenommen, soll nach hM der Beschluss über die Kapitalerhöhung aus Gesellschaftsmitteln – anders als die in § 173 Abs. 3 genannten Beschlüsse – nicht von derselben Hauptversammlung getroffen werden dürfen, da die Prüfung der geänderten Bilanz dem Beschluss auch hier zwingend vorauszugehen habe.[16] Dies widerspricht dem Sinn und Zweck von Abs. 1, welcher die Möglichkeit eröffnet, den Beschluss über die Kapitalerhöhung mit der regulären Hauptversammlung iSv § 173 zu verbinden. Daher gilt auch für Zwecke von Abs. 1, dass die Prüfung der geänderten Jahresbilanz dem Beschluss der Hauptversammlung nachfolgen kann, wenn die Änderung der Jahresbilanz durch die Hauptversammlung vorgenommen wurde.[17]

8 **3. Bestätigungsvermerk und Feststellung.** Weitere Anforderung von Abs. 1 ist, dass die festgestellte Jahresbilanz mit einem uneingeschränkten Bestätigungsvermerk versehen ist. Da im Regelfall die Jahresabschlussprüfung nach § 316 Abs. 1 S. 2 HGB der Feststellung des Jahresabschlusses vorauszugehen hat, käme ein nachträgliches Versehen mit dem Bestätigungsvermerk nur bei der kleinen Aktiengesellschaft in Betracht. Insoweit ist die Gesetzesformulierung **missverständlich,** da Gegen-

---

[9] So auch Großkomm AktG/*Hirte* Rn. 11; MüKoAktG/*Arnold* Rn. 4.
[10] So auch MüKoAktG/*Arnold* Rn. 17.
[11] Kölner Komm AktG/*Lutter* Rn. 4. Ihm folgend Hüffer/Koch/*Koch* Rn. 3.
[12] Großkomm AktG/*Hirte* Rn. 13 f.; MüKoAktG/*Arnold* Rn. 7; Grigoleit/Rieder/*Holzmann* Rn. 3.
[13] Großkomm AktG/*Hirte* Rn. 14; MüKoAktG/*Arnold* Rn. 7.
[14] BayObLG AG 2002, 397.
[15] Großkomm AktG/*Hirte* Rn. 19.
[16] MüKoAktG/*Arnold* Rn. 13; Großkomm AktG/*Hirte* Rn. 21.
[17] So auch Kölner Komm AktG/*Lutter* Rn. 5.

stand des Kapitalerhöhungsbeschlusses auch in diesem Fall nur die bereits mit einem Bestätigungsvermerk versehene Jahresbilanz sein kann.[18]

Der Bestätigungsvermerk muss sich **nur auf die Jahresbilanz** beziehen und muss andere Teile des Jahresabschlusses nicht erfassen.[19] Der Inhalt des Bestätigungsvermerks richtet sich nach allgemeiner Auffassung nach § 322 Abs. 3 HGB, da die Bilanz mit einem uneingeschränkten Bestätigungsvermerk versehen sein muss.[20] Handelt es sich um einen eingeschränkten Bestätigungsvermerk iSv § 322 Abs. 4 HGB und beziehen sich die Einwendungen des Abschlussprüfers ausschließlich auf Aspekte, die mit der Jahresbilanz nichts zu tun haben, kann die Jahresbilanz gleichwohl für die Kapitalerhöhung aus Gesellschaftsmitteln herangezogen werden.[21] 9

Die **Feststellung** des Jahresabschlusses, dessen Bestandteil die in Abs. 1 genannte Jahresbilanz ist, richtet sich nach §§ 172, 173. 10

4. Achtmonatsfrist. Die Heranziehung der letzten Jahresbilanz als Grundlage für die Kapitalerhöhung aus Gesellschaftsmitteln kommt nur in Betracht, wenn der Bilanzstichtag nicht mehr als acht Monate vor der Anmeldung des Erhöhungsbeschlusses zum Handelsregister gelegen hat. Maßgebend ist somit zum einen der Bilanzstichtag (und nicht etwa der Zeitpunkt der Bilanzerstellung bzw. der Feststellung des Jahresabschlusses) und zum anderen die Anmeldung zum Handelsregister (nicht jedoch der Zeitpunkt des Hauptversammlungsbeschlusses). 11

Ähnlich wie bei § 17 Abs. 2 S. 4 UmwG[22] soll die Achtmonatsfrist die **Aktualität** der dem Beschluss zugrunde liegenden Jahresbilanz gewährleisten.[23] Sie wird ergänzt durch die Regelung des § 210 Abs. 1 S. 2, wonach bei der Anmeldung des Beschlusses dem Handelsregister gegenüber zu erklären ist, dass nach Kenntnis der Anmeldenden seit dem Stichtag der Bilanz keine Vermögensminderung eingetreten ist, die der Kapitalerhöhung aus Gesellschaftsmitteln entgegensteht. 12

Der Stichtag der Jahresbilanz ist der **letzte Tag** des betreffenden Geschäftsjahres.[24] Für die Berechnung der Achtmonatsfrist gelten die §§ 186 ff. BGB.[25] Da die Anmeldung den Beschluss über die Kapitalerhöhung aus Gesellschaftsmitteln voraussetzt, wird es sich üblicherweise empfehlen, diesen Beschluss in derselben Hauptversammlung zu treffen, die bereits über die Verwendung des Bilanzgewinns zu entscheiden hat.[26] Allerdings kann hierfür die in § 175 Abs. 1 S. 2 gewährte Frist von acht Monaten nicht vollständig ausgeschöpft werden, da andernfalls keine Zeit für die Anmeldung des Beschlusses bliebe. 13

Die Überschreitung der Achtmonatsfrist führt nach § 210 Abs. 2 zur Zurückweisung der Anmeldung. Ist die Anmeldung des Beschlusses **mangelbehaftet,** stellt sich die Frage, ob es für die Einhaltung der Frist auf den Zeitpunkt der ursprünglichen Anmeldung ankommt oder auf den Zeitpunkt, zu dem der Mangel beseitigt wurde. Für eine Behebung des Mangels innerhalb der Achtmonatsfrist wird vorgetragen, dass es Zweck der Frist sei, dem Handelsregister zeitnah die Prüfung zu ermöglichen, ob das umzuwandelnde Gesellschaftsvermögens vorhanden ist.[27] Hiergegen spricht, dass dann selbst ein geringfügiger Mangel, der im Übrigen alsbald behoben wird, zu einem Fristversäumnis führen würde. Handelt es sich daher um einen behebbaren Mangel, bei dem das Handelsregister die Anmeldung nicht zurückweisen darf, sondern durch Zwischenverfügung die Beseitigung anzuordnen hat, ist es für die Fristwahrung nicht erforderlich, dass diese Mängelbeseitigung ebenfalls innerhalb der Achtmonatsfrist erfolgt.[28] Denn die Mängelbeseitigung stellt keine neue Anmeldung dar, auf deren Zeitpunkt es für die Zwecke des Abs. 1 ankommen könnte.[29] Etwas anderes würde gelten, wenn zum Zeitpunkt der Anmeldung der Beschluss über die Kapitalerhöhung aus Gesellschaftsmitteln noch gar nicht getroffen wäre.[30] 14

5. Zugänglichmachen. Anders als für den Fall der eigens erstellten Erhöhungsbilanz fehlt es an einer gesetzlichen Regelung über das Zugänglichmachen der für die Kapitalerhöhung aus Gesellschaftsmitteln herangezogenen Jahresbilanz. Der die Erhöhungsbilanz betreffende Abs. 6 ist in diesem 15

---

[18] MüKoAktG/*Arnold* Rn. 14; Großkomm AktG/*Hirte* Rn. 22.
[19] So auch Großkomm AktG/*Hirte* Rn. 22; MüKoAktG/*Arnold* Rn. 15.
[20] Kölner Komm AktG/*Lutter* Rn. 6; Großkomm AktG/*Hirte* Rn. 24; MüKoAktG/*Arnold* Rn. 15.
[21] Großkomm AktG/*Hirte* Rn. 24; MüKoAktG/*Arnold* Rn. 16.
[22] Schmitt/Hörtnagl/Stratz/*Hörtnagl* UmwG § 17 Rn. 35.
[23] MüKoAktG/*Arnold* Rn. 19.
[24] Hüffer/Koch/*Koch* Rn. 5; Grigoleit/*Rieder/Holzmann* Rn. 7.
[25] Hüffer/Koch/*Koch* Rn. 5.
[26] Kölner Komm AktG/*Lutter* Rn. 8.
[27] MüKoAktG/*Arnold* Rn. 21; Großkomm AktG/*Hirte* Rn. 28.
[28] Ähnlich Bürgers/Körber/*Marsch-Barner* Rn. 3.
[29] So für die GmbH MHLS/*Hermanns* GmbHG § 57e Rn. 9.
[30] MHLS/*Hermanns* GmbHG § 57e Rn. 9.

Fall nicht anwendbar. Offensichtlich ist der Gesetzgeber davon ausgegangen, dass es sich bei der Jahresbilanz iSv Abs. 1 regelmäßig um die Bilanz des auf der regulären Hauptversammlung vorgelegten Jahresabschlusses handeln wird. Allerdings ist auch bei Abs. 1 nicht ausgeschlossen, dass der Kapitalerhöhungsbeschluss auf einer eigens angesetzten Hauptversammlung getroffen wird. Für diesen Fall findet für das Zugänglichmachen der Jahresbilanz nach allgemeiner Auffassung **§ 175 Abs. 2 analog** Anwendung.[31]

III. Erstellung einer besonderen Erhöhungsbilanz (Abs. 2 bis 6)

16 **1. Bedeutung.** Alternativ zur Heranziehung der letzten Jahresbilanz gewährt das Gesetz die Möglichkeit, die Kapitalerhöhung aus Gesellschaftsmitteln auf Grundlage einer eigens hierfür aufgestellten Bilanz, der so genannten Erhöhungsbilanz zu beschließen. Die Erstellung einer besonderen Erhöhungsbilanz kommt nicht nur in Betracht, wenn ein Beschluss auf Grundlage der Jahresbilanz nach Abs. 1 – etwa wegen **Überschreitung der Achtmonatsfrist** – nicht möglich ist. Auch innerhalb dieser Frist kann eine Sonderbilanz erstellt werden. Denn nach dem Gesetzeswortlaut („kann die letzte Jahresbilanz zugrunde gelegt werden") besteht zwischen Abs. 1 und den Abs. 2–6 ein Wahlrecht.[32]

17 Auch die Erhöhungsbilanz ist **kein vollständiger Abschluss.** Wie bei Abs. 1 genügt daher die Erstellung der Bilanz. Eine Gewinn- und Verlustrechnung sowie ein Anhang müssen nicht vorgelegt werden. Dies ergibt sich nicht nur daraus, dass Abs. 2 seinem Wortlaut nach gerade eine Alternative zur Verwendung der letzten „Jahresbilanz" einräumt, sondern auch aus dem Umstand, dass die Vorschrift hinsichtlich der anwendbaren Bilanzierungsvorschriften auf die §§ 275 ff. HGB über die Gewinn- und Verlustrechnung und die §§ 284 ff. HGB über die Erstellung des Anhangs gerade nicht verweist. Auch ein Gewinnverwendungsvorschlag ist nicht vorzulegen.[33]

18 Zu beachten ist, dass nach § 208 Abs. 1 die umzuwandelnden Rücklagen nicht nur in der Erhöhungsbilanz, sondern **auch in der letzten Jahresbilanz** ausgewiesen sein müssen. Es ist also gerade nicht möglich, mit der Erhöhungsbilanz erstmals das Vorhandensein der für die Kapitalerhöhung aus Gesellschaftsmitteln notwendigen Rücklagen nachzuweisen (→ § 208 Rn. 15). Etwas anderes gilt für den Ausweis von Gegenposten iSv § 208 Abs. 2 S. 1.[34] Daher bringt die in Abs. 2 bis 6 eingeräumte Alternative gegenüber der Verwendung der letzten Jahresbilanz kaum Vorteile, sondern ist im Gegenteil mit zusätzlichen Kosten und Aufwendungen verbunden. Folglich wird es sich üblicherweise anbieten, die Kapitalerhöhung aus Gesellschaftsmitteln mit der nächsten regulären Hauptversammlung zu verbinden.

19 **2. Bilanz. a) Gliederung und Wertansätze.** Nach Abs. 2 muss die Erhöhungsbilanz den §§ 150 und 152 sowie den §§ 242–256a und 264–274a HGB entsprechen. Damit verweist das Gesetz nicht auf geschäftsspezifische Bilanzierungsvorschriften etwa für Kreditinstitute und Versicherungsunternehmen. Dies wird allgemein als Redaktionsfehler angesehen.[35] Da die Erhöhungsbilanz für Zwecke des Kapitalerhöhungsbeschlusses die Jahresbilanz ersetzen soll, können für deren Erstellung keine anderen Regelungen als für den Jahresabschluss gelten. Die Erhöhungsbilanz ist aus dem letzten Jahresabschluss fortzuentwickeln und weist den bis zum Stichtag dieser Zwischenbilanz aufgelaufenen Gewinn oder Verlust aus.[36] Nicht anders als bei Abs. 1 kann auch die Erhöhungsbilanz einer kleinen Aktiengesellschaft in **verkürzter Form** erstellt werden, wenn der Bestand der umzuwandelnden anderen Gewinnrücklagen gegebenenfalls auf andere Art und Weise nachgewiesen wird (→ Rn. 4).

20 **b) Stichtag.** Auch für die Erhöhungsbilanz gilt nach Abs. 2 S. 2, dass ihr Stichtag nicht länger als acht Monate vor der Anmeldung des Kapitalerhöhungsbeschlusses zur Eintragung in das Handelsregister liegen darf.

21 **c) Keine Feststellung.** Die Erhöhungsbilanz wird nicht festgestellt.[37] §§ 172 und 173 gelten für die Erhöhungsbilanz nicht. Gleichwohl obliegt es dem Aufsichtsrat, entsprechend § 171 die Erhöhungsbilanz zu prüfen und zumindest konkludent auch zu billigen.[38] Ein formalisierter Prüfungsbericht im Sinne von § 171 Abs. 2 und 3 ist nicht erforderlich.[39]

---

[31] Kölner Komm AktG/*Lutter* Rn. 9; Großkomm AktG/*Hirte* Rn. 30; MüKoAktG/*Arnold* Rn. 24.
[32] Großkomm AktG/*Hirte* Rn. 31.
[33] MHdB AG/*Scholz* § 60 Rn. 33.
[34] Großkomm AktG/*Hirte* Rn. 33; → § 208 Rn. 27.
[35] MüKoAktG/*Arnold* Rn. 27; Großkomm AktG/*Hirte* Rn. 36.
[36] MüKoAktG/*Arnold* Rn. 29; MHdB AG/*Scholz* § 60 Rn. 33.
[37] Großkomm AktG/*Hirte* Rn. 37; MHdB AG/*Scholz* § 60 Rn. 37.
[38] Großkomm AktG/*Hirte* Rn. 37; MHdB AG/*Scholz* § 60 Rn. 37.
[39] Hüffer/Koch/*Koch* Rn. 11.

3. Prüfung. a) Grundsatz. Auch die Erhöhungsbilanz muss von einem Abschlussprüfer geprüft 22 werden. Wie auch bei Abs. 1 setzt der Hauptversammlungsbeschluss voraus, dass der Bestätigungsvermerk betreffend die Erhöhungsbilanz bereits vorliegt („versehen sein"). Die Prüfung hat sich auf die Einhaltung der in Abs. 2 genannten Bilanzierungsvorschriften zu erstrecken.

b) Abschlussprüfer iSv Abs. 3. Trifft die Hauptversammlung keine andere Entscheidung, gilt 23 nach Abs. 4 der für den letzten Jahresabschluss gewählte oder gerichtlich bestimmte Abschlussprüfer auch für die Prüfung der Erhöhungsbilanz als gewählt. Durch diese **Fiktion** vermeidet das Gesetz, dass zunächst eine Hauptversammlung nur für die Wahl des Abschlussprüfers einberufen werden muss.[40] Macht die Hauptversammlung von der Möglichkeit Gebrauch, einen anderen Prüfer zu wählen, muss es sich stets um einen Wirtschaftsprüfer oder eine Wirtschaftsprüfungsgesellschaft handeln.[41] Dies ergibt sich aus Abs. 4 bzw. – für Versicherungsgesellschaften – aus Abs. 5. Bei Letzteren ist allerdings der Abschlussprüfer nach Abs. 5 vom Aufsichtsrat zu bestellen. Auch hier gilt der für den letzten Jahresabschluss zuständige Abschlussprüfer als gewählt, wenn der Aufsichtsrat keine andere Bestimmung trifft.

c) Bestätigungsvermerk. Abs. 3 S. 2 verlangt einen uneingeschränkten Bestätigungsvermerk des 24 Abschlussprüfers. Diesbezüglich verweist Abs. 4 S. 2 auf § 322 Abs. 7 HGB, wonach der Abschlussprüfer den Bestätigungsvermerk unter Angabe von Ort und Tag zu unterzeichnen hat. Auf die anderen Vorschriften des § 322 HGB wird hingegen nicht verwiesen, da es sich bei der Prüfung der Erhöhungsbilanz nicht um eine Jahresabschlussprüfung handelt. Damit ist der Inhalt des Bestätigungsvermerks aus dem in Abs. 3 genannten **Prüfungsgegenstand** abzuleiten.[42]

4. Zugänglichmachen. Für das Zugänglichmachen der Bilanz und die Erteilung von Abschriften 25 verweist Abs. 6 auf § 175 Abs. 2. Damit ist die Erhöhungsbilanz vom Tag der Einberufung der Hauptversammlung an, die über die Kapitalerhöhung aus Gesellschaftsmitteln beschließen soll, in den Geschäftsräumen der Gesellschaft zur Einsicht auszulegen oder über die Internetseite der Gesellschaft zugänglich zu machen (→ § 175 Rn. 26 f.). Ähnlich wie bei § 121 Abs. 6 ist es möglich, dass sämtliche Aktionäre auf diese Publizität **verzichten**.[43]

Da die Hauptversammlung nach § 123 Abs. 1 mindestens 30 Tage vor dem Versammlungstag 26 einzuberufen ist, stellt dies auch die Auslegungsfrist dar, soweit die Satzung keine längeren Fristen vorsieht. Eine Verlängerung der Fristen in der Satzung betreffend die Einberufung der Hauptversammlung oder die Auslegung iSv § 175 Abs. 2 gilt auch für Zwecke von Abs. 6.[44]

Nach allgemeiner Auffassung muss die Erhöhungsbilanz erst bei Beschlussfassung geprüft sein.[45] 27 Daher ist das Zugänglichmachen **der noch ungeprüften Bilanz möglich.** Änderungen dieser Bilanz sind nur noch möglich, wenn sie von der Hauptversammlung selbst vorgenommen wurden.[46]

Zugänglich gemacht werden muss nur die Bilanz, nicht aber Gewinn- und Verlustrechnung 28 sowie Anhang, da diese nicht Grundlage des Kapitalerhöhungsbeschlusses sind.[47] Da es sich bei der Erhöhungsbilanz nicht um die Jahresbilanz handelt, ist keine Offenlegung nach § 325 HGB erforderlich.

IV. Rechtsfolgen bei Verstoß

Hinsichtlich der Rechtsfolgen eines Verstoßes gegen die Bestimmungen von § 209 ist zu differen- 29 zieren.

Soweit die verletzte Bestimmung den **Gläubigerschutz** bezweckt, führt der Gesetzesverstoß 30 nach § 241 Nr. 3 zur Nichtigkeit des Hauptversammlungsbeschlusses.[48] Dies ist etwa der Fall, wenn die zugrunde gelegte Jahres- oder Erhöhungsbilanz nicht ordnungsgemäß geprüft wurde[49] oder der Beschluss überhaupt nicht auf Grundlage einer Bilanz getroffen wurde.[50] Die auf Grundlage des

---

[40] Hüffer/Koch/*Koch* Rn. 9.
[41] Hüffer/Koch/*Koch* Rn. 9; MüKoAktG/*Arnold* Rn. 34. AA Kölner Komm AktG/*Lutter* Rn. 13, der für kleine Aktiengesellschaften auch vereidigte Buchprüfer und Buchprüfungsgesellschaften genügen lassen will.
[42] MüKoAktG/*Arnold* Rn. 36.
[43] Kölner Komm AktG/*Lutter* Rn. 19; Großkomm AktG/*Hirte* Rn. 49.
[44] Großkomm AktG/*Hirte* Rn. 48.
[45] Kölner Komm AktG/*Lutter* Rn. 17; MüKoAktG/*Arnold* Rn. 40.
[46] Kölner Komm AktG/*Lutter* Rn. 17.
[47] Kölner Komm AktG/*Lutter* Rn. 16; Hüffer/Koch/*Koch* Rn. 13.
[48] BayObLG AG 2002, 397 (398).
[49] MüKoAktG/*Arnold* Rn. 43.
[50] Großkomm AktG/*Hirte* Rn. 50.

nichtigen Beschlusses ausgegebenen Aktien verbriefen keine mitgliedschaftlichen Rechte. Sie sind entsprechend § 73 von der Gesellschaft für kraftlos zu erklären.[51]

31 Ein Verstoß gegen die **Achtmonatsfrist** berührt die Wirksamkeit des Beschlusses hingegen nicht.[52] Denn bei Beschlussfassung ist in der Regel noch nicht bekannt, ob die Achtmonatsfrist eingehalten werden wird. Daher stellt die Versäumnis der Frist in Folge der verspäteten Anmeldung des Beschlusses nur ein Eintragungshindernis dar, § 210 Abs. 2. Trägt das Handelsregister den Beschluss gleichwohl ein, ist die Kapitalerhöhung wirksam.[53] Hingegen ist der Hauptversammlungsbeschluss als nichtig anzusehen, wenn die Achtmonatsfrist bereits zu diesem Zeitpunkt abgelaufen war.[54]

32 Eine Verletzung der **Publizitätsbestimmungen** schließlich berührt nur die Interessen der Aktionäre. Daher führt ein solcher Verstoß lediglich zur Anfechtbarkeit des Beschlusses iSv § 243 Abs. 1.[55]

33 Ist der Beschluss über die Kapitalerhöhung aus Gesellschaftsmitteln nichtig, so führt seine Eintragung nicht zu einer Erhöhung des Grundkapitals nach § 211. Allerdings ist eine **Heilung** der Nichtigkeit nach Ablauf von drei Jahren nach der Eintragung möglich, § 242 Abs. 2 (→ § 242 Rn. 7 ff.).

§ 210 Anmeldung und Eintragung des Beschlusses

(1) ¹Der Anmeldung des Beschlusses zur Eintragung in das Handelsregister ist die der Kapitalerhöhung zugrunde gelegte Bilanz mit Bestätigungsvermerk, im Fall des § 209 Abs. 2 bis 6 außerdem die letzte Jahresbilanz, sofern sie noch nicht nach § 325 Abs. 1 des Handelsgesetzbuchs eingereicht ist, beizufügen. ²Die Anmeldenden haben dem Gericht gegenüber zu erklären, daß nach ihrer Kenntnis seit dem Stichtag der zugrunde gelegten Bilanz bis zum Tag der Anmeldung keine Vermögensminderung eingetreten ist, die der Kapitalerhöhung entgegenstünde, wenn sie am Tag der Anmeldung beschlossen worden wäre.

(2) Das Gericht darf den Beschluß nur eintragen, wenn die der Kapitalerhöhung zugrunde gelegte Bilanz auf einen höchstens acht Monate vor der Anmeldung liegenden Stichtag aufgestellt und eine Erklärung nach Absatz 1 Satz 2 abgegeben worden ist.

(3) Das Gericht braucht nicht zu prüfen, ob die Bilanzen den gesetzlichen Vorschriften entsprechen.

(4) Bei der Eintragung des Beschlusses ist anzugeben, daß es sich um eine Kapitalerhöhung aus Gesellschaftsmitteln handelt.

Schrifttum: S. das Schrifttum zu § 207.

Übersicht

	Rn.		Rn.
I. Normzweck	1	3. Erklärung nach Abs. 1 S. 2	6
II. Anmeldung des Kapitalerhöhungsbeschlusses (Abs. 1)	2–6	III. Tätigkeit des Registergerichtes (Abs. 2 bis 4)	7–14
1. Allgemeines	2–4	1. Registergerichtliche Kontrolle (Abs. 2 und 3)	7–9
a) Anmeldende Personen	2		
b) Zuständigkeit, Form	3		
c) Inhalt	4	2. Ablehnung der Eintragung	10–12
2. Beizufügende Unterlagen (Abs. 1 S. 1)	5	3. Eintragung (Abs. 4)	13, 14

I. Normzweck

1 § 210 regelt die **Anmeldung der Kapitalerhöhung** aus Gesellschaftsmitteln zur Eintragung im Handelsregister und bestimmte Aspekte des Registerverfahrens, insbesondere die Registerkontrolle. Die Regelungen dieser Vorschrift, die auf § 7 KapErhG basiert, dienen insbesondere dazu, die

---

[51] Nach richtiger Auffassung ist § 73 entsprechend auch dann anzuwenden, wenn die in den betreffenden Aktienurkunden verbrieften Rechte niemals wirksam entstanden sind: § 73 Rn. 7. AA etwa MüKoAktG/*Arnold* Rn. 45.
[52] Kölner Komm AktG/*Lutter* Rn. 10; Großkomm AktG/*Hirte* Rn. 54 f.; MüKoAktG/*Arnold* Rn. 44.
[53] MHdB AG/*Scholz* § 60 Rn. 57; Großkomm AktG/*Hirte* Rn. 54.
[54] MüKoAktG/*Arnold* Rn. 44.
[55] MüKoAktG/*Arnold* Rn. 46; Großkomm AktG/*Hirte* Rn. 56.

Deckung des erhöhten Grundkapitals sicherzustellen.[1] § 210 wird hinsichtlich der Zuständigkeit für die Anmeldung ergänzt durch § 207 Abs. 2 S. 1 2. Alt. iVm § 184 Abs. 1 S. 1. Die Rechtsfolge der Eintragung ist in § 211 geregelt. Anders als bei der Kapitalerhöhung gegen Einlagen ist die Kapitalerhöhung aus Gesellschaftsmitteln bereits mit der Eintragung des Kapitalerhöhungsbeschlusses in das Handelsregister vollendet. Eine Unterscheidung zwischen Eintragung des Erhöhungsbeschlusses und Eintragung der Durchführung der Kapitalerhöhung erfolgt nicht, da wegen der bereits vorhandenen Kapitalien keine Durchführungsmaßnahmen erforderlich sind.

II. Anmeldung des Kapitalerhöhungsbeschlusses (Abs. 1)

1. Allgemeines. a) Anmeldende Personen. Nach § 207 Abs. 2 S. 1 2. Alt. iVm § 184 Abs. 1 S. 1 obliegt die Anmeldung dem **Vorstand und dem Vorsitzenden des Aufsichtsrates** gemeinsam. Für den Vorstand müssen nicht sämtliche Vorstandsmitglieder tätig werden, sondern nur Vorstandsmitglieder in vertretungsberechtigter Zahl. Eine Anmeldung durch **Bevollmächtigte** ist nur dann möglich, wenn die von den Anmeldern nach Abs. 1 S. 2 abzugebende Erklärung vom Vorstand und dem Aufsichtsratsvorsitzenden selbst abgegeben wird, da gem. § 399 Abs. 2 nur Vorstand und Aufsichtsratsvorsitzender für die Richtigkeit der Erklärung die strafrechtliche Verantwortlichkeit tragen.[2]

b) Zuständigkeit, Form. Die Anmeldung ist beim Amtsgericht des Satzungssitzes einzureichen. Die früher bestehende Pflicht, für eventuelle weitere Niederlassungen zusätzliche Exemplare der Anmeldung einzureichen, ist mit Inkrafttreten des EHUG zum 1.1.2007 entfallen, da seither keine Eintragung der Zweigniederlassung mehr in das Handelsregister beim Gericht der Zweigniederlassung vorgenommen wird.[3] Die Anmeldung muss elektronisch in öffentlich beglaubigter Form erfolgen, vgl. § 12 Abs. 1 HGB.

c) Inhalt. Zur Eintragung im Handelsregister anzumelden ist der Beschluss der Hauptversammlung, das Grundkapital der Gesellschaft durch Umwandlung der Kapital- und/oder Gewinnrücklage in Grundkapital zu erhöhen. Davon zu unterscheiden ist die Anmeldung der formellen Satzungsänderung, durch welche die Grundkapitalziffer in der Satzung entsprechend der Kapitalerhöhung aus Gesellschaftsmitteln erhöht wird. Die Anmeldung dieser Änderung des Satzungstextes ist zwingend mit der Anmeldung des Kapitalerhöhungsbeschlusses zu verbinden.[4]

2. Beizufügende Unterlagen (Abs. 1 S. 1). Der Anmeldung beizufügen ist der durch eine notarielle **Niederschrift** der Hauptversammlung protokollierte Kapitalerhöhungsbeschluss. Einzureichen ist eine öffentlich beglaubigte Abschrift der Niederschrift. Die notarielle Niederschrift der Hauptversammlung ist allerdings ohnehin gem. § 130 Abs. 5 zum Handelsregister einzureichen. Ebenfalls einzureichen ist die Bilanz, aus der sich die umzuwandelnden Rücklagen ergeben (Abs. 1 S. 1). Das ist entweder die **letzte Jahresbilanz** mit Bestätigungsvermerk (§ 209 Abs. 1) oder, wenn wegen der Achtmonatsfrist des § 210 Abs. 2 oder aus anderen Gründen die letzte Jahresbilanz nicht verwendet wird, eine besondere **Erhöhungsbilanz** (§ 209 Abs. 2–6). Wird eine besondere Erhöhungsbilanz zugrunde gelegt, ist zusätzlich die letzte Jahresbilanz einzureichen, sofern diese nicht bereits gem. §§ 325 ff. HGB beim Betreiber des elektronischen Bundesanzeigers eingereicht wurde. Soll nach § 208 Abs. 1 S. 1 aE Bilanzgewinn unmittelbar in Grundkapital umgewandelt werden, muss der Gewinnverwendungsbeschluss mit der Zuführung zur Kapital- oder Gewinnrücklage beigefügt werden, soweit dieser nicht bereits in der eingereichten Hauptversammlungsniederschrift enthalten ist. Nach § 181 Abs. 1 S. 2 ist der Anmeldung weiter der **vollständige Wortlaut der Satzung,** die bereits das erhöhte Grundkapital ausweist, und eine **Notarbescheinigung** hinsichtlich des Satzungswortlautes beizufügen.[5] Dies ergibt sich zwar nicht unmittelbar aus den Vorschriften über die Kapitalerhöhung aus Gesellschaftsmitteln, folgt aber daraus, dass aufgrund der Kapitalerhöhung der Satzungswortlaut unrichtig wird und daher mittels einer entsprechenden Satzungsänderung zu berichtigen ist.

3. Erklärung nach Abs. 1 S. 2. Die Anmeldenden haben dem Gericht gegenüber zu erklären, dass nach ihrer Kenntnis seit dem Stichtag der zugrunde gelegten Bilanz bis zum Tag der Anmeldung

---

[1] Hüffer/Koch/*Koch* Rn. 1.
[2] OLG Köln GmbHR 1987, 394 zur GmbH; Kölner Komm AktG/*Lutter* Rn. 4; aA Großkomm AktG/*Hirte* Rn. 8: Vertretung ausgeschlossen; Grigoleit/*Rieder/Holzmann* Rn. 2.
[3] Gesetz über elektronische Handelsregister und Genossenschaftsregister sowie das Unternehmensregister (EHUG) v. 10.11.2006, BGBl. 2006 I 2553.
[4] Hüffer/Koch/*Koch* § 188 Rn. 11; MüKoAktG/*Schürnbrand* § 188 Rn. 46.
[5] Großkomm AktG/*Hirte* Rn. 19; MüKoAktG/*Arnold* Rn. 15.

keine Vermögensminderung eingetreten ist, die der Kapitalerhöhung entgegenstünde, wenn sie am Tag der Anmeldung beschlossen worden wäre (Abs. 1 S. 2). Diese Erklärung soll sicherstellen, dass im Zeitpunkt der Anmeldung ausreichend umwandlungsfähiges Gesellschaftsvermögen zur Deckung des erhöhten Grundkapitals vorhanden ist.[6] Diesen Nachweis vermag die der Kapitalerhöhung zugrunde liegende Bilanz allein nicht zu erbringen, da ihr Stichtag bis zu acht Monate zurückliegen kann. Vermögensminderungen stehen der Kapitalerhöhung entgegen, wenn ein daraus resultierender Verlust nur durch Rücklagen gedeckt werden kann, die im Rahmen der Kapitalerhöhung aus Gesellschaftsmitteln in Grundkapital umgewandelt werden sollen.[7] Die Anmelder haben sich positive Kenntnis davon zu verschaffen, dass dies nicht der Fall ist.[8] Wird die Erklärung trotz Kenntnis von der Kapitalerhöhung entgegenstehenden Vermögensminderungen abgegeben, sind die Anmelder sowohl strafrechtlich nach § 399 Abs. 2 als auch zivilrechtlich gegenüber der Gesellschaft nach §§ 93, 116 verantwortlich. Auch eine Außenhaftung der Anmelder gem. § 823 BGB Abs. 2 iVm § 399 Abs. 2 kommt in Betracht.[9]

III. Tätigkeit des Registergerichtes (Abs. 2 bis 4)

7   **1. Registergerichtliche Kontrolle (Abs. 2 und 3).** Das Registergericht prüft die Anmeldung sowohl **formell als auch materiell** (→ § 181 Rn. 23). Die registergerichtliche Kontrolle umfasst wie bei jeder Anmeldung von Satzungsänderungen zur Eintragung im Handelsregister insbesondere die Ordnungsmäßigkeit der Anmeldung (Zuständigkeit, Form, Vollständigkeit) und in materieller Hinsicht die Wirksamkeit des Hauptversammlungsbeschlusses.[10] Für die Kapitalerhöhung aus Gesellschaftsmitteln folgt aus Abs. 2 zusätzlich die Pflicht des Gerichts zur Prüfung, ob die der Kapitalerhöhung zugrunde gelegte Bilanz auf einen höchstens acht Monate vor der Anmeldung liegenden Stichtag aufgestellt und eine Erklärung nach Abs. 1 S. 2 abgegeben worden ist.

8   Im Hinblick auf die **Bilanz** braucht das Gericht nicht zu prüfen, ob die Bilanz den gesetzlichen Vorschriften entspricht (Abs. 3). Nicht zu prüfen ist danach der Bilanzinhalt und dessen Übereinstimmung mit den gesetzlichen Vorschriften. Eine solche Überprüfung wäre den Registergerichten kaum möglich. Sie ist auch nicht erforderlich, da die zugrunde liegende Bilanz ohnehin durch einen Abschlussprüfer geprüft und mit einem Bestätigungsvermerk versehen sein muss (§ 209 Abs. 1 und 3). Gleichwohl kann das Gericht trotz der Erleichterung des Abs. 3 eine inhaltliche Prüfung der Bilanz anordnen, allerdings nur, wenn es aufgrund konkreter Anhaltspunkte Zweifel an deren Richtigkeit hat.[11]

9   Die Erleichterung des Abs. 3 betrifft nicht die Pflicht des Registergerichts zur Überprüfung der Anforderungen der §§ 208, 209 an die Erhöhungsbilanz. Danach muss die Bilanz durch einen Abschlussprüfer geprüft und mit einem uneingeschränkten Bestätigungsvermerk versehen sein. In der Bilanz müssen die umzuwandelnden Beträge ausgewiesen und die Beträge müssen umwandlungsfähig sein. Zu prüfen ist auch, ob eine Zweckbindung der Umwandlung von Rücklagen entgegensteht, da ein Verstoß gegen die Zweckbestimmung nach der hier vertretenen Auffassung ein Eintragungshindernis begründet (str., → § 208 Rn. 34 und → Rn. 11).

10 **2. Ablehnung der Eintragung.** Die Eintragung ist abzulehnen, wenn der **Beschluss über die Kapitalerhöhung nichtig ist oder keine ordnungsgemäße Anmeldung vorliegt.** Bei behebbaren Mängeln der Anmeldung hat das Registergericht durch Zwischenverfügung die Beseitigung des Mangels anzuordnen. Wird vor Beseitigung des Mangels die Achtmonatsfrist für die Erhöhungsbilanz überschritten, führt dies ohne weiteres zu einer Zurückweisung der Anmeldung nach § 210 Abs. 2 wegen Fristüberschreitung.[12] Bei behebbaren Mängeln ist es für die Fristwahrung nicht erforderlich, dass diese Mängelbeseitigung ebenfalls innerhalb der Achtmonatsfrist erfolgt (→ 209 Rn. 14). Wird dagegen die Anmeldung gänzlich zurückgewiesen, kommt es für die Achtmonatsfrist auf den Zeitpunkt der erneuten, vollständigen Anmeldung an.

11 Die Eintragung eines **anfechtbaren Beschlusses,** gegen den innerhalb der Anfechtungsfrist keine Anfechtungsklage erhoben wurde, ist abzulehnen, wenn die Anfechtbarkeit auf einem Verstoß gegen zwingendes Gesetzesrecht, öffentliche Interessen, Gläubigerinteressen oder Interessen zukünftiger Aktionäre beruht (→ § 181 Rn. 29). Bei der Kapitalerhöhung aus Gesellschaftsmitteln führt speziell ein Verstoß gegen die Zweckbindung von Rücklagen bei der Umwandlung zur Anfechtbar-

---

[6] Kölner Komm AktG/*Lutter* Rn. 9.
[7] Großkomm AktG/*Hirte* Rn. 25; MHdB AG/*Scholz* § 60 Rn. 51.
[8] Hüffer/Koch/*Koch* Rn. 4.
[9] Großkomm AktG/*Hirte* Rn. 26; MHdB AG/*Scholz* § 60 Rn. 51.
[10] Zur Frage, ob der Prüfungsumfang auch die Anfechtbarkeit des Beschlusses umfasst, → § 181 Rn. 29.
[11] Kölner Komm AktG/*Lutter* Rn. 13; Großkomm AktG/*Hirte* Rn. 32; MHdB AG/*Scholz* § 60 Rn. 52.
[12] Dafür MüKoAktG/*Arnold* § 209 Rn. 21; Großkomm AktG/*Hirte* § 209 Rn. 28.

keit (§ 208 Abs. 2 S. 2). In einem solchen Fall ist die Eintragung abzulehnen, denn es handelt sich um einen Verstoß gegen zwingendes Gesetzesrecht (str., → § 208 Rn. 34).

Wird die Eintragung abgelehnt, ist gegen diese Entscheidung die Beschwerde nach § 58 Abs. 1 FamFG gegeben. Die Beschwerdeberechtigung richtet sich nach § 59 Abs. 1 FamFG. Danach kann die Beschwerde erheben, wer durch die Verfügung in seinen Rechten beeinträchtigt ist. Das ist die Gesellschaft als Antragstellerin. Den Aktionären stehen dagegen aus der Handelsregisteranmeldung keine Rechte zu.[13] **12**

3. Eintragung (Abs. 4). Der Beschluss über die Kapitalerhöhung aus Gesellschaftsmitteln ist im **13** Handelsregister einzutragen, wenn sich aus der Prüfung durch das Registergericht keine Beanstandungen ergeben. Abs. 4 regelt hinsichtlich der Eintragung lediglich die Pflicht, bei der Eintragung anzugeben, dass es sich um eine Kapitalerhöhung aus Gesellschaftsmitteln handelt. Fehlt diese Angabe, ist das Grundkapital gleichwohl wirksam erhöht.[14] Die Rechtsfolge der Eintragung ist in § 211 geregelt.

Im Gegensatz zu den Vorschriften über die Kapitalerhöhung gegen Einlagen enthalten die Vor- **14** schriften über die Kapitalerhöhung aus Gesellschaftsmitteln keine Regelungen zur **Bekanntmachung der Eintragung.** Gem. § 10 S. 2 HGB ist daher die Eintragung ihrem ganzen Inhalt nach zu veröffentlichen. Die Bekanntmachung von weiteren Angaben betreffend die mit der Kapitalerhöhung einhergehenden Änderungen des Satzungswortlautes erfolgt nach Aufhebung des § 40 durch das EHUG nicht mehr.

§ 211 Wirksamwerden der Kapitalerhöhung

(1) Mit der Eintragung des Beschlusses über die Erhöhung des Grundkapitals ist das Grundkapital erhöht.

(2) *(aufgehoben)*

Schrifttum: S. das Schrifttum zu § 207.

I. Normzweck

§ 211 Abs. 1 legt den Zeitpunkt fest, zu dem die Kapitalerhöhung aus Gesellschaftsmitteln wirksam **1** wird. Die entsprechende Norm bei der Kapitalerhöhung gegen Einlagen ist § 189. Für das Wirksamwerden wird auf die Eintragung des Beschlusses im Handelsregister abgestellt. Auf diese Weise wird die Kontrolle durch das Registergericht und die Publizität der Kapitalerhöhung gewährleistet.[1] Da bei der Kapitalerhöhung aus Gesellschaftsmitteln die Einlagen auf das erhöhte Grundkapital bereits aufgebracht sind, hätte der Gesetzgeber als Zeitpunkt des Wirksamwerdens der Kapitalerhöhung aber auch die Beschlussfassung über die Kapitalerhöhung wählen können.

§ 211 geht auf § 8 KapErhG zurück. Der 1994 im Rahmen das UmwBerG aufgehobene Abs. 2 **2** bestimmte, dass die neuen Aktien als voll eingezahlt galten. Diese Regelung wurde als „systemwidrig und überflüssig" angesehen,[2] da die Kapitalerhöhung aus Gesellschaftsmitteln keine Maßnahme der Kapitalbeschaffung ist.[3]

II. Wirkung der Eintragung

Mit der Eintragung des Beschlusses über die Kapitalerhöhung in das Handelsregister ist das Grund- **3** kapital erhöht. Die **Eintragung wirkt also konstitutiv.** Die weiteren Durchführungsmaßnahmen (s. § 214) sind keine Wirksamkeitserfordernisse für die Kapitalerhöhung. Mit Eintragung ist der Erhöhungsbetrag in der Bilanz der Gesellschaft als gezeichnetes Kapital auszuweisen (s. § 152 Abs. 1 S. 1).

Die **neuen Mitgliedschaftsrechte** an der Gesellschaft entstehen ebenfalls mit Eintragung des **4** Beschlusses über die Kapitalerhöhung in das Handelsregister.[4] Gem. § 212 entfallen die neuen Aktien automatisch auf die bisherigen Aktionäre im Verhältnis ihrer Beteiligung am bisherigen Grundkapital. Sollen die neuen Aktien in Aktienurkunden verbrieft werden, erfolgt dies entsprechend dem Verfah-

---

[13] Kölner Komm AktG/*Lutter* Rn. 16.
[14] Hüffer/Koch/*Koch* Rn. 10; Großkomm AktG/*Hirte* Rn. 38; MHdB AG/*Scholz* § 60 Rn. 57.
[1] Hüffer/Koch/*Koch* Rn. 1; Großkomm AktG/*Hirte* Rn. 4.
[2] BT-Drs. 12/6699, 177.
[3] Ausf. Großkomm AktG/*Hirte* Rn. 1 f.
[4] MüKoAktG/*Arnold* Rn. 7; Kölner Komm AktG/*Lutter* Rn. 5; Großkomm AktG/*Hirte* Rn. 6.

ren gem. § 214.[5] Bis zu ihrer Verbriefung sind die neuen Aktien als unverbriefte Mitgliedschaftsrechte gem. §§ 398, 413 BGB übertragbar.

III. Ausschluss der Unterbilanzhaftung

5   Stellt sich nach Eintragung der Kapitalerhöhung aus Gesellschaftsmitteln in das Handelsregister heraus, dass die in der Bilanz ausgewiesene, in Grundkapital umgewandelte Rücklage tatsächlich nicht oder nicht in vollem Umfang vorhanden war, ist nach allgemeiner Ansicht eine **Unterbilanzhaftung der Aktionäre ausgeschlossen**.[6] In Betracht kommen Schadensersatzansprüche gegen den Abschlussprüfer oder die Anmelder der Kapitalerhöhung, falls die Anmelder entgegen ihrer Versicherung nach § 210 Abs. 1 S. 2 Kenntnis von einer Vermögensminderung hatten, die der Kapitalerhöhung entgegengestanden hätte. Soweit über Schadensersatzansprüche kein Ausgleich erlangt werden kann, gelten die allgemeinen Grundsätze betreffend die Unterbilanzsituation einer Aktiengesellschaft, es dürfen also bis zum Ausgleich der Unterbilanz keine Ausschüttungen vorgenommen werden.[7] In Betracht kommt auch eine Herabsetzung des Grundkapitals der Gesellschaft.[8]

IV. Mängel der Kapitalerhöhung

6   Aus § 211 Abs. 1 folgt nicht, dass mit Eintragung des Beschlusses über die Kapitalerhöhung das Grundkapital in jedem Fall erhöht ist.[9] Diese Wirkung tritt nur bei einer mangelfreien Kapitalerhöhung ein. Der Vorschrift des § 211 Abs. 1 kommt keine heilende Wirkung zu.

7   Wird die Kapitalerhöhung eingetragen, obwohl gar **keine wirksame Anmeldung** vorlag, zB weil diese wieder zurückgenommen wurde oder die Anmeldung durch dazu nicht befugte Personen erfolgte, entfaltet die Eintragung der Kapitalerhöhung in das Handelsregister keine Rechtswirkung. **Andere Mängel der Anmeldung**, wie zB deren Unvollständigkeit, beeinträchtigen die Wirksamkeit der Kapitalerhöhung nicht.[10]

8   Bei **fehlerhafter Eintragung** des Kapitalerhöhungsbeschlusses ist zu differenzieren: Entspricht die Eintragung nicht dem Beschluss, wird also beispielsweise eine fehlerhafte Kapitalziffer eingetragen, ist die Kapitalerhöhung nicht wirksam.[11] Etwas anderes kann nur bei Abweichungen gelten, welche nicht die wesentlichen Inhalte des Beschlusses betreffen, etwa wenn das Datum des Beschlusses falsch eingetragen wird. Unschädlich ist auch, wenn die Eintragung der Angabe, dass es sich bei der Kapitalerhöhung um eine solche aus Gesellschaftsmitteln handelt, fehlt.[12]

9   Die **Nichtigkeit des Kapitalerhöhungsbeschlusses** wird durch die Eintragung geheilt, wenn die Nichtigkeit auf einem Mangel der Beurkundung beruht (§ 242 Abs. 1). Anderenfalls wird die Nichtigkeit drei Jahre nach Eintragung des Beschlusses geheilt (§ 242 Abs. 2). Beruht die Nichtigkeit auf § 212 S. 2, ist eine Heilung insgesamt ausgeschlossen (→ § 212 Rn. 6).[13] Die auf Grundlage eines nichtigen Beschlusses ausgegebenen Aktien verbriefen keine mitgliedschaftlichen Rechte. Sie sind entsprechend § 73 von der Gesellschaft für kraftlos zu erklären.[14]

§ 212 Aus der Kapitalerhöhung Berechtigte

¹Neue Aktien stehen den Aktionären im Verhältnis ihrer Anteile am bisherigen Grundkapital zu. ²Ein entgegenstehender Beschluß der Hauptversammlung ist nichtig.

Schrifttum: S. das Schrifttum zu § 207.

---

[5] Vor Eintragung des Kapitalerhöhungsbeschlusses in das Handelsregister dürfen Aktien und Zwischenscheine nicht ausgegeben werden, s. § 219.
[6] Hüffer/Koch/*Koch* Rn. 5; Großkomm AktG/*Hirte* Rn. 12; MüKoAktG/*Arnold* Rn. 10; *Korsten* AG 2006, 321 (326 f.).
[7] MHdB AG/*Scholz* § 60 Rn. 56; Hüffer/Koch/*Koch* Rn. 5.
[8] Eine Pflicht zur Kapitalherabsetzung nehmen an: Großkomm AktG/*Hirte* Rn. 14; Kölner Komm AktG/*Lutter* Rn. 8; *Korsten* AG 2006, 321 (323). Abl. hingegen: Grigoleit/*Rieder*/Holzmann Rn. 5 MüKoAktG/*Arnold* Rn. 10; MHdB AG/*Scholz* § 60 Rn. 56.
[9] MüKoAktG/*Arnold* Rn. 11.
[10] Hüffer/*Koch* § 210 Rn. 10; MüKoAktG/*Arnold* Rn. 13.
[11] MüKoAktG/*Arnold* Rn. 14.
[12] Hüffer/Koch/*Koch* § 210 Rn. 10; Großkomm AktG/*Hirte* § 210 Rn. 38; MHdB AG/*Scholz* § 60 Rn. 57.
[13] Zur Löschung nichtiger satzungsändernder Beschlüsse aus dem Handelsregister → § 181 Rn. 50.
[14] Nach richtiger Auffassung ist eine entsprechende Anwendung des § 73 auch dann gerechtfertigt, wenn die in den betreffenden Aktienurkunden verbrieften Rechte niemals wirksam entstanden sind: § 73 Rn. 7. AA MüKoAktG/*Arnold* § 209 Rn. 45; Kölner Komm AktG/*Lutter* Rn. 6.

I. Normzweck

§ 212, der auf § 9 KapErhG zurückgeht, regelt die Frage der Zuordnung neuer Aktien aus der 1 Kapitalerhöhung aus Gesellschaftsmitteln und bestimmt, dass **neue Aktien den bisherigen Aktionären zustehen.** Die Norm ähnelt daher § 186, begründet aber im Unterschied zu § 186 kein Bezugsrecht, welches ausgeübt werden muss. Bei der Kapitalerhöhung aus Gesellschaftsmitteln erfolgt die Zuordnung neuer Aktien an die bisherigen Aktionäre kraft Gesetzes und ist, wie sich aus S. 2 ergibt, zwingend. Der Zweck der Vorschrift ist daher im Schutz der Aktionärsrechte zu sehen. Die Frage der Zuordnung stellt sich nur, wenn im Rahmen der Kapitalerhöhung überhaupt neue Aktien ausgegeben werden.[1] § 212 wird ergänzt durch die §§ 213–215. § 213 regelt Teilrechte an neuen Aktien, die durch die zwingende Zuordnung an die bisherigen Aktionäre entstehen können. § 214 betrifft die Ausgabe der Aktienurkunden an die Aktionäre. § 215 schließlich bestimmt, dass auch die Gesellschaft selbst mit eigenen Aktien sowie teileingezahlte Aktien an der Kapitalerhöhung teilnehmen.

II. Zuordnung neuer Aktien

Nach § 212 stehen neue Aktien aus der Kapitalerhöhung aus Gesellschaftsmitteln den Aktionären 2 im Verhältnis ihrer Anteile am bisherigen Grundkapital zu. **Neue Aktien werden den Aktionären damit unmittelbar zugewiesen,** ohne dass es einer Bezugserklärung, Zeichnung, Übernahme oder einer sonstigen Handlung von Seiten der Aktionäre bedürfte. Diese Zuweisung erfolgt kraft Gesetzes, auch ohne Wissen des Aktionärs und auch gegen seinen Willen.[2] Auch die Gesellschaft selbst nimmt mit eigenen Aktien an der Kapitalerhöhung aus Gesellschaftsmitteln teil (s. § 215 Abs. 1). Entscheidender Zeitpunkt für die Zuordnung neuer Aktien ist die Eintragung des Beschlusses über die Kapitalerhöhung in das Handelsregister.[3] Dabei beschränkt sich § 212 nicht auf die Zuordnung der neuen Aktien. Vielmehr entstehen die neuen Aktien mit Eintragung der Kapitalerhöhung im Handelsregister in der Person des Inhabers bisheriger Aktien. Dies ist entweder der bisherige Aktionär oder der Erwerber der neuen Aktien, wenn der bisherige Aktionär bereits vor Eintragung der Kapitalerhöhung über die künftigen Anteilsrechte verfügt hat. Eine solche Verfügung ist im Rahmen der Kapitalerhöhung aus Gesellschaftsmitteln im Gegensatz zur Kapitalerhöhung gegen Einlagen nicht verboten (→ § 219 Rn. 4). Die neuen Aktien entstehen dann unmittelbar in der Person des Erwerbers.[4]

Die Zuordnung der neuen Aktien erfolgt im **Verhältnis der Anteile der Aktionäre am bisheri-** 3 **gen Grundkapital,** denn die Kapitalerhöhung aus Gesellschaftsmitteln führt nicht zu einer Veränderung des Gesellschaftsvermögens und rechtfertigt daher keine andere Zuteilung. Die Zuordnung des § 212 wird regelmäßig zur Entstehung sog. **Teilrechte** führen (s. § 213), also Teilen einer neuen Aktie, die auf eine bisherige Aktie entfallen. Auch diese Teilrechte entstehen kraft Gesetzes.[5] Für ihre Geltendmachung enthält § 213 Abs. 2 besondere Regelungen. „Spitzen", also Aktien, die nicht verteilt werden können, entstehen bei der Kapitalerhöhung aus Gesellschaftsmitteln infolge der vollständigen Zuordnung der neuen Aktien, soweit erforderlich auch über Teilrechte, nicht.

Für die Zuordnung der neuen Aktien ist das Grundkapital der Gesellschaft im Zeitpunkt der 4 Eintragung des Beschlusses über die Kapitalerhöhung aus Gesellschaftsmitteln maßgeblich. Dabei handelt es sich um das Grundkapital der Gesellschaft, welches in das Handelsregister der Gesellschaft eingetragen ist, es sei denn, diese Ziffer berücksichtigt nicht die **Ausgabe von neuen Aktien aus bedingtem Kapital.** Neue Aktien aus bedingtem Kapital, die vor Eintragung der Kapitalerhöhung aus Gesellschaftsmitteln im Handelsregister ausgegeben werden, nehmen an der Kapitalerhöhung teil. Bei bedingtem Kapital ist das Grundkapital bereits mit Ausgabe der neuen Aktien effektiv erhöht (s. § 200), die Eintragung des erhöhten Grundkapitals im Handelsregister ist rein deklaratorisch. Alle anderen Kapitalerhöhungen müssen dagegen bereits im Handelsregister eingetragen sein, damit die entsprechenden Aktien an der Kapitalerhöhung aus Gesellschaftsmitteln teilnehmen.

III. Nichtigkeit eines entgegenstehenden Beschlusses

Nach S. 2 ist ein der Zuordnung des S. 1 entgegenstehender Beschluss der Hauptversammlung 5 **nichtig.** Die Zuordnung ist also zwingend. Von ihr kann auch nicht mit Zustimmung der Betroffe-

---

[1] Das ist bei Nennbetragsaktien regelmäßig der Fall, bei Stückaktien besteht ein Wahlrecht, → § 207 Rn. 12. Im Hinblick auf die Möglichkeit der Kapitalerhöhung ohne Ausgabe neuer Aktien wurde durch das StückAG v. 25.3.1998 der frühere Wortlaut des S. 1 „Die neuen Aktien" angepasst.
[2] Kölner Komm AktG/*Lutter* Rn. 3.
[3] Hüffer/Koch/*Koch* Rn. 2; Großkomm AktG/*Hirte* Rn. 8.
[4] Kölner Komm AktG/*Lutter* § 219 Rn. 3; Großkomm AktG/*Hirte* Rn. 9.
[5] Kölner Komm AktG/*Lutter* Rn. 3.

nen und nicht einmal dann abgewichen werden, wenn sich sämtliche Aktionäre einig sind.[6] Auch geringfügige Abweichungen von der Zuordnung des S. 1 führen zur Nichtigkeit des Beschlusses der Hauptversammlung.[7] S. 2 erfasst auch **mittelbare Beeinträchtigungen,** etwa wenn die Teilnahme an der Kapitalerhöhung aus Gesellschaftsmitteln von Bedingungen abhängig gemacht oder auf andere Weise erschwert wird.[8]

6   Die Nichtigkeitsfolge tritt jedenfalls im Hinblick auf die von § 212 S. 1 abweichende Zuordnung ein. Ob dies zur Folge hat, dass der gesamte Kapitalerhöhungsbeschluss nichtig ist, richtet sich nach § 139 BGB.[9] Auch bei Teilnichtigkeit darf der Registerrichter die Kapitalerhöhung nicht in das Handelsregister eintragen.[10] Wird trotzdem eingetragen, erfolgt die Zuteilung neuer Aktien gem. § 212 S. 1.[11] Ist wegen § 139 BGB der gesamte Kapitalerhöhungsbeschluss nichtig und wird trotzdem in das Handelsregister eingetragen, entfaltet die Kapitalerhöhung keine Wirkungen. Eine nachträgliche Heilung der Nichtigkeit ist nicht möglich, da die Nichtigkeit nach § 212 S. 1 nicht in § 242 Abs. 2 genannt ist.

§ 213 Teilrechte

(1) Führt die Kapitalerhöhung dazu, daß auf einen Anteil am bisherigen Grundkapital nur ein Teil einer neuen Aktie entfällt, so ist dieses Teilrecht selbständig veräußerlich und vererblich.

(2) Die Rechte aus einer neuen Aktie einschließlich des Anspruchs auf Ausstellung einer Aktienurkunde können nur ausgeübt werden, wenn Teilrechte, die zusammen eine volle Aktie ergeben, in einer Hand vereinigt sind oder wenn sich mehrere Berechtigte, deren Teilrechte zusammen eine volle Aktie ergeben, zur Ausübung der Rechte zusammenschließen.

Schrifttum: S. das Schrifttum zu § 207.

I. Normzweck

1   § 213[1] steht im Zusammenhang mit der Zuordnung neuer Aktien aus einer Kapitalerhöhung aus Gesellschaftsmitteln an die bisherigen Aktionäre gem. § 212. Als Folge dieser Zuordnung können Bruchteile von Aktien auf Aktionäre entfallen. Solche Bruchteile bezeichnet § 213 als Teilrechte und bestimmt in Abs. 1 deren selbständige Veräußerlichkeit und Vererblichkeit. § 213 Abs. 2 schließt die selbständige Ausübung der Mitgliedschaftsrechte aus Teilrechten aus. Dadurch soll die Bildung von vollen Aktien ermöglicht und gefördert werden.

II. Entstehung und Rechtscharakter von Teilrechten

2   Die Zuordnung neuer Aktien nach § 212 an die Aktionäre im Verhältnis ihrer Anteile am bisherigen Grundkapital wird oft nicht zu einer Verteilung der neuen Aktien führen, bei der auf jeden Aktionär allein volle Aktien entfallen. Eine solche Verteilung wird regelmäßig nur bei einer Kapitalerhöhung um ein Mehrfaches des bisherigen Grundkapitals zu erzielen sein. § 213 Abs. 1 setzt voraus, dass infolge der Zuordnungsvorschrift des § 212 auf Aktionäre auch Teile von neuen Aktien entfallen können. Solche Teilrechte sind eine Besonderheit der Kapitalerhöhung aus Gesellschaftsmitteln und folgen aus dem dieser Kapitalerhöhung zugrunde liegenden Prinzip der unveränderten Beteiligungsquoten der Aktionäre.[2] Bei Kapitalerhöhungen gegen Einlagen können keine Teilrechte entstehen, da die dort ausgegebenen neuen Aktien nicht teilbar sind. Das Bezugsverhältnis gem. § 186 Abs. 1 kann aber dazu führen, dass auf Aktionäre Teil-Bezugsrechte entfallen, die bei den neuen Aktien zu freien Spitzen führen.

---

[6] Großkomm AktG/*Hirte* Rn. 15; Kölner Komm AktG/*Lutter* Rn. 5; MHdB AG/*Scholz* § 60 Rn. 56; *Geßler* WM-Sonderbeil. 1/1960, 11 (19). Der gewünschte Zustand muss daher durch Übertragung der neuen Aktien bzw. Teilrechte im Anschluss an die Hauptversammlung außerhalb des Kapitalerhöhungsbeschlusses hergestellt werden.
[7] OLG Dresden AG 2001, 532; MüKoAktG/*Arnold* Rn. 12; Kölner Komm AktG/*Lutter* Rn. 9. Krit. *Steiner* DB 2001, 585.
[8] Hüffer/Koch/*Koch* Rn. 3; Kölner Komm AktG/*Lutter* Rn. 8; Großkomm AktG/*Hirte* Rn. 16.
[9] Hüffer/Koch/*Koch* Rn. 4; Kölner Komm AktG/*Lutter* Rn. 11; *Fett/Spiering* NZG 2002, 358 (359).
[10] OLG Dresden AG 2001, 532; Kölner Komm AktG/*Lutter* Rn. 12.
[11] Kölner Komm AktG/*Lutter* Rn. 12; MüKoAktG/*Arnold* Rn. 15 und 17.
[1] Die Vorschrift geht auf § 10 KapErhG zurück.
[2] S. dazu *Than* WM-Festgabe Heinsius, 1991, 54 (56).

Teilrechte entstehen wie das Vollrecht automatisch mit Eintragung des Kapitalerhöhungsbeschlus- 3
ses im Handelsregister. Der **Rechtscharakter des Teilrechts entspricht dem des Vollrechts,** mit
zwei wesentlichen **Unterschieden.** Zum einen unterscheidet sich das Teilrecht quantitativ vom
Vollrecht, zum anderen ist nach Abs. 2 seine selbständige Ausübung ausgeschlossen. Aus der Klarstellung in Abs. 2 betreffend die Ausstellung von Aktienurkunden folgt, dass Teilrechte nicht verbrieft
werden können. Im Übrigen vermittelt das Teilrecht aber die gleiche Rechtsposition wie das Vollrecht.[3]

III. Veräußerlichkeit und Vererblichkeit von Teilrechten (Abs. 1)

Teilrechte sind nach Abs. 1 **selbständig veräußerlich und vererblich.** Da Teilrechte nicht 4
in Urkunden verbrieft werden können (→ Rn. 3), erfolgt ihre Übertragung ausschließlich durch
Abtretung gem. §§ 398, 413 BGB.[4] Durch die Veräußerlichkeit wird ein Handel mit Teilrechten
entsprechend dem Bezugsrechtshandel bei der Kapitalerhöhung gegen Einlagen ermöglicht
(→ Rn. 5). Handelt es sich bei den neuen Aktien um vinkulierte Namensaktien, bedarf auch die
Übertragung der entsprechenden Teilrechte der Zustimmung der Gesellschaft gem. § 68 Abs. 2.[5]
Die Gesellschaft wird aber regelmäßig verpflichtet sein, die Zustimmung zu einer Übertragung auf
einen anderen Aktionär im Hinblick auf Abs. 2 zu erteilen, um die Ausübung der Rechte zu
ermöglichen.[6]

IV. Ausübung von Mitgliedschaftsrechten (Abs. 2)

Nach Abs. 2 können Rechte aus einer neuen Aktie, die in Teilrechte zerfällt, nur unter den dort 5
genannten Voraussetzungen ausgeübt werden. Die **selbständige Ausübung** der Mitgliedschaftsrechte aus Teilrechten ist danach **ausgeschlossen.** Das Verbot betrifft sämtliche Mitgliedschaftsrechte,
die der Ausübung durch den Aktionär bedürfen. Das Gesetz nennt insbesondere den Anspruch auf
Ausstellung einer Aktienurkunde. Das Verbot umfasst unter anderem das Stimmrecht, das Auskunftsrecht und das Bezugsrecht bei einer Kapitalerhöhung gegen Einlagen.[7] Dagegen nehmen Teilrechte
bei einer weiteren Kapitalerhöhung aus Gesellschaftsmitteln an der Zuteilung neuer Aktien wegen
der automatischen Zuordnung der neuen Aktien gem. § 212 teil.[8] Auch der Anspruch auf Zahlung
der Dividende kann nicht anteilig im Hinblick auf ein Teilrecht ausgeübt werden.[9] Ist der Dividendenanspruch nicht verbrieft, bleibt es der Gesellschaft aber unbenommen, eine anteilige Auszahlung
der Dividende zu veranlassen.

Die Regelung des Abs. 2 sieht zwei Möglichkeiten für die Ausübung der Mitgliedschaftsrechte 6
vor. Entweder müssen Teilrechte, die zusammen eine volle Aktie ergeben, in einer Hand vereinigt
sein, oder mehrere Berechtigte, deren Teilrechte zusammen eine volle Aktie ergeben, müssen sich
zur Ausübung der Rechte zusammenschließen. Die missverständlich formulierte Vorschrift („eine
volle Aktie") ist dahingehend zu verstehen, dass Rechte aus neuen Aktien ausgeübt werden können
(mit Ausnahme des Anspruchs auf Ausstellung einer Aktienurkunde, s. unten), soweit Teilrechte, die
in einer Hand vereinigt sind oder bezüglich derer sich Berechtigte zusammengeschlossen haben,
rechnerisch volle Mitgliedschaftsrechte ausmachen.[10] Ein darüber hinausgehender Überhang an Teilrechten ist dagegen von der Rechtsausübung ausgeschlossen. Im Falle der **Vereinigung von Teilrechten in einer Hand,** beispielsweise durch Zukauf von Teilrechten, verbinden sich die von einem
Aktionär gehaltenen Teilrechte, die zusammen ein Vollrecht ergeben, nicht ohne weiteres zu einem
einheitlichen Vollrecht, sondern bleiben zunächst als selbständige Teilrechte bestehen. Die Teilrechte
verlieren erst dann ihre Selbständigkeit, wenn sie als Vollrecht in einer Urkunde verbrieft oder, im
Falle unverbriefter Aktien, einem Aktionär nach § 214 Abs. 4 S. 2 zugeteilt werden.[11] Da Teilrechte
ebenso wenig teilbar sind wie Aktien,[12] ist es hinsichtlich des Anspruchs auf Ausstellung von Aktienurkunden, und der damit verbundenen Verschmelzung von Teilrechten zu einem Vollrecht, nicht
ausreichend, dass die Teilrechte rechnerisch volle Mitgliedschaftsrechte ausmachen.[13] Die Teilrechte

---

[3] Hüffer/Koch/*Koch* Rn. 2; Kölner Komm AktG/*Lutter* Rn. 3.
[4] Kölner Komm AktG/*Lutter* Rn. 7; Hüffer/Koch/*Koch* Rn. 3.
[5] Großkomm AktG/*Hirte* Rn. 11; MüKoAktG/*Arnold* Rn. 9.
[6] Großkomm AktG/*Hirte* Rn. 11; für die GmbH: Baumbach/Hueck/Zöllner/Fastrich GmbHG § 57k Rn. 6.
[7] Kölner Komm AktG/*Lutter* Rn. 4; Großkomm AktG/*Hirte* Rn. 15; MüKoAktG/*Arnold* Rn. 13.
[8] Hüffer/Koch/*Koch* Rn. 5; Kölner Komm AktG/*Lutter* Rn. 6.
[9] Hüffer/Koch/*Koch* Rn. 4; Kölner Komm AktG/*Lutter* Rn. 6.
[10] Großkomm AktG/*Hirte* Rn. 17; MüKoAktG/*Arnold* Rn. 15.
[11] Großkomm AktG/*Hirte* Rn. 19; MüKoAktG/*Arnold* Rn. 20.
[12] Großkomm AktG/*Hirte* Rn. 17; MüKoAktG/*Arnold* Rn. 18.
[13] Großkomm AktG/*Hirte* Rn. 17; MüKoAktG/*Arnold* Rn. 16.

müssen vielmehr jeweils genau ein Vollrecht ergeben. Ein Inhaber von Teilrechten muss daher „passende" Teilrechte dazu erwerben. Bei nicht börsennotierten Gesellschaften mit größerem Aktionärskreis dürfte daher die Vereinigung von Teilrechten, die zusammen eine volle Aktie ergeben, ohne einen von der Gesellschaft organisierten Teilrechtehandel nicht möglich sein.[14]

7   Mitgliedschaftsrechte können für Teilrechte auch in der Weise ausgeübt werden, dass sich mehrere Berechtigte, deren Teilrechte zusammen eine volle Aktie ergeben, **zur Ausübung der Rechte zusammenschließen** (Abs. 2 2. Hs.). Durch einen solchen Zusammenschluss entsteht eine Gesellschaft bürgerlichen Rechts gem. §§ 705 ff. BGB (GbR).[15] Für diese gelten § 69 Abs. 1 und Abs. 3 entsprechend,[16] die Inhaber der Teilrechte können die Rechte daher nur durch einen gemeinschaftlichen Vertreter ausüben und die Gesellschaft kann Willenserklärungen gegenüber den einzelnen Berechtigten abgeben, solange kein gemeinschaftlicher Vertreter bestellt ist.[17] Um eine Ausübung von Teilrechten nach Abs. 2 2. Hs. handelt es sich nur, wenn die Teilrechte nicht auf die GbR übertragen werden, denn im Falle einer Übertragung wird die GbR Inhaberin der Teilrechte und diese „in einer Hand vereinigt" (Abs. 2 1. Hs.). Dann finden § 69 Abs. 1 und Abs. 3 keine Anwendung.[18]

§ 214 Aufforderung an die Aktionäre

(1) [1]Nach der Eintragung des Beschlusses über die Erhöhung des Grundkapitals durch Ausgabe neuer Aktien hat der Vorstand unverzüglich die Aktionäre aufzufordern, die neuen Aktien abzuholen. [2]Die Aufforderung ist in den Gesellschaftsblättern bekanntzumachen. [3]In der Bekanntmachung ist anzugeben,
1. um welchen Betrag das Grundkapital erhöht worden ist,
2. in welchem Verhältnis auf die alten Aktien neue Aktien entfallen.
[4]In der Bekanntmachung ist ferner darauf hinzuweisen, daß die Gesellschaft berechtigt ist, Aktien, die nicht innerhalb eines Jahres seit der Bekanntmachung der Aufforderung abgeholt werden, nach dreimaliger Androhung für Rechnung der Beteiligten zu verkaufen.

(2) [1]Nach Ablauf eines Jahres seit der Bekanntmachung der Aufforderung hat die Gesellschaft den Verkauf der nicht abgeholten Aktien anzudrohen. [2]Die Androhung ist dreimal in Abständen von mindestens einem Monat in den Gesellschaftsblättern bekanntzumachen. [3]Die letzte Bekanntmachung muß vor dem Ablauf von achtzehn Monaten seit der Bekanntmachung der Aufforderung ergehen.

(3) [1]Nach Ablauf eines Jahres seit der letzten Bekanntmachung der Androhung hat die Gesellschaft die nicht abgeholten Aktien für Rechnung der Beteiligten zum Börsenpreis und beim Fehlen eines Börsenpreises durch öffentliche Versteigerung zu verkaufen. [2]§ 226 Abs. 3 Satz 2 bis 6 gilt sinngemäß.

(4) [1]Die Absätze 1 bis 3 gelten sinngemäß für Gesellschaften, die keine Aktienurkunden ausgegeben haben. [2]Die Gesellschaften haben die Aktionäre aufzufordern, sich die neuen Aktien zuteilen zu lassen.

Schrifttum: S. das Schrifttum zu § 207.

Übersicht

	Rn.		Rn.
I. Normzweck	1	2. Anforderungen an die Aufforderung (Abs. 1 S. 2–3)	3
II. Aufforderung zur Abholung neuer Aktien (Abs. 1)	2–4	3. Abholung neuer Aktien	4
1. Pflicht des Vorstandes (Abs. 1 S. 1)	2	**III. Androhung des Verkaufs nicht abgeholter Aktien (Abs. 2)**	5, 6

---

[14] Für eine Pflicht der Gesellschaft zur Einrichtung oder Unterstützung eines Teilrechtehandels Großkomm AktG/*Hirte* Rn. 14. Bei Börsennotierung und Girosammelverwahrung der Aktien können die Aktionäre ihren Depotbanken im Hinblick auf Teilrechte entsprechende Kauf- oder Verkaufsaufträge erteilen.
[15] Kölner Komm AktG/*Lutter* Rn. 5; MüKoAktG/*Arnold* Rn. 21; Hüffer/Koch/*Koch* Rn. 4.
[16] Es handelt sich um eine entsprechende Anwendung des § 69, da weder die Teilrechte noch das Vollrecht den Berechtigten gemeinschaftlich zustehen, sondern die Rechte nur gemeinschaftlich ausgeübt werden, s. Großkomm AktG/*Hirte* Rn. 20.
[17] Kölner Komm AktG/*Lutter* Rn. 5; Großkomm AktG/*Hirte* Rn. 20.
[18] MüKoAktG/*Arnold* Rn. 22; Hüffer/Koch/*Koch* Rn. 4; Großkomm AktG/*Hirte* Rn. 21; aA wohl Kölner Komm AktG/*Lutter* Rn. 5.

	Rn.		Rn.
IV. Verkauf nicht abgeholter Aktien (Abs. 3)	7–9	1. Unverbriefte Aktien (Abs. 4)	10, 11
		2. Teilrechte	12
		3. Kapitalerhöhung ohne Ausgabe neuer Aktien	13
V. Weitere Anwendungsfälle des § 214	10–13		

I. Normzweck

Die Zuweisung neuer Aktien aus einer Kapitalerhöhung aus Gesellschaftsmitteln erfolgt nach 1 § 212 automatisch und auch dann, wenn die Berechtigten von der Kapitalerhöhung keine Kenntnis haben. Das Gesetz will es bei diesem Zustand nicht belassen, sondern verpflichtet mit § 214[1] den Vorstand, die Aktionäre zur Abholung der neuen Aktien(urkunden) aufzufordern und ordnet zudem den Verkauf der neuen Aktien an, falls Aktionäre dieser Aufforderung nicht nachkommen. Der Zweck des § 214 wird überwiegend im Schutz des Rechtsverkehrs gesehen, die neuen Aktien sollen umgehend verbrieft werden.[2] Würde ein Nebeneinander von verbrieften und unverbrieften Aktien aber tatsächlich den Rechtsverkehr gefährden, so stellte sich die Frage, warum nicht auch bei der Kapitalerhöhung gegen Einlagen eine solche Abholungspflicht angeordnet ist.[3] Auch die Bedeutung des Abs. 4, wonach bei unverbrieften Aktien die Aktionäre ebenso tätig werden und sich die neuen Aktien zuteilen lassen müssen, ist im Hinblick auf den angenommenen Zweck nicht nachvollziehbar.[4] Nach einer anderen Ansicht dient die Regelung der Beseitigung von Teilrechten.[5] Dagegen spricht freilich, dass die Abholung neuer Aktien auch für den Fall angeordnet ist, dass keine Teilrechte entstanden sind. Der Zweck der Vorschrift dürfte eher darin liegen, sowohl für die Aktionäre als auch für die Gesellschaft Klarheit hinsichtlich der Rechtsinhaberschaft der neuen Aktien zu schaffen.[6] Andernfalls bestünde beispielsweise die Gefahr, dass ein Aktionär, der von der Kapitalerhöhung aus Gesellschaftsmitteln keine Kenntnis hat, sämtliche seiner bisherigen Aktien veräußert, mit den neuen Aktien aber weiterhin an der Gesellschaft beteiligt bleibt, ohne dass ihm dies bewusst ist.

II. Aufforderung zur Abholung neuer Aktien (Abs. 1)

1. Pflicht des Vorstandes (Abs. 1 S. 1). Der Vorstand ist verpflichtet, unverzüglich nach der 2 Eintragung des Beschlusses über die Erhöhung des Grundkapitals durch Ausgabe neuer Aktien die Aktionäre aufzufordern, die neuen Aktien abzuholen (Abs. 1 S. 1). Die **Pflicht zur Aufforderung** besteht also nur, wenn die Kapitalerhöhung durch Ausgabe neuer Aktien erfolgt. Bei Stückaktien ist die Ausgabe neuer Aktien nicht zwingend (→ § 207 Rn. 12). Werden neue Aktien ausgegeben, hat die Aufforderung auch dann zu erfolgen, wenn die Aktien der Girosammelverwahrung unterliegen und daher keine Abholungshandlungen der einzelnen Aktionäre erforderlich sind. Für depotverwahrte Aktien wird die Gesellschaft regelmäßig Vereinbarungen mit den Depotbanken betreffend die Abholung treffen.

2. Anforderungen an die Aufforderung (Abs. 1 S. 2–3). Die Aufforderung zur Abholung 3 der Aktien ist einmalig in den Gesellschaftsblättern (s. § 25) bekanntzumachen (Abs. 1 S. 2). Die Bekanntmachung muss nach Abs. 1 S. 3 und S. 4 folgende Angaben enthalten: **(1.) Aufforderung an die Aktionäre**, die neuen Aktien abzuholen. Dazu gehören die Angaben, die den Aktionären die Abholung tatsächlich ermöglichen, also Ort und Zeit der Abholung sowie die Anforderungen an den Nachweis der Berechtigung der Aktionäre.[7] Letzterer ist bei Namensaktien wegen der Legitimationswirkung des Aktienregisters (§ 67 Abs. 2) nicht erforderlich. Die Aufforderung ist an die Aktionäre zu richten, da diese bei Abholung der neuen Aktien in aller Regel Inhaber der neuen Mitgliedschaftsrechte sein werden. Hat ein Aktionär seine neuen Mitgliedschaftsrechte aber zwischen dem Beschluss über die Kapitalerhöhung und der Ausgabe der Aktienurkunden übertragen (→ § 219 Rn. 4), ist der Erwerber zur Abholung berechtigt.[8] Der Gesellschaft ist die Übertragung bei Abholung nachzuweisen, etwa durch Vorlage des Abtretungsvertrages. Darauf muss in der Bekanntmachung

---

[1] Die Vorschrift beruht auf § 11 KapErhG und wurde in Abs. 1 durch Art. 1 Nr. 29 StückAG und in Abs. 4 durch Art. 7 des Vierten Finanzmarktförderungsgesetzes geringfügig geändert.
[2] Kölner Komm AktG/*Lutter* Rn. 6, nach dem das für den Rechtsverkehr gefährliche Nebeneinander von verkörperten (alten) und nicht verkörperten (neuen) Aktien umgehend beseitigt werden soll.
[3] Großkomm AktG/*Hirte* § 213 Rn. 5.
[4] Dementsprechend ist für Hüffer/Koch/*Koch* Rn. 11 der Regelungsgehalt des Abs. 4 unklar.
[5] Großkomm AktG/*Hirte* Rn. 5.
[6] *Geßler* WM-Sonderbeil. 1/1960, 11 (23 f.).
[7] Hüffer/Koch/*Koch* Rn. 4; Kölner Komm AktG/*Lutter* Rn. 8.
[8] MüKoAktG/*Arnold* Rn. 9.

aber nicht ausdrücklich hingewiesen werden. Die Bekanntmachung muss weiter enthalten (**2.**) den **Betrag, um den das Grundkapital erhöht worden ist** (S. 3 Nr. 1), und (**3.**) das **Verhältnis, in welchem auf die alten Aktien neue Aktien entfallen** (S. 3 Nr. 2). Letzteres ergibt sich aus dem Verhältnis von bisherigem Grundkapital und Erhöhungsbetrag der Kapitalerhöhung aus Gesellschaftsmitteln. Hier ist vor allem auf die zwischenzeitliche Ausgabe weiterer neuer Aktien aus bedingtem Kapital zu achten, denn diese erhöht das Grundkapital der Gesellschaft, ohne dass dieses im Handelsregister eingetragen sein muss (§ 200, → auch § 212 Rn. 4). Aus Gründen der Übersichtlichkeit ist anzuraten, in diesen Fällen die im Handelsregister eingetragene Grundkapitalziffer umgehend, also auch unterjährig, an die wirklichen Verhältnisse anzupassen.[9] Weiter erforderlich ist (**4.**) der **Hinweis** darauf, dass die Gesellschaft berechtigt ist, Aktien, die nicht innerhalb eines Jahres seit der Bekanntmachung der Aufforderung abgeholt werden, nach dreimaliger Androhung für Rechnung der Beteiligten zu verkaufen (S. 4). Hat die Gesellschaft für depotverwahrte Aktien Vereinbarungen mit den Depotbanken betreffend die Abholung getroffen, muss die Bekanntmachung darauf hinweisen.[10] Von den Aktionären ist dann regelmäßig nichts zu veranlassen.

4   **3. Abholung neuer Aktien.** Unter Abholung neuer Aktien versteht das Gesetz die Ausgabe der Aktienurkunden an die Berechtigten. Voraussetzung ist also die Herstellung der Aktienurkunde und deren Begebung, also sachenrechtliche Übereignung, an den Berechtigten.[11] Die Berechtigung zur Abholung ist nachzuweisen (→ Rn. 3). Durch die Begebung wird die Mitgliedschaft in einem Wertpapier verbrieft. Sind die bisherigen Aktien in einem Depot verwahrt, muss die depotführende Bank die Abholung für den Kunden durchführen und ist dazu auch verpflichtet.[12] Im Falle der Girosammelverwahrung erfolgt die Abholung durch entsprechende Depotbuchungen, die Aktionäre müssen dazu nichts veranlassen. Die neuen Aktien können trotz des etwas missverständlichen Wortlautes auch nach Ablauf der Jahresfrist des Satz 4 abgeholt werden.[13]

III. Androhung des Verkaufs nicht abgeholter Aktien (Abs. 2)

5   Abs. 2 S. 1 ordnet an, dass die Gesellschaft nach Ablauf eines Jahres seit der Bekanntmachung der Aufforderung den Verkauf der nicht abgeholten Aktien anzudrohen hat. Die Androhung hat dreimal zu erfolgen (Abs. 2 S. 2). Sie soll wie der Hinweis in der Bekanntmachung nach Abs. 1 die Aktionäre auf die Folgen der Nichtabholung der neuen Aktien aufmerksam machen. Die Gesellschaft, für die der Vorstand handelt, ist verpflichtet, die Androhung vorzunehmen.[14] Sind sämtliche Urkunden über neue Aktien abgeholt worden, ist eine Verkaufsandrohung nicht erforderlich.[15] Die Androhung muss deutlich machen, dass die Gesellschaft berechtigt[16] ist, Aktien, die auch nach dreimaliger Androhung nicht abgeholt werden, für Rechnung der Beteiligten zu verkaufen.

6   Für die Androhung bestehen **Fristvorgaben.** Sie darf erst nach Ablauf eines Jahres seit der Bekanntmachung der Aufforderung zur Abholung der neuen Aktien gem. Abs. 1 erfolgen (Abs. 2 S. 1). Die Androhung ist mindestens dreimal in den Gesellschaftsblättern (§ 25) bekanntzumachen, wobei zwischen den einzelnen Androhungen ein Abstand von mindestens einem Monat einzuhalten ist (Abs. 2 S. 2). Die letzte Bekanntmachung muss vor dem Ablauf von achtzehn Monaten seit der Bekanntmachung der Aufforderung zur Abholung der neuen Aktien gem. Abs. 1 ergehen (Abs. 2 S. 3). Wegen dieser Vorgabe müssen die drei Androhungen innerhalb von sechs Monaten nach Ablauf der Jahresfrist für die Abholung der neuen Aktien nach Abs. 1 erfolgen. Der Verkauf darf dann erst nach Ablauf eines weiteren Jahres nach der Bekanntmachung der dritten Androhung erfolgen (Abs. 3 S. 1). Der Verkauf kann damit **frühestens 26 Monate** nach Bekanntmachung der Aufforderung zur Abholung der neuen Aktien gem. Abs. 1 erfolgen.[17]

---

[9] § 201 sieht eine jährliche Anmeldung der Ausgabe von Bezugsaktien aus bedingtem Kapital im jeweils abgelaufenen Geschäftsjahr zur Eintragung im Handelsregister vor. Eine jährliche Anpassung des Satzungswortlautes an die Aktienausgabe ist nicht erforderlich, aber durchaus üblich.
[10] Hüffer/Koch/*Koch* Rn. 4.
[11] Kölner Komm AktG/*Lutter* Rn. 3.
[12] Kölner Komm AktG/*Lutter* Rn. 3.
[13] Kölner Komm AktG/*Lutter* Rn. 16; MüKoAktG/*Arnold* Rn. 12 und 21.
[14] MüKoAktG/*Arnold* Rn. 17; Hüffer/Koch/*Koch* Rn. 7.
[15] Großkomm AktG/*Hirte* Rn. 28; MüKoAktG/*Arnold* Rn. 16.
[16] Nach dem Wortlaut der Vorschrift ist in der Bekanntmachung darauf hinzuweisen, dass die Gesellschaft *berechtigt* ist, die Aktien zu verkaufen. Nach Abs. 3 *hat* die Gesellschaft dagegen die Aktien im Falle der Nichtabholung zu verkaufen, ist also zum Verkauf verpflichtet. Trotzdem sollte die Bekanntmachung entsprechend dem Gesetzeswortlaut auf die Berechtigung der Gesellschaft zum Verkauf der Aktien hinweisen.
[17] Hüffer/Koch/*Koch* Rn. 8; MüKoAktG/*Arnold* Rn. 20.

IV. Verkauf nicht abgeholter Aktien (Abs. 3)

Nach Ablauf eines Jahres seit der letzten Bekanntmachung der Androhung hat die Gesellschaft **7** die nicht abgeholten Aktien für Rechnung der Beteiligten zu verkaufen (Abs. 3 S. 1). Danach ist die Gesellschaft, für die der Vorstand handelt, zum Verkauf verpflichtet.[18] Der Verkauf der Aktien kann aber nicht im Wege des Zwangsgeldverfahrens nach § 407 Abs. 1 durchgesetzt werden, da die Regelung des § 407 Abs. 1 nur § 214 Abs. 1, nicht aber Abs. 2 und 3 umfasst.[19] Die Gesellschaft verkauft die Aktien im eigenen Namen. Die Beteiligten, für deren Rechnung der Verkauf erfolgt, sind die Inhaber der neuen Mitgliedschaftsrechte. Das Gesetz schreibt einen Verkauf zum Börsenpreis vor und beim Fehlen eines Börsenpreises den Verkauf durch öffentliche Versteigerung (Abs. 3 S. 1). Ein Verkauf zum Börsenpreis setzt voraus, dass die Aktien der Gesellschaft zum Handel an einer Börse zugelassen sind und ein Börsenhandel auch tatsächlich stattfindet.[20] Andernfalls hat der Verkauf durch öffentliche Versteigerung (§ 383 Abs. 3 S. 1 BGB) zu erfolgen.

Nach Abs. 3 S. 2 gelten die Bestimmungen des § 226 Abs. 3 S. 2–6 betreffend den Verkauf neuer **8** Aktien im Falle der Kraftloserklärung von Aktienurkunden sinngemäß. Diese Regelungen beziehen sich in erster Linie auf die Durchführung der öffentlichen Versteigerung. § 226 Abs. 3 S. 6 findet auch auf den Verkauf zum Börsenpreis Anwendung. Nach dieser Vorschrift ist der Verkaufserlös den Beteiligten auszuzahlen oder, wenn ein Recht zur Hinterlegung (§ 372 BGB) besteht, zu hinterlegen. Diese Bestimmung über die Auszahlung des Kaufpreises ändert nichts daran, dass Gläubiger des Kaufpreises die Gesellschaft ist, die die Aktien im eigenen Namen verkauft.[21]

Im Falle einer zulässigen Veräußerung, also einer Veräußerung in Übereinstimmung mit den **9** Vorgaben des § 214, verliert der betroffene Aktionär sein Mitgliedschaftsrecht. Ein fehlerhaftes Verkaufsverfahren steht der Wirksamkeit des Aktienverkaufs nicht zwingend entgegen. Die Wirksamkeit bestimmt sich dann nach den Grundsätzen über den Erwerb vom Nichtberechtigten.[22]

V. Weitere Anwendungsfälle des § 214

1. Unverbriefte Aktien (Abs. 4). Gem. Abs. 4 gelten die Absätze 1 bis 3 sinngemäß für Gesell- **10** schaften, die keine Aktienurkunden ausgegeben haben. Eine Gesellschaft mit unverbrieften Aktien hat die Aktionäre aufzufordern, sich die neuen Aktien zuteilen zu lassen (Abs. 4 S. 2). Sieht man den Zweck des § 214 darin, die neuen Aktien so schnell wie möglich zu verbriefen, erschließt sich der Regelungsgehalt des Abs. 4 nicht.[23] § 214 verfolgt aber einen anderen Zweck. Die Vorschrift soll vielmehr sowohl für die Aktionäre als auch für die Gesellschaft Klarheit hinsichtlich der Rechtsinhaberschaft der neuen Aktien schaffen (→ Rn. 1). Dazu sind bei unverbrieften Aktien Maßnahmen erforderlich. Während bei verbrieften Aktien allerdings durch die Abholung die neue Mitgliedschaftsrechte in Wertpapieren verbrieft werden, hat die Zuteilung der unverbrieften Mitgliedschaften keine rechtsbegründende Wirkung. Die Aktionäre sind gem. §§ 211, 212 bereits mit Eintragung der Kapitalerhöhung Inhaber der Mitgliedschaftsrechte. Die Zuteilung kann daher lediglich klarstellende Bedeutung haben.[24]

Die Gesellschaft muss also auch bei unverbrieften Aktien das Verfahren gem. § 214 Abs. 1 bis Abs. 3 **11** einhalten. Dabei wird lediglich die Aufforderung zur Abholung der neuen Aktien ersetzt durch die Aufforderung, sich die neuen Aktien zuteilen zu lassen. Auch bei unverbrieften Aktien ist also deren Verkauf anzudrohen und bei nicht erfolgter Zuteilung durchzuführen. Die Zuteilung erfolgt durch **schriftliche Bestätigung** der Gesellschaft.[25] Eine einseitige Bestätigung durch die Gesellschaft genügt allerdings nicht, vielmehr muss die Zuteilung aufgrund eines entsprechenden Verlangens des Aktionärs erfolgen, denn es soll gerade zwischen Gesellschaft und Aktionär Klarheit herrschen, in welchem Umfang der Aktionär neue Mitgliedschaften erworben hat. Nicht zugeteilte Aktien müssen nach dreimaliger Verkaufsandrohung entsprechend Abs. 3 verkauft werden.[26] Ein Verkauf kann hier nur im Wege der öffentli-

---

[18] MüKoAktG/*Arnold* Rn. 23.
[19] Fall der mittelbaren Stellvertretung s. Kölner Komm AktG/*Lutter* § 213 Rn. 17.
[20] MüKoAktG/*Arnold* Rn. 25.
[21] MüKoAktG/*Arnold* Rn. 31; Hüffer/Koch/*Koch* Rn. 9; aA Kölner Komm AktG/*Lutter* Rn. 17, nach dem der berechtigte Aktionär Gläubiger ist und die Gesellschaft lediglich den Kaufpreis für den Aktionär einzieht.
[22] MüKoAktG/*Arnold* Rn. 32; Kölner Komm AktG/*Lutter* Rn. 20.
[23] Kölner Komm AktG/*Lutter* Rn. 21.
[24] Hüffer/Koch/*Koch* Rn. 11; Kölner Komm AktG/*Lutter* Rn. 22; anders nur im Falle der Zuteilung einer vollen Aktie für Teilrechte gem. § 213 Abs. 2, in diesem Fall werden durch die Zuteilung die Teilrechte zum Vollrecht, s. MüKoAktG/*Arnold* Rn. 41.
[25] MüKoAktG/*Arnold* Rn. 39; Hüffer/Koch/*Koch* Rn. 12; Kölner Komm AktG/*Lutter* Rn. 22.
[26] Kölner Komm AktG/*Lutter* Rn. 24 ist der Auffassung, dass die Verwaltung von der Verkaufsmöglichkeit nur in den seltensten Fällen Gebrauch machen sollte, da die Regelung des Abs. 4 wenig sinnvoll sei.

chen Versteigerung erfolgen, da eine Börsennotierung unverbriefter Aktien nicht möglich ist.²⁷ Werden die Aktien nicht zum Zweck des Verkaufs verbrieft, geht ein Erwerber das Risiko ein, dass er die Aktien nicht wirksam erwirbt, falls das Verkaufsverfahren fehlerhaft ist. Denn mangels Verbriefung kommt ein gutgläubiger Erwerb der Aktien nicht in Betracht.

12 **2. Teilrechte.** Auf Teilrechte (§ 213) sind die Bestimmungen des § 214 Abs. 1 bis Abs. 3 ebenfalls anwendbar.²⁸ Die Inhaber der Teilrechte können aber nur nach Maßgabe des § 213 Abs. 2 die Aktienurkunden abholen oder sich die unverbrieften Aktien zuteilen lassen. Danach müssen Teilrechte, die eine volle Aktie ergeben, in einer Hand vereinigt sein oder Berechtigte müssen sich zur gemeinschaftlichen Rechtsausübung betreffend die Teilrechte zusammengeschlossen haben (→ § 213 Rn. 5 ff.). Geschieht dies nicht, muss die Gesellschaft die in Teilrechte zerfallenen Aktien gem. § 214 Abs. 2 und Abs. 3 verkaufen. Der Erlös steht dann den Inhabern der Teilrechte anteilig zu.²⁹

13 **3. Kapitalerhöhung ohne Ausgabe neuer Aktien.** § 214 betrifft nur die Kapitalerhöhung aus Gesellschaftsmitteln durch Ausgabe neuer Aktien. Auch ohne die Ausgabe neuer Aktien kann sich Handlungsbedarf auf Seiten der Gesellschaft ergeben, wenn die Aktienurkunden infolge der Kapitalerhöhung aus Gesellschaftsmitteln unrichtig geworden sind. Dies ist der Fall bei teileingezahlten Nennbetragsaktien, bei denen die Kapitalerhöhung durch Erhöhung der Nennbeträge erfolgen muss (§ 215 Abs. 2 S. 2).³⁰ Die Gesellschaft hat dann die Aktionäre zur Einreichung der unrichtigen Aktienurkunden aufzufordern.³¹ Die Aufforderung kann entsprechend § 214 Abs. 1 durch Bekanntmachung in den Gesellschaftsblättern erfolgen. Bei Namensaktien oder namentlich bekannten Aktionären ist alternativ eine schriftliche Aufforderung möglich.³² Die Gesellschaft kann weder die Einreichung der alten Urkunden erzwingen noch einen Aktienverkauf durchführen.³³ Eine Kraftloserklärung der unrichtigen Aktienurkunden ist ebenfalls nicht möglich, da § 73 Abs. 1 S. 2 ausdrücklich eine Kraftloserklärung ausschließt, wenn die Unrichtigkeit der Urkunde auf einer Änderung des Nennbetrages der Aktien beruht.

§ 215 Eigene Aktien. Teileingezahlte Aktien

(1) Eigene Aktien nehmen an der Erhöhung des Grundkapitals teil.

(2) ¹Teileingezahlte Aktien nehmen entsprechend ihrem Anteil am Grundkapital an der Erhöhung des Grundkapitals teil. ²Bei ihnen kann die Kapitalerhöhung nicht durch Ausgabe neuer Aktien ausgeführt werden, bei Nennbetragsaktien wird deren Nennbetrag erhöht. ³Sind neben teileingezahlten Aktien volleingezahlte Aktien vorhanden, so kann bei volleingezahlten Nennbetragsaktien die Kapitalerhöhung durch Erhöhung des Nennbetrags der Aktien und durch Ausgabe neuer Aktien ausgeführt werden; der Beschluß über die Erhöhung des Grundkapitals muß die Art der Erhöhung angeben. ⁴Soweit die Kapitalerhöhung durch Erhöhung des Nennbetrags der Aktien ausgeführt wird, ist sie so zu bemessen, daß durch sie auf keine Aktie Beträge entfallen, die durch eine Erhöhung des Nennbetrags der Aktien nicht gedeckt werden können.

Schrifttum: S. das Schrifttum zu § 207.

Übersicht

	Rn.		Rn.
I. Normzweck	1	III. Teileingezahlte Aktien (Abs. 2)	4–11
II. Eigene Aktien (Abs. 1)	2, 3	1. Teilnahme an der Kapitalerhöhung (Abs. 2 S. 1)	4, 5
1. Eigene Aktien der Gesellschaft	2		
2. Gleichgestellte Aktien	3	2. Art der Teilnahme an der Kapitalerhöhung (Abs. 2 S. 2 u S. 3)	6–9

---

²⁷ MüKoAktG/*Arnold* § 213 Rn. 43.
²⁸ Für entsprechende Anwendung: Hüffer/Koch/*Koch* Rn. 13; Kölner Komm AktG/*Lutter* Rn. 25; für direkte Anwendung Großkomm AktG/*Hirte* Rn. 54; MüKoAktG/*Arnold* Rn. 34.
²⁹ Kölner Komm AktG/*Lutter* Rn. 26; MHdB AG/*Scholz* § 60 Rn. 101; MüKoAktG/*Arnold* Rn. 37.
³⁰ Bei Stückaktien werden infolge einer Kapitalerhöhung aus Gesellschaftsmitteln ohne Ausgabe neuer Aktien Aktienurkunden nicht unrichtig, da die Urkunden lediglich die Anzahl der Stückaktien ausweisen, diese aber nicht verändert wird.
³¹ Großkomm AktG/*Hirte* Rn. 20; nach MHdB AG/*Scholz* § 60 Rn. 98 ist die Gesellschaft dazu nicht verpflichtet.
³² Großkomm AktG/*Hirte* Rn. 20.
³³ Großkomm AktG/*Hirte* Rn. 22; MHdB AG/*Scholz* § 60 Rn. 98.

	Rn.		Rn.
a) Verbot der Ausgabe neuer Aktien	6, 7	c) Rechtsfolgen von Verstößen	9
b) Nebeneinander von teil- und volleingezahlten Aktien	8	3. Umfang der Kapitalerhöhung (Abs. 2 S. 4)	10, 11

I. Normzweck

§ 215 regelt zum einen die Teilnahmeberechtigung der Gesellschaft mit eigenen Aktien an der **1** Kapitalerhöhung aus Gesellschaftsmitteln und zum anderen die damit nicht unmittelbar zusammenhängende Frage der Behandlung von teileingezahlten Aktien. § 215 bestimmt, dass sowohl eigene Aktien als auch teileingezahlte Aktien an einer Kapitalerhöhung aus Gesellschaftsmitteln teilnehmen. Diese Regelung ergänzt das in § 212 niedergelegte Prinzip, wonach durch die Kapitalerhöhung aus Gesellschaftsmitteln die Beteiligung der Aktionäre am Grundkapital unverändert bleibt. Aus § 215 Abs. 2 wird zudem deutlich, dass, anders als bei der Kapitalerhöhung gegen Einlagen, eine Kapitalerhöhung aus Gesellschaftsmitteln nicht ausgeschlossen ist, wenn Aktien noch nicht voll eingezahlt sind.[1] In diesem Fall darf die Kapitalerhöhung aber nicht durch Ausgabe neuer Aktien erfolgen (s. § 215 Abs. 2 S. 2). Diese Abweichung von § 182 Abs. 1 S. 4 iVm § 207 Abs. 2, wonach die Kapitalerhöhung aus Gesellschaftsmitteln grundsätzlich durch Ausgabe neuer Aktien erfolgt, dient der Sicherung der Kapitalaufbringung.[2] § 215 geht auf §§ 12, 6 Abs. 4 KapErhG zurück. Die Vorschrift wurde durch Art. 1 Nr. 30 des StückAG im Hinblick auf die Einführung von Stückaktien geändert.

II. Eigene Aktien (Abs. 1)

1. Eigene Aktien der Gesellschaft. Abs. 1 bestimmt, dass auch eigene Aktien (s. §§ 71 ff.) an **2** der Kapitalerhöhung aus Gesellschaftsmitteln teilnehmen. Die Gesellschaft ist also aus der Kapitalerhöhung ebenso berechtigt wie andere Aktionäre, die Beteiligungsquote der eigenen Aktien verändert sich nicht. Damit unterscheidet sich die Kapitalerhöhung aus Gesellschaftsmitteln von anderen Arten von Kapitalerhöhungen, bei denen die Gesellschaft nicht bezugsberechtigt ist. So bestimmt § 56, dass die Gesellschaft keine eigenen Aktien zeichnen darf und nach § 71b stehen der Gesellschaft aus eigenen Aktien keine Rechte zu. Die Berechtigung der Gesellschaft aus eigenen Aktien nach § 215 Abs. 1 ist keineswegs als Ausnahme zu den §§ 56, 71b anzusehen, da der Anteilserwerb bei der Kapitalerhöhung aus Gesellschaftsmitteln automatisch und nicht im Wege der Zeichnung erfolgt und auch keine Ausübung von Rechten aus eigenen Aktien durch die Gesellschaft erfordert.[3]

2. Gleichgestellte Aktien. Auch Aktien, die ein Dritter für Rechnung der Gesellschaft oder für **3** Rechnung eines von der Gesellschaft abhängigen oder im Mehrheitsbesitz der Gesellschaft stehenden Unternehmens hält oder die die Gesellschaft über ein abhängiges oder im Mehrheitsbesitz der Gesellschaft stehende Unternehmen hält (s. § 71d), nehmen an einer Kapitalerhöhung aus Gesellschaftsmitteln teil. Dies ordnet § 215 Abs. 1 zwar nicht ausdrücklich an, doch wenn schon eigene Aktien an der Kapitalerhöhung teilnehmen, muss dies erst Recht auch für die nach § 71d den eigenen Aktien gleichgestellten Aktien gelten.[4]

III. Teileingezahlte Aktien (Abs. 2)

1. Teilnahme an der Kapitalerhöhung (Abs. 2 S. 1). Abs. 2 S. 1 bestimmt ausdrücklich, dass **4** teileingezahlte Aktien an der Kapitalerhöhung aus Gesellschaftsmitteln teilnehmen. Die Kapitalerhöhung aus Gesellschaftsmitteln ist also auch dann zulässig, wenn noch nicht alle Einlagen auf das bisherige Grundkapital eingefordert sind (→ Rn. 1). Allerdings kann bei Gesellschaften mit teileingezahlten Nennbetragsaktien wegen der Vorgaben für den Umfang der Kapitalerhöhung nach Satz 4 und die damit verbundenen hohen Anforderungen an die Größe der umwandlungsfähigen Rücklagen eine Kapitalerhöhung aus Gesellschaftsmitteln aus bilanziellen Gründen scheitern.

Teileingezahlte Aktien **nehmen entsprechend ihrem Anteil am Grundkapital an der Erhö- 5 hung des Grundkapitals teil,** unabhängig davon, wie hoch die bisherigen Einzahlungen auf die Aktien sind. Eine Beschränkung der Teilnahme teileingezahlter Aktien entsprechend dem Umfang der Einzahlung wäre nicht sachgerecht, schließlich vermitteln auch teileingezahlte Aktien bereits die

---

[1] Das Verbot des § 182 Abs. 4 S. 1 gilt hier nicht. Da die Kapitalerhöhung aus Gesellschaftsmitteln nicht der Kapitalbeschaffung dient, besteht auch kein Bedürfnis, vorrangig ausstehende Einlagen einzufordern.
[2] Großkomm AktG/*Hirte* Rn. 14 f.; Hüffer/Koch/*Koch* Rn. 1.
[3] Großkomm AktG/*Hirte* Rn. 9; MüKoAktG/*Arnold* Rn. 4; Kölner Komm AktG/*Lutter* Rn. 2.
[4] Kölner Komm AktG/*Lutter* Rn. 3; Großkomm AktG/*Hirte* Rn. 8, MüKoAktG/*Arnold* Rn. 5.

volle Mitgliedschaft.[5] Soweit sich einzelne Rechte aus teileingezahlten Aktien allerdings nach der auf die Aktie geleisteten Einlage bestimmen (s. zB § 60 Abs. 2 für die Gewinnbeteiligung), können sich infolge der Kapitalerhöhung aus Gesellschaftsmitteln gesetzliche Anpassungen dieser Rechte gem. § 216 Abs. 2 ergeben (→ § 216 Rn. 11 ff.).

6 **2. Art der Teilnahme an der Kapitalerhöhung (Abs. 2 S. 2 u S. 3). a) Verbot der Ausgabe neuer Aktien.** Bei teileingezahlten Aktien kann die Kapitalerhöhung aus Gesellschaftsmitteln **nicht durch Ausgabe neuer Aktien** durchgeführt werden (Abs. 2 S. 2 1. Hs.). Dies ist eine **Ausnahme** zu § 182 Abs. 1 S. 4 iVm § 207 Abs. 2, der als Regel die Ausgabe neuer Aktien vorsieht. Mangels Ausgabe neuer Aktien kann bei **Nennbetragsaktien** die Kapitalerhöhung aus Gesellschaftsmitteln nur durch Erhöhung des Nennbetrags der Aktien erfolgen (Abs. 2 S. 2 1. Hs.). Das Gesetz sieht keine ausdrückliche Regelung für **Stückaktien** vor. Stückaktien weisen keinen festen Nennbetrag auf, der durch Beschluss der Hauptversammlung geändert werden müsste. Vielmehr sind Stückaktien zwingend in gleichem Umfang am Grundkapital beteiligt (§ 8 Abs. 3 S. 2). Daher führt eine Erhöhung des Grundkapitals ohne Ausgabe neuer Aktien bei Stückaktien automatisch zu einer Erhöhung des auf eine Aktie entfallenden Betrags des Grundkapitals.

7 Das Verbot der Ausgabe neuer Aktien dient der **Sicherung der Kapitalaufbringung.**[6] Durch die Kapitalerhöhung aus Gesellschaftsmitteln wird die haftungsrechtliche Situation der teileingezahlten Aktien nicht verändert. Die Aktien dienen weiter als Sicherheit für die ausstehenden Einlagen und unterliegen der Kaduzierung nach §§ 64, 65. Bei Ausgabe von zusätzlichen Aktien im Rahmen einer Kapitalerhöhung aus Gesellschaftsmitteln würde der Wert der teileingezahlten Altaktien um den Wert der neuen Aktien geschmälert.[7] Um auch diesen Wert als Haftungsgrundlage für die Einzahlung der ausstehenden Einlagen zu erhalten, müssten auch die neuen Aktien der Kaduzierung unterworfen werden.[8] Durch das Verbot der Ausgabe neuer Aktien wird dieser kompliziertere Weg der Sicherung der Kapitalaufbringung vermieden.[9]

8 **b) Nebeneinander von teil- und volleingezahlten Aktien.** Sind **neben teileingezahlten Aktien volleingezahlte Aktien vorhanden,** so kann nach Abs. 2 S. 3 1. Hs. bei volleingezahlten Nennbetragsaktien die Kapitalerhöhung durch Erhöhung des Nennbetrags der Aktien und durch Ausgabe neuer Aktien ausgeführt werden. Wieder regelt das Gesetz nur die Behandlung von **Nennbetragsaktien.** Die etwas missverständlich formulierte Regelung bestimmt, dass das Vorliegen von teileingezahlten Nennbetragsaktien die Hauptversammlung nicht daran hindert, für die volleingezahlten Nennbetragsaktien die Kapitalerhöhung aus Gesellschaftsmitteln durch Ausgabe neuer Aktien durchzuführen. Für den Teil der Kapitalerhöhung aus Gesellschaftsmitteln, der auf die volleingezahlten Aktien entfällt, besteht also eine **Wahlmöglichkeit** zwischen Erhöhung des Nennbetrages und Ausgabe neuer Aktien.[10] Für die teileingezahlten Nennbetragsaktien bleibt es dagegen beim Verbot des Satzes 2. Macht die Hauptversammlung von diesem Wahlrecht Gebrauch,[11] resultiert dies regelmäßig in Aktien mit unterschiedlichen Nennbeträgen. Bei **Stückaktien** ist dieser Weg somit ausgeschlossen, da diese zwingend in gleichem Umfang am Grundkapital beteiligt sind. Aufgrund der bei Nennbetragsaktien bestehenden Wahlmöglichkeit ist gem. Abs. 2 S. 3 2. Hs. die Art der Erhöhung im Beschluss der Hauptversammlung anzugeben.

9 **c) Rechtsfolgen von Verstößen.** Die Vorgaben des Abs. 2 S. 2 und S. 3 sind zwingend, Verstöße führen zur **Nichtigkeit** des Hauptversammlungsbeschlusses. Dies folgt für Satz 2 aus dem gläubigerschützenden Charakter der Vorschrift (s. § 241 Nr. 3). Ein Verstoß gegen Satz 3 kommt in Betracht, wenn im Kapitalerhöhungsbeschluss die Angabe über die Art der Erhöhung bei den volleingezahlten Nennbetragsaktien fehlt. In diesem Fall wird teilweise lediglich die Anfechtbarkeit des Hauptversammlungsbeschlusses angenommen sowie eine Befugnis des Vorstandes, die Art der Erhöhung festzulegen.[12] Nach anderer Ansicht führt auch die fehlende Festlegung der Art der Erhöhung durch die Hauptversammlung zur Nichtigkeit. Dem ist zu folgen, da dem Kapitalerhöhungsbeschluss ein

---

[5] Kölner Komm AktG/*Lutter* Rn. 6, der unter Rn. 7 die Nachteile einer möglichen Beteiligung der Inhaber teileingezahlter Aktien durch Verrechnung der auf sie entfallenden Kapitalerhöhungsbeträge mit rückständigen Leistungen auf die Aktien aufzeigt.
[6] Großkomm AktG/*Hirte* Rn. 14 f.
[7] Kölner Komm AktG/*Lutter* Rn. 8; MüKoAktG/*Arnold* Rn. 10.
[8] Kölner Komm AktG/*Lutter* Rn. 7.
[9] S. die Begründung zu § 15 des Regierungsentwurfes des KapErhG, BT-Drs. III/416, 15.
[10] MüKoAktG/*Arnold* Rn. 12; Kölner Komm AktG/*Lutter* Rn. 11.
[11] Die Entscheidung darüber liegt im Ermessen der Hauptversammlung, Kölner Komm AktG/*Lutter* Rn. 11; *Fett/Spiering* NZG 2002, 358 (365).
[12] Großkomm AktG/*Hirte* Rn. 33; Kölner Komm AktG/*Lutter* Rn. 12.

notwendiges Element fehlt, dessen Festsetzung nach dem Wortlaut des Satz 3 allein der Hauptversammlung obliegt und daher auch nicht vom Vorstand nachgeholt werden kann.[13]

3. Umfang der Kapitalerhöhung (Abs. 2 S. 4). Wird die Kapitalerhöhung durch Erhöhung des 10 Nennbetrags der Aktien ausgeführt, ist sie so zu bemessen, dass hierdurch auf keine Aktie Beträge entfallen, die durch eine Erhöhung des Nennbetrags der Aktien nicht gedeckt werden können. Die **Entstehung von Teilrechten** ist bei teileingezahlten Nennbetragsaktien somit **ausgeschlossen.** Der Gesamtbetrag der Kapitalerhöhung muss sich in zulässiger Weise vollständig auf die erhöhten Nennbeträge der Aktien aufteilen. Dabei ist § 8 Abs. 2 S. 4 zu beachten, wonach höhere Aktiennennbeträge auf volle Euro lauten müssen. Daraus folgt, dass bei **Nennbetragsaktien,** die auf den Mindestnennbetrag von einen Euro (§ 8 Abs. 2 S. 1) lauten, das Grundkapital der Gesellschaft zumindest verdoppelt oder aber um ein vielfaches des bisherigen Grundkapitals erhöht werden muss.[14] Diese Vorgabe stellt hohe Anforderungen an die Größe der umwandlungsfähigen Rücklagen, an denen eine Kapitalerhöhung aus Gesellschaftsmitteln scheitern kann.[15] Bei teileingezahlten **Stückaktien** ist die Hauptversammlung bei der Bestimmung des Umfangs der Kapitalerhöhung dagegen frei. Das AktG schreibt für Stückaktien lediglich ein Minimum des auf die einzelne Aktie entfallenden anteiligen Betrags des Grundkapitals von einem Euro vor, fordert aber für ein höheren Betrag keine Betragsstufen.[16] Der auf die einzelne Aktie entfallende anteilige Betrag des Grundkapitals muss daher nicht auf volle Euro lauten.

Ein Verstoß gegen die Vorgaben des Abs. 2 S. 4 führt zur **Nichtigkeit** des Beschlusses über die 11 Kapitalerhöhung, da in diesem Fall zugleich ein Verstoß gegen § 212 S. 1 vorliegt.[17]

§ 216 Wahrung der Rechte der Aktionäre und Dritter

(1) Das Verhältnis der mit den Aktien verbundenen Rechte zueinander wird durch die Kapitalerhöhung nicht berührt.

(2) ¹Soweit sich einzelne Rechte teileingezahlter Aktien, insbesondere die Beteiligung am Gewinn oder das Stimmrecht, nach der auf die Aktie geleisteten Einlage bestimmen, stehen diese Rechte den Aktionären bis zur Leistung der noch ausstehenden Einlagen nur nach der Höhe der geleisteten Einlage, erhöht um den auf den Nennbetrag des Grundkapitals berechneten Hundertsatz der Erhöhung des Grundkapitals zu. ²Werden weitere Einzahlungen geleistet, so erweitern sich diese Rechte entsprechend. ³Im Fall des § 271 Abs. 3 gelten die Erhöhungsbeträge als voll eingezahlt.

(3) ¹Der wirtschaftliche Inhalt vertraglicher Beziehungen der Gesellschaft zu Dritten, die von der Gewinnausschüttung der Gesellschaft, dem Nennbetrag oder Wert ihrer Aktien oder ihres Grundkapitals oder sonst von den bisherigen Kapital- oder Gewinnverhältnissen abhängen, wird durch die Kapitalerhöhung nicht berührt. ²Gleiches gilt für Nebenverpflichtungen der Aktionäre.

Schrifttum: S. das Schrifttum zu § 207.

Übersicht

	Rn.		Rn.
I. Normzweck	1	4. Rechtsfolge des Abs. 1 S. 1	8, 9
II. Verhältnis der mit den Aktien verbundenen Rechte zueinander (Abs. 1)	2–10	5. Mehrstimmrechtsaktien	10
		III. Teileingezahlte Aktien (Abs. 2)	11–18
1. Grundlagen	2	1. Grundlagen	11–13
2. Aktien mit gleicher Ausstattung	3	2. Einzelne Rechte, die sich nach der geleisteten Einlage bestimmen	14–17
3. Unterschiedliche Ausstattung der Aktien .	4–7	a) Gewinnverteilung	15, 16
a) Allgemeines	4	b) Stimmrecht	17
b) Vorzugsaktien mit Gewinnvorrecht	5, 6	3. Abs. 2 S. 3 iVm § 271 Abs. 3	18
c) Sonstige Vorrechte	7		

---

[13] MüKoAktG/*Arnold* Rn. 14; *Fett/Spiering* NZG 2002, 358 (365). Hüffer/Koch/*Koch* Rn. 5 und Grigoleit/ *Rieder/Holzmann* Rn. 7 nehmen dagegen die Unwirksamkeit des Hauptversammlungsbeschlusses an, die durch Nachholen der fehlenden Angabe zur Art der Erhöhung durch die Hauptversammlung geheilt wird.
[14] MüKoAktG/*Arnold* Rn. 16.
[15] Kölner Komm AktG/*Lutter* Rn. 13; MüKoAktG/*Arnold* Rn. 16; Großkomm AktG/*Hirte* Rn. 24.
[16] Hüffer/Koch/*Koch* § 8 Rn. 19.
[17] Kölner Komm AktG/*Lutter* Rn. 14; MüKoAktG/*Arnold* Rn. 17; Großkomm AktG/*Hirte* Rn. 34: außer bei nur geringfügiger Abweichung.

	Rn.		Rn.
IV. Rechtsbeziehungen zu Dritten (Abs. 3 S. 1)	19–30	b) Rechte iSd § 221	25–27
1. Grundlagen	19–21	c) Sonstige Rechtsverhältnisse	28
a) Betroffene Verträge	19, 20	3. Rechtsbeziehungen zwischen Aktionären und Dritten	29
b) Rechtsfolgen	21	4. Entsprechende Anwendung des Abs. 3 S. 1	30
2. Einzelne Rechtsverhältnisse	22–28	V. Nebenverpflichtungen (Abs. 3 S. 2)	31
a) Tantiemen	22–24		

I. Normzweck

1 Der auf § 13 KapErhG zurückgehende § 216 soll gewährleisten, dass der rechtliche und wirtschaftliche Inhalt sowohl der Beziehungen der Aktionäre untereinander und zur Gesellschaft als auch der Beziehungen der Gesellschaft gegenüber Dritten durch die Kapitalerhöhung aus Gesellschaftsmitteln nicht verändert wird, da die Kapitalerhöhung zu keiner Veränderung des Vermögens der Gesellschaft führt.[1] § 216 Abs. 1 und Abs. 2 ergänzen § 212, der bestimmt, dass die Kapitalerhöhung aus Gesellschaftsmitteln die bisherigen Beteiligungsverhältnisse der Aktionäre nicht verändert. § 216 Abs. 1 und Abs. 2 ordnen darüber hinaus an, dass auch die Einzelrechte der Aktionäre untereinander relativ unverändert bleiben. § 216 Abs. 3 S. 1 betrifft das Verhältnis der Gesellschaft gegenüber Dritten und bestimmt, dass dieses durch die Kapitalerhöhung aus Gesellschaftsmitteln ebenfalls nicht berührt wird. Nach Abs. 3 S. 2 gilt dieser Grundsatz auch für Nebenverpflichtungen der Aktionäre.

II. Verhältnis der mit den Aktien verbundenen Rechte zueinander (Abs. 1)

2 **1. Grundlagen.** Gem. § 216 Abs. 1 S. 1 wird das Verhältnis der mit den Aktien verbundenen Rechte zueinander durch die Kapitalerhöhung aus Gesellschaftsmitteln nicht berührt. Die Rechte der Aktionäre untereinander sollen **relativ unverändert bleiben.** Die Vorschrift greift daher korrigierend ein, wenn Aktionäre im Hinblick auf die mit ihren Aktien verbundenen Rechte im Vergleich zu der Situation vor der Kapitalerhöhung einen Nachteil erleiden oder einen Vorteil erhalten würden. Sie ist vor allem dann relevant, wenn die Aktien der Gesellschaft mit unterschiedlichen Rechten und Pflichten ausgestattet sind (→ Rn. 4).

3 **2. Aktien mit gleicher Ausstattung.** Wenn alle Aktien mit gleichen Rechten und Pflichten ausgestattet sind, besteht keine Gefahr einer Veränderung der Rechtsverhältnisse der Aktionäre untereinander infolge der Kapitalerhöhung aus Gesellschaftsmitteln. Werden neue Aktien mit gleicher Ausstattung wie die Altaktien ausgegeben, ist die Wahrung der Verhältnisse untereinander bereits Folge der unveränderten Beteiligungsverhältnisse (§ 212). Ohne Ausgabe neuer Aktien können bei gleichberechtigten Aktien ohnehin keine Veränderungen der Verhältnisse der Aktionäre untereinander eintreten. Umstritten ist, ob im Rahmen einer Kapitalerhöhung aus Gesellschaftsmitteln auch neue Aktien ausgegeben werden dürfen, die anders als die Altaktien ausgestattet sind. Die ganz herrschende Meinung lehnt dies zu Recht ab und fordert, dass die Aktionäre zwingend Aktien derselben Gattung erhalten müssen wie die Altaktien.[2] Auch die erstmalige Ausgabe von Vorzugsaktien ohne Stimmrecht an alle Aktionäre ist daher im Rahmen einer Kapitalerhöhung aus Gesellschaftsmitteln nicht zulässig. Dies folgt zwar nicht aus § 216 Abs. 1 S. 1, denn diese Bestimmung würde aufgrund der Ausgabe der Vorzüge an alle Aktionäre nicht tangiert.[3] Die einheitliche Beteiligung der Aktionäre würde aber in stimmberechtigte Aktien und – regelmäßig schlechter bewertete – stimmrechtslose Vorzugsaktien aufgeteilt. Eine solche Aufspaltung der Beteiligung ist jedoch nur mit der Zustimmung jedes einzelnen betroffenen Aktionärs zulässig.[4]

4 **3. Unterschiedliche Ausstattung der Aktien. a) Allgemeines.** Sind die Aktien der Gesellschaft mit unterschiedlichen Rechten und Pflichten ausgestattet, bestehen **unterschiedliche Gattungen von Aktien** (§ 11). Bestimmt sich die unterschiedliche Berechtigung der Aktiengattungen allein nach der Beteiligung der jeweiligen Aktien am Grundkapital,[5] bedarf es keiner Anpassung nach § 216 Abs. 1 S. 1. Es genügt, dass die jeweiligen Gattungen infolge des § 212 proportional erhöht werden, mit der Folge, dass sowohl das Verhältnis der Aktien einer Gattung untereinander, als auch das Verhältnis der Gattungen zueinander im Hinblick auf die Beteiligung am Grundkapital

---

[1] Großkomm AktG/*Hirte* Rn. 4.
[2] Großkomm AktG/*Hirte* Rn. 10; Hüffer/Koch/*Koch* Rn. 2; Kölner Komm AktG/*Lutter* Rn. 3; Bürgers/Körber/*Stadler* Rn. 2; *Than* WM-Festgabe Heinsius, 1991, 54 (61); aA MHdB AG/*Scholz* § 60 Rn. 74.
[3] Großkomm AktG/*Hirte* Rn. 15.
[4] Großkomm AktG/*Hirte* Rn. 15 f.
[5] Dies war der Fall bei den früher zulässigen Mehrstimmrechtsaktien, s. dazu § 12.

nicht verändert wird. Dagegen können Anpassungen erforderlich werden, wenn sich die unterschiedliche Berechtigung der Aktiengattungen nicht allein nach der Beteiligung der jeweiligen Aktien am Grundkapital richtet. Wichtigster Fall sind Vorzugsaktien mit Gewinnvorrecht.

b) Vorzugsaktien mit Gewinnvorrecht. Das Aktiengesetz lässt die Ausgabe von **Vorzugsaktien,** die mit einem **Vorzug bei der Verteilung des Gewinns** ausgestattet sind, zu. Diese können als stimmrechtslose Vorzugsaktien (§ 139) oder als stimmberechtigte Vorzugsaktien ausgegeben werden. Ob eine Anpassung des Gewinnvorrechts gem. § 216 Abs. 1 S. 1 erfolgt, hängt von der Ausgestaltung des Vorzugs ab. Ist die Höhe des Gewinnvorrechtes als fester Betrag pro Vorzugsaktie festgelegt, besteht kein Anpassungsbedarf, wenn keine neuen Aktien ausgegeben werden, da sich der Gesamtbetrag der Vorzugsdividende nicht erhöht. Werden dagegen neue Aktien ausgegeben, würde sich ohne § 216 Abs. 1 S. 1 die Vorzugsdividende im Vergleich zu der Situation vor der Kapitalerhöhung aus Gesellschaftsmitteln erhöhen und die Vorzugsaktionäre würden in unzulässiger Weise begünstigt. § 216 Abs. 1 S. 1 ist ebenfalls einschlägig, wenn das Gewinnvorrecht als Prozentsatz des Nennbetrages oder anteiligen Betrags des Grundkapitals ausgestaltet ist. Auch in diesem Fall würde sich ohne § 216 Abs. 1 S. 1 die Vorzugsdividende im Vergleich zu der Situation vor der Kapitalerhöhung aus Gesellschaftsmitteln erhöhen.

Auf welche Weise die nach § 216 Abs. 1 S. 1 erforderliche Anpassung erfolgt, ist umstritten. Nach zutreffender herrschender Ansicht erhalten im Falle der Ausgabe neuer Aktien die Vorzugsaktionäre aus der Kapitalerhöhung neue Vorzugsaktien, allerdings wird der Gewinnvorzug der Vorzugsaktien ermäßigt, indem der Vorzug nun auf die erhöhte Aktienzahl verteilt, oder, falls keine neue Aktien ausgegeben werden, an die erhöhten Nennbeträge bzw. anteiligen Beträge des Grundkapitals angepasst wird.[6] Die Ermäßigung erfolgt um den Faktor der Kapitalerhöhung.[7] Nach anderer Ansicht soll es auch möglich sein, die alten Vorzugsaktien unverändert zu lassen und im Zuge der Kapitalerhöhung neue Aktien ohne Vorzugsrecht auszugeben.[8] Dem ist nicht zu folgen, da durch die Ausgabe von Aktien einer anderen Gattung zwar das Gewinnvorrecht unverändert bleibt, zugleich aber das Verhältnis anderer Rechte (insbesondere der Stimmrechte) der Aktionäre untereinander verschoben wird. So kann bei Bestehen von Vorzugsaktien ohne Stimmrecht die Anpassung nach § 216 Abs. 1 S. 1 nicht im Wege der Ausgabe von Aktien ohne Vorzug erfolgen, da diese zwingend stimmberechtigt wären.[9] Aber auch wenn es sich um stimmberechtigte Vorzugsaktien handelt, die sich nicht nach den Bestimmungen der §§ 139 ff. richten, wäre die Ausgabe von Stammaktien an die Vorzugsaktionäre mit § 216 Abs. 1 S. 1 nicht zu vereinbaren, da sich dadurch die Stimmverhältnisse bei den Sonderbeschlüssen der Gattungen (zB gem. § 182 Abs. 2) verschieben würden.

c) Sonstige Vorrechte. Die vorstehenden Anpassungsgrundsätze gelten nicht nur für Gewinnvorrechte, sondern auch für andere finanzielle Vorrechte, die Aktien gewähren, wie einen Vorzug bei der Verteilung des Liquidationserlöses. Das Recht zur Entsendung von Aufsichtsratsmitgliedern (§ 101 Abs. 2) bedarf dagegen keiner Anpassung nach § 216 Abs. 1 S. 1, selbst wenn es für die Inhaber bestimmter Aktien begründet wurde. Das Entsenderecht wird von der Kapitalerhöhung aus Gesellschaftsmitteln nicht berührt und bleibt weiterhin allein mit den bisherigen Aktien verbunden.

4. Rechtsfolge des Abs. 1 S. 1. Die nach § 216 Abs. 1 S. 1 erforderliche Anpassung erfolgt **kraft Gesetzes.**[10] Infolge der automatischen Anpassung wird regelmäßig die Satzung unrichtig und eine Anpassung des Wortlautes der Satzung erforderlich. Diese kann durch die Hauptversammlung beschlossen oder gem. § 179 Abs. 1 S. 2 an den Aufsichtsrat delegiert werden.[11]

§ 216 Abs. 1 S. 1 ist zwingend. Die Hauptversammlung kann aber nach allgemeinen Grundsätzen und unter Beachtung etwaiger Zustimmungserfordernisse, insbesondere des § 179 Abs. 3, im Wege der Satzungsänderung die Ausstattung sämtlicher Vorzugsaktien verändern.[12] Sie kann beispielsweise das Gewinnvorrecht erhöhen und somit die Anpassung durch § 216 Abs. 1 S. 1 abändern. Dies kann auch im Zusammenhang mit der Kapitalerhöhung aus Gesellschaftsmitteln erfolgen. Zwar wird auf

---

[6] OLG Stuttgart AG 1993, 94 (95); Großkomm AktG/*Hirte* Rn. 22; Hüffer/Koch/*Koch* Rn. 3; Kölner Komm AktG/*Lutter* Rn. 7; MüKoAktG/*Arnold* Rn. 13; Grigoleit/*Rieder/Holzmann* Rn. 3.
[7] OLG Stuttgart AG 1993, 94 (95); MüKoAktG/*Arnold* Rn. 13.
[8] MHdB AG/*Scholz* § 60 Rn. 78.
[9] Bei Vorzugsaktien ohne Stimmrecht will daher auch *Scholz* die Ausgabe einer anderen Gattung nicht zulassen, s. MHdB AG/*Scholz* § 60 Rn. 78 aE.
[10] Großkomm AktG/*Hirte* Rn. 26; Hüffer/Koch/*Koch* Rn. 4; Kölner Komm AktG/*Lutter* Rn. 7; MüKoAktG/*Arnold* Rn. 16.
[11] Großkomm AktG/*Hirte* Rn. 29; Hüffer/Koch/*Koch* Rn. 4; MüKoAktG/*Arnold* Rn. 17; aA Kölner Komm AktG/*Lutter* Rn. 7.
[12] MüKoAktG/*Arnold* Rn. 19; Kölner Komm AktG/*Lutter* Rn. 9.

diese Weise im Ergebnis eine von § 216 Abs. 1 S. 1 abweichende Regelung erzielt. Gleichwohl wird hierdurch der Beschluss über die Kapitalerhöhung aus Gesellschaftsmitteln nicht anfechtbar.[13]

10 **5. Mehrstimmrechtsaktien.** Hat eine Gesellschaft von dem Recht nach § 5 Abs. 1 EGAktG Gebrauch gemacht und die Fortgeltung von Mehrstimmrechten beschlossen, folgt aus § 216 Abs. 1 S. 1 zur Wahrung der Rechtsverhältnisse der Aktionäre untereinander die Ausgabe neuer Mehrstimmrechtsaktien oder die Erhöhung des Stimmrechts von Mehrstimmrechtsaktien.[14] Andernfalls würden diese Aktionäre infolge der Kapitalerhöhung aus Gesellschaftsmitteln benachteiligt, was § 216 Abs. 1 S. 1 gerade verhindern will. Durch die Ausgabe neuer Aktien mit Mehrstimmrechten wird allein der Status quo im Hinblick auf die Stimmrechte beibehalten, das Verbot von Mehrstimmrechten des § 12 Abs. 2 wird hierdurch nicht betroffen. Daran hat auch die durch das MoMiG erfolgte Streichung des § 216 Abs. 1 S. 2, wonach die Ausgabe neuer Mehrstimmrechtsaktien oder die Erhöhung des Stimmrechts von Mehrstimmrechtsaktien keiner Zulassung nach § 12 Abs. 2 S. 2 bedurfte, nichts geändert. Der Verweis ging ohnehin ins Leere, denn § 12 Abs. 2 S. 2 wurde bereits durch Art. 1 Nr. 3 KonTraG aufgehoben.

III. Teileingezahlte Aktien (Abs. 2)

11 **1. Grundlagen.** Auch für teileingezahlte Aktien gilt der Grundsatz des § 216 Abs. 1 S. 1, wonach die Rechte der Aktionäre untereinander unverändert bleiben sollen. Abs. 2 enthält spezielle Bestimmungen über die Umsetzung dieses Grundsatzes bei teileingezahlten Aktien. Die Regelung in Abs. 2 ist daher nicht zwingend erforderlich, sie soll aber Zweifel darüber vermeiden, wie das Verhältnis zwischen volleingezahlten und teileingezahlten Aktien zu wahren ist.[15] Die Bestimmungen des Abs. 2 stehen im Zusammenhang mit den Sondervorschriften für teileingezahlte Aktien, den § 60 Abs. 2, § 134 Abs. 2 und § 271 Abs. 3; auf letzteren bezieht sich Abs. 2 S. 3 ausdrücklich.

12 Bei teileingezahlten Aktien kann die Kapitalerhöhung aus Gesellschaftsmitteln nicht durch Ausgabe neuer Aktien erfolgen, sondern nur durch Erhöhung der Nennbeträge der teileingezahlten Aktien oder des auf sie entfallenden anteiligen Betrags des Grundkapitals (§ 215 Abs. 2 S. 2). Da der Erhöhungsbetrag bereits aufgebracht ist, müsste er eigentlich in voller Höhe als geleistete Einlage gelten. Im Hinblick auf Rechte aus den Aktien, die sich nach der geleisteten Einlage bestimmen, würden die Inhaber von teileingezahlten Aktien dann aber gegenüber den Inhabern von volleingezahlten Aktien besser gestellt. § 216 Abs. 2 S. 1 bestimmt daher, dass den Inhabern von teileingezahlten Aktien die Rechte, die sich nach der geleisteten Einlage richten, bis zur Leistung der noch ausstehenden Einlagen nur nach Höhe der geleisteten Einlage zustehen, erhöht um den Prozentsatz der Kapitalerhöhung (→ Rn. 14 ff.).

13 Diese Rechtsfolge tritt mit Wirksamwerden der Kapitalerhöhung **kraft Gesetzes** ein, ohne dass es dazu Regelungen im Beschluss über die Kapitalerhöhung bedarf.[16] Werden weitere Einzahlungen auf die Aktien geleistet, so erweitern sich gem. § 216 Abs. 2 S. 2 die Rechte, die sich nach der geleisteten Einlage richten, entsprechend. Die Rechte erweitern sich also nicht nur in Höhe der weiteren Einzahlung, sondern ebenfalls erhöht um den Prozentsatz der Kapitalerhöhung.[17]

14 **2. Einzelne Rechte, die sich nach der geleisteten Einlage bestimmen.** § 216 Abs. 2 setzt voraus, dass sich einzelne Rechte teileingezahlter Aktien nach der auf die Aktie geleisteten Einlage bestimmen. Dies kann insbesondere für die Beteiligung am Gewinn oder das Stimmrecht zutreffen. Diese Fälle nennt das Gesetz ausdrücklich, andere Fälle können sich aus entsprechenden Satzungsregelungen ergeben.

15 **a) Gewinnverteilung.** Solange sich die Gewinnverteilung gem. § 60 Abs. 1 nach den Anteilen der Aktionäre am Grundkapital bestimmt, ist § 216 Abs. 2 S. 1 nicht einschlägig, denn dann hängt die Gewinnbeteiligung nicht von der geleisteten Einlage ab. Anders verhält es sich, wenn Einlagen nicht auf alle Aktien im selben Verhältnis geleistet sind, also neben teileingezahlten Aktien volleingezahlte Aktien bestehen oder sämtliche Aktien teileingezahlt sind, aber die Teileinzahlungen in unterschiedlichem Umfang erfolgt sind. Für diesen Fall sieht § 60 Abs. 2 S. 1 eine Vorabdividende in Höhe von 4 % der geleisteten Einlagen vor. Nach einer Kapitalerhöhung aus Gesellschaftsmitteln beträgt gem. § 216 Abs. 2 S. 1 die Vorabdividende 4 % der um den Prozentsatz der Kapitalerhöhung

---

[13] MüKoAktG/*Arnold* Rn. 21.
[14] MüKoAktG/*Arnold* Rn. 11.
[15] Großkomm AktG/*Hirte* Rn. 34 und Rn. 36: Vor Aufhebung des § 211 Abs. 2, wonach neue Aktien als volleingezahlt galten, war Abs. 2 S. 1 dagegen jedenfalls zur Klarstellung des Verhältnisses der Regelungen nach § 211 Abs. 2 und nach § 216 Abs. 1 S. 1 erforderlich.
[16] Hüffer/Koch/*Koch* Rn. 6; MüKoAktG/*Arnold* Rn. 26.
[17] Hüffer/Koch/*Koch* Rn. 6.

erhöhten geleisteten Einlagen der Aktionäre.[18] Auf diese Weise werden sämtliche Aktionäre im gleichen Verhältnis am Gewinn beteiligt wie vor der Kapitalerhöhung aus Gesellschaftsmitteln. Entsprechendes gilt, wenn die Satzung eine Bestimmung zur Gewinnverteilung enthält (§ 60 Abs. 3), welche die Höhe der geleisteten Einlagen zum Maßstab der Gewinnverteilung macht.

In diesem Zusammenhang stellt sich die Frage, ob die Höhe der Vorabdividende nach § 60 Abs. 2 **16** S. 1 nicht ebenfalls der Anpassung bedarf. Infolge des § 216 Abs. 2 S. 1 wird die Bezugsgröße für die Berechnung der Vorabdividende (die geleistete Einlage) und damit der Gesamtumfang der Vorabdividende erhöht. Dadurch würde die Gewinnverteilung zu Lasten der Inhaber teileingezahlter Aktien verschoben, da sich infolge der Erhöhung des Gesamtbetrages der Vorabdividende der anschließend nach Anteilen am Grundkapital zu verteilende Gewinn verringern würde.[19] Dies steht im Widerspruch zu § 216 Abs. 1 S. 1.[20] Der Prozentsatz der Vorabdividende gem. § 60 Abs. 2 S. 1 ist daher um den Faktor der Kapitalerhöhung zu kürzen.[21]

b) Stimmrecht. Das Stimmrecht beginnt gem. § 134 Abs. 2 S. 1 grundsätzlich erst mit der voll- **17** ständigen Leistung der Einlage. Gilt dieser Grundsatz, hängt das Stimmrecht nicht von der Höhe der geleisteten Einlagen ab und § 216 Abs. 2 S. 1 ist nicht anwendbar.[22] Etwas anderes gilt, wenn sich nach der Satzung das Stimmrecht nach der geleisteten Einlage bestimmt (§ 134 Abs. 2 S. 2 und S. 3) oder wenn noch auf keine Aktie die Einlage vollständig geleistet ist, da auch in diesem Fall das Stimmrecht nach der Höhe der geleisteten Einlage besteht (§ 134 Abs. 2 S. 4). Dann gewährt die Leistung der Mindesteinlage eine Stimme, bei höheren Einlagen richtet sich das Stimmverhältnis nach der Höhe der geleisteten Einlage (§ 134 Abs. 2 S. 3). Eine zu 25 % eingezahlte Aktie mit einem Nennwert von einem Euro gewährt dann eine Stimme, eine volleingezahlte Aktie gewährt vier Stimmen. In diesen Fällen erhöht sich das Stimmrecht jedes Aktionärs gemäß der Bestimmung des § 216 Abs. 2 S. 1 um den Prozentsatz der Kapitalerhöhung. Bei einer Kapitalerhöhung im Verhältnis 1 : 1 verdoppelt sich also das Stimmrecht jedes Aktionärs, im Beispiel für die teileingezahlte Aktie auf zwei Stimmen und für die volleingezahlte Aktie auf acht Stimmen.[23] Auf diese Weise erhöhen sich die Stimmrechte, das Stimmgewicht der Aktionäre untereinander bleibt aber unverändert.

3. Abs. 2 S. 3 iVm § 271 Abs. 3. § 216 Abs. 2 S. 3 betrifft die Verteilung des Vermögens der **18** Gesellschaft im Falle ihrer Auflösung. Sind nicht sämtliche Aktien voll oder in demselben Verhältnis eingezahlt, bestimmt § 271 Abs. 3, dass aus dem Liquidationserlös zunächst die geleisteten Einlagen erstattet und ein Überschuss dann nach den Anteilen am Grundkapital verteilt wird. Nach § 216 Abs. 2 S. 3 gelten in dieser Situation die Erhöhungsbeträge als voll eingezahlt. Die Erhöhungsbeträge sind also als geleistete Einlage vorab zu erstatten.

IV. Rechtsbeziehungen zu Dritten (Abs. 3 S. 1)

1. Grundlagen. a) Betroffene Verträge. § 216 Abs. 3 S. 1 bestimmt, dass der wirtschaftliche **19** Inhalt vertraglicher Beziehungen der Gesellschaft zu Dritten, sofern dieser von den Kapital- oder Gewinnverhältnissen der Gesellschaft abhängig ist, durch die Kapitalerhöhung nicht berührt wird. Das ist nur konsequent. Wenn die Kapitalerhöhung aus Gesellschaftsmitteln ohne Einfluss auf das Verhältnis der Aktionäre untereinander bleiben soll, da sie zu keiner Veränderung des Vermögens der Gesellschaft führt, ist nicht einzusehen, warum für Verträge der Gesellschaft mit Dritten etwas anderes gelten soll.[24] Die meisten Verträge der Gesellschaft werden durch die Kapitalerhöhung ohnehin nicht betroffen sein. Sofern Verträge sich aber auf die Kapital- oder Gewinnverhältnisse der Gesellschaft beziehen, also, wie das Gesetz beispielhaft aufzählt, von Gewinnausschüttung, dem Nennbetrag oder Wert der Aktien oder des Grundkapitals abhängen, würde ohne die Vorschrift des § 216 Abs. 3 S. 1 in vielen Fällen der wirtschaftliche Inhalt der Verträge durch die Kapitalerhöhung aus Gesellschaftsmitteln geändert, ohne dass dies gerechtfertigt wäre.

Die Bestimmung des § 216 Abs. 3 S. 1 betrifft Verträge der Gesellschaft mit **Dritten.** Dies können **20** auch Aktionäre, Vorstände oder Aufsichtsräte sein.[25] Bei Aktionären muss aber zusätzlich zur Aktio-

---

[18] Jeweils mit Rechenbeispielen: Großkomm AktG/*Hirte* Rn. 35 f.; Kölner Komm AktG/*Lutter* Rn. 13; MHdB AG/*Scholz* § 60 Rn. 84; *Geßler* WM-Sonderbeil. 1/1960, 11 (20).
[19] Großkomm AktG/*Hirte* Rn. 38; MüKoAktG/*Arnold* Rn. 34 f.
[20] → Rn. 5 zur parallelen Situation bei Vorzugsaktien.
[21] Großkomm AktG/*Hirte* Rn. 38; MüKoAktG/*Arnold* Rn. 34 f.; Grigoleit/*Rieder/Holzmann* Rn. 6. Auch → Rn. 6.
[22] Großkomm AktG/*Hirte* Rn. 49; Kölner Komm AktG/*Lutter* Rn. 12; MüKoAktG/*Arnold* Rn. 27.
[23] Großkomm AktG/*Hirte* Rn. 50; Kölner Komm AktG/*Lutter* Rn. 10; MüKoAktG/*Arnold* Rn. 28.
[24] *Zöllner* ZGR 1986, 288 (296 ff.).
[25] MüKoAktG/*Arnold* Rn. 47; Hüffer/Koch/*Koch* Rn. 10.

näreigenschaft eine vertragliche Beziehung zur Gesellschaft treten.[26] Typischerweise ist die Gesellschaft Schuldnerin der betroffenen vertraglichen Leistungspflicht, sie kann aber auch Gläubigerin sein, denn die Regelung erfasst nach ihrem Wortlaut die gesamte vertragliche Beziehung, nicht nur die Rechte des Dritten.[27] Erfasst werden nur Verträge, die bei Eintragung der Kapitalerhöhung aus Gesellschaftsmitteln in das Handelsregister bestehen und bei denen von den Kapital- oder Gewinnverhältnissen der Gesellschaft abhängige Rechte und Pflichten im Zeitpunkt des Wirksamwerdens der Kapitalerhöhung noch nicht vollständig erfüllt sind.[28]

21 **b) Rechtsfolgen.** § 216 Abs. 3 S. 1 entfaltet bei Verträgen, die an die Kapital- oder Gewinnverhältnisse der Gesellschaft anknüpfen, nur dann Wirkung, wenn sich die Rechte oder Pflichten einer Vertragspartei gemäß dem Wortlaut des Vertrages nach der Kapitalerhöhung aus Gesellschaftsmitteln entweder vergrößern oder verringern würden. Dann bewirkt § 216 Abs. 3 S. 1 eine Anpassung der Rechte oder Pflichten dahingehend, dass diese wieder den Inhalt, den sie vor der Kapitalerhöhung aus Gesellschaftsmitteln hatten, erhalten. Diese **Anpassung erfolgt kraft Gesetzes** mit Wirksamwerden der Kapitalerhöhung aus Gesellschaftsmitteln gem. § 211.[29] Abweichendes kann die Gesellschaft nicht einseitig bestimmen, weder in der Satzung noch im Beschluss über die Kapitalerhöhung. Die Gesellschaft kann aber im Einvernehmen mit dem Vertragspartner abweichende Absprachen treffen. Derartige Vereinbarungen können im Zusammenhang mit oder nach der Kapitalerhöhung aus Gesellschaftsmitteln getroffen werden. Die vertragliche Regelung mit dem Dritten kann auch von vornherein vorsehen, dass Rechte und Pflichten nicht an eine spätere Kapitalerhöhung aus Gesellschaftsmitteln angepasst werden sollen.[30] Im Streitfall kann der Umfang der angepassten Leistungspflichten mittels einer Feststellungsklage gerichtlich ermittelt werden, soweit nicht unmittelbar auf Leistung geklagt werden kann.[31] Dabei ist die Vorschrift nicht allein gegen die **Schlechterbehandlung** des Vertragsgläubigers im Vergleich zur Situation vor der Kapitalerhöhung gerichtet. Sie greift auch, wenn bei einem veränderten Dividendensatz wegen der erhöhten Anzahl von Aktien insgesamt mehr an die Aktionäre ausgeschüttet wird, bezweckt also auch die **Gleichbehandlung** nach der Kapitalerhöhung.[32]

22 **2. Einzelne Rechtsverhältnisse. a) Tantiemen.** Der Anpassung durch § 216 Abs. 3 S. 1 unterliegen Vereinbarungen über Gewinnbeteiligungen (Tantiemen) von **Vorstandsmitgliedern und Angestellten** der Gesellschaft. Eine Anpassung erfolgt allerdings nur, wenn die Höhe der Gewinnbeteiligung durch die Kapitalerhöhung aus Gesellschaftsmitteln beeinflusst wird. Das ist nicht der Fall, wenn die Tantieme sich anhand der Bezugsgröße **Bilanzgewinn oder Jahresüberschuss** bemisst, da dieser durch die Kapitalerhöhung nicht verändert wird.[33]

23 Richtet sich die Gewinnbeteiligung von Vorstandsmitgliedern oder Angestellten nach der **Höhe der Dividende** oder dem Gewinn pro Aktie, erfolgt eine Anpassung gem. § 216 Abs. 3 S. 1, wenn durch die Kapitalerhöhung aus Gesellschaftsmitteln neue Aktien ausgegeben werden. Denn infolge der Ausgabe neuer Aktien verringert sich, einen unveränderten Bilanzgewinn vorausgesetzt, die Höhe der Dividende. Die Tantieme erhöht sich dann um den Faktor, um den das Grundkapital erhöht worden ist.[34]

24 Auch auf Tantiemen der **Aufsichtsratsmitglieder** ist nach einhelliger Auffassung § 216 Abs. 3 S. 1 zumindest entsprechend anzuwenden, obwohl die Bestimmung nach ihrem Wortlaut allein vertragliche Beziehungen betrifft und die Aufsichtsratsvergütung nicht vertraglich, sondern durch die Hauptversammlung geregelt wird (s. § 113).[35] Für Aufsichtsratstantiemen gelten daher ebenfalls die vorstehenden Grundsätze. Ist die Tantieme an das Jahresergebnis gebunden, stellt sich die Frage des Verhältnisses von § 216 Abs. 3 S. 1 zu **§ 113 Abs. 3**. Diese Vorschrift spricht bei Beteiligung von Aufsichtsratsmitgliedern am Jahresgewinn den Aktionären eine Vorabdividende von mindestens 4 % der auf den geringsten Ausgabebetrag ihrer Aktien geleisteten Einlagen zu. Die Gewinnbeteiligung des Aufsichtsrates berechnet sich anhand des um diese Vorabdividende gekürzten Jahresgewinns. Da infolge der Kapitalerhöhung aus Gesellschaftsmitteln die Summe der geringsten Ausgabebeträge

---

[26] Großkomm AktG/*Hirte* Rn. 59; Kölner Komm AktG/*Lutter* Rn. 19.
[27] MüKoAktG/*Arnold* Rn. 49.
[28] Hüffer/Koch/*Koch* Rn. 10; MüKoAktG/*Arnold* Rn. 50; Grigoleit/*Rieder*/Holzmann Rn. 9.
[29] Großkomm AktG/*Hirte* Rn. 60; Hüffer/Koch/*Koch* Rn. 11; MüKoAktG/*Arnold* Rn. 42.
[30] Großkomm AktG/*Hirte* Rn. 61 f.; Kölner Komm AktG/*Lutter* Rn. 20; MüKoAktG/*Arnold* Rn. 43.
[31] Großkomm AktG/*Hirte* Rn. 60; Kölner Komm AktG/*Lutter* Rn. 20; Hüffer/Koch/*Koch* Rn. 11.
[32] Ausf. *Hüffer* FS Bezzenberger, 2000, 191 ff.; ihm folgend Bürgers/Körber/*Stadler* Rn. 21.
[33] Kölner Komm AktG/*Lutter* Rn. 21; Hüffer/Koch/*Koch* Rn. 12; *Than* WM-Festgabe Heinsius, 1991, 54 (60).
[34] MüKoAktG/*Arnold* Rn. 52; Hüffer/Koch/*Koch* Rn. 13; *Than* WM-Festgabe Th. Heinsius, 1991, 54 (60).
[35] Großkomm AktG/*Hirte* Rn. 70; MüKoAktG/*Arnold* Rn. 53 f.; MHdB AG/*Scholz* § 60 Rn. 89.

der Aktien und damit auch der Gesamtbetrag der Vorabdividende erhöht wird, führt die Kapitalerhöhung zu einer Schlechterstellung der Aufsichtsratsmitglieder, da ihrer gewinnabhängigen Vergütung ein erhöhter Betrag vorgeht. Eine Vertragsanpassung gem. § 216 Abs. 3 S. 1 wird von der herrschenden Meinung allerdings richtigerweise abgelehnt. Denn § 113 Abs. 3 geht als speziellere Norm dem § 216 Abs. 3 S. 1 vor.[36]

b) **Rechte iSd § 221.** Wandelschuldverschreibungen im Sinne des § 221 Abs. 1 S. 1, also **Wandelanleihen und Optionsanleihen,** sind einer der Hauptanwendungsfälle des § 216 Abs. 3 S. 1. Wandelschuldverschreibungen berechtigen ihre Gläubiger durch Ausübung von Umtausch- oder Bezugsrechten, eine bestimmte Anzahl von Aktien zu beziehen. Nach einer Kapitalerhöhung aus Gesellschaftsmitteln entsprechen diese Aktien einem geringeren Anteil am Grundkapital der Gesellschaft, die betroffenen Schuldverschreibungsgläubiger würden daher weniger erhalten, als ihnen vor der Kapitalerhöhung zustand. § 216 Abs. 3 S. 1 bewirkt, dass sich die Zahl der Aktien, die der Gläubiger bei Ausübung seines Umtausch- oder Bezugsrechtes beziehen kann, um den Prozentsatz der Kapitalerhöhung aus Gesellschaftsmitteln erhöht.[37] Der Nennbetrag der Wandelanleihe, den der Gläubiger für die neuen Aktien einsetzen muss, sowie die Höhe einer etwaigen Zuzahlung, erhöht sich im Falle von Wandelanleihen ebenso wenig wie der Bezugspreis für die erhöhte Anzahl von Bezugsaktien bei Optionsanleihen.

Damit der Gesellschaft ausreichendes Aktienkapital zur Bedienung der erhöhten Wandlungs- bzw. Bezugsrechte zur Verfügung steht, bestimmt § 218 S. 1 die Erhöhung eines zur Absicherung dieser Rechte geschaffenen **bedingten Kapitals** im Verhältnis der Kapitalerhöhung aus Gesellschaftsmitteln.

Auch im Falle von **Gewinnschuldverschreibungen** kann eine Anpassung nach § 216 Abs. 3 S. 1 erforderlich sein, wenn die Rechte der Inhaber von Gewinnschuldverschreibungen sich anhand einer pro Aktie bemessenen Gewinngröße bestimmen, also beispielsweise die Höhe der Verzinsung sich nach der Höhe des Dividendensatzes richtet.[38] Die Verzinsung ist dann um den Faktor der Kapitalerhöhung anzuheben. Auch **Genussrechte** können einer Anpassung nach § 216 Abs. 3 S. 1 unterliegen. Die Anpassung dieser gesetzlich nicht geregelten Rechte richtet sich nach ihrer jeweiligen Ausgestaltung.[39] Gewähren Genussrechte ein Recht zum Bezug von Aktien, findet auf sie das vorstehend zu Wandelschuldverschreibungen Gesagte Anwendung. Bemessen sich die Rechte der Genussrechtsinhaber nach den Gewinnansprüchen der Aktionäre, so gilt das zu den Gewinnschuldverschreibungen Gesagte.

c) **Sonstige Rechtsverhältnisse.** Stille Gesellschaften können einer Anpassung nach § 216 Abs. 3 S. 1 unterliegen, etwa wenn sich die Höhe ihrer Verzinsung anhand der Dividende bemisst.[40] Gleiches gilt für eine Ausgleichszahlung nach § 304. Hier erfolgt eine Anpassung an eine Kapitalerhöhung aus Gesellschaftsmitteln, wenn sich die Ausgleichszahlung nach der Dividende des herrschenden Unternehmens berechnet und dieses eine Kapitalerhöhung aus Gesellschaftsmitteln durchführt oder falls die abhängige Gesellschaft eine solche Kapitalerhöhung durchführt und auf diese Weise die Anzahl der Aktien der ausgleichsberechtigten Aktionäre erhöht wird.[41]

3. Rechtsbeziehungen zwischen Aktionären und Dritten. Auf Rechtsbeziehungen zwischen Aktionären und Dritten findet § 216 Abs. 3 S. 1 keine Anwendung, auch wenn sich durch die Kapitalerhöhung aus Gesellschaftsmitteln der wirtschaftliche Inhalt dieser Beziehungen verändern würde. § 216 Abs. 3 S. 1 setzt voraus, dass die Gesellschaft an der vertraglichen Beziehung beteiligt ist. Ohne eine Beteiligung der Gesellschaft richtet sich die mögliche Vertragsanpassung nach den allgemeinen Regeln der Vertragsauslegung.

4. Entsprechende Anwendung des Abs. 3 S. 1. § 216 Abs. 3 S. 1 gilt nach seinem Wortlaut nur für die Kapitalerhöhung aus Gesellschaftsmitteln. Seine entsprechende Anwendung auf andere Kapitalerhöhungen wird vielfach vertreten.[42] Die Grundsätze der Bestimmung sollen nach dieser Auffassung dann gelten, wenn durch die Kapitalerhöhung ein der Kapitalerhöhung aus Gesellschaftsmitteln vergleichbarer Verwässerungseffekt auftritt. Nach anderer Ansicht soll in diesen Fällen nicht

---

[36] MHdB AG/*Scholz* § 60 Rn. 89; *Than* WM-Festgabe Heinsius, 1991, 54 (60); Hüffer/Koch/*Koch* Rn. 12; aA Kölner Komm AktG/*Lutter* Rn. 22; Großkomm AktG/*Hirte* Rn. 75; Grigoleit/*Rieder/Holzmann* Rn. 13.
[37] MüKoAktG/*Arnold* Rn. 58; *Than* WM-Festgabe Heinsius, 1991, 54 (58).
[38] Hüffer/Koch/*Koch* Rn. 14; *Geßler* WM-Sonderbeil. 1/1960, 11 (24).
[39] MüKoAktG/*Arnold* Rn. 65; Kölner Komm AktG/*Lutter* Rn. 23.
[40] Kölner Komm AktG/*Lutter* Rn. 27.
[41] MüKoAktG/*Arnold* Rn. 67; Großkomm AktG/*Hirte* Rn. 79; Grigoleit/*Rieder/Holzmann* Rn. 14.
[42] Kölner Komm AktG/*Lutter* Rn. 29; MüKoAktG/*Arnold* Rn. 46.

§ 216 Abs. 3 S. 1 Anwendung finden, sondern eine Anpassung über die Auslegung des betroffenen Vertrages erfolgen.⁴³ Im Ergebnis dürften sich beide Auffassungen kaum unterscheiden.

V. Nebenverpflichtungen (Abs. 3 S. 2)

31 Nach § 216 Abs. 3 S. 2 werden auch Nebenverpflichtungen der Aktionäre in ihrem wirtschaftlichen Inhalt durch die Kapitalerhöhung aus Gesellschaftsmitteln nicht berührt. Andernfalls würden bei Ausgabe neuer Aktien den betroffenen Aktionären zusätzliche Nebenverpflichtungen auferlegt, was mit der Kapitalerhöhung aus Gesellschaftsmitteln nicht vereinbar wäre. Der Umfang der Nebenverpflichtungen muss daher unverändert bleiben. Gemäß den vorstehend zu § 216 Abs. 3 S. 1 beschriebenen Grundsätzen verteilen sich die Nebenverpflichtungen eines betroffenen Aktionärs nach der Kapitalerhöhung gleichmäßig auf seine alten und seine neuen Aktien.⁴⁴

§ 217 Beginn der Gewinnbeteiligung

(1) Neue Aktien nehmen, wenn nichts anderes bestimmt ist, am Gewinn des ganzen Geschäftsjahrs teil, in dem die Erhöhung des Grundkapitals beschlossen worden ist.

(2) ¹Im Beschluß über die Erhöhung des Grundkapitals kann bestimmt werden, daß die neuen Aktien bereits am Gewinn des letzten vor der Beschlußfassung über die Kapitalerhöhung abgelaufenen Geschäftsjahrs teilnehmen. ²In diesem Fall ist die Erhöhung des Grundkapitals zu beschließen, bevor über die Verwendung des Bilanzgewinns des letzten vor der Beschlußfassung abgelaufenen Geschäftsjahrs Beschluß gefaßt ist. ³Der Beschluß über die Verwendung des Bilanzgewinns des letzten vor der Beschlußfassung über die Kapitalerhöhung abgelaufenen Geschäftsjahrs wird erst wirksam, wenn das Grundkapital erhöht ist. ⁴Der Beschluß über die Erhöhung des Grundkapitals und der Beschluß über die Verwendung des Bilanzgewinns des letzten vor der Beschlußfassung über die Kapitalerhöhung abgelaufenen Geschäftsjahrs sind nichtig, wenn der Beschluß über die Kapitalerhöhung nicht binnen drei Monaten nach der Beschlußfassung in das Handelsregister eingetragen worden ist. ⁵Der Lauf der Frist ist gehemmt, solange eine Anfechtungs- oder Nichtigkeitsklage rechtshängig ist.

Schrifttum: S. das Schrifttum zu § 207.

I. Normzweck

1 § 217 regelt die Aufteilung des Gewinns zwischen den alten Aktien und neuen Aktien aus der Kapitalerhöhung aus Gesellschaftsmitteln. Die Vorschrift geht auf § 14 KapErhG zurück. Gesetzlicher Regelfall ist die Beteiligung der neuen Aktien am Gewinn des ganzen laufenden Geschäftsjahrs. Bezweckt wird damit eine einfache Regelung der Gewinnberechtigung, die eine aufwändige Aufteilung auf alte und neue Aktien vermeidet.¹ Die Vorschrift setzt also die Ausgabe neuer Aktien voraus und ist bei der Erhöhung des anteiligen Kapitalbetrags von Stückaktien nicht anwendbar, weil unnötig.² Eine abweichende Regelung ist ausdrücklich zugelassen. Absatz 2 sieht für eine Teilnahme der neuen Aktien bereits am Gewinn des letzten vor der Beschlussfassung über die Kapitalerhöhung abgelaufenen Geschäftsjahrs zwingende Anforderungen vor, die insbesondere sicherstellen sollen, dass in diesem Fall der Gewinn erst verteilt werden kann, wenn die neuen Aktien entstanden sind.³

II. Regelfall der Gewinnbeteiligung (Abs. 1)

2 Werden im Rahmen der Kapitalerhöhung neue Aktien ausgegeben,⁴ nehmen diese, wenn nichts anderes bestimmt ist, am **Gewinn des ganzen Geschäftsjahrs** teil, in dem die Erhöhung des Grundkapitals beschlossen worden ist. Diese Regelung vereinfacht die Gewinnverteilung und vermeidet im Falle der Börsennotierung eine Zweitnotiz der neuen Aktien wegen unterschiedlicher Gewinnbeteiligung.⁵ Der Zeitpunkt der Eintragung der Kapitalerhöhung und damit der Entstehung der neuen Aktien ist unerheblich. § 217 hat keine Entsprechung bei der Kapitalerhöhung gegen

---

⁴³ Hüffer/Koch/*Koch* Rn. 19; Zöllner ZGR 1986, 288 (304).
⁴⁴ Kölner Komm AktG/*Lutter* Rn. 28; MüKoAktG/*Arnold* Rn. 73; Hüffer/Koch/*Koch* Rn. 17.
¹ Großkomm AktG/*Hirte* Rn. 4; Kölner Komm AktG/*Lutter* Rn. 2.
² Bürgers/Körber/*Stadler* Rn. 1.
³ Großkomm AktG/*Hirte* Rn. 5; Geßler WM-Sonderbeil. 1/1960, 11 (20).
⁴ Das ist bei Nennbetragsaktien regelmäßig der Fall, bei Stückaktien besteht ein Wahlrecht, → § 207 Rn. 2.
⁵ Kölner Komm AktG/*Lutter* Rn. 2.

Einlagen. Bei einer Kapitalerhöhung gegen Einlagen muss die Gewinnberechtigung für das gesamte Geschäftsjahr im Erhöhungsbeschluss ausdrücklich angeordnet werden, andernfalls sind die neuen Aktien zeitanteilig am Gewinn beteiligt (s. § 60 Abs. 2 S. 3). Bei der Kapitalerhöhung aus Gesellschaftsmitteln muss dagegen eine zeitanteilige Gewinnbeteiligung, wenn sie gewünscht ist, im Erhöhungsbeschluss ausdrücklich vorgesehen werden.

III. Abweichende Bestimmung

1. Allgemeines. Abs. 1 lässt ausdrücklich eine vom Regelfall abweichende Gewinnberechtigung zu. Möglich ist eine zeitanteilige Beteiligung am Gewinn, etwa ab Eintragung der Kapitalerhöhung im Handelsregister, aber auch ab jedem anderen Zeitpunkt während des Geschäftsjahrs. Die Gewinnbeteiligung kann auch für das laufende Geschäftsjahr ausgeschlossen werden und erst für die folgende Geschäftsjahr gelten,[6] wobei hierfür ein Bedürfnis im Regelfall nicht bestehen wird.[7] Eine abweichende Gewinnberechtigung muss dem Gleichbehandlungsgrundsatz (§ 53a) genügen.[8]

2. Rückwirkende Gewinnberechtigung (Abs. 2). Für eine **rückwirkende Gewinnberechtigung** stellt Abs. 2 besondere Anforderungen auf.[9] Der Beschluss über die Kapitalerhöhung, in dem die Teilnahme der neuen Aktien am Gewinn des letzten vor der Beschlussfassung über die Kapitalerhöhung abgelaufenen Geschäftsjahrs angeordnet wird, muss zwingend **vor dem Beschluss über die Verwendung des Bilanzgewinns des abgelaufenen Geschäftsjahrs** erfolgen (Abs. 2 S. 2). Diese Reihenfolge ist nicht dispositiv. Ist bereits ein Gewinnverwendungsbeschluss gefasst worden und wird gleichwohl die rückwirkende Gewinnbeteiligung der neuen Aktien vorgesehen, ist die Regelung der Gewinnbeteiligung der neuen Aktien **nichtig**.[10] Im Hinblick auf den gesamten Kapitalerhöhungsbeschluss wird aber regelmäßig nur **Teilnichtigkeit** anzunehmen sein.[11] Eine rückwirkende Gewinnberechtigung ist daher nicht möglich, wenn die Kapitalerhöhung aus Gesellschaftsmitteln durch Umwandlung von im letzten Gewinnverwendungsbeschluss ausgewiesenen Zuführungen zu den Rücklagen erfolgen soll (Fall des § 208 Abs. 1 S. 1 aE). Denn dazu muss der Gewinnverwendungsbeschluss dem Kapitalerhöhungsbeschluss vorgehen (→ § 208 Rn. 12).

Zur Sicherung der rückwirkenden Gewinnberechtigung der neuen Aktien bestimmt § 217 Abs. 2 S. 3, dass der Beschluss über die Verwendung des Bilanzgewinns des letzten vor der Beschlussfassung über die Kapitalerhöhung abgelaufenen Geschäftsjahrs erst wirksam wird, wenn das Grundkapital erhöht ist. Der Gewinnverwendungsbeschluss wird also ausnahmsweise nicht bereits mit Beschlussfassung wirksam.[12] Gem. § 217 Abs. 2 S. 4 sind der Beschluss über die Erhöhung des Grundkapitals und der Beschluss über die Verwendung des Bilanzgewinns des letzten vor der Beschlussfassung über die Kapitalerhöhung abgelaufenen Geschäftsjahrs **nichtig**, wenn der Beschluss über die Kapitalerhöhung nicht binnen **drei Monaten** nach der Beschlussfassung in das Handelsregister eingetragen worden ist. Damit soll ein längerer Schwebezustand betreffend die Wirksamkeit des Beschlusses über die Gewinnverwendung für das abgelaufene Geschäftsjahr vermieden werden.[13] Aufgrund dieser relativ kurzen Frist und der drohenden Nichtigkeitsfolge ist die Anordnung der rückwirkenden Gewinnberechtigung mit einem gewissen Risiko behaftet, zumal die Gesellschaft auf den Zeitpunkt der Eintragung im Handelsregister keinen Einfluss hat. Die Anmeldung der Kapitalerhöhung aus Gesellschaftsmitteln zur Eintragung im Handelsregister sollte in diesen Fällen unverzüglich betrieben werden.

Die Dreimonatsfrist berechnet sich gem. § 187 Abs. 1 BGB, § 188 BGB.[14] Der Lauf der Frist ist **gehemmt** (§ 209 BGB) solange eine Anfechtungs- oder Nichtigkeitsklage rechtshängig ist (§ 217 Abs. 2 S. 5). Nach Wegfall der Rechtshängigkeit der Klage läuft die Dreimonatsfrist fort.

---

[6] Großkomm AktG/*Hirte* Rn. 31; Hüffer/Koch/*Koch* Rn. 3; MüKoAktG/*Arnold* Rn. 9.
[7] Kölner Komm AktG/*Lutter* Rn. 3.
[8] Hüffer/Koch/*Koch* Rn. 3.
[9] Ist der Gewinn für das vorausgegangene Geschäftsjahr noch nicht ausgeschüttet, wären ohne abweichende Bestimmung nach § 217 Abs. 2 nur die alten Aktien an dem Gewinn des vorausgegangenen Geschäftsjahrs beteiligt. Im Falle der Börsennotierung wäre eine Zweitnotiz der neuen Aktien wegen unterschiedlicher Gewinnbeteiligung die Folge, was der gesetzliche Regelfall nach Abs. 1 gerade vermeiden will, siehe MüKoAktG/*Arnold* Rn. 11.
[10] MHdB AG/*Scholz* § 60 Rn. 72; Hüffer/Koch/*Koch* Rn. 4; Großkomm AktG/*Hirte* Rn. 22, der aber eine Ausnahme zulassen will, wenn alle Aktionäre dem Beschluss zugestimmt haben, da darin eine konkludente Abänderung des Gewinnverwendungsbeschlusses liegen soll; ebenso MüKoAktG/*Arnold* Rn. 14.
[11] Hüffer/Koch/*Koch* Rn. 4.
[12] Großkomm AktG/*Hirte* Rn. 23; MüKoAktG/*Arnold* Rn. 17.
[13] Großkomm AktG/*Hirte* Rn. 24; Hüffer/Koch/*Koch* Rn. 5.
[14] Hüffer/Koch/*Koch* Rn. 6.

§ 218 Bedingtes Kapital

¹Bedingtes Kapital erhöht sich im gleichen Verhältnis wie das Grundkapital. ²Ist das bedingte Kapital zur Gewährung von Umtauschrechten an Gläubiger von Wandelschuldverschreibungen beschlossen worden, so ist zur Deckung des Unterschieds zwischen dem Ausgabebetrag der Schuldverschreibungen und dem höheren geringsten Ausgabebetrag der für sie zu gewährenden Bezugsaktien insgesamt eine Sonderrücklage zu bilden, soweit nicht Zuzahlungen der Umtauschberechtigten vereinbart sind.

Schrifttum: S. das Schrifttum zu § 207.

I. Normzweck

1   Nach § 218 S. 1 erhöht sich bei einer Kapitalerhöhung aus Gesellschaftsmitteln bedingtes Kapital (§ 192) im gleichen Verhältnis wie das Grundkapital. Diese Regelung dient der **Bedienbarkeit von Umtauschrechten oder Bezugsrechten,** zu deren Sicherung ein bedingtes Kapital beschlossen wurde. Sie steht im Zusammenhang mit der Bestimmung des § 216 Abs. 3 S. 1, welche zu einer Erhöhung der Anzahl der Aktien führt, die bei Ausübung von Umtauschrechten oder Bezugsrechten nach einer Kapitalerhöhung aus Gesellschaftsmitteln bezogen werden können. § 218 S. 1 stellt somit sicher, dass bedingtes Kapital in entsprechender Höhe vorhanden ist. § 218 S. 2 soll dagegen **Unterpariemissionen** bei Ausübung von Umtauschrechten verhindern, indem die Vorschrift die Bildung einer Sonderrücklage in bestimmten Fällen anordnet. Die gesamte Vorschrift geht zurück auf § 15 KapErhG.

II. Erhöhung des bedingten Kapitals (Satz 1)

2   Bedingtes Kapital (§ 192) **erhöht sich** bei einer Kapitalerhöhung aus Gesellschaftsmitteln **kraft Gesetzes** im gleichen Verhältnis wie das Grundkapital (Satz 1). Durch diese Regelung steht der Erhöhung der Anzahl der Aktien, die bei Ausübung von Umtauschrechten oder Bezugsrechten nach einer Kapitalerhöhung aus Gesellschaftsmitteln bezogen werden können (§ 216 Abs. 3 S. 1), eine entsprechende Erhöhung des die Umtauschrechte oder Bezugsrechte sichernden bedingten Kapitals gegenüber.[1] Die Erhöhung tritt nur in dem Umfang ein, wie bedingtes Kapital tatsächlich besteht. Sind vor der Kapitalerhöhung aus Gesellschaftsmitteln bereits Aktien aus bedingtem Kapital ausgeben worden, nimmt nur das um diese Aktien verringerte bedingte Kapital an der Erhöhung teil.[2]

3   Die Erhöhung des bedingten Kapitals erfolgt mit Eintragung des Beschlusses über die Kapitalerhöhung aus Gesellschaftsmitteln in das Handelsregister (§ 211). Infolge der automatischen Erhöhung des bedingten Kapitals reflektieren der Wortlaut der Satzung und entsprechend das Handelsregister nicht die tatsächliche Höhe des bedingten Kapitals. Sie sind daher anzupassen. Die Berichtigung kann nicht von Amts wegen durch das Handelsregister erfolgen.[3] Die **Anpassung der Satzung** kann durch Beschluss der Hauptversammlung zusammen mit dem Beschluss über die Kapitalerhöhung aus Gesellschaftsmitteln erfolgen. Da die Änderung der Satzung nur deren Fassung betrifft, kann sie bei entsprechender Ermächtigung auch durch den Aufsichtsrat vorgenommen werden (§ 179 Abs. 1 S. 2). Ausreichend ist aber auch ein Antrag der Gesellschaft (vertreten durch den Vorstand) an das Handelsregister auf Berichtigung der Satzung in der Anmeldung des Kapitalerhöhungsbeschlusses.[4] Eine Beteiligung des Aufsichtsratsvorsitzenden ist nicht erforderlich, da es sich nicht um die Anmeldung einer Kapitalerhöhung handelt.[5]

III. Pflicht zur Bildung einer Sonderrücklage (Satz 2)

4   **1. Voraussetzungen, Umfang und Zeitpunkt.** Gem. Satz 2 kann die Gesellschaft verpflichtet sein, eine Sonderrücklage zu bilden, wenn das bedingte Kapital zur Gewährung von Umtauschrechten an Gläubiger von Wandelschuldverschreibungen beschlossen wurde. Diese Regelung betrifft das **Verbot der Unterpariemission** im Zusammenhang mit Wandelschuldverschreibungen im Sinne des § 221. Gem. § 9 Abs. 1 dürfen Aktien nicht für einen geringeren Betrag als den Nennbetrag bzw. bei Stückaktien den anteiligen Betrag des Grundkapitals ausgegeben werden (geringster Ausgabebetrag). Für Wandelschuldverschreibungen bedeutet dies, dass der Ausgabebetrag der gegen Aktien umzutauschenden Wandelschuldverschreibungen mindestens dem geringsten Ausgabebetrag der

---

[1] *Than* WM-Festgabe Heinsius, 1991, 54 (59).
[2] Kölner Komm AktG/*Lutter* Rn. 3; Großkomm AktG/*Hirte* Rn. 7; Grigoleit/*Rieder/Holzmann* Rn. 2.
[3] Kölner Komm AktG/*Lutter* Rn. 4.
[4] Hüffer/Koch/*Koch* Rn. 3; Grigoleit/*Rieder/Holzmann* Rn. 2.
[5] Kölner Komm AktG/*Lutter* Rn. 4.

Bezugsaktien entsprechen muss.⁶ Ist dies nicht der Fall, dürfen nach § 199 Abs. 2 Bezugsaktien gegen Wandelschuldverschreibungen nur ausgegeben werden, wenn der Unterschiedsbetrag aus einer anderen Gewinnrücklage oder durch Zuzahlungen des Umtauschberechtigten gedeckt ist. Bei einer Kapitalerhöhung aus Gesellschaftsmitteln kann eine solche Diskrepanz zwischen Ausgabebetrag der Anleihe und geringstem Ausgabebetrag der Bezugsaktien Folge des § 216 Abs. 3 S. 1 sein. Diese Vorschrift bewirkt, dass sich aufgrund der Kapitalerhöhung aus Gesellschaftsmitteln die Anzahl der Bezugsaktien und damit auch der Gesamtbetrag der geringsten Ausgabebeträge der Bezugsaktien erhöht, ohne dass sich der Nennbetrag der Schuldverschreibung, den der Gläubiger für seine Bezugsaktien einsetzen muss, erhöht. Beträgt zum Beispiel der Nennbetrag einer Aktie 1 Euro und berechtigen 10 Euro einer zu pari ausgegebenen Wandelschuldverschreibung zum Bezug einer Aktie, können nach einer Kapitalerhöhung aus Gesellschaftsmitteln im Verhältnis 1 : 1 für 10 Euro 2 Aktien bezogen werden. Die Schuldverschreibung deckt also noch den geringsten Ausgabebetrag für die Bezugsaktien von 2 Euro. Anders bei einer Kapitalerhöhung im Verhältnis 1 : 20. Nun sind die Schuldverschreibungsgläubiger berechtigt, für 10 Euro 20 Aktien zu beziehen. Die Schuldverschreibung deckt also nur noch 0,5 Euro pro Bezugsaktie.

Für diesen Fall, also wenn und soweit gerade aufgrund § 216 Abs. 3 S. 1 der Ausgabebetrag der **5** Schuldverschreibung nicht mehr den geringsten Ausgabebetrag der Bezugsaktien deckt, ordnet § 218 S. 2 die **Bildung einer Sonderrücklage** an.⁷ Soweit unabhängig von § 216 Abs. 3 S. 1 eine Unterdeckung vorliegt, zB weil die Schuldverschreibung zu einem Ausgabebetrag ausgegeben wurde, der unter dem Ausgabebetrag der ursprünglich zu beziehenden Bezugsaktien lag, bleibt es allein bei der Regelung des § 199 Abs. 2. Eine Pflicht zur Bildung der Sonderrücklage besteht nicht, soweit Zuzahlungen der Umtauschberechtigten vereinbart sind (§ 218 S. 2 aE).

Hinsichtlich des **Zeitpunktes** für die Bildung der Sonderrücklage schweigt das Gesetz. Sie kann **6** bereits in der Bilanz enthalten sein, die der Kapitalerhöhung zugrunde liegt, es genügt aber auch, wenn eine Sonderrücklage im Zeitpunkt der Beschlussfassung über die Kapitalerhöhung gebildet wird.⁸ In Höhe der zu bildenden Sonderrücklage dürfen bestehende Rücklagen nicht in Grundkapital umgewandelt werden.⁹

2. Rechtsfolgen bei Verstößen. Bildet der Vorstand die vorgeschriebene Sonderrücklage nicht **7** oder nicht in ausreichender Höhe, ist dies nachzuholen. Die Wirksamkeit des Beschlusses über die Kapitalerhöhung wird dadurch nicht berührt, es sei denn der Beschluss sieht eine so weitgehende Umwandlung von Rücklagen in Grundkapital vor, dass die gem. § 218 S. 2 erforderliche Sonderrücklage nicht mehr gebildet werden kann. In einem solchen Fall ist der Kapitalerhöhungsbeschluss **nichtig**.¹⁰

3. Geltung für Optionsanleihen und Genussrechte. Seinem Wortlaut nach erfasst § 218 S. 2 **8** nur Wandelschuldverschreibungen ieS, also nur Schuldverschreibungen mit Umtauschrechten. Die beschriebene Problematik der Unterpariemission kann infolge einer Kapitalerhöhung aus Gesellschaftsmitteln aber auch bei Schuldverschreibungen mit Bezugsrechten auf Aktien (Optionsanleihen)¹¹ auftreten. Die mit Optionsanleihen verbundenen Optionsrechte gewähren ein Recht zum Bezug von Aktien zu einem bestimmten Bezugspreis. Auch bei Optionsanleihen bewirkt bei einer Kapitalerhöhung aus Gesellschaftsmitteln § 216 Abs. 3 S. 1 eine Erhöhung der Zahl der Bezugsaktien, die die Berechtigten verlangen können, ohne dass sich der Bezugspreis erhöht. Der für die Bezugsaktien zu zahlende Betrag kann dadurch unter den geringsten Ausgabebetrag absinken. Zum Schutz vor Unterpariemissionen ist daher die entsprechende Anwendung des § 218 S. 2 geboten. Auch bei Optionsanleihen besteht somit nach den vorstehenden Grundsätzen eine Pflicht zur Bildung einer Sonderrücklage.¹²

IV. Genehmigtes Kapital

Die Vorschrift des § 218 findet nach ihrem Wortlaut keine Anwendung auf genehmigtes Kapital. **9** Sie ist auf genehmigtes Kapital auch nicht entsprechend anzuwenden.¹³ Ein genehmigtes Kapital bleibt

---

⁶ Zur Frage, ob hierbei ein Ausgabeaufschlag zu berücksichtigen ist, s. Bürgers/Körber/*Stadler* Rn. 8.
⁷ Hüffer/Koch/*Koch* Rn. 5; MHdB AG/*Scholz* § 60 Rn. 93; *Geßler* WM-Sonderbeil 1/1960, 11 (20).
⁸ MüKoAktG/*Arnold* Rn. 19; Hüffer/Koch/*Koch* Rn. 6; Großkomm AktG/*Hirte* Rn. 23.
⁹ MüKoAktG/*Arnold* Rn. 21.
¹⁰ MüKoAktG/*Arnold* Rn. 22; Großkomm AktG/*Hirte* Rn. 29.
¹¹ S. zur Differenzierung → § 221 Rn. 1 ff.
¹² Kölner Komm AktG/*Lutter* Rn. 7; Großkomm AktG/*Hirte* Rn. 25 f.; Hüffer/Koch/*Koch* Rn. 7; MüKoAktG/*Arnold* Rn. 24 f.: Anwendung des § 218 S. 2 ebenso bei Genussrechten, die mit Umtausch- oder Bezugsrechten ausgestattet sind.
¹³ MüKoAktG/*Arnold* Rn. 27; Großkomm AktG/*Hirte* Rn. 32; Grigoleit/*Rieder/Holzmann* AktG Rn. 8; *Geßler* WM-Sonderbeil 1/1960, 11 (20).

nach einer Kapitalerhöhung aus Gesellschaftsmitteln in seiner ursprünglichen Höhe bestehen. Es verliert durch die Kapitalerhöhung an Gewicht, dies rechtfertigt aber keine Anwendung des § 218. Allein das bedingte Kapital sichert Umtausch- oder Bezugsrechte derart, dass diese Rechte der Disposition der Hauptversammlung entzogen sind (§ 192 Abs. 4). Ein genehmigtes Kapital kann dagegen durch die Hauptversammlung jederzeit geändert oder aufgehoben werden. Daher muss auch im Zusammenhang mit einer Kapitalerhöhung aus Gesellschaftsmitteln die Hauptversammlung darüber entscheiden dürfen, ob und in welchem Umfang ein genehmigtes Kapital erhöht werden soll.[14]

§ 219 Verbotene Ausgabe von Aktien und Zwischenscheinen

Vor der Eintragung des Beschlusses über die Erhöhung des Grundkapitals in das Handelsregister dürfen neue Aktien und Zwischenscheine nicht ausgegeben werden.

Schrifttum: S. das Schrifttum zu § 207.

I. Normzweck

1   Der auf § 16 KapErhG beruhende § 219 verbietet die Ausgabe von neuen Aktien und Zwischenscheinen vor Eintragung des Beschlusses über die Erhöhung des Grundkapitals in das Handelsregister. Die Vorschrift hat also nur für eine Kapitalerhöhung aus Gesellschaftsmitteln Bedeutung, die durch Ausgabe neuer Aktien erfolgt. Ein entsprechendes Verbot enthalten, wenngleich in unterschiedlicher Ausprägung, sämtliche Regelungen über Kapitalerhöhungen im Aktiengesetz, vgl. § 191 S. 1, § 197 S. 1, § 203 Abs. 1 S. 1 iVm § 191 S. 1 und für die Gründung § 41 Abs. 4 S. 1. Das Verbot soll verhindern, dass durch Aktienurkunden oder Zwischenscheine der Rechtsschein der Existenz entsprechender Mitgliedschaften gesetzt wird.[1] § 219 enthält allerdings im Vergleich zu §§ 191, 197 ein abgeschwächtes Verbot der vorzeitigen Aktienausgabe, denn er sieht keine Nichtigkeit der vorzeitig ausgegebenen Aktien und Zwischenscheine vor. Anders als § 191 S. 1 verbietet § 219 auch nicht die Übertragung der neuen Anteilsrechte vor Eintragung des Beschlusses über die Erhöhung des Grundkapitals in das Handelsregister. Für ein solches, die Sicherung der Kapitalaufbringung bezweckendes Verbot der Anteilsübertragung besteht bei der Kapitalerhöhung aus Gesellschaftsmitteln kein Anlass.

II. Verbot der vorzeitigen Ausgabe von Aktien und Zwischenscheinen

2   Nach § 219 dürfen neue Aktien und Zwischenscheine vor Eintragung des Beschlusses über die Erhöhung des Grundkapitals in das Handelsregister nicht ausgegeben werden. Das **Ausgabeverbot** entspricht dem Verbot des § 191 S. 1,[2] mit einem bedeutenden Unterschied. Dieser kommt zum einen dadurch zum Ausdruck, dass nach § 191 S. 1 eine vorzeitige Ausgabe nicht erfolgen *kann* und nach § 219 nicht erfolgen *darf*. Zum anderen ordnet § 219 anders als § 191 S. 1 keine Rechtsfolge der vorzeitigen Aktienausgabe an. Nach § 191 S. 1 sind vorzeitig ausgegebene Aktien und Zwischenscheine nichtig. Daraus folgt, dass entgegen dem Verbot des § 219 ausgegebene Aktienurkunden und Zwischenscheine **nicht nichtig** sind.[3] Da § 219 keine absolute Unwirksamkeit der vorzeitig ausgegebenen Urkunden anordnet, führt die **nachträgliche Eintragung** des Kapitalerhöhungsbeschlusses in das Handelsregister automatisch zur Entstehung von durch die Urkunden verbrieften Mitgliedschaften.[4]

3   Bis zur Eintragung des Kapitalerhöhungsbeschlusses in das Handelsregister können die entgegen § 219 vorzeitig ausgegebenen Aktienurkunden bzw. Zwischenscheine noch keine Mitgliedschaften verbriefen, da diese erst mit Eintragung des Kapitalerhöhungsbeschlusses entstehen.[5] Sie verbriefen, einen wirksamen Begebungsvertrag vorausgesetzt, vielmehr die künftigen Anteilsrechte.[6] Denn der

---

[14] *Weiss* BB 2005, 2697 (2700) zieht eine analoge Anwendung von § 218 auf das genehmigte Kapital für den Fall in Betracht, dass ein genehmigtes Kapital ausnahmsweise wie ein bedingtes Kapital mit einem Austausch- oder Bezugsrecht Dritter verbunden ist. Allerdings erscheint eine solche analoge Anwendung mit dem unterschiedlichen Charakter von bedingtem und genehmigtem Kapital etwa im Hinblick auf die Rechtsposition des Bezugsberechtigten nicht vereinbar.

[1] Großkomm AktG/*Hirte* Rn. 2; BGH AG 1988, 76 (78): Schutz vor Schwindelemissionen.
[2] S. dort insbes. zum Begriff der Ausgabe.
[3] Kölner Komm AktG/*Lutter* Rn. 2; Großkomm AktG/*Hirte* Rn. 4.
[4] MüKoAktG/*Arnold* Rn. 8; Hüffer/Koch/*Koch* Rn. 2; Kölner Komm AktG/*Lutter* Rn. 4.
[5] Kölner Komm AktG/*Lutter* Rn. 3; Großkomm AktG/*Hirte* Rn. 5; MüKoAktG/*Arnold* Rn. 7.
[6] MüKoAktG/*Arnold* Rn. 8; Kölner Komm AktG/*Lutter* Rn. 4.

Begebungsvertrag zur Ausgabe der Aktien bzw. Zwischenscheine steht im Falle eines Verstoßes gegen § 219 unter der Bedingung der Eintragung des Kapitalerhöhungsbeschlusses in das Handelsregister.[7]

III. Verfügung über künftige Mitgliedschaften

§ 219 verbietet – anders als § 191 S. 1 – nicht die Übertragung der neuen Anteilsrechte vor Eintragung des Beschlusses über die Erhöhung des Grundkapitals in das Handelsregister. Sie können daher nach allgemeinen Grundsätzen **als künftige Rechte bereits vorher übertragen werden**, freilich nur aufschiebend bedingt auf die Eintragung des Beschlusses.[8] Die **Form der Übertragung** richtet sich danach, ob entgegen § 219 bereits Aktien oder Zwischenscheine ausgegeben wurden. Ist dies nicht der Fall, können die künftigen Mitgliedschaften durch formlose Abtretung gem. § 398 iVm § 413 BGB übertragen werden.[9] Entgegen § 219 ausgegebene Aktien und Zwischenscheine verbriefen die künftigen Anteilsrechte, ihre Übertragung richtet sich daher nach den für das Wertpapier (Inhaber- oder Namensaktie) geltenden Regeln.[10] Mit Eintragung des Kapitalerhöhungsbeschlusses im Handelsregister entsteht das neue Anteilsrecht unmittelbar beim Erwerber, ohne Durchgangserwerb beim Übertragenden.[11]

4

IV. Haftung bei vorzeitiger Aktienausgabe

Auch bezüglich der Haftung bei vorzeitiger Aktienausgabe unterscheidet sich § 219 von § 191 S. 1 (wie auch von § 197 S. 4 und § 41 Abs. 4 S. 3), da die Vorschrift keine verschuldensunabhängige Haftung der Ausgeber anordnet. Dies ist sachgerecht, weil der Rechtsverkehr bei der Kapitalerhöhung aus Gesellschaftsmitteln nicht vor nichtigen Aktienurkunden geschützt werden muss. Es besteht daher auch kein Bedarf für eine entsprechende Anwendung der Haftung nach § 191 S. 3, § 197 S. 4 und § 41 Abs. 4 S. 3.[12] In Betracht kommt aber eine verschuldensabhängige Haftung nach § 823 Abs. 2 BGB iVm § 219 und nach § 823 Abs. 2 BGB iVm § 405 Abs. 1 Nr. 2.[13] Die Gesellschaft selbst haftet nicht für einen Verstoß gegen § 219.[14]

5

§ 220 Wertansätze

¹Als Anschaffungskosten der vor der Erhöhung des Grundkapitals erworbenen Aktien und der auf sie entfallenen neuen Aktien gelten die Beträge, die sich für die einzelnen Aktien ergeben, wenn die Anschaffungskosten der vor der Erhöhung des Grundkapitals erworbenen Aktien auf diese und auf die auf sie entfallenen neuen Aktien nach dem Verhältnis der Anteile am Grundkapital verteilt werden. ²Der Zuwachs an Aktien ist nicht als Zugang auszuweisen.

Schrifttum: S. das Schrifttum zu § 207.

I. Allgemeines

§ 220 regelt den Wertansatz der alten und neuen Aktien sowie den Ausweis der neu erhaltenen Aktien im Anlagespiegel. Als einzige Vorschrift in diesem Abschnitt befasst sich § 220 ausschließlich mit den Auswirkungen der Kapitalerhöhung aus Gesellschaftsmitteln beim Aktionär. Die Bestimmung, welche auf § 17 KapErhG zurückgeht, richtet sich ausschließlich an den **bilanzierenden Aktionär**. Sie hat keine steuerliche Bedeutung. Die Konsequenzen der Kapitalerhöhung aus Gesell-

1

---

[7] Hüffer/Koch/*Koch* Rn. 2: Rechtsbedingung des Begebungsvertrags. Kölner Komm AktG/*Lutter* Rn. 4 und MüKoAktG/*Arnold* Rn. 8 nehmen dagegen an, dass nach dem Inhalt des Begebungsvertrages die künftige Mitgliedschaft bereits in dem Papier verbrieft sein soll. Diese Auffassung strapaziert den Willen der Parteien und müsste konsequenterweise zur Nichtigkeit der Aktienausgabe führen, wenn die Parteien ausdrücklich die sofortige Entstehung der neuen Aktien wollen.
[8] Vgl. Kölner Komm AktG/*Lutter* Rn. 5; Großkomm AktG/*Hirte* § 219 Rn. 13.
[9] Kölner Komm AktG/*Lutter* Rn. 5.
[10] Kölner Komm AktG/*Lutter* Rn. 6; zu den Übertragungsarten s. Kölner Komm AktG/*Lutter* § 68 Rn. 5 ff. und Anh. § 68 Rn. 2 ff.
[11] Kölner Komm AktG/*Lutter* Rn. 6.
[12] MüKoAktG/*Arnold* Rn. 12; Großkomm AktG/*Hirte* Rn. 11; Hüffer/Koch/*Koch* Rn. 4; für eine analoge Anwendung Grigoleit/*Rieder/Holzmann* AktG Rn. 5.
[13] Großkomm AktG/*Hirte* Rn. 10; MüKoAktG/*Arnold* Rn. 13.
[14] Großkomm AktG/*Hirte* Rn. 10; Hüffer/Koch/*Koch* Rn. 4; aA Kölner Komm AktG/*Lutter* Rn. 7; Bürgers/Körber/*Stadler* Rn. 6; MüKoAktG/*Arnold* Rn. 13.

schaftsmitteln auf die Anschaffungskosten beim Aktionär für steuerliche Zwecke richtet sich nach § 3 KapErhStG (→ Rn. 8).

2   Die Vorschrift greift nur, wenn die Kapitalerhöhung aus Gesellschaftsmitteln tatsächlich mit der Ausgabe neuer Aktien verbunden wurde. Findet bei einer Gesellschaft mit Stückaktien gem. § 207 Abs. 2 S. 2 lediglich eine Erhöhung des Grundkapitals ohne Ausgabe neuer Aktien statt, stellen sich die in § 220 geregelten Bilanzierungsfragen nicht. Entsprechendes gilt bei teileingezahlten Aktien, § 215 Abs. 2 S. 2.

II. Anschaffungskosten (Satz 1)

3   **1. Grundsatz.** Nach Satz 1 sind die Anschaffungskosten des Aktionärs auf die alten und neuen Aktien entsprechend ihres jeweiligen Anteils am Grundkapital aufzuteilen. Diese Regelung ist Ausdruck der Tatsache, dass sich durch die Kapitalerhöhung aus Gesellschaftsmitteln weder für die Gesellschaft noch für die Aktionäre vermögensmäßig etwas ändert, sondern lediglich eine Neueinteilung des Grundkapitals stattfindet.

4   Rechtsfolge von Satz 1 ist die **gleichmäßige Bewertung** der alten und neuen Aktien. Insbesondere ist es nicht möglich, die Aufteilung der Anschaffungskosten zur Wertaufstockung der neuen Aktien zu nutzen. Vielmehr setzen sich die Anschaffungskosten im Ansatz der neu erhaltenen Aktien fort. Weist die Bilanz des Aktionärs die ihm gehörenden Aktien mit unterschiedlichen Werten aus, so sind die neuen Aktien auf die Posten umzulegen.[1]

5   **2. Abweichender Buchwert.** Die Vorschrift spricht von der Verteilung der Anschaffungskosten. Gleichwohl kann sich dies, falls der aktuelle in der Bilanz ausgewiesene Ansatz nicht den historischen Anschaffungskosten entspricht, nur auf den Buchwert der gehaltenen Aktien beziehen.[2] Eine Abweichung des Buchwertes von den Anschaffungskosten resultiert aus einem gegenüber dem Kaufpreis niedrigeren beizumessenden Wert der Aktien, § 253 Abs. 3 und 4 HGB. Hat der Gesellschafter die Aktien in seiner Bilanz abgewertet, wäre es sinnlos, die ursprünglichen Anschaffungskosten auf die alten und neuen Aktien zu verteilen. Daher ist in einem solchen Fall abweichend vom Wortlaut der niedrigere Buchwert nach den Vorgaben von Satz 1 aufzuteilen.

6   **3. Berücksichtigung von Teilrechten.** Erhält der Aktionär aus der Kapitalerhöhung aus Gesellschaftsmitteln nach § 213 Teilrechte an Aktien, so ist im Hinblick auf die Verteilung der Anschaffungskosten entsprechend der Regelung in Satz 1 zu verfahren.[3] Erwirbt der Aktionär Teilrechte hinzu, erhöhen sich die Anschaffungskosten um den Preis der hinzuerworbenen Teilrechte. Wenn der Preis, wie regelmäßig, von den ursprünglichen Anschaffungskosten abweicht, ist streitig, ob sich der abweichende Preis nur beim Ausweis der durch das hinzu zu erwerbende Teilrecht vervollständigten Aktie[4] oder anteilig auf den gesamten Aktienbestand auswirkt.[5] Da der Hinzuerwerb von Teilrechten ein von der Kapitalerhöhung aus Gesellschaftsmitteln gesonderter Vorgang ist, der im Übrigen auch zu einem späteren Zeitpunkt erfolgen kann, kann sich dieser Anschaffungsvorgang bilanziell nur bei der Aktie auswirken, die durch das weitere Teilrecht vervollständigt wurde.

III. Kein Zugang (Satz 2)

7   Nach Satz 2 stellt der Zuwachs an Aktien in Folge der Kapitalerhöhung aus Gesellschaftsmitteln keinen Zugang dar. Die Bestimmung verweist damit auf § 268 Abs. 2 HGB, wonach Zugänge im Anlagevermögen im **Anlagespiegel** auszuweisen sind. Da sich für den Aktionär vermögensmäßig nichts ändert, er einen echten Zugang also nicht erfahren hat, ist der Erhalt neuer Aktien dort nicht aufzuführen. Gleiches gilt für Teilrechte iSv § 213.[6]

IV. Steuerliche Konsequenzen

8   Wie eingangs erwähnt, hat § 220 keine Bedeutung für die Bestimmung der Anschaffungskosten für steuerliche Zwecke. Diese richten sich ausschließlich nach § 3 KapErhStG (→ § 207 Rn. 25). Anders als § 220 gilt § 3 KapErhStG auch für Aktien, die im Privatvermögen gehalten werden.[7]

---

[1] Großkomm AktG/*Hirte* Rn. 8; Hüffer/Koch/*Koch* Rn. 2.
[2] Allgemeine Auffassung: Großkomm AktG/*Hirte* Rn. 11; Hüffer/Koch/*Koch* Rn. 2; MüKoAktG/*Arnold* Rn. 5.
[3] Kölner Komm AktG/*Lutter* Rn. 4 mit Rechenbeispiel; Großkomm AktG/*Hirte* Rn. 13.
[4] So MüKoAktG/*Arnold* Rn. 11.
[5] Kölner Komm AktG/*Lutter* Rn. 5.
[6] MüKoAktG/*Arnold* Rn. 13.
[7] Blümich/*Broer* KapErhStG § 3 Rn. 1.

Fünfter Unterabschnitt. Wandelschuldverschreibungen. Gewinnschuldverschreibungen

§ 221 [Wandel-, Gewinnschuldverschreibungen]

(1) ¹Schuldverschreibungen, bei denen den Gläubigern oder der Gesellschaft ein Umtausch- oder Bezugsrecht auf Aktien eingeräumt wird (Wandelschuldverschreibungen), und Schuldverschreibungen, bei denen die Rechte der Gläubiger mit Gewinnanteilen von Aktionären in Verbindung gebracht werden (Gewinnschuldverschreibungen), dürfen nur auf Grund eines Beschlusses der Hauptversammlung ausgegeben werden. ²Der Beschluß bedarf einer Mehrheit, die mindestens drei Viertel des bei der Beschlußfassung vertretenen Grundkapitals umfaßt. ³Die Satzung kann eine andere Kapitalmehrheit und weitere Erfordernisse bestimmen. ⁴§ 182 Abs. 2 gilt.

(2) ¹Eine Ermächtigung des Vorstandes zur Ausgabe von Wandelschuldverschreibungen kann höchstens für fünf Jahre erteilt werden. ²Der Vorstand und der Vorsitzende des Aufsichtsrats haben den Beschluß über die Ausgabe der Wandelschuldverschreibungen sowie eine Erklärung über deren Ausgabe beim Handelsregister zu hinterlegen. ³Ein Hinweis auf den Beschluß und die Erklärung ist in den Gesellschaftsblättern bekanntzumachen.

(3) Absatz 1 gilt sinngemäß für die Gewährung von Genußrechten.

(4) ¹Auf Wandelschuldverschreibungen, Gewinnschuldverschreibungen und Genußrechte haben die Aktionäre ein Bezugsrecht. ²Die §§ 186 und 193 Abs. 2 Nr. 4 gelten sinngemäß.

Schrifttum: *Angerer/Pläster,* Steine statt Brot für Wandel- und Optionsanleihe-Emittenten, NZG 2008, 326; *Aubel,* Der vereinfachte Bezugsrechtsausschluss, 1988; *Bader,* Contingent Convertible, Wandelanleihe und Pflichtwandelanleihe im Aktienrecht, AG 2014, 472; *Bauer,* Genussrechte ermöglichen Gestaltungsspielräume, Börsen-Zeitung vom 5.4.2006 S. 2; *Becker,* Bundesgerichtshof erleichtert Begebung von Wandelanleihen, Interview mit Wolfgang Grobecker, BZ v. 20./21.5.2009, S. 2; *Becker/Otte,* Ist das Ende von isolierten Mindestausgabebeträgen bei bedingten Kapitalerhöhungen wirklich schon eingeläutet?, NZG 2008, 485; *Böttcher/Kautzsch,* Rechtssicherheit für Wandelschuldverschreibungen, NZG 2009, 978; *Bormann/Trautmann,* Wandelschuldverschreibungen im Lichte des § 55a GmbHG, GmbHR 2016, 37; *Bredow/Vogel,* Unternehmenssanierung und Restrukturierung von Anleihen – Welche Verbesserungen bringt das neue Schuldverschreibungsrecht?, ZBB 2008, 221; *Busch,* Bezugsrecht und Bezugsrechtsausschluss bei Wandel- und Optionsanleihen, AG 1999, 58; *Diekmann/Nolting,* Aktienrechtsnovelle 2011, NZG 2011, 6; *Dierks,* Aktienoptionsscheine, 2000; *Drinhausen/Hamann,* Gestaltungsmöglichkeiten der Preisfindung bei der Bezugsemission von Wandelschuldverschreibungen, Finanz-Betrieb 2004, 628; *Drinhausen/Keinath,* Nutzung eines bedingten Kapitals bei Ausgabe von Wandelschuldverschreibungen gegen Sachleistung, BB 2010, 1736; *Drinhausen/Keinath,* Referentenentwurf einer „kleinen Aktienrechtsnovelle", BB 2011, 11; *Drinhausen/Keinath,* Regierungsentwurf zur Aktienrechtsnovelle 2012, BB 2012, 395; *Eichmann,* Wandelanleihen: Emissionsprospekte kritisch prüfen, Die Bank 2001, 60; *Ehmann,* Wegfall der Geschäftsgrundlage von Genussrechten bei Konzernierung der Emittentin, AG 2013, 751; *Ekkenga,* Mitbestimmung der Aktionäre über Erfolgsvergütungen für Arbeitnehmer, AG 2017, 89; *von Falkenhausen/von Klitzing,* Wandelanleihen als poison pill, ZIP 2006, 1513; *Fleischer/Bedkowski,* Aktien- und kapitalmarktrechtliche Probleme des Pilot Fishing bei Börsengängen und Kapitalerhöhungen, DB 2009, 2195; *Florstedt,* Die umgekehrte Wandelschuldverschreibung: Eine Kapitalklasse im Spannungsfeld zwischen europäischem Bankrecht und deutschem Aktienrecht, WM 2015, 589; *Frey/Hirte,* Das Vorab-Bezugsrecht auf Aktien und Optionsanleihen, ZIP 1991, 697; *Friel,* Wandelanleihen mit Pflichtwandlung, 2000; *Fuchs,* Selbständige Optionsscheine als Finanzierungsinstrument der Aktiengesellschaft, AG 1995, 433; *Fuchs,* Anmerkung zum BGH-Urteil v. 18.5.2009 – II ZR 261/07, LMK 2009, 293 152; *Gätsch/Theusinger,* Naked Warrants als zulässige Finanzierungsinstrumente für Aktiengesellschaften, WM 2005, 1256; *Gebhardt,* Finanzwirtschaftliche Betrachtungen zur Emission von Optionsanleihen, Zeitschrift für betriebswirtschaftliche Forschung 40 (1988), 896; *Gelhausen/Rimmelspacher,* Wandel- und Optionsanleihen in den handelsrechtlichen Jahresabschlüssen des Emittenten und des Inhabers, AG 2006, 729; *Georgakopoulos,* Zur Problematik der Wandelschuldverschreibungen, ZHR 120 (1957), 84; *Gerrit/Cavaillès,* juris PraxisReport zum BGH-Urteil v. 18.5.2009 – II ZR 262/07, jurisPR-HaGesR 10/2009 Anm. 4; *Gleske/Ströbele,* Bedingte Pflichtwandelanleihen – aktuelle bankaufsichtsrechtliche Anforderungen und Aktienrechtsnovelle 2012, CFL 2012, 49; *Goette,* Neuere aktienrechtliche Rechtsprechung des II. Zivilsenats des Bundesgerichtshofes, DStR 2009, 2602; *Götze/Arnold/Carl,* Der Regierungsentwurf der Aktienrechtsnovelle 2012 – Anmerkungen aus der Praxis, NZG 2012, 321; *Groß,* Isolierte Anfechtung der Ermächtigung zum Bezugsrechtsausschluss bei der Begebung von Optionsanleihen, AG 1991, 201; *Gustavus,* Die Sicherung von mit ausländischen Optionsanleihen verbundenen Bezugsrechten auf deutsche Aktien, BB 1970, 694; *Haag/Peters,* Aktienrechtsnovelle 2011–2015 – Ermöglichen die Neuregelungen zur „umgekehrten Wandelanleihe" auch die Ausgabe von Pflichtwandelanleihen des bankaufsichtsrechtlichen zusätzlichen Kernkapitals?, WM 2015, 2303; *Habersack,* Anwendungsvoraussetzungen und -grenzen des § 221 AktG, dargestellt am Beispiel von Pflichtwandelanleihen, Aktienanleihen und „warrants", FS Nobbe, 2009, 539; *Harrer/Janssen/Halbig,* Genussscheine – Eine interessante Form der Mezzanine Mittelstandsfinanzierung, Finanz-Betrieb 2005, 1; *Hartwig-Jacob,* Die Vertragsbeziehungen und die Rechte der Anleger bei internationalen Anleihe-

§ 221

emissionen, 2001; *Hemmerling,* Aktienrechtliche Probleme bei der Begebung von Optionsschuldverschreibungen ausländischer Tochtergesellschaften, Diss. Tübingen 1991; *Hirte,* Bezugsrechtsfragen bei Optionsanleihen, WM 1994, 321; *Hirte,* Wandel- und Optionsanleihen im Rechtsvergleich, ZGR-Sonderheft 16/2000, 1; *Hirte,* Wandel- und Optionsanleihen in Europa, DB 2000, 1949; *Hoffmann,* Optionsanleihen ausländischer Töchter unter der Garantie ihrer deutschen Muttergesellschaft, AG 1973, 47; *Hofmeister,* Der erleichterte Bezugsrechtsausschluss bei Wandelschuldverschreibungen, Gewinnschuldverschreibungen und Genussrechten, 2000; *Horn,* Die Stellung der Anleihegläubiger nach neuem Schuldverschreibungsgesetz und allgemeinem Privatrecht im Licht aktueller Marktentwicklungen, ZHR 173 (2009), 12; *Ihrig,* Geklärtes und Ungeklärtes zum Vereinfachten Bezugsrechtsausschluss nach § 186 Abs. 3 S. 4 AktG, FS Happ, 2006, 109; *Karsch,* Going Public-Anleihen: Neue Wege an die Börse, Die Bank 3/ 1989, 171; *Kerber,* Eigenkapitalverwandte Finanzierungsinstrumente, 2002; *Kiem/Riedel,* Anm zu OLG München EWiR § 186 AktG 1/06, 545; *Kiesewetter/Parmentier,* Verschärfung des Marktmissbrauchsrechts – ein Überblick über die neue EU-Verordnung über Insidergeschäfte und Marktmanipulation, BB 2013, 2371; *Klawitter,* Zum vereinfachten Bezugsrechtsausschluss gem. § 186 Abs. 3 S. 4 bei der Ausgabe von Wandel- oder Optionsschuldverschreibungen, AG 2005, 792; *Kniehase,* Der vereinfachte Bezugsrechtsausschluss bei der Ausgabe von Wandel- und Optionsanleihen, AG 2006, 180; *König,* Anmerkung zum BGH-Urteil v. 18.5.2009 – II ZR 261/07, DNotZ 2009, 785; *Kopp/ Metzner,* Rechtliche Aspekte des Rückkaufs von Wandelschuldverschreibungen, AG 2012, 856; *Krug,* Gericht bestätigt Marktpraxis bei Wandelanleihen, Börsen-Zeitung vom 18.1.2006 S. 2; *Kurz/Schulz,* Rasender Wandel, FTD v. 26.5.2009, S. 19; *Larsen,* Convertible Bands make a Comeback, Financial Times v. 29. 11. 06 S. 2; *Lienau/Lotz,* Die Abgrenzung zwischen stiller Gesellschaft und partiarischem Darlehen und die steuerlichen Konsequenzen, DStR 1991, 618; *Litten/Bell,* The overdue reform of the German bond restructuring scheme, JIBFL 2009, 555; *Lorenz,* Das neue Schuldverschreibungsgesetz – eine gesetzliche Grundlage für die Restrukturierung von Genussscheinen, DB 2009, 2419; *Lutter,* Optionsanleihen ausländischer Tochtergesellschaften, AG 1972, 125; *Lutter/Drygala,* Die zweite Chance für Spekulanten? – Zur nachträglichen Korrektur der Konditionen von Optionsschuldverschreibungen, FS Claussen, 1997, 261; *Maidl,* Die Wandelschuldverschreibung bei der GmbH, NZG 2006, 778; *Maier-Raimer,* Bedingtes Kapital für Wandelanleihen, FS Bosch, 2006, 85; *Maier-Raimer,* Börsen-Zeitung v. 4. 10. 06, S. 2; *Marsch-Barner,* Zum Bezugsrechtsausschluss bei Auslandsoptionsanleihen, Anm zu OLG München WuB II A. § 221 3.91; *Martens,* Die bilanzrechtliche Behandlung internationaler Optionsanleihen nach § 150 Abs. 2, FS Stimpel, 1985, 621; *Martens,* Die mit Optionsrechten gekoppelte Aktienemission, AG 1989, 69; *Martens,* Die rechtliche Behandlung von Options- und Wandlungsrechten anlässlich der Eingliederung der verpflichteten Gesellschaft, AG 1992, 209; *Metzner/Müller,* Rückkauf von Wandelschuldverschreibungen attraktiv; BZ 18.3.2009, S. 2; *Mock,* Genussrechtsinhaber in der Insolvenz des Emittenten, NZI 2014, 102; *Möhlenkamp/Harder,* Die umgekehrte Wandelschuldverschreibung (CoCo-Bonds) – ein neues Sanierungsinstrument?, ZIP 2016, 1093; *Müller-Eising,* Anmerkung zum BGH-Urteil v. 18.5.2009 – II ZR 261/07, GWR 2009, 270; *Nodoushani,* Contingent Convertible Bonds – Eine Bestandsaufnahme, WM 2016, 589; *Oho/Behrens,* Steuerliche Aspekte bei der Ausgabe von Wandel- oder Optionsanleihen über ausländische Konzerngesellschaften, IStR 1996, 313; *Oulds,* Neues zur Emission von Wandelschuldverschreibungen im Lichte des geplanten VorstKoG und der Delegierten Verordnung (EU) 759/2013, CFL 2013, 213; *Paefgen,* Eigenkapitalderivate bei Aktienrückkäufen und Managementbeteiligungsmodellen, AG 1999, 67; *Pluskat,* Neues zum Ausgabebetrag bei Wandelschuldverschreibungen, DB 2008, 975; *Podewils,* Neuerungen im Schuldverschreiungs- und Anlegerschutzrecht, DStR 2009, 1914; *Roth/Schoneweg,* Emission selbständiger Aktienoptionen durch die Gesellschaft, WM 2002, 677; *Rozijn,* Wandelanleihe mit Wandlungspflicht – eine deutsche equity note?, ZBB 1998, 77; *Sánchez,* Das Erwerbsrecht auf Aktien bei Optionsanleihen und Wandelschuldverschreibungen, 1999; *F. A. Schäfer,* Wandel- und Optionsanleihen in Deutschland – Praxisprobleme von Equity-linked-Emissionen, ZGR-Sonderheft 16/2000, S. 62; *H. Schäfer,* Renaissance der Wandelanleihen – Neuere Kontraktstrukturen und deren Kapitalmarktrelevanz, FB 2002, 514; *Schaub,* Nochmals „Warrant-Anleihen" von Tochtergesellschaften, AG 1972, 340; *Schlitt/Löschner,* Abgetrennte Optionsrechte und Naked Warrants, BKR 2002, 150; *Schlitt/Mihm,* Mandatory Convertibles im Fokus der Emittenten, Börsen-Zeitung v. 5.2.2003 S. 13; *Schlitt/Schäfer,* Die Restrukturierung von Anleihen nach dem neuen Schuldverschreibungsgesetz, AG 2009, 477; *Schlitt/Schäfer,* Wandel- und Optionsanleihen – Aktuelle Rechts- und Praxisfragen, CFL 2010, 252, 258; *Schlitt/Seiler/Singhof,* Aktuelle Rechtsfragen und Gestaltungsmöglichkeiten im Zusammenhang mit Wandelschuldverschreibungen, AG 2003, 254; *Schumann,* Optionsanleihen, 1990; *Schmidt/Schrader,* Leistungsversprechen und Leistungsbestimmungsrechte in Anleihebedingungen unter Berücksichtigung des neuen Schuldverschreibungsgesetzes, BKR 2009, 397; *Schmolke,* Der gemeinsame Vertreter im Referentenentwurf eines Gesetzes zur Neuregelung des Schuldverschreibungsgesetzes – Bestellung, Befugnisse, Haftung, ZBB 2009, 8; *U. H. Schneider,* Genußrechte an Konzernunternehmen, FS Goerdeler, 1987, S. 511; *Schnorbus/Trapp,* Die Ermächtigung des Vorstands zur Ausgabe von Wandelschuldverschreibungen gegen Sacheinlage, ZGR 2010, 1023; *Schürnbrand,* Gewinnbezogene Schuldtitel in der Umstrukturierung, ZHR 173 (2009), 689; *Seibert/ Böttcher,* Der Regierungsentwurf der Aktienrechtsnovelle 2012, ZIP 2012, 12; *Schröder/Stiewe,* Accelerated Bookbuilding muss sich noch bewähren, Börsen-Zeitung v. 17.2.2006 S. 19; *Sester,* Transparenzkontrolle von Anleihebedingungen nach Einführung des neuen Schuldverschreibungsrechts, AcP 209 (2009), 628; *Sethe,* Genußrechte: Rechtliche Rahmenbedingungen und Anlegerschutz, AG 1993, 351; *Siebel,* Delisting von Anleihen sowie Folgen eines Delisting bei verbrieften Bezugsrechten und Indexzertifikaten, ZGR 2002, 842; *Silcher,* Bedingtes Kapital für „Warrant-Anleihen" von Tochtergesellschaften, FS Geßler, 1971, 185; *Singhof,* Ausgabe von Aktien aus bedingtem Kapital, FS Hoffmann-Becking, 2013, 1163; *Singhof,* Der „erleichterte" Bezugsrechtsausschluss im Rahmen von § 221 AktG, ZHR 170 (2006), 673; *Sommer-Prager,* Die Going-Public-Optionsanleihe als innovatives Finanzierungsinstrument für Börsekandidaten, ÖBA 1990, 376; *Spiering/Grabbe,* Bedingtes Kapital und Wandelschuldverschreibungen – Mindestausgabebetrag und Errechnungsgrundlagen im Rahmen des § 193 Abs. 2 Nr. 3, AG 2004, 91; *Stadler,* Die Sanierung von Aktiengesellschaften unter Einsatz von Wandelgenussrechten, NZI 2003, 579; *Steiner,* Zulässigkeit der Begebung von Optionsrechten auf Aktien ohne Optionsschuldverschreibung (naked warrants), WM 1990,

1776; *Sureth/Halberstadt*, Mitarbeiterbeteiligungen durch Genussrechte und stille Beteiligungen – steuerliche und finanzwirtschaftliche Aspekte, Finanz-Betrieb 2006, 677; *Süßmann*, Die Behandlung von Options- und Wandelrechten in den einzelnen Squeeze-out-Verfahren, AG 2013, 158; *Than*, Rechtliche und praktische Fragen der Kapitalerhöhung aus Gesellschaftsmitteln bei einer Aktiengesellschaft, WM-Festgabe Heinsius, 1999, S. 54; *Ulmer/Ihrig*, Ein neuer Anleihetyp: Zero-Bonds, ZIP 1985, 1169; *Verse/Wiersch*, Genussrechte nach vertraglicher Konzernierung des Emittenten, NZG 2014, 5; *Volhard*, Das Bezugsrecht und sein Ausschluss bei Optionsanleihen der Aktiengesellschaft und ausländischer Finanzierungstöchter, 1995; *Vollmer*, Der Genußschein – ein Instrument für mittelständische Unternehmen zur Eigenkapitalbeschaffung an der Börse, ZGR 1983, 445; *Wagner*, Bilanzierungsfragen und steuerliche Aspekte bei „hybriden" Finanzierungen, Der Konzern 2005, 499; *Wehrhahn*, Finanzierungsinstrumente mit Aktienerwerbsrechten, 2004; *Wehrhahn*, Wandelschuldverschreibungen nach der Aktienrechtsnovelle 2016, GWR 2016, 133; *Weiser*, Preisfindung bei Börsengängen – das Accelerated Bookbuilding Verfahren, Finanz-Betrieb 2006, 385; *Wieneke*, Rückerwerb und Wiederveräußerung von Wandelschuldverschreibungen durch die emittierende Gesellschaft, WM 2013, 1540; *Wieneke*, Die Incentivierung der vorzeitigen Ausübung des Wandlungsrechts, WM 2017, 698; *Wiese/Dammer*, Zusammengesetze Finanzinstrumente der AG, DStR 1999, 867; *Wilk/Schlee*, Incentivised Conversion – Die Incentivierung der Wandlung bei Wandelschuldverschreibungen, ZIP 2016, 2041; *Wolff*, Bedingtes Kapital für warrant-Anleihen, Huckepack-Emissionen und naked warrants?, WiB 1997, 505; *Zahn/Lemke*, Anleihen als Instrument der Finanzierung und Risikosteuerung, BKR 2002, 527; *Ziemons*, Der Regierungsentwurf der Aktienrechtsnovelle 2012 und die Hauptversammlung, NZG 2012, 212.

Übersicht

	Rn.		Rn.
I. Allgemeines zu Wandel- und Optionsanleihen	1–16a	4. Platzierungsverfahren bei Gewinnschuldverschreibungen und Genussrechten	53
1. Begriffsbildung und Entstehungsgeschichte	1–6	**VI. Ausgabevoraussetzungen**	54–127
a) Wandelanleihe	5	1. Gremienbeschlüsse	54–67
b) Optionsanleihe	6	a) Hauptversammlungszustimmung bzw. -ermächtigung	54–59
2. Rechtsnatur, Kapitalaufbringungsvorschriften, Differenzhaftung	7, 8	b) Beschlüsse von Vorstand und Aufsichtsrat	60–63
3. Zweck der Begebung von Wandelanleihen, Investoren	9, 10	c) Ausgabevoraussetzungen bei Genussscheinen	64–67
4. Gestaltungsformen	11–16a	2. Sicherstellung der Erfüllung der Wandlungs- und Optionsrechte	68–84
II. Allgemeines zu Gewinnschuldverschreibungen	17–20	a) Bedingtes Kapital	68–70
III. Allgemeines zu Genussrechten	21–39	b) Genehmigtes Kapital	71–78
1. Begriff und Wesen des Genussrechtes	21–23	c) Eigene Aktien	79–81
2. Rechtsnatur	24–26	d) Vereinbarungen mit Dritten	82, 83
3. Wirtschaftlicher Hintergrund	27	e) Keine Pflicht zur Absicherung	84
4. „Aktiengleiche" und „aktienähnliche" Genussrechte	28, 29	3. Bezugsrechtsausschluss	85–126
5. Abgrenzung gegen andere Finanzierungsformen	30, 31	a) Grundsatz	85–89
6. Wesentliche Bestimmungen	32–39	b) Erleichterter Bezugsrechtsausschluss	90–121
a) Gegenleistung	32–34	c) Bezugsrechtsausschluss bei Genussscheinen	122–126
b) Verlustteilnahme	35	4. Besonderheiten bei der Einschaltung einer ausländischen Zweckgesellschaft	127
c) Rangrücktritt	36		
d) Dauer der Kapitalüberlassung und Kündigung	37	**VII. Entstehung, Erwerb und Übertragung der Rechte**	128–140
e) Sonstige Regelungen	38	1. Vertrag zwischen Gesellschaft und Erwerber	128, 129
f) Besonderheiten bei Kreditinstituten	39	2. Erwerber	130
IV. Abgrenzung der Finanzinstrumente des § 221 von weiteren verwandten Finanzierungsformen	40, 41	3. Fremdemission	131
		4. Verbriefung	132–134
V. Überblick über das Platzierungsverfahren	42–53	5. Erwerb eigener Titel	135–139
1. Bezugsrechtsemission	42–49a	a) Erwerb durch die Gesellschaft	135–137
2. Beschleunigtes Bookbuilding-Verfahren	50–51	b) Erwerb durch abhängige Unternehmen	138
3. Mehrzuteilungs- und Greenshoe-Option	52	c) Erwerb für Rechnung der AG oder eines abhängigen Unternehmens	139
		6. Verfügungen	140

	Rn.		Rn.
VIII. Ausgestaltung der Anleihebedingungen	141–184b	b) Gegenstand der Inhaltskontrolle	171–176
		c) Transparenzgebot gem. § 3 SchVG	176a, 176b
1. Wandlungs- bzw. Optionsfrist	143	18. Ausgewählte Elemente der Ausgestaltung von Genussscheinen	177–184b
2. Wandlungs- bzw. Umtauschverhältnis	144	a) Allgemeines sorgfaltswidriges Handeln	177a
3. Verzinsung	145, 146	b) Sorgfaltswidriges Handeln bei der Gewinnermittlung	178
4. Vorzeitige Rückzahlung	147	c) Rücklagen	179
5. Barzahlung statt Lieferung von Aktien	148, 148a	d) Kapitalmaßnahmen	180–180b
6. Bedingungen	149	e) Verlustteilnahmeregelungen	181, 182
7. Umtauschrecht der Gesellschaft	149a–149d	f) Begebung weiterer Genussscheine	183
8. Wandlungspflicht	150–152	g) Umwandlung	184
9. Anpassung der Bezugsbedingungen	153–158a	h) Konzernierung	184a, 184b
a) Kapitalerhöhung mit Bezugsrecht	154, 155	**IX. Umtauschanleihen**	185–204
b) Kapitalerhöhung aus Gesellschaftsmitteln	156	1. Begriff der Umtauschanleihe	185
c) Dividenden und sonstige Ausschüttungen	157	2. Zweck der Begebung von Umtauschanleihen	186
d) Aufspaltungen und Abspaltungen	157a	3. Gestaltungsformen	187
e) Rechtslage bei Fehlen vertraglicher Bestimmungen und im Falle von Auffangklauseln	158	4. Abgrenzung zur Drittemission einer Wandelschuldverschreibung	188
f) Incentivierung zur Wandlung	158a	5. Überblick über das Platzierungsverfahren	189, 190
10. Übernahme	159, 160	6. Begebungsvoraussetzungen	191–195
11. Squeeze-Out	161–163	a) Gremienbeschlüsse	191–194
12. Delisting	164	b) Kein Bezugsrecht der Aktionäre	195
13. Ersetzung des Anleiheschuldners	165	7. Ausgestaltung der Anleihebedingungen	196–204
14. Kündigungsrechte der Anleihegläubiger	166	a) Umtauschpflicht	197
15. Bestellung eines Treuhänders	167	b) Anpassung der Bezugsbedingungen	198–202
16. Änderungen der Anleihebedingungen und Gemeinsamer Vertreter	167a	c) Übernahme	203
17. Richterliche Inhaltskontrolle	168–176b	d) Separierung der zugrunde liegenden Aktien	204
a) Anwendbarkeit der §§ 305 ff. BGB	168–170		

I. Allgemeines zu Wandel- und Optionsanleihen

1 **1. Begriffsbildung und Entstehungsgeschichte.** Das Aktiengesetz regelt in § 221 in einem eigenen Unterabschnitt der Maßnahmen zur Kapitalbeschaffung Wandelschuldverschreibungen und Gewinnschuldverschreibungen (zu Letzteren sogleich ausführlicher → Rn. 17–20). Wandel- und Optionsschuldverschreibungen dienen zwar der Fremdkapitalbeschaffung und sind schuldrechtlicher Natur, können wegen der durch sie vermittelten Umtausch- oder Bezugsrechte letztlich aber auch zur Erhöhung des Grundkapitals führen und damit in die Rechte der Aktionäre eingreifen (→ Rn. 9).[1] Dies rechtfertigt ihren Standort im Sechsten Teil des Aktiengesetzes und das dort statuierte Erfordernis eines sie legitimierenden Beschlusses der Hauptversammlung.

2 Wandelschuldverschreibungen werden in § 221 Abs. 1 als Schuldverschreibungen, die dem Gläubiger ein Umtauschrecht auf Aktien oder ein Bezugsrecht auf Aktien gewähren, legal definiert. Im rechtswissenschaftlichen Sinne werden Erstere häufig präzisierend als **Wandelanleihen** bezeichnet, letztere als **Optionsanleihen**. Im Folgenden wird der Begriff „Wandelschuldverschreibungen" allerdings entsprechend der Terminologie des Gesetzes sowohl für Wandelanleihen als auch für Optionsanleihen verwandt.[2] Der von § 221 Abs. 1 verwandte Begriff der „Schuldverschreibung" ist wiederum im zivilrechtlichen Sinne zu verstehen (vgl. § 793 Abs. 1 BGB).[3] Auch wenn in der Praxis nahezu ausnahmslos Inhaberschuldverschreibungen vorkommen, sind auch Namensschuldverschreibungen von § 221 erfasst.[4]

---

[1] Bürgers/Körber/*Stadler* Rn. 1; *Fest* in Hopt/Seibt Schuldverschreibungsrecht § 221 Rn. 1.
[2] Entsprechende Terminologie bei *Maier-Raimer* GS Bosch, 2006, 85.
[3] Hüffer/Koch/*Koch* Rn. 3.
[4] *Groß* in Marsch-Barner/Schäfer Börsennotierte AG-HdB Rn. 51.23 mit dem Hinweis auf das Bedürfnis, Inhaberschuldverschreibungen nach US-amerikanischem Steuerrecht wie Namensschuldverschreibungen behandeln zu können. Zu diesem Zweck wird bei Clearstream Banking AG häufiger ein Register über die Inhaber der Teilschuldverschreibungen geführt.

Wegen der Verknüpfung mit dem Eigenkapital werden Wandelschuldverschreibungen – ähnlich **3** wie Umtauschanleihen (zu diesen → Rn. 185–204) – vor allem im betriebswirtschaftlichen Schrifttum auch als **hybride Instrumente** oder **Equity-linked Notes** eingeordnet.[5] Rechtliche Bedeutung hat diese Begriffsbildung aber nicht. Die wirtschaftliche Bedeutung aktienverwandter Instrumente ist groß; ihr Volumen belief sich per 31. Dezember 2011 auf weltweit über 665 Mrd. US-Dollar. Deutsche Unternehmen hatten zum 31. Dezember 2011 aktienverwandte Instrumente mit einem Emissionsvolumen von rund 19 Mrd. US-Dollar im Umlauf.[6] Im Übrigen hängt die Bedeutung dieser Instrumente von der Volatilität der Märkte ab und steigt üblicherweise mit zunehmender Volatilität.

Wandelschuldverschreibungen sind mit dem AktienG 1937 entsprechend ihrer damals rasch wachsenden Bedeutung erstmals einer Regelung zugeführt worden; die Regelung ist – von geringfügigen sprachlichen Änderungen abgesehen – unverändert in das AktG 1965 überführt worden.[7] Von den seither vorgenommenen Änderungen ist vor allem die Einfügung des Abs. 2 durch das DurchführungsG zur EG-Kapitalrichtlinie 1978 wichtig, der eine Ermächtigung zur Ausgabe an den Vorstand ermöglicht (→ Rn. 54–59).[8] **4**

Im Rahmen der Aktienrechtsnovelle 2016 wurde der Wortlaut von § 221 Abs. 1 S. 1 dahingehend **4a** erweitert, dass auch solche Schuldverschreibungen als Wandelschuldverschreibungen im Sinne der Vorschrift gelten, „bei denen den Gläubigern *oder der Gesellschaft*" ein Umtausch- oder Bezugsrecht auf Aktien eingeräumt wird. Darüber hinaus ist eine ausdrückliche Regelung in Bezug auf die Begebung von Pflichtwandelanleihen, bei denen die Rückzahlung zwingend in Aktien des Emittenten zu erfolgen hat (einschließlich sogenannter umgekehrte Wandelanleihen, dazu → Rn. 150–152), durch die Gesetzesreform -- entgegen anderslautender Reformbestrebungen -- nicht in § 221 aufgenommen worden.[9] Allerdings sind solche Pflichtwandelanleihen nach herrschender Auffassung unabhängig von ihrer ausdrücklichen Erwähnung in § 221 Abs. 1 S. 1 aktienrechtlich zulässig.[10] Dem hat sich nunmehr auch der Rechtsausschuss des Bundestages ausdrücklich angeschlossen (→ Rn. 151).[11]

a) Wandelanleihe. Wandelanleihen im engeren Sinne räumen den Gläubigern das Recht ein, **5** entweder den Rückzahlungsanspruch aus der Schuldverschreibung geltend zu machen oder – unter Aufgabe der Gläubigerposition – das Recht auf Wandlung der Schuldverschreibung in Aktien auszuüben und die ursprünglich auf die Schuldverschreibung geleistete Zahlung (rückwirkend) in eine Einlage auf die zu beziehenden (neuen) Aktien (bzw. als Kaufpreis im Fall bereits bestehender Aktien) „umzuwidmen".[12] In den Anleihebedingungen wird dazu ein (ggf. einer Anpassung während der Laufzeit der Anleihe unterliegender) **Wandlungspreis** festgelegt, zu dem der Gläubiger bei Aufgabe seines Rückzahlungsanspruchs die Aktien beziehen kann. Wirtschaftlich sinnvoll ist eine Wandlung für den Anleihegläubiger indes nur dann, wenn der Kurs der Aktien zum Zeitpunkt der Wandlung den Wandlungspreis überschritten hat.[13] Liegt der Kurs der Aktie unter dem Wandlungspreis, wird ein rational handelnder Anleger dagegen seinen Anspruch auf Rückzahlung des eingesetzten Kapitals geltend machen und bei Bedarf die Aktien direkt über die Börse beziehen.

b) Optionsanleihe. Optionsanleihen gewähren dem Inhaber ebenfalls das Recht, Aktien zu **6** beziehen. Im Unterschied zur Wandelanleihe ist das Anleiheelement jedoch vom Optionsrecht

---

[5] *MüKoAktG/Habersack* Rn. 1; *Groß* in Marsch-Barner/Schäfer Börsennotierte AG-HdB Rn. 51.1; *Wiese/Dammer* DStR 1999, 867; *Dreyer/Herrmann* BB 2001, 705; *Rozijn* ZBB 1998, 77 (85), insbes. Fn. 54; *Scherrer* DStR 1999, 1205; *Wehrhahn*, Finanzierungsinstrumente mit Aktienerwerbsrechten, 2004, 31 f. („Finanzierungsinstrumente mit Aktienerwerbsrechten").

[6] *Madjlessi/Leopold* in Habersack/Mülbert/Schlitt Unternehmensfinanzierung am Kapitalmarkt § 11 Rn. 2.

[7] Ausf. zur Entstehungsgeschichte MüKoAktG/*Habersack* Rn. 4 ff.

[8] MüKoAktG/*Habersack* Rn. 5 f. dort auch zu den mittelbaren Auswirkungen der mehrfachen Änderungen des § 186 und den Vorgaben des Gemeinschaftsrechts. Zu den europarechtlichen Vorgaben s. *K. Schmidt/Lutter/Merkt* Rn. 8; *Habersack* FS Nobbe, 2009, 539 (546).

[9] Zu den verschiedenen Referenten- und Regierungsentwürfen vgl. *Diekmann/Nolting* NZG 2011, 6; *Drinhausen/Keinath* BB 2011, 11 und BB 2012, 395; *Seibert/Böttcher* ZIP 2012, 12; *Götze/Arnold/Carl* NZG 2012, 321; *Ziemons* NZG 2012, 212; *Gleske/Ströbele* CFL 2012, 49 ff.

[10] Vgl. dazu auch *Oulds* CFL 2013, 213 (214).

[11] BT-Drs. 18/6681, 12.

[12] Vgl. allgemein dazu *Schumann*, Optionsanleihen, 1990, 30; *Schröer* in Semler/Volhard/Reichert HV-HdB § 23 Rn. 22; *Schlitt/Seiler/Singhof* AG 2003, 254 ff.; *K. Schmidt/Lutter/Merkt* Rn. 23 ff. Zivilrechtlich ist das Wandlungsrecht zumeist als Ersetzungsbefugnis *(facultas alternativa)* ausgestaltet, s. *Wehrhahn*, Finanzierungsinstrumente mit Aktienerwerbsrechten, 2004, 114; *Habersack*, FS Nobbe, 2009, 539 (548); *Fest* in Hopt/Seibt Schuldverschreibungsrecht § 221 Rn. 125.

[13] *Wiese/Dammer* DStR 1999, 867; *Dreyer/Herrmann* BB 2001, 705; *Rozijn* ZBB 1998, 77 (85), insbes. Fn. 54; *Scherrer* DStR 1999, 1205; *Wehrhahn*, Finanzierungsinstrumente mit Aktienerwerbsrechten, 2004, 31 f.

unabhängig, dh, der Inhaber behält auch dann seinen Rückzahlungsanspruch aus der Anleihe, wenn er die Option zum Bezug der Aktien ausübt.[14] In der Regel kann das Optionsrecht von der Anleihe sogar getrennt und separat gehandelt werden.[15] Die die Rechte des Inhabers ausgestaltenden Anleihebedingungen können aber auch vorsehen, dass bei Ausübung des Optionsrechts der Anleihebetrag auf den Ausgabebetrag der Aktien angerechnet wird.[16] Auf diese Weise kann die Optionsanleihe der Wandelanleihe sehr stark angenähert werden. Ohnehin weist die Optionsanleihe wegen ihres gleichlaufenden Aktienbezugsrechts weitgehende Parallelen zu der Wandelanleihe auf,[17] so dass die nachfolgenden Erläuterungen grundsätzlich für beide Instrumente gelten.

7 **2. Rechtsnatur, Kapitalaufbringungsvorschriften, Differenzhaftung.** Wandel- und Optionsanleihen sind als Schuldverschreibungen ungeachtet ihres Aktienbezugsrechts – wie jede gewöhnliche Schuldverschreibung auch – zunächst nur schuldrechtlicher Natur. Sie vermitteln bis zur Wandlung keine mitgliedschaftlichen Rechte und sind bis dahin nicht Teil des Grundkapitals der Aktiengesellschaft.[18] Daher kommen nach ganz herrschender Meinung die Vorschriften und Grundsätze der Kapitalaufbringung bei der Ausgabe von Wandelschuldverschreibungen nicht – auch nicht analog – zur Anwendung.[19]

8 Auch eine **Differenzhaftung aus einem bedingten Kapital,** das für die Bedienung eines Wandlungsrechts in aller Regel geschaffen wird (→ Rn. 68–70), scheidet vor der Wandlung in Aktien bzw. Optionsausübung aus. Die Ausübung des Umtauschrechts ist unabdingbare Voraussetzung für die Entstehung eines etwaigen Anspruchs aus Differenzhaftung.[20] Ansprüche aus Differenzhaftung sind eine Ausprägung der Einlagepflicht, die nur mit Übernahme von Aktien bei Gründung (§ 2) oder durch Zeichnung junger Aktien aus einer Kapitalerhöhung (§ 185) entsteht. Ohne diese Einlagepflicht ist eine Differenzhaftung nicht denkbar.[21] Bei der bedingten Kapitalerhöhung hat aber erst die Bezugs- oder Umtauscherklärung die Wirkung der Zeichnungserklärung (§ 192 Abs. 5 iVm § 198 Abs. 2 S. 1). Nur durch die Umtauscherklärung und deren Annahme durch die Gesellschaft wird ein Zeichnungsvertrag geschlossen, der den Umtauschberechtigten zur Leistung seiner Einlage verpflichtet[22] (→ § 198 Rn. 6). Der Inhaber der Wandelanleihe hat ein Recht auf Wandlung der Anleihe in Aktien, ist dazu aber in der Regel nicht verpflichtet (zu der Sonderform der Pflichtwandelanleihe → Rn. 150–152). Wer vom Wandlungsrecht keinen Gebrauch macht, hat deshalb auch keine Pflicht zur Kapitalaufbringung gegenüber der Gesellschaft und damit auch nicht zur Wertauffüllung nach den Grundsätzen der Differenzhaftung.[23]

---

[14] Vgl. K. Schmidt/Lutter/*Merkt* Rn. 30.
[15] *Lutter/Drygala* FS Claussen, 1997, 261 (263); *Wiese/Dammer* DStR 1999, 867 (868); *Hemmerling*, Aktienrechtliche Probleme bei der Begebung von Optionsschuldverschreibungen ausländischer Tochtergesellschaften, 1991, 2; *Schlitt/Löschner* BKR 2002, 150; *Fest* in Hopt/Seibt Schuldverschreibungsrecht § 221 Rn. 212.
[16] *Wiese/Dammer* DStR 1999, 867 (868).
[17] MüKoAktG/*Habersack* Rn. 13; vgl. auch K. Schmidt/Lutter/*Merkt* Rn. 34.
[18] BGHZ 119, 305 (309 ff.); Hüffer/Koch/*Koch* Rn. 26; *Schlitt/Hemeling* in Habersack/Mülbert/Schlitt Unternehmensfinanzierung am Kapitalmarkt § 12 Rn. 4 f.; K. Schmidt/Lutter/*Merkt* Rn. 20 f.; Bürgers/Körber/*Stadler* Rn. 1.
[19] Kölner Komm AktG/*Florstedt* Rn. 515.
[20] Zu den Einzelheiten der Ausübung der Umtausch- und Bezugsrechte und der Rechtsnatur der Wandlung bzw. Optionsausübung vgl. MüKoAktG/*Habersack* Rn. 223 ff. Zum Muster einer Bezugserklärung vgl. *Happ* AktienR 12.01. lit. e.
[21] MüKoAktG/*Schürnbrand* § 183 Rn. 70.
[22] MüKoAktG/*Fuchs* § 198 Rn. 5; Hüffer/Koch/*Koch* § 198 Rn. 15 iVm § 199 Rn. 7.
[23] Dass die Differenzhaftung nicht bereits zum Zeitpunkt des Beschlusses über die bedingte Kapitalerhöhung bzw. dessen Eintragung eingreift, verdeutlicht auch die Parallele zum genehmigten Kapital. Ebenso wie das genehmigte Kapital ist das bedingte Kapital eine Kapitalerhöhung „auf Vorrat", die in der Regel jedenfalls bei einem Ermächtigungsbeschluss schon vor Ausgabe der Wandelgenussrechte angemeldet und eingetragen wird. Neues Eigenkapital der Gesellschaft entsteht aber, wie beim genehmigten Kapital, nicht schon durch den Beschluss über bzw. die Eintragung der bedingten Kapitalerhöhung, sondern erst durch die Ausgabe der Aktien nach Wandlung. – Auch aus einer in der Literatur für den Fall der Sacheinlage zum Teil vertretenen Auffassung (Kölner Komm AktG/*Lutter* § 194 Rn. 4; MüKoAktG/*Habersack* Rn. 231) ergibt sich bei näherer Betrachtung nichts anderes. Zwar vertreten diese Autoren die Ansicht, dass bei einer Ausgabe einer Wandelschuldverschreibung gegen Sacheinlage die Werthaltigkeitsprüfung ausnahmsweise bereits bei der Ausgabe der Wandelschuldverschreibung und nicht erst bei deren Umtausch in Aktien zu erfolgen habe. Daraus folgt aber nicht, dass bereits zu diesem Zeitpunkt ein Anspruch auf Differenzhaftung entsteht. Die Auffassung dieser Autoren dient ersichtlich nur dem Zweck, die Rechtsposition der Inhaber der Wandelschuldverschreibung im Falle der Sacheinlage zu stärken, nicht aber diese entgegen der oben geschilderten Grundsätze zu einem Zeitpunkt Differenzhaftungsansprüchen auszusetzen, zu dem noch gar nicht klar ist, ob sie jemals ihr Umtauschrecht ausüben werden. *Lutter* und *Habersack* aaO wollen den Inhaber einer Wandelschuldverschreibung mit einem frühen Bewertungszeitpunkt vor der Unsicherheit bewahren, die mit einer späteren Bewertung etwa auf den Zeitpunkt der Ausgabe der Aktien verbunden

3. Zweck der Begebung von Wandelanleihen, Investoren. Wandelschuldverschreibungen 9
sind Finanzierungsinstrumente, mit denen die Gesellschaft Fremdkapital aufnehmen kann. Die
Fremdfinanzierung, die mit Wandelschuldverschreibungen erlangt werden kann, ist im Vergleich
zu einer gewöhnlichen Anleihe in aller Regel **günstiger.**[24] Der Zinssatz einer Wandelschuldverschreibung ist wegen des zusätzlichen Umtausch- oder Bezugsrechts auf Aktien typischerweise niedriger als bei gewöhnlichen Anleihen. Steigen die Kurse der angebotenen Aktien über den in den
Bedingungen der Wandelschuldverschreibung festgelegten Bezugspreis und wird demzufolge – bei
unterstellt ökonomisch sinnvollem Verhalten des Anlegers – das Recht auf den Bezug der Aktien
ausgeübt, muss die Gesellschaft die Anleihe nicht zurückzahlen. Es kommt zu einer **Umwandlung**
der Fremdmittel **in Eigenkapital.**[25] Im Vergleich zu einer direkten Emission von Aktien im Wege
der Kapitalerhöhung sind Wandelschuldverschreibungen bei einem voraussichtlich steigenden Aktienkurs vor allem in einem ansonsten instabilen Umfeld unter Umständen besser am Kapitalmarkt
platzierbar.[26] Nachteilig für die Gesellschaft und ihre Aktionäre kann freilich sein, dass ein „billiger"
Bezug der Aktien bei Ausübung des Umtauschrechts (nach zwischenzeitlichem starken Kursanstieg)
zu einer erheblichen Verwässerung der bisherigen Aktionärspositionen führen kann, der – etwa
durch einen gleichzeitigen Rückkauf eigener Aktien – aus Gründen der Erwartungen des Kapitalmarkts begegnet werden muss.[27]

Aus Sicht des **Anlegers** sind Wandelschuldverschreibungen wegen der Verknüpfung eines 10
(regelmäßig festen) Zinssatzes bei Rückzahlbarkeit des Nennbetrages auf der einen und dem
Recht auf den Bezug von Aktien auf der anderen Seite eine attraktive Kapitalanlage, die eine
Spekulationsmöglichkeit auf eine positive Wertentwicklung der Aktie mit einer gleichzeitigen
Absicherung des Verlustrisikos verbindet.[28] Als Anleger angesprochen werden dabei in allererster
Linie institutionelle Investoren, die sich auf aktienverwandte Emissionen spezialisieren, einkommensorientierte Aktienfonds sowie Fixed Income Investoren, die sich mit der der Wandelschuldverschreibung immanenten Aktienoption zusätzliche Renditechancen eröffnen.[29] Daneben sind
Wandelschuldverschreibungen aber auch für Hedge Fonds interessant, die mit der möglichen
Wertänderung der in der Wandelschuldverschreibung enthaltenen Kaufoption auf die Aktie Handelsgewinne zu erzielen versuchen.[30] Von privaten Investoren werden Wandelschuldverschreibungen dagegen in der Regel ua wegen ihrer Komplexität kaum nachgefragt, so dass auch öffentliche Angebote von Wandelschuldverschreibungen selten geworden sind.[31] Das mangelnde
Interesse privater Investoren sollte auch bei der rechtlichen Analyse in stärkerer Form als bisher
berücksichtigt werden (→ Rn. 88).

---

wäre. Würde es für die Bewertung auf den Zeitpunkt der Aktienausgabe ankommen, würde der Inhaber der
Wandelschuldverschreibung nämlich das Risiko der weiteren Verwendung und Wertentwicklung des Gegenstands
und der Entwicklung der Gesellschaft allgemein tragen, obwohl er darauf in aller Regel keinen Einfluss (mehr)
haben wird. Außerdem wäre dies gänzlich unpraktikabel, da allein die Inhaber der Wandelschuldverschreibung
über den Zeitpunkt der Wandlung entscheiden. Es wäre also unter Umständen eine Vielzahl kostspieliger Bewertungen zu den verschiedensten Zeitpunkten erforderlich. Dass die genannten Autoren keine Vorverlagerung der
Kapitalaufbringungsregeln beabsichtigen, verdeutlicht etwa die Stellungnahme von *Habersack* aaO: „Auch die
Grundsätze über die Kapitalaufbringung finden keine Anwendung […]; erst die Umwandlung der Anleihe in
Grundkapital wirft spezifische Fragen der aktienrechtlichen Kapitalaufbringung auf […]. Entscheidend für das
Entstehen eines etwaigen Differenzhaftungsanspruchs bleibt demnach, ob es überhaupt zum Bezug der Aktien
kommt." Vgl. zur Sacheinlage auf die Wandel- bzw. Optionsanleihe auch → § 194 Rn. 4–13.

[24] Hüffer/Koch/*Koch* Rn. 7; *Rozijn* ZBB 1998, 77 (87 f.); *Schumann*, Optionsanleihen, 1990, 12 (44, 88);
Zahn/Lemke BKR 2002, 527 (532); ausf. zu den ökonomischen Aspekten *Wehrhahn*, Finanzierungsinstrumente
mit Aktienerwerbsrechten, 2004, 34 ff.
[25] *Schlitt/Seiler/Singhof* AG 2003, 254; *Schlitt/Hemeling* in Habersack/Mülbert/Schlitt Unternehmensfinanzierung am Kapitalmarkt § 12 Rn. 5; *Wehrhahn*, Finanzierungsinstrumente mit Aktienerwerbsrechten, 2004, 41
(gestreckte Aufnahme von Eigenkapital).
[26] *Hirte* WM 1994, 321 (322 f.); *Schumann*, Optionsanleihen, 1990, 47 f.; *Seidel/Will* Börsen-Zeitung v.
27.2.1999, B 4.
[27] MüKoAktG/*Habersack* Rn. 10.
[28] MüKoAktG/*Habersack* Rn. 10; *Schlitt/Hemeling* in Habersack/Mülbert/Schlitt Unternehmensfinanzierung
am Kapitalmarkt § 12 Rn. 6; *Eichmann* Die Bank 2001, 60; *Rozijn* ZBB 1998, 77 (78, 87); *Hemmerling*, Aktienrechtliche Probleme bei der Begebung von Optionsschuldverschreibungen ausländischer Tochtergesellschaften, 1991,
29 f.
[29] *Madjlessi/Leopold* in Habersack/Mülbert/Schlitt Unternehmensfinanzierung am Kapitalmarkt § 11 Rn. 28 ff.
[30] *Larsen* Financial Times v. 29.11.2006 S. 2. Zur Möglichkeit, eine Wandelanleihearbitrage zu nutzen, näher
Peetz/Compton Die Bank 2003, 202.
[31] Vgl. *Madjlessi/Leopold* in Habersack/Mülbert/Schlitt Unternehmensfinanzierung am Kapitalmarkt § 11
Rn. 32. Vgl. aber etwa die Wandelschuldverschreibung der TUI AG (2009) im Wege der Bezugsrechtsemission,
die auch in nicht unerheblichem Umfang von kleineren Anlegern gezeichnet wurde.

11 **4. Gestaltungsformen.** Wandelschuldverschreibungen können **unmittelbar** durch die Aktiengesellschaft selbst oder mittelbar unter Einschaltung einer ausländischen **Zweckgesellschaft** begeben werden. Die Ausgabe über eine ausländische Zweckgesellschaft wird vor allem aus **steuerlichen Gründen** sehr häufig in Betracht gezogen. In der Sache geht es dabei in erster Linie um die Vermeidung der Kapitalertragsteuer gem. § 43 Abs. 1 Nr. 2 EStG, die vor allem für Hedge-Fonds, die ihren Sitz in Ländern ohne Doppelbesteuerungsabkommen haben, interessant ist.[32] Zudem kann im Falle der Emission über eine ausländische Zweckgesellschaft selbst bei einer Börsenzulassung der Wertpapiere in Deutschland (dazu → Rn. 51) regelmäßig auf die Erstellung eines deutschsprachigen Börsenzulassungsprospekts verzichtet werden (§ 19 Abs. 4 WpPG), was den mit der Emission verbundenen Aufwand reduziert.[33] Auch wenn es an einer direkten Regelung in § 221 Abs. 1 fehlt, unterliegt die Emission über eine Zweckgesellschaft nach inzwischen wohl einhelliger Auffassung den gleichen Regeln wie die direkte Begebung durch die Aktiengesellschaft selbst und ist insoweit wegen des gleichen Schutzniveaus rechtlich unbedenklich. Um die Gefahr einer verdeckten Sacheinlage zu vermeiden, ist die Struktur indessen aufwendiger als bei der direkten Begebung durch die Aktiengesellschaft (→ Rn. 127).

12 Bei der Zweckgesellschaft handelt es sich zumeist um eine 100 %-ige Finanztochtergesellschaft der Aktiengesellschaft mit Sitz außerhalb Deutschlands. Ausreichend ist jedenfalls aber auch eine **Mehrheitsbeteiligung** der Mutter an dem Vehikel.[34] Nach richtiger, wenn auch nicht gesicherter Auffassung ist eine gesellschaftsrechtliche Beteiligung der Aktiengesellschaft an der Zweckgesellschaft sogar gänzlich verzichtbar. § 221 bezweckt den Schutz der Aktionäre in Fällen, in denen Umtausch- oder Bezugsrechte auf Aktien der Gesellschaft begründet werden sollen, ohne dass es auf zusätzliche Voraussetzungen ankommt.[35] Es ist daher nicht erkennbar, warum zwischen dem Emissionsvehikel und der Aktiengesellschaft eine gesellschaftsrechtlich vermittelte Beziehung bestehen muss; jedenfalls soweit der Erlös der AG bzw. dem Konzern zufließt.

13 In der Regel werden Wandelschuldverschreibungen entsprechend ihrer Finanzierungsfunktion **gegen Barzahlung** ausgegeben. Es ist jedoch denkbar, dass einzelne Investoren, insbesondere, wenn das Bezugsrecht der Altaktionäre ausgeschlossen ist, eine Sacheinlage als Einlageleistung erbringen, auch wenn dies bislang kaum praktisch geworden ist.[36] Wenn die Wandlungsrechte durch bedingtes Kapital abgesichert werden (→ Rn. 68–70), muss der Hauptversammlungsbeschluss in diesem Fall allerdings die Festsetzungen nach § 194 Abs. 1 S. 1 enthalten.

14 Die **Erbringung von Sacheinlagen** kann insbesondere durch Einlagen von gegen die Gesellschaft gerichteten (Darlehensrückzahlungs-)Forderungen erfolgen, und als solches als Instrument der Sanierung von krisengeschüttelten Aktiengesellschaften vorkommen.[37] Denkbar ist auch die Rückübertragung einer bestehenden Wandelschuldverschreibung.[38] Soll die Ausgabe der neuen Wandelschuldverschreibung im Zusammenhang mit dem Rückerwerb einer ausstehenden Alt-Wandelschuldverschreibung erfolgen, ohne bei der Neuemission die Sacheinlagevorschriften zu berücksichtigen, ist eine Gestaltung zu wählen, welche nicht den Tatbestand einer verdeckten Sacheinlage erfüllt.[39] Ebenso ist beim Rückerwerb Sofern eine gegen Sacheinlage ausgegebene Wandelschuldverschreibung mit bedingtem Kapital unterlegt sein soll, muss der Hauptversammlungsbeschluss über die betreffende bedingte Kapitalerhöhung gem. § 194 Abs. 1 S. 1 den Gegenstand der Sacheinlage, die Person, von der die Gesellschaft den Gegenstand erwirbt und den Nennbetrag oder, bei Stückak-

---

[32] *Wiese/Dammer* DStR 1999, 867; *Busch* in Marsch-Barner/Schäfer Börsennotierte AG-HdB Rn. 44.6.
[33] Allerdings hat dann die Übersetzung der Zusammenfassung in deutscher Sprache zusätzlich zur Übermittlung der ausländischen Billigungsbescheinigung zu erfolgen, § 19 Abs. 4 S. 2 WpPG. Zu weiteren Erwägungen *Hirte* in Lutter/Scheffler/Schneider, Handbuch der Konzernfinanzierung, 1998, Rn. 35.16; *Hemmling*, Aktienrechtliche Probleme bei der Begebung von Optionsschuldverschreibungen ausländischer Tochtergesellschaften, 1991, 34 ff.; *Schumann*, Optionsanleihen, 1990, 95 ff.
[34] *Schlitt/Hemeling* in Habersack/Mülbert/Schlitt Unternehmensfinanzierung am Kapitalmarkt § 12 Rn. 37.
[35] Vgl. dazu Großkomm AktG/*Frey* § 192 Rn. 75, 79; *Hirte* in Lutter/Scheffler/Schneider, Handbuch der Konzernfinanzierung, 1998, Rn. 35.20. Nach wohl hM ist jedenfalls die Nutzung bedingten Kapitals zur Bedienung der Wandlungsrechte nur zulässig, wenn zwischen der Mutter und der Zweckgesellschaft ein Konzernverhältnis besteht, Hüffer/Koch/*Koch* § 192 Rn. 12; *Martens* FS Stimpel, 1985, 621 (627 ff.). Zutreffend dagegen *Groß* in Marsch-Barner/Schäfer Börsennotierte AG-HdB Rn. 51.4; *Fest* in Hopt/Seibt Schuldverschreibungsrecht § 221 Rn. 48.
[36] Vgl. zur Zulässigkeit OLG München ZIP 2013, 1913, sowie *Marsch-Barner* DB 1995, 1497; *Schnorbus/Trapp* ZGR 2010, 1023 und *Fest* in Hopt/Seibt Schuldverschreibungsrecht § 221 Rn. 222.
[37] Vgl. etwa *Stadler* NZI 2003, 579 mit Beispielen sowie die Ausgabe von Wandelschuldverschreibungen gegen die Einbringung von Forderungen durch die CinemaxX vom November 2006.
[38] Vgl. *Drinhausen/Keinath* BB 2011, 1736 (1739).
[39] Vgl. *Kopp/Metzner* AG 2012, 856 (860 ff.) Zum Rückerwerb von Wandelschuldverschreibungen allgemein → Rn. 135.

tien, die Zahl der bei Sacheinlage zu gewährenden Aktien festsetzen. Da im Falle eines bedingten Kapitals konkrete diesbezügliche Festsetzungen zum Zeitpunkt der Beschlussfassung durch die Hauptversammlung in der Regel schwieriger zu treffen sind als bei einer ordentlichen Kapitalerhöhung, bei der die Einzelheiten der Sachleistung in der Regel vor Beschlussfassung feststehen, sind im Rahmen von § 194 Abs. 1 S. 1 konkrete Festsetzungen im Hauptversammlungsbeschluss nur erforderlich, soweit sie zur Ermöglichung einer Plausibilitätskontrolle der Bewertung der Sacheinlage durch das Registergericht benötigt werden, nicht hingegen, um Aktionären oder Gesellschaftsgläubigern nähere Informationen zu geben.[40] Daher genügt im Rahmen von § 194 Abs. 1 S. 1 AktG eine gattungsmäßige Beschreibung der einzulegenden Gegenstände, soweit es sich um völlig gleichwertige Gegenstände handelt und eine weitere Individualisierung zur Bewertung nichts beitrage.[41] Ebenso ist es ausreichend, wenn die Person des Einlegers bestimmbar ist.[42]

Die im Falle einer Ausgabe gegen Sacheinlage gebotene Prüfung der **Werthaltigkeit** der Sacheinlage, also etwa der Forderung bzw. der Alt-Wandelschuldverschreibung, hat nach richtiger Ansicht bereits bei Ausgabe der neuen Wandelschuldverschreibungen[43] bzw. bei Eintragung des bedingten Kapitals und nicht erst beim Umtausch der neu begebenen Wandelschuldverschreibungen in die Aktien zu erfolgen.[44] Durch diesen frühen Bewertungszeitpunkt werden die Inhaber der Wandelschuldverschreibung vor den Unsicherheiten bewahrt, die mit einer späteren Bewertung auf den Zeitpunkt der Ausgabe der Aktien verbunden wären. Ein etwaiger Anspruch aus Differenzhaftung (→ Rn. 8) entsteht aber auch in diesem Fall erst bei der Ausübung des Bezugsrechts und nicht bereits bei der Bewertung der Sacheinlage. Es wäre nicht sachgerecht, die Inhaber der Wandelschuldverschreibung bereits zu dem frühen Bewertungszeitpunkt Differenzhaftungsansprüchen auszusetzen, obwohl zu diesem frühen Zeitpunkt noch gar nicht klar ist, ob sie ihr Umtauschrecht jemals ausüben werden. Entscheidend für das Entstehen eines etwaigen Differenzhaftungsanspruchs bleibt demnach auch in diesem Fall, dass es überhaupt zum Bezug der Aktien kommt.

Bei der Einbringung von Forderungen ist zur Vermeidung einer Differenzhaftung genau darauf zu achten, was **Gegenstand der Einbringung** sein soll. Ist nur die Einlage der **Forderung mit dem Nennbetrag** geschuldet, ist die Einlage mit Abtretung und dem Erlöschen der Forderung durch Konfusion erbracht, auch wenn der Wert der Forderung hinter dem Nennbetrag zurückbleibt. Soll dagegen eine **voll werthaltige Forderung** Gegenstand der Einlage sein, ergeben sich vor allem bei sanierungsbedürftigen Aktiengesellschaften regelmäßig Probleme. Denn eine volle Werthaltigkeit ist nur gegeben, wenn die Gesellschaft bei Verwertung ihres Vermögens jederzeit sämtliche Verbindlichkeiten decken kann.[45] Ist der finanzielle Verfall der Gesellschaft bereits so weit fortgeschritten, dass sich auch eine teilweise Werthaltigkeit der eingebrachten Forderungen nicht mehr darstellen lässt, ist zur Risikovermeidung zusätzlich zur Übertragung der Forderungen eine Bareinlage in Höhe des Ausgabebetrags der Finanzinstrumente empfehlenswert. In diesem Fall ist der Wert der Forderungen für das Erreichen des Ausgabebetrags irrelevant,[46] und auch eine Sacheinlagenprüfung nach § 194 Abs. 4 nicht erforderlich.

Eine besondere Form der Wandelschuldverschreibung, die nach richtiger (wenn auch nicht unbestrittener) Ansicht ebenfalls der Regelung des § 221 unterfällt, ist die **Pflichtwandelanleihe** (dazu → Rn. 150–152), also eine Wandelschuldverschreibung, bei der der Anleger nicht berechtigt, sondern verpflichtet ist, die Wandlung bzw. den Umtausch in die Aktie zu vollziehen.

Elemente der Wandelschuldverschreibung lassen sich zudem mit anderen Anleihetypen kombinieren. So können beispielsweise sogenannte Hybridanleihen, also nachrangige Anleihen ohne Laufzeitbegrenzung oder mit sehr langen Laufzeiten, auch ein Wandlungsrecht vorsehen.[47] Bei entsprechender Ausgestaltung der Anleihebedingungen dieser Hybridwandelanleihen, ist eine Bilanzierung der Schuldverschreibung als Eigenkapital im Konzernabschluss grundsätzlich möglich und kann hierdurch entsprechend attraktiv für den Emittenten sein.

---

[40] Vgl. Großkomm AktG/*Frey* § 194 Rn. 8; MüKoAktG/*Fuchs* § 194 Rn. 18.
[41] Großkomm AktG/*Frey* § 194 Rn. 96.
[42] Vgl. → § 194 Rn. 18; MüKoAktG/*Fuchs* § 194 Rn. 18; Hüffer/Koch/*Koch* § 194 Rn. 6; Kölner Komm AktG/*Lutter* § 194 Rn. 14.
[43] Für Wandelgenussrechte gilt Entsprechendes, vgl. etwa die Wandelgenussrechtsemission der Metallgesellschaft AG 1994.
[44] Vgl. Kölner Komm AktG/*Lutter* § 194 Rn. 4; MüKoAktG/*Habersack* Rn. 231; *Busch* in Marsch-Barner/Schäfer Börsennotierte AG-HdB Rn. 44.41; *Stadler* NZI 2003, 579 (584); *Marsch-Barner* DB 1995, 1497; *Kopp/Metzner* AG 2012, 856 (864).
[45] Vgl. *Stadler* NZG 2003, 579 (584).
[46] Vgl. *Stadler* NZG 2003, 579 (584).
[47] S. etwa die 2017 durch die Capital Stage Finance B.V. begebene Hybridwandelanleihe.

II. Allgemeines zu Gewinnschuldverschreibungen

17 **Die Gewinnschuldverschreibung ist als** weiteres Finanzierungsinstrument unmittelbar von § 221 Abs. 1 erfasst.[48] Bei der Gewinnschuldverschreibung handelt es sich entsprechend der Legaldefinition in § 221 Abs. 1 um eine Schuldverschreibung, bei der neben einer Geldforderung weitere Rechte der Gläubiger verbrieft werden, die mit Gewinnanteilen von Aktionären in Verbindung gebracht werden. So kann sich die Höhe des Zinssatzes einer Gewinnschuldverschreibung an den Gewinnanteilen der Aktionäre orientieren oder von diesen abhängig sein.[49] Entscheidend für die Einordnung als Gewinnschuldverschreibung ist in jedem Fall, dass der **Zinsanspruch mit dem Gewinnanspruch der Aktionäre im Konkurrenzverhältnis** steht.[50] Bei der Ausgestaltung und insbesondere bei der Definition der Bezugsgröße „Gewinn" ist die Gesellschaft in dem so gezogenen Rahmen weitgehend frei, so dass sowohl der Bilanzgewinn als auch der Jahresüberschuss, die Dividende, die Gesamtkapitalrendite, jeweils bezogen auf die Gesellschaft, den Konzern, aber auch eine Sparte oder einen Teilbetrieb der Gesellschaft herangezogen werden können.[51] Gewinnschuldverschreibungen haben keinen mitgliedschaftlichen Charakter, sondern begründen – ebenso wie Wandelschuldverschreibungen (→ Rn. 7) – rein schuldrechtliche Obligationen.[52]

18 Gewinnschuldverschreibungen bedürfen wegen der möglichen gewinnabhängigen Verzinsung und des dadurch vermittelten Einflusses auf den Gewinnanspruch der Aktionäre gem. § 221 Abs. 1 ebenfalls der **Mitwirkung der Aktionäre**.[53] Für die Begebung von Gewinnschuldverschreibungen gelten insoweit die gleichen Regeln wie für die Ausgabe von Wandelschuldverschreibungen. Bei einer rein gewinnabhängigen Verzinsung, die bei einem nicht ausreichenden Bilanzgewinn entfällt oder sich verringert, bedarf ein etwaiger Ausschluss des Bezugsrechts der Aktionäre auf die Papiere mangels Beeinträchtigung des Dividendenanspruchs der Aktionäre indes keiner sachlichen Rechtfertigung.[54]

19 Gewinnschuldverschreibungen können auch mit Elementen einer Wandelschuldverschreibung – also vor allem mit dem Recht auf Aktienbezug – zu **Mischformen** kombiniert werden.[55] In diesen Fällen wird für einen Bezugsrechtsausschluss in aller Regel eine sachliche Rechtfertigung wie bei einer gewöhnlichen Wandelschuldverschreibung erforderlich sein (→ Rn. 85–126).[56]

20 Große **wirtschaftliche Bedeutung** haben Gewinnschuldverschreibungen bislang nicht erlangt; sie sind weitgehend von den Genussrechten verdrängt bzw. gehen als gesonderte Ausprägung derselben in diesen auf.[57] Auf eine vertiefende Darstellung wird daher verzichtet.

III. Allgemeines zu Genussrechten

21 **1. Begriff und Wesen des Genussrechtes.** Nach § 221 Abs. 3 sind die Bestimmungen des Abs. 1 betreffend Wandelschuldverschreibungen und Gewinnschuldverschreibungen auf die Gewährung von Genussrechten als einem weiteren Mittel der Fremdfinanzierung mit Eigenkapitalbezug entsprechend anwendbar. Auf eine **Definition** von Genussrechten hat der Gesetzgeber dagegen – anders als bei den Wandelschuldverschreibungen und Gewinnschuldverschreibungen – in § 221 verzichtet. Auch in anderen Gesetzen findet sich keine Definition. Die Existenz des Genussrechts wird hier wie dort schlicht vorausgesetzt.[58]

22 Entsprechend dem Zweck des § 221 sind Genussrechte dahingehend zu bestimmen, dass sie dem Gläubiger aktionärstypische Vermögensrechte vermitteln, also **Vermögensrechte** zum Inhalt haben,

---

[48] Ausf. zur Entstehungsgeschichte MüKoAktG/*Habersack* Rn. 15 ff.
[49] S. dazu *Wehrhahn*, Finanzierungsinstrumente mit Aktienerwerbsrechten, 2004, 123.
[50] *Groß* in Marsch-Barner/Schäfer Börsennotierte AG-HdB Rn. 51.67; *Habersack* FS Nobbe, 2009, 539 (543).
[51] MüKoAktG/*Habersack* Rn. 55 f.; *Habersack* FS Nobbe, 2009, 539 (543); MHdB AG/*Scholz* § 64 Rn. 66; *Groß* in Marsch-Barner/Schäfer Börsennotierte AG-HdB Rn. 51.67.
[52] MüKoAktG/*Habersack* Rn. 57; MHdB AG/*Scholz* § 64 Rn. 66; *Groß* in Marsch-Barner/Schäfer Börsennotierte AG-HdB Rn. 51.73.
[53] *Groß* in Marsch-Barner/Schäfer Börsennotierte AG-HdB Rn. 51.1.
[54] *Groß* in Marsch-Barner/Schäfer Börsennotierte AG-HdB Rn. 51.71.
[55] MHdB AG/*Scholz* § 64 Rn. 66; *Groß* in Marsch-Barner/Schäfer Börsennotierte AG-HdB Rn. 51.67; *Fest* in Hopt/Seibt Schuldverschreibungsrecht § 221 Rn. 24; Vgl. etwa den Hauptversammlungsbeschluss der Deutschen Telekom aus 2005.
[56] *Groß* in Marsch-Barner/Schäfer Börsennotierte AG-HdB Rn. 51.71.
[57] MHdB AG/*Scholz* § 64 Rn. 66; MüKoAktG/*Habersack* Rn. 18; *Butzke* Die Hauptversammlung der Aktiengesellschaft L Rn. 23 Fn. 55; *Groß* in Marsch-Barner/Schäfer Börsennotierte AG-HdB Rn. 51.68. Vgl. zur Abgrenzung von Gewinnschuldverschreibungen und Genussrechten *Habersack* FS Nobbe, 2009, 539 (545).
[58] Ausf. zur Entstehungsgeschichte MüKoAktG/*Habersack* Rn. 15 ff.

welche typischerweise einem Aktionär zustehen.[59] Regelmäßig erhält der Inhaber eines Genussrechts eine Beteiligung am Gewinn der Gesellschaft und/oder am Liquidationserlös oder ist in anderer Weise an deren wirtschaftlichem Erfolg beteiligt (näher → Rn. 32–34). Die dem Genussscheininhaber eingeräumten Vermögensrechte können aber auch anderer Natur sein (etwa Ansprüche auf Dienstleistungen). Weil die Genussrechte in jedem dieser Fälle aktionärstypische Vermögensrechte gewähren und somit bestehende Vermögensrechte der Aktionäre beeinträchtigen können, dürfen auch sie gem. § 221 Abs. 3 iVm Abs. 1 nicht ohne Zustimmung der Hauptversammlung beschlossen werden.[60]

Begrifflich wird zum Teil zwischen dem Genussschein und dem Genussrecht unterschieden und der Begriff des Genussscheins nur für die in Urkunden verbrieften Genussrechte – in der Regel Wertpapiere – verwendet. Häufig wird der Begriff des Genussscheins aber auch synonym für die unverbrieften Genussrechte verwandt.[61] Dieser Begriffsbildung wird hier gefolgt.

2. Rechtsnatur. Auch der Genussscheininhaber steht zur Gesellschaft in **rein schuldrechtlichen Beziehungen**.[62] Der Bundesgerichtshof spricht insofern von einem **Dauerschuldverhältnis eigener Art**.[63] Der Genussschein vermittelt zwar ein an Mitgliedschaftsrechten orientiertes Vermögensrecht, begründet aber keine Mitgliedschaft in der Gesellschaft.[64] Verbandsrechte können dem Genussrechtsinhaber als Gläubiger der Gesellschaft nicht zugesprochen werden. Er ist daher im Unterschied zu Aktionären nicht zur Teilnahme an der Hauptversammlung berechtigt und hat weder ein Stimmrecht, Anfechtungsrecht oder ein gesetzliches Bezugsrecht.[65] Auch durch Vereinbarung in den Genussrechtsbedingungen können den Genussrechtsinhabern nur begrenzt Rechte erteilt werden, die den mitgliedschaftlichen Verwaltungsrechten angenähert sind.[66] Aus §§ 259, 242 BGB ergibt sich einen Anspruch der Genussscheininhaber auf Rechnungslegung und Auskunft, soweit dies zur Plausibilisierung ihrer Ansprüche erforderlich ist.[67] Dieser Anspruch kann in der Regel durch die Vorlage eines testierten Jahresabschlusses und ggf. durch ergänzende Angaben im Anhang zum Jahresabschluss erfüllt werden.[68] Ein weitergehender Auskunftsanspruch zu einzelnen Bilanzpositionen kann beim begründeten Verdacht rechtsmissbräuchlichen und gezielt den Interessen des Genussscheininhabers zuwider laufenden Verhaltens der Gesellschaft bestehen.[69]

Genussrechte können gegen jede beliebige Gegenleistung, sogar gratis, begeben werden.[70] Genussrechte sind selbst dann **nicht Teil des Grundkapitals** einer Aktiengesellschaft, wenn sie „eigenkapitalähnlichen Charakter" aufweisen. Einer – soweit ersichtlich – vereinzelt gebliebenen Mindermeinung,[71] die eine analoge Anwendung der Kapitalaufbringungsregeln bei Genussrechten „mit Eigenkapitalcharakter" für möglich hält, ist nicht zu folgen. Auch eine gesetzliche Differenzhaftung kommt demnach bei der Ausgabe von Genussrechten unabhängig von deren konkreter Ausgestaltung generell nicht in Betracht.

Die weitere Frage, ob das eingesetzte Genusskapital den **Eigenkapitalersatzvorschriften** unterliegen kann, ist für die Praxis in aller Regel nur von begrenzter Bedeutung.[72] In den meisten Fällen enthalten Genussscheine nämlich eine Nachrangabrede (→ Rn. 36) und sind damit bereits vertraglich dem Eigenkapital gleichgestellt. Daneben ist fraglich, unter welchen Umständen Darlehen, die der Genussscheininhaber dem Emittenten gewährt hat, aufgrund der Genussscheinvergabe[73]

---

[59] MüKoAktG/*Habersack* Rn. 1; Kölner Komm AktG/*Florstedt* Rn. 513; Hüffer/Koch/*Koch* Rn. 25; MHdB AG/*Scholz* § 64 Rn. 69; *Harrer/Janssen/Halbig* FinanzBetrieb 2005, 1.
[60] *Groß* in Marsch-Barner/Schäfer Börsennotierte AG-HdB Rn. 51.1.
[61] Vgl. *Berghaus/Bardelmeier* in Habersack/Mülbert/Schlitt Unternehmensfinanzierung am Kapitalmarkt § 14 Rn. 1; *Harrer/Janssen/Halbig* FinanzBetrieb 2005, 1.
[62] *Berghaus/Bardelmeier* in Habersack/Mülbert/Schlitt Unternehmensfinanzierung am Kapitalmarkt § 14 Rn. 2.
[63] BGH ZIP 2016, 1529.
[64] BGH AG 1993, 125 (127) – Klöckner; BGH AG 1993, 134 (135) – Bremer Bankverein; MHdB AG/*Scholz* § 64 Rn. 71; K. Schmidt/Lutter/*Merkt* Rn. 45.
[65] BGH AG 1993, 125 (127 f.); *Harrer/Janssen/Halbig* FinanzBetrieb 2005, 1; *Stadler* NZG 2003, 579 (586); *Lutter* ZGR 1993, 291 (294 f.); Kölner Komm AktG/*Florstedt* Rn. 514.
[66] MüKoAktG/*Habersack* Rn. 86; Kölner Komm AktG/*Florstedt* Rn. 514; K. Schmidt/Lutter/*Merkt* Rn. 43.
[67] *Frantzen* Genussscheine S. 224 ff.; *Feddersen/Knauth* Eigenkapitalbildung S. 80 ff.; Kölner Komm AktG/*Florstedt* Rn. 144.
[68] *Frantzen* Genussscheine S. 228; Kölner Komm AktG/*Florstedt* Rn. 144.
[69] BGH ZIP 2016, 1529.
[70] MüKoAktG/*Habersack* Rn. 85; Kölner Komm AktG/*Florstedt* Rn. 515 AA *Ekkenga* AG 2017, 89 (91), der Geschäftsführungsmaßnahmen nicht als zulässige Gegenleistung ansieht.
[71] *Todtenhöfer*, Die Übertragbarkeit der Grundsätze über Kapitalaufbringung und Kapitalerhaltung auf Genussrechte, 1997, 105. Zur bilanziellen Behandlung der Genussrechte nach IFRS vgl. *Lühr* WPg 2006, 1529.
[72] Vgl. dazu aber etwa *Stadler* NZG 2003, 579 (587), auch zum Sanierungsprivileg.
[73] Sofern der Genussscheininhaber gleichzeitig Gesellschafter des Emittenten ist, finden die Eigenkapitalersatzvorschriften ohnehin Anwendung, vgl. Scholz/*Winter* GmbHG § 14 Rn. 81.

als eigenkapitalersetzend einzustufen sind. Bei entsprechender Anwendung der Grundsätze, die der Bundesgerichtshof für stille Gesellschaften entwickelt hat,[74] ist dies (nur) dann der Fall, wenn der Genussscheininhaber aufgrund der Ausgestaltung der Genussscheinbedingungen wie ein Gesellschafter die Geschicke der Gesellschaft bestimmt und am Vermögen und Ertrag der Gesellschaft beteiligt ist.[75] Dies wird aber nur selten anzunehmen sein, zumal Genussscheine meist keine Beteiligung am Gesellschaftsvermögen, etwa durch einen Anteil am Liquidationserlös, vorsehen und der Genussscheininhaber, der lediglich am Ertrag beteiligt wird, vermögensmäßig, insbesondere wenn es sich nur um eine gewinnabhängige Vergütung handelt, nicht einem Gesellschafter gleichsteht. Unternehmerischer Einfluss alleine kann nur ausnahmsweise ausreichen. Dazu müsste der Genussscheininhaber faktisch die Geschäftsführung des Unternehmens übernehmen.[76]

27 **3. Wirtschaftlicher Hintergrund.** Genussrechte erlauben flexible, auf die individuellen Bedürfnisse der Parteien angepasste Gestaltungen und können für vielfältige Zwecke eingesetzt werden.[77] Für die Praxis haben sie jedoch – ebenso wie Wandel- und Optionsanleihen – ihre größte praktische Bedeutung als Mittel der Kapitalbeschaffung (Finanzierungsgenussschein).[78] Je nach Ausgestaltung des Genussrechts kann das zugeführte Genusskapital für die Gesellschaft bilanziell auch als Eigenkapital zu qualifizieren sein, so dass sie hierdurch ihre Eigenkapitalbasis verbessern.[79] Der Vorteil verbriefter Genussscheine gegenüber sonstigen schuldrechtlichen Beteiligungsarten liegt vor allem in der börslichen Handelbarkeit, so dass grds. nicht börsenfähige Unternehmen, wie zB die GmbH, oder auch nicht börsennotierte Aktiengesellschaften über die Emission eines Genussscheins **Zugang zum Kapitalmarkt** erlangen.[80]

28 **4. „Aktiengleiche" und „aktienähnliche" Genussrechte.** Auch wenn die Gesellschaft bei der Ausgestaltung der Bedingungen eines Genussrechts weitgehend frei ist (→ Rn. 32–39), sollen nach einem Teil der Literatur so genannte „aktiengleiche" Genussscheine wegen einer Umgehung der – zwingenden, § 23 Abs. 5 – Vorschriften der §§ 139 ff. betreffend Vorzugsaktien unzulässig sein.[81] Dies wird damit begründet, dass das Aktiengesetz Aktiengesellschaften zwar die Möglichkeit eröffnet, durch Ausgabe von **Vorzugsaktien** ihre Eigenkapitalbasis zu verbreitern, ohne den Kapitalgebern Mitspracherechte einzuräumen, den Höchstbetrag solch stimmloser Aktien jedoch in § 139 Abs. 2 begrenzt und bei Ausfall der Dividende ein Aufleben des Stimmrechts vorgesehen hat. Würde man den Vorzugsaktien in ihrer Zwecksetzung vergleichbare Genussscheine zulassen, bei denen entsprechende Schutzvorschriften fehlen, begründe dies eine unzulässige Umgehung der entsprechenden aktienrechtlichen Bestimmungen.

29 Die praktische Bedeutung dieser Auffassung ist indes gering, seitdem der Bundesgerichtshof in der „Klöckner"-Entscheidung die Zulässigkeit „aktiengleicher" Genussrechte zwar offengelassen, sich aber für die Zulässigkeit von „aktienähnlichen" Genussrechten ausgesprochen hat und „aktiengleiche" Genussrechte in der Praxis, soweit ersichtlich, nicht relevant sind.[82] Nach überwiegender Ansicht liegen (zulässige) „aktienähnliche" Genussrechte vor, sofern der **Genussrechtsinhaber gegenüber dem Vorzugsaktionär bessergestellt** ist.[83] Dies wird zumeist dadurch erreicht, dass ihm als Kompensation für fehlende mitgliedschaftliche Teilhabe- und Kontrollrechte eine Stellung eingeräumt wird, die sich zwischen Aktionär und Gläubiger befindet. Als Beispiel für solche Privilegierungen sind etwa die Teilhabe am ausschüttungsfähigen Gewinn unabhängig von der Rücklagen-

---

[74] BGH NJW 1989, 982 (983). Vgl. dazu *Berghaus/Bardelmeier* in Habersack/Mülbert/Schlitt Unternehmensfinanzierung am Kapitalmarkt § 14 Rn. 3.
[75] So für die stille Gesellschaft OLG Hamm WM 1997, 2323 (2324); OLG Hamm NJW-RR 2001, 247 (248 f.); OLG Saarbrücken ZIP 1999, 2150 (2151); wohl auch BGH NJW 1989, 982 (983); aA *Schmid/Hamann* DStR 1992, 950 (952); wohl auch OLG Hamburg ZIP 1990, 791 (792 f.).
[76] So aber in dem Fall BGH ZIP 1992, 1300.
[77] *Harrer/Janssen/Halbig* FinanzBetrieb 2005, 1; eingehend etwa *Frantzen* Genussscheine S. 47 ff.
[78] MüKoAktG/*Habersack* Rn. 80. Zur Möglichkeit der Mitarbeiterbeteiligung durch Genussrechte vgl. *Sereth/Halberstadt* Finanz-Betrieb 2006, 677.
[79] Für die einzelnen Voraussetzungen vgl. MüKoAktG/*Habersack* Rn. 81.
[80] Das Fehlen von Stimm- und anderen Gesellschafterrechten macht den Genussschein insbesondere als Finanzierungsinstrument für Familienunternehmen attraktiv. Hierzu insgesamt näher *Berghaus/Bardelmeier* in Habersack/Mülbert/Schlitt Unternehmensfinanzierung am Kapitalmarkt § 14 Rn. 5. Zur Wandelschuldverschreibung bei der GmbH vgl. *Maidl* NZG 2006, 778; *Bormann/Trautmann* GmbHR 2016, 37.
[81] *Reuter*, Verhandlungen des 55. DJT, Hamburg 1984, Bd. I (Gutachten), S. B 7 ff.; *Habersack* ZHR 155 (1991) 378 (385 ff.); aA Hüffer/Koch/*Koch* Rn. 34; GHEK/*Karollus* Rn. 333 f.; *Hirte* ZIP 1988, 477 ff.
[82] Vgl. dazu etwa MüKoAktG/*Habersack* Rn. 127 f.; K. Schmidt/Lutter/*Merkt* Rn. 82 ff.
[83] BGH AG 1993, 125; MüKoAktG/*Habersack* Rn. 125; Hüffer/Koch/*Koch* Rn. 25; K. Schmidt/Lutter/*Merkt* Rn. 85.

bildung,[84] eine gewinnabhängige Mindestverzinsung,[85] eine gegenüber den Aktionären vorrangige Berücksichtigung bei der Liquidation[86] und das Recht des Genussscheininhabers auf vorzeitige Kündigung bzw. einer Befristung des Kapitals[87] zu nennen. Die Voraussetzungen für das Vorliegen eines „aktiengleichen" Genussscheins werden selbst von den Befürwortern des Umgehungsverbotes ganz überwiegend so eng gezogen,[88] dass erst eine **nahezu vollständige Änderung** an die Vorzugsaktie zur Unzulässigkeit der Gestaltung führt. Als „aktiengleiche" Genussrechte sind demnach nur solche zu qualifizieren, die unkündbar sind, eine rein gewinnorientierte Verzinsung vorsehen und dem Genussrechtsinhaber lediglich eine Beteiligung am Liquidationserlös zugestehen.[89] Da Finanzierungsgenussscheine aber schon aus steuerlichen Gründen regelmäßig keine Beteiligung am Liquidationserlös aufweisen (→ Rn. 35–36), kommt eine fast vollständige Angleichung eines Genussrechts an die Vorzugsaktie im Ergebnis nur sehr selten vor.[90]

5. Abgrenzung gegen andere Finanzierungsformen. Die Trennung der Genussrechte von anderen Finanzierungsinstrumenten ist nicht immer einfach. Dies gilt insbesondere für die **stille Gesellschaft,** mit der ein Genussrecht – vor allem wegen der Rückzahlbarkeit der Einlage – eine starke Ähnlichkeit aufweist.[91] Indes dürfte in der Abgrenzung zur stillen Gesellschaft in den meisten Fällen bei genauerem Zusehen deutlich werden, dass die Beziehungen zwischen dem Emittenten und dem Genussscheininhaber allgemein vertraglicher Natur sind und ein Gläubigerrecht mit einer bestimmten (endlichen) Laufzeit vermitteln, dessen Grundlage nicht der für die stille Gesellschaft notwendigen Verfolgung eines gemeinsamen Zwecks dient.[92] Demgegenüber stehen dem stillen Gesellschafter nicht nur vertragliche, sondern aus dem Gesellschaftsverhältnis auch gesellschaftsrechtliche Rechte wie Einsichts-, Kontroll- und Mitspracherechte sowie Treuepflichten gegenüber dem Unternehmen zu.[93] Anzeichen für das Vorliegen eines Genussrechtsverhältnisses anstelle eines Gesellschaftsverhältnisses sind einerseits das Fehlen von Mitwirkungs- und Kontrollrechten, andererseits aber auch eine Verbriefung der Rechte.[94] Die Abgrenzung anhand dieser typischerweise gesellschaftsrechtlichen Rechte ist jedoch nicht immer sicher durchführbar, da derartige Rechte auch vertraglich in den Genussscheinbedingungen vereinbart werden können (→ Rn. 38). Eine inhaltliche Abgrenzung zwischen stiller Gesellschafterstellung und Genussrecht lediglich anhand inhaltlicher Kriterien gestaltet sich daher schwierig.[95] Auch ist die Intention des Emittenten bei beiden Instrumenten häufig ähnlich.[96] In Grenzfällen, in denen inhaltliche Kriterien keine eindeutige Abgrenzung erlauben, orientiert sich daher die Rechtsprechung häufig schlicht an der Bezeichnung des Vertrages durch die Parteien.[97] Im Übrigen gilt, dass die Genussrechte eine so spezifische Ausprägung durch die Praxis erfahren haben, dass die §§ 230 ff. HGB bei der Rechtsanwendung sehr häufig nicht berücksichtigt werden (müssen).[98]

---

[84] K. Schmidt/Lutter/*Merkt* Rn. 85; *Habersack* ZHR 155 (1991) 378 (387).
[85] MüKoAktG/*Habersack* Rn 125; K. Schmidt/Lutter/*Merkt* Rn. 85.
[86] K. Schmidt/Lutter/*Merkt* Rn. 85; *Habersack* ZHR 155 (1991) 378 (387), der jedoch eine gewinnunabhängige Verzinsung als Besserstellung nicht ausreichen lässt. MHdB AG/*Scholz* § 64 Rn. 79, erachtet hingegen einen Vorrang bei der Verteilung des Gewinns oder Liquidationserlöses nicht als ausreichende Besserstellung.
[87] K. Schmidt/Lutter/*Merkt* Rn. 85; *Habersack* ZHR 155 (1991) 378 (387).
[88] *Hirte* ZIP 1988, 477 ff. nimmt jedoch weitergehend eine generelle Unzulässigkeit aller Genussscheine mit Eigenkapitalcharakter an.
[89] MüKoAktG/*Habersack* Rn 128; MHdB AG/*Scholz* § 64 Rn. 79. S. zur Abgrenzung von „aktiengleichen" Genussrechten und Vorzugaktien Bürgers/Körber/*Stadler* Rn. 91.
[90] *Berghaus/Bardelmeier* in Habersack/Mülbert/Schlitt Unternehmensfinanzierung am Kapitalmarkt § 14 Rn. 10.
[91] *Singhof* in Singhof/Seiler/Schlitt, Mittelbare Gesellschaftsbeteiligungen, 2004, Rn. 22. Eine beachtliche Mindermeinung nimmt bei Genussrechten mit Verlustteilnahme eine stille Gesellschaft an; vgl. MüKoAktG/*Habersack* Rn. 88 ff. AA BGHZ 156, 38 (42 ff.); wohl auch Hüffer/Koch/*Koch* Rn. 27.
[92] *Singhof* in Singhof/Seiler/Schlitt, Mittelbare Gesellschaftsbeteiligungen, 2004, Rn. 22.
[93] BGH AG 1993, 125; BGH WM 1959, 434 (436); Kölner Komm AktG/*Florstedt* Rn. 531; *Berghaus/Bardelmeier* in Habersack/Mülbert/Schlitt Unternehmensfinanzierung am Kapitalmarkt § 14 Rn. 11; AA *Habersack* ZHR 155 (1991) 378 (395).
[94] BGH WM 1959, 434 (436); *von Alvensleben* in Häger/Elkemann-Reusch, Mezzanine Finanzierungsinstrumente, 2. Aufl. 2007, Rn. 551.
[95] Kölner Komm AktG/*Florstedt* Rn. 531; *Berghaus/Bardelmeier* in Habersack/Mülbert/Schlitt Unternehmensfinanzierung am Kapitalmarkt § 14 Rn. 11.
[96] Vgl. KG AG 2003, 99 (100).
[97] BFHE 221, 25 (1. LS); Kölner Komm AktG/*Florstedt* Rn. 531; ähnlich auch MHdB StG/*Bezzenberger/Keul* § 73 Rn. 15; *von Alvensleben* in Häger/Elkemann-Reusch, Mezzanine Finanzierungsinstrumente, 2. Aufl. 2007, Rn. 553.
[98] *Singhof* in Singhof/Seiler/Schlitt, Mittelbare Gesellschaftsbeteiligungen, 2004, Rn. 22.

31 Auch die Übergänge zwischen einem Genussrecht und einem **partiarischen Darlehen** mit (teilweiser) Gewinnbeteiligung[99] können fließend sein. Praktische Bedeutung kommt der Abgrenzung bei der Kündigungsmöglichkeit des jeweiligen Vertragsverhältnisses zu, da dem Darlehensnehmer gem. § 489 Abs. 2 BGB bei Fehlen einer festen Verzinsung ein Kündigungsrecht mit dreimonatiger Frist zusteht.[100] Eine klare Abgrenzung der beiden Vertragsverhältnisse ist jedoch nur möglich, wenn eine Verlustteilnahme vereinbart ist. Dieses Merkmal ist mit dem Charakter eines Darlehens unvereinbar, so dass Genussscheine mit Verlustbeteiligungen anhand dieses Merkmals eindeutig von partiarischen Darlehen abgegrenzt werden können.[101] Soweit dem Kapitalgeber zudem kein Kündigungsrecht bei einem unbefristeten Finanzierungsinstrument zur Verfügung steht, liegt in der Regel kein Darlehen vor.[102]

32 **6. Wesentliche Bestimmungen. a) Gegenleistung.** In der Praxis begegnen insbesondere zwei Gestaltungsmöglichkeiten der Gewinnbeteiligung:[103] So kann etwa eine **gewinnorientierte Vergütung** vereinbart werden. In diesem Fall bemisst sich die Vergütung ihrer Höhe nach oftmals an der Dividende an die Aktionäre. Als weitere Bezugsgrößen kommen auch der auf Einzel- oder Gruppenebene ermittelte Jahresüberschuss der Gesellschaft, Finanzkennzahlen wie EBI(T)DA oder andere Leistungskennzahlen in Betracht.[104] Die Wahl einer ungewöhnlichen oder schwer zu berechnenden Bezugsgröße erschwert jedoch die Einschätzung der Renditechancen durch das Anlegerpublikum und damit auch die Marktchancen derartig ausgestalteter Genussrechte.[105] In einer Sanierungssituation wird demnach häufig nur die Anknüpfung an den Bilanzgewinn in Betracht kommen.[106]

33 Weit verbreitet ist indessen die Ausgestaltung einer **gewinnabhängigen Vergütung**. Hier wird dem Inhaber des Genussrechts eine feste oder variable Verzinsung versprochen, die von nicht unternehmensbezogenen Bezugsgrößen abhängig ist. Ein Anspruch des Genussscheininhabers besteht allerdings nur dann, wenn die Gesellschaft einen entsprechenden Gewinn bzw. Jahresüberschuss erzielt hat und durch die Zinszahlung kein Bilanzverlust entstehen würde („Festzins unter Ergebnisvorbehalt").[107] Verbreitet sind in diesem Zusammenhang auch Regelungen, die für Ausschüttungen nicht nur den Gewinn heranziehen, sondern auch Gewinnvorträge und nicht gegen Ausschüttungen geschützte Rücklagen.[108] Bei diesen wird der Ausschüttungsanspruch nur insoweit gemindert, als er aus Eigenkapitalbestandteilen der Gesellschaft geleistet werden müsste, die gesetzlich besonders gegen Ausschüttung geschützt sind. Diese Regelungen bieten insgesamt einen höheren Schutz vor Ausfall der Verzinsung. Für den Fall, dass ein vereinbarter Festzins mangels entsprechendem Unternehmensergebnis ausfällt, wird in den Genussscheinbedingungen häufig ein Nachholrecht aus künftigen Gewinnen in den Folgejahren vereinbart, das allerdings nicht über die Laufzeit des Genussscheins hinaus geht.[109]

34 Auch eine **Mischform** gewinnabhängiger und gewinnorientierter Vergütungen ist möglich, so kann beispielsweise eine gewinnabhängige Festverzinsung mit einer gewinnorientierten Vergütung kombiniert werden. Die Erhöhung einer gewinnabhängigen Grundverzinsung im Fall des Erreichens eines bestimmten Ereignisses ist ebenfalls denkbar.[110]

35 **b) Verlustteilnahme.** Finanzierungsgenussscheine sehen – abgesehen von Sanierungssituationen – regelmäßig eine Teilnahme des Genussscheininhabers am Verlust der Gesellschaft vor, zumeist

---

[99] Palandt/*Weidenkaff* BGB Vor § 488 Rn. 20.
[100] S. auch Bürgers/Körber/*Stadler* Rn. 98, der darauf hinweist, dass die Unterscheidung auch deshalb wichtig ist, weil eine Darlehensaufnahme als Geschäftsführungsmaßnahme allein durch den Vorstand verantwortet wird, während die Begebung von Genussrechten die Mitwirkung der Hauptversammlung erfordert.
[101] MHdB StG/*Bezzenberger/Keul* § 73 Rn. 14; *Lienau/Lotz* DStR 1991, 618, 620.
[102] *Berghaus/Bardelmeier* in Habersack/Mülbert/Schlitt Unternehmensfinanzierung am Kapitalmarkt § 14 Rn. 12.
[103] Vgl. zu dieser Unterscheidung Kölner Komm AktG/*Florstedt* Rn. 543 ff.; K. Schmidt/Lutter/*Merkt* Rn. 56 ff.; Hüffer/Koch/*Koch* Rn. 25a; *Gehling* WM 1992, 1093 (1094).
[104] *Harrer/Janssen/Halbig* FinanzBetrieb 2005, 1; Bürgers/Körber/*Stadler* Rn. 98; K. Schmidt/Lutter/*Merkt* Rn. 57; ausf. hierzu auch MüKoAktG/*Habersack* Rn. 95 sowie *Frantzen* Genussscheine S. 102 ff.
[105] Kölner Komm AktG/*Florstedt* Rn. 543; K. Schmidt/Lutter/*Merkt* Rn. 57.
[106] *Stadler* NZG 2003, 579 (582).
[107] Vgl. MüKoAktG/*Habersack* Rn. 99; Hüffer/Koch/*Koch* Rn. 25a.
[108] *Berghaus/Bardelmeier* in Habersack/Mülbert/Schlitt Unternehmensfinanzierung am Kapitalmarkt § 14 Rn. 14; *Bauer* Börsen-Zeitung v. 5.4.2006 S. 2.
[109] *Berghaus/Bardelmeier* in Habersack/Mülbert/Schlitt Unternehmensfinanzierung am Kapitalmarkt § 14 Rn. 14; Kölner Komm AktG/*Florstedt* Rn. 544.
[110] Kölner Komm AktG/*Florstedt* Rn. 545; *Berghaus/Bardelmeier* in Habersack/Mülbert/Schlitt Unternehmensfinanzierung am Kapitalmarkt § 14 Rn. 14.

in der Form einer **laufenden Verlustteilnahme**.[111] Dies umfasst, unbeschadet etwaiger Schadensersatzansprüche, auch Verluste, „die auf einer Tätigkeit der Gesellschaft außerhalb ihres Unternehmensgegenstands beruhen, die schlechterdings kein seriöser Kaufmann durchführen würde".[112] Bei dieser verringern sich die Rückzahlungsansprüche der Genussscheininhaber automatisch um einen Anteil am Verlust, der dem Verhältnis des Genusskapitals zum gesamten Eigenkapital (einschließlich des Genusskapitals) entspricht.[113] Die Verlustteilnahme ist indessen oftmals nicht endgültig, sondern unterliegt einer sog. Besserungsabrede. Mit dieser verpflichtet sich der Emittent, das Genussrechtskapital aus künftigen Gewinnen vorrangig wiederaufzufüllen.[114] Ist in den Genussrechtsbedingungen eine Verzinsung der Genussscheine vereinbart, sollte in ihnen ebenfalls festgelegt werden, ob durch die Verlustteilnahme auch der Zinssatz ändert.[115]

c) Rangrücktritt. In den meisten Fällen enthalten die Genussrechtsbedingungen eine Nachrangabrede. Dieser rechtsgeschäftliche Rangrücktritt lässt die Rückzahlungsansprüche der Genussscheininhaber im Insolvenz- oder Liquidationsfall (oder sogar generell) hinter die Ansprüche der übrigen Gläubiger der Gesellschaft zurücktreten.[116] Häufig wird vereinbart, dass sich ein Rangrücktritt nicht nur auf den Rückzahlungsanspruch, sondern auf alle Ansprüche aus dem Genussschein erstreckt.[117] Nach § 39 Abs. 2 InsO enthält eine entsprechende Abrede im Zweifel sogar einen Rücktritt hinter die nach § 39 Abs. 1 InsO mit Nachrang versehenen Forderungen.[118] Der Rangrücktritt wirkt jedoch lediglich im Verhältnis zu den übrigen Gläubigern der Gesellschaft, so dass die Rückzahlungsansprüche der Genussscheininhaber vor den Ansprüchen der Gesellschafter aus dem Gesellschaftsverhältnis bedient werden.

d) Dauer der Kapitalüberlassung und Kündigung. Genusskapital wird in der Regel langfristig mit einer Laufzeit von mehr als fünf Jahren vergeben, da es nur dann als Eigenkapital anerkannt wird, Art. 63 lit. g EU-Bankenaufsichtsverordnung.[119] Ein ordentliches Kündigungsrecht für die Genussscheininhaber wird häufig nicht vorgesehen, unter Umständen kann aber der Emittent ordentlich kündigen.[120] Das beiden Parteien zustehende Recht zur Kündigung aus wichtigem Grund bleibt davon unberührt; es kann durch die Genussscheinbedingungen auch nicht ausgeschlossen werden. Allerdings wird im Interesse der Langfristigkeit der Kapitalüberlassung ein wichtiger Kündigungsgrund nur in eng begrenzten Fällen anzunehmen sein, zB bei erheblicher Verletzung der Genussscheinbedingungen.[121] Kein wichtiger Grund zur Kündigung besteht hingegen bei einer Verschlechterung der wirtschaftlichen Verhältnisse des Emittenten; dieses Risiko stellt das adäquate Äquivalent zu den Chancen dar, die der Genussscheininhaber durch seine Beteiligung erwirbt.[122] Zu den Auswirkungen von Grundlagenentscheidungen des Emittenten, wie zB Umwandlungen oder Kapitalmaßnahmen → Rn. 180–184; zur außerordentlichen Kündigung berechtigen diese in der Regel ebenfalls nicht.[123]

---

[111] *Harrer/Janssen/Halbig* FinanzBetrieb 2005, 1; K. Schmidt/Lutter/*Merkt* Rn. 61. Vgl. zur Situation bei Sanierungen *Stadler* NZG 2003, 579 (580).
[112] BGH NZG 2014, 661.
[113] *Frantzen* Genussscheine S. 122 ff.; Kölner Komm AktG/*Florstedt* Rn. 548 Zur Auslegung von Genussrechtsbedingungen, die eine Verminderung des Rückzahlungsanspruchs nur bei einer Kapitalherabsetzung zur Deckung eines Verlusts und nicht schon bei Ausweisung eines Verlusts in der Bilanz vorsehen, vgl. BGH ZIP 2006, 2171.
[114] ZB in dem Fall BGH AG 1993, 125 ff. Vgl. auch MüKoAktG/*Habersack* Rn. 105; Kölner Komm AktG/*Florstedt* Rn. 548; *Berghaus/Bardlmeier* in Habersack/Mülbert/Schlitt Unternehmensfinanzierung am Kapitalmarkt § 14 Rn. 15.
[115] Vgl. hierzu *Berghaus/Bardelmeier* in Habersack/Mülbert/Schlitt Unternehmensfinanzierung am Kapitalmarkt § 14 Rn. 15; *Frantzen* Genussscheine S. 236.
[116] *Harrer/Janssen/Halbig* FinanzBetrieb 2005, 1; *Bauer* Börsen-Zeitung v. 5.4.2006 S. 2; *Frantzen* Genussscheine S. 129; K. Schmidt/Lutter/*Merkt* Rn. 62.
[117] *Küthing/Kessler/Harth* BB-Beil. 4/1996, 1 (6); *Berghaus/Bardelmeier* in Habersack/Mülbert/Schlitt Unternehmensfinanzierung am Kapitalmarkt § 14 Rn. 16 mit Formulierungsbeispielen.
[118] *Mock* NZI 2014, 102 (104).
[119] *Berghaus/Bardelmeier* in Habersack/Mülbert/Schlitt Unternehmensfinanzierung am Kapitalmarkt § 14 Rn. 17; *von Alvensleben* in Häger/Elkemann-Reusch, Mezzanine Finanzierungsinstrumente, 2. Aufl. 2007, Rn. 597; K. Schmidt/Lutter/*Merkt* Rn. 68.
[120] *Harrer/Janssen/Halbig* FinanzBetrieb 2005, 1; *Bauer* Börsen-Zeitung v. 5.4.2006 S. 2; zur AGB-rechtlichen Zulässigkeit von Sonderkündigungsrechten Kölner Komm AktG/*Florstedt* Rn. 121.
[121] *Berghaus/Bardelmeier* in Habersack/Mülbert/Schlitt Unternehmensfinanzierung am Kapitalmarkt § 14 Rn. 17.
[122] *Berghaus/Bardelmeier* in Habersack/Mülbert/Schlitt Unternehmensfinanzierung am Kapitalmarkt § 14 Rn. 17; Kölner Komm AktG/*Florstedt* Rn. 581; *Frantzen* Genussscheine S. 151.
[123] *Berghaus/Bardelmeier* in Habersack/Mülbert/Schlitt Unternehmensfinanzierung am Kapitalmarkt § 14 Rn. 17; Kölner Komm AktG/*Florstedt* Rn. 579; *Frantzen* Genussscheine S. 149.

38 **e) Sonstige Regelungen.** Genussscheine, die bei wenigen Zeichnern platziert werden, enthalten häufig umfangreiche auf den Fall bezogene Nebenbestimmungen. Dies können etwa Informationsrechte, Zusicherungen und sonstige Vereinbarungen, zB zur Ausschüttungspolitik bei Tochtergesellschaften, sein. Genussscheine mit breiter Streuung (Publikumsgenussscheine) sind im Gegensatz dazu regelmäßig schlank; vertragliche Informations- oder Kontrollrechte werden den Inhabern von Publikumsgenussscheinen in aller Regel nicht eingeräumt (zum gesetzlichen Auskunftsanspruch → Rn. 24).[124]

39 **f) Besonderheiten bei Kreditinstituten.** Bis zur Änderung des KWG durch das CRD IV-Umsetzungsgesetz[125] waren Genussrechte für Kreditinstitute als Finanzierungsform von besonderer Bedeutung.[126] Dies beruhte darauf, dass Banken durch die Ausgabe von Genussscheinen ihre **bankaufsichtsrechtlichen Eigenmittel** erhöhen und damit die Grundlage für eine Ausweitung ihres Aktivgeschäftes schaffen konnten. Eine Anerkennung als aufsichtsrechtliche Eigenmittel setzte voraus, dass die Genussscheine die in der bis zum 31. Dezember 2013 geltenden Fassung des § 10 Abs. 5 KWG genannten Kriterien erfüllten. Dafür musste eine Verlustteilnahme[127] vorgesehen werden; Ausschüttungen an die Genussscheininhaber durften nicht erfolgen, wenn diese bei dem Kreditinstitut zu einem Verlust geführt hätten.[128] Im Falle der Insolvenz oder Liquidation des Kreditinstituts durften die Ansprüche der Genussscheininhaber erst nach der Befriedigung der Gläubiger bedient werden. Die vertragliche Laufzeit musste mindestens fünf Jahre betragen. Besserungsabreden, die eine Wiederauffüllung der durch Verluste geminderten Rückzahlungsansprüche vorsahen, waren seit der 8. KWG-Novelle[129] unzulässig.[130] Die seit 1. Januar 2014 in der sogenannten Capital Requirements Regulation **(CRR)**[131] europarechtlich geregelten Voraussetzungen für bankaufsichtsrechtliche Eigenmittel legen nahe, dass auch in Zukunft von Kreditinstituten in der Rechtsform einer Aktiengesellschaft begebene Eigenmittelinstrumente als Genussrecht iSd § 221 Abs. 3 einzuordnen sein werden.[132] Zu den weiteren Einzelheiten sei auf die bankaufsichtsrechtliche Spezialliteratur verwiesen.

IV. Abgrenzung der Finanzinstrumente des § 221 von weiteren verwandten Finanzierungsformen

40 Die von § 221 direkt erfassten Finanzinstrumente sind vor allem von selbständigen (oder reinen) **Optionsrechten** *(naked warrants)* abzugrenzen. Diese verbriefen wie Wandel- und Optionsanleihen ein Bezugsrecht auf Aktien des Emittenten, werden aber eigenständig, also weder in Verbindung mit einer Wandel- oder Optionsanleihe noch in Kombination mit anderen Finanzierungsinstrumenten (wie etwa dem Genussschein oder der Aktie), ausgegeben.[133] In Deutschland ist die Ausgabe von selbständigen Optionsrechten bislang recht selten geblieben. Hauptgrund für diese Zurückhaltung dürfte sein, dass ihre aktienrechtliche Zulässigkeit immer noch umstritten ist.[134] Richtigerweise ist die Zulässigkeit solcher Instrumente indes anzuerkennen.[135] Reine Optionsrechte unterscheiden sich

---

[124] Vgl. dazu insgesamt *Berghaus/Bardelmeier* in Habersack/Mülbert/Schlitt Unternehmensfinanzierung am Kapitalmarkt § 14 Rn. 18.
[125] Gesetz zur Umsetzung der Richtlinie 2013/36/EU über den Zugang zur Tätigkeit von Kreditinstituten und die Beaufsichtigung von Kreditinstituten und Wertpapierfirmen und zur Anpassung des Aufsichtsrechts an die Verordnung (EU) Nr. 575/2013 über die Aufsichtsanforderungen an Kreditinstitute und Wertpapierfirmen, BGBl. 2013 I 3395 ff.
[126] Vgl. ausf. *Mülbert* FS Hüffer, 2010 679 ff.; MüKoAktG/*Habersack* Rn. 81 – zu weiteren Ausgabezwecken, etwa im Versicherungsbereich, vgl. *Habersack* Rn. 83 f.
[127] Vgl. *Mülbert* FS Hüffer, 2010, 679 (681 ff.), mit Beispielen aus der Praxis. Für den Verlustbegriff des § 10 Abs. 5 KWG konnte sowohl an den Bilanzverlust als auch an den Jahresfehlbetrag angeknüpft werden; *Henke* WM 1985, 41 (44); Kölner Komm AktG/*Florstedt* Rn. 560.
[128] *Boos/Fischer/Schulte-Mattler* KWG § 10 Rn. 74; Kölner Komm AktG/*Florstedt* Rn. 560.
[129] Gesetz zur Umsetzung der geänderten Bankenrichtlinie und der geänderten Kapitaladäquanzrichtlinie, BGBl. 2010 I 1592 ff.
[130] *Boos/Fischer/Schulte-Mattler* KWG § 10 Rn. 122. In der bis zum 30.12.2010 geltenden Fassung von § 10 Abs. 5 KWG war eine Wiederauffüllung bis zu vier Jahre nach Fälligkeit des Rückzahlungsanspruches zulässig.
[131] Verordnung (EU) Nr. 575/2013 des Europäischen Parlaments und des Rates vom 26. Juni 2013 über Aufsichtsanforderungen an Kreditinstitute und Wertpapierfirmen und zur Änderung der Verordnung (EU) Nr. 646/2012, ABl. EU 2013 L 176, 1 ff. v. 27.6.2013.
[132] So verlangt Art. 52 Abs. 1 li t. l CRR für Instrumente des zusätzlichen Kernkapitals (*additional Tier 1*), dass Ausschüttungen aus „ausschüttungsfähigen Positionen" zu leisten sind, was auf eine gewinnabhängige Vergütung hindeutet, → Rn. 33.
[133] Vgl. ausf. MüKoAktG/*Habersack* Rn. 36; *Habersack* FS Nobbe, 2009, 539 (557 ff.).
[134] Vgl. Bürgers/Körber/*Stadler* Rn. 17.
[135] Vgl. aber OLG Stuttgart DB 2002, 2638, wonach bedingtes Kapital für die Bedienung von *naked warrants* nicht zur Verfügung steht. Umfassend zu nackten Optionen *Fuchs* AG 1995, 433; *Schlitt/Löschner* BKR 2002, 150 mwN; *Roth/Schoneweg* WM 2002, 677; s. auch *Klöhn* ZIP 2003, 420.

von den in § 221 Abs. 1 ausdrücklich zugelassenen Optionsanleihen lediglich darin, dass bei ihnen das Fremdfinanzierungselement fehlt. Im Übrigen würden die von der Gegenauffassung vorgetragenen Bedenken (Verwässerung, Spekulationsgefahren) in gleicher Weise gegen die Zulässigkeit der Optionsanleihen sprechen; diese hat der Gesetzgeber aber in den Grenzen des § 221 ausdrücklich zugelassen.[136] Es kommt hinzu, dass sich die selbständigen Optionsrechte ohne weiteres als Genussrechte einordnen lassen, für die der Gesetzgeber gerade keine Einengung der Gestaltungsmöglichkeiten vorsehen wollte.[137] § 221 ist daher auf *naked warrants* (entsprechend) anwendbar. Letztlich steht auch das bedingte Kapital, sei es in direkter oder in indirekter Anwendung des § 192 Abs. 2 Nr. 1, für nackte Optionen zur Verfügung (→ § 192 Rn. 31 mwN).

Nicht um Wandelschuldverschreibungen iSv § 221 Abs. 1 handelt es sich bei **Umtauschanleihen** 41 *(exchangeables)*.[138] Umtauschanleihen verbriefen keine Rechte auf den Bezug von Aktien des Emittenten (oder eines mit ihm verbundenen Unternehmens), sondern beziehen sich auf Aktien von Drittunternehmen, die der Emittent in seinem Bestand hält.[139] Als weiteres Mittel der Unternehmensfinanzierung aus dem Instrumentarium der equity-linked securities haben sie jedoch ebenfalls eine große Bedeutung. Sie sind deshalb unter → Rn. 185–204 ausführlich dargestellt.

V. Überblick über das Platzierungsverfahren

1. Bezugsrechtsemission. Bei der Begebung von Wandel- und Optionsschuldverschreibungen 42 steht den Aktionären gem. § 221 Abs. 4 iVm § 186 ein **gesetzliches Bezugsrecht** auf einen ihrer Beteiligung entsprechenden Anteil der Schuldverschreibungen zu.[140] Das Bezugsrecht der Aktionäre ist durch Art. 72 Abs. 1 der Richtlinie über bestimmte Aspekte des Gesellschaftsrechts gemeinschaftsrechtlich vorgegeben und steht nicht zur Disposition des nationalen Gesetzgebers.[141] Dies gilt nach inzwischen wohl unbestrittener Auffassung auch, wenn die Schuldverschreibungen nicht von der Muttergesellschaft selbst, sondern von einer Zweckgesellschaft emittiert werden; auch dann besteht ein Bezugsrecht der Aktionäre der Muttergesellschaft (dazu → Rn. 127).[142] Bezugsrechtsemissionen von Wandel- und Optionsschuldverschreibungen stellen daher – ebenso wie bei der Emission von Aktien selbst – den gesetzlichen Regelfall dar (zur Möglichkeit des Bezugsrechtsausschlusses → Rn. 85–126). Wegen der Einzelheiten zum Bezugsrecht allgemein ist auf die Kommentierung des § 186 zu verweisen.

In der **Praxis** sind Bezugsrechtsemissionen dieser Finanzinstrumente indes nach wie vor die 43 **Ausnahme**. Daran hat auch die Reform des § 186 Abs. 2 durch das TransPuG nichts Grundlegendes geändert (dazu sogleich → Rn. 46–48).[143] Dies hat seine Ursache vor allem in der zweiwöchigen Bezugsfrist, die das Gesetz für den Fall einer Bezugsrechtsemission nach wie vor zwingend vorschreibt. Diese Frist führt zu Schwerfälligkeiten. Insbesondere erlaubt sie keine kurzfristige Reaktion auf günstige bzw. ungünstige Marktgegebenheiten. Dem gegenüber steht ein häufig nur geringes Interesse der Kleinaktionäre an der Aufnahme der Papiere, dass in keinem ausgewogenen Verhältnis zu dem mit der Bezugsrechtsemission verbundenen Schwierigkeiten und dem Umstand steht, dass eine Platzierung bei neuen Investoren unter dem Vorbehalt steht, dass die Aktionäre ihr Bezugsrecht tatsächlich nicht ausüben *(claw back)* (dazu → Rn. 48).

Im Wesentlichen sind Bezugsrechtsemissionen von Wandel- und Optionsschuldverschreibungen 44 daher für die Praxis nach wie vor nur in folgenden Fällen von Bedeutung:
– die Gesellschaft verfügt (ausnahmsweise) über keine oder keine ausreichende Ermächtigung zum Bezugsrechtsausschluss (mehr);
– die Ermächtigung zum Bezugsrechtsausschluss ist Gegenstand einer Beschlussmängelklage und kann daher nicht sicher genutzt werden;[144]
– die Gesellschaft will über das Volumen von 10 % vom Grundkapital hinausgehen, das für einen Bezugsrechtsausschluss nach § 186 Abs. 3 S. 4 maximal genutzt werden kann[145] (vgl. zur volumenmäßigen Beschränkung beim Bezugsrechtsausschluss näher → Rn. 114–116);

---

[136] MüKoAktG/*Habersack* Rn. 37; Bürgers/Körber/*Stadler* Rn. 17.
[137] Ausf. mwN zum Streitstand MüKoAktG/*Habersack* Rn. 37; *Habersack* FS Nobbe, 2009, 539 (557 ff.).
[138] *Fest* in Hopt/Seibt Schuldverschreibungsrecht § 221 Rn. 32.
[139] MüKoAktG/*Habersack* Rn. 25; *Habersack* FS Nobbe, 2009, 539 (543); Bürgers/Körber/*Stadler* Rn. 9.
[140] Vgl. MüKoAktG/*Habersack* Rn. 161; Kölner Komm AktG/*Florstedt* Rn. 28, 222 f.; *Hirte* in Lutter/Scheffler/Schneider, Handbuch der Konzernfinanzierung, 1998, Rn. 35.21; *Schumann*, Optionsanleihen, 1990, 191 ff.
[141] Näher *Habersack* FS Nobbe, 2009, 539 (546).
[142] Vgl. MüKoAktG/*Habersack* Rn. 47 ff. sowie Rn. 164.
[143] Dazu *Schlitt/Seiler/Singhof* AG 2003, 254 (260 f.); ausf. zu Bezugsrechtsemissionen *Schlitt/Seiler* WM 2003, 2175 ff. Die im Juli 2004 von der Deutz AG platzierte Wandelanleihe erfolgte unter Einräumung von Bezugsrechten. Ebenso die Emission einer Wandelanleihe durch die EM.TV AG (2006) und die TUI AG (2009).
[144] Dies war bei der Emission der Wandelanleihe der EM.TV AG (2006) der Fall.
[145] *Singhof* ZHR 170 (2006) 673 (682).

– die Gesellschaft will sich eine bezugsrechtsfreie Platzierung (unmittelbar) nach § 186 Abs. 3 S. 4 vor einer erneuten Beschlussfassung der HV offenhalten;[146]

– die Begebung soll mit einem erheblichen Abschlag auf den Börsenkurs der Aktie der Gesellschaft verbunden sein (etwa in einer Sanierungssituation).

45 Im Falle einer Bezugsrechtsemission werden die Wandelschuldverschreibungen zumeist von einem Kreditinstitut oder mehreren Kreditinstituten oder den Mitgliedern eines Konsortiums mit der Verpflichtung übernommen, sie den Aktionären zum Bezug anzubieten (§ 221 Abs. 4 S. 2 iVm § 186 Abs. 5). Dabei ist es nach richtiger Ansicht ausreichend, wenn das (nur) **mittelbare Bezugsrecht** (erst) im Ausübungsbeschluss des Vorstandes festgelegt wird. Einer ausdrücklichen Festlegung im Ermächtigungsbeschluss der Hauptversammlung bedarf es daher nicht;[147] aus Gründen rechtlicher Vorsorge ist eine Erwähnung in der Hauptversammlungsermächtigung jedoch empfehlenswert.

46 Seit der Neufassung von § 186 Abs. 2 durch das TransPuG ist der Ausgabebetrag der Wandelschuldverschreibungen nicht mehr zwingend vor dem Beginn der Bezugsfrist festzulegen. Vielmehr reicht es aus, wenn er erst **drei Tage vor Ablauf der Bezugsfrist** in den Gesellschaftsblättern und über ein elektronisches Informationsmedium bekannt gemacht wird. Vor Beginn der Bezugsfrist sind nur noch die Grundlagen für seine Festlegung zu veröffentlichen. Dabei ist es nicht erforderlich, eine mathematische Formel zu publizieren, mit deren Hilfe schon zu Beginn der Bezugsfrist der Ausgabebetrag bzw. die einzelnen Komponenten der Bedingungen errechnet werden können. Der Ausgabebetrag kann nunmehr auch unter Berücksichtigung des dann geltenden Aktienkurses oder unter Zuhilfenahme des Bookbuilding-Verfahrens bestimmt werden.[148] Ob die Gesellschaft den Aktionären im Rahmen der im Bezugsangebot zu veröffentlichenden „Grundlagen der Festlegung" des Ausgabebetrags neben den objektiven Kriterien der Preisfestlegung auch einen Preisrahmen mitteilen muss, um ihnen eine gewisse Preisorientierung vor dem Ende eines etwaigen Bezugsrechtshandels zu geben und dadurch die Ungewissheit über das Bezugsverhalten zu reduzieren, ist streitig, mit den besseren Gründen aber jedenfalls dann als nicht erforderlich anzusehen, wenn die Konditionen der Schuldverschreibung auf der Grundlage eines parallel stattfindenden Bookbuilding-Verfahrens mit (institutionellen) Investoren ermittelt werden und dies im Bezugsangebot als Methode der Preisfindung offen gelegt wird.[149]

47 Anders als bei der Emission von Aktien erschließt sich aus dem Gesetz nicht ohne weiteres, was unter dem **Ausgabebetrag** einer Wandelschuldverschreibung iSv § 186 Abs. 2 zu verstehen ist. Der von den Investoren zu entrichtende Ausgabepreis für die Wandelschuldverschreibungen ist jedenfalls für sich betrachtet nicht mit dem Ausgabebetrag gleichzusetzen. Richtigerweise ist der Begriff des Ausgabebetrags vielmehr als **Gesamtheit der Anleihekonditionen** (ua Wandlungspreis, Zinssatz, Laufzeit etc.) zu verstehen (→ Rn. 101).[150] Dieses Verständnis entspricht auch der überwiegenden Praxis deutscher Aktiengesellschaften.

48 Wegen der **Frist** des § 186 Abs. 2 für die Festlegung der Anleihekonditionen muss ein Bookbuilding allerdings mindestens **drei Tage** vor dem Ende der Bezugsfrist abgeschlossen sein. Somit verbleiben drei Tage, in denen Altaktionäre ihr Bezugsrecht noch ausüben können. Außerdem sind die Aktionäre nach der Vorstellung des Gesetzgebers offenbar berechtigt, sich die Rücknahme einer vor Festlegung der Konditionen erklärten Bezugserklärung für den Fall der Bekanntgabe eines unerwartet hohen Ausgabebetrags vorzubehalten.[151] Die Emissionsbanken wissen daher bis zum Ende der Bezugsfrist nicht sicher, wie viele Aktionäre Wandelschuldverschreibungen beziehen wollen. Diese Ungewissheit über das Bezugsverhalten der Aktionäre gefährdet die erfolgreiche Platzierung bei institutionellen Investoren. Dies und die Volatilität an den Aktienmärkten führt in der Regel zu Sicherheitsabschlägen bei der Festlegung der Anleihekonditionen und ist damit für die Gesellschaft nachteilig. Auch können die Emissionsbanken vor diesem Hintergrund – entgegen der sonstigen Usancen – gegenüber den Investoren keine verbindlichen Zusagen über die Zuteilung der Anleihe

---

[146] Vgl. zur wechselseitigen Anrechnung der Ermächtigungen, die eine bezugsrechtsfreie Platzierung nach § 186 Abs. 3 S. 4 (direkt oder analog) ermöglichen, → Rn. 115.

[147] *Schlitt/Seiler/Singhof* AG 2003, 254 (260), Fn. 86; Hüffer/Koch/*Koch* Rn. 45; aA wohl aber *Schröer* in Semler/Volhard/Reichert HV-HdB § 23 Rn. 39; *Fest* in Hopt/Seibt Schuldverschreibungsrecht § 221 Rn. 611.

[148] Das Bookbuilding-Verfahren findet auch in der Gesetzesbegründung Erwähnung, vgl. BT-Drs. 14/8769, 23; s. zudem *Seibert* NZG 2002, 608 (612).

[149] Für eine entsprechende Pflicht vgl. MüKoAktG/*Habersack* Rn. 167; *Schlitt/Seiler/Singhof* AG 2003, 254 (261); wohl auch *Schlitt/Hemeling* in Habersack/Mülbert/Schlitt Unternehmensfinanzierung am Kapitalmarkt § 12 Rn. 18 Fn. 4. Auch in den ersten Fällen in denen von der Neuregelung in der Praxis Gebrauch gemacht worden ist, wurde eine Preisspanne angegeben; vgl. die Wandelanleiheemission der Deutz AG (Juli 2004) sowie der EM.TV AG (April 2006); ablehnend dagegen *Krug* BKR 2005, 302 (303 f.); *Drinhausen/Hamann* Finanz-Betrieb 2004, 628 (630 f.) und aus der Praxis Solon AG (November 2007) sowie TUI AG (Oktober 2009).

[150] Ausf. dazu *Schlitt/Seiler/Singhof* AG 2003, 254 (261).

[151] Vgl. BT-Drs. 14/8769, 23; s. auch *Seibert* NZG 2002, 608 (612).

machen, sondern müssen sich ein **Rücktrittsrecht** *(claw back)* vorbehalten.[152] In der Regel sind die Investoren nur bereit, dies zu akzeptieren, wenn das Risiko einer nur teilweisen Zuteilung wegen des Rücktrittsrechts wirtschaftlich kompensiert wird. Wegen dieser Unsicherheiten bezüglich der Abnahmewilligkeit der Aktionäre und Investoren wird die Anleiheemission zumeist als „Bis zu"-Emission ausgestaltet und das endgültige Volumen der Wandelschuldverschreibung erst am Ende der Bezugsfrist festgelegt. Dies alles hat jedenfalls bislang dazu geführt, dass Bezugsrechtsemissionen von Wandelschuldverschreibungen eher die Ausnahme geblieben sind.

Bis zur Änderung der EU Prospekt-RL[153] durch die Änderungsrichtlinie 2010/73/EU[154] sowie der EU ProspektVO[155] zum 1. Juni 2012 durch die Delegierte Verordnung (EU) Nr. 862/2012 war fraglich, ob Bezugsrechtsemissionen, die sich ausschließlich an die Altaktionäre richten, nach dem WpPG ein **öffentliches Angebot** darstellten (mit der Folge einer Prospektpflicht gem. § 3 Abs. 1 WpPG). Die Verwaltungspraxis der BaFin ging davon aus, dass jedenfalls dann kein öffentliches Angebot vorlag, wenn von der Gesellschaft oder den begleitenden Konsortialbanken kein Bezugsrechtshandel eingerichtet wurde.[156] Seit Inkrafttreten der Änderungsrichtlinie 2010/73/EU sowie der delegierten Verordnung (EU) Nr. 862/2012 gelten Bezugsangebote an die Altaktionäre in jedem Fall als öffentliches Angebot.[157] Sofern keine Ausnahme vom Prospekterfordernis gem. § 4 Abs. 1 WpPG vorliegt, ist nunmehr auch im Falle eines Bezugsangebots von Wandelschuldverschreibungen ein Prospekt zu erstellen (§ 3 Abs. 1 WpPG).[158] Daneben bleibt ein Prospekt natürlich erforderlich, wenn die Wandelschuldverschreibungen zum Handel an einem organisierten Markt zugelassen werden sollen (§ 3 Abs. 3 WpPG); in jüngster Zeit kommt dies allerdings praktisch kaum noch vor.

49

Die Anforderungen der EU ProspektVO an Prospekte für Wandelschuldverschreibungen sind durch die Delegierte Verordnung (EU) Nr. 759/2013 neu geregelt worden. Hintergrund der Neuregelung war die uneinheitliche Anwendung der bisherigen Vorgaben durch die zuständigen Behörden der EU-Mitgliedstaaten.[159] Die Delegierte Verordnung (EU) Nr. 759/2013 ersetzt Anhang XVIII der EU ProspektVO durch eine Kombinationsübersicht zur Bestimmung der jeweils im konkreten Fall anwendbaren Schemata und Module der EU ProspektVO; wesentliches Differenzierungskriterium ist hierbei, ob die Aktien, in die gewandelt oder umgetauscht werden kann bzw. muss, bereits an einem regulierten Markt zugelassen sind.[160]

49a

2. Beschleunigtes Bookbuilding-Verfahren. Im Regelfall werden Wandelschuldverschreibungen ausschließlich institutionellen Investoren im Rahmen einer **Privatplatzierung** angeboten. In diesem Fall bedarf es eines Ausschlusses des Bezugsrechts der Altaktionäre (zu den Voraussetzungen für den Bezugsrechtsausschluss siehe ausf. → Rn. 85–126). Die Platzierung erfolgt im Wege eines abgekürzten Verfahrens *(accelerated placement* oder *accelerated bookbuilding)* im Anschluss an die Ad-hoc-Mitteilung über die Transaktion.[161] Dies geschieht prospektfrei (vgl. § 3 Abs. 2 WpPG) auf Grundlage eines bloßen ein- bis zweiseitigen Termsheets *(off termsheet)*, das die Eckdaten der Emission festhält.[162] Sofern ein Angebot der Wandelschuldverschreibungen an US-Investoren, die sich als *qualified insititutional buyers (QIBs)* gem. **Rule 144A**[163] der SEC qualifizieren, erfolgen soll,[164] ist im Hinblick auf

50

---

[152] *Schlitt/Hemeling* in Habersack/Mülbert/Schlitt Unternehmensfinanzierung am Kapitalmarkt § 12 Rn. 20. Zu den eingeschränkten Möglichkeiten der Reduzierung des *claw backs* vgl. *Schlitt/Seiler/Singhof* AG 2003, 254 (262 f.); optimistischer *Krug* BKR 2005, 302 (307). Eine Reduzierung dieses Risikos durch die Kombination mit einer bezugsrechtsfreien Tranche ist zwar möglich, diese wäre aber wiederum nach § 221 Abs. 4 S. 2, § 186 Abs. 3 S. 4 bezugsrechtsfrei zu begeben; vgl. den Börsenzulassungsprospekt der Deutz AG v. 22.7.2004 für die Bezugsrechtsemission von Wandelanleihen; vgl. insoweit auch *Drinhausen/Hamann* Finanz-Betrieb 2004, 628 (631).
[153] Richtlinie 2003/71/EG des Europäischen Parlaments und des Rates v. 4. November 2003, ABl. EG 2003 L 345, 64 v. 31.12.2003.
[154] Richtlinie 2010/73/EU des Europäischen Parlaments und des Rates v. 24. November 2010, ABl. EU 2010 L 32, 1 v. 11.12.2010.
[155] Verordnung (EG) Nr. 809/2004 der Kommission v. 29. April 2004, ABl. EU 2004 L 149, 1 v. 30.4.2004.
[156] Vgl. Just/Voß/Ritz/Zeising/*Ritz*/*Zeising* WpPG § 2 Rn. 103 und Rn. 112.
[157] *Schlitt/Hemeling* in Habersack/Mülbert/Schlitt Unternehmensfinanzierung am Kapitalmarkt § 12 Rn. 21.
[158] Vgl. auch *Oulds* CFL 2013, 213 (222).
[159] Vgl. *Oulds* CFL 2013, 213 (222).
[160] Vgl. *Oulds* CFL 2013, 213 (222 f.); ebenso zu den Prospektanforderungen im Einzelnen.
[161] Zum *accelerated bookbuilding* s. auch *Drinhausen/Hamann* Finanz-Betrieb 2004, 628 (630); *Weiser* Finanz-Betrieb 2006, 385; *Schröder/Stiewe* Börsen-Zeitung v. 17.2.2006 S. 19.
[162] *Schlitt/Hemeling* in Habersack/Mülbert/Schlitt Unternehmensfinanzierung am Kapitalmarkt § 12 Rn. 23. Zur vergleichbaren Situation bei Block-Trade-Transaktionen *Schlitt/Schäfer* AG 2004, 346.
[163] General Rules and Regulations promulgated under the Securities Act of 1933, Rule 144A – Private Resales of Securities to Institutions, 17 C.F.R. § 230.144A.
[164] Allgemein zu Rule 144A-Transaktionen deutscher Emittenten *Brandt* in Kümpel/Wittig BankR/KapMarktR Rn. 15.545 f.

den jeweiligen Emittenten und dessen Kapitalmarktkommunikation zum Zeitpunkt der geplanten Emission zu entscheiden, ob die Platzierung alleine auf der Grundlage eines Termsheets durchgeführt werden kann oder ob aufgrund der US-Platzierung ein Prospekt erforderlich oder zumindest empfehlenswert ist. Mit den besseren Gründen ist davon auszugehen, dass ein Prospekt bei Emittenten mit entsprechender aktueller Kapitalmarktkommunikation entbehrlich sein kann, zumindest wenn sich der Adressatenkreis in den USA auf sogenannte „Super QIBs" beschränkt. In einem meist auf wenige Stunden beschränkten Zeitraum können Investoren innerhalb der auf Grundlage der finanzmathematischen Berechnungen festgelegten Preisspanne für Zinssatz und Wandlungspreis Angebote zum Kauf abgeben (→ Rn. 108). Anschließend werden diese in einem Buch aufbereitet und nach quantitativen und qualitativen Kriterien bewertet. Bei den quantitativen Kriterien werden Gebote mit hoher Wandlungsprämie und/oder niedriger Zinsrendite zuerst berücksichtigt. Qualitative Aspekte, also des Anlegertyps (Vermögensverwaltung, Hedge Fonds, Pensionskasse, Investmentfonds etc.) und der Erfahrung hinsichtlich einer kurz- oder langfristigen Anlageorientierung, sind ebenfalls von Bedeutung, weil sie einem möglichst positiven Handelsverlauf von Aktie und Wandelanleihe im Sekundärmarkt absichern sollen.[165] Hieraus leitet sich eine Nachfrageübersicht ab, die der Bestimmung der endgültigen Emissionskonditionen und der volumenmäßigen Zuteilung an die einzelnen Investoren dient. Soweit die Hauptversammlungsermächtigung dies nicht untersagt, ist aber auch die Platzierung bei nur einem Investor zulässig, soweit die allgemeinen Voraussetzungen für einen Bezugsrechtsausschluss eingehalten sind (→ Rn. 85 ff.). Die Durchführung eines beschleunigten Bookbuilding-Verfahrens ist mit anderen Worten aktienrechtlich *per se* nicht erforderlich.

50a Immer häufiger geht der Platzierung der Wandelschuldverschreibungen eine **Marktsondierung**[166] voraus. Hierbei werden einzelne, als für den Platzierungserfolg strategisch wichtig eingeschätzte potenzielle Investoren nach Abschluss einer Verschwiegenheitsvereinbarung sowie einer zeitlich begrenzten Stillhaltevereinbarung in Bezug auf Geschäfte in Wertpapieren der Aktiengesellschaft und in darauf bezogenen Derivaten enthält, über die geplante Ausgabe der Wandelschuldverschreibung unterrichtet.[167] Bei Einhaltung der vorgenannten Grundsätze mit Blick auf das legitime Interesse des Emittenten, das Risiko des Scheiterns der Transaktion zu minimieren bzw. die Konditionen zu seinen Gunsten zu optimieren, liegt damit regelmäßig weder ein Verstoß gegen § 93 Abs. 1 S. 3 noch gegen §§ 53a, 131 Abs. 4 vor.[168] Im Zuge der Neuregelung des kapitalmarktrechtlichen Marktmissbrauchsrechts durch die EU Marktmissbrauchsverordnung,[169] deren Vorschriften seit dem 3. Juli 2016 gelten, ist ausdrücklich geregelt, dass die Marktsondierung *(market soundings)*, die teilweise auch als *pre-sounding* bezeichnet wird, bei Einhaltung bestimmter Voraussetzungen stets ein rechtmäßiges Verhalten *(safe harbour)* und somit kein Insidervergehen darstellt, vgl. Art. 11 Abs. 4 MAR.

51 Wenn ein Börsenzulassungsprospekt gem. § 3 Abs. 3 WpPG erstellt wird, erfolgt diese Erstellung in der Regel erst nach Abschluss der Platzierung,[170] die Papiere werden erst im Anschluss zugelassen. Allerdings erfolgt das Listing nur noch in vereinzelten Fällen am regulierten Markt der Frankfurter Wertpapierbörse, eher in Luxemburg. Dies hat seinen Grund in den vergleichsweise geringeren Anforderungen.[171] Seit einiger Zeit hat sich die Marktpraxis sogar noch weiter liberalisiert, und eine Einbeziehung in den Freiverkehr an der Frankfurter Wertpapierbörse wird von Banken und Investoren für ausreichend gehalten. Auch der **Übernahmevertrag** zwischen dem Emittenten und den übernehmenden Banken wird in diesen Fällen zumeist erst nach Abschluss des Bookbuilding-Verfahrens bzw. der beschleunigten Zuteilung unterschrieben, wenn die Emission platziert ist. Bis zur wertpapiertechnischen Lieferung und Abrechnung und der Börsenzulassung bzw. Einführung der Wandelschuldverschreibungen werden dann außerbörslich (nur) **Lieferansprüche** (dh Rechte auf den Bezug) von Wandelschuldverschreibungen mit hinausgeschobener Abrechnung *(deferred settlement)* gehandelt (Handel per Erscheinen).[172]

---

[165] Näher *Madjlessi/Leopold* in Habersack/Mülbert/Schlitt Unternehmensfinanzierung am Kapitalmarkt § 11 Rn. 82; s. auch *Groß* ZHR 162 (1998) 318 (322).
[166] Auch als *pre-sounding, pilot fishing, pre-marketing* oder *wall-crossing* bezeichnet.
[167] Vgl. allgemein zum *pre-sounding Fleischer/Bedkowski* DB 2009, 2195 sowie *Schäcker/Kunze/Wohlgefahrt* in Habersack/Mülbert/Schlitt Unternehmensfinanzierung am Kapitalmarkt § 3 Rn. 42.
[168] Vgl. *Fleischer/Bedkowski* DB 2009, 2195 (2196 ff.).
[169] Verordnung (EU) Nr. 596/2014 des Europäischen Parlaments und des Rates v. 16. April 2014, ABl. EU 2014 L 173, 1 v. 12.6.2004, die durch die Delegierte Verordnung (EU) 2016/960 der Kommission v. 17. Mai 2016, ABl. EU 2016 L 160, 29 v. 17. Juni 2016 ergänzt wird; Vgl. hierzu *Kiesewetter/Parmentier* BB 2013, 2371 ff.
[170] *Schlitt/Seiler/Singhof* AG 2003, 254 (265). Vgl. etwa die Wandelschuldverschreibung der Praktiker Bau- und Heimwerkermärkte Holding AG (2006) und dazu Börsen-Zeitung v. 25.8.2006 S. 13 (Platzierung im August; Notierung für Ende September/Anfang Oktober vorgesehen).
[171] Vgl. dazu ausf. *Kremer/Pabelick* in Habersack/Mülbert/Schlitt Unternehmensfinanzierung am Kapitalmarkt § 42.
[172] Vgl. dazu *Pfüller/Köhler* WM 2002, 781 (783).

3. Mehrzuteilungs- und Greenshoe-Option. Werden Wandelschuldverschreibungen unter 52
Bezugsrechtsausschluss emittiert, wird gelegentlich, wenn auch nicht häufig, als **Stabilisierungsmaßnahme** eine Mehrzuteilungs- und Greenshoe-Option vorgesehen.[173] Die Gesellschaft räumt den Konsortialbanken im Übernahmevertrag eine Mehrzuteilungsoption ein, dh das Recht, weitere Wandelschuldverschreibungen zu platzieren *(overallotment option)* sowie das Recht, weitere Anleihen zum ursprünglichen Ausgabepreis zu erwerben (Greenhoe-Option). Die Funktionsweise des Greenshoe entspricht grundsätzlich der bei Aktienemissionen, so dass auf die zahlreiche Literatur zu diesem Thema verwiesen werden kann.[174] Indessen ist weder möglich noch erforderlich, dass sich die Konsortialbanken zusätzliche Anleihen im Wege eines Wertpapierdarlehens gewähren lassen. Da bis zur Zulassung bzw. Einführung der Anleihen nur Rechte „per Erscheinen" gehandelt werden (→ Rn. 51), ist es ohne Weiteres denkbar, die **Mehrzuteilung** dieser Rechte vorzunehmen und je nach Kursentwicklung zu entscheiden, ob bei sinkenden Kursen Rechte über den Markt zurückerworben oder bei steigenden Kursen die Lieferungsrechte durch Ausnutzung der Greenshoe-Option gegenüber der Gesellschaft erfüllt werden. Die zusätzlichen Wandelschuldverschreibungen werden den Konsortialbanken zu denselben Konditionen zur Verfügung gestellt wie die Haupttranche.[175] Zur Zulässigkeit der Greenshoe-Option bei Nutzung des vereinfachten Bezugsrechtsausschlusses gem. § 221 Abs. 4 S. 2 iVm § 186 Abs. 3 S. 4 vgl. → Rn. 104. Soweit Stabilisierungsmaßnahmen durchgeführt werden, sind nunmehr die Bestimmungen der Art. 5 Abs. 4 und 5 MAR sowie der Delegierten Verordnung (EU) 2016/1052 der Kommission einzuhalten. Insbesondere muss die Dauer der Stabilisierungsmaßnahme begrenzt sein (Art. 5 Abs. 4 lit. a MAR) und die Durchführung der Stabilisierung offengelegt und gemeldet werden (Art. 5 Abs. 4 lit. b und Abs. 5 MAR).

4. Platzierungsverfahren bei Gewinnschuldverschreibungen und Genussrechten. Für die 53
Platzierung von Gewinnschuldverschreibungen und Genussrechten gelten die obigen Ausführungen
(→ Rn. 42–52) grundsätzlich ebenfalls. Allerdings kommen bei diesen Finanzierungsinstrumenten, zuvörderst bei Genussrechten, sehr häufig auch Privatplatzierungen vor, die sich nach den Umständen des Einzelfalls richten und die von den oben dargestellten Verfahren, soweit es sich nicht um zwingendes Recht handelt, erheblich abweichen können.

VI. Ausgabevoraussetzungen

1. Gremienbeschlüsse. a) Hauptversammlungszustimmung bzw. -ermächtigung. aa) Erfordernis. Wandel- und Optionsschuldverschreibungen dürfen nur auf der Grundlage eines 54
Beschlusses der Hauptversammlung ausgegeben werden (§ 221 Abs. 1 S. 1). Der Beschluss bedarf einer Mehrheit von mindestens drei Vierteln des bei der Beschlussfassung vertretenen Grundkapitals, sofern die Satzung keine höhere Kapitalmehrheit oder weitere Erfordernisse bestimmt bzw. eine geringere Kapitalmehrheit ausreichen lässt (§ 221 Abs. 1 S. 2, 3). Letzteres wird freilich kaum praktisch, da die Hauptversammlung zumeist auch über einen Bezugsrechtsausschluss bzw. eine Ermächtigung zum Bezugsrechtsausschluss beschließt, so dass unabhängig von einer anders lautenden Satzungsbestimmung immer eine Mehrheit von mindestens drei Vierteln des bei der Beschlussfassung vertretenen Grundkapitals erforderlich bleibt.[176] Zu den Mehrheitserfordernissen vgl. im Übrigen → § 182 Rn. 14.

Der Beschluss enthält – anders als der zumeist zeitgleich gefasste Beschluss über die Schaffung 55
eines bedingten Kapitals – **keine Satzungsänderung** und ist weder eintragungsbedürftig noch eintragungsfähig.[177] Allerdings haben nach § 221 Abs. 2 S. 2 und 3 der Vorstand und der Vorsitzende des Aufsichtsrats sowohl einen Zustimmungs- wie auch einen Ermächtigungsbeschluss in Ausfertigung oder notarieller Abschrift sowie eine schriftliche Erklärung über deren Ausgabe beim Handelsregister zu hinterlegen.[178]

---

[173] Siehe *Groß* ZIP 2002, 160 Fn. 4; *Schlitt/Seiler/Singhof* AG 2003, 254 (265 f.).

[174] *Schlitt/Hemeling* in Habersack/Mülbert/Schlitt Unternehmensfinanzierung am Kapitalmarkt § 12 Rn. 24. Zur Funktionsweise des Greenshoe allgemein *Busch* AG 2002, 230 (231 f.); *Groß* ZIP 2002, 160 (161); *Meyer* WM 2002, 1106 (1107 f.); *Schanz* BKR 2002, 439 (441 ff.).

[175] *Schlitt/Hemeling* in Habersack/Mülbert/Schlitt Unternehmensfinanzierung am Kapitalmarkt § 12 Rn. 24.

[176] *Groß* in Marsch-Barner/Schäfer Börsennotierte AG-HdB Rn. 51.40. Gesellschaften, die eine entsprechende Beschlussfassung anstreben, können keinesfalls sicher davon ausgehen, dass die notwendige Mehrheit erreicht wird. Gerade in jüngerer Zeit haben Hedge Fonds, aber auch andere institutionelle Investoren gegen neue Ermächtigungen erfolgreich Widerstand geleistet und eine Beschlussfassung verhindert.

[177] Vgl. *Groß* in Marsch-Barner/Schäfer Börsennotierte AG-HdB Rn. 51.41; *Groß* in Happ AktienR 12.04 Anm. 2; MüKoAktG/*Habersack* Rn. 132; zur Publizität vgl. MüKoAktG/*Habersack* Rn. 146.

[178] Näher MüKoAktG/*Habersack* Rn. 146 ff.; *Groß* in Marsch-Barner/Schäfer Börsennotierte AG-HdB Rn. 51.45.

56 In der Regel beschließt die Hauptversammlung die Ausgabe der Wandelschuldverschreibung nicht unmittelbar, sondern erteilt dem Vorstand eine **Ermächtigung** zu ihrer Ausgabe.[179] Die folgenden Ausführungen konzentrieren sich daher im Wesentlichen auf den Fall der Ermächtigung. Die Möglichkeit der Ermächtigung ist durch die Aktienrechtsnovelle anlässlich der Umsetzung der zweiten gesellschaftsrechtlichen Richtlinie vom 13. Dezember 1978 in das Aktiengesetz aufgenommen worden. Die Ermächtigung kann höchstens auf eine Dauer von fünf Jahren erteilt werden (§ 221 Abs. 2 S. 1).[180] Aus dem Hauptversammlungsbeschluss muss hervorgehen, ob der Vorstand nur berechtigt oder auch verpflichtet ist, die Anleihe zu begeben.[181] Im Falle einer Ermächtigung beginnt die 5-Jahres-Frist mit dem Zeitpunkt der Beschlussfassung.[182]

57 Auch die Begebung einer Wandelschuldverschreibung über eine **Zweckgesellschaft** erfordert in analoger Anwendung des § 221 eine Zustimmung bzw. Ermächtigung durch die Hauptversammlung der deutschen Aktiengesellschaft.[183] Denn zum einen dient die Anleihe den Finanzierungsinteressen des Konzerns und kommt damit letztlich auch der Muttergesellschaft zugute, was in der regelmäßig von der Muttergesellschaft gewährten Garantie für die Rückzahlung des Nennbetrags und der Zinsen zum Ausdruck kommt.[184] Zum anderen kommt – entscheidend – hinzu, dass im Falle der Wandlung in neue Aktien **derselbe Verwässerungseffekt** zu Lasten der Aktionäre wie bei der direkten Begebung durch die Aktiengesellschaft selbst eintritt: Es werden Aktien der Aktiengesellschaft ausgegeben und die Beteiligungsquote der bisherigen Aktionäre ändert sich entsprechend. Folgerichtig nimmt die inzwischen ganz herrschende Meinung an, dass auch die Begebung über eine Zweckgesellschaft einer Ermächtigung durch die Hauptversammlung der Aktiengesellschaft bedarf. Nicht zwingend erforderlich, aber empfehlenswert ist, dass der entsprechende Ermächtigungsbeschluss die Ausgabe durch eine Zweckgesellschaft ausdrücklich zulässt. Die meisten Ermächtigungen sehen einen entsprechenden Absatz ausdrücklich vor. Ob die Begebung der Anleihe bei der ausländischen Zweckgesellschaft selbst ebenfalls einen Haupt- oder Gesellschafterversammlungsbeschluss erfordert, richtet sich nach dem auf diese anwendbaren Recht.[185] In der Regel sind solche Beschlüsse aufgrund der Struktur der Zweckgesellschaft jedoch bloße Formalien.

58 Ein Hauptversammlungsbeschluss nach § 221 Abs. 1 ist nach richtiger, wenn auch umstrittener Auffassung unter dem Gesichtspunkt des § 221 dagegen **nicht erforderlich,** wenn die Anleihe nicht mit neuen Aktien, sondern mit bereits **existierenden Aktien** der Gesellschaft bedient werden soll, die entweder von der Gesellschaft selbst oder einem Dritten treuhänderisch gehalten werden (dazu auch → Rn. 82–83).[186] § 221 will nämlich nur vor einer Verwässerung des Anteilsbesitzes, nicht aber vor einer Umschichtung der Beteiligungsverhältnisse schützen. Davon zu trennen ist die rechtliche Grundlage für den Erwerb der eigenen Aktien, die zur Bedienung dienen sollten; → Rn. 79–81. Ist dieser Erwerb unter Wahrung des Bezugsrechts der Aktionäre erfolgt, bedarf es schon deshalb bei der Ausgabe einer Wandelschuldverschreibung keines (erneuten) durch § 221 vermittelten Bezugsrechts mehr; wurde das Bezugsrecht beim Erwerb wirksam ausgeschlossen, sollte es dabei sein Bewenden haben und eine Befassung der Hauptversammlung sowie ein (erneutes) Bezugsrecht auch insoweit verzichtbar sein.[187]

---

[179] *Schlitt/Hemeling* in Habersack/Mülbert/Schlitt Unternehmensfinanzierung am Kapitalmarkt § 12 Rn. 25. Zur Bindung des Vorstands im Fall eines Direktbeschlusses und ihren Grenzen vgl. MüKoAktG/*Habersack* Rn. 135.

[180] Eine fehlende, ungenaue oder zu lange Befristung macht den Beschluss nichtig; *Schröer* in Semler/Volhard/Reichert HV-HdB § 23 Rn. 27; *Groß* in Happ AktienR 12.04 Anm. 5.

[181] *Groß* in Happ AktienR/12.04 Anm. 6; *Schröer* in Semler/Volhard/Reichert HV-HdB § 23 Rn. 26.

[182] *Groß* in Marsch-Barner/Schäfer Börsennotierte AG-HdB Rn. 51.32.

[183] *Lutter* AG 1972, 125 (127 ff.); *Martens* FS Stimpel, 1985, 621 (631); *Volhard,* Das Bezugsrecht und sein Ausschluss bei Optionsanleihen der Aktiengesellschaft und ausländischer Finanzierungstöchter, 1995, 24; *Busch* AG 1999, 58; *Hirte* in Lutter/Scheffler/Schneider, Handbuch der Konzernfinanzierung, 1998, Rn. 35.19; s. auch *Volhard,* Das Bezugsrecht und sein Ausschluss bei Optionsanleihen der Aktiengesellschaft und ausländischer Finanzierungstöchter, 1995, 23 f. sowie *Hemmerling,* Aktienrechtliche Probleme bei der Begebung von Optionsschuldverschreibungen ausländischer Tochtergesellschaften, 1991, 19; aA noch *Gustavus* BB 1970, 694 (695); *Silcher* FS Geßler, 1971, 185 (190); *Schaub* AG 1972, 340 (341 f.); *Hoffmann* AG 1973, 47 (52 f.). Diese Auffassung ist inzwischen als überholt anzusehen.

[184] Vgl. *Schlitt/Hemeling* in Habersack/Mülbert/Schlitt Unternehmensfinanzierung am Kapitalmarkt § 12 Rn. 26; *Hemmerling,* Aktienrechtliche Probleme bei der Begebung von Optionsschuldverschreibungen ausländischer Tochtergesellschaften, 1991, 62 ff.

[185] Vgl. *Hirte* in Lutter/Scheffler/Schneider, Handbuch der Konzernfinanzierung, 1998, Rn. 35.19.

[186] *Busch* AG 1999, 58 (64 f.); *Hoffmann* AG 1973, 47; *Schlitt/Seiler/Singhof* AG 2003, 254 (257 f.); *Schlitt/Hemeling* in Habersack/Mülbert/Schlitt Unternehmensfinanzierung am Kapitalmarkt § 12 Rn. 27; aA *Wehrhahn,* Finanzierungsinstrumente mit Aktienerwerbsrechten, 2004, 141 ff.

[187] Abweichend mit beachtlichen Gründen *Habersack* FS Nobbe, 2009, 539 (553 f.), der wegen der einer Kapitalerhöhung vergleichbaren Effekte bei dem Einsatz von Bestandsaktien zur Unterlegung einer Wandelschuldverschreibung eine (erneute) Befassung der Hauptversammlung nach § 221 verlangt.

bb) Inhalt. Mindestinhalt des Hauptversammlungsbeschlusses ist nach herrschender Meinung 59 die Befristung der Ermächtigung und die Festsetzung des **Gesamtnennbetrags** der Anleihe oder zumindest eines Höchstbetrages.[188] Daneben sollte angegeben werden, welches der von § 221 erfassten Finanzinstrumente emittiert werden soll; dabei kann der Beschluss den Vorstand aber auch zur Auswahl zwischen den Instrumenten oder auch zur tranchenweisen Emission gleicher oder verschiedener Art ermächtigen.[189] Teilweise wird auch die Angabe weiterer Umtausch- und Bezugskonditionen für erforderlich gehalten.[190] Richtigerweise ist zu differenzieren: Die Festlegung aller Einzelheiten der Anleihe ist nicht erforderlich, zumal wenn es um einen Ermächtigungsbeschluss geht. So ist jedenfalls eine Festlegung der Laufzeit der Anleihe ebenso entbehrlich wie eine zeitliche Befristung des zumeist zur Sicherung geschaffenen bedingten Kapitals.[191] Gleiches gilt auch für eine mögliche Modifizierung des Ausgabebetrages aufgrund von Verwässerungsfällen. Es reicht eine beispielhafte Aufzählung; detaillierte Einzelregelungen sind unnötig.[192] Allerdings ist aufgrund von § 193 Abs. 2 Nr. 3 im Hauptversammlungsbeschluss jedenfalls bei der Nutzung bedingten Kapitals zur Beschränkung des Verwässerungseffekts eine **Mindestgrenze** festzulegen, unter die der Wandlungspreis nicht fallen darf (→ Rn. 69). Gleichwohl sind im Ermächtigungsbeschluss in aller Regel **weitere Vorgaben für die Ausgestaltung** der Wandel- bzw. Optionsschuldverschreibung enthalten.[193] So wird vorgesehen, dass das Bezugsrecht der Aktionäre ausgeschlossen (§ 221 Abs. 4 S. 2) oder die Begebung der Rechte unter Bedingungen gestellt werden kann.[194] Wesentliche Anleihebedingungen werden ebenfalls bereits im Hauptversammlungsbeschluss festgesetzt. Die Festlegung der weiteren Einzelheiten wird dann aber dem Vorstand überlassen (vgl. zu den typischerweise enthaltenen Regelungen in den Anleihebedingungen näher → Rn. 141–184).[195] Soweit eine konkrete Festlegung im Hauptversammlungsbeschluss nicht erfolgt, stellt die nähere Ausgestaltung eine dem Vorstand obliegende Geschäftsführungsmaßnahme dar.[196] Umgekehrt ist der Vorstand (natürlich) an die von der Hauptversammlung gezogenen Grenzen gebunden (→ Rn. 60).

b) Beschlüsse von Vorstand und Aufsichtsrat. Die Ermächtigung zur Begebung einer Wandel- bzw. Optionsschuldverschreibung durch die Hauptversammlung wird dem **Vorstand** erteilt. 60 Der Vorstand ist im Rahmen seines unternehmerischen Ermessens frei, ob und wann er von der Ermächtigung – in den von der Ermächtigung gezogenen Grenzen – Gebrauch macht;[197] gegebenenfalls auch mehrfach.[198] Maßstab sind dabei der Wortlaut und der erkennbare Wille der Hauptversammlung; Lücken kann der Vorstand im Rahmen seines Ermessens schließen, insbesondere um neuen Entwicklungen auf dem Kapitalmarkt gerecht zu werden.[199] Anders als bei der Ausnutzung des genehmigten Kapitals ist die Zustimmung des **Aufsichtsrats** zur Emission von Gesetzes wegen grundsätzlich nicht erforderlich. Sie ergibt sich jedoch häufig aus einem entsprechenden Vorbehalt im Ermächtigungsbeschluss, der Satzung oder Geschäftsordnung für den Vorstand (§ 111 Abs. 4 S. 2) oder wird erforderlich, weil der Aufsichtsrat die Begebung *ad hoc* von seiner Zustimmung abhängig macht.[200]

Sofern der Platzierung der Wandelschuldverschreibung ein Pre-Sounding vorausgeht (dazu 60a → Rn. 50a) und die Ausgabe der Wandelschuldverschreibung – wie in aller Regel – eine Insiderinformation darstellt, ist spätestens vor Ansprache der betroffenen Investoren ein Vorstandsbeschluss im Hinblick auf eine Selbstbefreiung von der Ad hoc-Publizitätspflicht gem. Art. 17 Abs. 4 MAR zu fassen.

---

[188] Hüffer/Koch/*Koch* Rn. 10; *Groß* in Marsch-Barner/Schäfer Börsennotierte AG-HdB Rn. 51.34; *Schröer* in Semler/Volhard/Reichert HV-HdB § 23 Rn. 27 f.; *Ihrig* in Happ AktienR 12.04 Anm. 8 (Gesamtnennbetrag erforderlich).
[189] *Groß* in Happ AktienR 12.04 Anm. 6.
[190] So etwa GHEK/*Karollus* Rn. 60; ähnlich *Schlede/Kley* in Busse von Colbe/Großfeld/Kley/Martens/Schlede, Bilanzierung von Optionsanleihen im Handelsrecht, 1987, 1 (11); aA MHdB AG/*Scholz* § 64 Rn. 23; Hüffer/Koch/*Koch* Rn. 11.
[191] *Groß* in Marsch-Barner/Schäfer Börsennotierte AG-HdB Rn. 51.33.
[192] *Busch* in Marsch-Barner/Schäfer Börsennotierte AG-HdB Rn. 44.25.
[193] Dazu Hüffer/Koch/*Koch* § 193 Rn. 4.
[194] *Schäfer* ZGR Sonderheft Nr. 16/2000, 62 (68).
[195] Dazu im Einzelnen Hüffer/Koch/*Koch* Rn. 11; MHdB AG/*Scholz* § 64 Rn. 26 f.; *Schumann*, Optionsanleihen, 1990, 306 ff.
[196] Hüffer/Koch/*Koch* Rn. 9.
[197] MüKoAktG/*Habersack* Rn. 153; *Habersack* in Happ AktienR 12.04 Anm. 13.
[198] *Groß* in Marsch-Barner/Schäfer Börsennotierte AG-HdB Rn. 51.31.
[199] *Schäfer* in Lutter/Hirte, Wandel- und Optionsanleihen in Deutschland und Europa, 2000, 62 (68 f.); MüKoAktG/*Habersack* Rn. 160.
[200] MüKoAktG/*Habersack* Rn. 152; *Schlitt/Hemeling* in Habersack/Mülbert/Schlitt Unternehmensfinanzierung am Kapitalmarkt § 12 Rn. 30.

61 Wird die Wandelanleihe im Rahmen eines Accelerated Placement emittiert (dazu → Rn. 50), ist die Anleihe wirtschaftlich betrachtet bereits mit dem Abschluss des Verkaufsverfahrens ausgegeben, auch wenn die Anleihe rechtlich erst später durch den eigentlichen Begebungsakt entsteht und auch die Börsenzulassung bzw. Einführung erst später erfolgt. Folgerichtig müssen die Entscheidungen von **Vorstand und – soweit erforderlich – Aufsichtsrat,** ggf. unterlegt durch ein Gutachten *(fairness opinion)* einer Investmentbank (zur *fairness opinion* → Rn. 118), bereits vor dem Beginn des Accelerated Placements vorliegen.[201] Dies ist bei der Planung einer Emission insbesondere wegen der Ladungsfristen des Aufsichtsrats zu berücksichtigen.

62 Wird das Platzierungsverfahren mit einem **beschleunigten Bookbuilding** *(accelerated bookbuilding)* verbunden, bedarf es im Grundsatz sowohl einer Entscheidung von Vorstand und – soweit erforderlich – Aufsichtsrat vor dem Beginn des Bookbuilding mit einer Festlegung gewisser Bandbreiten sowie einer erneuten Entscheidung beider Gremien nach endgültiger Festlegung der Konditionen (jeweils ggf. unterstützt durch eine Fairness Opinion in Form einer *price-range* bzw. einer *pricing opinion*). Nicht ausreichend ist es auch insoweit, wenn die Verwaltung die Beschlüsse erst bei der Begebung der Anleihe durch den Vorstand im wertpapierrechtlichen Sinne bzw. bei der Abrechnung fasst. Es spricht indessen viel dafür, dass es genügt, wenn der Aufsichtsrat eine Vorab-Zustimmung zu dem Preis erteilt, der sich aufgrund des Bookbuilding ergibt.[202] Denn damit ist in ausreichender Weise sichergestellt, dass der Vorstand bei der Festlegung des Preises nicht frei ist, sondern sich an vorher festgelegten Kriterien zu orientieren hat.[203] Im Übrigen kann die Entscheidung des Aufsichtsrats auf einen **Ausschuss** delegiert werden (§ 107 Abs. 3).[204] Dies verringert den administrativen Aufwand, der mit der Einberufung von Aufsichtsratssitzungen verbunden ist und wahrt die nötige Flexibilität, um eine Entscheidung notfalls sehr schnell herbeiführen zu können.

63 Da die Ausgabe der Wandelschuldverschreibung in aller Regel eine kursrelevante Information darstellt, muss die Gesellschaft spätestens vor Beginn des Bookbuilding eine **Ad-hoc-Meldung** vornehmen (Art. 17 Abs. 1 MAR).[205]

64 **c) Ausgabevoraussetzungen bei Genussscheinen. aa) Anwendbarkeit auf „obligationsähnliche" Genussscheine.** § 221 Abs. 3 regelt die sinngemäße Anwendung von Abs. 1 auch für den Fall der Gewährung von Genussrechten. Richtigerweise gilt dies sowohl für Genussscheine mit gewinnorientierter Vergütung als auch für solche mit lediglich gewinnabhängiger Vergütung. Auf beide Gestaltungsformen ist § 221 Abs. 3 anwendbar.[206] Einer in der Literatur zum Teil vertretenen Gegenauffassung, nach der gewinnabhängige Genussscheine aufgrund ihrer bloßen Verzinsung kein höheres Risikoprofil als Obligationen aufwiesen, so dass die Anwendung der aktionärsschützenden Vorschrift des § 221 nicht gerechtfertigt sei,[207] kann nicht gefolgt werden. Gegen diese Auffassung spricht der Normzweck des § 221, der nicht besonders riskante, sondern eigenkapitalähnliche Instrumente erfassen möchte.[208] Auch die im Einzelfall sehr unterschiedliche Ausgestaltung von Genussscheinen macht die Anwendung von § 221 auf alle Genussscheine nicht entbehrlich. Der verminderten Schutzwürdigkeit der Aktionäre bei rein gewinnabhängigen Vergütungen kann durch geringere Anforderungen an den Bezugsrechtsausschluss Rechnung getragen werden (dazu → Rn. 122–126).[209]

---

[201] *Schlitt/Hemeling* in Habersack/Mülbert/Schlitt Unternehmensfinanzierung am Kapitalmarkt § 12 Rn. 30.
[202] Zur entsprechenden Rechtslage bei Aktienemissionen unter Nutzung des genehmigten Kapitals Großkomm AktG/*Hirte* Rn. 13; *Technau* AG 1998, 445 (450 f.); *Marsch-Barner* AG 1994, 532 (537); strenger demgegenüber *Hoffmann-Becking* FS Lieberknecht, 1997, 25 (37–39).
[203] Vgl. *Schlitt/Schäfer* AG 2005, 67 (74) betreffend Kapitalerhöhungen aus dem genehmigten Kapital.
[204] *Schlitt/Hemeling* in Habersack/Mülbert/Schlitt Unternehmensfinanzierung am Kapitalmarkt § 12 Rn. 31. Die Übertragung der Beschlussfassung auf einen Ausschuss des Aufsichtsrats ist zulässig, vgl. Hüffer/Koch/*Koch* § 107 Rn. 18.
[205] Vgl. noch zur Rechtslage unter dem WpHG den Emittentenleitfaden der BaFin, Stand: 28.4.2009, S. 53 betreffend Kapitalmaßnahmen.
[206] BGH AG 1993, 134 ff. – Bremer Bankverein; Hüffer/Koch/*Koch* Rn. 25b; MüKoAktG/*Habersack* Rn. 100; GHEK/*Karollus* Rn. 351; *Busch* AG 1994, 93 (97); *Sethe* AG 1993, 293 (299);). – Zu den Ausgabevoraussetzungen bei anderen Gesellschaftsformen ausführlich *Berghaus/Bardelmeier* in Habersack/Mülbert/Schlitt Unternehmensfinanzierung am Kapitalmarkt § 14 Rn. 27 ff.
[207] *Bürgers/Körber/Stadler* Rn. 4; Kölner Komm AktG/*Florstedt* Rn. 527; *Lutter* ZGR 1993, 291 (304 ff.); *Gehling* WM 1992, 1093 (1094 f.); *Eyber*, Die Abgrenzung zwischen Genußrecht und Teilgewinnabführungsvertrag im Recht der Aktiengesellschaft. Mit einem Beitrag zur Problematik der Cash-flow-Beteiligung, 1997, 84 ff.
[208] *Sethe* AG 1993, 293 (299); *Berghaus/Bardelmeier* in Habersack/Mülbert/Schlitt Unternehmensfinanzierung am Kapitalmarkt § 14 Rn. 20.
[209] *Berghaus/Bardelmeier* in Habersack/Mülbert/Schlitt Unternehmensfinanzierung am Kapitalmarkt § 14 Rn. 20.

bb) Beschluss der Hauptversammlung. § 221 Abs. 3 verweist für die Ausgabe von Genussscheinen auf die für Wandel- und Optionsanleihen sowie Gewinnschuldverschreibungen geltenden Ausgabevoraussetzungen. Trotz des fehlenden ausdrücklichen Verweises in § 221 Abs. 3 findet auch die Vorschrift des § 221 Abs. 2, die einen Ermächtigungsbeschluss erlaubt, auf Genussscheine entsprechende Anwendung.[210] Zu allen Einzelheiten möglicher Direkt- und Ermächtigungsbeschlüsse kann daher auf die Erörterungen → Rn. 54–59 verwiesen werden.

cc) Genussscheine als Teilgewinnabführungsverträge? Im Zusammenhang mit der Emission von Genussscheinen ist zu klären, ob und wenn ja unter welchen Voraussetzungen diese als Teilgewinnabführungsvertrag iSv § 292 Abs. 1 Nr. 2 anzusehen sind. Wegen der daraus folgenden **Beschlussfassungs-, Form- und Eintragungspflichten** hat diese Frage erhebliche praktische Relevanz. Die sehr unterschiedliche Ausgestaltung von Genussscheinen verbietet dazu eine schematische Antwort.[211]

Ein **Teilgewinnabführungsvertrag** liegt vor, wenn sich eine Aktiengesellschaft (oder Kommanditgesellschaft auf Aktien) verpflichtet, einen Teil ihres Gewinns oder den Gewinn einzelner ihrer Betriebe ganz oder zum Teil an einen anderen abzuführen. Darunter fallen jedenfalls solche Genussscheine, die als gewinnorientierte Vergütung einen quotalen Teil des Gewinns der Gesellschaft festlegen.[212] Dasselbe gilt, wenn sich die quotale Beteiligung nicht auf den Bilanzgewinn oder Jahresüberschuss, sondern auf einen bereinigten Bilanzgewinn oder den Rohertrag bezieht.[213] Kein Teilgewinnabführungsvertrag ist dagegen anzunehmen, wenn eine gewinnorientierte Vergütung in Form einer Verzinsung vorgesehen ist, deren Höhe in Abhängigkeit vom Gewinn der Gesellschaft variiert. Der Wortlaut des § 292 Abs. 1 Nr. 2 erfasst derartige Vergütungen nicht, da sie sich nicht auf einen Teil des Gewinns beziehen. Auch der Umstand, dass gestaffelte Vergütungen im Einzelfall einen ähnlichen wirtschaftlichen Effekt wie eine quotale Beteiligung erreichen können, gebietet keine analoge Anwendung. § 292 will vor Eingriffen in die Gewinnverwendungskompetenz der Aktionäre, nicht aber vor risikoreichen Geschäften schützen.[214] Rein gewinnabhängige Vergütungen schließlich, bei denen nur die Zahlung eines festen Zinssatzes geschuldet ist, fallen ebenfalls nicht unter den Begriff des Teilgewinnabführung, da sie weder eine quotale Teilgewinnbeteiligung begründen noch der Schutzzweck des § 292 Abs. 1 Nr. 2 eine Anwendung gebietet.[215] Liegt nach diesen Grundsätzen inhaltlich eine Teilgewinnabführung vor, stellt sich die Frage nach dem Verhältnis zwischen § 292 Abs. 1 Nr. 2 und § 221 Abs. 3. Nach zutreffender Ansicht ist § 221 Abs. 3 eine spezielle und abschließende Regelung der Ausgabevoraussetzungen von Genussscheinen, die die Anwendbarkeit des § 292 insoweit verdrängt.[216] Der Genussschein bedarf daher keiner Eintragung in das Handelsregister der emittierenden Aktiengesellschaft.[217]

2. Sicherstellung der Erfüllung der Wandlungs- und Optionsrechte. a) Bedingtes Kapital. Durch die Ausgabe einer Wandel- oder Optionsanleihe wird der Gläubiger zwar noch nicht Aktionär; er erhält aber einen Anspruch auf Verschaffung von Aktien. Zur Befriedigung dieses

---

[210] BGH AG 1995, 83; Hüffer/Koch/*Koch* Rn. 36; MHdB AG/*Scholz* § 64 Rn. 80; *Groß* in Marsch-Barner/Schäfer Börsennotierte AG-HdB Rn. 51.76.
[211] Emmerich/Habersack/*Emmerich* § 292 Rn. 31; Berghaus/Bardelmeier in Habersack/Mülbert/Schlitt Unternehmensfinanzierung am Kapitalmarkt § 14 Rn. 30; *Eyber*, Die Abgrenzung zwischen Genußrecht und Teilgewinnabführungsvertrag im Recht der Aktiengesellschaft. Mit einem Beitrag zur Problematik der Cash-flow-Beteiligung, 1997, 81 ff.
[212] Berghaus/Bardelmeier in Habersack/Mülbert/Schlitt Unternehmensfinanzierung am Kapitalmarkt § 14 Rn. 31; *Eyber*, Die Abgrenzung zwischen Genußrecht und Teilgewinnabführungsvertrag im Recht der Aktiengesellschaft. Mit einem Beitrag zur Problematik der Cash-flow-Beteiligung, 1997, 81 f.
[213] Kölner Komm AktG/*Koppensteiner* § 292 Rn. 42; Hüffer/Koch/*Koch* § 292 Rn. 8; Weitergehend MüKoAktG/*Altmeppen* § 292 Rn. 57, der auch Anknüpfungen an Positionen, die dem Bilanzgewinn vorgelagert sind, etwa Umsatzerlöse, als Teilgewinnabführung einordnet.
[214] Berghaus/Bardelmeier in Habersack/Mülbert/Schlitt Unternehmensfinanzierung am Kapitalmarkt § 14 Rn. 31; Kölner Komm AktG/*Koppensteiner* § 292 Rn. 38.
[215] *Eyber*, Die Abgrenzung zwischen Genußrecht und Teilgewinnabführungsvertrag im Recht der Aktiengesellschaft. Mit einem Beitrag zur Problematik der Cash-flow-Beteiligung, 1997, 91/92; *Gehling* WM 1992, 1093 (1096); Kölner Komm AktG/*Koppensteiner* § 292 Rn. 54.
[216] MüKoAktG/*Habersack* Rn. 72; Berghaus/Bardelmeier in Habersack/Mülbert/Schlitt Unternehmensfinanzierung am Kapitalmarkt § 14 Rn. 32; MHdB AG/*Scholz* § 64 Rn. 70;Kölner Komm AktG/*Koppensteiner* § 292 Rn. 54; *Sethe* AG 1993, 293 (310); *Feddersen/Landruth* ZGR 1993, 312 (316); *Busch* AG 1994, 93 (97); in der Entscheidung BGH AG 1993, 134 ff. sah der BGH in dem konkreten Genussschein offensichtlich keinen Teilgewinnabführungsvertrag; aA Emmerich/Habersack/*Emmerich* § 292 Rn. 31; nach *Hirte* ZBB 1992, 50 (52) ist § 221 nur bei breit gestreuten Genussscheinen spezieller.
[217] Zur Rechtslage bei der Emission von Genussscheinen durch andere Gesellschaftsformen s. Berghaus/Bardelmeiner in Habersack/Mülbert/Schlitt Unternehmensfinanzierung am Kapitalmarkt § 14 Rn. 33 ff.

Anspruchs muss die Gesellschaft Vorsorge treffen. Dafür bietet sich in allererster Linie die Schaffung eines bedingten Kapitals an (vgl. § 192 Abs. 2 Nr. 1 und dazu → § 192 Rn. 28–35).[218] Der entsprechende Beschluss über die Schaffung des bedingten Kapitals wird zumeist in der gleichen Hauptversammlung gefasst wie der Beschluss über die Ermächtigung zur Ausgabe der Wandelschuldverschreibungen und im Beschlussvorschlag miteinander verbunden. Dies ist rechtlich unbedenklich.[219] **Notwendiger Bestandteil** des Beschlusses über die bedingte Kapitalerhöhung ist die Festlegung des Erhöhungsbetrags, der Art und Gattung der Aktien,[220] bei Ausgabe von Nennbetragsaktien ihr Nennbetrag bzw. bei Ausgabe von Stückaktien ihre Zahl, der Zweck der bedingten Kapitalerhöhung, der Kreis der Bezugsberechtigten sowie der Ausgabebetrag oder die Grundlagen seiner Errechnung (§ 193 Abs. 2); dazu näher → § 193 Rn. 6–36. Überschreitet der von der Hauptversammlung beschlossene Nennbetrag des bedingten Kapitals den gesetzlich zulässigen Höchstbetrag iSd § 192 Abs. 3 S. 1, – weil etwa ein bereits bestehendes bedingtes Kapital nicht aufgehoben wurde –, führt dies zur Gesamtnichtigkeit des Kapitalerhöhungsbeschlusses; für eine geltungserhaltende Aufteilung des Kapitalerhöhungsbeschlusses in einen zulässigen, die Höchstgrenze beachtenden Teil und in einen darüber hinausschießenden nichtigen Teil ist wegen des öffentlichen Interesses an der Übersichtlichkeit der Kapitalverhältnisse kein Raum.[221]

69 Regelmäßig wurde in der Vergangenheit der Mindestausgabekurs für die Schuldverschreibungen auf 80 % des zur Zeit der Emission bestehenden Kurses der Aktie oder einen vergleichbaren Mindestbetrag festgesetzt. Die Angabe eines solchen **Mindestausgabebetrages** *(floor)* war und ist ausreichend, auch wenn dem Vorstand dann insoweit ein gewisser Ermessensspielraum bei der Festlegung der genauen Konditionen zusteht.[222] Diese durch mehrere Entscheidungen der Instanzgerichte[223] zwischenzeitlich ins Wanken geratene vormals durchgängig übliche Praxis der Mindestklausel wurde nunmehr vom Bundesgerichtshof für den bedeutsamsten Fall des Ermächtigungsbeschlusses ausdrücklich bestätigt.[224] Damit ist eine erhebliche Rechtsunsicherheit beseitigt, die zu zwischenzeitlichen nachteiligen Einschränkungen in der Ermächtigungspraxis deutscher Aktiengesellschaften geführt hatte. Darüber hinaus ist mit der Neufassung von § 193 Abs. 2 Nr. 3 durch Art. 1 Nr. 29 des Gesetzes zur Umsetzung der Aktionärsrechterichtlinie (ARUG)[225] seit dem 1.9.2009 auch positivrechtlich geregelt, dass die Angabe des Mindestbetrages im Beschluss der Hauptversammlung genügt.[226] Gesetzgeber und Bundesgerichtshof sind damit der Auffassung gefolgt, die sich gegen die von einem Teil der Literatur und Minderheitsaktionären ausgegangene Kritik[227] an der Mindestklausel gewendet hat.[228] Gegen die Kritik spricht aus praktischer Sicht, dass sie die Möglichkeit zur

---

[218] MüKoAktG/*Habersack* Rn. 27 sowie Rn. 213 ff.
[219] Vgl. BGH ZIP 2006, 368; *Maier-Raimer* GS Bosch, 2006, 85 (86); vgl. dazu auch *Groß* in Marsch-Barner/Schäfer Börsennotierte AG-HdB Rn. 51.36; *Fest* in Hopt/Seibt Schuldverschreibungsrecht § 221 Rn. 86.
[220] *Schlitt/Hemeling* in Habersack/Mülbert/Schlitt Unternehmensfinanzierung am Kapitalmarkt § 12 Rn. 33; *Fest* in Hopt/Seibt Schuldverschreibungsrecht § 221 Rn. 88. Diese Festlegungen sind nicht erforderlich, soweit sie sich schon aus der Satzung ergeben, Hüffer/Koch/*Koch* § 193 Rn. 4.
[221] OLG MünchenWM 2012, 511 (512).
[222] *Fest* in Hopt/Seibt Schuldverschreibungsrecht § 221 Rn. 91.
[223] OLG Celle AG 2008, 85; OLG Hamm ZIP 2008, 923; KG NZG 2008, 274. S. für die erstinstanzliche Gerichte LG Coburg Urt. v. 21.6.2005 – 1 HK O 43/05; LG Hamburg Urt. v. 20.10.2005 – 415 O 85/15; LG Berlin Urt. v. 6.1.2006 – 94 O 57/05; dagegen etwa LG München Beschl. v. 2.9.2003 – 17 HK T 15 921/03, – sämtlich unveröffentlicht; LG Essen Urt. v. 26.1.2007 – 45 O 47/06, BeckRS 2007, 06068. Zu den Praxisfolgen dieser Rechtsprechung s. *Becker/Otte* NZG 2008, 485 (489); *Gerrit/Cavaillès* jurisPR-HaGesR 10/2009 Anm. 4; *Müller-Eising* GWR 2009, 270.
[224] BGH NZG 2009, 986. S. dazu im Überblick *Goette* DStR 2009, 2602 (2609).
[225] BGBl. 2009 I 2479 ff.
[226] Der Regierungsentwurf zum ARUG v. 21.1.2009, BT-Drs. 16/11642, 37, begründete die in § 193 Abs. 2 Nr. 3 vorgenommene Änderung mit der notwendigen gesetzlichen Anpassung an die Bedürfnisse des modernen Kapitalmarktes: Die Änderung entspreche einer seit längerem in der Praxis erprobten und bewährten Gestaltung bei der Ausgabe von Wandelschuldverschreibungen. Wegen des überkommenen Wortlauts sei in letzter Zeit zunehmend Rechtsunsicherheit eingetreten, die mit der Novellierung beseitigt werden solle. Die Bundesregierung entsprach damit der Forderung nach Klarstellung durch den Handelsrechtsausschuss des Deutschen Anwaltsvereins (DAV) und griff dessen Gesetzgebungsvorschlag vom Oktober 2007 auf, s. DAV-Stellungnahme Nr. 46/07 S. 3 f.
[227] Kritik etwa bei *Klawitter* AG 2005, 792 (793); *Maul* NZG 2000, 679; MHdB AG/*Scholz* § 64 Rn. 20; Großkomm AktG/*Frey* § 193 Rn. 51.
[228] Zu Recht für zulässig hielten die Angabe eines Mindestausgabebetrages *Spiering/Grabbe* AG 2004, 91 (94); *Maier-Raimer* GS Bosch, 2006, 85 ff.; *Maier-Raimer* Börsen-Zeitung v. 4.10.2006, 2; *Busch* in Marsch-Barner/Schäfer Börsennotierte AG-HdB Rn. 44.24 f.; *Groß* in Marsch-Barner/Schäfer Börsennotierte AG-HdB, 2005, § 48 Rn. 36; *Becker/Otte* NZG 2008, 485 (486 ff.). – Auch die Annahme einer Nichtigkeit war selbst bei unterstelltem Verstoß gegen § 193 Abs. 2 Nr. 3 aF zu undifferenziert und deshalb abzulehnen; richtig dagegen (und offenbar allenfalls von Anfechtbarkeit ausgehend) *Maier-Raimer* GS Bosch, 2006, 85 (98 f.); ebenso *Angerer/Pläster* NZG 2008, 326 (330).

Ausgabe einer Wandelschuldverschreibung unter Nutzung aktueller Marktbedingungen auf der Basis einer Ermächtigung der Hauptversammlung deutlich erschwert, weil die Hauptversammlung den Ausgabepreis der Aktien bereits bei Erteilung der Ermächtigung und damit möglicherweise Jahre vorher und ohne Kenntnis des Börsenkurses der Aktie bei Ausgabe der Anleihe festlegen muss.[229] Dies widerspricht auch dem Sinn eines Ermächtigungsbeschlusses (im Gegensatz zur Entscheidung zur unmittelbaren Ausgabe durch die Hauptversammlung), dem seinem Wesen nach eine Ermächtigung an den Vorstand immanent ist, den genauen Ausgabebetrag erst später in einem vorgegebenen Rahmen festzulegen. Es liegt gerade in der Natur einer Ermächtigung, dass der Kurs, zu dem die Aktien später ausgegeben werden sollen, noch nicht festgelegt werden kann, und dass der Verwaltung bei der Bestimmung eben dieses Kurses ein gewisser Ermessensspielraum zu geben ist.[230] Es ist auch nicht Aufgabe des Registergerichts zu prüfen, ob die Ausgabe zu einem bestimmten Kurs die Aktionäre unangemessen benachteiligen würde (auch nicht im Wege der Plausibilitätskontrolle), so dass auch unter diesem Gesichtspunkt keine genaue Angabe zu fordern ist.[231] Schließlich streiten auch materielle Gesichtspunkte gegen die Mindermeinung: Das maximale Ausmaß der Verwässerung ist mit der Bekanntgabe des Mindestausgabebetrags bekannt. Erfolgt die Begebung unter Einräumung eines Bezugsrechts, können die Aktionäre teilhaben; wird das Bezugsrecht ausgeschlossen, gelten die allgemeinen Voraussetzungen für den Ausschluss des Bezugsrechts. Hierdurch sind die Aktionäre ausreichend gegen eine Verwässerung geschützt. Dieser Argumentation hat sich der Bundesgerichtshof angeschlossen[232] und damit Rechtssicherheit auch bezüglich der Fälle geschaffen, in denen Aktiengesellschaften aufgrund von vor dem Inkrafttreten des ARUG beschlossene Hauptversammlungsermächtigungen mit Mindestklauseln Wandelschuldverschreibungen emittieren möchten.[233]

Eine Durchführung der bedingten Kapitalerhöhung ist im Falle der Wandlung nur in dem Ausmaß erforderlich, in dem nicht auf eigene Aktien oder auf eine Barzahlungsoption *(cash settlement)* zurückgegriffen werden kann oder soll (→ Rn. 79–81, 148).[234]

b) Genehmigtes Kapital. Die Verpflichtungen aus der Wandelschuldverschreibung können theoretisch auch über ein genehmigtes Kapital (§§ 202 ff.) abgesichert werden.[235] Indessen erweist sich das genehmigte Kapital als **deutlich schwerfälliger** als das bedingte Kapital.[236] Vor allem ist nachteilig, dass die Ermächtigung zur Erhöhung des Grundkapitals nur auf maximal fünf Jahre begrenzt werden kann (§ 202 Abs. 1). Sehen Wandelschuldverschreibungen eine längere Laufzeit vor, muss das genehmigte Kapital also entsprechend erneuert werden, was einen weiteren Hauptversammlungsbeschluss erforderlich macht.[237] Da nicht mit hoher Sicherheit prognostiziert werden kann, dass die Hauptversammlung einer Erneuerung des genehmigten Kapitals zustimmt (und Beschlussmängelklagen opponierender Aktionäre ausbleiben), besteht ein nicht unbeträchtliches Unsicherheitselement, das sich negativ auf die Platzierbarkeit der Wandelanleihe auswirken kann.

Teilweise wird zur Abhilfe vorgeschlagen, dass der Vorstand rechtzeitig vor Ablauf der Laufzeit des genehmigten Kapitals in Höhe des Betrages, der zur Bedienung aller Wandlungsrechte erforderlich ist, das genehmigte Kapital ausnutzen solle. Dies sei zB möglich, wenn die Gesellschaft **mit einem Kreditinstitut vereinbaren** würde, dass es die Aktien mit der Verpflichtung übernimmt, sie für die

---

[229] *Maier-Raimer* GS Bosch, 2006, 85 (96), der deshalb zu dem Ergebnis kommt, die Ermächtigungsnorm des § 221 Abs. 2 sei gegenüber § 193 Abs. 2 Nr. 3 aF *lex specialis*. Selbst wenn man dem nicht folgen wollte, war § 193 Abs. 2 Nr. 3 aF unter Berücksichtigung der jüngeren Ermächtigungsnorm des § 221 Abs. 2 insoweit in seinem Anwendungsbereich teleologisch zu reduzieren. Ebenso *Angerer/Pläster* NZG 2008, 326 (330).
[230] *Maier-Raimer* GS Bosch, 2006, 85 (86).
[231] Zutreffend *Maier-Raimer* GS Bosch, 2006, 85 (88); *Becker/Otte* NZG 2008, 485 (487f.); *Fest* in Hopt/Seibt Schuldverschreibungsrecht § 221 Rn. 91; AA *Spiering/Grabbe* AG 2004, 91 (93).
[232] S. insbes. BGH NZG 2009, 986 (988 f. Rn. 14 f., 19 f.).
[233] Deshalb wird die Entscheidung in der Praxis ganz überwiegend begrüßt. S. *Böttcher/Kautzsch* NZG 2009, 978 (980); *Müller-Eising* GWR 2009, 270; *Gerrit/Cavaillès* jurisPR-HaGesR 10/2009 Anm. 4; *Fuchs* LMK 2009, 293 152; *Becker* zitiert bei *Kurz/Schulz* FTD v. 26.5.2006, S. 19; *Grobecker* zitiert bei *Becker* BZ v. 20./21.5.2009, S. 2; vgl. *König* DNotZ 2009, 785 (788). Ausdrücklich gefordert hatten eine solche klärende Entscheidung *Becker/Otte* NZG 2008, 485 (490); *Pluskat* DB 2008, 975 (977); *Angerer/Pläster* NZG 2008, 326 (328).
[234] Vgl. *Schlitt/Hemeling* in Habersack/Mülbert/Schlitt Unternehmensfinanzierung am Kapitalmarkt § 12 Rn. 36.
[235] S. *Hemmerling*, Aktienrechtliche Probleme bei der Begebung von Optionsschuldverschreibungen ausländischer Tochtergesellschaften, 1991, 19 f.; *Schlitt/Hemeling* in Habersack/Mülbert/Schlitt Unternehmensfinanzierung am Kapitalmarkt § 12 Rn. 38; *Groß* in Marsch-Barner/Schäfer Börsennotierte AG-HdB Rn. 51.60; *Fest* in Hopt/Seibt Schuldverschreibungsrecht § 221 Rn. 96.
[236] Zutreffender Befund bei *Schlitt/Hemeling* in Habersack/Mülbert/Schlitt Unternehmensfinanzierung am Kapitalmarkt § 12 Rn. 38; *Schäfer* ZGR-Sonderheft 16/2000, 62 (71); *Groß* in Marsch-Barner/Schäfer Börsennotierte AG-HdB Rn. 51.60; *Maier-Raimer* GS Bosch, 2006, 85.
[237] *Fest* in Hopt/Seibt Schuldverschreibungsrecht § 221 Rn. 102.

Ausübung der Optionsrechte zur Verfügung zu halten und den Einzahlungsbetrag an die Gesellschaft abzuführen.[238] Gegen diesen Vorschlag ist einzuwenden, dass zum Zeitpunkt der Übernahme der Aktien durch das Kreditinstitut nicht gesichert wäre, dass die Aktien auch zur Bedienung der Wandlungsrechte verwendet werden müssen. Damit wäre aber zweifelhaft, ob der mit der Ausgabe der Aktien an das Kreditinstitut verbundene Bezugsrechtsausschluss (dazu sogleich → Rn. 85–126) sachlich gerechtfertigt werden könnte.

73 Weiter müssen Vorstand und Aufsichtsrat im Falle der Wandlung oder Optionsausübung für jede ausgeübte Tranche gesonderte Beschlüsse über die Ausnutzung des genehmigten Kapitals fassen (§§ 203, 204).[239] Zudem wird das Grundkapital anders als beim bedingten Kapital (§ 200) nicht bereits mit Ausgabe der Bezugsaktien, sondern **erst mit Eintragung der Kapitalerhöhung in das Handelsregister erhöht** (§ 203 Abs. 1, § 189).[240] Da eine solche Eintragung praktisch nur im „Sammelverfahren" in Betracht kommt, ist im Einzelfall nicht absehbar, in welchem Zeitpunkt das individuelle Aktienrecht entsteht.[241] Allerdings kann dieser Nachteil dadurch abgeschwächt werden, dass die Wandelschuldverschreibungen nur zum Ende der Laufzeit ausgeübt werden können, und das Eintragungsverfahren mit dem Handelsregister abgestimmt wird.

74 Schließlich kann die Hauptversammlung das genehmigte Kapital anders als das bedingte Kapital (§ 192 Abs. 4) auch nach der Begebung der Wandelanleihe **wieder aufheben**.[242] Eine § 192 Abs. 4 entsprechende Bestimmung bezogen auf das genehmigte Kapital gibt es nicht, und auch eine analoge Anwendung kommt aufgrund des Ausnahmecharakters der Bestimmung wohl nicht in Betracht. Das genehmigte Kapital bietet also weniger Schutz für die Investoren.[243] Auf diesen – wenn auch in der Regel eher theoretischen – Umstand wird im Wertpapierprospekt, der beim öffentlichen Angebot bzw. bei der Zulassung der Wandelschuldverschreibungen erstellt wird, wegen der bedeutsamen Folgen eines Wegfalls der Aktien hinzuweisen sein. Gleiches gilt, wenn die Wandelanleihe auf der Basis eines Term Sheets bei institutionellen Investoren zunächst prospektfrei platziert wird (→ Rn. 50–51). Die Möglichkeit einer Nichtabsicherung von Wandlungsrechten aufgrund späterer Aufhebung wird von den Investoren negativ aufgenommen, was sich ebenfalls nachteilig auf die Vermarktbarkeit der Wandelschuldverschreibung auswirkt.[244]

75 Des Weiteren hat das genehmigte Kapital anders als die bedingte Kapitalerhöhung, bei der der Kreis der Bezugsberechtigten bereits konzeptionell beschränkt ist und deshalb das Bezugsrecht immer ausgeschlossen ist (→ § 192 Rn. 17),[245] nicht zwangsläufig den Bezugsrechtsausschluss zur Folge.[246] Der **Bezugsrechtsausschluss** betreffend das genehmigte Kapital, der neben einen Bezugsrechtsausschluss betreffend die Wandelschuldverschreibung selbst tritt, muss vielmehr jeweils sachlich gerechtfertigt sein. Damit verbunden ist das Risiko, dass gegen die Ausnutzung des genehmigten Kapitals Maßnahmen ergriffen werden, wie eine Unterlassungsklage oder ein Antrag auf Erlass einer einstweiligen Verfügung.[247]

76 Häufig wird der Bezugsrechtsausschluss bei der Begebung der Wandelschuldverschreibung auf § 221 Abs. 4 S. 2 iVm § 186 Abs. 3 S. 4 gestützt werden (vgl. dazu und zum Bezugsrechtsausschluss allgemein ausf. → Rn. 85–126). Fraglich wird dann, ob bei Ausnutzung des genehmigten Kapitals anlässlich der Wandlung nochmals dieselben Voraussetzungen für die Rechtfertigung des Bezugsrechtsausschlusses einzuhalten sind wie bei Begebung der Wandelschuldverschreibung. Auf § 186 Abs. 3 S. 4 kann der Bezugsrechtsausschluss betreffend das genehmigte Kapital in diesem Fall an sich nicht (mehr) gestützt werden, da die neuen Aktien im Falle der Wandlung zu einem Wandlungspreis geliefert werden, der den dann aktuellen Börsenkurs erheblich unterschreitet. Gleichwohl wird im Schrifttum überwiegend die Ansicht vertreten, dass der Bezugsrechtsrechtsausschluss dessen ungeachtet sachlich gerechtfertigt und damit zulässig bleibt.[248] Dem ist zuzustimmen. Ein weiteres Bezugsrecht der Aktionäre ist nicht mehr erforderlich, weil die Aktionäre bereits bei Begebung der Wandel-

---

[238] *Silcher* FS Geßler, 1971, 185 (197).
[239] *Schlitt/Hemeling* in Habersack/Mülbert/Schlitt Unternehmensfinanzierung am Kapitalmarkt § 12 Rn. 38.
[240] S. *Martens* FS Ulmer, 2003, 399 (401); *Rosener* FS Bezzenberger, 2000, 745 (749).
[241] *Martens* FS Ulmer, 2003, 399 (401).
[242] *Schlitt/Hemeling* in Habersack/Mülbert/Schlitt Unternehmensfinanzierung am Kapitalmarkt § 12 Rn. 38.
[243] Dazu etwa *Schumann*, Optionsanleihen, 1990, 28; *Steiner* WM 1990, 1776 (1778); *Wolff* WiB 1997, 505 (507).
[244] *Schlitt/Hemeling* in Habersack/Mülbert/Schlitt Unternehmensfinanzierung am Kapitalmarkt § 12 Rn. 38.
[245] Vgl. BGH ZIP 2006, 368 (369).
[246] MüKoAktG/*Habersack* Rn. 219.
[247] Vgl. hierzu BGHZ 136, 133 (141) – Siemens/Nold. Vgl. zum einstweiligen Rechtsschutz insbes. *Schlitt/Seiler* ZHR 166 (2002) 544 ff.; *Fest* in Hopt/Seibt Schuldverschreibungsrecht § 221 Rn. 105.
[248] Vgl. Hüffer/Koch/*Koch* § 186 Rn. 30; GHEK/*Hefermehl/Bungeroth* § 186 Rn. 128; *Schäfer* ZGR-Sonderheft 16/2000, 16 (71); *Fest* in Hopt/Seibt Schuldverschreibungsrecht § 221 Rn. 105.

schuldverschreibung hinreichend geschützt werden und ihnen auch bei dem bedingten Kapital neben dem Bezugsrecht auf Erwerb der Wandelschuldverschreibungen kein weiteres Bezugsrecht zusteht. Wollte man bei der Ausnutzung des genehmigten Kapitals zur Bedienung der Wandelschuldverschreibungen dagegen ein weiteres Bezugsrecht als erforderlich ansehen, könnte dies unüberwindbare Schwierigkeiten im Zusammenhang mit der Gestaltung der Bedingungen der Wandelschuldverschreibungen mit sich bringen. Im Ergebnis müsste sich die Gesellschaft in diesem Fall die Änderung des Umtauschverhältnisses für den Fall vorbehalten, dass der Umtauschpreis den aktuell geltenden Börsenkurs erheblich unterschreitet. Der Wandelschuldverschreibungen regelmäßig zugrunde liegende wirtschaftliche Zweck könnte dann nicht mehr erfüllt werden. Die Rechtsprechung hat sich indes – soweit ersichtlich – noch nicht mit dieser Frage beschäftigt. Insofern besteht also auch unter diesem Aspekt ein weiterer Unsicherheitsfaktor, der gegen die Nutzung des genehmigten Kapitals spricht.

Letztlich ist nicht gesichert, ob **§ 194 Abs. 1 S. 2** als Bestimmung aus dem Unterabschnitt 77 „Bedingte Kapitalerhöhung" auf die Bestimmungen des genehmigten Kapitals ausgedehnt werden kann.[249] Wäre dies nicht der Fall, müssten beim Umtausch der Wandelschuldverschreibungen die Bestimmungen über die Sacheinlage beachtet werden, was zu einer weiteren deutlichen Praktikabilitätseinbuße führen würde. Für eine analoge Anwendung von § 194 Abs. 1 S. 2 auf das genehmigte Kapital spricht, dass bei einer durch Barzahlung erworbenen Wandelschuldverschreibung der Vorgang der Wandlung in Aktien beim genehmigten Kapital der beim bedingten Kapital vergleichbar ist.[250] Dem Gesetzgeber ging es bei der Regelung des § 194 Abs. 1 S. 2 darum, die Wandelschuldverschreibung und deren Umtausch einfach zu halten. Ferner sollte auf diese Weise die Aufnahme von Fremdkapital erleichtert werden.[251] Beide Erwägungen treffen nicht nur bei der Sicherstellung der Erfüllbarkeit aus dem bedingten Kapital zu, sondern gelten in gleicher Weise auch für die Sicherstellung der Erfüllbarkeit aus dem Genehmigten Kapital. Auch dies ist bislang aber rechtlich ungesichert.

Die Nutzung genehmigten Kapitals kommt aus allen diesen Gründen auch aus Sicht des Investors 78 häufig **nur als Notbehelf** für solche Fälle in Betracht, in denen das bedingte Kapital nicht ausreicht,[252] der Anwendungsbereich von § 192 Abs. 2 Nr. 1 verlassen wird[253] und keine Barzahlungsoption erwogen wird.[254] Daneben kann auf das genehmigte Kapital zurückgegriffen werden, wenn die emittierende Gesellschaft noch über kein bedingtes Kapital verfügt, etwa weil sie durch Verschmelzung oder Abspaltung neu gegründet wurde.[255] So wurde im Fall der Pflichtwandelanleihe der Lanxess AG, die durch Abspaltung von der Bayer AG zur Aufnahme nach §§ 123 Abs. 2 Nr. 1. UmwG entstanden ist, zunächst in der Gründungsatzung ein genehmigtes Kapital zur Sicherung des Wandlungsrechte bzw. -pflichten vorgesehen. In der nächsten ordentlichen Hauptversammlung der Gesellschaft wurde das genehmigte Kapital dann durch ein bedingtes Kapital abgelöst.[256]

c) Eigene Aktien. Praktikabler als der Rückgriff auf das genehmigte Kapital ist die Absicherung 79 der Wandelschuldverschreibung durch eigene Aktien. In der Regel wird es sich dabei um eigene Aktien handeln, die die Gesellschaft aufgrund einer Ermächtigung der Hauptversammlung (§ 71 Abs. 1 Nr. 8) erworben hat.[257] Die Bedienung von Wandlungsrechten durch die Gesellschaft mit eigenen Aktien ist **zulässig**.[258] Es empfiehlt sich aber, im Ermächtigungsbeschluss über die Ausgabe

---

[249] Gegen eine entsprechende Anwendbarkeit *Maier-Raimer* GS Bosch, 2006, 85 Fn. 2; *Groh* BB 1997, 2523 (2528); *Hirte* WM 1994, 321 (329). Dafür etwa *Groß* in Marsch-Barner/Schäfer Börsennotierte AG-HdB Rn. 51.60; *Schumann*, Optionsanleihen, 1990, 79 ff.
[250] Ähnlich auch *Fest* in Hopt/Seibt Schuldverschreibungsrecht § 221 Rn. 131.
[251] Großkomm AktG/*Frey* § 194 Rn. 27.
[252] Dazu etwa *Schlede/Kley* in Busse von Colbe/Großfeld/Kley/Martens/Schlede, Bilanzierung von Optionsanleihen im Handelsrecht, 1987, 1 (12) mit Beispielen aus der Praxis.
[253] MüKoAktG/*Habersack* Rn. 219; *Fest* in Hopt/Seibt Schuldverschreibungsrecht § 221 Rn. 97.
[254] *Schlitt/Hemeling* in Habersack/Mülbert/Schlitt Unternehmensfinanzierung am Kapitalmarkt § 12 Rn. 38. Nachweise aus der Praxis bei *Schlitt/Seiler/Singhof* AG 2003, 254 (256).
[255] In der Gründungsatzung einer Aktiengesellschaft kann ein bedingtes Kapital nach hM nicht vereinbart werden. Vgl. MüKoAktG/*Fuchs* § 194 Rn. 21 mwN.
[256] *Fest* in Hopt/Seibt Schuldverschreibungsrecht § 221 Rn. 99; Vgl. auch die Einladung zur Hauptversammlung der Lanxess AG 2005 unter TOP 5 und die Erläuterungen dazu im Vorstandsbericht. Die Ablösung stand unter dem Vorbehalt der Eintragung bedingten Kapitals. Die Anleihebedingungen wurden – vorbehaltlich der Zustimmung der Hauptversammlung – entsprechend geändert.
[257] *Schlitt/Hemeling* in Habersack/Mülbert/Schlitt Unternehmensfinanzierung am Kapitalmarkt § 12 Rn. 39. Näher zum Inhalt der Ermächtigung s. *Bosse* NZG 2000, 923 ff.; *Kindl* DStR 1999, 1276.
[258] Hüffer/Koch/*Koch* Rn. 59; MHdB AG/*Scholz* § 64 Rn. 44; *Schäfer* ZGR-Sonderheft 16/2000, 62 (71); *Hirte* ZGR-Sonderheft 16/2000, 1 (18); *Schlitt/Hemeling* in Habersack/Mülbert/Schlitt Unternehmensfinanzierung am Kapitalmarkt § 12 Rn. 39; *Schlitt/Löschner* BKR 2002, 150 (152); *Schlitt/Seiler/Singhof* AG 2003, 254 (256 f.); Kölner Komm AktG/*Florstedt* Rn. 310; *Fest* in Hopt/Seibt Schuldverschreibungsrecht § 221 Rn. 112.

von Wandelschuldverschreibungen ausdrücklich vorzusehen, dass die Umtausch- bzw. Bezugsrechte auch aus dem Bestand eigener Aktien bedient werden können.[259] Dies geschieht in der Praxis häufig. Auch eine entsprechende Ermächtigung, erworbene eigene Aktien zu dem Zweck der Bedienung von Wandelschuldverschreibungen zu nutzen, findet sich in den Ermächtigungsbeschlüssen deutscher börsennotierter Aktiengesellschaften inzwischen regelmäßig.

80 Allerdings ist die Ermächtigung zum Erwerb eigener Aktien auf höchstens fünf Jahre **befristet** und **volumenmäßig begrenzt,** nämlich auf einen Betrag, der zehn vom Hundert des Grundkapitals nicht übersteigen darf (§ 71 Abs. 1 Nr. 8 S. 1, Abs. 2 S. 1). Diese Befristung führt dazu, dass die Ermächtigung zum Erwerb von eigenen Aktien unter Umständen während der Laufzeit der Wandelschuldverschreibung erneuert werden muss, bis die erforderliche Anzahl an Aktien zur Verfügung steht. Außerdem müssen die in § 71 Abs. 2 S. 2 vorgesehenen bilanziellen Beschränkungen werden.[260] Aus Sicht des Anlegers mag die Bedienung der Wandlungsrechte durch eigene Aktien als nachteilig empfunden werden, da es an einer dem bedingten Kapital (vgl. § 192 Abs. 4) vergleichbaren Sicherheit fehlt, dass die Gesellschaft tatsächlich ausreichend eigene Aktien im Bestand halten wird, um die Wandlungsrechte zu befriedigen.[261] Schließlich können die eigenen Aktien andere Dividendenrechte tragen als Aktien, die aus dem bedingten Kapital stammen. So tragen Aktien aus dem bedingten Kapital regelmäßig eine Dividendenberechtigung von dem Beginn des Geschäftsjahres an, in dem das Wandlungsrecht ausgeübt wird. Eigene Aktien gewähren dagegen grundsätzlich noch die Dividendenberechtigung für das abgelaufene Geschäftsjahr, sofern der Gewinnverwendungsbeschluss noch nicht gefasst wurde.[262] Steuerliche Nachteile können hinzukommen.[263]

81 Die Nutzung eigener Aktien zur Bedienung der Wandlungsrechte der Anleihegläubiger bedeutete notwendigerweise einen **Ausschluss des Bezugsrechts** der Aktionäre.[264] Der Ermächtigungsbeschluss zum Rückerwerb eigener Aktien muss daher vorsehen, dass das Bezugsrecht insoweit ausgeschlossen werden darf, wie die eigenen Aktien zur Bedienung von Umtausch- bzw. Bezugsrechten verwendet werden. Die Erleichterungen des § 71 Abs. 1 Nr. 8 S. 5 2. Hs. iVm § 186 Abs. 3 S. 4 können zwar auf den ersten Blick nicht in Anspruch genommen werden, da die eigenen Aktien im Falle des Umtauschs zum einem Wandlungspreis geliefert werden, der den dann herrschenden Börsenkurs der Aktie erheblich unterschreitet. Gleichwohl ist von der **sachlichen Rechtfertigung** des Bezugsrechtsausschlusses auszugehen, wenn die Hauptversammlung über die Begebung der Wandelschuldverschreibung unter Beachtung des § 221 beschlossen bzw. den Vorstand zum Bezugsrechtsausschluss nach § 186 Abs. 3 S. 4 ermächtigt hat, da in diesem Zusammenhang ein Bezugsrecht der Aktionäre hinsichtlich der Wandelschuldverschreibung besteht bzw. dieses unter Beachtung des § 186 Abs. 3 S. 4 ausgeschlossen wurde.[265] Ein erneutes Bezugsrecht mit Blick auf die eigenen Aktien ist dann nicht einzuräumen. Denn der Verwässerungseffekt, der bei der Lieferung der eigenen Aktien eintritt, ist kein anderer als der, der entstünde, wenn stattdessen Aktien aus dem bedingten Kapital geliefert würden.[266] Auf die Aktien aus dem bedingten Kapital würde den Aktionären aber ohnehin kein Bezugsrecht zustehen.

82 **d) Vereinbarungen mit Dritten.** Es ist schließlich denkbar, dass die Gesellschaft Aktienbezugsrechte durch Vereinbarung eines Optionsrechts *(call option)* mit Dritten, die im Besitz bereits bestehender Aktien der Gesellschaft sind, absichert.[267] Die Ausgabe einer solchen sog. **synthetischen Wandelschuldverschreibung** bedarf keines Ermächtigungsbeschlusses nach § 221, weil keine neuen Aktien der Gesellschaft in Rede stehen und es zu keiner Verwässerung der Aktionäre kommt.[268]

---

[259] *Ihrig* in Happ AktienR 12.04 Anm. 8.
[260] Zu möglichen betriebswirtschaftlichen Nachteilen *Hofmeister,* Der erleichterte Bezugsrechtsausschluss bei Wandelschuldverschreibungen, Gewinnschuldverschreibungen und Genussrechten, 2000, 29.
[261] Vgl. dazu auch MüKoAktG/*Habersack* Rn. 222, der auch auf die Verteuerung des Rückkaufs hinweist, die bei Kenntnis des Marktes hinsichtlich der Erwerbsnotwendigkeit zu befürchten sei.
[262] *Schlitt/Hemeling* in Habersack/Mülbert/Schlitt Unternehmensfinanzierung am Kapitalmarkt § 12 Rn. 40 Fn. 4.
[263] Zu steuerlichen Nachteilen näher vgl. *Mihm* in Habersack/Mülbert/Schlitt Unternehmensfinanzierung am Kapitalmarkt § 15 Rn. 21.
[264] *Schlitt/Hemeling* in Habersack/Mülbert/Schlitt Unternehmensfinanzierung am Kapitalmarkt § 12 Rn. 41; *Reichert/Harbarth* ZIP 2001, 1441 (1448); *Schäfer* ZGR-Sonderheft 16/2000, 62 (71).
[265] *Schäfer* ZGR-Sonderheft 16/2000, 62 (71); *Schlitt/Hemeling* in Habersack/Mülbert/Schlitt Unternehmensfinanzierung am Kapitalmarkt § 12 Rn. 41; *Schlitt/Seiler/Singhof* AG 2003, 254 (256 f.); *Busch* in Marsch-Barner/Schäfer Börsennotierte AG-HdB Rn. 44.51 mit Fn. 2.
[266] *Busch* in Marsch-Barner/Schäfer Börsennotierte AG-HdB Rn. 44.51 mit Fn. 2.
[267] *Schlede/Kley* in Busse von Colbe/Großfeld/Kley/Martens/Schlede, Bilanzierung von Optionsanleihen im Handelsrecht, 1987, 1 (12).
[268] *Groß* in Marsch-Barner/Schäfer Börsennotierte AG-HdB Rn. 51.16.

§§ 71, 71d stehen zwar der Ausübung einer **Call Option** auf eigene Aktien im Verhältnis der 83 Aktiengesellschaft zu dem Dritten ohne entsprechende Ermächtigung durch die Hauptversammlung entgegen.[269] Ein Verstoß gegen das **Verbot des Erwerbs eigener Aktien** kann indessen vermieden werden, wenn die Transaktion so strukturiert wird, dass die Aktiengesellschaft aus dem Geschehensablauf vollständig ausscheidet und sie kein – wirtschaftlicher – Eigentümer der Aktien wird.[270] Dazu ist es erforderlich, dass die Aktiengesellschaft den Anspruch gegen den Dritten auf Lieferung der Aktien an einen **Treuhänder abtritt,** der Treuhänder die Option im Namen und für Rechnung der Anleihegläubiger und nicht für Rechnung der Gesellschaft (vgl. § 71d) ausübt und das Optionsrecht im Falle der Ausübung nur zwischen dem Treuhänder und dem Dritten abgewickelt wird. Auch eine unzulässige Umgehung der §§ 71 ff. ist darin nicht zu sehen. Zwar untersagen die §§ 71a, 71d S. 4 Rechtsgeschäfte zwischen der Gesellschaft und einem Dritten, nach denen der Dritte berechtigt oder verpflichtet sein soll, Aktien für Rechnung der Gesellschaft zu erwerben *(financial assistance)*. Sofern der Dritte das mit der Übernahme bzw. dem Besitz der Aktien verbundene Risiko einer Veränderung des Kurses der veroptionierten Aktien – wie in solchen Fällen üblich – selbst übernimmt, liegt eine unzulässige *financial assistance* indessen nicht vor.[271] Auch ein Verstoß gegen das Verbot der Rückgewähr von Einlagen nach § 57 besteht nicht, wenn die Optionsbedingungen wie mit Dritten *(at arms' length)* abgewickelt werden und einem Drittvergleich standhalten. Schließlich liegt kein Verstoß gegen den Gleichbehandlungsgrundsatz (§ 53a) vor, sofern der Dritte die Option lediglich in seiner Eigenschaft als Finanzdienstleister und nicht in seiner Eigenschaft als Aktionär einräumt.[272]

e) Keine Pflicht zur Absicherung. Nach einer verbreiteten Auffassung im Schrifttum soll die 84 Gesellschaft wegen § 187 Abs. 2 gehalten sein, zeitgleich mit der Wandelschuldverschreibung ein bedingtes Kapital zur Bedienung der Wandlungsrechte zu schaffen.[273] Dem ist nicht zuzustimmen. Eine der Beschlussfassung über die Kapitalerhöhung zeitlich vorausgehende Ausgabe von Wandelschuldverschreibungen ist auch im Hinblick auf § 187 Abs. 2 zulässig, da die Gesellschaft aus diesen Wandelschuldverschreibungen nicht verpflichtet wird. Lediglich die Erfüllbarkeit der entsprechenden Wandlungsrechte ist von dem Beschluss der Hauptversammlung über die Kapitalerhöhung abhängig.[274] Folglich ist es denkbar, die Wandelanleihe aufgrund einer vorliegenden Ermächtigung nach § 221 zuerst und das bedingte Kapital erst später – etwa in der nächsten Hauptversammlung zu begeben.[275] Die Entscheidungsfreiheit der Hauptversammlung wird durch eine vorherige Begebung von Wandelschuldverschreibungen nicht beeinträchtigt, da die Inhaber der Wandelschuldverschreibungen aufgrund der relativen Unwirksamkeit der Wandlungsvereinbarungen keine Schadensersatzansprüche gegen die Gesellschaft geltend machen können. Auch eine Schadensersatz begründende Verletzung der Pflicht des Vorstandes zur ordnungsgemäßen Geschäftsführung liegt aus diesem Grund nicht vor, da der Gesellschaft kein Schaden entsteht.[276] Eine andere Frage ist freilich, inwieweit die Ausgabe einer Wandelschuldverschreibung ohne vorherige Absicherung kapitalmarktverträglich ist. In der Regel wird dies nicht der Fall sein, weil die Investoren Sicherheit haben wollen, dass ihnen von Anfang an ein nicht entziehbares Recht auf den Bezug der Aktien zusteht.[277] Zur Barzahlungsoptionen vgl. → Rn. 148; zur Möglichkeit der Lieferung eigener Aktien → Rn. 79–81.

3. Bezugsrechtsausschluss. a) Grundsatz. In aller Regel wird die Gesellschaft eine Platzierung 85 der Wandel- bzw. Optionsschuldverschreibungen an institutionelle Investoren anstreben (→ Rn. 50).

---

[269] § 187 steht dem nicht entgegen, da sich diese Norm nur auf den Bezug neuer Aktien bezieht, *Busch* AG 1999, 58 (63).
[270] *Busch* AG 1999, 58 (65 f.); *Schlitt/Seiler/Singhof* AG 2003, 254 (257 f.).
[271] *Schlitt/Hemeling* in Habersack/Mülbert/Schlitt Unternehmensfinanzierung am Kapitalmarkt § 12 Rn. 44; *Hemmerling*, Aktienrechtliche Probleme bei der Begebung von Optionsschuldverschreibungen ausländischer Tochtergesellschaften, 1991, 53.
[272] *Schlitt/Hemeling* in Habersack/Mülbert/Schlitt Unternehmensfinanzierung am Kapitalmarkt § 12 Rn. 44.
[273] Großkomm AktG/*Wiedemann* § 187 Rn. 8 f.; wohl auch GHEK/*Karollus* Rn. 129 f.; *Schlede/Kley* in Busse von Colbe/Großfeld/Kley/Martens/Schlede, Bilanzierung von Optionsanleihen im Handelsrecht, 1987, 1 (11).
[274] MHdB AG/*Scholz* § 64 Rn. 45; Großkomm AktG/*Frey* § 192 Rn. 55; Kölner Komm AktG/*Ekkenga* § 187 Rn. 19 ff.; GHEK/*Hefermehl/Bungeroth* § 187 Rn. 22 ff.; Hüffer/Koch/*Koch* § 187 Rn. 5; *Busch* AG 1999, 58 (63); *Busch* in Marsch-Barner/Schäfer HdB börsennotierte AG § 44 R 35; *Schlitt/Hemeling* in Habersack/Mülbert/Schlitt Unternehmensfinanzierung am Kapitalmarkt § 12 Rn. 46; *Schlitt/Löschner* BKR 2002, 150 (152); *Dierks*, Aktienoptionsscheine, 2000, 98 (139); *Fest* in Hopt/Seibt Schuldverschreibungsrecht § 221 Rn. 85.
[275] *Schlitt/Hemeling* in Habersack/Mülbert/Schlitt Unternehmensfinanzierung am Kapitalmarkt § 12 Rn. 46; *Schlitt/Seiler/Singhof* AG 2003, 254 (257); *Ihrig* in Happ AktienR 12.04. Anm. 8; differenzierend Großkomm AktG/*Frey* § 192 Rn. 6.
[276] *Maier-Raimer* GS Bosch, 2006, 85 (95) Fn. 51.
[277] *Maier-Raimer* GS Bosch, 2006, 85.

Eine solche **Privatplatzierung** bedingt den Ausschluss des Bezugsrechts der Altaktionäre. Der Ausschluss des Bezugsrechts kann nur auf Grund eines Beschlusses der Hauptversammlung erfolgen (§ 221 Abs. 4 S. 2 iVm § 186 Abs. 3, 4), der einer Mehrheit von mindestens drei Vierteln des bei der Beschlussfassung vertretenen Grundkapitals bedarf, soweit die Satzung nicht weitere Erfordernisse oder eine größere Kapitalmehrheit bestimmt.[278] Der Bezugsrechtsausschluss kann entweder bereits im Ermächtigungsbeschluss vorgesehen werden (→ Rn. 59) oder der Vorstand kann zum Ausschluss des Bezugsrechts **ermächtigt** werden.[279] In der Praxis ist der letztere Fall die absolute Regel.[280] Die Zulässigkeit einer solchen Ermächtigung ergibt sich nicht unmittelbar aus § 221, folgt jedoch aus der entsprechenden Anwendung von § 203 Abs. 2 S. 1 und ist inzwischen allgemein anerkannt.[281]

86 Die Ermächtigung zum Bezugsrechtsausschluss dient in Verbindung mit der Ermächtigung zur Begebung der Wandel- bzw. Optionsschuldverschreibung den gleichen Zwecken wie die Ermächtigung im Rahmen des genehmigten Kapitals und unterliegt nach allgemeiner Auffassung uneingeschränkt derselben **materiell-rechtlichen Inhaltskontrolle** wie der Bezugsrechtsausschluss bei einer Kapitalerhöhung aus dem genehmigten Kapital.[282] Zu Recht hat der Bundesgerichtshof daher klargestellt, dass die im „Siemens/Nold"-Urteil genannter Grundsätze hier in gleicher Weise eingreifen.[283] Aus dem Befund, dass neue Aktien nicht bereits mit der Ausgabe der Anleihe, sondern – wenn überhaupt – mit zeitlicher Verzögerung und regelmäßig abhängig vom Willen der Umtausch- oder Bezugsberechtigten entstehen, folgt keine andere Beurteilung.[284] Entscheidend – und ausreichend für das Schutzbedürfnis der bisherigen Aktionäre – ist vielmehr die latente Möglichkeit, dass es beim Bezug der Aktien zu einer Veränderung der Grundkapitalstruktur kommen kann.

87 Der beabsichtigte Bezugsrechtsausschluss muss in der Einladung zur Hauptversammlung bekannt gemacht werden (§ 221 Abs. 4 S. 2, § 186 Abs. 4 S. 1, § 124). In einem **schriftlichen Bericht** des Vorstands sind die Gründe für den Bezugsrechtsausschluss zusammen mit den wesentlichen Konditionen der Schuldverschreibungen vom Vorstand darzulegen (§ 221 Abs. 4 S. 2, § 186 Abs. 4 S. 2) (dazu noch → Rn. 119–121). Auf sämtliche Einzelheiten der Anleihebedingungen wie zB eine change-of-control-Klausel muss dabei aber nicht eingegangen werden.[285] Der Bericht ist vor und in der Hauptversammlung auszulegen und sein wesentlicher Inhalt entsprechend § 124 Abs. 2 S. 2 bekannt zu machen.[286] Verletzungen der Berichtspflicht führen zur Anfechtbarkeit des Beschlusses;[287] die Rechtslage entspricht derjenigen nach § 186 Abs. 4 S. 2, § 203 Abs. 2 S. 2 (vgl. zu den Einzelheiten daher → § 186 Rn. 34). Der Bezugsrechtsausschluss muss nach den von der höchstrichterlichen Rechtsprechung ausgebildeten Grundsätzen unter gebührender Berücksichtigung der Folgen für die ausgeschlossenen Aktionäre im Interesse der Gesellschaft liegen, dh sachlich gerechtfertigt sein.[288]

88 Die **sachliche Rechtfertigung** ist gegeben, wenn der Bezugsrechtsausschluss zur Erreichung des beabsichtigten Zwecks geeignet, erforderlich und verhältnismäßig ist.[289] Allein aus dem Charakter der Wandel- bzw. Optionsschuldverschreibung als Finanzierungsinstrument und der Absicht, die Papiere bei institutionellen Investoren zu platzieren, folgt nach Ansicht eines Teils der Literatur noch keine Erleichterung des Bezugsrechtsausschlusses.[290] Diese Auffassung verkennt, dass diese Schuldverschreibungen wegen ihrer Komplexität typischerweise nur bei einem kleinen Kreis instituti-

---

[278] K. Schmidt/Lutter/*Merkt* Rn. 98.
[279] Vgl. BGH ZIP 2006, 368 (369); OLG München AG 1991, 210 (211); OLG München AG 1994, 372 (373); *Groß* AG 1991, 201 (202 f.); Bürgers/Körber/*Stadler* Rn. 59; Hüffer/Koch/*Koch* Rn. 39; *Ihrig* in Happ AktienR 12.04. Anm. 8.
[280] *Groß* in Marsch-Barner/Schäfer Börsennotierte AG-HdB Rn. 51.49.
[281] MüKoAktG/*Habersack* Rn. 173; *Groß* in Marsch-Barner/Schäfer Börsennotierte AG-HdB Rn. 51.49 mwN. Abweichend noch *Frey/Hirte* ZIP 1991, 704.
[282] OLG Schleswig AG 2003, 48 (49); OLG Braunschweig AG 1999, 84 (85 f.); Hüffer/Koch/*Koch* Rn. 44; MHdB AG/*Scholz* § 64 Rn. 31 f.; MüKoAktG/*Habersack* Rn. 185; K. Schmidt/Lutter/*Merkt* Rn. 101.
[283] Vgl. BGH ZIP 2006, 368 (369); s. dazu Bürgers/Körber/*Stadler* Rn. 64. Ebenso bereits früher MüKoAktG/*Habersack* Rn. 180; *Groß* in Marsch-Barner/Schäfer Börsennotierte AG-HdB Rn. 51.50; MHdB AG/*Krieger* § 63 Rn. 14; *Hofmeister* NZG 2000, 713, 719 und wohl auch *Maier-Raimer* GS Bosch, 2006, 85 (91).
[284] Vgl. *Singhof* ZHR 170 (2006) 673 (678); auch *Fuchs* AG 1995, 433 (444); *Hirte* WM 1994, 321 (323); GHEK/*Karollus* § 221 Rn. 29.
[285] *von Falkenhausen/von Klitzing* ZIP 2006, 1517.
[286] Vgl. MüKoAktG/*Habersack* Rn. 181; MHdB AG/*Krieger* § 57 Rn. 132 f.; Bürgers/Körber/*Stadler* Rn. 61; auch *Dierks*, Aktienoptionsscheine, 2000, 107 ff.
[287] MüKoAktG/*Habersack* Rn. 182; Bürgers/Körber/*Stadler* Rn. 65.
[288] Vgl. BGHZ 71, 40 – Kali & Salz; BGHZ 83, 319 – Holzmann; BGHZ 120, 141; BGHZ 125, 239 – Deutsche Bank. Zur Konformität mit dem Gemeinschaftsrecht EuGH AG 1997, 36 – Siemens/Nold; vgl. ferner OLG Schleswig WM 2001, 859 (860); Hüffer/Koch/*Koch* Rn. 44; MHdB AG/*Scholz* § 64 Rn. 31.
[289] Vgl. nur Kölner Komm AktG/*Florstedt* Rn. 237 sowie MüKoAktG/*Habersack* Rn. 184.
[290] *Fuchs* AG 1995, 433 (444); GHEK/*Karollus* Rn. 29; *Schlitt/Hemeling* in Habersack/Mülbert/Schlitt Unternehmensfinanzierung am Kapitalmarkt § 12 Rn. 48.

oneller Investoren untergebracht werden können und das Interesse der Öffentlichkeit an einer Zeichnung der Papiere in aller Regel sehr gering ist. Es sollte jedenfalls zur Rechtfertigung des Bezugsrechtsausschlusses ausreichen, wenn die Gesellschaft darlegt, dass ihr die Zuteilung der Anleihe an Eigenkapital- und Wachstumsfonds ihre **Fremdkapitalaufnahme erleichtert,** etwa weil ihr die Erlangung von bankfinanziertem Fremdkapital nur zu ungünstigeren Konditionen möglich wäre.[291] In gleichem Sinne ist eine Ermächtigung zum Bezugsrechtsausschluss mit der Zielrichtung, Wertpapiere an ausländischen Börsen einzuführen, wegen der vielfältigen Vorteile, die mit einer **Auslandsnotierung** verbunden sind, grundsätzlich zulässig.[292] Die in der Praxis bei der Begebung von Wandel- und Optionsanleihen gelegentlich gegebene Begründung, nach der ein Bezugsrechtsausschluss gerechtfertigt ist, da der **Ausgabepreis** wegen der kürzeren Frist zwischen Preisfestsetzung und Zuteilung an die Anleger **marktnäher** als bei einer Bezugsrechtsemission festgesetzt werden kann, stellt nach richtiger, aber nicht gesicherter Meinung ebenfalls eine ausreichende Grundlage für den Bezugsrechtsausschluss dar, sofern die Gesellschaft über einen entsprechenden Kapitalbedarf verfügt.[293] Auch der **Erwerb von Beteiligungen** und das **Eingehen strategischer Partnerschaften** kann den Bezugsrechtsausschluss rechtfertigen.[294] Insgesamt genügt in all diesen Fällen in der Regel eine abstrakte Beschreibung der Sachlage iSd „Siemens/Nold"-Grundsätze;[295] die Anforderungen sind nicht zu überspannen. Vgl. im Übrigen die Kommentierung zum Bezugsrechtsausschluss bei der gewöhnlichen Kapitalerhöhung bei → § 186 Rn. 22–66.[296]

An die materielle Rechtfertigung der Ermächtigungsbeschlüsse und an den Vorstandsbericht sind auch nicht dann höhere **Anforderungen** zu stellen, wenn **gleichzeitig ein bedingtes Kapital** zur Absicherung der Wandelschuldverschreibungen **und ein genehmigtes Kapital (mit Bezugsrechtsausschluss)** beschlossen werden soll.[297] Beide können vielmehr bis zu den für sie jeweils geltenden Grenzen (§ 192 Abs. 3, § 202 Abs. 3) nebeneinander bestehen.[298] Dies gilt selbst dann, wenn das zum Beschluss anstehende Gesamtvolumen der Schuldverschreibung über das Grundkapital der Gesellschaft (weit) hinausgeht. Entscheidend ist, dass die Ausgabe von Wandel- bzw. Optionsschuldverschreibungen bei Nutzung des bedingten Kapitals durch die Höhe eben dieses bedingten Kapitals beschränkt ist.[299] 89

b) Erleichterter Bezugsrechtsausschluss. Ein Bezugsrechtsausschluss bei der Emission von Wandel- bzw. Optionsschuldverschreibungen kann insbesondere auch auf die erleichterten Voraussetzungen des § 186 Abs. 3 S. 4 gestützt werden. Nach dieser Regelung ist ein Bezugsrechtsausschluss im Falle einer Barkapitalerhöhung stets zulässig, wenn die Kapitalerhöhung zehn vom Hundert des Grundkapitals nicht übersteigt und der Ausgabebetrag den Börsenpreis nicht wesentlich unterschreitet.[300] Eine erneute Interessenabwägung ist nicht erforderlich.[301] 90

Auf der Grundlage dieser durch das Gesetz für die kleine Aktiengesellschaft und zur Deregulierung des Aktienrechts v. 2.8.1994[302] eingefügten Regelung hat erstmals die Hauptversammlung der Allianz 91

---

[291] OLG Celle Urt. v. 17.3.2004 – 9 U 216/03 (unveröffentlicht).
[292] BGHZ 125, 239 – Deutsche Bank. Bestätigend OLG Celle Urt. v. 17.3.2004 – 9 U 216/03 (unveröffentlicht).
[293] *Schlitt/Löschner* BKR 2002, 150 (155); *Schlitt/Seiler/Singhof* AG 2003, 254 (258); *Schlitt/Hemeling* in Habersack/Mülbert/Schlitt Unternehmensfinanzierung am Kapitalmarkt § 12 Rn. 48; indessen krit. im Hinblick auf die Preismaximierung *Hirte* WM 1994, 321 (322 f.) sowie *Frey/Hirte* ZIP 1991, 697 (699); s. insoweit auch *Busch* AG 1999, 58 (59). S. ferner *Schumann,* Optionsanleihen, 1990, 206 ff., der in solchen Fällen allerdings in der Regel eine Bevorzugung der Aktionäre bei der Zuteilung verlangt; *Kübler/Mendelson/Mundheim* AG 1990, 461 (471).
[294] OLG Celle Urt. v. 17.3.2004 – 9 U 216/03 (unveröffentlicht).
[295] Vgl. BGH ZIP 2006, 368 (369 f.) Vgl. dazu *Groß* in Happ AktienR 12.04 Anm. 9.
[296] Zur Beschlussanfechtung bei einem fehlerhaften Bezugsrechtsausschluss vgl. MüKoAktG/*Habersack* Rn. 194 ff.
[297] Vgl. BGH ZIP 2006, 368 (369).
[298] Vgl. BGH ZIP 2006, 368 (369); MüKoAktG/*Bayer* § 202 Rn. 70.
[299] Vgl. BGH ZIP 2006, 368 (369); ebenso bereits die Vorinstanzen OLG Celle Urt. v. 17.3.2004 – 9 U 216/03 (unveröffentlicht) sowie LG Hannover Urt. v. 26.8.2003 – 18 O 118/03 (unveröffentlicht).
[300] K. Schmidt/Lutter/*Merkt* Rn. 103; Bürgers/Körber/*Stadler* Rn. 70; umfassend dazu *Ihrig* FS Happ, 2006, 109 ff.
[301] Vgl. Gesetzesbegründung, BT-Drs. 12/6721, 10; ganz hM; s. etwa *Singhof* ZHR 170 (2006) 673 (680); *Busch* AG 1999, 58 (59); *Hoffmann-Becking* ZIP 1995, 9; *Ihrig/Wagner* NZG 2002, 657 (659); *Bungert* NJW 1998, 488 (489); *Marsch-Barner* AG 1994, 532 (533); *Martens* ZIP 1994, 669 (675); *A. Schumann,* Bezugsrecht und Bezugsrechtsausschluss bei Kapitalbeschaffungsmaßnahmen von Aktiengesellschaften, 2001, 203; K. Schmidt/Lutter/*Merkt* Rn. 1031; aA *Lutter* AG 1994, 429 (441) und Großkomm AktG/*Wiedemann* § 186 Rn. 149, der nur von einer widerleglichen Vermutung ausgeht.
[302] Gesetz für die kleine Aktiengesellschaft und zur Deregulierung des Aktienrechts v. 2.8.1994, BGBl. 1994 I 1961.

AG im Jahr 1998 einen entsprechenden (Ermächtigungs-)Beschluss für Wandel- und Optionsanleihen gefasst. In der Folge hat die überragende Mehrzahl der DAX und MDAX-Unternehmen entsprechende Ermächtigungen eingeholt. Auf den erleichterten Bezugsrechtsausschluss gestützte Emissionen sind längst zur Regel geworden und **aus der Praxis der Unternehmensfinanzierung** größerer deutscher Gesellschaften **nicht mehr wegzudenken**.[303]

92 Obwohl § 221 Abs. 4 S. 2 ohne Einschränkung auf § 186 verweist, so dass dem Wortlaut des Gesetzes nach ein erleichterter Bezugsrechtsausschluss ohne weiteres möglich sein müsste,[304] und ungeachtet der enormen praktischen Bedeutung ist die **Anwendbarkeit** des § 186 Abs. 3 S. 4 indes **nach wie vor umstritten.**[305] In der Vergangenheit haben selbst Befürworter der Anwendbarkeit eine gesetzgeberische Klarstellung empfohlen,[306] ohne dass der der Gesetzgeber bislang darauf eingegangen wäre.[307] Eine (endgültige) gerichtliche Klärung dieser Frage hat der Bundesgerichtshof versäumt, als er im Fall EM.TV zwar der Hauptversammlung die Kompetenz zubilligte, im Ermächtigungsbeschluss dem Vorstand § 183 Abs. 3 S. 4 entsprechende Vorgaben zu machen, aber die entsprechende Anwendbarkeit der Vorschrift offen ließ.[308] Die Vorinstanz, das OLG München, hatte dagegen die entsprechende Anwendbarkeit von § 186 Abs. 3 S. 4 auf Wandel- und Optionsanleihen bejaht.[309]

93 Insbesondere Aktionärsschützerverbände, aber auch professionelle Anfechtungskläger wenden sich in Hauptversammlungen immer wieder gegen entsprechende Hauptversammlungsermächtigungen und erheben zum Teil auch Beschlussmängelklage.[310] Sie stützen sich dabei auf eine teilweise vertretene Meinung, nach der ein erleichterter Bezugsrechtsausschluss nicht in Frage komme, da ein **Börsenkurs für eine Anleihe,** mit dem der Ausgabebetrag verglichen werden könnte, **nicht existiere.**[311] Da es bei Wandelschuldverschreibungen keinen bestehenden Börsenpreis für die ausgegebenen Papiere gebe, könne auch eine Orientierung des Maximalabschlags an einem Referenzpreis nicht erfolgen, was aber Voraussetzung für die Anwendbarkeit der vereinfachten Bezugsrechtsausschlusses sei.

94 Dieser Ansicht ist zuzugeben, dass bei Wandelschuldverschreibungen ein Vergleich mit vorhandenen Börsenpreisen in der Tat in aller Regel ausscheidet und es somit – abweichend von der Situation bei einer Aktienemission – einer Bewertung der Wandelschuldverschreibung und damit letztlich der Ermittlung eines fiktiven Marktwertes bedarf.[312] Dies **steht** aber einer **sinngemäßen Anwendung**

---

[303] So zB die 6,625 % Wandelanleihe 2006/2009 der *Bayer* Capital Corporation B V (€ 2,3 Mrd); 4,375 % Optionsanleihe 2005/8 der Allianz Finance II B V (€ 1,4 Mrd.); 1,25 % Wandelanleihe 2004/2009 der Linde AG (€ 550 Mio.); 4,5 % Wandelanleihe 2004/2009 der Karstadt Finance B V (€ 170 Mio.); 2,5 % Wandelschuldverschreibung 2003/2018 der adidas-Salomon International Finance B V (€ 400 Mio.); 1,375 % Wandelanleihe 2003/2010 der Siemens Finance B V (€ 2,5 Mrd.); 6,5 % Wandelanleihe 2003/2006 der Deutsche Telekom International Finance B V (€ 2,28 Mrd.).

[304] Zutr. herausgestellt bei LG München I AG 2006, 169 sowie OLG München WM 2006, 1525 (1527); vgl. auch *Singhof* ZHR 170 (2006) 673 (680) und Fn. 33 mit zutreffendem Hinweis darauf, dass sich an der Dynamik dieser Verweisung auch nichts dadurch ändert, dass Satz 4 dieser Bestimmung erst nachträglich hinzugefügt worden ist, da die Zeitfolge der zueinander in Beziehung stehenden Normen für Geltung und Umfang der Verweisung belanglos ist; s. BGHZ 83, 319 (326) – Holzmann zur Verweisung des § 203 Abs. 2 auf den später eingefügten § 186 Abs. 4 S. 2; *Groß* DB 1994, 2431 (2435) mwN.

[305] Vgl. K. Schmidt/Lutter/*Merkt* Rn. 103.

[306] Vgl. die Vorschläge des Gemeinsamen Ausschusses der Wirtschaftsverbände, WM 1997, 490 (496) („... § 186 Abs. 3 S. 4 AktG gilt mit der Maßgabe, dass ... sich aufgrund der Gesamtausstattung der Wandelschuldschreibung kein wesentlicher rechnerischer Bezugsrechtswert ergibt."); *Baums,* Regierungskommission Corporate Governance, 2001, Rn. 221 („... wenn der Nennbetrag oder der anteilige Betrag der bei Ausübung der Umtausch- oder Bezugsrechte zu gewährenden Aktien zehn vom Hundert des im Zeitpunkt der Beschlussfassung der Hauptversammlung bestehenden Grundkapitals nicht übersteigt und der Ausgabepreis den nach anerkannten Methoden ermittelten Marktwert der Schuldverschreibung nicht wesentlich unterschreitet, vorausgesetzt, dass die Schuldverschreibung am Markt eingeführt wird."); DAV BB-Beil. 4/2003, 1 (18); Hüffer/Koch/*Koch* Rn. 43a; *Ihrig,* FS Happ, 2006, S. 109 (124).

[307] Ende des Jahres 2005 hatte der Gesetzgeber bei der Änderung von § 221 Abs. 4 S. 2 im Rahmen des Gesetzes zur Unternehmensintegrität und Modernisierung des Anfechtungsrechts (UMAG) v. 22. September 2005, BGBl. 2005 I 2802 zuletzt Gelegenheit, die von der Literatur entwickelten Vorschläge aufzugreifen.

[308] BGH ZIP 2007, 2122 (2123 f.). Der Bundesgerichtshof stellte fest, dass die Ermächtigung lediglich ins Leere gehen würde, sollte sich ein dem Börsenkurs im Sinne von § 186 Abs. 3 S. 4 entsprechender Marktwert nicht bestimmen lassen.

[309] OLG München WM 2006, 1525; Vorinstanz LG München I AG 2006, 169 und dazu *Krug* Börsen-Zeitung v. 18.1.2006.

[310] Vgl. dazu auch *Krug* Börsen-Zeitung v. 18.1.2006 S. 2 und – beispielhaft die Anfechtungsklage gegen den Wandelschuldverschreibungs-Ermächtigungsbeschluss der KarstadtQuelle AG 2006, FAZ v. 25.7.2006 S. 9.

[311] *Lutter* AG 1994, 429 (445); *Hüffer* ZHR 161 (1997) 214 (226 ff.); *Seibert/Köster/Kiem* Kleine AG-HdB Rn. 236; *Heckschen* DNotZ 1995, 275 (286 f.); ähnlich der Bericht des Rechtsausschusses des deutschen Bundestages, BT-Drs. 12/7848, 17. Krit. *Klawitter* AG 2005, 792 ff.

[312] OLG München WM 2006, 1525 (1528); MüKoAktG/*Habersack* Rn. 191.

von § 186 Abs. 3 S. 4 indes **nicht entgegen,** wenn der Verwässerung der Aktionäre auf andere Weise ausreichend entgegengewirkt wird. Hierfür ist eine wirtschaftliche Sichtweise erforderlich, aber auch ausreichend, die im Wege einer typisierenden Betrachtung die Vorteile einer vereinfachten Kapitalmaßnahme für die Gesellschaft zu der eingetretenen wirtschaftlichen Verwässerung der Aktionäre ins Verhältnis setzt (zur Bewertung der wirtschaftlichen Verwässerung → sogleich Rn. 101–108).[313] Aus Sicht der bisherigen Aktionäre der Gesellschaft ist entscheidend, ob das Recht der Investoren in die Anleihe, bei entsprechender Entwicklung des Aktienkurses über den Wandlungs- oder Optionspreis zu einem späteren Zeitpunkt Aktien gleichsam „zum Sonderpreis" zu beziehen, so wertneutral ausgestattet ist, dass damit im Zeitpunkt der der Emission der Wandel- bzw. Optionsanleihe ein nur unwesentlicher Verwässerungseffekt verbunden und der Erhalt des Status quo zu annähernd gleichen Bedingungen wie bei der Einräumung eines Bezugsrechts möglich ist. Da das Bezugsrecht damit gleichermaßen funktionslos wird, sind relevante Schutzbedürfnisse der Aktionäre nicht betroffen und die Grenzen der sinngemäßen Anwendung nicht überschritten.[314]

Ein **Verstoß gegen den Wortlaut** der Bestimmung liegt in einem solchen Verständnis von § 186 **95** Abs. 3 S. 4 **nicht.** Denn das Gesetz ordnet durch die Einfügung des Wortes „sinngemäß" in § 221 Abs. 4 gerade eine analoge Anwendung der Bestimmung an. Anders als in den Fällen des direkten Verweises soll die gesetzliche Regelung dadurch zur Entscheidung eines rechtsähnlichen Tatbestands dienen, der zwar nicht dem Wortlaut, aber doch dem Rechtsgedanken nach dieselbe Rechtsfolge rechtfertigt. Dabei setzt der Wortlaut des Gesetzes gerade keine Grenze.[315]

Zu einfach macht es sich insoweit allerdings eine vor allem in ersten Stellungnahmen vertretene **96** Auffassung im Schrifttum, die als **„Ausgabebetrag"** iSv § 186 Abs. 3 S. 4 den **Wandlungspreis** ansieht. Dieser sei in das Verhältnis zum Börsenkurs im Zeitpunkt der Gewährung der Option zu setzen, so dass, wenn der Ausübungspreis (Wandlungs-/Optionspreis) mindestens knapp unter dem Börsenkurs angesetzt werde, das Bezugsrecht wirksam ausgeschlossen werden könne.[316] Angesichts der üblichen Festsetzung des Ausübungspreises (weit) oberhalb des Börsenkurses der Aktien im Zeitpunkt der Begebung der Schuldverschreibung wäre der Ausschluss des Bezugsrechts praktisch immer und ohne weiteres gerechtfertigt. Dies kann schon intuitiv kaum richtig sein. Die Auffassung übersieht, dass erst bei der Betrachtung der gesamten Ausstattung der Anleihe einschließlich insbesondere Zins, Laufzeit, aktuellem Börsenkurs und dessen Volatilität sowie Wandlungszeitpunkt und -preis deutlich wird, ob den Aktionären wirklich mit dem Ausschluss des Bezugsrechts ein vermögenswerter Vorteil vorenthalten wird (vgl. dazu ausführlich → Rn. 101).[317] Nur eine Gesamtbetrachtung all dieser Bausteine berücksichtigt hinreichend, dass es sich bei einer Wandel- oder Optionsanleihe um ein „Paket mit mehreren Leistungsgegenständen"[318] handelt, zwischen denen ein enger, wertbeeinflussender Zusammenhang besteht.

Zutreffend ist vor diesem Hintergrund eine jüngere, inzwischen als herrschend zu bezeichnende **97** Auffassung, der sich auch die instanzgerichtliche Rechtsprechung anzuschließen scheint.[319] Danach

---

[313] *Krug* Börsen-Zeitung v. 18.1.2006 S. 2.
[314] *Singhof* ZHR 170 (2006) 673 (684); *Groß* in Marsch-Barner/Schäfer Börsennotierte AG-HdB Rn. 51.56.
[315] Zutr. herausgearbeitet bei *Singhof* ZHR 170 (2006) 673 (681); vgl. auch *Kiem/Riedel* EWiR § 186 AktG 1/06, 545 (546).
[316] OLG Braunschweig ZIP 1998, 1585 (1586 ff.); *Groß* DB 1994, 2431 (2437 f.) (anders jetzt aber *Groß* in Marsch-Barner/Schäfer Börsennotierte AG-HdB Rn. 51.56); *Marsch-Barner* AG 1994, 532 (539) (vgl. aber auch *Marsch-Barner* WuB II A. § 221 3.93). Da der Ausübungspreis in der Praxis in aller Regel oberhalb des Börsenkurses der Aktien im Zeitpunkt der Begebung festgesetzt wird, ist ein Ausschluss des Bezugsrechts danach regelmäßig gerechtfertigt.
[317] LG München I AG 2006, 169; OLG München WM 2006, 1525 (1528); *Ihrig* FS Happ, 2006, 109 (123); *Maier-Raimer* GS Bosch, 2006, 85 (92); *Singhof* ZHR 170 (2006) 673 (687); MüKoAktG/*Habersack* Rn. 191.
[318] *Martens* FS Stimpel, 1985, 621 (622); vgl. *Mihm* in Habersack/Mülbert/Schlitt Unternehmensfinanzierung am Kapitalmarkt § 13 Rn. 1.
[319] Eingehend *Schlitt/Seiler/Singhof* AG 2003, 254 (259 f.); *Krug* Börsen-Zeitung v. 18.1.2006 S. 2; *Schlitt/Hemeling* in Habersack/Mülbert/Schlitt Unternehmensfinanzierung am Kapitalmarkt § 12 Rn. 49; *Groß* in Marsch-Barner/Schäfer Börsennotierte AG-HdB Rn. 51.56; *Groß* in Happ AktienR 12.04 Anm. 10. Ebenso jetzt LG München I AG 2006, 169 sowie OLG München WM 2006, 1525 und dazu ebenfalls zustimmend, *Kiem/Riedel* EWiR § 186 AktG 1/06, 545; Hüffer/Koch/*Koch* Rn. 43a. Zuvor bereits *Aubel*, Der vereinfachte Bezugsrechtsausschluß, 1997, 128 f. (131); *Busch* AG 1999, 58 (59 ff.); *Hofmeister*, Der erleichterte Bezugsrechtsausschluss bei Wandelschuldverschreibungen, Gewinnschuldverschreibungen und Genussrechten, 2000, 81 ff.; *Schlitt/Löschner* BKR 2002, 150 (155 f.); *Schröer* in Semler/Volhard/Reichert HV-HdB § 23 Rn. 52; wohl auch *Paefgen* AG 1999, 67 (71); vgl. auch MHdB AG/*Scholz* § 64 Rn. 33 ff. sowie *Volhard* AG 1998, 397 (399) mit Fn. 41. Vgl. auch *Baums*, Bericht der Regierungskommission Corporate Governance, 2001, Rn. 221. Zust. auch die Stellungnahme des Handelsrechtsausschusses des DAV vom März 2003, Viertes Kapitel, Ziff. 17. Ebenso im Erg. auch *Ihrig* FS Happ, 2006, 109 (123). Grundsätzlich ebenso, aber fehlgehend die praktische Bedeutung der Frage verneinend, NK-AktR/*Radlmayr* Rn. 31.

ist der Bezugsrechtsausschluss **zulässig,** wenn die Bedingungen der Wandel- oder Optionsschuldverschreibungen in der Gesamtschau so ausgestaltet sind, dass der tatsächliche Ausgabebetrag den **(hypothetischen) Marktpreis** für das Finanzinstrument **nicht wesentlich unterschreitet,** dh der Wert des hypothetischen Bezugsrechts gegen Null tendiert und der (rechnerische) Nennbetrag der ausgegebenen Aktien bei einer (unterstellt vollständigen) Ausübung der Wandlungsrechte **zehn vom Hundert des Grundkapitals** nicht übersteigt.

98 Dieser **Auffassung,** der die Praxis deutscher börsennotierter Aktiengesellschaften soweit ersichtlich einhellig folgt (→ Rn. 91), ist **beizupflichten.** Die Unternehmen sind auf sie angewiesen, weil häufig nur so günstige Börsensituationen rasch wahrgenommen und eine Wandel- oder Optionsschuldverschreibung schnell und flexibel zu attraktiven Konditionen am Markt platziert werden kann. Die Erzielung eines möglichst vorteilhaften Emissionsergebnisses hängt in vielen Fällen davon ab, ob auf Marktentwicklungen kurzfristig reagiert werden kann. Günstige, möglichst marktnahe Konditionen können in der Regel nur festgesetzt werden, wenn die Gesellschaft an diese nicht für einen zu langen Angebotszeitraum gebunden ist, sondern die Festlegung der Konditionen gegebenenfalls auch in wenigen Stunden im Lichte des aktuellen Aktienkurses und des Zinsniveaus durchführen kann.[320]

99 Bei **Bezugsrechtsemissionen** ist dagegen, um die Attraktivität der Konditionen und damit die Erfolgschancen der Emission für den ganzen Angebotszeitraum sicherzustellen, in der Regel ein **nicht unerheblicher Sicherheitsabschlag** erforderlich. Daran ändert auch die heute mögliche Durchführung einer marktnahen Bezugsrechtsemission (§ 186 Abs. 2 nF) nichts. Zwar gestattet § 186 Abs. 2 eine Veröffentlichung des Bezugspreises (und damit bei Options- bzw. Wandelschuldverschreibungen der Konditionen der Schuldverschreibungen) bis zum drittletzten Tag der Bezugsfrist (→ Rn. 46). Hierdurch ist eine gewisse Harmonisierung von Marktnähe und Aktionärsbeteiligung zu erreichen, weshalb in den Berichten zum Bezugsrechtsausschluss bei Wandel- und Optionsanleihen häufig die Unterschiede herausgestellt werden, um den erleichterten Bezugsrechtsausschluss zusätzlich zu rechtfertigen. Angesichts der Volatilität der Aktienmärkte besteht aber auch bei einem solchen Vorgehen ein Marktrisiko, insbesondere ein Kursänderungsrisiko, über mehrere Tage, das zu Sicherheitsabschlägen bei der Festlegung der Anleihebedingungen und so zu nicht marktnahen Konditionen führt. Auch ist bei der Gewährung eines Bezugsrechts wegen der Ungewissheit der Ausübung (Bezugsverhalten) eine alternative Platzierung bei Dritten gefährdet bzw. mit zusätzlichen Aufwendungen verbunden. Schließlich kann die Gesellschaft bei Einräumung eines Bezugsrechts wegen der Länge der Bezugsfrist nicht kurzfristig auf eine Änderung der Marktverhältnisse reagieren, sondern ist rückläufigen Aktienkursen während der Bezugsfrist ausgesetzt, was zu einer für die Gesellschaft ungünstigen Kapitalbeschaffung führen kann. All dies macht den Rückgriff auf den vereinfachten Bezugsrechtsausschluss in vielen Fällen ungeachtet der Liberalisierung des § 186 Abs. 2 nach wie vor praktisch unabdingbar.[321] Die Praxis der deutschen Unternehmen, legt davon Zeugnis ab: So wurden in den letzten Jahren mit Ausnahmen von Sondersituationen keine Wandelschuldverschreibungen unter Einräumung von Bezugsrechten bzw. unter Nutzung anderer Formen des Bezugsrechtsausschlusses begeben.[322]

100 Die Interessen der Aktionäre werden bei dieser Platzierung unter Bezugsrechtsausschluss dadurch gewahrt, dass die Schuldverschreibungen nicht wesentlich unter dem **Marktwert** ausgegeben werden dürfen. Hierdurch wird eine nennenswerte wirtschaftliche Verwässerung des Wertes der Aktien verhindert. Ob ein solcher Verwässerungseffekt eintritt, wird ermittelt, indem der Marktwert der Wandel- bzw. Optionsschuldverschreibungen nach anerkannten, insbesondere finanzmathematischen Methoden errechnet und mit dem Ausgabepreis verglichen wird.[323]

101 Bei der erforderlichen Berechnung des Werts der Wandel- und Optionsanleihe ist zunächst zu berücksichtigen, dass die Gesellschaft über eine bestimmte Laufzeit eine Stillhalterposition einnimmt. Für die Verwässerung der Altaktionäre sind insoweit der unter Einbeziehung der Volatilität der Aktie ergebende **Zeitwert des Aktienerwerbsrechts,** also der Preis, der für die Chance bezahlt wird, dass das Wandlungsrecht vom Kaufzeitpunkt aus betrachtet an innerem Wert dazu

---

[320] *Krug* Börsen-Zeitung v. 18.1.2006 S. 2.
[321] Ebenso *Singhof* ZHR 170 (2006) 673 (683). Auch das Bedürfnis für eine Ausdehnung des Anwendungsbereichs von § 186 Abs. 3 S. 4 ist deshalb durch die Neufassung des § 186 Abs. 2 nicht geschmälert und § 221 Abs. 4 S. 2 nicht einschränkend auszulegen. Es kommt hinzu, dass nichts dafür spricht, dass der Gesetzgeber mit der Änderung des § 186 Abs. 2 eine gleichzeitige Einschränkung des erleichterten Bezugsrechtsausschlusses verbunden hat. Vielmehr war das Anliegen ganz offensichtlich die Flexibilisierung auch großvolumiger (Bezugsrechts-)Emissionen; vgl. dazu *Singhof* aaO 673, 682.
[322] Vgl. auch *Krug* Börsen-Zeitung v. 18.1.2006 S. 2.
[323] LG München I AG 2006, 169 f.

gewinnt,[324] und die Gegenleistung für die Gewährung dieses Rechts maßgeblich. Ob das Recht auf Bezug einer festgelegten Anzahl von Aktien gegen Ersetzung der Tilgung des Rückzahlungsbetrags oder Zahlung des festgelegten Optionspreises *(conversion or option value)* zu billig gewährt wird, kann aber auch nicht ohne die **Anleihekomponente,** also den Anspruch auf Tilgung zum Rückzahlungsbetrag und Zinsen *(straight value),* beurteilt werden. Denn der Investor nimmt für die Einräumung der Beteiligungschance als Gegenleistung eine Renditeeinbuße bei der Verzinsung der Anleihe hin.[325] Wandeln wird er erst, wenn der *conversion value* den *straight value* übersteigt, weil mit der Wandlung vor Endfälligkeit die Aufgabe nicht nur des Nominalbetrags, sondern auch der versprochenen Zinsleistungen verbunden ist.[326] Als wesentliche Wertdeterminanten der Wandel- bzw. Optionsanleihe sind damit jedenfalls der Zinssatz und die Wandlungsprämie (Aufschlag auf den Wandlungspreis gegenüber dem aktuellen Aktienkurs) einzubeziehen. Daneben wird dieses Verhältnis aber auch durch weitere, zum Teil vom Markt und durch die Situation des Emittenten bedingte Faktoren (zB Dividendenrendite der Aktie, Bonität des Emittenten), zum Teil durch in den Anleihebedingungen veränderbare Komponenten (zB Sicherung der Anleihegläubiger; Verwässerungsschutz-, Kündigungs- und Tilgungsregelungen; *change-of-control*-Klauseln)[327] bestimmt. Auch diese sind in die Berechnung einzubeziehen. Anders gewendet ergibt sich aus den von der Gesellschaft festgelegten Daten der Schuldverschreibung und den Zinsen, die die Gesellschaft ohne das Wandlung- bzw. Optionsrecht zahlen müsste, ein bestimmter Barwert des Zinsvorteils. Der Ausgabebetrag der Schuldverschreibung entspricht ihrem Marktwert, wenn der Wert der isoliert betrachteten Wandlungs- bzw. Optionsrechte eben diesem Barwert des Zinsvorteils entspricht.[328]

Zur Ermittlung des so zu bestimmenden Marktwerts der Wandel- oder Optionsanleihe steht als verlässliche mathematische Theorie das **Modell von** *Black* **und** *Scholes*[329] zur Verfügung, bei der Anleihe- und Aktienkomponente gedanklich aufgeteilt, unter Berücksichtigung der geschilderten Zusammenhänge separat bewertet und anschließend wieder zum Gesamtwert der Wandelschuldverschreibung zusammengeführt werden. Der Anleiheteil lässt sich dabei relativ leicht nach der Kapitalwertmethode berechnen, indem sämtliche Zinserträge sowie der Rückzahlungsbetrag mittels eines risikolosen Marktzinsfußes unter Berücksichtigung einer der Gesellschaft entsprechenden Risikoprämie diskontiert werden.[330] Die kurz nach Einführung des Gesetzes noch geäußerten Zweifel an der Genauigkeit dieser Berechnungsmethoden zur Feststellung des Marktwerts und damit an dem gewährten Schutzstandard für die Aktionäre[331] haben sich nicht bestätigt.

Damit bleibt freilich die Frage, auf welchen **Zeitpunkt** für die so konzipierte Berechnung des Marktwerts abzustellen ist, insbesondere, ob neben den von der Gesellschaft festgelegten Konditionen der Wandel- oder Optionsanleihe die Marktdaten eines einzigen Börsentages oder einer Referenzperiode zugrunde zu legen sind. Das Gesetz gibt darauf keine unmittelbare Antwort. Will man die Durchführbarkeit derartiger Transaktionen nicht gefährden, kann es dabei – ähnlich wie bei Aktienplatzierungen – nur auf den **Tag der Platzierung** ankommen.[332] Der Zeitpunkt der wertpapiermä-

---

[324] *Kniehase* AG 2006, 180 (186).
[325] Vgl. *Wehrhahn,* Finanzierungsinstrumente mit Aktienerwerbsrechten, 2004, 34 mwN. Danach haben empirische Untersuchungen ergeben, dass der Zinssatz regelmäßig zwischen 0,5 und 2 % unter dem marktüblichen Zinssatz liegt; krit. zu diesem Effekt *Köndgen/Daeniker* ZGR-Sonderheft 16/2000, 265 (267).
[326] Vgl. *Singhof* ZHR 170 (2006) 673 (688); auch *Maier-Reimer* GS Bosch, 2005, 85 (92).
[327] *Singhof* ZHR 170 (2006) 673 (688 f.). Von erheblicher Bedeutung sind Rechte des Emittenten, die Wandelanleihe nach Ablauf einer bestimmten Zeit *(call protection)* vorzeitig zu kündigen, wenn der Aktienkurs eine bestimmte Schwelle überschreitet *(call right),* oder eine vorzeitige Wandlung zu verlangen *(soft mandatory).* Vgl. zur Pflichtwandlung → Rn. 150–152. Zur Einbeziehung von *change-of-control*-Klauseln in die Berechnung ausdrücklich *v. Falkenhausen/v. Klitzing* ZIP 2005, 1513 (1517).
[328] Näher *Maier-Raimer* GS Bosch, 2006, 85 (92); *Kniehase* AG 2006, 180 (186 f.).
[329] *Black/Scholes* Journal of Political Economy 11 (1973) S. 637 ff.; s. dazu *Aubel,* Der vereinfachte Bezugsrechtsausschluß, 1997, 131 f. sowie *Hofmeister,* Der erleichterte Bezugsrechtsausschluss bei Wandelschuldverschreibungen, Gewinnschuldverschreibungen und Genussrechten, 2000, 108 ff. Darauf hinweisend auch OLG München WM 2006, 1525 (1529). Das Binomialmodell von Cox, Ross und Rubinstein verfeinert den Black und Scholes-Ansatz und ermöglicht die Integration weiterer wertbildender Bedingungen in die Berechnung. Vgl. dazu *Singhof* ZHR 170 (2006) 673 (689).
[330] *Hofmeister,* Der erleichterte Bezugsrechtsausschluss bei Wandelschuldverschreibungen, Gewinnschuldverschreibungen und Genussrechten, 2000, 110 Fn. 419 mwN.
[331] Vgl. zu den Schwierigkeiten einer korrekten Optionsbewertung *Busch* AG 1999, 58 (61); *A. Schumann,* Bezugsrecht und Bezugsrechtsausschluss bei Kapitalbeschaffungsmaßnahmen von Aktiengesellschaften, 2001, 208 mit Fn. 692; *Hofmeister,* Der erleichterte Bezugsrechtsausschluss bei Wandelschuldverschreibungen, Gewinnschuldverschreibungen und Genussrechten, 2000, 111 ff.
[332] *Ihrig* FS Happ, 2006, 109 (123); *Kniehase* AG 2006, 180 (185). Ebenso OLG Celle Urt. v. 17.3.2004 – 9 U 216/03 (unveröffentlicht).

ßigen Lieferung und Abrechnung der Schuldverschreibungen, der regelmäßig nachfolgt und gelegentlich bis zur erfolgreichen Börsenzulassung etwa vier bis sechs Wochen nach Platzierung aufgeschoben wird *(deferred settlement)*, ist dagegen für die Wertbestimmung nicht maßgebend. Sachenrechtlich entsteht die Anleihe in diesem Fall zwar erst wesentlich später, wirtschaftlich betrachtet ist die Begebung jedoch mit der Platzierung abgeschlossen.[333] Die Parteien sind mit Abschluss des Kaufvertrags durch Zuteilung am Platzierungstag schuldrechtlich bindend zur Ausgabe bzw. zum Erwerb der Schuldverschreibungen selbst dann verpflichtet, wenn sich die Marktverhältnisse bis zur Abrechnung nachteilig verändern sollten.

104 An der Maßgeblichkeit des Platzierungszeitpunkts für die Feststellung des Marktwerts ändert sich auch dann nichts, wenn der emissionsbegleitenden Bank das Recht eingeräumt wird, zur Eindeckung von Mehrzuteilungen später weitere Teilschuldverschreibungen zu gleichen Konditionen zu erwerben **(Greenshoe-Option)** (vgl. dazu allgemein → Rn. 52).[334] Zwar kann dies grundsätzlich dazu führen, dass der Börsenkurs bzw. der im Graumarkt gestellte Preis der Wandelschuldverschreibungen im Zeitpunkt der Ausnutzung der Greenshoe-Option bereits höher als der im Rahmen des Bookbuilding ermittelte Ausgabepreis ist.[335] Schon eine einfache Kontrollüberlegung zeigt aber, dass dies nicht zu einer Verletzung von § 186 Abs. 3 S. 4 führt. Ein Stabilisierungsinstrument ließe sich auch – gewissermaßen genau umgekehrt – dadurch schaffen, dass die Gesellschaft das Maximalvolumen von 10 % des Grundkapitals in nur einer Tranche unter Beachtung der dann geltenden Preisgrenzen zunächst voll ausschöpft und den Emissionsbanken anschließend das Recht einräumt, in einem bestimmten Umfang zurück erworbene Wandelschuldverschreibungen oder entsprechende Rechte auf Lieferung an die Gesellschaft zu verkaufen *(put option)*.[336] Das aber wäre unstreitig zulässig.

105 Um die Gefahr eines unbeabsichtigten Überschreitens des Marktwerts und damit eines Scheiterns der Emission zu verringern, sind zur Berechnung des Marktwerts der Wandel- oder Optionsanleihe keine Durchschnittswerte einer Referenzperiode zugrunde zu legen, sondern nur die **Werte des jeweiligen Platzierungstags** selbst. Notwendig bleibt aber die Ermittlung der täglichen Schwankungsbreite der Aktie (implizite Volatilität), die aus den historischen Standardabweichungen der täglichen Kursausschläge der Aktie über einen bestimmten Zeitraum abgeleitet werden muss.[337]

106 Keine näheren Anhaltspunkte enthält § 186 Abs. 3 S. 4 dafür, **welche Abweichung** noch tolerabel ist und welche zu einem wesentlichen Unterschreiten des Marktwerts führt. In Anlehnung an die offene Formulierung des Gesetzes sprechen auch die entsprechenden Hauptversammlungsermächtigungen regelmäßig nur davon, dass der Ausgabepreis den nach anerkannten, insbesondere finanzmathematischen Methoden ermittelten hypothetischen Marktwert der Wandel- oder Optionsanleihe nicht wesentlich unterschreiten dürfe. Die Beschlussempfehlung des Rechtsausschusses des Deutschen Bundestages hat sich für den unmittelbaren Anwendungsbereich des § 186 Abs. 3 S. 4, also der Aktienemission, dahin geäußert, dass der Abschlag vom Börsenkurs in der Regel bei 3 % liegen könne, jedoch **maximal 5 %** betragen dürfe.[338] Für eine Orientierung an abstrakten Prozentgrenzen sprechen vor allem die Schwierigkeiten mit der Anwendung eines individuellen, von der Volatilität der Aktie abhängenden Abschlags.

107 Dies sollte im Grundsatz auch **bei Wandel- oder Optionsanleihen** gelten. Dabei sind der Ausgabebetrag pro Teilschuldverschreibung und der entsprechend der Prozentnotierung von Anleihen in Prozent ausgedrückte Marktwert ins Verhältnis zu setzen. Jedoch dürften insoweit **strengere Maßstäbe** an die noch zulässige prozentuale Abweichung anzulegen sein als bei direkten Aktienemissionen. Dafür spricht, dass das Preisverhalten von Wandelanleihen eine geringere Volatilität als die

---

[333] *Schlitt/Seiler/Singhof* AG 2003, 254 (265).
[334] Das Urteil des KG ZIP 2001, 2178 zum Greenshoe bei Aktienemissionen ist in der Literatur auf allgemeine Ablehnung gestoßen; vgl. *Busch* AG 2002, 230; *Groß* ZIP 2002, 160; *Meyer* WM 2002, 1106; *Schanz* BKR 2002, 439. S. aber *Ihrig* FS Happ, 2006, 105 (116). Anders als bei der Grundtranche meint er, dass es bei der Greenshoe-Tranche darauf ankomme, dass der Bezugsrechtsausschluss über die Voraussetzungen des § 186 Abs. 3 S. 4 hinaus nach allgemeinen Grundsätzen sachlich gerechtfertigt werden könne. Denn mit den Grundprämissen allein von § 186 Abs. 3 S. 4 sei es nicht vereinbar, dem Aktionär vor der Wahl zu stellen, sich schon zu einem Zeitpunkt mit Aktien einzudecken, zu dem die Ausgabe der neuen Aktien noch nicht feststehe oder bis zur tatsächlichen Aktienausgabe zuzuwarten und dann zu höheren Börsenkursen zu erwerben.
[335] Allerdings ist dies schon deshalb eher unwahrscheinlich, weil der Greenshoe im Vergleich zu Aktienemissionen typischerweise bereits nach wenigen Tagen ausgeübt wird; vgl. *Schlitt/Hemeling* in Habersack/Mülbert/Schlitt Unternehmensfinanzierung am Kapitalmarkt § 12 Rn. 24 Fn. 3.
[336] *Schlitt/Seiler/Singhof* AG 2003, 254 (266).
[337] *Singhof* ZHR 170 (2006) 673 (690).
[338] Bericht des Rechtsausschusses, BT-Drs. 12/7848, 9. Dem hat sich die hM im Schrifttum angeschlossen; zusammenfassend *Schlitt/Schäfer* AG 2005, 67 (70) mwN; s. auch *Hüffer/Koch/Koch* § 186 Rn. 39d; *Schröer* in Semler/Volhard/Reichert HV-HdB § 23 Rn. 53; MHdB AG/*Scholz* § 57 Rn. 128; Großkomm AktG/*Wiedemann* § 186 Rn. 152.

zugrunde liegende Aktie aufweist und ein aktienähnliches Kursverhalten erst zeigt, wenn die Aktie nahe am oder über dem Wandlungspreis notiert.[339] Bei Neuemissionen von Wandelschuldverschreibungen üblicher Ausgestaltung mit einer (deutlichen) Wandlungsprämie auf den aktuellen Börsenkurs der Aktie bleibt der Preis *ceteris paribus* häufig zunächst relativ stabil, sofern sich nicht unmittelbar maßgebliche Zinssatz- oder Bonitätsänderungen einstellen. Hinzu kommt, dass die Kursreaktion gegenüber dem Schlusskurs des Tages vor Bekanntgabe der Emission im Durchschnitt − 1,7 % beträgt[340] und in den folgenden Handelstagen regelmäßig nur teilweise korrigiert wird. Daher erscheint eine Regelabweichung des Nominalbetrags der Anleihe vom Marktwert von 3–5 % nach unten zu großzügig.[341] Richtigerweise wird man einen Regelabschlag von 1–3 % zugrunde zu legen haben.[342] Freilich ist auch hier – wie bei direkten Aktienemissionen – anzunehmen, dass im Einzelfall unter Berücksichtigung der Marktsituation von diesem Richtwert abgewichen werden kann.

Der **Vorstand** ist im Übrigen – und unabhängig von den anzustellenden finanzmathematischen Berechnungen – **verpflichtet,** bei seiner Preisfestsetzung unter Berücksichtigung der jeweiligen Situation am Kapitalmarkt den Abschlag vom Marktwert so gering wie möglich zu halten, also einen **optimalen Preis zu erzielen** und damit auch insoweit eine nennenswerte Wertverwässerung der Aktionäre zu vermeiden.[343] Diese Verpflichtung ist in den Fällen des erleichterten Bezugsrechtsausschlusses gem. § 186 Abs. 3 S. 4 von besonderer Bedeutung, weil ansonsten nur ein nach den oben genannten Kriterien entwickelter theoretischer Marktwert der Wandelschuldverschreibung vorliegt. Die Marktgerechtheit der ermittelten Konditionen wird der Vorstand regelmäßig durch Durchführung eines Bookbuilding-Verfahrens ermitteln müssen (→ Rn. 50). Denn die mit dem Bookbuilding-Verfahren verbundene Ansprache von häufig bis zu 150 institutionellen Investoren[344] generiert eine repräsentative Nachfrage-Übersicht und schafft bereits vor einer Börsennotierung der Wandelschuldverschreibungen einen aussagekräftigen Markt. Dies sichert die Marktnähe der Preisfindung und damit die Vermeidung einer nennenswerten Wertverwässerung zusätzlich ab.[345]

Eine zusätzliche Überprüfung der festgelegten Konditionen anhand der Regelung des § 255 ist nicht geboten. § 255 findet neben § 186 Abs. 3 S. 4 nach richtiger Ansicht keine Anwendung.[346]

In der Praxis haben die Aktionäre zudem die Möglichkeit, ihren Anteil am Grundkapital der Gesellschaft durch Erwerb über die Börse aufrechtzuerhalten und so auch eine **anteilsmäßige Verwässerung** zu verhindern. Ob dies allerdings erforderlich ist, um einen Bezugsrechtsausschluss nach § 186 Abs. 3 S. 4 zu rechtfertigen, ist umstritten. Richtigerweise besteht eine solche (ungeschriebene) zusätzliche Voraussetzung für den Bezugsrechtsausschluss nicht.[347]

Zunächst ist festzuhalten, dass jedenfalls eine Möglichkeit zum **Erwerb der Wandelschuldverschreibungen** über die Börse entgegen einer zum Teil vertretenen Ansicht nicht verlangt werden muss. Denn nur die Wandlungs- bzw. Bezugsrechtsvariante der Wandelschuldverschreibung hat Bezugs-

---

[339] Näher *Kolb,* Kapitalbeschaffung mittels Wandelanleihen, 2005, 71 f.
[340] Vgl. *Madjlessi/Leopold* in Habersack/Mülbert/Schlitt Unternehmensfinanzierung am Kapitalmarkt § 11 Rn. 88.
[341] *Butzke* Die Hauptversammlung der Aktiengesellschaft L Rn. 26 Fn. 60 („deutlich zu hoch dimensioniert"); *Singhof* ZHR 170 (2006) 673 (694); großzügiger noch *Schlitt/Seiler/Singhof* AG 2003, 254 (259); *Schlitt/Hemeling* in Habersack/Mülbert/Schlitt Unternehmensfinanzierung am Kapitalmarkt § 12 Rn. 49 Fn. 3.
[342] Nach Erhebungen betrug der Abschlag vom Marktwert oder „hypothetischen Börsenpreis" im Zeitraum 2001 bis 2004 durchgeführten Emissionen im Durchschnitt nur 0,6 % (unveröffentlichte Erhebung von *Dresdner Kleinwort* über 15 Wandelschuldverschreibungsemissionen mit erleichtertem Bezugsrechtsausschluss vom Mai 2004); vgl. dazu *Singhof* ZHR 170 (2006) 673 (694) mit Fn. 103. − Im Übrigen liegt der Abschlag bei einer Emission einer Wandelschuldverschreibung im Verhältnis zu dem ersten Zweitmarktpreis in aller Regel deutlich unter dem Abschlag einer bezugsrechtsfreien Emission von Aktien. So ist die wirtschaftliche Verwässerung jedenfalls bei Wandelschuldverschreibungen, die von einer Gesellschaft begeben werden, deren Aktie liquide ist, oftmals geringer als bei vielen bezugsrechtsfreien Aktienemissionen, bei denen ein Abschlag von 2–3 % zulässig und auch nicht ungewöhnlich ist. Der erste Kurs einer Wandelschuldverschreibung liegt bei einem professionellen Pricing dagegen häufig unter 103 % im Verhältnis zum Ausgabepreis.
[343] Zur Verpflichtung zur Preisoptimierung im Rahmen einer Kapitalerhöhung Großkomm AktG/*Wiedemann* § 182 Rn. 68; *Fleischer* ZHR 165 (2001) 513 (528 f.).
[344] Vgl. *Madjlessi/Leopold* in Habersack/Mülbert/Schlitt Unternehmensfinanzierung am Kapitalmarkt § 11 Rn. 79.
[345] Vgl. *Singhof* ZHR 170 (2006) 673 (693), der anschaulich von „zwei sich ideal ergänzenden Komponenten einer zweistufigen Preisermittlungsmethode" spricht.
[346] LG München I AG 2006, 169 (170); *Busch* AG 1999, 58 (59 f.); *Seibert/Köster/Kiem,* Die kleine AG, 1995, § 186 Rn. 19; für eine widerlegliche Vermutung im Hinblick auf § 255 *Kniehase* AG 2006, 180 (186) mwN. AA die wohl hM; vgl. OLG München WM 2006, 1525 (1530); *Hüffer/Koch/Koch* § 186 Rn. 39e.
[347] Nicht eindeutig LG München I AG 2006, 169; *Maier-Raimer* GS Bosch, 2006, 85 (92) Fn. 38. AA OLG München WM 2006, 1525 (1529); *Kniehase* AG 2006, 180 (187) sowie noch *Schlitt/Seiler/Singhof* AG 2003, 254 (259).

rechtsrelevanz; die Anleihekomponente ist dagegen bezugsrechtsneutral.[348] Das gilt selbst dann, wenn die Verzinsung marktunüblich hoch ausgestaltet wäre; insofern wären möglicherweise Vermögensinteressen, nicht jedoch mitgliedschaftliche Vermögensrechte der Aktionäre berührt.[349] Weiter ist zu berücksichtigen, dass eine Eröffnung des Börsenhandels für Wandel- bzw. Optionsschuldverschreibungen ohnehin nicht zwingend ist und der Begebung der Papiere entsprechend internationaler Praxis regelmäßig erst nachfolgt.[350] Die Börsennotierung ist, wenn sie erfolgt, oft alleine den Anforderungen der institutionellen Investoren geschuldet, die aus formalen Gründen nur in ein börsenzugelassenes Wertpapier investieren wollen oder können. Zudem sind die Papiere zumeist nur über die Börse in Luxemburg oder im Freiverkehr der Frankfurter Wertpapierbörse handelbar und aus prospektrechtlichen Gründen mit einer hohen Mindeststückelung (vgl. § 3 Abs. 2 S. 1 Nr. 3 WpPG) versehen, so dass kein reger Handel mit ihnen stattfindet.[351] Verlangte man eine Zukaufsmöglichkeit für die Aktionäre, müsste die Börsennotierung der Anleihe dagegen wohl spätestens wenige Tage nach der Zuteilung der Teilschuldverschreibungen an die qualifizierten Anleger erwirkt werden. Es müsste zudem eine kleine Stückelung gewählt werden, um die Liquidität des Instruments zu stützen und Kleinanlegern überhaupt den Erwerb zu ermöglichen. Aber selbst dann stünde den Aktionären anders als bei einer Kapitalerhöhung, die nur einen relativ kleinen Teil des insgesamt umlaufenden Aktienkapitals ausmacht, als Ausgleichsvolumen nur die soeben platzierten Instrumente Verfügung, in denen sich ein aktiver Handel auch unter diesen Umständen nicht entfalten dürfte. Eine solche Gestaltung wäre nicht nur aus Aktionärssicht wenig förderlich, sondern nähme auch der Gesellschaft die zur Sicherung der günstigen Finanzierung entscheidende Dynamik der beschleunigten Platzierung und würde damit den Anwendungsbereich von § 186 Abs. 3 S. 4 bei Wandelschuldverschreibungen ganz erheblich schmälern. Denn gegenüber der zeitlich nachfolgenden Börsenzulassung der Wandelschuldverschreibung würde die für eine zeitnahe Börsenzulassung notwendige Erstellung eines Wertpapierprospekts und Einleitung des Billigungsverfahrens bei der BaFin (§§ 3, 13 Abs. 1 WpPG)[352] im Falle der Zulassung an einem regulierten Markt eine sehr kurzfristige Entscheidung über den „richtigen" Emissionszeitpunkt wesentlich erschweren. Aus alledem folgt, dass eine Zukaufsmöglichkeit hinsichtlich der Wandelschuldverschreibung selbst nicht gefordert werden sollte.

112 In der Sache kann es also nur um den **Erwerb der Aktien** gehen, auf die sich die Wandelschuldverschreibung bezieht. Aber auch insoweit ist hinzunehmen, dass sich der Aktionär, wenn er nicht das Risiko steigender Kurse bis zum Ende der Laufzeit tragen will, zum Zwecke der Aufrechterhaltung seiner Quote bereits zum Zeitpunkt der Ausgabe der Anleihe eindecken muss, also zu einem Zeitpunkt, zu dem noch offen ist, ob, wann und zu welchem Umfang es zur Ausübung des Wandlungsrechts kommt.[353] Es widerspräche dem Ziel des § 186 Abs. 3 S. 4, einen Rechtssicherheit schaffenden safe harbour zu eröffnen, wenn jeweils im Einzelfall auch unter Beobachtung der Marktverhältnisse geprüft werden müsste, ob (zumutbare) Erwerbsmöglichkeiten bestehen. Der Gesetzgeber ging vielmehr davon aus, dass bei einer Kapitalerhöhung von bis zu 10 % stets ein Nachkauf über die Börse möglich ist. Die Aktionäre sind also nicht mit dem Einwand zu hören, dass ihnen im konkreten Fall der Aufrechterhaltung ihrer Beteiligungsquote aufgrund besonderer Umstände nicht möglich ist sei,[354] und des Emittenten muss nichts zur Sicherstellung des Quotenerhalts durch Nachkauf unternehmen.[355] Auch verlangt § 186 Abs. 3 S. 4 nicht, dass die spezifischen Charakteristika der Wandel- bzw. Optionsanleihe durch den Aktienerwerb im Börsenhandel vollkommen gleichwertig abgebildet werden.[356] Erforderlich, aber auch ausreichend ist vielmehr, dass die Bedingungen annähernd gleich und für den Aktionär

---

[348] OLG München WM 2006, 1525 (1529); *Kniehase* AG 2006, 180 (183); *Groß* DB 1994, 2431 (2438); abweichend *Fuchs* WuB II A. § 221 AktG 2.98; *Klawitter* AG 2006, 792 (800 f.).
[349] *Kniehase* AG 2006, 180 (184).
[350] OLG München WM 2006, 1525 (1529 f.); *Ihrig* FS Happ, 2006, 109 (123) mit Fn. 52. Vgl. zur entsprechenden internationalen Kapitalmarktpraxis auch *Green*, Non-Registered Offerings in PLI's Second Annual Institute on Securities Regulation in Europe, 2002, 487 (491 f.).
[351] *Kniehase* AG 2006, 180 (187).
[352] Zu den Prospektanforderungen für Wandelschuldverschreibungen nach WpPG und EU ProspektVO vgl. *Oulds* CFL 2013, 213 (222 ff.).
[353] Insoweit krit. OLG München WM 2006, 1525 (1529); *Ihrig* FS Happ, 2006, 109 (123 f.); der deshalb eine Klarstellung durch den Gesetzgeber für wünschenswert hält. Ähnlich bereits vorher Stellungnahme des Handelsrechtsausschusses des DAV vom März 2003, Viertes Kapitel, Ziff. 17 sowie die Auffassung der Wirtschaftsverbände, vgl. WM 1997, 490 (496). Vgl. auch *Singhof* ZHR 170 (2006) 673 (701).
[354] *Ihrig* FS Happ, 2006, 109 (115 f.); *Ihrig/Wagner* NZG 2002, 657 (659); *Hoffmann-Becking* ZIP 1995, 1 (9); *Liebert*, Der Bezugsrechtsausschluss bei Kapitalerhöhungen von Aktiengesellschaften, 2003, 157 ff.; *Schlitt/Schäfer* AG 2005, 67; abweichend *Lutter* AG 1994, 429 (443; *Hüffer/Koch/Koch* § 186 Rn. 39g; MHdB AG/*Scholz* § 57 Rn. 129; Großkomm AktG/*Wiedemann* § 186 Rn. 150.
[355] Anders aber offenbar *Busch* AG 1999, 58 (62).
[356] So auch OLG München WM 2006, 1525 (1529) sowie *Singhof* ZHR 170 (2006) 673 (701).

insgesamt zumutbar sind. Daran kann auch beim ausschließlichen Aktienerwerb nicht zu zweifeln sein. Der Aktionär, der sich für den Aktienerwerb im Emissionszeitpunkt entscheidet, greift gerade die erwarteten Wachstumschancen auf, von denen sich auch der Vorstand eine Kurssteigerung und damit den für die Gesellschaft günstigen Wegfall der Rückzahlungsverpflichtung bei Endfälligkeit verspricht. Die gleichzeitige Investition in Aktien ist sogar günstiger als der Erwerb der Wandelschuldverschreibung, da sie wegen der üblichen Wandlungsprämie von dem Aktionär einen geringeren Kapitaleinsatz verlangt, um die zum Quotenerhalt erforderliche Anzahl von Aktien zu erwerben[357] und eröffnet Kurssteigungschancen, die sich auch bei Verfehlen des Wandlungspreises realisieren können. Möchte ein Aktionär dagegen keine langfristige Bindung von Anlagekapital in Aktien der Gesellschaft eingehen, sondern sieht er zwischenzeitlich bessere Anlagemöglichkeiten, kann er einer drohenden Verwässerung seines Stimmanteils immer noch durch Zuerwerb gegen Ende der Laufzeit der Wandelanleihe zu dem dann aktuellen Börsenkurs vornehmen.[358]

Eine breite Streuung der Wandelschuldverschreibungen wird von § 221 Abs. 4 iVm § 186 Abs. 3 S. 4 – wie auch im direkten Anwendungsbereich des § 186 Abs. 3 S. 4[359] – nicht verlangt, so dass eine **Platzierung auch bei nur einigen ausgewählten institutionellen Investoren oder sogar nur bei einem Erwerber** – abgesehen von Fällen des Rechtsmissbrauchs – grundsätzlich zulässig ist. Der Vorstand hat sich bei der Allokation am Unternehmensinteresse zu orientieren, das in aller Regel auf eine Maximierung des Erlöses gerichtet ist. Im Übrigen unterfällt seine Entscheidung dem Privileg der Business Judgement Rule. Dies kann theoretisch auch dazu führen, dass die Anleihe gezielt zur Unterlegung einer strategischen Allianz eingesetzt wird.[360]

Aus der sinngemäßen Anwendung des § 186 Abs. 3 S. 4 ergibt sich weiter eine **Volumenbegrenzung der Emission auf höchstens 10 % des bestehenden Grundkapitals,** die die aus der Ausübung der Aktienerwerbsrechte resultierende „Belastung" der Aktionäre gleichermaßen in Grenzen hält.[361] Diese Kapitalgrenze bedeutet, dass die Anzahl der bei einer vollständigen Ausübung der Wandlungs- oder Optionsrechte zu gewährenden neuen Aktien das Volumen von 10 % erreichen, aber nicht übersteigen darf. Für die Berechnung der Grenze ist die Höhe des Grundkapitals zum Zeitpunkt der Beschlussfassung der Hauptversammlung über die (Ermächtigung zur Begebung der) Wandelschuldverschreibung zuzüglich der nach § 200 wirksam als bedingtes Kapital ausgegebenen Aktien oder – falls dieser Wert geringer ist – zum Zeitpunkt der Ausübung der Ermächtigung maßgebend.[362] Wird auf der Hauptversammlung gleichzeitig zB eine **Kapitalerhöhung aus Gesellschaftsmitteln** beschlossen, sollte es aber möglich sein, für die Berechnung der 10 %-Grenze auf die Höhe des Grundkapitals zum Zeitpunkt des Wirksamwerdens der Kapitalerhöhung abzustellen, um den Effekt der Kapitalerhöhung wirtschaftlich auszugleichen. Das gesamte Grundkapital stellt auch dann die Bezugsgröße für die 10 %-Grenze dar, wenn nur ein Teil der Aktien börsennotiert ist.[363]

In dem **Ermächtigungsbeschluss** der Hauptversammlung nach § 221 Abs. 2 ist das zulässige Volumen auf Grundlage der dann bestehenden Verhältnisse abschließend festzulegen. Dabei hat eine **volumenmäßige Anrechnung verschiedener 10 %-Ermächtigungen** stattzufinden. Der Ermächtigungsbeschluss hat demgemäß zu bestimmen, dass Aktienausgaben aufgrund paralleler

---

[357] Vgl. auch *Volhard,* Das Bezugsrecht und sein Ausschluss bei Optionsanleihen der Aktiengesellschaft und ausländischer Finanzierungstöchter, 1995, 131.
[358] Vgl. dazu *Singhof* ZHR 170 (2006) 673 (697) mit dem Hinweis, dass die Diskussion wesentlich entschärft würde, wenn durch den Wegfall der Kapitalgrenze von 10 % deutlich würde, dass die Quoteneinbuße neben der Wertverwässerung für den erleichterten Bezugsrechtsausschluss keine Rolle mehr spielt. Trotz entsprechender Vorüberlegungen hat der europäische Gesetzgeber dies jedoch bislang nicht entschließen können. Vgl. *High Level Group of Company Law Experts,* Report, S. 84 Ziff. 3d) („Pre-emptive Rights") – „... to empower the board to restrict or withdraw pre-emption rights without having to comply with these formalities, but only where the issue price is at market price of the securities immediately before the issue or where a small discount to that market price is applied."); *Hoffmann-Becking* ZHR-Sonderheft 2002, 215 (228). In dem Vorschlag der EU-Kommission zur Änderung der 2. gesellschaftsrechtlichen Richtlinie über die Gründung von Aktiengesellschaften und die Erhaltung und Änderung ihres Kapitals v. 21.9.2004, KOM (2004) 730 endg.; Ratsdokument 14 197/04, abrufbar unter www.europa.eu. int., hat dies keinen Niederschlag gefunden; dazu *Maul/Eggenhofer/Lanfermann* BB-Spezial 6/2004, 5 (7).
[359] Umfassend dazu *Ihrig* FS Happ, 2006, 109 (124 ff.) sowie zuletzt überzeugend *Goette* ZGR 2012, 505 (515 ff.); *Schlitt/Schäfer* AG 2005, 67 (73). Strenger zT *Busch* in Marsch-Barner/Schäfer Börsennotierte AG-HdB Rn. 42.88.
[360] *Ihrig* FS Happ, 2006, 109 (125).
[361] OLG München WM 2006, 1525 (1528).
[362] *Ihrig/Wagner* NZG 2002, 657 (660); großzügiger *Schlitt/Schäfer* AG 2005, 67 (69). Vgl. auch Hüffer/Koch/ *Koch* § 186 Rn. 39c; *Reichert/Harbarth* ZIP 2001, 1441 (1443); *Trapp* AG 1997, 115 (116).
[363] Grundsätzlich sind alle Aktien derselben Gattung zuzulassen, vgl. § 39 Abs. 1 Nr. 4 BörsG.

Ermächtigungen zum erleichterten Bezugsrechtsausschluss gem. § 203 Abs. 1 S. 1, § 186 Abs. 3 S. 4 oder § 71 Abs. 1 Nr. 8 S. 5, § 186 Abs. 3 S. 4 anzurechnen sind.[364] Denn die Hauptversammlung kann den Vorstand nicht zu mehr ermächtigen, als ihr selbst an Kompetenzen zusteht.[365] Für eine solche Anrechnung ist nach richtiger Auffassung auf die konkrete Ausnutzung innerhalb des Zeitraums zwischen zwei Hauptversammlungen abzustellen.[366] Dies bedeutet im Ergebnis, dass in dem Zeitraum zwischen zwei Hauptversammlungen die 10 %-Grenze für die Ermächtigung des Vorstands zum erleichterten Bezugsrechtsausschluss nur einmal in Anspruch genommen werden kann. Teilweise wird dem in der Literatur widersprochen und eine Missbrauchskontrolle im Einzelfall für ausreichend gehalten.[367] Für diese Ansicht wird geltend gemacht, dass das Gesetz für eine starre volumenmäßige Anrechnung keine klare Grundlage biete.[368] In der Praxis sehen die Ermächtigungen entsprechende Anrechnungsklauseln vor, wonach sich die 10 %-Grenze entsprechend verringert, soweit vom Zeitpunkt der Beschlussfassung der Hauptversammlung über die Ermächtigung zur Begebung einer Wandelschuldverschreibung an andere Ermächtigungen zum vereinfachten Bezugsrechtsausschluss in direkter oder entsprechender Anwendung des § 186 Abs. 3 S. 4 genutzt werden.[369]

116 Darüber hinaus ist Vorstand verpflichtet, **bei Ausübung der Ermächtigung** nach § 221 Abs. 2 das Vorliegen der Voraussetzungen des § 186 Abs. 3 S. 4 bezogen auf diesen Zeitpunkt (erneut) zu überprüfen.[370] Für das zulässige Höchstvolumen folgt daraus, dass kumulativ auch auf den Zeitpunkt der Ausübung der Ermächtigung abzustellen ist (→ Rn. 114). Dementsprechend wird man eine Verpflichtung des Vorstands annehmen müssen, nach einer zwischenzeitlichen Kapitalherabsetzung die Wandel- oder Optionsanleihe nur mit einem Kapital von 10 % des dann maßgebenden, herabgesetzten Grundkapitals zu unterlegen.[371] Ob eine Dynamisierung der Ermächtigung nach oben möglich ist, wenn diese ausdrücklich auf bis zu 10 % des im Zeitpunkt der Ausnutzung der Ermächtigung bestehenden Grundkapitals erstreckt wird, wie dies ein Teil der Literatur annimmt, erscheint fraglich.[372] Umgekehrt kann nicht angenommen werden, dass eine zwischenzeitliche Erhöhung des Grundkapitals automatisch zur entsprechenden Erhöhung des zulässigen Höchstvolumens für das unterlegte bedingte Kapital führt.[373]

117 Zusätzlich sind bei Ausübung der Ermächtigung sämtliche während der Laufzeit der Anleihe aufgrund Wandlung oder Optionsausübung möglicherweise entstehenden Aktien zu berücksichtigen. Vorausschauend einzukalkulieren sind daher Anpassungsmechanismen, die außerhalb des Anwendungsbereichs von § 216 Abs. 3, § 218 ohne Mitwachsen des bedingten Kapitals zur Entstehung einer größeren Anzahl von Aktien führen könnten. So schützen in aller Regel verschiedene **Verwässerungsschutzklauseln** den wirtschaftlichen Wert der zukünftigen Beteiligung der Anleihegläubiger, wenn bestimmte Ereignisse vor dem letzten Tag des Wandlungszeitraums oder einem früheren für die Rückzahlung festgesetzten Tag eintreten (→ Rn. 153–158). Insbesondere bei dem inzwischen üblichen Schutz vor hohen Dividendenausschüttungen oder Anpassungen des Wandlungspreises im Falle eines Kontrollwechsels (→ Rn. 159, 160) kann sich die Anzahl der auszugebenden Aktien schnell erhöhen. Eine Überschreitung des zulässigen Höchstvolumens ist insoweit durch Wahlrechte des Emittenten (Ausgleich in bar) zu vermeiden.

118 In einigen Fällen sehen Hauptversammlungsermächtigungen oder die entsprechenden Vorstandsberichte im Rahmen des erleichterten Bezugsrechtsausschlusses vor, dass die Berechnung des hypothetischen Marktpreises der Wandelschuldverschreibung zusätzlich durch eine **Fairness Opinion** einer Investmentbank oder einer Wirtschaftsprüfungsgesellschaft zu bestätigen ist (→ Rn. 61). Verlangt die Ermächtigung dies nicht ausdrücklich, besteht keine rechtliche Verpflichtung, eine solche zusätzliche Einschätzung in jedem Fall einzuholen.[374] Es ist Aufgabe des Vorstands, im Rahmen seiner Geschäftslei-

---

[364] *Busch* AG 1999, 58 (62); *Busch* in Marsch-Barner/Schäfer Börsennotierte AG-HdB Rn. 43.22, Rn. 44.19; *Ihrig/Wagner* NZG 2002, 657 (662); *Schlitt/Seiler/Singhof* AG 2003, 254 (259) Fn. 75; *Singhof* ZHR 170 (2006) 673 (686).
[365] OLG München AG 1996, 518; *Singhof* ZHR 170 (2006) 673 (686); *Busch* in Marsch-Barner/Schäfer Börsennotierte AG-HdB Rn. 44.20.
[366] Vgl. *Busch* in Marsch-Barner/Schäfer Börsennotierte AG-HdB Rn. 44.19 f.; *Schlitt/Schäfer* AG 2005, 67 (70).
[367] *Schlitt/Schäfer* AG 2005, 67 (70); *Krause* in Habersack/Mülbert/Schlitt Unternehmensfinanzierung am Kapitalmarkt § 7 Rn. 31.
[368] *Schlitt/Schäfer* AG 2005, 67 (70).
[369] Vgl. auch das Muster bei *Groß* in Happ AktienR 12.04 mit Anm. 11.
[370] *Ihrig/Wagner* NZG 2002, 657 (660).
[371] *Singhof* ZHR 170 (2006) 673 (686).
[372] *Singhof* ZHR 170 (2006) 673(686) mit Fn. 67; für eine solche Möglichkeit *Groß* DB 1994, 2431 (2432); *Marsch-Barner* AG 1994, 532 (534); *Schlitt/Schäfer* AG 2005, 67 (69).
[373] *Singhof* ZHR 170 (2006) 673 (686).
[374] *Schlitt/Hemeling* in Habersack/Mülbert/Schlitt Unternehmensfinanzierung am Kapitalmarkt § 12 Rn. 50.

tungsfunktion zu entscheiden, ob er zur eigenen Absicherung oder zur Gewinnung zusätzlicher Erkenntnisquellen die Einholung einer solchen Fairness Opinion durch externe fachkundige Berater gleichwohl als empfehlenswert ansieht. Dabei ist allerdings auch zu bedenken, dass die Einschaltung einer weiteren nicht an der Emission beteiligten Bank zu zusätzlichem Abstimmungs- und Koordinierungsbedarf führt und die Erlangung der Fairness Opinion mit nicht unerheblichen Schwierigkeiten verbunden sein kann. Will die Verwaltung dies vermeiden, bietet sich die Bestätigung durch die an der Emission beteiligten Konsortialbanken an. Dies ist nicht per se unzulässig, aber wegen der wirtschaftlichen Interessen der Bank am Erfolg der Emission angreifbarer als die Bestätigung durch einen unabhängigen Dritten.[375]

Im Hinblick auf die **Informationspflichten** gegenüber den Aktionären des Emittenten bei einer anstehenden Platzierung unter Ausschluss des Bezugsrechts gelten die zu § 186 Abs. 3 S. 4 allgemein diskutierten Anforderungen auch hier (entsprechend).[376] Wegen des fehlenden Börsenpreises im Zeitpunkt der Emission der Wandel- oder Optionsanleihe ist es sogar von besonderer Bedeutung, die Grundlagen des erleichterten Bezugsrechtsausschlusses vor der Beschlussfassung der Hauptversammlung nach § 221 im **Vorstandsbericht** transparent darzulegen. Entgegen einer gewissen Tendenz, bei der Barkapitalerhöhung einen weniger inhaltsreichen Vorstandsbericht genügen zu lassen,[377] empfiehlt sich insoweit eine gründliche Berichterstattung. Insbesondere sollte der Aktionär darüber informiert werden, wie die „sinngemäße" Umsetzung von § 186 Abs. 3 S. 4 erreicht werden soll. Dabei sollte deutlich werden, auf welche Weise der Vorstand nach pflichtgemäßer Prüfung auf der Grundlage anerkannter finanzmathematischer Methoden und einer Auswertung der Marktnachfrage zu der Auffassung gelangt, dass die vorgesehenen Konditionen zu keiner nennenswerten Verwässerung des Werts der Aktien führen. Die in der Praxis ausgebildete Begründungstiefe genügt diesen Anforderungen ganz überwiegend.[378] An dieser Berichterstattung sollte auch zukünftig festgehalten werden. Eine völlige Freistellung von der Pflicht zur Vorlage eines schriftlichen Berichts an die Hauptversammlung, wie sie in dem Richtlinienvorschlag zur Änderung der 2. Gesellschaftsrechtlichen Richtlinie für die Ausgabe neuer Aktien aus genehmigtem Kapital zum geltenden Marktpreis nunmehr vorgesehen ist,[379] erscheint wegen des fehlenden Börsenpreises des komplexen Finanzinstruments im Emissionszeitpunkt nicht angezeigt.

Darüber hinaus sind die Aktionäre nach richtiger Auffassung spätestens mit der Entscheidung der Verwaltung, die Wandelschuldverschreibung zu platzieren, dahin zu unterrichten, in welchem Umfang und zu welchem Preis die Anleihe vermarktet werden soll. In aller Regel wird die entsprechende Unterrichtung schon deshalb sichergestellt sein, weil die Vorschriften über die **Ad-hoc-Publizität** (Art. 17 MAR) einschlägig sind. Aber auch wenn das (ausnahmsweise) einmal nicht der Fall ist, sollte die Platzierungsabsicht zeitnah analog der Vorschriften betreffend die Ad-hoc-Publizität über ein elektronisch betriebenes Informationsverarbeitungssystem sowie eine Veröffentlichung im elektronischen Bundesanzeiger und in einem überregionalen Börsenpflichtblatt bekannt gemacht werden, sofern die Satzung nicht weitergehende Veröffentlichungspflichten bestimmt.[380] Die Vorlage eines **(weiteren) förmlichen Berichts vor Ausnutzung** der Ermächtigung ist dagegen **nicht erforderlich**; sie wäre überflüssige Förmelei und würde die praktische Nutzbarkeit der Ermächtigung weitgehend entwerten. Es reicht insoweit vielmehr aus, wenn die Aktionäre in der der Ausnutzung der Ermächtigung nachfolgenden Hauptversammlung nachgängig unterrichtet werden.[381] Für die Ermächtigung des Vorstands zur Begebung der Wandel- oder Optionsanleihe und zum Bezugsrechtsausschluss (§ 221 Abs. 2 iVm § 203 Abs. 2 S. 1, § 204 Abs. 1 S. 2 analog) kann insoweit nichts anderes gelten als bei der Ausnutzung eines genehmigten Kapitals, für die der II. Zivilsenat des Bundesgerichtshofs eine neuerliche Berichtspflicht überzeugend abgelehnt hat.[382]

Nach der Inanspruchnahme der Ermächtigung hat der Vorstand **auf der nächsten ordentlichen Hauptversammlung** der Gesellschaft über die Einzelheiten seines Vorgehens zu berichten und Rede und Antwort zu stehen (§ 131).[383] Dabei erstreckt sich das Auskunftsrecht der Aktionäre nach

---

[375] Vgl. dazu *Schlitt/Seiler/Singhof* AG 2003, 254 (260).
[376] MüKoAktG/*Habersack* Rn. 177; vgl. K. Schmidt/Lutter/*Merkt* Rn. 104 f.
[377] Vgl. *Marsch-Barner* AG 1994, 532 (538); strenger aber wieder OLG München NZG 2002, 1113.
[378] Vgl. auch OLG München WM 2006, 1525 (1530). Es ist nicht zu verlangen, dass der Vorstand die finanzmathematischen Methoden im Vorstandsbericht in aller Ausführlichkeit erläutert.
[379] Vgl. Art. 29 eines Vorschlags der EU-Kommission zur Änderung der 2. gesellschaftsrechtlichen Richtlinie; dazu *Maul/Eggenhofer/Lanfermann* BB Spezial 6/2004, 5 (7).
[380] *Ihrig* FS Happ, 2006, 109 (127); *Aubel*, Der vereinfachte Bezugsrechtsausschluß, 1997, 115 f. Abweichend aber offenbar *Krieger* FS Wiedemann, 2002, 1081 ff. sowie *Paschos* WM 2005, 356, die davon ausgehen, der vereinfachte Bezugsrechtsausschluss könne ohne jede Information der Aktionäre durchgeführt werden.
[381] Wohl aA K. Schmidt/Lutter/*Merkt* Rn. 106.
[382] BGH ZIP 2005, 2205; zust. *Bungert* BB 2005, 2757; *Paschos* DB 2005, 2731, jeweils mwN; zur Vorinstanz bereits *Singhof* WuB II A. § 203 AktG 1.01.; für Wandelanleiheemissionen *v. Falkenhausen/v. Klitzing* ZIP 2006, 1513 (1517).
[383] Zur parallelen Pflicht bei Ausnutzung eines genehmigten Kapitals BGHZ 136, 133 (140).

§ 131 auch auf den Umstand der Einholung und den wesentlichen Inhalt der Fairness Opinion.[384] Eine Verpflichtung, den Aktionären die Fairness Opinion auf der nachfolgenden Hauptversammlung in vollem Umfang zugänglich zu machen, besteht aber nicht. Zuvor kommt der Berichterstattung im Anhang zum Jahresabschluss die Aufgabe zu, neben den bilanziellen Informationen über eine vorgenommene Emission zu informieren. Gem. § 160 Abs. 1 Nr. 5 sind dabei die Zahl der im Umlauf befindlichen Wandelschuldverschreibungen einschließlich aller wesentlichen Anleihebedingungen anzugeben.[385]

122 **c) Bezugsrechtsausschluss bei Genussscheinen.** Den Aktionären steht auch auf die Genussscheine ein gesetzliches Bezugsrecht zu (§ 221 Abs. 4). Insofern gilt im Grundsatz nichts anderes als bei der Emission einer Wandelschuldverschreibung. Ein **Ausschluss des Bezugsrechts** ist auch bei der Emission eines Genussscheins von der Wahrung der in § 186 Abs. 3 und 4 vorgesehenen **formellen Voraussetzungen** abhängig. Dazu zählt insbesondere die Zustimmung der Hauptversammlung mit einer Kapitalmehrheit von mindestens drei Vierteln des vertretenen Grundkapitals (§ 186 Abs. 3 S. 2). Der Bericht des Vorstandes nach § 186 Abs. 4 S. 2 muss die Tatsachen mitteilen, die für die materielle Rechtfertigung des Bezugsrechtsausschlusses entscheidend sind, und Wertungen und Abwägungen des Vorstandes enthalten (im Übrigen → Rn. 119).[386]

123 Ein wirksamer Bezugsrechtsausschluss erfordert bei Kapitalerhöhungen wie auch bei der Emission von Wandel- und Optionsschuldverschreibungen mit Aktienbezug, dass der Ausschluss bei gebührender Berücksichtigung der Folgen für die ausgeschlossenen Aktionäre durch **sachliche Gründe** im Interesse der Gesellschaft gerechtfertigt ist. Diese Prüfung schließt eine Abwägung der Interessen und der Verhältnismäßigkeit von Mittel und Zweck ein (→ Rn. 88). Ob der Bezugsrechtsausschluss **auch bei Ausgabe von Genussscheinen** einer sachlichen Rechtfertigung bedarf, hat der Bundesgerichtshof in einer Leitentscheidung **differenzierend** betrachtet und wegen der unterschiedlichen Ausgestaltung von Genussscheinen davon abhängig gemacht, ob und inwieweit die Genussscheinbedingungen im jeweiligen Einzelfall in die mitgliedschaftliche und vermögensrechtliche Stellung des Aktionärs eingreifen.[387] Dieser Ansicht ist zuzustimmen; sie entspricht auch der herrschenden Auffassung im Schrifttum.[388]

124 In dem vom Bundesgerichtshof zu entscheidenden Fall konnte dieser eine Beeinträchtigung der Aktionäre vollständig verneinen, da die betreffenden Genussscheinbedingungen eine **feste, wenn auch gewinnabhängige Verzinsung** enthielten, keine Beteiligung am Liquidationserlös vorsahen und zeitlich begrenzt waren. Selbst eine nachteilige Auswirkung auf den Gewinnanspruch der Aktionäre durch einen dem gesteigerten Risiko entsprechenden erhöhten Zinssatz konnte ausgeschlossen werden, da sich die Verzinsung im Rahmen der marktüblichen Konditionen für Kredite bewegte. Für die in der Praxis überwiegenden lediglich gewinnabhängigen Genussrechte (zu diesen → Rn. 33) bedeutet dies, dass ein sachlicher Grund für den Bezugsrechtsausschluss nicht vorliegen, sondern allenfalls überprüft werden muss, ob der Zinssatz dem für die Aufnahme von Fremdkapital üblichen Marktzins entspricht. Zur Vermeidung einer Wertverlagerung von den Aktien auf die Genussrechte genügt es insoweit, dass die Vergütung für die Kapitalüberlassung unter Berücksichtigung einer angemessenen Risikoprämie, zB für Nachrangigkeit, Verlustteilnahme und Gewinnabhängigkeit der Ausschüttung, den aktuellen Marktkonditionen für vergleichbare Mittelaufnahmen entspricht.[389] Soweit Genussscheine dagegen eine **gewinnorientierte Verzinsung**, eine Beteiligung am Liquidationserlös, ein Bezugsrecht auf Aktien oder eine Verzinsung enthalten, die nicht marktüblichen Bedingungen für Fremdkapital entspricht, was bei Finanzierungsgenussscheinen regelmäßig der Fall ist, ist eine sachliche Rechtfertigung erforderlich.[390] Deren Umfang hängt wiederum von der Intensität des Eingriffs im Einzelfall ab.

---

[384] So in anderem Zusammenhang LG Heidelberg BB 2001, 1809 (1810), das gleichzeitig eine Pflicht zur Auslage des Gutachtens verneint. Zust. *Bungert* BB 2001, 1812 (1813); *Kort* ZIP 2002, 685 (690).
[385] Insoweit unterliegt auch die zur Aktienausgabe verpflichtete Muttergesellschaft dieser Angabepflicht; BeBiKo/*Ellrott* HGB § 284 Rn. 44; MüKoAktG/*Kessler* § 160 Rn. 47. Zur Bilanzierung von Wandelanleihen nach IFRS *Isert/Schaber* BB 2005, 2287; zur Bilanzierung nach HGB vgl. *Gelhausen/Rimmelspacher* AG 2006, 729.
[386] OLG München AG 1991, 210 (211).
[387] BGH AG 1993, 134 (135).
[388] Hüffer/Koch/*Koch* Rn. 43; MüKoAktG/*Habersack* Rn. 187; Kölner Komm AktG/*Florstedt* Rn. 241; MHdB AG/*Scholz* § 64 Rn. 82; *Groß* in Marsch-Barner/Schäfer Börsennotierte AG-HdB Rn. 51.76 f.; *Singhof* ZHR 170 (2006) 673 (675 f.); *Harrer/Janssen/Halbig* FinanzBetrieb 2005, 1 (2). Abw. *Hirte* ZIP 1988, 477 (486); *Busch* AG 1994, 93 (99), die beide nur eine Prüfung des Kaufpreises anhand § 255 für erforderlich halten.
[389] MüKoAktG/*Habersack* Rn. 187; *Busch* AG 1994, 93 (98); im Erg. auch BGHZ 120, 141 (149).
[390] MHdB AG/*Scholz* § 64 Rn. 82; Kölner Komm AktG/*Florstedt* Rn. 242; *Groß* in Marsch-Barner/Schäfer Börsennotierte AG-HdB Rn. 51.6 f.; abw. *Hirte* ZIP 1988, 477 (486) und *Busch* AG 1994, 93 (99), die davon ausgehen, dass jede Vermögensbeeinträchtigung der Aktionäre durch die Bemessung des Ausgabepreises der Genussscheine kompensiert werden könne. Die richtige Bemessung des Kaufpreises sei nur anhand des § 255 Abs. 1 S. 1 zu überprüfen.

125 Der **erleichterte Bezugsrechtsausschluss des** § 186 Abs. 3 S. 4 ist von dem Verweis in § 221 Abs. 4 S. 2 zwar miterfasst, hat aber im Ergebnis für (reine) Genussscheine praktisch keine Bedeutung. Soweit der Hauptversammlungsbeschluss bzw. die -ermächtigung die Begebung des Genussscheins von vornherein auf eine „obligationsähnliche" Ausgestaltung und eine „marktgerechte" Emission beschränkt, was häufig geschieht, fehlt es bereits an einem Bedürfnis für eine sinngemäße Anwendung von § 186 Abs. 3 S. 4.[391] Aber auch in dem weiteren – praktisch indes nicht im Vordergrund stehenden – Bereich gewinnorientierter Genussrechte oder nicht klar zuzuordnenden Mischformen scheidet § 186 Abs. 3 S. 4 wegen des fehlenden Bezugs der Genussscheine zum Börsenpreis der Aktien und zum Grundkapital der Gesellschaft aus.[392]

126 Enthalten die Genussrechte ein Options- oder Wandlungsrecht auf Aktien (**Wandelgenussrechte**), ist eine sachliche Rechtfertigung im gleichen Umfang erforderlich und unter den gleichen Umständen anzunehmen wie beim einem Bezugsrechtsausschluss bei (gewöhnlichen) Wandel- oder Optionsanleihen.[393] Die Grundsätze → Rn. 85–121 gelten insofern entsprechend; dies gilt auch für die Anwendbarkeit von § 186 Abs. 3 S. 4.

4. Besonderheiten bei der Einschaltung einer ausländischen Zweckgesellschaft. Erfolgt **127** die Emission der Anleihe – etwa aus steuerlichen Gründen – durch eine im Ausland belegene Zweckgesellschaft (→ Rn. 57) und sollen die Wandlungs- bzw. Optionsrechte aus bedingtem Kapital bedient werden, besteht die Gefahr, dass es im Wandlungsfall zu einer **verdeckten Sacheinlage** kommt.[394] Grundsätzlich ist nämlich die Einbringung einer gegen die Gesellschaft gerichteten Forderung als Sacheinlage anzusehen. Für Forderungen aus Schuldverschreibungen gilt nichts Anderes.[395] Für die Ausübung des Wandlungsrechts bei Wandelanleihen sieht § 194 Abs. 1 indessen vor, dass die Hingabe einer Schuldverschreibung im Umtausch gegen Bezugsaktien aus bedingtem Kapital (ausnahmsweise) nicht als Sacheinlage gilt. Soweit die **Privilegierung** des § 194 Abs. 1 S. 2 reicht, müssen die strengen Sacheinlagevorschriften daher nicht beachtet werden.[396] Erfolgt die Emission über eine ausländische Zweckgesellschaft, befürwortet die zutreffende herrschende Meinung im Schrifttum eine (analoge) Anwendung des § 194 Abs. 1 S. 2, sofern die Zweckgesellschaft im Falle der Wandlung aus dem weiteren Geschehensablauf „**automatisch" ausscheidet.** Dies ist der Fall, wenn die folgenden Voraussetzungen erfüllt sind:[397]

– Der **Erlös** aus der Begebung der Schuldverschreibung wird von der Zweckgesellschaft im Wege eines Darlehens an die Aktiengesellschaft **weitergeleitet** und ist im Konzerninteresse zu verwenden. Davon ist nicht sicher auszugehen, wenn das auf die Anleihe bezahlte Entgelt bei der Aktiengesellschaft nicht ankommt, sondern bereits von der Zweckgesellschaft eigenständig genutzt wird.[398]

– Der aus der Weiterleitung resultierende **Darlehensrückzahlungsanspruch** der Zweckgesellschaft wird von der Zweckgesellschaft an die Anleihegläubiger **abgetreten.**[399] Geschieht dies

---

[391] So zutr bereits Gemeinsamer Ausschuss der Wirtschaftsverbände, WM 1997, 490 (496); s. auch *Harrer/Janssen/Halbig* FinanzBetrieb 2005, 1 (3); *Hofmeister,* Der erleichterte Bezugsrechtsausschluss bei Wandelschuldverschreibungen, Gewinnschuldverschreibungen und Genussrechten, 2000, 132.

[392] Vgl. *Ihrig/Wagner* NZG 2002, 657 (659); MüKoAktG/*Habersack* Rn. 192; vgl. auch *Hofmeister,* Der erleichterte Bezugsrechtsausschluss bei Wandelschuldverschreibungen, Gewinnschuldverschreibungen und Genussrechten, 2000, 130 ff.; *Marsch-Barner* AG 1994, 532 (539); *Berghaus/Bardelmeier* in Habersack/Mülbert/Schlitt Unternehmensfinanzierung am Kapitalmarkt § 14 Rn. 26; aA *Groß* DB 1994, 2431 (2437); abw. *Harrer/Janssen/Halbig* Finanz-Betrieb 2005, 1 (3), die die Beschränkung auf 10 % des Grundkapitals mangels Verbriefung von Aktienerwerbsrechten insoweit schlicht für bedeutungslos halten.

[393] *Groß* in Marsch-Barner/Schäfer Börsennotierte AG-HdB Rn. 51.77.

[394] *Frey* § 192 Rn. 75; *Schlitt/Seiler/Singhof* AG 2003, 254 (264) Fn. 118; aA noch *Horn,* Das Recht der internationalen Anleihen, 1972, 319; *Gustavus* BB 1970, 694 (695).

[395] OLG Köln ZIP 1984, 834 (835); *Groh* BB 1997, 2523 (2526 ff.); *Schumann,* Optionsanleihen, 1990, 64; *Lutter* FS Stiefel, 1987, 505 (516); krit. Großkomm AktG/*Frey* § 194 Rn. 11, der grds. von einer Bareinlage ausgeht.

[396] Vgl. *Schumann,* Optionsanleihen, 1990, 37. Nach allgemeinen Grundsätzen müsste jede einzelne Rückzahlungsforderung zum jeweiligen Umtauschzeitpunkt unter Berücksichtigung der Bonität der Gesellschaft bewertet werden. Ein derartiges teures, langwieriges und unflexibles Verfahren wollte der Gesetzgeber insoweit gerade vermeiden; Großkomm AktG/*Frey* § 194 Rn. 27.

[397] Vgl. vor allem *Schumann,* Optionsanleihen, 1990, 71 ff.; *Hirte* WM 1994, 321 (329); *Schlitt/Seiler/Singhof* AG 2003, 254 (264 f.); *Schlitt/Hemeling* in Habersack/Mülbert/Schlitt Unternehmensfinanzierung am Kapitalmarkt § 12 Rn. 51.

[398] *Schlitt/Seiler/Singhof* AG 2003, 254 (264 f.); *Schlitt/Hemeling* in Habersack/Mülbert/Schlitt Unternehmensfinanzierung am Kapitalmarkt § 12 Rn. 51. Weniger streng Großkomm AktG/*Frey* § 194 Rn. 35–38.

[399] Dies geschieht in der Praxis regelmäßig durch Abtretung des Darlehensrückzahlungsanspruchs an eine Bank, die insoweit zugunsten der Anleihegläubiger handelt. Vgl. dazu auch MüKoAktG/*Habersack* Rn. 235; *Busch* in Marsch-Barner/Schäfer Börsennotierte AG-HdB Rn. 44.41.

nicht, stünde der Aktiengesellschaft nämlich bei der Wandlung noch ein Anspruch einer dritten Partei (der Zweckgesellschaft) gegenüber, der erst noch durch Aufrechnung zum Erlöschen gebracht werden muss, so dass es nicht zu dem automatischen Ausscheiden kommen würde.[400] Kommt es zur Wandlung, wird der Darlehensrückzahlungsanspruch (anteilig) zusammen mit der Wandelschuldverschreibung an die Aktiengesellschaft abgetreten und erlischt dort durch Konfusion. Die Gesellschaft kann den an sie weitergeleiteten Erlös nunmehr endgültig behalten. Bei der Ausgestaltung der Abtretungsvereinbarung ist darauf zu achten, dass sie nicht mit den Vorgaben der übrigen Finanzierungsdokumentation des Emittenten kollidiert und insbesondere nicht als unzulässige Besicherung angesehen wird. Dabei reicht regelmäßig die Klarstellung aus, dass die Anleihegläubiger nicht berechtigt sind, die abgetretenen Darlehensansprüche durch Kündigung fällig zu stellen bzw. im Falle des Insolvenzverfahrens über das Vermögen der Aktiengesellschaft aus dem ihnen abgetretenen Darlehensanspruch vorzugehen. Darüber hinaus kommt eine ausdrückliche Freischaltung von Abtretungen im Zusammenhang mit indirekt begebenen Wandelanleihen in der übrigen Finanzierungsdokumentation in Betracht.

– Der Darlehensrückzahlungsanspruch kann **nicht ohne die Schuldverschreibung abgetreten** bzw. isoliert gepfändet werden.[401] Um das sicherzustellen, wird in den Anleihebedingungen regelmäßig bestimmt, dass jede Verfügung über die Schuldverschreibung auch eine Abtretung des dazugehörigen Darlehensrückzahlungsanspruchs begründet, und dass die Ausübung des Wandlungsrechts nur bei gleichzeitiger Rückübertragung des dazugehörigen Darlehensrückzahlungsanspruchs zulässig ist.[402] Auf diese Weise wird ein quasi-dinglicher Zusammenhalt von Schuldverschreibung und Darlehensforderung hergestellt.[403]

VII. Entstehung, Erwerb und Übertragung der Rechte

128 **1. Vertrag zwischen Gesellschaft und Erwerber.** Weder der Ermächtigungsbeschluss noch der Zustimmungsbeschluss zur Begebung einer Wandel- oder Optionsanleihe begründen bereits unmittelbare Rechte und Pflichten der Parteien. Diese entstehen erst durch die nachfolgende Ausgabe des Finanzinstruments durch den Vorstand, genauer durch einen auf Einräumung des Rechts gerichteten Vertrag zwischen der durch den Vorstand vertretenen Gesellschaft und dem Erwerber (Zeichner) der Schuldverschreibung (**Begebungsvertrag**).[404]

129 Entsprechend allgemeinen Grundsätzen ist der Erwerb des Rechts aus dem Finanzinstrument **von der Einhaltung der besonderen (verbandsinternen) aktienrechtlichen Erfordernisse nicht abhängig:** So entsteht die Anleihe unabhängig davon, ob der nach § 221 erforderliche Beschluss der Hauptversammlung vorliegt (→ Rn. 54–59), ob zur Sicherung ein bedingtes Kapital wirksam eingeräumt wurde (→ Rn. 68–70), oder ob bei der Ausgabe das gesetzliche Bezugsrecht der Aktionäre aus § 221 Abs. 4 verletzt worden ist (→ Rn. 85–126). Noch weniger steht die Missachtung der in § 221 Abs. 2 S. 2 und 3 geregelten Publizitätspflichten (→ Rn. 87) dem Erwerb des Rechts entgegen. Das durch Ausgabe entstandene Recht oder das Wertpapier, in dem das Recht verkörpert ist, ist übertragbar; auch in sonstiger Weise kann über es verfügt werden.[405]

130 **2. Erwerber.** Im Falle einer Bezugsrechtsemission haben zunächst die Aktionäre der Gesellschaft Anspruch auf Abschluss des Begebungsvertrags mit der Gesellschaft. Der Gesellschaft selbst steht nach § 71b aus eigenen Aktien ein Bezugsrecht nicht zu; auch unabhängig hiervon ist ihr nur der derivative Erwerb der von § 221 erfassten Finanzinstrumente möglich. Im Falle eines Bezugsrechtsausschlusses muss der Vorstand bei der Ausgabe der Papiere etwaige Vorgaben der Hauptversammlung bezüglich der Platzierung beachten. Im Übrigen ist der Vorstand in der Auswahl des Vertragspartners – vorbehaltlich des Gleichbehandlungsgrundsatzes – grundsätzlich frei.[406]

131 **3. Fremdemission.** Die Gesellschaft kann die Schuldverschreibungen selbst ausgeben. Jedenfalls bei größeren Emissionen ist aber nur die Fremdemission durch ein oder mehrere Kreditinstitute

---

[400] Dies führt zu Risiken vor allem im Insolvenzfall, vgl. *Schumann*, Optionsanleihen, 1990, 72 f.
[401] S. *Schumann*, Optionsanleihen, 1990, 73 mit Fn. 92.
[402] Zu den Einzelheiten *Schlitt/Seiler/Singhof* AG 2003, 254 (264 f.).
[403] *Busch* in Marsch-Barner/Schäfer Börsennotierte AG-HdB Rn. 44.41; AA *Fest* in Hopt/Seibt Schuldverschreibungsrecht § 221 Rn. 65 und Fn. 194, der von einer schuldrechtlichen (Neben-)Leistungspflicht ausgeht.
[404] Hüffer/Koch/*Koch* Rn. 47; MüKoAktG/*Habersack* Rn. 199. Es gilt insoweit das wertpapierrechtliche Rechtsscheinprinzip, so dass die Rechte aus dem Titel in der Person eines gutgläubigen Dritten auch bei Fehlen eines Begebungsaktes (zB Diebstahl der Anleiheurkunde) oder bei mangelhafter Begebung (zB Geschäftsunfähigkeit des ersten Nehmers) entstehen können.
[405] MüKoAktG/*Habersack* Rn. 200.
[406] MüKoAktG/*Habersack* Rn. 201.

praktikabel, welche die Rechte zunächst erwerben und sodann weiterplatzieren oder nach Maßgabe des § 186 Abs. 5 an die Aktionäre weiterleiten (→ Rn. 45).

4. Verbriefung. Die Wandel- oder Gewinnschuldverschreibung ist Inhaber- oder Orderschuldverschreibung und bedarf als solche der Verbriefung nach § 793 BGB oder § 363 HGB, in aller Regel in einer Globalurkunde (§ 9a Abs. 1 DepotG).[407] § 221 gilt aber auch dann, wenn die Gesellschaft ein mit Rechten iSd Abs. 1 ausgestattetes Rektapapier oder anleiheunabhängige Optionsrechte begibt. 132

Die Verbriefung umfasst nicht nur die Schuldverschreibung, sondern auch das **Umtausch- oder Optionsrecht.** Bei der Optionsanleihe ist es aber Sache des Emittenten, ob er den Zahlungsanspruch und das Optionsrecht untrennbar in einer Urkunde verbrieft oder ob er ein mit der Haupturkunde äußerlich verbundenes, aber abtrennbares und selbstständig übertragbares Optionsrecht begibt.[408] 133

Auch **Genussrechte** werden meist als Inhaberpapiere nach § 793 BGB verbrieft.[409] Im Fall der Verbriefung kann das Genussrecht als Inhaber-, Order- (§ 363 HGB) oder Rektapapier ausgestaltet werden; in Betracht kommt aber auch die Ausgestaltung als bloße Beweisurkunde. Schließlich kann eine Verbriefung auch ganz unterbleiben.[410] 134

5. Erwerb eigener Titel. a) Erwerb durch die Gesellschaft. Die Gesellschaft kann einen Begebungsvertrag (→ Rn. 51) mit sich selbst nicht abschließen, weshalb ein originärer Erwerb der von § 221 erfassten Finanzinstrumente durch sie ausscheidet. Denkbar und auch aktienrechtlich zulässig ist dagegen ein derivativer Erwerb durch die Gesellschaft. Insbesondere greifen die Erwerbsbeschränkungen des § 71 Abs. 1 nicht, da diese nur für den Erwerb von Aktien, nicht aber für den Erwerb der in § 221 geregelten Finanzinstrumente durch die Gesellschaft gelten. Auch eine entsprechende Anwendung der §§ 71 ff. ist insoweit weder unter dem Gesichtspunkt der Kapitalerhaltung noch unter dem der Kompetenzverteilung geboten.[411] Die Möglichkeit zum Rückkauf insbesondere (deutlich) unter dem Nennbetrag notierender eigener Wandelschuldverschreibungen kann für einen Emittenten mit freier Liquidität unter Umständen attraktiv sein[412] und wurde in jüngerer Zeit einige Male genutzt. Die Anleihebedingungen stehen einem Rückkauf in aller Regel nicht entgegen; entweder ist dieser ausdrücklich gestattet oder ist jedenfalls nicht untersagt. Anlegergesichtspunkte sind grundsätzlich ebenfalls nicht berührt. Mitteilungspflichten gegenüber den Anleihegläubigern sind zumeist nicht vorgesehen. Allerdings ist im Einzelfall zu prüfen, ob die mit dem Rückerwerb verbundene Reduktion der Finanzverbindlichkeiten und die Änderung des Fälligkeitsprofils erhebliche Auswirkungen auf die Finanz- oder Ertragslage des Emittenten hat und deshalb zu einer Ad hoc-Pflicht (Art. 17 MAR) führt. Gleiches kann – auch zur Vermeidung eines möglichen Insiderverstoßes – gelten, wenn dem Emittenten über die Absicht des Rückkaufs hinaus kursrelevante Umstände bekannt sind.[413] Mitteilungspflichten nach den §§ 21 ff. WpHG oder aufgrund börsenrechtlicher Bestimmungen bestehen im Zusammenhang mit einem Rückkauf dagegen in aller Regel nicht.[414] Bei der Ausgestaltung des Rückkaufs ist grundsätzlich das WpHG-rechtliche Gleichbehandlungsgebot sowie das Verbot der Marktmanipulation (Art. 15 MAR) zu beachten. Dies gilt mit besonderer Schärfe, wenn der Rückkauf nicht über ein öffentliches (Rückkauf-)Angebot, sondern „still" erfolgt und die Liquidität eines vorhandenen aktiven Marktes erheblich einschränkt. In der Regel sind aber „stille" Rückkäufe, die primär dem Ziel der Entwertung der Anleihe und damit der Schuldenreduzierung dienen, bei entsprechender Ausgestaltung als zulässig zu erachten.[415] 135

Aus eigenen Wandelschuldverschreibungen, Gewinnschuldverschreibungen und Genussrechten stehen **der Gesellschaft** indes **keine Rechte zu.** Dies gilt sowohl für den Anspruch auf Rückzah- 136

---

[407] Zu den Einzelheiten vgl. MüKoAktG/*Habersack* Rn. 203 f. Die Urkunde wird vom Vorstand als Vertretungsorgan der AG ausgestellt. Nach § 793 Abs. 2 S. 2 BGB genügt dafür eine im Wege der mechanischen Vervielfältigung hergestellte Namensunterschrift.
[408] Hüffer/Koch/*Koch* Rn. 48; MüKoAktG/*Habersack* Rn. 203.
[409] *Berghaus/Bardelmeier* in Habersack/Mülbert/Schlitt Unternehmensfinanzierung am Kapitalmarkt § 14 Rn. 36. Seit Neufassung des SchVG ist klargestellt, dass auch Genussscheine in den Anwendungsbereich des Gesetzes fallen können, sofern sie den Anforderungen gem. § 1 Abs. 1 SchVG genügen.
[410] *Berghaus/Bardelmeier* in Habersack/Mülbert/Schlitt Unternehmensfinanzierung am Kapitalmarkt § 14 Rn. 36.
[411] Hüffer/Koch/*Koch* Rn. 54; MüKoAktG/*Habersack* Rn. 205 mwN; in Bezug auf Wandelschuldverschreibungen *Wieneke* WM 2013, 1540 (1541 f.). Spezialgesetzliche Erwerbsverbote bestehen für Kreditinstitute (Art. 52 Abs. 1 lit. i CRR) und Versicherungsgesellschaften (§ 214 Abs. 3 S. 5 VAG) in Bezug auf Genussrechte mit Eigenmittelcharakter. Diese sind allerdings abschließender Natur, so dass auch Kreditinstitute und Versicherungsgesellschaften im Übrigen keinen Erwerbsbeschränkungen unterliegen.
[412] *Metzner/Müller* BZ v. 18.3.2009, S. 2.
[413] *Metzner/Müller* BZ v. 18.3.2009, S. 2.
[414] Ausf. *Metzner/Müller* BZ v. 18.3.2009 S. 2.
[415] *Wieneke* WM 2013, 1540 (1544); *Metzner/Müller* BZ v. 18.3.2009 S. 2.

lung des Kapitals nebst Zinsen als auch für die aktienorientierten Rechte.[416] Insbesondere kann die Gesellschaft aus eigenen Wandel- oder Optionsanleihen wegen § 56 Abs. 1 keine Bezugserklärung auf eigene Aktien abgeben.[417] Bei einer Drittemission über ein Emissionsvehikel (→ Rn. 127) hat die Gesellschaft zwar die Rechte aus der Anleihe gegen die emittierende Gesellschaft, nicht aber ein Bezugsrecht auf ihre eigenen Aktien. Ein gegen das Emissionsvehikel gerichteter Verschaffungsanspruch auf die eigenen Aktien unterliegt den Beschränkungen der §§ 56 Abs. 1, 71 Abs. 1.[418]

137 Werden die Anleihe oder der Optionsschein an einen Dritten **weiterveräußert,** fallen die genannten Beschränkungen weg, so dass der Dritte die verbrieften und nunmehr entstehenden Rechte geltend machen kann. Dies gilt allerdings nicht für vor der Übertragung an den Dritten entstandene selbstständige Ansprüche, insbesondere solche auf Zinsen; diese sind infolge der zwischenzeitlichen Identität von Gläubiger und Schuldner nicht entstanden und entstehen auch nicht im Nachhinein in der Person des Dritten. In der Zwischenzeit anfallende Gewinnanteile wachsen somit den Aktionären und den übrigen Inhabern von Finanzinstrumenten iSv § 221 zu.[419]

138 b) **Erwerb durch abhängige Unternehmen.** Von der Aktiengesellschaft abhängige Unternehmen können die Titel des § 221 erwerben.[420] Auf den derivativen Erwerb findet § 71 Abs. 1 S. 2 ohnehin keine Anwendung. Bei originärem Erwerb steht aber auch § 56 Abs. 1, 2 nicht entgegen, weil diese Bestimmung nur die Zeichnung von Aktien, nicht dagegen diejenige von Titeln iSd § 221 beschränkt. Ein abhängiges oder in Mehrheitsbesitz stehendes Unternehmen hat deshalb auch die Rechte aus der Anleihe. Der Ausübung des Umtausch- oder Optionsrechts auf neue Aktien steht dagegen wiederum § 56 Abs. 2 im Wege; bei Drittemission ist gegebenenfalls § 71d S. 2 zu beachten.[421]

139 c) **Erwerb für Rechnung der AG oder eines abhängigen Unternehmens.** Da §§ 56, 71 auf Wandelschuldverschreibungen nicht anwendbar sind, ist ein Erwerb der Anleihe durch Dritte auf Rechnung der AG oder eines von dieser abhängigen oder in Mehrheitsbesitz stehenden Unternehmens ebenso zulässig wie der Erwerb durch die Gesellschaft oder das abhängige Unternehmen selbst. Auch ein Bezug der Aktien durch den für Rechnung der Gesellschaft oder eines von ihr abhängigen Unternehmens handelnden Dritten ist wirksam und lässt die Mitgliedschaft in der Person des Erwerbers entstehen.[422] Gem. § 56 Abs. 3 kann sich der Dritte allerdings nicht darauf berufen, dass er die Aktie nicht auf eigene Rechnung übernommen hat.[423] Bei Drittemission ist gegebenenfalls § 71d S. 2 zu beachten.

140 **6. Verfügungen.** Wandelschuldverschreibungen, Gewinnschuldverschreibungen und Genussrechte sind übertragbar und belastbar. Ist der Titel in einem Inhaberpapier verbrieft, so kann über das Recht am Papier gem. §§ 929 ff., 1030 ff. (1081), 1204 ff. (1293) BGB verfügt werden. Bei Orderpapieren ist zusätzlich ein Indossament erforderlich. Anstelle dieser sachenrechtlichen Übertragung kann auch eine Abtretung der verbrieften Ansprüche nach §§ 398, 952 Abs. 2 BGB (oder eine sonstige Verfügung etwa nach §§ 1274 ff. BGB) vorgenommen werden,[424] die aufgrund des fehlenden Gutglaubensschutzes aber weniger vorteilhaft ist. Bei Rektapapieren kommen überhaupt nur Verfügungen über das verbriefte Recht in Betracht, ebenso bei fehlender Verbriefung. Bei abtrennbaren Optionsrechten (→ Rn. 6) sind selbstständige Verfügungen jeweils über das abgetrennte Optionsrecht sowie über die Anleihe möglich.[425]

VIII. Ausgestaltung der Anleihebedingungen

141 Die konkrete Ausgestaltung der von § 221 erfassten Finanzinstrumente durch die Anleihebedingungen und der Schutz vor sich während der Laufzeit verändernden Umständen sind für die Investoren von erheblicher Bedeutung. Denn das AktG selbst enthält – von der Regelung des § 216 Abs. 3 und der Sicherung des Umtauschrechts im Falle bedingten Kapitals, § 192 Abs. 4 (→ Rn. 74) abgese-

---

[416] MüKoAktG/*Habersack* Rn. 206.
[417] *Stadler* NZG 2003, 579 (581).
[418] MüKoAktG/*Habersack* Rn. 206.
[419] MüKoAktG/*Habersack* Rn. 207.
[420] MüKoAktG/*Habersack* Rn. 208. § 10a Abs. 1 S. 2 KWG dürfte allerdings wohl auch den Ersterwerb durch ein gruppenangehöriges Kreditinstitut erfassen.
[421] MüKoAktG/*Habersack* Rn. 208.
[422] MüKoAktG/*Habersack* Rn. 209.
[423] *Gansmüller* DB 1955, 866 f.
[424] Bei Inhaberpapieren hM, etwa MüKoBGB/*Habersack* BGB § 793 Rn. 31 f. mwN. Bei Orderpapieren verlangt die hM zusätzlich die Übergabe des Papiers, vgl. Baumbach/Hefermehl/*Casper* Wechselgesetz und Scheckgesetz WG Art. 11 Rn. 5 mwN.
[425] MüKoAktG/*Habersack* Rn. 211.

hen – nur sehr vereinzelte Regelungen zum Schutz der Investition der Anleger. Auch im Übrigen sind gesellschaftsrechtliche Schutzmechanismen rar; immerhin bestehen Vorschriften zugunsten der Gläubiger im Umwandlungsrecht, §§ 23, 36 Abs. 1 UmwG, §§ 125, 204 UmwG.[426] Die gesetzgeberische Zurückhaltung ist darauf zurückzuführen, dass es sich bei Wandelschuldverschreibungen und Genussrechten nicht um Papiere handelt, die Mitgliedschaftsrechte verkörpern, sondern um schuldrechtliche Obligationen[427] (→ Rn. 7). Eine ausführliche Regelung im AktG wäre daher systemfremd. Der Schutz der Anleger ist infolgedessen im Wesentlichen auf schuldrechtlicher Grundlage in den Anleihebedingungen zu gewähren. Dabei haben sich in den letzten Jahren bei den großen Wandelschuldverschreibungs-Emissionen in Deutschland gewisse Marktstandards gebildet. Diese sind nachfolgend erläutert. Dies gilt nicht in gleichem Maße für die Genussrechte, deren konkrete Ausgestaltung sehr stark variiert; vgl. zu einigen typischen Situationen aber → Rn. 177–184.[428] Im Übrigen entspricht die Ausgestaltung des Anleiheelements der Wandelschuldverschreibungen regelmäßig den Standards, die sich bei einer normalen Schuldverschreibung herausgebildet haben. Auf die entsprechende Literatur wird daher verwiesen.

Von einer mittelbaren Beeinträchtigung der Rechtsposition der Anleihegläubiger und der Reaktion darauf, wie sie nachfolgend dargestellt wird, ist die **unmittelbare Beeinträchtigung der Gläubiger** durch direkten Entzug oder Änderung der in den Anleihebedingungen enthaltenen Rechte zu unterscheiden. Ein solcher direkter Eingriff ist – wenn er nicht bereits in den Anleihebedingungen vorbehalten wurde – grundsätzlich **nur mit der Zustimmung aller betroffenen Anteilsinhaber** möglich.[429] Darüber hinaus sind bei einer solchen Änderung der Anleihebedingungen die Vorgaben des Hauptversammlungsbeschlusses zu beachten. So bedarf eine spätere Veränderung des Umtauschverhältnisses unter Umständen einer Änderung des ursprünglichen Hauptversammlungsbeschlusses durch einen neuen Beschluss.[430] Dies ist sehr häufig nur mit großem Aufwand möglich und – auch wegen der Anfechtungsrisiken – kaum praktikabel. **142**

1. Wandlungs- bzw. Optionsfrist. Die Anleihebedingungen sehen häufig vor, dass das Wandlungs- bzw. Optionsrecht nicht durchweg, sondern nur innerhalb eines bestimmten Zeitraums (*conversion period* bzw. Wandlungs- bzw. Optionsfrist)[431] ausgeübt werden kann. Zudem erhalten die Bedingungen häufig **Ausschlusszeiträume,** während der die Ausübung des Wandlungsrechts auch während der Wandlungsfrist suspendiert ist *(excluded period)*. Typischerweise sind dies die Zeiträume vor der ordentlichen Hauptversammlung, vor dem Geschäftsjahresende und die Zeit eines laufenden Bezugsangebotes.[432] Eine unzulässige Beeinträchtigung der Rechte der Investoren ist darin nicht zu sehen. Allerdings kann der Ausschluss des Wandlungsrechts zB in den ersten Jahren Einfluss auf die Vermarktbarkeit der Wandelanleihe haben. **143**

2. Wandlungs- bzw. Umtauschverhältnis. Die Anleihebedingungen können ein festes, aber auch ein **flexibles Wandlungs- bzw. Umtauschverhältnis** bestimmen (dazu bereits → Rn. 69). So kann das Umtauschverhältnis durch die Festlegung von sog. *maximum-, medium-* und *minimum- conversion ratios* von der Entwicklung des Aktienkurses abhängig gemacht werden.[433] Zulässig ist es auch, das Umtauschverhältnis zu Gunsten der Anleihegläubiger anzupassen, etwa wenn die Dividendenausschüttung den Durchschnitt der letzten Jahre vor der Begebung der Wandelanleihe übersteigt und/oder aus Rücklagen erfolgt, die vor Begebung der Wandelschuldverschreibung gebildet worden sind.[434] **144**

3. Verzinsung. In den meisten Fällen ist in den Anleihebedingungen eine feste Verzinsung vereinbart; eine **variable** Verzinsung ist aber ebenfalls zulässig.[435] Denkbar ist zudem eine Verzinsung, die **145**

---

[426] Vgl. MüKoAktG/*Habersack* Rn. 245; *Groß* in Marsch-Barner/Schäfer Börsennotierte AG-HdB § 52 Rn. 1 und weiterführend die entsprechende umwandlungsrechtliche Spezialliteratur.
[427] *Groß* in Marsch-Barner/Schäfer Börsennotierte AG-HdB Rn. 52.1 f.
[428] *Groß* in Marsch-Barner/Schäfer Börsennotierte AG-HdB Rn. 52.2.
[429] Zu möglichen, aber bislang kaum praktischen Ausnahmen nach dem bisherigen SchVG vgl. die entsprechende Spezialliteratur. Die Auswirkungen des neuen SchVG v. 31.7.2009 hinsichtlich dieser Problematik auf die Praxis bleiben abzuwarten.
[430] MüKoAktG/*Habersack* Rn. 268 f.; ausf. dazu *Lutter/Drygala* FS Claussen, 1997, 261 ff. Vgl. *Groß* in Marsch-Barner/Schäfer Börsennotierte AG-HdB Rn. 52.3.
[431] *Wehrhahn*, Finanzierungsinstrumente mit Aktienerwerbsrechten, 2004, 112; *Fest* in Hopt/Seibt Schuldverschreibungsrecht § 221 Rn. 213.
[432] *Schlitt/Hemeling* in Habersack/Mülbert/Schlitt Unternehmensfinanzierung am Kapitalmarkt § 12 Rn. 54 Fn. 4; *Fest* in Hopt/Seibt Schuldverschreibungsrecht § 221 Rn. 77.
[433] *Fest* in Hopt/Seibt Schuldverschreibungsrecht § 221 Rn. 214.
[434] *Busch* in Marsch-Barner/Schäfer Börsennotierte AG-HdB Rn. 44.26.
[435] *Fest* in Hopt/Seibt Schuldverschreibungsrecht § 221 Rn. 74.

sich (auch) an der Dividende orientiert, die die Gesellschaft an ihre Aktionäre ausschüttet. Solche Papiere können im Einzelfall als Mischform zwischen einer Wandelschuldverschreibung und einem Genussrecht bzw. einer Gewinnschuldverschreibung anzusehen sein (§ 221 Abs. 1, Abs. 3), so dass der Hauptversammlungsbeschluss dann eine entsprechende Ermächtigung enthalten müsste (vgl. dazu → Rn. 17, 22). In Einzelfällen werden Wandelschuldverschreibungen auch als **Nullkupon-Anleihen** emittiert, bei denen sich die Rendite aus der Differenz zwischen dem Nennbetrag und dem regelmäßig erheblich darunter liegenden Ausgabekurs errechnet.[436] In den letzten Jahren sind Nullkupon-Anleihen allerdings praktisch kaum vorgekommen.

146 Die Erfüllung der Zinsforderung der Anleger durch **Ausgabe neuer Aktien** anstelle einer Barzahlung dürfte dagegen nur unter Einhaltung der Sacheinlagevorschriften möglich sein. Denn die Privilegierungswirkung des § 194 Abs. 1 S. 2 (→ Rn. 127) erstreckt sich nicht auf den Rückzahlungsanspruch aus der Anleihe.[437] Es handelt sich auch nicht um eine Sachausschüttung iSv § 58 Abs. 5, da sich diese Norm nur auf Dividendenzahlungen, nicht aber auf Zinszahlungen bezieht.

147 **4. Vorzeitige Rückzahlung.** Die Anleihebedingungen sehen gelegentlich vor, dass der Emittent nach einer gewissen Zeit zur Kündigung und zur vorzeitigen Rückzahlung *(early redemption* oder *issuer call option)* der Anleihe berechtigt ist. Dies gibt dem Emittenten zusätzliche Flexibilität und ermöglicht eine Reaktion auf steigende Aktienkurse. Denkbar ist ein uneingeschränktes Rückzahlungsrecht *(hard call)* oder ein solches, das auf bestimmte Situationen beschränken ist *(soft call)*, etwa für den Fall, dass nach Ablauf einer bestimmten Mindestlaufzeit der Anleihe (zB zwei Jahre) für einen längeren Zeitraum der Kurs der Aktien den zu diesem Zeitpunkt geltenden Wandlungspreis für die Anleihen überschreitet.[438] Daneben ist eine vorzeitige Rückzahlung zulässig, wenn nur noch ein geringer Restbetrag der Anleihe (zB 10 % oder 15 % der Gesamtsumme) aussteht.[439] Ist der Emittent verpflichtet, alle Steuern auf nach den Anleihebedingungen zu leistende Zahlungen zu entrichten und sicherzustellen, dass dem Anleihegläubiger der Bruttobetrag zufließt *(tax gross up)*, sehen die Anleihebedingungen zumeist gleichzeitig vor, dass der Emittent im Falle einer Änderung der steuerlichen Bestimmungen zur vorzeitigen Kündigung und Rückzahlung der Anleihe berechtigt ist *(tax call)*.

148 **5. Barzahlung statt Lieferung von Aktien.** Häufig behält sich der Anleiheschuldner vor, bei Geltendmachung des Wandlungsrechts durch den Anleihegläubiger einen Barausgleichbetrag zu zahlen, anstatt Aktien der Zielgesellschaft zu liefern *(cash settlement)* (dazu bereits → Rn. 70). Die wirtschaftliche Position der Anleihegläubiger wird hierdurch grundsätzlich nicht berührt, da sie durch die Zahlung des Barausgleichbetrags in die Lage versetzt werden, eine der Ausübung des Umtauschrechts entsprechende Anzahl von Aktien der Zielgesellschaft über die Börse zu erwerben.

148a Sieht die zugrunde liegende Hauptversammlungsermächtigung die Möglichkeit eines teilweisen Barausgleichs vor, können die Anleihebedingungen von Wandelschuldverschreibungen vorsehen, dass der Emittent berechtigt ist, im Falle einer Wandlung Aktien nur für den Betrag zu liefern, um den der Wandlungswert der Schuldverschreibung (dh die Anzahl der unter Zugrundelegung des Wandlungsverhältnisses zu liefernden Aktien multipliziert mit dem – idR durch Durchschnittsbildung ermittelten gegenwärtigen Aktienkurs) den Nennbetrag übersteigt, und zusätzlich einen Barbetrag in Höhe des Nennbetrages der Schuldverschreibung zu zahlen (sog. **net cash settlement**).

149 **6. Bedingungen.** Das Wandlungsrecht kann schließlich an den Eintritt einer Bedingung (§ 158 BGB) geknüpft werden *(contigent conversion)*. Ein praktisch bedeutsames Beispiel ist die Ausgabe einer **Going-Public-Wandelanleihe** bzw. Optionsanleihe, bei der die Ausübung des Wandlungs- bzw. Erwerbsrechts vom Börsengang des Emittenten, also der Zulassung der Aktien des Emittenten an der Börse, abhängig gemacht wird.[440] In Deutschland ist die Going-Public-Wandelanleihe in der Vergangenheit schon einige Male zum Einsatz gekommen.[441] Gegen die Zulässigkeit einer solchen Gestaltung bestehen im Grundsatz keine Bedenken; insbesondere trifft die Gesellschaft – vorbehaltlich

---

[436] Dazu *Gebhardt* ZbF 40 (1988) 896 (898); *Wiese/Dammer* DStR 1999, 867. Zu Nullkupon-Anleihen allgemein *Ulmer/Ihrig* ZIP 1985, 1169.
[437] *Schlitt/Hemeling* in Habersack/Mülbert/Schlitt Unternehmensfinanzierung am Kapitalmarkt § 12 Rn. 58; MüKoAktG/*Habersack* Rn. 230.
[438] Vgl. die Wandelschuldverschreibung der Praktiker Bau- und Heimwerkermärkte Holding AG (2006).
[439] In beiden Fällen hat der Anleiheschuldner eine Mitteilungsfrist hinsichtlich der Ausübung des Rechts der vorzeitigen Rückzahlung von üblicherweise 15 bis 30 Börsenhandelstagen sowie eine anschließende Rückzahlungsfrist von etwa 8 Geschäftstagen einzuhalten. Vgl. dazu jüngst etwa die Kündigungsbekanntmachung der EM.TV AG hinsichtlich ihrer Optionsanleihe auf 2004; Börsen-Zeitung v. 14./15.6.2006 S. 26.
[440] Zu diesen *Groß* in Marsch-Barner/Schäfer Börsennotierte AG-HdB Rn. 51.10; *Karsch* Die Bank 1989, 171; *Sommer/Prager* ÖBA 1990, 376; *Wiese/Dammer* DStR 1999, 867 (868); *E. Jakob* Finance, 2002, 38; *Wehrhahn*, Finanzierungsinstrumente mit Aktienerwerbsrechten, 2004, 47 (116) mwN.
[441] Vgl. etwa die Going-Public-Wandelanleihen der Biofrontera AG, 2005.

§ 162 – keine Verpflichtung, tatsächlich an die Börse zu gehen und damit den Eintritt der Bedingung herbeizuführen.[442] Anderseits ist die Gesellschaft ab Eintritt der aufschiebenden Bedingung wie bei einer gewöhnlichen Wandel- oder Optionsanleihe gebunden, so dass bereits für die Begebung der Going-Public-Wandelanleihe ein Beschluss der Hauptversammlung gem. § 221 erforderlich ist.[443]

7. Umtauschrecht der Gesellschaft. Durch die am 31. Dezember 2015 in Kraft getretene Aktienrechtsnovelle 2016 wurde mit der Ergänzung „*oder der Gesellschaft*" in § 221 Abs. 1 die in der Praxis bereits zuvor anerkannte und praktizierte (→ Rn. 150 ff.) Möglichkeit eines **Umtauschrechts der Gesellschaft** ausdrücklich verankert.[444] Bei solchen „*umgekehrten Wandelschuldverschreibungen*" ist es der Gesellschaft gestattet, als Schuldnerin bei Ausübung des Umtauschrechts statt der Rückzahlung der Anleihe Aktien oder Geld zu leisten.[445] Die Ausübung des Umtauschrechts kann auch (für den Eintritt eines bestimmten Ereignisses) vorweggenommen werden.[446] Zudem lässt sich das Umtauschrecht der Gesellschaft mit einem Umtauschrecht der Gläubiger kombinieren, so dass beiden Seiten ein Wandlungsrecht eingeräumt wird.[447]

Auch die Einräumung eines **Bezugsrechts der Gesellschaft** ist strukturierbar („*umgekehrte Optionsanleihe*").[448] Wenigstens in analoger Anwendung ist auch die Kombination von Umtausch- und Bezugsrecht als sogenannte „Wandel-Optionsanleihe" möglich.[449] Hierbei werden den Anleihegläubigern einerseits ein Wandlungsrecht aus der Wandelschuldverschreibung eingeräumt und zusätzlich selbständig handelbare Bezugsrechte begeben.

Die **übrigen in der Praxis entwickelten Varianten** (→ Rn. 150 ff.), wie zB die Pflichtwandelanleihe (ua „*CoCo-Bonds*" oder auch umgekehrte Wandelschuldverschreibung genannt[450]), sind von den Änderungen der Aktienrechtsnovelle 2016 nicht explizit erfasst, sollen aber auch nicht ausgeschlossen werden;[451] nach Auffassung des Rechtsausschusses des Bundestages[452] seien diese zweifellos zulässig und eine ausdrückliche gesetzliche Regelung nicht erforderlich.[453] Die **Voraussetzungen des Umtauschrechts** können in den Anleihebedingungen frei vereinbart werden. Auch wenn die gesetzgeberische Motivation wesentlich vom Gedanken einer Wandlung im Krisenfall geleitet war („debt-equity-swap auf Vorrat"),[454] besteht eine Beschränkung hierauf nicht.[455]

Im Falle der **Insolvenz** soll das Umtauschrecht nach der kritisch aufgenommenen[456] Regierungsbegründung § 104 InsO unterfallen und daher grundsätzlich zugunsten eines Barausgleichs entfallen.[457] Die Kritik hieran wird vor allen Dingen damit begründet, dass die Anleihegläubiger, die sich für die Investition in eine umgekehrte Wandelschuldverschreibung entscheiden, mit der „verlustabsorbierenden Wirkung" dieses Finanzinstruments rechnen müssen und daher eine Einbeziehung in den Schutzbereich des § 104 InsO gerade nicht erforderlich ist.[458]

8. Wandlungspflicht. Wandelschuldverschreibungen mit Pflichtwandlung sind dadurch charakterisiert, dass die Anleihegläubiger nicht nur ein Recht haben, sondern **verpflichtet sind, das Wandlungsrecht auszuüben**.[459] In jüngster Zeit wurden sie aber als Gestaltungsmittel von großen DAX-Gesellschaften regelmäßig in die Planungen mit einbezogen und gehören inzwischen zum

---

[442] Vgl. MüKoAktG/*Habersack* Rn. 33.
[443] *Groß* in Marsch-Barner/Schäfer Börsennotierte AG-HdB Rn. 51.10.
[444] Vgl. hierzu insgesamt auch Kölner Komm AktG/*Florstedt* Rn. 40 ff.
[445] Zu der Möglichkeit eines Barausgleichs anstelle der Lieferung von Aktien vgl. Hüffer/Koch/*Koch* Rn. 5b.
[446] *Florstedt* ZHR 2016, 152 (173). Siehe dort (167) für eine Typologie denkbarer Arten umgekehrter Wandelanleihen.
[447] Begründung RegE, BT Drs. 18/4349, 27.
[448] *Wehrhahn* GWR 2016, 133.
[449] *Wehrhahn* GWR 2016, 133 (134).
[450] Für eine Untersuchung von CoCo-Bonds nach der Aktienrechtsnovelle vgl. *Nodoushani* WM 2016, 589.
[451] Begründung RegE, BT Drs. 18/4349, 1, 27; *Wehrhahn* GWR 2016, 133 (134); MüKoAktG/*Habersack* Rn. 52.
[452] BT-Drs. 18/6681, 12.
[453] So unter Hinweis auf Sinn und Zweck und Systematik der neuen Regelungen auch *Nodoushani* WM 2016, 589 (591).
[454] Begründung RegE, BT Drs. 18/4349, 1, 27.
[455] Begründung RegE, BT Drs. 18/4349, 27. Zur umgekehrten Wandelschuldverschreibung als Sanierungsinstrument vgl. *Möhlenkamp/Harder* ZIP 2016, 1093. Zur Möglichkeit als vorbeugende Abwehrmaßnahme gegen unerwünschte Unternehmensübernahmen vgl. *Wehrhahn* GWR 2016, 133 (134).
[456] Für einen Erhalt des Wandlungsrechts nach Insolvenzeröffnung *Florstedt* ZHR 2016, 152 (172) und *Möhlenkamp/Harder* ZIP 2016, 1093 (1096).
[457] Begründung RegE, BT Drs. 18/4349, 29.
[458] *Florstedt* ZHR 2016, 152 (172).
[459] Zu den Einzelheiten der Begründung und der Durchsetzung der Wandlungspflicht s. *Rozijn* ZBB 1998, 77 (82); *Friel*, Wandelanleihen mit Pflichtwandlung, 2000, 135 ff.

Standardprogramm der entsprechenden Ermächtigungsbeschlüsse.[460] Da der Emittent die Wandelschuldverschreibung also grundsätzlich nicht in bar zurückzahlen muss (zu Ausnahmen sogleich → Rn. 151), erhält er eine erhöhte Planungssicherheit.[461] Zudem kann das aufgebrachte Kapital nach internationalen Rechnungslegungsgrundsätzen (IFRS) und unter Rating-Gesichtspunkten unter Umständen bereits vor dem Tausch in Aktien – jedenfalls zum Teil – wie Eigenkapital behandelt werden.[462] Dabei kann entweder von vornherein eine unbedingte Wandlungspflicht (**mandatory convertible**) oder aber ein Wahlrecht des Emittenten vorgesehen werden, am Ende der Laufzeit (oder zu einem früheren Zeitpunkt) die Anleihe entweder in Geld oder ganz oder teilweise in Aktien zurückzuzahlen (**soft mandatory convertible**).[463] Dieses Recht des Emittenten wird auch als Aktienrückzahlungsoption bezeichnet.[464]

151 Die Begebung einer Pflichtwandelanleihe ist **aktienrechtlich zulässig** weshalb eine ausdrückliche gesetzliche Regelung unterbleiben konnte.[465] Von der Wortlautänderung in § 221 Abs. 1 durch die Aktienrechtsnovelle 2016 sind Pflichtwandelanleihen begrifflich zwar nicht ausdrücklich erfasst, sie sollten aber auch nicht ausgeschlossen werden.[466] Nach Auffassung des Rechtsausschusses des Bundestages[467] sind Anleihen mit Pflichtwandlung zweifellos rechtlich zulässig.[468] Von der gewöhnlichen Wandelschuldverschreibung unterscheidet sich die Pflichtwandelanleihe im Wesentlichen darin, dass sich der Inhaber bereits im Zeitpunkt der Zeichnung verpflichtet, sein Wandlungsrecht auszuüben.[469] Es bleibt ihm aber das Recht, den Zeitpunkt der Wandlung selbst zu bestimmen.[470] Zudem erhält der Anleihegläubiger wie bei einer gewöhnlichen Wandelschuldverschreibung eine Verzinsung auf der Grundlage eines bezifferten Nennwerts. Schließlich ist regelmäßig in Abgrenzung eines von § 192 Abs. 2, § 221 Abs. 1 möglicherweise nicht erfassten Terminkaufvertrages für besondere Fälle (zB Insolvenz) die Rückzahlung des Nennbetrags vorgesehen.[471] Auch **bedingtes Kapital** kann entgegen der Ansicht eines Teils des rechtswissenschaftlichen Schrifttums[472] nach § 192 Abs. 2 Nr. 1 zur Bedienung einer Pflichtwandelanleihe genutzt werden; dies jedenfalls dann, wenn die Anleihe den Gläubigern neben der Bezugspflicht auch ein Bezugsrecht einräumt.[473] Sofern für bestimmte Fälle ein Rückzahlungsanspruch vorbehalten ist, ist auch § 194 Abs. 1 S. 2 anwendbar. Ansonsten bliebe unklar, was bei Wandlung eingebracht wird, und bei einer Einordnung als reinem Terminkaufvertrag läge eine Vorleistung auf die zukünftige Einlageverbindlichkeit vor, die außerhalb von § 194 Abs. 1 S. 2 bzw. bei Sanierungsfällen nicht zulässig ist.[474]

---

[460] Bislang haben unter anderem die Daimler-Benz AG 1997, die Deutsche Telekom AG 2003, die Lanxess AG 2004, die Bayer AG 2006 und 2016 die Bayer Capital Corporation B.V., die Volkswagen AG 2012 und 2013, und die Grammer AG 2017 eine Wandelanleihe mit Pflichtwandlung begeben.

[461] *Schlitt/Hemeling* in Habersack/Mülbert/Schlitt Unternehmensfinanzierung am Kapitalmarkt § 12 Rn. 63; *Friel*, Wandelanleihen mit Pflichtwandlung, 2000, 37; *Fest* in Hopt/Seibt Schuldverschreibungsrecht § 221 Rn. 154; zu den wirtschaftlichen Vor- und Nachteilen von Pflichtwandelanleihen auch *Röder* FinanzBetrieb, 2003, 240; *Kleidt/Schiereck* BKR 2004, 18 (19).

[462] Vgl. *Schlitt/Mihm* Börsen-Zeitung v.5.2.2003 S. 13, MüKoAktG/*Habersack* Rn. 11; abweichend *Friel*, Wandelanleihen mit Pflichtwandlung, 2000, 38.

[463] In diesem Fall erfolgt die Bedienung der Wandelanleihe mit Aktien gegebenenfalls zuzüglich einer Geldzahlung *(cash top up)* in Höhe der Differenz zwischen dem Nennbetrag der Wandelanleihe und dem Börsenpreis im Zeitpunkt der Pflichtwandlung.

[464] Vgl. *Bader* AG 2014, 472 (477).

[465] So im Erg. auch *Habersack* FS Nobbe, 2009, 539 (549 f.); *Groß* in Marsch-Barner/Schäfer Börsennotierte AG-HdB Rn. 51.7; Kölner Komm AktG/*Florstedt* Rn. 280; MHdB AG/*Scholz* § 64 Rn. 54; *Schlitt/Mihm* Börsen-Zeitung v. 5.2.2003 S. 13; *Schlitt/Seiler/Singhof* AG 2003, 254 (266); s. auch *Rozijn* ZBB 1998, 77 (85 ff.); *Wehrhahn*, Finanzierungsinstrumente mit Aktienerwerbsrechten, 2004, 148; *Kleidt/Schiereck* BKR 2004, 18 (19); AA wohl *Martens* AG 1989, 69 (72); Krit. Maier-Raimer GS Bosch, 2006, 85 Fn. 2.

[466] Begründung RegE, BT Drs. 18/4349, 1, 27; *Wehrhahn* GWR 2016, 133 (134); MüKoAktG/*Habersack* Rn. 52; *Fest* in Hopt/Seibt Schuldverschreibungsrecht § 221 Rn. 160.

[467] BT Drs. 18/6681, 12.

[468] So unter Hinweis auf Sinn und Zweck und Systematik der neuen Regelungen auch *Nodoushani* WM 2016, 589 (591).

[469] Zur Einordnung des insoweit zwischen dem Anleger und dem Emittenten bestehenden Rechtsverhältnisses als Vorvertrag vgl. *Rozijn* ZBB 1998, 77 (81); auch *Georgakopoulos* ZHR 120 (1957) 84 (115) und *Fest* in Hopt/Seibt Schuldverschreibungsrecht § 221 Rn. 165.

[470] *Schlitt/Mihm* Börsen-Zeitung v. 5.2.2003 S. 13.

[471] Vgl. *Busch* in Marsch-Barner/Schäfer Börsennotierte AG-HdB Rn. 44.7; *Rozijn* ZBB 1998, 77 (82).

[472] Großkomm AktG/*Frey* § 192 Rn. 84.

[473] *Habersack* FS Nobbe, 2009, 539 (550); *Groß* in Marsch-Barner/Schäfer Börsennotierte AG-HdB Rn. 51.7; *Busch* in Marsch-Barner/Schäfer Börsennotierte AG-HdB Rn. 44.7; *Schlitt/Hemeling* in Habersack/Mülbert/Schlitt Unternehmensfinanzierung am Kapitalmarkt § 12 Rn. 65. Ausf. *Schlitt/Seiler/Singhof* AG 2003, 254 (266 f.). Zur Durchführung der Ausgabe der Bezugsaktien vgl. *Singhof* FS Hoffmann-Becking, 1163 (1164 ff.).

[474] *Busch* in Marsch-Barner/Schäfer Börsennotierte AG-HdB Rn 44.7 mit Fn. 3.

Zumeist sehen **Ermächtigungsbeschlüsse** jedenfalls großer Gesellschaften die Begebung einer 152 Pflichtwandelanleihe als Möglichkeit ausdrücklich vor.[475] Aber auch wenn dies nicht der Fall ist, steht dies der Begründung einer Wandlungspflicht durch die Anleihebedingungen richtigerweise nicht entgegen.[476] Die Pflichtwandlung ist ein Element, das dem Vorstand im Rahmen der näheren Festlegung der Einzelheiten der Emission überantwortet werden kann.[477] Entscheidend ist wieder, dass die Einfügung der Pflichtwandlung aus Sicht der Gesellschaft und der Aktionäre (aktienrechtlich) nur vorteilhaft ist.

9. Anpassung der Bezugsbedingungen. Zum Schutz der Anleihegläubiger vor einer wirt- 153 schaftlichen Verwässerung ihrer zukünftigen Beteiligung enthalten Anleihebedingungen in aller Regel **Verwässerungsschutzklauseln** *(anti dilution protection)*. Diese Verwässerungsschutzklauseln sehen Anpassungsmechanismen hinsichtlich des Wandlungsverhältnisses bzw. -preises vor, wenn bestimmte Ereignisse vor dem letzten Tag des Umtauschzeitraums oder einem früheren für die Rückzahlung festgesetzten Tag eintreten. In der Regel führen diese Klauseln dazu, dass sich der Wandlungspreis um den rechnerischen oder aus dem Bezugsrechtshandel entnommenen Wert des auf eine Aktie entfallenden Bezugsrechts anlässlich der verwässernden Maßnahme oder im Verhältnis des dadurch eintretenden rechnerischen Wertverlusts mindert, soweit der Wertverlust nicht auf andere Weise ausgeglichen wird.[478] In der Regel werden die Anpassungen bereits in der Hauptversammlungsermächtigung abstrakt aufgeführt; denkbar ist aber auch ein Verweis auf die Bedingungen für den Handel an der Eurex Deutschland, die einen Verwässerungsschutz vorsehen; vgl. etwa Hauptversammlungseinladung der MAN aus 2005. Derartige Verwässerungsschutzbestimmungen sind zulässig, auch wenn im Wandlungsfall der im Hauptversammlungsbeschluss festgelegte Mindestausgabebetrag unter Umständen wieder unterschritten werden kann.[479] Insbesondere sind diese Regelungen auch berechenbar und genügen daher den Anforderungen des § 193 Abs. 2 Nr. 3 (→ Rn. 69).[480] In allen diesen Fällen sind jedoch bei einer Reduktion des Wandlungspreises und einer dadurch bedingten Erhöhung der Zahl der bei Wandlung zu liefernden Aktien die **Grenzen des bedingten Kapitals sowie des § 186 Abs. 3 S. 4** zu beachten. Diese können nicht nachträglich überschritten werden. Im Einzelfall kann dies dazu führen, dass statt einer Reduktion des Wandlungspreises nur der Ausgleich in bar in Betracht kommt, weil keine Aktien mehr zur Verfügung stehen. Unter Umständen kann die Differenz auch mit eigenen Aktien ausgeglichen werden, sofern dies in den Anleihebedingungen zu vorgesehen und von der Ermächtigung gedeckt ist (→ Rn. 79–81).

a) Kapitalerhöhung mit Bezugsrecht. Für den Fall, dass die Gesellschaft eine Kapitalerhöhung 154 mit Bezugsrecht der Altaktionäre durchführt, bestimmen die Anleihebedingungen in der Regel, dass entweder das Wandlungsverhältnis angepasst wird, den Anleihegläubigern ebenfalls ein Bezugsrecht auf die neuen Aktien gewährt wird oder die Anleihegläubiger Anspruch auf einen Ausgleich in bar haben.[481] Die Anpassung des Wandlungsverhältnisses geschieht unter Berücksichtigung des Verhältnisses der ausstehenden Aktien vor Kapitalerhöhung zu den ausstehenden Aktien nach der Kapitalerhöhung und ggf. des Dividendennachteils der neuen Aktien. Soll den Inhabern der Wandelschuldverschreibung ein Bezugsrecht in dem Umfang gewährt werden, wie es auch den Aktionären zusteht, bedarf es zur Schaffung dieser Aktien einer Kapitalerhöhung unter Ausschluss des Bezugsrechts, die in aller Regel aus dem genehmigten Kapital erfolgt. Die Voraussetzungen für einen **Bezugsrechts-**

---

[475] *Groß* in Marsch-Barner/Schäfer Börsennotierte AG-HdB Rn. 51.8.
[476] *Habersack* FS Nobbe, 2009, 539 (550); *Schlitt/Seiler/Singhof* AG 2003, 254 (266 f.); *Schlitt/Hemeling* in Habersack/Mülbert/Schlitt Unternehmensfinanzierung am Kapitalmarkt § 12 Rn. 66; *Friel*, Wandelanleihen mit Pflichtwandlung, 2000, 178; *Fest* in Hopt/Seibt Schuldverschreibungsrecht § 221 Rn. 168; AA *Schröer* in Semler/Volhard/Reichert HV-HdB § 23 Rn. 32; *Busch* in Marsch-Barner/Schäfer Börsennotierte AG-HdB Rn. 44.7 mit Fn. 1.
[477] Vgl. *Schlitt/Hemeling* in Habersack/Mülbert/Schlitt Unternehmensfinanzierung am Kapitalmarkt § 12 Rn. 66; *Friel*, Wandelanleihen mit Pflichtwandlung, 2000, 178; auch *Schäfer* ZGR-Sonderheft 16/2000, S. 62 (68 f.).
[478] *Maier-Raimer* GS Bosch, 2006, 85 (94).
[479] *Schlitt/Hemeling* in Habersack/Mülbert/Schlitt Unternehmensfinanzierung am Kapitalmarkt § 12 Rn. 67; *Spiering/Grabbe* AG 2004, 91 (95 f.); s. auch Hüffer/Koch/*Koch* Rn. 66.
[480] AA *v. Falkenhausen/v. Klitzing* ZIP 2006, 1513 (1518) für den Fall einer Anpassung bei einem Kontrollwechsel. In diesem Fall fehle es an einem messbaren Schaden für die Anleihegläubiger und an einer mathematischen Methode zur Berechnung einer Reduzierung des Ausgabebetrags. Vgl. zu change-of-control-Klauseln → Rn. 159, 160 im Text.
[481] *Schlitt/Hemeling* in Habersack/Mülbert/Schlitt Unternehmensfinanzierung am Kapitalmarkt § 12 Rn. 68. Ein Verbot, solche Kapitalmaßnahmen durchzuführen, lässt sich auch in Ausnahmefällen nicht begründen; zutr. MüKoAktG/*Habersack* Rn. 289 ff.

ausschluss sind für diesen Fall als erfüllt anzusehen.[482] Die sachliche Rechtfertigung des Bezugsrechtsausschlusses ergibt sich daraus, dass die Gesellschaft – im Gegensatz zu einem Verwässerungsschutz durch Reduktion des Wandlungspreises – einen höheren Ausgabekurs für die bei Wandlung auszugebenden Aktien erzielen kann bzw. sich – umgekehrt betrachtet – die Verwässerung der Aktionäre bei Lieferung der Aktien entsprechend begrenzt. Die Ermächtigungen deutscher börsennotierter Aktiengesellschaften sehen einen entsprechenden Bezugsrechtsausschluss beim genehmigten Kapital regelmäßig vor.[483]

155 Gewährt die Gesellschaft ihren Aktionären Bezugsrechte auf eigene Aktien, auf Wertpapiere mit Bezugs-, Options- oder Wandelrechten auf Aktien oder auf andere Schuldverschreibungen, Genussscheine oder sonstige Wertpapiere der Gesellschaft, ist es auch möglich, den **Wandlungspreis anzupassen,** um den Wert des den Aktionären gewährten Bezugsrechts zu berücksichtigen.[484] Die Höhe der Anpassung wird dann unter Berücksichtigung des Wandlungspreises am Stichtag, des durchschnittlichen Marktpreises (üblicherweise Durchschnittskurs der letzten drei Handelstage vor dem Ex-Tag) sowie des Bezugsrechtswerts errechnet.

156 **b) Kapitalerhöhung aus Gesellschaftsmitteln.** Im Falle einer **Kapitalerhöhung aus Gesellschaftsmitteln** sind die Inhaber von Wandelschuldverschreibungen bereits durch die Vorschrift des § 216 Abs. 3 geschützt.[485] Gleichwohl sehen die Anleihebedingungen in der Regel klarstellend vor, dass im Falle einer Kapitalerhöhung des Emittenten aus Gesellschaftsmitteln durch **Ausgabe neuer Aktien** das Wandlungsverhältnis in dem Verhältnis der insgesamt ausgegebenen Aktien nach der Kapitalerhöhung zu den ausgegebenen Aktien vor der Kapitalerhöhung mehr Aktien angepasst wird.[486] Wird die Kapitalerhöhung nicht durch die Ausgabe neuer Aktien, sondern mittels einer **Erhöhung des jeweiligen auf die einzelne Aktie entfallenden Betrags des Grundkapitals** bewirkt, bleiben Wandlungspreis und Wandlungsverhältnis unverändert; in diesem Fall sind die betreffenden Aktien mit ihrem entsprechend erhöhten anteiligen Betrag des Grundkapitals zu liefern.

157 **c) Dividenden und sonstige Ausschüttungen.** Zahlt der Emittent Vermögen an seine Aktionäre aus oder gewährt er Schuldverschreibungen, Options- oder Umtauschrechte, Verkaufsoptionen auf Aktien, Sonderdividenden oder kauft sie eigene Aktien zurück, wird der Wandlungspreis bzw. das Wandlungsverhältnis in aller Regel gleichfalls angepasst. Häufig ist eine solche Anpassung nur für den Fall ungewöhnlich hoher Ausschüttungen bzw. Sonderdividenden vorgesehen. Eine Anpassung kann etwa dann vorgesehen werden, wenn der durchschnittliche Dividendenertrag pro Aktie einen bestimmten Prozentsatz (zB 5 %) übersteigt. In Einzelfällen sehen die Anleihebedingungen eine Anpassung aber auch bei jeder Dividendenzahlung vor *(full dividend protection).*

157a **d) Aufspaltungen und Abspaltungen.** Im Falle der Aufspaltung (§ 123 Abs. 1 UmwG) des Emittenten oder einer Abspaltung (§ 123 Abs. 2 UmwG) sehen die Anleihebedingungen regelmäßig für den Fall der Wandlung (zusätzlich zum Recht, bei Wandlung Aktien des Emittenten zu erhalten) einen Anspruch der Anleihegläubiger auf eine bestimmte Anzahl von Aktien des übernehmenden Rechtsträgers vor, die sich nach einer in den Anleihebedingungen enthaltenen Formel errechnet. Die Wandelschuldverschreibung wird insoweit zu einer Umtauschanleihe *(exchangeable bond)* in Bezug auf die Aktien des übernehmenden Rechtsträgers. Kommt es in der Folge beim übernehmenden Rechtsträger zu verwässernden Umständen, wird regelmäßig in den Anleihebedingungen meist die entsprechende Anwendung der Verwässerungsschutzvorschriften angeordnet. Der Emittent der Wandelschuldverschreibungen muss in einem solchen Fall sicherstellen, dass er die entsprechende Anzahl an zusätzlichen Aktien des übernehmenden Rechtsträgers tatsächlich bezieht, um seine diesbezügliche Verpflichtung aus den Wandelschuldverschreibungen erfüllen zu können. Um etwaige Probleme in diesem Zusammenhang zu vermeiden, kommt alternativ in Betracht, den Fall der Aufspaltung bzw. Abspaltung entsprechend den Anpassungsvorschriften für (Sach-)Dividenden zu regeln und eine einmalige Anpassung des Wandlungspreises bei Aufspaltung bzw. Abspaltung vorzusehen.

158 **e) Rechtslage bei Fehlen vertraglicher Bestimmungen und im Falle von Auffangklauseln.** Soweit die Anleihebedingungen keine ausdrücklichen Regelungen im obigen Sinne enthalten,

---

[482] MüKoAktG/*Habersack* Rn. 294.

[483] Ein Beispiel, in dem den Inhabern einer Wandelschuldverschreibung ein Bezugsrecht auf die neuen Aktien eingeräumt wurde, ist die großvolumige Bezugsrechtskapitalerhöhung der Linde AG zur Finanzierung der Übernahme der BOC (2006); vgl. dazu Börsen-Zeitung v. 12.7.2006 S. 11.

[484] MüKoAktG/*Habersack* Rn. 299 ff.

[485] S. etwa Hüffer/Koch/*Koch* § 216 Rn. 14; *Gallego Sánchez*, Das Erwerbsrecht auf Aktien bei Optionsanleihen und Wandelschuldverschreibungen, 1999, 96 ff.

[486] *Schlitt/Hemeling* in Habersack/Mülbert/Schlitt Unternehmensfinanzierung am Kapitalmarkt § 12 Rn. 69.

ist streitig, ob ein Verwässerungsschutz über eine analoge Anwendung des § 216 Abs. 3 oder im Wege der ergänzenden Vertragsauslegung erreicht werden kann. Richtigerweise ist dies grundsätzlich anzunehmen.[487] Für Kapitalmaßnahmen unter Ausschluss des Bezugsrechts, die in direkter oder entsprechender Anwendung von § 186 Abs. 3 S. 4 durchgeführt werden, sollte dagegen eine Anpassung mangels einer vermögensmäßig wesentlichen Verwässerung ausscheiden.[488] Enthalten die Anleihebedingungen eine weit formulierte Auffangklausel, die eine Anpassung des Wandlungspreises für nicht ausdrücklich geregelte verwässernde Ereignisse vorsieht, kann sich im Wege der Vertragsauslegung ein Anpassungsanspruch auch für Fälle bloßer Vermögensverwässerung ergeben. Im Falle einer Kapitalerhöhung gegen Sacheinlage, die unter Ausschluss des Bezugsrechts durchgeführt wird, scheidet mangels Vermögensverwässerung eine Anpassung des Wandlungspreises dagegen in der Regel aus, wenn kein unangemessen niedriger Ausgabebetrag gem. § 255 Abs. 2 S. 1 vorliegt.

f) Incentivierung zur Wandlung. Mitunter erwägen Emittenten, die Gläubiger einer ausstehenden Wandelschuldverschreibung zu einer vorzeitigen Wandlung zu motivieren, idR durch eine Barzahlung des Emittenten an die Anleihegläubiger. Unproblematisch zulässig ist ein solches Vorgehen, wenn sich die an die Anleihegläubiger geleistete Barzahlung nach dem abdiskontierten gegenwärtigen Wert der noch ausstehenden zukünftigen Zinszahlungen und evtl. dem zusätzlichen Optionswert der Wandelschuldverschreibung bemisst. Insofern stellt die Barzahlung wirtschaftlich eine Kompensation für die im Falle der frühzeitigen Wandlung verlorenen zukünftigen Zinszahlungen und den ebenfalls verlorenen Optionswert der Wandelschuldverschreibung dar. Der Anleihegläubiger wird lediglich so gestellt, wie er bei späterer Ausübung des Wandlungsrecht stünde.[489] Übersteigt die Barzahlung den nach vorstehenden Grundsätzen berechneten Betrag, ist sie regelmäßig als nachträgliche Herabsetzung des Wandlungspreises zu qualifizieren. Eine solche nachträgliche Änderung des Wandlungspreises bedarf zunächst eines erneuten Beschlusses des Vorstandes über die Ausgabe der Wandelschuldverschreibung beschlossen hat – ggf. des Aufsichtsrates.[490] Der darin festzulegende verringerte Wandlungspreis ist insbesondere an die Vorgaben der Hauptversammlungsermächtigung gebunden.[491] Wurde die Wandelschuldverschreibung unter erleichtertem Ausschluss des Bezugsrechts analog § 186 Abs. 3 S. 4 begeben, müssen die Voraussetzungen dafür (→ Rn. 90–121) unter Zugrundelegung des nachträglich herabgesetzten Wandlungspreises rückblickend erfüllt sein.[492] Zusätzlich sind bei einer nachträglichen Herabsetzung des Wandlungspreises außerhalb des Anwendungsbereichs der Verwässerungsvorschriften das Verbot der Einlagenrückgewähr (§ 57), das Verbot der finanziellen Förderung eines Aktienerwerbs (§ 71a) und das kapitalmarktrechtliche Gleichbehandlungsgebot (Art. 85 der Richtlinie über bestimmte Aspekte des Gesellschaftsrechts) zu beachten.[493]

10. Übernahme.[494] In den letzten Jahren ist es üblich geworden, eine Anpassung der Anleihebedingungen auch für den Fall vorzusehen, dass es auf der Ebene der Gesellschafter der Aktiengesellschaft zu einem Kotrollwechsel *(change of control)* kommt.[495] Das Bedürfnis nach einem Schutz der Investoren ist verständlich, weil mit einem Kontrollwechsel auf der Gesellschafterebene einerseits eine Verschlechterung der Kreditwürdigkeit des Unternehmens oder eine Änderung der Strategie des Unternehmens einhergehen kann und andererseits sich ein Übernahme- bzw. Pflichtgebot nach deutschem Übernahmerecht nicht auf die Inhaber von Wandelschuldverschreibungen erstrecken muss.[496] Daneben führt ein Kontrollwechsel wegen der Konzentration der Aktien bei einem Aktionär

---

[487] Vgl. etwa MHdB AG/*Scholz* § 64 Rn. 46; aA vor allem die ältere Literatur; vgl. etwa *Georgakopoulus* ZHR 120 (1957) 84 (172).
[488] *Groß* in Happ AktienR 12.04 Anm. 12 sowie in Marsch-Barner/Schäfer Börsennotierten AG-HdB Rn. 52.18. Zum Streit, ob eine Anpassung der Bedingungen bei Kapitalerhöhungen unter Ausschluss des Bezugsrechts in Betracht kommt, vgl. *Zöllner* ZGR 1986, 288 (309) sowie *Groß* in Happ AktienR 12.04 Anm. 12.
[489] So auch *Wieneke* WM 2017, 698 (703) und *Wilk/Schlee* ZIP 2016, 2041.
[490] *Schlitt/Schäfer* CFL 2010, 252 (258); *Wieneke* WM 2017, 698 (700).
[491] *Schlitt/Schäfer* CFL 2010, 252 (258); *Wieneke* WM 2017, 698 (700); *Wilk/Schlee* ZIP 2016, 2041 (2042).
[492] *Schlitt/Schäfer* CFL 2010, 252 (258); *Wilk/Schlee* ZIP 2016, 2041 (2042).
[493] *Schlitt/Schäfer* CFL 2010, 252 (258); hier stellen im Ergebnis weitgehend keine Probleme fest *Wieneke* WM 2017, 698 (704 ff.) und *Wilk/Schlee* ZIP 2016, 2041 (2042 ff.).
[494] Zur Rechtslage bei Begründung eines Vertrags- oder faktischen Konzerns vgl. MüKoAktG/*Habersack* Rn. 319 ff.
[495] Vgl. dazu *v. Falkenhausen/v. Klitzing* ZIP 2006, 1513 sowie FAZ v. 12.10.2006, S. 25, jeweils mit Beispielen. Mitunter wird auch der Fall, dass ein Gesellschafter, der bereits bei Begebung der Schuldverschreibungen Kontrolle hat, weitere Aktien hinzuerwirbt und dadurch einen bestimmten höheren Schwellenwert (zB 75 % der Stimmrechte) überschreitet, unter den Tatbestand des Kontrollwechsels gefasst.
[496] MüKoAktG/*Habersack* Rn. 324; *Ekkenga* DStR 2002, 768 (771); *Schüppen* WPg 2001, 958 (961); MüKoAktG/*Wackerbarth* WpÜG § 32 Rn. 27, § 35 Rn. 202; in diese Richtung auch *Letzel* BKR 2002, 293 (302) Fn. 100 sowie *Baum* ZBB 2003, 9 (14).

zu einem Verlust an Handelsliquidität und Volatilität.[497] Aus diesem Grund wird den Investoren zumeist die Möglichkeit zur **vorzeitigen Fälligstellung** der Anleihe eingeräumt *(change of control put)*.[498] Alternativ oder ergänzend wird regelmäßig eine – sich im Umfang nach dem Zeitpunkt der Wandlung reduzierende – Anpassung des Wandlungspreises vorgesehen.[499] Dies ist aktienrechtlich zulässig, weil auch in einem solchen Fall von einer wirtschaftlichen Verwässerung der Inhaber der Wandelschuldverschreibungen gesprochen werden kann. Einer gesonderten Ermächtigung durch die Hauptversammlung bedarf es insoweit nicht.[500]

160 Der durch eine vorzeitige Fälligstellung der Anleihe ausgelöste Refinanzierungsbedarf wirkt unter Umständen als *poison pill* **gegen Übernahmeversuche** oder erschwert diese jedenfalls.[501] Die Anpassung des Wandlungspreises wiederum kann einen Anreiz setzen, dass Anleihegläubiger kurz vor oder nach einem Kontrollwechsel wandeln. Die dadurch entstehende Verwässerung kann das Erreiche bestimmter Schwellenwerte durch den Bieter gefährden bzw. die Übernahme verteuern.[502]

161 **11. Squeeze-Out.** §§ 327a ff. regeln die Behandlung der Inhaber von Wandelschuldverschreibungen nicht ausdrücklich.[503] Gleiches gilt für den übernahmerechtlichen Squeeze-Out, § 39a WpÜG. Bei der Berechnung der für ein Squeeze-Out notwendigen **95 %-Beteiligung** des Hauptaktionärs am Grundkapital der Gesellschaft geht die herrschende Meinung zutreffend davon aus, dass die Bezugsrechte aus Wandelschuldverschreibungen nicht einzubeziehen sind.[504] Umstritten ist hingegen, ob ein Squeeze-Out auch dann möglich ist, wenn die Wandlungsrechte für sich genommen mehr als 5 % betragen.[505]

162 Im Einklang mit der Rechtslage bei der Eingliederung[506] wandeln sich die Bezugsrechte der Inhaber der Wandelschuldverschreibung mit Wirksamkeit des Squeeze-Out ebenso wie die Aktienrechte in einen **Barabfindungsanspruch** um.[507] Der Anspruch richtet sich gegen den Hauptaktionär.[508] Wie der Abfindungsanspruch der Minderheitsaktionäre entsteht er mit der Eintragung des Übertragungsbeschlusses im Handelsregister und ist ab diesem Zeitpunkt fällig. Die **Laufzeit** der Anleihe endet damit jedoch nicht automatisch. Vielmehr erhält der Bezugsberechtigte nur das Recht, nicht aber die Pflicht, sein Bezugsrecht sofort auszuüben.[509]

163 Die **Höhe der Abfindung** entspricht dabei nicht der den Minderheitsaktionären zustehenden vollen Barabfindung,[510] sondern dem Wert ihrer Optionsrechte. Dieser ist nach anerkannten Bewertungsverfahren *(Black-Scholes-Modell)* zu ermitteln.[511]

---

[497] *Busch* in Marsch-Barner/Schäfer Börsennotierte AG-HdB Rn. 44.51. Sehr krit. *v. Falkenhausen/v. Klitzing* ZIP 2006, 1513 (1514), die betonen, dass der Inhaber einer Wandelanleihe von einem Kontrollwechsel regelmäßig profitiere. Ein Recht zur Kündigung der Anleihe sei allenfalls gerechtfertigt, wenn sich das Kredit-Rating der Gesellschaft nach dem Kontrollwechsel tatsächlich verschlechtere.

[498] *Schlitt/Seiler/Singhof* AG 2003, 254 (267). Allerdings verlieren die Anleger in diesem Fall die Prämie (Zeitwert der Option); s. auch *Eichmann* Die Bank 2001, 60 (61).

[499] Die Wandlungspreisanpassung soll den Verlust des Zeitwerts der Option für die noch verbleibende Restlaufzeit der Wandelschuldverschreibung kompensieren.

[500] *v. Falkenhausen/v. Klitzing* ZIP 2006, 1516.

[501] Dies betonend *v. Falkenhausen/v. Klitzing* ZIP 2006, 1513.

[502] *v. Falkenhausen/v. Klitzing* ZIP 2006, 1513 mit ausf. Stellungnahme zu der Frage der übernahmerechtlichen Zulässigkeit einer change of control-Klausel vor dem Hintergrund des Verhinderungsverbots (§ 33 Abs. 1 WpÜG).

[503] Vgl. auch *Kiem* in Henze/Hoffmann-Becking, RWS-Forum 20, Gesellschaftsrecht 2001, S. 329 (350), der deshalb vorschlägt, in den Anleihebedingungen festzulegen, dass die Bezugsrechte als mit dem Beschluss der Hauptversammlung über den Squeeze-Out als ausgeübt gelten; dagegen *Krieger* BB 2002, 53 (61).

[504] MüKoAktG/*Habersack* Rn. 323; *Schlitt/Seiler/Singhof* AG 2003, 254 (267); *Grunewald* ZIP 2002, 18; *Krieger* BB 2002, 53 (61); *Ehricke/Roth* DStR 2001, 1120 (1122); *P. Baums*, Ausschluss von Minderheitsaktionären, 2001, 152 ff.; *Gesmann-Nuissl* WM 2002, 1205 (1206 ff.); DAV-Handelsrechtsausschuss, Stellungnahme zum RefE des WpÜG, NZG 2001, 420 (431); aA *Sieger/Hasselbach* ZGR 2002, 120 (158).

[505] Für den Ausschluss des Barabfindungsrechtes des Hauptaktionärs in diesem Fall *Fleischer* ZGR 2002, 757 (777); *Grunewald* ZIP 2002, 18; *Krieger* BB 2002, 53 (61); *Gesmann-Nuissl* WM 2002, 1205 (1207).

[506] BGH ZIP 1998, 560 f. – Siemens/Nixdorf; aus dem Schrifttum vor allem *Martens* AG 1992, 209.

[507] Im Einzelnen *Schlitt/Seiler/Singhof* AG 2003, 254 (268); zust. NK-AktR/*Radlmayr* Rn. 57; zuvor bereits *Fleischer* ZGR 2002, 757 (776); *Krieger* BB 2002, 53 (61); DAV-Handelsrechtsausschuss, Stellungnahme zum RefE des WpÜG, NZG 2001, 420 (431); ebenso im Erg. MüKoAktG/*Habersack* Rn. 323; *Ehricke/RothHalm* NZG 2000, 1162 (1165); *Singhof/Weber* WM 2002, 1158 (1169).

[508] Zur Absicherung durch die sog. Barabfindungsgewährleistung eines Kreditinstituts *Singhof/Weber* WM 2002, 1158 (1166 ff.).

[509] So zur Eingliederung ausdrücklich BGH ZIP 1998, 560 (561).

[510] So aber *Vossius* ZIP 2002, 511 (513).

[511] *Schlitt/Hemeling* in Habersack/Mülbert/Schlitt Unternehmensfinanzierung am Kapitalmarkt § 12 Rn. 77; im Einzelnen *Schlitt/Seiler/Singhof* AG 2003, 254 (268) und *Süßmann* AG 2013, 158 (160 ff.). In diesem Rahmen kann dann auch berücksichtigt werden, dass die Inhaber der Wandelschuldverschreibung bei frühzeitiger Ablösung in Folge des Squeeze-Outs auf ihre Zinsansprüche für die Restlaufzeit der Wandelschuldverschreibung verzichten müssen.

12. Delisting. Für Fälle, in denen die zur Bedienung der Wandelschuldverschreibung vorgesehe- 164
nen Aktien als Folge eines Delistings (also der Rücknahme bzw. dem Widerruf der Börsenzulassung)
nicht mehr börsenmäßig geliefert werden können, sehen die Anleihebedingungen in aller Regel
keinen besonderen Schutzmechanismus vor. Tritt ein solcher Fall[512] entgegen den Erwartungen
der Investoren ein, dürfte bei einer zum Börsenhandel zugelassenen Anleihe dann eine allgemeine
Vertragsverletzung anzunehmen sein, da die Investoren von einer Lieferung börsenzugelassener
Aktien ausgehen können.[513] Allerdings kann es im Einzelfall schwierig sein, den mit dem Delisting
verbundenen Schaden nachzuweisen.[514]

13. Ersetzung des Anleiheschuldners. Häufig erlauben die Anleihebedingungen, dass der 165
Emittent im Wege der privativen Schuldübernahme nach § 415 BGB[515] ohne Zustimmung der
Anleihegläubiger ein mit ihm verbundenes Unternehmen an seine Stelle als Schuldner treten lassen
kann, sofern das verbundene Unternehmen alle Verpflichtungen aus der Anleihe übernimmt, alle
erforderlichen Genehmigungen für die Ersetzung des Anleiheschuldners eingeholt wurden und der
Emittent garantiert, dass die Zahlungsverpflichtungen erfüllt werden können, ohne dass zusätzlich
Steuern oder Abgaben zu Lasten der Anleihegläubiger anfallen.

14. Kündigungsrechte der Anleihegläubiger. Die Anleihebedingungen enthalten in aller 166
Regel einen Katalog von Kündigungsgründen für die Anleihegläubiger. Dieser umfasst insbesondere
die Nichtzahlung von Zinsen innerhalb eines bestimmten Zeitraums (zB von 30 Tagen nach dem
betreffenden Zinszahlungstag), die Nichterfüllung der Umtauschverpflichtung innerhalb von
30 Tagen, die Nichterfüllung sonstiger Verpflichtungen des Emittenten für mehr als 60 Tage nach
Mahnung, die allgemeine Zahlungseinstellung des Emittenten sowie die Eröffnung eines Insolvenz-,
Liquidations- oder vergleichbaren Verfahrens über das Vermögen des Emittenten.

15. Bestellung eines Treuhänders. Werden Sicherheiten, insbesondere bei der Einschaltung 167
einer ausländischen Zweckgesellschaft eine Garantie der deutschen Gesellschaft, zu Gunsten der
Anleihegläubiger bestellt, kann eine Bank als Treuhänder[516] fungieren, der gegebenenfalls die Rechte
aus der Sicherheit für die Anleihegläubiger geltend macht.[517] Dies wird häufig von der Emissionsbank
bzw. der Konsortialführerin des Emissionskonsortiums übernommen. Häufig wird wegen des mit
der Treuhänderstellung verbundenen Haftungsrisikos stattdessen ein Vertrag des Emittenten und der
begleitenden Bank zugunsten der Anleger nach § 328 Abs. 1 BGB bevorzugt.[518]

16. Änderungen der Anleihebedingungen und Gemeinsamer Vertreter. Die Gläubiger 167a
derselben Anleihe können nach § 5 SchVG durch Mehrheitsbeschluss Verträgen zur Änderung von
Anleihebedingungen zustimmen; eine Änderung gegen den Willen des Emittenten kann die Gläubigerversammlung nicht beschließen. Die Änderungen der Anleihebedingungen sind gleichermaßen für
alle Gläubiger derselben Anleihe verbindlich. Die Gläubigerversammlung hat – etwa im Fall einer
Restrukturierung des Emittenten – bei der Ausgestaltung der Änderungen der Anleihebedingungen
maximale Flexibilität, wobei keine neuen Leistungspflichten begründet werden dürfen und alle Gläubiger gleich zu behandeln sind. Das Schuldverschreibungsgesetz (zB in § 5 Abs. 3 SchVG) beinhaltet
lediglich eine nicht abschließende Liste von potentiellen Beschlussgegenständen, insbesondere die
zeitliche Verschiebung des Fälligkeitsdatums sowie die Herabsetzung des Zinssatzes oder des Nominalbetrags.[519] Regelmäßig wird ein gemeinsamer Vertreter zur Wahrung der Informationsrechte der
Gläubiger sowie zur effizienten Verhandlung mit dem Emittenten eingesetzt (§ 5 Abs. 1 SchVG).

---

[512] Ein vergleichbares Problem ergibt sich, wenn die aufgrund einer bedingten Kapitalerhöhung geschaffenen
Aktien nicht an der Börse eingeführt oder eigene, nicht notierte Aktien zur Verfügung gestellt werden; *Siebel*
ZGR 2002, 842 (852).
[513] *Schlitt/Seiler/Singhof* AG 2003, 254 (268); *Schlitt/Hemeling* in Habersack/Mülbert/Schlitt Unternehmensfinanzierung am Kapitalmarkt § 12 Rn. 78; *Siebel* ZGR 2002, 842 (852).
[514] Ersterwerber können sich durch eine entsprechende Regelung im Übernahmevertrag absichern.
[515] *Masuch*, Anleihebedingungen und AGB-Gesetz, 2001, 215; *Maier-Reimer*, Rechtsfragen der Restrukturierung, Vortrag v. 5.2.2004 am Institut for Law and Finance der Johann Wolfgang Goethe Universität Frankfurt,
Working Paper Series No. 27, S. 16.
[516] Zu Stellung und Funktion eines solchen Sicherheitentreuhänders *Hopt* FS Steindorff, 1990, 341 (358); *Than* FS
Coing, Bd. 2, 1982, 521 (525 ff.); *Vogel*, Die Stellung des Anleihetreuhänders nach deutschem Recht, 2004, 10.
[517] *Bosch* in Bosch/Groß Bankrecht und Bankpraxis Rn. 10/194 ff.; *Schumann*, Optionsanleihen, 1990, 115 f.
[518] Stellungnahme des Zivilrechtsausschusses des Deutschen Anwaltvereins zum DiskE eines Gesetzes zur
Änderung des Schuldverschreibungsrechts, August 2003, S. 3; *Schneider*, Novellierung des Rechts der Schuldverschreibungen, Seminar für deutsches und internationales Kreditrecht des Instituts für Deutsches und Internationales
Recht des Spar-, Giro- und Kreditwesens der Johannes-Gutenberg-Universität Mainz v. 28.1.2004, S. 12; vgl.
auch *Than* FS Coing Bd. 2, 1982, 521 (525 ff.).
[519] Ausf. Veranneman/*Oulds* SchVG § 5; LBS/*Bliesener/Schneider* 17. Kap. § 5 mwN.

168 **17. Richterliche Inhaltskontrolle. a) Anwendbarkeit der §§ 305 ff. BGB.** Ob die Anleihebedingungen von Wandelschuldverschreibungen als allgemeine Geschäftsbedingungen zu qualifizieren sind und folglich der richterlichen Inhaltskontrolle unterliegen, war lange Zeit umstritten, ist aber mit der Entscheidung des BGH vom 28.6.2005 als im positiven Sinne geklärt anzusehen.[520] Da Wandelschuldverschreibungen und Optionsanleihen bis zum Umtausch ebenso wie Genussrechte (und erst recht Umtauschanleihen) keine mitgliedschaftliche Stellung gewähren (vgl. → Rn. 7), ist eine richterliche Inhaltskontrolle jedenfalls nicht bereits gem. § 310 Abs. 4 BGB ausgeschlossen.[521] Im Schrifttum wurde die Frage der AGB-Kontrolle lange Zeit diskutiert und wurde jedenfalls für den Fall einer Fremdemission, dh wenn die Anleihe unter Einschaltung eines Kreditinstituts platziert wird, abgelehnt, und nur eine Inhaltskontrolle nach den Maßstäben von Treu und Glauben (§ 242 BGB) für angemessen erachtet.[522] Diese Diskussion ist zwar auch nach der Entscheidung des BGH vom 28.6.2005 noch nicht ganz verstummt;[523] für die Praxis folgt aber aus der Entscheidung des Bundesgerichtshofs die klare Vorgabe, dass Anleihebedingungen als AGB zu qualifizieren sind und der **Inhaltskontrolle des AGB-Rechts** unterliegen. Eine Ausnahme stellt das Transparenzgebot dar, bei dem § 3 SchVG (→ Rn. 176a) *lex specialis* zu § 307 Abs. 1 S. 2 BGB ist.[524] Auslegungsmaßstab ist dabei der objektive Empfängerhorizont der üblicherweise beteiligten Verkehrskreise; individuelle Besonderheiten der Person des einzelnen Anleihegläubigers können im Hinblick auf das übergeordnete Interesse an der Verkehrsfähigkeit der Kapitalmarktpapiere und der Funktionsfähigkeit des Wertpapierhandels keine Berücksichtigung finden.[525]

169 Bei der demnach gebotenen Überprüfung von Anleihebedingungen nach dem AGB-Recht muss zwischen den Bestimmungen, die die **Hauptleistungsinhalte** festlegen – etwa die Höhe des Rückzahlungsbetrags, Laufzeit und Rückzahlungszeitpunkt, Gegenstand des Options- bzw. Wandlungsrechts, Dividendenberechtigung, Options- und Wandlungspreis bzw. -verhältnis,[526] Vereinbarung einer Verlustteilnahme,[527] einer Beteiligung am Liquidationserlös oder eines Rangrücktritts –, und den **Nebenabreden** unterschieden werden, die diese Hauptleistungsinhalte ausgestalten, modifizieren oder einschränken. Die Festlegung der Hauptleistungsinhalte unterliegt bereits wegen gem. § 307 Abs. 3 BGB keiner Inhaltskontrolle,[528] muss aber den Anforderungen des Transparenzgebots genügen.[529]

170 Nach der wohl überwiegenden Ansicht sollen die **§§ 308, 309 BGB** (Klauselverbote mit und ohne Wertungsmöglichkeit) ohne Differenzierungen nach Anlegerkreisen anwendbar sein.[530] Dabei

---

[520] BGH WM 2005, 1567 und dazu etwa *Gottschalk* ZIP 2005, 1121. Vorher bereits BGHZ 119, 305 ff. (für Genussscheinbedingungen); OLG Frankfurt WM 1993, 2089 (für Inhaberschuldverschreibungen) und dem folgend ein bedeutender Teil der Literatur; vgl. MüKoAktG/*Habersack* Rn. 255; *Bosch* in Bosch/Groß Bankrecht und Bankpraxis Rn. 10/160 ff.; *Lenenbach* Kapitalmarkt- und Börsenrecht Rn. 2.25, 8.113 ff.; *Schäfer* in Schwintowski/ Schäfer BankR § 23 Rn. 101 ff.; für eine analoge Anwendung Begr. DiskE des BMJ vom April 2003 S. 11; *Hartwig-Jacob*, Die Vertragsbeziehungen und die Rechte der Anleger bei internationalen Anleiheemissionen, 2001, 209 ff.; *Hopt* FS Steindorff, 1990, 341 (371); *Hopt* WM 1990, 1733 (1737); Wolf/Horn/Lindacher/*Schmidt* BGB § 310 Abs. 4 Rn. 16; *Kallrath*, Die Inhaltskontrolle der Wertpapierbedingungen von Wandel- und Optionsanleihen, Gewinnschuldverschreibungen und Genußscheinen, 1994, 41 ff. (58 ff.); *Kümpel* in Kümpel/Wittig BankR/KapMarktR Rn. 9.210; *Stoffels* ZHR 166 (2002) 359 (360/361); *Stoffels* AGB-Recht § 6 Rn. 117; v. *Randow* ZBB 1994, 23 (28 f.); *ders.* ZIP 1994, 26 (28); *Wolf*, FS Zöllner, Bd. I, 1998, S. 651 (660); Ulmer/Brandner/ Hensen/*Ulmer* AGBR BGB § 305 Rn. 70.

[521] Zu Wandel- und Optionsanleihen *Joussen* WM 1995, 1861 (1862 f.) mwN; *Lenenbach*, Kapitalmarkt- und Börsenrecht Rn. 8.116; zu Genussrechten BGH AG 1993, 125 (126) – Klöckner sowie OLG München WM 2016, 645 (646).

[522] *Bungert* DZWir 1996, 185 (187); *Joussen* WM 1996, 1861 ff. Dabei wird allerdings teilweise keine Inhaltskontrolle zu Gunsten der Emissionsbank angenommen, *Bosch* in Bosch/Groß, Bankrecht und Bankpraxis, Rn. 10/ 163; Ulmer/Brandner/Hensen/*Ulmer/Habersack* AGBR BGB § 305 Rn. 71 ff.; ebenso zu Wandelschuldverschreibungen; v. *Randow* ZIP 1994, 26 (28).

[523] LBS/*Bliesener/Schneider* 17. Kap., § 3 Rn. 19 ff. mwN; krit. etwa *Gottschalk* ZIP 2005, 1121.

[524] Friedl/Hartwig-Jacob/*Hartwig-Jacob* SchVG § 3 Rn. 16 f.; LBS/*Bliesener/Schneider* 17. Kap., § 3 Rn. 20; Veranneman/*Oulds* SchVG § 3 Rn. 20.

[525] OLG München WM 2016, 645 (646) für Genussscheinbedingungen.

[526] *Groß* in Marsch-Barner/Schäfer Börsennotierte AG-HdB Rn. 52.8.

[527] BGH AG 1993, 125 (126) – Klöckner.

[528] BGH AG 1993, 125 (126) – Klöckner.

[529] MüKoBGB/*Wurmnest* § 307 Rn. 20.

[530] *Masuch*, Anleihebedingungen und AGB-Gesetz, 2001, 179 ff.; v. *Randow* ZIP 1994, 28 (29); *Wolf*, FS Zöllner, Bd. I, 1998, S. 651 (665); Ulmer/Brandner/Hensen/*Habersack* AGBR. Teil 2, (62) Wertpapierbedingungen, Rn. 3, 5; *Stoffels* AGB-Recht Rn. 117; *Ekkenga* ZHR 160 (1996) 59 (66); aA OLG Frankfurt WM 1993, 2089; *Bungert* DZWir 1996, 185 (188 f.); *Kallrath*, Die Inhaltskontrolle der Wertpapierbedingungen von Wandel- und Optionsanleihen, Gewinnschuldverschreibungen und Genußscheinen, 1994, 60 ff., die statt dessen ähnliche Kriterien im Rahmen einer Inhaltskontrolle nach § 242 BGB anwenden.

sei insgesamt auf die Interessenlage des typischen, als Verbraucher handelnden Durchschnittsanlegers abzustellen.[531]

b) Gegenstand der Inhaltskontrolle. Im Rahmen der Inhaltskontrolle sind insbesondere solche 171 Klauseln kritisch zu betrachten, die eine nachträgliche Einschränkung der verbrieften Rechte ermöglichen oder dem Emittenten einseitige Kündigungsrechte einräumen. Sie könnten eine unangemessene Benachteiligung der Anleihegläubiger darstellen.[532] Die nachfolgende Darstellung kann hierzu nur einen knappen Überblick bieten; für eine weitere Vertiefung sei auf die Speziallliteratur verwiesen.

aa) Schuldnerersetzungsklausel. Einer Schuldnerersetzungsklausel (→ Rn. 165) ist kritisch zu 172 sehen, weil sie einen eventuellen Schuldnerwechsel von der späteren Zustimmung der Gläubiger unabhängig macht.[533] Nach ganz herrschender Meinung ist es zwar grundsätzlich zulässig, einer Schuldübernahme vorab durch Einwilligung nach § 183 S. 1 BGB zuzustimmen.[534] Demgegenüber stellen die Anleihebedingungen regelmäßig aber gerade darauf ab, dass eine Zustimmung nicht erforderlich sein soll. Eine unangemessene Benachteiligung nach § 307 Abs. 2 Nr. 1 BGB liegt darin gleichwohl nicht.[535] Anleger werden hierdurch jedenfalls dann nicht entgegen den Geboten von Treu und Glauben unangemessen benachteiligt, wenn der Emittent – wie regelmäßig der Fall – verpflichtet ist, eine Übernahme aller Pflichten durch den neuen Schuldner sicherzustellen (→ Rn. 165).[536]

bb) Kündigungsrechte der Anleihegläubiger. Eine abschließende Aufzählung außerordentli- 173 cher Kündigungsgründe kann für die Anleihegläubiger eine belastende Regelung darstellen, weil damit eine Kündigung aus sonstigem wichtigen Grund ausgeschlossen wird.[537] Da das Recht auf Kündigung aus wichtigem Grund bei Dauerschuldverhältnissen dem Grundsatz von Treu und Glauben entspricht, sofern ein Festhalten am Rechtsverhältnis für den Kündigenden unzumutbar ist, ist eine derart weitgehende Beschränkung in der Regel als wesentliche Benachteiligung des Anleihegläubigers zu werten, die nicht durch korrespondierende Interessen des Emittenten aufgewogen wird.[538]

cc) Bekanntmachungsklauseln. Klauseln, nach denen Erklärungen des Emittenten vor allem 174 über die Ausübung bestimmter Wahlrechte durch Bekanntmachung in einem überregionalen Börsenpflichtblatt als den Anleihegläubigern zugegangen gelten (Zugangsfiktion), weichen von der gesetzlich vorgesehenen Form der Zustellung an Personen mit unbekanntem Aufenthaltsort (öffentliche Zustellung durch Aushang im Gericht, § 132 Abs. 2 S. 1 Fall 1 iVm Abs. 1 BGB) ab. Derartige Regelungen sind jedoch nicht als unangemessen iSd § 307 BGB anzusehen. Insbesondere steht dem Anleger die Möglichkeit offen einen ausreichenden Informationsfluss über die Depotbank sicherzustellen.[539] Im Übrigen müssen Emittenten von Schuldverschreibungen, für die die Bundesrepublik Deutschland der Herkunftsstaat ist, gem. § 49 Abs. 2 Nr. 2 WpHG Bekanntmachungen im Bundesanzeiger veröffentlichen, so dass es auch an einer Abweichung vom gesetzlichen Leitbild fehlt.[540]

dd) Wandlungs- und Umtauschpflicht. Sehen die Anleihebedingungen ein Wahlrecht des 175 Emittenten vor, statt einer Rückzahlung in bar ganz oder teilweise Aktien zu liefern, stellt sich die Frage nach der Vereinbarkeit mit §§ 305 ff. BGB sowie vor allem im Hinblick auf das Transparenzge-

---

[531] OLG Frankfurt WM 1993, 2089; Ulmer/Brandner/Hensen/*Habersack* Teil 2 (62) Wertpapierbedingungen Rn 5.
[532] Ulmer/Brandner/Hensen/*Habersack* Teil 2 (62) Wertpapierbedingungen Rn. 6.
[533] *Horn* WM 1984, 713 (721).
[534] BGH NJW-RR 1996, 193 (194); Soergel/*Zeiss* BGB §§ 414, 415, Rn. 8; MüKoBGB/*Bydlinski* BGB § 415 Rn. 9; Jauernig/*Stürner* BGB §§ 414, 415 Rn. 6.
[535] AA in einem *obiter dictum* das OLG Frankfurt WM 2012, 2277 (2280).
[536] *Schlitt/Kammerlohr* in Habersack/Mülbert/Schlitt Unternehmensfinanzierung am Kapitalmarkt § 13 Rn. 48. Abw. *Masuch*, Anleihebedingungen und AGB-Gesetz, 2001, 217 ff. – Vgl. auch § 795a BGB-DiskE, der vorsieht, dass eine Schuldnerersetzungsklausel wirksam ist, sofern der Aussteller auf seine Kosten eine andere Gesellschaft, deren Anteile er direkt oder indirekt zu mehr als 90 % hält, als Schuldner für alle Verpflichtungen aus der Schuldverschreibung einsetzen kann, der neue Schuldner alle Verpflichtungen aus oder im Zusammenhang mit der Schuldverschreibung übernimmt und der Aussteller die von dem neuen Schuldner zu übernehmenden Verpflichtungen unbedingt und unwiderruflich garantiert.
[537] *Masuch*, Anleihebedingungen und AGB-Gesetz, 2001, 235 ff.
[538] *Maier-Reimer*, Rechtsfragen der Restrukturierung, Vortrag v. 5.2.2004 am Institut for Law and Finance der Johann Wolfgang Goethe Universität Frankfurt, Working Paper Series No. 27, S. 10; *Masuch*, Anleihebedingungen und AGB-Gesetz, 2001, 235 ff. (240); Bungert DZWir 1996, 185 (196); Gruson/Harrer ZBB 1996, 37 (45).
[539] OLG Frankfurt aM WM 1993, 2089 (2090); *v. Randow* ZIP 1994, 28 (29 f.); Ulmer/Brandner/Hensen/*Schmidt* BGB § 308 Nr. 6 Rn. 1; aA *Schäfer* in v. Westphalen, Vertragsrecht und AGB-Klauselwerke, Genußscheine, Rn. 53; *Masuch*, Anleihebedingungen und AGB-Gesetz, 2001, 235 ff. (250).
[540] *Schlitt/Kammerlohr* in Habersack/Mülbert/Schlitt Unternehmensfinanzierung am Kapitalmarkt § 13 Rn. 52.

bot gem. § 3 SchVG.⁵⁴¹ Da eine Wandlungs- bzw. Umtauschpflicht indes vermehrt in Anleihebedingungen enthalten ist, kann nicht mehr davon ausgegangen werden, dass die Erwartung eines durchschnittlichen Anlegers immer auf eine garantierte Rückzahlung des Nennbetrags in bar gerichtet sei. Eine unangemessene Benachteiligung der Anleger durch die Begründung einer Umtauschpflicht in den Anleihebedingungen ist daher nicht anzunehmen.⁵⁴²

176 Zur Risikominimierung bei Pflichtwandel- bzw. -umtauschanleihen werden gelegentlich Credit Default Swaps nach ISDA-Regeln vereinbart. In diesem Zusammenhang stellt sich die Frage, ob in den Anleihebedingungen auf bestimmte in den Swapbedingungen definierte englische Regelungen verwiesen werden kann, ohne das Transparenzgebot oder das Verbot überraschender Klauseln, § 305c BGB, zu verletzen.⁵⁴³ Gegen eine Einbeziehung außerhalb der Schuldverschreibung definierter Begriffe konnte vor Inkrafttreten des SchVG eingewandt werden, dass sich die Anleihebedingungen gem. § 793 Abs. 1 BGB, § 796 BGB aus der Urkunde ergeben mussten.⁵⁴⁴ Nunmehr sieht § 2 Abs. 2 SchVG für den Fall, dass die Urkunde über die Schuldverschreibungen nicht zum Umlauf bestimmt ist, ausdrücklich vor, dass auch auf außerhalb der Urkunde niedergelegte Anleihebedingungen, wie etwa auf Definitionen und Beschreibungen von Referenzaktiva, Begriffsbestimmungen der Definitionskataloge von Marktorganisationen wie der ISDA, Bezug genommen werden kann. Die – auch bei Wandelschuldverschreibungen den Regelfall darstellende – Verbriefung durch eine Sammelurkunde iSv § 9a DepotG stellt eine nicht zum Umlauf bestimmte Urkunde im Sinne der Vorschrift dar.⁵⁴⁵ Gleichwohl ist eine Integration der Regelungen in die Anleihebedingungen sowie eine Übersetzung der entsprechenden Begriffe ins Deutsche aus Vorsichtsgründen zumindest dann geboten, wenn die Anleihen auch bei Privatanlegern platziert werden, um so der Gefahr eines Verstoßes gegen das Verbot überraschender Klauseln, § 305c BGB, vorzubeugen.⁵⁴⁶

176a **c) Transparenzgebot gem. § 3 SchVG.** Das SchVG⁵⁴⁷ findet auf nach deutschem Recht begebene inhaltsgleiche Schuldverschreibungen aus Gesamtemissionen Anwendung (§ 1 Abs. 1 SchVG) und erfasst somit grds. Wandelschuldverschreibungen.⁵⁴⁸ Das Transparenzgebot gem. § 3 SchVG setzt voraus, dass ein Anleger, der hinsichtlich der jeweiligen Art von Schuldverschreibungen sachkundig ist, die vom Schuldner versprochene Leistung ermitteln kann, und ist dabei *lex specialis* zu § 307 Abs. 1 S. 2 BGB (→ Rn. 168). Während § 307 Abs. 1 S. 2 BGB die Erwartungen und Erkenntnismöglichkeiten des typischen, als Verbraucher handelnden Durchschnittsanlegers zugrunde legt, bildet bei § 3 SchVG ein im Hinblick auf den relevanten Anleihetyp sachkundiger Investor bzw. ein professioneller Kenner des Finanzprodukts den entscheidenden Maßstab für den Referenzanleger.⁵⁴⁹ Welcher Anlegerkreis dabei in Betracht kommt, ist objektiv zu bestimmen.⁵⁵⁰

176b Die Rechtsfolgen bei einem Verstoß gegen das Transparenzgebot sind im Gesetz nicht ausdrücklich geregelt; regelmäßig kommen aber Schadensersatzansprüche gegen den Emittenten oder die die Emission begleitenden Banken in Betracht.⁵⁵¹ Insbesondere fehlt es an einer expliziten Nichtigkeitsvorschrift entsprechend § 307 BGB, so dass nach allgemeinen Vorschriften wohl nur ausnahmsweise (etwa im Fall der Intransparenz der Anleihebedingungen in ihrer Gesamtheit) eine Nichtigkeit der Anleihebedingungen in Betracht kommt.⁵⁵²

177 **18. Ausgewählte Elemente der Ausgestaltung von Genussscheinen.** Die Rechte, die sich für die Berechtigten aus den Genussscheinen ergeben, können auf verschiedene Weisen beeinträchtigt

---

⁵⁴¹ *Rozijn* ZBB 1998, 77 (93).
⁵⁴² *Schlitt/Seiler/Singhof* AG 2003, 254 (266).
⁵⁴³ Den Anleihebedingungen werden zu diesem Zweck zuweilen in den Swap-Bedingungen benutzte Begriffsdefinitionen in einem Anhang (auf Englisch) beigefügt. Zweifel an der Zulässigkeit einer solchen Gestaltung äußern in Bezug auf die Rechtslage vor Inkrafttreten des SchVG *Masuch*, Anleihebedingungen und AGB-Gesetz, 2001, 113 f.; *Bosch* in Bosch/Groß Bankrecht und Bankpraxis Rn. 10/167; *Gruson/Harrer* ZBB 1996, 37 (44).
⁵⁴⁴ So auch *Joussen* WM 1995, 1861 (1864); *v. Randow* ZBB 1994, 23 (24); *Than*, Rechtsfragen bei Festlegung von Emissionsbedingungen für Schuldverschreibungen, Vortrag v. 5.2.2004 am Institut for Law and Finance der Johann Wolfgang Goethe Universität Frankfurt, Working Paper Series No 25, S. 13.
⁵⁴⁵ Vgl. LBS/*Bliesener/Schneider* 17. Kap. § 2 Rn. 6.
⁵⁴⁶ *Bungert* DZWir 1996, 185 (197); *Gruson/Harrer* ZBB 1996, 37 (44).
⁵⁴⁷ Art. 1 des Gesetzes zur Neuregelung der Rechtsverhältnisse bei Schuldverschreibungen aus Gesamtemissionen und zur verbesserten Durchsetzbarkeit von Ansprüchen von Anlegern aus Falschberatung v. 31.7.2009, BGBl. 2009 I 2512.
⁵⁴⁸ Vgl. LBS/*Bliesener/Schneider* 17. Kap. § 1 Rn. 65.
⁵⁴⁹ Vgl. LBS/*Bliesener/Schneider* 17. Kap. § 3 Rn. 6; *Preuße/Preuße* SchVG § 3 Rn. 9 ff.; *Friedl/Hartwig-Jacob/Hartwig-Jacob* SchVG § 3 Rn. 18 f. (138 ff.); *Veranneman/Oulds* SchVG § 3 Rn. 11, 13.
⁵⁵⁰ *R. Müller* in Kümpel/Wittig BankR/KapMarktR Rn. 15.341.
⁵⁵¹ *Friedl/Hartwig-Jacob/Hartwig-Jacob* SchVG § 3 Rn. 161 ff.
⁵⁵² LBS/*Bliesener/Schneider* 17. Kap. § 3 Rn. 16 f.; *Friedl/Hartwig-Jacob/Hartwig-Jacob* SchVG § 3 Rn. 157 ff.

werden. Beeinträchtigungen kommen sowohl aufgrund von Maßnahmen der Verwaltung, aber auch von Grundlagenentscheidungen der Gesellschaft in Betracht. Genussscheininhaber haben derartige Beeinträchtigungen nach allgemeiner Auffassung zwar grundsätzlich hinzunehmen; es gibt jedoch einige anerkannte Ausnahmen.

a) Allgemeines sorgfaltswidriges Handeln. Das grundlegende Element des Genussrechtsverhältnisses stellt die Gewinnteilhabe des Berechtigten dar. Hierdurch partizipiert dieser einerseits an den Chancen unternehmerischen Handelns, muss andererseits aber auch erfolglose Geschäftsleitungshandlungen akzeptieren. Das Rechtsverhältnis zwischen der Gesellschaft und dem Genussscheininhaber ist lediglich schuldrechtlicher Natur. Daraus ergibt sich ungeachtet der zum Teil stark individualisierten Ausgestaltung der Genussrechtsbedingungen grundsätzlich kein Anspruch auf sorgfältige Geschäftsführung.[553] Nach herrschender Ansicht in Rechtsprechung und Schrifttum kommt ein Schadensersatzanspruch des Genussscheininhabers (§ 280 Abs. 1 BGB) aufgrund schlechter Geschäftsleitung nur bei vorsätzlicher oder rechtsmissbräuchlicher Nachteilszufügung in Betracht.[554] Dies ist in den Fällen anzunehmen, in denen sich die Geschäftsführungsmaßnahme außerhalb des von der Satzung vorgegebenen Unternehmensgegenstandes bewegt oder eine Entscheidungen getroffen wird, die „kaufmännisch schlechthin unseriös und verantwortungslos" ist.[555]

b) Sorgfaltswidriges Handeln bei der Gewinnermittlung. Bei Genussrechten mit gewinnorientierter oder gewinnabhängiger Verzinsung sind Beeinträchtigungen der Berechtigten häufiger mit Entscheidungen der Gesellschaft und ihrer Aktionäre, wie etwa bei der Feststellung des Jahresabschlusses oder der Beschlussfassung über die Gewinnverwendung, verbunden. In diesem Zusammenhang ist jedoch nicht jede Handlung, die sich auf die Ergebnisrechnung auswirkt, erheblich. Der Emittent kann sich seiner Verpflichtung aus dem Genussrecht gegenüber dem Gläubiger nicht dadurch entziehen, dass er die Erstellung des Jahresabschlusses, den Gewinnverwendungsbeschluss oder andere für die Ermittlung des **Vergütungsanspruchs** notwendige Maßnahmen unterlässt.[556] Der Genussrechtsinhaber hat einen schuldrechtlichen Anspruch auf korrekte Ergebnisermittlung durch die Gesellschaft. Bei der Frage, ob eine erhebliche Beeinträchtigung der Genussrechtsinhaber vorliegt, ist zwischen der jeweiligen Bezugsgröße zu differenzieren. Im Fall einer Anknüpfung an den **Jahresüberschuss** oder eine vergleichbare Größe stellt jeder Fehler eine erhebliche Beeinträchtigung dar. Der sich bei korrigierter Ermittlung des Jahresüberschusses bzw. Gewinns ergebende Zahlungsanspruch des Genussrechteinhabers ist der primäre Leistungsanspruch aus dem Genussrechtevertrag und kein Sekundäranspruch, so dass der Berechtigte lediglich die Höhe des erzielten Jahresüberschuss, und nicht etwa ein Verschulden des Emittenten bei der Gewinnermittlung, darlegen muss.[557] Weniger eindeutig ist die Beurteilung der Erheblichkeit, sofern die Bezugsgröße des Anspruchs der **Bilanzgewinn** oder die Dividende ist. In diesen Fällen lässt sich die Höhe des Vergütungsanspruchs nicht allein aufgrund einer korrigierten Gewinnermittlung bestimmen. Es kommt dann auch auf die Entscheidung des Vorstandes und Aufsichtsrates und/oder der Gesellschafter über die Verwendung des Jahresüberschusses an, die möglicherweise auch bei dessen korrekter Feststellung nicht anders ausgefallen wäre. Vor diesem Hintergrund ist eine erhebliche Beeinträchtigung und somit ein Anspruch der Genussscheininhaber nur gegeben, wenn und soweit die Verwendungsentscheidung unter Zugrundelegung des korrigierten Ergebnisses angreifbar gewesen wäre.[558]

---

[553] Kölner Komm AktG/*Florstedt* Rn. 133 ff., 583; *Von Alvensleben* in Häger/Elkemann-Reusch, Mezzanine Finanzierungsinstrumente, 2. Aufl. 2007, Rn. 656. Für die anderen von § 221 erfassten Finanzinstrumente gilt Entsprechendes. Näher dazu MüKoAktG/*Habersack* Rn. 275.
[554] RGZ 105, 236 (240 f.); Kölner Komm AktG/*Florstedt* Rn. 132, 138.
[555] BGH ZIP 1992, 1542 (1551) – Klöckner; ebenso Kölner Komm AktG/*Florstedt* Rn. 134; K. Schmidt/Lutter/*Merkt* Rn. 91; *von Alvensleben* in Häger/Elkemann-Reusch, Mezzanine Finanzierungsinstrumente, 2. Aufl. 2007, Rn. 656; *Sethe* AG 1993, 351 (361); weitergehend *Habersack* ZHR 155 (1991) 378 (398 f.); MüKoAktG/*Habersack* Rn. 272 ff.; *Frantzen* Genussscheine S. 289; *van Look* in Bundschuh/Hadding/Schneider, Recht und Praxis der Genußschein, 1987, 42.
[556] Vgl. *Berghaus/Bardelmeier* in Habersack/Mülbert/Schlitt Unternehmensfinanzierung am Kapitalmarkt § 14 Rn. 39 (insbesondere auch zum prozessualen Vorgehen); MüKoAktG/*Habersack* Rn. 281. Die Genussrechtsgläubiger haben einen Anspruch auf Durchführung des insoweit Erforderlichen, der nach § 888 ZPO vollstreckbar ist; vgl. GHEK/*Karollus* Rn. 394; Kölner Komm AktG/*Florstedt* Rn. 142, 601. Die Genussscheininhaber können bei längerer Untätigkeit des Emittenten unmittelbar auf Zahlung der Vergütung klagen; GHEK/*Karollus* Rn. 395; aA Kölner Komm AktG/*Florstedt* Rn. 142, 601.
[557] *Berghaus/Bardelmeier* in Habersack/Mülbert/Schlitt Unternehmensfinanzierung am Kapitalmarkt § 14 Rn. 40; MüKoAktG/*Habersack* Rn. 282; GHEK/*Karollus* Rn. 396; Kölner Komm AktG/*Florstedt* Rn. 604 f.; *Frantzen* Genussscheine S. 220 f.; aA *Hirte* ZIP 1988, 477 (487).
[558] Näher MüKoAktG/*Habersack* Rn. 282 sowie *Berghaus/Bardelmeier* in Habersack/Mülbert/Schlitt Unternehmensfinanzierung am Kapitalmarkt § 14 Rn. 41 mwN.

179 **c) Rücklagen.** Stellt der Bilanzgewinn die für den Ausschüttungsanspruch der Genussscheininhaber maßgebliche Bezugsgröße dar, haben diese eine Rücklagenbildung der Gesellschaft grundsätzlich hinzunehmen. Es handelt sich hierbei um eine unerhebliche Beeinträchtigung, die dieser Art der Vergütungsabrede immanent ist. Dem Emittenten steht insoweit ein Gestaltungsspielraum zu, der auch von den Genussrechtsinhabern hinzunehmen ist. Die Gesellschaft ist grundsätzlich nicht zur Rücksichtnahme auf die Interessen der Genussrechtsinhaber verpflichtet.[559] Diese Gestaltungsfreiheit hat ihre Grenze bei rechtsmissbräuchlichem bzw. solchem Verhalten, das den Interessen der Genussrechtsinhaber gezielt entgegenläuft.[560] Darüber hinaus ist eine Gewinnthesaurierung auch dann unzulässig, wenn die Aktionäre nach § 254 Abs. 1 zur Anfechtung des Gewinnverwendungsbeschlusses berechtigt wären und der Beschluss auch gegenüber den Genussscheininhabern unbillig im Sinne des § 315 BGB ist.[561, 562] In diesen Fällen kann der Genussscheininhaber jedoch nicht auf Zahlung der Mindestverzinsung in Höhe von 4 % des Nominalbetrags seines Genussscheins klagen, sondern lediglich auf Zahlung desjenigen Betrags, der sich bei Ausschüttung einer hypothetischen Mindestdividende an die Aktionäre ergäbe.[563]

180 **d) Kapitalmaßnahmen.** Ebenso wenig wie bei den anderen von § 221 erfassten Finanztiteln wird die Freiheit des Emittenten zur Vornahme von Kapitalmaßnahmen durch die Ausgabe von Genussscheinen eingeschränkt.[564] Für den Fall der **Kapitalerhöhung aus Gesellschaftsmitteln** folgt aus § 216 Abs. 3 ex lege eine automatische Anpassung der Genussrechte. Eine zu korrigierende Beeinträchtigung kommt in diesen Fällen jedoch nur in Betracht, wenn die Genussrechte an den Nennbetrag der Aktien gekoppelt sind (wenn sie zB dividendensatzabhängig sind) oder in sonstiger Weise in Relation zur Höhe des Grundkapitals stehen, nicht hingegen bei rein gewinnabhängigen Vergütungen.[565] Die Berechnung des angepassten Genussrechts hat so zu erfolgen, dass die bisherige Relation zur Aktie gewahrt bleibt; sie orientiert sich also an dem Verhältnis, in dem sich das Grundkapital erhöht.[566]

180a Bei **Kapitalerhöhungen gegen Einlagen** findet § 216 Abs. 3 keine Anwendung, da diese Norm speziell auf die Kapitalerhöhung aus Gesellschaftsmitteln zugeschnitten ist. Die (ältere) Rechtsprechung hat in einem Umkehrschluss hieraus einen Schutz der Genussscheininhaber abgelehnt.[567] Die mittlerweile herrschende – und überzeugende – Ansicht in der Literatur[568] geht demgegenüber von einem allgemeinen Verwässerungsschutz für Genussrechtsinhaber aus. Sie spricht den Genussscheininhabern über die Anwendung von §§ 242, 314 BGB einen Anpassungsanspruch zu, wenn neue Aktien zu einem Ausgabekurs ausgegeben werden, der unter ihrem Börsen-/Marktwert liegt und dadurch die Ansprüche der Genussscheininhaber verwässert werden.[569] Zur Feststellung kann auf den Wert des Bezugsrechts zurückgegriffen werden.[570]

---

[559] RGZ 83, 295 (297 f.); RGZ 105, 236 (240); GHEK/*Karollus* Rn. 399; Kölner Komm AktG/*Florstedt* Rn. 606; MüKoAktG/*Habersack* Rn. 283; *Frantzen* Genussscheine S. 214; Dies gilt auch wenn eine feste Verzinsung vereinbart wurde, deren Ausschüttung jedoch vom Vorliegen eines ausreichenden Bilanzgewinns abhängig ist, *Berghaus/Bardelmeier* in Habersack/Mülbert/Schlitt Unternehmensfinanzierung am Kapitalmarkt § 14 Rn. 42 mit dem zutreffenden Hinweis, dass die Anleger auf die sich hieraus ergebenden Risiken besonders hingewiesen werden sollten. AA Kölner Komm AktG/*Florstedt* Rn. 607, der in diesem Fall bereits das Vorliegen eines Genussrechts iSd AktG verneint.

[560] Kölner Komm AktG/*Florstedt* Rn. 606; MüKoAktG/*Habersack* Rn. 283.

[561] Ein Anfechtungsrecht der Aktionäre ist dann gegeben, wenn eine nicht erforderliche Einstellung von Gewinnrücklagen oder eines Gewinnvortrages dazu führt, dass eine Verzinsung von 4 % unterschritten wird.

[562] *Berghaus/Bardelmeier* in Habersack/Mülbert/Schlitt Unternehmensfinanzierung am Kapitalmarkt § 14 Rn. 42; MüKoAktG/*Habersack* Rn. 283; GHEK/*Karollus* Rn. 399; Kölner Komm AktG/*Florstedt* Rn. 608; *Frantzen* Genussscheine S. 215 ff.; für höhere Verzinsung bei fehlender Beteiligung am Wert der Gesellschaft *Sethe* AG 1993, 351 (360); *von Alvensleben* in Häger/Elkemann-Reusch, Mezzanine Finanzierungsinstrumente, 2. Aufl. 2007, Rn. 652. – Wenn der Emittent der Genussscheine eine Holding-Funktion wahrnimmt, kann außerdem die Thesaurierung von Gewinnen in den Tochtergesellschaften die Vergütungsansprüche der Genussscheininhaber erheblich beeinträchtigen. Mehr Sicherheit bietet dem Genussscheininhaber in diesem Fall die Anknüpfung an eine Gesamtkonzernrendite oder ähnliche Kennziffern; *Berghaus/Bardelmeiner* in Habersack/Mülbert/Schlitt Unternehmensfinanzierung am Kapitalmarkt § 14 Rn. 43.

[563] Kölner Komm AktG/*Florstedt* Rn. 608; MüKoAktG/*Habersack* Rn. 285.

[564] RGZ 83, 295 (298 f.); BGHZ 28, 259 (277) – Harpen-Bonds; MüKoAktG/*Habersack* Rn. 302; GHEK/*Karollus* Rn. 402.

[565] MüKoAktG/*Habersack* Rn. 303; Kölner Komm AktG/*Florstedt* Rn. 626; *Berghaus/Bardelmeier* in Habersack/Mülbert/Schlitt Unternehmensfinanzierung am Kapitalmarkt § 14 Rn. 45.

[566] MüKoAktG/*Habersack* Rn. 303 mit Beispiel; GHEK/*Karollus* Rn. 404.

[567] BGHZ 28, 258 (277) – Harpen-Bonds. Offener BGHZ 119, 305 (322 f.) – Klöckner.

[568] MüKoAktG/*Habersack* Rn. 306 mwN; GHEK/*Karollus* Rn. 407; Kölner Komm AktG/*Florstedt* Rn. 623; Hüffer/Koch/*Koch* Rn. 67.

[569] Kölner Komm AktG/*Florstedt* Rn. 623; *Berghaus/Bardelmeier* in Habersack/Mülbert/Schlitt Unternehmensfinanzierung am Kapitalmarkt § 14 Rn. 46. Zu den Möglichkeiten einer Kompensation eingehend *Frantzen* Genussscheine S. 263 ff.

[570] MüKoAktG/*Habersack* Rn. 307.

Auch im Fall einer **Kapitalherabsetzung** bedarf es teilweise der Anpassung der Genussrechte. **180b** Dies ist der Fall, wenn sich das Genusskapital bei einer Kapitalherabsetzung nicht schon aus vertraglichen Verlustteilnahmeregelungen im entsprechenden Verhältnis wie das Grundkapital verringert und sich deshalb die Vergütungsansprüche der Genussscheininhaber entsprechend erhöhen. Derartige unberechtigte Begünstigungen sind im Wege der ergänzenden Vertragsauslegung auszugleichen.[571]

e) Verlustteilnahmeregelungen. Oftmals wird in den Genussrechtsbedingungen eine **laufende** **181** **Verlustteilnahme des** Genussscheinkapitals vereinbart, so dass sich während der Laufzeit des Genussrechts eintretende Verluste negativ auf die Verzinsungshöhe auswirken. Um die notwendige Korrelation zwischen Verlustteilnahme und Erfolgsbeteiligung zu wahren, sind auch zukünftig erwirtschaftete Gewinne auf das Genusskapital anzurechnen. Die herrschende Lehre nimmt eine Vereinbarung zur sog. Wiederauffüllung des Genusskapitals im Wege der ergänzenden Vertragsauslegung auch dann an, wenn eine entsprechende ausdrückliche Regelung fehlt.[572] Anderes gilt, wenn durch eine sog. **Verlustteilnahmeklausel** das Genusskapital zum Verlustausgleich an Kapitalherabsetzungen gekoppelt ist.[573] In dieser Konstellation ist ein Wiederauffüllungsanspruch nicht erforderlich, da Aktionäre und Genussscheininhaber gleichermaßen ihre Rechte verlieren.[574]

Werden **Rückstellungen** für ungewisse Verbindlichkeiten und drohende Risiken gebildet, kann **182** auch hieraus ein Bilanzverlust resultieren. Gerichtlich geklärt wurde die Frage, welche Rechte den Genussscheininhabern in der Situation zustehen, in der die Genussscheine an einer Kapitalherabsetzung zum Ausgleich eines Bilanzverlustes teilnehmen, sich später jedoch herausstellt, dass die Rückstellungen aufgelöst werden können, weil die Risiken nicht eingetreten sind. In dieser Situation sei das Genussrecht als erloschen anzusehen und deshalb ein schuldrechtlicher Zahlungsanspruch der ehemaligen Genussrechtsinhaber in Höhe der anteiligen Beteiligung an der Auflösung stiller Reserven und aus den Minderverlusten anzunehmen.[575] Richtigerweise wird man der Gesellschaft aber das Recht zugestehen müssen, an Stelle der Geldzahlung wahlweise wieder Genussrechte zu vergeben, um einen Abfluss von Eigenkapital zu verhindern.[576] Auch wenn der Bilanzverlust nicht näher in den Genussscheinbedingungen definiert wird, ist dieser grundsätzlich dahingehend auszulegen, dass bereits bestehende **Verlustvorträge** davon umfasst sind.[577]

f) Begebung weiterer Genussscheine. Die Existenz bereits bestehender Genussrechte hindert **183** den Emittenten nicht daran, weitere Genussscheine auszugeben.[578] Sofern den bisherigen Genussscheininhabern kein Bezugsrecht auf die neuen Genussrechte eingeräumt wird, brauchen sie die dadurch eintretende Verwässerung ihrer Ansprüche jedoch nicht kompensationslos hinzunehmen. Aus ergänzender Vertragsauslegung und unter Heranziehung des Rechtsgedankens des § 216 Abs. 3 ergibt sich in diesem Fall ein Anspruch auf Anpassung der Genussrechtsbedingungen. Für die Bestimmung des Konkurrenzverhältnisses der verschiedenen Genussrechtstranchen sind die Höhe des jeweils geleisteten Genussrechtskapitals zu berücksichtigen und ins Verhältnis zu setzen. Von einer Verwässerung ist indes nur für den Fall auszugehen, dass sich sowohl die Vergütung der alten sowie auch der neuen Genussscheine an der Dividende orientiert und die neuen Genussscheine unter Wert ausgegeben werden.[579] Ein Vorrang vor früheren Genussscheinen bedarf der ausdrücklichen Zustimmung der betroffenen Genussscheininhaber.[580]

g) Umwandlung. Das UmwG bietet im Fall einer **Verschmelzung** in § 23 UmwG einen umfas- **184** senden Schutz für Genussrechtsinhaber des übertragenden Rechtsträgers. Danach sind den Genuss-

---

[571] MüKoAktG/*Habersack* Rn. 311; *Frantzen* Genussscheine S. 267 ff. Zur unterschiedlichen Berechnung bei effektiver und nomineller Kapitalherabsetzung vgl. Kölner Komm AktG/*Florstedt* Rn. 628.
[572] K. Schmidt/Lutter/*Merkt* Rn. 66; GHEK/*Karollus* Rn. 302; *Berghaus/Bardelmeier* in Habersack/Mülbert/Schlitt Unternehmensfinanzierung am Kapitalmarkt § 14 Rn. 48; differenzierend, aber grds. zustimmend Kölner Komm AktG/*Florstedt* Rn. 613; *Frantzen* Genussscheine S. 236 ff.
[573] MüKoAktG/*Habersack* Rn. 107 ff., 311; differenzierend insoweit auch OLG Düsseldorf WM 1991, 1375 (1380) – Klöckner.
[574] Vgl. BGH AG 1993, 125 (129 f.). – Klöckner; Kölner Komm AktG/*Florstedt* Rn. 617; aA GHEK/*Karollus* Rn. 309 ff.
[575] BGH AG 1993, 125 (129) – Klöckner; Kölner Komm AktG/*Florstedt* Rn. 617; *Berghaus/Bardelmeier* in Habersack/Mülbert/Schlitt Unternehmensfinanzierung am Kapitalmarkt § 14 Rn. 50.
[576] Ausf. dazu *Busch* AG 1994, 93 (101 ff.).
[577] LG München I WM 2011, 1602 (1602); Bürgers/Körber/*Stadler* Rn. 98a; *Schmidberger* BKR 2015, 274(277); AA OLG München WM 2012, 603 (605) aufgrund einer Einzelfallformulierung analog § 305c Abs. 2 BGB.
[578] MüKoAktG/*Habersack* Rn. 313.
[579] *Berghaus/Bardelmeier* in Habersack/Mülbert/Schlitt Unternehmensfinanzierung am Kapitalmarkt § 14 Rn. 51; *Frantzen* Genussscheine S. 271.
[580] *Berghaus/Bardelmeier* in Habersack/Mülbert/Schlitt Unternehmensfinanzierung am Kapitalmarkt.

rechtsinhabern gleichwertige Rechte an dem übernehmenden Rechtsträger einzuräumen. Ist der Genussrechtsemittent der übernehmende Rechtsträger, wird er im Zuge der Verschmelzung in aller Regel eine Kapitalerhöhung durchführen müssen. Diesbezüglich gelten die Ausführungen zur Kapitalerhöhung entsprechend (→ Rn. 154, 155). Eine **formwechselnde Umwandlung** des Emittenten hat keine Auswirkungen auf den Bestand der Genussrechte. Sollten aufgrund der geänderten Rechtsform Anpassungen erforderlich werden, erklärt § 204 UmwG den § 23 UmwG für entsprechend anwendbar, so dass der wirtschaftliche Gehalt der Genussscheine möglichst unverändert bleibt.[581]

184a **h) Konzernierung.** Schließt der Emittent von Genussrechten als abhängiges Unternehmen einen Beherrschungs- und Gewinnabführungsvertrag ab, sind nach Auffassung des BGH – sofern ausdrückliche Regelungen fehlen – die Genussrechtsbedingungen aufgrund Wegfalls der Geschäftsgrundlage gem. § 313 BGB dergestalt anzupassen, dass die Genussrechte jedenfalls bei einer positiven Ertragsprognose zum Zeitpunkt des Abschlusses des Beherrschungs- und Gewinnabführungsvertrages bedient werden müssen, ohne dass es auf die dann ausgewiesenen (fiktiven) Gewinne oder Verluste ankommt.[582]

In der Literatur werden für den Fall des Abschlusses eines Beherrschungs- und Gewinnabführungsvertrages durch den Genussrechtsemittenten als abhängiges Unternehmen verschiedene, teilweise kumulative Lösungsansätze vertreten. Ein Teil der Literatur befürwortet in einem solchen Fall Ansprüche gegen das herrschende Unternehmen analog § 304 und/oder § 305. Nach einer Ansicht besteht ein Ausgleichsanspruch der Genussrechtsgläubiger gegen das herrschende Unternehmen analog § 304, der sich nach der bisherigen Ertragslage der Gesellschaft und ihren künftigen Ertragsaussichten bemisst.[583] Vereinzelt wird auch eine Analogie zu § 305 angenommen mit der Folge, dass Genussrechtsinhabern ein Anspruch gegen das herrschende Unternehmen auf Rückerwerb ihres Genussrechts gegen Zahlung einer angemessenen Abfindung zustünde.[584] Eine zweite Gruppe von Autoren vertritt eine Lösung im schuldrechtlichen Verhältnis zwischen Emittent und Genussrechtsgläubiger. Hier wird vertreten, dass aufgrund des Wegfalls der Geschäftsgrundlage gem. § 313 BGB oder im Wege ergänzender Vertragsauslegung nach § 157 BGB die Genussscheinbedingungen dahingehend anzupassen sind, dass ein Ausgleichsanspruch wie nach § 304 besteht, aber gerichtet gegen den Emittenten als abhängige Gesellschaft.[585] Weiter wird vertreten, dass die Genussscheininhaber ein Recht zur außerordentlichen Kündigung des Genussrechtsverhältnisses nach § 314 BGB mit einer Abfindung analog § 305 haben sollen.[586] Wiederum andere sehen in dem Abschluss eines Beherrschungs- und Gewinnabführungsvertrages eine Verletzung des Genussrechtsverhältnisses, der zu einem Schadensersatzanspruch der Genussscheininhaber führe.[587]

184b Für künftige Genussrechtsemissionen dürfte sich trotz Entscheidung des BGH eine ausdrückliche Regelung in den Emissionsbedingungen empfehlen. Allerdings unterliegt diese ihrerseits wiederum der AGB-rechtlichen Inhaltskontrolle (§§ 307 ff. BGB).[588]

IX. Umtauschanleihen

185 **1. Begriff der Umtauschanleihe.** Umtauschanleihen *(exchangeable bonds)* sind **Inhaberschuldverschreibungen** gem. §§ 793 ff. BGB,[589] die einen Anspruch auf Zinszahlung mit einem Anspruch auf Lieferung von – bereits existierenden und börsenzugelassenen – Aktien einer Gesellschaft, die nicht mit dem Emittenten identisch ist, kombinieren.[590] Als Emittenten von Umtauschanleihen

---

[581] MüKoAktG/*Habersack* Rn. 316; *Berghaus/Bardelmeier* in Habersack/Mülbert/Schlitt Unternehmensfinanzierung am Kapitalmarkt § 14 Rn. 53.
[582] BGH NZG 2013, 987; vgl. hierzu *Ehmann* AG 2013, 751 und *Verse/Wiersch* NZG 2014, 5. Ebenfalls für eine Lösung über die Grundsätze des Wegfalls der Geschäftsgrundlage und Schadensersatzansprüche *Grigoleit/Rieder/Holzmann* Rn. 70; Kölner Komm AktG/*Florstedt* Rn. 634.
[583] § 304 Rn. 14; MüKoAktG/*Habersack* Rn. 320 f.; Kölner Komm AktG/*Florstedt* Rn. 633; Bürgers/Körber/*Stadler* Rn. 138; *Schürnbrand* ZHR 173 (2009) 689 (707 ff.); K. Schmidt/Lutter/*Merkt* Rn. 95; Emmerich/Habersack/*Emmerich* § 304 Rn. 14 f.
[584] Vgl. *Vollmer* ZGR 1983, 467; tendenziell auch Großkomm AktG/*Hasselbach/Hirte* § 304 Rn. 147.
[585] Vgl. *U. H. Schneider* FS Goerdeler, 1987, 511 (527); *Frantzen* Genussscheine S. 282 ff.; *Sethe* AG 1993, 351 (366) Fn. 359; Kölner Komm AktG/*Koppensteiner* § 304 Rn. 18; MHdB AG/*Scholz* § 64 Rn. 88.
[586] Vgl. *U. H. Schneider* FS Goerdeler, 1987, 511 (526 f.); K. Schmidt/Lutter/*Merkt* Rn. 95.
[587] Vgl. MHdB AG/*Scholz* § 64 Rn. 88.; MüKoAktG/*Paulsen* § 304 Rn. 32; Kölner Komm AktG/*Koppensteiner* § 304 Rn. 18; Bürgers/Körber/*Schenk* § 304 Rn. 14.
[588] Vgl. *Verse/Wiersch* NZG 2014, 5 (11).
[589] *Schlitt/Kammerlohr* in Habersack/Mülbert/Schlitt Unternehmensfinanzierung am Kapitalmarkt § 13 Rn. 1.
[590] *Wiese/Dammer* DStR 199, 867; *Zahn/Lemke* BKR 2002, 527 (532); *Häuselmann/Wagner* BB 2002, 2431 (2433). Regelmäßig hält der Emittent die Aktien bereits in seinem Bestand, *Groß* in Marsch-Barner/Schäfer Börsennotierte AG-HdB Rn. 51.18.

treten in der Regel Kapitalgesellschaften, bisweilen aber auch die KfW und öffentlich-rechtliche Gebietskörperschaften auf. Wie bei einer Wandelschuldverschreibung (→ Rn. 5) ist der Umtausch in die Aktie wirtschaftlich nur dann sinnvoll, wenn der Kurs der Aktien der Zielgesellschaft den Umtauschpreis überschritten hat.[591] Umtauschanleihen werden ähnlich wie Wandelanleihen als hybride Instrumente oder **Equity-linked Notes** eingeordnet.[592] Da Umtauschanleihen kein Recht auf Aktien der emittierenden Gesellschaft einräumen, werden sie von § 221 nicht erfasst (→ Rn. 41).

2. Zweck der Begebung von Umtauschanleihen. Da die Zinsen bei einer Umtauschanleihe wegen des zusätzlichen Umtauschrechts typischerweise niedriger sind als bei gewöhnlichen Anleihen, ermöglichen sie dem Emittenten ebenso wie Wandelschuldverschreibungen eine **günstigere Fremdfinanzierung.**[593] Die Möglichkeit, eine Unternehmensbeteiligung mittels einer Umtauschanleihe über einen längeren Zeitraum „gestreckt" zu veräußern,[594] ist für den Emittenten besonders dann attraktiv, wenn für die Beteiligung derzeit keinen angemessenen Preis zu erzielen ist oder eine unmittelbare Veräußerung wegen der Größe des Paktes vom Markt nicht aufgenommen werden kann. Für die Anleihegläubiger wiederum sind Umtauschanleihen interessant, da sie einen festen Zinssatz und die Rückzahlung des Anleihebetrages garantieren und darüber hinaus ein spekulatives Element hinsichtlich des Wertes der beim Umtausch zu erwerbenden Aktien enthalten.[595]

3. Gestaltungsformen. Entsprechend der Situation bei Wandelschuldverschreibungen lassen sich auch bei der Umtauschanleihe die **direkte Emission** durch die Aktiengesellschaft sowie die Emission über eine **Zweckgesellschaft** unterscheiden. Die Begebung über eine ausländische Zweckgesellschaft wird zumeist aus steuerlichen Gründen gewählt (dazu näher → Rn. 11). Bei der gewöhnlichen Umtauschanleihe steht das Umtauschrecht dem Anleihegläubiger zu. Wird das Recht, statt Rückzahlung der Anleihe in Geld dem Inhaber der Schuldverschreibung eine bestimmte Anzahl von Aktien zu liefern, hingegen dem Emittenten eingeräumt, spricht man dagegen von einer **umgekehrten Wandelanleihe** *(reverse convertible)* oder Aktienanleihe.[596]

4. Abgrenzung zur Drittemission einer Wandelschuldverschreibung. Gewährt eine von einer ausländischen Zweckgesellschaft begebene Anleihe einen Anspruch auf Wandlung in Aktien der deutschen Muttergesellschaft des Emittenten, kann der Anleihegläubiger zwar ebenfalls einen Umtausch in Aktien einer dritten Gesellschaft verlangen. Gleichwohl liegt in diesem Fall keine Umtauschanleihe, sondern eine **Wandelanleihe** nach § 221 vor (→ Rn. 11).[597]

5. Überblick über das Platzierungsverfahren. Umtauschanleihen werden in aller Regel unter Einschaltung einer oder mehrerer Banken platziert.[598] Ähnlich wie bei Block Trades[599] sind dabei verschiedene Gestaltungsformen mit unterschiedlicher Risikoverteilung denkbar. So kann das Vertragsverhältnis zwischen der Gesellschaft und den Banken diese (lediglich) dazu verpflichten, die Anleihe bestmöglich zu platzieren *(best efforts underwriting).*[600] Zur Reduzierung des Platzierungsrisikos des Emittenten kann aber auch ein Back-Stop-Preis als Mindestpreis vereinbart werden.[601] Es ist schließlich auch denkbar, dass der Erwerb der Anleihe zu einem Festpreis *(bought deal)* und ihre anschließende Platzierung im eigenen Namen und auf eigene Rechnung der Bank erfolgt.[602] In der

---

[591] *Schlitt/Kammerlohr* in Habersack/Mülbert/Schlitt Unternehmensfinanzierung am Kapitalmarkt § 13 Rn. 1.
[592] *Wiese/Dammer* DStR 1999, 867; *Dreyer/Herrmann* BB 2001, 705; *Rozijn* ZBB 1998, 77 (85), insbes. Fn. 54; *Scherrer* DStR 1999, 1205.
[593] *Hüffer/Koch/Koch* Rn. 7; *Schlitt/Seiler/Singhof* AG 2003, 254; *Zahn/Lemke* BKR 2002, 527 (532); *Schumann*, Optionsanleihen, 1990, 12 (44), 88; *Rozijn* ZBB 1998, 77 (87).
[594] *Schlitt/Seiler/Singhof* AG 2003, 254 (255).
[595] *Schlitt/Kammerlohr* in Habersack/Mülbert/Schlitt Unternehmensfinanzierung am Kapitalmarkt § 13 Rn. 3. Vgl. zu den parallelen Erwägungen bei Wandelanleihen *Schlitt/Seiler/Singhof* AG 2003, 254.
[596] Dazu etwa *Groß* in Marsch-Barner/Schäfer Börsennotierte AG-HdB Rn. 51.20; *Rümker* FS Beusch, 1993, 739; *Luttermann* ZIP 2001, 1901; *Lenenbach* NZG 2001, 481; *Schwark* WM 2001, 1973; *Wehrhahn*, Finanzierungsinstrumente mit Aktienerwerbsrechten, 2004, 116; *Marburger* FS Hadding, 2004, 949.
[597] *Hüffer/Koch/Koch* Rn. 70 ff.; *Dierks*, Aktienoptionsscheine, 2000, 236 ff.; *Gallego Sánchez*, Das Erwerbsrecht auf Aktien bei Optionsanleihen und Wandelschuldverschreibungen, 1999, 27; *Schumann*, Optionsanleihen, 1990, 37/38; *Wehrhahn*, Finanzierungsinstrumente mit Aktienerwerbsrechten, 2004, 137 (138).
[598] *Schlitt/Kammerlohr* in Habersack/Mülbert/Schlitt Unternehmensfinanzierung am Kapitalmarkt § 13 Rn. 7.
[599] *Schlitt/Schäfer* AG 2004, 346 ff.
[600] Vgl. *Schlitt/Schäfer* in Habersack/Mülbert/Schlitt Unternehmensfinanzierung am Kapitalmarkt § 30 Rn. 7. Zum Best-Efforts-Underwriting im Rahmen einer Kapitalerhöhung *Hopt*, Die Verantwortlichkeit der Banken bei Emissionen Rn. 24; *Singhof*, Die Außenhaftung von Emissionskonsorten für Aktieneinlagen S. 45 ff.
[601] Vgl. *Schlitt/Schäfer* in Habersack/Mülbert/Schlitt Unternehmensfinanzierung am Kapitalmarkt § 30 Rn. 8. Zum Back-Stop-Preis *Bosch* in Bosch/Groß Bankrecht und Bankpraxis Rn. 10/81.
[602] Vgl. *Masuch*, Anleihebedingungen und AGB-Gesetz, 2001, 34 ff.; s. auch *Bosch* in Bosch/Groß, Emissionsgeschäft, Bankrecht und Bankpraxis Rn. 10/47.

jüngeren Vergangenheit sind Emissionen von Umtauschanleihen gelegentlich **mit Block-Trade-Transaktionen verbunden** worden. Auf diese Weise werden sowohl Equity-Investoren als auch Equity-linked Investoren und damit insgesamt ein größeres Investorenpublikum angesprochen.[603] Zumeist erfolgt die Emission einer Umtauschanleihe wie bei Wandelschuldverschreibungen als **Privatplatzierung** bei institutionellen Investoren außerhalb der USA gem. Regulation S unter dem US Securities Act 1933. Ein öffentliches Angebot in Deutschland oder im Ausland erfolgt dagegen wegen des damit verbundenen Dokumentationsaufwands und des geringen Interesses von Privatanlegern nur sehr selten.[604] In Ausnahmefällen wird ein Teil der Anleihe im Rahmen einer Privatplatzierung an US-amerikanische Investoren nach Rule 144A platziert.[605]

190   In der Regel werden Umtauschanleihen wie Wandelschuldverschreibungen im Wege eines **Accelerated Placement** auf der Grundlage eines Term Sheets *(off termsheet)* institutionellen Investoren angeboten (dazu → Rn. 50, 51).[606] Bis zur wertpapierrechtlichen Begebung und etwaigen Börsenzulassung der Umtauschanleihen werden außerbörslich nur Rechte auf den Bezug von Umtauschanleihen gehandelt (Handel per Erscheinen). Ist der Emittent – wie häufig, aber nicht notwendig – eine börsennotierte Gesellschaft und ist die Emission wegen der Auswirkungen auf seine Vermögens-, Finanz- oder Ertragslage oder auf seinen allgemeinen Geschäftsverlauf geeignet, den Börsenpreis der Aktien des Emittenten erheblich zu beeinflussen, ist der Emittent zur Veröffentlichung einer Ad-hoc-Mitteilung (Art. 17 Abs. 1 MAR) grundsätzlich spätestens dann verpflichtet, wenn die Gesellschaft den Beschluss über die Begebung der Anleihe gefasst hat. Bei Vorliegen der sonstigen Voraussetzungen des Art. 17 Abs. 1 MAR kann auch die Zielgesellschaft verpflichtet sein, eine Ad-hoc-Mitteilung zu veröffentlichen. Soweit es sich bei dem veroptionierten Aktienpaket nur um eine Randbeteiligung handelt, werden die Voraussetzungen des Art. 17 MAR allerdings häufig nicht vorliegen.

191   **6. Begebungsvoraussetzungen. a) Gremienbeschlüsse. aa) Vorstand.** Ist der Emittent selbst eine Aktiengesellschaft, stellt die Begebung einer Umtauschanleihe eine **Geschäftsführungsmaßnahme** (§ 76 Abs. 1) dar, über die der Vorstand beschließt. Ob nach Abschluss des Accelerated Placement ein weiterer Vorstandsbeschluss erforderlich ist, hängt von der Strukturierung des Platzierungsverfahrens ab, insbesondere davon, ob noch eine Entscheidung über das Volumen oder den Platzierungspreis zu treffen ist.[607]

192   **bb) Aufsichtsrat.** Eine **Zustimmungspflicht** des Aufsichtsrats ist von Gesetzes wegen nicht vorgesehen, kann sich aber aus der **Satzung** oder der **Geschäftsordnung** für den Vorstand ergeben. Nach herrschender Meinung kann der Aufsichtsrat die Begebung der Umtauschanleihe auch ohne ausdrückliche Regelung in Satzung oder Geschäftsordnung ad hoc von seiner Zustimmung abhängig machen.[608] Jedenfalls bei großvolumigen Emissionen wird der Aufsichtsrat der Begebung in aller Regel zustimmen müssen.[609]

193   **cc) Hauptversammlung.** Anders als bei Wandelanleihen sieht § 221 eine **Zuständigkeit der Hauptversammlung** für die Ausgabe von Umtauschanleihen **nicht vor**.[610] Dies ist auch konsequent, da die Emission einer Umtauschanleihe nicht zu einer Verwässerung der Beteiligung des Aktionärs führt. Das Volumen von typischen Umtauschanleihen reicht zudem bei weitem nicht aus, um eine ungeschriebene Zuständigkeit der Hauptversammlung nach den Holzmüller-[611] und Gelatine-[612] Grundsätzen zu begründen.[613] In aller Regel werden über Umtauschanleihen ohnehin

---

[603] *Schlitt/Schäfer* AG 2004, 346 (347).
[604] *Schlitt/Kammerlohr* in Habersack/Mülbert/Schlitt Unternehmensfinanzierung am Kapitalmarkt § 13 Rn. 8. Umtauschanleihen werden zumeist in einer Mindeststückelung von Euro 50 000,– ausgegeben, um in den Anwendungsbereich der Ausnahmevorschrift nach § 3 Abs. 2 Nr. 4 WpPG zu gelangen.
[605] *Schlitt/Kammerlohr* in Habersack/Mülbert/Schlitt Unternehmensfinanzierung am Kapitalmarkt § 13 Rn. 8.
[606] *Schlitt/Kammerlohr* in Habersack/Mülbert/Schlitt Unternehmensfinanzierung am Kapitalmarkt § 13 Rn. 9 mit Hinweis auf das am 7.5.2004 veröffentlichte Pricing Sheet der Umtauschanleihe der RWE AG in Aktien der Heidelberger Druckmaschinen AG.
[607] *Schlitt/Kammerlohr* in Habersack/Mülbert/Schlitt Unternehmensfinanzierung am Kapitalmarkt § 13 Rn. 15. Vgl. zur parallelen Situation bei Block-Trade-Transaktionen *Schlitt/Schäfer* AG 2004, 346 (349 f.).
[608] Hüffer/Koch/*Koch* § 111 Rn. 39; GHEK/*Geßler* § 111 Rn. 63.
[609] *Schlitt/Kammerlohr* in Habersack/Mülbert/Schlitt Unternehmensfinanzierung am Kapitalmarkt § 13 Rn. 16.
[610] *Groß* in Marsch-Barner/Schäfer Börsennotierte AG-HdB Rn. 51.19; *Wehrhahn*, Finanzierungsinstrumente mit Aktienerwerbsrechten, 2004, 136 (137).
[611] BGHZ 83, 122.
[612] BGH ZIP 2004, 993 ff. m. Anm. *Altmeppen*.
[613] *Schlitt/Kammerlohr* in Habersack/Mülbert/Schlitt Unternehmensfinanzierung am Kapitalmarkt § 13 Rn. 17.

keine wesentlichen oder strategisch bedeutsamen Unternehmensbeteiligungen abgegeben, sondern solche, die dem Randbereich angehören und/oder nur (noch) bloße Finanzanlage sind.[614]

194 Ist der Emittent, was bisweilen vorkommt, eine **GmbH,** trifft die Geschäftsführer die Pflicht, die Entscheidung über die Begebung der Umtauschanleihe den Gesellschaftern vorzulegen, sofern es sich um eine ungewöhnliche Maßnahme handelt, der Unternehmensgegenstand überschritten oder die von den Gesellschaftern bestimmte Unternehmenspolitik verlassen wird.[615] Daneben kann sich eine Vorlagepflicht auch aus der Satzung der GmbH oder der Geschäftsordnung für die Geschäftsführung ergeben.

195 **b) Kein Bezugsrecht der Aktionäre.** Da das Grundkapital des Emittenten unverändert bleibt und § 221 auf die Begebung von Umtauschanleihen nicht anzuwenden ist (→ Rn. 41), steht den Aktionären des Emittenten kein gesetzliches Bezugsrecht auf die Umtauschanleihen zu.

196 **7. Ausgestaltung der Anleihebedingungen.** Die Ausgestaltung der Anleihebedingungen von Umtauschanleihen ähnelt in vielen Punkten derjenigen einer Wandelanleihe, vgl. insoweit → Rn. 141–176. Die nachfolgende Darstellung beschränkt sich daher auf einige Besonderheiten.

197 **a) Umtauschpflicht.** Anleihebedingungen sehen häufiger vor, dass die Anleihegläubiger auf eine entsprechende Mitteilung des Emittenten hin *(share redemption election)*[616] ihren Anspruch auf Rückzahlung der Anleihe ganz oder teilweise[617] verlieren und stattdessen bei Ablauf der Laufzeit zum Umtausch in Aktien der Zielgesellschaft verpflichtet sind *(soft mandatory provision)*. Auf diese Weise stellt der Emittent sicher, dass es in jedem Fall zu einer endgültigen Veräußerung seiner Beteiligung an der Zielgesellschaft kommt.[618] Die Vereinbarkeit eines solchen einseitigen Rechts des Emittenten, die Anleihegläubiger zum Umtausch zu verpflichten, mit dem Transparenzgebot des § 307 BGB ist umstritten. Zu den Einzelheiten → Rn. 175, 176. Noch weitergehend können die Anleihebedingungen einen Zwangsumtausch vorsehen *(mandatory exchangeable)*. Der Emittent ist dann ausschließlich zur Lieferung einer bereits bestimmbaren Anzahl von Aktien verpflichtet; die Rückzahlung des Anleihebetrages ist ausgeschlossen. Da die Anleihegläubiger das Risiko tragen, dass die Aktien zum Zeitpunkt des Umtauschs an Wert verloren haben und im äußersten Fall ihr Börsenkurs unter den Nennbetrag der Anleihe fallen kann, sind solche Zwangsumtauschanleihen häufig nur mit einem Risikoabschlag platzierbar.[619]

198 **b) Anpassung der Bezugsbedingungen.** Der Wert der Umtauschanleihe kann wie bei einer Wandelschuldverschreibung durch eine Vielzahl von **Grundlagenentscheidungen der Zielgesellschaft** negativ beeinflusst werden. Solche Entscheidungen können sich auf den wirtschaftlichen Wert der zugrunde liegenden Aktien und auch auf den Umfang der (künftigen) Beteiligungsquote des Anleihegläubigers negativ auswirken.[620] Zum Schutz der Anleihegläubiger enthalten daher auch die Bedingungen einer Umtauschanleihe in aller Regel Verwässerungsschutzklauseln *(anti dilution protection)*. Diese sehen Anpassungsmechanismen hinsichtlich des Umtauschpreises bzw. der Anzahl der Umtauschaktien (Umtauschverhältnis) vor, wenn derartige wertbeeinflussende Veränderungen während des Umtauschzeitraums eintreten.[621] Dabei gelten gegenüber den Anpassungsmechanismen bei einer Wandelschuldverschreibung die folgenden Besonderheiten:

199 **aa) Kapitalerhöhung aus Gesellschaftsmitteln.** Die Gläubiger einer Umtauschanleihe sind, anders als die Inhaber von Wandelschuldverschreibungen (vgl. → Rn. 156), im Falle einer Kapitaler-

---

[614] *Groß* in Marsch-Barner/Schäfer Börsennotierte AG-HdB Rn. 51.19.

[615] *Rowedder/Schmidt-Leithoff/Koppensteiner/Gruber* GmbHG § 37 Rn. 6 ff.

[616] Das Wahlrecht des Emittenten wird überwiegend als Ersetzungsbefugnis qualifiziert; *Hüffer/Koch/Koch* Rn. 4 f.; KG WM 2002, 746 (747); *Köndgen* Anm. zu KG ZIP 2001, 1194 (1197); *Schwark* WM 2001, 1973 (1977); aA *Assmann* ZIP 2001, 2061 (2068) – Wahlschuld.

[617] In diesem Fall hat der Emittent zusätzlich einen Barbetrag in Höhe der Differenz zwischen dem Nennbetrag der Wandelanleihe und dem Börsenpreis der Aktien im Zeitpunkt des Pflichtumtauschs zu zahlen; *Schlitt/Kammerlohr* in Habersack/Mülbert/Schlitt Unternehmensfinanzierung am Kapitalmarkt § 13 Rn. 24 mit Fn. 1. Vgl. zur parallelen Gestaltung bei Wandelschuldverschreibungen *Schlitt/Seiler/Singhof* AG 2003, 254 (266).

[618] *Groß* in Marsch-Barner/Schäfer Börsennotierte AG-HdB Rn. 51.18; *Schlitt/Kammerlohr* in Habersack/Mülbert/Schlitt Unternehmensfinanzierung am Kapitalmarkt § 13 Rn. 24. Zur vergleichbaren erhöhten Planungssicherheit des Emittenten bei Pflichtwandelanleihen s. Rn. 150–152 und *Friel*, Wandelanleihen mit Pflichtwandlung, 2000, 37; *Schlitt/Seiler/Singhof* AG 2003, 254 (266).

[619] *Schlitt/Kammerlohr* in Habersack/Mülbert/Schlitt Unternehmensfinanzierung am Kapitalmarkt § 13 Rn. 25.

[620] *Gallego Sánchez*, Das Erwerbsrecht auf Aktien bei Optionsanleihen und Wandelschuldverschreibungen, 1999, 87 ff.

[621] Zur Erforderlichkeit von Verwässerungsschutz im Einzelnen *Zahn/Lemke* BKR 2002, 527 (532). Treten mehrere solcher Ereignisse auf, sehen die Anleihebedingungen in aller Regel eine modifizierte Anwendung der einzelnen Verwässerungsschutzbestimmungen vor.

höhung aus Gesellschaftsmitteln nach §§ 207 ff. auf der Ebene der Zielgesellschaft nicht durch § 216 Abs. 3 geschützt. Daher bestimmen die Anleihebedingungen in der Regel ausdrücklich, dass im Falle einer Kapitalerhöhung aus Gesellschaftsmitteln durch Ausgabe neuer Aktien bei der Zielgesellschaft der Umtauschpreis oder das Umtauschverhältnis in dem Verhältnis der ausgegebenen Aktien nach der Kapitalerhöhung zu den ausgegebenen Aktien vor der Kapitalerhöhung angepasst wird.[622] Wird die Kapitalerhöhung nicht durch die Ausgabe neuer Aktien, sondern mittels einer Erhöhung des jeweiligen auf die einzelne Aktie entfallenden Betrags des Grundkapitals bewirkt, bleiben Umtauschpreis und Umtauschverhältnis unverändert, und es werden die betreffenden Aktien mit ihrem entsprechend erhöhten anteiligen Betrag des Grundkapitals geliefert.[623]

200 **bb) Aktiensplit, umgekehrter Aktiensplit und Zusammenlegung von Aktien.** Erhöht die Zielgesellschaft die Zahl der ausstehenden Aktien durch Herabsetzung des auf die einzelne Aktie entfallenden anteiligen Betrages des Grundkapitals (Aktiensplit) oder reduziert sie die Anzahl der ausstehenden Aktien, indem der auf die einzelne Aktie entfallende anteilige Betrag des Grundkapitals erhöht wird, ohne das Grundkapital herabzusetzen (umgekehrter Aktiensplit), sehen die Anleihebedingungen häufig vor, dass der Umtauschpreis bzw. die Anzahl der Umtauschaktien im gleichen Verhältnis angepasst wird wie bei einer Kapitalerhöhung aus Gesellschaftsmitteln.[624]

201 **cc) Kapitalherabsetzung.** Eine gleichartige Anpassung des Umtauschpreises bzw. des Umtauschverhältnisses erfolgt auch bei einer Herabsetzung des Grundkapitals der Zielgesellschaft durch Zusammenlegung von Aktien. Im Fall einer Herabsetzung des Grundkapitals der Zielgesellschaft durch Herabsetzung des auf die einzelne Aktie entfallenden anteiligen Betrages des Grundkapitals bei gleichbleibender Anzahl der ausstehenden Aktien bleiben Umtauschpreis und Umtauschverhältnis in der Regel unverändert, da das Wertverhältnis zum Grundkapital der Zielgesellschaft gleich bleibt. Der Emittent ist in diesem Fall zur Lieferung von Aktien mit dem jeweiligen neuen, auf die einzelne Aktie entfallenden Betrag des Grundkapitals verpflichtet.[625]

202 **dd) Umwandlungen.** Bei Umwandlungsvorgängen auf der Ebene der Zielgesellschaft vereinigt sich entweder das Vermögen der Zielgesellschaft mit einem anderen Unternehmensvermögen (wie bei der Verschmelzung oder Vermögensübertragung) oder es wird aufgeteilt (wie bei der Aufspaltung, Abspaltung und Ausgliederung). Schließlich kann sich, bei Aufrechterhaltung des Vermögensbestandes, die rechtliche Organisation der Zielgesellschaft ändern. Dies stellt nicht nur einen erheblichen Eingriff in die Rechte der Aktionäre der Zielgesellschaft dar, sondern betrifft auch die Anleihegläubiger und ihre Stellung als potentielle Aktionäre der Zielgesellschaft. Im Gegensatz zur Situation bei Wandelschuldverschreibungen bestehen gleichwohl keine ausdrücklichen gesetzlichen Bestimmungen zu Gunsten von Umtauschanleihegläubiger. Die Vorschriften der §§ 23, 125 iVm §§ 23, 176 Abs. 2 S. 4 UmwG und § 204 UmwG schützen lediglich die Inhaber von Sonderrechten gegenüber der von der Umwandlung betroffenen Gesellschaft, nicht jedoch die Inhaber von Rechten gegenüber Dritten, hier dem emittierenden Aktionär.[626] Es besteht daher ein Bedürfnis nach vertraglichen Schutzmechanismen in der Form von Verwässerungsschutzklauseln, die ein Recht auf Umtausch in Aktien des übernehmenden oder neu entstehenden Rechtsträgers sowie eine Anpassung des Umtauschverhältnisses vorsehen. Bei einer Verschmelzung, bei der die Zielgesellschaft übernehmender Rechtsträger ist, bleiben Umtauschpreis und Umtauschverhältnis hingegen typischerweise unverändert.[627] Häufig wird der Zahl- und Umtauschstelle ein Leistungsbestimmungsrecht iSd § 317 BGB eingeräumt, nach der sie zu Gunsten der Anleihegläubiger nach billigem Ermessen den Umtauschpreis bzw. das Umtauschverhältnis, etwa durch eine Zuteilung von Aktien anderer Gesellschaften oder eine Barzahlung, anpassen kann, wenn eine Aufspaltung, eine Abspaltung oder ein vergleichbares Ereignis bei der Zielgesellschaft eingetreten ist.[628]

203 **c) Übernahme.** Zunehmend finden sich in Anleihebedingungen für Umtauschanleihen auch Schutzbestimmungen zugunsten der Anleihegläubiger für den Fall, dass für die Zielgesellschaft ein Übernahmeangebot abgegeben wird. Der Grund hierfür liegt darin, dass sich die Kreditwürdigkeit der Zielgesellschaft nach Durchführung des Kontrollwechsels verschlechtern oder ihre Unterneh-

---

[622] *Schlitt/Kammerlohr* in Habersack/Mülbert/Schlitt Unternehmensfinanzierung am Kapitalmarkt § 13 Rn. 27.
[623] *Schlitt/Kammerlohr* in Habersack/Mülbert/Schlitt Unternehmensfinanzierung am Kapitalmarkt § 13 Rn. 28.
[624] *Schlitt/Kammerlohr* in Habersack/Mülbert/Schlitt Unternehmensfinanzierung am Kapitalmarkt § 13 Rn. 29.
[625] *Schlitt/Kammerlohr* in Habersack/Mülbert/Schlitt Unternehmensfinanzierung am Kapitalmarkt § 13 Rn. 30.
[626] *Schlitt/Kammerlohr* in Habersack/Mülbert/Schlitt Unternehmensfinanzierung am Kapitalmarkt § 13 Rn. 35.
[627] *Schlitt/Kammerlohr* in Habersack/Mülbert/Schlitt Unternehmensfinanzierung am Kapitalmarkt § 13 Rn. 35.
[628] *Schlitt/Kammerlohr* in Habersack/Mülbert/Schlitt Unternehmensfinanzierung am Kapitalmarkt § 13 Rn. 36.

mensstrategie grundlegend ändern kann.[629] In der Regel wird der Emittent in einem solchen Fall berechtigt (aber nicht verpflichtet), das Übernahmeangebot bzw. für den Fall mehrerer konkurrierender Übernahmeangeboten ein Angebot seiner Wahl anzunehmen und die Aktien, die an sich für die Bedienung der Umtauschanleihe vorgesehen sind, im Rahmen des Angebots auf den Bieter zu übertragen.[630] Entscheidet sich der Emittent, die zum Umtausch vorgesehenen Aktien in das Angebot zu geben, tritt an die Stelle der ursprünglichen Aktien ein anderer Vermögenswert. Dabei unterscheiden die Anleihebedingungen danach, ob es sich um ein Barangebot, ein Tauschangebot oder ein kombiniertes Bar-/Tauschangebot handelt. Während im Falle eines Barangebots zumeist ein Ausgleichsbetrag an die Anleihegläubiger zu zahlen ist, wird im Falle Tauschangebots bzw. bei einem kombinierten Angebot bezüglich des Tauschelements – je nach Ausgestaltung der Anleihebedingungen – vereinbart, dass entweder die Tauschaktien an die Stelle der ursprünglichen Aktien treten, ein Barbetrag aus dem Verkauf der Tauschaktien gezahlt wird oder der erzielte Betrag in Aktien von Gesellschaften reinvestiert wird, die mit der Zielgesellschaft vergleichbar sind (etwa gleicher Index). In diesem Fall treten dann die Aktien der neuen Gesellschaft an die Stelle der ursprünglich vorgesehen Papiere.[631]

d) Separierung der zugrunde liegenden Aktien. Gelegentlich wird eine Separierung der zugrundeliegenden Aktien von dem Vermögen des Emittenten vereinbart. Dies bietet den Anleihegläubigern eine zusätzliche Sicherheit für den Fall des Umtauschs. Die Aktien werden auf einen Dritten übertragen, der diese bis zum Umtausch als fremdnütziger Treuhänder für die Anleihegläubiger hält. Kommt es zu einer Anpassung des Umtauschverhältnisses, müssen zusätzliche Aktien an den Treuhänder übertragen werden. Der Vertrag ist als Vertrag zu Gunsten der Anleihegläubiger (§ 328 Abs. 1 BGB) ausgestaltet, so dass diese das Recht haben, bei Umtausch und Nichtlieferung durch den Emittenten Lieferung vom Treuhänder zu verlangen.[632] Alternativ kommt eine Separierung durch Verbuchung auf einem Wertpapierdepotkonto in Betracht, welches an einen Sicherheitentreuhänder zugunsten der Anleihegläubiger verpfändet ist.

204

---

[629] Zur parallelen Gestaltung bei Wandelschuldverschreibungen Rn. 159, 160 im Text und *Schlitt/Seiler/Singhof* AG 2003, 254 (267).
[630] *Schlitt/Kammerlohr* in Habersack/Mülbert/Schlitt Unternehmensfinanzierung am Kapitalmarkt § 13 Rn. 37.
[631] *Schlitt/Kammerlohr* in Habersack/Mülbert/Schlitt Unternehmensfinanzierung am Kapitalmarkt § 13 Rn. 38.
[632] *Schlitt/Kammerlohr* in Habersack/Mülbert/Schlitt Unternehmensfinanzierung am Kapitalmarkt § 13 Rn. 42.

Dritter Abschnitt. Maßnahmen der Kapitalherabsetzung

Erster Unterabschnitt. Ordentliche Kapitalherabsetzung

§ 222 Voraussetzungen

(1) ¹Eine Herabsetzung des Grundkapitals kann nur mit einer Mehrheit beschlossen werden, die mindestens drei Viertel des bei der Beschlußfassung vertretenen Grundkapitals umfaßt. ²Die Satzung kann eine größere Kapitalmehrheit und weitere Erfordernisse bestimmen.

(2) ¹Sind mehrere Gattungen von stimmberechtigten Aktien vorhanden, so bedarf der Beschluß der Hauptversammlung zu seiner Wirksamkeit der Zustimmung der Aktionäre jeder Gattung. ²Über die Zustimmung haben die Aktionäre jeder Gattung einen Sonderbeschluß zu fassen. ³Für diesen gilt Absatz 1.

(3) In dem Beschluß ist festzusetzen, zu welchem Zweck die Herabsetzung stattfindet, namentlich ob Teile des Grundkapitals zurückgezahlt werden sollen.

(4) ¹Die Herabsetzung des Grundkapitals erfordert bei Gesellschaften mit Nennbetragsaktien die Herabsetzung des Nennbetrags der Aktien. ²Soweit der auf die einzelne Aktie entfallende anteilige Betrag des herabgesetzten Grundkapitals den Mindestbetrag nach § 8 Abs. 2 Satz 1 oder Abs. 3 Satz 3 unterschreiten würde, erfolgt die Herabsetzung durch Zusammenlegung der Aktien. ³Der Beschluß muß die Art der Herabsetzung angeben.

Schrifttum: *Frey/Hirte*, Vorzugsaktionäre und Kapitalerhöhung, DB 1989, 2465; *Geißler*, Rechtliche und unternehmenspolitische Aspekte der vereinfachten Kapitalherabsetzung bei der AG, NZG 2000, 719; *Grunewald*, Der Ausschluss aus Gesellschaft und Verein, 1987; *Hasselbach/Wicke*, Sachausschüttungen im Aktienrecht, NZG 2001, 599; *Hirte*, Genußschein und Kapitalherabsetzung, ZIP 1991, 1461; *Jäger*, Wege aus der Krise einer Kapitalgesellschaft, NZG 1999, 238; *Krauel/Weng*, Das Erfordernis von Sonderbeschlüssen stimmrechtsloser Vorzugsaktionäre bei Kapitalerhöhungen und Kapitalherabsetzungen, AG 2003, 561; *Krieger*, Beschlusskontrolle bei Kapitalherabsetzungen, ZGR 2000, 885; *Lutter*, Zur inhaltlichen Begrenzung von Mehrheitsentscheidungen, ZGR 1981, 171, 180; *Lutter/Hommelhoff/Timm*, Finanzierungsmaßnahmen zur Krisenabwehr in der Aktiengesellschaft, BB 1980, 737; *Marsch-Barner*, Treupflicht und Sanierung, ZIP 1996, 853; *Natterer*, Materielle Kontrolle von Kapitalherabsetzungsbeschlüssen? Die Sachsenmilch-Rechtsprechung, AG 2001, 629; *Terbrack*, Kapitalherabsetzende Maßnahmen bei Aktiengesellschaften, RNotZ 2003, 89; *Volhard/Goldschmidt*, Nötige und unnötige Sonderbeschlüsse der Inhaber stimmrechtsloser Vorzugsaktien, FS Lutter 2000, 779; *Weiss*, Kombinierte Kapitalerhöhung aus Gesellschaftsmitteln mit nachfolgender ordentlichen Kapitalherabsetzung – ein Instrument flexiblen Eigenkapitalmanagements der Aktiengesellschaft, BB 2005, 2697; *Wiedemann*, Rechtsethische Maßstäbe im Unternehmens- und Gesellschaftsrecht, ZGR 1980, 147; *Wirth*, Vereinfachte Kapitalherabsetzung zur Unternehmenssanierung, DB 1996, 867.

Übersicht

	Rn.
I. Grundlagen	1–13
1. Rechtliche und wirtschaftliche Bedeutung der Kapitalherabsetzung	1–4
2. Arten der Kapitalherabsetzung	5–7
3. Durchführung der Kapitalherabsetzung	8, 9
4. Verbindung mit anderen Kapitalmaßnahmen	10, 11
a) Kapitalerhöhung	10
b) Freiwillige Zuzahlungen	11
5. Satzungsänderung	12
6. Richtlinie über bestimmte Aspekte des Gesellschaftsrechts	13
II. Ordentliche Kapitalherabsetzung	14–31
1. Ablauf der ordentlichen Kapitalherabsetzung	14
2. Kapitalherabsetzungsbeschluss (Abs. 1)	15–31
a) Formelle Voraussetzungen	15–21
b) Inhalt des Beschlusses	22–25
c) Materielle Voraussetzungen	26–29
d) Aufhebung und Änderung des Beschlusses	30
e) Fehlerhafter Beschluss	31
III. Sonderbeschlüsse (Abs. 2)	32–35
1. Notwendigkeit von Sonderbeschlüssen	32–34
2. Stimmrechtslose Vorzugsaktien	35
IV. Zweck der Kapitalherabsetzung (Abs. 3)	36, 37
V. Durchführung der Kapitalherabsetzung (Abs. 4)	38–44
1. Arten der Herabsetzung	38, 39
2. Herabsetzung der Nennbeträge	40
3. Herabsetzung durch Zusammenlegung	41, 42
4. Verbindung beider Herabsetzungsarten	43
5. Herabsetzung durch Einziehung	44
VI. Kapitalherabsetzung und Auflösung	45

I. Grundlagen

1. Rechtliche und wirtschaftliche Bedeutung der Kapitalherabsetzung. Das Aktiengesetz 1
regelt in den §§ 222–240 abschließend, wie das Grundkapital herabgesetzt werden kann. Da dieses
in der Satzung auf einen bestimmten Betrag festgesetzt ist (vgl. § 23 Abs. 3 Nr. 3), ist dazu stets eine
Satzungsänderung erforderlich.[1] Die dafür geltenden Bestimmungen des § 179 werden allerdings
durch die Sondervorschriften zur Kapitalherabsetzung überlagert (→ Rn. 12).

Wirtschaftlich bedeutet die Kapitalherabsetzung eine Minderung des Vermögens, das durch 2
die strengen Kapitalerhaltungsregeln gebunden ist. In der nach §§ 242, 264 HGB aufzustellenden
Jahresbilanz ist das Grundkapital auf der Passivseite auszuweisen (§ 266 Abs. 3 A. I. HGB). Bis zur
Höhe dieses Betrages darf das Vermögen der Gesellschaft nicht verteilt werden. An die Aktionäre
darf nur der Bilanzgewinn, wie er sich aus der Weiterrechnung des Jahresüberschusses ergibt (§ 57
Abs. 3 iVm § 158), ausgeschüttet werden. Ein Jahresüberschuss entsteht erst, wenn das vorhandene
Aktivvermögen den Betrag des Grundkapitals übersteigt. Ist das Gesellschaftsvermögen durch Wertminderungen oder andere Verluste unter diesen Betrag abgesunken, liegt eine **Unterbilanz** vor. Sie
verpflichtet im Falle des § 92 Abs. 1 zu einer Verlustanzeige und zur Einberufung der Hauptversammlung. Die Unterbilanz kann uU durch eine Anpassung der Grundkapitalziffer auf das vorhandene
Aktivvermögen beseitigt werden. Eine solche Kapitalherabsetzung ist eine **Maßnahme der Sanierung.** Diesem Zweck dient insbesondere die vereinfachte Kapitalherabsetzung (vgl. § 229 Abs. 1
iVm §§ 231, 232). In der Praxis genügt eine solche interne Sanierung meistens nicht. Sie erfordert
auch Beiträge der Gläubiger, insbesondere der kreditgebenden Banken.[2]

Das Grundkapital kann auch herabgesetzt werden, wenn die Bilanz ausgeglichen ist. Die Gesell- 3
schaft will dann nicht mehr benötigte Teile ihres Vermögens frei geben. Das frei werdende Vermögen
kann ganz unterschiedlich verwendet werden. Es kann in die **Gewinnrücklagen** eingestellt werden.
Die Gesellschaft kann dann künftige Verluste zunächst ohne Heranziehung des Grundkapitals ausgleichen oder auf die Gewinnrücklage zur Zahlung einer Dividende zurückgreifen. Die Kapitalherabsetzung kann auch dazu dienen, die frei werdenden Mittel an die Aktionäre **auszuschütten** (§ 222
Abs. 3). Das Verbot der Einlagenrückgewähr (§ 57) greift hier nicht. Ausgeschüttet werden können
dabei auch gebundene Rücklagen, die zuvor durch eine Kapitalerhöhung aus Gesellschaftsmitteln
in Grundkapital umgewandelt worden sind.[3] Statt eines Geldbetrages können auch **Sachmittel,** zB
in Form von Aktien einer Tochtergesellschaft, ausgeschüttet werden.[4] Auf diese Weise kann die
Kapitalherabsetzung zu einer **Realteilung** der Gesellschaft eingesetzt werden (vgl. die Fälle Varta
und Löwenbräu).[5] Die Kapitalherabsetzung kann im Rahmen von sog. asset backed-Finanzierungen
auch eingesetzt werden, um eine Finanzierungsgesellschaft mit Vermögenswerten auszustatten.[6] Für
solche Zwecke steht allerdings auch die **Spaltung** nach den §§ 123 ff. UmwG mit den Unterformen
der Aufspaltung, Abspaltung und Ausgliederung zur Verfügung. Eine Kapitalherabsetzung kann
auch durchgeführt werden, um die Einbringung einer Sacheinlage, zB bei einem fehlgeschlagenen
Unternehmenserwerb, rückabzuwickeln.[7] Die Kapitalherabsetzung kann weiter dazu dienen, die
Aktionäre von rückständigen **Einlagepflichten zu befreien** (vgl. § 225 Abs. 2 S. 2). Sie kann
schließlich auch beschlossen werden, um das Grundkapital auf einen **glatten Nennbetrag** zu stellen
und dadurch zB eine nachfolgende Kapitalerhöhung zu erleichtern.[8]

In der nächsten **Gewinn- und Verlustrechnung** ist der aus der Kapitalherabsetzung sich erge- 4
bende Buchertrag als „Ertrag aus der Kapitalherabsetzung" gesondert auszuweisen (§ 240 S. 1). Wie
dieser Ertrag verwendet wurde, ist im Anhang **zu erläutern** (§ 240 S. 3). Zu den Buchungspflichten
auf Grund der Kapitalherabsetzung → § 224 Rn. 16.

2. Arten der Kapitalherabsetzung. Das Gesetz stellt drei Arten der Kapitalherabsetzung zur 5
Verfügung: Die ordentliche Kapitalherabsetzung (§§ 222–228), die vereinfachte Kapitalherabsetzung
(§§ 229–236) und die Kapitalherabsetzung durch Einziehung von Aktien (§§ 237–239). Die als gesetzlicher Grundfall geregelte **ordentliche Kapitalherabsetzung** kann zu verschiedenen Zwecken

---
[1] Hüffer/Koch/*Koch* Rn. 6; Kölner Komm AktG/*Lutter* Rn. 19; MüKoAktG/*Oechsler* Rn. 9; abw. Großkomm
AktG/*Sethe* Vor § 222 Rn. 34 und MHdB AG/*Scholz* § 61 Rn. 21 unter Hinweis auf das GmbH-Recht, wo der
Kapitalherabsetzungsbeschluss bereits die Satzungsänderung enthält.
[2] Vgl. *Lutter/Hommelhoff/Timm* BB 1980, 737 (740 ff.); *Jäger* NZG 1999, 238 (242).
[3] S. dazu näher *Weiss* BB 2005, 2697 ff.
[4] Vgl. *Hasselbach/Wicke* NZG 2001, 599 (601).
[5] S. zur Varta-Teilung *Timm,* Die AG als Konzernspitze, 1980, 7 ff. sowie zum Fall Löwenbräu *Lutter* FS Fleck,
1988, 169 (170 f.).
[6] Dazu MüKoAktG/*Oechsler* Rn. 4 mwN.
[7] *Technau* AG 1998, 445 (452 f.).
[8] Kölner Komm AktG/*Lutter* Vor § 222 Rn. 7; MüKoAktG/*Oechsler* Rn. 5.

erfolgen (vgl. § 222 Abs. 3). Sie führt wirtschaftlich zu einer Teilliquidation der Aktiengesellschaft, wobei eine vollständige Liquidation dadurch verhindert wird, dass das Grundkapital nicht unter den in § 7 bestimmten Mindestnennbetrag herabgesetzt werden darf bzw. gleichzeitig wieder auf mindestens diesen Betrag erhöht werden muss (§ 228 Abs. 1). Die Freiheit bei der Zwecksetzung wird durch einen erhöhten **Gläubigerschutz** ausgeglichen. So dürfen Zahlungen an die Aktionäre aufgrund der Kapitalherabsetzung erst geleistet werden, nachdem sechs Monate verstrichen sind und den Gläubigern Befriedigung oder Sicherheit gewährt worden ist (§ 225 Abs. 2 S. 1).

6   Die **vereinfachte Kapitalherabsetzung** ist demgegenüber nur zur Deckung von Verlusten zulässig (§ 229 Abs. 1). Dieser starren Zweckbindung steht ein gelockerter Gläubigerschutz gegenüber, da die Bindungen des § 225 nicht gelten (vgl. § 229 Abs. 3). Eine weitere Erleichterung besteht darin, dass die Kapitalherabsetzung mit bilanzieller Rückwirkung auf den letzten Bilanzstichtag beschlossen werden kann (§ 234).

7   Die Kapitalherabsetzung durch **Einziehung von Aktien** führt zur Vernichtung von Mitgliedschaftsrechten (§ 238 S. 3). Dem können unterschiedliche Zwecke zugrunde liegen. So kann auf diese Weise der (seltene) Zwangsausschluss einzelner Aktionäre durchgeführt werden. Durch die unentgeltliche Überlassung von Aktien kann außerdem ein Sanierungsbeitrag geleistet werden. Schließlich können auch im Markt erworbene Aktien eingezogen werden (§ 71 Abs. 1 Nr. 6). Die Kapitalherabsetzung dient dann einer flexiblen Gestaltung des Eigenkapitals.

8   **3. Durchführung der Kapitalherabsetzung.** Die Kapitalherabsetzung kann auf unterschiedliche Weise durchgeführt werden. Bei Nennbetragsaktien steht die **Herabsetzung des Nennbetrages** im Vordergrund. Bei Stückaktien folgt die Kapitalherabsetzung durch bloße **Reduzierung der Grundkapitalziffer**. Diese beiden Formen der Kapitalherabsetzung belasten die Aktionäre am wenigsten, da sie ihre Beteiligungsquote unverändert lassen. Dies ist anders bei der Kapitalherabsetzung durch **Zusammenlegung von Aktien** (§ 222 Abs. 4 S. 2). Diese Form der Kapitalherabsetzung führt zu einer Reduzierung der Beteiligungsquote, wenn der einzelne Aktionär nicht genügend zusammenlegbare Aktien hält und deshalb sog. Aktienspitzen erhält, die in der Regel veräußert werden und damit als Beteiligung verlorengehen. Am stärksten betroffen ist der Aktionär bei der Kapitalherabsetzung durch **Einziehung,** da diese zur Vernichtung seiner Mitgliedschaft führt (§ 238 S. 3).

9   Um die Umstellung des Grundkapitals von DM auf Euro zu erleichtern, ist eine besondere Form der Kapitalherabsetzung durch **Neueinteilung der Aktiennennbeträge** geschaffen worden (§ 4 Abs. 3 EGAktG).[9] Dabei ist § 225 zu beachten. Erleichterungen bestehen dagegen, wenn die Kapitalherabsetzung nur zur Glättung der Nennbeträge erfolgt.[10]

10 **4. Verbindung mit anderen Kapitalmaßnahmen. a) Kapitalerhöhung.** Eine Kapitalherabsetzung kann mit einer **Wiedererhöhung des herabgesetzten Grundkapitals** verbunden werden. Dabei kann die Kapitalerhöhung sowohl gleichzeitig als auch später beschlossen werden. Für die beiden Beschlussfassungen gelten die jeweiligen Kapitalherabsetzungs- und Kapitalerhöhungsvorschriften. In Sanierungsfällen ist eine Verbindung von Kapitalherabsetzung und Kapitalerhöhung regelmäßig erforderlich, um der Gesellschaft neue Mitteln zuzuführen. Dabei kann das Grundkapital vorübergehend auch unter den Mindestnennbetrag (§ 7) herabgesetzt werden. In diesem Falle ist die Kapitalherabsetzung zwingend mit einer Kapitalerhöhung, bei der der gesetzliche Mindestbetrag zumindest wieder erreicht wird, zu verbinden (§ 228 Abs. 1).

11 **b) Freiwillige Zuzahlungen.** In Sanierungsfällen können die Aktionäre statt eine Kapitalherabsetzung zu beschließen auch **Zahlungen in die Kapitalrücklage** leisten (vgl. § 272 Abs. 2 Nr. 4 HGB). Die so dotierte Kapitalrücklage kann gemäß § 150 Abs. 3 und 4 zum Ausgleich eines Jahresfehlbetrags verwendet werden. Solche Zuzahlungen können allerdings nicht durch Beschluss der Hauptversammlung angeordnet werden, sondern müssen freiwillig erfolgen.[11] Kapitalherabsetzung und Zuzahlungen können dabei in der Weise miteinander verbunden werden, dass den Aktionären im Kapitalherabsetzungsbeschluss freigestellt wird, die Herabsetzung des Nennwerts oder die Zusammenlegung ihrer Aktien durch Zuzahlungen in bestimmtem Umfang abzuwenden.[12] Ein solches **Wahlrecht** muss allen Aktionären in gleicher Weise angeboten werden (§ 53a). Außerdem muss die Höhe der Zuzahlung dem Nachteil der Kapitalherabsetzung entsprechen, damit **kein wirtschaftli-**

---

[9] S. dazu näher *Schröer* ZIP 1998, 529 (531 f.) und MüKoAktG/*Heider* § 6 Rn. 60.
[10] Vgl. § 4 Abs. 2 und 5 EGAktG; dazu OLG Frankfurt a. M. BB 2003, 386.
[11] Hüffer/Koch/*Koch* Rn. 5.
[12] Zust. Grigoleit/*Rieder* Rn. 9.

cher **Zwang** zur Zuzahlung entsteht.[13] Wird durch die Gestaltung ein wirtschaftlicher Zwang zur Zahlung begründet, ist der Beschluss der Hauptversammlung nicht nur anfechtbar, sondern nach § 241 Nr. 3 nichtig.[14]

5. Satzungsänderung. Jede Kapitalherabsetzung ist immer auch eine Änderung der Satzung, da in dieser das Grundkapital mit einem bestimmten Eurobetrag festgesetzt sein muss (§ 23 Abs. 3 Nr. 3).[15] Die §§ 222 ff. enthalten allerdings besondere Schutzvorschriften zugunsten der Gläubiger und der Aktionäre. Sie gehen insoweit den §§ 179–181 vor. Sobald die **Kapitalherabsetzung wirksam** geworden ist, ist die Satzungsbestimmung über das Grundkapital unrichtig. Die Satzung ist dann durch formelle Satzungsänderung zu **berichtigen**. Dabei handelt es sich um eine bloße Fassungsänderung, die gemäß § 179 Abs. 1 S. 2 auch vom Aufsichtsrat beschlossen werden kann.[16]

6. Richtlinie über bestimmte Aspekte des Gesellschaftsrechts. Art. 73 GesR-RL vom 14.6.2017 enthalten Vorgaben für das nationale Recht der Kapitalherabsetzung.[17] Soweit diese Bestimmungen eingreifen, gehen sie dem deutschen Recht vor. Im Übrigen sind die §§ 222–240 richtlinienkonform auszulegen.

II. Ordentliche Kapitalherabsetzung

1. Ablauf der ordentlichen Kapitalherabsetzung. Die ordentliche Kapitalherabsetzung erfolgt in mehreren Schritten: **Beschluss der Hauptversammlung** mit der Festsetzung des Herabsetzungsbetrages, des Herabsetzungszwecks und der Festsetzung der Durchführungsart (§ 222 Abs. 3 und 4); soweit erforderlich Zustimmung durch **Sonderbeschlüsse** der verschiedenen Aktiengattungen (§ 222 Abs. 2); **Anmeldung** des Hauptversammlungsbeschlusses zur Eintragung in das Handelsregister (§ 223); **Eintragung** des Kapitalherabsetzungsbeschlusses und damit Wirksamwerden der Kapitalherabsetzung (§ 224); **Bekanntmachung** der Eintragung durch das Registergericht mit dem Hinweis auf das Recht der Gläubiger auf Sicherheitsleistung (§ 225 Abs. 1 S. 2); soweit erforderlich Umsetzung der Kapitalherabsetzung durch Zusammenlegung (§ 226); Anmeldung und Eintragung der **Durchführung** der Kapitalherabsetzung im Handelsregister (§ 227).

2. Kapitalherabsetzungsbeschluss (Abs. 1). a) Formelle Voraussetzungen. Da die ordentliche Kapitalherabsetzung eine Satzungsänderung darstellt (vgl. § 23 Abs. 3 Nr. 3 und 4), ist dafür ausschließlich die **Hauptversammlung** zuständig.[18] Der Vorstand kann nicht ermächtigt werden, eine Kapitalherabsetzung selbst vorzunehmen. Eine Ausnahme bilden die Vorschriften über die Investmentaktiengesellschaft mit veränderlichem Kapital. Bei dieser führt bereits die Rücknahme von Aktien im Rahmen der Satzung zur Herabsetzung des Grundkapitals (§ 116 Abs. 3 KAGB).

Die Vorbereitung des Hauptversammlungsbeschlusses richtet sich nach den allgemeinen Vorschriften (§§ 121 ff.). Der **Beschlussvorschlag** von Vorstand und Aufsichtsrat ist bei der Einberufung der Hauptversammlung mit der Tagesordnung im vollen Wortlaut bekanntzumachen (§ 124 Abs. 2 S. 3). Die Bekanntmachung muss alle wesentlichen Einzelheiten, insbesondere die Höhe des Herabsetzungsbetrages, den Zweck der Kapitalherabsetzung (§ 122 Abs. 3) sowie die Art der Durchführung (§ 222 Abs. 4 S. 3) enthalten.[19] Ein **Vorstandsbericht** entsprechend § 186 Abs. 4 S. 2 braucht nicht vorgelegt zu werden.[20]

Nach § 222 Abs. 1 S. 1 bedarf der Beschluss der Hauptversammlung einer Mehrheit von mindestens drei Vierteln des bei der Beschlussfassung **vertretenen Grundkapitals**. Dies entspricht dem Charakter des Beschlusses als Satzungsänderung (vgl. § 179 Abs. 2 S. 1) und den Vorgaben von Art. 71 GesR-RL, der eine zwei Drittel Mehrheit als Untergrenze vorsieht. Bezugsgröße für die Kapitalmehrheit ist das Kapital, das bei der Beschlussfassung mit Ja oder Nein gestimmt hat. Stimmenthaltungen bleiben ebenso unberücksichtigt wie Kapital, das an der Beschlussfassung nicht mitgewirkt hat oder nicht mitwirken durfte, wie zB stimmrechtslose Vorzugsaktien.

---

[13] Vgl. dazu näher RGZ 52, 286 (293 f.); 80, 81 (85 ff.); Hüffer/Koch/*Koch* Rn. 5; MHdB AG/*Scholz* § 61 Rn. 14; MüKoAktG/*Oechsler* Rn. 29; Bürgers/Körber/*Becker* Rn. 18; Bedenken bei Kölner Komm AktG/*Lutter* § 225 Rn. 33.
[14] Bürgers/Körber/*Becker* Rn. 18; Hüffer/Koch/*Koch* Rn. 5; Kölner Komm AktG/*Lutter* Rn. 50.
[15] Hüffer/Koch/*Koch* Rn. 6; Kölner Komm AktG/*Lutter* Vor § 222 Rn. 3.
[16] Hüffer/Koch/*Koch* Rn. 6; MüKoAktG/*Oechsler* Rn. 10.
[17] Die Änderung des ehem. Art. 32 Kapital-RL durch die Richtlinie vom 25.9.2006, ABl. EU 2006 Nr. L 264, 32 (inzwischen Art. 76 GesR-RL) betrifft nur den Gläubigerschutz, wie er in § 225 AktG geregelt ist.
[18] Hüffer/Koch/*Koch* Rn. 8; MHdB AG/*Scholz* § 61 Rn. 20; Kölner Komm AktG/*Lutter* Rn. 3; MüKoAktG/*Oechsler* Rn. 9; vgl. auch Art. 30 Kapital-RL (jetzt Art. 73 GesR-RL).
[19] Hüffer/Koch/*Koch* Rn. 8; Kölner Komm AktG/*Lutter* Rn. 4; MüKoAktG/*Oechsler* Rn. 13; OLG Rostock AG 2013, 768 (770).
[20] MHdB AG/*Scholz* § 61 Rn. 15; OLG Schleswig NZG 2004, 281 (282 f.); K. Schmidt/Lutter/*Veil* Rn. 7.

18 Neben der Kapitalmehrheit ist eine **einfache Stimmenmehrheit** erforderlich, da die Kapitalmehrheit ein weiteres Erfordernis im Sinne von § 133 Abs. 1 Hs. 2. darstellt. Praktische Bedeutung kann dieses Erfordernis einer doppelten Mehrheit im Falle einer Stimmrechtsbegrenzung (vgl. § 134 Abs. 1 S. 2) erlangen.

19 Die Satzung kann die erforderliche Kapitalmehrheit nicht erleichtern, sondern nur erschweren (§ 222 Abs. 1 S. 2). **Einstimmigkeit** kann die Satzung nicht vorsehen, wenn dadurch eine Kapitalherabsetzung faktisch ausgeschlossen wird.[21] Dies wäre der Fall bei einer Gesellschaft mit einer Vielzahl von Aktionären, insbesondere einer Publikumsgesellschaft, bei der einstimmige Beschlüsse kaum jemals zu erreichen sind. Dies gilt auch dann, wenn das Einstimmigkeitserfordernis nur auf die in der Hauptversammlung anwesenden Aktionäre bezogen wird. Hat die Gesellschaft dagegen eine überschaubare Anzahl von Aktionären, kann das Erfordernis einer einstimmigen Beschlussfassung zulässig sein.[22]

20 Sieht die **Satzung** generell für Satzungsänderungen gemäß § 179 Abs. 2 S. 2 eine **höhere Kapitalmehrheit** vor, gilt diese nicht ohne Weiteres auch für eine Kapitalherabsetzung. Diese ist formell zwar Satzungsänderung, Kapitalmaßnahmen sind von einer solchen Klausel aber nur erfasst, wenn die Bestimmung dies deutlich erkennen lässt.[23]

21 Die Satzung kann den Kapitalherabsetzungsbeschluss von weiteren Erfordernissen abhängig machen (§ 222 Abs. 1 S. 2). Ein solches zusätzliches Erfordernis wäre etwa eine Regelung, wonach zB mindestens die Hälfte des Grundkapitals auf der Hauptversammlung vertreten sein muss. Ein solches **Quorum** kann bei einer personalstrukturierten Gesellschaft sinnvoll sein; bei einer Publikumsgesellschaft wäre es unzweckmäßig. Bei der SE ist ein solches Quorum allerdings Voraussetzung dafür, dass für Satzungsänderungen die einfache Stimmenmehrheit vorgesehen werden kann (Art. 59 SE-VO iVm § 51 S. 1 SEAG).

22 **b) Inhalt des Beschlusses.** Der Beschluss muss den **Umfang der Kapitalherabsetzung** zumindest bestimmbar angeben. Diesem Erfordernis ist genügt, wenn der Herabsetzungsbetrag genannt wird oder altes und neues Grundkapital einander gegenübergestellt werden. Am klarsten ist eine Verbindung von beidem („Grundkapital von 50 Mio. Euro wird um 20 Mio. Euro auf 30 Mio. Euro herabgesetzt").[24] Der Umfang der Kapitalherabsetzung kann auch durch einen **Höchstbetrag** („bis zu") angegeben werden. Dies setzt allerdings voraus, dass die Hauptversammlung Vorgaben macht, an Hand derer der Umfang der Kapitalherabsetzung bestimmt werden kann. Dies ist etwa der Fall, wenn das Ausmaß der Kapitalherabsetzung von dem Umfang einer absehbaren, aber noch nicht eingetretenen Unterbilanz abhängig gemacht wird. Dabei darf dem Vorstand in Bezug auf den Umfang der Herabsetzung kein eigenes Ermessen eingeräumt werden.[25] Andernfalls ist der Beschluss nach § 241 Nr. 3 nichtig.[26] Der Mindestnennbetrag des Grundkapitals (§ 7) darf nur in den Fällen des § 228 Abs. 1 unterschritten werden. In allen übrigen Fällen führt ein Verstoß gegen § 7 zur Nichtigkeit des Beschlusses nach § 241 Nr. 3.

23 Im Beschluss der Hauptversammlung ist der **Zweck der Herabsetzung** festzusetzen (§ 222 Abs. 3). Dies muss hinreichend konkret geschehen (zB Ausgleich von Wertminderungen oder Einstellung in die Rücklagen).[27] Dient die Kapitalherabsetzung mehreren Zwecken, sind alle verfolgten Zwecke anzugeben. Dabei sollte vorsorglich mitgeteilt werden, in welchem Verhältnis die verschiedenen Zwecke zueinanderstehen. Die Angabe des Zwecks dient der Information der Gläubiger und dem Schutz der Aktionäre.[28] Besteht der Zweck im Ausgleich von Verlusten (§ 229 Abs. 1), kommen als Grund für eine Kapitalherabsetzung nur dauerhafte Verluste in Betracht (→ § 229 Rn. 7).[29]

24 Der Beschluss muss sodann die **Art der Kapitalherabsetzung** bestimmen (§ 222 Abs. 4 S. 3), dh angeben, ob das Grundkapital durch Herabsetzung von Nennbeträgen (§ 222 Abs. 4 S. 1) oder durch Zusammenlegung von Aktien (§ 222 Abs. 4 S. 2) oder auf beiden Wegen herabgesetzt werden

---

[21] Hüffer/Koch/*Koch* Rn. 10, § 179 Rn. 23.
[22] MüKoAktG/*Oechsler* Rn. 15; Grigoleit/*Rieder* Rn. 15.
[23] Hüffer/Koch/*Koch* Rn. 10; MüKoAktG/*Oechsler* Rn. 16; *Busch* in Marsch-Barner/Schäfer Börsennotierte AG-HdB Rn. 47.4; Bürgers/Körber/*Becker* Rn. 9; aA Hölters/*Haberstock/Greitemann* Rn. 11; wohl auch Kölner Komm AktG/*Lutter* Rn. 3.
[24] Hüffer/Koch/*Koch* Rn. 12; MüKoAktG/*Oechsler* Rn. 19; Grigoleit/*Rieder* Rn. 17.
[25] Kölner Komm AktG/*Lutter* Rn. 13; MüKoAktG/*Oechsler* Rn. 20; *Busch* in Marsch-Barner/Schäfer Börsennotierte AG-HdB Rn. 47.6; Bürgers/Körber/*Becker* Rn. 11; OLG Karlsruhe AG 2007, 284 (286); s. Hüffer/Koch/*Koch* Rn. 12: unzulässig, Herabsetzungsbetrag ganz in das Ermessen des Vorstandes zu stellen.
[26] Vgl. RGZ 26, 132 (134); Hüffer/Koch/*Koch* Rn. 12; Kölner Komm AktG/*Lutter* Rn. 13.
[27] Hüffer/Koch/*Koch* Rn. 13; MHdB AG/*Scholz* § 61 Rn. 29; Kölner Komm AktG/*Lutter* Rn. 16; MüKoAktG/*Oechsler* Rn. 39; *Terbrack* RNotZ 2003, 89 (93).
[28] KG JFG 10, 112 (115 f.); Kölner Komm AktG/*Lutter* Rn. 16.
[29] Vgl. OLG Frankfurt a. M. AG 1989, 207 (208).

soll. Einzelheiten zur Durchführung der Kapitalerhöhung (zB Umtausch oder Berichtigung der Aktienurkunden) brauchen in den Beschluss dagegen nicht aufgenommen werden. Soweit der Beschluss solche Vorgaben enthält, ist der Vorstand an diese allerdings gebunden. Im Übrigen entscheidet der Vorstand über die Einzelheiten der Durchführung. Eine ausdrückliche **Ermächtigung** ist dazu nicht erforderlich, auch wenn sie üblich ist.[30] Soll die Kapitalherabsetzung durch Herabsetzung von Nennbeträgen erfolgen, ist zwar nicht erforderlich, aber angebracht, den Herabsetzungsbetrag pro Aktie anzugeben. Desgleichen sollte bei der Herabsetzung durch Zusammenlegung das Verhältnis angegeben werden, in dem die Aktien zusammengelegt werden sollen.[31]

Üblicherweise werden mit dem Kapitalherabsetzungsbeschluss ausdrücklich auch die **Angaben in der Satzung** zum Grundkapital geändert. Rechtlich notwendig ist dies nicht, da durch den Kapitalherabsetzungsbeschluss zugleich auch die Satzung geändert wird. Notwendig ist nur die daraus sich ergebende Anpassung der Satzung. Diese kann als bloße Fassungsänderung auch vom Aufsichtsrat vorgenommen werden (§ 179 Abs. 1 S. 2).[32] Eine Anpassung durch den Aufsichtsrat ist insbesondere bei einer „bis zu" Kapitalherabsetzung angebracht. In allen anderen Fällen ist die Anpassung der Satzung durch die Hauptversammlung der einfachere Weg.[33]

c) Materielle Voraussetzungen. Ein Teil der Literatur verlangt in Anlehnung an die Rechtsprechung zum Ausschluss des Bezugsrechts bei der Kapitalerhöhung (§ 186 Abs. 3 und 4) eine **sachliche Rechtfertigung** der Kapitalherabsetzung. Diese soll nur zulässig sein, wenn sie im Interesse der Gesellschaft geboten und zur Erreichung des im Beschluss angegebenen Zwecks notwendig ist.[34] Der Bundesgerichtshof hat demgegenüber jedoch klargestellt, dass ein Beschluss der Hauptversammlung über die Herabsetzung des Grundkapitals keiner sachlichen Rechtfertigung bedarf.[35] Dieser Auffassung ist grundsätzlich zu folgen. Bei einer Kapitalherabsetzung durch Herabsetzung der Nennbeträge wird die Mitgliedschaft des einzelnen Aktionärs nicht beeinträchtigt. Bei einer Zusammenlegung von Aktien können zwar Spitzen entstehen, die den Aktionär vor die Wahl stellen, ganz oder teilweise aus der Gesellschaft auszuscheiden oder seine Beteiligungsquote durch den Hinzuerwerb von Teilrechten zu wahren. Das Schutzbedürfnis des Aktionärs in diesem Fall ist jedoch vom Gesetz selbst dadurch berücksichtigt, dass die Zusammenlegung von Aktien nur subsidiär zulässig ist (§ 222 Abs. 4 S. 2).[36] Dabei wird dem Subsidiaritätsgedanken am besten dadurch Rechnung getragen, dass die Aktien zunächst auf den niedrigsten Nennbetrag oder anteiligen Betrag herabgesetzt und erst danach zusammengelegt werden (→ Rn. 43). Für die ordentliche Kapitalherabsetzung ist außerdem zu berücksichtigen, dass sie ganz unterschiedlichen Zwecken dienen kann, darunter insbesondere auch der Rückzahlung von Teilen des Grundkapitals (§ 222 Abs. 3 Hs. 2). In der Entscheidung über eine Desinvestition ist die Hauptversammlung aber frei.[37] Eine gerichtliche Kontrolle wäre insoweit unangebracht.

Einschränkungen in der Beschlussfreiheit können sich uU aus der Treuepflicht der Aktionäre ergeben. Eine Verletzung der Treuepflicht liegt allerdings nicht vor, wenn bei einer Kapitalerhöhung im Anschluss an eine Kapitalherabsetzung die bisherigen Nennbetragsaktien in Stückaktien umgewandelt werden.[38] Wird die Kapitalherabsetzung missbraucht, um Aktionäre aus der Gesellschaft auszuschließen, ist der Herabsetzungsbeschluss nach § 243 Abs. 1 und evtl. auch nach § 243 Abs. 2 (Verfolgung von Sondervorteilen) anfechtbar. Ein solcher **Missbrauch** liegt aber nicht schon dann vor, wenn die Kapitalherabsetzung mit einer Kapitalerhöhung verbunden wird, um die durch die Zusammenlegung ausgeschlossenen Aktionären eine Wiederaufstockung ihrer Beteiligung zu ermöglichen. Ob dies für den Fall der **isolierten vereinfachten Kapitalherabsetzung** anders zu beurteilen ist, hat der BGH ausdrücklich offen gelassen.[39] Wird die Kapitalherabsetzung nicht zur

---

[30] Hüffer/Koch/*Koch* Rn. 13; *Stucken/Tielmann* in Happ AktienR 14.01 Rn. 8.1.
[31] Hüffer/Koch/*Koch* Rn. 13; Kölner Komm AktG/*Lutter* Rn. 4; aA *v. Godin/Wilhelmi* Anm. 4.
[32] Vgl. Kölner Komm AktG/*Lutter* Rn. 19; MHdB AG/*Scholz* § 61 Rn. 32.
[33] Vgl. *Stucken/Tielmann* in Happ AktienR 14.01 Rn. 9.1.
[34] So *Lutter* ZGR 1981, 171 (180); weitergehend *Wiedemann* ZGR 1980, 147 (157); einschränkend *Grunewald*, Der Ausschluss aus Gesellschaft und Verein, 1987, 296: Sachliche Rechtfertigung zumindest bei der Zusammenlegung von Aktien; so auch Kölner Komm AktG/*Lutter* Rn. 44 (48).
[35] BGH ZIP 1998, 692 (693 f.) – Sachsenmilch; BGH ZIP 1999, 1444 (1445) – Hilgers; vgl. zuvor OLG Dresden AG 1996, 36 = EWiR 1997, 195 – Hirte; LG Dresden ZIP 1995, 1596 (1600); LG Dresden AG 1996, 36; AG Dresden AG 1995, 192; vgl. auch OLG Dresden ZIP 2001, 1539 LS und OLG Schleswig NZG 2004, 281 (282 f.).
[36] BGH ZIP 1998, 692 (695); zustimmend MHdB AG/*Scholz* § 61 Rn. 15; Hüffer/Koch/*Koch* Rn. 14; MüKoAktG/*Oechsler* Rn. 25; *Terbrack* RNotZ 2003, 89 (94); K. Schmidt/Lutter/*Veil* Rn. 18 f.
[37] *Wirth* DB 1996, 867 (872); MüKoAktG/*Oechsler* Rn. 25.
[38] OLG Dresden AG 2006, 671; Bürgers/Körber/*Becker* Rn. 32.
[39] BGH ZIP 1998, 692 (694); dazu *Thümmel* BB 1998, 911 (912).

vollständigen Buchsanierung benötigt, muss ein sachlicher Grund jedenfalls dafür vorliegen, dass nicht gleichzeitig eine Kapitalerhöhung beschlossen wird.[40] Dabei kann die Prognose eine Rolle spielen, ob eine sanierende Kapitalerhöhung unter Mitwirkung aller Aktionäre überhaupt Aussicht auf Erfolg hat.[41] Für diese Konstellation empfiehlt sich vorsorglich die Erstellung eines Vorstandsberichts entsprechend § 186 Abs. 4 S. 2.[42] Im Übrigen ist ein solcher Bericht aber nicht erforderlich.[43]

28 Wird von der Mehrheit der Aktionäre eine Sanierung durch Kapitalherabsetzung angestrebt, können die Minderheitsaktionäre verpflichtet sein, einem solchen Beschluss zuzustimmen und ihn nicht aus eigennützigen Motiven verhindern. Rechtsgrundlage für eine solche **positive Stimmpflicht** ist die Treupflicht, die für alle Aktionäre gilt.[44] Eine entsprechende Stimmpflicht setzt ein schlüssiges Sanierungskonzept voraus.[45] Eine Verletzung dieser Pflicht kann gemäß § 826 BGB zu Schadensersatzpflichten gegenüber der Gesellschaft und den Mitaktionären führen.[46]

29 Bei einer Kapitalherabsetzung ist außerdem der **Grundsatz der Gleichbehandlung** (§ 53a) zu beachten.[47] Die Kapitalherabsetzung muss demgemäß, gleichgültig wie sie durchgeführt wird, alle Aktionäre gleichermaßen treffen. Ausnahmen müssen sachlich begründet sein. Eine Satzungsbestimmung, die eine Aktiengattung (zB Vorzugsaktien) von der Kapitalherabsetzung ausnimmt oder diese auf zuvor ausgeloste Aktien beschränkt, ist weder mit dem Gleichbehandlungsgrundsatz noch mit dem Grundgedanken des § 237 Abs. 1 S. 2 vereinbar.[48]

30 **d) Aufhebung und Änderung des Beschlusses.** Der Beschluss über die Kapitalherabsetzung kann bis zur Eintragung des Beschlusses im Handelsregister (§ 224) noch geändert werden, allerdings nur durch Beschluss der Hauptversammlung. Streitig ist, ob der **Aufhebungsbeschluss** der drei Viertel Kapitalmehrheit des § 222 Abs. 1 S. 1 bedarf oder ob dafür die einfache Mehrheit genügt. Die hM lässt insoweit die einfache Kapitalmehrheit genügen.[49] Dem ist zuzustimmen, weil die Aufhebung des noch nicht wirksam gewordenen Beschlusses noch keine Satzungsänderung darstellt, sondern nur die bisherige Satzung bestätigt. Im Falle einer **Änderung** des Herabsetzungsbeschlusses vor seiner Eintragung im Handelsregister gelten dagegen die qualifizierte Mehrheit des § 222 Abs. 1 S. 1 sowie alle sonstigen Erfordernisse einer Satzungsänderung.[50]

31 **e) Fehlerhafter Beschluss.** Der Herabsetzungsbeschluss ist **unwirksam,** wenn ein nach § 222 Abs. 2 erforderlicher Sonderbeschluss fehlt. In den Fällen des § 241 ist der Beschluss **nichtig.** Bei sonstigen Verstößen gegen Gesetz oder Satzung ist der Beschluss anfechtbar (§ 243). Ein Fall der Nichtigkeit (§ 241 Nr. 3) liegt vor, wenn das Grundkapital unter den gesetzlichen **Mindestbetrag** (§ 7) herabgesetzt wird, ohne dass gemäß § 228 gleichzeitig eine Kapitalerhöhung beschlossen wird.[51] Nichtig ist der Beschluss auch, wenn die Aktien auf einen Nennbetrag unter einem Euro herabgesetzt werden (§ 8 Abs. 2 S. 2).[52] Fehlt die Angabe des **Zwecks der Kapitalherabsetzung** (§ 222 Abs. 3), ist der Beschluss anfechtbar.[53] Erfolgt keine Anfechtung, kann der Beschluss in das Handelsregister eingetragen und wirksam werden. Anfechtbar ist der Beschluss auch, wenn der Zweck der Kapitalherabsetzung von vornherein nicht erreicht werden kann.[54] Das Gleiche gilt, wenn im Beschluss die

---

[40] Hüffer/Koch/*Koch* Rn. 14; Großkomm AktG/*Sethe* Rn. 29; *Krieger* ZGR 2000, 885 (895 f.); *Geißler* NZG 2000, 719 (724); *Natterer* AG 2001, 629 (633).
[41] Hüffer/Koch/*Koch* Rn. 14; abl. MHdB AG/*Scholz* § 61 Rn. 15, wonach es bei einer Missbrauchskontrolle bleiben soll; *Busch* in Marsch-Barner/Schäfer Börsennotierte AG-HdB Rn. 47.12, der gleichzeitig aber für eine „sanierungsfreundliche" Prüfung der sachlichen Rechtfertigung eintritt.
[42] Zust. Grigoleit/*Rieder* § 222 Rn. 22.
[43] OLG Schleswig NZG 2004, 281 (282 f.); K. Schmidt/Lutter/*Veil* Rn. 7; *Wirth* DB 1996, 867 (872).
[44] BGH ZIP 1995, 819; Hüffer/Koch/*Koch* Rn. 15a.
[45] OLG München ZIP 2014, 472; zust. *Wardenbach* GWR 2014, 106, und *Wilsing* EWiR 10/2014, 311.
[46] BGH ZIP 1995, 819 – Girmes mAnm *Müller* ZIP 1995, 1415; *Marsch-Barner* ZIP 1996, 853; Kölner Komm AktG/*Lutter* Rn. 56; *Busch* in Marsch-Barner/Schäfer Börsennotierte AG-HdB Rn. 47.16; MüKoAktG/*Oechsler* Rn. 27 mwN; kritisch zum Fall Girmes *Wenger* ZIP 1993, 321 (323 ff.).
[47] Großkomm AktG/*Sethe* Rn. 30; Hölters/*Haberstock/Greitemann* Rn. 23; vgl. dazu auch den ersten Erwägungsgrund der Kapitalrichtlinie.
[48] MüKoAktG/*Oechsler* Rn. 26; *Busch* in Marsch-Barner/Schäfer Börsennotierte AG-HdB Rn. 47.14; K. Schmidt/Lutter/*Veil* Rn. 21; Hüffer/Koch/*Koch* Rn. 15; aA MHdB AG/*Scholz* § 61 Rn. 18 und Großkomm AktG/*Sethe* Rn. 31.
[49] Kölner Komm AktG/*Lutter* Rn. 55; MHdB AG/*Scholz* § 61 Rn. 37; MüKoAktG/*Oechsler* Rn. 28; *Busch* in Marsch-Barner/Schäfer Börsennotierte AG-HdB Rn. 47.17; Hüffer/Koch/*Koch* Rn. 16; aA Schmidt/Lutter/*Veil* Rn. 22 und Happ/*Stucken/Tielmann* AktienR 14.01 Rn. 10.2; Henssler/Strohn/*Galla* Rn. 9.
[50] Hüffer/Koch/*Koch* Rn. 16; Kölner Komm AktG/*Lutter* Rn. 55; MHdB AG/*Scholz* § 61 Rn. 45.
[51] Hüffer/Koch/*Koch* Rn. 17; MHdB AG/*Scholz* § 61 Rn. 33; Kölner Komm AktG/*Lutter* Rn. 34.
[52] BGH AG 1992, 27.
[53] Hüffer/Koch/*Koch* Rn. 17; Kölner Komm AktG/*Lutter* Rn. 37.
[54] LG Hannover AG 1995, 285 f.; MüKoAktG/*Oechsler* Rn. 41; Hüffer/Koch/*Koch* Rn. 17; *Busch* in Marsch-Barner/Schäfer Börsennotierte AG-HdB Rn. 47.18; Bürgers/Körber/*Becker* Rn. 23.

Art der Kapitalherabsetzung (§ 222 Abs. 4 S. 3) nicht angegeben ist[55] oder wenn der Beschluss gegen das Gleichbehandlungsgebot (§ 53a) oder die in § 222 Abs. 4 S. 2 vorgesehene Subsidiarität der Zusammenlegung (→ Rn. 40)[56] verstößt. Auch wenn der Kapitalherabsetzungsbeschluss fehlerhaft und deshalb mit einer Anfechtungs- oder Nichtigkeitsklage angegriffen ist, kann er aufgrund eines Beschlusses im **Freigabeverfahren** nach § 246a Abs. 2 AktG in das Handelsregister eingetragen und damit endgültig wirksam werden (§ 246a Abs. 4 AktG).

III. Sonderbeschlüsse (Abs. 2)

1. Notwendigkeit von Sonderbeschlüssen. Bestehen **mehrere Gattungen stimmberechtigter Aktien,** so ist der Herabsetzungsbeschluss nur wirksam, wenn ihm die Aktionäre jeder Gattung zustimmen (§ 222 Abs. 2 S. 1). Dies entspricht den Vorgaben von Art. 74 GesR-RL. Für das Zustimmungserfordernis nach Abs. 2 spielt es – anders als bei der Satzungsänderung (§ 179 Abs. 3) – keine Rolle, ob eine Aktiengattung benachteiligt wird.[57] Sonderbeschlüsse sind außerdem auch dann erforderlich, wenn der Herabsetzungsbeschluss einstimmig gefasst wurde.[58]

Über die Zustimmung sind – in der Hauptversammlung in einer gesonderten Abstimmung oder in einer Sonderversammlung (§ 138 S. 1) – **Sonderbeschlüsse** der verschiedenen Aktiengattungen zu fassen. Für diese Beschlüsse gelten die Mehrheitserfordernisse des Abs. 1 entsprechend (§ 222 Abs. 2 S. 3). Erforderlich ist somit eine drei Viertel-**Kapitalmehrheit** des bei der Beschlussfassung der einzelnen Gattung vertretenen Grundkapitals (§ 222 Abs. 1 S. 1) und außerdem die einfache **Stimmenmehrheit** der an der Abstimmung teilnehmenden Aktionäre der jeweiligen Gattung (§§ 133 Abs. 1, 138 S. 3). Soweit die Satzung die Mehrheitserfordernisse für den Herabsetzungsbeschluss erhöht und weitere Erfordernisse aufgestellt hat, gelten diese Bestimmungen im Zweifel auch für den Sonderbeschluss (§ 222 Abs. 2 S. 2 iVm Abs. 1 S. 2).[59]

Fehlt ein Sonderbeschluss, ist der Herabsetzungsbeschluss **schwebend unwirksam** und kann nicht in das Handelsregister eingetragen werden.[60] Erfolgt die Eintragung trotzdem, kann der Sonderbeschluss nachgeholt werden. Geschieht dies nicht, wird der Mangel erst nach Ablauf von drei Jahren geheilt (§ 242 Abs. 2 S. 1 analog).[61] Im Übrigen kann jeder Sonderbeschluss wie der Herabsetzungsbeschluss fehlerhaft sein (vgl. § 138 S. 2 und → Rn. 30). Kommt ein Sonderbeschluss **nicht zustande,** ist der Herabsetzungsbeschluss endgültig unwirksam.

2. Stimmrechtslose Vorzugsaktien. Wie durch die Gesetzesänderung vom 9.8.1994[62] klargestellt wurde, sind Sonderbeschlüsse nur erforderlich, wenn mehrere stimmberechtigte Aktiengattungen vorhanden sind. Sind neben Stammaktien nur **stimmrechtslose Vorzugsaktien** ausgegeben, sind damit nach Abs. 2 keine Sonderbeschlüsse zu fassen.[63] Dies gilt auch dann, wenn das **Stimmrecht** der Vorzugsaktien gemäß § 140 Abs. 2 **wieder auflebt** ist, da es sich weiter um Aktien der Gattung stimmrechtsloser Aktien handelt.[64] Ein Sonderbeschluss der Vorzugsaktionäre kann allerdings nach **§ 141 Abs. 1** erforderlich sein, wenn durch die Kapitalherabsetzung der **Vorzug aufgehoben oder beschränkt** wird. Eine Beeinträchtigung des Vorzugs ist nicht schon dann anzunehmen, wenn im Falle einer Kapitalherabsetzung der auf das Grundkapital bezogene Prozentsatz der Vorzugsdividende unverändert bleibt.[65] Wird die Kapitalherabsetzung mit einer Wiedererhöhung des Grundkapitals verbunden, so ist jedenfalls dann kein Sonderbeschluss erforderlich, wenn die Ausgabe der

---

[55] Hüffer/Koch/*Koch* Rn. 17; Kölner Komm AktG/*Lutter* Rn. 39; MüKoAktG/*Oechsler* Rn. 52; MHdB AG/*Scholz* § 61 Rn. 33; Großkomm AktG/*Sethe* Rn. 60.
[56] RGZ 111, 26 (28); Kölner Komm AktG/*Lutter* Rn. 43.
[57] Hüffer/Koch/*Koch* Rn. 18; GHEK/*Hefermehl* Rn. 7; MüKoAktG/*Oechsler* Rn. 32.
[58] RGZ 148, 175 (178); KGJ 35 A 162 (164); Hüffer/Koch/*Koch* Rn. 18; Kölner Komm AktG/*Lutter* Rn. 6; MüKoAktG/*Oechsler* Rn. 32; Grigoleit/*Rieder* § 222 Rn. 29; aA KG JW 1934, 174; zweifelnd *Werner* AG 1971, 69 (74 Fn. 34).
[59] Hüffer/Koch/*Koch* Rn. 18.
[60] RGZ 148, 175 (186 f.).
[61] Hüffer/Koch/*Koch* Rn. 19; MüKoAktG/*Oechsler* Rn. 36.
[62] Gesetz für kleine Aktiengesellschaften und zur Deregulierung des Aktienrechts, BGBl. 1994 I 1961.
[63] Hölters/Haberstock/*Greitemann* § 222 Rn. 35; überholt deshalb LG Frankfurt a. M. AG 1991, 405 (406) und OLG Frankfurt a. M. DB 1993, 272 f.; vgl. auch *Krauel/Weng* AG 2003, 561 (563).
[64] Großkomm AktG/*Bezzenberger* § 140 Rn. 27; *Krauel/Weng* AG 2003, 561 (563); *Stucken/Tielmann* in Happ AktienR 14.01 Rn. 11.4.
[65] LG Frankfurt a. M. AG 1991, 405, (406); OLG Frankfurt a. M. DB 1993, 272 (273); Hüffer/Koch/*Koch* § 141 Rn. 9; MüKoAktG/*Oechsler* Rn. 34; MüKoAktG/*Arnold* § 141 Rn. 11; *Volhard/Goldschmidt* FS Lutter, 1991, 779 (785); *Krauel/Weng* AG 2003, 561 (563 ff.); aA Kölner Komm AktG/*Lutter* Rn. 7 und *Frey/Hirte* DB 1989, 2465 (2469), die auf den auszuschüttenden Betrag abstellen.

neuen Vorzugsaktien bei der Einräumung des Vorzugs vorbehalten war und das Bezugsrecht der Vorzugsaktionäre nicht ausgeschlossen ist (§ 141 Abs. 2 S. 2).[66]

IV. Zweck der Kapitalherabsetzung (Abs. 3)

36 Der Zweck, dem die Kapitalherabsetzung dienen soll, ist im Herabsetzungsbeschluss anzugeben (§ 222 Abs. 3 → Rn. 23). An ihn ist der Vorstand bei der Verwendung des sich aus der Herabsetzung ergebenden Buchertrags gebunden. Gemeint ist der wirtschaftliche Zweck (→ Rn. 3). Dieser ist nicht nur allgemein, sondern zur Unterrichtung der Gläubiger und zum Schutz der Aktionäre möglichst **konkret** zu bezeichnen (zB Ausgleich von Wertminderungen, Deckung sonstiger Verluste, Einstellung von Beträgen in die Kapitalrücklage;[67] Rückzahlung von Teilen des Grundkapitals, § 222 Abs. 3; Befreiung der Aktionäre von der Verpflichtung zur Leistung von Einlagen, § 222 Abs. 2 S. 2; Beseitigung einer Unterbilanz; Rückgabe von Sacheinlagen; Abrundung des Grundkapitals).[68] Die Kapitalherabsetzung kann auch zur Durchführung einer Abspaltung oder Ausgliederung erforderlich sein (§ 145 UmwG → Rn. 3). Zulässig ist jeder Zweck.[69] Werden gleichzeitig oder alternativ mehrere Zwecke verfolgt, sind alle diese Zwecke anzugeben.[70] Dabei ist jedem Zweck ein zumindest bestimmbarer Herabsetzungsbetrag zuzuordnen.[71]

37 **Fehlt** die Angabe des verfolgten Zwecks, ist der Herabsetzungsbeschluss **anfechtbar** (§ 243 Abs. 1).[72] Der Beschluss ist auch dann anfechtbar, wenn der verfolgte Zweck von vornherein **nicht erreichbar** ist (→ Rn. 31). Der Zweck kann **nachträglich** noch **geändert** werden (→ § 224 Rn. 5).

V. Durchführung der Kapitalherabsetzung (Abs. 4)

38 **1. Arten der Herabsetzung.** Die Kapitalherabsetzung bedeutet nicht nur eine Änderung der Grundkapitalziffer. Sie kann sich auch auf die ausgegebenen Aktien auswirken, sodass diese angepasst werden müssen. Im Herabsetzungsbeschluss ist deshalb anzugeben, wie die Kapitalherabsetzung durchgeführt werden soll (§ 222 Abs. 4 S. 3). Dies kann durch **Herabsetzung der Aktiennennbeträge** (→ Rn. 38), die **Zusammenlegung von Aktien** (→ Rn. 40) oder – im Falle von § 237 – durch die **Einziehung von Aktien** geschehen. Welche Art der Herabsetzung vorgesehen ist, muss im Herabsetzungsbeschluss angegeben werden. Dabei genügt die Nennung einer der drei angeführten Arten.[73] Die Einzelheiten der Durchführung wie zB die Bestimmung einer Frist zur Einreichung der alten Aktien zur Abstempelung oder zum Umtausch können dem Vorstand überlassen bleiben. Enthält der Beschluss dazu nähere Regelungen, sind diese allerdings bindend. Enthält der Beschluss zur Art der Herabsetzung **keine Angabe,** ist er **anfechtbar** (→ Rn. 31).

39 Die Art der Herabsetzung kann sich auf Nennbetrags- und Stückaktien unterschiedlich auswirken. Bei **Nennbetragsaktien** (§ 8 Abs. 1) ist eine Anpassung des Nennbetrags erforderlich, wenn die Summe der Nennbeträge die herabgesetzte Kapitalziffer übersteigt (vgl. § 222 Abs. 4 S. 1 iVm § 1 Abs. 2, 6). Der Nennbetrag der Aktien muss dann herabgesetzt werden, darf dabei aber einen Euro nicht unterschreiten (§ 8 Abs. 2 S. 1). Ist eine weitergehende Herabsetzung notwendig, muss eine Zusammenlegung von Aktien durchgeführt werden (§ 222 Abs. 4 S. 2). Dieser Fall kann auch bei **Stückaktien** gegeben sein. Stückaktien lauten zwar nicht auf einen Nennbetrag (§ 8 Abs. 3 S. 1). Bei ihnen führt die Herabsetzung des Grundkapitals ohne Weiteres dazu, dass die einzelne Aktie nur noch einen kleineren Anteil verbrieft. Eine Anpassung ist daher insoweit weder erforderlich noch möglich. Die Kapitalherabsetzung kann allerdings dazu führen, dass der anteilige Betrag einen Euro unterschreitet (§ 8 Abs. 3 S. 3). In diesem Fall ist zur Durchführung der Kapitalherabsetzung auch bei Stückaktien eine Zusammenlegung erforderlich.[74]

40 **2. Herabsetzung der Nennbeträge.** Erfordert die Durchführung eine **Herabsetzung der Nennbeträge,** so erfolgt diese im selben Verhältnis wie die Herabsetzung des Grundkapitals. Die Herabsetzung wird mit der Eintragung des Beschlusses im Handelsregister wirksam (§ 224). Bei der Durchführung der Herabsetzung durch den Vorstand ist zu beachten, dass Nennbetragsaktien auf

---

[66] *Frey/Hirte* DB 1989, 2465 (2469); MüKoAktG/*Oechsler* Rn. 34; aA Kölner Komm AktG/*Lutter* Rn. 7.
[67] Vgl. *Stucken/Tielmann* in Happ AktienR 14.02 Vereinfachte Kapitalherabsetzung.
[68] Hüffer/Koch/*Koch* Rn. 20; KG JW 1926, 2930 (2931).
[69] Hüffer/Koch/*Koch* Rn. 20; MüKoAktG/*Oechsler* Rn. 6.
[70] Kölner Komm AktG/*Lutter* Rn. 16; MüKoAktG/*Oechsler* Rn. 38; Großkomm AktG/*Sethe* Rn. 43.
[71] Vgl. NK-AktR/*Terbrack* Rn. 49.
[72] KG JFG 10, 112 (115 f.); Hüffer/Koch/*Koch* Rn. 17; Kölner Komm AktG/*Lutter* Rn. 37; MüKoAktG/ *Oechsler* Rn. 40; MHdB AG/*Scholz* § 61 Rn. 33.
[73] Kölner Komm AktG/*Lutter* Rn. 21.
[74] Großkomm AktG/*Sethe* Rn. 58; Grigoleit/*Rieder* Rn. 33.

mindestens einen Euro lauten müssen (§ 8 Abs. 2 S. 1).[75] Eine Herabsetzung der Nennbeträge kann deshalb nur bis zu dieser Untergrenze gehen. Eine entsprechende Untergrenze ist bei Stückaktien der anteilige Betrag am Grundkapital, der ebenfalls einen Euro nicht unterschreiten darf (§ 8 Abs. 3 S. 3). Bei Stückaktien ist es unschädlich, wenn der anteilige Betrag über einem Euro liegt und dabei auf einen „krummen" Betrag lautet. Bei Nennbetragsaktien sieht dagegen § 8 Abs. 2 S. 4 vor, dass Nennbeträge über einem Euro auf **volle Euro** lauten müssen. Darauf nimmt § 222 Abs. 4 S. 2 zwar nicht ausdrücklich Bezug, gleichwohl hat der Vorstand bei der Durchführung der Herabsetzung darauf zu achten, dass keine gebrochenen Nennbeträge entstehen.[76] Da die Herabsetzung der Nennbeträge bei allen Aktien gleichmäßig erfolgen muss (§ 53a), hat diese Art der Herabsetzung den Vorteil, dass die **Beteiligungsquote** der Aktionäre **unverändert** bleibt.[77]

3. Herabsetzung durch Zusammenlegung. Kann die Kapitalherabsetzung nicht durch Verminderung der Nennbeträge durchgeführt werden (→ Rn. 39), erfolgt die Herabsetzung durch **Zusammenlegung von Aktien.** Auch diese wird unabhängig von der anschließenden Umsetzung bereits mit der Eintragung des Herabsetzungsbeschlusses wirksam (§ 224). Die Zusammenlegung ist nur zulässig, soweit die Herabsetzung der Nennbeträge nicht durchführbar ist (§ 222 Abs. 4 S. 2). Sie ist damit dieser gegenüber **subsidiär**.[78] Die Zusammenlegung erfolgt in der Weise, dass bisherige Aktien zu einer kleineren Anzahl neuer Aktien zusammengefasst werden. Mitgliedschaftsrechte gehen dabei grundsätzlich nicht unter, sondern werden nur miteinander verbunden und verlieren insoweit ihre Selbständigkeit.[79] Die durch Zusammenlegung entstehenden Aktien verbriefen die vereinigten Rechte.[80] Da mit der Zusammenlegung von Aktien kein Einziehungsrecht verbunden ist, muss der Kapitalherabsetzungsbeschluss nicht gemäß § 49 Abs. 1 S. 1 Nr. 2 WpHG (früher § 30b Abs. 1 S. 1 Nr. 2 WpHG[81]) mitgeteilt werden.[82]

Bei der Zusammenlegung können sich allerdings **Aktienspitzen** ergeben, wenn ein Aktionär nicht die für die Zusammenlegung zu einer neuen Aktie erforderliche (restliche) Anzahl von Aktien hält. Solche Spitzen können in der Regel im Rahmen eines sog. Spitzenausgleichs veräußert oder durch Erwerb weiterer Spitzen zu neuen Vollrechten ergänzt werden (→ § 224 Rn. 8). Spitzen, die nicht verwertet werden, können allerdings für kraftlos erklärt werden (§ 226 Abs. 1 Satz 2). Insoweit besteht durchaus die Gefahr, dass infolge der Zusammenlegung Aktienrechte verloren gehen.[83] Die Entstehung von Aktienspitzen ist daher möglichst zu vermeiden.[84] Ein glattes Zusammenlegungsverhältnis kann uU dadurch erreicht werden, dass die Gesellschaft eigene Aktien erwirbt und diese anschließend einzieht (§ 71 Abs. 1 Nr. 6, Nr. 8 S. 6, § 237 Abs. 3) oder das Grundkapital vor der Herabsetzung leicht – zB aus einem genehmigten Kapital – erhöht.[85] Die Entstehung von Spitzen kann uU auch durch einen Wechsel von der Nennbetragsaktie in die Stückaktie vermieden werden.[86]

4. Verbindung beider Herabsetzungsarten. Herabsetzung des Nennbetrags und Zusammenlegung können auch miteinander verbunden werden. Eine solche **Kombination beider Herabsetzungsarten** kommt insbesondere dann in Betracht, wenn die Herabsetzung der Nennbeträge zur Durchführung der Kapitalherabsetzung nicht ausreicht. In einem solchen Fall entspricht es dem Subsidiaritätsgedanken des § 222 Abs. 4 S. 2 am besten, wenn die Aktien zunächst auf den **niedrigsten Nennbetrag** herabgesetzt werden und erst danach zusammengelegt werden.[87] Erst wenn dies zur Durchführung der Kapitalherabsetzung nicht ausreicht, darf eine Zusammenlegung erfolgen.

---

[75] Hüffer/Koch/*Koch* Rn. 22.
[76] MHdB AG/*Scholz* § 61 Rn. 6; Kölner Komm AktG/*Lutter* Rn. 26.
[77] MüKoAktG/*Oechsler* Rn. 44.
[78] BGH NJW 1999, 3197; Hüffer/Koch/*Koch* Rn. 21b, 23; siehe aber MüKoAktG/*Oechsler* Rn. 45, wonach der Subsidiaritätsgrundsatz einer teleologischen Reduktion dahingehend bedarf, dass der Zusammenlegung von Aktien der Vorzug zu geben ist, wenn sich dabei Aktienspitzen vermeiden lassen; s. auch Großkomm AktG/*Sethe* Rn. 54.
[79] Hüffer/Koch/*Koch* Rn. 22; GHEK/*Hefermehl* Rn. 16.
[80] GHEK/*Hefermehl* Rn. 16.
[81] Geändert durch das 2. Finanzmarktnovellierungsgesetz v. 23.6.2017, BGBl. 2017 I 1693.
[82] Vgl. Emittentenleitfaden der BaFin, 4. Aufl. 2013, 171.
[83] GHEK/*Hefermehl* Rn. 17.
[84] Hüffer/Koch/*Koch* Rn. 23; Kölner Komm AktG/*Lutter* Rn. 28; K. Schmidt/Lutter/*Veil* Rn. 20 und 35; Grigoleit/*Rieder* Rn. 37.
[85] Vgl. *Stucken/Tielmann* in Happ AktienR 14.01 Rn. 7.4.
[86] *Butzke* Die Hauptversammlung der AG L 34 Fn. 80; *Busch* in Marsch-Barner/Schäfer Börsennotierte AG-HdB Rn. 47.11.
[87] Hüffer/Koch/*Koch* Rn. 23; Kölner Komm AktG/*Lutter* Rn. 26; GHEK/*Hefermehl* Rn. 18; MüKoAktG/*Oechsler* Rn. 48; vgl. auch BGH ZIP 1998, 692 (693) und BGH ZIP 1999, 1444 (1445); MHdB AG/*Scholz* § 61 Rn. 7 und *Stucken/Tielmann* in Happ AktienR 14.01 Rn. 7.5.

§ 223   1, 2   Erstes Buch. Aktiengesellschaft

Dabei ist das Interesse der Aktionäre zu beachten, möglichst viele selbständige Aktien zu erhalten. Der niedrigste Nennbetrag ist daher der Durchführung auch auf dieser Stufe zugrunde zu legen.[88]

44 **5. Herabsetzung durch Einziehung.** Für die dritte Art der Herabsetzung, die **Einziehung von Aktien**, gilt das Subsidiaritätsprinzip nicht. Diese Art ist ohne weitere Voraussetzungen immer dann zulässig, wenn sie in der Satzung angeordnet oder gestattet ist (§ 237 Abs. 1 S. 2). Zu den weiteren Schutzmechanismen bei dem ordentlichen und dem vereinfachten Einziehungsverfahren → § 237 Rn. 21 ff. und → Rn. 26 ff.

VI. Kapitalherabsetzung und Auflösung

45 Eine Kapitalherabsetzung kann auch dann noch beschlossen werden, wenn die Gesellschaft aufgelöst ist (§ 264 Abs. 3).[89] Wird die Gesellschaft liquidiert, darf der Zweck der Kapitalherabsetzung allerdings nicht mit den Verteilungsregeln der §§ 271, 272 in Widerspruch stehen.[90] Außerdem sind die Bestimmungen zum Gläubigerschutz (§ 225) zu beachten. Auch während des Insolvenzverfahrens kann eine Herabsetzung des Grundkapitals beschlossen werden. Diese muss nicht mit einer Kapitalerhöhung verbunden werden.[91] Eine solche isolierte Kapitalherabsetzung kann insbesondere als Buchsanierung sinnvoll sein, um die Gesellschaft auf eine Übernahme nach Abschluss des Insolvenzverfahrens vorzubereiten.[92]

§ 223 Anmeldung des Beschlusses

Der Vorstand und der Vorsitzende des Aufsichtsrats haben den Beschluß über die Herabsetzung des Grundkapitals zur Eintragung in das Handelsregister anzumelden.

Schrifttum: *Baums*, Eintragung und Löschung von Gesellschafterbeschlüssen, 1981; *Ihrig/Erwin*, Zur Anwendung des Freigabeverfahrens nach § 246a AktG auf „Altbeschlüsse" und bereits eingetragene Beschlüsse, BB 2005, 1973; *Krieger*, Fehlerhafte Satzungsänderungen: Fallgruppen und Bestandskraft, ZHR 158 (1994) 35; *Lutter*, Die Eintragung anfechtbarer Hauptversammlungsbeschlüsse im Handelsregister, NJW 1969, 1873; *Terbrack*, Kapitalherabsetzende Maßnahmen bei Aktiengesellschaften, RNotZ 2003, 89.

Übersicht

	Rn.		Rn.
I. Regelungsgegenstand	1	III. Eintragungsverfahren	5–12
II. Pflicht zur Anmeldung des Herabsetzungsbeschlusses	2–4		

I. Regelungsgegenstand

1 § 223 regelt die Anmeldung des **Kapitalherabsetzungsbeschlusses** nach § 222 zur Eintragung in das Handelsregister. Erst mit dieser Eintragung wird die Kapitalherabsetzung wirksam (§ 224). Von der Anmeldung und Eintragung des Herabsetzungsbeschlusses ist die Anmeldung und Eintragung der **Durchführung** der Kapitalherabsetzung (§ 227 Abs. 1) zu unterscheiden. Beide Anmeldungen können miteinander verbunden werden (§ 227 Abs. 2). Zu unterscheiden ist außerdem die Anmeldung und Eintragung der **Satzungsänderung**, die mit der Kapitalherabsetzung zwangsläufig verbunden ist (vgl. § 23 Abs. 3 Nr. 3 und 4) und regelmäßig mit dieser von der Hauptversammlung beschlossen wird (→ § 222 Rn. 25). Die Anmeldung dieser Satzungsänderung ist mit der Anmeldung des Herabsetzungsbeschlusses zu verbinden.[1]

II. Pflicht zur Anmeldung des Herabsetzungsbeschlusses

2 Der Vorstand und der Aufsichtsratsvorsitzende sind zur Anmeldung des Kapitalherabsetzungsbeschlusses verpflichtet. Die Anmeldung kann in gemeinsamer oder getrennter Erklärung erfol-

---

[88] Hüffer/Koch/*Koch* Rn. 23; Kölner Komm AktG/*Lutter* Rn. 28; BGH ZIP 1999, 1444 (1445); Großkomm AktG/*Sethe* Rn. 53; zust. *Rottnauer* NZG 1999, 1159 f.
[89] BGH ZIP 1998, 692 (694); Hüffer/Koch/*Koch* Rn. 24; MHdB AG/*Scholz* § 61 Rn. 9.
[90] Vgl. dazu näher Hüffer/Koch/*Koch* Rn. 24 und MHdB AG/*Scholz* § 61 Rn. 9.
[91] BGH ZIP 1998, 692 (694); *Henze* Aktienrecht Rn. 1034; Hüffer/Koch/*Koch* Rn. 24; MHdB AG/*Scholz* § 61 Rn. 9; aA Kölner Komm AktG/*Lutter* Rn. 53 f.
[92] Vgl. BGH ZIP 1998, 692 (694); ebenso die Vorinstanzen OLG Dresden AG 1996, 565 (566); LG Dresden ZIP 1995, 1596 (1598); zust. Hüffer/Koch/*Koch* Rn. 24, MüKoAktG/*Oechsler* § 229 Rn. 31; *Wirth* DB 1996, 867 (869 f.); K. Schmidt/Lutter/*Veil* Rn. 38.
[1] Hüffer/Koch/*Koch* Rn. 1; Kölner Komm AktG/*Lutter* Rn. 6; MüKoAktG/*Oechsler* Rn. 1.

gen.[2] Beim **Vorstand** genügt die Mitwirkung in vertretungsberechtigter Zahl.[3] Besteht unechte Gesamtvertretung (§ 78 Abs. 3), genügt auch diese.[4] Eine Vertretung durch Prokuristen allein reicht dagegen nicht aus, da die Prokura zu einem solchen Organhandeln nicht ermächtigt (§ 49 Abs. 1 HGB).[5] Zulässig ist jedoch eine Bevollmächtigung beliebiger Dritter einschließlich Prokuristen zur Anmeldung. Die entsprechende Vollmacht ist notariell zu beglaubigen (§ 12 Abs. 2 S. 1 HGB iVm § 129 BGB, §§ 39, 40 BeurkG).[6] Ist der **Aufsichtsratsvorsitzende** verhindert, kann er sich durch seinen Stellvertreter vertreten lassen (§ 107 Abs. 1 S. 3).[7]

Die Anmeldung ist eine **Rechtspflicht** gegenüber der Gesellschaft. Eine Verletzung dieser Pflicht 3 kann zu Schadensersatzansprüchen (§§ 93, 116 S. 1) und einer Abberufung aus wichtigem Grund (§ 84 Abs. 3, § 103 Abs. 3) führen.[8] Die Pflicht zur Anmeldung ergibt sich aus dem Organverhältnis zur Gesellschaft. Der Aufsichtsrat könnte daher vom Vorstand auf Vornahme der Anmeldung verklagen.[9] Gemäß § 407 Abs. 2 S. 1 kann die Anmeldung nicht vom Registergericht durch Zwangsgeld erzwungen werden. Eine Pflicht zur Anmeldung besteht auch, wenn der Beschluss anfechtbar ist und zwar auch dann, wenn bereits Anfechtungsklage erhoben ist.[10] Die Entscheidung über die Eintragung hat dann der Registerrichter zu treffen. Liegt ein **Nichtigkeitsgrund** vor, muss der Beschluss nicht angemeldet zu werden. Auch in einem solchen Falle, insbesondere bei Zweifeln über die Rechtslage, kann die Anmeldung aber vorgenommen werden. Dabei sollte der Registerrichter wie im Falle der Anfechtbarkeit auf die bestehenden Bedenken hingewiesen werden (näher → § 181 Rn. 9 ff.).[11]

Die Anmeldung hat grundsätzlich **unverzüglich** (§ 121 Abs. 1 S. 1 BGB) zu erfolgen. Die Haupt- 4 versammlung kann Vorstand und Aufsichtsratsvorsitzenden aber anweisen, die Anmeldung erst später vorzunehmen. Dabei darf dem Vorstand aber kein Ermessen eingeräumt werden.[12] Eine **Rücknahme** der Anmeldung ist bis zur Eintragung der Kapitalherabsetzung jederzeit möglich.[13] Hat die Hauptversammlung den Kapitalherabsetzungsbeschluss aufgehoben (→ § 222 Rn. 30), besteht sogar eine Pflicht zur Rücknahme.[14] Die Rücknahme hat wie die Anmeldung durch den Vorstand und den Aufsichtsratsvorsitzenden zu erfolgen (§ 223 analog).

III. Eintragungsverfahren

Die Anmeldung besteht in dem Antrag an das Registergericht auf Eintragung des Kapitalherabset- 5 zungsbeschlusses in das Handelsregister. Dafür gilt das Antragsverfahren gemäß §§ 23 ff. FamFG. Zuständig ist das **Amtsgericht** am Sitz der Gesellschaft (§ 14 AktG iVm § 23a Abs. 1 Nr. 2 GVG). Die Anmeldung hat in öffentlich beglaubigter Form zu geschehen, wobei die Anmeldenden nicht mit der Firma, sondern mit ihrem Namen unterschreiben (§ 12 Abs. 1 HGB).

Der Anmeldung sind alle zur Prüfung der Eintragung erforderlichen Unterlagen beizufügen. 6 Dazu gehört vor allem die **notarielle Niederschrift** der Hauptversammlung, welche die Kapitalherabsetzung beschlossen hat, sowie die Niederschrift über etwaige Sonderbeschlüsse gemäß § 222 Abs. 2. Bedarf die Kapitalherabsetzung staatlicher Genehmigung, muss der Anmeldung nach der Aufhebung von § 181 Abs. 1 S. 3 durch das ARUG[15] die **Genehmigungsurkunde** nicht mehr beigefügt werden. Soweit die Unterlagen dem Gericht bereits vorliegen, kann auf sie Bezug genommen werden. Die Anmeldung der Kapitalherabsetzung ist mit der **Anmeldung der Satzungsänderung** zu verbinden (→ Rn. 1). Diese Anmeldung kann vom Vorstand in vertretungsberechtigter Zahl allein vorgenommen werden. Ihr ist ein Nachweis über die Satzungsänderung durch Beschluss der Hauptversammlung oder des Aufsichtsrates gemäß § 179

---

[2] Hüffer/Koch/*Koch* Rn. 3; MüKoAktG/*Oechsler* Rn. 2.
[3] KG KGJ 41 A 134 (135); Hüffer/Koch/*Koch* Rn. 3; MüKoAktG/*Oechsler* Rn. 2.
[4] KG JW 1938, 3121; Hüffer/Koch/*Koch* Rn. 3; Kölner Komm AktG/*Lutter* Rn. 2; MüKoAktG/*Oechsler* Rn. 3.
[5] Kölner Komm AktG/*Lutter* Rn. 2.
[6] KG KGJ 28 A 236; Hüffer/Koch/*Koch* Rn. 3; Kölner Komm AktG/*Lutter* Rn. 2; MüKoAktG/*Oechsler* Rn. 2.
[7] Hüffer/Koch/*Koch* Rn. 3.
[8] Hüffer/Koch/*Koch* Rn. 3; MüKoAktG/*Oechsler* Rn. 3; Bürgers/Körber/*Becker* § 222 Rn. 3; Großkomm AktG/*Sethe* Rn. 8.
[9] Kölner Komm AktG/*Lutter* Rn. 3; K. Schmidt/Lutter/*Veil* Rn. 3; Hölters/*Haberstock/Greitemann* Rn. 8.
[10] Kölner Komm AktG/*Lutter* Rn. 3.
[11] Großkomm AktG/*Sethe* Rn. 10.
[12] S. dazu näher *Lutter* FS Quack, 1991, 301 (316 f.).
[13] BGH NJW 1959, 1323; BayObLG DNotZ 1963, 732; KG OLGRspr. 43, 204 (205).
[14] Hüffer/Koch/*Koch* Rn. 3; Kölner Komm AktG/*Lutter* Rn. 8; MüKoAktG/*Oechsler* Rn. 3.
[15] Gesetz zur Umsetzung der Aktionärsrechterichtlinie (ARUG) v. 30.7.2009, BGBl. 2009 I 2479.

Abs. 1 S. 2 beizufügen. Erforderliche Anlage ist außerdem eine Neufassung des Wortlauts der Satzung mit der **Notarbescheinigung** gemäß § 181 Abs. 1 S. 2.[16] Die Anlagen für beide Anmeldungen sind in Urschrift, Ausfertigung oder öffentlich beglaubigter Abschrift vorzulegen.[17]

7 Hat die Hauptversammlung die Kapitalherabsetzung nur als **Höchstbetrag** oder unter einer aufschiebenden **Bedingung** beschlossen, so ist die genaue Höhe des Herabsetzungsbetrages oder der Eintritt der Bedingung nachzuweisen.[18] Die Eintragung einer der Höhe nach offenen Kapitalherabsetzung widerspricht der Funktion des Handelsregisters, eindeutige Auskünfte über die bestehende Rechtslage zu geben.[19] Steht der erforderliche Umfang der Kapitalherabsetzung im Zeitpunkt der Beschlussfassung noch nicht fest, kann er auf Grund einer Prognose festgesetzt werden, wobei diese Festsetzung mit der Bestimmung verbunden werden kann, dass überschüssige Beträge in die Kapitalrücklage eingestellt werden (vgl. § 232).[20] Diese Grundsätze gelten bei einer durch **Zuzahlungen** auflösend bedingten Kapitalherabsetzung (vgl. → § 222 Rn. 11) entsprechend. Auch hier muss bis zur Eintragung des Kapitalherabsetzungsbeschlusses geklärt sein, ob und in welchem Umfang Zuzahlungen vorgenommen wurden.[21]

8 Das Gericht prüft die Ordnungsmäßigkeit der Anmeldung und die Übereinstimmung des Kapitalherabsetzungsbeschlusses mit Gesetz und Satzung. Etwaige **Nichtigkeitsgründe** (§ 241) hat es von Amts wegen zu beachten. Ihr Vorliegen führt zur Abweisung des Eintragungsantrags.[22] Liegt ein **Anfechtungsgrund** vor, darf das Gericht die Eintragung nur zurückweisen, wenn Drittinteressen und nicht nur Interessen der beschließenden Aktionäre betroffen sind.[23] Ein solcher Fall liegt zB vor, wenn der Beschluss der Hauptversammlung keine Angaben über den Zweck der Kapitalherabsetzung (§ 222 Abs. 3) enthält.[24] Ist aufgrund eines Widerspruchs zur Niederschrift der Hauptversammlung mit einer Anfechtungsklage zu rechnen, kann das Gericht den Ablauf der Anfechtungsfrist abwarten, bevor es über die Eintragung entscheidet. Auch eine weitergehende Aussetzung der Eintragung, zB bis zur erstinstanzlichen oder einer rechtskräftigen Entscheidung ist zulässig (§§ 381, 21 FamFG).

9 Das Registergericht ist an die Anmeldung gebunden. Sind alle Voraussetzungen erfüllt, hat es die beantragte **Eintragung vorzunehmen.** Im Übrigen kann es den Antrag auf Eintragung **abweisen** oder zur Behebung nachholbarer Mängel eine **Zwischenverfügung** erlassen. Gegen die Zurückweisung der Eintragung ist die Beschwerde gegeben, über die das OLG entscheidet (§ 58 Abs. 1 FamFG iVm § 119 Abs. 1 Nr. 1b GVG). Bei Zulassung besteht auch die Möglichkeit der Rechtsbeschwerde zum BGH (§ 70 FamFG iVm § 133 GVG). Beschwerdeberechtigt ist die Gesellschaft, vertreten durch den Vorstand.

10 Ist gegen den Kapitalherabsetzungsbeschluss Klage erhoben, kann die Gesellschaft ergänzend zur Anmeldung beim Registergericht gemäß § 246a beim Oberlandesgericht die **Freigabe der Eintragung** beantragen (§ 246a). Wird diesem Freigabeantrag entsprochen, ist das Registergericht verpflichtet, die Eintragung vorzunehmen (vgl. § 246a Abs. 3 S. 4). Die auf diesem Wege erreichte Eintragung hat **Bestandskraft** auch für den Fall, dass der – durch die Eintragung nicht berührten – Anfechtungs- oder Nichtigkeitsklage später stattgegeben wird (vgl. § 242 Abs. 2 S. 5). Der Kläger kann dann von der Gesellschaft nur noch Schadensersatz verlangen (§ 246a Abs. 4). Wurde der Kapitalherabsetzungsbeschluss dagegen ohne einen solchen Freigabebeschluss eingetragen und erweist sich die gegen den Beschluss erhobene Klage als begründet, so ist die Kapitalherabsetzung nichtig und daher grundsätzlich **rückabzuwickeln**. Zu diesem Zweck müsste das Grundkapital entsprechend wieder erhöht werden. Wie dies geschehen kann, ist vor allem dann unklar, wenn mit der Herabsetzung Gesellschaftsvermögen ausgeschüttet wurde und der Aktionärskreis breit gestreut ist. Eine Wiedereinzahlung der zurückgewährten Einlagen ist dann praktisch nicht erreichbar, sodass

---

[16] Hüffer/Koch/*Koch* Rn. 1; *Terbrack* RNotZ 2003, 89 (96).
[17] Hüffer/Koch/*Koch* Rn. 4; Grigoleit/*Rieder* Rn. 5.
[18] Kölner Komm AktG/*Lutter* Rn. 13f; MHdB AG/*Scholz* § 61 Rn. ... ; *Busch* in Marsch-Barner/Schäfer Börsennotierte AG-HdB Rn. 47.20; K. Sch...
[19] Vgl. Hüffer/Koch/*Koch* Rn. 2; Kölner Komm AktG/*Lutter* R... ; MHdB AG/*Scholz* § 61 Rn. 37; aA GHEK/*Hefermehl* Rn. 10; Großkomm A...
[20] Vgl. Hüffer/Koch/*Koch* § 222 Rn. 12; *Busch* in Marsch-Barner... Rn. 47.6.
[21] MüKoAktG/*Oechsler* Rn. 10; vgl. auch Kölner Komm Ak... Quack, 1991, 301 ff.
[22] Kölner Komm AktG/*Lutter* Rn. 11; MüKoAktG/*Oechsler* Rn. ...
[23] Hüffer/Koch/*Koch* Rn. 5; *Lutter* NJW 1969, 1873 (1878); M... n Marsch-Barner/Schäfer Börsennotierte AG-HdB Rn. 47.23; Hölters/*Haber*... auch Kölner Komm AktG/*Lutter* Rn. 11.
[24] Kölner Komm AktG/*Lutter* Rn. 11; MüKoAktG/*Oechsler* Rn. ...

sich die Frage stellt, ob nicht schon deshalb die Bestandskraft der Kapitalherabsetzung auch für die Zukunft anzuerkennen ist.[25] Formale Mängel eines Herabsetzungsbeschlusses können uU auch durch einen Bestätigungsbeschluss gemäß § 244 geheilt werden.

Im Handelsregister **einzutragen** ist die neue Höhe des **Grundkapitals** (§ 181 Abs. 2 S. 1, § 39 Abs. 1). Im Übrigen kann auf den Inhalt des Herabsetzungsbeschlusses Bezug genommen werden (§ 181 Abs. 2 S. 1). Eine fehlerhafte Eintragung ist nicht anfechtbar (§ 383 Abs. 3 FamFG). Sie ist aber zu löschen (§ 398 FamFG).

Das Registergericht hat die Tatsache der Kapitalherabsetzung und die neue Höhe des Grundkapitals nebst seiner Zerlegung in Aktien gemäß § 23 Abs. 3 Nr. 4 **bekanntzumachen** (§ 181 Abs. 2 S. 2, § 40, 39 Abs. 1 AktG, § 10 HGB). In der Bekanntmachung ist darauf hinzuweisen, dass den Gläubigern der Gesellschaft ein **Recht auf Sicherheitsleistung** zusteht (§ 225 Abs. 1 S. 2).

§ 224 Wirksamwerden der Kapitalherabsetzung

Mit der Eintragung des Beschlusses über die Herabsetzung des Grundkapitals ist das Grundkapital herabgesetzt.

Schrifttum: *Busch*, Aktienrechtliche Probleme der Begebung von Genussrechten zwecks Eigenkapitalverbreiterung, AG 1994, 93; *Emde*, Die Auswirkungen von Veränderungen des Unternehmenskapitals auf Bestand und Inhalt von Genußrechten, DB 1989, 209; *Frantzen*, Genußscheine, 1993; *Habersack*, Genußrechte und sorgfaltswidrige Geschäftsführung, ZHR 155 (1991), 378; *Hirte*, Genußschein und Kapitalherabsetzung, ZIP 1991, 1461; *A. Hueck*, Die Behandlung von Wandelschuldverschreibungen bei Änderung des Grundkapitals, DB 1963, 1347; *Hüffer*, § 216 Abs. 3 AktG: Sondernorm oder allgemeiner Rechtsgedanke?, FS Bezzenberger, 2000, 191; *Ihrig/Wagner*, Volumengrenzen für Kapitalmaßnahmen der AG, NZG 2002, 657; *Lutter*, Genußrechtsfragen, ZGR 1993, 291; *Meilicke*, Wandelschuldverschreibungen bei Kapitalherabsetzungen, BB 1963, 500; *Sethe*, Genussrechte: Rechtliche Rahmenbedingungen und Anlegerschutz, AG 1993, 291 (351); *Siebel*, Aktienspitzen, NJW 1952, 330; *Vollmer*, Der Genußschein – ein Instrument für mittelständische Unternehmen zur Eigenkapitalbeschaffung an der Börse, ZGR 1983, 445; *Vollmer/Lorch*, Der Schutz des aktienähnlichen Genußkapitals bei Kapitalveränderungen, ZBB 1992, 44.

Übersicht

	Rn.		Rn.
I. Konstitutive Wirkung der Eintragung	1	4. Genehmigtes und bedingtes Kapital	11
		5. Auswirkungen auf Dritte	12–15
II. Rechtsfolgen der Eintragung	2–15	III. Durchführung der Kapitalherabsetzung	16
1. Zeitpunkt der Rechtsänderung	2, 3		
2. Aufhebung und Änderung	4, 5	IV. Buchungspflichten	17
3. Rechtsfolgen für die Aktionäre	6–10	V. Fehlerhafte Kapitalherabsetzung	18

I. Konstitutive Wirkung der Eintragung

Nach § 224 wird die Kapitalherabsetzung mit der Eintragung des Beschlusses über die Herabsetzung des Grundkapitals im Handelsregister wirksam. Die **Eintragung**, die gemäß §§ 10, 11 HGB bekannt zu machen ist, wirkt **konstitutiv** und schafft damit Rechtssicherheit.[1] Die Kapitalherabsetzung muss zwar noch durchgeführt werden; die Durchführung ist auch in das Handelsregister einzutragen (§ 227). Diese Eintragung wirkt aber nur deklaratorisch (→ § 227 Rn. 1). Bei der ordentlichen Kapitalerhöhung ist dies genau umgekehrt. Dort wirkt die Eintragung des Kapitalerhöhungsbeschlusses lediglich deklaratorisch (vgl. § 184). Erst die Eintragung der Durchführung ist konstitutiv (→ § 189 Rn. 1). Diese unterschiedliche Regelung erklärt sich daraus, dass der Vorgang der Kapitalaufbringung erst mit der Durchführung des Kapitalerhöhungsbeschlusses, nämlich der Leistung der vorgesehenen Einlagen, abgeschlossen ist. Bei der Kapitalherabsetzung fehlt diese Besonderheit.[2] Schon die Eintragung des Beschlusses führt daher – wie bei der Satzungsänderung (§ 181 Abs. 3) – zu der Rechtsänderung. Die Durchführung ist lediglich eine Folge davon.[3]

---

[25] Vgl. dazu *Krieger* ZHR 158 (1994), 35 (53); *Busch* in Marsch-Barner/Schäfer Börsennotierte AG-HdB Rn. 47.25.
[1] Hüffer/Koch/*Koch* Rn. 1; Kölner Komm AktG/*Lutter* Rn. 2; MüKoAktG/*Oechsler* Rn. 1.
[2] Allgemeine Ansicht, vgl. Hüffer/Koch/*Koch* Rn. 1; MüKoAktG/*Oechsler* Rn. 1.
[3] RGZ 101, 199 (201); Kölner Komm AktG/*Lutter* Rn. 2.

II. Rechtsfolgen der Eintragung

2 **1. Zeitpunkt der Rechtsänderung.** Mit der Eintragung des Beschlusses besteht das Grundkapital der Gesellschaft nur noch in Höhe des verminderten Betrags. Dieser ist jetzt maßgebend, soweit es auf die **Höhe des Grundkapitals** ankommt. Dies gilt für alle Fälle, in denen ein Beschluss der Hauptversammlung einer (qualifizierten) Mehrheit des Grundkapitals bedarf (zB § 179 Abs. 2, § 182 Abs. 1, § 193 Abs. 1, § 202 Abs. 2, § 222 Abs. 1, § 293 Abs. 1, § 319 Abs. 2 AktG; § 65 Abs. 1 UmwG, §§ 125, 240 Abs. 1 UmwG) oder in denen ein Minderheitenrecht von einem bestimmten Teil des Grundkapitals abhängt (zB § 93 Abs. 4 S. 3, § 103 Abs. 3 S. 3, § 120 Abs. 2 S. 2, § 122 Abs. 2, § 142 Abs. 2 S. 1, § 147 Abs. 2 S. 2, § 148 Abs. 1 S. 1, § 258 Abs. 2 S. 3 AktG; § 318 Abs. 3 HGB). Das neue Grundkapital gilt auch in allen übrigen Fällen, in denen es auf die Grundkapitalziffer ankommt (zB § 52 Abs. 1, § 95 Abs. 3, § 150 Abs. 2, § 192 Abs. 3, § 202 Abs. 3).

3 Die Regelung des § 224 ist zwingend. Die Kapitalherabsetzung kann deshalb nicht auf einen Zeitpunkt vor der Eintragung des Beschlusses **zurückbezogen** werden.[4] Eine lediglich bilanzielle Rückwirkung sieht § 234 bei der vereinfachten Kapitalherabsetzung vor. Das Wirksamwerden der Kapitalherabsetzung kann auch nicht – vom Sonderfall der Herabsetzung durch Einziehung abgesehen (vgl. § 238 S. 1 2. Alt.) – auf einen **späteren Zeitpunkt** hinausgeschoben werden.[5] Dies würde dem Zweck des Gesetzes, Rechtssicherheit zu schaffen (→ Rn. 1), zuwiderlaufen.

4 **2. Aufhebung und Änderung.** Mit der Eintragung des Herabsetzungsbeschlusses kann dieser von der Hauptversammlung **nicht mehr aufgehoben** oder **geändert** werden (→ § 222 Rn. 30). Soll die Kapitalherabsetzung rückgängig gemacht werden, ist dies nur durch eine Wiedererhöhung des Grundkapitals möglich. Stellt sich nach Eintragung einer sanierenden Kapitalherabsetzung heraus, dass die auszugleichenden Verluste geringer sind als bei der Beschlussfassung angenommen, ist der nicht benötigte Betrag entsprechend § 232 in die Kapitalrücklage einzustellen.[6] Diese kann dann im Wege einer **Kapitalerhöhung aus Gesellschaftsmitteln** wieder in Grundkapital umgewandelt werden (vgl. §§ 207, 208).[7] Das Grundkapital kann auch im Wege einer Kapitalerhöhung gegen Einlagen (§§ 182, 202) wieder auf den ursprünglichen Betrag erhöht werden. Dazu ist allerdings erforderlich, dass die Aktionäre zur Leistung der neuen Einlagen bereit sind; eine Verpflichtung dazu besteht grundsätzlich nicht.

5 Anders als die Kapitalherabsetzung selbst kann deren **Zweck** (§ 222 Abs. 3) auch noch nach Eintragung des Herabsetzungsbeschlusses geändert werden. Erforderlich ist dazu ein entsprechender Beschluss der Hauptversammlung, der nach den Vorschriften der §§ 222 ff. zu fassen und in das Handelsregister einzutragen ist.[8] Werden bei einer vereinfachten Kapitalherabsetzung Teilbeträge für einen der Zwecke des § 229 Abs. 1 nicht benötigt, steht einer nachträglichen Umwidmung allerdings § 232 entgegen.[9] Bestand der Zweck der Herabsetzung in der teilweisen Rückzahlung des Grundkapitals, bedarf die nachträgliche Zweckänderung der Zustimmung aller Aktionäre, da diese mit der Eintragung der Herabsetzung einen entsprechenden Auszahlungsanspruch erworben haben.[10] Die Sperrfrist nach § 225 Abs. 2 S. 1 läuft dann bereits ab der Bekanntmachung der Eintragung des ersten Beschlusses.[11]

6 **3. Rechtsfolgen für die Aktionäre.** Bei einer Kapitalherabsetzung durch **Herabsetzung der Aktiennennbeträge** (§ 222 Abs. 4 S. 1) lauten die Aktien ab dem Zeitpunkt der Eintragung auf den neuen niedrigeren Nennbetrag. Nach diesem richten sich Stimmrecht, Bezugsrecht und Gewinnanspruch. Dies gilt auch dann, wenn Aktienurkunden ausgegeben sind und diese noch auf den alten Nennbetrag lauten. Die Urkunden sind insoweit unrichtig; sie verbriefen tatsächlich nur noch Mitgliedsrechte mit dem herabgesetzten Nennbetrag.[12] Die alten Urkunden sind deshalb entweder durch Überstempelung zu berichtigen oder gegen neue Urkunden auszutauschen.

---

[4] Hüffer/Koch/*Koch* Rn. 8; MHdB AG/*Scholz* § 61 Rn. 39; Kölner Komm AktG/*Lutter* Rn. 3; MüKoAktG/*Oechsler* Rn. 3; Großkomm AktG/*Sethe* Rn. 4; K. Schmidt/Lutter/*Veil* Rn. 2.
[5] Hüffer/Koch/*Koch* Rn. 8; MHdB AG/*Scholz* § 61 Rn. 39; Kölner Komm AktG/*Lutter* Rn. 4; MüKoAktG/*Oechsler* Rn. 4; Großkomm AktG/*Sethe* Rn. 5; K. Schmidt/Lutter/*Veil* Rn. 2; s. aber KGJ 28 A 216, 224.
[6] Vgl. BGH NJW 1993, 57; Hüffer/Koch/*Koch* Rn. 3.
[7] Kölner Komm AktG/*Lutter* Rn. 6.
[8] Hölters/Haberstock/*Greitemann* § 224 Rn. 9; Hüffer/Koch/*Koch* Rn. 3; MHdB AG/*Scholz* § 61 Rn. 46; Kölner Komm AktG/*Lutter* Rn. 7.
[9] MüKoAktG/*Oechsler* Rn. 8.
[10] Hüffer/Koch/*Koch* Rn. 3; MHdB AG/*Scholz* § 61 Rn. 46; Großkomm AktG/*Sethe* Rn. 32.
[11] MüKoAktG/*Oechsler* Rn. 6; K. Schmidt/Lutter/*Veil* Rn. 4.
[12] Hüffer/Koch/*Koch* Rn. 3; MHdB AG/*Scholz* § 61 Rn. 42; Kölner Komm AktG/*Lutter* Rn. 10; MüKoAktG/*Oechsler* Rn. 16; *Busch* in Marsch-Barner/Schäfer Börsennotierte AG-HdB Rn. 47.27.

Auch bei der Herabsetzung durch **Zusammenlegung von Aktien** (§ 222 Abs. 4 S. 2) verändern **7**
sich die Mitgliedschaftsrechte mit der Eintragung des Beschlusses. Die alten Aktienurkunden verbriefen nur noch Mitgliedschaftsrechte in dem Umfang, wie er sich aus der Kapitalherabsetzung ergibt. Bei einer Kapitalherabsetzung im Verhältnis 3 : 2 verbriefen demgemäß bis zum Umtausch drei alte Aktienurkunden nur noch die Rechte von zwei Aktien.[13]

Soweit sich bei der Zusammenlegung von Aktien auf Grund des Zusammenlegungsverhältnisses **8**
Spitzen ergeben (Beispiel: Zusammenlegungsverhältnis 5 : 3, Aktionär hat nur zwei Aktien), führen diese zu **Bruchteilsrechten**. Diese können im Rahmen der Zusammenlegung veräußert oder durch Hinzuerwerb fehlender Spitzen zu einem Vollrecht ergänzt werden. Umstritten ist, ob aus solchen Spitzen bis zum Abschluss des Zusammenlegungsverfahrens Mitgliedschaftsrechte wie insbesondere das **Stimmrecht** ausgeübt werden können. Mit der hM[14] ist dies zu bejahen. Das Stimmrecht ist grundsätzlich zwar unteilbar. Auch ein Aktionär, der Spitzen hält, ist insoweit aber Mitglied und hat deshalb die seiner Quote entsprechenden Rechte einschließlich Stimmrecht. Im Rahmen des Zusammenlegungsverfahrens können diese Teilrechte auch übertragen werden. Ein **gutgläubiger Erwerb** von Vollrechten scheidet dabei allerdings aus. Aktien, die nur noch Teilrechte darstellen, verbriefen unabhängig von ihrer wertpapierrechtlichen Ausstattung nur noch diese Teilrechte.[15]

Besteht der Zweck der Kapitalherabsetzung darin, **Teile des Grundkapitals** an die Aktionäre **9**
zurückzuzahlen (§ 222 Abs. 3), so entsteht mit der Eintragung des Herabsetzungsbeschlusses ein entsprechender Zahlungsanspruch der Aktionäre. Dieser ist allerdings gemäß § 225 Abs. 2 S. 1 befristet. Er hängt außerdem davon ab, dass die Gesellschaft den Gläubigern Befriedigung oder Sicherheit gewährt und ist insoweit auch aufschiebend bedingt.[16] Entstehen zwischenzeitlich Verluste, berührt dies den vorher entstandenen Anspruch nicht.[17] Besteht der Zweck der Herabsetzung in dem **Erlass von restlichen Einlagen,** so haben die Aktionäre mit der Eintragung Anspruch auf Abschluss eines Erlassvertrages iSv § 397 BGB.[18] Auch dieser Anspruch unterliegt den Einschränkungen gemäß § 225 Abs. 2 S. 1. Außerdem darf der Gesamtbetrag des Erlasses nicht höher sein als der Betrag der Kapitalherabsetzung (§ 66 Abs. 3).

Sieht der Herabsetzungsbeschluss vor, dass die Kapitalherabsetzung durch **freiwillige Zuzahlun-** **10**
gen abgewendet werden kann, endet diese Befugnis mit der Eintragung des Herabsetzungsbeschlusses. Die Zahlungen müssen deshalb vor diesem Zeitpunkt geleistet werden. Später zugegangene Zahlungen können gemäß § 812 Abs. 1 S. 1 Hs. 1 BGB zurückgefordert werden.[19]

4. Genehmigtes und bedingtes Kapital. Auf ein bestehendes genehmigtes oder bedingtes **11**
Kapital hat die Kapitalherabsetzung keine Auswirkungen. Dies gilt auch dann, wenn dadurch nachträglich der **Höchstbetrag** gemäß den § 192 Abs. 3, § 202 Abs. 3 **überschritten** wird.[20] Ist das genehmigte Kapital noch nicht ausgenutzt, stellt sich die Frage, ob es auch noch insoweit ausgenutzt werden darf, als dadurch der neue gesetzliche Höchstbetrag überschritten wird. Diese Frage stellt sich entsprechend auch beim bedingten Kapital, wenn zB eine Ermächtigung nach §§ 221 iVm 192 Abs. 2 Nr. 1 noch nicht ausgenutzt ist. Da das Gesetz gerade keine Anpassung an das herabgesetzte Grundkapital verlangt, ist davon auszugehen, dass das genehmigte oder bedingte Kapital weiter in vollem Umfang genutzt werden können.[21]

---

[13] BGH ZIP 1991, 1423 (1424 f.); Hüffer/Koch/*Koch* Rn. 6, 7; MHdB AG/*Scholz* § 61 Rn. 42; Kölner Komm AktG/*Lutter* Rn. 10.

[14] OLG Hamburg AG 1991, 242 (243); Hüffer/Koch/*Koch* Rn. 6; MHdB AG/*Scholz* § 61 Rn. 43; K. Schmidt/Lutter/*Veil* Rn. 5; *Decher* EWiR 1991, 327; GHEK/*Hefermehl* Rn. 11; Großkomm AktG/*Sethe* Rn. 12; Grigoleit/*Rieder* Rn. 5; *Siebel* NJW 1952, 330 (331); für Restgesellschaft auch BGH ZIP 1991, 1423 (1426); einschränkend (anteilige Rechte mit Ausnahme des Stimmrechts) Kölner Komm AktG/*Lutter* Rn. 13 und MüKoAktG/*Oechsler* Rn. 11; diesen folgend Bürgers/Körber/*Becker* Rn. 7.

[15] Hüffer/Koch/*Koch* Rn. 6; Kölner Komm AktG/*Lutter* Rn. 13; MüKoAktG/*Oechsler* Rn. 17, 19; Großkomm AktG/*Sethe* Rn. 14; vgl. auch BGH ZIP 1991, 1423 (1426).

[16] Hüffer/Koch/*Koch* Rn. 7; MHdB AG/*Scholz* § 61 Rn. 40; Kölner Komm AktG/*Lutter* Rn. 15; Grigoleit/ *Rieder* § 224 Rn. 8.

[17] GHEK/*Hefermehl* Rn. 9; Kölner Komm AktG/*Lutter* Rn. 16.

[18] Hüffer/Koch/*Koch* Rn. 7; MüKoAktG/*Oechsler* Rn. 15; aA GHEK/*Hefermehl* Rn. 10, der von einer sofortigen Befreiung ausgeht.

[19] Hüffer/Koch/*Koch* Rn. 7; Kölner Komm AktG/*Lutter* Rn. 8; MüKo AktG/*Oechsler* Rn. 2; Grigoleit/*Rieder* Rn. 8; aA Großkomm AktG/*Sethe* Rn. 6 (Zuzahlung nur bis zur Anmeldung).

[20] Kölner Komm AktG/*Lutter* Rn. 18; *Tielmann* in Happ AktienR 14.01 Rn. 13 und 14.02 Rn. 10; Bürgers/ Körber/*Becker* Rn. 2; vgl. auch *Weiler* NZG 2009, 46 zum bedingten Kapital.

[21] MHdB AG/*Scholz* § 61 Rn. 41; Kölner Komm AktG/*Lutter* Rn. 18; Hölters/*Haberstock/Greitemann* Rn. 25; ohne Begründung aA *Ihrig/Wagner* NZG 2002, 657 (660); aA auch *Busch* in Marsch-Barner/Schäfer Börsennotierte AG-HdB Rn. 47.26 für die Ausnutzung eines genehmigten Kapitals nach § 186 Abs. 3 S. 4.

12 **5. Auswirkungen auf Dritte.** Soweit vertragliche Rechte Dritter von einem in Prozent des Grundkapitals ausgedrückten **Dividendensatz** abhängen, werden diese Rechte durch die Kapitalherabsetzung aufgewertet. Gläubiger von partiarischen Darlehen, Genussrechten, Gewinnschuldverschreibungen (§ 221 Abs. 1 S. 1), Ausgleichsleistungen nach § 304 Abs. 2 und 3 sowie Tantiemeberechtigte können auf diese Weise begünstigt werden. Die gleiche Situation kann sich bei **Umtausch- oder Bezugsrechten** im Rahmen von Wandel- und Optionsanleihen (§ 221 Abs. 1 S. 1) oder bei **Abfindungsansprüchen** in Aktien (§ 305 Abs. 2 Nr. 1 und 2) ergeben. Die Kapitalherabsetzung führt in solchen Fällen dazu, dass der Anspruchsberechtigte eine verhältnismäßig größere Beteiligung am Grundkapital erhält als bei Begründung der Rechte vorgesehen. Ob solche Rechte deshalb im Falle einer Kapitalherabsetzung zu reduzieren sind, hängt in erster Linie vom Inhalt der getroffenen Vereinbarungen ab. Sieht diese keine **Anpassung** vor, ist im Wege der **ergänzenden Vertragsauslegung** (§§ 133, 157 BGB) zu klären, ob eine Anpassung der vertraglichen Regelung geboten ist.[22]

13 Im Falle einer **Dividendengarantie** gilt im Zweifel die alte Grundkapitalziffer weiter, weil die Garantie gerade der Absicherung gegen Verluste dient.[23] Dies gilt allerdings nicht, wenn die Kapitalherabsetzung dazu dient, die freiwerdenden Mittel an die Aktionäre zurückzuzahlen. Bei **Options- und Wandelschuldverschreibungen,** selbständigen **Aktienoptionen** und **Genussscheinen** enthalten die allgemeinen Geschäftsbedingungen meist Anpassungsklauseln, die auch den Fall der Kapitalherabsetzung regeln.[24] Soweit solche Regelungen fehlen und sich aus dem Gesamtzusammenhang nichts ergibt, ist grundsätzlich eine Anpassung entsprechend den Wertungen der **§ 216 Abs. 3 AktG, § 23 UmwG, § 57m Abs. 3 GmbHG,** vorzunehmen.[25] Dabei ist nach der Art der jeweiligen Kapitalherabsetzung zu differenzieren. Erfolgt die Herabsetzung zur Rückzahlung von Grundkapital, liegt wirtschaftlich eine außerordentliche Dividende vor. Diese führt bei Wandel- und Optionsanleihen wie eine sonstige Dividendenzahlung zu einer Reduzierung des Wandlungs- bzw. Ausübungspreises. Bei einer Kapitalherabsetzung zur Deckung von Verlusten kommt alternativ eine Anpassung des Wandlungs- oder Optionspreises oder des Umtausch- oder Bezugsrechts in Bezug auf die Anzahl und den Nennbetrag der zu gewährenden Aktien in Betracht. Auch im Falle einer Einziehung von Stückaktien ohne Kapitalherabsetzung (§ 237 Abs. 3 S. 3) ist der Wandlungspreis unter Reduzierung der Anzahl der gewährenden Bezugsaktien nach oben anzupassen.[26]

14 Im Falle Klöckner wurde dass **Genussrechtskapital** auf Grund einer Anpassungsklausel in den Genussrechtsbedingungen in demselben Verhältnis wie das Grundkapital herabgesetzt. Der BGH hat diese Regelung auch für den Fall anerkannt, dass das Grundkapital gemäß § 228 Abs. 1 auf Null herabgesetzt und damit das Genussrechtskapital praktisch aufgehoben wurde.[27] Das Grundkapital muss dann allerdings mindestens auf den Betrag des § 7 wieder erhöht werden, wobei den Alt-Aktionären ein ihrer Beteiligung entsprechendes Bezugsrecht zusteht (§ 186 Abs. 1 S. 1). Ob in einem solchen Fall in gleichem Verhältnis auch das Genussrechtskapital wieder aufgestockt werden muss, ist streitig.[28] Da für das Genussrechtskapital kein Mindestbetrag vorgeschrieben ist, besteht eine solche Verpflichtung nach zutreffender Ansicht nicht. Eine Pflicht zur Wiederaufstockung des Genussrechtskapitals besteht auch dann nicht, wenn sich nach der Herabsetzung des Grundkapitals auf Null ergibt, dass die Kapitalherabsetzung in dem beschlossenen Umfang nicht zur Sanierung

---

[22] RGZ 147, 42 (48); BGH NJW 1993, 57 (61 f.) – Klöckner; Hüffer/Koch/*Koch* Rn. 12; MHdB AG/ *Scholz* § 61 Rn. 44; Kölner Komm AktG/*Lutter* Rn. 19; *Busch* in Marsch-Barner/Schäfer Börsennotierte AG-HdB Rn. 47.29; K. Schmidt/Lutter/*Veil* Rn. 7; Bürgers/Körber/*Becker* Rn. 10.
[23] RGZ 147, 42 (48); Hüffer/Koch/*Koch* Rn. 12; Kölner Komm AktG/*Lutter* Rn. 20; MHdB AG/*Scholz* § 61 Rn. 44; *Meilicke* BB 1963, 500; *Busch* in Marsch-Barner/Schäfer Börsennotierte AG-HdB Rn. 47.30; Bürgers/Körber/*Becker* Rn. 11.
[24] BGH NJW 1993, 57; Hüffer/Koch/*Koch* Rn. 11; gegen die Zulässigkeit solcher Anpassungsklauseln in Genussscheinbedingungen *Hirte* ZIP 1991, 1461 (1467).
[25] *Busch* in Marsch-Barner/Schäfer Börsennotierte AG-HdB Rn. 47.29; Hölters/Haberstock/Greitemann Rn. 21; MHdB AG/*Scholz* § 61 Rn. 44; MüKoAktG/*Oechsler* Rn. 25; Kölner Komm AktG/*Lutter* Rn. 19; Großkomm AktG/*Sethe* Rn. 17; K. Schmidt/Lutter/*Veil* Rn. 7; *Meilicke* BB 1963, 500 (501); GHEK/*Karollus* § 221 Rn. 199 (422); zu Genussrechten *Hirte* ZIP 1991, 1461 (1465); *Emde* DB 1989, 209 (212 f.); *Frantzen*, Genußscheine, 1993, 269; *Vollmer* ZGR 1983, 445 (465 f.); *Vollmer/Lorch* ZBB 1992, 44 (46); gegen eine Anpassung dagegen *Hueck* DB 1963, 1347 (1348); Hüffer/Koch/*Koch* Rn. 13 und NK-AktR/*Terbrack* Rn. 19.
[26] *Busch* in Marsch-Barner/Schäfer Börsennotierte AG-HdB Rn. 47.29.
[27] BGH NJW 1993, 57 = AG 1993, 125 mit Anm. *Claussen*; zust. Hüffer/Koch/*Koch* Rn. 11; abl. *Hirte* ZIP 1991, 1461 (1467).
[28] Offen gelassen in BGH NJW 1997, 57 (61) und OLG Düsseldorf ZIP 1991, 1070 (1077); verneinend Hüffer/Koch/*Koch* Rn. 11; *Koch* FS Bezzenberger, 2000, 191 (206); dafür insbesondere *Hirte* ZIP 1991, 1461 (1466) und *Sethe* AG 1993, 351 (365); für eine Wiederauffüllung *Busch* AG 1994, 93 (102).

erforderlich war.²⁹ In Betracht kommen nur Ansprüche auf Auszahlung eines Teils des freigewordenen Betrages sowie darüber hinaus Schadensersatzansprüche aus der Verletzung von Schutzpflichten (§ 280 Abs. 2 BGB).³⁰ Ein Schadensersatzanspruch der Genussscheininhaber kann auch dann bestehen, wenn der Rückzahlungsanspruch durch einen Bilanzverlust gemindert wird und dieser auf einer schweren Pflichtverletzung des Vorstands beruht.³¹

Wird im Falle eines Beherrschungs- oder Gewinnabführungsvertrages das Kapital der Obergesellschaft herabgesetzt, verändert sich der **Ausgleichsanspruch gemäß § 304** grundsätzlich nicht. Dies gilt jedenfalls für den festen Ausgleich. Ist ein variabler Ausgleichsanspruch vorgesehen, ist dieser zB dann anzupassen, wenn der Nennbetrag der Aktien herabgesetzt wird.³² Wird das Kapital der abhängigen Gesellschaft zum Ausgleich von Verlusten herabgesetzt, so ist der Ausgleichsanspruch im Verhältnis der Kapitalherabsetzung zu erhöhen.³³ 15

III. Durchführung der Kapitalherabsetzung

Nach der Eintragung der Kapitalherabsetzung ist diese vom Vorstand unverzüglich durchzuführen. Soweit dazu der Beschluss Vorgaben enthält, ist der Vorstand an diese gebunden. Zur Durchführung gehören insbesondere der Umtausch, die Abstempelung und die Kraftloserklärung von Aktien sowie eventuelle Sicherheitsleistungen nach § 222 Abs. 2 S. 1.³⁴ 16

IV. Buchungspflichten

Nach der Eintragung der Herabsetzung sind die sich daraus ergebenden Buchungen vorzunehmen. Auf dem Kapitalkonto ist das Grundkapital sofort und nicht erst zum nächsten Bilanzstichtag zu reduzieren. Der Buchertrag ist dem Zweck der Herabsetzung entsprechend zu verwenden, also zB in die Kapitalrücklage einzustellen oder zum Ausgleich von Wertminderungen einzusetzen. Bei einer Kapitalherabsetzung zur Rückzahlung an die Aktionäre und beim Erlass von Einlageverpflichtungen ist der Ertrag für den Zeitraum des § 225 Abs. 2 S. 1 auf einem Sonderkonto zu verbuchen.³⁵ In der nächsten Bilanz steht das herabgesetzte Grundkapital. In der Gewinn- und Verlustrechnung ist gemäß § 240 der Buchertrag auszuweisen. 17

V. Fehlerhafte Kapitalherabsetzung

Die Eintragung des Herabsetzungsbeschlusses hat ausnahmsweise keine Rechtsfolgen, wenn der Beschluss der Hauptversammlung oder ein nach § 222 Abs. 2 erforderlicher Sonderbeschluss fehlt oder nichtig ist. Die Nichtigkeit kann jeweils gemäß § 242 geheilt werden. Andere Mängel berühren die sich aus der Eintragung ergebenden Rechtsfolgen nicht. 18

§ 225 Gläubigerschutz

(1) ¹Den Gläubigern, deren Forderungen begründet worden sind, bevor die Eintragung des Beschlusses bekanntgemacht worden ist, ist, wenn sie sich binnen sechs Monaten nach der Bekanntmachung zu diesem Zweck melden, Sicherheit zu leisten, soweit sie nicht Befriedigung verlangen können. ²Die Gläubiger sind in der Bekanntmachung der Eintragung auf dieses Recht hinzuweisen. ³Das Recht, Sicherheitsleistung zu verlangen, steht Gläubigern nicht zu, die im Fall des Insolvenzverfahrens ein Recht auf vorzugsweise Befriedigung aus einer Deckungsmasse haben, die nach gesetzlicher Vorschrift zu ihrem Schutz errichtet und staatlich überwacht ist.

---
²⁹ BGH NJW 1993, 57 (61); Hüffer/Koch/*Koch* Rn. 11; aA *Hirte* ZIP 1991, 1461 (1465); *Vollmer/Lorch* ZBB 1992, 44 (49); *Kallrath*, Die Inhaltskontrolle der Wertpapierbedingungen von Wandel- und Optionsanleihen, Gewinnschuldverschreibungen und Genussscheinen, 1994, 157 f.
³⁰ BGH NJW 1993, 57 (63 f.) (positive Vertragsverletzung); Hüffer/Koch/*Koch* Rn. 11; *Lutter* ZGR 1993, 291 (297 ff.); MHdB AG/*Scholz* § 64 Rn. 83; Großkomm AktG/*Sethe* Rn. 22; *Habersack* ZHR 155 (1991), 378 (388 ff.); *Emde* DB 1989, 209 (212 f.); *Feddersen/Meyer-Landrut* ZGR 1993, 312 (316 f.); *Luttermann* DB 1993, 1809, (1812); kritisch *Werner* WuB II A § 229 AktG 1.93.
³¹ BGH NZG 2014, 661 (664 ff.).
³² MüKoAktG/*Paulsen* § 304 Rn. 160; Emmerich/Habersack/*Emmerich* § 304 Rn. 73; MHdB AG/*Krieger* § 71 Rn. 106; Kölner Komm AktG/*Koppensteiner* § 304 Rn. 54.
³³ MüKoAktG/*Paulsen* § 304 Rn. 168; MHdB AG/*Krieger* § 70 Rn. 105; zwischen festem und variablem Ausgleich differenzierend Emmerich/Habersack/*Emmerich* § 304 Rn. 73.
³⁴ Kölner Komm AktG/*Lutter* Rn. 22.
³⁵ Hüffer/Koch/*Koch* Rn. 2; Kölner Komm AktG/*Lutter* Rn. 14; MüKoAktG/*Oechsler* Rn. 14.

(2) ¹Zahlungen an die Aktionäre dürfen auf Grund der Herabsetzung des Grundkapitals erst geleistet werden, nachdem seit der Bekanntmachung der Eintragung sechs Monate verstrichen sind und nachdem den Gläubigern, die sich rechtzeitig gemeldet haben, Befriedigung oder Sicherheit gewährt worden ist. ²Auch eine Befreiung der Aktionäre von der Verpflichtung zur Leistung von Einlagen wird nicht vor dem bezeichneten Zeitpunkt und nicht vor Befriedigung oder Sicherstellung der Gläubiger wirksam, die sich rechtzeitig gemeldet haben.

(3) Das Recht der Gläubiger, Sicherheitsleistung zu verlangen, ist unabhängig davon, ob Zahlungen an die Aktionäre auf Grund der Herabsetzung des Grundkapitals geleistet werden.

Schrifttum: *Beuthien,* Wofür ist bei einer Kapitalherabsetzung Sicherheit zu leisten? GmbHR 2016, 729; *Ekkenga,* Die Kapitalherabsetzung nach der neuen EG-Kapitalrichtlinie: Änderungen, Ergänzungen und Umsetzungsbedarf, Der Konzern 2007, 413; *Gotthardt,* Sicherheitsleistung für Forderungen pensionsberechtigter Arbeitnehmer bei Kapitalherabsetzung, BB 1990, 2419; *Jaeger,* Sicherheitsleistung für Ansprüche aus Dauerschuldverhältnissen bei Kapitalherabsetzung, Verschmelzung und Beendigung eines Unternehmensvertrages, DB 1996, 1069; *Krieger,* Sicherheitsleistung für Versorgungsrechte?, FS Nirk, 1992, 551; *Rittner,* Die Sicherheitsleistung bei der ordentlichen Kapitalherabsetzung, FS Oppenhoff, 1985, 317; *Th. Schröer,* Sicherheitsleistung für Ansprüche aus Dauerschuldverhältnissen bei Unternehmensumwandlungen, DB 1999, 317; *Wiedemann/Küpper,* Die Rechte des Pensions-Sicherungs-Vereins als Träger der Insolvenzsicherung vor einem Konkursverfahren und bei einer Kapitalherabsetzung, FS Pleyer, 1986, 445; vgl. auch die Angaben zu § 222.

Übersicht

	Rn.		Rn.
I. Überblick	1–3	b) Recht auf vorzugsweise Befriedigung	18
II. Anspruch auf Besicherung	4–21	c) Bestehende Sicherheit	19
1. Forderung gegen die AG	4, 5	6. Art und Umfang der Besicherung	20, 21
2. Entstehungszeitpunkt	6–10	**III. Hinweis auf das Recht auf Sicherheitsleistung**	22
3. Rechtzeitige Meldung der Forderung	11–14		
4. Kein besonderes Sicherungsbedürfnis	15	**IV. Verbot von Auszahlungen**	23–26
5. Ausschluss des Anspruchs auf Besicherung	16–19	**V. Erlassverbot**	27
a) Befriedigungsrecht	16, 17	**VI. Rechtslage nach Ablauf der Sperrfrist**	28

I. Überblick

1 Die Vorschrift regelt den **Schutz der Gläubiger** bei der ordentlichen Kapitalherabsetzung. Dieser Schutz ist notwendig, weil mit der Herabsetzung des Grundkapitals zugleich die Haftungsgrundlage verringert wird. Dies gilt insbesondere für die ordentliche Kapitalherabsetzung, die auch zB mit dem Ziel durchgeführt werden kann, den Buchertrag an die Aktionäre auszuschütten (§ 222 Abs. 3), Einlageverpflichtungen zu erlassen (§ 225 Abs. 2 S. 2) oder jederzeit auflösbare Rückstellungen zu bilden. Der Schutz der Gläubiger vor dem endgültigen Verlust der Haftungsgrundlage wird durch einen **Anspruch auf Besicherung** (§ 225 Abs. 1 und 3) und eine vorübergehende **Sperre** der Auszahlungen an die Aktionäre sowie des Erlasses von Einlageverpflichtungen verwirklicht (§ 225 Abs. 2).

2 Der Schutz gemäß § 225 gilt grundsätzlich auch bei der **Kapitalherabsetzung durch Einziehung** von Aktien (§ 237 Abs. 2 S. 1). Nicht anwendbar ist § 225 dagegen im Falle der **vereinfachten Kapitalherabsetzung**. Dort wird der Schutz der Gläubiger durch die §§ 230–233 geregelt. Ähnliche Regelungen finden sich in § 272 für die Abwicklung, in § 303 für die Beendigung eines Gewinnabführungs- und Beherrschungsvertrags, in § 321 für die Eingliederung sowie in § 22 UmwG für die Verschmelzung, die Spaltung und den Formwechsel (vgl. § 125 S. 1 UmwG, § 133 Abs. 1 S. 2 UmwG, § 204 UmwG). Bei der grenzüberschreitenden Verschmelzung ist der Gläubigerschutz gemäß § 122j UmwG modifiziert.

3 § 225 Abs. 1 S. 1 und Abs. 2 S. 1 sind **Schutzgesetze** iSv § 823 Abs. 2 BGB.[1] Vorstand und Aufsichtsrat haften daher im Falle eines Verstoßes uU Dritten gegenüber persönlich. Die Gesellschaft haftet für ihre Organmitglieder gemäß § 31 BGB, kann diese eventuell aber nach § 93 Abs. 2 AktG, § 116 S. 1 AktG in Regress nehmen.

---

[1] Hüffer/Koch/*Koch* Rn. 18; Kölner Komm AktG/*Lutter* Rn. 40; MüKoAktG/*Oechsler* Rn. 4, 30, 30b; aA *Schröer* DB 1999, 317 (323) zu § 22 UmwG.

II. Anspruch auf Besicherung

1. Forderung gegen die AG. Anspruch auf Besicherung haben bei Vorliegen der weiteren 4 Voraussetzungen alle Inhaber von persönlichen Forderungen gegen die AG unabhängig vom Entstehungsgrund der Forderung. Die Vorschrift des § 225 Abs. 1 S. 1 dient dem objektiven Schutz der Gläubiger vor Nachteilen, nicht dem Vertrauensschutz.[2] Daher sind auch Ansprüche erfasst, die sich nicht aus **Vertrag,** sondern aus dem **Gesetz** ergeben wie insbesondere Schadensersatzansprüche aus deliktischen Handlungen. Nicht erfasst sind dagegen **dingliche Rechte** wie zB Nießbrauch (§ 1030 BGB).[3] Dies ergibt sich aus dem Gesetzeswortlaut, der nur von „Forderungen" spricht, sowie aus dem Sinn und Zweck der Vorschrift. Inhaber dinglicher Rechte bedürfen keiner Sicherheiten, da sie bereits durch Herausgabeansprüche sowie Aus- oder Absonderungsrechte geschützt sind. Diese Ansprüche (zB aus §§ 985, 1004 BGB) sind daher ausgenommen.[4] Diese Ausnahme gilt allerdings nicht für bloß dinglich gesicherte Ansprüche wie zB hypothekarisch gesicherte Darlehen.

Der Anspruch auf Besicherung ist nicht auf Geldforderungen beschränkt. Auch Ansprüche auf 5 Erwerb des Eigentums oder Unterlassungsansprüche sind erfasst.[5] In Bezug auf die Person des Gläubigers bestehen ebenfalls keine Beschränkungen. Aktionäre der AG stehen daher außenstehenden Gläubigern, zB hinsichtlich eines Anspruchs auf Zahlung von Dividende, gleich.[6]

2. Entstehungszeitpunkt. Die Forderung muss vor der Bekanntmachung der Eintragung des 6 Herabsetzungsbeschlusses **begründet** sein (zur Bekanntmachung → § 223 Rn. 11). Die Bekanntmachung gilt nach § 10 S. 1 HGB mit dem Ablauf des Tages als erfolgt, an dem die Eintragung im elektronischen Bundesanzeiger bekannt gemacht ist. § 225 Abs. 1 S. 1 geht als speziellere Regelung § 15 Abs. 2 HGB vor.[7] Die dort geregelte 15-Tage-Frist findet daher keine Anwendung. Unter § 225 fallen auch Forderungen, die erst nach dem Herabsetzungsbeschluss oder seiner Eintragung, aber vor deren Bekanntmachung begründet worden sind. Dies gilt selbst dann, wenn der betreffende Gläubiger von dem Herabsetzungsbeschluss und dessen Eintragung ins Handelsregister Kenntnis hatte.[8] § 225 schützt nicht ein bestimmtes Vertrauen, sondern soll den Gläubigern, die keine Befriedigung verlangen können, objektiven Schutz vor drohenden Nachteilen durch die Kapitalherabsetzung gewähren.

Begründet ist die Forderung, sobald ihr Rechtsgrund gelegt ist. Auf die Fälligkeit kommt es mit 7 Blick auf § 225 Abs. 1 S. 1 letzter Hs. nicht an.[9] Bei **vertraglichen Ansprüchen** ist der Zeitpunkt des Vertragsschlusses maßgeblich. Ein Anspruch auf Sicherheitsleistung besteht auch bei aufschiebend oder auflösend **befristeten** oder **bedingten** Forderungen.[10] Bei aufschiebend bedingten Forderungen wird zT verlangt, dass der Eintritt der Bedingung innerhalb der Frist des § 225 Abs. 1 S. 1 zu erwarten sein müsse.[11] Eine solche Einschränkung des Schutzbereichs ist jedoch nicht geboten. Die aus einer Kapitalherabsetzung drohenden Nachteile betreffen die Gläubiger aufschiebend bedingter Forderungen genauso wie die Gläubiger unbedingter Forderungen, und zwar grundsätzlich unabhängig vom erwarteten Zeitpunkt des Bedingungseintritts.[12] Allerdings darf der Bedingungseintritt nicht so ungewiss sein, dass überhaupt kein anerkennenswertes Schutzbedürfnis besteht.[13] Die Ungewissheit des Bedingungseintritts ist im Übrigen im Rahmen der Höhe der zu leistenden Sicherheit zu berücksichtigen (→ Rn. 21). Im Falle einer **Potestativbedingung,** bei der die Entstehung der Forderung allein vom Willen des Gläubigers abhängig ist, besteht dagegen kein Schutzbedürfnis.

---

[2] Kölner Komm AktG/*Lutter* Rn. 6.
[3] Hölters/*Haberstock/Greitemann* § 225 Rn. 3; Hüffer/Koch/*Koch* Rn. 2; MüKoAktG/*Oechsler* Rn. 5.
[4] MüKoAktG/*Oechsler* Rn. 5.
[5] Kölner Komm AktG/*Lutter* Rn. 6; aA Großkomm AktG/*Sethe* Rn. 15.
[6] Hüffer/Koch/*Koch* Rn. 2; Kölner Komm AktG/*Lutter* Rn. 6; MHdB AG/*Scholz* § 61 Rn 49.
[7] Hölters/*Haberstock/Greitemann* § 225 Rn. 23; Hüffer/Koch/*Koch* Rn. 3; Kölner Komm AktG/*Lutter* Rn. 7; MüKoAktG/*Oechsler* Rn. 6; Bürgers/Körber/*Becker* Rn. 4.
[8] Kölner Komm AktG/*Lutter* Rn. 7; K. Schmidt/Lutter/*Veil* Rn. 9; einschränkend MüKoAktG/*Oechsler* Rn. 6.
[9] Hüffer/Koch/*Koch* Rn. 3; MüKoAktG/*Oechsler* Rn. 7; *Busch* in Marsch-Barner/Schäfer Börsennotierte AG-HdB Rn. 47.34.
[10] Hüffer/Koch/*Koch* Rn. 3; MHdB AG/*Scholz* § 61 Rn. 50; Kölner Komm AktG/*Lutter* Rn. 10; MüKoAktG/*Oechsler* Rn. 8; Grigoleit/*Rieder* Rn. 4; K. Schmidt/Lutter/*Veil* Rn. 7; *Wiedemann/Küpper* FS Pleyer, 1986, 445 (451); OLG Zweibrücken AG 2004, 568 (569); für die GmbH: Lutter/Hommelhoff/*Lutter/Kleindiek* GmbHG § 58 Rn. 27; UHL/*Casper* GmbHG § 58 Rn. 48; Großkomm AktG/*Sethe* Rn. 19.
[11] MüKoAktG/*Oechsler* Rn. 8.
[12] Vgl. Großkomm AktG/*Sethe* Rn. 19 mwN.
[13] Kölner Komm AktG/*Lutter* Rn. 10; MüKoAktG/*Oechsler* Rn. 9; MHdB AG/*Scholz* § 61 Rn. 50; *Busch* in Marsch-Barner/Schäfer Börsennotierte AG-HdB Rn. 47.34.

Der Gläubiger kann in einem solchen Falle etwaige Nachteile aus der Kapitalherabsetzung selbst vermeiden.[14]

8 Bei **Dauerschuldverhältnissen** sind mit dem Vertragsschluss auch bereits alle zukünftigen Ansprüche begründet. Ein Anspruch auf Besicherung besteht aber nur, wenn die künftigen **Einzelforderungen hinreichend konkretisiert** sind. Dies ist der Fall, wenn diese Forderungen ohne Weiteres Zutun der Parteien in vorbestimmter Höhe (zB künftige Mietzahlungen) entstehen.[15] Zur Begrenzung der Haftung für künftige Forderungen → Rn. 21. Bei Austauschverträgen, die zur Ausführung eines **Rahmenvertrages** geschlossen werden, kommt es darauf an, ob der Austauschvertrag hinreichend konkretisiert ist.[16] Auch wenn der Rahmenvertrag bereits die Bedingungen des Austauschgeschäfts enthält, führt dies noch nicht zu einer Konkretisierung der Einzelforderungen.

9 Bei **gesetzlichen Schuldverhältnissen** (§§ 677, 812, 823 BGB) müssen rechtzeitig alle Entstehungsvoraussetzungen vorliegen.[17] Erfasst werden auch Forderungen, die nur dem Grunde nach bestehen, deren Höhe aber noch offen ist. Dies ist insbesondere bei Schadensersatzansprüchen aus unerlaubter Handlung von Bedeutung, wenn zwar das Schadensereignis vor dem Stichtag liegt, die Höhe des Schadens aber noch offen ist.

10 Vom Schutzweck des Gesetzes erfasst werden grundsätzlich auch Forderungen, deren Bestehen, Höhe oder Fälligkeit **bestritten** ist. Eine Ausnahme gilt allerdings dann, wenn die Forderung offensichtlich oder nach sorgfältiger Prüfung durch die Gesellschaft ganz oder teilweise nicht besteht.[18] Bei teilweise begründeter Forderung besteht nur ein Anspruch auf Sicherheitsleistung; § 225 Abs. 2 zwingt nicht zur Erfüllung der Forderung. Der Anspruch auf Sicherheitsleistung ist ggf. gerichtlich zu klären.[19] Für **verjährte** Forderungen besteht kein Sicherungsanspruch, da die Gesellschaft die Leistung verweigern kann (§ 214 Abs. 1 BGB).[20]

11 **3. Rechtzeitige Meldung der Forderung.** Gläubiger, deren Ansprüche unter den Anwendungsbereich des § 225 Abs. 1 S. 1 fallen, müssen sich bei der Gesellschaft zum Zwecke der Sicherheitsleistung melden (zur Form → Rn. 14). Dabei müssen sie deutlich machen, aus welchem Rechtsgrund und in welcher Höhe sie Sicherheit verlangen.[21] Tun sie dies nicht innerhalb einer **Frist von 6 Monaten** nach Bekanntmachung der Eintragung des Herabsetzungsbeschlusses, verlieren sie den Anspruch auf Sicherheitsleistung. Diese materiellrechtliche **Ausschlusswirkung** tritt unabhängig von der Kenntnis des Gläubigers von der Kapitalherabsetzung oder von deren Eintragung ins Handelsregister ein.[22] Eine Wiedereinsetzung kann nicht gewährt werden.[23] Selbst das Fehlen des Hinweises auf das Sicherungsrecht in der Bekanntmachung (§ 225 Abs. 1 S. 2) verhindert nicht den Ausschluss nicht. Der Gläubiger kann in diesem Fall jedoch Amtshaftungsansprüche wegen des Fehlers des Registergerichts gelten machen (dazu → Rn. 22). Die Ausschlusswirkung betrifft nur den Anspruch auf Sicherheitsleistung, die Forderung selbst bleibt unberührt.

12 Die Sechsmonatsfrist soll der Gesellschaft und den Ausschüttung begehrenden Aktionären die Möglichkeit geben, sich einen Überblick über die Vermögenslage der Gesellschaft zu machen, und Rechtsklarheit zu schaffen. Für die Wahrung der Frist ist der Zugang der Meldung bei der Gesellschaft entscheidend.[24] Die **Frist berechnet** sich nach den §§ 187 ff. BGB, wobei für den Fristbeginn § 10 S. 1 HGB maßgeblich ist. Eine **Meldung vor Fristbeginn** ist möglich.[25] Der Zweck der Frist steht dem nicht entgegen. Der Anspruch entsteht jedoch erst mit Beginn der Frist.

13 Die Gesellschaft kann die Frist **nicht verkürzen**.[26] Ein entsprechender Beschluss der Hauptversammlung wäre nichtig, da er die Interessen der Gläubiger beeinträchtigte (§ 241 Nr. 3). Hingegen

---

[14] AA MüKoAktG/*Oechsler* Rn. 8.
[15] Hüffer/Koch/*Koch* Rn. 4; MHdB AG/*Scholz* § 61 Rn. 50; Kölner Komm AktG/*Lutter* Rn. 13; MüKoAktG/*Oechsler* Rn. 9; *Busch* in Marsch-Barner/Schäfer Börsennotierte AG-HdB Rn. 47.34; K. Schmidt/Lutter/*Veil* Rn. 8.
[16] MüKoAktG/*Oechsler* Rn. 9; MHdB AG/*Scholz* § 61 Rn. 50.
[17] Hüffer/Koch/*Koch* Rn. 3; Kölner Komm AktG/*Lutter* Rn. 13; MüKoAktG/*Oechsler* Rn. 14; K. Schmidt/Lutter/*Veil* Rn. 7.
[18] Hüffer/Koch/*Koch* Rn. 5; weitergehend für pflichtgemäßes Ermessen MHdB AG/*Scholz* § 61 Rn 55 und MüKoAktG/*Oechsler* Rn. 12.
[19] Hüffer/Koch/*Koch* Rn. 5; Großkomm AktG/*Sethe* § 225 Rn. 25.
[20] Vgl. Kölner Komm AktG/*Lutter* Rn. 22; MüKoAktG/*Oechsler* Rn. 13; *Busch* in Marsch-Barner/Schäfer Börsennotierte AG-HdB Rn. 47.35.
[21] NK-AktR/*Terbrack* Rn. 13.
[22] Hüffer/Koch/*Koch* Rn. 5; Kölner Komm AktG/*Lutter* Rn. 15; MüKoAktG/*Oechsler* Rn. 15.
[23] MüKoAktG/*Oechsler* Rn. 15.
[24] MüKoAktG/*Oechsler* Rn. 15.
[25] Hüffer/Koch/*Koch* Rn. 7; MHdB AG/*Scholz* § 61 Rn. 50; Kölner Komm AktG/*Lutter* Rn. 18; MüKoAktG/*Oechsler* Rn. 18; Großkomm AktG/*Sethe* Rn. 31.
[26] Hüffer/Koch/*Koch* Rn. 7; MHdB AG/*Scholz* § 61 Rn. 56; Kölner Komm AktG/*Lutter* Rn. 16; MüKoAktG/*Oechsler* Rn. 17; GHEK/*Hefermehl* Rn. 5.

ist eine **Verlängerung** der Frist durch Hauptversammlungsbeschluss möglich.[27] Die Gläubiger haben kein schützenswertes Interesse daran, die Befriedigung oder Besicherung anderer Gläubiger über die gesetzliche Frist hinaus zu verhindern. § 225 schützt die Gläubiger nur insoweit, als er ihnen einen Anspruch auf Sicherheitsleistung gewährt. Weder die bereits gesicherten Gläubiger noch Neugläubiger können freiwillige Sicherheitsleistungen der Gesellschaft an einzelne Gläubiger nach Fristende verhindern.[28] Insofern kann für eine verlängerte Frist für alle Gläubiger mit Sicherungsanspruch nichts anderes gelten.

Für die **Meldung** der Gläubiger bestehen keine Formvorschriften, so dass auch eine mündliche **14** Meldung ausreicht. Aus Beweisgründen empfiehlt sich jedoch die Schriftform.[29] Die Meldung muss keine ausdrückliche Aufforderung zur Sicherheitsleistung enthalten. Im Zweifel ist jede Meldung eines Gläubigers während der Frist als Meldung iS des § 225 Abs. 1 S. 1 zu verstehen. Dies gilt selbst dann, wenn der Gläubiger im Einzelfall keine Kenntnis von dem Kapitalherabsetzungsbeschluss hat und sich nur allgemein um die Wahrung seiner Rechte kümmern wollte. In Bezug auf die Forderung muss die Meldung jedoch eindeutig sein, damit die Gesellschaft ihr Bestehen prüfen kann.[30]

4. Kein besonderes Sicherungsbedürfnis. Der Anspruch auf Sicherheitsleistung setzt keine **15** konkrete Gefährdung der Forderung voraus.[31] Die durch den Kapitalherabsetzungsbeschluss geschaffene abstrakte Gefahr genügt. Der Anspruch auf Sicherheitsleistung entfällt auch dann nicht, wenn die Erträge aus der Kapitalherabsetzung in die Kapitalrücklage eingestellt werden oder die Kapitalherabsetzung mit einer Kapitalerhöhung verbunden wird. § 225 Abs. 3 stellt im Übrigen klar, dass für den Anspruch auf Sicherheitsleistung keine Zahlungen an die Aktionäre der AG bevorstehen müssen.

5. Ausschluss des Anspruchs auf Besicherung. a) Befriedigungsrecht. Nach § 225 Abs. 1 **16** S. 1 Hs. 2. besteht kein Besicherungsanspruch für Forderungen, die bereits **fällig** sind (§ 271 BGB). Diese Gläubiger können Befriedigung verlangen und bedürfen daher keiner Besicherung ihrer Forderungen. Die Auszahlungssperre des § 225 Abs. 2 soll dabei sicherstellen, dass der Anspruch auf Befriedigung durchgesetzt werden kann. Das Bestehen von Einreden (zB aus § 320 BGB) hindert zwar die Durchsetzbarkeit des Anspruchs, ändert aber an der Fälligkeit nichts.[32] Ob eine Forderung fällig ist, bestimmt sich allein nach dem Inhalt des Schuldverhältnisses. Die Kapitalherabsetzung führt grundsätzlich nicht zu einer vorzeitigen Fälligkeit; in Ausnahmefällen kann sie allerdings ein wichtiger Grund für eine außerordentliche Kündigung, zB eines Darlehens, sein (vgl. § 490 BGB).[33]

Wird die Forderung **während der Sechsmonatsfrist** fällig, entfällt der Anspruch auf Besiche- **17** rung wieder. Ein Gläubiger, für dessen Forderung die Gesellschaft noch keine Sicherheit geleistet hat, muss sich dann um Befriedigung bemühen. Eine bereits geleistete Sicherheit muss nicht schon bei Eintritt der Fälligkeit, sondern erst bei Befriedigung des Gläubigers zurückgegeben werden.[34]

b) Recht auf vorzugsweise Befriedigung. Ein Anspruch auf Sicherheitsleistung besteht nach **18** § 225 Abs. 1 S. 3 für solche Forderungen nicht, für die der Gläubiger in der Insolvenz einen Anspruch auf vorzugsweise Befriedigung aus einer Deckungsmasse hat, die nach gesetzlichen Vorschriften zu seinem Schutz errichtet und staatlich überwacht ist. Zu dieser besonders geschützten Gläubigergruppe zählen die Gläubiger der **Pfandbriefbanken** (§ 30 PfandBG) sowie die Versicherungsnehmer mit ihren Ansprüchen gegen ihre **Versicherungsgesellschaft** (§§ 65, 66 VAG). Auf laufende **Versorgungsleistungen** aus der betrieblichen Altersversorgung und auf **unverfallbare Versorgungsanwartschaften** ist § 225 Abs. 1 S. 3 entsprechend anzuwenden, soweit dafür der Pensionssicherungsverein im Insolvenzfalle gemäß §§ 7 ff. BetrAVG einstandspflichtig ist.[35] Soweit der Anspruch oder

---

[27] Hüffer/Koch/*Koch* Rn. 7; MHdB AG/*Scholz* § 56 Rn. 47; Kölner Komm AktG/*Lutter* Rn. 16; MüKoAktG/*Oechsler* Rn. 16; K. Schmidt/Lutter/*Veil* Rn. 12; GHEK/*Hefermehl* Rn. 5; aA *v. Godin/Wilhelmi* Rn. 3; Großkomm AktG/*Sethe* Rn. 33.
[28] Vgl. Kölner Komm AktG/*Lutter* Rn. 16.
[29] Hüffer/Koch/*Koch* Rn. 6; Kölner Komm AktG/*Lutter* Rn. 17.
[30] Vgl. Kölner Komm AktG/*Lutter* Rn. 17.
[31] Hüffer/Koch/*Koch* Rn. 8; Kölner Komm AktG/*Lutter* Rn. 20; MüKoAktG/*Oechsler* Rn. 22.
[32] Vgl. Kölner Komm AktG/*Lutter* Rn. 22; Hüffer/Koch/*Koch* Rn. 9; aA wohl *Busch* in Marsch-Barner/Schäfer Börsennotierte AG-HdB Rn. 47.35.
[33] Kölner Komm AktG/*Lutter* Rn. 22.
[34] Hüffer/Koch/*Koch* Rn. 9; MHdB AG/*Scholz* § 61 Rn. 51; Kölner Komm AktG/*Lutter* Rn. 22; MüKoAktG/*Oechsler* Rn. 23 f.; *Busch* in Marsch-Barner/Schäfer Börsennotierte AG-HdB Rn. 47.35.
[35] BAGE 83, 356 (367 ff.) = AG 1997, 268 (269 f.); OLG Zweibrücken AG 2004, 568 (569) zu § 303 AktG; Hüffer/Koch/*Koch* Rn. 10; *Krieger* FS Nirk, 1992, 551 (532 f.), und in MHdB AG/*Scholz* § 61 Rn. 52; Kölner Komm AktG/*Lutter* Rn. 28; MüKoAktG/*Oechsler* Rn. 28; *Gotthardt* BB 1990, 2419 (2421 ff.); *Busch* in Marsch-Barner/Schäfer Börsennotierte AG-HdB Rn. 47.35; K. Schmidt/Lutter/*Veil* Rn. 14; Bürgers/Körber/*Becker* Rn. 14; aA *Rittner* FS Oppenhoff, 1985, 317 (328); *Wiedemann/Küpper* FS Pleyer, 1986, 445 (453 f.) unter Hinweis auf den Ausnahmecharakter des § 225 Abs. 1 S. 3; zweifelnd *Mutschler* FS Säcker, 2011, 429 (434).

die Anwartschaft die Höchstgrenze des § 7 Abs. 3 BetrAVG übersteigt, gelten die Besicherungsgrundsätze für künftige Ansprüche aus Dauerschuldverhältnissen (→ Rn. 8 und → Rn. 21). Das Recht auf vorzugsweise Befriedigung aus einer besonderen Deckungsmasse wird vom Gesetz als ausreichende Sicherheit für den Gläubiger angesehen. Ein Anspruch auf Sicherheitsleistung besteht deshalb auch dann nicht, wenn die Deckungsmasse im Einzelfall zur Befriedigung der Gläubiger nicht ausreicht.[36] Ein eigenes Sicherungsrecht des Pensionssicherungsvereins besteht ebenfalls nicht. Gemäß § 9 BetrAVG gehen die Versorgungsansprüche zwar im Insolvenzfalle auf ihn über. Diese aufschiebende Bedingung ist idR aber zu entfernt, um einen Besicherungsanspruch zu begründen.[37]

19 **c) Bestehende Sicherheit.** Aus dem Zweck des § 225 Abs. 1 folgt, dass Gläubiger, für deren Forderungen bereits Sicherheiten bestellt sind, keinen Anspruch auf Leistung einer weiteren Sicherheit haben, soweit die bestehenden Sicherheiten nach Wert und Umfang zur Deckung der jeweiligen Forderung ausreichen.[38] Dies gilt auch dann, wenn die Sicherheiten nicht den Anforderungen der § 232 Abs. 1 BGB entsprechen, also zB eine Bankbürgschaft anstelle einer Realsicherheit besteht.[39] Ist die bestehende Sicherung wertmäßig unzureichend, hat der Gläubiger Anspruch auf Ergänzung der Sicherheit, wobei es sich dabei auch um eine andersartige Sicherheit handeln kann.

20 **6. Art und Umfang der Besicherung.** Der Anspruch auf Sicherheitsleistung entsteht, soweit er nicht ausgeschlossen ist, kraft Gesetzes mit der Bekanntmachung der Eintragung des Herabsetzungsbeschlusses. Er ist dann fällig und einklagbar. Wird der Anspruch eingeklagt, empfiehlt es sich, im Hinblick auf diesen Anspruch die Sperrwirkung des § 225 für die Dauer des Rechtsstreits zu beachten. Andernfalls besteht die Gefahr, dass bei einem obsiegenden Urteil Auszahlungen nach § 225 Abs. 2 S. 1 wieder zurückzuholen sind.[40] Art und Weise der zu leistenden Sicherheit bestimmen sich nach **§§ 232 ff. BGB**. Grundsätzlich ist eine der in § 232 Abs. 1 BGB genannten Realsicherheiten zu leisten. Kann eine solche nicht erbracht werden, genügt ausnahmsweise die Stellung einer Bürgschaft, allerdings nur unter Verzicht auf die Einrede der Vorausklage (§ 232 Abs. 2 BGB, § 239 Abs. 2 BGB).[41]

21 Die Forderung ist grundsätzlich zu ihrem **vollen Wert** zu besichern.[42] Bei **bedingten** Forderungen ist jedoch ein angemessener Abschlag entsprechend der Wahrscheinlichkeit des Bedingungseintritts vorzunehmen.[43] Dies kann, wenn der Eintritt einer aufschiebenden Bedingung gänzlich unwahrscheinlich ist, dazu führen, dass überhaupt keine Sicherheit zu leisten ist. Bei **Dauerschuldverhältnissen** mit regelmäßig wiederkehrenden Leistungen, wie zB Mietverträgen, würde die Besicherung aller künftigen Ansprüche zu einer unangemessenen Bevorzugung führen. Der Anspruch auf Besicherung ist deshalb in solchen Fällen ausnahmsweise auf das **konkrete Sicherungsinteresse** beschränkt, das anhand der Besonderheiten des Einzelfalles zu ermitteln ist.[44] Dabei kann davon ausgegangen werden, dass der Gläubiger kein Sicherungsinteresse für Forderungen hat, die sich auf einen Zeitpunkt beziehen, zu dem er den Vertrag ordentlich kündigen könnte.[45] Ein Recht zur außerordentlichen Kündigung folgt aus der Kapitalherabsetzung in aller Regel nicht.[46] Unabhängig von der Kündigungsmöglichkeit kann die Gesellschaft die Sicherheitsleistung jedenfalls auf die Forderungen beschränken, die **innerhalb von fünf Jahren** nach der Kapitalherabsetzung fällig werden (§ 160 HGB analog).[47]

---

[36] GHEK/*Hefermehl* Rn. 11.
[37] Kölner Komm AktG/*Lutter* Rn. 28; *Krieger* FS Nirk, 1992, 551 (564 f.); MüKoAktG/*Oechsler* Rn. 29; *Busch* in Marsch-Barner/Schäfer Börsennotierte AG-HdB Rn. 47.36.
[38] Hüffer/Koch/*Koch* Rn. 11; Kölner Komm AktG/*Lutter* Rn. 29; MüKoAktG/*Oechsler* Rn. 26; MHdB AG/*Scholz* § 61 Rn. 54; abw. *Rittner* FS Oppenhoff, 1985, 317 (326 ff.).
[39] Vgl. *Busch* in Marsch-Barner/Schäfer Börsennotierte AG-HdB Rn. 47.37; MHdB AG/*Scholz* § 61 Rn. 54; Kölner Komm AktG/*Lutter* Rn. 29; MüKoAktG/*Oechsler* Rn. 26; Bürgers/Körber/*Becker* Rn. 15; für einen Austausch der Sicherheiten Hüffer/Koch/*Koch* Rn. 11; Grigoleit/*Rieder* Rn. 16; Großkomm AktG/*Sethe* Rn. 49; Hölters/*Haberstock/Greitemann* Rn. 13.
[40] *Ekkenga* Der Konzern 2007, 213 (215); *Busch* in Marsch-Barner/Schäfer Börsennotierte AG-HdB Rn. 47.38.
[41] Hüffer/Koch/*Koch* Rn. 13.
[42] Hüffer/Koch/*Koch* Rn. 12; aA *Beuthien* GmbHR 2016, 729, 730: Sicherung nur soweit Forderung gefährdet ist.
[43] Hüffer/Koch/*Koch* Rn. 12; MHdB AG/*Scholz* § 61 Rn. 50; Kölner Komm AktG/*Lutter* Rn. 10; K. Schmidt/Lutter/*Veil* Rn. 16; Bürgers/Körber/*Becker* Rn. 16.
[44] Vgl. BGH NJW 1996, 1539 (1540); Emmerich/Habersack/*Emmerich* § 303 Rn. 11; Hüffer/Koch/*Koch* Rn. 4; *Schröer* DB 1999, 317 (322).
[45] MüKoAktG/*Oechsler* Rn. 10; abl. Bürgers/Körber/*Becker* Rn. 7.
[46] Hüffer/Koch/*Koch* Rn. 4; MüKoAktG/*Oechsler* Rn. 10; aA Kölner Komm AktG/*Lutter* Rn. 13.
[47] Hüffer/Koch/*Koch* Rn. 4; *Jaeger* DB 1996, 1069 (1070 ff.); MHdB AG/*Scholz* § 61 Rn. 50; K. Schmidt/Lutter/*Veil* Rn. 8; Bürgers/Körber/*Becker* Rn. 7; BGH NZG 2014, 1340 zu Ansprüchen aus § 303 AktG; abl. *Schröer* DB 1999, 317 (322) und Großkomm AktG/*Sethe* Rn. 22.

III. Hinweis auf das Recht auf Sicherheitsleistung

Nach § 225 Abs. 1 S. 2 hat das Registergericht die Gläubiger in der Bekanntmachung der Eintragung des Herabsetzungsbeschlusses (→ § 223 Rn. 11) darauf hinzuweisen, dass sie für ihre Forderungen Sicherheitsleistung verlangen können. Nach dem Gesetzeswortlaut genügt der Hinweis auf das Recht zur Sicherheitsleistung. Ergänzend empfiehlt es sich jedoch, zumindest auch auf das Erfordernis einer Meldung bei der Gesellschaft hinzuweisen. Für die Wirksamkeit der Kapitalherabsetzung und den Beginn der Sechsmonatsfrist des § 225 Abs. 1 S. 1 ist der Hinweis ohne Bedeutung. Unterbleibt er oder ist er fehlerhaft und erwächst daraus einem Gläubiger ein Schaden, kann er diesen mittels eines Amtshaftungsanspruchs gegen das Bundesland liquidieren, in dem sich das Registergericht befindet (Art. 34 GG iVm § 839 BGB).[48]

IV. Verbot von Auszahlungen

Um zu verhindern, dass die Gesellschaft durch Auszahlungen an die Aktionäre nicht mehr in der Lage ist, die Forderungen der Gläubiger zu befriedigen oder zu besichern, dürfen Zahlungen an die Aktionäre auf Grund der Herabsetzung des Grundkapitals erst erfolgen, nachdem seit der Bekanntmachung der Eintragung der Herabsetzung **sechs Monate verstrichen** sind und den Gläubigern, die sich rechtzeitig gemeldet haben, **Befriedigung oder Sicherheit gewährt** worden ist (§ 225 Abs. 1 S. 1). Dieses Zahlungsverbot gilt nur für **Zahlungen auf Grund der Herabsetzung** des Grundkapitals. Dazu gehören Zahlungen aus dem durch die Kapitalherabsetzung erzielten Buchertrag oder aus einer durch die Kapitalherabsetzung gebildeten Rücklage.[49] Auch die Zahlung einer **Dividende** ist verboten, soweit diese aus Mitteln stammt, die erst durch die Kapitalherabsetzung frei geworden sind.[50] Ein Bilanzgewinn, der schon vor der Kapitalherabsetzung ausgewiesen wurde, kann dagegen ausgeschüttet werden.[51]

Unter Zahlungen sind auch **Sachleistungen** zu verstehen. Dabei kann es sich um eine **Sachdividende** gemäß § 58 Abs. 5 handeln. Es gelten dann die gleichen Beschränkungen wie im Falle einer Bardividende. Bei einer **Realteilung** können Sachwerte, wie zB Aktien, einer Tochtergesellschaft auch im Wege einer Rückzahlung des Grundkapitals (§ 222 Abs. 3) ausgeschüttet werden. Solche Leistungen sind dann in vollem Umfang von dem – befristeten – Auszahlungsverbot erfasst.[52] Grundsätzlich hat eine solche Rückzahlung allerdings in bar zu erfolgen. Zur Ersetzung der Barzahlung durch eine Sachleistung ist die Zustimmung der einzelnen Aktionäre erforderlich.[53] Mangels einer § 58 Abs. 5 entsprechenden Ermächtigung genügt dafür der Mehrheitsbeschluss über die Kapitalherabsetzung nicht.[54] Eine solche Einzelzustimmung kann auch im Hinblick auf den Gleichbehandlungsgrundsatz (§ 53a) erforderlich sein, wenn nicht genügend gleichartige Aktien zur Ausschüttung zur Verfügung stehen.[55] Ist bei einer **Abspaltung** oder **Ausgliederung** nach dem **UmwG** bei der übertragenden AG eine Kapitalherabsetzung erforderlich, kann diese auch in vereinfachter Form vorgenommen werden (§ 145 UmwG). Die Sperrfrist des § 225 Abs. 1 S. 1 gilt dann nicht (§ 229 Abs. 3).[56]

Bei der Ausschüttung von Sachwerten besteht im Übrigen die Gefahr, dass ihr Wert zu niedrig ausgewiesen ist und dadurch der Gesellschaft verdeckt Vermögen entzogen wird. Der Ausschüttung hat daher wie im Falle einer Sachausschüttung nach § 58 Abs. 5 nicht zum **Buchwert**, sondern zum vollen oder wirklichen Wert (**Verkehrswert**) und damit ggf. unter Aufdeckung stiller Reserven zu erfolgen.[57] Dabei ist in Analogie zu den Vorschriften über die Sachkapitalerhöhung (§ 183 Abs. 3, § 194 Abs. 4, § 205 Abs. 3) durch **Sachverständigengutachten** nachzuweisen, dass die Sachausschüttung wertmäßig dem Herabsetzungsbetrag entspricht.[58]

---

[48] Grigoleit/*Rieder* Rn. 11; Hüffer/Koch/*Koch* Rn. 14; Kölner Komm AktG/*Lutter* Rn. 35; MüKoAktG/*Oechsler* Rn. 19.

[49] Hüffer/Koch/*Koch* Rn. 15; Kölner Komm AktG/*Lutter* Rn. 39; MüKoAktG/*Oechsler* Rn. 32; *Busch* in Marsch-Barner/Schäfer Börsennotierte AG-HdB Rn. 47.42; K. Schmidt/Lutter/*Veil* Rn. 17.

[50] Hüffer/Koch/*Koch* Rn. 15; MHdB AG/*Scholz* § 61 Rn. 57; Kölner Komm AktG/*Lutter* Rn. 39; MüKoAktG/*Oechsler* Rn. 35; K. Schmidt/Lutter/*Veil* Rn. 17.

[51] Hüffer/Koch/*Koch* Rn. 15; Kölner Komm AktG/*Lutter* Rn. 39.

[52] Hüffer/Koch/*Koch* Rn. 15; Kölner Komm AktG/*Lutter* Rn. 49 ff.; MüKoAktG/*Oechsler* Rn. 33; MHdB AG/*Scholz* § 61 Rn. 57; K. Schmidt/Lutter/*Veil* Rn. 17.

[53] Kölner Komm AktG/*Lutter* Rn. 50; Großkomm AktG/*Sethe* Rn. 77.

[54] So aber *Heine/Lechler* AG 2005, 269, 275; NK-AktR/*Terbrack* § 222 Rn. 15.

[55] S. dazu näher Kölner Komm AktG/*Lutter* Rn. 49 f.

[56] *Busch* in Marsch-Barner/Schäfer Börsennotierte AG-HdB Rn. 47.42.

[57] Vgl. Kölner Komm AktG/*Lutter* Rn. 52 f.; MüKoAktG/*Oechsler* Rn. 34; zur Rechtslage bei § 58 Abs. 5 s. Hüffer/Koch/*Koch* § 58 Rn. 33 mwN; abl. Großkomm AktG/*Sethe* Rn. 78.

[58] Kölner Komm AktG/*Lutter* Rn. 52; MüKoAktG/*Oechsler* Rn. 33.

26 Ein Verstoß gegen das Auszahlungsverbot des § 225 Abs. 2 S. 1 führt nicht zur Unwirksamkeit der Zahlungen. Aktionäre, die **Leistungen** entgegen § 225 Abs. 2 S. 1 erhalten haben, haben diese nur entsprechend § 62 an die Gesellschaft **zurückzugewähren**. Der Verstoß kann außerdem zu **Schadensersatzansprüchen** von Gläubigern gegen die Gesellschaft und ihre Organmitglieder aus § 823 Abs. 2 BGB führen (→ Rn. 3). Gläubiger, die sich rechtzeitig gemeldet haben, können einer Auszahlung an Aktionäre vor Befriedigung ihrer fälligen Forderungen im Übrigen auch mit einem **Unterlassungsanspruch** entgegentreten.[59]

V. Erlassverbot

27 Die Sperrfrist von sechs Monaten und das Gebot der vorrangigen Befriedigung oder Sicherstellung der Gläubiger gelten auch dann, wenn die Kapitalherabsetzung dazu dienen soll, die **Aktionäre von ihrer Einlagepflicht zu befreien.** Der in einem solchen Fall zur Befreiung erforderliche Erlassvertrag (→ § 224 Rn. 9) wird erst wirksam, wenn die Sechsmonatsfrist abgelaufen ist und die Befriedigung oder Sicherstellung der Gläubiger, die sich rechtzeitig gemeldet haben, erfolgt ist (§ 225 Abs. 2 S. 2). Anders als im Falle des § 225 Abs. 2 S. 1 sieht das Gesetz damit kein Zahlungsverbot vor, sondern regelt eine **Wirksamkeitsvoraussetzung.**[60] Ein bereits geschlossener Erlassvertrag ist bis zum Eintritt der aufschiebenden Befristung und Bedingung schwebend unwirksam. Bis dahin bleiben die Aktionäre zur Leistung der Einlage verpflichtet (§ 66 Abs. 1 S. 1). Die Anforderung ausstehender Einlagen hat nach den gleichen Grundsätzen zu erfolgen wie nach Auflösung der Gesellschaft, dh gleichmäßig und nur insoweit, wie dies zur Befriedigung oder Sicherstellung der Gläubiger erforderlich ist.[61]

VI. Rechtslage nach Ablauf der Sperrfrist

28 Nach Ablauf der Sechsmonatsfrist und nach Befriedigung bzw. Sicherstellung aller Gläubiger, die sich rechtzeitig gemeldet haben, haben die Aktionäre **Anspruch** auf die sich aus dem Kapitalherabsetzungsbeschluss ergebenden Leistungen, zB einer **Kapitalrückzahlung** oder dem **Erlass von restlichen Einlageverpflichtungen.** Dies gilt auch dann, wenn noch Gläubiger vorhanden sind, die sich innerhalb der Sechsmonatsfrist nicht gemeldet haben.[62]

§ 226 Kraftloserklärung von Aktien

(1) ¹Sollen zur Durchführung der Herabsetzung des Grundkapitals Aktien durch Umtausch, Abstempelung oder durch ein ähnliches Verfahren zusammengelegt werden, so kann die Gesellschaft die Aktien für kraftlos erklären, die trotz Aufforderung nicht bei ihr eingereicht worden sind. ²Gleiches gilt für eingereichte Aktien, welche die zum Ersatz durch neue Aktien nötige Zahl nicht erreichen und der Gesellschaft nicht zur Verwertung für Rechnung der Beteiligten zur Verfügung gestellt sind.

(2) ¹Die Aufforderung, die Aktien einzureichen, hat die Kraftloserklärung anzudrohen. ²Die Kraftloserklärung kann nur erfolgen, wenn die Aufforderung in der in § 64 Abs. 2 für die Nachfrist vorgeschriebenen Weise bekanntgemacht worden ist. ³Die Kraftloserklärung geschieht durch Bekanntmachung in den Gesellschaftsblättern. ⁴In der Bekanntmachung sind die für kraftlos erklärten Aktien so zu bezeichnen, daß sich aus der Bekanntmachung ohne weiteres ergibt, ob eine Aktie für kraftlos erklärt ist.

(3) ¹Die neuen Aktien, die an Stelle der für kraftlos erklärten Aktien auszugeben sind, hat die Gesellschaft unverzüglich für Rechnung der Beteiligten zum Börsenpreis und beim Fehlen eines Börsenpreises durch öffentliche Versteigerung zu verkaufen. ²Ist von der Versteigerung am Sitz der Gesellschaft kein angemessener Erfolg zu erwarten, so sind die Aktien an einem geeigneten Ort zu verkaufen. ³Zeit, Ort und Gegenstand der Versteigerung sind öffentlich bekanntzumachen. ⁴Die Beteiligten sind besonders zu benachrichtigen; die Benachrichtigung kann unterbleiben, wenn sie untunlich ist. ⁵Bekanntmachung und Benachrichtigung müssen mindestens zwei Wochen vor der Versteigerung ergehen.

---

[59] Kölner Komm AktG/*Lutter* Rn. 31 und 36; Hüffer/Koch/*Koch* Rn. 15; MüKoAktG/*Oechsler* Rn. 37; Großkomm AktG/*Sethe* Rn. 66.
[60] Hüffer/Koch/*Koch* Rn. 16; MHdB AG/*Scholz* § 61 Rn. 59; Kölner Komm AktG/*Lutter* Rn. 41; Grigoleit/*Rieder* Rn. 20; MüKoAktG/*Oechsler* Rn. 36.
[61] Hüffer/Koch/*Koch* Rn. 16; Kölner Komm AktG/*Lutter* Rn. 41.
[62] MHdB AG/*Scholz* § 61 Rn. 60.

[6]Der Erlös ist den Beteiligten auszuzahlen oder, wenn ein Recht zur Hinterlegung besteht, zu hinterlegen.

Schrifttum: *Bork,* Mitgliedschaftsrechte unbekannter Aktionäre während des Zusammenlegungsverfahrens nach § 226 AktG, FS Claussen, 1997, 49; *Kralik,* Der Umtausch und die Zusammenlegung von Aktien, DJ 1941, 235; *Schockenhoff/Mann,* Die Hinterlegung im Aktienrecht am Beispiel des § 226 III 6 AktG, NZG 2014, 561; *Siebel,* Aktienspitzen, NJW 1952, 330; *Zöllner,* Neustückelung des Grundkapitals und Neuverteilung von Einzahlungsquoten bei teileingezahlten Aktien der Versicherungsgesellschaften, AG 1985, 19.

Übersicht

	Rn.		Rn.
I. Gegenstand der Regelung	1	3. Formelle Voraussetzungen	13, 14
II. Anwendungsbereich der Regelung	2, 3	4. Rechtsnatur der Kraftloserklärung	15
III. Verfahren der Zusammenlegung	4–10	5. Rechtsfolgen der Kraftloserklärung	16–18
IV. Kraftloserklärung von Aktien	11–18	V. Verwertung	19–23
1. Allgemeines	11	1. Allgemeines	19
2. Sachliche Voraussetzungen	12	2. Durchführung der Verwertung	20–23
		VI. Fehlerhafte Kraftloserklärung	24

I. Gegenstand der Regelung

Die Vorschrift regelt die Durchführung der **Kapitalherabsetzung im Wege der Zusammenlegung von Aktien.** Dazu ist grundsätzlich die Einreichung der alten Aktienurkunden bei der Gesellschaft erforderlich. Um zu verhindern, dass die Zusammenlegung wegen fehlender Mitwirkung der Aktionäre nicht durchgeführt werden kann, kann die Gesellschaft die nicht eingereichten Aktienurkunden für kraftlos erklären (§ 226 Abs. 1 und 2). Die an Stelle der für kraftlos erklärten Aktien ausgegebenen neuen Aktien sind zu verwerten (§ 226 Abs. 3). 1

II. Anwendungsbereich der Regelung

§ 226 geht davon aus, dass das Grundkapital durch **Zusammenlegung** von Nennbetrags- oder Stückaktien (§ 222 Abs. 4 S. 2) herabgesetzt worden ist. Wird das Grundkapital durch **Herabsetzung des Nennbetrags** der Aktien herabgesetzt (§ 222 Abs. 4 S. 1), findet die Vorschrift keine Anwendung.[1] Da die alten Aktienurkunden in diesem Fall einen zu hohen Nennbetrag aufweisen, müssen sie berichtigt oder umgetauscht werden. Soweit die Aktien dazu nicht eingereicht werden, können sie in dem Verfahren nach § 73, dh nur mit Genehmigung des Registergerichts, für kraftlos erklärt werden.[2] Die neuen Aktien werden dann an die Berechtigten ausgegeben oder für diese hinterlegt (§ 73 Abs. 3). Dies gilt auch dann, wenn der Verbriefungsanspruch gemäß § 10 Abs. 5 ausgeschlossen ist.[3] Wird das Grundkapital sowohl durch Herabsetzung des Nennbetrags als auch durch Zusammenlegung der Aktien durchgeführt, empfiehlt es sich, das Verfahren der Zusammenlegung (§ 226) mit dem der Herabsetzung des Nennbetrags (§ 73) zu verbinden.[4] Wird das Grundkapital bei Gesellschaften mit **Stückaktien** herabgesetzt und dabei der anteilige Betrag der Stückaktien auf höchstens einen Euro reduziert (§ 8 Abs. 3 S. 3), so sind weitere Maßnahmen der Durchführung der Kapitalherabsetzung nicht erforderlich. Sollen Aktienurkunden **außerhalb einer Kapitalherabsetzung zusammengelegt** werden, ist dazu die Zustimmung der betroffenen Aktionäre erforderlich (vgl. § 180). Dies gilt auch für eine Kraftloserklärung der bisherigen Aktienurkunden.[5] Soweit ein solcher Fall bereits in der Satzung geregelt ist, ist die Zustimmung entbehrlich. 2

Das Verfahren nach § 226 gilt entsprechend für die Durchführung der **vereinfachten Kapitalherabsetzung** (§ 229 Abs. 3). § 226 gilt außerdem kraft Verweisung in den Fällen der **Verschmelzung** (§§ 72, 73 UmwG) und der **Spaltung** (§ 125 iVm §§ 72, 73 UmwG) von Aktiengesellschaften. 3

III. Verfahren der Zusammenlegung

Zuständig für die Durchführung der Zusammenlegung ist der **Vorstand**. Er hat dabei die Vorgaben zu beachten, die von der Hauptversammlung beschlossen worden sind. Soweit solche Vorgaben 4

---

[1] Hüffer/Koch/*Koch* Rn. 2; Kölner Komm AktG/*Lutter* Rn. 5; MHdB AG/*Scholz* § 61 Rn. 62; MüKoAktG/ *Oechsler* Rn. 35.
[2] Hölters/*Haberstock/Greitemann* Rn. 2; Hüffer/Koch/*Koch* Rn. 2; Kölner Komm AktG/*Lutter* Rn. 5.
[3] *Ganzer/Borsch* AG 2003, 269 (270 f.); *Busch* in Marsch-Barner/Schäfer Börsennotierte AG-HdB Rn. 47.47.
[4] *Stucken/Tielmann* in Happ AktienR 14.01 Rn. 17.2.
[5] Hüffer/Koch/*Koch* Rn. 2; Kölner Komm AktG/*Lutter* Rn. 5; *Zöllner* AG 1985, 19 (21).

fehlen, entscheidet der Vorstand nach pflichtgemäßem Ermessen selbst.[6] Der Vorstand hat den Beschluss über die Kapitalherabsetzung grundsätzlich unverzüglich auszuführen (§ 83 Abs. 2 AktG iVm § 121 Abs. 1 S. 2 BGB). Für die sog. Restgesellschaften hat der BGH anerkannt, dass der Vorstand mit der Durchführung ausnahmsweise auch warten kann.[7]

5   Die Zusammenlegung beginnt mit der **Aufforderung** an die Aktionäre, ihre Aktienurkunden bei der Gesellschaft **einzureichen** (§ 226 Abs. 2 S. 1). Kommen alle Aktionäre dieser Aufforderung nach und sind die betroffenen Aktionäre damit einverstanden, dass die Aktien, welche die zum Umtausch in neue Aktien erforderliche Anzahl nicht erreichen, der Gesellschaft zur Verwertung überlassen werden, kann das Zusammenlegungsverfahren einvernehmlich durchgeführt werden. Eine Kraftloserklärung von Aktien ist dann nicht erforderlich.[8]

6   Während die Hauptversammlung darüber entscheidet, wie die Mitgliedschaftsrechte an die Kapitalherabsetzung angepasst werden (§ 222 Abs. 4 S. 3), entscheidet der **Vorstand** darüber, welche Mitgliedschaftsrechte im Einzelnen auf welche Weise zusammengelegt werden.[9] Dabei handelt es sich um ein **einseitiges, nicht empfangsbedürftiges Rechtsgeschäft**. Die Entscheidung wird daher mit ihrer Kundgabe, zB durch Beschluss, Aktenvermerk oder sonstige konkludente Mitteilung, wirksam. Ein Zugang der Entscheidung bei den betroffenen Aktionären ist nicht erforderlich.[10]

7   Entsprechend der Entscheidung des Vorstands über die Zusammenlegung werden die eingereichten alten Aktienurkunden **berichtigt** oder durch neue Urkunden **ersetzt**. Die entwerteten alten Aktienurkunden werden von der Gesellschaft einbehalten und vernichtet. Eine Kraftloserklärung ist insoweit nicht erforderlich. Sind die **Mitgliedschaftsrechte nicht verbrieft,** werden nur die Mitgliedschaftsrechte durch entsprechende Umbuchung in den Bankdepots zusammengelegt.[11] Von den Auswirkungen dieser Zusammenlegung sind die Aktionäre zu unterrichten.[12]

8   Ist der Anspruch der Aktionäre auf Einzelverbriefung ausgeschlossen (§ 10 Abs. 5) und über die Aktien lediglich eine – bei der Clearstream Banking AG verwahrte – **Globalurkunde** ausgestellt, muss nur diese bei der Gesellschaft eingereicht werden. Ist die Globalurkunde berichtigt oder durch eine neue Urkunde ersetzt, wird die Kapitalherabsetzung bei den Aktionären, deren Aktienbesitz im Rahmen der Girosammelverwahrung nur durch eine Depotgutschrift ausgedrückt wird, dadurch vollzogen, dass die Buchungen in den jeweiligen Bankdepots entsprechend korrigiert werden.[13]

9   Können die eingereichten Aktienurkunden auf Grund des Zusammenlegungsverhältnisses nicht sämtlich in neue Aktienurkunden umgetauscht werden, sind die **überzähligen Aktien** mit Aktienspitzen anderer Aktionäre zusammenzulegen. Die so gebildeten neuen Aktien sind sodann für Rechnung der an den neuen Aktien jeweils beteiligten Aktionäre zu verwerten. Der Erlös ist auf diese als Miteigentümer iSv § 1008 BGB zu verteilen, sofern diese nichts anderes bestimmen.[14] Die Verwertung erfolgt durch freihändigen Verkauf; § 226 Abs. 3 gilt dafür nicht.[15] Diese sog. **Spitzenregulierung** wird regelmäßig im Auftrage der Gesellschaft von den Depotbanken durchgeführt, die dazu Weisungen ihrer Depotkunden einholen.[16] Unabhängig davon können die Aktionäre ihre Spitzen auch selbst verwerten.[17] Die Verwertung durch die Gesellschaft und die Banken ist in der Regel aber effizienter. In der Einreichung der Aktien liegt idR das konkludente Einverständnis mit der Verwertung der Spitzen.[18]

10 Ab Wirksamwerden der Kapitalherabsetzung haben die Aktionäre gegen die Gesellschaft einen klagbaren **Anspruch** auf Durchführung der Zusammenlegung. Sie haben außerdem Anspruch auf

---

[6] RGZ 80, 81 (85); Hüffer/Koch/*Koch* Rn. 3; Kölner Komm AktG/*Lutter* Rn. 6; MHdB AG/*Scholz* § 61 Rn. 65; K. Schmidt/Lutter/*Veil* Rn. 3; Bürgers/Körber/*Becker* Rn. 2; Großkomm AktG/*Sethe* Rn. 33 und MüKoAktG/*Oechsler* Rn. 3 nehmen eine Pflicht zur möglichst schonenden Gestaltung der Zusammenlegung für die Aktionäre an.
[7] Vgl. BGH AG 1992, 27 (28); Grigoleit/*Rieder* Rn. 3.
[8] Hüffer/Koch/*Koch* Rn. 3.
[9] Hüffer/Koch/*Koch* Rn. 4; Kölner Komm AktG/*Lutter* Rn. 7; MHdB AG/*Scholz* § 61 Rn. 65; MüKoAktG/*Oechsler* Rn. 4.
[10] Hüffer/Koch/*Koch* Rn. 4; Kölner Komm AktG/*Lutter* Rn. 7; MüKoAktG/*Oechsler* Rn. 5; Großkomm AktG/*Sethe* Rn. 31; K. Schmidt/Lutter/*Veil* Rn. 4; Bürgers/Körber/*Becker* Rn. 3; *Bork* FS Claussen, 1997, 49 (52).
[11] Kölner Komm AktG/*Lutter* Rn. 15; MHdB AG/*Scholz* § 61 Rn. 67; K. Schmidt/Lutter/*Veil* Rn. 4.
[12] Hüffer/Koch/*Koch* Rn. 5; Großkomm AktG/*Sethe* Rn. 38.
[13] Zust. Bürgers/Körber/*Becker* Rn. 4; MHdB AG/*Scholz* § 61 Rn. 67.
[14] Hüffer/Koch/*Koch* Rn. 5; Kölner Komm AktG/*Lutter* Rn. 9; MüKoAktG/*Oechsler* Rn. 13.
[15] Hüffer/Koch/*Koch* Rn. 5; MHdB AG/*Scholz* § 61 Rn. 69; Bürgers/Körber/*Becker* Rn. 5.
[16] *Busch* in Marsch-Barner/Schäfer Börsennotierte AG-HdB Rn. 47.45; MHdB AG/*Scholz* § 61 Rn. 69.
[17] Vgl. BGH ZIP 1998, 692 (693 f.); MüKoAktG/*Oechsler* Rn. 11.
[18] Hüffer/Koch/*Koch* Rn. 8; *Busch* in Marsch-Barner/Schäfer Börsennotierte AG-HdB Rn. 47.47.

Aushändigung der berichtigten oder neuen Aktienurkunden sowie auf Auszahlung des anteiligen Erlöses aus der Verwertung gemäß § 226 Abs. 3.[19]

IV. Kraftloserklärung von Aktien

1. Allgemeines. Eine Kraftloserklärung von Aktien ist nur möglich, wenn die Kapitalherabsetzung durch Zusammenlegung von Aktien erfolgt. Voraussetzung ist außerdem, dass Aktienurkunden ausgegeben sind. Bei unverbrieften Mitgliedschaftsrechten kommt eine Kraftloserklärung nicht in Betracht.[20] Die Bestimmungen des § 226 sind **zwingend** und **abschließend.** Die Satzung kann die Kraftloserklärung weder erleichtern noch erschweren.[21] Im Einvernehmen aller, insbesondere der betroffenen Aktionäre, kann allerdings auf die Einhaltung der gesetzlichen Bestimmungen verzichtet werden. Der Vorstand ist trotz des Gesetzeswortlauts („kann") **verpflichtet,** die von § 226 Abs. 1 erfassten Aktien für kraftlos zu erklären.[22] Eine Kraftloserklärung nach § 226 steht einer Kraftloserklärung im **Aufgebotsverfahren** nach den §§ 72, 73 nicht entgegen (§ 72 Abs. 3). 11

2. Sachliche Voraussetzungen. Für kraftlos erklärt werden können Aktienurkunden nur, wenn sie trotz Aufforderung **nicht eingereicht** worden sind (§ 226 Abs. 1 S. 1) oder soweit die **Zahl** der eingereichten Aktienurkunden für eine Zusammenlegung **nicht ausreicht** (§ 226 Abs. 1 S. 2). Die Einreichung der Aktienurkunden enthält in der Regel das Einverständnis mit der Verwertung der verbleibenden Aktienspitzen (→ Rn. 9). Eine Kraftloserklärung kommt daher insoweit nicht in Betracht. Die Aktienspitzen werden vielmehr von der Gesellschaft zu neuen Aktien zusammengelegt. Diese werden dann für Rechnung der beteiligten Aktionäre veräußert.[23] 12

3. Formelle Voraussetzungen. Die Kraftloserklärung ist nur zulässig, wenn die Aktionäre zuvor unter Fristsetzung **aufgefordert** worden sind, ihre Aktienurkunden einzureichen (§ 226 Abs. 1 S. 1). Außerdem muss die Aufforderung die **Androhung** enthalten, dass nicht fristgerecht eingereichte Aktien für kraftlos erklärt werden (§ 226 Abs. 2 S. 1). Die Frist zur Einreichung bestimmt der Vorstand entsprechend § 64 Abs. 2, soweit nicht der Kapitalherabsetzungsbeschluss andere Vorgaben enthält (→ § 222 Rn. 24). Die Androhung der Kraftloserklärung muss eindeutig sein. Der Hinweis, dass nach dem Gesetz verfahren werde, genügt zB nicht.[24] 13

Die Aufforderung zur Einreichung und die Androhung der Kraftloserklärung müssen in der in § 64 Abs. 2 für die Nachfrist vorgeschriebenen Weise **bekannt gemacht** worden sein (§ 226 Abs. 2 S. 2). Die Aufforderung ist danach **dreimal** in den **Gesellschaftsblättern** (§ 25) bekannt zu machen (§ 64 Abs. 2 S. 1). Dabei hat die erste Bekanntmachung mindestens drei Monate und die letzte Bekanntmachung mindestens einen Monat vor Fristablauf zu erfolgen (§ 64 Abs. 2 S. 2). Zwischen den Bekanntmachungen muss außerdem ein Zeitraum von mindestens drei Wochen liegen (§ 64 Abs. 2 S. 3). Für vinkulierte Namensaktien genügt gemäß § 64 Abs. 2 S. 4 ausnahmsweise die einmalige Einzelaufforderung mit Monatsfrist. 14

4. Rechtsnatur der Kraftloserklärung. Die Kraftloserklärung ist ein einseitiges Rechtsgeschäft, das durch nicht empfangsbedürftige Willenserklärung vorgenommen wird.[25] Die Erklärung wird aber erst mit der **Bekanntmachung in den Gesellschaftsblättern** wirksam (§ 226 Abs. 2 S. 3). In dieser Bekanntmachung, die nur einmal zu erfolgen braucht, sind die für kraftlos erklärten Aktien so **genau zu bezeichnen,** dass sich allein aus ihr ergibt, welche Aktien für kraftlos erklärt sind (§ 226 Abs. 2 S. 4). Dies gilt auch für vinkulierte Namensaktien. Ausreichend ist zB die Angabe der Seriennummer. Eine schriftliche Mitteilung an die betroffenen Aktionäre ist weder erforderlich noch ausreichend.[26] 15

5. Rechtsfolgen der Kraftloserklärung. Die Kraftloserklärung beendet die **wertpapiermäßige Verbriefung** der Aktien, die Mitgliedschaftsrechte bleiben dagegen bestehen. Mangels Verbriefung ist ein gutgläubiger Erwerb dieser Rechte nicht mehr möglich. Bis zur Neuverbriefung kann der Aktionär über seine Mitgliedschaftsrechte nur gemäß §§ 398, 413 BGB verfügen. Die Kraftloserklärung ermöglicht es der Gesellschaft, neue Aktienurkunden über die zusammengelegten Mitgliedschaftsrechte auszugeben. Die Gesellschaft ist dazu verpflichtet. 16

---

[19] Hüffer/Koch/*Koch* Rn. 6; Kölner Komm AktG/*Lutter* Rn. 6.
[20] Hüffer/Koch/*Koch* Rn. 7; Kölner Komm AktG/*Lutter* Rn. 15.
[21] Hüffer/Koch/*Koch* Rn. 7; MüKoAktG/*Oechsler* Rn. 2; Großkomm AktG/*Sethe* Rn. 16; NK-AktR/*Terbrack* Rn. 12; für die Zulässigkeit weitergehender Satzungsvoraussetzungen Kölner Komm AktG/*Lutter* Rn. 18.
[22] Hüffer/Koch/*Koch* Rn. 11; Kölner Komm AktG/*Lutter* Rn. 19; Bürgers/Körber/*Becker* Rn. 6.
[23] Hüffer/Koch/*Koch* Rn. 8; MüKoAktG/*Oechsler* Rn. 13.
[24] Hüffer/Koch/*Koch* Rn. 9; Großkomm AktG/*Sethe* Rn. 20.
[25] Hölters/*Haberstock/Greitemann* Rn. 8; Hüffer/Koch/*Koch* Rn. 11; Kölner Komm AktG/*Lutter* Rn. 16.
[26] Hüffer/Koch/*Koch* Rn. 11; Kölner Komm AktG/*Lutter* Rn. 21; aA *Kralik* DJ 1941, 245 (248 f.).

17 Die für kraftlos erklärten Aktien sind, soweit möglich, zusammenzulegen. Die dadurch gebildeten **neuen Mitgliedschaftsrechte** stehen nicht etwa der Gesellschaft, sondern den jeweils beteiligten Aktionären zu.[27] Diese sind hinsichtlich der neuen Aktien ggf. Mitberechtigte (§§ 741 ff., 1008 BGB) und können daher ihre Rechte grundsätzlich nur gemeinschaftlich ausüben (§ 69). Die Gesellschaft hat die neuen Mitgliedschaftsrechte allerdings unverzüglich für Rechnung der Beteiligten nach § 226 Abs. 3 zu verwerten.

18 Zwischen Kraftloserklärung und Verwertung **ruhen** die Mitgliedschaftsrechte aus den neuen Aktien (zur Übertragung der Rechte → Rn. 16).[28] Dies gilt insbesondere für die Ausübung des Stimmrechts. Die **Vermögensrechte** (Dividende, Bezugsrecht, Anspruch auf Abwicklungserlös) werden in dieser Zeit von der Gesellschaft für die Aktionäre ausgeübt.[29] Auch nach der Kraftloserklärung kann der Aktionär noch die Übertragung der neuen Aktien gegen Hingabe seiner für kraftlos erklärten Aktien verlangen, wenn er die dafür erforderliche Aktienanzahl hält und die Gesellschaft die neuen Aktien noch nicht anderweitig verwertet hat.[30]

V. Verwertung

19 **1. Allgemeines.** Nach der Zusammenlegung ist die Gesellschaft zur **unverzüglichen** Verwertung der neuen Aktien gemäß § 226 Abs. 3 verpflichtet.[31] Schuldhafte Verzögerung kann eine Haftung der Gesellschaft auf Schadensersatz begründen (§ 823 Abs. 2 BGB iVm § 31 BGB). § 226 Abs. 3 ist zugunsten der Aktionäre **Schutzgesetz** iSv § 823 Abs. 2 BGB.[32] Die Aktionäre sollen vor einer dauernden Zwangsgemeinschaft mit anderen Aktionären bewahrt werden.[33] Außerdem sollen Kursverluste vermieden werden.[34] Die Gesellschaft kann im Falle eines Fehlverhaltens bei ihren Verwaltungsmitgliedern Regress nehmen (§§ 93, 116 S. 1). Die Verwertung nach § 226 Abs. 3 gilt nicht für Aktien, die ein Aktionär der Gesellschaft freiwillig überlassen hat (vgl. § 226 Abs. 1 S. 2). Solche Aktien kann die Gesellschaft entsprechend dem jeweiligen Auftrag freihändig veräußern.[35] § 226 Abs. 3 entspricht im Übrigen § 65 Abs. 3 (→ § 65 Rn. 49 ff.).

20 **2. Durchführung der Verwertung.** Die Gesellschaft hat die neuen Aktien für Rechnung der Beteiligten **zum Börsenpreis** oder bei Fehlen eines Börsenpreises **durch öffentliche Versteigerung** zu verkaufen (§ 226 Abs. 3 S. 1). Eine andere Art der Verwertung, zB ein Erwerb durch einzelne Aktionäre,[36] ist nur mit Zustimmung der beteiligten Aktionäre zulässig. Für nicht verwertbare Spitzen ist eine **Barabfindung** zu leisten.[37] Die Gesellschaft wird bei der Verwertung nach den Grundsätzen des Auftragsrechts tätig (§§ 662 ff. BGB). Sie kann daher gemäß § 670 BGB Aufwendungsersatz verlangen, ist aber auch zur Rechenschaftslegung verpflichtet (§ 666 BGB).[38] Zuständig für den Verkauf ist der Vorstand.

21 Bei einer börsennotierten Gesellschaft kommt der in erster Linie vorgesehene Verkauf an der Börse in Betracht. **Börsenpreis** ist dabei der an der Börse im amtlichen oder geregelten Markt ermittelte Preis (§ 24 Abs. 1 BörsG).[39]

22 Im Falle der **Versteigerung** sind deren Zeit, Ort und Gegenstand öffentlich bekannt zu machen (§ 226 Abs. 3 S. 2). Die von der Kraftloserklärung betroffenen Aktionäre sind gesondert zu benachrichtigen (§ 226 Abs. 3 S. 4). Für diese Benachrichtigung ist keine besondere Form vorgeschrieben.

---

[27] Hüffer/Koch/*Koch* Rn. 13; Kölner Komm AktG/*Lutter* Rn. 23; MüKoAktG/*Oechsler* Rn. 22; unklar Großkomm AktG/*Sethe* Rn. 26.

[28] Grigoleit/*Rieder* Rn. 16; Hüffer/Koch/*Koch* Rn. 13; Kölner Komm AktG/*Lutter* Rn. 16; MHdB AG/*Scholz* § 61 Rn. 73; für gemeinsame Ausübbarkeit gemäß § 69 Abs. 1 MüKoAktG/*Oechsler* Rn. 11; aA Großkomm AktG/*Sethe* Rn. 26.

[29] Hüffer/Koch/*Koch* Rn. 13; Kölner Komm AktG/*Lutter* Rn. 16; MHdB AG/*Scholz* § 61 Rn. 73; für die Ausübung des Bezugsrechts durch einen Pfleger *Bork* FS Claussen, 1997, 49 (58 ff.).

[30] RGZ 37, 131 (133); Hüffer/Koch/*Koch* Rn. 13; Kölner Komm AktG/*Lutter* Rn. 17; MHdB AG/*Scholz* § 61 Rn. 72; *Busch* in Marsch-Barner/Schäfer Börsennotierte AG-HdB Rn. 47.48.

[31] BGH AG 1992, 27 (28); Hölters/*Haberstock/Greitemann* Rn. 13.

[32] Hüffer/Koch/*Koch* Rn. 14; Kölner Komm AktG/*Lutter* Rn. 26.

[33] Kölner Komm AktG/*Lutter* Rn. 13; MüKoAktG/*Oechsler* Rn. 25; *Bork* FS Claussen, 1997, 49 (52).

[34] Hüffer/Koch/*Koch* Rn. 14; Kölner Komm AktG/*Lutter* Rn. 26; MüKoAktG/*Oechsler* Rn. 25.

[35] Hüffer/Koch/*Koch* Rn. 14; Kölner Komm AktG/*Lutter* Rn. 26; MüKoAktG/*Oechsler* Rn. 31.

[36] Zur Frage eines Bezugsrechts der Aktionäre s. MüKoAktG/*Oechsler* Rn. 32 ff., der sich in besonders gelagerten Fällen für ein Bezugsrecht ausspricht; gegen ein Bezugsrecht Hüffer/Koch/*Koch* Rn. 14 und Großkomm AktG/*Sethe* Rn. 44.

[37] Grigoleit/*Rieder* Rn. 19; Hüffer/Koch/*Koch* Rn. 15; MüKoAktG/*Oechsler* Rn. 27.

[38] Hölters/*Haberstock/Greitemann* Rn. 15; Hüffer/Koch/*Koch* Rn. 15; Kölner Komm AktG/*Lutter* Rn. 25; MHdB AG/*Scholz* § 61 Rn. 73.

[39] *Busch* in Marsch-Barner/Schäfer Börsennotierte AG-HdB Rn. 47.49.

Bekanntmachung und Benachrichtigung müssen mindestens zwei Wochen vor der Versteigerung erfolgen (§ 226 Abs. 3 S. 5). Die öffentliche Versteigerung ist grundsätzlich am Sitz der Gesellschaft durchzuführen. Ist dort kein angemessener Erlös zu erwarten, sind die Aktien an einem geeigneten Ort zu verkaufen (§ 226 Abs. 3 S. 2).

Der aus der Veräußerung erzielte **Erlös** ist unverzüglich an die Beteiligten auszuzahlen (vgl. § 667 BGB), bei Miteigentum im Verhältnis der Bruchteilsrechte.[40] Die Auskehrung des Erlöses fällt nicht unter das Auszahlungsverbot des § 226 Abs. 2 S. 1.[41] Die Gesellschaft kann die Zahlung von einem Berechtigungsnachweis, zB der Vorlage der alten, für kraftlos erklärten Aktienurkunden, abhängig machen.[42] Unter den Voraussetzungen des § 272 BGB, insbesondere wenn der Aktionär oder sein Aufenthalt unbekannt ist, kann die Gesellschaft den Erlös auch **hinterlegen** (§ 226 Abs. 3 S. 6). Die Gesellschaft kann dabei auf das Recht zur Rücknahme verzichten (§ 376 Abs. 2 Nr. 1 BGB); verpflichtet ist sie dazu nicht.[43] Hat die Gesellschaft auf die Rücknahme nicht verzichtet, kann sie die hinterlegten Beträge jederzeit wieder herausverlangen.[44] 23

VI. Fehlerhafte Kraftloserklärung

Die Kraftloserklärung ist unwirksam, wenn wesentliche Voraussetzungen **nicht erfüllt** sind, der Kapitalherabsetzungsbeschluss zB unwirksam ist, oder gegen wesentliche Verfahrensvorschriften **verstoßen** wurde, die Androhung der Kraftloserklärung zB unterbleiben ist.[45] Bei unwirksamer Kraftloserklärung verbriefen die Aktienurkunden weiterhin das Aktienrecht. Die betroffenen Aktionäre können auf entsprechende Feststellung klagen und der Verwertung durch einstweilige Verfügung oder Unterlassungsklage entgegentreten.[46] Die trotz unwirksamer Kraftloserklärung ausgegebenen **Urkunden verbriefen keine Aktien.** Ein gutgläubiger Erwerb der Aktien scheidet wegen des nur deklaratorischen Charakters dieser Urkunden aus.[47] Die Ausgeber der Urkunden, neben Vorstandsmitgliedern uU auch Prokuristen, haften gutgläubigen Dritten allerdings auf **Schadensersatz** (§ 8 Abs. 2 S. 3, § 10 Abs. 4 S. 2, § 41 Abs. 4, § 191 S. 3 analog). Eine Haftung der Gesellschaft kann sich aus § 31 BGB ergeben.[48] 24

§ 227 Anmeldung der Durchführung

(1) Der Vorstand hat die Durchführung der Herabsetzung des Grundkapitals zur Eintragung in das Handelsregister anzumelden.

(2) Anmeldung und Eintragung der Durchführung der Herabsetzung des Grundkapitals können mit Anmeldung und Eintragung des Beschlusses über die Herabsetzung verbunden werden.

Schrifttum: S. die Angaben bei § 223.

I. Gegenstand der Regelung

Die Vorschrift regelt die Anmeldung der Durchführung der Kapitalherabsetzung zur Eintragung in das Handelsregister. Im Unterschied zur Eintragung des Kapitalherabsetzungsbeschlusses (→ § 224 Rn. 1) hat die Eintragung der Durchführung der Kapitalherabsetzung nur **deklaratorischen Charakter.**[1] Die Anmeldung der Durchführung ist nur vom Vorstand und nicht, wie der Herabsetzungsbeschluss (vgl. § 223), auch vom Aufsichtsratsvorsitzenden anzumelden. Daneben ist auch die mit der Kapitalherabsetzung verbundene Satzungsänderung zur Eintragung in das Handelsregister anzumelden (→ § 223 Rn. 1). 1

---

[40] Für eine Pflicht aus § 226 Abs. 3 Satz 6 NK-AktR/*Terbrack* Rn. 22 und Großkomm AktG/*Sethe* Rn. 45.
[41] Hüffer/Koch/*Koch* Rn. 15; Kölner Komm AktG/*Lutter* Rn. 25; MüKoAktG/*Oechsler* Rn. 30.
[42] Hüffer/Koch/*Koch* Rn. 16; MHdB AG/*Scholz* § 61 Rn. 73.
[43] Hüffer/Koch/*Koch* Rn. 16; MüKoAktG/*Oechsler* Rn. 30; Schockenhoff/Mann NZG 2014, 561 (562 f.); aA Kölner Komm AktG/*Lutter* Rn. 25.
[44] Vgl. OLG Karlsruhe NZG 2014, 578; zust. Schockenhoff/Mann NZG 2014, 561 (563 f.).
[45] Hüffer/Koch/*Koch* Rn. 17; Kölner Komm AktG/*Lutter* Rn. 24; MHdB AG/*Scholz* § 61 Rn. 72.
[46] Vgl. RGZ 27, 50 (51); Hüffer/Koch/*Koch* Rn. 17; Kölner Komm AktG/*Lutter* Rn. 24; Bürgers/Körber/*Becker* Rn. 8.
[47] BGH AG 1992, 27 (28); Hüffer/Koch/*Koch* Rn. 17; Kölner Komm AktG/*Lutter* Rn. 24; MHdB AG/*Scholz* § 61 Rn. 72; K. Schmidt/Lutter/*Veil* Rn. 10; aA RGZ 27, 50 (52).
[48] Grigoleit/*Rieder* Rn. 22; Hüffer/Koch/*Koch* Rn. 17; Kölner Komm AktG/*Lutter* Rn. 24.
[1] Hüffer/Koch/*Koch* Rn. 1; Kölner Komm AktG/*Lutter* Rn. 2; MüKoAktG/*Oechsler* Rn. 1.

2 Die Anmeldung und Eintragung der Durchführung der Kapitalherabsetzung können mit der Anmeldung und Eintragung des Herabsetzungsbeschlusses **verbunden** werden (§ 227 Abs. 2; aber auch → Rn. 3). Auch bei Verbindung handelt es sich aber um getrennte Anträge, über die, sofern nicht die gemeinsame Eintragung beantragt wird, uU unterschiedlich entschieden werden kann.[2]

II. Durchführung der Kapitalherabsetzung

3 Wann die Kapitalherabsetzung durchgeführt ist, hängt von der Art der Kapitalherabsetzung ab. Im Falle einer Herabsetzung des Grundkapitals durch **Herabsetzung des Nennbetrags** (§ 222 Abs. 4 S. 1) bzw. des anteiligen Betrags der Aktien ist die Kapitalherabsetzung durchgeführt, sobald sie durch Eintragung im Handelsregister wirksam geworden ist (→ § 222 Rn. 40 und → § 224 Rn. 6). Die Herabsetzung des Nennbetrags bzw. des anteiligen Betrags erfolgt bereits mit der Eintragung des Herabsetzungsbeschlusses. Weitere Maßnahmen der Durchführung sind in diesem Falle nicht erforderlich.[3]

4 Bei der Kapitalherabsetzung durch **Zusammenlegung von Aktien** (§ 222 Abs. 4 S. 2) sind zur Durchführung der Herabsetzung noch verschiedene Maßnahmen nach Eintragung des Herabsetzungsbeschlusses erforderlich. Dazu gehören die Entscheidung über die **Zusammenlegung** von Aktien und die **Kraftloserklärung** der alten Aktienurkunden nach § 226.[4] Die Berichtigung der alten und die Ausgabe neuer Aktienurkunden gehören dagegen nicht mehr zur Durchführung der Kapitalherabsetzung. Das Gleiche gilt für die Verwertung neuer Aktien nach § 226 Abs. 3 sowie Maßnahmen, die zur Erfüllung des Zwecks der Kapitalherabsetzung erforderlich sind, wie zB die Rückzahlung von Einlagen (vgl. § 222 Abs. 3). Nicht zur Durchführung der Herabsetzung gehören auch das Abwarten der Sechsmonatsfrist gemäß § 225 Abs. 2 S. 1 für Zahlungen an die Aktionäre, die Befriedigung oder Sicherstellung von Gläubigern (§ 225 Abs. 2 S. 2 aE) sowie die Vornahme der durch die Kapitalherabsetzung erforderlich gewordenen Buchungen.[5] Eine **Verbindung der Anmeldung** der Eintragung des Kapitalherabsetzungsbeschlusses mit der Anmeldung der Durchführung ist bei dieser Art der Kapitalherabsetzung nicht möglich, da die Durchführung erst erfolgen kann, wenn der Herabsetzungsbeschlusses eingetragen und damit wirksam geworden ist.[6]

III. Anmeldung der Durchführung

5 Die **Anmeldung** ist elektronisch in öffentlich beglaubigter Form (§ 12 Abs. 1 S. 1 HGB iVm § 129 BGB, §§ 39, 40 BeurkG) beim Amtsgericht am satzungsmäßigen Sitz der Gesellschaft einzureichen. Die Anmeldung ist unverzüglich nach Abschluss der Durchführungsmaßnahmen vorzunehmen. Sie kann vom Registergericht im Unterschied zur Anmeldung des Kapitalherabsetzungsbeschlusses (→ § 223 Rn. 3) erzwungen werden (§ 407 Abs. 2 S. 1 iVm § 14 HGB).[7] Die unterlassene oder verzögerte Anmeldung kann Schadensersatzansprüche der Gesellschaft gegen ihre Organmitglieder begründen (§§ 93, 116 S. 1). § 227 ist aber kein Schutzgesetz iSv § 823 Abs. 2 BGB.[8] Der Vorstand braucht die Anmeldung nur in vertretungsberechtigter Zahl vorzunehmen. Bei unechter Gesamtvertretung (§ 78 Abs. 3) können auch Prokuristen mitwirken.[9] Besondere Unterlagen oder Erklärungen müssen nicht beigefügt werden.

6 Das Registergericht hat vor der Eintragung zu **prüfen,** ob die erforderlichen Durchführungsmaßnahmen vorgenommen wurden. Dazu gehört zB die Prüfung, ob die Summe der Nennbeträge bzw. bei Stückaktien der anteiligen Beträge der Aktien (§ 8 Abs. 2 und 3) dem herabgesetzten Grundkapital entspricht.[10] Es genügt eine summarische Plausibilitätsprüfung. Eine genauere Prüfung ist nur erfor-

---

[2] Hüffer/Koch/*Koch* Rn. 8; MüKoAktG/*Oechsler* Rn. 7; K. Schmidt/Lutter/*Veil* Rn. 7; Bürgers/Körber/ *Becker* Rn. 9; aA Kölner Komm AktG/*Lutter* Rn. 7; auf die mangelnde praktische Bedeutung des Streitstands hinweisend: Großkomm AktG/*Sethe* Rn. 9.
[3] Hüffer/Koch/*Koch* Rn. 2; Kölner Komm AktG/*Lutter* Rn. 3; MüKoAktG/*Oechsler* Rn. 2; MHdB AG/ *Scholz* § 61 Rn. 77; *Busch* in Marsch-Barner/Schäfer Börsennotierte AG-HdB Rn. 47.53.
[4] Hüffer/Koch/*Koch* Rn. 2; Kölner Komm AktG/*Lutter* Rn. 3; MüKoAktG/*Oechsler* Rn. 2.
[5] Grigoleit/*Rieder* § 227 Rn. 3; Hüffer/Koch/*Koch* Rn. 3; Kölner Komm AktG/*Lutter* Rn. 4; MüKoAktG/ *Oechsler* Rn. 3; MHdB AG/*Scholz* § 61 Rn. 77; *Busch* in Marsch-Barner/Schäfer Börsennotierte AG-HdB Rn. 47.53.
[6] Hüffer/Koch/*Koch* Rn. 8; Kölner Komm AktG/*Lutter* Rn. 7; MHdB AG/*Scholz* § 61 Rn. 77; Großkomm AktG/*Sethe* Rn. 8.
[7] Kölner Komm AktG/*Lutter* Rn. 5; MHdB AG/*Scholz* § 61 Rn. 75; Bürgers/Körber/*Becker* Rn. 7.
[8] Hüffer/Koch/*Koch* Rn. 5; Großkomm AktG/*Sethe* Rn. 6.
[9] KG JW 1938, 3121; Hüffer/Koch/*Koch* Rn. 5; Kölner Komm AktG/*Lutter* Rn. 5.
[10] KG JW 1926, 2930 (2932); Hüffer/Koch/*Koch* Rn. 6; Kölner Komm AktG/*Lutter* Rn. 6; MüKoAktG/ *Oechsler* Rn. 5.

derlich, wenn Anlass zu Zweifeln besteht.¹¹ Das Registergericht kann dann von Amts wegen ermitteln (§ 127 FamFG).

Die **Eintragung** der Durchführung richtet sich nach § 43 Nr. 3 und 6a HRV. Ihr Inhalt ist gemäß 7
§ 10 S. 1 HGB im elektronischen Bundesanzeiger bekannt zu machen.

IV. Verbindung von Kapitalherabsetzung und -erhöhung

Soll die Kapitalherabsetzung mit einer **Kapitalerhöhung** verbunden werden und sollen beide 8
Kapitalmaßnahmen gleichzeitig wirksam werden, ist zusammen mit der Eintragung des Herabsetzungsbeschlusses auch der Kapitalerhöhungsbeschluss (§ 184) und dessen Durchführung (§§ 188, 189) im Handelsregister einzutragen. Erfolgen alle drei Anmeldungen gleichzeitig, liegt darin in der Regel der Antrag auf gleichzeitige Eintragung.¹²

§ 228 Herabsetzung unter den Mindestnennbetrag

(1) Das Grundkapital kann unter den in § 7 bestimmten Mindestnennbetrag herabgesetzt werden, wenn dieser durch eine Kapitalerhöhung wieder erreicht wird, die zugleich mit der Kapitalherabsetzung beschlossen ist und bei der Sacheinlagen nicht festgesetzt sind.

(2) ¹Die Beschlüsse sind nichtig, wenn sie und die Durchführung der Erhöhung nicht binnen sechs Monaten nach der Beschlußfassung in das Handelsregister eingetragen worden sind. ²Der Lauf der Frist ist gehemmt, solange eine Anfechtungs- oder Nichtigkeitsklage rechtshängig ist. ³Die Beschlüsse und die Durchführung der Erhöhung des Grundkapitals sollen nur zusammen in das Handelsregister eingetragen werden.

Schrifttum: *Decher/Voland,* Kapitalschnitt und Bezugsrechtsausschluss im Insolvenzplan – Kalte Enteignung oder Konsequenz des ESUG?, ZIP 2013, 103; *Gehrlein,* Banken – vom Kreditgeber zum Gesellschafter – neue Haftungsfallen? (Debt-Equity-Swap nach ESUG), NZI 2012, 257; *Krieger,* Beschlusskontrolle bei Kapitalherabsetzungen, ZGR 2000, 885; *Landfermann,* Das neue Unternehmenssanierungsgesetz (ESUG), WM 2012, 821; *Priester,* „Squeeze out" durch Herabsetzung des Stammkapitals auf Null?, DNotZ 2003, 592; *Reger/Stenzel,* Der Kapitalschnitt auf Null als Mittel zur Sanierung von Unternehmen – Gesellschaftsrechtliche, börsenzulassungsrechtliche und kapitalmarktrechtliche Konsequenzen, NZG 2009, 1210; *Simon/Merkelbach,* Gesellschaftsrechtliche Strukturmaßnahmen im Insolvenzplanverfahren nach dem ESUG, NZG 2012, 121; s. auch bei → § 222.

Übersicht

	Rn.		Rn.
I. Gegenstand und Zweck der Regelung	1, 2	1. Kapitalherabsetzung	3
		2. Kapitalerhöhung	4–6
II. Unterschreiten des Mindestnennbetrags	3–7	3. Rechtsfolgen bei Verstößen	7
		III. Eintragungsverfahren	8–11

I. Gegenstand und Zweck der Regelung

§ 228 Abs. 1 erlaubt es, das Grundkapital unter den gesetzlichen Mindestnennbetrag von 1
50.000 Euro (§ 7) herabzusetzen, wenn dieser Betrag durch eine zugleich beschlossene **Barkapitalerhöhung** wieder erreicht wird. Um sicherzustellen, dass eine solche Situation nur vorübergehend besteht, müssen die Herabsetzung und die Wiedererhöhung spätestens nach sechs Monaten im Handelsregister eingetragen sein (§ 228 Abs. 2 S. 1). Außerdem sollen die Beschlüsse zur Herabsetzung und Erhöhung des Grundkapitals sowie zur Durchführung der Kapitalerhöhung nur zusammen in das Handelsregister eingetragen werden (§ 228 Abs. 2 S. 3).

Mit der Vorschrift sollen **Sanierungen** erleichtert werden.¹ Die Unterschreitung des Mindestkapitalbetrags ermöglicht es, eine Unterbilanz in voller Höhe zu beseitigen. Eine solche Sanierung ist 2
aber nicht Voraussetzung für ein Vorgehen nach § 228.² Praktische Bedeutung hat die Vorschrift vor allem im Rahmen der vereinfachten Kapitalherabsetzung (§ 229 Abs. 3), bei der die bilanzielle Sanierung durch einen Kapitalschnitt den wichtigsten Anwendungsfall darstellt (→ § 229 Rn. 2).

---

¹¹ Hüffer/Koch/*Koch* Rn. 6; MüKoAktG/*Oechsler* Rn. 5.
¹² KG JW 1930, 2718 f.; Hüffer/Koch/*Koch* Rn. 9; Kölner Komm AktG/*Lutter* Rn. 8.
¹ Hölters/*Haberstock/Greitemann* Rn. 1; Hüffer/Koch/*Koch* Rn. 1; Kölner Komm AktG/*Lutter* Rn. 2; *Krieger* ZGR 2000, 885 (897).
² Hüffer/Koch/*Koch* Rn. 1; Kölner Komm AktG/*Lutter* Rn. 2; Großkomm AktG/*Sethe* Rn. 4.

II. Unterschreiten des Mindestnennbetrags

3 **1. Kapitalherabsetzung.** Für den Beschluss über die Kapitalherabsetzung gelten die allgemeinen Vorschriften (§§ 222 ff.). Anzuwenden sind auch die Schutzvorschriften des § 225, sofern es sich nicht um eine vereinfachte Kapitalherabsetzung handelt (§ 229 Abs. 3).[3] Was den Umfang der Herabsetzung angeht, so dispensiert das Gesetz zwar nur von dem Mindestnennbetrag nach § 7 und nicht auch vom Vorhandensein eines Grundkapitals gemäß § 1 Abs. 2. Es wäre aber formalistisch, deshalb nur eine Herabsetzung auf mindestens eine Aktie im Nennbetrag oder mit einem anteiligen Betrag von einem Euro zuzulassen. Da das Gesetz eine gleichzeitige Wiedererhöhung verlangt, kann die Herabsetzung des Grundkapitals auch **auf Null** beschlossen werden.[4] Wird das Grundkapital auf einen Restbetrag herabgesetzt, müssen die verbleibenden Aktien allerdings den Bestimmungen des § 8 Abs. 2 und 3 entsprechen.[5] Bei einer börsennotierten Gesellschaft führt die Kapitalherabsetzung auf Null dazu, dass die **Börsenzulassung** der bisherigen Aktien **erlischt** (Erledigung iSv § 43 Abs. 2 VwVfG). Sollen die im Rahmen der Wiedererhöhung ausgegebenen neuen Aktien börsennotiert sein, ist ihre Zulassung gemäß § 69 BörsZulVO erforderlich.[6]

4 **2. Kapitalerhöhung.** Die Herabsetzung des Grundkapitals unter den gesetzlichen Mindestbetrag ist nur zulässig, wenn „zugleich", dh **in derselben Hauptversammlung**,[7] eine Kapitalerhöhung beschlossen wird, mit der der Mindestbetrag wieder erreicht oder überschritten wird. Das alte Grundkapital muss dabei nicht wieder erreicht werden. Die Erhöhung muss aber unbedingt und unbefristet sein. Diesem Erfordernis entspricht nur die **ordentliche Kapitalerhöhung** (§§ 182 ff.). Die anderen Arten der Kapitalerhöhung sind für ein Vorgehen nach § 228 nicht geeignet.[8]

5 Die Kapitalerhöhung muss gegen **Bareinlagen** beschlossen werden (§ 228 Abs. 1 S. 1 aE). Dadurch wird ein Zufluss an Liquidität sichergestellt; außerdem werden Bewertungsprobleme vermieden. Das Verbot von Sacheinlagen gilt nur, soweit es darum geht, das gesetzliche Mindestkapital wieder zu erreichen. Soweit die Kapitalerhöhung darüber hinausgeht, kann sie auch gegen Sacheinlagen beschlossen werden.[9]

6 Bei der Erhöhung des Grundkapitals haben die Aktionäre grundsätzlich ein **Bezugsrecht** auf die neuen Aktien (§ 186 Abs. 1 S. 1). Ein Ausschluss dieses Bezugsrechts ist wie bei einer sonstigen Barkapitalerhöhung zulässig (→ § 186 Rn. 22 ff.). Er ist in einem schriftlichen Vorstandsbericht zu begründen (§ 186 Abs. 4 S. 2).[10] Im Falle einer **Kapitalherabsetzung auf Null** würde ein völliger Ausschluss des Bezugsrechts zu einem Ausschluss aller bisherigen Aktionäre führen. Eine solche Gestaltung ist deshalb nur in besonderen Ausnahmefällen zulässig.[11] Insbesondere darf mit ihr nicht der Zweck verfolgt werden, Minderheitsgesellschafter aus der Gesellschaft auszuschließen.[12] Ist das Bezugsrecht nicht ausgeschlossen, so ist es inhaltlich so auszugestalten, dass möglichst alle Aktionäre in der Gesellschaft verbleiben können. Die **neuen Aktien** sind deshalb zur Vermeidung unverhältnismäßig hoher Spitzen grundsätzlich zum **Mindestnennbetrag** bzw. geringsten anteiligen Betrag auszugeben. Dies folgt aus der Treuepflicht des Mehrheitsaktionärs gegenüber den Minderheitsaktionären[13] sowie unabhängig von der Gesellschafterstruktur aus dem Verhältnismäßigkeitsgrundsatz und dem Rechtsgedanken des § 222 Abs. 4 S. 2.[14] Hiervon kann bei Vorliegen sachlicher Gründe allerdings abgewichen werden. Zum Schutz der **Genussrechtsinhaber** bei entsprechender Anwendung des § 228 → § 224 Rn. 14. Bei einem **Insolvenzplanverfahren** ist die Möglichkeit des vollständigen

---

[3] Hüffer/Koch/*Koch* Rn. 8; Kölner Komm AktG/*Lutter* Rn. 22; MüKoAktG/*Oechsler* Rn. 2.
[4] BGH NJW 1993, 57 – Klöckner; BGH NJW 1999, 3197 – Hilgers; LG Koblenz AG 1996, 282; Hüffer/Koch/*Koch* Rn. 2; MHdB AG/*Scholz* § 61 Rn. 11; MüKoAktG/*Oechsler* Rn. 3; Großkomm AktG/*Sethe* Rn. 7; *Busch* in Marsch-Barner/Schäfer Börsennotierte AG-HdB Rn. 47.6.
[5] MHdB AG/*Scholz* § 61 Rn. 11; *Busch* in Marsch-Barner/Schäfer Börsennotierte AG-HdB Rn. 47.6.
[6] Hüffer/Koch/*Koch* Rn. 2c; *Reger/Stenzel* NZG 2009, 1210 (1213); *Sethe* ZIP 2010, 1825 (1828).
[7] Hüffer/Koch/*Koch* Rn. 2; Kölner Komm AktG/*Lutter* Rn. 3; MHdB AG/*Scholz* § 61 Rn. 11; MüKoAktG/*Oechsler* Rn. 4; K. Schmidt/Lutter/*Veil* Rn. 2.
[8] Hüffer/Koch/*Koch* Rn. 2; Kölner Komm AktG/*Lutter* Rn. 8; MHdB AG/*Scholz* § 61 Rn. 11; MüKoAktG/*Oechsler* Rn. 8; Großkomm AktG/*Sethe* Rn. 10; K. Schmidt/Lutter/*Veil* Rn. 2.
[9] Hüffer/Koch/*Koch* Rn. 3; Kölner Komm AktG/*Lutter* Rn. 7; MHdB AG/*Scholz* § 61 Rn. 11; MüKoAktG/*Oechsler* Rn. 7; Großkomm AktG/*Sethe* Rn. 9; *Priester* DNotZ 2003, 592 (594).
[10] Vgl. dazu LG Frankfurt a.M. DB 2003, 2541; OLG Schleswig NZG 2004, 281 (282 f.); LG München I WM 1995, 715 (718).
[11] *Krieger* ZGR 2000, 885 (889 f.); Hüffer/Koch/*Koch* Rn. 2a und Großkomm/*Sethe* Rn. 11 sehen einen vollständigen Bezugsrechtsausschluss als ultima ratio an, wenn sich die Zusammenarbeit mit einem bestimmten Investor als alternativlos erweist.
[12] LG Kiel ZIP 2013, 823 (826 f.) zu § 58a GmbHG, MüKoAktG/*Oechsler* Rn. 2a.
[13] So BGH ZIP 1999, 1444 (1445) – Hilgers; BGH ZIP 2001, 1539 (1543) – Sachsenmilch.
[14] Vgl. *Krieger* ZGR 2000, 885 (902 f.); MüKoAktG/*Oechsler* Rn. 5; *Rottnauer* NZG 1999, 1159 f.

Bezugsrechtsausschlusses für den Fall eines Dept-Equity-Swap ausdrücklich vorgesehen (§ 225a Abs. 2 S. 3 InsO). Auch ein solcher Ausschluss muss nach den allgemeinen Regeln sachlich gerechtfertigt sein. Ist dies der Fall, ist der Ausschluss hinzunehmen.[15] Zum Schutz der Alt-Aktionäre kann allerdings auch eine parallele Barkapitalerhöhung vorgesehen werden.[16]

3. Rechtsfolgen bei Verstößen. Wird gegen § 228 Abs. 1 verstoßen, so ist der Herabsetzungsbeschluss **nichtig** (§ 241 Nr. 3). Die Wirksamkeit des Kapitalerhöhungsbeschlusses wird davon grundsätzlich nicht berührt.[17] Dieser Beschluss darf dann aber ebenfalls nicht eingetragen werden (§ 228 Abs. 2 S. 3). Eine Nichtigkeit auch des Kapitalerhöhungsbeschlusses ist aber dann anzunehmen, wenn beide Beschlüsse als Einheit zu sehen sind.[18] Wird ein nichtiger Beschluss in das Handelsregister eingetragen, tritt nach sechs Monaten Heilung ein (§ 242 Abs. 2). Bis dahin hat der Registerrichter die Eintragung von Amts wegen zu löschen (§§ 395, 398 FamFG). 7

III. Eintragungsverfahren

Die Beschlüsse über die Kapitalherabsetzung, die Kapitalerhöhung und die Durchführung der Kapitalerhöhung müssen innerhalb von **sechs Monaten** nach der Beschlussfassung in das Handelsregister eingetragen sein (vgl. §§ 224, 184, 188). Geschieht dies auch nur bei einem Beschluss nicht rechtzeitig, sind beide Beschlüsse **nichtig** (§ 228 Abs. 2 S. 1). Dem liegt der Gedanke zugrunde, dass der gegen § 7 verstoßende Zustand nur für eine vorübergehende Zeit toleriert werden soll.[19] Die Eintragung der Durchführung der Kapitalherabsetzung spielt in diesem Zusammenhang keine Rolle, da sie nur deklaratorische Bedeutung hat (→ § 227 Rn. 1). Im Falle der Nichtigkeit der Kapitalerhöhung können die erbrachten Einlagen gemäß §§ 812 ff. BGB zurückverlangt werden. 8

Die Sechsmonatsfrist wird nur durch die Eintragung gewahrt. Die rechtzeitige **Anmeldung** genügt nicht.[20] Nach Ablauf der Frist darf der Registerrichter keine Eintragung mehr vornehmen. Trägt er dennoch ein, ist eine Heilung nach § 242 Abs. 3 möglich. Wird die Frist durch Verschulden des Registergerichts versäumt, kommen Amtshaftungsansprüche in Betracht (Art. 34 GG, § 839 BGB). Für die Berechnung der Sechsmonatsfrist gelten die § 187 Abs. 1 BGB, § 188 BGB. 9

Die Sechsmonatsfrist ist gehemmt, solange eine gegen die Herabsetzung oder Erhöhung des Grundkapitals gerichtete **Anfechtungs- oder Nichtigkeitsklage** rechtshängig ist (§ 228 Abs. 2 S. 2). Der Zeitraum der Rechtshängigkeit (dazu § 261 Abs. 1 ZPO) wird bei der Berechnung der Sechsmonatsfrist nicht mitgerechnet (vgl. § 204 Abs. 1 Nr. 1 BGB). Die bereits begonnene Frist läuft nach Wegfall der Rechtshängigkeit weiter. Das Fehlen einer erforderlichen staatlichen Genehmigung zur Kapitalherabsetzung oder Kapitalerhöhung hemmt den Lauf der Frist seit der Änderung des § 228 Abs. 2 S. 2 durch das ARUG nicht mehr.[21] 10

Die Beschlüsse über die Herabsetzung und die Erhöhung des Grundkapitals sowie die Durchführung der Kapitalerhöhung sollen nur **zusammen** in das Handelsregister **eingetragen** werden (§ 228 Abs. 2 S. 3). Ein Verstoß gegen diese Sollvorschrift macht die Eintragung grundsätzlich nicht unwirksam. Die Eintragung einer Kapitalherabsetzung auf Null ist aber nur wirksam, wenn gleichzeitig der Kapitalerhöhungsbeschluss und dessen Durchführung eingetragen werden, da die Gesellschaft sonst vorübergehend kein Grundkapital hätte.[22] Werden alle drei Anmeldungen gemeinsam vorgenommen, liegt darin der Antrag auf gemeinsame Eintragung. Ist eine Anmeldung nicht ordnungsgemäß, ist die Eintragung im Hinblick auf § 228 Abs. 2 S. 3 bis zur Behebung des Mangels insgesamt abzulehnen.[23] 11

Zweiter Unterabschnitt. Vereinfachte Kapitalherabsetzung

§ 229 Voraussetzungen

(1) ¹**Eine Herabsetzung des Grundkapitals, die dazu dienen soll, Wertminderungen auszugleichen, sonstige Verluste zu decken oder Beträge in die Kapitalrücklage einzustellen,**

---

[15] Vgl. Braun/*Braun/Frank* InsO § 225a Rn. 7; MHdb AG/*Scholz* § 62 Rn. 5; *Decher/Voland* ZIP 2013, 103 (105); *Simon/Merkelbach* NZG 2012, 121 (125); *Gehrlein* NZI 2012, 257 (260); *Landfermann* WM 2012, 821 (828).
[16] Für eine Verpflichtung dazu *Simon/Merkelbach* NZG 2012, 121 (126); Hüffer/Koch/*Koch* Rn. 2a.
[17] MüKoAktG/*Oechsler* Rn. 9; Grigoleit/*Rieder* Rn. 7; Henssler/Strohn/*Galla* Rn. 3; aA Hüffer/Koch/*Koch* Rn. 4; Großkomm AktG/*Sethe* Rn. 13; Bürgers/Körber/*Becker* Rn. 5; *Terbrack* RNotZ 2003, 90 (99).
[18] Vgl. Hölters/*Haberstock/Greitemann* Rn. 12; Hüffer/Koch/*Koch* Rn. 4; Kölner Komm AktG/*Lutter* Rn. 13; K. Schmidt/Lutter/*Veil* Rn. 3; Bürgers/Körber/*Becker* Rn. 5, jeweils unter Hinweis auf § 139 BGB.
[19] Kölner Komm AktG/*Lutter* Rn. 14.
[20] Hüffer/Koch/*Koch* Rn. 5; Kölner Komm AktG/*Lutter* Rn. 19; MüKoAktG/*Oechsler* Rn. 11.
[21] Gesetz zur Umsetzung der Aktionärsrechterichtlinie v. 30.7.2009, BGBl. 2009 I 2479.
[22] Kölner Komm AktG/*Lutter* Rn. 20; *Krieger* ZGR 2000, 885 (898 Fn. 37).
[23] Hüffer/Koch/*Koch* Rn. 7; Kölner Komm AktG/*Lutter* Rn. 21.

kann in vereinfachter Form vorgenommen werden. ²Im Beschluß ist festzusetzen, daß die Herabsetzung zu diesen Zwecken stattfindet.

(2) ¹Die vereinfachte Kapitalherabsetzung ist nur zulässig, nachdem der Teil der gesetzlichen Rücklage und der Kapitalrücklage, um den diese zusammen über zehn vom Hundert des nach der Herabsetzung verbleibenden Grundkapitals hinausgehen, sowie die Gewinnrücklagen vorweg aufgelöst sind. ²Sie ist nicht zulässig, solange ein Gewinnvortrag vorhanden ist.

(3) § 222 Abs. 1, 2 und 4, §§ 223, 224, 226 bis 228 über die ordentliche Kapitalherabsetzung gelten sinngemäß.

Schrifttum: *Fabis,* Vereinfachte Kapitalherabsetzung bei AG und GmbH, MittRhNotK 1999, 169; *Geißler,* Rechtliche und unternehmenspolitische Aspekte der vereinfachten Kapitalherabsetzung bei der AG, NZG 2000, 719; *Hefermehl,* Vereinfachte Kapitalherabsetzung, SozPr 1938, 383; *Heinzmann,* Die Neuordnung der Kapitalverhältnisse bei Sanierung der GmbH, BWNotZ 1994, 118; *Hirte,* Genüsse zum Versüßen vereinfachter Kapitalherabsetzungen, FS Claussen, 1997, 115; *Lutter/Hommelhoff/Timm,* Finanzierungsmaßnahmen zur Krisenabwehr in der Aktiengesellschaft, BB 1980, 737; *Neufeld,* Bilanzierungserleichterungen. Durchführung der erleichterten Kapitalherabsetzung, JW 1932, 693; *Priester,* Kapitalschutz bei der übertragenden Gesellschaft in Spaltungsfällen, FS Schippel, 1996, 487; *Risse,* Rückwirkung der Kapitalherabsetzung einer Aktiengesellschaft, BB 1968, 1012; *K. Schmidt,* Die sanierende Kapitalerhöhung im Recht der Aktiengesellschaft, GmbH und Personengesellschaft, ZGR 1982, 519; *K. Schmidt,* Die Umwandlung einer GmbH in eine AG zu Kapitaländerungszwecken, AG 1985, 150; *Terbrack,* Kapitalherabsetzende Maßnahmen bei Aktiengesellschaften, RNotZ 2003, 89; *Ullmann,* Kapitalherabsetzung in erleichterter Form, ZHB 1932, 4; *Wirth,* Vereinfachte Kapitalherabsetzung zur Unternehmenssanierung, DB 1996, 867.

Übersicht

	Rn.		Rn.
I. Gegenstand und Zweck der Regelung	1–3	**IV. Durchführung der vereinfachten Kapitalherabsetzung**	26–29
II. Voraussetzungen der vereinfachten Kapitalherabsetzung	4–22	1. Beschluss der Hauptversammlung	26, 27
1. Zweckbegrenzung	4–10	2. Weitere Abwicklung	28, 29
a) Verlustdeckung	5–8	**V. Verbindung mit einer Kapitalerhöhung**	30
b) Einstellung in die Kapitalrücklage	9		
c) Zweckfestsetzung im Beschluss	10	**VI. Liquidation und Insolvenz**	31, 32
2. Vorherige Auflösung von Reserven	11–20	**VII. Rechtsfolgen fehlerhafter Herabsetzungsbeschlüsse**	33–37
a) Gesetzliche Rücklage und Kapitalrücklage	12	1. Kein zulässiger Zweck oder fehlende Zweckbestimmung	33
b) Gewinnrücklagen	13–17		
c) Gewinnvortrag	18	2. Kein Verlust	34
d) Keine weitergehende Vermögensauflösung	19	3. Überhöhte Einstellung in die Kapitalrücklage	35
e) Auflösungsverfahren	20		
3. Keine sachliche Rechtfertigung	21, 22	4. Nichtauflösung der Rücklagen	36
III. Umfang der Kapitalherabsetzung	23–25	5. Beeinträchtigung eines Genusskapitals	37

I. Gegenstand und Zweck der Regelung

1 Die Vorschrift regelt die Voraussetzungen der vereinfachten Kapitalherabsetzung. Im Unterschied zur ordentlichen Kapitalherabsetzung (§§ 222 ff.) ist sie neben der praktisch wenig relevanten Dotierung der Kapitalrücklage[1] nur zu **Sanierungszwecken** zulässig (§ 229 Abs. 1). Dabei sind etwaige Rücklagen und ein Gewinnvortrag vorrangig zur Verlustdeckung heranzuziehen (§ 229 Abs. 2). Die Vereinfachung der Kapitalherabsetzung liegt in der **Lockerung des Gläubigerschutzes** durch Verzicht auf die Besicherung der Gesellschaftsgläubiger nach § 225 (vgl. die insoweit eingeschränkte Verweisung in § 229 Abs. 3). Dafür reichen die Mittel der Gesellschaft im Krisenfalle meist ohnehin nicht mehr aus. Eine reguläre Kapitalherabsetzung kommt deshalb, obwohl auch mit ihr Verluste ausgeglichen werden können (→ § 222 Rn. 2), vielfach nicht in Frage. Die Gläubiger sind schon durch die eingetretenen Verluste und nicht erst durch die Herabsetzung des Kapitals gefährdet.[2] Die Kapitalherabsetzung bewirkt lediglich eine Anpassung des Grundkapitals an die tatsächliche

---

[1] *Busch* in Marsch-Barner/Schäfer Börsennotierte AG-HdB § 48 Rn. 1.
[2] BGHZ 138, 71 (79) – Sachsenmilch; Grigoleit/*Rieder* Rn. 2; Hüffer/Koch/*Koch* Rn. 2 und § 222 Rn. 24.

Vermögenslage durch entsprechende Umbuchung (sog. Buchsanierung).³ Die **Interessen der Gläubiger** werden durch die §§ 230–233 gewahrt. Nach diesen Vorschriften ist die Verwendung der Erträge aus einer vereinfachten Kapitalherabsetzung eingeschränkt. Sie dürfen insbesondere nicht zu Zahlungen an die Aktionäre oder zur Befreiung von Einlagepflichten verwandt werden (§ 230 S. 1).

Praktische Bedeutung erlangt die vereinfachte Kapitalherabsetzung vor allem in **Verbindung mit einer Kapitalerhöhung** (§§ 182, 235). Die im Rahmen einer solchen Kapitalerhöhung zugeführten Mittel kommen der Gesellschaft nach einem vorherigen Verlustausgleich durch Anpassung des Grundkapitals ungeschmälert zu Gute. Durch die Möglichkeit der **Rückwirkung** des Herabsetzungsbeschlusses und des damit verbundenen Kapitalerhöhungsbeschlusses auf den davor liegenden letzten Bilanzstichtag (§§ 234, 235) brauchen die Verluste in der Bilanz nicht offen gelegt zu werden. Für sanierungsbedürftige Unternehmen ist dies im Hinblick auf die Kreditwürdigkeit von erheblicher Bedeutung (auch → § 234 Rn. 1 und → § 235 Rn. 1).

Gemäß § 145 UmwG ist die vereinfachte Kapitalherabsetzung auch bei einer **Abspaltung** zulässig. Sie muss auf Grund einer bei dem übertragenden Rechtsträger eintretenden Unterbilanz erforderlich sein.⁴ Der Ausgleich eines Verlustes oder eine Rücklagendotierung spielen dagegen keine Rolle; es handelt sich um eine bloße Rechtsfolgenverweisung.⁵

II. Voraussetzungen der vereinfachten Kapitalherabsetzung

1. Zweckbegrenzung. Die vereinfachte Kapitalherabsetzung ist nur zum Ausgleich von Wertminderungen und sonstigen Verlusten sowie in beschränktem Umfang auch zur Einstellung von Beträgen in die Kapitalrücklage zulässig (§ 229 Abs. 1 S. 1). Die zulässigen Zwecke sind im Gesetz abschließend aufgeführt. Soll ein anderer Zweck verfolgt werden, kann dies nur im Wege einer ordentlichen Kapitalherabsetzung (§ 222) oder einer Kapitalherabsetzung durch Einziehung (§ 237) geschehen.⁶ Die nach § 229 Abs. 1 zulässigen Zwecke können auch nebeneinander verfolgt werden.⁷ Im Beschluss über die Kapitalherabsetzung muss dann aber bestimmt oder zumindest bestimmbar festgelegt werden, welcher Teil der Herabsetzung welchem Zweck zuzuordnen ist.⁸

a) Verlustdeckung. Die Kapitalherabsetzung kann dem Ausgleich von Wertminderungen und der Deckung sonstiger Verluste dienen. Mit dieser Formulierung ist jede Verlustdeckung gemeint, ohne dass es auf den Grund der Entstehung des Verlustes ankäme.⁹ Mit den „Wertminderungen" ist dabei nur ein Beispiel genannt. Eine eigenständige Bedeutung kommt diesem Begriff nicht zu. Er ist vor allem nicht im bilanztechnischen Sinne als Abschreibung oder Wertberichtigung zu verstehen.¹⁰

Der Verlust muss im **Zeitpunkt der Beschlussfassung** nach den für die Jahresbilanz geltenden Grundsätzen bestehen. Ein Verlustausweis im letzten **Jahresabschluss** muss daher auch noch im Zeitpunkt der Hauptversammlung vorhanden sein. Andererseits ist nicht erforderlich, dass ein förmlicher Bilanzverlust festgestellt wird. Der Verlust kann sich auch aus einer **Zwischenbilanz** ergeben, die vom Vorstand erstellt wird und keiner Feststellung, Prüfung und Testierung bedarf.¹¹ Die Einbindung des Abschlussprüfers kann allerdings zu einer Plausibilitätsprüfung des vorhandenen Verlustes angebracht sein.

Nach § 249 Abs. 1 HGB sind in der Bilanz auch **drohende Verluste** zu berücksichtigen. Dem entsprechend kann bereits die Prognose eines Verlusts, der nicht alsbald wieder ausgeglichen sein

---

³ Hüffer/Koch/*Koch* Rn. 2; *K. Schmidt* ZGR 1982, 519 (520); Großkomm AktG/*Sethe* Rn. 6.
⁴ Semler/Stengel/*Diekmann* UmwG § 145 Rn. 4; Lutter/*Schwab* UmwG § 145 Rn. 10; Kölner Komm AktG/ *Simon* UmwG § 145 Rn. 10; BGH GmbHR 1989, 152 (154).
⁵ *Busch* in Marsch-Barner/Schäfer Börsennotierte AG-HdB Rn. 48.13; Semler/Stengel/*Diekmann* UmwG Rn. 8; Lutter/*Schwab* UmwG § 145 Rn. 8; Kölner Komm AktG/*Simon* UmwG § 145 Rn. 9; *Priester* FS Schippel, 1996, 487 (491 ff.).
⁶ Hüffer/Koch/*Koch* Rn. 6; MHdB AG/*Scholz* § 62 Rn. 5; Kölner Komm AktG/*Lutter* Rn. 9; MüKoAktG/ *Oechsler* Rn. 8.
⁷ Hüffer/Koch/*Koch* Rn. 6; MHdB AG/*Scholz* § 62 Rn. 7; Kölner Komm AktG/*Lutter* Rn. 20; MüKoAktG/ *Oechsler* Rn. 13; K. Schmidt/Lutter/*Veil* Rn. 5.
⁸ Hüffer/Koch/*Koch* Rn. 6 und 10; Kölner Komm AktG/*Lutter* Rn. 21; MüKoAktG/*Oechsler* Rn. 13; *Fabis* MittRhNotK 1999, 169 (173); *Terbrack* RNotZ 2003, 89 (100 f.).
⁹ Hüffer/Koch/*Koch* Rn. 7; MHdB AG/*Scholz*§ 62 Rn. 7; Kölner Komm AktG/*Lutter* Rn. 10; MüKoAktG/ *Oechsler* Rn. 20 f.; *Geißler* NZG 2000, 719 (721); *Wirth* DB 1996, 867 (868).
¹⁰ *Wirth* DB 1996, 867 (868); Großkomm AktG/*Sethe* Rn. 21.
¹¹ BGHZ 138, 71 (80); *Busch* in Marsch-Barner/Schäfer Börsennotierte AG-HdB Rn. 48.7; Grigoleit/*Rieder* Rn. 9; Hüffer/Koch/*Koch* Rn. 8; MHdB AG/*Scholz* § 62 Rn. 8; Kölner Komm AktG/*Lutter* Rn. 11; MüKoAktG/*Oechsler* Rn. 20; K. Schmidt/Lutter/*Veil* Rn. 6; Bürgers/Körber/*Becker* Rn. 6; *Hirte* FS Claussen, 1997, 115 (118).

wird, eine vereinfachte Kapitalherabsetzung rechtfertigen.[12] Dies folgt auch aus § 232, wonach ein Kapitalherabsetzungsbeschluss nicht dadurch unwirksam wird, dass die dem Herabsetzungsbeschluss zugrunde gelegten Wertminderungen oder sonstigen Verluste nicht eingetreten sind oder wieder ausgeglichen wurden. Die **Prognose** muss allerdings **gewissenhaft** sein und **auf vertretbaren Feststellungen** zum Verlust **beruhen.**[13] Daran fehlt es, wenn absehbar ist, dass die Verluste in naher Zukunft durch Gewinne ausgeglichen werden können.[14] Eine Kapitalherabsetzung, die auf einer absichtlich falschen Prognose beruht, ist anfechtbar (vgl. → § 232 Rn. 2).[15] Eine bestimmte Mindesthöhe muss der Verlust dagegen nicht erreichen.[16] Zur Feststellung der Verluste empfiehlt sich die Aufstellung einer Zwischenbilanz, die allerdings weder besonders festgestellt noch geprüft oder testiert sein muss.[17]

8   Typischer Anwendungsfall der vereinfachten Kapitalherabsetzung ist das Vorliegen einer **Unterbilanz.** Diese ist dadurch gekennzeichnet, dass das ausgewiesene Eigenkapital geringer ist als das gezeichnete Kapital.[18] Eine Unterbilanz ist jedoch keine Voraussetzung für eine Kapitalherabsetzung.[19] Nach § 229 Abs. 2 S. 1 ist eine vereinfachte Kapitalherabsetzung auch bei Verlusten möglich, die noch durch die gesetzliche Rücklage oder die Kapitalrücklage gedeckt sind, diese aber derart vermindern, dass die Schwelle von 10 % des nach der Herabsetzung verbleibenden Grundkapitals unterschritten wird. In der Praxis wird in einer solchen Situation regelmäßig noch keine Kapitalherabsetzung vorgenommen.

9   **b) Einstellung in die Kapitalrücklage.** Die vereinfachte Kapitalherabsetzung kann auch dazu dienen, die aus der Herabsetzung gewonnenen Beträge in die Kapitalrücklage einzustellen (§ 229 Abs. 1 S. 1). Dabei wird eine Umbuchung vom gezeichneten Kapital in die Kapitalrücklage (§ 266 Abs. 3 A. I. und II. HGB) vorgenommen, um die eingestellten Erträge nach § 150 Abs. 3 Nr. 1 zur Verlustdeckung verwenden zu können. Anders als die Kapitalherabsetzung zum Ausgleich von Wertminderungen und sonstigen Verlusten setzt dies keine konkreten Verluste oder Verlusterwartungen voraus.[20] Es handelt sich vielmehr um eine vorsorgliche Maßnahme.[21] Allerdings sind auch hier zunächst alle Gewinnrücklagen aufzulösen (§ 229 Abs. 2). Außerdem ist der Umfang einer Kapitalherabsetzung zur Einstellung in die Kapitalrücklage beschränkt. Nach § 231 darf sie nur insoweit vorgenommen werden, als gesetzliche Rücklage und Kapitalrücklage **zusammen** nicht mehr als 10 % des herabgesetzten Grundkapitals ausmachen.[22]

10   **c) Zweckfestsetzung im Beschluss.** Die mit der Kapitalherabsetzung verfolgten Zwecke müssen im Beschluss der Hauptversammlung festgesetzt werden (§ 229 Abs. 1 S. 2). Dies muss ausdrücklich und konkret geschehen, wobei am besten die gesetzlichen Begriffe verwendet werden (zB „zum Ausgleich von Wertminderungen").[23] Bei der Angabe mehrerer Zwecke ist der Betrag der Kapitalherabsetzung auf die jeweiligen Zwecke zu verteilen (→ Rn. 4). Der Vorstand ist an diese

---

[12] BGHZ 119, 305 (321); OLG Frankfurt a. M. AG 1989, 207 (208); OLG Schleswig NZG 2004, 281; Hölters/*Haberstock*/*Greitemann* Rn. 15; Hüffer/Koch/*Koch* Rn. 8; MHdB AG/*Scholz* § 62 Rn. 8; Kölner Komm AktG/*Lutter* Rn. 13 f.; MüKoAktG/*Oechsler* Rn. 20; Großkomm AktG/*Sethe* Rn. 23; K. Schmidt/Lutter/*Veil* Rn. 6.
[13] BGHZ 138, 71 (80); OLG Frankfurt a. M. AG 1989, 207 (208); OLG Schleswig NZG 2004, 281 (283); s. auch LG Hamburg AG 2006, 512.
[14] OLG Frankfurt a. M. AG 1989, 207 (208) mit zust. Anm. *Stützle* WuB II A § 229 AktG 1.90 und *Weipert* EWiR 1989, § 229 AktG 1/89, 737; *Busch* in Marsch-Barner/Schäfer Börsennotierte AG-HdB Rn. 48.7; MHdB AG/*Scholz* § 62 Rn. 9.
[15] OLG Frankfurt a. M. AG 1989, 207 (208); OLG Schleswig NZG 2004, 281; Hüffer/Koch/*Koch* Rn. 8; Kölner Komm AktG/*Lutter* Rn. 15.
[16] MHdB AG/*Scholz* § 62 Rn. 8; K. Schmidt/Lutter/*Veil* Rn. 6; enger Kölner Komm AktG/*Lutter* Rn. 17 und Bürgers/Körber/*Becker* Rn. 7.
[17] MHdB AG/*Scholz* § 62 Rn. 8; Kölner Komm AktG/*Lutter* Rn. 11; Großkomm AktG/*Sethe* Rn. 24; Bürgers/Körber/*Becker* Rn. 6.
[18] *Wirth* DB 1996, 867 (869); MüKoAktG/*Oechsler* Rn. 21; *Busch* in Marsch-Barner/Schäfer Börsennotierte AG-HdB Rn. 48.6; s. auch *Busch* AG 1995, 555 (557); abw. Hüffer/Koch/*Koch* Rn. 7.
[19] OLG Frankfurt a. M. AG 1989, 207 (208); Hüffer/Koch/*Koch* Rn. 7 (20); MüKoAktG/*Oechsler* Rn. 21; *Wirth* DB 1996, 867 (868); Bürgers/Körber/*Becker* Rn. 7.
[20] Hüffer/Koch/*Koch* Rn. 9; Kölner Komm AktG/*Lutter* Rn. 18; MHdB AG/*Scholz* § 62 Rn. 8; MüKoAktG/*Oechsler* Rn. 26; *Geißler* NZG 2000, 719 (721).
[21] Hüffer/Koch/*Koch* Rn. 9; MHdB AG/*Scholz* § 62 Rn. 8; Kölner Komm AktG/*Lutter* Rn. 18; *Busch* in Marsch-Barner/Schäfer Börsennotierte AG-HdB Rn. 48.11.
[22] MHdB AG/*Scholz* § 62 Rn. 9.
[23] Hüffer/Koch/*Koch* Rn. 10; Kölner Komm AktG/*Lutter* Rn. 21; MüKoAktG/*Oechsler* Rn. 13; *Stucken*/*Tielmann* in Happ AktienR 14.02 Rn. 5.1.

Aufteilung gebunden (vgl. § 230 S. 3). An ihn kann die Zuordnung auch nicht delegiert werden.[24] Wird die Kapitalherabsetzung mit anderen Kapitalmaßnahmen verbunden, sind die verschiedenen Maßnahmen deutlich auseinander zu halten.[25]

2. Vorherige Auflösung von Reserven. Die vereinfachte Kapitalherabsetzung birgt für die Aktionäre besondere Gefahren. Diese verlieren uU nicht nur einen Teil ihrer Mitgliedschaft (→ § 222 Rn. 8), sondern unterliegen hinsichtlich der verbliebenen Mitgliedschaft auch bestimmten Beschränkungen (vgl. § 233).[26] Aus diesem Grunde darf die vereinfachte Kapitalherabsetzung erst dann durchgeführt werden, wenn andere Möglichkeiten zur Erreichung der damit verfolgten Zwecke ausgeschöpft sind. Zum Ausgleich von Verlusten sind deshalb zunächst die gesetzliche Rücklage, die Kapitalrücklage, die Gewinnrücklage und ein Gewinnvortrag zumindest teilweise **aufzulösen** (§ 229 Abs. 2 S. 1 und 2). Eine Kapitalherabsetzung zur Einstellung in die Kapitalrücklage ist erst zulässig, wenn aus anderen Gewinnrücklagen keine Mittel mehr freigesetzt werden können.[27] 11

a) **Gesetzliche Rücklage und Kapitalrücklage.** Die gesetzliche Rücklage und die Kapitalrücklage (§ 266 Abs. 3 A. II. und III. Nr. 1 HGB) sind nur insoweit aufzulösen, als sie **gemeinsam mehr als 10 %** des nach der Herabsetzung verbleibenden Grundkapitals betragen (§ 229 Abs. 2 S. 1). Eine Mindestreserve, die auch in § 150 Abs. 3 zugrunde gelegt ist, darf unangetastet bleiben. Eine mit der Kapitalherabsetzung verbundene Erhöhung des Grundkapitals bleibt außer Betracht.[28] Wird das Grundkapital zunächst unter den gesetzlichen Mindestbetrag nach § 7 herabgesetzt, ist auf diesen Mindestbetrag und nicht etwa auf den darunterliegenden Herabsetzungsbetrag abzustellen. Dies ergibt sich aus der entsprechenden Regelung in § 231 S. 2.[29] 12

b) **Gewinnrücklagen.** Die Gewinnrücklagen müssen nach dem Gesetzeswortlaut vor der Kapitalherabsetzung **in vollem Umfang aufgelöst** werden (§ 229 Abs. 2 S. 1). Zu den Gewinnrücklagen gehören nach § 272 Abs. 3 HGB die gesetzliche Rücklage, die satzungsmäßigen Rücklagen und die anderen Gewinnrücklagen. Nach § 266 Abs. 3 A. III. HGB würde darunter auch die Rücklage für Anteile an einem herrschenden oder mehrheitlich beteiligten Unternehmen fallen.[30] Wie sich jedoch aus dem rechtssystematischen Zusammenhang ergibt, ist die Regelung in § 229 Abs. 2 S. 1 zu weit gefasst. Tatsächlich sollen nur die Posten gemäß § 266 Abs. 3 A. III. Nr. 1, 3 und 4 HGB erfasst sein.[31] 13

Für die **gesetzliche Rücklage** (§ 266 Abs. 3 A. III. Nr. 1 HGB) sieht § 229 Abs. 2 S. 1 Hs. 1 ausdrücklich vor, dass sie vor der Kapitalherabsetzung nicht vollständig aufgelöst werden muss. Im Hinblick hierauf wäre es widersprüchlich, wenn die gesetzliche Rücklage nach § 229 Abs. 2 S. 1, zweiter Halbsatz, vollständig aufgelöst werden müsste.[32] 14

Auch die **Rücklage für Anteile** an einem herrschenden oder mehrheitlich beteiligten Unternehmen kann nicht von § 229 Abs. 2 S. 1 Hs. 2 erfasst sein. Ihre Auflösung darf nach § 272 Abs. 4 S. 4 HGB[33] nämlich nur erfolgen, wenn die betreffenden Anteile wieder ausgegeben, veräußert oder eingezogen wurden. Eine Auflösung nach § 229 Abs. 2 S. 1 würde die bilanzneutrale Verbuchung dieser Anteile aufheben und das Grundkapital zusätzlich verwässern.[34] 15

Hingegen sind die **satzungsmäßigen Rücklagen** (§ 266 Abs. 3 A. III. Nr. 3 HGB) vor einer vereinfachten Kapitalherabsetzung vollständig aufzulösen.[35] Aus § 231 S. 1 könnte zwar geschlossen werden, dass auch in § 229 Abs. 2 S. 1 Hs. 2 nur die „anderen Gewinnrücklagen" gemeint sind. Die Änderung des § 229 Abs. 2 durch das Bilanzrichtliniengesetz bezweckte jedoch keine inhaltliche 16

---

[24] Hüffer/Koch/*Koch* Rn. 6; Kölner Komm AktG/*Lutter* Rn. 22; MüKoAktG/*Oechsler* Rn. 13; *Stucken/Tielmann* in Happ AktienR 14.02 Rn. 5.2; K. Schmidt/Lutter/*Veil* Rn. 8; Großkomm AktG/*Sethe* Rn. 29.
[25] OLG Frankfurt a. M. AG 2001, 359.
[26] Kölner Komm AktG/*Lutter* Rn. 23; Grigoleit/*Rieder* Rn. 13.
[27] Hüffer/Koch/*Koch* Rn. 13; Kölner Komm AktG/*Lutter* Rn. 24; Hölters/*Haberstock/Greitemann* Rn. 4.
[28] Baumbach/Hueck/*Zöllner/Haas* GmbHG § 58 Rn. 4; Hüffer/Koch/*Koch* Rn. 13; MüKoAktG/*Oechsler* Rn. 14.
[29] Hüffer/Koch/*Koch* Rn. 13; Kölner Komm AktG/*Lutter* Rn. 33; MHdB AG/*Scholz* § 62 Rn. 10; MüKoAktG/*Oechsler* Rn. 36.
[30] § 266 Abs. 3 A III HGB idF des Bilanzrechtsmodernisierungsgesetzes v. 25.5.2009, BGBl. 2009 I 1102.
[31] Hüffer/Koch/*Koch* Rn. 14; Kölner Komm AktG/*Lutter* Rn. 27; MHdB AG/*Scholz* § 62 Rn. 11; MüKoAktG/*Oechsler* Rn. 37; Busch in Marsch-Barner/Schäfer Börsennotierte AG-HdB Rn. 48.9.
[32] Hüffer/Koch/*Koch* Rn. 14; Kölner Komm AktG/*Lutter* Rn. 27; MHdB AG/*Scholz* § 62 Rn. 10; MüKoAktG/*Oechsler* Rn. 38.
[33] § 272 Abs. 4 HGB idF des Bilanzrechtsmodernisierungsgesetzes v. 25.5.2009, BGBl. 2009 I 1102.
[34] Hüffer/Koch/*Koch* Rn. 14; Kölner Komm AktG/*Lutter* Rn. 27; MHdB AG/*Scholz* § 62 Rn. 11; MüKoAktG/*Oechsler* Rn. 39.
[35] Hüffer/Koch/*Koch* Rn. 14; Kölner Komm AktG/*Lutter* Rn. 27; MHdB AG/*Scholz* § 62 Rn. 11; MüKoAktG/*Oechsler* Rn. 40; Großkomm AktG/*Sethe* Rn. 36.

Änderung, sondern nur eine Anpassung der Terminologie. Die Pflicht zur Auflösung der satzungsmäßigen Rücklagen entspricht auch dem Sinn des § 229 Abs. 2, wonach vorhandene Reserven vor einer vereinfachten Kapitalherabsetzung aufzubrauchen sind.[36] Eine satzungsmäßige Zweckbindung der Rücklage tritt hinter dieser gesetzlichen Pflicht zurück.[37]

17 Die **anderen Gewinnrücklagen** (§ 266 Abs. 3 A. III. Nr. 4 HGB) sind von § 229 Abs. 2 S. 1 erfasst und daher vor einer Kapitalherabsetzung vollständig aufzulösen. Dies ergibt sich bereits aus der Definition des § 272 Abs. 3 HGB.[38]

18 c) **Gewinnvortrag.** Der Gewinnvortrag (§ 266 Abs. 3 A. IV. HGB) ist ein Unterfall der Rücklagenbildung. § 229 Abs. 2 S. 2 stellt insoweit nur klar, dass auch ein vorhandener Gewinnvortrag für die Verlustdeckung oder Rücklagenbildung vollständig aufzubrauchen ist, ehe das Grundkapital in vereinfachter Form herabgesetzt werden kann.[39] Zuständig für die Verwendung des Gewinnvortrags ist die Hauptversammlung (§ 119 Abs. 1 Nr. 2, § 174 Abs. 1).

19 d) **Keine weitergehende Vermögensauflösung.** Der Katalog der nach § 229 Abs. 2 vorweg heranzuziehenden Mittel ist abschließend. Eine weitergehende Vermögensauflösung ist weder vorgeschrieben noch durch den Sanierungszweck des § 229 Abs. 1 geboten. **Stille Reserven** müssen daher nicht aufgelöst werden.[40] Nicht auflösungspflichtig sind auch die vorhandenen **Rückstellungen** (§§ 249, 266 Abs. 3 B HGB).[41] Die Gesellschaft hat in der Krise die Wahl, ob sie im Rahmen des § 150 Abs. 3 die letzten Reserven auflöst oder das Grundkapital herabsetzt. Beide Maßnahmen sind daher hinsichtlich ihrer Voraussetzungen einheitlich auszulegen. Zur Auflösung von Sonderposten mit Rücklagenanteil, die durch das BilMoG abgeschafft worden ist. Hält die Gesellschaft **eigene Aktien,** muss sie diese vor einer Kapitalherabsetzung weder einziehen noch veräußern.[42]

20 e) **Auflösungsverfahren.** Die Auflösung der Rücklagen erfolgt durch entsprechende Buchungen. Eine besondere **Bilanz** zur Feststellung des Fehlbetrages ist dafür **nicht erforderlich.**[43] § 150 Abs. 4, der eine förmliche Feststellung des Jahresfehlbetrags voraussetzt, findet bei der vereinfachten Kapitalherabsetzung keine Anwendung.[44] Grundsätzlich kann der **Vorstand** die erforderlichen Buchungen veranlassen. Die Entscheidung über die Verwendung eines Gewinnvortrags und die Auflösung von Rücklagen, die in der Satzung vorgeschrieben sind, ist allerdings der **Hauptversammlung** vorbehalten.[45] Die Satzung kann auch weitere Fälle bestimmen, in denen ein Beschluss der Hauptversammlung erforderlich ist. Ein solcher Beschluss muss dann in derselben Hauptversammlung erfolgen, die über die Kapitalherabsetzung beschließt. Er sollte vor oder gleichzeitig mit dem Beschluss über die Kapitalherabsetzung gefasst werden.[46]

21 **3. Keine sachliche Rechtfertigung.** Wie die ordentliche Kapitalherabsetzung (→ § 222 Rn. 26) bedarf auch die vereinfachte Kapitalherabsetzung keiner sachlichen Rechtfertigung.[47] Bei einer **isolierten vereinfachten Kapitalherabsetzung** ist dagegen vorsorglich zu begründen, weshalb keine Verbindung mit einer Kapitalerhöhung erfolgt, wenn durch die Kapitalherabsetzung die Überschuldung der AG nicht beseitigt werden kann und es zu einer Zusammenlegung von Aktien kommt, sodass den Kleinaktionären nur noch sog. Spitzen verbleiben.[48] In diesen Fällen besteht die Gefahr, dass Kleinaktionäre aus der Gesellschaft herausgedrängt werden. Im Übrigen hat das Gesetz bereits durch die **Subsidiarität der Zusammenlegung** von Aktien gegenüber der Herabsetzung

---

[36] Hüffer/Koch/*Koch* Rn. 13; Kölner Komm AktG/*Lutter* Rn. 27; MüKoAktG/*Oechsler* Rn. 40.
[37] Kölner Komm AktG/*Lutter* Rn. 28.
[38] Hüffer/Koch/*Koch* Rn. 14; MüKoAktG/*Oechsler* Rn. 41.
[39] Kölner Komm AktG/*Lutter* Rn. 30; MüKoAktG/*Oechsler* Rn. 42.
[40] *Busch* in Marsch-Barner/Schäfer Börsennotierte AG-HdB Rn. 48.9; MüKoAktG/*Oechsler* Rn. 45; Großkomm AktG/*Sethe* Rn. 41.
[41] OLG Frankfurt a. M. AG 1989, 207 (208); Hüffer/Koch/*Koch* Rn. 11; MHdB AG/*Scholz* § 62 Rn. 9; MüKoAktG/*Oechsler* Rn. 45; Kölner Komm AktG/*Lutter* Rn. 31; K. Schmidt/Lutter/*Veil* Rn. 9.
[42] Hüffer/Koch/*Koch* Rn. 11; MHdB AG/*Scholz* § 62 Rn. 11; Kölner Komm AktG/*Lutter* Rn. 27; MüKoAktG/*Oechsler* Rn. 39; Grigoleit/*Rieder* Rn. 17.
[43] MHdB AG/*Scholz* § 62 Rn. 13; *Busch* in Marsch-Barner/Schäfer Börsennotierte AG-HdB Rn. 48.10.
[44] Hüffer/Koch/*Koch* Rn. 13; Kölner Komm AktG/*Lutter* Rn. 34; Lutter/Hommelhoff/*Timm* DB 1980, 737 (740); MüKoAktG/*Oechsler* Rn. 44.
[45] Hüffer/Koch/*Koch* Rn. 12; MüKoAktG/*Oechsler* Rn. 43; zweifelnd hinsichtlich der Auflösung eines Gewinnvortrags *Busch* in Marsch-Barner/Schäfer Börsennotierte AG-HdB Rn. 48.10.
[46] Hüffer/Koch/*Koch* Rn. 12; MHdB AG/*Scholz* § 62 Rn. 3; Kölner Komm AktG/*Lutter* Rn. 32; aA Großkomm AktG/*Sethe* Rn. 45 („muss").
[47] MHdB AG/*Scholz* § 62 Rn. 17; MüKoAktG/*Oechsler* Rn. 27; aA Kölner Komm AktG/*Lutter* Rn. 17.
[48] Hüffer/Koch/*Koch* 222 Rn. 14; *Thümmel* BB 1998, 911 (912); *Geißler* NZG 2000, 719 (724); Großkomm AktG/*Sethe* Rn. 55; *Terbrack* RNotZ 2003, 89 (94); K. Schmidt/Lutter/*Veil* Rn. 4.

der Nennbeträge einen ausreichenden Schutz der Aktionäre vorgesehen (§ 222 Abs. 4 S. 2).[49] Der BGH[50] hat die Frage offen gelassen, nachdem in dem entschiedenen Fall der einzige Investor zu einer Kapitalerhöhung unter Beteiligung der Kleinanleger nicht bereit war.

Das Erfordernis der sachlichen Rechtfertigung einer isolierten vereinfachten Kapitalherabsetzung läuft auf eine **Berichtspflicht** des Vorstandes **entsprechend § 186 Abs. 4** hinaus. Jedenfalls dann, wenn die isolierte Kapitalherabsetzung nicht zur vollständigen Buchsanierung benötigt wird, sollte der Vorstand der Hauptversammlung schriftlich darlegen, warum die vorgeschlagene Kapitalherabsetzung nicht mit einer Kapitalerhöhung verbunden wird (→ § 222 Rn. 27).[51] Besteht das Motiv einer vereinfachten Kapitalherabsetzung darin, die Minderheitsaktionäre aus der Gesellschaft zu drängen, ist der Schutz der Minderheitsaktionäre über den Grundsatz der Gleichbehandlung der Aktionäre (§ 53a), den Einwand des Rechtsmissbrauchs oder auch den unzulässigen Sondervorteils (§ 243 Abs. 2) gewährleistet.

III. Umfang der Kapitalherabsetzung

Das Grundkapital der Gesellschaft darf zum Zwecke der **Verlustdeckung** nur insoweit herabgesetzt werden, als der ermittelte Verlust nicht durch die nach § 229 Abs. 2 aufzulösenden Reserven ausgeglichen wird.[52] Ergibt sich später, dass der tatsächliche Verlust geringer ist als zuvor ermittelt, wird der Beschluss dadurch nicht fehlerhaft, wenn der Verlust im Zeitpunkt der Beschlussfassung nach bilanziellen Grundsätzen vertretbar ermittelt worden ist (dazu auch → Rn. 7 und → Rn. 32). Der überschüssige Betrag ist dann gemäß § 232 in die Kapitalrücklage einzustellen.[53] Der **Herabsetzungsbetrag** sollte im Beschluss grundsätzlich konkret beziffert werden. Wie bei der ordentlichen Kapitalherabsetzung genügt es aber, wenn der Betrag bestimmbar ist. Dies kann insbesondere dann ausreichen, wenn die genaue Höhe der Verluste im Zeitpunkt der Beschlussfassung noch nicht feststeht (→ § 222 Rn. 22). Steht die endgültige Höhe des Herabsetzungsbetrages noch nicht fest, ist es zweckmäßig, die Änderung der **Satzungsfassung** dem Aufsichtsrat zu übertragen (§ 179 Abs. 1 S. 2), sofern der Aufsichtsrat diese Befugnis nicht schon nach der Satzung besitzt.[54]

Erfolgt die Kapitalherabsetzung zur Einstellung der freigesetzten Beträge in die **Kapitalrücklage**, ist der Herabsetzungsbetrag durch **§ 231** begrenzt. Er ist danach so festzulegen, dass die Kapitalrücklage zusammen mit der gesetzlichen Rücklage nach erfolgter Herabsetzung und Auffüllung der Kapitalrücklage 10 % des Grundkapitals nicht übersteigt. Maßgeblich ist dabei das Grundkapital nach der Kapitalherabsetzung (§ 231 S. 2, näher → § 231 Rn. 6). Für die Höhe der Rücklagen ist auf den Stand zum Zeitpunkt der Beschlussfassung abzustellen (→ § 231 Rn. 7). § 231 ergänzt somit § 229 als weitere Beschlussvoraussetzung.[55]

Für beide Varianten der vereinfachten Kapitalherabsetzung gilt, dass das Grundkapital, sofern nicht mit der Herabsetzung eine Kapitalerhöhung verbunden wird, nicht unter das gesetzliche **Mindestgrundkapital** nach § 7 herabgesetzt werden darf, wenn nicht gleichzeitig eine Erhöhung des Grundkapitals durch Bareinlagen beschlossen wird, durch die das gesetzliche Mindestgrundkapital wieder erreicht wird (§ 229 Abs. 3, § 228 Abs. 1).

IV. Durchführung der vereinfachten Kapitalherabsetzung

1. Beschluss der Hauptversammlung. Für die vereinfachte Kapitalherabsetzung gelten über die Verweisung in § 229 Abs. 3 die meisten Vorschriften über die ordentliche Kapitalherabsetzung. Auf die Anmerkungen zu den danach anwendbaren Bestimmungen kann daher verwiesen werden. Ausdrücklich ausgenommen ist § 222 Abs. 3, weil die vereinfachte Kapitalherabsetzung nach § 229 Abs. 1 **nur für bestimmte Zwecke** zulässig ist und der verfolgte Zweck im Beschluss festgelegt werden muss. Ebenfalls ausgenommen ist § 225, weil der **Gläubigerschutz** bei der vereinfachten Kapitalherabsetzung durch die § 229 Abs. 2, §§ 230 ff. gewährleistet wird.

Im Herabsetzungsbeschluss nach § 229 muss deutlich gemacht werden, dass es sich um eine **vereinfachte Kapitalherabsetzung** handelt.[56] Dabei ist der **Zweck** der Herabsetzung anzugeben

---

[49] *Wirth* DB 1996, 867 (872).
[50] BGHZ 138, 71 (76 ff.) – Sachsenmilch.
[51] Ähnlich MüKoAktG/*Oechsler* Rn. 29 mwN.
[52] Hüffer/Koch/*Koch* Rn. 16; Kölner Komm AktG/*Lutter* Rn. 16; MüKoAktG/*Oechsler* Rn. 11; Hölters/Haberstock/Greitemann Rn. 19.
[53] BGHZ 119, 305 (321 f.).
[54] *Stucken/Tielmann* in Happ AktienR 14.02 Rn. 7.2.
[55] Hüffer/Koch/*Koch* Rn. 16; MHdB AG/*Scholz* § 62 Rn. 15; Großkomm AktG/*Sethe* Rn. 36; *ADS* AktG § 231 Rn. 2.
[56] Hüffer/Koch/*Koch* Rn. 18; MHdB AG/*Scholz* § 62 Rn. 19; Kölner Komm AktG/*Lutter* Rn. 22; MüKoAktG/*Oechsler* Rn. 17.

(vgl. → Rn. 3 und → Rn. 8). Dies gilt bereits für die Bekanntmachung des Beschlussgegenstandes in der Tagesordnung (vgl. § 124 Abs. 4). Im Beschluss ist auch die **Art** der Kapitalherabsetzung anzugeben (§ 229 Abs. 3, § 222 Abs. 4 S. 3), wobei eine Herabsetzung durch Einziehung ausscheidet (s. dazu § 237).

28   **2. Weitere Abwicklung.** Der Beschluss über die vereinfachte Kapitalherabsetzung ist vom Vorstand und dem Vorsitzenden des Aufsichtsrats zur Eintragung in das Handelsregister **anzumelden** (§ 229 Abs. 3, § 223). Erst mit der Eintragung wird die Kapitalherabsetzung wirksam (§ 229 Abs. 3, § 224). Vor der Eintragung prüft das Registergericht den Beschluss auf seine Rechtmäßigkeit. Erfolgt die Herabsetzung zum Zwecke des Verlustausgleichs, wird im Rahmen einer **Plausibilitätskontrolle** untersucht, ob die Prognose des Verlusts nach kaufmännischen Grundsätzen vertretbar erscheint.[57] Sollen Beträge in die Kapitalrücklage eingestellt werden, prüft das Registergericht die Einhaltung von § 231. Außerdem wird geprüft, ob zuvor die Rücklagen gemäß § 229 Abs. 2 aufgelöst wurden. Hierzu kann das Registergericht Auskunft oder die Vorlage weiterer Dokumente verlangen. Erforderlichenfalls setzt das Registergericht das Verfahren nach §§ 381, 21 FamFG aus. Nach der Eintragung des Kapitalherabsetzungsbeschlusses ist dieser – ohne Hinweis an die Gläubiger nach § 225 Abs. 1 S. 2 – bekannt zu machen.

29   Die **Durchführung** der vereinfachten Kapitalherabsetzung erfolgt wie bei der ordentlichen Kapitalherabsetzung (→ § 222 Rn. 38 ff.) durch Herabsetzung des Nennbetrags der Aktien oder hilfsweise durch Zusammenlegung von Aktien. Da mit der Zusammenlegung von Aktien kein Einziehungsrecht verbunden ist, besteht keine Pflicht zur Mitteilung des Herabsetzungsbeschlusses gemäß § 49 Abs. 1 S. 1 Nr. 2 WpHG (früher § 30b Abs. 1 S. 1 Nr. 2 WpHG[58]).[59] Die Durchführung der Kapitalherabsetzung ist vom Vorstand zur Eintragung ins Handelsregister anzumelden (§ 229 Abs. 3, § 227 Abs. 1). Anmeldung und Eintragung der Durchführung können mit der Anmeldung und Eintragung des Beschlusses über die Kapitalherabsetzung verbunden werden (§ 227 Abs. 2). Ist eine (vereinfachte) Herabsetzung und Wiedererhöhung des Grundkapitals Voraussetzung einer Verschmelzung, so erfasst das Wirksamwerden der Verschmelzung gemäß § 20 Abs. 2 UmwG auch die Kapitalherabsetzung.[60]

V. Verbindung mit einer Kapitalerhöhung

30   Eine vereinfachte Kapitalherabsetzung wird in der Regel mit einer Erhöhung des Grundkapitals verbunden. Bei einer Herabsetzung des Grundkapitals unter den gesetzlichen Mindestbetrag nach § 7 ist die Verbindung mit einer Kapitalerhöhung gegen Bareinlagen sogar zwingend (§ 229 Abs. 3, § 228 Abs. 1). Auch sonst besteht meist unter wirtschaftlichen Gesichtspunkten die Notwendigkeit, zur Umsetzung des Sanierungskonzepts neues Kapital zuzuführen.[61] Durch die Beseitigung der Unterbilanz im Wege der Kapitalherabsetzung werden die Voraussetzungen dafür geschaffen, dass die neuen Aktien zumindest zu pari ausgegeben werden können. Wird die Kapitalherabsetzung mit einer Kapitalerhöhung verbunden, kann dieser sog. Kapitalschnitt schließlich gemäß §§ 234, 235 rückwirkend im letzten Jahresabschluss als bereits vollzogen dargestellt werden. Bestand an den im Zuge der Herabsetzung untergegangenen Aktien ein Pfandrecht, so setzt sich dieses nicht automatisch an den im Rahmen der Wiedererhöhung neu ausgegebenen Aktien fort.[62]

VI. Liquidation und Insolvenz

31   Wie die ordentliche Kapitalherabsetzung ist auch die vereinfachte Kapitalherabsetzung noch während der **Liquidation** zulässig. Voraussetzung ist allerdings, dass die Gläubigerschutzvorschriften, insbesondere die §§ 271, 272, beachtet werden (→ § 222 Rn. 45). Eine vereinfachte Kapitalherabsetzung während des Liquidationsverfahrens kann auch wirtschaftlich sinnvoll sein, wenn durch den Verlustausgleich die Voraussetzung dafür geschaffen wird, dass im Rahmen einer **Kapitalerhöhung** gegen Einlagen neue Mittel zugeführt werden können.[63] Ein solcher Schritt dient dann der Gläubigerbefriedigung oder der Vorbereitung einer Fortsetzung der Gesellschaft (§ 274).

32   Auch im **Insolvenzverfahren** ist eine vereinfachte Kapitalherabsetzung zulässig, sofern dadurch die Gläubiger nicht benachteiligt werden. Dies ist insbesondere dann der Fall, wenn mit der Kapital-

---

[57] BGHZ 138, 71 (80); Hüffer/Koch/*Koch* Rn. 20; Kölner Komm AktG/*Lutter* Rn. 43; *Busch* in Marsch-Barner/Schäfer Börsennotierte AG-HdB Rn. 48.16; Grigoleit/*Rieder* Rn. 23.
[58] Geändert durch das 2. Finanzmarktnovellierungsgesetz v. 23.6.2017, BGBl. 2017 I 1693.
[59] Vgl. Emittentenleitfaden der BaFin, 4. Aufl. 2013, 171.
[60] Hüffer/Koch/*Koch* Rn. 23; Kallmeyer/*Marsch-Barner* UmwG § 20 Rn. 42; OLG Frankfurt a. M., AG 2012, 461 (464).
[61] Hüffer/Koch/*Koch* Rn. 22; *Lutter/Hommelhoff/Timm* BB 1980, 737 (740 f.).
[62] LG Kiel GmbHR 2015, 1044 zu § 58a GmbHG.
[63] MüKoAktG/*Koch* Rn. 29 zu § 264.

herabsetzung die Bedingungen geschaffen werden, zu denen Investoren bereit sind, der Gesellschaft nach Beendigung des Insolvenzverfahrens neues Kapital zuzuführen.[64] Die Kapitalherabsetzung muss deshalb nicht mit einer Kapitalerhöhung gegen Einlagen verbunden werden. Es genügt, dass die Kapitalherabsetzung die Buchsanierung (§ 229 Abs. 2) bezweckt.[65] Zur sanierenden Kapitalherabsetzung gem. § 225a InsO (Dept-Equity-Swap, s. → § 228 Rn. 15).

VII. Rechtsfolgen fehlerhafter Herabsetzungsbeschlüsse

1. Kein zulässiger Zweck oder fehlende Zweckbestimmung. Fehlt in dem Beschluss der Hauptversammlung eine Zweckbestimmung, so ist der Kapitalherabsetzungsbeschluss gemäß § 243 Abs. 1 anfechtbar.[66] Wird der Beschluss nicht angefochten, muss der Vorstand die Kapitalherabsetzung als ordentliche durchführen und dabei insbesondere § 225 beachten.[67] Erfolgt die Herabsetzung zu einem in § 229 Abs. 1 nicht zugelassenen Zweck, ist der Beschluss nichtig (§ 241 Nr. 3), kann uU aber in eine ordentliche Kapitalherabsetzung umgedeutet werden (§ 140 BGB).[68]

2. Kein Verlust. Lag im Zeitpunkt der Beschlussfassung kein Verlust bzw. kein Verlust in Höhe der Kapitalherabsetzung vor und drohte ein solcher Verlust auch nicht einzutreten, ist der Beschluss ebenfalls nur anfechtbar.[69] Nichtigkeit (§ 241 Nr. 3) kommt nicht in Betracht, weil die Interessen der Gläubiger durch die §§ 230, 232 geschützt werden. § 232 geht dabei sogar vom Fehlen des angenommenen Verlustes aus. Bloße Anfechtbarkeit des Herabsetzungsbeschlusses ist auch gegeben, wenn der Vorstand selbst nicht vom Vorliegen des behaupteten Verlustes ausgegangen ist. Bei der Frage, ob der Vorstand in zulässiger Weise vom Vorliegen eines Verlusts gemäß § 229 Abs. 1 S. 1 ausgegangen ist, ist entscheidend, ob die Erwägungen zur Feststellung des Verlustes nach kaufmännischen Grundsätzen vertretbar waren (→ Rn. 7 und → Rn. 22). Bei vertretbaren Erwägungen des Vorstandes ist der Beschluss nicht anfechtbar, auch wenn sich die Prognosen ex post als unzutreffend erweisen.[70]

3. Überhöhte Einstellung in die Kapitalrücklage. Im Falle einer Kapitalherabsetzung zur Einstellung in die Kapitalrücklage führt ein Verstoß gegen § 231 nur zur Anfechtbarkeit des Herabsetzungsbeschlusses.[71] Interessen der Gläubiger sind nicht beeinträchtigt, da eine Auflösung der Kapitalrücklage nur nach § 150 Abs. 4 erfolgen darf.

4. Nichtauflösung der Rücklagen. Da die Pflicht zur Auflösung der Rücklagen gemäß § 229 Abs. 2 vorrangig die Interessen der Aktionäre und weniger die der Gläubiger schützt, führt ein Verstoß hiergegen nicht zur Nichtigkeit, sondern nur zur Anfechtbarkeit des Herabsetzungsbeschlusses.[72]

5. Beeinträchtigung eines Genusskapitals. Bei der Ausgabe von Genussrechten kann vorgesehen werden, dass im Falle einer vereinfachten Kapitalherabsetzung auch das Genussrechtskapital **zur Verlustdeckung herangezogen** wird. Stellt sich später heraus, dass die eingetretenen Verluste niedriger sind als zunächst angenommen, führt dies nicht zu einem Wiederaufleben der Genussrechte.[73] Die Inhaber von Genussrechten haben, auch wenn ihre Rechte eigenkapitalähnlich ausgestaltet sind, in der Hauptversammlung, die über die Kapitalherabsetzung beschließt, kein Stimmrecht und danach auch kein Anfechtungsrecht. Ihnen stehen allenfalls Ansprüche auf Auszahlung eines Teils der freigewordenen Beträge oder auf Schadensersatz zu (→ § 224 Rn. 14).[74]

---

[64] MüKoAktG/*Koch* Rn. 77 zu § 264; Kölner Komm AktG/*Lutter* Rn. 53; MHdB AG/*Scholz* § 62 Rn. 5; *Decher/Voland* ZIP 2013, 103; HambKommInsO/*Thies* InsO § 225a Rn. 14.
[65] BGHZ 138, 71 (78 ff.) – Sachsenmilch; MüKoAktG/*Koch* Rn. 76 zu § 264; MHdB/*Scholz* § 61 Rn. 19; *Mennicke* NZG 1998, 549 (550); *Wirth* DB 1996, 867 (870); aA Kölner Komm AktG/*Lutter* § 222 Rn. 53.
[66] Hüffer/Koch/*Koch* Rn. 23; Kölner Komm AktG/*Lutter* Rn. 42; MüKoAktG/*Oechsler* Rn. 16.
[67] Hüffer/Koch/*Koch* Rn. 23; Kölner Komm AktG/*Lutter* Rn. 42; MüKoAktG/*Oechsler* Rn. 16.
[68] MüKoAktG/*Oechsler* Rn. 14; Großkomm AktG/*Sethe* Rn. 63; Bürgers/Körber/*Becker* Rn. 10, 21.
[69] OLG Frankfurt a. M. AG 1989, 207 (208); Hüffer/Koch/*Koch* Rn. 23; Kölner Komm AktG/*Lutter* Rn. 38 f.; MHdB AG/*Scholz* § 62 Rn. 20.
[70] OLG Frankfurt a. M. AG 1989, 207 (208); Hüffer/Koch/*Koch* Rn. 23; Kölner Komm AktG/*Lutter* Rn. 38 f.; MHdB AG/*Scholz* § 62 Rn. 20; *Wirth* DB 1996, 867 (869).
[71] GHEK/*Hefermehl* Rn. 17; Hüffer/Koch/*Koch* Rn. 23; Kölner Komm AktG/*Lutter* Rn. 38 f.; MHdB AG/*Scholz* § 62 Rn. 20; Hölters/*Haberstock/Greitemann* Rn. 26.
[72] Hüffer/Koch/*Koch* Rn. 23; Kölner Komm AktG/*Lutter* Rn. 37; MHdB AG/*Scholz* § 62 Rn. 20; MüKoAktG/*Oechsler* Rn. 47.
[73] BGH AG 1993, 125 (128 f.) – Klöckner.
[74] BGH AG 1993, 125 (130 ff.); s. dazu näher MüKoAktG/*Oechsler* Rn. 10.

§ 230 Verbot von Zahlungen an die Aktionäre

¹Die Beträge, die aus der Auflösung der Kapital- oder Gewinnrücklagen und aus der Kapitalherabsetzung gewonnen werden, dürfen nicht zu Zahlungen an die Aktionäre und nicht dazu verwandt werden, die Aktionäre von der Verpflichtung zur Leistung von Einlagen zu befreien. ²Sie dürfen nur verwandt werden, um Wertminderungen auszugleichen, sonstige Verluste zu decken und Beträge in die Kapitalrücklage oder in die gesetzliche Rücklage einzustellen. ³Auch eine Verwendung zu einem dieser Zwecke ist nur zulässig, soweit sie im Beschluß als Zweck der Herabsetzung angegeben ist.

Schrifttum: S. die Angaben zu → § 229.

I. Gegenstand und Zweck der Regelung

1 § 230 regelt – zusammen mit den §§ 232, 233 – die Verwendung der Beträge, die aus der Kapitalherabsetzung selbst und der Auflösung der Kapital- oder Gewinnrücklagen gewonnen werden. **Satz 1** untersagt die Ausschüttung von freien Mitteln an die Aktionäre und die Verwendung solcher Mittel zur Befreiung der Aktionäre von ihrer Einlagepflicht. Diese Regelung schützt die **Interessen der Gläubiger**.[1] Sie bildet das Gegengewicht dazu, dass bei der vereinfachten Kapitalherabsetzung der Gläubigerschutz gemäß § 225 nicht gilt (§ 229 Abs. 3). Die **Sätze 2 und 3** bestimmen, dass die aus der vereinfachten Kapitalherabsetzung gewonnenen Beträge nur für die im Kapitalherabsetzungsbeschluss genannten Zwecke verwendet werden dürfen. Diese Bestimmungen schützen die **Interessen der Aktionäre und der Gläubiger**.[2]

II. Ausschüttungsverbot (Satz 1)

2 **1. Erfasste Beträge.** Satz 1 begründet ein **Ausschüttungsverbot** für alle Beträge, die durch den Kapitalherabsetzungsbeschluss oder die Auflösung der **Kapital- oder Gewinnrücklagen** freigesetzt werden.[3] Die Gewinnrücklage umfasst auch die in § 229 Abs. 2 ausdrücklich erwähnte **gesetzliche Rücklage** (§ 266 Abs. 3 A. III. HGB). Sinngemäß erfasst sind auch die sich aus der Auflösung eines **Gewinnvortrags** ergebenden Beträge.[4] Das Verbot betrifft nur die tatsächlich aufgelösten und zB auf das Konto Kapitalrücklage (§ 229 Abs. 1 S. 1) umgebuchten Beträge. Entgegen § 229 Abs. 2 nicht aufgelöste Rücklagen unterliegen trotz des darin liegenden Gesetzesverstoßes nicht den Bindungen des § 230 S. 1. Die bisherige Zweckbestimmung gilt weiter.[5]

3 **2. Auszahlungsverbot.** Die von Satz 1 erfassten Beträge dürfen weder zur Auszahlung noch zur Befreiung von der Einlagepflicht verwendet werden. Dieses Verbot ist seinem Zweck entsprechend **weit auszulegen**. Es umfasst daher neben unmittelbaren Auszahlungen auch eine Ausschüttung in verdeckter Form, wie zB als Zahlung einer Dividende, Umbuchung als Gewinnvortrag oder Zahlung einer überhöhten Vergütung.[6] Die Ausschüttung von erwirtschafteten Gewinnen aus sonstiger Tätigkeiten ist dagegen nicht erfasst, wobei insoweit aber die Beschränkungen des § 233 Abs. 1 zu beachten sind.[7] Zulässig bleiben auch Zahlungen an Aktionäre aus anderem Rechtsgrund, wie zB einem Kaufvertrag. Insoweit können sich allenfalls Beschränkungen aus den §§ 57, 58 Abs. 4 ergeben.[8]

4 Das Auszahlungsverbot gilt **zeitlich unbeschränkt**[9] und unabhängig von den weiteren Beschränkungen, die sich aus § 233 für die Gewinnausschüttung ergeben. Das Auszahlungsverbot gilt grundsätzlich auch dann, wenn die Kapitalherabsetzung dem Ausgleich von Verlusten dient und der zunächst **angenommene Verlust** sich später als **zu hoch** erweist. In diesem Fall ist der Unterschieds-

---

[1] Hüffer/Koch/*Koch* Rn. 1; Kölner Komm AktG/*Lutter* Rn. 3; MüKoAktG/*Oechsler* Rn. 1.
[2] MüKoAktG/*Oechsler* Rn. 11; Großkomm AktG/*Sethe* Rn. 2; Hüffer/Koch/*Koch* Rn. 1.
[3] MHdB AG/*Scholz* § 62 Rn. 22; Kölner Komm AktG/*Lutter* Rn. 10; Hüffer/Koch/*Koch* Rn. 2; Hölters/Haberstock/*Greitemann* Rn. 5.
[4] Hüffer/Koch/*Koch* Rn. 2; Kölner Komm AktG/*Lutter* Rn. 10; MHdB AG/*Scholz* § 62 Rn. 22; MüKoAktG/*Oechsler* Rn. 6.
[5] Hüffer/Koch/*Koch* Rn. 2; Kölner Komm AktG/*Lutter* Rn. 11 und 18; Großkomm AktG/*Sethe* Rn. 6; K. Schmidt/Lutter/*Veil* Rn. 2; wohl auch MüKoAktG/*Oechsler* Rn. 4.
[6] Hüffer/Koch/*Koch* Rn. 3; Kölner Komm AktG/*Lutter* Rn. 16; MüKoAktG/*Oechsler* Rn. 8; MHdB AG/*Scholz* § 62 Rn. 23; K. Schmidt/Lutter/*Veil* Rn. 3; Grigoleit/*Rieder* Rn. 3.
[7] MüKoAktG/*Oechsler* Rn. 8; Großkomm AktG/*Sethe* Rn. 7.
[8] Hüffer/Koch/*Koch* Rn. 3; MüKoAktG/*Oechsler* Rn. 8.
[9] Hüffer/Koch/*Koch* Rn. 3; MüKoAktG/*Oechsler* Rn. 9; MHdB AG/*Scholz* § 62 Rn. 23; Großkomm AktG/*Sethe* Rn. 7; K. Schmidt/Lutter/*Veil* Rn. 2; Bürgers/Körber/*Becker* Rn. 3.

betrag in die Kapitalrücklage einzustellen (§ 232); er unterliegt dann den Bindungen gemäß § 150 Abs. 3 und 4. Mit dieser Einbuchung endet die Bindungswirkung des § 230 S. 1.[10] Die so dotierte Kapitalrücklage kann dann ggf. zum Ausgleich von Jahresfehlbeträgen aufgelöst werden. Ob ein Verlust eingetreten oder ausgeglichen ist, muss sich gemäß § 232 bei der **Aufstellung des Jahresabschlusses** für das Geschäftsjahr, in dem die Kapitalherabsetzung beschlossen wurde, oder für eines der beiden folgenden Geschäftsjahre ergeben.

3. Rechtsfolgen bei Verstoß. Erhalten Aktionäre unter Verstoß gegen § 230 S. 1 Leistungen, sind diese der Gesellschaft **zurückzugewähren** (§ 62).[11] Eine Freistellung von Einlageverpflichtungen, die gegen § 230 S. 1 verstößt, ist nach § 134 BGB **nichtig**. Die Einlageverpflichtung besteht daher weiter.[12] Da § 230 S. 1 dem Gläubigerschutz dient, ist ein dagegen verstoßender **Jahresabschluss** gemäß § 256 Abs. 1 Nr. 1 nichtig.[13] Nichtig ist auch ein **Gewinnverwendungsbeschluss**, der auf einem solchen Jahresabschluss beruht (§ 253 Abs. 1 S. 1). Vorstands- und Aufsichtsratsmitglieder haften der Gesellschaft für einen etwaigen Schaden nach §§ 93, 116 S. 1.

III. Verwendungsbindung (Satz 2 und 3)

1. Zweckvorgaben. Die freigewordenen Beträge dürfen nur zum Ausgleich von Wertminderungen, zur Deckung sonstiger Verluste sowie zur Einstellung in die Kapitalrücklage verwendet werden (Satz 2). Dies gilt jeweils im Rahmen der **Zweckvorgaben**, die in dem **Kapitalherabsetzungsbeschluss** festgesetzt sind (Satz 3). Das Gesetz bindet den Vorstand an den im Herabsetzungsbeschluss festgesetzten Zweck, ohne ihm einen eigenen Ermessensspielraum einzuräumen.

Sieht der Herabsetzungsbeschluss **mehrere Verwendungszwecke** vor, ist der Herabsetzungsbetrag aufzuteilen. Enthält der Beschluss insoweit keine Prioritäten, muss der Vorstand die freigewordenen Beträge nach gleichen Teilen verwenden.[14] **Fehlt** die Angabe eines **Zwecks**, so ist der freiwerdende Betrag in eine Sonderrücklage einzustellen, über deren Verwendung dann die Hauptversammlung entscheidet.[15] Können die Zweckvorgaben tatsächlich nicht erreicht werden, zB weil keine oder geringere Verluste eingetreten sind, so sind die überschüssigen Beträge in die Kapitalrücklage einzustellen (§ 232).[16] Dies gilt auch dann, wenn die Kapitalrücklage und die gesetzlichen Rücklagen zusammen bereits 10 % des Grundkapitals erreichen (→ § 232 Rn. 3).

2. Rechtsfolgen bei Verstoß. Ein gegen Satz 2 oder 3 verstoßender **Jahresabschluss** ist zwar fehlerhaft, nicht aber nach § 256 Abs. 1 Nr. 1 nichtig. Dies folgt daraus, dass die Vorschrift in erster Linie Aktionärs- und nicht Gläubigerinteressen schützt.[17] Hat die Hauptversammlung den Jahresabschluss festgestellt, so kommt eine Anfechtung dieses Beschlusses schon nach § 257 Abs. 1 S. 2 nicht in Betracht. **Vorstands-** und **Aufsichtsratsmitglieder**, die gegen Satz 2 oder 3 verstoßen, haften der Gesellschaft nach §§ 93, 116 S. 1.

§ 231 Beschränkte Einstellung in die Kapitalrücklage und in die gesetzliche Rücklage

¹Die Einstellung der Beträge, die aus der Auflösung von anderen Gewinnrücklagen gewonnen werden, in die gesetzliche Rücklage und der Beträge, die aus der Kapitalherabsetzung gewonnen werden, in die Kapitalrücklage ist nur zulässig, soweit die Kapitalrücklage und die gesetzliche Rücklage zusammen zehn vom Hundert des Grundkapitals nicht übersteigen. ²Als Grundkapital gilt dabei der Nennbetrag, der sich durch die Herabsetzung ergibt, mindestens aber der in § 7 bestimmte Mindestnennbetrag. ³Bei der Bemessung der zulässigen Höhe bleiben Beträge, die in der Zeit nach der Beschlußfassung über die Kapitalherabsetzung in die Kapitalrücklage einzustellen sind, auch dann außer Betracht,

---

[10] MüKoAktG/*Oechsler* Rn. 9; Kölner Komm AktG/*Lutter* Rn. 12; wohl auch *Busch* in Marsch-Barner/Schäfer Börsennotierte AG-HdB Rn. 48.19.
[11] Hüffer/Koch/*Koch* Rn. 4; MHdB AG/*Scholz* § 62 Rn. 24; Kölner Komm AktG/*Lutter* Rn. 17; MüKoAktG/*Oechsler* Rn. 10; Hölters/*Haberstock/Greitemann* Rn. 7; Grigoleit/*Rieder* Rn. 5.
[12] Kölner Komm AktG/*Lutter* Rn. 17; Großkomm AktG/*Sethe* Rn. 11.
[13] Hüffer/Koch/*Koch* Rn. 4; Kölner Komm AktG/*Lutter* Rn. 15; MüKoAktG/*Oechsler* Rn. 10; MHdB AG/*Scholz* § 62 Rn. 24; *Busch* in Marsch-Barner/Schäfer Börsennotierte AG-HdB Rn. 48.19.
[14] Hüffer/Koch/*Koch* Rn. 5; Grigoleit/*Rieder* Rn. 6.
[15] Kölner Komm AktG/*Lutter* Rn. 22; MüKoAktG/*Oechsler* Rn. 12.
[16] Hüffer/Koch/*Koch* Rn. 6; MHdB AG/*Scholz* § 62 Rn. 29; Kölner Komm AktG/*Lutter* Rn. 23; MüKoAktG/*Oechsler* Rn. 14.
[17] Hüffer/Koch/*Koch* Rn. 7; MüKoAktG/*Oechsler* Rn. 11 (13).

wenn ihre Zahlung auf einem Beschluß beruht, der zugleich mit dem Beschluß über die Kapitalherabsetzung gefaßt wird.

Schrifttum: *Geißler,* Rechtliche und unternehmerische Aspekte der vereinfachten Kapitalherabsetzung bei der AG, NZG 2000, 719; *Hirte,* Genüsse zum Versüßen vereinfachter Kapitalherabsetzungen, FS Claussen, 1997, 115; s. außerdem Angaben zu § 229.

I. Gegenstand und Zweck der Regelung

1 § 231 S. 1 **beschränkt** die im Rahmen einer vereinfachten Kapitalherabsetzung (vgl. § 229 Abs. 1 S. 1, § 230 S. 2) eröffnete Möglichkeit einer **Dotierung der Kapitalrücklage** auf höchstens **10 % des Grundkapitals.** Es soll verhindert werden, dass das Kapital herabgesetzt wird, um den gesetzlichen Reservefonds aus Kapitalrücklage und gesetzlicher Rücklage über den in § 150 Abs. 2 vorgesehenen Umfang hinaus aufzufüllen.[1] Die Kapitalherabsetzung ist demgemäß ausgeschlossen, wenn die gesetzliche Rücklage durch die nach § 229 Abs. 2 vorgeschriebenen Auflösungen soweit aufgefüllt werden kann, dass sie zusammen mit der Kapitalrücklage 10 % des Grundkapitals erreicht.[2] § 231 S. 1 schützt mit dieser Begrenzung die Interessen der Aktionäre.[3]

2 Während § 231 die Kapitalherabsetzung durch Einstellung in die **Kapitalrücklage** betrifft (§ 229 Abs. 1 S. 1, 3. Fall), befasst sich § 232 mit der Kapitalherabsetzung zur **Verlustdeckung** (§ 229 Abs. 1 S. 1, Fälle 1 und 2). Stellt sich im zuletzt genannten Fall die Berechnung der angenommenen Verluste nachträglich als zu hoch heraus, so sind die nicht benötigten Beträge gemäß § 232 in die Kapitalrücklage einzustellen. Ein derartiger Fall wird bei § 231 kaum vorkommen, weil der in die Kapitalrücklage einzubuchende Betrag vorher genau berechnet werden kann. Wird dieser Betrag fälschlich zu hoch angesetzt, ist der überschießende Betrag entsprechend § 232 der Kapitalrücklage zuzuführen (→ Rn. 8).

II. Dotierung der Rücklagen

3 **1. Auflösung und Umbuchung.** § 231 Satz 1 HS. 1 bezieht sich auf die Auflösung der **anderen Gewinnrücklagen** (§ 266 Abs. 3 A. III. Nr. 4 HGB) und die Umbuchung der freiwerdenden Beträge **in die gesetzliche Rücklage** (§ 266 Abs. 3 A. III. Nr. 1 HGB iVm § 150 Abs. 1 AktG). Gemeint sind dabei nur solche Umbuchungen, die im Rahmen einer vereinfachten Kapitalherabsetzung nach § 229 Abs. 2 S. 1 vorgenommen werden. Werden die anderen Gewinnrücklagen im Rahmen der regulären Gewinnverwendung aufgelöst und wird daraus die gesetzliche Rücklage dotiert, so gilt dafür die Begrenzung des § 231 S. 1 nicht.[4]

4 § 231 S. 1 HS. 2, betrifft die Umbuchung der Beträge, die aus der Kapitalherabsetzung gewonnen werden, dh die Abbuchungen vom **Grundkapital** (§ 266 Abs. 3 A. I. HGB) und die Einstellung dieser Beträge **in die Kapitalrücklage** (§ 266 Abs. 3 A. II. HGB, § 272 HGB).

5 **2. Begrenzung der Rücklagen.** Die genannten Umbuchungen sind der Höhe nach durch § 231 S. 1 begrenzt. Die gesetzliche Rücklage und die Kapitalrücklage dürfen zusammen **10 % des Grundkapitals** nicht überschreiten. Eine vereinfachte Kapitalherabsetzung zur Dotierung der Kapitalrücklage (§ 229 Abs. 1 S. 1 3. Fall) ist damit nur zulässig, wenn und soweit die beiden Rücklagen zusammen die Obergrenze noch nicht erreicht haben. Nach dem Gesetzeswortlaut sind dabei sämtliche Kapitalrücklagen nach § 272 Abs. 2 HGB einschließlich etwaiger Zuführungen nach § 272 Abs. 2 Nr. 4 HGB in die Berechnung einzubeziehen. Auf Grund des systematischen Zusammenhangs mit § 150 ist jedoch einschränkend davon auszugehen, dass Zuzahlungen nach § 272 Abs. 2 Nr. 4 HGB wie bei § 150 Abs. 2 bis 4 außer Betracht bleiben.[5] Sieht die Satzung nach § 150 für den gesetzlichen Reservefonds einen höheren Prozentsatz vom Grundkapital vor, ist dies im Rahmen von § 231 unbeachtlich.[6]

6 Maßgebend ist der Betrag des **Grundkapitals nach der vorgesehenen Kapitalherabsetzung** (§ 231 S. 2). Soll das Grundkapital im Hinblick auf eine gleichzeitig vorgesehene Kapitalerhöhung unter den gesetzlichen Mindestbetrag von 50.000 Euro herabgesetzt werden, ist für die Berechnung

---

[1] Hüffer/Koch/*Koch* Rn. 1; Kölner Komm AktG/*Lutter* Rn. 4; Grigoleit/*Rieder* § 231 Rn. 1.
[2] MHdB AG/*Scholz* § 62 Rn. 15; *Tielmann* in Happ AktienR 14.02 Rn. 5.
[3] Hüffer/Koch/*Koch* Rn. 1; Kölner Komm AktG/*Lutter* Rn. 3; MüKoAktG/*Oechsler* Rn. 1 und 2; K. Schmidt/Lutter/*Veil* Rn. 1; Hölters/*Haberstock/Greitemann* Rn. 4; für eine Abschaffung der 10 %-Grenze *Vaupel/Reers* AG 2010, 93 (103 f.).
[4] *ADS* Rn. 10; Großkomm AktG/*Sethe* Rn. 4.
[5] Hüffer/Koch/*Koch* Rn. 2; K. Schmidt/Lutter/*Veil* Rn. 2; aA *ADS* Rn. 12 f.
[6] *ADS* Rn. 14.

allerdings das gesetzliche Mindestkapital nach § 7 zugrunde zu legen (§ 231 S. 2).[7] In diesem Fall verbleibt eine Mindestreserve von 5000 Euro. Die mit der Herabsetzung verbundene Kapitalerhöhung wird dagegen als rechtlich selbständiger Beschluss nicht berücksichtigt.[8]

Maßgebender Zeitpunkt für die Berechnung der **Höhe der Rücklagen** (gesetzliche Rücklage und Kapitalrücklage) ist der Zeitpunkt der **Beschlussfassung** der Hauptversammlung über die Kapitalherabsetzung.[9] Unerheblich ist dagegen, wann die Kapitalherabsetzung ins Handelsregister eingetragen und damit wirksam wird. Auch alle nach dem Kapitalherabsetzungsbeschluss vorgenommenen Zuweisungen zur gesetzlichen Rücklage oder Kapitalrücklage werden von § 231 nicht erfasst (§ 231 S. 3). Dies gilt auch zB für eine Dotierung der Kapitalrücklage nach § 272 Abs. 2 Nr. 1 HGB auf Grund einer in derselben Hauptversammlung beschlossenen Kapitalerhöhung.[10]

III. Rechtsfolgen bei Verstoß

Wird bei einer vereinfachten Kapitalerhöhung die Grenze des § 231 nicht beachtet, so ist der Kapitalherabsetzungsbeschluss nach § 243 Abs. 1 **anfechtbar**. Da die Vorschrift dem Schutz der Aktionäre und nicht dem der Gläubiger dient (→ Rn. 1), liegt ein Nichtigkeitsgrund nach § 241 Nr. 3 nicht vor.[11] Wird der Beschluss nicht angefochten und, da keine Drittinteressen betroffen sind, in das Handelsregister eingetragen, wird er wirksam (§§ 229 Abs. 3, 224). Der über § 231 S. 1 **hinausgehende Betrag** ist dann **entsprechend § 232** in die Kapitalrücklage einzustellen.[12] Dieses Ergebnis widerspricht zwar dem Verbot des § 231 S. 1. Wenn deswegen aber kein Aktionär den Herabsetzungsbeschluss angefochten hat, besteht für diesen Schutz kein Bedürfnis mehr. Eine Auszahlung des überschießenden Betrags an die Aktionäre scheidet jedenfalls aus. Auch eine Kapitalerhöhung aus Gesellschaftsmitteln (§§ 207 ff.) kommt nicht in Betracht. Sie wäre jedenfalls nicht durchsetzbar.[13] Ein gegen § 231 verstoßender **Jahresabschluss** ist allerdings nichtig (§ 256 Abs. 1 Nr. 4), sofern kein Fall der analogen Anwendung des § 232 vorliegt (→ Rn. 2).[14]

§ 232 Einstellung von Beträgen in die Kapitalrücklage bei zu hoch angenommenen Verlusten

Ergibt sich bei Aufstellung der Jahresbilanz für das Geschäftsjahr, in dem der Beschluß über die Kapitalherabsetzung gefaßt wurde, oder für eines der beiden folgenden Geschäftsjahre, daß Wertminderungen und sonstige Verluste in der bei der Beschlußfassung angenommenen Höhe tatsächlich nicht eingetreten oder ausgeglichen waren, so ist der Unterschiedsbetrag in die Kapitalrücklage einzustellen.

Schrifttum: S. Angaben zu → § 229.

I. Gegenstand und Zweck der Regelung

Stellt sich nachträglich heraus, dass die Verluste, die mit einer vereinfachten Kapitalherabsetzung ausgeglichen werden sollen, niedriger sind als ursprünglich angenommen, so darf der Unterschiedsbetrag nicht an die Aktionäre ausgeschüttet werden, sondern ist in die Kapitalrücklage einzustellen. Diese Regelung, die sich auf § 229 Abs. 1 1. und 2. Fall[1] bezieht, dient dem **Gläubigerschutz**.[2] Nicht erfasst ist der Fall, dass im Rahmen der Kapitalherabsetzung Teile des Grundkapitals in die

---

[7] ADS Rn. 21; Hüffer/Koch/*Koch* Rn. 3; Kölner Komm AktG/*Lutter* Rn. 5; MHdB AG/*Scholz* § 62 Rn. 16; MüKoAktG/*Oechsler* Rn. 7.
[8] Hüffer/Koch/*Koch* Rn. 5; Kölner Komm AktG/*Lutter* Rn. 5; MHdB AG/*Scholz* § 62 Rn. 15; MüKoAktG/*Oechsler* Rn. 7; K. Schmidt/Lutter/*Veil* Rn. 3.
[9] Hüffer/Koch/*Koch* Rn. 3; Kölner Komm AktG/*Lutter* Rn. 6; MHdB AG/*Scholz* § 62 Rn. 16.
[10] ADS AktG § 231 Rn. 22; Hüffer/Koch/*Koch* Rn. 3 und 6; Kölner Komm AktG/*Lutter* Rn. 6; MüKoAktG/*Oechsler* Rn. 8; *Busch* in Marsch-Barner/Schäfer Börsennotierte AG-HdB Rn. 48.12.
[11] Hüffer/Koch/*Koch* Rn. 7; Baumbach/Hueck/*Zöllner/Haas* GmbHG § 58b Rn. 12; Großkomm AktG/*Sethe* Rn. 9; Hölters/*Haberstock/Greitemann* Rn. 10; ähnlich MüKoAktG/*Oechsler* Rn. 9.
[12] ADS Rn. 8, § 232 Rn. 4; Hüffer/Koch/*Koch* Rn. 7; Kölner Komm AktG/*Lutter* Rn. 7; MHdB AG/*Scholz* § 62 Rn. 29; MüKoAktG/*Oechsler* Rn. 10.
[13] Vgl. MüKoAktG/*Oechsler* Rn. 10 gegen *Hirte* FS Claussen, 1997, 115 (123).
[14] ADS Rn. 24; Hüffer/Koch/*Koch* Rn. 7; K. Schmidt/Lutter/*Veil* Rn. 4.
[1] Hüffer/Koch/*Koch* Rn. 2; MüKoAktG/*Oechsler* Rn. 1.
[2] BGHZ 119, 305 (322) = NJW 1993, 57 (61) – Klöckner-Genüsse; OLG Frankfurt a. M. WM 1989, 1688 (1690); ADS Rn. 2; Hüffer/Koch/*Koch* Rn. 1; Kölner Komm AktG/*Lutter* Rn. 3 aE; Hölters/*Haberstock/Greitemann* Rn. 2.

§ 232 2–6   Erstes Buch. Aktiengesellschaft

Kapitalrücklage umgebucht werden. Diese Variante (§ 229 Abs. 1 3. Fall) regelt § 231 S. 1 (→ § 231 Rn. 2).

2   Die Regelung des § 232 ist notwendig, weil der Betrag der Kapitalherabsetzung im Falle einer Sanierung regelmäßig auf einer **Prognose** beruht. Eine solche Prognose ist, wenn sie gewissenhaft erfolgt, zulässig (→ § 229 Rn. 7).[3] Sie muss aber, wenn sie sich später als unrichtig herausstellt, korrigiert werden können. Durch die Regelung in § 232 wird jeder Anreiz genommen, die Prognose willkürlich fehlerhaft zu erstellen, die Lage der AG zu negativ darzustellen. Ein Herabsetzungsbeschluss, der auf einer absichtlich falschen Verlustprognose beruht, ist im Übrigen auch anfechtbar (→ § 229 Rn. 7).

II. Unterschiedsbetrag

3   Ausgangspunkt von § 232 ist ein **Unterschiedsbetrag**, der sich zwischen dem Betrag der Kapitalherabsetzung und dem zur Verlustdeckung oder zum Ausgleich von Wertminderungen tatsächlich erforderlichen kleineren Betrag ergibt, weil Verluste oder Wertminderungen nicht eingetreten oder ausgeglichen worden sind. Dieser Unterschiedsbetrag ist **in die Kapitalrücklage** einzustellen. Das Verbot des § 231 S. 1 findet hier keine Anwendung.[4] Die Pflicht zur Einstellung besteht somit auch dann, wenn die Kapitalrücklage zusammen mit der gesetzlichen Rücklage bereits 10 % des Grundkapitals erreicht.[5] Der Unterschiedsbetrag muss in die Kapitalrücklage eingestellt werden und darf nicht etwa zur Deckung der Verluste verwendet werden.[6]

4   Für die Beurteilung, ob eine Wertminderung oder ein sonstiger Verlust in der bei der Beschlussfassung angenommenen Höhe tatsächlich eingetreten ist, kommt es auf die Ansätze in einer **fiktiven**, auf den Zeitpunkt der Beschlussfassung über die Kapitalherabsetzung bezogenen **Bilanz** an.[7] Diese Bilanz ist nachträglich anlässlich der **Aufstellung der Jahresbilanz** für das Geschäftsjahr der Kapitalherabsetzung zu erstellen.[8] Maßgebend für die Feststellung eines Unterschiedsbetrags ist dabei das **Bilanzergebnis insgesamt**. Ein Unterschiedsbetrag ergibt sich danach nicht, wenn sich einzelne höher oder niedriger zu bewertende Verlustposten untereinander ausgleichen.[9] Ist der Verlust in dem zugrunde gelegten Umfang nur aus anderen als den angenommenen Gründen eingetreten, ist er gleichwohl mit den aus der Kapitalherabsetzung gewonnenen Beträgen auszugleichen.[10]

5   Unberücksichtigt bleiben **allgemeine Verbesserungen der Vermögenssituation** der Gesellschaft, auch wenn diese die vereinfachte Kapitalherabsetzung, wären sie schon zum Zeitpunkt der Beschlussfassung gegeben gewesen, unmöglich gemacht hätten.[11] Für künftige Gewinnausschüttungen gelten allerdings die Beschränkungen aus § 233. Ebenfalls unberücksichtigt bleiben **nach** der Beschlussfassung **eingetretene Verluste**.[12] Diese können nicht unmittelbar aus den durch die Kapitalherabsetzung freigewordenen Beträgen, sondern nur mittelbar über die Kapitalrücklage ausgeglichen werden.[13]

6   Die Einstellung des Unterschiedsbetrags in die Kapitalrücklage ist nur geboten, wenn sich dieser bei der Aufstellung der Jahresbilanz für das Geschäftsjahr, in dem die Kapitalherabsetzung beschlossen wurde, oder für die beiden darauffolgenden Geschäftsjahre ergibt. § 232 ist damit für einen **Zeitraum von drei Geschäftsjahren** zu beachten. Ergibt sich der Unterschiedsbetrag im zweiten oder dritten

---

[3] Hüffer/Koch/*Koch* Rn. 1; Kölner Komm AktG/*Lutter* Rn. 3; MüKoAktG/*Oechsler* Rn. 1 und MüKoAktG/ *Oechsler* § 229 Rn. 20 ff.
[4] Hüffer/Koch/*Koch* Rn. 6; MüKoAktG/*Oechsler* Rn. 4; Großkomm AktG/*Sethe* Rn. 1.
[5] Hüffer/Koch/*Koch* Rn. 6; MüKoAktG/*Oechsler* Rn. 4; MHdB AG/*Scholz* § 62 Rn. 25; *Busch* in Marsch-Barner/Schäfer Börsennotierte AG-HdB Rn. 48.21; K. Schmidt/Lutter/*Veil* Rn. 2.
[6] Baumbach/Hueck/*Zöllner/Haas* GmbHG § 58c Rn. 2; Hüffer/Koch/*Koch* Rn. 4; MHdB AG/*Scholz* § 62 Rn. 27; Kölner Komm AktG/*Lutter* Rn. 6; MüKoAktG/*Oechsler* Rn. 6; aA v. Godin/*Wilhelmi* Anm. 2.
[7] Baumbach/Hueck/*Zöllner/Haas* GmbHG § 58c Rn. 4; Hüffer/Koch/*Koch* Rn. 3; MHdB AG/*Scholz* § 62 Rn. 29; Kölner Komm AktG/*Lutter* Rn. 6; MüKoAktG/*Oechsler* Rn. 5; K. Schmidt/Lutter/*Veil* Rn. 2; Großkomm AktG/*Sethe* Rn. 2.
[8] Hüffer/Koch/*Koch* Rn. 3; Großkomm AktG/*Sethe* Rn. 6; Grigoleit/*Rieder* Rn. 3; unklar ADS Rn. 7 ff.
[9] Hüffer/Koch/*Koch* Rn. 3; Kölner Komm AktG/*Lutter* Rn. 5; MHdB AG/*Scholz* § 62 Rn. 27; Großkomm AktG/*Sethe* Rn. 5; einschränkend ADS Rn. 10; diesen zustimmend *Busch* in Marsch-Barner/Schäfer Börsennotierte AG-HdB Rn. 48.21.
[10] Hüffer/Koch/*Koch* Rn. 3; MHdB AG/*Scholz* § 62 Rn. 27; Kölner Komm AktG/*Lutter* Rn. 5; MüKoAktG/ *Oechsler* Rn. 6; aA ADS Rn. 10.
[11] Baumbach/Hueck/*Zöllner/Haas* GmbHG § 58d Rn. 4; Hüffer/Koch/*Koch* Rn. 4; MHdB AG/*Scholz* § 62 Rn. 27; Kölner Komm AktG/*Lutter* Rn. 6; MüKoAktG/*Oechsler* Rn. 7.
[12] ADS Rn. 13; Hüffer/Koch/*Koch* Rn. 4; MHdB AG/*Scholz* § 62 Rn. 27; Kölner Komm AktG/*Lutter* Rn. 6; Großkomm AktG/*Sethe* Rn. 6; K. Schmidt/Lutter/*Veil* Rn. 4.
[13] Kölner Komm AktG/*Lutter* Rn. 6.

Geschäftsjahr nach der Herabsetzung, ist er in die laufende Jahresbilanz einzustellen. Die früheren Bilanzen bleiben unverändert.[14]

III. Einstellungspflicht

Die Einstellung in die Kapitalrücklage hat zunächst durch den **Vorstand** als dem Organ zu erfolgen, das den Jahresabschluss aufstellt §§ 242, 264 Abs. 1 HGB iVm § 78 Abs. 1 AktG). Zur Beachtung des § 232 verpflichtet sind auch der **Aufsichtsrat** bzw. die **Hauptversammlung** im Rahmen ihrer Mitwirkung an der Feststellung des Jahresabschlusses (§§ 172, 173).

7

Mit der Einstellung in die Kapitalrücklage ist der **Bilanzposten** des § 266 Abs. 3 A. II. HGB gemeint. Da sich der Unterschiedsbetrag keinem der regulären Unterposten zuordnen lässt, ist er als **außerordentlicher Ertrag** (Überschuss nach Verlustdeckung) auszuweisen.[15] In der Gewinn- und Verlustrechnung ist der Unterschiedsbetrag als „Einstellung in die Kapitalrücklage nach den Vorschriften über die vereinfachte Kapitalherabsetzung" gesondert auszuweisen (§ 240 S. 2).

8

IV. Rechtsfolgen bei Verstoß

Ein Jahresabschluss, der die nach § 232 erforderliche Einstellung in die Kapitalrücklage nicht enthält, ist nach § 256 Abs. 1 Nr. 1 und Nr. 4 **nichtig**.[16] Dies gilt auch für den Gewinnverwendungsbeschluss, der auf dem nichtigen Jahresabschluss beruht. Hat die Hauptversammlung den Jahresabschluss festgestellt, ergibt sich die Nichtigkeit dieses Beschlusses aus § 241 Nr. 3.[17] Für den Jahresabschluss ist über § 256 Abs. 6 eine Heilung möglich. Aktionäre haften nach § 62 auf Rückzahlung, wenn aufgrund des nichtigen Jahresabschlusses an sie Gewinn ausgeschüttet wurde. Vorstand und Aufsichtsrat haften der Gesellschaft nach §§ 93, 116 S. 1.

9

V. Analoge Anwendung

Wird ein Kapitalherabsetzungsbeschluss, dem ein **zu hoher Verlust** zugrunde liegt, gleichwohl in das Handelsregister eingetragen und damit wirksam (§ 229 Abs. 2, § 224), ist § 232 entsprechend anzuwenden.[18] Das Gleiche gilt, wenn der Kapitalherabsetzungsbeschluss eine über § 231 S. 1 hinausgehende **Dotierung der Kapitalrücklage** vorsieht.[19] Auch bei der **Auflösung von Rückstellungen** ist der nicht mehr benötigte Betrag entsprechend § 232 in die Kapitalrücklage einzustellen.[20]

10

§ 233 Gewinnausschüttung. Gläubigerschutz

(1) ¹Gewinn darf nicht ausgeschüttet werden, bevor die gesetzliche Rücklage und die Kapitalrücklage zusammen zehn vom Hundert des Grundkapitals erreicht haben. ²Als Grundkapital gilt dabei der Nennbetrag, der sich durch die Herabsetzung ergibt, mindestens aber der in § 7 bestimmte Mindestnennbetrag.

(2) ¹Die Zahlung eines Gewinnanteils von mehr als vier vom Hundert ist erst für ein Geschäftsjahr zulässig, das später als zwei Jahre nach der Beschlußfassung über die Kapitalherabsetzung beginnt. ²Dies gilt nicht, wenn die Gläubiger, deren Forderungen vor der Bekanntmachung der Eintragung des Beschlusses begründet worden waren, befriedigt oder sichergestellt sind, soweit sie sich binnen sechs Monaten nach der Bekanntmachung des Jahresabschlusses, auf Grund dessen die Gewinnverteilung beschlossen ist, zu diesem Zweck gemeldet haben. ³Einer Sicherstellung der Gläubiger bedarf es nicht, die im Fall des Insolvenzverfahrens ein Recht auf vorzugsweise Befriedigung aus einer Deckungsmasse haben, die nach gesetzlicher Vorschrift zu ihrem Schutz errichtet und staatlich

---

[14] Hüffer/Koch/*Koch* Rn. 5; MHdB AG/*Scholz* § 62 Rn. 27; *Busch* in Marsch-Barner/Schäfer Börsennotierte AG-HdB Rn. 48.23; K. Schmidt/Lutter/*Veil* Rn. 5.
[15] Hüffer/Koch/*Koch* Rn. 6.
[16] ADS Rn. 21; Hüffer/Koch/*Koch* Rn. 7; MüKoAktG/*Oechsler* Rn. 14; Hölters/*Haberstock/Greitemann* Rn. 10.
[17] Kölner Komm AktG/*Lutter* Rn. 13; Grigoleit/*Rieder* Rn. 8.
[18] Kölner Komm AktG/*Lutter* Rn. 12; MHdB AG/*Scholz* § 62 Rn. 29; *Busch* in Marsch-Barner/Schäfer Börsennotierte AG-HdB Rn. 48.23; K. Schmidt/Lutter/*Veil* Rn. 6.
[19] Hüffer/Koch/*Koch* § 231 Rn. 7; MHdB AG/*Scholz* § 62 Rn. 29; *Busch* in Marsch-Barner/Schäfer Börsennotierte AG-HdB Rn. 48.23; Kölner Komm AktG/*Lutter* § 231 Rn. 7; MüKoAktG/*Oechsler* § 231 Rn. 10; anders *Hirte* FS Claussen, 1997, 115 (123).
[20] BGHZ 119, 305 (321 f.) = NJW 1993, 57 (61) – Klöckner-Genüsse; Hüffer/Koch/*Koch* Rn. 8; MüKoAktG/*Oechsler* Rn. 12.

§ 233 1–3   Erstes Buch. Aktiengesellschaft

überwacht ist. [4]Die Gläubiger sind in der Bekanntmachung nach § 325 Abs. 2 des Handelsgesetzbuchs auf die Befriedigung oder Sicherstellung hinzuweisen.

(3) Die Beträge, die aus der Auflösung von Kapital- und Gewinnrücklagen und aus der Kapitalherabsetzung gewonnen sind, dürfen auch nach diesen Vorschriften nicht als Gewinn ausgeschüttet werden.

Schrifttum: S. die Angaben zu § 229.

Übersicht

	Rn.		Rn.
I. Gegenstand und Zweck der Regelung	1	III. Beschränkung der Gewinnausschüttung (Abs. 2)	10–12
II. Verbot der Gewinnausschüttung (Abs. 1)	2–9	1. Umfang und Dauer der Beschränkung	10, 11
1. Inhalt des Verbots	2–5	2. Ausnahme von der Beschränkung	12
2. Berechnungsgrundlage	6, 7	IV. Verbot der Ausschüttung der Bucherträge (Abs. 3)	13
3. Dauer des Verbots	8, 9	V. Rechtsfolgen bei Verstoß	14

I. Gegenstand und Zweck der Regelung

1   Die Vorschrift verbietet eine Gewinnausschüttung nach einer vereinfachten Kapitalherabsetzung, bevor die gesetzliche Rücklage und Kapitalrücklage zusammen 10 % des Grundkapitals erreicht haben (Abs. 1). Die danach vorrangige Auffüllung des gesetzlichen Reservefonds dient vor allem dem **Schutz der Gläubiger**.[1] Dieser Schutz wird durch Abs. 2 dahin ergänzt, dass eine Gewinnausschüttung in den ersten beiden Jahren nach der Kapitalherabsetzung auf 4 % begrenzt wird. Abs. 3 stellt zudem klar, dass die bei der Kapitalherabsetzung gewonnenen Bucherträge auch im Rahmen der Bestimmungen des § 233 nicht als Gewinn ausgeschüttet werden dürfen (vgl. bereits § 230 Satz 1). Insgesamt ist damit § 233 neben § 230 S. 1 und § 232 die dritte Gläubigerschutzvorschrift, die bei der vereinfachten Kapitalherabsetzung an die Stelle des Gläubigerschutzes gemäß § 225 bei der ordentlichen Kapitalherabsetzung tritt.

II. Verbot der Gewinnausschüttung (Abs. 1)

2   **1. Inhalt des Verbots.** § 233 Abs. 1 lässt eine Gewinnausschüttung nach einer vereinfachten Kapitalherabsetzung nur zu, wenn die in § 150 Abs. 2 vorgeschriebene Mindesthöhe für den gesetzlichen Reservefonds aus gesetzlicher Rücklage und Kapitalrücklage erreicht ist. Das Verbot betrifft nur **Gewinnausschüttungen** an die Aktionäre. Andere Zahlungen an Aktionäre oder Gläubiger sind nicht erfasst, selbst wenn sie zB von der Höhe des Jahresüberschusses oder des Bilanzgewinns abhängig sein sollten.[2] Sind bestimmte Ansprüche, wie zB auf eine Tantieme, an die ausgeschüttete Dividende gekoppelt, so kommt eine Zahlung wegen des Auszahlungsverbots allerdings nicht in Betracht.[3] Zulässig sind dagegen Zahlungen aufgrund von Dividendengarantien sowie Zahlungen an Aktionäre, wenn diese der Gesellschaft wie ein Dritter gegenüber stehen.[4] Dies gilt zB auch für Zahlungen im Rahmen von Genussrechten oder einer stillen Gesellschaft.[5]

3   Um eine verbotene Gewinnausschüttung handelt es sich bei einer Gewinnabführung auf Grund eines **Gewinnabführungsvertrages**.[6] Dem Gläubigerschutz dient in einem solchen Falle zwar schon die Verpflichtung zum Verlustausgleich nach § 302 und zum Auffüllen der Rücklagen gemäß § 300 Nr. 1.[7] Der besondere Gläubigerschutz des § 233 Abs. 1 für den Fall der Kapitalherabsetzung wird dadurch aber nicht verdrängt. Zahlungen auf Grund von **Teilgewinnabführungsverträgen**

---

[1] Hüffer/Koch/*Koch* Rn. 1; Kölner Komm AktG/*Lutter* Rn. 3.
[2] Hüffer/Koch/*Koch* Rn. 3; MHdB AG/*Scholz* § 62 Rn. 31; Kölner Komm AktG/*Lutter* Rn. 8; K. Schmidt/Lutter/*Veil* Rn. 3.
[3] Hüffer/Koch/*Koch* Rn. 3; MHdB AG/*Scholz* § 62 Rn. 32; Kölner Komm AktG/*Lutter* Rn. 8.
[4] Hüffer/Koch/*Koch* Rn. 3; Kölner Komm AktG/*Lutter* Rn. 8; MüKoAktG/*Oechsler* Rn. 5; *Busch* in Marsch-Barner/Schäfer Börsennotierte AG-HdB Rn. 48.25; Großkomm AktG/*Sethe* Rn. 4.
[5] Zust. Grigoleit/*Rieder* Rn. 5; MHdB AG/*Scholz* § 62 Rn. 32.
[6] Hüffer/Koch/*Koch* Rn. 3; Kölner Komm AktG/*Lutter* Rn. 9; *Busch* in Marsch-Barner/Schäfer Börsennotierte AG-HdB Rn. 48.26; Großkomm AktG/*Sethe* Rn. 5; K. Schmidt/Lutter/*Veil* Rn. 3.
[7] Zweifelnd deshalb MHdB AG/*Scholz* § 62 Rn. 32 und MüKoAktG/*Oechsler* Rn. 6, abl. Bürgers/Körber/*Becker* Rn. 5.

(§ 292 Abs. 1 Nr. 2) und **Gewinngemeinschaften** (§ 292 Abs. 1 Nr. 1) unterliegen dagegen nicht dem Zahlungsverbot des § 233 Abs. 1, da die Gesellschaft in diesen Fällen eine Gegenleistung erhält.[8]

§ 233 Abs. 1 enthält **keine Verpflichtung,** einen eventuellen Gewinn zur Auffüllung der gesetzlichen Rücklage und der Kapitalrücklage zu verwenden. Die Vorschrift verbietet nur die Ausschüttung. Im Übrigen kann ein Gewinn in jeder sonst zulässigen Weise verwendet werden, also zB in die Gewinnrücklage oder einen Gewinnvortrag eingestellt oder zu einer Kapitalerhöhung aus Gesellschaftsmitteln (§ 208) verwendet werden.[9] Zu beachten ist aber die Dotierungspflicht aus § 150 Abs. 2.

Das Ausschüttungsverbot des § 233 Abs. 1 S. 1 ist **zwingendes Recht** und kann nicht durch Befriedigung der Gläubiger oder Leistung einer Sicherheit aufgehoben werden.[10] Dies ergibt sich daraus, dass Abs. 1 S. 1 die Auffüllung der Reserven sicherstellen will.

2. Berechnungsgrundlage. Gesetzliche Rücklage und Kapitalrücklage zusammen müssen mindestens 10 % des Grundkapitals erreicht haben, bevor eine Gewinnausschüttung zulässig ist. Gemeint sind damit die sich aus den Bilanzposten des § 266 Abs. 3 A. II. und III. Nr. 1 HGB ergebenden Beträge. Zur **Kapitalrücklage** gehören nach dem Gesetzeswortlaut auch etwaige Zuzahlungen nach § 272 Abs. 2 Nr. 4 HGB. Da § 233 Abs. 1 der Reservenbildung nach § 150 dient, solche Zuzahlungen in § 150 Abs. 2 aber nicht aufgeführt sind, ist wegen des systematischen Zusammenhangs beider Vorschriften davon auszugehen, dass solche Zuzahlungen auch bei § 233 Abs. 1 nicht zu berücksichtigen sind.[11]

Maßgebend für die Quote ist die Höhe des **Grundkapitals nach der Kapitalherabsetzung,** mindestens aber der gesetzliche Mindestbetrag nach § 7 (Abs. 1 S. 2). Wird der gesetzliche Mindestbetrag im Falle einer gleichzeitigen Wiedererhöhung des Grundkapitals unterschritten (vgl. § 228 Abs. 1, § 229 Abs. 3), gilt der gesetzliche Mindestbetrag. Der Umfang der Wiedererhöhung des Grundkapitals spielt keine Rolle. Auch künftige weitere Kapitalerhöhungen führen nicht zu einer Anpassung der Quote.[12] Die Quote von 10 % gilt zwingend. Sie kann durch die Satzung weder erhöht noch herabgesetzt werden.[13] Dies gilt unabhängig davon, ob die Satzung eine über 10 % hinausgehende gesetzliche Rücklage vorsieht (vgl. § 150 Abs. 2).

3. Dauer des Verbots. Die Auszahlungssperre gemäß § 233 Abs. 1 S. 1 gilt ab dem **Wirksamwerden** der Kapitalherabsetzung, also mit Eintragung des Herabsetzungsbeschlusses in das Handelsregister (§ 229 Abs. 3, § 224).[14] Wird zwischen dem Herabsetzungsbeschluss und seiner Eintragung Gewinn ausgeschüttet, so ist dies nur dann verboten, wenn es sich um einen Fall der Umgehung des § 233 Abs. 1 S. 1 handelt.[15]

Haben gesetzliche Rücklage und Kapitalrücklage zusammen einmal 10 % des herabgesetzten Grundkapitals erreicht, so führt ein **späteres Absinken** dieser Quote nicht zu einer erneuten Anwendbarkeit von § 233 Abs. 1 S. 1.[16]

III. Beschränkung der Gewinnausschüttung (Abs. 2)

1. Umfang und Dauer der Beschränkung. Ergänzend zu der Ausschüttungssperre gemäß Abs. 1 beschränkt Abs. 2 für einen begrenzten Zeitraum nach der Kapitalherabsetzung die Gewinnausschüttung auf höchstens 4 %. Die Beschränkung auf 4 % bezieht sich auf die Ziffer des **Grundka-**

---

[8] Hüffer/Koch/*Koch* Rn. 3; MHdB AG/*Scholz* § 62 Rn. 32; Kölner Komm AktG/*Lutter* Rn. 9; MüKoAktG/ *Oechsler* Rn. 5; Großkomm AktG/*Sethe* Rn. 5; *Busch* in Marsch-Barner/Schäfer Börsennotierte AG-HdB Rn. 48.26.
[9] Hüffer/Koch/*Koch* Rn. 2; MHdB AG/*Scholz* § 62 Rn. 31; Kölner Komm AktG/*Lutter* Rn. 6; MüKoAktG/ *Oechsler* Rn. 9; *Busch* in Marsch-Barner/Schäfer Börsennotierte AG-HdB Rn. 48.25.
[10] Hüffer/Koch/*Koch* Rn. 2; Kölner Komm AktG/*Lutter* Rn. 10; Baumbach/Hueck/*Zöllner/Haas* GmbHG § 58d Rn. 2.
[11] Hüffer/Koch/*Koch* Rn. 4; MüKoAktG/*Oechsler* Rn. 7; MHdB AG/*Scholz* § 62 Rn. 31; *Busch* in Marsch-Barner/Schäfer Börsennotierte AG-HdB Rn. 48.25; K. Schmidt/Lutter/*Veil* Rn. 5; Bürgers/Körber/*Becker* Rn. 3.
[12] Hüffer/Koch/*Koch* Rn. 4; Kölner Komm AktG/*Lutter* Rn. 5; *Busch* in Marsch-Barner/Schäfer Börsennotierte AG-HdB Rn. 48.25; Großkomm AktG/*Sethe* Rn. 12.
[13] Hüffer/Koch/*Koch* Rn. 4; MüKoAktG/*Oechsler* Rn. 8; Grigoleit/*Rieder* Rn. 3.
[14] Hüffer/Koch/*Koch* Rn. 5; MHdB AG/*Scholz* § 62 Rn. 33; MüKoAktG/*Oechsler* Rn. 10; aA Kölner Komm AktG/*Lutter* Rn. 7.
[15] Hüffer/Koch/*Koch* Rn. 5; Kölner Komm AktG/*Lutter* Rn. 7; MHdB AG/*Scholz* § 62 Rn. 33; Hölters/ *Haberstock/Greitemann* Rn. 8; aA Großkomm AktG/*Sethe* Rn. 9; MüKoAktG/*Oechsler* Rn. 10 sieht kein Umgehungsproblem, da die Möglichkeit der Anfechtung besteht.
[16] Hüffer/Koch/*Koch* Rn. 5; MHdB AG/*Scholz* § 62 Rn. 33; Kölner Komm AktG/*Lutter* Rn. 5; Baumbach/ Hueck/*Zöllner/Haas* GmbHG § 58d Rn. 3.

pitals im Zeitpunkt des Gewinnverwendungsbeschlusses.[17] Anders als bei Abs. 1 sind daher Kapitalerhöhungen bei oder nach der Herabsetzung zu berücksichtigen. Bestehen Aktien mit unterschiedlicher Dividendenberechtigung (zB Stamm- und Vorzugsaktien), darf der Nennwert der gesamten Ausschüttung unabhängig von ihrer Verteilung auf die verschiedenen Aktiengattungen 4 % des Grundkapitals nicht überschreiten.[18]

11   Die Zahlung eines höheren Gewinnanteils als 4 % ist erst für ein Geschäftsjahr zulässig, das später als zwei Jahre nach der Beschlussfassung über die Kapitalherabsetzung beginnt (Abs. 2 S. 1). Die Beschränkung gilt somit für das **Geschäftsjahr der Beschlussfassung** und für die **beiden darauf folgenden Geschäftsjahre**. Eine Rückwirkung der Kapitalherabsetzung gemäß § 234 ändert daran nichts. Die Beschränkung beginnt mit Wirksamwerden der Kapitalherabsetzung (§§ 223, 224). Ein zwischen der Beschlussfassung über die Kapitalherabsetzung und der Eintragung des Beschlusses im Handelsregister gefasster Gewinnverwendungsbeschluss wird von der Beschränkung daher noch nicht erfasst.[19] Wird die Dividende erst nach der Eintragung ausgezahlt, greifen allerdings die Beschränkungen gemäß § 233 Abs. 2 S. 1 ein.[20]

12   **2. Ausnahme von der Beschränkung.** Die Beschränkung der Gewinnausschüttung auf 4 % kann nach Abs. 2 S. 2 bis 4 abgewendet werden, wenn die **Gläubiger,** deren Forderungen vor der Bekanntmachung der Eintragung des Kapitalherabsetzungsbeschlusses begründet waren, **befriedigt** oder **sichergestellt** werden. Die Gläubiger müssen sich dazu innerhalb von sechs Monaten nach der Bekanntmachung des Jahresabschlusses, auf Grund dessen die Gewinnverteilung beschlossen worden ist, zu diesem Zweck gemeldet haben. Die Regelung ist den Bestimmungen des § 225 nachgebildet, auf deren Erläuterung daher verwiesen wird (→ § 225 Rn. 4 ff.). Abweichend von § 225 beginnt die Sechsmonatsfrist nach § 233 Abs. 2 S. 2 mit der Bekanntmachung des Jahresabschlusses, der dem Gewinnverwendungsbeschluss zugrunde liegt. Die Benachrichtigung der Gläubiger erfolgt außerdem im Rahmen der Bekanntmachung des Jahresabschlusses nach § 325 HGB (§ 233 Abs. 2 S. 4).

IV. Verbot der Ausschüttung der Bucherträge (Abs. 3)

13   Abs. 3 stellt klar, dass auch nach § 233 Abs. 1 und 2 keine aus der Auflösung von Kapital- und Gewinnrücklagen und aus der Kapitalherabsetzung gewonnenen Beträge als Gewinn ausgeschüttet werden dürfen. Das Ausschüttungsverbot des § 230 S. 1 gilt ohne Ausnahme.

V. Rechtsfolgen bei Verstoß

14   Ein gegen § 233 verstoßender Gewinnverwendungsbeschluss ist nichtig, da die Vorschrift dem Gläubigerschutz dient (§ 253 Abs. 1, § 241 Nr. 3). Entgegen § 233 geleistete Zahlungen sind gemäß § 62 zurückzugewähren. Vorstand und Aufsichtsrat haften der Gesellschaft nach §§ 93, 116 S. 1 für alle Schäden, die der Gesellschaft durch einen Verstoß gegen § 233 entstehen.

§ 234 Rückwirkung der Kapitalherabsetzung

(1) Im Jahresabschluß für das letzte vor der Beschlußfassung über die Kapitalherabsetzung abgelaufene Geschäftsjahr können das gezeichnete Kapital sowie die Kapital- und Gewinnrücklagen in der Höhe ausgewiesen werden, in der sie nach der Kapitalherabsetzung bestehen sollen.

(2) ¹In diesem Fall beschließt die Hauptversammlung über die Feststellung des Jahresabschlusses. ²Der Beschluß soll zugleich mit dem Beschluß über die Kapitalherabsetzung gefaßt werden.

(3) ¹Die Beschlüsse sind nichtig, wenn der Beschluß über die Kapitalherabsetzung nicht binnen drei Monaten nach der Beschlußfassung in das Handelsregister eingetragen worden

---

[17] Hüffer/Koch/*Koch* Rn. 6; MHdB AG/*Scholz* § 62 Rn. 33; *Busch* in Marsch-Barner/Schäfer Börsennotierte AG-HdB Rn. 48.25; Kölner Komm AktG/*Lutter* Rn. 11; MüKoAktG/*Oechsler* 13; Bürgers/Körber/*Becker* Rn. 10; Großkomm AktG/*Sethe* Rn. 13.
[18] Hüffer/Koch/*Koch* Rn. 6; MHdB AG/*Scholz* § 62 Rn. 33; *Busch* in Marsch-Barner/Schäfer Börsennotierte AG-HdB Rn. 48.27; K. Schmidt/Lutter/*Veil* Rn. 7; Großkomm AktG/*Sethe* Rn. 14.
[19] Hüffer/Koch/*Koch* Rn. 7; MHdB AG/*Scholz* § 62 Rn. 35; *Busch* in Marsch-Barner/Schäfer Börsennotierte AG-HdB Rn. 48.27; Kölner Komm AktG/*Lutter* Rn. 13; MüKoAktG/*Oechsler* Rn. 15.
[20] Hüffer/Koch/*Koch* Rn. 7; MHdB AG/*Scholz* § 62 Rn. 35; Kölner Komm AktG/*Lutter* Rn. 13; MüKoAktG/*Oechsler* Rn. 15; *Busch* in Marsch-Barner/Schäfer Börsennotierte AG-HdB Rn. 48.27; K. Schmidt/Lutter/*Veil* Rn. 8.

ist. ²Der Lauf der Frist ist gehemmt, solange eine Anfechtungs- oder Nichtigkeitsklage rechtshängig ist.

Schrifttum: *Lutter/Hommelhoff/Timm,* Finanzierungsmaßnahmen zur Krisenabwehr in der Aktiengesellschaft, BB 1980, 738; *K. Schmidt,* Die Umwandlung einer GmbH in eine AG zu Kapitaländerungszwecken, AG 1985, 150; *Terbrack,* Kapitalherabsetzende Maßnahmen bei Aktiengesellschaften, RNotZ 2003, 89; s. im Übrigen die Angaben zu § 229.

Übersicht

	Rn.		Rn.
I. Gegenstand und Zweck der Regelung	1, 2	1. Zuständigkeit der Hauptversammlung	6–9
		2. Gleichzeitige Beschlussfassung	10
II. Bilanzielle Rückwirkung (Abs. 1)	3–5	IV. Fristgerechte Eintragung (Abs. 3)	11–16
III. Beschlussfassung durch die Hauptversammlung (Abs. 2)	6–10	1. Eintragungsfrist	11–14
		2. Rechtsfolgen bei Fristüberschreitung	15, 16

I. Gegenstand und Zweck der Regelung

Die Vorschrift ermöglicht es, die vereinfachte Kapitalherabsetzung im letzten Jahresabschluss vor dem Herabsetzungsbeschluss als bereits vollzogen darzustellen (Abs. 1). Durch diese Rückwirkung kann ein für die Kreditwürdigkeit der Gesellschaft negativer Verlustausweis in der Bilanz vermieden werden. Die Vorschrift **erleichtert** damit eine **Sanierung** der Gesellschaft.[1] § 234 ermöglicht es allerdings nur, die Bilanz des betreffenden Geschäftsjahres entsprechend zu ändern. Eine rückwirkende Wirksamkeit der Kapitalherabsetzung sieht das Gesetz nicht vor.[2] Die Außenwirkung der Vorschrift wird zudem dadurch relativiert, dass die Rückwirkung in der Gewinn- und Verlustrechnung offen zu legen ist (vgl. §§ 158, 240). 1

Im Falle einer Rückbeziehung der Kapitalherabsetzung hat die Hauptversammlung auch über die **Feststellung des Jahresabschlusses** zu beschließen (Abs. 2). Außerdem ist der Beschluss über die Kapitalherabsetzung beschleunigt in das Handelsregister einzutragen (Abs. 3). Zum Schutz der Gläubiger darf die **Bekanntmachung** eines nach § 234 aufgestellten Jahresabschlusses erst nach dieser Eintragung erfolgen (§ 236). Den Gedanken des § 234 greift § 235 auf, der auch die bilanzielle Rückwirkung einer mit der Kapitalherabsetzung verbundenen **Kapitalerhöhung** gestattet. 2

II. Bilanzielle Rückwirkung (Abs. 1)

§ 234 Abs. 1 stellt eine Durchbrechung des **Stichtagsprinzips** nach § 252 Abs. 1 Nr. 3 HGB dar, wonach Vermögensgegenstände und Schulden grundsätzlich zum Abschlussstichtag zu bewerten sind.[3] Aus § 234 ergibt sich für die Gesellschaft keine Pflicht zur Rückbeziehung der Kapitalherabsetzung. Es handelt sich nur um eine bilanzielle **Gestaltungsmöglichkeit**.[4] Ob von dieser Möglichkeit Gebrauch gemacht werden soll, ist von Vorstand und Aufsichtsrat nach pflichtgemäßem Ermessen zu entscheiden. 3

Die Möglichkeit der bilanziellen Rückbeziehung besteht nur bei der vereinfachten Kapitalherabsetzung (§§ 229 ff.). Auf eine **ordentliche Kapitalherabsetzung** (§ 222) oder eine **Kapitalherabsetzung durch Einziehung von Aktien** (§ 237) ist § 234 nicht anwendbar.[5] Für die Anwendbarkeit des § 234 unschädlich ist es, wenn die Gesellschaft in dem Geschäftsjahr vor der Kapitalherabsetzung noch keine AG war, sondern in einer anderen Rechtsform bestand. Maßgebend ist die Rechtsform im Zeitpunkt des Herabsetzungsbeschlusses.[6] War die Gesellschaft vorher eine GmbH, wird die Möglichkeit der Rückbeziehung durch § 247 Abs. 2 UmwG aF[7] und sinngemäß auch durch § 58e GmbHG bestätigt.[8] 4

---

[1] OLG Düsseldorf ZIP 1981, 847 (856); Hüffer/Koch/*Koch* Rn. 1; Kölner Komm AktG/*Lutter* Rn. 3; *Lutter/Hommelhoff/Timm* BB 1980, 737 (741); *K. Schmidt* AG 1985, 150 (156); MüKoAktG/*Oechsler* Rn. 1.
[2] *K. Schmidt* AG 1985, 150 (156); Grigoleit/*Rieder* Rn. 1.
[3] Einschränkend BGH ZIP 1982, 923.
[4] Hüffer/Koch/*Koch* Rn. 2; MHdB AG/*Scholz* § 62 Rn. 38; MüKoAktG/*Oechsler* Rn. 6; Großkomm AktG/*Sethe* Rn. 7; Hölters/*Haberstock/Greitemann* Rn. 6.
[5] Hüffer/Koch/*Koch* Rn. 2; MüKoAktG/*Oechsler* Rn. 3; Hölters/*Haberstock/Greitemann* Rn. 3.
[6] Hüffer/Koch/*Koch* Rn. 2; MHdB AG/*Scholz* § 62 Rn. 38; MüKoAktG/*Oechsler* Rn. 4; Großkomm AktG/*Sethe* Rn. 3; *K. Schmidt* AG 1985, 150 (156 f.); K. Schmidt/Lutter/*Veil* Rn. 2.
[7] § 247 Abs. 2 UmwG wurde durch das 2. ÄndG z. UmwG v. 19.4.2007, BGBl. 2007 I 542, gestrichen, um klarzustellen, dass eine rückwirkende vereinfachte Kapitalherabsetzung auch beim Formwechsel einer GmbH in eine AG zulässig ist, vgl. BegrRegE BT-Drs. 16/2919, 20.
[8] *Busch* in Marsch-Barner/Schäfer Börsennotierte AG-HdB Rn. 48.29; MHdB AG/*Scholz* § 62 Rn. 38.

5 Wird von dem Wahlrecht des § 234 Abs. 1 Gebrauch gemacht, so ist im **Jahresabschluss des letzten** vor der Beschlussfassung über die Kapitalherabsetzung abgelaufenen **Geschäftsjahres** von den Beträgen auszugehen, die sich durch die vereinfachte Kapitalherabsetzung unmittelbar nach Eintragung des Herabsetzungsbeschlusses ergeben. Eine Rückwirkung auf einen weiter zurückliegenden Jahresabschluss ist nicht möglich.[9] Aus welchem Geschäftsjahr die durch die Kapitalherabsetzung auszugleichenden **Verluste** stammen, ist unerheblich. In die Rückbeziehung können auch Verluste einbezogen werden, die erst im laufenden Geschäftsjahr entstanden sind.[10] Von der Rückwirkung betroffen sind die Bilanzposten **gezeichnetes Kapital** (§ 266 Abs. 3 I HGB) sowie die **Kapitalrücklage** und die **Gewinnrücklagen** (§ 266 Abs. 3 A. II und III. HGB). Nur diese Posten können so beziffert werden, als wäre die vereinfachte Kapitalherabsetzung bereits zum Bilanzstichtag wirksam gewesen (§ 234 Abs. 1). Auf andere Bilanzposten findet § 234 Abs. 1 keine Anwendung.[11]

III. Beschlussfassung durch die Hauptversammlung (Abs. 2)

6 **1. Zuständigkeit der Hauptversammlung.** Anders als im gesetzlichen Regelfall (vgl. § 172 S. 1, § 173 Abs. 1) muss bei einer bilanziellen Rückbeziehung der Kapitalherabsetzung die Hauptversammlung über die **Feststellung des Jahresabschlusses** beschließen (§ 234 Abs. 2 S. 1). Diese Regelung ist zwingend; sie beruht auf dem Gedanken, dass für die Kapitalherabsetzung und die Feststellung des Jahresabschlusses dasselbe Organ zuständig sein soll.[12] Die Zuständigkeit der Hauptversammlung gilt unabhängig von einer Zuweisung durch Vorstand und Aufsichtsrat wie nach § 173 Abs. 1 S. 1. Bei der Einberufung der Hauptversammlung muss danach die Feststellung des Jahresabschlusses als Beschlussgegenstand auf der Tagesordnung stehen (§ 123 Abs. 4 S. 1). Die Verwaltung hat dazu einen Beschlussvorschlag zu unterbreiten (§ 124 Abs. 3 S. 1). Wünscht die Hauptversammlung einen Jahresabschluss nach § 234, kann sie den Vorstand, wenn dieser untätig bleibt, zu einer entsprechenden Vorlage anweisen (§ 83 Abs. 1 S. 1).[13]

7 Legt die Verwaltung den Entwurf eines Jahresabschlusses mit rückwirkender Kapitalherabsetzung vor, muss dieser vom Abschlussprüfer (§ 316 Abs. 1 S. 2 HGB) und vom Aufsichtsrat (§ 171) **geprüft** sein. Die Hauptversammlung kann diesen Jahresabschluss nur entweder feststellen oder die Feststellung ablehnen. Eine Feststellung des Jahresabschlusses ohne Rückwirkung ist der Hauptversammlung nicht möglich, da dafür eine Kompetenzzuweisung nach § 172 S. 1 oder die fehlende Billigung des Aufsichtsrats gemäß § 173 Abs. 1 S. 1 erforderlich wären, beides aber fehlt.[14] Ändert die Hauptversammlung den ihr zur Feststellung vorgelegten Jahresabschluss in anderer Hinsicht, ist nach § 173 Abs. 3 vorzugehen.

8 Haben Vorstand und Aufsichtsrat den Jahresabschluss ohne Rückwirkung der Kapitalherabsetzung festgestellt, können sie diesen **bis zur Einberufung** der Hauptversammlung noch in einen Abschluss mit Rückwirkung **ändern** und dann der Hauptversammlung zur Feststellung vorlegen (§ 175 Abs. 4 S. 1).[15] Danach ist eine nachträgliche Änderung des Jahresabschlusses, um – mit Zustimmung der Hauptversammlung – von der Möglichkeit der bilanziellen Rückwirkung Gebrauch zu machen, nicht mehr möglich.[16]

9 Für den **Konzernabschluss** gilt § 234 Abs. 2 S. 1 nicht. Hat die Gesellschaft als Mutterunternehmen einen Konzernabschluss aufzustellen (§ 290 Abs. 1 und 2 HGB), so entscheidet über dessen Billigung auch im Falle einer rückwirkenden Kapitalherabsetzung der Obergesellschaft grundsätzlich deren Aufsichtsrat. Die Hauptversammlung beschließt nur, wenn der Aufsichtsrat den Konzernabschluss nicht gebilligt hat (§ 173 Abs. 1 S. 2). Um einen Gleichlauf mit dem Kapitalausweis im Einzelabschluss des Mutterunternehmens sicherzustellen, sollte der Aufsichtsrat die Billigung des Konzernabschlusses der Hauptversammlung überlassen oder diesen erst billigen, nachdem die Hauptversammlung den Jahresabschluss festgestellt hat.

---

[9] Hüffer/Koch/*Koch* Rn. 3; MHdB AG/*Scholz* § 62 Rn. 38.
[10] Kölner Komm AktG/*Lutter* Rn. 23.
[11] Hüffer/Koch/*Koch* Rn. 3; Kölner Komm AktG/*Lutter* Rn. 23; Großkomm AktG/*Sethe* Rn. 5; K. Schmidt/Lutter/*Veil* Rn. 2; Bürgers/Körber/*Becker* Rn. 5.
[12] MüKoAktG/*Oechsler* Rn. 7; Grigoleit/*Rieder* § 234 Rn. 5.
[13] Hüffer/Koch/*Koch* Rn. 3; Kölner Komm AktG/*Lutter* Rn. 11; MüKoAktG/*Oechsler* 12; *Busch* in Marsch-Barner/Schäfer Börsennotierte AG-HdB Rn. 48.30; K. Schmidt/Lutter/*Veil* Rn. 8.
[14] Hüffer/Koch/*Koch* Rn. 5; Kölner Komm AktG/*Lutter* Rn. 10; MüKoAktG/*Oechsler* Rn. 8 und 11.
[15] MHdB AG/*Scholz* § 62 Rn. 39; Hüffer/Koch/*Koch* § 172 Rn. 10 und § 175 Rn. 10; *Busch* in Marsch-Barner/Schäfer Börsennotierte AG-HdB Rn. 48.30.
[16] Hüffer/Koch/*Koch* Rn. 4; Kölner Komm AktG/*Lutter* Rn. 7; MüKoAktG/*Oechsler* Rn. 9; Hölters/*Haberstock*/*Greitemann* Rn. 11.

2. Gleichzeitige Beschlussfassung. Nach § 234 Abs. 2 S. 2 soll die Feststellung des Jahresabschlusses **„zugleich"** mit dem Beschluss über die Kapitalherabsetzung, dh in derselben Hauptversammlung,[17] erfolgen. Dabei handelt es sich allerdings um eine bloße Sollvorschrift. Beschließt die Hauptversammlung zunächst nur über die Kapitalherabsetzung und später über die Feststellung des Jahresabschlusses, so ist der **Kapitalherabsetzungsbeschluss** weder anfechtbar noch nichtig.[18] Auch die später beschlossene **Feststellung** des Jahresabschlusses ist uneingeschränkt wirksam.[19] Die Hauptversammlung kann auch umgekehrt zunächst über die Feststellung des Jahresabschlusses und später über die rückwirkende Kapitalherabsetzung beschließen. Die Feststellung erfolgt dann unter der aufschiebenden Bedingung des Herabsetzungsbeschlusses. Eine solche bedingte Feststellung ist hier ausnahmsweise zulässig.[20] Auch der Bestätigungsvermerk zu einem Jahresabschluss, der eine bereits ausgewiesene, aber noch nicht eingetragene Kapitalherabsetzung berücksichtigt, ist unter Vorbehalt zu erteilen.[21] 10

IV. Fristgerechte Eintragung (Abs. 3)

1. Eintragungsfrist. Der Beschluss über die Kapitalherabsetzung und über die Feststellung des Jahresabschlusses sind ex tunc **nichtig**, wenn der Beschluss über die vereinfachte Kapitalherabsetzung nicht **innerhalb von drei Monaten** nach der Beschlussfassung in der Hauptversammlung **in das Handelsregister eingetragen** worden ist (§ 234 Abs. 3 S. 1).[22] Die Vorschrift ist § 228 Abs. 2 nachgebildet. Allerdings beträgt die Frist nur drei Monate, um im Hinblick auf den Jahresabschluss schneller Klarheit zu schaffen. 11

Für die Berechnung der Dreimonatsfrist gelten die § 187 Abs. 1 BGB, § 188 Abs. 2 BGB. Das Gesetz geht beim Beginn der Frist von der Beschlussfassung über die Kapitalherabsetzung aus. Wird zuerst nur über die Feststellung des Jahresabschlusses und erst später über die Kapitalherabsetzung beschlossen (→ Rn. 10), so beginnt der Lauf der Frist nach dem Zweck der Regelung bereits mit dem Feststellungsbeschluss.[23] 12

Innerhalb der Dreimonatsfrist muss die **Eintragung des Herabsetzungsbeschlusses** im Handelsregister erfolgt sein (§ 229 Abs. 3 iVm §§ 223, 234).[24] Die bloße Anmeldung genügt ebenso wenig wie die nur deklaratorisch wirkende Eintragung der Durchführung der Kapitalherabsetzung (§ 229 Abs. 3, § 227). Wird die Eintragung vom Registergericht schuldhaft verzögert, kommen Ansprüche wegen Amtspflichtverletzung in Betracht (Art. 34 GG, § 839 BGB).[25] 13

Der Lauf der Dreimonatsfrist ist **gehemmt**, solange eine Anfechtungs- oder Nichtigkeitsklage rechtshängig ist (§ 234 Abs. 3 S. 2).[26] Dies gilt nur bei Anfechtungs- oder Nichtigkeitsklagen, nicht aber zB bei einer allgemeinen Feststellungsklage. Der Zeitraum der Rechtshängigkeit (dazu § 261 ZPO) wird bei der Berechnung der Dreimonatsfrist nicht mitgerechnet (vgl. § 204 Abs. 1 Nr. 1 BGB, § 209 BGB). Die bereits begonnene Frist läuft nach Wegfall der Rechtshängigkeit weiter. 14

2. Rechtsfolgen bei Fristüberschreitung. Erfolgt die Eintragung des Kapitalherabsetzungsbeschlusses nicht innerhalb der Dreimonatsfrist, sind die Beschlüsse über die Herabsetzung und die Feststellung des Jahresabschlusses **nichtig** (§ 234 Abs. 3 S. 1). Genau genommen werden der Kapitalherabsetzungsbeschluss und der Jahresabschluss nur endgültig unwirksam, da die Wirksamkeit der Kapitalherabsetzung bis zur Eintragung noch in der Schwebe ist und dies wegen des engen Zusam- 15

---

[17] Hüffer/Koch/*Koch* Rn. 6; Kölner Komm AktG/*Lutter* Rn. 14; MüKoAktG/*Oechsler* Rn. 13; Großkomm AktG/*Sethe* Rn. 12.
[18] Hüffer/Koch/*Koch* Rn. 6; MHdB AG/*Scholz* § 62 Rn. 40; Kölner Komm AktG/*Lutter* Rn. 14; *Busch* in Marsch-Barner/Schäfer Börsennotierte AG-HdB Rn. 48.31; K. Schmidt/Lutter/*Veil* Rn. 9; aA LG Frankfurt a. M. DB 2003, 2541 (2542).
[19] MHdB AG/*Scholz* § 62 Rn. 40; Kölner Komm AktG/*Lutter* Rn. 14; MüKoAktG/*Oechsler* Rn. 13; Großkomm AktG/*Sethe* Rn. 14; K. Schmidt/Lutter/*Veil* Rn. 9; Bürgers/Körber/*Becker* Rn. 12; Hölters/*Haberstock*/ *Greitemann* Rn. 16; *Terbrack* RNotZ 2003, 89 (106); Hüffer/Koch/*Koch* Rn. 6.
[20] MHdB AG/*Scholz* § 62 Rn. 40; Kölner Komm AktG/*Lutter* Rn. 14; *Lutter* FS Quack, 1991, 301 ff.; MüKoAktG/*Oechsler* Rn. 13; Großkomm AktG/*Sethe* Rn. 14; Bürgers/Körber/*Becker* Rn. 12; Hüffer/Koch/*Koch* Rn. 6; Grigoleit/*Rieder* Rn. 9.
[21] *Busch* in Marsch-Barner/Schäfer Börsennotierte AG-HdB Rn. 48.31.
[22] Hüffer/Koch/*Koch* Rn. 9; MüKoAktG/*Oechsler* Rn. 14; Kölner Komm AktG/*Lutter* Rn. 16; aA Großkomm AktG/*Sethe* Rn. 17 (Nichtigkeit ex nunc).
[23] Kölner Komm AktG/*Lutter* Rn. 16; MüKoAktG/*Oechsler* Rn. 14; aA wohl Hüffer/Koch/*Koch* Rn. 7.
[24] Hüffer/Koch/*Koch* Rn. 7; MüKoAktG/*Oechsler* Rn. 15.
[25] Hüffer/Koch/*Koch* Rn. 7; Hölters/*Haberstock*/*Greitemann* Rn. 20.
[26] Die frühere Hemmung auch bei fehlender staatlicher Genehmigung ist durch das Gesetz zur Umsetzung der Aktionärsrechterichtlinie (ARUG) v. 30.7.2009, BGBl. 2009 I 2479, gestrichen worden.

menhangs auch für den Jahresabschluss gilt.[27] Die Nichtigkeit (bzw. Unwirksamkeit) ist für den Jahresabschluss zwingend. Bei der Kapitalherabsetzung kann die Hauptversammlung dagegen beschließen, dass der Kapitalherabsetzungsbeschluss im Falle einer Überschreitung der Dreimonatsfrist ohne Rückwirkung gelten soll.[28]

16 Nach Ablauf der Dreimonatsfrist darf das Registergericht den Kapitalherabsetzungsbeschluss nicht mehr eintragen. Geschieht dies dennoch und erfolgt keine Löschung von Amts wegen (§§ 395, 398 FamFG), wird der Kapitalherabsetzungsbeschluss gemäß § 242 Abs. 3 iVm Abs. 2 **geheilt**. Diese Heilung erstreckt sich auch auf die Feststellung des Jahresabschlusses, obwohl dafür eine entsprechende Vorschrift fehlt.[29] Ist die Nichtigkeit des Kapitalherabsetzungsbeschlusses behoben, besteht kein Grund mehr, an der Nichtigkeit der Feststellung des Jahresabschlusses festzuhalten.

§ 235 Rückwirkung einer gleichzeitigen Kapitalerhöhung

(1) [1]Wird im Fall des § 234 zugleich mit der Kapitalherabsetzung eine Erhöhung des Grundkapitals beschlossen, so kann auch die Kapitalerhöhung in dem Jahresabschluß als vollzogen berücksichtigt werden. [2]Die Beschlußfassung ist nur zulässig, wenn die neuen Aktien gezeichnet, keine Sacheinlagen festgesetzt sind und wenn auf jede Aktie die Einzahlung geleistet ist, die nach § 188 Abs. 2 zur Zeit der Anmeldung der Durchführung der Kapitalerhöhung bewirkt sein muß. [3]Die Zeichnung und die Einzahlung sind dem Notar nachzuweisen, der den Beschluß über die Erhöhung des Grundkapitals beurkundet.

(2) [1]Sämtliche Beschlüsse sind nichtig, wenn die Beschlüsse über die Kapitalherabsetzung und die Kapitalerhöhung und die Durchführung der Erhöhung nicht binnen drei Monaten nach der Beschlußfassung in das Handelsregister eingetragen worden sind. [2]Der Lauf der Frist ist gehemmt, solange eine Anfechtungs- oder Nichtigkeitsklage rechtshängig ist. [3]Die Beschlüsse und die Durchführung der Erhöhung des Grundkapitals sollen nur zusammen in das Handelsregister eingetragen werden.

Schrifttum: *Jäger,* Wege aus der Krise einer Aktiengesellschaft, NZG 1999, 238; *Lutter/Hommelhoff/Timm,* Finanzierungsmaßnahmen zur Krisenabwehr in der Aktiengesellschaft, BB 1980, 738; *Reger/Stenzel,* Der Kapitalschnitt auf Null als Mittel zur Sanierung von Unternehmen – Gesellschaftsrechtliche, börsenzulassungsrechtliche und kapitalmarktrechtliche Konsequenzen, NZG 2009, 1210; *K. Schmidt,* Die sanierende Kapitalerhöhung im Recht der Aktiengesellschaft, GmbH und Personengesellschaft, ZGR 1982, 519; *Schneider/Verhoeven,* Vorfinanzierung einer Kapitalerhöhung?, ZIP 1982, 644; *Terbrack,* Kapitalherabsetzende Maßnahmen bei Aktiengesellschaften, RNotZ 2003, 89; s. im Übrigen die Angaben zu § 229.

Übersicht

	Rn.		Rn.
I. Gegenstand und Zweck der Regelung	1, 2	b) Vollständige Zeichnung	9
		c) Ausschluss von Sacheinlagen	10
II. Bilanzielle Rückwirkung (Abs. 1 S. 1)	3–6	d) Vorleistung	11
		e) Nachweis	12
III. Kapitalerhöhung (Abs. 1 S. 2 und 3)	7–13	3. Rechtsfolgen bei Verstoß	13
		IV. Fristgerechte Eintragung (Abs. 2)	14–18
1. Beschlussfassung	7	1. Eintragungsfrist	14–16
2. Kapitalerhöhung	8–12	2. Rechtsfolgen bei Fristüberschreitung	17
a) Gegen Einlagen	8	3. Gleichzeitige Eintragung	18

I. Gegenstand und Zweck der Regelung

1 Wird die vereinfachte Kapitalherabsetzung, wie in der Praxis häufig, mit einer Kapitalerhöhung verbunden (sog. **Kapitalschnitt**) und soll dabei von der **bilanziellen Rückwirkung** gemäß § 234 Gebrauch gemacht werden, so bietet § 235 diese Möglichkeit auch für die **Kapitalerhöhung**. Damit kann die gesamte Kapitalmaßnahme im letzten Jahresabschluss als bereits vollzogen dargestellt werden, sodass der Vorgang der Kapitalherabsetzung überhaupt nicht in Erscheinung tritt. Dies erleichtert

---

[27] Hüffer/Koch/*Koch* Rn. 9; Kölner Komm AktG/*Lutter* Rn. 19; MüKoAktG/*Oechsler* Rn. 17; Großkomm AktG/*Sethe* Rn. 20; Grigoleit/*Rieder* Rn. 14.
[28] Hüffer/Koch/*Koch* Rn. 9; MHdB AG/*Scholz* § 62 Rn. 41; Kölner Komm AktG/*Lutter* Rn. 17; MüKoAktG/*Oechsler* Rn. 17; Großkomm AktG/*Sethe* Rn. 20.
[29] Hüffer/Koch/*Koch* Rn. 10; MHdB AG/*Scholz* § 62 Rn. 41; Kölner Komm AktG/*Lutter* Rn. 20; MüKoAktG/*Oechsler* Rn. 18; Großkomm AktG/*Sethe* Rn. 24.

die Bemühungen um eine Sanierung der Gesellschaft (→ § 234 Rn. 1).[1] Die Vorschrift regelt in Abs. 1 und 2 die verschiedenen Voraussetzungen, unter denen die Kapitalerhöhung bilanziell zurück bezogen werden kann.

Die Voraussetzungen des § 235 müssen zusätzlich zu den **Voraussetzungen des § 234** erfüllt sein. Dabei ist weder ein bestimmtes Verhältnis zwischen beiden Kapitalmaßnahmen noch ein bestimmter Mindestbetrag der Kapitalherabsetzung erforderlich. Soll rückwirkend vor allem eine höhere Liquidität ausgewiesen werden, kann die Kapitalerhöhung mit einer vergleichsweise niedrigen Kapitalherabsetzung verbunden werden.[2]

II. Bilanzielle Rückwirkung (Abs. 1 S. 1)

Wird eine vereinfachte Kapitalherabsetzung gemäß § 234 auf den letzten Bilanzstichtag zurück bezogen, so kann eine damit verbundene Kapitalerhöhung ebenfalls zurück bezogen werden (§ 235 Abs. 1 S. 1). Die Kapitalerhöhung wird dadurch ebenso wenig wie die Kapitalherabsetzung rückwirkend wirksam. Die **Wirksamkeit** tritt vielmehr erst mit der **Eintragung** des Kapitalerhöhungsbeschlusses ein (§ 189; auch → § 234 Rn. 1). § 235 erlaubt nur eine rückwirkende Darstellung der Kapitalerhöhung im letzten Jahresabschluss und insoweit eine Durchbrechung des Stichtagsprinzips (§ 252 S. 1 Nr. 3 HGB).

§ 235 Abs. 1 S. 1 begründet keine Verpflichtung zur Rückbeziehung der Kapitalerhöhung. Es handelt sich nur um eine **bilanzielle Gestaltungsmöglichkeit**.[3] Ob von dieser Möglichkeit Gebrauch gemacht werden soll, haben zunächst Vorstand und Aufsichtsrat durch ihre Beschlussvorschläge an die Hauptversammlung zu entscheiden. Endgültig entscheidet dann die Hauptversammlung, wenn sie im Rahmen der **Feststellung des Jahresabschlusses** gemäß § 234 Abs. 2 S. 1 auch über die Rückbeziehung der Kapitalerhöhung beschließt.[4] Wie bei § 234 ist es für die bilanzielle Rückwirkung der Kapitalerhöhung unschädlich, wenn die Gesellschaft im vorangegangenen Geschäftsjahr noch keine AG war.[5] Diese **Rechtsform** muss die Gesellschaft nur im Zeitpunkt der Beschlussfassung haben. War die Gesellschaft vorher eine GmbH, wäre die Rückbeziehung der Kapitalerhöhung auch nach § 58f GmbHG möglich gewesen.

Bei der **Verbindung von Kapitalherabsetzung und Kapitalerhöhung** nach §§ 234, 235 bestehen **verschiedene Optionen**. Die Gesellschaft kann die bilanzielle Rückwirkung nur für die Kapitalherabsetzung vorsehen. Sie kann stattdessen auch die Kapitalerhöhung zurück beziehen und schließlich bei beiden Kapitalmaßnahmen auf die Rückbeziehung verzichten. Nicht möglich ist dagegen, nur die Kapitalerhöhung im letzten Jahresabschluss zu berücksichtigen. Wie sich aus § 235 Abs. 1 S. 1 ergibt, ist eine Rückbeziehung der Kapitalerhöhung nur zulässig, wenn dies auch bei der mit dieser verbundenen Kapitalherabsetzung geschieht.[6]

Wird von dem Wahlrecht des § 235 Gebrauch gemacht, so ist im **Jahresabschluss des letzten** vor der Beschlussfassung über die vereinfachte Kapitalherabsetzung abgelaufenen **Geschäftsjahres** von den Beträgen auszugehen, die sich durch die vereinfachte Kapitalherabsetzung und die mit ihr verbundene Kapitalerhöhung ergeben. In der Jahresbilanz ist das gezeichnete Kapital (§ 266 Abs. 3 A. I. HGB) in der Höhe nach den beiden Kapitalmaßnahmen auszuweisen. Das Gleiche gilt für die Kapitalrücklage und die Gewinnrücklagen (§ 266 Abs. 2 A. II. und III. HGB). Ist auf die neu auszugebenden Aktien ein Aufgeld zu leisten, so ist dieses in die Kapitalrücklage einzustellen, als ob die Kapitalerhöhung schon wirksam wäre (vgl. § 272 Abs. 2 Nr. 1 HGB). Die Einlagen und restlichen Einlageforderungen sind zu aktivieren (§ 272 Abs. 1 S. 2 HGB).[7]

III. Kapitalerhöhung (Abs. 1 S. 2 und 3)

1. Beschlussfassung. Über die Kapitalerhöhung ist „zugleich" mit der vereinfachten Kapitalherabsetzung, dh **in derselben Hauptversammlung**,[8] zu beschließen (§ 235 Abs. 1 S. 1). Die Haupt-

---

[1] Hüffer/Koch/*Koch* Rn. 1; Kölner Komm AktG/*Lutter* Rn. 2; MüKoAktG/*Oechsler* Rn. 1; Hölters/*Haberstock*/*Greitemann* § 235 Rn. 1.
[2] *Busch* in Marsch-Barner/Schäfer Börsennotierte AG-HdB Rn. 48.33.
[3] Hüffer/Koch/*Koch* Rn. 3; MHdB AG/*Scholz* § 62 Rn. 42; Kölner Komm AktG/*Lutter* Rn. 3; MüKoAktG/ *Oechsler* Rn. 4.
[4] Hüffer/Koch/*Koch* Rn. 3; MHdB AG/*Scholz* § 62 Rn. 43.
[5] Hüffer/Koch/*Koch* Rn. 4; MHdB AG/*Scholz* § 62 Rn. 42; MüKoAktG/*Oechsler* Rn. 3; *Busch* in Marsch-Barner/Schäfer Börsennotierte AG-HdB Rn. 48.33.
[6] Hüffer/Koch/*Koch* Rn. 3; Kölner Komm AktG/*Lutter* Rn. 3; MüKoAktG/*Oechsler* Rn. 4; Großkomm AktG/*Sethe* Rn. 5.
[7] Hüffer/Koch/*Koch* Rn. 2; Grigoleit/*Rieder* Rn. 5; vgl. auch Kölner Komm AktG/*Lutter* Rn. 2 und *Lutter*/ *Hommelhoff*/*Timm* BB 1980, 737 (741); K. Schmidt/Lutter/*Veil* Rn. 2.
[8] Hüffer/Koch/*Koch* Rn. 4; MHdB AG/*Scholz* § 62 Rn. 43; Kölner Komm AktG/*Lutter* Rn. 7; MüKoAktG/ *Oechsler* Rn. 6.

versammlung muss somit über dreierlei beschließen: die vereinfachte Kapitalherabsetzung, die Wiedererhöhung des Grundkapitals und die Feststellung des Jahresabschlusses mit der rückwirkenden Berücksichtigung beider Maßnahmen. Die gleichzeitige Beschlussfassung der Kapitalerhöhung ist dabei entsprechend § 234 Abs. 2 S. 2 nur als **Sollerfordernis** zu verstehen.[9] Dafür spricht nicht nur der enge Zusammenhang aller drei Beschlüsse, sondern auch, dass die zeitliche Verbindung der Kapitalbeschlüsse durch Abs. 3 hinreichend sichergestellt ist. Die Hauptversammlung kann, da die Durchführung der Kapitalerhöhung gesichert ist (→ Rn. 8 ff.), auch sogleich über die sich aus der Kapitalerhöhung ergebende neue Fassung der **Satzung** beschließen.[10]

8 2. Kapitalerhöhung. a) Gegen Einlagen. Bei der Erhöhung des Grundkapitals muss es sich um eine Kapitalerhöhung gegen Einlagen gemäß §§ 182 ff. handeln. Eine bedingte Kapitalerhöhung (§§ 192 ff.) und eine Kapitalerhöhung aus Gesellschaftsmitteln (§§ 207 ff.) scheiden aus, weil § 235 Abs. 1 S. 2 die Zeichnung neuer Aktien voraussetzt. Die Schaffung eines genehmigten Kapitals (§ 202) genügt nicht, weil die Hauptversammlung einen Beschluss über die tatsächliche Erhöhung des Grundkapitals fassen muss.[11] Für das **Bezugsrecht der Aktionäre** und dessen eventuellen Ausschluss gelten die allgemeinen Bestimmungen.[12] Im Übrigen müssen bestimmte zusätzliche Anforderungen erfüllt sein, damit die tatsächliche Kapitalaufbringung sichergestellt ist (→ Rn. 9 ff.).

9 b) Vollständige Zeichnung. Die neuen Aktien müssen vor der Beschlussfassung über die Kapitalerhöhung in vollem Umfang gezeichnet sein. Bis zur Beschlussfassung müssen deshalb entsprechende **Zeichnungsverträge** gemäß § 185 abgeschlossen sein.[13] Die Zeichnung erfolgt dabei unter der **aufschiebenden Bedingung,** dass die Kapitalerhöhung wirksam beschlossen wird.[14] Wird die Kapitalerhöhung nicht wirksam beschlossen, sind die Zeichnungsverträge gemäß §§ 812 ff. BGB rückabzuwickeln.[15] Dieser Anspruch ist im Falle einer nachfolgenden Insolvenz nicht bevorrechtigt.[16]

10 c) Ausschluss von Sacheinlagen. Die **Einlagen** müssen **in Geld** erbracht werden. Die Festsetzung von Sacheinlagen einschließlich verdeckter Sacheinlagen genügt für eine Kapitalerhöhung mit bilanzieller Rückwirkung nicht (§ 235 Abs. 1 S. 2). Auf diese Weise soll sichergestellt werden, dass der Gesellschaft sofort neue Mittel zufließen. Außerdem soll die Gefahr von Überbewertungen, wie sie bei Sacheinlagen vorkommen können, ausgeschlossen werden.[17]

11 d) Vorleistung. Auf jede neue Aktie muss **ein Viertel des geringsten Ausgabebetrages** und ein etwaiges **Aufgeld in voller Höhe** eingezahlt sein (§ 235 Abs. 1 S. 2 iVm § 188 Abs. 2, § 36a Abs. 1). Diese Zahlung ist als **Vorschuss** auf die künftige Einlagepflicht zu leisten.[18] Hat der Vorstand auch die restliche Einlageleistung ganz oder teilweise eingefordert, muss auch diese aufgebracht werden.[19] Gemäß § 36 Abs. 2 müssen die eingeforderten Beträge ordnungsgemäß iSv § 54 Abs. 3 eingezahlt sein und dem Vorstand **endgültig zur freien Verfügung** stehen. Diese Voraussetzung ist bei einer bloß darlehensweisen Hingabe nicht erfüllt.[20] Das Erfordernis der freien Verfügung bedeutet nicht, dass die eingezahlten Beträge bis zur Anmeldung der Kapitalerhöhung noch wertmäßig im Vermögen der Gesellschaft vorhanden sein müssen. Im Unterschied zur regulären Kapitalerhöhung (→ § 188 Rn. 12 f.) reicht es wegen des Sanierungszwecks aus, wenn die Voreinzahlungen nach § 235 Abs. 1 S. 2 einmal zur freien Verfügung des Vorstands gestanden haben. Sie können daher

---

[9] Im Ergebnis ebenso MüKoAktG/*Oechsler* Rn. 6.
[10] *Stucken/Tielmann* in Happ AktienR 14.03 Rn. 8.1.
[11] Hüffer/Koch/*Koch* Rn. 5; MHdB AG/*Scholz* § 62 Rn. 43; Kölner Komm AktG/*Lutter* Rn. 6; *Lutter/Hommelhoff/Timm* BB 1980, 737 (744); MüKoAktG/*Oechsler* Rn. 7; *Busch* in Marsch-Barner/Schäfer Börsennotierte AG-HdB Rn. 48.33; Bürgers/Körber/*Becker* Rn. 6.
[12] Vgl. BGHZ 118, 83 (95 ff.) BuM zum mittelbaren Bezugsrecht gemäß § 186 Abs. 5 und BGH ZIP 1999, 1444 Hilgers zu einem Bezugsrechtsausschluss zugunsten des Großaktionärs; dazu *Krieger* ZGR 2000, 895 (900 ff.); vgl. auch OLG Koblenz DB 1998, 1075 (1076).
[13] Hüffer/Koch/*Koch* Rn. 5; Kölner Komm AktG/*Lutter* Rn. 9; MüKoAktG/*Oechsler* Rn. 8.
[14] Hüffer/Koch/*Koch* Rn. 5; Kölner Komm AktG/*Lutter* Rn. 9; MüKoAktG/*Oechsler* Rn. 8.
[15] Hüffer/Koch/*Koch* Rn. 5; Kölner Komm AktG/*Lutter* Rn. 9; Großkomm AktG/*Sethe* Rn. 11.
[16] *Busch* in Marsch-Barner/Schäfer Börsennotierte AG-HdB Rn. 48.35.
[17] *Lutter/Hommelhoff/Timm* BB 1980, 737 (741); MüKoAktG/*Oechsler* Rn. 9; OLG Düsseldorf ZIP 1981, 847 (856) und OLG Düsseldorf ZIP 1991, 161 (163).
[18] BGHZ 118, 83 (90 f.); Hüffer/Koch/*Koch* Rn. 6; Kölner Komm AktG/*Lutter* Rn. 10; MüKoAktG/*Oechsler* Rn. 10; Grigoleit/*Rieder* Rn. 9.
[19] BGHZ 118, 83 (88, 90 f.); OLG Düsseldorf ZIP 1981, 847 (856); Hüffer/Koch/*Koch* Rn. 6; Kölner Komm AktG/*Lutter* Rn. 10; MüKoAktG/*Oechsler* Rn. 10.
[20] Vgl. BGHZ 118, 83 (88, 90 f.).

im Zeitpunkt des Kapitalerhöhungsbeschlusses bereits verbraucht sein.[21] Dies gilt nicht nur für die Mindesteinlage, sondern auch für die darüber hinaus eingeforderten Restbeträge.[22]

e) **Nachweis.** Die Zeichnung der neuen Aktien und die erforderlichen Einzahlungen sind dem Notar, der den Kapitalerhöhungsbeschluss beurkundet (vgl. § 130), nachzuweisen (§ 235 Abs. 1 S. 3). Dies hat grundsätzlich **vor der Beschlussfassung** zu geschehen.[23] Die Bestimmung der **Art des Nachweises** liegt im pflichtgemäßen Ermessen des Notars.[24] In der Regel genügt die Vorlage der Zeichnungsscheine und der Einzahlungsbelege. Der Notar kann allerdings auch eine schriftliche Bankbestätigung (vgl. § 37 Abs. 1 S. 3) oder einen Nachweis durch öffentliche Urkunden verlangen.[25] Eine Beurkundung wird in der Regel aber nicht erforderlich sein. Der Notar wird die Führung des Nachweises im notariellen Protokoll festhalten.[26] Werden ihm die geforderten Nachweise nicht vorgelegt, kann er die Beurkundung ablehnen.[27] Protokolliert der Notar den Kapitalerhöhungsbeschluss ohne ordnungsgemäße Nachweise, liegt darin in der Regel eine Amtspflichtverletzung. Auf die Wirksamkeit des Beschlusses hat dies jedoch keinen Einfluss.[28]

3. Rechtsfolgen bei Verstoß. Ein Verstoß gegen die Bestimmungen des § 235 Abs. 1 S. 1 und 2 führt, da es sich um Vorschriften zum Schutz der Gläubiger und der Öffentlichkeit handelt, zur **Nichtigkeit** des **Feststellungsbeschlusses** (§ 241 Nr. 3) und des **Jahresabschlusses** (§ 256 Abs. 1 Nr. 1).[29]

IV. Fristgerechte Eintragung (Abs. 2)

1. Eintragungsfrist. Nach § 235 Abs. 2 S. 1 sind die Beschlüsse über die Kapitalherabsetzung, die Kapitalerhöhung und die Feststellung des Jahresabschlusses für das letzte Geschäftsjahr **nichtig**, wenn die Beschlüsse über die Kapitalherabsetzung und die Kapitalerhöhung und die Durchführung der Kapitalerhöhung nicht **innerhalb von drei Monaten** nach der Beschlussfassung in das Handelsregister **eingetragen** worden sind (§ 229 Abs. 3 iVm §§ 223, 224; §§ 184, 188, 189). Diese Regelung ist § 234 Abs. 3 nachgebildet (→ § 234 Rn. 11 ff.).

Für die **Fristberechnung** gelten die §§ 187 Abs. 1 BGB, § 188 Abs. 2 BGB. Die Frist beginnt mit dem Tag der Beschlussfassung über die Kapitalerhöhung. Wie bei § 234 Abs. 3 genügt zur Fristwahrung weder die bloße Anmeldung zur Eintragung noch die nur deklaratorisch wirkende Eintragung der Durchführung der Kapitalherabsetzung. Wird die Eintragung vom Registergericht schuldhaft verzögert, kommen Schadensersatzansprüche aus Amtspflichtverletzung in Betracht (Art. 34 GG, § 839 BGB).

Der Lauf der Dreimonatsfrist ist **gehemmt**, solange eine Anfechtungs- oder Nichtigkeitsklage rechtshängig ist (§ 235 Abs. 2 S. 2;[30] → § 234 Rn. 14).

2. Rechtsfolgen bei Fristüberschreitung. Eine **Heilung** der Nichtigkeit ist gemäß § 242 Abs. 3 iVm Abs. 2 möglich, wenn die Beschlüsse trotz Fristablauf vom Registergericht eingetragen werden. Die Heilung erstreckt sich dann auch auf den Jahresabschluss. Kann die Nichtigkeit des

---

[21] OLG Düsseldorf ZIP 1981, 847 (856); Hüffer/Koch/*Koch* Rn. 7; *Lutter/Hommelhoff/Timm* BB 1980, 737 (744 f.); MüKoAktG/*Oechsler* Rn. 11; *K. Schmidt* ZGR 1982, 519 (529); anders *Schneider/Verhoeven* ZIP 1982, 644 (647); zurückhaltend BGHZ 96, 231 (242); 118, 83 (90 f.).

[22] BGH BB 2002, 957 (958 f.) (für die GmbH); OLG Düsseldorf ZIP 1981, 847 (855 f.); Hüffer/Koch/*Koch* Rn. 7; Kölner Komm AktG/*Lutter* Rn. 10; MüKoAktG/*Oechsler* Rn. 11; einschränkend (nur für Mindesteinlage) *Lutter/Hommelhoff/Timm* BB 1980, 737 (744 f.).

[23] Vgl. Hüffer/Koch/*Koch* Rn. 8; *Jäger* NZG 1999, 238 (240); Baumbach/Hueck/*Zöllner/Haas* GmbHG § 58f Rn. 8 ff.

[24] Hüffer/Koch/*Koch* Rn. 8; MHdB AG/*Scholz* § 62 Rn. 44; Kölner Komm AktG/*Lutter* Rn. 11; Bürgers/Körber/*Becker* Rn. 10.

[25] Hüffer/Koch/*Koch* Rn. 8; Kölner Komm AktG/*Lutter* Rn. 11; MüKoAktG/*Oechsler* Rn. 12; *K. Schmidt/Lutter/Veil* Rn. 6.

[26] *Stucken/Tielmann* in Happ AktienR 14.03 Rn. 9.1; *Busch* in Marsch-Barner/Schäfer Börsennotierte AG-HdB Rn. 48.34.

[27] Hüffer/Koch/*Koch* Rn. 8; Kölner Komm AktG/*Lutter* Rn. 11; *Terbrack* RNotZ 2003, 89, 108; einschränkend (Wahlrecht) *J. Geßler* §§ 234–236 Rn. 13.

[28] Hüffer/Koch/*Koch* Rn. 8; MHdB AG/*Scholz* § 62 Rn. 45; Kölner Komm AktG/*Lutter* Rn. 11; MüKoAktG/*Oechsler* Rn. 12.

[29] Vgl. Hüffer/Koch/*Koch* Rn. 9; Kölner Komm AktG/*Lutter* Rn. 13; MüKoAktG/*Oechsler* Rn. 13; Großkomm AktG/*Sethe* Rn. 15; OLG Düsseldorf ZIP 1981, 847 (856).

[30] § 235 Abs. 2 S. 2 idF des Gesetzes zur Umsetzung der Aktionärsrechterichtlinie (ARUG) v. 30.7.2009, BGBl. 2009 I 2479.

Kapitalerhöhungsbeschlusses nicht mehr geltend gemacht werden, wäre es systemwidrig, an der Nichtigkeit der Feststellung des Jahresabschlusses festzuhalten (→ § 234 Rn. 16).[31]

18 **3. Gleichzeitige Eintragung.** Die Beschlüsse über die Kapitalherabsetzung, die Kapitalerhöhung und die Durchführung der Erhöhung des Grundkapitals sollen nur zusammen in das Handelsregister eingetragen werden (§ 235 Abs. 2 S. 3). Damit soll vermieden werden, dass sich eine Nichtigkeit nach § 235 Abs. 2 S. 1 ergibt. Allerdings handelt es sich dabei – wie bei § 228 Abs. 2 S. 3 – nur um eine Ordnungsvorschrift. Ein Verstoß beeinträchtigt die Wirksamkeit der Beschlüsse nicht.[32] Allerdings ist die Vorschrift für das Registergericht zwingend. Ist die Anmeldung eines Beschlusses nicht ordnungsgemäß, hat es die Eintragung bis zur Behebung des Mangels insgesamt abzulehnen (→ § 228 Rn. 11).[33]

§ 236 Offenlegung

Die Offenlegung des Jahresabschlusses nach § 325 des Handelsgesetzbuchs darf im Fall des § 234 erst nach Eintragung des Beschlusses über die Kapitalherabsetzung, im Fall des § 235 erst ergehen, nachdem die Beschlüsse über die Kapitalherabsetzung und Kapitalerhöhung und die Durchführung der Kapitalerhöhung eingetragen worden sind.

Schrifttum: S. die Angaben zu § 229.

I. Normzweck und Regelungsgegenstand

1 § 236 verschiebt die **Offenlegung** des **Jahresabschlusses** nach § 325 HGB im Falle der bilanziellen Rückwirkung einer Kapitalherabsetzung (§ 234) und einer gleichzeitigen Kapitalerhöhung (§ 235) auf den **Zeitpunkt der Eintragung** dieser Beschlüsse in das Handelsregister. Dadurch soll verhindert werden, dass der Jahresabschluss zu einem Zeitpunkt offen gelegt wird, in dem seine Wirksamkeit noch nicht feststeht (vgl. § 234 Abs. 3 oder § 235 Abs. 2). Insofern schützt die Vorschrift Gläubiger und Anleger der Gesellschaft.[1]

2 Im Falle der Kapitalherabsetzung muss der Beschluss **innerhalb von drei Monaten** im Handelsregister eingetragen sein (§ 234 Abs. 3 S. 1). Bei der Wiedererhöhung gilt diese Frist für die Eintragung des Beschlusses über die Kapitalerhöhung und deren Durchführung (§ 235 Abs. 2 S. 1). Die Pflicht zur Offenlegung nach § 325 HGB beginnt unverzüglich nach diesen Eintragungen, die gleichzeitig erfolgen sollen (§ 235 Abs. 2 S. 3).

II. Rechtsfolgen eines Verstoßes

3 Wird der Jahresabschluss mit einer bilanziell zurückbezogenen Kapitalherabsetzung und Kapitalerhöhung offen gelegt, bevor die dazu erforderlichen Hauptversammlungsbeschlüsse eingetragen sind, ist die Gesellschaft Dritten gegenüber zum Schadensersatz verpflichtet, § 823 Abs. 2 BGB iVm § 236 AktG. § 236 AktG ist Schutzgesetz iS dieser Norm.[2] Ein Schadensersatzanspruch kommt allerdings nur in Betracht, wenn der Dritte auf die Wirksamkeit des Jahresabschlusses vertraut und dadurch einen Schaden erlitten hat. Außerdem muss der veröffentlichte Jahresabschluss nach § 234 Abs. 3 S. 1 oder § 235 Abs. 2 S. 1 nichtig sein. Nur in diesem Fall kann der Schaden auf dem Vertrauen in den nicht wirksam gewordenen Jahresabschluss beruhen.[3] Von einer allgemeinen Vermutung für ein konkretes Vertrauen kann dabei nicht ausgegangen werden.[4] Bei einem Jahresabschluss mit rückbezogener Kapitalherabsetzung ist ein auf der vorzeitigen Veröffentlichung beruhender Vertrauensschaden zudem kaum denkbar, da Aktiva und Verbindlichkeiten unabhängig von der Kapitalherabsetzung gleich ausgewiesen werden.[5]

---

[31] Hüffer/Koch/*Koch* Rn. 11; MüKoAktG/*Oechsler* Rn. 17; *Busch* in Marsch-Barner/Schäfer Börsennotierte AG-HdB Rn. 48.36.
[32] Grigoleit/*Rieder* Rn. 15; Hüffer/Koch/*Koch* Rn. 13; Baumbach/Hueck/*Zöllner*/*Haas* GmbHG § 58f Rn. 15; Kölner Komm AktG/*Lutter* Rn. 16; MHdB AG/*Scholz* § 62 Rn. 46.
[33] Hölters/*Haberstock/Greitemann* Rn. 23; Hüffer/Koch/*Koch* Rn. 13.
[1] Grigoleit/*Rieder* Rn. 1; Hölters/*Haberstock/Greitemann* Rn. 2; Hüffer/Koch/*Koch* Rn. 1; MüKoAktG/*Oechsler* Rn. 1.
[2] Allg. Ansicht, vgl. nur Hüffer/Koch/*Koch* Rn. 3 und MüKoAktG/*Oechsler* Rn. 3.
[3] MüKoAktG/*Oechsler* Rn. 2; MHdB AG/*Scholz* § 62 Rn. 47; Hüffer/Koch/*Koch* Rn. 1; Kölner Komm AktG/*Lutter* Rn. 3.
[4] So aber Kölner Komm AktG/*Lutter* § 236 Rn. 3.
[5] Vgl. Baumbach/Hueck/*Zöllner*/*Haas* GmbHG § 58e Rn. 17.

Die Gesellschaft haftet für die vorzeitige Offenlegung durch ihren Vorstand über § 31 BGB. Die 4
Mitglieder des Vorstandes haften der Gesellschaft gemäß § 93 AktG. Eine Haftung des Aufsichtsrates
kommt nur in Betracht, wenn er schuldhaft seine Überwachungspflichten gegenüber dem Vorstand
verletzt hat (§ 111 Abs. 1 iVm §§ 93, 116 S. 1).

Dritter Unterabschnitt. Kapitalherabsetzung durch Einziehung von Aktien. Ausnahme für Stückaktien

§ 237 Voraussetzungen

(1) ¹Aktien können zwangsweise oder nach Erwerb durch die Gesellschaft eingezogen werden. ²Eine Zwangseinziehung ist nur zulässig, wenn sie in der ursprünglichen Satzung oder durch eine Satzungsänderung vor Übernahme oder Zeichnung der Aktien angeordnet oder gestattet war.

(2) ¹Bei der Einziehung sind die Vorschriften über die ordentliche Kapitalherabsetzung zu befolgen. ²In der Satzung oder in dem Beschluß der Hauptversammlung sind die Voraussetzungen für eine Zwangseinziehung und die Einzelheiten ihrer Durchführung festzulegen. ³Für die Zahlung des Entgelts, das Aktionären bei einer Zwangseinziehung oder bei einem Erwerb von Aktien zum Zwecke der Einziehung gewährt wird, und für die Befreiung dieser Aktionäre von der Verpflichtung zur Leistung von Einlagen gilt § 225 Abs. 2 sinngemäß.

(3) Die Vorschriften über die ordentliche Kapitalherabsetzung brauchen nicht befolgt zu werden, wenn Aktien, auf die der Ausgabebetrag voll geleistet ist,
1. der Gesellschaft unentgeltlich zur Verfügung gestellt oder
2. zu Lasten des Bilanzgewinns oder einer frei verfügbaren Rücklage, soweit sie zu diesem Zweck verwandt werden können, eingezogen werden oder
3. Stückaktien sind und der Beschluss der Hauptversammlung bestimmt, dass sich durch die Einziehung der Anteil der übrigen Aktien am Grundkapital gemäß § 8 Abs. 3 erhöht; wird der Vorstand zur Einziehung ermächtigt, so kann er auch zur Anpassung der Angabe der Zahl in der Satzung ermächtigt werden.

(4) ¹Auch in den Fällen des Absatzes 3 kann die Kapitalherabsetzung durch Einziehung nur von der Hauptversammlung beschlossen werden. ²Für den Beschluß genügt die einfache Stimmenmehrheit. ³Die Satzung kann eine größere Mehrheit und weitere Erfordernisse bestimmen. ⁴Im Beschluß ist der Zweck der Kapitalherabsetzung festzusetzen. ⁵Der Vorstand und der Vorsitzende des Aufsichtsrats haben den Beschluß zur Eintragung in das Handelsregister anzumelden.

(5) In den Fällen des Absatzes 3 Nr. 1 und 2 ist in die Kapitalrücklage ein Betrag einzustellen, der dem auf die eingezogenen Aktien entfallenden Betrag des Grundkapitals gleichkommt.

(6) ¹Soweit es sich um eine durch die Satzung angeordnete Zwangseinziehung handelt, bedarf es eines Beschlusses der Hauptversammlung nicht. ²In diesem Fall tritt für die Anwendung der Vorschriften über die ordentliche Kapitalherabsetzung an die Stelle des Hauptversammlungsbeschlusses die Entscheidung des Vorstands über die Einziehung.

Schrifttum: *Becker,* Der Ausschluss aus der Aktiengesellschaft, ZGR 1986, 383; *Fuchs,* Tracking Stock – Spartenaktien als Finanzierungsinstrument für deutsche Aktiengesellschaften, ZGR 2003, 167; *Grunewald,* Der Ausschluss aus Gesellschaft und Verein, 1987; *Kallweit/Simons,* Aktienrückkauf zum Zweck der Einziehung und Kapitalherabsetzung, AG 2014, 352; *Kessler/Suchan,* Erwerb eigener Aktien und dessen handelsbilanzielle Behandlung, BB 2000, 2529; *Kreklau/Schmalholz,* Die Zwangseinziehung von Aktien bei angespannter Liquidität – der Vorstand im Interessenkonflikt, BB 2011, 778; *Kropff,* Gesellschaftsrechtliche Auswirkungen der Ausschüttungssperre in § 268 Abs. 8 HGB, FS Hüffer, 2010, 539; *Reichert/Harbarth,* Veräußerung und Einziehung eigener Aktien, ZIP 2001, 1441; *Reinisch,* Der Ausschluss von Aktionären aus der Aktiengesellschaft, 1992; *Rieckers,* Ermächtigung des Vorstands zu Erwerb und Einziehung eigener Aktien, ZIP 2009, 700; *Schnorr v. Carolsfeld,* Bemerkungen zum Aktienerwerb, DNotZ 1963, 414; *Sieger/Hasselbach,* „Tracking Stock" im deutschen Aktien- und Kapitalmarktrecht, AG 2001, 391; *Terbrack,* Kapitalherabsetzende Maßnahmen bei Aktiengesellschaften, RNotZ 2003, 89; *Terbrack,* Kapitalherabsetzung ohne Herabsetzung des Grundkapitals? – Zur Wiedereinführung der Amortisation im Aktienrecht, DNotZ 2003, 734; *Tielmann,* Die Einziehung von Stückaktien ohne Kapitalherabsetzung, DStR 2003, 1796; *Wieneke/Förl,* Die Einziehung eigener Aktien nach § 237 Abs. 3 Nr. 3 AktG – Eine Lockerung des Grundsatzes der Vermögensbindung?, AG 2005, 189; *Wiese,* Zur Sanierung durch Einziehung von Aktien, SozPr 1940, 502; *Zätzsch,* Eingefrorene Aktien in der Rechnungslegung: HGB versus AktG und Europarecht – Auswirkungen im Steuerrecht, FS W. Müller, 2001, 773.

Übersicht

	Rn.		Rn.
I. Gegenstand und Zweck der Regelung	1–6	**IV. Vereinfachtes Einziehungsverfahren (Abs. 3–5)**	27–39
II. Zwangseinziehung und Einziehung nach Erwerb (Abs. 1)	7–21	1. Allgemeines	27
1. Überblick	7	2. Volleinzahlung	28
2. Zwangseinziehung	8–18	3. Unentgeltlicher Erwerb	29, 30
a) Ermächtigung in der Satzung	8–10	4. Erwerb zu Lasten des Gewinns	31, 32
b) Angeordnete Zwangseinziehung	11–14	5. Einziehung von Stückaktien ohne Kapitalherabsetzung	33
c) Gestattete Zwangseinziehung	15	6. Beschluss der Hauptversammlung	34, 35
d) Einziehungsentgelt	16–18	7. Anmeldung und Eintragung	36, 37
3. Einziehung von Aktien nach Erwerb	19–21	8. Gläubigerschutz (Abs. 5)	38, 39
III. Ordentliches Einziehungsverfahren (Abs. 2)	22–26	**V. Einziehung durch den Vorstand (Abs. 6)**	40, 41
1. Allgemeines	22	**VI. Wirkung der Einziehung**	42
2. Beschluss der Hauptversammlung	23–25	**VII. Rechtsfolgen fehlerhafter Einziehung**	43, 44
3. Gläubigerschutz	26	**VIII. Analoge Anwendung**	45, 46

I. Gegenstand und Zweck der Regelung

1   Die Vorschrift regelt – ergänzend zur ordentlichen Kapitalherabsetzung (§§ 222 ff.) und der vereinfachten Kapitalherabsetzung (§§ 229 ff.) – die Kapitalherabsetzung durch Einziehung von Aktien als dritte Form der Kapitalherabsetzung. Die besondere Regelung dient vor allem dem **Schutz der Aktionäre**, indem sie bestimmt, dass eine Zwangseinziehung vor der Übernahme oder Zeichnung der von der Einziehung betroffenen Aktien in der Satzung vorgesehen sein muss (§ 237 Abs. 1 S. 2). Der **Schutz der Gläubiger** wird bei der regulären Einziehung nach § 237 Abs. 2 – wie bei der ordentlichen Kapitalherabsetzung – durch die Anwendbarkeit des § 225 sichergestellt (§ 237 Abs. 2 S. 1). Bei dem vereinfachten Einziehungsverfahren nach § 237 Abs. 3 werden die Gläubiger dadurch geschützt, dass der der Kapitalherabsetzung entsprechende Betrag in die Kapitalrücklage eingestellt wird (Abs. 5 sowie → Rn. 37 f.).

2   Die Kapitalherabsetzung durch Einziehung ist an keinen bestimmten **Zweck** gebunden.[1] Sie kann zB die Rückzahlung von Einlagen oder die Sanierung (durch Einziehung unentgeltlich überlassener Aktien) zum Ziel haben. Zweck kann auch die Vernichtung bestimmter Mitgliedschaftsrechte, auch zB einer Aktiengattung,[2] sein. Die Gesellschaft kann dadurch einzelne Aktionäre ausschließen und auf diese Weise Bestand und Zusammensetzung ihrer Aktionäre beeinflussen.[3] Welcher Zweck im Einzelfall verfolgt wird, ist im Herabsetzungsbeschluss anzugeben (§ 222 Abs. 3, § 237 Abs. 2 S. 1, Abs. 4 S. 4). Bei börsennotierten Gesellschaften spielt die Einziehung erworbener eigener Aktien eine Rolle. Bei ausreichenden Gewinnrücklagen können eigene Aktien ohne die Beschränkungen des § 71 Abs. 2 S. 1 eingezogen werden (§ 237 Abs. 3 Nr. 2).

3   Wie jede Kapitalherabsetzung ist auch die Kapitalherabsetzung durch Einziehung mit einer **Satzungsänderung** bezüglich des Betrags des Grundkapitals verbunden (§ 23 Abs. 3 Nr. 3 und 4). Die entsprechende Anpassung der Satzung kann zusammen mit der Kapitalherabsetzung von der Hauptversammlung oder auf Grund einer Delegation nach § 179 Abs. 1 S. 2 vom Aufsichtsrat beschlossen werden.[4]

4   Einen besonderen Fall der Einziehung von Aktien regelt § 71 Abs. 1 Nr. 8 S. 6. Danach kann der Vorstand im Rahmen einer Ermächtigung zum **Erwerb eigener Aktien** ermächtigt werden, die erworbenen Aktien ohne weiteren Beschluss der Hauptversammlung einzuziehen. Über das Ob und Wie der Einziehung entscheidet der Vorstand dann nach pflichtgemäßem Ermessen.[5] Die Anpassung

---

[1] Hüffer/Koch/*Koch* Rn. 4; Kölner Komm AktG/*Lutter* Rn. 13; Grigoleit/*Rieder* Rn. 4; *Stucken/Tielmann* in Happ AktienR 14.04 Rn. 1.3.
[2] Hölters/*Haberstock/Greitemann* Rn. 8; *Terbrack* RNotZ 2003, 89 (108).
[3] Kölner Komm AktG/*Lutter* Rn. 4.
[4] Hüffer/Koch/*Koch* Rn. 3; MüKoAktG/*Oechsler* Rn. 6.
[5] Hüffer/Koch/*Koch* § 71 Rn. 19m; *van Aerssen* WM 2000, 391 (394); *Stucken/Tielmann* in Happ AktienR 14.07 Rn. 1.2.

der Satzung ist in diesem Fall eine bloße Fassungsänderung, die bei entsprechender Ermächtigung vom Aufsichtsrat beschlossen werden kann (§ 179 Abs. 1 S. 2).

Die gestattete Einziehung nach § 237 Abs. 2 S. 2 oder die angeordnete Zwangseinziehung nach § 237 Abs. 6 können zB in der Satzung einer REIT AG vorgesehen werden, um den gesetzlichen Vorgaben hinsichtlich der Streuung der Aktien (§ 11 ReitG) jederzeit entsprechen zu können.[6] Ein mit der Einziehung verwandtes Instrument sieht § 116 KAGB vor, wonach eine Investmentaktiengesellschaft mit veränderlichem Kapital in den Grenzen der Satzung ihre Aktien auch wieder zurücknehmen kann. Mit der Rücknahme der Aktien ist das Gesellschaftskapital herabgesetzt (§ 116 Abs. 3 KAGB). 5

Von der Einziehung ist die **Kaduzierung** zu unterscheiden, die zum Ausschluss des säumigen Aktionärs führt (§ 64). Die Mitgliedschaft geht dabei nicht unter, sondern ist gemäß § 65 zu verwerten. Bei der **Kraftloserklärung** von Aktien (§§ 72, 73, 226) wird nur die Verbriefung des Mitgliedschaftsrechts aufgehoben. Das Mitgliedschaftsrecht selbst bleibt bestehen (→ § 72 Rn. 1). Beim **Erwerb eigener Aktien** durch die Gesellschaft bleibt die Mitgliedschaft ebenfalls erhalten. Da die Gesellschaft keine Rechte gegen sich selbst haben kann, ruhen allerdings die sich aus der Aktie ergebenden Rechte (§ 71b). Umstritten ist, ob die Aktionäre durch die Satzung **verpflichtet** werden können, ihr Mitgliedschaftsrecht unter bestimmten Voraussetzungen auf einen Dritten **zu übertragen** (sog. Auslosung). Die § 23 Abs. 5, § 55 dürften einer solchen Verpflichtung entgegenstehen.[7] Im Unterschied zur Einziehung nach § 237 AktG bedeutet die Einziehung nach § 34 GmbHG (**Amortisation**), dass der betroffene Geschäftsanteil untergeht, das Stammkapital aber unverändert bleibt und der Nennbetrag der verbliebenen Geschäftsanteile sich entsprechend erhöht.[8] Diese Art der Einziehung wirkt nur innerhalb der Gesellschaft. Die Einziehung nach § 237 AktG führt dagegen immer zu einer Herabsetzung des Grundkapitals. 6

II. Zwangseinziehung und Einziehung nach Erwerb (Abs. 1)

1. Überblick. Die **Einziehung** von Aktien bedeutet die Vernichtung der durch die Aktien repräsentierten Mitgliedschaftsrechte. Alle mitgliedschaftlichen Rechte und Pflichten erlöschen. Gegenstand der Einziehung können nicht alle Aktien der Gesellschaft sein, da dies zu einer Gesellschaft ohne Aktionär („Keinmann-AG") führen würde. § 237 Abs. 1 S. 2 unterscheidet zwischen der Zwangseinziehung und einer Einziehung nach Erwerb durch die Gesellschaft. Eine **Zwangseinziehung** liegt vor, wenn die von der Einziehung betroffenen Aktien nicht der Gesellschaft gehören. Ob die Einziehung mit oder gegen den Willen des betroffenen Aktionärs erfolgt, ist unerheblich. Eine **Einziehung nach Erwerb** setzt voraus, dass die Gesellschaft Inhaberin der Aktien ist. Da die Gesellschaft selbst nicht schutzbedürftig ist, kann die Einziehung in diesem Fall ohne vorherige Satzungsermächtigung beschlossen werden. 7

2. Zwangseinziehung. a) Ermächtigung in der Satzung. Eine Zwangseinziehung von Aktien ist nur zulässig, wenn sie in der Satzung vorgesehen ist. Die Einziehung kann dabei unter bestimmten Voraussetzungen **angeordnet** oder nur **gestattet** sein. Von einer entsprechenden Regelung erfasst sein kann jede Art und Gattung von Aktien, also Inhaber- oder Namensaktien, Stamm- oder Vorzugsaktien, vinkulierte oder nicht vinkulierte Aktien, verbriefte oder nicht verbriefte Aktien. Die Einziehung muss stets vorher in der Satzung zugelassen sein. **Gründungsaktien** können nur eingezogen werden, wenn die Einziehung schon in der Gründungssatzung vorgesehen war. **Später ausgegebene Aktien** können eingezogen werden, wenn dies vor der Zeichnung oder Übernahme der Aktien in der Satzung zugelassen war (§ 237 Abs. 1 S. 2). Mit der Zeichnung ist die schriftliche Erklärung gemäß § 185 gemeint, wobei die Satzungsermächtigung nach dem Schutzwzeck der Vorschrift im Zeitpunkt der Abgabe der Erklärung vorliegen muss.[9] Bei Aktien aus bedingtem Kapital, zB bei Options- oder Wandelschuldverschreibungen, entspricht der Zeichnung die Bezugs- bzw. Wandlungserklärung (§ 198).[10] Unter dem Begriff der Übernahme wird ebenfalls nur ein originärer 8

---

[6] S. dazu näher *Kollmorgen/Hoppe/Feldhaus* BB 2007, 1345 (1350); *Klühs* RNotZ 2008, 509 (531).
[7] MHdB AG/*Scholz* § 63 Rn. 3; Kölner Komm AktG/*Lutter* Rn. 10; *Becker* ZGR 1986, 383 (412 Fn. 19); aA RGZ 120, 177 (180 f.); Hüffer/Koch/*Koch* Rn. 2; Großkomm AktG/*Sethe* Rn. 26; *Grunewald*, Der Ausschluss aus Gesellschaft und Verein, 1987, 199.
[8] Lutter/Hommelhoff/*Lutter/Kleindiek* GmbHG § 34 Rn. 2.
[9] Hölters/*Haberstock/Greitemann* Rn. 13; ähnlich MüKoAktG/*Oechsler* Rn. 19: Zeitpunkt der Absendung der Erklärung.
[10] Hüffer/Koch/*Koch* Rn. 6; Kölner Komm AktG/*Lutter* Rn. 27; K. Schmidt/Lutter/*Veil* Rn. 10; Bürgers/Körber/*Becker* Rn. 8; Grigoleit/*Rieder* Rn. 11; aA *Busch* in Marsch-Barner/Schäfer Börsennotierte AG-HdB Rn. 49.3; MHdB AG/*Scholz* § 63 Rn. 8 und Großkomm AktG/*Sethe* Rn. 36, die auf die Ausgabe der Bezugsrechte abstellen.

Aktienerwerb, insbesondere im Rahmen einer Kapitalerhöhung aus Gesellschaftsmitteln, verstanden.[11]

9 Zeichnung oder Übernahme müssen auf der Grundlage einer wirksamen Einziehungsermächtigung erfolgen. Die entsprechende Satzungsbestimmung muss deshalb im Handelsregister **eingetragen** sein (§ 181 Abs. 3). Werden Kapitalerhöhung und Satzungsänderung gleichzeitig beschlossen, sind die neuen Aktien nur dann einziehbar, wenn die Satzungsänderung vor deren Zeichnung wirksam geworden ist.[12]

10 Eine Einziehung ist auch ohne Satzungsermächtigung zulässig, wenn die **betroffenen Aktionäre zustimmen.** Der Schutz des § 237 Abs. 1 S. 2 ist verzichtbar.[13] Dies gilt aber nur, wenn an der Aktie keine Rechte Dritter bestehen. Sind die Aktien, die eingezogen werden sollen, **verpfändet** oder mit einem **Nießbrauch** belastet, müssen auch die daraus berechtigten Dritten der Einziehung zustimmen (§ 1071 Abs. 1 S. 1 BGB, § 1276 Abs. 1 S. 1 BGB).[14] Fehlt eine satzungsmäßige Ermächtigungsgrundlage oder werden deren Voraussetzungen nicht eingehalten, so ist der Einziehungsbeschluss der Hauptversammlung im ersten Fall gemäß § 241 Nr. 3 Alt. 3 nichtig und im zweiten Fall gemäß § 243 Abs. 1 anfechtbar (→ Rn. 42).[15]

11 b) **Angeordnete Zwangseinziehung.** Angeordnet ist die Zwangseinziehung, wenn die Satzung die Voraussetzungen bestimmt, bei deren Vorliegen die Aktien eingezogen werden müssen. Dabei darf für den Vorstand, der die Einziehung zu vollziehen hat (§ 237 Abs. 6 S. 2), **kein eigener Entscheidungsspielraum** verbleiben.[16] Dem Vorstand darf nur die Feststellung obliegen, dass die Voraussetzungen für die Einziehung gegeben sind. Konkret bestimmt müssen insbesondere der Zeitpunkt der Einziehung und die Höhe des Einziehungsentgelts sein.[17] Ein Beschluss der Hauptversammlung über die Einziehung ist dann entbehrlich (§ 237 Abs. 6 S. 1). Diese strengen Anforderungen machen die angeordnete Zwangseinziehung zu einem wenig flexiblen Instrument. Allerdings bedarf die angeordnete Zwangseinziehung im Unterschied zur gestatteten Zwangseinziehung (→ Rn. 14) **keiner sachlichen Rechtfertigung.**[18]

12 Die Satzung kann eine Einziehung im Rahmen der allgemeinen Schranken, insbesondere des Gleichbehandlungsgrundsatzes (§ 53a), aus beliebigen Gründen anordnen. Zulässig ist zB eine Satzungsklausel, wonach Aktien **auf Verlangen** des Aktionärs[19] oder bei Eintritt bestimmter Ereignisse wie zB der **Pfändung** der Aktien oder des **Todes** oder der **Insolvenz** des Aktionärs[20] einzuziehen sind. Die Anknüpfung an persönliche Verhältnisse setzt voraus, dass der Einziehungsgrund jeden oder bestimmte Aktionäre treffen kann.[21] Die Einziehung kann darüber hinaus zB für Aktien einer Gattung zu einem bestimmten **Termin** vorgesehen werden; es kann auch eine bestimmte **Anzahl** von Aktien nach Auslosung eingezogen werden.[22] Als zulässig angesehen wird ferner die Anordnung der Einziehung von **vinkulierten Namensaktien,** zu deren Übertragung die Zustimmung gemäß § 68 Abs. 2 versagt wurde.[23] Diskutiert wird die angeordnete Zwangseinziehung auch im Zusammenhang mit der Rückholung sog. **tracking stocks.**[24] Dabei ist allerdings fraglich, ob als Auslöser für

---

[11] Hüffer/Koch/*Koch* Rn. 6; MüKoAktG/*Oechsler* Rn. 21; K. Schmidt/Lutter/*Veil* Rn. 10; Bürgers/Körber/*Becker* Rn. 9.
[12] Hüffer/Koch/*Koch* Rn. 7; Kölner Komm AktG/*Lutter* Rn. 28; MüKoAktG/*Oechsler* Rn. 22; Großkomm AktG/*Sethe* Rn. 34; Bürgers/Körber/*Becker* Rn. 8.
[13] Hüffer/Koch/*Koch* Rn. 8; MHdB AG/*Scholz* § 63 Rn. 8; Kölner Komm AktG/*Lutter* Rn. 30; unter Wahrung der Rechte Dritter auch MüKoAktG/*Oechsler* Rn. 24.
[14] MüKoAktG/*Oechsler* Rn. 24; Großkomm AktG/*Sethe* Rn. 38.
[15] Kölner Komm AktG/*Lutter* Rn. 54; Grigoleit/*Rieder* Rn. 9.
[16] Hüffer/Koch/*Koch* Rn. 10; MHdB AG/*Scholz* § 63 Rn. 9; Kölner Komm AktG/*Lutter* Rn. 34; MüKoAktG/*Oechsler* Rn. 28; Großkomm AktG/*Sethe* Rn. 45; *Terbrack* RNotZ 2003, 89 (110); *Busch* in Marsch-Barner/Schäfer Börsennotierte AG-HdB Rn. 49.4; OLG München AG 2017, 441 (443).
[17] Kölner Komm AktG/*Lutter* Rn. 34; MüKoAktG/*Oechsler* Rn. 28; MHdB AG/*Scholz* § 63 Rn. 9; *Busch* in Marsch-Barner/Schäfer Börsennotierte AG-HdB Rn. 49.4.
[18] Kölner Komm AktG/*Lutter* Rn. 38; MHdB AG/*Scholz* § 63 Rn. 11; *Busch* in Marsch-Barner/Schäfer Börsennotierte AG-HdB Rn. 49.7; MüKoAktG/*Oechsler* Rn. 40; Hüffer/Koch/*Koch* Rn. 11; Großkomm AktG/*Sethe* Rn. 57; Grigoleit/*Rieder* Rn. 17.
[19] Hüffer/Koch/*Koch* Rn. 12; MüKoAktG/*Oechsler* Rn. 33.
[20] Hüffer/Koch/*Koch* Rn. 12; MüKoAktG/*Oechsler* Rn. 29; Hölters/*Haberstock/Greitemann* Rn. 18; Grigoleit/*Rieder* Rn. 18; *Kreklau/Schmalholz*, BB 2011, 778.
[21] Hüffer/Koch/*Koch* Rn. 12; MHdB AG/*Scholz* § 63 Rn. 10; Kölner Komm AktG/*Lutter* Rn. 36 und 39; MüKoAktG/*Oechsler* Rn. 52; Hölters/*Haberstock/Greitemann* Rn. 20; Grigoleit/*Rieder* Rn. 18.
[22] Hüffer/Koch/*Koch* Rn. 12; Kölner Komm AktG/*Lutter* Rn. 36; MHdB AG/*Scholz* § 63 Rn. 10.
[23] Hüffer/Koch/*Koch* Rn. 12; Kölner Komm AktG/*Lutter* Rn. 36; Großkomm AktG/*Sethe* Rn. 51; zur praktischen Relevanz *Busch* in Marsch-Barner/Schäfer Börsennotierte AG-HdB Rn. 49.6.
[24] *Sieger/Hasselbach* AG 2001, 391 (397 f.); *Fuchs* ZGR 2003, 167 (212 ff.); *Butzke* in Marsch-Barner/Schäfer Börsennotierte AG-HdB Rn. 6.46.

die Einziehung die Veräußerung oder der Börsengang der „tracked unit" vorgesehen werden kann, da beides Vorgänge sind, die von der Entscheidung des Vorstands abhängen.²⁵

13 Die unterbliebene Leistung der **Einlage** (§ 54) ist wegen der vorrangigen Regelung in den §§ 63 ff. kein zulässiger Einziehungsgrund.²⁶ Die Zwangseinziehung kann auch nicht angeordnet werden, um ein bestimmtes Abstimmungsverhalten zu sanktionieren.²⁷ Die Nichterfüllung einer **Nebenpflicht** kann dagegen grundsätzlich mit einer Zwangseinziehung bedroht werden. Dies gilt aber nur bei Nebenpflichten iSv § 55; sonstige schuldrechtliche Verpflichtungen können nicht über die Androhung einer Zwangseinziehung durchgesetzt werden.²⁸

14 Ist die angeordnete Zwangseinziehung unzulässig, ist deren **Umdeutung** (§ 140 BGB) in eine gestattete Einziehung zu prüfen.²⁹

15 c) **Gestattete Zwangseinziehung.** Gestattet ist eine Zwangseinziehung, wenn die Satzung die Einziehung zwar vorsieht, die Entscheidung darüber im Einzelfall aber der Hauptversammlung überlässt. Da die Hauptversammlung über die konkrete Einziehung entscheidet, gilt das für die angeordnete Zwangseinziehung geltende Bestimmtheitsgebot nicht. Die Satzung kann zwar bestimmte **Einziehungsgründe**, wie zB einen wichtigen Grund in der Person des Aktionärs, vorsehen;³⁰ sie kann eine Zwangseinziehung aber auch ohne Nennung von Gründen zulassen.³¹ Die Hauptversammlung ist in ihrer Entscheidung frei, darf aber nicht nach Belieben entscheiden. Der konkrete Einziehungsbeschluss muss vielmehr **sachlich gerechtfertigt,** dh erforderlich und verhältnismäßig, sein.³² Dient die Einziehung einer **Teilliquidation** der Gesellschaft durch Rückzahlung oder Erlass von Einlagen, ist allerdings eine besondere sachliche Rechtfertigung entbehrlich.³³ Zu beachten ist in jedem Fall der Grundsatz der **Gleichbehandlung** der Aktionäre (§ 53a).³⁴ Der Beschluss der Hauptversammlung über die Zwangseinziehung kann Gegenstand eines Freigabeverfahrens nach § 246a Abs 1 S. 1 sein.³⁵

16 d) **Einziehungsentgelt.** Obwohl das Gesetz keine Regelung darüber enthält, ob für die Einziehung ein Entgelt zu zahlen ist und wie hoch dieses sein soll, ist mit der hM davon auszugehen, dass der von einer Einziehung betroffene Aktionär grundsätzlich Anspruch auf eine **Abfindung** hat (Art. 14 Abs. 1 GG).³⁶ Bei einer **angeordneten Zwangseinziehung** ist die Höhe der Abfindung in der Satzung selbst zu regeln. Eine Übertragung der Festlegung der Abfindung auf die Verwaltung ist nicht zulässig.³⁷ Es genügt jedoch, wenn in der Satzung nur eine bestimmte Bezugsgröße (zB Ertragswert, Börsenkurs) genannt wird und die Ermittlung der konkreten Höhe des Entgelts dem Vorstand überlassen bleibt.³⁸ Bei der **gestatteten Einziehung** kann die Satzung die Höhe des Entgelts bestimmen, notwendig ist dies aber nicht. Es genügt zB, wenn die Zahlung eines **angemessenen Entgelts** vorgesehen ist.³⁹ Die Festlegung der Einzelheiten ist dann Sache des Vorstands.

17 Bei der Festlegung der Höhe des Einziehungsentgelts ist die Satzung nicht an den **wirklichen Wert** der Aktie gebunden. Es kann ein **höheres**,⁴⁰ aber auch ein **niedrigeres** Entgelt vorgesehen

---

²⁵ Vgl. *Fuchs* ZGR 2003, 213 f.
²⁶ *Hölters/Haberstock/Greitemann* § 237 Rn. 19; *Hüffer/Koch/Koch* Rn. 13; MüKoAktG/*Oechsler* Rn. 37.
²⁷ *Hüffer/Koch/Koch* Rn. 13; Kölner Komm AktG/*Lutter* Rn. 41; MüKoAktG/*Oechsler* Rn. 39.
²⁸ RG JW 1928, 2622 (2624 f.); OLG Karlsruhe OLGR 43, 309 f.; *Hüffer/Koch/Koch* Rn. 13; Kölner Komm AktG/*Lutter* Rn. 39; MüKoAktG/*Oechsler* Rn. 38; MHdB AG/*Scholz* § 63 Rn. 10; *Terbrack* RNotZ 2003, 89 (110).
²⁹ *Hüffer/Koch/Koch* Rn. 10; MHdB AG/*Scholz* § 63 Rn. 9; Kölner Komm AktG/*Lutter* Rn. 34; MüKoAktG/*Oechsler* Rn. 35.
³⁰ Vgl. OLG München AG 2017, 441 (443) zu einer personalistisch geprägten AG.
³¹ *Grigoleit/Rieder* Rn. 20; *Hüffer/Koch/Koch* Rn. 15; MHdB AG/*Scholz* § 63 Rn. 12; *Busch* in Marsch-Barner/Schäfer Börsennotierte AG-HdB Rn. 49.8; Kölner Komm AktG/*Lutter* Rn. 44; MüKoAktG/*Oechsler* Rn. 42; abl. *Grunewald*, Der Ausschluss aus Gesellschaft und Verein, 1987, 232 f.
³² *Hüffer/Koch/Koch* Rn. 16; MHdB AG/*Scholz* § 63 Rn. 13; *Busch* in Marsch-Barner/Schäfer Börsennotierte AG-HdB Rn. 49.8; Kölner Komm AktG/*Lutter* Rn. 47; MüKoAktG/*Oechsler* Rn. 45; Großkomm AktG/*Sethe* Rn. 61; *Grunewald*, Der Ausschluss aus Gesellschaft und Verein, 1987, 232; OLG München AG 2017, 441 (443).
³³ *Hölters/Haberstock/Greitemann* Rn. 30; Kölner Komm AktG/*Lutter* Rn. 47; MHdB AG/*Scholz* § 63 Rn. 13; *Terbrack* RNotZ 2003, 89 (111); MüKoAktG/*Oechsler* Rn. 49 unter Bezugnahme auf BGHZ 103, 184.
³⁴ *Hüffer/Koch/Koch* Rn. 16; MHdB AG/*Scholz* § 63 Rn. 13; Kölner Komm AktG/*Lutter* Rn. 48 ff.; MüKoAktG/*Oechsler* Rn. 45.
³⁵ OLG München NZG 2015, 1027 (1028).
³⁶ Vgl. BGH NZG 2013, 220 (222).
³⁷ *Hüffer/Koch/Koch* Rn. 17; MüKoAktG/*Oechsler* Rn. 63.
³⁸ MüKoAktG/*Oechsler* Rn. 63.
³⁹ *Hüffer/Koch/Koch* Rn. 18; MHdB AG/*Scholz* § 63 Rn. 17; Kölner Komm AktG/*Lutter* Rn. 71; MüKoAktG/*Oechsler* Rn. 63.
⁴⁰ *Hüffer/Koch/Koch* Rn. 17; MHdB AG/*Scholz* § 63 Rn. 18; Kölner Komm AktG/*Lutter* Rn. 71; MüKoAktG/*Oechsler* Rn. 63; Großkomm AktG/*Sethe* Rn. 71.

werden. Wird ein höheres Entgelt gewährt, sind die Gläubiger gemäß § 225 Abs. 2, § 237 Abs. 3 geschützt. Die Zahlung eines Entgeltes über dem Buchwert der Aktien kann aber nur im vereinfachten Einziehungsverfahren nach § 237 Abs. 3 Nr. 2 erfolgen, da § 225 Abs. 2 die Vermögensbindung nur in Bezug auf den Buchgewinn aus der Kapitalherabsetzung aufhebt.[41] Der darüber hinaus gehende Betrag ist eine Einlagenrückgewähr nach § 57 Abs. 1 S. 1. Im Übrigen ist nach dem **Zweck der Kapitalherabsetzung** zu unterscheiden. Dient die Kapitalherabsetzung der Rückzahlung von Einlagen, entspricht das Einziehungsentgelt dem Nennbetrag oder anteiligen Betrag der Aktien.[42] Bei einer Kapitalherabsetzung zum Verlustausgleich ist, wenn alle Aktionäre gleichermaßen betroffen sind, überhaupt kein Entgelt zu zahlen.[43] Eine unentgeltliche Einziehung ist auch bei Zwangsvollstreckung oder Insolvenz eines Aktionärs zulässig, sofern die Satzung nicht in anderen Einziehungsfällen aus persönlichen Gründen ein Entgelt vorsieht.[44] Dient die Kapitalherabsetzung dagegen dem **Ausschluss** einzelner Aktionären oder der Beseitigung einer Aktiengattung, so gelten bei der gestatteten Einziehung die Grundsätze zur angemessenen Abfindung nach § 305 Abs. 3 S. 2, § 320b Abs. 1, § 327b Abs. 1 entsprechend.[45] Maßgebend ist danach der **anteilige Ertragswert**[46] im Zeitpunkt des Wirksamwerdens der Kapitalherabsetzung.[47] Bei einer börsennotierten Gesellschaft ist zudem der **Börsenkurs als Untergrenze** zu beachten.[48] Diese Grundsätze gelten auch, wenn die Satzung bei einer gestatteten Zwangseinziehung keine näheren Vorgaben enthält.[49] Vorgaben zur Höhe des Entgelts können sich auch aus einer satzungsergänzenden Nebenabrede ergeben.[50]

18 Wie bei der ordentlichen Kapitalherabsetzung zur Einlagenrückgewähr (→ § 222 Rn. 3) kann bei der Kapitalherabsetzung durch Einziehung das Entgelt statt in bar auch in einer **Sachleistung** bestehen.[51]

19 **3. Einziehung von Aktien nach Erwerb.** Die Gesellschaft kann eigene Aktien jederzeit und ohne besondere Zulassung durch Beschluss der Hauptversammlung einziehen. Eine solche Einziehung kann durch die Satzung eingeschränkt (§ 222 Abs. 1 S. 2, § 237 Abs. 2 S. 1), aber nicht ausgeschlossen werden.[52] In den Fällen des § 71c Abs. 3 ist die Gesellschaft sogar zur Einziehung verpflichtet.

20 Die Einziehung setzt voraus, dass die Gesellschaft im Zeitpunkt der Einziehung (§ 238 S. 1) **dinglicher Inhaber** der Aktien ist.[53] Ein bloßes Pfandrecht zugunsten der Gesellschaft oder das Halten von Aktien durch einen Treuhänder oder ein abhängiges Unternehmen (§ 71d) genügen nicht. Ist die Gesellschaft Inhaberin der Aktien, so spielt es keine Rolle, ob das dem Erwerb zugrunde liegende **schuldrechtliche Geschäft** unwirksam oder mit sonstigen Rechtsfehlern behaftet ist. Die Einziehung ist namentlich auch dann zulässig, wenn der Erwerb der Aktien unter Verstoß gegen § 71 erfolgt ist.

21 **§ 71 Abs. 1 Nr. 6** erlaubt den Erwerb eigener Aktien zum Zwecke der Einziehung, sofern der Einziehungsbeschluss der Hauptversammlung schon vor dem Erwerb gefasst ist. Gemäß den § 225

---

[41] Grigoleit/*Rieder* Rn. 26; Kölner Komm AktG/*Lutter* Rn. 73; MüKoAktG/*Oechsler* Rn. 70; *Busch* in Marsch-Barner/Schäfer Börsennotierte AG-HdB Rn. 49.10; *Kreklau/Schmalholz* BB 2011, 778 (779).
[42] Kölner Komm AktG/*Lutter* Rn. 59; *Busch* in Marsch-Barner/Schäfer Börsennotierte AG-HdB Rn. 49.9.
[43] Kölner Komm AktG/*Lutter* Rn. 58; *Busch* in Marsch-Barner/Schäfer Börsennotierte AG-HdB Rn. 49.9; K. Schmidt/Lutter/*Veil* Rn. 18.
[44] Hüffer/Koch/*Koch* Rn. 17; MHdB AG/*Scholz* § 63 Rn. 18; Kölner Komm AktG/*Lutter* Rn. 68; ebenso BGHZ 65, 22 (68 f.) zur GmbH.
[45] K. Schmidt/Lutter/*Veil* Rn. 16 f.; MüKoAktG/*Oechsler* Rn. 62 ff.; Großkomm AktG/*Sethe* Rn. 68 f.; Zöllner/Winter ZHR 158 (1994), 59 (63); *Busch* in Marsch-Barner/Schäfer Börsennotierte AG-HdB Rn. 49.10; *Stucken/Tielmann* in Happ AktienR 14.06 Rn. 5; BGH NZG 2013, 220 (222); OLG München AG 2017, 441 (445).
[46] BGH NZG 2013, 220 (222) und MHdB AG/*Scholz* § 63 Rn. 17: grundsätzlich voller Wert der Aktien.
[47] Hüffer/Koch/*Koch* Rn. 16; Bürgers/Körber/*Becker* Rn. 25; Großkomm AktG/*Sethe* Rn. 68; aA MHdB AG/*Scholz* § 63 Rn. 17; Tag der Beschlussfassung der Hauptversammlung bzw. Entscheidung des Vorstands.
[48] Vgl. BVerfG ZIP 1999, 1436 – DAT/Altana; BVerfG ZIP 2000, 1670 – Moto Meter; BGH NJW 2001, 2080; gegen dieses sog. Meistbegünstigungsprinzip und für alleinige Geltung des Börsenkurses MHdB AG/*Scholz* § 63 Rz. 17 und *Gärtner/Handke* NZG 2012, 247 ff.
[49] Hüffer/Koch/*Koch* Rn. 18; MHdB AG/*Scholz* § 63 Rn. 16; Kölner Komm AktG/*Lutter* Rn. 72.
[50] OLG München AG 2017, 441 (445f).
[51] *Hoffmann-Becking* ZHR Sonderheft 2002, S. .215 (221); *Sieger/Hasselbach* AG 2001, 391 (399); *Busch* in Marsch-Barner/Schäfer Börsennotierte AG-HdB Rn. 49.10 jeweils zur Ausschüttung von Aktien bei sog. Tracking Stocks.
[52] Hüffer/Koch/*Koch* Rn. 19; MHdB AG/*Scholz* § 63 Rn. 24; Kölner Komm AktG/*Lutter* Rn. 75; MüKoAktG/*Oechsler* Rn. 73.
[53] Grigoleit/*Rieder* Rn. 28; Hüffer/Koch/*Koch* Rn. 20; MHdB AG/*Scholz* § 63 Rn. 25; Kölner Komm AktG/*Lutter* Rn. 77; MüKoAktG/*Oechsler* Rn. 73.

Abs. 2, § 237 Abs. 2 S. 3 darf der Erwerbspreis erst nach Ablauf von sechs Monaten und erst nach Sicherung der dies verlangenden Gläubiger gezahlt werden.[54] Dies gilt jedoch nicht, wenn der Einziehungsbeschluss nach den Regeln der vereinfachten Kapitalherabsetzung gemäß § 237 Abs. 3–5 erfolgt.[55] Zum Erwerb eigener Aktien kann die Hauptversammlung auch eine Ermächtigung nach § 71 Abs. 1 Nr. 8 beschließen. Dabei kann der Vorstand zur Einziehung der erworbenen Aktien gleich mit ermächtigt werden (§ 71 Abs. 1 Nr. 8 letzter Satz). Bei einem Erwerb nach § 71 Abs. 1 Nr. 8 ist, anders als nach § 71 Abs. 1 Nr. 6, die 10-%-Grenze des § 71 Abs. 2 S. 1 zu beachten.

III. Ordentliches Einziehungsverfahren (Abs. 2)

1. Allgemeines. § 237 unterscheidet zwischen dem ordentlichen (Abs. 2) und dem vereinfachten Einziehungsverfahren (Abs. 3–5). Das ordentliche Einziehungsverfahren folgt im Wesentlichen den Vorschriften über die ordentliche Kapitalherabsetzung (§ 237 Abs. 2 S. 1 und 3). Das vereinfachte Einziehungsverfahren mit den Erleichterungen bei der erforderlichen Beschlussmehrheit (§ 237 Abs. 4 S. 2) und dem Gläubigerschutz (§ 237 Abs. 5) ist nur unter den Voraussetzungen des § 237 Abs. 3 zulässig. Für beide Verfahren gilt § 237 Abs. 6, wonach bei der angeordneten Zwangseinziehung die Entscheidung des Vorstandes anstelle des Hauptversammlungsbeschlusses genügt. 22

2. Beschluss der Hauptversammlung. Voraussetzung für das ordentliche Einziehungsverfahren ist ein **Beschluss der Hauptversammlung,** der mit einer Mehrheit von mindestens drei Vierteln des bei der Beschlussfassung vertretenen Grundkapitals und der einfachen Stimmenmehrheit gefasst sein muss (§ 222 Abs. 1 S. 1, § 237 Abs. 2 S. 1). Die Satzung kann eine größere Kapitalmehrheit festlegen (§ 222 Abs. 1 S. 2, § 237 Abs. 2 S. 1). Bei Vorliegen mehrerer stimmberechtigter Aktiengattungen ist ein Sonderbeschluss jeder Gattung erforderlich (§ 222 Abs. 2, § 237 Abs. 2 S. 1).[56] 23

Die von der Einziehung betroffenen Aktionäre sind grundsätzlich **stimmberechtigt.** Ausgenommen sind eigene Aktien der Gesellschaft (§ 71b). Nach dem Rechtsgedanken aus § 136 Abs. 1 AktG, § 47 Abs. 4 S. 2 GmbHG haben auch Aktionäre, deren Aktien aus einem in ihrer Person liegenden wichtigen Grund eingezogen werden sollen, kein Stimmrecht.[57] Sind stimmrechtslose Vorzugsaktien betroffen, so ist im Falle einer angeordneten Zwangseinziehung ein Sonderbeschluss ihrer Inhaber nicht erforderlich. Der gebotene Schutz ist dann schon bei der Schaffung der Ermächtigung sichergestellt (vgl. § 179 Abs. 3). Bei einer bloß gestatteten Einziehung bedarf die Ausübung der Gestattung dagegen eines Zustimmungsbeschlusses der Vorzugsaktionäre gemäß § 141 Abs. 1.[58] Ist die Einziehung von Vorzugsaktien nach ihrem Erwerb vorgesehen, ist der Schutz der Vorzugsaktionäre bereits durch die Verkaufsmöglichkeit hinreichend gewährleistet.[59] 24

Inhaltlich muss der Beschluss der Hauptversammlung bestimmen, dass das Grundkapital durch Einziehung von Aktien herabgesetzt werden soll. Dabei ist weiter festzulegen, ob es sich um eine Zwangseinziehung oder eine Einziehung nach Erwerb handelt. Bei einer Zwangseinziehung sind die Einzelheiten der Durchführung festzusetzen, soweit dies nicht bereits in der Satzung geschehen ist (§ 237 Abs. 2 S. 2). Neben der Bezeichnung der Aktien, die einzuziehen sind, ist danach zB anzugeben, wie hoch das Einziehungsentgelt ist und unter welchen Bedingungen es gezahlt wird. Der Beschluss muss außerdem den Anforderungen genügen, die für einen Beschluss zur ordentlichen Kapitalherabsetzung gelten. Anzugeben ist danach der **Zweck der Einziehung** sowie die **Höhe des Herabsetzungsbetrags,** wobei allerdings Berechenbarkeit ausreicht.[60] Wie bei der ordentlichen Kapitalherabsetzung (→ § 222 Rn. 22) ist auch die Angabe eines Höchstbetrages zulässig, sofern 25

---

[54] Hölters/*Haberstock/Greitemann* Rn. 54; Kölner Komm AktG/*Lutter* Rn. 81; MHdB AG/*Scholz* § 63 Rn. 26; MüKoAktG/*Oechsler* Rn. 76.
[55] MHdB AG/*Scholz* § 63 Rn. 26; *Busch* in Marsch-Barner/Schäfer Börsennotierte AG-HdB Rn. 49.11.
[56] Großkomm AktG/*Sethe* Rn. 86.
[57] MHdB AG/*Scholz* § 63 Rn. 29; Kölner Komm AktG/*Lutter* Rn. 83; K. Schmidt/Lutter/*Veil* Rn. 27; *Terbrack* RNotZ 2003, 89 (113); *Grunewald,* Der Ausschluss aus Gesellschaft und Verein, 1987, 108 f.; *Becker* ZGR 1986, 383 (405); Hölters/*Haberstock/Greitemann* Rn. 58; aA Hüffer/Koch/*Koch* Rn. 23a; MüKoAktG/*Oechsler* Rn. 79; Großkomm AktG/*Sethe* Rn. 87; Bürgers/Körber/*Becker* Rn. 8; Grigoleit/*Rieder* Rn. 9.
[58] Hüffer/Koch/*Koch* Rn. 35 und MüKoAktG/*Oechsler* Rn. 104, beide zur vereinfachten Einziehung; *Volhard/Goldschmidt* FS Lutter, 2000, 779 (788); *Busch* in Marsch-Barner/Schäfer Börsennotierte AG-HdB Rn. 49.10; aA Stucken/Tielmann in Happ AktienR 14.06 Rn. 6.1; MHdB AG/*Scholz* § 63 Rn. 29.
[59] Stucken/Tielmann in Happ AktienR 14.05 Rn. 8.2; *Hillebrandt/Schremper* BB 2001, 533 (537); *Busch* in Marsch-Barner/Schäfer Börsennotierte AG-HdB Rn. 49.14; aA Grigoleit/*Rieder* Rn. 9.
[60] Hüffer/Koch/*Koch* Rn. 24; Kölner Komm AktG/*Lutter* Rn. 84; MHdB AG/*Scholz* § 63 Rn. 30; MüKoAktG/*Oechsler* Rn. 80; Großkomm AktG/*Sethe* Rn. 88; *Zöllner* FS Doralt, 2004, 751 (765 ff.); Hölters/*Haberstock/Greitemann* Rn. 61.

der Umfang der Herabsetzung für die Verwaltung bestimmbar ist.[61] Der Mindestnennbetrag des Grundkapitals darf grundsätzlich nicht unterschritten werden. Die Ausnahme des § 228 gilt aber auch hier (§ 237 Abs. 2 S. 1).[62] Dabei kann das Grundkapital vorübergehend auch Null betragen.[63]

26 **3. Gläubigerschutz.** Die Gläubigerschutzvorschriften des § 225 Abs. 2 und 3 finden Anwendung (§ 237 Abs. 2 S. 1). Die Gläubiger können danach unter den Voraussetzungen des § 225 Abs. 2 Sicherheit verlangen (→ § 225 Rn. 4 ff.). Zahlungen aufgrund der Kapitalherabsetzung dürfen an die Aktionäre erst geleistet werden, nachdem seit Bekanntmachung der Eintragung sechs Monate verstrichen sind und den Gläubigern, die sich rechtzeitig gemeldet haben, Befriedigung oder Sicherheit gewährt worden ist (§ 225 Abs. 2 S. 1). Diese Regeln gelten für die Zahlung des **Einziehungsentgelts** gemäß § 237 Abs. 2 S. 3 sinngemäß (bereits → Rn. 20). Wurden nicht voll eingezahlte Aktien eingezogen, so gilt § 225 Abs. 2 sinngemäß für die Befreiung von der Verpflichtung zur Leistung der Resteinlage. Dies bedeutet, dass die Verpflichtung zur Zahlung der Resteinlage trotz Einziehung fortbesteht. Der Aktionär ist aber nur nach Aufforderung zur Leistung verpflichtet (vgl. § 63 Abs. 1). Von den Beschränkungen erfasst ist im Falle von § 71 Abs. 1 Nr. 6 auch das für den Erwerb zur Einziehung vereinbarte Entgelt.[64] Dies gilt aber nur, wenn die Einziehung in zeitlichem und sachlichem Zusammenhang mit dem Erwerb steht.[65]

IV. Vereinfachtes Einziehungsverfahren (Abs. 3–5)

27 **1. Allgemeines.** Das vereinfachte Einziehungsverfahren ist dadurch gekennzeichnet, dass die Vorschriften der ordentlichen Kapitalherabsetzung nicht gelten (§ 237 Abs. 3). Damit finden insbesondere die Gläubigerschutzvorschriften des § 225 Abs. 2 keine Anwendung. Für den Kapitalherabsetzungsbeschluss genügt außerdem die einfache Stimmenmehrheit (§ 237 Abs. 4 S. 2). Diese Erleichterungen gelten aber nur unter den Voraussetzungen des § 237 Abs. 3 (Volleinzahlung; unentgeltlicher Erwerb oder entgeltlicher Erwerb zu Lasten von Gewinnposten oder Einziehung von Stückaktien ohne Kapitalherabsetzung). Diese Voraussetzungen können sowohl bei der Zwangseinziehung wie bei der Einziehung eigener Aktien nach deren Erwerb gegeben sein.[66] Mit der vereinfachten Kapitalherabsetzung hat das Verfahren der vereinfachten Einziehung nur gemein, dass in beiden Fällen der Gläubigerschutz gemäß § 225 nicht gilt.

28 **2. Volleinzahlung.** Das vereinfachte Einziehungsverfahren ist nur anwendbar, wenn auf jede Aktie der Ausgabebetrag (§ 9 Abs. 1) voll eingezahlt ist (§ 237 Abs. 3 Einleitungssatz). Dieses Erfordernis gilt auch für ein eventuelles Agio (§ 272 Abs. 2 Nr. 1 HGB).[67] Dabei genügt es, wenn die Einzahlung im Zeitpunkt des Wirksamwerdens der Kapitalherabsetzung, dh im Zeitpunkt der Eintragung gemäß § 238 oder der uU nachfolgenden Einziehungshandlung, erfolgt ist.[68] Wird gegen das Erfordernis der Volleinzahlung verstoßen, ist der Einziehungsbeschluss der Hauptversammlung wegen der Verletzung von Gläubigerinteressen gemäß § 241 Nr. 3 nichtig.[69] Er kann aber, wenn die Voraussetzungen gemäß § 237 Abs. 2 S. 1 erfüllt sind, in einen Beschluss zur ordentlichen Einziehung umgedeutet werden.[70]

29 **3. Unentgeltlicher Erwerb.** In der ersten Variante einer vereinfachten Einziehung müssen die Aktien der Gesellschaft unentgeltlich zur Verfügung gestellt sein (§ 237 Abs. 3 Nr. 1). Dies ist der Fall, wenn die Gesellschaft für die Aktien **keinerlei Gegenleistung** erbringt und zu erbringen hat. Entscheidend ist dabei, dass wirtschaftlich kein Gegenwert geleistet wird. Eine wirtschaftliche Belastung der Gesellschaft liegt dabei nicht schon darin, dass in der Bilanz der Gesellschaft gemäß § 272

---

[61] Hüffer/Koch/*Koch* Rn. 24; Kölner Komm AktG/*Lutter* Rn. 84; *Stucken/Tielmann* in Happ AktienR 14.04 Rn. 3.2.
[62] Hüffer/Koch/*Koch* Rn. 24; MHdB AG/*Scholz* § 63 Rn. 4; Kölner Komm AktG/*Lutter* Rn. 15.
[63] Kölner Komm AktG/*Lutter* Rn. 15, 45; MüKoAktG/*Oechsler* Rn. 81; K. Schmidt/Lutter/*Veil* Rn. 28; Grigoleit/*Rieder* Rn. 34; *Terbrack* RNotZ 2003, 89 (113); Bürgers/Körber/*Becker* Rn. 33; aA Hüffer/Koch/*Koch* Rn. 24.
[64] Hüffer/Koch/*Koch* Rn. 28; MHdB AG/*Scholz* § 63 Rn. 37; Kölner Komm AktG/*Lutter* Rn. 91.
[65] MüKoAktG/*Oechsler* Rn. 76; Kölner Komm AktG/*Lutter* Rn. 77; aA *Tielmann* DStR 2003, 1796 (1797).
[66] Hüffer/Koch/*Koch* Rn. 30; MHdB AG/*Scholz* § 63 Rn. 38; Kölner Komm AktG/*Lutter* Rn. 92; MüKoAktG/*Oechsler* Rn. 95, 98; K. Schmidt/Lutter/*Veil* Rn. 33; Bürgers/Körber/*Becker* Rn. 37.
[67] Hüffer/Koch/*Koch* Rn. 31; MüKoAktG/*Oechsler* Rn. 92; Großkomm AktG/*Sethe* Rn. 101.
[68] Hüffer/Koch/*Koch* Rn. 28; MHdB AG/*Scholz* § 63 Rn. 38; Kölner Komm AktG/*Lutter* Rn. 91; MüKoAktG/*Oechsler* Rn. 92; Hölters/Haberstock/Greitemann Rn. 68.
[69] Hüffer/Koch/*Koch* Rn. 31; Kölner Komm AktG/*Lutter* Rn. 95; Großkomm AktG/*Sethe* Rn. 101; MüKoAktG/*Oechsler* Rn. 96, 101.
[70] Hüffer/Koch/*Koch* Rn. 28; Kölner Komm AktG/*Lutter* Rn. 94.

Abs. 1a S. 1 HGB[71] der Nennbetrag oder rechnerische Wert der erworbenen eigenen Aktien in der Vorspalte offen vom gezeichneten Kapital abzusetzen ist.[72] Mit diesem Ausweis wird nur die in dem Erwerb liegende Kapitalherabsetzung verdeutlicht. Werden die Aktien später eingezogen, entfällt der Ausweis in der Vorspalte (näher → Rn. 38). Die Rechtslage zu der früher vorgeschriebenen Rücklage für eigene Anteile hat sich damit im Ergebnis nicht geändert.[73]

Die Aktien müssen der Gesellschaft **zur Verfügung gestellt** werden. Diese Voraussetzung ist weit auszulegen. Sie ist nicht nur erfüllt, wenn die Gesellschaft Inhaberin der Aktien ist, sondern auch schon dann, wenn die Gesellschaft auf die Aktien zum Zwecke der Einziehung zugreifen darf.[74] In zeitlicher Hinsicht genügt es, wenn die Aktien nach dem Beschluss über die Kapitalherabsetzung, spätestens bis zum Beginn der Einziehungshandlung (vgl. § 238 S. 1) zur Verfügung gestellt werden.[75] **30**

4. Erwerb zu Lasten des Gewinns. Das vereinfachte Einziehungsverfahren ist alternativ auch dann zulässig, wenn die Einziehung der Aktien zwar entgeltlich, aber in vollem Umfang zu Lasten des **Bilanzgewinns** (§ 158 Abs. 1 S. 1 Nr. 5) oder einer **frei verfügbaren Rücklage** erfolgt (§ 237 Abs. 3 Nr. 2). Die Finanzierung des Erwerbs ist dann aus Gläubigersicht neutral. Ist der Bilanzgewinn durch einen Gewinnabführungsvertrag (§ 291 Abs. 1) oder einen Gewinnverwendungsbeschluss (§ 174) gebunden, steht er für eine Einziehung allerdings nicht zur Verfügung. Entsprechendes gilt für die anderen Gewinnrücklagen (§ 266 Abs. 3 A. III. Nr. 4 HGB), wenn diese einem bestimmten anderweitigen Zweck gewidmet sind.[76] Auch nach § 268 Abs. 8 HGB gesperrte Rücklagen haben außer Betracht zu bleiben.[77] Ein Verstoß gegen derartige Bindungen macht den Einziehungsbeschluss anfechtbar.[78] Nach § 272 Abs. 1a S. 2 HGB[79] ist der Unterschiedsbetrag zwischen dem Nennbetrag oder rechnerischen Wert erworbener eigener Aktien und den Anschaffungskosten mit den frei verfügbaren Rücklagen zu verrechnen. Zu den frei verfügbaren Rücklagen gehört auch die **Kapitalrücklage nach § 272 Abs. 2 Nr. 4 HGB**.[80] Mit der Änderung der Worte „einer anderen Gewinnrücklage" in „eine frei verfügbare Rücklage" durch das CSR-Richtlinie-Umsetzungsgesetz[81] wurde klargestellt, dass es nur darum geht, ob die sonstige Rücklage nicht bereits gebunden ist.[82] Zu Recht wurde deshalb schon bisher angenommen, dass auch eine Einziehung zu Lasten der Kapitalrücklage nach § 272 Abs. 2 Nr. 4 HGB zulässig ist.[83] Eine Ausschüttung gebundenen Vermögens ist damit nicht verbunden. **31**

Für die Beurteilung, ob ausreichende Gewinnposten vorhanden sind, muss **keine Zwischenbilanz** erstellt werden. Es genügt, wenn der Vorstand auf Grund interner Informationen, zB der Monatsberichte, eine entsprechende **Prognose** aufstellen kann.[84] Erweist sich später bei der Aufstellung der Jahresbilanz, dass zB die andere Gewinnrücklage nicht ausreichend war, ist das nicht gedeckte Entgelt als Aufwand zu verbuchen. Für den nicht gedeckten Nennbetrag der eingezogenen Aktien ist gemäß § 237 Abs. 5 eine Kapitalrücklage zu bilden, auch wenn dies zu einem Bilanzverlust führen oder einen solchen erhöhen sollte.[85] **32**

5. Einziehung von Stückaktien ohne Kapitalherabsetzung. Die Vorschriften über die ordentliche Kapitalherabsetzung brauchen auch dann nicht befolgt zu werden, wenn Stückaktien **33**

---

[71] IdF des Gesetzes zur Modernisierung des Bilanzrechts (Bilanzrechtsmodernisierungsgesetz – BilMoG) v. 25.5.2009, BGBl. 2009 I 1102.
[72] Hüffer/Koch/*Koch* Rn. 33; MHdB AG/*Scholz* § 63 Rn. 39; K. Schmidt/Lutter/*Veil* Rn. 36.
[73] *Busch* in Marsch-Barner/Schäfer Börsennotierte AG-HdB Rn. 49.19; Hüffer/Koch/*Koch* Rn. 33; vgl. zur früheren Rücklage für eigene Anteile MüKoAktG/*Oechsler* Rn. 94; abw. Kölner Komm AktG/*Lutter* Rn. 98 f.
[74] Hüffer/Koch/*Koch* Rn. 32; Kölner Komm AktG/*Lutter* Rn. 96; MHdB AG/*Scholz* § 63 Rn. 39; MüKoAktG/*Oechsler* Rn. 95; Hölters/*Haberstock/Greitemann* Rn. 70.
[75] Hüffer/Koch/*Koch* Rn. 33; MüKoAktG/*Oechsler* Rn. 96.
[76] Hüffer/Koch/*Koch* Rn. 34; MHdB AG/*Scholz* § 63 Rn. 40; Kölner Komm AktG/*Lutter* Rn. 101; MüKoAktG/*Oechsler* Rn. 99; *Busch* in Marsch-Barner/Schäfer Börsennotierte AG-HdB Rn. 49.19; K. Schmidt/Lutter/*Veil* Rn. 39.
[77] *Kropff* FS Hüffer, 2010, 538 (548); Hüffer/Koch/*Koch* AktG Rn. 34; *Busch* in Marsch-Barner/Schäfer Börsennotierte AG-HdB Rn. 49.19.
[78] Hüffer/Koch/*Koch* Rn. 34; Kölner Komm AktG/*Lutter* Rn. 101; aA *Zöllner* FS Doralt, 2004, 751 (760 f.).
[79] IdF des Gesetzes zur Modernisierung des Bilanzrechts (Bilanzrechtsmodernisierungsgesetz – BilMoG) v. 25.5.2009, BGBl. 2009 I 1102.
[80] Vgl. Hüffer/Koch/*Koch* Rn. 34; OLG München AG 2012, 563 (564).
[81] BGBl. I 802.
[82] Vgl. RefE des BMJV zu einem CSR-Richtlinie-Umsetzungsgesetz v. 11.3.2016, S. 63.
[83] Vgl. OLG München AG 2012, 563 (564); *Busch* in Marsch-Barner/Schäfer Börsennotierte AG-HdB Rn. 49.19.
[84] *Kessler/Suchan* BB 2000, 2529 (2530); *Busch* in Marsch-Barner/Schäfer Börsennotierte AG-HdB Rn. 49.20; Grigoleit/*Rieder* Rn. 48.
[85] *ADS* HGB § 272 Rn. 21; *Busch* in Marsch-Barner/Schäfer Börsennotierte AG-HdB Rn. 49.20; Großkomm AktG/*Sethe* Rn. 106.

(§ 8 Abs. 3) eingezogen werden und der Einziehungsbeschluss der Hauptversammlung vorsieht, dass auf die verbleibenden Aktien ein entsprechend höherer Anteil am Grundkapital entfällt (§ 237 Abs. 3 Nr. 3). Rechtssystematisch handelt es sich bei dieser Alternative nicht um einen Fall der Kapitalherabsetzung, sondern um eine **Regelung zur Neustückelung,** die auch auf Nennbetragsaktien hätte erstreckt werden können.[86] Die Regelung betrifft den sog. reverse stock split, bei dem eine Reduzierung der ausgegebenen Aktien angestrebt wird, um damit – spiegelbildlich zur Kapitalerhöhung aus Gesellschaftsmitteln – den Wert der verbleibenden Aktien zu erhöhen.[87] Dies könnte auch durch eine Zusammenlegung von Aktien erreicht werden, was bei Nennbetragsaktien allerdings eine Zustimmung aller Aktionäre erfordert.[88] Praktische Bedeutung dürfte die Regelung vor allem für eine Einziehung nach Erwerb durch die Gesellschaft, insbesondere gemäß § 71 Abs. 1 Nr. 8 S. 6 haben.[89] Eine solche Einziehung erfolgt in der Regel gegen ein angemessenes Entgelt. Wegen des gebotenen Vermögensschutzes darf für eine solches Einziehungsentgelt – entsprechend § 237 Abs. 3 Nr. 2 – nur aus freien Mitteln geleistet werden.[90] Ist dies nicht möglich, kann die Einziehung nur unentgeltlich erfolgen. Dies gilt auch dann, wenn der Erwerb der eigenen Aktien nach § 71 Abs. 1 Nr. 6 erfolgt.[91]

34 **6. Beschluss der Hauptversammlung.** Über die vereinfachte Einziehung kann grundsätzlich nur die Hauptversammlung beschließen (§ 237 Abs. 4 S. 1). Nur bei der angeordneten Zwangseinziehung (§ 237 Abs. 6) und im Falle einer Ermächtigung nach § 71 Abs. 1 Nr. 8 entscheidet der Vorstand über die Einziehung. Für den Beschluss der Hauptversammlung genügt die **einfache Stimmenmehrheit** (§ 133 Abs. 1, § 237 Abs. 4 S. 2). Diese Mehrheit genügt auch für die Anpassung der Satzung bzw. die Ermächtigung des Aufsichtsrats zur Fassungsänderung gemäß § 179 Abs. 1 S. 2.[92] Da das Gesetz nur einen Beschluss der Hauptversammlung verlangt, bedarf es bei Vorhandensein mehrerer Aktiengattungen – abweichend von § 222 Abs. 2 – keiner Sonderbeschlüsse.[93] Ein Sonderbeschluss kann allerdings nach § 179 Abs. 3 erforderlich sein.[94] Sollen Vorzugsaktien eingezogen werden, ist deren Zustimmung gemäß § 141 Abs. 1 notwendig.[95] Die **Satzung** kann die gesetzlichen Anforderungen nicht abschwächen; sie kann nur eine größere Stimmenmehrheit sowie weitere Erfordernisse bestimmen (§ 237 Abs. 4 S. 3).

35 Inhaltlich muss sich aus dem Beschluss der Hauptversammlung ergeben, dass es sich um eine Kapitalherabsetzung durch **Einziehung von Aktien in vereinfachter Form** handelt.[96] Außerdem ist der **Zweck** der Kapitalherabsetzung (zB Sanierung) im Beschluss festzusetzen (§ 237 Abs. 4 S. 4). Beide Voraussetzungen passen allerdings nicht auf eine Einziehung nach § 237 Abs. 3 Nr. 3, da diese gerade nicht zu einer Kapitalherabsetzung führt.

36 **7. Anmeldung und Eintragung.** Der Beschluss der Hauptversammlung über die Einziehung ist gemäß §§ 223, 237 Abs. 2 S. 1, Abs. 4 S. 5 zur **Eintragung** in das Handelsregister anzumelden. Dabei hat der Registerrichter zu prüfen, ob die Voraussetzungen des vereinfachten Verfahrens (§ 237 Abs. 3) vorliegen. Dazu kann er geeignete Nachweise verlangen. Zum Wirksamwerden der Kapitalherabsetzung ist neben der Eintragung dieses Beschlusses auch die **Durchführung** der Einziehung

---

[86] *DAV-Handelsrechtsausschuss* NZG 2002, 115 (118 f.); *Ihrig/Wagner* BB 2002, 789 (795 f.); *Terbrack* RNotZ 2003, 734 (737); Hüffer/Koch/*Koch* Rn. 34b.
[87] Vgl. *Seibert* NZG 2002, 608 (612); vgl. auch *Baums* Rn. 234; Hölters/Haberstock/*Greitemann* § 237 Rn. 73.
[88] MüKoAktG/*Heider* § 8 Rn. 15; Kölner Komm AktG/*Lutter* § 226 Rn. 4; *Zöllner* AG 1985, 19 (21); *Busch* in Marsch-Barner/Schäfer Börsennotierte AG-HdB Rn. 49.22.
[89] Vgl. dazu *Stucken/Tielmann* in Happ AktienR 14.08.
[90] BeBiKo/*Winkeljohann/K. Hoffmann* HGB § 272 Rn. 95; *Busch* in Marsch-Barner/Schäfer Börsennotierte AG-HdB Rn. 49.22; MüKoAktG/*Oechsler* Rn. 110c, 110f; K. Schmidt/Lutter/*Veil* Rn. 42; *Wieneke/Förl* AG 2005, 189 (195); abw. *Rieckers* ZIP 2005, 700 (705) und Großkomm AktG/*Sethe* Rn. 109, die auf den Schutz durch § 71 Abs. 2 S. 2 abstellen.
[91] *Wieneke/Förl* AG 2005, 189 (195); MHdB AG/*Scholz* § 63 Rn. 52; Bürgers/Körber/*Becker* Rn. 49.
[92] Hüffer/Koch/*Koch* Rn. 35; *Busch* in Marsch-Barner/Schäfer Börsennotierte AG-HdB Rn. 49.25.
[93] Hüffer/Koch/*Koch* Rn. 35; MHdB AG/*Scholz* § 63 Rn. 29; MüKoAktG/*Oechsler* Rn. 103; *Stucken/Tielmann* in Happ AktienR 14.05 Rn. 8.2; K. Schmidt/Lutter/*Veil* Rn. 44; aA Kölner Komm AktG/*Lutter* Rn. 109; *Zöllner* FS Doralt, 2004, 751 (762).
[94] Hüffer/Koch/*Koch* Rn. 35; *Stucken/Tielmann* in Happ AktienR 14.05 Rn. 8.2; aA MüKoAktG/*Oechsler* Rn. 103.
[95] Hüffer/Koch/*Koch* Rn. 35; MüKoAktG/*Oechsler* Rn. 103; Bürgers/Körber/*Becker* Rn. 44; Hölters/Haberstock/*Greitemann* Rn. 77; Grigoleit/*Rieder* Rn. 52; aA *Zöllner* FS Doralt, 2004, 751 (762); MHdB AG/*Scholz* § 63 Rn. 29 und Großkomm AktG/*Sethe* Rn. 114.
[96] Hüffer/Koch/*Koch* Rn. 36; MüKoAktG/*Oechsler* Rn. 106; *Stucken/Tielmann* in Happ AktienR 14.05 Rn. 3.1.

erforderlich.⁹⁷ Die Anmeldung und Eintragung des Kapitalherabsetzungsbeschlusses können mit der Anmeldung und Eintragung der Durchführung verbunden werden (§ 239 Abs. 2).

Anmeldung und Eintragung ins Handelsregister sind nicht erforderlich, wenn im Falle der angeordneten Zwangseinziehung die Entscheidung über die Einziehung vom **Vorstand** getroffen wird (§ 237 Abs. 6). Das Grundkapital ist dann bereits mit der Zwangseinziehung herabgesetzt (§ 238 S. 2). Auch in den Fällen des § 71 Abs. 1 Nr. 8 S. 6 wird der Einziehungsbeschluss des Vorstandes nicht in das Handelsregister eingetragen. **37**

8. Gläubigerschutz (Abs. 5). Zum Schutz der Gläubiger ist in den Fällen des Abs. 3 Nr. 1 und 2 ein Betrag in die **Kapitalrücklage** (§ 266 Abs. 3 A. II. HGB, § 272 Abs. 2 HGB) einzustellen, der dem auf die eingezogenen Aktien entfallenden Betrag entspricht (§ 237 Abs. 5). Nach dem Erwerb der Aktien ist zunächst deren Nennbetrag vom gezeichneten Kapital abzusetzen (§ 272 Abs. 1a S. 1 HGB). Der darüber hinaus gehende Unterschiedsbetrag zu den Anschaffungskosten wird mit den frei verfügbaren Rücklagen verrechnet (§ 272 Abs. 1a S. 1 HGB). Nach dem Vollzug der Einziehung wird auch der Nennbetrag verrechnet.⁹⁸ Diese Veränderungen sind in dem auf die Kapitalherabsetzung folgenden Jahresabschluss auszuweisen.⁹⁹ Fehlen sie dort, ist der Jahresabschluss nichtig (§ 256 Abs. 1 Nr. 1 und 4).¹⁰⁰ Nichtig ist dann auch ein auf diesem Jahresabschluss beruhender Gewinnverwendungsbeschluss (§ 253 Abs. 1 S. 1 iVm § 241 Nr. 3).¹⁰¹ **38**

Die Dotierung der **Kapitalrücklage** kann nur unter den Voraussetzungen des § 150 Abs. 3 und 4 wieder **aufgelöst** werden.¹⁰² Der Herabsetzungsbetrag aus der Einziehung kann daher zum Ausgleich eines Jahresfehlbetrags oder eines Verlustvortrags verwendet werden. Die Kapitalherabsetzung durch Einziehung im vereinfachten Verfahren kann somit der **Sanierung** dienen. Die Beschränkungen für eine Gewinnausschüttung gemäß § 233 gelten allerdings nicht entsprechend.¹⁰³ Die Kapitalherabsetzung durch Einziehung im vereinfachten Verfahren ist nicht mit einer vereinfachten Kapitalherabsetzung gleichzusetzen. **39**

V. Einziehung durch den Vorstand (Abs. 6)

Im Falle einer in der Satzung angeordneten Zwangseinziehung bedarf es wegen des Bestimmtheitserfordernisses (→ Rn. 11) keines Hauptversammlungsbeschlusses. Über die Einziehung entscheidet in diesem Fall der **Vorstand** (§ 237 Abs. 6 S. 1). Ein Beschluss der Hauptversammlung ist aber möglich, wenn der Vorstand dies verlangt (§ 119 Abs. 2).¹⁰⁴ Auch in diesem Falle müssen bei mehreren stimmberechtigten Aktiengattungen keine Sonderbeschlüsse nach § 222 Abs. 2 gefasst werden.¹⁰⁵ § 237 Abs. 6 gilt sowohl bei der ordentlichen wie bei der vereinfachten Kapitalherabsetzung durch Einziehung von Aktien (§ 237 Abs. 2 bzw. Abs. 3–5).¹⁰⁶ **40**

Die Entscheidung des Vorstands ist eine auf Vernichtung der Aktien gerichtete empfangsbedürftige Willenserklärung (vgl. § 238 S. 3). Diese **Einziehungshandlung** muss nicht in das Handelsregister eingetragen werden (§ 238 S. 2, § 239 Abs. 1 S. 2).¹⁰⁷ **41**

VI. Wirkung der Einziehung

Die Einziehung bewirkt, dass alle mit den betroffenen Aktien verbundenen Mitgliedschaftsrechte untergehen (→ § 238 Rn. 5). Eine noch nicht erfüllte Einlagepflicht bleibt im Falle des § 237 Abs. 2 S. 3 Alt. 2. allerdings noch bestehen (→ Rn. 26). **42**

---

⁹⁷ Hüffer/Koch/*Koch* Rn. 26.
⁹⁸ Vgl. *ADS* HGB § 272 Rn. 27; *Escher-Weingart/Kübler* ZHR 162 (1998), 537 (544); *Kessler/Suchan* BB 2000, 2529 (2535); *Busch* in Marsch-Barner/Schäfer Börsennotierte AG-HdB Rn. 49.27.
⁹⁹ Hüffer/Koch/*Koch* Rn. 38; MHdB AG/*Scholz* § 63 Rn. 43; MüKoAktG/*Oechsler* Rn. 108.
¹⁰⁰ Hüffer/Koch/*Koch* Rn. 38; MHdB AG/*Scholz* § 63 Rn. 43; Kölner Komm AktG/*Lutter* Rn. 114; MüKoAktG/*Oechsler* Rn. 108.
¹⁰¹ Hüffer/Koch/*Koch* Rn. 38; MüKoAktG/*Oechsler* Rn. 110.
¹⁰² BeBiKo/*Winkeljohann/K. Hofmann* HGB § 272 Rn. 81; *Busch* in Marsch-Barner/Schäfer Börsennotierte AG-HdB Rn. 49.28.
¹⁰³ Hüffer/Koch/*Koch* Rn. 39; MHdB AG/*Scholz* § 63 Rn. 44; *Busch* in Marsch-Barner/Schäfer Börsennotierte AG-HdB Rn. 49.28; Kölner Komm AktG/*Lutter* Rn. 113; *Terbrack* RNotZ 2003, 89 (115); K. Schmidt/Lutter/*Veil* Rn. 49; aA MüKoAktG/*Oechsler* Rn. 109; differenzierend Großkomm AktG/*Sethe* Rn. 122.
¹⁰⁴ Hüffer/Koch/*Koch* Rn. 40; Hölters/*Haberstock/Greitemann* Rn. 84; MHdB AG/*Scholz* § 63 Rn. 31; Kölner Komm AktG/*Lutter* Rn. 115; MüKoAktG/*Oechsler* Rn. 112.
¹⁰⁵ MüKoAktG/*Oechsler* Rn. 112.
¹⁰⁶ Hüffer/Koch/*Koch* Rn. 40; Kölner Komm AktG/*Lutter* Rn. 115; MüKoAktG/*Oechsler* Rn. 114.
¹⁰⁷ Hüffer/Koch/*Koch* Rn. 41; MHdB AG/*Scholz* § 63 Rn. 46; Kölner Komm AktG/*Lutter* Rn. 116; MüKoAktG/*Oechsler* Rn. 115; Großkomm AktG/*Sethe* Rn. 126; Grigoleit/*Rieder* Rn. 60.

VII. Rechtsfolgen fehlerhafter Einziehung

43 Beschließt die **Hauptversammlung** eine Einziehung ohne Satzungsermächtigung, so ist der Beschluss gemäß § 241 Nr. 3, 3. Alt. **nichtig**, da die Aktionäre dann nicht mit einer Einziehung rechnen müssen.[108] Hält sich der Beschluss nicht im Rahmen der bestehenden Ermächtigung, so ist er dagegen nur **anfechtbar** (§ 243 Abs. 1).[109] Das Gleiche gilt, wenn der Beschluss den Grundsatz der Gleichbehandlung verletzt oder sachlich nicht gerechtfertigt ist.[110] Im vereinfachten Einziehungsverfahren ist der Beschluss der Hauptversammlung nichtig, wenn eine der Voraussetzungen des § 237 Abs. 3 Nr. 1 und 2 nicht gegeben ist[111] Erfolgt die Einziehung zu Lasten einer Gewinnrücklage, die einem anderen Zweck gewidmet war, so führt der Verstoß gegen § 237 Abs. 3 Nr. 2 nur zur Anfechtbarkeit.[112]

44 Entscheidet im Falle der angeordneten Zwangseinziehung der **Vorstand**, so ist die Einziehung unwirksam, wenn eine der Voraussetzungen dieses Verfahrens fehlt.[113]

VIII. Analoge Anwendung

45 Ist ein **Kapitalerhöhungsbeschluss** aufgrund einer Anfechtungsklage für **nichtig** erklärt worden, tritt die Nichtigkeitsfolge des § 241 Nr. 5 nach den Grundsätzen über die fehlerhafte Gesellschaft nur ex nunc ein.[114] Die auf der Grundlage eines solchen Beschlusses ausgegebenen Aktien sind damit ebenfalls unwirksam, sofern nicht die Eintragung im Handelsregister über eine Freigabe nach § 246a bestandskräftig geworden ist. Im Rahmen einer **Rückabwicklung** der Kapitalerhöhung müssen die fehlerhaft ausgegebenen Aktien wieder aus dem Verkehr gezogen werden. Dafür bietet sich deren Einziehung durch den Vorstand entsprechend § 237 Abs. 2 S. 2 und Abs. 6 an.[115] Eine Einziehung nach diesen Bestimmungen setzt voraus, dass die betroffenen Aktien identifiziert werden können, sie insbesondere durch eine separate ISDN-Nummer gekennzeichnet sind.

46 Die Erwerber der fehlerhaft ausgegebenen Aktien haben Anspruch auf ein **Einziehungsentgelt** in Höhe des inneren Wertes der Aktien.[116] Bei börsennotierten Gesellschaften ist der Börsenkurs als Wertuntergrenze zu beachten.[117] Die ausgegebenen Aktienurkunden sind gemäß § 73 für kraftlos zu erklären.

§ 238 Wirksamwerden der Kapitalherabsetzung

¹Mit der Eintragung des Beschlusses oder, wenn die Einziehung nachfolgt, mit der Einziehung ist das Grundkapital um den auf die eingezogenen Aktien entfallenden Betrag herabgesetzt. ²Handelt es sich um eine durch die Satzung angeordnete Zwangseinziehung, so ist, wenn die Hauptversammlung nicht über die Kapitalherabsetzung beschließt, das Grundkapital mit der Zwangseinziehung herabgesetzt. ³Zur Einziehung bedarf es einer Handlung der Gesellschaft, die auf Vernichtung der Rechte aus bestimmten Aktien gerichtet ist.

Schrifttum: *Risse*, Rückwirkung der Kapitalherabsetzung einer Aktiengesellschaft, BB 1968, 1012; *Wiese*, Zur Sanierung durch Einziehung von Aktien, SozPraxis 1940, 502; s. außerdem die Angaben bei § 237.

I. Gegenstand der Regelung

1 Grundsätzlich wird die Kapitalherabsetzung durch Einziehung wie die ordentliche und die vereinfachte Kapitalherabsetzung (§§ 224, 229 Abs. 3) mit der Eintragung des **Kapitalherabsetzungsbe-**

---

[108] Hüffer/Koch/*Koch* Rn. 42; Kölner Komm AktG/*Lutter* Rn. 54; Großkomm AktG/*Sethe* Rn. 43; AG Charlottenburg ZIP 2015, 394 zur Kapitalherabsetzung in einem Insolvenzplan.
[109] Hüffer/Koch/*Koch* Rn. 42; MHdB AG/*Scholz* § 63 Rn. 32; MüKoAktG/*Oechsler* Rn. 25; Großkomm AktG/*Sethe* Rn. 43.
[110] Hüffer/Koch/*Koch* Rn. 43; Kölner Komm AktG/*Lutter* Rn. 55; *Terbrack* RNotZ 2003, 89 (116).
[111] Hüffer/Koch/*Koch* Rn. 43; Kölner Komm AktG/*Lutter* Rn. 95; MüKoAktG/*Oechsler* Rn. 101.
[112] Hüffer/Koch/*Koch* Rn. 43; Kölner Komm AktG/*Lutter* Rn. 101; MüKoAktG/*Oechsler* Rn. 102.
[113] Hüffer/Koch/*Koch* Rn. 43; Kölner Komm AktG/*Lutter* Rn. 56; *Terbrack* RNotZ 2003, 89 (116); aA MHdB AG/*Scholz* § 63 Rn. 32: Aufrechterhaltung nach den Grundsätzen der fehlerhaften Gesellschaft.
[114] Hüffer/Koch/*Koch* § 248 Rn. 7a; *Zöllner* AG 1993, 68 ff.; MHdB AG/*Scholz* § 57 Rn. 199 mwN.
[115] Hüffer/Koch/*Koch* Rn. 18; *Kort* ZGR 1994, 291 (314 ff.); *Winter* FS Ulmer, 2003, 699 (702); *Zöllner/Winter* ZHR 158 (1994), 59 (60 ff., 65 ff.); *Busch* in Marsch-Barner/Schäfer Börsennotierte AG-HdB Rn. 49.38; aA *Huber* FS Claussen, 1997, 47 (153 ff.).
[116] *Kort* ZGR 1994, 291 (312 ff.); *Zöllner/Winter* ZHR 158 (1994), 59 ff.; MHdB AG/*Scholz* § 57 Rn. 199.
[117] *Huber* FS Claussen, 1997, 147 (154); MHdB AG/*Scholz* § 57 § 199; *Busch* in Marsch-Barner/Schäfer Börsennotierte AG-HdB Rn. 49.38.

schlusses wirksam (§ 238 Abs. 1 S. 1 Fall 1). Erfolgt die Einziehung der Aktien nach dem Beschluss, wird die Herabsetzung des Grundkapitals allerdings erst mit der **Einziehung der Aktien** wirksam (§ 238 Abs. 1 S. 1 Fall 2). Diese Besonderheit beruht darauf, dass bei der Kapitalherabsetzung nach § 237 neben dem Beschluss der Hauptversammlung noch die Einziehung der betroffenen Aktien notwendig ist. Die Einziehung ist dabei nicht lediglich Durchführungsmaßnahme, sondern eine zusätzliche Wirksamkeitsvoraussetzung. Erst die wirksame Einziehung führt – auf der Grundlage des Beschlusses der Hauptversammlung – zu der Herabsetzung des Grundkapitals.[1] Dabei entspricht der Umfang der eingezogenen Aktien dem Betrag, um den das Grundkapital reduziert ist.

II. Zeitpunkt des Wirksamwerdens

Nach dem insoweit offenen Gesetzeswortlaut kann die Einziehung **vor** oder **nach** der Eintragung des Kapitalherabsetzungsbeschlusses liegen.[2] Die Einziehungshandlungen können auch teils vor und teils nach der Eintragung des Beschlusses vorgenommen werden.[3] Zur Wirksamkeit der Kapitalherabsetzung müssen jedenfalls beide Voraussetzungen kumulativ gegeben sein. Sind wie im Regelfall mehrere Aktien einzuziehen, ist davon auszugehen, dass die Einziehung **erst mit der letzten Einziehungshandlung** und dann insgesamt **wirksam** wird.[4] Dies gilt auch dann, wenn die Kapitalherabsetzung durch Einziehung schon vorhandener und noch zu erwerbender Aktien durchgeführt werden soll. Da die Kapitalherabsetzung von der Einziehung abhängt, tritt ihre Wirksamkeit erst ein, wenn der gesamte in das Handelsregister eingetragene Betrag eingezogen ist.[5]

2

Im Falle einer in der Satzung **angeordneten Zwangseinziehung** ist das Grundkapital schon durch die Einziehung herabgesetzt (vgl. § 238 S. 2). Dies beruht darauf, dass in diesem Fall nicht die Hauptversammlung, sondern der **Vorstand** über die Einziehung **entscheidet** (§ 237 Abs. 6 S.). Ein Beschluss der Hauptversammlung, der in das Handelsregister eingetragen werden könnte, wird in diesem Fall grundsätzlich nicht gefasst. Die Entscheidung des Vorstands über die Einziehung ist dagegen nicht eintragungsfähig. Macht der Vorstand allerdings von seinem Recht nach § 237 Abs. 6 S. 2 keinen Gebrauch und lässt er die **Hauptversammlung** über die Kapitalherabsetzung beschließen (→ § 237 Rn. 39), gilt § 238 S. 2 nicht. Nach der Regelung in § 238 S. 1 muss dann zur Wirksamkeit der Kapitalherabsetzung auch der Hauptversammlungsbeschluss eingetragen werden.[6]

3

Wie bei der vereinfachten Kapitalherabsetzung kann eine **bilanzielle Rückwirkung** der Kapitalherabsetzung durch Einziehung in Verbindung mit einer gleichzeitig beschlossenen Kapitalerhöhung auf den letzten Jahresabschluss wünschenswert sein.[7] Ähnlich wie die vereinfachte Kapitalherabsetzung dient auch die Kapitalherabsetzung durch Einziehung häufig Sanierungszwecken (→ § 237 Rn. 2). § 238 sieht aber keine den Bestimmungen der §§ 234, 235 entsprechende Regelung vor. Auch eine analoge Anwendung dieser Vorschriften ist wegen der unterschiedlichen Voraussetzungen der §§ 229 ff. im Vergleich zu § 237 ausgeschlossen.[8]

4

III. Rechtsfolgen

Mit dem Wirksamwerden der Kapitalherabsetzung hat die Gesellschaft ein **niedrigeres Grundkapital**. Der aus der Herabsetzung gewonnene Betrag ist in der Gewinn- und Verlustrechnung als Ertrag auszuweisen (§ 240 S. 1). Spätestens mit der konkreten Einziehungshandlung **gehen** alle mit den eingezogenen Aktien verbundenen **mitgliedschaftlichen Rechte und Pflichten unter**.[9] Diese Wirkung tritt unabhängig von der Vernichtung der **Aktienurkunden** ein, die mit der Einziehung zusammenfallen, dieser aber auch nachfolgen kann. Bereits mit dem Wirksamwerden der Einziehung verkörpern die Aktienurkunden keine Mitgliedschaftsrechte mehr.[10] Sie verkörpern nur noch den

5

---

[1] Vgl. Hüffer/Koch/*Koch* Rn. 1; Kölner Komm AktG/*Lutter* Rn. 2; MüKoAktG/*Oechsler* Rn. 1; Grigoleit/ *Rieder* § 238 Rn. 1.
[2] Hüffer/Koch/*Koch* Rn. 2; MüKoAktG/*Oechsler* Rn. 2.
[3] Hüffer/Koch/*Koch* Rn. 3; Kölner Komm AktG/*Lutter* Rn. 3; MüKoAktG/*Oechsler* Rn. 1.
[4] Hüffer/Koch/*Koch* Rn. 3; Kölner Komm AktG/*Lutter* Rn. 3; MüKoAktG/*Oechsler* Rn. 2; K. Schmidt/Lutter/*Veil* Rn. 2; Bürgers/Körber/*Becker* Rn. 2.
[5] Kölner Komm AktG/*Lutter* Rn. 3; MüKoAktG/*Oechsler* Rn. 2.
[6] Hüffer/Koch/*Koch* Rn. 4; Kölner Komm AktG/*Lutter* Rn. 3; MüKoAktG/*Oechsler* Rn. 4; Hölters/*Haberstock*/Greitemann § 238 Rn. 3.
[7] Vgl. *Risse* BB 1968, 1012 f.; Kölner Komm AktG/*Lutter* Rn. 5.
[8] Hüffer/Koch/*Koch* Rn. 6; Kölner Komm AktG/*Lutter* Rn. 5; MHdB AG/*Scholz* § 63 Rn. 48; K. Schmidt/ Lutter/*Veil* Rn. 4; Bürgers/Körber/*Becker* Rn. 13; *Risse* BB 1968, 1012 f.; Großkomm AktG/*Sethe* Rn. 13; aA *Wiese* SozPr 1940, 502 (504 f.).
[9] Hüffer/Koch/*Koch* Rn. 5; Kölner Komm AktG/*Lutter* Rn. 9; MüKoAktG/*Oechsler* Rn. 8; BGH NJW 1998, 3646 (3647) zur GmbH.
[10] Kölner Komm AktG/*Lutter* Rn. 9.

§ 239   1   Erstes Buch. Aktiengesellschaft

schuldrechtlichen Anspruch auf Zahlung des Einziehungsentgelts.[11] Sie sind nach § 797 BGB Zug um Zug an die Gesellschaft auszuhändigen. Die Aktienurkunden können gemäß § 73 für kraftlos erklärt werden.[12]

6   Soweit bei Wirksamwerden der Kapitalherabsetzung noch wie nach § 237 Abs. 2 S. 3 Fall 2, **Einlageverpflichtungen** bestehen, gelten diese weiter.[13] Den Aktionären können auch noch persönliche Ansprüche gegen die Gesellschaft zustehen. So können **Gewinnansprüche**, die bereits vor der Einziehung entstanden sind, als normale Forderung weiter geltend gemacht werden.[14]

IV. Einziehungshandlung

7   Zur Einziehung ist eine Handlung der Gesellschaft erforderlich, die auf die Vernichtung der Rechte aus bestimmten Aktien gerichtet ist (§ 238 S. 3). Zuständig für diese Einziehungshandlung ist allein der **Vorstand**.[15] Eine Zuständigkeit der Hauptversammlung besteht nach zutreffender hM nicht.[16] Die Einziehung gehört zur Ausführung des Kapitalherabsetzungsbeschlusses; die Zuständigkeit des Vorstandes ergibt sich daher aus § 83 Abs. 2. Im Falle der angeordneten Zwangseinziehung folgt die Zuständigkeit des Vorstandes bereits aus § 237 Abs. 6.

8   Die Einziehungserklärung muss die betroffenen Aktien **genau bezeichnen**. Dies kann durch Bezeichnung der Serie und Nummer oder des Inhabers der Aktie geschehen. Die Erklärung ist eine **empfangsbedürftige Willenserklärung**, die ihrem Adressaten, dem Inhaber des Mitgliedsrechts, zugehen muss (§ 130 BGB).[17] Wenn die Satzung nichts anderes vorsieht und sich die Einziehung nicht gegen bestimmte Aktionäre richtet, genügt auch eine Veröffentlichung in den Gesellschaftsblättern.[18] Kein Zugangserfordernis besteht, wenn lediglich eigene Aktien der Gesellschaft eingezogen werden. Hier genügt es, dass der Wille der Gesellschaft zur Vernichtung der Mitgliedschaftsrechte erkennbar wird.[19] Dafür genügt bereits die Abbuchung dieser Aktien.

9   Die **Einziehungshandlung** ist **ohne Wirkung,** wenn ein wirksamer Hauptversammlungsbeschluss fehlt oder die Satzung die Maßnahme des Vorstandes nach § 237 Abs. 6 nicht deckt.[20] Die Mitgliedschaft ist dann nicht untergegangen, sondern besteht fort.[21] Dies gilt auch dann, wenn der Herabsetzungsbeschluss bereits in das Handelsregister eingetragen ist. Das Handelsregister ist in einem solchen Fall unrichtig und muss berichtigt werden. Das Registergericht kann dazu von Amts wegen nach §§ 395, 398 FamFG vorgehen.

§ 239 Anmeldung der Durchführung

(1) ¹Der Vorstand hat die Durchführung der Herabsetzung des Grundkapitals zur Eintragung in das Handelsregister anzumelden. ²Dies gilt auch dann, wenn es sich um eine durch die Satzung angeordnete Zwangseinziehung handelt.

(2) Anmeldung und Eintragung der Durchführung der Herabsetzung können mit Anmeldung und Eintragung des Beschlusses über die Herabsetzung verbunden werden.

Schrifttum: S. Angaben zu → § 237.

I. Gegenstand der Regelung

1   Die Vorschrift regelt die Anmeldung der **Durchführung** der Kapitalherabsetzung zur Eintragung in das Handelsregister. Die Eintragung der Durchführung wirkt lediglich **deklaratorisch**. Die Vor-

---

[11] Hüffer/Koch/*Koch* Rn. 5; MHdB AG/*Scholz* § 63 Rn. 49; *Busch* in Marsch-Barner/Schäfer Börsennotierte AG-HdB Rn. 48.33; MüKoAktG/*Oechsler* Rn. 8; Großkomm AktG/*Sethe* Rn. 22.
[12] Hüffer/Koch/*Koch* Rn. 5; MHdB AG/*Scholz* § 63 Rn. 49; Kölner Komm AktG/*Lutter* Rn. 9; MüKoAktG/*Oechsler* Rn. 8; für analoge Anwendung Großkomm AktG/*Sethe* Rn. 23.
[13] MüKoAktG/*Oechsler* Rn. 8; K. Schmidt/Lutter/*Veil* Rn. 6.
[14] Hüffer/Koch/*Koch* Rn. 5; MüKoAktG/*Oechsler* Rn. 8; Großkomm AktG/*Sethe* Rn. 20.
[15] Hüffer/Koch/*Koch* Rn. 7; Kölner Komm AktG/*Lutter* Rn. 8; MHdB AG/*Scholz* § 63 Rn. 47; *Busch* in Marsch-Barner/Schäfer Börsennotierte AG-HdB Rn. 48.33; MüKoAktG/*Oechsler* Rn. 5.
[16] So jedoch Großkomm AktG/*Sethe* Rn. 14.
[17] Hüffer/Koch/*Koch* Rn. 8; Kölner Komm AktG/*Lutter* Rn. 8; MHdB AG/*Scholz* § 63 Rn. 47; MüKoAktG/*Oechsler* Rn. 5; *Busch* in Marsch-Barner/Schäfer Börsennotierte AG-HdB Rn. 48.33; Großkomm AktG/*Sethe* Rn. 17; Grigoleit/*Rieder* Rn. 9; Hölters/*Haberstock/Greitemann* Rn. 8.
[18] Hüffer/Koch/*Koch* Rn. 8; MüKoAktG/*Oechsler* Rn. 5.
[19] Hüffer/Koch/*Koch* Rn. 8; Kölner Komm AktG/*Lutter* Rn. 7; MüKoAktG/*Oechsler* Rn. 5; Großkomm AktG/*Sethe* Rn. 16; K. Schmidt/Lutter/*Veil* Rn. 7.
[20] Hüffer/Koch/*Koch* Rn. 10; Kölner Komm AktG/*Lutter* Rn. 1; MüKoAktG/*Oechsler* Rn. 6.
[21] MüKoAktG/*Oechsler* Rn. 6; Kölner Komm AktG/*Lutter* Rn. 10.

schrift entspricht bis auf Abs. 1 S. 2 der Regelung in § 227 über die ordentliche Kapitalherabsetzung. Auf die dortigen Ausführungen kann daher verwiesen werden. Die Anmeldung nach § 239 ist von der Anmeldung des **Herabsetzungsbeschlusses** nach § 237 Abs. 2 S. 1 iVm § 223 oder nach § 237 Abs. 4 S. 5 zu unterscheiden. Daneben ist auch die sich aus der Kapitalherabsetzung ergebende Satzungsänderung zur Eintragung in das Handelsregister anzumelden (→ § 223 Rn. 1).

Die Anmeldungen zur Eintragung des Herabsetzungsbeschlusses und zu seiner Durchführung können **miteinander verbunden** werden (§ 239 Abs. 2, vgl. auch § 227 Abs. 2). Auch bei einer solchen Verbindung ist jedes Anmeldeverfahren nach seinen Voraussetzungen durchzuführen. So hat zB bei der Anmeldung des Beschlusses auch der Aufsichtsratsvorsitzende mitzuwirken (§ 223 iVm § 237 Abs. 2 S. 1). Das Registergericht kann über die Anträge getrennt entscheiden, sofern nicht gemeinsame Eintragung beantragt ist. Sieht der Kapitalherabsetzungsbeschluss die **Einziehung künftig zu erwerbender Aktien** vor, kann auch in diesem Fall die Anmeldung des Beschlusses mit seiner Durchführung verbunden werden. Eine vorherige Eintragung des Beschlusses ist insbesondere dann nicht erforderlich, wenn gemäß § 71 Abs. 1 Nr. 6 eigene Aktien zur Einziehung erworben werden sollen.[1]

II. Durchführung der Kapitalherabsetzung

Unter der **Durchführung** der Kapitalherabsetzung durch Einziehung ist die **Gesamtheit der notwendigen Einziehungshandlungen** iSv § 238 S. 3, dh die Vornahme einer auf die Vernichtung bestimmter Aktien gerichteten Handlung durch den Vorstand, zu verstehen (→ § 238 Rn. 7).[2] Zur Durchführung des Herabsetzungsbeschlusses gehört dagegen nicht, dass die betroffenen Aktienurkunden eingereicht oder für kraftlos erklärt sind.[3] Nicht mehr zur Durchführung gehören auch die Vernichtung der Aktienurkunden und die Zahlung des Einziehungsentgelts.[4] Dementsprechend ist auch der Ablauf der sechsmonatigen Sperrfrist für die Auszahlung (§ 225 Abs. 2 S. 1 iVm § 237 Abs. 2 S. 3) abgewartet werden.

III. Anmeldung der Durchführung

Die Anmeldung ist elektronisch in öffentlich beglaubigter Form (§ 12 Abs. 1 S. 1 HGB iVm § 129 BGB, §§ 39, 39a, 40 BeurkG) beim Amtsgericht am satzungsmäßigen Sitz der Gesellschaft einzureichen. Die Anmeldung hat unverzüglich nach Abschluss der Durchführung zu erfolgen. Sie kann vom Registergericht durch Zwangsgeld erzwungen werden (§ 407 Abs. 2 S. 1 AktG iVm § 14 HGB). Die unterlassene oder verzögerte Anmeldung kann Schadensersatzansprüche der Gesellschaft gegen ihre Organmitglieder begründen (§§ 93, 116 S. 1). § 239 ist aber kein Schutzgesetz iSv § 823 Abs. 2, da keine Individualinteressen, sondern nur die Publizität des Handelsregisters geschützt werden.[5] Der Vorstand braucht die Anmeldung nur in vertretungsberechtigter Zahl vorzunehmen. Bei unechter Gesamtvertretung (§ 78 Abs. 3) können auch Prokuristen mitwirken. Im Übrigen kann sich der Vorstand aufgrund öffentlich beglaubigter Vollmacht (§ 12 Abs. 1 S. 2 HGB) auch durch Dritte vertreten lassen.[6]

§ 239 Abs. 1 S. 2 erweitert die Anmeldepflicht auf den Fall einer durch die Satzung **angeordneten Zwangseinziehung**. In diesem Falle gibt es keinen Hauptversammlungsbeschluss, der in das Handelsregister eingetragen werden könnte (§ 237 Abs. 6 S. 1). Die den Hauptversammlungsbeschluss ersetzende Einziehungshandlung des Vorstandes ist nicht eintragungsfähig. Die Kapitalherabsetzung wird damit erst über die Anmeldung und Eintragung nach § 239 Abs. 1 S. 2 bekannt.[7]

IV. Registergerichtliche Kontrolle

Das Registergericht hat vor der Eintragung die **ordnungsgemäße Durchführung** der Herabsetzung und dabei insbesondere zu prüfen, ob der Herabsetzungsbetrag dem auf die eingezogenen

---

[1] Hüffer/Koch/*Koch* Rn. 9; MHdB AG/*Scholz* § 63 Rn. 50; *Stucken/Tielmann* in Happ AktienR 14.04 Rn. 10.3; Bürgers/Körber/*Becker* Rn. 7; offen MüKoAktG/*Oechsler* Rn. 7; aA Kölner Komm AktG/*Lutter* Rn. 4; v. Godin/Wilhelmi Anm. 4.
[2] Hüffer/Koch/*Koch* Rn. 2; MHdB AG/*Scholz* § 63 Rn. 50; Kölner Komm AktG/*Lutter* Rn. 3; MüKoAktG/*Oechsler* Rn. 2; Großkomm AktG/*Sethe* Rn. 5; *Stucken/Tielmann* in Happ AktienR 14.04 Rn. 12.2; Grigoleit/*Rieder* § 239 Rn. 2.
[3] Hüffer/Koch/*Koch* Rn. 2; *Busch* in Marsch-Barner/Schäfer Börsennotierte AG-HdB Rn. 49.34.
[4] Hüffer/Koch/*Koch* Rn. 2; MüKoAktG/*Oechsler* Rn. 2; *Stucken/Tielmann* in Happ AktienR 14.04 Rn. 12.2.
[5] Hüffer/Koch/*Koch* Rn. 4; MüKoAktG/*Oechsler* Rn. 2; K. Schmidt/Lutter/*Veil* Rn. 4; Hölters/*Haberstock/Greitemann* Rn. 6.
[6] Hüffer/Koch/*Koch* Rn. 4; Kölner Komm AktG/*Lutter* Rn. 2; MüKoAktG/*Oechsler* Rn. 3; K. Schmidt/Lutter/*Veil* Rn. 3.
[7] Hüffer/Koch/*Koch* Rn. 5; MüKoAktG/*Oechsler* Rn. 4.

Aktien entfallenden Betrag (§ 238 S. 1) entspricht. Bei der Durchführung einer in der Satzung angeordneten Zwangseinziehung (§ 239 Abs. 1 S. 2) ist neben der Rechtmäßigkeit der Durchführung der Vorstandshandlung auch die Rechtmäßigkeit ihres Zustandekommens zu überprüfen. Dies ist nötig, weil die Entscheidung des Vorstands gemäß § 237 Abs. 6 S. 2 nicht eintragungspflichtig ist und deshalb auch noch nicht geprüft wurde.[8] Grundsätzlich genügt eine Plausibilitätsprüfung. Eine genauere Prüfung ist erforderlich, wenn Anlass zu Zweifeln besteht. Das Registergericht kann dabei von Amts wegen ermitteln (§ 26 FamFG).

Vierter Unterabschnitt. Ausweis der Kapitalherabsetzung

§ 240 [Gesonderte Ausweisung]

[1]Der aus der Kapitalherabsetzung gewonnene Betrag ist in der Gewinn- und Verlustrechnung als „Ertrag aus der Kapitalherabsetzung" gesondert, und zwar hinter dem Posten „Entnahmen aus Gewinnrücklagen", auszuweisen. [2]Eine Einstellung in die Kapitalrücklage nach § 229 Abs. 1 und § 232 ist als „Einstellung in die Kapitalrücklage nach den Vorschriften über die vereinfachte Kapitalherabsetzung" gesondert auszuweisen. [3]Im Anhang ist zu erläutern, ob und in welcher Höhe die aus der Kapitalherabsetzung und aus der Auflösung von Gewinnrücklagen gewonnenen Beträge
1. zum Ausgleich von Wertminderungen,
2. zur Deckung von sonstigen Verlusten oder
3. zur Einstellung in die Kapitalrücklage

verwandt werden. [4]Ist die Gesellschaft eine kleine Kapitalgesellschaft (§ 267 Absatz 1 des Handelsgesetzbuchs), braucht sie Satz 3 nicht anzuwenden.

Schrifttum: S. Angaben bei § 229.

I. Gegenstand und Zweck der Regelung

1   Die Vorschrift regelt die buchungstechnische Verwendung der aus der Kapitalherabsetzung gewonnenen Erträge. Sie dient damit der Information über die tatsächliche Ertragslage der Gesellschaft und auf diese Weise dem Schutz der Gläubiger und Aktionäre.[1] Die Vorschrift ergänzt zugleich die allgemeinen Ausweis- und Berichtspflichten der Kapitalgesellschaften (§§ 246 ff. HGB). Nicht in § 240, sondern in § 158 Abs. 1 Nr. 2 und 3 geregelt ist der Ausweis der Beträge, die aus der nach § 229 Abs. 2 notwendigen Auflösung von Gewinn- und Kapitalrücklagen stammen.

II. Ausweis der Kapitalherabsetzung

2   Die Vorschrift gilt zwingend für alle drei Formen der Kapitalherabsetzung (ordentliche und vereinfachte Kapitalherabsetzung sowie Kapitalherabsetzung durch Einziehung von Aktien).[2] Die in ihr geregelten Ausweis- und Erläuterungspflichten gelten für den Jahresabschluss des Geschäftsjahres, in dem die entsprechenden Buchungen vorzunehmen sind. Das ist grundsätzlich das Geschäftsjahr, in dem die Kapitalherabsetzung wirksam wird (§§ 224, 229 Abs. 3, § 238). Wirkt die Kapitalherabsetzung gemäß §§ 234, 235 zurück, gelten die Bestimmungen des § 240 bereits für den Jahresabschluss des Geschäftsjahres, in dem die Kapitalherabsetzung berücksichtigt wird.[3]

3   **1. Betrag aus der Kapitalherabsetzung.** Der Buchertrag aus der Kapitalherabsetzung, dh der Differenzbetrag zwischen alter und neuer Grundkapitalziffer, ist in der Gewinn- und Verlustrechnung als „Ertrag aus der Kapitalherabsetzung" gesondert auszuweisen (§ 240 S. 1). Dieser Ausweis erfolgt hinter dem in § 158 Abs. 1 Nr. 3 genannten Posten „Entnahme aus Gewinnrücklagen". Das Ausweiswahlrecht des § 158 Abs. 1 S. 2, das grundsätzlich auch einen Ausweis im Anhang zulässt, findet keine Anwendung.[4]

4   **2. Einstellung in die Kapitalrücklage.** Werden bei der vereinfachten Kapitalherabsetzung der Buchertrag gemäß § 229 Abs. 1 S. 2 oder Beträge nach § 232 in die Kapitalrücklage eingestellt, so sind diese Beträge in der Gewinn- und Verlustrechnung als „Einstellung in die Kapitalrücklage nach

---

[8] Kölner Komm AktG/*Lutter* Rn. 6; MüKoAktG/*Oechsler* Rn. 5.
[1] Hüffer/Koch/*Koch* Rn. 1; Kölner Komm AktG/*Lutter* Rn. 2 Grigoleit/*Rieder* Rn. 1.
[2] *Kropff* AktG S. 326; Hölters/*Haberstock/Greitemann* Rn. 1.
[3] Hüffer/Koch/*Koch* Rn. 2; Kölner Komm AktG/*Lutter* Rn. 9; MüKoAktG/*Oechsler* Rn. 2.
[4] Hüffer/Koch/*Koch* Rn. 3; MüKoAktG/*Oechsler* Rn. 3; Bürgers/Körber/*Becker* Rn. 3; aA *ADS* AktG § 158 Rn. 24 und *ADS* HGB § 298 Rn. 200.

den Vorschriften über die vereinfachte Kapitalherabsetzung" auszuweisen (§ 240 S. 2). Dies gilt auch soweit **§ 232** nur entsprechend anzuwenden ist (→ § 232 Rn. 10).[5] Satz 2 ergänzt damit den Ausweis des Buchertrags nach Satz 1 und sorgt für eine insgesamt erfolgsneutrale Verbuchung der Kapitalherabsetzung. Der nach Satz 2 zu bildende Posten ist in der Gliederung vor dem Posten nach § 158 Abs. 1 S. 1 Nr. 4 aufzuführen.[6] Satz 2 erwähnt nicht den Fall, dass bei einer Kapitalherabsetzung durch Einziehung von Aktien der dem Umfang der Herabsetzung entsprechende **Betrag nach § 237 Abs. 5** in die Kapitalrücklage einzustellen ist. Auch in diesem Fall ist ein Gegenposten in der Gewinn- und Verlustrechnung erforderlich. § 240 S. 2 ist daher entsprechend anzuwenden. Dabei ist die Benennung des Postens anzupassen (zB „Einstellung in die Kapitalrücklage nach den Vorschriften über die vereinfachte Kapitalherabsetzung durch Einziehung von Aktien").[7]

3. Erläuterungen im Anhang. Über die Verwendung des Buchertrags aus der Kapitalherabsetzung ist im Anhang zum Jahresabschluss zu berichten (§ 240 S. 3), soweit es sich nicht um eine kleine Kapitalgesellschaft iSd § 267 Abs. 1 HGB handelt (§ 240 S. 4) Dabei ist zu erläutern, ob und inwieweit die aus der Kapitalherabsetzung und aus der Auflösung von Gewinnrücklagen gewonnenen Beträge 1. zum Ausgleich von Wertminderungen, 2. zur Deckung von sonstigen Verlusten oder 3. zur Einstellung in die Kapitalrücklage verwandt werden. Im Fall der vereinfachten Kapitalherabsetzung können alle drei Verwendungsarten in Betracht kommen (§ 229 Abs. 1 S. 1). Werden bei einer Kapitalherabsetzung durch Einziehung der Gesellschaft Aktien unentgeltlich zur Verfügung gestellt oder folgt die Einziehung zu Lasten des Bilanzgewinns oder einer anderen Rücklage, so ist der Betrag nach Abs. 3 Nr. 3 im Anhang anzugeben und zu erläutern. Auch bei einer ordentlichen Kapitalherabsetzung können, sofern nicht der herabgesetzte Betrag zur Rückzahlung bestimmt ist, Erläuterungen nach S. 3 in Betracht kommen.

III. Rechtsfolgen bei Verstoß

Bei einem Verstoß gegen § 240 muss der Bestätigungsvermerk nach § 322 HGB versagt werden.[8] Da es sich um den Verstoß gegen eine Gliederungsvorschrift handelt, liegt ein Nichtigkeitsgrund für den Jahresabschluss nur vor, wenn dadurch seine Klarheit und Übersichtlichkeit wesentlich beeinträchtigt sind (§ 256 Abs. 4). Dies ist in aller Regel zu verneinen.[9] Unmittelbare Verstöße gegen die Gläubigerschutzbestimmungen der §§ 232, 237 Abs. 5 führen dagegen zur Nichtigkeit des Jahresabschlusses.[10]

---

[5] MüKoAktG/*Oechsler* Rn. 4; K. Schmidt/Lutter/*Kleindiek* Rn. 6; Bürgers/Körber/*Becker* Rn. 4.
[6] Hüffer/Koch/*Koch* Rn. 4; MüKoAktG/*Oechsler* Rn. 4; ADS AktG § 158 Rn. 26; K. Schmidt/Lutter/*Kleindiek* Rn. 5.
[7] Hüffer/Koch/*Koch* Rn. 5; Kölner Komm AktG/*Lutter* Rn. 7; MüKoAktG/*Oechsler* Rn. 6; K. Schmidt/Lutter/*Kleindiek* Rn. 7; ADS AktG § 158 Rn. 27.
[8] Hüffer/Koch/*Koch* Rn. 7; MHdB AG/*Scholz* § 61 Rn. 4; MüKoAktG/*Oechsler* Rn. 8; Grigoleit/*Rieder* Rn. 8.
[9] Hüffer/Koch/*Koch* Rn. 7; Kölner Komm AktG/*Lutter* Rn. 10; MüKoAktG/*Oechsler* Rn. 8; MHdB AG/*Scholz* § 61 Rn. 4; Bürgers/Körber/*Becker* Rn. 7; Hölters/Haberstock/*Greitemann* Rn. 8.
[10] Hüffer/Koch/*Koch* Rn. 7; MüKoAktG/*Oechsler* Rn. 8.

Siebenter Teil. Nichtigkeit von Hauptversammlungsbeschlüssen und des festgestellten Jahresabschlusses. Sonderprüfung wegen unzulässiger Unterbewertung

Erster Abschnitt. Nichtigkeit von Hauptversammlungsbeschlüssen

Erster Unterabschnitt. Allgemeines

Vorbemerkungen zu §§ 241 ff. Klagemöglichkeiten im Aktienrecht

Übersicht

	Rn.		Rn.
I. Überblick und Systematisierung	1–5	2. Materieller Rechtsgrund: Die Mitgliedschaft als subjektives Abwehrrecht und als „sonstiges Recht" iSd § 823 Abs. 1 BGB	15–18
II. Nichtigkeits- und Anfechtungsklage als gesetzlicher Modellfall der Abwehrklage	6–13	3. Reichweite und Formen der Aktionärsklage, insbesondere Sperrwirkung der §§ 249, 246 AktG	19–21
1. Ausgangspunkt	6, 7	4. Anwendungsbeispiele für die Aktionärsklage	22–25
2. Anfechtungs- und Nichtigkeitsklage als auf Beschlussbeseitigung gerichtetes Geschwisterpaar	8–11	5. Klagegegner; Klagefrist	26, 27
		IV. (Sonstige) Leistungsklagen wegen eigener Ansprüche	28
3. Ausdehnung des § 249 auf die Unwirksamkeitsklage	12	V. Leistungsklagen wegen Ansprüchen der Aktiengesellschaft	29–32
4. Entlastung der Anfechtungsklage durch das Spruchverfahren	13	1. Keine actio pro socio als Individualrecht	29
III. Die Aktionärsklage aus eigenem Recht	14–27	2. §§ 147, 148 AktG: Die actio pro socio als Minderheitenrecht nach erfolgreichem Klagezulassungsverfahren	30–32
1. Fragestellung	14	VI. Organstreitigkeiten	33, 34

I. Überblick und Systematisierung

Schrifttum: S. die Angabe vor den einzelnen Abschnitten → Rn. 6, 14, 33; übergreifend vor allem *Schwab*, Das Prozessrecht gesellschaftsinterner Streitigkeiten, 2005.

§§ 241 ff. beschäftigen sich außer mit dem Beschlussmängelrecht mit den zwei wichtigsten **1** Klagemöglichkeiten des Aktionärs. Neben der Nichtigkeits- und der Anfechtungsklage gibt es jedoch weitere, teilweise nicht kodifizierte Klagemöglichkeiten im Aktienrecht. Deren Darstellung ist Anliegen des nachfolgenden Abschnitts. Versucht man die Klagemöglichkeiten im Aktienrecht zu systematisieren, so ist zunächst zwischen den Klagemöglichkeiten der Aktionäre und solchen anderer Organe (sog. Organstreitigkeiten, näher → Rn. 33 f.) zu sondern. Da Organstreitigkeiten weder dogmatisch hinreichend abgesichert sind, noch in der Praxis eine bedeutende Rolle spielen, wird sich diese Kommentierung auf die Klagemöglichkeiten der Aktionäre fokussieren. Insoweit sind Klagen aus eigenem Recht von solchen prozessualen Rechtsbehelfen zu unterscheiden, mit denen der Aktionär ein Recht der Aktiengesellschaft an deren Stelle im eigenen Namen geltend macht, also **Klagemöglichkeiten aus abgeleitetem Recht,** gerichtet auf Leistung an die Gesellschaft. Letzteres wird im allgemeinen Verbandsrecht mittels der actio pro socio als Durchsetzung eines fremden Rechts gelöst, wobei umstritten ist, ob es sich dabei um eine bloße Form der Prozessstandschaft oder um ein eigenes materielles Recht des Aktionärs handelt.[1] Im Aktienrecht ist für die actio pro socio als allgemeiner, gesetzlich nicht geregelter Rechtsbehelf – wie noch näher auszuführen sein wird (→ Rn. 29) – kein Raum. Allerdings hat der Reformgesetzgeber des UMAG dem einzelnen Aktionär neben dem erleichterten Verfolgungsrecht in § 147 unter gewissen

---

[1] Zu den Grundlagen der actio pro socio und zum Streit um ihre dogmatischen Grundlagen vgl. statt aller *K. Schmidt* GesR § 21 V, 629 ff.; *Hadding*, Actio pro Socio, 1966; *Schanbacher* AG 1999, 21 ff. und eingehend *Schwab*, Das Prozessrecht gesellschaftsinterner Streitigkeiten, 2005, 45 ff. Zur Systematisierung möglicher Klagearten vgl. auch *Raiser* in Bayer/Habersack AktienR im Wandel, Bd. 2, 2007, 624 f. (Rn. 1 ff.).

Voraussetzungen mit § 148 eine actio pro socio als Minderheitenrecht nach dem erfolgreichen Durchlaufen eines Klagezulassungsverfahrens zugestanden (näher → Rn. 30 ff. und → § 148 Rn. 43 ff.).

2 Auf der anderen Seite stehen **Klagen des Aktionärs aus eigenem Recht.** Deren Ziel besteht verallgemeinernd gesprochen darin, dem Aktionär einen Abwehr- bzw. Schadensersatzanspruch bei Verletzung seiner mitgliedschaftlichen Rechte an die Hand zu geben. Der Schwerpunkt liegt in Deutschland bei der Anfechtungsklage, die – wie noch näher zu zeigen sein wird (→ Rn. 7) – eine besondere gesetzliche Ausprägung der allgemeinen actio negatoria, also der Abwehrklage gegen Eingriffe in die Mitgliedschaft, darstellt. Inwieweit daneben Raum für die Rückgriff auf eine allgemeine Aktionärsklage zur Abwehr rechtswidrigen Handelns der Organe der Aktiengesellschaft oder Dritter verbleibt, und worauf diese Klage evtl. materiell-rechtlich zu stützen ist, wird den Schwerpunkt des nachfolgenden Abschnitts darstellen (→ Rn. 14 ff.).

3 Ein ähnlicher Dualismus zwischen Klagen aus eigenem Recht und Klagen aus abgeleitetem Recht findet sich auch in den meisten anderen Rechtsordnungen. In den **USA** unterscheidet man beispielsweise zwischen der *derivative suit* (Klage aus abgeleitetem Recht) und der *direct suit* (Klage aus eigenem Recht).[2] Allerdings ist dort, wie im angelsächsischen Recht im Allgemeinen, eine andere Schwerpunktsetzung zu verzeichnen. Im Mittelpunkt stehen die *derivative suit* und Ansprüche auf Schadensersatz im Zusammenhang mit der *direct suit*.[3] Abwehrklagen, namentlich solche auf Beschlussanfechtung, spielen allenfalls eine untergeordnete Rolle.[4] Die Schlagkraft der Schadensersatzklagen, sei es aus eigenem oder aus abgeleitetem Recht, wird dadurch erhöht, dass mehrere gleichartige Klagen verschiedener Aktionäre zu einer Sammelklage *(class action, group litigation)* verbunden werden können. Demgegenüber sind im deutschen Aktienrecht Sammelklagen bisher weitgehend unbekannt.[5]

4 Die Klagemöglichkeiten des Aktionärs haben in der **rechtspolitischen Diskussion** der vergangenen Jahre einen breiten Stellenwert eingenommen.[6] Dabei lassen sich entsprechend der obigen Systematisierung drei Diskussionsfelder ausmachen. Zum einen wurden verschiedene Möglichkeiten zur **Beschränkung der Anfechtungsklage** diskutiert, um sog. räuberischen Aktionären[7] das Handwerk zu legen. Hintergrund war die gezielte Erhebung von Anfechtungsklagen gegen Strukturänderungsmaßnahmen nach einer oftmals provozierten Verletzung des Auskunftsrechts,

---

[2] Vgl. näher dazu *American Law Institute,* Principles of Corporate Governance, Bd. 2, 1994, 17 ff.; *Clark,* Corporate Law, 1986, 662 ff.; *Becker,* Verwaltungskontrolle durch Gesellschafterrechte, 1997, 118 ff. (295 ff.) mwN; *Merkt,* US-amerikanisches GesR, 3. Aufl. 2013, Rn. 1126 ff. (va. 1131 ff.) sowie bereits → § 148 Rn. 17 f.

[3] *Ulmer* ZHR 163 (1999) 290 (303 ff.) mwN und Nachw. der rechtstatsächlichen Bedeutung.

[4] Vgl. dazu näher *Baums,* Gutachten F für den 63. DJT, in DJT (Hrsg.), Verhandlungen des 63. DJT Leipzig 2000, Bd. I, 2000, F 45 ff.; *Becker,* Verwaltungskontrolle durch Gesellschafterrechte, 1997, 314 ff.; *Kreß,* Gerichtliche Beschlusskontrolle im Kapitalgesellschaftsrecht, 1996, 39 ff. und beschränkt auf Europa auch *DSW (Deutsche Schutzvereinigung für Wertpapierbesitz eV),* Eine rechtsvergleichende Studie über Minderheitenrechte der Aktionäre … in Europa, 1999.

[5] Vgl. eingehend dazu und zu den Gründen hierfür, sowie zu vorhandenen Formen der Bündelung von Einzelklagen insbes. *Hess* WM 2003, 2318 ff.; *Hess* AG 2003, 113 ff. Auch das Kapitalanleger-Musterverfahrensgesetz (KapMuG) ist keine Sammelklage, vgl. statt aller *Wagner,* Gutachten für den 66. DJT, in DJT, Verhandlungen des 66. DJT Stuttgart 2006, Bd. I, 2006, A 122 f. Zur möglichen rechtspolitischen Fortentwicklung vgl. *Gläßner/Gietzelt/Casper* in Gao/Veil, Foreign Investments on Chinese Capital Markets – Developments and enforcementconcepts from a Chinese and German comparative perspective, 2017, 93 (95 ff.); allg. zur Entwicklung von Sammelklagen vgl. *Tilp/Schiefer* NZV 2017, 14 ff.; *Casper/Janssen/Pohlmann/Schulze,* Auf dem Weg zu einer europäischen Sammelklage?, 2009, passim. Im Anschluss an das Konsultationspapier der EU-Kommission „Towards a Coherent European Approach to Collective Redress", SEC, (2011) 173 krit. zu Sammelklagen *Brand* NJW 2012, 1116 sowie *Wendt* EuZW 2011, 616. Am 11.6.2013 empfahl die Kommission ihren Mitgliedsstaaten zudem die Einführung kollektiver Rechtsschutzverfahren; s. dazu die Pressemitteilung European Commission – IP/13/524; allg. dazu *Deutlmoser* EuZW 2013, 652. In ihrem Bericht über die Umsetzung der Empfehlung konstatierte die Kommission jüngst eher mäßigen Erfolg, COM (2018) 40 final, S. 3.

[6] Statt aller *Baums,* Bericht der Regierungskommission Corporate Governance, 2001, Rn. 72 ff. (145 ff.); *Baums* Gutachten F für den 63. DJT, in DJT (Hrsg.), Verhandlungen des 63. DJT Leipzig 2000, Bd. I, 2000, passim mit Darstellung und Nachw. des Diskussionsstandes; sowie aus neuerer Zeit Kölner Komm AktG/*Noack/Zetzsche* Rn. 73 ff. und stellvertretend für viele grundlegende Beiträge *Winter* FS Ulmer, 2003, 699 ff.; *Henze/Hoffmann-Becking/Winter,* GesR 2003, RWS-Forum, 457 ff.; *Lutter* JZ 2000, 837 ff.; *Bayer* NJW 2000, 2609 ff.; vgl. auch den Vorschlag des Arbeitskreises Beschlussmängelrecht, AG 2008, 617 (618, 623); vgl. ferner → § 148 Rn. 5 ff. Der Juristentag 2018 wird dieses Thema erneut behandeln. Zu aktuellen Bestrebungen des Gesetzgebers vgl. sogleich im Text.

[7] Oftmals auch als Berufskläger bezeichnet, so etwa von *Baums* Gutachten F für den 63. DJT, in DJT (Hrsg.), Verhandlungen des 63. DJT Leipzig 2000, Bd. I, 2000, F 56 mit namentlicher Nennung der exponierten Vertreter dieser Zunft; dazu, dass dieses zweifelhafte Gewerbe bereits vor 100 Jahren „seinen Mann genährt" hat, vgl. *Flechtheim* FS Zittelmann, 1913, 1 (5); *Hachenburg* JW 1918, 16 (17); *Pinner* LZ 1914, 226 (229).

um sich sodann das Anfechtungsrecht abkaufen zu lassen.[8] Die Vorschläge reichten vom Erfordernis eines Quorums, über eine Mindesthaltedauer der Aktien bis hin zur Übertragung des Freigabeverfahrens in § 16 Abs. 3 UmwG ins allgemeine Aktienrecht sowie einer Beschränkung der materiellen Anfechtungsgründe. Der Reformgesetzgeber des UMAG hat mit der Novellierung des § 130 und der Schaffung des Freigabeverfahrens in § 246a den zuletzt genannten Weg beschritten.[9] Damit bleibt das Anfechtungsrecht als Individualrecht erhalten, mit § 246a wird aber auf ein in der Praxis bewährtes Institut im Umwandlungsrecht zurückgegriffen.[10] Diesen durch das UMAG eingeschlagenen Weg hat das ARUG zum Anlass genommen, das Freigabeverfahren aus Sicht der AG zu erleichtern, da in der Praxis verbreitet bemängelt worden war, dass das Verfahren nach § 246a weiterhin zu schwerfällig sei. Bemerkenswert ist vor allem die Einführung eines Mindestquorums in § 246a Abs. 2 Nr. 2, wonach die Freigabe ohne Interessenabwägung bzw. Rücksicht auf die Erfolgsaussichten der Anfechtungsklage bereits dann ergeht, wenn der Kläger Aktien mit einem Nennwert von weniger als EUR 1000 hält.[11] Diese Reform hat ausweislich rechtstatsächlicher Untersuchungen zu einem signifikanten Rückgang der Anfechtungsklagen geführt.[12] Ob es in der 19. Legislaturperiode – wie angekündigt[13] – zu einem weiteren Reform durch den Gesetzgebers kommt, bleibt abzuwarten.

Die zweite Ebene bildete der **§ 147.** Hier richtete sich die Kritik in erster Linie gegen die meist unüberwindbare Schwelle im alten § 147 Abs. 3 sowie gegen den fehlenden Gleichlauf von § 142 und § 147 aF.[14] Mit der erheblichen Absenkung der Schwelle für ein Verfolgungsrecht in Gestalt einer actio pro socio als Minderheitenrecht nach einem erfolgreich durchlaufenen Klagezulassungsverfahren folgt der Reformgesetzgeber des UMAG im Wesentlichen rechtsvergleichenden Vorarbeiten von *Peter Ulmer,*[15] die bereits zuvor der 63. Deutsche Juristentag in Leipzig im Jahre 2000[16] und die Regierungskommission Corporate Governance aufgegriffen hatten.[17] Dass die Reformdiskussion insoweit noch immer nicht befriedigend abgeschlossen ist, zeigt die erneute Diskussion auf dem 70. Deutschen Juristentag 2014 in Hannover.[18]

Das dritte Diskussionsfeld bildet die **allgemeine Aktionärsklage aus eigenem Recht.** Hier schwanken die Diskussionsbeiträge zwischen der lex lata und Vorschlägen de lege ferenda.[19] Ausgangspunkt war die **Holzmüller-Entscheidung** in BGHZ 83, 122, in der der BGH außenstehenden Aktionären eine Abwehrklage gegen einen Eingriff in ihr Recht auf Entscheidungsteilhabe als Ausfluss ihres Mitgliedschaftsrechts zuerkannte.[20] Trotz intensiver Diskussion dieses Urteils im rechtswissenschaftlichen Schrifttum blieben die Konturen und die Reichweite dieser Rechtsprechung schemen-

---

[8] Rechtstatsachen bei *Baums* Gutachten F für den 63. DJT, in DJT (Hrsg.), Verhandlungen des 63. DJT Leipzig 2000, Bd. I, 2000, F 51; *Baums* ZIP 2000, 1649 (1655); *Baums/Keinath/Gajek* ZIP 2007, 1629 ff.; Fortschreibung dieser Studie in *Baums/Drinhausen/Keinath* ZIP 2011, 2329; krit. dazu *Bayer/Hoffmann* ZIP 2013, 1193; darauf antwortend *Keinath* ZIP 2013, 1205.
[9] BGBl. 2005 I 2802 ff.; dazu vgl. etwa *Veil* AG 2005, 567 ff.; *Spindler* NZG 2005, 825; *Spindler* NZG 2005, 865 ff.; *Diekmann/Leuering* NZG 2004, 249 ff.; zur rechtstatsächlichen Auswirkung des UMAG auf räuberische Aktionäre vgl. *Baums/Keinath/Gajek* ZIP 2007, 1629 ff.
[10] Vgl. dazu bereits die entsprechenden Vorschläge von *M. Winter* FS Ulmer, 2003, 699 (712); Überblick zur Neuregelung etwa bei *Veil* AG 2005, 567 (570 ff.).
[11] Zu den näheren Einzelheiten vgl. → § 246a Rn. 26 sowie den Überblick bei *Koch/Wackerbeck* ZIP 2009, 1603 ff.; krit. Würdigung der Neuregelung bei *Florstedt* AG 2009, 465 ff.; *Grunewald* NZG 2009, 967 ff.
[12] *Bayer/Hoffmann* AG 2017, R155, R156: Waren vor dem ARUG regelmäßig pro Jahr ca. 150 börsennotierte AG von Anfechtungsklagen betroffen, seien es 2016 nur noch knapp 50 gewesen, was einem Rückgang von 2/3 entspricht.
[13] Der Koalitionsvertrag von CDU/CSU und SPD 2018 für die 19. Legislaturperiode hat angekündigt, im „aktienrechtlichen Beschlussmängelrecht ... im Interesse des Minderheitenschutzes und der Rechtssicherheit Brüche und Wertungswidersprüche [zu] beseitigen" (Zeile 6081), vgl. u.a. https://www.bundesregierung.de/content/DE_anlagen/2018/03/2018-03-14-koalitionsvertrag.pdf?_blob=publicationFile&v=5 (zuletzt aufgerufen am 13.6.2018).
[14] Stellvertretend für Viele Henze/Hoffmann-Becking/*M. Winter* GesR 2003, RWS-Forum, 457 (460 ff.); *Ulmer* ZHR 163 (1999) 290 (319 ff.), jew. mwN.
[15] ZHR 163 (1999) 290 mit einem Gesetzgebungsvorschlag auf S. 341 f.
[16] DJT, Verhandlungen des 63. DJT, 2000, Bd. II/2, 2001, O 75 ff.
[17] *Baums,* Bericht der Regierungskommission Corporate Governance, 2001, Rn. 72 f.
[18] Vgl. *Bachmann,* Verhandlungen des 63. DJT, 2000, Bd. I, 2014, E 1 (88 ff.).
[19] Überblicke bei *Bayer* NJW 2000, 2609 (2610 ff.); *K. Schmidt* GesR § 21 V 3, 648 ff.; grundlegend *Habersack,* Die Mitgliedschaft – subjektives und ‚sonstiges' Recht, 1996, 171 ff.; *Knobbe-Keuk* FS Ballerstedt, 1975, 239 ff.
[20] Zur Frage, ob sich das Recht auf Entscheidungsteilhabe in dem auf Konzerneingangskontrolle gerichteten Holzmüller-Sachverhalt aus einer ungeschriebenen Hauptversammlungskompetenz oder aus einer Ermessensreduzierung des Vorstandes verbunden mit der Pflicht, die Hauptversammlung nach § 119 Abs. 2 zu beteiligen, ergibt, vgl. weiterführend *Hüffer* FS Ulmer, 2003, 279 ff.

haft.[21] Erst mit den **Gelatineentscheidungen** aus dem Jahre 2004[22] sowie der Entscheidung **Mangusta/Commerzbank II** von 2005[23] trat eine gewisse Beruhigung der Diskussion ein.[24] Weiterer Meilenstein in dieser Diskussion war die sog. **Schärenkreuzerentscheidung** aus dem Jahre 1990,[25] in der der BGH die Mitgliedschaft im Verein als subjektives und sonstiges Recht iSd § 823 Abs. 1 BGB anerkannte, mit der Möglichkeit eines deliktischen Schutzes und einer Untermauerung einer allgemeinen Abwehrklage durch Heranziehung von § 1004 BGB analog.[26] Zu einer Beruhigung und Klärung der Diskussionslinien hat dies allerdings nicht beigetragen. Die meisten Fragen innerhalb dieses Diskussionsfeldes sind jedoch dem geltenden Recht zuzuordnen und weiter unten aufzugreifen (→ Rn. 14 ff.). Der Gesetzgeber hat in allen Reformgesetzen, einschließlich des UMAG[27] sowie des ARUG eine Regelung der Aktionärsklage als allgemeine *actio negatoria* bewusst unterlassen.[28] Hieraus die Schlussfolgerung ziehen zu wollen, dass für eine allgemeine Aktionärsklage im AktG kein Raum sei, wäre jedoch zumindest voreilig. Vielmehr ist der Gesetzgeber der Ansicht, dass deren Anwendungsfelder derart selten im Mittelpunkt des rechtstatsächlichen Geschehens stehen, dass eine Ausformung und Grenzziehung der Rechtsprechung und Rechtswissenschaft überlassen bleiben könne.

II. Nichtigkeits- und Anfechtungsklage als gesetzlicher Modellfall der Abwehrklage

Schrifttum: Vgl. die Angaben zu §§ 246, 249 sowie vor → Rn. 14.

1. Ausgangspunkt. Anfechtungs- und Nichtigkeitsklage sind historisch gewachsene Rechtsinstitute. Die Anfechtungsklage geht auf die zweite Aktienrechtsreform im 19. Jahrhunderts im Jahre 1884 zurück.[29] Dass es daneben auch nichtige Beschlüsse gab, die im Wege einer Nichtigkeitsfeststellungsklage geltend zu machen sind, wurde in der Folgezeit von Rechtsprechung und Schrifttum herausgearbeitet[30] und im Aktiengesetz von 1937 erstmals kodifiziert,[31] während das Genossenschaftsgesetz weiterhin im aktienrechtlichen Rechtszustand zwischen 1884 und 1937 zu verharren scheint[32] und das GmbH-Recht in einem Zustand der gesetzgeberischen Enthaltsamkeit lebt. In diesen beiden Teildisziplinen des Gesellschaftsrechts sind nach ständiger, für das GmbH-Recht neuerdings nicht mehr unumstrittener, Rechtsprechung die §§ 241–249 weitgehend entsprechend heranzuziehen.[33] Dieser Befund zeigt, dass der Möglichkeit sich gegen rechtswidrige Beschlüsse der Haupt-, bzw. General- oder Gesellschafterversammlung zur Wehr zu setzen, ein gemeinsames Rechtsprinzip im Kapitalgesellschaftsrecht zugrunde liegt.[34] Dieses ist im Mehrheitsprinzip und in

---

[21] Vgl. aus dem neueren Schrifttum vor Gelatine etwa *Joost* ZHR 163 (1999), 164 ff.; *Priester* ZHR 163 (1999), 187 ff.; *Westermann* FS Koppensteiner, 2001, 259 ff.; *Hüffer* FS Ulmer, 2003, 279 ff.

[22] BGHZ 159, 30 ff. = NJW 2004, 1860 = ZIP 2004, 993 mAnm. *Altmeppen;* BGH ZIP 2004, 1001.

[23] BGHZ 164, 249 ff. = NJW 2006, 374.

[24] Trotz einer Flut von Beiträgen, exemplarisch zu verweisen ist auf *Adolff* ZHR 169 (2005), 310 ff.; *Liebscher* ZGR 2005, 1 ff.; *Habersack* AG 2005, 137 ff.; *Reichert* AG 2005, 150 ff.; *Weißhaupt* AG 2004, 585 ff.; *Kort* AG 2006, 272 ff.; *Simon* DStR 2006, 1483 – jew. zu Gelatine; *Drinkuth* AG 2006, 142 ff.; *Busch* NZG 2006, 81 ff.; *Bungert* BB 2005, 2757 ff.; *Paschos* DB 2005, 2731 ff.; *Waclawik* ZIP 2006, 397 ff. – jew. zu Commerzbank/Mangusta.

[25] BGHZ 110, 323 (327 ff.) = NJW 1990, 2877.

[26] Grundlegend dazu *Habersack,* Die Mitgliedschaft – subjektives und ‚sonstiges' Recht, 1996, 187 ff. und passim.

[27] BGBl. 2005 I 2802 ff.

[28] Ebenso das rechtspolitische Petitum von *Baums,* Gutachten F für den 63. DJT, in DJT (Hrsg.), Verhandlungen des 63. DJT Leipzig 2000, Bd. I, 2000, F 215 ff.

[29] Art. 190a, 190b ADHGB, Gesetzesbegründung abgedruckt bei *Hommelhoff/Schubert,* 100 Jahre modernes Aktienrecht, 1984, 404 (466 f.), vgl. näher zum Ganzen *Huber* FS Coing, Bd. II, 1982, 167 (168 f.). Überblick zur historischen Entwicklung auch bei *Raiser* in Bayer/Habersack AktienR im Wandel, Bd. 2, 2007, 638 ff., Rn. 36 ff.

[30] RGZ 115, 378 (383); RG JW 1929, 1677 f.; RGZ 120, 29 (30 f.); aus dem Schrifttum vgl. nur die grundlegenden Schriften von *Hueck,* Nichtigkeit und Anfechtbarkeit von Generalversammlungsbeschlüssen, 1924, 26 ff.; *Hornwitz,* Das Recht der Generalversammlungen, 1913, 119 ff.

[31] §§ 195 ff. AktG 1937 entsprechen in ihrer Grundstruktur weitgehend den heutigen §§ 241–249 AktG.

[32] In § 51 GenG ist nur die Anfechtungsklage geregelt, nicht aber die Nichtigkeit und eine der Nichtigkeitsfeststellungsklage nach § 249 AktG vergleichbare Klageform.

[33] Vgl. nur BGHZ 11, 231 (235) = NJW 1954, 385 und den wN bei *Casper* ZHR 163 (1999) 54 (59) in Fn. 20, 25; Kritik hat diese Rechtsprechung im GmbH-Recht insbes. in der grundlegenden Schrift von *Noack,* Fehlerhafte Beschlüsse in Gesellschaften und Vereinen, 1989, 15 ff. (49 ff.); *Zöllner/Noack* ZGR 1989, 525 ff.; *Raiser* FS Heinsius, 1991, 654 ff. und bei *Casper* ZHR 163 (1999) 54 (59) in Fn. 20, 25 sowie neuerdings bei *Fehrenbach,* Der fehlerhafte Gesellschafterbeschluss in der GmbH, 2011, 227 ff. erfahren.

[34] Vgl. näher *Casper* ZHR 163 (1999) 54 (66 ff.); dies erkennen auch *K. Schmidt* GesR § 21 V, 645 ff., § 36 III 4, S. 1099, § 47 V 2c, 1396 f.; *K. Schmidt* AG 1977, 251 ff. und *Schwab,* Das Prozessrecht gesellschaftsinterner Streitigkeiten, 2005, 370 ff. (420 ff.) an, die daraus allerdings auch ein auf §§ 246, 249 gestütztes, einheitliches Klageerfordernis für alle Gesellschaftsformen herleiten wollen.

der Mitgliedschaft verankert. Aus der Möglichkeit überstimmt zu werden, als auch aus der Mitgliedschaft als solche, folgt ein Recht jedes einzelnen Gesellschafters, dass die Mehrheit bei der Beschlussfassung die gesetzlichen und satzungsgemäßen Vorgaben achtet.[35] Dieses **Recht auf Beschlussfassung entsprechend Gesetz und Statuten** lässt sich bis in die frühe Rechtsprechung des Reichsoberhandelsgerichts hinein zurückverfolgen[36] und ist heute ganz weitgehend anerkannt.[37] Für einen actionenrechtlichen Ansatz iSd der römischen *actio*, wonach ein Recht, den rechtswidrigen Beschluss anzugreifen nur dann bestände, wenn das Gesetz auch eine entsprechende Klageform zur Verfügung stellt,[38] ist im Gesellschaftsrecht kein Raum. Das Recht auf eine Gesetz und Satzung achtende Beschlussfassung ist andererseits von dem im Zusammenhang mit der Aktionärsklage diskutierten Recht des Aktionärs auf Beachtung von Gesetz und Satzung seitens der Verwaltung bei der Geschäftsführung ebenso deutlich wie klar zu sondern.[39] Ersteres indiziert nicht etwa dieses zweite, zuletzt genannte, weitergehende Mitgliedschaftsrecht.

Hat man das Recht des einzelnen Aktionärs auf rechtmäßige Beschlussfassung erkannt, so folgt **7** daraus, dass dem Aktionär gegen mangelhafte Beschlüsse ein Abwehrrecht zustehen muss. Gäbe es keine Anfechtungs- und Nichtigkeitsklage, so könnte der Aktionär die Beschlussmängel im Wege der allgemeinen mitgliedschaftlichen *actio negatoria* bekämpfen. Diese wäre auf Folgenbeseitigung und damit auf Beschlussaufhebung gerichtet, sofern man nicht jeden Beschlussmangel dem Verdikt der Nichtigkeit unterwerfen will.[40] Der Gesetzgeber hat sich jedoch zumindest im Aktienrecht aus guten Gründen und im Interesse der Rechtssicherheit dazu entschlossen, bei weniger gravierenden Beschlussmängeln diesen Abwehranspruch in Form eines Anfechtungsrechts zu vertypen und für dessen Geltendmachung ein Anfechtungsklageerfordernis vorzusehen. Entsprechendes gilt auch für die Nichtigkeitsklage, die – wie noch näher zu zeigen sein wird (→ Rn. 9 f.). – denselben Streitgegenstand wie die Anfechtungsklage verfolgt und nicht nur feststellend, sondern wegen § 249 Abs. 1 S. 1 iVm § 248 Abs. 1 S. 3 auch rechtsgestaltend wirkt. Damit sind **Anfechtungs- und Nichtigkeitsklage** nichts anderes als ein **gesetzlicher Modellfall der allgemeinen auf Abwehr gerichteten Aktionärsklage.**[41] Die Anfechtungsklage ist damit eine negatorische Gestaltungsklage.[42] Ihr kommt also eine **Doppelfunktion** zu. Als negatorische Abwehrklage ist sie Individualklage, als Gestaltungsklage mit Wirkung inter omnes ist sie aber zugleich auch Funktionärsklage dergestalt, dass der einzelne Aktionär zum „Hüter des Rechts" im Interesse aller Aktionäre aufgewertet wird.

2. Anfechtungs- und Nichtigkeitsklage als auf Beschlussbeseitigung gerichtetes Ge- 8 schwisterpaar. Hauptkennzeichen der **Anfechtungsklage** ist, den zwar rechtswidrigen, aber zunächst bestandskräftigen Beschluss in einen nichtigen Beschluss zu verwandeln, um eine dauerhafte Bestandskraft zu verhindern. Der Gesetzgeber hat dazu die Anfechtungsklage als **Gestaltungsklage mit Wirkung gegenüber jedermann** ausgestaltet (vgl. § 248 Abs. 1 S. 1). Im Interesse der Rechtssicherheit ist die Anfechtungsklage gem. § 246 Abs. 1 innerhalb eines Monats nach Beschlussfassung zu erheben. Auch schränkt das Gesetz den Kreis der anfechtungsberechtigten Personen in § 245 ein. Unterbleibt die fristgerechte Anfechtung des gesetzes- oder satzungswidrigen Beschlusses, so wird dieser bestandskräftig. Anders als die Heilung nach § 242 führt der Eintritt der Unanfechtbarkeit aber nicht zu einer materiell-rechtlichen Fehlerbeseitigung, sondern nur dazu, dass der Beschluss

---

[35] Dieses Recht besteht auch dann, wenn der einzelne Gesellschafter sich mit der Mehrheit an der Herbeiführung des rechtswidrigen Beschlusses beteiligt hat.
[36] ROHGE 23, 273 (275); ROHGE 25, 307 (310 f.).
[37] Zweifelnd aber *Baums*, Gutachten F für den 63. DJT, in DJT (Hrsg.), Verhandlungen des 63. DJT Leipzig 2000, Bd. I, 2000, F 202 mit Fn. 22, vgl. dort den Nachw. der ganz hL sowie jüngst abermals ausf. in diese Richtung *Fehrenbach*, Der fehlerhafte Gesellschafterbeschluss in der GmbH, 2011, 17 ff. (115 f.).
[38] So für das Verwaltungsrecht auch *Buchheim*, Actio, Anspruch, subjektives Recht, 2017, 30 ff.
[39] Vgl. dazu eingehend die grundlegenden Beiträge von *Knobbe-Keuk* FS Ballerstedt, 1975, 239 (251 ff.) und *Habersack*, Die Mitgliedschaft – subjektives und ‚sonstiges' Recht, 1996, 286 ff. sowie – verneinend – weiter → Rn. 15.
[40] Eingehende Begründung bei *Casper* ZHR 163 (1999) 54 (69 f.).
[41] Deutlich in diese Richtung auch *Baums*, Gutachten zum 63. DJT, F 201; ebenso *Bayer* NJW 2000, 2609 (2612); *K. Schmidt* GesR § 21 V 2, S. 648 ff.; *Knobbe-Keuk* FS Ballerstedt, 1975, 246 ff.; *Fehrenbach*, Der fehlerhafte Gesellschafterbeschluss in der GmbH, 2011, 17 ff. (115 f.); dies bestreitend aber etwa *Schwab*, Das Prozessrecht gesellschaftsinterner Streitigkeiten, 2005, 276 ff.; aA wohl auch → § 249 Rn. 2 ff. *(Dörr);* ebenfalls abw. auch Großkomm AktG/*G. Bezzenberger/T. Bezzenberger* § 148 Rn. 24 f., welche die Nichtigkeits- und Anfechtungsklage als Sonderfall der Prozessführungsbefugnis begreifen; in diesem Sinne wohl auch *Bartels* ZGR 2008, 723 (730 f.); allg. zur Abgrenzung zwischen Nichtigkeit und Anfechtbarkeit vgl. grundlegend *Eberspächer*, Nichtigkeit von Hauptversammlungsbeschlüssen nach § 241 Nr. 3 AktG, 2009, 115 ff.
[42] Zur Vereinbarkeit von negatorischen Klagen und Gestaltungsklagen vgl. nur *K. Schmidt* GesR § 21 V 2, 646 f.

nicht mehr beseitigt werden kann.[43] Das der Anfechtungsklage stattgebende, rechtskräftige Urteil führt gem. § 241 Nr. 5 die Nichtigkeit des Beschlusses rückwirkend herbei. Hinsichtlich der weiteren Einzelheiten des Anfechtungsprozesses ist auf die Kommentierung der §§ 243–248 zu verweisen.

9   Demgegenüber scheint die **Nichtigkeitsklage** nach § 249 aus einem anderen Holz geschnitzt zu sein, da sie ausweislich ihres Wortlauts (§ 249 Abs. 1 S. 1) nur auf Feststellung der Nichtigkeit gerichtet ist. Demzufolge qualifiziert die ganz überwiegende Ansicht die Nichtigkeitsklage auch als besondere Ausprägung der allgemeinen Feststellungsklage.[44] Demgegenüber ist von *Karsten Schmidt* wiederholt die These aufgestellt worden, dass auch die Nichtigkeitsklage nach § 249 eine Gestaltungsklage sei.[45] Bürgerlich-rechtlicher Hintergrund ist die These, dass auch ein nichtiges Rechtsgeschäft nochmals angefochten werden kann (Doppelwirkungen im Recht).[46] Hiergegen scheint im Aktienrecht – zumindest auf den ersten Blick – zu streiten, dass die Nichtigkeitsklage in § 241 Nr. 5 nicht erwähnt ist. Auch wenn zu Recht darauf hingewiesen worden ist, dass diese Kontroverse um die unterschiedliche **dogmatische Einordnung** nur wenig praktische Frucht bringt,[47] kann eine **Stellungnahme** nicht unterbleiben. Dies gilt umso mehr, als dass die Unversöhnlichkeit, mit der sich beide Lager gegenüberzustehen scheinen, wenig überzeugt. Richtig ist, dass die Nichtigkeitsklage ausweislich ihres Wortlauts und ihrer historischen Entwicklung in erster Linie auf Feststellung der Nichtigkeit gerichtet ist. Andererseits sind keine Gründe ersichtlich, die Lehre von der Doppelwirkung im Recht nicht auch im Beschlussmängelrecht fruchtbar zu machen.[48] Wird ein in Wirklichkeit nichtiger Beschluss nach §§ 246, 248 erfolgreich angefochten, da seine Nichtigkeit zugunsten eines auf der Hand liegenden, ebenfalls vorhandenen Anfechtungsgrundes unerkannt bleibt, tritt unstreitig auch die Nichtigkeit nach § 241 Nr. 5 ein. Eine ähnliche Wirkung folgt aus § 248 Abs. 1 S. 1, der von § 249 Abs. 1 S. 1 sinngemäß in Bezug genommen wird. Durch die inter-omnes-Wirkung des Urteils und seiner Eintragung im Handelsregister bei eintragungspflichtigen Beschlüssen, wird die Nichtigkeit gegenüber allen Aktionären unwiderruflich festgestellt, sodass es sich zumindest um eine der Anfechtungsklage vergleichbare gestaltende Wirkung handelt. Die Nichtigkeitsklage nach § 249 verfolgt damit eine **Doppelnatur**, sie ist auf Feststellung wie auch auf verbindliche Herbeiführung der Nichtigkeit für alle gerichtet. Ob diese Wirkung auch für die Einordnung als Gestaltungsklage iSd Zivilprozessrechts genügt, mag mangels konkreter Auswirkungen dahinstehen. Sie ist aber wie die Anfechtungsklage Individualklage (als Ausfluss der allgemeinen Abwehrklage) als auch Funktionärsklage (bereits → Rn. 7).

10   Diese Doppelnatur wird auch bei der heute weitgehend ausgestandenen Kontroverse um den mit beiden Klagen verfolgten **Streitgegenstand** deutlich. Während die früher hM im Anschluss an mehrere Entscheidungen des BGH aus der Frühzeit seiner Spruchpraxis von zwei verschiedenen Streitgegenständen ausging,[49] hat die Rechtsprechung und die heute ganz herrschende Meinung zu Recht einen Schwenk vollzogen und geht nunmehr von einem einheitlichen Streitgegenstand von Nichtigkeits- und Anfechtungsklage aus.[50] Auch hier spiegelt sich das bereits oben (→ Rn. 8 f.) aufgegriffene Argument wider, dass beide Klagen dasselbe Ziel, nämlich die richterliche Klärung der Nichtigkeit des Hauptversammlungsbeschlusses und somit seine Beseitigung mit Wirkung für und gegenüber jedermann verfolgen. Darin zeigt sich abermals, dass Anfechtungs- und Nichtigkeits-

---

[43] HM, vgl. näher Hüffer/Koch/*Koch* § 243 Rn. 48; *Habersack,* Die Mitgliedschaft – subjektives und ‚sonstiges' Recht, 1996, 234 f.; *Marsch-Barner* ZHR 157 (1993) 172 (190); aA aber zB Kölner Komm AktG/*Mertens*, 2. Aufl. 1996, § 93 Rn. 119; *Noack,* Fehlerhafte Beschlüsse in Gesellschaften und Vereinen, 1989, 10; vgl. zum Ganzen auch noch → Rn. 19 f.
[44] Vgl. → § 249 Rn. 2, 4; MüKoAktG/*Hüffer*/*C. Schäfer* § 249 Rn. 4; *Wiedemann* GesR I, § 8 IV 2; *Hueck,* Nichtigkeit und Anfechtbarkeit von Generalversammlungsbeschlüssen, 1924, 234 ff.; *Bartels* ZGR 2008, 723 (733 f.); grds. auch *Schwab,* Das Prozessrecht gesellschaftsinterner Streitigkeiten, 2005, 272 ff.
[45] Großkomm AktG/*K. Schmidt* § 249 Rn. 4 f.; *K. Schmidt* JZ 1977, 769; *K. Schmidt* AG 1977, 205 (207 f.); *K. Schmidt* FS Stimpel, 1985, 217 (223); *K. Schmidt* JZ 1988, 729 und öfters; rechtsfortbildend ebenso *Noack,* Fehlerhafte Beschlüsse in Gesellschaften und Vereinen, 1989, 92 ff.
[46] So im Anschluss an *Kipp* FS Martitz, 1911, 211 ff. heute ganz hM, vgl. etwa *Wolf*/*Neuner* AT BGB § 41 Rn. 143; *Medicus*/*Petersen* AT BGB Rn. 729 jew. mwN.
[47] Vgl. etwa Hüffer/Koch/*Koch* § 249 Rn. 10.
[48] Vgl. dazu bereits *Casper,* Heilung nichtiger Beschlüsse im Kapitalgesellschaftsrecht, 1998, 48 f.; sowie Großkomm AktG/*K. Schmidt* § 249 Rn. 8; Kölner Komm AktG/*Noack*/*Zetzsche* § 249 Rn. 5; *Thöni* GesRZ 1995, 73 (74); anderes entscheiden aber diejenigen, die vom Feststellungscharakter der Nichtigkeitsklage ausgehen, vgl. den Nachw. oben in Fn. 44.
[49] BGH NJW 1952, 98; BGHZ 32, 318 (322) = NJW 1960, 1447 im Anschluss an RGZ 170, 83 (87 f.).
[50] BGHZ 134, 364 (366) = NJW 1997, 1510; BGH NJW 1999, 1638; OLG Stuttgart AG 1998, 529; vgl. aus dem Schrifttum nur Hüffer/Koch/*Koch* § 246 Rn. 12; Großkomm AktG/*K. Schmidt* § 249 Rn. 20 f.; *Schwab,* Das Prozessrecht gesellschaftsinterner Streitigkeiten, 2005, 274; *Kindl* ZGR 2000, 165 (168 ff.) mwN; krit. aber nach wie vor *Sosnitza* NZG 1999, 497 f.

klage ein Geschwisterpaar sind, das in erster Linie auf eine für alle verbindliche Herbeiführung der Nichtigkeit zielt. Hinzu tritt, dass die heute übliche Anwaltspraxis stets Nichtigkeits- und Anfechtungsklage durch Haupt- und Eventualantrag in einen Prozess einzuführen pflegt.[51]

Eine Kombination aus Anfechtungsklage und gestaltender Feststellungsklage bildet die heute einhellig anerkannte **positive Beschlussfeststellungsklage.**[52] Hat der Leiter der Hauptversammlung das Beschlussergebnis falsch festgestellt, etwa weil Stimmen von befangenen Aktionären mitgezählt wurden, ist der Beschluss nach entsprechender Beurkundung zwar zunächst wirksam aber anfechtbar. Die reine Anfechtungsklage kassiert nur den falsch festgestellten Beschluss, stellt aber nicht das wirkliche Beschlussergebnis mit gestaltender Wirkung fest.[53] Der Aktionär kann aber zusammen mit der Anfechtungsklage einen Antrag auf positive Beschlussfeststellung stellen.[54] Das Feststellungsurteil entfaltet entsprechend § 248 Abs. 1 Rechtskraft gegenüber jedermann.[55]

3. Ausdehnung des § 249 auf die Unwirksamkeitsklage. Es ist heute allgemein be- und anerkannt,[56] dass als dritte Fallgruppe mangelhafter Beschlüsse sich die Unwirksamkeit der Nichtig- und Anfechtbarkeit hinzugesellen kann.[57] Man hat dabei schwebend und endgültig unwirksame Beschlüsse zu sondern. Endgültig unwirksame Beschlüsse unterscheiden sich hinsichtlich ihrer Rechtsfolgen durch nichts von nichtigen Beschlüssen.[58] Gleichwohl ist es weiterhin lebhaft umstritten, ob **§ 249 AktG** auf die Unwirksamkeitsfeststellungsklage analog anzuwenden ist. Die wohl noch hM verweigert die **Analogie** und damit die inter-omnes-Wirkung und will dem Aktionär nur die allgemeine Feststellungsklage nach § 256 ZPO an die Hand geben.[59] Dies kann zumindest für die **endgültige Unwirksamkeit** nicht überzeugen.[60] Es besteht ein vergleichbares Interesse an der Feststellung und gestaltenden Beseitigung des Beschlusses mit Wirkung gegenüber jedermann. Es fehlt auch nicht an einer planwidrigen Regelungslücke. Demgegenüber kann der **schwebend unwirksame Beschluss** nicht mit der Unwirksamkeitsklage analog § 249 bekämpft werden. Der Aktionär ist vielmehr darauf zu verweisen, seine Zustimmung zu verweigern und gegen den sodann endgültig unwirksamen Beschluss analog § 249 vorzugehen. Eine Ausnahme von diesem Grundsatz ist nur in den seltenen Fällen anzuerkennen, in denen der zustimmungsberechtigte Aktionär die Verweigerung der Zustimmung in Form eines Sonderbeschlusses mangels Erreichens des Quorums in §§ 141 Abs. 3, 138 S. 2 und S. 3 nicht erreichen kann, die Mehrheit andererseits auch nicht zustimmen und nun mit Blick auf den analog anwendbaren § 242 Abs. 2 S. 1 (→ § 242 Rn. 25) Eintritt der Heilung droht, die durch Erhebung der allgemeinen Feststellungsklage nicht verhindert werden kann.[61]

4. Entlastung der Anfechtungsklage durch das Spruchverfahren. Eine Entlastung der Anfechtungsprozesse und eine Einschränkung des Anfechtungsrechts sowie dessen missbräuchlicher

---

[51] Allg. dazu etwa *Henze/Born/Drescher* HRR AktienR Rn. 1643.
[52] So im Anschluss an *Zöllner*, Die Schranken mitgliedschaftlicher Stimmrechtsmacht, 1963, 405 ff.; BGHZ 76, 191 (197 ff.) = NJW 1980, 1465; BGHZ 88, 320 (329 f.) = NJW 1984, 489; BGHZ 97, 28 (30 f.) = NJW 1986, 2051; BGH AG 2001, 587 (588); Hüffer/Koch/*Koch* § 246 Rn. 42 f.; Großkomm AktG/*K. Schmidt* § 246 Rn. 98 ff.; aM noch RGZ 142, 123 (128 ff.).
[53] BGHZ 76, 191 (199 f.) = NJW 1980, 1465; abw. Konzeption einer beschlussersetzenden Gestaltungsklage bei *Schwab*, Das Prozessrecht gesellschaftsinterner Streitigkeiten, 2005, 477.
[54] Soweit der Feststellungsantrag nicht zusammen mit der Anfechtungsklage erhoben wird, ist er innerhalb der Monatsfrist des § 246 zu stellen.
[55] Zu weiteren prozessualen Einzelheiten wie Nebenintervention anderer Aktionäre auf Seiten der beklagten Aktiengesellschaft vgl. → § 246 Rn. 33 ff.
[56] Anders zuletzt *Baums* ZHR 142 (1978) 582 ff.; dagegen etwa *Casper*, Heilung nichtiger Beschlüsse im Kapitalgesellschaftsrecht, 1998, 38 f. mwN der heute einhelligen Meinung.
[57] Nach richtiger, wenn auch nicht unbestrittener Auffassung, kann ein Beschluss gleichzeitig nichtig als auch anfechtbar und/oder unwirksam sein (sog. Doppelwirkung im Recht), vgl. dazu bereits → Rn. 9.
[58] Vgl. näher *Casper*, Heilung nichtiger Beschlüsse im Kapitalgesellschaftsrecht, 1998, 39; beispielhafte Auflistung unwirksamer Beschlüsse, vgl. Bürgers/Körber/*Göz* § 241 Rn. 4 f.
[59] → § 249 Rn. 5; Hüffer/Koch/*Koch* § 249 Rn. 21; Baumbach/Hueck Vor § 241 Rn. 5; *Bezzenberger*, Vorzugsaktien ohne Stimmrecht, 1991, 185; *v. Godin/Wilhelmi* § 249 Anm. 1; *Hueck* FS Molitor, 1962, 401 (402); UHL/*Raiser* GmbHG Anh. § 47 Rn. 25; Bürgers/Körber/*Göz* § 241 Rn. 4; keine Präjudizierung durch die in diesem Zusammenhang oft zitierte Entscheidung BGHZ 15, 177 (181), vgl. auch → § 242 Rn. 26 mit Fn. 113.
[60] Beschränkt auf die endgültige Unwirksamkeit ebenso Großkomm AktG/*K. Schmidt* § 249 Rn. 9; MüKoAktG/*Hüffer/C. Schäfer* § 249 Rn. 38; Rowedder/Schmidt-Leithoff/*Ganzer* GmbHG Anh. § 47 Rn. 2; *C. Schäfer*, Stimmrechtsloser GmbH-Geschäftsanteil, 1997, 255 f.; *Thöni* GesRZ 1995, 73 (76); unter Ausdehnung auf eine schwebende Unwirksamkeit auch Kölner Komm AktG/*Noack/Zetzsche* § 249 Rn. 62; *Berg*, Schwebend unwirksame Beschlüsse privatrechtlicher Verbände, 1994, 174 f. Relativierend dagegen K. Schmidt/Lutter/*Schwab* § 249 Rn. 13 f.: nur sofern der Beschluss auch nichtig oder anfechtbar ist.
[61] Vgl. näher zur Problematik *Casper*, Heilung nichtiger Beschlüsse im Kapitalgesellschaftsrecht, 1998, 278 ff.

Ausnutzung hat der Gesetzgeber dadurch bewirkt, dass er die **Überprüfung der Angemessenheit des Umtauschverhältnisses** bei zahlreichen Strukturänderungen dem Spruchverfahren zugewiesen hat. Zu nennen sind namentlich der Verschmelzungsbeschluss des übertragenden Rechtsträgers (§ 14 Abs. 2 UmwG, § 15 Abs. 1 UmwG), der Formwechsel (§ 195 Abs. 2 UmwG, § 196 UmwG), der Zustimmungsbeschluss zum Beherrschungsvertrag durch die Untergesellschaft (§ 304 Abs. 3 S. 3, § 305 Abs. 5 S. 2), der Zustimmungsbeschluss durch Eingliederung (§§ 320b Abs. 2 S. 2), die Abfindung beim Squeeze-Out (§ 327f S. 2) sowie schlussendlich das Umtauschverhältnis bei Gründung einer europäischen Aktiengesellschaft (SE) durch Verschmelzung unter Beteiligung einer deutschen Aktiengesellschaft (Art. 25 Abs. 3 SE-VO; § 6 SEEG) sowie bei der Gründung einer Holding-SE (Art. 34 SE-VO, §§ 9, 11 SEEG). Der Vorteil besteht darin, dass das Umtauschverhältnis so noch nachträglich korrigiert werden kann, ohne dass dies die Wirksamkeit der Strukturänderung berühren würde, deren sofortiger Vollzug obendrein nicht blockiert wird. Das dem damaligen FGG zugeordnete Spruchverfahren war jedoch lange Zeit durch unökonomische, überlange Verfahrensdauern gekennzeichnet. Diesen Missstand und andere Mängel hat der Gesetzgeber 2003 durch eine Novellierung des Spruchverfahrensrechts zu beheben versucht.[62] Allerdings bieten auch heute Spruchverfahren noch Potential für überlange Verfahren[63] und Missbrauch.[64] Die Änderungen des Spruchverfahrensrechts 2003 haben allerdings zumindest eine Verkürzung der vor 2003 überbordenden Verfahrenslängen bewirkt. Erste empirische Untersuchungen die den Zeitraum von 1992 bis 2011 betrachten, weisen – auch um andere Umstände bereinigt – eine signifikante Verkürzung der Verfahren ab 2003 auf.[65] Hinsichtlich der Einzelheiten des Spruchverfahrens ist auf die Erläuterungen des SpruchG von *Drescher* zu verweisen.

III. Die Aktionärsklage aus eigenem Recht

Schrifttum: *Adolff*, Zur Reichweite des verbandsrechtlichen Abwehranspruchs des Aktionärs gegen rechtswidriges Verwaltungshandeln, ZHR 169 (2005), 310; *Bartels*, Die allgemeine Feststellungsklage im Kreis der verbandsinternen Aktionärsklage, ZGR 2008, 723; *Baums*, Gutachten für den 63. DJT, in Verhandlungen des 63. DJT, 2000, F 16, 197, F 158 ff.; *Bayer*, Aktionärsklagen de lege lata und de lege ferenda, NJW 2000, 2609; *Brondics*, Die Aktionärsklage, 1988; *Götz/Götz*, Die Haftung des Vereins gegenüber dem Mitglied – BGHZ 110, 323, JuS 1995, 1037; *Habersack*, Die Mitgliedschaft – subjektives und „sonstiges" Recht, 1996; *Habersack*, Aktionärsklage – Grundlagen, Grenzen und Anwendungsfälle, DStR 1998, 533; *Hadding*, Die Mitgliedschaft in handelsrechtlichen Personalgesellschaft – ein objektives Recht, FS Reinhardt, 1972, 249; *Hadding*, Verfügungen über Mitgliedschaftsrechte, FS Steindorff, 1990, 91; *Hadding*, Ergibt die Vereinsmitgliedschaft „quasi-vertragliche" Ansprüche, „erhöhte Treue- und Förderpflichten" sowie ein „sonstiges Recht" im Sinne des § 823 I BGB, FS Kellermann, 1991, 91; *Klink*, Die Mitgliedschaft als „sonstiges Recht" im Sinne des § 823 I BGB?, Diss. Mainz 1993; *Knobbe-Keuk*, Das Klagerecht des Gesellschafters einer Kapitalgesellschaft wegen gesetz- und satzungswidriger Maßnahmen der Geschäftsführung, FS K. Ballerstedt, 1975, 239; *Lutter*, Aktionärs-Klagerechte, JZ 2000, 837; *Pflugradt*, Leistungsklagen zur Erzwingung rechtmäßigen Vorstandsverhaltens in der Aktiengesellschaft, 1990; *Raiser*, Aktionärsklagen, in Bayer/Habersack, Aktienrecht im Wandel, Bd. 2, 2007, 623; *Reuter*, Die Mitgliedschaft als sonstiges Recht im Sinne des § 823 I BGB, FS Lange, 1992, 707; *Roth*, Subjektives Recht oder prozessuale Befugnis als Voraussetzungen einer „Aktionärsklage", FS Henckel, 1995, 707; *K. Schmidt*, Die Vereinsmitgliedschaft als Grundlage von Schadenersatzansprüchen, JZ 1991, 157; *Schulz-Gardyan*, Die sogenannte Aktionärsklage, 1991; *Zöllner*, Die sogenannten Gesellschafterklagen im Kapitalgesellschaftsrecht, ZGR 1988, 392.

14 **1. Fragestellung.** Will man der Zulässigkeit einer allgemeinen Aktionärsklage nachspüren, sind verschiedene Fragestellungen auf mehreren Ebenen zu unterscheiden. Zunächst ist der **materielle Rechtsgrund** für eine Aktionärsklage zu klären. In Betracht kommen das mitgliedschaftliche Rechtsverhältnis als solches und ein quasi-negatorischer bzw. deliktischer Schutz, sofern man die Mitgliedschaft als „sonstiges" Recht im Sinne des § 823 Abs. 1 BGB einordnet (→ Rn. 16). Erkennt man dem Grunde nach einen materiellen Rechtsgrund für eine Aktionärsklage an, stellt sich auf der zweiten Ebene die Frage nach der **Reichweite** einer derartigen Klage, namentlich inwieweit §§ 246, 249 als spezialgesetzliche Ausprägung dieses allgemeinen mitgliedschaftlichen Rechtsbehelfs (dazu bereits → Rn. 7) die allgemeine Aktionärsklage als leges speciales verdrängen. Ferner ist auf dieser Ebene eine Begrenzung der allgemeinen Aktionärsklage durch die aktienrechtliche Kompetenzordnung, insbesondere durch § 119, zu überprüfen (→ Rn. 19). Soweit schlussendlich der Rückgriff

---

[62] Spruchverfahrensneuordnungsgesetz v. 12.6.2003, verkündet in BGBl. 2003 I 542.
[63] Vgl. den rechtstatsächlichen Nachweis bei *Lorenz* AG 2012, 284 (286); den Erfolg bezweifelnd auch → SpruchG § 1 Rn. 6 mwN. Tendenziell anders aber die Stellungnahme des DAV zur Evaluierung des Spruchverfahrens durch das BMJV 2014, 4 f., und die der BRAK, 4. Beide sehen – mit Unterschieden in den Details – Verbesserungen bei der Verfahrensdauer und attestieren überlange Verfahren insbesondere der Komplexität der Sache sowie der Berücksichtigung von Altfällen.
[64] So *Noack* ZRP 2015, 81.
[65] *Henselmann/Mukert/Winkler/Schrenker* WPg 2013, 1153 (1157 f.).

auf die allgemeine actio negatoria möglich und seine Reichweite geklärt ist, bleiben an dritter Stelle **prozessrechtliche Einzelfragen,** wie die nach dem richtigen Klagegegner (Gesellschaft, einzelne Organmitglieder) und der Beschränkung der Aktionärsklage in zeitlicher Hinsicht zu klären (→ Rn. 26 f.). Auf der zweiten und dritten Ebene sind die Begründungsansätze auf der ersten Ebene (allgemeines Mitgliedschaftsrecht und über §§ 1004, 823 Abs. 1 BGB vermittelter Schutz) jeweils nebeneinander darzustellen, da die gesellschaftsrechtlichen Sachfragen jeweils dieselben sind.

2. Materieller Rechtsgrund: Die Mitgliedschaft als subjektives Abwehrrecht und als „sonstiges Recht" iSd § 823 Abs. 1 BGB. Der BGH hat in der **Holzmüller-Entscheidung** unmittelbar aus dem mitgliedschaftlichen Rechtsverhältnis einen **verbandsrechtlichen Anspruch** des Aktionärs anerkannt, Verstöße gegen aktionärsschützende Vorschriften des Gesetzes oder der Satzung oder gegen sonstige ihm gegenüber bestehende Verbandspflichten seitens der Gesellschaftsorgane abzuwehren.[66] Dieser Grundsatz wurde in Gelatine und Commerzbank/Mangusta bestätigt.[67] Der Aktionär hat aber **kein allgemeines Recht auf Abwehr jedes Verstoßes** der Verwaltung **gegen Gesetz oder Satzung.** Ein derartiges Recht existiert nicht[68] und lässt sich entgegen manch anderen Beteuerungen auch nicht als ein nur lange verschütteter, auf das Reichsoberhandelsgericht zurückgehender allgemeiner aktienrechtlicher Grundsatz postulieren.[69] Dies hat der BGH in seiner Gelatineentscheidung nunmehr auch ausdrücklich ausgesprochen.[70] Ein derart weit reichender Abwehranspruch würde die aktienrechtliche Kompetenzordnung sprengen und dem Aktionär eine Art Ersatzaufsichtsrecht für alle Geschäftsführungsmaßnahmen zuerkennen.[71] Nur der Verband selber kann von seinen Organen verlangen, dass diese bei all ihren Entscheidungen und Tätigkeiten die Vorgaben des Gesetzes und der Satzung beachten. Aber selbst, wenn ein solcher Anspruch der Aktiengesellschaft existieren würde, könnte er nicht Gegenstand der als Individualrecht ausgestalteten Aktionärsklage sein. Die Voraussetzung für eine auf ein eigenes mitgliedschaftliches Recht gestützte Aktionärsklage besteht vielmehr darin, dass eine aktionärsschützende Vorschrift rechtswidrig verletzt wird. Ist dies der Fall, kommt grundsätzlich ein negatorischer Anspruch auf Beseitigung, bzw. sofern dieser nicht mehr möglich ist, auf Schadensersatz oder Feststellung der Rechtswidrigkeit in Betracht. Soweit der Eingriff noch bevorsteht, kann auch eine vorbeugende Unterlassensklage geltend gemacht werden.[72] Anders als die Anfechtungs- und Nichtigkeitsklage ist die allgemeine Aktionärsklage also nicht zugleich Individual- und Funktionärsklage (→ Rn. 7), sondern **allein ein Individualrecht.**[73]

Nichts anderes kann im Ergebnis gelten, wenn man die **Mitgliedschaft** mit der neueren Rechtsprechung als **subjektives sowie als sonstiges absolutes Recht iSd § 823 Abs. 1 BGB** anerkennt. Die Auffassung, die in der Qualifikation der Mitgliedschaft als Rechtsverhältnis einerseits und als subjektives Recht andererseits einen Widerspruch sah,[74] ist überholt. Das Bestehen eines subjektiven Rechts und eines komplexen Rechtsverhältnisses schließen sich nicht aus.[75] Die Stellung als Partei

---

[66] BGHZ 83, 122 (135 ff.) = NJW 1982, 1703.

[67] BGHZ 159, 30 (33 ff.) = NJW 2004, 1860 = ZIP 2004, 993 mAnm. *Altmeppen;* BGH ZIP 2004, 1001; BGHZ 164, 249 (254) = NJW 2006, 374.

[68] Vgl. statt aller *Baums*, Gutachten F für den 63. DJT, in DJT (Hrsg.), Verhandlungen des 63. DJT Leipzig 2000, Bd. I, 2000, F 202; *Noack*, Fehlerhafte Beschlüsse in Gesellschaften und Vereinen, 1989, 41; *Adolff* ZHR 169 (2005) 310 (319 ff.); *Pflugrath*, Leistungsklagen zur Erzwingung rechtmäßigen Vorstandsverhaltens in der Aktiengesellschaft, 1990, 43 f.; *Brondics*, Die Aktionärsklage, 1988, 106 ff.; *Stodolkowitz* ZHR 154 (1990) 10 ff.; *Habersack*, Die Mitgliedschaft – subjektives und „sonstiges" Recht, 1996, 285 ff.; *Wiedemann* GesR I S. 464; *Bartels* ZGR 2008, 723 (756 ff.).

[69] So unter Berufung auf ROHGE 23, 273 (275); 25, 307 (310) aber etwa *Becker*, Verwaltungskontrolle durch Gesellschafterrechte, 1997, 75 ff. (625 ff.); *Paefgen*, Unternehmerische Entscheidungen und Rechtsbindung der Organe in der AG, 2002, 320; begrenzt auf den Fall der faktischen Änderung des Unternehmensgegenstandes auch *Knobbe-Keuk* FS Ballerstedt, 1975, 239 (251).

[70] BGHZ 159, 30 (33) = NJW 2004, 1860.

[71] In diesem Sinne aber noch *Lutter* AcP 180 (1980) 84 (142); *Timm* AG 1980, 172 (185); ausf. dagegen *Bartels* ZGR 2008, 723 (756 ff.).

[72] Vgl. im Zusammenhang mit einem rechtswidrig ausgenutzten genehmigten Kapital mit Bezugsrechtsausschluss BGHZ 164, 249 (254) = NJW 2006, 374 = ZIP 2005, 2207 (2209 f.); krit. dazu etwa *Waclawik* ZIP 2006, 397 (402 ff.).

[73] *Baums*, Gutachten F für den 63. DJT, in DJT (Hrsg.), Verhandlungen des 63. DJT Leipzig 2000, Bd. I, 2000, F 201; im Erg. ebenso *Schwab*, Das Prozessrecht gesellschaftsinterner Streitigkeiten, 2005, 18 ff. (36 ff.); aA Großkomm AktG/ *G. Bezzenberger/T. Bezzenberger* § 148 Rn. 26.

[74] So insbes. *Hadding* FS Reinhardt, 1972, 249 (255 ff.); *Hadding* FS Steindorff, 1990, 31 (38); *Hadding* FS Kellermann, 1991, 91 (102 ff.).

[75] *K. Schmidt* GesR § 19 I 3, S. 549 f.; grundlegend *Habersack*, Die Mitgliedschaft – subjektives und „sonstiges" Recht, 1996, 62 ff. (insbes. 68 ff.); demgegenüber will *Schwab*, Das Prozessrecht gesellschaftsinterner Streitigkeiten, 2005, 15 ff. (insbes. 36 ff.) die Aktionärsklage auf einen Erfüllungsanspruch stützen, welcher sich aus dem sog. Befolgungsanspruch gegenüber dem Verband herleite.

des Gesellschaftsvertrags erschöpft sich daher nicht in der Begründung gegenseitiger Rechte und Pflichten, sondern ist vielmehr mit der Befugnis verbunden, als Teil des Verbandes am Verbandsleben teilzunehmen und dessen Schicksal zu bestimmen. Die damit verbundene permanente Gestaltungsbefugnis weist eine starke Ähnlichkeit mit anerkannten subjektiven Rechten wie dem Eigentum auf. Seit RGZ 100, 274 (278) und vor allem BGHZ 110, 323 (327 ff.) ist die Mitgliedschaft darüber hinaus zu Recht auch als „sonstiges" absolutes Recht anerkannt.[76] Die Mitgliedschaft ist einerseits Ausprägung der eigenen Person des Mitglieds und vermittelt andererseits Teilhabe an der Person und dem Vermögen der anderen Mitglieder bzw. an dem rechtsfähigen Verband als solchen. Bindeglied und Grundlage dieser wechselseitigen Partizipation ist der Verband, der fremde und eigene Sphäre der Mitglieder miteinander verwebt und damit die Grundlage eines subjektiven Rechts der Mitgliedschaft bildet. Trotz seiner Besonderheiten als Herrschaftsrecht,[77] dessen Gegenstand der Verband ist, rechtfertigt sich eine Erhöhung des subjektiven Rechts der Mitgliedschaft zum sonstigen Recht iSd § 823 Abs. 1 BGB. Entscheidend für die Anerkennung der Aktionärsklage ist aber nicht so sehr, ob man die Mitgliedschaft als sonstiges absolutes Recht qualifiziert, sondern unter welchen Voraussetzungen man einen **Eingriff** in dieses Recht bejahen will. Insoweit gilt wie bei der Herleitung der Aktionärsklage als solcher, dass die Kompetenzordnung innerhalb der Aktiengesellschaft es verbietet, die Aktionäre zum Rechtswächter über jegliches Verhalten in der Aktiengesellschaft emporzuheben. Der Gesetzgeber konnte mit der Anfechtungsklage als speziellerem Rechtsbehelf dem Aktionär eine Rechtskontrollfunktion zuerkennen, das allgemeine Aktienrecht kann dies aber nicht leisten. Deshalb ist ein mitgliedschaftsbezogener Eingriff erforderlich.[78] Ein solches Erfordernis lässt sich auch deliktsrechtlich in Anlehnung an das beim eingerichteten und ausgeübten Gewerbebetrieb geforderte Kriterium der Betriebsbezogenheit des Eingriffs fassen,[79] indem man für einen Anspruch aus § 823 Abs. 1 BGB oder aus § 1004 BGB einen mitgliedschaftsbezogenen Eingriff fordert.

17 Ein solcher **mitgliedschaftsbezogener Eingriff** liegt nicht erst dann vor, wenn der Eingriff zum Entzug der Mitgliedschaft selbst führt. Vielmehr genügt auch ein solcher Eingriff, der sich gegen konkret den einzelnen Aktionär schützende Rechte richtet. Diese können gesetzlicher, statutarischer und verbandsrechtlicher Natur sein. Nicht ausreichend ist hingegen jeder Verstoß gegen beliebige aktienrechtliche Vorschriften.[80] Sie müssen vielmehr nicht nur mittelbar, sondern unmittelbar dem Schutz der gegenwärtigen Aktionäre dienen. Die Überwachungsaufgabe des Aufsichtsrats oder die Pflicht, im Prüfungsbericht des Abschlussprüfers keine falschen Angaben zu machen, dienen zwar mittelbar auch dem Schutz der Aktionäre, es fehlt aber an dem für die Aktionärsklage erforderlichen unmittelbaren aktionärsschützenden Charakter. Diese noch recht allgemein gehaltene Aussage gilt es sogleich an einigen Anwendungsbeispielen zu verdeutlichen (→ Rn. 22 ff.). Mit der überwiegenden Meinung erfordert ein mitgliedschaftsbezogener Eingriff, dass die **Rechtswidrigkeit** im Einzelfall gesondert festzustellen ist und nicht durch die Verletzung aktionärsschützender Rechte automatisch indiziert wird, da anderenfalls die Frage des Aktionärsschutz als Regelungsreflex oder als Regelungsanliegen nicht hinreichend geprüft werden könnte.[81] Das Tatbestandsmerkmal des Eingriffs ist einheitlich auszulegen, unabhängig davon, ob die Abwehrklage auf § 823 Abs. 1 BGB, § 1004 BGB oder auf den rein verbandsrechtlichen Ansatz iS der Holzmüller/Gelatine-Rechtsprechung gestützt wird.

18 Umstritten ist jedoch, ob zwischen beiden materiell-rechtlichen Ansatzpunkten ein **Dualismus** besteht. Verbreitet herrscht noch die Auffassung vor, dass für den deliktischen Schutz im Innenver-

---

[76] MüKoAktG/*Spindler* § 93 Rn. 303; *Raiser/Veil* KapGesR § 11 Rn. 5; *Bork* ZIP 1990, 1037; *Mertens* FS R. Fischer, 1979, 461 (468 ff.); *K. Schmidt* JZ 1991, 157 (158 f.); *Götz/Götz* JuS 1995, 106 (109); eingehend *Habersack*, Die Mitgliedschaft – subjektives und „sonstiges" Recht, 1996, 117 ff. (139 ff.); aA aber *Hadding* FS Reinhardt, 1972, 249 (255 ff.); *Hadding* FS Steindorff, 1990, 31 (38); *Hadding* FS Kellermann, 1991, 91 (102 ff.) und *Klink*, Die Mitgliedschaft als „sonstiges Recht" im Sinne des § 823 I BGB?, 1993, 135 ff.; *Schwab*, Das Prozessrecht gesellschaftsinterner Streitigkeiten, 2005, 22 ff.; *Hoffmann-Becking* ZHR 167 (2003) 357 (363).

[77] Die Frage, ob oder inwieweit die Mitgliedschaft auch ein Herrschaftsrecht ist, kann hier nicht vertieft werden und ist äußerst umstritten, vgl. dafür etwa *Habersack*, Die Mitgliedschaft – subjektives und „sonstiges" Recht, 1996, 143; *K. Schmidt* JZ 1991, 157 (158); aA insbes. *Reuter* FS Lange, 707 (711 f.); MüKoBGB/*Wagner* BGB § 823 Rn. 307; *Schwab*, Das Prozessrecht gesellschaftsinterner Streitigkeiten, 2005, 25 ff.

[78] MüKoAktG/*Spindler* § 93 Rn. 305; *Reuter* FS Lange, 1992, 707 (713 ff.); *Götz/Götz* JuS 1995, 106 (109); *Deutsch* VersR 1991, 837 (841); *Schwab*, Das Prozessrecht gesellschaftsinterner Streitigkeiten, 2005, 22 ff.

[79] Vgl. dazu statt aller Staudinger/*Hager* (2017) BGB § 823 B 144.

[80] Vgl. etwa *Baums*, Gutachten F für den 63. DJT, in DJT (Hrsg.), Verhandlungen des 63. DJT Leipzig 2000, Bd. I, 2000, F 208.

[81] MüKoAktG/*Spindler* § 93 Rn. 305; *Bork* ZIP 1990, 1037 (1042); *Reuter* FS Lange, 1992, 707 (717 f.); *Beuthien/Kießler* WuB II L § 31 BGB 1.91, S. 56; aA *Habersack*, Die Mitgliedschaft – subjektives und „sonstiges" Recht, 1996, 166 f.

hältnis des Verbandes kein Raum sei.[82] Dem ist mit dem BGH[83] und mit *Habersack* zu widersprechen.[84] Es ist wenig einsichtig, dass §§ 826, 823 Abs. 2 BGB im Verbandsinnenverhältnis Anwendung finden sollen,[85] nicht aber § 823 Abs. 1 BGB. Auch § 117, eine eindeutig im Innenverhältnis des Verbandes angesiedelte Norm, ist deliktsrechtlicher Natur.[86] Der Frage, ob mit dem Deliktsrecht die interne Verbandsordnung ausgehebelt wird, ist nicht durch eine pauschale Verneinung des Anwendungsbereichs des Deliktsrechts zu begegnen, sondern mit einer restriktiven Bestimmung des Eingriffstatbestandes. Die Aktionärsklage kann also nach der hier vertretenen Auffassung sowohl auf den aus der Mitgliedschaft folgenden verbandsrechtlichen Abwehranspruch als auch auf § 823 Abs. 1 BGB, § 1004 BGB gestützt werden. Entscheidend ist jedoch, dass die **sachliche Reichweite**, also die Frage, wann ein Eingriff vorliegt, **einheitlich zu beantworten** ist. In beiden Konstellationen verhindern die materiellen Vorgaben des Aktienrechts eine unbegrenzte Abwehr rechtswidrigen Handelns entgegen Gesetz und Satzung. Ein Unterschied ergibt sich nur insoweit, als über § 823 Abs. 1 BGB, § 1004 BGB anders als über die rein verbandsinnenrechtliche Lösung auch ein Abwehranspruch des Aktionärs gegen einzelne Organmitglieder und nicht nur gegen den Verband als solchen möglich ist (dazu noch näher → Rn. 26).

3. Reichweite und Formen der Aktionärsklage, insbesondere Sperrwirkung der §§ 249, 246 AktG. Nach dem oben (→ Rn. 15 f.) Gesagten wird der Anwendungsbereich der Aktionärsklage insbesondere durch die Kompetenzordnung in der Aktiengesellschaft begrenzt. Sedes materiae ist in erster Linie § 119. Wegen der Einzelheiten ist auf die Kommentierung dieser Vorschrift zu verweisen. Daneben stellt sich die Frage, inwieweit die §§ 249, 246 eine Sperrwirkung entfalten. Unstreitig dürfte sein, dass die Abwehrklage unter dem Vorbehalt steht, dass der Aktionär seine Rechtsposition nicht mit Hilfe der Beschlussmängelklagen verteidigen kann, da diese die spezielleren Rechtsbehelfe sind. Eine auf § 1004 BGB analog oder § 823 Abs. 1 BGB, § 249 S. 1 BGB gestützte Klage auf Beschlussaufhebung oder Unterlassung seiner Umsetzung ist also unzulässig.[87] Dagegen bleibt die auf **Unterlassung der Ausführung des anfechtbaren Beschlusses** gerichtete Klage solange zulässig, wie die Anfechtungsklage noch nicht verfristet wäre oder einem Verfahren nach § 246a noch nicht rechtskräftig stattgegeben ist.[88] Die Geltendmachung der Verletzung der Mitgliedschaft durch die Ausführung eines anfechtbaren Beschlusses setzt nicht ein Anfechtungsklage stattgebendes Urteil voraus.[89] Anfechtungsklage und Abwehrklage auf Unterlassung der Ausführung des anfechtbaren Beschlusses können in einem Verfahren verbunden werden.[90] Umgekehrt nützt die bloße Klage auf Unterlassung des Vollzugs nichts, wenn nicht zugleich die Anfechtungsklage erhoben wird und sodann Verfristung eintritt. Praktisch bedeutet dies, dass der Aktionär einer deutschen AG in der Hauptversammlung erscheinen, Widerspruch zu Protokoll erklären und binnen Monatsfrist Anfechtungsklage erheben muss, wenn er sich gegen Maßnahmen der Verwaltung wenden will, die auf einem Beschluss der Hauptversammlung beruhen und die sein Mitgliedschaftsrecht beeinträchtigen.[91] Demgegenüber kommt eine **vorbeugende Unterlassungsklage** gegen eine zu erwartende rechtswidrige Beschlussfassung allenfalls in seltenen Ausnahmefällen in Betracht.[92] Der Aktionär ist grundsätzlich darauf zu verweisen, die Beschlussfassung abzuwarten und sodann Anfechtungs- oder

---

[82] *Grunewald* GesR § 8 Rn. 82 ff.; *Hadding* FS Kellermann, 1991, 91 ff.; *Reuter* FS Lange, 1992, 707 ff.; *Lutter* AcP 180 (1980) 84 (141 f.); *Zöllner* ZGR 1988, 392 (429 f.); MüKoAktG/*Spindler* § 93 Rn. 306 f.

[83] BGHZ 110, 323 (327 f., 334) = NJW 1990, 2877.

[84] *Habersack*, Die Mitgliedschaft – subjektives und „sonstiges" Recht, 1996, 200 ff.

[85] Vgl. dazu etwa MüKoAktG/*Spindler* § 93 Rn. 309 ff. (316 f.); *Reuter* FS Lange, 1992, 707 (726); Kölner Komm AktG/*Mertens*, Bd. 2 2. Aufl. 1999, § 93 Rn. 170 f., mwN; wie hier jetzt aber Kölner Komm AktG/ *Mertens/Cahn*, Bd. 2/1 3. Aufl. 2010, § 93 Rn. 208.

[86] Vgl. näher → § 117 Rn. 3 f.

[87] Vgl. statt aller *Habersack*, Die Mitgliedschaft – subjektives und „sonstiges" Recht, 1996, 228 f.

[88] Baumbach/Hueck/*Zöllner/Noack* GmbHG, 21. Aufl. 2017, Anh. § 47 Rn. 197 (zur Verhinderung der Eintragung eines eintragungspflichtigen Beschlusses); *Baums*, Gutachten F für den 63. DJT, in DJT (Hrsg.), Verhandlungen des 63. DJT Leipzig 2000, Bd. I, 2000, F 208.

[89] Zur Frage nach Bestandschutz über die Lehre von der fehlerhaften Gesellschaft, wenn vor Geltendmachung der auf Folgenbeseitigung gerichteten Abwehrklage infolge des Vollzugs der zugleich angefochtenen Strukturmaßnahme irreversible Verhältnisse eingetreten sind, vgl. *C. Schäfer*, Die Lehre vom fehlerhaftem Verband, 2002, 400 ff.; *Kort*, Bestandschutz fehlerhafter Strukturänderungen, 1998.

[90] Vgl. bereits RGZ 3, 123 (138); aA OLG Düsseldorf DB 1960, 520 (522); wie hier *Baums*, Gutachten F für den 63. DJT, in DJT (Hrsg.), Verhandlungen des 63. DJT Leipzig 2000, Bd. I, 2000, F 205.

[91] *Baums*, Gutachten F für den 63. DJT, in DJT (Hrsg.), Verhandlungen des 63. DJT Leipzig 2000, Bd. I, 2000, F 206.

[92] Generell verneinend LG Berlin AG 1995, 41; wie hier – allenfalls in Ausnahmefällen – *Baums*, Gutachten F für den 63. DJT, in DJT (Hrsg.), Verhandlungen des 63. DJT Leipzig 2000, Bd. I, 2000, F 206 f.; *Raiser* in Bayer/Habersack AktienR im Wandel, Bd. 2, 2007, 654 (Rn. 79).

Nichtigkeitsklage zu erheben, wenn die Hauptversammlung seinen dort vorgetragenen Bedenken keine Beachtung schenkt und den Beschluss gleichwohl fasst. Eine Ausnahme ist nur für nicht ausführungsbedürftige Beschlüsse, die mit der Beschlussfassung ihre intendierten Wirkungen entfalten, anzuerkennen. Zu denken ist etwa an die angekündigte Aufsichtsratswahl unter Missachtung des Entsendungsrechts eines Aktionärs (§ 101 Abs. 2 S. 1).[93] Aus den gleichen Gründen kommt auch ein **vorläufiger Rechtsschutz** gerichtet **auf Unterlassung der Beschlussfassung** oder der anschließenden Umsetzung des Beschlusses regelmäßig nicht in Betracht.[94] Davon zu unterscheiden ist die Unterbindung der Eintragung von angefochtenen Beschlüssen zum Handelsregister im Wege des einstweiligen Rechtsschutzes (§ 16 Abs. 2 HGB), dem allerdings die Freigabeverfahren nach § 246a und nach § 319 Abs. 6 AktG, § 16 Abs. 3 UmwG vorgehen.[95] Schließlich werden als weitere Anwendungsbeispiel Verpflichtungsklagen einzelner Aktionäre genannt, bei denen der Vorstand sich entgegen § 83 weigert, Beschlüsse der Hauptversammlung auszuführen oder vorzubereiten.[96] Alternativ wird eine Klage der Gesellschaft, vertreten durch den Aufsichtsrat, gegen den Vorstand diskutiert.[97] Letzteres ist bedenklich, da dies der Sache nach auf einen grundsätzlich unzulässigen Organstreit (→ Rn. 33 f.) hinauslaufen würde.[98] Soweit man einen solchen Organstreit in dieser Konstellation nicht doch ausnahmsweise zulässt, ist eine Verpflichtungsklage des einzelnen Aktionärs nur dann anzuerkennen, wenn die Verweigerung der Umsetzung oder Vorbereitung nicht nur eine mittelbare Beeinträchtigung, sondern einen unmittelbaren Eingriff in das Aktionärsrecht bedeutet, was regelmäßig jedoch nicht der Fall sein dürfte.

20   Unklar ist nur die Reichweite auf der nachgelagerten Ebene möglicher **Schadensersatzansprüche**. Soweit ein gesetzes- oder satzungswidriger Hauptversammlungsbeschluss mangels Anfechtung bestandskräftig geworden ist und der Aktionär nun durch die Ausführung dieses Beschlusses geschädigt wird, will eine Ansicht den auf die Aktionärsklage gestützten Schadensersatz insoweit entfallen lassen, als er bei rechtzeitiger Erhebung der Anfechtungsklage nicht entstanden wäre, ersetzt wird mit anderen Worten der Schaden, der auch durch die Anfechtung nicht entfallen wäre.[99] Andere wollen den Schadensersatzanspruch nur in den Grenzen des § 93 Abs. 4 S. 1 entfallen lassen,[100] wobei es dann auf die umstrittene Frage ankommt, ob ein bestandskräftiger Beschluss gesetzmäßig im Sinne dieser Vorschrift ist.[101] Gegen einen Ausschluss jeglicher Schadensersatzansprüche scheint auf den ersten Blick der Vergleich mit § 242 zu sprechen. Anders als bei der Heilung führt der Eintritt der Bestandskraft nicht zu einer Fehlerbeseitigung.[102] Andererseits spricht der mit der Bestandskraft verfolgte Aspekt der Rechtssicherheit, der auch eine Rechtsbefriedungskomponente aufweist, durchaus für eine vollständige Enthaftung. Letztlich sollte man jedoch nicht von einer völligen Enthaftung mit Eintritt der Bestandskraft ausgehen, da bereits mit der einmonatigen Anfechtungsfrist dem Interesse nach Rechtssicherheit und Bestandskraft des Beschlusses weit entgegengekommen wird. Rechtsvergleichend ist die Monatsfrist eher kurz und andere Rechtsordnungen kennen weit weniger drastische Beschränkungen der Geltendmachung von Beschlussmängeln.[103] Und schließlich lässt sich einer Ausuferung von Schadensersatzansprüchen im Wege der Aktionärsklage trotz Bestandskraft des

---

[93] Vgl. näher zum Ganzen Großkomm AktG/*Wiedemann* 4. Aufl. 1995, Vor § 182 Rn. 77; *Baums,* Gutachten F für den 63. DJT, in DJT (Hrsg.), Verhandlungen des 63. DJT Leipzig 2000, Bd. I, 2000, F 207; *Kort,* Bestandskraft fehlerhafter Strukturänderungen, 1998, 108 f.; zum GmbH-Recht ebenso Baumbach/Hueck/*Zöllner/Noack* GmbHG § 47 Anh. Rn. 202 f.; Scholz/*K. Schmidt* GmbHG § 45 Rn. 183.
[94] Einzelheiten bei *Baums,* Gutachten F für den 63. DJT, in DJT (Hrsg.), Verhandlungen des 63. DJT Leipzig 2000, Bd. I, 2000, F 207 f. mwN; aA wohl *Raiser* in Bayer/Habersack AktienR im Wandel, Bd. 2, 2007, 654 (Rn. 79).
[95] Zum einstweiligen Rechtsschutz gerichtet auf Unterbindung der Eintragung vgl. etwa Kölner Komm AktG/ *Zöllner* § 243 Rn. 13 ff.; Hüffer/Koch/*Koch* § 243 Rn. 67 f.; *Raiser* in Bayer/Habersack AktienR im Wandel, Bd. 2, 2007, 654 (Rn. 79); *Damm* ZHR 154 (1990) 413 (437 f.); *Littbarski,* Einstweiliger Rechtsschutz im GesR, 1996, 57 ff.; *Baums,* Gutachten F für den 63. DJT, in DJT (Hrsg.), Verhandlungen des 63. DJT Leipzig 2000, Bd. I, 2000, F 207 f. mwN mit weiterer aktienrechtlicher Rechtsprechung in Fn. 46.
[96] Vgl. etwa Großkomm AktG/*Habersack/Foerster* § 83 Rn. 15 f.; *Raiser* in Bayer/Habersack AktienR im Wandel, Bd. 2, 2007, 656 (Rn. 84 f.); so wohl auch MüKoAktG/*Spindler* § 83 Rn. 27.
[97] Vgl. → § 83 Rn. 18 mwN.
[98] So auch Hüffer/Koch/*Koch* § 83 Rn. 6.
[99] *K. Schmidt* GmbHR 1979, 121 (127 f.); *Marsch-Barner* ZHR 157 (1993) 172 (190); ähnlich UHL/Hüffer/ Schürnbrand GmbHG § 47 Rn. 197; *Habersack,* Die Mitgliedschaft – subjektives und „sonstiges" Recht, 1996, 234 f.
[100] *Zöllner/Winter* ZHR 158 (1994) 59 (74); *Zöllner* ZGR 1998, 392 (427).
[101] Vgl. den Nachw. bei *Casper,* Heilung nichtiger Beschlüsse im Kapitalgesellschaftsrecht, 1998, 190 mit Fn. 143, wobei dann regelmäßig der Eintritt der Rechtmäßigkeit mit Eintritt der Verfristung bejaht wird.
[102] Sofern man mit der zutreffenden hM § 242 materielle Wirkung zuerkennt, vgl. dazu näher → § 242 Rn. 12.
[103] Zur Ausgestaltung der Beschlusskontrolle im franz. und engl. Recht vgl. etwa *Kreß,* Gerichtliche Beschlusskontrolle im Kapitalgesellschaftsrecht, 1996, 39 ff.

anfechtbaren Beschlusses durch eine Orientierung der Frist zur Klageerhebung an dem Leitbild des § 246 Abs. 1 begegnen (dazu noch → Rn. 27).

Eine weitere Begrenzung der Aktionärsklage wird auch durch die **Begrenzung des ersatzfähi-** 21 **gen Schadens** erreicht. Es besteht zu Recht ganz weitgehend Einigkeit darüber, dass der ersatzfähige Schaden nicht mit dem Beteiligungsschaden (Reflexschaden) identisch sein darf, sondern darüber hinausgehen muss.[104] Die bloße Wertminderung, die der Aktionär also durch das schädigende Ereignis an seiner Beteiligung erleidet, ist nicht ersatzfähig. Diese Einschränkung gilt unabhängig davon, ob die Aktionärsklage auf den verbandsrechtlichen oder den deliktsrechtlichen Anspruch gestützt wird. Ersetzt werden also nur Schäden, die sich im Vermögen des Aktionärs unter Herausrechnung seines Beteiligungsvermögens ergeben.

4. Anwendungsbeispiele für die Aktionärsklage. Um das Erfordernis eines mitgliedschaftsbe- 22 zogenen Eingriffs zu präzisieren, sollen im Folgenden einige Einzelfälle, die in der bisherigen Diskussion eine entscheidende Rolle gespielt haben, herausgegriffen werden. Versucht man eine Systematisierung der für die Aktionärsklage in Betracht kommenden Fallgruppen, so bietet sich mit *Baums* eine folgende Dreiteilung an: (1) Abwehrklagen als Ergänzung der Nichtigkeits- und Anfechtungsklage zur Verhinderung der Umsetzung rechtswidriger Beschlüsse (dazu bereits → Rn. 19 f.), (2) die Klage zur Abwehr der Verletzung aktionärsschützender gesetzlicher Vorschriften und schließlich (3) die Klage zur Abwehr der Verletzung aktionärsbezogener Pflichten seitens der AG. Innerhalb der zweiten Fallgruppe darf der aktionärsschützende Charakter der Vorschrift nicht nur Regelungsreflex sein, sondern muss vielmehr den Regelungskern der Vorschrift bilden. Als unproblematisch haben sich dabei nur **Eingriffe in die Mitgliedschaft also solche** erwiesen, da diese gegen den Bestand des Herrschaftsrechts selbst gerichtet sind.[105] Hierzu gehört insbesondere der rechtswidrige Entzug der Mitgliedschaft durch rechtswidrige Ausschließung aus dem Verband[106] oder Wegnahme bzw. Vernichtung von Aktienurkunden.[107] Insoweit macht es keinen Unterschied, ob die Aktionärsklage unmittelbar auf das mitgliedschaftliche Rechtsverhältnis oder auf § 823 Abs. 1 BGB gestützt wird. Auch insoweit kann jedoch die Anfechtungsklage vorrangig sein, wenn der Ausschluss durch einen Beschluss erfolgt.

In ihrem Kern anerkannt sind auch die **Holzmüller/Gelatine-Sachverhalte**,[108] also Eingriffe 23 in den Kompetenzbereich der Hauptversammlung. Bereits vor der Gelatine Rechtsprechung, die Mitspracherechte der Aktionäre jenseits des § 119 als Form der richterlichen Rechtsfortbildung legitimierte,[109] stand außer Streit, dass der Eingriff in die Entscheidungsteilhabe der Hauptversammlung an bedeutenden Strukturänderungen die Verletzung einer aktionärsschützenden Vorschrift darstellt.[110] Auf das Einberufungsrecht gem. § 122 als abschließenden Behelf der Minderheit bei Übergriffen in ihr Recht auf Entscheidungsteilhabe muss sie sich schon deshalb nicht verweisen lassen,[111] da es sich bei § 122 nur um ein Minderheitenrecht, bei der Aktionärsklage aber um ein Individualrecht handelt. Ebenso wenig kann sich die verklagte Gesellschaft darauf berufen, dass die Hauptversammlung dem umstrittenen Organisationsakt ohnehin zugestimmt hätte.[112] Es ist allerdings möglich, die Zustimmung seitens der Hauptversammlung während des laufenden Verfahrens nachzuholen und der Aktionärsklage so noch den Boden zu entziehen.[113] Die Schwierigkeiten mit den Holzmüller-Fällen liegen vielmehr in ihrer Reichweite, wobei allerdings die Gelatineentscheidungen an vielen

---

[104] Statt aller vgl. RGZ 158, 248 (255); Staudinger/*Hager* (2017) BGB § 823 Rn. B 143; MüKoAktG/*Spindler* § 93 Rn. 304; *K. Schmidt* JZ 1991, 157 (159); *Bayer* NJW 2000, 2609 (2611).
[105] Ausf. Darstellung bei *Habersack*, Die Mitgliedschaft – subjektives und „sonstiges" Recht, 1996, 247 ff.
[106] Zur Unzulässigkeit einer Ausschließung im Aktienrecht jenseits des § 64, vgl. aber → § 64 Rn. 5.
[107] *Raiser* in Bayer/Habersack AktienR im Wandel, Bd. 2, 2007, 628 (Rn. 13).
[108] BGHZ 83, 122 (135 ff.) = NJW 1982, 1703; BGHZ 159, 30 ff. = NJW 2004, 1860 = ZIP 2004, 993 m. Anm. *Altmeppen*; BGH ZIP 2004, 1001.
[109] Zur umstrittenen Diskussion um die dogmatische Grundlage für die Holzmüller-Rspr. vgl. etwa *Hüffer* FS Ulmer, 2003, 279 ff.; zusammenfassend auch *Liebscher* ZGR 2006, 1 (7).
[110] Schließlich bildet diese Fallgruppe den Nukleus der Aktionärsklage in der Post-Holzmüller-Zeit; vgl. statt aller *Baums*, Gutachten F für den 63. DJT, in DJT (Hrsg.), Verhandlungen des 63. DJT Leipzig 2000, Bd. I, 2000, F 209 f.; *Habersack*, Die Mitgliedschaft – subjektives und „sonstiges" Recht, 1996, 297 ff.; *Raiser* in Bayer/Habersack AktienR im Wandel, Bd. 2, 2007, 654 f. (Rn. 80).
[111] BGHZ 83, 122 127 = NJW 1982, 1703; ebenso mit ausf. Begründung *Hommelhoff*, Die Konzernleitungspflicht, 1982, S. 463 ff.; *Habersack*, Die Mitgliedschaft – subjektives und „sonstiges" Recht, 1996, 321 ff.; *Baums*, Gutachten F für den 63. DJT, in DJT (Hrsg.), Verhandlungen des 63. DJT Leipzig 2000, Bd. I, 2000, F 210; aA aber zB *Krieger* ZHR 163 (1999) 343 (356); *Schulz-Gardyan*, Die sogenannte Aktionärsklage, 1991, 114 f.
[112] *Habersack*, Die Mitgliedschaft – subjektives und „sonstiges" Recht, 1996, 330 f.; *Baums*, Gutachten F für den 63. DJT, in DJT (Hrsg.), Verhandlungen des 63. DJT Leipzig 2000, Bd. I, 2000, F 210 f.
[113] Statt aller BGHZ 83, 122 (135) = NJW 1982, 1703; *Großfeld/Brondics* JZ 1982, 589 (590).

Stellen für mehr Klarheit gesorgt haben.[114] Verbleibende Zweifel und Untiefen können in diesem Überblick über die prozessualen Rechtsschutzmöglichkeiten des Aktionärs nicht ausgelotet werden.[115] Entsprechendes gilt für die in diesem Zusammenhang ebenfalls virulent werdenden **faktischen Satzungsänderungen** dergestalt, dass die Verwaltung zB den Unternehmensgegenstand durch tatsächliche Geschäftspraxis ändert, ohne dass dies durch Satzung gedeckt wird.

24 Als weitere Fallgruppe der Verletzung aktionärsschützender Vorschriften, über die weitgehend Einigkeit herrscht, wird die **rechtswidrige Ausnutzung des Bezugsrechtsausschlusses beim genehmigten Kapital** genannt.[116] Hintergrund ist die sog. Siemens/Nold-Entscheidung des BGH,[117] wonach die Hauptversammlung den Vorstand im Rahmen eines genehmigten Kapitals zu einem Ausschluss des Bezugsrechts ermächtigen kann, wenn dies im wohlverstandenen Interesse der Gesellschaft liegt.[118] Die Kriterien hierfür müssen nur in abstrakter Weise beschrieben werden. Nutzt der Vorstand die Möglichkeit zum Bezugsrechtsausschluss aus, obwohl diese abstrakten Kriterien für das wohlverstandene Interesse der Gesellschaft nicht vorliegen, so verletzt er eine aktionärsschützende Vorschrift, die der einzelne Aktionär mittels der Aktionärsklage abwehren kann.[119] Der Bundesgerichtshof hat dies in der Entscheidung **Commerzbank/Mangusta II** klargestellt.[120] Danach kann der Aktionär bis zur Durchführung der Kapitalerhöhung eine vorbeugende Unterlassensklage erheben, danach Feststellungsklage,[121] um eine Inanspruchnahme des Vorstandes nach §§ 93, 147 f. vorzubereiten. Da der Vorstand aber erst nach der Ausübung der Kapitalerhöhung im Rahmen der nächsten regulären Hauptversammlung über die Gründe für den Bezugsrechtsausschluss berichten muss,[122] läuft die vorbeugende Unterlassensklage in der Praxis weitgehend leer (näher → § 203 Rn. 116). Eine auf Folgenbeseitigung gerichtete Aktionärsklage kommt praktisch nicht in Betracht, da die vollzogene Kapitalerhöhung nicht rückgängig gemacht werden kann, wenn später die Verletzung des Bezugsrechts festgestellt wird. Damit spitzt sich der Rechtsschutz ganz auf eine Feststellungsbzw. Schadensersatzklage zu. Infolge dieses faktischen „Dulde und Liquidiere" dürfte kaum eine Erpressungsgefahr für die Gesellschaft bestehen.

25 Die Aktionärsklage kann weiterhin zur **Abwehr der Verletzung aktionärsbezogener Pflichten** von Mitaktionären oder der Verwaltung eingesetzt werden. Treupflichten sind seit Linotype und Girmes heute auch zwischen Aktionären anerkannt.[123] Regelmäßig wird die Treupflicht zwischen Aktionären bei der Ausübung des Stimmrechts virulent.[124] Insoweit hat es mit der Anfechtungsklage sein Bewenden. In anderen Fällen, in denen es sich nicht um eine treuwidrige Ausübung von Stimmrechten handelt, sondern um ein schlichtes, treuwidriges Verhalten des Mehrheitsaktionärs, kommt eine unmittelbar gegen den Mehrheitsaktionär gerichtete Unterlassungs- oder Beseitigungsklage in Betracht.[125] Auch insoweit greift der Dualismus von mitgliedschaftlicher und deliktsrechtlicher Begründung ein. Daneben kommt die Aktionärsklage zur Abwehr der Verletzung mitgliedschaftlicher Pflichten in Betracht, die der Vorstand für den Verband wahrzunehmen hat.[126] Zu nennen ist etwa die Vereitelung der Veräußerungschancen der Aktien durch eine falsche Informationspolitik seitens des Vorstandes, der zB einen Wechsel hin zu einem neuen, missliebigen Mehrheitsaktionär verhindern will. In diesem Zusammenhang sind auch Verstöße gegen die übernahmerechtli-

---

[114] Die Reichweite der neuen Rechtsprechung auslotend etwa *Liebscher* ZGR 2006, 1 (23 ff.).
[115] Überblick über den Diskussionsstand bei → § 119 Rn. 26 ff., 30 ff.
[116] BGHZ 136, 133 (141) = NJW 1997, 2815; *Habersack,* Die Mitgliedschaft – subjektives und „sonstiges" Recht, 1996, 268 f.; Hüffer/Koch/*Koch* § 203 Rn. 38 f.; *Baums,* Gutachten F für den 63. DJT, in DJT (Hrsg.), Verhandlungen des 63. DJT Leipzig 2000, Bd. I, 2000, F 211 f.; *Raiser* in Bayer/Habersack AktienR im Wandel, Bd. 2, 2007, S. 655 (Rn. 82).
[117] BGHZ 136, 133 = NJW 1997, 2815.
[118] Vgl. näher zum Ganzen → § 203 Rn. 79 ff.
[119] Vgl. *Habersack,* Die Mitgliedschaft – subjektives und „sonstiges" Recht, 1996, 268 f.; Hüffer/Koch/*Koch* § 203 Rn. 38 f.; *Baums,* Gutachten F für den 63. DJT, in DJT (Hrsg.), Verhandlungen des 63. DJT Leipzig 2000, Bd. I, 2000, F 211 f.; *Raiser* in Bayer/Habersack AktienR im Wandel, Bd. 2, 2007, S. 655 (Rn. 82).
[120] BGHZ 164, 249 (254) = NJW 2006, 374; zu den Einzelheiten vgl. → § 203 Rn. 102 ff., 110 ff. sowie *Drinkuth* AG 2006, 142 ff.; *Busch* NZG 2006, 81 ff.; *Bungert* BB 2005, 2757 ff.; *Paschos* DB 2005, 2731 ff.; *Waclawik* ZIP 2006, 397 ff.
[121] Hierzu ausf. *Bartels* ZGR 2008, 723 (765 ff.).
[122] BGHZ 164, 241 (244) = NJW 2006, 371.
[123] Vgl. nur BGHZ 103, 184 (194 ff.) = NJW 1988, 1579 – Linotype; BGHZ 129, 136 = NJW 1995, 1739 – Girmes; und aus dem Schrifttum statt aller *Hennrichs* AcP 195 (1995) 221 ff.; *Verse* in Bayer/Habersack AktienR im Wandel, Bd. 2, 2007, 579 (594 ff.) (Rn. 18 ff.) sowie die Darstellung und den wN bei → § 53a Rn. 36 ff.
[124] Zur Anfechtbarkeit von Beschlüssen nach treuwidriger Stimmabgabe vgl. → § 243 Rn. 165 ff.
[125] *Baums,* Gutachten F für den 63. DJT, in DJT (Hrsg.), Verhandlungen des 63. DJT Leipzig 2000, Bd. I, 2000, F 213.
[126] *Baums,* Gutachten F für den 63. DJT, in DJT (Hrsg.), Verhandlungen des 63. DJT Leipzig 2000, Bd. I, 2000, F 213.

che Neutralitätspflicht des Vorstandes bei feindlichen Unternehmensübernahmen diskutiert worden.[127] Spätestens seitdem die Neutralitätspflicht in § 33 Abs. 1 S. 1 WpÜG normiert ist, handelt es sich insoweit jedoch um die Verletzung aktionärsschützender gesetzlicher Vorschriften. In welchen Einzelfällen ein Verstoß gegen die Neutralitätspflicht vorliegt und somit eine Aktionärsklage auf Abwehr von sog. Übernahmeschlachten in Betracht kommt, kann an dieser Stelle jedoch nicht vertieft werden.

5. Klagegegner; Klagefrist. Klagegegner einer Aktionärsklage ist grundsätzlich der Verband, 26 also die Aktiengesellschaft und nicht die einzelnen Organmitglieder. Dies ist zumindest insoweit einhellige Meinung, als es sich um eine in Anlehnung an die Holzmüller-Rechtsprechung allein auf die Mitgliedschaft gestützte Aktionärsklage handelt. Bei der auf § 823 Abs. 1 BGB, § 1004 BGB gestützten Aktionärsklage kommt jedoch auch die **persönliche Inanspruchnahme der einzelnen Organmitglieder** in Betracht. Voraussetzung dafür, dass auch hier der Verband zu verklagen ist, wäre, dass § 31 BGB Anwendung findet. Der BGH hat dies im Schärenkreuzerurteil bejaht.[128] Dies könnte jedoch zweifelhaft sein, da der klagende Aktionär – zumindest auf den ersten Blick – kein Dritter iSd § 31 BGB ist. Gleichwohl ist dem BGH im Ergebnis zuzustimmen.[129] Einer Zurechnung des deliktisch relevanten Handelns seiner Organe gem. § 31 BGB stehen insbesondere nicht die Interessen der sonstigen Mitglieder entgegen. Inwieweit der im Kapitalgesellschaftsrecht geltende Grundsatz des gebundenen Garantiekapitals der Haftung des Vorstandes Grenzen setzt, da das Garantiekapital den Gesellschaftsgläubigern zu dienen bestimmt ist, kann an dieser Stelle nicht abschließend geklärt werden.[130] Zumindest soweit das Garantiekapital und die gesetzlichen Rücklagen nicht angetastet werden, dürfte eine Haftung des Vorstandes keine Schwierigkeit bereiten.

Unklar ist bei der Aktionärsklage auch, ob sie binnen einer bestimmten **Frist** erhoben werden 27 muss. Da die Abwehrklage Ausfluss der mitgliedschaftlichen Stellung des Aktionärs ist, unterliegt ihre Ausübung den allgemeinen, aus der Treupflicht folgenden Einschränkungen.[131] Aus dieser noch recht unscharfen Grenze kann man im konkretisierenden Zugriff immerhin ableiten, dass ein sehr langes Zuwarten mit der Klageerhebung unzulässig ist. Mehr Rechtssicherheit ließe sich durch eine analoge Anwendung des § 246 erreichen.[132] Eine Analogie mit einer starren Monatsfrist würde aber zu einer zu starken Beschränkung der Aktionärsrechte führen. Eine solche Analogie zu § 246 wäre auch mit dem Willen des Gesetzgebers kaum vereinbar. Dieser hat iRd Aktienrechtsnovelle 2016 die Überlegungen zur Aufnahme einer „relativen Befristung"[133] von Nichtigkeitsklagen ab Bekanntmachung iSv § 246 Abs. 4 S. 1 verworfen, da die Übertragung solcher Einzelüberlegungen nicht mit der Komplexität des Beschlussmängelrechts vereinbar seien.[134] Es fehlt auch von daher an einer Vergleichbarkeit, als es – anders als beim Beschluss – an einem transparenten Anfangstermin für den Fristbeginn fehlt.[135] Deshalb ist es sinnvoller, mit dem BGH[136] den Rechtsgedanken des § 246 wie bei der Beschlussanfechtungsklage im GmbH-Recht[137] nur insoweit heranzuziehen, als dass der Monatsfrist eine Leitbildfunktion für die Frage zukommt, ob der Aktionär die Abwehrklage mit der aus der Treupflicht folgenden gebotenen Zügigkeit erhoben hat.[138] Allerdings kommt es für den

---

[127] Vor Inkrafttreten des WpÜG im Zusammenhang mit der feindlichen Übernahme von Mannesmann/Vodafone LG Düsseldorf WM 2000, 528; zusammenfassend zB *Adolff* ZHR 159 (2005) 310 (327); ferner *Raiser* in Bayer/Habersack AktienR im Wandel, Bd. 2, 2007, 654 f. (Rn. 80).
[128] BGHZ 110, 323 (327 f., 334 f.) = NJW 1990, 2877.
[129] Im Erg. ebenso Kölner Komm AktG/*Mertens/Cahn* § 93 Rn. 237 ff.; *Bayer* NJW 2000, 2609 (2612); ausf. *Habersack*, Die Mitgliedschaft – subjektives und „sonstiges" Recht, 1996, 355 ff. jew. mwN auch zur Gegenauffassung; für diese stellvertretend Großkomm AktG/*Hopt/Roth* § 93 Rn. 628; MüKoAktG/*Spindler* § 93 Rn. 306 f. und *Baums*, Gutachten F für den 63. DJT, in DJT (Hrsg.), Verhandlungen des 63. DJT Leipzig 2000, Bd. I, 2000, F 216 f.
[130] Zur entsprechenden Fragestellung bei Ansprüchen von Anlegern, die zugleich Aktionäre sind, nach §§ 37b, 37c WpHG bzw. § 826 BGB wegen fehlerhafter Information des Kapitalmarkts vgl. etwa BGH ZIP 2005, 1270 (1272 f.) – EM.TV; *Casper* Der Konzern 2006, 32 (36); *Langenbucher* ZIP 2005, 239 (241 ff.); *Henze* NZG 2005, 115 ff.
[131] Statt aller BGHZ 83, 122 (135 f.) = NJW 1982, 1703; *Brondics*, Die Aktionärsklage, 1988, 119 f.; *Bayer* NJW 2000, 2609 (2611) und *K. Schmidt* GesR § 21 V 3b, S. 649.
[132] Dafür *Pflugrath*, Leistungsklagen zur Erzwingung rechtmäßigen Vorstandsverhaltens in der Aktiengesellschaft, 1990, 159 mwN.
[133] So noch RegE Aktienrechtsnovelle 2014, BT-Drs. 18/4349, 30.
[134] Beschlussempfehlung zur „Aktienrechtsnovelle 2014", BT-Drs. 18/6681, 12.
[135] Vgl. etwa *Baums*, Gutachten F für den 63. DJT, in DJT (Hrsg.), Verhandlungen des 63. DJT Leipzig 2000, Bd. I, 2000, F 218.
[136] BGHZ 164, 249 (259) = NJW 2006, 374; für eine Monatsfrist aber zB *Waclawik* ZIP 2006, 397 (404).
[137] Zum dortigen Diskussionsstand vgl. etwa *Casper* ZHR 163 (1999) 54 (85 f.) mwN.
[138] In diesem Sinne auch BGHZ 83, 122 (136) = NJW 1982, 1703; *K. Schmidt* GesR § 21 V 3, S. 651; *Bayer* NJW 2000, 2609 (2611); *Habersack*, Die Mitgliedschaft – subjektives und „sonstiges" Recht, 1996, 361 f.

Fristbeginn – und hier liegt ein wesentlicher Unterschied zu § 246 – auf die Kenntniserlangung oder das Kennenmüssen des Eingriffs in die Mitgliedschaft an, da anders als bei der Anfechtungsklage nicht an einen durch öffentliche Einladung (§ 121 Abs. 3, 4) allgemein bekannten Termin angeknüpft werden kann.[139] Damit bleibt eine Abwägung im Einzelfall möglich, bei der auch die Schwere des mitgliedschaftlichen Eingriffs zu berücksichtigen ist. Auch **sonstige prozessuale Fragen** der Aktionärsklage sind bisher noch wenig ausgeleuchtet. Diskutiert werden vor allem eine Analogie zu § 247 und zu §§ 248, 249.[140] Für die Erstreckung der inter-omnes-Wirkung auf die Aktionärsklage sprechen gute Gründe, da so einem Verfahren Bedeutung für alle Aktionäre in gleichen Situationen zukommt und sich wiederholende Verfahren einzelner Aktionäre vermieden werden.[141]

IV. (Sonstige) Leistungsklagen wegen eigener Ansprüche

28   Unproblematisch sind solche Leistungsklagen, bei denen der **Gesellschafter** selbst und **allein Träger** des Anspruchs ist.[142] Dies ist beispielsweise bei Gewinn-, Auseinandersetzungs- und Abfindungsansprüchen der Fall. Gleiches gilt für Schadensersatzansprüche, die nur dem einzelnen Gesellschafter selbst gegenüber entstanden sind, zB wenn dem Aktionär in der geschlossenen Gesellschaft zu Unrecht die Genehmigung zur Übertragung seiner vinkulierten Aktien verweigert wird, obwohl die Voraussetzungen für die Genehmigung der Satzung nach bestehen. Ein weiteres Beispiel ist die Klage von Anlegern aus Informationspflichtverletzungen am Kapitalmarkt. In all diesen Fällen verbleibt es bei den allgemeinen Grundsätzen einer Leistungsklage.

V. Leistungsklagen wegen Ansprüchen der Aktiengesellschaft

Schrifttum: Vgl. außer den Angaben vor §§ 147, 147a vor allem *Bachmann,* Gutachten für den 70. DJT, in Verhandlungen des 70. DJT, Bd. 1, 2014, E 1, 89 ff.; *Baums,* Gutachten für den 63. DJT, in Verhandlungen des 63. DJT, Bd. 1, 2000, F 158 ff.; *Brandner,* Minderheitenrechte bei der Geltendmachung von Ersatzansprüchen aus der Geschäftsführung, FS Lutter, 2000, 317; *Gaschler,* Das Klagezulassungsverfahren gem. § 148 AktG, 2017; *Paschos/Neumann,* Die Neuregelung des UMAG im Bereich der Durchsetzung von Haftungsansprüchen der Aktiengesellschaft gegen Organmitglieder, DB 2005, 1779; *K. Schmidt,* Verfolgungspflichten, Verfolgungsrecht und Aktionärsklagen: Ist die Quadratur des Zirkels näher gerückt?, NZG 2005, 796; *Schröer,* Geltendmachung von Ersatzansprüchen gegen Organmitglieder nach UMAG, ZIP 2005, 2081; *Spindler,* Haftung und Aktionärsklagen nach dem neuen UMAG, NZG 2005, 865; *Stallknecht,* Der besondere Vertreter nach § 147 AktG, 2015; *Ulmer,* Die Aktionärsklage als Instrument zur Kontrolle des Vorstands- und des Aufsichtsratshandelns, ZHR 163 (1999) 290; *M. Winter,* Rechtsschutz des Aktionärs – de lege lata, de lege ferenda, in Henze/Hoffmann-Becking, Gesellschaftsrecht, 2003, 457.

29   **1. Keine actio pro socio als Individualrecht.** Für die actio pro socio als Individualrecht, mit der ein einzelner Gesellschafter einen Sozialanspruch der Gesellschaft geltend macht, ist im Aktienrecht nach fast einhelliger Ansicht kein Raum.[143] Gegen eine allgemeine Anwendung der actio pro socio spricht bereits die streng von Mitgliedern losgelöste Zuständigkeitsordnung des Aktienrechts sowie der Umkehrschluss aus § 93 Abs. 5. Zentrales Argument gegen eine allgemeine actio pro socio ist aber vor allem die Ausgestaltung der §§ 147, 148. Einer derartigen Regelung bedürfte es nicht, wenn der Aktionär schon auf die aus allgemeinen verbandsrechtlichen Grundsätzen folgende actio pro socio zurückgreifen könnte.[144] Der Gesetzgeber hat sowohl 1998 als auch 2005, 2009 sowie zuletzt 2016 keinen Anlass gesehen, die actio pro socio als Individualrecht im Aktienrecht zu verankern. Eine Individualklage des Aktionärs ist vielmehr nur in ganz eng begrenzten Fällen des Konzernrechts (§ 309 Abs. 4, § 317 Abs. 4, § 318 Abs. 4) vorgesehen. Hieraus lässt sich kein verallgemeinerungsfähiger Grundsatz herleiten.

---

[139] *Baums,* Gutachten F für den 63. DJT, in DJT (Hrsg.), Verhandlungen des 63. DJT Leipzig 2000, Bd. I, 2000, F 217 f.

[140] Vgl. zum Diskussionsstand vor allem *Schwab,* Das Prozessrecht gesellschaftsinterner Streitigkeiten, 2005, 535 ff.; Großkomm AktG/*K. Schmidt* § 241 Rn. 6; *Habersack,* Die Mitgliedschaft – subjektives und „sonstiges" Recht, 1996, 366 ff.; *Brondics,* Die Aktionärsklage, 1988, 174 f.; *Baums,* Gutachten F für den 63. DJT, in DJT (Hrsg.), Verhandlungen des 63. DJT Leipzig 2000, Bd. I, 2000, F 219 f.

[141] *Baums,* Gutachten F für den 63. DJT, in DJT (Hrsg.), Verhandlungen des 63. DJT Leipzig 2000, Bd. I, 2000, F 219; Großkomm AktG/*K. Schmidt* § 241 Rn. 6; teilw. abw. aber *Habersack,* Die Mitgliedschaft – subjektives und „sonstiges" Recht, 1996, 366 für die auf §§ 823 Abs. 1, 1004 BGB analog gestützte Herstellungsklage.

[142] Eingehend zu dieser Fallgruppe *Zöllner* ZGR 1988, 392 (398 ff.).

[143] Vgl. etwa *K. Schmidt* GesR § 21 IV 6, S. 641; Hüffer/Koch/*Koch* § 148 Rn. 2; Kölner KommAktG/*Mertens/Cahn* § 93 Rn. 207; *Zöllner* ZGR 1988, 392 (408); *Schwab,* Das Prozessrecht gesellschaftsinterner Streitigkeiten, 2005, 111 ff. (117); *Raiser* in Bayer/Habersack AktienR im Wandel, Bd. 2, 2007, 648 (Rn. 68); Großkomm AktG/*G. Bezzenberger/T. Bezzenberger* § 148 Rn. 8; aA aber *Bühring-Uhle/Nelle* AG 1989, 41 (49 ff.); sowie *Großfeld,* Aktiengesellschaft, Unternehmenskonzentration und Kleinaktionär, 1968, 224.

[144] Vgl. zu den Grundlagen der actio pro socio statt aller *K. Schmidt* GesR § 21 V, 629 ff.

2. §§ 147, 148 AktG: Die actio pro socio als Minderheitenrecht nach erfolgreichem Kla- 30
gezulassungsverfahren. Die Geltendmachung von Schadensersatzansprüchen aufgrund Aktionärsinitiative sah das **Aktiengesetz bis zum UMAG** im November 2005 nur in drei Fällen vor: (1) Aufgrund eines Mehrheitsbeschlusses der Hauptversammlung (§ 147 Abs. 1 S. 1 Alt. 1 aF), wobei die Hauptversammlung einen besonderen Vertreter bestellen konnte, wenn die Mehrheit befürchtete, dass die Aktiengesellschaft ihrer nunmehr bestehenden Pflicht zur Erhebung der Klage nicht nachkam. (2) Aufgrund des Verlangens einer Minderheit, die 10 % des Grundkapitals hält (§ 147 Abs. 1 S. 1 Alt. 2 aF). Auch in diesem Fall hatte die Geltendmachung der Schadensersatzansprüche[145] grundsätzlich durch die nach allgemeinem Aktienrecht zuständigen Organe zu erfolgen, soweit nicht das Gericht iSd § 14 auf Antrag von Aktionären, die ihrerseits 10 % des Grundkapitals oder Aktien mit einem rechnerischen Wert von einer Millionen Euro des Grundkapitals hielten, einen besonderen Vertreter bestellte, der dann wie beim Mehrheitsverlangen die Zuständigkeit des Vorstands bzw. des Aufsichtsrats zur Geltendmachung der Ansprüche verdrängte. (3) Mit dem KonTraG wurde 1998 das **Verfolgungsrecht nach § 147 Abs. 3** als Minderheitenrecht eröffnet, wobei 5 % des Grundkapitals bzw. ein tatsächlicher Anteil von 500 000 Euro genügte. Der sodann bestellte besondere Vertreter war allerdings nicht automatisch zur Geltendmachung des Schadensersatzanspruchs verpflichtet, sondern durfte und musste ihn nur geltend machen, soweit er diesen Anspruch nach pflichtgemäßem Ermessen für aussichtsreich hielt.[146]

In der **Reformdiskussion** der letzten Jahre war diese Regelung zu Recht als unzureichend 31
empfunden worden. Namentlich das Verfolgungsrecht in § 147 Abs. 3 aF wurde bereits vor seinem Inkrafttreten als „legislatorische Totgeburt"[147] oder doch zumindest als „wenig gelungen"[148] bezeichnet. Eine gesetzgeberische Halbwertszeit von nur sieben Jahren hat dieser Kritik Recht gegeben. Dies deckt sich mit dem rechtstatsächlichen Befund, dass auf § 147 aF gestützte Haftungsklagen trotz spektakulärer Unternehmenszusammenbrüche und Schieflagen bis zum UMAG die absolute Ausnahme bildeten.[149] Dafür waren insbesondere zwei Gründe maßgeblich: Zum einen hatte sich das Quorum in § 147 Abs. 3 aF (5 % oder 500000 Euro) als deutlich zu hoch erwiesen. Zum anderen war die Ausgestaltung des § 147 Abs. 3 aF als bloßes Verfolgungsrecht und nicht als actio pro socio wenig effektiv. Der Reformgesetzgeber 2005 hat sich dieser wohl fast einhelligen Kritik im Schrifttum[150] angeschlossen, in dem er § 147 mit dem UMAG einer Totalreform unterzogen hat. Damit wurde eine der Forderungen im Maßnahmenkatalog der Bundesregierung aufgegriffen.[151] Für den durch das **UMAG** eingeleiteten **Paradigmenwechsel** konnte sich der Reformgesetzgeber auf rechtsvergleichend untermauerte Regelungsvorschläge von *Peter Ulmer* stützen,[152] die von der Regierungskommission Corporate Governance weitgehend rezipiert worden waren.[153]

Entgegen vielfach verbreiteter Vorschläge hat der Reformgesetzgeber die **Figur des besonderen** 32
Vertreters jedoch nicht vollkommen aufgeben.[154] Weiterhin ist ein Mehrheitsbeschluss (§ 147 Abs. 1 S. 1) der logisch vorrangige Schritt, damit die Ersatzansprüche gegen Vorstand oder Aufsichtsrat durchgesetzt werden. Die Hauptversammlung kann im Rahmen dieses Beschlusses für die Geltendmachung einen besonderen Vertreter bestellen. Wie im früheren Recht kann eine 10 %ige-Minderheit die Bestellung eines besonderen Vertreters verlangen.[155] Der **Paradigmenwechsel** gegenüber der Rechtslage vor 2005 besteht darin, das nach dem heutigen **§ 148 Abs. 1 S. 1** bereits eine **Minderheit von einem Prozent** oder mit 100000 Euro Stammkapital die Klage selbst für die Gesellschaft betreiben kann,[156] sofern die Mehrheit keinen Beschluss iSd § 147 Abs. 1 S. 1 fasst.[157] Dafür wurde auf das Verfolgungs-

---

[145] Zur Frage welche Ansprüche durch die §§ 147 ff. AktG erfasst werden *Mock* NZG 2015, 1013.
[146] Vgl. etwa *Hüffer*, 6. Aufl. 2004, § 147 Rn. 9a; *Brandner* FS Lutter, 2000, 317 (321); ausf. zur historischen Entwicklung *Raiser* in Bayer/Habersack AktienR im Wandel, Bd. 2, 2007, 650 ff. (Rn. 69 ff.).
[147] *Hommelhoff/Röhricht/Bork* GesR 1997, RWS-Forum 10, 53 (68).
[148] So etwa *Hüffer*, 6. Aufl. 2004, § 147 Rn. 9; Kritik auch im Großkomm AktG/*Bezzenberger* § 147 Rn. 11.
[149] Vgl. statt aller Henze/Hoffmann-Becking/*M. Winter* GesR 2003, RWS-Forum 25, 457 (463).
[150] Fundamentalkritik an den vorgeschlagenen Neuregelungen aber bei *Kiethe* ZIP 2003, 707 (zum Maßnahmekatalog der Bundesregierung).
[151] Abgedruckt und erläutert bei *Seibert* BB 2003, 693 ff.
[152] *Ulmer* ZHR 163 (1999) 290 (329 ff.) mit Regelungsvorschlägen auf S. 341 f.
[153] *Baums*, Bericht der Regierungskommission Corporate Governance, 2001, Rn. 72 f.
[154] Für eine völlige Beseitigung des besonderen Vertreters etwa *Baums*, Bericht der Regierungskommission Corporate Governance, 2001, Rn. 73 aE; *Ulmer* ZHR 163 (1999) 290 (342); anders zB Henze/Hoffmann-Becking/*M. Winter* GesR 2003, RWS-Forum 25, 472 f. mwN.
[155] Zur rechtspolitischen Diskussion um die Höhe dieses Quorums vgl. etwa *Stallknecht*, Der besondere Vertreter nach § 147 AktG, 2015, 391, der eine weitere Absenkung auf 1 % vorschlägt.
[156] Die Bildung von Koalitionen zu einer Klage wird durch das neue Aktionärsforum in § 127a flankiert. Das Quorum wurde weiterhin mit dem Recht einer Minderheit, eine Sonderprüfung nach § 142 zu verlangen, harmonisiert. Hierzu kritisch *Raiser/Veil* KapGesR § 11 Rn. 31.
[157] Kritisch insoweit aber *Gaschler*, Das Klagezulassungsverfahren gem. § 148 AktG, 2017, 241 ff. mwN, der die praktisch geringe Bedeutung des Aktionärsforums betont.

recht in § 147 Abs. 3 aF ebenso wie auf das Klageerzwingungsrecht einer mit 10 % beteiligten Minderheit (§ 147 Abs. 1 S. 1 Alt. 2 aF) verzichtet. Voraussetzung für eine **eigene Klage der Minderheit** ist es jedoch, dass zunächst erfolgreich ein **Klagezulassungsverfahren** betrieben wurde (§ 148 Abs. 1 S. 2). Dies setzt voraus, dass die Minderheit ihre Aktien vor Kenntnis des den Schadensersatzanspruch auslösenden Pflichtverstoßes erlangt hat, sie die Aktiengesellschaft erfolglos zur Klageerhebung aufgefordert hat und Tatsachen vorliegen, die den Verdacht rechtfertigen, dass der Gesellschaft durch Unredlichkeit oder grobe Verletzung des Gesetzes bzw. der Satzung ein Schaden entstanden ist. Als negative Voraussetzung muss hinzukommen, dass der Geltendmachung des Ersatzanspruchs keine überwiegenden Gründe des Gesellschaftswohls entgegenstehen. Gibt das Gericht iSd § 14 dem Antrag auf Klagezulassung statt, klagt die Minderheit im eigenen Namen als **Prozessstandschafter** der Gesellschaft auf Leistung an die AG.[158] Der Sache nach handelt es sich bei § 148 also um die Geltendmachung eines Schadensersatzanspruchs im Wege der **actio pro socio durch eine Minderheit**.[159] Eine Besonderheit gegenüber der normalen Prozessstandschaft besteht aber darin, dass die Gesellschaft nach § 148 Abs. 3 das Verfahren jederzeit wieder an sich ziehen kann, in dem sie es von nun an selbst betreibt. Das abweisende Urteil im eigentlichen, auf Schadensersatz gerichteten Hauptverfahren wirkt für und gegen die Gesellschaft und alle übrigen Gesellschafter (§ 148 Abs. 5 S. 1). Die Regelung hat sich nicht uneingeschränkt bewährt, wie insbesondere die Bewältigung der Finanzmarktkrise 2007 gezeigt hat. Gleichwohl ist der weitergeführten Reformdiskussion dahin zustimmen, dass die Grundkonzeption der §§ 147, 148 beizubehalten ist, aber über Detailkorrekturen weiterhin gestritten werden muss.[160] – Wegen aller weiteren Einzelheiten ist auf die Kommentierung der §§ 147, 148 zu verweisen.

VI. Organstreitigkeiten

Schrifttum: *Bauer,* Organklagen zwischen Vorstand und Aufsichtsrat, 1986; *Bork,* Materiell-rechtliche und prozessrechtliche Probleme des Organstreits, ZGR 1989, 1; *Bork,* Passivlegitimation und gesetzliche Vertretung der AG bei Klagen einzelner Aufsichtsratsmitglieder, ZIP 1991, 137; *Brücher,* Ist der Aufsichtsrat einer Gesellschaft befugt, gegen den Vorstand oder die Geschäftsführung zu klagen?, AG 1989, 190; *Häsemeyer,* Der interne Rechtsschutz zwischen Organen, Organmitgliedern und Mitgliedern der Kapitalgesellschaften als Problem der Prozessführung, ZHR 144 (1980) 265; *Hauswirth,* Befugnisse und Pflichten von Organen der AG als Gegenstand von Organstreitigkeiten, 1997; *Hommelhoff,* Der aktienrechtliche Organstreit, ZHR 143 (1979) 288; *Lewerenz,* Leistungsklagen zwischen Organen und Organmitgliedern der Aktiengesellschaft, 1977; *Mertens,* Organstreit in der Aktiengesellschaft?, ZHR 154 (1990) 24; *Pflugradt,* Leistungsklagen zur Erzwingung rechtmäßigen Vorstandsverhaltens, 1991; *Raiser,* Klagebefugnis einzelner Aufsichtsratsmitglieder, ZGR 1989, 44; *K. Schmidt,* „Insichprozesse" durch Leistungsklagen in der Aktiengesellschaft?, ZZP 92 (1979) 212; *Schwab,* Das Prozessrecht gesellschaftsinterner Streitigkeiten, 2005, 562; *Stodolkowitz,* Gerichtliche Durchsetzung von Organpflichten in der AG, ZHR 154 (1990) 1.

33 Organstreitigkeiten, wie sie aus dem Verfassungs- und Kommunalverfassungsrecht bekannt sind, kennt das Aktienrecht zumindest nach der traditionellen Auffassung nicht.[161] Dies gilt zumindest für echte Organstreitigkeiten (sog. Interorganstreit),[162] bei denen ein Organ als Kollegialorgan gegen ein anderes Organ klagt, also beispielsweise der Aufsichtsrat als Organ den Vorstand auf Unterlassung eines an sich nach § 111 Abs. 4 zustimmungsbedürftigen Geschäfts in Anspruch nimmt. Nicht zu den echten Organstreitigkeiten zählen solche Fallgestaltungen, in denen ein Organ als Kollektiv den

---

[158] Vgl. näher → § 148 Rn. 128 f.; *K. Schmidt/Lutter/Spindler* § 148 Rn. 40 ff.; *Hüffer/Koch/Koch* § 148 Rn. 15; *Diekmann/Leuering* NZG 2004, 249 (250); demgegenüber spricht *Spindler* NZG 2005, 865 (866) nur von einer „Art Prozessstandschaft".

[159] RegE UMAG BT-Drs. 15/5092, 23; → § 148 Rn. 2: „eingeschränkte actio pro socio"; ähnlich auch Hüffer/Koch/*Koch* § 148 Rn. 2, 15; *K. Schmidt* NZG 2005, 796 (799). Den Begriff der Aktionärsklage (so zB *Spindler* NZG 2005, 865) sollte man allerdings vermeiden, da hierunter bisher überwiegend Klagen von Aktionären aus eigenem Recht verstanden werden (→ Rn. 14 ff.).

[160] Vgl. insoweit den wohl abgewogenen Vorschlag von *Bachmann,* Gutachten für den 70. DJT, in Verhandlungen des 70. DJT, Bd. 1, 2014, E 1, 89 ff., 102 mit weit. Details und Nachw. Aus der neueren rechtspolitischen Diskussion vgl. etwa *Stallknecht,* Der besondere Vertreter nach § 147 AktG, 2015, 361 ff. und *Gaschler,* Das Klagezulassungsverfahren gem. § 148 AktG, 2017, 217 ff., jeweils mit umfassenden Nachweisen sowie ferner *Pelzer* FS U. H. Schneider, 2011, 953 ff.

[161] *Zöllner* ZGR 1998, 392 (423 f.); *Mertens* ZHR 154 (1990) 24 (33); *Werner* AG 1990, 1 (16); Hüffer/Koch/*Koch* § 90 Rn. 18 f., 24 f.; *Grigoleit/Tomasic* § 90 Rn. 33; aA – wenngleich mit Unterschieden im Detail – → § 90 Rn. 70 (*Fleischer*); *Bork* ZGR 1989, 1; *Hommelhoff* ZHR 143 (1979) 288 (290 ff.); *K. Schmidt* ZZP 92 (1979) 212 (214 ff.); wN des Diskussionsstands bei *Schwab,* Das Prozessrecht gesellschaftsinterner Streitigkeiten, 2005, 578 ff.; *Pflugrath,* Leistungsklagen zur Erzwingung rechtmäßigen Vorstandsverhaltens in der Aktiengesellschaft, 1990, 7 ff.; BGHZ 106, 54 (60 ff.) = NJW 1989, 979 (Opel) hat zumindest die Zulässigkeit des echten Organstreits offengelassen.

[162] Klagt ein Organmitglied gegen ein anderes, spricht man von Intraorganstreit.

Verband oder einzelne Organmitglieder die Aktiengesellschaft in Anspruch nehmen. Auch insoweit gilt im Grundsatz, dass nur die Aktiengesellschaft, vertreten durch ihre Organe, gegen einzelne Organmitglieder klagen kann. Die **Begründung für die Verneinung eines Organstreits** ist aber nicht primär in der fehlenden Parteifähigkeit von Organen als Kollektiv, sondern vielmehr im materiellen Aktienrecht zu verorten.[163] Denn soweit das materielle Recht dem Organ als Gesamtorgan einen durchsetzbaren Anspruch gegenüber einem anderen Organ und nicht nur eine Kompetenz zuweist, ließe sich eine Parteifähigkeit – zumindest rechtsfortbildend – entwickeln.

Ein derartiger kollegialer Anspruch gegen ein anderes Organ besteht jedoch regelmäßig nicht. **34** Dies gilt namentlich für die im Zusammenhang mit dem Organstreit am häufigsten diskutierte **Berichtspflicht des Vorstandes** an den Aufsichtsrat nach § 90.[164] Dieser von seiner Grundstruktur her durchaus als Anwendungsfall für einen Interorganstreit in Betracht kommende Fall wird vom Gesetz in § 90 Abs. 3 S. 2 als Individualanspruch des einzelnen Aufsichtsratsmitglieds pro socio ausgestaltet.[165] Gäbe es eine echte Organklage, hätte es dieser Regelung nicht bedurft. Weiterhin lässt sich auch aus § 245 Nr. 4, wonach der Vorstand als Kollegialorgan zur Erhebung einer Anfechtungsklage befugt ist, kein verallgemeinerungsfähiger Rechtsgedanke für eine echte Organklage herleiten.[166] Insbesondere darf eine mögliche Organklage nicht dazu führen, dass Mehrheits-/Minderheitenkonflikte innerhalb des Organs nach außen verlagert werden. Paradigmatisch war insoweit die **Opel-Entscheidung des BGH**,[167] in der die Arbeitnehmervertreter im Aufsichtsrat die Ausgliederung (Outsourcing) einer bisher innerhalb des Betriebs wahrgenommenen Aufgabe zu verhindern suchten, nachdem sie mit einem entsprechenden Antrag im Aufsichtsrat an der Mehrheit der Anteilseigner gescheitert waren. Dieser Grundsatz gilt sowohl für die echte Organklage als auch für solche Klagen, in denen das einzelne Aufsichtsratsmitglied gegen den Verband im Interesse des Gesamtorgans klagt.

§ 241 Nichtigkeitsgründe

Ein Beschluß der Hauptversammlung ist außer in den Fällen des § 192 Abs. 4, §§ 212, 217 Abs. 2, § 228 Abs. 2, § 234 Abs. 3 und § 235 Abs. 2 nur dann nichtig, wenn er
1. in einer Hauptversammlung gefaßt worden ist, die unter Verstoß gegen § 121 Abs. 2 und 3 Satz 1 oder Abs. 4 einberufen war,
2. nicht nach § 130 Abs. 1 und 2 Satz 1 und Abs. 4 beurkundet ist,
3. mit dem Wesen der Aktiengesellschaft nicht zu vereinbaren ist oder durch seinen Inhalt Vorschriften verletzt, die ausschließlich oder überwiegend zum Schutze der Gläubiger der Gesellschaft oder sonst im öffentlichen Interesse gegeben sind,
4. durch seinen Inhalt gegen die guten Sitten verstößt,
5. auf Anfechtungsklage durch Urteil rechtskräftig für nichtig erklärt worden ist,
6. nach § 398 des Gesetzes über das Verfahren in Familiensachen und in den Angelegenheiten der freiwilligen Gerichtsbarkeit auf Grund rechtskräftiger Entscheidung als nichtig gelöscht worden ist.

Schrifttum: *Arbeitskreis Beschlussmängelrecht,* Vorschlag zur Neufassung der Vorschriften des Aktiengesetzes über Beschlussmängel, AG 2008, 617; *Baums,* Eintragung und Löschung von Gesellschafterbeschlüssen, 1981; *Baums,* Der unwirksame Hauptversammlungsbeschluss, ZHR 142 (1978), 582; *Baums/Keinath/Gajek,* Fortschritte bei Klagen gegen Hauptversammlungsbeschlüsse? Eine empirische Studie, ZIP 2007, 1629; *Bayer/Fiebelkorn,* Vorschläge für eine Reform des Beschlussmängelrechts, ZIP 2012, 2181; *Bayer/Hoffmann,* Rechtsmissbräuchliche Klagen und räuberische Aktionäre, 2013; *Bayer/Möller,* Beschlussmängelklagen de lege lata und de lege ferenda, NZG 2018, 801; *Bokelmann,* Eintragung eines Beschlusses: Prüfungskompetenz des Registerrichters bei Nichtanfechtung, rechtsmissbräuchlicher Anfechtungsklage und bei Verschmelzung, DB 1994, 1341; *Bork,* Streitgegenstand und Beschlussmängelklage im Gesellschaftsrecht, NZG 2002, 1094; *Bork,* Das Anerkenntnis im aktienrechtlichen Beschlussanfechtungsverfahren, ZIP 1992, 1205; *Casper,* Die Heilung nichtiger Beschlüsse im Kapitalgesellschaftsrecht, 1998; *Casper,* Das Anfechtungserfordernis im GmbH-Beschlussmängelrecht, ZHR 163 (1999), 54; *Casper,* Der stimmlose Beschluss, FS Hüffer, 2010, 111; *Drescher,* Fehlen und Wegfall des Rechtsschutzbedürfnisses für eine Beschlussmängelklage, FS Stilz, 2014, 125; *Eberspächer,* Nichtigkeit von Hauptversammlungsbeschlüssen nach § 241 Nr. 3 AktG, 2009; *Fleischer,* Bagatellfehler im aktienrechtlichen Beschlussmängelrecht, ZIP 2014, 149;

---
[163] *K. Schmidt* GesR § 14 IV 2a, 423.
[164] Zum Diskussionsstand vgl. → § 90 Rn. 68 ff. sowie ausf. *Schwab,* Das Prozessrecht gesellschaftsinterner Streitigkeiten, 2005, 578 ff. Zur entsprechenden Frage im Zusammenhang mit § 83 vgl. bereits → Rn. 19.
[165] Zu den Einzelheiten vgl. → § 90 Rn. 71 ff., abl. *Schwab,* Das Prozessrecht gesellschaftsinterner Streitigkeiten, 2005, 582 ff.
[166] Statt vieler Hüffer/Koch/*Koch* § 90 Rn. 24.
[167] BGHZ 106, 54 = NJW 1989, 979 – Opel.

Florstedt, Die Reform des Beschlussmängelrechts durch das ARUG, AG 2009, 465; *Geßler,* Nichtigkeit von Hauptversammlungsbeschlüssen und Satzungsbestimmungen, ZGR 1980, 427; *Grunewald,* Die Teilnichtigkeit von Gesellschafterbeschlüssen, NZG 2017, 1321; *Habersack,* Beschlussfeststellung oder Beurkundung der Niederschrift – Wann wird der Hauptversammlungsbeschluss wirksam?, Beilage zu ZIP 22/2016, 23; *Habersack,* Wandlungen des Aktienrechts, AG 2009, 1; *Habersack/Stilz,* Zur Reform des Beschlussmängelrechts, ZGR 2010, 710; *Harnos,* Protokollierung der Hauptversammlungsbeschlüsse in der kleinen Aktiengesellschaft, AG 2015, 732; *Heller,* Wirksamkeit von Hauptversammlungsbeschlüssen – Richtige Feststellung und Verkündung durch den falschen Versammlungsleiter, AG 2008, 493; *Henze,* Aspekte und Entwicklungstendenzen der aktienrechtlichen Anfechtungsklage in der Rechtsprechung des BGH, ZIP 2002, 97; *Hoffmann,* Zur Nichtigkeit eines Hauptversammlungsbeschlusses nach § 241 Nr. 3 3. Alt. AktG, AG 1980, 141; *Hoffmann-Becking,* Der Aufsichtsrat der AG und sein Vorsitzender in der Hauptversammlung, NZG 2017, 281; *Hommelhoff,* Zum rechtlichen Bestand fehlerhafter Strukturänderungen in Kapitalgesellschaften, ZHR 158 (1994), 11; *Huber,* Zur Entstehung und aktuellen Auslegung des § 241 Nr. 3 AktG, FS Coing Bd. II, 1981, 167; *Hüffer,* Beschlussmängel im Aktienrecht und im Recht der GmbH – eine Bestandsaufnahme unter Berücksichtigung der Beschlüsse von Leitungs- und Überwachungsorganen, ZGR 2001, 833; *Kersting,* Die aktienrechtliche Beschlussanfechtung wegen unrichtiger, unvollständiger oder verweigerter Erteilung von Informationen, ZGR 2007, 319; *Kindl,* Die Notwendigkeit einer einheitlichen Entscheidung über aktienrechtliche Anfechtungs- und Nichtigkeitsklagen, ZGR 2000, 166; *Klaaßen/v. Lier,* Auswirkungen nichtiger Kapitalerhöhungsbeschlüsse auf nachfolgende Kapitalmaßnahmen, NZG 2014, 1250; *Krieger,* Fehlerhafte Satzungsänderungen: Fallgruppen und Bestandskraft, ZHR 158 (1994), 35; *Leuschner,* Satzungsdurchbrechende Beschlüsse bei AG und GmbH, ZHR 180 (2016), 422; *Lutter,* Die Eintragung anfechtbarer Hauptversammlungsbeschlüsse ins Handelsregister, NJW 1969, 1873; *Martens/Martens,* Rechtsprechung und Gesetzgebung im Kampf gegen missbräuchliche Anfechtungsklagen, AG 2009, 173; *Nietzsch,* Stimmlosigkeit im Recht fehlerhafter Beschlüsse, WM 2007, 917; *Noack,* Fehlerhafte Beschlüsse in Gesellschaften und Vereinen, 1989; *Noack,* ARUG: Das nächste Stück der Aktienrechtsreform in Permanenz, NZG 2008, 441; *Noack,* Die privatschriftliche Niederschrift über die Hauptversammlung einer nicht börsennotierten AG – Inhalt und Fehlersanktionen, FG Happ, 2006, 201; *Noack,* Nichtigkeit von Hauptversammlungsbeschlüssen und der besonders schwere Rechtsverstoß, FS Baums 2017, 845; *Noack,* Zur vorläufigen Wirksamkeit angefochtener Gesellschafterbeschlüsse – Handlungen während der Schwebezeit, DB 2014, 1851; *Polte/Haider-Giangreco,* Die Vollversammlung der Aktiengesellschaft, AG 2014, 729; *Roeckl-Schmidt/Stoll,* Auswirkungen der späteren Fertigstellung der notariellen Niederschrift auf die Wirksamkeit von Beschlüssen der Hauptversammlung, AG 2012, 225; *K. Schmidt,* Fehlerhafte Beschlüsse in Gesellschaften und Vereinen, AG 1977, 205 und 243; *K. Schmidt,* Reflexionen über das Beschlussmängelrecht, AG 2009, 248; *Schulte/Bode,* Offene Fragen zur Form der Vollmachtserteilung an Vertreter iS von § 135 AktG, AG 2008, 730; *Schwab,* Zum intertemporalen Anwendungsbereich des § 243 Abs. 4 S. 2 AktG, NZG 2007, 521; *Stilz,* Freigabeverfahren und Beschlussmängelrecht, FS Hommelhoff, 2012, 1181 ff.; *Vetter,* Der Corporate Governance Kodex nur ein zahnloser Tiger?, NZG 2008, 121; *Volhard,* Eigenverantwortlichkeit und Folgepflicht – Muss der Vorstand anfechtbare oder angefochtene Hauptversammlungsbeschlüsse ausführen und verteidigen, ZGR 1996, 55; *Wilhelmi,* Der Notar in der Hauptversammlung der Aktiengesellschaft, BB 1987, 1331; *M. Winter,* Die Anfechtung eintragungsbedürftiger Strukturbeschlüsse de lege lata und de lege ferenda, FS P. Ulmer, 2003, S. 699; *M. Winter,* Mitgliedschaftliche Treuebindungen im GmbH-Recht, 1988; *Zöllner,* Die Schranken mitgliedschaftlicher Stimmrechtsmacht bei den privatrechtlichen Personenverbänden, 1963; *Zöllner,* Folgen der Nichtigerklärung durchgeführter Kapitalerhöhungsbeschlüsse, AG 1993, 68; *Zöllner,* Zur positiven Beschlussfeststellungsklage im Aktienrecht, ZGR 1982, 623; *Zöllner,* Zur Problematik der aktienrechtlichen Anfechtungsklage, AG 2000, 145; *Zöllner,* Evaluation des Freigabeverfahrens, FS Westermann, 2008, 1631; *Zöllner/Noack,* Geltendmachung von Beschlussmängeln im GmbH-Recht, ZGR 1989, 525; *Zöllter-Petzoldt,* Zum Teilnahmerecht des Vorstands und des Aufsichtsrats an Vollversammlungen einer Aktiengesellschaft, NZG 2013, 607.

Übersicht

	Rn.		Rn.
A. Grundlagen des aktienrechtlichen Beschlussmängelrechts	1–104	**II. Rechtswirkungen fehlerhafter Beschlüsse**	24–33
I. Gesetzgeberisches Grundkonzept	1–23	1. Nichtige Beschlüsse	24–29
1. Regelungsgegenstand	1, 2	2. Anfechtbare Beschlüsse	30, 31
2. Gesetzesaufbau	3	3. Wirkungen gegenüber Dritten	32
3. Ausgangspunkt: Anfechtbarkeit	4, 5	4. Urteilswirkungen	33
4. Ausnahme: Nichtigkeit	6–9	**III. Gegenstand des Beschlussmängelrechts**	34–46
5. Möglichkeit der Heilung	10–12	1. Der Hauptversammlungsbeschluss	34, 35
6. Einordnung in den historischen Zusammenhang	13	2. Beschlussinhalt	36
7. Verhältnis zu den Regeln des BGB	14	3. Abgelehnte Anträge	37–40
8. Beschlussmängelklage	15–18	4. Übergangene Anträge	41
a) Anfechtungs- und Nichtigkeitsklage	15–17	5. Sonderbeschlüsse	42
b) Verhältnis zur Feststellungsklage	18	6. Beschlüsse über Minderheitsverlangen	43, 44
9. Neuere Gesetzgebung und Entwicklung	19–23	7. Beschlüsse anderer Gremien	45

Nichtigkeitsgründe § 241

	Rn.
8. Mängel der Stimmabgabe	46
IV. Anderweitige Beschlussmängel	47–64
1. Unwirksame Beschlüsse	47–54
a) Begriffsbestimmung	47–50
b) Rechtsfolgen unwirksamer Beschlüsse	51
c) Beschlussmängel unwirksamer Beschlüsse	52–54
2. Schein- und Nichtbeschlüsse	55–59
a) Begriff	55, 56
b) Anwendungsbereich	57
c) Klageart	58
d) Heilung	59
3. Sonstige Beschlussmängel	60–64
a) Ordnungswidrige Beschlüsse	61
b) Eintragungswidrige Beschlüsse	62
c) Wirkungslose Beschlüsse	63
d) Perplexe Beschlüsse	64
V. Teilnichtigkeit	65–77
1. Fallgruppen	66–68
2. Rechtsfolgen	69–73
3. Antragstellung und Entscheidung im Anfechtungsrechtsstreit	74, 75
4. Voneinander abhängende Beschlüsse	76, 77
VI. Anderweitige Beschlussmängelkontrolle	78–104
1. Durch die Hauptversammlung	78, 79
2. Durch den Vorstand	80–91
a) Nichtige Beschlüsse	80
b) Anfechtbare Beschlüsse	81, 82
c) Prozessverhalten	83–91
3. Durch den Notar	92–94
4. Durch das Registergericht	95–103
a) Nichtige Beschlüsse	96–98
b) Anfechtbare Beschlüsse	99–103
5. Dritte	104
B. Überblick über die Nichtigkeitsfälle im Einzelnen	105–108
I. Allgemeines	105, 106
II. Nichtigkeitsfälle außerhalb des Katalogs des § 241	107, 108
C. Einberufungsmängel, § 241 Nr. 1	109–142
I. Mängel der Einberufungsberechtigung	111–122
1. Einberufungsorgane	111
2. Regelfall: Einberufung durch den Vorstand	112
3. Einberufung durch andere Berechtigte	113–122
a) Einberufung durch den Aufsichtsrat	114, 115
b) Einberufung durch den Abwickler	116
c) Einberufung durch Aktionäre	117–122
II. Bekanntmachungsmängel	123–137
1. Gesetzlicher Ausgangspunkt	123
2. Formale Mängel der Bekanntmachung	124–132
a) Bekanntmachung in den Gesellschaftsblättern	124, 125
b) Durch eingeschriebenen Brief	126–131

	Rn.
c) Umfang der Nichtigkeitsfolge gem. § 241 Nr. 1	132
3. Inhaltliche Bekanntmachungsmängel	133–137
III. Sonderfall: Vollversammlung, § 121 Abs. 6	138–142
1. Voraussetzungen der Beschlussfassung	138
2. Umfang der Befreiung von den Einberufungsförmlichkeiten	139
3. Anwesenheit von Vorstand und Aufsichtsrat	140
4. Widerspruch gegen die Beschlussfassung	141
5. Ein-Mann-AG	142
D. Beurkundungsmängel, § 241 Nr. 2	143–167
I. Normzweck	143
II. Fehlende und unrichtige Beurkundung	144–146
III. Person des Notars	147, 148
IV. Inhalt der Beurkundung	149
V. Notwendiger Inhalt der Beurkundung	150–162
1. Name, Ort und Zeit	150, 151
2. Art und Ergebnis der Abstimmung	152–154
3. Feststellung des Vorsitzenden	155–157
4. Unterschrift	158
5. Pflicht zur unverzüglichen Erstellung	159–161
6. Berichtigung des Protokolls	162
VI. Privatschriftliches Protokoll	163–167
1. Zulässigkeit	163–165
2. Inhaltliche Protokollierungspflicht und Unterzeichnung	166, 167
E. Inhaltsmängel, § 241 Nr. 3	168–209
I. Grundlagen	168–183
1. Normzweck	168, 169
2. Auslegungsprobleme	170–172
3. Verhältnis zu § 23 Abs. 5	173–177
a) Meinungsstand	173, 174
b) Stellungnahme	175–177
4. Verhältnis der Tatbestandsalternativen von § 241 Nr. 3 zueinander	178–183
a) Meinungsstand	178
b) Stellungnahme	179–183
II. Nichtigkeit wegen Verstoßes gegen gläubigerschützende Vorschriften	184, 185
III. Nichtigkeit wegen Verstoßes gegen im öffentlichen Interesse gegebene Vorschriften	186–209
1. Verstöße gegen die Satzungsautonomie	186
2. Sonstige Verstöße	187–190
3. Schutz der gegenwärtigen Aktionäre	191, 192
4. Schutz der künftigen Aktionäre	193
5. Anwendungsbereich im Einzelnen	194–209
a) Kompetenzübergreifende Beschlüsse	195–199

	Rn.
b) Verstöße gegen das Mitbestimmungsgesetz	200, 201
c) Diskriminierende Beschlüsse	202
d) Zustandsbegründende Satzungsdurchbrechungen	203
e) Punktuelle Verstöße gegen die Satzung	204, 205
f) Gehörsverstoß	206
g) Perplexe Beschlüsse	207–209
F. Sittenwidrige Beschlüsse, § 241 Nr. 4	210–213
I. Normzweck	210
II. Voraussetzungen	211–213
G. Nichtigkeit auf Grund Anfechtungsurteils, § 241 Nr. 5	214, 215
H. Nichtigkeit kraft Löschung, § 241 Nr. 6	216–252
I. Normzweck	216–218
II. Grundlagen des Löschungsverfahrens	219–226
1. Einschlägige Vorschriften	219
2. Durchführung des Löschungsverfahrens	220–226
a) Von Amts wegen	220, 221
b) Widerspruch	222
c) Rechtskrafterfordernis	223
d) Korrektur einer Löschung	224, 225
e) Zuständigkeit	226

	Rn.
III. Wirkungen der Löschung	227
IV. Gegenstand der Löschung	228–232
1. Beschlussarten	228–230
2. Beschlussmängel	231, 232
V. Umfang und Grenzen der Möglichkeit der Löschung	233–236
VI. Materielle Voraussetzungen der Löschung	237–244
1. Verhältnis zu § 241 Nr. 3	237, 238
2. Öffentliches Interesse an der Löschung	239–242
3. Entscheidungsmaßstab	243, 244
VII. Verhältnis zwischen Löschungsverfahren und Zivilrechtsstreit	245–252
1. Parallelität der Verfahren und Verfahrensaussetzung	245, 246
2. Auswirkungen der Entscheidung im Löschungsverfahren auf das Zivilverfahren	247, 248
a) Löschung der Eintragung	247
b) Ablehnung der Löschung	248
3. Auswirkungen der Entscheidung im Zivilverfahren auf das Löschungsverfahren	249–252
a) Erfolg der Nichtigkeitsklage	249
b) Abweisung der Nichtigkeitsklage	250, 251
c) Ausnahme	252

A. Grundlagen des aktienrechtlichen Beschlussmängelrechts

I. Gesetzgeberisches Grundkonzept

1 **1. Regelungsgegenstand.** Die §§ 241–255 regeln im ersten Abschnitt des siebenten Teils des Aktiengesetzes unter der Überschrift „Nichtigkeit von Hauptversammlungsbeschlüssen" das aktienrechtliche Beschlussmängelrecht in Bezug auf Hauptversammlungsbeschlüsse. Regelungsgegenstand sind sowohl die **materiell-rechtliche Frage,** unter welchen Voraussetzungen Beschlüsse fehlerhaft sind, als auch die **prozessuale Seite,** wie und mit welchen Wirkungen fehlerhafte bzw. rechtswidrige Beschlüsse angegriffen werden können.

2 Das AktG unterscheidet dabei materiell-rechtlich zwischen **anfechtbaren** und **nichtigen** Beschlüssen und stellt mit der Anfechtungs- und der Nichtigkeitsklage als Sonderregelung zur ZPO zwei entsprechende besondere Klagearten zur Verfügung.

3 **2. Gesetzesaufbau.** § 241 bestimmt materiell-rechtlich die Nichtigkeitsfälle enumerativ, anschließend werden in § 242 die Heilungsmöglichkeiten nichtiger Hauptversammlungsbeschlüsse geregelt. § 243 umschreibt sodann materiell-rechtlich die Anfechtungsgründe, § 244 die Möglichkeit der Bestätigung anfechtbarer Hauptversammlungsbeschlüsse. §§ 245–248 enthalten mit den Regelungen über die Klagebefugnis (§ 245), die Formalien der Klageerhebung (§ 246), das Freigabeverfahren (§ 246a), den Streitwert (§ 247) und die Urteilswirkungen (§ 248) einschließlich der Bekanntmachungsregeln (§ 248a) die prozessualen Regelungen zur Anfechtungsklage, § 249 anschließend die entsprechenden Vorschriften für die Nichtigkeitsklage, wobei weitgehend auf die Regelungen zur Anfechtungsklage verwiesen wird. §§ 250–255 enthalten Sondervorschriften für besondere Arten von Hauptversammlungsbeschlüssen. §§ 250–252 befassen sich mit der Nichtigkeit und Anfechtbarkeit der Wahlen zum Aufsichtsrat, §§ 253 und 254 mit Beschlüssen über die Verwendung des Bilanzgewinns, § 255 stellt schließlich eine Sonderregelung für die Anfechtung von Kapitalerhöhungsbeschlüssen dar.

4 **3. Ausgangspunkt: Anfechtbarkeit.** Ausgangspunkt der gesetzlichen Regelung ist der in § 243 Abs. 1 verankerte Grundsatz, dass Beschlüsse, die gegen Gesetz und Satzung verstoßen, nicht hingenommen werden müssen und einer gerichtlichen Klärung zugeführt werden können,[1] wobei das Anfechtungsrecht auch als funktionaler Ersatz für eine staatliche Aufsicht zu sehen ist.[2] Die gesetzgeberische Lösung der Problematik wird bestimmt zum einen von der Betonung der **subjektiven Rechte der Klageberechtigten,** insbesondere des Aktionärs, und deren Interesse an einer umfassenden und wirksamen Beschlusskontrolle sowie dem insbesondere in einer Publikumsgesellschaft zur planvollen Unternehmungsführung unverzichtbaren Gebot möglichst hoher **Rechtssicherheit** zum anderen.[3] Die Bewältigung dieses Interessenkonflikts, bei der der Gesetzgeber im Wesentlichen an die Regelungen des Aktiengesetzes von 1937 anknüpft (§§ 195 ff. AktG 1937), geht im gesetzgeberischen Grundfall dahin, zwar ein umfassendes Abwehrrecht auf Überprüfung von Hauptversammlungsbeschlüssen einzuräumen, den Aktionär und die sonstigen Klageberechtigten jedoch im Interesse der Rechtssicherheit zu zwingen, ihre Bedenken gem. § 246 Abs. 1 innerhalb einer einmonatigen **Klagefrist** durch **Anfechtungsklage** gerichtlich geltend zu machen.[4] Die Geltendmachung durch Einwendung ist nicht möglich.[5]

Hat die Klage Erfolg, wird der Beschluss mit Wirkung ex tunc für nichtig erklärt und zwar gem. § 248 iVm § 241 Nr. 5 mit Wirkung für und gegen alle Aktionäre und alle Gesellschaftsorgane. Verstreicht die Frist ohne Klagerhebung, werden Beschlüsse trotz eines Gesetzes- oder Satzungsverstoßes bestandskräftig. Sie sind also **nicht per se nichtig,** sondern **nur vernichtbar.**

4. Ausnahme: Nichtigkeit. Eine Ausnahme besteht bei Vorliegen der im Eingangssatz des § 241 sowie der im Katalog unter Nr. 1 bis 6 dieser Vorschrift enumerativ aufgeführten **besonders schwerwiegenden Mängel.** Diese führen zur Nichtigkeit, auf die sich grundsätzlich jedermann auch ohne Klagerhebung, etwa als Einwendung, jederzeit[6] berufen kann, wie in § 249 Abs. 1 S. 2 ausdrücklich geregelt ist. Diese Mängel werden vom Gesetzgeber als so gravierend erachtet, dass der Bestand bzw. Nichtbestand nicht von der Initiative der Betroffenen abhängig gemacht werden kann. Vielmehr besteht ein öffentliches Interesse daran, dass derartige Beschlüsse nicht Grundlage des Handelns der Gesellschaft werden.[7]

Im Zentrum steht dabei die Nichtigkeit wegen besonders schwerwiegender **Verfahrensmängel** bei der Einberufung und der Beurkundung, § 241 Nr. 1 und 2, und die Nichtigkeit wegen besonders schwerwiegender, mit öffentlichen Interessen nicht vereinbarer **Inhaltsmängel,** § 241 Nr. 3 und 4. § 241 Nr. 5 spricht die Nichtigkeitsfolge für im Wege der Anfechtungsklage erfolgreich angegriffene Hauptversammlungsbeschlüsse aus, § 241 Nr. 6 für im öffentlichen Interesse gem. § 398 FamFG wegen inhaltlicher Mängel des Registereintrags im Handelsregister gelöschte Beschlüsse.

Der Katalog der gesetzlichen Nichtigkeitsgründe ist von der Anlage her **abschließend.**[8] Dies kommt durch die Formulierung in § 241 „... nur dann nichtig, wenn ..." auch im Gesetz unmissverständlich und zwingend zum Ausdruck. Zugleich wird dadurch der **Ausnahmecharakter der Nichtigkeitsfälle** verdeutlicht. Gelegentlichen Tendenzen zur Erweiterung[9] im Wege rechtsfortbildender Lückenfüllung ist daher als contra legem entgegenzutreten. Sie führen zu einer Verwässerung und stellen das gesetzgeberische Grundkonzept, das im Interesse der Rechtssicherheit die Nichtigkeitsfälle abschließend umschreibt, in Frage. Auch lassen sich alle diskutierten Fälle unter § 241, insbes. § 241 Nr. 3 subsumieren (→ Rn. 63 und 168 ff.).

Aktionär und Gesellschaftsorgane haben hier, ohne dass eine Frist einzuhalten wäre, gem. § 249 die Möglichkeit zur Erhebung der **Nichtigkeitsklage,** über die die Nichtigkeit im Erfolgsfalle gem. § 249 iVm § 248 wiederum mit Wirkung für und gegen alle festgestellt wird.

5. Möglichkeit der Heilung. Bei einem Teil der Nichtigkeitsgründe, den in § 241 Nr. 1 bis 4 geregelten Fällen, kommt gem. § 242 eine Heilung der Nichtigkeit in Betracht. Bei Nichtigkeit wegen nicht ordnungsgemäßer Beurkundung gem. § 241 Nr. 2 kann die Nichtigkeit gem. § 242 Abs. 1 iVm § 130 Abs. 1, 2 S. 1 und Abs. 4 bereits dann nicht mehr geltend gemacht werden, wenn der fragliche Beschluss ins Handelsregister eingetragen ist. Entsprechend verhält es sich gem. § 242

---

[1] *K. Schmidt* AG 1977, 243 ff.
[2] *Eberspächer,* Nichtigkeit von Hauptversammlungsbeschlüssen nach § 241 Nr. 3 AktG, 2009, 82 ff.
[3] *Zöllner* AG 2000, 145 ff.; *K. Schmidt* AG 1977, 243 ff.
[4] *Eberspächer,* Nichtigkeit von Hauptversammlungsbeschlüssen nach § 241 Nr. 3 AktG, 2009, 92 ff.
[5] Großkomm AktG/*K. Schmidt* Rn. 25.
[6] Eine Ausnahme besteht bei Umwandlungsbeschlüssen gem. § 14 Abs. 1 UmwG, §§ 125, 195 Abs. 1 UmwG, bei denen in jedem Fall eine Klagefrist von einem Monat einzuhalten ist.
[7] *Eberspächer,* Nichtigkeit von Hauptversammlungsbeschlüssen nach § 241 Nr. 3 AktG, 2009, 142.
[8] MüKoAktG/*Hüffer/Schäfer* Rn. 7, 53.
[9] Großkomm AktG/*K. Schmidt* Rn. 111; grundlegend anderer Ansicht *Baums* ZHR 142 (1978) 582 ff., der den Katalog nicht für abschließend hält und insbes. die Kategorie der vielfältigen unwirksamen Beschlüsse – → Rn. 47 ff. – zu den nichtigen Beschlüssen zählt.

§ 241   11–15   Erstes Buch. Aktiengesellschaft

Abs. 2 bei den Nichtigkeitsfällen nach § 241 Nr. 1, 3 und 4, wenn der Beschluss drei Jahre eingetragen ist. Liegen die Heilungsvoraussetzungen vor, so tritt die Heilungswirkung rückwirkend ein.[10]

11 **Nicht der Heilung unterfallen** die im Eingangssatz des § 241 angesprochenen Nichtigkeitsfälle sowie grundsätzlich die Katalogfälle des § 241 Nr. 5, also die Nichtigkeit nach erfolgreicher Anfechtungsklage, und des § 241 Nr. 6, die Nichtigkeit auf Grund registerrechtlicher Löschung. Als Ausnahme dazu verbleibt es nach § 242 Abs. 2 S. 5 jedoch bei Beschlussfassungen über Kapitalbeschaffungsmaßnahmen, Kapitalherabsetzungen und über Unternehmensverträge unabänderlich bei der Wirksamkeit des Beschlusses, wenn die Eintragung auf Grund eines gerichtlichen Freigabeverfahrens gem. § 246a erfolgt ist. Auch eine Amtslöschung iSv § 241 Nr. 6 gem. § 398 FamFG ist in diesen Fällen nach § 242 Abs. 2 S. 5 letzter Hs. nicht möglich.

12 Es gibt somit im Ausgangspunkt **drei Arten von Beschlussmängeln:** solche, die nur zur Anfechtbarkeit führen, solche, die die Nichtigkeit zur Folge haben, aber heilbar sind, und solche, bei denen die Nichtigkeit auch nach Ablauf der Heilungsfristen noch durchschlagen kann.

13 **6. Einordnung in den historischen Zusammenhang.**[11] Der Gesetzgeber verfolgt damit einen Mittelweg zwischen der Lösung des Problems bei den Personengesellschaften, bei denen im Grundsatz jeder Beschlussmangel ungeachtet einer Anfechtung und einer Anfechtungsfrist zur Nichtigkeit führt, was bei einer Kapitalgesellschaft zu untragbaren Rechtsunsicherheiten führen würde, und der Lösung der Aktienrechtsnovellen von 1884 (Art. 222, 190a, b ADHGB 1884) und 1897 (§§ 271–273 HGB 1897).[12] Hier war nur die Anfechtung von Beschlussmängeln ausdrücklich vorgesehen und diese einer einmonatigen Anfechtungsfrist unterworfen mit der schwer tragbaren Konsequenz, dass sich die Hauptversammlung über jede Gesetzesbestimmung hinwegsetzen konnte, sofern innerhalb der Frist niemand klagt. Daneben war, auch in der Rechtsprechung, deshalb anerkannt, dass Hauptversammlungsbeschlüsse bei besonders schweren Verstößen auch nichtig sein können, was insbesondere bei Verstößen gegen das Wesen der Aktiengesellschaft und öffentliche Interessen angenommen wurde.[13] Die Nichtigkeitsvoraussetzungen waren jedoch nicht klar definiert und zu den Anfechtungsfällen abgegrenzt. Das geltende Recht entspricht im Kern dem des AktG 1937.

14 **7. Verhältnis zu den Regeln des BGB.** Das geltende Aktiengesetz enthält damit ein geschlossenes System des Beschlussmängelrechts. Es bietet eine Lösung der rechtlichen Folgen fehlerhafter Beschlüsse, die ohne eine solche Regelung unter die allgemeinen Grundsätze der §§ 125 Abs. 1 BGB, § 134 Abs. 1 BGB, § 138 BGB mit den insoweit entwickelten Auslegungsgrundsätzen zu subsumieren wären, und stellt diesen Vorschriften gegenüber Spezialrecht dar.[14] Die allgemeinen Regeln des BGB sind daher daneben nicht anwendbar.

15 **8. Beschlussmängelklage. a) Anfechtungs- und Nichtigkeitsklage.** Die Unterscheidung zwischen anfechtbaren und nichtigen Beschlüssen setzt sich im Klagesystem der §§ 246 ff. fort: ist ein Beschluss anfechtbar, ist dagegen die befristete Anfechtungsklage gegeben, ist er nichtig, die unbefristete Nichtigkeitsklage nach § 249. Dennoch ist der **Streitgegenstand** von **Anfechtungs- und Nichtigkeitsklage identisch** und jeweils auf dasselbe materiell-rechtliche Rechtsschutzziel, die gerichtliche Klärung der Nichtigkeit eines Hauptversammlungsbeschlusses auf Grund des dazu vorgetragenen Sachverhalts herbeizuführen, gerichtet.[15] Die Klagen stehen im Gegensatz zur früheren Auffassung des BGH[16] nicht in einem Alternativverhältnis und auch nicht in einem Eventualverhältnis zueinander, vielmehr schließt der Nichtigkeitsantrag den Anfechtungsantrag ein und umgekehrt.[17] Ist nur der verfolgte Anfechtungsgrund, nicht aber auch der Nichtigkeitsgrund gegeben, hat deshalb keine Teilabweisung zu erfolgen.[18] Ein Teilurteil nur über Anfechtungs- oder Nichtig-

---

[10] *Casper*, Die Heilung nichtiger Beschlüsse im Kapitalgesellschaftsrecht, 1998, 268 ff.
[11] Umfassend dazu s. *Eberspächer*, Nichtigkeit von Hauptversammlungsbeschlüssen nach § 241 Nr. 3 AktG, 2009, 43 ff. (54 ff.).
[12] Zur Historie *Knobbe-Keuk* FS Ballerstedt, 1975, 239 ff.
[13] RGZ 3, 123 (132); 118, 67 (72); 120, 28 (31); 120, 363 (366); *Casper*, Die Heilung nichtiger Beschlüsse im Kapitalgesellschaftsrecht, 1998, 207 ff.; MüKoAktG/*Hüffer/Schäfer* Rn. 3, 4.
[14] *Eberspächer*, Nichtigkeit von Hauptversammlungsbeschlüssen nach § 241 Nr. 3 AktG, 2009, 35 ff.; *Noack* Fehlerhafte Beschlüsse in Gesellschaften und Vereinen, 1989, 15 ff.; Kölner Komm AktG/*Noack/Zetzsche* Rn. 3 ff.; *Hüffer* ZGR 2001, 833 (835, 838).
[15] BGH NZG 2012, 1222 Rn. 9; BGH NJW 1999, 1638; BGHZ 135, 260 (262); BGHZ 134, 164 ff. = NJW 1997, 1510; *Noack*, Fehlerhafte Beschlüsse in Gesellschaften und Vereinen, 1989, 88 f.; MüKoAktG/*Hüffer/Schäfer* § 246 Rn. 17; Großkomm AktG/*K. Schmidt* § 246 Rn. 61; *Kindl* ZGR 2000, 166 (170); Kölner Komm AktG/*Noack/Zetzsche* § 246 Rn. 96 ff.
[16] BGHZ 32, 318 (322) = NJW 1960, 1447; BGHZ 116, 359 (372).
[17] *Henze* ZIP 2002, 97 ff.
[18] *Henze* ZIP 2002, 97 ff.

keitsgrund ist nicht zulässig.[19] Des – neben dem auf Feststellung der Nichtigkeit gerichteten Hauptantrag – in der Praxis üblichen Hilfsantrags auf Nichtigerklärung des Beschlusses bedarf es daher nicht.[20] Der Richter hat den vorgetragenen Sachverhalt auf Beschlussmängel zu überprüfen, unabhängig davon, ob die Klägerseite einen Nichtigkeits- oder einen Anfechtungsgesichtspunkt behauptet. Das Gericht kann wegen des unterschiedlichen Entscheidungsausspruchs aber nicht offen lassen, ob der Mangel als Anfechtungs- oder als Nichtigkeitsgrund einzuordnen ist, auch wenn die besonderen Voraussetzungen der Anfechtungsklage, insbesondere die Klagefrist des § 246 Abs. 1, gewahrt sind und die Voraussetzungen des § 245 vorliegen[21]

Maßgebend für die Bestimmung des Streitgegenstands ist der auf **Klärung der Nichtigkeit gerichtete Sachverhalt,** auf den die Nichtigkeit oder Anfechtbarkeit gestützt wird, also der konkret behauptete Beschlussmangel.[22] Der Streitgegenstand wird neben dem auf einen konkreten Beschluss (in der Regel durch Angabe des Tagesordnungspunktes) bezogenen Antrag von dem dazu vorgetragenen Sachverhalt, also dem Beschlussgegenstand und den Vorgängen, die für den Ablauf des zur Beschlussfassung führenden Verfahrens maßgeblich sind („Beschlussmängelgründe").[23] Soweit der Bundesgerichtshof in einer Entscheidung den Streitgegenstand allein über das Rechtsschutzziel, die Feststellung der Nichtigkeit, also allein über die allgemeine Behauptung von Beschlussmängeln des in Frage stehenden Hauptversammlungsbeschlusses ohne Rücksicht darauf, welche Mängel behauptet sind und auf welchen Sachverhalt sie gestützt werden, bestimmt hat,[24] ist diese Rechtsprechung wieder aufgegeben.[25]

Die Klagebefugnis für diese beiden Klagen steht neben dem Vorstand als Organ den einzelnen Vorstands- und Aufsichtsratsmitgliedern (nicht: dem Aufsichtsrat als Organ) und vor allem **jedem Aktionär** zu.[26] Letzterem wird auf diese Weise unter den in § 245 für die Anfechtungsklage und in § 249 für die Nichtigkeitsklage genannten Voraussetzungen ein bedeutendes Kontrollrecht zur Überprüfung von Sachentscheidungen des Unternehmens eingeräumt, häufig auch als Schwert des Aktionärs bezeichnet. Neben dem Stimmrecht und dem Recht auf Dividende stellt es eines seiner aktienrechtlichen „Grundrechte" dar.[27] **Gegner** – Beklagte – **im Beschlussmängelverfahren** ist ausschließlich die Gesellschaft, entsprechend dem Recht der Berechtigten auf gesetzes- und satzungsmäßige Beschlussfassung ihrer Gesellschaft.[28]

b) Verhältnis zur Feststellungsklage. Die aktienrechtliche Nichtigkeitsklage kann nur gegen die Gesellschaft und nur von den in § 249 Abs. 1 aufgeführten klageberechtigten Personen und Organen erhoben werden. Sofern ein Feststellungsinteresse gem. § 256 ZPO besteht, ist zwar auch eine normale Feststellungsklage möglich (→ § 249 Rn. 25 f.). Diese steht allerdings nur Dritten offen, da die Nichtigkeitsklage für die dafür Klageberechtigten der Feststellungsklage vorgeht und für diese daneben ein Rechtsschutzbedürfnis nicht besteht.[29] Der allgemeinen Feststellungsklage Dritter kommt die inter omnes-Wirkung der §§ 248, 249 jedoch nicht zu.[30] Beschlussmängel, die nur im Wege der Anfechtung geltend gemacht werden können, können hingegen von Dritten nicht geltend gemacht werden.[31]

9. Neuere Gesetzgebung und Entwicklung. Mit den praktischen Bedürfnissen des Wirtschaftslebens, mit dem Umstrukturierungen, Unternehmensübertragungen und Unternehmensverträge, aber auch Kapitalausstattungsmaßnahmen oft kurzfristig notwendig werden, ist es vielfach kaum vereinbar, diesbezügliche Hauptversammlungsbeschlüsse einer aufwändigen und langwierigen gerichtlichen Überprüfung auf Nichtigkeit oder Anfechtbarkeit auszusetzen. Die Zukunft des Unternehmens verträgt längerdauernde Unklarheit über die Gültigkeit derartiger Beschlüsse nicht. Sog.

---

[19] BGH NJW 1999, 1638.
[20] *Henze* ZIP 2002, 97 f.; *Hüffer* ZGR 2001, 833 (854).
[21] AA Großkomm AktG/*K. Schmidt* Rn. 8.
[22] *Henze* ZIP 2002, 97 f.; *Hüffer* ZGR 2001, 833 (854); weitergehend, allein auf das Klageziel der Nichtigkeit abstellend, Kölner Komm AktG/*Noack/Zetzsche* § 246 Rn. 99 ff.
[23] BGH NZG 2011, 506 Rn. 10; BGH ZIP 2005, 706 (708).
[24] BGHZ 152, 1 ff. = NJW 2002, 3465 ff.; ebenso Kölner Komm AktG/Noack/Zetzsche § 246 Rn. 99 ff.; dagegen *Bork* NZG 2002, 1094; *Sosnitza* BGHReport 2002, 944.
[25] BGH NZG 2012, 1222 Rn. 9; BGH NZG 2005, 712 ff.; BGH AG 2005, 395 ff.
[26] Zur – zu bejahenden – Möglichkeit der Ermächtigung eines Nichtaktionärs im Wege der Prozessstandschaft OLG Stuttgart NZG 2003, 1025 mwN.
[27] S. dazu *Eberspächer*, Nichtigkeit von Hauptversammlungsbeschlüssen nach § 241 Nr. 3 AktG, 2009, 82 ff.
[28] *Eberspächer*, Nichtigkeit von Hauptversammlungsbeschlüssen nach § 241 Nr. 3 AktG, 2009, 88.
[29] BGH NJW 2009, 230 f.; BGH NZG 2003, 284; BGHZ 104, 66 (69) = NJW 1988, 1844; BGH WM 1966, 614; BGHZ 70, 384 (388) = NJW 1978, 1325 (für die Genossenschaft); MüKoAktG/*Hüffer/Schäfer* Rn. 89.
[30] Großkomm AktG/*K. Schmidt* Rn. 21.
[31] BGH NJW 2009, 230 f.

räuberische Aktionäre machten sich die Unternehmensnöte zu Nutzen und erhoben Klage, um Druck gegenüber der Unternehmensleitung auszuüben mit dem Ziel, sich den damit verbundenen Lästigkeitswert durch eine Klagrücknahme oder einen Vergleich abkaufen zu lassen. In der Praxis wurden Beschlussmängelverfahren vor den Gerichten de facto überwiegend von einer überschaubaren Gruppe derartiger Berufsopponenten beherrscht.[32]

20   Vor diesem Hintergrund kam es zu **Gesetzesänderungen,** um den **Bedürfnissen der Wirtschaft** entgegenzukommen. Im Beschlussmängelrecht hat der Gesetzgeber durch das am 1.11.2005 in Kraft getretene UMAG (BGBl. 2005 I 2802) das **Anfechtungsrecht** in § 243 Abs. 4 S. 2 dahingehend **eingeschränkt,** dass ungenügende oder falsche Informationen in der Hauptversammlung über Fragen, die sich auf Angemessenheit von Ausgleich, Abfindung, Zuzahlung oder über sonstige Kompensationen, also auf Bewertungsfragen, beziehen, nicht mehr zur Anfechtung berechtigen und die Umsetzung von Beschlüssen damit nicht mehr hindern. Die zweite wesentliche Einschränkung des UMAG bezieht sich auf die Einführung des **Freigabeverfahrens** in § 246a.[33] Über dieses kann im Falle einer Beschlussmängelklage die mit dieser grundsätzlich verbundene Registersperre durch ein dem einstweiligen Rechtsschutz vergleichbares Verfahren bei Strukturmaßnahmen (Kapitalbeschaffung, Kapitalherabsetzung, Unternehmensverträgen) durch eine Gerichtsentscheidung überwunden werden. Der beschlossenen Maßnahme kommt dann **endgültige Wirkung** zu. Die dann nicht mehr zu korrigierende Eintragung erfolgte, wenn – so § 246a Abs. 2 aF – „die Klage unzulässig oder offensichtlich unbegründet ist oder wenn das alsbaldige Wirksamwerden des Hauptversammlungsbeschlusses nach freier Überzeugung des Gerichts unter Berücksichtigung der Schwere der mit der Klage geltend gemachten Rechtsverletzungen zur Abwendung der vom Antragsteller dargelegten wesentlichen Nachteile für die Gesellschaft und ihrer Aktionäre vorrangig erscheint".

21   Durch das am 1.9.2009 in Kraft getretene Gesetz zur Umsetzung der **Aktionärsrechterichtlinie ARUG** (BGBl. 2009 I 2479) ist diese Passage in § 246a Abs. 2 Nr. 3 die Freigabe erleichternd, dahin **novelliert** worden, dass die Freigabeentscheidung zu ergehen hat, „wenn das alsbaldige Wirksamwerden des Hauptversammlungsbeschlusses vorrangig erscheint, weil die vom Antragsteller dargelegten wesentlichen Nachteile für die Gesellschaft und ihre Aktionäre nach freier Überzeugung des Gerichts die Nachteile für den Antragsgegner überwiegen, es sei denn, es liegt eine besondere Schwere des Rechtsverstoßes vor". Die Entscheidung ist jetzt nach § 246a Abs. 1 S. 3 nF dem **Oberlandesgericht** in erster und letzter Instanz übertragen. Dem klagenden Aktionär, dessen Klagerecht als solches nicht beschränkt wird, der aber die Umsetzung des fraglichen Beschlusses nicht hindern kann, bleibt bei erfolgreicher Anfechtungsklage nur ein rein theoretischer, da in der Praxis kaum nachweisbarer Schadensersatzanspruch.

22   Das Freigabeverfahren führt zu einer massiven **Beschränkung** der Aktionärsrechte. Im Ergebnis wird die Idee des Beschlussmängelrechts als **Instrument der Rechtmäßigkeitskontrolle** in Form eines subjektiven Rechts des Aktionärs **aufgegeben.** Die Umsetzung des Hauptversammlungsbeschlusses und damit dessen tatsächlicher Bestand wird nicht mehr von seiner Rechtmäßigkeit abhängig gemacht, sondern von einer Güterabwägung unter dem Gesichtspunkt wirtschaftlicher Nachteile, lediglich bei besonders schweren Rechtsverstößen sollen diese den Ausschlag geben und die Freigabe hindern. **„Einfache"** **Rechtsverstöße** hindern die Freigabe nicht. Die Gesetzesbegründung geht dabei ausdrücklich dahin, dass die Abgrenzung zwischen anfechtbaren und nichtigen Beschlüssen nicht das entscheidende Kriterium darstellen solle, auch nichtige Beschlüsse müssten keine so schwerwiegenden Rechtsverstöße beinhalten, dass sie der Freigabe zwingend entgegenstehen. Einen Nachteil der Gesellschaft darin zu sehen, dass ein nach dem Gesetz nichtiger Beschluss auch als solcher behandelt wird und die Gesellschaft einen Nachteil dadurch erleiden können soll, dass der gesetzlichen Rechtslage Rechnung getragen wird, ist schwer erträglich.[34] Widersprüchlich ist es, über eine „Bestandskraftlösung" das Beschlussmängelrecht zu unterlaufen und sogar nichtigen Beschlüssen zur Durchsetzung zu verhelfen.[35] Zudem werden den Gerichten **unternehmerische Abwägungen und Entscheidungen** abverlangt, die nicht ihre Aufgabe sind und die über gerichtstypische Missbrauchskontrolle und Ermessensüberprüfungen weit hinausgehen. Die Beurteilung der Schwere von Rechtsverletzungen führt zu kaum nachvollziehbaren individuellen Beurteilungen und großen Unsicherheiten in der rechtlichen Einordnung, Vorhersehbarkeit und damit zu Gefahren für die Rechtssicherheit.

---

[32] *Bayer/Hoffmann,* Rechtsmissbräuchliche Klagen und räuberische Aktionäre, 2013; *Baums/Keinath/Gajek* ZIP 2007, 1629 ff.; *Seibert* NZG 2007, 841 ff.

[33] Vgl. dazu *Eberspächer,* Nichtigkeit von Hauptversammlungsbeschlüssen nach § 241 Nr. 3 AktG, 2009, 146 ff.; *Florstedt* AG 2009, 465 ff.; *Vetter* AG 2008, 177 (189); *Stilz* FS Hommelhoff, 2012, 1181.

[34] *Zöllner* FS Westermann, 2008, 1631 (1643); *Zöllner* AG 2000, 145 (149); *Winter* FS Ulmer, 2003, 699 ff. (712 ff.).

[35] *Habersack/Stilz* ZGR 2010, 710.

In der Wissenschaft wird wegen dieser Widersprüche zwischen Fortbestand des Anfechtungsrecht 23
und Abschaffung über das Freigabeverfahren mit verschiedenen Vorschlägen eine weitere Reform
des Beschlussmängelrechts gefordert,[36] obwohl die Praxis mit den Änderungen nach dem ARUG
zu einem Rückgang der Beschlussmängelklagen nach Strukturmaßnahmen bzw. einer Rücknahme
der Klagen nach erfolgter Freigabe geführt hat und das ARUG seine Ziele damit erreicht hat.

II. Rechtswirkungen fehlerhafter Beschlüsse

1. Nichtige Beschlüsse. Nichtige Beschlüsse sind sowohl im Blick auf die Gesellschaft als auch 24
nach außen **ohne Wirkung,** ohne dass dies zuvor gerichtlich festgestellt werden müsste. Die mit
dem Beschluss erstrebten Rechtswirkungen treten daher nicht ein.[37] Der Vorstand darf sie nicht
ausführen (→ Rn. 80), der Registerrichter darf sie nicht eintragen (→ Rn. 96). Werden Nichtigkeitsgründe erst nach der Eintragung bekannt, so ist die Eintragung unter den Voraussetzungen des
§ 398 FamFG zu löschen, wenn keine Heilung eingetreten oder nicht möglich ist (→ Rn. 216).
Die Nichtigkeit ist unwiederbringlich und kann nicht beseitigt werden, auch nicht, etwa bei Verfahrensfehlern, durch nachträgliche Zustimmung aller Aktionäre. Die Nichtigkeit kann daher auch von
Aktionären geltend gemacht werden, die dem Beschluss zugestimmt haben.[38] Eine Bestätigung
entsprechend § 244 ist ebenfalls nicht möglich, diese ist nur anfechtbaren Beschlüssen vorbehalten.[39]
Gegebenenfalls muss die Beschlussfassung neu vorgenommen werden. Sie wirkt dann erst mit Wirksamwerden des neuen Beschlusses, mit dem inzident die Aufhebung des nichtigen Beschlusses verbunden ist.

Erhebliche Probleme macht die in diesen Fällen grundsätzlich gebotene **Rückabwicklung**[40] 25
bereits durchgeführter Beschlüsse, insbesondere bei fehlerhaft durchgeführten Strukturänderungen
wie Unternehmensverträgen und Kapitalerhöhungen Gesetzlich geregelt ist in § 62 Abs. 1 der Fall
der Rückerstattung zu Unrecht ausgeschütteter Gewinne mit der Gutglaubenschutzregelung in § 62
Abs. 1 S. 2. Für die übrigen Fälle sucht die neuere Lehre die Lösung über eine entsprechende
Anwendung des Instituts der fehlerhaften Gesellschaft.[41] Danach genießen bis zur gerichtlichen
Klärung durchgeführte Maßnahmen Schutz. Es bleibt etwa bei dem Stimmrecht junger Aktien bei
der anfechtbaren Kapitalerhöhung, Dividenden verbleiben und sind mit Rechtsgrund bezogen.[42]
Zu Einzelfällen → § 248 Rn. 8 ff.

Die Nichtigkeit wirkt **absolut** und ist, insbesondere bei Verfahrensmängeln, unabhängig davon, 26
ob der Beschlussmangel für die Beschlussfassung kausal war oder relevant geworden ist.

Für die Nichtigkeitsklage bedarf es keines besonderen **Feststellungsinteresses,** nur des allgemei- 27
nen Rechtsschutzbedürfnisses,[43] das entfallen kann, wenn der Beschluss fehlerfrei wiederholt wird.[44]

Sonderregelungen sieht das UmwG gem. § 20 Abs. 2 UmwG (Verschmelzung), § 131 Abs. 2 28
UmwG (Spaltung), § 176 Abs. 1 UmwG iVm § 20 Abs. 2 UmwG (Vermögensübertragung) und
§ 202 Abs. 3 UmwG (Formwechsel) vor. Sobald diese Beschlüsse eingetragen sind, berühren
Beschlussmängel die Wirksamkeit nicht mehr. Bezüglich der Eintragung besteht dabei allerdings eine
Registersperre, der Beschluss darf erst eingetragen werden, wenn die Vertretungsorgane gem.
§ 14 Abs. 1 UmwG, § 16 Abs. 2 UmwG eine Negativerklärung hinsichtlich der Anhängigkeit eines
Beschlussmängelstreits abgegeben haben.[45] Die Registersperre kann gem. § 16 Abs. 3 UmwG im
Wege eines gerichtlichen **Freigabeverfahrens** bei offensichtlicher Aussichtslosigkeit oder auch nach
Güterabwägung[46] zwischen dem in Rede stehenden Beschlussmangel und dem Interesse am alsbaldi-

---

[36] Arbeitskreis Beschlussmängelrecht AG 2008, 617 ff.; *Habersack/Stilz* ZGR 2010, 710; *K. Schmidt* AG 2009, 248 ff. (256); *Niemeier* ZIP 2008, 1148 ff.; *Grunewald* NZG 2009, 967 ff.; *Bayer/Fiebelkorn* ZIP 2010, 2181; *Noack* FS Baums, 2017, 845 (847 und 861 ff.); *Bayer/Möller* NZG 2018, 801 (804).
[37] *Noack,* Fehlerhafte Beschlüsse in Gesellschaften und Vereinen, 1989, 10 ff., 60 ff.; *Casper,* Die Heilung nichti- ger Beschlüsse im Kapitalgesellschaftsrecht, 1998, 33 ff.; *Casper* ZHR 163 (1999) 54 (60 ff.).
[38] BGHZ 11, 231 (239) – GmbH = NJW 1954, 385 ff.
[39] BGHZ 11, 231 (239) = NJW 1954, 385; BGHZ 157, 206 (212) = NJW 2004, 1165 (1166); BGHZ 160, 253 (256) = NJW 2004, 3561 (3262); BGHZ 189, 32 = NZG 2011, 669 Rn. 27; MüKoAktG/*Hüffer/Schäfer* Rn. 14.
[40] BGHZ 139, 225 (231 f.) = NJW 1998, 1326 ff. zur Anfechtung eines Kapitalerhöhungsbeschlusses.
[41] *Zöllner* AG 1993, 68 ff.: *K. Schmidt/Lutter/Schwab* Rn. 25; *M. Winter* FS P. Ulmer, 2003, 699; *Hommelhoff* ZHR 158 (1994) 11 ff.; *Hüffer* ZGR 2001, 833 (850 ff.); MüKoAktG/*Hüffer/Schäfer* § 248 Rn. 19 ff.; MüKoAktG/ *Hüffer/Schäfer* § 248 Rn. 7a; *Krieger* ZHR 158 (1994), 35; *Trendelenberg* NZG 2003, 860.
[42] *M. Winter* FS P. Ulmer, 2003, 699 (702); *Zöllner* AG 1993, 68 (75).
[43] Zum Rechtsschutzbedürfnis: *Drescher* FS Stilz, 2014, 125 ff.
[44] BGHZ 43, 261 (265); OLG Stuttgart AG 1976, 243.
[45] OLG Hamburg NZG 2003, 981 f.
[46] OLG Stuttgart NZG 2004, 463.

gen Wirksamwerden des Beschlusses unter Berücksichtigung der ansonsten entstehenden Nachteile ggf. überwunden werden, was nach hM sogar bei Begründetheit der Klage möglich ist.[47] Entsprechendes gilt gem. § 319 Abs. 5 bis 7 für die Eingliederung und gem. § 327e Abs. 2 iVm § 319 Abs. 5 und 6 für das squeeze out. Hat die Beschlussmängelklage, die ggf. nach Eintragung fortzusetzen ist, Erfolg, so ist der erfolgreiche Kläger auf Schadenersatzansprüche angewiesen, § 16 Abs. 3 S. 6 UmwG und § 319 Abs. 6 S. 6.

29 Nach der Regelung des § 246a iVm § 242 Abs. 2 S. 5 und 6 (→ Rn. 20 ff.) besteht die Möglichkeit der Erlangung der endgültigen Bestandskraft im Rahmen des Freigabeverfahrens auch bei Maßnahmen der Kapitalerhöhung, bei Kapitalherabsetzungen und Unternehmensverträgen, bei denen allerdings keine Registersperre besteht.

30 **2. Anfechtbare Beschlüsse.** Anfechtbare Beschlüsse sind **grundsätzlich wirksam**, solange sie nicht gem. § 241 Abs. 1 Nr. 5 durch Gerichtsurteil für nichtig erklärt werden. Die Urteilswirkungen treten erst mit Rechtskraft des Urteils ein, also erst, wenn keine Rechtsmittelmöglichkeiten mehr bestehen. Bis zur rechtskräftigen Feststellung sind anfechtbare Beschlüsse – trotz Fehlerhaftigkeit – somit **schwebend wirksam** und daher zu beachten.[48] Endgültig wirksam werden sie, wenn keine Anfechtungsklage erhoben oder diese abgewiesen wird. Wird ein Beschluss für nichtig erklärt, so tritt diese Rechtswirkung mit rückwirkender Kraft ein.[49] Es besteht also insoweit kein Unterschied zur Nichtigkeitsklage und den dort im Zusammenhang mit der Rückabwicklung bestehenden Problemen.

31 Voraussetzung für die Nichtigkeitserklärung ist, anders als bei der Nichtigkeitsklage, dass der zum Beschlussmangel führende Verstoß für die Beschlussfassung **relevant** geworden ist.[50]

32 **3. Wirkungen gegenüber Dritten.** Beschlüsse der Hauptversammlung wirken grundsätzlich gegenüber jedermann. Demgemäß schlagen auch Beschlussmängel gegenüber jedermann, also auch gegenüber Dritten, durch.[51] Hinsichtlich der Auswirkungen nichtiger bzw. für nichtig erklärter Hauptversammlungsbeschlüsse gegenüber Dritten, die auf die Wirksamkeit des Beschlusses vertraut haben, ist zu unterscheiden, ob der Hauptversammlungsbeschluss **Außenwirkungen** hat, er also gesetzliche Voraussetzung der Wirksamkeit einer gesellschaftsrechtlichen Maßnahme ist, so bei Fusionen, Umwandlungen, Kapitalerhöhungen, bei Wahlen zum Aufsichtsrat und dgl.[52] In diesen Fällen wirkt die Nichtigkeit auch gegenüber Dritten. Ist der Hauptversammlungsbeschluss hingegen nur **innergesellschaftliche Voraussetzung** für das Handeln des Vertretungsorgans der Aktiengesellschaft, insbesondere des Vorstands, so bleibt die Nichtigkeit ohne Auswirkungen auf die Wirksamkeit von Rechtsgeschäften zu außerhalb der Gesellschaft stehenden Personen.[53] Die Vertretungsmacht des Vorstands kann gem. § 82 Abs. 1 nicht beschränkt werden, sodass das Handeln des Vorstands auf der Grundlage eines nichtigen Beschlusses die Gesellschaft ebenso bindet wie wenn er gänzlich ohne die erforderliche Legitimation der Hauptversammlung agiert. Dem **Vertrauen Dritter** wird also bei **Durchführungsgeschäften** Rechnung getragen. Ist die Bestellung des Aufsichtsrats nichtig und damit auch die von ihm vorgenommene Vorstandsbestellung fehlerhaft, so sind gutgläubige Dritte jedenfalls bei Eintragung über § 15 Abs. 3 HGB geschützt.[54] Zu Beschlussmängeln bei der Aufsichtsratswahl s. §§ 250–252.

33 **4. Urteilswirkungen.** Sowohl der Anfechtungsklage, mit der ein ansonsten unanfechtbar werdender Beschluss für nichtig erklärt und damit beseitigt wird, als auch der erfolgreichen Nichtigkeitsklage, bei der die Nichtigkeit festgestellt wird, kommt **Gestaltungswirkung** zu. Es handelt sich bei beiden um negatorische Gestaltungsklagen mit kassatorischem Charakter.[55] Der Wortlaut des § 249, der von einer „Klage auf Feststellung der Nichtigkeit" spricht, legt zwar bei der Nichtigkeitsklage die

---

[47] *K. Schmidt* ZGR 1997, 493 (498); aA *Sosnitza* NZG 1999, 972.
[48] Großkomm AktG/*K. Schmidt* Rn. 24; Hüffer/Koch/*Koch* Rn. 1; wohl auch MüKoAktG/*Hüffer/Schäfer* Rn. 15; aA *Noack* DB 2014, 1851 (1852 f.).
[49] *Noack*, Fehlerhafte Beschlüsse in Gesellschaften und Vereinen, 1989, 100 f.; Hüffer/Koch/*Koch* ZGR 2001, 833 (851); MüKoAktG/*Hüffer/Schäfer* Rn. 15; Großkomm AktG/*K. Schmidt* § 248 Rn. 5; Kölner Komm AktG/ *Noack/Zetzsche* § 248 Rn. 34 ff.
[50] Kölner Komm AktG/*Noack/Zetzsche* § 243 Rn. 64 ff.; *Zöllner* AG 2000, 145 f. (148). → § 243 Rn. 79 ff.
[51] *Noack*, Fehlerhafte Beschlüsse in Gesellschaften und Vereinen, 1989, 99; *Eberspächer*, Nichtigkeit von Hauptversammlungsbeschlüssen nach § 241 Nr. 3 AktG, 2009, 28; *Zöllner* AG 1993, 68 (71 f.).
[52] MüKoAktG/*Hüffer/Schäfer* Rn. 94; Kölner Komm AktG/*Noack/Zetzsche* Rn. 18 ff.
[53] Kölner Komm AktG/*Noack/Zetzsche* Rn. 16.
[54] *Noack*, Fehlerhafte Beschlüsse in Gesellschaften und Vereinen, 1989, 99.
[55] Großkomm AktG/*K. Schmidt* Rn. 3, 21, 69, 70 und § 249 Rn. 31; *Schulte* AG 1988, 67 ff.; MüKoAktG/ *Hüffer/Schäfer* § 249 Rn. 23; *Eberspächer*, Nichtigkeit von Hauptversammlungsbeschlüssen nach § 241 Nr. 3 AktG, 2009, 88 ff.; differenzierend *Noack*, Fehlerhafte Beschlüsse in Gesellschaften und Vereinen, 1989, 92 ff.

Annahme einer reinen Feststellungsklage nahe. Deshalb wird sie auch überwiegend als solche gesehen.[56] Aber auch das stattgebende Urteil aufgrund einer Nichtigkeitsklage hat Wirkung für und gegen alle,[57] ihm kommt damit Gestaltungswirkung zu. Die Rechtslage wird für den Fall des Erfolgs der Klage sowohl für die Aktionäre als auch für Vorstand und Aufsichtsrat abschließend geklärt und damit anderweitigen Klagen, auch etwa solchen auf Feststellung der Wirksamkeit des fraglichen Beschlusses, der Boden entzogen. Neue Klagen werden unzulässig. Nicht nur prozessuale, sondern auch materiell-rechtliche Gestaltungswirkung hat das Urteil darüber hinaus, wenn die Entscheidung unzutreffend ist und daher die materielle Rechtslage umgestaltet wird (→ Rn. 214 ff.).

III. Gegenstand des Beschlussmängelrechts

1. Der Hauptversammlungsbeschluss. Der Nichtigkeits- und Anfechtungsklage zugänglich sind nur Hauptversammlungsbeschlüsse, also Beschlüsse, die im Rahmen der Bildung und Äußerung des organschaftlichen Willens der Hauptversammlung Gegenstand einer Hauptversammlung gewesen sind und dort in einem förmlichen Verfahren zur Abstimmung gestellt, festgestellt und bekannt gemacht worden sind. Der Hauptversammlungsbeschluss ist mehrseitiges, nichtvertragliches korporatives **Rechtsgeschäft eigener Art,** da es nicht auf Konsens, sondern auf den **Mehrheitswillen** beruht.[58] Die Auslegung hat nach objektivem Verständnis des Wortlauts zu erfolgen.[59] Die Vorschriften der §§ 241 ff. sind dabei Spezialvorschriften gegenüber den Vorschriften des BGB über Willenserklärungen, die insoweit keine Anwendung finden (→ Rn. 14). Angegriffen werden können sowohl dem Antrag stattgebende, also positive Beschlüsse, als auch negative, ablehnende Beschlüsse. Bei Streit über die Auslegung von Beschlüssen, die als solche nicht angegriffen werden sollen, ist die Feststellungsklage die richtige Klageart.[60]

Nicht der unmittelbaren Beschlussanfechtung unterliegen **Entschließungen des Versammlungsleiters,** die nicht auf einer Abstimmung beruhen wie der Ausspruch von Stimmverboten, Wortentzug und ähnliche Maßnahmen der Versammlungsleitung. Sie können jedoch ggf. zu Mängeln von Hauptversammlungsbeschlüssen führen.

2. Beschlussinhalt. Klagegegenstand ist der Beschluss mit dem Inhalt, mit dem er **vom Versammlungsleiter festgestellt** worden ist.[61] Der Versammlungsleiter ist zu einer solchen Feststellung verpflichtet, § 130 Abs. 2.[62] Ist eine Abstimmung durchgeführt worden, hat jedoch der Versammlungsleiter das Ergebnis nicht durch Verkündung bekannt gegeben, so fehlt es an einem einer Anfechtungs- oder Nichtigkeitsklage zugänglichen Beschluss.[63] Bei berechtigtem Interesse kommt hier gegebenenfalls nur eine Klage auf Feststellung, es sei kein Beschluss zu Stande gekommen, in Betracht.[64] Eine positive Beschlussfeststellungsklage, die mit der Anfechtungsklage verbunden und mit der das Zustandekommen des Beschlusses entgegen der Beschlussfeststellung des Versammlungsleiters festgestellt werden könnte, scheitert am Fehlen eines angreifbaren Beschlusses. Im umgekehrten Fall, wenn der Versammlungsleiter einen **Beschluss verkündet,** der gar **nicht gefasst** wurde, weil es an einem Antrag oder einer Abstimmung fehlt, ist ebenfalls sein Handeln ausschlaggebend. Ein solcher Beschluss muss – ebenso wie wenn das verkündete Beschlussergebnis angegriffen werden soll[65] – angefochten werden.[66] Gibt es – etwa bei Streit über die Versammlungsleitung – mehrere Versammlungsleiter, die unterschiedliche Beschlussfeststellungen treffen, müssen alle Feststellungen angefochten werden, wobei dem Vorstand eine Anfechtungspflicht zukommen kann.[67] Stellt der

---

[56] BGHZ 32, 318 (322) = NJW 1960, 1447 f.; OLG Stuttgart AG 2001, 315 f.; *Hüffer* ZGR 2001, 833 (853) mwN; → § 249 Rn. 3 f.
[57] BGH NJW 2009, 230 Rn 8.
[58] BGHZ 65, 93 ff. = NJW 1976, 49 f.; *Emde* ZIP 2000, 59 ff.; *Zöllner* FS Lutter, 2000, 821 ff.; Kölner Komm AktG/*Tröger* § 133 Rn. 26 f.; *Noack,* Fehlerhafte Beschlüsse in Gesellschaften und Vereinen, 1989, 15; MüKoAktG/*Hüffer/Schäfer* Rn. 8; *Hüffer/Koch/Koch* § 133 Rn. 2 bis 4; *Eberspächer,* Nichtigkeit von Hauptversammlungsbeschlüssen nach § 241 Nr. 3 AktG, 2009, 22 (25).
[59] BGH NJW-RR 2006, 472.
[60] Henssler/Strohn/*Drescher* § 241 Rn. 10.
[61] BGH NJW-RR 2006, 472 ff.
[62] Hüffer/Koch/*Koch* § 130 Rn. 22; MüKoAktG/*Hüffer/Schäfer* Rn. 8a; zweifelnd *Zöllner* FS Lutter, 2000, 828 ff.
[63] Vgl. BGH NJW 2017, 1467 Rn. 37 zur Publikums-KG; BGH ZIP 1996, 2071 (2074) zur Genossenschaft; BayObLGZ 1972, 354 (359 f.) = NJW 1973, 250 f.
[64] BGH ZIP 2009, 2193.
[65] MüKoAktG/*Hüffer/Schäfer* Rn. 9.
[66] *Zöllner* FS Lutter, 2000, 830 f.
[67] S. *Heller* AG 2009, 278 ff.

Versammlungsleiter einen Antrag auf seine Abberufung nicht zur Abstimmung, so führt dies nicht zur Nichtigkeit oder Anfechtbarkeit danach festgestellter Beschlüsse.[68]

37 **3. Abgelehnte Anträge.** Negative Beschlüsse, die nicht nichtig, sondern nur anfechtbar sind, müssen innerhalb der Monatsfrist des § 246 Abs. 1 angegriffen werden, um ihre Rechtswirksamkeit zu verhindern, sonst ist das Antragsrecht verbraucht.

38 Ein abgelehnter Antrag hat jedoch keinen Einfluss auf die materiell-rechtliche Rechtslage. Der Antragsteller ist daher nicht gehalten, zur Wahrung von Rechten, die ihm tatsächlich materiell-rechtlich zustehen, jedoch durch den Antrag nicht bestätigt worden sind, Anfechtungsklage zu erheben.[69] Da er mit der rein kassatorischen Anfechtungsklage sein mit dem Antrag erstrebtes Ziel nicht erreichen kann, stellt sich die Frage, ob er über das für eine solche Klage erforderliche **Rechtsschutzinteresse** verfügt.[70] Dies ist nur[71] dann zu bejahen, wenn die Anfechtungsklage – bei der Nichtigkeitsklage ist dies wegen der Absolutheit des Mangels nicht möglich – mit der **positiven Beschlussfeststellungsklage,** entgegen der Bekanntmachung des Versammlungsleiters sei der beantragte Beschluss doch zustande gekommen, verbunden wird.[72] Dabei ist allerdings dem Beteiligungsinteresse der anderen Aktionäre gem. § 246 Abs. 4 Rechnung zu tragen.[73]

39 Ob eine solche Feststellungsklage erfolgreich und ihre Erhebung sinnvoll ist, hängt von der Art des Beschlussmangels ab. Wird eine falsche Beschlussfeststellung, etwa wegen Zählfehlern, Nichtbeachtung von Stimmverboten oder auch wegen Verstoßes gegen die Treuepflicht, geltend gemacht, kann die Beschlussfeststellungsklage sinnvoll sein,[74] nicht jedoch dann, wenn mit der Eliminierung des Fehlers allein das Gegenteil des festgestellten Beschlusses noch nicht als Abstimmungsergebnis festgemacht werden kann, so etwa wenn die Anfechtung auf die Verletzung von Informationspflichten gestützt wird und offen bleibt, ob bei vollständiger Information anders abgestimmt worden wäre. Derartige Fehler können nach Schluss der Hauptversammlung nicht mehr korrigiert werden, insbesondere liegt keine schwebend unwirksame Beschlussfassung vor. Ggf. muss die Beschlussfassung in einer erneuten Hauptverhandlung wiederholt werden.

40 Die Verbindung einer **positiven Beschlussfeststellungsklage** mit einer Anfechtungsklage scheidet aus, wenn dem **Beschlussantrag stattgegeben** wurde, da dann das Klageziel bereits mit dem Erfolg der Anfechtungsklage erreicht ist.[75] Der Anfechtungskläger kann auch nicht über eine positive Beschlussfeststellungsklage die Feststellung erreichen, dass das Gegenteil des erfolgreich angefochtenen Beschlusses oder etwas anderes beschlossen wurde, selbst wenn der Beschlussanfechtung eine fehlerhafte Stimmenzählung zugrunde liegt. Dass ein Beschluss nicht wirksam gefasst wurde, bedeutet nicht, dass das Gegenteil beschlossen wurde oder ein anderer Antrag Erfolg hatte.

41 **4. Übergangene Anträge.** Kein Fall des Beschlussmängelrechts liegt vor, wenn der Versammlungsleiter einen Antrag übergeht, da dann gar keine Willensbildung der Hauptversammlung und auch keine Feststellung darüber vorliegt.[76] Der Antragsteller kann dann nur seinen Antrag wiederholen und notfalls das Verfahren zur Einberufung einer neuen Versammlung gem. § 122 verfolgen oder Schadensersatzansprüche geltend machen. Auswirkungen auf die Rechtmäßigkeit eines Folge- oder Alternativbeschlusses hat das Übergehen eines Antrags in der Regel nicht.[77]

42 **5. Sonderbeschlüsse.** Einer Anfechtungs- oder Nichtigkeitsklage zugänglich sind **Sonderbeschlüsse** bestimmter Aktionärsgruppen. Für sie sind gem. § 138 S. 2 die Hauptversammlungsvorschriften und damit auch die §§ 241 ff. einschlägig. Zu nennen sind Beschlüsse der Vorzugsaktionäre gem. § 141 Abs. 3, Beschlüsse der benachteiligten Aktionäre bei Änderung der Aktiengattung gem. § 182 Abs. 2 oder bei Kapitalherabsetzungen gem. § 222 Abs. 2 sowie Beschlüsse der außenstehenden Aktionäre gem. § 295 Abs. 2, § 296 Abs. 2, § 297 Abs. 2, § 302 Abs. 3 S. 3, § 309 Abs. 3 S. 1, § 310 Abs. 4, § 317 Abs. 4, § 318 Abs. 4.

---

[68] OLG Bremen AG 2010, 256; MüKoAktG/*Hüffer/Schäfer* Rn. 7; → § 243 Rn. 105 ff.
[69] BGH WM 1964, 1188 (1191) und WM 1972, 931 ff., jeweils zur GmbH; MüKoAktG/*Hüffer/Schäfer* Rn. 9.
[70] RGZ 166, 175 (188); BGH WM 1964, 1188 ff.; BGHZ 76, 191 (197 ff.) = NJW 1980, 1465 (1467); BGHZ 88, 320 (329) = NJW 1984, 489; BGHZ 97, 28 (30 f.) = NJW 1986, 2051 f.; MüKoAktG/*Hüffer/Schäfer* Rn. 9 und § 246 Rn. 16; Kölner Komm AktG/*Noack/Zetzsche* § 246 Rn. 57, § 248 Rn. 43 ff.
[71] OLG Stuttgart AG 2016, 370 (371).
[72] → § 246 Rn. 57 ff. und → § 248 Rn. 21 ff. Vgl. auch BGHZ 76, 191 = NJW 1980, 1465 (1467); BGHZ 88, 320 (329) = NJW 1984, 489; BGHZ 97, 28 = NJW 1986, 2051 f.; *Zöllner* ZGR 1982, 623; Kölner Komm AktG/*Noack/Zetzsche* § 248 Rn. 44.
[73] *Heer* ZIP 2012, 803; → § 246 Rn. 60.
[74] BGH NJW 2009, 2300.
[75] BGH NZG 2003, 285 f.; BGHZ 104, 66 (69) = NJW 1988, 1844.
[76] Kölner Komm AktG/*Noack/Zetzsche* Rn. 8 und Vor § 241 Rn. 12.
[77] Kölner Komm AktG/*Noack/Zetzsche* Vor § 241 Rn. 12; *Grigoleit/Ehmann* Rn. 4.

6. Beschlüsse über Minderheitsverlangen. Beschlüsse über das Zustandekommen von Minderheitsverlangen iSd § 120 Abs. 1 S. 2, § 137 sind **nicht dem Beschlussmängelrecht** unterworfen.[78] Minderheitsverlangen sind zwar in der Hauptversammlung zu stellen. Sie stellen jedoch keine Beschlussfassung der Hauptversammlung dar. Auch erfolgt keine Beschlussfassung über das Minderheitsverlangen als solches. Beschlussfassungen sind daher nicht selbstständig angreifbar. Lediglich für die Protokollierung gelten die Regelungen für Hauptversammlungsbeschlüsse gem. § 130 entsprechend.

Ist das Minderheitsquorum in Wahrheit nicht erreicht und wird es dennoch als wirksam erachtet und ihm Rechnung getragen, so ist dies im Fall des § 120 Abs. 1 S. 2 (Minderheitsverlangen auf Einzelabstimmung über die Entlastung) unschädlich, da eine Einzelabstimmung nicht unzulässig ist. Im Fall des § 137 (Minderheitsverlangen über Wahlvorschläge zum Aufsichtsrat) ist die Aufsichtsratswahl anfechtbar, wenn auf Grund des Minderheitsverlangens ein **falsches Abstimmungsprocedere** für die Wahl ausschlaggebend war.[79] Wird ein auf eine Abstimmung gerichtetes zulässiges Minderheitsverlangen zu Unrecht nicht beachtet, ist der auf der Nichtbeachtung beruhende Hauptversammlungsbeschluss anfechtbar.

7. Beschlüsse anderer Gremien. Von anderen Gremien der Gesellschaft getroffene Beschlüsse, insbesondere solche des Vorstands oder des Aufsichtsrats, fallen vom Wortlaut her nicht unter die §§ 241 ff. Auf **Beschlüsse des Aufsichtsrats** sind die Vorschriften nicht entsprechend anwendbar. Sie sind bei einem Gesetzesverstoß oder Satzungsverstoß nichtig (→ § 108 Rn. 69 ff.). Richtiger Rechtsbehelf ist vielmehr die **allgemeine Feststellungsklage** (→ § 108 Rn. 77 f.), die gegen die Gesellschaft, vertreten durch den Vorstand, zu richten ist (→ § 108 Rn. 80). Für nichtige **Vorstandsbeschlüsse** gilt Entsprechendes, wobei die Gesellschaft vom Aufsichtsrat vertreten wird (→ § 77 Rn. 28 ff.).

8. Mängel der Stimmabgabe. Nicht unmittelbar dem Beschlussmängelrecht unterfallen die Fälle der Nichtigkeit oder Anfechtung der Stimmabgabe des einzelnen Aktionärs. Die Stimmabgabe ist eine **rechtsgeschäftliche Willenserklärung** und unterliegt deshalb den §§ 104 ff., 119 ff. BGB.[80] Ist die Stimmabgabe unwirksam – etwa wegen eines Mangels der Vollmacht – so kann dies dazu führen, dass die Stimmenzahl und, wenn sich dadurch die Mehrheitsverhältnisse ändern, auch das Beschlussergebnis unzutreffend festgestellt worden ist. Dann muss, da die Voraussetzungen eines Nichtigkeitsgrundes kaum vorliegen dürften, innerhalb der Monatsfrist des § 246 Abs. 1 Anfechtungsklage erhoben werden, die dann auf die Unwirksamkeit der Stimmabgabe zu stützen ist.

IV. Anderweitige Beschlussmängel

1. Unwirksame Beschlüsse. a) Begriffsbestimmung. Nicht zur Kategorie der Beschlussmängel im eigentlichen Sinne, die nur in der Anfechtbarkeit und der Nichtigkeit zu sehen sind, gehören die sog. **unwirksamen** Beschlüsse. Hierbei handelt es sich nach allgemeiner Ansicht entgegen der etwas unklaren Bezeichnung nicht um fehlerhaft zustande gekommene oder inhaltlich zu beanstandende Beschlüsse, sondern um Beschlüsse, die noch nicht allein mit der Beschlussfassung der Hauptversammlung wirksam werden, sondern für die es hierzu noch eines weiteren Tatbestandserfordernisses bedarf.[81] Sie sind also noch **unvollständig** und daher **schwebend unwirksam**. Zu nennen sind das Erfordernis eines Sonderbeschlusses bestimmter Gesellschaftergruppen bei verschiedenen Aktiengattungen (§ 138), die Zustimmung einzelner Aktionäre, etwa bei Auferlegung von Nebenpflichten (§ 180), die Aufhebung des Vorzugs oder die Auferlegung von Beschränkungen zum Nachteil von Vorzugsaktionären (§ 141) oder Eingriffe in Sonderrechte (§ 35 BGB).[82] Des Weiteren sind die Fälle der § 179 Abs. 3, § 182 Abs. 2 und § 222 Abs. 2 anzuführen. Weiter gehören hierher Beschlüsse, bei denen zusätzliche formelle Wirksamkeitsvoraussetzungen wie die Eintragung in das Handelsregister bestehen, so bei Satzungsänderungen und Kapitalerhöhungen (§ 181 Abs. 3, § 189).

Die schwebende Unwirksamkeit kann auch durch das Erfordernis einer behördlichen Genehmigung bedingt sein, etwa einer kartellrechtlichen Genehmigung gem. § 1 GWB. Bisweilen kommen

---

[78] MüKoAktG/*Hüffer*/*Schäfer* Rn. 12; Großkomm AktG/*K. Schmidt* Rn. 10; K. Schmidt/Lutter/*Schwab* Rn. 1; *Eberspächer*, Nichtigkeit von Hauptversammlungsbeschlüssen nach § 241 Nr. 3 AktG, 2009, 25; aA *v. Godin/Wilhelmi* Anm. 5.
[79] MüKoAktG/*Hüffer*/*Schäfer* Rn. 12.
[80] BGHZ 14, 264 (267); *Casper*, Die Heilung nichtiger Beschlüsse im Kapitalgesellschaftsrecht, 1998, 87 (88).
[81] BGHZ 15, 177 (181); BGHZ 48, 141 (143) = NJW 1967, 2159; OLG Stuttgart AG 1993, 94; *Casper*, Die Heilung nichtiger Beschlüsse im Kapitalgesellschaftsrecht, 1998, 36 ff.; *Noack*, Fehlerhafte Beschlüsse in Gesellschaften und Vereinen, 1989, 12 f.; MüKoAktG/*Hüffer*/*Schäfer* Rn. 16; Großkomm AktG/*K. Schmidt* Rn. 14; aA *Baums* ZHR 142 (1978) 582 ff.
[82] BGHZ 15, 177 (181); BGH WM 1962, 201.

auch mehrere zusätzliche Wirksamkeitserfordernisse in Betracht, so etwa, wenn eine Satzungsänderung neben der Eintragung einer zusätzlichen Genehmigung einer Behörde oder einer Gesellschaftergruppe bedarf.

49 Der Gesetzgeber bleibt sich allerdings in seinem Verständnis der Nichtigkeit und der Unwirksamkeit nicht immer treu: Bei den von ihm im Einleitungssatz des § 241 angesprochenen Fällen der § 217 Abs. 2 S. 4, § 228 Abs. 2 S. 1, § 234 Abs. 3 S. 1 und § 235 Abs. 2 S. 1, in denen er jeweils von Nichtigkeit spricht, handelt es sich genau genommen um **klassische Fälle der Unwirksamkeit.** In diesen Vorschriften wird jeweils das Wirksamwerden von der Eintragung der Beschlüsse innerhalb von drei bzw. sechs Monaten abhängig gemacht, ein unabsehbare Zeit andauernder Schwebezustand soll vermieden werden.

50 Problematisch ist, ob hierzu auch faktische Satzungsänderungen gehören, sog. **satzungsdurchbrechende Beschlüsse mit Dauerwirkung,** die zur Legitimation der Eintragung bedurft hätten, jedoch nicht eingetragen wurden, etwa weil der satzungsändernde Charakter nicht erkannt oder zu Unrecht verneint wurde.[83] Sie bedürfen materiell der Eintragung, sind jedoch, da nicht als Satzungsänderung gefasst, nicht eintragungsfähig (→ Rn. 203 ff.). Da bei diesen Beschlüssen von vornherein feststeht, dass sie niemals wirksam werden können, handelt es sich um Nichtigkeitsfälle.[84]

51 b) **Rechtsfolgen unwirksamer Beschlüsse.** Die Rechtsfolgen unwirksamer Beschlüsse entsprechen bis zum Eintritt des zusätzlichen Wirksamkeitserfordernisses denen nichtiger Beschlüsse, sie sind noch nicht verbindlich und dürfen daher noch nicht umgesetzt werden. Dennoch sind sie nicht ohne Rechtswirkungen. Mit der Beschlussfassung ist die **Weisung an die zuständigen Organe** verbunden, die Voraussetzungen dafür zu schaffen, dass der Beschluss endgültig wirksam und so der Wille der Hauptversammlung verwirklicht wird. Es besteht etwa die Pflicht, die Eintragung zu bewirken, Sonderbeschlüsse herbeizuführen, öffentlich-rechtliche Genehmigungen einzuholen usw.[85] Ist das – zusätzliche – Wirksamkeitserfordernis erfüllt, so wird der Beschluss wirksam. Steht endgültig fest, dass die Voraussetzungen nicht eintreten können, so ist er endgültig unwirksam.[86] Teilweise wird insoweit von Nichtigkeit gesprochen.[87] Wenn auch die Rechtsfolgen der der Nichtigkeit entsprechen, sollte die Verwendung des Begriffs hier vermieden werden, da der Gesetzgeber den Nichtigkeitsbegriff in §§ 241 ff. ausschließlich fehlerhaft zustande gekommenen Beschlüssen zuordnet und von einem enumerativen Katalog der Nichtigkeitsfälle ausgeht. Der endgültig unwirksame Beschluss als solcher ist jedoch nicht mangelbehaftet, er kann lediglich nicht umgesetzt werden, geht damit ins Leere und bleibt deshalb auf Dauer ohne Rechtswirkungen.

52 c) **Beschlussmängel unwirksamer Beschlüsse.** Wie jeder Hauptversammlungsbeschluss kann auch ein noch unwirksamer Beschluss an **Beschlussmängeln** leiden und demgemäß mit der Nichtigkeits- oder der Anfechtungsklage angegriffen werden.[88] Die Anfechtungsfrist des § 246 läuft auch hier sofort, nicht erst mit Wirksamwerden des Beschlusses.[89]

53 Daneben sind **Streitigkeiten über die Wirksamkeit** denkbar als Streit über das Bestehen des zusätzlichen Wirksamkeitserfordernisses, als Streit über seinen Eintritt und als Streit über die endgültige Unwirksamkeit. Diese Streitigkeiten sind im Wege der Feststellungsklage gem. § 256 ZPO auszutragen.[90] Soweit der Beschluss als solcher nicht angegriffen wird, kommen Anfechtungs- und Nichtigkeitsklage nicht in Betracht.[91] Die teilweise vertretene entsprechende Anwendung von §§ 249, 248 mit der daraus folgenden inter-omnes-Wirkung für Klagen auf Feststellung der Unwirksamkeit ist mit der hM mit dem Beschlussmängelrecht und der Sonderstellung der Anfechtungs- und der Nichtigkeitsklage nicht vereinbar.[92]

54 Ins **Handelsregister** dürfen einem zusätzlichen Wirksamkeitserfordernis unterliegende Beschlüsse erst eingetragen werden, wenn das Wirksamkeitserfordernis erfüllt ist (zu den Prüfungspflichten des

---

[83] BGHZ 123, 15 ff. = NJW 1993, 2246 ff.; Großkomm AktG/*K. Schmidt* Rn. 16, 56, 111.
[84] Großkomm AktG/*K. Schmidt* Rn. 111; → Rn. 203 ff.
[85] Kölner Komm AktG/*Noack/Zetzsche* Vor § 241 Rn. 28; K. Schmidt/Lutter/*Schwab* Rn. 3.
[86] BGHZ 125, 355 = NJW 1994, 1785; OLG Stuttgart AG 1993, 94; *Casper,* Die Heilung nichtiger Beschlüsse im Kapitalgesellschaftsrecht, 1998, 39; Kölner Komm AktG/*Noack/Zetzsche* Vor § 241 Rn. 26; MüKoAktG/*Hüffer/Schäfer* Rn. 18.
[87] Großkomm AktG/*K. Schmidt* Rn. 18.
[88] *Casper,* Die Heilung nichtiger Beschlüsse im Kapitalgesellschaftsrecht, 1998, 48 f.; Großkomm AktG/*K. Schmidt* Rn. 8.
[89] Kölner Komm AktG/*Noack/Zetzsche* Vor § 241 Rn. 29; Großkomm AktG/*K. Schmidt* Rn. 18.
[90] BGHZ 15, 177 (181); OLG Stuttgart AG 1993, 94; Hüffer/Koch/*Koch* § 246 Rn. 41; Kölner Komm AktG/ *Noack/Zetzsche* Vor § 241 Rn. 30; K. Schmidt/Lutter/*Schwab* Rn. 3.
[91] Großkomm AktG/*K. Schmidt* Rn. 18.
[92] BGHZ 15, 177 (181); Hüffer/Koch/*Koch* § 249 Rn. 21; aA Großkomm AktG/*K. Schmidt* § 249 Rn. 9; MüKoAktG/*Hüffer/Schäfer* § 249 Rn. 38; Kölner Komm AktG/*Noack/Zetzsche* § 249 Rn. 62.

Registergerichts → Rn. 95 ff.). Kommt es dennoch vorher dazu, kann sich gegebenenfalls die Frage der Heilung gem. § 242 stellen.[93] Eine solche ist grundsätzlich möglich. Dies folgt schon aus § 242 Abs. 3 und den dort genannten Fällen, bei denen es sich um Unwirksamkeitsfälle handelt.

2. Schein- und Nichtbeschlüsse. a) Begriff. Die Kategorie der sog. Nicht- oder Scheinbeschlüsse – die Begriffe werden überwiegend synonym verwendet – wird von der neueren Literatur überwiegend als entbehrlich angesehen.[94] Hierunter werden Hauptversammlungsbeschlüsse verstanden, die in so krassem Maße fehlerhaft sind, dass sie gar nicht mehr als Willensäußerung der Hauptversammlung verstanden werden können und nicht einmal den Mindestanforderungen eines auch nur nichtigen Beschlusses genügen. Es liege daher ein nullum vor, ein Beschluss sei nur scheinbar zu Stande gekommen. Als Beispiel hat der Bundesgerichtshof den Fall genannt, dass eine Hauptversammlung von einem „Mann von der Straße" einberufen wird und die Versammlungsteilnehmer mit der Gesellschaft nichts zu tun haben.[95] Die Kategorie wird nach der neueren Auffassung in vollem Umfang über die Nichtigkeitsfälle von § 241 Nr. 1 und Nr. 3 abgedeckt, deren Voraussetzungen bei diesen Fallgestaltungen stets vorlägen. 55

Dem ist im Grundsatz zuzustimmen. Dogmatisch sauber lassen sich indes unter dem Stichwort des Nicht- oder Scheinbeschlusses nicht alle unter diesem Begriff diskutierten Fälle dem Nichtigkeits- und Anfechtungsrecht zuordnen. Vorausgesetzt werden muss bei der Diskussion das Vorliegen des **äußeren Tatbestands eines Beschlusses,** also eine Beschlussfassung überhaupt, daneben gem. § 130 Abs. 2 die Feststellung des Versammlungsleiters über die Beschlussfassung. Fehlt es an einer solchen Feststellung oder wurde sie nicht vom richtigen Versammlungsleiter, sondern einem unbefugten Dritten getroffen, so liegt gar kein Beschluss vor.[96] Von einem Scheinbeschluss wird darüber hinaus auch gesprochen, wenn ein Beschlussantrag oder eine Abstimmung fehlen.[97] Da es für den Gegenstand einer Anfechtungs- oder Nichtigkeitsklage auf den Versammlungsleiter und seine Feststellungen ankommt, dürfte in diesen Fällen aber von einem nichtigen bzw. anfechtbaren Beschluss auszugehen sein. In den zuerst genannten Fallgestaltungen der scheinbaren Beschlussfeststellung kann auf Grund der Umstände ein Anschein eines Beschlusses und ein berechtigter Klärungsbedarf entstehen, ob ein Beschluss vorliegt oder nicht.[98] 56

b) Anwendungsbereich. Nach diesem Verständnis stellt sich die Frage eines Scheinbeschlusses somit nur dann, wenn die **Beschlussfeststellung als solche** in Frage steht, nicht jedoch dann, wenn ein zustande gekommener Beschluss inhaltlich angegriffen wird. Die Problematik des Schein- oder Nichtbeschlusses ist vor allem dann nicht gegeben, wenn die Feststellung des Abstimmungsergebnisses in Zweifel gezogen wird. Auch dann ist der Beschluss mit dem vom Versammlungsleiter festgestellten Inhalt zu Stande gekommen, die Frage eines Scheinbeschlusses stellt sich nicht.[99] Kein Fall eines Scheinbeschlusses liegt deshalb auch dann vor, wenn an der Beschlussfassung Nichtaktionäre – gegebenenfalls auch in großer Zahl – teilgenommen haben, etwa weil die Übertragung von Aktien unwirksam war und Vertreter ohne wirksame Vollmacht mitgestimmt haben. Ebenso ist es, wenn gem. § 20 Abs. 7 sämtliche Aktionäre nicht stimmberechtigt waren und der Beschluss durch den Versammlungsleiter trotz **Stimmlosigkeit** festgestellt worden ist.[100] In diesen Fällen ist wegen Nichtvorliegen einer der im Katalog des § 241 aufgeführten Fallgruppen im Normalfall nicht einmal von Nichtigkeit auszugehen, so dass fristgerecht Anfechtungsklage erhoben werden muss, um das endgültige Wirksamwerden des Beschlusses zu vermeiden (→ § 243 Rn. 107 ff.). Grenzfall ist die Konstellation, dass gar keine Beschlussfassung, also gar keine Abstimmung der Hauptversammlung, 57

---

[93] *Casper,* Die Heilung nichtiger Beschlüsse im Kapitalgesellschaftsrecht, 1998, 284 ff.
[94] *Noack,* Fehlerhafte Beschlüsse in Gesellschaften und Vereinen, 1989, 11 ff.; *Casper,* Die Heilung nichtiger Beschlüsse im Kapitalgesellschaftsrecht, 1998, 39 ff.; MüKoAktG/*Hüffer/Schäfer* Rn. 11; in der Tendenz auch BGHZ 87, 1 (3); aA RGZ 75, 239 (244); BGHZ 11, 231 ff. = NJW 1954, 385; Großkomm AktG/*K. Schmidt* Rn. 11.; *Hommelhoff* ZHR 158 (1994) 11 (17).
[95] BGHZ 11, 231 ff. = NJW 1954, 385; *Noack,* Fehlerhafte Beschlüsse in Gesellschaften und Vereinen, 1989, 11 ff.
[96] AA – unwirksamer Beschluss beim Scheinversammlungsleiter – MüKoAktG/*Hüffer/Schäfer* Rn. 11.
[97] *Casper,* Die Heilung nichtiger Beschlüsse im Kapitalgesellschaftsrecht, 1998, 39 ff.; MüKoAktG/*Hüffer/Schäfer* Rn. 11.
[98] *Casper,* Die Heilung nichtiger Beschlüsse im Kapitalgesellschaftsrecht, 1998, 39 ff. (46 f.).
[99] AA die frühere Rechtsprechung des BGH zur GmbH in BGHZ 51, 209 = NJW 1969, 841, korrigiert durch BGHZ 104, 66 (69) = NJW 1988, 1844.
[100] BGH NZG 2009, 827 mAnm *Paudtke* NZG 2009, 939; BGHZ 167, 204 ff. = NJW-RR 2006, 1110 = NZG 2006, 505; *Nietzsch* WM 2007, 917 ff.; *Casper* FS Hüffer, 2010, 111 (113); *Eberspächer,* Nichtigkeit von Hauptversammlungsbeschlüssen nach § 241 Nr. 3 AktG, 2009, 139; Bürgers/Körber/*Göz* Rn. 3; aA *Semler* NZG 2004, 881 (889 f.); *K. Schmidt* NJW 2006, 259 ff. (260).

vorliegt und der Vorstand etwa ein gefälschtes Versammlungsprotokoll erstellt[101] oder irrtümlich eine Eintragung im Handelsregister erfolgt. Hier liegt wiederum gar kein Beschluss vor.

58 c) **Klageart. Die richtige Klageart** bei einem Schein- oder Nichtbeschluss ist genau genommen die Feststellungsklage gem. § 256 ZPO mit dem Antrag festzustellen, dass kein Beschluss zustande gekommen ist, weil es nach der Behauptung des Klägers gerade an einem (festgestellten) Beschluss als Anknüpfungspunkt der Beschlussmängelklage fehlt. In diesen Fällen ist aber auch die Beschlussmängelklage zuzulassen und der Antrag unter dem Meistbegünstigungsgesichtspunkt dahin zu verstehen, dass ein Beschluss gar nicht zustande gekommen, jedenfalls aber nichtig oder anfechtbar ist.[102] Damit wird den Abgrenzungsproblemen, die gerade durch die Unsicherheit der Rechtslage das Rechtsschutzbedürfnis für eine Feststellungsklage gem. § 256 ZPO begründen, Rechnung getragen. Es erscheint auch sachgerecht, insoweit ergehenden Gerichtsentscheidungen die umfassende Rechtskraftwirkung der §§ 249, 248 zukommen zu lassen. Wenn schon Inhaltsmängel dieser Folge unterfallen, so erscheint es nur angemessen, diese Folge auch beim „schwersten Mangel", es sei gar kein Beschluss zustande gekommen, anzunehmen. Im Ergebnis sind derartige Beschlüsse daher wie nichtige Beschlüsse zu behandeln.

59 d) **Heilung.** Sollte ein Nicht- oder Scheinbeschluss eingetragen werden, so stellt sich die Frage der **Heilung** gem. § 242. Zumindest dann, wenn der Eintragungsantrag durch Gesellschaftsorgane gestellt wurde und damit die Gesellschaft den Beschluss als existent behandelt, muss schon aus Gründen der Rechtssicherheit eine Heilung möglich sein.[103]

60 3. **Sonstige Beschlussmängel.** Als weitere Beschlussmängelkategorien werden in Literatur und Rechtsprechung **ordnungswidrige, eintragungswidrige** und **wirkungslose** Beschlüsse genannt. Richtigerweise handelt es sich dabei lediglich um Erscheinungsformen bzw. Fallgruppen von Beschlüssen, die nichtig, anfechtbar oder unwirksam sind bzw. bei denen sich diese Frage stellt. Nur mit diesem Verständnis sollten diese Fallgruppen verstanden werden, nicht hingegen als selbstständig neben diesen stehende Beschlussmängeltypen.

61 a) **Ordnungswidrige Beschlüsse.** Von ordnungswidrigen Beschlüssen wird bei Beschlüssen gesprochen, die gegen solche gesetzlichen Vorschriften oder Satzungsbestimmungen verstoßen, die nur Ordnungscharakter haben, denen jedoch kein generelles inhaltliches Verbot einer anderweitigen Beschlussfassung innewohnt.[104] Ein solcher Verstoß bleibt regelmäßig sanktionslos. Dem nahe stehen **Sollvorschriften.** Da auch diese zwingend sein können bzw. im Rahmen der Auslegung ein Abweichen von der gesetzlichen Vorgabe nur bei Vorliegen von besonderen sachlichen Gründen zulässig sein kann, bedarf es der Würdigung für jeden Einzelfall, ob ein derartiger Verstoß zur Anfechtbarkeit führt.[105]

62 b) **Eintragungswidrige Beschlüsse.** Eintragungswidrig sind Beschlüsse, bei denen das Registergericht den Beschlussmangel von Amts wegen im Rahmen der Eintragungsprüfung festzustellen und gegebenenfalls die Eintragung zu verweigern hat und zwar unabhängig davon, ob eine Anfechtungs- oder Nichtigkeitsklage erhoben worden ist. Dies ist insbesondere dann der Fall, wenn öffentliche Interessen berührt werden. Diese besonders gravierenden Mängel begründen allerdings, da Voraussetzung ein Rechtsverstoß ist, regelmäßig zumindest die Anfechtbarkeit.[106] Wegen der Rechte und Pflichten des Registerrichters bei der Prüfung der Eintragung und der Pflicht bzw. Möglichkeit der Ablehnung, insbesondere auch bei „nur" anfechtbaren, aber innerhalb der Monatsfrist nicht angefochtenen Beschlüssen → Rn. 95 ff.

63 c) **Wirkungslose Beschlüsse.** Eine weitere Kategorie **wirkungsloser** Beschlüsse, die ohne weiteres unbeachtlich und ohne Rechtswirkung sein sollen, ist abzulehnen.[107] Hierunter sollen etwa Beschlüsse fallen, mit denen die Hauptversammlung durch Eingriff in Rechte Dritter ihre Kompetenzen überschreitet. Insbesondere wird vertreten, ein Eingriff in die Kompetenzen des Vorstands durch einen gegen §§ 76, 77 verstoßenden Beschluss über Geschäftsführungsmaßnahmen ohne dahingehenden Antrag des Vorstands gem. § 119 Abs. 2 sei schlechthin wirkungslos und rechtlich unbeachtlich

---

[101] *Casper,* Die Heilung nichtiger Beschlüsse im Kapitalgesellschaftsrecht, 1998, 46 f.
[102] Großkomm AktG/*K. Schmidt* Rn. 12; zur GmbH BGH NJW 2010, 3027 Rn. 12.
[103] *Noack,* Fehlerhafte Beschlüsse in Gesellschaften und Vereinen, 1989, 9 ff.; *Casper,* Die Heilung nichtiger Beschlüsse im Kapitalgesellschaftsrecht, 1998, 295 ff.; Großkomm AktG/*K. Schmidt* Rn. 11 und § 242 Rn. 8 ff.
[104] Kölner Komm AktG/*Noack/Zetzsche* Vor § 241 Rn. 32; MüKoAktG/*Hüffer/Schäfer* § 243 Rn. 18; Großkomm AktG/*K. Schmidt* § 243 Rn. 12.
[105] Kölner Komm AktG/*Noack/Zetzsche* Vor § 241 Rn. 32; MüKoAktG/*Hüffer/Schäfer* § 243 Rn. 19.
[106] AA Kölner Komm AktG/*Noack/Zetzsche* Vor § 241 Rn. 31 ohne Nennung von Beispielen.
[107] Kölner Komm AktG/*Noack/Zetzsche* Vor § 241 Rn. 33.

und nur als Empfehlung zu verstehen.[108] Mit einer solchen Kategorie würde das gesetzliche Beschlussmängelrecht über eine konturenlose Generalklausel verwässert und das Enumerationsprinzip des § 241 missachtet. Auch bedarf es einer solchen Kategorie nicht. Die in Betracht gezogenen Fälle können unschwer über das Anfechtungs- und das Nichtigkeitsrecht gelöst werden, insbesondere über § 241 Nr. 3 und 4.[109] Es liegt nicht nur ein Zuständigkeitsmangel, sondern ein materiell-rechtlicher Gesetzesverstoß vor, wenn etwa die Hauptversammlung den Vorstand wählt. Der gesetzlich nicht vorgesehenen Kategorie wirkungsloser Beschlüsse bedarf es daher nicht. In Zweifelsfällen wird dem Organ, in dessen Kompetenzen eingegriffen wird, zu raten sein, Nichtigkeitsklage zu erheben, insbesondere wenn es dem Beschluss nicht folgen will, auch zur Vermeidung von Haftungsrisiken.

d) Perplexe Beschlüsse. Zu perplexen Beschlüssen, worunter solche Beschlüsse zu verstehen sind, die wegen Widersprüchlichkeit auf einen rechtlich unmöglichen Erfolg gerichtet sind, → Rn. 207. Sie sind nichtig gem. § 241 Nr. 3, so dass auch hier kein Bedarf für das Instrument wirkungsloser Beschlüsse besteht. **64**

V. Teilnichtigkeit

Wenn Beschlüsse gefasst werden, mit denen mehrere Fragen einheitlich zur Abstimmung gestellt werden oder der mehrere abtrennbare Entschließungsteile enthält, und dann ein einheitlicher Beschluss verkündet wird, stellt sich die Frage, wie sich Beschlussmängel bzgl. einzelner Entschließungsteile oder Teilfragen auf den Gesamtbeschluss auswirken. **65**

1. Fallgruppen. Zu nennen sind zum einen Fälle, in denen der Beschluss und der ihm zugrunde liegende Antrag sich zwar auf einen einzigen Beschlussgegenstand, wie etwa einen Zustimmungsbeschluss zu einem Unternehmensvertrag, beschränkt, jedoch die damit verbundene Maßnahme, der zugestimmt wird, in einem **Teilaspekt gesetzeswidrig** ist. So etwa dann, wenn dem Unternehmensvertrag eine unzulässige Rückwirkung beigelegt wird.[110] Ähnlich stellt sich die Situation dar, wenn eine an sich unbedenkliche Regelung mit unzulässigen Kautelen oder Einschränkungen versehen wird, wenn etwa die Wahl zum Aufsichtsrat mit einer unzulässigen Regelung über das Ausscheiden des gewählten Aufsichtsrats verbunden wird.[111] Als weiteres Beispiel ist die Festlegung einer Barabfindung in einem squeeze-out-Verfahren unter Anordnung des Abzugs für Ausgleichs- und Dividendenzahlungen anzuführen.[112] Allerdings kann sich hinter solchen Fällen im Einzelfall auch eine geltungserhaltende Reduktion verbergen.[113] **66**

Davon zu unterscheiden sind Fallgestaltungen, bei denen sich der **Antrag** auf **mehrere,** voneinander abhängige oder unabhängige **Beschlussgegenstände,** wie etwa mehrere Satzungsänderungen, bezieht. Als dritte Gruppe sind Fälle zu nennen, bei denen verschiedene Anträge in einer **Block- oder Sammelabstimmung** zu einer einheitlichen Beschlussfassung zusammengefasst werden **67**

Schließlich können auch **mehrere Beschlüsse** voneinander abhängen oder aufeinander aufbauen und sich dort ebenfalls die Frage nach den Auswirkungen der Nichtigkeit des einen Beschlusses auf den anderen stellen. **68**

2. Rechtsfolgen. Bei formalen Mängeln wie Einberufungs- und Beurkundungsmängeln gem. § 241 Nr. 1 und 2 bezieht sich der Mangel regelmäßig auf alle Beschlussinhalte, so dass schon deshalb Gesamtnichtigkeit vorliegt. Bezieht sich der Beschlussmangel jedoch nur auf einen Teil, so stellt sich die Frage der Rechtswirkungen für den nicht vom Mangel berührten Teil des Beschlusses. **69**

Wenn in einem Antrag mehrere Beschlussgegenstände zusammengefasst werden oder Teilelemente bei komplexen Beschlüssen betroffen sind, beurteilt sich die Gesamtnichtigkeit des Beschlusses bei der Nichtigkeit eines Teils grundsätzlich entsprechend **§ 139 BGB**.[114] Danach ist auch der nicht **70**

---

[108] Großkomm AktG/*Barz,* 3. Aufl. 1972, § 119 Rn. 10 (wie hier jetzt GroßkommAktG/*Mülbert* Rn. 214); („nicht bindend") MHdB AG/*Bungert* § 35 Rn. 15; MüKoAktG/*Kubis* § 119 Rn. 27; unklar Großkomm AktG/ *K. Schmidt* Rn. 57.
[109] Hüffer/Koch/*Koch* Rn. 17; MüKoAktG/*Hüffer/Schäfer* Rn. 241; Kölner Komm AktG/*Noack/Zetzsche* Rn. 109 und Vor § 241 Rn. 33; → Rn. 168 ff.
[110] OLG Hamburg ZIP 1990, 1071 und ZIP 1989, 1326 (nur Teilnichtigkeit) mAnm *Krieger* EWiR 1989, 1053 f.; OLG Karlsruhe WM 1993, 2092.
[111] BGH NJW 1988, 1214 = WM 1988, 377 – Teilnichtigkeit.
[112] OLG Hamburg NZG 2003, 539 ff. – Teilnichtigkeit; s. auch OLG Dresden NZG 2001, 756 f.: Kapitalerhöhung unter Verstoß gegen § 212 S. 3.
[113] *Grunewald* NZG 2017, 1321 (1323).
[114] BGHZ 205, 319 = NZG 2015, 867 Rn. 30; BGHZ 124, 111 (122) = NJW 1994, 520 (Aufsichtsratsbeschluss); BGH NJW 1988, 1214; OLG Hamburg NZG 2003, 539 ff.; MüKoAktG/*Hüffer/Schäfer* Rn. 91; Kölner Komm AktG/*Noack/Zetzsche* Rn. 30; Großkomm AktG/*K. Schmidt* Rn. 27.

unmittelbar vom Mangel tangierte Beschlussteil nichtig, wenn nicht anzunehmen ist, dass er auch ohne den nichtigen Teil vorgenommen worden wäre. Insoweit kommt es auf den mutmaßlichen Willen der Hauptversammlung an, der grundsätzlich durch Auslegung des Beschlusses zu ermitteln ist.[115] Erst wenn die Auslegung kein Ergebnis erbringt, kommt es auf die Zweifelsregelung an.[116] Es ist daher weder so, dass im Zweifel von Gesamtnichtigkeit auszugehen ist,[117] noch im Zweifel von Wirksamkeit der nicht betroffenen Beschlussteile.[118] Da anders als im Regelfall des Anwendungsbereichs des § 139 BGB nicht auf das potenzielle Verhalten eines konkreten Vertragspartners und dessen Motive abgestellt werden kann, sondern das mutmaßliche Abstimmungsverhalten einer anonymen Masse, die unterschiedliche Beweggründe für ihr Stimmverhalten haben kann, zu ermitteln ist, ist – wie auch sonst bei der Auslegung von Beschlüssen der Hauptversammlung – ein objektiver Maßstab angezeigt. Aus der Zusammenfassung mehrerer Beschlussgegenstände zu einem Beschluss kann noch nicht auf einen entsprechenden Gesamtwillen geschlossen werden.[119] Maßgebliches Auslegungskriterium für die Ermittlung des mutmaßlichen Willens ist daher, ob nach dem Beschlussinhalt ein **innerer Zusammenhang** zwischen den Beschlussgegenständen besteht oder hergestellt ist.[120] Da es nicht auf die subjektiven Vorstellungen des einzelnen Aktionärs, sondern auf die Auslegung des Beschlusses ankommt, ist auch bei mehreren Abstimmungsgegenständen, etwa bei mehreren Satzungsänderungen, in einem Beschluss nicht deshalb grundsätzlich von Gesamtnichtigkeit auszugehen, weil ein Aktionär möglicherweise gerade wegen der nichtigen, geänderten, aber gewünschten Bestimmung trotz Bedenken gegen einen anderen Teil der Änderungen für den Beschlussantrag gestimmt hat.[121]

71 Bei der **Kapitalerhöhung mit Bezugsrechtsausschluss** ist der Zusammenhang gesetzlich geregelt. § 186 Abs. 3 gestattet den Bezugsrechtsausschluss nur in gemeinsamer Beschlussfassung mit der mit ihr in Verbindung stehenden Erhöhung des Grundkapitals. Ist der Bezugsrechtsausschluss zu beanstanden, so ist auch die Kapitalerhöhung unwirksam.[122] Bei der Nichtigkeit einer **Ermächtigung** des Vorstands **zum Bezugsrechtsausschluss** beim genehmigten Kapital ist aber zu fragen, ob das genehmigte Kapital seinen Zweck auch erfüllen kann, wenn die Aktionäre ein Bezugsrecht haben.[123] Auch bei einem **Kapitalschnitt** (Kapitalherabsetzung und folgende Kapitalerhöhung) besteht dieser Zusammenhang.[124]

72 Werden mehrere **Satzungsänderungen** in einem Tagesordnungspunkt beschlossen, hängt es ebenfalls vom inneren Zusammenhang ab, ob die Nichtigkeit einer Änderung zur Gesamtnichtigkeit führt. Das ist etwa zu verneinen, wenn insgesamt von DM-Beträgen in Euro-Beträge umgestellt werden soll und bei der ebenfalls umgestellten Ermächtigung des Vorstands zur Kapitalerhöhung die notwendige Befristung entfällt, was diesen Teil der Satzungsänderung nichtig macht.[125] Wird die Firma sittenwidrig geändert, besteht kein Zusammenhang etwa mit einer Änderung der Vertretungsbefugnis des Vorstands.[126] Ebensowenig besteht ein Zusammenhang zwischen einer Änderung des Unternehmensgegenstands und der Änderung der Aktienart.[127] Dagegen besteht ein solcher Zusammenhang, wenn etwa der Vorstand von zwei auf vier Personen erweitert wird und zugleich die Vertretungsbefugnis geändert wird.[128] Die Nichtigkeit von Satzungsänderungen zur Vinkulierung und zur Zahl der Aufsichtsratsmitglieder hat keinen Zusammenhang mit einem Zustimmungsvorbehalt für den Aufsichtsrat oder dem Streichen von Vorerwerbsrechten.[129]

---

[115] BGHZ 205, 319 = NZG 2015, 867 Rn. 30; LG München I AG 2017, 591 (594); Großkomm AktG/ K. Schmidt Rn. 27; MüKoAktG/*Hüffer/Schäfer* Rn. 91.
[116] Kölner Komm AktG/*Noack/Zetzsche* Rn. 31; MüKoAktG/*Hüffer/Schäfer* Rn. 91.
[117] Grunewald NZG 2017, 1321 (1325); aA K. Schmidt/Lutter/*Schwab* Rn. 38; NK-AktR/*Heidel* Rn. 16.
[118] AA OLG Hamburg AG 1970, 230 (231).
[119] BGHZ 205, 319 = NZG 2015, 867 Rn. 31; *Grunewald* NZG 2017, 1321 (1324).
[120] BGHZ 205, 319 = NZG 2015, 867 Rn. 30; OLG München AG 2008, 864, 869; OLG Hamm AG 2008, 506; Kölner Komm AktG/*Noack/Zetzsche* Rn. 30; Großkomm AktG/*K. Schmidt* Rn. 27; MüKoAktG/*Hüffer/ Schäfer* Rn. 92.
[121] BGHZ 205, 319 = NZG 2015, 867 Rn. 32; aA → 3. Aufl. 2015, Rn. 77.
[122] OLG Oldenburg AG 1994, 415 (417); OLG München AG 1993, 283 f.; OLG Frankfurt a. M. AG 1993, 281 ff.; Kölner Komm AktG/*Noack/Zetzsche* Rn. 30; MüKoAktG/*Hüffer/Schäfer* Rn. 92; *Grunewald* NZG 2017, 1321 (1324).
[123] BGH NJW 1982, 2444 (2446); OLG Nürnberg AG 2018, 406 (408); LG München I AG 1993, 195; LG Tübingen AG 1991, 406 (408); MüKoAktG/*Hüffer/Schäfer* Rn. 92; K. Schmitt/Lutter/*Schwab* Rn. 42; *Grunewald* NZG 2017, 1321 (1324).
[124] Kölner Komm AktG/*Noack/Zetzsche* Rn. 30.
[125] BGHZ 205, 319 = NZG 2015, 867 Rn. 32.
[126] Kölner Komm AktG/*Noack/Zetzsche* Rn. 30.
[127] MüKoAktG/*Hüffer/Schäfer* Rn. 92.
[128] Kölner Komm AktG/*Noack/Zetzsche* Rn. 31.
[129] LG München I AG 2017, 591 (594).

Bei der Listenwahl oder Blockabstimmung zur **Wahl** des Aufsichtsrats führt ein Nichtigkeitsgrund, 73
der nur hinsichtlich einer Person besteht, in der Regel nicht zur Nichtigkeit der Wahl der weiteren
Mitglieder. Ebenso ist, wenn nur hinsichtlich der Entlastung eines Mitglieds des Vorstands oder des
Aufsichtsrats ein Nichtigkeitsgrund vorliegt, der Gesamtentlastungsbeschluss nicht insgesamt nichtig.
Wird ein besonderer Vertreter bestimmt, der Ansprüche gegen Aktionäre, Vorstand und Aufsichtsrat
geltend machen soll, führt die Teilnichtigkeit der Bestellung für Ansprüche gegen Aktionäre nicht
zur Nichtigkeit auch der Bestellung für Ansprüche gegen Vorstand und Aufsichtsrat.[130]

3. Antragstellung und Entscheidung im Anfechtungsrechtsstreit. Die Antragstellung des 74
Klägers muss zwar der materiell-rechtlichen Rechtslage entsprechen. Der Kläger kann sich deshalb
grundsätzlich nicht auf die Anfechtung nur eines Beschlussteils beschränken, wenn Gesamtnichtigkeit
vorliegt.[131] Das würde den Inhalt des Beschlusses verfälschen. Der Kläger ist aber auf die Möglichkeit
einer Erweiterung seines Klageantrags hinzuweisen.

Wenn Gesamtnichtigkeit geltend gemacht wird, aber nur Teilnichtigkeit vorliegt, die sich auf die 75
anderen Beschlussteile nicht auswirkt, ist die Klage nicht insgesamt abzuweisen, sondern ihr hinsichtlich des nichtigen Teils stattzugeben und sie im Übrigen abzuweisen.

4. Voneinander abhängende Beschlüsse. Werden getrennt voneinander mehrere Beschlüsse 76
gefasst, so können diese in einem inneren, logischen Zusammenhang zueinander stehen, ein Beschluss
kann quasi die Geschäftsgrundlage für den Folgebeschluss, der auf ihm aufbaut, sein, so etwa die
Feststellung des Jahresabschlusses für den Gewinnverwendungsbeschluss oder der Beschluss über eine
Kapitalerhöhung für den Beschluss über die Verwendung des neuen Kapitals. § 139 BGB kann hier
nicht herangezogen werden.[132] Die Nichtigkeit eines Beschlusses kann jedoch die des anderen mit
erfassen. Dies ist regelmäßig dann der Fall, wenn der Beschluss ansonsten **bezugslos** wäre, er ohne
den anderen schon aus logischen Gründen nicht gefasst worden wäre oder er wegen sachlicher
Widersprüchlichkeit gar nicht ohne den anderen durchgeführt werden kann.[133] § 253 regelt ausdrücklich, dass die Nichtigkeit der Feststellung des Jahresabschlusses zur Nichtigkeit des Gewinnverwendungsbeschlusses führt.

Wird in nichtiger oder anfechtbarer Weise die **Satzung geändert** und anschließend die Satzung 77
sogleich umgesetzt, so folgt der Beschlussmangel des **Folgebeschlusses** schon daraus, dass ihm die
gesetzliche Grundlage fehlt, so etwa bei der Wahl zusätzlicher Aufsichtsratsmitglieder nach nichtiger
oder anfechtbarer Satzungsänderung über die Erhöhung der Zahl der Aufsichtsratsmitglieder. Allerdings bedarf es dann, wenn die Wahl nicht selbst nichtig ist, der Anfechtung innerhalb der Monatsfrist.
Bei aufeinanderfolgenden Kapitalerhöhungen ist zu fragen, ob die Hauptversammlung den zweiten
Kapitalerhöhungsbeschluss auch ohne die vorausgegangene Kapitalerhöhung gefasst hätte,[134] etwa
weil es nur um die Kapitalbeschaffung geht.

VI. Anderweitige Beschlussmängelkontrolle

1. Durch die Hauptversammlung. Bei Beschlussmängeln, die zur Anfechtung berechtigen, 78
bietet das Gesetz in § 244 die Möglichkeit der **Beschlussbestätigung** durch die Hauptversammlung,
über die hinweg die Anfechtbarkeit überwunden werden kann und durch die grundsätzlich das Rechtsschutzbedürfnis für eine Anfechtungsklage entfällt.[135] Der Bestätigungsbeschluss bewirkt eine materiell-rechtliche Heilung, nach herrschender Meinung mit Wirkung ex nunc (s. dazu bei § 244). Das
Bestätigungsverfahren hat gegenüber der ansonsten allein denkbaren Neuvornahme den Vorteil, dass
die etwa bereits erfolgte Umsetzung des zweifelhaften Beschlusses – etwa durch Eintragung ins
Handelsregister – nicht rückgängig gemacht werden muss.[136] Bei inhaltlichen Beschlussmängeln
kommt eine Beschlussbestätigung allerdings ebenso wenig wie eine Neuvornahme in Betracht, da
bei einer identischen Bestätigung naturgemäß dem bestätigenden Beschluss derselbe Mangel anhaftet.
Nichtigen Beschlüssen ist das Bestätigungsverfahren des § 244, wie aus dessen Wortlaut hervorgeht,
nicht eröffnet. Bei Verfahrensmängeln iSv § 241 Nr. 1 und Nr. 2 bleibt nur die Möglichkeit der
Neuvornahme. § 141 Abs. 2 BGB kommt tatbestandlich nicht in Betracht.

---

[130] OLG München AG 2008, 864 (869); aA LG Heidelberg AG 2017, 497 (500).
[131] OLG München AG 1993, 283; Großkomm AktG/*K. Schmidt* Rn. 27; aA Kölner Komm AktG/*Noack/Zetzsche* Rn. 32.
[132] BGHZ 205, 319 = NZG 2015, 867 Rn. 31; OLG Frankfurt a. M. AG 2009, 639; *Grunewald* NZG 2017, 1321 (1323).
[133] Kölner Komm AktG/*Noack/Zetzsche* Rn. 34; Großkomm AktG/*K. Schmidt* Rn. 28.
[134] *Klaaßen/von Lier* NZG 2014, 1250 (1251); Kölner Komm AktG/*Noack/Zetzsche* Rn. 36; K. Schmidt/Lutter/*Schwab* Rn. 49.
[135] Großkomm AktG/*K. Schmidt* § 244 Rn. 15, 16.
[136] MüKoAktG/*Hüffer/Schäfer* § 244 Rn. 2.

79 Umgekehrt kann die Hauptversammlung Beschlüsse, deren Mangelhaftigkeit sie erkennt oder in Betracht zieht, jederzeit **aufheben**.

80 **2. Durch den Vorstand. a) Nichtige Beschlüsse.** Der Vorstand hat gem. § 83 Abs. 2 Hauptversammlungsbeschlüsse auszuführen, soweit diese der Ausführung bedürfen, insbesondere hat er ggf. die Eintragung zu veranlassen. Tut er dies nicht, setzt er sich **Haftungsrisiken** aus. Andererseits unterliegt er auch einer Pflicht zur Überprüfung der Rechtmäßigkeit. Nichtige Beschlüsse darf er nicht auszuführen. Er kann deshalb in eine **Konfliktlage** geraten. Aus Gründen der Rechtssicherheit und zur Vermeidung von Haftungsrisiken ist der Vorstand daher gehalten, selbst eine Klärung durch Erhebung einer eigenen **Nichtigkeitsklage** herbeizuführen statt einfach nur die Umsetzung zu unterlassen.[137] Teilweise wird vertreten, dass der Vorstand den Beschluss beim Registergericht anmelden, gleichzeitig auf Bedenken hinweisen und Nichtigkeitsklage erheben müsse.[138] Dazu ist er aber jedenfalls nicht verpflichtet.[139] Wenn er selbst den Beschluss für nichtig hält, darf er ihn auch nicht anmelden, allenfalls bei bloßen Zweifeln. Er darf auch nicht einfach in der Hoffnung auf Heilung nach § 242 den Beschluss ohne Erhebung der Nichtigkeitsklage anmelden.[140] Ein vornehmliches Gesellschaftsinteresse an der Heilung nichtiger Beschlüsse gibt es nicht. Der Vorstand hat vielmehr dafür zu sorgen, dass – soweit eine Behebung des Mangels wie bei Verfahrensmängeln möglich ist – der Beschluss mangelfrei neu gefasst wird. Soweit Beurkundungsfehler im Raum stehen, sind sie ggf. durch Berichtigung nach § 44a BeurkG durch den Notar zu beheben. Ein Interesse der Gesellschaft, darüber hinaus wegen eines schweren Inhaltsmangels nach § 241 Nr. 3 und 4 etwa wegen Sittenwidrigkeit oder Gläubigerbenachteiligung nichtige Beschlüsse umzusetzen und auf Heilung zu hoffen, ist nicht anzuerkennen. Entgegen den mit § 246a Abs. 2 Nr. 3 eingeschlagenen Tendenzen rechtfertigen Nützlichkeitserwägungen es nicht, Beschlüsse mit schweren Mängeln, auf die sich auch Dritte berufen könnten, eintragen zu lassen und damit auch noch eine längerdauernde Rechtsunsicherheit in Kauf zu nehmen.

81 **b) Anfechtbare Beschlüsse.** Anfechtbare Beschlüsse **muss er** grundsätzlich **umsetzen.** Gegen die diesbezügliche Pflicht kann er nur im Wege der Anfechtungsklage angehen. Erhebt er selbst eine Anfechtungsklage, darf er aber mit der Umsetzung den Abschluss des Anfechtungsprozesses abwarten. Gerade um dem Vorstand eine Rechtmäßigkeitskontrolle zu ermöglichen und ihm für den Konfliktfall eine Klärungsmöglichkeit zu schaffen, ist ihm die Anfechtungsbefugnis verliehen.[141] Die Anfechtungsbefugnis fehlt daher nicht, wenn der Vorstand den Mangel selbst verursacht hat.[142]

82 Im Rahmen der Anmeldung des Beschlusses kann der Vorstand ggf. Bedenken dem Registergericht mitteilen und sein weiteres Verhalten davon abhängig machen, ob das Registergericht im Rahmen der von ihm vorzunehmenden Prüfung im Anmeldeverfahren (→ Rn. 95 ff.) die Bedenken teilt und die Eintragung verweigert oder ob es ihnen nicht folgt und die Eintragung vollzieht.

83 **c) Prozessverhalten. aa) Anerkenntnis.** Im Prozess haben gem. § 246 Abs. 2 S. 2 der Vorstand und der Aufsichtsrat im Rahmen einer Doppelvertretung die Gesellschaft zu vertreten und den Beschluss grundsätzlich zu verteidigen (→ § 246 Rn. 29 ff.). In Konflikt geraten können sie dabei dann, wenn sie eine von Aktionärsseite erhobene Anfechtungs- oder Nichtigkeitsklage für berechtigt halten. Mit einem dann naheliegenden – prozessualen **Anerkenntnis** gem. § 307 ZPO setzt sich der Vorstand in Widerspruch zu der Pflicht, Hauptversammlungsbeschlüsse auszuführen, den vom Versammlungsleiter festgestellten Beschluss zu verteidigen sowie dazu, dass es ihm nicht zusteht, über Beschlüsse der Hauptversammlung zu disponieren.

84 Die Lösung des Konflikts ist umstritten. Zum Teil wird dem Vorstand aus den angeführten Gründen die Möglichkeit eines Anerkenntnisses verwehrt und es schon prozessual als nicht wirksam erachtet.[143] Demgegenüber sehen andere durch die Besonderheiten des Beschlussmängelrechts die **prozessuale Dispositionsbefugnis** als nicht tangiert an und halten Anerkenntnisse deshalb grundsätzlich für wirksam, soweit nicht die allgemeinen Grenzen der Zulässigkeit von prozessualen Anerkenntnissen iSv § 307 ZPO entgegenstehen, insbesondere Sittenwidrigkeit.[144]

---

[137] Grundlegend *Volhard* ZGR 1996, 55 ff. mwN; *Raiser/Veil* KapGesR § 16 Rn. 142.
[138] NK-AktR/*Heidel* Rn. 14.
[139] MüKoAktG/*Hüffer/Schäfer* Rn. 95; Kölner Komm AktG/*Noack/Zetzsche* Rn. 14.
[140] AA Kölner Komm AktG/*Noack/Zetzsche* Rn. 13.
[141] BGHZ 206, 143 = NZG 2015, 1227 Rn. 45.
[142] BGHZ 206, 143 = NZG 2015, 1227 Rn. 45.
[143] *Volhard* ZGR 1996, 55 (69 ff.); Großkomm AktG/*K. Schmidt* § 246 Rn. 78; Hüffer/Koch/*Koch* § 246 Rn. 17.
[144] *Bork* ZIP 1992, 1205; Zöller/*Vollkommer* ZPO § 307 Rn. 4; MüKoAktG/*Hüffer/Schäfer* § 246 Rn. 26.

Dieser Ansicht ist angesichts dessen, dass das Anerkenntnis reine Prozesshandlung[145] ist und die **85**
Frage daher auf rein prozessualer Ebene zu entscheiden ist, zu folgen (aA → § 246 Rn. 51). Vorstand
und Aufsichtsrat haben die Gesellschaft im Anfechtungsprozess zu vertreten, dieses Recht ist prozessual nicht eingeschränkt. Einen Schutz vor rechtsmissbräuchlichem Verhalten bietet gem. § 246 Abs. 2
S. 2 die gesetzlich angeordnete Doppelvertretung der Gesellschaft durch Vorstand und Aufsichtsrat.
Voraussetzung dafür, dass Vorstand und Aufsichtsrat ein Anerkenntnis abgeben dürfen, ist, dass sie
den Beschluss selbst für rechtswidrig halten. Dann dürften sie auch selbst klagen. Dann ist auch nicht
einzusehen, warum sie nicht auch ein Anerkenntnis abgeben dürfen. Die Rechte der Hauptversammlung werden dadurch geschützt, dass die Aktionäre, die den Beschluss gefasst haben, dem Rechtsstreit
auf Seiten der Gesellschaft beitreten können.

Ein sachlich nicht gerechtfertigtes Anerkenntnis kann zur Haftung führen, weshalb auch hier zu **86**
raten ist, im Zweifel von ihm Abstand zu nehmen. Konsequenterweise sollte der Vorstand in diesen
Fällen Farbe bekennen und selbst klagen oder sich als Nebenintervenient der Klage anschließen und
so als Vertreter der Gesellschaft ausscheiden, die dann gem. § 246 Abs. 2 S. 3 allein durch den
Aufsichtsrat vertreten wird (zur Vertretung bei Klagen von Vorstand und Aufsichtsrat → § 246
Rn. 29 ff.).

bb) Geständnis. Demgemäß kann der Vorstand das gerichtliche Verfahren auch durch ein **87**
Geständnis von Tatsachen iSv § 288 ZPO beeinflussen. Verstößt er dabei gegen die Wahrheitspflicht,
kann auch dies gegebenenfalls zur Haftung führen.

cc) Versäumnisurteil. Halten Vorstand und Aufsichtsrat eine Klage für berechtigt und den Tatsa- **88**
chenvortrag des Klägers für zutreffend, so können sie aus prozessualer Sicht auch untätig bleiben
und Versäumnisurteil ergehen lassen.

dd) Vergleich. Am problematischsten ist die Frage der Zulässigkeit eines gerichtlichen oder **89**
außergerichtlichen Vergleichs (→ § 246 Rn. 50). Zu unterscheiden ist auch hier zwischen der materiell-rechtlichen Vergleichsbefugnis und der prozessualen Dispositionsbefugnis, Prozesse durch Vergleich zu beenden. Da der Vergleich – anders als ein prozessuales Anerkenntnis, das reine Prozesshandlung ist – nach allgemeiner Ansicht eine **materiell-rechtliche und prozessuale Doppelnatur**
aufweist, sind Vergleiche, mit denen inhaltlich auf die Beschlusslage Einfluss genommen und etwa
ein Kompromiss dergestalt gefunden wird, dass ein Beschluss aufgehoben oder der Beschlussinhalt
geändert wird, nicht zulässig und materiell-rechtlich unwirksam, da sich die Parteien des Anfechtungsrechtsstreits nicht an die Stelle der Hauptversammlung setzen dürfen.[146]

Hingegen bestehen keine Bedenken gegen Vergleiche, mit denen die Wirksamkeit von Beschlüs- **90**
sen von der Klägerseite akzeptiert wird, solange der Beschlussinhalt nicht durch Gegenverpflichtungen der Gesellschaft wieder ausgehöhlt wird. In diesen Fällen wird nicht über die Beschlussfassung
der Hauptversammlung disponiert. Keine Bedenken bestehen etwa gegen angemessene Vereinbarungen über die Kostentragung des Verfahrens bei Klagrücknahme (solange diese Lösung nicht Folge
erpresserischen Handelns des Klägers ist, → § 245 Rn. 54 ff.).

Problematisch hingegen sind **Verpflichtungen der Gesellschaft, einen Beschluss nicht aus- 91
zuführen.**[147] Hier wird zwar die Willensbildung der Hauptversammlung nicht tangiert, sodass nicht
über die Beschlussfassung selbst disponiert wird. Ein solcher Vergleich ist somit grundsätzlich möglich. § 83 Abs. 2 steht dem nicht entgegen, weil die dort angesprochene Pflicht zur Umsetzung von
Beschlüssen der Hauptversammlung nur das Innenverhältnis betrifft. Allerdings kann der Abschluss
eines solchen Vergleichs – sofern nicht nachweislich die Klage Erfolg gehabt hätte, weil der angegriffene Beschluss nichtig oder anfechtbar war – auch hier zur Haftung des Vorstands führen.

3. Durch den Notar. Gem. § 130 Abs. 1 zu beurkundende Hauptversammlungsbeschlüsse unter- **92**
liegen einer beschränkten Überprüfungspflicht durch den Notar. Dieser hat die Beurkundung gem.
§ 4 BeurkG und § 14 Abs. 2 BNotO zu versagen, wenn er hierdurch erkennbar unerlaubten oder
unredlichen Zwecken dienen würde.[148] Hierunter können vor allem die Nichtigkeitsfälle des § 241
Nr. 3 und Nr. 4 fallen. Abgesehen davon liegt allein in der Beurkundung eines – etwa aus formalen
Gründen – nichtigen Beschlusses kein Verstoß gegen die Notarspflichten.

---

[145] Zöller/*Vollkommer* ZPO Vor § 306 Rn. 5 ff. mwN; *Bork* ZIP 1992, 1205 ff.
[146] BGH LM AktG 1937 § 199 Nr. 1; Großkomm AktG/*K. Schmidt* § 246 Rn. 74; Kölner Komm AktG/
Noack/*Zetzsche* § 246 Rn. 174; Hüffer/*Koch*/*Koch* § 246 Rn. 16; MüKoAktG/*Hüffer*/*Schäfer* § 246 Rn. 27; unklar
Zimmer/*Meese* NZG 2004, 201 (204).
[147] MüKoAktG/*Hüffer*/*Schäfer* § 246 Rn. 27.
[148] *Wilhelmi* BB 1987, 1331 (1332 f.).

93 Zum Teil wird die Ansicht vertreten, der Notar dürfe die Beurkundung auch immer dann verweigern, wenn die **Nichtigkeit** evident sei.[149] Richtigerweise hat man sich bei dieser Frage jedoch frei zu machen von der aktienrechtlichen Abgrenzung von Anfechtbarkeit und Nichtigkeit. Nicht diese Kriterien sind maßgebend für die Tätigkeit des Notars, sondern allein seine Handlungspflichten gem. § 4 BeurkG und § 14 Abs. 2 BNotO. Der Notar hat eine **reine Beurkundungsaufgabe,** bei der er vor allem den Pflichten dieser Vorgaben Rechnung zu tragen hat und im Übrigen seine Tätigkeit nur unter den besonderen Voraussetzungen des § 15 BNotO verweigern darf. Es ist nicht seine Aufgabe, gewissermaßen als Richter ohne Auftrag das Beschlussmängelverfahren von Amts wegen durchzuführen und ggf. durch seine Ablehnung der Beurkundung selbst – dann nicht mehr korrigierbare – Nichtigkeitsgründe zu setzen.[150] Auch ist der Begriff der Evidenz wenig bestimmt. Hinzukommt, dass der Notar sich bei einem entsprechenden Verhalten stets in Widerspruch zur Ansicht des Versammlungsleiters setzt, der gehalten ist, nichtige Beschlussfassungen der Hauptversammlung zu verhindern. Diese Uneinigkeit wird deshalb zumindest zu Zweifeln an der Evidenz berechtigen. Der Notar hat im Rahmen der Beurkundung die Möglichkeit, auf seine Bedenken hinzuweisen und diese auch schriftlich niederzulegen, so seinen Beratungspflichten nachzukommen und auf diese Weise dem durch seine Amtstätigkeit grundsätzlich erwachsenen Schein der Gültigkeit entgegenzuwirken.[151]

94 Eine Mindermeinung vertritt die Auffassung, der Notar könne selbst in **Anfechtungsfällen** die Beurkundung verweigern.[152] Dem kann aus den angeführten Gründen nicht beigetreten werden.

95 **4. Durch das Registergericht.** Hauptversammlungsbeschlüsse, die in das Handelsregister einzutragen sind, unterliegen gem. § 26 FamFG einer von Amts wegen durchzuführenden Rechtmäßigkeitskontrolle durch das Registergericht. Hierunter fallen insbesondere Satzungsänderungen (§ 181), Beschlüsse über Kapitalerhöhungen (§§ 184, 195, 202, 207 Abs. 2), Kapitalherabsetzungen (§§ 223, 229, 237), die Auflösung und Fortsetzung der aufgelösten Gesellschaft (§§ 262, 263, 274), Beschlüsse über den Abschluss und die Änderung von Unternehmensverträgen (§§ 293–295), die Eingliederung und deren Ende (§§ 319, 320, 327), Squeeze-out-Beschlüsse (§§ 327a ff., § 327e) sowie Umwandlungen (§§ 16, 36, 198 UmwG).

96 a) **Nichtige Beschlüsse.** Nichtigen Hauptversammlungsbeschlüssen ist die **Eintragung** zu **verweigern.** Bestehen hierfür Anhaltspunkte – etwa auf Grund von Klagen, auf Grund entsprechender Mitteilungen von Bedenken des anmeldenden Vorstands, sonstiger Personen oder auch auf Grund einer eigenen Prüfung –, hat der Registerrichter nach dem Katalog des § 241 vor der Eintragung zu ermitteln und zwar sowohl im Blick auf formelle als auch auf materiell-rechtliche Beschlussmängel.[153]

97 Bei **Teilnichtigkeit** (→ Rn. 65 ff.) darf jedenfalls der Beschluss nicht insgesamt eingetragen werden.[154] In der Regel kann das Registergericht auch nicht beurteilen, ob die Teilnichtigkeit zur Gesamtnichtigkeit führt, und sollte deshalb von einer Eintragung der nicht nichtigen Teile absehen. Eine Ausnahme ist bei der Zusammenfassung von nicht miteinander zusammenhängenden Satzungsänderungen in einem Beschluss denkbar.[155]

98 Schwebend **unwirksame** Beschlüsse dürfen erst eingetragen werden, wenn die zusätzlichen Bedingungen für das Wirksamwerden eingetreten sind.

99 b) **Anfechtbare Beschlüsse.** Beschlüsse, die der **Eintragung** ins Handelsregister bedürfen, können im Grundsatz ungeachtet der Anfechtbarkeit und eines laufenden Anfechtungsverfahrens eingetragen werden. Eine Ausnahme besteht gem. § 319 Abs. 5, § 320 Abs. 1 bei Eingliederungsfällen, gem. § 16 Abs. 2 S. 1 UmwG und gem. § 327e Abs. 2 iVm § 319 Abs. 5 beim Squeeze out. Hier besteht eine **Registersperre,** solange die Wirksamkeit des Hauptversammlungsbeschlusses nicht feststeht. Diese Sperre kann ggf. durch eine Vorabentscheidung des Gerichts in dem dem einstweiligen Verfügungsverfahren vergleichbaren Freigabeverfahren überwunden werden, § 319 Abs. 6 und § 16 Abs. 3 UmwG.

---

[149] *Wilhelmi* BB 1987, 1331 (1333); Hüffer/Koch/*Koch* § 130 Rn. 13 und § 241 Rn. 31; MüKoAktG/*Hüffer/ Schäfer* Rn. 96; Kölner Komm AktG/*Noack/Zetzsche* § 130 Rn. 122; K. Schmidt/Lutter/*Schwab* Rn. 41; aA Großkomm AktG/*Mülbert* § 130 Rn. 54.

[150] OLG Düsseldorf NZG 2003, 816 ff.; Großkomm AktG/*Mülbert* § 130 Rn. 53 f.

[151] So auch K. Schmidt/Lutter/*Schwab* Rn. 41; Großkomm AktG/*Mülbert* § 130 Rn. 53 f.

[152] *Wilhelmi* BB 1987, 1331 (1333); Kölner Komm AktG/*Noack/Zetzsche* § 130 Rn. 126.

[153] BGHZ 84, 287 ff. = NJW 1983, 222; OLG Karlsruhe DB 2002, 889 mit zust. Anm. von *Priester* in EWiR § 179 AktG 1/02; *Lutter* NJW 1969, 1873 (1876); *Bokelmann* DB 1994, 1341 ff.; *Volhard* ZGR 1994, 55 (57 ff.); *Baums,* Eintragung und Löschung von Gesellschafterbeschlüssen, 1981, 21 ff. (51 ff.); Keidel/*Sternal* FamFG § 26 Rn. 67 ff.

[154] OLG Dresden NZG 2001, 756; OLG Karlsruhe WM 1993, 2092; Hüffer/Koch/*Koch* § 212 Rn. 4.

[155] Hüffer/Koch/*Koch* § 181 Rn. 16.

Nichtigkeitsgründe 100–102 § 241

Wenn keine Registersperre besteht, kann das Registergericht bei anderen eintragungsbedürftigen **100** Hauptversammlungsbeschlüssen gem. § 21 Abs. 1 FamFG, § 381 FamFG nach pflichtgemäßem Ermessen, das entsprechend § 21 Abs. 2 FamFG nur auf Einhaltung der gesetzlichen Grenzen im Beschwerdewege überprüfbar ist,[156] die Eintragung bis zum Abschluss eines Anfechtungsrechtsstreits **aussetzen.** Bei offensichtlichen Rechtsverstößen und auch dann, wenn der Erfolg einer erhobenen Anfechtungsklage nicht sicher ausgeschlossen werden kann, ist sie geboten bzw. besteht eine Pflicht.[157] Einzutragen ist hingegen dann, wenn die Anfechtungsklage zweifelsfrei ohne Erfolgsaussicht ist.[158] Bei Maßnahmen der Kapitalbeschaffung, Kapitalherabsetzung (§§ 182–240) und bei Unternehmensverträgen (§§ 291–307), bei denen keine Registersperre besteht, kann über ein Freigabeverfahren gem. § 246a nach Erhebung einer Anfechtungsklage die Feststellung erreicht werden, dass eine Anfechtungs- oder Nichtigkeitsklage der Eintragung nicht entgegensteht. Er ist für das Registergericht bindend. Das Registergericht ist jedoch mangels Registersperre nicht gehindert, auch ohne ein Freigabeverfahren die Eintragung trotz Klageerhebung vorzunehmen.

Ist die Anfechtungsfrist abgelaufen, ohne dass eine Anfechtungsklage erhoben wurde, oder die **101** Anfechtungsklage nach Aussetzung des Eintragungsverfahrens abgewiesen, ist streitig, inwieweit die **Anfechtbarkeit** eines Beschlusses die **Eintragung hindert.** Angeblich neigt die Praxis der Registergerichte zur Eintragung ohne weitere Prüfung.[159] In der Literatur wird meist darauf abgestellt, ob die in Frage stehende, zur Anfechtbarkeit führende Gesetzesverletzung „dispositiver Natur" sei. Betreffe der Mangel nur Interessen der Aktionäre untereinander oder im Verhältnis zur Gesellschaft, so sei der Registerrichter gebunden und zur Eintragung des Beschlusses verpflichtet. Werden jedoch Interessen der Öffentlichkeit – also solche von Gläubigern, künftigen Aktionären oder die „öffentliche Ordnung des Aktienwesens" – berührt, so dürfe der Registerrichter nicht eintragen.[160] Das soll etwa in den Fällen der § 182 Abs. 1 S. 4, Abs. 4, § 192 Abs. 2, § 208 Abs. 2 S. 3, § 222 Abs. 3, § 229 Abs. 2, § 237 Abs. 1 S. 2 der Fall sein.[161] Weitergehend wird teilweise bei jedem offensichtlichen materiellen Rechtsverstoß von der Berührung von Aktionärsinteressen in diesem Sinn ausgegangen[162] oder jeder Verstoß gegen zwingendes materielles Recht als Eintragungshindernis angesehen.[163] Andere wiederum gehen davon aus, dass einzutragen ist, es sei denn, es liegt ein schwerer Verfahrensfehler in der Form einer Überraschungsentscheidung ohne Ankündigung des Beschlussantrags vor.[164]

Die Rechtsprechung geht zutreffend davon aus, dass die Registergerichte dann, wenn ein (nur) **102** anfechtbarer Beschluss nicht angefochten ist oder eine Anfechtungsklage abgewiesen ist, davon auszugehen haben, dass der Beschluss so wie festgestellt gefasst ist.[165] Ob Verfahrensmängel vorliegen, die Stimmen richtig gezählt sind o. ä. hat das Registergericht dann nicht mehr zu beurteilen.[166] Dagegen liegt bei einem nichtigen Beschluss gerade kein Beschluss vor, unabhängig davon, ob im Inhalts- oder Verfahrensmangel vorliegt. Einen mangels (erfolgreicher) Anfechtung als gefasst anzusehenden Beschluss hat das Registergericht wie sonst auch vor Eintragung zu prüfen. Mit seiner Anfechtbarkeit hat das nichts zu tun, sondern richtet sich allein nach dem Prüfungsrecht und der Prüfungspflicht des Registergerichts, unabhängig davon, ob ein Beschluss anfechtbar ist. Die Unanfechtbarkeit nach Ablauf der Anfechtungsfrist ist ausschließlich Folge des Gebots der Rechtssicherheit im Verhältnis zwischen der Gesellschaft und den Gesellschaftern. Das registerrechtliche Eintragungsverfahren und das damit verbundene Prüfungsverfahren stellen eine davon **unabhängige Kontrollinstanz** dar, über die von Amts wegen die Rechtmäßigkeit der Beschlussfassung überprüft wird und der insbesondere der Schutz von Drittinteressen obliegt. Wenn beispielsweise eine Satzungsänderung unanfechtbar ist, mit der eine wegen Irreführung unzulässige Firma geführt werden soll, darf das Registergericht dennoch die Eintragung verweigern (§ 18 Abs. 2 HGB). Bei der Zwangseinziehung von Aktien hat

---

[156] MüKoFamFG/*Krafka* § 381 Rn. 10.
[157] BGHZ 112, 9 ff. = NJW 1990, 2747 (2350); OLG Bremen OLGReport 1999, 271; Keidel/*Heinemann* FamFG § 381 Rn. 8 ff.; MüKoFamFG/*Krafka* § 381 Rn. 7 ff.; *M. Winter* FS P. Ulmer, 2003, 699.
[158] BGHZ 112, 9 ff. = NJW 1990, 2747 (2350).
[159] MHdB AG/*Austmann* § 42 Rn. 6; *Lutter* NJW 1969, 1873 (1874); ähnlich Hüffer/Koch/*Koch* § 243 Rn. 56.
[160] *Lutter* NJW 1969, 1873 ff.; *Bokelmann* DB 1994, 1341 ff.; *Volhard* ZGR 1996, 55 (57 ff.); *Noack*, Fehlerhafte Beschlüsse in Gesellschaften und Vereinen, 1989, 12; MüKoAktG/*Hüffer/Schäfer* § 243 Rn. 138 f.; Hüffer/Koch/ *Koch* § 243 Rn. 56.
[161] Hüffer/Koch/*Koch* § 243 Rn. 56.
[162] Großkomm AktG/*Wiedemann* § 181 Rn. 25.
[163] *Baums*, Eintragung und Löschung von Gesellschafterbeschlüssen, 1981, 64 ff.
[164] Kölner Komm AktG/*Noack/Zetzsche* Vor § 241 Rn. 35 und § 246 Rn. 17.
[165] BayObLG NJW-RR 1992, 295 (296) außer bei Willkürlichkeit der Feststellung; OLG Köln WM 1981, 1263 (1264); OLG München ZIP 2012, 2150.
[166] *Bokelmann* DB 1994, 1341 (1344); aA für Ankündigungsmängel Kölner Komm AktG/*Noack/Zetzsche* Vor § 241 Rn. 35 und § 246 Rn. 17.

das Registergericht etwa zu prüfen, ob sie in der Satzung angeordnet oder gestattet ist (§ 237 Abs. 1 S. 2); ob ein in der Satzung bei der gestatten Einziehung benannter Einziehungsgrund erfüllt ist, obliegt dagegen nicht seiner Prüfung und hat es bei Unanfechtbarkeit zugrunde zu legen. Insoweit harrt allerdings der Umfang des Prüfungsrechts des Registergerichts noch einer näheren Ausbildung. Dafür mögen die in der Literatur herangezogenen Gesichtspunkte einen Anhalt geben.

103 Diese Grundsätze gelten auch, wenn eine Anfechtungsklage erhoben und rechtskräftig abgewiesen worden ist. Das Prüfungsrecht und die Prüfungsbefugnis des Registergerichts sind nicht eingeschränkt und eine Bindung an das Ergebnis des Anfechtungsprozesses besteht nicht. In der Praxis hält sich das Registergericht aber an das Ergebnis des Erkenntnisverfahrens, zumal wenn es im Hinblick darauf das Eintragungsverfahren ausgesetzt hat.

104 **5. Dritte.** Nicht zur Erhebung der Nichtigkeits- oder Anfechtungsklage befugte Personen haben bei Vorliegen eines entsprechenden Rechtsschutzbedürfnisses die Möglichkeit der Feststellung der Nichtigkeit über die Feststellungsklage des § 256 ZPO. Sie können sich im Übrigen jederzeit argumentativ und im Wege der Einwendung auf die Nichtigkeit stützen. Auf die Anfechtbarkeit können sie sich hingegen nicht berufen, → Rn. 18.

B. Überblick über die Nichtigkeitsfälle im Einzelnen

I. Allgemeines

105 § 241 versteht sich als **vollständige Aufzählung** der Nichtigkeitsfälle von Hauptversammlungsbeschlüssen.[167] Sechs der Nichtigkeit unterliegende Fallkonstellationen werden im zweiten Satzteil der Vorschrift in Nr. 1–6 näher umschrieben. Nr. 1 und 2 sprechen Nichtigkeitsfälle auf Grund von Verfahrensfehlern an, Nr. 3 und 4 solche wegen inhaltlicher Mängel, Nr. 5 und 6 schließlich sprechen die Nichtigkeitsfolge in Fällen aus, in denen Beschlussmängel gerichtlich – durch das Gericht im Anfechtungsrechtsstreit oder durch das Registergericht im Löschungsverfahren – festgestellt worden sind.

106 Neben diesen enumerativ aufgezählten Fällen werden im Einleitungssatz der Vorschrift **weitere sechs Fälle** genannt, hinsichtlich derer an anderer Stelle des Aktiengesetzes die Nichtigkeitsfolge bereits unmittelbar ausgesprochen ist, weshalb § 241 insoweit lediglich auf die entsprechenden Vorschriften verweist. Hinsichtlich dieser Fälle hat § 241 keinen unmittelbar regelnden Charakter, sondern nennt diese Fälle nur, um alle Nichtigkeitsfälle vollständig zusammenzufassen.

II. Nichtigkeitsfälle außerhalb des Katalogs des § 241

107 Von den genannten **sechs Verweisungsfällen** sind richtigerweise nur zwei echte Nichtigkeitsfälle und zwar § 192 Abs. 4, wonach zum Schutz von Bezugs- oder Umtauschrechten Beschlüsse nichtig sind, die dem Beschluss über eine bedingte Kapitalerhöhung entgegenstehen, und § 212, der die Nichtigkeit von Beschlüssen ausspricht, bei denen neue Aktien den Aktionären nicht im Verhältnis der Anteile am bisherigen Grundkapital zugewiesen werden (Verwässerungsschutz). Bei den übrigen vier Fällen – § 217 Abs. 2 (Nichtigkeit eines Kapitalerhöhungs- und Gewinnverwendungsbeschlusses, wenn die Kapitalerhöhung nicht binnen drei Monaten ins Handelsregister eingetragen wird), § 228 Abs. 2 (Nichtigkeit von Beschlüssen über die Herabsetzung des Mindestnennbetrags bei gleichzeitiger Kapitalerhöhung, wenn die Eintragung der Beschlüsse und die Durchführung der Erhöhung nicht innerhalb von sechs Monaten erfolgt), § 234 Abs. 3 (Nichtigkeit rückwirkender Kapitalerhöhungen, wenn die Eintragung nicht innerhalb von drei Monaten geschieht) und § 235 Abs. 2 (Nichtigkeit einer rückwirkenden Kapitalherabsetzung bei gleichzeitiger rückwirkender Kapitalerhöhung, wenn die Beschlüsse und deren Durchführung nicht innerhalb von drei Monaten eingetragen werden) – handelt es sich um Beschlussfassungen über verschiedene Varianten von Kapitalerhöhungen, bei denen Nichtigkeit eintritt, wenn die Beschlussfassung und ggf. die Beschlussdurchführung nicht innerhalb der jeweils gesetzten Fristen ins Handelsregister eingetragen wird. Diese Fälle sind **richtigerweise** als gesetzlich geregelte Fälle der **schwebenden Unwirksamkeit** einzuordnen, wobei die – mit Nichtigkeit gleichzusetzende – endgültige Unwirksamkeit nach fruchtlosem Fristablauf eintritt. Sie fallen deshalb an sich unter die Kategorie der unwirksamen Beschlüsse.[168] Da sie in den Katalog des § 241 aufgenommen sind, ist dennoch gegen sie die Nichtigkeitsklage die richtige Klageart.

---

[167] MüKoAktG/*Hüffer/Schäfer* Rn. 7; K. Schmidt/Lutter/*Schwab* Rn. 4; Bürgers/Körber/*Göz* Rn. 6, der sich gegen die Tendenz von Großkomm AktG/*K. Schmidt* Rn. 111 zur ausdehnenden Rechtsfortbildung wendet.
[168] MüKoAktG/*Hüffer/Schäfer* Rn. 24; K. Schmidt/Lutter/*Schwab* Rn. 4.

Andererseits ist die **Aufzählung** in § 241 auch **nicht ganz vollständig,** da die Sonderregelungen 108
über die Nichtigkeit der Wahl von Aufsichtsratsmitgliedern gem. § 250, über die Nichtigkeit von
Beschlüssen über die Verwendung des Bilanzgewinns gem. § 253 und über die Nichtigkeit der
Feststellung des Jahresabschlusses gem. § 256 nicht erwähnt werden.

C. Einberufungsmängel, § 241 Nr. 1

Normzweck. Zur Nichtigkeit führen Verstöße gegen die Einberufungsvorschriften des § 121 109
Abs. 2 und 3 S. 1 oder Abs. 4. Nichtig sind zum einen Einberufungen durch hierzu nicht gem. § 121
Abs. 2 befugte Personen und Einberufungen unter Missachtung der in § 121 Abs. 3 S. 1 gestellten
Anforderungen an die Mindestangaben bei der Bekanntmachung. § 121 Abs. 4 regelt die Bekanntma-
chungsarten durch Veröffentlichung in den Gesellschaftsblättern und durch eingeschriebenen Brief.

Durch die an Einberufungsmängel geknüpfte Nichtigkeitsfolge wird vor allem das Teilnahmerecht 110
der Aktionäre an der Hauptversammlung und damit das Stimmrecht als elementares Grundrecht des
aktienrechtlichen Teilhaberechts geschützt. Zugleich werden die Verantwortlichen gezwungen, bei
der Einhaltung der Einberufungsförmlichkeiten besondere Sorgfalt zu wahren. Ob auch ein öffentliches Interesse geschützt ist, ist umstritten.[169]

I. Mängel der Einberufungsberechtigung

1. Einberufungsorgane. Nichtig sind sämtliche Beschlüsse von Hauptversammlungen, die **gar** 111
nicht oder nicht von hierzu gem. § 121 Abs. 2 **befugten Personen** einberufen worden sind, also
nicht vom Vorstand oder durch sonstige nach Gesetz und Satzung allgemein oder in besonderen
Situationen hierzu berufene Organe und Personen, namentlich durch den Aufsichtsrat im Falle des
§ 111 Abs. 3, gesetzlich ermächtigte Aktionäre im Fall des § 122 Abs. 2 oder sonstige durch Satzung
ermächtigte Aktionäre oder auch Dritte gem. § 121 Abs. 2 S. 3.[170] Eine Ausnahme besteht für den
Fall der Vollversammlung, für den die Einberufungsvorschriften nicht einschlägig sind
(→ Rn. 138 ff.). Der Einberufung durch einen Nichtberechtigten steht gleich, wenn die Hauptversammlung wirksam abgesagt worden ist, aber ein Nichtberechtigter sie gleichwohl durchführt.[171]
Dagegen liegt weder ein zur Nichtigkeit führender Einberufungs- noch ein Durchführungsmangel
vor, wenn die Hauptversammlung nicht förmlich eröffnet wird.[172]

2. Regelfall: Einberufung durch den Vorstand. Die Einberufung durch den **Vorstand** stellt 112
eine Leitungsaufgabe dar, zu der nicht die einzelnen Vorstandsmitglieder als Person berufen sind,
sondern der **Gesamtvorstand als Gesellschaftsorgan.** Es bedarf deshalb eines – ggf. mit einfacher
Stimmmehrheit zu fassenden – Vorstandsbeschlusses, dessen Umsetzung und Ausführung dann
einem einzelnen oder mehreren Vorstandsmitgliedern übertragen werden kann. Ist der Vorstand
durch Ausscheiden von Mitgliedern handlungsunfähig geworden und besteht er etwa nur noch aus
einem Vorstandsmitglied in Aktiengesellschaften, bei denen gem. § 76 Abs. 2 der Vorstand aus zwei
oder mehr Mitgliedern zu bestehen hat, so muss erst durch Neubestellung die Handlungsfähigkeit
des Vorstands hergestellt werden, bevor eine Hauptversammlung durch ihn einberufen werden
kann.[173] Ist der Vorstand nicht wirksam bestellt, aber ins Handelsregister eingetragen, so gilt er nach
§ 121 Abs. 2 S. 1 als zur Einberufung berechtigt, so dass keine Nichtigkeit eintritt. Ist er hingegen
weder wirksam bestellt noch ins Handelsregister eingetragen, so sind alle auf seine Einberufung hin
in der Hauptversammlung getroffenen Beschlüsse nichtig.[174] Ist ein **Teil des Vorstands** – etwa
wegen Fehlern des Bestellungs- oder Wahlbeschlusses des Aufsichtsrats[175] – **nicht wirksam bestellt,**
so kommt es darauf an, ob wenigstens die Mehrheit wirksam bestellt worden ist.[176] Ist dies der Fall,
so ist die Einberufung durch das dazu zuständige Organ erfolgt. Wenn der Organbeschluss unwirksam
sein sollte, scheidet Nichtigkeit gem. § 241 Nr. 1 deshalb aus, weil § 121 Abs. 2 nur die Zuständigkeit

---

[169] Bejahend: *Hommelhoff* ZHR 158 (1994) 11 (19); verneinend: K. Schmidt/Lutter/*Schwab* Rn. 5.
[170] BGH NJW 2018, 52 Rn. 65; BGHZ 212, 342 = NJW 2017, 1471 Rn. 13 (GmbH); BGHZ 201, 216 = NZG 2014, 945 Rn. 12 (GmbH).
[171] Vgl. BGHZ 206, 143 = NZG 2015, 1227 Rn. 21.
[172] BGHZ 206, 143 = NZG 2015, 1227 Rn. 36.
[173] BGHZ 149, 158 ff. = NJW 2002, 1128 mwN; OLG Dresden ZIP 1999, 1632; aA *Noack* FS Baums, 2017, 845 (851).
[174] BGHZ 18, 334 (337) = NJW 1955, 1917 für die Genossenschaft; OLG Stuttgart AG 2009, 124; BayObLG ZIP 1999, 1597.
[175] BGHZ 18, 334 (337) = NJW 1955, 1917.
[176] OLG Stuttgart AG 2009, 124; Kölner Komm AktG/*Noack/Zetzsche* Rn. 42.

für die Einberufung betrifft.[177] Die teilweise vertretene Auffassung, die Einberufung müsse von einem insgesamt wirksam bestellten Organ autorisiert und von einem wirksamen Beschluss dieses Organs getragen sein, sonst seien sämtliche Beschlüsse nichtig,[178] geht zu weit.[179]

113 **3. Einberufung durch andere Berechtigte.** Gem. § 241 Nr. 1 iVm § 121 Abs. 2 S. 3 – mit dem Hinweis auf die unberührt bleibenden Rechte anderer Personen, die Hauptversammlung einzuberufen, die auch durch die Satzung begründet werden kann[180] – tritt Nichtigkeit auch bei entsprechenden Mängeln bei Einberufung durch andere Berechtigte ein.[181]

114 **a) Einberufung durch den Aufsichtsrat.** Beruft der Aufsichtsrat in Ausübung seines hierzu bestehenden Rechts gem. § 111 Abs. 3 – also, wenn das Wohl der Gesellschaft es erfordert – die Hauptversammlung ein, so gilt für die Einberufungsbefugnis Entsprechendes wie beim Vorstand. Auch der Aufsichtsrat ist nur als Gesamtorgan zur Einberufung befugt, also ein entsprechender Aufsichtsratsbeschluss erforderlich, der nach § 111 Abs. 3 S. 2 mit einfacher Mehrheit zu fassen ist. Wirkt dabei ein nichtig oder anfechtbar gewählter Aufsichtsrat mit, ist der Beschluss wirksam, wenn er von einer Mehrheit wirksam bestellter Mitglieder gefasst wurde. Wenn die Wahl nur angefochten ist, ist die Stimmabgabe des einzelnen Aufsichtsrats bis zur rechtskräftigen Nichtigerklärung wirksam, weil das Interesse der Gesellschaft und der Aktionäre an der Einberufung einer Hauptversammlung und der Beschlussfassung überwiegt.[182]

115 Die Frage, ob das **Wohl der Gesellschaft** die Einberufung fordert, liegt im nur auf Missbrauch überprüfbaren Ermessen des Aufsichtsrats. Selbst im Missbrauchsfall sind jedoch Hauptversammlungsbeschlüsse nicht nichtig, sondern nur anfechtbar, da § 121 Abs. 2 nur auf die formellen Einberufungsvoraussetzungen abstellt und nach dem Zweck des Gesetzes die Nichtigkeitsfolge nur in den gesetzlich geregelten Ausnahmefällen eintritt.[183]

116 **b) Einberufung durch den Abwickler.** Der Abwickler hat gem. § 268 Abs. 3 S. 2 die Rechte und Pflichten des Vorstands, sodass zu den Folgen von Mängeln bei der Bestellung auf die Ausführungen zu → Rn. 112 verwiesen werden kann.

117 **c) Einberufung durch Aktionäre.** Die Einberufung durch eine – mindestens 5 %-ige – Aktionärsminderheit, die in Betracht kommt, wenn der Vorstand der ihm nach § 122 Abs. 1 obliegenden Pflicht, bei einem solchen Quorum die Hauptversammlung einzuberufen, nicht freiwillig nachkommt, setzt gem. § 122 Abs. 3 nach entsprechendem Antrag eine **Ermächtigung durch das Gericht** voraus. Das Bestehen dieser formellen Ermächtigung ist einzige Voraussetzung für die Einberufungsbefugnis. Fehlt es hieran, ist gem. § 121 Abs. 2 S. 3 iVm § 241 Nr. 1 Nichtigkeit gegeben, selbst wenn der Ermächtigungsantrag zu Unrecht abgewiesen worden sein sollte.

118 Der Ermächtigungsbeschluss muss noch zum **Zeitpunkt der Hauptversammlung** Bestand haben. Ob er zu Recht oder Unrecht ergangen ist, ist jedoch unerheblich.[184] Wird er vor der Hauptversammlung aufgehoben, so fehlt es an der Einberufungsbefugnis mit der Folge der Nichtigkeit.[185] Erfolgt die Aufhebung erst nach der Hauptversammlung, so ist dies ohne Einfluss auf die Einberufungsbefugnis. Ergangene Beschlüsse sind wirksam und unterliegen auch nicht der Anfechtbarkeit, da es aus Gründen der Rechtssicherheit allein auf den Zeitpunkt des Hauptversammlungsbeschlusses ankommt.[186] Unerheblich ist auch, ob die materiellen Voraussetzungen des § 122 Abs. 1 – ein Verlangen von 5 % des Grundkapitals unter Angabe des Zwecks und der Gründe gegenüber dem Vorstand – gegeben waren oder etwa das Quorum nicht erreicht war.[187]

119 Das Minderheitenverlangen ist erst erfüllt, wenn die Hauptversammlung sich mit den der beantragten Ermächtigung zugrunde liegenden Beschlussgegenständen befasst hat.[188] Die einmal erteilte

---

[177] MüKoAktG/*Hüffer*/*Schäfer* Rn. 28; Kölner Komm AktG/*Noack*/*Zetzsche* Rn. 44; aA K. Schmidt/Lutter/ *Schwab* Rn. 7.
[178] So K. Schmidt/Lutter/*Schwab* Rn. 7.
[179] Bürgers/Körber/*Göz* Rn. 8.
[180] K. Schmidt/Lutter *Schwab* Rn. 6.
[181] BGHZ 11, 231 ff. = NJW 1954, 385 ff.; BGHZ 87, 1 ff. = NJW 1983, 1677, jeweils zur GmbH.
[182] Vgl. BGHZ 196, 195 = NJW 2013, 1535 Rn. 25.
[183] Hüffer/Koch/*Koch* Rn. 8 ff.; MüKoAktG/*Hüffer*/*Schäfer* Rn. 28.
[184] BGH NZG 2012, 793 Rn. 9; OLG Frankfurt a. M. AG 2016, 252 (253); OLG Düsseldorf ZIP 1997, 1153 (1158); K. Schmidt/Lutter/*Schwab* Rn. 8; Großkomm AktG/*K. Schmidt* Rn. 45; aA Bürgers/Körber/*Göz* Rn. 8.
[185] Kölner Komm AktG/*Noack*/*Zetzsche* Rn. 45; MüKoAktG/*Hüffer*/*Schäfer* Rn. 29.
[186] BGH NZG 2012, 793 Rn. 9; OLG Düsseldorf ZIP 1997, 1153 (1158); Großkomm AktG/*K. Schmidt* Rn. 45; aA K. Schmidt/Lutter/*Schwab* Rn. 8.
[187] OLG Frankfurt a. M. AG 2016, 252 (253); aA MüKoAktG/*Hüffer*/*Schäfer* Rn. 29: Anfechtbarkeit.
[188] BGH NJW 2018, 52 Rn. 68; BGHZ 206, 143 = NZG 2015, 1227 Rn. 27; BGH NZG 2012, 793 Rn. 8; KG, NZG 2003, 441 (442).

gerichtliche Ermächtigung ist daher grundsätzlich erst erschöpft, wenn die Hauptverhandlung gesetz- und satzungsgemäß einberufen und durchgeführt worden ist.[189] Sie besteht damit auch für eine zweite Einberufung fort, wenn bei einer ersten Einberufung Fehler gemacht worden sind.

Liegt der Ermächtigungsbeschluss vor, so muss die Einberufung durch die hierzu ermächtigten Aktionäre gemeinsam erfolgen. Auch hierbei muss das Quorum des § 122 Abs. 1 gewahrt werden. Sind Aktionäre mit der Folge abgesprungen, dass das Quorum nicht mehr erreicht ist, so ist zwar keine Nichtigkeit, aber Anfechtbarkeit gegeben.[190] 120

Gem. § 122 Abs. 3 S. 3 muss bei der Einberufung ausdrücklich auf die gerichtliche **Minderheitsermächtigung hingewiesen** werden. Bei Verstoß gegen diese Pflicht liegt nach einer teilweise vertretenen Ansicht Nichtigkeit vor.[191] Dem kann nicht gefolgt werden. § 241 Nr. 1 iVm § 121 Abs. 2 knüpft die Nichtigkeitsfolge nur an die fehlende Einberufungsbefugnis als solche. Die Mindestanforderungen an eine ordnungsgemäße Bekanntmachung gem. § 121 Abs. 3 S. 1 sind nicht verletzt, wenn der Ermächtigungsbeschluss nicht angeführt wird. Es kommt daher nur Anfechtbarkeit in Frage. 121

Auf die Besonderheiten einer Einberufung durch eingeschriebenen Brief gem. § 121 Abs. 4 S. 2 wird unter → Rn. 126 ff. gesondert eingegangen. 122

II. Bekanntmachungsmängel

1. Gesetzlicher Ausgangspunkt. Gem. § 241 Nr. 1 iVm § 121 Abs. 3 S. 1 führen auch Mängel der Bekanntmachung der Einberufung zur Nichtigkeit. § 121 Abs. 4 S. 1 geht von der regelmäßigen Form der Bekanntmachung durch Veröffentlichung in den Gesellschaftsblättern aus, die gem. § 25 im elektronischen Bundesanzeiger zu erfolgen hat. Die Einberufung kann entsprechend der Sonderregelung des § 121 Abs. 4 S. 2 statt durch Veröffentlichung durch eingeschriebenen Brief erfolgen. 123

2. Formale Mängel der Bekanntmachung. a) Bekanntmachung in den Gesellschaftsblättern. Der Regelfall ist nach § 121 Abs. 4 S. 1 die Bekanntmachung in den Gesellschaftsblättern, nach § 25 im elektronischen Bundesanzeiger. Hatte satzungsgemäß, was gem. § 25 S. 2 bis 30.12.2015 möglich war, die Veröffentlichungspflicht in mehreren Gesellschaftsblättern zu erfolgen, so lag Nichtigkeit bereits dann vor, wenn die Veröffentlichung in einem der Blätter unterlassen wurde.[192] Die bis 30.12.2015 erfolgte satzungsmäßige Festlegung mehrerer Gesellschaftsblätter bleibt wirksam (§ 26h Abs. 3 S. 1 EGAktG). Wenn seither trotz der fortbestehenden Satzungsbestimmung zur Veröffentlichungspflicht in mehreren Gesellschaftsblättern aber nur eine Teilpublikation im Bundesanzeiger erfolgt, führt das nicht mehr zur Nichtigkeit, weil es nach § 26h Abs. 3 S. 2 EGAktG für die Rechtsfolgen nur noch auf die Veröffentlichung im Bundesanzeiger ankommt. Insoweit kommt allenfalls Anfechtbarkeit wegen des Satzungsverstoßes in Betracht. Besteht die freiwillige Übung, neben den Pflichtveröffentlichungen der Hauptversammlung in weiteren Organen zu veröffentlichen, so führt die Aufgabe dieser Praxis angesichts des nicht auslegungsfähigen Wortlauts von § 121 Abs. 4 S. 1 nicht zur Nichtigkeit und richtigerweise im Regelfall wegen Fehlens eines geschützten Vertrauenstatbestands auch nicht zur Anfechtbarkeit.[193] Angesichts der Formulierung des Gesetzes ist es dagegen nicht möglich, auf die Nichtigkeitsfolge zu verzichten, wenn die Aktionäre über ihre Depotbank von der Hauptversammlung erfahren haben, aber die Veröffentlichung im Bundesanzeiger unterblieben ist.[194] 124

Die Bekanntgabe des Einberufungsorgans sehen §§ 121 Abs. 3 S. 1 und Abs. 4 nicht zwingend vor, sodass ihr Fehlen nicht zur Nichtigkeit führt.[195] Soweit eine Ausnahme davon bei der Einberufung durch Minderheitsverlangen gemacht wird,[196] kann dem aus den unter → Rn. 121 genannten Gründen nicht gefolgt werden. Es liegt kein Verstoß gegen § 121 Abs. 3 S. 1 vor, sondern nur ein Verstoß gegen § 122 Abs. 3 S. 3, der nach § 241 Nr. 1 nicht zur Nichtigkeit führt. Das Fehlen kann jedoch Anfechtbarkeit zur Folge haben (→ § 243 Rn. 81). 125

b) Durch eingeschriebenen Brief. aa) Anwendungsbereich. Die Möglichkeit der Einberufung durch eingeschriebenen Brief wurde erst durch das Gesetz für kleine Aktiengesellschaften und 126

---

[189] BGH NJW 2018, 52 Rn. 68; BGH NZG 2012, 793 Rn. 8.
[190] Großkomm AktG/*K. Schmidt* Rn. 45; Kölner Komm AktG/*Noack/Zetzsche* Rn. 47; aA Grigoleit/*Ehmann* Rn. 11: Nichtigkeit.
[191] Großkomm AktG/*K. Schmidt* Rn. 45; Bürgers/Körber/*Göz* Rn. 8; wie hier MüKoAktG/*Hüffer/Schäfer* Rn. 29; Kölner Komm AktG/*Noack/Zetzsche* Rn. 48; Hüffer/Koch/*Koch* Rn. 10 mwN.
[192] MüKoAktG/*Hüffer/Schäfer* Rn. 30.
[193] MüKoAktG/*Hüffer/Schäfer* Rn. 30; Kölner Komm AktG/*Noack/Zetzsche* Rn. 50.
[194] AA *Noack* FS Baums, 2017, 845 (853).
[195] Großkomm AktG/*K. Schmidt* Rn. 47.
[196] Großkomm AktG/*K. Schmidt* Rn. 47.

Deregulierung des Aktienrechts vom 2.8.1994 (BGBl. 1994 I 1961) geschaffen. Diese Alternative wird als Wahlmöglichkeit zur Erleichterung der Einberufung zur Verfügung gestellt. Diese Art der Einberufung kommt, da sie nur möglich ist, wenn die Gesellschaft alle Aktionäre kennt, insbesondere bei Namensaktien gem. § 67 Abs. 2 in Betracht. Bei Inhaberaktien und selbst bei börsennotierten Gesellschaften ist diese Art der Einberufung ebenfalls statthaft, jedoch oft problematisch, da die namentliche Kenntnis aller aktuellen Aktionäre nebst ihrer Adressen oft nicht ausreichend sicher ist.

127 Ob dann, wenn alle Aktionäre bekannt sind, die Satzung darüber hinaus auch **andere Einberufungsformalitäten** als den eingeschriebenen Brief vorsehen kann, ist nach dem Wortlaut von § 121 Abs. 4 S. 2 nicht ganz eindeutig. Die Formulierung, die Einberufung mit eingeschriebenem Brief könne erfolgen, „wenn die Satzung nichts anderes bestimmt", ist missverständlich. Gemeint ist damit nicht nur die Möglichkeit, die Einberufung durch eingeschriebenen Brief satzungsmäßig auszuschließen,[197] sondern auch die Möglichkeit der Öffnung für weitere Einberufungsformen. Die Satzung kann daher auch etwa die Möglichkeit der Einberufung per Fax, durch Einwurfeinschreiben oder per E-Mail vorsehen.[198]

128 **bb) Ladungsformalitäten.** Die Ladung kann nach dem Gesetz durch einfachen eingeschriebenen Brief erfolgen, eines Einschreibens mit Rückschein bedarf es nicht. Ein Einwurfeinschreiben reicht aus.[199] Die Anforderungen an die Einberufung gem. § 121 Abs. 2 und die Mindestangaben gem. § 121 Abs. 3 S. 1 sind in gleicher Weise wie bei der Einberufung durch Veröffentlichung in den Gesellschaftsblättern einzuhalten. Dies wird durch die neue Gesetzessystematik, durch die – anders als bisher – alle möglichen Bekanntmachungsformen in einem Absatz, Abs. 4, geregelt werden, klargestellt.

129 **cc) Ladungsmängel durch Übergehen von Aktionären.** Das Risiko der Einberufung durch eingeschriebenen Brief liegt darin, dass das Übergehen auch nur eines Aktionärs und die damit verbundene Verletzung seines Teilnahmerechts zur Nichtigkeit der Beschlussfassung führt. Dies folgt aus § 242 Abs. 2 S. 4, wonach die Nichtigkeit, von der das Gesetz damit ausgeht, durch Genehmigung des nicht geladenen Aktionärs (nur) geheilt werden kann.[200] Wie bei der GmbH tritt die Nichtigkeitsfolge nicht ein, wenn das Übergehen und die Nichterreichbarkeit eines Aktionärs nicht von der Gesellschaft zu vertreten ist.[201] Die Gegenansicht stellt zwar im Ansatz zutreffend darauf ab, dass § 121 Abs. 4 S. 2 die Einberufung mittels Einschreibens ausdrücklich nur dann gestattet, wenn der Gesellschaft alle Aktionäre positiv bekannt sind, wozu auch die Kenntnis der aktuellen Anschriften gehört. Sie kann sich deshalb nicht einfach darauf berufen, dem sei etwa wegen ihr nicht bekannter Veränderungen im Aktionärskreis doch nicht so gewesen. Das schließt es aber nicht aus, dass der Gesellschaft trotz aller geschuldeter Anstrengungen Veränderungen unbekannt bleiben und etwa der betroffene Aktionär selbst dafür verantwortlich ist, dass ihn die Ladung nicht erreicht.

130 Erreicht das an die richtige Adresse gerichtete Einschreiben den Empfänger nicht, etwa wegen eines Fehlers der Post, so liegt Nichtigkeit nicht vor, weil die von der Gesellschaft gem. § 121 Abs. 4 S. 2 zu beachtenden Einberufungsförmlichkeiten eingehalten sind.[202]

131 **dd) Heilung.** Beschlüsse, die unter Verstoß gegen § 121 Abs. 4 S. 2 ergehen, sind geheilt, wenn die nicht ordnungsgemäß geladenen Aktionäre sie genehmigen, § 242 Abs. 2 S. 4.

132 **c) Umfang der Nichtigkeitsfolge gem. § 241 Nr. 1.** Die Folge der Nichtigkeit bei der gesetzlichen Regelform der Einberufung durch Veröffentlichung im Bundesanzeiger ist auf die nicht korrekte Mitteilung der Mindestangaben gem. § 121 Abs. 3 S. 1 beschränkt, entsprechendes gilt für die Einberufung durch eingeschriebenen Brief. Die Anordnung der Nichtigkeitsfolge des § 241 Nr. 1 bezieht sich entgegen dem nicht ganz exakten Gesetzesverweis nicht auf die gesamte Vorschrift des § 121 Abs. 4, sondern nur auf dessen Sätze 1 und 2, nicht hingegen auf Satz 3, in dem die sinngemäße Geltung der §§ 125–127, die sich auf weitere Informationspflichten im Vorfeld der Hauptversammlung beziehen, angesprochen wird. Dies war nach der bis 1.9.2009 geltenden Regelung für die Einberufung über die Gesellschaftsblätter klar, weil diese nicht in § 121 Abs. 4, sondern in § 121

---

[197] AA *Behrends* NZG 2000, 578 ff.
[198] *Noack* NZG 2003, 241 (243); Hüffer/Koch/*Koch* § 121 Rn. 11 f.; MüKoAktG/*Hüffer/Schäfer* Rn. 31.
[199] BGHZ 212, 104 = NJW 2017, 68 Rn. 7 zur GmbH; Kölner Komm AktG/*Noack/Zetzsche* Rn. 51; aA *Bauer/Diller* NJW 1998, 2795; offen MüKoAktG/*Hüffer/Schäfer* Rn. 31.
[200] MüKoAktG/*Hüffer/Schäfer* Rn. 32; Großkomm AktG/*K. Schmidt* Rn. 48.
[201] *Lutter* AG 1994, 429 (436, 438); *Planck* GmbHR 1994, 501 (503); MüKoAktG/*Hüffer/Schäfer* Rn. 32; Großkomm AktG/*K. Schmidt* Rn. 48; K. Schmidt/Lutter/*Schwab* Rn. 10; aA → 3. Aufl. 2015, Rn. 161 (*Würthwein*); *Behrends* NZG 2000, 578 Fn. 2; *Hoffmann-Becking* ZIP 1995, 1 (6).
[202] Kölner Komm AktG/*Noack/Zetzsche* Rn. 51; aA – Zugang erforderlich – MüKoAktG/*Hüffer/Schäfer* Rn. 32.

Abs. 3 S. 1 geregelt war und sich deshalb die Verweisung des damaligen § 121 Abs. 3 S. 2 – identisch mit S. 3 des geltenden Rechts – auf diese Einberufungsart von vornherein nicht beziehen konnte, woraus geschlossen wurde, dass dies auch bei der Einberufung durch eingeschriebenen Brief nicht anders sein könne.[203] Anhaltspunkte dafür, dass hieran durch die Novelle etwas geändert werden sollte, bestehen auch auf Grund der Gesetzesbegründung nicht, dies würde auch der Tendenz der Reform, die die Nichtigkeitsgründe eher einschränken als ausweiten sollte, widersprechen. § 241 Nr. 1 ist daher einschränkend auszulegen.

3. Inhaltliche Bekanntmachungsmängel. Von der Fülle der denkbaren inhaltlichen Bekanntmachungsmängel führen lediglich fehlende oder unzutreffende Angaben hinsichtlich der in § 121 Abs. 3 S. 1 sog. **Mindestanforderungen** – Angabe der **Firma**, des **Sitzes** und von **Zeit und Ort** der Hauptversammlung – zur Nichtigkeit. Verstöße gegen anderweitige, von der Mindestangabepflicht nicht erfasste Vorschriften führen lediglich zur Anfechtbarkeit. Dies gilt – wie auch aus § 245 Nr. 2 folgt – insbesondere für die in der Praxis besonders bedeutsamen Verstöße gegen die Vorschriften über die Einberufungsfrist, § 123, und über die Bekanntmachung der Tagesordnung, wie sich daraus ergibt, dass § 241 Nr. 1 § 121 Abs. 3 S. 2, der die Pflicht zur Bekanntgabe der Tagesordnung nun regelt, nicht anspricht. Beide führen nur zur Anfechtbarkeit.

§ 241 iVm § 121 Abs. 3 S. 1 soll nach herkömmlicher Auffassung **streng formal** anzuwenden sein. Sind die in dieser Vorschrift genannten – wenigen – Pflichtangaben unvollständig oder unzutreffend, so soll dies selbst bei scheinbar marginalen, unerheblich erscheinenden Ungenauigkeiten unweigerlich die Nichtigkeit zur Folge haben.[204] Daran ist richtig, dass es aus Gründen der Rechtsklarheit und Kalkulierbarkeit insbesondere für die Aktionäre nicht auf deren individuelles Verständnis ankommen kann und sie ihre Teilnahme grundsätzlich von der Ordnungsgemäßheit der Einberufung abhängig machen können müssen. Das schließt es aber nicht aus, den **Gesetzeszweck** bei der Auslegung der Anforderungen zu berücksichtigen, auch im Wege einer **teleologischen Reduktion** der Nichtigkeitsfolge.[205] Die Angaben sollen den Aktionären durch die Information über die betroffene Gesellschaft, Zeit und Ort die Teilnahme ermöglichen. Wenn diese Informationen trotz Fehlern erkennbar gegeben sind, gibt es keinen Grund für die Nichtigkeitsfolge. So kann etwa der Firmenname mit einer gebräuchlichen Abkürzung abgekürzt werden, ohne dass deshalb die Firma fehlt,[206] oder können ungebräuchliche Firmenzusätze weggelassen werden,[207] weil die Angabe der Firma der Identifikation der einladenden Gesellschaft dient und diese Identifikation gewahrt ist. Gleiches gilt bei offensichtlichen Fehlern in der Wiedergabe der Firmierung oder dem Fehlen des den Aktionären bekannten Rechtsformzusatzes,[208] wenn dies zu keinem Fehlverständnis führen kann. Ebenfalls schon keine fehlende bzw. unzutreffende Angabe liegt vor, wenn ein alter, inzwischen geänderter Ortsname als Sitz angegeben wird und ein Fehlverständnis ausgeschlossen ist.[209] Die Nichtigkeitsfolge ist einzuschränken, wenn die Angabe des Sitzes gänzlich fehlt, sie aber allen Aktionären bekannt ist.[210] In diesen Fällen ist dann regelmäßig mangels Kausalität bzw. Relevanz auch Anfechtbarkeit zu verneinen.

Ort und Zeit der Hauptversammlung sind so unmissverständlich mitzuteilen, dass jeder Aktionär ohne Schwierigkeiten die Veranstaltung aufsuchen kann, wobei ggf. die Angabe der Stadt und die einer allgemein bekannten Großveranstaltungshalle ausreichen. Hinsichtlich der Zeit ist lediglich der Veranstaltungsbeginn anzugeben, nicht das – regelmäßig nicht vorhersehbare – Ende. Geht die Versammlung über Mitternacht hinaus, führt dies nicht zur Nichtigkeit, kann jedoch, wie auch sonst, wegen Unzumutbarkeit im Einzelfall einen Anfechtungsgrund darstellen[211] (→ § 243 Rn. 83).

Die vorsorgliche Einberufung einer Versammlung auch auf den Folgetag ist möglich und dahin zu verstehen, dass notfalls nach einer Unterbrechung die Hauptversammlung am Folgetag fortgesetzt wird.[212] Fehlt es an einem Hinweis auf die Möglichkeit der Fortsetzung am Folgetag, ist die Fortsetzung am Tag darauf nicht möglich. Ggf. sind in einer solch unzulässig durchgeführten Fortsetzungsveranstaltung gefasste Beschlüsse nichtig.

---

[203] So auch Großkomm AktG/*K. Schmidt* Rn. 48.
[204] *Hüffer* ZGR 2001, 833 (840); MüKoAktG/*Hüffer/Schäfer* Rn. 33; Großkomm AktG/*K. Schmidt* Rn. 46.
[205] Kölner Komm AktG/*Noack/Zetzsche* Rn. 56; Hüffer/Koch/*Koch* Rn. 1; *Fleischer* ZIP 2014, 149 (156 f.); *Noack* FS Baums, 2017, 845 (852); ähnlich MüKoAktG/*Hüffer/Schäfer* Rn. 33; aA 3. Aufl. 2015, Rn. 145 (*Würthwein*); K. Schmidt/Lutter/*Schwab* Rn. 11.
[206] Kölner Komm AktG/*Noack/Zetzsche* Rn. 56.
[207] OLG Hamburg AG 1991, 208 (209) zum Firmenzusatz „von 1870".
[208] RGZ 34, 110 (113); *Noack* FS Baums, 2017, 845 (852).
[209] Großkomm AktG/*K. Schmidt* Rn. 46.
[210] OLG Düsseldorf ZIP 1997, 1153 (1159); *Noack* FS Baums, 2017, 845 (852).
[211] OLG München AG 2011, 840 (842); OLG Koblenz ZIP 2001, 1093; LG München WM 2008, 77 ff.
[212] OLG Koblenz ZIP 2001, 1093 ff.

137 Da die Bekanntmachungen über die Teilnahmebedingungen nur in § 121 Abs. 3 S. 3 Nr. 1 angesprochen werden und der Nichtigkeitskatalog in § 241 Nr. 1 auf § 121 Abs. 3 S. 1 – die Bezeichnung von Firma, Sitz, Zeit und Ort der Hauptversammlung – beschränkt ist, kommen Bekanntmachungsmängel hinsichtlich der Teilnahme- und Stimmrechtsbedingungen nur als **Anfechtungsgrund** in Betracht.[213]

III. Sonderfall: Vollversammlung, § 121 Abs. 6

138 **1. Voraussetzungen der Beschlussfassung.** Keiner Einberufungsförmlichkeiten bedarf es gem. § 121 Abs. 6 bei Vollversammlungen, die vor allem bei kleinen Aktiengesellschaften praktisch werden. Ist vollständige Präsenz gegeben und widerspricht kein Aktionär der Beschlussfassung, so tritt Befreiung von allen Einberufungsvoraussetzungen der §§ 121–128 ein. Ausreichend ist, wie stets, dass alle Aktionäre **vertreten** sind, § 129, sie müssen also nicht persönlich anwesend sein. Ein ausdrückliches Einverständnis mit einer Vollversammlung ist nicht erforderlich, es kommt schlüssig durch Nichterhebung eines Widerspruchs zum Ausdruck. Für die Frage der Vollzähligkeit ist auf das Teilnahmerecht, nicht auf das Stimmrecht abzustellen.[214] Vorzugsaktionäre ohne Stimmrecht gem. §§ 139 ff. müssen, ebenso wie vom Stimmrecht nach § 136 ausgeschlossene Aktionäre, vertreten sein, da ihnen das **Teilnahmerecht** verbleibt. Aktien, die kein Teilnahmerecht gewähren – etwa eigene Aktien gem. § 71b und § 71d S. 4 oder Aktien nach unterlassener Mitteilung gem. § 20 Abs. 7, § 20 Abs. 4, § 44 S. 1 WpHG, § 59 S. 1 WpÜG –, müssen hingegen nicht vertreten sein.[215] Bei der Ausnutzung eines temporären Rechtsverlusts kann eine geheime „Vollversammlung" eines verbliebenen Aktionärs aber rechtsmissbräuchlich sein, so dass die gefassten Beschlüsse nichtig sind.[216] Stehen gem. § 69 Aktien mehreren Berechtigten gemeinschaftlich zu, so ist erforderlich, aber auch ausreichend, dass der gem. § 69 Abs. 1 zu bestellende Vertreter anwesend oder vertreten ist. Bei mehreren bestellten Vertretern reicht einer, da diesen Gesamtvertretungsmacht zukommt.[217] Ist kein Vertreter bestellt, müssen alle anwesend oder einzeln vertreten sein.[218]

139 **2. Umfang der Befreiung von den Einberufungsförmlichkeiten.** Das Vorliegen der Vollversammlungsvoraussetzungen entbindet gem. § 121 Abs. 6 ausschließlich von den Anforderungen des 2. Unterabschnitts zum 4. Abschnitt des Gesetzes, also von den Vorschriften der §§ 121–128. Die übrigen Vorschriften über die Hauptversammlung, etwa auch die über die Beurkundung gem. § 130, sind auch hier einzuhalten.[219]

140 **3. Anwesenheit von Vorstand und Aufsichtsrat.** Nicht erforderlich zur Durchführung einer Vollversammlung iSv § 121 Abs. 6 ist die Anwesenheit von Vorstand und Aufsichtsrat.[220] Es kann auch ohne deren Vorschläge beschlossen werden, § 124 Abs. 3. Eine Verletzung des Teilnahmerechts der Verwaltungsorgane kann gem. § 118 Abs. 2, 3 ausnahmsweise zur Anfechtbarkeit führen, da die Teilnahme und Information durch den Vorstand und den Aufsichtsrat grundsätzlich im Interesse der Gesellschaft liegt[221] und ohne sie möglicherweise den Informationsrechten der Aktionäre nicht genügt werden kann (→ § 243 Rn. 45 mN). Gegebenenfalls stellt sich die Frage der Kausalität bzw. der Relevanz des Verstoßes.

141 **4. Widerspruch gegen die Beschlussfassung.** Wird vor der Beschlussfassung widersprochen – ein Widerspruch danach ist unerheblich[222] –, so fehlt es an den Voraussetzungen und damit an der Legitimation für eine Vollversammlung iSd § 121 Abs. 6 mit der Folge, dass dennoch getroffene Beschlüsse gem. §§ 121 Abs. 2, Abs. 3 S. 1 und Abs. 4 nichtig sind.[223] Wird der Widerspruch gegen die Beschlussfassung noch in der Vollversammlung – ggf. auch noch nach der Beschlussfassung – zurückgenommen, so ist der Mangel obsolet, wenn zu diesem Zeitpunkt die Vollversammlungsvoraussetzungen noch bestehen und die Vollversammlung noch zur Beschlussfassung steht. Nach Ende

---

[213] BGH NZG 2011, 1105 mit zust. Anm. *Merkner/Schmidt-Bendun;* KG NZG 2009, 1389; MüKoAktG/ *Hüffer/Schäfer* Rn. 33.
[214] → § 121 Rn. 86; Hüffer/Koch/*Koch* § 121 Rn. 20.
[215] MüKoAktG/*Hüffer/Schäfer* Rn. 34; aA NK-AktG/*Heidel* Rn. 6.
[216] BGH NJW 2009, 2458 Rn. 2 f.; MüKoAktG/*Hüffer/Schäfer* Rn. 34; K. Schmidt/Lutter/*Schwab* Rn. 14.
[217] Hüffer/Koch/*Koch* § 69 Rn. 4.
[218] KG OLGZ 1972, 144 ff.; Großkomm AktG/*K. Schmidt* Rn. 50.
[219] Kölner Komm AktG/*Noack/Zetzsche* Rn. 86; *Polte/Haider-Giangreco* AG 2014, 729 (732).
[220] Zöllter-Petzoldt NZG 2013, 607 ff.
[221] MüKoAktG/*Hüffer/Schäfer* Rn. 36.
[222] BGH NJW-RR 2003, 826.
[223] MüKoAktG/*Hüffer/Schäfer* Rn. 35; Großkomm AktG/*K. Schmidt* Rn. 50.

der Vollversammlung kommt die Rücknahme eines Widerspruchs nicht mehr in Betracht. Heilung der Nichtigkeit tritt gem. § 242 Abs. 2 nach 3-jähriger Eintragung ins Handelsregister ein.

5. Ein-Mann-AG. Einen Sonderfall der Vollversammlung stellt die Hauptversammlung des Alleinaktionärs in der Ein-Mann-AG dar, eine Konstellation, wie sie insbesondere bei 100 %-igen Konzerntöchtern praktisch wird. Die Beschlussfassung kann hier ohne vorbereitende Maßnahmen spontan erfolgen. Rechnung zu tragen ist allerdings auch hier der Beurkundungspflicht des § 130, deren Nichtbeachtung zur Nichtigkeit führt. **142**

D. Beurkundungsmängel, § 241 Nr. 2

I. Normzweck

Gem. § 241 Nr. 2 sind Beschlüsse nichtig, die nicht gem. § 130 Abs. 1, Abs. 2 S. 1 und Abs. 4 beurkundet sind. Nicht nichtig sind also Verstöße gegen § 130 Abs. 2 S. 2 und 3 (Angabe des Anteils der Stimmen am Grundkapital und konkrete Stimmenfeststellung sowie Beifügung von Belegen). Bei börsennotierten Gesellschaften iSv § 3 Abs. 2 hat die Beurkundung gem. § 130 Abs. 1 durch den Notar zu erfolgen, bei nicht börsennotierten Gesellschaften reicht eine Beurkundung durch den Vorsitzenden des Aufsichtsrats aus, soweit es sich nicht um Beschlüsse handelt, für die das Gesetz eine Dreiviertel- oder größere Mehrheit bestimmt. Bei Letzteren bedarf es auch bei nicht börsennotierten Aktiengesellschaften der Beurkundung durch einen Notar. Die Beurkundung dient der Rechtssicherheit und Transparenz und soll die Willensbildung der Hauptversammlung dokumentieren, damit keine Unklarheiten über Annahme oder Ablehnung von Anträgen und die gestellten Anträge unter den Beteiligten bestehen. Es liegt im Interesse der Gesellschaft, der künftigen Aktionäre und der Gläubiger, dass dies in ordnungsgemäßer und Streitigkeiten ausschließender Weise geschieht.[224] **143**

II. Fehlende und unrichtige Beurkundung

Die Nichtigkeitsfolge tritt gem. § 130 Abs. 1 ein, wenn eine Beurkundung gar nicht erfolgt ist, in der Niederschrift die Mindestangaben gem. § 130 Abs. 2 S. 1 über Ort und Tag der Verhandlung, Name des Notars, Art und Ergebnis der Abstimmung und die Beschlussfeststellung des Versammlungsleiters fehlen, sowie dann, wenn gem. § 130 Abs. 4 der Notar das Protokoll nicht unterschrieben hat.[225] Bei fehlender Unterschrift des Vorsitzenden des Aufsichtsrats bei nicht börsennotierten Gesellschaften folgt dies schon aus § 130 Abs. 1 S. 3.[226] **144**

Die bei börsennotierten Aktiengesellschaften gem. § 130 Abs. 2 S. 2 und 3 erforderlichen zusätzlich zu treffenden Feststellungen führen bei Nichtprotokollierung dagegen nicht zur Nichtigkeit, da § 241 Nr. 2 nur § 130 Abs. 2 S. 1 in Bezug nimmt.[227] **145**

Wird der Beschluss inhaltlich unrichtig oder unvollständig beurkundet, so fehlt es an einer Beurkundung der tatsächlichen Beschlussfassung der Hauptversammlung, sodass auch dann Nichtigkeit gegeben ist. **146**

III. Person des Notars

Entscheidend ist bei börsennotierten Gesellschaften allein, ob ein Notar tätig geworden ist. Ob dieser nach §§ 10, 11 BNotO auch zuständig war und die räumlichen Grenzen seiner Beurkundungsbefugnis eingehalten hat, ist unerheblich.[228] War der Notar von der Beurkundungstätigkeit gem. § 3 BeurkG ausgeschlossen – etwa da er dem Vorstand oder dem Aufsichtsrat angehört oder als Aktionär an der Hauptversammlung teilgenommen hat –, so führt dies ebenfalls nicht zur Nichtigkeit.[229] Anfechtbarkeit kommt nur in Betracht, wenn die Relevanz des Verstoßes zu bejahen ist, was kaum möglich erscheint. **147**

Unter Notaren sind grundsätzlich **deutsche Notare** zu verstehen, die der BNotO unterliegen. Eine Beurkundung durch einen ausländischen Notar im Inland genügt § 130 Abs. 1 daher nicht und führt zur Nichtigkeit.[230] Findet die Hauptversammlung im **Ausland** statt, kann ein Konsularbeamter **148**

---

[224] BGH NJW 2018, 52 Rn. 47 und 61; BGHZ 203, 68 = NJW 2015, 336 Rn. 17.
[225] OLG Stuttgart AG 2015, 283.
[226] OLG Köln DNotZ 2008, 789 mAnm *Wicke*: Unterzeichnung durch Alleinaktionär.
[227] MüKoAktG/*Hüffer/Schäfer* Rn. 42.
[228] MüKoAktG/*Hüffer/Schäfer* Rn. 38; K. Schmidt/Lutter/*Schwab* Rn. 14.
[229] Hüffer/Koch/*Koch* § 130 Rn. 9, 10; Kölner Komm AktG/*Noack/Zetzsche* Rn. 75.
[230] K. Schmidt/Lutter/*Schwab* Rn. 14.

nach § 10 Abs. 2 KonsG beurkunden, nicht jedoch ein deutscher Notar.[231] Dagegen genügt die Beurkundung durch einen ausländischen Notar, wenn sie der deutschen Beurkundung gleichwertig ist.[232] Gleichwertigkeit ist gegeben, wenn die ausländische Urkundsperson nach Vorbildung und Stellung im Rechtsleben eine der Tätigkeit des deutschen Notars entsprechende Funktion ausübt und für die Urkunde ein Verfahrensrecht zu beachten hat, das den tragenden Grundsätzen des deutschen Beurkundungsrechts entspricht.[233] Andernfalls sind die gefassten Beschlüsse nichtig.

IV. Inhalt der Beurkundung

149 Die in § 130 Abs. 1, 2 S. 1 und 4 geforderten Angaben, die als Mindestangaben zu verstehen sind, sind grundsätzlich **streng** einzuhalten.[234] Das Protokoll hat den Charakter eines Berichts des Notars über seine Wahrnehmungen im Rahmen der Hauptversammlung.[235] Aus Gründen der Rechtssicherheit ist ein einschränkendes Verständnis oder eine teleologische Reduktion allenfalls in engen Grenzen in Erwägung zu ziehen. Der hinter den Mindestanforderungen stehende Gesetzeszweck, die wesentlichen Förmlichkeiten eindeutig und zweifelsfrei festzuhalten, sodass auch Jahre später keinerlei Zweifel aufkommen können, muss gewahrt bleiben. Ein Bagatellvorbehalt ist nicht anzuerkennen.[236] Wenn der Zweck der Beurkundung, eine zweifelsfreie Dokumentation der Willensbildung der Hauptversammlung, aber erfüllt wird, kommt eine **teleologische Reduktion** der Nichtigkeitsfolge in Frage.[237] Das hat der Bundesgerichtshof bei der unzulässigen Annahme von Prozentzahlen angenommen, wenn sich daraus die Stimmenzahlen errechnen lassen und danach keine Zweifel am Erreichen der erforderlichen Mehrheit besteht.[238]

V. Notwendiger Inhalt der Beurkundung

150 **1. Name, Ort und Zeit.** Das Fehlen der Angaben von Ort oder Tag der Hauptversammlung führt nach § 130 Abs. 2 S. 1 zur Nichtigkeit. Erstreckt sich die Hauptversammlung über mehrere Tage, sind alle Tage anzugeben.

151 Der Name des Notars muss neben der Unterschrift gem. § 130 Abs. 4 in der Niederschrift gesondert angegeben werden und zwar in einer Weise, die auch noch nach Jahren die eindeutige Identifizierung ermöglicht. Lösen sich **mehrere Notare** bei der Beurkundung ab, was ohne weiteres möglich ist,[239] sind alle zu benennen und zwar unter Zuordnung zu den Teilen der Versammlung, die sie beurkundet haben.

152 **2. Art und Ergebnis der Abstimmung.** Anzugeben sind nach § 130 Abs. 2 S. 1 **Art und Ergebnis** der Abstimmung. Unter **Art** der Abstimmung ist die Beschreibung des Vorgangs zu verstehen, wie der Beschluss selbst in der Versammlung zustande gekommen ist, dh in welcher Weise, ob mündlich, schriftlich, durch Handerheben oder mittels welcher sonstigen Betätigung, abgestimmt worden ist.[240] Bei Einpersonengesellschaften und bei Erscheinen nur eines Aktionärs kann auf die Beurkundung der Art der Abstimmung verzichtet werden, nicht jedoch bei Erscheinen von zwei Aktionären.[241]

153 Beim **Ergebnis** der Abstimmung ist neben der Feststellung des Zustandekommens eines Beschlusses mit einem bestimmten Inhalt oder seiner Ablehnung das rechnerische Ergebnis, also die Zahl der für und gegen einen Antrag abgegebenen Stimmen in Zahlen festzuhalten.[242] Kapitalanteile oder Prozentzahlen genügen nicht.[243] Dem Notar obliegt aber nicht die Stimmenauszählung und deren Protokollierung.[244] Das **Beschlussergebnis** ist grundsätzlich so festzuhalten, wie es vom Versammlungsleiter bekannt gegeben worden ist.[245] Gibt er das rechnerische Ergebnis nach § 130 Abs. 2 S. 3

---

[231] BGHZ 203, 68 = NJW 2015, 336 Rn. 16 mwN.
[232] BGHZ 203, 68 = NJW 2015, 336 Rn. 16 mwN.
[233] BGHZ 203, 68 = NJW 2015, 336 Rn. 16; BGHZ 80, 76 (78) = NJW 1981, 1160.
[234] BGH NJW-RR 1994, 1250 (1251); *Grumann/Gillmann* NZG 2004, 839 ff.
[235] BGH NJW 2018, 52 Rn. 40; BGHZ 203, 68 = NJW 2015, 336 Rn. 19; BGHZ 189, 9 = NJW 2009, 2207 Rn. 11.
[236] BGH NJW-RR 1994, 1250 f.; *K. Schmidt/Lutter/Schwab* Rn. 14.
[237] BGH NJW 2018, 52 Rn. 61; *Noack* FS Baums, 2017, 845 (855).
[238] BGH NJW 2018, 52 Rn. 63 f. unter Aufgabe von BGH NJW-RR 1994, 1250 (1251).
[239] *Reul/Zetzsche* AG 2007, 561 ff.
[240] BGH NJW 2018, 52 Rn. 22; RGZ 75, 259 (267); OLG Düsseldorf NZG 2003, 816 (817).
[241] BGH NJW 2018, 52 Rn. 23.
[242] BGH NJW 2018, 52 Rn. 46; BGH NJW-RR 1994, 1250 (1251).
[243] BGH NJW 2018, 52 Rn. 57; BGH NJW-RR 1994, 1250 (1251).
[244] BGHZ 180, 9 = NJW 2009, 2207 Rn. 16; OLG Frankfurt a. M. NZG 2012, 942.
[245] BGHZ 180, 9 = NJW 2009, 2207 Rn. 16.

nicht bekannt, muss es sich der Notar besorgen. Der Notar hat ansonsten nicht die Pflicht, das Abstimmungsergebnis selbst zu ermitteln oder zu überprüfen,[246] auch nicht Stimmberechtigung und Stimmkraft.[247] Ob der Notar bei Abweichungen seiner Feststellungen über ein Abstimmungsergebnis von denen des Versammlungsleiters auch seine eigenen Feststellungen zu protokollieren hat, ist umstritten.[248]

Ein falsch errechnetes Beschlussergebnis, etwa weil die Stimmberechtigung nicht ausreichend geprüft oder Stimmverbote nicht berücksichtig sind, führt zur Anfechtbarkeit, nicht jedoch zu einem Beurkundungsfehler mit der Folge der Nichtigkeit.[249] Entsprechendes gilt, wenn der Versammlungsleiter über die Abstimmung selbst notwendige Feststellungen nicht trifft und etwa nur das Zustandekommen einer Mehrheit feststellt, obwohl es auf das Erreichen der ¾-Mehrheit ankommt (→ § 243 Rn. 107 ff.). 154

3. Feststellung des Vorsitzenden. Nach § 130 Abs. 2 S. 1 ist die **Feststellung des Vorsitzenden** über die Beschlussfassung in der Niederschrift anzugeben, also ob der Beschluss ggf. mit der erforderlichen qualifizierten Mehrheit gefasst oder der Antrag abgelehnt ist. Diese Feststellung hat der Notar so zu protokollieren, wie der Versammlungsleiter sie getroffen hat. Da dem Notar eine reine Beurkundungsfunktion zukommt, hat er die vom Versammlungsleiter bekannt gegebenen Beschlussfeststellungen grundsätzlich **in der bekanntgegebenen Form zu protokollieren,** selbst wenn er sie inhaltlich für falsch hält. Die Frage, ob die Beschlussfeststellungen des Versammlungsleiters zutrifft, ist keine Frage der Beurkundung und damit keine Frage der Nichtigkeit, sondern nur der Anfechtbarkeit. Sind die nach § 130 Abs. 2 Satz 2 bei börsennotierten Gesellschaftern erforderlichen weiteren Feststellungen über die Beschlussfassung nicht beurkundet, führt das nicht zur Nichtigkeit, weil § 241 Nr. 2 nur § 130 Abs. 2 S. 1 nennt. 155

Fehlt es an einer förmlichen Beschlussfeststellung, so ist nicht die dies korrekt beurkundende Niederschrift falsch und der Beschluss deshalb nichtig, sondern ggf. gar kein Hauptversammlungsbeschluss zustande gekommen.[250] Die Bekanntgabe des Abstimmungsergebnisses ohne ausdrückliche Beschlussfeststellung durch den Versammlungsleiter kann aber dann ausnahmsweise zum Zustandekommen eines Beschlusses ausreichen, wenn die aus dem Ergebnis zu ziehenden Schlüsse eindeutig sind und daher in der Mitteilung des rechnerischen Ergebnisses nach den Umständen die Feststellung gesehen werden kann.[251] Ein Beurkundungsmangel liegt vor, wenn die Niederschrift eine ausdrückliche Beschlussfeststellung enthält, die tatsächlich nicht getroffen worden ist. Da dann gar kein Beschluss zu Stande gekommen ist, ist streng genommen nicht die Nichtigkeitsklage angezeigt, sondern die Klage auf negative Feststellung, es sei gar kein Beschluss zu Stande gekommen. Weil sich die Konstellation regelmäßig im Grenzbereich zwischen den beiden Klagearten bewegt und das Rechtsschutzziel beide Fälle erfasst, sollte jedoch auch die Nichtigkeitsklage zugelassen werden (→ Rn. 58). 156

Wird über einen Antrag auf Abwahl des Versammlungsleiters keine Abstimmung durchgeführt, so kommt Nichtigkeit wegen eines Beurkundungsmangels nicht in Betracht, sondern allenfalls Anfechtbarkeit.[252] 157

4. Unterschrift. Auch das Fehlen der nach § 130 Abs. 4 erforderlichen Unterschrift führt zur Nichtigkeit.[253] Die Niederschrift muss aber nicht in der Hauptverhandlung selbst, sondern kann auch erst später unterschrieben werden.[254] Auch wenn die Unterzeichnung bewusst und absprachegemäß aufgeschoben wird, um die Wirksamkeit des Beschlusses offenzuhalten und später herbeiführen zu können, führt das nicht zur Nichtigkeit nach § 241 Nr. 2 wegen fehlender Unterzeichnung, wenn die Unterschrift nachgeholt wird.[255] In einem solchen Fall ist vielmehr zum Zeitpunkt der Hauptversammlung kein Beschluss gewollt und damit Beschlussfeststellung und Protokollierung inhaltlich falsch. Sind mehrere Notare tätig geworden, müssen alle den ihnen zugeordneten Teil unterschreiben. 158

---

[246] BGHZ 180, 9 = NJW 2009, 2207 Rn. 16; OLG Stuttgart NZG 2005, 432; OLG Düsseldorf NZG 2003, 816 ff. m. zust. Anm. von *Paefgen* in WuB II A § 130 AktG 1.03; aA LG Wuppertal ZIP 2002, 1621 m. abl. Anm. *Krieger* ZIP 2002, 1597 und *Priester* EWiR 2002, 645.
[247] BGHZ 180, 9 = NJW 2009, 2207 Rn. 16.
[248] → § 130 Rn. 51 f.; Hüffer/Koch/*Koch* § 130 Rn. 21.
[249] BGHZ 104, 66 (69) = NJW 1988, 1844 f.
[250] → Rn. 41, 62; s. auch BayObLG NJW 1973, 250 = BayObLGZ 1972, 354.
[251] Großkomm AktG/*K. Schmidt* Rn. 52.
[252] OLG Bremen AG 2010, 256; *Rose* NZG 2007, 241 (244); *Butzke* ZIP 2005, 1164; *Priester* DNotZ 2006, 403 (413); MüKoAktG/*Hüffer/Schäfer* Rn. 7; Bürgers/Körber/*Göz* Rn. 12; aA LG Frankfurt a. M. AG 2005, 892 ff.; LG Köln AG 2005, 696.
[253] OLG Köln NZG 2008, 635; OLG Stuttgart AG 2015, 282.
[254] BGHZ 180, 9 = NJW 2009, 2207 Rn. 14; OLG München HRR 1939 Nr. 1109.
[255] AA OLG Stuttgart AG 2015, 283 (284).

159 **5. Pflicht zur unverzüglichen Erstellung.** Die Verletzung der Pflicht zur unverzüglichen Erstellung und Einreichung des Protokolls gem. § 130 Abs. 5 unterliegt nach § 241 Nr. 2, da dieser diesen Absatz von § 130 nicht anspricht, nicht der Nichtigkeitssanktion und wird mangels Kausalität und Relevanz auch kaum je einen Anfechtungsgrund darstellen.[256] Das Protokoll muss nicht in der Hauptversammlung fertig gestellt werden, maßgebend ist allein die vom Notar autorisierte, unterzeichnete und von ihm herausgegebene Endfassung, nicht hingegen in der Hauptverhandlung gefertigte Notizen oder Entwürfe.[257]

160 Solange das Protokoll noch nicht fertiggestellt ist, ist die Nichtigkeit in der Schwebe.[258] Teilweise wird angenommen, die spätere Fertigstellung führe zur Rückwirkung entsprechend § 184 Abs. 1 BGB,[259] teilweise eine Wirksamkeit erst mit Abschluss der Beurkundung angenommen.[260] Es liegt eher ein Erkenntnisproblem vor. Nach Nr. 2 ist ein Beschluss nur nichtig, wenn er nicht nach § 130 Abs. 2 und 4 beurkundet ist. Wenn eine Urkundsperson anwesend war, können alle Beteiligten davon ausgehen, dass der Beschluss beurkundet wird. Die Nichtigkeit steht dann erst fest, wenn feststeht, dass die Beurkundung des einzelnen Beschlusses oder die Unterschrift fehlt und auch nicht mehr im Wege der Berichtigung nachgeholt werden kann. Bis dahin ist der Beschluss als wirksam zu behandeln. Dass ein Beschluss mit Wirkung ex tunc nichtig wird, wenn ein bestimmtes Ereignis eintritt, und bis dahin wirksam ist, ist im Beschlussmängelrecht nichts ungewöhnliches, wie § 241 Nr. 5 zeigt.

161 Entsprechendes gilt für die Verletzung der Pflicht zur Beifügung der Belege über die Einberufung der Versammlung, die nur dann – mit der Folge der Anfechtbarkeit – problematisch werden kann, wenn die Belege gar nicht beigebracht werden können (allerdings dürfte dann auch schon ein Einberufungsmangel gem. § 241 Nr. 1 vorliegen).

162 **6. Berichtigung des Protokolls.** Ob und inwieweit das Protokoll ergänzt und berichtigt werden kann, ist umstritten.[261] Einigkeit besteht, dass Schreibfehler und offenbare Unrichtigkeiten gem. § 44a Abs. 2 BeurkG korrigiert werden können. Weitergehende Änderungen werden nach der engsten Auffassung nur bis zum Verlassen des Verfügungsbereichs des Notars zugelassen.[262] Eine andere Ansicht hält eine Berichtigung durch eine ergänzende Niederschrift des Notars gemäß § 44a Abs. 2 S. 3 BeurkG nur unter Mitwirkung der beteiligten Hauptversammlungsteilnehmer für zulässig.[263] Richtigerweise ist sie unbeschränkt zulässig,[264] selbst noch im laufenden Beschlussmängelstreit. Der Korrektur kommt dabei die Wirkung der Heilung zugute, was ggf. zur Erledigung des Rechtsstreits führt.[265]

VI. Privatschriftliches Protokoll

163 **1. Zulässigkeit.** Ein privatschriftliches Protokoll ist gem. § 130 Abs. 1 S. 3 nur bei nicht börsennotierten Gesellschaften iSd Definition des § 3 Abs. 2 statthaft. Bei anderen Gesellschaften führt ein privatschriftliches Protokoll unweigerlich zur Nichtigkeit. Nicht ausreichend ist ein privatschriftliches Protokoll jedoch auch bei nicht börsennotierten Gesellschaften, soweit zur Beschlussfassung eine ¾- oder noch größere Mehrheit erforderlich ist.

164 Hauptversammlungen, in denen neben Grundlagenbeschlüssen, die der notariellen Beurkundung bedürfen, auch „einfache" Beschlüsse gefasst werden, müssen nicht insgesamt notariell beurkundet werden. Die Beschlüsse, die keine ¾-Mehrheit oder noch größere Mehrheit erfordern, können privatschriftlich beurkundet werden.[266] Ist die ganze Hauptversammlung privatschriftlich protokol-

---

[256] MüKoAktG/*Hüffer*/*Schäfer* Rn. 45; K. Schmidt/Lutter/*Schwab* Rn. 13.
[257] BGHZ 180, 9 = NJW 2009, 2207 Rn. 11 f.; s. dazu *Spindler* LMK 2009 I, 146; OLG Frankfurt a. M. NZG 2008, 429.
[258] BGHZ 180, 9 = NJW 2009, 2207 Rn. 14.
[259] Kölner Komm AktG/*Noack*/*Zetzsche* Rn. 83; *Hoffmann*/*Becking* NZG 2017, 281 (289 f.); *Roeckl-Schmidt*/ *Stoll* AG 2012, 225, (228).
[260] *Habersack* Beilage zu ZIP 22/2016, 23 (25).
[261] Ausführlich *Krieger* NZG 2003, 266 ff.; *Grumann*/*Gillmann* NZG 2004, 839 (842).
[262] LG Frankfurt AG 2006, 594 (595); MüKoAktG/*Kubis* § 130 Rn. 24; Henssler/Strohn/*Liebscher* § 130 Rn. 7; NK-AktR//*Lohr* § 130 Rn. 17; *Grumann*/*Gillmann* NZG 2004, 839 (842).
[263] LG Köln RNotZ 2016, 612 (617); GroßkommAktG/*Mülbert* § 130 Rn. 70.
[264] BGH NJW 2018, 52 Rn. 39 m. Anm. *Herrler* NJW 2018, 585; → § 130 Rn. 26; Kölner Komm AktG/ *Noack*/*Zetzsche* § 130 Rn. 322; MHdB AG/*Hoffmann-Becking* § 41 Rn. 24; K. Schmidt/Lutter/ *Ziemons* § 130 Rn. 71; Bürgers/Körber/*Reger* § 130 Rn. 24; Grigoleit/*Herrler* § 130 Rn. 23; *Kanzleiter* DNotZ 2007, 804 ff.; *Krieger* NZG 2003, 366 (367).
[265] *Krieger* NZG 2003, 366 (371).
[266] BGHZ 205, 319 = NZG 2015, 867 Rn. 13 ff.; Kölner Komm AktG/*Noack*/*Zetzsche* § 130 Rn. 152; aA OLG Jena AG 2015, 275; → § 130 Rn. 40 mwN.

liert, sind aber Beschlüsse mitbeurkundet, die notariell hätten beurkundet werden müssen, sind nur diese nichtig.

Besondere Konflikte können sich bei – zustandsbegründenden – **satzungsdurchbrechenden** 165 Gesellschafterbeschlüssen ergeben (→ Rn. 203 und → § 243 Rn. 52 f.), also bei Beschlüssen, die der Sache nach eine Satzungsänderung darstellen, aber nicht ausdrücklich als solche beschlossen worden sind. Derartige Beschlüsse sind nichtig, wenn sie nicht notariell beurkundet sind.[267]

2. Inhaltliche Protokollierungspflicht und Unterzeichnung. Die inhaltlichen Protokollie- 166 rungspflichten beim privatschriftlichen Protokoll entsprechen denen bei der notariellen Beurkundung, so dass in gleicher Weise Nichtigkeit in Betracht kommt. Zwar spricht § 241 Nr. 2 von einem nicht nach § 130 Abs. 1 beurkundeten Beschluss, und das privatschriftliche Protokoll ist keine Beurkundung. Die Vorschrift bezieht sich aber ihrem Sinn nach auch auf privatschriftliche Niederschriften.[268] Zu unterzeichnen ist das Protokoll nach § 130 Abs. 1 S. 3 vom Vorsitzenden des Aufsichtsrats, also demjenigen, der in der Regel – aber nicht zwingend, da die Satzung oder, falls diese die Frage nicht regelt, die Hauptversammlung auch einen anderen Leiter bestimmen kann[269] – auch die Hauptversammlung leitet. Ist der Versammlungsleiter, über dessen Person das Gesetz nichts sagt, nicht der Vorsitzende des Aufsichtsrats, so stellt sich die Frage, ob auch dann der Vorsitzende des Aufsichtsrats zu unterschreiben hat oder an seiner Stelle der Versammlungsleiter.[270] Der Wortlaut des Gesetzes lässt insoweit keinen Spielraum. Allein der Vorsitzende des Aufsichtsrats ist berufen, ggf. sein Stellvertreter, nicht jedoch ein nicht zum Aufsichtsrat gehörender Dritter, selbst wenn er die Versammlung führt.[271] Ist der Aufsichtsratsvorsitzende nichtig oder anfechtbar gewählt, führt das, solange die Nichtigkeit nicht zweifelsfrei feststeht oder der Wahlbeschluss rechtskräftig für nichtig erklärt wird, nicht zur Nichtigkeit des Protokolls.[272] Der nichtig oder anfechtbar Gewählte ist der einzige zum betreffenden Zeitpunkt vorhandene Aufsichtsratsvorsitzende und diese Funktion kann nicht rückabgewickelt werden.

Wer das **Protokoll zu führen** hat, ist gesetzlich nicht bestimmt und rechtlich unerheblich. 167 Entscheidend ist allein die Unterschrift durch den Vorsitzenden des Aufsichtsrats, der damit die Verantwortung für die inhaltliche Richtigkeit und Ordnungsgemäßheit des Protokolls übernimmt.

E. Inhaltsmängel, § 241 Nr. 3

I. Grundlagen

1. Normzweck. Diese Vorschrift regelt, gemeinsam mit § 241 Nr. 4, abschließend die Nichtigkeit 168 von Beschlüssen, die inhaltliche Mängel aufweisen. Sie erfasst nicht das Zustandekommen oder die Form des Beschlusses, sondern beschränkt sich auf Inhaltsmängel.[273] Es handelt sich damit um einen Hauptfall des Nichtigkeitskatalogs. Neben Verstößen gegen die Satzungsautonomie im Rahmen von Satzungsänderungen liegt der Anwendungsbereich von § 241 Nr. 3 bei Hauptversammlungsbeschlüssen, bei denen ad-hoc-Entscheidungen in Sachfragen getroffen werden, die mit dem Wesen des Aktienrechts unvereinbar sind oder die gegen im öffentlichen Interesse getroffene Regelungen verstoßen (→ Rn. 187 ff.).

Sachbedingt kann der Gesetzgeber nicht wie bei den Verfahrensverstößen mit einer Verweisung 169 auf einzelne Vorschriften arbeiten, er war vielmehr zu einer generalklauselartigen Umschreibung der inhaltlichen Mängel gezwungen, deren Verständnis erhebliche Probleme bereitet. Die Regelung, dass ein Beschluss der Hauptversammlung nichtig ist, „wenn er mit dem Wesen der Aktiengesellschaft nicht zu vereinbaren ist oder durch seinen Inhalt Vorschriften verletzt, die ausschließlich oder überwiegend zum Schutze der Gläubiger der Gesellschaft oder sonst im öffentlichen Interesse gegeben sind", bringt den Ausnahmecharakter der Nichtigkeit zum Ausdruck und verdeutlicht, dass nur besonders gravierende Verstöße aus Gründen des Gläubigerschutzes oder sonstigen überragenden

---

[267] Für die GmbH BGHZ 123, 15 ff., s. dazu *Tieves* ZIP 1994, 1341 ff.
[268] → § 130 Rn. 42; *Hoffmann-Becking* NZG 2017, 281(289); einschränkend Kölner Komm AktG/*Noack*/ *Zetzsche* § 130 Rn. 162.
[269] Hüffer/Koch/*Koch* § 129 Rn. 18.
[270] So OLG Karlsruhe NZG 2013, 1261 (1265); → § 130 Rn. 41; *Hoffmann-Becking* NZG 2017, 281(288); Hüffer/Koch/*Koch* § 130 Rn. 14e mwN; MüKoAktG/*Hüffer*/*Schäfer* Rn. 40.
[271] K. Schmidt/Lutter/*Ziemons* Rn. 48; *Harnos* AG 2015, 732 (737).
[272] AA Hölters/*Englisch* § 243 Rn. 26; *Heller* AG 2008, 493 (494).
[273] *Eberspächer*, Nichtigkeit von Hauptversammlungsbeschlüssen nach § 241 Nr. 3 AktG, 2009, 136; Großkomm AktG/*K. Schmidt* Rn. 55; MüKoAktG/*Hüffer*/*Schäfer* Rn. 46; Kölner Komm AktG/*Noack*/*Zetzsche* Rn. 95; offen gelassen in BGH NJW-RR 1990, 166; aA NK-AktR/*Heidel* Rn. 8.

Allgemeininteressen erfasst werden sollen. Wie aus § 242 Abs. 2 hervorgeht, können auch Verstöße gegen § 241 Nr. 3 und selbst gegen die guten Sitten iSv § 241 Nr. 4 verstoßende Beschlüsse jedoch geheilt werden;[274] dies auch bei nichtigen Satzungsänderungen.[275]

170 **2. Auslegungsprobleme.** Im Zentrum der Probleme um das Verständnis der Vorschrift stehen zwei grundlegende, hochumstrittene Ausgangsfragen.[276] Zum einen bei Satzungsänderungen die Frage nach dem Verhältnis der Vorschrift zu der Regelung des **§ 23 Abs. 5,** die das **Prinzip der Satzungsstrenge** verkörpert und die Satzungsautonomie dahin einschränkt, dass die Satzung von den gesetzlichen Vorgaben nur abweichen darf, wenn und soweit dies im Gesetz selbst ausdrücklich zugelassen ist. Führt dies im Blick auf § 241 Nr. 3 dazu, dass jeder Verstoß gegen § 23 Abs. 5 zur Nichtigkeit führt, da er dem Wesen des Aktiengesetzes widerspricht oder jedenfalls die Verletzung einer Vorschrift darstellt, die iSv § 241 Nr. 3 „im öffentlichen Interesse gegeben ist"?

171 Die zweite Ausgangsfrage betrifft die Frage nach dem **Verhältnis der drei Tatbestandsalternativen** des § 241 Nr. 3 zueinander, also die Frage, ob Ausgangspunkt der Auslegung der Vorschrift die Frage nach dem Wesen der Aktiengesellschaft zu sein hat oder im Vordergrund die beiden konkreteren Tatbestandsalternativen – Verletzung von gläubigerschützenden und im öffentlichen Interesse gegebenen Vorschriften – stehen und ob diesen gegenüber der „Wesensalternative" nur Auffangfunktion zukommt.

172 Zum Verständnis beider Fragen ist ein Blick auf die **Historie** hilfreich: Ausdrücklich geregelt ist das Prinzip der Satzungsstrenge erstmals in § 23 Abs. 5 AktG des geltenden Aktiengesetzes von 1965. Diese Vorschrift hat in den früheren Regelungen des Aktienrechts keinen vergleichbaren Vorgänger. Das Prinzip der Satzungsstrenge galt jedoch zumindest für Kernfragen unstreitig auch schon vorher und war schon seit 1884 unverzichtbares Grundprinzip des Aktienrechts.[277] Die Rechtsprechung hat es zunächst mehr mit dem Wesen der Aktiengesellschaft begründet,[278] später mehr mit dem Gesichtspunkt des öffentlichen Interesses.[279] In § 195 Nr. 3 AktG 1937 – dem inhaltsgleichen Vorläufer von § 241 Nr. 3 – wurde sodann die bisherige Rechtsprechung des Reichsgerichts übernommen und im Gesetz festgeschrieben,[280] ohne dass die beiden Tatbestandsalternativen streng gegeneinander abgegrenzt worden wären.[281]

173 **3. Verhältnis zu § 23 Abs. 5. a) Meinungsstand.**[282] Vor diesem Hintergrund wird zum Verhältnis von § 23 Abs. 5 zu § 241 Nr. 3 einerseits die Auffassung vertreten, daraus, dass durch Einführung von § 23 Abs. 5 die Satzungsautonomie in klar abgegrenzter Form dahin normiert sei, dass in der Satzung von den gesetzlichen Vorgaben nur abgewichen werden könne, wenn dies ausdrücklich zugelassen sei, folge, dass das Wesen der Aktiengesellschaft iSv § 241 Nr. 3 durch das zwingende Aktienrecht bestimmt werde und deshalb jeder Verstoß gegen § 23 Abs. 5 zur Nichtigkeit führe.[283] Aus § 23 Abs. 5 folge die Nichtigkeit jedes Gesetzesverstoßes für die Ursprungssatzung unmittelbar und ohne Rücksicht auf den insoweit nicht einschlägigen § 241 Nr. 3.[284] Deshalb sei nicht einsehbar, dass eine spätere Einführung einer entsprechenden verbotswidrigen Satzungsbestimmung über einen Hauptversammlungsbeschluss anders zu beurteilen sein solle. Sämtliche Verstöße gegen § 23 Abs. 5 führten somit auch zur Nichtigkeit iSv § 241 Nr. 3. § 23 Abs. 5 sei gewissermaßen in diese Vorschrift hineinzulesen.

174 Gegen dieses Verständnis wird eingewandt, es verstoße gegen den numerus clausus der Nichtigkeitsgründe des § 241.[285] § 23 Abs. 5 könne die Nichtigkeit nicht selbst begründen, sondern sei vor dem Hintergrund von § 241 Nr. 3 einschränkend dahin zu verstehen, dass auch in der Ursprungssatzung nicht jeder Gesetzesverstoß, sondern nur Gesetzesverstöße mit den insoweit qualifizierten Voraussetzungen von § 241 Nr. 3 zur Nichtigkeit führten.[286] Es müsse also zu dem reinen Gesetzes-

---

[274] BGHZ 99, 211 (216 ff.) = NJW 1987, 902 ff.
[275] Hüffer/Koch/*Koch* § 181 Rn. 27.
[276] *Eberspächer,* Nichtigkeit von Hauptversammlungsbeschlüssen nach § 241 Nr. 3 AktG, 2009, 103 ff.
[277] *Huber* FS Coing, Bd. II, 167 ff.; *Casper,* Die Heilung nichtiger Beschlüsse im Kapitalgesellschaftsrecht, 1998, 207 ff.; *Geßler* ZGR 1980, 427 (430 ff.); *Hoffmann* AG 1980, 141 (143).
[278] RGZ 3, 123 ff.; 7, 32 ff.; 17, 5 ff. (13); 107, 161 (167).
[279] RGZ 118, 67 (72); 120, 28 (31); 120, 363 (366).
[280] *Geßler* ZGR 1980, 427 (430, 432 ff.).
[281] Vgl. dazu RGZ 118, 67 (72); 148, 175 (176).
[282] S. zum Überblick *Eberspächer,* Nichtigkeit von Hauptversammlungsbeschlüssen nach § 241 Nr. 3 AktG, 2009, 159 ff.
[283] *Huber* FS Coing, Bd. II, 167 (184 f.); *Geßler* ZGR 1980, 427 (443); Großkomm AktG/*Röhricht/Schall* § 23 Rn. 261; Großkomm AktG/*K. Schmidt* Rn. 54, 56, 60.
[284] *Geßler* ZRP 1980, 427 (443 f.).
[285] MüKoAktG/*Hüffer/Schäfer* Rn. 52.
[286] *Hoffmann* AG 1980, 141 (145); MüKoAktG/*Hüffer/Schäfer* Rn. 52; Kölner Komm AktG/*Noack/Zetzsche* Rn. 126; *Raiser/Veil* KapGesR § 16 Rn. 131.

verstoß die Unvereinbarkeit mit dem Wesen der Aktiengesellschaft oder die Erfüllung einer der anderen Tatbestandsalternativen des § 241 Nr. 3 hinzukommen. *Schwab*[287] stellt darauf ab, ob die in Betracht kommende Vorschrift in unverzichtbare Positionen des Aktionärs eingreife. Dies sei keineswegs immer der Fall, insbesondere unter Beachtung des gesetzgeberischen Grundprinzips, dass die Nichtigkeitsfolge nur besonders schwerwiegenden Beschlussmängeln vorbehalten sei.

b) Stellungnahme. Beide Auffassungen sind bestimmt vom Bemühen, einen Gleichklang zwischen § 23 Abs. 5 und § 241 Nr. 3 herzustellen. Während eine Auffassung dies dadurch zu erreichen versucht, dass gewissermaßen § 23 Abs. 5 auf § 241 Nr. 3 mit der Folge der Nichtigkeit aller Verstöße gegen die Satzungsautonomie übertragen wird, will die Gegenansicht den nach ihrer Ansicht engeren Nichtigkeitsbegriff des § 241 Nr. 3 auf § 23 Abs. 5 anwenden und die Nichtigkeit auf solche Verstöße beschränken, die auch das Wesen der Aktiengesellschaft tangieren oder eine der beiden anderen Tatbestandsalternativen des § 241 Nr. 3 erfüllen, was keinesfalls bei allen Gesetzesverstößen der Fall sei.[288] **175**

Wenn auf den numerus clausus der Nichtigkeitsgründe rekurriert und daraus der Schluss gezogen wir;, die Nichtigkeitsfolge könne nicht aus dieser Vorschrift, sondern nur aus § 241 Nr. 3 abgeleitet werden, so wird die unterschiedliche gesetzliche Ausgangslage der beiden Vorschriften aus dem Auge verloren. § 241 Nr. 3 und der numerus clausus der Nichtigkeitsgründe bewegen sich auf der Ebene des Zustandekommens von Gesellschafterbeschlüssen durch die Hauptversammlung, § 23 Abs. 5 bezieht sich hingegen auf das Zustandekommen der **Ursprungssatzung,** also auf die reine **Vertragsebene.** Die Nichtigkeit der Ursprungssatzung insoweit ergibt sich auch ohne ausdrücklichen Hinweis aus Sinn und Zweck von § 23 Abs. 5 iVm § 134 BGB, da nur so der Vorrang des Gesetzesrechts sichergestellt werden kann.[289] Dieser Normgehalt kann durch § 241 Nr. 3, der sich auf einer anderen Ebene bewegt, nicht tangiert und nicht verdrängt werden.[290] Der zwingend anzustrebende Gleichklang – es wäre in der Tat kaum begründbar, die Nichtigkeit bzw. den Bestand von Satzungsregelungen davon abhängig zu machen, ob der Gesetzesverstoß der Ursprungssatzung anhaftet oder einer späteren Satzungsänderung und damit dem ihm zu Grunde liegenden Hauptversammlungsbeschluss – ist daher nur dadurch erreichbar, dass die für die Ursprungssatzung aus § 23 Abs. 5 zwingend folgende Nichtigkeit sich für satzungsändernde Hauptversammlungsbeschlüsse mit gleichem Ergebnis aus § 241 Nr. 3 ergibt, also alle Verstöße gegen die Satzungsautonomie zugleich als mit dem Wesen der Aktiengesellschaft unvereinbar oder gegen öffentliche Interessen verstoßend iSd § 241 Nr. 3 erachtet werden.[291] Dies entspricht der unten noch näher darzulegenden Intention von § 241 Nr. 3 (→ Rn. 186 ff.) und der aufgezeigten historischen Entwicklung.[292] **176**

Die **höchstrichterliche Rechtsprechung** hatte sich mit dieser Thematik noch nicht grundlegend zu befassen und konnte sie offen lassen.[293] Klargestellt hat der Bundesgerichtshof indes die praktisch bedeutsame Frage, ob die **Heilungsvorschrift** des § 242 Abs. 2 analog auch auf Gesetzesverstöße der Ursprungssatzung anzuwenden ist und hat dies mit der einhelligen Zustimmung der Literatur zu Recht aus Gründen der Rechtssicherheit und Rechtsklarheit bejaht.[294] **177**

4. Verhältnis der Tatbestandsalternativen von § 241 Nr. 3 zueinander. a) Meinungsstand. Die zweite Kernfrage im Verständnis von § 241 Nr. 3 dreht sich um das Verhältnis der drei Tatbestandsalternativen der Vorschrift zueinander. Hier wird zum einen die Auffassung vertreten, die Auslegung habe ihren Ausgang vom allgemeinsten Tatbestandsmerkmal, der Unvereinbarkeit mit dem Wesen der Aktiengesellschaft zu nehmen,[295] die Gegenansicht steht auf dem Standpunkt, es sei von den konkreteren Tatbestandsalternativen – Verstößen gegen Gläubigerschutzvorschriften und Verstößen gegen Vorschriften des öffentlichen Interesses – auszugehen, denen gegenüber die Unvereinbarkeit mit dem Wesen der Aktiengesellschaft lediglich als Auffangtatbestand zu sehen sei.[296] Im **178**

---

[287] K. Schmidt/Lutter/*Schwab* Rn. 16.
[288] MüKoAktG/*Hüffer/Schäfer* Rn. 51 mwN; krit. dazu *Eberspächer,* Nichtigkeit von Hauptversammlungsbeschlüssen nach § 241 Nr. 3 AktG, 2009, 165.
[289] *Geßler* ZGR 1980, 427 (444); *Casper,* Die Heilung nichtiger Beschlüsse im Kapitalgesellschaftsrecht, 1998, 204 ff.; Großkomm AktG/*Röhricht* § 23 Rn. 202.
[290] So aber wohl *Casper,* Die Heilung nichtiger Beschlüsse im Kapitalgesellschaftsrecht, 1998, 209.
[291] So auch Bürgers/Körber/*Göz* Rn. 15.
[292] So auch *Eberspächer,* Nichtigkeit von Hauptversammlungsbeschlüssen nach § 241 Nr. 3 AktG, 2009, 165 ff.
[293] BGHZ 83, 106 = NJW 1982, 1525; BGHZ 99, 211 ff. (216) = NJW 1987, 902; BGH NJW 1988, 260; OLG Hamburg AG 1993, 384 f.
[294] BGH NJW 2000, 2819 (2820); grundlegend *Casper,* Die Heilung nichtiger Beschlüsse im Kapitalgesellschaftsrecht, 1998, 204 ff., 210 ff. mit Überblick über den Meinungsstand; *Geßler* ZGR 1980, 427 ff. (453); Großkomm AktG/*Röhricht/Schall* § 23 Rn. 262; MüKoAktG/*Hüffer/Schäfer* Rn. 53.
[295] So *Huber* FS Coing Bd. II, 1981, 167 ff. (184 ff.); wohl auch Großkomm AktG/*K. Schmidt* Rn. 54.
[296] MüKoAktG/*Hüffer/Schäfer* Rn. 47, 49.

Zentrum der Diskussion steht dabei das Verhältnis zwischen der „Wesensalternative" und des Verstoßes gegen „im öffentlichen Interesse gegebene Vorschriften". Die Alternative der Nichtigkeit wegen Verstoßes gegen gläubigerschützende Vorschriften ist demgegenüber klar umrissen, sodass sich insoweit Einordnungs- und Abgrenzungsprobleme nicht stellen.

179 **b) Stellungnahme.** Der Praktiker, der sich mit der Nichtigkeit eines konkreten Beschlusses auseinander zu setzen hat, wird stets zunächst in die **inhaltliche Überprüfung** etwaiger **konkreter Gesetzesverletzungen** eintreten. Dies nicht nur aus Zweckmäßigkeitsgründen und weil er es gewohnt ist, bei der Auslegung zunächst von konkreten Vorschriften auszugehen und erst dann, wenn diese nicht erfüllt sind, in die Prüfung generalklauselartiger Vorschriften einzutreten, sondern auch logisch zwingend deshalb, weil sich das Wesen der Aktiengesellschaft in den Regeln des Aktiengesetzes widerspiegelt und die Frage, ob das Wesen der Aktiengesellschaft berührt wird, immer nur im Lichte der Frage nach der Übereinstimmung bzw. Nichtübereinstimmung mit den aktienrechtlichen Vorschriften beantwortet werden kann. Entspricht der fragliche Beschluss den aktienrechtlichen Vorschriften, so scheidet ein Verstoß gegen das Wesen der Aktiengesellschaft von vornherein aus.

180 Dennoch muss Ausgangspunkt der Überlegungen vor diesem Hintergrund das Gesamtverständnis sein, das der Gesetzgeber in § 241 Nr. 3 zum Ausdruck bringt, dass der Hauptversammlung nicht die Befugnis zukommt, Beschlüsse zu fassen, die mit dem Wesen der Aktiengesellschaft nicht in Einklang stehen. Die Absolutheit dieser gesetzgeberischen Entscheidung mit der Wirkung der Nichtigkeit findet ihre Rechtfertigung ausschließlich darin, dass der Gesetzgeber an der Wahrung der von ihm gesetzten **Strukturen einer Aktiengesellschaft** im Interesse der Rechtssicherheit und Berechenbarkeit ein **überragendes öffentliches Interesse** sieht, das diese Rechtsfolge gebietet.[297] Es liegt im öffentlichen Interesse, dass sich hinter einer Aktiengesellschaft auch tatsächlich ein rechtliches Gebilde verbirgt, das den allgemeinen Vorstellungen an eine Aktiengesellschaft und den gesetzlichen Grundprinzipien einer solchen entspricht. Die Vereinbarkeit eines Hauptversammlungsbeschlusses mit dem Wesen der Aktiengesellschaft liegt mit anderen Worten stets im öffentlichen Interesse. Da sich das Wesen der Aktiengesellschaft wiederum in den aktienrechtlichen Vorschriften, insbesondere den zwingenden Vorschriften, widerspiegelt, folgt daraus, dass jede Unvereinbarkeit eines Hauptversammlungsbeschlusses mit dem Wesen der Aktiengesellschaft zugleich eine Verletzung einer im öffentlichen Interesse gegebenen Vorschrift im Sinne der dritten Alternative des § 241 Nr. 3 AktG darstellt.

181 Diese dritte Alternative beinhaltet also alle Wesenverstöße, das **„Wesensmerkmal"** stellt somit einen **Ausschnitt der dritten Alternative** dar. Zugleich bietet das Wesensargument damit eine **Auslegungshilfe** für das Verständnis der Frage, was unter dem öffentlichen Interesse zu verstehen ist.

182 Die Vorschrift ist daher im Blick auf die aufgeworfene Fragestellung dahin zu verstehen, dass ein Beschluss nichtig ist, der durch seinen Inhalt Vorschriften verletzt, die im öffentlichen Interesse liegen, insbesondere Vorschriften, durch die das Wesen der Aktiengesellschaft bestimmt wird. Eine **eigenständige Bedeutung hat die Wesensalternative** daher **nicht.** Diese wäre nur dann zu bejahen, wenn es Fallgestaltungen gäbe, bei denen die Unvereinbarkeit mit dem Wesen der Aktiengesellschaften nicht unmittelbar aus einem Gesetzesverstoß abgeleitet werden könnte, sondern aus anderen Kriterien. Derartige Fälle werden zwar gelegentlich abstrakt angesprochen,[298] abgesehen von dem Fall der Perplexität bei Gesellschafterbeschlüssen[299] – ein Fall, bei dem sich eine Lösung über allgemeine Rechtsregeln aufdrängt und die „Bemühung" des Wesens der Aktiengesellschaft schon deshalb gekünstelt erscheint, weil es sich der Sache nach nicht um eine typisch aktienrechtliche Problematik, sondern ein allgemeines Rechtsproblem handelt – jedoch nicht konkretisiert.[300]

183 Im Ergebnis ist daher von den konkreteren Tatbestandsalternativen des § 241 Nr. 3 auszugehen, der Wesensalternative kommt lediglich der Charakter einer Auslegungshilfe und ggf. – in allerdings praktisch kaum denkbaren Fällen – der eines Auffangtatbestands zu.[301] Vor diesem Hintergrund sind die Tatbestandsalternativen unter Berücksichtigung der auftretenden Fallgruppen im Einzelnen zu würdigen.

II. Nichtigkeit wegen Verstoßes gegen gläubigerschützende Vorschriften

184 Die Alternative des § 241 Nr. 3, nach der die Nichtbeachtung von gläubigerschützenden Vorschriften zur Nichtigkeit führt, lässt sich am leichtesten ausfüllen. Der Nichtigkeitsfolge kommt hier

---

[297] K. Schmidt/Lutter/*Schwab* Rn. 15.
[298] *Geßler* ZGR 1980, 427 (432).
[299] MüKoAktG/*Hüffer/Schäfer* Rn. 67.
[300] Ähnlich K. Schmidt/Lutter/*Schwab* Rn. 18; → Rn. 207.
[301] Kölner Komm AktG/*Noack/Zetzsche* Rn. 124.

besondere Bedeutung deshalb zu, weil die Gläubiger nicht die Möglichkeit der Anfechtung haben und deshalb ganz auf die Nichtigkeit, die auch sie geltend machen können (→ Rn. 18), setzen müssen. Im Zentrum der insoweit in Betracht kommenden Vorschriften stehen § 57 (Einlagenrückgewähr), § 58 Abs. 4 (Verbot verdeckter Gewinnausschüttung), §§ 225, 233 (Kapitalherabsetzung), § 272 (Verteilungsverbot), § 303 (Beendigung von Beherrschungs- und Gewinnabführungsverträgen), § 321 (Eingliederungen), denen vom Gesetzgeber selbst ausdrücklich Gläubigerschutzfunktion zugewiesen wird. Entsprechendes gilt für die §§ 22, 133, 134, 204, 224, 249, 257 UmwG.

Der Gläubigerschutz muss indes nicht alleinige und einzige Intention der in Betracht zu ziehenden Vorschrift sein, zur Nichtigkeit führen auch Verstöße gegen Vorschriften, die **„überwiegend"** dem **Schutz der Gläubiger** dienen. Bei der Auslegung hat dabei nach allgemeiner und richtiger Ansicht nicht eine Abwägung zwischen den Gläubigerinteressen und anderen Intentionen, insbesondere Aktionärsinteressen, zu erfolgen. Vielmehr ist darauf abzustellen, ob der Gesetzgeber jedenfalls auch gläubigerschützende Ziele mit der Vorschrift anstrebt und dies eine wesentliche Intention darstellt.[302] Nicht erfasst werden daher vor allem Vorschriften, bei denen dem Gläubigerschutz nur reflexartige Nebenwirkung zukommt, so insbesondere bei organisationsrechtlichen Vorschriften, auch wenn diese letztlich durchaus auch den Gläubigern zugute kommen.[303] Hingegen fallen alle **Vorschriften, die der Kapitalerhaltung dienen,** unter den Schutzbereich, so das Verbot der Einlagenrückgewähr gem. §§ 57 ff. einschließlich des Verbots verdeckter Gewinnausschüttungen,[304] das Verbot des Erwerbs eigener Aktien, §§ 71 ff.,[305] die Vorschriften über die Bildung von Rücklagen, §§ 150, 300, 301, und das Verbot auf den Verzicht von Schadensersatz- und Ausgleichsansprüchen gem. §§ 50, 93 Abs. 4 S. 3, § 120 Abs. 2 S. 2, § 302 Abs. 3. 185

III. Nichtigkeit wegen Verstoßes gegen im öffentlichen Interesse gegebene Vorschriften

1. Verstöße gegen die Satzungsautonomie. Zum Grundverständnis und zum Verhältnis zur Nichtigkeit wegen Unvereinbarkeit mit dem Wesen der Aktiengesellschaft wird auf die → Rn. 168 ff. Bezug genommen. Aus den Ausführungen zu → Rn. 173 ff. ergibt sich weiter, dass der Tatbestand dieser Nichtigkeitsalternative stets durch Hauptversammlungsbeschlüsse erfüllt wird, durch die Grenzen der Satzungsautonomie überschritten werden. Gegen zwingendes Gesetzesrecht verstoßende Satzungsänderungen sind somit nichtig. Nicht nichtig, sondern nur anfechtbar sind dagegen satzungsändernde Beschlüsse, bei denen die Hauptversammlung von Regelungsbefugnissen Gebrauch macht, die das Gesetz für die Satzung eröffnet, aber die Grenzen dieser Regelungen überschreitet. Wenn vom Recht, einen anderen Hauptversammlungsort als den Satzungssitz oder einen Börsenplatz zu bestimmen, Gebrauch gemacht wird (§ 121 Abs. 5) aber tatsächlich keine ausreichende Eingrenzung der möglichen Orte vorgenommen wird und damit keine ausreichende „Bestimmung" getroffen wird, ist der Beschluss daher nicht nichtig, sondern nur anfechtbar.[306] 186

2. Sonstige Verstöße. Für die Anwendbarkeit der Vorschrift im Übrigen, also insbesondere für ad-hoc-Verstöße, ist von nachstehenden Grundsätzen auszugehen. Das öffentliche Interesse iSv § 241 Nr. 3 muss nach dem Wortlaut der Vorschrift in konkreten **zwingenden Rechtsvorschriften,** gegen die durch die Beschlussfassung verstoßen wird, zum Ausdruck kommen. Hierunter sind in Anlehnung an den Begriff der Rechtsnorm in Art. 2 EGBGB[307] sämtliche relevanten Rechtsvorschriften zu verstehen, nicht nur solche des Aktienrechts. Wie bei den Gläubigerschutzgesetzen (→ Rn. 184) reicht es dabei aus, dass die in Rede stehende Vorschrift **überwiegend im öffentlichen Interesse** liegt, was auch hier dahin zu verstehen ist, dass der Gesetzgeber mit der Vorschrift zielgerichtet zumindest auch öffentliche Interessen verfolgt[308] und dies für ihn – uU neben anderen – zumindest auch eine wesentliche Intention darstellt. Nach allgemeiner Ansicht ist der Begriff des 187

---

[302] *Zöllner,* Die Schranken mitgliedschaftlicher Stimmrechtsmacht bei den privatrechtlichen Personenverbänden, 1963, 377 ff., Kölner Komm AktG/*Noack/Zetzsche* Rn. 103; MüKoAktG/*Hüffer/Schäfer* Rn. 55; ähnlich *Geßler* ZGR 1980, 427 (436 f.); enger Großkomm AktG/*K. Schmidt* Rn. 59, der verlangt, dass die Nichtanerkennung des Beschlussergebnisses zwingend geboten ist.
[303] OLG Düsseldorf AG 1976, 215 zu § 134; OLG Jena AG 2015, 160 (161) zur Gleichbehandlung; Kölner Komm AktG/*Noack/Zetzsche* Rn. 104.
[304] BGH NZG 2012, 1030 Rn. 13; Kölner Komm AktG/*Noack/Zetzsche* Rn. 102.
[305] BGHZ 15, 391 (392 f.).
[306] BGHZ 203, 68 = NJW 2015, 336 Rn. 20; BGH NJW 1994, 320 (322).
[307] *Eberspächer,* Nichtigkeit von Hauptversammlungsbeschlüssen nach § 241 Nr. 3 AktG, 2009, 140.
[308] Kölner Komm AktG/*Noack/Zetzsche* Rn. 108.

öffentlichen Interesses dabei **weit auszulegen.**[309] Er geht weiter als der nur mit wesentlichen Grundsätzen des deutschen Rechts offensichtlich unvereinbare Gestaltungen ausscheidende ordre public und greift auch weiter als nur die Normen des Strafrechts und des öffentlichen Rechts.

188 Da es darum geht, Beschlüssen der Hauptversammlung die Wirkung zu versagen, ist Ausgangspunkt der gebotenen teleologischen Auslegung die Frage, ob die Beschlussfassung als solche im Widerspruch zu dem öffentlichen Interesse steht mit der Folge, dass dieses gebietet, der von der Hauptversammlung beschlossenen Regelung die Wirksamkeit schlechthin und endgültig zu versagen,[310] also auch dann, wenn die Gesellschafter sich einig sind oder die überstimmte Minderheit das Votum der Mehrheit hinzunehmen bereit ist und von der Anfechtungsmöglichkeit keinen Gebrauch macht. Es muss somit gegen Regeln verstoßen werden, die **nicht zur Disposition** der Gesellschaft bzw. der Aktionäre stehen.[311]

189 Neben Vorschriften zum Schutz der Aktionäre ist dabei unter Heranziehung des Kriteriums der Vereinbarkeit mit dem Wesen der Aktiengesellschaft (→ Rn. 178 ff.) die Einhaltung solcher Vorschriften im öffentlichen Interesse unverzichtbar, die die **rechtlichen Strukturen der Gesellschaft** bestimmen, ihren rechtlichen Charakter ausmachen und der Aktiengesellschaft das Gepräge geben. Es liegt schon aus Gründen der Rechtsklarheit und Rechtssicherheit im Vertrauensinteresse der Allgemeinheit und damit im öffentlichen Interesse, dass eine Gesellschaft, die in der Öffentlichkeit als Aktiengesellschaft auftritt, dem auch gerecht wird. Dem ist nicht nur über das Prinzip der Satzungsstrenge gem. § 23 Abs. 5 im Rahmen der Satzungsgebung Rechnung zu tragen, sondern auch bei Entscheidungen der Hauptversammlung. So darf der korporative Charakter nicht tangiert werden, die Gesellschaft muss also eine Satzung und die im Gesetz vorgesehenen Gesellschaftsorgane haben und diesen auch die gesetzlich vorgesehenen Funktionen im Rahmen der ihnen übertragenen Selbstorganschaft zuweisen. Auch der Grundsatz der Gleichberechtigung der Aufsichtsratsmitglieder ist nicht disponibel.[312]

190 Als grundlegende, selbstverständliche Wesensmerkmale sind weiter die in § 1 angeführten Eigenschaften als juristische Person und als Kapitalgesellschaft, die Zerlegung des Kapitals in Aktien mit festen Nenn- und Mindestbeträgen,[313] die Einhaltung der Voraussetzungen des § 193 Abs. 2 bei der bedingten Kapitalerhöhung,[314] der Ausschluss der Aktionärshaftung nach außen und innen in §§ 7, 8, das Stimmrecht, § 12, sowie der Grundsatz der freien Übertragbarkeit des Mitgliedschaftsrechts[315] zu nennen. Auch die Vorschriften über qualifizierte Mehrheiten – zB § 179 Abs. 2, §§ 182, 222 Abs. 1 – sind anzuführen.[316] Schließlich kann die Satzung nicht eine beliebige Zahl von Aufsichtsratsmitgliedern vorsehen.[317] Nach hM liegt im öffentlichen Interesse auch das Bestellungsverbot für Sonderprüfer gem. § 143 Abs. 2, dessen Verletzung daher zur Nichtigkeit führt.[318]

191 **3. Schutz der gegenwärtigen Aktionäre.** Die amtliche Begründung[319] sah einen Schwerpunkt des öffentlichen Interesses im Schutz der künftigen Aktionäre, aber auch in dem der gegenwärtigen Aktionäre insoweit, als diese auf vom Gesetz vorgegebene Schutzmechanismen nicht verzichten können. Hieran anknüpfend sind inhaltliche Verstöße gegen das Aktiengesetz dann nichtig, wenn in **unverzichtbare Positionen** der Aktionäre eingegriffen wird,[320] wobei Unverzichtbarkeit nicht ohne weiteres mit der Beachtung des zwingenden Rechts gleichgesetzt werden kann. An der Nichtigkeit von Beschlüssen, durch die etwa gegen den Gleichheitssatz verstoßen wird oder Minderheitsrechte missachtet werden, besteht dann **kein öffentliches Interesse,** wenn die in ihren Rechten betroffenen Aktionäre dies hinzunehmen bereit sind oder der Beschlussfassung gar zustimmen. Sinn

---

[309] MüKoAktG/*Hüffer/Schäfer* Rn. 58; Großkomm AktG/*K. Schmidt* Rn. 60; K. Schmidt/Lutter/*Schwab* Rn. 20; *Geßler* ZGR 1980, 427 (448).
[310] Großkomm AktG/*K. Schmidt* Rn. 58.
[311] K. Schmidt/Lutter/*Schwab* Rn. 17, 20, *Eberspächer,* Nichtigkeit von Hauptversammlungsbeschlüssen nach § 241 Nr. 3 AktG, 2009, 113 ff. (123 ff.).
[312] BGHZ 99, 211 (215 ff.) = NJW 1987, 902 (unterschiedlicher Quoren für die Abberufung einzelner Aufsichtsratsmitglieder); s. auch BGH NJW 1988, 260; NJW 1988, 1214.
[313] BGH NJW 1995, 260 = LM AktG 1965 § 221 Nr. 4: Nichtigkeit eines Ermächtigungsbeschlusses, der den Nennbetrag nicht bestimmt.
[314] OLG Hamm AG 2008, 506 = BB 2008, 563 ff.; OLG Celle AG 2008, 85; s. auch § 193 Rn. 37 mwN.
[315] BGHZ 160, 253 (keine Schriftform für Übertragung von Namensaktien); LG München I AG 2017, 591 (592) (keine Vinkulierung nur durch Zustimmung des Vorstands nach Zustimmung der Hauptversammlung); *Goette* DStR 2005, 603 (606 f.); *Noack* EWiR 2005, 49.
[316] Großkomm AktG/*K. Schmidt* Rn. 60; NK-AktR/*Heidel* Rn. 10.
[317] LG München I AG 2017, 591 (593).
[318] Hüffer/Koch/*Koch* § 143 Rn. 6; Großkomm AktG/*Bezzenberger* § 143 Rn. 26; aA → § 143 Rn. 38.
[319] RAnz 1937 Nr. 28, 2. Beil. S. 1.
[320] Kölner Komm AktG/*Noack/Zetzsche* Rn. 108.

und Zweck des zwingenden Rechts sind in derartigen Fällen im Regelfall dadurch gewahrt, dass jedenfalls die Möglichkeit besteht, die Beschlussfassung zu verhindern bzw. im Anfechtungswege zu beseitigen.[321] Die individuelle Betroffenheit der Aktionäre im Einzelfall muss das Institut der Aktiengesellschaft als solches in derartigen Fällen nicht berühren. Im öffentlichen Interesse liegt insoweit regelmäßig nur die Eröffnung der Möglichkeit, den Rechtsverstoß ggf. verfolgen zu können. Die Anfechtbarkeit kann daher nicht ausgeschlossen werden. Im Übrigen sind die Rechte der Aktionäre jedoch weitgehend verzichtbar, sodass ihnen auch die Initiative zur Verfolgung von Verstößen überlassen bleiben kann und kein öffentliches Interesse besteht, ohne oder gar gegen den Willen der Aktionäre die gesetzlichen Schutzvorschriften durchzusetzen.[322]

Deshalb führen Verstöße gegen die Vorschriften über die Anforderungen an qualifizierte Mehrheiten (§ 179 Abs. 2, § 182 Abs. 1, § 222 Abs. 1, § 226 Abs. 1 Nr. 2, § 293 Abs. 1, § 319 Abs. 2) nur zur Anfechtbarkeit. Beschlüsse, bei denen der Versammlungsleiter trotz Nichterreichens des erforderlichen Quorums das Zustandekommen des Beschlusses festgestellt hat, sind daher nicht nichtig.[323] Entsprechendes gilt für Verstöße gegen den Gleichbehandlungsgrundsatz des § 53a, gegen die gesellschaftsrechtliche Treuepflicht,[324] bei Bezugsrechtsausschlüssen, bei Kapitalerhöhungen[325] sowie bei der Auferlegung von Sonderpflichten.[326]

4. Schutz der künftigen Aktionäre. Überwiegend wird zwischen dem Schutz der derzeitigen Aktionäre, die ggf. auf die Beschlussfassung Einfluss nehmen und diese anfechten können, und dem künftiger Aktionäre, die diese Möglichkeit nicht haben, differenziert.[327] Verstöße gegen zwingende Vorschriften, durch die die gegenwärtigen Aktionäre tangiert werden, führten nicht zur Nichtigkeit, sondern nur zur Anfechtbarkeit, solche hingegen, die die Rechte künftiger Aktionäre berührten, hätten unweigerlich die Nichtigkeit zur Folge. Dies vermag nicht zu überzeugen. Der Aktienerwerb steht den künftigen Aktionären frei und ist mit einer freiwilligen Unterwerfung unter die bestehende Satzungslage und auch sonstige in der Vergangenheit getroffene Beschlussfassungen verbunden. Ein besonderer Schutz künftiger Aktionäre, der die Nichtigkeit zwingend erfordert, ist daher nicht angezeigt.[328]

5. Anwendungsbereich im Einzelnen. Diese Tatbestandsalternative greift vor diesem Hintergrund vor allem dann, wenn der im öffentlichen Interesse liegende Schutz Dritter in Rede steht, des Weiteren in Fällen, in denen das öffentliche Interesse an der Einhaltung zwingenden Aktienrechts über das Individualinteresse der unmittelbar betroffenen Aktionäre im Einzelfall hinausgeht und der vom öffentlichen Interesse getragene aktienrechtliche Regelungskern tangiert wird.[329] Die Entscheidung im Einzelfall ist dabei nicht immer einfach.

a) Kompetenzübergreifende Beschlüsse. Besondere Bedeutung kommt in der Praxis kompetenzüberschreitenden Beschlüssen zu, mit denen die Hauptversammlung Beschlüsse trifft, die in die ausschließliche Zuständigkeit eines anderen Gesellschaftsorgans fallen. Die Zuweisung der Zuständigkeit an ein bestimmtes Organ beinhaltet zugleich das Verbot an die Hauptversammlung, diese Frage an sich zu ziehen.[330] Nach ganz überwiegender neuerer Auffassung wird zu Recht davon ausgegangen, dass die Nichtbeachtung der Kompetenzordnung nicht nur einen formalen, sondern einen **inhaltlichen Beschlussmangel** iSv § 241 Nr. 3 darstellt, der, da er den Kern des korporativen Charakters berührt, gegen öffentliche Interessen verstößt.[331] Er führt deshalb zur Nichtigkeit.[332]

Nichtig sind daher als Eingriff in das Recht des Aufsichtsrats gem. § 84 Beschlüsse über die Bestellung des Vorstands[333] und Kreditgewährungen an den Vorstand gem. § 89,[334] vor allem aber

---

[321] Ähnlich MüKoAktG/*Hüffer/Schäfer* Rn. 59; *Hoffmann* AG 1980, 141 (145).
[322] So K. Schmidt/Lutter/*Schwab* Rn. 20.
[323] Großkomm AktG/*K. Schmidt* Rn. 60.
[324] BGHZ 132, 84 (93 f.) = NJW 1996, 1756 (Umwandlungsbeschluss ohne gesetzliche Grundlage); OLG Düsseldorf AG 2003, 578 (580).
[325] BGHZ 71, 40 (43 f.) = NJW 1978, 1316.
[326] *Baums*, Eintragung und Löschung von Gesellschafterbeschlüssen, 1981, 110.
[327] MüKoAktG/*Hüffer/Schäfer* Rn. 59; K. Schmidt/Lutter/*Schwab* Rn. 20.
[328] Hölters/*Englisch* Rn. 65.
[329] MüKoAktG/*Hüffer/Schäfer* Rn. 62.
[330] So auch *Eberspächer*, Nichtigkeit von Hauptversammlungsbeschlüssen nach § 241 Nr. 3 AktG, 2009, 198.
[331] MüKoAktG/*Hüffer/Schäfer* Rn. 62; Kölner Komm AktG/*Noack/Zetzsche* Rn. 109; aA Großkomm AktG/ *K. Schmidt* Rn. 57 (Wesensverstoß); *Baums* ZHR 142 (1978), 582 (584 f.).
[332] MüKoAktG/*Hüffer/Schäfer* Rn. 62; Großkomm AktG/*K. Schmidt* Rn. 57; Kölner Komm AktG/*Noack/ Zetzsche* Rn. 109; Hölters/*Englisch* Rn. 66; *Baums* ZHR 142 (1978), 582 (584 f.).
[333] Kölner Komm AktG/*Noack/Zetzsche* Rn. 112.
[334] OLG Stuttgart NZG 2004, 1002 f.

Beschlüsse, die in die alleinige Kompetenz des Vorstands in Fragen der Geschäftsführung oder gar der Tagespolitik eingreifen, §§ 76, 77, sofern der Vorstand die Frage nicht gem. § 119 Abs. 2 selbst in die Hand der Hauptversammlung gelegt hat. Bei Grundlagenfragen im Sinne der Holzmüller-Doktrin,[335] bei denen der Vorstand die Zustimmung der Hauptversammlung einzuholen hat, hängt die Nichtigkeit ggf. davon ab, ob wirklich eine Grundlagenfrage oder nur eine normale Geschäftsführungsfrage in Rede steht, worüber im Einzelfall trefflich gestritten werden kann.

197 Der **Vorstand** ist an einen in seine Kompetenzen eingreifenden Beschluss nicht gebunden, wird ihn jedoch als Meinung der Gesellschafter im Rahmen seines Ermessens berücksichtigen. Aus Gründen der Vorsicht und zur Vermeidung von Haftungsrisiken sollte er jedenfalls dann, wenn sich der Beschlussgegenstand im Grenzbereich zu Grundlagenfragen bewegt, Nichtigkeitsklage erheben, wenn er den Beschluss nicht umsetzen will.[336]

198 Nichtig sind umgekehrt auch **Ermächtigungsbeschlüsse**, mit denen die Hauptversammlung ihr zwingend übertragene Kompetenzen auf andere Organe **delegiert**.[337]

199 Ebenfalls Nichtigkeit liegt vor, wenn beim squeeze out und der Eingliederung die **Kapitalmehrheit** des § 327a Abs. 1 bzw. §§ 319, 320 **nicht besteht**.[338] Es liegen nicht nur ein Verfahrensfehler und ein Abstimmungsfehler vor, sondern ein inhaltlicher Fehler hinsichtlich der Sachkompetenz.

200 **b) Verstöße gegen das Mitbestimmungsgesetz.** Im Ergebnis weitestgehend unstreitig zur Nichtigkeit führen nach ständiger Rechtsprechung Verstöße gegen das Mitbestimmungsgesetz.[339] Relevant sind dabei vor allem Verstöße gegen die in §§ 25 ff. MitbestG vorgegebene **Besetzung des Aufsichtsrats.** Die zwingenden Vorschriften des Mitbestimmungsgesetzes über die innere Ordnung des Aufsichtsrats bringen das normierte öffentliche Allgemeininteresse an der Mitbestimmung im Ausgleich des Interessenkonflikts zwischen den Anteilseignern und der Arbeitnehmerseite zum Ausdruck und sind Bestandteil des für die Aktiengesellschaft vorgegebenen wirtschaftlichen Rahmens.[340] Richtigerweise ist die dritte Alternative von § 241 Nr. 3 daher einschlägig. Insoweit werden freilich vor dem Hintergrund des umstrittenen Grundverständnisses zu § 241 Nr. 3[341] unterschiedliche Auffassungen vertreten. Da das überragende öffentliche Interesse an der Mitbestimmung allgemein anerkannt ist, ist im Ergebnis unerheblich, ob es sich bei dem angegriffenen Beschluss um eine gegen § 23 Abs. 5 verstoßende Satzungsänderung handelt, was nach richtiger Auffassung bereits für sich allein zur Nichtigkeit führt (→ Rn. 168 ff., 175 ff.) oder ob es sich um einen ad-hoc-Beschluss außerhalb der Satzung handelt.

201 Liegt ein Verstoß gegen §§ 25 ff. MitbestG vor, so bedarf es **keiner individuellen Prüfung** mehr, ob auch die konkret verletzte Vorschrift die Nichtigkeit unter Berücksichtigung der Voraussetzungen des § 241 Nr. 3 erfordert. Die Vorschriften des Mitbestimmungsgesetzes sind als ein auf den Ausgleich der verschiedenen Interessen beruhendes, kompromissartiges Gesamtwerk zu sehen, das eine individuelle Würdigung der Einzelvorschriften unter dem Gesichtspunkt des öffentlichen Interesses nicht erlaubt.[342] Unerheblich für die Frage der Nichtigkeit ist schließlich, ob die Anteilseignerseite oder die Arbeitnehmerseite benachteiligt wird.[343]

202 **c) Diskriminierende Beschlüsse.** Da Aktionäre von vornherein gleich zu behandeln sind (§ 53a), kommt eine Diskriminierung nach § 7 AGG allenfalls dort in Betracht, wo die Hauptversammlung Personalentscheidungen zu treffen hat,[344] also bei Aufsichtsratswahlen und der Abberufung von Aufsichtsratsmitgliedern oder beim Vertrauensentzug für Vorstandsmitglieder durch die Haupt-

---

[335] BGHZ 83, 122 = NJW 1982, 1703 – Holzmüller; BGHZ 159, 30 = NJW 2004, 1860 – Gelatine I; BGH NZG 2004, 575 ff. – Gelatine II.
[336] Kölner Komm AktG/*Noack*/*Zetzsche* Rn. 111.
[337] *Eberspächer*, Nichtigkeit von Hauptversammlungsbeschlüssen nach § 241 Nr. 3 AktG, 2009, 200 ff., Kölner Komm AktG/*Noack*/*Zetzsche* Rn. 113.
[338] OLG München ZIP 2006, 2370 (2371); OLG München AG 2004, 455; K. Schmidt/Lutter/*Schnorbus* § 327f Rn. 3; Kölner Komm AktG/*Noack*/*Zetzsche* Rn 114; MüKoAktG/*Grunewald* § 327a Rn. 16; offengelassen bei BGHZ 189, 32 = NZG 2011, 1055 Rn. 27; aA noch *Grunewald* ZIP 2002 18 (20), *Mertens* AG 2002, 377 (383); *Gesmann-Nuissl* WM 2002, 1205 (1209).
[339] BGHZ 83, 106 (109 ff.) = NJW 1982, 1525; BGHZ 83, 151 (153 ff.) = NJW 1982, 1530; BGHZ 89, 48 ff. = NJW 1984, 733; OLG Karlsruhe NJW 1980, 2137; Großkomm AktG/*K. Schmidt* Rn. 60; MüKoAktG/*Hüffer*/*Schäfer* Rn. 63 f.; K. Schmidt/Lutter/*Schwab* Rn. 21; Kölner Komm AktG/*Noack*/*Zetzsche* Rn. 118; *Eberspächer*, Nichtigkeit von Hauptversammlungsbeschlüssen nach § 241 Nr. 3 AktG, 2009, 181 ff.
[340] MüKoAktG/*Hüffer*/*Schäfer* Rn. 65; UHH/*Ulmer* MitbestG Einl. Rn. 37, 44 f.
[341] → Rn. 204 ff.; MüKoAktG/*Hüffer*/*Schäfer* Rn. 63 f.
[342] MüKoAktG/*Hüffer*/*Schäfer* Rn. 65; aA insoweit *Canaris* DB-Beil. Heft 14/1981 5 f.; *Hoffmann* AG 1980, 141 ff.
[343] BGHZ 83, 106 (109 ff.) = NJW 1982, 1525.
[344] Kölner Komm AktG/*Noack*/*Zetzsche* Rn. 120 f.; MüKoAktG/*Hüffer*/*Schäfer* Rn. 65.

versammlung (§ 84 Abs. 3 S. 2). Aufsichtsratsmitglieder sind aber keine Arbeitnehmer im unionsrechtlichen Sinn, so dass die Geltung des AGG auch bei der Abberufung ausscheidet.[345] Der Vertrauensentzug von Vorstandsmitgliedern kann nur zur Abberufung führen, wenn er nicht aus offenbar unsachlichen Gründen geschieht, so dass es eines Rückgriffs auf das AGG unabhängig von seiner umstrittenen Geltung für Vorstandsmitglieder nicht bedarf.

d) Zustandsbegründende Satzungsdurchbrechungen. Zustandsbegründende Satzungsdurchbrechungen mit **Dauerwirkung** können nur unter Beachtung der Förmlichkeiten einer Satzungsänderung beschlossen werden und bedürfen der Eintragung ins Handelsregister. Sind diese Förmlichkeiten nicht eingehalten, etwa weil die Abweichung von der Satzung gar nicht erkannt wird und der Beschluss aus entsprechenden Gründen gar nicht zur Eintragung vorgesehen ist, so liegt Nichtigkeit vor.[346] Es fehlt dann bereits an der Fähigkeit zur erforderlichen Eintragung, sodass die Wirksamkeitsvoraussetzungen des Beschlusses gem. § 181 Abs. 3 von vornherein nicht eintreten können. 203

e) Punktuelle Verstöße gegen die Satzung. Nicht der Nichtigkeit unterfallen **ad-hoc-Beschlüsse,** die punktuell gegen die – wirksame – Satzung verstoßen. Satzungsregelungen sind nicht als Vorschriften iSv § 241 Nr. 3 zu verstehen, ein kraft eigener Autonomie gesetztes Regelwerk der Gesellschaft kann schon per se nicht gegen im öffentlichen Interesse gegebene Vorschriften verstoßen. Satzungsverstöße sind daher der klassische Anwendungsbereich der Beschlussanfechtung, § 243 Abs. 1.[347] 204

Ob die Anfechtbarkeit dann entfällt, wenn die Gesellschaftermehrheit erklärtermaßen die Maßnahme unter Aufrechterhaltung der Satzung als **einmalige Ausnahmeregelung** mit der für eine Satzungsänderung erforderlichen Mehrheit beschließt und welche Voraussetzungen hierfür bestehen, ist umstritten, insbesondere, ob gem. § 181 Abs. 3 die Eintragung ins Handelsregister erforderlich ist. Richtigerweise ist die grundsätzliche Zulässigkeit derartiger Beschlüsse zu bejahen. Es muss jedoch im Beschluss die Abweichung von der Satzung aus Rechtsschutz- und Rechtssicherheitsgründen ausdrücklich zur Vermeidung von Unklarheiten offenbart und die Beschlussfassung entsprechend auch im Handelsregister eingetragen werden. Durch die Offenlegung und die Klarstellung der Abweichung von der Satzung erhält diese Art der Beschlussfassung ihre – auch formale – Legitimation. Vor der Eintragung besteht entsprechend § 181 Abs. 3 – schwebende – Unwirksamkeit.[348] Liegt die Änderung außerhalb der Satzungsautonomie, so ist von Nichtigkeit auszugehen. 205

f) Gehörsverstoß. Keinen Fall des § 241 Nr. 3 nimmt der BGH bei **Versagung des rechtlichen Gehörs** an.[349] 206

g) Perplexe Beschlüsse. Im Ergebnis Einigkeit besteht über die Einordnung perplexer Gesellschafterbeschlüsse, wenn auch die dogmatische Begründung nicht leicht fällt. Hierunter werden Beschlüsse verstanden, die in sich einen inneren, auch durch Auslegung nicht ausräumbaren Widerspruch aufweisen, der zur Folge hat, dass sie keinen vernünftigen Sinn ergeben.[350] Darüber, dass ein solcher Beschluss **nichtig** ist, besteht Einigkeit. Teilweise wird von einer „Nichtigkeit aus der Sache heraus" gesprochen, „weil es nicht anders sein könne",[351] zum Teil diese Rechtsfolge auf allgemeine zivilrechtliche Rechtsgrundsätze, die dem öffentlichen Interesse zuzuordnen seien, gestützt,[352] teilweise werden solche Beschlüsse unter den Auffangtatbestand des § 241 Nr. 3 der Unvereinbarkeit mit dem „Wesen der Aktiengesellschaft" subsumiert.[353] 207

---

[345] Kölner Komm AktG/*Noack/Zetzsche* Rn. 122; MüKoAktG/*Hüffer/Schäfer* Rn. 65; aA *Schuber* ZIP 2013, 289 (294).
[346] BGHZ 123, 15 (19) = NJW 1993, 2246. zur GmbH; OLG Köln AG 2001, 426 f.; OLG Köln NJW-RR 1996, 1439 f.; *Habersack* ZGR 1994, 3543 (61); *Tieves* ZIP 1994, 1341; Hüffer/Koch/*Koch* § 179 Rn. 8; Großkomm AktG/*K. Schmidt* Rn. 56; *Scholz/Priester* GmbHG § 53 Rn. 26 ff.
[347] BGHZ 123, 15 (19) = NJW 1993, 2246; OLG Hamm DB 1992, 673 = GmbHR 1992, 761; Kölner Komm AktG/*Noack/Zetzsche* Rn. 100; *Eberspächer*, Nichtigkeit von Hauptversammlungsbeschlüssen nach § 241 Nr. 3 AktG, 2009, 193.
[348] *Habersack* ZGR 1994, 354 (361); Hüffer/Koch/*Koch* § 179 Rn. 8; aA *Priester* ZHR 151 (1987), 40 (47); *Tieves* ZIP 1994, 1341 (1345), der bei fehlender Eintragung für Anfechtbarkeit eintritt; aA – keine Anfechtbarkeit bei nur-formellen Satzungsklauseln und prozeduralen Verfahrensbestimmungen *Leuschner* ZHR 180 (2016), 422 ff.
[349] BGHZ 132, 84 (92) = NJW 1996, 1756 ff.: nur Anfechtbarkeit (Genossenschaft).
[350] OLG Hamburg OLGReport 1997, 33; *Emde* ZIP 2000, 59 (63).
[351] Großkomm AktG/*K. Schmidt* Rn. 64.
[352] *Casper*, Die Heilung nichtiger Beschlüsse im Kapitalgesellschaftsrecht, 1998, 45 f.; K. Schmidt/Lutter/*Schwab* Rn. 18.
[353] MüKoAktG/*Hüffer/Schäfer* Rn. 67; öOGH AG 2002, 575 f.

208 Letzteres kann zum einen im Einzelfall schon unter Berücksichtigung des konkreten Beschlussinhalts zu hoch gegriffen sein,[354] zum anderen erscheint diese Einordnung auch unbefriedigend, weil es sich um ein allgemeines rechtliches, nicht hingegen um ein typisch aktienrechtliches Problem handelt. Am überzeugendsten erscheint noch die Auffassung, dass sich die Rechtsfolge der Nichtigkeit aus allgemeinen – freilich nicht normierten – zivilrechtlichen Rechtsgrundsätzen ergibt, die dem öffentlichen Interesse iSv § 241 Nr. 3 zuzuordnen sind.

209 Fest steht in jedem Falle, dass solche Beschlüsse per se keine Wirkungen zeitigen können. Da sie sich schon aus logischen Gründen einer Umsetzung verschließen, kann der Vorstand sie nicht ausführen, es verbleibt ein nullum. Diese Rechtsfolge kann ggf. im Wege der Nichtigkeitsklage oder auch der Feststellungsklage gem. § 256 ZPO geklärt werden (→ Rn. 56).

F. Sittenwidrige Beschlüsse, § 241 Nr. 4

I. Normzweck

210 Gem. § 241 Nr. 4 sind Beschlüsse nichtig, die „durch ihren Inhalt" gegen die guten Sitten, also gegen das Anstandsgefühl aller billig und gerecht Denkenden iSv § 138 BGB, verstoßen. Anders als nach § 241 Nr. 3 ist nicht ein Verstoß gegen ausdrückliche gesetzliche Vorschriften oder das Wesen der Aktiengesellschaft erforderlich, die Nichtigkeitsfolge wird vielmehr an die Unvereinbarkeit mit außergesellschaftsrechtlichen Grundsätzen, den allgemeinen Grundwerten des gesellschaftlichen Zusammenlebens, wie sie insbesondere in den §§ 138, 826 BGB festgehalten sind, geknüpft. An der Wahrung dieser Grundsätze besteht ein öffentliches Interesse, das die Nichtigkeit rechtfertigt. Diese Grundsätze stehen nicht zur Disposition der Aktionäre, sodass gegen sie verstoßende Beschlüsse nicht dem Anfechtungsverfahren überlassen werden können.[355] § 241 Nr. 4 ist damit die folgerichtige Ergänzung der Inhaltsmängel des § 241 Nr. 3, gewissermaßen deren vierte Alternative.

II. Voraussetzungen

211 Der **Beschlussinhalt als solcher** muss sittenwidrig sein. Da der Beschluss selbst den sittenwidrigen Inhalt in der Regel nicht auf den ersten Blick offenbart, sondern er bei der Beschlussformulierung regelmäßig verdeckt wird, ist er nach seinem Kontext und seinem tieferen Sinn und inneren Gehalt zu hinterfragen.[356] Die Anstößigkeit der hinter ihm stehenden Motivation allein, der Zweck und die Art und Weise des Zustandekommens der Beschlussfassung – etwa Stimmrechtsmissbrauch, Verletzung des Gleichbehandlungsgrundsatzes oder der Treuepflicht – berühren für sich allein nicht die erforderliche Sittenwidrigkeit des Beschluss*inhalts* und reichen deshalb nicht aus,[357] ebenso wenig Sondervorteile.[358] Diese Fälle unterfallen gem. § 243 Abs. 1 und Abs. 2 nur der Anfechtbarkeit.[359]

212 Wann im Einzelnen von Sittenwidrigkeit auszugehen ist, ist nach den allgemeinen Regeln, insbesondere § 138 BGB, zu beurteilen. Für die Frage, ob ein gravierender Verstoß gegen das Anstandsgefühl vorliegt, ist mitentscheidendes Kriterium, **wer** durch die Beschlussfassung **tangiert wird.** Eine Beeinträchtigung der Aktionäre führt – wie bei § 241 Nr. 3 (→ Rn. 187 ff.) – auch hier nur dann zur Nichtigkeit iSv § 241 Nr. 4, wenn in unverzichtbare Aktionärspositionen eingegriffen wird. Unterliegt die Sachfrage ihrer grundsätzlichen Disposition, scheidet Nichtigkeit aus, die überstimmte Minderheit muss ggf. anfechten.[360]

213 Beschlüsse, die sich **gegen Gläubiger oder sonstige Dritte** richten, die nicht anfechtungsberechtigt sind, sind deshalb das eigentliche Anwendungsgebiet des § 241 Nr. 4.[361] Anwendungsfälle sind auch hier selten, da in der Regel bereits institutionelle Gläubigerschutzbestimmungen iSv § 241 Nr. 3 verletzt sein werden und Nichtigkeit schon deshalb vorliegen wird, wobei insoweit § 241 Nr. 3

---

[354] *Emde* ZIP 2000, 59 (63).
[355] Großkomm AktG/*K. Schmidt* Rn. 66; MüKoAktG/*Hüffer/Schäfer* Rn. 68 ff.
[356] BGHZ 15, 382 (385) = NJW 1955, 221; Kölner Komm AktG/*Noack/Zetzsche* Rn. 149.
[357] BGHZ 103, 184 (193) = NJW 1988, 1579 (1581); BGHZ 8, 348 (356); OLG München NZG 2001, 616; OLG Karlsruhe NJW-RR 2001, 1326 = AG 2002, 523; K. Schmidt/Lutter/*Schwab* Rn. 23.
[358] AA wohl K. Schmidt/Lutter/*Schwab* Rn. 24.
[359] BGHZ 101, 113 (116) = NJW 1987, 2514 (zur GmbH); BGHZ 15, 382 (385) = NJW 1955, 221; Großkomm AktG/*K. Schmidt* Rn. 65 und MüKoAktG/*Hüffer/Schäfer* Rn. 69, auch zur Gesetzesgeschichte.
[360] Allgemeine Ansicht: BGHZ 33, 175 = NJW 1961, 26; Kölner Komm AktG/*Noack/Zetzsche* Rn. 149; Großkomm AktG/*K. Schmidt* Rn. 67; MüKoAktG/*Hüffer/Schäfer* Rn. 70.
[361] BGHZ 15, 382 (385); BGHZ 24, 119 (123); BGHZ 101, 113 (116) = NJW 1987, 2514; OLG München NZG 1999, 1173; Großkomm AktG/*K. Schmidt* Rn. 67; Kölner Komm AktG/*Noack/Zetzsche* Rn. 150; MüKoAktG/*Hüffer/Schäfer* Rn. 70, Bürgers/Körber/*Göz* Rn. 18; → § 243 Rn. 189.

als Spezialnorm § 241 Nr. 4 vorgeht. Es verbleiben für § 241 Nr. 4 vor allem Beschlüsse, durch die ohne unmittelbare Verletzung gläubigerschützender Vorschriften Dritte gezielt sittenwidrig geschädigt werden, etwa konkrete Vertragspartner oder Konkurrenten, durch Beschlüsse in Geschäftsführungsfragen auf Verlangen des Vorstands gem. § 119 Abs. 2.[362] Sittenwidrig kann auch ein Verzicht auf Schadenersatzansprüche gegen Organmitglieder sein, vor allem bei Insolvenz.[363] Benötigt wird insoweit wegen § 93 Abs. S. 3 die Nichtigkeit des Beschlusses nicht.[364] Keine Sittenwidrigkeit liegt dagegen vor, wenn inhaltlich unbedenkliche Beschlüsse zum Zweck der Gläubigerbenachteiligung oder Insolvenzverschleppung gefaßt werden, etwa zur Firmenbestattung, weil sich die Sittenwidrigkeit aus dem Beschlussinhalt ergeben muß.[365]

G. Nichtigkeit auf Grund Anfechtungsurteils, § 241 Nr. 5

Gem. § 241 Nr. 5 sind Beschlüsse nichtig, die auf Grund einer erfolgreichen Anfechtungsklage gerichtlich für nichtig erklärt worden sind. Die **Nichtigkeitserklärung** ist das Ziel der Anfechtungsklage, mit der die Gleichstellung zu den gem. § 241 Nr. 1 bis 4 nichtigen Beschlüssen erreicht wird.

Nach überwiegender Ansicht folgt die Nichtigkeit bereits aus § 248, § 241 Nr. 5 komme daher nur klarstellende, den Katalog des § 241 vervollständigende Bedeutung zu.[366] § 248 regelt aber mit rein prozessualer Bindungswirkung lediglich die Wirkung der materiellen Rechtskraft eines Urteils in einem Anfechtungsrechtsstreit, von dem für sich allein jedoch keine Gestaltungswirkung ausgeht.[367] Diese wird – unabhängig davon, ob das Urteil der Sache nach richtig ist oder nicht – erst über § 241 Nr. 5 für alle über die Rechtskraftwirkung für Organe und Aktionäre hinaus bewirkt. Die Gestaltungswirkung muss daher auch die Nichtigkeitsklage, also Urteile, mit denen die Nichtigkeit eines Beschlusses festgestellt wird, erfassen.[368] Auch insoweit regelt § 249 iVm § 248 nur die Frage der Rechtskraft und ihres Umfangs, insbesondere nicht hingegen die Nichtigkeit von Beschlüssen, die zu Unrecht für nichtig erklärt worden seien. Zur insoweit erforderlichen Gestaltungswirkung bedarf es der Umsetzungswirkung, die nur § 241 Nr. 5 leistet. Einvernehmen besteht auch darüber, dass dem einen Beschluss für nichtig erklärenden Urteil auf den Zeitpunkt der Beschlussfassung **rückwirkende Kraft** zukommt.[369]

H. Nichtigkeit kraft Löschung, § 241 Nr. 6

I. Normzweck

Ein Hauptversammlungsbeschluss ist schließlich dann nichtig, wenn er in dem in § 398 FamFG geregelten Verfahren als nichtig gelöscht worden ist. Eine solche Löschung erfolgt dann, wenn ein in das Handelsregister eingetragener Beschluss „durch seinen Inhalt zwingende Vorschriften des Gesetzes verletzt und seine Beseitigung im öffentlichen Interesse erforderlich erscheint".[370] Es muss also ein Beschluss eingetragen worden sein, bei dessen Eintragung dieser Mangel im Rahmen der dem Registergericht obliegenden Prüfung nicht erkannt worden ist (→ Rn. 95 ff.). Die Nichtigkeitsfolge ist Ausdruck des öffentlichen Interesses an der **Einhaltung zwingenden Gesetzesrechts** und zwar unabhängig von der Initiative der unmittelbar Betroffenen. Das Handelsregister soll in den genannten Fällen zum einen von unzulässigen Eintragungen freigehalten bzw. bereinigt und zum anderen soll verhindert werden, dass erfolgte Gesetzesverstöße, die bei Eintragung des Beschlusses übersehen worden sind, folgenlos bleiben und durch die Eintragung im Handelsregister noch gedeckt werden.[371]

---

[362] Kölner Komm AktG/*Noack/Zetzsche* Rn. 150.
[363] Hüffer/Koch/*Koch* Rn. 21; Grigoleit/*Ehmann* Rn. 18.
[364] Kölner Komm AktG/*Noack/Zetzsche* Rn. 150.
[365] OLG Karlsruhe NZG 2013, 818 (819).
[366] MüKoAktG/*Hüffer/Schäfer* Rn. 71.
[367] Großkomm AktG/*K. Schmidt* Rn. 69; Kölner Komm AktG/*Noack/Zetzsche* Rn. 152; K. Schmidt/Lutter/*Schwab* Rn. 25.
[368] BGH NJW 2009, 230 Rn. 8; Großkomm AktG/*K. Schmidt* Rn. 70; Kölner Komm AktG/*Noack/Zetzsche* Rn. 152; aA MüKoAktG/*Hüffer/Schäfer* Rn. 71.
[369] Großkomm AktG/*K. Schmidt* Rn. 71; MüKoAktG/*Hüffer/Schäfer* § 248 Rn. 14; Kölner Komm AktG/ *Noack/Zetzsche* § 248 Rn. 34; K. Schmidt/Lutter/*Schwab* Rn. 25; → Rn. 30.
[370] Zu den Kontrollpflichten des Registergerichts bei der Eintragung → Rn. 95.
[371] Großkomm AktG/*K. Schmidt* Rn. 75; MüKoAktG/*Hüffer/Schäfer* Rn. 72.

§ 241 217–220   Erstes Buch. Aktiengesellschaft

217   Die hohe Bedeutung, die der Gesetzgeber diesem Nichtigkeitsgrund und dem öffentlichen Interesse, diese Eintragungen zu korrigieren, beilegt, kommt dabei dadurch zum Ausdruck, dass gem. § 242 Abs. 2 S. 3 eine **Heilung** derartiger Verstöße **ausgeschlossen** ist. Die Löschung mit der Folge der Nichtigkeit ist daher selbst dann möglich, wenn nach § 242 grundsätzlich die Heilungsvoraussetzungen vorliegen und etwa die Frist von 3 Jahren des § 242 Abs. 2 S. 1 abgelaufen ist.

218   Der nach rechtskräftiger Durchführung des FamFG-Verfahrens erfolgten Löschung weist § 241 Nr. 6 – entsprechend wie § 241 Nr. 5 iVm § 248 dem Urteil nach einer Anfechtungsklage – **rechtsgestaltende Wirkung auf Grund Staatsakts** unabhängig davon zu, ob die Löschungsentscheidung des Registergerichts zutreffend ist oder nicht.[372] Maßgebend ist allein die Tatsache der Löschung durch das Registergericht als solche. Allerdings ist in den in Betracht kommenden Fällen regelmäßig, wenn das Registergericht richtig entscheidet, auch bereits Nichtigkeit nach § 241 Nr. 3 oder Nr. 4 gegeben (→ Rn. 184 ff.). Paradoxerweise kommt materiell-rechtlich der Nichtigkeit nach § 241 Nr. 6 daher vor allem Bedeutung zu, wenn die Amtslöschung inhaltlich zu Unrecht erfolgt oder wenn Heilung eingetreten ist. In den übrigen Fällen hat die Löschung im Wesentlichen klarstellende Funktion.

II. Grundlagen des Löschungsverfahrens

219   **1. Einschlägige Vorschriften.** Die maßgebenden Vorschriften lauten:

§ 393 FamFG Löschung einer Firma

...

(3) ¹Das Gericht entscheidet durch Beschluss, wenn es einem Antrag auf Einleitung des Löschungsverfahrens nicht entspricht oder Widerspruch gegen die Löschung erhoben wird. ²Der Beschluss ist mit der Beschwerde anfechtbar.

...

(5) Die Löschung darf nur erfolgen, wenn kein Widerspruch erhoben oder wenn der den Widerspruch zurückweisende Beschluss rechtskräftig geworden ist.

§ 395 FamFG Löschung unzulässiger Eintragungen

(1) ¹Ist eine Eintragung im Register wegen des Mangels einer wesentlichen Voraussetzung unzulässig, kann das Registergericht sie von Amts wegen oder auf Antrag der berufsständischen Organe löschen. ²Die Löschung geschieht durch Eintragung eines Vermerks.

(2) ¹Das Gericht hat den Beteiligten von der beabsichtigten Löschung zu benachrichtigen und ihm zugleich eine angemessene Frist zur Geltendmachung eines Widerspruchs zu bestimmen. ²§ 394 Abs. 2 Satz 1 und 2 gilt entsprechend.

(3) Für das weitere Verfahren gilt § 393 Abs. 3 bis 5 entsprechend.

§ 398 FamFG Löschung nichtiger Beschlüsse

Ein in das Handelsregister eingetragener Beschluss der Hauptversammlung oder Versammlung der Gesellschafter einer der in § 397 bezeichneten Gesellschaften sowie ein in das Genossenschaftsregister eingetragener Beschluss der Generalversammlung einer Genossenschaft kann nach § 395 als nichtig gelöscht werden, wenn er durch seinen Inhalt zwingende gesetzliche Vorschriften verletzt und seine Beseitigung im öffentlichen Interesse erforderlich erscheint.

220   **2. Durchführung des Löschungsverfahrens. a) Von Amts wegen.** Die Durchführung des Löschungsverfahrens erfolgt gem. § 26 FamFG von Amts wegen, es bedarf weder eines Antrags noch besteht auf Grund eines solchen ein Anspruch auf Löschung.[373] Es besteht grundsätzlich lediglich die Möglichkeit der Anregung zur Durchführung eines Löschungsverfahrens. Allerdings haben berufsständische Organe im Sinne von § 380 FamFG ein eigenes Antragsrecht. Beabsichtigt das Registergericht die Löschung, so hat es rechtliches Gehör zu gewähren, was gem. § 395 Abs. 2 FamFG in der Form zu geschehen hat, dass es die Beteiligten mit dem Hinweis auf die Möglichkeit zum Widerspruch benachrichtigt und zugleich eine angemessene Frist zur Geltendmachung des Widerspruchs setzt.

---

[372] So auch K. Schmidt/Lutter/*Schwab* Rn. 27.
[373] Zum Verfahren im Einzelnen s. *Casper*, Die Heilung nichtiger Beschlüsse im Kapitalgesellschaftsrecht, 1998, 240 ff.; Großkomm AktG/K. *Schmidt* Rn. 91; BayObLG Rpfleger 1983, 443.

Widerspruchsberechtigt ist nur die Gesellschaft als solche, die dabei durch den Vorstand vertreten **221** wird. Aktionäre und Aufsichtsrat können allerdings als Beteiligte am Verfahren teilnehmen, wenn sie unmittelbar in ihren Rechten betroffen sind.[374]

b) Widerspruch. Der Widerspruch ist nicht formbedürftig.[375] Dem Gericht ist bei der Festle- **222** gung einer Frist zur Widerspruchseinlegung keine Mindestfrist vorgegeben.[376] Über den Widerspruch hat eine gerichtliche Entscheidung zu ergehen. Wird ihm keine Folge gegeben, so besteht die Möglichkeit der Beschwerde gem. § 393 Abs. 3 FamFG, die gem. § 63 FamFG innerhalb eines Monats eingelegt werden muss.

c) Rechtskrafterfordernis. Die Löschung darf erst erfolgen, wenn entweder innerhalb der **223** gesetzten Frist kein Widerspruch eingelegt wird oder aber – so § 241 Nr. 6 – eine „**rechtskräftige Entscheidung**" ergangen ist bzw. der den Widerspruch zurückweisende Beschluss – ggf. nach Beschwerde und Rechtsbeschwerde – unanfechtbar geworden ist. Gegen die das Verfahren abschließende Schlussverfügung gibt es ebenso wenig wie gegen die Eintragung der Löschung selbst ein Rechtsmittel.[377] Die Löschung erfolgt durch Eintragung eines entsprechenden Vermerks in das Handelsregister gem. § 43 Nr. 6 b) ff) HRV.

d) Korrektur einer Löschung. Die Korrektur einer Löschung ist ggf. durch ein erneutes **224** Löschungsverfahren gem. § 393 FamFG möglich, da auch die Löschung das Handelsregister unrichtig machen kann. Sind Verfahrensfehler vorgekommen, etwa das rechtliche Gehör nicht gewährt worden, so ist ggf. im Rahmen des neuen Löschungsverfahrens die Richtigkeit des Handelsregisters zu prüfen. War die Löschung der Sache nach berechtigt, so hat es bei der erfolgten Löschung zu verbleiben,[378] ansonsten ist sie zu korrigieren.

Zum Teil wird vertreten, die Nichtigkeitsfolge des § 241 Nr. 6 trete nicht ein, wenn die Löschung **225** ohne Einräumung des Widerspruchsrechts vollzogen worden sei, da dann von einer Löschung „auf Grund rechtskräftiger Entscheidung" nicht gesprochen werden könne.[379] Auch wenn dem gefolgt wird, kommt der Eintragung des Löschungsvermerks bei konstitutiven Eintragungen zumindest die Wirkung zu, dass wieder der Status der Nichteintragung eines eintragungsbedürftigen Beschlusses gegeben ist, dieser ist also – schwebend – unwirksam. Dieser Zustand kann nur über ein erneutes Löschungsverfahren geändert werden.

e) Zuständigkeit. Zuständig für das Löschungsverfahren ist das Registergericht. Die in § 143 **226** FGG alternativ angebotene Zuständigkeit des Landgerichts als dem Registergericht vorgeordnetes Gericht ist auf Grund des andersartigen Instanzenzugs nach dem FamFG entfallen.

III. Wirkungen der Löschung

Ebenso wie bei allen anderen Nichtigkeitsgründen ist der gelöschte Beschluss aus Gründen der **227** Rechtsklarheit nach herrschender Meinung **von Anfang an nichtig**,[380] uU mit Ausnahme nach den Regeln der fehlerhaften Gesellschaft etwa bei nichtiger Kapitalerhöhung.[381] Dies gilt auch dann, wenn keine anderen Nichtigkeitsgründe vorliegen, die Löschung der Sache nach also zu Unrecht erfolgt ist, oder die aus anderen Gründen bestehende Nichtigkeit nach § 242 geheilt ist.[382] *Casper*[383] erwägt in diesen Fällen eine Nichtigkeitsfolge mit reiner Zukunftswirkung. Dies ist jedoch mit der Dogmatik des Beschlussmängelrechts nicht vereinbar. Die Situation ist insoweit der eines Anfechtungsurteils ähnlich, bei dem zunächst vom Bestand des Beschlusses auszugehen ist, die Nichtigkeitsfolge jedoch mit Rückwirkung eintritt. Dritte werden über § 15 Abs. 3 HGB geschützt. Zu Rückabwicklungsproblemen → Rn. 25 und → § 248 Rn. 8 ff.

---

[374] OLG Köln NZG 2003, 75 = ZIP 2002, 573 (575); OLG Düsseldorf AG 1997, 578 = ZIP 1997, 2084; OLG Zweibrücken AG 1989, 251 = ZIP 1989, 241 (die Beschwerdebefugnis bei Beschluss über Unternehmensvertrag bejahend); BayObLG Rpfleger 1983, 443.
[375] BayObLG Rpfleger 1978, 127; Keidel/*Heinemann* FamFG § 393 Rn. 19.
[376] Großkomm AktG/*K. Schmidt* Rn. 92 hielt auch nach altem Recht einen Verzicht auf die Frist und deren Unterschreitung für möglich, sofern das rechtliche Gehör ausreichend gewahrt ist.
[377] Keidel/*Heinemann* FamFG § 393 Rn. 28, 29.
[378] Großkomm AktG/*K. Schmidt* Rn. 101.
[379] MüKoAktG/*Hüffer/Schäfer* Rn. 84; K. Schmidt/Lutter/*Schwab* Rn. 27.
[380] *Casper*, Die Heilung nichtiger Beschlüsse im Kapitalgesellschaftsrecht, 1998, 244 f. mwN; Keidel/*Heinemann* FamFG § 398 Rn. 28; MüKoAktG/*Hüffer/Schäfer* Rn. 86; Großkomm AktG/*K. Schmidt* Rn. 98; Kölner Komm AktG/*Noack/Zetzsche* Rn. 190; K. Schmidt/Lutter/*Schwab* Rn. 27.
[381] OLG Stuttgart DB 2000, 1218; Kölner Komm AktG/*Noack/Zetzsche* Rn. 192.
[382] Zur irrtümlichen Verschmelzungslöschung s. *Custodis* GmbHR 2006, 904 ff.
[383] *Casper*, Die Heilung nichtiger Beschlüsse im Kapitalgesellschaftsrecht, 1998, 245.

IV. Gegenstand der Löschung

228 **1. Beschlussarten.** Gegenstand der Löschung gem. § 398 FamFG ist ein in das Handelsregister eingetragener Beschluss. Unerheblich ist, ob die Eintragung konstitutive oder nur deklaratorische Bedeutung hat und ob sich der Beschluss auf eine Satzungsänderung bezieht oder nicht.[384] Schwerpunkte des Anwendungsbereichs sind in der Praxis Satzungsänderungen, Zustimmungen zu Unternehmensverträgen, Eingliederungen,[385] Beschlüsse über die Kapitalausstattung[386] sowie Beschlüsse über die Auflösung der Gesellschaft. Soweit auf Grund der Beschlussfassung Durchführungsmaßnahmen zu erfolgen haben, etwa die Durchführung der Kapitalmaßnahmen und die Eingliederung, §§ 188, 227, 319 Abs. 4 und 7, unterliegen diese ggf. als Folgemaßnahmen gleichfalls der Löschung.

229 Eine **Sonderregelung** besteht gem. § 319 Abs. 6 und 7 sowie gem. § 20 Abs. 2 UmwG, §§ 125, 202 Abs. 3 UmwG im **Umwandlungsrecht.** Danach lassen Beschlussmängel aller Art nach Eintragung die Wirkung der gefassten Beschlüsse – Eingliederung, Verschmelzung, Spaltung, Formwechsel – unberührt, sodass eine Löschung im Handelsregister ausscheidet. § 398 FamFG und damit § 241 Nr. 6 scheiden daher in diesen Fällen aus. Nach § 319 Abs. 6, § 16 Abs. 3 UmwG tritt diese Wirkung bereits mit der Eintragung im **Freigabeverfahren** ein (→ Rn. 28).

230 Entsprechendes gilt gem. § 246a Abs. 1, 4, § 242 Abs. 2 S. 5 auch bei Beschlüssen über Maßnahmen der Kapitalbeschaffung, der Kapitalherabsetzung (§§ 182–240) oder über Unternehmensverträge (§§ 291–307), jedoch nur dann, wenn ein **Freigabeverfahren** iSv § 246a durchgeführt worden ist, § 246a Abs. 4 S. 2. Erfolgt hingegen die Eintragung nach erfolgloser Beschlussanfechtung oder wird die Rechtmäßigkeit des bereits eingetragenen Beschlusses gerichtlich bestätigt, ohne dass ein Freigabeverfahren durchgeführt worden ist, so bleibt – anders als in den Fällen des § 319 Abs. 6 und 7 und denen des Umwandlungsrechts – theoretisch die Amtslöschung möglich. Dies mag als Wertungswiderspruch erscheinen, da es nahe liegt, die Wirkung, die von dem – dem vorläufigen Rechtsschutz ähnlichen – Freigabeverfahren ausgeht, erst recht einer rechtskräftigen gerichtlichen Entscheidung beizumessen. Die eindeutige gesetzliche Regelung, wie sie insbesondere in § 242 Abs. 2 S. 5 und 6 zum Ausdruck kommt, lässt jedoch eine dahingehende Auslegung, etwa auch im Wege der Analogie, nicht zu. Die in § 246a für eine Freigabe genannten Kriterien können allerdings auch bei der Abwägung des Interesses an der Löschung mit herangezogen werden.[387]

231 **2. Beschlussmängel.** § 398 FamFG erfasst nur Beschlüsse, die **durch ihren Inhalt** gegen zwingendes Recht verstoßen.[388] Ausgeschieden werden somit Verfahrensfehler hinsichtlich des Zustandekommens von Beschlüssen, also Einberufungs- und Beurkundungsmängel gem. § 241 Nr. 1 und Nr. 2. Insoweit obliegt, ist der Beschluss einmal eingetragen, die Verfolgung der Nichtigkeit allein der Privatinitiative, insbesondere der der Aktionäre. Beurkundungsmängel sind allerdings gem. § 241 Nr. 2 iVm § 130 Abs. 1 und 2 S. 1 und Abs. 4 bereits gem. § 242 Abs. 1 durch die Eintragung endgültig geheilt und können daher von niemandem mehr geltend gemacht werden.

232 Sind – schwebend – **unwirksame** oder – sofern diese Kategorie anerkannt wird (→ Rn. 55 ff.) – **Nicht- oder Scheinbeschlüsse** ins Handelsregister gelangt, kann eine Korrektur über § 398 FamFG nur dann erfolgen, wenn der Beschluss darüber hinaus auch einen inhaltlichen Mangel aufweist.[389] Dies gilt selbst dann, wenn der eingetragene Beschluss gar nicht oder für eine andere Gesellschaft gefasst wurde.[390]

V. Umfang und Grenzen der Möglichkeit der Löschung

233 § 398 FamFG stellt eine abschließende Spezialvorschrift gegenüber § 395 FamFG dar und verdrängt diese.[391] Nach § 395 FamFG unterliegen der Löschung grundsätzlich alle wegen wesentlicher Mängel unzulässigen Eintragungen. § 398 FamFG verschärft die Löschungsvoraussetzungen demgegenüber und schränkt die Möglichkeiten der Löschung von durch das Registergericht eingetragenen

---

[384] OLG Hamm OLGZ 1979, 313 = AG 1980, 79; Keidel/*Heinemann* FamFG § 398 Rn. 11; MüKoAktG/*Hüffer*/*Schäfer* Rn. 75.
[385] OLG Hamm OLGZ 1994, 415.
[386] OLG Karlsruhe OLGZ 1986, 155 (158).
[387] Bürgers/Körber/*Göz* Rn. 22.
[388] BVerfG NZG 2010, 902; aA für den Fall der Anmeldung durch einen Unbefugten Grigoleit/*Ehmann* Rn. 26.
[389] Großkomm AktG/*K. Schmidt* Rn. 80; MüKoAktG/*Hüffer*/*Schäfer* Rn. 82; Kölner Komm AktG/*Noack*/*Zetzsche* Rn. 166.
[390] AA BayObLG GmbHR 1992, 672; BayObLZ 1991, 337 ff. = NJW-RR 1992, 295; RGZ 132, 22 (26).
[391] OLG Hamburg NZG 2003, 981 f.; OLG Düsseldorf FGPrax 2004, 294; *Custodis* GmbHR 2006, 904 ff.; *Baums*, Eintragung und Löschung von Gesellschafterbeschlüssen, 1981, 113 f.; Hüffer/Koch/*Koch* Rn. 31 und → § 243 Rn. 57.

Gesellschafterbeschlüssen auf **inhaltliche Verstöße** gegen zwingendes Recht ein und verlangt ein **öffentliches Beseitigungsinteresse**, Verfahrensverstöße bei Zustandekommen des Beschlusses gem. § 241 Nr. 1 und 2 scheiden daher aus.[392]

Allerdings bezieht sich die Beschränkung nur auf die Mängel des Beschlusses selbst. **Mängel im Anmeldeverfahren** zum Handelsregister, die grundsätzlich zur Unwirksamkeit der Eintragung führen,[393] können daher im Löschungswege über § 395 FamFG korrigiert werden, so etwa, wenn eine Eintragung ohne Antrag oder ohne Anmeldung eines Berechtigten erfolgt oder inhaltlich falsch ist, weil sie mit dem getroffenen Beschluss nicht im Einklang steht.[394] Die zum Teil vertretene Gegenauffassung[395] ist mit der Wertung des FamFG nicht vereinbar, das im Grundsatz von der weitreichenden Möglichkeit der Löschung ausgeht und nur für Beschlussmängel, nicht aber für andere Mängel in § 398 FamFG eine Sonderregelung vorsieht.

Einer wegen Mängeln im Anmeldeverfahren erfolgten Löschung kommt allerdings nicht die Nichtigkeitswirkung des § 241 Nr. 6 zu, da es sich nicht um eine Löschung handelt, mit der ein Beschluss wegen seines Inhalts als nichtig gelöscht worden ist, wie es § 241 Nr. 6 iVm § 398 FamFG voraussetzt. Über das Löschungsverfahren ist in diesen Fällen ggf. zu bewirken, dass die Eintragungsmängel korrigiert werden und bei Eintragung eines falschen Inhalts ggf. der Beschluss in der inhaltlich richtigen Fassung zur Eintragung kommt. Ist die Eintragung konstitutiv, fällt der Beschluss für die Zwischenzeit in das Stadium der schwebenden Unwirksamkeit zurück. Fehlt es an den Eintragungsvoraussetzungen überhaupt, etwas wegen Fehlens des Antrags oder wegen eines Antrags eines Unbefugten, so hat die Löschung ersatzlos zu erfolgen.

Verfahrensfehler im Eintragungsverfahren unterliegen andererseits, anders als inhaltliche Fehler iSv § 398 FamFG, der **Heilungswirkung** des § 242 bei Vorliegen der dort geregelten Voraussetzungen. Ansonsten ergäbe sich ein Wertungswiderspruch, da nach § 242 fast alle formellen Beschlussmängel nach drei Jahren geheilt wären, nicht aber die – nicht als gewichtiger zu bewertenden – Mängel im Eintragungsverfahren. Der hinter den Heilungsvorschriften stehende Gesetzeszweck – Rechtssicherheit, Rechtsklarheit und Vertrauensschutz – gilt hier in gleicher Weise.[396]

VI. Materielle Voraussetzungen der Löschung

1. Verhältnis zu § 241 Nr. 3. Das Registergericht kann Beschlüsse löschen, wenn diese gegen zwingendes Recht verstoßen und die Beseitigung im öffentlichen Interesse erforderlich erscheint. § 398 FamFG spannt damit insbesondere den Bogen zu § 241 Nr. 3, wonach mit ähnlicher Formulierung insbesondere solche Beschlüsse nichtig sind, die gegen zwingendes Recht verstoßen und das öffentliche Interessen dessen unbedingte Durchsetzung mit der Folge der Nichtigkeit fordert, wie es insbesondere bei gläubigerschützenden Vorschriften, aber auch bei anderen Vorschriften, über die die Hauptversammlung selbst bei Einvernehmen nicht disponieren kann, der Fall ist.[397] Mit anderen Worten, Löschungsvoraussetzung nach § 398 FamFG ist die Nichtigkeit nach § 241 Nr. 3. Ergänzend kommen zumindest analog die Fälle des § 241 Nr. 4 hinzu, bei denen ebenfalls ein öffentliches Interesse an der Nichtigkeit besteht.[398]

Die Frage, ob auch inhaltliche Mängel, die nur der **Anfechtbarkeit** unterliegen, aber nicht nach § 241 Nr. 3 und 4 nichtig sind, nach § 398 FamFG gelöscht werden können, stellt sich daher nicht. Auch wenn der Ansicht gefolgt wird, dass im Eintragungsverfahren das Registergericht die Eintragung derartiger Beschlüsse von sich aus ablehnen darf – was umstritten ist (→ Rn. 99 ff.) –, fehlt es

---

[392] Bürgers/Körber/*Göz* Rn. 24.
[393] *Casper*, Die Heilung nichtiger Beschlüsse im Kapitalgesellschaftsrecht, 1998, 105.
[394] BVerfG NZG 2010, 902; MüKoAktG/*Hüffer/Schäfer* Rn. 81; Kölner Komm AktG/*Noack/Zetzsche* Rn. 194; K. Schmidt/Lutter/*Schwab* Rn. 35 differenziert danach, ob ein Beschluss eingetragen wurde, der nicht von der Hauptversammlung autorisiert wurde; differenzierend auch Grigoleit/*Ehmann* Rn. 26.
[395] OLG Hamburg NZG 2003, 981; OLG Frankfurt a. M. NZG 2002, 91 f. = AG 2002, 352 f.; OLG Karlsruhe FGPrax 2001, 161; OLG Karlsruhe OLGZ 1986, 155 = ZIP 1986, 711 (713); OLG Hamm DB 2001, 85 = ZIP 2001, 569; OLG Hamm OLGZ 1979, 313 (317); Großkomm AktG/K. *Schmidt* Rn. 78, allerdings auch er für Löschung bei eintragungsunfähigen Beschlüssen. S. auch Lutter/Leinekugel ZIP 2000, 1225 (1227), namentlich für fehlerhaft angemeldete Kapitalerhöhungen.
[396] Grundlegend *Casper*, Die Heilung nichtiger Beschlüsse im Kapitalgesellschaftsrecht, 1998, 103 ff. unter Erörterung verschiedener Fallgruppen mwN.
[397] OLG Karlsruhe NJW-RR 2001, 1326; OLG Hamm OLGZ 1994, 415 (418); MüKoAktG/*Hüffer/Schäfer* Rn. 76; Großkomm AktG/K. *Schmidt* Rn. 84–86; Kölner Komm AktG/*Noack/Zetzsche* Rn. 167; Keidel/*Heinemann* FamFG § 398 Rn. 12.
[398] OLG Hamm WM 1994, 383; BayObLG BB 1991, 1729; K. Schmidt/Lutter/*Schwab* Rn. 29; Kölner Komm AktG/*Noack/Zetzsche* Rn. 167; *Casper*, Die Heilung nichtiger Beschlüsse im Kapitalgesellschaftsrecht, 1998, 236.

in diesen Fällen stets am öffentlichen Interesse an der Löschung. Wäre ein solches zu bejahen, wären diese Beschlüsse bereits nach § 241 Nr. 3 und 4 nichtig und nicht nur anfechtbar.[399]

239 **2. Öffentliches Interesse an der Löschung.** Umstritten ist, ob das in § 398 FamFG vorausgesetzte öffentliche Interesse an der Löschung sich inhaltlich mit der auf die verletzte Norm Bezug nehmenden Nichtigkeitsvoraussetzung des § 241 Nr. 3 „... Vorschriften verletzt, ... die im öffentlichen Interesse gegeben sind" deckt oder ob das in den beiden Vorschriften angesprochene öffentliche Interesse unterschiedlich zu interpretieren ist. Die überwiegende Ansicht sieht in dem Tatbestandsmerkmal des öffentlichen Löschungsinteresses ein jeweils **gesondert zu prüfendes Erfordernis.** Nicht jede Eintragung unter Verletzung einer im öffentlichen Interesse liegenden zwingenden Norm iSd § 241 Nr. 3 fordere auch die Löschung.[400] Die Gegenansicht, die sich vor allem auf die Gesetzesgeschichte beruft, hält das öffentliche Interesse an der Löschung bereits durch das Vorliegen der Voraussetzungen von § 241 Nr. 3 und Nr. 4 gewissermaßen für indiziert, sodass es keiner zusätzlichen Überprüfung des öffentlichen Interesses iSv § 398 FamFG mehr bedürfe.[401] Teilweise wird bei Nichtigkeit gem. § 241 Abs. 3 und 4 auch von einer Vermutung des öffentlichen Interesses ausgegangen.[402]

240 Der Ansicht, die Löschungsvoraussetzungen seien bei Vorliegen der Voraussetzungen von § 241 Nr. 3 und Nr. 4 automatisch immer gegeben, ist nicht zu folgen. Die gesetzliche Wertung von § 241 Nr. 3 und Nr. 4 geht davon aus, dass Inhaltsmängel nur dann zur Nichtigkeit führen, wenn wegen Unvereinbarkeit mit zwingenden Vorschriften das öffentliche Interesse dies fordert. Bewertungsgrundlage für das öffentliche Interesse sind im Rahmen von § 241 Nr. 3 und Nr. 4 der Schutz der Gläubiger, der Schutz der Allgemeinheit an der Einhaltung zwingender Normen zu Gunsten Dritter, etwa der Normen der Mitbestimmung, aber auch der Schutz der für die Aktionäre nicht disponiblen aktienrechtlichen Kerngrundsätze wie zB die Kompetenzregelungen (→ Rn. 189). Dies hat zwar zur Folge, dass auch nur bei Vorliegen dieser Voraussetzungen im Rahmen von § 398 FamFG ein öffentliches Löschungsinteresse bestehen kann. Der Umkehrschluss ist jedoch nicht erlaubt.

241 Ob die Eintragung eines nach § 241 Nr. 3 und Nr. 4 nichtigen Beschlusses auch zwingend ein öffentliches Interesse an der Löschung zur Folge hat, ist eine andere Fragestellung. § 398 FamFG verlangt eine gesonderte **Güterabwägung**, die nicht allein wie in § 241 Nr. 3 und 4 nach dem – eher abstrakten – Interesse an der Durchsetzung einer im öffentlichen Interesse liegenden zwingenden Norm zu fragen hat, sondern nach dem öffentlichen Interesse an der Durchsetzung im Einzelfall. Die Beurteilung insoweit hängt zB davon ab, ob der Beschluss bereits vollzogen ist, ob ihm nur bestandssichernde Funktion für einen bereits abgeschlossenen Sachverhalt zukommt oder ob er auch Basis für zukünftiges Handeln der Gesellschaft ist, was eher zur Bejahung eines öffentliches Interesses an der Löschung führen wird.[403] Des Weiteren ist zu erwägen, wie lange der Beschluss bereits eingetragen ist und inwieweit auf seiner Grundlage schützenswertes Vertrauen geschaffen wurde. Auch die Güterabwägungskriterien im Freigabeverfahren gem. § 246a können mit herangezogen werden.[404]

242 Dass nach § 398 FamFG die Löschung (nur) zu erfolgen hat, wenn dies „im öffentlichen Interesse **erforderlich** erscheint", ist dabei dahin zu verstehen, dass im Rahmen der Abwägung ein überwiegendes Interesse bestehen muss, das zu verneinen ist, wenn durch Zeitablauf ein gegenläufiges höheres Interesse am Bestand der Eintragung entstanden ist. Ob dies der Fall ist, hängt wesentlich von der Frage ab, ob die Heilungsvoraussetzungen des § 242 erfüllt sind, also insbesondere davon, ob die **Heilungsfrist** des § 242 Abs. 2 S. 1 abgelaufen ist.[405] Dieser Zeitpunkt ist als wesentliche **Zäsur** für die Beurteilung des öffentlichen Beseitigungsinteresses zu sehen. Bis zu diesem Zeitpunkt, in dem die Nichtigkeit über § 241 Nr. 3 und Nr. 4 ohnehin von jedermann geltend gemacht werden kann, besteht im Zweifel ein überragendes öffentliches Interesse an der Beseitigung schon deshalb, weil das Handelsregister objektiv unrichtig ist und mit der materiellen Rechtslage nicht in Einklang steht. Es geht in diesem Stadium darum, seine Verlässlichkeit im Interesse aller möglicher Betroffener, die Gefahr laufen, durch das Handelsregister getäuscht zu werden, möglichst umgehend wiederherzustel-

---

[399] OLG Karlsruhe NJW-RR 2001, 1326 f.; Großkomm AktG/*K. Schmidt* Rn. 84; K. Schmidt/Lutter/*Schwab* Rn. 30; *Casper*, Die Heilung nichtiger Beschlüsse im Kapitalgesellschaftsrecht, 1998, 284 ff.; aA MüKoAktG/*Hüffer/Schäfer* Rn. 77, 79.
[400] OLG Frankfurt a. M. NZG 2002, 91 f.; OLG Karlsruhe OLGZ 1986, 155 f. = AG 1986, 167; *Casper*, Die Heilung nichtiger Beschlüsse im Kapitalgesellschaftsrecht, 1998, 237 ff.; *Stein* ZGR 1994, 479; Kölner Komm AktG/*Noack/Zetzsche* Rn. 168; MüKoAktG/*Hüffer/Schäfer* Rn. 78.
[401] Großkomm AktG/*K. Schmidt* Rn. 85; *Baums*, Eintragung und Löschung von Gesellschafterbeschlüssen, 1981, 116.
[402] Bürgers/Körber/*Göz* Rn. 23.
[403] *Casper*, Die Heilung nichtiger Beschlüsse im Kapitalgesellschaftsrecht, 1998, 242 f.
[404] Bürgers/Körber/*Göz* Rn. 22.
[405] K. Schmidt/Lutter *Schwab* Rn. 31.

len. Ist der Beschlussmangel hingegen geheilt und die Nichtigkeit nur noch durch das Registergericht selbst durchsetzbar, so ist das öffentliche Interesse grundlegend anders zu beurteilen. Es geht dann nicht mehr um das Interesse an der Richtigkeit des Handelsregisters, sondern nur noch um das Interesse von Gläubigern und künftigen Aktionären an der Beseitigung von gravierenden Verstößen, mit denen eine Aktiengesellschaft nicht weiterleben darf.[406]

3. Entscheidungsmaßstab. Mit der Formulierung des Gesetzgebers „… kann als nichtig gelöscht werden, wenn seine Beseitigung im öffentlichen Interesse erforderlich erscheint" wird nahe gelegt, dass dem Registergericht bei der Entscheidung, ob die Eintragung zu löschen ist, ein **Entscheidungsspielraum** im Sinne eines **Ermessens** eingeräumt wird. So wird die Vorschrift auch teilweise verstanden, vor allem im registerrechtlichen Schrifttum.[407] Die neuere Auffassung im gesellschaftsrechtlichen Schrifttum sieht hingegen ganz überwiegend zu Recht in der Bewertung des öffentlichen Interesses an der Löschung eine reine Rechtsfrage, bei deren Vorliegen eine Pflicht zur Löschung besteht.[408] Abgesehen davon, dass die Einräumung richterlichen Ermessens in einem Gerichtsverfahren, zumal die Überprüfung mit einem Rechtsmittel eröffnet ist, ungewöhnlich wäre, spricht dagegen auch das Verständnis des Gesetzgebers in den Gesetzesmaterialien zum FGG, das auch für das FamFG gilt, nachdem insoweit keine inhaltliche Änderung erfolgt ist. Diese legen nahe, dass das Wort „kann" iS einer **Ermächtigung zur Löschung** zu verstehen ist, nicht hingegen iS der Einräumung eines Ermessens.[409]

Die Entscheidung darüber, ob eine Löschung erfolgt oder nicht, hat daher der Registerrichter im Rahmen der Bestimmung des öffentlichen Interesses an der Beseitigung unter Abwägung der jeweiligen Interessen am Bestand der Eintragung zu treffen. Ist danach ein öffentliches Interesse zu bejahen, so ist die Löschung zu verfügen, das Registergericht hat nicht die Möglichkeit, sie aus Opportunitätsgründen zu unterlassen. Die Formulierung „erforderlich erscheint" bezieht sich nur auf die Interessenabwägung im Rahmen der Bestimmung des öffentlichen Interesses.[410]

VII. Verhältnis zwischen Löschungsverfahren und Zivilrechtsstreit

1. Parallelität der Verfahren und Verfahrensaussetzung. Löschungsverfahren und zivilprozessuale Nichtigkeitsklage können parallel geführt werden. Dies ist auch nicht selten, weil zwar die Klageberechtigten im Zivilprozess keine Antragsbefugnis im Löschungsverfahren haben, aber ein solches anregen können und daraufhin ggf. von Amts wegen Ermittlungen eingeleitet werden. Im Löschungsverfahren sind dabei regelmäßig höhere Anforderungen an die Löschung zu stellen, da neben den Anforderungen des § 241 Nr. 3 und Nr. 4 zusätzlich das besondere Erfordernis des öffentlichen Interesses an der Beseitigung erfüllt sein muss. Auch kann die Zivilrechtsklage, solange keine Heilung eingetreten ist, auch auf Nichtigkeitsgründe gem. § 241 Nr. 1 und 2 sowie, wenn die Anfechtungsfrist eingehalten ist, auch auf Anfechtungsgründe gestützt werden, der Streitstoff ist daher umfassender. Die aus Gründen der Prozessökonomie und auch zur Vermeidung widersprüchlicher Entscheidungen oft sinnvolle Koordination der beiden Verfahren sieht in der Praxis deshalb in der Regel so aus, dass das **Löschungsverfahren** bis zur Entscheidung des Zivilprozesses nach pflichtgemäßem Ermessen **ausgesetzt** wird, §§ 381, 21 FamFG.[411]

Eine **Aussetzung des Zivilprozesses** bis zum Abschluss des Löschungsverfahrens ist gem. § 148 ZPO zwar auch möglich, aber oft kaum tunlich, da das Löschungsverfahren vielfach nur einen Teil des Streitstoffs abdeckt und bei Ablehnung der Löschung nicht weiterhilft. Anders kann es dann sein, wenn der Streitstoff des Zivilprozesses sich mit dem des Löschungsverfahrens deckt, die Nichtigkeitsklage ausschließlich auf § 241 Nr. 3 und Nr. 4 gestützt wird und die Heilungsvoraussetzungen des § 242 noch nicht erfüllt sind, sodass in der Regel ein öffentliches Interesse an der Löschung besteht. Das Löschungsverfahren kann dann als von Amts wegen durchzuführendes FamFG-Verfahren, an dem nur die Gesellschaft beteiligt ist, schneller und unkomplizierter sein, zumal auch die Rechtsmittel – es besteht nur die Möglichkeit der sofortigen Beschwerde – beschränkter sind.

---

[406] Kölner Komm AktG/*Noack/Zetzsche* Rn. 169.
[407] Keidel/*Heinemann* FamFG § 397 Rn. 17 mwN; Scholz/*Priester* GmbHG § 54 Rn. 77.
[408] *Casper,* Die Heilung nichtiger Beschlüsse im Kapitalgesellschaftsrecht, 1998, 250; Baums, Eintragung und Löschung von Gesellschafterbeschlüssen, 1981, 116 f.; MüKoAktG/*Hüffer/Schäfer* Rn. 80; Großkomm AktG/ *K. Schmidt* Rn. 89; K. Schmidt/Lutter/*Schwab* Rn. 33.
[409] *Casper,* Die Heilung nichtiger Beschlüsse im Kapitalgesellschaftsrecht, 1998, 250; Großkomm AktG/ *K. Schmidt* Rn. 77, 89, unter Bezugnahme auf die Denkschrift zum FGG *Hahn/Mugdan* Mat Bd. VII S. 71.
[410] *Casper,* Die Heilung nichtiger Beschlüsse im Kapitalgesellschaftsrecht, 1998, 250.
[411] KG NJW 1967, 401; MüKoAktG/*Hüffer/Schäfer* Rn. 87; Großkomm AktG/*K. Schmidt* Rn. 104; Keidel/ *Heinemann* FamFG § 381 Rn. 4 ff., 8 ff.

247 **2. Auswirkungen der Entscheidung im Löschungsverfahren auf das Zivilverfahren. a) Löschung der Eintragung.** Kommt die „rechtskräftige" Entscheidung im Löschungsverfahren der zivilrechtlichen zuvor und wird die Eintragung gelöscht, so führt dies zur Erledigung des Zivilrechtsstreits in der Hauptsache, da das Rechtsschutzziel, die Feststellung der Nichtigkeit, damit erreicht ist. In der Literatur wird dabei erörtert, ob ein fortdauerndes Interesse an der Feststellung der Nichtigkeit bestehen kann und das Verfahren im Blick darauf mit dem seitherigen Antrag[412] oder als allgemeine Feststellungsklage fortgesetzt werden kann.[413] Ein berechtigtes Interesse an der Fortsetzung des Verfahrens ist kaum denkbar, da in beiden Fällen die Nichtigkeit mit Rückwirkung eintritt. Anders wäre dies nur dann, wenn, wie von *Casper*[414] vertreten, im Einzelfall der Löschung nur Wirkung für die Zukunft zukäme. Dann wäre das zivilprozessuale Verfahren mit dem Ziel der Nichtigkeitsfeststellung auch für die Vergangenheit fortzusetzen.

248 **b) Ablehnung der Löschung.** Unterbleibt die Löschung, so ist dies für den Zivilprozess ohne Auswirkung. Eine Bindungswirkung tritt nicht ein, zumal der Kläger im Löschungsverfahren nicht beteiligt war und die Anforderungen für die Löschung wegen des zusätzlich erforderlichen Beseitigungsinteresses höher sind als die für die Nichtigkeitsfeststellung im Zivilprozess.

249 **3. Auswirkungen der Entscheidung im Zivilverfahren auf das Löschungsverfahren. a) Erfolg der Nichtigkeitsklage.** Ein der Klage rechtskräftig stattgebendes Urteil im Nichtigkeitsfeststellungs- und Anfechtungsverfahren wirkt gem. § 241 Nr. 5 inter omnes und ist daher auch vom Registergericht zu beachten. Es ist im Handelsregister einzutragen, § 248 Abs. 1 S. 2. Der Eintragung kommt jedoch nur deklaratorische Bedeutung zu, da die Nichtigkeitsfolge gem. §§ 249, 248 iVm § 241 Nr. 5 bereits unmittelbar mit Eintritt der Rechtskraft eintritt. Das Löschungsverfahren wird durch die Eintragung des die Nichtigkeit aussprechenden Urteils daher überholt und hat sich erledigt. Ein öffentliches Interesse an einer darüber hinausgehenden Beseitigung des nichtigen Beschlusses iSv § 398 FamFG besteht nach Eintragung des Urteils wegen der mit dieser verbundenen Rückwirkung nicht mehr.

250 **b) Abweisung der Nichtigkeitsklage.** Wird die Klage im Zivilverfahren abgewiesen, bleibt – unabhängig davon, ob die Entscheidung zutreffend ist oder nicht – dies prozessual für das Löschungsverfahren schon deshalb ohne Auswirkungen und ohne Bindungswirkung, weil im Löschungsverfahren von Amts wegen zu verfolgende öffentliche Interessen im Raum stehen, die nicht der Disposition der Parteien unterfallen und die deshalb auch nicht von einem von der Parteidisposition bestimmten Verfahren wie dem zivilprozessualen Verfahren abhängen können. Dies gilt daher selbst dann, wenn, etwa bei einer kleinen AG, alle Aktionäre am Zivilprozess beteiligt waren und deshalb eine umfassende zivilprozessuale Rechtskraftwirkung eintritt.[415] Ansonsten wäre es möglich, durch einvernehmliche Steuerung der Beteiligten im Zivilprozess durch unwahren Sachvortrag die Verfolgung des öffentlichen Interesses an der Löschung durch das Registergericht auszuhebeln.

251 Abgesehen von diesem Sonderfall wird sich das Registergericht allerdings im Regelfall am Zivilurteil orientieren, zumal die Hürden für die Nichtigkeitsfeststellung dort geringer sind, da ein öffentliches Interesse an der Löschung nicht erforderlich ist.

252 **c) Ausnahme.** Als Ausnahme ist auf die unter → Rn. 229 f. angesprochenen Beschlussgegenstände, bei denen ein Freigabeverfahren möglich ist, hinzuweisen. Bei diesen scheidet eine Korrektur der Eintragung im Wege der Amtslöschung ggf. aus.

§ 242 Heilung der Nichtigkeit

(1) Die Nichtigkeit eines Hauptversammlungsbeschlusses, der entgegen § 130 Abs. 1 und 2 Satz 1 und Abs. 4 nicht oder nicht gehörig beurkundet worden ist, kann nicht mehr geltend gemacht werden, wenn der Beschluß in das Handelsregister eingetragen worden ist.

(2) ¹Ist ein Hauptversammlungsbeschluß nach § 241 Nr. 1, 3 oder 4 nichtig, so kann die Nichtigkeit nicht mehr geltend gemacht werden, wenn der Beschluß in das Handelsregister eingetragen worden ist und seitdem drei Jahre verstrichen sind. ²Ist bei Ablauf der Frist eine Klage auf Feststellung der Nichtigkeit des Hauptversammlungsbeschlusses rechtshängig, so verlängert sich die Frist, bis über die Klage rechtskräftig entschieden ist oder sie

---

[412] MüKoAktG/*Hüffer*/*C. Schäfer* Rn. 88.
[413] Großkomm AktG/*K. Schmidt* Rn. 108; Kölner Komm AktG/*Noack*/*Zetzsche* Rn. 202.
[414] *Casper*, Die Heilung nichtiger Beschlüsse im Kapitalgesellschaftsrecht, 1998, 242.
[415] Großkomm AktG/*K. C. Schmidt* Rn. 107; MüKoAktG/*Hüffer*/*C. Schäfer* Rn. 87.

sich auf andere Weise endgültig erledigt hat. ³Eine Löschung des Beschlusses von Amts wegen nach § 398 des Gesetzes über das Verfahren in Familiensachen und in den Angelegenheiten der freiwilligen Gerichtsbarkeit wird durch den Zeitablauf nicht ausgeschlossen. ⁴Ist ein Hauptversammlungsbeschluß wegen Verstoßes gegen § 121 Abs. 4 Satz 2 nach § 241 Nr. 1 nichtig, so kann die Nichtigkeit auch dann nicht mehr geltend gemacht werden, wenn der nicht geladene Aktionär den Beschluß genehmigt. ⁵Ist ein Hauptversamlungsbeschluss nach § 241 Nr. 5 oder § 249 nichtig, so kann das Urteil nach § 248 Abs. 1 Satz 3 nicht mehr eingetragen werden, wenn gemäß § 246a Abs. 1 rechtskräftig festgestellt wurde, dass Mängel des Hauptversammlungsbeschlusses die Wirkung der Eintragung unberührt lassen; § 398 des Gesetzes über das Verfahren in Familiensachen und in den Angelegenheiten der freiwilligen Gerichtsbarkeit findet keine Anwendung.

(3) Absatz 2 gilt entsprechend, wenn in den Fällen des § 217 Abs. 2, § 228 Abs. 2, § 234 Abs. 3 und § 235 Abs. 2 die erforderlichen Eintragungen nicht fristgemäß vorgenommen worden sind.

Schrifttum: *Betz*, Die Heilung nichtiger Hauptversammlungsbeschlüsse durch Eintragung und Fristablauf, 2014; *Casper*, Die Heilung nichtiger Beschlüsse im Kapitalgesellschaftsrecht, 1998; *Emde*, Restitutionsansprüche nach Heilung gem. § 242 Abs. 2 AktG?, ZIP 2000, 1753; *Casper*, Die Beseitigung geheilter Beschlüsse nach § 242 Abs. 2 S. 3 AktG, FS Bergmann, 2018, 127; *Goette*, Zur entsprechenden Anwendung des § 242 Abs. 2 AktG im GmbH-Recht, FS Röhricht, 2005, 115; *Göz*, Die aktienrechtliche Heilung im Verhältnis zur Aufsichtsratswahl und Amtslöschung, FS Stilz, 2014, 179; *Mock*, Die Heilung fehlerhafter Rechtsgeschäfte, 2014; *Pentz*, Heilung nichtiger Aufsichtsratsbestellungen durch § 242 AktG?, NZG 2017, 1211; *C. Schäfer*, Die Lehre vom fehlerhaften Verband, 2002, insbes. S. 247 ff. (294 ff.); *K. Schmidt*, Heilung kartellverbotswidriger Satzungsänderungen nach § 242 AktG? – Zum Verhältnis zwischen Art. 85 EGV und § 242 AktG, AG 1996, 385; *Stein*, Rechtsschutz gegen gesetzeswidrige Satzungsnormen bei Kapitalgesellschaften, ZGR 1994, 472.

Übersicht

	Rn.		Rn.
I. Regelungsgegenstand und Normzweck; Entstehungsgeschichte	1–5	4. Einschränkungen der Heilungswirkung?	18–20
II. Die Voraussetzungen der Heilung	6–11	a) Unheilbare Nichtigkeitstatbestände als verallgemeinerungsfähige Schranke	18
1. Bei Beurkundungsmängeln (Abs. 1)	6	b) Beschlüsse von besonderer Bedeutung	19
2. Bei Einberufungsfehlern und Inhaltsmängeln (Abs. 2)	7–10	c) Beschlüsse mit Regelungscharakter für die Zukunft	20
a) Fristberechnung ohne Klageerhebung	7	IV. Verhinderung und Beseitigung der Heilung	21–25
b) Fristverlängerung bei Klageerhebung (Abs. 2 S. 2)	8–10	1. Verhinderung des Heilungseintritts; Verhältnis zu § 246a (§ 242 Abs. 2 S. 5)	21
3. Bei Ladungsmängeln iSd § 121 Abs. 4 (§ 242 Abs. 2 S. 4)	11	2. Beseitigung der Heilung nach § 398 FamFG (§ 242 Abs. 2 S. 3)	22–24
III. Die Rechtsfolgen der Heilung	12–20	3. Beseitigung der Heilung durch erneute Satzungsänderung	25
1. Materiell-rechtliche Rückwirkung	12–15	V. Entsprechende Anwendungen des § 242	26–31
a) Materielle Veränderung der Rechtslage	12	1. Unwirksame Beschlüsse, Abs. 3	26, 27
b) Rückwirkung	13	2. Scheinbeschlüsse	28
c) Inter-omnes-Wirkung	14	3. Mängel in der Ursprungssatzung	29
d) Auswirkungen auf Folgebeschlüsse und Folgegeschäfte	15	4. Eintragung der Strukturänderungen statt des Beschlusses	30, 31
2. Folgepflicht des Vorstandes (§ 83 Abs. 2)	16		
3. Entlastung und haftungsbegrenzende Wirkung der Heilung	17		

I. Regelungsgegenstand und Normzweck; Entstehungsgeschichte

§ 242 ist nach seiner amtlichen Überschrift der Heilung nichtiger Beschlüsse gewidmet. Echte **1** Heilung wird – zumindest im bürgerlichen Recht – als Wirksamwerden eines nichtigen Rechtsgeschäfts im Sinne einer Veränderung der materiellen Rechtslage verstanden.[1] Abs. 1 und Abs. 2 S. 1 sprechen jedoch davon, dass die Nichtigkeit nicht mehr geltend gemacht werden kann. Damit ist

---

[1] Vgl. eingehend zum Heilungsbegriff *Casper*, Die Heilung nichtiger Beschlüsse im Kapitalgesellschaftsrecht, 1998, 49 ff.; ebenso MüKoAktG/*Hüffer/C. Schäfer* Rn. 3; ähnlich, wenngleich im Erg. weitergehend *Mock*, Die Heilung fehlerhafter Rechtsgeschäfte, 2014, 40 ff.; abw. *Betz*, Die Heilung nichtiger Hauptversammlungsbeschlüsse durch Eintragung und Fristablauf, 2014, 49 ff.

der grundsätzliche **Streit um das Verständnis der Heilung** nach § 242 vorprogrammiert. Wird der nichtige Beschluss materiell wirksam oder wird nur die Erhebung der Nichtigkeitsklage nach § 249 auf Dauer ausgeschlossen, mit der Folge, dass lediglich ein bestandskräftiger Beschluss entsteht, dem die Nichtigkeit aber weiter anhaftet? Für diese prozessuale Sichtweise scheint auf den ersten Blick zu sprechen, dass nach Abs. 2 S. 3 eine Amtslöschung des geheilten Beschlusses trotz Ablauf der Dreijahresfrist möglich bleibt. Die Bedeutung der Fragestellung zeigt sich darin, dass nach Abs. 2 auch schwerste materielle Fehler wie sittenwidrige und gesetzeswidrige Beschlüsse mit Ablauf von drei Jahren nach Eintragung der Heilung zugänglich sind. Das bürgerliche Recht kennt dagegen nur die Heilung von Formnichtigkeit,[2] die ihre Entsprechung in § 242 Abs. 1 findet, wonach formnichtige Beschlüsse bereits durch bloße Eintragung ins Handelsregister geheilt werden. Die **Brisanz der aktienrechtlichen Heilung** zeigt sich in einem weiteren Umstand. Während im bürgerlichen Recht das nichtige Rechtsgeschäft regelmäßig mit der Erfüllung erledigt ist, kann sich ein nichtiger Beschluss in der Zukunft perpetuieren. Dies gilt namentlich für satzungsändernde Beschlüsse. Vor diesem Hintergrund erscheint es auf den ersten Blick ebenfalls überraschend, dass der Gesetzgeber die Heilung in § 242 auf eintragungspflichtige Beschlüsse, also solche, die regelmäßig von besonderer Tragweite sind, beschränkt hat, während bei weniger bedeutsamen, nicht eintragungspflichtigen Beschlüssen ein zeitlich unbeschränktes Berufen auf die Nichtigkeit möglich ist, sofern nicht ausnahmsweise § 253 Abs. 1 S. 2, § 256 Abs. 6 eingreifen.

2   Zum Verständnis des Regelungsanliegens und -zwecks ist es hilfreich, wenn man sich die **Entstehungsgeschichte** des § 242 vergegenwärtigt. Vor 1937 war die Nichtigkeit von Generalversammlungsbeschlüssen gesetzlich nicht geregelt, aber als weitere Beschlussmängelkategorie neben der in §§ 271 ff. HGB 1900 normierten Anfechtbarkeit anerkannt.[3] Die Möglichkeit, sich zeitlich unbeschränkt auf die Nichtigkeit eines Beschlusses berufen zu können, wurde vielfach als misslich empfunden.[4] In § 196 AktG 1937 fand sich erstmals eine Heilungsvorschrift, die einen Kompromiss zu den in der vorangegangenen, rechtspolitischen Diskussion vertretenen Lösungsvorschlägen darstellte.[5] Diese waren zum einen dahin gegangen, die Nichtigkeit von Beschlüssen im Aktienrecht ganz zu beseitigen,[6] andererseits dahin, sie beizubehalten, aber die Nichtigkeitsgründe einzuschränken und abschließend zu kodifizieren.[7] Teilweise wurde darüber hinaus gefordert, die Nichtigkeitsklage zu befristen bzw. eine Heilung der Nichtigkeit einzuführen,[8] wobei auffällig war, dass Beschlussheilung und Verfristung der Nichtigkeitsklage oft synonym benutzt wurden.

3   Der Gesetzgeber hat 1937 die Heilung bewusst auf eintragungspflichtige Beschlüsse beschränkt und mit der Zulassung der Amtslöschung trotz Eintritt der Heilung ein Korrektiv im Einzelfall schaffen wollen.[9] **§ 196 AktG 1937** ist ins Aktiengesetz von 1965 als § 242 AktG übernommen und um die Regelung in Abs. 2 S. 2 und Abs. 3 erweitert worden. Sie diente der Klärung zuvor umstrittener Punkte.[10] Die Regelung in Abs. 2 S. 4 ist erst durch das Gesetz über kleine Aktiengesellschaften 1994 eingefügt worden und sieht eine Heilung durch Genehmigung bei Beschlüssen vor, die in einer Hauptversammlung, zu der fehlerhaft durch eingeschriebenen Brief eingeladen wurde, gefasst werden und somit gem. § 241 Nr. 1 nichtig sind. Abs. 2 S. 4 ist systematisch als Abs. 4 zu lesen, da sein Anwendungsbereich nicht auf

---

[2] Dazu grundlegend *Pohlmann*, Die Heilung formnichtiger Verpflichtungsgeschäfte durch Erfüllung, 1992; sowie neuerdings *Mock*, Die Heilung fehlerhafter Rechtsgeschäfte, 2014, 80 ff.; vgl. ferner *Harke* ZBB 2004, 357 ff.

[3] Vgl. bereits RGZ 21, 148 (159); 115, 378 (383); RG JW 1927, 1677 f.; RGZ 120, 29 (30 f.); aus dem Schrifttum grundlegend *Horwitz*, Das Recht der Generalversammlungen, 1913, 75 (119 ff.) und *A. Hueck*, Zur Anfechtbarkeit und Nichtigkeit von Generalversammlungsbeschlüssen der Aktiengesellschaft, 1924, 12 f.

[4] RGZ 75, 239 (244 f.); Abschlussbericht der Aktienrechtskommission des DJT, 1928, S. 31; *Ludewig*, Hauptprobleme der Reform des Aktienrechts, 1929, 156; *Horrwitz* ZBlHR 1 (1926) 181; *Göppert* BankArch 30 (1930/31) 25 (27); *A. Hueck*, Das Recht der Generalversammlungsbeschlüsse und die Aktienrechtsreform, 1933, 33 (52 ff.); *Hachenburg*, Diskussionsbeitrag im vorläufigen Reichswirtschaftsrat, abgedr. in Schubert/Hommelhoff, Die Aktienrechtsreform am Ende der Weimarer Republik, 1987, 590.

[5] Vgl. ausf. zur historischen Entwicklung des § 242 *Casper*, Die Heilung nichtiger Beschlüsse im Kapitalgesellschaftsrecht, 1998, 9 ff. sowie *Mock*, Die Heilung fehlerhafter Rechtsgeschäfte, 2014, 460 ff. (549 f.); *Betz*, Die Heilung nichtiger Hauptversammlungsbeschlüsse durch Eintragung und Fristablauf, 2014, 81 ff.; kurzer Überblick auch bei *Goette* FS Röhricht, 2005, 115 (123 ff.).

[6] Abschlussbericht des seit 1926 tagenden Enquete-Ausschusses zur Untersuchung der Erzeugungs- und Absatzbedingungen der deutschen Wirtschaft, 3. Arbeitsgruppe, 3. Teil, 1930, S. 21; Abschlussbericht der Aktienrechtskommission des DJT, 1928, 31 f.; *Luedewig*, Hauptprobleme der Reform des Aktienrechts, 1929, 155 ff.

[7] Deutscher Anwaltsverein, Zur Reform des Aktienrechts, 1929, 168.

[8] Vgl. vor allem *Göppert* BankArch 30 (1930/31) 25 (28 f.), dessen Vorschläge für die spätere Regelung in § 196 AktG (1937) Pate gestanden haben dürften; sowie ferner *Lehmann*, Verhandlungen des 34. DJT, 1926, Bd. 1, 327 f.; *Horrwitz* ZBlHR 1 (1926) 181 (187); *Schmölder* JW 1929, 2090 (2095).

[9] Vgl. näher *Casper*, Die Heilung nichtiger Beschlüsse im Kapitalgesellschaftsrecht, 1998, 20 ff.

[10] Vgl. näher *Casper*, Die Heilung nichtiger Beschlüsse im Kapitalgesellschaftsrecht, 1998, 23 mwN.

eintragungspflichtige Beschlüsse beschränkt ist und auch sonst in keinem sachlichen Zusammenhang mit der Heilung nach Abs. 1 und Abs. 2 S. 1–3 steht (noch näher → Rn. 11). Abs. 2 S. 5 wurde durch Art. 1 Nr. 19 UMAG (BGBl. 2005 I 2802) eingefügt. Er ordnet an, dass nach einem erfolgreichen Freigabeverfahren gem. § 246a eine anschließend festgestellte Nichtigkeit (§ 241 Nr. 5, § 249) nicht mehr ins Handelsregister eingetragen werden kann. Damit wird bei nichtigen Beschlüssen im Ergebnis die Möglichkeit abgeschnitten, den Eintritt der Heilung durch Erhebung der Nichtigkeitsklage zu verhindern (Details bei → Rn. 21). Die Reform der freiwilligen Gerichtsbarkeit (FGG-RG, BGBl. 2008 I 2586) hat lediglich zu einer terminologischen Anpassung des Abs. 2 S. 3 geführt.

Der Gesetzgeber hat somit im Interesse der **Rechtssicherheit,** die den zentralen **Regelungs-** 4 **zweck** der Norm darstellt,[11] eine abstrakte Abwägung vorgenommen. Bei weniger bedeutsamen, nicht eintragungspflichtigen Beschlüssen verbleibt es bei der unheilbaren Nichtigkeit. Bei Beschlüssen, die für die Aktiengesellschaft von zentraler Bedeutung sind, soll im Interesse der Rechtssicherheit die Nichtigkeit bei Formfehlern (§ 241 Nr. 2) mit Eintragung ins Handelsregister, bei materiellen Fehlern (§ 241 Nr. 1, 3 und Nr. 4) nach Ablauf von drei Jahren nach Eintragung geheilt werden. Damit soll neben der Verlässlichkeit der vorhandenen Beschlusslage auch der **Rechtsklarheit** und **Rechtsbefriedigung** gedient werden. Gerade der Rechtsklarheit kommt entscheidende Bedeutung zu, da das Vorliegen eines Nichtigkeitsgrundes oder nur eines Anfechtungsgrundes oftmals zweifelhaft ist. Im Interesse der Rechtssicherheit wird in Kauf genommen, dass der geheilte Beschluss im konkreten Fall mit der Einzelfallgerechtigkeit in Widerspruch treten kann.[12] Rechtfertigen lässt sich dies durch die Prüfung der Wirksamkeit des Beschlusses vor der Eintragung ins Handelsregister und durch Abs. 2 S. 3, wonach bei materiellen Fehlern die Amtslöschung nach § 398 FamFG möglich bleibt.[13] Das bedeutet, dass das Amtslöschungsverfahren als Korrektiv für die im Einzelfall zu weit geratene Heilungsmöglichkeit nach § 242 Abs. 1 S. 1 gedacht ist.

Rechtstatsächliche Erhebungen zur Häufigkeit von geheilten Beschlüssen gibt es nicht. Die relativ 5 spärliche Rechtsprechung zu § 242 lässt jedoch die Vermutung zu, dass nichtige Hauptversammlungsbeschlüsse eher die Ausnahme sind und die Praxis in erster Linie die Grenzbereiche zu anfechtbaren Beschlüssen beschäftigen. **Rechtsökonomisch** hat die Heilung jedoch eine große Bedeutung, da sie der Rechtssicherheit dienend, auf bedeutende Transaktionen zielt und somit effiziente Arbeitsabläufe in der Aktiengesellschaft sicherstellen soll. Dies spricht dafür, § 242 nicht zu eng auszulegen, zumal es einen allgemeinen Grundsatz, dass Heilungsvorschriften stets restriktiv auszulegen seien, nicht gibt.[14] Andererseits steht einer stets weiten Auslegung die mit § 242 im Einzelfall in Kauf genommene Einschränkung der Einzelfallgerechtigkeit entgegen. **Rechtsvergleichend** ist zu konstatieren, dass § 242 eine singuläre Erscheinung ist. Andere Rechtsordnungen arbeiten eher mit Verfristungen der Klagemöglichkeiten und daraus resultierender Bestandskraft.[15] Eine vergleichbare Regelung kennt jedoch das österreichische Aktienrecht mit § 200 **öst. AktG,**[16] der bis auf geringfügige Änderungen weiterhin dem § 196 AktG 1937 entspricht.

II. Die Voraussetzungen der Heilung

1. Bei Beurkundungsmängeln (Abs. 1). Nach § 241 Nr. 2 werden formnichtige Hauptver- 6 sammlungsbeschlüsse durch die **bloße Eintragung ins Handelsregister** geheilt.[17] Praktisch relevant dürfte diese Vorschrift in erster Linie dann werden, wenn die notarielle Niederschrift oder das privatschriftliche Protokoll einzelne Fehler enthalten, ihnen etwa die Angaben nach § 130 Abs. 2 fehlen, da

---

[11] Dass § 242 der Rechtssicherheit dient, ist unstreitig, vgl. nur BGH WM 1984, 473; BGHZ 99, 211 (217); BGH NJW 1989, 904 (905); BGH NJW 1996, 257 (258); OLG Brandenburg GmbHR 2005, 993 (994); Hüffer/ Koch/*Koch* Rn. 1; MüKoAktG/*Hüffer/C. Schäfer* Rn. 2; Großkomm AktG/*K. Schmidt* Rn. 1; *Casper,* Die Heilung nichtiger Beschlüsse im Kapitalgesellschaftsrecht, 1998, 72 ff.; und aus dem älteren Schrifttum bereits *Schlegelberger/ Quassowski* § 196 Anm. 1; *Dietrich* JW 1937, 649 (654); *Herbig* JW 1937, 851. Zweifelnd aber *Goette* FS Röhricht, 2005, 115 (125), der aus einer historischen Exegese den wesentlichen Zweck des § 242 in der Bekämpfung missbräuchlicher Nichtigkeitsklagen sieht; ebenso *Betz,* Die Heilung nichtiger Hauptversammlungsbeschlüsse durch Eintragung und Fristablauf, 2014, 157 ff.
[12] Krit. zur rechtspolitischen Sinnhaftigkeit des § 242 deshalb etwa *Goette* FS Röhricht, 2005, 115 (125 ff.); *Zöllner* DNotZ 2001, 872 (874 f.).
[13] Bis zum 31.8.2009 erfolgte eine Amtslöschung gem. § 144 Abs. 2 FGG.
[14] *Casper,* Die Heilung nichtiger Beschlüsse im Kapitalgesellschaftsrecht, 1998, 77 f.; *Casper* FS Bergmann, 2018, 127 (134 ff.); aA wohl *Goette* FS Röhricht, 2005, 115 (127).
[15] Diese Aussage setzt voraus, dass man mit der hier vertretenen Auffassung (→ Rn. 12) § 242 als materielle Heilungsvorschrift begreift.
[16] Text und Erläuterung bei MüKoAktG/*Diregger* Rn. 32 ff.; Rechtsvergleichende Umschau auch bei *Betz,* Die Heilung nichtiger Hauptversammlungsbeschlüsse durch Eintragung und Fristablauf, 2014, 269 ff.
[17] Ausf. und krit. zum Verzicht auf einen Fristablauf im Vergleich zu Abs. 2 vgl. *Mock,* Die Heilung fehlerhafter Rechtsgeschäfte, 2014, 549.

ein Hauptversammlungsbeschluss ohne jegliche Niederschrift kaum ins Handelsregister gelangen dürfte.[18] Für die Heilungswirkung kommt es allein auf die Eintragung an, nicht etwa auf die Bekanntmachung der Eintragung oder den Ablauf einer Frist. Es entspricht heute ebenfalls einhelliger Auffassung, dass die bloße Einreichung eines Beschlusses, mit der Folge, dass er nach § 9 Abs. 1 HGB zu den Registerakten genommen wird, nicht genügt.[19] Die Eintragung muss grundsätzlich in das nach §§ 5, 14 zuständige Handelsregister am Sitz der Gesellschaft vorgenommen werden, anderenfalls greift die Heilung nicht ein. Eine Ausnahme gilt nur beim nichtigen Sitzverlegungsbeschluss und damit verbundenen Folgeeintragungen.[20] Soweit die Gesellschaft ausnahmsweise einen Doppelsitz haben sollte,[21] folgt aus dem registerrechtlichen Schlechterstellungsprinzip, dass die Heilung erst mit der Eintragung in alle Handelsregister erfolgt.[22] Bei Zweigniederlassungen ist allein die Eintragung in das Register des Gesellschaftssitzes der Hauptniederlassung maßgeblich,[23] seit 2007 ist ein Register bei der Zweigniederlassung zudem abgeschafft. Kommt es bei der Eintragung zu **Verfahrensfehlern,** die zu einer Unwirksamkeit der Eintragung ins Handelsregister führen, so kommt zwar keine Heilung nach Abs. 1, wohl aber eine nach Abs. 2 S. 1 (mit Ablauf von drei Jahren) in Betracht, da es wertungswidersprüchlich wäre, wenn materielle Fehler wie Gesetzesverstöße und Sittenwidrigkeit der Heilung unterlägen, ein Verfahrensfehler bei der Eintragung aber der Heilung auf ewig entgegenstünde. Dies gilt auch bei bloß eintragungsfähigen, aber nicht eintragungspflichtigen Beschlüssen[24] und darüber hinaus auch bei eintragungsunfähigen Beschlüssen,[25] da die Frage nach der Eintragungsfähigkeit ähnlich diffizil sein kann wie die Abgrenzung, ob ein nichtiger oder ein bloß anfechtbarer Beschluss vorliegt.

7 **2. Bei Einberufungsfehlern und Inhaltsmängeln (Abs. 2). a) Fristberechnung ohne Klageerhebung.** Auch die Heilung materieller Fehler nach § 241 Nr. 1, 3, 4 setzt zunächst die Eintragung ins Handelsregister voraus (dazu bereits → Rn. 6). Der bloße Fristablauf genügt nicht. Weiterhin muss ein Nichtigkeitsgrund nach § 241 Nr. 1, 3 oder 4 vorgelegen haben.[26] Zusätzlich muss seit Eintragung ins Handelsregister eine Frist von drei Jahren vergangen sein. Maßgeblich ist der tatsächliche Zeitpunkt der Eintragung, nicht ein irrtümlich bei der Datumsangabe nach § 27 Abs. 4 HRV abweichend angegebener Tag.[27] Der **Fristbeginn** und der -lauf bestimmen sich nach §§ 186 ff. BGB, da es sich bei der Dreijahresfrist um eine materiell-rechtliche Ausschlussfrist handelt, auf die die Regeln über die Fristbestimmungen der ZPO nicht anwendbar sind.[28] Für den Fristbeginn gilt also § 187 Abs. 1 BGB (der auf die Eintragung folgende Tag) und für den Ablauf § 188 Abs. 1 Fall 1 BGB und zwar unter Einschluss des analog anwendbaren § 193 BGB. Fällt das Fristende also auf einen Samstag, einen Sonntag oder einen Feiertag, so endet die Frist um 0:00 Uhr des nächsten Werktags.[29] Beim **Doppelsitz**

---

[18] MüKoAktG/*Hüffer*/*C. Schäfer* Rn. 4.
[19] Die gegenteilige Auffassung von *Dietrich* JW 1937, 649 (653 f.) wurde bereits überzeugend durch *Herbig* JW 1937, 851 f. widerlegt und entspricht heute einhM, vgl. nur BGHZ 11, 231 (246) = NJW 1954, 385; BGHZ 22, 101 (106) = NJW 1956, 1873; MüKoAktG/*Hüffer*/*C. Schäfer* Rn. 4; Großkomm AktG/*K. Schmidt* Rn. 6; *Casper,* Die Heilung nichtiger Beschlüsse im Kapitalgesellschaftsrecht, 1998, 97 f. mwN. Ebensowenig genügt bei der formnichtigen Wahl eines Aufsichtsrats die Bekanntmachung nach § 106, vgl. nur *Pentz* NZG 2017, 1211 (1213 f.) mwN.
[20] Vgl. näher *Casper,* Die Heilung nichtiger Beschlüsse im Kapitalgesellschaftsrecht, 1998, 112 f. mwN.
[21] Zur grundsätzlichen Unzulässigkeit von Doppelsitzen sowie eventuellen Ausnahmen vgl. *Pluskat* WM 2004, 601 ff., insbes. zu §§ 241 ff. *Pluskat* WM 2004, 606, allerdings ohne Problematisierung der Heilungsmöglichkeit.
[22] MüKoAktG/*Hüffer*/*C. Schäfer* Rn. 5; Kölner Komm AktG/*Noack/Zetzsche* Rn. 15; Hölters/*Englisch* Rn. 3; *Casper,* Die Heilung nichtiger Beschlüsse im Kapitalgesellschaftsrecht, 1998, 115 f.: und zwar selbst dann, wenn der Doppelsitz unzulässig ist.
[23] Großkomm AktG/*K. Schmidt* Rn. 6; Kölner Komm AktG/*Noack/Zetzsche* Rn. 14; MüKoAktG/*Hüffer*/*C. Schäfer* Rn. 5; *Casper,* Die Heilung nichtiger Beschlüsse im Kapitalgesellschaftsrecht, 1998, 114.
[24] EinhM, vgl. etwa MüKoAktG/*Hüffer*/*C. Schäfer* Rn. 4; *Casper,* Die Heilung nichtiger Beschlüsse im Kapitalgesellschaftsrecht, 1998, 99; Kölner Komm AktG/*Noack/Zetzsche* Rn. 13.
[25] Nähere Begründung bei *Casper,* Die Heilung nichtiger Beschlüsse im Kapitalgesellschaftsrecht, 1998, 99; aA aber die hM: MüKoAktG/*Hüffer*/*C. Schäfer* Rn. 4; Kölner Komm AktG/*Noack/Zetzsche* Rn. 12; Grigoleit/*Ehmann* Rn. 3; Hölters/*Englisch* Rn. 2.
[26] Andere Nichtigkeitsgründe (also § 241 Nr. 5, 6) und insbes. solche außerhalb des § 241 werden (vorbehaltlich der Regelung in § 242 Abs. 3, vgl. dazu noch → Rn. 26) nicht von § 242 Abs. 2 S. 1 erfasst; dies gilt namentlich für kartellverbotswidrige Beschlüsse, vgl. dazu näher *K. Schmidt* AG 1996, 385 ff.; *Casper,* Die Heilung nichtiger Beschlüsse im Kapitalgesellschaftsrecht, 1998, 294 f.
[27] MüKoAktG/*Hüffer*/*C. Schäfer* Rn. 7; Hölters/*Englisch* Rn. 5.
[28] Deshalb auch keine Wiedereinsetzung in den vorherigen Stand nach §§ 233 ff. ZPO.
[29] Str., erstmals Großkomm AktG/*K. Schmidt* Rn. 11; ausf. Begründung bei *Casper,* Die Heilung nichtiger Beschlüsse im Kapitalgesellschaftsrecht, 1998, 121; ebenso NK-AktR/*Heidel* Rn. 3; *K. Schmidt/Lutter/Schwab* Rn. 6 sowie MüKoAktG/*Hüffer*/*C. Schäfer* Rn. 7; anders auch noch GHEK/*Hüffer* Rn. 8; aA weiterhin OLG Düsseldorf DB 2001, 2086 (2087); Kölner Komm AktG/*Noack/Zetzsche* Rn. 54. Allg. – aber ohne Berücksichtigung von Abs. 2 S. 1 – zum Fristende an einem Sonntag im Aktienrecht vgl. *Repgen* ZGR 2006, 121 ff.

beginnt die Frist mit der Eintragung ins letzte Register. Dass dem nichtigen Beschluss zunächst auch noch eine Wirksamkeitsvoraussetzung fehlt, hindert weder den Fristbeginn noch den Fristablauf, da Unwirksamkeitsgründe analog § 242 Abs. 2 S. 1 geheilt werden.[30]

b) Fristverlängerung bei Klageerhebung (Abs. 2 S. 2). Abs. 2 S. 2 regelt die bis 1965 umstrittene Frage, welche Auswirkung die Erhebung der Nichtigkeitsklage auf den Fristablauf hat und ordnet eine Fristverlängerung bis zur rechtskräftigen Entscheidung oder sonstigen endgültigen Beendigung der Klage an. Die Frist wird also für die Dauer des Verfahrens verlängert, es tritt keine Ablaufhemmung oder Unterbrechung ein.[31] Ob neben der Nichtigkeitsklage nach § 249 auch die **allgemeine Klage auf Feststellung** der Nichtigkeit nach **§ 256 ZPO** genügt, ist umstritten.[32] Gegen eine Einbeziehung spricht neben der systematischen Stellung, dass nur die Nichtigkeitsklage nach § 249 den Beschluss unheilbar nichtig macht, da nur diese Klage die im Interesse der Rechtssicherheit erforderliche inter-omnes-Wirkung entfaltet. Der Nichtigkeitsklage ist die **Anfechtungsklage** gleichzustellen, da beide Klagen denselben Streitgegenstand verfolgen.[33]

Die Dreijahresfrist wird nur dann verlängert, wenn die Nichtigkeitsklage vor dem Fristablauf rechtshängig gemacht wurde. **Anhängigkeit** genügt nach heute ganz überwiegender Auffassung nur, wenn die Zustellung der Klage demnächst iSd § 167 ZPO erfolgt.[34] Der Antrag auf Prozesskostenhilfe genügt ebenfalls, sofern die Nichtigkeitsklage nach der Bewilligung alsbald iSd § 167 ZPO, der insoweit entsprechend heranzuziehen ist, bzw. nach der Versagung in einer aus § 234 Abs. 1 ZPO abzuleitenden Frist von zwei Wochen erhoben wird.[35]

Die Fristverlängerung endet mit rechtskräftiger Entscheidung über die Nichtigkeitsklage oder dann, wenn sich diese auf andere Weise endgültig erledigt hat. Hierzu zählen die Rücknahme der Klage oder eines Rechtsmittels, ein Prozessvergleich und die **Erledigung der Hauptsache.** In diesen Fällen soll die Heilungswirkung erst mit rechtskräftiger Entscheidung über die Kosten eintreten.[36] Dies ist nur im Falle der einseitigen Erledigungserklärung richtig. Bei der beiderseitigen Erledigungserklärung muss der Zeitpunkt des Zugangs der zweiten, übereinstimmenden Erledigungserklärung beim Gericht genügen, da mit diesem Zeitpunkt die Rechtshängigkeit der Hauptsache anders als bei der einseitigen Erledigungserklärung entfällt.[37] Damit wird dieselbe Wirkung wie bei einer Klagerücknahme erzielt. Ein Grund für eine unterschiedliche Behandlung ist nicht ersichtlich. Nicht genügend ist eine bloße Unterbrechung oder die Anordnung des Ruhens des Verfahrens,[38] da in diesem Fall die Rechtshängigkeit der Nichtigkeitsklage nicht beseitigt wird. Diejenigen, die davon ausgehen, dass die **Veräußerung aller Aktien** durch den Kläger in einem Nichtigkeitsprozess nach § 249 zur Fortsetzung dieses Verfahrens als schlichte Feststellungsklage führt,[39] müssen auch ab diesem Zeitpunkt § 242 Abs. 2 S. 2 aE anwenden, da die Fortführung als allgemeine Feststellungsklage

---

[30] Zutreffend OLG Schleswig NZG 2000, 895 (896); noch näher → Rn. 26 f.
[31] EinhM BGH NJW 1952, 98; BGH NJW 1989, 905 (905); Großkomm AktG/*K. Schmidt* Rn. 12; Kölner Komm AktG/*Noack/Zetzsche* Rn. 62; *Casper,* Die Heilung nichtiger Beschlüsse im Kapitalgesellschaftsrecht, 1998, 122 f.; aA wohl zuletzt *v. Godin/Wilhelmi* Anm. 3 (für Unterbrechung).
[32] Dafür Kölner Komm AktG/*Noack/Zetzsche* Rn. 61; *Schlegelberger/Quassowski* § 196 Anm. 3; *K. Schmidt/Lutter/Schwab* Rn. 7; dagegen Großkomm AktG/*K. Schmidt* Rn. 12; MüKoAktG/*Hüffer/C. Schäfer* Rn. 8; Bürgers/Körber/*Göz* Rn. 5; Hölters/*Englisch* Rn. 6; *v. Godin/Wilhelmi* Anm. 3; *Casper,* Die Heilung nichtiger Beschlüsse im Kapitalgesellschaftsrecht, 1998, 123 f.
[33] BGHZ 134, 364 (366 f.) = NJW 1997, 1510 unter Aufgabe von BGHZ 32, 311 (318) = NJW 1960, 1447; vgl. näher dazu → § 241 Rn. 15 ff.
[34] BGH NJW 1991, 904 (905); OLG Düsseldorf DB 2001, 2086 (2087); MüKoAktG/*Hüffer/C. Schäfer* Rn. 9; Großkomm AktG/*K. Schmidt* Rn. 12; K. Schmidt/Lutter/*Schwab* Rn. 8; Hölters/*Englisch* Rn. 7; *Casper,* Die Heilung nichtiger Beschlüsse im Kapitalgesellschaftsrecht, 1998, 127 f.
[35] Erstmals *Casper,* Die Heilung nichtiger Beschlüsse im Kapitalgesellschaftsrecht, 1998, 125 (noch ohne Hinweis auf § 234 ZPO); nunmehr auch MüKoAktG/*Hüffer/C. Schäfer* Rn. 10; Hölters/*Englisch* Rn. 7; K. Schmidt/Lutter/*Schwab* Rn. 8, wenn auch mit der Einschränkung, dass der Kläger ex ante mit der Bewilligung der Prozesskostenhilfe rechnen durfte; zur Parallelproblematik bei §§ 246, 275, wo mE nichts anderes gelten kann, vgl. unten → § 246 Rn. 17, → § 275 Rn. 18 mwN.
[36] So Kölner Komm AktG/*Zöllner,* 1. Aufl. 1976, Rn. 40; aA *Casper,* Die Heilung nichtiger Beschlüsse im Kapitalgesellschaftsrecht, 1998, 129, dem zustimmend MüKoAktG/*Hüffer/C. Schäfer* Rn. 12.
[37] BGH NJW 1967, 564 (565); BGHZ 106, 359 (366) = NJW 1989, 2885; Zöller/*Vollkommer* ZPO§ 91a Rn. 9, 34: Anhängig bleibt nur noch die Kostenentscheidung.
[38] Kölner Komm AktG/*Zöllner* (1. Aufl.) § 256 Rn. 129 zur entsprechenden Frage bei § 256 Abs. 6 S. 2.
[39] So Hüffer/Koch/*Koch* § 249 Rn. 6; Hölters/*Englisch* § 249 Rn. 17; für Eintritt von Unzulässigkeit der ganzen Klage aber noch die Rspr: RGZ 66, 134 (135); BGHZ 43, 261 (266) = NJW 1965, 1378 – zur GmbH und obiter zur AG; während die wohl zutreffende neuere Auffassung davon ausgeht, dass der Prozess analog § 265 ZPO als Nichtigkeitsklage nach § 249 fortgesetzt wird, so Großkomm AktG/*K. Schmidt* § 249 Rn. 15; Kölner Komm AktG/*Noack/Zetzsche* § 249 Rn. 20, § 245 Rn. 55.

nicht genügt.⁴⁰ Wird die Klage nach Ablauf der Dreijahresfrist abgewiesen, tritt sofort die Heilungswirkung ein. Erfolgt die **Klageabweisung** vor Ablauf der Frist, so tritt die Heilung erst mit Ablauf der drei Jahre ein.

11   **3. Bei Ladungsmängeln iSd § 121 Abs. 4 (§ 242 Abs. 2 S. 4).** Ohne systematischen Bezug ist 1994 in Abs. 2 S. 4, der eine **Heilung durch Genehmigung** vorsieht, ein völlig eigenständiger Heilungstatbestand hinzugefügt worden.⁴¹ Er soll die Einladung durch eingeschriebenen Brief iSd § 121 Abs. 4 für den Fall absichern, dass ein Aktionär übergangen worden ist. Anders als die übrigen Heilungstatbestände setzt Abs. 2 S. 4 **keine Eintragung** des Beschlusses **ins Handelsregister** voraus.⁴² Voraussetzung ist auch **kein Fristablauf,** sondern allein das Vorliegen einer Nichtigkeit nach §§ 241 Nr. 1, § 121 Abs. 4. Ob die Einladung nach § 121 Abs. 4 im Einzelfall überhaupt zulässig war, ist ebenso unerheblich⁴³ wie der Grund für das Übergehen einzelner Aktionäre. Namentlich setzt Abs. 2 S. 4 nicht voraus, wie die Fraktionsbegründung glauben machen will,⁴⁴ dass die unterbliebene Einladung aus einem **Büroversehen** resultiert. Erfasst ist vielmehr auch der Fall, dass der Vorstand einzelne Aktionäre bewusst nicht einlädt.⁴⁵ Denn einer derartigen Begrenzung stehen der unbeschränkte Wortlaut und der Gesetzeszweck der Rechtssicherheit entgegen. Der Heilungstatbestand besteht allein in der Genehmigung des übergangenen Aktionärs. Dabei handelt es sich um eine Willenserklärung, die als einseitiges Rechtsgeschäft nicht widerruflich, wohl aber anfechtbar ist.⁴⁶ Es gibt keine Frist, innerhalb der die Genehmigung erklärt werden müsste, und der Vorstand ist auch nicht berechtigt, analog § 108 Abs. 2 BGB, § 177 Abs. 2 BGB, den Aktionär zur Genehmigung aufzufordern, mit der Folge, dass hinterher unheilbare Nichtigkeit eintritt.⁴⁷ Dies folgt daraus, dass der Beschluss zunächst nicht schwebend unwirksam ist und die **Genehmigung keine Wirksamkeitsvoraussetzung,**⁴⁸ sondern ein echter Heilungstatbestand ist. Der Gegenauffassung ist zuzugeben, dass ein der Unwirksamkeit vergleichbarer Schwebezustand besteht, der aber nur durch fehlerfreie Neuvornahme beendet werden kann, sofern der übergangene Aktionär die Genehmigung weder erteilt noch verweigert. Erst recht kommt **keine Genehmigungspflicht qua Treuepflicht** in Betracht.⁴⁹ Sind mehrere Aktionäre übergangen worden, muss jeder genehmigen. Die Heilung tritt erst mit dem Zugang der letzten Genehmigungserklärung bei der Gesellschaft ein. Der übergangene Aktionär ist frei, nur einzelne Beschlüsse, die in einer unter Verstoß gegen § 121 Abs. 4 einberufenen Hauptversammlung gefasst wurden, zu genehmigen, andere hingegen nicht.⁵⁰ Die **verweigerte Genehmigung** ändert an der bestehenden Nichtigkeit nichts, schließt im Interesse der Rechtssicherheit aber eine spätere Genehmigung mit der Rechtsfolge des Abs. 2 S. 4⁵¹ aus.⁵²

---

⁴⁰ *Casper,* Die Heilung nichtiger Beschlüsse im Kapitalgesellschaftsrecht, 1998, 129 f.; MüKoAktG/*Hüffer/C. Schäfer* Rn. 12.
⁴¹ AA *Mock,* Die Heilung fehlerhafter Rechtsgeschäfte, 2014, 551, der Abs. 2 S. 4 als Ausprägung der zivilrechtlichen Heilung durch Genehmigung begreift.
⁴² MüKoAktG/*Hüffer/C. Schäfer* Rn. 14; *Grigoleit/Ehmann* Rn. 5; eingehende Begründung bei *Casper,* Die Heilung nichtiger Beschlüsse im Kapitalgesellschaftsrecht, 1998, 100 f.; aA wohl Hölters/*Deilmann,* Die kleine AG, 1997, 88 f.
⁴³ Großkomm AktG/*K. Schmidt* Rn. 18; MüKoAktG/*Hüffer/C. Schäfer* Rn. 15; *Casper,* Die Heilung nichtiger Beschlüsse im Kapitalgesellschaftsrecht, 1998, 132; *Ludwig* AG 2002, 433 (438 f.); aA Hölters/*Englisch* Rn. 10.
⁴⁴ Fraktionsbegr BT-Drs. 12/6721, 11 l. Sp.
⁴⁵ MüKoAktG/*Hüffer/C. Schäfer* Rn. 15; *K. Schmidt/Lutter/Schwab* Rn. 10; *Casper,* Die Heilung nichtiger Beschlüsse im Kapitalgesellschaftsrecht, 1998, 132 f.; Hüffer/Koch/*Koch* Rn. 5a; Hölters/*Englisch* Rn. 10; *Fleischer/Eschwey* BB 2016, 2178 (2179).
⁴⁶ MüKoAktG/*Hüffer/C. Schäfer* Rn. 16.
⁴⁷ Großkomm AktG/*K. Schmidt* Rn. 19; *K. Schmidt/Lutter/Schwab* Rn. 11; für Ausnahmefälle ebenfalls bejahend *Grigoleit/Ehmann* Rn. 5; wie hier MüKoAktG/*Hüffer/C. Schäfer* Rn. 16; Hölters/*Englisch* Rn. 11; NK-AktR/*Heidel* Rn. 6 und im Erg. auch *Mock,* Die Heilung fehlerhafter Rechtsgeschäfte, 2014, 551, wenn auch mit abw. Begr.
⁴⁸ So aber Großkomm AktG/*K. Schmidt* Rn. 17, 19; *Mock,* Die Heilung fehlerhafter Rechtsgeschäfte, 2014, 551 f.; ähnlich MüKoAktG/*Hüffer/C. Schäfer* Rn. 14; wie hier *Ludwig* AG 2002, 433 (439), der von einer „Heilungswirkung" spricht.
⁴⁹ MüKoAktG/*Hüffer/C. Schäfer* Rn. 16; *Casper,* Die Heilung nichtiger Beschlüsse im Kapitalgesellschaftsrecht, 1998, 135 f.; für den Einzelfall aA aber Großkomm AktG/*K. Schmidt* Rn. 20; *Ludwig* AG 2002, 433 (439); ähnlich – wenngleich unter Rückgriff auf die Figur der Verwirkung, *Mock,* Die Heilung fehlerhafter Rechtsgeschäfte, 2014, 551 f. Ähnlich Grigoleit/*Ehmann* Rn. 5, der den Aktionär grds. zumindest für verpflichtet hält, sich aufgrund seiner Treupflicht zeitnah zu erklären, in Ausnahmefällen bejaht er sogar eine Genehmigungspflicht.
⁵⁰ Großkomm AktG/*K. Schmidt* Rn. 20; *Casper,* Die Heilung nichtiger Beschlüsse im Kapitalgesellschaftsrecht, 1998, 135 f.; *Ludwig* AG 2002, 433 (439).
⁵¹ Die mit der Heilung nach Abs. 2 S. 4 verbundene Rechtswirkung ist wie bei Abs. 1 und Abs. 2 S. 1 als materielle Veränderung der Rechtslage (dazu näher → Rn. 12) einzuordnen; ebenso *Ludwig* AG 2002, 433 (439).
⁵² MüKoAktG/*Hüffer/C. Schäfer* Rn. 17; Hölters/*Englisch* Rn. 11; aA aber Großkomm AktG/*K. Schmidt* Rn. 19 und wohl auch *Kindler* NJW 1994, 3041 (3044); vgl. aber allg. zur Unwiederholbarkeit der Genehmigung nach einmal erfolgter Verweigerung BGHZ 125, 355 (358 ff.) = NJW 1994, 1785.

III. Die Rechtsfolgen der Heilung

1. Materiell-rechtliche Rückwirkung. a) Materielle Veränderung der Rechtslage. Die 12 Wirkung des § 242 ist seit jeher umstritten. Es lassen sich im Wesentlichen zwei Meinungen herauskristallisieren.[53] Früher dominierte die Auffassung, dass § 242 Abs. 2 S. 1 nur die Verfristung der Nichtigkeitsklage und somit Bestandskraft des Beschlusses bewirke, die Nichtigkeit als solche aber bestehen bleibe, da das Registergericht nach Abs. 2 S. 3 weiterhin zur Amtslöschung und somit zur Geltendmachung der Nichtigkeit befugt bleibe.[54] Heute herrscht die Auffassung vor, nach der die Heilung eine **materielle Veränderung der Rechtslage** bewirke, die Nichtigkeit also entfalle und der Beschluss wirksam werde.[55] Die **Rechtsprechung** hat bisher nicht explizit zu dieser dogmatischen Grundsatzfrage Stellung genommen, tendiert der Sache nach jedoch ebenfalls zu dieser weitergehenden Auffassung.[56] Für eine **Stellungnahme** ist davon auszugehen, dass der Wortlaut und die fortbestehende Möglichkeit zur Amtslöschung für eine bloße Bestandskraft sprechen könnten. Mit der Formulierung „Heilung" in der amtlichen Überschrift rekurriert der Gesetzgeber jedoch auf einen im bürgerlichen Recht eindeutig besetzten Begriff. Für eine materiell-rechtliche Wirkung spricht aber vor allem der **Normzweck des § 242**. Rechtssicherheit, Rechtsklarheit und Rechtsbefriedung werden nur dann wirksam erreicht, wenn nicht nur die Nichtigkeitsklage ausgeschlossen ist, sondern auch der Streit um eine eventuell fortbestehende Nichtigkeit oder auf sekundärer Ebene wie etwa bei Schadensersatzansprüchen ausgeschlossen wird. Auch die fortbestehende Möglichkeit zur Amtslöschung steht dieser Interpretation nicht entgegen, da mit der Amtslöschung als privatrechtsgestaltendem Akt der freiwilligen Gerichtsbarkeit die Nichtigkeit im Einzelfall wiederhergestellt wird, sofern dies aufgrund der Schwere des Fehlers und seiner möglichen Perpetuierung in der Zukunft geboten ist.

b) Rückwirkung. Die Heilung führt zu einer auf den Zeitpunkt der Beschlussfassung **rückwirkenden Beseitigung des Nichtigkeitsgrundes.**[57] Davon zu unterscheiden ist das **Wirksamwerden des Beschlusses,** das durch die Heilung rückwirkend mit dem Zeitpunkt der Eintragung ins Handelsregister entsteht.[58] Auch die Rückwirkung rechtfertigt sich, wie die materielle Wirkung der Heilung selbst, entscheidend durch den Aspekt der Rechtssicherheit. Nur durch das rückwirkende Wirksamwerden ist eine vollumfängliche Rechtsbefriedung auch auf der Sekundärebene möglich. Das Gesetz zielt mit seiner Heilung gerade auf einen Bestandsschutz für die Vergangenheit, in der der Beschluss oftmals schon voll-

---

[53] Ausf. Überblick über den Meinungsstand bei *Casper,* Die Heilung nichtiger Beschlüsse im Kapitalgesellschaftsrecht, 1998, 140 ff. mN auch zu weiteren heute keine Rolle mehr spielenden Sondermeinungen.

[54] So zum AktG 1937: *Schlegelberger/Quassowski* § 196 Anm. 3; *Mestmäcker* BB 1961, 945 (948); *Herbig* JW 1937, 851 (852); *Teichmann/Koehler* AktG § 196 Anm. 2; *Brennich,* Mangelhafte Hauptversammlungsbeschlüsse, 1939, 115 (117); zum AktG von 1965 auch *Baumbach/Hueck* § 242 Rn. 2; *Cahn* JZ 1997, 8 (11); Grigoleit/ Ehmann Rn. 7 sowie neuerdings *Betz,* Die Heilung nichtiger Hauptversammlungsbeschlüsse durch Eintragung und Fristablauf, 2014, 139 ff.; *Mock,* Die Heilung fehlerhafter Rechtsgeschäfte, 2014, 553 ff., der den Begriff der materiellen Wirkung ablehnt und eine „individuelle Antwort im jeweiligen Regelungskontext" fordert. Vgl. auch *Emde* ZIP 2000, 1753 (1756 f.), der § 242 zu einer bloßen Publizitätsnorm degradieren will; im Rahmen der analogen Anwendung des § 242 im GmbH-Recht gegen eine materielle Wirkung auch noch Hachenburg/*Ulmer* GmbHG § 34 Rn. 103; der hM folgend jetzt aber UHL/*Ulmer/Habersack* GmbHG § 34 Rn. 108.

[55] MüKoAktG/*Hüffer/C. Schäfer* Rn. 3; *Hüffer/Koch/Koch* Rn. 7; Großkomm AktG/*K. Schmidt* Rn. 1, 13; *K. Schmidt/Lutter/Schwab* Rn. 14; *Hölters/Englisch* Rn. 13; Großkomm AktG/*Wiedemann* § 181 Rn. 54; *Casper,* Die Heilung nichtiger Beschlüsse im Kapitalgesellschaftsrecht, 1998, 145 ff.; MHdB AG/*Austmann* § 41 Rn. 37; *Göhmann* in Frodermann/Jannott AktR-HdB Kap. 9 Rn. 383; *Wachter/Wagner/Epe* Rn. 10; NK-AktR/*Heidel* Rn. 2; *Bürgers/Körber/Göz* Rn. 9; *Göz* FS Stilz, 2014, 179 (183 f.); *Schäfer,* Die Lehre vom fehlerhaften Verband, 2002, 247 ff., 294 ff.; *Kiem,* Die Eintragung der angefochtenen Verschmelzung, 1991, 155 f.; *Hommelhoff* BFuP 1977, 507 (517); differenzierend Kölner Komm AktG/*Noack/Zetzsche* Rn. 67 ff.

[56] Vgl. BGH NJW 1989, 904 (905): Fristversäumung wirke „rechtsändernd, nämlich heilend"; BGHZ 99, 211 (216) = NJW 1987, 902: Kläger habe den geheilten Beschluss als „gesetzmäßig" hinzunehmen; BGHZ 80, 212 (216) = NJW 1981, 2125: „Gültigkeit des Beschlusses" nach Ablauf der drei Jahre; noch deutlicher zu § 242 Abs. 1 in BGH NJW 1996, 257 (258); OLG Stuttgart DB 2000, 1218 (1220): „fehlerfrei"; besonders deutlich in hier verstandenen Sinne neuerdings OLG Frankfurt a.M. BeckRS 2014, 02429 spricht von „materiell-rechtliche(r) Heilung". Ausdrücklich offenlassend jetzt aber BGHZ 202, 87 Rn. 14 = ZIP 2014, 2237.

[57] MüKoAktG/*Hüffer/C. Schäfer* Rn. 19; Großkomm AktG/*K. Schmidt* Rn. 13; *Hölters/Englisch* Rn. 13; Großkomm AktG/*Schilling,* 3. Aufl. 1973, Anm. 1; *Casper,* Die Heilung nichtiger Beschlüsse im Kapitalgesellschaftsrecht, 1998, 154 ff., *Kiem,* Die Eintragung der angefochtenen Verschmelzung, 1991, 156; aA – von ihrem Standpunkt aus folgerichtig – die Vertreter der Verfristungslösung, vgl. den Nachw. Fn. 54; im Ergebnis aber *Betz* Die Heilung nichtiger Hauptversammlungsbeschlüsse durch Eintragung und Fristablauf, 2014, 206 ff.; Kölner Komm AktG/*Noack/Zetzsche* Rn. 72 f.: Bestandskraft aller Vollzugsakte aus der Vergangenheit.

[58] MüKoAktG/*Hüffer/C. Schäfer* Rn. 19; *Casper,* Die Heilung nichtiger Beschlüsse im Kapitalgesellschaftsrecht, 1998, 157 f.; K. Schmidt/Lutter/*Schwab* Rn. 15; dagegen soll nach Kölner Komm AktG/*Zöllner,* 1. Aufl. 1976, Rn. 44 auch die Heilungswirkung iS einer Fehlerbeseitigung erst mit der Eintragung ins Handelsregister entstehen; wie hier jetzt wohl Kölner Komm AktG/*Noack/Zetzsche* Rn. 72.

zogen ist. Anderenfalls könnte mittels Schadensersatzansprüchen und der Naturalrestitution iSd § 249 S. 1 BGB die in der Vergangenheit fortbestehende Nichtigkeit doch noch zu einer Rückabwicklung des bereits vollzogenen Beschlusses führen.

14 c) **Inter-omnes-Wirkung.** Die Heilung wirkt inter omnes. Sie tritt insbesondere auch **gegenüber Nichtgesellschaftern** und dem Handelsregister ein, da auch Dritte mit Ablauf von drei Jahren ein Interesse daran haben, von der Wirksamkeit des Beschlusses ausgehen zu können und umgekehrt die AG daran interessiert ist, dass sich Dritte – wie etwa Arbeitnehmer – nicht länger als drei Jahre auf die Nichtigkeit berufen können.[59] Für die inter-omnes-Wirkung spricht nicht nur ein Umkehrschluss aus § 242 Abs. 2 S. 2, sondern auch, dass dem Beschlussmängelrecht eine relative Wirksamkeit unbekannt ist. Mit der Heilung wird also ein Berufen auf die Nichtigkeit **außerhalb des Verfahrens nach § 249** hinfällig.[60] Will ein Dritter, der zur Erhebung der Nichtigkeitsklage nicht befugt ist, erreichen, dass er sich über drei Jahre hinaus auf die Nichtigkeit berufen kann, so muss er die Amtslöschung anregen. Beruft er sich in einem Leistungsprozess im Wege der Einrede auf die Nichtigkeit des Beschlusses und ist das Amtslöschungsverfahren bis zum Heilungseintritt noch nicht abgeschlossen, kommt eine Aussetzung des Leistungsprozesses analog § 148 ZPO in Betracht. Dies hat zur Folge, dass nach erfolgter Amtslöschung die Einrede der Nichtigkeit in dem Leistungsverfahren weiterhin erhoben werden kann.[61]

15 d) **Auswirkungen auf Folgebeschlüsse und Folgegeschäfte.** Hat in den Fällen der **Teilnichtigkeit** (→ § 241 Rn. 65 ff.) die Anwendung des § 139 BGB zur Nichtigkeit des gesamten Beschlusses geführt, so bewirkt auch die Heilung das Wirksamwerden des ganzen Beschlusses.[62] War umgekehrt nur ein Beschlussteil nichtig, so beseitigt die Heilung eben diese Teilnichtigkeit. Bei **zusammenhängenden Beschlüssen** bewirkt die Heilung des ersten Beschlusses, wie bei § 253 Abs. 1 S. 2,[63] auch die Heilung des Folgebeschlusses, soweit diesbezüglich nicht zwischenzeitlich Nichtigkeit nach §§ 249, 248 oder § 241 Nr. 6 eingetreten ist.[64] Falls ausnahmsweise der rechtsgeschäftliche **Vollzugsakt** von der Nichtigkeit des ihm vorgeschalteten Beschlusses betroffen ist, greift die Heilung auch insoweit durch.[65]

16 **2. Folgepflicht des Vorstandes (§ 83 Abs. 2).** Die Frage, ob ein geheilter Beschluss eine Folgepflicht des Vorstands nach § 83 Abs. 2 begründet, ist der erste Testfall für die unterschiedlichen Auffassungen zur Heilungswirkung. Wer sich mit der hier (→ Rn. 12) vertretenen Auffassung für eine materielle Heilungswirkung entscheidet, muss an den geheilten Beschluss auch eine **Befolgungspflicht** knüpfen.[66] Anderenfalls droht die rechtsbefriedende Funktion der Heilung verloren

---

[59] MüKoAktG/*Hüffer*/*C. Schäfer* Rn. 20; Hölters/*Englisch* Rn. 13; Großkomm AktG *Schilling*, 3. Aufl. 1973, Anm. 8; *Casper*, Die Heilung nichtiger Beschlüsse im Kapitalgesellschaftsrecht, 1998, 158 ff.; *Mock*, Die Heilung fehlerhafter Rechtsgeschäfte, 2014, 563 f.; der Sache nach auch BGH WM 1984, 473 f. = AG 1984, 149 f. sowie K. Schmidt/Lutter/*Schwab* Rn. 15, aber mit abw. Begründung; aA vom Standpunkt der Gegenauffassung aus aber zB *Schlegelberger*/*Quassowski* § 196 Anm. 3; Kölner Komm AktG/*Noack*/*Zetzsche* Rn. 74 f.; zur gleichgelagerten Fragestellung bei § 256 Abs. 6 auch *Geist* DStR 1996, 306 (308).

[60] Dies gilt auch für eine auf Feststellung der Nichtigkeit gerichtete Feststellungsklage nach § 256 ZPO; vgl. statt aller OLG Brandenburg NZG 1999, 219 (220 f.).

[61] Vgl. näher *Casper*, Die Heilung nichtiger Beschlüsse im Kapitalgesellschaftsrecht, 1998, 162 ff.

[62] MüKoAktG/*Hüffer*/*C. Schäfer* Rn. 19; *Casper*, Die Heilung nichtiger Beschlüsse im Kapitalgesellschaftsrecht, 1998, 165; auch auf dem Boden der Auffassung von *Schnorr*, Teilfehlerhafte Beschlüsse, 1997, 91 ff. (113 ff.), der ohne Rückgriff auf § 139 BGB aus allgemeinen Grundsätzen regelmäßig zu einer Gesamtnichtigkeit kommen will, dürfte sich hinsichtlich der Heilung nichts anderes ergeben.

[63] Es bedarf entgegen *Mock*, Die Heilung fehlerhafter Rechtsgeschäfte, 2014, 565 mit Fn. 2790 aber keiner Analogie zu § 253 Abs. 1 S. 2, um dieses Ergebnis zu begründen.

[64] So der Sache nach auch, wenn auch mit abw. Begr. *Mock*, Die Heilung fehlerhafter Rechtsgeschäfte, 2014, 565 f.

[65] Vgl. näher *Casper*, Die Heilung nichtiger Beschlüsse im Kapitalgesellschaftsrecht, 1998, 167 ff., wobei allerdings im Grundsatz gilt, dass die Nichtigkeit des Beschlusses nicht auf den Vollzugsakt durchschlägt; dies zu Recht betonend auch *Mock*, Die Heilung fehlerhafter Rechtsgeschäfte, 2014, 566 f., der iÜ eine Auswirkung der Heilungswirkung ablehnt; abw. Kölner Komm AktG/*Noack*/*Zetzsche* Rn. 76 f.

[66] BGHZ 33, 175 (176 ff.) = NJW 1961, 26, ohne aber zur Frage der materiellen Wirkung explizit Stellung zu nehmen; → § 93 Rn. 270; Großkomm AktG/*K. Schmidt* Rn. 13; MüKoAktG/*Hüffer*/*C. Schäfer* Rn. 21; K. Schmidt/Lutter/*Schwab* Rn. 16; MHdB AG/*Wiesner* § 25 Rn. 133; *Kiem*, Die Eintragung der angefochtenen Verschmelzung, 1991, 156; *Casper*, Die Heilung nichtiger Beschlüsse im Kapitalgesellschaftsrecht, 1998, 174 ff.; MüKoAktG/*Spindler* § 93 Rn. 238; Wachter/*Wagner*/*Epe* Rn. 10; aA aber insbes. *Mestmäcker* BB 1961, 945 (948); *Betz*, Die Heilung nichtiger Hauptversammlungsbeschlüsse durch Eintragung und Fristablauf, 2014, 211 ff. und *Mock*, Die Heilung fehlerhafter Rechtsgeschäfte, 2014, 561 ff.; *Betz*, Die Heilung nichtiger Hauptversammlungsbeschlüsse durch Eintragung und Fristablauf, 2014, 211 ff.; sowie *Hefermehl* FS Schilling, 1973, 159 (168); *Stein* ZGR 1994, 472 (480 f.) mit Fn. 24; Kölner Komm AktG/*Noack*/*Zetzsche* Rn. 77; Scholz/*Schneider* GmbHG § 43 Rn. 128; UHL/*Paefgen* GmbHG § 43 Rn. 239 und wohl auch Kölner Komm AktG/*Mertens*/*Cahn* § 93 Rn. 155 iVm. Rn. 149 sowie – vom eigenen Standpunkt der materiellen Heilungswirkung aus inkonsequent – auch NK-AktR/*Heidel* Rn. 5.

zu gehen. Der Vorstand wie auch die anderen Organe sollen sich darauf verlassen können, dass ein seit mehr als drei Jahren ins Handelsregister eingetragener Beschluss verbindlich ist. Im Interesse der Rechtsklarheit und Rechtsbefriedung wäre es nicht angängig, den Vorstand vor jedem Vollzug des Beschlusses prüfen zu lassen, ob dieser Beschluss bei seinem Zustandekommen nichtig war, bzw. ob er jetzt noch im Wege der Amtslöschung beseitigt werden kann. Ebenso bewirkt ein laufendes Amtslöschungsverfahren keinen Suspensiveffekt, dh der Vorstand bleibt grundsätzlich auch dann zur Ausführung des Beschlusses verpflichtet, wenn ein Amtslöschungsverfahren angeregt worden ist.[67] Eine Ausnahme von diesem Grundsatz ist nur dann anzuerkennen, wenn die Voraussetzungen der Amtslöschung offenkundig gegeben sind, dh. für jedermann ohne umfangreiche Nachprüfung oder Auslegung des Gesetzes auf der Hand liegen.[68]

3. Entlastung und haftungsbegrenzende Wirkung der Heilung. Der zweite Testfall für die verschiedenen dogmatischen Grundpositionen zur Heilungswirkung ist deren haftungsbegrenzende Wirkung. Nach **§ 93 Abs. 4 S. 1** entfällt die Haftung, wenn der Vorstand einen gesetzmäßigen Hauptversammlungsbeschluss ausführt. Mit der Heilung wird der bisher nichtige Beschluss gesetzmäßig iSd § 93 Abs. 4. Hierfür spricht nicht nur das hier vertretene dogmatische Vorverständnis, sondern maßgeblich auch der Gesetzeszweck der Rechtssicherheit.[69] Es kann auch nicht angehen, dass der Vorstand den geheilten Beschluss befolgen muss, für dessen Ausführung aber haften soll.[70] Die Enthaftung tritt nicht nur für die Zukunft ein, wenn der Vorstand den geheilten Beschluss erneut ausführt, sondern wegen der Rückwirkung der Heilung (→ Rn. 13) entfallen auch Ansprüche wegen einer bereits durchgeführten Befolgung des nunmehr geheilten Beschlusses. Innerhalb der Lehre von der materiellen Heilungswirkung ist jedoch umstritten, ob mit der Heilung auch Ansprüche entfallen, bei denen der Vorwurf nicht in der Umsetzung des geheilten Beschlusses, sondern in **der Herbeiführung eines nichtigen Beschlusses** liegt. Entsprechendes gilt für Ansprüche, die darauf gestützt werden, dass der Vorstand den Eintritt der Heilung nicht rechtzeitig verhindert habe. Nach überwiegender Ansicht soll in diesen Fällen die Haftung des Vorstandes bestehen bleiben. Ein Anspruch auf Naturalrestitution (§ 249 S. 1 BGB) mit dem Ziel, den Beschluss zu beseitigen, soll aber ausscheiden.[71] Dies passt nicht zu dem von dem Gesetzeszweck mitumfassten Aspekt der Rechtsbefriedung und Rechtsklarheit. Eine Haftung des Vorstands bleibt nur insoweit möglich, als dass die Herbeiführung eines dadurch verursachten Schadens für die Gesellschaft unter anderen Aspekten, wie § 823 Abs. 2 BGB iVm § 266 StGB oder § 826 BGB bzw. § 280 BGB des Dienstvertrages, einen Haftungsanspruch begründet. Die Haftung nach § 246a Abs. 4 bei einem zu Unrecht ergangenen Freigabeverfahren wird ebenfalls nicht ausgeschlossen (→ Rn. 21).

4. Einschränkungen der Heilungswirkung? a) Unheilbare Nichtigkeitstatbestände als verallgemeinerungsfähige Schranke. Neben den in § 241 Nr. 5 und 6 geregelten Nichtigkeitstatbeständen finden sich in **§ 192 Abs. 4, § 212 S. 2** zwei weitere Nichtigkeitstatbestände, die einer Heilung wegen vorrangiger Schutzziele des Gesetzes nicht zugänglich sind. Es handelt sich dabei jedoch nicht um eine verallgemeinerungsfähige Schrankenbildung der Heilung, da beide Vorschriften singulären Charakter haben.[72] Aus einer Gesamtschau von § 212 S. 2 und § 241 Nr. 5, 6 kann jedoch immerhin als verallgemeinerungsfähiger Gedanke die Aussage gewonnen werden, dass Beschlüsse mit einem **perplexen oder widersprüchlichen Inhalt** der Heilung nicht zugänglich sind. Dies kommt jedoch außer bei Fehlern im Eintragungsverfahren, die zu einem perplexen Inhalt führen, praktisch kaum vor.

---

[67] AA Grigoleit/*Ehmann* Rn. 7.
[68] Vgl. näher *Casper*, Die Heilung nichtiger Beschlüsse im Kapitalgesellschaftsrecht, 1998, 176 ff.
[69] Für eine Entlastung gem. § 93 Abs. 4 S. 1: BGHZ 33, 175 (178 f.) = NJW 1961, 178 f.; → § 93 Rn. 270; MüKoAktG/*Hüffer/C. Schäfer* Rn. 22; Großkomm AktG/*K. Schmidt* Rn. 13; *v. Godin/Wilhelmi* § 93 Anm. 22; *Casper*, Die Heilung nichtiger Beschlüsse im Kapitalgesellschaftsrecht, 1998, 183 ff. mwN in Fn. 128; dagegen aber *Mestmäcker* BB 1961, 945 (948); *Mock*, Die Heilung fehlerhafter Rechtsgeschäfte, 2014, 561 ff.; *Betz*, Die Heilung nichtiger Hauptversammlungsbeschlüsse durch Eintragung und Fristablauf, 2014, 211 ff. sowie *Hefermehl* FS Schilling, 1973, 159 (168); *Stein* ZGR 1994, 472 (480 f.) mit Fn. 24; Kölner Komm AktG/*Noack/Zetzsche* Rn. 77; Scholz/*Schneider* GmbHG § 43 Rn. 128; UHL/*Paefgen* GmbHG § 43 Rn. 239 Differenzierend K. Schmidt/Lutter/*Schwab* Rn. 17: Enthaftung nur bei Heilung nach Abs. 1, nicht aber Wirksamwerden nach Abs. 2.
[70] So aber noch der differenzierende Ansatz von Kölner Komm AktG/*Zöllner* (1. Aufl.) Rn. 46.
[71] MüKoAktG/*Hüffer/C. Schäfer* Rn. 22; Hölters/*Englisch* Rn. 14; Großkomm AktG/*Hopt/Roth* § 93 Rn. 485; ohne Aussage zu § 249 BGB ebenso → § 93 Rn. 270; Großkomm AktG/*K. Schmidt* Rn. 13; *Bezzenberger* ZHR 164 (2000) 641 (644); allg. dazu auch *Casper*, Die Heilung nichtiger Beschlüsse im Kapitalgesellschaftsrecht, 1998, 188 ff.
[72] Vgl. näher *Casper*, Die Heilung nichtiger Beschlüsse im Kapitalgesellschaftsrecht, 1998, 195 ff.

19 b) Beschlüsse von besonderer Bedeutung. Der Vorschlag, **Satzungsänderungsbeschlüsse** wegen ihrer großen Bedeutung und der Gefahr der Perpetuierung in der Zukunft grundsätzlich dem Anwendungsbereich zu entziehen,[73] ist zu Recht vereinzelt geblieben.[74] Es trifft zwar zu, dass die Heilung bei Satzungsregeln problematisch ist, die in der Zukunft stets erneut vollzogen werden. Insoweit kann die Heilung auf Dauer keinen Bestand haben. Die generelle Ausklammerung von Satzungsänderungsbeschlüssen hieße jedoch, „den Teufel mit dem Belzebub auszutreiben", da gerade bei bedeutenden Beschlüssen das Erfordernis der Rechtssicherheit besteht und Satzungsänderungen oftmals – wie bei Strukturänderungen – in der Vergangenheit abgeschlossene, wirtschaftlich hoch bedeutsame Vorgänge betreffen. Die Norm würde nicht teleologisch reduziert, sondern weitgehend negiert. Vielmehr hat die Rechtsprechung zwischenzeitlich zu Recht auch § 242 auf nichtige Bestandteile in der ursprünglichen Satzung ausgedehnt (→ Rn. 29).[75] Aus den gleichen Gründen muss eine teleologische Reduktion auch bei Grundlagenbeschlüssen und bei solchen Beschlüssen ausscheiden, bei denen ihre besondere Bedeutung aus der Schwere des Eingriffs in die Mitgliedschaft folgt, wie bei Eingriffen in **unverzichtbare Aktionärsrechte** und den sog. **Kernbereich der Mitgliedschaft**.[76] Gleiches gilt schließlich auch für solche Beschlüsse, deren Nichtigkeit aus dem Verstoß gegen § 241 Nr. 3 iVm. **§ 23 Abs. 5**[77] resultiert.[78] Auch hier gebietet das Erfordernis der Rechtssicherheit eine Heilung. Eine Korrektur ist im Rahmen des Abs. 2 S. 3 zu suchen (→ Rn. 23 f.).

20 c) Beschlüsse mit Regelungscharakter für die Zukunft. Bei Beschlüssen, die sich erstmals oder erneut in der Zukunft nach Eintritt der Heilung perpetuieren, weist § 242 eine überschießende Tendenz auf. *U. Stein* hat insoweit den Vorschlag unterbreitet, in **spiegelbildlicher Anwendung der Lehre von der fehlerhaften Gesellschaft** unter Rückgriff auf eine verfassungskonforme teleologische Reduktion den Anwendungsbereich des § 242 Abs. 2 S. 1 bei Beschlüssen mit Wirkung für die Zukunft zu beschränken.[79] Danach soll bei solchen Beschlüssen, die noch nicht vollzogen sind, die Heilung unterbleiben. Bei Beschlüssen, die in der Vergangenheit bereits umgesetzt worden sind, aber auch noch als Ermächtigungsgrundlage für zukünftiges Handeln dienen, soll die Heilung nur Bestandskraft für die Vergangenheit entfalten, nicht aber Heilungswirkung für die Zukunft. *Steins* Ansatz zur Schrankenbildung hat das Verdienst, die überschießende Regelungstendenz des § 242 Abs. 2 S. 1 erstmals klar herausgearbeitet zu haben.[80] Der Lösungsvorschlag selbst kann hingegen nicht überzeugen.[81] Zum einen wird der Normzweck der Rechtsbefriedung und -klarheit über Gebühr eingeschränkt, wenn die Heilung bei erneuter Perpetuierung in der Zukunft völlig ausgeblendet wird. Zum anderen übersieht der Vorschlag, dass mit der Amtslöschung in § 242 Abs. 2 S. 3 ein gesetzesimmanentes Korrektiv zur Verfügung steht. Schließlich begegnet die spiegelbildliche Anwendung der Lehre von der fehlerhaften Gesellschaft (LfG) auch *methodischen Bedenken,* da sie das Verhältnis von der nur Bestandskraft vermittelnden LfG zur materiell wirkenden Heilung auf den Kopf stellt. Beide Institute stehen vielmehr in einem umgekehrten Verhältnis zueinander. Steht die Heilung noch aus, kann bereits die LfG bzw. ihre Ausdehnung auf fehlerhafte Strukturänderungen eingreifen.[82] In dem Zeitpunkt, in dem dann jedoch die Heilung nach § 242 Abs. 2 S. 1 eingreift, besteht für die LfG als qualitativem Minus kein Bedarf mehr.[83] Die spiegelbildliche Anwendung der

---

[73] So *Säcker* JZ 1980, 82 (84); *Säcker* FS Stimpel, 1984, 867 (884); tendenziell auch *Würdinger* AktR S. 41 f.
[74] Vgl. statt aller BGHZ 99, 211 (217 f.) = NJW 1987, 902; BGH WM 1984, 473 f.; BGZ 144, 365 (367 f.) = NJW 2000, 2819; BGHZ 202, 87 Rn. 14 = ZIP 2014, 2237; LG Heidelberg AG 1986, 81 f.; Kölner Komm AktG/*Noack/Zetzsche* Rn. 73, 90 f.; Hüffer/Koch/*Koch* Rn. 7; Großkomm AktG/*K. Schmidt* Rn. 8; *Casper,* Die Heilung nichtiger Beschlüsse im Kapitalgesellschaftsrecht, 1998, 199 ff.; *Mock,* Die Heilung fehlerhafter Rechtsgeschäfte, 2014, 575 f.
[75] BGHZ 144, 367 f. = NJW 2000, 2819.
[76] Vgl. näher dazu *Casper,* Die Heilung nichtiger Beschlüsse im Kapitalgesellschaftsrecht, 1998, 202 f., 214 ff.
[77] Zur umstrittenen Frage, ob ein Verstoß gegen § 23 Abs. 5 zu einer Nichtigkeit nach § 241 Nr. 3 führt, vgl. → § 23 Rn. 31, → § 241 Rn. 169 ff.
[78] Vgl. eingehend zu dieser möglichen Schranke *Casper,* Die Heilung nichtiger Beschlüsse im Kapitalgesellschaftsrecht, 1998, 204 ff.
[79] *Stein* ZGR 1994, 472 (485 ff.).
[80] Ähnliche Problemanalyse nun auch bei *Emde* ZIP 2000, 1753 (1757), allerdings ohne Auseinandersetzung mit dem Ansatz von *Stein.*
[81] Näher zur Kritik bei *Casper,* Die Heilung nichtiger Beschlüsse im Kapitalgesellschaftsrecht, 1998, 222 ff.; zust. *Betz,* Die Heilung nichtiger Hauptversammlungsbeschlüsse durch Eintragung und Fristablauf, 2014, 196 ff.
[82] OLG Stuttgart DB 2000, 1218 (1220); *Casper,* Die Heilung nichtiger Beschlüsse im Kapitalgesellschaftsrecht, 1998, 228; vgl. zur Anwendung der LfG auf fehlerhafte Strukturänderungen etwa *Zöllner/Winter* ZHR 158, (1994) 58 ff. und monografisch *Kort,* Bestandsschutz fehlerhafter Strukturänderungen, 1998, 123 ff.; *Schäfer,* Die Lehre vom fehlerhaften Verband, 2002, 289 ff.
[83] Vgl. insbes. *Schäfer,* Die Lehre vom fehlerhaften Verband, 2002, 247 f.; *Casper,* Die Heilung nichtiger Beschlüsse im Kapitalgesellschaftsrecht, 1998, 226 ff.

LfG hieße also, die speziellere Regelung durch die allgemeinere zu begrenzen. Stattdessen ist die Lösung in einer normzweckbezogenen Fortbildung der § 242 Abs. 2 S. 3 AktG, § 398 FamFG zu suchen (dazu sogleich in → Rn. 22 ff.).

IV. Verhinderung und Beseitigung der Heilung

1. Verhinderung des Heilungseintritts; Verhältnis zu § 246a (§ 242 Abs. 2 S. 5). Soll die 21 Heilung eines nichtigen Beschlusses verhindert werden, ist zwischen dem Zeitpunkt vor und nach der Eintragung zu unterscheiden. *Vor der Eintragung* des Beschlusses kann und hat der Vorstand den Eintragungsantrag nicht zu stellen bzw. muss ihn zurücknehmen.[84] Der einzelne Aktionär kann dies im Wege einer einstweiligen Verfügung erzwingen, wobei aus § 16 Abs. 2 HGB folgt, dass die Eintragung auch mit Wirkung gegenüber dem Registergericht für unzulässig erklärt werden kann.[85] *Nach der Eintragung* des Beschlusses kann die Verhinderung der Heilung, außer durch erneute Satzungsänderung bzw. Beschlussaufhebung oder Erhebung der Nichtigkeitsklage, auch durch Amtslöschung erfolgen, deren Anregung aber keine aufschiebende Wirkung hat. Diese Möglichkeit versagt nach der Neuregelung in **Abs. 2 S. 5**, sofern bei Strukturänderungen iSd § 246a zuvor ein **erfolgreiches Freigabeverfahren** durchgeführt wurde. Das erfolgreiche Anfechtungs- oder Nichtigkeitsurteil darf nicht mehr eingetragen werden. Das Freigabeverfahren lässt die Nichtigkeit des Beschlusses zunächst unberührt,[86] sie wird erst mit Eintritt der Heilung beseitigt. Der Gesetzgeber hat sich für den Fall einer erfolgreichen Freigabe für einen absoluten Vorrang der Strukturänderung ausgesprochen, weshalb er mit Abs. 2 S. 5 nicht nur die Heilungsmöglichkeit absichert,[87] sondern darüber hinaus auch noch die Möglichkeit zur Amtslöschung ausschließt.[88] Diese Neuregelung steht der Korrektivfunktion des Abs. 2 S. 3 (→ Rn. 4, 23) nicht entgegen, da das Freigabeverfahren nur bei solchen Beschlüssen in Betracht kommt, die sich nicht erneut in der Zukunft perpetuieren. Begreift man mit der hier vertretenen Auffassung Abs. 2 als materielle Heilungsnorm, die auch entstandene **Schadensersatzansprüche** ausschließt (→ Rn. 17), bleibt allerdings festzustellen, dass mit Eintritt der Heilung ein auf **§ 246a Abs. 4** gestützter Schadensersatz nicht ausgeschlossen wird. § 246a Abs. 4 ist insoweit die speziellere Vorschrift, die durch eine zwischenzeitlich eingetretene Heilung nach § 242 nicht verdrängt werden soll.[89]

2. Beseitigung der Heilung nach § 398 FamFG (§ 242 Abs. 2 S. 3). Trotz der Heilung bleibt 22 nach Abs. 2 S. 3 die Amtslöschung des Beschlusses möglich, sofern nicht zuvor ein erfolgreiches Freigabeverfahren nach § 246a durchgeführt wurde (Abs. 2 S. 5 Hs. 2). Die Amtslöschung führt zur Aufhebung der materiellen Heilungswirkung und bewirkt eine Nichtigkeit des Beschlusses nach § 241 Nr. 6. Es handelt sich also um einen **privatrechtsgestaltenden Akt der freiwilligen Gerichtsbarkeit.** Die Amtslöschung wirkt grundsätzlich ex tunc. Dies ist dann problematisch, wenn der geheilte Beschluss bereits in der Vergangenheit umgesetzt wurde, sich aber auch noch in der Zukunft perpetuieren kann (sog. Mischfälle, → dazu noch Rn. 23). Die Voraussetzungen der Amtslöschung richten sich nach § 398 FamFG. Bis zum 1.9.2009 richteten sie sich nach § 144 Abs. 2 FGG. Das FamFG[90] hat zwar zu einer neuen Nummerierung geführt, aber keine inhaltliche Änderung bewirkt.[91] Folglich kann die bisher zu § 144 Abs. 2 FGG entwickelte Lehre vollumfänglich auf § 398 FamFG übertragen werden. Dieser fordert unter anderem, dass die Löschung des Beschlusses im öffentlichen Interesse geboten sein muss. Insoweit stellt sich die Frage, ob auf die allgemeine, restriktive Auslegung zu § 398 FamFG zurückzugreifen ist, oder ob eine heilungsspezifische, funktionelle Auslegung möglich ist, die der **Korrektivfunktion des § 242 Abs. 2 S. 3** (dazu bereits → Rn. 4 f.) Rechnung trägt.

---

[84] EinhM, vgl. nur Kölner Komm AktG/*Zöllner* § 181 Rn. 28; Großkomm AktG/*Wiedemann* § 181 Rn. 20 mwN.

[85] Vgl. näher *Casper*, Die Heilung nichtiger Beschlüsse im Kapitalgesellschaftsrecht, 1998, 231 f. mwN.

[86] Hüffer/Koch/*Koch* Rn. 8a; K. Schmidt/Lutter/*Schwab* Rn. 19; Hölters/*Englisch* Rn. 12.

[87] Hüffer/Koch/*Koch* Rn. 8a spricht insoweit von einer registerrechtlichen Flankierung des § 246a, der mit Heilung nichts zu tun hätte; ebenso Hölters/*Englisch* Rn. 12; ähnlich K. Schmidt/Lutter/*Schwab* Rn. 19. Daran ist richtig, dass die unmittelbare Rechtsfolge des Abs. 2 S. 5 nur die Eintragung der Nichtigkeit nach §§ 241 Nr. 5, 249 verhindert. Mittelbar befördert diese Norm damit aber auch den Heilungseintritt.

[88] OLG Nürnberg AG 2018, 406 (409), das weiterhin annimmt, dass Freigabeverfahren auch noch nach erfolgter Eintragung zulässig sei, da die Wirkungen des Freigabebeschlusses über die der Eintragung hinausgehen.

[89] Hölters/*Englisch* Rn. 12; so im Erg. auch K. Schmidt/Lutter/*Schwab* Rn. 19, ohne von einer Heilungswirkung auszugehen.

[90] Das frühere FGG wurde durch das FGG-Reformgesetz v. 17.12.2008, BGBl. I 2586 aufgehoben und durch das FamFG ersetzt.

[91] Keidel/*Heinemann* FamFG § 398 Rn. 2; Prütting/Helms/*Holzer*, FamFG, 4. Aufl. 2018, § 398 Rn. 1.

§ 398 FamFG lautet:

Ein in das Handelsregister eingetragener Beschluss der Hauptversammlung oder Versammlung der Gesellschafter einer der in § 397 bezeichneten Gesellschaften sowie ein in das Genossenschaftsregister eingetragener Beschluss der Generalversammlung einer Genossenschaft kann nach § 395 als nichtig gelöscht werden, wenn er durch seinen Inhalt zwingende gesetzliche Vorschriften verletzt und seine Beseitigung im öffentlichen Interesse erforderlich erscheint.

23 § 398 FamFG erfordert zunächst, dass durch den Inhalt des zu löschenden Beschlusses **zwingende Vorschriften** des Aktiengesetzes bzw. des Mitbestimmungsgesetzes verletzt werden. Für die Begründetheit der Amtslöschung ist deshalb zunächst zu prüfen, ob eine Nichtigkeit nach § 241 Nr. 3, Nr. 4 vorgelegen hat.[92] Ein zur Nichtigkeit nach § 241 Nr. 1 führender Verstoß genügt nicht. Die Beseitigung des Beschlusses muss weiterhin im öffentlichen Interesse erforderlich erscheinen. Das öffentliche Interesse folgt nicht bereits aus der geheilten Nichtigkeit als solches, wie dies teilweise im Schrifttum vorgeschlagen wird.[93] Es ist vielmehr gesondert zu prüfen, ob ein **öffentliches Interesse** an der Löschung besteht.[94] Dabei ist entgegen der hL das öffentliche Interesse nicht auf außenstehende Personengruppen, wie Gesellschaftsgläubiger, Arbeitnehmer und potenzielle Anleger, zu begrenzen,[95] sondern unter Einbeziehung des Interesses der Aktionäre zu ermitteln.[96] Anderenfalls kann § 242 Abs. 2 S. 3 seine **Korrektivfunktion** im Einzelfall nicht erfüllen. Hieraus folgt, dass vor jeder Amtslöschung eine Interessenabwägung zwischen dem Löschungsinteresse des Einzelnen, zB des von der geheilten Satzungsvorschrift betroffenen Aktionärs, und dem Interesse der Aktiengesellschaft bzw. der übrigen Gesellschafter nach Bestandskraft vorzunehmen ist. Das Bedürfnis nach Bestandskraft wird regelmäßig überwiegen, sofern der Beschluss bereits umgesetzt ist. Ist dies noch nicht der Fall, wird in der Regel das Löschungsinteresse dominieren.[97] Bei den sog. **Mischfällen** (zB bei geheilter Regel zur Besetzung des Aufsichtsrats[98]) lässt sich eine sachgerechte Lösung nur dadurch erzielen, dass man die Amtslöschung zulässt, um ein erneutes Perpetuieren des geheilten Beschlusses zu verhindern, die Löschung aber gleichzeitig unter Hinzufügung eines entsprechenden Vermerks im Handelsregister nur für die Zukunft wirken lässt. Somit bleiben die Heilungswirkung und die damit verbundene Bestandskraft in der Vergangenheit erhalten.[99] Sofern man eine derartige rechtsfortbildende Amtslöschung mit Wirkung für die Zukunft nicht anerkennen will,[100] könnte sich in den Mischfällen auch eine Löschung mit Wirkung ex tunc anbieten. Dann wären aber über die Lehre von der fehlerhaften Gesellschaft zugleich Bestandskraft für die Vergangenheit anzuerkennen und Schadensersatzansprüche auszuschließen.[101]

24 Das Amtslöschungsverfahren kann von jedermann angeregt werden, auch wenn er vor Eintritt der Heilung nicht zur Erhebung der Nichtigkeitsklage berechtigt war. Im **Amtslöschungsverfahren** sind die zur Löschung erforderlichen Tatsachen zur vollen Erwiesenheit des Registergerichts zu ermitteln. Der Umfang der rechtlichen Prüfung, also insbesondere die Frage, ob eine Amtslöschung im öffentlichen Interesse geboten ist, unterliegt keiner Einschränkung infolge der Heilung oder eines besonders langen Zeitablaufes. Dem Registerrichter steht auch kein Ermessen zum Einschreiten zu, sofern die tatsächliche und rechtliche Prüfung zur Bejahung des Tatbestandes von § 398 FamFG

---

[92] BayObLGZ 1956, 303 (310); GmbHR 1992, 304 (304 f.); DB 1995, 2517 (2516); OLG Hamm BB 1981, 259 (261); WM 1994, 383 (385) mit zust. Anm. *Noack* WuB II A. § 320 AktG 1.94; Großkomm AktG/*K. Schmidt* § 241 Rn. 77, 83 f.; Großkomm AktG/*Wiedemann* § 181 Rn. 54; Hüffer/Koch/*Koch* § 241 Rn. 27; UHL/*Ulmer/Casper* GmbHG § 54 Rn. 62; Keidel/*Heinemann* FamFG § 398 Rn. 12; zur Reichweite des § 241 Nr. 3 AktG vgl. ausf. *Eberspächer*, Nichtigkeit von Hauptversammlungsbeschlüssen nach § 241 Nr. 3 AktG, 2009, 115 ff.
[93] Großkomm AktG/*K. Schmidt* § 241 Rn. 77, 84, 86; ähnlich *Baums*, Eintragung und Löschung von Gesellschafterbeschlüssen, 1981, 116; tendenziell auch BGHZ 144, 365 (368) = NJW 2000, 2819.
[94] Ebenso MüKoAktG/*Hüffer/C. Schäfer* § 241 Rn. 78.
[95] So aber BGHZ 202, 87 (Rn. 17): „nicht im Interesse einzelner Aktionäre"; OLG Frankfurt FGPrax 2002, 35; OLG Karlsruhe ZIP 1986, 711 (713); BayObLGZ 1956, 303 (311); KG JW 1936, 1383; Prütting/Helms/*Holzer* FamFG § 398 Rn. 8; Hüffer/Koch/*Koch* § 241 Rn. 27; Kölner Komm AktG/*Noack/Zetzsche* § 241 Rn. 169; und im Erg. wohl auch Keidel/*Heinemann* FamFG § 398 Rn. 16.
[96] Vgl. näher *Casper*, Die Heilung nichtiger Beschlüsse im Kapitalgesellschaftsrecht, 1998, 240 ff.; *Casper* FS Bergmann, 2018, 127 (135 f.); zust. Bürgers/Körber/*Göz* Rn. 9.
[97] In diesem Sinne auch *Grunewald* GesR (9. Aufl.) § 10 Rn. 142.
[98] Zu ihnen ausf. *Göz* FS Stilz, 2014, 179 (180 ff.).
[99] Vgl. näher *Casper*, Die Heilung nichtiger Beschlüsse im Kapitalgesellschaftsrecht, 1998, 244 f.; zustimmend MüKoAktG/*Hüffer/C. Schäfer* § 241 Rn. 86; Kölner Komm AktG/*Noack/Zetzsche* Rn. 192. Für eine grds. ex-nunc-Wirkung nach Eintritt der Heilung neuerdings auch *Göz* FS Stilz, 2014, 179 (187 ff.) mit ausf. Begründung; ebenso *Hoffmann/Rüppell* BB 2016, 1026 (1030); zusammenfassend *Casper* FS Bergmann, 2018, 127 (136 ff.).
[100] *Bezzenberger* ZHR 164 (2000) 641 (646).
[101] So wohl auch Grigoleit/*Ehmann* Rn. 8.

geführt hat.[102] Die Beteiligten können das Einschreiten des Registergerichts erzwingen.[103] Zwar können sie eine Amtslöschung nicht beantragen, sondern nur anregen. Der Beschluss des Registergerichts, ob es der Anregung nachkommt und einschreitet, ist jedoch gem. § 393 Abs. 3 S. 2 FamFG mittels Beschwerde gem. § 58 FamFG anfechtbar. Beschwerdeberechtigt ist gem. § 59 Abs. 1 FamFG allerdings nur, wer geltend machen kann, dass er in eigenen sachlichen Rechten verletzt ist.[104] Anders als bei der Erhebung der Nichtigkeitsklage kann der einzelne Aktionär die Amtslöschung also nur dann erzwingen, wenn er durch den geheilten Beschluss in seinen eigenen Rechten verletzt wird. In einem Beschluss aus dem Juli 2014 hat der zweite Senat die Beschwerdebefugnis allerdings dann abgelehnt, wenn die Amtslöschung nach Heilungseintritt vorgenommen werden soll.[105] Der BGH stützt sich insbesondere auf die Ratio der Heilungsnormen und übersieht dabei, dass die Amtslöschung gerade nicht im einheitlichen System von Heilungsvorschriften, sondern als notwendiges Korrektiv zu einer besonders weitreichenden Heilungsvorschrift verortet wurde (→ Rn. 4 f.). Legt man § 242 Abs. 2 S. 3 funktional aus, erscheint es richtig, dass, anders als bei der Erhebung der Nichtigkeitsklage, nicht jeder Aktionär, aber zumindest derjenige beschwerdebefugt ist, der durch den geheilten Beschluss in seinen eigenen Rechten verletzt wird.

3. Beseitigung der Heilung durch erneute Satzungsänderung. Neben der Amtslöschung **25** ist die Beseitigung geheilter Satzungsänderungsbeschlüsse nur noch durch eine erneute Satzungsänderung möglich. Diese kann der einzelne Aktionär nur dann erzwingen, wenn die übrigen dissentierenden Mitgesellschafter ausnahmsweise im Wege der aus der Treupflicht folgenden **positiven Stimmpflicht** verpflichtet sind, der erstrebten Satzungsänderung zuzustimmen.[106] Dies ist nur unter den engen allgemeinen Voraussetzungen der Fall. Erleichterungen infolge der vorangegangenen Heilung sind nicht veranlasst. Es handelt sich also nicht um einen speziellen Ansatz zur Beseitigung geheilter Beschlüsse.[107] Einer Satzungsänderung lässt sich auch nur innerhalb der allgemeinen Grenzen Rückwirkung beilegen.[108] Weitere **Restitutionsansprüche** außerhalb dieser engen Grenzen und des § 242 Abs. 2 S. 3 kann es vor dem Hintergrund der hier vertretenen Auffassung nicht geben.[109]

V. Entsprechende Anwendungen des § 242

1. Unwirksame Beschlüsse, Abs. 3. Bei schwebend bzw. endgültig unwirksamen Beschlüssen **26** ist mit der überwiegenden Ansicht eine **analoge Anwendung** des § 242 Abs. 2 S. 1 AktG zu befürworten.[110] Die analoge Anwendung rechtfertigt sich daraus, dass im Interesse der Rechtssicherheit sowohl bei Nichtigkeit als auch bei Unwirksamkeit ein Bedürfnis besteht, mit Ablauf

---

[102] Vgl. näher MüKoAktG/*Hüffer*/C. *Schäfer* § 241 Rn. 80; *Casper,* Die Heilung nichtiger Beschlüsse im Kapitalgesellschaftsrecht, 1998, 248 ff. mwN; jew. mit Nachw. der im Verfahrensrecht vorherrschenden Gegenauffassung.

[103] Explizit aA für den Fall der bereits eingetretenen Heilung BGHZ 202, 87 (Tz. 15 ff.) = ZIP 2014, 2237; dagegen *Casper* FS Bergmann, 2018, 127 (139 f.).

[104] Vgl. Keidel/*Meyer-Holz* FamFG § 59 Rn. 6 ff.; Prütting/Helms/*Abramenko* FamFG § 59 Rn. 2 ff.; zur Vorgängernorm im FGG näher *Casper,* Die Heilung nichtiger Beschlüsse im Kapitalgesellschaftsrecht, 1998, 255 ff. mwN.

[105] BGHZ 202, 87 Rn. 17 f. = ZIP 2014, 2237.

[106] Großkomm AktG/*K. Schmidt* Rn. 8 (ähnlicher Ansatz bei *Emde* ZIP 2000, 1753 (1755 ff.)) hat erwogen, der Heilung nicht abgeschlossener Sachverhalte mit „negatorischen Ansprüchen der Aktionäre auf Wiederherstellung einer gesetzmäßigen Satzung mit Wirkung für die Zukunft" zu begegnen, wobei die Durchsetzung eines solchen Anspruchs mittels positiver Stimmpflichten erfolgen solle; ebenso *Goette* FS Röhricht, 2005, 115 (121 f.); vgl. allg. zu positiven Stimmpflichten im Aktienrecht nur BGHZ 129, 136 (145, 153 f.) = NJW 1995, 1739; im Grds. auch *Betz,* Die Heilung nichtiger Hauptversammlungsbeschlüsse durch Eintragung und Fristablauf, 2014, 245 ff.; Großkomm AktG/*K. Schmidt* § 243 Rn. 50.

[107] *Casper,* Die Heilung nichtiger Beschlüsse im Kapitalgesellschaftsrecht, 1998, 264 ff.; aA *Goette* FS Röhricht, 2005, 115 (121 f.); *Betz,* Die Heilung nichtiger Hauptversammlungsbeschlüsse durch Eintragung und Fristablauf, 2014, 245 ff.; wohl auch Großkomm AktG/*K. Schmidt* Rn. 8.

[108] Vgl. dazu statt aller Hüffer/Koch/*Koch* § 179 Rn. 27 f.; Kölner Komm AktG/*Zöllner* § 179 Rn. 206 ff.; Großkomm AktG/*Wiedemann* § 179 Rn. 163 f.

[109] AA insbes. *Emde* ZIP 2000, 1753 (1755 ff.), der als Anspruchskaskade für mögliche Restitutionsansprüche noch § 823 Abs. 1 BGB wegen der Verletzung der Mitgliedschaft als absolutes Recht, § 823 Abs. 2 BGB und § 1004 BGB analog nennt.

[110] OLG Hamburg AG 1970, 230 (231 f.); OLG Schleswig NZG 2000, 895 (896) (obiter); Kölner Komm AktG/*Noack*/*Zetzsche* Rn. 98 ff.; Großkomm AktG/*K. Schmidt* Rn. 16; Schlegelberger/*Quassowski* § 196 Anm. 1; Hölters/*Englisch* Rn. 17; UHL/*Ulmer*/*Casper* GmbHG § 54 Rn. 32 und § 53 Rn. 104; *C. Schäfer,* Stimmrechtsloser GmbH-Geschäftsanteil, 1997, 253 f.; *Thöni* GesRZ 1995, 73 (78 f.); *Mock,* Die Heilung fehlerhafter Rechtsgeschäfte, 2014, 541; differenzierend K. Schmidt/Lutter/*Schwab* Rn. 21: nur bei fehlender behördlicher Genehmigung soll Heilung eintreten.

von drei Jahren von der Wirksamkeit des Beschlusses ausgehen zu können.[111] Ferner spricht für die Analogie ein argumentum a maiori ad minus. Eine analoge Anwendung des § 242 Abs. 2 S. 1 kommt auch beim Ausstehen öffentlich-rechtlicher Genehmigungserfordernisse in Betracht.[112] Die Heilung führt dazu, dass der Beschluss wirksam wird, ohne dass das bisherige Wirksamkeitserfordernis nachgeholt worden wäre. Die Verhinderung des Heilungseintrittes analog § 242 Abs. 2 S. 2 bedarf der Erhebung einer **Unwirksamkeitsklage analog § 249.** Die allgemeine Feststellungsklage nach § 256 ZPO genügt nicht. Entgegen der bisher wohl noch vorherrschenden Ansicht[113] ist § 249 auf endgültig unwirksame Beschlüsse anzuwenden.[114] Auch hier besteht ein Bedürfnis, die Unwirksamkeit mit Wirkung inter omnes festzustellen, wenn einer von mehreren zustimmungsberechtigten Aktionären seine Zustimmung endgültig verweigert hat und dies in entsprechender Anwendung des § 139 BGB zur endgültigen Unwirksamkeit des Beschlusses auch gegenüber denjenigen Gesellschaftern führt, die ihre Zustimmung noch nicht erklärt haben. Nach Eintritt bleibt die **Amtslöschung** möglich. Ihre Voraussetzungen richten sich allein nach § 398 FamFG. Gegenüber geheilten nichtigen Beschlüssen ergibt sich kein Unterschied hinsichtlich der Tatbestandsvoraussetzungen.[115]

27   Dass eine Heilung der Unwirksamkeit zulässig sein muss, ergibt sich auch mittelbar aus **Abs. 3**, der anordnet, dass § 242 Abs. 2 bei denen im Eingangssatz von § 241 genannten § 217 Abs. 2, § 228 Abs. 2, § 234 Abs. 3 und § 235 Abs. 2 entsprechend gilt. Diesen Vorschriften ist gemeinsam, dass sie bestimmte Kapitalveränderungen zum Gegenstand haben, deren Eintragung bis zu einem gewissen Zeitpunkt erfolgen muss. Die Eintragung nach dem Zeitablauf – bei § 217 Abs. 2 S. 4 zB nach Ablauf der Frist von drei Monaten – führt entgegen der Terminologie zur **endgültigen Unwirksamkeit**, die dann mit Ablauf der Dreijahresfrist gem. § 242 Abs. 2, 3 AktG geheilt wird. Die Verweisung in Abs. 3 erstreckt sich entgegen dem Wortlaut und der systematischen Stellung nicht auf die Heilung nach Abs. 2 S. 4, da diese hier nicht passt.

28   **2. Scheinbeschlüsse.** Ob auch sog. Scheinbeschlüsse analog § 242 Abs. 2 S. 1 der Heilung zugänglich sind, wird nicht einheitlich beantwortet. Die Antwort hängt davon ab, ob es überhaupt Scheinbeschlüsse gibt und was hierunter zu verstehen ist (näher dazu → § 241 Rn. 55 ff.) ist. Verwendet man den **Begriff des Scheinbeschlusses** restriktiv also nur dann, wenn mindestens eines der beiden Tatbestandsmerkmale eines Beschlusses, nämlich der Beschlussantrag oder die Abstimmung, nicht vorliegt, der Beschluss aber gleichwohl ins Handelsregister eingetragen wird,[116] kommt mangels jeglicher privatautonomer Legitimation des Beschlusses eine Heilung nicht in Betracht.[117]

29   **3. Mängel in der Ursprungssatzung.** In der ursprünglichen Satzung kann es nichtige Bestandteile geben, die nicht zur Auflösung der Aktiengesellschaft führen. Ob diese nichtigen Bestandteile in der Ursprungssatzung mit Ablauf von drei Jahren nach Eintragung der Gesellschaft ins Handelsregister analog

---

[111] Vgl. näher *Casper*, Die Heilung nichtiger Beschlüsse im Kapitalgesellschaftsrecht, 1998, 269 ff.
[112] Einzelheiten bei *Casper*, Die Heilung nichtiger Beschlüsse im Kapitalgesellschaftsrecht, 1998, 272 ff.; für eine analoge Anwendung ausschließlich für den Fall der fehlenden behördlichen Genehmigung aber K. Schmidt/Lutter/*Schwab* Rn. 21.
[113] Hüffer/Koch/*Koch* § 249 Rn. 21; *Baumbach/Hueck* Vor § 241 Rn. 5; *Bezzenberger*, Vorzugsaktien ohne Stimmrecht, 1991, 185; *v. Godin/Wilhelmi* § 249 Anm. 1; *Hueck* FS Molitor, 1962, 401 (402); UHL/*Raiser* GmbHG Anh. § 47 Rn. 25. In der in diesem Zusammenhang oft zitierten Entscheidung BGHZ 15, 177 (181) = NJW 1955, 178 (zum Genossenschaftsrecht) stellt der BGH nur fest, dass ein unwirksamer Beschluss mit der Feststellungsklage gem. § 256 ZPO geltend gemacht werden kann, zu einer darüber hinaus evtl. möglichen Analogie zu § 249 lässt sich der Entscheidung keine abschließende Aussage entnehmen.
[114] Beschränkt auf die endgültige Unwirksamkeit ebenso Großkomm AktG/*K. Schmidt* § 249 Rn. 9; Rowedder/Schmidt-Leithoff/*Ganzer* GmbHG Anh. § 47 Rn. 2; *Schäfer*, Die Lehre vom fehlerhaften Verband, 2002, 255 f.; *Thöni* GesRZ 1995, 73 (76); Kölner Komm AktG/*Noack/Zetzsche* § 249 Rn. 62; unter Ausdehnung auch auf eine schwebende Unwirksamkeit auch *Berg*, Schwebend unwirksame Beschlüsse in privatrechtlichen Verbänden, 1994, 174 f.; zur schwebenden Unwirksamkeit differenzierend *Casper*, Die Heilung nichtiger Beschlüsse im Kapitalgesellschaftsrecht, 1998, 278 ff.
[115] Näher *Casper*, Die Heilung nichtiger Beschlüsse im Kapitalgesellschaftsrecht, 1998, 285 f.; ebenso Großkomm AktG/*K. Schmidt* Rn. 16; wohl auch MüKoAktG/*Hüffer/C. Schäfer* Rn. 26.
[116] Vgl. näher zu diesem engen Begriff des Scheinbeschlusses iS eines nach außen kundgemachten Nichtbeschlusses *Casper*, Die Heilung nichtiger Beschlüsse im Kapitalgesellschaftsrecht, 1998, 39 ff. mwN.
[117] Nähere Begründung bei *Casper*, Die Heilung nichtiger Beschlüsse im Kapitalgesellschaftsrecht, 1998, 296; ebenso *Mock*, Die Heilung fehlerhafter Rechtsgeschäfte, 2014, 540; in einem obiter dictum weitergehend aber wohl OLG Stuttgart DB 2000, 1218 (1220), in dessen Fall, die Hauptversammlung ist (infolge unwirksamer Übertragung aller Anteile) mit einem Nichtgesellschafter besetzt, nach richtiger Auffassung kein Scheinbeschluss, sondern ein nach § 241 Nr. 3 nichtiger Beschluss vorliegt, vgl. dazu näher *Casper*, Die Heilung nichtiger Beschlüsse im Kapitalgesellschaftsrecht, 1998, 44 f. mwN.

Abs. 2 S. 1 geheilt werden, war lange Zeit sehr umstritten.[118] Der BGH[119] hat sich in einer das GmbH-Recht betreffenden Entscheidung[120] aus dem Jahre 2000 zu Recht der Ansicht angeschlossen, die sich für eine Analogie ausspricht. Der wesentliche Grund für diese Analogie liegt in dem vergleichbaren Bedürfnis nach Rechtssicherheit und Rechtsklarheit wie bei nachträglichen Satzungsänderungen. Gründe für eine Ungleichbehandlung von ursprünglichen und nachträglichen Satzungsbestandteilen sind nicht ersichtlich, sofern man in beiden Fällen § 242 Abs. 2 S. 3 als Korrektiv heranzieht und die Nichtigkeitsgründe für die Bestandteile in der Ursprungssatzung analog § 241 Nr. 3 und Nr. 4 bestimmt.[121] Allein aus dem unterschiedlichen Prüfungsmaßstab bei Eintragung einer Gesellschaft und einer Satzungsänderung lässt sich eine Ungleichbehandlung ebenfalls nicht rechtfertigen.[122]

4. Eintragung der Strukturänderungen statt des Beschlusses. Bei einigen wichtigen Strukturänderungen wird nicht der zugrunde liegende Beschluss, sondern die Strukturmaßnahme als solche ins Handelsregister eingetragen, so bei der Auflösung (§ 263 S. 1), dem Abschluss und der Änderung von Unternehmensverträgen (§§ 294, 295) und der Eingliederung (§ 319 Abs. 4). Insoweit stellt sich die Frage, ob **§ 242 analog** anzuwenden ist. Dies ist unter dem Gesichtspunkt der Rechtssicherheit zu bejahen, da das Bedürfnis nach Heilung hier ebenso stark ist wie bei Strukturänderungen, die durch eintragungspflichtige Satzungsänderung legitimiert ist.[123] Der Eintragung geht ebenfalls eine Registerkontrolle voran. Eine Amtslöschung bleibt in den seltenen Fällen möglich, in denen die Strukturänderung nach Ablauf von drei Jahren noch nicht vollzogen ist. Ist dies hingegen der Fall, kann vor **Eintritt der Heilung** jedoch bereits **Bestandskraft** durch die Übertragung der Lehre von der fehlerhaften Gesellschaft auf Strukturänderungen eintreten.[124]

Demgegenüber ist § 242 bei der Verschmelzung, der Spaltung und dem Formwechsel nach dem **Umwandlungsgesetz** nicht anwendbar. Zwar ist § 20 Abs. 2 UmwG im Gegensatz zu § 20 Abs. 1 Nr. 4 UmwG keine Heilungsvorschrift im engeren Sinne, sondern vermittelt nur Bestandskraft.[125] Angesichts des weitgehenden Bestandsschutzes im Umwandlungsrecht, den auch die kurze Frist des § 14 Abs. 1 UmwG vermittelt, fehlt es für eine Analogie an einer Regelungslücke.[126] Die Vermeidung solcher Ansprüche ist nicht Regelungsanliegen des § 242,[127] der Ausschluss einer Entschmelzung lässt sich bereits durch allgemeine Rechtsinstitute erreichen.[128]

---

[118] Für eine Analogie erstmals *Geßler* ZGR 1980, 427 (453); dem folgend dann zB Großkomm AktG/*Röhricht/Schall* § 23 Rn. 284; Großkomm AktG/*Wiedemann* § 181 Rn. 47; *Emde* ZIP 2000, 1753 (1754); *Casper*, Die Heilung nichtiger Beschlüsse im Kapitalgesellschaftsrecht, 1998, 298 ff. mwN des Meinungsstandes; im Erg. wohl auch *Zöllner* DNotZ 2001, 872 (874 f.); dagegen aber zB *K. Schmidt* AG 1996, 385 (388); *Säcker* JZ 1980, 82 (84); Kölner Komm AktG/*Kraft* § 275 Rn. 11 (17) (Heilung nur von Formmängeln); *Goette* FS Röhricht, 2005, 115 ff. und neuerdings *Mock*, Die Heilung fehlerhafter Rechtsgeschäfte, 2014, 544, der die Lehre der fehlerhaften Gesellschaft heranziehen will.

[119] BGHZ 144, 365 (367 f.) = NJW 2000, 2819 mit Anm. *Casper* EWiR 2000, 943 f. und *Kleindiek/Balke* WuB II C. § 242 AktG 1.01 sowie *Zöllner* DNotZ 2001, 872 ff.; vgl. auch die Rezension von *Goette* FS Röhricht, 2005, 115 ff. Offen lassend noch BGHZ 99, 211 (217 f.) = NJW 1987, 902.

[120] Die Entscheidung betraf eine unangemessene Abfindungsbeschränkung in einer GmbH-Satzung; der BGH BGHZ 144, 365 (369) weist zutreffend darauf hin, dass eine auf § 242 BGB gestützte Ausübungskontrolle der Abfindungsbeschränkung trotz Heilung möglich bleibt; für das GmbH-Recht ebenso *Casper*, Die Heilung nichtiger Beschlüsse im Kapitalgesellschaftsrecht, 1998, 340 ff.; zu den damit verbundenen Fragen *Lange* NZG 2000, 635 ff.; *Winkler* GmbHR 2016, 519 ff. sowie ferner auch *Goette* FS Röhricht, 2005, 115 ff.

[121] Letzteres ist ebenfalls umstritten, vgl. näher → § 241 Rn. 183 ff. und *Casper*, Die Heilung nichtiger Beschlüsse im Kapitalgesellschaftsrecht, 1998, 299 mwN in Fn. 90. Krit. zu dieser Korrektivfunktion aber *Goette* FS Röhricht, 2005, 115 (120).

[122] AA *Goette* FS Röhricht, 2005, 115 (126 f.).

[123] Vgl. MüKoAktG/*Hüffer/C. Schäfer* Rn. 28; *K. Schmidt/Lutter/Schwab* Rn. 22; Kölner Komm AktG/*Noack/Zetzsche* Rn. 110 ff. und *Casper*, Die Heilung nichtiger Beschlüsse im Kapitalgesellschaftsrecht, 1998, 289 ff. mwN; aA wohl *Mock*, Die Heilung fehlerhafter Rechtsgeschäfte, 2014, 544 ff. Liegt eine eingetragene Kapitalerhöhung vor, so erstreckt sich die Heilungswirkung auch auf etwaige Mängel des dazugehörigen Übernahmevertrages, so, ohne direkte Normanknüpfung aus dem Gedanken fehlerhaftem BGH NZG 2018, 29 Rn. 35; ohne aber mit differenzierter Begründung *Vossius* Notar 2018, 69, der die Heilung auf eine Gesamtanalogie zu § 75 GmbHG, § 242 AktG, § 395 FamFG, §§ 20 Abs. 1 Nr. 4 und Abs. 2, 131 Abs. 1 Nr. 4 und Abs. 2, 202 Abs. 1 Nr. 3 und Abs. 2 UmwG stützen will.

[124] Vgl. eingehend dazu und zu den verschiedenen Fallgruppen *C. Schäfer*, Die Lehre vom fehlerhaften Verband, 2002, 363 f. (400 ff.).

[125] HM, vgl. etwa *Schäfer*, Die Lehre vom fehlerhaften Verband, 2002, 182 f.; *Casper*, Die Heilung nichtiger Beschlüsse im Kapitalgesellschaftsrecht, 1998, 292; MüKoAktG/*Hüffer/C. Schäfer* Rn. 29; aA aber zB Lutter/*Grunewald* UmwG § 20 Rn. 77 f.

[126] Ebenso MüKoAktG/*Hüffer/C. Schäfer* Rn. 29 f.; *C. Schäfer*, Die Lehre vom fehlerhaften Verband, 2002, 182 ff.; im Erg. auch *Mock*, Die Heilung fehlerhafter Rechtsgeschäfte, 2014, 545.

[127] Zutreffend MüKoAktG/*Hüffer/C. Schäfer* Rn. 30.

[128] Dazu eingehend *C. Schäfer*, Die Lehre vom fehlerhaften Verband, 2002, 191 ff. mwN.

§ 243 Anfechtungsgründe

(1) Ein Beschluß der Hauptversammlung kann wegen Verletzung des Gesetzes oder der Satzung durch Klage angefochten werden.

(2) ¹Die Anfechtung kann auch darauf gestützt werden, daß ein Aktionär mit der Ausübung des Stimmrechts für sich oder einen Dritten Sondervorteile zum Schaden der Gesellschaft oder der anderen Aktionäre zu erlangen suchte und der Beschluß geeignet ist, diesem Zweck zu dienen. ²Dies gilt nicht, wenn der Beschluß den anderen Aktionären einen angemessenen Ausgleich für ihren Schaden gewährt.

(3) Die Anfechtung kann nicht gestützt werden:
1. auf die durch eine technische Störung verursachte Verletzung von Rechten, die nach § 118 Abs. 1 Satz 2, Abs. 2 und § 134 Abs. 3 auf elektronischem Wege wahrgenommen worden sind, es sei denn, der Gesellschaft ist grobe Fahrlässigkeit oder Vorsatz vorzuwerfen; in der Satzung kann ein strengerer Verschuldensmaßstab bestimmt werden,
2. auf eine Verletzung des § 121 Abs. 4a, des § 124a oder des § 128,
3. auf Gründe, die ein Verfahren nach § 318 Abs. 3 des Handelsgesetzbuchs rechtfertigen.

(4) ¹Wegen unrichtiger, unvollständiger oder verweigerter Erteilung von Informationen kann nur angefochten werden, wenn ein objektiv urteilender Aktionär die Erteilung der Information als wesentliche Voraussetzung für die sachgerechte Wahrnehmung seiner Teilnahme- und Mitgliedschaftsrechte angesehen hätte. ²Auf unrichtige, unvollständige oder unzureichende Informationen in der Hauptversammlung über die Ermittlung, Höhe oder Angemessenheit von Ausgleich, Abfindung, Zuzahlung oder über sonstige Kompensationen kann eine Anfechtungsklage nicht gestützt werden, wenn das Gesetz für Bewertungsrügen ein Spruchverfahren vorsieht.

Schrifttum: *Arbeitskreis Beschlussmängelrecht,* Vorschlag zur Neufassung der Vorschriften des Aktiengesetzes zu Beschlussmängeln, AG 2008, 617; *Arnold/Gärtner,* Konzerninterne Unternehmensveräußerungen im Spannungsfeld von § 311 Abs. 2 AktG und Beschlussmängelrecht, FS Stilz, 2014, 7; *Baums,* Eintragung und Löschung von Gesellschafterbeschlüssen, 1981; *Baums,* Der unwirksame Hauptversammlungsbeschluss, ZHR 142 (1978), 582; *Baums/Keinath/Gajek,* Fortschritte bei Klagen gegen Hauptversammlungsbeschlüsse? Eine empirische Studie, ZIP 2007, 1629; *Bayer/Scholz,* Die Anfechtung von Hauptversammlungsbeschlüssen wegen unrichtiger Entsprechenserklärung, ZHR 181 (2017), 861; *Bork,* Streitgegenstand und Beschlussmängelklage im Gesellschaftsrecht, NZG 2002, 1094; *Buchta,* Einstweiliger Rechtsschutz gegen Fassung und Ausführung von Gesellschafterbeschlüssen, DB 2008, 613; *Casper,* Die Heilung nichtiger Beschlüsse im Kapitalgesellschaftsrecht, 1998; *Casper,* Das Anfechtungsklageerfordernis im GmbH-Beschlussmängelrecht, ZHR 163 (1999), 54; *Dechert,* Die Information der Aktionäre über die Unternehmensbewertung bei Strukturmaßnahmen in der Hauptversammlung- und Gerichtspraxis, FS Hoffmann-Becking, 2013, 295; *Dietrich,* Voraussetzungen und Inhalte einer Geschäftsordnung der Hauptversammlung, NZG 1998, 921; *Dreher,* Treubindungen in der AG, ZHR 157 (1993), 150; *Emde,* Die Bestimmtheit von Gesellschafterbeschlüssen, ZIP 2000, 59; *Fleischer,* Bagatellfehler im aktienrechtlichen Beschlussmängelrecht, ZIP 2014, 149; *Fleischer,* Das Gesetz zur Unternehmensintegrität und Modernisierung des Anfechtungsrechts, NJW 2005, 3525; *v. Gerkan,* Gesellschafterbeschlüsse, Ausübung des Stimmrechts und einstweiliger Rechtsschutz, ZGR 1985, 167; *Geßler,* Zur Anfechtung wegen Strebens nach Sondervorteilen (§ 243 Abs. 2 AktG), FS Barz, 1974, 97; *Goette,* Zu den Rechtsfolgen unrichtiger Entsprechenserklärungen, FS Hüffer, 2010, 225; *Habersack/Stilz,* Zur Reform des Beschlussmängelrechts, ZGR 2010, 710; *Henze,* Treuepflichten der Gesellschafter im Kapitalgesellschaftsrecht, ZHR 162 (1998), 186; *Heller,* Wirksamkeit von Hauptversammlungsbeschlüssen – Richtige Feststellung und Verkündung durch den falschen Versammlungsleiter, AG 2008, 493; *Henze,* Zur Treuepflicht unter Aktionären, FS Kellermann, 1991, 141; *Henze,* Aspekte und Entwicklungstendenzen der aktienrechtlichen Anfechtungsklage in der Rechtsprechung des BGH, ZIP 2002, 97; *Hirte,* Informationsmängel im Spruchverfahren, ZHR 167 (2003), 8; *Hommelhoff,* Zum vorläufigen Bestand fehlerhafter Strukturänderungen in Kapitalgesellschaften, ZHR 158 (1994), 11; *Hommelhoff,* 100 Bände BGHZ-Aktienrecht, ZHR 151 (1987), 493; *Hüffer,* Beschlussmängel im Aktienrecht und im Recht der GmbH – eine Bestandsaufnahme unter Berücksichtigung der Beschlüsse von Leitungs- und Überwachungsorganen, ZGR 2001, 833; *Hüffer,* Zur gesellschaftsrechtlichen Treuepflicht als richterliche Generalklausel, FS Steindorff, 1990, 59; *Hüffer,* Zur Darlegungs- und Beweislast bei der aktienrechtlichen Anfechtungsklage, FS Fleck, 1988 (ZGR-Sonderheft Nr. 7), 151; *Joussen,* Der Auskunftsanspruch des Aktionärs, AG 2000, 241; *Kersting,* Die aktienrechtliche Beschlussanfechtung wegen unrichtiger, unvollständiger oder verweigerter Erteilung von Informationen, ZRP 2007, 319; *Kocher/Lönner,* Erforderlichkeit, Nachfrageobliegenheiten und Gremienvertraulichkeit – Begrenzungen des Auskunftsrechts in der Hauptversammlung, AG 2014, 81; *Koppensteiner,* Treuwidrige Stimmabgaben bei Kapitalgesellschaften, ZIP 1994, 1325; *Kort,* Zur Treuepflicht des Aktionärs, ZIP 1990, 294; *Lutter,* Die Treuepflicht des Aktionärs, ZHR 153 (1989), 171; *Lutter,* Die Eintragung anfechtbarer Hauptversammlungsbeschlüsse im Handelsregister, NJW 1969, 1873; *Lutter,* Treuepflichten und ihre Anwendungsprobleme, ZHR 162 (1998), 164; *Martens,* Mehrheits-Minderheits-Konflikte innerhalb abhängiger Unternehmen, AG 1974, 9; *Martens/Martens,* Rechtsprechung und Gesetzgebung im Kampf gegen missbräuchliche Anfechtungsklagen, AG 2009, 173; *Noack,* Fehlerhafte Beschlüsse in Gesellschaften und Vereinen, 1989; *Noack,* Gesellschaftervereinbarungen bei Kapitalgesellschaften, 1994; *Noack,* ARUG: Das nächste Stück der Akti-

Anfechtungsgründe **§ 243**

enrechtsreform in Permanenz, NZG 2008, 441; *Noack/Zetzsche,* Die Informationsanfechtung nach der Neufassung des § 243 Abs. 4 AktG, ZHR 170 (2006), 218; *H. Schmidt,* Ausschluss der Anfechtung des squeeze-out-Beschlusses bei abfindungsbezogenen Informationsmängeln, FS P. Ulmer, 2003, 543 ff.; *K. Schmidt,* Reflexionen über das Beschlussmängelrecht, AG 2009, 248; *K. Schmidt,* Fehlerhafte Beschlüsse in Gesellschaften und Vereinen, AG 1977, 205 und 243; *Schockenhoff/Culmann,* Anfechtung der Wahl des Abschlussprüfers und gerichtliche Bestellung analog § 318 Abs. 4 HGB, AG 2016, 23; *Schwab,* Zum intertemporalen Anwendungsbereich des § 243 Abs. 4 S. 2 AktG, NZG 2007, 521; *Schwichtenberg/Krenek,* BB-Rechtsprechungsreport zum Aktienrecht im OLG-Bezirk München im Jahr 2009, BB 2010, 1227; *Timm,* Treuepflichten im Aktienrecht, WM 1991, 481; *Ulmer,* Verletzung schuldrechtliche Nebenabreden als Anfechtungsgrund im GmbH-Recht, NJW 1987, 1849; *Veil,* Klagemöglichkeiten bei Beschlussmängeln der Hauptversammlung nach dem UMAG, AG 2005, 567; *Vetter,* Der Corporate Governance Kodex nur ein zahnloser Tiger?, NZG 2008, 127; *Volhard,* Eigenverantwortlichkeit und Folgepflicht – Muss der Vorstand anfechtbare und angefochtene Hauptversammlungsbeschlüsse durchführen und verteidigen, ZGR 1996, 55; *Weißhaupt,* Informationsmängel in der Hauptversammlung: die Neuregelungen durch das UMAG, ZIP 2005, 1766; *Wiedemann,* Minderheitsrechte ernstgenommen, ZGR 1999, 857; *M. Winter,* Mitgliedschaftliche Treubindungen im GmbHR, 1988; *M. Winter,* Organrechtliche Sanktionen bei Verletzung schuldrechtlicher Gesellschaftervereinbarungen, ZHR 154 (1990), 259; *M. Winter,* Die Anfechtung eintragungsbedürftiger Strukturbeschlüsse de lege lata und de lege ferenda, FS P. Ulmer, 2003, 699; *Zöllner,* Beschlussfassung und Beschlussmängel in *Bayer/Habersack,* AktienRecht im Wandel II, 2007, 10. Kap.; *Zöllner,* Die Schranken mitgliedschaftlicher Stimmrechtsmacht bei den privatrechtlichen Personenverbänden, 1963; *Zöllner,* Folgen der Nichtigerklärung durchgeführter Kapitalerhöhungsbeschlüsse, AG 1993, 68; *Zöllner,* Treuepflichtgesteuertes Aktienkonzernrecht, ZHR 162 (1998) 235; *Zöllner,* Zur Problematik der aktienrechtlichen Anfechtungsklage, AG 2000, 145.

Übersicht

	Rn.		Rn.
A. Allgemeine Fragen	1–14	b) Inhalt der geschützten Vorschriften ..	43–46
I. Regelungsgegenstand	1	2. Verletzung der Satzung	47–53
II. Grundlagen des Beschlussmängelrechts	2–14	a) Wirksamkeit der Satzung	47, 48
		b) Inhalt des Satzungsverstoßes	49–51
1. Normzweck und Rechtsfolgen der Anfechtbarkeit gem. § 243 in Abgrenzung zur Nichtigkeit gem. § 241	3–7	c) Satzungsdurchbrechungen	52, 53
		3. Verstoß gegen die Geschäftsordnung ...	54–56
		4. Verstoß gegen schuldrechtliche Vereinbarungen	57–60
2. Anfechtungsbefugnis	8, 9	**II. Verfahrensverstöße**	61–151
3. Unwirksame Beschlüsse	10, 11	1. Mängel im Vorbereitungsstadium	63–98
4. Eintragungswidrigkeit	12	a) Relevanz des Mangels	65–77
5. Nicht- und Scheinbeschlüsse	13	b) Einzelfälle	78–98
6. Teilnichtigkeit	14	2. Durchführungsmängel	99–106
B. Anfechtbarkeit im Einzelnen	15–38	3. Fehlerhafte Feststellung des Beschlussergebnisses	107–113
I. Gesetzesaufbau, Gesetzesgeschichte, rechtspolitische und rechtsdogmatische Einordnung	15–25	a) Fehlerarten	107–110
		b) Ungültige Stimmen	111
		c) Kausalität	112, 113
1. Gesetzesaufbau	15	4. Verletzung von Informationspflichten ..	114–151
2. Gesetzesgeschichte	16, 17	a) Allgemeines	114–117
3. Inhalt und Wesen des Anfechtungsrechts	18–20	b) Verhältnis zur Auskunftsklage	118
		c) Relevanz von Informationsmängeln – Abs. 4 S. 1	119–139
4. Gegenstand der Anfechtungsklage	21–25	d) Abfindungsbezogene Informationsmängel – Abs. 4 S. 2	140–151
II. Rechtsschutzbedürfnis	26–28		
III. Entfallen der Anfechtbarkeit	29–33	**III. Inhaltliche Verstöße**	152–190
IV. Anfechtung durch Vorstand und Aufsichtsrat	34, 35	1. Allgemeines	152–158
		a) Anfechtbarkeit und Nichtigkeit	152–154
V. Der Schwebezustand nach Beschlussfassung und Handelsregisterprobleme	36, 37	b) Praktischer Anwendungsbereich	155–158
		2. Treuepflicht	159–168
		a) Allgemeines	159, 160
VI. Prüfungspflichten des Notars	38	b) Rechtsprechungsentwicklung	161, 162
C. Anfechtung nach § 243 Abs. 1	39–190	c) Rechtsfolgen	163, 164
		d) Beurteilung im Einzelfall	165–168
I. Verletzung von Gesetz oder Satzung	39–60	3. Materielle Beschlusskontrolle	169–181
		a) Einführung	169, 170
1. Gesetzesverletzung	39–46	b) Einzelfälle	171–181
a) Gesetzesbegriff	39–42	4. Verstöße gegen das Gleichbehandlungsgebot	182–188

	Rn.
a) Einführung	182, 183
b) Adressat	184
c) Inhalt	185, 186
d) Disponibilität	187
e) Folgen eines Verstoßes	188
5. Sittenwidrige Beschlüsse	189, 190
D. Sondervorteile nach Abs. 2	191–231
I. Normzweck und Verhältnis zu Abs. 1	191–194
II. Geschichtliche Einordnung	195, 196
III. Die Tatbestandsvoraussetzungen im Einzelnen	197–208
1. Stimmabgabe durch einen Aktionär	197
2. Sondervorteil	198–203
a) Arten	198, 199
b) Sachwidrigkeit	200–202
c) Gesellschaftsschädigung	203
3. Subjektiver Tatbestand	204
4. Ursachenzusammenhang	205, 206
5. Beschlussfeststellung bei ungerechtfertigtem Sondervorteil	207
6. Beweislast	208
IV. Ausschluss durch Gewährung eines Ausgleichs, Abs. 2 S. 2	209–231
1. Regelungsgegenstand und Kritik	209–212
2. Verhältnis zu Sondervorschriften	213–223
a) Beherrschungs- und Gewinnabführungsvertrag	214
b) Unternehmensvertrag	215–217

	Rn.
c) Faktischer Konzern	218–220
d) Ausschluss von Minderheitsaktionären	221
e) Eingliederung	222
f) Umwandlung	223
3. Die Ausgleichsregelung als Teil der Beschlussfassung	224–227
a) Voraussetzungen	224, 225
b) Rechtliche Ausgestaltung	226, 227
4. Der Ausgleich bei Schädigung der Gesellschaft	228–230
5. Angemessenheit des Ausgleichs	231
E. Anfechtungsausschluss nach § 243 Abs. 3	232–239
I. § 243 Abs. 3 Nr. 1	233, 234
II. § 243 Abs. 3 Nr. 2	235, 236
III. § 243 Abs. 3 Nr. 3	237–239
F. Beweislast	240–248
I. Grundlagen	240–242
1. Ausgangssituation	240
2. Beweiserleichterungen	241
3. Kausalität/Relevanz	242
II. Einzelfälle	243–248
1. Anfechtungsbefugnis	243
2. Verfahrensfehler	244, 245
3. Verletzung der Auskunftspflicht	246
4. Inhaltsmängel	247, 248
G. Einstweiliger Rechtsschutz	249–255

A. Allgemeine Fragen

I. Regelungsgegenstand

1 § 243 ist die zentrale Vorschrift des aktienrechtlichen Beschlussmängelrechts. **Abs. 1** regelt den **Grundfall**, die „Verletzung des Gesetzes oder der Satzung" durch Hauptversammlungsbeschlüsse. Die Vorschrift ermöglicht eine umfassende Kontrolle der Rechtmäßigkeit im Wege der Anfechtung. § 243 **Abs. 2** befasst sich, als Unterfall zu Abs. 1, mit dem **Sonderfall** der Anfechtung wegen Verschaffung von **Sondervorteilen** zugunsten eines Aktionärs oder eines Dritten. § 243 **Abs. 3** regelt drei Fälle, in denen die **Anfechtung ausgeschlossen** ist. Zum einen – eingeführt zum 1.9.2009 – in Nr. 1 den Ausschluss der Anfechtung bei technischen Störungen im Rahmen der online-Teilnahme an der Hauptversammlung, in Nr. 2 – nicht ganz in die Gesetzessystematik passend – den Ausschluss der Anfechtung, wenn Kreditinstitute und Aktionärsvereinigungen ihrer Pflicht zur Weitergabe von Mitteilungen gem. § 128 gegenüber den von ihnen betreuten Aktionären nicht nachkommen, und in Nr. 3 den Ausschluss bei Befangenheit des Abschlussprüfers unter Verweisung insoweit ins Ersetzungsverfahren des § 318 Abs. 3 HGB. § 243 **Abs. 4** regelt in Satz 1 die Voraussetzungen der Anfechtbarkeit wegen **Informationspflichtverletzungen**, einem Kernfall des Anfechtungsrechts. § 243 Abs. 4 S. 2 schließt die Anfechtbarkeit wegen mit Informationspflichtverletzungen in der Hauptversammlung begründeten **Bewertungsrügen** über Ausgleich, Abfindung uä aus, soweit die Möglichkeit besteht, die Bewertung in einem Spruchverfahren überprüfen zu lassen.

II. Grundlagen des Beschlussmängelrechts

2 Die in § 243 geregelte Beschlussanfechtung ist einzuordnen in das Beschlussmängelgesamtsystem des Aktiengesetzes, das im Einzelnen bei → § 241 Rn. 1 bis 77 dargestellt ist. Wegen der Einzelheiten wird auf diese Ausführungen verwiesen.

1. Normzweck und Rechtsfolgen der Anfechtbarkeit gem. § 243 in Abgrenzung zur 3
Nichtigkeit gem. § 241. Die Möglichkeit der Überprüfung von Hauptversammlungsbeschlüssen entspricht dem „Grundrecht" des Aktionärs, gesetzwidrige Hauptversammlungsbeschlüsse einer Gesellschaft, an der er sich beteiligt hat, nicht hinnehmen zu müssen. Er hat deshalb die Möglichkeit der gerichtlichen Klärung im Wege der Klage.[1] Grundfall ist § 243 Abs. 1. Die Anfechtung unterliegt dabei gem. § 246 Abs. 1 einer **strengen Klagefrist** von einem Monat. Auf andere Weise als auf dem Klagewege kann die Anfechtung nicht geltend gemacht werden, insbesondere nicht etwa im Wege der Einrede.[2] Nach Ablauf der Anfechtungsfrist kann die Anfechtung nicht mehr geltend gemacht werden. Die zeitliche Begrenzung der Anfechtungsmöglichkeit dient der Rechtsklarheit und Rechtssicherheit über die „Gesetzeslage" der Gesellschaft. Es wäre für die Kontinuität und die Planungsbedürfnisse des Unternehmens nicht vertretbar, könnten Hauptversammlungsbeschlüsse zeitlich unbegrenzt – ggf. mit der Folge der Rückabwicklung nach Feststehen des Beschlussmangels – angefochten werden.

Innerhalb der Monatsfrist unterliegen Beschlüsse der Hauptversammlung somit einer Art **Schwebezustand.** Sie sind grundsätzlich gültig und zu beachten. Wird keine Klage erhoben, werden sie unanfechtbar, eventuell bestehende Beschlussmängel, die zur Anfechtung berechtigt hätten, werden für die Klagberechtigten gegenstandslos und gewissermaßen mit Ablauf der Frist geheilt. Wird fristgemäß Klage erhoben und hat diese Erfolg, so ist der Hauptversammlungsbeschluss gem. § 248 **für nichtig zu erklären,** was mit Eintritt der Rechtskraft des entsprechenden Anfechtungsurteils gem. § 241 Nr. 5 die Nichtigkeit des Beschlusses zur Folge hat. Das die Nichtigkeit aussprechende Urteil wirkt ex tunc und zwar – anders als das klagabweisende Urteil, das nur zwischen den Parteien Wirkungen zeitigt – gem. § 248 Abs. 1 gegenüber allen Aktionären, den Mitgliedern des Vorstands und des Aufsichtsrats, über § 241 Nr. 5 gegenüber jedermann.[3]

Ist der Beschluss schon durchgeführt, so ist er grundsätzlich rückabzuwickeln, allerdings kommen 5 nach verbreiteter Auffassung die Grundsätze der fehlerhaften Gesellschaft zur Anwendung (→ § 241 Rn. 25 und → § 248 Rn. 8 ff.). Zu den Wirkungen gegenüber Dritten → § 241 Rn. 32.

In **Ausnahme zum Anfechtungsrecht** des § 243 sieht das Gesetz in § 241 eine Sonderregelung 6 für **besonders gravierende Verfahrensmängel** beim Zustandekommen des Beschlusses – § 241 Nr. 1 und Nr. 2 – sowie für **besonders eklatante inhaltliche Beschlussmängel** – § 241 Nr. 3 und Nr. 4 – vor. Diese Fälle sind in § 241 abschließend enumerativ aufgezählt. Sie unterliegen der grundsätzlich absolut wirkenden **Nichtigkeit,** die gegenüber jedermann wirkt und die nicht von der Feststellung in einem Klagverfahren abhängig ist. Das Schicksal dieser besonders schwerwiegenden Mängel wird also nicht in die Disposition der Aktionäre und der Organe der Gesellschaft gelegt. Anders als Beschlussmängel, die zur Anfechtbarkeit führen, sind nichtige Beschlüsse nicht gültig und dürfen vom Vorstand nicht umgesetzt werden (→ § 241 Rn. 80). Wirksam können nichtige Beschlüsse nur dann werden, wenn die in § 242 genannten Voraussetzungen einer Heilung erfüllt sind.

Mit diesen Grundsätzen der Anfechtbarkeit im „Normalfall" und der Nichtigkeit bei besonders 7 gravierenden Fällen hat das aktienrechtliche Beschlussmängelrecht **Modellcharakter** für die Kapitalgesellschaften und insbesondere die GmbH, bei der ein eigenes Beschlussmängelrecht nicht normiert ist, weshalb die aktienrechtlichen Regelungen – wenn auch mit Einschränkungen und Anpassungen – dort nach allgemeiner Ansicht entsprechend herangezogen werden, wenn das Zustandekommen eines Beschlusses wie im Aktienrecht von einem Versammlungsleiter festgestellt wird.[4]

2. Anfechtungsbefugnis. Zur Erhebung der Anfechtungsklage berechtigt sind gem. § 245 unter 8 Einräumung eines subjektiven Rechts unter den dort genannten Voraussetzungen ausschließlich **Aktionäre** (→ § 245 Rn. 11 ff.), **Vorstand** (→ § 245 Rn. 41 ff.), sowie **Vorstands- und Aufsichtsratsmitglieder** (nicht: der Aufsichtsrat als solcher) (→ § 245 Rn. 48a ff.). Die Anfechtungsklage steht im **Verhältnis zur Feststellungsklage** gem. § 256 ZPO im Verhältnis der Spezialität, so dass jene hinter der Anfechtungsklage zurücktritt und den Anfechtungsbefugten weder an Stelle noch neben dieser offen steht (→ § 241 Rn. 18).

Nicht zur Anfechtung berechtigt sind **Dritte.** Diese haben – anders als bei nichtigen Beschlüssen 9 (→ § 241 Rn. 18) – auch nicht die Möglichkeit, die Anfechtbarkeit etwa über die Feststellungsklage gem. § 256 ZPO zu verfolgen.

---

[1] Hierzu grundlegend K. Schmidt AG 1977, 243 ff.
[2] Großkomm AktG/K. Schmidt Rn. 70.
[3] Großkomm AktG/K. Schmidt § 248 Rn. 5.
[4] BGHZ 104, 66 (69) = NJW 1988, 1844; BGH NJW 1996, 259; BGH NJW 1999, 2268; BGH NZG 2009, 1307 Rn. 6; BGH NZG 2016, 552 Rn. 20 und Rn. 32.

10 **3. Unwirksame Beschlüsse.** Neben den nichtigen und den anfechtbaren Beschlüssen stehen die sog. unwirksamen Beschlüsse (→ § 241 Rn. 47 ff.). Diese sind nicht im eigentlichen Sinne mangelhaft, sondern zeichnen sich dadurch aus, dass zu ihrer endgültigen Wirksamkeit noch zusätzliche Voraussetzungen erforderlich sind, etwa Sonderbeschlüsse von Aktionärsgruppen, die durch die Beschlüsse tangiert werden, Genehmigungen durch Behörden oder die Eintragung ins Handelsregister, besonders bedeutsam, wenn die Eintragung konstitutiv wirkt wie bei Satzungsänderungen (→ § 241 Rn. 47 ff.). Diese Beschlüsse sind **schwebend unwirksam** bis die **zusätzliche Wirksamkeitsvoraussetzung** eintritt. Bleibt sie endgültig aus, besteht endgültige Unwirksamkeit (→ § 241 Rn. 51).

11 Soll die Beschlussfassung als solche angefochten werden, muss dies ungeachtet der Unwirksamkeit innerhalb der Monatsfrist des § 246 geschehen, die von der Beschlussfassung an läuft (→ § 241 Rn. 52). Bei Streit über das Bestehen, den Eintritt oder das endgültige Ausbleiben der zusätzlichen Wirksamkeitsvoraussetzungen ist die Feststellungsklage gem. § 256 ZPO die richtige Klageart.[5]

12 **4. Eintragungswidrigkeit.** Von unwirksamen Beschlüssen zu unterscheiden sind eintragungswidrige Beschlüsse. Dies sind Beschlüsse, deren Eintragung das Handelsregister unabhängig von einer dahingehenden Initiative der Anfechtungsberechtigten abzulehnen hat (→ § 241 Rn. 62). Durch den Ablauf der Anfechtungsfrist und die daraus folgende Unanfechtbarkeit für die Klageberechtigten wird der grundsätzlich zur Anfechtbarkeit führende Gesetzesverstoß nicht materiell-rechtlich geheilt, sondern nur der Rechtsfrieden zwischen Gesellschaft und Gesellschaftern hergestellt. Das **Handelsregister** hat jedoch eine selbstständige, davon **unabhängige Kontrollaufgabe**. Der Registerrichter kann und hat, wenn öffentliche Interessen berührt werden und der Gesetzesverstoß deshalb nicht in die Disposition der Aktionäre gestellt werden kann, die Eintragung zu verweigern. Wegen näherer Ausführungen wird auf → § 241 Rn. 95 ff. verwiesen.

13 **5. Nicht- und Scheinbeschlüsse.** Zur umstrittenen, aber in der Praxis wenig bedeutsamen Frage, ob im Beschlussmängelrecht Platz und Bedarf für das Institut von Schein- und/oder Nichtbeschlüssen – Hauptversammlungsbeschlüsse, die in so krassem Maße fehlerhaft sind, dass sie gar nicht mehr als Willensäußerung der Hauptversammlung verstanden werden können und nicht einmal den Mindestanforderungen eines auch nur nichtigen Beschlusses genügen – ist, wird auf die Ausführungen zu → § 241 Rn. 55 ff. verwiesen.

14 **6. Teilnichtigkeit.** Bei Nichtigkeit eines Teilaspekts eines komplexen Beschlusses und Nichtigkeit eines von mehreren in einem Beschluss zusammengefassten Beschlussgegenständen ist § 139 BGB entsprechend anwendbar. Zu den Einzelheiten wird auf → § 241 Rn. 65 ff. verwiesen, zu den Rechtsfolgen bei Nichtigkeit eines von mehreren voneinander abhängigen Beschlüssen auf → § 241 Rn. 76 f.

B. Anfechtbarkeit im Einzelnen

I. Gesetzesaufbau, Gesetzesgeschichte, rechtspolitische und rechtsdogmatische Einordnung

15 **1. Gesetzesaufbau.** § 243 regelt materiell-rechtlich die Anfechtungsgründe, § 244 die Möglichkeit der Bestätigung anfechtbarer Beschlüsse, §§ 245 ff. sodann die prozessuale Seite, vor allem in § 245 die Anfechtungsbefugnis und in § 246 die Förmlichkeiten der Klageerhebung, insbesondere die Anfechtungsfrist. § 247 befasst sich mit dem Streitwert und § 248 schließlich mit den Urteilswirkungen. Sonderregelungen für Einzelfälle enthalten § 251 für die Aufsichtsratswahlen, § 254 für die Gewinnverwendung und § 255 für die Kapitalerhöhung gegen Einlagen.

16 **2. Gesetzesgeschichte.** § 243 Abs. 1 des geltenden Rechts, die Kernvorschrift, entspricht vollumfänglich § 197 Abs. 1 AktG 1937, der wiederum an § 271 Abs. 1 HGB 1897 und dessen Vorläufer, Art. 190a ADHGB von 1884, anknüpft. **§ 243 Abs. 2** geht auf § 197 Abs. 2 AktG 1937 zurück, weist jedoch nicht unerhebliche Änderungen zu dieser Vorschrift auf. Das dort enthaltene Adjektiv „gesellschaftsfremde" (Sondervorteile) ist entfallen, ebenso das Erfordernis vorsätzlichen Handelns. Gleichfalls in Wegfall gekommen ist die Verweisung auf die sog. „Konzernklausel" des § 101 Abs. 3 AktG 1937, nach der die Anfechtung wegen Sondervorteilen ausgeschlossen war, wenn sie „schutzwürdigen Belangen" diente, worin insbesondere Konzerninteressen gesehen wurden. Der Anfechtungsausschluss des § 243 Abs. 2 S. 2 bei Leistung eines angemessenen Ausgleichs war dem Vorläufer-

---

[5] → § 241 Rn. 53 mwN auch zu abweichenden Ansichten.

gesetz zwar fremd. Er wurde aber von der herrschenden Lehre in Einschränkung der Konzernklausel auch damals schon gefordert.[6]

§ 243 Abs. 3 und Abs. 4 haben keine unmittelbaren Vorläufer. § 243 Abs. 3 bestand ursprünglich nur aus der jetzigen Nr. 2, die jetzige Nr. 3 wurde durch das Bilanzreformgesetz ab 1.1.2005 eingeführt, die Nr. 1 ist erst seit 1.9.2009 geltendes Recht. § 243 Abs. 4 gilt in der jetzigen Form seit 1.11.2005.

3. Inhalt und Wesen des Anfechtungsrechts. Das Anfechtungsrecht verkörpert das Recht, insbesondere der Aktionäre, an der Wahrung des Gesetzes- und des Satzungsrechts als Ausfluss des durch Art. 14 GG geschützten **Teilhaberechts** an der Gesellschaft, insbesondere als **Kontrollrecht** der Minderheit gegenüber der Mehrheitsmacht. Es handelt sich somit um ein Verwaltungsrecht. Neben diesem Gesetzeszweck steht das insbesondere durch die Anfechtungsfristen zum Ausdruck kommende Ziel des Gesetzgebers, möglichst bald nach Beschlussfassung in verbindlicher Weise Klarheit über ihre Wirksamkeit zu schaffen. Die beiden Gesetzeszwecke – **Kontrolle der Rechtmäßigkeit** insbesondere im Interesse der überstimmten Minderheit einerseits, **Schaffung von Rechtssicherheit** andererseits – stehen in einem Widerstreit miteinander. Es ist die Aufgabe von Gesetzgeber und Rechtsprechung, die Balance zwischen diesen beiden Zielen zu finden und gegeneinander abzugrenzen.[7]

Kein allgemeines Einvernehmen besteht über die Frage, ob die Klagebefugnis des Aktionärs nur als Ausfluss seines **subjektiven Rechts** an der Mitgliedschaft zu sehen ist und nur zum Schutz seiner eigener Belange dient,[8] in denen er negativ betroffen sein muss – worüber ggf. wegen der oft schwer einschätzbaren Zukunftswirkungen von Beschlüssen trefflich gestritten werden kann –, oder ob es sich um eine Art **aktienrechtliche Popularklage** handelt, über die sich jeder Aktionär zum Wächter der Rechtmäßigkeit des gesellschaftlichen Handelns schlechthin machen kann. Teilweise werden auch beide Aspekte – mit dem Schwerpunkt auf dem einen oder anderen Gesichtspunkt – anerkannt und von einer institutionellen Doppelfunktion der Anfechtungsklage gesprochen.[9] Auswirkungen kann die Beurteilung der Frage etwa auf das Verständnis der Problematik um rechtsmissbräuchliche Anfechtungsklagen und Problemfelder wie die Anfechtung wegen Verletzung der gesellschaftsrechtlichen Treuepflicht und der Verletzung des Gleichbehandlungsgrundsatzes haben.

Das Anfechtungsrecht ist der Sache nach ein **materiell-rechtliches Gestaltungsrecht** (→ § 245 Rn. 4 ff.), die Beschlusslage wird durch die – erfolgreiche – Anfechtung umgestaltet, wobei die Umgestaltung nur im Klagewege erreicht werden kann.[10] Das Anfechtungsrecht gehört zu den Kernrechten des Aktionärs, es ist deshalb nicht disponibel und gem. § 23 Abs. 5 der Satzungsautonomie der Gesellschaft entzogen.

4. Gegenstand der Anfechtungsklage. Ausschließlicher Gegenstand der Anfechtungsklage sind **Beschlüsse der Hauptversammlung** sowie, gem. § 138 S. 2, **Sonderbeschlüsse** einzelner Aktionärsgruppen.[11] Bei diesen Beschlüssen handelt es sich um mehrseitige, auf dem Mehrheitswillen beruhende, nicht vertragliche **korporative Rechtsgeschäfte (**→ § 241 Rn. 34 mwN), für die jedoch die Regelungen über Willenserklärungen des BGB nicht gelten, sondern durch §§ 241 ff. ersetzt sind. Nicht Gegenstand der Anfechtungsklage sind insbesondere Beschlüsse anderer Organe, insbesondere des Aufsichtsrats und des Vorstands, deren Beschlüsse im Wege der Feststellungsklage gem. § 256 ZPO auf ihre Wirksamkeit überprüft werden können (→ § 241 Rn. 45).

Angriffspunkt sind die Beschlüsse jeweils in der Form und mit dem Inhalt, mit dem sie der **Versammlungsleiter** gem. § 130 Abs. 2 festgestellt hat. Diese Feststellung hat konstitutive Wirkung (→ § 241 Rn. 36). Stimmt der vom Versammlungsleiter festgestellte Beschluss mit dem Abstimmungsergebnis überein – gleichgültig, ob er das Zustandekommen bejaht oder verneint –, so kommt Anfechtbarkeit in Betracht (→ Rn. 109). Wird der vom Versammlungsleiter bekannt gegebene Beschluss hingegen **unrichtig protokolliert** und beurkundet, so liegt ein Fall der Nichtigkeit iSv § 241 Nr. 2 vor (→ § 241 Rn. 155).

Kein Anfechtungsfall ist gegeben, wenn die Beschlussfassung als solche zweifelhaft ist, also etwa wenn der Versammlungsleiter ein Beschlussergebnis gar nicht festgestellt hat. Ggf. kommt dann im Wege der Feststellungsklage gem. § 256 ZPO die Klärung der Frage, ob überhaupt ein Beschluss zu Stande gekommen ist, in Betracht (nähere Ausführungen bei → § 241 Rn. 36).

---

[6] *Zöllner*, Die Schranken mitgliedschaftlicher Stimmrechtsmacht bei den privatrechtlichen Personenverbänden, 1963, 87 mwN.
[7] Kritisch MüKoAktG/*Hüffer/Schäfer* Rn. 6. S. auch Röhricht ZGR 1999, 445 (469 ff.).
[8] *Zöllner* AG 2000, 145 (146); Kölner Komm AktG/*Noack/Zetzsche* § 245 Rn. 11.
[9] Großkomm AktG/*K. Schmidt* § 246 Rn. 11.
[10] Kölner Komm AktG/*Noack/Zetzsche* § 245 Rn. 4; → § 241 Rn. 33.
[11] → § 241 Rn. 34 ff., zu Sonderbeschlüssen → § 241 Rn. 42.

§ 243   24–30   Erstes Buch. Aktiengesellschaft

24   Nicht unmittelbar § 243 unterfallen **Mängel der Stimmenabgabe** des einzelnen Aktionärs, etwa auf Grund von Mängeln der Vollmacht. Die Rechtsfolgen insoweit ergeben sich aus den allgemeinen Regelungen über Willenserklärungen nach dem BGB.[12] Danach unwirksame Stimmenabgaben können Grundlage einer Beschlussanfechtung dann sein, wenn die unwirksamen Stimmen Einfluss auf das Beschlussergebnis gehabt haben (→ § 241 Rn. 46).

25   Über **übergangene Anträge** erfolgt keine Beschlussfassung, sodass auch keine Anfechtung möglich ist (→ § 241 Rn. 41). Nicht dem Anfechtungsrecht sind auch Beschlüsse über **Minderheitsverlangen** iSd § 120 Abs. 1 S. 2, §§ 137, 147 Abs. 1 unterworfen (→ § 241 Rn. 43 mwN).

II. Rechtsschutzbedürfnis

26   Für die Erhebung der Anfechtungsklage bedarf es zwar grundsätzlich eines allgemeinen Rechtsschutzbedürfnisses.[13] Dieses ist bei dem Beschlussantrag stattgebenden Beschlüssen im Hinblick auf das berechtigte und geschützte Interesse an gesetzmäßigem und satzungsmäßigem Handeln jedoch grundsätzlich gegeben,[14] es entfällt gem. § 265 ZPO auch nicht ohne Weiteres bei Ausscheiden aus der Gesellschaft nach Klageerhebung, sondern bleibt bei einem individuellen Interesse an dem Gestaltungsurteil bestehen.[15] Bei der Anfechtungsklage gegen einen Wahlbeschluss zum Aufsichtsrat entfällt es ebenfalls nur, wenn eine Nichtigerklärung keine Auswirkungen auf die Gesellschaft hätte.[16] Fehlen kann es allerdings, wenn ein Beschluss, der nicht die erforderliche Mehrheit erhalten hat und deshalb abgelehnt worden ist, angefochten wird, ohne dass mit der Anfechtungsklage eine positive Beschlussfeststellungsklage verbunden wird (→ § 241 Rn. 37 f., → § 246 Rn. 4).

27   Einer besonderen individuellen persönlichen **Betroffenheit** auf Grund des verfolgten Gesetzes- oder Satzungsverstoßes bedarf es grundsätzlich nicht,[17] der Beschluss kann sogar von Vorteil für den Anfechtenden sein.[18] Eine Ausnahme dazu ist bei Verstößen gegen den Gleichbehandlungsgrundsatz zu machen und dort, wo nur ein einzelner Aktionär oder eine Aktionärsgruppe auf Grund einer Sonderstellung individuell betroffen ist. Hier wäre es widersinnig, das Anfechtungsrecht anderen als den Aktionären, die durch den Beschluss negativ berührt werden, zuzusprechen.[19]

28   Die Gesellschaft kann ggf. den **Einwand des Rechtsmissbrauchs** mit der Folge des Verlusts der Anfechtungsbefugnis und der Abweisung der Klage als unbegründet erheben, wenn der Kläger keine rechtlich geschützten Ziele verfolgt, sondern in erpresserischer Weise das Anfechtungsrecht ausübt, um aus gesellschaftsfremden, eigensüchtigen Gründen der Gesellschaft seinen Willen aufzuzwingen, insbesondere wenn er die Klage als Druckmittel benutzt, um sich den mit ihr verbundenen Lästigkeitswert – vergleichbar einer Schutzgelderpressung – abkaufen zu lassen (→ § 245 Rn. 54 ff.).

III. Entfallen der Anfechtbarkeit

29   Eine **Heilung von anfechtbaren Beschlüssen** durch Zeitablauf, wie sie § 242 für nichtige Beschlüsse vorsieht, kennt das Gesetz bei anfechtbaren Beschlüssen nicht. Ein Bedürfnis hierfür besteht nicht, da die Anfechtbarkeit ohnehin nur innerhalb der einmonatigen Anfechtungsfrist des § 246 geltend gemacht werden kann. Materiell-rechtliche Heilungswirkung kommt jedoch **Bestätigungsbeschlüssen** iSv § 244 zu, durch die ein etwaiger Beschlussmangel, etwa wegen eines Verfahrensfehlers, durch eine wiederholende Beschlussfassung ausgeräumt werden und so die Gültigkeit außer Zweifel gestellt werden soll. Der Bestätigungsbeschluss führt zum Entfallen der Anfechtbarkeit und zur Erledigung gem. § 91a ZPO eines insoweit etwa bereits laufenden Rechtsstreits, hingegen nicht zum Entfallen des Rechtsschutzbedürfnisses. Wegen Einzelheiten insoweit wird auf die Kommentierung zu § 244 verwiesen.

30   Unter Umständen kann bei Feststellung eines Fehlers bei der Beschlussfassung dieser noch in der gleichen Hauptversammlung fehlerfrei **wiederholt** werden, etwa wenn eine verweigerte Auskunft nach § 131 doch noch erteilt wird. Dies ist allerdings nur möglich, wenn noch alle Teilnehmer

---

[12] BGHZ 14, 264 (267) = NJW 1954, 1563.
[13] BGH NZG 2005, 69 ff.; BGHZ 107, 296 (308 ff.); BGHZ 70, 117 (119); BGHZ 43, 261 ff.; BGHZ 21, 354 (356).
[14] OLG Stuttgart NZG 2003, 165.
[15] BGHZ 169, 221 = NZG 2007, 26 Rn. 14.
[16] BGHZ 196, 195 = NJW 2013, 1535 Rn. 12 ff.
[17] BGHZ 107, 296 (308) = NJW 1989, 2689 (2691); BGH WM 1966, 446; BGHZ 43, 261 (265 ff.); MüKoAktG/*Hüffer/Schäfer* § 246 Rn. 16; Großkomm AktG/*K. Schmidt* § 246 Rn. 60; aA Kölner Komm AktG/ *Noack/Zetzsche* § 245 Rn. 10 f.
[18] OLG Frankfurt a. M. GmbHR 1976, 110; K. Schmidt/Lutter/*Schwab* Rn. 2.
[19] OLG München ZIP 1997, 1743 (1749); Kölner Komm AktG/*Noack/Zetzsche* § 245 Rn. 178; Zöllner AG 2000, 245 (246); aA K. Schmidt/Lutter/*Schwab* Rn. 2.

anwesend sind, da Teilnehmer, die die Hauptversammlung verlassen haben, nicht damit rechnen müssen, dass ein bereits abgearbeiteter Tagesordnungspunkt nochmals aufgerufen wird (dazu → Rn. 136).

Die Anfechtbarkeit entfällt dann, wenn dem Beschluss alle anfechtungsberechtigten Aktionäre **31** zustimmen. Der einzelne Aktionär kann grundsätzlich nicht mehr anfechten, wenn er einem Beschluss zugestimmt hat.[20] Erst recht gilt das, wenn alle zugestimmt haben. Bei Verstößen gegen die Treuepflicht oder den Gleichheitsgrundsatz müssen nur die in ihren Rechten beeinträchtigten Gesellschafter zustimmen.[21] Für Einladungsmängel entfällt die Anfechtbarkeit bei einer Vollversammlung ohne Widerspruch eines Aktionärs (→ § 241 Rn. 138 ff.).

Die Anfechtbarkeit für Aktionäre entfällt des Weiteren gem. § 245 Nr. 1 durch Nichteinlegung **32** eines Widerspruchs, sofern nicht die Voraussetzungen von § 245 Nr. 2 und 3 erfüllt sind.

Weiter führt der **Verzicht auf das Klagerecht**, der allerdings erst nach der Beschlussfassung **33** möglich ist, zum Verlust der Anfechtbarkeit durch Aktionäre.[22]

IV. Anfechtung durch Vorstand und Aufsichtsrat

Soweit der Vorstand und seine Mitglieder sowie Mitglieder des Aufsichtsrats von ihrem Anfech- **34** tungsrecht Gebrauch machen, hat dies ausschließlich im Rahmen des Gesellschaftsinteresses zu geschehen, das sich nicht an einem kaum konkretisierbaren abstrakten Unternehmensinteresse auszurichten hat, sondern an der möglichst optimalen Umsetzung des Gesellschaftszwecks.[23] Ggf. kann eine Pflicht zur Anfechtung in Betracht kommen.

Im Anfechtungsprozess wird die Gesellschaft gem. § 246 Abs. 2 S. 2 durch Vorstand und Aufsichts- **35** rat im Rahmen einer **Doppelvertretung** gemeinsam vertreten. Sie haben den Beschluss der Hauptversammlung, wenn sie nicht selbst gegen ihn klagen, grundsätzlich zu verteidigen. Als Vertreter der Gesellschaft im Prozess kommt ihnen allerdings die prozessuale Dispositionsbefugnis zu, sodass sie den Klageantrag auch **anerkennen** können (→ § 241 Rn. 83). Die Befugnis, den Rechtsstreit durch außergerichtlichen **Vergleich** oder Prozessvergleich zu beenden, haben sie angesichts der materiellrechtlichen Vergleichswirkung hingegen nur insoweit, als nicht über die Beschlussfassung der Hauptversammlung disponiert wird, da sie sich nicht an die Stelle der Hauptversammlung setzen dürfen (→ § 241 Rn. 89).

V. Der Schwebezustand nach Beschlussfassung und Handelsregisterprobleme

Der innerhalb der einmonatigen Klagefrist stets bestehende und nach Erhebung der Anfechtungs- **36** klage oft Monate und Jahre darüber hinaus andauernde Schwebezustand kann erhebliche Probleme für die Gesellschaft mit sich bringen und diese blockieren (→ § 241 Rn. 30 f.). Der Vorstand hat zwar, anders als bei nichtigen Beschlüssen, anfechtbare Beschlüsse grundsätzlich als gültig zu betrachten und sie seiner Tätigkeit zugrunde zu legen.[24] Er hat jedoch zum einen selbst die Frage der Anfechtbarkeit zu prüfen und ist andererseits aus Gründen der Vorsicht gehalten, nach Möglichkeit so zu planen, dass im Falle der Nichtigerklärung die Gesellschaft nicht mit nur schwer lösbaren Rückabwicklungsproblemen belastet wird. Vor Ablauf der Anfechtungsfrist wird die Durchführung des Beschlusses daher regelmäßig zurückzustellen sein. Die Ausführungspflicht gem. § 83 Abs. 2 besteht in diesem Stadium noch nicht.[25]

Wird Anfechtungsklage erhoben, so ändert dies an der – vorläufigen – Gültigkeit des Beschlusses **37** und der Möglichkeit, ihn auszuführen, theoretisch nichts. Beschlüsse, die der konstitutiv wirkenden Eintragung bedürfen, werden jedoch erst mit Eintragung wirksam und sind bis dahin – schwebend – unwirksam. Es kommt also maßgeblich auf das Verhalten des **Registergerichts** an. Dazu, und zur **Prüfungspflicht des Registergerichts,** wird auf die Ausführungen → § 241 Rn. 95 ff. verwiesen, zur Registersperre → § 241 Rn. 28.

VI. Prüfungspflichten des Notars

Insoweit wird auf die Ausführungen bei → § 241 Rn. 92 ff. Bezug genommen. **38**

---

[20] BGH NZG 2010, 943 Rn. 36.
[21] Großkomm AktG/*K. Schmidt* Rn. 75, 76.
[22] Kölner Komm AktG/*Noack/Zetzsche* Rn. 738.
[23] *Zöllner* AG 2000, 145 (147).
[24] → § 241 Rn. 81 ff.; *Volhard* ZGR 1996, 55 ff.
[25] Hüffer/Koch/*Koch* Rn. 50; Großkomm AktG/*K. Schmidt* Rn. 71.

C. Anfechtung nach § 243 Abs. 1

I. Verletzung von Gesetz oder Satzung

39 **1. Gesetzesverletzung. a) Gesetzesbegriff.** Zur Anfechtung führt gem. § 243 Abs. 1 jede Verletzung des Gesetzes oder der Satzung bei der Beschlussfassung, sofern nicht bereits Nichtigkeit gem. § 241 vorliegt.

40 Unter Gesetzen sind dabei nach dem materiellen Gesetzesbegriff des Art. 2 EGBGB **hoheitliche Rechtsnormen aller Art** zu verstehen, also neben formellen Gesetzen Rechtsverordnungen, für die Gesellschaft verbindliche Satzungen öffentlicher Rechtsträger, für die Gesellschaft maßgebende tarifvertragliche Normen einschließlich gewohnheitsrechtlicher und ungeschriebener Normen.[26] Einschlägig sind dabei nicht nur aktienrechtliche Bestimmungen, sondern alle Vorschriften aus dem Privatrecht und öffentlichen Recht, die sich auf die Gesellschaft und ihre Aktivitäten beziehen. Von besonderer Bedeutung sind geschriebene und ungeschriebene **aktienrechtliche Generalklauseln** wie die gesellschaftsrechtliche Treuepflicht oder der aktienrechtliche Gleichbehandlungsgrundsatz des § 53a. Gerade diese setzen der Mehrheitsmacht Grenzen und verkörpern in besonderem Maße den Schutz der Minderheit. Der Schutz vor Sondervorteilen anderer Aktionäre oder Dritter ist als Unterfall von § 243 Abs. 1 in Abs. 2 gesondert – generalklauselartig – normiert.

41 Rein **tatsächliche Übungen** einschließlich Handelsbräuchen haben keine Gesetzesqualität, soweit sie nicht die Treuepflicht tangieren.[27] Auch Empfehlungen des **Corporate Governance Kodex** sind als solche keine Rechtsnormen. Ihm widersprechende unzutreffende Erklärungen, die zu einem Hauptversammlungsbeschluss über die Entlastung führen, können jedoch die Anfechtbarkeit zur Folge haben.[28]

42 Die Gesetzesverletzung muss einen **Bezug** zu dem angefochtenen **Beschluss** haben. Unerheblich ist, ob die verletzte Vorschrift sich auf den Inhalt des Beschlusses oder auf die Art und Weise seines Zustandekommens einschließlich der Vorbereitung der Hauptversammlung bezieht, ob also verfahrensmäßige oder inhaltliche Mängel vorliegen.[29]

43 **b) Inhalt der geschützten Vorschriften.** Der Gesellschafterbeschluss muss sich gegen eine eindeutige **Ge- oder Verbotsnorm** richten, nur derartige Vorschriften können in dem in Abs. 1 gemeinten Sinne verletzt werden.[30] Die Frage, ob dies der Fall ist, stellt sich insbesondere bei **Ordnungsvorschriften,** dh Vorschriften mit reinem Ordnungscharakter, die kein ausdrückliches Verbot anderweitiger Beschlussfassung beinhalten.[31]

44 Daneben stellt sich die Frage bei **Sollvorschriften.** Keineswegs stellen alle Sollvorschriften die Gesellschaft von ihrer Einhaltung frei. Ob dies der Fall ist, ist vielmehr eine Frage der Normauslegung, die schwierig ist und jeweils einzelfallbezogen beurteilt werden muss. Sollvorschriften sind häufig als **Verhaltensvorgaben mit einem Ermessensspielraum** zu verstehen, der ein Abweichen von der Sollvorgabe gestattet, jedoch nur dann, wenn dafür ausreichende sachliche Gründe bestehen, insbesondere wenn der mit der Vorschrift verfolgte Gesetzeszweck ausnahmsweise ihre Einhaltung nicht erfordert.[32] Liegt ein solcher Ausnahmefall nicht vor, so führt der Verstoß zur Anfechtbarkeit, dies ist also der Regelfall.[33]

45 Lediglich **Empfehlungen mit Ordnungscharakter,** die bei Nichtbeachtung nicht die Anfechtbarkeit zur Folge haben, sind:
– § 118 Abs. 3 (Teilnahme von Vorstand und Aufsichtsrat an der Hauptversammlung),[34]
– § 120 Abs. 3 S. 1, § 175 Abs. 3 S. 2 (Verbindung der Verhandlung über die Entlastung mit der Verhandlung über die Gewinnverteilung und die Feststellung des Jahresabschlusses),

---

[26] Hüffer/Koch/*Koch* Rn. 5 und MüKoAktG/*Hüffer/Schäfer* Rn. 16 ff.; Großkomm AktG/*K. Schmidt* Rn. 9; Kölner Komm AktG/*Noack/Zetzsche* Rn. 126.
[27] Großkomm AktG/*K. Schmidt* Rn. 10; Komm AktG/*Noack/Zetzsche* Rn. 129.
[28] BGHZ 180, 9 = NJW 2009, 2207 Rn. 19; OLG München NZG 2009, 508; *Goette* FS Hüffer, 2010, 225 (231 ff.); NK-AktR/*Heidel* Rn. 7a, 7b; → Rn. 131 und 168.
[29] Kölner Komm AktG/*Noack/Zetzsche* Rn. 133.
[30] Großkomm AktG/*K. Schmidt* Rn. 11.
[31] Kölner Komm AktG/*Noack/Zetzsche* Rn. 136.
[32] Kölner Komm AktG/*Noack/Zetzsche* Rn. 139.
[33] RGZ 170, 83 (97); RGZ 68, 232 zur Bekanntmachung der Tagesordnung, jetzt in § 124 Abs. 2 S. 2 als „Ist-Vorschrift" ausgestaltet; MüKoAktG/*Hüffer/Schäfer* Rn. 19; Großkomm AktG/*K. Schmidt* Rn. 12; Kölner Komm AktG/*Noack/Zetzsche* Rn. 139.
[34] Kölner Komm AktG/*Noack/Zetzsche* Rn. 140; für eine Teilnahmepflicht wohl Hüffer/Koch/*Koch* § 118 Rn. 21.

Anfechtungsgründe 46–50 § 243

- § 125 Abs. 1 S. 5 (Beifügung von Angaben zur Mitgliedschaft von Aufsichtsratskandidaten in vergleichbaren Kontrollgremien);
- § 176 Abs. 1 S. 2 und S. 3 (Erläuterung der Vorlagen und Stellungnahmen zu Beginn der Hauptversammlung),[35]
- § 182 Abs. 4 S. 1 (Erhöhung des Grundkapitals bei ausstehenden Einlagen),[36]
- § 234 Abs. 2 S. 2 (Feststellung des Jahresabschlusses zugleich mit Beschluss über Kapitalherabsetzung).[37]

Hingegen führen **nicht** sachlich bedingte Abweichungen von den **Sollvorgaben** zur Anfechtbarkeit: **46**
- § 113 Abs. 1 S. 3 (Angemessenheit der Aufsichtsratsvergütung),
- § 121 Abs. 5 S. 1 (Ort der Hauptversammlung),[38]
- § 143 Abs. 1 (Bestellung von Sonderprüfern),
- § 192 Abs. 2 (Zwecke der Beschlussfassung für die bedingte Kapitalerhöhung).[39]

2. Verletzung der Satzung. a) Wirksamkeit der Satzung. Voraussetzung für die Anfechtbarkeit von Beschlüssen wegen eines Verstoßes gegen die Satzung ist deren Gültigkeit und Wirksamkeit. Satzungsänderungen sind deshalb erst Beurteilungsmaßstab, wenn sie gem. § 181 Abs. 3 ins Handelsregister eingetragen sind. Die Satzung darf nicht nichtig sein. Auf einen Verstoß gegen – insbesondere gem. § 241 Nr. 1 und Nr. 3 – nichtige Satzungsbestimmungen kann wegen der Absolutheit der Nichtigkeit die Anfechtung eines Beschlusses nicht gestützt werden. Dies gilt selbst dann, wenn die Satzungsänderung ins Handelsregister eingetragen ist. Der Rechtsschein der Eintragung und § 15 HGB gelten bei den bei der Anfechtung in Rede stehenden reinen Innenbeziehungen der Gesellschaft nicht.[40] **47**

Ist eine Satzungsänderung gem. § 241 Nr. 1 bis 4 nichtig, die Änderung gem. § 241 Nr. 5 im Anfechtungsprozess für nichtig erklärt oder gem. § 241 Nr. 6 durch das Registergericht gem. § 398 FamFG als nichtig gelöscht, so ist sie mit Wirkung ex tunc unbeachtlich. Die Anfechtbarkeit des gegen sie verstoßenden Beschlusses kann hierdurch entfallen, wenn der Beschluss mit der früheren, nun wieder geltenden bzw. stets maßgebend gebliebenen Satzungslage vereinbar ist. Umgekehrt kann ein Beschluss, der sich an der nichtigen Satzung orientiert hat, nachträglich seine Legitimation durch das „Entfallen" der Satzung verlieren. Eine Anfechtung kann hierauf allerdings nur gestützt werden, wenn die Klagefrist noch eingehalten werden kann.[41] Nach deren Ablauf kann eine Beschlussanfechtung nicht darauf gestützt werden, durch die – später – erfolgreich erfolgte Anfechtung der Satzungsänderung sei die Beschlussgrundlage entfallen. Allerdings kann ein Beschluss, der auf einer nichtigen Satzungsbestimmung beruht, seinerseits am gleichen, zur Nichtigkeit führenden Mangel leiden.[42] **48**

b) Inhalt des Satzungsverstoßes. Wie Gesetzesverstöße können sich auch Verstöße gegen die Satzung aus der Verletzung von Bestimmungen im Rahmen des Zustandekommens des Beschlusses ergeben, etwa bei der Verletzung von Bestimmungen über die Stimmkraft, über Mehrheitsquoren, von satzungsmäßigen Teilnahmebestimmungen (§ 123 Abs. 2) oder wegen inhaltlichen Verstößen. **49**

Wie bei Gesetzesverstößen ist jeweils zu prüfen, welchen **Charakter die Satzungsbestimmung** hat, ob es sich also um eine zwingende Ge- oder Verbotsnorm handelt oder ob der Vorschrift nur der Charakter einer Ordnungs- oder Sollvorschrift zukommt. Auch hier bedarf es jeweils einer Auslegung im Einzelfall, auch zur Frage, ob und inwieweit ggf. ein Ermessen eingeräumt ist.[43] Wegen Einzelheiten wird auf die Ausführungen unter → Rn. 43 ff. verwiesen. **50**

---

[35] OLG München NZG 2013, 622 (624); MüKoAktG/*Hüffer/Schäfer* Rn. 19; Hüffer/Koch/*Koch* § 176 Rn. 6; aA – Sollvorschrift – Kölner Komm AktG/*Noack/Zetzsche* Rn. 141; 3. Aufl. 2015 Rn. 63; noch strenger – kein Ermessensspielraum – Großkomm AktG/*K. Schmidt* Rn. 11.
[36] MüKoAktG/*Hüffer/Schäfer* Rn. 19; aA – Sollvorschrift – Kölner Komm AktG/*Noack/Zetzsche* Rn. 141; 3. Aufl. 2015, Rn. 63 (*Würthwein*); – Anfechtbarkeit – Hüffer/Koch/*Koch* § 182 Rn. 29; → § 182 Rn. 65 (*Servatius*).
[37] Kölner Komm AktG/*Noack/Zetzsche* Rn. 140; Großkomm AktG/*K. Schmidt* Rn. 12; → § 234 Rn. 10; aA LG Frankfurt a.M. DB 2003, 2541 (2542); Bürgers/Körber/*Göz* Rn. 8; MüKoAktG/*Hüffer/Schäfer* Rn. 19.
[38] OLG Dresden AG 2001, 489; Kölner Komm AktG/*Noack/Zetzsche* Rn. 41. Zu Satzungsänderungen vgl. BGHZ 203, 68 = NJW 2015, 336 Rn. 20; BGH NJW 1994, 320 (321 f.).
[39] Kölner Komm AktG/*Noack/Zetzsche* Rn. 141; aA – immer Anfechtbarkeit – → § 192 Rn. 26 (*Rieckers*) mwN.
[40] Kölner Komm AktG/*Noack/Zetzsche* Rn. 162; MüKoAktG/*Hüffer/Schäfer* Rn. 20; aA K. Schmidt/Lutter/*Schwab* Rn. 15.
[41] *Krieger* ZHR 158 (1994), 35 ff.; Kölner Komm AktG/*Noack/Zetzsche* Rn. 163.
[42] BGHZ 201, 65 = NZG 2014, 820 Rn. 10.
[43] Kölner Komm AktG/*Noack/Zetzsche* Rn. 161.

51 Der Anfechtbarkeit unterliegen nicht sämtliche Verstöße gegen die Satzung, sondern nur solche gegen Satzungsregelungen mit **korporativem Charakter,** also Bestimmungen, die den Organstatus der Gesellschaft und materielle Satzungsbestimmungen, insbesondere Angaben iSv § 23 Abs. 2 bis 4 betreffen.[44] Bestimmungen, die zwar in die Satzung aufgenommen sind, jedoch keinen derartigen korporativen Charakter haben – unechte Satzungsbestimmungen mit schuldrechtlichem Charakter, die nicht als organschaftliche, sondern als Vertragsregelungen wirken –, etwa punktuelle, einmalige Regelungen wie die Zusammensetzung des ersten Aufsichtsrats, Zusagen an Vorstandsmitglieder uä, sind keine Satzungsbestimmungen iSv § 243 Abs. 1. Im Einzelnen ist die Zuordnung von Satzungsregelungen nicht immer einfach. Wegen Einzelheiten wird auf die Ausführungen zu § 23 verwiesen.

52 **c) Satzungsdurchbrechungen.** Die Besonderheit von Satzungsverstößen gegenüber Gesetzesverstößen besteht darin, dass die Gesellschaft im Rahmen ihrer Satzungsautonomie mit der erforderlichen Mehrheit jederzeit die Möglichkeit hat, die Satzung zu ändern und so den Boden für die gewünschte, ggf. mit der bisherigen Satzung nicht vereinbare, Beschlussfassung zu schaffen. Angesichts dessen, dass Satzungsänderungen erst wirksam werden, wenn sie im Handelsregister eingetragen sind, reicht eine Beschlussfassung mit satzungsändernder Mehrheit allein nicht aus, um den Beschluss der Anfechtbarkeit zu entziehen.

53 Verstößt ein Beschluss der Hauptversammlung gegen die Satzung, so ist zwischen einmaligen **ad-hoc-Verstößen** und **zustandsbegründenden Satzungsdurchbrechungen** mit Dauerwirkung, etwa faktischen Änderungen des Unternehmensgegenstands, zu unterscheiden. Letztere sind im Kern auf eine Änderung der Satzung gerichtet und daher nicht nur anfechtbar, sondern mangels Eintragung unwirksam (→ § 241 Rn. 203). Da die Beschlussfassung nicht auf eine Satzungsänderung gerichtet und ihre Eintragung gar nicht beabsichtigt ist – etwa, weil der satzungsändernde Charakter nicht erkannt wurde –, ist die Unwirksamkeit nicht schwebend, sondern endgültig, sodass im Ergebnis Nichtigkeit vorliegt. Ad-hoc-Verstöße hingegen unterliegen der Anfechtbarkeit (→ § 241 Rn. 204). Diese kann indes dadurch überwunden werden, dass die Beschlussfassung mit satzungsändernder Mehrheit ausdrücklich als einmalige Ausnahmeregelung zur Satzung getroffen und entsprechend im Handelsregister eingetragen wird (→ § 241 Rn. 205).

54 **3. Verstoß gegen die Geschäftsordnung.** Nicht der Anfechtbarkeit unterliegen Verstöße gegen Geschäftsordnungen für die Hauptversammlung iSv § 129 Abs. 1 S. 1. Die Geschäftsordnung ist eine Verfahrensregelung ohne Satzungscharakter im Nachrang zur Satzung.[45] Sie unterliegt deshalb nicht § 243 Abs. 1, der die Anfechtbarkeit auf Verstöße gegen Gesetz und Satzung beschränkt. Die Verabschiedung der Geschäftsordnung selbst erfolgt durch Beschluss der Hauptversammlung, der dem Beschlussmängelrecht unterliegt. Die Geschäftsordnung muss die Grenzen der Satzungsautonomie wahren und darf insbesondere die Kernrechte des Aktionärs nicht tangieren. Sie soll lediglich unter Wahrung der gesetzlichen Vorgaben eine berechenbare Verfahrensgrundlage, einen Fahrplan, für die praktische Durchführung der Hauptversammlung darstellen.

55 Verstöße gegen die Geschäftsordnung können jedoch, da sie sich innerhalb der gesetzlichen Regelungen, insbesondere im Rahmen der Satzungsautonomie zu bewegen hat, zugleich einen Gesetzesverstoß darstellen, wenn etwa zugleich die gesetzlichen Teilnahmerechte oder der Gleichbehandlungsgrundsatz verletzt werden. Dann sind derartige Verstöße gegen die Geschäftsordnung **mittelbar anfechtbar.**[46]

56 Ebenso ist gegen **fehlerhafte Leitungs- und Ordnungsmaßnahmen** des Versammlungsleiters kein unmittelbarer Rechtsbehelf gegeben. Allerdings kann der Fehler zu einem entsprechenden Beschlussmangel gem. § 243 Abs. 1 führen.[47] Ob der Versammlungsleiter durch Hauptversammlungsbeschluss abberufen werden kann und welche Auswirkungen das für die Beschlüsse hat, ist streitig (→ Rn. 104 f.).

57 **4. Verstoß gegen schuldrechtliche Vereinbarungen.** Ebenfalls nicht der Anfechtung unterliegen grundsätzlich Verstöße gegen Vereinbarungen zwischen den Aktionären zur Durchsetzung gleichgerichteter wirtschaftlicher Interessen allgemeiner Natur oder im Blick auf eine konkrete

---

[44] Großkomm AktG/*K. Schmidt* Rn. 15; Kölner Komm AktG/*Noack/Zetzsche* Rn. 164; aA NK-AktR/*Heidel* Rn. 8, 9, der alle Satzungsverstöße für anfechtbar hält.
[45] Hüffer/Koch/*Koch* § 129 Rn. 1b; Kölner Komm AktG/*Noack/Zetzsche* Rn. 209; MüKoAktG/*Hüffer/Schäfer* Rn. 22; *Bachmann* AG 1999, 210 (213 f.); aA *Dietrich* NZG 1998, 921, 922 f.; K. Schmidt/Lutter/*Ziemons* § 129 Rn. 14.
[46] Hüffer/Koch/*Koch* § 129 Rn. 1g und 1b; → § 129 Rn. 15.
[47] BGHZ 44, 245 (250); MHdB AG/*Hoffmann-Becking* § 37 Rn. 42; Kölner Komm AktG/*Noack/Zetzsche* Rn. 211.

Hauptversammlung, sog. Konsortialabreden, insbesondere Stimmbindungsverträge.[48] Solche Absprachen sind nach allgemeiner Meinung zwar grundsätzlich zulässig.[49] Sie dienen der Sicherung des Einflusses bei gleichgelagerten wirtschaftlichen Interessen, etwa bei Familiengesellschaften, bei holdingähnlichen Verbindungen, bei der Einschaltung von Treuhändern und dergleichen.[50]

Streitig ist, ob Verstöße gegen schuldrechtliche Abreden aller Aktionäre, insbesondere die Verletzung von Stimmbindungsverträgen, die Anfechtbarkeit begründen können. So hat dies der Bundesgerichtshof in zwei Entscheidungen für die GmbH entschieden.[51] Die Entscheidung hat sowohl Zustimmung[52] als auch Ablehnung gefunden,[53] teilweise mit der Einschränkung, dass die Gesellschaft rechtsmissbräuchlich handeln soll, wenn sie sich auf den nur schuldrechtlichen Charakter der Abrede berufe.[54] **58**

Die Ablehnung stützt sich unter anderem auf die unterschiedlichen Regelungsebenen. Die Satzung sei Organisationsrecht, der Stimmbindungsvertrag habe aber nur schuldrechtliche Natur. Schuldrechtliche Nebenabreden begründeten nur ein von der Satzung unabhängiges besonderes Rechtsverhältnis unter den Gesellschaftern als Privatpersonen, das nicht in die körperschaftliche Struktur einer juristischen Person hineinprojiziert werden könnte. Dadurch, dass die Gesellschafter bewusst davon Abstand genommen hätten, die fragliche Regelung in die Satzung aufzunehmen, hätten sie ihren Willen zum Ausdruck gebracht, etwaige Streitigkeiten untereinander und auf eigene Kosten und nicht auf Gesellschafterebene auszutragen. Die Gegenansicht hätte zur Folge, dass ein außerstatuarisches Regelwerk etabliert würde, was mit den zentralen Wertungen der korporativen Verbandsebene auch aus Gründen der Rechtssicherheit nicht zu vereinbaren wäre und dazu führen würde, dass die Satzung durch die „Schattenordnung" einer Gesellschaftervereinbarung konterkariert werden könnte. Auch fehle die Registerpublizität. Die Auffassung der Rechtsprechung führe darüber hinaus zu kaum lösbaren Problemen bei der sich nach schuldrechtlichen Regeln richtenden Beendigung der Vereinbarung einerseits und der bei korporativen Regelungen möglichen Überwindung durch – qualifizierte – Mehrheiten, die bei vertraglichen Vereinbarungen nicht möglich sei. Hinzu kämen Auslegungsschwierigkeiten. Schuldrechtliche Vereinbarungen, die anders als objektiv auszulegende Satzungsregelungen der individuellen Auslegung der §§ 133, 157 BGB unterlägen, könnten nicht auf die Satzungsebene hinaufgezogen werden. **59**

Entgegen der wohl herrschenden Meinung im Schrifttum ist der Rechtsprechung zu folgen. Die theoretisch zutreffende Unterscheidung zwischen schuldrechtlicher Vereinbarung und Satzungsrecht verschwimmt in der Praxis bei Gesellschaften, in denen alle Aktionäre der Stimmbindung unterliegen. Regelmäßig behandeln die Gesellschafter hier schon die Abstimmung unter den gebundenen Aktionären wie die Hauptversammlung. Die Stimmbindungsvereinbarung konkretisiert dabei auch die mitgliedschaftlichen Treuepflichten, so dass der Verstoß gegen sie regelmäßig als Treuepflichtverstoß Anfechtungsgrund werden kann. Das Prozessrisiko wird über die Anfechtungsklage auch angemessen verteilt, weil nur ein Prozess mit gültigem Ausgang für alle geführt werden muss, denn auch alle pro rata beteiligt sind, wogegen in zahlreicher individueller Verfahren, deren Koordination mangels notwendiger Streitgenossenschaft ungewiss ist. Der Stimmbindungsvereinbarung aller Aktionäre kann auch konkludent die Regelung entnommen werden, dass der Streit mit der Gesellschaft über die Beschlussmängelklage ausgefochten werden soll. Das Beendigungsproblem ist auch lösbar: die Konsorten bilden eine (Innen)-Gesellschaft bürgerlichen Rechts, die nach den jeweiligen Vereinbarungen durch Kündigung oder durch Kündigung aus wichtigem Grund beendet werden kann. **60**

---

[48] BGHZ 48, 163 (166) = NJW 1967, 1963; *Noack* Gesellschaftervereinbarungen S. 66 ff.; *Ulmer*, FS Röhricht, 2005, S. 633 ff.; Großkomm AktG/K. *Schmidt* Rn. 18 ff.; MüKoAktG/*Hüffer*/*Schäfer* Rn. 23; Kölner Komm AktG/*Noack*/*Zetzsche* Rn. 186.
[49] BGHZ 48, 163 (166 ff.) = NJW 1967, 1963; BGH NJW 1987, 1890; BGHZ 179, 13 = NJW 2009, 669 Rn. 12.
[50] *Noack*, Gesellschaftervereinbarungen bei Kapitalgesellschaften, 1994, 19 ff. (66 ff.).
[51] BGH NJW 1983, 1910: Verpflichtung zur Unterlassung einer bestimmten Geschäftstätigkeit; BGH NJW 1987, 1890: Abredewidriger Abberufungsbeschluss.
[52] Großkomm AktG/K. *Schmidt* Rn. 19 f. (bei Bezug zur Gesellschaftsverfassung); K. Schmidt/Lutter/*Schwab* Rn. 19; Grigoleit/*Ehmann* Rn. 5; Bürgers/Körber/*Göz* Rn. 5; *Noack*, Gesellschaftervereinbarungen bei Kapitalgesellschaften, 1994, 162 (168 ff.); Kölner Komm AktG/*Noack*/*Zetzsche* Rn. 201.
[53] OLG Stuttgart DB 2001, 854 (859); *M. Winter*, Mitgliedschaftliche Treubindungen im GmbHR, 1988, 51 f.; *Hoffmann-Becking* ZGR 1994, 442 (449); *Ulmer* NJW 1987, 1849 (1850 f.); Hüffer/Koch/*Koch* Rn. 10; MüKoAktG/*Hüffer*/*Schäfer* Rn. 24; Hölters/*Englisch* Rn. 50; *Raiser*/*Veil* KapGesR § 16 Rn. 156; 3. Aufl. 2015, Rn. 75 ff. (*Würthwein*).
[54] *Ulmer* NJW 1987, 1849 (1850 f.); Hüffer/Koch/*Koch* Rn. 10; MüKoAktG/*Hüffer*/*Schäfer* Rn. 24.

II. Verfahrensverstöße

61 In sachlicher Hinsicht ist der Anwendungsbereich des § 243 zum einen in Verstößen beim Zustandekommen des Beschlusses zu sehen, also in **Verfahrensfehlern**,[55] zum anderen in **inhaltlichen Beschlussmängeln. Beurkundungsfehler** unterfallen der Nichtigkeit und erfahren gem. § 241 Nr. 2 iVm § 130 Abs. 1 und 2 S. 1 und Abs. 4 eine Sonderregelung. Andere Beurkundungsfehler können theoretisch zur Anfechtbarkeit führen, doch wird regelmäßig die Relevanz fehlen.

62 Die Verfahrensfehler sind nach den verschiedenen Stadien des Verfahrensganges einzuteilen in Verfahrensfehler im Vorbereitungsstadium der Hauptversammlung, in Fehler, die im Rahmen der Durchführung der Hauptversammlung auftreten sowie in Fehler im Rahmen des Abstimmungsverfahrens.

63 **1. Mängel im Vorbereitungsstadium.** § 241 Nr. 1 greift als besonders gravierende Verstöße im Stadium der Vorbereitung der Hauptversammlung Verstöße gegen § 121 Abs. 2 bis 3 S. 1 bzw. 4 heraus, also die Fälle der Einberufung durch einen dazu nicht Befugten, § 121 Abs. 2, und das Unterbleiben der in § 121 Abs. 3 S. 1, ggf. iVm Abs. 4, geforderten Mindestangaben über die Bekanntmachung der Hauptversammlung. Diese Fälle unterliegen der unweigerlichen Nichtigkeit (→ § 241 Rn. 104 ff.).

64 Der Anfechtbarkeit unterliegt das weite Feld der Verstöße gegen die weiteren Einberufungsvorschriften der §§ 121–123 und der Vorschriften über die Bekanntmachung der Tagesordnung gem. §§ 124–127. Der Gesetzes- oder Satzungsverstoß allein führt aber noch nicht zur Anfechtbarkeit. Der Mangel muss vielmehr für die Beschlussfassung von Bedeutung sein. Das ist nach heutiger Auffassung dann der Fall, wenn der Mangel die Teilhaberechte der Aktionäre berührt und somit relevant für die Beschlussfassung ist.

65 **a) Relevanz des Mangels. aa) Ausgangspunkt.** Sind Beschlüsse mit einem Nichtigkeitsmangel iSd § 241 behaftet, so ist die Nichtigkeitsfolge grundsätzlich unabhängig davon, ob der Mangel Einfluss auf die Beschlussfassung gehabt hat oder gehabt hätte. Allerdings ist bei Einladungsmängeln und Beurkundungsmängeln der Gesetzeszweck der Bestimmungen ebenso zu berücksichtigen wie die Nichtigkeitsfolge teleologisch einzuschränken (→ § 241 Rn. 134 und 149).

66 Bei Verfahrensmängeln, die zur Anfechtbarkeit führen, besteht im Ausgangspunkt Einigkeit darüber, dass der Mangel von Bedeutung für die Beschlussfassung sein muss, diese also auf dem Mangel – in welcher Weise auch immer – **beruhen** muss.[56] So war von jeher unstreitig, dass es nicht zur Anfechtbarkeit führen kann, wenn es bei der Ermittlung des rechnerischen Beschlussergebnisses zu Fehlern gekommen ist – sei es durch Zählfehler, durch Nichtbeachtung von Stimmverboten oder durch Ausschluss von zur Abstimmung berechtigten Aktionären –, aber bei korrekter Stimmenermittlung der fragliche Beschluss ebenfalls zustande gekommen wäre.

67 Die Rechtsprechung hat deshalb zunächst allgemein die **Ursächlichkeit des Mangels** für das Zustandekommen des festgestellten Beschlusses verlangt, also den Beschlussmangel nur für erheblich erachtet, wenn ohne ihn sich das Beschlussergebnis anders dargestellt hätte.[57] Dem klagenden Aktionär wurde dabei jedoch bald dadurch entgegengekommen, dass für den Fall, dass ein Gesetzes- oder Satzungsverstoß als solcher nachgewiesen war, der Gesellschaft die Beweislast für die Unerheblichkeit des Beschlussmangels auferlegt wurde. Es wurde somit **potenzielle Kausalität** für ausreichend erachtet.[58]

68 Dass damit der Kern des Problems noch nicht getroffen war, wurde schon aus § 243 Abs. 4 in der bis zum 1.11.2005 geltenden Fassung deutlich. Diese Vorschrift, die erst mit dem Aktiengesetz 1965 eingeführt worden war und keine Vorgängerregelung im früheren Aktienrecht hatte, stellte für den Sonderfall der **Verletzung des aktienrechtlichen Auskunftsrechts** des § 131 Abs. 1 klar, dass es für die Anfechtung unerheblich ist, wenn die Hauptversammlung und die Aktionäre erklären, die Verweigerung der Auskunft habe ihre Beschlussfassung nicht beeinflusst. Einer – auch nur potenziellen – Kausalität bedurfte es für diesen Fall somit nach der ausdrücklichen gesetzlichen Regelung nicht. Wäre dies anders, so blieben Verletzungen der Auskunftspflicht weitgehend sanktionslos, da dann die Hauptversammlung mit ihrer Mehrheitsmacht die Möglichkeit hätte, den Verstoß ohne Sanktion bleiben zu lassen. § 243 Abs. 4 aF war somit zwingender Ausfluss des Minderheitenschutzes und trug diesem Rechnung. Die Neufassung von § 243 Abs. 4 S. 1 hat dies noch konkretisiert und

---

[55] K. Schmidt/Lutter/*Schwab* Rn. 30.
[56] Großkomm AktG/*K. Schmidt* Rn. 22 ff.; Kölner Komm AktG/*Noack/Zetzsche* Rn. 54; MüKoAktG/*Hüffer/Schäfer* Rn. 27 ff.; NK-AktR/*Heidel* Rn. 9, 10.
[57] RGZ 92, 90, 206 (208); BGHZ 14, 264 (267); BGHZ 36, 121.
[58] RGZ 65, 241; RGZ 167, 151; RG JW 1915, 1366; RG LZ 1917, 1057; RG JW 1931, 2961; BGHZ 14, 264; BGHZ 59, 369 (375) = NJW 1973, 235 (237); siehe dazu Kölner Komm AktG/*Noack/Zetzsche* Rn. 60.

verdeutlicht, indem nun für die Anfechtung wegen Informationsmängeln darauf abgestellt wird, ob ein objektiv urteilender Aktionär die Information als wesentliche Voraussetzung für eine sachgerechte Wahrnehmung seiner Rechte angesehen hätte (vgl. dazu → Rn. 119 ff.).

bb) Die Relevanztheorie. Vor dem Hintergrund des Minderheitenschutzes hat sich insbesondere *Zöllner*[59] gegen das Kausalitätserfordernis als solches gewandt und die sog. Relevanztheorie entwickelt. Er stellt aus einer fallgruppenorientierten Betrachtung heraus darauf ab, ob durch die verletzte Vorschrift aktienrechtliche Teilhabe- und Mitwirkungsrechte tangiert werden. Verstöße der Beschlussinhalt als solcher gegen Gesetz oder Satzung, so hafte dem Beschluss die Normwidrigkeit als solche an, sodass stets Anfechtbarkeit vorliege und es keiner weiteren Kausalitätsprüfung bedürfe. Kausalitätsüberlegungen kämen daher von vornherein nur bei Verfahrensverstößen in Betracht. Er anerkennt dabei das Kausalitätserfordernis zwar hinsichtlich der fehlerhaften Feststellung des Beschlussergebnisses. Im Übrigen führten Gesetzes- oder Satzungsverletzungen in Verfahrensfragen (nur) dann nicht zur Anfechtbarkeit, wenn keine Partizipationsinteressen der Gesellschafter, zu denen insbesondere das Informationsinteresse gehöre, verletzt worden seien. 69

Dieser Ansatz führt zu einem deutlich stärkeren Schutz der Minderheit, insbesondere bei Verfahrensvorschriften, die ansonsten bei entsprechenden Mehrheitsverhältnissen zur ungeschützten Disposition der Mehrheit stünden.[60] *Zöllner* kommt mit seinem Ansatz zum Teil zu deutlich anderen Ergebnissen als die – seinerzeitige – Rechtsprechung.[61] 70

Diese Überlegungen, die ihre Rechtfertigung insbesondere in dem Zweck der Verfahrensvorschriften – die stets im Lichte des Interesses der überstimmten Minderheit zu sehen sind und deren Einhaltung allein die Legitimation der Mehrheitsmacht gegenüber der Minderheit begründet – finden, haben in der Lehre zu Recht schnell weitgehende Akzeptanz gefunden.[62] Entscheidend für die Beurteilung muss die Frage sein, ob durch den Verfahrensmangel die Mitverwaltungsrechte tangiert sind und deshalb für die Beschlussfassung ein Legitimationsdefizit besteht.[63] 71

cc) Rechtsprechung. Der Bundesgerichtshof hat sich lange schwer getan, sich von den Kausalitätsüberlegungen zu lösen. Er hat seine Auffassung jedoch schon vor der Gesetzesnovelle vom 1.11.2005 weiterentwickelt und sie der Relevanztheorie dadurch deutlich angenähert, dass er für die Kausalität – insbesondere beim Auskunftsrecht und der Verletzung von Informationspflichten – darauf abgestellt hat, ob ein vernünftig urteilender Aktionär bei Kenntnis der verschwiegenen Umstände anders abgestimmt hätte.[64] Dabei geht er davon aus, ein solcher objektiv handelnder Aktionär verweigere die Zustimmung grundsätzlich, wenn er wisse, dass ihm für die Entscheidung bedeutsame Informationen vorenthalten werden.[65] 72

In seiner Entscheidung vom 12.11.2001[66] ist der Bundesgerichtshof noch einen Schritt weiter gegangen. Er betont hier, dass durch die Verletzung von Informationspflichten das Teilnahme- und Mitwirkungsrecht verletzt werde und sich dies bei der zu fordernden wertenden Betrachtungsweise und Würdigung der Gesetzesverletzung in der Regel nachteilig auf das Beschlussergebnis auswirke. Nur wenn dies ausgeschlossen sei, habe die Anfechtung keinen Erfolg. Der Bundesgerichtshof nimmt dabei den Begriff der Relevanz des Verfahrensfehlers für das Beschlussergebnis ausdrücklich in seine Begründung auf. Damit war die Wende zur **Relevanztheorie** vollzogen.[67] 73

Diese Linie hat der Bundesgerichtshof seither fortgeführt[68] und für die Anfechtbarkeit darauf abgestellt, ob der Verfahrensverstoß für das Mitgliedschafts- bzw. Mitwirkungsrecht eines objektiv urteilenden Aktionärs, insbesondere auch des in der Abstimmung unterlegenen Minderheitsaktionärs, relevant ist im Sinne eines dem Beschluss anhaftenden **Legitimationsdefizits,** das bei einer werten- 74

---

[59] Kölner Komm AktG/*Zöllner*, 1. Aufl. 1971, Rn. 81 ff. und *Zöllner* in Bayer/Habersack Aktienrecht im Wandel, Bd. II, 10. Kap Rn. 69.
[60] Kölner Komm AktG/*Zöllner*, 1. Aufl. 1971, Rn. 89; MüKoAktG/*Hüffer/Schäfer* Rn. 27.
[61] Kölner Komm AktG/*Zöllner*, 1. Aufl. 1971, Rn. 90 ff.
[62] Großkomm AktG/*K. Schmidt* Rn. 21 ff. (25 ff.) mit umfangreicher Fallgruppenbildung; Hüffer/Koch/*Koch* Rn. 13; MüKoAktG/*Hüffer/Schäfer* Rn. 29.
[63] Großkomm AktG/*K. Schmidt* Rn. 24.
[64] BGHZ 122, 211 (238 ff.) = NJW 1993, 1976 (1983); BGHZ 119, 1 (18 f.) = NJW 1992, 2760 (2765); BGHZ 36, 121 (139).
[65] BGHZ 107, 296 (307) = NJW 1989, 2689 (2691); MüKoAktG/*Hüffer/Schäfer* Rn. 28.
[66] BGHZ 149, 158 ff. = NJW 2002, 1128; s. auch OLG Düsseldorf NZG 2003, 975.
[67] *Goette* DStR 2002, 1312 f. (1314); *Goette* ZGR 2008, 436 (438); *Goette* FS Hüffer, 2010, 225 (231). Henze BB 2002, 847 (848); Henze HRR AktienR Rn. 887; krit. gegen eine zu weite Ausdehnung Bürgers/Körber/*Göz* Rn. 8.
[68] BGH NJW 2018, 52 Rn. 74; BGH NZG 2010, 943; BGH NZG 2008, 309; BGH NJW 2008, 69; BGH WM 2007, 1932; BGHZ 160, 385 ff. = NJW 2005, 828; OLG München NZG 2008, 599 f.; OLG Stuttgart AG 2006, 379.

den, am Schutzzweck der verletzten Norm orientierten Betrachtung die Rechtsfolge der Anfechtbarkeit gemäß § 243 Abs. 1 rechtfertige. Hinsichtlich eines Entlastungsbeschlusses wegen Informationsverweigerung hat er dem entsprechend darauf abgestellt, ob – aus Sicht des objektiv urteilenden Aktionärs, der die Gesellschaftsverhältnisse nur auf Grund allgemein bekannter Tatsachen kennt und eine begehrte Auskunft als nicht nur unwesentliches Beurteilungselement benötigt – die sachgerechte Ausübung des Mitgliedschaftsrechts beschnitten werde.

75 Die Gesetzesnovelle zum 1.11.2005, die das Problem für Informationsmängel in Abs. 4 S. 1 ausdrücklich geklärt hat, bringt unter Berücksichtigung dieser neueren Rechtsprechung im Ergebnis deshalb keine entscheidende Änderung. Damit ist eine einvernehmliche Basis des Verständnisses erreicht, womit freilich noch nicht die Relevanzfrage in allen Einzelfällen denkbarer Verfahrensmängel geklärt ist (s. dazu im Folgenden bei den einzelnen Mängelfällen).

76 **dd) Einzelfallkorrektur.** Die Relevanztheorie nimmt ihren Ausgangspunkt von einer wertenden, am Schutzzweck orientierten Betrachtung der verletzten Verfahrensvorschrift. Diese Wertung kann im Einzelfall korrekturbedürftig sein, weil die der Relevanztheorie immanente Typisierung, dass ein Verfahrensverstoß für das Mitwirkungs- und Teilhaberecht eines objektiv urteilenden Aktionärs von Bedeutung ist, aus konkreten Umständen des Falles nicht zutrifft.[69] So sind etwa unzutreffende Angaben zur Adresse des Versammlungslokals zwar grundsätzlich geeignet, das Teilnahmerecht zu beeinträchtigen. Wenn aufgrund der örtlichen Verhältnisse aber beispielsweise das richtige Versammlungslokal unschwer festgestellt werden kann, fehlt es im konkreten Einzelfall – wenn nicht schon ein Fehler zu verneinen ist – an der Bedeutung für die Wahrnehmung der Teilnahmerechte und damit der Relevanz für die gefassten Beschlüsse.[70] Eine solche Korrektur ist insbesondere bei einem **überschaubaren Aktionärskreis** angebracht, wenn der einzelne Aktionär die wirklichen Verhältnisse kennt oder kennen muss, also das Abstellen auf einen objektiven Aktionär, der die Verhältnisse nur aufgrund allgemein bekannter Tatsachen kennt, fehlgeht. So ist die nicht ordnungsgemäße Bekanntmachung der Gegenstände der Tagesordnung, etwa das Fehlen einer Angabe, nach welchen Vorschriften der Aufsichtsrat zusammengesetzt ist (§ 124 Abs. 2 S. 1), regelmäßig für die Wahrnehmung der Teilnahmerecht von Bedeutung. Wenn nur zwei Aktionäre vorhanden sind und sie – etwa aus Vorstandstätigkeit – wissen, wie und nach welchen Vorschriften sich der Aufsichtsrat zusammensetzt, ist diese Wertung aber nicht angebracht und ihrerseits teleologisch zu korrigieren.[71] Die Unterschreitung der Ladungsfristen ist für die Wahrnehmung der Teilnahmerechte relevant, weil die Frist die Disposition des Aktionärs schützt und ihm ausreichend Gelegenheit zur Vorbereitung zur Verfügung der Versammlung stehen muss. Im Einzelfall kann das bei überschaubarem Aktionärskreis anders zu beurteilen sein, wenn eine großzügige Einberufungsfrist nur geringfügig unterschritten wird, alle Aktionäre erscheinen und festgestellt werden kann, dass die Vorbereitung nicht beeinträchtigt ist.[72]

77 Eine weitere Korrektur ist aus **Treuepflichtgesichtspunkten** erforderlich. Der Aktionär, der einen Fehler bemerkt, darf die Gesellschaft nicht sehenden Auges in die Kassation laufen lassen, sondern muss sich bemühen, den erkannten Fehler zu beheben oder beheben zu lassen. Wenn etwa der Versammlungsleiter nach der Frage- und Beantwortungsrunde fragt, ob alle Fragen beantwortet seien, muss der Aktionär, der seine Frage nicht beantwortet sieht, dies beanstanden.[73] Wurde eine Lautsprecherübertragung in Vorräume angekündigt, ist aber dort nichts zu verstehen, ist der Aktionär gehalten, den Versammlungsraum aufzusuchen oder Abhilfe zu veranlassen.[74]

78 **b) Einzelfälle. aa) Einberufung der Hauptversammlung.** Zur Einberufung der Hauptversammlung ist als Leitungsaufgabe gem. § 121 Abs. 2 nur der **Vorstand als Gesamtorgan** auf der Grundlage eines Vorstandsbeschlusses berufen. Einzelnen Vorstandsmitgliedern steht die Befugnis nicht zu. Eine dagegen verstoßende Einberufung führt gem. § 241 Nr. 1 zur Nichtigkeit (→ § 241 Rn. 112). Die Durchführung des Einberufungsbeschlusses kann jedoch nach entsprechender Beschlussfassung einem Vorstandsmitglied übertragen werden. Ist der Vorstand durch Ausscheiden von Mitgliedern handlungsunfähig geworden, muss er erst durch Neubestellungen wieder seine Handlungsfähigkeit erlangen, bevor er eine Hauptversammlung einberufen kann.[75]

79 Ebenso liegt Nichtigkeit vor, wenn die Bestellung des Vorstands nicht wirksam ist und er nicht ins Handelsregister eingetragen ist. Ist der Vorstand ins Handelsregister eingetragen, so gilt er gem.

---

[69] Ähnlich Kölner Komm AktG/*Noack/Zetzsche* Rn. 69 f.
[70] Beispiel nach Kölner Komm AktG/*Noack/Zetzsche* Rn. 70.
[71] BGH NJW 2018, 52 Rn. 76 f.
[72] BGH NZG 2014, 621 Rn. 14 zur Personengesellschaft.
[73] Kölner Komm AktG/*Noack/Zetzsche* Rn. 70.
[74] BGH NZG 2013, 1430; Kölner Komm AktG/*Noack/Zetzsche* Rn. 70.
[75] BGHZ 149, 158 ff. = NJW 2002, 1128; OLG Dresden AG 2000, 43; OLG Dresden AG 1999, 517.

§ 121 Abs. 2 S. 2 zur Einberufung als befugt, selbst wenn er nicht wirksam bestellt ist. Nichtigkeit scheidet daher aus. Da die Einberufungsbefugnis unwiderleglich vermutet wird, kommt auch keine Anfechtbarkeit in Betracht.[76] Ist die Bestellung eines Teils des Vorstandes nicht wirksam und keine Eintragung erfolgt, so ist entscheidend, ob wenigstens die Mehrheit wirksam bestellt ist. Ist dies der Fall, scheidet Nichtigkeit aus (→ § 241 Rn. 112). Auch Anfechtbarkeit scheidet in solchen Fällen aus, weil die Mehrheit des Vorstandes wirksam bestellt war und die fehlende Bestellung auf den Einberufungsbeschluss damit nicht durchschlägt.[77]

Die **Bekanntgabe des Einberufungsorgans** ist erforderlich, um eine Kontrolle zu ermöglichen. Ihr Fehlen führt zur Anfechtbarkeit, nicht jedoch zur Nichtigkeit, da diese Information nicht zu den Mindestangaben des § 121 Abs. 3 S. 1 gehört (→ § 241 Rn. 125). 80

Ebenfalls zur Anfechtbarkeit führt der unterbliebene Hinweis auf den gem. § 122 Abs. 3 S. 3 erforderlichen **Ermächtigungsschluss** bei der Einberufung auf **Verlangen einer Minderheit.** Teilweise wird insoweit gar Nichtigkeit angenommen. Dem kann aus den zu → § 241 Rn. 121 genannten Gründen nicht gefolgt werden. 81

bb) Einberufung an einen anderen Ort. Die Einberufung der Hauptversammlung an einen anderen Ort als den Sitz der Gesellschaft oder den durch die Satzung bestimmten Ort, § 121 Abs. 5, der nach neuerer Auffassung auch im Ausland liegen kann,[78] führt in der Regel zur Anfechtbarkeit.[79] Diese Vorschrift ist zwar nur eine Sollvorschrift. Es bedarf jedoch einer sachlichen Begründung, wenn die Hauptversammlung an einem anderen Ort stattfinden soll.[80] Ein solcher Grund ist etwa zu bejahen, wenn der gewählte Ort für alle Gesellschafter günstiger erreichbar ist als der Satzungssitz[81] oder Raumnot eine Verlegung erzwingt. Anfechtbar ist eine Satzungsänderung, durch die die Hauptversammlung ermächtigt wird, die Durchführung der jeweils nächsten Hauptversammlung zu bestimmen.[82] 82

cc) Einberufung zur Unzeit. Entsprechendes gilt für eine Einberufung zur Unzeit.[83] Beendet werden muss die Versammlung nach verbreiteter Ansicht spätestens um 24 Uhr.[84] Ein solcher Mangel führt aber allenfalls zur Anfechtbarkeit, nicht zur Nichtigkeit (→ § 241 Rn. 135). Vorsorglich kann die Hauptversammlung auf 2 Tage angesetzt werden.[85] 83

dd) Nichteinhaltung der Einberufungsfrist. Die Nichteinhaltung der einmonatigen Einberufungsfrist des § 123 Abs. 1, bei der insbesondere die Berechnungsprobleme gem. § 187 Abs. 1 BGB, § 188 Abs. 2 BGB zu beachten sind, führt regelmäßig zur Anfechtbarkeit.[86] Ein Einberufungsmangel liegt nicht vor, wenn der record day gem. § 123 Abs. 4 auf einen Samstag oder Sonntag fällt.[87] 84

ee) Vorschläge zur Beschlussfassung. Die aus § 124 Abs. 3 hervorgehende Verpflichtung zur Unterbreitung von Vorschlägen zur Beschlussfassung trifft wie die Einberufungspflicht als Leitungsaufgabe ebenfalls den Vorstand und den Aufsichtsrat als Organ, nicht die einzelnen Organmitglieder als Person. Scheidet ein Vorstandsmitglied bei einem Zweier-Vorstand aus und wird er nicht ersetzt, so sind auf Vorschlag des allein verbliebenen Vorstands verabschiedete Beschlüsse anfechtbar.[88] Die Problematik stellt sich insoweit entsprechend wie bei der Einberufung dar (→ Rn. 79 ff. und 85

---

[76] AA MüKoAktG/*Hüffer/Schäfer* § 241 Rn. 28; 3. Aufl. 2015, Rn. 96 (*Würthwein*).
[77] AA → 3. Aufl. 2015, Rn. 96 (*Würthwein*).
[78] BGHZ 203, 68 = NJW 2015, 336 Rn. 14 ff.; Hüffer/Koch/*Koch* § 121 Rn. 15; MHdB AG/*Bungert* § 36 Rn. 50; aA OLG Hamburg NJW-RR 1993, 1317.
[79] OLG Düsseldorf NZG 2003, 975 ff.
[80] → Rn. 46 ff.; BGH AG 1985, 188 – GmbH; OLG Hamm OLGZ 1974, 149 = NJW 1974, 1057.
[81] BGH AG 1985, 188 (189) – GmbH; OLG Dresden AG 2001, 489; OLG Hamm OLGZ 1974, 149 (153) = NJW 1974, 1057.
[82] BGH NJW 1994, 320 (322).
[83] LG Darmstadt BB 1981, 72 f.
[84] LG Stuttgart AG 1994, 425; Kölner Komm AktG/*Noack/Zetzsche* § 121 Rn. 68 f.; Hüffer/Koch/*Koch* § 121 Rn. 17; *Happ/Freitag* AG 1998, 493 (495); OLG Koblenz ZIP 2001, 1093 hält es für unschädlich, wenn die Hauptversammlung über 24h fortgesetzt wird.
[85] OLG Koblenz ZIP 2001, 1093 (1095); Hüffer/Koch/*Koch* § 121 Rn. 17.
[86] Zur GmbH BGHZ 100, 264 = NJW 1987, 2580; BGH NZG 1998, 152 (153); zur AG OLG Brandenburg AG 2008, 497 (498); OLG München NZG 208, 599 (600); OLG Frankfurt a. M. AG 2010. 130 (132); OLG Frankfurt a. M. 2010, 334 (336).
[87] OLG Frankfurt a. M. AG 2008, 896; MüKoAktG/*Hüffer/Schäfer* Rn. 32; NK-AktR/*Heidel/Pluta* § 123 Rn. 23.
[88] BGHZ 149, 158 ff.; BGH NZG 2002, 817; OLG Dresden AG 1999, 517; 2000, 43; LG Heilbronn AG 2000, 373; Hüffer/Koch/*Koch* Rn. 14 und § 124 Rn. 17; MüKoAktG/*Hüffer/Schäfer* Rn. 32; aA Kölner Komm AktG/*Mertens* § 76 Rn. 97; *Priester* FS Kropff, 1997, 592 (596).

→ § 241 Rn. 112 ff.), wobei allerdings Nichtigkeit nicht in Betracht kommt, weil die Voraussetzungen des § 241 Nr. 1 nicht vorliegen.

86 Dagegen schlagen Mängel der **Wahl eines Aufsichtsratsmitglieds** nicht in jedem Fall auf den vom Aufsichtsrat beschlossenen Beschlussvorschlag durch. Der Aufsichtsratsbeschluss zu den Vorschlägen zur Beschlussfassung ist wirksam und Anfechtbarkeit daher nicht gegeben, wenn die Mehrheit der den Beschluss tragenden Aufsichtsratsmitglieder wirksam ins Amt bestellt oder gewählt wurde. Ist ein Aufsichtsratsmitglied anfechtbar gewählt, auf dessen Stimme es beim Beschlussvorschlag ankommt, und wird der Wahlbeschluss erst später für nichtig erklärt, führt das ebenfalls nicht zur Anfechtbarkeit wegen Fehlens eines Beschlussvorschlags.[89] Im Zeitpunkt der Beschlussfassung durch den Aufsichtsrat war der Aufsichtsrat mit einem anfechtbar gewählten Mitglied ordnungsgemäß besetzt, weil der Wahlbeschluss bis zur Nichtigerklärung wirksam ist und erst rückwirkend unwirksam wird. Der Aufsichtsrat konnte zu diesem Zeitpunkt keinen Beschlussvorschlag in anderer, „richtiger" Besetzung machen. Eine Rückabwicklung nach der Nichtigerklärung ist nicht nur unmöglich, sondern steht auch im Gegensatz zu dem Interesse der Gesellschaft und ihrer Aktionäre, eine Hauptversammlung einberufen und dort wirksam Beschlüsse fassen zu können.

87 Wenn zum Tagesordnungspunkt „**Aufsichtsratswahl**" entgegen § 124 Abs. 2 S. 1 nicht angegeben ist, wie sich der Aufsichtsrat zusammensetzt, ist der Mangel für den Wahlbeschluss grundsätzlich relevant.[90] Eine unterbliebene Angabe zur Bindung an Wahlvorschläge ist dagegen regelmäßig nicht relevant.[91]

88 Wird in der Bekanntmachung der Tagesordnung der **Vorschlag zur Prüferbestellung** entgegen § 124 Abs. 3 S. 1 nicht vom dafür allein zuständigen Aufsichtsrat, sondern von Vorstand und Aufsichtsrat gemeinsam gemacht, führt dies zur Anfechtbarkeit auch dann, wenn in der Hauptversammlung der Vorschlag nur noch vom Aufsichtsrat unterbreitet wird, da dann die Bekanntmachung mangelhaft war.[92]

89 **ff) Bekanntmachung der Tagesordnung.** § 124 Abs. 4 stellt ausdrücklich klar, dass über Gegenstände der Tagesordnung, die nicht ordnungsgemäß, insbesondere nicht fristgemäß bekannt gemacht worden sind, keine Beschlüsse gefasst werden dürfen. Dennoch gefasste Beschlüsse sind grundsätzlich anfechtbar, die Bekanntmachungsmängel sind für die Beschlussfassung relevant.[93] Dies gilt selbst dann, wenn alle erschienenen Aktionäre mit der Beschlussfassung einverstanden sind, da auch die nicht erschienenen Aktionäre, die gem. § 245 Nr. 2 klagebefugt sind, auf die ordnungsgemäße Bekanntmachung und darauf, dass § 124 Abs. 4 beachtet wird, vertrauen dürfen.[94] Sind alle Aktionäre vertreten, liegen die Voraussetzungen einer Vollversammlung gem. § 121 Abs. 6 vor, so dass Beschlüsse gefasst werden können, wenn der Beschlussfassung kein Aktionär widerspricht.

90 Ausnahmsweise führt ein Verstoß gegen die Informationspflichten nicht zur Anfechtbarkeit, wenn alle Aktionäre erschienen sind und ihnen die fehlenden Informationen bekannt sind oder bekannt sein mussten.[95] Dies wird allenfalls bei einem überschaubaren Aktionärskreis in Frage kommen.

91 **gg) Fehlerhafte Bekanntmachung von Teilnahme- und Stimmausübungsbedingen.** Unkorrekte Angaben über Teilnahme- und Stimmausübungsregulierungen führen **zur Anfechtbarkeit**.[96] Die Teilnahmebedingungen sind in § 121 Abs. 3 S. 3 Nr. 1 angesprochen, der in den Nichtigkeitskatalog von § 241 Nr. 1 nicht aufgenommen ist, da dieser nur § 121 Abs. 3 S. 1 in Bezug nimmt.

92 Mängel hinsichtlich der Bekanntmachung der Teilnahme- und Stimmausübungsbedingungen kommen dann in Betracht, wenn die Satzung die Teilnahme und die Ausübung des Stimmrechts gem. § 123 Abs. 2 und 3 von besonderen Bedingungen abhängig macht, etwa von einer vorherigen Anmeldung. Gelten lediglich die gesetzlichen Teilnahmebedingungen des § 118 Abs. 1, nach denen jeder Aktionär teilnahme- und stimmberechtigt ist und er lediglich seine Aktionärseigenschaft in der Versammlung nachweisen können muss, so bedarf es keiner besonderen Hinweise.[97] Sind **besondere Bedingungen** vorgesehen, müssen sie in der Einladung verständlich, zutreffend und vollständig wiedergegeben werden.[98]

---

[89] BGHZ 196, 195 = NJW 2013, 1535 Rn. 25; *Vetter* ZIP 2012, 701 (708); *Marsch-Barner* FS K. Schmidt, 2009, 1109 (1127); krit. *Priester* GWR 2013, 175; *Rieckers* AG 2013, 383.
[90] BGH NJW 2018, 52 Rn. 76.
[91] OLG Frankfurt a. M. AG 2016, 252 (253).
[92] BGHZ 153, 32 ff. = NJW 2003, 970; krit. Bürgers/Körber/*Göz* Rn. 8.
[93] BGH NJW 2018, 52 Rn. 75; BGH NJW 2003, 970; BGH WM 1960, 859; BGH WM 1962, 202 – GmbH; OLG Düsseldorf NZG 2013, 546; OLG Köln AG 2003, 448.
[94] Kölner Komm AktG/*Noack*/*Zetzsche* § 124 Rn. 41.
[95] BGH NJW 2018, 52 Rn. 76.
[96] BGH NZG 2011, 1105.
[97] Großkomm AktG/*K. Schmidt* AktG Rn. 46.
[98] OLG Koblenz BeckRS 2013, 08497.

Als Teilnahmebedingung aufgrund einer Satzungsbestimmung kommt insbesondere das Erfordernis der **Anmeldung** zur Hauptversammlung in Betracht, § 123 Abs. 2, bei Inhaberaktien verbunden mit dem Erfordernis des Nachweises des Anteilsbesitzes durch das depotführende Institut, § 123 Abs. 3. Die Konditionen, insbesondere auch die sich aus § 123 Abs. 2 und 3 ergebenden Fristen, sind in der Einladung exakt wiederzugeben. Fehler führen zur Anfechtbarkeit. 93

Die fehlerhafte Bekanntmachung der Form für die **Vollmachtserteilung an Vertreter** zur Teilnahme an der führt zur Anfechtbarkeit. Gem. § 134 Abs. 3 S. 3 wird nur **Textform** verlangt. Probleme können sich jedoch dann stellen, wenn die **Satzung Sonderregelungen** vorsieht, was nach § 134 Abs. 3 S. 3 möglich ist – bei börsennotierten Gesellschaften allerdings nur durch Erleichterungen.[99] 94

Mängel sind unter Umständen dadurch **heilbar**, dass bei der Durchführung der Versammlung selbst den Teilnahme- und Stimmrechtsbedingungen der Satzung in der Hauptversammlung doch Rechnung getragen wird.[100] Das setzt allerdings voraus, dass die Aktionäre anwesend waren und durch den Mangel nicht von der Teilnahme abgehalten worden sind. Das wird nur bei Gesellschaften mit einem überschaubaren Aktionärskreis in Frage kommen. 95

hh) Verstöße gegen Mitteilungspflichten. Verstöße gegen die Mitteilungspflichten gem. §§ 125 ff., insbesondere gegen die Pflicht zur Mitteilung angekündigter Aktionärsanträge gem. § 126 und von Wahlvorschlägen zur Aufsichtsratwahl sowie zur Wahl der Abschlussprüfer gem. § 127 führen zur Anfechtbarkeit, sofern nicht einer der Ausnahmetatbestände des § 126 Abs. 2 gegeben ist.[101] Werden zu Unrecht die Voraussetzungen für diesen Befreiungstatbestand bejaht, besteht ebenfalls Anfechtbarkeit.[102] 96

Nicht zur Anfechtbarkeit führen, wie in § 243 Abs. 3 Nr. 2 klargestellt wird, hingegen Verstöße gegen die Pflicht zur Weitergabe von Mitteilungen an die Aktionäre durch Kreditinstitute und Aktionärsvereinigungen gem. § 128. Hierbei handelt es sich um einen internen Informationsfluss zwischen den Aktionären und den von ihnen Beauftragten, dessen Störung nur im Verhältnis untereinander, nicht aber im Verhältnis zur Gesellschaft von Relevanz ist. 97

ii) Verstöße gegen Ordnungsvorschriften. Nicht die Folge der Anfechtbarkeit haben in allen Verfahrensstadien rein formale Fehler gegen Ordnungsvorschriften, die kein Informationsdefizit beim Aktionär hinterlassen und ihn in seinen Rechten nicht berühren, sodass ein relevanter Eingriff in seine Teilhaberechte nicht vorliegt. Ebenfalls nicht zur Anfechtbarkeit führen offenbare, nicht zu Missverständnissen führende, Schreibfehler.[103] 98

2. Durchführungsmängel. Soweit Durchführungsmängel mit einem **Eingriff in das subjektive Teilhaberecht** des Aktionärs verbunden sind, der seine Rechte ungeschmälert und ohne Rücksicht auf die Beschlussfassung anderer wahrnehmen können muss und Anspruch auf Einhaltung der gesetzlichen und satzungsmäßigen Regeln hat, sind sie ein relevanter, zur Anfechtung berechtigender Beschlussmangel. Strenger oder auch nur potenzieller Kausalität bedarf es auch hier nicht, auch hier gilt die **Relevanztheorie** (→ Rn. 65 ff.).[104] Allerdings muss der Durchführungsmangel ein Eingriff in das Teilhaberecht eines verständigen Aktionärs sein und nicht nur eine unerhebliche Erschwerung vorliegen.[105] 99

Mängel im Rahmen der Durchführung der Hauptversammlung, die zur Anfechtbarkeit führen, sind der unzulässige **Ausschluss** von Aktionären[106] durch Fehler bei der **Einlasskontrolle** und der Legitimationsprüfung in Verletzung des gem. § 118 Abs. 1 bestehenden unentziehbaren Teilnahmerechts. Wird aus Sicherheitsgründen der Einlass mit nicht überprüften Gegenständen verwehrt, ist das aber keine unzumutbare Einschränkung des Teilnahmerechts des Aktionärs.[107] Das Fehlen einer förmlichen Eröffnung der Hauptversammlung ist jedenfalls kein relevanter Durchführungsmangel.[108] Dagegen kann in einer unberechtigten **Absage** der Hauptversammlung ein Durchführungsmangel 100

---

[99] S. dazu *Bosse* NZG 2009, 807 (810); *Schulte/Bode* AG 2008, 730 ff. (734); *Umbeck* BB 2009, 408 f. Näheres hierzu s. bei §§ 134, 135.
[100] Kölner Komm AktG/*Noack/Zetzsche* Rn. 97; aA 3. Aufl. 2015, Rn. 111 (*Würthwein*).
[101] BGH NJW 2000, 1328 f.
[102] MüKoAktG/*Hüffer/Schäfer* Rn. 33.
[103] Großkomm AktG/*K. Schmidt* Rn. 27; MüKoAktG/*Hüffer/Schäfer* Rn. 34.
[104] Großkomm AktG/*K. Schmidt* Rn. 31; MüKoAktG/*Hüffer/Schäfer* Rn. 34, 36; Kölner Komm AktG/*Noack/Zetzsche* Rn. 98.
[105] Vgl. BGH AG 2013, 880 (unzureichende Beschallung).
[106] BGHZ 182, 272 = NZG 2009, 1270 Rn. 8 ff.; BGHZ 104, 66 (69) = NJW 1988, 1844; BGHZ 97, 28 (30 ff.) = NJW 1986, 2051; BGHZ 44, 245 (251).
[107] AA OLG Frankfurt a. M. AG 2007, 357.
[108] BGHZ 206, 143 = NZG 2015, 1227 Rn. 36.

liegen, wenn die Absage der Gesellschaft zuzurechnen ist und von Aktionären zum Anlass genommen wurde, die Versammlung zu verlassen.[109] Eine unzureichende **Beschallung** von Neben- oder Vorräumen oder die Verpflegung gehören allerdings nicht zu den relevanten Durchführungsmängeln.[110]

101 Nicht zur Anfechtbarkeit führt im Regelfall die **Zulassung unberechtigter Dritter** zur Hauptversammlung. Anders kann dies dann sein, wenn der Dritte Einfluss auf die Beschlussfassung nimmt oder gar Druck ausübt.[111] Wenn er nur mit abstimmt, kommt es allein auf die Kausalität an (→ Rn. 108 ff.).

102 **Fehler im Teilnehmerverzeichnis** begründen ebenfalls keinen Anfechtungsgrund. Ihm kommt im Rahmen der Abstimmung jedoch eine Hilfsfunktion zu. Führt der Fehler zur Feststellung eines falschen Abstimmungsergebnisses, so führt dies zur Anfechtbarkeit des Beschlusses selbst (→ Rn. 108)

103 Das Teilnahmerecht beschränkende unberechtigte Ordnungsmaßnahmen wie der unberechtigte **Saalverweis**[112] oder **Wortentzug**[113] durch den Versammlungsleiter oder die Hauptversammlung, die dem Gebot der Verhältnismäßigkeit nicht gerecht werden, führen zur Anfechtbarkeit. Ferner anzuführen sind sonstige zu beanstandende Maßnahmen des Versammlungsleiters wie Unterlassung ordnungsgemäßen Aufrufs der Tagesordnungspunkte,[114] unzulässige Verbindung von mehreren Anträgen zur gemeinsamen Abstimmung,[115] nicht berechtigte Beschränkungen der Redezeit,[116] nicht ausreichende Möglichkeiten zur Debatte und dgl.

104 Bei der satzungswidrigen Bestimmung des **Versammlungsleiters** ist zu unterscheiden. Satzungswidrig ist die Bestimmung des Versammlungsleiters nur, wenn ein anderer als der in der Satzung genannten Versammlungsleiter die Versammlung leitet. Ist der Versammlungsleiter – wie meist – in der Satzung durch Bezug auf eine bestimmte Funktion bestimmt – wie in der Praxis regelmäßig der Aufsichtsratsvorsitzende – ist er nur satzungswidrig bestimmt, wenn nicht der genannte Funktionär die Versammlung leitet. Davon zu unterscheiden ist, dass der satzungsgemäß bestimmte Funktionär die Versammlung leitet, er aber nicht wirksam in diese Funktion gewählt oder bestimmt wurde. Für diesen zuletzt genannten Fall, der auch meist den Aufsichtsratsvorsitzenden und seine Wahl in den Aufsichtsrat oder im Aufsichtsrat in den Vorsitz betrifft, liegt schon kein Satzungsverstoß vor, solange der Wahlbeschluss nicht rechtskräftig für nichtig erklärt ist oder die Nichtigkeit zweifelsfrei feststeht.[117] Zur jeweiligen Zeit ist der anfechtbar oder nichtig gewählte der einzige Aufsichtsratsvorsitzende und kein „falscher" Versammlungsleiter nach der Satzung.[118] Zur Unterzeichnung eines privatschriftlichen Protokolls → § 241 Rn. 166.

105 Leitet ein **fehlerhaft bestimmter Versammlungsleiter** die Versammlung, etwa statt des in der Satzung bestimmten Aufsichtsratsvorsitzenden ein Vorstandsmitglied oder ein von der Hauptversammlung ad hoc gewählter Versammlungsleiter, oder ein abberufener, eigentlich satzungsmäßiger Versammlungsleiter, wird von Anfechtbarkeit[119] oder sogar von Nichtigkeit[120] ausgegangen, aber auch die Relevanz[121] oder die Kausalität[122] einer fehlerhaften Bestimmung des Versammlungsleiters für die gefassten Beschlüsse in Frage gestellt. Richtig ist, dass die fehlerhafte Bestimmung des Versammlungsleiters kein Eingriff in die Teilhaberechte der Aktionäre ist, solange er die Versammlung nicht gesetzes- oder satzungswidrig leitet. Es fehlt daher an der Relevanz der fehlerhaften Bestimmung des Versammlungsleiters für die Beschlüsse. Es kommt nur darauf an, ob sonstige Durchführungsmängel vorliegen.[123] Die gefassten Beschlüsse sind anfechtbar, wenn der Durchführungsmangel relevant oder ein Zählfehler kausal ist – nicht anders als beim richtigen Versammlungsleiter.

---

[109] BGHZ 206, 143 = NZG 2015, 1227 Rn. 39.
[110] BGH AG 2013, 880; OLG Frankfurt a. M. AG 2015, 272 (273); OLG München NZG 2013, 622 (623); Kölner Komm AktG/*Noack/Zetzsche* Rn. 100; aA LG München I AG 2011, 263; K. Schmidt/Lutter/*Schwab* Rn. 9.
[111] OLG Nürnberg BB 1971, 1478.
[112] BVerfG AG 2000, 74; BGHZ 44, 245 (250) = NJW 1966, 43 (45); OLG Stuttgart AG 1995, 234 (235).
[113] BGHZ 44, 245 (251 ff.) = NJW 1966, 43 (45); OLG Stuttgart AG 1995, 234 (235); LG Stuttgart NJW-RR 1994, 936.
[114] Kölner Komm AktG/*Noack/Zetzsche* Rn. 102.
[115] Kölner Komm AktG/*Noack/Zetzsche* Rn. 106.
[116] BVerfG AG 2000, 74; BGHZ 184, 239 = NJW 2010, 1604 Rn. 16; BGHZ 44, 245 (251 ff.) = NJW 1966, 43 (45); OLG Stuttgart AG 1995, 234 f.; LG München I AG 2000, 139.
[117] BGHZ 196, 195 = NJW 2013, 1535 Rn. 25; Kölner Komm AktG/*Noack/Zetzsche* Rn. 105.
[118] OLG Frankfurt a. M. NZG 2012, 942; 2011, 1029; 2010, 1426.
[119] → 3. Aufl. 2015, Rn. 116 *(Würthwein);* Hüffer/Koch/*Koch* § 129 Rn. 21; → Anh. § 119 Rn. 3 und 4b.
[120] NK-AktR/*Heidel* § 241 Rn. 7.
[121] OLG Frankfurt a. M. NZG 2012, 942; 2011, 1029; 2010, 1426; Hölters/*Englisch* Rn. 26; *von der Linden* DB 2017, 1371 (1372); *Heller* AG 2008, 493 (494).
[122] Kölner Komm AktG/*Noack/Zetzsche* Rn. 84 und 103.
[123] OLG Frankfurt a. M. NZG 2012, 942; 2011, 1029; 2010, 1426.

Ist der Versammlungsleiter satzungsmäßig bestellt, so ist es nicht anfechtbar, wenn ein **Abwahlantrag** nicht zur Abtretung gestellt wird, da darin eine Satzungsänderung liegen würde.[124] Wenn ein Abwahlantrag zur Abstimmung gestellt wurde, führt auch eine erfolgreiche Anfechtungsklage verbunden mit einer positiven Beschlussfeststellungsklage gegen den ablehnenden Beschluss nicht dazu, dass damit die gefassten Beschlüsse wegen eines Durchführungsmangels ohne weiteres anfechtbar würden (→ Rn. 105). Sie ist somit sinnlos und ihr fehlt das Rechtsschutzbedürfnis.[125]

3. Fehlerhafte Feststellung des Beschlussergebnisses. a) Fehlerarten. Fehler bei der Abstimmung und der anschließenden Beschlussfeststellung sind in vielfacher Weise denkbar. Anfechtungs- und Prüfungsgegenstand ist jeweils das durch den Versammlungsleiter festgestellte und verkündete Beschlussergebnis, § 130 Abs. 2. Fehlerhafte Beschlussergebnisse können sich durch **falsche Beurteilung des erforderlichen Mehrheitsquorums** ergeben, also eine falsche rechtliche Beurteilung. Sowohl die irrtümliche Forderung eines zu hohen Quorums, das zu Unrecht zur Ablehnung des beantragten Beschlusses führt,[126] als auch die Feststellung des Zustandekommens eines Beschlusses wegen Ansatz eines zu niedrigen Quorums mit der Folge, dass ein gescheiterter Beschluss zu Unrecht als zustande gekommen erachtet wird, kommen in Betracht.

Das fehlerhafte Beschlussergebnis kann weiter bedingt sein durch **Fehler bei der Zulassung und Ausschließung** von Aktionären zur Abstimmung.[127] Dies kann etwa geschehen durch fehlerhafte Bejahung oder Verneinung eines Stimmverbots gem. § 136[128] bzw. § 142 Abs. 1 S. 2[129] oder auch bei Verlust des Stimmrechts durch Verletzung der Mitteilungspflichten der § 20 Abs. 7, § 21 Abs. 4, § 44 Abs. 1 WpHG oder § 35 WpÜG.[130] Ferner kommt die unberechtigte **Ausschließung oder Zulassung von Bevollmächtigten**[131] in Betracht. Schließlich kann das Beschlussergebnisses auch wegen falscher Behandlung **ungültiger Stimmen** oder wegen **Zählfehlern** unrichtig sein.[132]

In allen diesen Fällen ist bloße Anfechtbarkeit, nicht etwa Nichtigkeit gegeben,[133] erst recht liegt kein Fall eines Scheinbeschlusses vor (→ § 241 Rn. 55 ff.), selbst wenn keine Stimme wirksam abgegeben ist.[134] Die Mängel müssen daher fristgemäß mit der Anfechtungsklage verfolgt werden.

Voraussetzung ist, dass überhaupt ein Beschlussergebnis festgestellt ist. Unterlässt der Versammlungsleiter die Feststellung, ist ein Beschluss nicht zustande gekommen. Dann fehlt auch ein Anknüpfungspunkt für die Anfechtungsklage (→ § 241 Rn. 36). Wird dennoch ein Beschluss protokolliert, liegt ein Beurkundungsfehler vor, der nach § 241 Nr. 2 iVm § 130 Abs. 2 zur Nichtigkeit führt.

b) Ungültige Stimmen. Der Versammlungsleiter hat nach hM das Recht und die Pflicht, Stimmabgaben, in denen er einen **inhaltlichen Verstoß** gegen Gesellschafterpflichten sieht, insbesondere einen Verstoß gegen die aktienrechtliche Treuepflicht, nicht zu beachten und als ungültig zu behandeln.[135] Der Versammlungsleiter sollte dies aber nur in unzweifelhaften Fällen tun.[136] Die Anfechtbarkeit des Beschlussergebnisses kommt, je nach Fallgestaltung, mit der Begründung in Betracht, der Versammlungsleiter habe treuwidrig abgegebene Stimmen zu Unrecht mitgezählt als auch mit der, er habe zu Unrecht Stimmen als treuwidrig erachtet und diese deshalb fehlerhaft nicht berücksichtigt.

c) Kausalität. Die Fehler bei der (rechnerischen) Ermittlung des Beschlussergebnisses müssen kausal für das festgestellte Beschlussergebnis sein.[137] Das Teilhaberecht des Aktionärs wird durch eine fehlerhafte Stimmenermittlung und eine unzutreffende Stimmenzählung allein noch nicht berührt. Der Ermittlung der Stimmen und der Zählung kommt nur Hilfsfunktion zu, ein schutzwürdiges

---

[124] MüKoAktG/*Hüffer/Schäfer* Rn. 36; *von der Linden* DB 2017, 1371 (1372); aA OLG Stuttgart AG 2016, 370 (371); → Rn. 52.
[125] *von der Linden* DB 2017, 1371 (1372); → Anh. § 119 Rn. 4d.
[126] BGHZ 76, 191 (197) = NJW 1980, 1465 (1467).
[127] BGHZ 104, 66 (69) = NJW 1988, 1844; BGHZ 76, 191 (197) = NJW 1980, 1465 (1467); OLG Frankfurt a. M. GmbHR 1976, 110 – GmbH.
[128] Zur GmbH: BGHZ 97, 28 = NJW 1986, 2051; BGHZ 14, 264; RGZ 146, 385 (389).
[129] BGH NJW-RR 2006, 472 Rn. 17.
[130] BGH AG 2014, 624 Rn. 6; BGHZ 189, 32 = NJW-RR 2011, 976 Rn. 24; BGH NZG 2009, 827 Rn. 3; BGHZ 167, 204 = NJW-RR 2006, 1110 Rn. 14; OLG Düsseldorf BeckRS 2013, 21114; K. Schmidt/Lutter/*Schwab* Rn. 9; *Nietzsch* WM 2007, 917 ff. (920); *Paudtke* NZG 2009, 939 ff.
[131] BGHZ 104, 66 (69) = NJW 1988, 1844 (zur GmbH); BGH NJW 1952, 98.
[132] BGHZ 76, 191 = NJW 1980, 1465 ff.; BGHZ 14, 264 (267).
[133] BGHZ 189, 32 = NJW-RR 2011, 976 Rn. 24; BGHZ 167, 204 = NJW-RR 2006, 1110 Rn. 26.
[134] BGHZ 167, 204 = NJW-RR 2006, 1110 Rn. 26.
[135] BGHZ 103, 184 = NJW 1988, 1579 ff.; BGHZ 102, 172 (176 f.) = NJW 1988, 969 f.; OLG Stuttgart AG 2000, 369 (371); aA K. Schmidt/Lutter/*Schwab* Rn. 5.
[136] *Koppensteiner* ZIP 1994, 1325.
[137] BGH AG 2014, 624 Rn. 8; BGHZ 189, 32 = NJW-RR 2011, 976 Rn. 24; BGHZ 167, 204 = NJW-RR 2006, 1110 Rn. 26; OLG Karlsruhe ZIP 1991, 101 (107); Kölner Komm AktG/*Noack/Zetzsche* Rn. 76.

Interesse an der Feststellung eines absolut richtigen Stimmenergebnisses besteht nicht.[138] Entscheidend ist daher, ob durch die Fehlermittlung die Feststellung des Beschlussergebnisses tangiert ist.

113 Insoweit können sich im Einzelfall **Beweisprobleme** ergeben. Dabei trägt zwar der Anfechtungskläger die Beweislast für den von ihm behaupteten Fehler. Die Gesellschaft hat allerdings angesichts der bei ihr bestehenden größeren Sachnähe umfassende prozessuale Aufklärungspflichten im Rahmen der sie treffenden sekundären Darlegungslast. Wird sie dieser nicht gerecht, gilt der Klagvortrag nach § 138 Abs. 3 ZPO als zugestanden. Dies gilt insbesondere dann, wenn die Gesellschaft die Stimmberechtigung und die Stimmenermittlung nicht mit der gem. § 133 gebotenen Genauigkeit durchgeführt hat.[139] Die Beweislast dafür, dass der festgestellte Fehler ohne Einfluss auf das Beschlussergebnis geblieben ist, trägt die Gesellschaft.[140] Zur Beweislast im Anfechtungsprozess im Einzelnen wird auf die Ausführungen unter → Rn. 264 ff. verwiesen.

114 **4. Verletzung von Informationspflichten. a) Allgemeines.** Einen wesentlichen Anwendungsbereich des Beschlussanfechtungsrechts stellt die Anfechtung wegen Verletzung der aktienrechtlichen **Informationsrechte** dar, insbesondere der **Auskunftspflichten** gem. § 131. Daneben können Informationsfehler bei den besonderen Berichts-, Informations- und Vorlagepflichten über besondere Beschlussgegenstände zur Anfechtbarkeit führen. **Abs. 4 S. 1** regelt dabei, wann Verletzungen von Informationspflichten zur Anfechtbarkeit führen. § 243 Abs. 4 S. 1 ist keine Norm, die die Anfechtbarkeit begründet und eine eigenständige Anfechtungsgrundlage bildet.[141] Richtigerweise setzt die Vorschrift einen Verstoß wegen Verletzung einer Informationspflicht voraus und regelt nur in Konkretisierung der allgemeinen Regelungen, welcher Verletzungsgrad erforderlich und nach welchen Kriterien dieser zu beurteilen ist.

115 Fehlerhaft oder Unterlassen müssen Informationen **für die Hauptversammlung** sein. Nicht zu den Informationsmängeln, die zur Anfechtbarkeit führen, gehören daher fehlerhafte **Kapitalmarktinformationen** oder fehlerhafte Presseinformationen.[142]

116 Unter **Informationsmängeln** im Sinn von Abs. 4 S. 1 sind dabei nur Informationsdefizite im **materiellen Sinne**, also inhaltliche Mängel der Information zu verstehen, zu denen auch Auskunftsverweigerungen gehören. Fehler, die nur mittelbar mit der Auskunft in der Hauptversammlung zu tun haben wie eine unberechtigte Redezeitbeschränkung, Wortentzug oder Saalverweis, fallen nicht darunter.[143] Dabei handelt es sich um Durchführungsmängel, für die nach allgemeinen Regeln die Relevanztheorie gilt (→ Rn. 99 ff.). Die Informationsmängel müssen den Gesellschaftsorganen zuzurechnen sein. **Fehlinformationen Dritter,** auch etwa von Aktionären, sind irrelevant, solange sich diese die Gesellschaft nicht zu eigen macht.[144]

117 Für **formelle** Fehler der Information im Vorfeld der Hauptversammlung, etwa falsche Veröffentlichung der Einberufung, unzutreffende Angaben zur Tagesordnung in der Einberufung uä, gilt Abs. 4 S. 1 ebenfalls nicht. Sie führen nach allgemeinen Grundsätzen bei Relevanz zur Anfechtbarkeit.[145] Insoweit wird auf → Rn. 63 ff. hingewiesen.

118 **b) Verhältnis zur Auskunftsklage.** Eine Verletzung des Auskunftsrechts des § 131 führt zum einen zu einem gem. § 132 durchsetzbaren gerichtlichen **Anspruch auf Erteilung der Auskunft,** darüber hinaus, wenn die Auskunft für die Entscheidung über einen zur Abstimmung gestellten Beschlussantrag von Relevanz ist, auch zur Anfechtbarkeit. Diese ist nicht davon abhängig, dass daneben auch die – innerhalb von zwei Wochen zu erhebende – Auskunftsklage, die gem. § 132 Abs. 3, § 99 Abs. 3 im Verfahren der freiwilligen Gerichtsbarkeit zu verfolgen ist, erhoben wird, einer doppelten Verfolgung des Informationsmangels bedarf es nicht.[146] Wegen der in beiden Fällen bestehenden knappen Fristen zur Klagerhebung – bei der Anfechtungsklage ein Monat gem. § 246 Abs. 1, bei der Auskunftsklage zwei Wochen gem. § 132 Abs. 2 S. 2 – kann die Erhebung der einen Klage nicht vom Erfolg der anderen abhängig gemacht werden. Der Aktionär, der sowohl auf die

---

[138] Vgl. BGH NJW-RR 2006, 472 Rn. 18; Großkomm AktG/ *K. Schmidt* Rn. 39; MüKoAktG/ *Hüffer/Schäfer* Rn. 41.
[139] OLG Hamm NZG 2003, 924.
[140] Kölner Komm AktG/ *Noack/Zetzsche* Rn. 77.
[141] *Hüffer/Koch/Koch* Rn. 45; Kölner Komm AktG/ *Noack/Zetzsche* Rn. 639; aA *Kersting* ZRP 2007, 319 ff.
[142] Kölner Komm AktG/ *Noack/Zetzsche* Rn. 647.
[143] Kölner Komm AktG/ *Noack/Zetzsche* Rn. 646.
[144] *Kersting* ZRP 2007, 319 ff. (342 ff.).
[145] *Noack/Zetzsche* ZHR 170 (20069, 218 ff. (222 f.); Kölner Komm AktG/ *Noack/Zetzsche* Rn. 645.
[146] BGHZ 86, 1 ff. = NJW 1983, 878; BGH GmbHR 1988, 213; KG NZG 2001, 803 f.; *Joussen* AG 2000, 241 (254); Kölner Komm AktG/ *Noack/Zetzsche* Rn. 750; Großkomm AktG/ *K. Schmidt* Rn. 34; MüKoAktG/ *Hüffer/Schäfer* Rn. 118, 119; aA Großkomm AktG/ *Barz,* 3. Aufl. 1972, § 132 Rn. 9; *Kollhosser* AG 1977, 17; *Werner* FS Heinsius, 1991, 911 (918 ff.).

Erteilung der Auskunft Wert legt als auch den Hauptversammlungsbeschluss angreifen will, muss deshalb doppelgleisig fahren. Wegen der unterschiedlichen Verfahrensarten, in denen die Klagen anzustrengen sind, kommt eine gemeinsame Verfolgung oder eine Klagenverbindung nicht in Betracht. Ggf. ist eine Verfahrensaussetzung gem. § 148 ZPO nach dem Ermessen des Gerichts im Anfechtungsverfahren oder gem. § 21 FamFG im Auskunftsverfahren in Betracht zu ziehen. Wird dem Auskunftsverlangen gem. § 132 stattgegeben, so besteht für die Frage des Auskunftsverlangens keine Bindung für das Anfechtungsverfahren.[147]

c) Relevanz von Informationsmängeln – Abs. 4 S. 1. aa) Allgemeines. Die Frage, wann 119 Informationsmängel zur Anfechtbarkeit führen, wird in Abs. 4 S. 1 im Sinne der Relevanztheorie beantwortet (→ Rn. 79, 83 f.). Zur Anfechtbarkeit führen Informationspflichtverletzungen danach nur dann, wenn ein objektiv urteilender Aktionär die Erteilung der fraglichen Informationen – unabhängig von ihrem Inhalt – als wesentliche **Voraussetzung** für die **sachgerechte Wahrnehmung** seiner **Teilnahme- und Mitgliedschaftsrechte** angesehen hätte.[148] Nicht entscheidend ist dagegen, ob der Aktionär sich bei vorenthaltenen Informationen geweigert hätte, vor Erteilung der Informationen an der Abstimmung teilzunehmen.[149] Es kommt also nicht darauf an, wie – im Sinne strenger oder potentieller Kausalität – das Abstimmungsergebnis bei ausreichender Information ausgefallen wäre. Geschützt ist abstrakt das Teilnahme- und Mitgliedschaftsrecht als solches.[150] Das Wort „nur" erscheint dabei entbehrlich. Es ist gesetzestechnisch zu sehen vor dem Hintergrund, dass nach Abs. 1 grds. wegen jedem Gesetzes- oder Satzungsverstoß angefochten werden kann. Tatsächlich war jedoch – als ungeschriebenes Tatbestandsmerkmal – immer klar, dass nur wegen erheblicher Mängel angefochten werden kann und nur umstritten, wie die Erheblichkeit zu bestimmen ist. Da die Gesetz gewordene Relevanztheorie eher die Anfechtung erleichtert, erweckt das Wort „nur" den falschen Eindruck einer Einschränkung.[151] Es liegt tatsächlich eher eine Ausweitung gegenüber dem früheren Verständnis vor.[152]

Nach der Vorstellung des Gesetzgebers ist auf den Aktionär abzustellen, der die Gesellschaft nur 120 auf Grund allgemein bekannter Tatsachen kennt und vernünftig und im wohlverstandenen Interesse des Unternehmens handelt, das nicht an kurzfristigen Zielen, sondern an langfristigem Ertrag und Wettbewerbsfähigkeit interessiert ist.[153] Dies ist problematisch, soweit damit zwischen guten und schlechten Aktionären differenziert werden soll.[154] Auch die in der Literatur verbreitete Formel, dass maßgebend sei, ob die Investitionsziele mit dem Bestreben der Gesellschaft nach langfristiger Prosperität in Einklang stehen,[155] hilft nicht wirklich weiter.[156] Der Richter hat nicht die Aufgabe, Anlagestrategien zu bewerten. Maßgebend ist, wie bedeutsam die Information für die Beurteilung des Beschlussgegenstandes gewesen ist. Wenn die Information für die konkrete Beschlussfassung von Bedeutung ist, ist die Relevanz von Verstößen daher zu bejahen.[157]

Das vom Gesetzgeber aufgestellte Erfordernis der **Wesentlichkeit** der Information kann dabei 121 zu Missverständnissen führen. Nach richtigem Verständnis sind alle Informationen, die für die sachgerechte Wahrnehmung der Teilnahme- und Mitgliedschaftsrechte erforderlich sind, relevant und zu erteilen und ggf. Anfechtbarkeit gegeben, ohne dass es zusätzlicher Anforderungen bedarf.[158] Auch bei marginalen Rechtsverstößen kann Relevanz vorliegen.[159] Unerhebliche Informationen scheiden dagegen von vornherein aus, da sie zur sachgerechten Wahrnehmung der Rechte nicht erforderlich

---

[147] BGHZ 180, 9 = NJW 2009, 2207 Rn. 35; K. Schmidt/Lutter/*Schwab* Rn. 8; Hüffer/Koch/*Koch* § 132 Rn. 2; MüKoAktG/*Hüffer/Schäfer* Rn. 114; aA OLG Stuttgart AG 1992, 459; Großkomm AktG/*K. Schmidt* Rn. 34.
[148] Zur Rechtsprechung BGHZ 198, 354 = NJW 2014, 541 Rn. 20; NZG 2013, 783; BGHZ 194, 14; BGH NZG 2010, 943; BGHZ 180, 9 = NJW 2009, 2207 Rn. 39; BGHZ 160, 385 ff.; sa *Köcher/Lönner* BB 2011, 907; NK-AktR/*Heidel* Rn. 16.
[149] So aber K. Schmidt/Lutter/*Schwab* Rn. 27.
[150] Zur teilw. polemisierenden Kritik an der Terminologie der Vorschrift, die zB beim objektiv urteilenden Aktionär von einem Phantom sprechen: *Noack/Zetzsche* ZHR 170 (2006), 218 ff.
[151] Vgl. auch Hüffer/Koch/*Koch* Rn. 46b; MüKoAktG/*Hüffer/Schäfer* Rn. 117; KG AG 2009, 30 (35).
[152] *Kersting* ZGR 2007, 319 ff. (323 ff.).
[153] Gesetzesbegründung in BT-Drs. 15/5092, 39 f.
[154] Kölner Komm AktG/*Noack/Zetzsche* Rn. 649; NK-AktR/*Heidel* Rn. 37; Grigoleit/*Ehmann* Rn. 29.
[155] K. Schmidt/Lutter/*Schwab* Rn. 28; Hüffer/Koch/*Koch* Rn. 46b; Hölters/*Englisch* Rn. 88.
[156] Kölner Komm AktG/*Noack/Zetzsche* Rn. 649.
[157] Hüffer/Koch/*Koch* § 175 Rn. 6; Kölner Komm AktG/*Noack/Zetzsche* Rn. 649 ff.
[158] K. Schmidt/Lutter/*Schwab* Rn. 27; *Martens/Martens* FS K. Schmidt, 2009, 1129 (1140); aA *Marsch-Barner* FS K. Schmidt, 2009, 1109 (1116).
[159] Hüffer/Koch/*Koch* Rn. 47; *Kersting* ZGR 2007, 319 (326); aA Kölner Komm AktG/*Noack/Zetzsche* Rn. 661.

sind.[160] Hält man deshalb nicht die Streichung des Wesentlichkeitserfordernisses überhaupt für geboten,[161] so kann es nur im Sinne einer Tautologie der Umschreibung der Relevanz verstanden werden[162] oder etwa als Kriterium bei geringfügig falschen oder unvollständigen Informationen.[163] Teilweise wird vertreten, die entscheidenden Abwägungskriterien dem Bilanzrecht zu entnehmen, das eine klare Lösung biete.[164] Das Rechnungslegungsrecht betrifft aber nur einen kleinen Teil der möglichen Informationsmängel und ihrer Relevanz für die Beschlüsse der Hauptversammlung. Sie bietet auch in der Sache keine weitere Konkretisierung, weil die Detailtiefe der Rechnungslegung immer wieder umstritten ist. Richtig ist, dass Auskünfte den Standard der Berichterstattung jedenfalls nicht unterbieten dürfen und relevant sind, soweit sie für Bilanzpositionen von Bedeutung sind.

122   Der Bundesgerichtshof hat in seiner neueren Rechtsprechung zum alten Recht auf den Gesichtspunkt der Wesentlichkeit zu Recht als Umschreibung des Relevanzerfordernisses hingewiesen.[165] In diesem Sinne kann seine Rechtsprechung zur Auslegung weiterhin herangezogen werden. Er hat dabei darauf abgestellt, ob der Aktionär die begehrte Auskunft als **nicht nur unwesentliches Beurteilungselement** benötigt und ob er in der sachgerechten Ausübung des Mitgliedschaftsrechts beschnitten wird.

123   Soweit teilweise bei versehentlichen Informationsmängeln, etwa der versehentlich unterbliebenen Überlassung von Informationsmaterialien auf Verlangen einzelner Aktionäre gem. § 52 Abs. 2 S. 2, § 175 Abs. 2 S. 2, § 179a Abs. 2, § 293 f. Abs. 2 auf reine **Kausalitätsüberlegungen** zurückgegriffen wird,[166] wenn der Mangel nicht auf eine zielgerichtete Entscheidung eines Gesellschaftsorgans zurückzuführen ist und in diesen Fällen nur beachtlich sein soll, wenn das Stimmverhalten des betroffenen Aktionärs zu einem anderen Beschlussergebnis hätte führen können, ist dies problematisch. Für eine solche Differenzierung nach subjektiven Elementen gibt es keine gesetzliche Grundlage. Auch wird nicht nur das Stimmverhalten des betroffenen Aktionärs berührt, sondern auch sein Teilnahmerecht als solches und seine zumindest theoretische Möglichkeit, in der Hauptversammlung auf die Entscheidungsfindung durch entsprechende Redebeiträge Einfluss zu nehmen. Seit 1.9.2009 hat dieses Problem seine Bedeutung allerdings verloren, weil seitdem die Überlassung an die Aktionäre durch die Einstellung der fraglichen Materialien ins Internet ersetzt werden kann, § 52 Abs. 2 S. 3, § 179a Abs. 2 S. 3, § 293f Abs. 3.

124   Abs. 4 S. 1 greift nicht, wenn **alle** anfechtungsberechtigten Aktionäre den Pflichtverstoß genehmigen oder auf seine Geltendmachung ausdrücklich verzichtet haben.[167] Dann stellt sich nicht die in Abs. 4 S. 1 geregelte Frage der Ursächlichkeit des Mangels, vielmehr ist der Anfechtungsgrund entfallen.

125   Ob der materielle Informationsmangel die Auskunftspflicht **in der Hauptversammlung** betrifft oder Informationen außerhalb der Hauptversammlung – insbesondere in deren Vorbereitung – ist, anders als bei § 243 Abs. 4 S. 2, für Abs. 1 unerheblich.

126   **bb) Einzelfälle.** Hinsichtlich der allgemeinen **Auskunftspflicht** nach § 131 (→ § 131 Rn. 23 ff.) liegt eine Pflichtverletzung vor, wenn die verweigerte Auskunft aus der Sicht eines objektiv denkenden Durchschnittsaktionärs[168] zur sachgemäßen Beurteilung des in Frage stehenden Gegenstands der Tagesordnung erforderlich ist[169] und die Voraussetzungen für eine berechtigte Auskunftsverweigerung gem. § 131 Abs. 3 nicht vorliegen.[170] Dieses Auskunfts- und Informationsrecht steht jedem Aktionär als individuelles Verwaltungsrecht zu, das nicht der Disposition der Hauptversammlung unterliegt und das von dem durch Art. 14 GG geschützten Eigentumsrecht umfasst wird.[171]

---

[160] *Noack/Zetzsche* ZHR 170 (2006), 218 ff. (226); Hüffer/Koch/*Koch* Rn. 47.
[161] Krit. daher *Spindler* NZG 2006, 825 (828 f.); *Veil* AG 2005, 567 (569); *Weißhaupt* WM 2004, 705 (710); Hüffer/Koch/*Koch* Rn. 46b tritt für eine Streichung ein; für eigenständige Bedeutung: Bürgers/Körber/*Göz* Rn. 8.
[162] S. auch *Koch* ZGR 2006, 769 ff. (794); MüKoAktG/*Hüffer/Schäfer* Rn. 117.
[163] S. etwa *Kersting* ZRP 2007, 318 ff. (329 ff.).
[164] *Noack/Zetzsche* ZHR 170 (2006), 218 ff. (227 ff.); Kölner Komm AktG/*Noack/Zetzsche* Rn. 664 ff.
[165] BGHZ 160, 358 ff. = NJW 2005, 828 f.; BGHZ 149, 158 ff. = NJW 2002, 1128.
[166] KG AG 2009, 30 ff.; Hüffer/Koch/*Koch* § 175 Rn. 6.
[167] → Rn. 44 ff.; Großkomm AktG/*K. Schmidt* Rn. 74, 75.
[168] BGH NZG 2010, 943 Rn. 20; BGHZ 160, 358 ff. = NJW 2005, 828; BGHZ 119, 1 (19) = NJW 1992, 2760 (2765); BGHZ 107, 296 (307) = NJW 1989, 2689 (2691); KG AG 1996, 131: „vernünftiger Durchschnittsaktionär".
[169] BGHZ 180, 9 = NJW 2009, 2207 Rn. 23 ff.; BGHZ 182, 272 = NZG 2009, 1270 Rn. 18; BGHZ 122, 211 = NJW 1993, 1976; BGHZ 119, 1 (13 ff.) = NJW 1992, 2760 (2764); BGH DB 1993, 1074 (1080); OLG München DB 1998, 301; KG AG 1994, 83.
[170] BGHZ 198, 354 = NJW 2014, 541 Rn. 47; BGH NZG 2014, 423 Rn. 43 und 76.
[171] BVerfG AG 2000, 74; BVerfG ZIP 1999, 1801 ff.

Zu prüfen bleibt im Einzelfall, ob das Auskunftsverlangen iSv § 131 berechtigt, insbesondere ob die **127** Auskunft für die Beschlussfassung erforderlich war und ob Auskunftsverweigerungsrechte iSv § 131 Abs. 3 vorliegen.[172] Wird die Erforderlichkeit von der Gesellschaft verneint, muss sie der Aktionär darlegen,[173] und zwar in der Frist des § 246 Abs. 1.[174] Die Begriffe der „Erforderlichkeit" iSv § 131 Abs. 1 und der „Wesentlichkeit" iSv § 243 Abs. 4 S. 1 sind dabei inhaltsgleich zu verstehen.[175]

Bei einem großen Umfang von Fragen oder pauschalen Fragen hat der Aktionär bei seiner Auffassung **128** nach unzureichender Beantwortung eine **Nachfrageobliegenheit**.[176] Auch im Übrigen gebietet die Treuepflicht dem Aktionär, nach einer unzureichenden oder unvollständigen Beantwortung von Fragen in der Hauptversammlung auf eine vollständige oder ausreichende Beantwortung zu dringen.[177] Er verliert sein Anfechtungsrecht, wenn er sich auf die Nachfrage nicht meldet, ob noch Fragen offen geblieben sind.[178] Das ist allerdings dann anders, wenn der Vorstand die Beantwortung der Frage verweigert hat oder sie sonst ersichtlich nicht beantworten will und eine Rüge eine überflüssige Formalie wäre.[179]

In der Praxis wird wegen fehlerhafter oder unzutreffender Auskünfte häufig der **Entlastungsbe-** **129** **schluss** für Vorstand und Aufsichtsrat angefochten. Nach der Rechtsprechung ist der Entlastungsbeschluss wegen eines diesbezüglichen Informationsmangels anfechtbar, wenn das Auskunftsbegehren auf Vorgänge von einigem Gewicht gerichtet war, die für die Beurteilung der Vertrauenswürdigkeit der Verwaltung von Bedeutung sind.[180] Das Auskunftsbegehren muss sich außerdem auf den Zeitraum beziehen, in dem das zu entlastende Organ bestellt war[181] und für den die Entlastung ausgesprochen wird, also in der Regel das vorangehende Geschäftsjahr.[182] Dass ein in der Vergangenheit liegender Vorgang Dauerwirkung hat, verpflichtet die Gesellschaft nicht zu Auskünften, wenn die aktuelle Entscheidung nur deshalb berührt wird, weil sich die seinerzeitige Weichenstellung weiterhin auswirkt.[183]

Für die Entscheidung über die **Aufsichtsratswahl** kann es bei der Wiederwahl der bisherigen **130** Aufsichtsratsmitglieder von Bedeutung sein, ob diese ihre Sorgfaltspflichten im Zusammenhang mit den Überwachungspflichten verletzt haben.[184] Damit sind unter Umständen Auskünfte zum Verhalten im Aufsichtsrat relevant.

Jedenfalls auch oder teilweise als Informationsmängel sind nach verbreiteter Ansicht auch unzutref- **131** fende Angaben über sog. Entsprechenserklärungen zum **Corporate Governance Kodex** gem. § 161 zu sehen.[185] Das trifft nach der Rechtsprechung des Bundesgerichtshofs aber nicht zu. Die Entsprechenserklärung ist, soweit sie sich auf die Vergangenheit bezieht, eine Wissenserklärung, soweit sie sich in die Zukunft richtet, eine Absichtserklärung. Wenn sie gar nicht oder falsch abgegeben wird – nämlich in dem Sinn, dass die Gesellschaft sich an die Empfehlungen hält, dies aber tatsächlich nicht der Fall ist – liegt darin ein Verstoß gegen § 161 und damit ein Gesetzesverstoß. Das gleiche gilt, wenn es nach der Abgabe einer zutreffenden Entsprechenserklärung zu Abweichungen kommt und keine Aktualisierung erfolgt.[186] Die Entsprechenserklärung ist aber keine Information für die Hauptversammlung, sondern eine Kapitalmarktinformation.[187] Daher liegt mit der fehlerhaften Entsprechenserklärung und dem darin liegenden Gesetzesverstoß keine gesetzwidrige Auskunft oder Unterlassung einer Auskunft vor. Der Gesetzesverstoß kann daher nur als Inhaltsmangel zur Anfechtbarkeit eines darauf beruhenden Hauptversammlungsbeschlusses führen. In der Praxis

---

[172] BGHZ 198, 35 = NJW 2014, 541 Rn. 46 ff.; OLG Frankfurt a. M. NZG 2012, 942; OLG Frankfurt a. M. NZG 2011, 1029; OLG Frankfurt a. M. AG 1994, 39 f.; KG AG 1994, 83 f.
[173] BGHZ 198, 35 = NJW 2014, 541 Rn. 44; BGH ZIP 2009, 2203.
[174] BGHZ 180, 9 = NJW 2009, 2207 Rn. 34.
[175] *Noack/Zetzsche* ZHR 170 (2006), 218 ff. (227 ff.); *Kersting* ZRP 2007, 319 ff. (333).
[176] BGHZ 198, 354 = NJW 2014, 541 Rn. 44; Hüffer/Koch/*Koch* § 131 Rn. 35.
[177] RGZ 167, 151, 158.
[178] LG München I AG 2008, 904 (909); LG Krefeld AG 2008, 754 (757); LG München I AG 2007, 255 (257); Kölner Komm AktG/*Noack/Zetzsche* Rn. 70 und 740; *Kocher/Lönner* AG 2014, 81 (83); aA OLG Köln NZG 2011, 1150 (1151); Hüffer/Koch/*Koch* § 131 Rn. 35a; K. Schmidt/Lutter/*Schwab* Rn. 12.
[179] OLG Köln NZG 2011, 1150 (1151).
[180] BGHZ 194, 14 = NJW 2012, 3235 Rn. 37; BGHZ 160, 385 (389 f.) = NJW 2005, 828 (829); OLG Stuttgart AG 2016, 370 (379); AG 2011, 93 (97).
[181] BGH NZG 2010, 618 Rn. 11.
[182] Vgl. BGH NZG 2010, 618 Rn. 11; OLG Stuttgart AG 2016, 370 (379).
[183] BGHZ 182, 272 = NZG 2009, 1270 Rn. 24.
[184] BGHZ 180, 9 = NJW 2009, 2207 Rn. 38; BGH NZG 2010, 943 Rn. 28.
[185] Dazu *Bayer/Scholz* ZHR 181 (2017), 861; *Kiefner* NZG 2011, 201; *Arens/Petersen* Der Konzern 2011, 197; *Goette* FS Hüffer, 2010, 252; *Vetter* NZG 2009, 561 ff.; *Vetter*, NZG 2008, 121 ff.; *Goslar/von der Linden* NZG 2009, 1337 ff.; *Mutter* ZGR 2009, 788; *Lutter* FS Huber, 2006, 871 ff. (881); *Kort* FS Raiser, 2003, 203 ff.; → Rn. 60.
[186] BGHZ 180, 9 = NJW 2009, 2207 Rn. 1; BGHZ 194, 14 = NJW 2012, 3235 Rn. 27; OLG München NZG 2009, 508 ff.
[187] Kölner Komm AktG/*Noack/Zetzsche* Rn. 681.

ist dies der Entlastungsbeschluss für Vorstand und Aufsichtsrat, wenn mit der unzutreffenden Entsprechenserklärung ein schwerer und eindeutiger Gesetzesverstoß vorliegt.[188] Bei der Wertung, ob ein schwerwiegender und eindeutiger Gesetzesverstoß vorliegt, ist allerdings von Bedeutung, ob eine eindeutige und schwerwiegende Abweichung vom Kodex vorliegt. Wenn der Kodex (und nicht schon das Gesetz) – wie in den entschiedenen Fällen eines Aufsichtsratsberichts, der nach dem Kodex Aussagen zu Interessenkonflikten beim Aufsichtsrat enthalten soll – auf Berichte Bezug nimmt, kann für die Bewertung, ob ein schwerwiegender Gesetzesverstoß vorliegt, auf die Bewertung von Informationsmängeln zurückgegriffen werden. Danach darf es sich – wie auch sonst bei Informationsmängeln – nicht nur um unwesentliche Punkte handeln. Daher sind solche Fehler im Aufsichtsratsbericht nur von Bedeutung, wenn ein objektiv urteilender Aktionär die Informationserteilung als Voraussetzung für die sachgerechte Wahrnehmung seines Teilnahme- und Mitgliedschaftsrechts ansähe.[189] Die Einräumung eines Versehens im Aufsichtsratsbericht in der Hauptversammlung hilft nicht, weil es den Verstoß nicht mehr ungeschehen machen kann, zumal die nicht erschienen Aktionäre davon keine Kenntnis erlangt haben.[190]

132 Neben dem sich auf die Auskunftserteilung in der Hauptverhandlung beziehenden § 131 kann die Verletzung der besonderen Berichts-, Informations- und Vorlagepflichten über **besondere Beschlussgegenstände** zur Anfechtbarkeit führen:[191] Die folgenlose Verletzung der Auslagepflicht allein führt jedoch noch nicht zur Anfechtbarkeit etwa für eine Entlastungsentscheidung.[192]

133 Die Vorlage und Auslage von **Jahresabschluss, Lagebericht und Bericht des Aufsichtsrats** ist zur Beschlussfassung über die **Entlastung** von Bedeutung (§ 171 Abs. 2, § 176 Abs. 1, § 120 Abs. 3 S. 2, 3),[193] ggf. gem. § 312 nebst Abhängigkeitsbericht und Schlusserklärung gem. § 312 Abs. 3.[194] Ob neben der Verletzung der Vorlagepflicht auch die Verletzung der Erläuterungspflicht gem. § 176 Abs. 1 S. 2 zur Anfechtbarkeit führt, ist strittig.[195] Die Frage ist zu verneinen. Wenn im Hinblick auf Mängel des Berichts gestellte Fragen nicht ausreichend beantwortet werden, schlägt der Mangel des Berichts ohne weiteres auf den Entlastungsbeschluss durch. Wenn der Beschluss mangelfrei ist und die Erläuterung fehlt, kommt keine Anfechtung wegen des Berichts in Betracht; vielmehr ist allenfalls die unzureichende Beantwortung von Fragen bedeutsam.

134 Der **Bericht des Aufsichtsrats** (§ 171 Abs. 2) ist von Bedeutung für die Beschlussfassung über die **Wahl** des Aufsichtsrats.[196]

135 Die **Auslage des Jahresabschlusses, des Lageberichts, des Berichts des Aufsichtsrats** und des Vorschlags des Vorstands (§ 175 Abs. 2, 3) für die Verwendung des Bilanzgewinns ist bei der Beschlussfassung über die Feststellung des Jahresabschlusses und die **Gewinnverwendung** relevant nebst der Pflicht zur Erteilung einer Abschrift auf Verlangen des Aktionärs.

136 Die Vorlage des Berichts über die **Gründe des Bezugsrechtsausschlusses** § 186 Abs. 4 S. 2 ist für den Kapitalerhöhungsbeschluss relevant.[197] Entsprechendes gilt gem. § 203 Abs. 2 S. 2 beim genehmigten Kapital.

137 Die Auslage des Vertrags über die Verpflichtung zur **Übertragung des ganzen Gesellschaftsvermögens** und Erläuterung (§ 179a Abs. 2) sind für den nachfolgenden Zustimmungsbeschluss relevant.[198]

---

[188] BGHZ 180, 9 = NJW 2009, 2207 Rn. 19 m. zust. Anm. von *Vetter* NZG 2009, 561 ff.; krit. dazu *Leuering* DStR 2010, 2255; BGHZ 182, 272 = NZG 2009, 1270 Rn. 16; BGHZ 194, 14 = NJW 2012, 3235 Rn. 28; OLG Frankfurt a. M. NZG 2011, 614; OLG München NZG 2009, 508; OLG München NZG 2008, 386; *Mülbert/Wilhelm* ZHR 176 (2012), 286 (290 f.); aA KG AG 2009, 118 f.; LG München BB 2008, 10 ff.; Hüffer/Koch/*Koch* Rn. 5.
[189] BGHZ 182, 272 = NZG 2009, 1270 Rn. 18; BGHZ 194, 14 = NJW 2012, 3235 Rn. 28; BGH NZG 2013, 783; krit. dazu *Mülbert/Wilhelm* ZHR 176 (2012), 286 (290 f.).
[190] BGHZ 182, 272 = NZG 2009, 1270 Rn. 20.
[191] BGH ZIP 2001, 416 ff.; BGHZ 107, 296 (306) = NJW 1989, 2689; BGHZ 82, 188 = NJW 1982, 933 ff.; BGHZ 62, 193 = NJW 1974, 855 ff.; BGH DB 1982, 1313.
[192] OLG Stuttgart NZG 2001, 232 (234) mwN.
[193] BGH NJW-RR 2010, 1339 Rn. 23; OLG Stuttgart NZG 2006, 472; krit. dazu *Sünner* AG 2006, 379.
[194] BGH NJW 2005, 828 – Thyssen-Krupp; BGH NJW 2003, 1032 – Macotron; BGHZ 62, 193 ff. = NJW 1974, 855; OLG Karlsruhe AG 2000, 78 f.; OLG Düsseldorf AG 2000, 365 f.; MüKoAktG/*Hüffer/Schäfer* Rn. 40; Großkomm AktG/*K. Schmidt* Rn. 35.
[195] Bejahend → § 257 Rn. 2; verneinend: Hüffer/Koch/*Koch* Rn. 138 f.; Kölner Komm AktG/*Arnold* § 257 Rn. 16.
[196] BGH NJW-RR 2010, 1339 Rn. 27.
[197] S. dazu BGHZ 83, 319 (325 f.) = NJW 1982, 2444; Großkomm AktG/*K. Schmidt* Rn. 35; MüKoAktG/*Hüffer/Schäfer* Rn. 40.
[198] BGHZ 82, 188 (196, 200) = NJW 1982, 933; BGH NJW 1987, 2580; s. auch BGHZ 146, 288 ff. = NJW 2001, 1277 ff.

Die Bekanntmachung des wesentlichen Inhalts der geplanten Maßnahmen in Fällen, in denen 138
der Vorstand gem. § 119 Abs. 2 in einer Geschäftsführungsangelegenheit die Hauptversammlung
einschaltet bzw. – in den „Holzmüller-Fällen" – einschalten muss, ist ebenfalls für die nachfolgenden
Beschlüsse von Bedeutung.[199]

Problematisch ist, ob etwaige Mängel durch **Nachholung bzw. Korrektur** in der Hauptver- 139
sammlung geheilt werden können.[200] Das ist – außer bei Totalverweigerung oder bei Verstoß gegen
Bekanntmachungspflichten[201] – grundsätzlich der Fall.[202] Teilweise wird das nur bejaht bei Informationen,
die nicht den Kernbereich der Entscheidungsgrundlagen betreffen und wenn die Nachholung
in einer Weise erfolgt, die die Relevanz des Verstoßes entfallen lässt,[203] teilweise ganz abgelehnt.[204]
Wo die lückenhafte oder fehlerhafte Information den Aktionär zur Nachfrage bewegt, kann die
Vorbereitung nicht beeinträchtigt sein; das Fragerecht wäre sonst auch sinnlos. Umgekehrt stellt sich
eher die Frage, ob eine fehlende oder lückenhafte Information relevant ist, wenn sie nicht einmal
zu einer Nachfrage führt.

d) Abfindungsbezogene Informationsmängel – Abs. 4 S. 2. aa) Regelungsinhalt. Diese 140
Regelung schränkt die Anfechtbarkeit für Mängel von Informationen in der Hauptversammlung ein,
die für Bewertungsfragen im Rahmen der Ermittlung, Höhe und Angemessenheit des Ausgleichs,
der Abfindung, einer Zuzahlung oder sonstige Kompensationen von Bedeutung sind. Ist zur Klärung
dieser Fragen ein **Spruchverfahren** vorgesehen, ist ausschließlich dieses zu betreiben, die Anfechtung
ist ausgeschlossen. Dies gilt auch für Altfälle aus der Zeit vor der Gesetzesnovellierung.[205] Der
Ausschluss ist nach dem Wortlaut der Norm jedoch beschränkt auf unrichtige, unvollständige und
unzureichende Informationen, die **in der Hauptversammlung** erteilt werden.

Die Anfechtung bleibt nach der Gesetzeslage also möglich bei Verletzung der vor und außerhalb 141
der Hauptversammlung bestehenden Berichtspflichten, insbesondere bei Mängeln der für die Bewertung
erheblichen Strukturberichte.[206] Ziel der Neuregelung ist es, die Hauptversammlung zu erleichtern,
verbunden mit dem Bestreben, die Information der abwesenden Aktionäre standardisiert zu
verbessern und dazu Informationen aus der Hauptversammlung hinaus zu verlagern und so eine
Erosion der Aktionärs-Information zu vermeiden.[207] Auch sollen mit diesem Mittel rechtsmissbräuchlichen
Anfechtungsklagen durch die Verhinderung von Blockadeanfechtungen entgegengewirkt
und Schäden für die Unternehmen durch Verzögerungen bei der Beschlussumsetzung verhindert
werden. Der Aktionär werde in ausreichender Weise über das Spruchverfahren geschützt.

bb) Gesetzesgeschichte, Kritik und Abgrenzung. In zwei grundlegenden Entscheidungen 142
vom 18.12.2000[208] – MEZ und vom 29.1.2001[209] – aqua Butzke hat der Bundesgerichtshof zu
§ 210 UmwG – wonach eine Klage gegen die Wirksamkeit von Umwandlungsbeschlüssen nicht
darauf gestützt werden kann, dass das Barabfindungsangebot zu niedrig bemessen, gar nicht oder
nicht ordnungsgemäß angeboten worden ist und diese Fragen ausschließlich im Spruchverfahren zu
klären sind – die Anfechtbarkeit wegen **Informationsmängeln bei Bewertungsfragen** eingeschränkt.
Er legt den in § 210 UmwG geregelten Ausschluss des Anfechtungsrechts hinsichtlich
der Höhe des Abfindungsangebots dahin aus, dass nicht nur die Prüfung der Angemessenheit des
Abfindungsangebots, also dessen Bewertung, dem Anfechtungsverfahren entzogen ist, sondern auch
die Verletzung von Berichts-, Informations-, und Auskunftspflichten, die sich auf das Abfindungsangebot
beziehen. Auch insoweit werden die Aktionäre ins Spruchverfahren verwiesen, in dem die
Informationen nachzubringen sind. Der Bundesgerichtshof mutet den Aktionären also zu, trotz ggf.
unzureichender Informationen über die Höhe der Abfindung über die Umwandlung in verbindlicher,
der gerichtlichen Prüfung nicht zugänglicher Weise zu entscheiden.[210] Er hat damit seine bis

---

[199] BGHZ 146, 288 ff. = NJW 2001, 1277 ff. = NZG 2001, 405; OLG Dresden AG 2003, 433 ff.; s. *Schockenhoff* NZG 2001, 921.
[200] S. dazu auch K. Schmidt/Lutter/*Schwab* Rn. 29.
[201] BGHZ 153, 32 ff. = NJW 2003, 970 ff.
[202] Kölner Komm AktG/*Noack/Zetzsche* Rn. 745 f.; *Sethe* AG 1994, 342 (356 ff.).
[203] *Kallmeyer/Marsch-Barner* UmwG § 8 Rn. 35; 3. Aufl. 2015, Rn. 136 (*Würthwein*).
[204] OLG Schleswig NZG 2003, 281 (283); OLG München AG 1991, 210 (211); LG München I AG 2000, 87 (99); K. Schmidt/Lutter/*Schwab* Rn. 38; Kölner Komm AktG/*Ekkenga* § 186 Rn. 177; *Becker* AG 1988, 223 (227).
[205] BGHZ 180, 154 = NJW-RR 2009, 828.
[206] Gesetzesbegründung in BT-Drs. 15/5092, 26.
[207] Gesetzesbegründung in BT-Drs. 15/5092, 26.
[208] BGHZ 180, 154 ff.; BGHZ 146, 179 ff. = NJW 2001, 1425 ff. – MEZ.
[209] BGH NJW 2001, 1428 ff. – aqua Butzke.
[210] Grundlegend dazu *Vetter* FS Wiedemann, 2002, 1323 ff.

dahin sowohl zum Ausgleichsanspruch gem. § 304²¹¹ als auch zum Abfindungsanspruch des § 210 UmwG²¹² praktizierte Rechtsprechung aufgegeben.

143 Neben der Diskussion darüber, ob dieser **Rechtsprechung** zu § 210 UmwG zu folgen ist,²¹³ hat sich vor allem eine Diskussion darüber entwickelt, ob und inwieweit diese Rechtsprechung auf ähnliche Gestaltungen – die Barabfindung im Verschmelzungsvertrag gem. §§ 29, 32 UmwG; das zu niedrig bemessene Umtauschverhältnis bei der formwechselnden Umwandlung gem. § 194 Abs. 1 Nr. 4, § 195 Abs. 2 UmwG und bei der Verschmelzung gem. § 14 Abs. 2 UmwG, § 15 UmwG; die Abfindungs- und Ausgleichsregelungen im Unternehmensvertragsrecht. § 304 Abs. 3 und § 305 Abs. 5; die Abfindung der ausgeschiedenen Aktionäre bei der Eingliederung gem. § 320b Abs. 2 S. 1; die Angemessenheit der Abfindung beim Ausschluss von Minderheitsaktionären im Wege des squeeze-out gem. § 327f S. 1 – **übertragen werden kann**.²¹⁴

144 In der zum 1.11.2005 in Kraft getretenen Neufassung des § 243 Abs. 4 S. 2 (BGBl. 2005 I 3166) hat der Gesetzgeber die Problematik aufgegriffen, jedoch nur teilweise die vom Bundesgerichtshof vorgegebene Richtung übernommen und weiterverfolgt. Nach der Neuregelung ist eine Anfechtung wegen Informationsmängeln dann, wenn die Überprüfung der Bewertung im Spruchverfahren ermöglicht ist, zwar allgemein und für alle Fälle ausgeschlossen, jedoch nur für unrichtige, unvollständige oder unzureichende Informationen **in der Hauptversammlung** selbst. Die zunächst weitergehende Fassung des Regierungsentwurfs,²¹⁵ in dem die Einschränkung der jetzigen Gesetzesfassung auf Informationsmängel in der Hauptversammlung durch Weglassung der Worte „in der Hauptversammlung" fehlte, wurde zurückgeschnitten und nicht Gesetz. Insbesondere Verletzungen der vor und außerhalb der Hauptversammlung anzusiedelnden gesetzlich vorgeschriebenen Berichtspflichten – vor allem Informationsmängel in Strukturberichten über die Ermittlung, Höhe und Angemessenheit von Ausgleich, Abfindung, Zuzahlungen oder sonstigen Kompensationen – können deshalb im Anfechtungsverfahren grundsätzlich weiterverfolgt werden und sind durch § 243 Abs. 4 S. 2 einer Überprüfung über die Anfechtungsklage nicht entzogen.

145 Die Beschränkung auf die Hauptversammlung wird teilweise damit begründet, es solle ein Anreiz gesetzt werden, die Information abwesender Aktionäre zu verbessern und Auskünfte über Ausgleichszahlungen aus der Hauptversammlung hinaus zu verlagern, ohne dass der Vorstand hoffen können solle, dabei über die Abfindungshöhe fehlerhafte Angaben machen zu können, was beim völligen Ausschluss der Anfechtbarkeit zu befürchten sei.²¹⁶ Die Einschränkung gegenüber dem Entwurf wurde deshalb zum Teil begrüßt.²¹⁷ Von anderen wird die Reform jedoch auch als halbherzig kritisiert, da es etwa dann, wenn Ausführungen in Strukturberichten in der Hauptversammlung aufgegriffen würden, um einen einheitlichen Sachverhalt gehe und ausschließlich vermögensrechtliche Interessen im Spiel seien, deren ausschließliche Überprüfung im Spruchverfahren sachgerecht und ausreichend sei, weshalb die Worte „in der Hauptversammlung" wieder gestrichen werden sollten.²¹⁸

146 Der Bundesgerichtshof ist vor der Gesetzesnovelle in Umwandlungsfällen unter Auslegung des § 210 UmwG bereits weiter gegangen und hat die Anfechtbarkeit wegen abfindungswertbezogener Informationsmängel schlechthin, also auch bei Informationsmängeln außerhalb der Hauptversammlung insbesondere in den Berichten, ausgeschlossen und die Überprüfungsmöglichkeit auf das Spruchverfahren beschränkt.²¹⁹ Diese Rechtsprechung wird durch die Gesetzesnovelle nicht tangiert, da sie auf der Auslegung einer anderen Gesetzesvorschrift beruht. Sie behält daher weiterhin ihre Geltung und schließt die Anfechtung wegen Informationsmängeln für abfindungsbezogene Informationsmängel außerhalb der Hauptversammlung weiterhin aus.²²⁰ Für diese Fälle ist also die Anfech-

---

²¹¹ BGHZ 122, 211 (237 f.) = NJW 1993, 1976 (1981).
²¹² BGH NJW 1995, 3115 f.
²¹³ Zust. *Hirte* ZHR 167 (2003), 8 ff.; *Kleindiek* NZG 2001, 552; *Wilsing/Kruse* DB 2002, 1539; *Henze* ZIP 2002, 97 (101 ff.); *Henze*, RWS Forum 20 GesellschaftsR, 2001, 39 ff.; *Hesselbach* EWiR 2001, 205; *Hüffer/Koch/Koch* Rn. 18. Abl. *Bärvaldt* GmbHR 2001, 251; *Kallmayer* GmbHR 2001, 204; *Wenger* EWiR 2001, 331.
²¹⁴ S. dazu *Henze* ZIP 2002, 97 (101 ff.); *Henze*, RWS Forum 20 GesellschaftsR, 2001, 39 ff.; *Hoffmann-Becking* RWS Forum 20 GesellschaftsR, 2001, 55 ff.; *Wilsing/Kruse* DB 2002, 1529; *Hirte* ZHR 167 (2003), 8 ff.
²¹⁵ Sonderbeilage NZG Heft 4/2004.
²¹⁶ *K. Schmidt/Lutter Schwab* Rn. 33 mwN.
²¹⁷ *Wilsing* DB 2005, 35 ff.; *Bungert* VGR 2005, 59 ff. (89 f.).
²¹⁸ *Veil* AG 2005, 567 (570); in der Tendenz wohl auch *Spindler* NZG 2005, 825 (829 mit Fn. 76).
²¹⁹ BGHZ 146, 179 ff. = NJW 2001, 1425 ff. – MEZ; BGH NJW 2001, 1428 ff. – aqua Butzke; → Rn. 129 ff.
²²⁰ BGHZ 180, 154 = NZG 2009, 585 Rn. 36 zum Ausschluss von Minderheitsaktionären; OLG Frankfurt a. M. AG 2010, 39 (41 f.); Kölner Komm AktG/*Noack/Zetzsche* Rn. 731; *Noack/Zetzsche* ZHR 170 (2006), 218 ff. (238 f.); *Simon/Leuering* NJW Spezial 2005, 315; *Schwichtenberg/Krenek* BB 2010, 1227 (1230); *Weißhaupt* ZIP 2005, 1766 (1772); *Veil* AG 2005, 567 (570); aA NK-AktR/*Heidel* Rn. 37e; Hölters/*Englisch* Rn. 92; Hüffer/Koch/*Koch* Rn. 47c; K. Schmidt/Lutter/*Schwab* Rn. 38; *Dechert* FS Hoffmann-Becking, 2013, 295 f.; *Fleischer* NJW 2005, 3525 (3529).

tung auch bei Informationsmängeln im Vorfeld der Hauptversammlung ausgeschlossen und nur der Weg zum Spruchverfahren eröffnet.

Das betrifft vor allem die jeweils vor Beschlussfassung vorzulegenden **Berichte,** deren angebliche 147 Mängel daher nicht als Informationsmängel zur Anfechtung berechtigen. Soweit teilweise eine Aufrechterhaltung der Anfechtungsmöglichkeiten damit begründet wird, dass eine hohe Qualität der Berichte erhalten bleiben müsse, wird nicht berücksichtigt, dass der Gesetzgeber zur „Qualitätssicherung" insoweit schon den sachverständigen Prüfer installiert hat. Erwägenswert ist nur, das Fehlen eines Berichts der Totalverweigerung (→ Rn. 151) gleichzustellen. Für Informationsmängel im Bericht des **sachverständigen Prüfers** ist die Gesellschaft nicht verantwortlich, sie können daher nicht zur Anfechtbarkeit führen. Das Fehlen eines Berichts des sachverständigen Prüfers führt jedoch zur Anfechtbarkeit, weil dann regelmäßig eine gesetzliche Voraussetzung für die Strukturmaßnahme fehlt.[221]

cc) **Anwendungsbereich.** Unter **Bewertungsrügen** iSd Gesetzesvorschrift sind entsprechend 148 § 4 Abs. 2 S. 4 SpruchG „konkrete Einwendungen gegen die Angemessenheit der Kompensation nach § 1 (SpruchG) oder ggf. gegen den als Grundlage für die Kompensation ermittelten Unternehmenswert, soweit hierzu Angaben in den in § 7 Abs. 3 (SpruchG) genannten Unterlagen enthalten sind", zu verstehen. Dabei kommen für den Anfechtungsausschluss, da nur in der Hauptversammlung erteilte Informationen von der Vorschrift erfasst sind, nur eventuelle Zusatzfragen zu den in § 7 Abs. 3 SpruchG genannten Berichten in Betracht, nicht jedoch Mängel der Berichte selbst.[222]

Wann das Gesetz für Bewertungsrügen ein Spruchverfahren vorsieht, ergibt sich aus § 1 Nr. 1–5 149 SpruchG. Danach handelt es sich um die Fälle des Ausgleichs und der Abfindung außenstehender Aktionäre bei Beherrschungs- und Gewinnabführungsverträgen gem. §§ 304, 305 (§ 1 Nr. 1 SpruchG), die Abfindung von ausgeschiedenen Aktionären bei der Eingliederung gem. § 320b (§ 1 Nr. 2 SpruchG), die Barabfindung im Falle des squeeze-out gem. §§ 327a–327f (§ 1 Nr. 3 SpruchG) und die Zuzahlung oder Abfindung bei Umwandlungen gem. §§ 15, 34, 176 bis 181, 184, 186, 196 und 212 UmwG (§ 1 Nr. 4 SpruchG)[223] sowie die Zuzahlung oder Abfindung bei der Gründung oder Sitzverlegung einer SE (§ 1 Nr. 5 SpruchG). Die Gesetzesbegründung hält auch eine Analogie für weitere Fälle für denkbar.[224]

Auch in dem Zusammenhang ist jedoch auf den vom Bundesgerichtshof unabhängig von einer 150 Informationspflichtverletzung in der Hauptversammlung entwickelten weitergehenden und weiterhin bestehenden Anfechtungsausschluss bei Informationspflichtverletzungen allgemein bei Umwandlungen gem. § 210 UmwG hinzuweisen, dem die Fälle des § 305 Abs. 5 und des § 32 UmwG gleichzustellen sind, aber auch die Ausschließung der Minderheitsaktionäre nach § 327 f. und die Eingliederung nach § 320b Abs. 2 (→ Rn. 146).

dd) **Sonderfall Totalverweigerung.** Nicht erfasst werden nach dem Gesetzeswortlaut, wie auch 151 die Gesetzesbegründung ausdrücklich klarstellt,[225] Fälle der **Totalverweigerung** von Auskünften. Dabei kann im Einzelfall problematisch sein, wann – etwa wenn die Antwort aus nichtssagenden Worthülsen besteht – nur eine unzureichende Auskunft vorliegt und wann von einer gänzlich verweigerten Information auszugehen ist, gerade in der Spontansituation der Hauptversammlung. Im Zweifel wird die Auslegung aus Gründen der Klarheit und in Respektierung des Gesetzes, das eine Anfechtung nach seinem Sinn und Zweck nur dann ausschließen will, wenn wenigstens eine Information erteilt wird, die inhaltlich diesen Namen verdient, eher anfechtungsfreundlich gehandhabt werden müssen,[226] ggf. auf die Gefahr hin, dass sich durch die Hintertür doch wieder die Anfechtung breit macht.[227]

III. Inhaltliche Verstöße

1. **Allgemeines. a) Anfechtbarkeit und Nichtigkeit.** Anfechtbar sind weiterhin Beschlüsse, 152 die wegen ihres Inhalts gegen Gesetz oder Satzung verstoßen, also einer materiellen Beschlusskontrolle nicht standhalten. Besonders gravierende Gesetzesverstöße, die mit dem Wesen der Aktiengesellschaft nicht zu vereinbaren sind oder durch die gegen gläubigerschützende, gegen im öffentlichen

---

[221] BGHZ 180, 154 = NZG 2009, 585 Rn. 36.
[222] Gesetzesbegründung in BT-Drs. 15/5092, 26.
[223] *Noack/Zetzsche* ZHR 170 (2006), 218 ff. (236 f.).
[224] BT-Drs. 15/5092, 26.
[225] BT-Drs. 15/5092, 26.
[226] *Spindler* NZG 2005, 825 (829).
[227] Auf diese Gefahr weisen *Noack/Zetzsche* ZHR 170 (2006), 218 ff. (235) hin, die für ein enges Verständnis des Verweigerungsbegriffs eintreten, anders als etwa die Praxis zu § 131 Abs. 3.

Interesse liegende Vorschriften oder gegen die guten Sitten verstoßen wird, unterfallen gem. § 241 Nr. 3 und Nr. 4 bereits der **Nichtigkeit**. Nach richtigem, aber umstrittenem Verständnis sind von der Nichtigkeit insbesondere sämtliche **gesetzwidrigen,** gegen § 23 Abs. 5 verstoßende, also durch die Satzungsautonomie nicht gedeckten, **Satzungsänderungen** erfasst. Wegen der Begründung wird auf → § 241 Rn. 171 ff. und 176 ff. verwiesen.

153 Zu den der Nichtigkeit unterfallenden **gläubigerschützenden Vorschriften** gehören insbesondere die der Kapitalerhaltung und Vermögensbildung dienenden Vorschriften, §§ 57 ff. (verdeckte Einlagenrückgewähr), §§ 71 ff. (Verbot des Erwerbs eigener Aktien), §§ 150, 300, 301 (Rücklagenbildung), §§ 50, 93 Abs. 4 S. 3, § 120 Abs. 2 S. 2, § 302 Abs. 3 (Verzicht auf Schadensersatz- und Ausgleichsansprüche). Dazu wird auf § 241 Rn. 184 ff. verwiesen.

154 Als Vorschriften, die **im öffentlichen Interesse** liegen, sind insbesondere die zu nennen, die die rechtlichen Strukturen der Gesellschaft bilden und ihr das Gepräge geben. Nur zur Anfechtbarkeit führen Verstöße gegen zwar zwingende, aber nicht gläubigerschützende und nicht im öffentlichen Interesse liegende oder dem Wesen der Aktiengesellschaft nicht widersprechende Vorschriften. Mit anderen Worten kommt es darauf an, ob der von der Hauptversammlung gefasste Beschluss gegen Vorschriften verstößt, die selbst dann, wenn sich die Gesellschafter einig sind und von der Anfechtungsmöglichkeit keinen Gebrauch machen, zwingend durchzusetzen sind und auch insoweit nicht zur Disposition stehen.[228] Zu Einzelheiten zu Vorschriften, die im öffentlichen Interesse gegeben sind, wird auf § 241 Rn. 186 ff. verwiesen.

155 **b) Praktischer Anwendungsbereich.** Nur zur Anfechtbarkeit führen zB der unzulässige Bezugsrechtsausschluss bei Kapitalerhöhungen,[229] die Auferlegung von Sonderpflichten,[230] die Auswahl des Sonderprüfers gem. § 143 Abs. 1[231] und die Auswahl eines – befangenen – Abschlussprüfers unter Verletzung von § 319 Abs. 2 HGB.[232]

156 **Sonderregelungen** der Anfechtbarkeit finden sich in §§ 251, 254, 255 bezüglich der Aufsichtsratswahl, der Gewinnverwendung und der Kapitalerhöhung.

157 Der Schwerpunkt des Anwendungsbereichs des § 243 Abs. 1 liegt neben Verstößen gegen einzelne Gesetzesbestimmungen, die nicht die Voraussetzungen der Nichtigkeit erfüllen, vor allem bei Verstößen gegen die Satzung, gegen die generalklauselartigen Grundsätze der **aktienrechtlichen Treuepflicht** und gegen das **Gleichbehandlungsgebot** des § 53a; → Rn. 182 ff.

158 Die **Kausalitäts- bzw. Relevanzfrage** stellt sich bei inhaltlichen Verstößen schon aus logischen Gründen nicht.[233] Ein Beschluss, der wegen seines Inhalts gegen Gesetz oder Satzung verstößt, unterliegt stets der Anfechtbarkeit und ist gem. § 241 Nr. 5 für nichtig zu erklären.

159 **2. Treuepflicht. a) Allgemeines.** Rechtsprechung und Wissenschaft haben, quasi im Gleichschritt, nach und nach das Institut einer allgemeinen gesellschaftsrechtlichen Treuepflicht entwickelt und dieses neben den einzelgesetzlichen Regelungen zum entscheidenden Prüfungsmaßstab für die Beurteilung von Hauptversammlungsbeschlüssen gemacht. An ihrer Wahrung ist das Stimmverhalten der Aktionäre zu prüfen. Die Nichtbeachtung führt zur Anfechtbarkeit, entsprechende Stimmen sind unbeachtlich.

160 Die gesellschaftsrechtliche Treuepflicht ist in der neueren Rechtsprechung und Literatur als allgemeines rechtsformübergreifendes Verbandsprinzip auf vertraglicher Basis mit Gesetzesqualität[234] anerkannt und im Kern als Ausfluss einer Sonderverbindung unumstritten.[235] Sie verpflichtet die Gesellschafter im Rahmen einer Förderungs- und Loyalitätspflicht, die Interessen der Gesellschaft zu wahren und nicht durch gesellschaftsschädliches Verhalten zu beeinträchtigen. Sie besteht darüber hinaus jedoch auch im Verhältnis der Gesellschaft und den Gesellschaftern und auch im Verhältnis zwischen den Gesellschaftern untereinander. Die Treuepflicht ist als eines der zentralen Themen im Gesellschaftsrecht nach wie vor Gegenstand einer ständigen wissenschaftlichen Diskussion. Die Fülle der Beiträge, insbesondere auch zu den Folgerungen für einzelne Fallkonstellationen, ist kaum über-

---

[228] → § 241 Rn. 188 ff.; Großkomm AktG/*K. Schmidt* Rn. 58.
[229] BGHZ 71, 40 (43) = NJW 1978, 1316 f.
[230] *Baums*, Eintragung und Löschung von Gesellschafterbeschlüssen, 1981, 110.
[231] Hüffer/Koch/*Koch* § 143 Rn. 5. Anders jedoch bei Verstoß gegen ein Bestellungsverbot gem. § 143 Abs. 2: hier liegt nach hM Nichtigkeit vor, Hüffer/Koch/*Koch* § 143 Rn. 6.
[232] BGHZ 153, 32 ff. = NJW 2003, 970 ff.; OLG Karlsruhe AG 1996, 227 f. Zu den Auswirkungen auf den festgestellten Jahresabschluss *Habersack* NZG 2004, 659 ff.
[233] S. auch Großkomm AktG/*K. Schmidt* Rn. 40; NK-AktR/*Heidel* Rn. 21.
[234] BGHZ 132, 84 (93); K. Schmidt/Lutter/*Schwab* Rn. 4; Hüffer/Koch/*Koch* Rn. 24; Kölner Komm AktG/ *Noack/Zetzsche* Rn. 276.
[235] Grundlegend BGHZ 129, 136 ff. = NJW 1995, 1739 ff.; BGHZ 103, 184 (194 ff.) = NJW 1988, 1579 (1581 f.); OLG Stuttgart AG 2004, 271; *Henze* ZHR 162 (1998), 186 ff.; *Lutter* ZHR 162 (1998), 164 ff.

schaubar, so dass es schwer fällt, den vielfältigen Meinungen, die zwar in der Regel von einem gemeinsamen Kern ausgehen, jedoch im Einzelnen die Problematik stark differenzierend sehen, gerecht zu werden.[236]

b) Rechtsprechungsentwicklung. Nachdem das Reichsgericht zunächst noch von einer uneingeschränkten, keiner Kontrolle unterliegenden Herrschaftsmacht der Mehrheit ausgegangen war, die die Minderheit selbst bei der Gesellschaft nachteiligen und diese schädigenden Beschlüssen hinzunehmen habe,[237] hat es schon bald ausgesprochen, dass die Befugnis der Mehrheit, für die Minderheit zu beschließen und damit über deren in der Gesellschaft gebundene Vermögenswerte zu verfügen, die Pflicht mit sich bringt, berechtigte Belange der Minderheit zu berücksichtigen und nicht über Gebühr zu verkürzen.[238] Die Pflicht wurde allerdings vornehmlich im Blick auf das Gemeinschaftsinteresse gesehen. Der Bundesgerichtshof hat, daran anknüpfend, unter Betonung der körperschaftlichen Strukturen der Aktiengesellschaft die Treuepflicht zunächst als auf das Verhältnis zwischen Gesellschafter und Gesellschaft beschränkt angesehen,[239] und dann auf das Verhältnis zwischen Gesellschaft und Gesellschaftern ausgedehnt.[240] Eine Treuepflicht im Verhältnis zwischen den Gesellschaftern untereinander ist jedoch lange verneint und insoweit nur Ansprüche gem. §§ 226, 826 BGB in Erwägung gezogen.[241] 161

In der Entscheidung *Linotype*[242] sieht der Bundesgerichtshof in Abkehr von dieser Auffassung auch in der Verbindung der Aktionäre untereinander eine Sonderverbindung, die insbesondere zu gesellschaftsrechtlichen Rücksichtnahmepflichten[243] führe, zum Einsatz des schonendsten Mittels bei der Rechtsausübung zwinge und willkürliche Schädigungen ausschließe.[244] In der ebenfalls grundlegenden Entscheidung *Girmes*[245] hat der Bundesgerichtshof schließlich auch die besonderen Pflichten des Minderheitsaktionärs gegenüber der Gesellschaft und den Mehrheitsaktionären herausgearbeitet und die Treuepflicht insoweit zumindest dann bejaht, wenn die Minderheit die Möglichkeit hat, deren gesellschaftsbezogene Interessen zu beeinträchtigen. Diese Voraussetzungen können zum einen bei **Missbrauch der Gesellschafterrechte** in der Hauptversammlung zu bejahen sein – zB durch Störungen oder im Rahmen der Ausübung des Rederechts[246] –, vor allem aber bei treuwidrigem Abstimmungsverhalten, etwa beim Aufbau von Sperrminoritäten oder der Ausübung von Sonderrechten.[247] Ohne die im Normalfall nicht bestehenden besonderen Voraussetzungen der Möglichkeit der tatsächlichen Beeinträchtigung durch die Minderheit verneint der Bundesgerichtshof eine Treuepflicht des Minderheitsaktionärs.[248] 162

c) Rechtsfolgen. Als Rechtsfolge kann sich eine **positive Stimmpflicht** ergeben.[249] Dringenden wirtschaftlichen Bedürfnissen, etwa zwingenden Maßnahmen zur Sanierung, darf sich kein Gesellschafter entziehen, er muss ggf. notwendigen Kapitalmaßnahmen, Umstrukturierungen und Satzungsänderungen zustimmen. Umgekehrt kann sich auch die Pflicht ergeben, eine beantragte Beschlussfassung zu verweigern, etwa bei erkennbaren Bewertungsfehlern bei einer Ausgliederungsmaßnahme.[250] 163

---

[236] Für viele *Lutter* ZHR 153 (1989), 171 ff.; *Lutter* ZHR 162 (1998), 164 (184); *Dreher* ZHR 157 (1993), 150; *Hommelhoff* ZHR 151 (1987), 507 ff. mit Überblick über die Entwicklung; *Hüffer* FS Steindorff, 1990, 59 ff.; MüKoAktG/*Hüffer/Schäfer* Rn. 50 ff.; *Zöllner*, Die Schranken mitgliedschaftlicher Stimmrechtsmacht bei den privatrechtlichen Personenverbänden, 1963, 335 ff.; *Zöllner* ZHR 162 (1998), 235; *Zöllner* AG 2000, 145 (153 ff.); *Marsch-Barner* ZHR 197 (1993), 172; *Timm* WM 1991, 481; *Kort* ZIP 1990, 294; *Nehls*, Die gesellschaftsrechtliche Treuepflicht im Aktienrecht, 1993.
[237] RGZ 68, 235 ff. – Hibernia. Die Mehrheitsmacht betonend auch noch BGH NJW 1956, 1753; BGHZ 33, 175, 186 = NJW 1961, 26 f.
[238] RGZ 132, 149 (163) – Viktoria; s. auch RGZ 146, 71 (76) und RGZ 158, 248 (254).
[239] BGHZ 14, 25 (38) – GmbH; BGHZ 65, 15 (19) = NJW 1976, 191 – GmbH.
[240] BGHZ 65, 15 (18) = NJW 1976, 191 – ITT – GmbH; BGH WM 1988, 325 (327); BGH ZIP 1991, 1584 – GmbH.
[241] BGHZ 18, 350 (365); BGH JZ 1976, 561 f.; RGZ 107, 72 (76); RGZ 119, 248 (255).
[242] BGHZ 103, 184 (194 ff.) = NJW 1988, 1579 ff.; Vereinbarung zur Verwertung des Vermögens nach Auflösung: BGH NJW 1992, 3167 (3171) – IBH/Scheich Kamel.
[243] S. auch BGHZ 142, 167 = NJW 1999, 3197: Pflicht bei Herabsetzung des Kapitals auf Null, allen Aktionären die Möglichkeit zum Bezug neuer Aktien im Rahmen der anschließenden Kapitalerhöhung zu gewähren.
[244] Allerdings beschränkt auf die gesellschaftlichen Interessen der Mitgliedschaft, nicht auf außergesellschaftliche Bereiche: BGH ZIP 1992, 1152 (1153).
[245] BGHZ 129, 136 ff. = NJW 1995, 1739 ff.
[246] BGHZ 44, 245 (252); BGHZ 119, 305 (317 f.) = NJW 1993, 57.
[247] Für die GmbH OLG Stuttgart NZG 2000, 490 ff. m. zust. Anm. *Rottnauer* NZG 2000, 496.
[248] BGHZ 103, 184 (194 f.) = NJW 1988, 1579; BGHZ 129, 136 ff. = NJW 1995, 1739 ff.
[249] BGH NJW 1960, 434 f.: Zustimmung zur Satzungsänderung; s. auch BGHZ 98, 276 ff. = NJW 1987, 189 ff.
[250] OLG Stuttgart AG 2004, 271; OLG Stuttgart AG 2003, 450; s. auch NK-AktR/*Heidel* Rn. 23.

164 Wie die gegen die Treuepflicht verstoßenden Stimmen zu behandeln sind, ist umstritten. Teilweise wird vertreten, dass der Versammlungsleiter treuwidrig und treupflichtig abgegebene Stimmen zu berücksichtigen habe und ein entsprechendes Beschlussergebnis feststellen solle.[251] Das wir damit begründet, dass mit § 243 Abs. 2 ein besonders schwerer, gesetzlich geregelter Fall der Treupflichtverletzung von Gesetzes wegen nur zur Anfechtbarkeit führe und die Kontrolle daher nur im Rahmen der Anfechtbarkeit erfolgen könne. Es sei nicht Aufgabe des Versammlungsleiters, seine persönliche Meinung durchzusetzen und Anfechtungsprozesse zu provozieren. Die herrschende Meinung geht dagegen zutreffend davon aus, dass treuwidrig abgegebene Stimmen nichtig und nicht zu zählen sind und der Versammlungsleiter sie nicht zu berücksichtigen hat.[252] Unter anderem diese Wertung ist gerade Aufgabe des Versammlungsleiters. Nach der Auffassung der Mindermeinung bliebe es ohne Anfechtung gerade an dem treuwidrigen Zustand.

165 **d) Beurteilung im Einzelfall.** Die Frage, wann im Einzelfall ein Verstoß gegen die Treuepflicht vorliegt, ist stark von den individuellen Gegebenheiten und dem Inhalt des Beschlussgegenstands abhängig. Beurteilungskriterien sind die Interessen der Gesellschaft unter Berücksichtigung des Verbandszwecks vor allem unter den Prüfungsmaßstäben der Geeignetheit, Erforderlichkeit, Verhältnismäßigkeit und Zumutbarkeit im Hinblick auf die für die Gesellschaft erstrebten Vorteile unter Abwägung mit den damit verbundenen Beeinträchtigungen der Beschlussgegner.[253]

166 Auch darf ein pflichtwidriges Verhalten des Vorstands/Aufsichtsrats nicht gedeckt werden. Dem nicht gerecht werdende **Entlastungsbeschlüsse** sind treuwidrig und damit anfechtbar. Bei der Entlastung hat die Hauptversammlung zwar ein Ermessen. Die Ermessensgrenze ist nach der Rechtsprechung aber überschritten, wenn den Organen ein eindeutiger und schwerwiegender Gesetzesverstoß anzulasten ist.[254] Bei ungeklärter Rechtslage liegt kein eindeutiger Gesetzesverstoß vor.[255] Der Gesetzesverstoß muss für die Hauptversammlung im Zeitpunkt der Beschlussfassung bekannt oder erkennbar gewesen sein.[256]

167 In Respektierung des Mehrheitsprinzips besteht dabei ein großer **Ermessensspielraum** und ein großer unternehmerischer Freiraum in Fragen der Unternehmenspolitik, der sich die Minderheit im Zweifel zu beugen hat. Es ist nicht generelle Aufgabe der Beschlussanfechtung, die Entscheidung unternehmenspolitischer Fragen in die Hand des Richters zu legen.[257] Dessen Aufgaben bewegen sich deshalb im Wesentlichen im Rahmen einer Missbrauchskontrolle.[258] Bei Einstimmigkeit scheidet Treuwidrigkeit naturgemäß aus.[259]

168 Auch die Abgabe oder unterlassene Korrektur einer unrichtigen **Entsprechenserklärung** nach § 161 BGB kann ein solcher Treuepflichtverstoß sein (→ Rn. 131). Wenn sie gar nicht oder falsch abgegeben wird – nämlich in dem Sinn, dass die Gesellschaft sich an die Empfehlungen hält, dies aber tatsächlich nicht der Fall ist – liegt darin ein Verstoß gegen § 161 und damit ein Gesetzesverstoß. Das gleiche gilt, wenn es nach der Abgabe einer zutreffenden Entsprechenserklärung zu Abweichungen kommt und keine Aktualisierung erfolgt.[260] Der Gesetzesverstoß kann als Inhaltsmangel zur

---

[251] K. Schmidt/Lutter/*Schwab* Rn. 5; Grigoleit/*Ehmann* Rn. 14; 3. Aufl. 2015, (*Würthwein*) Rn. 127, 163; *Timm* WM 1991, 481 (486); *Koppensteiner* ZIP 1994, 1325 ff.

[252] BGHZ 102, 172 (176), BGH ZIP 1991, 23; OLG Stuttgart AG 2000, 369; Großkomm AktG/*K. Schmidt* Rn. 50; Kölner Komm AktG/*Noack/Zetzsche* Rn. 292; MüKoAktG/*Hüffer/Schäfer* Rn. 41; *Zöllner*, Die Schranken mitgliedschaftlicher Stimmrechtsmacht bei den privatrechtlichen Personenverbänden, 1963, 366.

[253] BGHZ 132, 84 (93 f.) = NJW 1996, 1756 ff.; BGHZ 125, 239 (244) = NJW 1994, 1410 f.; BGHZ 120, 141 ff. = NJW 1993, 400 ff.; OLG Stuttgart BB 2001, 794 ff. – GmbH; OLG Stuttgart AG 1998, 529 (531); *Zöllner*, Die Schranken mitgliedschaftlicher Stimmrechtsmacht bei den privatrechtlichen Personenverbänden, 1963, 351 ff.

[254] BGHZ 153, 47 (51) = NJW 2003, 1032; BGHZ 160, 385 (388) = NJW 2005, 828; BGHZ 182, 272 = NZG 2009, 1270 Rn. 18; BGH ZIP 2009, 2436; BGH NZG 2012, 347; BGH NJW 2012, 3235 Rn. 9; OLG Düsseldorf AG 2013, 264 (265); OLG Frankfurt a. M. AG 2011, 36 (43); 2011, 713 (715); 2014, 373; OLG Köln AG 2010, 219; OLG Stuttgart AG 2016, 370 (373); 2012, 298 (300); 2011, 93 (94); 2006, 379 (380); Hüffer/Koch/*Koch* § 120 Rn. 12; Kölner Komm AktG/*Noack/Zetzsche* Rn. 313; K. Schmidt/Lutter/*Schwab* Rn. 15; NK-AktR/*Heidel* Rn. 20a; Bürgers/Körber/*Göz* Rn. 12; aA Großkomm AktG/*K. Schmidt* Rn. 49; Hölters/*Drinhausen* § 120 Rn. 18; MüKoAktG/*Kubis* § 120 Rn. 17.

[255] BGHZ 194, 14 = BGH NJW 2012, 3235 Rn. 24; BGH NZG 2012, 347; BGH ZIP 2009, 2436; OLG Stuttgart AG 2016, 370 (373).

[256] OLG Stuttgart AG 2016, 370 (373); AG 2012, 298; OLG Köln AG 2010, 219; Kölner Komm AktG/ *Noack/Zetzsche* Rn. 313; aA K. Schmidt/Lutter/*Schwab* Rn. 15.

[257] *Hüffer* ZHR 161 (1997), 214 (227).

[258] OLG Stuttgart NZG 2000, 159 ff. = AG 2000, 229 ff. – GmbH: Treuepflicht bei Umstrukturierung; *Lutter* ZGR 1981, 171 ff.

[259] K. Schmidt/Lutter/*Schwab* Rn. 4.

[260] BGHZ 180, 9 = NJW 2009, 2207 Rn. 1; BGHZ 194, 14 = NJW 2012, 3235 Rn. 27; OLG München NZG 2009, 508 ff.

Anfechtbarkeit eines darauf beruhenden Hauptversammlungsbeschlusses führen. In der Praxis ist dies der Entlastungsbeschluss für Vorstand und Aufsichtsrat, wenn mit der unzutreffenden Entsprechenserklärung ein schwerer und eindeutiger Gesetzesverstoß vorliegt.[261] Bei der Wertung, ob ein schwerwiegender und eindeutiger Gesetzesverstoß vorliegt, ist allerdings von Bedeutung, ob eine eindeutige und schwerwiegende Abweichung vom Kodex vorliegt. Wenn der Kodex (und nicht schon das Gesetz) – wie in den entschiedenen Fällen eines Aufsichtsratsberichts, der nach dem Kodex Aussagen zu Interessenkonflikten beim Aufsichtsrat enthalten soll – auf Berichte Bezug nimmt, kann für die Bewertung, ob ein schwerwiegender Gesetzesverstoß vorliegt, auf die Bewertung von Informationsmängeln zurückgegriffen werden. Danach darf es sich – wie auch sonst bei Informationsmängeln – nicht nur um unwesentliche Punkte handeln. Daher sind solche Fehler im Aufsichtsratsbericht nur von Bedeutung, wenn ein objektiv urteilender Aktionär die Informationserteilung als Voraussetzung für die sachgerechte Wahrnehmung seines Teilnahme- und Mitgliedschaftsrechts ansähe.[262] Die Einräumung eines Versehens im Aufsichtsratsbericht in der Hauptversammlung hilft nicht, weil es den Verstoß nicht mehr ungeschehen machen kann, zumal die nicht erschienen Aktionäre davon keine Kenntnis erlangt haben.[263]

3. Materielle Beschlusskontrolle. a) Einführung. Darüber hinaus wird eine weitergehende inhaltliche Kontrolle bei besonders bedeutsamen und in besonderer Weise in die Rechte der Aktionäre eingreifenden Beschlussgegenständen gefordert, etwa beim Bezugsrechtsausschluss, bei der Auflösung der Gesellschaft, bei der Konzernbildung, beim Abschluss von Unternehmensverträgen, bei Eingliederungen, Verschmelzungen, Formwechsel und bei sonstigen Grundlagenbeschlüssen. Bei diesen Maßnahmen sei die Kontrolle nicht auf eine Missbrauchsüberprüfung beschränkt. Die Gesellschaft bzw. die Gesellschaftermehrheit sei vielmehr gewissermaßen im Sinne einer Umkehr der Rechtmäßigkeitsvermutung verpflichtet, die beschlossene Maßnahme inhaltlich sachlich zu rechtfertigen und zu begründen.[264]

Der Ansatz der Rechtsprechung geht nach anfänglicher Übernahme dieser Ansätze inzwischen dahin, eine materielle Eingriffskontrolle je eher zu fordern, je einschneidender die beabsichtigte Maßnahme in das Teilhabe- und Vermögensrecht der Aktionäre eingreift. Bietet das Gesetz dabei eine gesetzliche Grundlage für die in Frage stehende Maßnahme und stellt sie den Eingriff unter gesetzliche, den Bestand des Aktionärsrechts gezielt schützende Voraussetzungen, so ist deren Einhaltung ggf. zu prüfen, eine darüber hinausgehende sachliche Rechtfertigung jedoch nicht erforderlich, die Kontrolle also auf Missbrauch beschränkt.[265] Insbesondere bedarf es keiner materiellen Beschlusskontrolle, wenn der Eingriff vermögensmäßig kompensiert wird.[266] Dies führt in der Praxis zu angemessenen Ergebnissen, die sowohl den Interessen der Gesellschaft bzw. denen der Mehrheit und deren Bedürfnis nach unternehmerischem Freiraum als auch den Interessen der überstimmten Minderheit gerecht werden.

b) Einzelfälle. aa) Bezugsrechtsausschluss. Der Bundesgerichtshof hat sich einer grundsätzlichen Äußerung bisher enthalten und sich des Problems nur einzelfallbezogen angenommen. Eine weitgehende sachliche Rechtfertigung hat er für den Fall des Bezugsrechtsausschlusses und gem. § 186 Abs. 3 für die Ermächtigung zum Bezugsrechtsausschluss durch den Vorstand beim genehmigten Kapital gem. § 203 Abs. 2 verlangt und eine entsprechende Angemessenheitsprüfung in der grundlegenden Entscheidung *Kali & Salz* als erforderlich unterstellt.[267] An die sachliche Begründung seien dabei umso strengere Anforderungen zu stellen, je schwerer der Eingriff in die mitgliedschaftli-

---

[261] BGHZ 180, 9 = NJW 2009, 2207 Rn. 19 m. zust. Anm. von *Vetter* NZG 2009, 561 ff.; krit. dazu *Leuering* DStR 2010, 2255; BGHZ 182, 272 = NZG 2009, 1270 Rn. 16; BGHZ 194, 14 = NJW 2012, 3235 Rn. 28; OLG Frankfurt a. M. NZG 2011, 614; OLG München NZG 2009, 508; OLG München NZG 2008, 386; *Mülbert/Wilhelm* ZHR 176 (2012), 286 (290 f.); aA KG AG 2009, 118 f.; LG München BB 2008, 10 ff.; *Hüffer/Koch/Koch* Rn. 5.
[262] BGHZ 182, 272 = NZG 2009, 1270 Rn. 18; BGHZ 194, 14 = NJW 2012, 3235 Rn. 28; BGH NZG 2013, 783; krit. dazu *Mülbert/Wilhelm* ZHR 176 (2012), 286 (290 f.).
[263] BGHZ 182, 272 = NZG 2009, 1270 Rn. 20.
[264] *Wiedemann* ZGR 1980, 147 (156 f.); *Martens* FS Robert Fischer, 1979, 437 (446); *M. Winter*, Mitgliedschaftliche Treubindungen im GmbHR, 1988, 135 ff. (163 ff.) und Großkomm AktG/*K. Schmidt* Rn. 46; *Timm* ZGR 1987, 415; aA *Lutter* ZGR 1981, 171 (177 ff.).
[265] MüKoAktG/*Hüffer/Schäfer* Rn. 63; *M. Winter*, Mitgliedschaftliche Treubindungen im GmbHR, 1988, 135 ff. (156 ff.).
[266] Ausführlich Kölner Komm AktG/*Noack/Zetzsche* Rn. 383 ff.
[267] BGHZ 71, 40 (44 ff.) = NJW 1978, 1316 ff.; auch BGHZ 83, 319 (321 ff.) = NJW 1982, 2444 ff. – Holzmann; BGHZ 80, 69 (74) = NJW 1981, 1512 ff. – Süssen (Begründung faktischer Abhängigkeit bei GmbH); anders noch BGHZ 70, 117 ff. = NJW 1978, 540 ff. – Mannesmann.

che und die vermögensrechtliche Stellung der ausgeschlossenen Aktionäre wiege.[268] Die Voraussetzungen für den Bezugsrechtsausschluss müssten im Zeitpunkt des Beschlusses so konkret feststehen und offen gelegt werden, dass die Hauptversammlung sie endgültig beurteilen könne.[269] Der Kläger sei für das Fehlen dieser Voraussetzungen zwar – wie stets für die Voraussetzungen der Anfechtung – beweispflichtig, die Gesellschaft habe jedoch die für die Beschlussfassung im Einzelfall maßgebenden Gründe konkret darzulegen. Vorratsermächtigungen zum Bezugsrechtsausschluss seien nicht möglich.

172 In der Entscheidung *Siemens/Nold*[270] hat der BGH die Anforderungen an die Zulässigkeit von Bezugsrechtsausschlüssen beim genehmigten Kapital wieder zurückgeschraubt, um den Unternehmen die Möglichkeit eines freizügigeren und kurzfristigeren Agierens auf dem Kapitalmarkt zu verschaffen. Es reiche für die Ermächtigung des Vorstands zum Bezugsrechtsausschluss beim genehmigten Kapital aus, wenn in allgemeiner Form dargelegt werde, dass der Ausschluss im wohlverstandenen Interesse der Gesellschaft liege und dies in abstrakter Form dargelegt und bekannt gegeben werde. Die Ausübung der Ermächtigung selbst werde sodann in das pflichtgemäße unternehmerische Ermessen des Vorstands gelegt, der von ihr nur Gebrauch machen dürfe, wenn das konkrete Vorhaben der abstrakten Beschreibung der Beschlussfassung entspreche, wobei der Vorstand ggf. der Haftung unterliege. Auch kann der Vorstandsbeschluss im Wege der Feststellungsklage gem. § 256 ZPO einer Überprüfung zugeführt werden.[271]

173 Neben den genannten Praktikabilitätsgründen[272] hat der BGH seine Rechtsprechungsänderung auch damit gerechtfertigt, dass der Bezugsrechtsausschluss beim genehmigten Kapital von Gesetzes wegen zwar zulässig, aber engen Grenzen unterstellt sei – §§ 202, 203 –, außerdem unter der Aufsicht des Aufsichtsrats stehe, § 204 Abs. 1 S. 2, und schließlich der Vorstand in der nächsten Hauptversammlung Rede und Antwort zu stehen habe. Diese Kontrollmechanismen seien ausreichend.

174 Die Entscheidung stellt richtig verstanden nicht die Aufgabe der Doktrin von der materiellen Beschlusskontrolle in diesen Fällen dar. Der Bundesgerichtshof hat die Forderung nach einer sachlichen Rechtfertigung nicht gänzlich aufgegeben, sondern nur die Anforderungen an eine solche für den Fall des genehmigten Kapitals reduziert, indem er sich mit einer abstrakten Begründung gegenüber der Hauptversammlung begnügt. Für den Bezugsrechtsausschluss bei der regulären Kapitalerhöhung verbleibt es bei den höheren Anforderungen.[273] Eine bedingte Kapitalerhöhung gem. § 192 Abs. 2 Nr. 3 zum Zwecke der Bedienung eines Aktienoptionsplans bedarf keiner materiellen Beschlusskontrolle, wenn keine wesentliche Unterschreitung des Börsenkurses vorliegt.[274]

175 **bb) Auflösung der Gesellschaft.** Abgelehnt hat der Bundesgerichtshof hingegen eine institutionelle Inhaltskontrolle bei der Auflösung der Gesellschaft, die grundsätzlich ohne besondere sachliche Rechtfertigung im Belieben der Mehrheit stehe und lediglich einer Missbrauchskontrolle unterliege.[275] Ein Missbrauch kommt etwa dann in Betracht, wenn dadurch ein sonst nicht möglicher Gesellschafterausschluss bewirkt werden soll.[276]

176 *Zöllner*[277] weist zu Recht darauf hin, dass die Auflösung als die Bindung an den Erwerbszweck gerade beseitigende Maßnahmen schon aus logischen Gründen nicht den Verbandsinteressen verpflichtet sein könne. Allerdings muss auch in diesem Fall gewährleistet sein, dass den Vermögenswerten der Minderheitsaktionäre zumindest wertmäßig durch einen Ausgleich Rechnung getragen wird.[278] Insoweit besteht die Möglichkeit der inhaltlichen Überprüfung im Rahmen einer Anfechtung, weil das Spruchverfahren dafür nicht vorgesehen ist.[279] Entsprechendes gilt für eine Verpflichtung zur Übertragung des ganzen Gesellschaftsvermögens gem. § 179a.[280] Der Mehrheitsaktionär

---

[268] S. auch BGHZ 120, 141 (146) = NJW 1993, 400 ff.
[269] So auch BGH ZIP 1995, 372 f.
[270] BGHZ 136, 133 (138 ff.) = NJW 1997, 2815 – Siemens-Nold; vorbereitet auch schon in BGHZ 125, 239 = NJW 1994, 1410 ff. und in BGHZ 120, 141 (145) = NJW 1993, 400 ff.; zur Rechtsprechungsentwicklung und deren Hintergründen s. *Röhricht* ZGR 1999, 445 (469 ff.).
[271] BGHZ 164, 250 = NJW 2006, 375; MüKoAktG/*Hüffer/Schäfer* Rn. 61.
[272] S. dazu *Röhricht* ZGR 1999, 445 (469 ff.).
[273] OLG Schleswig NZG 2004, 281 ff.; MüKoAktG/*Hüffer/Schäfer* Rn. 60.
[274] OLG Stuttgart NZG 2001, 1089 ff.; Kölner Komm AktG/*Noack/Zetzsche* Rn. 371.
[275] BGHZ 103, 184 ff. = NJW 1988, 1579 ff. – Linotype mAnm *Timm* NJW 1988, 1582. S. auch OLG Stuttgart AG 1997, 136 ff. und AG 1994, 411 ff.; OLG Frankfurt a. M. AG 1991, 208 ff.; *Henze* ZIP 1995, 1473 (1475 f.).
[276] S. auch OLG Stuttgart AG 1997, 136 ff. und AG 1994, 411 ff.; OLG Frankfurt a. M. AG 1991, 208 ff.; K. Schmidt/Lutter/*Schwab* Rn. 11; *Henze* ZIP 1995, 1473 (1475 f.).
[277] *Zöllner* AG 2000, 145 (155).
[278] BVerfG NZG 2000, 1117 ff. – Moto Meter.
[279] → § 1 SpruchG Rn. 19; aA → § 179a Rn. 44 f.
[280] BayObLG ZIP 1998, 2002 ff., s. dazu *Wiedemann* ZGR 1999, 857; *Henze* ZIP 1995, 1473 (1477).

kann unter den genannten Voraussetzungen einer Überprüfung des gezahlten Entgelts im Anfechtungsprozess eine Auflösung mit Übertragung auf sich selbst beschließen.[281]

cc) Einführung eines Höchststimmrechts. Auch für die Einführung eines Höchststimmrechts im Wege der Satzungsänderung fordert der Bundesgerichtshof keine besondere sachliche Rechtfertigung, da der Gesetzgeber die Voraussetzungen für deren Zulässigkeit in § 134 Abs. 1 S. 2 abschließend festgelegt habe. Er unterwirft auch diese Maßnahme nur einer individuellen Missbrauchskontrolle im Einzelfall.[282]

dd) Kapitalherabsetzung. Ähnlich beurteilt der Bundesgerichtshof die Frage der Zulässigkeit der **Kapitalherabsetzung** gem. §§ 222 ff.[283] Deren Zulässigkeit ist schon von Gesetzes wegen in § 222 an enge Voraussetzungen geknüpft (¾-Mehrheit, ggf. der Aktionäre sämtlicher Aktiengattungen, § 222 Abs. 1 und 2; Offenlegung des Zwecks, § 222 Abs. 3; Herabsetzung durch Zusammenlegung bei Unterschreitung des Mindestbetrages, § 222 Abs. 4). Bei diesen Vorgaben für die Eingriffe in die Mitgliedschaft lässt das Gesetz keinen Raum für die Forderung nach einer darüber hinausgehenden grundsätzlichen sachlichen Rechtfertigung.[284] Wenn allerdings im Zusammenhang mit einer anschließenden Kapitalerhöhung über die Stückelung der verbleibenden Aktien zu befinden ist, muss im Rahmen der Treuepflicht der kleinstmögliche Nennbetrag gewählt werden, damit möglichst vielen Aktionären der Verbleib ermöglicht wird.[285]

ee) Konzernbildung. Ebenfalls keiner grundsätzlichen Rechtfertigung bedarf nach überwiegender Ansicht bei der Aktiengesellschaft eine **Konzernbildung,** da die Aktiengesellschaft – anders als die GmbH[286] – im Grundsatz konzernoffen angelegt ist und das Gesetz ausreichende Schutzmechanismen vorsieht.[287] Entsprechend wird das Problem beim **Formwechsel** gesehen.[288]

ff) Ausschluss von Minderheitsaktionären. Eine inhaltliche Beschlusskontrolle des Beschlusses über den Ausschluss von Minderheitsaktionären findet ebenfalls nicht statt.[289] Der Ausschluss trägt nach den § 327a ff. seine Rechtfertigung allein mit dem Erreichen der Kapitalschwelle in sich und die Minderheitsaktionäre sind durch den Anspruch auf eine angemessene Kompensation geschützt.

gg) Delisting. Das Delisting bedarf – unter Aufgabe früherer Rechtsprechung[290] – nach dem Bundesgerichtshof nicht eines Beschlusses der Hauptversammlung und auch keines Pflichtangebots auf Barabfindung.[291] Die Frage einer inhaltlichen Beschlusskontrolle, die der Bundesgerichtshof abgelehnt hatte,[292] stellt sich damit nicht mehr.

4. Verstöße gegen das Gleichbehandlungsgebot. a) Einführung. Der Gleichbehandlungsgrundsatz als weitere gesellschaftsrechtliche Generalklausel ist seit 1.7.1979 in § 53a ins Gesetz aufgenommen. Seine Geltung war jedoch auch schon zuvor allgemein anerkannt, sodass der Normierung nur deklaratorische Bedeutung zukam.[293]

Ebenso wie die gesellschaftsrechtliche Treuepflicht Ausfluss der gesellschaftsrechtlichen Verbundenheit auf rechtsgeschäftlicher Basis ist, gilt dies auch für den Gleichbehandlungsgrundsatz. Dieser

---

[281] OLG Stuttgart AG 1994, 411 = ZIP 1995, 1515 ff. und *Henze* ZIP 1995, 1473 (1477); aA K. Schmidt/Lutter/*Schwab* Rn. 11.
[282] BGHZ 70, 117 ff. = NJW 1978, 540 ff. – Mannesmann; OLG Celle AG 1993, 178 (180 f.); ebenso Kölner Komm AktG/*Noack*/*Zetzsche* Rn. 362; MüKoAktG/*Hüffer*/*Schäfer* Rn. 64.
[283] BGHZ 138, 71 (76 ff.) = NJW 1998, 2054 ff. – Sachsenmilch.
[284] MüKoAktG/*Hüffer*/*Schäfer* Rn. 62; Kölner Komm AktG/*Noack*/*Zetzsche* Rn. 365; *Rottnauer* NZG 1999, 1159; aA *Wiedemann* ZGR 1980, 14 (157); *Zöllner* AG 2000, 145.
[285] BGH AG 1999, 517; K. Schmidt/Lutter/*Schwab* Rn. 10.
[286] Bei dieser fordert der BGH in Anlehnung an die Rechtsprechung zum Bezugsrechtsausschluss eine sachliche Rechtfertigung: BGHZ 80, 69 (74) = NJW 1981, 1512 ff.
[287] BGHZ 119, 1 (7) = NJW 1992, 2760 ff.; BGH NJW 1987, 1019 f.; OLG Stuttgart AG 2000, 229 (230); Kölner Komm AktG/*Noack*/*Zetzsche* Rn. 375; Großkomm AktG/*K. Schmidt* Rn. 46; MüKoAktG/*Hüffer*/*Schäfer* Rn. 65.
[288] BGH ZIP 2005, 1318; OLG Düsseldorf AG 2003, 578 ff.
[289] BGHZ 180, 154 = NZG 2009, 585 Rn. 14; BGH AG 2006, 887 (888); OLD Düsseldorf AG 2006, 202 (203 f.); OLG Frankfurt a. M. AG 2010, 39 (41); OLG Karlsruhe AG 2007, 92 (93); OLG Köln AG 2004, 39 (40); OLG Stuttgart AG 2009, 204 (212); MüKoAktG/*Hüffer*/*Schäfer* Rn. 64; Kölner Komm AktG/*Noack*/*Zetzsche* Rn. 369.
[290] BGHZ 153, 47 = NJW 2003, 1032 – Macroton.
[291] BGH AG 2013, 877 im Anschluss an BVerfGE 132, 99.
[292] BGHZ 153, 47 (56 f.) = NJW 2003, 1032.
[293] RGZ 118, 67 (70); BGHZ 33, 175 ff. = NJW 1961, 26 ff.; BGHZ 44, 245 (256) = NJW 1966, 43 ff.; s. auch BGHZ 120, 141 (150) = NJW 1993, 400 (402 f.): ungleiche Zuteilung neuer Aktien; *Zöllner*, Die Schranken mitgliedschaftlicher Stimmrechtsmacht bei den privatrechtlichen Personenverbänden, 1963, 301 ff.

stellt einen wesentlichen Teilaspekt der Treuepflicht dar und ist als solcher eine Selbstverständlichkeit.[294] Seit die Treuepflicht allgemein anerkannt ist und im Zentrum der inhaltlichen Kontrolle von Hauptversammlungsbeschlüssen steht, ist der Gleichbehandlungsgedanke als solcher insoweit etwas in den Hintergrund getreten bzw. Teil der Treupflichtlehre geworden. Häufig ist ein Verstoß gegen die Treupflicht zugleich eine unzulässige Ungleichbehandlung, zwingend ist dies jedoch nicht.[295]

184 **b) Adressat.** Adressat des Gleichbehandlungsgebotes ist allein die Gesellschaft, nicht die Gesellschafter. **Geschützt** sind nur die Gesellschafter, keine dritten Personen, und auch die Gesellschafter nur im Rahmen der Gemeinschaftsbeziehung, nicht in davon unabhängigen Drittbeziehungen im Rahmen individueller Rechtsverhältnisse.[296]

185 **c) Inhalt.** Inhaltlich bezieht sich das Gleichheitsgebot vor allem auf die wesentlichen **Hauptrechte**, also die Teilhabe- und Vermögensrechte, so das Stimmrecht (§ 12), das Recht auf Dividende (§ 60), das Bezugsrecht (§ 186) und das Recht auf Überschuss bei der Abwicklung (§ 271), aber auch auf die **aktienrechtlichen Hilfsrechte** wie das Teilnahmerecht, das Rederecht,[297] die Informations- und Auskunftsrechte und die Anfechtungsbefugnis.

186 Der Sache nach ist das Gleichheitsgebot nicht auf absolute und uneingeschränkte Gleichbehandlung gerichtet, sondern, entsprechend allgemeinen Grundsätzen, im Sinne eines **Willkürverbots** zu verstehen. Eine unterschiedliche Behandlung von Aktionären bedarf also jeweils einer besonderen sachlichen Rechtfertigung, für die die Gesellschaft ggf. die Beweislast trägt.[298] Eine sachliche Rechtfertigung liegt vor, wenn der Eingriff geeignet und erforderlich ist, berechtigte Interessen der Gesellschaft zu wahren und er unter Berücksichtigung der Aktionärsinteressen verhältnismäßig erscheint.[299] Wegen Einzelheiten wird auf die Kommentierung zu § 53a verwiesen.

187 **d) Disponibilität.** Der Gleichbehandlungsgrundsatz als solcher steht nicht in der satzungsmäßigen Disposition der Aktionäre. Es steht ihnen jedoch frei, im Rahmen der gesetzlich vorgesehenen Möglichkeiten Aktien mit unterschiedlichen Rechten auszustatten und auch unterschiedliche Pflichten aufzuerlegen. Dies kommt zB in §§ 11, 12, 55, 60, 134, 186 Abs. 3, § 271 zum Ausdruck, die den Gleichbehandlungsgrundsatz als solchen voraussetzen, jedoch zugleich die Grundlage für differenzierende Regelungen darstellen. Auch können die Aktionäre auf die Gleichbehandlung im Einzelfall und damit auch auf die Anfechtbarkeit verzichten.[300]

188 **e) Folgen eines Verstoßes.** Wie eine Treuepflichtverletzung führt ein Verstoß gegen den Gleichbehandlungsgrundsatz gem. § 53a zur **Anfechtbarkeit,** nicht zur Nichtigkeit, da kein Verstoß gegen im öffentlichen Interesse gegebene Vorschriften oder das Wesen der Aktiengesellschaft iSv § 241 Nr. 3 vorliegt. In der Zustimmung zum Beschluss liegt ein Verzicht auf die Anfechtung.[301] Mit § 245 Nr. 1 besteht kein Konflikt, weil die Zustimmung zu einem Beschluss Widerspruch und Anfechtung wegen widersprüchlichen Verhaltens hindert.[302] Der Kläger hat dabei die Ungleichbehandlung zu beweisen, die Gesellschaft ggf. die sachliche Berechtigung dafür, dass dennoch der Beschluss nicht zu beanstanden ist, weil dem Willkürverbot Rechnung getragen wurde. Ein Verstoß führt ggf. zu einem Anspruch der benachteiligten Aktionäre.[303]

189 **5. Sittenwidrige Beschlüsse.** Bei sittenwidrigen Beschlüssen ist zu unterscheiden zwischen der Sittenwidrigkeit des **Beschlussinhalts** schlechthin, die schon gem. § 241 Nr. 4 zur Nichtigkeit führt (→ § 241 Rn. 210 ff.), der Sittenwidrigkeit wegen des mit einem für sich gesehen „moralisch neutralen" Beschlusses verfolgten **Zweckes**, etwa der Schädigung bestimmter Personen, sowie sittenwidrigen Umständen beim Zustandekommen des Beschlusses, sog. **Umstandssittenwidrigkeit.**[304] Die beiden letzteren Fälle unterfallen nur der Anfechtbarkeit und nicht der Nichtigkeit, wenn der

---

[294] OLG Stuttgart NZG 2000, 159 (161) = AG 2000, 229 f.; Hüffer/Koch/*Koch* § 53a Rn. 2; *M. Winter,* Mitgliedschaftliche Treubindungen im GmbHR, 1988, 82 (235 ff.).
[295] AA wohl noch BGHZ 33, 175 (186) = NJW 1961, 26 ff.
[296] Kölner Komm AktG/*Noack/Zetzsche* Rn. 230 f.
[297] OLG Frankfurt a. M. NZG 2012, 942.
[298] OLG Köln NZG 2002, 966: Umwandlung von Vorzugs- in Stammaktien.
[299] BGHZ 71, 40 (43 ff.) = NJW 1978, 1316 ff. – Kali & Salz; BGHZ 103, 184 (189) = NJW 1988, 1579 f.; BGHZ 120, 141 (151 f.) = NJW 1993, 400 ff.
[300] Hüffer/Koch/*Koch* § 53a Rn. 12; MüKoAktG/*Hüffer/Schäfer* Rn. 68; Kölner Komm AktG/*Noack/Zetzsche* Rn. 240.
[301] Kölner Komm AktG/*Noack/Zetzsche* Rn. 241; aA MüKoAktG/*Hüffer/Schäfer* Rn. 68; K. Schmidt/Lutter/*Schwab* Rn. 70; Großkomm AktG/*Henze/Notz* § 53a Rn. 95.
[302] BGH NZG 2010, 943 Rn. 37.
[303] BGH NZG 2008, 149 Rn. 15.
[304] MüKoAktG/*Hüffer/Schäfer* Rn. 46, 70.

Eingriff in eine verzichtbare Position des Anfechtungsberechtigten erfolgt, deren Verteidigung deshalb ihm selbst überlassen bleiben kann. Es handelt sich insoweit um einen Unterfall eines Treupflichtverstoßes.[305]

Werden nicht anfechtungsberechtigte Personen geschädigt, kommt wegen Berührung öffentlicher **190** Interessen Nichtigkeit gem. § 241 Nr. 3 in Betracht.[306] Zur Sittenwidrigkeit im Einzelnen auch die Ausführungen zu → § 241 Rn. 210 ff.

D. Sondervorteile nach Abs. 2

I. Normzweck und Verhältnis zu Abs. 1

§ 243 Abs. 2 ist gesetzlicher Ausfluss der mitgliedschaftlichen Treuebindung. Er regelt nach heuti- **191** gem Verständnis in generalklauselartiger Weise einen **Sonderfall der Verletzung der gesellschaftsrechtlichen Treuepflicht** und zwar den Fall, dass ein Aktionär qua Hauptversammlungsbeschluss besondere Vorteile erstrebt. Die sich daraus grundsätzlich ergebende Folge der Anfechtbarkeit kann gem. § 243 Abs. 2 S. 2 dadurch vermieden werden, dass die benachteiligten Aktionäre einen **angemessenen Ausgleich** erhalten. Die Vorschrift ist also als ein gesetzlich geregelter Anwendungsfall bzw. als Beispiel der Verletzung der Treuepflicht und des Gleichbehandlungsgrundsatzes zu verstehen. Sie erschöpft diese Grundsätze jedoch nicht. Der Treuepflichtgedanke bestimmt – wie unter → Rn. 159 ff. dargelegt – die Beziehungen zwischen Gesellschaft und Aktionären und den Aktionären untereinander in weit umfassenderer Weise. Nach allgemeiner Ansicht sind § 243 Abs. 2 und § 243 Abs. 1 unabhängig voneinander, die Vorschriften stehen gleichberechtigt nebeneinander.[307] Ist der Tatbestand des Abs. 1 erfüllt, liegt insbesondere eine Treuepflichtverletzung vor, so besteht Anfechtbarkeit auch dann, wenn die Voraussetzungen von Abs. 2 nicht erfüllt sind. Ebenso verhält es sich bei Verstößen gegen den Gleichbehandlungsgrundsatz. Die Möglichkeit, die Anfechtbarkeit gem. § 243 Nr. 2 S. 2 durch Ausgleichsleistungen zu überwinden, stellt zudem keinen auf die Treuepflichtverletzung allgemein übertragbaren Rechtsgedanken dar, sodass etwa die Anfechtbarkeit wegen Verstößen gegen die gesellschaftsrechtliche Treuepflicht schlechthin und immer durch Gewährung von Ausgleichszahlungen ausgeschlossen werden könnte[308] (wenn auch bei der Beurteilung der Treuwidrigkeit ein etwaiger Ausgleich in der gebotenen Gesamtschau mitzuberücksichtigen ist).

Der Ansatz des § 243 Abs. 2 S. 2, Sondervorteile eines Aktionärs durch Eingriffe in die Rechte **192** der Minderheitsaktionäre ohne zusätzliche Anforderungen wie die zur Treuepflicht entwickelten zusätzlichen Voraussetzungen der Erforderlichkeit, Geeignetheit und ggf. auch sachlichen Rechtfertigung (→ Rn. 165) durch Ausgleichszahlungen zu kompensieren, wird weithin als verfehlt angesehen.[309] Mit der umfassenden Durchsetzung der Treuepflicht in allen gesellschaftsrechtlichen Beziehungen besteht unabhängig von § 243 Abs. 2 in den in Betracht kommenden Fällen jedoch in der Regel bereits Anfechtbarkeit nach § 243 Abs. 1, sodass die Frage, ob auch § 243 Abs. 2 erfüllt ist, in der Praxis oft offen bleiben kann.[310] Die praktische Bedeutung von § 243 Abs. 2 ist daher heute gering.[311]

Eine Sonderstellung kommt der Anfechtbarkeit nach dieser Vorschrift allerdings insoweit zu, als **193** Verstöße gem. § 245 Nr. 3 von jedem Aktionär verfolgt werden können, es bedarf also insbesondere **nicht des Widerspruchs** in der Hauptversammlung gem. § 245 Nr. 1, auch muss der Aktionär nicht in der Hauptversammlung erschienen sein. Dies ist ein wesentlicher Unterschied zu „einfachen" Treupflichtverletzungen.[312]

Neben der Anfechtbarkeit kommt ggf. auch ein Schadenersatzanspruch in Betracht, etwa bei **194** Stimmrechtsmissbrauch eines Großaktionärs.[313]

---

[305] Kölner Komm AktG/*Noack/Zetzsche* Rn. 323.
[306] Kölner Komm AktG/*Noack/Zetzsche* Rn. 324.
[307] BGHZ 71, 40 (49) = NJW 1978, 1316 (1318) – Kali & Salz; Großkomm AktG/*K. Schmidt* Rn. 53.
[308] *M. Winter*, Mitgliedschaftliche Treubindungen im GmbHR, 1988, 301 ff.; Großkomm AktG/*K. Schmidt* Rn. 52; MüKoAktG/*Hüffer/Schäfer* Rn. 92; *Zöllner* ZHR 162 (1998), 235 (244); → Rn. 209 ff.
[309] *M. Winter*, Mitgliedschaftliche Treubindungen im GmbHR, 1988, 301 ff.; MüKoAktG/*Hüffer/Schäfer* Rn. 72; Großkomm AktG/*K. Schmidt* Rn. 59; aA Kölner Komm AktG/*Noack/Zetzsche* Rn. 397.
[310] S. dazu auch K. Schmidt/Lutter/*Schwab* Rn. 21, 22.
[311] Großkomm AktG/*K. Schmidt* Rn. 52, 53; MüKoAktG/*Hüffer/Schäfer* Rn. 72 f.; gegen eine zu zurückhaltende Anwendung und gegen eine „Verwässerung" im allgemeinen Treupflichttatbestand NK-AktR/*Heidel* Rn. 26.
[312] K. Schmidt/Lutter/*Schwab* Rn. 16.
[313] MüKoAktG/*Hüffer/Schäfer* Rn. 70.

II. Geschichtliche Einordnung

195 Die gegenwärtige Vorschrift geht auf § 197 Abs. 2 AktG 1937 zurück, dem der Gesetzgeber seinerzeit eine erhebliche Bedeutung beigemessen hatte.[314] § 243 Abs. 2 enthält gegenüber dem früheren Recht allerdings erhebliche Modifikationen. Insbesondere ist zur Erfüllung des Tatbestandes Vorsatz, durch den der deliktische Ansatz dieser Regelung verdeutlicht wurde, nicht mehr erforderlich. Die sog. Konzernklausel des § 197 Abs. 2 S. 2 iVm § 101 Abs. 3 AktG 1937, nach der die Anfechtbarkeit entfiel, wenn der dem Aktionär zukommende Vorteil schutzwürdigen Belangen – worunter insbesondere Konzerninteressen verstanden wurden – diente, ist entfallen. Den Konzernbelangen wurde im AktG 1965 teilweise unmittelbar in den Vorschriften über verbundene Unternehmen Rechnung getragen. Der Gedanke der Konzernklausel taucht allerdings in der Ausgleichsklausel des § 243 Abs. 2 S. 2 wieder auf, zumal schon nach altem Recht die Konzernklausel dahin verstanden wurde, dass schutzwürdige Belange, die Sondervorteile rechtfertigen können, nur dann zu bejahen sind, wenn zugleich den anderen Aktionären ein Ausgleich gewährt wird.[315]

196 Die Gesetzesgeschichte ist ferner vor dem Hintergrund zu sehen, dass sich eine gewisse Lücke daraus ergab, dass in § 195 Nr. 4 AktG 1937 – entsprechend § 241 Nr. 4 des geltenden Rechts – zwar die Fälle der inhaltlichen Sittenwidrigkeit mit der Folge der Nichtigkeit geregelt waren, nicht aber die der Umstandssittenwidrigkeit, insbesondere durch Ausnutzung der Mehrheit zum eigenen Vorteil (→ Rn. 189 ff. und → § 241 Rn. 210 ff.). Diese Lücke sollte § 243 Abs. 2 schließen.[316]

III. Die Tatbestandsvoraussetzungen im Einzelnen

197 **1. Stimmenabgabe durch einen Aktionär.** Der Tatbestand des § 243 Abs. 2 knüpft an die Stimmausübung eines Aktionärs an, mit der dieser einen Sondervorteil erstreben muss. Die Stimmabgabe muss also das **Mittel zur Erlangung des Sondervorteils** sein. Beauftragt der Aktionär einen Bevollmächtigten mit seiner Vertretung, so gelten die Regeln des § 166 BGB: Es reicht danach sowohl aus, wenn der Bevollmächtigte den Sondervorteil erstrebt, § 166 Abs. 1 BGB, als auch, dass der Aktionär den „gutgläubigen" Bevollmächtigten steuert, § 166 Abs. 2 BGB.[317]

198 **2. Sondervorteil. a) Arten.** Der Sondervorteil muss vom abstimmenden Aktionär **für sich oder einen Dritten**, der auch ein anderer Aktionär sein kann, erstrebt werden. In Betracht kommen Vorteile aller Art. Neben unmittelbaren und mittelbaren materiellen Vorteilen ist auch an Vorteile durch Stärkung der korporativen Stellung in der Gesellschaft, etwa durch Stärkung der Stimmmacht oder durch Ausnutzen eines temporären Rechtsverlusts gem. § 20 Abs. 7,[318] zu denken. Allerdings stellt die Aufsichtsratsstellung nach zutreffender Auslegung von § 251 keinen Sondervorteil iSv § 243 Abs. 2 dar,[319] ebenso wenig die Begründung eines Entsenderechts in den Aufsichtsrat.[320]

199 Zu nennen sind beispielhaft, soweit die Hauptversammlung zuständig ist bzw. einbezogen wird: Zuwendungen der Gesellschaft, die nicht allen Aktionären oder Aktionärsgruppen zukommen und die sich nicht im Rahmen ordnungsgemäßer Verwaltung oder im Rahmen des Verkehrsüblichen bewegen einschließlich Geschenken, sozialen Aufwendungen (einschließlich Abfindungen),[321] unangemessen hohe Aufsichtsratsvergütung,[322] Vorteile des Vorstands bei Abschluss eines Gewinnabführungsvertrags,[323] vor allem aber der Abschluss von Geschäften mit Gesellschaftern zu nicht marktgerechten Konditionen,[324] die Überlassung von Geschäftsfeldern,[325] die Ermöglichung der Unternehmensübernahme,[326] die Zustimmung zu einem einen Gesellschafter begünstigenden Aktien-

---

[314] Großkomm AktG/*K. Schmidt* Rn. 51 ff.
[315] *Zöllner*, Die Schranken mitgliedschaftlicher Stimmrechtsmacht bei den privatrechtlichen Personenverbänden, 1963, 87 ff. mwN; Großkomm AktG/*K. Schmidt* Rn. 51 ff.
[316] MüKoAktG/*Hüffer/Schäfer* Rn. 46 und 70.
[317] MüKoAktG/*Hüffer/Schäfer* Rn. 74; aA Kölner Komm AktG/*Noack/Zetzsche* Rn. 402.
[318] BGH NZG 2009, 827; OLG Schleswig AG 2008, 129; s. dazu *Paudtke* NZG 2009, 939 ff.
[319] OLG Hamburg AG 1972, 183 ff.; Großkomm AktG/*K. Schmidt* Rn. 54; MüKoAktG/*Hüffer/Schäfer* Rn. 76.
[320] OLG Hamm NZG 2008, 914.
[321] BGH WM 1976, 1226 f.: unangemessene Umsatztantieme zugunsten des geschäftsführenden Mehrheitsgesellschafters (GmbH).
[322] *K. Schmidt/Lutter/Schwab* Rn. 17; MüKoAktG/*Hüffer/Schäfer* Rn. 82.
[323] OLG München NZG 2012, 261; Grigoleit/*Ehmann* Rn. 20.
[324] BGH NZG 2012, 1030 Rn. 19; OLG Frankfurt a. M. AG 1973, 136 f. zum Betriebspachtvertrag; MüKoAktG/*Hüffer/Schäfer* Rn. 109.
[325] BGH WM 1977, 361 – GmbH: Entlastungsbeschluss.
[326] BGHZ 103, 184 (193) = NJW 1988, 1579 ff. – Linotype; BGHZ 76, 352 (357) = NJW 1980, 1278 f. – GmbH; OLG München ZIP 1997, 1965.

tausch³²⁷ oder eine gegen §§ 57, 58 verstoßende verdeckte Gewinnausschüttung. Eine verallgemeinernde Definition fällt angesichts der Vielzahl der denkbaren Fallkonstellationen schwer, zumal Aktionäre neben ihrer Gesellschafterstellung in einer Sonderbeziehung zur Gesellschaft stehen können, die eine Vergleichbarkeit mit anderen Aktionären nicht ohne weiteres zulässt, etwa bei einer wirtschaftlichen Zusammenarbeit, bei Pachtverhältnissen, bei Familiengesellschaften uä. Keinen Sondervorteil stellt ein Steuervorteil eines einzelnen Aktionärs durch Ausschüttung dar³²⁸ oder steuerliche Vorteile eines Aktionärs bei Umwandlung.³²⁹ Kein Sondervorteil für einen Aktionär sind auch Regelungen der Abwicklung von Vergütungszusagen an den Vorstand im Spaltungsvertrag.³³⁰

b) Sachwidrigkeit. Da nur Sondervorteile relevant sind, die geeignet sind, der Gesellschaft oder den anderen Aktionären einen Schaden zuzufügen, ist vor allem erforderlich, dass der in Rede stehende Vorteil im Rahmen einer Gesamtschau in Abwägung der verschiedenen Interessen als, da nicht verkehrsüblich, wirtschaftlich nicht gerechtfertigt und **sachwidrig** erscheint. Nach der gängigen Definition insbesondere des BGH³³¹ ist ein Sondervorteil deshalb jeder Vorteil, der bei einer Gesamtwürdigung als sachwidrige, mit den Interessen der Gesellschaft oder der anderen Aktionäre unvereinbare Bevorzugung erscheint.³³² Streitig ist das Vorliegen eines sachwidrigen Sondervorteils, wenn bei einer Verschmelzung der Verlustvortrag vor allem dem Mehrheitsaktionär zugutekommt.³³³ Der Hauptversammlungsbeschluss muss die Bevorzugung gestatten bzw. genehmigen und dadurch die Mehrheit sich die Missbilligung ihrer Stimmausübung gefallen lassen. 200

Im Gegensatz zur Fassung von § 197 Abs. 2 AktG 1937 ist nicht mehr erforderlich, dass der Sondervorteil **„gesellschaftsfremd"** ist. Anfechtbarkeit kommt daher auch dann in Betracht, wenn die Vorteilsgewährung im Interesse der Gesellschaft liegt.³³⁴ 201

Das Kriterium der Sachwidrigkeit des anderen nicht zukommenden Vorteils ist an der Vereinbarkeit mit den **Regeln des in Betracht stehenden realen Marktes** zu beurteilen. Sachwidrigkeit besteht etwa dann, wenn bei sonst gleichen Konditionen und Umständen ein Dritter ein günstigeres Angebot macht, das ausgeschlagen wird.³³⁵ Der Betroffene darf also nicht auf Kosten der Gesellschaft besser gestellt werden als ein anderer Aktionär oder ein vergleichbarer Dritter.³³⁶ Das Erstreben eines solchen Vorteils im Wege der Abstimmung über einen Hauptversammlungsbeschluss ist – ebenso wie ein entsprechendes gegen § 93 verstoßendes Vorstandshandeln³³⁷ – gegen die Vermögensinteressen der Gesellschaft gerichtet und daher als Treueverstoß mit der Folge der Unwirksamkeit der Stimmabgabe zu missbilligen. 202

c) Gesellschaftsschädigung. Darauf, ob die Gesellschaft geschädigt wird oder geschädigt werden soll, kommt es nicht an. Es geht um den Schaden der betroffenen Aktionäre, weshalb die Gesellschaft gar einen Vorteil haben kann (→ Rn. 201). Es reicht nach § 243 Abs. 2 aus, wenn anderen Aktionären Nachteile drohen, wobei ein Teil der anderen Aktionäre genügt. Die Schädigung Dritter erfüllt den Tatbestand nicht, solange die Schädigung nicht auf die Gesellschaft oder Teile der Aktionäre zumindest zurückstrahlt. Eine tatsächliche unmittelbare Schädigung ist nicht nötig, es reicht aus, wenn der Beschluss grundsätzlich **geeignet** ist, eine solche im Rahmen einer Zukunftsprognose als mögliche Konsequenz herbeizuführen. Gänzlich untaugliche Maßnahmen scheiden jedoch aus, auch wenn mit ihnen eine Schädigung erstrebt wird.³³⁸ 203

3. Subjektiver Tatbestand. Mit seiner Stimmenabgabe muss der Aktionär einen Vorteil „zu erlangen suchen". Dieses subjektive Element wird ganz überwiegend³³⁹ iSv bedingtem Vorsatz ver- 204

---

³²⁷ LG München I AG 2002, 301 f.; anders LG Köln AG 2002, 103 f., sofern die Maßnahme im Interesse des Gesellschaftswohls liegt.
³²⁸ LG Frankfurt a. M. AG 2008, 300.
³²⁹ BGH AG 2005, 613 f.
³³⁰ OLG Nürnberg AG 2017, 900 (910).
³³¹ BGHZ 138, 71 (80 f.) = NJW 1998, 2054 (2056 f.); LG Köln AG 2002, 103 f.; s. auch Großkomm AktG/ K. Schmidt Rn. 54; MHdB AG/Semler § 41 Rn. 43.
³³² S. dazu auch K. Schmidt/Lutter/Schwab Rn. 17.
³³³ Einen Sondervorteil bejahend: OLG Frankfurt a. M. GWR 2012, 180; LG Hanau AG 2003, 534; aA OLG Frankfurt a. M. NZG 2006, 227; OLG Düsseldorf DB 2006, 127; Hüffer/Koch/Koch Rn. 36.
³³⁴ OLG München NZG 2012, 261 (262); Geßler FS Barz, 1974, 97 (99); K. Schmidt/Lutter/Schwab Rn. 19; Großkomm AktG/K. Schmidt Rn. 56; MüKoAktG/Hüffer/Schäfer Rn. 80; aA Kölner Komm AktG/Noack/Zetzsche Rn. 436.
³³⁵ OLG Frankfurt a. M. AG 1973, 136 (137); Kölner Komm AktG/Noack/Zetzsche Rn. 417.
³³⁶ Großkomm AktG/K. Schmidt Rn. 55.
³³⁷ MüKoAktG/Hüffer/Schäfer Rn. 79 stellt vor allem hierauf als Vergleichsmaßstab ab; s. auch BGHZ 129, 30 (34) = NJW 1995, 1290 ff.
³³⁸ MüKoAktG/Hüffer/Schäfer Rn. 84; Kölner Komm AktG/Noack/Zetzsche Rn. 444.
³³⁹ Kölner Komm AktG/Noack/Zetzsche Rn. 447; MüKoAktG/Hüffer/Schäfer Rn. 85; NK-AktR/Heidel Rn. 31.

standen, teilweise auch weitergehend im Sinne von Absicht, dolus directus.³⁴⁰ Stoffgleichheit zwischen Schaden und Vorteil ist nicht erforderlich, allerdings reicht ein rein zufälliger Zusammenhang nicht aus.³⁴¹ Dass sich der Vorsatz auch auf den Schaden bezieht, ist nicht erforderlich, wie in der Gesetzesbegründung ausdrücklich klargestellt wird.³⁴²

205 **4. Ursachenzusammenhang.** Die Anfechtungsklage hat Erfolg, wenn auch nur ein Aktionär alle Voraussetzungen von § 243 Abs. 2 erfüllt, also nur bei ihm die subjektiven Voraussetzungen des Handelns zum eigenen Vorteil oder dem eines Dritten vorliegen und die übrigen Aktionäre quasi „gutgläubig" oder auch getäuscht der Beschlussfassung zustimmen.³⁴³ Ein Kausalitätserfordernis der subjektiv treuwidrigen Stimmenabgabe stellt § 243 Abs. 2 nicht auf.³⁴⁴ Es handelt sich um einen **inhaltlichen Mangel** des Beschlusses, nicht um ein Abstimmungsproblem oder ein Problem der richtigen Ermittlung der Mehrheitsverhältnisse. Da es Ziel von § 243 Abs. 2 ist, Bevorzugungen zum Nachteil der Gesellschaft oder von anderen Aktionären zu verhindern, ist ohnehin nicht ganz konsequent, dass der Gesetzgeber die Folge der Anfechtbarkeit überhaupt von subjektiven Elementen abhängig macht und objektiv schädigende Bevorzugungen hinnimmt, wenn die subjektive Komponente fehlt. Die objektive Sachwidrigkeit der Maßnahme ist auch dann gegeben und auch dann die Hinnahme eines Sondervorteils eigentlich sachlich nicht zu rechtfertigen.³⁴⁵

206 Hinzu kommt, dass die Stimmabgabe des subjektiv treuwidrig Handelnden, der in der Regel nicht ohne Einfluss in der Gesellschaft ist, oft auch Auswirkungen auf das Abstimmungsverhalten der übrigen Aktionäre haben wird. Anfechtbarkeit ist daher auch dann gegeben, wenn ohne die Stimmen des auch subjektiv treuwidrig handelnden Aktionärs der Beschluss ebenfalls zu Stande gekommen wäre.³⁴⁶

207 **5. Beschlussfeststellung bei ungerechtfertigtem Sondervorteil.** Erkennt der Versammlungsleiter den Mangel der Stimmabgabe des gegen § 243 Abs. 2 S. 1 verstoßenden Aktionärs, so ist er nach hM gehalten, dessen Stimmen nicht zu berücksichtigen.³⁴⁷ Auch wenn der Versammlungsleiter diese Stimmen nicht berücksichtigt und der Beschluss dennoch zustande kommt, bleibt der Beschluss indes regelmäßig anfechtbar. § 243 Abs. 2 S. 1 knüpft an die Stimmabgabe als solche an und nicht an die Ursächlichkeit für ein Beschlussergebnis und damit auch nicht an die Wirksamkeit der Stimmabgabe. Auch ist im Regelfall bei einer solchen Konstellation der objektive Verstoß der Beschlussfassung aufgedeckt, sodass dann auch bei den übrigen der Beschlussfassung dennoch zustimmenden Aktionäre die subjektiven Voraussetzungen ebenfalls erfüllt sein werden, zumindest im Sinne der Bevorzugung eines Dritten.

208 **6. Beweislast.** Im Anfechtungsprozess hat der Anfechtungskläger die Beweislast für sämtliche Tatbestandsvoraussetzungen einschließlich der subjektiven Seite zu tragen, wobei ihm ggf. Beweiserleichterungen wie die sekundäre Darlegungslast der beklagten Gesellschaft und auch die Grundsätze des Anscheinsbeweises zugutekommen können (zu den Beweislastgrundsätzen → Rn. 240 ff.).

IV. Ausschluss durch Gewährung eines Ausgleichs, Abs. 2 S. 2

209 **1. Regelungsgegenstand und Kritik.** Gem. § 243 Abs. 2 S. 2 entfällt die Anfechtbarkeit, wenn den anderen Aktionären ein angemessener Ausgleich für die durch den Sondervorteil entstandenen Nachteile zukommt. Auf diese Weise erhält der Mehrheitsaktionär die Möglichkeit, das Unternehmen ggf. in seinem Sinne umzustrukturieren, er muss nur die Nachteile der Minderheitsaktionäre ausgleichen. Dogmatisch führt der Ausgleich dazu, dass die **Rechtswidrigkeit** des Sondervorteils **entfällt.** Der Ausgleich stellt damit die sachliche Rechtfertigung für den Ausschluss der Anfechtbarkeit dar.³⁴⁸

---

³⁴⁰ K. Schmidt/Lutter/*Schwab* Rn. 28; *v. Godin/Wilhelmi* Anm. 5.
³⁴¹ Großkomm AktG/*K. Schmidt* Rn. 57.
³⁴² RegBegr. *Kropff* S. 329.
³⁴³ Kölner Komm AktG/*Zöllner*, 1. Aufl. 1971, Rn. 225.
³⁴⁴ MüKoAktG/*Hüffer/Schäfer* Rn. 74; NK-AktR/*Heidel* Rn. 30.
³⁴⁵ M. Winter, Mitgliedschaftliche Treubindungen im GmbHR, 1988, 105 ff. (300); MüKoAktG/*Hüffer/Schäfer* Rn. 72 und 85.
³⁴⁶ MüKoAktG/*Hüffer/Schäfer* Rn. 74; aA Kölner Komm AktG/*Noack/Zetzsche* Rn. 409.
³⁴⁷ Kölner Komm AktG/*Noack/Zetzsche* Rn. 410; MüKoAktG/*Hüffer/Schäfer* Rn. 127; aA K. Schmidt/Lutter/*Schwab* Rn. 6.
³⁴⁸ MüKoAktG/*Hüffer/Schäfer* Rn. 87, 100; Großkomm AktG/*K. Schmidt* Rn. 62; aA *Geßler* FS Barz, 1974, 101: nicht die Rechtswidrigkeit, nur die Anfechtbarkeit werde überwunden.

Die Vorschrift wird weitgehend als verfehlt angesehen, da die geschützten Interessen der Minderheit auf die reinen Vermögensinteressen reduziert werden.[349] Kritisiert wird weiter, dass dem Gläubigerschutz nicht ausreichend Rechnung getragen werde und keine Regelungen zum Ausgleich eines etwaigen Schadens der Gesellschaft getroffen seien. Ein solcher führe zwar gem. § 243 Abs. 2 S. 1 zur Anfechtbarkeit, § 243 Abs. 2 S. 2 lasse jedoch offen, ob auch ein solcher Nachteil ausgeglichen werden könne, da nur von einem Ausgleich der Aktionäre die Rede sei. Über diese Kritik besteht weithin Einigkeit.[350] 210

Indes kommt der Ausgleichsregelung, wie unter → Rn. 191 ausgeführt, nach ebenfalls einheliger Ansicht keine große praktische Bedeutung zu, da § 243 Abs. 2 unabhängig neben § 243 Abs. 1 steht, also Anfechtbarkeit insbesondere unter dem Gesichtspunkt einer Treupflichtverletzung vielfach ohnehin gegeben ist, sodass es auf die Voraussetzungen des § 243 Abs. 2 und damit auch darauf, ob die Anfechtbarkeit nach dieser Vorschrift durch eine Ausgleichszahlung wieder entfällt, vielfach nicht ankommt.[351] Dies deshalb, weil die Regelung des § 243 Abs. 2 S. 2, Eingriffe in Rechte der Minderheitsaktionäre bei Ausgleichsleistungen zu gestatten, über den Anwendungsbereich dieser Vorschrift hinaus nicht verallgemeinerungsfähig ist und insbesondere auf die Fälle der Anfechtbarkeit nach § 243 Abs. 1 einschließlich der Fälle von Verstößen gegen die gesellschaftsrechtlichen Generalklauseln nicht übertragen werden kann.[352] Vor dem Hintergrund der Entwicklung des Treuegedankens zum allseits anerkannten Verbandsprinzip neigt die gerichtliche Praxis dazu, ganz auf diese Prinzipien zu rekurrieren und sich mit der Frage der Anfechtbarkeit nach § 243 Abs. 2 Satz 1 nicht mehr auseinanderzusetzen, wenn die Anfechtbarkeit nach § 243 Abs. 1 feststeht. Neuere höchstrichterliche Rechtsprechung unmittelbar zu § 243 Abs. 2 findet sich daher kaum. Die Schwächen der Vorschrift werden damit weitgehend kompensiert. 211

Historisch ist die Vorschrift vor allem vor konzernrechtlichem Hintergrund zu sehen. Sie ist an die Stelle von § 197 Abs. 2 S. 2 AktG 1937 getreten, der die Anfechtbarkeit entfallen ließ, wenn der Sondervorteil schutzwürdigen Belangen dient, worunter insbesondere berechtigte Interessen im Zusammenhang mit der konzernrechtlichen Verbundenheit verstanden wurden. Dementsprechend ist es auch heute der eigentliche Sinn von § 243 Abs. 2 S. 2, dem Mehrheitsaktionär bei Vorliegen entsprechender sachlicher Gründe, die auch eine Anfechtbarkeit unter dem Treuegesichtspunkt nach Abs. 1 ausscheiden lassen, Umstrukturierungen unter Eingriff in die Rechte von Minderheitsaktionären zu ermöglichen, wenn ein entsprechender vermögensmäßiger Ausgleich geleistet wird.[353] 212

2. Verhältnis zu Sondervorschriften. § 243 Abs. 2 S. 2 ist vor diesem Hintergrund im Zusammenhang zu sehen mit den konzernrechtlichen Sonderregelungen der §§ 291 ff. und §§ 311 ff. Das Verhältnis insoweit stellt sich wie folgt dar: 213

a) Beherrschungs- und Gewinnabführungsvertrag. Beherrschungs- und Gewinnabführungsverträge iSv § 291, die gem. § 293 der Zustimmung der Hauptversammlung bedürfen, sind naturgemäß häufig mit Sondervorteilen verbunden. Diese sind bei angemessenem Ausgleich hinzunehmen.[354] Insoweit findet sich in §§ 304 ff. ein in sich geschlossenes Regelwerk, das die Anfechtbarkeit nach § 243 Abs. 2 ausschließt und dieser vorgeht, wie § 304 Abs. 3 S. 2 für Ausgleichsregelungen und § 305 Abs. 5 für Abfindungsregelungen ausdrücklich klarstellen.[355] Wegen der Angemessenheit der Abfindung wird dort jeweils ausschließlich auf das Spruchverfahren verwiesen. Allerdings bleibt die Anfechtbarkeit wegen anderweitiger Mängel, etwa Verfahrensmängeln, gem. § 243 Abs. 1 möglich. 214

b) Unternehmensvertrag. Bei Unternehmensverträgen iSv § 292 – Gewinngemeinschaften, Teilgewinnabführungsverträgen, Betriebspachtverträgen und Betriebsüberlassungsverträgen – findet sich keine entsprechende spezielle Ausgleichs- und Abfindungsregelung. Es bleibt deshalb grds. neben § 243 Abs. 1 auch bei der Anfechtbarkeit gem. § 243 Abs. 2 mit der Möglichkeit des Anfechtungsaus- 215

---

[349] *M. Winter*, Mitgliedschaftliche Treubindungen im GmbHR, 1988, 301; *Geßler* FS Barz, 1974, 103; MüKoAktG/*Hüffer/Schäfer* Rn. 87 ff., 100; aA Kölner Komm AktG/*Noack/Zetzsche* Rn. 459 ff.
[350] *M. Winter*, Mitgliedschaftliche Treubindungen im GmbHR, 1988, 301 ff.; *Martens* AG 1974, 9 ff.; *Hüffer* FS Kropff, 1997, 127 (138, 140); MüKoAktG/*Hüffer/Schäfer* Rn. 88 ff.; Großkomm AktG/*K. Schmidt* Rn. 59; aA Kölner Komm AktG/*Noack/Zetzsche* Rn. 485 ff.
[351] MüKoAktG/*Hüffer/Schäfer* Rn. 92; Großkomm AktG/*K. Schmidt* Rn. 52, 59; aA Kölner Komm AktG/*Noack/Zetzsche* Rn. 545; *Mülbert*, Unternehmenspolitik und Kapitalmarkt, 2. Aufl. 1996, 332.
[352] *M. Winter*, Mitgliedschaftliche Treubindungen im GmbHR, 1988, 301 ff.; MüKoAktG/*Hüffer/Schäfer* Rn. 92; Großkomm AktG/*K. Schmidt* Rn. 52; aA Kölner Komm AktG/*Noack/Zetzsche* Rn. 459 ff.
[353] *Geßler* FS Barz, 1974, 97 (103).
[354] Zur Verfassungsmäßigkeit BVerfG NJW 2001, 279 ff. = NZG 2000, 1117 ff.
[355] BGHZ 119, 1 (9 f.) = NJW 1992, 2760 (2762); *M. Winter*, Mitgliedschaftliche Treubindungen im GmbHR, 1988, 302; MüKoAktG/*Hüffer/Schäfer* Rn. 102; Großkomm AktG/*K. Schmidt* Rn. 58.

schlusses bei Gewährung eines angemessenen Ausgleichs. Allerdings kann auch Nichtigkeit gem. § 241 Nr. 3 in Rede stehen, insbesondere bei Verstoß gegen die gläubigerschützenden Vorschriften der §§ 57, 58, 60.[356]

216 Eine Ausnahme zur Nichtigkeit ermöglicht § 292 Abs. 3 für **Betriebspacht- und Betriebsüberlassungsverträge** (also nicht für Gewinngemeinschaften und Teilgewinnabführungsverträge). Für diese gilt die an sich aus § 241 Nr. 3 folgende Nichtigkeit für Verstöße gegen §§ 57, 58, 60 nicht. Diese Unternehmensverträge sollen nicht am Gläubigerschutz dieser Vorschriften scheitern. Den Gläubigerinteressen wird insoweit über die Verlustausgleichspflicht des § 302 Abs. 2 Rechnung getragen.

217 Die Anfechtungsmöglichkeit sowohl gem. § 243 Abs. 1 als auch nach § 243 Abs. 2 verbleibt jedoch auch hier. Da § 292 allerdings von der grundsätzlichen Zulässigkeit von Betriebspacht- und Betriebsüberlassungsverträgen ausgeht und der Gläubigerschutz über § 302 Abs. 2 gewährleistet ist, wird regelmäßig, wenn der Sondervorteil gem. § 243 Abs. 2 angemessen ausgeglichen wird, auch eine Treuepflichtverletzung im Rahmen von § 243 Abs. 1 ausscheiden. § 243 Abs. 2 S. 2 strahlt somit in die Beurteilung der Anfechtbarkeit gem. § 243 Abs. 1 mit ein.[357] Da das Gesetz Eingriffe in die Teilhaberechte insoweit ausdrücklich zulässt, liegt ein Verstoß iSv § 243 Abs. 1 nicht allein schon darin, dass das Teilhaberecht auf einen reinen Vermögensschutz reduziert wird. Allerdings bleibt die Anfechtung aus anderen Gründen, etwa wegen Verfahrensmängeln oder auch anderen inhaltlichen Mängeln, möglich. Insbesondere kann unter dem Treuegesichtspunkt geltend gemacht werden, ein anderer Vertragspartner, etwa der Minderheitsgesellschafter, habe eine höhere Gegenleistung geboten, da bei Gleichwertigkeit der übrigen Konditionen und Fehlen von anderweitigen schwerwiegenden Gegenargumenten der Unternehmensvertrag mit dem günstigsten Partner abzuschließen ist. Insoweit wird es in der Regel zugleich an der Angemessenheit des Ausgleichs iSv § 243 Abs. 2 S. 2 fehlen, da im Zweifel ein angemessener Ausgleich nur in der Wahrnehmung des günstigsten Angebots zu sehen ist.[358]

218 c) **Faktischer Konzern.** Die Regelungen zum sog. faktischen Konzern gem. §§ 311 ff. enthalten kein in sich geschlossenes Regelungssystem, das als Sonderregelung zu § 243 Abs. 2 zu verstehen wäre und die Anwendung dieser Vorschrift ausschließen würde. Wird in einem faktischen Konzern die Hauptversammlung zur Entscheidung, insbesondere gem. § 119 Abs. 2, eingeschaltet, so ist bei Gewährung von Sondervorteilen § 243 Abs. 2 deshalb anwendbar. Die Anfechtbarkeit entfällt also nur, wenn der Vorteil durch eine mit der Beschlussfassung selbst verbundene **Ausgleichsregelung** kompensiert wird.[359]

219 Da in § 311 Abs. 2 eröffnete Möglichkeit, die Bestimmung des Ausgleichs erst am Ende des Geschäftsjahres vorzunehmen, dem nicht gerecht wird, scheidet diese Möglichkeit aus, wenn das nachteilige Geschäft zur Entscheidung der Hauptversammlung gestellt wird.[360] Sie besteht also nur bei Maßnahmen der Geschäftsführung durch den Vorstand ohne Einschaltung der Hauptversammlung. Wird diese jedoch hinzugezogen, so muss ihr ohne die Privilegierung des § 311 Abs. 2 als wesentlicher Teil der Beschlussfassung und als Grundlage für das Anfechtungsverfahren die Frage vorbehalten werden, ob und in welcher Weise in welcher Höhe ein Ausgleich gewährt wird. Der Anfechtungskläger muss sich nicht damit vertrösten lassen, die gegenwärtig noch fehlende Ausgleichsregelung werde – wenn die Anfechtungsfrist ggf. abgelaufen ist und nur noch Schadensersatzansprüche gem. § 317 in Rede stehen können – noch nachgebracht werden. Dies würde die mit der Anfechtungsklage bezweckte Kontrolle entwerten.

220 Die Gegenauffassung,[361] § 243 Abs. 2 sei im faktischen Konzern nicht anzuwenden, ist mit der Gesetzeslage nicht zu vereinbaren. § 311 und § 243 stehen als gleichwertige Regelungen nebeneinander, sodass sie auch ggf. beide anzuwenden sind. § 311 stellt, anders als § 304 und § 305, keine Spezialvorschrift zu § 243 Abs. 2 dar, sodass dieser nicht zurücktritt.[362]

221 d) **Ausschluss von Minderheitsaktionären.** Von Gesetzes wegen keine Anwendung findet § 243 Abs. 2 im Rahmen des Ausschlusses von Minderheitsaktionären gem. §§ 327a ff. Dies stellt

---

[356] → § 241 Rn. 210 f. Vgl. auch MüKoAktG/*Hüffer/Schäfer* Rn. 103; Großkomm AktG/*K. Schmidt* Rn. 58; Kölner Komm AktG/*Noack/Zetzsche* Rn. 553.
[357] *Geßler* FS Barz, 1974, 97 (107); MüKoAktG/*Hüffer/Schäfer* Rn. 104, 108; Großkomm AktG/*K. Schmidt* Rn. 58; aA MüKoAktG/*Altmeppen* § 292 Rn. 122.
[358] OLG Frankfurt a. M. AG 1973, 136 ff.; MüKoAktG/*Hüffer/Schäfer* Rn. 109.
[359] MüKoAktG/*Hüffer/Schäfer* Rn. 105; Großkomm AktG/*K. Schmidt* Rn. 58; Kölner Komm AktG/*Noack/Zetzsche* Rn. 555 ff.; aA OLG Stuttgart AG 1994, 411 ff.; *Martens* AG 1974, 9 (13).
[360] BGH NZG 2012, 1030 Rn. 17; Großkomm AktG/*K. Schmidt* Rn. 58; Kölner Komm AktG/*Noack/Zetzsche* Rn. 5568; aA *Martens* AG 1974, 9 (13); *M. Arnold/Gärtner* FS Stilz, 2014, 7 (9).
[361] *Martens* AG 1974, 9 (13); *M. Arnold/Gärtner* FS Stilz, 2014, 7 (9).
[362] Großkomm AktG/*K. Schmidt* Rn. 58; Kölner Komm AktG/*Noack/Zetzsche* Rn. 556.

§ 327 f. Abs. 1 S. 1 ausdrücklich klar. Der mit dem Ausschluss der Minderheitsaktionäre verbundene Sondervorteil des 95 %-igen Hauptaktionärs ist der gesetzlichen Zulassung des Ausschlusses immanent. Er bedarf keiner sachlichen Rechtfertigung.[363] Die Anfechtungsmöglichkeit gem. § 243 Abs. 1, insbesondere wegen Verfahrensmängeln, besteht jedoch auch hier. Diese kann, wie aus § 327f Abs. 1 S. 3 folgt, auch darauf gestützt werden, dass der Hauptaktionär eine Barabfindung gar nicht oder nicht ordnungsgemäß iSv §§ 327b und 327c angeboten hat. Ausgeschlossen wird die Anfechtbarkeit nur hinsichtlich der Höhe der Barabfindung gem. § 327f S. 1 und 2, nur insoweit werden die Minderheitsaktionäre ins Spruchverfahren verwiesen.

e) Eingliederung. Entsprechendes gilt bei Eingliederungen durch Mehrheitsbeschluss gem. §§ 320 ff., wenn der Hauptaktionärs 95 % der Anteile hält. Hier ist, gleichlautend wie in § 327 f. Abs. 1 S. 2, die Anfechtbarkeit gem. § 243 Abs. 2 durch § 320b Abs. 2 S. 1 ausgeschlossen und für die Überprüfung der Angemessenheit ausschließlich das Spruchverfahren eröffnet. 222

f) Umwandlung. Auch das Umwandlungsgesetz bietet Sonderregelungen und verweist zur Kontrolle der Angemessenheit auf das Spruchverfahren. Diese gehen § 243 Abs. 2 vor und schließen die Anfechtbarkeit wegen Unangemessenheit des Ausgleichs oder der Abfindung aus, § 14 Abs. 2, §§ 15, 29, 30, 34 (Verschmelzung), §§ 123 ff., 125 iVm §§ 14 Abs. 2, 15 (Spaltung), § 176 Abs. 2 S. 4 (Vermögensübertragungen) und § 195 Abs. 2, §§ 196, 210, 212 (Formwechsel). 223

3. Die Ausgleichsregelung als Teil der Beschlussfassung. a) Voraussetzungen. Den gem. § 243 Abs. 2 S. 2 zu leistenden Ausgleich muss „der Beschluss gewähren", er muss also in diesem bestimmt sein. Als **Schuldner** kommen nur der durch den Sondervorteil begünstigte Aktionär oder Dritte in Betracht, nicht hingegen die Gesellschaft selbst.[364] Die Gewährung einer Vorzugsdividende durch die Gesellschaft kommt grundsätzlich daher nicht in Frage.[365] Vorstand und Aufsichtsrat haben die Beschlussfassung vorzubereiten und im Rahmen dessen die entsprechenden Vereinbarungen mit dem den Ausgleich schuldenden Begünstigten im Rahmen eines Vertrages zu Gunsten Dritter iSv § 328 BGB zu treffen, der in der Regel unter die Bedingung des Zustandekommens des Hauptversammlungsbeschlusses gestellt sein wird. 224

Auch die **Erfüllung der Ausgleichsverpflichtung** muss gesichert sein,[366] nur eine solche, bei dem diese gewährleistet ist, kann als angemessen anerkannt werden. Soweit insoweit nach der kaufmännischen Vorsicht Zweifel bestehen, ist dem Rechnung zu tragen. Dies kann etwa durch die Stellung von Sicherheiten oder dadurch, dass der Sondervorteil nur Zug-um-Zug gegen die Ausgleichsleistung eingeräumt wird, geschehen. Die Sicherheit kann durch entsprechende Vereinbarung mit dem Ausgleichsschuldner erfolgen oder aber auch die Wirksamkeit der Beschlussfassung selbst von der Erfüllung abhängig gemacht, also unter eine Bedingung gestellt werden.[367] 225

b) Rechtliche Ausgestaltung. Regelmäßig ist die Ausgleichsvereinbarung mit dem Schuldner bereits bei Beschlussfassung **rechtsverbindlich** getroffen worden.[368] Theoretisch kann sie jedoch auch erst nach der Beschlussfassung verbindlich getroffen und die Wirksamkeit des Beschlusses über die Rechtskonstruktion einer Bedingung zugunsten Dritter gem. §§ 158, 328 BGB vom nachträglichen Zustandekommen der Vereinbarung abhängig gemacht werden.[369] Bis dahin ist der Beschluss dann – schwebend – unwirksam (→ § 241 Rn. 47 ff.). Auch dann muss die Ausgleichsverpflichtung jedoch im Beschluss schon genau fixiert sein, bei Bezifferbarkeit beziffert.[370] Wirksam wird dieser dann nur, wenn die in den Beschluss aufgenommene Ausgleichsverpflichtung vom Schuldner auch rechtlich verbindlich angenommen wird und zwar ohne jede Änderung. 226

Der gesetzlichen Verpflichtung zur Regelung der Ausgleichsverpflichtung im Beschluss kann auch durch **Bezugnahme** auf eine Anlage zum Beschlussantrag genügt werden, insbesondere durch Bezugnahme auf die mit dem Verpflichteten getroffene Ausgleichsregelung, die auf diesem Wege zum Teil des Beschlussgegenstands wird. Dabei sind die Anforderungen an die Bekanntmachung im Rahmen der Mitteilung der Tagesordnung gem. § 124 Abs. 3 auch insoweit zu beachten. 227

---

[363] Hüffer/Koch/*Koch* § 327a Rn. 14.
[364] MüKoAktG/*Hüffer/Schäfer* Rn. 98; Kölner Komm AktG/*Noack/Zetzsche* Rn. 482; Großkomm AktG/ *K. Schmidt* Rn. 61.
[365] AA *Geßler* FS Barz, 1974, 97 (100), K. Schmidt/Lutter/*Schwab* Rn. 24; in Ausnahmefällen auch Kölner Komm AktG/*Noack/Zetzsche* Rn. 482.
[366] Großkomm AktG/*K. Schmidt* Rn. 60; aA Kölner Komm AktG/*Noack/Zetzsche* Rn. 477.
[367] Kölner Komm AktG/*Noack/Zetzsche* Rn. 477; Großkomm AktG/*K. Schmidt* Rn. 61.
[368] BGH NZG 2012, 1030 Rn. 17 ff.
[369] Großkomm AktG/*K. Schmidt* Rn. 61; MHdB AG/*Semler* § 41 Rn. 36.
[370] BGH NZG 2012, 1030 Rn. 23; K. Schmidt/Lutter/*Schwab* Rn. 24.

228 **4. Der Ausgleich bei Schädigung der Gesellschaft.** Keine Antwort gibt das Gesetz auf die Frage des Ausgleichs dann, wenn nicht die anderen Aktionäre, sondern die Gesellschaft geschädigt wird. § 243 Abs. 2 S. 1 erklärt auch Beschlüsse, bei denen der Sondervorteil zum Nachteil der Gesellschaft führt, für anfechtbar und eröffnet in § 243 Abs. 2 S. 2 die Möglichkeit des Ausschlusses der Anfechtbarkeit durch Ausgleichsleistungen für alle, also auch für diese Fälle. § 243 Abs. 2 S. 2 spricht jedoch nur von einem Ausgleich gegenüber den – geschädigten – anderen Aktionären, nicht jedoch von einem Ausgleich gegenüber der Gesellschaft, wenn diese durch den Sondervorteil geschädigt wird. Ein Ausgleich gegenüber den Aktionären erscheint indes kaum geeignet, Nachteile der Gesellschaft zu kompensieren. Die Lösung dieser Problematik ist streitig. Die Rechtsprechung hatte sich, soweit ersichtlich, mit dieser Frage noch nicht auseinanderzusetzen.

229 Teilweise wird angenommen, nach dem Zusammenspiel von S. 1 und S. 2 könne auch die Anfechtbarkeit von gesellschaftsschädigenden Sondervorteilen durch Gewährung eines angemessenen Ausgleichs überwunden werden. Der Ausgleich müsse dann der Gesellschaft zugutekommen und dem dieser entstandenen Nachteil, der zB auch in der Beeinträchtigung des Gläubigerschutzes liegen könne, in angemessener Weisen Rechnung tragen.[371]

230 Dieses Verständnis entspricht der gesetzlichen Regelung, hat im Rahmen einer teleologischen Auslegung Sinn und trägt auch dem vom Gesetzgeber – zB in § 241 Nr. 3 – hoch bewerteten Gläubigerschutz Rechnung. Der Gegenmeinung, die die Anfechtbarkeit bei Nachteilen der Gesellschaft durch eine Ausgleichsleistung allein gegenüber den Aktionären für ausschließbar hält,[372] ist daher nicht zu folgen. Das ebenfalls denkbare Verständnis, Abs. 2 S. 2 wolle durch die Beschränkung auf Ausgleichsleistungen gegenüber den Aktionären den Ausschluss der Anfechtbarkeit überhaupt nur ermöglichen, wenn die Aktionäre geschädigt werden, nicht aber dann, wenn der Gesellschaft benachteiligt wird, wird, soweit ersichtlich, nicht vertreten. Es wäre auch mit der aufgezeigten teleologischen Auslegung nicht zu vereinbaren.

231 **5. Angemessenheit des Ausgleichs.** Art und Weise sowie Höhe des angemessenen Ausgleichs sind abhängig von Inhalt und wirtschaftlichem Wert des Sondervorteils, da dieser zu kompensieren ist. Da die Bandbreite der denkbaren Sondervorteile groß ist (→ Rn. 198 ff.), ist eine allgemeingültige Bestimmung nicht möglich, sondern die Angemessenheit jeweils nur individuell zu beurteilen. Maßstab für den Ausgleich ist dabei nicht der Sondervorteil, sondern der Schaden der Gesellschaft bzw. der der Aktionäre.[373] Dieser ist nach kaufmännischen Grundsätzen zu bewerten. Eine an § 249 BGB orientierte strenge Schadensberechnung ist jedoch nicht geboten.[374] Es besteht in Grenzen ein Spielraum, auch was die Art des Ausgleichs angeht. Maßstab muss die Wahrung der Vermögensinteressen unter Aufrechterhaltung der Mitgliedschaft und der Mitgliedschaftsrechte sein, wobei § 304 eine Orientierung bieten kann. Ein Abfindungsangebot gem. § 305 scheidet daher aus.[375] Zum Ausgleich des Schadens der Gesellschaft kommt auch die Heranziehung von § 311 in Betracht, des Weiteren können sich ggf. Lizenzüberlegungen anbieten. Ein schlichtes Abfindungsangebot reicht allerdings nicht.[376]

E. Anfechtungsausschluss nach § 243 Abs. 3

232 Diese Vorschrift schließt für drei mögliche Fälle von Fehlern bei der Beschlussfassung die Anfechtbarkeit gänzlich und abschließend aus:

I. § 243 Abs. 3 Nr. 1

233 Diese Vorschrift trägt der in § 118 Abs. 1 S. 2 und § 134 Abs. 3 S. 2 geschaffenen Möglichkeit, **online** an der Hauptversammlung teilzunehmen und Aktionärsrechte auf diesem Wege auszuüben, Rechnung und regelt die damit verbundenen technischen Risiken, sowohl bei Stimmabgaben als auch bei der Übermittlung der Vollmacht für einen Vertreter. Diese Risiken trägt der Aktionär, die **Anfechtbarkeit aufgrund technischer Störungen** wird ausgeschlossen. Eine Ausnahme besteht

---

[371] MüKoAktG/*Hüffer/Schäfer* Rn. 94; Großkomm AktG/*K. Schmidt* Rn. 60.
[372] *Geßler* FS Barz, 1974, 97 (99 f.); Kölner Komm AktG/*Noack/Zetzsche* Rn. 487; K. Schmidt/Lutter/*Schwab* Rn. 30.
[373] Großkomm AktG/*K. Schmidt* Rn. 60; MüKoAktG/*Hüffer/Schäfer* Rn. 96.
[374] Hüffer/Koch/*Koch* Rn. 38; Kölner Komm AktG/*Noack/Zetzsche* Rn. 468; MüKoAktG/*Hüffer/Schäfer* Rn. 96.
[375] Großkomm AktG/*K. Schmidt* Rn. 60; MüKoAktG/*Hüffer/Schäfer* Rn. 96; aA Kölner Komm AktG/*Noack/Zetzsche* Rn. 468.
[376] K. Schmidt/Lutter/*Schwab* Rn. 34.

nur dann, wenn grobe Fahrlässigkeit oder Vorsatz der Gesellschaft zu der Panne geführt haben. Auch dann besteht Anfechtbarkeit nur bei Auswirkungen auf das Ergebnis.[377] Die Beweislast für derartiges qualifiziertes Verschulden trägt der Anfechtende, wie der Gesetzgeber durch die Formulierung „es sei denn, ..." zum Ausdruck bringen wollte.[378] Diese Risikoverteilung erscheint kaum vertretbar, wenn in großem Stil oder gar alle Aktionäre auf diesem virtuellen Wege an der Hauptversammlung teilnehmen.[379] Dies ist theoretisch möglich, wenn auch als Basis eine Präsenz-Hauptversammlung stattzufinden hat. Eine technische Panne, die dazu führt, dass ein erheblicher Teil der interessierten Aktionäre de facto ausgeschlossen wird, kann für das Beschlussergebnis ausschlaggebend sein. Um dieses Problem zu vermeiden und die Attraktivität der elektronischen Teilnahme zu erhöhen, kann die Satzung, wie § 243 Abs. 3 Nr. 1 klarstellt, einen strengeren Verschuldensmaßstab bestimmen. Wegen der praktischen Probleme wird die Vorschrift teilweise kritisiert, da sie professionellen Klägern Blockadepotential verschaffe.[380]

Die **online** an der Hauptversammlung teilnehmenden Aktionäre gelten als **erschienen** und haben im Übrigen alle Rechte wie die übrigen Teilnehmer und sind wie diese anfechtungsberechtigt. Der gem. § 245 Nr. 1 zur Anfechtungsklage erforderliche Widerspruch kann ggf. online eingelegt werden, die Gesellschaft muss allerdings keine technischen Möglichkeiten zum Widerspruch bereitstellen.[381] Dies gilt allerdings nicht für Aktionäre, die nicht online teilnehmen, sondern nur von der Möglichkeit der elektronischen Kommunikation gem. § 118 Abs. 2 Gebrauch machen. Diese gelten nach § 118 Abs. 2 nicht als Teilnehmer der Versammlung.[382]

II. § 243 Abs. 3 Nr. 2

Die Vorschrift entspricht, soweit auf § 128 Bezug genommen wird, der bis 31.8.2009 geltenden Fassung von § 243 Abs. 3 Nr. 1. Sie schließt insoweit die Anfechtung wegen Verletzung der Pflicht zur Weitergabe von **Informationen durch Bankinstitute** und Aktionärsvereinigungen gem. §§ 128, 125 aus. Die Regelung beinhaltet eine – rein deklaratorisch zu verstehende – Selbstverständlichkeit, da die Pflichten gem. § 128 nicht die Gesellschaft treffen, diese auf die Weiterleitung keinen Einfluss hat und sie auch keine Verantwortung trifft. Die zur Weiterleitung verpflichteten Institutionen sind der Sphäre der Aktionäre zuzurechnen, sodass ihr Fehlverhalten nicht die Gesellschaft treffen kann.[383]

Durch das ARUG wurde zum 1.9.2009 die Vorschrift auf die Fälle des § 121 Abs. 4a und § 124a erweitert. Die Verpflichtung gem. § 121 Abs. 4a, die Einberufung der Hauptversammlung bei börsennotierten Aktiengesellschaften, bei denen die Einberufung nicht persönlich den Aktionären mitgeteilt wird, zum Zwecke der Veröffentlichung den Medien zuzuleiten, bleibt damit ebenso ohne beschlussmängelrechtliche Konsequenz wie die Verletzung der Pflicht des § 124a, die Einberufung im Internet bekannt zu machen. In beiden Fällen handelt es sich jedoch um Ordnungswidrigkeiten, § 405 Abs. 3a Nr. 1 und Nr. 2. Die Vorschrift soll entsprechend auf andere Unterbrechungen bei Offenlegungspflichten auf der Internetseite der Gesellschaft (zB § 126 Abs. 1 S. 3) angewandt werden können.[384]

III. § 243 Abs. 3 Nr. 3

Diese Vorschrift wurde als § 243 Abs. 3 Nr. 2 zum 1.1.2005 mit dem Bilanzrechtsreformgesetz (BGBl. 2004 I 3166) ins Gesetz aufgenommen und blieb inhaltlich – abgesehen von der durch die Einfügung der neuen Nr. 1 zum 1.9.2009 bedingten Neunummerierung von Abs. 3 – unverändert. Sie schließt die Anfechtung der Bestellung des Abschlussprüfers wegen Befangenheit gem. § 319 Abs. 2 bis 5 HGB, § 319a HGB aus und verweist für diese Fälle als Spezialvorschrift ausschließlich auf das in § 318 Abs. 3 HGB für diese Fälle vorgesehene gesonderte **Verfahren der Ersetzung des Abschlussprüfers** in dem dort geregelten eigenständigen Verfahren.[385] Bis zur Gesetzesreform bestand ein Nebeneinander von Ersetzungsverfahren und Anfechtungs- bzw. Nichtigkeitsverfah-

---

[377] Noack WM 2009, 2289.
[378] RegBegr. BT-Drs.16/11642, 40; Kölner Komm AktG/Noack/Zetzsche Rn. 587.
[379] Hüffer/Koch/Koch Rn. 44a; Arnold Konzern 2009, 88 (92).
[380] MüKoAktG/Hüffer/Schäfer Rn. 110; aA Arnold Konzern 2009, 88 (92), Kölner Komm AktG/Noack/Zetzsche Rn. 589.
[381] Kölner Komm AktG/Noack/Zetzsche Rn. 597; aA Kersting NZG 2010, 130 (134).
[382] RegBegr. BT-Drucks.16/11642, 27; Kölner Komm AktG/Noack/Zetzsche Rn. 599.
[383] Hüffer/Koch/Koch Rn. 44; MüKoAktG/Hüffer/Schäfer Rn. 111; Großkomm AktG/K. Schmidt Rn. 32.
[384] Kölner Komm AktG/Noack/Zetzsche Rn. 614.
[385] Krit. zu dieser Gesetzesänderung NK-AktR/Heidel Rn. 36a.

ren,³⁸⁶ das als nicht optimal empfunden wurde.³⁸⁷ Auch sollte der missbräuchlichen Geltendmachung von Befangenheitsgründen im Anfechtungsverfahren entgegengewirkt werden. Eine dennoch erhobene Anfechtungsklage ist nicht unbegründet, sondern bereits unzulässig, da § 243 Abs. 3 Nr. 3 bereits das Anfechtungsverfahren als solches ausschließt.³⁸⁸ Das gilt auch für eine Nichtigkeitsklage.³⁸⁹

238 Das **Ersetzungsverfahren** nach § 318 Abs. 3 HGB kann von einzelnen Aktionären betrieben werden, Voraussetzung für die betreibenden Aktionäre ist nach § 318 Abs. 3 HGB ein Kapitalanteil von mindestens 5 % oder ein Börsenwert von 500 000 EUR. Als „Ausgleich" für das Entfallen der Anfechtungsmöglichkeit wurde der dem Ersetzungsverfahren zugängliche Katalog der Befangenheitsgründe in §§ 319, 319a HGB gegenüber dem alten Recht erweitert und der Schwellenwert von 10 % auf 5 % herabgesetzt.³⁹⁰ Im Ergebnis wurde das Befangenheitsrecht daher nicht gelockert, sondern – auf anderer rechtlicher Grundlage – verschärft.³⁹¹

239 Ausgeschlossen wird durch § 243 Abs. 3 Nr. 3 lediglich die Anfechtung wegen Befangenheitsgründen, die dem Ersetzungsverfahren nach § 318 Abs. 3 HGB zugänglich sind. Die Anfechtung wegen anderweitigen Beschlussmängeln – etwa Einberufungs- und Bekanntmachungsmängeln – soll möglich bleiben.³⁹² Das ist jedenfalls für Informationsmängel hinsichtlich der Befangenheitsgründe kaum zutreffend. Im Übrigen hilft die Praxis mit einer Bestellung trotz anhängiger Anfechtungsklage entsprechend § 318 Abs. 4 HGB, bei der sogar der in der Hauptversammlung gewählte Prüfer bestellt werden kann.³⁹³ Damit wird freilich die Anfechtungsklage völlig entwertet: der Prüfer wird nicht neu von der Hauptversammlung gewählt, sondern vom Gericht bestimmt. Sieht man den Gesetzeszweck des Anfechtungsausschlusses in § 243 Abs. 3 Nr. 3 darin, dass auf jeden Fall das Fehlen eines Abschlussprüfers verhindert werden muss, liegt es nahe, die Anfechtungsklage insgesamt für die Wahl des Abschlussprüfers auszuschließen und auch für andere Beschlussmängel auf das Verfahren nach § 318 Abs. 2 ff. HGB zu verweisen.³⁹⁴ Dem dürften aber die enge Formulierung in § 318 Abs. 2 HGB und der dokumentierte Wille des Gesetzgebers entgegenstehen.

F. Beweislast

I. Grundlagen

240 **1. Ausgangssituation.** Wer die Beweislast im Anfechtungsprozess trägt, ist gesetzlich nicht ausdrücklich und generell geregelt. Angesichts der Vielgestaltigkeit der Problemfälle bedarf es einer differenzierenden Lösung. Ausgangspunkt der Beweislastverteilung ist entsprechend der Normentheorie der Grundsatz, dass jede Partei die ihr vorteilhaften Tatbestandsvoraussetzungen beweisen muss, aus denen sie die von ihr erstrebte Rechtsfolgen ableitet.³⁹⁵ Dies ist somit für die rechtsbegründenden Tatsachen der Kläger, für die rechtsvernichtenden Tatsachen der Beklagte. Im Anfechtungsprozess hat daher grundsätzlich der Anfechtungskläger den äußeren Beschlussmangel zu beweisen.³⁹⁶ Hat er diesen Beweis erbracht, ist es Sache der Gesellschaft, Sondertatbestände darzutun und zu beweisen, die dennoch die Beschlussfassung rechtfertigen. Hat der Kläger etwa bewiesen, dass mit der Beschlussfassung ein Sondervorteil iSd § 243 Abs. 2 S. 1 verbunden ist, so hat die Gesellschaft zu beweisen, dass den anderen Aktionäre ein angemessener Ausgleich iSv § 243 Abs. 2 S. 2 gewährt wird. Entsprechend verhält es sich bei Verstößen gegen den Gleichbehandlungsgrundsatz des § 53a. Ebenso stellt sich die Situation beim Bezugsrechtsausschluss dar, bei dem die Gesellschaft die Beweislast für die Zulässigkeit des Bezugsrechtsausschlusses als zu rechtfertigende Ausnahme von der Regel trifft.³⁹⁷

---

³⁸⁶ BGHZ 153, 32 = NJW 2003, 970.
³⁸⁷ Gesetzesbegründung S. 74 zu § 318 HGB und S. 119 f. zu § 243 Abs. 3 Nr. 2 AktG.
³⁸⁸ OLG München AG 2009, 44c; Hüffer/Koch/*Koch* Rn. 44c.
³⁸⁹ Hüffer/Koch/*Koch* Rn. 44c; Kölner Komm AktG/*Noack/Zetzsche* Rn. 625.
³⁹⁰ Vgl. dazu *W. Müller* NZG 2004, 1037.
³⁹¹ MüKoAktG/*Hüffer/Schäfer* Rn. 112.
³⁹² BT-Drs. 15/3419, 55; kritisch NK-AktR/*Heidel* Rn. 36d; *Schockenhoff/Culmann* AG 2016, 23.
³⁹³ OLG Karlsruhe NZG 2016, 64; Hüffer/Koch/*Koch* Rn. 44c; *Schockenhoff/Culmann* AG 2016, 23.
³⁹⁴ Kölner Komm AktG/*Noack/Zetzsche* Rn. 634.
³⁹⁵ *Hüffer* FS Fleck, 1988, 151 ff.; *Bacher* GmbHR 2002, 712 (714); Zöller/*Greger* ZPO Vor § 284 Rn. 15 ff.; s. auch OLG München AG 2003, 452 f.
³⁹⁶ BGHZ 167, 204 (212).
³⁹⁷ *Lutter* ZHR 153 (1989), 446 (470); *Hüffer* FS Fleck, 1988, 151, 164 (166); MüKoAktG/*Hüffer/Schäfer* Rn. 144, 150; Großkomm AktG/*K. Schmidt* § 246 Rn. 82; aA BGHZ 71, 40 (48 f.) = NJW 1978, 1316 (1318 f.), der die Beweislast voll dem Kläger auferlegt, der Gesellschaft jedoch eine Darlegungslast für die den Ausschluss rechtfertigenden Tatsachen. Im Ergebnis dürfte dies kaum je zu unterschiedlichen Ergebnissen führen.

2. Beweiserleichterungen. Darüber hinaus ist der Tatsache Rechnung zu tragen, dass es im Anfechtungsprozess vielfach um Sachfragen geht, die sich in der Sphäre der Gesellschaft abspielen, in die etwa der klagende Aktionär trotz Wahrnehmung seiner Informationsmöglichkeiten keinen unmittelbaren Einblick hat. Diese größere Sachnähe führt nach allgemeinen zivilprozessualen Grundsätzen, die auch für den Anfechtungsprozess nutzbar zu machen sind, zu einer gesteigerten Erklärungslast des Prozessgegners im Rahmen der gem. § 138 Abs. 2 ZPO bestehen Mitwirkungspflicht im Sinne einer sekundären Darlegungslast.[398] Die Gegenpartei muss dem beweisbelasteten Prozessgegner die in ihren Wahrnehmungsbereich fallenden, für eine ordnungsgemäße Prozessführung erforderlichen Tatsachen zugänglich machen und sie in den Rechtsstreit einführen. Kommt der Gegner dem nicht nach, ist der Vortrag des primär Darlegungspflichtigen gem. § 138 Abs. 3 ZPO als zugestanden zu erachten. Voraussetzung ist allerdings, dass vom Kläger ernsthafte Anhaltspunkte für den behaupteten Verstoß aufgezeigt werden, etwa in Anlehnung an die entsprechenden Pflichten bei den materiell-rechtlichen Rechenschafts- und Auskunftspflichten der § 259 Abs. 2 BGB, § 260 Abs. 2 BGB.[399]

3. Kausalität/Relevanz. Wird der Auffassung gefolgt, dass für die Anfechtbarkeit mit Ausnahme von Abstimmungsfehlern nicht auf die Kausalität des Verstoßes, sondern auf die Relevanzfrage abzustellen ist (→ Rn. 69 ff.), so stellt sich die Frage der Beweislast für die Erheblichkeit des Verstoßes nicht, da die Relevanzfrage sich nicht im tatsächlichen, sondern im rechtlichen abspielt. Nach der früheren – Auffassung der Rechtsprechung, die auf potenzielle Kausalität abgestellt hat, war von einer Kausalitätsvermutung zu Gunsten des Klägers auszugehen, die die Gesellschaft zu widerlegen hat.[400]

II. Einzelfälle

1. Anfechtungsbefugnis. Der Kläger hat seine Anfechtungsbefugnis gem. § 245 in vollem Umfang zu beweisen, also die Aktionärseigenschaft und die Widerspruchseinlegung bzw. die Befreiung von der Widerspruchspflicht nach § 245 Nr. 2 und Nr. 3, ebenso die Wahrung der Klagefrist des § 246.[401] Letztere ist von Amts wegen zu beachten, einer Einrede bedarf es nicht, sodass auch keine Beweispflicht für die Nichteinhaltung besteht.

2. Verfahrensfehler. Für Verfahrensfehler bei der Vorbereitung, Einberufung und Durchführung der Hauptversammlung trägt entsprechend den allgemeinen Regeln und auf Grund der gesetzgeberischen Vermutung für die Beschlussgültigkeit grundsätzlich der **Anfechtungskläger** die Beweislast.[402] Sie wird jedoch durch die der Gesellschaft obliegende sekundäre Darlegungslast erleichtert, soweit der behauptete Verstoß der Sphäre der Gesellschaft zuzuordnen ist. Dies gilt auch dann, wenn die Anfechtung auf ungenügende oder unzutreffende Informationen gestützt wird. Bei Verletzung individueller Aktionärsrechte, zB bei der Beschneidung des Rederechts oder einem ungerechtfertigten Ausschluss, verbleibt es bei der Grundregel der Beweislast des Anfechtungsklägers. Die Relevanz des Fehlers für das Beschlussergebnis ist keine Frage der Beweislast, sondern eine Rechtsfrage.

Die Beweislast für Fehler bei der Ermittlung des **Abstimmungsergebnisses** trägt der Anfechtungskläger. Allerdings hat die Gesellschaft nach den aufgezeigten Grundsätzen bei ausreichenden Anhaltspunkten für Fehler sämtliche Abstimmungsunterlagen, insbesondere Protokolle, Teilnehmerverzeichnis und Unterlagen über den Wahlgang einschließlich Stimmkarten vorzulegen. Kommt die Gesellschaft dem nicht nach, so gilt der Fehler nach § 138 Abs. 3 ZPO als zugestanden. Die Beweislast dafür, dass der Fehler keinen Einfluss auf das Ergebnis gehabt hat, trägt die Gesellschaft.[403]

3. Verletzung der Auskunftspflicht. Bei dem Vorwurf der Verletzung der Auskunftspflicht gem. § 131 trägt der klagende **Aktionär** die Beweislast dafür, dass er ein Auskunftsverlangen gestellt hat, dafür, dass die verlangte Auskunft zur sachgemäßen Beurteilung des Beschlussgegenstands erforderlich war und für eine Auskunftsverweigerung.[404] Die **Gesellschaft** trägt hingegen die Beweislast

---

[398] BGHZ 167, 204 (212); BGHZ 103, 184 (196 f.) = NJW 1988, 1579; BGH NJW 1990, 3151 f.; OLG Stuttgart AG 2009, 124 ff.; *Bacher* GmbHR 2002, 712 (714); MüKoAktG/*Hüffer/Schäfer* Rn. 148; Großkomm AktG/*K. Schmidt* Rn. 81.
[399] *Hüffer* FS Fleck, 1988, 151 (160 f.) zu Informationspflichtverletzungen.
[400] S. dazu auch NK-AktR/*Heidel* Rn. 10 und NK-AktG/*Heidel* § 246 Rn. 38 ff.
[401] *Hüffer* FS Fleck, 1988, 151 (156).
[402] MüKoAktG/*Hüffer/Schäfer* Rn. 146.
[403] S. auch OLG Hamm NZG 2003, 924; MüKoAktG/*Hüffer/Schäfer* Rn. 147; Kölner Komm AktG/*Noack/Zetzsche* Rn. 77.
[404] BGH ZIP 2009, 2203.

für die Berechtigung der Auskunftsverweigerung gem. § 131 Abs. 3.[405] Die Erforderlichkeit der Auskunft iSv § 131 hat der Aktionär darzulegen.[406] Ist streitig, ob die erteilte Auskunft ausreichend war, gilt entsprechendes wie bei Verletzungen der Informationspflicht. Auf die **Kausalität** kommt es hier nach § 243 Abs. 4 S. 1 nicht an.

247 **4. Inhaltsmängel.** Falls es sich bei einem Streit über Inhaltsmängel nicht nur, wie oft, um reine Rechtsfragen handelt, hat der Kläger die tatsächlichen Voraussetzungen, etwa für einen Sachverhalt, in dem er eine Treuepflichtverletzung oder einen Verstoß gegen den Gleichbehandlungsgrundsatz sieht, zu beweisen, die Gesellschaft trifft die sekundäre Darlegungslast und die Beweislast für den Sachverhalt, mit dem sie den Verstoß rechtfertigt.[407]

248 Wegen der Beweisprobleme im Bereich der materiellen Beschlusskontrolle wird auf → Rn. 165 ff., 171 ff. verwiesen.

G. Einstweiliger Rechtsschutz

249 Ein Interesse für eine vorläufige Regelung im Wege der einstweiligen Verfügung kann gem. §§ 935 ff. ZPO zum einen **im Vorfeld einer Beschlussfassung zu deren Verhinderung** bestehen.[408] Da durch die Beschlussfassung als solche in der Regel jedoch noch keine wesentlichen Nachteile erwachsen, sondern erst durch ihre Umsetzung, ist in der Regel ein Verfügungsgrund für ein Verfahren gegen die Beschlussfassung selbst zu verneinen.[409] Da der Grund, der zur Begründung der Verhinderung der Beschlussfassung vorgebracht wird, in der Regel auch zur Anfechtung des Beschlusses führt, ist den Interessen des Antragstellers im Normalfall gedient, wenn der Beschluss dann selbst angegriffen wird und Maßnahmen gegen seine Ausführung ergriffen werden. Ausnahmen sind in Sonderfällen in engen Grenzen denkbar, insbesondere bei eindeutiger Rechtslage und besonderer Schutzwürdigkeit des Antragstellers.[410] Insbesondere ist an den Fall der Einberufung der Hauptversammlung durch einen Nichtberechtigten zu denken.[411]

250 Das vielfach vorgebrachte Argument, dem Erlass einer einstweiligen Verfügung stehe schon entgegen, dass eine dem Verfügungsverfahren fremde endgültige gerichtliche Entscheidung getroffen werde,[412] überzeugt allerdings nur bedingt. Dieses Argument hat in der Praxis des Verfügungsverfahrens de facto kaum noch Bestand, fast jede einstweilige Verfügung schafft für den Regelungszeitraum, also bis zur Entscheidung in der Hauptsache, ohnehin endgültige Fakten.[413] Entscheidungskriterium für den Erlass einer einstweiligen Verfügung sollte daher vor allem eine **umfassende Gesamtabwägung** unter Berücksichtigung der für beide Seiten jeweils drohenden Nachteile unter Berücksichtigung der Erfolgsaussicht in der Hauptsache und des Gewichts des Verfügungsgrundes sein, so dass insbesondere bei eindeutiger Rechtslage und besonderer Schutzwürdigkeit des Antragstellers dem Antrag stattzugeben ist.[414]

251 Ein Verfügungsgrund für eine einstweilige Verfügung kommt vor diesem Hintergrund im Vorfeld der Beschlussfassung vor allem bei einem drohenden **Verstoß gegen eine schuldrechtliche Stimmrechtsbindung** auf Grund einer schuldrechtlichen Vereinbarung zwischen den Gesellschaftern in Betracht. Ein Verstoß führt hier – wie unter → Rn. 57 ff. dargelegt – nicht in jedem Fall zur Anfechtbarkeit des Beschlusses, sodass ein dringendes rechtliches Bedürfnis bestehen kann, schon die Beschlussfassung, die dann ggf. nicht mehr angreifbar ist, zu verhindern. Eine einstweilige Verfügung stellt freilich eine endgültige Einflussnahme auf die Willensentschließung dar, gegen die jedoch aus den genannten Gründen keine grundsätzlichen Bedenken bestehen.[415]

---

[405] *Hüffer* FS Fleck, 1988, 151 (160, 162).
[406] BGH ZIP 2009, 2203.
[407] Vgl. OLG Stuttgart AG 2016, 370 (374); *Hüffer* FS Fleck, 1988, 151 (163 ff.); Kölner Komm AktG/*Noack*/*Zetzsche* Rn. 242.
[408] Grundlegend zur einstweiligen Verfügung im Gesellschaftsrecht: *Littbarski*, Einstweiliger Rechtsschutz im Gesellschaftsrecht, 1996; *v. Gerkan* ZGR 1985, 167 ff.; *Damm* ZHR 154 (1990), 413 ff.; *Heinze* ZGR 1979, 293 ff.; *Buchta* DB 2008, 913 ff.
[409] OLG München NZG 2007, 152 ff. m. krit. Anm. von *Kort* NZG 2007, 169 ff.; OLG Stuttgart MDR 1997, 1137 f.; OLG Jena NZG 2002, 89 f.; *Damm* ZHR 154 (1990), 413 (437 f.); *v. Gerkan* ZGR 1995, 167 (172); *Littbarski*, Einstweiliger Rechtsschutz im Gesellschaftsrecht, 1996, S. 153 f.
[410] OLG Müchen NZG 1999, 407 m. zust. Anm. von *Michalski/Schulenburg* NZG 1999, 431; OLG Düsseldorf NZG 2005, 633.
[411] OLG Saarbrücken GmbHR 2006, 987 ff.
[412] MüKoAktG/*Hüffer/Schäfer* Rn. 153; Zöller/*Vollkommer* ZPO § 940 Rn. 8 Stichwort: Gesellschaftsrecht.
[413] *v. Gerkan* ZGR 1985, 167 (169 f.).
[414] OLG Stuttgart MDR 1997, 1137 f. und NJW 1987, 2449; *v. Gerkan* ZGR 1985, 167 (187); zur GmbH *Nietsch* GmbHR 2006, 393 ff.
[415] *v. Gerkan* ZGR 1985, 167 (179).

Der Verfügungsantrag ist dann jedoch nicht gegen die Gesellschaft, sondern, auf der vertraglichen 252
Grundlage der getroffenen Vereinbarung, gegen den Partner der schuldrechtlichen Vereinbarung
und auf ein bestimmtes Abstimmungsverhalten zu richten.

Gegen die beabsichtigte Ausführung von gefassten Beschlüssen, zB durch Anmeldung zum 253
Handelsregister,[416] kommt Rechtsschutz durch eine Unterlassungsverfügung in Betracht, wenn die
Voraussetzungen der §§ 935 ff. ZPO – Glaubhaftmachung von Verfügungsgrund und Verfügungsantrag – vorliegen, also insbesondere, wenn bei Ausführung des Beschlusses nicht wieder gut zu
machende Nachteile erwachsen.[417]

Bei eintragungspflichtigen Beschlüssen, bei denen eine Registersperre besteht (→ § 241 254
Rn. 28 ff.), ist diese Gefahr nicht gegeben, da hier schon der Klage gewissermaßen Suspensiveffekt
zukommt und die Eintragung nicht erfolgen darf. Hier muss ggf. die Gesellschaft aktiv werden, um
in dem, dem einstweiligen Verfügungsverfahren ähnlichen, Freigabeverfahren die Registersperre zu
überwinden.

Eine einstweilige Verfügung kommt theoretisch auch zur **Ausführung eines abgelehnten** 255
Beschlusses, der im Hauptsacheverfahren mit der kombinierten Anfechtungs- und positiven
Beschlussfeststellungsklage angegriffen wird, in Betracht. In der Praxis werden im Rahmen der zu
treffenden Gesamtabwägung die Voraussetzungen für eine Verfügung, insbesondere der Verfügungsgrund, indes kaum glaubhaft zu machen sein, insbesondere der für den Antragsteller drohende
wesentliche Nachteil für den Fall, dass der Beschluss nicht umgehend umgesetzt wird, zumal dieser
abzuwägen ist mit den ggf. drohenden Nachteilen der Gesellschaft bei Beschlussdurchführung.

§ 244 Bestätigung anfechtbarer Hauptversammlungsbeschlüsse

¹**Die Anfechtung kann nicht mehr geltend gemacht werden, wenn die Hauptversammlung den anfechtbaren Beschluß durch einen neuen Beschluß bestätigt hat und dieser Beschluß innerhalb der Anfechtungsfrist nicht angefochten oder die Anfechtung rechtskräftig zurückgewiesen worden ist.** ²**Hat der Kläger ein rechtliches Interesse, daß der anfechtbare Beschluß für die Zeit bis zum Bestätigungsbeschluß für nichtig erklärt wird, so kann er die Anfechtung weiterhin mit dem Ziel geltend machen, den anfechtbaren Beschluß für diese Zeit für nichtig zu erklären.**

Schrifttum: *Ballerstedt,* Die Bestätigung anfechtbarer Beschlüsse körperschaftlicher Organe, ZHR 124 (1962), 233; *Bozenhardt,* Der Bestätigungsbeschluss nach § 244 AktG – Mittel zur Heilung unrichtig festgestellter Hauptversammlungsbeschlüsse und zur Überwindung der Registersperre bei Anfechtungsklagen, FS Mailänder, 2006, 301; *Butzke,* Die Heilungswirkung des Bestätigungsbeschlusses und ihre Grenzen, FS Stilz, 2014, 83; *von Caemmerer,* Die Bestätigung anfechtbarer Hauptversammlungsbeschlüsse, FS Hueck, 1959, 281 = Gesammelte Schriften Bd. II, 72; *Drescher,* Fehlen und Wegfall des Rechtsschutzinteresses für eine Beschlussmängelklage, FS Stilz, 2014, 125 ff.; *Grobecker/Kuhlmann,* Der Bestätigungsbeschluss nach § 244 AktG in der Praxis, NZG 2007, 1; *Habersack/Schürnbrand,* Die Bestätigung fehlerhafter Beschlüsse, FS Hadding, 2004, 891; *Alfred Hueck,* Mangelhafte Gesellschafterbeschlüsse bei der GmbH, FS Molitor, 1962, 415; *Hüffer,* Die Bestätigung fehlerhafter Beschlüsse der Hauptversammlung, ZGR 2012, 730; *Kiethe,* Der Bestätigungsbeschlusses nach § 244 AktG – Allheilmittel oder notwendiges Korrektiv, NZG 1999, 1086; *Kocher,* Der Bestätigungsbeschluss nach § 244 AktG, NZG 2006, 1; *Mimberg,* Das Zusammentreffen von Beschlussmängelbestätigung und positiver Beschlussfeststellungsklage, FS Hüffer, 2009, 663; *Rieckers,* Einfluss angefochtener Bestätigungsbeschlüsse auf anhängige und abgeschlossene Unbedenklichkeitsverfahren, BB 2005, 1348; *Schilha/Wolf,* Bestätigung von Gewinnverwendungsbeschluss und Aufsichtsratswahl durch die Hauptversammlung, NZG 2014, 337; *K. Schmidt,* Zum Streitgegenstand von Anfechtungs- und Nichtigkeitsklagen im Gesellschaftsrecht, JZ 1977, 769; *Segna,* Irrungen und Wirrungen mit den §§ 21 ff. WpHG und § 244 AktG, AG 2008, 311; *Wasmann,* Bestätigungsbeschluss, FG Riegger, 2008, 47; *Zöllner,* Die Bestätigung anfechtbarer Hauptversammlungsbeschlüsse, ZZP 81 (1968), 135; *Zöllner,* Bestätigung anfechtbarer Hauptversammlungsbeschlüsse während des Revisionsverfahrens, FS Beusch, 1993, 973; *Zöllner,* Die Bestätigung von Hauptversammlungsbeschlüssen – ein problematisches Rechtsinstitut, AG 2004, 397.

Übersicht

	Rn.		Rn.
I. Grundlagen	1–14	4. Beschlusskorrekturen außerhalb § 244	11, 12
1. Normzweck/Regelungsgegenstand	1–3	5. Gesetzeskritik	13, 14
2. Rechtswirkungen	4–9	**II. Die Voraussetzungen im Einzelnen**	15–32
3. Anfechtung des Erstbeschlusses	10	1. Inhalt des Bestätigungsbeschlusses	15–18

---

[416] BVerfG WM 2004, 2354.
[417] OLG München NZG 2007, 152 ff.; *Damm* ZHR 154 (1990), 413 (437); MüKoAktG/*Hüffer/Schäfer* Rn. 154; Großkomm AktG/*K. Schmidt* Rn. 72.

	Rn.		Rn.
2. Anforderungen an die Beschlussfassung	19–21	3. Auswirkungen von Entscheidungen auf das Parallelverfahren	47–54
3. Mangelfreiheit des Bestätigungsbeschlusses	22, 23	a) Entscheidung im Verfahren über den Bestätigungsbeschluss	48–50
4. Heilbarkeit der Mängel des Ausgangsbeschlusses	24–26	b) Entscheidung im Verfahren gegen den Erstbeschluss	51, 52
5. Maßgebender Beurteilungszeitpunkt	27	c) In der Revision	53
6. Bestandskraft und Anfechtung des Bestätigungsbeschlusses	28–32	d) Freigabe	54
		4. Streitwert	55
III. Prozessuale Probleme	33–55	**IV. Feststellung der Nichtigerklärung für die Vergangenheit, § 244 S. 2**	56–61
1. Unterbliebene Anfechtung oder Bestandskraft des Bestätigungsbeschlusses	33–38	1. Normzweck/Regelungsgegenstand	56–58
2. Probleme der Doppelanfechtung	39–46	2. Rechtliches Interesse	59–61
a) Einheitliches Verfahren	40–42	**V. Sonderfall: Ausscheiden des Anfechtungsklägers aus der Gesellschaft**	62–65
b) Aussetzung	43–46		

I. Grundlagen

1 1. Normzweck/Regelungsgegenstand. § 244 trägt dem berechtigten Bedürfnis aller Beteiligten Rechnung, in Fällen, in denen die Anfechtbarkeit eines verabschiedeten Beschlusses wegen Verfahrensmängeln umstritten ist, im Interesse der Rechtssicherheit möglichst schnell und unkompliziert durch einen bestätigenden Beschluss Klarheit zu schaffen und etwaige **Mängel zu heilen.** Die sich ohne die in § 244 ermöglichte Sonderregelung anbietende Möglichkeit der Wiederholung der Beschlussfassung führt insbesondere bei Beschlüssen über Kapitalmaßnahmen zu Problemen, vor allem, wenn die Kapitalerhöhung oder Kapitalherabsetzung bereits im Handelsregister eingetragen wurde und deshalb die Gefahr doppelter Kapitalmaßnahmen besteht.[1] Auch soll den Aktionären nicht angesonnen werden, entweder einen mit Fehlern behafteten Beschluss hinnehmen oder einen kostenaufwändigen und mit Zeitverlusten verbundenen Prozess anstrengen zu müssen.[2]

2 Dem bestandskräftigen Bestätigungsbeschluss kommt nach dem Wortlaut des Gesetzes die Wirkung zu, dass die Anfechtung des Erstbeschlusses nicht mehr geltend gemacht werden kann. Die Heilungsmöglichkeit besteht **nur bei anfechtbaren Beschlüssen,** wie der Wortlaut der Vorschrift unmissverständlich klarstellt. Die Absolutheit der **Nichtigkeit** schließt eine Anwendung auf die Fälle der Nichtigkeit iSd § 241 aus.[3] Bei Nichtigkeitsmängeln bleibt nur die Neuvornahme oder die Heilungsmöglichkeit des § 242. Dies gilt auch dann, wenn die Nichtigkeit eines anfechtbaren Beschlusses gem. § 241 Nr. 5 oder Nr. 6 rechtskräftig festgestellt ist. Ein Bestätigungsbeschluss geht dann ins Leere, es bleibt auch hier nur die Möglichkeit der Neuvornahme.[4]

3 Die Bestätigungsmöglichkeit des § 244 wurde erstmals mit dem Aktiengesetz 1965 eingeführt. Entsprechende Regelungen waren den Vorgängergesetzen fremd, so dass nur der Weg der Neuvornahme blieb. Die Regelung geht auf Forderungen aus der Wissenschaft zurück.[5] Rechtsdogmatisch ist die Regelung an den §§ 144, 141 BGB orientiert.[6] Sie bietet die Möglichkeit der Bestätigung anfechtbarer Rechtsgeschäfte wie in § 144 BGB, während nichtige Beschlüsse nicht bestätigt, sondern, wie gem. § 141 BGB, nur neu vorgenommen werden können. Bedingt durch den Charakter des Hauptversammlungsbeschlusses als Entschließung eines auf Mehrheitsbasis agierenden Organs ist jedoch nicht wie bei § 144 BGB eine Bestätigung des Anfechtungsberechtigten erforderlich, sondern eine neue, den Mangel behebende Beschlussfassung der Hauptversammlung,[7] die die Anfechtbarkeit

---

[1] Vor allem diese Fälle haben den Gesetzgeber zur Einführung der Vorschrift bewogen RegBegr. *Kropff* S. 331; Großkomm AktG/*K. Schmidt* Rn. 1; MüKoAktG/*Hüffer/Schäfer* Rn. 2. Zu weiteren Beispielen *Ballerstedt* ZHR 124 (1962) 233 (238 ff.): satzungsändernder Beschlüsse, Wahlen. Zur Zulässigkeit der Bestätigung der Bestellung eines Aufsichtsrats OLG Stuttgart NZG 2004, 822 f. = ZIP 2004, 1456.

[2] BGH NJW 2004, 1165 = NZG 2004, 235 f.

[3] BGHZ 189, 32 = NZG 2011, 669 Rn. 27; BGH AG 2006, 158 f.; BGHZ 160, 253 = NJW 2004, 3561; MüKoAktG/*Hüffer/Schäfer* Rn. 6; Großkomm AktG/*K. Schmidt* Rn. 5, 28; Kölner Komm AktG/*Noack/Zetzsche* Rn. 20.

[4] *Grobecker/Kuhlmann* NZG 2007, 1 ff. (6 ff.); K. Schmidt/Lutter/*Schwab* Rn. 2.

[5] Vor allem *von Caemmerer* FS Hueck, 1959, 281 ff. = Gesammelte Schriften B.II, 1968, 72 ff. Das Korrektiv des § 244 S. 2 geht auf *A. Hueck* FS Molitor, 1962, 415, zurück.

[6] RegBegr. *Kropff* S. 331; *Habersack/Schürnbrand* FS Hadding, 2004, 391 (396) zum Verhältnis zu §§ 141, 144 BGB.

[7] *K. Schmidt* JZ 1977, 774; Großkomm AktG/*K. Schmidt* Rn. 3.

des Erstbeschlusses beseitigt.[8] Auch heilt § 244, anders als § 144 BGB, nur mit Wirkung ex nunc (→ Rn. 5 ff.).

2. Rechtswirkungen. § 244 bietet die Möglichkeit, einen – möglicherweise – anfechtbaren 4
Hauptversammlungsbeschluss durch einen inhaltlich identischen, in einer Folgeversammlung gefassten Bestätigungsbeschluss **materiell-rechtlich** zu heilen.[9] Mit Bestandskraft des Bestätigungsbeschlusses **entfällt** die – tatsächliche oder behauptete – **Anfechtbarkeit des Erstbeschlusses.** Eine diesbezüglich bereits laufende Anfechtungsklage wird unbegründet und einer etwa mit ihr verbundenen positiven Beschlussfeststellungsklage der Boden entzogen.[10] Sie muss ggf. zur Vermeidung von Kostennachteilen vom Kläger für erledigt erklärt werden.[11] Die früher – vor allem vor Einführung von § 244 für wiederholende Beschlussfassungen – vertretene Auffassung, der Bestätigung komme nur prozessuale Wirkung mit der Folge des Entfallens des Rechtsschutzbedürfnisses zu,[12] ist überholt und mit dem Wortlaut des Gesetzes nicht vereinbar: Die Rechtfertigung dafür, dass ein möglicherweise anfechtbarer Beschluss unanfechtbar wird, kann nur in den vom Bestätigungsbeschluss ausgehenden Wirkungen auf den Erstbeschluss liegen. Nur die dadurch bewirkte materiell-rechtliche Ausräumung des Mangels kann das Entfallen des Anfechtungsrechts begründen.[13]

Die tiefere **Legitimation** dafür, dass dem gegen den Erstbeschluss klagenden Aktionär durch den 5
Bestätigungsbeschluss sein **Anfechtungsrecht entzogen** wird, liegt in der jederzeit gegebenen Möglichkeit der Hauptversammlung zu einer neuen Beschlussfassung. Die Rechte des Anfechtungsklägers, dem seine Klage aus der Hand geschlagen wird, werden dabei zum einen dadurch gewahrt, dass die Bestätigung nur **ex nunc** wirkt, zum anderen, bei berechtigtem Interesse, dadurch, dass er gem. § 244 S. 2 die Nichtigkeit für die Zeit bis zum Bestätigungsbeschluss feststellen lassen kann.

Dass der Bestätigung keine ex tunc-Wirkung zukommt, sondern nur eine materielle Heilungswir- 6
kung für die Zukunft, entspricht heute der allgemeinen Meinung.[14] Dies folgt zwingend aus dem Zusammenspiel von Satz 1 und Satz 2 der Vorschrift. Die in Satz 2 vorgesehene Möglichkeit der Nichtigerklärung bis zum Bestätigungsbeschluss setzt zwingend voraus, dass die Heilungswirkung nicht auf den Zeitpunkt der Fassung des Erstbeschlusses zurückwirkt.[15] Auch kann es nicht in der Macht der Hauptversammlung stehen, eindeutige Verfahrensfehler mit Rückwirkung zu negieren und dadurch rückwirkend das Individualrecht der Anfechtung dem berechtigt klagenden Aktionär zu entziehen. Dies kann erst vom Zeitpunkt der Fehlerkorrektur an möglich sein.[16]

Wegen der grundsätzlichen Wirksamkeit von anfechtbaren Beschlüssen (→ § 241 Rn. 30 f.) ist – 7
abgesehen vom Ausnahmefall der Feststellung der Nichtigkeit gem. § 244 S. 2 – in diesen Fällen allerdings aus rein tatsächlichen Gründen im Ergebnis **de facto doch** von einer **ex-tunc-Wirkung** der Heilung auszugehen: Die Wirksamkeit des anfechtbaren Beschlusses kann nur durch eine den Beschluss für nichtig erklärende Gerichtsentscheidung entfallen, ein Fall, der bei wirksamer Beschlussbestätigung nicht mehr eintreten kann, so dass es bei der vorläufigen Wirksamkeit endgültig verbleibt.[17] Das betrifft etwa Gewinnverwendungs- und Dividendenbeschlüsse. Diejenigen, die im Zeitpunkt des Erstbeschlusses Aktionäre waren, haben ihre Dividende zurecht erhalten und dürfen sie behalten.[18] Ebenso gilt die Entlastung rückwirkend als erteilt.[19] Problematisch erscheint dieses Ergebnis dann, wenn Gegenstand des angefochtenen Erstbeschlusses eine Aufsichtsratswahl war und der gewählte Aufsichtsrat – dessen Wahl bis zur etwaigen Nichtigerklärung als wirksam zu behandeln

---

[8] *Hüffer* ZGR 2012, 730.
[9] BGHZ 157, 206 (210) = NJW 2004, 1165; Großkomm AktG/*K. Schmidt* Rn. 13; Kölner Komm AktG/ *Noack/Zetzsche* Rn. 12; MüKoAktG/*Hüffer/Schäfer* Rn. 11; *Kiethe* NZG 1999, 1086 (1091); *Zöllner* ZZP 81 (1968), 135 (148 ff.), zweifelnd allerdings *Zöllner* AG 2004, 397 ff. (402); aA LG München I AG 2000, 330.
[10] BGHZ 157, 206 (210) = NJW 2004, 1165; BGH NJW-RR 2006, 472 = NZG 2006, 191 ff., zust. *Bork* EWiR 2006, 162; OLG Stuttgart AG 2005, 125 (130); *Habersack/Schürnbrand* FS Hadding, 2004, 391 (401).
[11] Großkomm AktG/*K. Schmidt* Rn. 13; MüKoAktG/*Hüffer/Schäfer* Rn. 11.
[12] BGHZ 21, 354 = NJW 1956, 1753.
[13] S. auch *Hüffer* ZGR 2012, 730.
[14] BGHZ 157, 206 (210) = NJW 2004, 1165 f.; BGH NJW 1972, 1320; *Goette* DStR 2005, 603 (605); OLG Stuttgart AG 2005, 125 (131); OLG Düsseldorf NZG 2003, 975 (978); MüKoAktG/*Hüffer/Schäfer/Koch* Rn. 11, 12; Großkomm AktG/*K. Schmidt* Rn. 13; Kölner Komm AktG/*Noack/Zetzsche* Rn. 68 ff.; *Zöllner* ZZP 81 (1968), 135 (137 ff.); zweifelnd *Zöllner* nun aber AG 2004, 237 (402); *Mimberg* FS Hüffer, 2010, 663 (669); *Kiethe* NZG 1999, 1086 (1092); *Werner* AG 1968, 184; aA BayObLG 1977, 226 (232) = NJW 1978, 1387; *v. Caemmerer* FS Hueck, 1959, 281 (285); *Ballerstedt* ZHR 124 (1962), 233.
[15] Kölner Komm AktG/*Noack/Zetzsche* Rn. 68 ff.; MüKoAktG/*Hüffer/Schäfer* Rn. 11 f.
[16] MüKoAktG/*Hüffer/Schäfer* Rn. 13.
[17] Kölner Komm AktG/*Noack/Zetzsche* Rn. 70; Grigoleit/*Ehmann* Rn. 6.
[18] LG Frankfurt a. M. ZIP 2013, 2405; Kölner Komm AktG/*Noack/Zetzsche* Rn. 71; *Butzke* FS Stilz 2014, 83 (84 f.); *Schilha/Wolf* NZG 2014, 337 (338).
[19] Kölner Komm AktG/*Noack/Zetzsche* Rn. 71; *Butzke* FS Stilz 2014, 83 (88).

ist – bei der Beschlussfassung des Bestätigungsbeschlusses seines Amtes waltet und damit an der Heilung seiner eigenen Wahl mitwirkt und einen entsprechenden Vorschlag zur Bestätigung macht, was allein seine Aufgabe ist, § 124 Abs. 3. Im Ergebnis schadet dies aber nichts, weil der Wahlbeschluss trotz Anfechtung zunächst wirksam ist.[20] In der Literatur werden die Rechtshandlungen fehlerhafter Organe in der AG ohnehin entsprechend der Lehre über die fehlerhafte Gesellschaft für wirksam zu erachten.[21]

8   Dem – bestandskräftigen – Bestätigungsbeschluss kommt heilende **Gestaltungswirkung** zu, wenn der Ausgangsbeschluss mangelhaft war. War hingegen der Erstbeschluss fehlerfrei, kommt dem Bestätigungsbeschluss nur eine feststellende, die bestehenden Zweifel ausräumende Wirkung zu. Die Frage, ob der Ausgangsbeschluss mangelhaft war, bleibt ungeklärt, es sei denn der gegen den Ausgangsbeschluss klagende Anfechtungskläger stellt einen Feststellungsantrag gem. S. 2 und kann das dazu erforderliche rechtliche Interesse dartun.

9   Ist auf der Grundlage eines **Freigabebeschlusses** gem. § 246a die im Erstbeschluss beschlossene Maßnahme bereits im Handelsregister eingetragen, so hat dies zwar die Folge, dass sie nicht mehr umkehrbar ist. In der Praxis kann dann oft auf einen Bestätigungsbeschluss verzichtet werden.[22] Dennoch kann ein Bestätigungsbeschluss Sinn machen, da dadurch die Folge der Schadensersatzpflicht des § 246a Abs. 4 ggf. ausgeräumt werden kann.[23] Andererseits kann auch ein Bestätigungsbeschluss den Weg für ein Freigabeverfahren nach §§ 246a, 319 Abs. 6, § 327e Abs. 2, § 16 Abs. 3 UmwG frei machen, also dieser Beschluss Grundlage für ein Freigabeverfahren sein.[24] Dies gilt auch dann, wenn bereits ein Freigabeverfahren auf der Grundlage des Erstbeschlusses erfolglos geblieben ist. Abgesehen von der allenfalls auf den Erstbeschluss bezogenen Rechtskraftwirkung liegt mit dem Bestätigungsbeschluss ein neuer Beschluss vor, dessen Rechtmäßigkeit gesondert zu prüfen und nach den Abwägungskriterien des § 246a Abs. 2 zu beurteilen ist.[25]

10 **3. Anfechtung des Erstbeschlusses.** § 244 setzt zwar nicht von Gesetzes wegen, aber de facto voraus, dass gegen den umstrittenen Erstbeschluss Anfechtungsklage erhoben worden ist. Wegen des für den Bestätigungsbeschluss als neuem, voranzukündigenden Hauptversammlungsbeschluss erforderlichen Vorlaufs für eine Hauptversammlung, in der er dann gefasst werden kann, ist eine Beschlussfassung über die Bestätigung innerhalb der einmonatigen Anfechtungsfrist des § 246 Abs. 1 bezüglich des Erstbeschlusses schon wegen der gleich langen Einberufungsfrist gem. § 123 Abs. 1 für eine Hauptversammlung nicht möglich. Ist innerhalb der Anfechtungsfrist jedoch keine Klage gegen den Erstbeschluss erhoben, so kann ohnehin die Anfechtung nicht mehr geltend gemacht werden, sodass es des Bestätigungsbeschlusses nicht bedarf.

11 **4. Beschlusskorrekturen außerhalb § 244.** Treten Zweifel an der Gültigkeit eines Beschlusses schon in der Hauptversammlung auf, so kommt, ohne dass es des Verfahrens des § 244 bedarf, eine **sofortige neue Beschlussfassung** in derselben Versammlung in Betracht, etwa bei Zählfehlern oder auch bei Verstößen gegen die Auskunftspflicht. Die Möglichkeit der Korrektur besteht allerdings nur, wenn der Fehler vor der bzw. durch die neue Beschlussfassung ausgemerzt werden kann, etwa durch Nachholung der zunächst verweigerten Auskunft, jedoch nicht etwa bei Einberufungsfehlern, da diese dann auch dem neuen Beschluss anhaften. Auch muss sichergestellt sein, dass keine Aktionäre die Versammlung verlassen haben, da diese nicht damit rechnen müssen, dass ein bereits abgearbeiteter Tagesordnungspunkt nochmals aufgerufen wird (→ § 243 Rn. 29 ff.).

12 Die Hauptversammlung kann einen **Beschluss** – ggf. verbunden mit einer Neuvornahme – auch jederzeit **aufheben,** etwa weil sie Bedenken gegen seine Rechtmäßigkeit hat oder gar Nichtigkeit in Rede steht. Ein bereits laufendes Anfechtungsverfahren wird dadurch grundsätzlich nicht tangiert, da es für dieses, insbesondere das Rechtsschutzbedürfnis, allein auf die Situation bei Klagerhebung ankommt. Maßgeblich ist, ob der Kläger noch ein berechtigtes Interesse an der Klärung der Frage hat, ob ein Beschluss, der jedenfalls eine Zeit lang Geltung beansprucht hat und damit die Rechtslage in der Gesellschaft mitgestaltet hat, rechtmäßig war oder nicht.[26] Entfällt das Klärungsinteresse mit Aufhebung des fraglichen Beschlusses, so muss der Kläger, der hierdurch sein Interesse befriedigt

---

[20] BGHZ 196, 195 = NJW 2013, 1535 Rn. 25; *Schilha/Wolf* NZG 2014, 337 (339).
[21] *Happ* FS Hüffer, 2009, 293 ff.; *Schürnbrand,* Organschaft im Rahmen der privaten Verbände, 2007, 286 ff. und NZG 2008, 609 ff.
[22] *Hüffer* ZGR 2012, 730 (749); Kölner Komm AktG/*Noack/Zetzsche* Rn. 104.
[23] K. Schmidt/Lutter/*Schwab* Rn. 5; Kölner Komm AktG/*Noack/Zetzsche* Rn. 107.
[24] Kölner Komm AktG/*Noack/Zetzsche* Rn. 105; *Rieckers* BB 2005, 1348; *Kocher* NZG 2006, 1 (6).
[25] OLG Frankfurt a. M. BB 2008, 239 ff.; Kölner Komm AktG/*Noack/Zetzsche* Rn. 108; *Rieckers* BB 2008, 514 ff.; *Goslar/von der Linden* EWiR 2007, 767 ff.; aA OLG München NZG 2013, 459.
[26] *Drescher* FS Stilz, 2014, 125 ff., 129; aA wohl OLG Nürnberg NZG 2000, 700.

bzw. auf das Kosteninteresse beschränkt sieht, für erledigt erklären.[27] Das Feststellungsinteresse entfällt etwa, wenn der aufgehobene Beschluss keine Wirkung mehr entfaltet, etwa weil ein besonderer Vertreter, dessen Bestellung aufgehoben wird, wegen der Grundsätze des fehlerhaft bestellten Organs in der Zwischenzeit wirksam gehandelt hat.[28]

5. Gesetzeskritik. Das Erfordernis einer Doppelanfechtung (→ Rn. 22) sowie die Möglichkeit, 13 in ihrer Rechtmäßigkeit zweifelhafte Bestätigungsbeschlüsse wiederum zu bestätigen und diese wieder anzufechten – *Zöllner* spricht von der Möglichkeit von **Kaskaden von Bestätigungsbeschlüssen** –[29] kann in der Praxis zur Verfehlung des Gesetzeszieles schneller Rechtssicherheit führen und im Extremfall gar durch das wiederholte Zwischenschieben von Bestätigungsbeschlüssen zur Verzögerung der endgültigen Klärung führen. *Zöllner* fordert deshalb, § 244 ersatzlos aufzuheben und die Gesellschaft auf den Weg der Neuvornahme zu verweisen.[30]

Indes ist es zu weitgehend, wegen Fehlentwicklungen in Einzelfällen das Rechtsinstitut als solches, 14 dessen Einführung einem Bedürfnis der Praxis entsprach, in Frage zu stellen, zumal die Beteiligten zu Bestätigungsbeschlüssen nicht gezwungen sind und sie stattdessen die Möglichkeit der Neuvornahme haben.[31] Auch wären vor einer Abschaffung rechtstatsächliche Erhebungen angezeigt, insbesondere auch im Blick auf unkompliziert verlaufende Gestaltungen, in denen der Bestätigungsbeschluss etwa gar nicht angefochten wird.

II. Die Voraussetzungen im Einzelnen

1. Inhalt des Bestätigungsbeschlusses. Der Bestätigungsbeschluss ist ein normaler Hauptver- 15 sammlungsbeschluss,[32] durch den die Hauptversammlung ihren Willen zum Ausdruck bringt, den zuvor gefassten, in seiner Wirksamkeit zweifelhaften Erstbeschluss als verbindliche Regelung zu akzeptieren, ihn also zu erhalten. Er ist daher zu unterscheiden von einer Neuvornahme, durch die der alte Beschluss – ggf. wegen seiner erkannten Mängel – durch einen neuen Beschluss ersetzt wird. Eine derartige Neuvornahme fällt nicht unter § 244. Ob ein Bestätigungsbeschluss oder eine Neuvornahme gewollt ist, ist im Wege der **Auslegung,** die nach den gängigen Auslegungsregeln zu erfolgen hat, zu ermitteln. Der Wortlaut muss nicht unbedingt ausschlaggebend sein. Entscheidend ist das von der Hauptversammlung Gewollte, wobei angesichts dessen, dass es sich um den Beschluss einer Vielzahl von Aktionären handelt, objektive Auslegungskriterien heranzuziehen sind. Die inhaltsgleiche Wiederholung ist in der Regel als Bestätigung zu verstehen.[33]

Ein Bestätigungsbeschluss setzt voraus, dass **Identität mit dem Inhalt des Erstbeschlusses** 16 gegeben ist und bei der Hauptversammlung kein Aufhebungs-, sondern ein Bestätigungswille besteht. Oftmals, etwa bei bereits erfolgter Eintragung einer Kapitalmaßnahme, kann der Sinn und Zweck der Beschlussfassung von vornherein nur in einer Bestätigung liegen, gerade die Ermöglichung der Bestätigung in derartigen Fällen war der Grund für die Einführung der Vorschrift.

Stehen hingegen Verfahrensmängel in Rede, die zur Nichtigkeit führen, wird im Zweifel eine 17 Neuvornahme gewollt sein, da dann eine Bestätigung nicht möglich ist (→ Rn. 2). Eine Umdeutung ist möglich.[34] Ggf. kann eine Beschlussfassung auch als Bestätigung, **hilfsweise als Neuvornahme** erfolgen.[35] Wegen der teilweise unterschiedlichen Wirkungen von Bestätigungsbeschluss und Neuvornahme hat der Versammlungsleiter bei der Entgegennahme der Antragstellung nach Möglichkeit auf eine eindeutige Klärung hinzuwirken.

Wird die Beschlussregelung inhaltlich teilweise geändert, kommt eine Bestätigung nicht in 18 Betracht, sondern nur eine – ersetzende – Neuregelung. Enthält der Beschluss eine Erweiterung oder Ergänzung, so kann darin entweder insgesamt eine Neuvornahme liegen, aber auch eine Bestätigung des Erstbeschlusses, verbunden mit einer darüber hinausgehenden zusätzlichen Neuregelung. Es liegt dann ein Beschluss mit mehreren Beschlussinhalten vor, für den die insoweit bestehenden besonderen Regeln zu beachten sind (→ § 241 Rn. 65 ff.). Probleme können sich ergeben, wenn der Bestätigungsbeschluss nicht den gleichen Wortlaut hat. Dem Bestätigungscharakter steht dies nicht zwingend entgegen, solange der Sinngehalt zweifelsfrei ist und gegenüber dem des Erstbe-

---

[27] Großkomm AktG/*K. Schmidt* Rn. 27; *Drescher* FS Stilz, 2014, 125 (129).
[28] BGH ZIP 2011, 2195; *Drescher* FS Stilz, 2014, 125 (129).
[29] *Zöllner* AG 2004, 397 ff. (400).
[30] *Zöllner* AG 2004, 397 ff. (403).
[31] *Hüffer* ZGR 2012, 730 (752); Kölner Komm AktG/*Noack/Zetzsche* Rn. 9.
[32] MüKoAktG/*Hüffer/Schäfer* Rn. 4; Großkomm AktG/*K. Schmidt* Rn. 6.
[33] MüKoAktG/*Hüffer/Schäfer* Rn. 4; Großkomm AktG/*K. Schmidt* Rn. 6.
[34] Kölner Komm AktG/*Noack/Zetzsche* Rn. 14.
[35] Großkomm AktG/*K. Schmidt* Rn. 7.

schlusses unverändert bleibt.[36] Sollen jedoch aufgekommene Unklarheiten über den Inhalt des Erstbeschlusses bereinigt werden oder Klarstellungen erfolgen, so handelt es sich um eine Neuvornahme, durch die der Erstbeschluss zumindest potenziell inhaltlich korrigiert und ersetzt wird.

19 **2. Anforderungen an die Beschlussfassung.** Da der Bestätigungsbeschluss ein normaler Beschluss der Hauptversammlung ist, müssen für ihn alle insoweit bestehenden Voraussetzungen erfüllt sein. Insbesondere bedarf er der gleichen Zustimmungserfordernisse wie der Erstbeschluss. Neben der Hauptversammlung müssen ggf. auch die Sondergremien gem. § 138, etwa in den Fällen der § 141 Abs. 3, § 179 Abs. 3, zustimmen.[37] Wirksam wird er erst, wenn alle diese Anforderungen erfüllt sind.[38]

20 Problematisch und teilweise umstritten ist die Frage, ob das **Fragerecht** wie in der vorausgegangenen Hauptversammlung wieder in vollem Umfang besteht. Richtigerweise müssen bereits beim Erstbeschluss beantwortete Fragen nicht nochmals beantwortet werden, ebenso nicht durch Zeitablauf überholte Fragen.[39] Anders verhält es sich natürlich dann, wenn bisher gegen Informationspflichten verstoßen wurde oder dies gar der Grund für die Anfechtung des Erstbeschlusses war.[40] Auch aktualisierende Fragen müssen idR beantwortet werden, da gegenwartsbezogen darüber zu befinden ist, ob die Hauptversammlung den Bestätigungsbeschluss (noch) will.[41] Die Beantwortungspflicht kann vor diesem Hintergrund nur im konkreten Einzelfall beurteilt werden.[42] Ein Bestätigungsbericht wird gesetzlich nicht gefordert, die freiwillige Erstellung kann jedoch geboten sein.[43]

21 Eine am Erstbeschluss orientierte Frist für die Beschlussfassung über die Bestätigung besteht nicht.[44] Ein Bestätigungsbeschluss kann jederzeit gefasst werden, solange der Erstbeschluss nicht bestandskräftig ist, also etwa auch dann noch, wenn sich abzeichnet, dass die Anfechtungsklage gegen den Ausgangsbeschluss Erfolg haben könnte.[45]

22 **3. Mangelfreiheit des Bestätigungsbeschlusses.** Naturgemäß kann ein Bestätigungsbeschluss Mängel des Erstbeschlusses grundsätzlich nur heilen, wenn er seinerseits mangelfrei ist. Ihm dürfen daher weder die Mängel des Erstbeschlusses anhaften noch neue, anderweitige Beschlussmängel.[46] Allerdings ist auch ein anfechtbarer Bestätigungsbeschluss wie jeder andere Beschluss der Hauptversammlung zunächst, solange er anfechtbar ist, schwebend wirksam und wird unanfechtbar und endgültig wirksam, wenn er nicht innerhalb der Anfechtungsfrist des § 246 Abs. 1 angefochten wird. Die von ihm auf den Erstbeschluss ausgehende Heilungswirkung geht somit – solange er nicht nichtig ist – von ihm auch dann aus, wenn er anfechtbar war, aber nicht angefochten wird. Es bedarf daher zur Verhinderung der Heilungswirkung und damit der Verhinderung des Wirksamwerdens des fehlerhaften Erstbeschlusses der Anfechtung auch des Bestätigungsbeschlusses. Es ist also eine **Doppelanfechtung** notwendig.[47]

23 Dies gilt auch dann, wenn Erstbeschluss und Bestätigungsbeschluss **denselben Mangel** aufweisen.[48] Die Gegenauffassung ist mit dem Wortlaut des § 244 S. 1, der die Bestätigungswirkung nicht von der Mangelfreiheit, sondern dem rein formalen Gesichtspunkt der unterbliebenen oder erfolglosen Anfechtung des Bestätigungsbeschlusses abhängig macht, nicht zu vereinbaren. Allerdings entspricht sie der allgemeinen Auffassung, dass nur ein an Verfahrensmängeln leidender Beschluss wirksam bestätigt werden kann, nicht jedoch ein an Inhaltsmängeln leidender Beschluss. Eine teleologische Reduktion von § 244 S. 1 stünde aber im Widerspruch zu dem in § 244 zum Ausdruck

---

[36] MüKoAktG/*Hüffer/Schäfer* Rn. 4.
[37] Teilw. aA K. Schmidt/Lutter/*Schwab* Rn. 13; Grigoleit/*Ehmann* Rn. 4; *Grobecker/Kuhlmann* NZG 2007, 1 (6).
[38] *Hüffer* ZGR 2012, 730.
[39] OLG München ZIP 1997, 1743 (1748); *Habersack/Schürnbrand* FS Hadding, 2004, 391 (404 f.); *Kocher* NZG 2006, 1 (4 f.); *Kiethe* NZG 1999, 1086 (1990); aA NK-AktR/*Heidel* Rn. 5; Kölner Komm AktG/*Noack/Zetzsche* Rn. 59;*Grobecker/Kuhlmann* NZG 2007, 1 (5 ff.).
[40] S. auch K. Schmidt/Lutter/*Schwab* Rn. 11.
[41] LG Frankfurt a. M. ZIP 2013, 2405; s. dazu auch K. Schmidt/Lutter/*Schwab* Rn. 12.
[42] *Kocher* NZG 2006, 1 (4 f.).
[43] *Grobecker/Kuhlmann* NZG 2007, 1 (5 ff.).
[44] Kölner Komm AktG/*Noack/Zetzsche* Rn. 33.
[45] Im Verfahren BGHZ 157, 206 = BGH NJW 2004, 1165 erging der Bestätigungsbeschluss erst nach zwei Jahren, im Verfahren OLG München AG 1997, 516 nach 7 Jahren; s. dazu auch K. Schmidt/Lutter/*Schwab* Rn. 7; *Kocher* NZG 2006, 1 (5); Zöllner AG 2004, 397 (400).
[46] OLG Hamburg AG 2011, 677 = ZIP 2011, 1214.
[47] Vgl. K. Schmidt/Lutter/*Schwab* Rn. 7.
[48] MüKoAktG/*Hüffer/Schäfer* Rn. 10; Großkomm AktG/*K. Schmidt* Rn. 9; Kölner Komm AktG/*Noack/Zetzsche* Rn. 54; *Zöllner* ZZP 81 (1968), 135 ff. (148 ff.); *Kiethe* NZG 1999, 1086 (1091); *Ballerstedt* ZHR 124 (1962), 233 (243 f.); anders noch BGHZ 21, 354 (358) = NJW 1956, 1753; *v. Caemmerer* FS A. Hueck, 1959, 281 (290).

kommenden Bedürfnis nach möglichst schneller, eindeutiger und verlässlicher Klärung der Rechtslage. Dieses Ziel würde konterkariert, müsste im Rahmen der Klage gegen den Erstbeschluss die Mangelfreiheit des Bestätigungsbeschlusses zur Abklärung der von ihm ausgehenden Heilungswirkung mitüberprüft werden, obwohl dieser gar nicht angefochten ist und einen anderen Streitgegenstand hat.[49] Auch beschwört die Gegenauffassung zusätzliche Probleme herauf, weil in der Praxis durchaus zweifelhaft sein kann, ob identische Mängel vorliegen.[50]

4. Heilbarkeit der Mängel des Ausgangsbeschlusses. Inhaltlich kommt – sieht man von der 24 Heilung durch Nichtanfechtung des Bestätigungsbeschlusses einmal ab – eine Heilung durch Bestätigung nur in Betracht, wenn durch den Bestätigungsbeschluss die dem Erstbeschluss anhaftenden Mängel ausgeräumt werden können. Die Legitimation von § 244 liegt darin, dass trotz Mängeln des Ausgangsbeschlusses in diesem und dem die Mängel korrigierenden Bestätigungsbeschluss in der Gesamtschau eine nicht zu beanstandende Entschließung der Hauptversammlung liegt. Eine solche Fehlerausräumung ist jedenfalls **bei Verfahrensfehlern** möglich. Zu den heilbaren Verfahrensfehlern gehört auch der Fall der fehlerhaften Beschlussfeststellung, etwa durch Zählfehler, zB wegen Fehlbewertung von Stimmverboten oder der Berücksichtigung trotz Stimmverlust nach § 20 Abs. 7 oder § 44 WpHG.[51] Dadurch werden die Aktionäre, die eine vom Versammlungsleiter zu Unrecht verkannte Mehrheit errungen haben, zwar gezwungen und ihnen das Risiko auferlegt, für den Bestätigungsbeschluss erneut eine Mehrheit zu finden bzw. den bei der ursprünglichen Abstimmung bei richtiger Zählung unterlegenen Aktionären eine Chance geboten, im Bestätigungsverfahren nun doch eine Mehrheit zu finden. Dies entspricht jedoch gerade dem Sinn des Bestätigungsverfahrens, Mängel der Beschlussfassung auf einfache Weise zu korrigieren. Entscheidend ist, dass als Ergebnis ein verfahrenskonformer Beschluss steht, der den Willen der Mehrheit wiedergibt. Allein das rechtfertigt es, dem Kläger – ggf. mit der Kompensation des § 244 S. 2 – die Anfechtung des Erstbeschlusses aus der Hand zu schlagen. Auch hätte eine gänzliche Neuvornahme dieselben Folgen. Allerdings muss, wenn der Ausgangsbeschluss eine qualifizierte Mehrheit erfordere und jedenfalls das Erreichen dieser Mehrheit streitig ist, der Bestätigungsbeschluss mit der qualifizierten Mehrheit gefasst werden, weil sonst möglicherweise nie die erforderliche Mehrheit vorhanden war.[52]

Bei **inhaltlichen Mängeln,** insbesondere etwa bei Verstößen gegen die Treuepflicht, haftet 25 hingegen logisch zwingend dem Bestätigungsbeschluss derselbe Mangel wie dem Erstbeschluss an, sodass insoweit eine heilende Bestätigung nicht in Betracht kommt.[53] Dennoch kommt – wie schon in → Rn. 23 ausgeführt – nach dem Wortlaut von S. 1 auch in diesem Fall einem unanfechtbar gewordenen Bestätigungsbeschluss die Bestätigungswirkung zu.[54] Es bedarf also auch hier der Doppelanfechtung.

Ist der Bestätigungsbeschluss nichtig oder wird er gem. § 241 Nr. 5 für nichtig erklärt, so 26 läuft er leer und bleibt ohne Wirkung, da seine Wirkung nach § 244 S. 1 erst mit endgültiger Wirksamkeit eintreten würde. Die Wirksamkeit des Erstbeschlusses bleibt dann allein vom Ausgang des diesbezüglichen Anfechtungsverfahrens abhängig.

5. Maßgebender Beurteilungszeitpunkt. Da das Ziel des Bestätigungsbeschlusses dahin geht, 27 dem Ausgangsbeschluss die Anfechtbarkeit zu nehmen und diesen durch Ausräumung etwaiger Beschlussmängel zu heilen und als gültige Regelung anzuerkennen, kommt es trotz der ex nunc-Wirkung der Heilung für die materiell-rechtliche Beurteilung der Rechtmäßigkeit des Bestätigungsbeschlusses nicht auf die Gesetzes- und Satzungslage oder Sachlage zum Zeitpunkt seiner Beschlussfassung an, sondern auf den **Zeitpunkt des Ausgangsbeschlusses**.[55] Auch bedarf es etwa einer

---

[49] Großkomm AktG/*K. Schmidt* Rn. 9; MüKoAktG/*Hüffer/Schäfer* Rn. 10.
[50] Kölner Komm AktG/*Noack/Zetzsche* Rn. 54; MüKoAktG/*Hüffer/Schäfer* Rn. 10.
[51] BGHZ 189, 32 = NJW-RR 2011, 976 Rn. 24; BGH NJW-RR 2006, 472 ff. mzustAnm *Bork* EWiR 2006, 161 f.; OLG Stuttgart NZG 2005, 432 ff.; *Segna* AG 2008, 311 (314); *Kocher* NZG 2006, 1 (5); *Habersack/Schürnbrand* FS Hadding, 2004, 391 (394 f.); aA OLG München AG 2003, 645; LG München DB 2003, 1268; LG Mannheim AG 2005, 720 f.; K. Schmidt/Lutter/*Schwab* Rn. 4; *Mimberg* FS Hüffer, 2010, 663 (671); *Bozenhardt* FS Mailänder, 2006, 301 (306).
[52] Kölner Komm AktG/*Noack/Zetzsche* Rn. 55; aA *Hüffer* ZGR 2012, 730 (737).
[53] BGH NZG 2011, 669; BGH NZG 2009, 589; BGHZ 169, 221; s. dazu auch K. Schmidt/Lutter/*Schwab* Rn. 3; aA *Grobecker/Kuhlmann* NZG 2007, 1 ff.
[54] *Kocher* NZG 2006, 1 (2); *Hüffer* ZGR 2012, 730.
[55] BGHZ 157, 206 ff. = NJW 2004, 1165 = NZG 2004, 235 (236); zust. Anm. *Döser* LMK 2004, 88; *Hirte* EWiR § 244 AktG 1/2004; OLG Dresden AG 2001, 489 f.; LG Dresden DB 2000, 2159 mzustAnm *Bork* EWiR § 244 AktG 1/2000; *Kocher* NZG 2006, 1 (2); K. Schmidt/Lutter/*Schwab* Rn. 9; zweifelnd *Zöllner* AG 2004, 397 ff. (403 f.); aA NK-AktR/*Heidel* Rn. 5; Kölner Komm AktG/*Noack/Zetzsche* Rn. 59 und 77 ff.

Aktualisierung für den Erstbeschluss vorgeschriebener Berichte nicht,[56] was einen wesentlichen Vorteil gegenüber einem Neubeschluss darstellt.[57] Nur dieses Verständnis wird dem Sinn und Zweck des Bestätigungsbeschlusses gerecht, der nicht die Wirkungen des Erstbeschlusses hervorruft, sondern diesen in Geltung versetzt.[58] Die gegenteilige Auffassung läuft letztlich doch auf eine Neuvornahme hinaus.[59] Dies schließt allerdings natürlich nicht aus, dass auf Grund der zwischenzeitlichen Entwicklung der angestrebte Bestätigungsbeschluss eine Verletzung der Treuepflicht darstellen kann, etwa, wenn diese gebieten würde, die mit dem Erstbeschluss getroffenen Maßnahmen rückgängig zu machen.[60]

28 **6. Bestandskraft und Anfechtung des Bestätigungsbeschlusses.** Die heilende Wirkung des Bestätigungsbeschlusses tritt entgegen den allgemeinen Regeln, wie Satz 1 ausdrücklich regelt, erst mit seiner Rechtsbeständigkeit ein, also dann, wenn er nicht fristgerecht angefochten wird oder eine gegen ihn gerichtete Anfechtungsklage rechtskräftig abgewiesen worden ist.[61]

29 Da § 244 an die Anfechtbarkeit des Erstbeschlusses anknüpft und diese damit voraussetzt, kann der Bestätigungsbeschluss keine Wirkung zeitigen und geht ins Leere, wenn vor Eintritt seiner Bestandskraft unabhängig von ihm der Erstbeschluss unanfechtbar geworden ist, etwa durch Abweisung oder Rücknahme der gegen ihn geführten Anfechtungsklage. Eine gegen den Bestätigungsbeschluss geführte Klage ist in diesem Fall vom dagegen klagenden Kläger für erledigt zu erklären. Ebenso kann der Bestätigungsbeschluss keine Wirkung zeitigen, wenn rechtskräftig die Nichtigkeit des Erstbeschlusses festgestellt oder er für nichtig erklärt worden ist. Dann hilft nur die Neuvornahme, dem Bestätigungsverfahren ist in diesem Fall die Grundlage entzogen (→ Rn. 51 ff.).

30 Die Erhebung der Anfechtungsklage gegen den Bestätigungsbeschluss hindert dessen Heilungswirkung bis zur rechtskräftigen Abweisung der diesbezüglichen Klage. Voraussetzung ist jedoch, dass die Klage rechtzeitig, dh innerhalb der Frist des § 246 Abs. 1, erhoben wird. Ist dies nicht der Fall, ist die Heilungswirkung des Erstbeschlusses eingetreten. Hierüber kann ggf. im Anfechtungsverfahren gegen den Erstbeschluss befunden werden, zumal eine verspätete Anfechtungsklage gegen den Bestätigungsbeschluss noch lange nach Fristablauf erhoben werden kann.

31 Anderweitige Zulässigkeitsmängel der Anfechtungsklage gegen den Bestätigungsbeschluss hindern hingegen den Eintritt der Heilungswirkung, bis rechtskräftig entschieden ist. Dies gilt auch etwa für den Einwand des Rechtsmissbrauchs.[62]

32 Wer die Klage gegen den Bestätigungsbeschluss betreibt, ist gleichgültig. Es muss nicht derjenige sein, der die Klage gegen den Erstbeschluss erhoben hat.[63] Allerdings muss es sich um eine Anfechtungsklage iSv § 243 handeln und die hierfür erforderliche Klagebefugnis gem. § 245 zumindest behauptet werden.[64]

III. Prozessuale Probleme

33 **1. Unterbliebene Anfechtung oder Bestandskraft des Bestätigungsbeschlusses.** Wird der Bestätigungsbeschluss nicht innerhalb der Monatsfrist des § 246 Abs. 1 angefochten, so tritt die Bestätigungswirkung mit Fristablauf ein. Da damit die Anfechtbarkeit des Erstbeschlusses entfällt, kann der gegen den Erstbeschluss klagende Kläger dieses Verfahren nur mit der Begründung mit Aussicht auf Erfolg fortsetzen, entweder der Erstbeschluss sei nicht nur anfechtbar, sondern nichtig gewesen, oder aber der Bestätigungsbeschluss selbst sei nichtig und könne deshalb keine Heilungswirkung zeitigen. Der Nichtigkeitseinwand kann dabei jederzeit auch ohne Erhebung einer Nichtigkeitsklage als Einwendung erhoben werden (→ § 241 Rn. 6). Der Erfolg der Klage hängt dann davon ab, ob Nichtigkeitsgründe vorliegen.

34 Steht dies nicht in Rede, so wird die Klage gegen den Erstbeschluss mit der Bestandskraft des Bestätigungsbeschlusses durch Entfallen der Anfechtungsbefugnis unbegründet und ist dann abzuweisen, selbst wenn der Erstbeschluss anfechtbar war. Der Bestätigungsbeschluss stellt dann ein **erledigendes Ereignis** iSv § 91a ZPO dar. Durch entsprechende Erledigungserklärung kann der Kläger

---

[56] BGH NZG 2009, 589; OLG Karlsruhe AG 1999, 470; OLG München AG 1997, 516; *Hüffer* ZGR 2002, 833 (849); *Kocher* NZG 2006, 1 (3 f.); *Habersack/Schürnbrand* FS Hadding, 2004, 404 ff.; *Wasmann* FG Riegger, 2008, 47 (52); aA NK-AktR/*Heidel* Rn. 5; Kölner Komm AktG/*Noack/Zetzsche* Rn. 59.
[57] *Hüffer* ZGR 2012, 730 (751).
[58] *Hüffer* ZGR 2012, 730.
[59] So Kölner Komm AktG/*Noack/Zetzsche* Rn. 59.
[60] K. Schmidt/Lutter/*Schwab* Rn. 10.
[61] S. auch K. Schmidt/Lutter/*Schwab* Rn. 15, 16.
[62] MüKoAktG/*Hüffer/Schäfer* Rn. 7; Großkomm AktG/*K. Schmidt* Rn. 7.
[63] Großkomm AktG/*K. Schmidt* Rn. 17.
[64] Großkomm AktG/*K. Schmidt* Rn. 10.

dann, wenn seine Anfechtungsklage ursprünglich begründet war, vermeiden, dass ihm die Kosten des Verfahrens auferlegt werden. Schließt sich die beklagte Gesellschaft der Erledigungserklärung an, so erfolgt die Kostenentscheidung nach billigem Ermessen. De facto bedeutet das, dass das Gericht – kursorisch und ohne etwaige Beweiserhebungen – prüft, ob die Anfechtungsklage begründet war und die Kosten entsprechend verteilt.

Schließt sich die beklagte Gesellschaft der Erledigungserklärung nicht an, weil sie meint, die **35** Anfechtungsklage sei von vornherein und unabhängig von der Bestätigung unbegründet gewesen, so erfolgt die entsprechende Prüfung im Rahmen der dann über die einseitige Erledigungserklärung des Klägers verfolgte Feststellung, die Klage sei begründet gewesen und (nur) durch den Bestätigungsbeschluss unbegründet geworden. Der Klage ist dann stattzugeben, wenn die Klage bei Rechtshängigkeit begründet war, also ohne Bestätigungsbeschluss der Erstbeschluss für nichtig zu erklären gewesen wäre, hingegen abzuweisen, wenn dies nicht der Fall war, also unabhängig von dem Bestätigungsbeschluss die Klage unbegründet war (zum Verhältnis zu § 244 S. 2 → Rn. 56 ff.).

Der insoweit vertretenen Auffassung, die Gesellschaft sei gezwungen, sich der Erledigungserklä- **36** rung anzuschließen, da sie kein Klärungsinteresse habe,[65] kann nicht gefolgt werden. Zum einen steht diese Auffassung im Widerspruch zu den zivilprozessualen Grundsätzen der Verfahrensbeendigung durch Erledigungserklärung, zum anderen kann ein Interesse der Gesellschaft an der Feststellung, dass der von der Hauptversammlung getätigte Beschluss rechtmäßig und von Anfang an uneingeschränkt wirksam war, also nicht erst durch den Bestätigungsbeschluss rechtmäßig geworden ist, nicht verneint werden.

Die **Erledigungserklärung** kann nicht **hilfsweise** abgegeben werden. Das gilt auch, wenn der **37** Kläger die Klage als Nichtigkeitsfeststellungsklage fortsetzt, weil er meint, dass ein Mangel zur Nichtigkeit führe, und hilfsweise für erledigt erklärt, falls der Mangel nur zur Anfechtbarkeit führt.[66]

Erklärt von **mehreren Klägern** nur ein Teil für erledigt, so tritt Erledigung bei Fortführung des **38** Verfahrens im Übrigen nur insoweit ein, da eine notwendige Streitgenossenschaft aus prozessualen, nicht aus materiell-rechtlichen Gründen vorliegt und über die Erledigungserklärung keine Sachentscheidung ergeht.[67]

2. Probleme der Doppelanfechtung. Die oa Notwendigkeit der Doppelanfechtung **39** (→ Rn. 22) kann zu prozessualen Koordinationsproblemen führen. Das Anfechtungsverfahren gegen den Bestätigungsbeschluss ist sinnvollerweise mit dem gegen den Erstbeschluss abzustimmen.

a) Einheitliches Verfahren. Ist der Kläger in beiden Verfahren identisch, kann er in dem bereits **40** laufenden Verfahren gegen den Erstbeschluss die Klage erweitern. Darin liegt nicht nur eine zulässige Erweiterung des Klageantrags, sondern eine Änderung des Klagegrundes nach § 263 ZPO, § 264 Nr. 2 ZPO,[68] die aber ohne weiteres sachdienlich und damit zulässig ist, gem. § 533 ZPO auch in der Berufungsinstanz. Erhebt er eine selbstständige neue Klage gegen den Bestätigungsbeschluss, kann das Gericht auch von sich aus gem. § 147 ZPO die beiden Verfahren miteinander verbinden. Diese Möglichkeit besteht auch dann, wenn die Kläger der beiden Verfahren nicht identisch sind.[69] Sie scheidet jedoch aus, wenn in diesem Fall die Verfahren in zwei verschiedenen Instanzen anhängig sind, was ohne weiteres möglich ist.[70]

Da die Anfechtbarkeit des Erstbeschlusses erst mit Rechtskraft des Bestätigungsbeschlusses entfällt, **41** liegt nahe, dass jedenfalls die Instanzgerichte nicht die Möglichkeit haben, im Rahmen der Prüfung des Erstbeschlusses bereits mitzuprüfen, ob etwaige Beschlussmängel durch den Bestätigungsbeschluss geheilt sind. Dies ist jedoch nicht zwingend. Dass die Bestätigungswirkung erst mit Rechtskraft eintritt, hindert nicht, dem Bestätigungsbeschluss bereits im Rahmen der Entscheidungsfindung über den Erstbeschluss Rechnung zu tragen. Es kann im gleichen Prozess und gleichzeitig über die Klage gegen den Erst- und den Bestätigungsbeschluss entschieden und dabei bei der Prüfung des Erstbeschlusses der Bestätigungsbeschluss mitberücksichtigt werden, da ohnehin erst mit der Rechtskraft die entscheidenden Wirkungen eintreten.[71] Auch kann noch in der Berufung die Klage um die Anfechtung gegen einen Bestätigungsbeschluss erweitert werden.[72]

---

[65] Kölner Komm AktG/*Zöllner*, 1971, Rn. 16.
[66] BGH NZG 2011, 506 Rn. 22.
[67] BGH NZG 2011, 506 Rn. 19; OLG Frankfurt a. M. AG 2009, 168 f.; *Hüffer* ZGR 2012, 730 (742).
[68] OLG Stuttgart AG 2005, 125 (126); MüKoAktG/*Hüffer/Schäfer* Rn. 20; Bürgers/Körber/*Göz* Rn. 9; *Hüffer* ZGR 2012, 730 (742); aA NK-AktR/*Heidel* Rn. 11; Kölner Komm AktG/*Noack/Zetzsche* Rn. 86; Großkomm AktG/*K. Schmidt* Rn. 17; K. Schmidt/Lutter/*Schwab* Rn. 19, 21.
[69] Kölner Komm AktG/*Noack/Zetzsche* Rn. 91; *Hüffer* ZGR 2012, 730 (743 f.).
[70] Vgl. BGH NJW 2004, 1165; OLG Stuttgart ZIP 2004, 332 ff.
[71] OLG Düsseldorf NZG 2003, 975 (978) = GmbHR 2003, 1006 (1009); MüKoAktG/*Hüffer/Schäfer* Rn. 20; Großkomm AktG/*K. Schmidt* Rn. 18.
[72] OLG Stuttgart AG 2005, 125 (126); *Hüffer* ZGR 2012, 730 (743).

42 Wird die Klage in diesem Falle hinsichtlich des Bestätigungsbeschlusses abgewiesen, weil dieser keine Mängel aufweise, und die gegen den Erstbeschluss, weil die Bestätigung greife, muss der Kläger gegen beide Urteilsaussprüche in vollem Umfang Rechtsmittel einlegen. Das teilweise gesehene Problem widersprechender Entscheidungen, wenn beide Klagen abgewiesen werden und nur gegen die Klagabweisung hinsichtlich des Bestätigungsbeschlusses Rechtsmittel eingelegt wird,[73] stellt sich nicht: Ist die Klage gegen den Erstbeschluss rechtskräftig abgewiesen, so geht der Bestätigungsbeschluss ohnehin ins Leere und ist das diesbezügliche Verfahren in der Hauptsache erledigt, → Rn. 52.

43 **b) Aussetzung.** Die Alternative zu einer solchen gleichzeitigen Entscheidung ist in der Aussetzung eines der beiden Verfahren gem. § 148 ZPO zu sehen.[74] Diese bietet sich auch dann an, wenn eine einheitliche Entscheidung nicht möglich ist, etwa weil die beiden Klagen nicht in derselben Instanz anhängig sind. Die teilweise vertretene Ansicht, eine Aussetzung des Erstprozesses scheide aus, da die Bestätigungswirkung erst mit Bestandskraft des Bestätigungsbeschlusses eintrete und ihm vorher keine Wirkung zukomme, auch nicht als Grundlage für eine Aussetzung,[75] kann nicht gefolgt werden.[76] Es entspricht dem prozessualen Wesen der Aussetzung und ist seine Voraussetzung, dass sie in einem Stadium erfolgt, in dem zwei Verfahren anhängig sind, die in einem Vorgreiflichkeitsverhältnis zueinander stehen, woran bei der gegebenen Situation kein Zweifel bestehen kann.

44 Bei unklarer Anfechtbarkeit des Erstbeschlusses ist das **Verfahren gegen den Erstbeschluss** zur Wahrung des rechtlichen Gehörs gem. Art. 103 Abs. 1 GG auszusetzen, da ansonsten eine heilende Wirkung nicht mehr berücksichtigt werden kann.[77] Diese Abwägung entspricht dem Respekt vor dem Willen der Hauptversammlung und der vom Gesetz ausdrücklich gewährten Möglichkeit der Beschlussbestätigung. Eine ewige Kaskade von Bestätigungsbeschlüssen ist in der Praxis nicht zu befürchten. Wenn ein solcher Fall eintreten würde, läge der Verdacht nahe, dass eine Entscheidung bewusst hinausgezögert werden soll und es wäre dann wegen Rechtsmissbrauch das Ausgangsverfahren fortzusetzen.

45 Dass im Zweifel das Verfahren gegen den Erstbeschluss auszusetzen ist, ist davon abgesehen dann anders, wenn das Verfahren über den Erstbeschluss im Sinn einer Abweisung **entscheidungsreif** ist.[78] Ebenso, wenn der Erstbeschluss dem Gericht nichtig erscheint und daher eine heilende Bestätigung von vornherein ausscheidet. In beiden Fällen geht dann der Bestätigungsbeschluss ins Leere, der mit ihm angestrebten Heilungswirkung bedarf es im ersteren Falle nicht, im zweiten Falle kann sie nicht erreicht werden. Bei dieser Konstellation wird das Gericht das Verfahren über die Anfechtung des Bestätigungsbeschlusses gem. § 148 ZPO aussetzen und – nach entsprechender Rechtskraft des Verfahrens über den Erstbeschluss – das Verfahren über den Bestätigungsbeschluss nur noch kostenmäßig abwickeln.

46 Sind verschiedene Gerichte oder Spruchkörper zuständig und setzt zuerst das Gericht, bei dem das Verfahren gegen den Erstbeschluss anhängig ist, sein Verfahren im Hinblick auf den Bestätigungsbeschluss aus, so darf das Gericht, bei dem das Verfahren zum Bestätigungsbeschluss anhängig wird, nicht seinerseits das Verfahren aussetzen; das wäre ermessensfehlerhaft. Setzt zuerst das Gericht, bei dem das Verfahren über den Bestätigungsbeschluss anhängig ist, das Verfahren aus, kann das Gericht, bei dem der Erstbeschluss angefochten ist, sein Verfahren bei fehlender Entscheidungsreife aber aussetzen und die Parteien auffordern bei dem anderen Gericht für einen Fortgang des Verfahrens über den Bestätigungsbeschluss zu sorgen, dem dieses wegen des Vorrangs des Verfahrens über den Bestätigungsbeschluss nachkommen muss.

47 **3. Auswirkungen von Entscheidungen auf das Parallelverfahren.** Ist über eine der beiden Klagen rechtskräftig entschieden, so ergeben sich prozessuale Konsequenzen für das jeweils andere Verfahren. Je nach Fallgestaltung kann sich dieses erledigen oder aber muss es weitergeführt werden:

48 **a) Entscheidung im Verfahren über den Bestätigungsbeschluss.** Wird der Anfechtungsklage gegen den Bestätigungsbeschluss **stattgegeben,** weil er selbst nichtig oder anfechtbar ist, so hat dies keine Auswirkungen auf den Ausgangsbeschluss. Eine Heilungswirkung tritt nicht ein, das Verfahren gegen den Erstbeschluss ist weiterzuführen. Entsprechend verhält sich die Sachlage, wenn die Bestätigungswirkung nicht eintreten kann, weil keine Beschlussidentität vorliegt.

---

[73] K. Schmidt/Lutter/*Schwab* Rn. 18.
[74] Krit. gegen eine automatische Aussetzungspraxis NK-AktR/*Heidel* Rn. 12.
[75] So LG Köln AG 2008, 336; *Bokern* AG 2005, 285 ff.
[76] Zutr. *Segna* AG 2008, 311 ff. (319).
[77] BGH AG 2010, 709; K. Schmidt/Lutter/*Schwab* Rn. 17; aA → 3. Aufl. 2015, Rn. 40 (*Würthwein*); *Hüffer* ZGR 2012, 730 (745).
[78] MüKoAktG/*Hüffer/Schäfer* Rn. 20; Großkomm AktG/*K. Schmidt* Rn. 18.

Wird die Anfechtungsklage gegen den Bestätigungsbeschluss rechtskräftig **abgewiesen,** so tritt 49
Heilungswirkung ein, die Klage gegen den Erstbeschluss kann dann nur noch mit der Begründung
weitergeführt werden, dieser sei nicht nur anfechtbar, sondern nichtig gewesen.

Stehen Nichtigkeitsgründe nicht in Rede, so muss der Kläger den Rechtsstreit zur Vermeidung 50
der Klageabweisung für erledigt erklären. Schließt sich die Gesellschaft der Erledigungserklärung an,
so hat eine Kostenentscheidung gem. § 91a ZPO zu ergehen, bei der die Kosten der Klägerseite
aufzuerlegen sind, wenn die Anfechtungsklage voraussichtlich unbegründet war, hingegen der Gesellschaft, wenn die Klage begründet war und nur infolge der Heilungswirkung die Anfechtbarkeit
entfallen ist. Schließt sich die Gesellschaft der Erledigungserklärung nicht an, so ist über den dann
zur Entscheidung stehenden Antrag des Klägers auf klagändernde, gem. § 264 S. 2 ZPO zulässige
Feststellung, dass der Rechtsstreit sich erledigt hat, kontradiktorisch zu befinden (→ Rn. 35).

b) Entscheidung im Verfahren gegen den Erstbeschluss. Wird der Anfechtungsklage gegen 51
den Erstbeschluss rechtskräftig **stattgegeben,** steht dessen Nichtigkeit fest, der Bestätigungsbeschluss
geht dann ins Leere und kann keine Heilung mehr bewirken. Der gegen ihn gerichteten Klage ist
daher mit der Folge der Kostenauflegung zu Lasten der beklagten Gesellschaft stattzugeben, der
Versuch, die Mängel des Erstbeschlusses zu heilen, ist gescheitert. Dies ist unabhängig davon, ob der
Bestätigungsbeschluss als solcher anfechtbar war oder ob er, wäre nicht zuerst über den Erstbeschluss
entschieden worden, geeignet gewesen wäre, die Beschlussbestätigung herbeizuführen. Dass die
Gesellschaft auch die Kosten des Verfahrens in diesem Falle trägt, erscheint auch angemessen, da sie
durch die Mängel des Erstbeschlusses sowohl die Klage gegen den Erstbeschluss als auch die gegen
den – im Ergebnis erfolglosen – Bestätigungsbeschluss provoziert hat.

Wird die Anfechtungsklage gegen den Erstbeschluss rechtskräftig **abgewiesen,** so ist dem Bestäti- 52
gungsbeschluss ebenfalls der Boden entzogen, seiner heilenden Wirkung bedarf es dann nicht mehr.
Im Ergebnis bleibt dann die Anfechtung des Bestätigungsbeschlusses ohne Erfolg, da das mit der
Klage gegen ihn verfolgte Ziel, den Erstbeschluss zu verhindern, gescheitert ist. Das Verfahren hat
sich zum Nachteil des Klägers erledigt. Entsprechend ist das Verfahren kostenmäßig gem. § 91a ZPO
oder durch einseitigen Antrag auf Feststellung der Erledigung abzuwickeln, wobei der insgesamt
erfolglose Kläger die Verfahrenskosten zu tragen hat.

c) In der Revision. Ergeht der Bestätigungsbeschluss erst, wenn die Anfechtungsklage bereits in 53
der Revision beim Bundesgerichtshof anhängig ist, so kann er dennoch Berücksichtigung finden,
wenn seine Bestandskraft unstreitig ist und schützenswerte Interessen der Gegenseite nicht entgegenstehen, was jedoch nur bei Einigkeit über diese Fragen der Fall sein wird.[79] Ist der Bestätigungsbeschluss angefochten, kommt auch hier eine Aussetzung gem. § 148 ZPO in Frage. Soweit teilweise
vertreten wird, die Heilungswirkung könne nur in der Tatsacheninstanz geltend gemacht werden,
da ansonsten unzulässigerweise eine neue Tatsache eingeführt werde,[80] kann dem nicht gefolgt
werden.[81]

d) Freigabe. Ein etwaiges **Freigabeverfahren,** das sowohl an den Erstbeschluss als auch den 54
Bestätigungsbeschluss anknüpfen kann, hat auf das Anfechtungsverfahren als solches keine unmittelbare prozessuale Auswirkungen (→ Rn. 9).

4. Streitwert. Da Ausgangsbeschluss und Bestätigungsbeschluss sich auf verschiedene Streitgegen- 55
stände beziehen, sind eigenständige Streitwerte anzusetzen. Die Streitwertfestsetzung hat gem. § 247
zu erfolgen. Da es in der Sache allerdings letztlich inhaltlich ausschließlich um die Rechtmäßigkeit
des Ausgangsbeschlusses geht und im Kern nur eine Gesellschaftsangelegenheit vorliegt, erscheint es
angemessen, den Streitwert des Verfahrens über den Bestätigungsbeschluss im Rahmen der Bemessung gem. § 247 niedriger als in dem Anfechtungsverfahren über den Erstbeschluss anzusetzen.[82]
Wird die Anfechtungsklage gegen den Bestätigungsbeschluss im Verfahren des Erstbeschlusses durch
Klageerweiterung eingeführt, liegt wirtschaftliche Identität der Streitgegenstände vor, so dass nur der
höhere Wert maßgebend ist, § 45 Abs. 1 S. 3 GKG.[83]

---

[79] BGH MDR 2002, 409; BGH NJW 1998, 2972; Zöller/*Gummert* ZPO § 559 Rn. 7; Thomas/Putzo/*Reichold* ZPO § 559 Rn. 12; *Zöllner* FS Beusch, 1993, 973 ff.; MüKoAktG/*Hüffer/Schäfer* Rn. 23; *Hüffer* ZGR 2012, 730 (748); aA NK-AktR/*Heidel* Rn. 10.

[80] NK-AktR/*Heidel* Rn. 9.

[81] Hüffer/Koch/*Koch* Rn. 10.

[82] K. Schmidt/Lutter/*Schwab* Rn. 18; Kölner Komm AktG/*Noack/Zetzsche* Rn. 111; *Zöllner* ZZP 81 (1968), 135 ff. (157); *Hüffer* ZGR 2012, 730 (748).

[83] Großkomm AktG/*K. Schmidt* Rn. 19; aA MüKoAktG/*Hüffer/Schäfer* Rn. 23; Kölner Komm AktG/*Noack/Zetzsche* Rn. 111; 3. Aufl. 2015 Rn. 50 (*Würthwein*).

IV. Feststellung der Nichtigerklärung für die Vergangenheit, § 244 S. 2

56 **1. Normzweck/Regelungsgegenstand.** § 244 S. 2 kompensiert den Verlust der Anfechtungsbefugnis trotz ggf. begründeter Klage durch die Möglichkeit, bei Vorliegen eines schutzwürdigen Interesses die Nichtigkeit des Beschlusses für die Vergangenheit feststellen zu lassen, ähnlich wie bei einer Fortsetzungsfeststellungsklage im öffentlichen Recht. In der Praxis spielt die Vorschrift keine große Rolle. Daher wurde bereits die Streichung vorgeschlagen.[84]

57 **Stichtag für die Beurteilung** ist nach dem nicht auslegungsfähigen Wortlaut der Vorschrift nicht wie für den Verlust der Anfechtungsbefugnis nach S. 1 der Zeitpunkt der Bestandskraft des Bestätigungsbeschlusses, sondern bereits der Zeitpunkt der Beschlussfassung. Wenn Zustimmungserfordernisse gem. § 138 bestehen, kommt es auf den Zeitpunkt der diesbezüglichen Zustimmung an. Dieser Zeitpunkt ist auch für die ex-nunc-Wirkung entscheidend. Er ist deshalb auch in den Antrag und den Tenor datumsmäßig aufzunehmen und die Nichtigkeit des Erstbeschlusses bis zu diesem Zeitpunkt auszusprechen.

58 Der Kläger, der von der Möglichkeit des § 244 S. 2 Gebrauch machen will, muss bei Bestandskraft des Bestätigungsbeschlusses im Verfahren gegen den Erstbeschluss einen entsprechenden Antrag stellen, dies neben dem zur Hauptsache zu stellenden Erledigungsantrag. Der Ansicht, dass der Antrag auch von Amts wegen beschieden werden kann,[85] ist schon wegen § 308 ZPO nicht zu folgen.[86] Der besonderen Voraussetzungen einer Klagänderung nach der ZPO (§§ 263, 264 S. 2) bedarf es nicht.[87] Der Antrag kann schon vorab für den Fall der Wirksamkeit des Bestätigungsbeschlusses gestellt werden. Die diesbezügliche Klageänderung ist in § 244 S. 2 ausdrücklich zugelassen. Die Entscheidung wirkt gem. § 248 inter omnes.[88]

59 **2. Rechtliches Interesse.** Die Anforderungen an das in § 244 S. 2 geforderte besondere Interesse, das ein rechtliches Interesse sein muss, werden teilweise **hoch angesiedelt** und es nur in Ausnahmefällen bejaht.[89] Das bloße Interesse an der Klärung der Rechtslage reicht jedenfalls nicht.[90] Es ist vielmehr erforderlich, dass der Beschluss wenigstens potenziell über die reine Beschlussfassung hinausgehende Wirkungen gezeigt hat, die die Klarstellung rechtfertigen.[91] Zu bejahen ist das rechtliche Interesse insbesondere dann, wenn der angefochtene Erstbeschluss in die Mitgliedschaft und die Mitgliedschaftsrechte bereits eingegriffen hat, wie etwa bei der Dividendenherabsetzung gem. § 141 Abs. 1, 3 bei Vorzugsaktien[92] oder beim squeeze out, bei dem der Zeitpunkt des Ausschlusses und der Beendigung der Aktionärsrechte – zB hinsichtlich der Dividende – auf den Zeitpunkt des Bestätigungsbeschlusses verschoben wird. Weiter ist ein rechtliches Interesse dann zu bejahen, wenn auf der Grundlage des Erstbeschlusses angesichts der diesem grundsätzlich zukommenden Wirksamkeit bereits neue Beschlüsse gefasst wurden, etwa wenn im Wege einer Satzungsänderung die Mehrheitsquoren geändert wurden und auf dieser Basis bereits Beschlüsse gefasst wurden.[93] Ein Beschluss gem. § 244 S. 2 kann in diesen Fällen die Grundlage für eine erfolgreiche Anfechtung von Beschlüssen schaffen, die in der Zeit bis zum Ergehen des Bestätigungsbeschlusses gefasst worden sind.[94] Hingegen ist ein rechtliches Interesse bei der zunächst fehlerhaften, dann aber bestätigten Wahl eines Aufsichtsratsmitglieds kaum denkbar.[95] Das Interesse an einer günstigen Kostenentscheidung genügt nicht.[96]

60 Ein rechtliches Interesse in dem Sinne, dass dem Anfechtungskläger unmittelbare Folgeansprüche, etwa Schadensersatzansprüche, zustehen müssen, ist nicht erforderlich.

61 Anzumerken ist, dass unabhängig von § 244 S. 2 die Frage, ob der Erstbeschluss rechtmäßig war oder nicht – wie unter → Rn. 35 ff. erörtert – vielfach schon im Rahmen der Kostenentscheidung nach übereinstimmender Erledigungserklärung oder auch nach einseitigem Antrag auf Feststellung

---

[84] *Hüffer* ZGR 2012, 730 (754).
[85] Großkomm AktG/*K. Schmidt* Rn. 24.
[86] Kölner Komm AktG/*Noack/Zetzsche* Rn. 124.
[87] Kölner Komm AktG/*Noack/Zetzsche* Rn. 124; MüKoAktG/*Hüffer/Schäfer* Rn. 16; *Hüffer* ZGR 2012, 730 (746); aA Großkomm AktG/*K. Schmidt* Rn. 16; Hölters/*Englisch* Rn. 11.
[88] Kölner Komm AktG/*Noack/Zetzsche* Rn. 126.
[89] Hüffer/Koch/*Koch* Rn. 7; MüKoAktG/*Hüffer/Schäfer* Rn. 15; *Butzke* FS Stilz 2014, 83 (91).
[90] OLG Stuttgart AG 2005, 125.
[91] Vgl. auch *Zöllner* AG 2004, 397 (405); MüKoAktG/*Hüffer/Schäfer* Rn. 15; Kölner Komm AktG/*Noack/Zetzsche* Rn. 116.
[92] Beispiel nach der RegBegr. *Kropff* S. 331; s. dazu MüKoAktG/*Hüffer/Schäfer* Rn. 2, 15.
[93] Kölner Komm AktG/*Noack/Zetzsche* Rn. 118; K. Schmidt/Lutter/*Schwab* Rn. 20.
[94] *Zöllner* ZZP 81 (1968) 135 (141 ff.). Weitere Beispiele bei Kölner Komm AktG/*Noack/Zetzsche* Rn. 117.
[95] OLG Stuttgart AG 2005, 125; Kölner Komm AktG/*Noack/Zetzsche* Rn. 117; aA K. Schmidt/Lutter/*Schwab* Rn. 23.
[96] BGH NZG 2011, 506 Rn. 14.

der Erledigung zu klären ist, allerdings ohne die Rechtskraftwirkungen, die eine Entscheidung gem. § 244 S. 2 nach sich zieht.

V. Sonderfall: Ausscheiden des Anfechtungsklägers aus der Gesellschaft

Scheidet der Aktionär, der gegen den Erstbeschluss geklagt hat, aus der Gesellschaft aus und ergeht sodann ein Bestätigungsbeschluss, so **fehlt** ihm **die Anfechtungsbefugnis** für die Anfechtung des Bestätigungsbeschlusses, ihm wird also unter Umständen „wehrlos" seine Anfechtungsklage gegen den Erstbeschluss aus der Hand geschlagen. Geschieht dies in der Absicht, ihn zu schädigen, kann sich die Frage der Nichtigkeit des Bestätigungsbeschlusses gem. § 241 Nr. 3, Nr. 4 stellen,[97] die dann ggf. im Verfahren gegen den Erstbeschluss – insoweit bleibt der ausgeschiedene Gesellschafter gem. § 265 ZPO klagebefugt[98] – eingewandt werden kann. 62

Teilweise wird weitergehend[99] die Auffassung vertreten, der Bestätigungsbeschluss sei in diesem Fall nur dann wirksam, wenn zusätzlich der ausgeschiedene Aktionär der Bestätigung zustimme, da die Bestätigung einen Eingriff in die subjektiven Rechte des Anfechtungsklägers darstelle, dessen Mitwirkungsmöglichkeiten im Rahmen des Bestätigungsverfahrens vorausgesetzt würden. Dem kann nicht gefolgt werden.[100] Abgesehen von den Fällen der inhaltlichen Nichtigkeit der §§ 241 Nr. 3 und Nr. 4, in denen er über die Einwendungsmöglichkeit im Verfahren gegen den Erstbeschluss geschützt ist, hat der ausgeschiedene Aktionär kein berechtigtes Interesse an der Verhinderung der – ja von der Mehrheit der Hauptversammlung getragenen – Beschlussbestätigung, zumal diese nur ex nunc wirkt, also erst ab dem Zeitpunkt, zu dem er schon ausgeschieden ist, und er im Erstprozess die Nichtigkeit bis zur Bestätigung gem. § 244 S. 2 feststellen lassen kann. Andernfalls hätte er es auch in der Hand, durch einen Scheinverkauf an einen Vertrauten die Bestätigung zu verhindern und so eine Position zu erreichen, die der überlegen ist, die er hätte, wenn er Aktionär geblieben wäre. 63

Dies gilt auch dann, wenn er **unfreiwillig ausscheidet,** etwa im Wege der Einziehung gem. § 237, durch Mehrheitseingliederung gem. § 320a oder auch im Wege des squeeze out gem. §§ 327a ff.[101] Das Recht des ausgeschiedenen Aktionärs setzt sich hier an seinem Abfindungsanspruch fort, gegen dessen Festsetzung ihm Rechtsschutzmöglichkeiten im Spruchverfahren verbleiben. Konsequenterweise muss dies auch dann gelten, wenn der Ausschluss über ein **Freigabeverfahren** erfolgt. 64

Scheidet der Aktionär erst nach dem Bestätigungsbeschluss aus, kann er die Anfechtungsklage gegen den Bestätigungsbeschluss unter denselben Voraussetzungen fortsetzen, unter denen er auch sonst eine Anfechtungsklage nach dem Ausscheiden nach § 265 ZPO fortsetzen kann.[102] 65

§ 245 Anfechtungsbefugnis

Zur Anfechtung ist befugt
1. jeder in der Hauptversammlung erschienene Aktionär, wenn er die Aktien schon vor der Bekanntmachung der Tagesordnung erworben hatte und gegen den Beschluß Widerspruch zur Niederschrift erklärt hat;
2. jeder in der Hauptversammlung nicht erschienene Aktionär, wenn er zu der Hauptversammlung zu Unrecht nicht zugelassen worden ist oder die Versammlung nicht ordnungsgemäß einberufen oder der Gegenstand der Beschlußfassung nicht ordnungsgemäß bekanntgemacht worden ist;
3. im Fall des § 243 Abs. 2 jeder Aktionär, wenn er die Aktien schon vor der Bekanntmachung der Tagesordnung erworben hatte;
4. der Vorstand;
5. jedes Mitglied des Vorstands und des Aufsichtsrats, wenn durch die Ausführung des Beschlusses Mitglieder des Vorstands oder des Aufsichtsrats eine strafbare Handlung oder eine Ordnungswidrigkeit begehen oder wenn sie ersatzpflichtig werden würden.

---

[97] BGHZ 15, 382 = NJW 1955, 221; BGH LM GmbHG § 29 Nr. 3 = DB 1974, 716 – GmbH; MüKoAktG/*Hüffer/Schäfer* Rn. 8; Kölner Komm AktG/*Noack/Zetzsche* Rn. 74.

[98] BGHZ 169, 221 = NJW 2007, 300 Rn. 15 f. m. krit. Anm. von *Bungert* BB 2007, 57; aA die Vorinstanz OLG Koblenz BB 2005, 1352.

[99] Großkomm AktG/*K. Schmidt* Rn. 8.

[100] Kölner Komm AktG/*Noack/Zetzsche* Rn. 74; MüKoAktG/*Hüffer/Schäfer* Rn. 8; *Bungert* BB 2005, 1345 (1347).

[101] BGHZ 189, 32 = NZG 2011, 669 Rn. 28; Kölner Komm AktG/*Noack/Zetzsche* Rn. 74.

[102] BGHZ 169, 221 = NJW 2007, 300 Rn. 15 f.; MüKoAktG/*Hüffer/Schäfer* Rn. 9; *Hüffer* ZGR 2012, 730 (740).

§ 245

Schrifttum: *Baums/Gajek/Keinath,* Fortschritte bei Klagen gegen Hauptversammlungsbeschlüsse? Eine empirische Studie, ZIP 2007, 1629; *Baums,* Empfiehlt sich eine Neuregelung des aktienrechtlichen Anfechtungs- und Organhaftungsrechts, insbesondere der Klagemöglichkeiten von Aktionären?, in Verhandlungen des 63. Deutschen Juristentages 2000, Gutachten F; *Bayer,* Aktionärsklagen de lege lata und de lege ferenda NJW 2000, 2609; *Beyerle,* Zur Klagebefugnis eines Aktionärs bei Übertragung der Aktien auf Dritte, DB 1982, 837; *Bokelmann,* Rechtsmissbrauch des Anfechtungsrechts durch den Aktionär?, BB 1972, 733; *Boujong,* Rechtsmissbräuchliche Aktionärsklagen vor dem Bundesgerichtshof – Eine Zwischenbilanz, FS Kellermann, 1991, 1; *Buchta/Ott,* Problembereiche des Squeeze-out, DB 2005, 990; *Bungert,* Fortbestehen der Anfechtungsbefugnis nach wirksam gewordenem Squeeze-out, BB 2007, 57; *Bungert,* Verlust der Klagebefugnis für anhängige Anfechtungsklagen nach Wirksamwerden eines Squeeze-out, BB 2005, 1345; *Dänzer-Vanotti,* Aufwendungsersatzanspruch des Aufsichtsratsmitglieds wegen aufgewandter Prozesskosten, BB 1985, 1632; *Diekgräf,* Sonderzahlungen an opponierende Kleinaktionäre im Rahmen von Anfechtungs- und Spruchstellenverfahren, 1990; *Diekgräf,* Neue Dimensionen des Rechtsmissbrauchs bei aktienrechtlichen Anfechtungsklagen, WM 1991, 613; *Fleischer,* Anforderungen an Anfechtungskläger im Aktienrecht, FS Stilz, 2014, 143; *Heise/Dreier,* Wegfall der Klagebefugnis bei Verlust der Aktionärseigenschaft im Anfechtungsprozess, BB 2004, 1126; *Hirte,* Missbrauch aktienrechtlicher Anfechtungsklagen, BB 1988, 1469; *Hirte,* Missbrauch von Aktionärsklagen – allgemeine Abwägung oder konkrete Definition?, DB 1989, 267; *Hüffer,* Beschlussmängel im Aktienrecht und im Recht der GmbH, ZGR 2001, 833; *Koch/Wackerbeck,* Der Schutz vor räuberischen Aktionären durch die Neuregelungen des ARUG, ZIP 2009, 1603; *Krieger,* Aktionärsklage zur Kontrolle des Vorstands- und Aufsichtsratshandelns, ZHR 163 (1999), 343; *Mestmäcker,* Zur aktienrechtlichen Stellung der Verwaltung bei Kapitalerhöhungen, BB 1961, 945; *Nietsch,* Anfechtungsbefugnis und Prozessführungsbefugnis beim Verlust der Aktionärsstellung durch Ausschluss nach § 327a AktG, NZG 2007, 451; *Noack,* Der Widerspruch des Aktionärs in der Hauptversammlung, AG 1989, 78; *Poelzig/Meixner,* Die Bekämpfung missbräuchlicher Anfechtungsklagen gegen börsennotierte Gesellschaften, AG 2008, 196; *Saenger,* Aktienrechtliche Anfechtungsklagen: Verfahrenseffizienz und Kosten, AG 2002, 536; *K. Schmidt,* Anfechtungsbefugnisse von Aufsichtsratsmitgliedern, FS Semler, 1993, 329; *K. Schmidt,* Reflexionen über das Beschlussmängelrecht, AG 2009, 248; *Schwarz,* Empfiehlt sich eine Neuregelung des aktienrechtlichen Anfechtungs- und Organhaftungsrechts, insbesondere der Klagemöglichkeiten von Aktionären?, ZRP 2000, 330; *Tielmann,* Die Anfechtungsklage – ein Gesamtüberblick unter Berücksichtigung des UMAG, WM 2007, 1686; *Ulmer,* Entwicklungen im Kapitalgesellschaftsrecht 1975 bis 1999, ZGR 1999, 751; *Verse,* Das Beschlussmängelrecht nach dem ARUG, NZG 2009, 1127; *Vetter,* Widerspruch zu Protokoll der Hauptversammlung erst zur Mitternachtsstund?, DB 2006, 2278; *Waclawik,* Die Fortführung des aktienrechtlichen Anfechtungsprozesses durch den ausgeschlossenen Aktionär, ZIP 2007, 1; *Waclawik,* Das ARUG und die klagefreudigen Aktionäre – Licht am Ende des Tunnels?, ZIP 2008, 1141; *Wardenbach,* Missbrauch des Anfechtungsrechts und „nachträglicher" Aktienerwerb, ZGR 1992, 563; *Zöllner,* Zur Problematik der aktienrechtlichen Anfechtungsklage, AG 2000, 145.

Übersicht

	Rn.
I. Normzweck und Funktion der Anfechtungsbefugnis	1–10
1. Allgemeines	1
2. Normzwecke	2, 3
3. Dogmatische Einordnung und Funktion der Anfechtungsbefugnis	4–10
a) Dogmatische Einordnung	4, 5
b) Funktion der Anfechtungsbefugnis	6–10
II. Das Anfechtungsrecht des Aktionärs, Nr. 1 bis 3	11–40
1. Allgemeines	11
2. Aktionärseigenschaft	12–21
a) Inhaber der Aktie	12
b) Gemeinschaftlicher Vertreter bei mehreren Berechtigten	13
c) Sonderfälle	14–17
d) Nachweis der Aktionärseigenschaft	18
e) Maßgeblicher Zeitpunkt	19–21
3. Anfechtungsbefugnis nach Nr. 1	22–30
a) Erscheinen des Aktionärs in der Hauptversammlung	22
b) Aktienerwerb vor Bekanntmachung der Tagesordnung	23
c) Widerspruch zur Niederschrift	24–29
d) Entbehrlichkeit des Widerspruchs	30
4. Anfechtungsbefugnis nach Nr. 2	31–38
a) Nicht erschienener Aktionär	31
b) Nichterscheinen des Aktionärs in der Hauptversammlung	32
c) Unberechtigte Nichtzulassung, Einberufungs- oder Bekanntmachungsfehler	33–38
5. Anfechtungsbefugnis nach Nr. 3	39, 40
III. Das Anfechtungsrecht des Vorstands, Nr. 4	41–48
1. Allgemeines	41
2. Prozessparteien	42–44
3. Kosten	45
4. Abwickler und Insolvenzverwalter	46, 47
a) Abwickler	46
b) Insolvenzverwalter	47
5. Besonderer gesetzlicher Vertreter	48
IV. Das Anfechtungsrecht einzelner Organmitglieder, Nr. 5	48a–53
1. Allgemeines	48a
2. Voraussetzungen	49–52
a) Anfechtungsberechtigung	49
b) Inhaltliche Voraussetzungen der Klagebefugnis	50–51a
c) Prüfungsumfang	52
3. Prozessuale Fragen	53
V. Missbrauch des Anfechtungsrechts	54–71

	Rn.		Rn.
1. Grundlagen	54–57	b) Sonstige Rechtsfolgen	66
2. Tatbestandliche Voraussetzungen des Rechtsmissbrauchs	58–64	4. Darlegungs- und Beweislast	67
a) Definition des Reichsgerichts	58	5. Rechtsmissbrauch und Registerverfahren	68–71
b) Neuere Rechtsprechung	59–64	a) Registersperre	68
3. Rechtsfolgen des Rechtsmissbrauchs	65, 66	b) Sonderfälle	69, 70
a) Unbegründetheit der Klage	65	c) Freigabeverfahren nach § 246a	71

I. Normzweck und Funktion der Anfechtungsbefugnis

1. Allgemeines. Die Regelung entspricht weitgehend dem § 198 Abs. 1 AktG 1937. Eine Änderung gegenüber der früheren Rechtslage enthält lediglich § 245 Nr. 5. Durch die Neufassung wird klargestellt, dass jedes Mitglied des Vorstands und des Aufsichtsrats zur Anfechtung auch dann befugt ist, wenn nicht das klagende Organmitglied selbst, sondern irgendein anderes Mitglied von Vorstand oder Aufsichtsrat mit der Ausführung des Beschlusses eine strafbare Handlung oder Ordnungswidrigkeit begehen oder sich schadensersatzpflichtig machen würde.

2. Normzwecke. Die Regelung verfolgt einen doppelten Zweck; einerseits die Gewährleistung einer Anfechtungsbefugnis, andererseits deren Begrenzung. Durch die enumerative Aufzählung der anfechtungsberechtigten Personen und die Konkretisierung der sachlichen Voraussetzungen wird die Anfechtungsbefugnis begrenzt und eine **Popularklage** ausgeschlossen.[1] Andererseits räumt § 245 den genannten Personen unter den beschriebenen Voraussetzungen ein **subjektives Recht** auf klageweise Geltendmachung eines Gesetzes- oder Satzungsverstoßes eines Hauptversammlungsbeschlusses ein.

§ 245 ist **zwingendes Recht.** Die Anfechtungsbefugnis kann durch Satzung weder erweitert noch eingeschränkt werden (§ 23 Abs. 5).[2]

3. Dogmatische Einordnung und Funktion der Anfechtungsbefugnis. a) Dogmatische Einordnung. Nach hM hat die Anfechtungsbefugnis **materiell-rechtlichen Charakter,** ist also Begründetheitsvoraussetzung der Anfechtungsklage. Fehlt die Anfechtungsbefugnis, ist die Klage als unbegründet abzuweisen.[3] Demgegenüber sieht eine andere Auffassung die Anfechtungsbefugnis als Sachurteilsvoraussetzung an mit der Folge, dass im Falle ihres Fehlens die Klage unzulässig ist, weil hinsichtlich des prozessualen Ziels, des Gestaltungsurteils, die Anfechtungsbefugnis nicht als privates Gestaltungsklagerecht, sondern als Klagebefugnis interessiere.[4]

Der inhaltliche Schwerpunkt der Anfechtungsbefugnis liegt indessen im materiellen Recht. Das Anfechtungsrecht ist als Ausfluss des Mitgliedschaftsrechts der Aktionäre bzw. der organschaftlichen Befugnisse des Vorstands oder einzelner Organmitglieder ein **materiell-rechtliches, privates Gestaltungsrecht.**[5] Für die Einordnung der Anfechtungsbefugnis als Begründetheitselement sprechen im Übrigen auch praktische Gründe. Wegen der Einheitlichkeit des Streitgegenstands von Anfechtungs- und Nichtigkeitsklage (→ § 246 Rn. 5 ff.) ist die Klage eines Aktionärs oder eines Organmitglieds auch dann nicht als unzulässig abzuweisen, wenn die Anfechtungsbefugnis nach Nr. 1–3, 5 fehlt. Vielmehr ist die Klage auf Nichtigkeitsgründe hin zu überprüfen und – wenn solche nicht vorliegen – als unbegründet abzuweisen. Eine Klageabweisung als zum Teil unzulässig, zum Teil unbegründet verbietet schon die Einheitlichkeit des Streitgegenstands.

b) Funktion der Anfechtungsbefugnis. Die Funktion der Anfechtungsbefugnis ist eine Doppelte.

aa) Kontrollrecht. Zum einen ist das Anfechtungsrecht Kontrollrecht. Dies gilt sowohl für das Anfechtungsrecht des Aktionärs wie auch für die Anfechtungsbefugnis des Vorstands und einzelner Organmitglieder. Die Anfechtung dient der Kontrolle der **Rechtmäßigkeit von Hauptversammlungsbeschlüssen.** Bei der dem Vorstand eingeräumten Anfechtungsbefugnis steht die Kontroll-

---

[1] Großkomm AktG/*K. Schmidt* Rn. 2.
[2] AllgM; MüKoAktG/*Hüffer/Schäfer* Rn. 2; Kölner Komm AktG/*Zöllner* Rn. 4; Bürgers/Körber/*Göz* Rn. 2.
[3] BGH AG 2009, 534; AG 2007, 863; AG 2006, 501; BGHZ 43, 261 (266) = NJW 1965, 1378; BGH AG 1992, 448; OLG Stuttgart AG 2003, 588; AG 2001, 315 (316); MüKoAktG/*Hüffer/Schäfer* Rn. 3; Kölner Komm AktG/*Zöllner* Rn. 2; Hüffer/Koch/*Koch* Rn. 2; MHdB AG/*Semler* § 41 Rn. 49.
[4] Großkomm AktG/*K. Schmidt* Rn. 6; *K. Schmidt* FS Semler, 1993, 329 (332); K. Schmidt/Lutter/*Schwab* Rn. 2.
[5] BGHZ 43, 261 (266) = NJW 1965, 1378; BGH AG 1992, 448; OLG Stuttgart AG 2003, 588; MüKoAktG/ *Hüffer/Schäfer* Rn. 9.

funktion im Vordergrund, denn der Vorstand hat als Organ die Beachtung von Gesetz und Satzung bei der Beschlussfassung zu überwachen.[6]

7a Auch das den Aktionären und den Organmitgliedern eingeräumte Anfechtungsrecht dient der Rechtmäßigkeitskontrolle. Es steht diesen Personen auch dann zu, wenn sie kein eigenes persönliches Interesse an der Vernichtung des angefochtenen Beschlusses haben.[7]

8 **bb) Subjektives Recht.** Gleichzeitig ist die Anfechtungsbefugnis des Aktionärs als Teil des Mitgliedschaftsrechts subjektives Recht, es dient dem individuellen Schutz der Rechte und Interessen des Aktionärs.[8] Das Anfechtungsrecht hat Abwehrfunktion gegenüber gesetz- oder satzungswidrigen Übergriffen und ist daher **eigennütziges Verwaltungsrecht** des Aktionärs. Bei der Anfechtung unterliegt der Aktionär keiner gesellschaftsrechtlichen Treupflicht, die die Wahrung seiner Interessen wegen entgegenstehender Gesellschaftsinteressen beschränken würde. Beschränkt ist das Anfechtungsrecht nur durch das Verbot der missbräuchlichen Rechtsverfolgung.[9]

9 Auch die Anfechtungsbefugnis der einzelnen Organmitglieder dient dem individuellen Schutz des Organmitglieds, das durch die Ausführung des Beschlusses eine strafbare Handlung oder eine Ordnungswidrigkeit begehen oder sich schadensersatzpflichtig machen würde. Ausreichend ist dabei, dass irgendein Mitglied des Vorstands oder des Aufsichtsrats durch die Ausführung des Beschlusses in die umschriebene Zwangslage geraten würde. Nicht erforderlich ist, dass dies der Anfechtungskläger selbst ist.

10 Das Anfechtungsrecht des Vorstands enthält demgegenüber keine subjektiv-rechtliche Komponente. Es hat lediglich Kontrollfunktion. Mit der Anfechtung verfolgt der Vorstand keine eigenen Interessen, vielmehr wird er als Organ aufgrund der ihm in § 76 Abs. 1 eingeräumten Leitungsfunktion tätig, die die Wahrung von Gesetz und Satzung einschließt.[10]

II. Das Anfechtungsrecht des Aktionärs, Nr. 1 bis 3

11 **1. Allgemeines.** Dem Aktionär steht ein Anfechtungsrecht in drei Fällen zu:
– der in der Hauptversammlung erschienene Aktionär ist zur Anfechtung befugt, wenn er die Aktien schon vor der Bekanntmachung der Tagesordnung erworben hatte und gegen den Beschluss Widerspruch zur Niederschrift erklärt hat, Nr. 1;
– der in der Hauptversammlung nicht erschienene Aktionär ist unter den Voraussetzungen der Nr. 2 anfechtungsbefugt;
– unabhängig von seiner Teilnahme an der Hauptversammlung ist jeder Aktionär, der die Aktien vor der Bekanntmachung der Tagesordnung erworben hatte, anfechtungsbefugt, wenn er einen Verstoß gegen § 243 Abs. 2 geltend macht, Nr. 3.

12 **2. Aktionärseigenschaft. a) Inhaber der Aktie.** Die Anfechtungsbefugnis nach Nr. 1–3 knüpft an die **Aktionärseigenschaft** an. Grundsätzlich gewährt jede Aktie dem Inhaber eine Anfechtungsbefugnis. Gleichgültig ist, ob die Aktie dem Inhaber ein Stimmrecht verleiht; auch Inhaber von stimmrechtslosen Vorzugsaktien und Aktionäre, die nach § 136 Abs. 1 ausgeschlossen sind, sind anfechtungsbefugt.[11] Soweit allerdings Aktien einem nach §§ 20, 21 mitteilungspflichtigen Unternehmen gehören, dieses aber wegen Nichterfüllung der Mitteilungspflicht nach § 20 Abs. 7 S. 1, § 21 Abs. 4 S. 1 zur Ausübung der Aktionärsrechte nicht berechtigt ist, fehlt auch die Anfechtungsbefugnis, weil mitgliedschaftliche Verwaltungsrechte überhaupt nicht bestehen.[12] Dasselbe gilt für Ausübungshindernisse wegen der Verletzung von Meldepflichten nach § 44 WpHG oder Publikationspflichten nach § 59 WpÜG.[13] Der lediglich temporäre Rechtsverlust nach § 20 Abs. 7, § 21 Abs. 4 erstreckt sich aber nicht auf die Anfechtungsbefugnis nach Nr. 3. Eine Anfechtungsklage kann auch in diesen Fällen auf die unzulässige Verfolgung von Sondervorteilen iSd § 243 Abs. 2 gestützt werden, wenn die gemäß § 20 erforderliche Mitteilung vor Ablauf der Anfechtungsfrist des § 246 Abs. 1

---

[6] Großkomm AktG/*K. Schmidt* Rn. 32; MüKoAktG/*Hüffer/Schäfer* Rn. 15.
[7] BGHZ 43, 261 (266) = NJW 1965, 1378; BGHZ 70, 117 (118) = NJW 1978, 540; Großkomm AktG/ *K. Schmidt* Rn. 10; MüKoAktG/*Hüffer/Schäfer* Rn. 15; Grigoleit/*Ehmann* Rn. 1; *Lutter* AcP 180 (1980), 84 (143).
[8] BGHZ 180, 154 = AG 2009, 441; BGHZ 169, 221 = AG 2006, 931; AG 2006, 501; Großkomm AktG/ *K. Schmidt* Rn. 10 f.; MüKoAktG/*Hüffer/Schäfer* Rn. 6 f.; Kölner Komm AktG/*Zöllner* Rn. 6; Hüffer/Koch/*Koch* Rn. 3.
[9] → Rn. 54 ff.; Großkomm AktG/*K. Schmidt* Rn. 11; MüKoAktG/*Hüffer/Schäfer* Rn. 7.
[10] OLG München AG 2009, 119; Großkomm AktG/*K. Schmidt* Rn. 32: Funktionärsklage; MüKoAktG/ *Hüffer/Schäfer* Rn. 16.
[11] AllgM; Großkomm AktG/*K. Schmidt* Rn. 13; MüKoAktG/*Hüffer/Schäfer* Rn. 20; Kölner Komm AktG/ *Zöllner* Rn. 8.
[12] BGHZ 167, 204 = AG 2006, 501.
[13] MüKoAktG/*Hüffer/Schäfer* Rn. 21.

nachgeholt worden ist.[14] Aktionär ist der **Inhaber** der Aktie. Ist eine rechtlich verselbständigte Gesellschaft Aktieninhaberin, so ist diese selbst und nicht die einzelnen Gesellschafter anfechtungsbefugt.[15] Dies gilt auch für die Außengesellschaft bürgerlichen Rechts, denn sie besitzt Rechtsfähigkeit, soweit sie durch Teilnahme am Rechtsverkehr eigene Rechte und Pflichten begründet.[16] Die Aktiengesellschaft selbst hat aber aus eigenem Aktienbesitz kein Anfechtungsrecht, dasselbe gilt für ein von ihr abhängiges Unternehmen aus Aktien der Gesellschaft.[17]

b) Gemeinschaftlicher Vertreter bei mehreren Berechtigten. Steht eine Aktie **mehreren Berechtigten** zu, kann eine Anfechtung nach § 69 Abs. 1 nur durch einen **gemeinschaftlichen Vertreter** erfolgen. Dies betrifft die Bruchteilsgemeinschaften nach §§ 741 ff. BGB, das Gesamtgut nach §§ 1415 ff. BGB und die Erbengemeinschaft nach §§ 2032 ff. BGB.[18] Als Mehrheit von Berechtigten iSd § 69 Abs. 1 ist auch die reine Innengesellschaft bürgerlichen Rechts zu behandeln. Kein Anwendungsfall des § 69 Abs. 1 ist demgegenüber trotz § 6 Abs. 1 DepotG die **Girosammelverwahrung.**[19]

c) Sonderfälle. aa) Treuhand. Bei der **Treuhand** ist der Treuhänder und nicht der Treugeber Aktionär und daher anfechtungsbefugt. Maßgeblich ist die rechtliche und nicht die wirtschaftliche Betrachtungsweise.[20] Dies gilt sowohl für die eigennützige (Sicherungs-)Treuhand als auch für die fremdnützige (Verwaltungs-)Treuhand.

bb) Verpfändung. Die **Verpfändung** der Aktie ändert nichts an deren Inhaberschaft; das Pfandrecht gibt dem Pfandgläubiger lediglich eine Verwertungsbefugnis. Es bleibt daher auch in diesem Fall beim Anfechtungsrecht des verpfändenden Aktionärs; der Pfandgläubiger ist demgegenüber nicht anfechtungsbefugt.[21] Der Pfandgläubiger ist verpflichtet, dem Aktionär die Anfechtung durch geeignete Maßnahmen, etwa die Hinterlegung zumindest einer Aktie, zu ermöglichen.

cc) Nießbrauch. Für den **Nießbrauch** gilt grundsätzlich nichts anderes. Wegen des mitgliedschaftsrechtlichen Abspaltungsverbotes[22] kann das Anfechtungsrecht als Mitgliedschaftsrecht nicht von der Mitgliedschaft getrennt werden. Das Anfechtungsrecht steht daher allein dem Aktionär zu.[23] Sollen dem Nießbraucher Verwaltungsrechte übertragen werden, kann dies durch eine treuhänderische Übertragung der Aktien erreicht werden.

dd) Legitimationsaktionär. Entgegen der von der obergerichtlichen Rechtsprechung über lange Zeit vertretenen Auffassung[24] steht dem sog. **Legitimationsaktionär** (§ 129 Abs. 3) kein eigenes Anfechtungsrecht zu. Vielmehr ist der wahre Aktionär anfechtungsberechtigt, wenn der Legitimationsaktionär in der Hauptversammlung erschienen ist und gegen den Beschluss Widerspruch zur Niederschrift erklärt hat. Dies schließt allerdings nicht aus, dass dieser den Legitimationsaktionär nach § 185 BGB dazu ermächtigt, das Klagerecht in eigenem Namen auszuüben.[25] Der Legitimationsaktionär ist im Anfechtungsprozess **Prozessstandschafter** für den wirklichen Aktionär. Ob dem Legitimationsaktionär über die Ermächtigung zur Ausübung des Stimmrechts in eigenem Namen hinaus auch die Ermächtigung zur Anfechtung im eigenen Namen erteilt ist, ist Frage des Einzelfalls.[26]

d) Nachweis der Aktionärseigenschaft. Der **Nachweis der Aktionärseigenschaft** ist vom Anfechtungskläger zu erbringen. Bei Inhaberaktien erfolgt er regelmäßig durch Vorlage der Aktie

---

[14] BGH AG 2009, 534; OLG Schleswig AG 2008, 129.
[15] Großkomm AktG/*K. Schmidt* Rn. 14; MüKoAktG/*Hüffer/Schäfer* Rn. 19.
[16] BGHZ 146, 341 = NJW 2001, 1056; vgl. auch K. Schmidt/Lutter/*Schwab* Rn. 4.
[17] §§ 71b, 71d S. 4; vgl. MüKoAktG/*Hüffer/Schäfer* Rn. 21.
[18] Zur Erbengemeinschaft vgl. auch BGHZ 108, 21 = NJW 1989, 2694.
[19] AllgM; Großkomm AktG/*K. Schmidt* Rn. 14; MüKoAktG/*Hüffer/Schäfer* Rn. 23; Kölner Komm AktG/*Zöllner* Rn. 9; Hüffer/Koch/*Koch* Rn. 6.
[20] BGHZ 24, 119 (124) = NJW 1957, 951; BGH NJW 1966, 1458 (1459); MüKoAktG/*Hüffer/Schäfer* Rn. 26.
[21] Großkomm AktG/*K. Schmidt* Rn. 16; MüKoAktG/*Hüffer/Schäfer* Rn. 31.
[22] Vgl. hierzu MüKoBGB/*Schäfer* BGB § 717 Rn. 7 mwN.
[23] Großkomm AktG/*K. Schmidt* Rn. 16; differenzierend für den sog. Anteilsnießbrauch: MüKoAktG/*Hüffer/Schäfer* Rn. 32.
[24] Vgl. BayOLGZ 1987, 297 (302) unter Bezugnahme auf RGZ 118, 330 (332); RGZ 146, 71 (78).
[25] OLG Stuttgart AG 2003, 588; AG 2002, 353; BayOLGZ 1996, 234 = AG 1996, 563 unter ausdrücklicher Aufgabe der bish. Rspr.; MüKoAktG/*Hüffer/Schäfer* Rn. 33; Kölner Komm AktG/*Zöllner* Rn. 11, 32; Hüffer/Koch/*Koch* Rn. 11; *Noack* FS Stilz, 2014, 439 (449); weitergehend Großkomm AktG/*K. Schmidt* Rn. 15.
[26] OLG Stuttgart AG 2003, 588; MüKoAktG/*Hüffer/Schäfer* Rn. 33; Hüffer/Koch/*Koch* Rn. 11; zu weitgehend Großkomm AktG/*K. Schmidt* Rn. 15, der in der Ermächtigung zur Ausübung des Stimmrechts regelmäßig auch die Ermächtigung zur Anfechtung sieht; ihm folgend NK-AktR/*Heidel* Rn. 6.

oder einer Hinterlegungsbescheinigung, bei Namensaktien durch Eintragung im Aktienregister (§ 67 Abs. 2).

19 e) **Maßgeblicher Zeitpunkt.** Nach zutreffender hM genügt es nicht, dass der Kläger bei Eintritt der Rechtshängigkeit Aktionär ist, vielmehr muss die Aktionärseigenschaft schon im Zeitpunkt der Beschlussfassung vorgelegen haben.[27] Bei einer Anfechtung nach Nr. 1 und 3 ist im Weiteren erforderlich, dass der Aktionär die Aktien bereits vor der Bekanntmachung der Tagesordnung erworben hatte. Dieses durch Art. 1 Nr. 21 UMAG eingeführte zusätzliche Erfordernis soll Anreize zum Aktienerwerb zwecks Anfechtung vermeiden. Für die Anfechtung nach Nr. 2 gilt dieses zusätzliche Erfordernis nicht. Es genügt, dass der Anfechtungskläger bei Beschlussfassung Aktionär war. Eine Ausnahme gilt nur für den Fall der **Gesamtrechtsnachfolge,** weil der Rechtsnachfolger insgesamt in die Rechtsstellung des Vorgängers einrückt.[28] Es genügt in diesem Fall, dass der Rechtsvorgänger bei Bekanntgabe der Tagesordnung bzw. im Falle einer Anfechtung nach Nr. 2 bei Beschlussfassung Aktionär war.

20 Die **Veräußerung** der Aktien nach Rechtshängigkeit führt entgegen einer früher vertretenen Auffassung[29] nicht zum Verlust des Anfechtungsrechts. Vielmehr besteht in entsprechender Anwendung des § 265 Abs. 2 ZPO auch nach der Veräußerung der Aktien die Anfechtungsbefugnis des bisherigen Aktionärs fort, sofern er an der Fortführung des Rechtsstreits noch ein berechtigtes Interesse hat. Dass diese vom BGH für die GmbH seit langem vertretene Auffassung[30] auch für die aktienrechtliche Anfechtungsklage gilt, entspricht mittlerweile hM in Literatur[31] und Rechtsprechung.[32] Die analoge Anwendung des § 265 Abs. 2 ZPO ist deshalb gerechtfertigt, weil die Anfechtungsbefugnis ein aus dem Mitgliedschaftsrecht folgendes Verwaltungsrecht ist und § 265 Abs. 2 ZPO neben der Prozessökonomie und dem Schutz des Prozessgegners auch dem Interesse des Rechtsvorgängers an der Fortführung des Rechtsstreits dient.[33] Die Anwendung des § 265 Abs. 2 ZPO erfasst allerdings nur Fälle des Verlusts der Aktionärseigenschaft nach Rechtshängigkeit der Anfechtungsklage. Endet die Aktionärseigenschaft vor Klagerhebung besteht keine Anfechtungsbefugnis (zur Ausnahme beim Squeeze-out, → Rn. 21).[34]

21 Eine Fortsetzung des Rechtsstreits in analoger Anwendung des § 265 Abs. 2 ZPO ist nicht nur im Falle der freiwilligen Veräußerung der Aktien möglich, sondern kommt grundsätzlich auch dann in Betracht, wenn der Anfechtungskläger sein Mitgliedschaftsrecht im Laufe des Anfechtungsprozesses im Wege des **Squeeze-out** mit der Eintragung des Übertragungsbeschlusses in das Handelsregister nach § 327e Abs. 3 kraft Gesetzes verliert.[35] Dabei ist allerdings zu beachten, dass nach Wirksamwerden des Squeeze-out-Beschlusses das Interesse des klagenden Aktionärs an einer Fortführung der vor dem Squeeze-out-Beschluss erhobenen Anfechtungsklage regelmäßig entfallen wird.[36] Das Interesse des ausgeschiedenen Aktionärs beschränkt sich im Regelfall auf die gemäß § 327a zu gewährende Abfindung. Über deren Höhe ist aber nicht im anhängigen Anfechtungsverfahren, sondern nach § 327f. im Spruchverfahren zu befinden. Damit entfällt für die vor dem Squeeze-out-Beschluss erhobene Anfechtungsklage die Klagebefugnis, wenn nicht im Einzelfall ausnahmsweise ein Interesse des ausgeschiedenen Aktionärs an deren Fortführung besteht.[37] Weitergehend bejaht der BGH ein

---

[27] BGH NJW 2008, 69; MüKoAktG/*Hüffer/Schäfer* Rn. 24; Hüffer/Koch/*Koch* Rn. 7; *Beyerle* DB 1982, 837; *Heise/Dreier* BB 2005, 1126; aA Kölner Komm AktG/*Zöllner* Rn. 18 ff.; NK-AktR/*Heidel* Rn. 6; differenzierend Großkomm AktG/*K. Schmidt* Rn. 17.

[28] Großkomm AktG/*K. Schmidt* Rn. 17; MüKoAktG/*Hüffer/Schäfer* Rn. 25; Hüffer/Koch/*Koch* Rn. 7; vgl. auch K. Schmidt/Lutter/*Schwab* Rn. 25.

[29] *v. Godin/Wilhelmi* Anm. 2; *Beyerle* DB 1982, 837 (838).

[30] Vgl. nur BGHZ 43, 261 (266) = NJW 1965, 1378; BGH AG 1993, 514.

[31] Großkomm AktG/*K. Schmidt* Rn. 17; MüKoAktG/*Hüffer/Schäfer* Rn. 27; Kölner Komm AktG/*Zöllner* Rn. 23 f.; Hüffer/Koch/*Koch* Rn. 8; *Drescher* FS Stilz, 2014, 125 (132); K. Schmidt/Lutter/*Schwab* Rn. 26, der dem bisherigen Aktionär die Fortführung des Rechtsstreits unabhängig von einem Fortführungsinteresse gestatten will; im Ergebnis ebenso *Waclawik* ZIP 2007, 1 (5).

[32] BGHZ 169, 221 = AG 2006, 931; OLG Stuttgart AG 2006, 340.

[33] BGH NJW-RR 2001, 181.

[34] OLG München AG 2010, 673; MüKoAktG/*Hüffer/Schäfer* Rn. 26 mwN.

[35] BGHZ 169, 221 = AG 2006, 931; OLG Stuttgart AG 2006, 340; K. Schmidt/Lutter/*Schwab* Rn. 27; *Heise/Dreier* BB 2004, 1126 (1127); *Nietsch* NZG 2007, 451; *Tielmann* WM 2007, 1386 (1387); aA *Bungert* BB 2007, 57; *Bungert* BB 2005, 1345 (1346); *Buchta/Ott* DB 2005, 990 (993).

[36] MüKoAktG/*Hüffer/Schäfer* Rn. 28; Hüffer/Koch/*Koch* Rn. 8a; vgl. auch OLG München AG 2009, 912; OLG Stuttgart AG 2006, 340; weitergehend allerdings BGHZ 169, 221 = AG 2006, 931.

[37] *Heise/Dreier* BB 2004, 1126; vgl. zu dem Sonderfall einer Anfechtungsklage gegen einen Sachverhalt nach dem Squeeze-out-Beschluss, in dem der Kläger außerhalb der im Spruchverfahren zu ermittelnden Barabfindung einen Anspruch auf Zahlung von Dividende für den Zeitraum zwischen Ergehen und Wirksamwerden des Squeeze-out-Beschlusses geltend machte, OLG Stuttgart AG 2006, 340.

Fortführungsinteresse auch dann, wenn der Ausgang des Anfechtungsprozesses rechtlich erhebliche Auswirkungen auf die als Vermögensausgleich für den Verlust der Mitgliedschaftsrechte zu gewährende angemessene Barabfindung haben kann.[38] Für die **Anfechtungsklage gegen den Squeeze-out-Beschluss** selbst ist hingegen eine Anfechtungsbefugnis des ausgeschiedenen Aktionärs zu bejahen. Dies gilt auch dann, wenn der Übertragungsbeschluss vor Zustellung der Klage in das Handelsregister eingetragen worden ist. Zwar verliert der Aktionär mit der Eintragung des Übertragungsbeschlusses in das Handelsregister seine Aktionärseigenschaft, nicht aber die Befugnis, gegen den Übertragungsbeschluss selbst vorzugehen. Andernfalls bliebe der ausgeschlossene Minderheitsaktionär gegen die zwangsweise Übertragung seiner Aktien rechtlos.[39] Die Klagemöglichkeit wird in § 327e Abs. 2, § 319 Abs. 6 S. 6 vorausgesetzt.[40]

3. Anfechtungsbefugnis nach Nr. 1. a) Erscheinen des Aktionärs in der Hauptversammlung. Voraussetzung für die Anfechtungsbefugnis ist das Erscheinen des Aktionärs in der Hauptversammlung. Erforderlich ist dabei nicht, dass der Aktionär in Person an der Hauptversammlung teilgenommen hat. Es reicht vielmehr aus, wenn ein Vertreter – gleich ob in offener Stellvertretung oder als verdeckter Stellvertreter, etwa in den Fällen des § 135 Abs. 4 S. 2, Abs. 8 – mit wenigstens einer Aktie in der Hauptversammlung aufgetreten ist.[41] Auch die Teilnahme des Legitimationsaktionärs ist für die spätere Anfechtungsklage des wahren Aktionärs nach Nr. 1 ausreichend.[42] Ausreichend ist auch eine online-Teilnahme, wenn dies durch Satzung zugelassen ist.

b) Aktienerwerb vor Bekanntmachung der Tagesordnung. Der klagende Aktionär muss die Aktien schon vor der Bekanntmachung der Tagesordnung erworben haben. Diese zusätzliche Voraussetzung wurde durch das am 1.11.2005 in Kraft getretene Gesetz zur Unternehmensintegrität und Modernisierung des Anfechtungsrechts (**UMAG**) eingeführt. Zweck der Regelung ist die Verhinderung eines gezielten Aktienerwerbs nach Bekanntmachung der Tagesordnung zur Betreibung von Anfechtungsklagen. Da gerade die Bekanntmachung der Tagesordnung geeignet sein kann, einen Anreiz zum zielgerichteten Aktienerwerb zu bieten, knüpft die Neuregelung zu Recht an dieses Tatbestandsmerkmal an und nicht an eine Besitzzeit von mehreren Monaten. Hierfür gäbe es auch unter dem Gesichtspunkt der Einschränkung missbräuchlicher Anfechtungsklagen keine sachliche Rechtfertigung. Auf Fälle des Aktienerwerbs vor Inkrafttreten des UMAG und erst Recht auf Fälle der Klageerhebung vor Inkrafttreten des UMAG findet die zeitliche Beschränkung in Nr. 1 und 3 keine Anwendung. Der BGH begründet diese Auffassung überzeugend mit dem Hinweis auf die Funktion der Anfechtungsbefugnis als subjektives Recht, in das nicht ohne Weiteres durch eine Gesetzesänderung quasi rückwirkend eingegriffen werden könne. Jedenfalls könne von einem entsprechenden Eingriffswillen des Gesetzgebers nicht ausgegangen werden.[43]

c) Widerspruch zur Niederschrift. Anfechtungsbefugt nach Nr. 1 ist nur der Aktionär, der gegen den Beschluss der Hauptversammlung Widerspruch zur Niederschrift erklärt hat. Der Aktionär muss indessen nicht notwendig selbst Widerspruch einlegen; es genügt, wenn dies der für ihn erschienene Vertreter oder Legitimationsaktionär vornimmt.[44]

aa) Widerspruch. Widerspruch ist die Erklärung, dass der Widersprechende den Beschluss für nichtig oder rechtswidrig hält. Der Begriff selbst muss nicht verwendet werden; es reicht aus, wenn die Bedenken gegen die Rechtmäßigkeit des Beschlusses hinreichend klar zum Ausdruck kommen.[45] Eine Begründung des Widerspruchs ist nicht erforderlich. Andererseits genügt nicht, dass Bedenken gegen das Verfahren, etwa einen Stimmrechtsentzug, angemeldet werden. Vielmehr muss der Aktionär, Stellvertreter oder Legitimationsaktionär klarstellen, dass er sich gegen einen bestimmten Beschluss oder etwa wegen eines Stimmrechtsentzugs gegen alle in der Hauptversammlung gefassten Beschlüsse wendet. Nicht ausreichend ist auch, dass der Aktionär bei der Abstimmung gegen den

---

[38] BGHZ 169, 221 = AG 2006, 931.
[39] BGHZ 189, 32 = AG 2011, 518; BVerfG AG 2010, 160; OLG Koblenz Beschl. vom 16.4.2013 – 6 U 733/12, BeckRS 2013, 08497; *Singhof* → § 327e Rn. 10; K. Schmidt/Lutter/*Schwab* Rn. 28.
[40] OLG Stuttgart AG 2006, 340; *Bungert* BB 2005, 1345; *Nietsch* NZG 2007, 451.
[41] Großkomm AktG/*K. Schmidt* Rn. 18; MüKoAktG/*Hüffer/Schäfer* Rn. 35; Kölner Komm AktG/*Zöllner* Rn. 29 ff.
[42] KG AG 2010, 166; Großkomm AktG/*K. Schmidt* Rn. 18; MüKoAktG/*Hüffer/Schäfer* Rn. 35; NK-AktR/ *Heidel* Rn. 7.
[43] BGHZ 180, 154 = AG 2009, 441.
[44] OLG Stuttgart NZG 2004, 966 (insoweit nicht abgedruckt in AG 2005, 94), wonach es hierfür einer wirksamen Stimmrechtsvollmacht nicht bedarf, sondern ausreichend ist, dass der Dritte mit Wissen und Wollen des Aktionärs an der Hauptversammlung teilgenommen hat (str.).
[45] Großkomm AktG/*K. Schmidt* Rn. 20; MüKoAktG/*Hüffer/Schäfer* Rn. 38.

Beschlussvorschlag stimmt; andererseits hindert aber eine Zustimmung nicht an der Erklärung des Widerspruchs.[46]

26 Der Widerspruch kann sich auch gegen **mehrere** oder **sämtliche Beschlüsse,** die in der Hauptversammlung gefasst werden, richten. Es muss aber klar erkennbar werden, gegen welchen Beschluss bzw. welche Beschlüsse sich der Aktionär mit seinem Widerspruch wendet. Ein genereller Widerspruch kommt etwa bei Einberufungsmängeln oder bei einem unberechtigten Stimmrechtsentzug in Betracht, die alle Beschlüsse in gleicher Weise erfassen.[47] Der Aktionär muss aber in einem solchen Fall klarstellen, dass er gegen alle Beschlüsse Widerspruch erhebt.

27 **bb) Zeitliche Beschränkung.** Eine **zeitliche Beschränkung** für die Erklärung des Widerspruchs sieht das Gesetz nicht vor. Der Widerspruch muss in der Hauptversammlung, dh während der Dauer der Hauptversammlung erklärt werden. Er kann daher sowohl vor der Beschlussfassung[48] als auch danach erklärt werden, selbst wenn der betreffende Tagesordnungspunkt bereits erledigt ist. Da die Erklärung in der Hauptversammlung zu erfolgen hat, kann der Widerspruch bis zum Ende der Hauptversammlung erhoben werden (zum Fall der abrupten Schließung der Hauptversammlung → Rn. 30).[49]

28 **cc) Niederschrift.** Der Widerspruch muss **zur Niederschrift erklärt** werden. Nicht erforderlich ist, dass er tatsächlich in die Niederschrift aufgenommen wird. Es genügt, dass der Widerspruch als solcher hinreichend klar zum Ausdruck kommt.[50] Der Widerspruch eines Aktionärs nach Nr. 1 ist ein beurkundungspflichtiger Vorgang. Der nach § 130 Abs. 1 beurkundende Notar bzw. der protokollführende Aufsichtsratsvorsitzende bei nicht börsennotierten Gesellschaften muss daher im Rahmen seiner Pflicht zur Niederschrift auch ohne entsprechenden Antrag auf Protokollierung den Widerspruch in die Niederschrift aufnehmen. Im Zweifel muss er nachfragen, ob eine Erklärung als Widerspruch aufzufassen ist.[51]

29 **dd) Beweislast.** Im Anfechtungsprozess muss, wenn die Erklärung nicht unstreitig ist, der klagende Aktionär **beweisen,** dass er Widerspruch erklärt hat. Dies kann im Falle der Nichtbeurkundung durch alle zulässigen Beweismittel erfolgen.[52] Bleibt der Aktionär beweisfällig, so ist die Klage unbegründet, denn die Anfechtungsbefugnis ist Begründetheitsvoraussetzung (→ Rn. 4 f.). Hat ein Legitimationsaktionär oder ein verdeckter Stellvertreter an der Hauptversammlung teilgenommen und Widerspruch erklärt, muss der wahre Aktionär, wenn er Anfechtungsklage erhebt, innerhalb der Anfechtungsfrist offen legen, wer für ihn als Legitimationsaktionär oder verdeckter Stellvertreter in der Hauptversammlung Widerspruch erhoben hat.

30 **d) Entbehrlichkeit des Widerspruchs.** Das Erfordernis des Widerspruchs folgt aus dem Verbot des venire contra factum proprium.[53] Vor diesem Hintergrund sind die Fallgruppen zu entwickeln, in denen auf die Erklärung des Widerspruchs verzichtet werden kann. Wird ein Aktionär **unberechtigt** aus dem Saal verwiesen, so hat er keine Möglichkeit, Widerspruch einzulegen. Wie bei der unberechtigten Nichtzulassung nach Nr. 2 bedarf es in diesem Fall keines Widerspruchs.[54] Dasselbe gilt, wenn die Einlegung des Widerspruchs durch **abrupte Schließung der Hauptversammlung** ohne Zulassung weiterer Wortmeldungen verhindert worden ist. Erforderlich ist in einem solchen Fall aber, dass der Widerspruch der Gesellschaft alsbald zur Kenntnis gebracht wird.[55] Nach zutreffender hM bedarf es eines Widerspruchs auch dann nicht, wenn der Anfechtungsgrund während der Hauptversammlung **nicht erkennbar** ist.[56] Kann der Aktionär einen Beschlussmangel in der Haupt-

---

[46] OLG Brandenburg AG 2003, 328; MüKoAktG/*Hüffer/Schäfer* Rn. 36; differenzierend *Fleischer* FS Stilz, 2014, 143 (152).
[47] OLG Jena AG 2006, 417; MüKoAktG/*Hüffer/Schäfer* Rn. 38; *Noack* AG 1989, 78 (81).
[48] BGHZ 180, 9 = AG 2009, 285; BGH AG 2007, 863; KG AG 2009, 30; OLG München AG 2007, 37; OLG Frankfurt DB 2006, 438; OLG Jena AG 2006, 417; *Vetter* DB 2006, 2278 (2279); *Tielmann* WM 2007, 1686 (1687).
[49] Großkomm AktG/*K. Schmidt* Rn. 22; MüKoAktG/*Hüffer/Schäfer* Rn. 40; *Noack* AG 1989, 78 (81).
[50] RGZ 53, 291 (293); Großkomm AktG/*K. Schmidt* Rn. 21; *Noack* AG 1989, 78 (80).
[51] MüKoAktG/*Hüffer/Schäfer* Rn. 39; *Noack* AG 1989, 78 (81).
[52] Großkomm AktG/*K. Schmidt* Rn. 21; MüKoAktG/*Hüffer/Schäfer* Rn. 39; Kölner Komm AktG/*Zöllner* Rn. 37.
[53] OLG Frankfurt OLGR 2008, 477; Großkomm AktG/*K. Schmidt* Rn. 19; MüKoAktG/*Hüffer/Schäfer* Rn. 37; *Vetter* DB 2006, 2278 (2279).
[54] → Rn. 36; BGHZ 44, 245 = NJW 1966, 43; MüKoAktG/*Hüffer/Schäfer* Rn. 37.
[55] MüKoAktG/*Hüffer/Schäfer* Rn. 37; *Noack* AG 1989, 78 (81); aA NK-AktR/*Heidel* Rn. 12d.
[56] Großkomm AktG/*K. Schmidt* Rn. 19; MüKoAktG/*Hüffer/Schäfer* Rn. 37; Kölner Komm AktG/*Zöllner* Rn. 42; Hüffer/Koch/*Koch* Rn. 16; NK-AktR/*Heidel* Rn. 8; *Noack* AG 1989, 78 (82); aA Bürgers/Körber/*Göz* Rn. 12; MHdB AG/*Austmann* § 41 Rn. 94; Grigoleit/*Ehmann* Rn. 13.

versammlung nicht erkennen, kommt dem Schweigen keine rechtserhebliche Bedeutung zu. Er handelt daher nicht widersprüchlich, wenn er einen Beschluss ohne Erklärung des Widerspruchs anficht. Der hiergegen erhobene Einwand, es sei der Rechtssicherheit abträglich, auf die Erkennbarkeit des Mangels abzustellen,[57] vermag nicht zu überzeugen.

4. Anfechtungsbefugnis nach Nr. 2. a) Nicht erschienener Aktionär. Der **nicht erschienene Aktionär** kann in drei Fällen Beschlüsse der Hauptversammlung anfechten: 31
– wenn er zu Unrecht nicht zu der Hauptversammlung zugelassen worden ist (1. Alt.),
– wenn die Hauptversammlung nicht ordnungsgemäß einberufen (2. Alt.) oder
– der Gegenstand der Beschlussfassung nicht ordnungsgemäß bekannt gemacht worden ist (3. Alt.).
Nr. 2 schützt den Aktionär, der aus Gründen, die nicht in seiner, sondern in der Sphäre der Gesellschaft liegen, in der Hauptversammlung nicht erschienen ist.

b) Nichterscheinen des Aktionärs in der Hauptversammlung. Gemeinsame Voraussetzung 32 aller drei Fallgruppen ist das Nichterscheinen des Aktionärs in der Hauptversammlung. Ist der Aktionär in der Hauptversammlung erschienen, ist er grundsätzlich nur dann anfechtungsbefugt, wenn er nach Nr. 1 Widerspruch zur Niederschrift erklärt hat. Dies gilt auch dann, wenn eine der Varianten der Nr. 2 vorliegt. Nichterscheinen bedeutet, dass weder der Aktionär persönlich noch ein Vertreter oder ein Legitimationsaktionär an der Hauptversammlung teilgenommen haben.[58] Wer an der Hauptversammlung zeitweise teilnimmt, ist erschienen und kann grundsätzlich nicht nach Nr. 2 anfechten, sondern muss gegen den Beschluss Widerspruch erheben. Da die Erklärung des Widerspruchs während der gesamten Dauer der Hauptversammlung möglich ist, kann sich der Aktionär weder im Falle späteren Erscheinens noch im Falle vorzeitigen Verlassens der Hauptversammlung auf ein Anfechtungsrecht nach Nr. 2 berufen. Eine Ausnahme gilt nur für den Fall, dass nach dem Verlassen der Hauptversammlung ein Beschluss gefasst wird, dessen Gegenstand nicht ordnungsgemäß bekannt gemacht war, da der Aktionär in diesem Fall nicht mit einer Beschlussfassung rechnen musste.[59]

c) Unberechtigte Nichtzulassung, Einberufungs- oder Bekanntmachungsfehler. Liegt 33 eine der drei Alternativen vor, ist der nicht erschienene Aktionär anfechtungsberechtigt. Die Anfechtung kann dabei nicht nur auf den Mangel, der die Anfechtungsbefugnis nach Nr. 2 begründet, sondern auf jeden Beschlussmangel gestützt werden.[60]

aa) Unberechtigte Nichtzulassung (1. Alt). Ein Aktionär ist dann nicht zugelassen, wenn 34 ihm, seinem Vertreter oder dem Legitimationsaktionär die Teilnahme an der Hauptversammlung unberechtigt verweigert wird. Unberechtigt ist die Nichtzulassung, wenn der Aktionär ein Teilnahmerecht hat. Grundsätzlich ist jeder Aktionär teilnahmeberechtigt, auch der Inhaber stimmrechtsloser Vorzugsaktien (§ 140 Abs. 1) oder nicht voll eingezahlter Aktien, ebenso ein von einem Stimmverbot betroffener Aktionär. Nur in den Fällen, in denen die Rechte aus der Aktie ausnahmsweise überhaupt nicht ausgeübt werden dürfen (vgl. § 20 Abs. 7, § 21 Abs. 4, § 71b), besteht auch kein Teilnahmerecht.[61]

Nach § 123 Abs. 2–4 kann die Satzung die Teilnahme an der Hauptversammlung davon abhängig 35 machen, dass die Aktien vor der Hauptversammlung hinterlegt werden, ferner davon, dass sich die Aktionäre vor der Hauptversammlung anmelden. Weitere, die Teilnahme erschwerende Förmlichkeiten kann die Satzung nicht vorschreiben.[62] Sind besondere Teilnahmebedingungen in der Satzung nicht geregelt, genügt es, dass sich der Erschienene in der Hauptversammlung als Berechtigter legitimiert.[63]

Auch der **unberechtigte Ausschluss** eines Aktionärs von der weiteren Teilnahme an der Haupt- 36 versammlung **(Saalverweis)** ist nach Nr. 2, 1. Alt. zu behandeln, weil der Aktionär in gleicher Weise an der Wahrnehmung seines Teilnahmerechts gehindert ist, wie ein zur Hauptversammlung zu

---

[57] MHdB AG/*Austmann* § 42 Rn. 94.
[58] Großkomm AktG/*K. Schmidt* Rn. 24, MüKoAktG/*Hüffer/Schäfer* Rn. 42; Kölner Komm AktG/*Zöllner* Rn. 46.
[59] Großkomm AktG/*K. Schmidt* Rn. 24; MüKoAktG/*Hüffer/Schäfer* Rn. 43.
[60] Großkomm AktG/*K. Schmidt* Rn. 25.
[61] Großkomm AktG/*K. Schmidt* Rn. 26; Hüffer/Koch/*Koch* § 118 Rn. 24, § 20 Rn. 12 ff.; vgl. hierzu BGH WM 2009, 1327; vgl. zur Anfechtungsbefugnis in diesem Fall → Rn. 12.
[62] OLG Düsseldorf AG 1991, 444; vgl. zur Zulässigkeit von Personen- und Gepäckkontrollen und zum Ausschluss wegen Ablehnung der Kontrolle, OLG Frankfurt AG 2007, 357.
[63] Vgl. Hüffer/Koch/*Koch* § 123 Rn. 3 ff.

Unrecht nicht zugelassener Aktionär.⁶⁴ Der Aktionär ist daher auch ohne Widerspruch anfechtungsbefugt. Dies gilt auch für die vor seinem Ausschluss gefassten Beschlüsse, denn durch den Ausschluss ist er daran gehindert, bis zum Ende der Hauptversammlung gegen diese Beschlüsse Widerspruch zu erklären. Demgegenüber fällt die **berechtigte Verweisung** nicht unter Nr. 2, da der Grund hierfür nicht in der Sphäre der Gesellschaft entstanden ist. Die Fälle berechtigten Saalverweises sind zu behandeln wie das vorzeitige Verlassen der Hauptversammlung. Der Aktionär ist daher nur dann anfechtungsbefugt, wenn er nach Nr. 1 Widerspruch erklärt hat.⁶⁵ Ob die Verweisung berechtigt oder unberechtigt erfolgt ist, ist ggf. im Prozess zu prüfen und ist Frage der Begründetheit der Anfechtungsklage.

37 **bb) Einberufungsfehler (2. Alt.).** Ein Einberufungsfehler liegt vor bei einem Verstoß gegen die §§ 121–123 oder die Mitteilungspflichten nach §§ 125–127.⁶⁶ Kein Fall der Nr. 2 liegt demgegenüber bei einem Verstoß des Kreditinstituts gegen die Weitergabepflicht nach § 128 vor, denn dieser Fehler entstammt nicht der Sphäre der Gesellschaft.⁶⁷ Die Regelung in Nr. 2, 2. Alt. begründet lediglich ein Anfechtungsrecht der Aktionäre; welche Bedeutung der betreffende Einberufungsfehler für den Bestand der in der Hauptversammlung gefassten Beschlüsse hat, beantwortet sich demgegenüber nach §§ 241, 243. Verstöße gegen § 121 Abs. 2, 3 oder 4 sind Nichtigkeitsgründe, andere Einberufungsmängel, mit Ausnahme eines Verstoßes gegen § 128, sind Anfechtungsgründe iSd § 243 Abs. 1.

38 **cc) Bekanntmachungsfehler (3. Alt).** Diese Alternative erfasst **Verstöße gegen § 124 Abs. 1–3**. Über einen Gegenstand, der nicht ordnungsgemäß bekannt gemacht worden ist, darf nach § 124 Abs. 4 S. 1 kein Beschluss gefasst werden. Da Nr. 2 dem Schutz des Aktionärs dient, der aus Gründen, die in der Sphäre der Gesellschaft liegen, nicht in der Hauptversammlung erschienen ist, im Einzelfall aber nicht ausgeschlossen werden kann, dass er wegen eines Bekanntmachungsfehlers bezüglich eines oder einzelner Beschlüsse von seiner Teilnahme an der Hauptversammlung abgesehen hat, kann er auch solche Beschlüsse anfechten, deren Gegenstand ordnungsgemäß bekannt gemacht worden ist. Ein Bekanntmachungsfehler berechtigt den nicht erschienenen Aktionär generell zur Anfechtung ohne Widerspruch.⁶⁸ Ist der Aktionär hingegen in der Hauptversammlung erschienen, ist er nur unter den Voraussetzungen der Nr. 1 anfechtungsbefugt (→ Rn. 32).

39 **5. Anfechtungsbefugnis nach Nr. 3.** Jeder Aktionär, der einen **Verstoß gegen § 243 Abs. 2** geltend macht, ist anfechtungsbefugt, wenn er die Aktien schon vor der Bekanntmachung der Tagesordnung erworben hatte (→ Rn. 23). Das Anfechtungsrecht besteht unabhängig davon, ob der Aktionär in der Hauptversammlung Widerspruch gegen den Beschluss erklärt hat, und davon, ob er überhaupt an der Hauptversammlung teilgenommen hat. Der Anfechtungsberechtigung nach Nr. 3 steht auch nicht entgegen, wenn der Aktionär im Zeitpunkt der Hauptversammlung von einem temporären Rechtsverlust nach § 20 Abs. 7 betroffen war (→ Rn. 12).⁶⁹ Anders als in den Fällen der Nr. 1 und 2 ist die Anfechtungsbefugnis allerdings auf den Beschlussmangel des § 243 Abs. 2 beschränkt. Will der Aktionär darüber hinaus weitere Beschlussmängel geltend machen, ist eine Anfechtungsbefugnis nach Nr. 1 oder 2 erforderlich. Ist ein Verstoß gegen § 243 Abs. 2 nicht feststellbar und der klagende Aktionär nicht nach Nr. 1 oder 2 anfechtungsberechtigt, ist die Klage unbegründet. Der Prüfung weiterer Beschlussmängel bedarf es nicht.

40 Umstritten ist, ob die Vorschrift auf Verstöße gegen den Gleichbehandlungsgrundsatz (§ 53a) und die gesellschaftsrechtliche Treupflicht analog anwendbar ist.⁷⁰ Angesichts des klaren Wortlauts der Vorschrift scheidet eine analoge Anwendung auf die genannten Sachverhalte aus. Dem Schutz der Minderheitsaktionäre ist hinreichend dadurch Rechnung getragen, dass bei nicht erkennbaren Beschlussmängeln auf das Erfordernis des Widerspruchs verzichtet wird. In allen übrigen Fällen ist es dem Aktionär zumutbar, gegen den Beschluss Widerspruch zur Niederschrift zu erklären.

---

⁶⁴ AllgM; BGHZ 44, 245 (250) = NJW 1966, 43; OLG München AG 2010, 842; Großkomm AktG/*K. Schmidt* Rn. 26; MüKoAktG/*Hüffer/Schäfer* Rn. 44, 47, Kölner Komm AktG/*Zöllner* Rn. 48; Hüffer/Koch/*Koch* Rn. 17, 18.

⁶⁵ BGHZ 44, 245 (250) = NJW 1966, 43; Großkomm AktG/*K. Schmidt* Rn. 24; MüKoAktG/*Hüffer/Schäfer* Rn. 47; aA Kölner Komm AktG/*Zöllner* Rn. 48; NK-AktR/*Heidel* Rn. 15.

⁶⁶ Großkomm AktG/*K. Schmidt* Rn. 27; MüKoAktG/*Hüffer/Schäfer* Rn. 48; aA hinsichtlich eines Verstoßes gegen §§ 125–127: Großkomm AktG/*Werner* § 125 Rn. 91 ff.

⁶⁷ Großkomm AktG/*K. Schmidt* Rn. 27; MüKoAktG/*Hüffer/Schäfer* Rn. 48.

⁶⁸ Hüffer/Koch/*Koch* Rn. 20; aA K. Schmidt/Lutter/*Schwab* Rn. 23.

⁶⁹ BGH AG 2009, 534; OLG Schleswig AG 2008, 129.

⁷⁰ Bejahend Großkomm AktG/*K. Schmidt* Rn. 30; Kölner Komm AktG/*Zöllner* Rn. 57; verneinend MüKoAktG/*Hüffer/Schäfer* Rn. 51; K. Schmidt/Lutter/*Schwab* Rn. 24.

III. Das Anfechtungsrecht des Vorstands, Nr. 4

1. Allgemeines. § 245 Nr. 4 begründet eine Anfechtungsbefugnis des Vorstands. Der Vorstand 41 wird als Leitungsorgan der Gesellschaft tätig. Ihm obliegt daher auch die Verantwortung für die Rechtmäßigkeit von Beschlüssen der Hauptversammlung. Das Anfechtungsrecht des Vorstands ist **Kontrollrecht** (→ Rn. 6). Die Anfechtungsbefugnis setzt weder eine Teilnahme des Vorstands bzw. einzelner Vorstandsmitglieder an der Hauptversammlung noch einen Widerspruch gegen den Beschluss voraus. Aus der Funktion des Anfechtungsrechts des Vorstands folgt darüber hinaus, dass die Anfechtungsklage auch dann erhoben werden kann, wenn der angefochtene Beschluss vom Vorstand vorgeschlagen worden war und die Vorstandsmitglieder in der Hauptversammlung für den Beschluss gestimmt haben.[71]

2. Prozessparteien. Anfechtungsbefugt ist der **Vorstand als Organ** und nicht die einzelnen 42 Vorstandsmitglieder. Der Vorstand ist Träger des Anfechtungsrechts und übt nicht nur ein der Gesellschaft eingeräumtes Anfechtungsrecht aus.[72] Er handelt nicht als Vertreter der Gesellschaft. Für die Anfechtungsklage ist der Vorstand als Organ aktiv **parteifähig**.[73]

Besteht der Vorstand aus mehreren Personen (§ 76 Abs. 2), ist er als **Kollegialorgan** in seiner 43 jeweiligen Besetzung anfechtungsbefugt. Das bedeutet, dass Änderungen in der personellen Zusammensetzung während des Prozesses nicht zu einem Parteiwechsel führen. Über die Klageerhebung entscheidet der Vorstand durch Beschluss. Dieser muss, wenn nicht Satzung oder Geschäftsordnung Abweichendes vorsehen, einstimmig gefasst werden (§ 77 Abs. 1).

Beklagte ist die **Gesellschaft,** die bei einer vom Vorstand erhobenen Anfechtungsklage nach 44 § 246 Abs. 2 S. 3 durch den Aufsichtsrat vertreten wird (zur Vertretung der Gesellschaft → § 246 Rn. 29 ff.).

3. Kosten. Für die Kostenentscheidung gilt § 91 ZPO. Ist die Anfechtungsklage erfolgreich, trägt 45 die Gesellschaft die Kosten des Rechtsstreits. Wird die Klage abgewiesen, sind die Kosten dem Vorstand als unterlegene Partei, nicht den einzelnen Vorstandsmitgliedern, aufzuerlegen. Dies folgt zwingend aus § 91 Abs. 1 ZPO, der auch für die Anfechtungsklage des Vorstands gilt.[74] Von der Kostenentscheidung zu trennen ist die Frage, ob der Vorstand wegen der Gerichtskosten und der Kosten seines Prozessbevollmächtigten einen **Vorschussanspruch** und im Falle der Klageabweisung einen **Freistellungsanspruch gegen die Gesellschaft** hat. Dies ist eine Frage des Innenverhältnisses. Ist die Anfechtungsklage nicht rechtsmissbräuchlich, ist ein Vorschussanspruch analog § 669 BGB ebenso zu bejahen wie ein Freistellungsanspruch des Vorstands. Aus diesem Grund scheidet ein Kostenfestsetzungsantrag der Gesellschaft regelmäßig aus.[75]

4. Abwickler und Insolvenzverwalter. a) Abwickler. Ist die Gesellschaft aufgelöst (§ 262), 46 besorgen die Vorstandsmitglieder die Abwicklung als sog. **Abwickler nach § 265**. Die Anfechtungsbefugnis steht nach § 264 Abs. 3, § 268 Abs. 2 dem Kollektiv der Abwickler als Organ und nicht den einzelnen Abwicklern zu.[76]

b) Insolvenzverwalter. Demgegenüber tritt im Falle der **Insolvenz** der Insolvenzverwalter nicht 47 an die Stelle des Vorstands. Aus § 80 InsO folgt nicht zwingend eine uneingeschränkte Anfechtungsbefugnis des Insolvenzverwalters. Ein Anfechtungsrecht steht ihm nur insoweit zu, als der anzufechtende Beschluss Auswirkungen auf die Insolvenzmasse hat. Ist dies ausnahmsweise nicht der Fall, ist weiterhin der Vorstand anfechtungsberechtigt.[77]

5. Besonderer gesetzlicher Vertreter. Ein nach § 147 Abs. 2 zur Geltendmachung von Ersatz- 48 ansprüchen der Gesellschaft bestellter **besonderer Vertreter** ist nicht anfechtungsbefugt. Eine ana-

---

[71] AllgM; BGH AG 2015, 822; OLG Frankfurt AG 2015, 445; Großkomm AktG/*K. Schmidt* Rn. 32; MüKo-AktG/*Hüffer/Schäfer* Rn. 64; Kölner Komm AktG/*Zöllner* Rn. 63; Hüffer/Koch/*Koch* Rn. 36.

[72] Großkomm AktG/*K. Schmidt* Rn. 33; MüKoAktG/*Hüffer/Schäfer* Rn. 16, 67 ff.; aA Kölner Komm AktG/*Zöllner* § 246 Rn. 24.

[73] OLG Düsseldorf ZIP 1997, 1153 für die Nichtigkeitsklage; Großkomm AktG/*K. Schmidt* Rn. 33; MüKo-AktG/*Hüffer/Schäfer* Rn. 67 f.; Hüffer/Koch/*Koch* Rn. 38; aA Kölner Komm AktG/*Zöllner* § 246 Rn. 24; vgl. auch *Westermann* FS Bötticher, 1969, 369 (376 ff.).

[74] Großkomm AktG/*K. Schmid* Rn. 35; MüKoAktG/*Hüffer/Schäfer* Rn. 69; Bürgers/Körber/*Göz* Rn. 16; Hüffer/Koch/*Koch* Rn. 38; aA Kölner Komm AktG/*Zöllner* § 246 Rn. 93: Kostentragungspflicht der Gesellschaft; K. Schmidt/Lutter/*Schwab* Rn. 33.

[75] Großkomm AktG/*K. Schmidt* Rn. 35; MüKoAktG/*Hüffer/Schäfer* Rn. 69.

[76] AllgM; Großkomm AktG/*K. Schmidt* Rn. 36; MüKoAktG/*Hüffer/Schäfer* Rn. 70; Kölner Komm AktG/*Zöllner* § 246 Rn. 65; Hüffer/Koch/*Koch* Rn. 36.

[77] HM; BGHZ 190, 291 = AG 2011, 786; MüKoAktG/*Hüffer/Schäfer* Rn. 71; Kölner Komm AktG/*Zöllner* Rn. 66; Hüffer/Koch/*Koch* Rn. 37; *Weber* KTS 1970, 73 (86 f.); aA Großkomm AktG/*K. Schmidt* Rn. 37.

§ 245   48a–53   Erstes Buch. Aktiengesellschaft

loge Anwendung der Nr. 4 ist nicht gerechtfertigt, weil ihm kein Kontrollrecht zusteht, das Grund für die Anfechtungsbefugnis des Vorstands ist.[78]

IV. Das Anfechtungsrecht einzelner Organmitglieder, Nr. 5

48a **1. Allgemeines.** Das in § 245 Nr. 5 normierte Anfechtungsrecht der Mitglieder von Vorstand und Aufsichtsrat hat eine doppelte Funktion. Es ist **Kontrollrecht**, dient also der Wahrung der Rechtmäßigkeit von Hauptversammlungsbeschlüssen. Zudem bezweckt es den **Schutz der einzelnen Mitglieder** des Vorstands und des Aufsichtsrats vor strafrechtlichen oder zivilrechtlichen Sanktionen (→ Rn. 9).

49 **2. Voraussetzungen. a) Anfechtungsberechtigung.** Anfechtungsberechtigt ist jedes Mitglied des Vorstands und des Aufsichtsrats, nach § 94 auch ein stellvertretendes Mitglied des Vorstands. Ersatzmitglieder des Aufsichtsrats haben ein Klagerecht, wenn sie gemäß § 101 Abs. 3 Satz 2 in den Aufsichtsrat nachgerückt sind. Abzustellen ist auf den Zeitpunkt der Klageerhebung.[79] Zu diesem Zeitpunkt muss der Kläger dem Vorstand oder Aufsichtsrat angehören. Unerheblich ist dagegen, ob er bereits bei Beschlussfassung Organmitglied war. Die Klagebefugnis entfällt auch dann nicht, wenn der Kläger nach Rechtshängigkeit aus dem Vorstand oder Aufsichtsrat ausscheidet, denn die Anfechtungsbefugnis nach Nr. 5 dient auch der Rechtmäßigkeitskontrolle. Dieser Zweck ist unabhängig vom Fortbestand der Mitgliedschaft.[80] Das Organmitglied ist selbst **Partei**; es klagt in eigenem Namen und nicht als Prozessstandschafter der Gesellschaft.[81]

50 **b) Inhaltliche Voraussetzungen der Klagebefugnis.** Die Klagebefugnis nach Nr. 5 hat zwei sachliche Voraussetzungen.

51 **aa) Ausführungsbedürftiger Beschluss.** Bei dem angefochtenen Beschluss muss es sich um einen ausführungsbedürftigen Beschluss handeln. Hierunter fallen alle Beschlüsse, die einer Vollzugsmaßnahme bedürfen. Darüber hinaus ist auch die bloße **Anmeldung zum Handelsregister** als Ausführungshandlung iSd Nr. 5 allgemein anerkannt.[82] Die Anfechtungsbefugnis entfällt nicht mit der Ausführung des Beschlusses, sondern besteht wegen der Kontrollfunktion der Anfechtung auch nach dessen Ausführung fort.[83]

51a **bb) Sanktionen für ein Organmitglied.** An die Ausführung des Beschlusses müssen sich Sanktionen für die Mitglieder des Vorstands oder des Aufsichtsrats knüpfen. Der Gesetzeswortlaut stellt klar, dass die Sanktionen nicht den Anfechtungskläger selbst treffen müssen; es ist ausreichend, wenn **irgendein Organmitglied** durch die Ausführung eine Straftat oder Ordnungswidrigkeit begehen oder sich schadensersatzpflichtig machen würde. Ebenso wenig ist erforderlich, dass sich die Sanktion aus einem speziellen aktienrechtlichen Tatbestand ergibt.[84] Schließlich ist für die Anfechtungsbefugnis auch unerheblich, ob dem ausführenden Organmitglied ein Verschulden vorzuwerfen ist oder mangels Verschuldens eine Sanktion im konkreten Fall ausnahmsweise entfällt.

52 **c) Prüfungsumfang.** Der **Prüfungsumfang** im Anfechtungsprozess ist nicht auf den Sanktions- oder Haftungstatbestand beschränkt. Die zivil- oder strafrechtliche Verantwortlichkeit ist vielmehr nur Anknüpfungspunkt für das Anfechtungsrecht der Organmitglieder. Ist danach eine Anfechtungsbefugnis gegeben, kann die Klage auch auf andere Gesetzes- oder Satzungsverstöße gestützt werden.[85]

53 **3. Prozessuale Fragen.** Mehrere Organmitglieder sind im Rechtsstreit **einfache Streitgenossen** nach § 59 ZPO. Die Klage richtet sich gegen die Gesellschaft, deren Vertretung sich nach § 246 Abs. 2 S. 3 bestimmt. Für die Kostenentscheidung gilt § 91 ZPO. Im Falle der Klageabweisung sind die Kosten dem klagenden Organmitglied aufzuerlegen. Hatte die Klage aus einer ex ante-Sicht zumindest eine gewisse Erfolgsaussicht, besteht im Innenverhältnis ein Freistellungs- und Aufwendungsersatzanspruch des Klägers gegen die Gesellschaft nach §§ 675, 670 BGB, weil er die aufgewand-

---

[78] OLG München AG 2009, 119; MüKoAktG/*Hüffer/Schäfer* Rn. 15; Hüffer/Koch/*Koch* Rn. 36; *Peters/Hecker* NZG 2009, 1294.
[79] AllgM; Großkomm AktG/*K. Schmidt* Rn. 40; MüKoAktG/*Hüffer/Schäfer* Rn. 73; Kölner Komm AktG/ *Zöllner* Rn. 74; Hüffer/Koch/*Koch* Rn. 39.
[80] MüKoAktG/*Hüffer/Schäfer* Rn. 73; *Waclawik* ZIP 2007, 1 (4).
[81] Großkomm AktG/*K. Schmidt* Rn. 44; MüKoAktG/*Hüffer/Schäfer* Rn. 76; Hüffer/Koch/*Koch* Rn. 41; aA Kölner Komm AktG/*Zöllner* § 246 Rn. 25.
[82] Großkomm AktG/*K. Schmidt* Rn. 41; MüKoAktG/*Hüffer/Schäfer* Rn. 74; Hüffer/Koch/*Koch* § 83 Rn. 5.
[83] Großkomm AktG/*K. Schmidt* Rn. 41; MüKoAktG/*Hüffer/Schäfer* Rn. 74; Kölner Komm AktG/*Zöllner* Rn. 75.
[84] Großkomm AktG/*K. Schmidt* Rn. 42 f.; MüKoAktG/*Hüffer/Schäfer* Rn. 75.
[85] Großkomm AktG/*K. Schmidt* Rn. 43; MüKoAktG/*Hüffer/Schäfer* Rn. 75.

ten Prozesskosten den Umständen nach für erforderlich halten durfte.⁸⁶ Unter denselben Voraussetzungen besteht auch ein Vorschussanspruch des Vorstands- bzw. Aufsichtsratsmitglieds.

V. Missbrauch des Anfechtungsrechts

1. Grundlagen. Die Anfechtungsklage ist Instrument der Kontrolle der Vereinbarkeit von Hauptversammlungsbeschlüssen mit Gesetz und Satzung. Das Gesetz räumt dem einzelnen Aktionär unter den Voraussetzungen der Nr. 1–3 eine Anfechtungsbefugnis ein, die auch dann besteht, wenn er kein eigenes materielles Interesse an der Vernichtung des Beschlusses hat. Die Anfechtung kann auch im allgemeinen Interesse an der Rechtmäßigkeit der Hauptversammlungsbeschlüsse betrieben werden. Auf die Beweggründe des Anfechtungsklägers kommt es grundsätzlich nicht an. Dies schließt indessen den Verlust der Anfechtungsbefugnis wegen eines Missbrauchs des Anfechtungsrechts nicht aus.⁸⁷

Nachdem das Problem des Rechtsmissbrauchs lange Zeit von geringer praktischer Bedeutung war, trat es in den 80er Jahren in den Mittelpunkt der Rechtsprechung, als vermehrt unseriöse Aktionäre den Vollzug insbesondere von Grundlagenbeschlüssen durch die Erhebung von Anfechtungsklagen blockierten und sich in erpresserischer Weise die Klagerücknahme durch Zahlung des Lästigkeitswerts vergüten ließen.⁸⁸

Geht es dem Kläger in Wahrheit nicht um eine Rechtmäßigkeitskontrolle, sondern handelt er aus rein egoistischen, **eigennützigen Beweggründen** und dient die Klage lediglich der Erlangung unberechtigter, regelmäßig wirtschaftlicher Vorteile, so verliert er wegen Rechtsmissbrauchs (§ 242 BGB) die Anfechtungsbefugnis, die Anfechtungsklage ist nach zutreffender hM unbegründet.⁸⁹

Die verschiedentlich erörterte Frage, ob es neben der missbräuchlichen Anfechtungsklage auch treuwidrige Anfechtungsklagen gibt,⁹⁰ hat keine praktische Bedeutung. Unzweifelhaft ist die rechtsmissbräuchliche Anfechtung stets auch eine Treupflichtverletzung. Unterhalb der Ebene des Rechtsmissbrauchs kann aber der Anfechtungsklage nicht der Einwand der Treupflichtverletzung entgegengehalten werden. Zwar obliegen den Aktionären gegenüber den Mitgesellschaftern Treupflichten, die sie verpflichten, die Mitgliedschaftsrechte, insbesondere die Verwaltungs- und Kontrollrechte, unter angemessener Berücksichtigung der gesellschaftsbezogenen Interessen der anderen Aktionäre auszuüben.⁹¹ Eine über das Verbot des Rechtsmissbrauchs hinausgehende Verpflichtung, von einer Anfechtungsklage wegen entgegenstehender Gesellschaftsinteressen Abstand zu nehmen, begründet die Treupflicht des Aktionärs indessen nicht.⁹²

2. Tatbestandliche Voraussetzungen des Rechtsmissbrauchs. a) Definition des Reichsgerichts. Das RG hat den Einwand des Rechtsmissbrauchs nur im Falle gröblicher Verletzung der Grundsätze von Treu und Glauben zugelassen und diese dann bejaht, wenn der Kläger die Anfechtungsklage dazu benutzte, ohne jedes sachliche Interesse der Gesellschaft selbstsüchtig und erpresserisch seinen Willen aufzuzwingen, um eigene Vorteile zu erlangen.⁹³

---

⁸⁶ Großkomm AktG/*K. Schmidt* Rn. 44; *K. Schmidt* FS Semler, 1993, 329 (340); MüKoAktG/*Hüffer/Schäfer* Rn. 76; *Dänzer-Vanotti* DB 1985, 1632 (1635).
⁸⁷ Heute allgM; schon RGZ 146, 385; ebenso BGHZ 107, 296 (308) = NJW 1989, 2689; BGHZ 112, 9 = NJW 1990, 2747; NJW 1990, 322; AG 1990, 259; AG 1991, 102; AG 1992, 448; NJW 1992, 569; NJW 1996, 2821; OLG Stuttgart AG 2003, 165; AG 2001, 315; OLG Frankfurt AG 1996, 135; AG 1991, 206; OLG Karlsruhe AG 1992, 273; OLG Düsseldorf AG 1991, 444; Großkomm AktG/*K. Schmidt* Rn. 47 ff.; MüKoAktG/*Hüffer/Schäfer* Rn. 52 ff.; Kölner Komm AktG/*Zöllner* Rn. 78 ff.; *K. Schmidt* GesR § 28 IV 5 f.; *Baums/Gajek/Keinath* ZIP 2007, 1629 ff.; *Diekgräf*, Sonderzahlungen an opponierende Kleinaktionäre im Rahmen von Anfechtungs- und Spruchstellenverfahren, 1990, 30 ff.; *Diekgräf* WM 1991, 613; *Hirte* BB 1988, 1469; *Hüffer* ZGR 2001, 833 (858 ff.); aA eine früher in der Literatur vertretene Auffassung, die jedoch den individuellen Rechtsmissbrauch verkannte: *Bokelmann* BB 1972, 733.
⁸⁸ Näheres hierzu *Baums*, Verhandlungen des 63. DJT I 2000, S. 152 ff.; *Diekgräf*, Sonderzahlungen an opponierende Kleinaktionäre im Rahmen von Anfechtungs- und Spruchstellenverfahren, 1990, 30 ff.; vgl. auch *Schwarz* ZRP 2000, 330.
⁸⁹ → Rn. 4 f., 65; vgl. grundlegend BGHZ 107, 296 = NJW 1989, 2689; ebenso BGH NJW 1990, 2747; NJW 1992, 569; AG 1990, 259; AG 1991, 102; AG 1992, 448; OLG Stuttgart AG 2003, 165; AG 2001, 315; OLG Frankfurt ZIP 1996, 379; AG 1991, 206; MüKoAktG/*Hüffer/Schäfer* Rn. 55; Kölner Komm AktG/*Zöllner* Rn. 89; *Henze* ZIP 2002, 97 (100 f.); *Hirte* ZIP 1988, 953 (956); *Hirte* BB 1988, 1469 (1474); *Hirte* DB 1989, 267 (268); *Diekgräf* WM 1991, 613 (621); aA Großkomm AktG/*K. Schmidt* Rn. 74 ff.; K. Schmidt/Lutter/*Schwab* Rn. 50 f.: Unzulässigkeit der Klage.
⁹⁰ Vgl. Großkomm AktG/*K. Schmidt* Rn. 52 mwN.
⁹¹ Grundlegend BGHZ 103, 184 = NJW 1988, 1579; BGHZ 129, 136 = NJW 1995, 1739.
⁹² So auch Großkomm AktG/*K. Schmidt* Rn. 52; MüKoAktG/*Hüffer/Schäfer* Rn. 57; vgl. auch BGHZ 107, 296 = NJW 1989, 2689.
⁹³ RGZ 146, 385 (397).

59 **b) Neuere Rechtsprechung.** In neueren Entscheidungen haben der BGH und ihm folgend die Instanzgerichte eine rechtsmissbräuchliche Anfechtungsklage dann bejaht, wenn der Kläger diese mit dem Ziel erhebt, die Gesellschaft in **grob eigennütziger Weise** zu einer Leistung zu veranlassen, auf die er keinen Anspruch hat und billigerweise auch nicht erheben kann, wobei er sich im Allgemeinen von der Vorstellung leiten lässt, die verklagte Gesellschaft werde die Leistung in der Erwartung erbringen, der Eintritt anfechtungsbedingter Nachteile und Schäden könne dadurch vermieden oder zumindest gering gehalten werden.[94] Für die Annahme eines Rechtsmissbrauchs ist nicht erforderlich, dass der Anfechtungskläger die Gesellschaft zu einer Leistung auffordert. Es genügt vielmehr, dass er die Klage in der Erwartung erhebt, die Gesellschaft werde sich unter dem Druck der befürchteten Nachteile von sich aus an ihn wenden und ihm Zahlungsangebote unterbreiten.[95] Rechtsmissbräuchlich handelt der Aktionär im Übrigen nicht nur dann, wenn er die Klage von vorne herein mit dem Ziel erhebt, die Gesellschaft zu ungerechtfertigten Sonderleistungen zu veranlassen, sondern auch, wenn er sich hierzu erst nach Klageerhebung entschließt, denn es macht keinen Unterschied, ob der Zweck der Rechtmäßigkeitskontrolle bereits bei Klageerhebung nicht verfolgt oder erst nachträglich aufgegeben wird.[96] Dies gilt selbst dann, wenn die Verhandlungen über Leistungen der Gesellschaft vom Vorstand provoziert worden sind. Lässt sich der Kläger auf solche Verhandlungen ein und begehrt er Leistungen, auf die er keinen Anspruch hat, wird die Klage rechtsmissbräuchlich.

60 Im Rechtsstreit problemlos feststellbar sind die Missbrauchsfälle, in denen der Anfechtungskläger von sich aus aktiv wird und Forderungen für den Fall des Klageverzichts oder der Klagerücknahme stellt. Demgegenüber ist der Nachweis der Erwartung des Anfechtungsklägers, die beklagte Gesellschaft werde von sich aus ein Angebot unterbreiten, schwieriger zu führen. Auf diese subjektive Komponente kann aus **Indizien** geschlossen werden. Entscheidend ist eine Gesamtbetrachtung; der Tatrichter muss alle von den Parteien vorgetragenen Umstände einer umfassenden Würdigung unterziehen.[97]

61 Als Indiz für eine solche Erwartungshaltung des Anfechtungsklägers kommt dabei in erster Linie dessen **Verhalten vor der Klage** bei etwaigen Vergleichsverhandlungen oder **in einem anderen Verfahren** in Betracht.[98] Für ein missbräuchliches Verhalten spricht etwa, wenn sich der Kläger ohne Umschweife auf Verhandlungen über die Zahlung einer Abfindung eingelassen hat,[99] oder in anderen Verfahren in der Vergangenheit mit Abkaufangeboten an die beklagte Gesellschaft oder andere Gesellschaften herangetreten war.[100] Dies gilt aber nur dann, wenn zwischen dem früheren und dem aktuellen Verfahren ein zeitlicher und sachlicher Zusammenhang besteht und die Umstände, die sich in dem früheren Verfahren ergeben haben, so schwerwiegend und offensichtlich sind, dass die Rechtsausübung sich auch in dem neuerlichen Verfahren als rechtsmissbräuchlich darstellt.[101] Liegt das andere Verfahren hingegen schon längere Zeit zurück, so rechtfertigt das Verhalten in dem früheren Verfahren regelmäßig nicht den Rückschluss auf einen aktuellen Missbrauchsfall.[102]

62 Bedeutung kann ausnahmsweise auch der **Zeitpunkt des Aktienerwerbs** und die **Zahl der erworbenen Aktien** gewinnen. Der Umstand, dass der Kläger die Aktien erst kurz vor der Hauptversammlung erworben hat, rechtfertigt für sich alleine jedoch die Annahme eines Rechtsmissbrauchs noch nicht; vielmehr müssen in diesem Fall weitere Indizien hinzutreten.[103] Dies gilt insbesondere vor dem Hintergrund, dass eine Anfechtung nach Nr. 1 und 3 voraussetzt, dass der Aktionär die Aktien bereits vor der Bekanntmachung der Tagesordnung erworben hat. Dem Zeitpunkt des Aktienerwerbs kommt daher bei der Frage des Rechtsmissbrauchs allenfalls eine untergeordnete und begleitende Bedeutung zu. Dasselbe gilt für die Zahl der erworbenen Aktien. Da der Aktionär bereits mit einer einzigen Aktie die Anfechtungsklage erheben kann, rechtfertigt allein der Umstand einer geringen Beteiligung nicht die Annahme eines Rechtsmissbrauchs.[104]

---

[94] Grundlegend BGHZ 107, 296 = NJW 1989, 2689; BGHZ 112, 9 = NJW 1990, 2747; NJW 1992, 569; AG 1990, 259; AG 2007, 625; OLG Stuttgart AG 2001, 315; AG 2003, 165; OLG Frankfurt AG 2009, 200; AG 1996, 135; Großkomm AktG/*K. Schmidt* Rn. 53; Kölner Komm AktG/*Zöllner* Rn. 79 ff.; *Teichmann* JuS 1990, 269; zu enge Begrenzung des Missbrauchstatbestands bei NK-AktR/*Heidel* Rn. 34 ff.

[95] BGH AG 1990, 259; AG 1991, 102; OLG Stuttgart AG 2003, 456.

[96] BGH NJW 1992, 569 (570); Großkomm AktG/*K. Schmidt* Rn. 55; MüKoAktG/*Hüffer/Schäfer* Rn. 59; *Diekgräf* WM 1991, 613 (620).

[97] BGH AG 1991, 102 (103); AG 1990, 259 (262); AG 1992, 448 (449); OLG Frankfurt AG 2009, 200; OLG Stuttgart AG 2001, 315 (317); vgl. auch *Kiethe* NZG 2004, 489.

[98] BGH AG 1991, 102 (103); OLG Stuttgart AG 2003, 165 (166).

[99] BGH AG 1990, 259 (262); NJW 1992, 2821; OLG Frankfurt AG 2009, 200.

[100] BGH AG 1992, 448 (449).

[101] BGH AG 1992, 448 (449); KG AG 2011, 299; OLG Stuttgart AG 2004, 271; AG 2003, 456.

[102] OLG Stuttgart AG 2003, 456.

[103] BGH AG 1990, 259 (262); OLG Stuttgart AG 2001, 315; OLG Karlsruhe ZIP 1991, 925; OLG Frankfurt AG 1992, 271; Großkomm AktG/*K. Schmidt* Rn. 68.

[104] OLG Stuttgart AG 2003, 456; Großkomm AktG/*K. Schmidt* Rn. 68.

Als weitere Indizien sind in der Rechtsprechung folgende Fälle anerkannt: Kläger widersetzt sich 63
der **Korrektur von Beschlussmängeln**;[105] Kläger reagiert auf Vergleichsbemühungen des Gerichts
mit dem Ziel der Korrektur etwaiger Beschlussmängel mit einem Befangenheitsantrag;[106] Kläger
führt „**berufsmäßig**" Anfechtungs- und Nichtigkeitsklagen;[107] Vereinbarung einer **unangemessen
hohen Abstandssumme,** gleichgültig ob sie als Abfindung oder verdeckt als Beraterhonorar, Kostenerstattung oder in ähnlicher Ausgestaltung bezahlt wird.[108] Unschädlich ist allenfalls die Verpflichtung der Gesellschaft, im Falle der Klagerücknahme die Prozesskosten zu übernehmen oder eine
Kostentragungspflicht im Rahmen einer vergleichsweisen Erledigung des Anfechtungsprozesses.

Dass der Kläger in der Hauptversammlung für den Beschluss gestimmt hat, rechtfertigt nicht die 64
Annahme eines Rechtsmissbrauchs der später erhobenen Anfechtungsklage. Schließlich kann der
Missbrauchseinwand auch nicht darauf gestützt werden, die Klage sei offensichtlich aussichtslos, denn
auch eine eindeutig fehlerhafte Rechtsauffassung begründet für sich genommen nicht den Vorwurf
der Unredlichkeit.[109]

3. Rechtsfolgen des Rechtsmissbrauchs. a) Unbegründetheit der Klage. Wird das Anfech- 65
tungsrecht missbräuchlich ausgeübt, ist die Klage nicht unzulässig, sondern **unbegründet**.[110] Dies
folgt aus der Einordnung des Anfechtungsrechts des Aktionär als materiell-rechtliches, privates Gestaltungsrecht, dessen Missbrauch zum **Verlust der materiellen Berechtigung** führt. Die Klage ist
unabhängig davon abzuweisen, ob ein Anfechtungsgrund besteht oder nicht.

b) Sonstige Rechtsfolgen. Zahlungen, die sich ein Aktionär unter Missbrauch seines Anfech- 66
tungsrechts gewähren lässt, sind **verbotene Einlagenrückgewähr** gemäß § 57 Abs. 1 S. 1 und daher
nach § 62 Abs. 1 zurückzuzahlen.[111] Daneben kommen **Schadensersatzansprüche gegen den
klagenden Aktionär** nach § 823 Abs. 2 BGB iVm § 253 StGB und § 826 BGB in Betracht. Diese
Ansprüche haben insbesondere dann praktische Bedeutung, wenn Schäden, die der Gesellschaft
durch eine rechtsmissbräuchliche Klage entstanden sind, durch die Rückgewähr der Leistungen
nicht vollständig ausgeglichen werden. Die Erstrebung von ungerechtfertigten Sonderzahlungen wird
regelmäßig sittenwidrig iSd § 826 BGB sein.[112] Unter den Voraussetzungen der § 823 Abs. 2 BGB,
§§ 253, 25 ff. StGB bzw. § 826 BGB können Schadensersatzansprüche auch gegen Dritte (Berater,
Prozessbevollmächtigte des Anfechtungsklägers etc.) bestehen.[113]

4. Darlegungs- und Beweislast. Der Einwand des Rechtsmissbrauchs ist prozessual eine **Ein-** 67
rede, für die die beklagte Gesellschaft darlegungs- und beweispflichtig ist.[114] Die Gesellschaft hat
alle Tatsachen vorzutragen und zu beweisen, die vom Gericht in die Gesamtwürdigung einzubeziehen
sind. Eine Beweislastumkehr oder ein Anscheinsbeweis kommen der Gesellschaft dabei regelmäßig
nicht zugute. Sämtliche von der Gesellschaft bewiesenen Indizien hat das Gericht in die Gesamtbetrachtung einzubeziehen und nach § 286 ZPO zu würdigen.

5. Rechtsmissbrauch und Registerverfahren. a) Registersperre. Eine **echte Register-** 68
sperre wird, abgesehen von den unter b) (→ Rn. 69 f.) dargestellten Sonderfällen, durch die Erhebung der Anfechtungsklage nicht begründet. Das Registergericht kann aber nach §§ 381, 21 Abs. 1
FamFG die Eintragung bis zur rechtskräftigen Entscheidung über die Anfechtungsklage aussetzen.
Bei offensichtlich rechtsmissbräuchlicher Anfechtungsklage wird eine Aussetzung regelmäßig ausscheiden, da in diesem Fall von einer Ermessensreduzierung auszugehen ist. Ist die Anfechtungsklage
demgegenüber nicht offensichtlich rechtsmissbräuchlich, hat das Registergericht im Rahmen seiner
Ermessensentscheidung die Prozessaussichten unter Einbeziehung der Frage des Missbrauchs des

---

[105] OLG Stuttgart AG 2001, 315 (317); *Wardenbach* ZGR 1992, 563.
[106] OLG Stuttgart AG 2001, 315.
[107] OLG Stuttgart AG 2001, 315 (317); OLG Karlsruhe ZIP 1991, 925.
[108] BGH NJW 1992, 569: Rechtsberatungshonorar von 10 Millionen DM; BGH NJW 1992, 2821: Zahlung von 1,5 Millionen DM; vgl. auch Großkomm AktG/*K. Schmidt* Rn. 56.
[109] So auch MüKoAktG/*Hüffer/Schäfer* Rn. 61; aA Großkomm AktG/*K. Schmidt* Rn. 65; Grigoleit/*Ehmann* Rn. 34.
[110] BGHZ 107, 296 = NJW 1989, 2689; BGHZ 112, 9 = NJW 1990, 2747; AG 1992, 259; AG 1992, 448; AG 2007, 625; KG ZIP 2011, 123; OLG Stuttgart AG 2003, 456; AG 2001, 315; OLG Frankfurt AG 1996, 135; AG 1992, 272; MüKoAktG/*Hüffer/Schäfer* Rn. 63; Kölner Komm AktG/*Zöllner* Rn. 89; *Boujong* FS Kellermann, 1991, 1 (10); *Hirte* ZIP 1988, 953 (956); *Hüffer* ZGR 2001, 833 (858); aA Großkomm AktG/*K. Schmidt* Rn. 75; K. Schmidt/Lutter/*Schwab* Rn. 51: Unzulässigkeit der Klage.
[111] BGH NJW 1992, 2821; Näheres hierzu Großkomm AktG/*K. Schmidt* Rn. 81 ff.
[112] BGH NJW 1992, 2821; OLG Köln AG 1988, 349; Großkomm AktG/*K. Schmidt* Rn. 84.
[113] BGH NJW 1992, 2821.
[114] AllgM; BGHZ 107, 296 = NJW 1989, 2689; OLG Stuttgart AG 2003, 456; Großkomm AktG/*K. Schmidt* Rn. 69; MüKoAktG/*Hüffer/Schäfer* Rn. 62.

§ 246 Erstes Buch. Aktiengesellschaft

Anfechtungsrechts zu bewerten und gegen die Nachteile einer Aussetzung abzuwägen. Die Aussetzung der Eintragung bis zur rechtskräftigen Entscheidung über die Anfechtungsklage kommt in der Sache aber einer Registersperre gleich. (zur Überwindung dieser faktischen Registersperre durch das Freigabeverfahren nach § 246a, → Rn. 71).

69 **b) Sonderfälle. Echte Registersperren** bestehen für die **Eingliederung** (§ 319 Abs. 5), die **Verschmelzung** (§ 16 Abs. 2 UmwG), die **Spaltung** (§§ 125, 16 Abs. 2 UmwG) und den **Formwechsel** (§ 198 Abs. 3 UmwG, § 16 Abs. 2 UmwG). Nach § 319 Abs. 5, § 16 Abs. 2 UmwG müssen die Vertretungsorgane bei der Anmeldung erklären, dass eine Klage gegen die Wirksamkeit des Hauptversammlungsbeschlusses nicht oder nicht fristgerecht erhoben, eine solche Klage rechtskräftig abgewiesen oder zurückgenommen worden ist. Ohne eine solche Erklärung darf eine Eintragung nur erfolgen, wenn die klageberechtigten Aktionäre durch notariell beurkundete Erklärung auf die Erhebung der Klage gegen die Wirksamkeit des Hauptversammlungsbeschlusses verzichtet haben.

70 Die Registersperre kann durch die Entscheidung des Oberlandesgerichts nach § 319 Abs. 6, § 16 Abs. 3 UmwG überwunden werden. Erforderlich ist ein **Beschluss**, dass die Erhebung der Klage der Eintragung nicht entgegensteht. Inhaltliche Voraussetzung für einen solchen Beschluss ist, dass die Klage gegen die Wirksamkeit des Hauptversammlungsbeschlusses unzulässig oder offensichtlich unbegründet ist, der Kläger nicht binnen einer Woche nach Zustellung des Antrags durch Urkunden nachgewiesen hat, dass er seit Bekanntmachung der Einberufung einen anteiligen Betrag von mindestens 1000 Euro hält, oder das alsbaldige Wirksamwerden des Hauptversammlungsbeschlusses vorrangig erscheint, weil die vom Antragsteller dargelegten wesentlichen Nachteile für die Gesellschaft und ihre Aktionäre nach freier Überzeugung des Gerichts die Nachteile für den Antragsgegner, also den Kläger, überwiegen, es sei denn, es liegt eine besondere Schwere des Rechtsverstoßes vor. In diesen Fällen wird die Kompetenz des Registergerichts nach §§ 381, 21 Abs. 1 FamFG durch das Verfahren vor dem Oberlandesgericht verdrängt.

71 **c) Freigabeverfahren nach § 246a.** § 246a eröffnet für bestimmte strukturverändernde Beschlüsse ein sog. Freigabeverfahren, das den § 319 Abs. 6, § 16 Abs. 3 UmwG nachgebildet ist, anders als diese aber keine echte Registersperre überwindet, sondern lediglich eine Aussetzung der Eintragung durch die Registergerichte verhindert. § 246a Abs. 3 S. 5 ordnet eine Bindung des Registergerichts an den Freigabebeschluss des Prozessgerichts an. Das Registergericht kann daher die Eintragung des angefochtenen Hauptversammlungsbeschlusses nicht aus Gründen ablehnen, die Gegenstand des Freigabeverfahrens waren (Näheres → § 246a Rn. 36 f.). Darüber hinaus erlangt der Freigabebeschluss dadurch Bestandskraft, dass nach § 246 Abs. 2 S. 5 ein der Anfechtungsklage stattgebendes Urteil nach § 248 Abs. 1 S. 3 nicht mehr eingetragen werden kann. Auch eine Löschung des Hauptversammlungsbeschlusses von Amts wegen nach § 398 FamFG scheidet aus.

§ 246 Anfechtungsklage

(1) Die Klage muß innerhalb eines Monats nach der Beschlußfassung erhoben werden.

(2) [1]Die Klage ist gegen die Gesellschaft zu richten. [2]Die Gesellschaft wird durch Vorstand und Aufsichtsrat vertreten. [3]Klagt der Vorstand oder ein Vorstandsmitglied, wird die Gesellschaft durch den Aufsichtsrat, klagt ein Aufsichtsratsmitglied, wird sie durch den Vorstand vertreten.

(3) [1]Zuständig für die Klage ist ausschließlich das Landgericht, in dessen Bezirk die Gesellschaft ihren Sitz hat. [2]Ist bei dem Landgericht eine Kammer für Handelssachen gebildet, so entscheidet diese an Stelle der Zivilkammer. [3]§ 148 Abs. 2 Satz 3 und 4 gilt entsprechend. [4]Die mündliche Verhandlung findet nicht vor Ablauf der Monatsfrist des Absatzes 1 statt. [5]Die Gesellschaft kann unmittelbar nach Ablauf der Monatsfrist des Absatzes 1 eine eingereichte Klage bereits vor Zustellung einsehen und sich von der Geschäftsstelle Auszüge und Abschriften erteilen lassen. [6]Mehrere Anfechtungsprozesse sind zur gleichzeitigen Verhandlung und Entscheidung zu verbinden.

(4) [1]Der Vorstand hat die Erhebung der Klage unverzüglich in den Gesellschaftsblättern bekanntzumachen. [2]Ein Aktionär kann sich als Nebenintervenient nur innerhalb eines Monats nach der Bekanntmachung an der Klage beteiligen.

Schrifttum: *Austmann,* Rechtsfragen der Nebenintervention im aktienrechtlichen Anfechtungsprozess, ZHR 158 (1994), 495; *Bayer,* Schiedsfähigkeit von GmbH-Streitigkeiten, ZIP 2003, 881; *Bender,* Schiedsklagen gegen Gesellschafterbeschlüsse im Recht der Kapitalgesellschaften nach der Neuregelung des Schiedsverfahrensrechts, DB 1998, 1900; *Bork,* Das Anerkenntnis im aktienrechtlichen Beschlussanfechtungsverfahren, ZIP 1992, 1205; *Bork,* Doppelsitz und Zuständigkeit im aktienrechtlichen Anfechtungsprozess, ZIP 1995, 609; *Bork,* Zur Schiedsfähigkeit von Beschlussmängelstreitigkeiten ZHR 160 (1996), 374; *Bork,* Streitgegenstand der Beschlussmängelklage im Gesellschaftsrecht, NZG 2002, 1094; *Drescher,* Fehlen und Wegfall des Rechtsschutzbedürfnisses für eine Beschlussmängelklage, FS Stilz, 2014, 125; *Ebenroth/Bohne,* Die schiedsgerichtliche Überprüfung von Gesellschafterbeschlüssen in der GmbH, BB 1996, 1393; *v. Falkenhausen/Kocher,* Zulässigkeitsbeschränkungen für die Nebenintervention bei der aktienrechtlichen Anfechtungsklage, ZIP 2004, 1179; *v. Falkenhausen/Kocher,* Nachschieben von Gründen bei der aktienrechtlichen Anfechtungsklage, ZIP 2003, 426; *Gehrlein,* Zur streitgenössischen Nebenintervention eines Gesellschafters bei der aktienrechtlichen Anfechtungs- und Nichtigkeitsklage, AG 1994, 103; *Göz/Peitsmeyer,* Schiedsfähigkeit von Beschlussmängelklagen bei der GmbH, DB 2009, 1915; *Goslar/von der Linden,* Interventionsfrist, Interventionsbefugnis und Kostenlastverteilung bei der Nebenintervention zur aktienrechtlichen Anfechtungsklage, WM 2009, 492; *Hüffer,* Beschlussmängel im Aktienrecht und im Recht der GmbH, ZGR 2001, 833; *Kindl,* Die Notwendigkeit einer einheitlichen Entscheidung über aktienrechtliche Anfechtungs- und Nichtigkeitsklagen, ZGR 2000, 166; *Lüke/Blenske,* Die Schiedsfähigkeit von Beschlussmängelstreitigkeiten, ZGR 1998, 253; *Meyer-Landrut/Pluskat,* Ende der klägerischen Nebenintervention im Anfechtungsprozess?, BB 2007, 2533; *K. Schmidt,* Zum Streitgegenstand von Anfechtungs- und Nichtigkeitsklagen im Gesellschaftsrecht, JZ 1977, 769; *K. Schmidt,* Schiedsklauseln und Schiedsverfahren im Gesellschaftsrecht, BB 2001, 1857; *Sosnitza,* Nichtigkeits- und Anfechtungsklage im Schnittfeld von Aktien- und Zivilprozessrecht, NZG 1998, 335; *Sosnitza,* Einheitlicher Streitgegenstand bei gleichzeitiger Erhebung von Nichtigkeitsklage und Anfechtungsklage, NZG 1999, 497; *Spindler,* Die Reform der Hauptversammlung und der Anfechtungsklage durch das UMAG, NZG 2005, 825; *Stilz,* Zum Nachschieben von Anfechtungsgründen im Beschlussmängelstreit, FS Winter, 2011, 675; *Sturm,* Die Nebenintervention bei der aktienrechtlichen Anfechtungsklage, NZG 2006, 921; *K. Schmidt,* Die Zustellung der aktienrechtlichen Anfechtungsklage nach dem Zustellungsreformgesetz, ZIP 2002, 1879; *Tielmann,* Die Anfechtungsklage – ein Gesamtüberblick unter Berücksichtigung des UMAG, WM 2007, 1686; *Vetter,* Schiedsklauseln in Satzungen von Publikumsgesellschaften, DB 2000, 705; *Volhard,* Eigenverantwortlichkeit und Folgepflicht – Muss der Vorstand anfechtbare oder angefochtene Hauptversammlungsbeschlüsse ausführen und verteidigen? ZGR 1996, 55; *Waclawik,* Hilfe zur Selbsthilfe? – Der Beitrag von Aktionären als Nebenintervenienten im aktienrechtlichen Anfechtungsprozess, WM 2004, 1361; *Wagner,* Klagefrist und Streitgegenstand bei Anfechtungs- und Nichtigkeitsklagen, DStR 2003, 468; *Zöllner,* Zur Problematik der aktienrechtlichen Anfechtungsklage, AG 2000, 145.

Übersicht

	Rn.
I. Normzweck	1
II. Grundsätzliches zur Anfechtungsklage	2–11
1. Klageart	2, 3
2. Rechtsschutzbedürfnis	4
3. Streitgegenstand	5–7
4. Schiedsfähigkeit	8–11
III. Klagefrist, Abs. 1	12–21
1. Rechtsnatur der Klagefrist	12, 13
a) Präklusionsfrist	12
b) Berücksichtigung von Amts wegen	13
2. Fristlauf und Fristberechnung	14
3. Fristwahrung	15–18
4. Tatsachenvortrag und Nachschieben von Gründen	19, 20
5. Rechtsfolge verspäteter Klageerhebung	21
IV. Die Prozessparteien, Abs. 2	22–38
1. Klägerseite	22
2. Beklagtenseite	23–32a
a) Gesellschaft als Beklagte, Abs. 2 S. 1	23–28
b) Vertretung der Gesellschaft	29–32a
3. Nebenintervention	33–38

	Rn.
a) Voraussetzungen	33–35
b) Streitgenössische Nebenintervention	36
c) Rechtsstellung des Streithelfers	37, 38
V. Der Anfechtungsprozess, Abs. 3	39–51
1. Zuständigkeit und Verbindung	39–42
a) Zuständigkeit	39–41
b) Prozessverbindung	42
2. Klageerhebung	43–47a
a) Klageschrift	43, 44
b) Zustellung der Klage	45, 46
c) Terminsbestimmung	47
d) Akteneinsicht der Gesellschaft	47a
3. Prozessführung	48–51
a) Prozessführung des Klägers	48
b) Prozessführung der beklagten Gesellschaft	49
c) Anerkenntnis und Vergleich	50, 51
VI. Bekanntmachung, Abs. 4	52–56a
VII. Anfechtungsklage und positive Beschlussfeststellungsklage	57–60
1. Ausgangslage	57
2. Die positive Beschlussfeststellungsklage	58, 59
3. Anwendung der Vorschriften über die Anfechtungsklage	60

I. Normzweck

Die Vorschrift regelt Besonderheiten, die für das Verfahren der Anfechtungsklage gelten. Die Bestimmungen zur Klage in Abs. 1 und zur Zuständigkeit in Abs. 3 sollen widersprüchliche Entscheidungen vermeiden. Sie dienen – gemeinsam mit der Regelung zur Urteilswirkung in § 248 (→ § 248 Rn. 6 ff.) – der **Rechtssicherheit.** Durch die Vertretungsregelung in Abs. 2 wird verhindert, dass bei der Klage eines Organmitglieds dieselbe Person auf Kläger- wie auf Beklagtenseite auftritt. Die 1

Bekanntmachungspflicht nach Abs. 4 dient den **Interessen der Gläubiger** der Gesellschaft und der anderen Aktionäre, denen sie die Nebenintervention ermöglicht.

II. Grundsätzliches zur Anfechtungsklage

1. Klageart. Mit der Klage wird die Nichtigerklärung eines Hauptversammlungsbeschlusses (vgl. § 241 Nr. 5) geltend gemacht. Ziel ist die **Umgestaltung der materiellen Rechtslage**. Die Anfechtungsklage ist daher **Gestaltungsklage**.[1]

Der Auffassung, Anfechtungs- und Nichtigkeitsklage seien zwei Arten einer einheitlichen sog. **kassatorischen Klage**[2] ist zuzugeben, dass beide Klagen denselben Streitgegenstand haben. Gleichwohl handelt es sich bei der Nichtigkeitsklage nach § 249 nicht um eine Gestaltungsklage, sondern um eine besondere Art der Feststellungsklage. Bei Vorliegen eines Nichtigkeitsgrundes ist der Hauptversammlungsbeschluss kraft Gesetzes von Anfang an unwirksam, jedermann kann sich in beliebiger Weise auf die Nichtigkeit berufen. Demgegenüber können Anfechtungsgründe nur durch die Anfechtungsklage geltend gemacht werden. Die materielle Rechtslage wird erst durch das stattgebende Urteil, dann aber rückwirkend, umgestaltet (Näheres → § 248 Rn. 6 f.).

2. Rechtsschutzbedürfnis. Die Anfechtungsklage ist Instrument der **Kontrolle der Rechtmäßigkeit** von Hauptversammlungsbeschlüssen. Die Anfechtungsbefugnis des Aktionärs ist ein aus der Mitgliedschaft folgendes Recht, Gesetz- und Satzungsmäßigkeit eines Hauptversammlungsbeschlusses gerichtlich überprüfen zu lassen. Eines besonderen Interesses, das über die Abwehr von gesetz- oder satzungswidrigen Beschlüssen hinausgeht, bedarf es nicht. Dasselbe gilt für die Anfechtungsbefugnis des Vorstands und der Organmitglieder.[3] Daher ist das Rechtsschutzbedürfnis regelmäßig zu bejahen. Nur in Ausnahmefällen kann es hieran fehlen, etwa wenn der angefochtene Beschluss von der Hauptversammlung aufgehoben worden ist und keinerlei Folgewirkungen gegeben sind, oder wenn ein mangelhafter Beschluss erneut gefasst wird, ohne dass dem neuen Beschluss ein Mangel anhaftet. Fehlt das Rechtsschutzbedürfnis, ist die Klage unzulässig. Das Fehlen des Rechtsschutzbedürfnisses wird auch für eine isolierte Anfechtungsklage gegen einen ablehnenden Beschluss diskutiert, weil dessen Aufhebung die tatsächliche und rechtliche Lage des Anfechtungsklägers, dessen eigentliches Ziel die Feststellung eines positiven Beschlussergebnisses ist, nicht verändert.[4] Diese Konstellation wird in der Praxis jedoch kaum relevant werden, weil der klagende Aktionär in diesem Fall die Anfechtungsklage regelmäßig mit einem positiven Beschlussfeststellungsantrag verknüpft und die Klage dann zulässig ist (zur positiven Beschlussfeststellungsklage → Rn. 57 ff.). Kein Fall des fehlenden Rechtsschutzbedürfnisses ist demgegenüber der **Missbrauch des Anfechtungsrechts,** denn der Rechtsmissbrauch nimmt dem Kläger die materiell-rechtliche Anfechtungsbefugnis und führt nicht zur Unzulässigkeit, sondern zur Unbegründetheit der Klage.[5]

3. Streitgegenstand. Nach dem im Zivilprozessrecht herrschenden **zweigliedrigen Streitgegenstandsbegriff** wird der Streitgegenstand bestimmt durch den Antrag und den vorgetragenen Lebenssachverhalt.[6] Bei aktienrechtlichen Klagen gegen Hauptversammlungsbeschlüsse ist Streitgegenstand das Begehren des Klägers, die richterliche Klärung der Nichtigkeit des Gesellschafterbeschlusses aufgrund eines vorgetragenen Sachverhalts mit Wirksamkeit für und gegen jedermann herbeizuführen (zum Nachschieben von weiteren Anfechtungsgründen → Rn. 19 f.).[7] Dass dieses vom Kläger verfolgte Ziel durch die Anfechtungs- oder die Nichtigkeitsklage erreicht werden kann, je nachdem, ob Anfechtungs- oder Nichtigkeitsgründe vorliegen, ist nicht entscheidend. Daher ist heute allgemein anerkannt, dass Anfechtungs- und Nichtigkeitsklage **denselben Streitgegenstand**

---

[1] AllgM; Großkomm AktG/*K. Schmidt* Rn. 9; § 241 Rn. 3 f.; MüKoAktG/*Hüffer/Schäfer* Rn. 14; Kölner Komm AktG/*Zöllner* Rn. 44; MüKoZPO/*Becker-Eberhard* ZPO Vor § 253 Rn. 28; *Schulte* AG 1988, 67 (68); zu den Wirkungen des stattgebenden Urteils im Einzelnen → § 248 Rn. 6 ff.

[2] Großkomm AktG/*K. Schmidt* Rn. 4 f.; § 248 Rn. 4; *K. Schmidt* JZ 1977, 769; zur Rechtsnatur der Nichtigkeitsklage → § 249 Rn. 2 ff.

[3] RGZ 146, 385 (395); RGZ 166, 175 (188); BGHZ 43, 261 (265) = NJW 1965, 1378; BGHZ 107, 296 (308) = NJW 1989, 2689; Großkomm AktG/*K. Schmidt* Rn. 60; MüKoAktG/*Hüffer/Schäfer* Rn. 17; Kölner Komm AktG/*Zöllner* Rn. 26.

[4] OLG Stuttgart AG 2016, 370; Großkomm AktG/*K. Schmidt* Rn. 60; MüKoAktG/*Hüffer/Schäfer* Rn. 17; vgl. auch *Drescher* FS Stilz, 2014, 125 ff.

[5] Näheres → § 245 Rn. 65; BGH AG 1992, 448.

[6] BGH AG 2010, 452; BGHZ 153, 173 = NJW 2003, 828 (829); NJW 2002, 1503; NJW 2001, 3713; MüKoZPO/*Becker-Eberhard* Vor § 253 Rn. 32 ff.; Zöller/*Vollkommer* ZPO Einl. Rn. 83.

[7] BGH AG 2010, 452; BGHZ 134, 364 = NJW 1997, 1510; NJW 1999, 1638.

haben, wenn sie sich mit einheitlicher Begründung gegen denselben Gesellschafterbeschluss richten.[8] Für die Identität des Streitgegenstands von Anfechtungs- und Nichtigkeitsklage spricht nicht nur, dass beide Klagen dasselbe materiell-rechtliche Ziel verfolgen, vielmehr sprechen hierfür auch praktische Erwägungen. Ob ein Mangel die Qualität eines Nichtigkeitsgrundes hat oder lediglich einen Anfechtungsgrund darstellt, kann, etwa bei Einberufungsmängeln, im Einzelfall zweifelhaft sein.

Praktische Folge der Identität des Streitgegenstands von Anfechtungs- und Nichtigkeitsklage ist, **6** dass die Anträge auf Feststellung der Nichtigkeit des Beschlusses und auf Nichtigerklärung des Beschlusses nicht als Haupt- und Hilfsantrag geltend zu machen sind. Vielmehr umfasst der Antrag auf Feststellung der Nichtigkeit automatisch auch den Antrag auf Nichtigerklärung. Der Übergang vom Anfechtungs- zum Nichtigkeitsantrag und umgekehrt ist demzufolge auch keine Klageänderung iSd § 263 ZPO. Das Gericht hat vielmehr unabhängig von der Formulierung des Klageantrags den vorgebrachten Sachverhalt auf das Vorliegen von Nichtigkeits- und Anfechtungsgründen hin zu prüfen. Ob § 248 oder § 249 Anwendung findet, ist eine reine Rechtsfrage, die auch noch in der Revisionsinstanz zu prüfen ist.[9] Welche Formulierung im Urteilstenor verwendet wird, hängt nur davon ab, ob das Gericht einen Nichtigkeits- oder einen Anfechtungsgrund für gegeben erachtet, wobei bei Vorliegen beider die Feststellung der Nichtigkeit erfolgt. Aus diesem Grund ist auch eine Teilung des Streitgegenstands in Anfechtungsgründe und Nichtigkeitsgründe nicht möglich. Eine weitere Nichtigkeitsklage nach Rechtshängigkeit der auf denselben Lebenssachverhalt gestützten Anfechtungsklage desselben Klägers ist wegen entgegenstehender Rechtshängigkeit (§ 261 Abs. 3 Nr. 1 ZPO) unzulässig. Ein Teilurteil, das sich auf die Nichtigkeitsklage oder die Anfechtungsklage beschränkt, ist unzulässig.[10]

Für die Rechtskraftwirkung des Urteils folgt aus der Identität des Streitgegenstands, dass eine **7** erneute Klage, gleich ob als Anfechtungs- oder Nichtigkeitsklage erhoben, unzulässig ist, wenn ein rechtskräftiges Gestaltungs- oder Feststellungsurteil vorliegt. Dasselbe gilt zwischen den Prozessparteien des Vorprozesses für ein klageabweisendes Sachurteil, wenn die neue Klage auf denselben Sachverhalt gestützt wird. Eine erneute Klage gegen denselben Hauptversammlungsbeschluss ist indessen dann zulässig, wenn sie auf neue Anfechtungsgründe gestützt wird, die im ersten Prozess nicht Gegenstand der Prüfung waren.[11] Das klageabweisende Prozessurteil entfaltet demgegenüber keine Rechtskraft in der Sache, weshalb eine erneute Anfechtungs- oder Nichtigkeitsklage zulässig ist. Eine weitere Anfechtungsklage wird jedoch regelmäßig an der Monatsfrist des Abs. 1 scheitern.

4. Schiedsfähigkeit. Die bisherige Rechtsprechung des BGH hat die Schiedsfähigkeit von **8** Beschlussmängelklagen verneint.[12] Während in früheren Entscheidungen maßgeblich auf die fehlende Vergleichbarkeit und die Zuständigkeitsregelung in Abs. 3 abgehoben wurde, begründete der BGH seine Auffassung später in einer zur GmbH ergangenen Entscheidung mit dem Hinweis auf die in § 248 Abs. 1 S. 1, § 249 Abs. 1 S. 1 angeordnete Rechtskraftwirkung für und gegen alle Gesellschafter und Gesellschaftsorgane, auch wenn sie an dem Rechtsstreit nicht als Partei beteiligt waren.[13]

Diese Rechtsprechung ist in der Literatur zu Recht auf Kritik gestoßen.[14] Das Problem der **9** fehlenden Vergleichbarkeit ist durch das Gesetz zur Neuregelung des Schiedsverfahrensrechts vom 22.12.1997 (BGBl. 1997 I 3224) obsolet geworden. Nach § 1030 Abs. 1 S. 1 ZPO nF kommt es auf die Vergleichbarkeit des Anspruchs nicht mehr an, vielmehr kann jeder vermögensrechtliche Anspruch Gegenstand einer Schiedsvereinbarung sein.[15] Auf § 246 Abs. 3 kann die Schiedsunfähig-

---

[8] BGHZ 134, 364 = NJW 1997, 1510 unter ausdrücklicher Aufgabe der früheren Rechtsprechung BGHZ 32, 318 (322) = NJW 1960, 1447; BGH NJW 1999, 1638; BGHZ 152, 1 = NJW 2002, 3465; OLG Stuttgart AG 2004, 678; AG 2003, 527; AG 1998, 529; Großkomm AktG/*K. Schmidt* Rn. 61; MüKoAktG/*Hüffer/Schäfer* Rn. 18 ff.; Kölner Komm AktG/*Zöllner* Rn. 47 ff.; Hüffer/Koch/*Koch* Rn. 11 f.; Bürgers/Körber/*Göz* Rn. 4; Zöller/*Vollkommer* ZPO Einl. Rn. 80; *Kindl* ZGR 2000, 166; *Sosnitza* NZG 1999, 497; *Wagner* DStR 2003, 468.
[9] BGHZ 160, 253 = NJW 2004, 3561; BGHZ 134, 364 = NJW 1997, 1510; NJW 1999, 1638; OLG Düsseldorf NZG 2005, 980.
[10] BGH NJW 1999, 1638.
[11] BGH NZG 2015, 1227; AG 2011, 335; AG 2010, 452; NJW 1999, 1638; Großkomm AktG/*K. Schmidt* Rn. 61; MüKoAktG/*Hüffer/Schäfer* Rn. 25; ausführlich zur Frage des Streitgegenstands K. Schmidt/Lutter/*Schwab* Rn. 1 f.; aA Kölner Komm AktG/*Zöllner* Rn. 47 ff.; wohl auch BGHZ 152, 1 = NJW 2002, 3465 (aber mittlerweile aufgegeben).
[12] BGHZ 38, 155 (158); NJW 1979, 2567 (2569); BGHZ 132, 278 (281) = NJW 1996, 1753 (1754 f.).
[13] BGHZ 132, 278 (281) = NJW 1996, 1753 (1755); Anm. *Bork* ZHR 160 (1996), 374; *Timm* EWiR 1996, 481.
[14] Großkomm AktG/*K. Schmidt* Rn. 114 ff.; *K. Schmidt* BB 2001, 1857; *Ebenroth/Bohne* BB 1996, 1393 (1396); *Lüke/Blenske* ZGR 1998, 253; Zöller/*Geimer* ZPO § 1030 Rn. 9; vgl. auch Hüffer/Koch/*Koch* Rn. 18 f.
[15] Vgl. hierzu *Bayer* ZIP 2003, 881 (884); *Vetter* DB 2000, 705 (706); *K. Schmidt* BB 2001, 1857 (1860).

keit gleichfalls nicht gestützt werden, denn diese Vorschrift regelt nur die örtliche und sachliche Zuständigkeit des Landgerichts am Sitz der Gesellschaft und schließt die Zuständigkeit anderer staatlicher Gerichte aus, besagt aber nichts darüber, ob und unter welchen Voraussetzungen Beschlussmängelstreitigkeiten statt vor einem staatlichen Gericht vor einem privaten Schiedsgericht ausgetragen werden können.[16] Auch das Problem der parteiübergreifenden Urteilswirkung nach § 248 Abs. 1 S. 1, § 249 Abs. 1 S. 1 steht der Schiedsfähigkeit nicht zwingend entgegen.

9a Der BGH[17] hat dieser Kritik Rechnung getragen und in einer Entscheidung zur GmbH unter ausdrücklicher Aufgabe seiner früheren, noch in BGHZ 132, 278 vertretenen Auffassung angenommen, dass Beschlussmängelstreitigkeiten auch ohne ausdrückliche gesetzliche Anordnung der Wirkungen der § 248 Abs. 1 S. 1, § 249 Abs. 1 S. 1 grundsätzlich kraft einer dies im Gesellschaftsvertrag festschreibenden Schiedsvereinbarung oder einer außerhalb der Satzung unter Mitwirkung aller Gesellschafter getroffenen Individualabrede „schiedsfähig" sind, sofern und soweit das schiedsgerichtliche Verfahren in einer dem Rechtsschutz durch staatliche Gerichte gleichwertigen Weise ausgestaltet ist. Die Wirksamkeit einer Schiedsklausel muss danach folgende Mindestanforderungen erfüllen: (1) Die Schiedsabrede muss grundsätzlich mit Zustimmung aller Gesellschafter getroffen werden. (2) Jeder Gesellschafter muss an der Auswahl und der Bestellung der Schiedsrichter mitwirken können, sofern nicht die Auswahl durch eine neutrale Stelle erfolgt. (3) Jeder Gesellschafter muss zudem über die Einleitung und den Verlauf des Schiedsverfahrens informiert und dadurch in die Lage versetzt werden, sich an dem Verfahren zumindest als Nebenintervenient zu beteiligen. (4) Schließlich muss eine Regelung zu einer mit § 246 Abs. 3 vergleichbaren Verfahrenskonzentration getroffen und gewährleistet werden, dass alle denselben Streitgegenstand betreffenden Beschlussmängelstreitigkeiten bei einem Schiedsgericht konzentriert werden. Sind diese Voraussetzungen nicht erfüllt, ist die Schiedsklausel sittenwidrig und nach § 138 BGB nichtig.

10 Die Entscheidung ist zu begrüßen. Sie ist grundsätzlich auch auf die AG anwendbar. Zu differenzieren ist bei der AG jedoch zwischen einer **satzungsmäßigen Schiedsklausel** und einer **Schiedsvereinbarung nach § 1029 ZPO**. Eine Schiedsgerichtszuständigkeit aufgrund einer in der Satzung enthaltenen Schiedsklausel scheidet wegen § 23 Abs. 5 aus, denn die Satzung darf von Vorschriften des Aktiengesetzes nur abweichen, wenn dies im Gesetz ausdrücklich zugelassen ist. Den §§ 246–249 ist indessen zu entnehmen, dass das Aktiengesetz für die Anfechtungs- und Nichtigkeitsklage ein Verfahren vor dem staatlichen Gericht vorsieht. Die Zulassung hiervon abweichender Regelungen in der Satzung lässt sich dem Gesetz nicht entnehmen.[18]

11 Demgegenüber ist eine **Schiedsvereinbarung nach § 1029 ZPO** unter Mitwirkung aller Aktionäre zulässig. Das Gesetz eröffnet den Aktionären die Möglichkeit der Rechtmäßigkeitskontrolle durch Erhebung der Beschlussmängelklage, verpflichtet diese aber nicht zur Klageerhebung. Die Aktionäre sind daher frei in ihrer Entscheidung, ob sie von ihrem Anfechtungsrecht Gebrauch machen wollen, sie können auf das Anfechtungsrecht sogar verzichten. Daher muss es ihnen auch möglich sein, sich für die Rechtmäßigkeitskontrolle einem Schiedsgericht anstelle eines staatlichen Gerichts zu unterwerfen, wenn hierdurch die Rechte der anderen Aktionäre nicht beeinträchtigt werden. Dies ist dann der Fall, wenn die Schiedsvereinbarung von allen Aktionären getragen, dh der Schiedsvertrag unter Mitwirkung aller Aktionäre abgeschlossen wird.[19] In diesem Fall ist die Annahme der Wirkung des Schiedsspruchs für und gegen alle Aktionäre in sinngemäßer Anwendung der §§ 248, 249 gerechtfertigt. Entscheidend ist hierfür nicht die Beteiligung aller Gesellschafter an dem Schiedsgerichtsverfahren, sondern die Legitimation des Schiedsgerichtsverfahrens und damit auch des Schiedsspruchs durch allseitiges Einverständnis mit dem Schiedsgerichtsverfahren.[20] In der Praxis dürfte aber ein solches Verfahren nur für die „kleine AG", insbesondere Familienaktiengesellschaften, in Betracht kommen.

III. Klagefrist, Abs. 1

12 **1. Rechtsnatur der Klagefrist. a) Präklusionsfrist.** Die Monatsfrist nach Abs. 1 ist eine **materiell-rechtliche Ausschlussfrist (Präklusionsfrist)**. Ihre Versäumung führt nicht zur Unzuläss-

---

[16] So auch BGHZ 132, 278, (281) = NJW 1996, 1753 (1754); *Ebenroth/Bohne* BB 1996, 1393 (1394); *Vetter* DB 2000, 705 (706).
[17] BGHZ 180, 221 = AG 2009, 496, bekräftigt in AG 2016, 34.
[18] So zu Recht Großkomm AktG/*K. Schmidt* Rn. 121; MüKoAktG/*Hüffer/Schäfer* Rn. 33; *K. Schmidt* BB 2001, 1857 (1860); Bürgers/Körber/*Göz* Rn. 28; MHdB AG/*Austmann* § 42 Rn. 11; aA *Zöllner* AG 2000, 145 (150); *Vetter* DB 2000, 705 (706); *Bender* DB 1998, 1900 (1901).
[19] Großkomm AktG/*K. Schmidt* Rn. 122; *K. Schmidt* BB 2001, 1857 (1860); *Vetter* DB 2000, 705 (707); *Bender* DB 1998, 1900 (1903).
[20] *K. Schmidt* BB 2001, 1857 (1860); *Bender* DB 1998, 1900 (1903).

keit, sondern zur Unbegründetheit der Anfechtungsklage.[21] Die Vorschriften der ZPO über Fristen (Fristverlängerung nach §§ 224f, Wiedereinsetzung in den vorigen Stand nach §§ 233 ff.) sind nicht anwendbar.[22]

b) Berücksichtigung von Amts wegen. Die Anfechtungsfrist ist **keine Verjährungsfrist,** weshalb es einer Einrede der Gesellschaft nicht bedarf. Die Fristwahrung ist vielmehr in jeder Instanz von Amts wegen zu berücksichtigen.[23] Daher kann auch eine rügelose Einlassung nach § 295 ZPO die Wahrung der Klagefrist nicht ersetzen.[24] Wegen des Ausschlusscharakters gibt es auch weder Hemmung noch Neubeginn der Verjährung nach §§ 203 ff., 212 f. BGB.[25] Die Regelung in Abs. 1 ist **zwingend.** Die Frist kann weder durch das Gericht noch durch Parteivereinbarung oder Satzung (vgl. § 23 Abs. 5) verlängert oder abgekürzt werden.

2. Fristlauf und Fristberechnung. Die Frist beginnt mit dem Tag der Hauptversammlung. Bei mehrtägiger Hauptversammlung ist nicht auf den Tag der Beschlussfassung, sondern auf den letzten Tag der Hauptversammlung abzustellen. Dies steht in Einklang mit § 245 Nr. 1, denn die Erklärung des Widerspruchs kann bis zur Beendigung der Hauptversammlung erfolgen (→ § 245 Rn. 27). Für den Fristbeginn ist nicht erforderlich, dass der Anfechtungsberechtigte von der Beschlussfassung Kenntnis hat.[26] Für die **Fristberechung** gelten die §§ 187 ff. BGB. Der Tag der Hauptversammlung wird bei der Fristberechnung nicht eingerechnet, § 187 Abs. 1 BGB. Die Frist endet mit Ablauf des Tages, der im Folgemonat dem Tag entspricht, an dem die Hauptversammlung stattgefunden hatte, falls dieser fehlt, mit Ablauf des letzten Tages des Folgemonats, § 188 Abs. 2 und 3 BGB. Fällt das Fristende auf einen Sonnabend, einen Sonntag oder einen Feiertag, läuft die Frist mit Ablauf des nächsten Werktags ab, § 193 BGB.

3. Fristwahrung. Die Klagefrist wird gewahrt durch **Erhebung der Anfechtungsklage.** Klageerhebung erfolgt nach § 253 Abs. 1 ZPO durch Zustellung der Klageschrift. Ausreichend ist nach § 167 ZPO der rechtzeitige Eingang der Klageschrift bei Gericht, wenn die Zustellung „demnächst" erfolgt. Diesem Merkmal kommt eine zeitliche und eine wertende Komponente zu. Eine Zustellung „demnächst" nach Eingang der Klage bei Gericht erfordert eine Zustellung innerhalb einer nach den Umständen angemessenen, ggf. auch längeren Frist, sofern der Kläger alles ihm Zumutbare für eine alsbaldige Zustellung getan hat und schutzwürdige Belange der Gegenpartei nicht entgegenstehen.[27] Vom Kläger verursachte Verzögerungen, etwa die verspätete Einzahlung des Gerichtskostenvorschusses oder Mängel der Klageschrift verhindern, sofern sie nicht geringfügig sind, eine Rückwirkung und damit die Einhaltung der Klagefrist.[28]

Die Anfechtungsfrist ist nur dann gewahrt, wenn ein Aktionär oder ein von einem Aktionär zur Klage Ermächtigter klagt. Erhebt ein Dritter aufgrund einer Ermächtigung eines Aktionärs die Anfechtungsklage, ist die Anfechtungsfrist nur dann gewahrt, wenn der Kläger die Berechtigung innerhalb der Monatsfrist offen legt oder wenn die Ermächtigung für die beteiligten Parteien offensichtlich ist.[29] Erst recht genügt die Anfechtungsklage eines Nichtberechtigten, der erst nachträglich ermächtigt wird, nicht zur Einhaltung der Frist.

Nach früher hM ist ein Antrag auf **Prozesskostenhilfe** zur Fristwahrung nicht ausreichend, weil der klare Gesetzeswortlaut die Klageerhebung innerhalb der Monatsfrist verlange.[30] Der Gesetzeswortlaut steht jedoch einer Anwendung des § 167 ZPO nicht entgegen. Die Grundsätze zur Zustellung „demnächst" gelten auch für die durch das Prozesskostenhilfeverfahren eintretende Verzögerung. Deshalb wahrt die rechtzeitige Einreichung der Klageschrift die Frist, wenn der Kläger den ordnungs-

---

[21] RGZ 123, 204 (207); BGH NJW 1998, 3344 (3345) für die GmbH, OLG Stuttgart AG 2016, 370; OLG Frankfurt ZIP 1984, 110 (111); Großkomm AktG/*K. Schmidt* Rn. 13; MüKoAktG/*Hüffer/Schäfer* Rn. 36; *Hüffer* ZGR 2001, 833 (850); *Tielmann* WM 2007, 1686 (1691); *Stilz* FS Winter, 2011, 675; aA K. Schmidt/Lutter/ *Schwab* Rn. 8.
[22] Großkomm AktG/*K. Schmidt* Rn. 13; MüKoAktG/*Hüffer/Schäfer* Rn. 36; Bürgers/Körber/*Göz* Rn. 7.
[23] BGH NJW 1998, 3344 (3345).
[24] OLG Karlsruhe AG 2008, 718.
[25] Großkomm AktG/*K. Schmidt* Rn. 14; MüKoAktG/*Hüffer/Schäfer* Rn. 37.
[26] Kölner Komm AktG/*Zöllner* Rn. 11.
[27] BGH NJW 1991, 1745; NJW 1999, 3125; OLG Frankfurt OLGR 1994, 154; WM 1984, 209; MüKoZPO/ *Häublein* ZPO § 167 Rn. 9 f.; Zöller/*Greger* ZPO § 167 Rn. 10 ff.
[28] Vgl. zum Ganzen MüKoZPO/*Häublein* ZPO § 167 Rn. 9 ff.; vgl. auch BGH AG 2009, 285; NJW-RR 2006, 789; NJW 1994, 1073; OLG Stuttgart AG 2004, 678; OLG Brandenburg AG 2008, 497; OLG Bremen AG 2009, 412.
[29] OLG Stuttgart AG 2003, 588 (589); *Tielmann* WM 2007, 1686 (1687); zum Parallelfall der Verjährungsunterbrechung vgl. BGH NJW-RR 2002, 20.
[30] Kölner Komm AktG/*Zöllner* Rn. 15; *Henn* AG 1989, 230 (232); *Werner* AG 1968, 181 (184).

gemäßen, mit den Unterlagen nach § 117 Abs. 2 ZPO versehenen Antrag innerhalb der Monatsfrist einreicht, die Entscheidung über den Antrag nicht aus Nachlässigkeit verzögert und unverzüglich nach der – positiven oder negativen – Entscheidung über seinen Prozesskostenhilfeantrag die Klageschrift zugestellt wird.[31] Für den Fall der Zurückweisung des Prozesskostenhilfeantrags muss der Kläger durch Einzahlung des Gerichtskostenvorschusses für die Zustellung der Klage sorgen, wobei ihm in Anwendung des Rechtsgedankens des § 234 Abs. 1 ZPO eine Zweiwochenfrist zuzubilligen ist.[32]

18 Die Monatsfrist ist auch dann gewahrt, wenn die Klage vor einem sachlich oder örtlich unzuständigen Gericht erhoben und der Rechtsstreit auf Antrag des Klägers nach § 281 Abs. 1 ZPO verwiesen wird. Der Verweisungsbeschluss selbst kann auch noch nach Ablauf der Monatsfrist ergehen, denn für die Einhaltung der Klagefrist genügt die Klageerhebung auch beim unzuständigen Gericht. Durch die Verweisung wird die Rechtshängigkeit nicht unterbrochen, die Verfahrenseinheit bleibt gewahrt.[33]

19 **4. Tatsachenvortrag und Nachschieben von Gründen.** Die Wahrung der Anfechtungsfrist erfordert die rechtzeitige Klageerhebung. Die Klageerhebung ist ordnungsgemäß, wenn der Kläger in der Klageschrift den Streitgegenstand hinreichend bestimmt hat, § 253 Abs. 2 Nr. 2 ZPO.[34] Hierfür bedarf es nicht nur der genauen Bezeichnung des angefochtenen Beschlusses; der Anfechtungskläger muss darüber hinaus die Gründe, auf die er seine Anfechtung stützt, darlegen. Dabei ist ausreichend, dass er die Anfechtungsgründe in ihrem wesentlichen Kern innerhalb der Frist in den Rechtsstreit einführt.[35] Die Tatsachen, auf die die Anfechtungsklage gestützt wird, müssen so vorgetragen sein, dass der Streitgegenstand individualisiert und von anderen Anfechtungsgründen abgrenzbar ist. Weitere Substantiierungen während des Verfahrens sind möglich. Nicht erforderlich ist hingegen eine rechtliche Würdigung der vorgetragenen Tatsachen.

20 Anfechtungsgründe, die nicht wenigstens im Kern innerhalb der Monatsfrist angesprochen werden, sind präkludiert.[36] Verspätet vorgebrachte Tatsachen können daher nur als Nichtigkeitsgründe Bedeutung gewinnen, weil für die Nichtigkeitsklage eine Klagefrist nicht einzuhalten ist. Die in der Entscheidung des BGH vom 22.7.2002[37] vertretene Gegenansicht verkennt, dass sich der Streitgegenstand der Anfechtungsklage aus dem Antrag auf Nichtigerklärung des Beschlusses und dem hierzu vorgetragenen Lebenssachverhalt bestimmt. Die Geltendmachung neuer Anfechtungsgründe ändert daher den Streitgegenstand und ist prozessual als Klageänderung nach § 263 ZPO anzusehen. Nach Fristablauf könnte eine neue Anfechtungsklage nicht mit Erfolg hierauf gestützt werden. An der Verfristung ändert der Umstand nichts, dass der neue Anfechtungsgrund statt in einer neuen Klage in einem laufenden Rechtsstreit vorgebracht wird. Wegen des zwingenden Charakters der Ausschlussfrist können nachgeschobene Anfechtungsgründe daher weder durch Sachdienlicherklärung seitens des Gerichts noch durch Einwilligung der beklagten Gesellschaft der Klage zum Erfolg verhelfen. Der BGH ist von seiner in der genannten Entscheidung vertretenen Auffassung, die Geltendmachung zusätzlicher Mängel durch ergänzenden Sachvortrag führe nicht zu einer Klageänderung, wieder abgerückt und hat klargestellt, seine bisherige Rechtsprechung beizubehalten. Danach muss bei der Anfechtungsklage der den Klagegrund bildende maßgebliche Sachverhalt, aus dem der Kläger die Anfechtbarkeit des Beschlusses herleiten will, innerhalb der Monatsfrist des Abs. 1 vorgetragen werden.[38]

---

[31] BGH NJW 1991, 1745; OLG Frankfurt OLGR 1994, 154; MüKoZPO/*Häublein* ZPO § 167 Rn. 14; Zöller/*Greger* ZPO § 167 Rn. 15; Großkomm AktG/*K. Schmidt* Rn. 21; MüKoAktG/*Hüffer/Schäfer* Rn. 42 f.; Hüffer/*Koch*/*Koch* Rn. 25; *Hüffer* ZGR 2001, 833 (850); NK-AktR/*Heidel* Rn. 29; aA OLG Celle AG 2010, 367; OLG Karlsruhe NZG 2013, 942.

[32] BGH NJW 1991, 1745.

[33] AllgM; Zöller/*Greger* ZPO § 281 Rn. 15a; Großkomm AktG/*K. Schmidt* Rn. 18; MüKoAktG/*Hüffer/Schäfer* Rn. 41; K. Schmidt/Lutter/*Schwab* Rn. 12; allgemein zur Wahrung der Klagefrist durch eine unzulässige Klage (wegen entgegenstehender Rechtshängigkeit) OLG Stuttgart AG 2005, 125.

[34] MüKoZPO/*Becker-Eberhard* ZPO § 253 Rn. 75 ff.

[35] BGH AG 2010, 748; BGHZ 120, 141 (156) = NJW 1993, 400 (404); BGH NJW 1995, 260 (261); BGHZ 32, 318 (322) = NJW 1960, 1447; OLG Stuttgart AG 2016, 370; AG 2011, 93; Großkomm AktG/*K. Schmidt* Rn. 22; MüKoAktG/*Hüffer/Schäfer* Rn. 44; *Stilz* FS Winter, 2011, 675 (680); weitergehend BGHZ 152, 1 = NJW 2002, 3465.

[36] Bisher st. Rspr.; BGH 120, 141 (156) = NJW 1993, 400 (404); BGH NJW 1995, 260 (261); KG AG 2006, 200; OLG München NZG 2001, 616 (618); vgl. zum Ganzen auch Großkomm AktG/*K. Schmidt* Rn. 24; K. Schmidt/Lutter/*Schwab* Rn. 15; aA Kölner Komm AktG/*Zöllner* Rn. 18 ff.; vgl. auch BGHZ 152, 1 = NJW 2002, 3465.

[37] BGHZ 152, 1 = NJW 2002, 3465; ablehnend *von Falkenhausen/Kocher* ZIP 2003, 426; *Bork* NZG 2002, 1094.

[38] BGH AG 2010, 452; AG 2006, 501; AG 2006, 158; AG 2005, 613; AG 2005, 395; OLG Düsseldorf AG 2013, 264; OLG Stuttgart AG 2015, 163; AG 2011, 93.

5. Rechtsfolge verspäteter Klageerhebung. Wird die Klage verspätet erhoben, ist sie nicht 21 unzulässig, sondern **unbegründet**.[39] Wegen der Identität des Streitgegenstands von Anfechtungs- und Nichtigkeitsklage hat die Klage aber dennoch als Nichtigkeitsklage Erfolg, wenn die vorgebrachten Tatsachen einen Nichtigkeitsgrund darstellen. In diesem Fall ist auf Feststellung der Nichtigkeit des Beschlusses zu tenorieren.

IV. Die Prozessparteien, Abs. 2

1. Klägerseite. Nach § 245 haben die einzelnen Aktionäre, der Vorstand sowie einzelne Mitglie- 22 der des Vorstands und des Aufsichtsrats ein Anfechtungsrecht. Fehlt dem Kläger die Anfechtungsbefugnis, ist die Klage unbegründet (→ § 245 Rn. 5). Mehrere Kläger sind notwendige Streitgenossen iSd § 62 Abs. 1 1. Alt. ZPO. Weil ein Urteil, das einen Hauptversammlungsbeschluss für nichtig erklärt, nach § 248 Abs. 1 S. 1 für und gegen alle Aktionäre sowie die Mitglieder des Vorstands und Aufsichtsrats der beklagten Gesellschaft wirkt, handelt es sich um einen Fall der **prozessrechtlich notwendigen Streitgenossenschaft**.[40] Die Streitgenossenschaft wird begründet durch gemeinsame Klage mehrerer Anfechtungsberechtigter oder durch die nach § 246 Abs. 3 S. 3 zwingend vorgeschriebene Verbindung mehrerer Anfechtungsprozesse. Voraussetzung ist, dass sich die Klagen gegen denselben Hauptversammlungsbeschluss richten, nicht hingegen die Identität der geltend gemachten Anfechtungsgründe.[41] Die Rechtskrafterstreckung nach § 248 Abs. 1 S. 1 greift auch dann ein, wenn das Gericht den Beschluss für nichtig erklärt, einzelne Anfechtungsklagen aber wegen Versäumung der Klagefrist nach Abs. 1 oder fehlender Anfechtungsbefugnis abweist. Auch in diesem Fall sind die Kläger notwendige Streitgenossen.[42]

2. Beklagtenseite. a) Gesellschaft als Beklagte, Abs. 2 S. 1. aa) Grundsatz. Die Klage ist 23 gegen die Gesellschaft zu richten. Bei verbundenen Unternehmen (§§ 15 ff.) ist die Anfechtungsklage gegen die Gesellschaft zu richten, deren Hauptversammlung den angefochtenen Beschluss gefasst hat.[43] Auch nach Auflösung ist die Gesellschaft die richtige Beklagte, denn die Auflösung bewirkt lediglich eine Zweckänderung. An die Stelle des auf Gewinnerzielung durch werbende Tätigkeit gerichteten Zwecks tritt der Abwicklungszweck. Die Gesellschaft besteht als Abwicklungsgesellschaft rechtlich unverändert fort bis zur Beendigung der Abwicklung. Auch die gegen den Auflösungsbeschluss selbst gerichtete Klage ist daher gegen die aufgelöste Gesellschaft zu richten.[44] Im Abwicklungsstadium wird die Gesellschaft durch die Vorstandsmitglieder als Abwickler vertreten, § 265 Abs. 1. Tritt der Auflösungstatbestand nach Rechtshängigkeit ein, wird der Rechtsstreit hierdurch nicht unterbrochen, denn die Gesellschaft bleibt Beklagte.[45]

bb) Insolvenz der Gesellschaft. Nach Eröffnung des Insolvenzverfahrens kommt es für die 24 Frage, wer richtiger Beklagter ist, darauf an, ob der angefochtene Beschluss Auswirkungen auf die Insolvenzmasse hat. Ist dies der Fall, so ist die Klage gegen den Insolvenzverwalter zu richten, der den Rechtsstreit als Partei kraft Amtes führt.[46] Ist der angefochtene Beschluss demgegenüber **insolvenzneutral**, ist die Klage gegen die Gesellschaft zu richten.[47] Wird das Insolvenzverfahren nach Rechtshängigkeit eröffnet, wird der Rechtsstreit in der ersten Fallvariante nach § 240 ZPO unterbrochen und kann nach §§ 85, 86 InsO aufgenommen werden.

cc) Umwandlung. Für die Fälle der Umwandlung gilt grundsätzlich, dass die Anfechtungsklage 25 gegen die Gesellschaft zu führen ist, deren Hauptversammlung den angefochtenen Beschluss gefasst hat, wenn diese Gesellschaft nach der Umstrukturierung fortbesteht. Ist dies nicht der Fall, kommt es auf die Folge der Umstrukturierung an. Im Einzelnen gilt Folgendes:

---

[39] BGH NJW 1998, 3344 (3345); OLG Frankfurt ZIP 1984, 110; Großkomm AktG/*K. Schmidt* Rn. 25; MüKoAktG/*Hüffer/Schäfer* Rn. 36; Kölner Komm AktG/*Zöllner* Rn. 6; aA K. *Schmidt/Lutter/Schwab* Rn. 8.
[40] BGH AG 2011, 335; BGHZ 180, 154 = AG 2009, 441; BGHZ 180, 9 = AG 2009, 285; BGHZ 122, 211 (240) = NJW 1993, 1976 (1983); OLG Stuttgart AG 2009, 124; AG 2003, 165 (166); Großkomm AktG/ *K. Schmidt* Rn. 29; MüKoAktG/*Hüffer/Schäfer* Rn. 7; Kölner Komm AktG/*Zöllner* Rn. 88.
[41] Großkomm AktG/*K. Schmidt* Rn. 29.
[42] Großkomm AktG/*K. Schmidt* Rn. 29; MüKoAktG/*Hüffer/Schäfer* Rn. 7; Kölner Komm AktG/*Zöllner* Rn. 88; vgl. auch BGH AG 2009, 285.
[43] Großkomm AktG/*K. Schmidt* Rn. 31; MüKoAktG/*Hüffer/Schäfer* Rn. 47.
[44] BGHZ 36, 207 (208) = NJW 1962, 538 für die GmbH.
[45] Großkomm AktG/*K. Schmidt* Rn. 89.
[46] MüKoAktG/*Hüffer/Schäfer* Rn. 49; Hüffer/Koch/*Koch* Rn. 29; aA Großkomm AktG/*K. Schmidt* Rn. 34, der auch in diesem Fall die Gesellschaft für die richtige Beklagte hält, ebenso NK-AktR/*Heidel* Rn. 44.
[47] BGHZ 32, 114 (121) = NJW 1960, 1006 (1007); aA K. *Schmidt/Lutter/Schwab* Rn. 22, der annimmt, wegen der drohenden Kostenlast nach § 91 ZPO betreffe jeder Beschlussmängelstreit das Gesellschaftsvermögen, weshalb der Insolvenzverwalter immer und ausschließlich der richtige Beklagte sei.

26 – **Verschmelzung, §§ 2 ff. UmwG.** Wird bei der **Verschmelzung durch Aufnahme** nach § 2 Nr. 1 UmwG der Beschluss der übernehmenden Gesellschaft angefochten, ist die Klage auch nach der Eintragung der Verschmelzung in das Handelsregister gegen die – fortbestehende – übernehmende Gesellschaft zu richten. Nach Eintragung der Verschmelzung ist die übernehmende Gesellschaft gemäß § 28 UmwG aber auch die richtige Beklagte für die Anfechtung des von der Hauptversammlung der übertragenden Gesellschaft gefassten Beschlusses. Dies folgt zwingend aus § 20 Abs. 1 Nr. 2 UmwG, wonach mit der Eintragung der Verschmelzung die übertragende Gesellschaft erlischt. Dasselbe gilt für die **Verschmelzung durch Neugründung** nach § 2 Nr. 2 UmwG. Die Anfechtungsklage ist nach der Eintragung gegen die neu gegründete Gesellschaft als neuer Rechtsträger zu richten, § 36 Abs. 1 S. 1 UmwG, § 28 UmwG. Wird die Verschmelzung erst nach Rechtshängigkeit der gegen die übertragende Gesellschaft gerichteten Anfechtungsklage in das Handelsregister eingetragen, sind die §§ 239, 246 ZPO entsprechend anzuwenden.[48] Für die Fortsetzung des Prozesses gegen die aufnehmende bzw. die neu gegründete Gesellschaft bedarf es eines besonderen Rechtsschutzinteresses.

27 – **Spaltung.** Bei der **Abspaltung** und der **Ausgliederung zur Aufnahme** oder **zur Neugründung** nach § 123 Abs. 2 und 3 UmwG ist die Anfechtungsklage gegen den von der Hauptversammlung der übertragenden Gesellschaft gefassten Beschluss gegen diese Gesellschaft zu richten, denn sie bleibt nach der Umwandlung als Rechtsträger bestehen, § 131 Abs. 1 Nr. 1 UmwG, § 135 Abs. 1 UmwG. In den Fällen der **Aufspaltung auf mehrere Rechtsträger** nach § 123 Abs. 1 UmwG erlischt demgegenüber die übertragende Gesellschaft, § 131 Abs. 1 Nr. 2 UmwG. Die Anfechtungsklage ist daher gegen die neuen Rechtsträger als notwendige Streitgenossen zu richten.[49] Bei Eintragung der Aufspaltung nach Rechtshängigkeit der gegen die übertragende Gesellschaft gerichteten Anfechtungsklage sind §§ 239, 246 ZPO entsprechend anwendbar.

28 – **Formwechsel.** Beim **Formwechsel** nach § 190 Abs. 1 UmwG ist nach der Eintragung die Gesellschaft in der neuen Rechtsform die richtige Beklagte, denn sie besteht in der in dem Umwandlungsbeschluss bestimmten Rechtsform weiter, § 202 Abs. 1 Nr. 1 UmwG. Dies gilt auch dann, wenn nach dem Recht der neuen Rechtsform eine Anfechtungsklage nicht vorgesehen ist.[50]

29 **b) Vertretung der Gesellschaft. aa) Grundsatz: Doppelvertretung.** Klagt ein Aktionär, wird die Gesellschaft durch den Vorstand und den Aufsichtsrat gemeinsam vertreten, Abs. 2 S. 2 (Prinzip der Doppelvertretung). Diese von § 78 Abs. 1 abweichende Regelung soll eine Kollusion zwischen dem klagenden Aktionär und dem Vorstand verhindern.[51] Für die Willensbildung bei der Doppelvertretung gilt, dass jedes Organ für sich beschließen und eine Übereinstimmung zwischen beiden bestehen muss. Das Prinzip der Doppelvertretung gilt für sämtliche Prozesshandlungen und auch für die Erteilung der Prozessvollmacht des Rechtsanwalts.[52]

30 Bei Anfechtungsklagen des Vorstands nach § 245 Nr. 4 oder eines Vorstandsmitglieds nach § 245 Nr. 5 wird die Gesellschaft alleine durch den Aufsichtsrat, bei Anfechtungsklagen eines Aufsichtsratsmitglieds nach § 245 Nr. 5 alleine durch den Vorstand vertreten, Abs. 2 S. 3. Mit dieser Regelung soll eine Interessenkollision durch Beteiligung von Mitgliedern desselben Gesellschaftsorgans sowohl auf Kläger- als auch auf Beklagtenseite verhindert werden.[53] Klagen sowohl Aktionäre als auch der Vorstand oder einzelne Vorstandsmitglieder, wird die Gesellschaft alleine vom Aufsichtsrat vertreten. Klagen sowohl Aktionäre als auch einzelne Aufsichtsratsmitglieder, wird sie alleine vom Vorstand vertreten.[54] Die Vertretungsregelung des Abs. 2 S. 3 greift auch dann ein, wenn ein Mitglied des Vorstands oder des Aufsichtsrats als Aktionär klagt, denn auch in diesem Fall soll eine Interessenkollision durch Doppelbeteiligung vermieden werden.[55]

31 **bb) Prozesspfleger.** Wird die Anfechtungsklage vom Vorstand oder einzelnen Vorstandsmitgliedern und Aufsichtsratsmitgliedern erhoben, sind sowohl Vorstand als auch Aufsichtsrat wegen mögli-

---

[48] Großkomm AktG/*K. Schmidt* Rn. 92; MüKoAktG/*Hüffer/Schäfer* Rn. 51; Zöller/*Greger* ZPO § 239 Rn. 6; MüKoZPO/*Stackmann* ZPO § 239 Rn. 18.
[49] Großkomm AktG/*K. Schmidt* Rn. 36; MüKoAktG/*Hüffer/Schäfer* Rn. 52.
[50] Ebenso Großkomm AktG/*K. Schmidt* Rn. 36; MüKoAktG/*Hüffer/Schäfer* Rn. 52.
[51] BGHZ 32, 114 (117) = NJW 1960, 1006 (1007); OLG Brandenburg AG 2008, 497; Großkomm AktG/*K. Schmidt* Rn. 37; Kölner Komm AktG/*Zöllner* Rn. 34.
[52] OLG Hamburg AG 2003, 519.
[53] BegrRegE *Kropff* S. 333.
[54] Großkomm AktG/*K. Schmidt* Rn. 38; MüKoAktG/*Hüffer/Schäfer* Rn. 66; Kölner Komm AktG/*Zöllner* Rn. 36; *Volhard* ZGR 1996, 55 (69).
[55] MüKoAktG/*Hüffer/Schäfer* Rn. 66; zum Sonderfall der Klage einer juristischen Person als Aktionärin, die ihrerseits durch ein Mitglied des Aufsichtsrats der beklagten Gesellschaft gesetzlich vertreten wird, vgl. OLG Hamburg AG 2003, 519.

cher Interessenkollision nicht zur Vertretung berufen. In diesem Fall muss der Vorsitzende des Prozessgerichts der Gesellschaft nach § 57 Abs. 1 ZPO einen Prozesspfleger bestellen.[56] Daneben kann die Hauptversammlung analog § 147 Abs. 2 S. 1 einen besonderen Vertreter bestellen. Mit dessen Eintritt in den Prozess, nicht schon mit dessen Bestellung, endet das Amt des nach § 57 Abs. 1 ZPO bestellten Prozesspflegers.[57]

cc) Liquidationsstadium. Im Liquidationsstadium treten die Abwickler nach § 269 Abs. 1 an die Stelle des Vorstands. Im Übrigen bleibt es bei der Regelung des Abs. 2, dh bei der Aktionärsklage wird die Gesellschaft durch die Abwickler und den Aufsichtsrat gemeinsam vertreten.[58] In der **Insolvenz** der Gesellschaft ist wiederum zu unterscheiden, ob die Insolvenzmasse betroffen ist oder ob der angefochtene Beschluss insolvenzneutral ist. Die Anfechtungsklage betrifft die Insolvenzmasse, wenn durch den angefochtenen Beschluss Ansprüche der Masse begründet werden oder Verbindlichkeiten wegfallen, denn dann zielt die Anfechtungsklage darauf ab, die Insolvenzmasse zu verringern. In diesem Fall ist die Klage gegen den Insolvenzverwalter zu richten, ein Problem der Vertretungsbefugnis stellt sich nicht. Weder Vorstand noch Aufsichtsrat sind auf Beklagtenseite an dem Prozess beteiligt. Richtet sich die Klage gegen einen insolvenzneutralen Beschluss, ist sie gegen die Gesellschaft zu richten. Dann ergibt sich die Vertretungsregelung aus Abs. 2; im Regelfall der Aktionärsklage kommt es zur Doppelvertretung der Gesellschaft durch Vorstand und Aufsichtsrat.[59] Ist der Massebezug unklar, empfiehlt sich eine Klage gegen die Gesellschaft und vorsorglich eine Zustellung der Klage sowohl an Vorstand und Aufsichtsrat als auch an den Insolvenzverwalter. Nach der Erklärung des Insolvenzverwalters, ob er den Prozess als Masseprozess ansieht, kann ggf. eine Berichtigung des Rubrums erfolgen.

Durch die Eröffnung des Insolvenzverfahrens wird die Anfechtungsklage nach § 240 S. 1 ZPO unterbrochen, wenn die Insolvenzmasse im Sinne des § 35 InsO betroffen ist. Ist der angefochtene Beschluss hingegen insolvenzneutral, wird das Verfahren ohne Unterbrechung nach § 240 ZPO fortgesetzt.[60]

3. Nebenintervention. a) Voraussetzungen. Im Anfechtungsprozess kommt eine Nebenintervention sowohl auf Seiten des Anfechtungsklägers als auch auf Seiten der beklagten Gesellschaft in Betracht. Praktische Bedeutung hat insbesondere die Nebenintervention eines Aktionärs auf Seiten der beklagten Gesellschaft. Da die Nichtigkeit des Beschlusses alle Aktionäre unmittelbar betrifft, besteht ein praktisches Bedürfnis, dem Interesse der anderen Aktionäre an der Aufrechterhaltung des Beschlusses durch die Möglichkeit der Einflussnahme auf den Rechtsstreit Rechnung zu tragen. Dies geschieht durch Beitritt zum Rechtsstreit auf Seiten der beklagten Gesellschaft.

Der Beitritt ist **Prozesshandlung.** Der Streithelfer muss daher die Prozesshandlungsvoraussetzungen erfüllen, er muss insbesondere parteifähig sein. Während sowohl der einzelne Aktionär als auch jedes Mitglied des Vorstands und des Aufsichtsrats parteifähig sind, ist die Parteifähigkeit des Aufsichtsrats als Organ zu verneinen. Demgegenüber ist der Vorstand als Organ für den Beitritt auf Klägerseite parteifähig, denn er ist nach § 245 Nr. 4 selbst anfechtungsbefugt und kann daher Kläger der Anfechtungsklage sein. Demgegenüber fehlt ihm die passive Parteifähigkeit, weshalb er – als Organ – auf Seiten der beklagten Gesellschaft dem Rechtsstreit nicht beitreten kann.[61] Da die Nebenintervention keine Anfechtungsbefugnis voraussetzt, können einzelne Aktionäre und Organmitglieder auch dann dem Rechtsstreit beitreten, wenn die Voraussetzungen des § 245 Nr. 1–3 bzw. Nr. 5 nicht erfüllt sind. Tritt der Vorstand oder ein Vorstandsmitglied auf Seiten des Klägers bei, wird die beklagte Gesellschaft allein vom Aufsichtsrat, tritt ein Aufsichtsratsmitglied auf Seiten des Klägers bei, wird sie allein vom Vorstand vertreten. Dies folgt zwar nicht unmittelbar aus Abs. 2, lässt sich aber dem Rechtsgedanken dieser Regelung entnehmen, die eine Beteiligung von Mitgliedern desselben Gesellschaftsorgans auf beiden Seiten des Rechtsstreits verhindern will.

§ 66 Abs. 1 ZPO setzt voraus, dass der Streithelfer ein **rechtliches Interesse** daran hat, dass die von ihm unterstützte Partei im Rechtsstreit obsiegt. Ein rechtliches Interesse am Erfolg des Anfechtungsklägers vermittelt jedenfalls die Anfechtungsbefugnis nach § 245. Allerdings ist die Möglichkeit der Nebenintervention auf Seiten des Anfechtungsklägers durch Abs. 4 S. 2 zeitlich eingeschränkt. Eine Beteiligung an der Klage ist nur innerhalb eines Monats nach der Bekanntmachung

---

[56] OLG Hamburg AG 2003, 519; Großkomm AktG/*K. Schmidt* Rn. 38.
[57] Zöller/*Vollkommer* ZPO § 57 Rn. 9.
[58] BGHZ 32, 114 (118) = NJW 1960, 1006 (1007).
[59] BGHZ 32, 114 (121) = NJW 1960, 1006 (1007); MüKoAktG/*Hüffer/Schäfer* Rn. 57; Kölner Komm AktG/*Zöllner* Rn. 41; aA Großkomm AktG/*K. Schmidt* Rn. 41.
[60] BGHZ 190, 291 = AG 2011, 786.
[61] Großkomm AktG/*K. Schmidt* Rn. 42; MüKoAktG/*Hüffer/Schäfer* Rn. 9; NK-AktR/*Heidel* Rn. 7; aA *Austmann* ZHR 158 (1994), 495 (500).

der Klageerhebung und des anberaumten Verhandlungstermins in den Gesellschaftsblättern möglich (zur Frage der Verfassungsmäßigkeit von Abs. 4 S. 2 → Rn. 56). Darüber hinaus folgt aus der erweiterten Rechtskraftwirkung des § 248 Abs. 1 S. 1 ein rechtliches Interesse jedes Aktionärs und jedes Mitglieds des Vorstands und Aufsichtsrats iSd § 66 Abs. 1 ZPO, unabhängig davon, ob die Klagefrist eingehalten ist und die besonderen Voraussetzungen für eine Anfechtungsbefugnis nach § 245 vorliegen.[62] Zwar kann die Nebenintervention auch noch nach Ablauf der Klagefrist, allerdings innerhalb der Frist des Abs. 4 S. 2, erfolgen. Der Nebenintervenient ist aber mit Anfechtungsgründen, die nicht wenigstens im Kern innerhalb der Frist des Abs. 1 angesprochen sind, in gleicher Weise präkludiert wie der Anfechtungskläger selbst (→ Rn. 20), denn die Frist des Abs. 1 kann nicht durch eine Nebenintervention unterlaufen werden.[63] Die Aktionärseigenschaft muss aber vom Zeitpunkt des Beitritts an bis zur Beendigung des Rechtsstreits bestehen.[64] Ein eigenes rechtliches Interesse eines Dritten, der weder Aktionär noch Organmitglied ist, ist demgegenüber nur in Ausnahmefällen zu bejahen.[65] Ein bloßes wirtschaftliches Interesse des Dritten am Ausgang des Rechtsstreits reicht hierfür nicht aus.

36 **b) Streitgenössische Nebenintervention.** Soweit der Streithelfer in die erweiterte Rechtskraftwirkung des § 248 Abs. 1 S. 1 einbezogen ist, handelt es sich um einen Fall der streitgenössischen Nebenintervention iSd § 69 ZPO. Jeder Aktionär sowie jedes Mitglied des Vorstands und Aufsichtsrats, der dem Rechtsstreit beitritt, ist daher streitgenössischer Nebenintervenient.[66] Soweit ein Dritter aufgrund eines eigenen rechtlichen Interesses beitritt, ist er demgegenüber einfacher und nicht streitgenössischer Nebenintervenient.

37 **c) Rechtsstellung des Streithelfers.** Nach § 61 ZPO können bei streitgenössischer Nebenintervention Prozesshandlungen der Hauptpartei dem Streithelfer nicht zum Nachteil gereichen. Im Fall des Beitritts eines Aktionärs auf Seiten der beklagten Gesellschaft kann der Streithelfer ein Geständnis oder ein wirksames Anerkenntnis der Gesellschaft, wenn man ein solches überhaupt für zulässig erachtet (→ Rn. 51), verhindern.[67] Durch seine Anwesenheit im Termin verhindert der Streithelfer die Säumnislage; außerdem kann er selbstständig, sogar gegen den Willen der beklagten Gesellschaft, in eigenem Namen Rechtsmittel gegen das Urteil einlegen.[68] Die Rechtsmittelfrist wird ihm gegenüber nur durch Zustellung des Urteils an ihn in Lauf gesetzt. Für den dem Rechtsstreit bislang nicht beigetretenen streitgenössischen Nebenintervenienten beginnt die Berufungsfrist indessen mit Zustellung des Urteils an die Hauptpartei.[69] Der streitgenössische Nebenintervenient ist an den Kosten des Rechtsstreits nach Maßgabe der §§ 101 Abs. 2 ZPO, § 100 ZPO zu beteiligen.[70]

38 Demgegenüber kann der streitgenössische Nebenintervenient des Anfechtungsklägers das Verfahren im Falle der Klagerücknahme nicht selbstständig fortführen, denn er ist nicht befugt, über den Streitgegenstand als solchen zu verfügen. Dieser prozessuale Grundsatz gilt auch bei der aktienrechtlichen Anfechtungsklage. Bei einer Klagerücknahme wird das typische Interventionsinteresse nicht berührt.[71]

---

[62] BGH AG 2008, 630; BGHZ 172, 136 = AG 2007, 629; OLG Nürnberg AG 2009, 748; OLG Köln AG 2007, 29; OLG Düsseldorf AG 2004, 677; OLG Frankfurt AG 2002, 88; MüKoAktG/*Hüffer/Schäfer* Rn. 10; Kölner Komm AktG/*Zöllner* Rn. 89; aA für die Nebenintervention auf Klägerseite: OLG Frankfurt AG 2006, 755; *v. Falkenhausen/Kocher* ZIP 2004, 1179; *Waclawik* WM 2004, 1364 (1367); *Sturm* NZG 2006, 921; einschränkend für Vorstands- und Aufsichtsratsmitglieder: Großkomm AktG/*K. Schmidt* Rn. 43; kritisch auch *Wilsing* DB 2005, 35.

[63] OLG Stuttgart AG 2015, 163; Hüffer/Koch/*Koch* Rn. 6; *Goslar/von der Linden* WM 2009, 492.

[64] Großkomm AktG/*K. Schmidt* Rn. 43; *Waclawik* WM 2004, 1361 (1364).

[65] Näheres hierzu bei Großkomm AktG/*K. Schmidt* Rn. 43; *Austmann* ZHR 158 (1994), 495 (502f.); zur Befugnis des besonderen Vertreters nach § 147 Abs. 2 zum Beitritt vgl. BGH WM 2015, 1283.

[66] BGH AG 2014, 813; AG 2009, 624; BGHZ 172, 136 = AG 2007, 629; AG 2007, 547; AG 1999, 228; AG 1993, 514; OLG Köln AG 2003, 29; OLG München NZG 2001, 616; OLG Schleswig AG 1993, 431; MüKoAktG/*Hüffer/Schäfer* Rn. 11; Kölner Komm AktG/*Zöllner* Rn. 91; *Gehrlein* AG 1994, 103 (107 f.); *Tielmann* WM 2007, 1686 (1688); einschränkend Großkomm AktG/*K. Schmidt* Rn. 44; kritisch *Austman* ZHR 158 (1994), 495 (504 ff.).

[67] BGH AG 1993, 514; OLG Köln AG 2003, 522; OLG Schleswig AG 1993, 431.

[68] BGH NJW-RR 1997, 865; NJW-RR 1997, 919; NZG 1999, 68; NJW 2001, 2638; MüKoZPO/*Schultes* ZPO § 69 Rn. 13.

[69] BGH AG 2005, 89; NJW-RR 1997, 919.

[70] BGH AG 2014, 813 (auch zur Kostenregelung im Falle der Erledigung des Anfechtungsrechtsstreits durch Prozessvergleich) BGH AG 2010, 709; AG 2009, 624; BGH AG 2007, 547; OLG Hamburg ZIP 2008, 2330; MüKoZPO/*Giebel* ZPO § 101 Rn. 20; *Waclawik* WM 2004, 1361 (1363); *Sturm* NZG 2006, 921 (923); *Goslar/von der Linden* WM 2009, 492.

[71] OLG Köln AG 2003, 522; K. Schmidt/Lutter/*Schwab* Rn. 40; *Austmann* ZHR 158 (1994), 495 (512); vgl. auch MüKoZPO/*Schultes* ZPO § 69 Rn. 14; Zöller/*Vollkommer* ZPO § 69 Rn. 6.

V. Der Anfechtungsprozess, Abs. 3

1. Zuständigkeit und Verbindung. a) Zuständigkeit. Nach Abs. 3 S. 1 ist für Anfechtungsklagen das Landgericht, in dessen Bezirk die Gesellschaft bei Klageerhebung gemäß der Eintragung im Handelsregister ihren Sitz hat,[72] sachlich und örtlich zuständig. Hierbei handelt es sich um eine **ausschließliche Zuständigkeit,** weshalb die Zuständigkeit eines anderen Gerichts weder durch Gerichtsstandsvereinbarung noch durch rügelose Einlassung begründet werden kann, § 40 Abs. 2 S. 1 Nr. 2, S. 2 ZPO. Funktionell zuständig ist die Kammer für Handelssachen. Dies war bereits nach der bisherigen Rechtslage der Fall, denn bei dem Anfechtungsprozess handelt es sich um eine Handelssache nach § 95 Abs. 2 GVG. Nach dem durch das am 1.11.2005 in Kraft getretene Gesetz zur Unternehmensintegrität und Modernisierung des Anfechtungsrechts (UMAG) eingeführten Abs. 3 S. 2 ist die Kammer für Handelssachen nunmehr ausschließlich zuständig. Wird die Anfechtungsklage fälschlicher Weise vor der allgemeinen Zivilkammer erhoben, verweist diese den Rechtsstreit von Amts wegen an die Kammer für Handelssachen. § 98 Abs. 3 GVG findet keine Anwendung, denn er beruht auf dem Grundsatz der „Grundzuständigkeit" der allgemeinen Zivilkammer,[73] der für die Anfechtungsklage wegen der ausschließlichen Zuständigkeit der Kammer für Handelssachen nicht gilt.

Hat die beklagte Gesellschaft einen **Doppelsitz,** widerspräche eine nach dem Wortlaut des Abs. 3 S. 1 nahe liegende gespaltene örtliche Zuständigkeit dem Zweck der Regelung, divergierende Entscheidungen zu vermeiden. Daher ist allein das Landgericht am tatsächlichen inländischen Verwaltungssitz der Gesellschaft zuständig. Diese Anknüpfung ist auch gegenüber einer analogen Anwendung des § 2 Abs. 1 FamFG (entspricht § 4 FGG aF) vorzugswürdig, weil aufgrund eindeutiger Kriterien das örtlich zuständige Gericht für alle Anfechtungsklagen gegen die Gesellschaft im Voraus feststeht.[74]

Durch landesrechtliche Vorschriften kann nach Abs. 3 S. 3 iVm § 148 Abs. 2 S. 3 und 4 die örtliche Zuständigkeit für die Bezirke mehrerer Landgerichte einem der Landgerichte übertragen werden. Diese Ermächtigung dient der Beschleunigung gerichtlicher Verfahren und der Förderung der Qualität gerichtlicher Entscheidungen durch spezialisierte Gerichte. Von der Ermächtigung haben Baden-Württemberg (Landgericht Mannheim für den OLG-Bezirk Karlsruhe und Landgericht Stuttgart für den OLG-Bezirk Stuttgart, § 13 Abs. 2 ZuVoJu), Bayern (Landgericht München I für den OLG-Bezirk München und Landgericht Nürnberg für die OLG-Bezirke Bamberg und Nürnberg, § 13 ff. GZVJu), Hessen (Landgericht Frankfurt, § 38 JuZuV), Mecklenburg-Vorpommern (Landgericht Rostock, § 4 Abs. 1 Nr. 5 KonzVO), Niedersachsen (Landgericht Hannover, § 2 ZuVoJustiz), Nordrhein-Westfalen (Landgericht Düsseldorf, Landgericht Dortmund und Landgericht Köln jeweils für mehrere Landgerichtsbezirke, § 1 KonzVOGesR) und Rheinland-Pfalz (Landgericht Koblenz für den OLG-Bezirk Koblenz und Landgericht Frankenthal für den OLG-Bezirk Zweibrücken, § 10 ZivilZustVO), Gebrauch gemacht. In Berlin, Bremen, Hamburg und im Saarland besteht jeweils nur ein Landgericht.[75]

b) Prozessverbindung. Mehrere Anfechtungsprozesse sind nach Abs. 3 S. 6 zur gleichzeitigen Verhandlung und Entscheidung zu verbinden. Die Verbindung ist **obligatorisch.** Dasselbe gilt für mehrere Nichtigkeitsprozesse nach § 249 Abs. 2 S. 1 (zur Verbindung von Anfechtungs- und Nichtigkeitsklage → § 249 Rn. 24). Abs. 3 S. 6 setzt voraus, dass sich die Klagen gegen denselben Beschluss richten. Unerheblich ist demgegenüber, ob dieselben Anfechtungsgründe geltend gemacht werden, denn die Verbindung soll divergierende Entscheidungen zu einem bestimmten Hauptversammlungsbeschluss verhindern.[76] Demgegenüber sind mehrere Anfechtungsprozesse, die sich gegen verschiedene Beschlüsse der Hauptversammlung richten, nicht nach Abs. 3 S. 6 zu verbinden. Vielmehr ist in diesen Fällen eine Verbindung allenfalls nach § 147 ZPO möglich.[77]

2. Klageerhebung. a) Klageschrift. Die Klageerhebung erfolgt durch Zustellung der Klageschrift, § 253 Abs. 1 ZPO. Notwendiger Inhalt der Klageschrift ist neben der Bezeichnung der Parteien und des Gerichts die Angabe von Gegenstand und Grund des erhobenen Anspruchs und

---

[72] Vgl. zur Sitzverlegung OLG Hamm AG 2004, 147.
[73] MüKoZPO/*Zimmermann* GVG § 98 Rn. 1, 8; vgl. auch Bürgers/Körber/*Göz* Rn. 22.
[74] Großkomm AktG/*K. Schmidt* Rn. 63; MüKoAktG/*Hüffer/Schäfer* Rn. 72; *Bork* ZIP 1995, 609 (615 f.); aA KG AG 1996, 421; Hüffer/Koch/*Koch* Rn. 37; *Henn* AG 1989, 230 (231); *Tielmann* WM 2007, 1686; vgl. aber zu § 2 Abs. 1 S. 2 SpruchG, *Drescher* → SpruchG § 2 Rn. 9.
[75] Vgl. *Tielmann* WM 2007, 1686.
[76] OLG Stuttgart AG 2005, 693; ebenso MüKoAktG/*Hüffer/Schäfer* Rn. 75; Bürgers/Körber/*Göz* Rn. 24; aA Großkomm AktG/*K. Schmidt* Rn. 66: Fakultative Verbindung nach § 147 ZPO; zur Auswirkung der Prozessverbindung auf die angefallenen Verfahrensgebühren vgl. BGH AG 2013, 594; AG 2011, 335; KG ZIP 2009, 1087.
[77] Großkomm AktG/*K. Schmidt* Rn. 66; Hüffer/Koch/*Koch* Rn. 39.

ein bestimmter Antrag. In der Klageschrift muss daher der angefochtene Beschluss genau bezeichnet sein. Die bislang übliche Formulierung eines Haupt- und Hilfsantrags bei Geltendmachung von Nichtigkeits- und Anfechtungsgründen ist zwar nicht schädlich, jedoch wegen der Identität des Streitgegenstands von Anfechtungs- und Nichtigkeitsklage nicht erforderlich. Unabhängig davon, ob der Antrag auf Feststellung der Nichtigkeit lautet, auf Nichtigerklärung des Beschlusses oder ob beide Anträge als Haupt- und Hilfsantrag gestellt werden, hat das Gericht, wenn die Klage innerhalb der Monatsfrist erhoben ist und sowohl Anfechtungs- als auch Nichtigkeitsgründe vorgetragen werden, beide zu prüfen. In der Klageschrift muss außerdem der Gegenstand und der Grund des erhobenen Anspruchs angegeben sein. Der Anfechtungskläger muss daher einen konkreten Sachverhalt vortragen, auf den er seine Anfechtungsklage stützt (→ Rn. 19 f.).

44 Die Erhebung der Anfechtungsklage im Wege der **Widerklage** ist nach zutreffender hM unzulässig.[78]

45 **b) Zustellung der Klage.** Die Zustellung der Anfechtungsklage muss nach § 170 Abs. 1 S. 1 ZPO an den Vorstand und den Aufsichtsrat bewirkt werden, soweit diese nach Abs. 2 S. 2 die Gesellschaft vertreten. Ausreichend ist die Zustellung an je ein Mitglied des Vorstands und des Aufsichtsrats, § 170 Abs. 3 ZPO. Nicht ausreichend ist hingegen die Zustellung an ein oder mehrere Mitglieder nur eines Gesellschaftsorgans.[79]

46 Für die **Ersatzzustellung** an Vorstand und Aufsichtsrat gilt nach dem am 1.7.2002 in Kraft getretenen ZustellungsreformG (BGBl. 2002 I 1206) Folgendes: Die Ersatzzustellung an den Vorstand ist sowohl in den Geschäftsräumen der Gesellschaft als auch in der Wohnung des betreffenden Vorstandsmitglieds möglich, § 178 Abs. 1 Nr. 1 und 2 ZPO. Nach § 184 Abs. 2 ZPO aF war bislang eine Ersatzzustellung in der Wohnung des Vorstandsmitglieds nicht zulässig. Die Ersatzzustellung an Aufsichtsratsmitglieder kann nach § 178 Abs. 1 Nr. 1 ZPO in deren Wohnung und – wenn der Zustellungsadressat einen Geschäftsraum unterhält – nach § 178 Abs. 1 Nr. 2 ZPO in dessen Geschäftsräumen erfolgen. Dabei muss es sich allerdings um einen Geschäftsraum des Zustellungsadressaten handeln, von dem aus er seiner Erwerbstätigkeit nachgeht.[80] Eine Ersatzzustellung an Aufsichtsratsmitglieder in den Geschäftsräumen der beklagten Gesellschaft kommt daher nicht in Betracht.[81] Ein Zustellungsmangel kann nach § 189 ZPO durch **tatsächlichen Zugang** beim Zustellungsadressaten geheilt werden. Geheilt wird jedoch nur eine fehlerhafte Zustellung nicht hingegen die Versäumung der Anfechtungsfrist. Da die Heilung nur ex nunc wirkt, muss der tatsächliche Zugang vor Ablauf der Monatsfrist erfolgen, wenn nicht § 167 ZPO zugunsten des Klägers eingreift.

47 **c) Terminsbestimmung.** Die Regelung in Abs. 3 S. 4, wonach die mündliche Verhandlung nicht vor Ablauf der Monatsfrist des Abs. 1 stattfindet, dient zusammen mit den Bestimmungen in Abs. 3 S. 1 und 5 der Verhinderung divergierender Entscheidungen. Die Auffassung, dass vor Ablauf der Monatsfrist nicht einmal das schriftliche Vorverfahren nach § 276 ZPO angeordnet oder nach § 275 ZPO früher erster Termin bestimmt werden darf,[82] geht allerdings zu weit. Sie entspricht nicht dem eindeutigen Wortlaut des Abs. 3 S. 4, der auf die mündliche Verhandlung selbst abstellt.

47a **d) Akteneinsicht der Gesellschaft.** Das Recht der Gesellschaft nach Abs. 3 S. 5, bereits vor Zustellung der Klage Akteneinsicht zu erhalten, dient der Beschleunigung des Freigabeverfahrens nach § 246a, da die Gesellschaft regelmäßig erst nach Kenntnis des Inhalts der Klageschrift den Freigabeantrag hinreichend vorbereiten kann.

48 **3. Prozessführung. a) Prozessführung des Klägers.** Für den Anfechtungsprozess gelten die allgemeinen Vorschriften der ZPO. Der Anfechtungskläger kann daher durch Klagerücknahme nach § 269 ZPO oder Klageverzicht nach § 306 ZPO über den Streitgegenstand disponieren. Möglich ist auch ein Versäumnisurteil gegen den Kläger nach § 330 ZPO. Der im ersten Rechtszug unterlegene Kläger kann auf ein Rechtsmittel ganz verzichten (§§ 515, 565 ZPO) oder ein eingelegtes Rechtsmittel zurücknehmen (§§ 516, 565 ZPO).

---

[78] Großkomm AktG/*K. Schmidt* Rn. 58; MüKoAktG/*Hüffer/Schäfer* Rn. 13; Kölner Komm AktG/*Zöllner* Rn. 4.
[79] BGH NJW 1992, 2099; OLG Brandenburg AG 2008, 497; KG AG 2005, 583; OLG Dresden AG 1996, 425; Großkomm AktG/*K. Schmidt* Rn. 59; MüKoAktG/*Hüffer/Schäfer* Rn. 59; *Hüffer* ZGR 2001, 833 (855); zum Ganzen *Tielmann* ZIP 2002, 1879.
[80] Vgl. BGH AG 2009, 285; NJW 1998, 1958 (1959); Zöller/*Stöber* ZPO § 178 Rn. 16.
[81] BGHZ 107, 296 (299) = NJW 1989, 2689; KG AG 2005, 583; Hüffer/Koch/*Koch* Rn. 34; *Tielmann* ZIP 2002, 1879 (1883).
[82] K. Schmidt/Lutter/*Schwab* Rn. 31; vgl. auch Hüffer/Koch/*Koch* Rn. 38.

b) Prozessführung der beklagten Gesellschaft. Die Gesellschaft kann die vom Kläger vorgetragenen Tatsachen bestreiten, kann sie aber auch nach § 288 ZPO ausdrücklich zugestehen oder mit der Folge der Geständnisfiktion nach § 138 Abs. 3 ZPO nicht bestreiten. Auch ein Versäumnisurteil gegen die Gesellschaft nach § 331 ZPO ist möglich.[83] In allen Fällen (Geständnis, Nichtbestreiten, Säumnis) obliegt dem Gericht aber die rechtliche Prüfung, ob die vorgetragenen Tatsachen einen Anfechtungs- oder Nichtigkeitsgrund ausfüllen. Wie der Kläger kann auch die beklagte Gesellschaft auf Rechtsmittel verzichten oder ein eingelegtes Rechtsmittel zurücknehmen. 49

c) Anerkenntnis und Vergleich. Anders als bei den oben genannten Prozesshandlungen findet im Falle des Anerkenntnisses und des Prozessvergleichs eine rechtliche Prüfung des Gerichts nicht statt. Vielmehr disponieren beim Vergleich beide Parteien, beim Anerkenntnis die Beklagte über den Streitgegenstand. Da Vorstand und Aufsichtsrat die rechtliche Wirkung eines Beschlusses nicht beseitigen können, dessen Aufhebung vielmehr allein in die Zuständigkeit der Hauptversammlung fällt, können die Parteien des Anfechtungsprozesses keinen Vergleich schließen, der die Wirkung des Beschlusses berührt. Eine vergleichsweise Vernichtung des Hauptversammlungsbeschlusses ist daher ausgeschlossen.[84] Die beklagte Gesellschaft kann sich auch nicht vergleichsweise verpflichten, den Beschluss nicht auszuführen, da dies im Ergebnis ebenfalls eine Disposition über den Hauptversammlungsbeschluss wäre. Zulässig ist hingegen ein Vergleich, der die Wirkung des Hauptversammlungsbeschlusses unberührt lässt. 50

Umstritten ist demgegenüber, ob die beklagte Gesellschaft ein **Anerkenntnis** iSd § 307 ZPO abgeben kann. Die bislang hM bejaht dies unter Hinweis auf die Gesetzeslage und mit der Begründung, zwingende Sachgründe sprächen nicht für eine Einschränkung des § 307 ZPO im Wege der Rechtsfortbildung.[85] Dass § 307 ZPO grundsätzlich auch für Gestaltungsklagen gilt, ist nicht zu bestreiten. Beim Anfechtungsprozess stellt sich aber darüber hinaus die Frage der materiell-rechtlichen Befugnis, über die Wirksamkeit des Beschlusses zu disponieren. Da diese Befugnis dem Vorstand und dem Aufsichtsrat nicht zukommt, können sie das Klagebegehren auch nicht wirksam anerkennen. Ein Anerkenntnis wäre der Sache nach eine Entscheidung über die Wirksamkeit des Beschlusses, denn im Falle eines Anerkenntnisses findet eine gerichtliche Prüfung nicht statt. Daran ändert auch der Umstand nichts, dass durch die Doppelvertretung ein Missbrauch verhindert werden soll und die anderen Aktionäre die Möglichkeit des Beitritts auf Seiten der beklagten Gesellschaft haben. Die Zulassung eines Anerkenntnisses widerspräche dem inneren Organisationsrecht der Aktiengesellschaft.[86] Die hM vermag auch die unterschiedliche Behandlung von Vergleich und Anerkenntnis nicht befriedigend zu erklären. Im Ergebnis ist daher die Zulässigkeit eines Anerkenntnisses abzulehnen.[87] Eine Ausnahme mag nur dann gelten, wenn sämtliche Aktionäre dem Anerkenntnis zugestimmt haben. 51

VI. Bekanntmachung, Abs. 4

Nach Abs. 4 hat der Vorstand die Klageerhebung und den Termin zur mündlichen Verhandlung unverzüglich in den Gesellschaftsblättern bekannt zu machen. Die **Bekanntmachungspflicht** bezweckt die Information der Aktionäre und der Öffentlichkeit darüber, dass die Rechtsbeständigkeit des Beschlusses angegriffen ist und nicht ohne weiteres davon ausgegangen werden kann, dass der Beschluss wirksam bleibt. Außerdem dient die Bekanntmachungspflicht dem Schutz des einzelnen Aktionärs insoweit, als ihm Gelegenheit verschafft werden soll, sich durch Nebenintervention regelmäßig auf der Seite der beklagten Gesellschaft am Rechtsstreit zu beteiligen.[88] Die Bekanntmachungspflicht betrifft sowohl die Anfechtungsklage als auch die Nichtigkeitsklage. Sie erstreckt sich auch auf die positive Beschlussfeststellungsklage. 52

Die Verpflichtung knüpft an die Klageerhebung an. Bekannt zu machen ist die Klageerhebung. Die bisherige Regelung, wonach auch der Termin zur mündlichen Verhandlung bekannt gemacht 53

---

[83] Großkomm AktG/*K. Schmidt* Rn. 71 f.; MüKoAktG/*Hüffer/Schäfer* Rn. 28; Grigoleit/*Ehmann* Rn. 24.
[84] AllgM; Großkomm AktG/*K. Schmidt* Rn. 74; MüKoAktG/*Hüffer/Schäfer* Rn. 30; Kölner Komm AktG/ *Zöllner* Rn. 76; Hüffer/Koch/*Koch* Rn. 16; *Volhard* ZGR 1996, 55 (73).
[85] MüKoAktG/*Hüffer/Schäfer* Rn. 29; Kölner Komm AktG/*Zöllner* Rn. 73 f.; NK-AktR/*Heidel* Rn. 35; MHdB AG/*Austmann* § 43 Rn. 120; *Bork* ZIP 1992, 1205 (1210).
[86] So zu Recht Großkomm AktG/*K. Schmidt* Rn. 78; ebeno Hüffer/Koch/*Koch* Rn. 17.
[87] Ebenso Großkomm AktG/*K. Schmidt* Rn. 78; K. Schmidt/Lutter/*Schwab* Rn. 28; *Volhard* ZGR 1996, 55 (73 ff.), 76; Scholz/*K. Schmidt* GmbHG § 45 Rn. 159; Rowedder/Schmidt-Leithoff/*Ganzer* GmbHG Anh. § 47 Rn. 63; zu den Rechtswirkungen eines dennoch ergangenen Anerkenntnisurteils vgl. → § 248 Rn. 4.
[88] OLG Köln AG 2003, 522 (523); Großkomm AktG/*K. Schmidt* Rn. 48; MüKoAktG/*Hüffer/Schäfer* Rn. 77; Kölner Komm AktG/*Zöllner* Rn. 98; *v. Falkenhausen/Kocher* ZIP 2004, 1179 (1180); *Austmann* ZHR 158 (1994), 495 (498).

werden musste, ist durch die Aktienrechtsnovelle 2016 aufgehoben worden. Grund hierfür war, dass es in Fällen, in denen das schriftliche Vorverfahren nach § 276 ZPO angeordnet worden war, zu Unsicherheiten gekommen war, weil nicht auch der Termin zur mündlichen Verhandlung bekannt gemacht wurde. Die Mitteilung muss den angefochtenen Beschluss bezeichnen. Sind mehrere Beschlüsse angefochten, muss jede Anfechtung bekannt gemacht werden, wobei aber bei hinreichender Klarstellung die Zusammenfassung in einer Mitteilung möglich ist.[89] Unerheblich ist, wer die Klage erhoben hat. Werden mehrere Anfechtungsklagen gegen denselben Beschluss erhoben, ist eine entsprechende Mitteilung nicht zwingend vorgeschrieben.

54 Die Bekanntmachungspflicht trifft den Vorstand als Organ. Ausreichend ist, wenn der Vorstand in vertretungsberechtigter Zahl oder ein Vorstandsmitglied mit entsprechender Ermächtigung der anderen Mitglieder die Mitteilung vornimmt.[90] Nach einer Umwandlung der Gesellschaft trifft die Bekanntmachungspflicht das zuständige Organ des neuen Rechtsträgers.[91] Die Mitteilung hat unverzüglich, dh ohne schuldhaftes Zögern (§ 121 Abs. 1 S. 1 BGB) zu erfolgen. Publikationsorgan ist nach § 25 S. 1 der elektronische Bundesanzeiger, daneben nach § 25 S. 2 andere in der Satzung als Gesellschaftsblätter bezeichnete Blätter oder elektronische Informationsmedien.

55 Verletzt der Vorstand seine Pflicht zur Bekanntmachung, kann das Registergericht gegen die einzelnen Vorstandsmitglieder nach § 407 Zwangsgelder verhängen. Außerdem kommt eine Schadensersatzpflicht gegenüber der Gesellschaft nach § 93 und gegenüber den Aktionären nach § 823 BGB in Betracht. Abs. 4 ist Schutzgesetz iSd § 823 Abs. 2 BGB.[92]

56 Die Bekanntmachung begrenzt die Möglichkeit der Nebenintervention auf Seiten des Anfechtungsklägers in zeitlicher Hinsicht. Die Beschränkung gilt nur für den Beitritt auf Seiten des Anfechtungsklägers, nicht hingegen für den Beitritt auf Seiten der beklagten Gesellschaft.[93] Nach **Abs. 4 S. 2** kann sich ein Aktionär nur innerhalb eines Monats seit der Bekanntmachung an der Klage als Nebenintervenient beteiligen. Die teilweise vertretene Auffassung, Abs. 4 S. 2 sei wegen einer Verkürzung des rechtlichen Gehörs verfassungswidrig, weil ein Aktionär, der die Anfechtungsfrist nach Abs. 1 und die Beitrittsfrist nach Abs. 4 S. 2 versäumt habe, mit seinen Bedenken gegen den Beschluss nicht mehr gehört werde,[94] vermag nicht zu überzeugen. Der Anspruch auf rechtliches Gehör hindert den Gesetzgeber nicht, verfahrensrechtliche Fristen für die Wahrnehmung eines Rechts einzuführen.[95] Da die Frist in Abs. 4 S. 2 an die Bekanntmachung der Klage anknüpft, ist sichergestellt, dass sie nicht bereits abgelaufen ist, bevor der Nebenintervenient die Möglichkeit hat, von der Klage Kenntnis zu nehmen. Eine unverhältnismäßige Belastung des Nebenintervenienten und daher eine verfassungswidrige Verkürzung des rechtlichen Gehörs liegt nicht vor.

56a Innerhalb der Frist muss der Schriftsatz des Nebenintervenienten bei dem Prozessgericht eingegangen sein, § 70 Abs. 1 ZPO. Die Zustellung der Beitrittserklärung an die Parteien ist zur Wirksamkeit der Nebenintervention dagegen nicht erforderlich. Da die Einhaltung der Frist in jeder Lage des Verfahrens von Amts wegen zu prüfen ist, ist die verfristete Nebenintervention durch Beschluss zurückzuweisen. Der Beschluss ist mit der sofortigen Beschwerde anfechtbar. Ist von einer Hauptpartei des Rechtsstreits ein Antrag auf Zurückweisung der Nebenintervention gestellt worden, ist hierüber nach § 71 Abs. 2 ZPO durch Zwischenurteil zu entscheiden, das gleichfalls mit der sofortigen Beschwerde anfechtbar ist. Auch wenn die Entscheidung über die Zulassung der Nebenintervention mit dem Endurteil verbunden wird, ist dagegen nicht die Berufung, sondern die sofortige Beschwerde gegeben.[96]

VII. Anfechtungsklage und positive Beschlussfeststellungsklage

57 **1. Ausgangslage.** Die Anfechtungsklage wie auch die Nichtigkeitsklage haben **negatorischen Charakter.** Sie zielen auf die Beseitigung eines Hauptversammlungsbeschlusses ab. Mit diesem Ergebnis ist dem Begehren des Anfechtungsklägers jedoch nicht in allen Fällen vollständig Rechnung getragen. Stellt der Leiter der Hauptversammlung zu Unrecht einen ablehnenden Beschluss fest, ist der Anfechtungskläger durch die Möglichkeit der Anfechtung nicht hinreichend geschützt, denn das Anfechtungsurteil beseitigt zwar den negativen Beschluss, stellt aber das wirkliche Beschlussergebnis

---

[89] So zu Recht Großkomm AktG/*K. Schmidt* Rn. 54.
[90] Großkomm AktG/*K. Schmidt* Rn. 53; MüKoAktG/*Hüffer/Schäfer* Rn. 78.
[91] Großkomm AktG/*K. Schmidt* Rn. 53.
[92] Großkomm AktG/*K. Schmidt* Rn. 55; MüKoAktG/*Hüffer/Schäfer* Rn. 79.
[93] BGH AG 2009, 624; OLG Hamburg ZIP 2008, 2330.
[94] K. Schmidt/Lutter/*Schwab* Rn. 38; vgl. hierzu auch *Goslar/von der Linden* WM 2009, 492.
[95] BVerfGE 60, 1 (5).
[96] MüKoZPO/*Schultes* § 71 Rn. 10; Zöller/*Vollkommer* ZPO § 71 Rn. 5; Stein/Jonas/*Jacoby* ZPO § 71 Rn. 7; vgl. auch BGH NJW-RR 2006, 644.

nicht fest. In diesen Fällen kann der Kläger die Anfechtungsklage mit der Klage auf Feststellung des sachlich richtigen Beschlussergebnisses verbinden.[97]

2. Die positive Beschlussfeststellungsklage. Die positive Beschlussfeststellungsklage ist **58** **Gestaltungsklage**, denn das Urteil wie das Anfechtungsurteil rechtsgestaltende Wirkung.[98] Die Klage erfasst die Fälle inhaltlich unrichtiger Beschlussfeststellung nach § 130 Abs. 2. Aus welchem Grund das Beschlussergebnis fehlerhaft festgestellt wurde, ist gleichgültig. In Betracht kommen neben Zählfehlern, die unrichtige Beurteilung der Mehrheitserfordernisse,[99] die Nichtbeachtung von Stimmrechtsausschlüssen[100] oder treuwidrigen Stimmabgaben.[101]

Die positive Beschlussfeststellungsklage muss notwendigerweise mit der Anfechtungsklage verbun- **59** den werden. Eine isolierte Anfechtungsklage ist in diesem Fall wegen fehlenden Rechtsschutzbedürfnisses ebenso unzulässig, wie eine isolierte positive Beschlussfeststellungsklage.[102] Die (isolierte) Anfechtungsklage beseitigt nämlich nur den ablehnenden Beschluss, stellt das richtige Beschlussergebnis jedoch nicht fest. Andererseits eröffnet erst die Beseitigung des ablehnenden Beschlusses die Möglichkeit der Feststellung des richtigen Beschlussergebnisses. Erforderlich ist daher die Kombination von Anfechtungs- und (positiver) Beschlussfeststellungsklage. In der Praxis wird der Richter nach § 139 Abs. 1 S. 2 ZPO auf die Stellung der sachdienlichen Anträge hinweisen.[103] Die Verbindung der Anfechtungsklage mit der positiven Beschlussfeststellungsklage führt zu einer Klagehäufung, weil der Antrag auf Feststellung des wirklichen Beschlussergebnisses über die bloße Anfechtung des fehlerhaften Beschlusses hinausgeht.[104]

3. Anwendung der Vorschriften über die Anfechtungsklage. Für die positive Beschlussfest- **60** stellungsklage gelten die Vorschriften über die Anfechtungsklage entsprechend. Der Anfechtungskläger muss daher anfechtungsbefugt iSd § 245 sein. Für die Anfechtungsbefugnis des Aktionärs nach § 245 Nr. 1 reicht aber ein Widerspruch gegen den Beschluss aus. Nicht erforderlich ist, dass er in der Hauptversammlung die Feststellung des richtigen Beschlussergebnisses geltend macht.[105] Die Monatsfrist des Abs. 1 muss eingehalten werden. Die Frage, ob die rechtzeitig erhobene Anfechtungsklage die Frist für die Beschlussfeststellungsklage wahrt und der positive Beschlussfeststellungsantrag im Rechtsstreit nachgeholt werden kann, wird angesichts des unterschiedlichen Streitgegenstands der beiden Klagen zu verneinen sein.[106] Für die Vertretung der beklagten Gesellschaft gilt Abs. 2, für die Zuständigkeit Abs. 3. Außerdem besteht für den Vorstand eine Bekanntmachungspflicht nach Abs. 4.[107] Bei der positiven Beschlussfeststellungsklage hat der Beitritt eines Aktionärs auf Seiten der beklagten Gesellschaft besondere praktische Bedeutung, wenn dieser einredeweise weitere Anfechtungs- oder Nichtigkeitsgründe geltend machen und damit die Feststellung des Beschlusses verhindern will (vgl. zur Nebenintervention → Rn. 33–38). Das Beschlussfeststellungsurteil hat wie das Anfechtungsurteil rechtsgestaltende Wirkung, ihm kommt zudem rückwirkende Kraft zu.[108]

§ 246a Freigabeverfahren

(1) ¹Wird gegen einen Hauptversammlungsbeschluss über eine Maßnahme der Kapital-beschaffung, der Kapitalherabsetzung (§§ 182–240) oder einen Unternehmensvertrag (§§ 291–307) Klage erhoben, so kann das Gericht auf Antrag der Gesellschaft durch

---

[97] Heute allgM; BGHZ 76, 191 (197 ff.) = NJW 1980, 1465 (1467 f.); BGHZ 88, 320 (329) = NJW 1984, 489 (492); BGHZ 97, 28 (30) = NJW 1986, 2051 (2052); BGH NJW 2001, 2176 (2177); Großkomm AktG/ K. Schmidt Rn. 101; MüKoAktG/Hüffer/Schäfer Rn. 85; Kölner Komm AktG/Zöllner Rn. 87; NK-AktR/Heidel Rn. 11; Drescher FS Stilz, 2014, 125 (127).
[98] BGH NJW 2001, 2176 (2177).
[99] BGHZ 76, 191 = NJW 1980, 1465.
[100] BGHZ 97, 28 = NJW 1986, 2051.
[101] BGHZ 88, 320 (330) = NJW 1984, 489 (492); vgl. hierzu auch K. Schmidt/Lutter/Schwab Rn. 45.
[102] BGHZ 88, 320 (331) = NJW 1984, 489 (492) für die GmbH; OLG Stuttgart AG 2016, 370; OLG Hamburg NZG 2002, 244 (246); a.A. Großkomm AktG/K. Schmidt Rn. 104: Unbegründetheit der Beschlussfeststellungsklage.
[103] Vgl. Drescher FS Stilz, 2014, 125 (127), der eine Hinweispflicht des Gerichts nach § 139 ZPO annimmt.
[104] BGHZ 88, 320 (331) = NJW 1984, 489 (492); BGHZ 97, 28 (31) = NJW 1986, 2051 (2052); Großkomm AktG/K. Schmidt Rn. 105; Kölner Komm AktG/Zöllner Rn. 87.
[105] BGHZ 76, 191 (200) = NJW 1980, 1465 (1467).
[106] So MüKoAktG/Hüffer/Schäfer Rn. 87; Hüffer/Koch/Koch Rn. 43; NK-AktR/Heidel Rn. 13; aA Großkomm AktG/K. Schmidt Rn. 109.
[107] BGHZ 76, 191 (200) = NJW 1980, 1465 (1468); BGHZ 97, 28 (31) = NJW 1986, 2051 (2052).
[108] AllgM; BGHZ 97, 28 (31) = NJW 1986, 2051 (2052); BGH NJW 2001, 2176 (2177); Großkomm AktG/ K. Schmidt Rn. 112; MüKoAktG/Hüffer/Schäfer Rn. 88; zum Beschlussfeststellungsurteil → § 248 Rn. 21 ff.

§ 246a

Beschluss feststellen, dass die Erhebung der Klage der Eintragung nicht entgegensteht und Mängel des Hauptversammlungsbeschlusses die Wirkung der Eintragung unberührt lassen. ²Auf das Verfahren sind § 247, die §§ 82, 83 Abs. 1 und § 84 der Zivilprozessordnung sowie die im ersten Rechtszug für das Verfahren vor den Landgerichten geltenden Vorschriften der Zivilprozessordnung entsprechend anzuwenden, soweit nichts Abweichendes bestimmt ist. ³Über den Antrag entscheidet ein Senat des Oberlandesgerichts, in dessen Bezirk die Gesellschaft ihren Sitz hat.

(2) Ein Beschluss nach Absatz 1 ergeht, wenn
1. die Klage unzulässig oder offensichtlich unbegründet ist,
2. der Kläger nicht binnen einer Woche nach Zustellung des Antrags durch Urkunden nachgewiesen hat, dass er seit Bekanntmachung der Einberufung einen anteiligen Betrag von mindestens 1000 Euro hält oder
3. das alsbaldige Wirksamwerden des Hauptversammlungsbeschlusses vorrangig erscheint, weil die vom Antragsteller dargelegten wesentlichen Nachteile für die Gesellschaft und ihre Aktionäre nach freier Überzeugung des Gerichts die Nachteile für den Antragsgegner überwiegen, es sei denn, es liegt eine besondere Schwere des Rechtsverstoßes vor.

(3) ¹Eine Übertragung auf den Einzelrichter ist ausgeschlossen; einer Güteverhandlung bedarf es nicht. ²In dringenden Fällen kann auf eine mündliche Verhandlung verzichtet werden. ³Die vorgebrachten Tatsachen, auf Grund deren der Beschluss ergehen kann, sind glaubhaft zu machen. ⁴Der Beschluss ist unanfechtbar. ⁵Er ist für das Registergericht bindend; die Feststellung der Bestandskraft der Eintragung wirkt für und gegen jedermann. ⁶Der Beschluss soll spätestens drei Monate nach Antragstellung ergehen; Verzögerungen der Entscheidung sind durch unanfechtbaren Beschluss zu begründen.

(4) ¹Erweist sich die Klage als begründet, so ist die Gesellschaft, die den Beschluss erwirkt hat, verpflichtet, dem Antragsgegner den Schaden zu ersetzen, der ihm aus einer auf dem Beschluss beruhenden Eintragung des Hauptversammlungsbeschlusses entstanden ist. ²Nach der Eintragung lassen Mängel des Beschlusses seine Durchführung unberührt; die Beseitigung dieser Wirkung der Eintragung kann auch nicht als Schadensersatz verlangt werden.

Schrifttum: *Aha/Hirschberger,* Über die Anwendbarkeit des Freigabeverfahrens für angefochtene Kapitalmaßnahmen und Unternehmensverträge nach dem UMAG, BB 2006, 460; *Baums,* Empfiehlt sich eine Neuregelung des aktienrechtlichen Anfechtungs- und Organhaftungsrechts, insbesondere der Klagemöglichkeiten von Aktionären?, in Verhandlungen des 63. Deutschen Juristentages 2000, Gutachten F; *Baums/Keinath/Gajek,* Fortschritte bei Klagen gegen Hauptversammlungsbeschlüsse? Eine empirische Studie, ZIP 2007, 1629; *Bayer/Hoffmann/Sawada,* Beschlussmängelklagen, Freigabeverfahren und Berufskläger, ZIP 2012, 897; *Bork,* Das Unbedenklichkeitsverfahren nach § 16 Abs. 3 UmwG, in Lutter, Verschmelzung/Spaltung/Formwechsel, 1995, 261; *Bosse,* Grünes Licht für das ARUG: das Aktienrecht geht online, NZG 2009, 807; *Boujong,* Rechtsmissbräuchliche Aktionärsklagen vor dem Bundesgerichtshof, FS Kellermann, 1991, 1; *Brandner,* Anfechtungsklage und Registersperre, FS Bezzenberger, 2000, 59; *Decher,* Statthaftigkeit der Rechtsbeschwerde im Freigabeverfahren nach § 16 Abs. 3 UmwG, §§ 246a, 319 Abs. 5, 6, § 327e AktG?, ZIP 2006, 746; *Faßbender,* Das Freigabeverfahren nach § 246a AktG – Offene Fragen und Gestaltungsmöglichkeiten, AG 2006, 872; *Fuhrmann/Linnerz,* Das überwiegende Vollzugsinteresse im aktien- und umwandlungsrechtlichen Freigabeverfahren, ZIP 2004, 2306; *Habersack/Stilz,* Zur Reform des Beschlussmängelrechts, ZGR 2010, 710; *Hüffer,* Beschlussmängel im Aktienrecht und im Recht der GmbH, ZGR 2001, 833; *Ihrig/Erwin,* Zur Anwendung des Freigabeverfahrens auf „Altbeschlüsse" und bereits eingetragene Beschlüsse, BB 2005, 1973; *Kläsener/Wasse,* Erste Freigabebeschlüsse nach dem ARUG – Erkenntnisse, Probleme und Konsequenzen für die Praxis, AG 2010, 202; *Koch/Wackerbeck,* Der Schutz vor räuberischen Aktionären durch die Neuregelungen des ARUG, ZIP 2009, 1603; *Kösters,* Das Unbedenklichkeitsverfahren nach § 16 Abs. 3 UmwG, WM 2000, 1921; *Kort,* Die Registereintragung gesellschaftsrechtlicher Strukturänderungen nach dem UmwG und nach dem UMAG, BB 2009, 1577; *Krieger,* Aktionärsklage zur Kontrolle des Vorstands- und Aufsichtsratshandelns, ZHR 163 (1999), 343; *Leuering,* Zur Anwendbarkeit des UMAG auf anhängige Anfechtungsklagen, NZG 2005, 999; *Lorenz/Pospiech,* Ein Jahr Freigabeverfahren nach dem ARUG – Zeit für einen Blick auf Entscheidungen, Entwicklungstrends und ungeklärte Rechtsfragen, BB 2010, 2515; *Neumann/Siebmann,* Zur Frage der Zulässigkeit der Rechtsbeschwerde im Freigabeverfahren nach § 16 Abs. 3 UmwG, DB 2006, 1365; *Noack,* Das Freigabeverfahren bei Umwandlungsbeschlüssen, ZHR 164 (2000), 274; *Reichard,* Der Nachweis des Mindestaktienbesitzes im Freigabeverfahren, NZG 2011, 292; *Riegger/Schockenhoff,* Das Unbedenklichkeitsverfahren zur Eintragung der Umwandlung im Handelsregister, ZIP 1997, 2105; *Saenger,* Aktienrechtliche Anfechtungsklagen: Verfahrenseffizienz und Kosten, AG 2002, 536; *K. Schmidt,* Drittbeteiligung und Drittschutz im Freigabeverfahren – Überlegungen zum Verständnis der §§ 16 Abs. 3 UmwG, 246a, 319 Abs. 6 AktG, FS Happ, 2006, 259; *Seibert/Schütz,* Der Referentenentwurf eines Gesetzes zur Unternehmensintegrität und Modernisierung des Anfechtungsrechts, ZIP 2004, 252; *Spindler,* Die Reform der Hauptversammlung und der Anfechtungsklage durch das UMAG, NZG 2005, 825; *Stilz,* Freigabeverfahren und Beschlussmängelrecht,

FS Hommelhoff, 2012, 1181; *Stohlmeier*, Freud und Leid des reformierten Freigabeverfahrens – eine Bestandsaufnahme mit Verbesserungsvorschlägen, NZG 2010, 1011; *Tielmann*, Die Anfechtungsklage – Ein Gesamtüberblick unter Berücksichtigung des UMAG, WM 2007, 1686; *Ulmer*, Entwicklungen im Kapitalgesellschaftsrecht 1975 bis 1999, ZGR 1999, 751; *Veil*, Klagemöglichkeiten bei Beschlussmängeln der Hauptversammlung nach dem UMAG, AG 2005, 567; *Verse*, Rechtsfragen des Quorums im Freigabeverfahren, FS Stilz, 2014, 651; *Wilsing*, Der Regierungsentwurf des Gesetzes zur Unternehmensintegrität und Modernisierung des Anfechtungsrechts, DB 2005, 35; *Wilsing*, Neuerungen des UMAG für die aktienrechtliche Beratungspraxis, ZIP 2004, 1082; *Wilsing/Saß*, Die Rechtsprechung zum Freigabeverfahren seit Inkrafttreten des ARUG, DB 2011, 919; *Zöllner*, Zur Problematik der aktienrechtlichen Anfechtungsklage, AG 2000, 145.

Übersicht

	Rn.		Rn.
I. Entstehungsgeschichte und Normzweck	1–4	2. Beschlussvoraussetzungen	20–34
1. Entstehungsgeschichte	1–3	a) Unzulässigkeit oder offensichtliche Unbegründetheit der Anfechtungsklage, Abs. 2 Nr. 1	20–25
2. Normzweck	4	b) Mindestbeteiligung, Abs. 2 Nr. 2	26
II. Allgemeines	5–9	c) Abwägungsklausel, Abs. 2 Nr. 3	27–34
III. Verfahren	10–18	**V. Rechtsmittel**	35
1. Antragstellung, Vertretung und Zuständigkeit	10–13	**VI. Wirkungen des Beschlusses**	36–39
2. Antragsbefugnis	14	1. Bindung des Registergerichts	36, 37
3. Verfahren	15–18	2. Inter omnes-Wirkung und Bestandskraft	38
IV. Entscheidung des Gerichts	19–34	3. Zurückweisung des Freigabeantrags	39
1. Entscheidung durch Beschluss	19	**VII. Schadensersatzanspruch**	40, 41

I. Entstehungsgeschichte und Normzweck

1. Entstehungsgeschichte. Angesichts der Flut von Anfechtungsklagen in den 90er Jahren und 1 der Einführung der 5,– DM-Aktie,[1] heute sogar der 1-Euro-Aktie[2] wurde in der Literatur seit längerem eine Einschränkung der Anfechtungsbefugnis über die Missbrauchsfälle hinaus diskutiert[3] und dabei zu Recht auf die Diskrepanz zwischen der Funktion des Anfechtungsrechts als Ausfluss des Mitgliedschaftsrechts des Aktionärs und dem rechtstatsächlichen Phänomen hingewiesen, dass der Aktienerwerb heute vielfach der reinen Geldanlage dient.[4] Vorgeschlagen wurden etwa die Einführung einer Mindestbeteiligung von einigen tausend Euro bzw. 1 % der Aktien,[5] einer Mindestbesitzzeit als Dokumentation einer gewissen mitgliedschaftlichen Bindung an das Unternehmen,[6] oder auch die Einführung von Kausalitätserfordernissen insbesondere bei der Anfechtung wegen Verletzung von Auskunfts- und Informationspflichten.[7]

Diesen Vorschlägen ist der Gesetzgeber nicht gefolgt, sondern hat mit dem am 1.11.2005 in Kraft 2 getretenen Gesetz zur Unternehmensintegrität und Modernisierung des Anfechtungsrechts (**UMAG**) lediglich die Anfechtungsbefugnis des Aktionärs daran geknüpft, dass dieser die Aktien bereits vor der Bekanntmachung der Tagesordnung erworben hatte (→ § 245 Rn. 23), und außerdem in Anlehnung an § 319 Abs. 6 und § 16 Abs. 3 UmwG ein Freigabeverfahren mit Bestandssicherung für bestimmte strukturverändernde Hauptversammlungsbeschlüsse, nämlich Beschlüsse über Maßnahmen der Kapitalbeschaffung, der Kapitalherabsetzung oder Unternehmensverträge, eingeführt.

Bereits das UMAG verfolgte den Zweck, missbräuchliche Aktionärsklagen einzudämmen. Das 3 am 1.9.2009 in Kraft getretene Gesetz zur Umsetzung der Aktionärsrechterichtlinie (**ARUG**) hat das Freigabeverfahren weiterentwickelt und hinsichtlich der inhaltlichen Voraussetzungen für die Freigabeentscheidung mit den anderen Freigabeverfahren nach § 319 Abs. 6, § 16 Abs. 3 UmwG harmonisiert. Die Einführung eines Mindestquorums in Abs. 2 Nr. 2 führt dazu, dass Kläger mit Kleinbeteiligungen künftig eine Eintragung des Beschlusses im Freigabeverfahren nicht mehr verhindern können. Die Neuregelung in Abs. 2 Nr. 3 präzisiert und verschärft die Interessenabwägungs-

---

[1] Art. 5 Nr. 1 2. Finanzmarktförderungsgesetz vom 26.7.1994, BGBl. 1994 I 1749.
[2] Art. 3 § 1 Nr. 3 EuroEG vom 9.6.1998, BGBl. 1998 I 1242.
[3] Vgl. etwa *Ulmer* ZGR 1999, 751; *Krieger* ZHR 163 (1999), 343; *Zöllner* AG 2000, 145; *Hüffer* ZGR 2001, 833 (858 ff.); *Saenger* AG 2002, 536; vgl. auch *Baums*, Verhandlungen des 63. DJT I 2000, S. 152 ff.
[4] MüKoAktG/*Hüffer/Schäfer* § 245 Rn. 10 f. mwN; vgl. auch *Zöllner* AG 2000, 145 (147).
[5] *Krieger* ZHR 163 (1999), 343 (361); *Ulmer* ZGR 1999, 751 (766); ablehnend *Zöllner* AG 2000, 145 (148).
[6] *Krieger* ZHR 163 (1999), 343 (361): drei Monate in Anlehnung an §§ 142 Abs. 2 S. 2, 141 Abs. 1 S. 2; vgl. hierzu nunmehr § 245 Nr. 1.
[7] *Krieger* ZHR 163 (1999), 343 (361 f.); ablehnend *Zöllner* AG 2000, 145 (148 f.).

klausel. Die entsprechende Anwendung der §§ 82–84 ZPO und die Zuständigkeit des Oberlandesgerichts für Freigabeverfahren unter Ausschluss der Rechtsbeschwerde hat zu einer Beschleunigung des Freigabeverfahren und damit zu einer Steigerung der Effizienz geführt.

4 **2. Normzweck.** Zweck des Freigabeverfahrens ist es, die Eintragung von besonders wichtigen Strukturbeschlüssen, nämlich solche über eine Maßnahme der Kapitalschaffung, der Kapitalherabsetzung oder einen Unternehmensvertrag trotz Erhebung der Anfechtungsklage zu erleichtern und zwar sowohl bei Aussichtslosigkeit der Klage als auch in Fällen, in denen das Interesse der Gesellschaft an der Eintragung überwiegt. Das Freigabeverfahren bezweckt also die **Durchsetzung der Eintragung** der genannten Hauptversammlungsbeschlüsse in das Handelsregister sowie den **Bestandsschutz** der erfolgten Eintragung. Damit dient das Verfahren der Beschränkung missbräuchlicher Anfechtungsklagen gegen solche strukturverändernden Hauptversammlungsbeschlüsse, denen regelmäßig große Bedeutung für das Unternehmen zukommt.[8]

II. Allgemeines

5 Das Freigabeverfahren für die genannten strukturverändernden Hauptversammlungsbeschlüsse ist den Regelungen der § 319 Abs. 6 und § 16 Abs. 3 UmwG nachgebildet. Abweichend von den dortigen Regelungen sieht die Vorschrift aber **keine allgemeine Registersperre** und deren Überwindung durch eine Unbedenklichkeitsentscheidung des Gerichts vor. Vielmehr knüpft das Freigabeverfahren an die Erhebung der Beschlussmängelklageklage als solche an und bestimmt ausdrücklich eine Bindung des Registergerichts an die Freigabeentscheidung des Gerichts, Abs. 3 S. 5.

6 Das Gericht kann mit Wirkung für und gegen jedermann durch Beschluss feststellen, dass die Erhebung der Klage der Eintragung des angefochtenen Hauptversammlungsbeschlusses nicht entgegen steht und Mängel des Hauptversammlungsbeschlusses die Wirkung der Eintragung unberührt lassen. Auch die erfolgreiche Klage beseitigt die Wirkung der aufgrund rechtskräftiger Freigabeentscheidung erfolgten Eintragung des Hauptversammlungsbeschlusses nicht mehr, denn nach § 242 Abs. 2 S. 5 kann im Falle einer rechtskräftigen Freigabeentscheidung das der Anfechtungs- oder Nichtigkeitsklage stattgebende Urteil nach § 248 Abs. 1 S. 3 nicht mehr eingetragen werden. Auch die Durchführung des Beschlusses nach der Eintragung wird hiervon nicht berührt. Der Anfechtungskläger kann somit die Wirkung der Eintragung nicht beseitigen, sondern ist auf einen Schadensersatzanspruch nach Abs. 4 verwiesen. Damit kommt dem Hauptversammlungsbeschluss aufgrund der Freigabeentscheidung die gleiche **Bestandskraft** zu wie dem Verschmelzungsbeschluss nach § 20 Abs. 2 UmwG, § 16 Abs. 3 UmwG und seit Inkrafttreten des ARUG am 1.9.2009 auch dem Eingliederungsbeschluss nach § 319 Abs. 6.[9]

7 Die Freigabeentscheidung kann beantragt werden, wenn gegen einen der genannten Hauptversammlungsbeschlüsse Klage erhoben wird. Die Vorschrift erfasst die **Anfechtungsklage**, die **Nichtigkeitsklage** und die **allgemeine Feststellungsklage** nach § 256 ZPO, gerichtet auf Feststellung der Nichtigkeit des Hauptversammlungsbeschlusses.[10]

8 Die Eintragung des angefochtenen Hauptversammlungsbeschlusses steht dem Freigabeverfahren nicht entgegen, denn nur mit einem Beschluss nach Abs. 1 wird der Bestandsschutz erreicht. Der Antrag ist in diesem Fall gerichtet auf die Feststellung, dass Mängel des Hauptversammlungsbeschlusses die Wirkung der Eintragung unberührt lassen.[11]

9 Nach § 20 Abs. 4 EGAktG kommt es für die mit dem ARUG eingeführte Regelung in Abs. 2 Nr. 2 (Mindestbeteiligung) auf die Anhängigkeit des Freigabeantrags an. Daher ist Abs. 2 Nr. 2 nicht auf Verfahren anwendbar, die bei Inkrafttreten des Gesetzes am 1.9.2009 bereits anhängig waren. Demgegenüber ist das ARUG auf Fälle anwendbar, in denen der Hauptversammlungsbeschluss vor Inkrafttreten gefasst wurde, das Freigabeverfahren aber erst nach Inkrafttreten anhängig geworden ist.

III. Verfahren

10 **1. Antragstellung, Vertretung und Zuständigkeit.** Das Freigabeverfahren ist ein spezielles Eilverfahren, für das die Vorschriften der ZPO und nicht die des FamFG gelten. Es wird durch

---

[8] Vgl. *Spindler* NZG 2005, 825; *Veil* AG 2005, 567.
[9] *Singhof* → § 319 Rn. 21 ff.; *Ihrig/Erwin* BB 2005, 1973; *Seibert/Schütz* ZIP 2004, 252.
[10] Hüffer/Koch/*Koch* Rn. 5; aA Emmerich/Habersack/*Habersack* § 319 Rn. 27; vgl. zur allgemeinen Feststellungsklage → § 249 Rn. 25 f.
[11] KG AG 2009, 30; OLG Düsseldorf AG 2009, 538; OLG Celle AG 2008, 217; OLG Frankfurt AG 2008, 667; OLG München DB 2006, 1608; Hüffer/Koch/*Koch* Rn. 4, 8; *Aha/Hirschberger* BB 2006, 460; *Ihrig/Erwin* BB 2005, 1973; *Wilsing* DB 2005, 35; *Faßbender* AG 2006, 872; aA *Schütz* NZG 2005, 9; einschränkend NK-AktR/*Heidel* Rn. 2.

einen **Antrag der Gesellschaft** eingeleitet und richtet sich gegen alle Kläger des Anfechtungsprozesses, nicht aber gegen die auf Seiten des Anfechtungsklägers beigetretenen Nebenintervenienten.[12] Diese sind im Freigabeverfahren auch nicht von Amts wegen zu beteiligen.[13] Das Freigabeverfahren und der Anfechtungsprozess sind selbständige Verfahren mit eigenem Streitgegenstand, weshalb sich der Beitritt im Anfechtungsverfahren nicht automatisch auf das Freigabeverfahren erstreckt. Vielmehr erlangt der Nebenintervenient die mit dem Beitritt verbundenen prozessualen Rechte nur in dem Verfahren, in dem er beigetreten ist.[14] Zwar ist der Aktionär, der im Anfechtungsprozess dem Rechtsstreit beitritt, streitgenössischer Nebenintervenient, ihm werden damit weitergehende Rechte, ähnlich dem Streitgenossen eingeräumt (→ § 246 Rn. 36 f.); dennoch bleibt er Prozesshelfer und wird nicht Partei im Anfechtungsprozess.

Die Gesellschaft wird im Freigabeverfahren nur durch ihren **Vorstand** vertreten. Abs. 1 weist die **11** Antragsbefugnis der Gesellschaft zu, ohne eine Regelung zur Vertretung zu treffen oder auf § 246 Abs. 2 S. 2 zu verweisen. Es gilt daher die allgemeine Vertretungsregel des § 78 Abs. 1, wonach die Gesellschaft durch den Vorstand vertreten wird. Eine analoge Anwendung des § 246 Abs. 2 S. 2 scheidet aus, weil der Anfechtungsprozess und das Freigabeverfahren selbständige Verfahren mit unterschiedlichem Streitgegenstand sind. Auch der Zweck der Doppelvertretung, eine Kollusion zwischen dem klagenden Aktionär und dem Vorstand zu verhindern, ist beim Freigabeverfahren, bei dem die Gesellschaft Antragstellerin ist, nicht einschlägig.[15]

Zuständig ist nach Abs. 1 S. 3 das **Oberlandesgericht,** in dessen Bezirk die Gesellschaft ihren **12** Sitz hat. Es entscheidet stets der mit drei Berufsrichtern besetzte Senat, eine Übertragung auf den Einzelrichter ist ausgeschlossen, Abs. 3 S. 1. Die durch das ARUG eingeführte Zuständigkeit des Oberlandesgerichts unter Ausschluss der Rechtsbeschwerde wird zu einer erheblichen Verkürzung der Verfahrensdauer des Freigabeverfahrens und damit zu einer effektiveren Bekämpfung missbräuchlicher Anfechtungsklagen führen, deren Drohpotential insbesondere in der Sperrwirkung der Anfechtungsklage liegt. Diese Gesetzesänderung ist auch deshalb zu begrüßen, weil schon bisher in der weit überwiegenden Zahl der Freigabeverfahren das Oberlandesgericht letztinstanzlich entschieden hat und das Landgericht häufig als reine Durchlaufinstanz angesehen wurde.

Das Freigabeverfahren findet nur in den in Abs. 1 abschließend genannten Fällen statt. Eine **13** **analoge Anwendung** auf andere als die genannten Hauptversammlungsbeschlüsse kommt nicht in Betracht.

2. Antragsbefugnis. Der Antrag auf Freigabeentscheidung setzt voraus, dass die Anfechtungs- **14** klage erhoben ist. Vor Zustellung der Klageschrift (§ 253 Abs. 1 ZPO) fehlt dem Antrag das Rechtsschutzbedürfnis.[16] Der Antrag ist gerichtet auf Feststellung, dass die Erhebung der Anfechtungs- oder Nichtigkeitsklage der Eintragung des Hauptversammlungsbeschlusses nicht entgegen steht und Mängel des Hauptversammlungsbeschlusses die Wirkung der Eintragung unberührt lassen. Beide Feststellungen sind zwingend in den Antrag aufzunehmen, denn der Bestandsschutz wird erst durch die Feststellung begründet, dass Beschlussmängel die Wirkung der Eintragung unberührt lassen. Ist der Beschluss bereits eingetragen, ist das Freistellungsverfahren gleichwohl möglich, denn der Bestandsschutz der Eintragung kann nur mit einer Freigabeentscheidung erreicht werden.[17] Der Antrag ist in diesem Fall aber lediglich auf Feststellung der Bestandskraft der Eintragung zu richten.

3. Verfahren. Nach Abs. 1 S. 2 sind auf das Freigabeverfahren die **§§ 253 ff. ZPO** entsprechend **15** anzuwenden. Außerdem bestimmt Abs. 1 S. 2 die Anwendung der **§§ 82, 83 Abs. 1 ZPO und § 84 ZPO.** Die Anwendung des § 82 ZPO dient der Verhinderung von Verzögerungsstrategien, die gelegentlich von Anfechtungsklägern betrieben wurden, indem sie ihren Aktienbesitz auf Unternehmen mit Sitz im Ausland übertragen haben und diese ihre Anwälte zur Führung des Anfechtungsprozesses, ausdrücklich aber nicht zur Vertretung im Freigabeverfahren bevollmächtigten. Dies führte

---

[12] OLG Frankfurt AG 2008, 667; OLG Jena AG 2007, 31; OLG Düsseldorf AG 2005, 654; aA K. Schmidt/Lutter/*Schwab* Rn. 40.
[13] OLG Frankfurt AG 2008, 667; OLG Jena AG 2007, 31; OLG Stuttgart AG 2005, 662; OLG Düsseldorf AG 2005, 654; *K. Schmidt* FS Happ, 2006, 259 (270).
[14] MüKoAktG/*Hüffer/Schäfer* Rn. 9; *K. Schmidt* FS Happ, 2006, 259 (268 f.).
[15] OLG München AG 2014, 546; OLG Bremen AG 2009, 412; OLG Frankfurt AG 2012, 414; AG 2008, 667; OLG Karlsruhe AG 2007, 284; OLG Hamm AG 2005, 773; Hüffer/Koch/*Koch* Rn. 6; Bürgers/Körber/*Göz* Rn. 3; K. Schmidt/Lutter/*Schwab* Rn. 36; *Faßbender* AG 2006, 872 (874); aA NK-AktR/*Heidel* Rn. 7.
[16] OLG Frankfurt AG 2010, 596; K. Schmidt/Lutter/*Schwab* Rn. 37; *Ihrig/Erwin* BB 2005, 1973; Lutter/Bork UmwG § 16 Rn. 17; Semler/Stengel/*Schwann* UmwG § 16 Rn. 25; *Faßbender* AG 2006, 872; aA Zulässigkeit ab Anhängigkeit: Bürgers/Körber/*Göz* Rn. 3; *Stohlmeier* NZG 2010, 1011.
[17] OLG Frankfurt AG 2010, 508; AG 2008, 667; OLG München AG 2010, 715; KG AG 2009, 30; OLG Düsseldorf AG 2009, 538; OLG Celle AG 2008, 217; K. Schmidt/Lutter/*Schwab* Rn. 39.

wegen der Selbständigkeit des Freigabeverfahrens dazu, dass der Freigabeantrag an das ausländische Unternehmen zugestellt werden musste. Angesichts der Schwierigkeit von Auslandszustellungen (vgl. § 183 Abs. 1 ZPO) führte diese Vorgehensweise oft zu erheblichen Verzögerungen. Die entsprechende Anwendung des § 82 ZPO stellt nunmehr klar, dass die für den Anfechtungsprozess erteilte Prozessvollmacht auch die Bevollmächtigung für das Freigabeverfahren umfasst und eine Zustellung des Freigabeantrags an den Prozessbevollmächtigten des Anfechtungsklägers erfolgen kann. In Ergänzung hierzu verhindert die entsprechende Anwendung des § 83 Abs. 1 ZPO, dass diese Wirkung durch eine Beschränkung der Prozessvollmacht unterlaufen wird. Schließlich gilt § 82 ZPO auch bei der Bevollmächtigung mehrerer Prozessbevollmächtigter (Abs. 1 S. 2 iVm § 84 ZPO). Da mehrere Prozessbevollmächtigte berechtigt sind, die Partei auch einzeln zu vertreten, kann die Zustellung des Freigabeantrags an einen der mehreren Prozessbevollmächtigten wirksam erfolgen.

16 Bei dem Freistellungsverfahren handelt es sich um ein **Eilverfahren,** für das wie im einstweiligen Verfügungsverfahren die Glaubhaftmachung erforderlich ist. Beide Parteien müssen die vorgebrachten Tatsachen, die die Grundlage des Beschlusses bilden sollen, glaubhaft machen, Abs. 3 S. 3. Dies gilt insbesondere für solche Tatsachen, die der Abwägung nach Abs. 2 Nr. 3 zugrunde zu legen sind oder die Annahme eines besonders schweren Rechtsverstoßes rechtfertigen sollen. Zugelassen sind alle Beweismittel des Strengbeweises sowie die Versicherung an Eides Statt, § 294 ZPO. In der mündlichen Verhandlung sind nach § 294 Abs. 2 ZPO lediglich präsente Beweismittel statthaft.

17 Das Gericht entscheidet regelmäßig aufgrund **mündlicher Verhandlung.** In dringenden Fällen kann eine Entscheidung ohne mündliche Verhandlung ergehen, Abs. 3 S. 2. Ein dringender Fall liegt nur in Ausnahmefällen vor, wenn eine selbst innerhalb kürzester Frist anberaumte mündliche Verhandlung nicht abgewartet werden kann.[18]

18 Abs. 3 S. 6 ordnet eine **Zeitvorgabe** an. Die Entscheidung des Prozessgerichts soll spätestens drei Monate nach Antragstellung ergehen. Die Frist ist für das Gericht nicht bindend, die Gründe für eine Fristüberschreitung sind jedoch durch begründeten Beschluss den Parteien mitzuteilen. Der Beschluss, durch den die Entscheidungsfrist verlängert wird, ist unanfechtbar. Der Begründungszwang wird in der Praxis aber einer allzu großzügigen Fristüberschreitung entgegen wirken.

IV. Entscheidung des Gerichts

19 **1. Entscheidung durch Beschluss.** Die Entscheidung des Gerichts ergeht durch Beschluss. Die Entscheidungskriterien nach Abs. 2 sind identisch mit denen der anderen Freigabeverfahren nach § 319 Abs. 6 S. 2 und § 16 Abs. 3 S. 2 UmwG. Das Gericht trifft die Feststellung, dass die Klage der Eintragung nicht entgegen steht und Mängel des Hauptversammlungsbeschlusses die Wirkung der Eintragung unberührt lassen, in drei Fällen, nämlich (1) wenn die Klage unzulässig oder offensichtlich unbegründet ist, (2) der Kläger nicht binnen einer Woche nach Zustellung des Freigabeantrags nachweist, dass er seit der Bekanntmachung der Einberufung einen anteiligen Betrag von 1000 Euro hält, oder (3) wenn das Vollzugsinteresse der Gesellschaft gegenüber dem Aussetzungsinteresse des Anfechtungsklägers vorrangig erscheint und kein besonders schwerer Rechtsverstoß vorliegt.

20 **2. Beschlussvoraussetzungen. a) Unzulässigkeit oder offensichtliche Unbegründetheit der Anfechtungsklage, Abs. 2 Nr. 1.** Die praktische Bedeutung **unzulässiger Anfechtungsklagen** gegen strukturverändernde Hauptversammlungsbeschlüsse ist gering. Unzulässig ist die Klage etwa, wenn die Klageschrift nicht den Anforderungen des § 253 ZPO entspricht, der Kläger nicht durch einen zugelassenen Rechtsanwalt vertreten ist oder eine sonstige Prozessvoraussetzung fehlt.[19] Ist der Verfahrensmangel behebbar, hat das Gericht nach § 139 Abs. 3 ZPO hierauf hinzuweisen und Gelegenheit zur Beseitigung des Mangels zu geben. Ein Freistellungsbeschluss kann erst ergehen, wenn der Antragsgegner den Verfahrensmangel nicht innerhalb einer ihm gesetzten angemessenen Frist behebt.[20]

21 Die Klage ist nicht unzulässig, sondern **unbegründet,** wenn sie nicht innerhalb der **Klagefrist** erhoben wurde. Die Monatsfrist des § 246 Abs. 1 ist eine materiell-rechtliche Ausschlussfrist, deren Versäumung nicht zur Unzulässigkeit, sondern zur Unbegründetheit der Anfechtungsklage führt (zu den Einzelheiten → § 246 Rn. 12 ff.).

22 Unbegründet ist die Klage auch dann, wenn sie **rechtsmissbräuchlich** erhoben ist, denn das Anfechtungsrecht des Aktionärs ist ein materiell-rechtliches Gestaltungsrecht, dessen Missbrauch zum Verlust der materiellen Berechtigung führt.[21]

---

[18] *Kösters* WM 2000, 1921 (1924); vgl. auch Zöller/*Vollkommer* ZPO § 937 Rn. 2.
[19] *Kösters* WM 2000, 1921 (1925).
[20] Hüffer/Koch/*Koch* Rn 15.
[21] Hüffer/Koch/*Koch* Rn. 15; Semler/Stengel/*Schwanna* UmwG § 16 Rn. 29; zum Missbrauch des Anfechtungsrechts im Einzelnen vgl. → § 245 Rn. 54 ff.; BGHZ 107, 296 = NJW 1989, 2689; BGHZ 112, 9 = NJW 1990, 2747; BGH AG 1992, 259; AG 1992, 448; OLG Stuttgart AG 2003, 456; AG 2003, 165; AG 2001, 315; OLG Frankfurt AG 1996, 135.

Im Übrigen ist die Klage unbegründet, wenn keiner der geltend gemachten Anfechtungsgründe 23 durchgreiflich ist (zum Nachschieben von Gründen → § 246 Rn. 19 f.).

Der Begriff der **offensichtlichen Unbegründetheit** ist in Literatur und Rechtsprechung 24 umstritten. Teilweise wird vertreten, die Unbegründetheit müsse auch bei kursorischer Prüfung ohne weiteres erkennbar sein. Schon dann, wenn die Entscheidung schwierige rechtliche Überlegungen erfordere oder von einer höchstrichterlich noch nicht entschiedenen Rechtsfrage abhänge, liege kein Fall der offensichtlichen Unbegründetheit vor.[22]

Demgegenüber ist nach der herrschenden Auffassung in Literatur und Rechtsprechung nicht 25 entscheidend, in welchem Umfang sich das Gericht mit schwierigen Rechtsfragen auseinander zu setzen hat, sondern mit welcher Sicherheit ein Misserfolg der Anfechtungsklage vorausgesehen werden kann.[23] Diese Auffassung, nach der eine umfassende Prüfung der Rechtslage zu erfolgen hat, ist vorzugswürdig. Auch in summarischen Verfahren ist eine kursorische Prüfung nur im Bereich der Tatsachenermittlung statthaft und eine Unterlassung der Beweiserhebung erlaubt. Auf der Ebene der Rechtsprüfung ist demgegenüber auch in Eilverfahren für eine oberflächliche Beurteilung kein Raum. Die Anfechtungsklage ist daher nur dann offensichtlich unbegründet, wenn nach eingehender rechtlicher Würdigung die Rechtslage so eindeutig ist, dass sich die Anfechtungsklage als zweifelsfrei unbegründet darstellt und eine andere rechtliche Beurteilung nicht vertretbar erscheint. Sind aber entscheidungserhebliche Tatsachen streitig, so ist die Anfechtungsklage nur dann offensichtlich unbegründet, wenn auch ohne Beweisaufnahme mit überwiegender Wahrscheinlichkeit vorhergesagt werden kann, dass das Vorbringen der Gesellschaft zutrifft.

b) Mindestbeteiligung, Abs. 2 Nr. 2. Durch das am 1.9.2009 in Kraft getretene Gesetz zur 26 Umsetzung der Aktionärsrechterichtlinie (ARUG) wurde das Erfordernis einer Mindestbeteiligung eingeführt. Zwar ist diese nicht Voraussetzung für die Anfechtungsklage selbst. Hält der Aktionär aber nicht eine Beteiligung im Mindestnennbetrag von 1000 Euro, so kann er eine Eintragung des Beschlusses im Freigabeverfahren nicht verhindern. Zwar spricht der Wortlaut der Nr. 2 von einem anteiligen Betrag von mindestens 1000 Euro. Damit ist aber nicht der Börsenwert der Beteiligung, sondern der anteilige Nennbetrag des Grundkapitals gemeint. Dies ergibt sich schon aus dem Umstand, dass der Börsenwert von Aktien Schwankungen unterworfen und daher für ein Quorum ungeeignet ist. Im Übrigen entspricht dies dem Willen des Gesetzgebers, der davon ausgeht, dass eine Schwelle von 1000 Euro bei normalen Börsenwerten einem Anlagevolumen von 10 000 bis 20 000 Euro entspreche.[24] Der Freigabebeschluss ergeht unabhängig davon, ob die Anfechtungsklage unzulässig oder unbegründet ist; auch einer Interessenabwägung bedarf es in diesem Fall nicht. Die Beteiligung ist vom Anfechtungskläger nachzuweisen. Der Nachweis kann nur durch Vorlage von Urkunden geführt werden. Er ist zudem zeitlich beschränkt. Der Anfechtungskläger muss den Nachweis binnen einer Woche nach Zustellung des Freigabeantrags erbringen, innerhalb dieser Frist also die erforderlichen Urkunden bei Gericht einreichen. Bei der Wochenfrist handelt es sich um eine materiell-rechtliche Ausschlussfrist, weshalb weder eine Fristverlängerung noch eine Wiedereinsetzung in den vorigen Stand wegen Versäumung der Frist möglich ist.[25] Angesichts des klaren Wortlauts der Vorschrift, die einen Nachweis durch Urkunden verlangt, ist der Mindestaktienbesitz ein materielles Freigabekriterium, das auch dann nicht entbehrlich ist, wenn die Erfüllung des Quorums unstreitig ist. Der Annahme, das Fehlen eines ausreichenden Nachweises sei unerheblich, wenn die Erreichung des Mindestaktienbesitzes bis zur Entscheidung des Gerichts unstreitig werde, steht auch entgegen, dass Abs. 2 Nr. 2 den Nachweis an die Einhaltung der Wochenfrist knüpft.[26] Die Regelung schließt außerdem einen nachträglichen Zukauf aus. Vielmehr muss der Kläger Aktien im Mindest-

---

[22] OLG Frankfurt ZIP 2000, 1928; DB 1997, 1911; OLG Düsseldorf ZIP 1999, 793; Lutter/*Bork* UmwG § 16 Rn. 19a.
[23] OLG Stuttgart AG 2015, 163; AG 2009, 204; AG 2004, 105; AG 2003, 456; OLG München AG 2014, 546; AG 2010, 170; OLG Düsseldorf AG 2009, 535; AG 2002, 47; OLG Bremen AG 2009, 412; KG AG 2009, 30; OLG Frankfurt AG 2010, 39; AG 2008, 826; AG 2008, 167; AG 2007, 867; OLG Karlsruhe AG 2007, 284; OLG Hamburg AG 2005, 253; OLG Hamm AG 2005, 361; MüKoAktG/*Hüffer/Schäfer* Rn. 20; Hüffer/Koch/*Koch* Rn. 16; einschränkend: K. Schmidt/Lutter/*Schwab* Rn. 3; vgl. auch *Faßbender* AG 2006, 872 (875); *Veil* AG 2005, 567 (574); Semler/Stengel/*Schwanna* UmwG § 16 Rn. 31; *Brandner/Bergmann* FS Bezzenberger, 2000, 59 (66); *Kösters* WM 2000, 1921 (1926).
[24] Bericht des Rechtsausschusses, BT-Drs. 16/13 098, 41 f.; vgl. auch OLG München AG 2015, 756; OLG Stuttgart AG 2013, 604; AG 2010, 89.
[25] OLG Nürnberg AG 2012, 758; AG 2011, 179; MüKoAktG/*Hüffer/Schäfer* Rn. 24; Hüffer/Koch/*Koch* Rn. 20 f.; vgl. auch *Verse* FS Stilz, 2014, 651 (663).
[26] OLG Nürnberg AG 2012, 758; KG AG 2011, 170; OLG Hamm AG 2011, 826; MüKoAktG/*Hüffer/Schäfer* Rn. 24; *Reichard* NZG 2011, 292; *Stilz* FS Hommelhoff, 2012, 1181 (1187); aA OLG Frankfurt AG 2012, 414; AG 2010, 508.

nennbetrag bereits bei Bekanntmachung der Einberufung der Hauptversammlung gehalten haben und bis zur Erbringung des Nachweises nach Zustellung des Freigabeantrags halten.[27] Ob die Mindestbeteiligung erreicht ist, ist für jeden Anfechtungskläger isoliert zu prüfen. Eine Addition der Beteiligungen mehrerer Anfechtungskläger findet nicht statt.[28] Im Rahmen der Interessenabwägung nach Abs. 2 Nr. 3 werden als Aufschubinteresse nur die Nachteile der Anfechtungskläger berücksichtigt, die die Mindestbeteiligung erreicht haben.[29]

27 c) **Abwägungsklausel, Abs. 2 Nr. 3.** Schließlich eröffnet die Interessenabwägungsklausel eine Freigabeentscheidung auch dann, wenn das Interesse der Gesellschaft und der übrigen Aktionäre am alsbaldigen Wirksamwerden des Hauptversammlungsbeschlusses (Vollzugsinteresse) höher zu bewerten ist als das Aussetzungsinteresse des Anfechtungsklägers, wenn nicht der Rechtsverstoß besonders schwerwiegend ist. Die Regelung stellt klar, dass ein besonders schwerwiegender Rechtsverstoß auch bei überwiegendem Vollzugsinteresse eine Freigabe verhindert.

28 aa) **Besonders schwerwiegender Rechtsverstoß.** Eine Interessenabwägung ist daher nicht erforderlich, wenn ein **besonders schwerwiegender Rechtsverstoß** vorliegt. Ein solcher kann sich aus der Bedeutung der verletzten Norm oder dem Ausmaß der Rechtsverletzung ergeben. Das Vorliegen eines Nichtigkeitsgrundes rechtfertigt dabei nicht in jedem Fall automatisch die Annahme eines besonders schwerwiegenden Rechtsverstoßes. Erforderlich ist vielmehr eine massive Verletzung elementarer Aktionärsrechte, die durch Schadensersatz nicht hinreichend kompensiert werden kann, oder ein Verstoß, der so schwer wiegt, dass eine Eintragung und damit eine Bestandskraft des angefochtenen Beschlusses unerträglich wäre. In der Beschlussempfehlung des Rechtsausschusses zum ARUG werden als Beispiele für einen besonders schweren Rechtsverstoß genannt die absichtlich nicht ordnungsgemäße Einberufung der Hauptversammlung ("Geheimversammlung"), absichtliche Verstöße gegen das Gleichbehandlungsgebot oder die Treuepflicht mit schweren Folgen, das völlige Fehlen der notariellen Beurkundung bei der börsennotierten Gesellschaft, die Unvereinbarkeit eines Hauptversammlungsbeschlusses mit grundlegenden Strukturprinzipien des Aktienrechts.[30] Um einen besonders schwerwiegenden Rechtsverstoß festzustellen, müssen im Einzelfall die Bedeutung der verletzten Rechtsnorm sowie Art und Umfang des Verstoßes bewertet werden.[31] Dabei kann ein Verstoß bereits objektiv besonders gravierend sein. Bedeutung bei der Bewertung können aber auch subjektive Elemente gewinnen, etwa bei gezielten und absichtlichen Rechtsverstößen. Dies gilt nicht nur bei inhaltlichen Beschlussmängeln, sondern auch bei Verfahrensfehlern und der Verletzung von Informationspflichten. Ist der Mangel behebbar, liegt regelmäßig kein besonders schwerer Rechtsverstoß vor. Die Verletzung von Informationspflichten kann allenfalls dann einen besonders schwerwiegenden Rechtsverstoß begründen, wenn den Aktionären wegen unterbliebener oder unzureichender Information die Möglichkeit genommen war, überhaupt eine sachgerechte Entscheidung zu treffen. War hingegen das Informationsbedürfnis der Aktionäre anderweit zumindest teilweise abgedeckt, etwa durch einen schriftlichen Vorstandsbericht, oder hätte es durch Nachfrage in der Hauptversammlung befriedigt werden können, scheidet die Annahme eines besonders schweren Rechtsverstoßes aus.

29 Nicht ausreichend ist die bloße Behauptung eines schwerwiegenden Rechtsverstoßes, vielmehr muss dieser nach Abs. 3 S. 3 glaubhaft gemacht werden, dh es muss eine überwiegende Wahrscheinlichkeit dafür bestehen, dass der behauptete Rechtsverstoß vorliegt.[32] **Darlegungs- und beweispflichtig** für den Rechtsverstoß ist der Anfechtungskläger.[33] Ob die glaubhaft gemachte Rechtsverletzung das Gepräge eines besonders schwerwiegenden Verstoßes iSd Abs. 2 Nr. 3 trägt, ist eine Rechtsfrage, die vom Gericht zu beurteilen ist.

30 bb) **Interessenabwägung.** Scheidet die Freigabe nicht bereits wegen eines besonders schwerwiegenden Rechtsverstoßes aus, so hat das Gericht eine **Interessenabwägung** vorzunehmen und die

---

[27] Str., wie hier K. Schmidt/Lutter/*Schwab* Rn. 5; Hüffer/Koch/*Koch* Rn. 20 b; *Verse* FS Stilz, 2014, 651 (659); aA OLG Bamberg AG 2014, 372: Zeitpunkt der Zustellung des Freigabeantrags; KG AG 2015, 319: Zeitpunkt der Erhebung der Anfechtungsklage; ebenso: Grigoleit/*Ehmann* Rn. 7.
[28] OLG Stuttgart AG 2013, 604; OLG Frankfurt AG 2010, 596; AG 2010, 89 (zu § 319 Abs. 6 S. 3); *Lorenz/Pospiech* BB 2010, 2515.
[29] OLG Rostock AG 2013, 768; OLG Nürnberg AG 2012, 758; Hüffer/Koch/*Koch* Rn. 20 f.; Bürgers/Körber/*Göz* Rn. 4; *Lorenz/Pospiech* BB 2010, 2515 (2518); aA K. Schmidt/Lutter/*Schwab* Rn. 20.
[30] Beschlussempfehlung und Bericht des Rechtsausschusses zum ARUG, BT-Drs. 16/13098, 61.
[31] OLG München AG 2014, 546; OLG Hamm AG 2011, 624.
[32] *Waclawik* ZIP 2008, 1041 (1044); vgl. zum Beweismaß bei der Glaubhaftmachung BGHZ 156, 139 (142) = NJW 2003, 3558; BGH NJW 1996, 1682; MüKoZPO/*Prütting* ZPO § 294 Rn. 24; Zöller/*Greger* ZPO § 294 Rn. 6; *Kösters* WM 2000, 1921 (1924).
[33] *Bosse* NZG 2009, 807 (811); *Koch/Wackerbeck* ZIP 2009, 1603 (1607).

wirtschaftlichen Interessen des klagenden Aktionärs gegen das Vollzugsinteresse der Gesellschaft und der nicht klagenden Aktionäre abzuwägen. In die Abwägung einzustellen sind nur wirtschaftliche Interessen, nicht hingegen die Bedeutung und das Gewicht des Rechtsverstoßes, sowie die Erfolgsaussichten der Anfechtungs- bzw. Nichtigkeitsklage. Diese Umstände sind nur im Rahmen der Prüfung von Bedeutung, ob die Freigabe wegen besonderer Schwere von vorn herein ausscheidet. Eine Freigabe kann daher auch dann erfolgen, wenn ein Rechtsverstoß feststeht, aber nicht als besonders schwerer Verstoß zu bewerten ist.[34]

Als **Vollzugsinteresse** sind alle der Gesellschaft und den nicht klagenden Aktionären aus der Nichteintragung oder der Verzögerung der Eintragung drohenden Schäden und Nachteile zu berücksichtigen. In die Abwägung einzustellen sind aber nur **wesentliche** dh solche **Nachteile**, denen einiges Gewicht zukommt. In Betracht kommen in erster Linie wirtschaftliche, daneben aber auch rechtliche Nachteile. Rechtlich erhebliche Nachteile können etwa sein die Insolvenzgefahr, die Vereitelung von steuerlichen Vorteilen, die Unmöglichkeit einer späteren Vollziehung des Beschlusses, ausbleibende Synergieeffekte, die Gefahr der Abwanderung qualifizierten Personals, ein zu erwartender Imageverlust, sowie die mit der Wiederholung der Hauptversammlung verbundenen Kosten.[35] 31

Die Gesellschaft hat die ihr und ihren Aktionären drohenden Nachteile substantiiert darzulegen und glaubhaft zu machen, Abs. 3 S. 3. Eine sichere Überzeugung des Gerichts ist nicht erforderlich, vielmehr genügt, dass für den Eintritt der behaupteten Nachteile eine überwiegende Wahrscheinlichkeit besteht. 32

Als **Aufschubinteresse** sind die wirtschaftlichen Nachteile, die dem Anfechtungskläger aus der Eintragung des Beschlusses und dessen Bestandskraft erwachsen, sowie die Auswirkungen der Rechtsverletzung auf das Mitgliedschaftsrecht des Klägers in die Abwägung einzustellen. Dabei ist zu berücksichtigen, dass dem klagenden Aktionär durch den Schadensersatzanspruch nach Abs. 4 S. 1 eine gewisse Kompensation verschafft wird, wenngleich nicht zu verkennen ist, dass ein auf die Eintragung des Hauptversammlungsbeschlusses beruhender Schaden oft nur schwer darzulegen ist.[36] Der Umfang der Beteiligung des klagenden Aktionärs hat demgegenüber für die Abwägung keine Bedeutung. Die dem Anfechtungskläger drohenden Nachteile sind von diesem schlüssig darzulegen und glaubhaft zu machen, Abs. 3 S. 3.[37] Führen mehrere Aktionäre die Anfechtungsklage, so ist in die Abwägungsentscheidung nach Nr. 3 das Interesse aller Antragsgegner einzustellen, soweit diese die Mindestbeteiligung nach Nr. 2 erreicht haben (→ Rn. 26). 33

cc) **Abwägungsentscheidung.** Bei der Abwägungsentscheidung ist dem Gericht ein Ermessensspielraum eingeräumt. Ein Freigabebeschluss ergeht, wenn das Vollzugsinteresse der Gesellschaft und der übrigen Aktionäre gegenüber dem Aufschubinteresse des klagenden Aktionärs nach freier Überzeugung des Gerichts vorrangig ist, weil die der Gesellschaft und den übrigen Aktionären aus der Nichteintragung oder der Verzögerung der Eintragung entstehenden Nachteile die durch die alsbaldige Eintragung des Beschlusses dem Anfechtungskläger entstehenden Nachteile überwiegen. Führt die Abwägung zu einem Überwiegen des Vollzugsinteresses, so muss die Freigabe auch dann erfolgen, wenn die Anfechtungsklage voraussichtlich begründet ist, denn bei der Interessenabwägung kommt es auf die Erfolgsaussichten der Anfechtungsklage gerade nicht an. 34

V. Rechtsmittel

Nach Abs. 3 S. 4 ist der Beschluss unanfechtbar. Eine Rechtsbeschwerde gegen den Beschluss des Oberlandesgerichts findet daher nicht statt. 35

VI. Wirkungen des Beschlusses

1. Bindung des Registergerichts. Abs. 3 S. 5 1. HS ordnet die Bindung des Registergerichts an die Freigabeentscheidung des Gerichts an. Das bedeutet, dass die Aussetzungsbefugnis des Registergerichts nach §§ 381, 21 Abs. 1 FamFG (früher: § 127 FGG) endet und die hierdurch entstehende faktische Registersperre durchbrochen wird. Ihrem Umfang nach entspricht die Bindungswirkung derjenigen 36

---

[34] KG AG 2010, 494; so auch *Bosse* NZG 2009, 807 (811); ebenso Hüffer/Koch/*Koch* Rn. 22; Grigoleit/ Ehmann Rn. 8; *Koch/Wackerbeck* ZIP 2009, 1603; aA K. Schmidt/Lutter/*Schwab* Rn. 25, der eine besonders schwere Rechtsverletzung unabhängig von deren Gewicht immer dann bejaht, wenn die Anfechtungsklage offensichtlich begründet ist.
[35] Vgl. die Zusammenstellung bei *Fuhrmann/Linnerz* ZIP 2004, 2306; vgl. auch OLG München AG 2014, 546.
[36] Vgl. OLG Köln ZIP 2014, 263; OLG München AG 2014, 546; vgl. auch OLG Stuttgart AG 2013, 604; AG 2003, 456.
[37] OLG Stuttgart AG 2015, 163.

nach § 319 Abs. 6, § 16 Abs. 3 UmwG. Da das Registergericht an die Freigabeentscheidung des Oberlandesgerichts gebunden ist, darf es die Eintragung nicht aus Gründen ablehnen, die Prüfungsgegenstand des Freigabeverfahrens waren.[38] Darüber hinaus bleibt aber die Prüfungskompetenz des Registergerichts unangetastet. Das Registergericht darf daher die Eintragung aus anderen Gründen ablehnen, denn der Freigabebeschluss entfaltet Bindungswirkung nur insoweit, wie das Gericht seine Prüfungskompetenz ausgeübt hat.[39]

37 Ergeht die Freigabeentscheidung wegen Unzulässigkeit der Anfechtungsklage, darf das Registergericht die Eintragung wegen Verstoßes gegen Vorschriften, die öffentliche Interessen schützen, verweigern, da diese nicht Gegenstand des Freigabeverfahrens waren. Ergeht der Freigabebeschluss wegen offensichtlicher Unbegründetheit der Klage, ist das Registergericht gebunden, soweit die Verletzung von dem Schutz öffentlicher Interessen dienender Vorschriften Prüfungsgegenstand im Freigabeverfahren war und vom Oberlandesgericht in seinem Beschluss verneint wurde.[40] Wird der Freigabebeschluss wegen vorrangiger Vollzugsinteressen erlassen, ist das Registergericht auch insoweit gebunden, als sich das Oberlandesgericht bei der Prüfung, ob ein besonders schwerwiegender Rechtsverstoß der Freigabe entgegensteht, mit Vorschriften, deren Verletzung im öffentlichen Interesse steht, auseinander gesetzt hat. Auf solche im Rahmen der Freigabeentscheidung geprüften Rechtsverletzungen kann das Registergericht eine Ablehnung der Eintragung nicht stützen.

38 **2. Inter omnes-Wirkung und Bestandskraft.** Nach Abs. 3 S. 5 2. Hs. wirkt die Feststellung der Bestandskraft der Eintragung für und gegen jedermann. Die inter omnes-Wirkung des Freigabebeschlusses wird ergänzt durch die Regelung in § 242 Abs. 2 S. 5. Die Freigabeentscheidung hat auf den Anfechtungsprozess zwar keine Auswirkungen. Erweist sich die Anfechtungsklage aber als begründet, führt dies dennoch nicht zur Rückgängigmachung der Eintragung. Vielmehr kann das stattgebende Urteil nicht nach § 248 Abs. 1 S. 3 in das Handelsregister eingetragen werden, § 242 Abs. 2 S. 5 1. Hs. Die Eintragung des Hauptversammlungsbeschlusses darf auch nicht nach §§ 398, 395 FamFG (früher: § 144 Abs. 2 FGG) von Amts wegen als nichtig gelöscht werden, § 242 Abs. 2 S. 5 2. Hs. Schließlich wird auch die Durchführung des eingetragenen Hauptversammlungsbeschlusses nach Abs. 4 S. 2 1. Hs. von dem Erfolg der Anfechtungsklage nicht berührt. Daraus folgt, dass der Hauptversammlungsbeschluss zwar nach § 241 Nr. 5 nichtig ist, seine Wirkungen aber dauerhaft Bestand haben und der klagende Aktionär lediglich einen Schadensersatzanspruch gegen die Gesellschaft geltend machen kann.[41]

39 **3. Zurückweisung des Freigabeantrags.** Die Bindungswirkung tritt nur bei positiver Freigabeentscheidung ein. Wird der Freigabeantrag zurückgewiesen, ist das Registergericht in seiner Entscheidung frei. Es darf das Eintragungsverfahren nach §§ 381, 21 Abs. 1 FamFG (früher: § 127 FGG) bis zur rechtskräftigen Entscheidung im Anfechtungsprozess aussetzen. Es ist aber auch zur Eintragung vor Abschluss des Anfechtungsprozesses berechtigt. Der Eintragung kommt in diesem Fall aber kein Bestandsschutz nach Abs. 3 S. 5, Abs. 4 S. 2 zu. Ist die Anfechtungsklage erfolgreich, ist der angefochtene Hauptversammlungsbeschluss mit inter omnes-Wirkung nichtig. Die Eintragung des Beschlusses ist nach §§ 398, 395 FamFG (früher: § 144 Abs. 2 FGG) zu löschen. Maßnahmen zu dessen Durchführung sind in Anwendung der Grundsätze über die fehlerhafte Gesellschaft für die Vergangenheit als wirksam zu betrachten, für die Zukunft aber wieder rückgängig zu machen (Näheres → § 248 Rn. 14).

VII. Schadensersatzanspruch

40 Als Ausgleich für die Bestandskraft der Eintragung gewährt Abs. 4 S. 1 dem erfolgreichen Kläger der Anfechtungsklage einen **verschuldensunabhängigen Schadensersatzanspruch** gegen die Gesellschaft, die den Freigabebeschluss erwirkt hat. Wegen des Schadensersatzanspruchs nach Abs. 4 S. 1 führt die Freigabeentscheidung nicht zur Erledigung des Anfechtungsprozesses in der Hauptsache. Vielmehr muss der Anfechtungsantrag aufrecht erhalten werden.[42] Die erfolgreiche Anfechtungsklage ist nämlich Anspruchsvoraussetzung für den Schadensersatzanspruch nach Abs. 4 S. 1. Ein Verschulden ist nicht erforderlich. Ersatzfähig ist der Schaden, der dem Kläger aus der Eintragung des Hauptversammlungsbeschlusses entstanden ist. Für die Schadensberechnung gelten die §§ 249 ff. BGB. Dabei ist die Vermögenslage des Anfechtungsklägers nach Eintragung des Hauptversammlungsbeschlusses mit derjenigen zu vergleichen, die bei unterbliebener Eintragung bestünde.[43] Ersatzfähig

---

[38] MüKoAktG/*Grunewald* § 319 Rn. 46.
[39] *Göz/Holzborn* WM 2006, 157; vgl. auch *Spindler* NZG 2005, 825.
[40] Semler/Stengel/*Schwanna* UmwG § 16 Rn. 44 ff.; *Kösters* WM 2000, 1921 (1929); *Spindler* NZG 2005, 825 (830); *Veil* AG 2005, 567 (571).
[41] OLG Celle AG 2008, 217; Hüffer/Koch/*Koch* Rn. 11; K. Schmidt/Lutter/*Schwab* Rn. 58, 61.
[42] K. Schmidt/Lutter/*Schwab* Rn. 63.
[43] *Kösters* WM 2000, 1921 (1929).

sind etwa die Kosten des Freigabeverfahrens bzw. Verwässerungsschäden infolge einer Kapitalerhöhung unter Bezugsrechtsausschluss.[44] Eine Schadensschätzung nach § 287 ZPO ist möglich.

Der Schadensersatzanspruch ist jedoch insoweit eingeschränkt, als nach Abs. 4 S. 2 2. Hs. nicht im Wege der Naturalrestitution die Rückgängigmachung der Wirkungen der Eintragung verlangt werden kann. Diese Einschränkung ergänzt die die Bestandskraft der Eintragung begründende Regelung des § 242 Abs. 2 S. 5. **41**

§ 247 Streitwert

(1) ¹Den Streitwert bestimmt das Prozeßgericht unter Berücksichtigung aller Umstände des einzelnen Falles, insbesondere der Bedeutung der Sache für die Parteien, nach billigem Ermessen. ²Er darf jedoch ein Zehntel des Grundkapitals oder, wenn dieses Zehntel mehr als 500 000 Euro beträgt, 500 000 Euro nur insoweit übersteigen, als die Bedeutung der Sache für den Kläger höher zu bewerten ist.

(2) ¹Macht eine Partei glaubhaft, daß die Belastung mit den Prozeßkosten nach dem gemäß Absatz 1 bestimmten Streitwert ihre wirtschaftliche Lage erheblich gefährden würde, so kann das Prozeßgericht auf ihren Antrag anordnen, daß ihre Verpflichtung zur Zahlung von Gerichtskosten sich nach einem ihrer Wirtschaftslage angepaßten Teil des Streitwerts bemißt. ²Die Anordnung hat zur Folge, daß die begünstigte Partei die Gebühren ihres Rechtsanwalts ebenfalls nur nach diesem Teil des Streitwerts zu entrichten hat. ³Soweit ihr Kosten des Rechtsstreits auferlegt werden oder soweit sie diese übernimmt, hat sie die von dem Gegner entrichteten Gerichtsgebühren und die Gebühren seines Rechtsanwalts nur nach dem Teil des Streitwerts zu erstatten. ⁴Soweit die außergerichtlichen Kosten dem Gegner auferlegt oder von ihm übernommen werden, kann der Rechtsanwalt der begünstigten Partei seine Gebühren von dem Gegner nach dem für diesen geltenden Streitwert beitreiben.

(3) ¹Der Antrag nach Absatz 2 kann vor der Geschäftsstelle des Prozeßgerichts zur Niederschrift erklärt werden. ²Er ist vor der Verhandlung zur Hauptsache anzubringen. ³Später ist er nur zulässig, wenn der angenommene oder festgesetzte Streitwert durch das Prozeßgericht heraufgesetzt wird. ⁴Vor der Entscheidung über den Antrag ist der Gegner zu hören.

Schrifttum: *Baums*, Die Prozesskosten der aktienrechtlichen Anfechtungsklage, FS Lutter, 2000, 283; *Däubler*, Bürger ohne Rechtsschutz?, BB 1969, 545; *Emde*, Der Streitwert bei Anfechtung von GmbH-Beschlüssen und Feststellung der Nichtigkeit von KG-Beschlüssen in der GmbH und Co KG, DB 1996, 1557; *Fechner*, Kostenrisiko und Rechtswegsperre – Steht der Rechtsweg offen?, JZ 1969, 349; *Happ/Pfeifer*, Der Streitwert gesellschaftsrechtlicher Klagen und Gerichtsverfahren, ZGR 1991, 103; *Reeb*, Streitwertherabsetzung nach § 247 Abs. 2 und 4 AktG und Armenrecht, BB 1970, 865; *Saenger*, Aktienrechtliche Anfechtungsklagen – Verfahrenseffizienz und Kosten, AG 2002, 536.

Übersicht

	Rn.		Rn.
I. Normzweck und Anwendungsbereich	1–5	4. Anfechtung mehrerer Beschlüsse	12
1. Normzweck	1, 2	5. Streitgenossenschaft	13
2. Verfassungsmäßigkeit der Norm	3	6. Höchstgrenzen des Regelstreitwerts	14, 15
3. Anwendungsbereich	4, 5	**III. Streitwertspaltung nach Abs. 2, 3**	16–24
II. Streitwertfestsetzung nach Abs. 1	6–15	1. Inhalt und Bedeutung	16
1. Bedeutung des Regelstreitwerts	6	2. Voraussetzungen, Abs. 2 S. 1	17–21
2. Streitwertfestsetzung	7–10	a) Antrag	17
a) Festsetzung nach „billigem Ermessen"	7	b) Glaubhaftmachung	18
b) Bedeutung der Sache für beide Parteien	8	c) Erfolgsaussicht der Klage	19
c) Maßgebliche Verhältnisse	9	d) Bewilligung von Prozesskostenhilfe und Streitwertspaltung	20
d) Gewichtung im Einzelfall	10	e) Mehrheit von Aktionären	21
3. Einzelfälle aus der neueren obergerichtlichen Rechtsprechung	11	3. Antragstellung und Entscheidung, Abs. 3	22
		4. Wirkung der Streitwertspaltung, Abs. 2 S. 2 bis 4	23, 24

---

[44] Näheres bei K. Schmidt/Lutter/*Schwab* Rn. 58 ff.

I. Normzweck und Anwendungsbereich

1. Normzweck. § 247 bezweckt einen **Ausgleich der Interessen** beider Parteien. Bei der Bemessung des Streitwerts allein nach dem Interesse des Klägers entsprechend der allgemeinen Regel des § 3 ZPO[1] wäre dieser nicht höher anzusetzen als der Kurswert der Aktien des Anfechtungsklägers. Die Regelung in § 199 Abs. 6 AktG 1937, wonach der Streitwert nach freiem Ermessen nach den gesamten im Einzelfall gegebenen Verhältnissen unter Berücksichtigung des Interesses der Gesellschaft an der Aufrechterhaltung der angefochtenen Beschlusses zu bestimmen war, enthielt demgegenüber eine Überbetonung des Gesellschaftsinteresses und führte häufig zu hohen Streitwerten und damit zu erheblichen Kostenrisiken.[2]

Die jetzige Regelung verfolgt den Zweck eines **Interessenausgleichs,** indem sie bestimmt, dass für die Festsetzung des Regelstreitwerts nach Abs. 1 die **Bedeutung der Sache für beide Parteien** zu berücksichtigen ist. Damit wird dem Umstand Rechnung getragen, dass wegen der erweiterten Rechtskraftwirkung nach § 248 die Nichtigerklärung eines Hauptversammlungsbeschlusses nicht nur die Interessen des klagenden Aktionärs, sondern auch die ggf. viel bedeutsameren Interessen der Gesellschaft und der anderen Aktionäre berührt.[3] Dem Schutz der wirtschaftlich schwächeren Partei, regelmäßig des Anfechtungsklägers, dient die Festlegung von Streitwerthöchstgrenzen nach Abs. 1 S. 2 sowie die Möglichkeit der Festsetzung eines kostenrechtlich maßgeblichen Teilstreitwerts nach Abs. 2. Die Vorschrift orientiert sich an dem früheren § 53 PatG (§ 144 PatG nF) und hat Parallelen in anderen Regelungen gewerblicher Schutzrechte, § 142 MarkenG, § 26 GebrMG.

2. Verfassungsmäßigkeit der Norm. Die Regelung in Abs. 2 ist verfassungsgemäß. Zwar begünstigt die Streitwertspaltung einseitig den Anfechtungskläger, in der Praxis also regelmäßig den Aktionär gegenüber der beklagten Gesellschaft. Diese Ungleichbehandlung findet jedoch ihre sachliche Rechtfertigung in dem Gesetzeszweck der Kostenentlastung zugunsten des Kleinaktionärs und ist Ausfluss des Grundsatzes, dass der Verwirklichung des materiellen Rechts nicht ein unzumutbar hohes Risiko für die wirtschaftlich schwächere Partei entgegenstehen darf.[4] Verfassungsrechtliche Bedenken bestehen daher nicht.[5]

3. Anwendungsbereich. § 247 gilt nach § 249 Abs. 1 S. 1 auch für die aktienrechtliche Nichtigkeitsklage, für die Anfechtung besonderer Beschlüsse nach § 251 Abs. 3 (Anfechtung der Wahl von Aufsichtsratsmitgliedern), § 254 Abs. 2 S. 1 (Anfechtung des Beschlusses über die Verwendung des Bilanzgewinns), § 255 Abs. 3 (Anfechtung des Beschlusses über die Kapitalerhöhung gegen Einlagen), § 257 Abs. 2 S. 1 (Anfechtung der Feststellung des Jahresabschlusses), sowie die Klage auf Nichtigkeit des festgestellten Jahresabschlusses nach § 256 Abs. 7 und Klagen auf Nichtigerklärung der Gesellschaft nach § 275 Abs. 4 S. 1. Darüber hinaus ist eine **analoge Anwendung** von Abs. 1 S. 1 anerkannt für die positive Beschlussfeststellungsklage,[6] die Aktionärsklage auf Einberufung der Hauptversammlung zur Entscheidung über strukturverändernde Geschäftsführungsmaßnahmen nach den Grundsätzen der Holzmüller-Entscheidung des BGH,[7] sowie die Anfechtungsklage gegen Gesellschafterbeschlüsse einer GmbH,[8] und gegen Beschlüsse der Generalversammlung einer Genossenschaft;[9] abzulehnen ist eine analoge Anwendung hingegen für Personengesellschaften[10] und den Verein.[11]

Eine analoge Anwendung der Streitwertbegrenzung nach Abs. 1 S. 2 und der Streitwertspaltung nach Abs. 2 auf andere Rechtsformen kommt hingegen angesichts des speziellen Charakters und des besonderen Schutzzwecks dieser Vorschriften nicht in Betracht. Sie sind ihrer Entstehungsgeschichte

---

[1] Vgl. MüKoZPO/*Wöstmann* § 3 Rn. 4 ff.; Zöller/*Herget* ZPO § 3 Rn. 2.
[2] Zum Ganzen BegrRegE *Kropff* S. 334.
[3] BGH AG 2011, 823; ZIP 1981, 1335; AG 1992, 320; vgl. auch Happ/*Pfeifer* ZGR 1991, 103 (106); *Saenger* AG 2002, 536 (537).
[4] BGH NZG 1999, 999.
[5] Ganz hM; Großkomm AktG/*K. Schmidt* Rn. 3; MüKoAktG/*Hüffer/Schäfer* Rn. 6; Kölner Komm AktG/*Zöllner/Noack* Rn. 17; Happ/*Pfeifer* ZGR 1991, 103 (109); *Däubler* BB 1969, 545 (548); aA *von Falkenhausen*, Verfassungsrechtliche Grenzen der Mehrheitsherrschaft, 1967, 243.
[6] BGH DB 1992, 2336; Großkomm AktG/*K. Schmidt* Rn. 4.
[7] OLG Hamm AG 2008, 421; OLG Düsseldorf AG 2001, 267; NK-AktR/*Heidel* Rn. 4; Bürgers/Körber/ *Göz* Rn. 2.
[8] BGH NZG 2009, 1438; NZG 1999, 999; OLG Naumburg NZG 2015, 1323; OLG Stuttgart AG 2004, 271; Baumbach/Hueck/*Zöllner/Noack* GmbHG Anh. § 47 Rn. 171; Scholz/*K. Schmidt* GmbHG § 45 Rn. 153; Lutter/Hommelhoff/*Bayer* GmbHG Anh. § 47 Rn. 83.
[9] OLG Schleswig NZG 2009, 972; OLG Naumburg JurBüro 1999, 310.
[10] BGH AG 2003, 318: zweigliedrige KG; KG KGR 2009, 219.
[11] BGH AG 1992, 320.

und ihrer systematischen Stellung nach typische Sonderregelungen und nicht Ausfluss eines allgemeinen Grundsatzes.[12] Für Spruchverfahren gilt die Sonderregelung des § 15 SpruchG.

II. Streitwertfestsetzung nach Abs. 1

1. Bedeutung des Regelstreitwerts. Der sog. Regelstreitwert nach Abs. 1 ist maßgeblich für die **Kosten des Rechtsstreits,** mithin die Gerichts- und Anwaltsgebühren, nicht hingegen für die sachliche Zuständigkeit des Gerichts. Hierfür gilt § 246 Abs. 3 S. 1 (→ § 246 Rn. 39–41). Der Regelstreitwert ist zudem maßgeblich für die Zulässigkeit von Berufung und Revision, nach ihm bemisst sich bei gleichem Streitgegenstand der Wert der Beschwer.[13]

2. Streitwertfestsetzung. a) Festsetzung nach „billigem Ermessen". Der Regelstreitwert ist unter Berücksichtigung aller Umstände des Einzelfalles insbesondere der Bedeutung der Sache für beide Parteien nach billigem Ermessen zu bestimmen. Die von der allgemeinen Regelung in § 3 ZPO („freies Ermessen") abweichende Verwendung des Begriffs des billigen Ermessens drückt keinen sachlichen Unterschied aus. Streitwertbestimmung nach billigem Ermessen bedeutet, dass eine Beweisaufnahme freigestellt ist, das Gericht nicht an die Parteiangaben gebunden ist und zudem bei der konkreten Festsetzung des Streitwerts ein Beurteilungsspielraum besteht.[14] Die weite Formulierung „unter Berücksichtigung aller Umstände" ist zu umfassend. Es geht um die Berücksichtigung der im Einzelfall **entscheidungsrelevanten Umstände,** bei deren Bewertung dem Richter jedoch ein breiter Ermessensspielraum zukommt.

b) Bedeutung der Sache für beide Parteien. Ausgangspunkt und Kern der Streitwertbestimmung ist die **Bedeutung der Sache** für **beide Parteien.** Im Unterschied zu § 3 ZPO ist nicht allein das Interesse des Anfechtungsklägers, sondern auch das der Gesellschaft und der anderen Aktionäre zu berücksichtigen. Dass deren Interessen berührt sind, ergibt sich schon aus der erweiterten Rechtskraftwirkung nach § 248 (→ § 248 Rn. 18 f.). Hinter der Mitberücksichtigung des im Allgemeinen erheblich höheren wirtschaftlichen Interesses der Gesellschaft steht auch der gesetzgeberische Zweck, Kleinaktionäre davon abzuhalten, ohne echtes eigenes wirtschaftliches Interesse Anfechtungsklagen, die für die Gesellschaft erhebliche wirtschaftliche Folgen haben können, mit geringem Kostenrisiko zu erheben.[15] Zahl und Art der Anfechtungsgründe sind demgegenüber für die Streitwertbemessung unerheblich.[16]

c) Maßgebliche Verhältnisse. Das **Interesse des Anfechtungsklägers** an der Nichtigerklärung des Beschlusses bemisst sich nach dem mit der Anfechtungsklage verfolgten wirtschaftlichen Vorteil bzw. dem mit dem angefochtenen Beschluss für den Kläger verbundenen wirtschaftlichen Nachteil; es ist regelmäßig begrenzt durch den Wert seines Aktienbesitzes.[17] Die sonstigen wirtschaftlichen Verhältnisse des Klägers sind demgegenüber unerheblich, sie können lediglich für die Streitwertspaltung nach Abs. 2 Bedeutung gewinnen.[18] Die Bedeutung der Sache für die **beklagte Gesellschaft** bemisst sich nach deren Interesse an der Aufrechterhaltung des angefochtenen Beschlusses. Maßgeblich hierfür sind ua Größe und Bedeutung der Gesellschaft, orientiert an deren Grundkapital und deren Bilanzsumme,[19] die wirtschaftliche Bedeutung des angefochtenen Beschlusses sowie das Kosteninteresse der Gesellschaft an der Wirksamkeit des Beschlusses.[20] Bei Klagen gegen Umstrukturierungsmaßnahmen wird außerdem der der Gesellschaft durch das Unterlassen drohende Schaden von Bedeutung sein.

d) Gewichtung im Einzelfall. Die teilweise in der Rechtsprechung erkennbare Tendenz, sich bei der Festsetzung des Regelstreitwerts weitgehend den niedrigeren Interessen des Klägers anzunä-

---

[12] Str.; vgl. BGH NZG 2009, 1438; OLG Saarbrücken AG 2013, 472; OLG Karlsruhe GmbHG 1995, 302; OLG Frankfurt NJW 1968, 2112; MüKoAktG/*Hüffer/Schäfer* Rn. 7; *Emde* DB 1996, 1557; *Fechner* JZ 1969, 349 (353); aA für die GmbH OLG Naumburg NZG 2015, 1323; *Scholz/K. Schmidt* GmbHG § 45 Rn. 153; einschränkend *Lutter/Hommelhoff/Bayer* GmbHG § 47 Anh. Rn. 83; *Baumbach/Hueck/Zöllner/Noack* GmbHG Anh. § 47 Rn. 171; offengelassen BGH NZG 1999, 999.
[13] BGH ZIP 1981, 1335; AG 1992, 320; AG 1994, 469; AG 1999, 376; OLG Stuttgart AG 2004, 271.
[14] BGH AG 1999, 376 mit Anm. *Hirte* EWiR 1999, 923; OLG Rostock AG 2014, 866; OLG Frankfurt AG 2005, 122; MüKoZPO/*Wöstmann* ZPO § 3 Rn. 3; MüKoAktG/*Hüffer/Schäfer* Rn. 10; NK-AktR/*Heidel* Rn. 8.
[15] BGH AG 2011, 997; AG 1992, 320.
[16] BGH AG 1994, 469; *Schneider/Herget* Streitwertkommentar Rn. 176; aA K. Schmidt/Lutter/*Schwab* Rn. 16.
[17] OLG Frankfurt AG 2005, 122; OLG Stuttgart AG 2004, 271; OLG Düsseldorf AG 2001, 267.
[18] OLG Jena AG 2006, 417; Großkomm AktG/*K. Schmidt* Rn. 15; MüKoAktG/*Hüffer/Schäfer* Rn. 12.
[19] BGH AG 1999, 376; OLG Rostock AG 2014, 866; OLG Jena AG 2006, 417; OLG Stuttgart AG 1995, 237.
[20] Vgl. zum Ganzen *Baums* FS Lutter, 2000, 283 (294); vgl. auch OLG Stuttgart AG 2004, 271.

hern,[21] ist abzulehnen, denn dem Schutz des klagenden Aktionärs vor allzu hohen Kostenrisiken dienen die Streitwertbegrenzung nach Abs. 1 S. 2 und die Möglichkeit der Streitwertspaltung nach Abs. 2. Dennoch kann nicht angenommen werden, dass die Interessen beider Parteien das gleiche Gewicht haben. Vielmehr ist es Aufgabe des Richters, im Einzelfall eine Gewichtung der beiderseitigen Interessen vorzunehmen.[22] Streitwertbemessungen nach **festen Formeln** oder streng **mathematischen Methoden**[23] scheiden aus, weil exakte Einsatzgrößen und Berechnungsmaßstäbe fehlen.

11 **3. Einzelfälle aus der neueren obergerichtlichen Rechtsprechung.** Entlastung der Vorstandsmitglieder: 30 000,– DM als Teilstreitwert eines in den Vorinstanzen auf 100 000,– DM festgesetzten Gesamtstreitwerts einer Anfechtungsklage gegen Konzern- und Jahresabschlüsse;[24] Entlastung von Vorstand und Aufsichtsrat: 200 000,– DM, Wahl des Jahresabschlussprüfers: 75 000,– DM, Wahl von Aktionärsvertretern in den Aufsichtsrat: 125 000,– DM;[25] Zustimmung zum Verkauf eines Aktienpakets an eine andere AG bei einem zugrunde gelegten Interesse der Anfechtungskläger von 100 000,– DM und einem „mittleren Nachteil" für die Gesellschaft von 536 Mio. DM: 150 000,– DM;[26] Jahresabschluss: 45 000,– €, Entlastung von Vorstand und Aufsichtsrat: je 5000,– € bei geringem Aktienbesitz des Klägers;[27] Entlastung des Aufsichtsrats: 15 000,– € unter Berücksichtigung der Anzahl der gehaltenen Aktien sowie des Grundkapitals und der Bilanzsumme der Gesellschaft;[28] Umtausch von Vorzugsaktien in Stammaktien bei einem Kurswert der klägerischen Aktien von 175 000,– DM und einem Rückzahlungsbetrag im Falle des Klageerfolgs von 460 Mio. DM: 1 Mio. DM nach Abs. 1 S. 2;[29] Entlastung des Aufsichtsratsvorsitzenden bei geringem Aktienbesitz des Klägers, einem Grundkapital von 2 Mrd. DM und einer Bilanzsumme von 33 Mrd. DM: 50 000,– DM;[30] Kapitalherabsetzung mit anschließender Barkapitalerhöhung unter Bezugsrechtsausschluss: 100 000,– DM;[31] Ausgliederung: 75 000,– € unter Berücksichtigung eines geringen Aktienbesitzes des Klägers, der von der Gesellschaft angestrebten Synergieeffekte und möglicher Schadensersatzansprüche außen stehender Aktionäre.[32] Die frühere obergerichtliche Rechtsprechung hatte sich häufig an der Höhe des Grundkapitals ausgerichtet.[33]

12 **4. Anfechtung mehrerer Beschlüsse.** Werden mehrere Hauptversammlungsbeschlüsse angefochten, ist für jeden Klageantrag ein Teilstreitwert zu ermitteln und der Gesamtstreitwert durch Addition nach § 39 Abs. 1 GKG zu bilden.[34] Dies gilt indessen nicht, wenn der Ausgangs- und der Bestätigungsbeschluss nach § 244 angefochten und die Prozesse verbunden werden, da beide Klagen inhaltlich denselben Beschluss betreffen.[35] Haupt- und Hilfsanträge sind nach § 45 Abs. 1 S. 2, 3 GKG zu behandeln, dh zu addieren, soweit eine Entscheidung über den Hilfsantrag ergeht, wenn nicht beide Ansprüche denselben Gegenstand betreffen.

13 **5. Streitgenossenschaft.** Mehrere Aktionäre, die gegen denselben Hauptversammlungsbeschluss Anfechtungsklage erheben, sind **notwendige Streitgenossen** (→ § 246 Rn. 22).[36] Sind die Streitwerte für die einzelnen Klagen wegen unterschiedlichen Aktienbesitzes nicht identisch, gilt Folgendes: Der für die Gerichtskosten maßgebliche Gesamtstreitwert bestimmt sich entsprechend dem

---

[21] Vgl. etwa OLG Frankfurt AG 2002, 562; ähnlich NK-AktR/*Heidel* Rn. 9.
[22] BGH AG 2011, 823; OLG Stuttgart AG 1995, 237; OLG Stuttgart AG 2004, 271; MüKoAktG/*Hüffer/Schäfer* Rn. 13; Grigoleit/*Ehmann* Rn. 5; Happ/*Pfeifer* ZGR 1991, 103 (106).
[23] Vgl. etwa OLG Hamm AG 1976, 19: Bemessung nach dem „relativen Mittelwert"; ebenso K. Schmidt/Lutter/*Schwab* Rn. 6 (Quadratwurzel-Formel); ablehnend *Emde* DB 1996, 1557; OLG Frankfurt AG 1984, 154: Bemessung nach dem arithmetischen Mittelwert der isoliert bewerteten Interessen von Kläger und beklagter Gesellschaft; vgl. hierzu auch Großkomm AktG/*K. Schmidt* Rn. 18.
[24] BGH AG 1999, 376.
[25] BGH WM 1992, 1370.
[26] OLG Frankfurt AG 2002, 562 unter ausdrücklichem Hinweis auf die Tendenz des Senats, sich weitgehend den niedrigeren Interessen des Aktionärs anzunähern.
[27] OLG Stuttgart AG 2003, 165.
[28] OLG Stuttgart AG 2006, 379.
[29] OLG Köln NZG 2002, 966.
[30] OLG Stuttgart AG 1995, 237.
[31] OLG Frankfurt AG 2005, 122.
[32] OLG Stuttgart AG 2004, 271.
[33] OLG Hamburg AG 1973, 279; AG 1964, 160; KG NJW 1967, 1762: jeweils etwa 1/1000 des Grundkapitals.
[34] BGH WM 1992, 1370; OLG Jena AG 2006, 417; OLG Frankfurt AG 2002, 562; Großkomm AktG/*K. Schmidt* Rn. 10; MüKoAktG/*Hüffer/Schäfer* Rn. 14.
[35] Großkomm AktG/*K. Schmidt* Rn. 19; MüKoAktG/*Hüffer/Schäfer* Rn. 18; K. Schmidt/Lutter/*Schwab* Rn. 16; aA Hüffer/Koch/*Koch* Rn. 9.
[36] § 62 Abs. 1 1. Alt. ZPO; BGHZ 122, 211 (240) = NJW 1993, 1976 (1983); BGH NJW 1999, 1638; OLG Stuttgart AG 2003, 165 (166).

Rechtsgedanken des § 45 Abs. 1 S. 3 GKG nach dem höchsten Einzelstreitwert. Werden die klagenden Aktionäre von verschiedenen Prozessbevollmächtigten vertreten, erfolgt die Streitwertfestsetzung für deren Gebühren wegen der wertmäßig unterschiedlichen Beteiligung der Streitgenossen nach § 33 Abs. 1 RVG (gespaltener Geschäftswert).[37] Erheben mehrere Aktionäre in getrennten Verfahren Anfechtungsklage gegen denselben Hauptversammlungsbeschluss, so bleiben die bis zur Verbindung der Prozesse nach § 246 Abs. 3 S. 5 in jedem einzelnen Verfahren angefallenen Gerichtsgebühren davon unberührt.[38]

6. Höchstgrenzen des Regelstreitwerts. § 247 Abs. 1 S. 2 begrenzt den Regelstreitwert in **14** doppelter Weise: Er darf ein Zehntel des Grundkapitals nicht übersteigen, außerdem nicht höher sein als 500 000,– €, selbst wenn dieser Betrag geringer ist als ein Zehntel des Grundkapitals. Abzustellen ist auf das bei Klageerhebung oder Einlegung des Rechtsmittels in das Handelsregister eingetragene Grundkapital.[39] Die dem Schutz der Kleinaktionäre dienenden Höchstgrenzen gelten indessen nicht, wenn die Bedeutung der Sache für den Kläger höher ist. In diesem Fall ist eine Überschreitung der Höchstgrenzen möglich und geboten. Eine höhere Bedeutung für den Kläger ergibt sich regelmäßig aus dem Wert seines Aktienbesitzes (etwa bei einer Anfechtungsklage des Großaktionärs), kann aber auch darauf beruhen, dass der Kläger durch den angefochtenen Beschluss einen maßgeblichen Einfluss auf künftige Entscheidungen, etwa eine Sperrminorität, verliert. Ist die Bedeutung der Sache für den Kläger höher zu bewerten, verbleibt es bei der Festsetzung nach Abs. 1 S. 1.

Werden **mehrere Beschlüsse** angefochten, gelten die Höchstgrenzen des Satzes 2 für jeden **15** Antrag gesondert. Der durch Addition nach § 39 Abs. 1 GKG zu ermittelnde Gesamtstreitwert kann über den Höchstgrenzen liegen.[40]

III. Streitwertspaltung nach Abs. 2, 3

1. Inhalt und Bedeutung. Das Gericht kann anordnen, dass sich die Verpflichtung einer Partei **16** zur Zahlung der Kosten nicht nach dem vollen Streitwert des Abs. 1, sondern nach einem Teil dieses Streitwerts bemisst. Gesetzeszweck ist die Kostenentlastung aus sozialen Gründen. Die Anfechtung eines Beschlusses soll auch einem Aktionär ermöglicht werden, der eine Prozessführung ohne Herabsetzung des Kostenrisikos nicht wagen würde. Zwar gilt Abs. 2 nach seinem Wortlaut für beide Parteien, in der Praxis kommt er aber regelmäßig nur dem klagenden Aktionär zugute (zu den verfassungsrechtlichen Fragen → Rn. 3). Die Streitwertspaltung bezieht sich nur auf den **Gebührenstreitwert.** Für die Zulässigkeit von Rechtsmitteln bleibt es bei dem Regelstreitwert nach Abs. 1.[41] Die Festsetzung eines Teilstreitwerts ist Festsetzung des Gebührenstreitwerts nach §§ 62, 63 GKG und wirkt daher nur für die jeweilige Instanz.[42]

2. Voraussetzungen, Abs. 2 S. 1. a) Antrag. Die Festsetzung eines Teilstreitwerts setzt einen **17** entsprechenden **Antrag** der Partei voraus. Der Antragsteller muss darlegen, dass bei Zugrundelegung des Regelstreitwerts die Kostenbelastung seine wirtschaftliche Lage erheblich gefährden würde. Für die Beurteilung ist daher zunächst die Kostenlast zu ermitteln, die der Antragsteller im Falle seines Unterliegens bei Heranziehung des Regelstreitwerts nach § 91 ZPO zu tragen hätte. Eine erhebliche Gefährdung der wirtschaftlichen Lage der Partei liegt dann vor, wenn entweder eine wesentliche Beeinträchtigung ihrer Lebensführung durch Reduzierung der laufenden Einkünfte droht oder ein erheblicher Teil des Vermögens geopfert werden müsste.[43] Das durch die Kostenlast entstehende Vermögensopfer muss **unzumutbar** sein. Dies ist dann der Fall, wenn ein vernünftiger Aktionär die Prozessführung bei vollem Kostenrisiko nicht wagen würde, weil die wirtschaftliche Beeinträchtigung in keinem vernünftigen Verhältnis zu dem angestrebten Prozessziel steht.[44]

b) Glaubhaftmachung. Der Antragsteller muss die wirtschaftliche Gefährdung glaubhaft **18** machen. Hierfür kann er sich aller Beweismittel, die im Rahmen des Strengbeweises zulässig sind, sowie der eidesstattlichen Versicherung bedienen. Für die **Glaubhaftmachung** gilt der Grundsatz

---

[37] OLG Stuttgart AG 2002, 296.
[38] OLG Koblenz AG 2005, 661.
[39] MüKoAktG/*Hüffer/Schäfer* Rn. 16.
[40] OLG Frankfurt WM 1984, 1470; MüKoAktG/*Hüffer/Schäfer* Rn. 18; Kölner Komm AktG/*Zöllner* Rn. 15.
[41] MüKo/*Hüffer/Schäfer* Rn. 21; *Saenger* AG 2002, 536 (538).
[42] BGH AG 1993, 85 unter Aufgabe der früheren Rechtsprechung m. Anm. *Hirte* EWiR 1993, 215; OLG Karlsruhe AG 1992, 33 m. Anm. *Hirte* EWiR 1991, 633; MüKoAktG/*Hüffer/Schäfer* Rn. 29; Hüffer/Koch/*Koch* Rn. 18; aA OLG Frankfurt WM 1984, 1470; Kölner Komm AktG/*Zöllner* Rn. 31; NK-AktR/*Heidel* Rn. 16.
[43] OLG Celle DB 1992, 466; vgl. auch MüKoAktG/*Hüffer/Schäfer* Rn. 24.
[44] OLG Celle DB 1992, 466; Großkomm AktG/*K. Schmidt* Rn. 22; NK-AktR/*Heidel* Rn. 17.

der freien Würdigung des gesamten Vorbringens. Anstelle des Vollbeweises genügt die überwiegende Wahrscheinlichkeit.[45]

19   c) **Erfolgsaussicht der Klage.** Eine **hinreichende Erfolgsaussicht** der Klage ist, anders als beim Antrag auf Bewilligung von Prozesskostenhilfe nach § 114 ZPO, nicht erforderlich. Im Interesse der Beschleunigung des Verfahrens unterbleibt eine Prüfung der Erfolgsaussichten.[46] Dies kann hingenommen werden, weil bei einer nicht über hinreichendes Einkommen oder Vermögen verfügenden Partei das Risiko, Prozesskosten aus dem niedrigeren Teilstreitwert zahlen zu müssen, regelmäßig ausreicht, um sie von einer aussichtslosen Prozessführung abzuhalten.[47] Sind die zur Beurteilung stehenden Rechtsfragen indessen einfach gelagert und das tatsächliche Vorbringen unstreitig, und lässt sich danach eine völlige Erfolglosigkeit oder Mutwilligkeit ohne Verfahrensverzögerung zweifelsfrei feststellen, kann das Gericht den Antrag ablehnen.[48] Praktische Bedeutung gewinnt diese Einschränkung vor allem bei rechtsmissbräuchlichen Anfechtungsklagen und offensichtlicher Versäumung der Anfechtungsfrist des § 246 Abs. 1.

20   d) **Bewilligung von Prozesskostenhilfe und Streitwertspaltung.** Die Möglichkeit der **Bewilligung von Prozesskostenhilfe** und die **Streitwertspaltung** schließen sich nicht wechselseitig aus. Keine der Anordnungen hat Vorrang gegenüber der anderen. Während die Voraussetzungen der §§ 114 ff. ZPO strenger sind, da die Bewilligung von Prozesskostenhilfe eine hinreichende Erfolgsaussicht der Klage oder Rechtsverteidigung voraussetzt, gehen die Wirkungen der Prozesskostenhilfe teilweise weiter. Sie führt zu einer völligen Befreiung von den Gerichtskosten und den eigenen außergerichtlichen Kosten. Die bedürftige Partei bleibt im Falle des Unterliegens lediglich dem Kostenerstattungsanspruch des Gegners ausgesetzt. Andererseits entlastet die Gewährung von Prozesskostenhilfe, insbesondere bei Bewilligung gegen Ratenzahlung, nur vorläufig (§ 120 ZPO), während die aus der Streitwertspaltung folgende teilweise Kostenentlastung endgültig ist. Außerdem begrenzt die Streitwertspaltung auch den Kostenerstattungsanspruch des Gegners, der von der Bewilligung der Prozesskostenhilfe unberührt bleibt. Daher darf der Antrag auf Herabsetzung des Streitwerts nicht mit der Begründung abgelehnt werden, der Kläger habe die Möglichkeit Prozesskostenhilfe zu erlangen.[49]

21   e) **Mehrheit von Aktionären.** Führen **mehrere Aktionäre** die Anfechtungsklage als notwendige Streitgenossen, so ist die Streitwertspaltung für jeden Kläger gesondert zu prüfen. Eine unterschiedliche wirtschaftliche Situation der Streitgenossen kann zur Bildung verschiedener Teilstreitwerte führen.

22   **3. Antragstellung und Entscheidung, Abs. 3.** Die Streitwertspaltung nach Abs. 2 ergeht auf Antrag. Der Antrag der bedürftigen Partei kann zu Protokoll der Geschäftsstelle des Prozessgerichts, nach § 129a Abs. 1 ZPO auch zu Protokoll der Geschäftsstelle eines beliebigen Amtsgerichts, erklärt werden. Für die Antragstellung besteht kein Anwaltszwang, § 78 Abs. 5 ZPO. Dies gilt auch dann, wenn der Antrag nicht zu Protokoll der Geschäftsstelle erklärt, sondern durch Schriftsatz gestellt wird.[50] Der Antrag muss vor der Verhandlung zur Hauptsache, dh vor Stellung der Sachanträge in der mündlichen Verhandlung, gestellt werden. Eine spätere Antragstellung ist nur dann zulässig, wenn der angenommene oder festgesetzte Streitwert durch das Prozessgericht heraufgesetzt wird, Satz 3. Auch in diesem Fall ist die Antragstellung aber nicht zeitlich unbegrenzt möglich, sondern muss binnen angemessener Frist erfolgen.[51] Außerdem kann der Teilstreitwert nicht auf einen geringeren Betrag als den ursprünglich angenommenen oder festgesetzten (Regel-)Streitwert festgesetzt werden, denn hieran ist die bedürftige Partei nach Stellung der Sachanträge nach Satz 2 gebunden. Die Entscheidung ergeht durch **Beschluss** nach vorheriger Anhörung des Gegners, Satz 4. Da die Festsetzung eines Teilstreitwerts nach Abs. 2 nur für die jeweilige Instanz wirkt, ist der Antrag für jeden Rechtszug gesondert zu stellen.[52]

---

[45] BGH NJW 1998, 1870; NJW 1996, 1682; Zöller/*Greger* ZPO § 294 Rn. 6.
[46] BegrRegE *Kropff* S. 335.
[47] BegrRegE *Kropff* S. 335; OLG Frankfurt AG 1990, 393.
[48] BGH AG 1992, 59; OLG Frankfurt AG 1990, 393; OLG Hamm AG 1993, 470; MüKoAktG/*Hüffer/Schäfer* Rn. 26; NK-AktR/*Heidel* Rn. 18; vgl. auch *Baums* FS Lutter, 2000, 290; *Saenger* AG 2002, 536 (538).
[49] OLG Celle DB 1992, 466; Großkomm AktG/*K. Schmidt* Rn. 11; MüKoAktG/*Hüffer/Schäfer* Rn. 27; K. Schmidt/Lutter/*Schwab* Rn. 26 f.; nicht unproblematisch insoweit OLG Frankfurt AG 1990, 393 für den Sonderfall des hoch verschuldeten Aktionärs, m. Anm. *Hüffer* EWiR 1990, 427; aA Bürgers/Körber/*Göz* Rn. 12; vgl. auch *Reeb* BB 1970, 865.
[50] MüKoZPO/*Toussaint* § 78 Rn. 50; Zöller/*Vollkommer* ZPO § 78 Rn. 28 f.
[51] BGH NJW 1965, 1333 zu § 53 PatG aF; OLG Bremen Beschl. v. 23.8.1993 – 2 U 114/90, BeckRS 1993, 09280.
[52] BGH AG 1993, 85.

4. Wirkung der Streitwertspaltung, Abs. 2 S. 2 bis 4. Bei der Anordnung eines Teilstreitwerts 23 setzt das Gericht einen Betrag fest, bei dem die begünstigte Partei im Falle ihres Unterliegens durch die Kostenlast in ihrer wirtschaftlichen Lage nicht erheblich gefährdet wird. Die Streitwertspaltung hat zur Folge, dass die von der begünstigten Partei im Falle des Unterliegens zu zahlenden Gerichtskosten und die Gebühren des eigenen Rechtsanwalts nach dem herabgesetzten Streitwert zu bemessen sind, S. 1, 2. Die Herabsetzung erstreckt sich im Falle des Unterliegens der begünstigten Partei auch auf den Kostenerstattungsanspruch des Gegners. Dieser errechnet sich gleichfalls nur aus dem Teilstreitwert, weshalb die Gesellschaft auch im Falle eines Obsiegens ihre aus dem Regelstreitwert errechneten Anwaltsgebühren nur teilweise erstattet bekommt, S. 3. Andererseits kann der Rechtsanwalt der begünstigten Partei im Falle des Obsiegens den vollen, nach dem Regelstreitwert ermittelten Kostenerstattungsanspruch geltend machen, S. 4. Die von dem unterliegenden Gegner zu tragenden Gerichtskosten errechnen sich nach dem Regelstreitwert, da S. 1 nicht die Herabsetzung der Gerichtskosten insgesamt bestimmt, sondern nur die Verpflichtung der begünstigten Partei zur Zahlung der Gerichtskosten.[53]

Gegen einen Streitwertbegünstigungsbeschluss ist die einfache Beschwerde nach § 68 GKG statthaft. Beschwerdeberechtigt ist jeder, der durch die Entscheidung beschwert ist, also der Antragsteller oder der Gegner, der im Falle des Obsiegens nur einen Teil seiner Rechtsanwaltsgebühren und der entrichteten Gerichtsgebühren erstattet verlangen kann. Beschwerdeberechtigt ist bei Anordnung eines Teilstreitwerts außerdem der Prozessbevollmächtigte der begünstigten Partei aus eigenem Recht nach § 32 Abs. 2 RVG wegen der Beschränkung seines Gebührenanspruchs, schließlich auch die Staatskasse.[54] 24

§ 248 Urteilswirkung

(1) [1]Soweit der Beschluß durch rechtskräftiges Urteil für nichtig erklärt ist, wirkt das Urteil für und gegen alle Aktionäre sowie die Mitglieder des Vorstands und des Aufsichtsrats, auch wenn sie nicht Partei sind. [2]Der Vorstand hat das Urteil unverzüglich zum Handelsregister einzureichen. [3]War der Beschluß in das Handelsregister eingetragen, so ist auch das Urteil einzutragen. [4]Die Eintragung des Urteils ist in gleicher Weise wie die des Beschlusses bekanntzumachen.

(2) Hatte der Beschluß eine Satzungsänderung zum Inhalt, so ist mit dem Urteil der vollständige Wortlaut der Satzung, wie er sich unter Berücksichtigung des Urteils und aller bisherigen Satzungsänderungen ergibt, mit der Bescheinigung eines Notars über diese Tatsache zum Handelsregister einzureichen.

Schrifttum: *Hommelhoff*, Zum vorläufigen Bestand fehlerhafter Strukturänderungen in Kapitalgesellschaften, ZHR 158 (1994), 11; *Huber*, Die Abfindung der neuen Aktionäre bei Nichtigkeit der Kapitalerhöhung, FS Claussen, 1997, 147; *Kindl*, Die Notwendigkeit einer einheitlichen Entscheidung über aktienrechtliche Anfechtungs- und Nichtigkeitsklagen, ZGR 2000, 166; *Kort*, Aktien aus vernichteten Kapitalerhöhungen, ZGR 1994, 291; *Krieger*, Fehlerhafte Satzungsänderungen: Fallgruppen und Bestandskraft, ZHR 158 (1994), 35; *K. Schmidt*, Fehlerhafte Beschlüsse in Gesellschaften und Vereinen, AG 1977, 205 und 243; *Schulte*, Rechtsnatur und Wirkungen des Anfechtungs- und Nichtigkeitsurteils nach den §§ 246, 248 AktG, AG 1988, 67; *Zöllner*, Folgen der Nichtigerklärung durchgeführter Kapitalerhöhungsbeschlüsse, AG 1993, 68; *Zöllner/Winter*, Folgen der Nichtigerklärung durchgeführter Kapitalerhöhungsbeschlüsse, ZHR 158 (1994), 59.

Übersicht

	Rn.		Rn.
I. Normzweck und Anwendungsbereich	1, 2	2. Gestaltungswirkung	6–17
1. Normzweck	1	a) Inter omnes-Wirkung	6
2. Anwendungsbereich	2	b) Rückwirkung	7
II. Urteilswirkungen, Abs. 1	3–19	c) Auswirkung auf Durchführungsgeschäfte	8–17
1. Das Anfechtungsurteil	3–5	3. Rechtskraftwirkung	18, 19
a) Rechtskräftiges Urteil	3	**III. Teilweise Nichtigerklärung**	20
b) Anerkenntnis- und Versäumnisurteil	4	**IV. Anfechtungs- und positives Beschlussfeststellungsurteil**	21–24
c) Formelle Rechtskraft	5		

---

[53] *Baums* FS Lutter, 2000, 297; Hüffer/Koch/*Koch* Rn. 19.
[54] OLG Frankfurt JurBüro 1976, 347; KG WRP 1978, 300 zu § 23a UmwG aF; MüKoAktG/*Hüffer/Schäfer* Rn. 31.

	Rn.		Rn.
V. Das klageabweisende Urteil	25–27	2. Klagerücknahme	29
1. Prozessurteil	26	3. Übereinstimmende Erledigungserklärung	30
2. Sachurteil	27	**VII. Registerverfahren**	31–35
VI. Sonstige Verfahrensbeendigung	28–30	1. Einreichung, Eintragung und Bekanntmachung, Abs. 1 S. 2 bis 4	31–33
1. Prozessvergleich	28	2. Erweiterte Einreichungspflicht, Abs. 2	34, 35

I. Normzweck und Anwendungsbereich

1. Normzweck. Nach Abs. 1 S. 1 wirkt das der Anfechtungsklage stattgebende Urteil auch gegenüber allen Aktionären, Vorstands- und Aufsichtsratsmitgliedern, die nicht Prozesspartei sind. Die Bestimmung regelt die subjektive Reichweite der Rechtskraft des Urteils. Ihr Regelungszweck liegt darin, die Wirksamkeit von Beschlüssen der Hauptversammlung innerhalb der Gesellschaft, ihrer Organe und Organmitglieder einheitlich festzustellen. Wären die nicht am Prozess beteiligten Aktionäre an eine den Beschluss für nichtig erklärende Entscheidung nicht gebunden, hätte dies eine gespaltene Wirksamkeit des Beschlusses zur Folge, obwohl dieser nur entweder nichtig oder gültig sein kann. Die Vorschrift dient daher der **Rechtssicherheit** und **Rechtsklarheit**.

2. Anwendungsbereich. § 248 gilt nur für das **stattgebende**, dh den angefochtenen Hauptversammlungsbeschluss für nichtig erklärende **Urteil**. Nicht erfasst sind das klageabweisende Urteil (→ Rn. 25–27) sowie andere Arten der Beendigung des Anfechtungsprozesses (→ Rn. 28–30). Entsprechende Anwendung findet die Rechtskrafterstreckung auf das positive Beschlussfeststellungsurteil (→ Rn. 21–24). Nach § 249 Abs. 1 S. 1 gilt § 248 auch für das **Nichtigkeitsurteil**.

II. Urteilswirkungen, Abs. 1

1. Das Anfechtungsurteil. a) Rechtskräftiges Urteil. § 248 Abs. 1 setzt ein **rechtskräftiges Urteil** voraus, durch das der Beschluss der Hauptversammlung für nichtig erklärt worden ist. Die Gestaltungswirkung des Anfechtungsurteils kommt bereits in dem Tenorius zum Ausdruck („... *wird für nichtig erklärt.*"). Der Hauptversammlungsbeschluss ist möglichst präzise zu bezeichnen. Erforderlich ist zumindest die Angabe des Beschlussdatums und des Beschlussinhalts. Zur Klarstellung empfiehlt sich auch bei längeren Beschlüssen die wörtliche Wiedergabe des Beschlusstextes. Handelt es sich um den einen Antrag ablehnenden Beschluss, so ist zur Klarstellung der Beschlussantrag inhaltlich wiederzugeben.

b) Anerkenntnis- und Versäumnisurteil. Unerheblich ist, ob es sich bei dem Urteil um ein streitiges Urteil, ein Anerkenntnisurteil nach § 307 ZPO oder ein Versäumnisurteil nach § 331 ZPO handelt.[1] Die Streitfrage, ob ein Anerkenntnis überhaupt zulässig ist (→ § 246 Rn. 51), ist für die Reichweite des Urteils unerheblich, denn auch ein solches Urteil hat Gestaltungswirkung und ist der formellen und materiellen Rechtskraft fähig.[2] Abs. 1 ist analog anwendbar auf Entscheidungen eines Schiedsgerichts.[3]

c) Formelle Rechtskraft. Das Urteil muss **formell rechtskräftig** sein, dh, es darf keinem befristeten Rechtsmittel mehr unterliegen (§ 705 ZPO).[4] Dies ist der Fall, wenn die Rechtsmittelfrist verstrichen ist oder es an der erforderlichen Beschwer fehlt, das Landgericht die Berufung (§ 511 Abs. 2 Nr. 2 ZPO) bzw. das Oberlandesgericht die Revision nicht zugelassen hat und die Beschwerde gegen die Nichtzulassung der Revision ohne Erfolg geblieben ist (§ 543 Abs. 1 ZPO, § 544 ZPO). Die Berufungssumme des § 511 Abs. 2 Nr. 1 ZPO wird indessen regelmäßig erreicht sein. Für die Revision ist zu beachten, dass die Zulässigkeit der Nichtzulassungsbeschwerde nach der Übergangsregelung in § 26 Nr. 8 EGZPO bis 30.6.2018 von einer Beschwer von mehr als 20 000,– € abhängig ist.

2. Gestaltungswirkung. a) Inter omnes-Wirkung. Das Urteil, das den Beschluss für nichtig erklärt, stellt einen Nichtigkeitsgrund nach § 241 Nr. 5 dar. Mit Rechtskraft des Urteils ist der Beschluss nichtig. Das Urteil gestaltet daher mit Wirkung für und gegen jedermann die materielle

---

[1] Großkomm AktG/*K. Schmidt* Rn. 3; MüKoAktG/*Hüffer/Schäfer* Rn. 10; Kölner Komm AktG/*Zöllner* Rn. 3; NK-AktR/*Heidel* Rn. 3.
[2] AllgM; OLG Stuttgart AG 2003, 165 für das Nichtigkeitsurteil; Großkomm AktG/*K. Schmidt* Rn. 3; MüKoAktG/*Hüffer/Schäfer* Rn. 10.
[3] BGH AG 2009, 496 (zur GmbH) unter ausdrücklicher Aufgabe der bisherigen in BGHZ 132, 278 vertretenen Auffassung; vgl. zur Schiedsfähigkeit von Beschlussmängelklagen → § 246 Rn. 8 ff.
[4] MüKoZPO/*Götz* § 705 Rn. 4 ff.

Rechtslage um. Diese **Gestaltungswirkung** ist im Unterschied zur materiellen Rechtskraft eine rein materiell-rechtliche Urteilsfolge. Sie beruht darauf, dass der Beschluss nach § 241 Nr. 5 objektiv nichtig ist.[5]

b) Rückwirkung. Das Urteil hat nach heute allgM rückwirkende Kraft, dh mit Eintritt der 7 Rechtskraft des Anfechtungsurteils ist der Beschluss der Hauptversammlung als von Anfang an nichtig anzusehen.[6] Die Rückwirkung des Anfechtungsurteils lässt sich zwar nicht dem Gesetzeswortlaut entnehmen, folgt aber aus der Natur der Gestaltungswirkung und dem allgemeinen Verständnis der Anfechtung (vgl. § 142 BGB).[7] Die Rückwirkung ist Folge der schon von Anfang an vorhandenen Rechtswidrigkeit des Hauptversammlungsbeschlusses. Mit der Abwehr- und Kontrollfunktion der Anfechtungsklage wäre es nicht vereinbar, würde sich die als gesetz- oder satzungswidrig festgestellte Entscheidung der Hauptversammlung für die Zeit von der Beschlussfassung bis zur Rechtskraft des Urteils durchsetzen.

c) Auswirkung auf Durchführungsgeschäfte. Von dem Grundsatz der rückwirkenden 8 Beschlussnichtigkeit zu trennen ist die Frage, welche Folgen sich aus der rückwirkenden Nichtigkeit des Hauptversammlungsbeschlusses für bereits durchgeführte Geschäfte ergeben. Eine solche Trennung ist geboten, um bei **strukturverändernden Beschlüssen** die Möglichkeit zu eröffnen, die eigentliche Strukturveränderung für die Vergangenheit bestehen zu lassen und nur für die Zukunft Konsequenzen aus dem Beschlussmangel ziehen zu müssen. Andernfalls müsste schon aus Gründen des Gläubigerschutzes und des allgemeinen Verkehrsschutzes bei in Vollzug gesetzten Umstrukturierungsbeschlüssen eine bloße ex nunc-Wirkung des Anfechtungsurteils angenommen werden. Dies wiederum hätte zur Folge, dass die Reichweite der Gestaltungswirkung des Anfechtungsurteils davon abhängig wäre, ob der erfolgreich angefochtene Umstrukturierungsbeschluss in der Zwischenzeit vollzogen wurde (dann bloße ex nunc-Wirkung) oder nicht (dann ex tunc-Wirkung).[8] Vorzugswürdig ist daher eine getrennte Beurteilung von Hauptversammlungsbeschluss und Durchführungsgeschäft.[9] Die Auswirkung der Nichtigkeit des Hauptversammlungsbeschlusses auf Durchführungsgeschäfte ist im Gesetz nicht geregelt und daher nach allgemeinen Grundsätzen zu beurteilen. Danach ist zu unterscheiden:

aa) Ausschüttungsbeschluss. Kein Anwendungsfall der notwendigen Trennung zwischen 9 Hauptversammlungsbeschluss und Durchführungsgeschäft ist der Ausschüttungsbeschluss nach § 174 Abs. 2 Nr. 2, denn die aufgrund des Gewinnverwendungsbeschlusses vorgenommene Ausschüttung ist kein eigentliches Durchführungsgeschäft, sondern stellt sich als gesetzwidrige Leistung iSd § 62 Abs. 1 dar, die zurückzugewähren ist.[10]

bb) Vermögensübertragung, Nachgründungsbedürftigkeit. Die Verknüpfung von Haupt- 10 versammlungsbeschluss und Durchführungsgeschäft kann derart sein, dass die Nichtigkeit des Beschlusses kraft Gesetzes zwingend die Unwirksamkeit auch des Durchführungsgeschäfts zur Folge hat. Dies ist etwa bei der Vermögensübertragung nach § 179a oder der Nachgründungsbedürftigkeit eines mit der Gesellschaft geschlossenen Kaufvertrags nach § 52 Abs. 1 der Fall. Folge der Nichtigkeit des Zustimmungsbeschlusses ist die anfängliche Unwirksamkeit des schuldrechtlichen Vertrages, denn die wirksame Zustimmung der Hauptversammlung ist Wirksamkeitserfordernis für den Vertrag.

cc) Geschäftsführungsangelegenheiten. Soweit demgegenüber der Beschluss der Hauptver- 11 sammlung Geschäftsführungsangelegenheiten betrifft, hat die Nichtigkeit des Beschlusses keine Auswirkung auf das Durchführungsgeschäft, denn dieses ist allein aufgrund der Vertretungsmacht des Vorstands wirksam, die im Außenverhältnis unbeschränkbar ist. Das Rechtsgeschäft wäre auch dann wirksam, wenn überhaupt kein Beschluss gefasst worden wäre. Der Hauptversammlungsbeschluss hat auch dann rein interne Bedeutung, wenn der Vorstand die Hauptversammlung nach den Grundsätzen der Holzmüller-Entscheidung[11] mit der Angelegenheit befassen musste.[12]

---

[5] Großkomm AktG/*K. Schmidt* Rn. 4; MüKoAktG/*Hüffer/Schäfer* Rn. 12 f.; Kölner Komm AktG/*Zöllner* Rn. 4 f.; *Hüffer* ZGR 2001, 833 (851); *Schulte* AG 1988, 67 (68 ff.); OLG Zweibrücken NZG 2004, 382 (383); allgemein zur Gestaltungswirkung eines Urteils: MüKoZPO/*Gottwald* ZPO § 322 Rn. 19.
[6] OLG Köln AG 1999, 471; Großkomm AktG/*K. Schmidt* Rn. 5; MüKoAktG/*Hüffer/Schäfer* Rn. 14; Kölner Komm AktG/*Zöllner* Rn. 9; *K. Schmidt* AG 1977, 205 (206); *Zöllner* AG 1993, 68 (71); differenzierend *Schulte* AG 1988, 67 (70 f.); *Kort* ZGR 1994, 291.
[7] *Sosnitza* NZG 1998, 335.
[8] So aber wohl *Hommelhoff* ZHR 158 (1994), 11 (31); vgl. auch *Kort* ZGR 1994, 291 ff.
[9] Großkomm AktG/*K. Schmidt* Rn. 6 ff.
[10] Großkomm AktG/*K. Schmidt* Rn. 6; NK-AktR/*Heidel* Rn. 6; Bürgers/Körber/*Göz* Rn. 5.
[11] BGHZ 83, 122 = NJW 1982, 1703.
[12] Großkomm AktG/*K. Schmidt* Rn. 6; MüKoAktG/*Hüffer/Schäfer* Rn. 24; *Hüffer* ZGR 2001, 833 (851); aA NK-AktR/*Heidel* Rn. 7.

12 **dd) Unternehmensverschmelzung, Spaltung und Formwechsel.** Ein Sonderfall der Vollwirksamkeit des Durchführungsgeschäfts trotz erfolgreicher Anfechtung des Hauptversammlungsbeschlusses ist die **Unternehmensverschmelzung**. Ist die Verschmelzung in das Handelsregister am Sitz der übernehmenden Gesellschaft eingetragen, so lassen Mängel der Verschmelzung deren Wirksamkeit nach § 20 Abs. 2 UmwG unberührt. Diese Regelung erstreckt sich auf alle Mängel der Verschmelzung, dh sowohl auf Mängel des Verschmelzungsvertrages als auch der Verschmelzungsbeschlüsse. Die Verschmelzung bleibt daher auch wirksam, wenn der Hauptversammlungsbeschluss für nichtig erklärt wird. Nach hM zum Umwandlungsrecht erstrecken sich die Wirkungen der Eintragung der Verschmelzung auch auf einen Kapitalerhöhungsbeschluss beim übernehmenden Rechtsträger, durch den die für die Gesellschafter der übertragenden Gesellschaft als Gegenleistung für ihre untergehende Beteiligung an dieser Gesellschaft benötigten Anteile geschaffen werden.[13] Entsprechendes gilt für die **Spaltung** (§ 131 Abs. 2 UmwG) und den **Formwechsel** (§ 202 Abs. 3 UmwG).

13 **ee) Sonstige fehlerhafte Strukturveränderungen, fehlerhafte Kapitalerhöhungen.** Besondere praktische Bedeutung kommt den Fällen sonstiger fehlerhafter Strukturveränderungen, für die eine den § 20 Abs. 2 UmwG, § 131 Abs. 2 UmwG, § 202 Abs. 3 UmwG entsprechende gesetzliche Regelung fehlt, sowie fehlerhaften Kapitalerhöhungen zu.

14 Für die fehlerhafte aber vollzogene **Kapitalerhöhung** ist weitgehend anerkannt, dass sie in Anwendung der Grundsätze über die fehlerhafte Gesellschaft für die Vergangenheit als wirksam zu behandeln ist und nur für die Zukunft eine Rückabwicklung zu erfolgen hat.[14] Dem ist zu folgen. Die Lehre von der fehlerhaften Gesellschaft findet ihre Rechtfertigung in der Überlegung, dass aus Gründen des allgemeinen Verkehrsschutzes sowie des Bestandsschutzes zugunsten der Gesellschafter eine einmal geschaffene und in Vollzug gesetzte Organisation nicht rückwirkend wieder beseitigt werden kann.[15] Dieser der Einschränkung rückwirkender Geltendmachung von Mängeln bei der Gesellschaftsgründung zugrunde liegende Rechtsgedanke ist angesichts der erheblichen Bedeutung, die dem Grundkapital bei der AG zukommt, auf fehlerhafte Kapitalerhöhungen ohne weiteres übertragbar.[16] Trotz der Nichtigkeit des Kapitalerhöhungsbeschlusses ist daher die vollzogene Kapitalerhöhung für die Vergangenheit bis zur Rechtskraft des Anfechtungsurteils aufrecht zu erhalten. Ab diesem Zeitpunkt hat die Kapitalerhöhung keinen Bestand mehr, mit der Folge, dass die Zeichner der neuen Aktien zu diesem Zeitpunkt aus der Gesellschaft ausscheiden bzw. sich ihre Beteiligung auf den schon vor der Kapitalerhöhung vorhandenen Bestand reduziert, ein Stimmrecht oder Gewinnbezugsrecht aus den neuen Aktien nicht mehr besteht und das Grundkapital mit dem niedrigeren Betrag zu bilanzieren ist. Die Rückabwicklung vollzieht sich nicht nach Bereicherungsrecht, sondern, als Folge der Anwendung der Lehre von der fehlerhaften Gesellschaft, entsprechend den zu § 237 geltenden Grundsätzen. Die Erwerber fehlerhaft entstandener junger Aktien erhalten eine Barabfindung in Höhe des vollen aus dem Unternehmenswert abgeleiteten Betrags, dh sie haben eine mittlerweile eingetretene Wertminderung ihrer Beteiligung zu akzeptieren, partizipieren aber auch an einer eventuellen Werterhöhung und sind an stillen Reserven zu beteiligen.[17]

15 Diese Grundsätze gelten auch für die **bedingte Kapitalerhöhung,** die **Kapitalerhöhungen aus genehmigtem Kapital** und **aus Gesellschaftsmitteln** sowie die **fehlerhafte Kapitalherabsetzung**.[18]

16 Die Regeln über die fehlerhafte Gesellschaft sind auch auf **fehlerhafte Strukturveränderungen,** namentlich **Beherrschungs-** und **Gewinnabführungsverträge** sowie **Eingliederungen** anwendbar, soweit die Strukturänderung in das Handelsregister eingetragen und damit vollzogen worden ist. Auch hierbei handelt es sich um Änderungen, die die bestehende Organisation so nachhaltig verändern, dass es im Interesse der Gesellschafter und des Verkehrsschutzes gerechtfertigt ist, die jeweiligen Verträge für die Vergangenheit als wirksam zu behandeln.[19]

---

[13] Semler/Stengel/*Kübler* UmwG § 20 Rn. 95; Kallmeyer/*Marsch-Barner* UmwG § 20 Rn. 42; Lutter/*Grunewald* UmwG § 20 Rn. 78.

[14] Großkomm AktG/*K. Schmidt* Rn. 7; MüKoAktG/*Hüffer/Schäfer* Rn. 16 f.; *Huber* FS Claussen, 1997, 147 (148 ff.); *Krieger* ZHR 158 (1994), 35 (48 f.); *Zöllner* AG 1993, 68 (72 ff.); *Zöllner/Winter* ZHR 158 (1994), 58; *Hüffer* ZGR 2001, 833 (852); vgl. auch OLG Stuttgart NZG 2001, 40 (für die GmbH); aA *Hommelhoff* ZHR 158 (1994), 11 ff.; *Kort* ZGR 1994, 291 (324): bloße ex nunc-Wirkung des Anfechtungsurteils.

[15] Einzelheiten bei *K. Schmidt* GesR § 6 II 2; MüKoBGB/*Schäfer* BGB § 705 Rn. 323 ff.; Baumbach/Hopt/ *Hopt* HGB § 105 Rn. 75 ff.

[16] *Krieger* ZHR 158 (1994), 35 (48 f.); *Zöllner* AG 1993, 68 (73 f.).

[17] *Kort* ZGR 1994, 291 (314); *Zöllner* AG 1993, 68 (76); *Zöllner/Winter* ZHR 158 (1994), 58 (60 ff.); MüKoAktG/*Hüffer/Schäfer* Rn. 16; aA *Huber* FS Claussen, 1997, 147 (153 ff.).

[18] Zum Ganzen vgl. *Krieger* ZHR 158 (1994), 35 (50 ff.).

[19] Eingehend hierzu *Krieger* ZHR 158 (1994), 35 (36 ff.); MüKoAktG/*Altmeppen* § 291 Rn. 194 ff.; vgl. auch BGH AG 2002, 240; BGHZ 103, 1 = NJW 1988, 1326 zum Unternehmensvertrag mit einer GmbH; OLG Köln AG 1999, 471; OLG Hamburg AG 2005, 299: zum Sonderfall des noch nicht vollzogenen Beherrschungsvertrages.

Für Hauptversammlungsbeschlüsse über eine **Maßnahme der Kapitalbeschaffung nach** 17
§§ 182–221, **der Kapitalherabsetzung nach** §§ 222–240 **oder einen Unternehmensvertrag
nach** §§ 291–307 ist aber zu beachten, dass die dargestellten Grundsätze durch die Möglichkeit
eines **Freigabeverfahrens nach** § 246a erheblich eingeschränkt sind. Durch Beschluss kann das
Prozessgericht auf Antrag der Gesellschaft feststellen, dass die Erhebung der Klage der Eintragung
nicht entgegen steht und Mängel des Hauptversammlungsbeschlusses die Wirkung der Eintragung
unberührt lassen. Wird der Hauptversammlungsbeschluss aufgrund eines rechtskräftigen Freigabebeschlusses eingetragen, so lassen Beschlussmängel auch Durchführungsgeschäfte unberührt. Die Beseitigung der Wirkung der Eintragung und der Durchführungsgeschäfte ist ausgeschlossen; sie kann
auch nicht als Schadensersatz verlangt werden, § 246a Abs. 4 S. 2 (im Einzelnen → § 246a Rn. 38).

3. Rechtskraftwirkung. Von der Gestaltungswirkung des stattgebenden Anfechtungsurteils zu 18
unterscheiden ist dessen Rechtskraftwirkung. Materielle Rechtskraft bedeutet nach der herrschenden
prozessualen Rechtskrafttheorie, dass der Inhalt der Entscheidung für die Prozessparteien und die
Gerichte in einem späteren Verfahren bindend ist.[20] Nach allgM bezieht sich die in Abs. 1 S. 1
angeordnete Urteilswirkung auf die materielle Rechtskraft. Dies wird damit begründet, dass die
Regelung, bezöge sie sich auf die Gestaltungswirkung, überflüssig wäre, weil die Gestaltungswirkung
über den in Abs. 1 S. 1 genannten Personenkreis hinausgeht.[21] Das der Anfechtungsklage stattgebende
Urteil entfaltet danach materielle Rechtskraft nicht nur gegenüber den Prozessparteien, sondern
gegenüber allen anderen Aktionären, Vorstands- und Aufsichtsratsmitgliedern. Konsequenz der
erweiterten Rechtskraftwirkung ist, dass eine erneute Klage mit identischem Streitgegenstand unzulässig ist. Identität des Streitgegenstands besteht auch dann, wenn mit der zweiten Klage die Feststellung des kontradiktorischen Gegenteils geltend gemacht wird.[22] Daher ist auch eine auf Feststellung
der Wirksamkeit des Beschlusses gerichtete Klage eines Aktionärs, Vorstands- oder Aufsichtsratsmitglieds als unzulässig abzuweisen.

Indessen kommt der Rechtskrafterstreckung nach Abs. 1 S. 1 neben der Gestaltungswirkung des 19
den Beschluss für nichtig erklärenden Urteils im Grunde keine eigenständige Bedeutung zu, denn
die Unzulässigkeit der zweiten Klage folgt bereits aus der Gestaltungswirkung des Ersturteils. Die
Gestaltungswirkung hat nämlich zur Folge, dass einer erneuten Klage auf Nichtigerklärung das
Rechtsschutzbedürfnis fehlt.[23]

III. Teilweise Nichtigerklärung

Ist nur ein Teil eines komplexen Hauptversammlungsbeschlusses gesetz- oder satzungswidrig, so 20
tritt Gesamtnichtigkeit unter den Voraussetzungen des § 139 BGB ein. Ist ein solcher Beschluss
insgesamt angefochten, der Klage aber nur teilweise stattgegeben worden, erstreckt sich die Gestaltungswirkung und die erweiterte Rechtskraftwirkung nach Abs. 1 S. 1 nur auf den für nichtig
erklärten Teil.[24] Soweit die Klage abgewiesen wurde, wirkt die materielle Rechtskraft nur zwischen
den Prozessparteien.[25]

IV. Anfechtungs- und positives Beschlussfeststellungsurteil

Das Anfechtungsurteil hat lediglich **kassatorischen Charakter,** es bewirkt die Nichtigkeit des 21
angefochtenen Beschlusses. Damit werden jedoch die Interessen des klagenden Aktionärs nicht
immer vollständig gewahrt. Hat der Versammlungsleiter zu Unrecht die Ablehnung eines Beschlussantrags durch die Hauptversammlung festgestellt, so ist das Interesse des Klägers nicht lediglich auf
die Beseitigung des unrichtig festgestellten, ablehnenden Hauptversammlungsbeschlusses gerichtet,
sondern auf die Feststellung des in Wahrheit Beschlossenen. In solchen Fällen ist die Verbindung
der Anfechtungsklage mit der positiven Beschlussfeststellungsklage allgemein anerkannt (→ § 246
Rn. 57 ff.).[26]

Die Möglichkeit der **Verbindung von Anfechtungs- und Beschlussfeststellungsklage** ist in 22
zweierlei Hinsicht beschränkt: Da es nur um die Feststellung des richtigen Beschlussergebnisses und

---

[20] MüKoZPO/*Gottwald* § 322 Rn. 9 ff.; *Zöller/Vollkommer* ZPO Vor § 322 Rn. 17 ff.
[21] BGHZ 132, 278 = NJW 1996, 1753; Großkomm AktG/*K. Schmidt* Rn. 13; MüKoAktG/*Hüffer/Schäfer* Rn. 7 f., 25; *Hüffer/Koch/Koch* Rn. 5, *Schulte* AG 1988, 67 (68).
[22] BGHZ 123, 137 (140) = NJW 1993, 2684 (2685); NJW 1995, 967 (968); NJW 1996, 395 (396); NJW 2003, 3058; MüKoZPO/*Gottwald* § 322 Rn. 42 ff.; *Zöller/Vollkommer* ZPO Vor § 322 Rn. 21.
[23] Ähnlich Grigoleit/*Ehmann* Rn. 2.
[24] Eingehend zur Teilnichtigkeit *Drescher* → § 241 Rn. 65 ff.; vgl. auch Bürgers/Körber/*Göz* Rn. 13 f.
[25] Großkomm AktG/*K. Schmidt* Rn. 9; MüKoAktG/*Hüffer/Schäfer* Rn. 37.
[26] BGH NZG 2003, 284; NJW 2001, 2176 (2177); BGHZ 97, 28, 30 f. = NJW 1986, 2051, 2052; Großkomm AktG/*K. Schmidt* Rn. 11; MüKoAktG/*Hüffer/Schäfer* Rn. 27 f.; Kölner Komm AktG/*Zöllner* Rn. 24 ff.

nicht darum geht, einen mangelhaften, wirksam angefochtenen Beschluss durch einen überhaupt nicht gefassten Beschluss zu ersetzen, ist die positive Beschlussfeststellungsklage nur in den Fällen **unrichtiger Beschlussfeststellung** zulässig. Gleichgültig ist, worauf die Unrichtigkeit beruht, ob auf falscher Zählung, falscher Stimmkraftbewertung, falscher Beurteilung von Stimmrechtsausschlüssen oder der Zugrundelegung falscher Mehrheitserfordernisse. Eine Feststellungsklage ist nur als positive Beschlussfeststellungsklage möglich, kann sich also nur gegen die Ablehnung eines Beschlussantrags richten. Wird ein positiver Gesellschafterbeschluss angefochten und für nichtig erklärt, ist für eine Beschlussfeststellungsklage daneben kein Raum.[27]

23 Der Urteilstenor muss sowohl einen kassatorischen als auch einen positiv formulierten feststellenden Teil enthalten.[28]

24 Dem positiven Beschlussfeststellungsurteil kommt in gleicher Weise wie dem Anfechtungsurteil **Gestaltungswirkung** zu. Das Urteil ersetzt die Feststellung des Beschlussergebnisses durch den Versammlungsleiter und gestaltet die materielle Rechtslage dahin um, dass der Beschluss mit Rückwirkung sowie für und gegen jedermann Wirksamkeit erlangt.[29] Dies folgt nicht aus einer entsprechenden Anwendung von Abs. 1 S. 1, sondern einer reziproken Anwendung des § 241 Nr. 5.[30] Darüber hinaus kommt dem Urteil in entsprechender Anwendung von Abs. 1 S. 1 **erweiterte Rechtskraftwirkung** zu.[31]

V. Das klageabweisende Urteil

25 Die Gestaltungswirkung sowie die erweiterte Rechtskraftwirkung nach Abs. 1 S. 1 kommen nur dem stattgebenden Urteil zu, das den Beschluss der Hauptversammlung für nichtig erklärt. Das klageabweisende Urteil ist demgegenüber weder Gestaltungsurteil, noch hat es erweiterte Rechtskraftwirkung. Vielmehr entfaltet das Urteil materielle Rechtskraft nur zwischen den Prozessparteien. Für eine entsprechende Anwendung von Abs. 1 S. 1 auf das klageabweisende Urteil besteht kein Bedürfnis.[32]

26 **1. Prozessurteil.** Wird die Klage durch Prozessurteil als unzulässig abgewiesen, hindert dies eine erneute Anfechtungsklage nicht, denn die Rechtskraftwirkung bezieht sich nur auf die Verneinung der Zulässigkeitsvoraussetzungen. Eine erneute Anfechtungsklage wird aber regelmäßig am Ablauf der Monatsfrist des § 246 Abs. 1 scheitern.

27 **2. Sachurteil.** Ein klageabweisendes Sachurteil entfaltet volle materielle Rechtskraft nur zwischen den Prozessparteien (inter partes). Einer erneuten Anfechtungsklage desselben Klägers steht daher die materielle Rechtskraft des Ersturteils als negative Prozessvoraussetzung entgegen. Die zweite Klage ist unzulässig, wenn der Streitgegenstand der beiden Prozesse identisch ist. Nach dem herrschenden zweigliedrigen Streitgegenstandsbegriff ist dies der Fall, wenn die zweite Anfechtungsklage sich gegen denselben Beschluss richtet und auf denselben Lebenssachverhalt gestützt wird.[33] Nach zutreffender hM verfolgen Anfechtungs- und Nichtigkeitsklage dasselbe materielle Ziel, nämlich die richterliche Klärung der Nichtigkeit des Beschlusses mit Wirkung für und gegen jedermann. Die beiden Klagen haben daher denselben Streitgegenstand.[34] Aus der Identität des Streitgegenstands folgt, dass die Rechtskraftwirkung des auf eine Anfechtungsklage hin ergehenden klageabweisenden Sachurteils auch eine (weitere) Nichtigkeitsklage erfasst, soweit diese auf denselben Lebenssachverhalt gestützt wird. Die vom selben Kläger erhobene Nichtigkeitsklage ist daher unzulässig. Hingegen steht das klageabweisende Urteil einer (weiteren) Anfechtungs- oder Nichtigkeitsklage eines anderen Aktionärs nicht entgegen, da die Rechtskraft des klageabweisenden Urteils nur inter partes wirkt. Die weitere Anfechtungsklage ist daher nicht wegen entgegenstehender Rechtskraft unzulässig, wird aber regelmäßig wegen Ablaufs der Klagefrist nach § 246 Abs. 1 unbegründet sein. In Betracht kommt daher in der Praxis allenfalls eine (weitere) Nichtigkeitsklage eines anderen Aktionärs. Diese

---

[27] BGH AG 2003, 383.
[28] Vgl. Formulierungsvorschlag bei MüKoAktG/*Hüffer/Schäfer* Rn. 27.
[29] BGHZ 97, 28 (31) = NJW 1986, 2051 (2052); BGH NJW 2001, 2176 (2177) zur GmbH; Großkomm AktG/*K. Schmidt* Rn. 18 f.; NK-AktR/*Heidel* Rn. 12.
[30] So zutreffend Großkomm AktG/*K. Schmidt* Rn. 19.
[31] BGHZ 97, 28 (30) = NJW 1986, 2051 (2052); BGH NJW 2001, 2176 (2177); Großkomm AktG/*K. Schmidt* Rn. 20.
[32] Großkomm AktG/*K. Schmidt* Rn. 17; MüKoAktG/*Hüffer/Schäfer* Rn. 35.
[33] Vgl. zur Identität der Streitgegenstände → § 246 Rn. 5 ff.; vgl. auch K. Schmidt/Lutter/*Schwab* Rn. 4; BGH NJW 1981, 2306; NJW 1983, 2032; NJW 1989, 393; MüKoZPO/*Becker-Eberhard* Vor § 253 Rn. 32 f.
[34] BGHZ 134, 364 (366) = NJW 1997, 1510 (1511); BGH NJW 1999, 1638; MüKoAktG/*Hüffer/Schäfer* Rn. 36; Hüffer/Koch/*Koch* Rn. 15; *Kindl* ZGR 2000, 166; in der dogmatischen Einordnung abweichend Großkomm AktG/*K. Schmidt* Rn. 15: Einheitsfigur der kassatorischen Klage; vgl. zum Ganzen → § 246 Rn. 5 ff.

ist auch dann nicht wegen entgegenstehender Rechtskraft unzulässig, wenn der geltend gemachte Nichtigkeitsgrund bereits Gegenstand der Prüfung im vorausgegangenen Anfechtungs- oder Nichtigkeitsprozess war.

VI. Sonstige Verfahrensbeendigung

1. Prozessvergleich. Auch ein Anfechtungsprozess kann wie jeder Rechtsstreit durch Prozessvergleich beendet werden. Die Gestaltungsmöglichkeiten der Parteien sind jedoch eingeschränkt. Eine vergleichsweise Nichtigerklärung des Beschlusses scheidet aus, da die Prozessparteien über die Gültigkeit eines Hauptversammlungsbeschlusses nicht disponieren können. Eine vergleichsweise Verpflichtung der Gesellschaft, den Beschluss nicht auszuführen, kommt nur ausnahmsweise bei dessen Nichtigkeit in Betracht.[35] Häufige Erscheinungsform in der Praxis ist die Erklärung des Klägers, die Wirksamkeit des Beschlusses nicht mehr in Frage zu stellen, verbunden mit einer einvernehmlichen Kostenregelung. Der Prozessvergleich macht eine erneute Anfechtungs- oder Nichtigkeitsklage desselben Aktionärs unzulässig. Dritten gegenüber entfaltet er jedoch keinerlei Bindungswirkung.

2. Klagerücknahme. Eine Rücknahme der Klage steht einer erneuten Anfechtungsklage desselben Klägers nicht entgegen, denn sie hat die Wirkung, dass der Rechtsstreit als nicht anhängig geworden gilt, § 269 Abs. 3 ZPO. Regelmäßig wird eine neue Anfechtungsklage jedoch an der Monatsfrist des § 246 Abs. 1 scheitern, so dass allenfalls eine weitere Nichtigkeitsklage in Betracht kommt.

3. Übereinstimmende Erledigungserklärung. Schließlich beendet auch eine übereinstimmende Erledigungserklärung der Parteien die Rechtshängigkeit der Klage. Das Gericht entscheidet in diesem Fall nach § 91a ZPO durch Beschluss über die Kosten des Rechtsstreits. Eine Bindungswirkung kommt dem Beschluss weder zwischen den Prozessparteien noch gegenüber Dritten zu. Hauptfälle der Erledigung sind die Aufhebung und die Bestätigung des Beschlusses durch die Hauptversammlung.

VII. Registerverfahren

1. Einreichung, Eintragung und Bekanntmachung, Abs. 1 S. 2 bis 4. Abs. 1 S. 2 begründet die Verpflichtung des Vorstands, das Urteil unverzüglich, dh ohne schuldhaftes Zögern (vgl. § 121 Abs. 1 S. 1 BGB) zum Handelsregister einzureichen. Einzureichen ist das rechtskräftige Urteil, das den Beschluss ganz oder teilweise für nichtig erklärt. Die Verpflichtung bezieht sich auch auf das positive Beschlussfeststellungsurteil. Vorzulegen ist das gesamte Urteil, nicht lediglich Rubrum und Urteilstenor. Haben mehrere Instanzen entschieden, ist das letzte Sachurteil vorzulegen. Das vorgelegte Urteil wird zu den Handelsregisterakten der Gesellschaft genommen (§ 8 HRV); es steht gemäß § 9 Abs. 1 HGB jedermann zur Einsicht offen. Die Einreichungspflicht kann nach § 14 HGB, §§ 388ff. FamFG vom Registergericht durch Festsetzung eines Zwangsgeldes gegen die Mitglieder des Vorstands durchgesetzt werden.

War der für nichtig erklärte Beschluss in das Handelsregister eingetragen, so ist nach Abs. 1 S. 3 auch das Urteil einzutragen. In diesem Fall ist die Nichtigerklärung **eintragungspflichtige Tatsache** iSd § 15 HGB. Nach § 44 HRV vermerkt das Gericht in der Spalte des Registerblattes, in der der Beschluss eingetragen ist, dass dieser für nichtig erklärt ist. Einer Löschung des Beschlusses bedarf es daher nicht, sie ist angesichts der Eintragung des Urteils unzulässig. Eine Eintragung des Urteils unterbleibt aber im Falle des **§ 242 Abs. 2 S. 5.** Liegt ein rechtskräftiger Freigabebeschluss nach § 246a vor, so kann das stattgebende Anfechtungsurteil wie auch das Nichtigkeitsurteil nicht mehr eingetragen werden. Dies ist Folge der Bestandskraft der Eintragung des Hauptversammlungsbeschlusses nach rechtskräftiger Freigabeentscheidung des Prozessgerichts (→ § 246a Rn. 38).

Nach Abs. 1 S. 4 ist die Eintragung des Urteils in gleicher Weise wie die des Beschlusses bekannt zu machen. Die Bekanntmachung nimmt das Registergericht **von Amts wegen** vor, sie hat unverzüglich zu erfolgen (§ 32 HRV). Da die Bekanntmachungspflicht des Gerichts bereits in § 10 Abs. 1 HGB geregelt ist, liegt die Bedeutung von Abs. 1 S. 4 maßgeblich darin, die Art und Weise der Bekanntmachung zu regeln.

2. Erweiterte Einreichungspflicht, Abs. 2. Für Fälle der Satzungsänderung begründet Abs. 2 eine **erweiterte Einreichungspflicht**. Einzureichen ist nicht nur das vollständige Urteil, sondern darüber hinaus der vollständige Wortlaut der Satzung, wie er sich unter Berücksichtigung des Urteils und aller bisherigen Satzungsänderungen ergibt, samt einer dies bestätigenden notariellen Bescheini-

---

[35] Kölner Komm AktG/*Zöllner* Rn. 45; aA MüKoAktG/*Hüffer/Schäfer* Rn. 38.

gung. Der Zweck dieser Regelung entspricht dem des § 181 Abs. 1. Es soll gewährleistet sein, dass der vollständige Text der jeweils geltenden Satzung dem Handelsregister entnommen werden kann.

35 Die erweiterte Einreichungspflicht besteht nicht nur dann, wenn die Satzungsänderung bereits eingetragen war, sondern auch dann, wenn diese bei Eintritt der Rechtskraft des Urteils zur Eintragung angemeldet aber noch nicht eingetragen war. Da bereits der Anmeldung der vollständige Wortlaut der geänderten Satzung beizufügen ist, befindet sich der Wortlaut der für nichtig erklärten Satzungsänderung bei den Registerakten. Demgegenüber entfällt nach allgM die erweiterte Einreichungspflicht, wenn die Satzungsänderung noch nicht zur Eintragung angemeldet war, da sich sonst die Satzung in zwei wortgleichen Fassungen bei den Registerakten befände.[36] Unberührt hiervon bleibt jedoch die Einreichungspflicht nach Abs. 1 S. 2.

§ 248a Bekanntmachungen zur Anfechtungsklage

[1]Wird der Anfechtungsprozess beendet, hat die börsennotierte Gesellschaft die Verfahrensbeendigung unverzüglich in den Gesellschaftsblättern bekannt zu machen. [2]§ 149 Abs. 2 und 3 ist entsprechend anzuwenden.

Schrifttum: Vgl. Schrifttum zu § 149; *Baums*, Empfiehlt sich eine Neuregelung des aktienrechtlichen Anfechtungs- und Organhaftungsrechts, insbesondere der Klagemöglichkeiten von Aktionären?, in Verhandlungen des 63. Deutschen Juristentages 2000, Gutachten F; *Göz/Holzborn*, Die Aktienreform durch das Gesetz für Unternehmensintegrität und Modernisierung des Anfechtungsrechts – UMAG, WM 2006, 157; *Meyer/Ulbrich*, Die Bekanntmachungspflicht nach § 248a AktG bei teilweiser Verfahrensbeendigung, NZG 2010, 246; *Schnabl*, Die Bekanntmachungspflicht nach § 248a AktG beim Ausscheiden einzelner Anfechtungskläger, ZIP 2008, 1667; *Schütz*, Neuerungen im Anfechtungsrecht durch den Referentenentwurf des Gesetzes zur Unternehmensintegrität und Modernisierung des Anfechtungsrechts (UMAG), DB 2004, 419.

I. Entstehungsgeschichte und Normzweck

1 Die Vorschrift wurde eingeführt durch das am 1.11.2005 in Kraft getretene Gesetz zur Unternehmensintegrität und Modernisierung des Anfechtungsrechts (**UMAG**). Sie geht zurück auf eine Empfehlung der Regierungskommission Corporate Governance und einen Beschluss des 63. Deutschen Juristentags. Die Bekanntmachungspflicht verfolgt den **Zweck**, missbräuchlichen Anfechtungsklagen entgegen zu wirken, mit denen der klagende Aktionär lediglich einen wirtschaftlichen Sondervorteil erstrebt. Verhindert werden soll der stillschweigende Abschluss von Vereinbarungen, an denen neben dem klagenden Aktionär auch die Verwaltung der Gesellschaft ein Interesse haben kann.[1]

II. Anwendungsbereich

2 Die Veröffentlichungspflicht erfasst jede Art der Beendigung des Anfechtungsprozesses, neben dem Urteil insbesondere einen Prozessvergleich, aber auch die Beendigung durch übereinstimmende Erledigungserklärung oder Klagerücknahme. Durch die Verweisung auf § 149 Abs. 2 und 3 wird klargestellt, dass auch Vereinbarungen zwischen der Gesellschaft und Aktionären oder ihnen nahe stehenden Dritten bekannt zu machen sind, sei es, dass sie im Zusammenhang mit der Verfahrensbeendigung stehen, sei es, dass sie zur Vermeidung eines Prozesses geschlossen werden.

3 Die Bekanntmachungspflicht trifft nur die **börsennotierte Gesellschaft** (§ 3 Abs. 2), da bei dieser der verfolgten Präventivfunktion eine besondere Bedeutung zukommt.[2] Die Aktionäre haben einen Rechtsanspruch auf die Bekanntmachung.[3]

III. Inhalt der Bekanntmachung

4 In den Gesellschaftsblättern, dh zumindest im elektronischen Bundesanzeiger (§ 25 S. 1), bekannt zu machen ist die **Art der Verfahrensbeendigung**, außerdem alle mit ihr im Zusammenhang stehende **Vereinbarungen** einschließlich eventueller Nebenabreden. Diese Vereinbarungen sind nach § 149 Abs. 2 S. 1 im vollständigen Wortlaut zu veröffentlichen. Darüber hinaus müssen die Namen aller an der Vereinbarung **Beteiligter** bekannt gemacht werden.

---

[36] Großkomm AktG/*K. Schmidt* Rn. 22; MüKoAktG/*Hüffer/Schäfer* Rn. 33; Kölner Komm AktG/*Zöllner* Rn. 53; Hüffer/Koch/*Koch* Rn. 12; Bürgers/Körber/*Göz* Rn. 17.
[1] *Baums*, Gutachten zum 63. DJT F, S. 130 ff., 183 f.
[2] Im Entwurf der Bundesregierung war eine Beschränkung auf börsennotierte Gesellschaften nicht enthalten.
[3] *Göz/Holzborn* WM 2006, 157 (162).

Verpflichtet sich die Gesellschaft im Zusammenhang mit der Verfahrensbeendigung zu einer **vermögenswerten Leistung,** so ist diese Leistung nach Art und Höhe gesondert zu beschreiben. Hiervon erfasst werden nicht nur Schadensersatzzahlungen der Gesellschaft, sondern auch die Verpflichtung der Gesellschaft zur Erstattung von Prozesskosten, zur Zahlung von Honoraren jedweder Art, sowie sonstige Zuwendungen, die die Gesellschaft im Zusammenhang mit der Verfahrensbeendigung erbringt.[4] Gleichgültig ist, ob die Leistung an den Anfechtungskläger selbst erbracht wird oder einem Dritten, etwa dessen Prozessbevollmächtigten oder einem sonstigen Berater, zu Gute kommt.[5] Unerheblich ist darüber hinaus, ob die Leistung von der Gesellschaft selbst erbracht wird. Auch Leistungen eines Dritten, die im Interesse der Gesellschaft im Zusammenhang mit der Beendigung des Anfechtungsprozesses erbracht werden, sind der Gesellschaft zurechenbar und fallen daher nach § 149 Abs. 2 S. 2 unter die Bekanntmachungspflicht. 5

Bekannt zu machen sind außerdem Vereinbarungen, die im Vorfeld eines Anfechtungsprozesses zur Prozessvermeidung mit Aktionären oder ihnen nahe stehenden Dritten geschlossen werden, § 149 Abs. 3. 6

Die Bekanntmachung hat durch den Vorstand unverzüglich, dh ohne schuldhaftes Zögern (§ 121 Abs. 1 S. 1 BGB) zu erfolgen. 7

Bei teilweiser Verfahrensbeendigung, etwa durch Ausscheiden einzelner Anfechtungskläger infolge Klagerücknahme, greift die Bekanntmachungspflicht ein, weil hierdurch das Prozessverhältnis zu dem ausgeschiedenen Kläger beendet ist und auch dieser Sachverhalt vom Zweck der Bekanntmachungspflicht erfasst wird.[6] Eine Endbekanntmachung wird aber ausnahmsweise ausreichend sein, wenn im Zusammenhang mit dem Ausscheiden einzelner Anfechtungskläger keine Absprachen getroffen worden sind.[7] 7a

IV. Rechtsfolge unterlassener Bekanntmachung

Nach § 149 Abs. 2 S. 3 ist die vollständige Bekanntmachung Wirksamkeitsvoraussetzung für die eingegangene Leistungspflicht. Bei Verletzung der Bekanntmachungspflicht ist die Verpflichtung der Gesellschaft bzw. des im Interesse der Gesellschaft handelnden Dritten unwirksam. Eine bereits erfolgte Leistung kann nach § 149 Abs. 2 S. 5 von dem Leistenden zurückverlangt werden (Sonderfall der Leistungskondiktion nach § 812 Abs. 1 S. 1 BGB). 8

Die verfahrensbeendende Prozesshandlung, also der Prozessvergleich, die Klagerücknahme bzw. die Erledigungserklärung, bleibt indessen im Interesse der Verfahrenssicherheit wirksam, § 149 Abs. 2 S. 4. 9

§ 249 Nichtigkeitsklage

(1) ¹Erhebt ein Aktionär, der Vorstand oder ein Mitglied des Vorstands oder des Aufsichtsrats Klage auf Feststellung der Nichtigkeit eines Hauptversammlungsbeschlusses gegen die Gesellschaft, so finden § 246 Abs. 2, Abs. 3 Satz 1 bis 5, Abs. 4, §§ 246a, 247, 248 und 248a entsprechende Anwendung. ²Es ist nicht ausgeschlossen, die Nichtigkeit auf andere Weise als durch Erhebung der Klage geltend zu machen. ³Schafft der Hauptversammlungsbeschluss Voraussetzungen für eine Umwandlung nach § 1 des Umwandlungsgesetzes und ist der Umwandlungsbeschluss eingetragen, so gilt § 20 Abs. 2 des Umwandlungsgesetzes für den Hauptversammlungsbeschluss entsprechend.

(2) ¹Mehrere Nichtigkeitsprozesse sind zur gleichzeitigen Verhandlung und Entscheidung zu verbinden. ²Nichtigkeits- und Anfechtungsprozesse können verbunden werden.

Schrifttum: *Kindl,* Die Notwendigkeit einer einheitlichen Entscheidung über aktienrechtliche Anfechtungs- und Nichtigkeitsklagen, ZGR 2000, 166; *K. Schmidt,* Die Beschlussanfechtungsklage bei Vereinen und Personengesellschaften, FS Stimpel, 1985, 217; *K. Schmidt,* Nichtigkeitsklagen als Gestaltungsklagen, JZ 1988, 729; *Schulte,* Rechtsnatur und Wirkungen des Anfechtungs- und Nichtigkeitsurteils nach §§ 246, 248 AktG, AG 1988, 67; *Sosnitza,* Nichtigkeits- und Anfechtungsklage im Schnittfeld von Aktien- und Zivilprozessrecht, NZG 1998, 335; *Sosnitza,* Einheitlicher Streitgegenstand bei gleichzeitiger Erhebung von Nichtigkeitsklage und Anfechtungsklage, NZG 1999, 497; *Steinmeyer/Seidel,* Das Verhältnis von Anfechtungs- und Nichtigkeitsklagen im Recht der AG und GmbH, DStR 1999, 2077.

---

[4] *Schütz* DB 2004, 419 (425).
[5] *Göz/Holzborn* WM 2006, 157 (162).
[6] MüKoAktG/*Hüffer/Schäfer* Rn. 3; *Meyer/Ulbrich* NZG 2010, 246; aA *Schnabl* ZIP 2008, 1667.
[7] Ebenso Hüffer/Koch/*Koch* Rn. 2; *Meyer/Ulbrich* NZG 2010, 246.

Übersicht

	Rn.		Rn.
I. Normzweck, Rechtsnatur und Anwendungsbereich	1–6	a) Stattgebendes Urteil	19
		b) Klageabweisendes Urteil	20, 21
1. Normzweck	1	6. Registerverfahren	22
2. Rechtsnatur der Nichtigkeitsklage	2–4	7. Bekanntmachungen	22a
3. Anwendungsbereich	5, 6	**III. Anderweitige Geltendmachung der Nichtigkeit, Abs. 1 S. 2**	23
II. Die Nichtigkeitsklage, Abs. 1 S. 1	7–22a		
1. Prozessparteien	7–13	**IV. Verbindung mehrerer Nichtigkeitsklagen, Abs. 2**	24
a) Klägerseite	7–11		
b) Beklagtenseite	12, 13	**V. Allgemeine Feststellungsklage nach § 256 ZPO**	25, 26
2. Zuständigkeit	14		
3. Verfahrensgang und Streitwert	15–17	**VI. Nichtigkeitsklage nach dem UmwG und Fristenkoordination, Abs. 1 S. 3**	27–29
4. Freigabeverfahren	18		
5. Urteilswirkungen	19–21		

I. Normzweck, Rechtsnatur und Anwendungsbereich

1 **1. Normzweck.** Die Vorschrift entspricht dem Wortlaut des § 201 AktG 1937. Sie regelt das Verfahren der Nichtigkeitsklage und unterwirft dieses weitgehend den für die Anfechtungsklage geltenden Vorschriften. Zentrale Bedeutung hat die Verweisung auf § 248, wodurch dem Nichtigkeitsurteil erweiterte Rechtskraftwirkung zukommt. Nichtigkeitsklage und Nichtigkeitsurteil dienen daher der **Rechtssicherheit**.[1]

2 **2. Rechtsnatur der Nichtigkeitsklage.** Die Nichtigkeitsklage ist gerichtet auf die Feststellung der Nichtigkeit eines Hauptversammlungsbeschlusses. Nach hM ist sie eine besondere Form der **Feststellungsklage**, das Nichtigkeitsurteil ein Feststellungsurteil.[2]

3 Demgegenüber sieht eine andere Auffassung in der Anfechtungs- und der Nichtigkeitsklage zwei unterschiedliche Spielarten einer sog. **kassatorischen Klage** und ordnet die Nichtigkeitsklage daher als Gestaltungsklage ein.[3] Da der Streitgegenstand von Anfechtungs- und Nichtigkeitsklage identisch sei, gehe es in Wahrheit nicht um unterschiedliche Klageformen, sondern lediglich um unterschiedliche Beschlussmängel und unterschiedliche Begründungen eines kassatorischen Urteils.[4]

4 Zwar ermöglicht die Annahme einer einheitlichen kassatorischen Klage eine widerspruchsfreie Erklärung der heute einhellig bejahten Identität des Streitgegenstands von Anfechtungs- und Nichtigkeitsklage[5] und der Wirkungen des Nichtigkeitsurteils. Gleichwohl ist der hM zu folgen, da die strukturellen Unterschiede von Anfechtungs- und Nichtigkeitsklage, von Anfechtungs- und Nichtigkeitsurteil im Gesetz angelegt sind. Dies zeigt bereits das Nebeneinander von § 248 und § 249. Darüber hinaus weist auch die Einordnung des rechtskräftigen Anfechtungsurteils als Nichtigkeitsgrund nach § 241 Nr. 5 den strukturellen Unterschied zwischen der konstitutiven Gestaltungswirkung des Anfechtungsurteils und der Feststellungswirkung des Nichtigkeitsurteils aus. Während in den Fällen des § 241 Nr. 1 bis 4 die Nichtigkeit kraft Gesetzes eintritt und das Urteil die bereits bestehende materielle Rechtslage lediglich feststellt, bedarf es bei Vorliegen eines Anfechtungsgrundes der Nichtigerklärung durch rechtskräftiges (Gestaltungs-)Urteil, das die zutreffende materielle Rechtslage herstellt. Dass dieses auf den Zeitpunkt der Beschlussfassung zurückwirkt und damit letztlich dasselbe materielle Ergebnis erzielt wird, ändert nichts an der unterschiedlichen Wirkung von Anfechtungs- und Nichtigkeitsurteil. Diese wird im Übrigen auch durch die Regelung in Abs. 1 S. 2 verdeutlicht. Während ein Anfechtungsgrund nur im Wege der Anfechtungsklage geltend gemacht werden kann, bedarf es für die Geltendmachung der Nichtigkeit nicht zwingend eines

---

[1] Großkomm AktG/*K. Schmidt* Rn. 1; MüKoAktG/*Hüffer/Schäfer* Rn. 2; Hüffer/Koch/*Koch* Rn. 1.
[2] BGHZ 32, 318 (322) = NJW 1960, 1447; OLG Düsseldorf ZIP 1997, 1153; m. Anm. *Kort* EWiR 1998, 151; MüKoAktG/*Hüffer/Schäfer* Rn. 4; Kölner Komm AktG/*Zöllner* Rn. 25; Hüffer/Koch/*Koch* Rn. 10; *Sosnitza* NZG 1998, 335 (337); *Sosnitza* NZG 1999, 497; vgl. auch OLG Stuttgart AG 2001, 315 (316); vgl. aA *Casper* → Vor § 241 Rn. 9 f.: Doppelnatur der Nichtigkeitsklage.
[3] Großkomm AktG/*K. Schmidt* Rn. 4 ff.; *K. Schmidt* GesR § 15 II 2; *K. Schmidt* FS Stimpel, 1985, 217 (224); *K. Schmidt* AG 1995, 551 (552); ebenso Grigoleit/*Ehmann* Rn. 2.
[4] *K. Schmidt* FS Stimpel, 1985, 217 (223).
[5] → § 246 Rn. 5 ff.; BGHZ 134, 364 = NJW 1997, 1510; BGH NJW 1999, 1638; BGHZ 152, 1 = NJW 2002, 3465; OLG Stuttgart AG 1998, 529.

Nichtigkeitsurteils nach Abs. 1 S. 1; vielmehr kann, weil die Nichtigkeit kraft Gesetzes eintritt, diese auch in anderer Weise geltend gemacht werden.

3. Anwendungsbereich. Ob Abs. 1 analog auf eine Klage auf Feststellung der **Unwirksamkeit** 5 eines Hauptversammlungsbeschlusses anwendbar ist, ist umstritten.[6] Anwendbar ist § 249 auf die Unwirksamkeitstatbestände, für die das Gesetz dessen Geltung ausdrücklich anordnet (vgl. § 253 Abs. 2, § 256 Abs. 7). Hiervon erfasst sind die Fälle der § 173 Abs. 3, § 217 Abs. 2, § 228 Abs. 2, § 234 Abs. 3, § 235 Abs. 2. In den übrigen Fällen der Unwirksamkeit eines Hauptversammlungsbeschlusses ist eine analoge Anwendung des § 249 abzulehnen, weil die Unwirksamkeitsklage einen anderen Streitgegenstand hat als die Nichtigkeitsklage und ein zwingendes Bedürfnis für eine inter omnes-Wirkung des Urteils nicht besteht. Die Unwirksamkeit kann auf jede Weise, etwa auch durch Feststellungsklage nach § 256 ZPO geltend gemacht werden, die allerdings ein besonderes Feststellungsinteresse des Klägers voraussetzt. Auch eine analoge Anwendung des § 249 auf **Scheinbeschlüsse** kommt nicht in Betracht.[7] Schließlich scheidet auch eine analoge Anwendung auf **fehlerhafte Beschlüsse des Aufsichtsrats** aus.[8]

Analog anwendbar ist § 249 auf Nichtigkeitsklagen gegen Gesellschafterbeschlüsse einer **GmbH**[9] 6 und gegen Generalversammlungen einer **Genossenschaft**,[10] nicht hingegen auf Klagen gegen eine Personenhandelsgesellschaft wegen fehlerhafter Beschlüsse der Gesellschafterversammlung.[11]

II. Die Nichtigkeitsklage, Abs. 1 S. 1

1. Prozessparteien. a) Klägerseite. Die Nichtigkeitsklage kann durch einen Aktionär, den Vor- 7 stand als Organ oder ein Mitglied des Vorstands oder Aufsichtsrats erhoben werden und richtet sich gegen die Gesellschaft. Demgegenüber kann die allgemeine Feststellungsklage nach § 256 ZPO von jedermann erhoben werden. Daraus folgt, dass die **Aktionärseigenschaft** weder Zulässigkeitsvoraussetzung noch Begründetheitselement einer auf Feststellung der Nichtigkeit eines Hauptversammlungsbeschlusses gerichteten Klage ist. Vielmehr ist sie auch noch in der Revisionsinstanz[12] von Amts wegen zu prüfende Voraussetzung für die Einordnung der Klage als Nichtigkeitsklage nach § 249 oder als allgemeine Feststellungsklage nach § 256 ZPO.[13] Die auf Feststellung der Nichtigkeit eines Hauptversammlungsbeschlusses gerichtete Klage eines Nichtaktionärs ist daher stets und automatisch eine allgemeine Feststellungsklage. Sie bedarf eines besonderen Feststellungsinteresses, das bei der Nichtigkeitsklage des Aktionärs nach § 249 nicht erforderlich ist.

Die Aktionärseigenschaft muss im Zeitpunkt der letzten mündlichen Verhandlung vorliegen. 8 Nicht erforderlich ist die Aktionärsstellung bei Klageerhebung, erst recht nicht bei Beschlussfassung.[14] Einer weiteren Voraussetzung neben der Aktionärseigenschaft bedarf es nicht. Insbesondere ist, anders als bei der Anfechtungsklage, nicht erforderlich, dass der Aktionär in der Hauptversammlung erschienen ist und Widerspruch gegen den Beschluss erhoben hat. Auch eines besonderen Feststellungsinteresses bedarf es nicht. Besonderheiten gelten für den **Erwerb oder Verlust** der Aktionärsstellung **nach Eintritt der Rechtshängigkeit**.

Bei nachträglichem **Erwerb der Aktionärseigenschaft** ist die Klage zunächst als allgemeine 9 Feststellungsklage nach § 256 ZPO erhoben. Mit dem Erwerb der Aktien wird sie automatisch zur Nichtigkeitsklage, denn die in Abs. 1 S. 1 genannten Personen können keine allgemeine Feststellungsklage erheben.[15] Dies hat zur Folge, dass die Gesellschaft nunmehr nach § 246 Abs. 2 S. 2 durch

---

[6] Bejahend Großkomm AktG/*K. Schmidt* Rn. 9; Kölner Komm AktG/*Zöllner* Rn. 51; NK-AktR/*Heidel* Rn. 19; Bürgers/Körber/*Göz* Rn. 16; ebenso *Casper* → Vor § 241 Rn. 12; verneinend K. Schmidt/Lutter/*Schwab* Rn. 13; Hüffer/Koch/*Koch* Rn. 21; MüKoAktG/*Hüffer/Schäfer* Rn. 38; differenzierend zwischen Fällen der endgültigen Unwirksamkeit und der behebbaren Unwirksamkeit Grigoleit/*Ehmann* Rn. 3.

[7] Kölner Kommentar AktG/*Zöllner* Rn. 7; aA Großkomm AktG/*K. Schmidt* Rn. 10; MüKoAktG/*Hüffer/Schäfer* Rn. 39.

[8] BGHZ 122, 342 = NJW 1993, 2307.

[9] BGH NZG 2003, 127; OLG Koblenz NZG 2006, 270.

[10] BGHZ 70, 384 (386) = NJW 1978, 1325.

[11] BGH NZG 2003, 127; OLG Hamm OLGR 1992, 184.

[12] BGHZ 43, 261 (265) = BGH NJW 1965, 1378 (1379).

[13] MüKoAktG/*Hüffer/Schäfer* Rn. 10; Kölner Komm AktG/*Zöllner* Rn. 10; aA Großkomm AktG/*K. Schmidt* Rn. 12, der die Aktionärseigenschaft als Zulässigkeitsvoraussetzung qualifiziert.

[14] OLG Celle ZIP 1984, 594 (595); Großkomm AktG/*K. Schmidt* Rn. 13; MüKoAktG/*Hüffer/Schäfer* Rn. 11; Kölner Komm AktG/*Zöllner* Rn. 13.

[15] BGHZ 70, 384 (388) = NJW 1978, 1325; OLG Stuttgart AG 2001, 315; MüKoAktG/*Hüffer/Schäfer* Rn. 12; Kölner Komm AktG/*Zöllner* Rn. 3; aA Großkomm AktG/*K. Schmidt* Rn. 14: Klageänderung nach § 263 ZPO; ebenso K. Schmidt/Lutter/*Schwab* Rn. 4; vgl. auch OLG Hamburg NJW-RR 1996, 1065 zur GmbH.

Vorstand und Aufsichtsrat vertreten wird. Sie ist dem Aufsichtsrat nachträglich zuzustellen. Außerdem ist die Bekanntmachung nach § 246 Abs. 4 S. 1 nachzuholen. Ist die Klage nicht vor dem nach § 246 Abs. 3 S. 1 ausschließlich zuständigen Gericht erhoben, ist der Rechtsstreit auf Antrag des Klägers nach § 281 Abs. 1 ZPO an das Landgericht am Sitz der Gesellschaft zu verweisen. Fehlt eine dieser Voraussetzungen, ist die Klage als unzulässig abzuweisen; sie kann nicht als normale Feststellungsklage nach § 256 ZPO Erfolg haben.[16]

10   Wie sich der nachträgliche **Verlust der Aktionärseigenschaft** auswirkt, ist streitig. Während die früher wohl hM die Auffassung vertreten hat, der Kläger verliere das Prozessführungsrecht, wenn er seine Gesellschafterstellung während des Rechtsstreits aufgebe,[17] werden heute überwiegend zwei Auffassungen vertreten. Nach einer Meinung soll die Veräußerung der Aktien entsprechend § 265 ZPO zu behandeln sein mit der Folge, dass der Aktionär als gesetzlicher Prozessstandschafter weiterhin prozessführungsbefugt bleibt.[18] Nach der Gegenmeinung kann der Rechtsstreit nur als gewöhnliche Feststellungsklage fortgeführt werden, wenn der Kläger ein Feststellungsinteresse hat.[19] Die erstgenannte Auffassung verdient den Vorzug, denn sowohl die Anfechtungsbefugnis (→ § 245 Rn. 20 f.) als auch das Recht, die Nichtigkeit eines Hauptversammlungsbeschlusses mit inter omnes-Wirkung feststellen zu lassen, sind Ausfluss des Mitgliedschaftsrechts des Aktionärs. Auf die Abtretung des Gesellschaftsanteils findet daher § 265 ZPO analoge Anwendung. Der Kläger muss aber dartun, nach der Abtretung des Gesellschaftsanteils noch ein rechtliches Interesse an der Fortführung des Prozesses zu haben. Da er nicht mehr Aktionär ist, kann das Feststellungsinteresse nicht mehr aus der Gesellschafterstellung hergeleitet werden (zur Fortsetzung der Anfechtungsklage nach Veräußerung oder sonstigem Verlust der Aktien → § 245 Rn. 20 f.).[20]

11   Der **Vorstand als Organ,** nicht hingegen der Aufsichtsrat als Organ, kann Klage auf Feststellung der Nichtigkeit eines Hauptversammlungsbeschlusses erheben. Klagebefugt sind zudem die einzelnen **Mitglieder des Vorstands** und **des Aufsichtsrats,** auch wenn die besonderen Voraussetzungen für die Anfechtungsklage nach § 245 Nr. 5 nicht vorliegen.[21] Die Vorstands- und Aufsichtsratsmitglieder sind aufgrund ihrer Organstellung klagebefugt. Eines besonderen Feststellungsinteresses bedarf es nicht. Scheidet das klagende Organmitglied während des Rechtsstreits aus, so kann die Klage nicht als Nichtigkeitsklage fortgesetzt werden. Eine Fortführung des Nichtigkeitsprozesses in entsprechender Anwendung des § 265 ZPO kommt, anders als bei der Klage des Aktionärs, nicht in Betracht. Die analoge Anwendung des § 265 ZPO bei der Klage eines Aktionärs beruht auf dem Gedanken, dass die Klagebefugnis ein aus dem Mitgliedschaftsrecht folgendes Verwaltungsrecht ist. Demgegenüber ist den einzelnen Mitgliedern des Vorstands und des Aufsichtsrats Klagebefugnis aufgrund ihrer Organstellung eingeräumt. Mit dem Ausscheiden des klagenden Organmitglieds entfällt die Voraussetzung für die Einordnung der Klage als Nichtigkeitsklage. Die Klage kann nur als einfache Feststellungsklage fortgesetzt werden, setzt aber nunmehr ein besonderes Feststellungsinteresse des Klägers voraus.[22] Die bei der Anfechtungsklage herangezogene Erwägung, dass die Anfechtungsbefugnis nach § 245 Nr. 5 auch der Rechtmäßigkeitskontrolle dient und dieser Zweck unabhängig vom Fortbestand der Organstellung ist (→ § 245 Rn. 49), kann für die Nichtigkeitsklage nicht herangezogen werden. Ein Nichtigkeitsgrund führt kraft Gesetzes zur Nichtigkeit des Hauptversammlungsbeschlusses. Die Nichtigkeitsklage dient zwar der Rechtssicherheit, nicht aber der Rechtmäßigkeitskontrolle. Im Übrigen kann, wenn das ausgeschiedene Organmitglied ein besonderes Feststellungsinteresse hat, die Klage als einfache Feststellungsklage nach § 256 ZPO fortgesetzt werden, allerdings mit der Folge, dass auch das stattgebende Urteil nur inter partes wirkt (→ Rn. 26).

12   b) **Beklagtenseite.** Die Nichtigkeitsklage ist gegen die **Gesellschaft** zu richten. Wird die Klage auf Feststellung der Nichtigkeit eines Hauptversammlungsbeschlusses gegen einen anderen erhoben, handelt es sich um eine allgemeine Feststellungsklage nach § 256 ZPO (→ Rn. 25 f.). Die Gesellschaft wird im Rechtsstreit durch Vorstand und Aufsichtsrat vertreten, wenn ein Aktionär klagt. Erhebt der Vorstand oder ein Vorstandsmitglied Klage gegen die Gesellschaft, wird diese vom Auf-

---

[16] BGH NJW 1992, 2099; MüKoAktG/*Hüffer/Schäfer* Rn. 7; Kölner Komm AktG/*Zöllner* Rn. 12.
[17] Nachweise bei BGHZ 43, 261 (266) = NJW 1965, 1378 (1379).
[18] Großkomm AktG/*K. Schmidt* Rn. 15; ähnlich Kölner Komm AktG/*Zöllner* Rn. 13; K. Schmidt/Lutter/*Schwab* Rn. 4; Bürgers/Körber/*Göz* Rn. 5; ebenso BGHZ 43, 261 (267) = NJW 1965, 1378 (1379) für die GmbH; vgl. auch BGH AG 1999, 180.
[19] OLG München AG 2009, 912; MüKoAktG/*Hüffer/Schäfer* Rn. 13; so wohl auch Hüffer/Koch/*Koch* Rn. 6.
[20] So schon BGHZ 43, 261 (267 f.) = NJW 1965, 1378 für die GmbH; MüKoZPO/*Becker-Eberhard* § 265 Rn. 28; Zöller/*Greger* ZPO § 265 Rn. 3; vgl. auch BGH NJW 2007, 300.
[21] Großkomm AktG/*K. Schmidt* Rn. 16; MüKoAktG/*Hüffer/Schäfer* Rn. 15.
[22] MüKoAktG/*Hüffer/Schäfer* Rn. 15; aA Großkomm AktG/*K. Schmidt* Rn. 16: Klageänderung erforderlich; anders wohl Bürgers/Körber/*Göz* Rn. 6.

sichtsrat vertreten, klagt ein Mitglied des Aufsichtsrats, liegt die Vertretung beim Vorstand, Abs. 1 S. 1 iVm § 246 Abs. 2 S. 2 und 3.

Wird die Gesellschaft durch Vorstand und Aufsichtsrat vertreten, bedarf es der Zustellung der 13 Klage an mindestens ein Mitglied des Vorstands und des Aufsichtsrats (→ § 246 Rn. 45 f.).[23] Eine Heilung kommt nach § 189 ZPO nur durch tatsächlichen Zugang oder durch Rügeverzicht nach § 295 ZPO in Betracht, eine bloße Unterrichtung der Organmitglieder genügt nicht.[24] Die ordnungsgemäße Klageerhebung ist **Prozessvoraussetzung.** Ist die Zustellung nur an eines der beiden Organe erfolgt, fehlt es hieran, mit der Folge, dass die Klage als unzulässig abzuweisen ist.[25]

2. Zuständigkeit. Nach Abs. 1 S. 1 iVm § 246 Abs. 3 S. 1 ist sachlich und örtlich ausschließlich 14 das **Landgericht am Sitz der Gesellschaft** zuständig (zu den Einzelheiten → § 246 Rn. 39 ff.). Funktionell zuständig ist nach § 246 Abs. 3 S. 2 die Kammer für Handelssachen. Die Frage der Zulässigkeit einer **Schiedsklage** ist für die Nichtigkeitsklage ebenso zu beurteilen, wie für die Anfechtungsklage (→ § 246 Rn. 8 ff.).

3. Verfahrensgang und Streitwert. Wie für das Anfechtungsverfahren gelten auch für die Nich- 15 tigkeitsklage die allgemeinen Regeln des Zivilprozesses. Die Zulässigkeit eines Anerkenntnisurteils ist wie beim Anfechtungsprozess streitig.[26] Nach Abs. 1 S. 1 iVm § 246 Abs. 4 S. 1 muss der Vorstand die Klageerhebung und den ersten Termin zur mündlichen Verhandlung unverzüglich (vgl. § 121 Abs. 1 S. 1 BGB) in den Gesellschaftsblättern bekannt machen.

Eine **Nebenintervention** ist nach allgemeinen Grundsätzen möglich (→ § 246 Rn. 33 ff.). Tritt 16 eine der in Abs. 1 S. 1 genannten Personen oder der Vorstand dem Rechtsstreit bei, handelt es sich wegen der erweiterten Urteilswirkung nach § 248 Abs. 1 S. 1 um einen Fall der streitgenössischen Nebenintervention.[27] Durch Abs. 1 S. 1 iVm § 246 Abs. 4 S. 2 ist die Möglichkeit für einen Aktionär, dem Rechtsstreit auf Klägerseite beizutreten, zeitlich begrenzt. Der Beitritt muss innerhalb eines Monats nach der Bekanntmachung der Klageerhebung in den Gesellschaftsblättern erfolgen. Eine nach Ablauf der Monatsfrist bei dem Prozessgericht eingehende Beitrittserklärung ist, wenn sie auf Seiten des Anfechtungsklägers erfolgt, unzulässig.[28]

Für den **Streitwert** gelten die Grundsätze des § 247 entsprechend. Der Streitwert der Nichtig- 17 keitsklage wird nach billigem Ermessen unter Berücksichtigung der Bedeutung der Sache für beide Parteien durch das Prozessgericht bestimmt. Außerdem gelten die Höchstgrenzen des § 247 Abs. 1 S. 2 und es besteht die Möglichkeit einer Streitwertspaltung nach § 247 Abs. 2 (zu den Einzelheiten → § 247 Rn. 14, 16 ff.). Die Anwendung der Grundsätze des § 247 ist angesichts der Identität des Streitgegenstands von Anfechtungs- und Nichtigkeitsklage auch sachlich gerechtfertigt.

4. Freigabeverfahren. Das Freigabeverfahren nach § 246a kann auch bei Erhebung der Nichtig- 18 keitsklage gegen einen der in § 246a Abs. 1 genannten Hauptversammlungsbeschlüsse angestrengt werden.

5. Urteilswirkungen. a) Stattgebendes Urteil. Das stattgebende Urteil lautet auf Feststel- 19 lung der Nichtigkeit des Hauptversammlungsbeschlusses. Es ist ein **Feststellungsurteil** und kein Gestaltungsurteil (→ Rn. 2–4). Nach Abs. 1 S. 1 iVm § 248 Abs. 1 S. 1 erstreckt sich die materielle Rechtskraft des Nichtigkeitsurteils auf den dort genannten Personenkreis. Darüber hinaus kommt dem Nichtigkeitsurteil **inter omnes-Wirkung** zu. Zwar gibt der Gesetzeswortlaut hierfür keinen Anhaltspunkt. Die gleiche Reichweite von Anfechtungs- und Nichtigkeitsurteil entspricht aber dem praktischen Bedürfnis, schwere Unzuträglichkeiten zu vermeiden, die sich ergäben, wenn trotz gerichtlicher Feststellung der Nichtigkeit des Hauptversammlungsbeschlusses im Verhältnis zu Dritten, die nicht dem Personenkreis des § 248 Abs. 1 S. 1 angehören, von dessen Gültigkeit ausgegangen werden müsste. Im Sinne eines argumentum a maiore ad minus muss erst recht für Nichtigkeitsgründe gelten, was aufgrund der Gestaltungswirkung des Anfechtungsurteils für Anfechtungsgründe gilt. Daher wirkt nach heute allgM das rechtskräftige Nichtigkeitsurteil für und gegen jedermann.[29]

---

[23] BGHZ 32, 114 (119) = NJW 1960, 1006; BGH NJW 1992, 2099; Großkomm AktG/*K. Schmidt* Rn. 18; MüKoAktG/*Hüffer/Schäfer* Rn. 19.
[24] BGHZ 70, 384 (387) = NJW 1978, 1325; BGH NJW 1992, 2099 (2100); vgl. auch OLG Stuttgart AG 2001, 315.
[25] BGH NJW 1992, 2099 (2100).
[26] → § 246 Rn. 51; bejahend Kölner Komm AktG/*Zöllner* Rn. 29; verneinend Großkomm AktG/*K. Schmidt* Rn. 25.
[27] BGH NJW 2001, 2638; AG 1999, 228; OLG Schleswig AG 1993, 930.
[28] OLG Frankfurt AG 2010, 558.
[29] BGH AG 2009, 167; Großkomm AktG/*K. Schmidt* Rn. 31; MüKoAktG/*Hüffer/Schäfer* Rn. 24 f.; Hüffer/Koch/*Koch* Rn. 17; *Steinmeyer/Seidel* DStR 1999, 2077 (2078).

20 **b) Klageabweisendes Urteil.** Für das **klageabweisende Urteil** gilt dasselbe wie bei der Anfechtungsklage. Das Urteil erwächst nur zwischen den Prozessparteien in Rechtskraft (im Einzelnen → § 248 Rn. 25 ff.). Ein Dritter ist daher an der Erhebung einer erneuten Nichtigkeitsklage nicht gehindert.

21 Eine Klageabweisung durch **Prozessurteil** erfolgt, wenn ausnahmsweise das Rechtsschutzbedürfnis fehlt, etwa der Beschluss mangelfrei wiederholt worden ist.[30] Die Klage ist auch dann unzulässig, wenn sie **rechtsmissbräuchlich** erhoben oder fortgesetzt wird. Anders als bei der Anfechtungsklage entfällt nicht ein materielles Gestaltungsrecht, vielmehr fehlt bei einer rechtsmissbräuchlichen Klage das Rechtsschutzbedürfnis für die Feststellung der Nichtigkeit eines Hauptversammlungsbeschlusses.[31]

22 **6. Registerverfahren.** Für das Registerverfahren gelten nach Abs. 1 S. 1 die Regelungen des § 248 Abs. 1 S. 2–4, Abs. 2. Den Vorstand trifft daher die Pflicht, das Urteil zum Handelsregister einzureichen. Im Falle eines Satzungsänderungsbeschlusses besteht eine erweiterte Einreichungspflicht nach § 248 Abs. 1 S. 2. War der Beschluss in das Handelsregister eingetragen, so ist nach § 248 Abs. 1 S. 3 auch das Urteil einzutragen und diese Eintragung in gleicher Weise wie die des Beschlusses bekannt zu machen, § 248 Abs. 1 S. 4 (zu den Einzelheiten → § 248 Rn. 31 ff.). Die Eintragung des Urteils in das Handelsregister nach § 248 Abs. 1 S. 3 scheidet aber dann aus, wenn durch rechtskräftigen Freigabebeschluss des Prozessgerichts nach § 246a festgestellt ist, dass Mängel des Hauptversammlungsbeschlusses die Wirkung der Eintragung unberührt lassen, § 242 Abs. 2 S. 5.

22a **7. Bekanntmachungen.** Infolge der Verweisung in Abs. 1 S. 1 auf § 246 Abs. 4 hat der Vorstand die Erhebung der Nichtigkeitsklage und den Termin zur mündlichen Verhandlung unverzüglich in den Gesellschaftsblättern bekannt zu machen (→ § 246 Rn. 52 ff.). Nach Abs. 1 S. 1 iVm § 248a ist bei **börsennotierten Gesellschaften** die Beendigung des Prozesses, und zwar jede Art der Beendigung, unverzüglich in den Gesellschaftsblättern bekannt zu machen. Angesichts der Identität des Streitgegenstands von Anfechtungs- und Nichtigkeitsklage ist die der Transparenz aller Absprachen und damit der Prävention gegen missbräuchliche Klagen dienende Bekanntmachungspflicht auch bei der Nichtigkeitsklage unbedingt erforderlich.

III. Anderweitige Geltendmachung der Nichtigkeit, Abs. 1 S. 2

23 Nach Abs. 1 S. 2 steht auch den in Abs. 1 S. 1 genannten Personen die Möglichkeit offen, die Nichtigkeit in anderer Weise als durch Erhebung der Nichtigkeitsklage geltend zu machen. Dies ist zwingende Folge des Vorliegens eines Nichtigkeitsgrundes, der, anders als der Anfechtungsgrund, kraft Gesetzes zur Unwirksamkeit des Beschlusses führt. Neben der außerprozessualen Berufung auf die Nichtigkeit und deren Geltendmachung als Vorfrage in anderen Prozessen kommt insbesondere die Geltendmachung mittels Einrede in Betracht, wenn aus dem Hauptversammlungsbeschluss Ansprüche hergeleitet und gerichtlich verfolgt werden.[32] Auf die Nichtigkeit des Beschlusses kann sich auch die Gesellschaft selbst berufen, etwa bei einer Klage auf Gewinnauszahlung auf der Basis eines Gewinnverwendungsbeschlusses.

IV. Verbindung mehrerer Nichtigkeitsklagen, Abs. 2

24 Mehrere Nichtigkeitsklagen, die sich gegen denselben Hauptversammlungsbeschluss richten, sind zur gleichzeitigen Verhandlung und Entscheidung zu verbinden, Abs. 2 S. 1. Nicht erforderlich ist dabei, dass in den verschiedenen Klagen dieselben Nichtigkeitsgründe geltend gemacht werden. Die Vorschrift soll widersprüchliche Entscheidungen verhindern; sie ist zwingend, erfasst aber nur Nichtigkeitsklagen iSd Abs. 1, nicht hingegen allgemeine Feststellungsklagen nach § 256 ZPO. Auch eine Verbindung von Nichtigkeits- und allgemeiner Feststellungsklage nach § 147 ZPO scheidet angesichts der unterschiedlichen Rechtskraftwirkung von Nichtigkeitsurteil und allgemeinem Feststellungsurteil aus. Nichtigkeits- und Anfechtungsklage können verbunden werden, Abs. 2 S. 2. Nach hM ist deren Verbindung entgegen dem Wortlaut des Gesetzes zwingend, wenn sich beide Klagen mit derselben Begründung gegen denselben Beschluss richten.[33] Da beide Klagen denselben Streitgegenstand haben und auch die Anfechtungsklage auf Nichtigkeitsgründe gestützt werden kann,[34]

---

[30] BGHZ 21, 354 = NJW 1956, 1753.
[31] OLG Stuttgart AG 2004, 271; AG 2003, 165; AG 2001, 315; OLG Frankfurt AG 1991, 208; Großkomm AktG/*K. Schmidt* Rn. 29.
[32] Vgl. zum Ganzen Großkomm AktG/*K. Schmidt* Rn. 7.
[33] Großkomm AktG/*K. Schmidt* Rn. 27; Kölner Komm AktG/*Zöllner* § 246 Rn. 82; einschränkend Hüffer/Koch/*Koch* Rn. 20.
[34] BGHZ 134, 364 = NJW 1997, 1510; BGH NJW 1999, 1638; BGHZ 152, 1 = NJW 2002, 3465.

erscheint eine Prozessverbindung in der Praxis unbedingt geboten. Ob dieses Ergebnis jedoch mit der Annahme einer Verpflichtung des Gerichts zur Prozessverbindung im Wege der Rechtsfortbildung begründet wird, oder – was angesichts des klaren Gesetzeswortlauts näher liegt – davon ausgegangen wird, das dem Gericht eingeräumte Ermessen sei in diesem Fall regelmäßig reduziert, ist letztlich ohne praktische Bedeutung.[35]

V. Allgemeine Feststellungsklage nach § 256 ZPO

Die Nichtigkeitsklage kann nur von den in Abs. 1 S. 1 genannten Personen und Organen erhoben werden. Dritte können die Nichtigkeit eines Hauptversammlungsbeschlusses nur durch gewöhnliche Feststellungsklage nach § 256 ZPO geltend machen.[36] Andererseits kann sich der in Abs. 1 S. 1 genannte Personenkreis den für die Nichtigkeitsklage nach § 249 geltenden Bestimmungen nicht durch eine allgemeine Feststellungsklage entziehen. Angesichts der Möglichkeit einer Nichtigkeitsklage nach § 249 besteht für diese Personen kein rechtsschutzwürdiges Interesse an einer nur inter partes wirkenden Feststellung der Nichtigkeit.[37] Die Nichtigkeitsklage einer der in Abs. 1 genannten Personen, der eine der besonderen Zulässigkeitsvoraussetzungen fehlt, ist daher nicht als allgemeine Feststellungsklage zu behandeln, sondern als unzulässig abzuweisen. Dies ist etwa der Fall, wenn die Klage nicht bei dem nach § 246 Abs. 3 S. 1 ausschließlich zuständigen Gericht erhoben ist oder es an einer Zustellung der Klage an den Vorstand oder den Aufsichtsrat fehlt.[38]

Eine allgemeine Feststellungsklage eines Dritten, der nicht zu dem in Abs. 1 S. 1 genannten 26 Personenkreis gehört, ist nur zulässig, wenn der Kläger ein besonderes Feststellungsinteresse hat.[39] Dies wird in der Praxis nur selten der Fall sein. Ausnahmsweise kann ein Feststellungsinteresse etwa dann bestehen, wenn ein Beschluss angegriffen wird, durch den der Kläger als Mitglied des Vorstands oder Aufsichtsrats abberufen wurde.[40] Für eine solche Klage gelten die Sonderregeln des § 249 nicht.[41] Es besteht keine ausschließliche Zuständigkeit des Landgerichts am Sitz der Gesellschaft, vielmehr gelten für die Zuständigkeit die allgemeinen Regeln der §§ 12 ff. ZPO, §§ 23, 71 GVG. Für die Vertretung der Gesellschaft gilt nicht die Besonderheit des § 246 Abs. 2 S. 2 und 3, sondern die allgemeine Vertretungsregelung des § 78, dh die beklagte Gesellschaft wird nur durch den Vorstand vertreten. Der Streitwert der Feststellungsklage bemisst sich nicht nach § 247, sondern gemäß §§ 3 ff. ZPO alleine nach dem Interesse des Klägers. Schließlich gelten auch die besonderen Publizitätsvorschriften des § 248 Abs. 1 S. 2–4, Abs. 2 nicht für die allgemeine Feststellungsklage. Sowohl dem stattgebenden als auch dem klageabweisenden Urteil kommt materielle Rechtskraft nur zwischen den Prozessparteien zu.

VI. Nichtigkeitsklage nach dem UmwG und Fristenkoordination, Abs. 1 S. 3

Die Nichtigkeitsklage nach § 249 ist nicht fristgebunden. Sie kann auch nach Ablauf der Monatsfrist des § 246 Abs. 1 erhoben werden. Eine Ausnahme gilt jedoch für die Klage auf Nichtigerklärung eines **Verschmelzungsbeschlusses**. Nach § 14 Abs. 1 UmwG muss eine Klage gegen die Wirksamkeit eines Verschmelzungsbeschlusses innerhalb eines Monats nach der Beschlussfassung erhoben werden. Entsprechendes gilt für die Nichtigkeitsklage gegen die anderen Arten der Umwandlung, die **Spaltung** (§ 125 UmwG), den **Formwechsel** (§ 195 Abs. 1 UmwG) und die **Vermögensübertragung** (§§ 178, 179, 184 UmwG). Zwar spricht § 14 Abs. 1 UmwG von der Klage gegen die Wirksamkeit des Beschlusses. Hierunter ist nach allgM aber auch die Nichtigkeitsklage nach § 249, nicht hingegen die allgemeine Feststellungsklage, zu subsumieren.[42]

Der durch das am 1.11.2005 in Kraft getretene Gesetz zur Unternehmensintegrität und Modernisierung des Anfechtungsrechts **(UMAG)** eingefügte Abs. 1 S. 3 koordiniert die Monatsfrist des § 14 Abs. 1 UmwG mit der unbefristet möglichen Nichtigkeitsklage gegen einen Kapitalerhöhungsbe-

---

[35] Vgl. hierzu K. Schmidt/Lutter/*Schwab* Rn. 9.
[36] BGH AG 2009, 167.
[37] BGHZ 70, 384 (388) = BGH NJW 1978, 1325; OLG Hamburg NJW-RR 1996, 1065; OLG Koblenz NZG 2006, 270; Großkomm AktG/*K. Schmidt* Rn. 36; MüKoAktG/*Hüffer/Schäfer* Rn. 7; Kölner Komm AktG/*Zöllner* Rn. 4.
[38] BGHZ 70, 384 = NJW 1978, 1325.
[39] BGH AG 2009, 167.
[40] Vgl. BGH NJW 1966, 1458 (1459) für die Abberufung eines Geschäftsführers einer GmbH; vgl. auch OLG Brandenburg GmbHR 2005, 993.
[41] OLG Naumburg AG 1998, 430; OLG Hamburg NJW-RR 1996, 1065; Großkomm AktG/*K. Schmidt* Rn. 36 f.
[42] BT-Drs. 12/6699 zu § 14 UmwG; Großkomm AktG/*K. Schmidt* Rn. 43; MüKoAktG/*Hüffer/Schäfer* Rn. 29.

schluss zur Durchführung einer Verschmelzung. Ein Kapitalerhöhungsbeschluss ist regelmäßig erforderlich, um bei dem übernehmenden Rechtsträger Anteile zu schaffen, die den Gesellschaftern der übertragenden Gesellschaft als Gegenleistung für ihre untergehende Beteiligung an dieser Gesellschaft zu gewähren sind. Nach Abs. 1 S. 3 iVm § 20 Abs. 2 UmwG lassen Mängel des zum Zwecke der Verschmelzung gefassten Kapitalerhöhungsbeschlusses die Wirkungen der Eintragung der Verschmelzung unberührt. Die Wirkungen der Eintragung des Verschmelzungsbeschlusses bleiben daher auch im Falle einer erfolgreichen Nichtigkeitsklage gegen den Kapitalerhöhungsbeschluss bestehen; die Eintragung der Verschmelzung heilt die Mängel des der Verschmelzung zugrunde liegenden Kapitalerhöhungsbeschlusses.

29 Große praktische Bedeutung kommt dieser Regelung indessen nicht zu, vielmehr normiert sie lediglich die bisher ganz überwiegend vertretene Auffassung zu § 20 Abs. 2 UmwG. Nach hM zum Umwandlungsrecht erstrecken sich die Wirkungen der Eintragung der Verschmelzung in das Handelsregister gemäß § 20 Abs. 2 UmwG auch auf die Kapitalerhöhung, durch die der übernehmende Rechtsträger die zur Durchführung der Verschmelzung erforderlichen Anteile generiert.[43]

Zweiter Unterabschnitt. Nichtigkeit bestimmter Hauptversammlungsbeschlüsse

§ 250 Nichtigkeit der Wahl von Aufsichtsratsmitgliedern

(1) Die Wahl eines Aufsichtsratsmitglieds durch die Hauptversammlung ist außer im Falle des § 241 Nr. 1, 2 und 5 nur dann nichtig, wenn
1. der Aufsichtsrat unter Verstoß gegen § 96 Absatz 4, § 97 Abs. 2 Satz 1 oder § 98 Abs. 4 zusammengesetzt wird;
2. die Hauptversammlung, obwohl sie an Wahlvorschläge gebunden ist (§§ 6 und 8 des Montan-Mitbestimmungsgesetzes), eine nicht vorgeschlagene Person wählt;
3. durch die Wahl die gesetzliche Höchstzahl der Aufsichtsratsmitglieder überschritten wird (§ 95);
4. die gewählte Person nach § 100 Abs. 1 und 2 bei Beginn ihrer Amtszeit nicht Aufsichtsratsmitglied sein kann;
5. die Wahl gegen § 96 Absatz 2 verstößt.

(2) Für die Klage auf Feststellung, daß die Wahl eines Aufsichtsratsmitglieds nichtig ist, sind parteifähig
1. der Gesamtbetriebsrat der Gesellschaft oder, wenn in der Gesellschaft nur ein Betriebsrat besteht, der Betriebsrat, sowie, wenn die Gesellschaft herrschendes Unternehmen eines Konzerns ist, der Konzernbetriebsrat,
2. der Gesamt- oder Unternehmenssprecherausschuss der Gesellschaft oder, wenn in der Gesellschaft nur ein Sprecherausschuss besteht, der Sprecherausschuss sowie, wenn die Gesellschaft herrschendes Unternehmen eines Konzerns ist, der Konzernsprecherausschuss,
3. der Gesamtbetriebsrat eines anderen Unternehmens, dessen Arbeitnehmer selbst oder durch Delegierte an der Wahl von Aufsichtsratsmitgliedern der Gesellschaft teilnehmen, oder, wenn in dem anderen Unternehmen nur ein Betriebsrat besteht, der Betriebsrat,
4. der Gesamt- oder Unternehmenssprecherausschuss eines anderen Unternehmens, dessen Arbeitnehmer selbst oder durch Delegierte an der Wahl von Aufsichtsratsmitgliedern der Gesellschaft teilnehmen, oder, wenn in dem anderen Unternehmen nur ein Sprecherausschuss besteht, der Sprecherausschuss,
5. jede in der Gesellschaft oder in einem Unternehmen, dessen Arbeitnehmer selbst oder durch Delegierte an der Wahl von Aufsichtsratsmitgliedern der Gesellschaft teilnehmen, vertretene Gewerkschaft sowie deren Spitzenorganisation.

(3) ¹Erhebt ein Aktionär, der Vorstand, ein Mitglied des Vorstands oder des Aufsichtsrats oder eine in Absatz 2 bezeichnete Organisation oder Vertretung der Arbeitnehmer gegen die Gesellschaft Klage auf Feststellung, dass die Wahl eines Aufsichtsratsmitglieds nichtig ist, so gelten § 246 Abs. 2, Abs. 3 Satz 1 bis 4, Abs. 4, §§ 247, 248 Abs. 1 Satz 2, §§ 248a und 249 Abs. 2 sinngemäß. ²Es ist nicht ausgeschlossen, die Nichtigkeit auf andere Weise als durch Erhebung der Klage geltend zu machen.

---

[43] Semler/Stengel/*Kübler* UmwG § 20 Rn. 95; Kallmeyer/*Marsch-Barner* UmwG § 20 Rn. 42; Lutter/*Grunewald* UmwG § 20 Rn. 78.

Schrifttum: *Arnold/Gayk*, Auswirkungen der fehlerhaften Bestellung von Aufsichtsratsmitgliedern – Handlungsempfehlungen für die Unternehmenspraxis, BB 2013, 1830; *Butzke*, Die Heilungswirkung des Bestätigungsbeschlusses und ihre Grenzen, FS Stilz, 2014, 83; *Fuchs/Köstler*, Handbuch zur Aufsichtsratswahl, 1994; *Göz*, Die aktienrechtliche Heilung im Verhältnis zur Aufsichtsratswahl und Amtslöschung, FS Stilz, 2014, 179; *Habersack*, „Kirch/Deutsche Bank" und die Folgen, FS Goette, 2011, 121; *Hanau*, Sicherung unternehmerischer Mitbestimmung, insbesondere durch Vereinbarung, ZGR 2001, 75; *Happ*, Die Wirksamkeit von Rechtshandlungen eines fehlerhaft bestellten Aufsichtsrates, FS Hüffer, 2010, 293; *Hommelhoff*, Vereinbarte Mitbestimmung, ZHR 148 (1984), 118; *Ihrig/Schlitt*, Vereinbarung über die freiwillige Einführung oder Erweiterung der Mitbestimmung, NZG 1999, 333; *Kiefner/Seibel*, Der potentiell rechtswidrig bestellte Aufsichtsrat als fehlerhaftes Organ – probates Mittel zur Überwindung von Rechtsunsicherheit?, Der Konzern, 2013, 310; *Kiem/Uhrig*, Der umwandlungsbedingte Wechsel des Mitbestimmungsstatuts – am Beispiel der Verschmelzung durch Aufnahme zwischen AGs, NZG 2001, 680; *Marsch-Barner*, Zur Anfechtung der Wahl von Aufsichtsratsmitgliedern, FS K. Schmidt, 2009, 1109; *Martens*, Mitbestimmungsrecht und Prozessrecht, ZGR 1977, 385; *Pentz*, Heilung nichtiger Aufsichtsratsbestellungen durch § 242 AktG?, NZG 2017, 1211; *Reichert/Brandes*, Mitbestimmung der Arbeitnehmer in der SE: Gestaltungsfreiheit und Bestandsschutz, ZGR 2003, 767; *Rieckers*, Fortsetzung der Anfechtungsklage gegen Aufsichtsratswahlen nach Rücktritt des Aufsichtsrats, AG 2013, 383; *Rummel*, Die Mangelhaftigkeit von Aufsichtsratswahlen der Hauptversammlung nach dem neuen Aktiengesetz, 1969; *Schürnbrand*, Noch einmal: Das fehlerhaft bestellte Aufsichtsratsmitglied, NZG 2013, 481; *Semler/Stengel*, Interessenkonflikte bei Aufsichtsratsmitgliedern von Aktiengesellschaften am Beispiel von Konflikten bei Übernahme, NZG 2003, 1; *E. Vetter*, Aufsichtsratswahlen durch die Hauptversammlung und § 161 AktG, FS Uwe Schneider, 2011, 1345; *E. Vetter*, Anfechtung der Wahl der Aufsichtsratsmitglieder, Bestandsschutzinteresse der AG und Verantwortung der Verwaltung, ZIP 2012, 701; *Wlotzke*, Zusammensetzung und Wahl der Aufsichtsratsmitglieder der Arbeitnehmer, ZGR 1977, 355.

Übersicht

	Rn.		Rn.
I. Normzweck und Anwendungsbereich	1–7	d) Fehlen persönlicher Wahlvoraussetzungen, Abs. 1 Nr. 4	16–18
1. Allgemeines zu §§ 250–255	1–3	e) Verstoß gegen die Quotenregelung, Abs. 1 Nr. 5	18a
2. Normzweck	4, 4a	**III. Rechtsfolgen der Nichtigkeit**	19–21
3. Anwendungsbereich	5–7	1. Allgemeines	19
II. Gründe der Nichtigkeit	8–18a	2. Organstellung und Anstellungsverhältnis	20
1. Die allgemeinen Nichtigkeitsgründe (Abs. 1 1. Satzteil)	8, 9	3. Wirksamkeit von Aufsichtsratsbeschlüssen	21
2. Die besonderen Nichtigkeitsgründe (Abs. 1 2. Satzteil)	10–18a	**IV. Nichtigkeitsklage**	22–24
a) Fehlerhafte Grundlagen der Zusammensetzung	10, 11	1. Parteifähigkeit (Abs. 2)	22
b) Nichtbeachtung von Wahlvorschlägen	12	2. Rechtsschutzbedürfnis	23, 23a
c) Überschreitung der Höchstzahl	13–15	3. Anwendbare Vorschriften (Abs. 3)	24

I. Normzweck und Anwendungsbereich

1. Allgemeines zu §§ 250–255. Die Bestimmungen des zweiten Unterabschnitts sind durch das **1** AktG 1965 neu geschaffen worden. Sie regeln Nichtigkeits- und Anfechtungstatbestände für ganz unterschiedliche Hauptversammlungsbeschlüsse, nämlich in §§ 250–252 für Beschlüsse zur Wahl von Aufsichtsratsmitgliedern, in §§ 253, 254 für Beschlüsse über die Verwendung des Bilanzgewinns und in § 255 für Beschlüsse über die Kapitalerhöhung gegen Einlagen.

Die Änderungen in den §§ 246 ff. und die Einfügung der §§ 246a und 248a durch das Gesetz **2** zur Unternehmensintegrität und Modernisierung des Anfechtungsrechts (**UMAG**) vom 22.9.2005 (BGBl. 2005 I 2802 ff.) haben sich in den Verweisungsketten der einzelnen Vorschriften des Abschnitts niedergeschlagen. Auch für Klagen nach diesen Bestimmungen gilt nun der Vorrang der Kammern für Handelssachen vor den allgemeinen Zivilkammern, die Konzentrationsermächtigung für die Landesregierung und die Veröffentlichungspflicht für die Verfahrensbeendigung aus § 248a. § 255 Abs. 3 nF nimmt zudem das durch **ARUG**[1] wieder modifizierte Freigabeverfahren in § 246a in Bezug.

Alle Bestimmungen des Unterabschnitts haben als Sonderregelungen **abschließenden Charak- 3 ter.** Allgemeine Nichtigkeits- und Anfechtungsgründe können für die genannten Beschlüsse deshalb nur herangezogen werden, soweit dies in den einzelnen Bestimmungen des Unterabschnitts ausdrücklich geregelt ist.[2]

---

[1] Gesetz zur Umsetzung der Aktionärsrechterichtlinie (ARUG) vom 30.7.2009, BGBl. 2009 I 2479.
[2] Zum Ganzen BegrRegE bei *Kropff* S. 336 ff.

4 2. Normzweck. Wann ein Beschluss der Hauptversammlung über die Wahl von Aufsichtsratsmitgliedern (§ 101) nichtig ist, ist der Regelung in § 250 zusammenfassend und abschließend zu entnehmen. Dies soll der **Rechtssicherheit und -klarheit** dienen. Abs. 2 erstreckt die aktive Parteifähigkeit für die Nichtigkeitsklage über § 50 ZPO hinaus auf bestimmte Arbeitnehmerorganisationen. Damit will die Vorschrift den **Rechtsschutz der Arbeitnehmerseite** gegen die Verletzung zwingender Bestimmungen des Mitbestimmungsrechts über die Wahl von Aufsichtsratsmitgliedern stärken.[3]

4a Das Gesetz für die gleichberechtigte Teilhabe von Frauen und Männern an Führungspositionen in der Privatwirtschaft und im öffentlichen Dienst vom 24.4.2015 (BGBl. 2015 I 642) hat § 250 geändert und in Abs. 1 Nr. 5 den besonderen Nichtigkeitsgrund eines Verstoßes gegen die Quotenregelung (§ 96 Abs. 2) eingefügt. Damit dient die Bestimmung nun auch der Durchsetzung des Ziels des Gesetzgebers, den Anteil weiblicher Führungskräfte in Spitzenpositionen der Wirtschaft zu stärken.

5 3. Anwendungsbereich. § 250 gilt allerdings nur, soweit die Bestellung des Aufsichtsratsmitglieds auf einer **Wahl durch die Hauptversammlung** beruht. Dies ist auch der Fall, wenn die Hauptversammlung dabei an Wahlvorschläge gebunden ist (nach § 101 Abs. 1 S. 2 nur gem. §§ 6 und 8 des Montan-MitbestG);[4] auch wenn hier keine Auswahlmöglichkeit besteht, hat der Wahlbeschluss der Hauptversammlung konstitutiven Charakter für die Bestellung zum Aufsichtsratsmitglied.

6 Wird dagegen ein Mitglied des Aufsichtsrats **entsandt**, was nach § 101 Abs. 2 S. 1 nur auf Grund einer Satzungsbestimmung möglich ist, so wird die Bestellung durch die Annahmeerklärung des Vorstands, an welchen die Entsendungserklärung zu richten ist, wirksam. In Ermangelung eines Wahlbeschlusses der Hauptversammlung kann § 250 für die Klage gegen die Gültigkeit der Bestellung daher nicht herangezogen werden.[5] Nach der Änderung der Bestimmung durch das Mindestquotengesetz (BGBl. 2015 I 642) ist zwar eine unter Verstoß gegen das Mindestanteilsgebot erfolgende Entsendung in den Aufsichtsrat nichtig; die Nichtigkeit der Bestellung des fehlerhaft entsandten Aufsichtsratsmitglieds kann aber auch in diesem Fall nur mit der allgemeinen Feststellungsklage nach § 256 ZPO geltend gemacht werden.[6] Schließlich kann § 250 nicht erstreckt werden auf Wahlvorgänge außerhalb der Hauptversammlung, also nicht auf die **Urwahl** von Aufsichtsratsmitgliedern (in mitbestimmungspflichtigen Unternehmen gem. §§ 9 Abs. 2, 18 MitbestG und für Unternehmen, die dem DrittelbG,[7] durch welches das BetrVG 1952 abgelöst worden ist, unterliegen) und bei der Wahl durch **Wahlmänner** (§ 9 Abs. 1 MitbestG, §§ 10 ff. MitbestG, § 6 Abs. 2 Montan-MitbestErgG).

7 Das Gesetz zur Ausführung der Verordnung (EG) Nr. 2157/2001 des Rats vom 8. Oktober 2001 über das Statut der **Europäischen Gesellschaft (SE)** vom 22. Dezember 2004 (BGBl. 2004 I 3675) enthält in seinem § 31 für Verwaltungsratsmitglieder eine entsprechende Bestimmung. Abs. 2 dieser Bestimmung verweist für die Parteifähigkeit auf § 250 Abs. 2 und bezieht zudem den SE-Betriebsrat ein. Abs. 3 stimmt sachlich mit § 250 Abs. 3 überein.

II. Gründe der Nichtigkeit

8 1. Die allgemeinen Nichtigkeitsgründe (Abs. 1 1. Satzteil). Indem der einleitende Satzteil der Bestimmung die allgemeinen Nichtigkeitsgründe von § 241 Nr. 1, 2 und 5 erwähnt, schließt er gleichzeitig alle weiteren allgemeinen Nichtigkeitsgründe aus (→ Rn. 1). Für die Wahlbeschlüsse zum Aufsichtsrat passen die weitaus meisten dieser Nichtigkeitsgründe ohnedies nicht. Soweit das für § 241 Nr. 3 und 4 anders sein mag, können auch sie aber nach heute allgemeiner Auffassung wegen der **ausschließenden Aufzählung** in § 250 Abs. 1 nicht herangezogen werden.[8] Es bleibt die Möglichkeit der Anfechtung.

9 Die Wahl von Aufsichtsratsmitgliedern ist daher nach §§ 250, 241 nur nichtig, wenn die in § 241 Nr. 1 genannten **Einberufungsmängel** oder die in § 241 Nr. 2 aufgeführten **Beurkundungsfehler** vorliegen. Andere Einberufungs- oder Beurkundungsfehler können nur zur Anfechtbarkeit führen. Die Nichtigkeit aufgrund eines der Anfechtungsklage stattgebenden **rechtskräftigen Urteils** folgt an sich schon aus § 248; sie wird in §§ 250, 241 Nr. 5 nur aus systematischen Gründen wiederholend genannt.

---

[3] MüKoAktG/*Koch* Rn. 2; MHdB AG/*Semler* § 41 Rn. 107.
[4] Kölner Komm AktG/*Kiefner* Rn. 1.
[5] BGHZ 165, 192 ff. = NJW 2006, 510 ff., wonach stattdessen die allgemeine Feststellungsklage in Betracht kommt; Hüffer/Koch/*Koch* Rn. 2; Henssler/Strohn/*Drescher* Rn. 2.
[6] So zutreffend BegrRegE, BT-Drs. 18/3784, 121.
[7] Zweites Gesetz zur Vereinfachung der Wahl der Arbeitnehmervertreter in den Aufsichtsrat vom 18.5.2004, BGBl. 2004 I 974.
[8] MüKoAktG/*Koch* Rn. 5; Kölner Komm AktG/*Kiefner* Rn. 27.

2. Die besonderen Nichtigkeitsgründe (Abs. 1 2. Satzteil). a) Fehlerhafte Grundlagen 10
der Zusammensetzung. Abs. 1 Nr. 1 dient dazu, die Anwendung der **zutreffenden gesetzlichen Vorschriften** über die Zusammensetzung des Aufsichtsrats sicher zu stellen. Sie ist Folge der komplexen mitbestimmungsrechtlichen Lage und entspricht dem Bedürfnis, insoweit rechtzeitig vor den Wahlen Rechtssicherheit zu schaffen.[9] Nicht geschützt ist dagegen auch die richtige Anwendung dieser Vorschriften oder gar die (formell) zutreffende Zusammensetzung des Aufsichtsrats.[10] Die Nichtigkeitsfolge tritt demgemäß ein bei einer Verletzung des in § 96 Abs. 2[11] geregelten **Kontinuitätsgrundsatzes,** wonach die gesetzlichen Grundlagen der Zusammensetzung des Aufsichtsrats weiter gelten, solange nicht die in § 97 oder §§ 98, 99 genannten Verfahren abgeschlossen sind.[12] Sie tritt folgerichtig nach § 97 Abs. 2 S. 1 ebenso ein, wenn die Zusammensetzung nach anderen Grundlagen erfolgt, als in einer **Bekanntmachung** des Vorstands gemäß § 97 Abs. 1 S. 2 mitgeteilt, oder, falls gegen diese Bekanntmachung fristgerecht das Gericht angerufen worden ist, als in der **gerichtlichen Entscheidung** angeordnet, § 98 Abs. 4. Bei einem Verstoß gegen diese formellen Bestimmungen ist die Wahl auch dann nichtig, wenn gleichwohl die Zusammensetzung des Aufsichtsrats der Gesetzeslage entspricht; ebenso wenig wird umgekehrt die Nichtigkeitsfolge ausgelöst, wenn die zutreffend festgestellten gesetzlichen Grundlagen falsch angewandt wurden.[13]

Ein **Wechsel des Mitbestimmungsstatuts** kommt nicht zuletzt in Umwandlungsfällen, vor 11 allem bei Verschmelzung, Spaltung oder Formwechsel, in Betracht. Erfolgt dabei die Neuwahl des Aufsichtsrats vor dem Abschluss des Überleitungsverfahrens, so kann die Nichtigkeitsfolge nach Abs. 1 Nr. 1 nur vermieden werden, wenn der Wahlbeschluss unter aufschiebender Bedingung erfolgt.[14]

b) Nichtbeachtung von Wahlvorschlägen. Abs. 1 Nr. 2 sanktioniert die **Abweichung von** 12 mitbestimmungsrechtlich **bindenden Wahlvorschlägen** mit der Nichtigkeitsfolge, während es nach § 251 Abs. 1 S. 2 nur zur Anfechtbarkeit führt, wenn diese Wahlvorschläge gesetzwidrig zustande gekommen sind (→ § 251 Rn. 7). An Wahlvorschläge gebunden sein kann die Hauptversammlung gemäß § 101 Abs. 1 S. 2 nur bei der Wahl der Arbeitnehmervertreter nach § 6 Montan-MitbestG und des neutralen Mitglieds nach § 8 Montan-MitbestG sowie zudem in dem im AktG nicht in Bezug genommenen Fall des § 5 Montan-MitbestErgG. Die Verweisung in § 5 Abs. 3 S. 2 Montan-MitbestErgG auf § 8 Montan-MitbestG führt nach zutreffender allgemeiner Auffassung zu einer generellen Gleichstellung der beiden Fälle der Wahl des neutralen Mitglieds.[15]

c) Überschreitung der Höchstzahl. Gemäß **Abs. 1 Nr. 3** führt die **Überschreitung der** 13 **gesetzlichen Höchstzahl der Aufsichtsratsmitglieder** zur Nichtigkeit. Auch zusätzliche Mitglieder mit nur beratender Funktion sind nicht zulässig.[16] Ausgangspunkt für die Feststellung der gesetzlichen Höchstzahl ist § 95 S. 4 und 5. Während für mitbestimmungsfreie oder der Mitbestimmung nach dem BetrVG unterliegende Unternehmen S. 4 gilt, verweist S. 5 auf die mitbestimmungsrechtlichen Spezialvorschriften von § 4 Abs. 1 S. 1 Montan-MitbestG, § 5 Abs. 1 S. 1 Montan-MitbestErgG und § 7 Abs. 1 MitbestG. Danach ergeben sich Höchstzahlen, unterschiedlich gestuft nach der Höhe des Grundkapitals bzw. der Arbeitnehmerzahl, zwischen neun und einundzwanzig. Die Frage der Überschreitung ist zu messen an der jeweils zutreffenden höchstzulässigen Zahl nach dem Gesetz. Ob die Satzung in zulässiger Weise eine andere Zahl festgelegt hat und ob diese eingehalten ist, ist demgegenüber für Abs. 1 Nr. 3 ebenso irrelevant wie die gesetzliche Regelzahl.[17] Nach der ganz hM ist der Wahlbeschluss auch nichtig, wenn er auf einer zwar ursprünglich nichtig gewesenen, inzwischen aber nach § 242 Abs. 2 wirksam gewordenen Satzungsbestimmung beruht;[18] dem ist *Göz* mit beachtlichen Gründen entgegengetreten.[19]

Die Überschreitung führt indessen nicht notwendig dazu, dass die Wahl aller Aufsichtsratsmitglie- 14
der nichtig würde. **Welche Wahl** von der Nichtigkeitsfolge erfasst wird, hängt zunächst vom Wahl-

---
[9] Vgl. Großkomm AktG/*K. Schmidt* Rn. 16.
[10] MHdB AG/*Semler* § 41 Rn. 108.
[11] Die Bestimmung ist identisch mit § 96 Abs. 2 aF; es handelt sich um eine Folgeänderung aufgrund der Einfügung der neuen Absätze 2 und 3 durch das Mindestquotengesetz (BGBl. 2015 I 642).
[12] MüKoAktG/*Semler* § 96 Rn. 72 ff; Henssler/Strohn/*Drescher* Rn. 4.
[13] MüKoAktG/*Koch* Rn. 7; Kölner Komm AktG/*Kiefner* Rn. 29.
[14] Zutreffend *Kiem/Uhrig* NZG 2001, 680 (684).
[15] Kölner Komm AktG/*Kiefner* Rn. 32; MüKoAktG/*Koch* Rn. 8, je mwN.
[16] BGH ZIP 2012, 472; *E. Vetter* EWiR 2012, 219 f.
[17] LG Flensburg NZG 2004, 677 (678); MüKoAktG/*Koch* Rn. 10; Großkomm AktG/*K. Schmidt* Rn. 17.
[18] Vgl. nur Hüffer/Koch/*Koch*, Rn. 16; Kölner Komm AktG/*Kiefner* Rn. 59.
[19] *Göz* FS Stilz, 2014, 749; Bürgers/Körber/*Göz* Rn. 6.

verfahren ab.²⁰ Kein Abgrenzungsproblem entsteht bei Einzelwahlen. Sie sind solange gültig, bis die gesetzliche Höchstzahl erreicht wird; die danach folgenden Wahlen sind nichtig.²¹ Wird dagegen bei einem einheitlichen Wahlvorgang für mehrere Kandidaten die Höchstzahl überschritten, ist der Wahlbeschluss insgesamt nichtig. Dies sollte wegen der Einheitlichkeit des Beschlusses bei der Listenwahl unabhängig davon gelten, ob die Liste als Reihung oder Priorisierung der Kandidaten zu verstehen ist,²² ebenso bei einer Simultanwahl (→ § 101 Rn. 31) oder wenn zwar einzeln abgestimmt, aber die Wahl einheitlich festgestellt wird.²³

15   In einem **mitbestimmten Unternehmen** kommt es auf die je für die Anteilseigner- und die Arbeitnehmerseite geltenden Höchstzahlen an, nicht auf die des Gesamtgremiums.²⁴ Werden die Aktionärsvertreter zuerst gewählt, so führt bereits eine Überschreitung der dafür geltenden gesetzlichen Höchstzahl zur Nichtigkeit der Wahl, weil sonst die Nichtigkeitsfolge allein auf die nachfolgende Wahl der Arbeitnehmerseite verlagert würde.²⁵ Wird die Höchstzahl in einem Umwandlungsfall im Hinblick auf das künftige Mitbestimmungsstatut überschritten (→ Rn. 11), so kann auch hier die Nichtigkeit vermieden werden, wenn die Wahl unter aufschiebender Bedingung erfolgt.²⁶

16   **d) Fehlen persönlicher Wahlvoraussetzungen, Abs. 1 Nr. 4. aa) Maßgeblicher Zeitpunkt.** Die Wahl einer Person, die nach § 100 Abs. 1 oder 2 nicht Aufsichtsratsmitglied sein kann, ist nichtig. Maßgeblicher Zeitpunkt ist allerdings nicht der des Wahlbeschlusses, sondern nach dem Wortlaut des Gesetzes der Beginn der Amtszeit. Unschädlich ist es also, wenn eine Voraussetzung bei der Wahl fehlt, aber zu Beginn der Amtszeit vorliegt, während umgekehrt auch ein Wahlbeschluss nichtig wird, wenn bei seiner Fassung kein Verstoß gegen § 100 Abs. 1 oder 2 vorlag, wohl aber bei Beginn der Amtszeit.²⁷ Dies ist mit dem Begriff der Nichtigkeit schwer zu vereinbaren,²⁸ führt aber zu keinen praktischen Problemen. Klar ist, dass bei nach Beginn der Amtszeit eintretenden Hindernissen nicht mehr der Wahlbeschluss in Frage stehen kann, sondern nur die Beendigung des Amts;²⁹ umgekehrt führt es nicht zur Heilung, wenn Wahlhindernisse nach dem maßgeblichen Zeitpunkt wegfallen, weil es dafür an einer gesetzlichen Grundlage fehlt.³⁰ Dies gilt auch für den Fall, dass eine Karenzzeit nach § 100 Abs. 2 S. 1 Nr. 4 einzuhalten ist; der Karenzzeit kann durch die Festlegung des Beginns der Amtszeit in dem Beschluss Rechnung getragen werden.³¹ Für **Ersatzmitglieder** gilt, wie sich schon aus § 101 Abs. 3 S. 4 ergibt, nichts anderes; entscheiden ist der Zeitpunkt, in dem sie in das Amt nachrücken.³²

17   **bb) Regelungsgehalt.** In der Sache knüpft die Bestimmung nicht nur an § 100 Abs. 1 an, wonach das Aufsichtsratsmitglied eine **geschäftsfähige natürliche Person** sein muss. Der Schwerpunkt der Regelung ergibt sich aus dem ebenso in Bezug genommenen § 100 Abs. 2. Das Gesetz verbindet damit die Nichtigkeitsfolge mit der **Überschreitung der zulässigen Mandatszahl** (§ 100 Abs. 2 Satz 1 Nr. 1, S. 2 und 3), die auch durch eine Zuwahl nach unwirksamer Mandatsniederlegung entstehen kann,³³ sowie mit der Bestellung des gesetzlichen Vertreters³⁴ eines **abhängigen Unternehmens** (§ 100 Abs. 2 Nr. 2) oder der Bestellung bei sog. **Überkreuzverflechtung** (§ 100 Abs. 2 Nr. 3). Zur Frage, ob Mandate oder Organstellungen in aus-

---

²⁰ Zur Zulässigkeit einer Block- oder Listenwahl vgl. BGH NZG 2003, 1023; LG München NZG 2005, 626 f.
²¹ LG Flensburg NZG 2004, 677 (679); Henssler/Strohn/*Drescher* Rn. 5.
²² So wohl auch Bürgers/Körber/*Göz* Rn. 7; aA Großkomm AktG/*K. Schmidt* Rn. 18; Hölters/*Simons* Rn. 16; MüKoAktG/*Koch* Rn. 12.
²³ Kölner Komm AktG/*Kiefner* Rn. 40.
²⁴ Hölters/*Simons* Rn. 16.
²⁵ LG Flensburg NZG 2004, 677 (678); Hüffer/Koch/*Koch* Rn. 8; Bürgers/Körber/*Göz* Rn. 7; Henssler/Strohn/*Drescher* Rn. 5.
²⁶ Vgl. Kiem/*Uhrig* NZG 2001, 680 (684).
²⁷ BGHZ 99, 211 (219 f.); Hüffer/Koch/*Koch* Rn. 9; Bürgers/Körber/*Göz* Rn. 9; Henssler/Strohn/*Drescher* Rn. 6; aA *Krieger* FS Hüffer, 2010, 521 (527).
²⁸ Großkomm AktG/*K. Schmidt* Rn. 26.
²⁹ Großkomm AktG/*K. Schmidt* Rn. 26; Bürgers/Körber/*Göz* Rn. 9; vgl. auch Semler/Stengel NZG 2003, 1 (5 f.).
³⁰ MüKoAktG/*Koch* Rn. 13; Hüffer/Koch/*Koch* Rn. 9; Bürgers/Körber/*Göz* Rn. 9.
³¹ Kölner Komm AktG/*Kiefner* Rn. 54; *Ihrig* FS Hoffmann-Becking, 2013, 617 (625 ff.); vgl. auch *Krieger* FS Hüffer, 2010, 521 (532 f.).
³² BGHZ 99, 211 (219 f.).
³³ LG Flensburg NZG 2004, 677.
³⁴ Also nicht eines Aufsichtsratsmitglieds, LG München ZIP 2004, 853 (855); insoweit zustimmend *Segna* DB 2004, 1135 (1136).

ländischen Unternehmen oder in einer Europäischen Aktiengesellschaft zu berücksichtigen sind und ob als „andere Kapitalgesellschaft" iSv § 100 Abs. 2 Nr. 3 nur eine solche mit obligatorischem Aufsichtsrat in Betracht kommt, vgl. die Kommentierung zu § 100 (→ § 100 Rn. 11 ff.). § 100 Abs. 5 wird nicht in Bezug genommen, so dass ein Verstoß gegen diese Sonderregelung, ebenso wenig wie ein Verstoß gegen § 36 Abs. 3 S. 5 und 6 KWG oder § 7a Abs. 4 S. 3 und 4 VAG, nicht zur Nichtigkeit führt.[35]

cc) Analoge Anwendung. Die ganz herrschende Meinung durchbricht den Grundsatz der abschließenden Regelung in § 250 (→ Rn. 1), indem sie für den Fall einer Wahl trotz **Inkompatibilität nach § 105** die Nichtigkeit des Wahlbeschlusses einer analogen Anwendung von Abs. 1 Nr. 2 und 3 entnimmt.[36] Die Vorschrift ist aber nicht analog anwendbar auf den Fall des **Wechsels** vom Amt des Vorstandsvorsitzenden in den Aufsichtsrat derselben Gesellschaft[37] und ebenso wenig zu erstrecken auf einen Verstoß gegen den Corporate Governance Codex oder auf den Fall eines dauerhaften Interessenkonflikts (→ § 100 Rn. 33 ff.). 18

e) Verstoß gegen die Quotenregelung, Abs. 1 Nr. 5. Die durch das Mindestquotengesetz (BGBl. 2015 I 642) eingefügte Bestimmung erweitert den Kreis der besonderen Nichtigkeitsgründe um den Fall von unter Verstoß gegen die Quotenregelung in § 96 Abs. 2 gewählten Aufsichtsratsmitgliedern. Die erweiterte Parteifähigkeit nach Abs. 2 gilt damit auch für die Feststellung der Nichtigkeit eines gegen die Quotenregelung verstoßenden Beschlusses, obwohl es bei der Neuregelung nicht um den Rechtsschutz der Arbeitnehmerseite geht. Für ein Ersatzmitglied lässt sich ein Verstoß gegen die Quotenregelung im Zeitpunkt der Wahl noch nicht feststellen. Nach der Gesetzesbegründung soll der Wahlbeschluss aber ex tunc nichtig werden, wenn durch das Nachrücken die Quote von § 96 Abs. 2 nicht mehr eingehalten ist; es wird sich daher in der Tat empfehlen, als Ersatz für ein weibliches Aufsichtsratsmitglied bei nur knapper Einhaltung der Quote ebenfalls eine Frau zu wählen.[38] 18a

III. Rechtsfolgen der Nichtigkeit

1. Allgemeines. Ein nichtiger Beschluss entfaltet von Anfang an nicht die gewollten Rechtswirkungen (näher bei → § 241 Rn. 29 ff.). Demzufolge wird auch die durch nichtigen Wahlbeschluss gewählte Person nicht Mitglied des Aufsichtsrats. Dies kann nicht nur durch Nichtigkeitsklage geltend gemacht werden, sondern etwa auch als Vorfrage im Rahmen eines anderen Verfahrens.[39] Die Nichtigkeitsfolge erfasst grundsätzlich den ganzen Beschluss, auch wenn er aus mehreren Teilen zusammengesetzt ist.[40] Möglich ist aber auch eine **Teilnichtigkeit,** wenn feststeht, dass der Beschluss im Übrigen auch ohne den nichtigen Teil gefasst worden wäre; so hat der BGH die Bestellung eines Aufsichtsratsmitglieds als wirksam angesehen, wenn gleichzeitig über die Voraussetzungen seiner Abberufung beschlossen wurde und nur für diesen Beschlussteil ein Nichtigkeitsgrund gegeben war.[41] Liegen Nichtigkeitsgründe nur in der Person eines Gewählten vor, so ist nur dessen Wahl nichtig und die Aufsichtsratswahl im Übrigen bleibt unberührt.[42] Entgegen einer Entscheidung des LG Darmstadt[43] kommt die **Heilung** eines nichtigen Bestellungsbeschlusses nach § 242 nicht in Betracht.[44] 19

2. Organstellung und Anstellungsverhältnis. Ob auch bei einem Aufsichtsratsmitglied zwischen der Bestellung als Organträger und der Anstellung unterschieden werden kann, ist strittig.[45] Die Nichtigkeit des Wahlbeschlusses bewirkt in jedem Fall, dass es – von Anfang an – an einer wirksamen Organstellung fehlt. Für Ansprüche aus dem Anstellungsverhältnis, also insbesondere den **Vergütungsanspruch,** gilt dagegen ebenso wie für die **Haftung** nach § 116 und die **strafrechtliche Verantwortlichkeit** nach §§ 399 ff. die **faktische Betrachtungsweise;** entscheidend ist weder die 20

---

[35] MüKoAktG/*Koch* Rn. 13; Hölters/*Simons* Rn. 18.
[36] LG München NZG 2004, 626 (627 f.) = ZIP 2004, 853 (855); Großkomm AktG/*K. Schmidt* Rn. 25; MüKoAktG/*Koch* Rn. 20 mwN; K. Schmidt/Lutter/*Schwab* Rn. 5; Bürgers/Körber/*Göz* Rn. 8; Kölner Komm AktG/*Kiefner* Rn. 53; *Ihrig* FS Hoffmann-Becking, 2013, 617 (625 ff.); kritisch Hölters/*Simons* Rn. 19.
[37] LG München DB 2005, 1617 (1619); MüKoAktG/*Koch* Rn. 19.
[38] So die Erwartung der BegrRegE, BT-Drs. 18/3784, 122; Henssler/Strohn/*Drescher* Rn. 7; vgl. auch → § 96 Rn. 39.
[39] MüKoAktG/*Koch* Rn. 21; Bürgers/Körber/*Göz* Rn. 13.
[40] MHdB AG/*Semler* § 41 Rn. 5.
[41] BGH NJW 1988, 1214 = ZIP 1988, 432; Großkomm AktG/*K. Schmidt* Rn. 27; Henssler/Strohn/*Drescher* Rn. 8.
[42] BGH NJW 1994, 453 (454).
[43] Urt. v. 17.2.2017 Rn. 109 AG 2017, 326 = BeckRS 2017, 104799.
[44] Zutreffend *Simons* AG 2017, 743; *Pentz* NZG 2017, 1211.
[45] → § 101 Rn. 8; *K. Schmidt* GesR § 14 III 2; Hüffer/Koch/*Koch* § 101 Rn. 2, je mwN.

wirksame Begründung der Organstellung noch die Wirksamkeit eines Anstellungsvertrags, sondern alleine die faktische Übernahme der Organfunktion.[46]

21 **3. Wirksamkeit von Aufsichtsratsbeschlüssen.** Da die durch nichtigen Wahlbeschluss gewählte Person nicht Mitglied des Aufsichtsrats ist, kommt auch ihrer **Stimmabgabe keine Wirkung** zu,[47] für die Beschlussfassung ist sie wie ein Nichtmitglied zu behandeln.[48] Es ist daher zu prüfen, ob Beschlussfähigkeit und Mehrheit auch ohne diese Stimme erreicht werden. Ist dies der Fall, bewirkt nicht schon die Beteiligung eines unwirksam bestellten Mitglieds an der Beratung und Abstimmung die Nichtigkeit der Beschlussfassung, weil die Beschlussfassung dann nicht auf dieser Stimmabgabe beruht.[49] Die Beschlussfassung ist aber immer nichtig, wenn die Bestellung aller Aufsichtsratsmitglieder nichtig ist;[50] zählbare Stimmen sind dann nicht vorhanden.[51] Der BGH lehnt die Anwendung der **Lehre vom fehlerhaften Bestellungsverhältnis** ab und hält an der ex tunc-Wirkung der Nichtigkeit grundsätzlich fest; im Anschluss an E. Vetter[52] stellt er auf eine differenzierende Lösung ab und lässt eine Einschränkung der Nichtigkeitsfolgen zu, wenn eine Rückabwicklung den berechtigten Interessen der Beteiligten widersprechen würde.[53]

IV. Nichtigkeitsklage

22 **1. Parteifähigkeit (Abs. 2).** Die Parteifähigkeit ist nach § 50 Abs. 1 ZPO die prozessuale Rechtsfähigkeit, also das Recht, einen Prozess auf Kläger- oder Beklagtenseite im eigenen Namen führen zu können, auch wenn damit fremde Rechte wahrgenommen werden.[54] Die aktive Parteifähigkeit des Aktionärs, des Vorstands und der Verwaltungsmitglieder ist bereits in § 249 Abs. 1 S. 1, § 250 Abs. 3 S. 1 vorausgesetzt, die der Gewerkschaften allgemein anerkannt.[55] Abs. 2 fügt konstitutiv die Parteifähigkeit auch der Betriebsräte hinzu, und zwar in erster Linie des Gesamtbetriebsrats, besteht ein solcher nicht, auch des Betriebsrats, handelt es sich um ein herrschendes Unternehmen zudem stets auch des Konzernbetriebsrats **(Nr. 1)**; im Fall eines abhängigen Unternehmens tritt hinzu auch die Parteifähigkeit des Gesamtbetriebsrats, ersatzweise des Betriebsrats, dieses Unternehmens **(Nr. 3)**. Zusätzlich erstreckt Nr. 5 die Parteifähigkeit auf die Spitzenorganisationen der Gewerkschaften. Die weitere Ausdehnung der Parteifähigkeit auf Sprecherausschüsse in den **Nr. 2 und 4** wurde im Interesse der Parität der Interessengruppen eingefügt durch das Gesetz zur Vereinfachung der Wahl der Arbeitnehmervertreter in den Aufsichtsrat vom 23.3.2002 (BGBl. 2002 I 1130). Durch die Ausdehnung der Parteifähigkeit soll der Rechtsschutz der Arbeitnehmerseite gestärkt und auch von deren jeweils höchster Organisationseinheit durchgesetzt werden können.[56] Wer parteifähig ist, kann sich auch als Nebenintervenient am Verfahren beteiligen.[57]

23 **2. Rechtsschutzbedürfnis.** Wie die Parteifähigkeit ist auch die **Prozessführungsbefugnis** persönliche Prozessvoraussetzung,[58] folgt hier aber aus der Parteifähigkeit; einer zusätzlichen Klagebefugnis bedarf es nicht.[59] Erforderlich ist aber, wie immer, wenn Rechtsschutz vor staatlichen Gerichten begehrt wird, das allgemeine **Rechtsschutzbedürfnis**, dagegen **nicht**, obwohl es sich bei der Nichtigkeitsklage um eine Feststellungsklage handelt,[60] ein besonderes **Feststellungsinteresse** nach

---

[46] → § 116 Rn. 11 und → § 399 Rn. 56 ff., 65; BGHZ 168, 188 Rn. 14; Großkomm AktG/*K. Schmidt* Rn. 29; *K. Schmidt* GesR § 14 III 4; MüKoAktG/*Koch* Rn. 19; K. Schmidt/Lutter/*Schwab* Rn. 6; Bürgers/Körber/*Göz* Rn. 10; *Marsch-Barner* FS K. Schmidt, 2009, 1109 (1125 f.); zur Haftung RGZ 152, 273 (278 f.); aA Kölner Komm AktG/*Zöllner* Rn. 41; zweifelnd für die strafrechtliche Verantwortlichkeit NK-AktR/*Heidel* Rn. 9; zur Anwendbarkeit der Lehre vom fehlerhaften Organ im Einzelnen MüKoAktG/*Habersack* § 101 Rn. 69 ff.; *Schürnbrand* NZG 2008, 609 ff.
[47] *Marsch-Barner* FS K. Schmidt, 2009, 1109 (1110); Hölters/*Simons* Rn. 16.
[48] BGHZ 196, 195, Rn. 20 = NJW 2013, 1535 (1537); näher bei → § 252 Rn. 6.
[49] → § 108 Rn. 69 ff.; BGHZ 47, 341 (346) = NJW 1967, 1711; MüKoAktG/*Koch* Rn. 23; K. Schmidt/Lutter/*Schwab* Rn. 6; Bürgers/Körber/*Göz* Rn. 11; *Kocher* NZG 2007, 372 (373); aA NK-AktR/*Heidel* Rn. 10.
[50] BGHZ 11, 231 (246) (GmbH) = NJW 1954, 385; Großkomm AktG/*K. Schmidt* Rn. 31.
[51] Anders aber bei paritätischer Mitbestimmung, s. *Marsch-Barner* FS K. Schmidt, 2009, 1109 (1123 f.).
[52] ZIP 2012, 701; vgl. auch *E. Vetter* in Marsch-Barner/Schäfer Börsennotierter AG-HdB Rn. 25.72 ff.
[53] BGHZ 196, 195 Rn. 21 ff. = NJW 2013, 1535 (1537); MüKoAktG/*Koch* Rn. 27 ff.; kritisch *Rieckers* AG 2013, 383; *Clasen/Brücken* jurisPR-HaGesR 8/2013 Anm.1; *Werner* WM 2014, 2207; rechtspolitische Vorschläge bei *Drygala/Gehling* ZIP 2014, 1253 und *Schwab* AG 2015, 195; vgl auch bei → § 252 Rn. 6, → § 96 Rn. 42.
[54] Vgl. nur BLAH/*Hartmann* ZPO § 50 Rn. 4.
[55] Seit BGHZ 42, 210 und 50, 325; vgl. Zöller/*Vollkommer* ZPO § 50 Rn. 35.
[56] MüKoAktG/*Koch* Rn. 21; Großkomm AktG/*K. Schmidt* Rn. 34.
[57] BegrRegE *Kropff* S. 357.
[58] Zöller/*Vollkommer* ZPO Vor § 50 Rn. 18 ff.; Zöller/*Greger* ZPO Vor § 253 Rn. 12.
[59] So aber Großkomm AktG/*K. Schmidt* Rn. 35.
[60] → § 249 Rn. 2 ff.; dagegen Großkomm AktG/*K. Schmidt* § 249 Rn. 3.

§ 256 Abs. 1 ZPO.[61] Nicht zweifelhaft sein kann das Rechtsschutzbedürfnis für Nichtigkeitsklagen der als Aktionäre, Organe oder Verwaltungsmitglieder unmittelbar Betroffenen, wohl aber für die in Abs. 2 genannten Arbeitnehmervertretungen. Es geht allerdings zu weit, die grundsätzliche Entscheidung des Gesetzgebers für die Parteifähigkeit der Arbeitnehmervertretungen dadurch teilweise wieder zurückzunehmen, dass deren Klage nur zulässig sein soll, wenn es um die Feststellung der Nichtigkeit der Wahl eines Arbeitnehmervertreters geht.[62] Andererseits kann auch nicht an der Auffassung festgehalten werden, die Zulässigkeit der Klage (Feststellungs- bzw. Rechtsschutzinteresse) hänge nur davon ab, auf wen sich der Wahlbeschluss bezieht, komme also auch für die Arbeitnehmerseite selbst bei nicht mitbestimmten Unternehmen in Betracht.[63] Es ist daher der vermittelnden hM zu folgen, wonach ein Rechtsschutzinteresse der nach Abs. 2 parteifähigen Organisationen nur bezüglich Wahlbeschlüssen in mitbestimmten Unternehmen anzuerkennen ist.[64]

Die Beendigung des Amtes durch Rücktritt führt nicht stets zum **Wegfall des Rechtsschutzinteresses** für die Wahlanfechtungsklage. Das gilt vielmehr nur, wenn die Nichtigerklärung keinen Einfluss auf die Rechtsbeziehungen der Gesellschaft, der Aktionäre sowie der Mitglieder des Vorstands und des Aufsichtsrats mehr haben kann. Solche Auswirkungen haben aber sowohl Nichtigerklärung wie Nichtigkeitsfeststellung eines Wahlbeschlusses, wenn die Beschlussfähigkeit oder das Zustandekommen eines Aufsichtsratsbeschlusses von der Stimme des betroffenen Aufsichtsratsmitglieds abhängt, dessen Wahl nichtig ist oder für nichtig erklärt wird. Den Beklagten trifft die sekundäre Darlegungs- und Beweislast für das Nichtbestehen der Kausalität.[65] 23a

3. Anwendbare Vorschriften (Abs. 3). Der durch das UMAG (→ Rn. 2) neu gefasste Abs. 3 S. 1 erklärt, weitgehend übereinstimmend mit der Regelung in § 249 Abs. 1 für die allgemeine Nichtigkeitsklage (vgl. deshalb im Einzelnen die Kommentierung zu § 249), wesentliche Bestimmungen zur Anfechtungsklage für anwendbar. Die Verweisung gilt auch, soweit die nach Abs. 2 parteifähigen Organisationen klagen. Bemerkenswert ist, dass auch § 246 Abs. 2 S. 2, also der **Grundsatz der Doppelvertretung** durch Vorstand und Aufsichtsrat,[66] von der Bezugnahme nicht ausgenommen ist, obwohl mit der Klage gerade die Unwirksamkeit der Wahl eines oder mehrerer Aufsichtsratsmitglieder geltend gemacht wird. Die Geltung dieser teilweise für wenig glücklich gehaltenen Regelung ist aber nicht in Frage zu stellen.[67] Auch die Zustellung der Klage an ein Aufsichtsratsmitglied (§ 170 Abs. 3 ZPO), gegen dessen Wahl sich die Klage richtet, begründet keinen Zustellungsmangel.[68] 24

§ 251 Anfechtung der Wahl von Aufsichtsratsmitgliedern

(1) ¹Die Wahl eines Aufsichtsratsmitglieds durch die Hauptversammlung kann wegen Verletzung des Gesetzes oder der Satzung durch Klage angefochten werden. ²Ist die Hauptversammlung an Wahlvorschläge gebunden, so kann die Anfechtung auch darauf gestützt werden, daß der Wahlvorschlag gesetzwidrig zustande gekommen ist. ³§ 243 Abs. 4 und § 244 gelten.

(2) ¹Für die Anfechtungsbefugnis gilt § 245 Nr. 1, 2 und 4. ²Die Wahl eines Aufsichtsratsmitglieds, das nach dem Montan-Mitbestimmungsgesetz auf Vorschlag der Betriebsräte gewählt worden ist, kann auch von jedem Betriebsrat eines Betriebs der Gesellschaft, jeder in den Betrieben der Gesellschaft vertretenen Gewerkschaft oder deren Spitzenorganisation angefochten werden. ³Die Wahl eines weiteren Mitglieds, das nach dem Montan-Mitbestimmungsgesetz oder dem Mitbestimmungsergänzungsgesetz auf Vorschlag der übrigen Aufsichtsratsmitglieder gewählt worden ist, kann auch von jedem Aufsichtsratsmitglied angefochten werden.

(3) Für das Anfechtungsverfahren gelten die §§ 246, 247, 248 Abs. 1 Satz 2 und § 248a.

Schrifttum: Vgl. die Angaben bei → § 250.

---

[61] → § 241 Rn. 27; MHdB AG/*Semler* § 41 Rn. 94; vgl. OLG Stuttgart NZG 2005, 432 ff. = AG 2005, 125 ff.
[62] So aber *Rummel*, Die Mangelhaftigkeit von Aufsichtsratswahlen der Hauptversammlung nach dem neuen Aktiengesetz, 1969, 43 ff.
[63] So noch 2. Aufl. 2010, Rn. 23 mwN.
[64] Kölner Komm AktG/*Kiefner* Rn. 70; Hölters/*Simons* Rn. 29; MüKoAktG/*Koch* Rn. 36 ff; Bürgers/Körber/*Göz* Rn. 14; Großkomm AktG/*K. Schmidt* Rn. 37; MHdB AG/*Semler* § 41 Rn. 118.
[65] BGHZ 196, 195 Rn. 12 ff. = NJW 2013, 1535 (1537); *Drescher* WM Sonderbeilage 2/2013, 12; *Clasen/Brücken* jurisPR-HaGesR 8/2013 Anm.1; vgl. auch → § 251 Rn. 16.
[66] Zuletzt OLG Hamburg NZG 2003, 478 ff. und LG München ZIP 2004, 853.
[67] Kölner Komm AktG/*Kiefner* Rn. 70; Hölters/*Simons* Rn. 30; Großkomm AktG/*K. Schmidt* Rn. 39; MüKoAktG/*Koch* Rn. 39; OLG Dresden AG 1996, 425.
[68] Hüffer/Koch/*Koch* Rn. 14; Bürgers/Körber/*Göz* Rn. 13.

Übersicht

	Rn.		Rn.
I. Normzweck und Anwendungsbereich	1, 2	b) Gesetzeswidriges Zustandekommen der Vorschläge, Abs. 1 S. 2	7, 8
II. Gegenstand und Gründe der Anfechtung	3–12	c) Verletzung des Auskunftsrechts, Abs. 1 S. 3	9–12
		III. Anfechtungsbefugnis (Abs. 2)	13–16a
1. Anfechtungsgegenstand	3	1. Verweis auf § 245	13, 14
2. Anfechtungsgründe	4–12	2. Sonderregelung in Abs. 2 S. 2 und 3	15–16a
a) Die allgemeinen Anfechtungsgründe	4–6	IV. Anfechtungsverfahren (Abs. 3)	17, 18

I. Normzweck und Anwendungsbereich

1 Die Norm regelt parallel zu der Vorschrift über die Nichtigkeit in § 250 die Anfechtbarkeit von Wahlbeschlüssen der Hauptversammlung zum Aufsichtsrat.[1] Sie soll als **abschließende Sonderregelung** den Besonderheiten des Wahlvorgangs gerecht werden und die mitbestimmungsrechtliche Bindung der Hauptversammlung an Wahlvorschläge durchsetzen. Letzterem dient der besondere Anfechtungsgrund in Abs. 1 S. 2 und die erweiterte Anfechtungsbefugnis in Abs. 2 S. 2 und 3.

2 Die Anwendung der allgemeinen Anfechtungsbestimmungen der §§ 243 ff. ist nur möglich, soweit § 251 ausdrücklich auf sie verweist.[2] Deshalb ist nach der heute ganz herrschenden Meinung für die hier geregelten Wahlbeschlüsse die **Verfolgung von Sondervorteilen (§ 243 Abs. 2)** kein Anfechtungsgrund.[3] Dies ist nicht nur dogmatisch überzeugend, sondern hat sich entgegen der Befürchtung der Gegenansicht[4] auch nicht als praktisches Problem erwiesen, zumal in vielen Fällen die Anfechtbarkeit wegen Gesetzesverletzung (Treupflichtverletzung), Abs. 1 S. 1, § 243 Abs. 1, gegeben wäre.

II. Gegenstand und Gründe der Anfechtung

3 **1. Anfechtungsgegenstand.** Die Bestimmung betrifft, wie § 250, nur die Wahlbeschlüsse der Hauptversammlung selbst; sie gilt also weder für die Entsendung von Aufsichtsratsmitgliedern (§ 100 Abs. 2) noch für die Wahlen durch die Arbeitnehmer, die besonderen Anfechtungsregelungen des Mitbestimmungsrechts unterliegen.[5]

4 **2. Anfechtungsgründe. a) Die allgemeinen Anfechtungsgründe.** Abs. 1 S. 1 verweist auf die allgemeinen Anfechtungsgründe des § 243 Abs. 1 bei Verstoß gegen Gesetz oder Satzung.

5 Als **Gesetzesverletzung** kommt namentlich in Betracht ein Verstoß gegen die Pflicht zur Bekanntgabe von Wahlvorschlägen nach §§ 127, 126 oder gegen die in § 137 geregelte Abstimmungsreihenfolge. Soweit entgegen der hM ein Verstoß gegen die sich aus § 105 ergebende Inkompatibilität nicht als Nichtigkeitsgrund gesehen wird (vgl. → § 250 Rn. 18), begründet er jedenfalls die Anfechtbarkeit wegen Gesetzesverstoßes. Dagegen verstößt die **freiwillige,** über das mitbestimmungsrechtlich gebotene Maß (**§ 4 Abs. 1 DrittelbG**)[6] hinausgehende **Wahl von Arbeitnehmervertretern** grundsätzlich nicht gegen das Gesetz und führt deshalb auch nicht zur Anfechtbarkeit.[7] Ebenso wenig ergibt sich ein Anfechtungsgrund, wenn ausschließlich **Interessenvertreter der herrschenden Gesellschaft** in den Aufsichtsrat des beherrschten Unternehmens gewählt werden;[8] die

---

[1] Zu den Änderungen durch das UMAG vgl. → § 250 Rn. 2.
[2] LG Mannheim AG 1991, 29; Großkomm AktG/*K. Schmidt* Rn. 1.
[3] Schon OLG Hamburg AG 1972, 183 (187); *v. Godin/Wilhelmi* Anm. 2; MHdB AG/*Semler* § 41 Rn. 120; Großkomm AktG/*K. Schmidt* Rn. 2, 12; MüKoAktG/*Koch* Rn. 2, 13; Hüffer/Koch/*Koch* Rn. 1, 5; K. Schmidt/Lutter/*Schwab* Rn. 7; Kölner Komm AktG/*Kiefner* Rn. 7; Bürgers/Körber/*Göz* Rn. 1, 6; Hölters/*Simons* Rn. 14; Henssler/Strohn/*Drescher* Rn. 3.
[4] Kölner Komm AktG/*Zöllner* Rn. 2, 8 ff.; *Rummel,* Die Mangelhaftigkeit von Aufsichtsratswahlen der Hauptversammlung nach dem neuen Aktiengesetz, 1969, 57 ff. (66 ff.).
[5] Großkomm AktG/*K. Schmidt* Rn. 3; MüKoAktG/*Koch* Rn. 3; vgl. auch Bürgers/Körber/*Göz* Rn. 6.
[6] Zweites Gesetz zur Vereinfachung der Wahl der Arbeitnehmervertreter in den Aufsichtsrat vom 18.5.2004, BGBl. 2004 I 974.
[7] BGH NJW 1975, 1657 = AG 1975, 242 mAnm *Mertens;* OLG Bremen NJW 1977, 1153 (1155) = AG 1977, 257 (259); Großkomm AktG/*K. Schmidt* Rn. 7; NK-AktR/*Heidel* Rn. 5; Bürgers/Körber/*Göz* Rn. 2; K. Schmidt/Lutter/*Schwab* Rn. 2; *Ihrig/Schlitt* NZG 1999, 333 (334) mwN; Henssler/Strohn/*Drescher* Rn. 2; MüKoAktG/*Koch* Rn. 7; Bedenken noch bei Kölner Komm AktG/*Zöllner* Rn. 6 und MüKoAktG/*Hüffer*, 3. Auflage 2011, Rn. 5.
[8] Großkomm AktG/*K. Schmidt* Rn. 8; MüKoAktG/*Koch* Rn. 4; Bürgers/Körber/*Göz* Rn. 2; Henssler/Strohn/*Drescher* Rn. 2.

gegenteilige Auffassung des OLG Hamm[9] findet im Gesetz keine Stütze;[10] auch der von *Schwab*[11] angebotene Mittelweg, wonach auf die in der Person des Mitglieds verbürgte Loyalität gegenüber dem Gesellschaftsinteresse abgestellt werden soll, ist rechtlich nicht geboten und dürfte zudem auf praktische Schwierigkeiten stoßen. Schließlich begründet auch ein Verstoß gegen **Wahlabreden** außerhalb der Satzung die Anfechtung nicht.[12] In diesen Fällen mag aber ein Treupflichtverstoß nachweisbar sein, der dann als solcher nach allgemeinen Grundsätzen die Anfechtbarkeit des Beschlusses begründet. Keine Gesetzesverletzung begründet die Durchführung einer **Blockwahl** gegen den – unbeachtlichen[13] – Widerspruch eines Aktionärs, anders dagegen, wenn ein Antrag auf Durchführung einer Einzelwahl nicht zur Abstimmung gestellt wurde.[14]

Umstritten ist, ob es zur Anfechtbarkeit des Wahlbeschlusses führt, wenn der Beschlussvorschlag 5a abweichend von einer nach § 161 abgegebenen Entsprechenserklärung gegen eine Empfehlung des **Corporate Governance Kodex** verstößt.[15] Das OLG München hat dies gegen das LG München als Vorinstanz – obiter – bejaht.[16] Dieser Auffassung ist indessen nicht zu folgen, und zwar unabhängig davon, ob man eine unterjährige Aktualisierungspflicht für die Entsprechenserklärung bejaht.[17] Ein Verstoß gegen die Aktualisierungspflicht führt weder zu einem Mangel des Beschlussverfahrens noch zu einem Inhaltsmangel des Beschlussvorschlags und damit auch nicht mittelbar zur Anfechtbarkeit des Wahlbeschlusses.[18] Dem steht die Entscheidung des BGH[19] zur Anfechtbarkeit von Entlastungsbeschlüssen bei einem wesentlichen Verstoß gegen die Entsprechenserklärung nicht entgegen.[20] Bei Kreditinstituten kommt zudem eine Anfechtbarkeit wegen nach **§ 25d Abs. 3 S. 1 Nr. 4 und Abs. 3a Nr. 3 KWG** unzulässiger Ämterhäufung in Betracht, wenn nicht rechtzeitig vor der Wahl ein Dispens der Aufsichtsbehörde vorliegt.[21]

Als **Satzungsverstoß** führt es zur Anfechtbarkeit, wenn der Gewählte Satzungsregelungen über 6 persönliche Voraussetzungen nicht erfüllt. Die Satzung kann solche Voraussetzungen aber nicht für Arbeitnehmervertreter aufstellen, § 100 Abs. 4.

b) Gesetzeswidriges Zustandekommen der Vorschläge, Abs. 1 S. 2. Abs. 1 S. 2 führt als 7 **besonderen Anfechtungsgrund** ein, dass der Wahlvorschlag gesetzwidrig zustande gekommen ist. Wie die Nichtigkeitssanktion in § 250 Abs. 1 S. 2 bezieht sich die Regelung aber nur auf mitbestimmungsrechtlich bindende Wahlvorschläge (vgl. die bei → § 250 Rn. 12 genannten Vorschriften), also nicht auf Vorschläge des Aufsichtsrats selbst (§ 101 Abs. 1 S. 2).[22] Der Gesetzesverstoß im Vorfeld des Wahlbeschlusses, der nicht isoliert geltend gemacht werden kann, führt also zur Anfechtbarkeit des Wahlbeschlusses.[23]

Zu berücksichtigen sind dabei nicht nur die Wahlvorschriften der Mitbestimmungsgesetze selbst, 8 sondern auch die Wahlordnung vom 26.11.1956 (BGBl. 1956 I 886).[24] Einschränkend ist aber zu Recht anerkannt, dass sich die Anfechtung nur auf die **Verletzung wesentlicher Wahlvorschriften** stützen kann.[25] Diese Einschränkung entspricht bei der unmittelbaren Wahl der Arbeitnehmervertre-

---

[9] NJW 1987, 1030 (1031).
[10] Zutreffend LG Mannheim AG 1991, 29 (30) m. Anm. *Walgenbach* WuB II A § 102 AktG 1.90; Bürgers/Körber/*Göz* Rn. 2.
[11] K. Schmidt/Lutter/*Schwab* Rn. 5.
[12] MüKoAktG/*Koch* Rn. 4; NK-AktR/*Heidel* Rn. 3; Henssler/Strohn/*Drescher* Rn. 2; abweichend wohl Großkomm AktG/*K. Schmidt* Rn. 4.
[13] MüKoAktG/*Habersack* § 101 Rn. 23.
[14] → § 101 Rn. 36; Bürgers/Körber/*Göz* Rn. 2; MüKoAktG/*Koch* Rn. 4; missverständlich LG München NZG 2004, 626; kritisch dazu *Mutter* AG 2004, 305 (306); *Fuhrmann* ZIP 2004, 2081 (2083); zum Ganzen auch BGH ZIP 2009, 460 (465).
[15] Eingehend dazu Kölner Komm AktG/*Kiefner* Rn. 14 ff.; *Habersack* FS Goette, 2011, 121 ff.
[16] ZIP 2009, 133 (134).
[17] Ausdrücklich offen gelassen im Nichtannahmebeschluss des BGH v. 9.11.2009 -II ZR 14/09 = IBRRS 2010, 2426; zur Aktualisierungspflicht → § 161 Rn. 45 ff.
[18] So zutreffend Hüffer/Koch/*Koch* § 161 Rn. 32; *Hüffer* ZIP 2010, 1679 (1980); *Wachter*/*Wagner*/*Epe* Rn. 2; Hölters/*Simons* Rn. 10; Henssler/Strohn/*Drescher* Rn. 2; *Kiefner* NZG 2011, 201 (203 f.); *Rieder* NZG 2010, 737 (738 f.); *Kocher*/*Bedkowski* BB 2009, 232; *Marsch-Barner* FS K. Schmidt, 2009, 1109 (1112 f.); aA *Habersack* FS Goette, 2011, 121 (123 f.); *Habersack*, Gutachten E zum 69. DJT 2012, E 46 f. mwN; Hölters/*Hölters* § 161 Rn. 60; E. *Vetter* NZG 2008, 121 (123 f.); E. *Vetter* FS Uwe Schneider, 2011, 1345 (1356); vgl. auch *Tödtmann*/*Schauer* ZIP 2009, 995 (998 f.).
[19] BGHZ 180, 9 = NZG 2009, 342 = ZIP 2009, 460 (463, 466) mAnm *Mutter* ZIP 2009, 470 f.
[20] Hölters/*Simons*, 2011, Rn. 10.
[21] Im Einzelnen *Mimberg* WM 2015, 1791 ff.
[22] *Marsch-Barner* FS K. Schmidt, 2009, 1109 (1119).
[23] MüKoAktG/*Koch* Rn. 9.
[24] Kölner Komm AktG/*Zöllner* Rn. 13; MüKoAktG/*Koch* Rn. 9.
[25] Großkomm AktG/*K. Schmidt* Rn. 9; MüKoAktG/*Koch* Rn. 9.

§ 251   9–14   Erstes Buch. Aktiengesellschaft

ter den mitbestimmungsrechtlichen Regelungen (§ 11 Abs. 1 DrittelbG, § 8 Abs. 2 Montan-Mitbest-ErgG, § 22 Abs. 1 MitbestG); die Anfechtungsmöglichkeit bei der Wahl durch die Hauptversammlung kann nicht weiter gehen.[26] Zu prüfen ist zwar nicht die Kausalität des Verstoßes für das Zustandekommen des Vorschlags,[27] wohl aber seine **Relevanz;**[28] allerdings wird der Verletzung wesentlicher Wahlvorschriften die Relevanz kaum je abgesprochen werden können.[29]

9   **c) Verletzung des Auskunftsrechts, Abs. 1 S. 3. aa) Verweisung.** Die Verletzung des **Auskunftsrechts** der Aktionäre[30] gibt als Verstoß gegen § 131 bereits wegen Gesetzesverletzung nach allgemeinen Bestimmungen (→ Rn. 5) ein Anfechtungsrecht. Dieses wird in der Verweisung auf § 243 Abs. 4 vorausgesetzt. Die dort in S. 1 normierte Einschränkung der Anfechtbarkeit auf wesentliche Informationsmängel entspricht nach der wohl hM lediglich einer Umschreibung der Relevanz des Mangels.[31]

10   **bb) Weitergabepflicht.** Die danach an sich überflüssige Verweisung auf § 243 Abs. 4 scheint im Umkehrschluss dazu zu führen, dass **§ 243 Abs. 3** nicht gilt, die Verletzung der Weitergabepflicht des § 128 also die Anfechtung begründen könnte. Das ist aber nach zutreffender allgemeiner Auffassung nicht der Fall; es ist anerkannt, dass § 243 Abs. 3 nur aufgrund eines Redaktionsversehens nicht in die Verweisung aufgenommen worden ist.[32]

11   **cc) Sondervorteile.** Der Anfechtungsgrund des § 243 Abs. 2, die Erlangung von **Sondervorteilen,** ist in die Verweisung nicht einbezogen. Die herrschende Meinung sieht darin zutreffend eine Beschränkung der Anfechtbarkeit der Wahlbeschlüsse (→ Rn. 2).

12   **dd) Bestätigungsbeschluss.** Abs. 1 S. 3 stellt mit dem Verweis auf **§ 244** weiter klar, dass auch Wahlbeschlüsse nicht mehr angefochten werden können, wenn sie durch einen neuen, nicht mehr angreifbaren Beschluss **bestätigt** worden sind.[33] Die Wahl wird damit in dem Zeitpunkt gültig, zu dem die Voraussetzungen von § 244 S. 1 vorliegen. Ein rechtliches Interesse an einer Nichtigerklärung für die Vergangenheit, § 244 S. 2, kann sich für den Wahlbeschluss aus dem Bedürfnis nach Klärung der Wirksamkeit von Aufsichtsratsbeschlüssen[34] ergeben. Allerdings kann der nach Neuwahl oder Bestätigungsbeschluss unanfechtbar besetzte Aufsichtsrat zuvor möglicherweise anfechtbare Beschlüsse durch neuen Beschluss mit Wirkung ex tunc **heilen.**[35]

III. Anfechtungsbefugnis (Abs. 2)

13   **1. Verweis auf § 245.** Abs. 2 S. 1 verweist für die Anfechtungsbefugnis zunächst – eingeschränkt – auf die allgemeine Bestimmung des § 245. Wie stets bei der Anfechtungsklage gehört die Anfechtungsbefugnis auch hier zu den Voraussetzungen der Begründetheit.[36] Die Verweisung ist allerdings beschränkt auf § 245 **Nr. 1, 2 und 4.** Anfechtungsbefugt ist danach also der **Aktionär,** soweit er die Voraussetzungen der Nr. 1 oder 2 erfüllt, sowie der **Vorstand** als Organ.

14   Dass § 245 **Nr. 3** von der Verweisung ausgenommen ist, beruht folgerichtig darauf, dass sich aus der unzulässigen Verfolgung von Sondervorteilen, § 243 Abs. 2, bei Wahlbeschlüssen zum Aufsichtsrat kein Anfechtungsgrund ergibt (→ Rn. 2, 11).[37] Weil auch § 245 **Nr. 5** ausgenommen ist, kommt einzelnen Verwaltungsmitgliedern keine Anfechtungsbefugnis zu; der Gesetzgeber ging dabei – zutreffend[38] – davon aus, dass der Wahlbeschluss als Bestellungsakt keiner weiteren Ausführung

---

[26] Kölner Komm AktG/*Zöllner* Rn. 15; Großkomm AktG/*K. Schmidt* Rn. 9.
[27] MüKoAktG/*Hüffer* Rn. 7 mwN.
[28] Vgl. BGHZ 149, 158 ff. = NJW 2002, 1128 f.; BGH NJW 2003, 970 ff. = NZG 2003, 216 ff.; OLG Frankfurt ZIP 2009, 232 (233) (fehlende Berufsangabe im Wahlvorschlag idR nicht relevant); Kölner Komm AktG/*Kiefner* Rn. 8 ff.; Bürgers/Körber/*Göz* Rn. 3; Hüffer/Koch/*Koch* Rn. 3; aA NK-AktR/*Heidel* Rn. 9.
[29] Vgl. MüKoAktG/*Koch* Rn. 9; Hüffer/Koch/*Koch* Rn. 3.
[30] Zu dessen Grenzen *Marsch-Barner* FS K. Schmidt, 2009, 1109 (1113 f.).
[31] → § 243 Rn. 121 ff.; BGH NZG 2010, 943 Rn. 28; OLG Stuttgart NZG 2006, 472 (476 f.); Hüffer/Koch/*Koch* § 243 Rn. 46b; NK-AktR/*Heidel* § 243 Rn. 37c; aA *Marsch-Barner* FS K. Schmidt, 2009, 1109 (1116) je mwN.
[32] Kölner Komm AktG/*Kiefner* Rn. 11; MüKoAktG/*Koch* Rn. 11 (mit zutreffendem Verweis auf den entsprechenden Fehler des Gesetzgebers des ARUG); K. Schmidt/Lutter/*Schwab* Rn. 6; Henssler/Strohn/*Drescher* Rn. 3; Bürgers/Körber/*Göz* Rn. 5; Hölters/*Simons* Rn. 15.
[33] OLG Stuttgart NZG 2004, 822 = AG 2004, 457 und NZG 2005, 432 ff. = AG 2005, 125 ff.; Hüffer/Koch/*Koch* Rn. 7; Bürgers/Körber/*Göz* Rn. 7; Henssler/Strohn/*Drescher* Rn. 5; Hölters/*Simons* Rn. 13.
[34] → § 250 Rn. 21 und OLG Stuttgart NZG 2005, 432 ff. = AG 2005, 125 ff.; Grigoleit/*Ehmann* Rn. 5.
[35] *Marsch-Barner* FS K. Schmidt, 2009, 1109 (1122); Hölters/*Simons* § 252 Rn. 15.
[36] Ganz hM, vgl. → § 245 Rn. 4 und → § 254 Fn. 39; MüKoAktG/*Koch* Rn. 14.
[37] MüKoAktG/*Koch* Rn. 15 mwN; Hölters/*Simons* Rn 14.
[38] Kölner Komm AktG/*Kiefner* Rn. 58; Zweifel noch bei Kölner Komm AktG/*Zöllner,* 1. Aufl., Rn. 25.

bedarf, die Voraussetzungen der Anfechtungsbefugnis nach § 245 Nr. 5 also ohnedies nicht vorliegen können.[39]

2. Sonderregelung in Abs. 2 S. 2 und 3. Wie § 250 Abs. 2 die Parteifähigkeit für die Nichtigkeitsklage erweiternd regelt, um den Rechtsschutz der Arbeitnehmerseite zu stärken (→ § 250 Rn. 22), erweitert Abs. 2 S. 2 und 3 die Anfechtungsbefugnis. S. 2 betrifft die Wahl der Arbeitnehmervertreter nach § 4 Abs. 1 S. 2 lit. b Montan-MitbestG, für welche der Betriebsrat gem. § 6 Abs. 1 Montan-MitbestG das Vorschlagsrecht hat, also nicht die Wahl der Aktionärsvertreter.[40] Anfechtungsbefugt sind für die einschlägigen Wahlbeschlüsse der Hauptversammlung daher auch die Betriebsräte der Gesellschaft, die in den Betrieben vertretenen Gewerkschaften und deren Spitzenorganisationen. Anders als bei § 250 Abs. 2 ist in S. 2 der **Gesamtbetriebsrat** nicht genannt; er soll nach der noch hM aber in Analogie zu dieser Vorschrift und zu § 22 Abs. 2 MitbestG dennoch anfechtungsbefugt sein.[41] Weder sind die Voraussetzungen einer Analogie gegeben noch besteht für diese Korrektur des Gesetzgebers ein Bedürfnis.[42]

15

Abs. 2 S. 3 regelt die Anfechtungsbefugnis für die Wahl des weiteren (neutralen) Mitglieds nach § 4 Abs. 1 S. 2 lit. c Montan-MitbestG bzw. § 5 Abs. 1 S. 2 lit. c MitbestErgG. Danach kann die Wahl dieses Mitglieds auch von allen Aufsichtsratsmitgliedern angefochten werden. Heute ist zurecht anerkannt, dass diese Regelung an Abs. 2 S. 2 anknüpft, die dort genannten Organisationen als nicht aus dem Kreis der Anfechtungsbefugten ausschließt, sondern diesen für den geregelten Fall um die einzelnen Mitglieder des Aufsichtsrats erweitert.[43] Deren Anfechtungsbefugnis setzt weder voraus, dass sie an dem Wahlbeschluss beteiligt waren, noch dass sie überhaupt zum Zeitpunkt der Wahl dem Aufsichtsrat angehörten.[44]

16

Das sich grundsätzlich aus der Gestaltungswirkung der Anfechtungsklage ergebende **Rechtsschutzinteresse** entfällt nicht zwingend mit der Beendigung des Amtes des Mitglieds, dessen Wahl angefochten wird, weil die Nichtigerklärung ex tunc wirkt, die erfolgreiche Klage also durchaus noch Wirkungen für die Vergangenheit haben kann.[45]

16a

IV. Anfechtungsverfahren (Abs. 3)

Nach Abs. 3 gelten für das Verfahren im Wesentlichen dieselben Vorschriften wie für die allgemeine Anfechtungsklage. An die Stelle des nicht anwendbaren § 248 Abs. 1 S. 1 (Urteilswirkungen) tritt die Sonderregelung in § 252 Abs. 2. Die weiteren nicht anwendbaren Regelungen in § 248 treffen auf die Wahlbeschlüsse schon tatbestandlich nicht zu.[46] § 246 ist in vollem Umfang in Bezug genommen, also auch der Grundsatz der Doppelvertretung nach dessen Abs. 2 S. 2; vgl. zur entsprechenden Frage bei der Nichtigkeitsklage → § 250 Rn. 24.

17

Abs. 2 regelt nur die Anfechtungsbefugnis, nicht aber, wie § 250 Abs. 2, die **Parteifähigkeit**. Damit wird indessen die Parteifähigkeit vorausgesetzt, weil die Regelung sonst keinen Sinn ergeben würde.[47]

18

§ 252 Urteilswirkung

(1) Erhebt ein Aktionär, der Vorstand, ein Mitglied des Vorstands oder des Aufsichtsrats oder eine in § 250 Abs. 2 bezeichnete Organisation oder Vertretung der Arbeitnehmer gegen die Gesellschaft Klage auf Feststellung, daß die Wahl eines Aufsichtsratsmitglieds durch die Hauptversammlung nichtig ist, so wirkt ein Urteil, das die Nichtigkeit der Wahl rechtskräftig feststellt, für und gegen alle Aktionäre und Arbeitnehmer der Gesellschaft, alle Arbeitnehmer von anderen Unternehmen, deren Arbeitnehmer selbst oder durch

---

[39] Großkomm AktG/*K. Schmidt* Rn. 15; MüKoAktG/*Koch* Rn. 15.
[40] Großkomm AktG/*K. Schmidt* Rn. 17.
[41] Kölner Komm AktG/*Zöllner* Rn. 27; Großkomm AktG/*K. Schmidt* Rn. 17; MüKoAktG/*Koch* Rn. 16; Bürgers/Körber/*Göz* Rn. 9.
[42] So auch Kölner Komm AktG/*Kiefner* Rn. 59; Hölters/*Simons* Rn. 18 Fn. 55; dagegen auch Hüffer/Koch/*Koch* Rn. 9.
[43] Kölner Komm AktG/*Zöllner* Rn. 30; Großkomm AktG/*K. Schmidt* Rn. 18; MüKoAktG/*Koch* Rn. 16; K. Schmidt/Lutter/*Schwab* Rn. 9; Hüffer/Koch/*Koch* Rn. 9; Bürgers/Körber/*Göz* Rn. 10; Henssler/Strohn/*Drescher* Rn. 5.
[44] Kölner Komm AktG/*Kiefner* Rn. 59; MüKoAktG/*Koch* Rn. 17.
[45] BGHZ 196, 195 Rn. 12 ff. = NJW 2013, 1535 (1536); *Drescher* WM Sonderbeilage 2/2013, 12; dagegen auf der Grundlage der Rechtsfigur des fehlerhaften Organs oder der teleologischen Reduktion der Rückwirkung Kölner Komm AktG/*Kiefner* Rn. 62.
[46] MüKoAktG/*Koch* Rn. 20.
[47] Großkomm AktG/*K. Schmidt* Rn. 20; Bürgers/Körber/*Göz* Rn. 11; Hölters/*Simons* Rn. 19.

Delegierte an der Wahl von Aufsichtsratsmitgliedern der Gesellschaft teilnehmen, die Mitglieder des Vorstands und des Aufsichtsrats sowie die in § 250 Abs. 2 bezeichneten Organisationen und Vertretungen der Arbeitnehmer, auch wenn sie nicht Partei sind.

(2) [1]Wird die Wahl eines Aufsichtsratsmitglieds durch die Hauptversammlung durch rechtskräftiges Urteil für nichtig erklärt, so wirkt das Urteil für und gegen alle Aktionäre sowie die Mitglieder des Vorstands und Aufsichtsrats, auch wenn sie nicht Partei sind. [2]Im Fall des § 251 Abs. 2 Satz 2 wirkt das Urteil auch für und gegen die nach dieser Vorschrift anfechtungsberechtigten Betriebsräte, Gewerkschaften und Spitzenorganisationen, auch wenn sie nicht Partei sind.

Schrifttum: Vgl. die Angaben bei → § 250.

I. Normzweck und Anwendungsbereich

1 Wie §§ 250 und 251 die Parteifähigkeit und die Anfechtungsbefugnis erweitern, will § 252 die subjektive Wirkung von Urteilen ausdehnen, die einer Nichtigkeitsklage nach § 250 oder einer Anfechtungsklage nach § 251 stattgeben. § 252 tritt insoweit an die Stelle von § 248 Abs. 1 S. 1 und § 249 Abs. 1 S. 1, dient wie diese Bestimmungen der Rechtsklarheit und -sicherheit, erstreckt die Urteilswirkungen aber auch auf die **Arbeitnehmerseite.** Für klagabweisende Urteile gilt die Norm nicht; hier bleibt es wie auch sonst bei der Wirkung inter partes.[1]

2 Der Sache nach geht es um eine subjektive **Erstreckung der materiellen Rechtskraft.**[2] Die rechtskräftige Feststellung der Nichtigkeit des Wahlbeschlusses ist danach von allen in der Norm genannten potentiellen Klägern hinzunehmen; erneute Klagen wären unzulässig. Da die rechtskräftige Feststellung der Nichtigkeit nach § 250 wie die rechtskräftige Nichtigerklärung nach § 251 aber ohnedies jedermann bindet (→ Rn. 4 und 5), ist die praktische Bedeutung der Vorschrift gering. Sie wird auch nicht benötigt, um zu klären, wann eine Klage mit demselben Streitgegenstand schon als unzulässig abzuweisen wäre.[3] Die Erhebung einer erneuten Nichtigkeits- oder Anfechtungsklage durch einen Dritten nach bereits rechtskräftig feststehender Nichtigkeit wäre wohl in allen Fallgestaltungen u. a. schon wegen fehlenden Rechtsschutzbedürfnisses unzulässig.

II. Urteil auf Nichtigkeitsklage (Abs. 1)

3 Schon für die allgemeine aktienrechtliche Nichtigkeitsklage erstreckt § 249 Abs. 1 S. 1 iVm § 248 Abs. 1 S. 1 die Wirkung des stattgebenden Urteils auf alle Aktionäre und Verwaltungsmitglieder. Abs. 1 wiederholt diese Regelung und dehnt sie zudem aus auf alle Arbeitnehmer der beteiligten Gesellschaft und anderer Unternehmen, deren Arbeitnehmer an der nichtigen Aufsichtsratswahl teilnehmen, sowie auf die in § 250 Abs. 2 bezeichneten Organisationen und Vertretungen der Arbeitnehmer.

4 Die rechtskräftig festgestellte Nichtigkeit des Wahlbeschlusses wirkt aber über den Wortlaut der Bestimmung hinaus für und gegen jedermann.[4] Die Wirkung des wegen eines Nichtigkeitsgrunds ergehenden Urteils kann nicht hinter der des Anfechtungsurteils zurück bleiben.[5]

III. Urteil auf Anfechtungsklage (Abs. 2)

5 Das einer Anfechtungsklage nach § 251 stattgebende Urteil hat wie im Fall des § 248 **Gestaltungswirkung,** bindet mit seiner die materielle Rechtslage verändernden Wirkung also jedermann (→ § 248 Rn. 6 ff.). Dagegen erweitert Abs. 2 die subjektive **Rechtskraftwirkung** des Urteils über die als Parteien beteiligten Personen und Organisationen hinaus. Dies gilt auch für die nach § 251 Abs. 2 S. 2 anfechtungsbefugten Organisationen (Abs. 2 S. 2).[6] Dagegen ist es widersprüchlich, die Bindungswirkung nach Abs. 2 S. 2 nur für eine Anfechtungsklage nach § 251 Abs. 2 S. 2 zu erweitern, nicht aber für die Wahl des weiteren Mitglieds nach S. 3 dieser Vorschrift;[7] da nach einem stattgeben-

---

[1] MüKoAktG/*Koch* Rn. 7; Bürgers/Körber/*Göz* Rn. 11; NK-AktR/*Heidel* Rn. 1.
[2] MüKoAktG/*Koch* Rn. 3 ff.; dogmatisch abweichend Großkomm AktG/*K. Schmidt* Rn. 3 ff.
[3] Vgl MüKoAktG/*Koch* Rn. 6.
[4] → § 249 Rn. 19; Kölner Komm AktG/*Kiefner* Rn. 4; MüKoAktG/*Koch* Rn. 6; Bürgers/Körber/*Göz* Rn. 3; NK-AktR/*Heidel* Rn. 4; aA K. Schmidt/Lutter/*Schwab* Rn. 2.
[5] Im Ergebnis ebenso, aber unter dogmatischer Einordnung als Gestaltungswirkung Großkomm AktG/*K. Schmidt* Rn. 4.
[6] MüKoAktG/*Koch* Rn. 16; Kölner Komm AktG/*Kiefner* Rn. 8.
[7] Für eine analoge Anwendung von Abs. 2 S. 2 daher zu Recht zB Kölner Komm AktG/*Kiefner* Rn. 8; MüKoAktG/*Koch* Rn. 16; Hüffer/Koch/*Koch* Rn. 7; NK-AktR/*Heidel* Rn. 6; Wachter/*Wagner/Epe* Rn. 4.

IV. Folgen der Nichtigkeit für Beschlüsse des Aufsichtsrats

Das einer Anfechtungsklage stattgebende Urteil beseitigt einen Beschluss **rückwirkend,** ebenso 6
erfolgt die Feststellung der Nichtigkeit ex tunc. Deshalb müssen Beschlussfassungen des Aufsichtsrats grundsätzlich so behandelt werden, als habe der unwirksam Gewählte nicht daran mitgewirkt.[8] Dies kann indessen zu anhaltender, erheblicher Unsicherheit führen; auch wenn die Klagefrist im Falle der Anfechtung alsbald zur Klageerhebung zwingt, kann es doch bis zur rechtskräftigen Klärung, deren Ergebnis oft nicht klar vorhersehbar ist, lange dauern. In der Literatur sprechen sich deshalb gewichtige Stimmen dafür aus, die Anwendung der **Lehre vom fehlerhaften Organ** auch auf den Aufsichtsrat zu erstrecken.[9] Danach wäre das fehlerhaft gewählte Mitglied bei seiner Stimmabgabe – in Grenzen[10] – so zu behandeln als sei es wirksam bestellt. Der BGH ist dem indessen – anders als bei der fehlerhaften Bestellung des Vorstands[11] und des besonderen Vertreters nach § 147[12] – nicht gefolgt.[13] Er geht den umgekehrten Weg: Das fehlerhaft gewählte Mitglied ist bei der Stimmabgabe wie ein Nichtmitglied zu behandeln, soweit nicht in einzelnen Fallgruppen das Bestandsinteresse der Gesellschaft eine Ausnahme gebietet.[14] Jedenfalls bei nur anfechtbaren Wahlen sollen danach das Handeln des Aufsichtsratsvorsitzenden als Versammlungsleiter[15] und die Beschlussvorschläge nach § 124 Abs. 3 nicht rückwirkend unwirksam werden; in welchem Umfang dies auch für die Mitwirkung des Aufsichtsrats bei der Feststellung des Jahresabschlusses gilt, ist noch nicht sicher abzusehen.[16] Die Entscheidung wird verbreitet kritisch gesehen.[17] Beide Lösungswege sind weder dogmatisch zwingend noch schaffen sie in vollem Umfang die erforderliche Rechtssicherheit; dies kann nach dem Ansatz des BGH ohnedies nur punktuell gelingen und umgekehrt sieht sich die Lehre vom faktische Organ gehalten, eine Reihe von Ausnahmen[18] anzuerkennen. *Schürnbrand*[19] sieht den Kern des Problems zu Recht in Strukturfehlern des Beschlussmängelrechts, deren Behebung nach den nur punktuellen, symptombezogenen Reformen durch das UMAG und das ARUG unverändert anzuraten ist.[20]

§ 253 Nichtigkeit des Beschlusses über die Verwendung des Bilanzgewinns

(1) ¹Der Beschluß über die Verwendung des Bilanzgewinns ist außer in den Fällen des § 173 Abs. 3, des § 217 Abs. 2 und des § 241 nur dann nichtig, wenn die Feststellung des Jahresabschlusses, auf dem er beruht, nichtig ist. ²Die Nichtigkeit des Beschlusses aus diesem Grunde kann nicht mehr geltend gemacht werden, wenn die Nichtigkeit der Feststellung des Jahresabschlusses nicht mehr geltend gemacht werden kann.

(2) Für die Klage auf Feststellung der Nichtigkeit gegen die Gesellschaft gilt § 249.

---

[8] BGHZ 196, 195 Rn. 21 ff. = NJW 2013, 1535 (1537); *Drescher* WM Sonderbeilage 2/2013, 1 (7); *E. Vetter* ZIP 2012, 701 (707 ff.).
[9] Vgl. nur *Habersack* FS Goette, 2011, 121 (132 ff.); MüKoAktG/*Habersack* § 101 Rn. 70; Kölner Komm AktG/*Kiefner* Rn. 25 ff.; Grigoleit/*Grigoleit/Tomasic* § 101 Rn. 33; *Schürnbrand* NZG 2008, 609 und NZG 2013, 481; *Happ* FS Hüffer, 2009, 293 (305); *Bayer/Lieder* NZG 2012, 1 (6); *Kiefner/Seibel* Der Konzern 2013, 310 (312 ff.); *Rieckers* AG 2013, 383 (385); so auch noch OLG Frankfurt NZG 2011, 746 = AG 2011, 631; skeptisch MüKoAktG/*Koch* § 250 Rn. 27 ff. Zum Ausweg über eine (aufschiebend bedingte oder befristete) Bestellung nach § 104 (analog) MüKoAktG/*Koch* Rn. 11 ff.; *Brock* NZG 2014, 641.
[10] Nämlich nicht bei schweren Mängeln, die zur Nichtigkeit nach § 250 Abs. 1 Nr. 1, 2 und 3 oder Nr. 4 iVm § 100 Abs. 1 und 2 und § 105 führen, vgl. *Habersack* FS Goette, 2011, 121 (133 f.); *Bayer/Lieder* NZG 2012, 1 (3 ff.); *Kiefner/Seibel* Der Konzern 2013, 310 (313 f.).
[11] BGHZ 41, 282 (286).
[12] ZIP 2011, 2195.
[13] BGHZ 196, 195, Rn. 21 ff. = NJW 2013, 1535 (1537); anknüpfend vor allem am *E. Vetter* ZIP 2012, 701.
[14] Zu den Ausnahmen *Werner* WM 2014, 2207 (2208 ff.).
[15] So offenbar auch bei Wahrnehmung anderer besonderer Zuständigkeiten von Mitgliedern des Aufsichtsrats.
[16] *Arnold/Gayk* BB 2013, 1830 (1833).
[17] Im Einzelnen *Arnold/Gayk* BB 2013, 1830; *Kiefner/Seibel* Der Konzern, 2013, 310; *Kocher* BB 2013, 1830; *Priester* GWR 2013, 175; *Rieckers* AG 2013, 383; *Schürnbrand* NZG 2013, 481; *Tielmann* AG 2013, 704; Kölner Komm AktG/*Kiefner* Rn. 16 ff.
[18] Vgl. bei → § 250 Rn. 21.
[19] NZG 2013, 481 (484).
[20] Vgl. etwa *Arbeitskreis Beschlussmängelrecht* AG 2008, 617; *Habersack/Stilz* ZGR 2010, 710; *Fiebelkorn,* Die Reform der aktienrechtlichen Beschlussmängelklagen, 2013 mwN; vgl auch MüKoAktG/*Koch* § 250 Rn. 29; *Knapp/Lepperdinger* DStR 2014, 1290 (1293).

Schrifttum: *Baums,* Rücklagenbildung und Gewinnausschüttung im Aktienrecht, FS K. Schmidt, 2009, 57; *Butzke,* Die Heilungswirkung des Bestätigungsbeschlusses und ihre Grenzen, FS Stilz, 2014, 83; *Casper,* Die Heilung nichtiger Beschlüsse im Kapitalgesellschaftsrecht, 1998; *G. Hueck,* Minderheitsschutz bei der Ergebnisverwendung in der GmbH, FS Steindorff, 1990, 45; *Mülbert,* Aktiengesellschaft, Unternehmensgruppe und Kapitalmarkt, 2. Aufl. 1996; *Schnorbus/Plassmann,* Die Sonderdividende, ZGR 2015, 446; *Winter,* Mitgliedschaftliche Treubindungen im GmbH-Recht, 1988.

Übersicht

	Rn.		Rn.
I. Normzweck und Anwendungsbereich	1–3	a) Einbezogene Fälle	9–11
		b) Bindung an Jahresabschluss	12–14
II. Gegenstand und Gründe der Nichtigkeit	4–14	**III. Heilung**	15–18
1. Der Gewinnverwendungsbeschluss	4, 5	1. Heilung nach § 242	15, 16
2. Die allgemeinen Nichtigkeitsgründe	6–8	2. Der besondere Heilungstatbestand des Abs. 1 S. 2	17, 18
3. Die besonderen Nichtigkeitsgründe für den Gewinnverwendungsbeschluss	9–14	**IV. Feststellung und Rechtsfolgen der Nichtigkeit**	19–22

I. Normzweck und Anwendungsbereich

1 Die durch das AktG 1965 eingefügte Vorschrift besagt in Abs. 1 S. 1, dass die Nichtigkeit des Jahresabschlusses auch zur Nichtigkeit des Gewinnverwendungsbeschlusses führt. Dabei handelt es sich im Grunde um eine Selbstverständlichkeit, weil über die Verwendung des Bilanzgewinns nicht wirksam verfügt werden kann, wenn er nicht zuvor wirksam festgestellt worden ist; dies war bereits zuvor ohne eine entsprechende Vorschrift allgemein anerkannt.[1] Der Gesetzgeber sah sich in der Folge der Regelung zu der Klarstellung veranlasst, dass der nun ausdrücklich genannte besondere Nichtigkeitsgrund die übrigen Nichtigkeitsgründe nicht verdrängt, sondern zu ihnen hinzutritt; § 253 Abs. 1 beinhaltet deshalb eine **abschließende Zusammenstellung** der für einen Beschluss über die Verwendung des Bilanzgewinns in Betracht kommenden Nichtigkeitsgründe.

2 Der in Abs. 1 S. 1 begründete **Zusammenhang zwischen Jahresabschluss und Gewinnverteilung** ist einseitig (keine Rückwirkung des nichtigen Gewinnverwendungsbeschlusses, wohl aber notwendig zu berücksichtigen beim nachfolgenden Jahresabschluss[2]) und nur insoweit ins Positive zu kehren, als er folgerichtig in S. 2 der Vorschrift auch auf die Heilung übertragen wird.[3] Demgegenüber kommt Abs. 2 der Vorschrift keine eigenständige Bedeutung zu.

3 Wegen der vergleichbaren Lage zu Recht allgemein anerkannt ist die **analoge Anwendbarkeit** der Vorschrift **auf die GmbH**.[4]

II. Gegenstand und Gründe der Nichtigkeit

4 **1. Der Gewinnverwendungsbeschluss.** § 253 regelt ausschließlich den Gewinnverwendungsbeschluss der Hauptversammlung nach § 174. Die Hauptversammlung ist bei der Gewinnverwendung nach § 174 Abs. 1 S. 2 an den festgestellten Jahresabschluss gebunden, kann also weder einen höheren noch einen niedrigeren Bilanzgewinn verteilen als dort festgelegt. Hält sie sich daran nicht, bleibt es dennoch bei einem nach § 253 zu beurteilenden Gewinnverwendungsbeschluss.[5]

5 Verfügt der Beschluss nur über einen niedrigeren Betrag, wird regelmäßig keine salvierende Interpretation als Teilbeschluss oder im Sinne einer konkludenten Verwendung des überschießenden Betrags als Gewinnrücklage oder -vortrag in Betracht kommen.[6] Vielmehr bleibt es auch in diesem Fall bei einem Verstoß gegen § 253 Abs. 1 S. 1, § 241 Nr. 3.

6 **2. Die allgemeinen Nichtigkeitsgründe.** Wie für jeden Hauptversammlungsbeschluss gelten die Nichtigkeitsgründe des **§ 241** auch für den Beschluss über die Gewinnverwendung. Die ausdrückliche Erwähnung der Vorschrift hat nur deklaratorische Bedeutung.

---

[1] BegrRegE *Kropff* S. 339; zuletzt LG Frankfurt AG 2002, 297 f.
[2] *Grumann/Gillmann* NZG 2004, 839 (844); Bürgers/Körber/*Göz* Rn. 5.
[3] *Haertlein* ZHR 168 (2004), 437 (440).
[4] BGH ZIP 2008, 1818; OLG Stuttgart GmbHR 2004, 662 (663); OLG Hamm AG 1992, 233 (234); MüKoAktG/*Koch* Rn. 1; Hüffer/Koch/*Koch* Rn. 1; Henssler/Strohn/*Drescher* Rn. 1; Baumbach/Hueck/*Zöllner/Noack* GmbHG Anh. § 47 Rn. 107.
[5] MüKoAktG/*Koch* Rn. 3; Großkomm AktG/*K. Schmidt* Rn. 2; K. Schmidt/Lutter/*Schwab* Rn. 1; vgl. auch MHdB AG/*Semler* § 41 Rn. 123.
[6] Kölner Komm AktG/*Arnold* Rn. 4.

Klarzustellen ist, dass ein Verstoß gegen die Dokumentationspflicht des § 174 Abs. 2 keine Nichtigkeitsfolge nach § 241 Nr. 2 nach sich zieht;[7] erwägenswert ist allenfalls, ob ein Verstoß gegen Nr. 3 Fall 3 vorliegt, doch ist auch dies mit der ganz hM zu verneinen,[8] auch wenn der zusätzliche Aufwand (§ 174 Abs. 2 Nr. 5) wesentlich zu niedrig angesetzt ist.[9] 7

Ein Anwendungsfall von § 241 Nr. 3 Fall 3 ist dagegen der Verstoß gegen die Bindung an den festgestellten Jahresabschluss nach **§ 174 Abs. 1 S. 2** (→ Rn. 4), weil es hier letztlich um die im öffentlichen Interesse erforderliche Bindung an das materielle Bilanzrecht geht.[10] 8

3. Die besonderen Nichtigkeitsgründe für den Gewinnverwendungsbeschluss. a) Einbezogene Fälle. Die Bestimmung lässt die in § 173 Abs. 3 S. 2 und § 217 Abs. 2 S. 4 geregelten besonderen Nichtigkeitsgründe unberührt. Die hM hält beide Tatbestände gegen den wiederholten Gesetzeswortlaut für Fälle der endgültigen **Unwirksamkeit**.[11] Diese Unterscheidung ist zwar dogmatisch überzeugend,[12] hat indessen keine praktische Auswirkung. 9

§ 173 Abs. 3 beschränkt für die prüfungspflichtige AG[13] die Möglichkeit der Hauptversammlung, im Feststellungsbeschluss vom aufgestellten Jahresabschluss abzuweichen, auf die Fälle, in denen sie für die abweichenden Inhalte rechtzeitig einen uneingeschränkten Bestätigungsvermerk beschaffen kann. Wird das Testat innerhalb der Zwei-Wochen-Frist nicht oder nur eingeschränkt erteilt, wird nicht nur der Beschluss zur Feststellung des Jahresabschlusses nichtig, sondern auch der Gewinnverwendungsbeschluss. Für letzteren Beschluss würde sich dies auch ohne die Erwähnung in § 173 Abs. 3 bereits aus § 253 Abs. 1 S. 1 ergeben. 10

§ 217 Abs. 2 regelt die Möglichkeit, neuen Aktionären rückwirkend Gewinnberechtigung zuzuerkennen: der Kapitalerhöhungsbeschluss muss dem Gewinnverwendungsbeschluss zeitlich vorgehen, was auch im Rahmen derselben Hauptversammlung möglich ist, und binnen drei Monaten nach Beschlussfassung in das Handelsregister eingetragen sein. Wird die Eintragung nicht rechtzeitig bewirkt, erlangt auch der Gewinnverwendungsbeschluss keine Wirksamkeit. Damit wird die in diesem Fall der Sache nach bestehende Akzessorietät zwischen der Kapitalerhöhung und der Gewinnverwendung rechtlich umgesetzt. 11

b) Bindung an Jahresabschluss. Kern der Regelung des § 253 ist die Bindung der Nichtigkeit des Gewinnverwendungsbeschlusses an die Nichtigkeit des zugrunde liegenden Jahresabschlusses.[14] Die Nichtigkeit der Feststellung zum Jahresabschluss wiederum beurteilt sich ausschließlich nach § 256 und § 241 Nr. 5 iVm § 257. 12

Kein praktisches Problem wirft in diesem Fall die **Beruhensfrage** auf. Beschließt die Hauptversammlung über die Verwendung eines höheren oder niedrigeren Betrags als im festgestellten Abschluss ausgewiesen, beruht der Verwendungsbeschluss zwar nicht auf diesem Abschluss; er ist dann aber schon nach § 241 Nr. 3 Fall 3 nichtig (→ Rn. 4 f. und → Rn. 8).[15] 13

Wer sich auf die Nichtigkeit des Verwendungsbeschlusses nach dieser Bestimmung beruft, trägt die **Darlegungs- und Beweislast** für die Voraussetzungen der Nichtigkeit des Feststellungsbeschlusses.[16] Wird der nichtige Beschluss über den Jahresabschluss wiederholt, muss auch der **Verwendungsbeschluss** selbst dann **wiederholt** werden, wenn der Gewinn wieder in derselben Höhe wie zuvor festgestellt worden ist,[17] denn der frühere Verwendungsbeschluss beruht auch dann auf dem nichtigen Feststellungsbeschluss. Ein hinreichender Grund für eine wie auch immer geartete sachliche Bindung an die erste Beschlussfassung über die Ergebnisverwendung ist nicht zu erkennen.[18] 14

---

[7] Insoweit allgM, vgl. Hüffer/Koch/*Koch* Rn. 3.
[8] Großkomm AktG/*K. Schmidt* Rn. 6.
[9] Kölner Komm AktG/*Arnold* Rn. 12; MüKoAktG/*Koch* Rn. 5.
[10] Hüffer/Koch/*Koch* Rn. 3; Henssler/Strohn/*Drescher* Rn. 2.
[11] Hüffer/Koch/*Koch* Rn. 2 mwN; K. Schmidt/Lutter/*Schwab* Rn. 3; Grigoleit/*Ehmann* Rn. 2 f.
[12] *Casper*, Die Heilung nichtiger Beschlüsse im Kapitalgesellschaftsrecht, 1998, 36 ff.
[13] Für die nicht prüfungspflichtige kleine AG also auch nicht bei freiwilliger Prüfung, Kölner Komm AktG/*Arnold* Rn. 8.
[14] Vgl. OLG Stuttgart NZG 2003, 778 (780) = ZIP 2003, 1981 (1983) = AG 2003, 527 (529) sowie ZIP 2006, 27 ff.
[15] MüKoAktG/*Koch* Rn. 9.
[16] OLG München WM 1994, 742 (744); Kölner Komm AktG/*Arnold* Rn. 13; Großkomm AktG/*K. Schmidt* Rn. 7; MüKoAktG/*Koch* Rn. 9; Henssler/Strohn/*Drescher* Rn. 3.
[17] Kölner Komm AktG/*Arnold* Rn. 25; MüKoAktG/*Koch* Rn. 9; Großkomm AktG/*K. Schmidt* Rn. 7; K. Schmidt/Lutter/*Schwab* Rn. 6.
[18] Kölner Komm AktG/*Arnold* Rn. 12; MüKoAktG/*Koch* Rn. 9; einschränkend Großkomm AktG/*K. Schmidt* Rn. 7 aE.

III. Heilung

15 **1. Heilung nach § 242.** Sie kommt zwar auch für den nichtigen Gewinnfeststellungsbeschluss grundsätzlich in Betracht. Da dieser Beschluss aber nicht eintragungsfähig ist, scheidet die Anwendung der Abs. 1 und 2 dieser Vorschrift von vornherein aus.[19]

16 Für den Sonderfall der Nichtigkeit nach **§ 217 Abs. 2** (→ Rn. 11) enthält **§ 242 Abs. 3 iVm Abs. 2** eine eigene Heilungsregelung. Danach wirkt die verspätete Eintragung des Beschlusses über die Kapitalerhöhung als sei sie rechtzeitig erfolgt, wenn die Drei-Jahres-Frist des § 242 Abs. 2 S. 1 abgelaufen und nicht durch eine Klageerhebung nach S. 2 der Vorschrift verlängert worden ist. Die Heilung erfasst nach richtiger Auffassung[20] nicht nur den Beschluss über die Kapitalerhöhung, sondern – in analoger Anwendung der Heilungsvorschrift – auch den Gewinnverwendungsbeschluss; dies gebietet die Rechtssicherheit; der innere Grund für die Wirkungslosigkeit des Verwendungsbeschlusses ist mit der Heilung des Beschlusses, auf dem er beruht, entfallen.[21]

17 **2. Der besondere Heilungstatbestand des Abs. 1 S. 2.** Er knüpft an die Heilungsfähigkeit des Beschlusses über den Jahresabschluss nach § 256 Abs. 6 an. Kann die Nichtigkeit dieses Beschlusses nicht mehr geltend gemacht werden, ist er also geheilt, so gilt dies auch für den Gewinnverwendungsbeschluss; es handelt sich um den Fall des ins Positive gekehrten Wirkungszusammenhangs zwischen den beiden Beschlüssen (→ Rn. 2).[22]

18 Die Heilung des nichtigen Jahresabschlusses nach § 256 Abs. 6 hängt vom Ablauf der dort in S. 1 genannten Fristen ab. Diese Fristen verlängern sich (S. 2), wenn vor ihrem Ablauf eine **Nichtigkeitsklage gegen den Jahresabschluss** rechtshängig gemacht worden ist. Entsprechend verschiebt sich dann zeitlich die Heilung des Gewinnverwendungsbeschlusses. Zu Recht unbestritten ist, dass **die Nichtigkeitsklage gegen den Gewinnverwendungsbeschluss** die Heilung des Jahresabschlusses nicht hemmt.[23] So wird eine nur gegen diesen Beschluss erhobene Nichtigkeitsklage nach § 253 Abs. 1 S. 1 durch nachträgliche Heilung des Jahresabschlusses unbegründet.[24]

IV. Feststellung und Rechtsfolgen der Nichtigkeit

19 Die Nichtigkeit ist gemäß Abs. 2 der Vorschrift wie in allen Fällen der Nichtigkeit nach § 249 Abs. 1 S. 1 auf eine **Nichtigkeitsklage** durch gerichtliches Urteil festzustellen. Mit Rechtskraft des Urteils steht fest, dass dem Beschluss die gewollten Rechtswirkungen nicht zukommen. Das bedeutet in erster Linie, dass der Beschluss als Rechtsgrundlage für eine **Dividendenzahlung** entfällt. Die Gesellschaft kann ohne wirksamen Gewinnverwendungsbeschluss keine Dividendenzahlung veranlassen,[25] weil sich erst mit diesem Beschluss das mitgliedschaftliche Gewinnstammrecht des Aktionärs in einen der Höhe nach bestimmbaren Anspruch verwandelt.[26] Deshalb können auch **Vergütungsbestandteile** von Vorstand und Aufsichtsrat, die an die Dividende anknüpfen, nicht ohne wirksamen Verwendungsbeschluss berechnet werden.[27]

20 Bereits **bezahlte Dividenden** sind in diesem Fall grundsätzlich nach **§ 62 Abs. 1** zurück zu gewähren.[28] Die Gesellschaft muss dazu dem Aktionär Kenntnis oder fahrlässige Unkenntnis der Nichtigkeit des Beschlusses nachweisen; der zum Nachweis der Fahrlässigkeit erforderliche Sorgfaltspflichtverstoß wird regelmäßig bei erheblicher geschäftlicher oder rechtlicher Erfahrenheit des Aktionärs anzunehmen sein.[29]

21 Die Verweisung auf § 249 gilt entgegen dem ungenauen Wortlaut des Abs. 2 nicht nur für die Nichtigkeitsklage; die Nichtigkeit kann vielmehr nach § 249 Abs. 1 S. 2 auch **in jeder anderen Weise** geltend gemacht werden.[30] Die Frage der Nichtigkeit des Gewinnverwendungsbeschlusses ist deshalb zB im Rechtsstreit um Dividendenaus- oder -rückzahlungen als Vorfrage zu prüfen.

---

[19] Kölner Komm AktG/*Arnold* Rn. 17; MüKoAktG/*Koch* Rn. 10.
[20] Kölner Komm AktG/*Zöllner*, 3. Aufl., Rn. 21; ihm folgend Großkomm AktG/*K. Schmidt* Rn. 8; Hüffer/*Koch*/*Koch* Rn. 5.
[21] Kölner Komm AktG/*Arnold* Rn. 4; *Casper*, Die Heilung nichtiger Beschlüsse im Kapitalgesellschaftsrecht, 1998, 322 f.
[22] Näher *Casper*, Die Heilung nichtiger Beschlüsse im Kapitalgesellschaftsrecht, 1998, 67 ff.
[23] OLG Stuttgart OLGR 2006, 144 ff. = ZIP 2006, 27 ff.; Grigoleit/*Ehmann* Rn. 6.
[24] K. Schmidt/Lutter/*Schwab* Rn. 9; Wachter/*Wagner*/*Epe* Rn. 7.
[25] Hüffer/Koch/*Koch* Rn. 7.
[26] BGHZ 65, 230 (235); 137, 378 (381); BFH – GrSen – DB 2000, 1993 ff.
[27] Vgl. Kölner Komm AktG/*Arnold* Rn. 19; MüKoAktG/*Koch* Rn. 12.
[28] NK-AktR/*Heidel* Rn. 7; Henssler/Strohn/*Drescher* Rn. 5; zum Rückforderungsanspruch bei der GmbH OLG Stuttgart GmbHR 2004, 662 m. Anm. Merkt EWiR 2004, 661.
[29] Vgl. im Einzelnen *Grumann*/*Gillmann* NZG 2004, 839 (843 f.).
[30] AllgM, vgl. Kölner Komm AktG/*Arnold* Rn. 21; Großkomm AktG/*K. Schmidt* Rn. 11.

An der **Rechtskraft** einer Feststellung der Nichtigkeit des Gewinnverwendungsbeschlusses nimmt 22
die nur inzident zu prüfende Nichtigkeit des Jahresabschlusses nicht teil (vgl. auch → Rn. 18); die
Rechtskraft erstreckt sich gem. Abs. 2, §§ 249 Abs. 1 S. 1, 248 Abs. 1 S. 1 aber auf alle Aktionäre
sowie Vorstands- und Aufsichtsratsmitglieder, die deshalb auch als Nebenintervenienten zuzulassen[31]
und, wenn sie gemeinsam klagen, notwendige Streitgenossen sind.

§ 254 Anfechtung des Beschlusses über die Verwendung des Bilanzgewinns

(1) Der Beschluß über die Verwendung des Bilanzgewinns kann außer nach § 243 auch angefochten werden, wenn die Hauptversammlung aus dem Bilanzgewinn Beträge in Gewinnrücklagen einstellt oder als Gewinn vorträgt, die nicht nach Gesetz oder Satzung von der Verteilung unter die Aktionäre ausgeschlossen sind, obwohl die Einstellung oder der Gewinnvortrag bei vernünftiger kaufmännischer Beurteilung nicht notwendig ist, um die Lebens- und Widerstandsfähigkeit der Gesellschaft für einen hinsichtlich der wirtschaftlichen und finanziellen Notwendigkeiten übersehbaren Zeitraum zu sichern und dadurch unter die Aktionäre kein Gewinn in Höhe von mindestens vier vom Hundert des Grundkapitals abzüglich von noch nicht eingeforderten Einlagen verteilt werden kann.

(2) ¹Für die Anfechtung gelten die §§ 244–246, 247 bis 248a. ²Die Anfechtungsfrist beginnt auch dann mit der Beschlußfassung, wenn der Jahresabschluß nach § 316 Abs. 3 des Handelsgesetzbuchs erneut zu prüfen ist. ³Zu einer Anfechtung nach Absatz 1 sind Aktionäre nur befugt, wenn ihre Anteile zusammen den zwanzigsten Teil des Grundkapitals oder den anteiligen Betrag von 500 000 Euro erreichen.

Schrifttum: Vgl. die Angaben bei → § 253.

Übersicht

	Rn.		Rn.
I. Normzweck und Anwendungsbereich	1–3	a) Verteilungsfähigkeit	8, 9
		b) Keine notwendige Thesaurierung	10–12
		c) Übermäßig	13, 14
II. Gegenstand und Gründe der Anfechtung	4–14	III. Geltendmachung der Anfechtung	15–19
1. Der Gewinnverwendungsbeschluss	4	1. Allgemeine Bestimmungen	15
2. Die allgemeinen Anfechtungsgründe	5, 6	2. Anfechtungsfrist	16
3. Der besondere Anfechtungsgrund der übermäßigen Gewinnthesaurierung	7–14	3. Anfechtungsbefugnis	17, 18
		4. Darlegungs- und Beweislast	19

I. Normzweck und Anwendungsbereich

Mit der durch das AktG 1965 eingefügten Vorschrift wurde der Anfechtungsgrund der übermäßigen Rücklagenbildung durch Hauptversammlungsbeschluss geschaffen.[1] Bezweckt ist damit der **Schutz der Minderheit vor einer „Aushungerung"** durch die Mehrheit.[2] Mittels übermäßiger Gewinnthesaurierung können kurzfristig Dividendenerwartungen enttäuscht und langfristig Minderheiten von beherrschenden Großaktionären wirtschaftlich verdrängt werden.

Die **Effektivität der Vorschrift** ist zweifelhaft: Die nur am Grundkapital, also am Nennwert 2 der Aktien, ausgerichtete Garantiedividende von 4 % ist in vielen Fällen angesichts des eingesetzte Kapital verschwindend gering,[3] gegen Satzungsbestimmungen nach § 58 Abs. 2 bietet die Regelung keinen Schutz (→ Rn. 9), und anfechtungsbefugt ist nur eine qualifizierte Minderheit (→ Rn. 17). Zudem bestehen Möglichkeiten, etwa über Bildung stiller Reserven oder offener Rücklagen im zulässigen Umfang (vgl. § 256 Abs. 5, § 58 Abs. 2), bereits im Vorfeld durch eine Reduzierung des auszuweisenden Gewinns unanfechtbar ein vergleichbares Ergebnis zu erzielen. Eine Anfechtung des Gewinnverwendungsbeschlusses nach § 243 wird durch die Vorschrift nicht ausgeschlossen.[4]

---

[31] OLG Frankfurt AG 2002, 88 f.
[1] Zu den Änderungen durch das UMAG vgl. → § 250 Rn. 2.
[2] BegrRegE *Kropff* S. 340.
[3] Großkomm AktG/*K. Schmidt* Rn. 1.
[4] OLG Stuttgart NZG 2003, 778 (780) = ZIP 2003, 1981 (1983) = AG 2003, 527 (529).

3   In das **Recht der GmbH** wurde eine entsprechende Regelung entgegen dem RegE des BiRiLiG (dort § 42h) nicht aufgenommen.[5] Die Mehrheit ist bei der Entscheidung über die Gewinnthesaurierung nach § 29 Abs. 2 GmbHG aber auch bei der GmbH nicht frei, sondern durch die Treubindung der Gesellschafter untereinander auch zur Berücksichtigung von Minderheiteninteressen verpflichtet;[6] dabei können die Gesichtspunkte von § 254 AktG als gesetzgeberische Präzisierung herangezogen werden, es gilt aber nicht die starre 4 %-Quote analog.[7]

II. Gegenstand und Gründe der Anfechtung

4   **1. Der Gewinnverwendungsbeschluss.** Gegenstand der Anfechtung nach § 254 ist ausschließlich der Gewinnverwendungsbeschluss der Hauptversammlung nach § 58 Abs. 3, § 174 Abs. 1 (näher dazu bei → § 253 Rn. 4 f.), nicht dagegen die in § 58 Abs. 2 geregelte Gewinnfeststellung durch die Verwaltung.[8]

5   **2. Die allgemeinen Anfechtungsgründe.** Die Anfechtungsgründe des § 243 gelten auch für den Gewinnverwendungsbeschluss. Der besondere Anfechtungsgrund des § 254 verdrängt diese nicht, sondern tritt hinzu (zur entsprechenden Regelungstechnik bei § 253 → § 253 Rn. 1 und 6).

6   Für den Gewinnverwendungsbeschluss kommt eine **Anfechtbarkeit wegen Gesetzesverstoßes** nach § 243 Abs. 1 insbesondere im Falle einer von § 58 abweichenden Verwendung ohne entsprechende Satzungsermächtigung, § 58 Abs. 3 S. 2, und im Falle eines Verstoßes gegen die Dokumentationspflicht, § 174 Abs. 2, in Betracht, während ein Verstoß gegen § 174 Abs. 1 S. 2 den Beschluss schon nichtig macht (→ § 253 Rn. 7 f.). Ein Fall der **Anfechtbarkeit wegen Satzungsverstoßes** nach § 243 Abs. 1 kann etwa vorliegen, wenn Verfahrensbestimmungen der Satzung oder eine dort vorgegebene Höchstgrenze der Ausschüttung nicht eingehalten werden.[9] § 254 verdrängt grundsätzlich auch nicht § 243 Abs. 2. Die unzulässige Verfolgung von **Sondervorteilen** durch den Gewinnverwendungsbeschluss ist durchaus in dem Band von Fallgestaltungen denkbar, in dem zwar die (niedrige) Ausschüttungsquote des § 254 Abs. 1 eingehalten wird, die Dividendenpolitik aber dennoch ohne sachliche Rechtfertigung im Gesellschaftsinteresse zur faktischen Verdrängung von Minderheiten führt.[10] Dagegen scheidet bei Einhaltung der Voraussetzungen des § 254 Abs. 1 in aller Regel, nicht aber prinzipiell,[11] ein **Treupflichtverstoß** aus.

7   **3. Der besondere Anfechtungsgrund der übermäßigen Gewinnthesaurierung.** Eine Anfechtung nach **§ 254 Abs. 1** ist grundsätzlich in Betracht zu ziehen, wenn die Hauptversammlung beschließt, Teile des festgestellten Bilanzgewinns in **Gewinnrücklagen** einzustellen oder als **Gewinn vorzutragen.** Jede andere ausschüttungsmindernde Gewinnverwendung fällt dagegen von vornherein nicht unter diese Bestimmung.[12] Eine danach vom Regelungsbereich der Norm erfasste Gewinnverteilung führt aber nur dann zur Anfechtbarkeit nach § 254, wenn drei weitere Voraussetzungen erfüllt sind:

8   **a) Verteilungsfähigkeit.** Die zurückgelegten oder vorgetragenen Beträge müssen nach Gesetz und Satzung **verteilungsfähig** sein. Sonst besteht schon nach § 58 Abs. 4 kein Anspruch der Aktionäre auf eine Verteilung. Dass die Anfechtung nicht auf die unterlassene Ausschüttung solcher Beträge gestützt werden kann, deren Ausschüttung unzulässig gewesen wäre, wäre allerdings auch ohne gesetzliche Regelung offensichtlich. Für die erste Alternative, das **gesetzliche Ausschüttungsverbot,** ist zudem kaum ein Anwendungsfall denkbar, weil die gesetzlichen Rücklagen nach § 150

---

[5] Zu den Gründen BT-Drs. 10/4268, 129 ff.
[6] OLG Hamm OLGR 1991, 10 (13); zur Entwicklung der Rechtsprechung und Lehre zur horizontalen Treubindung zwischen Aktionären *Dreher* ZHR 157 (1993), 150 ff.; *Ulmer* ZGR 1999, 751 (766 f.).
[7] *Winter,* Mitgliedschaftliche Treubindungen im GmbH-Recht, 1988, 284 f.; weitergehend wohl BFH NJW 1977, 1791 (LS) = GmbHR 1977, 160 (161); Baumbach/Hueck/*Zöllner* GmbHG Anh. § 47 Rn. 55; Baumbach/Hueck/*Hueck/Fastrich* GmbHG § 29 Rn. 29 ff.; MüKoAktG/*Koch* Rn. 8; zu dem von *Hommelhoff* in Anlehnung an § 58 AktG entwickelten Schutzkonzept zusammenfassend Lutter/Hommelhoff/*Hommelhoff* GmbHG § 29 Rn. 25 ff.; vgl. auch *Ulmer* FS 50 Jahre BGH, 2000, 273 (310).
[8] BGHZ 55, 359 (361 f.) = NJW 1971, 802.
[9] OLG Düsseldorf NJW 1982, 2200 (LS) = WM 1982, 649; Kölner Komm AktG/*Arnold* Rn. 27.
[10] Vgl. MüKoAktG/*Koch* Rn. 9; *Winter,* Mitgliedschaftliche Treubindungen im GmbH-Recht, 1988, 284 f.; Schnorbus/Plassmann, ZGR 2015, 446 (475); praktisches Beispiel bei LG Frankfurt AG 2005, 490 sowie DB 2004, 2742 mAnm *Zschocke/Nils* DB 2004, 2745.
[11] So aber MüKoAktG/*Koch* Rn. 8; K. Schmidt/Lutter/*Schwab* Rn. 6; *Schnorbus/Plassmann,* ZGR 2015, 446 (474); für Anfechtung, falls es um andere Umstände als die Rücklagenbildung geht, zurecht *Baums,* FS K. Schmidt, 2009, 56 (80); Kölner Komm AktG/*Arnold* Rn. 25.
[12] Henssler/Strohn/*Drescher* Rn. 3.

Abs. 1 und 2 bereits im Jahresabschluss zu berücksichtigen, vom festgestellten Gewinn also abzuziehen sind.[13]

In ihrer zweiten Alternative setzt die Bestimmung voraus, dass auch **satzungsmäßige Ausschüt-** **9** **tungsbeschränkungen** zulässig sind. Dies ist für Satzungen gemeinnütziger Aktiengesellschaften – auch nach Wegfall des Wohnungsgemeinnützigkeitsgesetzes – anerkannt,[14] gilt nach heute ganz hM aber auch sonst.[15] Der BGH hat überzeugend geklärt, dass Satzungsbestimmungen, die Vorstand oder Aufsichtsrat ermächtigen, den vollen Jahresüberschuss in freie Rücklagen einzustellen, nach § 58 Abs. 1 S. 2 zulässig sind.[16] Ein Grund, diese Befugnis gerade der Hauptversammlung vorzuenthalten, ist nicht ersichtlich.[17] Das bedeutet zwar, dass die Garantiedividende nicht satzungsfest ist, entspricht aber auch in dieser Konsequenz der gesetzlichen Konstruktion (→ Rn. 1). Hinzu tritt als dritte Alternative die **faktische Ausschüttungsbeschränkung:** die Übernahme des unverteilbaren Spitzenbetrags in den Gewinnvortrag ist auch ohne ausdrückliche gesetzliche Erwähnung kein Anwendungsfall von § 254,[18] weil nicht verteilt werden muss, was nicht verteilt werden kann.

b) Keine notwendige Thesaurierung. Es darf sich nicht um eine **wirtschaftlich notwendige** **10** Gewinnthesaurierung handeln. Das Gesetz greift zur Umschreibung diese Tatbestandsmerkmals auf eine Formulierung des Reichsgerichts[19] zurück (Sicherung der **Lebens- und Widerstandsfähigkeit der Gesellschaft**) und meint damit die Erhaltung der Substanz und des relativen Stands der Gesellschaft.[20] Diese Notwendigkeit muss sich bei **vernünftiger kaufmännischer Beurteilung** ergeben.[21] Obwohl bloß zweckmäßige oder sinnvolle Maßnahmen nicht erfasst werden,[22] wurde in dem Erfordernis der kaufmännischen Betrachtung doch ein Einfallstor für die Heranziehung der Grundgedanken der sog. Business Judgement Rule[23] gesehen, die durch das UMAG in das AktG (§ 93 Abs. 1 S. 2) Eingang gefunden hat.[24] Jedenfalls ist die Frage der Notwendigkeit am Vorsichtsprinzip zu messen, bei dessen Anwendung, wie auch in anderen Fällen kaufmännischer und bilanzieller Entscheidungen, der Gesellschaft **Beurteilungsspielräume** zukommen.[25] Das OLG Hamm billigt den Gesellschaftern einer GmbH für die Beurteilung der kaufmännischen Notwendigkeit der Rücklagenbildung ausdrücklich einen weiten unternehmerischen Ermessensspielraum zu.[26] Die Gesellschaft bleibt jedoch für das Vorliegen der tatsächlichen Voraussetzungen einer von ihr behaupteten wirtschaftlichen Notwendigkeit der Maßnahme darlegungs- und beweispflichtig (→ Rn. 19).

Die defensive Ausrichtung der zulässigen Thesaurierungszwecke auf Sicherung und Erhaltung **11** lässt eine **Rücklagenbildung für expansive Absichten** in der Regel nicht zu.[27] Richtig ist aber, dass die Substanzerhaltung nicht statisch und vergangenheitsbezogen gesehen werden darf, sondern alle Maßnahmen rechtfertigt, die im Entscheidungszeitpunkt die Erhaltung des gegenüber Wettbewerbern erreichten Stands erfordert.[28] Deshalb müssen sich Rücklagen für Wiederbeschaffungen nicht am Anschaffungswert, sondern an den Kosten einer dem technischen Fortschritt entsprechenden Neubeschaffung orientieren;[29] ebenso kann bei vergleichender Betrachtung mit Wettbewerbern auch eine Geschäftsausweitung kaufmännisch geboten sein.

Die Beurteilung soll sich auf einen **„übersehbaren Zeitraum"** beziehen. Damit ist, einem **12** Vorschlag des Bundesrats folgend, der zeitliche Rahmen weiter gezogen worden, als dies zunächst in Anlehnung an eine Formulierung des Reichsgerichts (RGZ 116, 133: „nächste Zukunft") vorgese-

---

[13] Großkomm AktG/*K. Schmidt* Rn. 9.
[14] Vgl. BGHZ 84, 303 ff.; LG Aachen EWiR 1991, 223 mzustAnm *Altmeppen.*
[15] MüKoAktG/*Koch* Rn. 13 mwN.
[16] BGHZ 55, 359 ff. = NJW 1971, 802; vgl. aber auch OLG Stuttgart NZG 2003, 778 (780) = ZIP 2003, 1981 (1983) = AG 2003, 527 (529).
[17] Großkomm AktG/*K. Schmidt* Rn. 9; MüKoAktG/*Koch* Rn. 13 mwN.
[18] Kölner Komm AktG/*Arnold* Rn. 14; Hüffer/Koch/*Koch* Rn. 5; Henssler/Strohn/*Drescher* Rn. 4.
[19] RGZ 116, 119 (133).
[20] Begr. zu § 146 Abs. 2 des RegE, BT-Drs. IV/171, 175 f.
[21] Henssler/Strohn/*Drescher* Rn. 5.
[22] *Winter,* Mitgliedschaftliche Treubindungen im GmbH-Recht, 1988, 285.
[23] Überblick bei Großkomm AktG/*Hopt* § 93 Rn. 81 ff.; vgl. auch *Ulmer* ZHR 163 (1999), 290 (297 ff.) und *Zöllner* AG 2000, 145 (153 Fn. 85).
[24] Vgl. *Seibert/Schütze* ZIP 2004, 252 (254); *Spindler* NZG 2005, 865 (871 f.).
[25] OLG Stuttgart OLGR 1998, 352 ff.; 1999, 277 ff.; *Henze* BB 2000, 209 (210 ff.); *Seibert* AG 1999, 337 (345); vgl. auch Kölner Komm AktG/*Arnold* Rn. 15.
[26] OLGR 1991, 10 (12); enger für § 254 MüKoAktG/*Koch* Rn. 14; Bürgers/Körber/*Göz* Rn. 7.
[27] So schon *Winter,* Mitgliedschaftliche Treubindungen im GmbH-Recht, 1988, 285; Kölner Komm AktG/*Arnold* Rn. 15; MüKoAktG/*Koch* Rn. 14; aA Großkomm AktG/*K. Schmidt* Rn. 11; wohl auch K. Schmidt/Lutter/*Schwab* Rn. 5.
[28] MüKoAktG/*Koch* Rn. 18; Hüffer/Koch/*Koch* Rn. 7.
[29] *v. Godin/Wilhelmi* Anm. 3.

hen gewesen war.[30] Eine feste Zeitspanne kann diesem unbestimmten Begriff im Wege der Interpretation zwar nicht zugeordnet werden. Gegen einen Zeitraum von etwa fünf Jahren als Anhaltswert[31] ist aber schon deshalb nichts einzuwenden, weil dies häufig dem Zeitraum für mittelfristige Unternehmensplanungen entspricht.[32]

13 c) **Übermäßig.** Übermäßig sind Rücklagenbildung oder Gewinnvortrag schließlich nur dann, wenn sie dazu führen, dass die Gewinnverteilung unter die Aktionäre 4 %[33] des durch Einlagen belegten Grundkapitals unterschreitet. Für die **Berechnung** können grundsätzlich sowohl der Nennwert der einzelnen Aktie und der auf sie entfallende Gewinnanteil als auch die Gesamtsumme des belegten Grundkapitals und der Ausschüttung einander gegenüber gestellt werden. Das muss bei gleichmäßiger Gewinnverteilung zum selben Ergebnis führen, läuft aber bei Vorzugsaktien oder Gewinnverzicht einzelner Aktionärsgruppen auseinander. Während *Zöllner*[34] mit Rücksicht auf den von ihm so verstandenen Normzweck die erstgenannte Berechnungsart vertritt, hat sich *Hüffer*[35] für die **Gesamtbetrachtung** ausgesprochen. *Hüffer* kann zu Recht auf den Wortlaut und die Gesamtkonzeption der Vorschrift verweisen.[36]

14 Konsequent kommt danach auch dem Aktionär, dessen Dividende die 4 %-Schwelle überschreitet, ein Anfechtungsrecht zu, wenn die Gesamtausschüttung wegen anderweitiger Dividendenrestriktionen unter diesen Wert absinkt, während umgekehrt derjenige, der die Mindestdividende selbst nicht erhält, dann nicht anfechten kann, wenn durch höhere Zuweisungen an Andere in der Gesamtsumme ein Ausgleich geschaffen ist. Das ist indessen nicht unbillig. Im letzteren Fall weiß der betroffene Aktionär, dass ihm satzungsgemäß ein niedrigerer Anteil am Gewinn zusteht, im anderen Fall verfolgt er die ihm zustehende Vorzugsstellung. Zwar mögen dann Fälle des Rechtsmissbrauchs oder des fehlenden Rechtsschutzinteresses für eine Anfechtungsklage denkbar sein, denen aber mit diesen Begründungen begegnet werden kann. In der Rechtsprechung ist die Frage bisher nicht entschieden worden.[37]

III. Geltendmachung der Anfechtung

15 **1. Allgemeine Bestimmungen.** Abs. 2 S. 1 verweist pauschal auf die allgemein für die Anfechtung geltenden Bestimmungen der §§ 244–246, 247–248a. Das ist unproblematisch für die Möglichkeit der Bestätigung des angefochtenen Beschlusses nach § 244, für die in § 246 geregelten Modalitäten der Anfechtungsklage, für die Streitwertfestsetzung nach § 247 und für die Urteilswirkungen nach § 248. Umstritten ist dagegen der Zusammenklang der in § 245 genannten Voraussetzungen der Anfechtungsbefugnis mit dem in Abs. 2 S. 3 aufgestellten Quorum (→ Rn. 17 f.). Wegen des übereinstimmenden Streitgegenstands von Anfechtungs- und Nichtigkeitsklage kann auch auf die Anfechtungsklage hin die Nichtigkeit festgestellt werden, wenn ein Nichtigkeitsgrund gegeben ist.[38] Die Bestimmung des § 246a (Freigabeverfahren) ist, da nicht einschlägig, zutreffend von der Verweisung ausgenommen.

16 **2. Anfechtungsfrist.** Abs. 2 S. 2 bestätigt im Anschluss an S. 1 die in § 246 Abs. 1 geregelte Anfechtungsfrist und stellt, wortgleich mit § 257 Abs. 2 S. 2, lediglich klar, dass sich der Fristbeginn auch dann nicht verschiebt, wenn nach § 316 Abs. 3 HGB eine Nachtragsprüfung erforderlich ist. Die Klarstellung ist sinnvoll, weil es in diesem Fall nach § 173 Abs. 3 S. 1 an sich an einem wirksamen Beschluss fehlt.

17 **3. Anfechtungsbefugnis.** Abs. 2 S. 1 verweist für die Anfechtungsbefugnis ohne Einschränkung auf § 245, Abs. 2 S. 3 stellt lediglich ein zusätzliches Quorum auf: Die Anfechtungsklage kann danach nur dann auf Abs. 1 gestützt werden, wenn die Anfechtungskläger wenigstens einen Aktienbesitz von 5 % des Grundkapitals oder, bei Stückaktien (§ 8 Abs. 3), den anteiligen Betrag von 500 000 Euro

---

[30] BT-Drs. IV/171, 327.
[31] Großkomm AktG/*K. Schmidt* Rn. 10; MüKoAktG/*Koch* Rn. 16 und Kölner Komm AktG/*Arnold* Rn. 16: „Obergrenze"; Henssler/Strohn/*Drescher* Rn. 5: „bis zu"; Bürgers/Körber/*Göz* Rn. 7: „bis zu ca".
[32] Großkomm AktG/*K. Schmidt* Rn. 10; K. Schmidt/Lutter/*Schwab* Rn. 5.
[33] Zur 4 %-Grenze im Gesellschaftsrecht allgemein *Dötsch* ZGS 2002, 282 f.
[34] Kölner Komm AktG/*Zöllner*, 2. Aufl. 1986 ff., Rn. 13; ihm folgend Großkomm AktG/*K. Schmidt* Rn. 7; K. Schmidt/Lutter/*Schwab* Rn. 3, 9; Kölner Komm AktG/*Arnold* Rn 12.
[35] MüKoAktG/*Hüffer* Rn. 10 f.; so auch Hüffer/Koch/*Koch* Rn. 3; Henssler/Strohn/*Drescher*, 2011, Rn. 3; MHdB AG/*Semler* § 41 Rn. 125; NK-AktR/*Heidel* Rn. 5; Bürgers/Körber/*Göz* Rn. 4.
[36] Dem hat sich Kölner Komm AktG/*Arnold* Rn. 11 f. angeschlossen.
[37] Auch nicht in BGHZ 84, 303 (305) = NJW 1983, 282 (283); die Entscheidung streift die Frage nur; vgl. Kölner Komm AktG/*Arnold* Rn. 6.
[38] OLG Stuttgart NZG 2003, 778 (780) = ZIP 2003, 1981 (1983) = AG 2003, 527 (529).

auf sich vereinigen. Während das Quorum von einer Mehrzahl von Klägern gemeinsam erreicht werden kann, gibt es de lege lata keinen zureichenden Grund dafür, von den weiteren Anfechtungsvoraussetzungen des § 245 abzusehen, wenn diese nur von einzelnen Klägern erfüllt werden.[39] Für die **Berechnung des Quorums** kommen vielmehr nur solche Aktionäre in Betracht, die je für sich anfechtungsbefugt sind, also die Voraussetzungen von § 245 Nr. 1 oder 2 erfüllen.[40] Folglich ist für diejenigen von mehreren Klägern, welche die Voraussetzungen von § 245 nicht erfüllen, die Anfechtungsklage insgesamt unbegründet,[41] während diejenigen, die (deshalb) nur die zusätzliche Voraussetzung von Abs. 2 S. 3 nicht erfüllen, sich lediglich nicht auf den besonderen Anfechtungstatbestand von Abs. 1 berufen können.

Das von anfechtungsberechtigten Aktionären gebildete Quorum muss bei **Schluss der mündlichen Verhandlung** erfüllt sein.[42] Das ist nicht mehr der Fall, wenn ein für die Erreichung des Quorums notwendiger Kläger die Klage oder die Berufung zurücknimmt.[43] Die Klage wird dadurch unbegründet, den verbliebenen Klägern ist die Erledigungserklärung anzuraten. Eine im Vordringen befindliche Meinung folgert aus dem Rechtsgedanken von § 265 Abs. 2 S. 1 ZPO, die Veräußerung der Aktie im Prozess habe (vorbehaltlich eines Parteiwechsels) auf die Anfechtungsbefugnis keinen Einfluss (dazu näher bei → § 245 Rn. 20). Daraus wird zu Recht abgeleitet, dass in diesem Fall auch das Quorum weiterhin erfüllt ist.[44] 18

4. Darlegungs- und Beweislast. Für sie gelten die allgemeinen Regeln, dh der Anfechtungskläger muss grundsätzlich die Voraussetzungen der Anfechtbarkeit darlegen und beweisen. Dazu gehören die → Rn. 8 f. und → 13 f. genannten Umstände, während die wirtschaftliche Notwendigkeit der Thesaurierung (→ Rn. 10–12) von der Gesellschaft eingewendet werden kann und deshalb auch von ihr darzulegen und zu beweisen ist,[45] was sich angesichts des insoweit bestehenden unternehmerischen Beurteilungsspielraums (→ Rn. 10) auf die tatsächlichen Voraussetzungen der Beurteilung bezieht. Weil die Vorschrift als eine besondere Ausprägung der Anfechtbarkeit wegen Verstoßes gegen die horizontale Treubindung gesehen werden kann (→ Rn. 1, → Rn. 3), könnte auch auf die dafür erörterten Besonderheiten zurück gegriffen werden;[46] dies führt zu einem entsprechenden Ergebnis. 19

§ 255 Anfechtung der Kapitalerhöhung gegen Einlagen

(1) Der Beschluß über eine Kapitalerhöhung gegen Einlagen kann nach § 243 angefochten werden.

(2) ¹Die Anfechtung kann, wenn das Bezugsrecht der Aktionäre ganz oder zum Teil ausgeschlossen worden ist, auch darauf gestützt werden, daß der sich aus dem Erhöhungsbeschluß ergebende Ausgabebetrag oder der Mindestbetrag, unter dem die neuen Aktien nicht ausgegeben werden sollen, unangemessen niedrig ist. ²Dies gilt nicht, wenn die neuen Aktien von einem Dritten mit der Verpflichtung übernommen werden sollen, sie den Aktionären zum Bezug anzubieten.

(3) Für die Anfechtung gelten die §§ 244–248a.

Schrifttum: *Bayer,* Materielle Schranken und Kontrollinstrumente beim Einsatz des genehmigten Kapitals mit Bezugsrechtsausschluss, ZHR 168 (2004), 132; *Bayer,* Kapitalerhöhung mit Bezugsrechtsausschluß und Vermögensschutz der Aktionäre nach § 255 Abs. 2 AktG, ZHR 163 (1999), 505; *G. Bezzenberger/T. Bezzenberger,* Rechtsschutzmittel der Aktionäre gegen Kapitalverwässerungen – Anfechtungsklage oder Spruchverfahren bei Verschmelzungen oder Kapitalerhöhungen mit Bezugsrechtsausschluß –, FS Welf Müller, 2001, 1; *T. Bezzenberger,* Das Bezugsrecht der Aktionäre und sein Ausschluss, ZIP 2002, 1917; *Decher,* Bedeutung und Grenzen des Börsenkurses

---

[39] So aber MüKoAktG/*Koch* Rn. 20; Hüffer/Koch/*Koch* Rn. 9; K. Schmidt/Lutter/*Schwab* Rn. 10; Grigoleit/ *Ehmann* Rn. 9; NK-AktR/*Heidel* Rn. 9.
[40] Kölner Komm AktG/*Arnold* Rn. 21; Großkomm AktG/*K. Schmidt* Rn. 12; Bürgers/Körber/*Göz* Rn. 9; Henssler/Strohn/*Drescher* Rn. 7.
[41] Die Anfechtungsbefugnis gehört nach zutreffender ganz hM zu den Voraussetzungen der Begründetheit der Klage, → § 245 Rn. 4.
[42] Kölner Komm AktG/*Arnold* Rn. 24; K. Schmidt/Lutter/*Schwab* Rn. 11; Henssler/Strohn/*Drescher* Rn. 7; Wachter/*Wagner/Epe* Rn. 10; aA NK-AktR/*Heidel* Rn. 9; Hölters/*Waclawik* Rn. 7.
[43] MüKoAktG/*Koch* Rn. 21; Großkomm AktG/*K. Schmidt* Rn. 13; Hüffer/Koch/*Koch* Rn. 9.
[44] Großkomm AktG/*K. Schmidt* Rn. 13; MüKoAktG/*Koch* Rn. 21; Henssler/Strohn/*Drescher* Rn. 7; vgl. auch NK-AktR/*Heidel* Rn. 9.
[45] Kölner Komm AktG/*Arnold* Rn. 17; Großkomm AktG/*K. Schmidt* Rn. 17; MüKoAktG/*Koch* Rn. 14; Hölters/*Waclawik* Rn. 7.
[46] Vgl. die Darstellung bei MüKoAktG/*Koch* § 243 Rn. 150 f. mwN.

bei Zusammenschlüssen zwischen unabhängigen Unternehmen, FS Wiedemann, 2002, 789; *Emmerich*, Kapitulation vor der Komplexität – Zur Praxis der Unternehmensbewertung in der aktuellen Rechtsprechung, FS Stilz, 2014, 135; *Gude*, Strukturänderungen und Unternehmensbewertung zum Börsenkurs, 2004; *Handelsrechtsausschuss des DAV*, Gesetzgebungsvorschlag zum Spruchverfahren bei Umwandlung und Sachkapitalerhöhung und zur Erfüllung des Ausgleichsanspruchs durch Aktien, NZG 2007, 497; *Happ/Bednarz*, Aktienrechtliche Abfindungs- und Ausgleichsansprüche, FS Stilz, 2014, 219; *Hirte*, Geldausgleich statt Inhaltskontrolle, WM 1997, 1001; *Kiefner/Seibel*, Reichweite und Grenzen des Wertverwässerungsschutzes nach § 255 Abs. 2 AktG, AG 2016, 301; *Klöhn*, Das Verhandlungsmodell bei konzerninternen Verschmelzungen – Rechtsvergleichende Erfahrungen, FS Stilz, 2014, 365; *Klöhn/Verse*, Ist das „Verhandlungsmodell" zur Bestimmung der Verschmelzungswertrelation verfassungswidrig?, AG 2013, 2; *Martens*, Die Bewertung eines Beteiligungserwerbs nach § 255 Abs. 2 AktG – Unternehmenswert kontra Börsenkurs, FS Bezzenberger, 2000, S. 267; *Martens*, Bewertungsspielräume bei Fusionen und fusionsähnlichen Strukturveränderungen, FS Röhricht, 2005, 987; *Mülbert*, Aktiengesellschaft, Unternehmensgruppe und Kapitalmarkt, 2. Aufl. 1996; *Riegger/Wasmann*, Ausnahmen von der Berücksichtigung des Börsenkurses bei der Ermittlung gesetzlich geschuldeter Kompensationen im Rahmen von Strukturmaßnahmen, FS Stilz, 2014, 509; *Reichert*, Eigentumsschutz und Unternehmensbewertung in der Rechtsprechung des Bundesverfassungsgerichts, FS Stilz, 2014, 479; *Rodewald*, Die Angemessenheit des Ausgabebetrags für neue Aktien bei börsennotierten Gesellschaften, BB 2004, 613; *Rölike/Tönner*, Der Schutz des Minderheitsaktionärs durch Art. 14 GG, in Rensen/Brink, Linien der Rechtsprechung des Bundesverfassungsgerichts, 2009; *Schäfer*, Vereinfachung der Kapitalrichtlinie – Sacheinlage, Konzern 2007, 407; *Sinewe*, Die Relevanz des Börsenkurses im Rahmen des § 255 Abs. 2 AktG, NZG 2002, 314; *J. Vetter*, Ausweitung des Spruchverfahrens, ZHR 168 (2004), 8; *Wicke*, Verschmelzungswertrelation, FS Stilz, 2014, 707; *Zöllner*, Gerechtigkeit bei der Kapitalerhöhung, AG 2002, 585; *Zöllner/Winter*, Folgen der Nichtigerklärung durchgeführter Kapitalerhöhungsbeschlüsse, ZHR 158 (1994), 59.

Übersicht

	Rn.		Rn.
I. Normzweck und Anwendungsbereich	1–4	6. Anfechtbarkeit trotz Bezugsrechts	16
		III. Gründe der Anfechtung	17–24
II. Gegenstand der Anfechtung	5–16	1. Die allgemeinen Anfechtungsgründe	17
1. Allgemeines	5	2. Der Anfechtungsgrund der unangemessenen Verwässerung	18–24
2. Barkapitalerhöhung	6–11	a) Wertfeststellung und Angemessenheit	19, 19a
a) Regelfälle	6, 7	b) Nicht börsennotierte Unternehmen	20
b) Sonderfälle	8–11	c) Börsennotierte Unternehmen	21–24
3. Sachkapitalerhöhung	12	**IV. Geltendmachung und Wirkung der Anfechtung; Freigabeverfahren**	25–27
4. Andere Formen der Kapitalzuführung	13, 14		
5. Mittelbares Bezugsrecht	15		

I. Normzweck und Anwendungsbereich

1 Die Vorschrift wurde erst aufgrund eines Vorschlags des Bundesrats, den sich die Bundesregierung zu eigen gemacht hat, aus Gründen des Minderheitenschutzes in das AktG 1965 eingefügt.[1] Sie besagt in Abs. 1, dass auch der Beschluss über eine Kapitalerhöhung gegen Einlagen nach § 243 angefochten werden kann, und in Abs. 3, dass für eine Anfechtung auch nach Abs. 2 die §§ 244–248a gelten. Da beides auch ohne diese Bestimmungen keinem Zweifel unterliegen würde, sind sie überflüssig. Sie stehen zudem in keinem inneren Zusammenhang zum eigentlichen **Gegenstand der Regelung,** der sich in Abs. 2 findet und lediglich Kapitalerhöhungen betrifft, für die das Bezugsrecht der Altaktionäre ganz oder zum Teil ausgeschlossen worden ist: der Schutz der Vermögensinteressen der Altaktionäre vor einer teilweisen Entwertung ihrer Anteile durch Begebung neuer Aktien an Dritte zu einem unangemessen niedrigen Preis **(Verwässerungsschutz);**[2] sie ist insoweit eine Ausprägung des aktienrechtlichen Minderheitenschutzes und der Treupflicht der Gesellschafter untereinander,[3] schützt aber nicht zugleich das Quoteninteresse größerer Minderheitsaktionäre.[4] Die Erleichterung des Bezugsrechtsausschlusses durch Gesetzgebung und Rechtsprechung[5] haben der Vorschrift als zweitem Wall des Minderheitenschutzes wieder Aktualität verschafft.

---

[1] Stellungnahme des Bundesrats bei *Kropff* S. 341 f.; zu den Änderungen durch das UMAG vgl. → § 250 Rn. 2.
[2] Vgl. nur OLG Düsseldorf NZG 2003, 588 (597); *Bayer* ZHR 163 (1999), 505, 515 (530) und ZHR 168 (2004), 132 (140 f.).
[3] *Zöllner/Winter* ZHR 158 (1994), 59 (75); vgl. auch OLG Stuttgart NZG 2000, 156 (158).
[4] *Vollmer/Lorch* DB 1313, 1315; *Röhricht* ZGR 1999, 445 (472 f.); *Cahn* ZHR 163 (1999), 554 (588); *T. Bezzenberger* ZIP 2002, 1917 (1924 f.).
[5] Darstellung der Entwicklung bei *T. Bezzenberger* ZIP 2002, 1917 ff. und *Henze* ZHR 167 (2003), 1 ff.

Gefordert wird zunehmend, § 255 zu streichen und die Prüfung der Angemessenheit des Ausgabebetrags in das zur Korrektur für diesen Fall bislang nicht vorgesehene **Spruchverfahren** zu verweisen.[6] Der Gesetzgeber hat diese Vorschläge weder bei der Neuordnung des Spruchverfahrens[7] noch im Zusammenhang mit der Neufassung der §§ 243 ff. durch das UMAG (→ § 250 Rn. 2) oder durch das ARUG[8] aufgegriffen. Auch wenn die Reform des Spruchverfahrens bislang nicht hält, was man sich von ihr versprochen hat,[9] ist das nicht folgerichtig.[10] Die geltende Rechtslage zwingt dazu, quasi ein Spruchverfahren im Beschlussmängelstreit zu führen (vgl. → Rn. 18 ff. und 26). Dennoch kann von dieser Gesetzeslage nicht richterrechtlich abgewichen und ein Spruchverfahren zugelassen werden.[11] 2

Die Vorschrift betrifft **unmittelbar** nur Fälle der effektiven Kapitalerhöhung gegen Bareinlagen, also die Kapitalerhöhung gegen Einlagen, §§ 182 ff., und der Fall des genehmigten Kapitals, §§ 202 ff., Sie kann aber **analog** angewandt werden auf die bedingte Kapitalerhöhung, §§ 192 ff., auf Sachkapitalerhöhungen und andere Arten der Kapitalzuführung, die entsprechende Bewertungsprobleme und damit Verwässerungsgefahren mit sich bringen (→ Rn. 13 f.). 3

Die allgemeinen Anfechtungstatbestände werden durch Abs. 2 nicht verdrängt. Wie jeder andere Beschluss der Hauptversammlung kann auch der mit einem Bezugsrechtsausschluss verbundene Kapitalerhöhungsbeschluss wegen Gesetzes- oder Satzungsverstoßes, § 243 Abs. 1, und wegen Zuwendung von Sondervorteilen, § 243 Abs. 2, angefochten werden. Zwar stellt auch die Ausgabe von Aktien unter Wert an den bezugsberechtigten Personenkreis die Zuwendung eines Sondervorteils dar. Abs. 2 hat demgegenüber eigenständige Bedeutung aber nicht nur dadurch, dass er auf die subjektiven Voraussetzungen jener Vorschrift verzichtet, sondern auch durch die Relativierung des Sondervorteils: nicht jeder unter dem Aktienwert angesiedelte Ausgabebetrag berechtigt nach Abs. 2 zur Anfechtung, sondern nur der unangemessen niedrige (→ Rn. 19). Ist diese Voraussetzung nicht gegeben, lässt sich aus Abs. 2 S. 1 aber nicht für alle Fälle umgekehrt ableiten, dass dann der Bezugsrechtsausschluss selbst keiner weiteren Rechtfertigung bedarf.[12] 4

II. Gegenstand der Anfechtung

1. Allgemeines. Kapitalerhöhungen sind grundsätzlich Satzungsänderungen und bedürfen deshalb eines Beschlusses der Hauptversammlung. Der Beschluss kann aus den in § 243 Abs. 1 und 2 genannten Gründen angefochten werden. Dies bleibt auch dann so, wenn er mit einem Bezugsrechtsausschluss verbunden ist. Der **Ausschluss des Bezugsrechts** erfolgt nicht als eigenständiger Beschluss, sondern gem. § 186 Abs. 3 S. 1 als eine unselbständige Bestimmung innerhalb des Kapitalerhöhungsbeschlusses. Anfechtungsgegenstand ist deshalb grundsätzlich dieser Beschluss insgesamt; zum Sonderfall des Bezugsrechtsausschlusses durch den Vorstand nach § 203 Abs. 2 vgl. dort und → Rn. 7. 5

2. Barkapitalerhöhung. a) Regelfälle. Abs. 2 bezieht sich nicht auf alle Fälle der Kapitalerhöhung gegen Einlagen, sondern nur auf solche, die mit einem Bezugsrechtsausschluss verbunden sind und bei denen sich aus dem Erhöhungsbeschluss selbst ein Ausgabebetrag oder ein Mindestbetrag für die Ausgabe der neuen Aktien ergibt. Dies schränkt den unmittelbaren Anwendungsbereich ein auf Fälle des **effektiven Zuflusses barer Mittel**,[13] weil der Erhöhungsbeschluss nur in diesen 6

---

[6] *Bayer* ZHR 163 (1999), 505 (548 ff.); *Bayer* NJW 2000, 3609 (2618); Beschlüsse der Abteilung Wirtschaftsrecht des 63. DJT, Bd. II 1, O 76; *Winter* FS Ulmer, 2003, 699 (719 ff.) sowie *Winter*FG Happ, 2006, 363 (376 ff.); *Reichert* in Hommelhoff/Lutter/Schmidt/Schön/Ulmer, Corporate Governance, ZHR-Beiheft 71, 2002, 165 (187 f.); *DAV* zu den Gesetzgebungsvorschlägen Corporate Governance, Beilage zu NZG Heft 9/2003, 14; *J. Vetter* AG 2008, 177 (179 ff., 183); vorsichtig *Zöllner* AG 2000, 145 (151) und *Puszkajler* ZIP 2003, 518 (522); kritisch *Baums*, Gutachten F für den 63. DJT, F 122 ff.; *G. Bezzenberger/T. Bezzenberger* FS Welf Müller, 2001, 1 (5 ff.); Kölner Komm AktG/*Arnold* Rn. 8; entsprechende Reformvorstellungen schon bei *Hirte*, Bezugsrechtsausschluss und Konzernbildung, 1986, 70 ff.; *Hirte* AG 1990, 373 (375) und *Hirte* ZIP 1994, 356 (360, 363); s. auch OLG Jena ZIP 2006, 1989 ff. = AG 2007, 31 ff. = NZG 2007, 147 ff.; grundsätzlich und zur analogen Anwendung des Spruchverfahrens *Hoffmann* FS Stilz, 2014, 267.
[7] Gesetz zur Neuordnung des gesellschaftsrechtlichen Spruchverfahrens vom 12.6.2003, BGBl. 2003 I 838; vgl. die Kommentierung im Anhang.
[8] Gesetz zur Umsetzung der Aktionärsrechterichtlinie (ARUG) vom 30.7.2009, BGBl. 2009 I 2479.
[9] Vgl. dazu einerseits → Vor § 241 Rn. 13, andererseits → SpruchG § 1 Rn. 6.
[10] Vgl. *Bayer* ZHR 168 (2004), 132 (159 ff.); *J. Vetter* ZHR 168 (2004), 8 (26 ff.), der ein Wahlrecht für das Unternehmen befürwortet.
[11] LG Mannheim NZG 2007, 639; vgl. auch OLG Stuttgart NZG 2009, 950 = AG 2009, 707; kritisch *Hoffmann* FS Stilz, 2014, 267 (284).
[12] Vgl. Kölner Komm AktG/*Arnold* Rn. 13; *Zöllner* AG 2000, 585 (590 ff.); *Bayer* ZHR 163 (1999), 505 (530); anders *Ekkenga* AG 1994, 59 (64 f.); *Mülbert* Aktiengesellschaft, Unternehmensgruppe und Kapitalmarkt, 1996, 324 ff.
[13] Kölner Komm AktG/*Arnold* Rn. 13.

Konstellationen sinnvoll mit einem Ausgabebetrag und einem Bezugsrechtsausschluss verbunden werden kann. Dazu gehört aber nicht nur der Grundfall der Kapitalerhöhung gegen bare Einlagen nach § 182, sondern auch die Schaffung genehmigten Kapitals nach §§ 202 ff. Dagegen sollte bei der bedingten Kapitalerhöhung nach §§ 192 ff. wegen des fehlenden Bezugsrechts nur von einer analogen Anwendung die Rede sein.[14]

7 Bleibt bei der letztgenannten Fallgruppe die Entscheidung über den Bezugsrechtsausschluss gem. § 203 Abs. 2 dem **Vorstand** überlassen, so scheidet eine Anfechtung des Beschlusses der Hauptversammlung nach Abs. 2 aus.[15] Auch eine analoge Anwendung der Vorschriften über die Anfechtungs- oder Nichtigkeitsklage kommt nicht in Betracht.[16] Der Vorstand (und der Aufsichtsrat, § 202 Abs. 3 S. 2) selbst hat dann aber die in Abs. 2 gezogenen Grenzen zu beachten[17] und muss nicht nur mit einer schadensersatzrechtlichen Haftung, sondern auch mit einer Unterlassungsklage gegen eine zu billige Aktienausgabe rechnen.[18] Seit der Mangusta/Commerzbank II-Entscheidung des BGH[19] soll der Aktionär die Nichtigkeit eines Vorstandsbeschlusses „in angemessener Zeit" auch im Wege der allgemeinen **Feststellungsklage** nach § 256 ZPO geltend machen können.[20] Für die Frage, ob der Beschluss der Hauptversammlung umgesetzt werden soll, steht der Verwaltung **unternehmerisches Ermessen** zu.[21] Soweit der Verwaltung ein solches Ermessen auch bei der Festlegung des Ausgabepreises[22] zugestanden wird, wäre richterliche Zurückhaltung gegenüber einer vertretbaren unternehmerischen Entscheidung am ehesten bei der Frage der Angemessenheit eines vom festgestellten Wert abweichenden Ausgabepreises zu verorten.

8 b) **Sonderfälle.** Nicht in allen diesen Fällen bedarf es aber der Festsetzung eines Ausgabebetrags im Beschluss der Hauptversammlung. Schon der Erhöhungsbeschluss nach § 182 muss einen Ausgabebetrag nur nennen, wenn eine **Überpariemission** beabsichtigt ist. Schweigt der Beschluss zum Ausgabebetrag, ging die frühere hM[23] deshalb davon aus, dass die neuen Aktien zum Nennbetrag auszugeben sind; ist dieser unangemessen niedrig, würde danach die fehlende Angabe eines Betrags im Erhöhungsbeschluss dessen Anfechtbarkeit nach Abs. 2 nach sich ziehen. Nach zutreffender und heute hL[24] führt im Falle eines Bezugsrechtsausschlusses die gebotene Rücksichtnahme auf die Interessen der ausgeschlossenen Aktionäre dazu, dass die jungen Aktien auch bei fehlender Betragsangabe im Beschluss der Hauptversammlung zum bestmöglichen, wenigstens zu einem angemessenen Wert auszugeben sind. Es bleibt aber auch auf dieser Grundlage dabei, dass der Nennbetrag jedenfalls als Mindestbetrag der Ausgabe angesehen werden kann.[25] Ist dieser unangemessen, kann sich die Anfechtung auf Abs. 2 S. 1 2. Alt. stützen.

9 Ein Ausgabebetrag kann auch bei der bedingten Kapitalerhöhung fehlen; der Beschluss kann sich nach § 193 Abs. 2 Nr. 3 darauf beschränken, die Grundlagen festzustellen, nach denen dieser Betrag errechnet wird.[26] Einigkeit besteht aber darüber, dass auch in diesem Fall jedenfalls analog Abs. 2 angefochten werden kann, wenn der nach den im Beschluss angegebenen Grundlagen ermittelte Ausgabebetrag unangemessen ist.[27]

---

[14] MüKoAktG/*Koch* Rn. 9, 13; Kölner Komm AktG/*Arnold* Rn. 17; Bürgers/Körber/*Göz* Rn. 4; *Kiefner/Seibel* AG 2016, 301 (302); anders zu Unrecht noch Vorauflage.
[15] Großkomm AktG/*K. Schmidt* Rn. 10; Bürgers/Körber/*Göz* Rn. 7; Hölters/*Englisch* 2011 Rn. 13.
[16] BGHZ 164, 249 = NJW 2006, 374 = NZG 2006, 20 = ZIP 2005, 2207 – Mangusta/Commerzbank II; aA K. Schmidt/Lutter/*Schwab* Rn. 7.
[17] BGH NJW 2000, 2356 (2357); OLG Karlsruhe NZG 2002, 959 (965); *Martens* FS Bezzenberger, 2000, 267 (269 f.) („normative Fernwirkung").
[18] BGHZ 136, 133 (140 f.); *Baums*, Gutachten F für den 63. DJT, F 197 ff.; *G. Bezzenberger/T. Bezzenberger* FS Welf Müller, 2001, 10 ff.; skeptisch für die praktischen Umsetzbarkeit aber zu Recht *Ulmer* ZGR 1999, 751 (764) und – grundlegend – *Cahn* ZHR 164 (2000), 113 ff.
[19] BGHZ 164, 249 = NJW 2006, 374 = NZG 2006, 20.
[20] Zustimmend *Drinkuth* AG 2006, 142 ff.; dagegen zu Recht *Bungert* BB 2005, 2757; *Hirte* EWiR 2006, 65; *Waclawik* ZIP 2006, 397.
[21] BGHZ 136, 133 (139) – Siemens/Nold.
[22] *Cahn* ZHR 163 (1999), 554 (582 ff., 586) und 164 (2000), 113 (137); vgl. auch *J. Vetter* ZHR 168 (2004), 8 (26 ff.); *Bungert* BB 2005, 2757 (2759).
[23] Nachweise bei Großkomm AktG/*K. Schmidt* Rn. 4.
[24] Hüffer/Koch/*Koch* Rn. 17; Grigoleit/*Ehmann* Rn. 5; Hölters/*Englisch* Rn. 15; NK-AktR/*Heidel* Rn. 19; Großkomm AktG/*K. Schmidt* Rn. 4; Kölner Komm AktG/*Lutter* § 182 Rn. 26 ff.; Kölner Komm AktG/*Zöllner* Rn. 12; MHdB AG/*Krieger* § 56, 22; *Cahn* ZHR 163 (1999), 554 (582 f.); *Klette* DB 1968, 2203 (2261, 2265); kritisch Kölner Komm AktG/*Arnold* Rn. 14.
[25] Hüffer/Koch/*Koch* Rn. 17 mwN; Henssler/Strohn/*Drescher* Rn. 5.
[26] BGH ZIP 2009, 1566 ff.
[27] MüKoAktG/*Koch* Rn. 13; Großkomm AktG/*K. Schmidt* Rn. 4; Kölner Komm AktG/*Arnold* Rn. 17; Hüffer/Koch/*Koch* Rn. 17; Henssler/Strohn/*Drescher* Rn. 5; Hölters/*Englisch*, 2011, Rn. 16.

Der Ermächtigungsbeschluss für genehmigtes Kapital nach § 202 muss keine Betragsangaben 10 enthalten. Enthält er sie dennoch, unterliegt er der Anfechtbarkeit analog Abs. 2.[28] Fehlen die Angaben, kommt eine Anfechtung nach dieser Vorschrift nicht in Betracht.[29] Das KG hat seine abweichende Meinung für eine sog. Greenshoe-Zuteilung[30] inzwischen aufgegeben.[31]

Enthält der Beschluss einen **unangemessen niedrigen Mindestbetrag** oder ist er jedenfalls so 11 zu verstehen (→ Rn. 8 aE), bleibt die Verwaltung verpflichtet, einen angemessenen Ausgabebetrag festzusetzen. Solange dies nicht erfolgt, ist der Beschluss nach Abs. 2 anfechtbar; er wird aber geheilt, sobald die pflichtgemäße Festsetzung erfolgt.[32] Ist zu diesem Zeitpunkt bereits Klage erhoben, muss der Kläger zur Vermeidung der Kostentragung die Hauptsache für erledigt erklären.[33] Anfechtungsgegenstand kann aber in jedem Fall nur der Beschluss der Hauptversammlung sein, nicht dagegen die Festlegung des Ausgabebetrags durch den Vorstand.[34]

3. Sachkapitalerhöhung. Die Sacheinlage ist definitionsgemäß, § 27 Abs. 1, nicht durch den 12 Ausgabebetrag, sondern durch die Bezeichnung ihres Gegenstands bestimmt, so dass auch der Erhöhungsbeschluss nach § 183 Abs. 1 keinen Ausgabebetrag enthält.[35] Gleichwohl ist wegen der hier in gleicher Weise bestehenden Verwässerungsgefahr die analoge Anwendung von Abs. 2 jedenfalls seit der grundlegenden Entscheidung des BGH[36] geklärt.[37] Dies gilt entsprechend auch bei einheitlicher **gemischter Bar- und Sachkapitalerhöhung,** selbst wenn ein Bezugsrechtsausschluss fehlt.[38]

4. Andere Formen der Kapitalzuführung. Die effektive Kapitalerhöhung, auf die sich die 13 Vorschrift bezieht, dient der Schöpfung neuer Finanzmittel.[39] Es liegt daher nahe, Abs. 2 auch auf andere Formen der Kapitalzuführung analog anzuwenden, bei denen sich in gleicher Weise das Problem der Verwässerung der Vermögensrechte der Altaktionäre stellt.[40] Dies ist anerkannt für den Fall der Emission von **Genussrechten** oder **Wandelschuldverschreibungen**[41] und gilt für die Wertkontrolle bei der Ausgabe von **Vorzugsaktien** oder bei einer Mischemission für die Kontrolle des Verhältnisses der Ausgabekurse,[42] nicht dagegen für die Umwandlung von Vorzugs- in Stammaktien.[43] Ein Anfechtungsrecht entsprechend Abs. 2 für einen Beschluss über den Ausschluss des Andienungsrechts beim **Rückerwerb** eigener Aktien („umgekehrtes Bezugsrecht")[44] nach § 71 Abs. 1 Nr. 8 würde dagegen die Grenzen der Analogiefähigkeit der Vorschrift überschreiten.[45]

---

[28] Hüffer/Koch/*Koch* Rn. 17; Großkomm AktG/*K. Schmidt* Rn. 4; *Kossmann* AG 2005, 9 (13).
[29] OLG Karlsruhe NZG 2002, 959 (965); OLG München NZG 2006, 784 (788 f.); Großkomm AktG/ *K. Schmidt* Rn. 4 aE; Bürgers/Körber/*Göz* Rn. 7; Henssler/Strohn/*Drescher* Rn. 5; *Martens* FS Bezzenberger, 2000, 269 f.; *Kirchner/Sailer* NZG 2002, 305.
[30] ZIP 2001, 2178 (2180).
[31] ZIP 2007, 1660 (1662 f.) = NZG 2008, 29 ff.; bestätigt durch Hinweisbeschluss des BGH ZIP 2009, 913; ablehnend schon *Groß* ZIP 2002, 160; *Busch* AG 2002, 230; *Sinewe* DB 2002, 314; *Meyer* WM 2002, 1106; *Harrer/Lüßmann* DStR 2002, 1682; *Schanz* BKR 2002, 439; *Paefgen* WUB II A § 255 AktG 1.02.
[32] Kölner Komm AktG/*Arnold* Rn. 13; *Bayer* ZHR 163 (1999), 505 (519); *Kiefner/Seibel* AG 2016, 301 (304).
[33] Zustimmend Kölner Komm AktG/*Arnold* Rn. 13.
[34] Bürgers/Körber/*Göz* Rn. 7; NK-AktR/*Heidel* Rn. 21; OLG Karlsruhe AG 2003, 444 (447 f.); aA K. Schmidt/Lutter/*Schwab* Rn. 7.
[35] Der Betrag entspricht dem objektiven Wert des Einlagegegenstands, vgl. *Ekkenga* AG 2001, 615 (622), dort Fn. 170.
[36] BGHZ 71, 40 (50 ff.) = NJW 1978, 1316 (1318) – Kali + Salz; MüKoAktG/*Koch* Rn. 11; Großkomm AktG/*K. Schmidt* Rn. 5; *Martens* FS Bezzenberger, 2000, 268 f. (279 f.).
[37] OLG Frankfurt NZG 1999, 119 (121) und 2011, 746; MüKoAktG/*Koch* Rn. 12; Hölters/*Englisch* Rn. 3; Kölner Komm AktG/*Arnold* Rn. 15; *Jäger* NZG 2001, 97 (103); *Martens* FS Röhricht, 2005, 987 (991 f.).
[38] OLG Jena ZIP 2006, 1989 ff. = AG 2007, 31 ff. = NZG 2007, 147 ff.; Hüffer/Koch/*Koch* Rn. 16; Hölters/ *Englisch* Rn. 3; Henssler/Strohn/*Drescher* Rn. 4; Grigoleit/*Ehmann* Rn. 5; Wachter/*Wagner/Epe* Rn. 2; *Kiefner/ Seibel* AG 2016, 301 (302); aA Bürgers/Körber/*Göz* Rn. 4, wenn der Bezugsrechtsausschluss fehlt; *Schaefer/ Grützediek* NZG 2006, 204 (207) mwN.
[39] *Martens* FS Bezzenberger, 2000, 282.
[40] Großkomm AktG/*K. Schmidt* Rn. 6 f.; *Sinewe* NZG 2002, 314 (315).
[41] OLG Bremen ZIP 1991, 1589 (1592 f.) = AG 1992, 268 (270); OLG München NZG 2006, 784 (788 f.) (vgl. hierzu den Hinweisbeschluss des BGH NZG 2007, 907 f.; Revision zurückgewiesen durch Beschl. v. 8.10.2007 – II ZR 152/06); MüKoAktG/*Koch* Rn. 15; Kölner Komm AktG/*Arnold* Rn. 19; Bürgers/Körber/*Göz* Rn. 3; K. Schmidt/Lutter/*Schwab* Rn. 10; Henssler/Strohn/*Drescher* Rn. 2; *Vollmer/Lorch* DB 1991, 1313 ff.; *Hirte* ZBB 1992, 50 ff.; *Rid-Niebler* EWiR 1992, 119 f.; *Ebenroth/Müller* BB 1993, 509 ff.; *Sethe* WUB II A § 221 AktG 1.94; abweichend für Genussrechte und Gewinnschuldverschreibungen *Kiefner/Seibel* AG 2016, 301 (303).
[42] *Frey/Hirte* DB 1989, 2465.
[43] *Senger/Vogelmann* AG 2002, 193; *Kiefner/Seibel* AG 2016, 301 (305).
[44] *Paefgen* AG 1999, 67 (68 f.); MüKoAktG/*Oechsler* § 71 Rn. 200 ff.
[45] So aber MüKoAktG/*Koch* Rn. 15; *Paefgen* ZIP 2002, 1509 ff.; *Wirth* RWS-Forum 25 (2003), 261 (284); wie hier Hüffer/Koch/*Koch* § 71 Rn. 19e aE; MüKoAktG/*Oechsler* § 71 Rn. 200 ff.; Henssler/Strohn/*Drescher* Rn. 2; *Kiefner/Seibel* AG 2016, 301 (305); vgl. auch *Reichert/Harbarth* ZIP 2001, 1441 (1446).

14 Im Geltungsbereich vom **§ 14 Abs. 2 UmwG** ist den Aktionären die Anfechtungsklage verwehrt; die richtige Bemessung des Gegenwerts ist vielmehr nach § 15 UmwG im Spruchverfahren zu klären. Dies gilt nach § 125 S. 1 UmwG freilich nicht für den Fall der Ausgliederung.[46] Der Ausschluss der Anfechtungsklage betrifft bei der **Verschmelzung** im Wege der Aufnahme[47] aber nicht die Aktionäre der übernehmenden Gesellschaft, die gegen den Kapitalerhöhungsbeschluss ihrer Gesellschaft jedenfalls nach § 243 Abs. 1 und 2 angehen können, zudem wie sonst bei der Sachkapitalerhöhung auch in entsprechender Anwendung von § 255 Abs. 2.[48]

15 **5. Mittelbares Bezugsrecht.** Nach **Abs. 2 S. 2** greift der besondere Anfechtungstatbestand von S. 1 dann nicht, wenn das Bezugsrecht zwar ausgeschlossen, der Berechtigte aber gleichzeitig verpflichtet wird, die jungen Aktien den Altaktionären zum Bezug anzubieten. Dies ist folgerichtig, weil die Bezugsberechtigung der Altaktionäre im Ergebnis erhalten bleibt. Die Bestimmung wird aber nur selten praktisch: Handelt es sich bei dem verpflichteten Dritten um ein Kreditinstitut oder ein anderes zugelassenes Emissionshaus (näheres bei → § 186 Rn. 68 ff.), so liegt nach § 186 Abs. 5 schon kein Bezugsrechtsausschluss vor.[49] Bei anderen entsprechend verpflichteten Bezugsberechtigten, in Betracht kommt etwa ein Großaktionär,[50] gilt der Maßnahme zwar als Bezugsrechtsausschluss, ihre Anfechtbarkeit ist aber auf die allgemeinen Bestimmungen (§ 243 Abs. 1 und 2) beschränkt. Wie bei § 186 Abs. 5 (→ § 186 Rn. 70) muss die Vereinbarung mit dem Dritten den Aktionären auch hier vertraglich eigene Ansprüche nach § 328 Abs. 1 BGB einräumen.[51]

16 **6. Anfechtbarkeit trotz Bezugsrechts.** Fehlt ein Bezugsrechtsausschluss, kann ein Ausgabebetrag unter Wert dennoch zur Anfechtbarkeit des Erhöhungsbeschlusses führen, weil der widerstrebende Aktionär dadurch zur Wahrung seines Quoten- und Vermögensinteresses zur Beteiligung gezwungen wird.[52] Die Anfechtbarkeit gründet sich dann aber nicht auf eine entsprechende Anwendung von Abs. 2, sondern auf einen Treupflichtverstoß.[53]

III. Gründe der Anfechtung

17 **1. Die allgemeinen Anfechtungsgründe.** Der in unmittelbarer oder analoger Anwendung von Abs. 2 anfechtbare Kapitalerhöhungsbeschluss unterliegt daneben auch der Anfechtungsmöglichkeit wegen Gesetzes- oder Satzungsverstoßes, **§ 243 Abs. 1**, oder wegen Verfolgung von Sondervorteilen, **§ 243 Abs. 2** (→ Rn. 4). Dabei bietet für eine Anfechtung nach § 243 Abs. 1 bereits der oft streitige Ausschluss des Bezugsrechts breiten Raum, während die Verfolgung von Sondervorteilen bei angemessenen Ausgabebeträgen kaum je als Anfechtungsgrund taugen wird.[54] Bei Zugrundelegung des zweigliedrigen **Streitgegenstandsbegriffs für die** Beschlussmängelklage[55] können bei einer zunächst nur auf § 255 Abs. 2 gestützten Klage Anfechtungsgründe aus § 243 Abs. 1 und 2 nur innerhalb der Anfechtungsfrist nachgeschoben werden.[56]

18 **2. Der Anfechtungsgrund der unangemessenen Verwässerung.** Die Anfechtung nach § 255 Abs. 2 ist nur erfolgreich, wenn das Gericht einen unangemessen niedrigen Ausgabe- oder Mindestbetrag feststellt, im Falle der Sachkapitalerhöhung einen unangemessen niedrigen Wert der Sacheinlage. Unternehmen, Aktionäre und Gerichte sind damit auch hier mit der bekannten Bewertungsproblematik konfrontiert, die durch die DAT/Altana-Rechtsprechung des BVerfG[57] und des BGH[58] nicht einfacher geworden ist.[59] Im Einzelnen gilt:

---

[46] OLG Stuttgart DB 2002, 33 (34).
[47] Anders bei der Verschmelzung im Wege der Neugründung, vgl. im Einzelnen *Martens* AG 2000, 301 ff.
[48] Großkomm AktG/*K. Schmidt* Rn. 7 aE; MüKoAktG/*Koch* Rn. 3; Kölner Komm AktG/*Arnold* Rn. 15; *G. Bezzenberger/T. Bezzenberger* FS Welf Müller, 2001, 1; *Bayer* ZHR 163 (1999), 505 (516); zur Kritik de lege ferenda an dieser Asymmetrie Schmitt/Hörtnagl/Stratz/*Stratz* UmwG § 14 Rn. 20 f. und andererseits *G. Bezzenberger/T. Bezzenberger* FS Welf Müller, 2001, 1 (4 f, 17 ff) je mwN.
[49] Kölner Komm AktG/*Arnold* Rn. 332.
[50] Großkomm AktG/*K. Schmidt* Rn. 11.
[51] Zustimmend Kölner Komm AktG/*Arnold* Rn. 32.
[52] OLG Stuttgart NZG 2000, 156 (157 ff.) – zur GmbH.
[53] Henssler/Strohn/*Drescher* Rn. 4; Scholz/*Priester* GmbHG § 55 Rn. 53; *Henze* ZHR 162 (1998), 186 (194); *Kiefner/Seibel* AG 2016, 301 (305).
[54] Vgl. allerdings die von *Hüffer* FS Kropff, 1997, 127 (133) untersuchten Konstellationen; MüKoAktG/*Koch* Rn. 7 f.
[55] BGH NZG 2005, 722; 2006, 161; 2006, 505; 2009, 342; 2010, 618; AG 2010, 781.
[56] Vgl. *Stilz* GS Martin Winter, 2011, 671 (680 ff.).
[57] BVerfGE 100, 289 = NJW 1999, 3769; zur Anwendung auf § 255 Abs. 2 *Rölike/Tonner* in Rensen/Brink, Linien der Rechtsprechung des Bundesverfassungsgerichts, 2009, 200 (219 ff.).
[58] BGHZ 147, 108 = NJW 2001, 2080 = NZG 2001, 603 = ZIP 2001, 734.
[59] *Stilz* ZGR 2001, 875 (893 ff.); zum Fall der fehlenden Wertermittlung OLG Stuttgart NZG 2000, 156 (157 f.).

a) Wertfeststellung und Angemessenheit. Ob der festgesetzte Betrag „**niedrig**" ist, ergibt 19
sich aus dem Vergleich mit dem vollen Wert der ausgegebenen Aktie; jede unter diesem Wert
ausgegebene junge Aktie gibt ihrem Zeichner einen Vermögensvorteil, den Altaktionären eine entsprechende Einbuße. Der volle Wert meint hier wie etwa bei der Festsetzung von Ausgleich und
Abfindung nach § 304 Abs. 2, § 305 Abs. 3 den **Verkehrswert** des Anteils,[60] der sich grundsätzlich
nach dem anteiligen Verkehrswert des Gesamtunternehmens bemisst. Bei der **Sacheinlage** muss
zunächst deren Wert festgestellt werden;[61] dabei gebieten der Zweck des Verwässerungsschutzes
und die ökonomische Vernunft bei der Preisfindung eine Bewertung aus der subjektiven Sicht der
erwerbenden Gesellschaft, also unter Berücksichtigung der Verbundvorteile und Synergieeffekte.[62]
Nicht jede Verfehlung des vollen Werts rechtfertigt aber schon die Anfechtung, sondern erst eine
unangemessene Unterschreitung.[63] Dieses Kriterium eröffnet zwar keinen förmlichen Bewertungsspielraum,[64] verweist aber darauf, dass neben dem Interesse des Altaktionärs an möglichst hohen
Ausgabebeträgen auch das strategische Gesellschaftsinteresse an der Gewinnung des neuen Aktionärs
und, im Fall der Sacheinlage, insbesondere ihrer Einlage berücksichtigt werden darf;[65] bei Aktienoptionsprogrammen geht es zwar nicht um den Aktionär und seine Einlage, aber auch das Interesse der
Gewinnung und weiteren Motivierung geeigneter Führungskräfte ist in die Prüfung der Angemessenheit einzubeziehen.[66] Zudem kann Berücksichtigung finden, dass für die Zeichnung junger Aktien
regelmäßig ein gewisser wirtschaftlicher Anreiz durch einen günstigen Ausgabekurs gegeben werden
muss.[67] Im Ergebnis hängt die Frage der Angemessenheit des Ausgabebetrags daher von einer
Gesamtbetrachtung der Interessenlage unter Berücksichtigung der Umstände des Einzelfalles ab;[68]
deshalb sollte die Verpflichtung des Vorstands zur Erzielung des höchst möglichen Preises nicht
absolut gesetzt werden.[69]

Das vom OLG Stuttgart entwickelte **Verhandlungsmodell** für die Unternehmensbewertung im 19a
Falle einer Verschmelzung unabhängiger Unternehmen[70] ist grundsätzlich auch auf den Fall einer
Sacheinlagenvereinbarung anwendbar.[71] Allerdings hat das BVerfG in einer nicht tragenden Erwägung die Auffassung geäußert, auf diesem Wege werde nicht hinreichend sichergestellt, dass die
Anteilseigner wirtschaftlich voll entschädigt würden.[72] Auch wenn dies nicht überzeugt, bleibt der
Praxis daher auch bei Abs. 2 eine Unternehmensbewertung nach anderen Methoden nicht erspart.[73]

b) Nicht börsennotierte Unternehmen. Ist das Unternehmen nicht börsennotiert, bedarf es 20
zur Überprüfung des Verkehrswerts durch das Gericht regelmäßig einer Unternehmensbewertung,
die in den meisten Fällen nach dem Ertragswertverfahren oder der Discounted-Cashflow-Methode,
in allerdings unterschiedlicher methodischer Ausprägung, erfolgt.[74] Hier liegt der Kern der Unsicherheit der Betragsfestsetzung und der Dauer der gerichtlichen Verfahren. Denn es sind nicht nur
manche Bewertungsparameter nicht abschließend geklärt; die Praxis zeigt vielmehr, dass auch bei

---

[60] Zum Wertbegriff *Stilz* ZGR 2001, 875 (881 ff.); *Stilz* FS Goette, 2011, 529.
[61] Was aber nicht zu einem Gleichlauf der Bewertungsmethoden zwingt, vgl. nur Kölner Komm AktG/*Arnold* Rn. 28.
[62] *Bayer* ZHR 163 (1999), 505 (534); *Martens* FS Bezzenberger, 2000, 287; *Kiefner/Seibel* AG 2016, 301 (311 ff.) mwN.
[63] Kölner Komm AktG/*Arnold* Rn. 24; K. Schmidt/Lutter/*Schwab* Rn. 5 mwN.
[64] So aber *Martens* FS Bezzenberger, 2000, 270; *Martens* FS Röhricht, 2005, 995; vgl. auch → § 254 Rn. 10.
[65] Hüffer/Koch/*Koch* Rn. 7; MüKoAktG/*Koch* Rn. 18; Großkomm AktG/*K. Schmidt* Rn. 12 ff.; Bürgers/Körber/*Göz* Rn. 6; Henssler/Strohn/*Drescher* Rn. 6; Grigoleit/*Ehmann* Rn. 7; Hasselbach/Jakobs NZG 2014, 217 (221 ff.); Hölters/*Englisch* Rn. 19; *Rodewald* BB 2004, 613 (615); *Kiefner/Seibel* AG 2016, 301 (306 f.); aA NK-AktR/*Heidel* Rn. 19.
[66] OLG Koblenz NZG 2003, 182 (184); MüKoAktG/*Koch* Rn. 13, 18.
[67] MüKoAktG/*Koch* Rn. 18; Bürgers/Körber/*Göz* Rn. 6; Hölters/*Englisch* Rn. 19; Henssler/Strohn/*Drescher* Rn. 6.
[68] Vgl. im Einzelnen überzeugend *Decher* FS Wiedemann, 2002, 789 (796 ff.); enger *Bayer* ZHR 163 (1999), 505 (531 ff., 532 f.) und ZHR 168 (2004), 132 (140 f.); gegen die Berücksichtigung subjektiver Kriterien Kölner Komm AktG/*Arnold* Rn. 25.
[69] Vgl. aber K. Schmidt/Lutter/*Schwab* Rn. 4 aE und *Fleischer/Bong* NZG 2013, 881 (887).
[70] AG 2006, 420 – W&W; 2011, 49 – Daimler-Chrysler, vgl. dazu *Stilz* FS Mailänder, 2006, 423 (427 ff.); *Stilz* FS Goette, 2011, 529 (535 f.).
[71] MüKoAktG/*Koch* Rn. 28.; Hüffer/Koch/*Koch* Rn. 14; aA NK-AktR/*Heidel* Rn. 13b.
[72] Nichtannahmebeschluss vom 24.5.2012, NZG 2012, 1035 = AG 2012, 674; kritisch dazu Klöhn/*Verse* AG 2013, 3; *Fleischer/Bong* NZG 2013, 881; *Klöhn* FS Stilz, 2014, 365; *Reichert* FS Stilz, 2014, 479 (482 ff.); MüKoAktG/*Koch* Rn. 28.
[73] Vgl. nur MüKoAktG/*Koch* Rn. 28; Kölner Komm AktG/*Arnold* Rn. 29; *Reichert* FS Stilz, 2014, 479 (493 f.); *Riegger/Wasmann* FS Stilz, 2014, 509 (515).
[74] Vgl. die Darstellung bei *Piltz*, Die Unternehmensbewertung in der Rechtsprechung, 1994, 16 ff.; MüKoAktG/*Paulsen* § 305 Rn. 80 f.; *Hasselbach/Jakobs* NZG 2014, 217 (219).

methodisch sauberem und vergleichbarem Vorgehen aufgrund der in zahlreichen Punkten erforderlichen Prognoseentscheidung mehrere Gutachten kaum je zum selben Ergebnis kommen.[75] Die Gerichte sollten daher nicht „den" richtigen Unternehmenswert suchen, sondern sich auf die Prüfung der Methode sowie der Vertretbarkeit der Annahmen und Prognosen beschränken, die dessen Ermittlung zugrunde liegen.[76] Dies ergibt im Endergebnis regelmäßig eine frappierende Bandbreite von Werten,[77] die jeweils einen vertretbaren Ertragswert widerspiegeln. Da den Anfechtungskläger die **Darlegungs- und Beweislast** für eine unangemessen niedrige Betragsfestsetzung trifft,[78] ist die Klage unbegründet, wenn sich der festgesetzte Wert in dieser Bandbreite hält.[79]

21   c) **Börsennotierte Unternehmen.** Besondere Probleme ergeben sich für die Bewertung **börsennotierter** Gesellschaften. Nach der zunehmenden Berücksichtigung des Börsenkurses durch den Gesetzgeber (§ 3 Abs. 2, § 71 Abs. 1 Nr. 8, § 186 Abs. 3 S. 4 AktG; § 31 Abs. 1 WpÜG, § 4 WpÜG-VO) und der grundlegenden Rechtsprechungsänderung zur Bewertung des Aktienvermögens bei Unternehmensverträgen[80] kann auch bei der Wertfeststellung im Rahmen von § 255 Abs. 2 nicht mehr am Börsenkurs vorbeigegangen werden.[81]

22   Die unmittelbare Übernahme der **DAT/Altana-Rechtsprechung** des BGH, wie sie bisher ganz überwiegend verstanden und von den Instanzgerichten angewandt wird, würde allerdings die Wertfeststellung auch hier noch komplexer gestalten: die Berücksichtigung des Börsenkurses nur als Untergrenze des Verkehrswerts zwingt nach der Feststellung eines verwertbaren Referenzkurses – die hier besondere Schwierigkeiten bereitet – grundsätzlich zur vollen Anwendung analytischer Bewertungsmethoden. Mit dieser Rechtsprechung ist auch die Auffassung von *Hüffer*[82] nicht vereinbar, wonach eine (theoretisch) widerlegbare **Vermutung** für den Börsenkurs als Ausdruck des inneren Werts spreche. Mit einer solchen Vermutung ist zudem wenig gewonnen: der Kläger muss ohnedies nachweisen, dass der festgesetzte Preis unangemessen niedrig ist (→ Rn. 20 aE), was ihm bei einem Preis in der Nähe des Börsenkurses allenfalls über ein Wertgutachten gelingen könnte.

23   Ein zureichender Grund für die **bewertungsrechtliche Gleichbehandlung** besteht indessen nicht;[83] sie ist insbesondere nicht verfassungsrechtlich geboten.[84] Zu unterschiedlich sind die wirtschaftliche Ausgangssituation und das jeweilige Schutzbedürfnis der Minderheit.[85] Liegt die Börsenkapitalisierung unter dem aus einer Ertragswertberechnung abgeleiteten Unternehmenswert, wird für die jungen Aktien in der Regel ein theoretisch errechneter höherer Wert am Markt nicht

---

[75] Vgl. nur *Sinewe* NZG 2002, 314 (316); *Stilz* ZGR 2001, 875 (883 ff.); *Luttermann* ZIP 1999, 45 (47); *Hüttemann* ZHR 162 (1998), 563 (566 f., 582 ff.); *Welf Müller* FS Bezzenberger, 2000, 705; *Stilz* FS Goette, 2011, 529 (534 ff.); *Emmerich* FS Stilz, 2014, 135; *Wicke* FS Stilz, 2014, 707 (712 f.).

[76] Vgl. OLG Stuttgart AG 2006, 421 ff. = DStR 2006, 626 ff.; AG 2007, 705 (706); zustimmend *Rölike/Tonner* in Rensen/Brink, Linien der Rechtsprechung des Bundesverfassungsgerichts, 2009, 200 (223 f); vgl. auch Kölner Komm AktG/*Arnold* Rn. 20, 29.

[77] Vgl. *Decher* FS Wiedemann, 2002, 789 (796 ff.); *Hasselbach/Jakobs* NZG 2014, 217 (222); *Emmerich* FS Stilz, 2014, 135 (137): „nahezu beliebig manipulierbare(r) Ergebnisse".

[78] Kölner Komm AktG/*Arnold* Rn. 34; *Bürgers/Körber/Göz* Rn. 8; OLG Karlsruhe NZG 2002, 959 (963) rSp; OLG Frankfurt NZG 1999, 119 (121); aA *Mülbert* Aktiengesellschaft, Unternehmensgruppe und Kapitalmarkt 345; ihm zustimmend *Hirte* WM 1997, 1001 (1005); zur Situation bei der Anfechtung des Bezugsrechtsausschlusses *Bezzenberger* ZIP 2002, 1917 (1926 f.) mwN.

[79] Zustimmend *Hüffer/Koch/Koch* Rn. 5; *Hölters/Englisch*, 2011, Rn. 20; *Hüffer* ZHR 172 (2008), 572 (581); vgl. auch OLG Frankfurt NZG 2011, 746.

[80] Vgl. BVerfGE 100, 289 = NJW 1999, 3769; BGHZ 147, 108 = NJW 2001, 2080 = NZG 2001, 603; weitere Nachweise bei *Stilz* ZGR 2001, 875 (876 ff.) und *Stilz* FS Goette, 2011, 529 (537 ff.).

[81] Kölner Komm AktG/*Arnold* Rn. 22 f.; *Reichert* FS Stilz, 2014, 479; Henssler/Strohn/*Drescher* Rn. 6; Grigoleit/*Ehmann* Rn. 6; Hölters/*Englisch* Rn. 22; *Gude*, Strukturänderungen und Unternehmensbewertung zum Börsenkurs, 2004, 111 ff.; *Sinewe* NZG 2002, 314; *Kiefner/Seibel* AG 2016, 301 (307 f.); vgl. auch (zu Aktienoptionsplänen) OLG Braunschweig NZG 1998, 814 (818) und OLG Stuttgart NZG 1998, 822 (827) sowie zuletzt und mwN OLG Stuttgart ZIP 2007, 530 ff.; *Hasselbach/Jakobs* NZG 2014, 217 (219 f.) mwN; kritisch aus wirtschaftswissenschaftlicher Sicht *Ruthardt/Hachmeister* NZG 2014, 41; abweichend NK-AktR/*Heidel* Rn. 12c.

[82] MüKoAktG/*Hüffer*, 3. Aufl. 2011, Rn. 18 ff, 21; anders jetzt MüKoAktG/*Koch* Rn. 20; vgl. auch *Henze* HRR AktienR Rn. 992.

[83] *Martens* FS Bezzenberger, 2000, 274; *Decher* FS Wiedemann, 2002, 796; *Kirchner/Sailer* NZG 2002, 305 (309, 311); *Cahn* ZHR 163 (1999), 554 (584 ff.); *Kiefner/Seibel* AG 2016, 301 (307 f.); unter den Voraussetzungen des § 186 Abs. 3 S. 4 auch *Bayer* ZHR 168 (2004), 132 (142); grundsätzlich für Gleichbehandlung aber *Mülbert* FS Röhricht, 2005, 267; im Ergebnis auch *Rodewald* BB 2004, 613; *Sinewe* NZG 2002, 314 (316).

[84] So zutreffend *Rölike/Tonner* in Rensen/Brink, Linien der Rechtsprechung des Bundesverfassungsgerichts, 2009, 200 (219 f.).

[85] Dies gilt jedenfalls bei einer Marktemission; zum Fall des Bezugsrechtsausschlusses zugunsten eines Großaktionärs bedenkenswert *Bezzenberger* ZIP 2002, 1917.

durchsetzbar sein.[86] Nicht nur im Fall der Sachkapitalerhöhung[87] ist die Entscheidung über die Bezugsberechtigung und deren Wahrnehmung ein komplexer unternehmerischer Vorgang, der über Angebot und Nachfrage zu einem ausgehandelten Preis führt. Damit besteht eine grundsätzlich andere Ausgangssituation als beim einseitig festgelegten Abfindungs- oder Ausgleichsangebot der Unternehmensverträge. Es wäre mit dem Interesse der Gesellschaft und damit auch der Altaktionäre nicht zu vereinbaren, die Preisfindung an realitätsferne Parameter zu binden, bei deren Verfehlung die Nichtigkeit des Kapitalerhöhungsbeschlusses droht.[88]

24 Das Dogma vom Ertragswert als Untergrenze des vollen Werts kann daher jedenfalls für die Wertfeststellung bei Abs. 2 nicht übernommen werden.[89] Dagegen kann nicht angeführt werden, es gehe um den „wirklichen" oder „wahren" Wert, weil die Frage gerade ist, wie dieser definiert und festgestellt werden kann.[90] Das Gericht hat mit einem verwertbaren,[91] während einer Referenzperiode im Vorfeld der Emission[92] festgestellten **Börsenpreis** eine ausreichende **Schätzgrundlage**[93] für die Feststellung des vollen Werts, ohne dass es einer zusätzlichen Ertragswertberechnung bedarf. Die Emission zu Börsenkursen rechtfertigt dagegen noch nicht per se und über die Regelung in § 186 Abs. 3 S. 4 hinaus auch den Bezugsrechtsausschluss.[94] § 186 Abs. 3 S. 4 bietet zwar eine sachliche Rechtfertigung für den Bezugsrechtsausschluss, kann aber nicht den von Abs. 2 bezweckten Verwässerungsschutz leisten und geht diesem daher nicht als lex specialis vor.[95] Mit der Wertfeststellung darf nicht die Prüfung der **Angemessenheit** des Ausgabebetrags (→ Rn. 19) vermischt werden.[96] Diese Prüfung setzt vielmehr eine Differenz zwischen vollem und festgesetztem Wert voraus und kann sodann wegen Berücksichtigung anderer als unmittelbar wertbezogener Gründe des Unternehmensinteresses gleichwohl zur Unbegründetheit der Klage führen.

IV. Geltendmachung und Wirkung der Anfechtung; Freigabeverfahren

25 Abs. 3 verweist pauschal auf die allgemein für die Anfechtung geltenden Bestimmungen der §§ 244–248a. Damit gelten für die auf Abs. 2 gestützte Anfechtung dieselben Voraussetzungen wie für die Anfechtung des Kapitalerhöhungsbeschlusses nach Abs. 1 iVm § 243.

26 Der Gesetzgeber hat durch das **UMAG** mit § 246a auch für Maßnahmen der Kapitalbeschaffung ein **Freigabeverfahren** geschaffen. Die Neufassung der Verweisungskette in Abs. 3 bezieht diese Vorschrift konsequenter Weise ein. Auch der Beschluss über Kapitalerhöhung durch Einlagen kann daher trotz erhobener Anfechtungsklage zur Eintragung freigegeben werden.[97] Der Gesetzgeber hat aber nicht gleichzeitig dafür gesorgt, dass Bewertungsfragen in das Spruchverfahren verwiesen werden. Das ist auch durch das **ARUG**[98] nicht erfolgt. Bewertungsfragen vertrugen sich schon bisher nicht mit dem System der Anfechtungs- und Freigabeverfahren; dies gilt nach der Neufassung von § 246a durch das ARUG erst recht.[99]

27 Die Konsequenz des Verzichts auf das Spruchverfahren (→ Rn. 2) ist, dass mit dem auf die begründete Anfechtungsklage ergehenden Urteil der Kapitalerhöhungsbeschluss insgesamt für nichtig erklärt wird, auch wenn der Kläger in der Sache nur einen anderen Ausgabepreis erstrebt. Ist die

---

[86] Kölner Komm AktG/*Arnold* Rn. 23; *Ekkenga* AG 1994, 59 (65); *Lutter* FS Zöllner, 1998, 363 (374); *Cahn* ZHR 163 (1999), 554 (584); *Hasselbach/Jakobs* NZG 2014, 217 (220).
[87] Dazu eingehend und überzeugend *Martens* FS Bezzenberger, 2000, 267; *Martens* FS Röhricht, 2005, 987.
[88] So für den vergleichbaren Fall der Verschmelzung OLG Stuttgart AG 2006, 421 ff. = DStR 2006, 626 ff.; AG 2011, 49 ff.; *Stilz* FS Mailänder, 2006, 423; vgl. auch *Decher* FS Wiedemann, 2002, 804; *Reichert* FS Stilz, 2014, 479 (482 f.) *Kossmann* AG 2005, 9 (15); *Berninger* EWiR 2011, 167; *Klöhn/Verse* AG 2013, 2 ff.; *Hasselbach/Jakobs* NZG 2014, 217 (221 f.);.
[89] Vgl. K. Schmidt/Lutter/*Schwab* Rn. 4; im Ergebnis auch *Bayer* ZHR 163 (1999), 505 (535 ff.); OLG Düsseldorf NZG 2003, 588 (597 f.).
[90] Im Einzelnen *Stilz* FS Goette, 2011, 529 (537 ff.).
[91] *Piltz* ZGR 2001, 185 (202 f.); *Welf Müller* FS Bezzenberger, 2000, 715 f.
[92] OLG Stuttgart AG 2006, 421 ff. = DStR 2006, 626 ff.; *Maier-Reimer/Kolb* FS Welf Müller, 2001, 93 (102 ff.); *Stilz* ZGR 2001, 875 (887 ff.).
[93] Zum Schätzwert *Stilz* ZGR 2001, 875 (883 ff.); zum Einschätzungsspielraum auch von Vorstand und Aufsichtsrat bei der Ausgabe der neuen Aktien zutreffend *Hasselbach/Jakobs* NZG 2014, 217 (222 ff.); vgl. auch *Reichert* FS Stilz, 2014, 479 (489 f.); *Wicke* FS Stilz, 2014, 707 (714).
[94] *Zöllner* AG 2002, 585 (590 ff.); *Bayer* ZHR 168 (2004), 132 (140) mwN; vgl. auch NK-AktR/*Heidel* Rn. 13; K. Schmidt/Lutter/*Schwab* Rn. 4.
[95] Ganz hM → § 186 Rn. 61; MüKoAktG/*Koch* Rn. 21; Hüffer/Koch/*Koch* Rn. 5; dagegen *Kiefner/Seibel* AG 2016, 301 (309), je mwN.
[96] So aber OLG Koblenz NZG 2003, 182 (184).
[97] Hüffer/Koch/*Koch* Rn. 18; vgl. auch OLG Jena NZG 2007, 147.
[98] Gesetz zur Umsetzung der Aktionärsrechterichtlinie (ARUG) vom 30.7.2009, BGBl. 2009 I 2479.
[99] Zustimmend Kölner Komm AktG/*Arnold* Rn. 35.

Kapitalerhöhung eingetragen und durchgeführt, würde die **Rückabwicklung** (Abs. 3, § 248) trotz der Lehre von der fehlerhaften Gesellschaft[100] komplexe Fragen aufwerfen.[101] Soweit sich die Eintragung auf eine Freigabeentscheidung stützen kann, erfolgt eine Rückabwicklung indessen nicht mehr, § 246a Abs. 3 S. 5, Abs. 4 S. 2, § 242 Abs. 2 S. 5. Dem Aktionär bleibt nur ein **Schadensersatzanspruch**, § 246a Abs. 4, der nicht die Naturalrestitution einschließt, also voraussetzt, dass ein Verwässerungsschaden beziffert werden kann.

---

[100] Grundlegend *Zöllner* AG 1993, 68 ff.; *Kort* ZGR 1994, 291 ff.; *Hommelhoff* ZHR 158 (1994), 11 (17 f., 28); → § 248 Rn. 7 ff., 14.
[101] Im Einzelnen *Zöllner/Winter* ZHR 158 (1994), 59; Kölner Komm AktG/*Arnold* Rn. 37.

Zweiter Abschnitt. Nichtigkeit des festgestellten Jahresabschlusses

§ 256 Nichtigkeit

(1) Ein festgestellter Jahresabschluß ist außer in den Fällen des § 173 Abs. 3, § 234 Abs. 3 und § 235 Abs. 2 nichtig, wenn
1. er durch seinen Inhalt Vorschriften verletzt, die ausschließlich oder überwiegend zum Schutze der Gläubiger der Gesellschaft gegeben sind,
2. er im Falle einer gesetzlichen Prüfungspflicht nicht nach § 316 Abs. 1 und 3 des Handelsgesetzbuchs geprüft worden ist,
3. er im Falle einer gesetzlichen Prüfungspflicht von Personen geprüft worden ist, die nach § 319 Abs. 1 des Handelsgesetzbuchs oder nach Artikel 25 des Einführungsgesetzes zum Handelsgesetzbuch nicht Abschlussprüfer sind oder aus anderen Gründen als den folgenden nicht zum Abschlussprüfer bestellt sind:
    a) Verstoß gegen § 319 Absatz 2, 3 oder 4 des Handelsgesetzbuchs,
    b) Verstoß gegen § 319a Absatz 1 oder 3 des Handelsgesetzbuchs,
    c) Verstoß gegen § 319b Absatz 1 des Handelsgesetzbuchs,
    d) Verstoß gegen die Verordnung (EU) Nr. 537/2014 des Europäischen Parlaments und des Rates vom 16. April 2014 über spezifische Anforderungen an die Abschlussprüfung bei Unternehmen von öffentlichem Interesse und zur Aufhebung des Beschlusses 2005/909/EG der Kommission (ABl. L 158 vom 27.5.2014, S. 77, L 170 vom 11.6.2014, S. 66),
4. bei seiner Feststellung die Bestimmungen des Gesetzes oder der Satzung über die Einstellung von Beträgen in Kapital- oder Gewinnrücklagen oder über die Entnahme von Beträgen aus Kapital- oder Gewinnrücklagen verletzt worden sind.

(2) Ein von Vorstand und Aufsichtsrat festgestellter Jahresabschluß ist außer nach Absatz 1 nur nichtig, wenn der Vorstand oder der Aufsichtsrat bei seiner Feststellung nicht ordnungsgemäß mitgewirkt hat.

(3) Ein von der Hauptversammlung festgestellter Jahresabschluß ist außer nach Absatz 1 nur nichtig, wenn die Feststellung
1. in einer Hauptversammlung beschlossen worden ist, die unter Verstoß gegen § 121 Abs. 2 und 3 Satz 1 oder Abs. 4 einberufen war,
2. nicht nach § 130 Abs. 1 und 2 Satz 1 und Abs. 4 beurkundet ist,
3. auf Anfechtungsklage durch Urteil rechtskräftig für nichtig erklärt worden ist.

(4) Wegen Verstoßes gegen die Vorschriften über die Gliederung des Jahresabschlusses sowie wegen der Nichtbeachtung von Formblättern, nach denen der Jahresabschluß zu gliedern ist, ist der Jahresabschluß nur nichtig, wenn seine Klarheit und Übersichtlichkeit dadurch wesentlich beeinträchtigt sind.

(5) [1]Wegen Verstoßes gegen die Bewertungsvorschriften ist der Jahresabschluß nur nichtig, wenn
1. Posten überbewertet oder
2. Posten unterbewertet sind und dadurch die Vermögens- und Ertragslage der Gesellschaft vorsätzlich unrichtig wiedergegeben oder verschleiert wird.
[2]Überbewertet sind Aktivposten, wenn sie mit einem höheren Wert, Passivposten, wenn sie mit einem niedrigeren Betrag angesetzt sind, als nach §§ 253 bis 256a des Handelsgesetzbuchs zulässig ist. [3]Unterbewertet sind Aktivposten, wenn sie mit einem niedrigeren Wert, Passivposten, wenn sie mit einem höheren Betrag angesetzt sind, als nach §§ 253 bis 256a des Handelsgesetzbuchs zulässig ist. [4]Bei Kreditinstituten oder Finanzdienstleistungsinstituten sowie bei Kapitalverwaltungsgesellschaften im Sinn des § 17 des Kapitalanlagegesetzbuchs liegt ein Verstoß gegen die Bewertungsvorschriften nicht vor, soweit die Abweichung nach den für sie geltenden Vorschriften, insbesondere den §§ 340e bis 340g des Handelsgesetzbuchs, zulässig ist; dies gilt entsprechend für Versicherungsunternehmen nach Maßgabe der für sie geltenden Vorschriften, insbesondere der §§ 341b bis 341h des Handelsgesetzbuchs.

(6) [1]Die Nichtigkeit nach Absatz 1 Nr. 1, 3 und 4, Absatz 2, Absatz 3 Nr. 1 und 2, Absatz 4 und 5 kann nicht mehr geltend gemacht werden, wenn seit der Bekanntmachung nach § 325 Abs. 2 des Handelsgesetzbuchs in den Fällen des Absatzes 1 Nr. 3 und 4, des Absatzes 2 und des Absatzes 3 Nr. 1 und 2 sechs Monate, in den anderen Fällen drei Jahre verstrichen sind. [2]Ist bei Ablauf der Frist eine Klage auf Feststellung der Nichtigkeit des

§ 256

Jahresabschlusses rechtshängig, so verlängert sich die Frist, bis über die Klage rechtskräftig entschieden ist oder sie sich auf andere Weise endgültig erledigt hat.

(7) ¹Für die Klage auf Feststellung der Nichtigkeit gegen die Gesellschaft gilt § 249 sinngemäß. ²Hat die Gesellschaft Wertpapiere im Sinne des § 2 Absatz 1 des Wertpapierhandelsgesetzes ausgegeben, die an einer inländischen Börse zum Handel im regulierten Markt zugelassen sind, so hat das Gericht der Bundesanstalt für Finanzdienstleistungsaufsicht den Eingang einer Klage auf Feststellung der Nichtigkeit sowie jede rechtskräftige Entscheidung über diese Klage mitzuteilen.

Schrifttum: *Balthasar,* Die Bestandskraft nichtiger Jahresabschlüsse, 1999; *Bange,* Die Rückforderung von Gewinnausschüttungen durch den Insolvenzverwalter bei nichtigen Jahresabschlüssen, ZInsO 2006, 519; *Brete/Thomsen,* Nichtigkeit und Heilung von Jahresabschlüssen der GmbH, GmbHR 2008, 176; *Caspar,* Die Heilung nichtiger Beschlüsse im Kapitalgesellschaftsrecht, 1998; *Geist,* Die Pflicht zur Berichtigung nichtiger Jahresabschlüsse bei Kapitalgesellschaften, DStR 1996, 306; *Geßler,* Nichtigkeit und Anfechtbarkeit des GmbH-Jahresabschlusses nach dem Bilanzrichtlinien-Gesetz, FS Goerdeler, 1987, S. 127; *Habersack,* Die Auswirkungen der Nichtigkeit des Beschlusses über die Bestellung des Abschlussprüfers auf den festgestellten Jahresabschluss, NZG 2003, 659; *Hennrichs,* Fehlerhafte Bilanzen, Enforcement und Aktienrecht, ZHR 168 (2004), 384; *Hense,* Rechtsfolgen nichtiger Jahresabschlüsse und Konsequenzen für Folgeabschlüsse, WPg 1993, 716; *Jungius/Schmidt,* Nichtigkeit des Jahresabschlusses aufgrund von Bewertungsfehlern, DB 2012, 1697 und DB 2012, 1761; *Kowalski,* Der nichtige Jahresabschluss – was nun?, AG 1993, 502; *Kropff,* Auswirkungen der Nichtigkeit eines Jahresabschlusses auf die Folgeabschlüsse, FS Budde, 1995, 341; *Kropff,* Die Beschlüsse des Aufsichtsrats zum Jahresabschluss und zum Abhängigkeitsbericht, ZGR 1994, 628; *Lutter,* Der Streit um die Gültigkeit des festgestellten Jahresabschlusses einer Aktiengesellschaft, FS Helmrich, 1994, 685; *Mock,* Bindung einer Aktiengesellschaft an einen im Enforcement-Verfahren festgestellten Fehler in nachfolgenden aktienrechtlichen Verfahren, DB 2005, 987; *W. Müller,* Die Änderung von Jahresabschlüssen, Möglichkeiten und Grenzen, FS Quack, 1991, 359; *Schedlbauer,* Die Gefährdung der Bestandskraft von Jahresabschlüssen durch Bewertungsfehler, DB 1992, 2097; *Schulze-Osterloh,* Nichtigkeit des Jahresabschlusses einer AG wegen Überbewertung, ZIP 2008, 2241; *Weilep/Weilep,* Nichtigkeit von Jahresabschlüssen: Tatbestandsvoraussetzungen sowie die Konsequenzen für die Unternehmensleitung, BB 2006, 147; *Wichmann,* Die Gefährdung der Bestandskraft von Jahresabschlüssen nur durch wesentliche Überbewertung?, DB 1993, 340.

Übersicht

	Rn.		Rn.
A. Bedeutung der Norm	1–7	4. Fehlerhafte Mitwirkung des Aufsichtsrates	50, 51
I. Sinn und Zweck	1–3	5. Unzuständigkeit von Vorstand und Aufsichtsrat	52
II. Anwendungsbereich	4, 5	**III. Von der Hauptversammlung festgestellter Jahresabschluss**	53–55
1. Anwendbarkeit auf andere Abschlüsse	4	1. Allgemeines	53
2. Anwendbarkeit auf andere Gesellschaftsformen	5	2. Verfahrensfehler im Einzelnen	54
III. Systematik	6, 7	3. Unzuständigkeit der Hauptversammlung	55
1. Verhältnis zu anderen Vorschriften	6	**IV. Verstoß gegen Gliederungsvorschriften**	56–61
2. Aufbau der Vorschrift	7	1. Allgemeines	56
B. Entstehungsgeschichte	8–11	2. Verletzung	57, 58
C. Einzelerläuterungen	12–97	3. Wesentliche Beeinträchtigung	59, 60
I. Nichtigkeitsgründe nach Abs. 1	12–42	4. Einzelfälle	61
1. Vorbemerkung	12–19	**V. Verstoß gegen Bewertungsvorschriften**	62–72
a) Gegenstand der Nichtigkeitsfolge	12–16	1. Allgemeines	62
b) Bezugnahme auf § 173 Abs. 3, § 234 Abs. 3 und § 235 Abs. 2	17–19	2. Überbewertung	63–67
2. Inhalts- und Prüfungsmängel	20–42	a) Tatbestandsvergleich	63
a) Nichtigkeit nach Nr. 1	20–25	b) Schwelle zur Nichtigkeit	64, 65
b) Nichtigkeit nach Nr. 2	26–32	c) Beurteilungsmaßstab	66
c) Nichtigkeit nach Nr. 3	33–40	d) Bilanzposten	66a
d) Nichtigkeit nach Nr. 4	41, 42	e) Ansatzfehler	67
II. Von Vorstand und Aufsichtsrat festgestellter Jahresabschluss	43–52	3. Unterbewertung	68–71
1. Allgemeines	43, 44	4. Sonderregeln	72
2. Fehlende Mitwirkung eines Organs	45		
3. Fehlerhafte Mitwirkung des Vorstandes	46–49		

	Rn.		Rn.
VI. Heilung	73–79	3. Verhältnis zu anderen Überprüfungsverfahren	83–85
1. Heilbarkeit	73	**VIII. Nichtigkeitsfolgen**	86–97
2. Umfang und Wirkung	74, 75	1. Begriff	86
3. Heilungsmöglichkeiten nach Abs. 6	76	2. Umfang	87
4. Heilungsfrist	77	3. Bedeutung	88
5. Fristbeginn und Fristende	78	4. Rechtsfolgen	89–97
6. Fristverlängerung	79	a) Gewinnverwendungsbeschluss	89
VII. Nichtigkeitsklage	80–85	b) Neuvornahme	90–93
1. Klageerhebung	80, 81	c) Folgeabschlüsse	94, 95
2. Mitteilungspflicht	82	d) Offenlegungspflicht	96
		e) Gewinnabführung nach § 302	97

A. Bedeutung der Norm

I. Sinn und Zweck

Ohne spezialgesetzliche Regelung wären den allgemeinen Grundsätzen zufolge rechtswidrig festgestellte Jahresabschlüsse automatisch nichtig. Die erheblichen Folgen eines nichtigen, festgestellten Jahresabschlusses (→ Rn. 88 ff.) sowie die rechtliche und praktische Unsicherheit, die durch die Nichtigkeit eines festgestellten Jahresabschlusses entstehen, machen es erforderlich, die Rechtsfolge der Nichtigkeit nur in eng umgrenzten, klar definierten Ausnahmefällen zur Anwendung kommen zu lassen. Insoweit dient § 256 dazu, die Möglichkeit der **Nichtigkeit** eines festgestellten Jahresabschlusses zu **begrenzen**. Das gilt insbesondere auch gegenüber den ansonsten anwendbaren, allgemeinen Nichtigkeitsgründen für einen Hauptversammlungsbeschluss nach § 241. Deswegen sind die in § 256 angeführten Nichtigkeitsgründe **abschließend** (allgM). Ergibt sich die Nichtigkeit eines festgestellten Jahresabschlusses nicht aus § 256, so ist von dessen Gültigkeit auszugehen.[1] Ferner ist aus diesem Grund die in Abs. 4 explizit genannte Begrenzung der Nichtigkeit auf Fälle einer wesentlichen Beeinträchtigung in eingeschränktem Maße auf alle inhaltlichen Mängel zur Anwendung zu bringen (→ Rn. 24, 59 ff. und 64). 1

Andererseits geht von der Tatsache, dass ein festgestellter Jahresabschluss überhaupt nichtig oder anfechtbar sein kann, Sanktionswirkung aus. Denn hierdurch wird der Rechtsanwender gezwungen, die Vorschriften über die Rechnungslegung einzuhalten, um die Folgen der Nichtigkeit zu vermeiden. Einschränkend ist allerdings zu konstatieren, dass der Anreiz, etwa eines Aktionärs, die Nichtigkeit des festgestellten Jahresabschlusses im Rahmen einer Nichtigkeitsklage geltend zu machen, mit dem Interesse der Marktteilnehmer an einem zutreffenden Jahresabschluss nicht übereinstimmt, was die relativ geringe Anzahl entsprechender Klagen erklären mag.[2] Dennoch dient die Nichtigkeit bzw. Anfechtbarkeit eines festgestellten Jahresabschlusses, verbunden mit der Möglichkeit, diese gerichtlich geltend zu machen, aufgrund der damit verbundenen – wenn auch nur eingeschränkten – **Anreizfunktion** dazu, die Vorschriften zur Rechnungslegung einschließlich ihrer Kontrolle durch die gesellschaftsinternen Organe und den gesellschaftsexternen Abschlussprüfer durchzusetzen.[3] Insoweit steht § 256 in einer Reihe mit der im nachfolgenden Abschnitt geregelten Sonderprüfung sowie mit dem durch das Bilanzkontrollgesetz eingeführten Enforcement-Verfahren[4] (§§ 342b ff. HGB, §§ 106 ff. WpHG), die ebenfalls eine ordnungsgemäße Rechnungslegung sicherstellen sollen (→ Rn. 83 ff.). 2

In dem sich hieraus ergebenden **Spannungsfeld** zwischen Sanktionierung der Verletzung von Rechnungslegungsvorschriften einerseits und einer strikten Begrenzung der Mängel, die zur Nichtigkeit eines Jahresabschlusses führen können, andererseits, bewegt sich die Norm.[5] Eine restriktive Auslegung der Nichtigkeitsgründe geht deswegen zwingend einher mit einer Verringerung des mit § 256 begründeten Anreizes zur Einhaltung der Rechnungslegungsvorschriften. Eine extensive Auslegung führt hingegen zu vermehrter Rechtsunsicherheit, die aus einer größeren Anzahl an nichtigen Jahresabschlüssen resultiert. 3

---

[1] Hüffer/Koch/*Koch* Rn. 2.
[2] *Mock* DB 2005, 987 (989); *Mattheus/Schwab* BB 2004, 1099 (1101).
[3] Ebenso Großkomm AktG/*Bezzenberger* Rn. 20.
[4] *Mock* DB 2005, 987; vgl. kritisch zu diesem dichten Regulierungsnetz *Müller* ZHR 168 (2004), 414 (415).
[5] Vgl. auch *Habersack* NZG 2003, 659 (661).

II. Anwendungsbereich

4 1. Anwendbarkeit auf andere Abschlüsse. In § 256 ist die Nichtigkeit des festgestellten Jahresabschlusses geregelt. Auf andere Einzelabschlüsse und Bilanzen findet die Vorschrift keine Anwendung.[6] Anders verhält es sich im Falle vorhandener Verweisungsvorschriften wie § 270 Abs. 2 S. 2 betreffend die Eröffnungsbilanz im Rahmen der Abwicklung und § 17 Abs. 2 S. 2 UmwG betreffend die Schlussbilanz im Rahmen der Verschmelzung. Diskutiert wird eine analoge Anwendung von § 256 auf den **Konzernabschluss.**[7] Diese Analogie ist mit der hM abzulehnen.[8] Insoweit fehlt es bereits an einer Regelungslücke, da der Gesetzgeber bewusst Konzernabschlüsse in die Regelung nicht einbezogen hat.[9] Zudem besteht nicht die gleiche Interessenlage wie bei einem Jahresabschluss. Der Konzernabschluss erfüllt in erster Linie Informationsfunktionen und ist im Gegensatz zum Jahresabschluss nicht Grundlage der Ergebnisverwendung. Auch eine einfache Feststellungsklage ist unzulässig, weil es an einem feststellungsfähigen Rechtsverhältnis fehlt.[10]

5 2. Anwendbarkeit auf andere Gesellschaftsformen. Die für Aktiengesellschaften geltende Vorschrift findet gemäß § 278 Abs. 3 auf die **KGaA** und gemäß Art. 9 Abs. 1 lit. c ii SE-VO auf die Europäische Aktiengesellschaft entsprechende Anwendung. Des Weiteren ist sie bezüglich der Nichtigkeitsgründe und deren Heilung nach ganz hM in weiten Teilen auf Jahresabschlüsse der **GmbH** analog anwendbar.[11] Die Analogie zu § 256 liegt nahe und ist zu befürworten. Eine Regelungslücke liegt vor, da der Gesetzgeber die Regelung der Nichtigkeit des festgestellten Jahresabschlusses einer GmbH bewusst der Rechtsprechung überlassen hat.[12] Zudem besteht seit der Angleichung der Rechnungslegungsvorschriften durch das BiRiLiG eine im Grundsatz gleiche Interessenlage bei der GmbH und der Aktiengesellschaft. Keine analoge Anwendung kommt allerdings im Hinblick auf Abs. 2 in Betracht, da bei der GmbH der Jahresabschluss stets durch die Gesellschafterversammlung festgestellt wird. Gleichfalls scheidet, mangels Beurkundungspflicht der Gesellschafterversammlung einer GmbH, eine analoge Anwendung von Abs. 3 Nr. 2 aus. Wegen weitergehender Anfechtungsmöglichkeiten von Gesellschafterbeschlüssen im Recht der GmbH gegenüber Hauptversammlungsbeschlüssen bei der Aktiengesellschaft (→ § 257 Rn. 5) ist ferner eine Analogie in Bezug auf Abs. 1 Nr. 4 nur eingeschränkt zu bejahen. Dies gilt insbesondere für lediglich aufgrund von Satzungsbestimmungen zu bildenden Rücklagen.[13] Trotz expliziter Regelung der Anfechtbarkeit in § 33 Abs. 2 GenG ist nach hM ebenfalls auf **Genossenschaften** zumindest im Grundsatz eine analoge Anwendung zu befürworten.[14] Mangels gleicher Interessenlage scheidet aber eine analoge Anwendung auf **Personengesellschaften** aus. Vielmehr gelten hier die allgemeinen Regeln für mangelhafte Beschlüsse.[15]

III. Systematik

6 1. Verhältnis zu anderen Vorschriften. Dieses wird geprägt durch den Begriff des festgestellten Jahresabschlusses. Zum einen geht es um den Jahresabschluss, mithin um die Rechnungslegung der Gesellschaft. Insoweit ist § 256, ebenso wie § 257, den Rechnungslegungsvorschriften des fünften Teils (§§ 150–176) zuzuordnen, die ihrerseits die Vorschriften im HGB zur Rechnungslegung ergän-

---

[6] MüKoAktG/*Koch* Rn. 7 f.; Kölner Komm AktG/*Zöllner* Rn. 8 f.
[7] Vgl. *Schürnbrand* ZHR 168 (2004), 434 (436); befürwortend *Busse v. Colbe* BB 2002, 1583 (1586 f.); *Schön* BB 2004, 763; K. Schmidt/Lutter/*Schwab* Rn. 3.
[8] BGH AG 2008, 325; OLG Frankfurt ZIP 2007, 72; MüKoAktG/*Koch* Rn. 7; Kölner Komm AktG/*Zöllner* Rn. 7; Großkomm AktG/*Bezzenberger* Rn. 36; Bürgers/Körber/*Schulz* Rn. 2; WP-HdB 2012 Bd. I U Rn. 180 f.; aA NK-AktR/*Heidel* Rn. 7a.
[9] *Hennrichs* ZHR 168 (2004), 383 (397); *Schürnbrand* ZHR 168 (2004), 434 (436).
[10] OLG Frankfurt ZIP 2007, 72 (73 ff.); Großkomm AktG/*Bezzenberger* Rn. 36; aA NK-AktR/*Heidel* Rn. 7a.
[11] BGHZ 83, 341 = BGH NJW 1983, 42 für Abs. 5; BGHZ 118, 142 (149) = BGH NJW 1992, 2021 (2022) für Abs. 1 Nr. 3; BGH, ZIP 2013, 1577 für Abs. 1 Nr. 3 und Abs. 6 S. 1; OLG Stuttgart ZIP 2004, 909 und OLG Hamm AG 1992, 233 für Abs. 1 Nr. 1; *ADS* Rn. 96 ff.; MüKoGmbH/*Wertenbruch* GmbHG § 42a Rn. 29; Baumbach/Hueck/*Haas* GmbHG § 42a Rn. 24 ff.; grundlegend *Geßler* FS Goerdeler, 1987, S. 127 ff.; ausführlich *Brete*/*Thomsen* GmbHR 2008, 176.
[12] AusschBer BT-Drs. 10/4268, 130 f.
[13] *Geßler* FS Goerdeler, 1987, 136 ff.
[14] BGH ZIP 2003, 1498 (1501) zu § 256 Abs. 5; kritisch hierzu *Schöpflin* WuB II D § 73 GenG 1.03; *Müller* GenG § 33 Rn. 68 ff.; § 48 Rn. 9; Berliner Komm/*Kühnberger* GenG § 33 Rn. 3 f.; Berliner Komm/*Kessler* GenG § 48, 49 (50) Rn. 5 ff.; *Beuthien* GenG § 33 Rn. 12; aA Lang/Weidmüller/*Metz* GenG § 51 Rn. 9, grundsätzlich zur Anwendung von Nichtigkeitsklage und Nichtigkeitsgrund im Genossenschaftsrecht BGHZ 70, 384 = NJW 1978, 1325.
[15] Vgl. *Weilep*/*Weilep* BB 2006, 147 (150); zur Nichtigkeit des Jahresabschlusses einer KG *Bauschatz* NZG 2002, 759; *Wimmer* DStR 1997, 1931 (1935); aA *Wichmann* Steuer-Journal 2005, 29.

zen (§§ 242–289 HGB). Zum anderen geht es um die Feststellung des Jahresabschlusses. Diese ist in §§ 172 f. geregelt. Die Feststellung kann gemäß § 173 durch einen Hauptversammlungsbeschluss erfolgen. Insoweit besteht ebenfalls ein Bezug zu den allgemeinen Vorschriften über die Nichtigkeit von Hauptversammlungsbeschlüssen (§§ 241–249). Diese gelten jedoch nur, soweit in § 256 ausdrücklich auf sie verwiesen wird.[16]

2. Aufbau der Vorschrift. Dieser ist dergestalt, dass in den Abs. 1–5 die Gründe für eine Nichtigkeit des festgestellten Jahresabschlusses aufgezählt werden. In Abs. 6 wird die Möglichkeit einer Heilung der Nichtigkeit durch Zeitablauf geregelt. Abs. 7 beschäftigt sich mit der gerichtlichen Geltendmachung der Nichtigkeit. Bei den in den Abs. 1 bis 5 geregelten Nichtigkeitsgründen ist zu unterscheiden. Die Abs. 1, 4 und 5 gelten für alle Jahresabschlüsse, unabhängig davon, welches Gesellschaftsorgan den Jahresabschluss festgestellt hat. Es handelt sich um Inhalts- und Prüfungsmängel. Demgegenüber regeln die Abs. 2 und 3 Verfahrensmängel, wobei Abs. 2 Verfahrensmängel bei einem von Vorstand und Aufsichtsrat festgestellten Jahresabschluss regelt und Abs. 3 zur Nichtigkeit führende Verfahrensmängel bei einem von der Hauptversammlung festgestellten Jahresabschluss benennt. Bei den alle Jahresabschlüsse betreffenden Nichtigkeitsgründen listen die Nr. 1 und 4 des Abs. 1 sowie die Abs. 4 und 5 inhaltliche Mängel des Jahresabschlusses auf, wohingegen die Nr. 2 und 3 des Abs. 1 eine unterlassene oder mangelhafte Prüfung des Jahresabschlusses regeln. Die besonderen Regelungen zu Verstößen gegen Gliederungsvorschriften in Abs. 4 und zu Verstößen gegen Bewertungsvorschriften in Abs. 5 begrenzen die Generalklausel in Nr. 1.[17]

B. Entstehungsgeschichte

Die heutige Vorschrift hat ihre grundsätzliche Struktur durch das **AktG 1965** erhalten. Nach der zuvor gültigen Gesetzeslage war eine abschließende Nichtigkeitsregelung nur für Jahresabschlüsse, die von Vorstand und Aufsichtsrat festgestellt wurden, in § 202 AktG 1937 vorgesehen. Die Gültigkeit von Jahresabschlüssen, die von der Hauptversammlung festgestellt wurden, richtete sich hingegen nach den allgemeinen Vorschriften in § 195 und § 197 AktG 1937 zur Nichtigkeit und Anfechtbarkeit von Hauptversammlungsbeschlüssen. Demgegenüber wurde mit der umfassenden Neuregelung in § 256 AktG 1965 eine abschließende Nichtigkeitsregelung eingeführt, die in ihrer Struktur und ihrem wesentlichen Regelungsgehalt weiterhin Gültigkeit besitzt. Dabei ging es darum, die Möglichkeit der Anfechtung festgestellter Jahresabschlüsse zugunsten einer erweiterten Nichtigkeitsregelung weitgehend einzuschränken. Als Grund hierfür führte man zum einen die mit einem Anfechtungsprozess verbundene Rechtsunsicherheit an. Zum anderen erschien die Anfechtbarkeit keine ausreichende Sanktion, um die im öffentlichen Interesse bestehenden Rechnungslegungsvorschriften durchzusetzen.[18]

Im Rahmen des **Bilanzrichtliniengesetzes** vom 19.12.1985 (BGBl. 1985 I 2355) war eine umfassende Reform der Nichtigkeitsgründe vorgesehen. So war geplant, durch Änderung der Generalklausel in Abs. 1 Nr. 1 eine Nichtigkeit bereits dann anzunehmen, wenn der Jahresabschluss entgegen § 264 Abs. 2 HGB kein den tatsächlichen Verhältnissen entsprechendes Bild der Vermögens-, Finanz- und Ertragslage der Kapitalgesellschaft vermittelt und es hierdurch zu einer wesentlichen Beeinträchtigung der Darstellung kommt. Im Gegenzug sollten die Abs. 4 und 5 gestrichen werden.[19] Hiergegen wurde zu Recht der Einwand erhoben, die Nichtigkeit eines festgestellten Jahresabschlusses wegen Verstoßes gegen ein bloßes Bilanzierungsziel führe zu erheblicher Rechtsunsicherheit.[20] Daher wurde von dem Reformvorhaben Abstand genommen. Es verblieben lediglich unwesentliche Änderungen einiger Absätze, namentlich von Abs. 1 Nr. 4, Abs. 5 und Abs. 6. Ferner wurde der Verstoß des Abschlussprüfers gegen ein Tätigkeitsverbot durch die Neufassung von Abs. 1 Nr. 3 gestrichen und auf den früher in Abs. 4 S. 2 enthaltenen Beispielskatalog wesentlicher Gliederungsverstöße verzichtet.

Mit dem **Bank-BiRiLiG** vom 30.11.1990 (BGBl. 1990 I 2570) wurde durch die Änderung von Abs. 1 Nr. 1 davon abgesehen, die Verletzung nur im öffentlichen Interesse bestehender Vorschriften mit der Nichtigkeit des festgestellten Jahresabschlusses zu sanktionieren. Ferner wurde in Abs. 5 mit S. 4 die Berücksichtigung einer besonderen Bewertungsregelung für Kreditinstitute eingefügt. Diese Regelung wurde durch das **VersRiLiG** vom 24.6.1994 (BGBl. 1994 I 1377) auf Versicherungen

---
[16] *Geßler* Rn. 1.
[17] BGHZ 124, 111 (116) = NJW 1994, 520 (522); vgl. auch AusschBer *Kropff* S. 346 f.
[18] AusschBer *Kropff* S. 343.
[19] BR-Drs. 257/83, 31 f.
[20] Spitzenverbände DB-Beil. 7/1, S. 10.

erweitert und durch das Gesetz vom 22.10.1997 (BGBl. 1997 I 2567) sprachlich neu gefasst. In Abs. 3 Nr. 1 ergab sich eine Folgeanpassung durch das Gesetz für kleine Aktiengesellschaften und zur Deregulierung vom 2.8.1994 (BGBl. 1994 I 1961).

11 In jüngerer Zeit kam es nochmals zu Änderungen von § 256, namentlich durch das **Bilanzrechtsreformgesetz** vom 4.12.2004 (BGBl. 2004 I 3166) und durch das **Bilanzkontrollgesetz** vom 15.12.2004 (BGBl. 2004 I 3408). Die Gesetze stellen ua eine Reaktion auf eine Reihe von Unternehmensskandalen dar, die das Vertrauen der Anleger in den Kapitalmarkt erschütterten.[21] Mit der Anfügung von S. 2 in Abs. 7 durch das Bilanzkontrollgesetz sollte eine frühzeitige Information der Bundesanstalt für Finanzdienstleistungsaufsicht über anhängige Nichtigkeitsklagen erreicht werden, um so den Vorrang der Nichtigkeitsklage vor dem mit dem Gesetz neu eingeführten Enforcement-Verfahren nach § 342b HGB sicherzustellen (→ Rn. 82). Ferner wurde Abs. 1 Nr. 3 durch das Bilanzrechtsreformgesetz neugefasst, um klarzustellen, dass eine Befangenheit des Abschlussprüfers keine Nichtigkeit des festgestellten Jahresabschlusses nach sich zieht (→ Rn. 38). Ferner ergab sich durch das Gesetz zur Umsetzung der Aktionärsrichtlinie vom 30.7.2009 (BGBl. 2009 I 2479), kurz **ARUG**, eine Folgeänderung in Abs. 3 Nr. 1 und 2. Die in den entsprechenden Nummern unter Bezug auf § 121 Abs. 3 und § 130 Abs. 2 genannten Nichtigkeitsgründe wurden durch einen Verweis auf den nunmehr jeweils ersten Satz der durch das ARUG geänderten Absätze des § 120 und des § 130 beschränkt. Es folgen lediglich redaktionelle Änderungen von Abs. 5 durch das **AIFM – Umsetzungsgesetz** vom 4.7.2013 (BGBl. 2013 I 1981) und das Bilanzrichtlinie- Umsetzungsgesetz, kurz **BilRUG**, vom 17.7.2015 (BGBl. 2015 I 1261) sowie von Abs. 7 durch die **Aktienrechtsnovelle** vom 22. Dezember 2015 (BGBl 1 S. 2566). Schließlich führte das Abschlussprüferreformgesetz, kurz **AReG**, vom 10.5.2016 (BGBl. 2016 I 1142) zu einer neuerlichen Neufassung von Abs. 1 Nr. 3, um sicherzustellen, dass auch Verstöße gegen den neu eingefügten § 319a Abs. 3 HGB und die Vorgaben nach der Verordnung (EU) Nr. 537/2014 nicht zur Nichtigkeit des Jahresabschlusses führen (→ Rn. 36 ff.).[22]

C. Einzelerläuterungen

I. Nichtigkeitsgründe nach Abs. 1

12 **1. Vorbemerkung. a) Gegenstand der Nichtigkeitsfolge.** ist dem Wortlaut des Abs. 1 zufolge der festgestellte Jahresabschluss. Der Begriff verbindet miteinander den Jahresabschluss als bloßes Zahlen bzw. Rechenwerk und das Feststellungsverfahren als korporationsrechtliches Rechtsgeschäft eigener Art.[23]

13 **aa) Jahresabschluss.** Er umfasst gemäß der Legaldefinition des § 242 Abs. 3 HGB die Bilanz sowie die Gewinn- und Verlustrechnung. Hinzu kommt bei Kapitalgesellschaften der Anhang, der mit der Bilanz und der Gewinn- und Verlustrechnung eine Einheit bildet (§ 264 Abs. 1 S. 1 HGB). Somit können Mängel sowohl der Bilanz als auch der Gewinn- und Verlustrechnung sowie des Anhangs zur Nichtigkeit des festgestellten Jahresabschlusses führen. Der von Kapitalgesellschaften im Zusammenhang mit dem Jahresabschluss zu erstellende **Lagebericht** ist aber, wie sich aus § 264 Abs. 1 S. 3 HGB ergibt, kein Teil des Jahresabschlusses.[24] Daher können weder Verstöße gegen die inhaltlichen Anforderungen des Lageberichts, wie sie in § 289 HGB aufgestellt sind, noch das vollständige Fehlen des Lageberichts zur Nichtigkeit des festgestellten Jahresabschlusses führen.[25] Entsprechendes gilt für den **Abhängigkeitsbericht** nach § 312.[26] Auch er ist kein Teil des Jahresabschlusses. Inhaltliche Fehler wegen Verstoßes gegen die in § 312 normierten Aufstellungsgrundsätze ziehen deswegen eben so wenig wie eine fehlerhafte oder fehlende Prüfung des Abhängigkeitsberichtes durch den Abschlussprüfer nach § 313 die Nichtigkeit des festgestellten Jahresabschlusses nach sich.[27] Aus demselben Grund bleibt eine nicht ordnungsgemäße Mitwirkung des Aufsichtsrates bei der Erstellung des Abhängigkeitsberichtes (§ 314) für den Jahresabschluss ohne Konsequenzen.

---

[21] *Gabriel/Ernst* Der Konzern 2004, 102.
[22] Vgl. BT-Drs. 18/6282, 69.
[23] Vgl. zum Begriff des Rechenwerks BGH NJW 2007, 1685 (1689).
[24] BGHZ 124, 111 (122) = NJW 1994, 520 (523); Großkomm AktG/*Bezzenberger* Rn. 207.
[25] OLG Köln ZIP 1993, 110 (112) = OLGR Köln 1993, 42 (43); MüKoAktG/*Koch* Rn. 7; WP-HdB 2012 Bd. I U Rn. 177; Großkomm AktG/*Bezzenberger* Rn. 31; aA *Timm* ZIP 1993, 114 (116); Kölner Komm AktG/*Zöllner* Rn. 19; *ADS* Rn. 13.
[26] BGHZ 124, 111 (121) = NJW 1994, 520 (523); OLG Braunschweig ZIP 1996, 875 (876); Großkomm AktG/*Bezzenberger* Rn. 31.
[27] OLG Köln ZIP 1993, 110 (113) = OLGR Köln 1993, 42 (43).

bb) Feststellung. Die Nichtigkeit des Jahresabschlusses kommt erst nach seiner Feststellung in 14 Betracht. Zuvor ist der Jahresabschluss ein bloßes Zahlenwerk, das als solches nicht nichtig sein kann.[28]

Für die Feststellung des Jahresabschlusses sind im Normalfall **Vorstand und Aufsichtsrat** zuständig (§ 172). Sie erfolgt in diesem Fall mittels eines kooperationsrechtlichen Rechtsgeschäftes eigener Art (→ § 172 Rn. 13 mwN).[29] Das Rechtsgeschäft besteht aus der Vorlage des Jahresabschlusses durch den Vorstand an den Aufsichtsrat mit dem zumindest konkludent hiermit zum Ausdruck gekommenen Vorlagebeschluss des Vorstandes (§ 170) und dem anschließenden Billigungsbeschluss seitens des Aufsichtsrats einschließlich der Erklärung der Billigung gemäß § 171 Abs. 2 S. 4.[30] Nichtig ist das gesamte **korporationsrechtliche Rechtsgeschäft** in allen seinen Bestandteilen.[31] Deswegen können im Fall der Nichtigkeit des festgestellten Jahresabschlusses einzelne Bestandteile des korporationsrechtlichen Rechtsgeschäftes nicht fortbestehen, selbst wenn sie bei isolierter Betrachtung keinen Mangel aufweisen.[32] Daraus folgt darüber hinaus, dass die Frage der Nichtigkeit eines Teilaktes des korporationsrechtlichen Rechtsgeschäftes nicht losgelöst von § 256 betrachtet werden darf. Insofern wird die Möglichkeit der Nichtigkeit insbesondere des billigenden Aufsichtsratsbeschlusses durch die in § 256 genannten Gründe beschränkt. Ansonsten führten über den Umweg des nichtigen Aufsichtsratsbeschlusses weitere inhaltliche Gründe zur Nichtigkeit des festgestellten Jahresabschlusses. Dies hat zugleich Konsequenzen für die Anwendbarkeit von § 139 BGB auf miteinander in Zusammenhang stehende Aufsichtsratsbeschlüsse, wie etwa den Feststellungsbeschluss der Jahresbilanz und den Billigungsbeschluss des Konzernabschlusses.[33]

Billigt der Aufsichtsrat den Jahresabschluss nicht oder überlassen Vorstand und Aufsichtsrat einvernehmlich die Entscheidung der **Hauptversammlung**, ist die Hauptversammlung für die Feststellung des Jahresabschlusses zuständig (§ 173). In diesem Fall erfolgt die Feststellung durch einen entsprechenden Beschluss der Hauptversammlung.[34]

b) Bezugnahme auf § 173 Abs. 3, § 234 Abs. 3 und § 235 Abs. 2. aa) Allgemeines. § 256 17 verweist in Abs. 1 zunächst auf die außerhalb von § 256 normierten Nichtigkeitsgründe in § 173 Abs. 3, § 234 Abs. 3 und § 235 Abs. 2. Die Bezugnahme hat klarstellende Funktion und unterstreicht den abschließenden Charakter der Norm. Hierdurch ist die in den Abs. 2 und 3 getroffene Aussage ausnahmslos zutreffend, dass eine Nichtigkeit des festgestellten Jahresabschlusses außer in Abs. 1 genannten Fällen nur jeweils nach Maßgabe dieser Abs. in Betracht kommt. Dabei ist allen drei, außerhalb von § 256 geregelten Nichtigkeitsgründen gemeinsam, dass sie einen **von der Hauptversammlung festgestellten Jahresabschluss** betreffen.[35] In allen drei Fällen kann eine schwebende Unwirksamkeit des Feststellungsbeschlusses in dessen endgültige Unwirksamkeit umschlagen, wenn nicht innerhalb einer vorgegebenen Frist nach der Beschlussfassung eine weitere Voraussetzung erfüllt wird; im Falle des § 173 Abs. 3 die Erteilung des Nachtragstestats und in den beiden anderen Fällen die Eintragung der betreffenden Kapitalmaßnahmen in das Handelsregister. Ziel ist es jeweils, einen ansonsten andauernden Schwebezustand hinsichtlich der Wirksamkeit des Jahresabschlusses zeitlich zu begrenzen.[36]

bb) Nichtigkeit gemäß § 173 Abs. 3. kommt in Betracht, wenn die Hauptversammlung einen 18 Jahresabschluss, der aufgrund gesetzlicher Verpflichtung von einem Abschlussprüfer geprüft wurde, ändert und den geänderten Jahresabschluss feststellt, bevor dieser gemäß § 316 Abs. 3 HGB von dem Abschlussprüfer erneut geprüft wurde. In diesem Fall wird der festgestellte Jahresabschluss erst wirksam, wenn die Prüfung erfolgt ist, namentlich wenn auf Grund der **Nachtragsprüfung** ein hinsichtlich der Änderungen uneingeschränkter Bestätigungsvermerk erteilt worden ist. Erfolgt die Erteilung eines solchermaßen uneingeschränkten Bestätigungsvermerkes nicht innerhalb von zwei Wochen seit der Beschlussfassung, ist die Feststellung des Jahresabschlusses endgültig unwirksam.[37]

---

[28] OLG Stuttgart ZIP 2003, 1981 (1983).
[29] BGHZ 124, 111 (116) = NJW 1994, 520 (521).
[30] BGHZ 124, 111 (116) = NJW 1994, 520 (521).
[31] BGHZ 114, 111 (116) = NJW 1994, 520 (521); OLG Stuttgart ZIP 2003, 1981 (1983).
[32] *Kropff* ZGR 1994, 628 (633 f.).
[33] Dazu → Rn. 87, sowie WP-HdB 2012 Bd. I U Rn. 177.
[34] Die in der Vorauflage noch vorgenommene Differenzierung zwischen dem Hauptversammlungsbeschluss und seinem inhaltlichen Ergebnis wird nicht weiter aufrechterhalten, weil sie zur Lösung der rechtlichen Problemstellungen keinen Beitrag leistet.
[35] Vgl. *ADS* Rn. 70.
[36] MüKoAktG/*Koch* Rn. 9.
[37] Das Gesetz spricht ungenau von Nichtigkeit, ohne dass allerdings mit der Differenzierung unterschiedliche Rechtsfolgen verbunden wären.

19   **cc) Nichtigkeit gemäß § 234 Abs. 3 und § 235 Abs. 2.** betrifft die Feststellung von Jahresabschlüssen im Zusammenhang mit einer vereinfachten Kapitalherabsetzung. So bietet § 234 Abs. 1 für den Fall der vereinfachten Kapitalherabsetzung und § 235 Abs. 1 für den Fall einer mit der **vereinfachten Kapitalherabsetzung** gleichzeitig vorgenommenen Kapitalerhöhung die Möglichkeit, die betreffenden Kapitalmaßnahmen rückwirkend bereits in dem Jahresabschluss des Vorjahres als vollzogen zu berücksichtigen. Die Feststellung des Jahresabschlusses hat in diesen Fällen gemäß § 234 Abs. 2 durch die Hauptversammlung zu erfolgen. Der Feststellungsbeschluss wird endgültig unwirksam, wenn die betreffenden, im Zusammenhang mit der Kapitalherabsetzung stehenden Beschlüsse nicht innerhalb von drei Monaten nach der Beschlussfassung in das Handelsregister eingetragen worden sind. Grund für die bis zu diesem Zeitpunkt schwebende Unwirksamkeit des festgestellten Jahresabschlusses ist, dass die Wirksamkeit der Kapitalherabsetzung ihrerseits von der Eintragung in das Handelsregister abhängig ist (§ 229 Abs. 3 iVm § 224). Die endgültige Unwirksamkeit bei Fristversäumung wird unter den Voraussetzungen des § 242 Abs. 3 geheilt. Diese Heilung erstreckt sich dann gleichfalls auf den festgestellten Jahresabschluss.[38]

20   **2. Inhalts- und Prüfungsmängel. a) Nichtigkeit nach Nr. 1.** Diese ist gegeben, wenn der festgestellte Jahresabschluss durch seinen Inhalt Vorschriften verletzt, die ausschließlich oder überwiegend dem Gläubigerschutz dienen. Dabei ist für die Beurteilung der inhaltlichen Mängel eines Jahresabschlusses auf den **Zeitpunkt seiner Aufstellung** abzustellen.[39] Grund hierfür ist, dass nach der Aufstellung des Jahresabschlusses eine Berücksichtigung werterhellender Tatsachen nach dem in § 252 Abs. 1 Nr. 4 HGB festgelegtem Wertaufhellungsprinzip ausgeschlossen ist.[40] Darf aber der Bilanzierende nur Tatsachen bzw. Erkenntnisse bis zum Zeitpunkt der Aufstellung des Jahresabschlusses berücksichtigen, so können nachträglich zu Tage tretende Tatsachen bzw. Erkenntnisse nicht zur Nichtigkeit des festgestellten Jahresabschlusses führen.

21   **aa) Vorschriften.** Von dem Begriff der Vorschriften sind lediglich Gesetze und Verordnungen erfasst, nicht aber **Satzungsbestimmungen,** wie sich aus einem Vergleich mit dem Wortlaut in Abs. 1 Nr. 4 einerseits und in Abs. 4 und 5 andererseits ergibt.[41] Denn in Abs. 1 Nr. 4 sind Bestimmungen der Satzung ausdrücklich genannt, während im Gegensatz dazu in Abs 4 und 5 wie in Abs. 1 Nr. 1 der Begriff der Vorschriften verwendet wird. Gerade aus Abs. 5 mit seinem ausdrücklichen Verweis auf die gesetzlichen Bewertungsvorschriften wird deutlich, dass der Gesetzgeber unter dem Begriff der Vorschriften auch in Abs. 1 Nr. 1 nur gesetzliche Vorschriften versteht. Zu diesen gesetzlichen Vorschriften sind insbesondere die **Grundsätze ordnungsgemäßer Buchführung** zu zählen. Sie haben durch die Aufnahme in den Gesetzeswortlaut der §§ 238, 243 HGB Gesetzesrang erhalten.[42]

22   **bb) Gläubigerschutz.** Die Vorschriften müssen ausschließlich oder überwiegend dem Gläubigerschutz dienen. Das entspricht der Formulierung, die in § 241 Nr. 3 verwendet wird, so dass hinsichtlich des gläubigerschützenden Charakters einer Norm grundsätzlich auf die dortige Kommentierung verwiesen werden kann (→ § 241 Rn. 210 f.). Danach genügt es, wenn die jeweilige Norm **wesentliche Bedeutung für den Gläubigerschutz** hat, was wiederum durch Auslegung zu ermitteln ist. Allerdings regelt § 241 Nr. 3 weitere Fälle der Nichtigkeit von Hauptversammlungsbeschlüssen, die in § 256 nicht enthalten sind. So hat der Gesetzgeber bewusst den in § 241 Nr. 3 geregelten Fall, dass ein Hauptversammlungsbeschluss mit dem Wesen der Aktiengesellschaft unvereinbar ist, nicht aufgenommen. Er maß diesem Nichtigkeitsgrund keine praktische Relevanz bei.[43] Ferner wurde mit der Umsetzung des Bank-BiRiLiG die Verletzung im öffentlichen Interesse liegender Vorschriften als ein möglicher Nichtigkeitsgrund aus § 256 herausgenommen.[44] Beide genannten Fälle können deswegen die Nichtigkeit des festgestellten Jahresabschlusses nicht mehr begründen. Zudem wurde

---

[38] *Caspar,* Die Heilung nichtiger Beschlüsse im Kapitalgesellschaftsrecht, 1998, 322 ff.; MüKoAktG/*Koch* Rn. 10; Kölner Komm AktG/*Zöllner* Rn. 94; Großkomm AktG/*Bezzenberger* Rn. 130; aA *v. Godin/Wilhelmi* § 234 Anm. 7 und § 235 Anm. 7.
[39] OLG Hamm AG 1992, 234 = OLGR Hamm 1991 Nr. 2, 12, „Aufstellung der Bilanz"; offen lassend „Aufstellung bzw. Feststellung" OLG Hamm ZIP 1992, 482; OLG Frankfurt, AG 2009, 542 (547); aA Hüffer/*Koch*/*Koch* Rn. 6 und NK-AktR/*Heidel* Rn. 10, die jeweils auf den Zeitpunkt der Feststellung abstellen; offen gelassen von Großkomm AktG/*Bezzenberger* Rn. 42.
[40] Str. so wie hier *Küting/Kaiser* WPg 2000, 577 (579 ff.); aA *Kropff* FS Ludewig, 1996, 524 ff.; *H.-P. Müller* FS Budde, 1995, 431 (433).
[41] Großkomm AktG/*Bezzenberger* Rn. 48; MüKoAktG/*Koch* Rn. 12; ADS Rn. 6; WP-HdB 2012 Bd. I U Rn. 186; aA Kölner Komm AktG/*Zöllner* Rn. 24.
[42] *H.-P. Müller* FS Budde, 1995, 431 (439); *Henze* HRR AktienR Rn. 1309.
[43] AusschBer *Kropff* S. 346.
[44] Zur Begr. BT-Drs. 11/6275, 27.

die in § 241 Nr. 4 vorgesehene Nichtigkeit wegen eines Verstoßes gegen die guten Sitten vom Gesetzgeber nicht aufgenommen. Da der Gesetzgeber bewusst[45] auf diese Regelung verzichtet hat, lässt sich eine Nichtigkeit des festgestellten Jahresabschlusses hierauf ebenfalls nicht stützen.

Gläubigerschützende Vorschriften iSd Nr. 1 sind die von Abs. 4 und 5 erfassten **Gliederungs- und Bewertungsvorschriften**.[46] Bei diesen Abs handelt es sich im Verhältnis zu Abs. 1 um Interpretationsnormen mit zugleich begrenzender Funktion,[47] so dass streng genommen die Abs. 4 und 5 nur iVm der Generalklausel in Abs. 1 Nr. 1 Nichtigkeitstatbestände darstellen. Nur so ist verständlich, dass in den Abs. 2 und 3 für weitere Nichtigkeitsgründe ausschließlich auf Abs. 1 und eben nicht auch auf die Abs. 4 und 5 verwiesen wird. Soweit teilweise vertreten wird, dieses Verständnis der Vorschriften habe sich aufgrund der Änderung von Nr. 1 durch das Bankbilanzrichtliniengesetz überholt,[48] ist dem nicht zu folgen.[49] Die vorgenommene Streichung von Vorschriften im öffentlichen Interesse in Nr. 1 wurde vorgenommen, um einer gleichzeitig erfolgten Änderung des Ordnungswidrigkeitskatalogs des § 334 HGB Rechnung zu tragen. Eine grundlegende Neuausrichtung des Aufbaus von § 256 lag nicht in der Absicht des Gesetzgebers.[50] Eine Aufbauänderung erfolgte auch nicht unbeabsichtigt, wie der fortbestehende Wortlaut von Abs. 1 Hs. 1 zeigt. Zugleich macht die Gegenauffassung eine Differenzierung zwischen Abs. 4 und Abs. 5 Nr. 1 als angeblich nicht dem Gläubigerschutz dienenden Vorschriften und Abs. 5 Nr. 2 als überwiegend gläubigerschützender Norm notwendig, die keinen Anhalt im Wortlaut von § 256 findet. Aus der insoweit fortbestehenden Begrenzungsfunktion folgt, dass – wie im Ergebnis unstreitig – nur unter den in Abs. 4 und 5 genannten zusätzlichen Voraussetzungen Verstöße gegen Gliederungs- oder Bewertungsvorschriften zur Nichtigkeit führen können. Ein Rückgriff auf die Generalklausel ist nach allg. Meinung ausgeschlossen.

cc) Verletzung. Die Vorschriften müssen durch den Inhalt des Jahresabschlusses verletzt sein. Hierfür genügt nicht, dass ein gesetzwidriges Rechtsgeschäft in die Bücher der Gesellschaft eingeht und damit seinen Niederschlag im Jahresabschluss findet.[51] Vielmehr muss der Buchungsvorgang oder die Bilanzgestaltung selbst die Verletzung herbeiführen.[52] Nicht jede Verletzung ist ausreichend. Als ungeschriebenes Tatbestandsmerkmal kommt hinzu, dass es sich um eine **nicht ganz unwesentliche Verletzung** handeln muss.[53] Hiergegen spricht zwar, dass die Beschränkung auf eine wesentliche Beeinträchtigung nicht in Abs. 1, sondern nur in Abs. 4 genannt ist. Dennoch wird in Abs 4 ein allgemeines Prinzip zum Ausdruck gebracht, das auf alle in § 256 genannten Inhaltsmängel Anwendung findet (→ Rn. 59 ff. und → Rn. 64). Denn ganz unwesentliche Verletzungen, wie etwa die entgegen § 285 Nr. 14 HGB fehlenden Angaben zu Name und Sitz des Mutterunternehmens, führen nie zu einer ernsthaften Beeinträchtigung der Darstellung der Vermögens-, Finanz- und Ertragslage des Unternehmens im Jahresabschluss.[54] Sie haben daher keine Verletzung der Gläubigerinteressen zur Folge und rechtfertigen deswegen, insbesondere unter Berücksichtigung der Komplexität des Rechenwerkes, die schweren Konsequenzen eines nichtigen Jahresabschlusses nicht.

dd) Einzelfälle. Nach der Generalklausel ist ein festgestellter Jahresabschluss nichtig, wenn er keinen Anhang aufweist.[55] Auch ein nur unvollständiger Anhang, der zB die Pflichtangaben aus § 285 HGB nicht enthält, wird von der Generalklausel erfasst.[56] Denkbar ist zudem ein Verstoß gegen die Generalklausel, wenn ein Jahresabschluss nach seiner Feststellung unzulässigerweise geändert wird.[57] Hiermit in Zusammenhang steht der Verstoß gegen den Grundsatz der Bilanzidentität,

---

[45] AusschBer *Kropff* S. 346.
[46] AA Großkomm AktG/*Bezzenberger* Rn. 55 iVm 49 f. für Abs. 4.
[47] BGHZ 124, 111 (117 f.) = NJW 1994, 520 (522); Kölner Komm AktG/*Zöllner* Rn. 13; Hüffer/Koch/*Koch* Rn. 6; aA WP-HdB 2012 Bd. I U Rn. 224; Großkomm AktG/*Schilling* 3. Aufl. Anm. 13 „lex specialis"; so wohl auch *ADS* Rn. 7.
[48] Großkomm AktG/*Bezzenberger* Rn. 55.
[49] MüKoAktG/*Koch* Rn. 4.
[50] BT Drs. 11/6275, 27.
[51] BGHZ 124, 111 (117) = NJW 1994, 520 (522); vgl. erläuterndes Beispiel bei *ADS* Rn. 8.
[52] Großkomm AktG/*Schilling*, 3. Aufl., Anm. 4.
[53] OLG Köln ZIP 1993, 110 (113) = OLGR Köln 1993, 42 (43); Kölner Komm AktG/*Zöllner* Rn. 25; Hüffer/Koch/*Koch* Rn. 6; WP-HdB 2012 Bd. I U Rn. 190; im Ergebnis ebenso unter Heranziehung von § 256 Abs. 4 Großkomm AktG/*Bezzenberger* Rn. 52; aA NK-AktR/*Heidel* Rn. 12.
[54] OLG Köln ZIP 1993, 110 (113) = OLGR Köln 1993, 42 (43).
[55] BGHZ 142, 382 (384) = NJW 2000, 210; OLG Stuttgart ZIP 2004, 909 = OLGR Stuttgart 2004, 378.
[56] Vgl. OLG Köln ZIP 1993, 110 = OLGR Köln 1993, 42 (43).
[57] Hierzu ausführlich *H.-P. Müller* FS Budde, 1995, 431; aA *W. Müller* FS Quack, 1991, 359 (372), der eine Nichtigkeit ablehnt, da hierdurch keine Gläubiger schützenden Vorschriften verletzt seien, dafür aber die Anfechtbarkeit des festgestellten Jahresabschlusses bejaht. Hierbei wird allerdings § 257 Abs. 1 S. 2 nicht hinreichend Rechnung getragen.

der ebenfalls von der Generalklausel erfasst wird (→ Rn. 95). Weiteres Beispiel für einen Verstoß gegen die Generalklausel ist die Feststellung des Jahresabschlusses durch ein unzuständiges Organ (→ Rn. 55). Hingegen ist eine gebotene, aber unterbliebene Aktivierung bzw. Passivierung einer Forderung gleichzusetzen mit einem Verstoß gegen Bewertungsvorschriften und unterfällt daher richtiger Ansicht der einschränkenden Regelung in Abs. 5.[58]

26 **b) Nichtigkeit nach Nr. 2. aa) Verhältnis zu Nr. 3.** Sowohl Nr. 2 als auch Nr. 3 befassen sich mit der **Nichtigkeit wegen Prüfungsmängeln.** Beide Vorschriften dienen dem Ziel, die Einhaltung der Bestimmungen über die Abschlussprüfung zu sichern.[59] Nr. 2 regelt den Fall der unterbliebenen Prüfung, Nr. 3 den Fall, dass der prüfenden Person die Eigenschaft als Abschlussprüfer fehlt oder sie – abgesehen von bestimmten Ausnahmen – nicht wirksam zum Prüfer bestellt wurde. Abgrenzungsschwierigkeiten ergeben sich daraus, dass Nr. 2 von einer fehlenden Prüfung „nach § 316 Abs. 1 und 3 Handelsgesetzbuchs" spricht, diese Vorschriften jedoch unter anderem regeln, dass die Prüfung durch einen Abschlussprüfer zu erfolgen hat. Streng genommen führt daher jeder Verstoß gegen Nr. 3 gleichzeitig zu einer Nichtigkeit nach Nr. 2. Die Relevanz der Unterscheidung ergibt sich daraus, dass für die vollständig fehlende Prüfung keine Heilungsmöglichkeit besteht, während die Nichtigkeit im Fall der Prüfung durch eine ungeeignete Person gemäß Abs. 6 nach 3 Jahren geheilt wird. Damit diese Heilungsmöglichkeit nicht leer läuft, ist **Nr. 3 als lex specialis zu Nr. 2** anzusehen.[60]

27 **bb) Gesetzliche Prüfungspflicht.** Nichtigkeit wegen eines Prüfungsmangels kommt nur dann in Betracht, wenn eine gesetzliche Prüfungspflicht besteht.[61] In der Satzung vorgesehene Prüfungspflichten sind bereits nach dem Wortlaut von Nr. 2 nicht ausreichend.[62] Eine gesetzliche Prüfungspflicht besteht nicht für **kleine Aktiengesellschaften** iSv § 267 Abs 1 HGB. Ferner scheidet für bestimmte Tochterunternehmen eines Konzerns gemäß § 264 Abs 3 HGB eine gesetzliche Prüfungspflicht aus. Für alle anderen Aktiengesellschaften sieht § 316 Abs. 1 HGB eine Abschlussprüfung durch einen externen Prüfer vor. Diese Abschlussprüfung ist durch eine Nachtragsprüfung gemäß § 316 Abs. 3 HGB zu ergänzen, wenn der Vorstand in der Zeit zwischen dem Aufstellungsbeschluss und der Vorlage des Jahresabschlusses an den Aufsichtsrat Änderungen hieran vornimmt.[63] Kommt die Gesellschaft ihren gesetzlichen Prüfungspflichten nicht nach, führt dies nach Nr. 2 zur Nichtigkeit des festgestellten Jahresabschlusses. Maßgeblich ist die Prüfung des Jahresabschlusses. Unerheblich hingegen ist die fehlende **Prüfung des Lageberichts,** da dieser nicht Teil des Jahresabschlusses ist.[64] Gleiches gilt für eine nicht durchgeführte **Prüfung des Abhängigkeitsberichts,** wobei hier als zusätzliches Argument anzuführen ist, dass in Nr. 2 auf § 313 nicht Bezug genommen wird.[65] Unerheblich für die Nichtigkeit nach Nr. 2 ist ebenfalls eine fehlende interne Prüfung des Jahresabschlusses durch den Aufsichtsrat. Diese beurteilt sich nur nach Abs. 2.

28 **cc) Pflichtenverstoß.** Unzweifelhaft ist der Jahresabschluss nichtig, wenn überhaupt keine Abschlussprüfung nach § 316 Abs. 1 HGB vorgenommen wurde. Dieser Fall dürfte aber praktisch kaum vorkommen, zumal das Registergericht nach § 325 Abs. 1 HGB das Vorliegen einer Abschlussprüfung zu überprüfen hat.[66] Eher denkbar ist, dass eine erforderliche Nachtragsprüfung nicht durchgeführt wurde. Dieser Fall zieht stets die Nichtigkeit des festgestellten Jahresabschlusses nach sich. Eine Ausnahme bei nur **geringfügigen nachträglichen Änderungen** ist weder in § 316 Abs. 3 HGB noch in Nr. 2 vorgesehen. Ferner kann die Beschränkung auf wesentliche Beeinträchtigungen in Abs. 4 nicht zur Auslegung von Nr. 2 herangezogen werden, da es dort um einen inhaltlichen Mangel und hier um einen Prüfungsmangel geht. Schließlich ist im Gegensatz zu inhaltlichen Mängeln eine solche Bagatellklausel auch nicht aufgrund der Komplexität der Aufstellung eines Jahresabschlusses geboten.[67]

---

[58] BGHZ 124, 111 (119) = NJW 1994, 520 (522); MüKoAktG/*Koch* Rn. 58; unzutreffend FG Brandenburg DStRE 2002, 1524 (1525); vgl. auch → Rn. 66.
[59] AusschBer *Kropff* S. 346; *Habersack* NZG 2003, 659 (661, 663).
[60] *Habersack* NZG 2003, 659 (662 f.); *ADS* Rn. 14; Kölner Komm AktG/*Zöllner* Rn. 54; Großkomm AktG/ *Bezzenberger* Rn. 132; vgl. auch *Grumann/Gillmann* NZG 2004, 839 (844).
[61] AllgM. Vgl. etwa Großkomm AktG/*Bezzenberger* Rn. 132.
[62] WP-HdB 2012 Bd. I U Rn. 194.
[63] MüKoAktG/*Koch* Rn. 24.
[64] Vgl. → Rn. 13; MüKoAktG/*Koch* Rn. 20; *ADS* Rn. 17; aA *Timm* ZIP 1993, 114 (116); Kölner Komm AktG/*Zöllner* Rn. 67.
[65] OLG Köln ZIP 1993, 110 (113) = OLGR Köln 1993, 42 (43); Hüffer/Koch/*Koch* Rn. 9.
[66] Hüffer/Koch/*Koch* Rn. 9.
[67] Wie hier Kölner Komm AktG/*Zöllner* Rn. 70; MüKoAktG/*Koch* Rn. 25.

Eine lediglich fehlerhaft durchgeführte Prüfung zieht keine Nichtigkeit des festgestellten Jahresab- 29
schlusses nach sich.[68] Jedoch ist, obwohl der Wortlaut dies nicht nahe legt, der Prüfungspflicht aus
Nr. 2 dann nicht genügt, wenn bei der Prüfung nicht wenigstens gewisse Minimalanforderungen
eingehalten wurden.[69] Diese **Mindestanforderungen** sind nicht gewahrt, wenn gegen grundlegende, die zwingende öffentlich-rechtliche Bedeutung der Pflichtprüfung berührende Bestimmungen
verstoßen wurde.[70] Ein derartiger Verstoß kommt in Betracht in Bezug auf die Prüfungshandlung
(§ 317 HGB), den Prüfungsbericht (§ 321 HGB) und den Bestätigungsvermerk (§ 322 HGB).

Völlig unzureichende Prüfungshandlungen ziehen die Nichtigkeit des festgestellten Jahresab- 30
schlusses nach sich. Wann eine Prüfungshandlung völlig unzureichend ist, ist eine Frage des Einzelfalles. Dies hängt von der Bedeutung des nicht oder unvollständig geprüften Teils für das Bild der
Vermögens-, Finanz- und Ertragslage der Gesellschaft ab. Eine wichtige Rolle bei der Beurteilung
spielt der Wert des betroffenen Postens, seine Veränderung zum Vorjahr sowie seine Bedeutung für
die betroffene Gesellschaft.[71] Eindeutig zur Nichtigkeit führt es, wenn ganze Bilanzposten, wie
Anlage- und Umlaufvermögen, nicht geprüft wurden.[72] Keine Nichtigkeit ist hingegen gegeben,
wenn nicht alle zur Verfügung gestellten Zahlen mittels der Einholung eines versicherungsmathemati-
schen Gutachtens überprüft wurden.[73]

Nichtig ist der Jahresabschluss ebenfalls dann, wenn **kein Prüfungsbericht** iSv § 321 HGB 31
vorgelegt wurde.[74] Das Erfordernis des Prüfungsberichts beinhaltet dabei, dass der Prüfungsbericht
schriftlich erfolgt und unterzeichnet wird:[75] einer Siegelung entsprechend § 48 WPO bedarf es
nicht.[76] Spätester Zeitpunkt, bis zu dem der Prüfungsbericht vorliegen muss, ist der Zeitpunkt, zu
dem der Jahresabschluss festgestellt wird, also zur Zeit des Hauptversammlungsbeschlusses nach § 173
oder der Billigung durch den Aufsichtsrat nach § 172.[77] Eine spätere Erstellung verhindert die Nichtigkeit nicht mehr.[78]

Wenn der **Bestätigungsvermerk** nach § 322 HGB nicht vor der Beschlussfassung des Aufsichts- 32
rats vorliegt oder ganz fehlt, ist ebenfalls ein Verstoß gegen die Prüfungspflicht gegeben, der die
Nichtigkeit des festgestellten Jahresabschlusses begründet.[79] Unerheblich ist es hingegen, wenn nur
ein eingeschränkter Vermerk erteilt wurde oder ein Vermerk über die Versagung der Bestätigung
vorgenommen wurde. Denn in diesen Fällen wurde, wie der Vermerk zeigt, eine Prüfung gerade
vorgenommen.[80]

c) Nichtigkeit nach Nr. 3. aa) Allgemeines. Die zuletzt durch das Abschlussprüferreformge- 33
setz neu gefasste Nr. 3 sieht die Nichtigkeit des festgestellten Jahresabschlusses in **zwei Fällen** vor:
der eine Fall ist die fehlende Befähigung, der andere Fall die fehlende Bestellung der prüfenden
Person. Wie in Nr. 2 muss der Jahresabschluss der Gesellschaft einer gesetzlichen Prüfungspflicht
unterliegen (→ Rn. 27).

bb) Fehlende Befähigung. Nichtig ist der Jahresabschluss nach Nr. 3, 1. Alt., wenn dem Prüfer 34
die Befähigung zur Vornahme der Abschlussprüfung fehlt. Wie sich aus der Verweisung auf § 319
Abs. 1 HGB ergibt, sind ausschließlich **Wirtschaftsprüfer und Wirtschaftsprüfungsgesellschaften** zur Jahresabschlussprüfung einer Aktiengesellschaft befähigt. Die Abschlussprüfer müssen sich
dabei im Regelfall einer Qualitätskontrolle unterziehen, wenngleich aufgrund einer Änderung durch
das Abschlussprüferreformgesetz vom 10. Mai 2016 (BGBl. 2016 I 1142) keine wirksame Bescheinigung über die Teilnahme an der Qualitätskontrolle mehr erforderlich ist, da die Teilnahmebeschei-
nigung nach § 57a Abs. 1 WPO durch ein System der Anzeige und der Eintragung in das Berufsregister

---

[68] *ADS* Rn. 16; WP-HdB 2012 Bd. I U Rn. 192.
[69] OLG Stuttgart DB 2009, 1521 (1524).
[70] RG v. 16.6.1944, abgedruckt in WPg 1970, 421 (423); OLG Hamburg AG 2002, 460 (461); *Habersack*
NZG 2003, 659 (662); MüKoAktG/*Koch* Rn. 19; ausführlich hierzu Großkomm AktG/*Bezzenberger* Rn. 135 ff.
[71] OLG Hamburg AG 2002, 460 (461).
[72] Großkomm AktG/*Bezzenberger* Rn. 135 ff.; Hüffer/Koch/*Koch* Rn. 11; weitergehend NK-AktR/*Heidel*
Rn. 14.
[73] OLG Hamburg AG 2002, 460 (461).
[74] RG WPg 1970, 421 (423); Kölner Komm AktG/*Zöllner* Rn. 56; *ADS* Rn. 17; offen lassend OLG Celle
AG 1961, 105.
[75] RG WPg 1970, 421 (423).
[76] OLG Stuttgart DB 2009, 1521 (1525).
[77] OLG Stuttgart DB 2009, 1521 (1525); Kölner Komm AktG/*Zöllner* Rn. 62; MüKoAktG/*Koch* Rn. 21; so
wohl auch RG WPg 1970, 421 (423) „bei Feststellung"; einschränkend *Bormann* DStR 2011, 368 (369).
[78] Kölner Komm AktG/*Zöllner* Rn. 62; *ADS* Rn. 17.
[79] OLG Stuttgart DB 2009, 1521 (1525).
[80] MüKoAktG/*Koch* Rn. 23; Kölner Komm AktG/*Zöllner* Rn. 65; Großkomm AktG/*Bezzenberger* Rn. 139.

ersetzt worden ist.[81] Erforderlich ist daher nunmehr ein Auszug aus dem Berufsregister, aus dem sich die Anzeige der Tätigkeit als gesetzlicher Abschlussprüfer gegenüber der Wirtschaftsprüferkammer gemäß § 38 Nr. 1h bzw. Nr. 2f WPO ergibt. Die Tätigkeit als gesetzlicher Abschlussprüfer verpflichtet den Wirtschaftsprüfer nach § 57 Abs. 1 Satz 1 WPO, sich einer Qualitätskontrolle zu unterziehen, wobei die Durchführung je nach Bedeutung der Abschlussprüferaufsichtskommission oder der Wirtschaftsprüferkammer obliegt.[82] Da das Erfordernis, über einen Auszug aus dem Berufsregister zu verfügen, aus dem sich die Anzeige der Tätigkeit als gesetzlicher Abschlussprüfer ergibt, in § 319 Abs. 1 S. 3 HGB aufgenommen ist, zieht ein Verstoß hiergegen die Nichtigkeit des festgestellten Jahresabschlusses nach sich. Gleichzeitig führt ein Verstoß gegen § 319 Abs. 1 S. 4 HGB, wonach die Löschung der Eintragung unverzüglich gegenüber der Gesellschaft, deren Abschlussprüfung durchgeführt wird, anzuzeigen ist, allerdings nicht zu einem weiteren, gesonderten Grund für die Nichtigkeit des Jahresabschlusses. Der Verstoß gegen die Verpflichtung hat nämlich bereits dem Wortlaut zufolge keinen Einfluss auf den Status eines Abschlussprüfers im Sinne von § 319 Abs. 1 HGB. Zudem wäre die Frage der Unverzüglichkeit der Anzeige mit einer erheblichen Rechtsunsicherheit verbunden, die mit dem Recht der Nichtigkeit des Jahresabschlusses nicht vereinbar ist.

35 Art. 25 EGHGB erweitert den Kreis befähigter Prüfer für Aktiengesellschaften, die mehrheitlich Genossenschaften oder gemeinnützigen Wohnungsunternehmen gehören. Zur Prüfung befähigt sind hier unter bestimmten Voraussetzungen zusätzlich die **Prüfungsverbände,** denen die Gesellschaften oder Unternehmen als Mitglieder angehören. Wird die Prüfung durch andere Personen oder Gesellschaften durchgeführt, ist der festgestellte Jahresabschluss nichtig.

36 **cc) Fehlende Bestellung.** Ebenfalls nichtig ist der festgestellte Jahresabschluss dann, wenn der Abschlussprüfer nicht wirksam bestellt wurde. Allerdings greift die Nichtigkeitssanktion nicht ein, wenn die Prüferbestellung wegen eines Verstoßes gegen das allgemeine Gebot der Unbefangenheit des Abschlussprüfers (§ 319 Abs. 2 HGB) oder wegen eines Verstoßes gegen spezielle gesetzliche Ausschlussgründe fehlerhaft ist, wobei die bisherigen Ausschlussgründe (§§ 319 Abs. 3 und 4, § 319a Abs. 1 sowie § 319b Abs. 1 HGB) nunmehr durch das Abschlussprüfungsreformgesetz um § 319a Abs. 3 HGB sowie die Vorgaben nach der Verordnung (EU) Nr. 537/2014 erweitert wurden. Die Bestellung erfolgt im Regelfall durch die Hauptversammlung der Gesellschaft (§ 119 Abs. 1 Nr. 4). Ausnahmsweise wird der Abschlussprüfer vom Gericht bestellt (§ 318 Abs. 3 und 4 HGB). Die Bestellung muss spätestens bis **zur Beendigung der Abschlussprüfung,** dh bis zur Vorlage des Prüfungsberichts an den Aufsichtsrat gemäß § 321 Abs. 5 HGB, erfolgt sein und zu diesem Zeitpunkt noch andauern.[83] Soweit teilweise vertreten wird, die Prüferbestellung müsse bereits ab Beginn der Prüfungstätigkeit gegeben sein, ist dem nicht zu folgen.[84] Der später bestellte Prüfer kann sich die von ihm bereits vor seiner Bestellung erbrachten Leistungen zu Eigen machen. Dies unterscheidet ihn von dem zunächst nicht befähigten Prüfer, dessen Prüfung mangels Befähigung unzureichend war.

37 Von der Bestellung zu unterscheiden ist die **Erteilung des Prüfungsauftrags** durch den Aufsichtsrat (§ 111 Abs. 2 S. 3). Die Wirksamkeit des hierdurch zustande kommenden Geschäftsbesorgungsvertrages (§ 675 BGB) ist, wie schon der Wortlaut von Nr. 3 nahe legt, für die Wirksamkeit des festgestellten Jahresabschlusses unerheblich.[85] Insbesondere ergibt sich nicht aus § 139 BGB die Unwirksamkeit der Bestellung aus einer Unwirksamkeit des Geschäftsbesorgungsvertrages, da § 139 BGB auf das Verhältnis von korporationsrechtlicher Bestellung und schuldrechtlicher Auftragserteilung keine Anwendung findet.[86] Ein Zusammenhang besteht nur insoweit, als der Wegfall der Bestellung zu einem außerordentlichen Kündigungsrecht in Bezug auf den Geschäftsbesorgungsvertrag führen kann (§ 318 Abs. 6 HGB).

38 Im Fall der **Bestellung durch die Gesellschaft** wird der Abschlussprüfer durch die Hauptversammlung gewählt und der Beschluss bekannt gegeben. Fehlt es hieran, etwa weil ein anderer Abschlussprüfer vom Aufsichtsrat beauftragt wurde, als von der Hauptversammlung gewählt wurde, ist der Jahresabschluss nichtig.[87] Dies ist allerdings nicht der Fall, wenn die Prüfung durch den

---

[81] Vgl. zur alten Rechtslage nach dem Bilanzrechtsreformgesetz BGH NZG 2013, 957; *Nonnenmacher* in Marsch-Barner/Schäfer Börsennotierte AG-HdB § 52 Rn. 84; Großkomm AktG/*Bezzenberger* Rn. 143 und die Vorauflage sowie zur Rechtsänderung BT-Drs. 18/6282, 115 Zu Nummer 2; *Kelm/Schneiß/Schmitz-Herkendell* WPg 2016, 60 (63).
[82] Vgl. *Hirte* NZG 2016, 819.
[83] Großkomm AktG/*Bezzenberger* Rn. 146; ADS Rn. 20; MüKoAktG/*Koch* Rn. 27.
[84] NK-AktR/*Heidel* Rn. 17a.
[85] Bürgers/Körber/*Schulz* Rn. 8; Großkomm AktG/*Bezzenberger* Rn. 147; MüKoAktG/*Koch* Rn. 27; Hüffer/Koch/*Koch* Rn. 13; aA WP-HdB 2012 Bd. I U Rn. 200; offen lassend *Forster* WPg 1998, 41 (43).
[86] Hüffer/Koch/*Koch* Rn. 13; Burgers/Körber/*Schulz* Rn. 8.
[87] MüKoAktG/*Koch* Rn. 28.

Rechtsnachfolger der zum Abschlussprüfer bestellten juristischen Person vorgenommen wird, da es sich um denselben Prüfer im Rechtssinne handelt.[88] *Nichtig ist demgegenüber der Jahresabschluss, sofern der Abschlussprüfer unzulässiger Weise für mehr als ein Jahr beauftragt wurde.*[89] Gleiches gilt, wenn der Bestellungsbeschluss von Anfang an nichtig ist oder wenn er mit Wirkung ex tunc erfolgreich angefochten wurde.[90] Nichtigkeits- und Anfechtungsgründe für den Bestellungsbeschluss sind den allgemeinen Regeln, dh den §§ 241 ff. AktG, zu entnehmen, wobei insbesondere § 243 Abs. 3 Nr. 1 AktG zu beachten ist, der über den Verweis auf das Abschlussprüferersetzungsverfahren nach § 318 Abs. 3 HGB sicherstellt, dass die in Abs. 1 Nr. 3 lit. a–lit. d) genannten Gründe auch eine Nichtigkeits- oder Anfechtungsklage ausschließen.[91] Zudem hindert selbst die erfolgreiche Nichtigkeits- oder Anfechtungsklage nicht die Heilung der Nichtigkeit des betreffenden Jahresabschlusses. Um die Heilung zu vermeiden, muss vielmehr innerhalb der sechsmonatigen Frist aus Abs. 6 zusätzlich der festgestellte Jahresabschluss angegriffen werden.[92] Dabei ist die gerichtliche Überprüfung des Bestellungsbeschlusses vorgreiflich gegenüber der Klage auf Feststellung der Nichtigkeit des Jahresabschlusses, was zur Aussetzung des letztgenannten Prozesses gemäß § 148 ZPO führen kann, aber nicht muss.[93]

Im Falle der **Bestellung des Abschlussprüfers durch das Gericht** erfolgt die Bestellung durch entsprechende gerichtliche Verfügung. Die gerichtliche Bestellung kommt in den in §§ 318 Abs. 3 und 4 HGB genannten Fällen in Betracht, wobei die Bestellung gemäß § 40 Abs. 1 FamFG bereits mit der Bekanntgabe des Beschlusses wirksam ist.[94] Wie sich aus § 64 Abs. 3 FamFG ergibt, haben Rechtsmittel hiergegen keine aufschiebende Wirkung. Selbst wenn die Verfügung später aufgehoben wird, bleibt die Bestellung bis dahin und damit die Wirksamkeit des Jahresabschlusses davon unberührt, wenn sie noch zum Zeitpunkt der Vorlage des Prüfungsberichts an den Vorstand in Kraft war.[95] **39**

Keinen Einfluss auf die Wirksamkeit des festgestellten Jahresabschlusses hat die Nichtigkeit der Bestellung, wenn sie sich aus einer **Befangenheit des Abschlussprüfers** ergibt.[96] Durch das Bilanzrechtsreformgesetz wurde der Wortlaut von Nr. 3 um eine Formulierung erweitert, wonach die fehlende Bestellung des Abschlussprüfers aus einem anderen Grunde als einem Verstoß gegen § 319 Abs. 2–4 HGB oder § 319a Abs. 1 HGB resultieren muss. Hiermit wollte der Gesetzgeber die bisherige Rechtslage bestätigen und klarstellen, dass die in diesen Bestimmungen genannten absoluten Befangenheitsgründe keine Bedeutung für die Nichtigkeit des festgestellten Jahresabschlusses haben sollen.[97] Zugleich kann hierauf – wie auch auf die sich aus § 318 Abs. 3 S. 1 HGB ergebenden relativen Befangenheitsgründe[98] – gemäß § 243 Abs. 3 Nr. 3 keine Anfechtungs- oder Nichtigkeitsklage gestützt werden, ist vielmehr das in § 318 Abs. 3 HGB vorgesehene Abschlussprüferersetzungsverfahren vorrangig.[99] Entsprechend führen etwa Anteile des Wirtschaftsprüfers an der zu prüfenden Kapitalgesellschaft gemäß § 319 Abs. 3 Nr. 1 HGB zwar dazu, dass der Wirtschaftsprüfer im Rahmen eines Abschlussprüferersetzungsverfahrens von der Abschlussprüfung ausgeschlossen werden kann. Nimmt er die Prüfung aber trotz der Anhängigkeit eines gerichtlichen Verfahrens gleichwohl vor und beendet er die Prüfung, bevor er durch den gerichtlichen Beschluss ersetzt wurde, führt dies – wie Abs. 1 Nr. 3 lit. k klarstellt – nicht zur Nichtigkeit des Jahresabschlusses. Sobald der Ersetzungsbeschluss allerdings wirksam ist, verliert der alte Abschlussprüfer aufgrund der gerichtlichen Entscheidung sein Amt und ist nicht mehr bestellt im Sinne von Abs. 1 Nr. 3, so dass ein von ihm geprüfter Jahresabschluss nichtig ist.[100] Mit dem Abschlussprüferreformgesetz erfolgte eine erneute Erweite- **40**

---

[88] Zutreffend LG München AG 2012, 386 (387).
[89] Vgl. hierzu *ADS* Rn. 20 aE.
[90] *ADS* Rn. 26 f.; MüKoAktG/*Koch* Rn. 28; Großkomm AktG/*Bezzenberger* Rn. 148.
[91] Instruktiv zum Verhältnis von Abs. 1 Nr. 3 zu § 243 Abs. 3 Nr. 3 Großkomm AktG/*Bezzenberger* Rn. 154 ff.
[92] Vgl. *Lutter* FS Semler, 1993, 836 (842); MüKoAktG/*Koch* Rn. 28; *ADS* Rn. 30.
[93] Vgl. OLG Frankfurt NZG 2008, 429 (431) mit Anm. *Rellermeyer* WuB II A. § 243 AktG 2.08; Großkomm AktG/*Bezzenberger* Rn. 150.
[94] Großkomm AktG/*Bezzenberger* Rn. 163.
[95] AllgM; MüKoAktG/*Koch* Rn. 29; Kölner Komm AktG/*Zöllner* Rn. 74; *ADS* Rn. 24.
[96] *Weilep/Weilep* BB 2006, 147; vgl. auch Großkomm AktG/*Bezzenberger* Rn. 153 ff.
[97] BT Drs. 15/3419, 55; zur entsprechenden Empfehlung de lege ferenda vgl. *Habersack* NZG 2003, 659 (666 f.).
[98] Vgl. zur Irrelevanz relativer Befangenheitsgründe für den Jahresabschluss nach der alten Rechtslage BGHZ 118, 142 (149) = BGH NJW 1992, 2021 (2022); *Habersack* NZG 2003, 659 (664 ff.); *Lutter* FS Semler, 1993, 835 (845) und nach der jetzigen Rechtslage Burger/Körber/*Schulz* Rn. 8.
[99] Vgl. zum Vorrang ausführlich Großkomm AktG/*Bezzenberger* Rn. 156.
[100] Vgl. zu weiteren zeitlichen Konstellationen zwischen gerichtlichen Entscheidungen im Abschlussprüfersetzungsverfahren und Vorlage des Prüfungsberichts an den Vorstand ausführlich Großkomm AktG/*Bezzenberger* Rn. 157 ff.

rung der Ausschlussgründe für eine Nichtigkeit des Jahresabschlusses. Hiernach führen nunmehr Verstöße gegen den neu eingefügten § 319a Abs. 3 HGB sowie die Vorgaben nach der Verordnung (EU) Nr. 537/2014 ebenfalls nicht zur Nichtigkeit des Jahresabschlusses.[101] Dabei kommt es – der Gesetzesbegründung zufolge[102] – immer darauf an, dass es sich um Verstöße zur Bestellung des Abschlussprüfers handelt, womit namentlich Verstöße gegen Art. 16 und 17 der Verordnung angesprochen sind. Entsprechend vermag auch ein Verstoß gegen die Vorschriften zur Laufzeit des Prüfungsmandats nach Art. 17 der Verordnung (EU) Nr. 537/2014 die gerichtliche Ersetzung des Abschlussprüfers nach § 318 Abs. 3 Nr. 2 HGB begründen. Eine Nichtigkeit des Jahresabschlusses zieht der Verstoß jedoch nicht nach sich, solange das Gericht keinen anderen Abschlussprüfer bestellt hat.

41   **d) Nichtigkeit nach Nr. 4.** Diese liegt vor, wenn der Jahresabschluss gegen gesetzliche Bestimmungen oder Satzungsbestimmungen zur Einstellung von Beträgen in oder zur Entnahme von Beträgen aus **offenen Kapital- oder Gewinnrücklagen** verstößt. Dass die Rechtsfolge der Nichtigkeit bereits bei einem Verstoß gegen Satzungsbestimmungen eingreift, weicht zwar von der sonstigen Aufteilung in Anfechtbarkeit und Nichtigkeit ab (§ 241 Nr. 3 und § 243 Abs. 1), findet seine Ursache aber in dem Anfechtungsausschluss nach § 257 Abs. 1 S. 2 für Inhaltsmängel des Jahresabschlusses. Ohne die Nichtigkeitsfolge blieben ansonsten **Verstöße gegen Satzungsbestimmungen** sanktionslos, obwohl derartige Satzungsbestimmungen etwa nach § 58 Abs. 1 und 2, § 150 Abs. 3 und 4 sowie § 173 Abs. 2 zulässig sind.[103] Soweit solche Bestimmungen ua dem Gläubigerschutz dienen und daher auch unter die Generalklausel in Nr. 1 subsumiert werden könnten, wie etwa § 272 HGB, findet dennoch Nr. 1 keine Anwendung. Denn Nr. 4 verdrängt als **lex specialis** die Generalklausel aus Nr. 1.[104] Praktische Bedeutung hat dies im Hinblick auf die in Abs 6 geregelte Heilung nichtiger Jahresabschlüsse: Die Heilungsfrist beträgt im Fall von Nr. 4 sechs Monate, im Fall von Nr. 1 drei Jahre. Würde man Nr. 1 auf Verstöße gegen die betreffenden Rückstellungsregelungen anwenden, so würde die kürzere Heilungsfrist für Verstöße gegen Nr. 4 in diesen Fällen unterlaufen. Obwohl eine ähnliche Interessenlage bei der Bildung und Auflösung stiller Reserven als verdeckten Rücklagen besteht, beurteilen sie sich nach Abs. 5 und nicht nach Nr. 4.[105]

42   Zentrale gesetzliche Vorschrift zur Bildung von **Gewinnrücklagen** ist § 58. Zweck der Rückstellungsregelung ist neben dem Gläubigerschutz vorrangig die Sicherung der Aktionärsinteressen, da sie durch die Begrenzung der Rücklagenbildung sicherstellen soll, dass ein verteilungsfähiger Bilanzgewinn verbleibt, über dessen Verwendung gemäß § 174 die Hauptversammlung entscheidet.[106] Zu den Gewinnrücklagen zählen die Rücklagen für Anteile an bestimmten Unternehmen (§ 266 Abs. 3 HGB, § 272 Abs. 4 HGB). Deswegen verstößt es gegen Nr. 4, wenn entgegen § 272 Abs. 4 S. 2 HGB keine Rücklage für Anteile an einem herrschenden Unternehmen gebildet wird.[107] Zentrale gesetzliche Vorschrift zur Bildung von **Kapitalrücklagen** ist § 272 Abs. 2 HGB. Weitere einschlägige Bestimmungen sind §§ 150, 230 ff., 237 Abs. 5 und § 300. Hinzu kommen Regelungen in der Satzung, deren Verletzung ebenfalls die Nichtigkeit des festgestellten Jahresabschlusses nach sich zieht. Als Beispiel für einen Verstoß gegen eine Satzungsregelung zur Einstellung in andere Gewinnrücklagen kann auf eine Entscheidung des Oberlandesgerichts Stuttgart verwiesen werden.[108]

II. Von Vorstand und Aufsichtsrat festgestellter Jahresabschluss

43   **1. Allgemeines.** Zusätzlich zu den in Abs. 1 geregelten Fällen von Inhalts- oder Prüfungsmängeln ist ein festgestellter Jahresabschluss dann nichtig, wenn das Feststellungsverfahren mangelhaft ist. Abs. 2 betrifft dabei den Normalfall einer Feststellung durch Aufsichtsrat und Vorstand. Haben sie nicht ordnungsgemäß mitgewirkt, ist der festgestellte Jahresabschluss nichtig und die entsprechenden Organbeschlüsse entgegen der im Übrigen geltenden allgemeinen Regeln ebenso wie ein entsprechender Hauptversammlungsbeschluss mit einer Nichtigkeitsklage angreifbar.[109] Die ordnungsgemäße Mitwirkung bestimmt sich nicht nur nach den betreffenden Vorschriften des Gesetzes, sondern

---

[101] Vgl. Burgers/Körber/Schulze Rn 8; missverständlich Hüffer/Koch/Koch Rn 13.
[102] BT Drs. 18/6282, 69.
[103] Vgl. WP-HdB 2012 Bd. I U Rn. 208 f.
[104] *ADS* Rn. 34; Kölner Komm AktG/*Zöllner* Rn. 12; aA Großkomm AktG/*Bezzenberger* Rn. 117; MüKoAktG/*Koch* Rn. 31.
[105] MüKoAktG/*Koch* Rn. 31; Kölner Komm AktG/*Zöllner* Rn. 29; WP-HdB 2012 Bd. I U Rn. 206.
[106] Vgl. auch *v. Godin/Wilhelmi* Anm. 6; WP-HdB 2012 Bd. I U Rn. 209.
[107] LG Mainz AG 1991, 30.
[108] Vgl. OLG Stuttgart ZIP 2003, 1981.
[109] K. Schmidt/Lutter/*Schwab* Rn. 1 spricht von einer organübergreifenden Beschlussmängelklage.

auch der Satzung.¹¹⁰ Die **Maßgeblichkeit der Satzung** wird durch den Wortlaut („ordnungsgemäß" statt etwa „gesetzmäßig") nahe gelegt. Überdies wird diese Auslegung gestützt durch einen Vergleich mit Abs. 3, da bei Abs. 3 ein Verstoß gegen Satzungsbestimmungen über Nr. 3 erfasst wird. Satzungsverstöße führen dort nämlich zur Anfechtbarkeit und im Fall erfolgreicher Anfechtung zur Nichtigkeit des von der Hauptversammlung festgestellten Jahresabschlusses. Das spricht dafür, Satzungsverstöße ebenfalls bei Abs 2 einzubeziehen. Zudem ist in Anbetracht der kurzen Heilungsfrist von 6 Monaten (Abs. 6) eine Einbeziehung von Satzungsverstößen nicht mit zu weitgehenden Belastungen für die Gesellschaft verbunden.

Zur ordnungsgemäßen Mitwirkung gehört insbesondere, dass beide Organe **verfahrensrechtlich wirksame Beschlüsse** gefasst haben. Dies zeigt ein Vergleich mit Abs. 3. Denn dort zieht der nichtige Hauptversammlungsbeschluss die Nichtigkeit des festgestellten Jahresabschlusses nach sich. Auf der anderen Seite führt nicht jeder organinterne Verfahrensverstoß zu einer nicht ordnungsgemäßen Mitwirkung des Organs.¹¹¹ Wirkt sich der Verfahrensverstoß nicht auf die Wirksamkeit der Mitwirkungshandlung aus, so bleibt die Mitwirkung ordnungsgemäß iSv Abs. 2.¹¹² Beispielhaft sind nicht gravierende Mängel bei der Einberufung des Aufsichtsrats zu nennen.¹¹³ Von der nicht ordnungsgemäßen Mitwirkung zu unterscheiden ist die fehlende Mitwirkung. Hat eines der Verwaltungsorgane überhaupt nicht mitgewirkt, fehlt es bereits an einer Feststellung des Jahresabschlusses, so dass Abs. 2 nicht einschlägig ist. Die Unterscheidung ist bedeutsam, da in letzterem Fall keine Heilung nach § 256 Abs. 6 in Betracht kommt.¹¹⁴ 44

2. Fehlende Mitwirkung eines Organs. Die Fehlende Mitwirkung eines Organs führt dazu, 45 dass es bereits zu keiner Feststellung des Jahresabschlusses kommt. Mangels eines Feststellungsaktes ist dessen Heilung ausgeschlossen und bleibt der Jahresabschluss ein unverbindliches Zahlenwerk.¹¹⁵ So liegt der Fall, wenn der Jahresabschluss nicht vom Vorstand aufgestellt wurde¹¹⁶ oder wenn er dem Aufsichtsrat überhaupt nicht vorgelegt wurde.¹¹⁷ Ebenso ist der Fall zu beurteilen, dass unter Umgehung des Aufsichtsrats der Jahresabschluss vom Vorstand sogleich einem **Ausschuss des Aufsichtsrats** zwecks Billigung zugeleitet wird. Überträgt hingegen der Aufsichtsrat selbst entgegen § 107 Abs. 3 S. 2 dem Bilanzausschuss die Billigungsentscheidung, so ist hierin nicht eine völlige Abstandnahme von der eigenen Mitwirkung, sondern nur eine fehlerhafte Form der Mitwirkung zu sehen, so dass Abs. 2 einschlägig ist.¹¹⁸ Ob die **Vorlage einer unvollständigen oder einer ansonsten abweichenden Fassung** des Jahresabschlusses an den Aufsichtsrat dessen fehlende oder nur dessen nicht ordnungsgemäße Mitwirkung nach sich zieht, beurteilt sich nach dem Grad der Abweichung. Insbesondere bei nur geringfügigen Abweichungen ist die Annahme einer Nichtfeststellung mit der Folge der Unheilbarkeit des Mangels zu weitgehend. Maßgeblich ist allein, ob die Beschlussfassung bei verständiger Würdigung als Billigung des vom Vorstand aufgestellten Jahresabschlusses zu verstehen ist.¹¹⁹ Auch eine **nachträgliche Anfechtung der Billigungserklärung des Aufsichtsrats** nach §§ 119, 123 BGB, die nach hM bis zum Zeitpunkt der Einberufung der Hauptversammlung gemäß § 175 Abs. 4 möglich ist, führt nicht automatisch zur fehlenden, sondern in der Regel nur zur fehlerhaften Mitwirkung.¹²⁰ Hiergegen spricht nicht, dass im Falle der Anfechtung der Billigungsbeschluss als von Anfang an nichtig anzusehen ist. Gleiches gilt nämlich im Fall aller wesentlichen Verfahrensfehler oder inhaltlicher Verstöße gegen Gesetz oder Satzung. Sie alle führen zur Nichtigkeit des Aufsichtsratsbeschlusses. Eine Unterscheidung zwischen unterschiedlichen Formen der Nichtigkeit ist dogmatisch nicht gerechtfertigt. Die Beurteilung kann nur aus einer Gesamtschau des korporationsrechtlichen Rechtsgeschäfts erfolgen. Nur schwerste Verstöße können dazu führen, die fehlerhafte der fehlenden Mitwirkung gleichzustellen und damit eine Heilung von vorneherein auszuschließen.¹²¹

---

¹¹⁰ MüKoAktG/*Koch* Rn. 41; Großkomm AktG/*Bezzenberger* Rn. 171; aA Großkomm AktG/*Schilling*, 3. Aufl., Anm. 9.
¹¹¹ Ebenso Großkomm AktG/*Bezzenberger* Rn. 175.
¹¹² MüKoAktG/*Koch* Rn. 40.
¹¹³ → § 110 Rn. 54; Hüffer/Koch/*Koch* § 110 Rn. 5.
¹¹⁴ MüKoAktG/*Koch* Rn. 44; Kölner Komm AktG/*Zöllner* Rn. 78.
¹¹⁵ Großkomm AktG/*Bezzenberger* Rn. 203.
¹¹⁶ MüKoAktG/*Koch* Rn. 44.
¹¹⁷ Kölner Komm AktG/*Zöllner* Rn. 78; MüKoAktG/*Koch* Rn. 44.
¹¹⁸ So wohl auch *ADS* Rn. 60; Großkomm AktG/*Bezzenberger* Rn. 184; aA MüKoAktG/*Koch* Rn. 45.
¹¹⁹ AA MüKoAktG/*Koch* Rn. 45, der stets von der Unanwendbarkeit des Abs. 2 und damit von einer Unheilbarkeit des Verstoßes ausgeht.
¹²⁰ So im Ergebnis auch *Balthasar*, Die Bestandskraft nichtiger Jahresabschlüsse, 1999, 206 ff.; aA MüKoAktG/*Koch* Rn. 44.
¹²¹ In diese Richtung auch *Westermann* AG 1981, 85 (88); weitergehend *Balthasar*, Die Bestandskraft nichtiger Jahresabschlüsse, 1999, 209, der unabhängig vom Anfechtungsgrund stets einen heilbaren Verfahrensfehler nach Abs. 2 annimmt.

46 **3. Fehlerhafte Mitwirkung des Vorstandes.** Gemäß § 264 Abs. 1 HGB haben die gesetzlichen Vertreter einer Kapitalgesellschaft, also der **Vorstand als Kollegialorgan,** den Jahresabschluss aufzustellen. Die sich daran anschließende, rein tatsächliche Vorlage an den Aufsichtsrat gemäß § 170 kann dagegen durch jedes einzelne Vorstandsmitglied erfolgen (→ § 170 Rn. 21 ff.).[122] Da die Aufstellung des Jahresabschlusses durch das Kollegialorgan zu erfolgen hat, ist ein entsprechender Beschluss des Gesamtvorstandes erforderlich.[123]

47 Die Mitwirkung des Vorstandes ist nicht ordnungsgemäß, wenn der Vorstandsbeschluss fehlerhaft zustande kam. Wurden **nicht alle Vorstandsmitglieder beteiligt,** liegt ebenfalls ein die Nichtigkeit begründender Verfahrensfehler vor.[124] Das gilt selbst dann, wenn entgegen § 77 Abs. 1 die Satzung vom Einstimmigkeitsprinzip abweicht und die Stimme des übergangenen Vorstandsmitglieds zum Erreichen der erforderlichen Mehrheit nicht notwendig war.[125] Denn das Recht, an der Abstimmung beteiligt zu werden, umfasst nicht nur die Abgabe der Stimme, sondern zudem die Möglichkeit, auf die Willensbildung des Kollegialorgans Einfluss zu nehmen. Eine Ausnahme vom Beteiligungserfordernis ist nur dann gerechtfertigt, wenn das einzelne Vorstandsmitglied etwa aufgrund schwerer Krankheit sein Recht nicht wahrnehmen konnte und keine Vertretungsregeln bestehen. Zur Auswirkung eingeschränkter Willensbildung des Vorstands im Konzern vgl. OLG Karlsruhe WM 1987, 593; sowie MüKoAktG/*Koch* Rn. 37; Bürgers/Körber/*Schulz* Rn. 11; *ADS* Rn. 63 und *W. Müller* EWiR 1987, 1155.

48 Problematisch ist die ordnungsgemäße Mitwirkung des Vorstandes im Falle seiner **fehlerhaften Besetzung.** Eine Überbesetzung ist in der Praxis ohne Relevanz.[126] Bei der **Unterbesetzung** ist zunächst der Fall denkbar, dass eine bestellte Besetzung von Vorstandsmitgliedern in ausreichender Anzahl unterblieben ist. Gesetzliche Anforderungen zur Mindestbesetzung des Vorstandes ergeben sich aus § 76 Abs. 2. Auch die Satzung kann eine Mindestanzahl von Vorstandsmitgliedern vorsehen. Wird die jeweils vorgeschriebene Anzahl unterschritten, so hat dies die Nichtigkeit des festgestellten Jahresabschlusses zur Folge.[127] Von der unterbliebenen Bestellung zu unterscheiden ist die **nichtige Bestellung von Vorstandsmitgliedern.** Hier greift die Lehre vom fehlerhaften Bestellungsverhältnis. Wenn der Aufsichtsrat die Bestellung fehlerhaft beschlossen hat, die Bestellung aber in Vollzug gesetzt wurde, bleibt der Bestellte bis zum Widerruf vollwertiges Vorstandsmitglied. Die Ungültigkeit des Bestellungsgeschäfts schlägt auf die Mitwirkungshandlung des Organs bei der Feststellung des Jahresabschlusses nicht durch. Die Mitwirkung ist daher ordnungsgemäß iSv Abs. 2, selbst wenn bei Berücksichtigung der Nichtigkeit der Vorstand ansonsten unterbesetzt wäre oder es auf die Stimme des fehlerhaft bestellten Mitgliedes ankäme.[128]

49 Einer ordnungsgemäßen Mitwirkung des Vorstandes steht es nicht entgegen, wenn die nach § 245 S. 1 HGB erforderliche **Unterzeichnung des Jahresabschlusses** fehlt.[129] Denn nach zutreffender hM ist erst der festgestellte Jahresabschluss zu unterzeichnen, weswegen die Unterzeichnung kein Teil des Feststellungsverfahrens ist.[130] Ein Verstoß hiergegen kann daher die ordnungsgemäße Mitwirkung bei der Feststellung nicht berühren.[131] Gleichfalls unerheblich für die Wirksamkeit des festgestellten Jahresabschlusses ist es, wenn der Vorstand entgegen § 170 den Jahresabschluss nicht **unverzüglich** dem Aufsichtsrat vorlegt. Ansonsten wäre unverständlich, dass die Vorlagepflicht im Zwangsgeldverfahren nach § 407 durchgesetzt werden kann. Dem entspricht, dass eine entgegen § 175 nicht unverzügliche Einberufung der Hauptversammlung gleichsam die Wirksamkeit des festgestellten Jahresabschlusses unberührt lässt (vgl. → 257 Rn. 13).[132]

50 **4. Fehlerhafte Mitwirkung des Aufsichtsrates.** Der Aufsichtsrat billigt gemäß § 172 S. 1 iVm § 108 Abs. 1 den vom Vorstand vorgelegten Jahresabschluss durch Beschluss und hat dann die Billi-

---

[122] Hüffer/Koch/*Koch* § 170 Rn. 3.
[123] MüKoAktG/*Koch* Rn. 35.
[124] MüKoAktG/*Koch* Rn. 35; Kölner Komm AktG/*Zöllner* Rn. 79.
[125] MüKoAktG/*Koch* Rn. 35; Großkomm AktG/*Bezzenberger* Rn. 174; Kölner Komm AktG/*Zöllner* Rn. 79; aA *v. Godin/Wilhelmi* Anm. 7, wonach nur das geflissentliche Übergehen eines Vorstandsmitgliedes zur Nichtigkeit führen soll.
[126] MüKoAktG/*Koch* Rn. 37.
[127] OLG Dresden ZIP 1999, 1632; aA Großkomm AktG/*Bezzenberger* Rn. 176 f.
[128] OLG Frankfurt BB 1989, 395; OLG Karlsruhe WM 1987, 533 (536); MüKoAktG/*Koch* Rn. 38; Hüffer/Koch/*Koch* Rn. 18; Großkomm AktG/*Bezzenberger* Rn. 178; aA Kölner Komm AktG/*Zöllner* Rn. 82.
[129] MüKoAktG/*Koch* Rn. 39; Kölner Komm AktG/*Zöllner* Rn. 79; *Nonnenmacher* in Marsch-Barner/Schäfer Börsennotierte AG-HdB § 52 Rn. 21 und 24; *Weiß* WM 2010, 1010 (1016); aA NK-AktR/*Heidel* Rn. 20.
[130] BGH WM 1985, 567; OLG Stuttgart DB 2009, 1521 (1522 f.); Baumbach/Hopt/*Merkt* HGB § 245 Rn. 1; aA *Küting/Kaiser* WPg 2000, 577 (585 ff.).
[131] So auch OLG Karlsruhe WM 1987, 533 (536) zum alten § 41 HGB.
[132] BGHZ 86, 1 = BGH NJW 1983, 878.

gung gemäß § 171 Abs. 2 S. 4 zu erklären. Zur ordnungsgemäßen Mitwirkung des Aufsichtsrats ist daher ein **wirksamer Billigungsbeschluss** erforderlich.[133] Anforderungen an die Beschlussfassung ergeben sich aus §§ 108 ff. und der Satzung. Dabei führen nur Verstöße gegen zwingende Vorschriften des Gesetzes oder der Satzung zur Nichtigkeit des Beschlusses.[134] Deswegen können nur sie zu einer nicht ordnungsgemäßen Mitwirkung des Aufsichtsrates iSv Abs. 2 führen. Zu den Fällen einer nicht ordnungsgemäßen Mitwirkung zählen, wie beim Vorstandsbeschluss, insbesondere **Verfahrensmängel, die das Beteiligungsrecht der einzelnen Aufsichtsratsmitglieder verletzen.**[135] Das ist namentlich bei einer nicht nur geringfügig fehlerhaften Einberufung der Fall. Ein Verfahrensmangel liegt ebenfalls zumindest dann vor, wenn ein Beschluss außerhalb einer Sitzung gefasst wird und ein Aufsichtsratsmitglied diesem Verfahren widerspricht (§ 108 Abs. 4). Darüber hinaus dürfte aufgrund der obligatorischen Teilnahmepflicht des Abschlussprüfers an den Verhandlungen des Aufsichtsrates zum Jahresabschluss stets eine **Bilanzsitzung** des Aufsichtsrates erforderlich sein, so dass die Beschlussfassung trotz § 108 Abs. 4 im Umlaufverfahren unzulässig ist.[136] Es muss zumindest eine Telefonkonferenz abgehalten werden.[137] Ferner liegt ein Verfahrensmangel vor, wenn der Beschluss nicht ausdrücklich gefasst wurde. Wurde hingegen der ausdrücklich gefasste Beschluss lediglich nicht ordnungsgemäß protokolliert, ist dies für die Wirksamkeit des Beschlusses und damit für die ordnungsgemäße Mitwirkung unschädlich, wie sich bereits aus § 107 Abs. 2 S. 3 ergibt.[138] Ebenso unschädlich ist eine nach § 109 unbefugte Teilnahme Dritter an der Sitzung.[139]

Bei der **fehlerhaften Bestellung** des Aufsichtsrates muss unterschieden werden. Eine Überbesetzung des Aufsichtsrates ist unschädlich.[140] Die **Unterbesetzung** aufgrund unterbliebener Bestellung hat nur dann eine nicht ordnungsgemäße Mitwirkung zur Folge, wenn hierdurch die Beschlussfähigkeit des Aufsichtsrats nach § 108 Abs. 2 betroffen ist.[141] Ansonsten hat, wie sich aus § 108 Abs. 2 S. 4 ergibt, die Unterbesetzung keine Auswirkung auf die Wirksamkeit des Beschlusses. Gleiches gilt für den Fall der **nichtigen oder für nichtig erklärten Bestellung von Aufsichtsratsmitgliedern.** Auch hier kommt es zunächst nur auf die Beschlussfähigkeit nach § 108 an. Zusätzlich darf in diesem Fall der Unterbesetzung die Stimme des nichtig bestellten Aufsichtsratsmitgliedes keine Auswirkungen auf das Abstimmungsergebnis gehabt haben. Denn die Lehre vom fehlerhaften Bestellungsverhältnis findet auf die Bestellung von Aufsichtsratsmitgliedern keine Anwendung (→ § 250 Rn. 21).[142] Ansonsten würden die differenzierten Regelungen aus §§ 250 f. ebenso wie die vorrangige Heilungsvorschrift des Abs. 6 unterlaufen.[143] Die bloße Anfechtbarkeit der Bestellung gemäß § 251 ist ohnehin unschädlich für die Wirksamkeit des festgestellten Jahresabschlusses.[144] 51

5. Unzuständigkeit von Vorstand und Aufsichtsrat. Wenn **Vorstand und Aufsichtsrat übereinstimmend von der eigenen Zuständigkeit ausgehen** und den Jahresabschluss feststellen, obwohl eine Zuständigkeit der Hauptversammlung begründet ist, führt das zur Nichtigkeit des festgestellten Jahresabschlusses.[145] Der Fall ist damit vergleichbar, dass die unzuständige Hauptversammlung den Jahresabschluss feststellt (→ Rn. 55). Hier wie dort führt die Unzuständigkeit zur Nichtigkeit.[146] Hiervon abzugrenzen ist zunächst der Fall, in dem es an der Mitwirkung eines zuständigen Organs, in der Regel wohl des Aufsichtsrats, fehlt, obwohl Vorstand und Aufsichtsrat zutreffend von der eigenen Zuständigkeit ausgehen. Es kommt dann bereits zu keiner Feststellung des Jahresabschlusses, so dass demgemäß keine Heilung denkbar ist (→ Rn. 76). Theoretisch denkbar ist ferner der Fall, dass der Vorstand zutreffend von der Zuständigkeit der Hauptversammlung ausgeht, aber dennoch der Aufsichtsrat als unzuständiges Organ den Jahresabschluss feststellt. Die überwiegende Meinung nimmt diesen sehr theoretischen Fall zum Anlass, um zum Ergebnis einer fehlenden 52

---

[133] OLG Stuttgart DB 2009, 1521 (1524).
[134] BGHZ 122, 342 (351) = NJW 1993, 2307 (2309).
[135] ADS Rn. 57.
[136] Großkomm AktG/*Bezzenberger* Rn. 195; aA MüKoAktG/*Koch* Rn. 41.
[137] Ausführlich hierzu, allerdings zu weitgehend *Neuling* AG 2002, 610, der aus dem vorgenannten Argument trotz § 108 Abs. 4 selbst Telefon- und Videokonferenzen für unzulässig hält. Wie hier Großkomm AktG/*Bezzenberger* Rn. 195.
[138] ADS Rn. 60; WP-HdB 2012 Bd. I U Rn. 210; Großkomm AktG/*Bezzenberger* Rn. 186.
[139] ADS Rn. 59; MüKoAktG/*Koch* Rn. 41.
[140] OLG Hamburg AG 2002, 460 (461).
[141] Einschränkend Großkomm AktG/*Bezzenberger* Rn. 189.
[142] Vgl. BGHZ 196, 195 = ZIP 2013, 720 Rn. 17 ff.; kritisch MüKoAktG/*Koch* Rn. 43.
[143] *Vetter* ZIP 2012, 701 (710).
[144] ADS Rn. 67; MüKoAktG/*Koch* Rn. 43.
[145] AA ADS Rn. 56.
[146] WP-HdB 2012 Bd. I U Rn. 214.

Feststellung des Jahresabschlusses zu gelangen.[147] Begründet wird dies damit, dass der Beschluss des unzuständigen Aufsichtsrats nichtig sei und es daher zu dem korporationsrechtlichen Rechtsgeschäft der Feststellung nicht komme.[148] Das Argument vermag nicht zu überzeugen, da es bei allen Beschlussmängeln zum Tragen käme und dennoch der nichtige Aufsichtsratsbeschluss nur zur heilbaren Nichtigkeit und nicht zur unheilbaren fehlenden Feststellung führt (bereits → Rn. 45). Wesentlich ist vielmehr, dass es an aufeinander abgestimmten Teilen des korporationsrechtlichen Rechtsgeschäftes fehlt, da **Vorstand und Aufsichtsrat von unterschiedlichen Zuständigkeitsvorstellungen ausgehen.** Im Ergebnis ist der überwiegenden Meinung also in diesem theoretischen Fall zu folgen. Zugleich wird dabei allerdings deutlich, dass im häufigeren Fall, bei dem Vorstand und Aufsichtsrat übereinstimmend von der eigenen Zuständigkeit ausgehen, obwohl diejenige der Hauptversammlung gegeben ist, gerade keine unheilbare fehlende Feststellung, sondern eine heilbare Nichtigkeit vorliegt.[149]

III. Von der Hauptversammlung festgestellter Jahresabschluss

53 **1. Allgemeines.** Abs. 3 betrifft Verfahrensfehler in den seltenen Fällen, in denen der Jahresabschluss durch die Hauptversammlung festgestellt wurde. Insoweit bildet er das **Pendant zu Abs. 2,** der Verfahrensfehler im Falle eines durch Vorstand und Aufsichtsrat festgestellten Jahresabschlusses regelt. Dabei erfasst auch Abs. 3 nur Verfahrensfehler, denn aus § 257 Abs. 1 S. 2 ergibt sich, dass die Anfechtung der Feststellung des Jahresabschlusses auf Inhaltsmängel nicht gestützt werden kann.[150] Die einzelnen Tatbestände des Abs. 3 sind der allgemeinen Vorschrift für nichtige Hauptversammlungsbeschlüsse in § 241 nachgebildet, so dass im Wesentlichen auf die Kommentierungen zu den dortigen Nr. 1, 2 und 5 verwiesen werden kann (→ § 241 Rn. 127 ff., 171 ff., 242 f.).

54 **2. Verfahrensfehler im Einzelnen.** Mängel bei der Einberufung der Hauptversammlung sind in Nr. 1, Mängel bei der Beurkundung der Hauptversammlung in Nr. 2 geregelt. Die von diesen Vorschriften erfassten Verfahrensfehler führen zur Nichtigkeit des festgestellten Jahresabschlusses, können allerdings gemäß Abs 6 mit einer Frist von 6 Monaten geheilt werden (zu den Einzelheiten → Rn. 73 ff.). Sonstige Verfahrensfehler begründen keine Nichtigkeit des festgestellten Jahresabschlusses, sondern führen lediglich zu einer Anfechtbarkeit des Feststellungsbeschlusses nach § 257. Wird auf eine **Anfechtungsklage** hin der Beschluss der Hauptversammlung rechtskräftig für nichtig erklärt, folgt hieraus gemäß dem Wortlaut der Nr. 3 zugleich die Nichtigkeit des festgestellten Jahresabschlusses. Im Falle der erfolgreichen Anfechtungsklage ist eine Heilung des Mangels ausgeschlossen (vgl. Abs. 6). Ohne erfolgreiche Anfechtung bleiben Verfahrensmängel, die weder von Nr. 1 noch von Nr. 2 erfasst werden, aufgrund des abschließenden Charakters von § 256 für die Wirksamkeit des Jahresabschlusses ohne Bedeutung.

55 **3. Unzuständigkeit der Hauptversammlung.** Eine Zuständigkeit der Hauptversammlung für die Feststellung des Jahresabschlusses ist nur in Ausnahmefällen gegeben. Sie ist gemäß § 173 Abs 1 begründet, wenn Vorstand und Aufsichtsrat die Feststellung der Hauptversammlung überlassen oder sich nicht einigen können. Weitere Ausnahmefälle sehen § 270 Abs. 2 S. 1 für die Abwicklungsgesellschaft, § 286 Abs. 1 für die KGaA und § 234 Abs. 2, § 235 für Fälle einer vereinfachten Kapitalherabsetzung vor. Stellt die Hauptversammlung einen Jahresabschluss fest, obwohl keiner der Ausnahmefälle ihrer Zuständigkeit vorliegt, begründet dies nach hM einen **Inhaltsfehler und keinen Verfahrensfehler.**[151] Denn die Kompetenzüberschreitung schlägt sich, so die Begründung, im Inhalt des Beschlusses selbst nieder. Da die Kompetenzverteilung innerhalb der Aktiengesellschaft auch dem Gläubigerschutz dient, ist der Beschluss gemäß Abs. 1 Nr. 1 nichtig.[152] Sie ist nach Abs 6 innerhalb einer Frist von 3 Jahren heilbar.[153] Gleiches gilt, wenn Vorstand und Aufsichtsrat den Jahresabschluss feststellen, obwohl eine Zuständigkeit der Hauptversammlung begründet ist.[154]

---

[147] MüKoAktG/*Koch* Rn. 45; Hüffer/Koch/*Koch* Rn. 17; *ADS* Rn. 56.
[148] MüKoAktG/*Koch* Rn. 45; Hüffer/Koch/*Koch* Rn. 17.
[149] So im Ergebnis auch Großkomm AktG/*Bezzenberger* Rn. 205 f.; NK-AktR/*Heidel* Rn. 23.
[150] Hüffer/Koch/*Koch* Rn. 20; → § 257 Rn. 8.
[151] → § 241 Rn. 167; Großkomm AktG/*K. Schmidt* § 241 Rn. 57; Hüffer/Koch/*Koch* § 241 Rn. 20.
[152] So Hüffer/Koch/*Koch* Rn. 20; NK-AktR/*Heidel* Rn. 23; MüKoAktG/*Koch* Rn. 49, § 256 Abs. 1 Nr. 1 analog.
[153] Für Heilbarkeit innerhalb von 3 Jahren auch Kölner Komm AktG/*Zöllner* Rn. 88; MüKoAktG/*Koch* Rn. 49; aA Großkomm AktG/*Bezzenberger* Rn. 206, wonach Heilung bereits nach 6 Monaten eintritt.
[154] → Rn. 52; aA *ADS* Rn. 56; Großkomm AktG/*Schilling*, 3. Aufl., Anm. 1.

IV. Verstoß gegen Gliederungsvorschriften

1. Allgemeines. Gliederungsvorschriften dienen dazu, die Klarheit und Übersichtlichkeit des 56 Jahresabschlusses zu fördern. Sie steigern dadurch dessen Aussagekraft zur Vermögens-, Finanz- und Ertragslage des Unternehmens, woran neben den Aktionären und der Öffentlichkeit insbesondere die Gläubiger der Gesellschaft ein Interesse haben. Daher sind Gliederungsvorschriften zugleich Vorschriften iSv Abs. 1 Nr. 1, die überwiegend dem **Schutz der Gläubiger** dienen.[155] Wie sich aus der Formulierung des Gesetzes „nur nichtig, wenn …" in Abs. 2 und 3 sowie dem Willen des historischen Gesetzgebers ergibt, schränkt Abs. 4 ebenso wie Abs. 5 die Reichweite der Generalklausel auf der Tatbestandsebene ein.[156]

2. Verletzung. Abs. 4 verlangt zunächst einen Verstoß gegen Gliederungsvorschriften oder eine 57 Nichtbeachtung von Formblättern. Vorschriften zur Gliederung des Jahresabschlusses sind im HGB insbesondere in § 243 Abs. 2 HGB, § 246 Abs. 2 HGB, §§ 265, 266, 268 HGB sowie §§ 272–277 HGB. Sie werden im Aktiengesetz vornehmlich ergänzt durch §§ 152, 158, 240, 261 Abs. 2 und § 286 Abs. 2. Ein Verstoß gegen diese **Gliederungsvorschriften** liegt vor, wenn die Bilanz oder die Gewinn- und Verlustrechnung nicht hinreichend detailliert gegliedert sind. Gleiches gilt, wenn Vermögensgegenstände oder Verbindlichkeiten unter unzutreffenden Gliederungsposten aufgeführt werden, entgegen § 246 Abs. 2 HGB unzulässig saldiert oder die Gliederungsposten an unzutreffender Stelle ausgewiesen werden.[157]

Eine Verletzung iSv Abs. 4 liegt ebenfalls vor, wenn **Formblätter,** nach denen der Jahresabschluss 58 zu gliedern ist, nicht beachtet werden. Die Ermächtigung zum Vorschreiben von Formblättern durch Rechtsverordnungen findet sich in § 330 HGB. Formblattzwang besteht derzeit für Kreditinstitute, Versicherungsunternehmen, Verkehrsunternehmen und Wohnungsunternehmen.[158]

3. Wesentliche Beeinträchtigung. Die Verletzung der Gliederungsvorschrift oder des Form- 59 blattzwanges muss zu einer wesentlichen Beeinträchtigung der Klarheit und Übersichtlichkeit des Jahresabschlusses führen. Hierin ist ein **tragendes Prinzip von § 256** zu sehen, das in abgeschwächter Form ebenso bei allen anderen Inhaltsmängeln zur Anwendung kommt (→ Rn. 1 zu Sinn und Zweck).[159] Wann eine wesentliche Beeinträchtigung vorliegt, ist stets eine Frage des Einzelfalles. Die Beurteilung richtet sich danach, ob dem Betrachter (noch) ein zutreffendes Bild der Vermögens-, Finanz- und Ertragslage vermittelt wird. Eine wesentliche Beeinträchtigung liegt danach vor, wenn man aufgrund des Gliederungsverstoßes zu einem wesentlich anderen Bild der Vermögensverhältnisse gelangt, als es zutreffend wäre.[160] Deswegen können Defizite in der Gliederung durch zusätzliche Angaben im Anhang ausgeglichen werden.[161] Ebenfalls deswegen führen jedenfalls Bagatellverstöße nach allgemeiner Ansicht zu keiner wesentlichen Beeinträchtigung.[162]

Im Übrigen kommt es auf die **Bedeutung der Gliederungsvorschrift** einerseits und das quanti- 60 tative Ausmaß der Verletzung andererseits an.[163] Obwohl der früher in Abs 4 enthaltene Beispielskatalog wesentlicher Gliederungsverstöße durch das BiRiLiG gestrichen wurde, können ihm weiterhin Anhaltspunkte für die Bedeutung einer Gliederungsvorschrift entnommen werden.[164] Eine inhaltliche Änderung war durch die Gesetzesänderung nicht beabsichtigt, da der Gesetzgeber den Beispielskatalog lediglich für nicht erforderlich hielt.[165] Eine weitere Orientierungshilfe ergibt sich daraus, ob ein Verstoß gegen die Gliederungsvorschrift als Ordnungswidrigkeit gemäß § 334 HGB geahndet wird.[166] Wegen geringer Bedeutung der Gliederungsvorschrift ist es zum Beispiel unwesentlich,

---

[155] MüKoAktG/*Koch* Rn. 50; aA Großkomm AktG/*Bezzenberger* Rn. 55.
[156] Vgl. zum Willen des Gesetzgebers AusschBer. *Kropff* S. 346.
[157] MüKoAktG/*Koch* Rn. 52; Hüffer/Koch/*Koch* Rn. 23; Großkomm AktG/*Bezzenberger* Rn. 63; NK-AktR/ *Heidel* Rn. 26; WP-HdB 2012 Bd. I U Rn. 221.
[158] Vgl. Übersicht bei BeBiKo/*Förschle/Lawall* HGB § 330 Rn. 20 und in *Ulmer/Zimmer* HGB-Bilanzrecht § 330 Rn. 15.
[159] So auch BGH, NJW 2007, 1685 (1690); in dem Urteil wird von Wesentlichkeit als allgemeinem Kriterium für eine nichtige Bilanz gesprochen. Ähnlich Großkomm AktG/*Bezzenberger* Rn. 26 und 68.
[160] MüKoAktG/*Koch* Rn. 54; K. Schmidt/Lutter/*Schwab* Rn 13.
[161] Vgl. bereits § 264 Abs. 2 HGB; OLG Düsseldorf AG 1977, 195 mit Anm. *Timm* noch zum damaligen Geschäftsbericht; *ADS* Rn. 37; NK-AktR/*Heidel* Rn. 27.
[162] Hüffer/Koch/*Koch* Rn. 24; Kölner Komm AktG/*Zöllner* Rn. 38; *ADS* Rn. 37.
[163] Hüffer/Koch/*Koch* Rn. 24; Kölner Komm AktG/*Zöllner* Rn. 38; WP-HdB 2012 Bd. I U Rn. 223; einschränkend *ADS* Rn. 37, die teilweise einen wesentlichen Verstoß allein wegen der Bedeutung der verletzten Vorschrift für möglich halten.
[164] Vgl. zum Beispielskatalog AusschBer *Kropff* S. 346; *v. Godin/Wilhelmi* Anm. 9.
[165] BT-Drs. 10/4268, 127.
[166] So auch NK-AktR/*Heidel* Rn. 27; MüKoAktG/*Koch* Rn. 54.

wenn ein Investitionszuschuss nicht als Sonderposten gemäß § 265 Abs. 5 S. 2 HGB, sondern unzutreffend als Teil eines Sonderpostens mit Rücklagenanteil im Sinne der vormaligen § 247 Abs. 3 HGB, § 273 HGB bilanziert wird.[167] Für eine wesentliche Beeinträchtigung spricht es hingegen, wenn durch den Gliederungsverstoß das Ergebnis gewöhnlicher Geschäftstätigkeit zulasten des außerordentlichen Ergebnisses geschönt dargestellt wird.[168] Dabei kommt es für die Beurteilung des **quantitativen Ausmaßes der Verletzung** weniger auf die absolute als auf die relative Höhe des Betrages an.[169] Entscheidend ist die Relation des Betrages zum einen zur betreffenden Bilanzposition und zum anderen zur Bilanzsumme insgesamt.[170] Über die Verhältnisbildung mit Blick auf die Bilanzsumme zur Beurteilung der Bedeutung für die Vermögenslage sowie mit Blick auf das Jahresergebnis zur Beurteilung der Bedeutung für die Ertragslage kommt in besonders gelagerten Fällen ebenfalls eine Untersuchung im Hinblick auf das Eigenkapital in Betracht, um hierdurch die Bedeutung des Bilanzierungsfehlers für die Finanzlage der Gesellschaft beurteilen zu können.[171]

61 **4. Einzelfälle.** Werden außerhalb des gewöhnlichen Geschäftsganges motivierte Warengutschriften als verminderter Aufwand für Waren statt als außerordentlicher Ertrag verbucht, ist darin ein Gliederungsverstoß zu sehen.[172] Ebenso liegt ein Verstoß vor, wenn Forderungen aus Lieferung und Leistung unter der Position Bankguthaben aufgeführt werden.[173] Ferner ist ein Gliederungsverstoß denkbar, wenn Anteile an einem verbundenen Unternehmen lediglich als Beteiligungen ausgewiesen werden.[174] Kein Gliederungsverstoß ist hingegen gegeben, wenn Beteiligungen trotz schwebender Unwirksamkeit ihres Erwerbs mangels kartellrechtlicher Genehmigung als Anlage- und nicht als Umlaufvermögen bilanziert werden.[175] Ein wesentlicher Gliederungsverstoß ist nach Auffassung des Kammergerichts weder bei einem fehlenden Ausweis der Konzernstruktur noch bei der fehlerhaften Trennung von Rechts- und Prozesskosten gegeben.[176]

V. Verstoß gegen Bewertungsvorschriften

62 **1. Allgemeines.** Abs. 5 sieht den Verstoß gegen Bewertungsvorschriften als weiteren Grund für die Nichtigkeit eines festgestellten Jahresabschlusses vor. Es handelt sich um den in der Praxis wichtigsten Nichtigkeitsgrund.[177] Differenziert wird in Abs. 5 zunächst in S. 1 zwischen dem Tatbestand der Unterbewertung und demjenigen der Überbewertung, wobei in S. 2 und 3 Legaldefinitionen für die Überbewertung und die Unterbewertung enthalten sind. S. 4 ergänzt die Bestimmung durch Sonderregelungen für Kreditinstitute und Versicherungsunternehmen. Die unterschiedliche Behandlung eines Verstoßes gegen Bewertungsvorschriften durch eine Überbewertung und eines solchen durch eine Unterbewertung rechtfertigte der historische Gesetzgeber damit, dass Überbewertungen unter dem Gesichtspunkt des Gläubigerschutzes als besonders bedenklich anzusehen seien;[178] Unterbewertungen hingegen sind aus Sicht des Gesetzgebers im allgemeinen eher nachteilig für die Aktionäre der Gesellschaft, da sie die Möglichkeit zur Gewinnausschüttung unangemessen begrenzen. Daher dient die Sanktion der Unterbewertung in erster Linie dem Aktionärsschutz. Gleichzeitig hat die Vermeidung von Unterbewertungen aber sowohl für die Information des Kapitalmarktes herausragende Bedeutung als auch in geringerem Umfang für die Gläubiger der Gesellschaft, da hierdurch gewährleistet wird, das Potential des Unternehmens zur Bedienung seiner Verbindlichkeiten realistisch für das vergangene und für zukünftige Geschäftsjahre darzustellen.[179] Die in Abs. 5 Nr. 2 vorgesehene Sanktion einer vorsätzlichen Unterbewertung wird im Übrigen durch das weitere Instrument der Sonderprüfung in §§ 258 ff. ergänzt. Ebenso wie bei Abs. 4 handelt es sich bei Abs. 5 im Verhältnis zur Generalklausel in Abs. 1 Nr. 1 um eine **Interpretationsnorm mit Begrenzungsfunktion**.[180] Ein Verstoß gegen Bewertungsvorschriften führt daher nur dann zur Nichtigkeit des

---

[167] BGH ZIP 2003, 1498 (1500 f.).
[168] LG Stuttgart AG 1994, 473 f.; zustimmend auch Großkomm AktG/*Bezzenberger* Rn. 67.
[169] LG Frankfurt AG 2002, 297; *ADS* Rn. 37; anders noch LG Düsseldorf AG 1976, 162 (164), das allein auf die absolute Höhe abstellt.
[170] Vgl. auch OLG Hamm AG 1992, 233 (234) zur Maßgeblichkeit bei Abs. 5.
[171] Vgl. *Jungius/Schmidt* DB 2012, 1697 (1701).
[172] LG Stuttgart AG 1994, 423 f.
[173] *ADS* Rn. 37.
[174] LG Mainz ZIP 1991, 583 (585); Großkomm AktG/*Bezzenberger* Rn. 66.
[175] OLG Düsseldorf NJW 1980, 200 = AG 1977, 195 mit Anm. *Timm*.
[176] KG AG 2005, 583 (584); ebenso Bürgers/Körber/*Schulz* Rn. 15.
[177] *Bange* ZInsO 2006, 519 (520); NK-AktR/*Heidel* Rn. 28.
[178] AusschBer. *Kropff* S. 347.
[179] Vgl. auch MüKoAktG/*Koch* Rn. 60; kritisch Großkomm AktG/*Bezzenberger* Rn. 26.
[180] BGHZ 124, 111 (117 f.) = BGH NJW 1994, 520 (522); MüKoAktG/*Koch* Rn. 4; aA WP-HdB 2012 Bd. I U Rn. 224; *v. Godin/Wilhelmi* Anm. 13 und 15 „lex specialis".

festgestellten Jahresabschlusses, wenn die Voraussetzungen nach Abs. 5 vorliegen, selbst wenn dem Tatbestand von Abs. 1 Nr. 1 zufolge eine Nichtigkeit allein nach dieser Bestimmung in Betracht käme.

2. Überbewertung. a) Tatbestandsvergleich. Ist ein Posten der Bilanz überbewertet, so führt **63** dies nach Abs. 5 Nr. 1 zur Nichtigkeit des festgestellten Jahresabschlusses. Weitere einschränkende Voraussetzungen sieht das Gesetz für den Fall der Überbewertung im Gegensatz zu der unter Abs. 5 Nr. 2 geregelten Unterbewertung nicht vor. Insbesondere ist für den Tatbestand der Überbewertung keine unrichtige Wiedergabe oder Verschleierung der Vermögenslage der Gesellschaft erforderlich. Aufgrund des eindeutigen Wortlautes und des entsprechenden Willens des Gesetzgebers zur Differenzierung zwischen der Über- und der Unterbewertung[181] scheidet eine auch nur teilweise Übertragung der Einschränkung aus Nr. 2 auf die Überbewertung nach Nr. 1 im Prinzip aus.

b) Schwelle zur Nichtigkeit. Über den Wortlaut der Vorschrift hinaus macht die ganz herr- **64** schende Meinung eine Einschränkung dahingehend, dass ihrem Umfang nach ganz bedeutungslose,[182] unwesentliche,[183] nicht unerhebliche Verstöße[184] oder Bagatellverstöße[185] nicht zur Nichtigkeit des festgestellten Jahresabschlusses führen.[186] Trotz der **unterschiedlichen Begrifflichkeiten** handelt es sich der Sache nach jeweils um den Ausdruck der gleichen zutreffenden Überlegung, wonach im Rahmen des hoch komplexen Vorgangs der Bewertung aller Vermögenswerte und Verbindlichkeiten einer gegebenenfalls weltweit operierenden Aktiengesellschaft nicht jeder kleine Fehler zur Nichtigkeit des festgestellten Jahresabschlusses und den damit verbundenen schweren Folgen für die Gesellschaft führen darf. Ob die Schwelle zur Nichtigkeit überschritten wurde, ist dabei jeweils eine Frage des Einzelfalles.[187] Zur Beurteilung ist grundsätzlich auf die zur wesentlichen Beeinträchtigung nach Abs. 4 entwickelten **Kriterien** zurückzugreifen (→ Rn. 59 f.). Allerdings ist die Schwelle zur Nichtigkeit insbesondere aus Gründen der Systematik zwischen Abs. 5 Nr. 1 und Abs. 4 niedriger anzusetzen.[188] Hinzu kommt, dass im Gegensatz zum Verstoß gegen eine Gliederungsvorschrift die Überbewertung einzelner Positionen regelmäßig mit einem zu hohen Bilanzgewinn und damit einem die wahren Verhältnisse übersteigenden Ausschüttungspotential verbunden ist.[189] Folglich kommt neben der Funktion einer zutreffenden Darstellung der Vermögens-, Finanz- und Ertragslage der Gewinnermittlungsfunktion der Bilanz eine zusätzliche Bedeutung bei der Beurteilung der Erheblichkeit des bilanziellen Fehlers zu. Ob ein Bewertungsfehler zu einer Nichtigkeit des festgestellten Jahresabschlusses führt, beurteilt sich daher nach der **Bedeutung der Bewertungsvorschrift**, gegen die verstoßen wurde, und nach dem **quantitativen Gewicht des Fehlers**,[190] wobei es im Gegensatz zur Unterbewertung auf vorsätzliches Handeln nicht ankommt.[191]

Vor diesem Hintergrund vermag die Ansicht des Oberlandesgerichts Frankfurt, wonach eine **65** unterbliebene Rückstellung über knapp 2 Milliarden Euro allein aufgrund des prozentual geringen Gewichts im Verhältnis zur Gesamtbilanzsumme kein die Nichtigkeit begründender Ansatzfehler sei, im Ergebnis nicht zu überzeugen.[192] Zutreffend stellt das Gericht zwar vornehmlich darauf ab, ob die Überbewertung die Darstellung der Vermögens-, Finanz- und Ertragslage nur in unwesentlichem

---

[181] AusschBer. *Kropff* S. 347.
[182] BGHZ 137, 378 (385) = NJW 1998, 1559 (1560) für die Unterbewertung; BGHZ 83, 341 (347) = NJW 1983, 42 (45) für die Überbewertung; LG Frankfurt AG 2002, 297; *Wichmann* Steuer-Journal 2005, 29 (31).
[183] OLG Hamm AG 1992, 233 (234) für GmbH; LG Frankfurt Urt. v. 18.12.2012 – 5 O 93/12, juris Rn. 36; MüKoAktG/*Koch* Rn. 59; Großkomm AktG/*Schilling* Anm. 15; WP-HdB 2012 Bd. I U Rn. 232.
[184] *Geist* DStR 1996, 306; s. auch *Kowalski* AG 1993, 502 (503) „nicht völlig unerheblich".
[185] Kölner Komm AktG/*Zöllner* Rn. 45.
[186] Ausführlich zum Ganzen Großkomm AktG/*Bezzenberger* Rn. 85 ff.; aA NK-AktR/*Heidel* Rn. 35a ff.; *v. Godin/Wilhelmi* Anm. 10; vgl. hierzu die Kontroverse zwischen *Schedlbauer* und *Wichmann* DB 1993, 340.
[187] Ausführlich *Weilep/Weilep* BB 2006, 147 (148 f.); *Jungius/Schmidt* DB 2012, 1697 (1700 ff.).
[188] Die hier gegenüber Abs. 4 niedriger anzusetzende Schwelle betont auch *Osterloh-Schulze* ZIP 2008, 2241 (2243 f.).
[189] Insoweit wollen *Brete/Thomsen* den Bewertungsfehler vornehmlich anhand seiner Auswirkungen auf das Eigenkapital bemessen. Vgl. *Brete/Thomsen* GmbHR 2008, 176 (179). Den Gesichtspunkt der Ausschüttungsbegrenzung betont auch Großkomm AktG/*Bezzenberger* Rn. 88.
[190] Vgl. hierzu insbes. OLG Hamburg ZIP 2006, 895 (900).
[191] *Haase* DB 1977, 241; WP-HdB 2012 Bd. I U Rn. 234; aA wohl *Schedlbauer* DB 1992, 2097 (2099).
[192] Vgl. OLG Frankfurt NZG 2008, 429. Offen lassend die daraufhin ergangene Entscheidung des BGH BeckRS 2010, 28287. Zustimmend OLG Frankfurt ZIP 2013, 2403; LG Frankfurt ZIP 2013, 578 (580); *Rellermeyer* WuB II A. § 243 AktG 2.08, ablehnend demgegenüber *Schilka/Wolf* EWiR 2014, 413, 414; *Schulze-Osterloh* ZIP 2008, 2241; *Luttermann* EWiR 2008, 451. Ebenso auf das Verhältnis der Überbewertung zur Bilanzsumme abstellend LG Frankfurt AG 2002, 297.

Maße beeinträchtigt habe.[193] Dies lässt sich allerdings weder ausschließlich mit dem geringen Verhältnis zwischen Überbewertung und Bilanzsumme verneinen, noch ist dabei die weitere Funktion der Bilanz einer zutreffenden, jedenfalls aber nicht überhöhten Ermittlung des Ausschüttungspotentials ausreichend berücksichtigt worden. Führt – wie in dem vom Oberlandesgericht Frankfurt entschiedenen Fall – die Überbewertung zu der Ausweisung eines beträchtlichen Bilanzgewinnes statt eines entsprechenden Bilanzverlustes, ist regelmäßig die Schwelle zur Nichtigkeit überschritten.[194] Dem kann nicht mit dem Argument begegnet werden, es komme auf die Relation der Überbewertung zur Position des Bilanzgewinnes schon deshalb nicht an, weil sonst bei sehr geringen Gewinnen praktisch jede Überbewertung die Nichtigkeit des festgestellten Jahresabschlusses bedinge. Ist insoweit eine bestimmte Verhältniszahl nicht aussagekräftig, weil ihr Nenner nahe Null liegt, sind entsprechend weitere Relationen wie etwa diejenige zwischen den fehlerhaft unterbliebenen Rückstellungen zu den gesamten Rückstellungen oder zu Vorjahresgrößen zu bilden, um die Bedeutung des Bilanzierungsfehlers ermessen zu können.[195] Hinzu kommt, dass der Übergang von einem noch positiven Gewinn in die Verlustzone von den beteiligten Verkehrskreisen zu Recht als besonders gewichtig angesehen wird und es insofern nicht unangemessen erscheint, wenn Überbewertungen in dieser Situation besonders rasch eine Nichtigkeit des festgestellten Jahresabschlusses nach sich ziehen.

66 c) **Beurteilungsmaßstab.** Gemäß der Legaldefinition aus S. 2 liegt eine Überbewertung vor, wenn ein Aktivposten zu hoch oder ein Passivposten zu niedrig angesetzt wurde. Beides birgt die Gefahr eines zu hoch ausgewiesenen Jahresergebnisses in sich. Die Bewertung hat anhand der in S. 2 allerdings nicht abschließend genannten Bewertungsvorschriften des HGB zu erfolgen.[196] Fehlerhaft und damit ggf. zu hoch ist die Bewertung iSd Gesetzes nicht bereits dann, wenn sie objektiv gegen die genannten Vorschriften verstößt. Zusätzlich erforderlich ist vielmehr, dass ein ordentlicher Kaufmann diesen Verstoß nach den im Zeitpunkt der Bilanzaufstellung bestehenden Erkenntnismöglichkeiten[197] über die zum Stichtag gegebenen objektiven Verhältnisse bei pflichtgemäßer und gewissenhafter Prüfung erkennen konnte.[198] Insoweit kommt es auf die **verobjektivierte ex ante Sicht eines ordentlichen Kaufmannes** an.[199] Dies gilt ebenfalls für unklare Rechtsfragen. So ist bei objektiv unklarer Rechtslage ausreichend, dass der Kaufmann eine zum Zeitpunkt der Bilanzerstellung objektiv vertretbare Rechtsauffassung seiner Bilanzierung zugrunde legt, selbst wenn ein oberstes Bundesgericht nachträglich zu einer anderen Beurteilung kommt.[200] Unerheblich ist demgegenüber die rein subjektive Einschätzung der feststellenden Organmitglieder.[201] Zu beachten ist, dass bereits ein objektiver Verstoß nicht vorliegt, wenn sich der Bilanzierende im Rahmen ihm eingeräumter **Ansatzwahlrechte** (zB § 248 Abs. 2 S. 1 HGB) oder gegebener **Bewertungswahlrechte** (zB § 240 Abs. 3 und 4 HGB, § 255 Abs. 2 S. 3 HGB) bewegt.[202] Besteht etwa ein Ansatzwahlrecht und keine Ansatzpflicht, so ist der festgestellte Jahresabschluss nicht nichtig, wenn der Ansatz unterbleibt.[203] Ebenso unerheblich ist, wenn eine andere, ebenfalls zulässige Bewertungsmethode zu einem höheren oder niedrigeren Bilanzwert führt.[204] Schließlich setzt eine Überbewertung durch Unterlassen von Rückstellungen voraus, dass diese Rückstellungen überhaupt zu bilden gewesen sind.[205]

66a d) **Bilanzposten.** Maßgeblich für die Nichtigkeitsfolge ist bereits dem Wortlaut nach die Überbewertung einzelner Aktiv- bzw. Passivposten, nicht hingegen die Überbewertung der jeweiligen Vermögenswerte. Der Begriff des Bilanzpostens entspricht dabei wie in § 258 den Gliederungsposten

---

[193] AA *Schulze-Osterloh* ZIP 2008, 2241 (2243), wonach es hierauf unter Hinweis auf den gegenüber Abs. 5 Nr. 1 unterschiedlichen Wortlaut des Abs. 5 Nr. 2 bei der Überbewertung nicht ankommen soll.
[194] Ebenfalls die Bedeutung des Bilanzierungsfehlers für die richtige Darstellung der Ertrags- neben der Vermögenslage betonend *Jungius/Schmidt* DB 2012, 1697 (1701).
[195] Für die Heranziehung weiterer Kennzahlen auch *Bange* ZInsO 2006, 519 (520 Fn. 6); *Rellermeyer* WuB II A. § 243 AktG 2.08.
[196] MüKoAktG/*Koch* Rn. 56; Kölner Komm AktG/*Zöllner* Rn. 40.
[197] Str. ist die subjektive Komponente des Fehlerbegriffs, vgl. hierzu *Balthasar*, Die Bestandskraft nichtiger Jahresabschlüsse, 1999, 196 ff.; *W. Müller* FS Quack, 1991, 367; *ADS* Rn. 40; *Jungius/Schmidt* DB 2012, 1697 (1699); aA *Flume* DB 1981, 2505, nach dem das ausschließlich objektive Vorliegen eines Fehlers genügt.
[198] *Hoffmann* BC 2005, 1 (2).
[199] Vgl. auch *Küting/Ranker* WPg 2005, 1 (2 ff.); *Schedlbauer* DB 1992, 2097 (2099); *Haase* DB 1977, 241.
[200] Vgl. *Hennrichs* NZG 2013, 681 (686 f.); aA unter Hinweis auf BFH DStR 2013, 633 *Schulze – Osterloh* ZHR 2015, 9, 32.
[201] OLG Dresden ZIP 2006, 1773 (1776).
[202] *ADS* Rn. 40; WP-HdB 2012 Bd. I U Rn. 229.
[203] *Henze* HRR AktienR Rn. 1283.
[204] *Weilep/Weilep* BB 2006, 147 (148); WP-HdB 2012 Bd. I U Rn. 230.
[205] BGH Beschl. v. 11.10.2010 – II ZR 93/08, BeckRS 2010, 28287.

des § 266 HGB.²⁰⁶ Da es auf die Überbewertung des Bilanzpostens und nicht auf die Überbewertung der einzelnen Vermögenswerte ankommt, ist eine Kompensation innerhalb eines Bilanzpostens nach ganz hM zulässig.²⁰⁷ Nicht zulässig ist demgegenüber die **Kompensation** von Fehlbewertungen zwischen verschiedenen Bilanzposten.²⁰⁸ Bei der Kompensation kommt es richtiger Ansicht nach nicht darauf an, ob die Über- oder Unterbewertung des kompensierenden Vermögensgegenstandes auf einem Bilanzierungsverstoß oder einem zulässig genutzten Bewertungsspielraum beruht.²⁰⁹ Das ergibt sich sowohl aus dem Wortlaut, der nur auf die Überbewertung des Postens insgesamt abstellt, als auch aus dem Zweck der Vorschrift, der dadurch die Nichtigkeitssanktion auf gravierende Fälle beschränkt. Daher kann zum Beispiel die Überbewertung eines Vermögenswertes mit der niedrigen Bewertung eines anderen Vermögenswertes innerhalb desselben Bilanzpostens ausgeglichen werden, unabhängig davon, ob die in der niedrigeren Bewertung liegende stille Reserve zulässiger oder unzulässiger Weise gebildet wurde.²¹⁰

e) **Ansatzfehler.** Dem Fall, dass ein Passivposten zu niedrig angesetzt wurde, steht es gleich, **67** wenn die Passivierung ganz unterblieben ist. Allgemein sind Ansatzfehler nach der herrschenden Meinung den Bewertungsfehlern gleichzustellen und werden ebenfalls von Abs. 5 erfasst.²¹¹ Ob ein Ansatzfehler vorliegt, beurteilt sich insbesondere nach den § 246 Abs. 1 HGB, §§ 248–250 HGB. Praktisch häufigster Fall ist die Unterlassung gebotener Rückstellungen.²¹²

3. Unterbewertung. Die Legaldefinition der Unterbewertung findet sich in S. 3. Hiernach liegt **68** eine Unterbewertung vor, wenn ein Aktivposten zu niedrig oder ein Passivposten zu hoch angesetzt wurde, was sich vornehmlich anhand der Vorschriften von §§ 253–256a HGB bemisst. Beides birgt die Gefahr eines potentiell zu geringen Jahresergebnisses in sich. Wie im Fall der Überbewertung ist die Aufzählung der Vorschriften nicht abschließend zu verstehen. Auch sonst entspricht die Beurteilung der Unterbewertung in mehrerer Hinsicht derjenigen einer Überbewertung. So kommt es auf die Bewertung des **Bilanzpostens** und nicht der einzelnen Vermögensposition an. Zudem werden ebenfalls hier **Ansatzfehler** erfasst,²¹³ so dass auf die entsprechenden Erläuterungen zur Überbewertung verwiesen werden kann (→ Rn. 65 f.). Ferner gelten die Ausführungen zur **Schwere des Bewertungsfehlers** (→ Rn. 64 f.) grundsätzlich entsprechend für die Unterbewertung,²¹⁴ obgleich hier die Frage nach der Schwelle zur Nichtigkeit aufgrund des zusätzlichen Vorsatzerfordernisses keine große Bedeutung erlangt.

Da aus Sicht des Gesetzgebers eine Unterbewertung im Hinblick auf den Gläubigerschutz weniger **69** bedenklich erschien als eine Überbewertung, sollten nur besonders schwerwiegende Fälle zur Nichtigkeit des festgestellten Jahresabschlusses führen.²¹⁵ Nr. 2 enthält daher im Vergleich zur Überbewertung nach Nr. 1 **zwei zusätzliche Tatbestandsmerkmale,** nämlich ein weiteres objektives und darüber hinaus ein subjektives Element.²¹⁶

In objektiver Hinsicht muss die Unterbewertung zu einer **unrichtigen Wiedergabe** oder zu **70** einer Verschleierung der Vermögens- und Ertragslage der Gesellschaft führen. Einigkeit besteht dabei darin, dass es entgegen des zu engen Wortlautes ausreicht, wenn die Vermögens- oder die Ertragslage

---

²⁰⁶ OLG Celle ZIP 1984, 594 (602); MüKoAktG/*Koch* Rn. 57; *ADS* Rn. 41; aA NK-AktR/*Heidel* Rn. 31.
²⁰⁷ OLG Celle ZIP 1994, 594 (602); LG Stuttgart DB 2001, 1025; MüKoAktG/*Koch* Rn. 57; *ADS* Rn. 42; Großkomm AktG/*Bezzenberger* Rn. 73; Kölner Komm AktG/*Zöllner* Rn. 42; aA NK-AktR/*Heidel* Rn. 31 ff.
²⁰⁸ LG Stuttgart DB 2001, 1025; *Kowalski* AG 1993, 502 (503); MüKoAktG/*Koch* Rn. 57; Kölner Komm AktG/*Zöllner* Rn. 43.
²⁰⁹ So auch *Wichmann* Steuer-Journal 2005, 29 (32); aA *ADS* Rn. 43; ihm folgend Kölner Komm AktG/*Zöllner* Rn. 42; WP-HdB 2012 Bd. I U Rn. 231; *Jungius/Schmidt* DB 2012, 1697 (1698).
²¹⁰ Zustimmend Großkomm AktG/*Bezzenberger* Rn. 74; ablehnend wegen der Komplexität der Beurteilung MüKoAktG/*Koch* Rn. 57.
²¹¹ MüKoAktG/Koch Rn. 58; *ADS* Rn. 39; *W. Müller* FS Quack, 1991, 359; K. Schmidt/Lutter/*Schwab* Rn. 6; aA *Schulze-Osterloh* ZIP 2008, 2241. Vgl. auch OLG Dresden ZIP 2006, 1773 (1775) mit Anmerkung von *Luttermann* EWiR § 256 AktG 1/06 zur fehlerhaften Aktivierung einer Kaufpreisforderung.
²¹² BGHZ 83, 341 (347 ff.) = NJW 1983, 42 (45) für unterlassene Rückstellungen bei einer GmbH; OLG Hamm AG 1992, 233 (234) für unterlassene Rückstellungen wegen drohender Gewährleistungsansprüche; OLG Frankfurt aM NZG 2008, 429 für die unterlassene Rückstellung wegen Schadensersatzforderungen gegen ein ehemaliges Vorstandsmitglied der Gesellschaft.
²¹³ BGH AG 1992, 58 = LM HGB § 318 Nr. 1.
²¹⁴ Vgl. für den Gleichlauf auch OLG München WM 2008, 876. Im Ergebnis wegen der unterschiedlichen Bedeutung der Über- und der Unterbewertung für den Ausschüttungsspielraum jeweils differenzierend Großkomm AktG/*Bezzenberger* Rn. 95.
²¹⁵ AusschBer. *Kropff* S. 347.
²¹⁶ Ebenso Großkomm AktG/*Bezzenberger* Rn. 93.

betroffen ist.[217] Die unrichtige Wiedergabe setzt falsche Angaben voraus.[218] Für die **Verschleierung** genügt es, wenn die Verhältnisse der Gesellschaft zwar objektiv richtig dargestellt werden, ihre Erkennbarkeit allerdings so erschwert ist, dass es zu einer Verdeckung des wahren Sachverhaltes kommt.[219]

71　In subjektiver Hinsicht ist **Vorsatz** erforderlich. Der Vorsatz muss sich der Wortstellung zufolge auf die unrichtige Wiedergabe oder die Verschleierung der Vermögenslage beziehen.[220] Da Vorsatz bzgl. der unrichtigen Wiedergabe erforderlich ist, genügt es im Fall der unrichtigen Wiedergabe nicht, wenn die unzutreffenden Angaben lediglich auf ein Missverstehen der Bilanzierungsvorschriften, insbesondere nach einer Änderung der Rechtsprechung, zurückzuführen sind.[221] Bei der Verschleierung muss sich der Vorsatz auf das sich aus der Verschleierung ergebende unklare Bild der Vermögens- oder Ertragslage der Gesellschaft beziehen, ohne dass – wenngleich es hierauf in der Praxis kaum ankommen wird – eine Kenntnis falscher Angaben erforderlich wäre.[222] Ausreichend ist nach allgM bedingter Vorsatz.[223] Mithin genügt es, wenn die unrichtigen Angaben oder das unklare Bild der Vermögens- oder Ertragslage billigend in Kauf genommen werden. Der Vorsatz muss nicht bei allen an der Feststellung Beteiligten gegeben sein. Ausreichend ist vielmehr, dass eine der für die Feststellung des Jahresabschlusses maßgeblich beteiligten und verantwortlichen Personen oder Personengruppen vorsätzlich handelte.[224] Dies kann zB der Mehrheitsaktionär im Falle der Feststellung durch die Hauptversammlung ebenso sein, wie der Vorsitzende des Bilanzausschusses im Falle der Feststellung durch Vorstand und Aufsichtsrat. Die Beweislast für das vorsätzliche Handeln trägt der Nichtigkeitskläger.[225]

72　**4. Sonderregeln.** Sonderregeln sieht S. 4 für Kredit- und Finanzdienstleistungsinstitute einerseits und Versicherungsunternehmen andererseits vor. Die mehrfach geänderte Bestimmung trägt dem Umstand Rechnung, dass für beide Geschäftszweige Regelungen bestehen, die von den allgemeinen Bewertungsvorschriften zum Teil abweichen. Dies sind für **Kredit- und Finanzdienstleistungsinstitute** insbesondere die §§ 340e–340g HGB und für Versicherungsunternehmen insbesondere die §§ 341b–341h HGB. Mit S. 4 wird klargestellt, dass Jahresabschlüsse von Unternehmen dieser Geschäftszweige, die diesen abweichenden gesetzlichen Bewertungsvorschriften Rechnung tragen, selbstverständlich nicht deswegen nichtig sind. Hauptanwendungsfälle sind dabei die Maßgabe für Kredit- und Finanzdienstleistungsinstitute, gemäß § 340f HGB Vorsorge für allgemeine Bankrisiken zu treffen, sowie für **Versicherungsunternehmen** die Vorgabe, Rückstellungen wegen einer möglichen Inanspruchnahme im Versicherungsfall zu bilden (§ 341f-§ 341h HGB).[226]

VI. Heilung

73　**1. Heilbarkeit.** In Anlehnung an § 242 ist in Abs. 6 für die meisten Nichtigkeitsgründe die Möglichkeit einer Heilung durch Zeitablauf vorgesehen. Eine zusätzliche Heilungsmöglichkeit für die Nichtigkeit nach Abs. 3 Nr. 1 wegen mangelhafter Einberufung der Hauptversammlung ergibt sich aus einer entsprechenden Anwendung von § 242 Abs. 2 S. 4.[227] Zudem besteht eine besonders gelagerte Heilungsmöglichkeit für die Fälle der Nichtigkeit bzw. genauer der endgültigen Unwirksamkeit nach § 234 Abs. 3 und § 235 Abs. 2. Hier folgt die Heilung des festgestellten Jahresabschlusses den in § 242 Abs. 3 aufgestellten Regeln für die Heilungsmöglichkeit eines Beschlusses zur Kapitalveränderung.[228] Im Übrigen sind die in Abs. 6 aufgezählten Heilungsmöglichkeiten abschließend.

74　**2. Umfang und Wirkung.** Die Wirkung der Heilung wird mit der Formulierung umschrieben, dass die Nichtigkeit „nicht mehr geltend gemacht werden" kann. Gemeint ist damit wie in § 242

---

[217] MüKoAktG/*Koch* Rn. 61; ADS R 51; Großkomm AktG/*Bezzenberger* R 94.
[218] MüKoAktG/*Koch* Rn. 61; kritisch NK-AktR/*Heidel* Rn. 37.
[219] Kölner Komm AktG/*Zöllner* Rn. 50; Großkomm AktG/*Otto* § 400 Rn. 18.
[220] *Kropff* ZGR 1994, 628 (639); weitergehend Großkomm AktG/*Bezzenberger* Rn. 97.
[221] BGHZ 137, 378 (384 f.) = NJW 1998, 1559 (1560); OLG Düsseldorf AG 1977, 195 (196 f.); MüKoAktG/*Koch* Rn. 62.
[222] Hüffer/Koch/*Koch* Rn 27; K. Schmidt/Lutter/*Schwab* Rn 20; *v. Godin/Wilhelmi* Anm. 10.
[223] BGHZ 137, 378 (381) = NJW 1998, 1559 (1560); BGHZ 124, 111 (120) = NJW 1994, 520 (522); MüKoAktG/*Koch* Rn. 62; Kölner Komm AktG/*Zöllner* Rn. 48; ADS Rn. 52.
[224] Kölner Komm AktG/*Zöllner* Rn. 48; MüKoAktG/*Koch* Rn. 62; WP-HdB 2012 Bd. I U Rn. 235.
[225] OLG München WM 2008, 876; OLG Düsseldorf AG 1977, 195 (196 f.); *Henze* HRR AktienR Rn. 1276; MüKoAktG/*Koch* Rn. 62; Großkomm AktG/*Bezzenberger* Rn. 231.
[226] Vgl. WP-HdB 2012 Bd. I U Rn. 229.
[227] *Caspar*, Die Heilung nichtiger Beschlüsse im Kapitalgesellschaftsrecht, 1998, 308 f.
[228] *Caspar*, Die Heilung nichtiger Beschlüsse im Kapitalgesellschaftsrecht, 1998, 323 f.; MüKoAktG/*Koch* Rn. 70; Großkomm AktG/*Bezzenberger* Rn. 200.

die **Veränderung der materiellen Rechtslage** durch rückwirkende Beseitigung der Nichtigkeit.[229] Folgerichtig ist mit Eintritt der Heilung die Gesellschaft ihrer Rechnungslegungspflicht in vollem Umfang nachgekommen, so dass sie hiernach nicht mehr vom Registergericht mittels Zwangsgeld zur Einreichung eines fehlerfreien Jahresabschlusses gezwungen werden kann.[230] Allerdings hindert wegen der unterschiedlichen Zielrichtung die Heilung kein Enforcement-Verfahren.[231] Auch die Haftung des Wirtschaftsprüfers für Schäden, die aus der Verletzung der ihm der Gesellschaft gegenüber obliegenden Pflichten bei der Prüfung des Jahresabschlusses resultieren, lässt die Heilung nicht notwendiger weise entfallen, denn das geprüfte Unternehmen muss sich nicht mit der Heilung des nichtigen Jahresabschlusses begnügen.[232]

Von der Heilung des nichtigen Jahresabschlusses erfasst werden sowohl der hierauf aufbauende 75 Gewinnverwendungsbeschluss (→ § 253 Rn. 17 f.) als auch die wegen des Grundsatzes der Bilanzidentität betroffenen Folgeabschlüsse (→ Rn. 95). Zudem korrespondiert der **Umfang der Heilung** mit dem Umfang der Nichtigkeit. Ebenso wie im Falle des Mangels eines Teilaktes das gesamte korporationsrechtliche Rechtsgeschäft nichtig ist, wird es in vollem Umfang geheilt, wenn der mangelhafte Teil geheilt wird.[233]

3. Heilungsmöglichkeiten nach Abs. 6. Heilbar sind bis auf wenige Ausnahmen alle in § 256 76 genannten Nichtigkeitsgründe. Mit der weitgehenden Möglichkeit der Heilung eines nichtigen Jahresabschlusses durch Zeitablauf trägt der Gesetzgeber dem Bedürfnis nach Rechtssicherheit Rechnung.[234] Ausnahmsweise keine Heilungsmöglichkeit besteht für den Fall einer unterbliebenen Abschlussprüfung nach Abs. 1 Nr. 2. Hierdurch soll vermieden werden, dass die Unternehmen die zum Teil sehr kostenträchtige Verpflichtung zur externen Abschlussprüfung durch bloßes Verstreichenlassen der Heilungsfristen unterlaufen.[235] Aus dem gleichen Grund unheilbar ist ein Verstoß gegen eine nachträgliche Prüfungspflicht nach § 173 Abs. 3.[236] Ebenfalls keine Heilung kommt bei einer Nichtigkeit nach Abs. 3 Nr. 3 in Betracht. Eine Heilungsmöglichkeit wäre hier mit der Rechtskraft der gerichtlichen Entscheidung nicht vereinbar. Alle anderen Fälle der Nichtigkeit des festgestellten Jahresabschlusses sind – dem **Regelfall** entsprechend – der Heilung zugänglich. Hiervon zu unterscheiden ist die Situation, in der bereits der Jahresabschluss nicht festgestellt wurde: Da hier kein Rechtsgeschäft vorliegt, kommt auch keine Heilung desselben in Betracht.

4. Heilungsfrist. Die Heilungsfrist für Inhaltsmängel nach Abs. 1 Nr. 1 und konsequenter Weise 77 damit ebenfalls für Verstöße gegen Gliederungsvorschriften nach Abs. 4 und Bewertungsvorschriften nach Abs. 5 beträgt **drei Jahre**. In allen übrigen Fällen, für die eine Heilung vorgesehen ist, tritt die Heilung bereits nach Ablauf von **sechs Monaten** ein. Der kurzen sechsmonatigen Heilungsfrist unterliegen damit Prüfungsmängel nach Abs. 1 Nr. 3, inhaltliche Mängel wegen Verletzung der Bestimmungen zur Rücklagenbildung nach Abs. 1 Nr. 4 sowie – abgesehen von Abs. 3 Nr. 3 – alle Verfahrensmängel nach Abs. 2 und 3. In der unterschiedlichen Länge der vorgesehenen Heilungsfristen kommt zugleich eine Gewichtung der Nichtigkeitsgründe nach ihrer Schwere zum Ausdruck.

5. Fristbeginn und Fristende. Maßgeblich für den Fristbeginn ist die Bekanntmachung im 78 elektronischen Bundesanzeiger nach § 325 Abs. 2 HGB. Dabei kommt es allein auf die Tatsache der **Bekanntmachung** an, so dass Fehler hierbei keine Rolle spielen. Gemäß § 187 Abs. 1 BGB wird der Tag der Veröffentlichung nicht mitgerechnet. Auf das Fristende findet § 188 BGB Anwendung. Nicht anwendbar ist jedoch mangels gleicher Interessenlage § 193 BGB.[237] Denn § 193 BGB ermöglicht die rechtzeitige Abgabe einer Willenserklärung, in § 256 kommt es hingegen umgekehrt darauf an, dass keine Klage innerhalb der Frist erhoben wurde.

---

[229] *Caspar*, Die Heilung nichtiger Beschlüsse im Kapitalgesellschaftsrecht, 1998, 314 f.; Hüffer/Koch/*Koch* Rn. 28; Großkomm AktG/*Bezzenberger* Rn. 265; aA Kölner Komm AktG/*Zöllner* Rn. 131; *Hense* WPg 1993, 716 (720 Fn. 29) Wirkung ex nunc; *W. Müller* FS Quack, 1991, 359 (369); offen gelassen in BGH ZIP 2013, 1577 Rn. 9.

[230] *Caspar*, Die Heilung nichtiger Beschlüsse im Kapitalgesellschaftsrecht, 1998, 315; Großkomm AktG/*Bezzenberger* Rn. 266; aA *Kropff* FS Budde, 1995, 341 (357).

[231] *Mock* DB 2005, 987 (990); Großkomm AktG/*Bezzenberger* Rn. 242; Bürgers/Körber/*Schulz* Rn. 19.

[232] BGH ZIP 2013, 1577 Rn. 14.

[233] Vgl. *Kropff* ZGR 1994, 628 (635).

[234] *Caspar*, Die Heilung nichtiger Beschlüsse im Kapitalgesellschaftsrecht, 1998, 67 f.; *Nonnenmacher* in Marsch-Barner/Schäfer Börsennotierte AG-HdB § 52 Rn. 91.

[235] Vgl. AusschBer. *Kropff* S. 347, sowie bereits *v. Godin/Wilhelmi* Anm. 4.

[236] Großkomm AktG/*Bezzenberger* Rn. 170.

[237] OLGR Düsseldorf 2001, 540 = AG 2003, 45 f.; Großkomm AktG/*Bezzenberger* Rn. 274; Bürgers/Körber/*Schulz* Rn 19; aA *Caspar*, Die Heilung nichtiger Beschlüsse im Kapitalgesellschaftsrecht, 1998, 312; MüKoAktG/*Koch* Rn. 66, NK-AktR/*Heidel* Rn. 39; Hüffer/Koch/*Koch* Rn. 30.

79 6. Fristverlängerung. Die betreffende Heilungsfrist verlängert sich nach S. 2, wenn zum Zeitpunkt des Fristablaufs eine Nichtigkeitsfeststellungsklage rechtshängig ist. Dabei ist eine rechtzeitige Anhängigkeit bereits ausreichend, wenn die Klage demnächst iSv § 167 ZPO zugestellt wird.[238] Den Fristablauf verhindert nur die **Nichtigkeitsfeststellungsklage** nach § 256 Abs. 7 iVm § 249, nicht hingegen eine allgemeine Feststellungsklage.[239] Denn nur Erstere wirkt für und gegen jedermann. S. 2 hemmt nicht den Lauf der Frist, sondern verhindert nur den Fristablauf. Mit rechtskräftiger Entscheidung oder sonst endgültiger Beendigung des Prozesses steht daher bei Stattgabe entweder die Nichtigkeit fest oder ansonsten tritt die Heilung spätestens nach Beendigung der dann noch offenen Fristen des Abs. 1 ein.

VII. Nichtigkeitsklage

80 1. Klageerhebung. Für die gerichtliche Geltendmachung der Nichtigkeit wird in Abs. 6 auf die Nichtigkeitsklage gegen Hauptversammlungsbeschlüsse nach § 249 verwiesen. Hierdurch kommen die dort in § 249 Abs. 1 S. 1 genannten weiteren Vorschriften zur Anwendung.[240] Klagebefugt sind danach ein Aktionär, der Vorstand oder ein Mitglied des Vorstandes oder des Aufsichtsrats, in der Insolvenz der Gesellschaft wegen des Massebezugs an Stelle des Vorstands der Insolvenzverwalter.[241] Mehrere Kläger sind Streitgenossen im Sinne von § 62 Fall 1 ZPO. Eine Nebenintervention eines Aktionärs auf Seiten der beklagten Gesellschaft oder auf Seiten der Kläger – hier unter Beachtung der in § 246 Abs. 4 S. 2 genannten Frist – ist möglich.[242] Die Klage ist gemäß § 246 Abs. 2 gegen die Gesellschaft zu richten. Bei der Klage des Vorstandes gegen die Gesellschaft wird diese durch den Aufsichtsrat vertreten (§ 246 Abs. 2 S. 3). Für Aktionäre besteht die Möglichkeit der streitgenössischen Nebenintervention.[243] Diese Möglichkeit ist allerdings durch das Gesetz zur Unternehmensintegrität und Modernisierung des Anfechtungsrechts (UMAG vom 22.9.2005, BGBl. 2005 I 2802) eingeschränkt worden. Gemäß dem hiermit eingefügten § 246 Abs. 4 S. 2 muss der Beitritt innerhalb eines Monats nach Bekanntmachung der Klage erfolgen. Der **Klageantrag** ist darauf zu richten, dass die Nichtigkeit des (festgestellten) Jahresabschlusses festgestellt wird.[244] Nichtigkeitsgründe können nachgeschoben werden.[245] Ist der Antrag irrigerweise auf die Feststellung der Nichtigkeit des zugrunde liegenden Aufsichtsratsbeschlusses gerichtet, muss er korrigierend umgedeutet werden.[246] Ein gesondertes Feststellungsinteresse ist nicht erforderlich.[247] Gemäß § 248 wirkt das Urteil für und gegen jedermann (→ § 248 Rn. 6),[248] wenn der Jahresabschluss für nichtig erklärt wird. In diesem Fall besteht die Pflicht der Gesellschaft zur Neuvornahme des Jahresabschlusses (→ Rn. 90).[249] Die **Rechtskraft des Urteils** erstreckt sich nur auf den streitgegenständlichen Jahresabschluss, nicht auf etwaige Folgeabschlüsse, selbst wenn diese an demselben Nichtigkeitsgrund leiden. Um eine mögliche Heilung zu verhindern, bedarf es weiterer, gegen die Folgeabschlüsse gerichteter Nichtigkeitsklagen.[250] Die **Darlegungs- und Beweislast** liegt – abgesehen vom Einwand der Unwesentlichkeit[251] – gemäß den allgemeinen Regeln auf Seiten des Klägers.[252] Um ihr zu genügen, kann ein Aktionär im Vorfeld von seinem Auskunftsrecht nach § 131 Gebrauch machen[253] oder eine Sonderprüfung nach § 142 bzw. § 258 veranlassen.[254]

---

[238] OLG Dresden ZIP 2017, 2003, LG Düsseldorf AG 1989, 140 zu § 270 Abs. 3 ZPO aF; MüKoAktG/*Koch* Rn. 67; Großkomm AktG/*Bezzenberger* Rn. 234; *ADS* Rn. 94.
[239] *Kowalski* AG 1993, 502 (504); *Caspar*, Die Heilung nichtiger Beschlüsse im Kapitalgesellschaftsrecht, 1998, 312; MüKoAktG/*Koch* Rn. 67; Großkomm AktG/*Schilling*, 3. Aufl., Anm. 20.
[240] Großkomm AktG/*Bezzenberger* Rn. 221.
[241] OLG Dresden ZIP 2017, 2003.
[242] Vgl. hierzu ausführlich Großkomm AktG/*Bezzenberger* Rn. 227 ff.
[243] OLG Schleswig ZIP 1993, 680; MüKoAktG/*Koch* Rn. 72.
[244] *Westermann* AG 1981, 81 (87); Großkomm AktG/*Bezzenberger* Rn. 226; MüKoAktG/*Koch* Rn. 71; *ADS* Rn. 94.
[245] OLG Dresden ZIP 2006, 1773 (1777).
[246] OLG Stuttgart ZIP 2003, 1981 (1983) = OLGR Stuttgart 2003, 446; *Kropff* ZGR 1994, 628 (635) unter Bezugnahme auf BGHZ 124, 111 = NJW 1994, 520 spricht von Auslegung; unzutreffend einschränkend bzgl. der Möglichkeit, ein auf einen falsch gestellten Klageantrag hin ergangenes Anerkenntnisurteil ebenfalls auszulegen *Westermann* AG 1981, 81 (89 f.).
[247] OLG Celle AG 1984, 266 (267 f.).
[248] Großkomm AktG/*Bezzenberger* Rn. 224; Hüffer/Koch/*Koch* § 248 Rn. 5.
[249] *Habersack* NZG 2003, 659 (661).
[250] *Mattheus/Schwab* BB 2004, 1099 (1102) mit allerdings zu weit reichenden Konsequenzen zur Bindungswirkung des Tatbestandes.
[251] Großkomm AktG/*Bezzenberger* Rn. 231.
[252] OLG Frankfurt AG 2007, 401 (402) zur Darlegungslast; Großkomm AktG/*Bezzenberger* Rn. 231.
[253] OLG Karlsruhe WM 1987, 534 (536).
[254] Großkomm AktG/*Bezzenberger* Rn. 232.

Abzugrenzen ist die Nichtigkeitsklage nach Abs. 7 von der **allgemeinen Feststellungsklage**. 81
Diese ist zwar trotz der Sonderregelung in Abs. 7 zulässig, da § 249 Abs. 1 S. 2 die anderweitige
Geltendmachung ausdrücklich zulässt. Für diese Klage, die von jedermann und damit insbesondere
auch von den Gläubigern der Gesellschaft erhoben werden kann, ist allerdings ein besonderes Feststellungsinteresse erforderlich.[255] Zudem wirkt das Urteil, das aufgrund einer allgemeinen Feststellungsklage ergeht, richtiger Ansicht nach nicht für und gegen jedermann.[256] Ferner kommt ihr keine die
Heilungsfrist verlängernde Wirkung zu (→ Rn. 76).[257]

2. Mitteilungspflicht. S. 2 sieht vor, dass die Gerichte erster Instanz die Bundesanstalt für Finanz- 82
dienstleistungsaufsicht in Bonn über den Eingang einer Nichtigkeitsfeststellungsklage sowie über jede
rechtskräftige Entscheidung über die Klage informieren. Durch die mit dem Bilanzkontrollgesetz
neu eingefügte Regelung soll die Kenntnis der Bundesanstalt von anhängigen Verfahren sichergestellt
werden, um so den in § 342b Abs. 3 S. 1 HGB und § 107 Abs. 3 Satz 1 WpHG normierten Vorrang
des Gerichtsverfahrens vor dem Enforcement-Verfahren sicherzustellen.[258] Zuständig für die Mitteilung sind nur die Gerichte erster Instanz, nicht hingegen diejenigen höherer Instanz.[259] Ansonsten
käme es zu unnötigen Mehrfachmitteilungen, die selbst unter dem Gesichtspunkt der endgültigen
Verfahrensbeendigung in höherer Instanz nicht zu rechtfertigen sind. Denn die Eingangsinstanz
erhält hiervon Kenntnis und kann sodann ebenfalls insoweit der ihr obliegenden Mitteilungspflicht
nachkommen. Die Bundesanstalt für Finanzdienstleistungsaufsicht leitet ihrerseits gemäß § 108 Abs. 3
WpHG die Informationen ggf. an die privatrechtlich organisierte Prüfstelle[260] weiter. Nach dem
Sinn und Zweck der Regelung erstreckt sich die Mitteilungspflicht über den Wortlaut hinaus nicht
nur auf die rechtskräftige Entscheidung, sondern, wie in Abs. 6, auch auf jede anderweitige endgültige
Verfahrenserledigung zB eine Klagerücknahme.[261] Von der Mitteilungspflicht betroffen sind nur
Jahresabschlüsse von Gesellschaften, die Wertpapiere iSd § 2 Abs. 1 S. 1 WpHG ausgegeben haben,
die zum Handel im amtlichen oder geregelten Markt zugelassen sind.

3. Verhältnis zu anderen Überprüfungsverfahren. Die Nichtigkeitsfeststellungsklage ist 83
ebenso wie das Sonderprüfungsverfahren und das mit dem Bilanzkontrollgesetz neu eingeführte
Enforcement-Verfahren ein **Instrument, das dazu dient, gegen den festgestellten Jahresabschluss einer Gesellschaft vorzugehen.** In allen Verfahren unterliegt der festgestellte Jahresabschluss einer zusätzlichen Prüfung, allerdings durch jeweils unterschiedliche Institutionen. Beim
Sonderprüfungsverfahren wird ein zusätzlicher Prüfer bestellt, beim Enforcement-Verfahren prüft
zunächst die Prüfstelle und im Anschluss hieran ggf. die Bundesanstalt für Finanzdienstleistungsaufsicht. Bei der Nichtigkeitskontrolle unterliegt der Jahresabschluss einer zusätzlichen Prüfung durch
das Gericht, hier allerdings nur im Rahmen des Parteivortrages.

Anerkannt ist, dass die Nichtigkeitsfeststellungsklage und die **Sonderprüfung** nach §§ 258 ff. 84
einander nicht ausschließen, solange die Nichtigkeit des Jahresabschlusses nicht rechtskräftig festgestellt ist.[262] Das ergibt sich bereits daraus, dass die Feststellung der Nichtigkeit des Jahresabschlusses
im gerichtlichen Verfahren innerhalb der einmonatigen Antragsfrist des § 258 Abs. 2 S. 1 praktisch
unmöglich ist.[263] Aufgrund des unterschiedlichen Prüfungsprogramms ist der Sonderprüfer an die
Abweisung der Nichtigkeitsklage durch das Gericht nicht gebunden. Im Falle des stattgebenden
Urteils kommt eine weitere Sonderprüfung des rechtskräftig für nichtig erklärten Jahresabschlusses
ohnehin nicht in Betracht.

Anders ist die Rechtslage im Hinblick auf das **Enforcement-Verfahren.** Hier hat der Gesetzge- 85
ber in § 342b Abs. 3 S. 1 HGB und § 107 Abs. 3 Satz 1 WpHG den Vorrang des gerichtlichen
Verfahrens ausdrücklich normiert. Ziel war es, divergierende Entscheidungen zu vermeiden.[264] Dabei
handelt es sich nicht um einen zeitlichen, sondern einen materiellen Vorrang, so dass die Nichtigkeitsklage auch die Fortführung bereits eingeleiteter Enforcement-Verfahren sperrt.[265] Die Sperrwirkung

---

[255] Vgl. OLG Celle ZIP 1994, 594 (602); Großkomm AktG/*Bezzenberger* Rn. 244.
[256] MüKoAktG/*Koch* Rn. 73; *ADS* Rn. 94; WP-HdB 2012 Bd. I U Rn. 237; aA Kölner Komm AktG/*Zöllner* Rn. 111.
[257] *Kowalski* AG 1993, 502 (504); *Caspar*, Die Heilung nichtiger Beschlüsse im Kapitalgesellschaftsrecht, 1998, 312; MüKoAktG/*Koch* Rn. 67; Großkomm AktG/*Schilling*, 3. Aufl., Anm. 20.
[258] Vgl. BegrRegE zu Art. 5 Nr. 3 BilKoG.
[259] Großkomm AktG/*Bezzenberger* Rn. 240; aA *Geßler* Rn. 2: jeder Instanz.
[260] Deutsche Prüfstelle für Rechnungslegung, s. im Einzelnen *Gelhausen/Hönsch* AG 2005, 511.
[261] Großkomm AktG/*Bezzenberger* Rn. 240; aA *Geßler* Rn. 2; NK-AktR/*Heidel* Rn. 41a.
[262] MüKoAktG/*Koch* Rn. 73; Kölner Komm AktG/*Zöllner* Rn. 51; Großkomm AktG/*Bezzenberger* Rn. 238.
[263] Hüffer/Koch/*Koch* § 258 Rn. 2.
[264] BT-Drs. 15/3421, 14; *Mock* DB 2005, 987 (990).
[265] *Mock* DB 2005, 987 (990); *Gelhausen/Hönsch* AG 2005, 511 (517); *Mattheus/Schwab* BB 2004, 1099 (1104).

umfasst das gesamte zweistufige Enforcement-Verfahren einschließlich des gerichtlichen Beschwerdeverfahrens nach § 113 WpHG iVm § 48 Abs. 4 WpÜG vor dem Oberlandesgericht Frankfurt.[266] Abgesehen von der in § 256 Abs. 7 iVm § 249 Abs. 1, § 248 Abs. 1 normierten Bindungswirkung, nach der ein stattgebendes Urteil für und gegen jedermann wirkt, sind die beiden Verfahren voneinander unabhängig. Weder ist das Gericht an eine (bestandskräftige) Entscheidung der Bundesanstalt gebunden, noch die Bundesanstalt an eine Klageabweisung des Gerichts.[267] Das folgt aus dem unterschiedlichen Prüfungsprogramm in beiden Verfahren. So spielt etwa weder die Heilung eines Fehlers nach Abs. 6 noch die Wesentlichkeit des Fehlers im Enforcement-Verfahren eine Rolle.[268]

VIII. Nichtigkeitsfolgen

86   **1. Begriff.** Nichtigkeit des festgestellten Jahresabschlusses heißt, dass die Feststellungswirkungen ausbleiben (vgl. zu den Feststellungswirkungen → § 172 Rn. 13 ff.),[269] dem Jahresabschluss also insbesondere keine rechtlich bindende Wirkung zukommt, es vielmehr beim bloß unverbindlichen Zahlenwerk verbleibt. Von der Nichtigkeit zu unterscheiden ist die **schwebende Unwirksamkeit des Jahresabschlusses,** wie sie etwa in § 173 Abs. 3 zunächst als Rechtsfolge vorgesehen ist und die später in eine endgültige Unwirksamkeit umschlagen kann. Beim schwebend unwirksamen Jahresabschluss handelt es sich um einen grundsätzlich rechtmäßig erstellten und rechtmäßig festgestellten Abschluss, zu dessen Wirksamkeit allerdings noch ein konstitutives Element hinzutreten muss, wohingegen der nichtige festgestellte Jahresabschluss mangelbehaftet ist und, abgesehen von einer möglichen Heilung, mangelhaft bleibt.[270]

87   **2. Umfang.** Die Nichtigkeit umfasst den gesamten Jahresabschluss, dh die Bilanz, die Gewinn- und Verlustrechnung sowie den Anhang. Eine **Teilnichtigkeit** kommt nicht in Betracht.[271] Allerdings beschränkt sich die Nichtigkeit auf den festgestellten Jahresabschluss, so dass die Billigung des Lageberichts, des Abhängigkeitsberichts oder der Konzernbilanz hiervon nicht betroffen ist. Die Nichtigkeit dieser Billigungsbeschlüsse kann sich allenfalls aus einer **Anwendung von § 139 BGB** ergeben.[272] Gleichwohl spricht einiges dafür, dass sich die uneingeschränkte Anwendung von § 139 BGB nicht mit dem abschließenden Charakter von § 256 verträgt. So kann zwar die Nichtigkeit des festgestellten Jahresabschlusses zur Nichtigkeit der Billigungsbeschlüsse führen. Umgekehrt darf die Nichtigkeit eines Billigungsbeschlusses jedoch grundsätzlich nicht die Nichtigkeit des festgestellten Jahresabschlusses bedingen. Denn ansonsten würden im Wege der Anwendung von § 139 BGB weitere, über § 256 hinausgehende Gründe zur Nichtigkeit des festgestellten Jahresabschlusses führen.[273]

88   **3. Bedeutung.** Diese kann die Nichtigkeit insbesondere dadurch erlangen, dass der festgestellte Jahresabschluss Grundlage für **Folgedispositionen der Gesellschaft** ist. Dies gilt gemäß § 58 für die Verwendung des Jahresüberschusses und gemäß § 301 f. für eine Gewinnabführung an oder eine Verlustübernahme durch ein anderes Unternehmen. Ferner dient der festgestellte Jahresabschluss häufig als Grundlage für die Kaufpreisermittlung beim Unternehmens- und Anteilskauf[274] oder für eine Kreditvergabe an das Unternehmen. Ebenso können sich aus der Nichtigkeit des festgestellten Jahresabschlusses steuerliche Konsequenzen für die Gesellschaft ergeben.[275] Da nur der für verbindlich erklärte, dh gültig festgestellte Jahresabschluss die ihm zukommende Informationsfunktion erfüllen kann, kommt im Falle von dessen Nichtigkeit das Unternehmen seiner sich aus §§ 242, 264 HGB ergebenden **Rechnungslegungspflicht** nicht nach.[276] Schon hieraus ergibt sich, dass die Nichtigkeit des festgestellten Jahresabschlusses richtiger Ansicht nach auch für den Abschlussprüfer von Bedeu-

---

[266] *Mattheus/Schwab* BB 2004, 1099 (1104).
[267] Großkomm AktG/*Bezzenberger* Rn. 242; *Mock* DB 2005, 987 (990); *Hennrichs* ZHR 168 (2004), 383 (407); *Gelhausen/Hönsch* AG 2005, 511 (517); aA *Mattheus/Schwab* BB 1099, 1106.
[268] *Hennrichs* ZHR 168 (2004), 383 (408); vgl. allerdings zu dem ungeschriebenen Tatbestandsmerkmal wesentlicher Verstöße im Enforcement-Verfahren OLG Frankfurt ZIP 2009, 368.
[269] Hüffer/Koch/*Koch* Rn. 32.
[270] Vgl. auch Kölner Komm AktG/*Zöllner* Rn. 101.
[271] *Balthasar,* Die Bestandskraft nichtiger Jahresabschlüsse, 1999, 215; ADS Rn. 74; NK-AktR/*Heidel* Rn. 43; *Nonnenmacher* in Marsch-Barner/Schäfer Börsennotierte AG-HdB § 52 Rn. 88.
[272] Vgl. dazu BGHZ 124, 111 (122) = NJW 1994, 520 (523); MüKoAktG/*Koch* Rn. 80; kritisch *Kropff* ZGR 1994, 628 (640).
[273] Ebenso Großkomm AktG/*Bezzenberger* Rn. 191.
[274] *Lutter* FS Helmrich, 1995, 685 (686).
[275] Vgl. hierzu *Schlagheck* GmbHR 2002, 682; *Schlagheck* BBK Nr. 23 vom 1.12.2000, 7247; *Zimmermann* DStR 2002, 2145.
[276] *Geist* DStR 1996, 306 (308); MüKoAktG/*Koch* Rn. 78; Kölner Komm AktG/*Zöllner* Rn. 100.

tung ist. So ist die Frage der Nichtigkeit notwendig **Gegenstand der Abschlussprüfung** und unterliegt der Berichtspflicht.[277] Liegt aus der Sicht des Abschlussprüfers ein Nichtigkeitsgrund nach § 256 vor, so hat er das Testat gemäß § 322 Abs. 4 HGB zu versagen.[278]

4. Rechtsfolgen. a) Gewinnverwendungsbeschluss. Gemäß § 253 Abs. 1 S. 1 zieht die Nichtigkeit des festgestellten Jahresabschlusses die Nichtigkeit des Gewinnverwendungsbeschlusses nach sich. Gewinne dürfen daher mangels gesetzlicher Grundlage nicht ausgeschüttet werden.[279] Bereits ausgeschüttete Gewinne sind gemäß § 62 AktG zurückzufordern.[280] Dies gilt auch für den Insolvenzverwalter nach Eröffnung des Insolvenzverfahrens.[281] Der Insolvenzverwalter kann neben einem Anspruch nach § 62 zusätzlich die auf der Grundlage des nichtigen Gewinnverwendungsbeschlusses erfolgte Gewinnausschüttung wegen unentgeltlicher Leistung anfechten und sodann gemäß § 143 Abs. 1 S. 1 iVm § 134 Abs. 1 InsO zurückverlangen.[282] Insoweit rücken Nichtigkeitsfeststellungsklagen eines Insolvenzverwalters zunehmend ins Blickfeld, die der Vorbereitung anschließender Rückforderungen von Gewinnausschüttungen dienen oder Schadensersatzprozesse gegen die Organe der Gesellschaft sowie die Prüfer des Jahresabschlusses vorbereiten sollen.[283] Dabei kann die Pflicht, Gewinne zurückzufordern, vornehmlich für werbende Publikumsgesellschaften mit weit gestreutem Aktionärskreis **desaströse Folgen** wegen des damit verbundenen Vertrauensverlustes bei den Aktionären haben.[284] 89

b) Neuvornahme. aa) Pflicht zur Neuvornahme. Wegen der Nichtigkeit des festgestellten Jahresabschlusses ist die Gesellschaft ihrer Pflicht zur Rechnungslegung nicht nachgekommen. Sie ist deshalb grundsätzlich zur Neuvornahme nicht nur berechtigt, sondern sogar verpflichtet.[285] Dies gilt insbesondere dann, wenn die Nichtigkeit rechtskräftig festgestellt worden ist oder ansonsten eine Heilung ausgeschlossen ist.[286] Zweifel können nur dahingehend bestehen, ob der Rechnungslegungspflicht ausnahmsweise dadurch nachgekommen werden kann, dass die **Heilung des nichtigen Jahresabschlusses abgewartet** wird.[287] Dies ist vom Grundsatz her zu bejahen.[288] Der Gesetzgeber hat in Abs. 6 zum Ausdruck gebracht, dass nach Ablauf der Heilungsfrist kein Unterschied mehr zwischen einem geheilten und einem von vornherein wirksam festgestellten Jahresabschluss zu machen ist.[289] Dies muss dann ebenso für die Erfüllung der Pflicht zur Rechnungslegung gelten, allerdings nur, soweit ab Kenntnisnahme von dem Mangel die Heilung in einem im Vergleich zur Neuvornahme annähernd gleichen Zeitraum erfolgen kann. Ansonsten sind nämlich im Hinblick auf den unterschiedlichen Zeitpunkt der Pflichterfüllung beide Alternativen nicht gleichwertig.[290] 90

bb) Verfahren bei Neuvornahme. richtet sich nach dem Nichtigkeitsgrund. Ist bei der Nichtigkeit nach Abs. 2 oder 3 nur der Feststellungsakt als solcher fehlerbehaftet, genügt dessen Wiederho- 91

---

[277] *Kropff* FS Havermann, 1995, 323 (336 f.); MüKoAktG/*Koch* Rn. 81; aA Bürgers/Körber/*Schulz* Rn. 23.
[278] *Kropff* FS Havermann, 1995, 323 (327); MüKoAktG/*Koch* Rn. 81; Großkomm AktG/*Bezzenberger* Rn. 217; zum Bestätigungsvermerk bei nichtigem Vorjahresabschluss vgl. *Hense* WPg 1993, 716 (722).
[279] *Grumann/Gillmann* NZG 2004, 839 (843).
[280] Großkomm AktG/*Bezzenberger* Rn. 210; vgl. für die GmbH OLG Stuttgart GmbHR 2004, 662 = OLGR Stuttgart 2004, 378; *Grumann/Gillmann* NZG 2004, 839 (843); *Hense* WPg 1993, 716 (720).
[281] Vgl. Zur Rückforderung von Gewinnausschüttungen durch den Insolvenzverwalter bei nichtigen Jahresabschlüssen *Bange* ZInsO 2006, 519; Großkomm AktG/*Bezzenberger* Rn. 211, sowie zu der einer Rückforderung vorgelagerten Nichtigkeitsklage des Insolvenzverwalters OLG Dresden ZIP 2006, 1773.
[282] *Mylich* AG 2011, 765 (766 ff.).
[283] Vgl. *Bange* ZInsO 2006, 519 sowie als hierfür Beispiel OLG Dresden ZIP 2006, 1773.
[284] *Lutter* FS Semler, 1993, 835 (842 f.); Großkomm AktG/*Bezzenberger* Rn. 19.
[285] *Gelhausen/Hönsch* AG 2005, 511 (528); *Habersack* NZG 2003, 659 (661); *Mattheus/Schwab* BB 2003, 1099 (1101); *Lutter* FS Helmrich, 1994, 685 (694 f.).
[286] *Kowalski* AG 1993, 502 (504).
[287] Einen ausführlichen Überblick zum Meinungsstand hierzu bietet *Balthasar*, Die Bestandskraft nichtiger Jahresabschlüsse, 1999, 219 f.
[288] So auch *Lutter* FS Helmrich, 1994, 685 (691); *Kowalski* AG 1993, 502 (504); WP-HdB 2012 Bd. I U Rn. 251; aA *Balthasar*, Die Bestandskraft nichtiger Jahresabschlüsse, 1999, 220 ff.; *Geist* DStR 1996, 306; zur Darstellung des Meinungsstreits vgl. *Jungius/Schmidt* DB 2012, 1761 (1762).
[289] Zu der Frage, ob der geheilte, festgestellte Jahresabschluss zwar wirksam, aber dennoch weiterhin fehlerhaft und damit abänderbar bleibt s. *W. Müller* FS Quack, 1991, 359 (363 ff.); *H.-P. Müller* FS Budde, 1995, 431 (432); einschränkend bzw. ablehnend *Küting/Ranker* WPg 2005, 1 ff.; *Caspar*, Die Heilung nichtiger Beschlüsse im Kapitalgesellschaftsrecht, 1998, 320 f.
[290] MüKoAktG/*Koch* Rn. 82; weitergehend Großkomm AktG/*Bezzenberger* Rn. 249, der den Gesellschaftsorganen einen Ermessensspielraum unter Abwägung aller Vor- und Nachteile für die Gesellschaft zubilligt, dabei aber nicht hinreichend die Interessen der außerhalb der Gesellschaft stehenden Akteure an einer ordnungsgemäßen Rechnungslegung in den Blick nimmt.

lung. Da im Falle einer mehraktigen Feststellung, namentlich im Fall des korporationsrechtlichen Rechtsgeschäfts von Vorstand und Aufsichtsrat, die Nichtigkeit eines Teilaktes die Nichtigkeit des gesamten Feststellungsaktes bewirkt (→ Rn. 15), ist immer der gesamte Feststellungsakt – aber nur dieser – in all seinen Teilen zu wiederholen.[291] Eine Verpflichtung zur Neuaufstellung mit damit verbundener neuer Abschlussprüfung ergibt sich dabei auch nicht ausnahmsweise. Sie kann insbesondere nicht aus dem in § 252 Abs. 1 Nr. 4 HGB folgenden **Prinzip der Wertaufhellung** resultieren.[292] Denn richtiger Ansicht nach sind nur alle bis zur ersten Aufstellung des Jahresabschlusses gewonnenen Erkenntnisse zu berücksichtigen, nicht hingegen später erzielte.[293] In anderen Fällen als einer Nichtigkeit nach Abs. 2 und 3 ist hingegen eine erneute Abschlussprüfung und Feststellung oder beim Inhaltsfehler zudem eine erneute Aufstellung des Jahresabschlusses erforderlich. Bei der Neuaufstellung besteht mangels wirksamer Feststellung im Grundsatz keine Bindung an zuvor getroffene bilanzpolitische Entscheidungen.[294] Ausnahmen hiervon können sich nur aus dem Gebot der gesellschaftsrechtlichen Rücksichtnahme ergeben.[295]

92 Das **Recht zur Neuaufstellung** eines nichtigen festgestellten Jahresabschlusses und damit zur geänderten bilanzpolitischen Entscheidung besteht allerdings immer.[296] Bis zur wirksamen Feststellung ist nämlich der Jahresabschluss einer veränderten Ermessensausübung frei zugänglich.[297] Dabei gelten für die erneute Feststellung des Jahresabschlusses die allgemeinen Bestimmungen. So sind für die Feststellung im Regelfall auch bei deren erneuten Vornahme gemäß § 172 Aufsichtsrat und Vorstand zuständig. Das gilt selbst dann, wenn der nichtige Jahresabschluss von der Hauptversammlung festgestellt wurde.[298] Denn der zuvor nach § 172 Abs. 1 gefällte Beschluss, die Feststellung der Hauptversammlung zu überlassen, wird zumindest über § 139 BGB analog von der Nichtigkeit des festgestellten Jahresabschlusses erfasst und entfaltet damit gleichfalls keine rechtliche Bindungswirkung.

93 Ist für die Neuvornahme eine erneute Abschlussprüfung erforderlich, hat diese grundsätzlich durch den **bisherigen Abschlussprüfer** zu erfolgen, da dessen Prüfungsmandat mit dem Abschluss eines nichtigen Jahresabschlusses nicht verbraucht ist.[299] Ferner folgt aus der Nichtigkeit des festgestellten Jahresabschlusses nicht ohne weiteres die Befangenheit des bisherigen Prüfers.[300] Denn es dürfte ausgeschlossen sein, dass ein Abschlussprüfer im Falle eines Verfahrensfehlers nach Abs. 2 oder 3 befangen ist. Nur ausnahmsweise kommt daher die gerichtliche Bestellung eines anderen Prüfers nach § 318 Abs. 3 HGB in Betracht.

94 c) **Folgeabschlüsse.** Die Nichtigkeit des festgestellten Jahresabschlusses zieht nicht automatisch die Nichtigkeit der Folgeabschlüsse nach sich. Denn in den in § 256 abschließend aufgezählten Nichtigkeitsgründen ist dieser Grund nicht genannt.[301] Daher beurteilt sich die Nichtigkeit **für jedes Geschäftsjahr getrennt.**

95 Eine Einschränkung erfährt dieser Grundsatz allerdings durch das in § 252 Abs. 1 Nr. 1 HGB festgelegte **Prinzip der Bilanzidentität,** wonach die Eröffnungsbilanz mit der Schlussbilanz des Vorjahres überein zu stimmen hat. Gegen dieses Prinzip wird zunächst verstoßen, wenn aufgrund der Nichtigkeit des Vorjahresabschlusses keine wirksame Schlussbilanz vorliegt.[302] Da das Prinzip der Bilanzidentität dem Gläubigerschutz dient, kann ein Verstoß hiergegen die Nichtigkeit des festgestellten Jahresabschlusses gemäß Abs. 1 Nr. 1 zur Folge haben.[303] Daraus ergibt sich jedoch für den betreffenden Jahresabschluss bei Nichtigkeit des Vorjahresabschlusses zunächst nur eine

---

[291] Differenzierend Großkomm AktG/*Bezzenberger* Rn. 259.
[292] So im Ergebnis auch WP-HdB 2012 Bd. I U Rn. 252; aA *Balthasar*, Die Bestandskraft nichtiger Jahresabschlüsse, 1999, 222 f.; *ADS* Rn. 92; *Nonnenmacher* in Marsch-Barner/Schäfer Börsennotierte AG-HdB § 52 Rn. 106, die jeweils die Berücksichtigung wertaufhellender Erkenntnisse fordern.
[293] *Küting/Kaiser* WPg 2000, 577; aA *Kropff* FS Ludewig, 1996, 532; differenzierend *Jungius/Schmidt* DB 2012, 1761 (1763 ff.).
[294] *W. Müller* FS Quack, 1991, 359 (363); Großkomm AktG/*Bezzenberger* Rn. 250 ff.
[295] *Balthasar*, Die Bestandskraft nichtiger Jahresabschlüsse, 1999, 223 ff.
[296] *Kropff* FS Budde, 1995, 341 (347 f.).
[297] *Küting/Ranker* WPg 2005, 1 (4 f.).
[298] MüKoAktG/*Koch* Rn. 83; Kölner Komm AktG/*Zöllner* Rn. 134.
[299] *Kropff* FS Budde, 1995, 341 (355 Fn. 43); Großkomm AktG/*Bezzenberger* Rn. 256; Kölner Komm AktG/*Zöllner* Rn. 135; aA *Kowalski* AG 1993, 502 (506 ff.).
[300] So aber *Kowalski* AG 1993, 502 (506 f.).
[301] Ganz hM; BGH NJW 1997, 196 (197) = LM GmbHG § 33 Nr. 2; MüKoAktG/*Koch* Rn. 85; Kölner Komm AktG/*Zöllner* Rn. 106; *ADS* Rn. 76; Großkomm AktG/*Schilling* Anm. 3.
[302] AA *Hense* WPg 1993, 716, der davon ausgeht, dass § 252 HGB bei nichtiger Schlussbilanz nicht anwendbar ist.
[303] *Kropff* FS Budde, 1995, 341 (343 ff.); aA *Müller* ZHR 168 (2004), 414 (424); Großkomm AktG/*Bezzenberger* Rn. 283 f. sowie 286 f.

schwebende Unwirksamkeit und nicht dessen Nichtigkeit. Denn die Wirksamkeit des Jahresabschlusses tritt automatisch mit der Heilung des Vorjahresabschlusses ein.[304] Dann nämlich ist bei sonstiger Übereinstimmung das Prinzip der Bilanzidentität wegen nunmehr wirksamer Schlussbilanz gewahrt. Hieraus folgt zugleich das Erfordernis, in die Eröffnungsbilanz auch die Werte einer nichtigen Schlussbilanz zu übernehmen, wenn nicht die Nichtigkeit des Vorjahresabschlusses endgültig feststeht oder der nichtige Vorjahresabschluss neu festgestellt wurde.[305]

d) Offenlegungspflicht. Keine Bedeutung hat die Nichtigkeit des festgestellten Jahresabschlusses 96 für die Offenlegungspflicht nach § 325 HGB. Dieser genügt die Gesellschaft bereits durch die Einreichung des aufgestellten Jahresabschlusses,[306] unabhängig davon, ob er nichtig ist oder nicht. Das folgt daraus, dass sich die **Prüfungspflicht des Registergerichts** nicht auf das Vorliegen von Nichtigkeitsgründen erstreckt.[307] Zu beachten ist allerdings, dass, sofern der Jahresabschluss infolge der Nichtigkeit inhaltlich geändert wird, diese nachträglichen Änderungen des aufgestellten Jahresabschlusses gemäß § 325 Abs. 1b HGB offen zu legen sind.[308]

e) Gewinnabführung nach § 302. Keine Auswirkung hat die Nichtigkeit des festgestellten Jah- 97 resabschlusses auf die Höhe des vom herrschenden Unternehmen geschuldeten Ausgleichs nach § 302. Dieser bestimmt sich der hM zufolge nicht nach dem wirksam festgestellten, sondern ausschließlich nach dem sich bei objektiv ordnungsgemäßer Bilanzierung ergebenden fiktiven Jahresfehlbetrag.[309] Entsprechendes gilt für einen konzernrechtlichen Erstattungsanspruch der beherrschten Gesellschaft für zu viel abgeführte Gewinne gemäß § 302 analog.[310]

§ 257 Anfechtung der Feststellung des Jahresabschlusses durch die HV

(1) ¹Die Feststellung des Jahresabschlusses durch die Hauptversammlung kann nach § 243 angefochten werden. ²Die Anfechtung kann jedoch nicht darauf gestützt werden, daß der Inhalt des Jahresabschlusses gegen Gesetz oder Satzung verstößt.

(2) ¹Für die Anfechtung gelten die §§ 244 bis 246, 247 bis 248a. ²Die Anfechtungsfrist beginnt auch dann mit der Beschlußfassung, wenn der Jahresabschluß nach § 316 Abs. 3 des Handelsgesetzbuchs erneut zu prüfen ist.

Übersicht

	Rn.		Rn.
I. Bedeutung der Norm	1–5	a) Allgemeines	7
1. Normzweck	1–3	b) Inhaltliche Verstöße des Jahresabschlusses	8
2. Anwendungsbereich	4, 5	c) Verfahrensverstöße	9–13
II. Entstehungsgeschichte	6	d) Sonstige Verstöße	14
III. Einzelerläuterungen	7–18	2. Anwendbarkeit der allgemeinen Anfechtungsvorschriften	15–17
1. Anfechtungsgründe und deren Einschränkung nach Abs 1	7–14	3. Rechtsfolge der Anfechtung	18

I. Bedeutung der Norm

1. Normzweck. Wie § 256 in engem Zusammenhang zu § 250 und § 253 steht, ist bei § 257 die 1 Parallele zu §§ 251, 254 und 255 zu sehen. Die Norm dient der Schaffung von Rechtsklarheit, einer Erhöhung der Rechtssicherheit sowie einer einheitlichen Behandlung von Inhaltsmängeln bei Jahresabschlüssen, die von der Hauptversammlung festgestellt werden, und Jahresabschlüssen, die von Vorstand und Aufsichtsrat festgestellt werden.[1]

---

[304] Vgl. im Ergebnis BGH NJW 1997, 196 (197) = LM GmbHG § 33 Nr. 2; ausführlich *Kropff* FS Budde, 1995, 341 ff.
[305] *Kropff* FS Budde, 1995, 341 (346); aA *Hense* WPg 1993, 716.
[306] *Küting/Kaiser* WPg 2000, 577 (590).
[307] BayObLG NJW-RR 2000, 1350 = BayObLGZ 2000, 150; Hüffer/Koch/*Koch* Rn. 33a; aA *Schlagheck* BBK Fach 14, 7248.
[308] BeBiKo/*Ellrott/Spreemann* § 325 Rn. 47; ADS HGB § 325 Rn. 87 jeweils allgemein für Bilanzänderungen nach Jahren; so auch *W. Müller* FS Quack, 1991, 359 (371).
[309] BGH ZIP 2005, 854; BGHZ 142, 382 = NJW 2000, 210; *Spindler/Klöhn* NZG 2005, 584; aA *Krieger* NZG 2005, 787.
[310] *Mylich* AG 2011, 765 (773).
[1] MüKoAktG/*Koch* Rn. 2; Kölner Komm AktG/*Zöllner* Rn. 2; Großkomm AktG/*Bezzenberger* Rn. 2.

2 Der **Rechtsklarheit** dient der ausdrückliche Verweis auf die allgemeinen Anfechtungsregeln in Abs. 1 S. 1 und Abs. 2 S. 1 sowie die Regelung des Beginns der Anfechtungsfrist in Abs. 2 S. 2.[2] Der **Rechtssicherheit** dient der Kern der Vorschrift in Abs. 1 S. 2. Hiernach kann die Anfechtung nicht auf inhaltliche Mängel des Jahresabschlusses gestützt werden. Durch diese wesentliche Einschränkung der Anfechtungsgründe wird gewährleistet, dass nicht über die Hintertür der Anfechtung weitere inhaltliche Mängel als die in § 256 genannten zur Nichtigkeit eines Jahresabschlusses führen können. Ferner wird hierdurch sichergestellt, dass der zunächst wirksam, aber anfechtbar festgestellte Jahresabschluss die Ausnahme bleibt. Stattdessen ist der festgestellte Jahresabschluss in der Regel entweder von Anfang an nach § 256 nichtig oder endgültig wirksam.[3] Aus der Einschränkung der allgemeinen Anfechtungsgründe (statt ihrer Erweiterung wie in §§ 251, 254 und 255) resultiert folgerichtig die gegenüber der Grundnorm des § 243 bestehende, sehr viel geringere praktische Bedeutung der Vorschrift.[4]

3 Darüber hinaus wird durch die Regelung in Abs. 1 S. 2 erreicht, dass Jahresabschlüsse, die durch die Hauptversammlung festgestellt wurden, über § 256 Abs. 3 Nr. 3 nicht aus anderen inhaltlichen Gründen nichtig sein können, als solche Jahresabschlüsse, die von Vorstand und Aufsichtsrat festgestellt wurden.[5] Der **Gleichlauf der Mängelfolgen** bezieht sich allerdings nur auf inhaltliche Mängel, nicht hingegen auf Verfahrensmängel. Wenn der Jahresabschluss durch Vorstand und Aufsichtsrat festgestellt wurde, sieht § 256 Abs. 2 für Verfahrensmängel Nichtigkeit als Rechtsfolge vor. Bei den durch die Hauptversammlung festgestellten Jahresabschlüssen ergibt sich dagegen aus dem Zusammenspiel von § 256 Abs. 3 und § 257 eine Differenzierung zwischen Verfahrensmängeln, die zur Nichtigkeit, und solchen, die zunächst nur zur Anfechtbarkeit führen.[6] Zweifelhaft ist die Rechtslage bei Mängeln, die weder den Inhalts- noch den Verfahrensmängeln eindeutig zugeordnet werden können (→ Rn. 14).

4 **2. Anwendungsbereich.** der Vorschrift ist durch den Anfechtungsgegenstand beschränkt. Dieser ist bereits vom Wortlaut her nur der Feststellungsbeschluss der Hauptversammlung. Auf die Feststellung des Jahresabschlusses durch Vorstand und Aufsichtsrat findet § 257 keine direkte und, wie sich aus der Gesetzesbegründung ergibt, auch keine analoge Anwendung.[7]

5 Entsprechende Anwendung findet die Vorschrift gemäß § 278 Abs. 3 auf die **KGaA** und gemäß Art. 9 Abs 1 lit. c ii SE-VO auf die **Europäische Aktiengesellschaft.** Bei der **GmbH** ist zu differenzieren. Grundsätzlich ist nach ständiger Rechtsprechung und hL das Anfechtungsrecht der Aktiengesellschaft auf die GmbH analog anwendbar.[8] Das gilt ebenfalls für die Feststellung von Jahresabschlüssen. Die in Abs. 1 S. 1 und Abs. 2 enthaltenen Verweisungen auf das allgemeine Anfechtungsrecht gelten somit für die GmbH analog.[9] Modifikationen, etwa im Hinblick auf die Anfechtungsfrist, sind allerdings zu beachten.[10] Ebenfalls findet die in Abs. 2 S. 2 enthaltene Regelung über den Beginn der Anfechtungsfrist für die GmbH analoge Anwendung. Zweifelhaft ist allerdings, ob die in Abs. 1 S. 2 enthaltene Einschränkung des Anfechtungsrechts auf die GmbH entsprechende Anwendung findet. Dies wird von der hM verneint.[11] Zur Begründung wird angeführt, dass es bei der GmbH einer einheitlichen Behandlung von inhaltlichen Mängeln nicht bedürfe, dies aber gerade einer der Zielsetzungen der Regelung bei der Aktiengesellschaft sei.[12] Zudem fehle bei der GmbH das Institut der Sonderprüfung nach § 258. Ohne umfassendes Anfechtungsrecht seien die Gesellschafter einer GmbH daher bei einer Unterbewertung weitgehend schutzlos gestellt, da eine Nichtigkeit des Jahresabschlusses nach § 256 Abs. 5 Nr. 2 nur in Ausnahmefällen und insbesondere nur bei vorsätzlichem Handeln in Betracht komme.[13] Dem wird zu folgen sein, obwohl es hierdurch im Anfechtungsprozess für den Jahresabschluss einer GmbH gerade zu der Rechtsunsicherheit kommt, die der Gesetzgeber

---

[2] MüKoAktG/*Koch* Rn. 2; *ADS* Rn. 10.
[3] Vgl. hierzu bereits die Motive des Gesetzgeber AusschBer. *Kropff* S. 343.
[4] Vgl. *ADS* Rn. 1.
[5] *Lutter* FS Helmrich, 1994, 685 (703).
[6] Vgl. Kölner Komm AktG/*Zöllner* Rn. 2.
[7] Vgl. AusschBer. *Kropff* S. 343; MüKoAktG/*Koch* Rn. 3; Kölner Komm AktG/*Zöllner* Rn. 2.
[8] Vgl. dazu *Scholz/K. Schmidt* GmbHG Rn. 36; Baumbach/Hueck/*Zöllner/Noack* GmbHG Anh. § 47 Rn. 81 ff.
[9] MüKoAktG/*Koch* Rn. 16; *ADS* Rn. 11.
[10] Vgl. dazu zuletzt BGH ZIP 2005, 985; *ADS* Rn. 12.
[11] BGHZ 137, 378 (386) = NJW 1998, 1559 (1560); KG NZG 2001, 845 (846); OLG Brandenburg GmbHR 1997, 796 (797) = OLGR Brandenburg 1997, 283 (284); *Geßler* FS Goerdeler, 1987, 127 (146); Baumbach/Hueck/*Zöllner/Noack* GmbHG Anh. § 47 Rn. 109; MüKoAktG/*Koch* Rn. 14; *ADS* Rn. 11.
[12] → Rn. 3 sowie MüKoAktG/*Koch* Rn. 16.
[13] *ADS* Rn. 11; MüKoAktG/*Koch* Rn. 16; einschränkend *Geßler* FS Goerdeler, 1987, 141 ff.

für den Jahresabschluss einer AG vermeiden wollte und zusätzliche Rechtsunsicherheit daraus resultiert, dass im Recht der GmbH eine starre Anfechtungsfrist fehlt.

II. Entstehungsgeschichte

Die Vorschrift wurde durch das **AktG 1965** neu eingeführt. Eine Vorgängervorschrift kannte das 6 AktG von 1937 nicht. Allerdings war schon damals eine Anfechtung des Feststellungsbeschlusses nach den allgemeinen Anfechtungsregeln in §§ 197 AktG 1937 möglich. Inhaltlich neu war deswegen nicht die Möglichkeit der Anfechtung, sondern umgekehrt deren Beschränkung nach Abs. 1 S. 2.[14] Seither ist die Vorschrift im Wesentlichen unverändert geblieben. Eine Änderung brachte das **Bilanzrichtliniengesetz** vom 19.12.1985 (BGBl. 1985 I 2355) mit sich. Hier wurde in Abs. 2 S. 2 der Verweis auf § 173 Abs. 3 durch den auf § 316 Abs 3 HGB ersetzt. Die einzige weitere Änderung erfolgte mit dem Gesetz zur Unternehmensintegrität und Modernisierung des Anfechtungsrechts **(UMAG)** vom 22.9.2005 (BGBl. 2005 I 2802). Es handelt sich um eine Folgeanpassung in Abs. 2 S. 1, die durch eine Änderung des allgemeinen Anfechtungsrechts notwendig wurde. Nunmehr gelten für die Anfechtung die §§ 244–246 und §§ 247–248a.

III. Einzelerläuterungen

1. Anfechtungsgründe und deren Einschränkung nach Abs 1. a) Allgemeines. Mit der 7 Verweisung von S. 1 auf § 243 wird klargestellt, dass ein Beschluss der Hauptversammlung, mit dem der Jahresabschluss festgestellt wird, wie jeder andere Hauptversammlungsbeschluss angefochten werden kann. Als Anfechtungsgrund kommt jeder Verstoß gegen das Gesetz oder die Satzung in Betracht. Allerdings scheiden nach S. 2 alle inhaltlichen Verstöße des Jahresabschlusses als Anfechtungsgründe aus.

b) Inhaltliche Verstöße des Jahresabschlusses. Bezieht sich der Verstoß nicht auf das Zustande- 8 kommen des Feststellungsbeschlusses, sondern verstößt der Inhalt des Jahresabschlusses selbst gegen Gesetz oder Satzung, so ist die **Anfechtung ausgeschlossen.** Von der Anfechtung ausgeschlossen sind damit alle inhaltlichen Mängel der Bilanz, der Gewinn- und Verlustrechnung sowie des Anhanges,[15] insbesondere alle Fragen der Bewertung. Das ist von Bedeutung, wenn der inhaltliche Verstoß aufgrund der fehlenden Tatbestandsvoraussetzungen von § 256 Abs. 1 Nr. 1, 4, § 256 Abs. 4 oder § 256 Abs. 5 nicht zur Nichtigkeit des festgestellten Jahresabschlusses führt. Ohne Konsequenzen für die Wirksamkeit des festgestellten Jahresabschlusses bleiben daher unter anderem Inhaltsverstöße des Jahresabschlusses gegen Vorgaben aus der Satzung, wenn die Verstöße nicht von Abs. 1 Nr. 4 erfasst werden, und ein großer Teil der Unterbewertungen. Bezüglich letzterer hat der Gesetzgeber allerdings mit dem Sonderprüfungsverfahren nach §§ 258 ff. bewusst einen Ausgleich für die betroffenen Aktionäre geschaffen.[16]

c) Verfahrensverstöße. aa) Allgemeine Verfahrensverstöße. Ein Verfahrensverstoß liegt vor, 9 wenn der Beschluss, unabhängig von seinem Inhalt, unter Verletzung des Gesetzes oder der Satzung zustande gekommen ist.[17] Fehlerhaft und damit anfechtungsbegründend können die Vorbereitung, die Durchführung der Hauptversammlung und die Beschlussfassung selbst sein.[18] Ein Anfechtungsgrund im Rahmen der **Vorbereitung** ergibt sich insbesondere bei einer mangelhaften Einberufung der Hauptversammlung, wobei einige Einberufungsmängel bereits einen Nichtigkeitsgrund nach § 256 Abs. 3 Nr. 1 darstellen. Die **Beschlussfassung** ist betroffen, wenn das Abstimmungsergebnis fehlerhaft festgestellt wurde. Von besonderer Bedeutung sind Verstöße bei der **Durchführung der Hauptversammlung,** namentlich ein Verstoß gegen das Auskunftsrecht eines Aktionärs nach § 131. Da die Hauptversammlung den Jahresabschluss feststellt, dürfen Auskünfte zu stillen Reserven oder zu Bilanzierungs- und Bewertungsmethoden nicht nach § 131 Abs. 1 Nr. 3 und 4 verweigert werden. Anderes gilt nach § 131 Abs. 3 Nr. 6 nur für Kredit- und Finanzdienstleistungsinstitute.

Eine zusätzliche ungeschriebene Voraussetzung jeder Anfechtung wegen eines Verfahrensverstoßes 10 ist die **Relevanz des Verstoßes.**[19] Das bedeutet, es darf bei wertender Betrachtung nicht ausgeschlossen sein, dass sich der Verfahrensfehler auf das Beschlussergebnis ausgewirkt hat.[20] Für eine Verletzung des Auskunftsrechts ist die bisherige Rechtsprechung hierzu durch die Neufassung von

---

[14] Kölner Komm AktG/ *Zöllner* Rn. 1.
[15] Vgl. Hüffer/Koch/ *Koch* Rn. 6.
[16] AusschBer *Kropff* S. 343 f.
[17] Großkomm AktG/ *K. Schmidt* § 243 Rn. 21.
[18] Großkomm AktG/ *K. Schmidt* § 243 Rn. 21.
[19] Großkomm AktG/ *Bezzenberger* Rn. 7.
[20] BGH ZIP 2004, 2186 (2190); BGHZ 149, 158 (165) = NJW 2002, 1128 (1129).

§ 243 Abs. 4 S. 1 im Gesetz zur Unternehmensintegrität und Modernisierung des Anfechtungsrechts (UMAG vom 22.9.2005, BGBl. 2005 I 2802) aufgegriffen und neu akzentuiert worden.[21]

11   **bb) Besondere Verfahrensregeln zur Feststellung des Jahresabschlusses.** sehen §§ 175 und 176 vor. So hat der Vorstand die Hauptversammlung unverzüglich nach Eingang des Berichts des Aufsichtsrates gemäß § 175 Abs 1 iVm Abs. 3 S. 1 einzuberufen. Die in § 175 Abs. 2 genannten Vorlagen, darunter der Jahresabschluss und der Lagebericht, sind zur Einsicht durch die Aktionäre auszulegen. Jedem Aktionär müssen auf entsprechendes Verlangen hin Abschriften erteilt werden. Darüber hinaus sind neben einem erläuternden Bericht bei börsennotierten Aktiengesellschaften die Vorlagen gemäß § 176 Abs. 1 S. 1 im Versammlungsraum der Hauptversammlung auszulegen. Die Dokumente sollen zu Beginn der Verhandlung nach § 176 Abs. 1 S. 2 erläutert werden. An der Verhandlung hat gemäß § 176 Abs. 2 der Abschlussprüfer teilzunehmen.

12   Ein Verstoß gegen diese spezifischen, die Feststellung des Jahresabschlusses betreffenden Verfahrensregeln stellen regelmäßig (zu den Ausnahmen → Rn. 13) **Anfechtungsgründe** nach § 257 dar.[22] Das gilt auch für die Teilnahmepflicht des Abschlussprüfers an der Hauptversammlung nach § 176 Abs. 2. Die hiergegen zum Teil geäußerten Zweifel[23] betreffen lediglich die Relevanz des Verfahrensfehlers im Einzelfall, stellen ihn als möglichen Anfechtungsgrund allerdings nicht grundsätzlich in Frage.[24]

13   Eine **Ausnahme** gilt für die zeitlichen Anforderungen an die Einberufung zur Hauptversammlung in § 175 Abs. 1. Verstöße hiergegen begründen keine Anfechtung, sondern führen nur zur Erhebung von Zwangsgeldern nach § 407.[25] Ebenfalls kein Anfechtungsgrund ist in einem Verstoß gegen die Erläuterungspflicht nach § 176 Abs. 1 S. 2 begründet.[26] Es handelt sich hierbei um eine bloße Sollvorschrift. Werden die Vorlagen nicht erläutert, verbleibt den Aktionären ihr Auskunftsrecht nach § 131 oder sie können es wegen der fehlenden Erläuterungen ablehnen, den Jahresabschluss festzustellen.

14   **d) Sonstige Verstöße.** Verfahrensfehler begründen in der Regel die Anfechtung, inhaltliche Fehler des Jahresabschlusses und Prüfungsmängel begründen sie hingegen nicht.[27] Zweifel bestehen bezüglich sonstiger Fehler. Angesprochen sind inhaltliche Fehler außerhalb des Jahresabschlusses, also insbesondere **inhaltliche Fehler des Lageberichtes** als selbständiger Informationsquelle neben dem Jahresabschluss.[28] Betroffen sind ferner Fehler, die mit einer rechtswidrigen Zweckverfolgung bei der Feststellung des Jahresabschlusses verbunden sind, wenn die **rechtswidrige Zweckverfolgung** aber nicht derartig ihren Niederschlag im Jahresabschluss gefunden hat, dass dadurch die Nichtigkeit begründet würde. Angesprochen sind schließlich die Fälle eines treuwidrigen Missbrauchs der Mehrheitsherrschaft und der **unzulässigen Verfolgung von Sondervorteilen.** Zwar spricht der Wortlaut von Abs. 1 dafür, auch diese Fehler als Anfechtungsgründe zuzulassen. So ist der Lagebericht kein Teil des Jahresabschlusses (bereits → § 256 Rn. 13), weswegen der Ausschluss des S. 2 vom Wortlaut her nicht einschlägig ist.[29] Hinsichtlich der rechtswidrigen Zweckverfolgung verweist S. 1 zunächst auf § 243 insgesamt und somit ebenfalls auf die Anfechtung wegen einer unzulässigen Verfolgung von Sondervorteilen nach § 243 Abs. 2. Gegen dieses Verständnis spricht allerdings die historische Auslegung. So ging der Gesetzgeber davon aus, dass aufgrund der Einschränkung nach Abs. 1 S. 2 nur Mängel der Beschlussfassung, also Verfahrensfehler, mit der Anfechtung geltend gemacht werden könnten.[30] Darüber hinaus spricht die Systematik der Vorschriften gegen eine Zulassung dieser Anfechtungsgründe. § 257 ergänzt § 256 Abs. 3 für Verfahrensmängel bei der Feststellung des Jahresabschlusses durch die Hauptversammlung. Dem steht § 256 Abs. 2 gegenüber für entsprechende Verfahrensmängel im Falle der Feststellung durch Vorstand und Aufsichtsrat. Zusätzliche Gründe, die zur Unwirksamkeit des von der Hauptversammlung festgestellten Jahresabschlusses führen können, sollten nicht geschaffen werden. Das wäre ansonsten jedoch der Fall. Denn der Lagebericht ist nicht nur für die Hauptversammlung bedeutsam[31] und eine rechtswidrige Zweckver-

---

[21] Vgl. BegrRegE zum UMAG ZIP 2004, 2455 (2468); die im Vergleich zur bisherigen Rechtsprechung neue Akzentuierung hervorhebend *Weißhaupt* ZIP 2005, 1766 (1771).
[22] Großkomm AktG/*Bezzenberger* Rn. 13; MüKoAktG/*Koch* Rn. 7 ff.; Kölner Komm AktG/*Zöllner* Rn. 9 ff.
[23] Vgl. *ADS*, 5. Aufl., § 176 Rn. 21.
[24] Großkomm AktG/*Bezzenberger* Rn. 13; *ADS* Rn. 9 sowie § 176 Rn. 34.
[25] → § 175 Rn. 15; Hüffer/Koch/*Koch* § 175 Rn. 4.
[26] MüKoAktG/*Koch* Rn. 8; aA GHEK/*Hüffer* Rn. 12; Kölner Komm AktG/*Zöllner* Rn 10.
[27] Großkomm AktG/*Bezzenberger* Rn. 2 f.
[28] BGH, AG 2008, 83 (85).
[29] So etwa Großkomm AktG/*Bezzenberger* Rn. 9; MüKoAktG/*Koch* Rn. 11; NK-AktR/*Heidel* Rn. 4.
[30] AusschBer *Kropff* S. 343.
[31] So aber das Argument von Kölner Komm AktG/*Zöllner* Rn. 6; ebenfalls in diese Richtung WP-HdB 2012 Bd. I U Rn. 256.

folgung ist nicht nur auf Seiten mancher Aktionäre, sondern auch durch Vorstand und Aufsichtsrat möglich.[32] Hinzu kommt, dass man anderenfalls über die Hintertür eine Nichtigkeit (bei erfolgreicher Anfechtung) des Jahresabschlusses wegen Mängeln des Lageberichts einführen würde, die man bei § 256 gerade ausgeschlossen hat. Darüber hinaus ist von der Wertung her nicht einzusehen, warum der Lagebericht eine Rolle spielen soll, wenn die Hauptversammlung den Jahresabschluss feststellt, während er keine Rolle spielt, wenn Aufsichtsrat und Vorstand ihn feststellen. Dasselbe gilt für die Verfolgung von Sondervorteilen; auch hier ist eine Differenzierung nach den beschlussfassenden Organen nicht plausibel. Berücksichtigt man ferner den teleologischen Aspekt, dass mit der Anfechtbarkeit erhebliche Rechtsunsicherheit verbunden ist und für den festgestellten Jahresabschluss der Ausnahmefall sein soll, wird man entgegen der hM von einem Ausschluss der Anfechtbarkeit gleichsam in diesen Fällen auszugehen haben.[33]

2. Anwendbarkeit der allgemeinen Anfechtungsvorschriften. Nach Abs. 2 S. 1, der ebenso wie Abs. 2 S. 2 gleichlautend mit den entsprechenden Sätzen in § 254 Abs. 2 ist und jeweils gleichlautend durch das UMAG (→ Rn. 6) angepasst wurde, sind die allgemeinen Anfechtungsvorschriften bis auf § 246a, der nur dort in Abs. 1 genannten Hauptversammlungsbeschlüsse betrifft, anwendbar.[34] Anfechtungsbefugt sind unter den Voraussetzungen des § 245 jeder Aktionär, der Vorstand und die Mitglieder des Vorstandes und des Aufsichtsrates. Die Klage ist gemäß § 246 Abs. 2 gegen die Gesellschaft zu richten, die im Fall der Klage durch den Vorstand vom Aufsichtsrat vertreten wird. Zu beachten ist für börsennotierte Gesellschaften, dass diese gemäß dem durch das UMAG eingefügten § 248a die Verfahrensbeendigung des **Anfechtungsprozesses** einschließlich der hiermit im Zusammenhang stehenden Vereinbarungen zwischen den Beteiligten bekannt zu machen haben. Obwohl ein Verweis auf § 249 Abs. 2 fehlt, kann die Anfechtungsklage mit der Nichtigkeitsfeststellungsklage verbunden werden, wie sich aus § 256 Abs. 7 iVm § 249 ergibt.[35]

Die **Anfechtungsfrist** beträgt gemäß § 246 Abs. 1 einen Monat.[36] Sie beginnt gemäß § 187 Abs. 1 BGB an dem Tag nach der Hauptversammlung, in der der Jahresabschluss festgestellt wurde. Dies gilt gemäß S. 2 auch dann, wenn eine Änderung des bereits geprüften Jahresabschlusses durch die Hauptversammlung eine Nachtragsprüfung erforderlich macht. S. 2 stellt dabei klar, dass die Zeit (maximal zwei Wochen), während der gemäß § 173 Abs. 3 der Beschluss schwebend unwirksam ist, bei der Fristberechnung zu berücksichtigen ist.[37]

Trotz der gleichen Interessenlage scheidet ein Vorrang der Anfechtungsklage gegenüber dem Enforcement-Verfahren, wie er in § 342b Abs. 3 S. 1 HGB und § 107 Abs. 3 Satz 1 WpHG für die Nichtigkeitsklage normiert ist, aus, nachdem der Gesetzgeber im Rahmen der Neufassung des WpHG von einer Erweiterung von § 107 Abs. 3 Satz 1 WpHG auf die Anfechtungsklage nach § 257 AktG (erneut) abgesehen hat.

3. Rechtsfolge der Anfechtung. Die erfolgreiche Anfechtungsklage gestaltet wie in § 243 die Rechtslage neu. Sie führt mit Wirkung ex tunc zur Vernichtung des rechtswidrigen, aber dennoch zunächst gültigen Feststellungsbeschlusses der Hauptversammlung, sofern nicht zuvor der anfechtbare Beschluss wirksam bestätigt worden ist.[38] Demgegenüber kommt eine Heilung der durch das rechtskräftige Urteil bewirkten Nichtigkeit des festgestellten Jahresabschlusses nicht in Betracht.[39] Wegen der weitergehenden Rechtsfolgen, die aus der Nichtigkeit des Jahresabschlusses resultieren, → § 256 Rn. 82 ff.

---

[32] So aber das Argument von Hüffer/Koch/*Koch* Rn. 5 aE; WP-HdB 2012 Bd. I U Rn. 256.
[33] So auch für die Anfechtbarkeit nach § 243 Abs. 2 wegen Verfolgung von Sondervorteilen *v. Godin/Wilhelmi* Anm. 1.
[34] Vgl. Großkomm AktG/*Bezzenberger* Rn. 16.
[35] Kölner Komm AktG/*Zöllner* Rn. 16; *ADS* Rn. 10.
[36] Ausführlich Großkomm AktG/*Bezzenberger* Rn. 18.
[37] AusschBer *Kropff* S. 348; zur Kritik an der Regelung Kölner Komm AktG/*Zöllner* Rn. 15.
[38] *Habersack* NZG 2003, 659 (660); *K. Schmidt* GesR § 28 IV S. 860; WP-HdB 2012 Bd. I U Rn. 259.
[39] Großkomm AktG/*Bezzenberger* Rn. 15.

Dritter Abschnitt. Sonderprüfung wegen unzulässiger Unterbewertung

§ 258 Bestellung der Sonderprüfer

(1) ¹Besteht Anlaß für die Annahme, daß
1. in einem festgestellten Jahresabschluß bestimmte Posten nicht unwesentlich unterbewertet sind (§ 256 Abs. 5 Satz 3) oder
2. der Anhang die vorgeschriebenen Angaben nicht oder nicht vollständig enthält und der Vorstand in der Hauptversammlung die fehlenden Angaben, obwohl nach ihnen gefragt worden ist, nicht gemacht hat und die Aufnahme der Frage in die Niederschrift verlangt worden ist,

so hat das Gericht auf Antrag Sonderprüfer zu bestellen. ²Die Sonderprüfer haben die bemängelten Posten darauf zu prüfen, ob sie nicht unwesentlich unterbewertet sind. ³Sie haben den Anhang darauf zu prüfen, ob die vorgeschriebenen Angaben nicht oder nicht vollständig gemacht worden sind und der Vorstand in der Hauptversammlung die fehlenden Angaben, obwohl nach ihnen gefragt worden ist, nicht gemacht hat und die Aufnahme der Frage in die Niederschrift verlangt worden ist.

(1a) Bei Kreditinstituten oder Finanzdienstleistungsinstituten sowie bei Kapitalverwaltungsgesellschaften im Sinn des § 17 des Kapitalanlagegesetzbuchs kann ein Sonderprüfer nach Absatz 1 nicht bestellt werden, soweit die Unterbewertung oder die fehlenden Angaben im Anhang auf der Anwendung des § 340f des Handelsgesetzbuchs beruhen.

(2) ¹Der Antrag muß innerhalb eines Monats nach der Hauptversammlung über den Jahresabschluß gestellt werden. ²Dies gilt auch, wenn der Jahresabschluß nach § 316 Abs. 3 des Handelsgesetzbuchs erneut zu prüfen ist. ³Er kann nur von Aktionären gestellt werden, deren Anteile zusammen den Schwellenwert des § 142 Abs. 2 erreichen. ⁴Die Antragsteller haben die Aktien bis zur Entscheidung über den Antrag zu hinterlegen oder eine Versicherung des depotführenden Instituts vorzulegen, dass die Aktien so lange nicht veräußert werden, und glaubhaft zu machen, daß sie seit mindestens drei Monaten vor dem Tage der Hauptversammlung Inhaber der Aktien sind. ⁵Zur Glaubhaftmachung genügt eine eidesstattliche Versicherung vor einem Notar.

(3) ¹Vor der Bestellung hat das Gericht den Vorstand, den Aufsichtsrat und den Abschlußprüfer zu hören. ²Gegen die Entscheidung ist die Beschwerde zulässig. ³Über den Antrag gemäß Absatz 1 entscheidet das Landgericht, in dessen Bezirk die Gesellschaft ihren Sitz hat.

(4) ¹Sonderprüfer nach Absatz 1 können nur Wirtschaftsprüfer und Wirtschaftsprüfungsgesellschaften sein. ²Für die Auswahl gelten § 319 Abs. 2 bis 4, § 319a Abs. 1 und § 319b Abs. 1 des Handelsgesetzbuchs sinngemäß. ³Der Abschlußprüfer der Gesellschaft und Personen, die in den letzten drei Jahren vor der Bestellung Abschlußprüfer der Gesellschaft waren, können nicht Sonderprüfer nach Absatz 1 sein.

(5) ¹§ 142 Abs. 6 über den Ersatz angemessener barer Auslagen und die Vergütung gerichtlich bestellter Sonderprüfer, § 145 Abs. 1 bis 3 über die Rechte der Sonderprüfer, § 146 über die Kosten der Sonderprüfung und § 323 des Handelsgesetzbuchs über die Verantwortlichkeit des Abschlußprüfers gelten sinngemäß. ²Die Sonderprüfer nach Absatz 1 haben die Rechte nach § 145 Abs. 2 auch gegenüber dem Abschlußprüfer der Gesellschaft.

Schrifttum: *Claussen,* Sinngehalt und Ausformung der Sonderprüfung wegen Unterbewertung, FS Barz, 1974, 317; *Forster,* Neue Pflichten des Abschlussprüfers nach dem Aktiengesetz von 1965, WPg 1965, 585 (605); *Frey,* Die Sonderprüfung wegen Unterbewertung nach §§ 258 ff. AktG, WPg 1966, 633; *Gail,* Stille Reserven, Unterbewertung und Sonderprüfung, 2. Aufl. 1978; *Jänig,* Die aktienrechtliche Sonderprüfung, 2008; *Kirchhoff,* Die Sonderprüfung wegen unzulässiger Unterbewertung nach §§ 258 ff. AktG, Diss. München 1971; *Krag/Hullermann,* Quantitative Voraussetzungen für eine Antragstellung auf eine Sonderprüfung wegen unzulässiger Unterbewertung nach § 258 Abs. 1 Nr. 1 AktG, DB 1980, 457; *Kronstein/Claussen/Biedenkopf,* Zur Frage der Rechtsbehelfe bei Verletzung der Bewertungsvorschriften des Aktiengesetzentwurfes, AG 1964, 268; *Kruse,* Die Sonderprüfung wegen unzulässiger Unterbewertung (Grundlagen und Praxis der Betriebswirtschaft, Bd. 28), 1972, Diss. Mainz 1971; *Kupsch,* Die Sonderprüfung wegen unzulässiger Unterbewertung (§ 258 Abs. 1 Nr. 1 AktG) und der Grundsatz der Bewertungsstetigkeit, WPg 1989, 517; *Obermüller/Werner/Winden,* Sonderprüfung nach dem AktG 1965, DB 1967, 1119; *Schedlbauer* Sonderprüfungen, 1984; *Scherpf,* Die aktienrechtliche Rechnungslegung und Prüfung, 1967; *Schimmelbusch,* Kritische Bemerkungen zum Institut der Sonderprüfung nach §§ 258 ff. AktG, WPg 1972,

141; *Voß,* Die Sonderprüfung wegen unzulässiger Unterbewertung gem. §§ 258 ff. AktG, FS Münstermann, 1969, 443; *Wilsing/Neumann,* Die Neuregelung der aktienrechtlichen Sonderprüfung nach dem Inkrafttreten des UMAG, DB 2006, 31.

Übersicht

	Rn.		Rn.
I. Regelungsgegenstand und Normzweck	1–4	c) Zuständiges Gericht	21
		d) Frist	22
II. Rechtssystematische Einordnung	5–7	V. Entscheidung des Gerichts über den Antrag	23–34
1. Verhältnis zur Sonderprüfung nach §§ 142 ff.	5	1. Prüfung und Anhörung	23–25
		2. Entscheidung	26–28
2. Verhältnis zur Nichtigkeit nach § 256	6	3. Auswahl der Sonderprüfer	29–32
3. Verhältnis zum Enforcementverfahren nach § 342b HGB	7	4. Rechtsmittel	33
		5. Kosten	34
III. Überblick über das Verfahren der Sonderprüfung	8	VI. Aufgaben der Sonderprüfer	35–44
		1. Allgemeines	35–37
IV. Antrag auf Bestellung von Sonderprüfern	9–22	2. Prüfung auf Unterbewertung von Bilanzposten	38–41
1. Sachliche Voraussetzungen	9–17	3. Prüfung auf fehlende Anhangsangaben	42–44
a) Allgemeines	9, 10	VII. Rechte und Verantwortlichkeiten des Sonderprüfers	45–47
b) Unterbewertung von Bilanzposten	11–15		
c) Unvollständigkeit des Anhangs	16, 17	VIII. Sondervorschrift für Kreditinstitute, Finanzdienstleistungsinstitute und Kapitalverwaltungsgesellschaften im Sinn des § 17 KAGB	48–51
2. Förmliche Voraussetzungen	18–22		
a) Antragsteller	18, 19		
b) Antragsform	20		

I. Regelungsgegenstand und Normzweck

Das Verfahren der Sonderprüfung nach den §§ 258 ff. richtet sich gegen eine unzulässige Unterbewertung von Bilanzposten und eine unvollständige Berichterstattung im Anhang. Die Sonderprüfung wurde durch das AktG 1965 neu eingeführt. Die Regelungen sind das Ergebnis umfangreicher Beratungen im Rechts- und Wirtschaftsausschuss, bei denen sich weitgehend das Konzept von *Kronstein/Claussen/Biedenkopf*[1] durchgesetzt hat.[2] Die seither vorgenommenen Änderungen der §§ 258 ff. sind im Wesentlichen redaktioneller Art. Durch das BiRiLiG (vom 19.12.1985, BGBl. 1985 I 2355) wurden die Vorschriften vom Wortlaut her an die Neuregelungen im HGB und AktG angepasst. Im Rahmen des BankBiRiLiG (v. 30.11.1990, BGBl. 1990 I 2570) wurde § 258 Abs. 1a neu eingefügt. Geändert wurde § 258 Abs. 1a durch Art. 4 Nr. 15 des Begleitgesetzes zur Umsetzung von EG Richtlinien zur Harmonisierung bank- und wertpapieraufsichtsrechtlicher Vorschriften (Gesetz v. 22.10.1997, BGBl. 1997 I 2567) (Einfügung der Finanzdienstleistungsinstitute), ferner § 258 Abs. 2 S. 3, § 260 Abs. 1 S. 1 und Abs. 3 S. 4 durch Art. 1 Nr. 16 Stück-AG (vom 25.3.1998, BGBl. 1998 I 590) und Art. 3 § 1 Nr. 8 EuroEG (vom 9.6.1998, BGBl. 1998 I 1242). Durch das BilKoG v. 15.12.2004 (BGBl. 2004 I 3408) wurde § 261a eingefügt. Weitere Änderungen zu den §§ 258 ff. brachten das UMAG (v. 22.9.2005, BGBl. 2005 I 2802), das FGG-RG (v. 17.12.2008, BGBl. 2008 I 2586) und das BilMoG (v. 28.5.2009, BGBl. 2009 I 1102). Durch Art. 74 Nr. 18b des FGG-RG (v. 17.12.2008, BGBl. 2008 I 2586) wurde mit Hilfe einer Änderung und Ergänzung des Abs. 3 die gerichtliche Zuständigkeit der Sonderprüfung nach § 258 geklärt.[3] Die jüngste Änderung durch Art. 12 Nr. 3 des AIFU-UmsG (v. 4.7.2013) führt zur redaktionellen Anpassung des Abs. 1a. Die Kapitalanlagegesellschaften nach § 2 Abs. 6 InvG werden durch Kapitalverwaltungsgesellschaften nach § 17 KAGB ersetzt.[4]

Zweck der Sonderprüfung nach den §§ 258 ff. ist zum einen die Aufdeckung und Korrektur einer unzulässigen Unterbewertung von Bilanzposten und damit die **Durchsetzung der Bewertungsvorschriften** nach den §§ 253 ff. HGB, soweit diese eine Unterbewertung verbieten.[5] Die Sonderprüfung dient in diesem Zusammenhang dem **Schutz des mitgliedschaftlichen Gewinnanspruchs**

---

[1] AG 1964, 268 ff.
[2] Zur Entwicklungsgeschichte des Verfahrens der Sonderprüfung vgl. AusschBer *Kropff* S. 342 ff.; *Kruse,* Die Sonderprüfung wegen unzulässiger Unterbewertung, 1972, 17 ff.; *Claussen* FS Barz, 1974, 317 (318 ff.).
[3] RegBegr. BT-Drs. 16/6308, 392.
[4] RegBegr. BT-Drs. 17/12294, 175.
[5] MüKoAktG/*Koch* Rn. 2; Kölner Komm AktG/*Claussen* Rn. 10; *Claussen* FS Barz, 1974, 317 (320); Großkomm AktG/*Bezzenberger* Anm. 2.

(§ 58 Abs. 4) sowie der damit verbundenen Zuständigkeit der HV.[6] Im Regelfall stellen nämlich Vorstand und Aufsichtsrat den Jahresabschluss fest und die von ihnen vorgenommene Unterbewertung von Bilanzposten stellt die Verwendung eines erzielten, aber nicht ausgewiesenen Jahresüberschusses dar. Dadurch wird der Bilanzgewinn verkürzt, über dessen Verwendung die HV zu entscheiden hat. Mit dem Sonderprüfungsverfahren wollte der Gesetzgeber Minderheitsaktionären die Möglichkeit eröffnen, den festgestellten Jahresabschluss in einem schnellen Verfahren auf wesentliche Unterbewertungen durch dafür eigens bestellte Sachverständige prüfen zu lassen. Zu einem gerichtlichen Verfahren kommt es nur, wenn sich die Minderheitsaktionäre und die Verwaltung der AG nicht auf die Feststellungen der Sonderprüfer einigen können und einen Antrag auf gerichtliche Entscheidung stellen. Das Verfahren der Sonderprüfung erschien zudem rechtspolitisch notwendig, da eine Unterbewertung von Bilanzposten nach § 256 Abs. 5 nur bei vorsätzlich unrichtiger Wiedergabe oder Verschleierung der Vermögens- und Ertragslage zur Nichtigkeit des Jahresabschlusses führt und die Anfechtung eines von der Verwaltung festgestellten Jahresabschlusses überhaupt nicht und die Anfechtung eines von der HV festgestellten Jahresabschlusses nur unter den engen Voraussetzungen des § 257 Abs. 1 iVm § 243 möglich ist.[7]

3   Die §§ 258 ff. bezwecken zum anderen, um dem Informationsanspruch der Aktionäre gerecht zu werden,[8] die **Durchsetzung der Angabepflichten im Anhang** nach den §§ 284 ff. HGB sowie den ergänzenden Vorschriften des AktG, insbesondere § 160. Die Vorschriften beziehen sich nach dem Gesetzeswortlaut auf den Anhang des Einzelabschlusses. Der Anhang eines Konzernabschlusses kann nicht Gegenstand einer Sonderprüfung gemäß den §§ 258 ff. sein. Dies ist aus Sicht der Informationsinteressen der Aktionäre des Mutterunternehmens zwar unbefriedigend, muss aber de lege lata hingenommen werden.[9]

4   Die praktische Bedeutung der §§ 258 ff. war bisher gering.[10] Die Bedeutung der Vorschriften ist wohl eher in ihrer Präventivwirkung, unzulässige Unterbewertungen[11] und unvollständige Anhangsangaben von vornherein zu verhindern, zu sehen.[12] Durch die deutliche Absenkung des Minderheitenquorums in § 258 Abs. 2 S. 3 durch das UMAG (vom 22.9.2005, BGBl. 2005 I 2802) könnte jedoch die praktische Relevanz des Sonderprüfungsverfahrens zunehmen.

II. Rechtssystematische Einordnung

5   **1. Verhältnis zur Sonderprüfung nach §§ 142 ff.** Die allg. Sonderprüfung nach §§ 142 ff. hat im Gegensatz zur Sonderprüfung nach §§ 258 ff. keine eingeschränkte Einsatzmöglichkeit, sondern erfasst eine Vielzahl von Pflichtwidrigkeiten.[13] Für Vorgänge, die allerdings Gegenstand einer Sonderprüfung nach den §§ 258 ff. sein können, ist das Prüfungsverfahren nach den §§ 142 ff. ausgeschlossen (§ 142 Abs. 3). Dieser Ausschluss ist unabhängig von einer tatsächlichen Durchführung des Verfahrens nach § 258.[14] Im Falle einer nicht unwesentlichen Unterbewertung von Bilanzposten oder einer unvollständigen Berichterstattung im Anhang gelten somit ausschließlich die Regelungen in den §§ 258 ff. Das Verfahren nach den §§ 142 ff. kann nach Ablauf der Monatsfrist gem. § 258 Abs. 2 S. 1 auch nicht ersatzweise angewendet werden.[15]

6   **2. Verhältnis zur Nichtigkeit nach § 256.** Nichtig ist der Jahresabschluss nur, wenn gravierende Mängel des Inhalts, der Prüfung und der Gliederung nach § 256 Abs. 1, 4 und 5 sowie ein fehlerhaftes Feststellungsverfahren nach § 256 Abs. 2 und 3 vorliegen.[16] Voraussetzung für die Feststellung der Nichtigkeit ist eine darauf gerichtete Klage. Dabei setzt die Nichtigkeitsklage die Rechtswirksamkeit des Jahresabschlusses bis zur rechtskräftigen Entscheidung aus.[17] Das Verfahren der Sonderprüfung hingegen ist darauf ausgelegt, dass trotz einer nicht unwesentlichen Unterbewertung der Jahresabschluss gültig ist.[18] Auch wenn das Landgericht den Jahresabschluss ohne entspre-

---

[6] MüKoAktG/*Koch* Rn. 2; *Wilsing/Neumann* DB 2006, 31; *Voß* FS Münstermann, 1969, 443 (446); *Claussen* FS Barz, 1974, 317 (320 f.); Kölner Komm AktG/*Claussen* Rn. 3.
[7] *Claussen* FS Barz, 1974, 317 (321); *ADS* Rn. 2.
[8] *ADS* Rn. 3.
[9] MüKoAktG/*Koch* Rn. 4.
[10] Zu den möglichen Gründen vgl. *Schimmelbusch* WPg 1972, 141; Kölner Komm AktG/*Claussen* Rn. 5.
[11] K. Schmidt/Lutter/*Kleindiek* AktG Rn. 3; Kölner Komm AktG/*Claussen* Rn. 5.
[12] MüKoAktG/*Koch* Rn. 9; *ADS* Rn. 7.
[13] Kölner Komm AktG/*Claussen* Rn. 11.
[14] Hölters/*Waclawik* Rn. 7; Großkomm AktG/*Barz* Anm. 20.
[15] *ADS* Rn. 93; Kölner Komm AktG/*Claussen* Rn. 11.
[16] MüKoAktG/*Koch* § 256 Rn. 5, 6.
[17] Kölner Komm AktG/*Claussen* Rn. 9.
[18] MüKoAktG/*Koch* Rn. 65.

chend vorliegende Klage gem. § 256 Abs. 5 S. 1 für nichtig hält, hat es auf Antrag Sonderprüfer zu bestellen.[19] Zudem kann, selbst wenn Nichtigkeitsklage erhoben wurde, innerhalb der Monatsfrist nach § 258 Abs. 2 S. 1 das gerichtliche Verfahren zur Feststellung der Nichtigkeit nicht zu Ende gebracht werden und somit die Sonderprüfung ausschließen. Auch die gerichtlich bestellten Sonderprüfer haben über die Frage der Nichtigkeit des Jahresabschlusses nicht zu entscheiden. Sie sind an den in § 259 geregelten Inhalt des Prüfungsberichts gebunden (→ § 259 Rn. 3 ff.).

3. Verhältnis zum Enforcementverfahren nach § 342b HGB. Durch das Enforcementverfahren nach § 342b HGB soll das Vertrauen der Anleger in den Kapitalmarkt durch Überprüfung der Ordnungsmäßigkeit der Rechnungslegung und Qualitätsverbesserung gestärkt werden.[20] Dazu werden auf Grund von Anhaltspunkten, nach Aufforderung der BaFin oder im Rahmen von Stichproben, Unternehmen, deren Wertpapiere für den Handel am inländischen regulierten Markt zugelassen sind, einer zweistufigen Prüfung unterzogen.[21] Dabei werden alle gesetzlich prüfungspflichtigen Unternehmensberichte[22] erneut überprüft. Die aufgedeckten Fehler werden sodann veröffentlicht.[23] Um divergierende Entscheidungen zu verhindern, tritt das Enforcementverfahren gem. § 342b Abs. 3 HGB sowohl hinter den Rechtsbehelf der allg Sonderprüfung nach §§ 142 ff. und der Sonderprüfung nach § 258 als auch der Nichtigkeitsklage nach § 256 zurück.[24]

III. Überblick über das Verfahren der Sonderprüfung

Nach § 258 Abs. 1 können Minderheitsaktionäre, deren Anteile zusammen 1 % des Grundkapitals 8 oder den anteiligen Betrag von 100 000 Euro erreichen, beim zuständigen Landgericht die Bestellung von Sonderprüfern beantragen, sofern Anlass für die Annahme besteht, dass in einem festgestellten Jahresabschluss bestimmte Posten nicht unwesentlich unterbewertet sind oder der Anhang die vorgeschriebenen Angaben nicht oder nicht vollständig enthält. Das Gericht hat den Antrag zu prüfen und – sofern die Antragsvoraussetzungen erfüllt sind – die Bestellung der Sonderprüfer vorzunehmen. Die Sonderprüfer haben die von den Aktionären vorgebrachten Mängel des Jahresabschlusses zu prüfen und über das Ergebnis der Prüfung schriftlich zu berichten (§ 259 Abs. 1). Die abschließenden Feststellungen des Prüfungsberichts sind durch den Vorstand unverzüglich in den Gesellschaftsblättern bekannt zu geben (§ 259 Abs. 5). Bestätigen die Sonderprüfer eine nicht unwesentliche Unterbewertung bestimmter Bilanzposten und wird nicht innerhalb eines Monats durch das erforderliche Aktionärsquorum oder die Gesellschaft ein Antrag auf gerichtliche Entscheidung gestellt (§ 260 Abs. 1), sind die unterbewerteten Bilanzposten – vorbehaltlich neuer Wertänderungen – in dem ersten Jahresabschluss, der nach Ablauf der Monatsfrist aufgestellt wird, mit den vom Sonderprüfer korrigierten Werten anzusetzen (§ 261 Abs. 1). Der aus den korrigierten Bilanzansätzen resultierende Unterschiedsbetrag ist auf der Passivseite der Bilanz und in der Gewinn- und Verlustrechnung als „Ertrag aufgrund höherer Bewertung gemäß dem Ergebnis der Sonderprüfung" gesondert auszuweisen (§ 261 Abs. 1 S. 6). Über die Verwendung des Ertrags – abzüglich der darauf anfallenden Steuern – entscheidet die HV (§ 261 Abs. 3 S. 2). Können sich die Aktionäre und die Verwaltung der Gesellschaft nicht auf die Feststellungen des Sonderprüfers zur Unterbewertung bestimmter Bilanzposten einigen, wird auf Antrag ein gerichtliches Verfahren eingeleitet (§ 260 Abs. 1). Das zuständige Landgericht hat dann unter Würdigung aller Umstände nach freier Überzeugung über den Antrag zu entscheiden (§ 261 Abs. 2). Die Entscheidung wird in den Gesellschaftsblättern bekannt gegeben. Hat das Gericht nicht unwesentliche Unterbewertungen von Bilanzposten festgestellt, ist der durch die Korrektur der Bilanzansätze entstehende Unterschiedsbetrag auf der Passivseite der Bilanz und in der Gewinn- und Verlustrechnung als „Ertrag aufgrund höherer Bewertung gemäß gerichtlicher Entscheidung" auszuweisen (§ 261 Abs. 2). Über die Verwendung des Ertrags entscheidet auch in diesem Fall die HV (§ 261 Abs. 3 S. 2). Ein gerichtliches Verfahren zur Feststellung eines unvollständigen Anhangs ist nach § 260 Abs. 1 nicht vorgesehen.

IV. Antrag auf Bestellung von Sonderprüfern

1. Sachliche Voraussetzungen. a) Allgemeines. Notwendige Voraussetzung für die Bestellung 9 von Sonderprüfern ist nach § 258 ein Antrag einer qualifizierten Minderheit (→ Rn. 18) beim zuständigen Gericht. Der Antrag kann gestellt werden, sofern **„Anlass für die Annahme"** besteht,

---

[19] Großkomm AktG/*Bezzenberger* Anm. 18.
[20] BeBiKo/*Grottel* HGB § 342b Rn. 1.
[21] MüKoHGB/*Paal* HGB § 342b Rn. 22.
[22] Baumach/Hopt/*Merkt* HGB § 342b Rn. 3.
[23] Baumach/Hopt/*Merkt* HGB § 342b Rn. 4, 5.
[24] BeBiKo/*Grottel* HGB § 342b Rn. 32.

dass in einem festgestellten Jahresabschluss Bilanzposten nicht unwesentlich unterbewertet sind oder der Anhang die vorgeschriebenen Angaben nicht oder nur unvollständig enthält. Die unscharfe Formulierung „Anlass für die Annahme" ist durch den Gesetzgeber bewusst gewählt worden. Sie soll sicherstellen, dass die Rechtsprechung an die Spezifizierung des Antrags keine zu weitgehenden Anforderungen stellt.[25] So ist es ausreichend, wenn die Antragssteller einzelne konkrete Sachverhaltselemente anführen, die für einen verständigen und objektiv Beurteilenden den Schluss nahe legen, dass eine Unterbewertung von Bilanzposten oder eine unvollständige Berichterstattung vorliegen könnte.[26] Der Antrag ist insoweit zu begründen; unsubstantiierte Behauptungen sind nicht ausreichend.[27] Eine vollständige Beweisführung ist jedoch nicht notwendig.[28] Diese kann durch die Aktionäre auch nicht geleistet werden. Die eingehende Untersuchung der Annahmen hat vielmehr durch den sachverständigen Sonderprüfer zu erfolgen.

10 Der Antrag auf Bestellung von Sonderprüfern kann sich nach dem Gesetzeswortlaut nur auf einen bereits **festgestellten Jahresabschluss** beziehen (§ 258 Abs. 1 S. 1); bei Aufstellung des Jahresabschlusses kann noch kein Antrag gestellt werden. Da § 258 auf den festgestellten Jahresabschluss abstellt, ist eine Sonderprüfung erst dann möglich, wenn die Abschlussprüfung stattgefunden hat (s. § 316 Abs. 1 S. 2 HGB), es sei denn, es handelt sich um kleine Gesellschaften iSd § 267 Abs. 1 HGB oder Kleinstgesellschaften iSd § 267a HGB (§ 316 Abs. 1 S. 1 HGB). Das Ergebnis der Abschlussprüfung ist für das Verfahren der Sonderprüfung jedoch unbeachtlich.[29]

11 **b) Unterbewertung von Bilanzposten.** Nach § 258 Abs. 1 Nr. 1 kann ein Antrag auf Sonderprüfung gestellt werden, wenn die begründete Annahme besteht, dass bestimmte Posten in einem festgestellten Jahresabschluss nicht unwesentlich unterbewertet sind. Für den **Begriff der Unterbewertung** verweist der Klammerzusatz auf § 256 Abs. 5 S. 3. Die Legaldefinition der Unterbewertung gilt somit auch für die Sonderprüfung. Eine Unterbewertung liegt nach den § 256 Abs. 5 S. 3 vor, wenn Aktivposten mit einem niedrigeren Wert, Passivposten mit einem höheren Betrag angesetzt sind als nach den §§ 253–256a HGB zulässig ist. Diesen so gesetzlich definierten Bewertungsfehlern sind aufgrund gleicher Wirkungsweise Ansatzfehler, dh gebotene, aber unterlassene Aktivierungen und unzulässige, aber vorgenommene Passivierungen, gleichzustellen.[30]

12 Hat die Gesellschaft die Unterbewertung durch einen unzulässigen Wechsel der Bewertungsmethoden und damit durch einen Verstoß gegen den Grundsatz der Bewertungsstetigkeit nach § 252 Abs. 1 Nr. 6 HGB herbeigeführt, liegt keine Unterbewertung iSd § 258 Abs. 1 Nr. 1 vor, wenn die neu angewandten Bewertungsmethoden im Einklang mit den Bewertungsvorschriften nach den §§ 253–256a HGB stehen. Nur diese Bewertungsvorschriften werden durch den Verweis auf § 256 Abs. 5 S. 3 erfasst.[31]

13 Nach dem Gesetzeswortlaut hat sich der Antrag auf **bestimmte Posten** zu beziehen. Der Begriff „Posten" meint die Gliederungsposten nach § 266 HGB. Die Benennung einzelner Vermögensgegenstände oder Verbindlichkeiten durch die Antragsteller ist daher nicht notwendig.[32] Es genügt, wenn sich der Antrag auf einzelne Aktiv- bzw. Passivposten bezieht, wie zB technische Anlagen und Maschinen (§ 266 Abs. 2 A. II. Nr. 2 HGB) oder sonstige Rückstellungen (§ 266 Abs. 3 B. Nr. 3 HGB). Nicht ausreichend ist es hingegen, wenn der Antrag lediglich eine Gruppe von Bilanzposten benennt, wie zB Anlagevermögen (§ 266 Abs. 2 A. HGB) oder Finanzanlagen (§ 266 Abs. 2 A. III. HGB); erst recht nicht genügt die pauschale Behauptung, der Jahresabschluss enthalte Unterbewertungen.[33] Zudem sollte der Antrag die nicht unwesentliche Unterbewertung aufzeigen können. Ein vermuteter Betrag ist allerdings nicht anzugeben.[34]

14 Ein Antrag auf Sonderprüfung kann nach § 258 Abs. 1 Nr. 1 nur dann gestellt werden, wenn die Unterbewertung bestimmter Posten **nicht unwesentlich** ist. Die vom Gesetzgeber gewählte doppelte Negation bleibt hinter dem Maß der *wesentlichen* Unterbewertung zurück, welches § 256 Abs. 5 Nr. 2 vorsieht. Bei der Sonderprüfung nach den §§ 258 ff. sind daher im Vergleich zur Nichtigkeit nach § 256 Abs. 5 Nr. 2 geringere Anforderungen an die Wesentlichkeit der Unterbewertung zu

---

[25] AusschBer *Kropff* S. 349.
[26] OLG München AG 2006, 801.
[27] OLG München AG 2006, 801; Hüffer/Koch/*Koch* Rn. 3; *ADS* Rn. 12.
[28] K. Schmidt/Lutter/*Kleindiek* Rn. 6.
[29] Hüffer/Koch/*Koch* Rn. 4.
[30] MüKoAktG/*Koch* § 256 Rn. 60; BGHZ 124, 11 (119) = NJW 1994, 520; BGHZ 137, 378 (384) = NJW 1998, 1559; BGH AG 192, 58 (59).
[31] MüKoAktG/*Koch* Rn. 31; *ADS* Rn. 66; aA *Kupsch* WPg 1989, 517 (520).
[32] *ADS* Rn. 18 f.; Kölner Komm AktG/*Claussen* Rn. 16; Hüffer/Koch/*Koch* Rn. 5.
[33] *Voß* FS Münstermann, 1969, 443 (446); *Frey* WPg 1966, 633 (634).
[34] *ADS* Rn. 20.

stellen.[35] Unwesentliche Unterbewertungen sind jedoch auch für das Verfahren der Sonderprüfung nicht ausreichend. Anhand welcher **Vergleichsgröße** das Ausmaß der Unterbewertung gemessen werden muss, ist umstritten. Nach wohl hM ist auf die Gesamtverhältnisse der Gesellschaft abzustellen, insbesondere auf das Jahresergebnis und das Grundkapital.[36] Nach der Gegenmeinung ist als Vergleichsgröße der jeweilige Bilanzposten heranzuziehen, in dem die Unterbewertung angenommen wird.[37] Im Hinblick auf den Regelungszweck (→ Rn. 2) ist der zweiten Auffassung beizutreten. Da die Sonderprüfung insbesondere der Durchsetzung der Bewertungsvorschriften dient, ist grundsätzlich das Verhältnis der Unterbewertung zum jeweiligen Bilanzposten maßgeblich, denn die Bewertung der einzelnen Bilanzposten muss mit den gesetzlichen Vorgaben übereinstimmen, nicht nur das Gesamtergebnis.[38] Eine generelle Orientierung an den Gesamtverhältnissen würde zudem, insbesondere bei großen Gesellschaften, die Bedeutung der Sonderprüfung soweit minimieren, dass die primär bezweckte Durchsetzung der Bewertungsvorschriften nicht mehr erreicht werden könnte.[39] Zumindest denkbar ist jedoch der Fall, dass Unterbewertungen in mehreren Bilanzposten vorliegen, die für sich genommen unwesentlich sind, gemessen an den Gesamtverhältnissen aber als nicht unwesentlich einzustufen sind. In diesem Sonderfall sind die Gesamtverhältnisse zur Beurteilung der Unterbewertung maßgeblich.[40]

Auch die Frage, ob sich das Maß der nicht unwesentlichen Unterbewertung durch feste **Betragsgrenzen** quantifizieren lässt, ist im Schrifttum umstritten. So vertritt ein Teil des Schrifttums die Auffassung, eine nicht unwesentliche Unterbewertung liege in Anlehnung an § 160 Abs. 2 S. 5 aF vor, wenn der ausgewiesene Jahresüberschusses um mehr als 10 % unter dem Betrag liegt, der ohne die Unterbewertung auszuweisen wäre, und der Unterschiedsbetrag gleichzeitig 0,5 % des Grundkapitals übersteigt.[41] Vorgeschlagen werden auch feste Betragsgrenzen, die auf der Grundlage des jeweiligen Bilanzpostens zu bestimmen sind, in dem die Unterbewertung vermutet wird, zB 20 % des zulässigen Wertansatzes.[42] Nach der hier vertretenen Auffassung sind feste Betragsgrenzen abzulehnen. Sie sind letztlich willkürlich und führen nicht zu einem in allen Fällen sachgerechten Ergebnis, Bsp. in *ADS* Rn. 84. Der Rückgriff auf § 160 Abs. 2 S. 5 aF ist schon deshalb abzulehnen, weil die Regelung mit dem BiRiLiG (v. 19.12.1985, BGBl. 1985 I 2355) ersatzlos gestrichen wurde. Bei der Frage, ob eine nicht unwesentliche Unterbewertung vorliegt, verbleibt ein Beurteilungsspielraum.[43]

c) Unvollständigkeit des Anhangs. Nach § 258 Abs. 1 Nr. 2 kann ein Antrag auf Sonderprüfung gestellt werden, wenn Anlass für die Annahme (→ Rn. 9) besteht, dass der Anhang die vorgeschriebenen Angaben nicht oder nicht vollständig enthält und der Vorstand in der HV die fehlenden Angaben, obwohl nach ihnen gefragt worden ist, nicht nachgeholt hat. Welche Angaben vorgeschrieben sind, ergibt sich aus den §§ 284 ff. HGB und den rechtsformspezifischen Ergänzungen durch das AktG, insbesondere § 160. **Nicht vollständig** iSv § 258 Abs. 1 Nr. 2 sind die Angaben auch dann, wenn diese fehlerhaft sind.[44] Keine unvollständige Berichterstattung liegt hingegen vor, wenn auf (uU zweckmäßige) Fehlanzeigen verzichtet wurde. Entscheidend ist, ob nach dem Gesetz Angaben zu machen waren.[45]

Der Vorstand kann von sich aus die fehlenden Angaben in der HV nachholen. Sind dann die Angaben vollständig, kann kein Antrag auf Sonderprüfung gestellt werden. Dies gilt auch dann, wenn der Vorstand die Angaben in der HV nur auf Anfrage eines Aktionärs macht. Erst wenn der Vorstand die Angaben auf Anfrage nicht macht und der Aktionär die Niederschrift der Anfrage verlangt hat, kann gem. § 258 Abs. 1 Nr. 2 ein Antrag auf Sonderprüfung gestellt werden. Dabei

---

[35] *ADS* Rn. 15; *Hüffer/Koch/Koch* Rn. 7; Kölner Komm AktG/*Claussen* Rn. 14; *Weilep/Weilep* BB 2006, 147 (148); aA *Krag/Hullermann* DB 1980, 457 (458).
[36] *ADS* Rn. 86; Kölner Komm AktG/*Claussen* Rn. 17; *Frey* WPg 1966, 633 (634); *Voß* FS Münstermann 1969, 443 (460); *Baumbach/Hueck* Rn. 3.
[37] *Hüffer/Koch/Koch* Rn. 7; Großkomm AktG/*Bezzenberger* Anm. 31; *Krag/Hullermann* DB 1980, 457 (459); *Kirchhoff*, Die Sonderprüfung wegen unzulässiger Unterbewertung nach §§ 258 ff. AktG, 1971, 267; *Scherpf*, Die aktienrechtliche Rechnungslegung und Prüfung, 1967, Rn. 791.
[38] MüKoAktG/*Koch* Rn. 21.
[39] *Hüffer/Koch/Koch* Rn. 7.
[40] MüKoAktG/*Koch* Rn. 22.
[41] Entwickelt von *Frey* WPg 1966, 633 (634); zust.: *Gail*, Stille Reserven, Unterbewertung und Sonderprüfung, 2. Aufl. 1978, 109 f.; *Kruse*, Die Sonderprüfung wegen unzulässiger Unterbewertung, 1972, 67; *Voß* FS Münstermann, 1969, 443 (460); aA Kölner Komm AktG/*Claussen* Rn. 16; *Hüffer/Koch/Koch* Rn. 8; *ADS* Rn. 83 ff.; Großkomm AktG/*Bezzenberger* Anm. 32.
[42] *Krag/Hullermann* DB 1980, 457 (459).
[43] *Hüffer/Koch/Koch* Rn. 8; *ADS* Rn. 86; Kölner Komm AktG/*Claussen* Rn. 16.
[44] Kölner Komm AktG/*Claussen* Rn. 19; Großkomm AktG/*Bezzenberger* Anm. 49; *Hüffer/Koch/Koch* Rn. 9; *ADS* Rn. 22.
[45] *Hüffer/Koch/Koch* Rn. 9; Kölner Komm AktG/*Claussen* Rn. 19.

muss aus der Fragestellung ersichtlich sein, dass der Fragesteller Angaben im Anhang vermisst.[46] Es kommt nicht darauf an, ob der Notar oder ein anderer Protokollführer die Frage tatsächlich in der Verhandlungsniederschrift beurkundet hat (§ 131 Abs. 5).[47] Erforderlich ist lediglich ein **beweisbares Beurkundungsverlangen.** Antragsteller und Frager müssen nicht identisch sein.

18   **2. Förmliche Voraussetzungen. a) Antragsteller.** Ein Antrag auf Sonderprüfung kann nur von einer qualifizierten Minderheit gestellt werden. Die Anteile der Aktionäre müssen zusammen 1 % des Grundkapitals oder den anteiligen Betrag von 100 000 Euro erreichen (§ 258 Abs. 2 S. 3 iVm § 142 Abs. 2). Für die **Berechnung des prozentualen Anteils** ist nicht das in der HV vertretene, sondern das am Tag der HV in das Handelsregister eingetragene Grundkapital maßgeblich.[48] Dabei ist auf den Betrag des Grundkapitals abzustellen; die Stimmberechtigung ist unbeachtlich. So sind zB stimmrechtslose Vorzugsaktien (§§ 139 ff.) bei der Berechnung nicht abzusetzen. Auch die eigenen Aktien der Gesellschaft dürfen vom Grundkapital nicht abgezogen werden. Zwar ruhen nach § 71b die Mitgliedsrechte dieser Anteile; dies führt jedoch nicht zu einer Verringerung des Grundkapitals.[49] Der **anteilige Betrag** ist bei Nennbetragsaktien (§ 8 Abs. 1 und Abs. 2) der Gesamtnennbetrag der Aktien. Bei Stückaktien (§ 8 Abs. 3) ergibt sich der anteilige Betrag durch Division des Grundkapitals durch die Aktienzahl.[50]

19   Die Antragsteller haben nach § 258 Abs. 2 S. 4 ihre Aktien bis zur gerichtlichen Entscheidung über den Antrag zu hinterlegen oder eine Versicherung des depotführenden Instituts vorzulegen, dass die Aktien solange nicht veräußert werden. Damit soll sichergestellt werden, dass die Antragsberechtigung für die Dauer des Antragsverfahrens erhalten bleibt. Die **Hinterlegung** kann beim zuständigen Landgericht oder auch bei der AG selbst erfolgen.[51] Während der Dauer der Sonderprüfung müssen keine Aktien hinterlegt werden. Der Nachweis durch eine **Versicherung des depotführenden Instituts** kann durch eine Bestätigung auf den Tag des Antrags und eine weitere zum Ende des Verfahrens, die sich auf den zurückliegenden Zeitraum bezieht, oder durch eine Depotbestätigung mit Sperrvermerk erfolgen.[52] Der Nachweis durch eine Versicherung des depotführenden Instituts kann die selbstständige Verpflichtung des Kreditinstituts gegenüber dem Gericht oder der AG sein, die Berechtigten über jegliche Änderungen in Bezug auf den antragsbegründenen Aktienbestand zu unterrichten. Entscheidend ist, dass die Versicherung des depotführenden Instituts gegenüber dem Gericht oder der AG und nicht allein gegenüber ihrem Kunden erfolgt.[53] Zusätzlich haben die Antragsteller glaubhaft zu machen, dass sie seit mindestens drei Monaten vor dem Tag der HV Inhaber der Aktien sind. Damit soll vermieden werden, dass ein Sonderprüfungsantrag durch kurzfristigen Aktienankauf veranlasst werden kann.[54] Zur **Glaubhaftmachung** genügt eine eidesstattliche Versicherung vor einem Notar (§ 258 Abs. 2 S. 5) oder zB auch die Vorlage von Depotauszügen.[55]

20   **b) Antragsform.** Da die Bestellung der Sonderprüfer ein Verfahren der freiwilligen Gerichtsbarkeit ist,[56] richten sich die Formerfordernisse nach dem maßgeblichen Verfahrensrecht des durch das FGG-RG (v. 17.12.2008, BGBl. 2008 I 2586) in Kraft gesetzte FamFG (v. 17.12.2008, BGBl. 2008 I 2586). Danach besteht kein Anwaltszwang (§ 10 Abs. 1 FamFG). Durch den Mangel an Vorschriften genügt außerdem die Schriftform, die noch nicht einmal eine Unterschrift benötigt, so lange die Person des Antragstellers erkennbar ist. Daher kann der Antrag auch per Telegramm, Telefax oder E-Mail gestellt werden. Zudem ist eine Antragstellung per Telefon zulässig.[57] Nach § 25 FamFG ist es ausreichend, wenn der Antrag an der Geschäftsstelle des zuständigen oder eines anderen, zur Weitergabe an das zuständige Amtsgericht verpflichtete (§ 25 Abs. 3 FamFG), Amtsgerichts gestellt wird. Allerdings muss aus dem Antrag hervorgehen, dass die förmlichen (→ Rn. 18–22) und sachlichen (→ Rn. 9–17) Vorraussetzungen des Antrags einer Sonderprüfung erfüllt sind.[58]

21   **c) Zuständiges Gericht.** Die Zuständigkeit für das Verfahren nach Abs. 1 S. 1 wurde durch Art. 74 Nr. 18b FGG-RG (v. 17.12.2008, BGBl. 2008 I 2586) den Landgerichten ohne Rücksicht

---

[46] MüKoAktG/*Koch* Rn. 29; *ADS* Rn. 25; Kölner Komm AktG/*Claussen* Rn. 22.
[47] Großkomm AktG/*Bezzenberger* Anm. 51; *ADS* Rn. 25; Kölner Komm AktG/*Claussen* Rn. 22; Hüffer/Koch/*Koch* Rn. 10.
[48] Hüffer/Koch/*Koch* Rn. 16; *ADS* Rn. 31; Kölner Komm AktG/*Claussen* Rn. 26.
[49] MüKoAktG/*Koch* Rn. 44; Großkomm AktG/*Bezzenberger* Anm. 72; *ADS* Rn. 31.
[50] MüKoAktG/*Koch* Rn. 44.
[51] *ADS* Rn. 32; Hüffer/Koch/*Koch* Rn. 17.
[52] RegBegr. BT-Drs. 15/5092, 18 (30).
[53] OLG München AG 2006, 801.
[54] Hölters/*Waclawik* Rn. 24; MüKoAktG/*Koch* Rn. 46.
[55] OLG München AG 2009, 672; MüKoAktG/*Koch* Rn. 46.
[56] *ADS* Rn. 10.
[57] MüKoAktG/*Koch* Rn. 39.
[58] K. Schmidt/Lutter/*Kleindiek* Rn. 16; *ADS* Rn. 34.

auf den Wert des Streitgegenstands (§ 71 Abs. 2 Nr. 4b GVG) zugeordnet. Es entscheidet das Landgericht, in dessen Bezirk die Gesellschaft ihren Sitz hat. Die Länder können durch Rechtsverordnung oder über die Justizverwaltung ein Landgericht für mehrere Bezirke bestimmen.

d) Frist. Gem. § 258 Abs. 2 S. 1 muss der Antrag innerhalb eines Monats nach der HV über den Jahresabschluss, unabhängig von einer Anfechtungs- oder Nichtigkeitsklage, gestellt werden. Die Monatsfrist ist eine Ausschlussfrist. Sie kann nach allgM weder verlängert noch gehemmt werden; ebenso gibt es keine Wiedereinsetzung in den vorherigen Stand.[59] Für die **Berechnung der Monatsfrist** ist als Fristbeginn auf das Datum der HV abzustellen, die den vom Vorstand und Aufsichtsrat festgestellten Jahresabschluss entgegengenommen hat (§ 175 Abs. 1) oder die selbst den Jahresabschluss festgestellt hat (§ 175 Abs. 3).[60] Das Datum dieser HV ist auch dann maßgeblich, wenn eine Nachtragsprüfung gem. § 316 Abs. 3 HGB notwendig ist (§ 258 Abs. 2 S. 2). Bei mehrtägigen HV kommt es auf den letzten Versammlungstag an.[61] Für den Fristbeginn gilt § 187 BGB; das Fristende ist nach § 188 BGB zu ermitteln. Die Frist ist nur gewahrt, wenn der Antrag vor Fristablauf beim zuständigen Landgericht eingeht,[62] da die Wirkung der Verfahrenshandlung (hier der Erwirkungshandlung) bei Abgabe des Antrags bei einem anderen Amtsgericht erst eintritt, wenn der Antrag beim zuständigen Gericht eingeht (§ 25 Abs. 3 S. 2 FamFG). Wird ein Antrag vor Fristbeginn gestellt, wird dieser mit Fristbeginn wirksam, soweit er vom Antragsteller weiterverfolgt wird.[63] 22

V. Entscheidung des Gerichts über den Antrag

1. Prüfung und Anhörung. Das Gericht prüft die örtliche Zuständigkeit, die Antragsberechtigung (→ Rn. 18–22) sowie die Antragsbegründung (→ Rn. 9). 23

Der Antrag ist begründet, wenn Anlass für die Annahme besteht (→ Rn. 9), dass bestimmte Bilanzposten nicht unwesentlich unterbewertet sind oder gesetzlich vorgeschriebene Angaben nicht gemacht wurden. Dazu kann das Gericht Sachverständige hinzuziehen, wenn die eigene Sachkunde zur Beurteilung des Sachverhalts nicht ausreicht.[64] Das Gericht kann sich insoweit von Sachverständigen unterstützen lassen.[65] Dies darf jedoch nicht zu einer Vorwegnahme der Sonderprüfung führen. Auch sollten die Ermittlungen des Landgerichts von ihrem Umfang her nicht dazu führen, dem Antrag erst zu einer ausreichenden Begründung zu verhelfen.[66] Ebenso verhält es sich mit der Anforderung weiterer Unterlagen von der Gesellschaft nach dem Amtsermittlungsgrundsatz (§ 26 FamFG). Die Amtsermittlung darf nicht zur Ausforschung missbraucht werden.[67] 24

Nach § 258 Abs. 3 S. 1 hat das Gericht vor Bestellung des Sonderprüfers den Vorstand, den Aufsichtsrat und den Abschlussprüfer zu hören. Die **Anhörung** hat folglich nur dann zu erfolgen, wenn das Gericht dem Antrag stattgeben will, nicht aber, wenn es den Antrag bereits für unzulässig oder unbegründet hält. Vorstand und Aufsichtsrat haben so die Möglichkeit, zum Sachverhalt Stellung zu nehmen und dem Gericht weitere Unterlagen zukommen zu lassen. Da der Vorstand und Aufsichtsrat ihre Stellungnahmen als Organe der Gesellschaft abgeben, haben sie nach § 77 bzw. § 108 Abs. 1 und ggf. nach Vorschriften der Satzung und Geschäftsordnung über deren Inhalt zu beschließen.[68] Auch der Abschlussprüfer hat zum Sachverhalt Stellung zu nehmen. Er ist insoweit von der Verschwiegenheitspflicht befreit.[69] 25

2. Entscheidung. Das Gericht entscheidet durch einen schriftlich begründeten Beschluss. Gegen die Entscheidung ist die Beschwerde zulässig (§ 258 Abs. 3 S. 2, → Rn. 31). 26

Ist der Antrag auf Bestellung von Sonderprüfern zulässig und begründet, nimmt das Gericht die **Bestellung von Sonderprüfern** vor (§ 258 Abs. 1 S. 1). Das Gericht hat dazu den Prüfer bzw. die Prüfungsgesellschaft im Beschluss namentlich zu benennen. Der Beschluss hat ferner den **Prüfungsauftrag** zu enthalten. Im Prüfungsauftrag ist der Prüfungsgegenstand festzulegen, dh ob sich die Sonderprüfung auf eine mögliche Unterbewertung von Bilanzposten und/oder eine unvollständige Berichterstattung beziehen soll. Ist eine mögliche Unterbewertung zu prüfen, hat das Gericht die 27

---

[59] Hüffer/Koch/*Koch* Rn. 14; Großkomm AktG/*Bezzenberger* Anm. 66; Kölner Komm AktG/*Claussen* Rn. 24.
[60] *ADS* Rn. 29; Kölner Komm AktG/*Claussen* Rn. 24.
[61] MüKoAktG/*Koch* Rn. 41.
[62] *ADS* Rn. 27; aA Hüffer/Koch/*Koch* Rn. 15.
[63] OLG München AG 2006, 801; aA Hölters/*Waclawik* Rn. 26.
[64] MüKoAktG/*Koch* Rn. 50; v. Godin/*Wilhelmi* Rn. 4; Großkomm AktG/*Bezzenberger* Anm. 91.
[65] *Kruse*, Die Sonderprüfung wegen unzulässiger Unterbewertung, 1972, 106; aA *ADS* Rn. 37.
[66] Hölters/*Waclawik* Rn. 30; Kölner Komm AktG/*Claussen* Rn. 29; Hölters/*Waclawik* Rn. 37.
[67] MüKoAktG/*Koch* Rn. 50; Kölner Komm AktG/*Claussen* Rn. 30; Hölters/*Waclawik* Rn. 30.
[68] Hüffer/Koch/*Koch* Rn. 20.
[69] *ADS* Rn. 44; Großkomm AktG/*Bezzenberger* Anm. 88.

§ 258   28–34   Erstes Buch. Aktiengesellschaft

einzelnen Bilanzposten aufzuführen.[70] Soll eine Prüfung des Anhangs erfolgen, hat das Gericht den Auftrag nach Maßgabe des § 258 Abs. 1 S. 3 zu umschreiben und zu erteilen.[71] Der Auftrag bei Unvollständigkeit des Anhangs muss auch die weiteren zu prüfenden Kriterien nach § 258 Abs. 1 S. 3 erfassen (→ Rn. 17).[72]

28   Das Gericht weist den Antrag zurück, wenn dieser unzulässig oder unbegründet ist. Der Antrag ist unzulässig, wenn die förmlichen Voraussetzungen nicht erfüllt wurden, zB weil die Antragsteller zusammen nicht eine qualifizierte Minderheit nach § 258 Abs. 2 S. 3 bilden. Als unbegründet wird der Antrag zurückgewiesen, wenn nach Auffassung des Gerichts kein Anlass für die Annahme einer Unterbewertung von Bilanzposten oder eine unvollständige Berichterstattung besteht.[73]

29   **3. Auswahl der Sonderprüfer.** Die Auswahl der zu bestellenden Sonderprüfer nimmt allein das Gericht vor. Der Wortlaut des Gesetzes lässt die Zahl der zu bestellenden Sonderprüfer offen. Das Gericht kann daher auch mehr als einen Sonderprüfer bestellen. In diesem Fall haben die Sonderprüfer den Prüfungsbericht nach § 259 gemeinsamen zu erstellen.

30   Sonderprüfer können gem. § 258 Abs. 4 nur nach der Wirtschaftsprüferordnung bestellte **Wirtschaftsprüfer und Wirtschaftsprüfungsgesellschaften** (§ 1 WPO) sein. Vereidigte Buchprüfer oder Buchprüfungsgesellschaften (§ 128 WPO) sind ausgeschlossen. Die Eigenschaft als bestellter Wirtschaftsprüfer oder bestellte Wirtschaftsprüfungsgesellschaft muss bei der Bestellung als Sonderprüfer bereits vorliegen und während der gesamten Dauer der Sonderprüfung fortbestehen.[74]

31   Nach § 258 Abs. 4 S. 2 gelten für die Auswahl der Sonderprüfer § 319 Abs. 2–4 HGB, § 319a Abs. 1 HGB und § 319b Abs. 1 HGB sinngemäß. Die **Ausschlussgründe** für die Abschlussprüfer einer AG gelten mithin auch für die Sonderprüfer. Wirtschaftsprüfer oder Wirtschaftsprüfungsgesellschaften dürfen demnach nur dann Sonderprüfer sein, wenn sie unabhängig gegenüber der AG sind und nicht die Gefahr der Befangenheit besteht. Das Gericht hat vor der Bestellung der Sonderprüfer zu prüfen, ob kein Ausschlussgrund vorliegt. Dazu kann sich das Gericht des Sachverständigenrats der Wirtschaftsprüferkammer als zuständige Berufsorganisation bedienen.[75]

32   **Abschlussprüfer** der Gesellschaft dürfen nach § 258 Abs. 4 S. 3 nicht Sonderprüfer sein. Gemeint sind die Wirtschaftsprüfer oder Wirtschaftsprüfungsgesellschaften, die den Jahresabschluss geprüft haben, welcher Gegenstand der Sonderprüfung sein soll. Durch das Verbot in § 258 Abs. 4 S. 3 werden nach allgM aber auch Abschlussprüfer erfasst, die für das laufende oder ein späteres Geschäftsjahr von der HV als Abschlussprüfer bestellt wurden.[76] Diese Wirtschaftsprüfer oder Wirtschaftsprüfungsgesellschaften könnten durch ihre Bestellung als Abschlussprüfer befangen gegenüber ihrem Auftraggeber sein. Aus dem gleichen Grund dürfen nach § 258 Abs. 4 S. 3 auch Wirtschaftsprüfer und Wirtschaftsprüfungsgesellschaften, die in den letzten drei Jahren vor der Bestellung Abschlussprüfer waren, nicht Sonderprüfer sein. Auszuschließen sind auch Abschlussprüfer, die durch Bestellung des Gerichts nach § 318 Abs. 3 HGB ersetzt wurden.[77] Für die Berechnung der Dreijahresfrist sind nach allgM die Kalenderjahre maßgeblich.[78] Vom Zeitpunkt der Bestellung der Sonderprüfer sind drei Kalenderjahre zurückzurechnen.

33   **4. Rechtsmittel.** Gegen die Entscheidung des Gerichts ist nach § 258 Abs. 3 S. 2 die **Beschwerde** zulässig. Beschwerdeberechtigt sind nur die Antragsteller bzw. die Gesellschaft, wenn deren Antrag abgelehnt bzw. Sonderprüfer bestellt wurden.[79] In entsprechender Anwendung von § 63 Abs. 1 FamFG ist von einer Beschwerdefrist von einem Monat auszugehen.[80]

34   **5. Kosten.** Bei den Kosten ist zwischen den **Gerichtskosten** durch den Antrag auf Bestellung von Sonderprüfern und den Kosten der Sonderprüfung zu unterscheiden. Die Gerichtskosten durch die Antragstellung hat die Gesellschaft zu tragen, sofern das Gericht dem Antrag stattgibt und Sonderprüfer bestellt (§ 146 iVm § 258 Abs. 5 S. 1). Wird der Antrag abgelehnt, haben die Antragsteller die Gerichtskosten zu tragen (§ 22 Abs. 1 GNotKG und § 32 Abs. 1 GNotKG).[81] Das Sonderprüfungsergebnis

---

[70] Hüffer/Koch/*Koch* Rn. 22.
[71] Hölters/*Waclawik* Rn. 33.
[72] MüKoAktG/*Koch* Rn. 55.
[73] Großkomm AktG/*Bezzenberger* Anm. 97; Kölner Komm AktG/*Claussen* Rn. 31.
[74] ADS Rn. 46; Hüffer/Koch/*Koch* Rn. 24.
[75] RegBegr. *Kropff* S. 349.
[76] MüKoAktG/*Koch* Rn. 61; ADS Rn. 49; Kölner Komm AktG/*Claussen* Rn. 34; Großkomm AktG/*Bezzenberger* Anm. 106.
[77] ADS Rn. 51; Kölner Komm AktG/*Claussen* Rn. 35.
[78] Hüffer/Koch/*Koch* Rn. 26; Kölner Komm AktG/*Claussen* Rn. 34; *Frey* WPg 1966, 633 (636); Großkomm AktG/*Bezzenberger* Anm. 106; aA ADS Rn. 50: Geschäftsjahre.
[79] Kölner Komm AktG/*Claussen* Rn. 32; ADS Rn. 45.
[80] K. Schmidt/Lutter/*Kleindiek* Rn. 23.
[81] Hüffer/Koch/*Koch* Rn. 23; aA Hölters/*Waclawik* Rn. 35.

beeinflusst nicht die Kostentragungspflicht.⁸² Haben die Antragsteller allerdings die Bestellung der Sonderprüfer durch vorsätzlich oder grob fahrlässig falsche Behauptungen erwirkt, haben die Antragsteller der Gesellschaft die Kosten zu erstatten (§ 146 S. 2). Zu den Kosten der Sonderprüfung → Rn. 43.

VI. Aufgaben der Sonderprüfer

1. Allgemeines. Die Aufgaben der Sonderprüfer ergeben sich aus § 258 Abs. 1 S. 2 und 3 iVm 35 dem gerichtlichen Prüfungsauftrag. Der Prüfungsauftrag ist Teil der gerichtlichen Entscheidung. Er legt fest, ob eine mögliche Unterbewertung bestimmter Bilanzposten (§ 258 Abs. 1 S. 2) und/oder eine unvollständige Berichterstattung (§ 258 Abs. 1 S. 3) Gegenstand der Sonderprüfung sein soll. Enthält der Prüfungsauftrag Unklarheiten, sind diese durch Rückfragen beim Gericht von den Sonderprüfern zu beseitigen.⁸³ Für einen zusätzlichen Prüfungsauftrag durch die AG ist kein Raum.⁸⁴ Zu den Aufgaben des Sonderprüfers gehört gem. § 259 auch die Erstellung eines Prüfungsberichts, in dem die Ergebnisse der Sonderprüfung zu dokumentieren sind (→ § 259 Rn. 3 ff.). Die nach § 259 Abs. 1 S. 2 erweiterte Berichtspflicht führt aber nicht zu einer Erweiterung des Prüfungsauftrags.⁸⁵

Die Sonderprüfung dient – ebenso wie die Abschlussprüfung – der Feststellung, ob der Jahresab- 36 schluss der Gesellschaft den gesetzlichen Anforderungen genügt.⁸⁶ Bei der Durchführung der Sonderprüfung gelten daher bezüglich der **Prüfungstechnik** die gleichen Grundsätze wie bei der Abschlussprüfung.⁸⁷ Sonderprüfung und Abschlussprüfung unterscheiden sich jedoch hinsichtlich des **Prüfungsumfangs.** Im Gegensatz zur Abschlussprüfung hat sich die Sonderprüfung auf die Einhaltung der Bewertungsuntergrenzen bestimmter Bilanzposten oder die Vollständigkeit bestimmter Angaben im Anhang zu beschränken. Die Beschränkung der Prüfungshandlungen auf bestimmte, durch den gerichtlichen Prüfungsauftrag festgelegte Sachverhalte, führt dazu, dass der Sonderprüfer die entsprechenden Sachverhalte intensiver und umfassender prüfen kann. Die Prüfungsintensität ist daher zwangsläufig höher als bei der Abschlussprüfung.⁸⁸ Ob die jeweiligen Sachverhalte lückenlos zu prüfen sind, muss im konkreten Einzelfall entschieden werden. Jedenfalls muss der Umfang der Sonderprüfung so angelegt sein, wie es für die Klärung des Sachverhalts erforderlich ist.

Rückschlüsse auf die Durchführung der Sonderprüfung ergeben sich auch aus den Berichtspflichten 37 des Sonderprüfers gem. § 259. So haben die Sonderprüfer nach § 259 Abs. 2 S. 2 bei ihrer Beurteilung die Verhältnisse am Stichtag des Jahresabschlusses zugrunde zu legen. Das **Stichtagsprinzip** nach § 252 Abs. 1 Nr. 3 HGB ist mithin auch bei der Sonderprüfung anzuwenden.⁸⁹ Die Sonderprüfer haben sich somit bei der Beurteilung der Sachverhalte auf den Stichtag des Jahresabschlusses zurückzuversetzen, der Gegenstand der Sonderprüfung ist. Maßgeblich sind der damalige Erkenntnisstand und die zu diesem Zeitpunkt herrschenden Verhältnisse, auch wenn zwischenzeitlich eine andere Entwicklung eingetreten ist.⁹⁰ Zu beachten sind jedoch auch die Einschränkungen des Stichtagsprinzips nach § 252 Abs. 1 Nr. 4 HGB. Danach sind alle vorhersehbaren Risiken und Verluste zu berücksichtigen, selbst wenn diese erst zwischen dem Abschlussstichtag und dem Tag der Aufstellung des Jahresabschlusses bekannt werden. Zum Stichtagsprinzip s. *ADS* § 252 HGB Rn. 37 ff.

2. Prüfung auf Unterbewertung von Bilanzposten. Schreibt der gerichtliche Prüfungsauftrag 38 die Prüfung einer möglichen Unterbewertung vor, hat sich die Sonderprüfung auf die vom Gericht benannten Bilanzposten zu beschränken.⁹¹ Die Prüfung hat dabei in mehreren Schritten zu erfolgen. Im ersten Prüfungsschritt ist das **Mengengerüst** der bemängelten Bilanzposten zu untersuchen. Für Aktivposten haben die Sonderprüfer festzustellen, ob alle der AG zuzurechnenden Vermögensgegenstände vollständig erfasst wurden. Bei Passivposten ist zu prüfen, ob die Voraussetzungen für den Ansatz einer Verbindlichkeit gegeben sind. So ist zB bei Rückstellungen insbesondere zu hinterfragen, ob überhaupt eine zukünftige Zahlungsverpflichtung besteht und wenn ja, ob mit dieser Zahlungsverpflichtung auch mit einer hinreichenden Wahrscheinlichkeit zu rechnen ist.

Im nächsten Prüfungsschritt sind die **Wertansätze** der Vermögensgegenstände bzw. Verbindlichkei- 39 ten innerhalb der bemängelten Bilanzposten zu prüfen. Dazu hat der Sonderprüfer zu untersuchen, ob

---

⁸² MüKoAktG/*Koch* Rn. 58; Kölner Komm AktG/*Claussen* Rn. 32.
⁸³ MüKoAktG/*Koch* Rn. 30; *ADS* Rn. 58.
⁸⁴ *ADS* Rn. 59; Großkomm AktG/*Bezzenberger* Anm. 113.
⁸⁵ MüKoAktG/*Koch* Rn. 30.
⁸⁶ *ADS* Rn. 63.
⁸⁷ Kölner Komm AktG/*Claussen* Rn. 37; MüKoAktG/*Koch* Rn. 31.
⁸⁸ *ADS* Rn. 64.
⁸⁹ *ADS* Rn. 75; *Frey* WPg 1966, 633 (638).
⁹⁰ MüKoAktG/*Koch* § 259 Rn. 10; Großkomm AktG/*Bezzenberger* § 259 Anm. 23; Kölner Komm AktG/*Claussen* § 259 Rn. 2.
⁹¹ Hüffer/Koch/*Koch* Rn. 11; Kölner Komm AktG/*Claussen* Rn. 37.

die angewandten Bewertungsmethoden im Einklang mit den §§ 253–256 HGB stehen. Verstoßen die von der Gesellschaft angewandten Bewertungsmethoden gegen die handelsrechtlichen Vorschriften, hat der Sonderprüfer die Wertansätze der bemängelten Bilanzposten neu zu ermitteln. Dabei ist nach § 259 Abs. 2 S. 3 diejenige Bewertungsmethode zugrunde zu legen, nach der die Gesellschaft die zu bewertenden Gegenstände oder vergleichbare Gegenstände zuletzt in zulässiger Weise bewertet hat. Der Sonderprüfer kann also nicht eine neue, ihm sinnvoller erscheinende Bewertungsmethode anwenden. Er ist vielmehr an die von der Gesellschaft zuletzt in zulässiger Weise angewandten Bewertungsmethoden gebunden. Es gilt somit der Grundsatz der **Bewertungsstetigkeit** nach § 252 Abs. 1 Nr. 6 HGB.[92] Der Sonderprüfer hat an das (uU mehrere Jahre zurückliegende) Geschäftsjahr anzuknüpfen und unter Anwendung der damals in zulässiger Weise angewandten Bewertungsmethode den neuen Wertansatz zu ermitteln. Kann nicht auf eine zulässige Bewertungsmethode in einem früheren Geschäftsjahr zurückgegriffen werden, hat der Sonderprüfer die Bewertungsmethode anzuwenden, bei deren Anwendung die Bewertung der Bilanzposten dem ursprünglichen Wertansatz der Gesellschaft am nächsten kommt.[93]

40 Zumindest denkbar ist es, dass bei der Prüfung des Wertansatzes eines Bilanzpostens neben einer Unterbewertung einzelner Vermögensgegenstände bzw. Verbindlichkeiten vom Sonderprüfer auch **unzulässige Überbewertungen** festgestellt werden. In diesem Fall sind die einzelnen Unter- und Überbewertungen nach allgM zu saldieren.[94] Nur wenn nach der Saldierung der Wertansatz des Bilanzpostens insgesamt unter dem vom Sonderprüfer ermittelten Wertansatz liegt, ist der Posten unterbewertet. Die Saldierung von Unter- und Überbewertungen verschiedener Bilanzposten ist hingegen unzulässig. Über die festgestellten Überbewertungen ist nach § 259 Abs. 1 im Prüfungsbericht zu berichten.

41 Hat der Sonderprüfer eine Unterbewertung von Bilanzposten festgestellt, ist im letzten Schritt zu prüfen, ob die **Unterbewertung „nicht unwesentlich"** (§ 258 Abs. 1 S. 1) ist. Das Problem der Konkretisierung des Begriffs der nicht unwesentlichen Unterbewertung stellt sich bereits bei der Antragstellung. Es wird daher auf die Ausführungen in → Rn. 13 verwiesen.

42 **3. Prüfung auf fehlende Anhangsangaben.** Hat sich die Sonderprüfung laut gerichtlichem Prüfungsauftrag auf bestimmte Teile der Berichterstattung der Gesellschaft im Anhang zu erstrecken, ist nach § 258 Abs. 1 S. 3 zu prüfen, ob
– die vorgeschriebenen Angaben im Anhang nicht oder nicht vollständig gemacht worden sind,
– der Vorstand die fehlenden Angaben in der HV, obwohl nach ihnen gefragt worden ist, nicht gemacht hat und
– die Aufnahme der Frage in die Niederschrift verlangt worden ist.

43 Bei der Durchführung der Sonderprüfung erscheint es zweckmäßig, eine **andere Prüfreihenfolge** zu wählen, als der Wortlaut des § 258 Abs. 1 S. 3 nahe zu legen scheint. Die Prüfung sollte zunächst mit der zuletzt genannten Prüfungsaufgabe beginnen.[95] Stellt der Sonderprüfer nämlich fest, dass von einem Aktionär keine Aufnahme der Frage bezüglich der bemängelten Angaben in die Niederschrift verlangt worden ist, sind die Voraussetzungen für eine Sonderprüfung nicht erfüllt. Weitergehende Prüfungshandlungen wären insoweit nicht mehr erforderlich.[96]

44 Im nächsten Prüfungsschritt hat der Sonderprüfer festzustellen, ob die gesetzlich vorgeschriebenen Angaben im Anhang nicht oder nicht vollständig gemacht und nicht nachgeholt worden sind. Maßgeblich sind die §§ 284 ff. HGB und die ergänzenden Vorschriften des AktG, insbesondere § 160. Sind die Anhangsangaben im Einklang mit den gesetzlichen Anforderungen, sind keine weiteren Prüfungshandlungen mehr notwendig. Zu den entsprechenden Feststellungen im Prüfungsbericht → § 259 Rn. 13. Sind die Anhangsangaben hingegen unvollständig, hat der Sonderprüfer zu ermitteln, wie die fehlenden Angaben hätten lauten müssen. Ergibt die Durchsicht der Niederschrift über die HV, dass der Vorstand von sich aus oder im Anschluss an die Frage des Aktionärs ergänzende Angaben gemacht hat, hat der Sonderprüfer zu beurteilen, ob durch die Ergänzungen des Vorstands nunmehr die gesetzlichen Anforderungen erfüllt wurden oder ob weiterhin eine unvollständige Berichterstattung vorliegt. Im letztgenannten Fall hat der Sonderprüfer die von ihm ermittelten Angaben nach § 259 Abs. 4 im Prüfungsbericht aufzuführen (→ § 259 Rn. 10 ff.).

---

[92] *ADS* Rn. 79; MüKoAktG/*Koch* § 259 Rn. 11.
[93] *ADS* Rn. 80; MüKoAktG/*Koch* § 259 Rn. 11; Großkomm AktG/*Bezzenberger* § 259 Rn. 25; Kölner Komm AktG/*Claussen* § 259 Rn. 4; aA *Kruse*, Die Sonderprüfung wegen unzulässiger Unterbewertung, 1972, 118: Die von der Gesellschaft für die Zukunft gewollte Methode.
[94] MüKoAktG/*Koch* Rn. 14; *ADS* Rn. 70; Großkomm AktG/*Bezzenberger* Anm. 23; Kölner Komm AktG/*Claussen* Rn. 18 krit., jedoch im Erg. zust.
[95] K. Schmidt/Lutter/*Kleindiek* Rn. 13; Kölner Komm AktG/*Claussen* Rn. 38; MüKoAktG/*Koch* Rn. 33; *ADS* Rn. 72.
[96] AA *Kruse*, Die Sonderprüfung wegen unzulässiger Unterbewertung, 1972, 111.

VII. Rechte und Verantwortlichkeiten des Sonderprüfers

§ 258 Abs. 5 regelt die Rechte und Verantwortlichkeiten des Sonderprüfers durch Verweis auf **45** die §§ 142 ff. So gilt hinsichtlich des Ersatzes angemessener **Barauslagen und der Vergütung** des Sonderprüfers § 142 Abs. 6 sinngemäß. Auslagen und Vergütung werden mithin durch das Gericht festgesetzt. Sie sind von der Gesellschaft zu tragen (§ 146 iVm § 258 Abs. 5 S. 1). Dies gilt unabhängig davon, ob die Sonderprüfung die von den Aktionären im Antrag auf Bestellung von Sonderprüfern aufgeführten Mängel bestätigt oder nicht.[97]

Bei den **Auskunftsrechten** des Sonderprüfers gilt § 145 Abs. 1–3 sinngemäß. Das Auskunftsrecht **46** des Sonderprüfers besteht gegenüber allen Mitgliedern des Vorstands und Aufsichtsrats, und zwar nicht nur bei der geprüften Gesellschaft, sondern auch bei Konzernunternehmen, abhängigen und herrschenden Unternehmen (§ 145 Abs. 3). Ein Recht auf Auskunftsverweigerung steht dem Vorstand nicht zu.[98] § 258 Abs. 5 S. 2 räumt dem Sonderprüfer auch gegenüber dem Abschlussprüfer ein Auskunftsrecht ein. Der Abschlussprüfer ist insoweit von seiner Verschwiegenheitspflicht befreit.[99]

Für die **Verantwortlichkeiten** des Sonderprüfers verweist § 258 Abs. 5 auf § 323 HGB. Es gelten **47** mithin die gleichen Vorschriften wie für Abschlussprüfer, insbesondere die Pflicht zur gewissenhaften und unparteiischen Prüfung sowie zur Verschwiegenheit. Bei vorsätzlicher oder fahrlässiger Verletzung der Pflichten entsteht eine Schadensersatzpflicht (§ 323 Abs. 1 S. 3 und Abs. 2 HGB).

VIII. Sondervorschrift für Kreditinstitute, Finanzdienstleistungsinstitute und Kapitalverwaltungsgesellschaften im Sinn des § 17 KAGB

Nach § 258 Abs. 1a kann bei Kreditinstituten oder Finanzdienstleistungsinstituten sowie bei Kapital- **48** verwaltungsgesellschaften im Sinn des § 17 des Kapitalanlagegesetzbuchs kein Sonderprüfer bestellt werden, soweit die Unterbewertung oder die fehlenden Angaben im Anhang auf der Anwendung des § 340f HGB beruhen.[100] **§ 340f HGB** erlaubt die Bildung stiller Reserven als Vorsorge für die besonderen Risiken des Geschäftszweigs. So dürfen bestimmte Vermögensgegenstände mit einem niedrigeren als dem nach § 253 Abs. 1 S. 1 und Abs. 4 HGB vorgeschriebenen oder zugelassenen Wert angesetzt werden. Dabei darf jedoch der Betrag, der auf diese Weise gebildeten Vorsorgereserven, 4 % des Gesamtbetrags, wie er sich bei einer Bewertung ohne Anwendung des § 340f HGB ergeben würde, nicht überschreiten (§ 340f Abs. 1 S. 2 HGB). Angaben über die Bildung und Auflösung der Vorsorgereserven brauchen im Jahresabschluss und Lagebericht nicht gemacht werden (§ 340f Abs. 4 HGB).

Bezieht sich der Antrag auf Bestellung von Sonderprüfern auf eine Unterbewertung oder die **49** eingeschränkte Berichterstattung, die auf Anwendung des § 340f HGB beruht, kann ein Sonderprüfer nach § 258 Abs. 1 nicht bestellt werden. Das Gericht hat den Antrag abzuweisen. Die Bestellung von Sonderprüfern ist hingegen zulässig, wenn Anlass für die Annahme besteht, dass eine Unterbewertung oder eine damit im Zusammenhang stehende eingeschränkte Berichterstattung nicht mehr auf der Anwendung des § 340f HGB beruht, zB weil die Obergrenze der Vorsorgereserven von 4 % überschritten wurde.[101] Ebenso ist eine Sonderprüfung möglich, wenn durch Nichtbeachtung der allgemeinen Bewertungsvorschriften (§ 340e HGB iVm den §§ 252–256a HGB) bestimmte Bilanzposten nicht unwesentlich unterbewertet worden sind, auch wenn zusätzlich die Gesellschaft § 340f HGB angewendet hat.[102] Die Sonderprüfung hat sich in diesem Fall jedoch auf die mögliche Unterbewertung durch Verstoß gegen die allgemeinen Bewertungsvorschriften zu beschränken.

Dieser Ausschluss des Rechtsbehelfs kann auch nicht durch die Anwendung einer allg Sonderprü- **50** fung nach §§ 142 ausgehebelt werden.[103] Nach § 142 Abs. 3 ist die allg Sonderprüfung zwar nur für Vorgänge, die Gegenstände einer Sonderprüfung sein können, ausgeschlossen (→ Rn. 5). Der Zweck des § 258 Abs. 1a gibt aber entgegen dem Wortlaut des § 142 Abs. 3 eindeutig vor, dass eine allgemeine Sonderprüfung auch ausgeschlossen bleiben soll, wenn bereits der Rechtsbehelf nach § 258 ausgeschlossen ist.[104]

§ 258 Abs. 1a gilt nicht bei Anwendung des **§ 340g HGB,** denn die Vorschrift wird in § 258 **51** Abs. 1a nicht erwähnt. § 340g HGB ermöglicht Kredit- und Finanzdienstleistungsinstituten die Bildung eines Sonderpostens auf der Passivseite der Bilanz zur Sicherung gegen allgemeine Risiken. Grundsätzlich kann sich also der Antrag auf Bestellung von Sonderprüfern auf eine Unterbewertung

---

[97] ADS Rn. 91.
[98] MüKoAktG/*Koch* Rn. 63.
[99] ADS Rn. 90; Kölner Komm AktG/*Claussen* Rn. 36.
[100] Hüffer/Koch/*Koch* Rn. 3.
[101] ADS Rn. 96; MüKoAktG/*Koch* Rn. 36.
[102] ADS Rn. 97; MüKoAktG/*Koch* Rn. 36.
[103] Kölner Komm AktG/*Claussen* Rn. 47.
[104] MüKoAktG/*Koch* Rn. 35; ADS Rn. 95.

durch Anwendung des § 340g HGB beziehen.[105] Allerdings muss Anlass für die Annahme bestehen, dass die Voraussetzungen für die Anwendung des § 340g HGB nicht gegeben waren oder – wenn die Anwendung zulässig war – ein zu hoher Betrag in den Sonderposten eingestellt wurde.

§ 259 Prüfungsbericht. Abschließende Feststellungen

(1) ¹Die Sonderprüfer haben über das Ergebnis der Prüfung schriftlich zu berichten. ²Stellen die Sonderprüfer bei Wahrnehmung ihrer Aufgaben fest, daß Posten überbewertet sind (§ 256 Abs. 5 Satz 2), oder daß gegen die Vorschriften über die Gliederung des Jahresabschlusses verstoßen ist oder Formblätter nicht beachtet sind, so haben sie auch darüber zu berichten. ³Für den Bericht gilt § 145 Abs. 4 bis 6 sinngemäß.

(2) ¹Sind nach dem Ergebnis der Prüfung die bemängelten Posten nicht unwesentlich unterbewertet (§ 256 Abs. 5 Satz 3), so haben die Sonderprüfer am Schluß ihres Berichts in einer abschließenden Feststellung zu erklären,
1. zu welchem Wert die einzelnen Aktivposten mindestens und mit welchem Betrag die einzelnen Passivposten höchstens anzusetzen waren;
2. um welchen Betrag der Jahresüberschuß sich beim Ansatz dieser Werte oder Beträge erhöht oder der Jahresfehlbetrag sich ermäßigt hätte.

²Die Sonderprüfer haben ihrer Beurteilung die Verhältnisse am Stichtag des Jahresabschlusses zugrunde zu legen. ³Sie haben für den Ansatz der Werte und Beträge nach Nummer 1 diejenige Bewertungs- und Abschreibungsmethode zugrunde zu legen, nach der die Gesellschaft die zu bewertenden Gegenstände oder vergleichbare Gegenstände zuletzt in zulässiger Weise bewertet hat.

(3) Sind nach dem Ergebnis der Prüfung die bemängelten Posten nicht oder nur unwesentlich unterbewertet (§ 256 Abs. 5 Satz 3), so haben die Sonderprüfer am Schluß ihres Berichts in einer abschließenden Feststellung zu erklären, daß nach ihrer pflichtmäßigen Prüfung und Beurteilung die bemängelten Posten nicht unzulässig unterbewertet sind.

(4) ¹Hat nach dem Ergebnis der Prüfung der Anhang die vorgeschriebenen Angaben nicht oder nicht vollständig enthalten und der Vorstand in der Hauptversammlung die fehlenden Angaben, obwohl nach ihnen gefragt worden ist, nicht gemacht und ist die Aufnahme der Frage in die Niederschrift verlangt worden, so haben die Sonderprüfer am Schluß ihres Berichts in einer abschließenden Feststellung die fehlenden Angaben zu machen. ²Ist die Angabe von Abweichungen von Bewertungs- oder Abschreibungsmethoden unterlassen worden, so ist in der abschließenden Feststellung auch der Betrag anzugeben, um den der Jahresüberschuß oder Jahresfehlbetrag ohne die Abweichung, deren Angabe unterlassen wurde, höher oder niedriger gewesen wäre. ³Sind nach dem Ergebnis der Prüfung keine Angaben nach Satz 1 unterlassen worden, so haben die Sonderprüfer in einer abschließenden Feststellung zu erklären, daß nach ihrer pflichtmäßigen Prüfung und Beurteilung im Anhang keine der vorgeschriebenen Angaben unterlassen worden ist.

(5) Der Vorstand hat die abschließenden Feststellungen der Sonderprüfer nach den Absätzen 2 bis 4 unverzüglich in den Gesellschaftsblättern bekanntzumachen.

Schrifttum: *König,* Der Umfang der Berichterstattung über die aktienrechtliche Sonderprüfung, 1970; s. ferner die Angaben zu § 258.

Übersicht

	Rn.		Rn.
I. Regelungsgegenstand und Normzweck	1	a) Feststellungen bei Prüfung auf Unterbewertung	6–9
II. Durchführung der Sonderprüfung	2	b) Feststellungen bei Prüfung des Anhangs	10–13
III. Prüfungsbericht	3–16	c) Feststellungen bei gemeinsamer Prüfung auf Unterbewertung und des Anhangs	14
1. Form und Inhalt	3, 4		
2. Erweiterte Berichtspflicht	5	4. Einreichung zum Handelsregister und Pflichten des Vorstands	15, 16
3. Abschließende Feststellungen	6–14		

---

[105] *ADS* Rn. 99; MüKoAktG/*Koch* Rn. 36.

I. Regelungsgegenstand und Normzweck

§ 259 Abs. 1 verpflichtet die Sonderprüfer zur **Erstellung eines Prüfungsberichts,** in dem die 1
Ergebnisse der Sonderprüfung zu erläutern sind. Die Erläuterungen haben mit den in Abs. 2 bis 4
besonders geregelten abschließenden Feststellungen zu enden, welche gemäß Abs. 5 unverzüglich
vom Vorstand in den Gesellschaftsblättern bekannt zu machen sind. Die abschließenden Feststellungen dienen zunächst der **Information der Aktionäre** über das Ergebnis der Sonderprüfung. Haben
die Sonderprüfer eine nicht unwesentliche Unterbewertung ermittelt, bilden die Feststellungen
außerdem die **betragsmäßige Grundlage** für den korrigierten Wertansatz der Bilanzposten und
den gesonderten Ertragsausweis im nächsten Jahresabschluss (§ 261 Abs. 1). Wird eine gerichtliche
Entscheidung gem. § 260 angestrebt, sollen die Feststellungen zumindest die Grundlagen für einen
substantiierten Antrag schaffen und die gerichtliche Entscheidung erleichtern.[1] Bei einer Sonderprüfung des Anhangs schließen die Feststellungen der Sonderprüfer das Prüfungsverfahren ab. § 260
Abs. 1 lässt in diesem Fall keine gerichtliche Entscheidung zu.

II. Durchführung der Sonderprüfung

Die Zielsetzung und der Umfang der Sonderprüfung werden auch durch den in § 259 definierten 2
Inhalt des Prüfungsberichts bestimmt. Zu den Einzelheiten der Durchführung der Sonderprüfung
wird auf die Ausführungen in → § 258 Rn. 35 ff. verwiesen. Dort werden auch das in § 259 Abs. 2
hervorgehobene Stichtagsprinzip (Satz 2) und das Prinzip der Bewertungsmethodenstetigkeit (Satz 3)
kommentiert. Beide Prinzipien sind dem Prüfungsbericht und dementsprechend auch der Prüfung
selbst zu Grunde zu legen.

III. Prüfungsbericht

1. Form und Inhalt. Nach § 259 Abs. 1 S. 1 haben die Sonderprüfer schriftlich Bericht zu 3
erstatten. Für den Bericht gilt das gleiche, wie für den Sonderprüfungsbericht nach § 145 Abs. 4–6
(§ 259 Abs. 1 S. 3). Demnach ist der Prüfungsbericht vom Sonderprüfer zu unterzeichnen und
unverzüglich dem Vorstand vorzulegen sowie zum Handelsregister des Sitzes der Gesellschaft einzureichen. Auf Verlangen hat der Vorstand jedem Aktionär eine Abschrift des Prüfungsberichts zu
erteilen.

Inhaltlich darf sich der Prüfungsbericht nicht auf die Feststellungen nach § 259 Abs. 2 bis 4 4
beschränken. Erforderlich ist vielmehr eine **umfassende Erläuterung** des Prüfungsergebnisses für
die antragstellenden Aktionäre. Dabei ist zu beachten, dass die Aktionäre, anders als der Aufsichtsrat,
idR keine besonderen Vorkenntnisse besitzen. Im Gegensatz zum Prüfungsbericht im Rahmen der
Abschlussprüfung muss der Sonderprüfungsbericht daher so aufgebaut werden, dass er für die Aktionäre ohne zusätzliche Auskünfte oder Erklärungen allein aus sich heraus verständlich ist.[2]

2. Erweiterte Berichtspflicht. Die Sonderprüfer haben nach § 259 Abs. 1 S. 2 auch über festge- 5
stellte Überbewertungen (§ 256 Abs. 5 S. 2), Gliederungsfehler oder die Nichtbeachtung von Formblättern (§ 256 Abs. 4) zu berichten. Insoweit wird durch § 259 Abs. 1 S. 2 die Berichtspflicht der
Sonderprüfer um potentielle Nichtigkeitsgründe erweitert.[3] Der Gesetzgeber sah in dieser erweiterten Berichtspflicht eine zweckmäßige Ergänzung der Sonderprüfung.[4] § 259 Abs. 1 S. 2 stellt aber
keine gesetzliche Erweiterung des Prüfungsauftrags dar.[5] Der Sonderprüfer hat also nicht gezielt
nach den genannten Fehlern im Jahresabschluss zu suchen. Er ist lediglich verpflichtet, über Erkenntnisse, die er bei Durchführung der Sonderprüfung „zwangsläufig"[6] gewonnen hat, zu berichten.[7]
Die Berichtspflicht gilt nach dem Gesetzeswortlaut unabhängig davon, ob die entdeckten Mängel
im Jahresabschluss wesentlich sind oder nicht. Der Sonderprüfer hat damit **kein Urteil über die
Nichtigkeit** des Jahresabschlusses zu treffen. Es erscheint aber zweckmäßig, auf eine womöglich
eingetretene Heilung gem. § 256 Abs. 6 hinzuweisen.[8]

3. Abschließende Feststellungen. a) Feststellungen bei Prüfung auf Unterbewertung. 6
aa) Nicht unwesentliche Unterbewertung. Der Prüfungsbericht hat mit abschließenden Feststel-

---

[1] AusschBer *Kropff* S. 344.
[2] MüKoAktG/*Koch* Rn. 3; *ADS* Rn. 5; weitergehend: Großkomm AktG/*Bezzenberger* Anm. 9: Bericht soll zusätzlich Angaben zum Anlass, zur Art und zum Umfang für die nicht antragstellenden Aktionäre beinhalten.
[3] Hüffer/Koch/*Koch* Rn. 3.
[4] AusschBer *Kropff* S. 350.
[5] Hüffer/Koch/*Koch* Rn. 3; Großkomm AktG/*Bezzenberger* Anm. 13.
[6] *Kruse,* Die Sonderprüfung wegen unzulässiger Unterbewertung, 1972, 131.
[7] AusschBer *Kropff* S. 350.
[8] AusschBer *Kropff* S. 350.

lungen zu enden, deren Inhalt in Abs. 2, 3 und 4 geregelt ist. Sind nach dem Ergebnis der Sonderprüfung die von den antragstellenden Aktionären bemängelten Bilanzposten nicht unwesentlich unterbewertet, gilt Abs. 2. Danach haben die Sonderprüfer zwei abschließende Erklärungen abzugeben: Sie haben nach Nr. 1 den Wert anzugeben, zu welchem die einzelnen **Aktivposten mindestens** und die einzelnen **Passivposten höchstens** anzusetzen waren. Welche Bedeutung die Worte „mindestens" bzw. „höchstens" haben ist unklar und im Schrifttum umstritten.[9] Gemeint ist wohl, dass die Sonderprüfer die von der Gesellschaft angesetzten Werte nur im Rahmen des Unvermeidlichen zu korrigieren haben.[10] Nach Nr. 2 haben die Sonderprüfer anzugeben, um welchen Betrag sich der Jahresüberschuss erhöht oder der Jahresfehlbetrag ermäßigt hätte, wenn diese Werte in der Bilanz angesetzt worden wären. Der Betrag ist durch die Addition der einzelnen Unterbewertungen in den Bilanzposten zu ermitteln. Eine Verrechnung mit den bei der Prüfung festgestellten Überbewertungen ist nicht zulässig. Genauso wenig darf der zusätzliche Steueraufwand, der aus dem Ertrag der höheren Bewertung resultiert, berücksichtigt werden, da nur der Bruttoertrag in dem auf die Feststellung folgenden Jahresabschluss auszuweisen ist (→ § 261 Rn. 14).[11]

7 Die Feststellungen der Sonderprüfer nach § 259 Abs. 2 Nr. 1 und 2 bilden – sofern nach § 260 Abs. 1 kein Antrag auf gerichtliche Entscheidung gestellt wird – die betragsmäßige Grundlage für die gem. § 261 Abs. 1 im nächsten Geschäftsjahr anzusetzenden Werte in der Bilanz sowie für den auf der Passivseite der Bilanz und in der Gewinn- und Verlustrechnung gesondert auszuweisenden „Ertrag aufgrund höherer Bewertung gemäß dem Ergebnis der Sonderprüfung." Die Beträge nach § 259 Abs. 1 Nr. 1 und 2 müssen jedoch nicht zwangsläufig mit denen nach § 261 Abs. 1 identisch sein. § 261 Abs. 1 S. 2–4 verlangt ausdrücklich die Berücksichtigung etwaiger neu eingetretener Entwicklungen (→ § 261 Rn. 5 ff.).

8 Nach hM sollte in den abschließenden Feststellungen nach § 259 Abs. 2 auf **Überbewertungen** in anderen Bilanzpositionen, die iRd Sonderprüfung festgestellt wurden, hingewiesen werden.[12] Zwar sieht der Wortlaut des Gesetzes einen solchen Hinweis in den abschließenden Feststellungen nicht vor und der Sonderprüfer hat nach § 259 Abs. 1 S. 2 die Überbewertungen bereits im Hauptteil des Prüfungsberichts zu erwähnen. Ein zusätzlicher Hinweis in den abschließenden Feststellungen ist aber zulässig und auch sinnvoll, denn dadurch wird der unzutreffende Eindruck vermieden, dass durch die Unterbewertung von Bilanzposten ein vollständig ausschüttungsfähiger Ertrag entstanden ist.

9 **bb) Keine oder unwesentliche Unterbewertung.** Sind nach dem Ergebnis der Sonderprüfung die von den antragstellenden Aktionären bemängelten Bilanzposten nicht oder nur unwesentlich unterbewertet, haben die abschließenden Feststellungen im Prüfungsbericht gem. § 259 Abs. 3 ein entsprechendes **Negativtestat**[13] zu enthalten. ADS (→ Rn. 24) schlägt dazu folgenden Wortlaut vor: „Nach meiner/unserer pflichtmäßigen Prüfung und Beurteilung sind die bemängelten Posten im Jahresabschluss zum … nicht unzulässig unterbewertet." Zur besseren Verständlichkeit sollten die geprüften Bilanzposten explizit aufgeführt werden, auch wenn dies der Wortlaut des § 259 Abs. 3 nicht ausdrücklich verlangt.[14]

10 **b) Feststellungen bei Prüfung des Anhangs. aa) Unvollständige Berichterstattung.** Liegt nach Auffassung des Sonderprüfers eine unvollständige Berichterstattung iSv § 258 Abs. 1 Nr. 2 vor, hat nach § 259 Abs. 4 S. 1 der Prüfer selbst die fehlenden Angaben in den abschließenden Feststellungen des Prüfungsberichts nachzuholen. Die Angaben sind so zu machen, wie sie von der Gesellschaft bei vollständiger Beachtung des Gesetzes im Anhang hätten gemacht werden müssen.[15] Der unvollständige Anhang wird dadurch ergänzt und die **Berichtslücke geschlossen.** Gegen die abschließenden Feststellungen des Sonderprüfers kann kein Antrag auf gerichtliche Entscheidung gestellt werden (§ 260 Abs. 1); die Feststellungen nach § 259 Abs. 4 sind somit endgültig.

11 Bezog sich die fehlende Angabe auf **Abweichungen von Bewertungsmethoden,** hat der Sonderprüfer nach § 259 Abs. 4 S. 2 in den abschließenden Feststellungen auch den Betrag anzugeben,

---

[9] Vgl. dazu MüKoAktG/*Koch* Rn. 12.
[10] Hüffer/Koch/*Koch* Rn. 5; zustimmend *ADS* Rn. 21; aA Kölner Komm AktG/*Claussen* Rn. 15, interpretiert die Worte als „an sich überflüssige Hinweise auf die Geltung des Niederstwertprinzips"; ähnlich auch *Kruse*, Die Sonderprüfung wegen unzulässiger Unterbewertung, 1972, 134 f.; Großkomm AktG/*Bezzenberger* Anm. 26.
[11] Hüffer/Koch/*Koch* Rn. 5; aA *ADS* Rn. 23; Kölner Komm AktG/*Claussen* Rn. 16.
[12] Hüffer/Koch/*Koch* Rn. 3; *ADS* Rn. 13; Kölner Komm AktG/*Claussen* Rn. 10; Großkomm AktG/*Bezzenberger* Anm. 14; K. Schmidt/Lutter/*Kleindiek* Rn. 5.
[13] Hüffer/Koch/*Koch* Rn. 6.
[14] MüKoAktG/*Koch* Rn. 14; *Kruse*, Die Sonderprüfung wegen unzulässiger Unterbewertung, 1972, 132 Fn. 72.
[15] *ADS* Rn. 27.

um den der Jahresüberschuss oder Jahresfehlbetrag ohne Abweichung, deren Angabe unterlassen wurde, höher oder niedriger gewesen wäre. Erforderlich ist also die Angabe der bilanziellen Auswirkung der Bewertungsmethodenänderung, wie sie nach § 284 Abs. 2 Nr. 3 HGB verpflichtend ist. § 259 Abs. 4 S. 2 hat insoweit nur klarstellenden Charakter.

Problematisch sind die abschließenden Feststellungen nach § 259 Abs. 4 S. 1 und 2, wenn nach Auffassung des Sonderprüfers die fehlenden Angaben durch den Vorstand auf der HV nachgeholt wurden. Damit würde sich nachträglich herausstellen, dass die Antragsvoraussetzungen nach § 258 Abs. 1 Nr. 2 nicht gegeben waren. Ein Negativtestat iSv § 259 Abs. 4 S. 3 (→ Rn. 13) kann der Sonderprüfer also nicht geben, da der Anhang nicht zu prüfen ist. Auch eine Wiederholung der Angaben in den Feststellungen wäre verfehlt (§ 259 Abs. 4 S. 1). Dem Sonderprüfer bleibt nur, in seinen Feststellungen auf die Nachholung der Angaben in der HV hinzuweisen.[16]   **12**

bb) Keine unvollständige Berichterstattung. Hat die Gesellschaft die gesetzlichen Berichterstattungspflichten vollständig erfüllt, hat der Sonderprüfer ein **Negativtestat** gem. § 258 Abs. 4 S. 3 in den abschließenden Feststellungen zu erteilen. Nach dem Gesetzeswortlaut hat der Sonderprüfer zu erklären, dass nach pflichtmäßiger Prüfung und Beurteilung im Anhang keine der vorgeschriebenen Angaben unterlassen worden ist. Dieser Wortlaut ist jedoch zu weitgehend, denn geprüft wird idR nicht der gesamte Anhang, sondern nur die von den antragstellenden Aktionären bemängelten Teile des Anhangs. Das Negativtestat sollte daher entsprechend eingeschränkt werden.[17] Für einen Formulierungsvorschlag s. *ADS* Rn. 30.   **13**

c) Feststellungen bei gemeinsamer Prüfung auf Unterbewertung und des Anhangs. Ist nach dem vom Gericht erteilten Sonderprüfungsauftrag sowohl eine Prüfung auf unzulässige Unterbewertung als auch eine Prüfung auf einen unvollständigen Anhang vorzunehmen, können die Sonderprüfer die Feststellungen zu beiden Prüfungsaufträgen in einem einheitlichen Bericht zusammenfassen.[18]   **14**

4. Einreichung zum Handelsregister und Pflichten des Vorstands. Der Sonderprüfer hat den unterschriebenen Prüfungsbericht unverzüglich an den **Vorstand** weiterzuleiten und zum **Handelsregister** des Sitzes der Gesellschaft einzureichen (§ 145 Abs. 6 S. 3 iVm § 259 Abs. 1 S. 3). Nach § 259 Abs. 5 hat der Vorstand die abschließenden Feststellungen des Prüfungsberichts unverzüglich in den **Gesellschaftsblättern** (§ 25) bekannt zu geben. Die Feststellungen des Sonderprüfers sind wörtlich bekannt zu geben; Zusammenfassungen oder Ergänzungen sind unzulässig. Zulässig und sinnvoll ist der Hinweis vom Vorstand, dass es sich um das Ergebnis einer Sonderprüfung nach § 258 handelt.[19] Mit der Veröffentlichung im elektronischen Bundesanzeiger läuft die Monatsfrist für den Antrag auf gerichtliche Entscheidung nach § 260 Abs. 1 (→ § 260 Rn. 5).   **15**

Weitere Pflichten für den Vorstand ergeben sich aus dem Verweis in § 259 Abs. 1 S. 3. Danach hat der Vorstand den gesamten Prüfungsbericht, einschließlich der abschließenden Feststellungen, dem Aufsichtsrat vorzulegen und bei der Einberufung der nächsten HV als Gegenstand der Tagesordnung bekannt zu machen (§ 145 Abs. 6 S. 5). Auf Verlangen hat der Vorstand jedem Aktionär eine Abschrift des Prüfungsberichts zu erteilen (§ 145 Abs. 6 S. 3).   **16**

§ 260 Gerichtliche Entscheidung über die abschließenden Feststellungen der Sonderprüfer

(1) ¹**Gegen abschließende Feststellungen der Sonderprüfer nach § 259 Abs. 2 und 3 können die Gesellschaft oder Aktionäre, deren Anteile zusammen den zwanzigsten Teil des Grundkapitals oder den anteiligen Betrag von 500 000 Euro erreichen, innerhalb eines Monats nach der Veröffentlichung im Bundesanzeiger den Antrag auf Entscheidung durch das nach § 132 Abs. 1 zuständige Gericht stellen.** ²**§ 258 Abs. 2 Satz 4 und 5 gilt sinngemäß.** ³**Der Antrag muß auf Feststellung des Betrags gerichtet sein, mit dem im Antrag zu bezeichnenden Aktivposten mindestens oder die im Antrag zu bezeichnenden Passivposten höchstens anzusetzen waren.** ⁴**Der Antrag der Gesellschaft kann auch auf Feststellung gerichtet sein, daß der Jahresabschluß die in der abschließenden Feststellung der Sonderprüfer festgestellten Unterbewertungen nicht enthielt.**

---

[16] Weitergehend *ADS* § 258 Rn. 72; MüKoAktG/*Koch* Rn. 15 verlangt, dass der Sonderprüfer beim Gericht die Aufhebung des Beschlusses anregt; aA Großkomm AktG/*Bezzenberger* Anm. 30: Solch ein Antrag auf Aufhebung wäre auf Grund der Rechtskraft des Beschlusses nicht erfolgreich.
[17] Kölner Komm AktG/*Claussen* Rn. 14; Großkomm AktG/*Bezzenberger* Anm. 33; *Voß* FS Münstermann, 1969, 443 (467); MüKoAktG/*Koch* Rn. 17.
[18] *ADS* Rn. 31; MüKoAktG/*Koch* Rn. 18; Kölner Komm AktG/*Claussen* Rn. 17.
[19] Weitergehend MüKoAktG/*Koch* Rn. 19; K. Schmidt/Lutter/*Kleindiek* AktG Rn. 14; Kölner Komm AktG/*Claussen* Rn. 17.

§ 260   1, 2   Erstes Buch. Aktiengesellschaft

(2) ¹Über den Antrag entscheidet das Gericht unter Würdigung aller Umstände nach freier Überzeugung. ²§ 259 Abs. 2 Satz 2 und 3 ist anzuwenden. ³Soweit die volle Aufklärung aller maßgebenden Umstände mit erheblichen Schwierigkeiten verbunden ist, hat das Gericht die anzusetzenden Werte oder Beträge zu schätzen.

(3) ¹§ 99 Abs. 1, Abs. 2 Satz 1, Abs. 3 und 5 gilt sinngemäß. ²Das Gericht hat seine Entscheidung der Gesellschaft und, wenn Aktionäre den Antrag nach Absatz 1 gestellt haben, auch diesen zuzustellen. ³Es hat sie ferner ohne Gründe in den Gesellschaftsblättern bekanntzumachen. ⁴Die Beschwerde steht der Gesellschaft und Aktionären zu, deren Anteile zusammen den zwanzigsten Teil des Grundkapitals oder den anteiligen Betrag von 500 000 Euro erreichen. ⁵§ 258 Abs. 2 Satz 4 und 5 gilt sinngemäß. ⁶Die Beschwerdefrist beginnt mit der Bekanntmachung der Entscheidung im Bundesanzeiger, jedoch für die Gesellschaft und, wenn Aktionäre den Antrag nach Absatz 1 gestellt haben, auch für diese nicht vor der Zustellung der Entscheidung.

(4) ¹Die Kosten sind, wenn dem Antrag stattgegeben wird, der Gesellschaft, sonst dem Antragsteller aufzuerlegen. ²§ 247 gilt sinngemäß.

Schrifttum: S. die Angaben zu § 258.

Übersicht

	Rn.		Rn.
I. Regelungsgegenstand und Normzweck	1	III. Gerichtliches Verfahren	6–12
II. Antrag auf gerichtliche Entscheidung	2–5	1. Entscheidung des Gerichts	6, 7
		2. Bekanntmachung	8
1. Antragsberechtigung	2	3. Beschwerde	9, 10
2. Inhalt	3, 4	4. Eintritt der Rechtskraft	11
3. Form und Frist	5	5. Verfahrenskosten	12

I. Regelungsgegenstand und Normzweck

1 § 260 regelt das gerichtliche Verfahren gegen **die abschließenden Feststellungen** der Sonderprüfer zur Unterbewertung bestimmter Bilanzposten. Der Rechts- und Wirtschaftsausschuss ist bei den Beratungen zur Einführung des Verfahrens der Sonderprüfung im AktG 1965 zwar von der Erwartung ausgegangen, dass die Ergebnisse der Sonderprüfung vielfach von den Beteiligten anerkannt werden und es daher zu einem nachfolgenden gerichtlichen Verfahren nicht mehr kommen muss.[1] Für den denkbaren Fall, dass die Streitigkeiten über unzulässige Unterbewertungen zwischen der Gesellschaft und den Aktionären auch nach Durchführung der Sonderprüfung noch andauern, erschien ein gerichtliches Verfahren jedoch notwendig, um eine **endgültige Entscheidung** herbeizuführen. Aus Zweckmäßigkeitsüberlegungen wurde dafür das **Verfahren der freiwilligen Gerichtsbarkeit** (§ 99 Abs. 1 iVm § 260 Abs. 3 S. 1) gewählt.[2] Gegen die Feststellungen der Sonderprüfer zur Berichterstattung im Anhang hat der Gesetzgeber hingegen das gerichtliche Verfahren nach § 260 nicht zugelassen. Diese Feststellungen haben im Gegensatz zu den unzulässigen Unterbewertungen auch keine unmittelbare finanzielle Auswirkung. Zudem sind die den Anhang ergänzenden Feststellungen nach § 259 Abs. 5 durch die Veröffentlichung im elektronischen Bundesanzeiger bereits bekannt gemacht worden und somit ohnehin nicht mehr rückgängig zu machen.[3]

II. Antrag auf gerichtliche Entscheidung

2 **1. Antragsberechtigung.** Antragsberechtigt ist nach § 260 Abs. 1 S. 1 zum einen die **Gesellschaft**; die Vertretung liegt beim Vorstand (§ 78). Der Aufsichtsrat hat dabei die Möglichkeit, gemäß § 111 Abs. 4 S. 2 die Antragstellung von seiner Zustimmung abhängig zu machen.[4] Der Antrag kann zum anderen von **Aktionären** gestellt werden, sofern deren Anteile zusammen **5 % des**

---
[1] AusschBer *Kropff* S. 344.
[2] RegBegr. *Kropff* S. 133.
[3] MüKoAktG/*Koch* Rn. 2; Kölner Komm AktG/*Claussen* Rn. 2.
[4] Kölner Komm AktG/*Claussen* Rn. 2; Fraglich ist allerdings, ob die Einflussnahme des Aufsichtsrates vom Gesetzgeber gewollt ist, da bei Verweigerung der Zustimmung zur Antragstellung, der Vorstand gem. § 111 Abs. 4 S. 3 verlangen kann, dass die HV über die Zustimmung beschließt. Somit würde das Sonderprüfungsverfahren unnötigerweise wesentlich verlängert werden.

Grundkapitals oder den **anteiligen Betrag von 500 000 Euro** erreichen. Das notwendige Aktionärsquorum ist damit deutlich höher als das durch das UMAG (vom 22.9.2005, BGBl. 2005 I 2802) herabgesetzte Quorum für einen Antrag auf Sonderprüfung nach § 258 Abs. 2 S. 3 (→ § 258 Rn. 17).[5] Für die antragstellenden Aktionäre gilt ferner § 258 Abs. 2 S. 4 und 5 sinngemäß. Die Aktionäre haben demnach die Aktien bis zur gerichtlichen Entscheidung der ersten Instanz[6] zu hinterlegen oder eine Versicherung des depotführenden Instituts vorzulegen, dass die Aktien solange nicht veräußert werden. Sie haben zudem glaubhaft zu machen, dass sie seit mindestens drei Monaten vor dem Tag der HV Inhaber der Aktien sind, dazu → § 258 Rn. 18.[7] Nicht antragsberechtigt sind die Gesellschaftsorgane als solche, ihre Mitglieder und der Abschlussprüfer.[8]

2. Inhalt. Der Inhalt des Antrags auf gerichtliche Entscheidung ist in § 260 Abs. 1 S. 3 und 4 geregelt. Nach zutreffender allgM können die Aktionäre nur die Feststellung beantragen, dass die **Unterbewertungen** betragsmäßig höher angesetzt werden als in den abschließenden Feststellungen der Sonderprüfer.[9] Das Verfahren der Sonderprüfung beruht auf der Annahme der Interessenlage der Aktionäre, unzulässige Bildungen stiller Reserven zu verhindern.[10] Ein Antrag auf Verringerung der Höherbewertung seitens der Aktionäre würde dieser Interessenlage widersprechen. Dieser Antrag würde somit nicht mehr den Zweck der Sonderprüfung – Schutz des mitgliedschaftlichen Gewinnanspruches (→ § 258 Rn. 2) – entsprechen, sondern einer generellen Korrektur der Bewertungen des Jahresabschlusses gleichkommen.[11] Entsprechend kann die Gesellschaft nur die Feststellung verlangen, dass die von den Sonderprüfern festgestellten Unterbewertungen zu hoch, unwesentlich oder gar nicht existent sind.

Der Antrag ist zu begründen. Erforderlich ist dazu zunächst die genaue Bezeichnung der einzelnen **Bilanzposten** gegen die sich der Antrag richtet.[12] Dabei können nur die Posten angegriffen werden, die vom Sonderprüfer in den abschließenden Feststellungen aufgeführt wurden. Anzugeben sind nach hM ferner die Beträge, zu denen die Aktivposten mindestens und die Passivposten höchstens in der Bilanz anzusetzen waren.[13] Eine Betragsangabe entfällt zwangsläufig, wenn die Gesellschaft nach § 260 Abs. 1 S. 4 die Feststellung beantragt, dass der Jahresabschluss die in der abschließenden Feststellung der Sonderprüfer festgestellten Unterbewertungen nicht enthält.

3. Form und Frist. Maßgeblich sind wie nach § 258 die Verfahrensregeln der freiwilligen Gerichtsbarkeit. Besondere Formvorschriften bestehen nicht; dazu auch → § 258 Rn. 21. § 260 Abs. 1 S. 1 verlangt, dass der Antrag **innerhalb eines Monats** nach der Veröffentlichung der abschließenden Feststellungen der Sonderprüfer im elektronischen Bundesanzeiger gestellt wird. Für den Fristbeginn gilt § 187 Abs. 1 BGB, für das Fristende § 188 Abs. 2 BGB. Der Antrag muss innerhalb der Frist beim zuständigen Gericht eingehen (analog zu → § 258 Rn. 21).[14] **Zuständig** ist nach § 260 Abs. 1 S. 1 iVm § 132 Abs. 1 das Landgericht, in dessen Bezirk die Gesellschaft ihren Sitz hat.

III. Gerichtliches Verfahren

1. Entscheidung des Gerichts. Das Gericht nimmt gemäß § 260 Abs. 3 iVm § 99 Abs. 1 und § 26 FamFG die erforderlichen Ermittlungen von Amts wegen vor. Dazu kann das Gericht nach allgM von der Gesellschaft Unterlagen anfordern, die Abschlussprüfer hören und Sachverständige hinzuziehen. Es kann nach hM auch über den gesamten Sachverhalt ein Obergutachten erstellen

---

[5] Die RegBegr. BR-Drs. 3/05 gibt keinen Aufschluss darüber, warum das Quorum nicht auch durch das UMAG (v. 22.9.2005, BGBl. 2005 I S. 2802) herabgesetzt wurde; zust. Kölner Komm AktG/*Claussen* Rn. 4.
[6] Hüffer/Koch/*Koch* Rn. 3; *ADS* Rn. 7.
[7] Entspricht hM: *ADS* Rn. 6; Kölner Komm AktG/*Claussen* Rn. 5; MüKoAktG/*Koch* Rn. 7; Großkomm AktG/*Bezzenberger* Anm. 19; aA Hölters/*Waclawik* Rn. 10: Besitz seit drei Monaten vor dem Tag der Antragstellung.
[8] Hüffer/Koch/*Koch* Rn. 2 aE; *ADS* Rn. 2; krit. zur fehlenden Antragsberechtigung der Abschlussprüfer *Frey* WPg 1967, 633 (637); *Voß* FS Münstermann, 1969, 443 (450).
[9] MüKoAktG/*Koch* Rn. 9; Großkomm AktG/*Bezzenberger* Anm. 23; *v. Godin/Wilhelmi* Anm. 4; *Kruse*, Die Sonderprüfung wegen unzulässiger Unterbewertung, 1972, 143; aA Hölters/*Waclawik* Rn. 9; Kölner Komm AktG/*Claussen* Rn. 8: auch gegenläufige Anträge zulässig; *ADS* Rn. 13: nur bezüglich der Aktionäre.
[10] Großkomm AktG/*Bezzenberger* Anm. 23.
[11] Ähnlich MüKoAktG/*Koch* Rn. 9.
[12] MüKoAktG/*Koch* Rn. 10; *ADS* Rn. 10; Kölner Komm AktG/*Claussen* Rn. 7; Großkomm AktG/*Bezzenberger* Anm. 20.
[13] Ebenso MüKoAktG/*Koch* Rn. 10; *ADS* Rn. 11; Großkomm AktG/*Bezzenberger* Anm. 21; Kölner Komm AktG/*Claussen* Rn. 7; aA *Kruse*, Die Sonderprüfung wegen unzulässiger Unterbewertung, 1972, 143 f.
[14] Selbes Ergebnis Hüffer/Koch/*Koch* Rn. 4; *ADS* Rn. 9; aA Großkomm AktG/*Bezzenberger* Anm. 13; Kölner Komm AktG/*Claussen* Rn. 6.

lassen.[15] Auf der Grundlage dieser Ermittlungen entscheidet dann das Gericht unter Würdigung aller Umstände nach freier Überzeugung (§ 260 Abs. 2 S. 1). § 260 Abs. 2 S. 2 stellt durch den Verweis auf § 259 Abs. 2 S. 2 und 3 klar, dass auch das Gericht das Stichtagsprinzip und die von der Gesellschaft zuletzt in zulässigerweise angewandten Bewertungsmethoden zu berücksichtigen hat (→ dazu § 258 Rn. 35 und → 37). Auch darf das Gericht bei seiner Entscheidung nicht über den Antrag der Aktionäre oder der Gesellschaft hinausgehen. Das Gericht ist nach hM an die in den Anträgen genannten Mindest- und Höchstbeträge insoweit gebunden, als es zwar betragsmäßig hinter dem Antrag zurückbleiben darf, die im Antrag genannten Beträge aber nicht überschreiten darf.[16] § 260 Abs. 2 S. 3 sieht eine Entscheidungserleichterung für das Gericht vor, wenn die volle Aufklärung des Sachverhalts mit erheblichen Schwierigkeiten verbunden ist. In diesem Fall kann das Gericht die anzusetzenden Werte und Beträge schätzen. Diese Regelung ist an § 287 ZPO angelehnt.[17] Vor dem Hintergrund, dass dem Gericht eine solche Entscheidungserleichterung an die Hand gegeben wurde und dass das Verfahren entgegen der Absicht des Gesetzgebers (→ § 258 Rn. 2) durch ein Obergutachten unverhältnismäßig verlängert wird, sollte die Heranziehung von Sachverständigen lediglich, wenn keine Anhaltspunkte für eine solche Schätzung nach § 260 Abs. 2 S. 3 vorliegen, als ultima ratio dienen.[18]

7 Das Gericht entscheidet durch einen mit Gründen versehenen Beschluss (§ 99 Abs. 3 S. 1 iVm § 260 Abs. 3). Es kann dem Antrag ganz oder teilweise stattgeben oder den Antrag zurückweisen. Der **Tenor des Beschlusses** ist entsprechend § 260 Abs. 1 S. 3 und 4 zu fassen. Gibt das Gericht dem Antrag der Aktionäre statt, ist der Betrag anzugeben, mit dem die Aktivposten mindestens oder die Passivposten höchstens in der Bilanz anzusetzen waren. Gibt das Gericht dem Antrag der Gesellschaft nach § 260 Abs. 1 S. 4 statt, ist festzustellen, dass der Jahresabschluss die in den abschließenden Feststellungen der Sonderprüfer aufgeführten Unterbewertung nicht enthielt oder diese entsprechend aufgelöst sind. Nicht zum Tenor des Beschlusses gehört die Angabe, um welchen Betrag sich der Jahresüberschuss bzw. der Jahresfehlbetrag durch die Unterbewertungen erhöht bzw. verringert hätte (§ 259 Abs. 2 S. 1 Nr. 2) sowie Feststellungen über Überbewertungen, Gliederungsverstöße und die Nichtbeachtung von Formblättern.[19]

8 **2. Bekanntmachung.** Die Bekanntmachung der Entscheidung erfolgt gem. § 41 Abs. 1 FamFG durch **Zustellung** nach den für die Zustellung von Amts wegen geltenden Vorschriften der ZPO (§§ 166 ff.). Der gesamte Beschluss – also die Feststellung des Gerichts zusammen mit der Begründung – ist der Gesellschaft stets zuzustellen, den Aktionären hingegen nur dann, wenn sie den Antrag nach Abs. 1 gestellt haben (§ 260 Abs. 3 S. 2). Das Gericht hat ferner die Feststellungen ohne Gründe in den **Gesellschaftsblättern** (§ 25) bekannt zu machen (§ 260 Abs. 3 S. 3). Damit werden auch die Aktionäre über die Entscheidung informiert, die bei der Antragstellung nach Abs. 1 nicht beteiligt waren.

9 **3. Beschwerde.** § 99 Abs. 3 S. 2 iVm § 260 Abs. 3 S. 1 lässt gegen die Entscheidung des Landgerichts die Beschwerde zu. Sie kann nur auf eine Rechtsverletzung gestützt werden und muss in Form einer Schrift eingereicht und von einem Anwalt unterzeichnet werden (§ 99 Abs. 3 S. 2 u 4). Zuständig ist das OLG (§ 99 Abs. 3 S. 5). Nach § 63 Abs. 1 FamFG beträgt die **Beschwerdefrist** einen Monat. Die Frist beginnt mit der Bekanntmachung der Entscheidung im elektronischen Bundesanzeiger, aber nicht vor der Bekanntmachung durch Zustellung an die jeweilige Verfahrenspartei (§ 260 Abs. 3 S. 6).

10 **Beschwerdeberechtigt** nach § 260 Abs. 3 S. 4 ist die Gesellschaft stets, die Aktionäre hingegen nur dann, wenn deren Anteile zusammen 5 % des Grundkapitals oder den anteiligen Betrag von 500 000 € erreichen. Außerdem ist auch hier die Hinterlegung der Aktien und die Glaubhaftmachung des Aktienbesitzes notwendig (§ 258 Abs. 2 S. 4 und 5 iVm § 260 Abs. 3 S. 5). zu Einzelheiten → § 258 Rn. 19. Die beschwerdeführenden Aktionäre müssen nicht personenidentisch mit den Antragstellern nach § 260 Abs. 1 sein.[20]

11 **4. Eintritt der Rechtskraft.** Gem. § 99 Abs. 5 S. 1 iVm § 260 Abs. 3 S. 1 wird die Entscheidung erst mit der Rechtskraft wirksam. Die Entscheidung wird rechtskräftig mit Ablauf der Rechtsmittelfrist nach § 45 FamFG, sofern sie nicht angefochten wird. Bei der Beschwerdeentscheidung tritt die Rechtskraft mit ihrem Erlass ein. Der Vorstand hat die Entscheidung nach Eintritt der Rechtskraft unverzüglich zum HR einzureichen (§ 99 Abs. 5 S. 3 iVm § 260 Abs. 3 S. 1).

---

[15] *ADS* Rn. 17; Hüffer/Koch/*Koch* Rn. 7.
[16] Großkomm AktG/*Bezzenberger* Anm. 29; Hüffer/Koch/*Koch* Rn. 7; *ADS* Rn. 20; aA Hölters/*Waclawik* Rn. 8; Kölner Komm AktG/*Claussen* Rn. 12.
[17] RegBegr. *Kropff* S. 351 f.
[18] Kölner Komm AktG/*Claussen* Rn. 10; Großkomm AktG/*Bezzenberger* Anm. 34.
[19] MüKoAktG/*Koch* Rn. 17; *ADS* Rn. 21; Großkomm AktG/*Bezzenberger* Anm. 36.
[20] K. Schmidt/Lutter/*Kleindiek* AktG Rn. 11; *ADS* Rn. 24; MüKoAktG/*Koch* Rn. 21; Kölner Komm AktG/*Claussen* Rn. 16.

5. Verfahrenskosten. § 260 Abs. 4 wurde durch das KostRMoG neu gefasst und hat Gültigkeit 12
ab dem 1.8.2013. Die Kosten der Entscheidung werden gemäß § 1 Abs. 2 GNotKG erhoben. § 79
Abs. 1 GNotKG ermöglicht die Geschäftswertfestsetzung für Rechtsmittel von Amtswegen.[21] Die
Kosten des gerichtlichen Verfahrens tragen die antragsstellenden **Aktionäre** nur dann, wenn das
Gericht ihren Feststellungsantrag in vollem Umfang zurückgewiesen hat.[22] In allen anderen Fällen
hat die **Gesellschaft** die Kosten zu tragen (§ 260 Abs. 4 S. 1), also auch dann, wenn das Gericht
ihrem Antrag stattgibt.[23] Den Geschäftswert setzt das Gericht von Amts wegen fest. § 247 gilt
sinngemäß.

§ 261 Entscheidung über den Ertrag auf Grund höherer Bewertung

(1) ¹Haben die Sonderprüfer in ihrer abschließenden Feststellung erklärt, daß Posten
unterbewertet sind, und ist gegen diese Feststellung nicht innerhalb der in § 260 Abs. 1
bestimmten Frist der Antrag auf gerichtliche Entscheidung gestellt worden, so sind die
Posten in dem ersten Jahresabschluß, der nach Ablauf dieser Frist aufgestellt wird, mit
den von den Sonderprüfern festgestellten Werten oder Beträgen anzusetzen. ²Dies gilt
nicht, soweit auf Grund veränderter Verhältnisse, namentlich bei Gegenständen, die der
Abnutzung unterliegen, auf Grund der Abnutzung, nach §§ 253 bis 256a des Handelsgesetzbuchs oder nach den Grundsätzen ordnungsmäßiger Buchführung für Aktivposten ein
niedrigerer Wert oder für Passivposten ein höherer Betrag anzusetzen ist. ³In diesem Fall
sind im Anhang die Gründe anzugeben und in einer Sonderrechnung die Entwicklung
des von den Sonderprüfern festgestellten Wertes oder Betrags auf den nach Satz 2 angesetzten Wert oder Betrag darzustellen. ⁴Sind die Gegenstände nicht mehr vorhanden, so
ist darüber und über die Verwendung des Ertrags aus dem Abgang der Gegenstände im
Anhang zu berichten. ⁵Bei den einzelnen Posten der Jahresbilanz sind die Unterschiedsbeträge zu vermerken, um die auf Grund von Satz 1 und 2 Aktivposten zu einem höheren
Wert oder Passivposten mit einem niedrigeren Betrag angesetzt worden sind. ⁶Die Summe
der Unterschiedsbeträge ist auf der Passivseite der Bilanz und in der Gewinn- und Verlustrechnung als „Ertrag auf Grund höherer Bewertung gemäß dem Ergebnis der Sonderprüfung" gesondert auszuweisen. ⁷Ist die Gesellschaft eine kleine Kapitalgesellschaft (§ 267
Absatz 1 des Handelsgesetzbuchs), hat sie die Sätze 3 und 4 nur anzuwenden, wenn die
Voraussetzungen des § 264 Absatz 2 Satz 3 des Handelsgesetzbuchs unter Berücksichtigung der nach diesem Abschnitt durchgeführten Sonderprüfung vorliegen.

(2) ¹Hat das gemäß § 260 angerufene Gericht festgestellt, daß Posten unterbewertet sind,
so gilt für den Ansatz der Posten in dem ersten Jahresabschluß, der nach Rechtskraft
der gerichtlichen Entscheidung aufgestellt wird, Absatz 1 sinngemäß. ²Die Summe der
Unterschiedsbeträge ist als „Ertrag auf Grund höherer Bewertung gemäß gerichtlicher
Entscheidung" gesondert auszuweisen.

(3) ¹Der Ertrag aus höherer Bewertung nach Absätzen 1 und 2 rechnet für die Anwendung des § 58 nicht zum Jahresüberschuß. ²Über die Verwendung des Ertrags abzüglich
der auf ihn zu entrichtenden Steuern entscheidet die Hauptversammlung, soweit nicht in
dem Jahresabschluß ein Bilanzverlust ausgewiesen wird, der nicht durch Kapital- oder
Gewinnrücklagen gedeckt ist.

Schrifttum: S. die Angaben zu § 258.

Übersicht

	Rn.		Rn.
I. Regelungsgegenstand und Normzweck	1, 2	2. Ausnahme: Abweichung aufgrund veränderter Verhältnisse	5–10
II. Korrektur der festgestellten Unterbewertungen	3–14	a) Voraussetzungen	5–7
		b) Wertansatz in der Bilanz und Anhangsangaben	8–10
1. Grundsatz: Übernahme des Wertansatzes der Sonderprüfer	3, 4	3. Ausnahme: Abgang von Vermögensgegenständen	11

---

[21] RegBegr. BT-Drs. 17/11471 S. 287; Hüffer/Koch/*Koch* Rn. 10.
[22] MüKoAktG/*Koch* Rn. 24; *ADS* Rn. 27; Großkomm AktG/*Bezzenberger* Anm. 46; Kölner Komm AktG/
Claussen Rn. 19.
[23] AusschBer *Kropff* S. 352.

§ 261 1–4   Erstes Buch. Aktiengesellschaft

	Rn.		Rn.
4. Vermerk in der Bilanz	12	IV. Verwendung des Ertrags aufgrund höherer Bewertung	16–20
5. Gesonderter Ertragsausweis	13, 14	1. Keine Zurechnung zum Jahresüberschuss	16–18
III. Sinngemäße Anwendung bei gerichtlicher Entscheidung	15	2. Entscheidung der HV	19, 20

I. Regelungsgegenstand und Normzweck

1   Die Vorschrift regelt, wie mit den von den Sonderprüfern oder dem Gericht festgestellten Unterbewertungen weiter zu verfahren ist. Nach § 261 Abs. 1 hat der Vorstand die unterbewerteten Bilanzposten mit den von den Sonderprüfern oder vom Gericht festgestellten Werten anzusetzen. Die **Korrektur der Wertansätze** hat im nächsten aufgestellten Jahresabschluss zu erfolgen. Zwischenzeitlich eingetretene Wertänderungen aufgrund veränderter Verhältnisse sind bei der Korrektur zu berücksichtigen und im Anhang zu erläutern (Abs. 1 S. 2–4). Der aus den korrigierten Wertansätzen resultierende Ertrag ist auf der Passivseite der Bilanz und in der Gewinn- und Verlustrechnung gesondert auszuweisen (Abs. 1 S. 6). Über die Verwendung des Ertrags entscheidet dann die HV mit einfacher Stimmenmehrheit (Abs. 3).

2   Zweck der Vorschrift ist die **Sanktionierung** der durch das Sonderprüfungsverfahren aufgedeckten unzulässigen Unterbewertung.[1] Während eine unvollständige Berichterstattung im Anhang bereits durch die Veröffentlichung der abschließenden Feststellungen der Sonderprüfer sanktioniert wird, reicht dies bei unzulässigen Unterbewertungen nicht aus. In diesem Fall sind weitere Konsequenzen aus den abschließenden Feststellungen zu ziehen. Als Sanktion soll nach dem Willen des Gesetzgebers die freie Verfügung der HV über den aus den korrigierten Wertansätzen resultierenden Ertrag dienen.[2] Die Wirksamkeit dieser Sanktionsmaßnahme muss allerdings bezweifelt werden, denn mit einem Mehrheitsbeschluss der HV zugunsten einer Gewinnausschüttung kann nicht ohne weiteres gerechnet werden.[3] Im RegE 1965 war noch vorgesehen, dass der Ertrag grundsätzlich – ohne entsprechenden HV-Beschluss – auszuschütten ist. Bei den Beratungen des Rechts- und Wirtschaftsausschusses wurde dieser Ausschüttungszwang jedoch verworfen, weil man eine Gewinnausschüttung gegen den Willen der HV als mit der Struktur der AG in Widerspruch stehend ansah. Darüber hinaus bestand die Befürchtung, dass der Ausschüttungszwang im Einzelfall die Liquidität an sich gesunder Unternehmen gefährden könnte.[4]

II. Korrektur der festgestellten Unterbewertungen

3   **1. Grundsatz: Übernahme des Wertansatzes der Sonderprüfer.** § 261 Abs. 1 S. 1 setzt voraus, dass erstens der Sonderprüfer in seinen abschließenden Feststellungen bestimmte Bilanzposten als unterbewertet erklärt hat und zweitens diese **Feststellungen unangreifbar** geworden sind. Unangreifbar sind die Feststellungen der Sonderprüfer, wenn innerhalb der Monatsfrist nach § 260 Abs. 1 S. 1 kein Antrag auf gerichtliche Entscheidung gestellt wurde. Die Feststellungen sind dann bindend wie eine rechtskräftige gerichtliche Entscheidung.[5] Sind diese Voraussetzungen erfüllt, ist der Vorstand verpflichtet, die unterbewerteten Posten mit den von den Sonderprüfern festgestellten Werten oder Beträgen anzusetzen. Erforderlich ist also die Korrektur der Unterbewertung durch Übernahme der Zahlen aus den abschließenden Feststellungen der Sonderprüfer.

4   Die **Korrektur der Bilanzposten** hat in dem ersten Jahresabschluss zu erfolgen, der nach Ablauf der Monatsfrist aufgestellt wird (§ 261 Abs. 1 S. 1). Gemeint ist, dass die Korrektur der Posten in laufender Rechnung vorzunehmen ist.[6] Eine nachträgliche Änderung des bereits festgestellten fehlerhaften Jahresabschlusses ist damit nicht vorzunehmen.[7] Die Korrektur der Posten hat vielmehr in einem späteren Jahresabschluss zu erfolgen und zwar in dem Jahresabschluss, in dem die unangreifbar gewordenen Feststellungen der Sonderprüfer bei der Aufstellung noch berücksichtigt werden können.[8] Die Beurteilung, wann ein Jahresabschluss iSv § 261 Abs. 1 S. 1 „aufgestellt" ist, kann im Einzelfall schwierig sein, denn die Aufstellung erfolgt nicht an einem bestimmten Zeitpunkt, sondern erstreckt sich vielmehr über einen gewissen Zeitraum. Der Aufstellungsprozess ist jedenfalls abge-

---

[1] MüKoAktG/*Koch* Rn. 2; Großkomm AktG/*Bezzenberger* Anm. 1.
[2] AusschBer *Kropff* S. 342 ff.
[3] MüKoAktG/*Koch* Rn. 2; *Schimmelbusch* WPg 1972, 141; aA Kölner Komm AktG/*Claussen* Rn. 1; *Claussen* FS Barz, 1974, 317.
[4] AusschBer *Kropff* S. 342 Nr. 1.
[5] MüKoAktG/*Koch* Rn. 6.
[6] ADS Rn. 2.
[7] Großkomm AktG/*Bezzenberger* Anm. 1.
[8] Hüffer/Koch/*Koch* Rn. 2.

schlossen, wenn der Jahresabschluss gemäß § 170 Abs. 1 S. 1 dem AR vorgelegt wird.[9] Zu vertreten ist aber auch eine Änderung eines bereits festgestellten Jahresabschlusses nach Einberufung der Hauptversammlung, wenn die aufzudeckenden unzulässigen stillen Reserven besonders hoch sind.[10] Ein weiteres Hinauszögern der Verwendungsentscheidung der Hauptversammlung wäre dann unverhältnismäßig.[11] Gleichzeitig sollte aber beachtet werden, dass die Aktionäre nicht an einer unverhältnismäßigen Verzögerung des Jahresabschlusses interessiert sind.[12]

2. Ausnahme: Abweichung aufgrund veränderter Verhältnisse. a) Voraussetzungen. 5
Zwischen dem Bilanzstichtag, auf den sich die Sonderprüfung bezieht und dem Stichtag, an dem die abschließenden Feststellungen vom Vorstand in den Jahresabschluss zu übernehmen sind, liegt mindestens ein Geschäftsjahr, uU auch mehrere Geschäftsjahre. Da nach dem Stichtagsprinzip bei der Aufstellung des Jahresabschlusses die Verhältnisse am Bilanzstichtag maßgeblich sind, ergibt sich die Notwendigkeit, die abschließenden Feststellungen der Sonderprüfer an die neuen **Verhältnisse am Bilanzstichtag** anzupassen. § 261 Abs. 1 S. 2 schreibt daher vor, bei veränderten Verhältnissen am Bilanzstichtag von dem Grundsatz in § 261 Abs. 1 S. 1 abzuweichen. Veränderte Verhältnisse ergeben sich zB bei Vermögensgegenständen des Anlagevermögens, die der Abnutzung unterliegen, denn nach § 253 Abs. 3 S. 3 HGB besteht für diese Vermögensgegenstände ein Abschreibungszwang. Bei der Korrektur von unterbewerteten Bilanzposten des Anlagevermögens können daher die Wertansätze der Sonderprüfer nicht unverändert übernommen werden. Vielmehr ist bei der Übernahme der Wertansätze die zwischenzeitliche Abnutzung zu berücksichtigen. Nach § 261 Abs. 1 S. 2 ergeben sich veränderte Verhältnisse nicht nur durch die Abnutzung von Gegenständen, sondern auch ganz allgemein aufgrund der Anwendung der für die Kapitalgesellschaften geltenden Bewertungsvorschriften (§§ 253–256a HGB) und der Grundsätze ordnungsmäßiger Buchführung. So sind zB bei Vermögensgegenständen des Umlaufvermögens Abschreibungen vorzunehmen, um diese mit einem niedrigeren Wert anzusetzen, der sich aus einem Börsen- oder Marktpreis am Bilanzstichtag ergibt (§ 253 Abs. 4 HGB). Auch in diesem Fall ist der Wertansatz der Sonderprüfer an die veränderten Verhältnisse am Bilanzstichtag anzupassen; der bemängelte Aktivposten ist insoweit uU mit einem niedrigeren Wert in den Jahresabschluss zu übernehmen, als in den abschließenden Feststellungen der Sonderprüfer vorgesehen. Umgekehrt kann für Passivposten aufgrund veränderter Verhältnisse ein höherer Wert anzusetzen sein, zB wenn durch neu eingetretene Risiken eine Rückstellung höher zu bewerten ist.

Ob auch eine **nachträgliche Änderung der Bewertungsmethoden** einen von den Feststellun- 6
gen der Sonderprüfer abweichenden Wertansatz iSv § 261 Abs. 1 S. 2 rechtfertigt, ist im Schrifttum umstritten.[13] Nach der hier vertretenen Ansicht kann die Gesellschaft zu einer anderen Bewertungs- und Abschreibungsmethode übergehen, sofern der Wechsel nach den allgemeinen Voraussetzungen gem. § 252 Abs. 1 Nr. 6 iVm Abs. 2 HGB zulässig ist und es sich um eine generelle Maßnahme handelt, die sich nicht nur auf die von den Sonderprüfern bemängelten Posten bezieht.[14] Denn die Tatsache, dass in einem vorherigen Geschäftsjahr eine Sonderprüfung stattgefunden hat, ist kein Grund, der Gesellschaft die Ausübung von Bewertungsmethodenwahlrechten generell zu verwehren.[15] Andererseits darf der Vorstand durch eine gezielte Änderung der Bewertungsmethoden die Bindung an die von den Sonderprüfern festgestellten Wertansätze nicht unterlaufen.

Veränderte Verhältnisse iSv § 261 Abs. 1 S. 2 liegen nach allgM auch vor, wenn der Vorstand 7
die bemängelte Unterbewertung bereits vor Abschluss des Sonderprüfungsverfahrens in laufender Rechnung korrigiert hat.[16] Ist dem Ergebnis der Sonderprüfung so bereits Rechnung getragen

---

[9] Einzelheiten str., wie hier *ADS* Rn. 3; ähnlich („Abschlussentwurf fertig gestellt und den Abschlussprüfern vorgelegt") GroßKomm AktG/*Bezzenberger* Anm. 9; MüKoAktG/*Koch* Rn. 5; auf das Ende der gesetzlichen Aufstellungsfrist (jetzt § 264 Abs. 1 S. 2 HGB) abstellend: Kölner Komm AktG/*Claussen* Rn. 4; auf den Zeitpunkt der Feststellung abstellend v. *Godin/Wilhelmi* Anm. 4; *Kruse*, Die Sonderprüfung wegen unzulässiger Unterbewertung, 1972, 150 f.
[10] GroßKomm AktG/*Bezzenberger* Anm. 10; einschränkend: *ADS* Rn. 3: spätestens in dem Zeitraum zwischen Aufstellung und Feststellung.
[11] IDW RS HFA 6, Änderung von Jahres und Konzernabschlüssen Rn. 6 und 21.
[12] MüKoAktG/*Koch* Rn. 5.
[13] Bejahend Kölner Komm AktG/*Claussen* Rn. 6; *Voß* FS Münstermann, 1969, 443 (470); abl. *ADS* Rn. 10; *Kruse*, Die Sonderprüfung wegen unzulässiger Unterbewertung, 1972, 160; vermittelnd MüKoAktG/*Koch* Rn. 10; GroßKomm AktG/*Bezzenberger* Anm. 20.
[14] Ebenso K. Schmidt/Lutter/*Kleindiek* AktG Rn. 8; Hölters/*Waclawik* Rn. 4; Hüffer/Koch/*Koch* Rn. 3; MüKoAktG/*Koch* Rn. 10; GroßKomm AktG/*Bezzenberger* Anm. 20.
[15] MüKoAktG/*Koch* Rn. 10.
[16] K. Schmidt/Lutter/*Kleindiek* Rn. 7; MüKoAktG/*Koch* Rn. 10; *ADS* Rn. 9; GroßKomm AktG/*Bezzenberger* Anm. 21.

worden, kann eine Korrektur iSv § 261 Abs. 1 S. 1 nicht mehr erfolgen. Eine solche vorzeitige Korrektur wird nach allgM als zulässig erachtet, obwohl dadurch das Verfahren über die Ertragsverwendung nach § 261 Abs. 3 nicht mehr zur Anwendung kommen kann.[17]

8 **b) Wertansatz in der Bilanz und Anhangsangaben.** Liegt einer der dargelegten Ausnahmefälle iSv § 261 Abs. 1 S. 2 vor, dürfen die Wertansätze in den abschließenden Feststellungen der Sonderprüfer nicht unverändert in die Bilanz übernommen werden. Die abschließenden Feststellungen dienen dann lediglich als Ausgangspunkt für die Ermittlung des am Bilanzstichtag zulässigen Wertansatzes.[18] So sind zB bei abnutzbaren Vermögensgegenständen des Anlagevermögens die planmäßigen Abschreibungen ausgehend von dem höheren Wertansatz der Sonderprüfer neu zu berechnen und der Wertansatz entsprechend anzupassen. Als Richtschnur gilt, dass die Korrektur der festgestellten Unterbewertung in der Bilanz so zu erfolgen hat, als ob der Bewertungsverstoß nicht vorgekommen wäre.[19]

9 Die nach § 261 Abs. 1 S. 2 notwendigen Abweichungen von den Wertansätzen der Sonderprüfer sind ohne zusätzliche Erläuterungen für die Aktionäre nicht verständlich. § 261 Abs. 1 S. 3 verlangt daher bei Abweichungen iSv § 261 Abs. 1 S. 2 besondere **Angaben im Anhang**. Anzugeben sind zunächst die maßgeblichen Gründe für die Abweichung von den Wertansätzen in den abschließenden Feststellungen. Darüber hinaus ist in einer Sonderrechnung die Entwicklung des von den Sonderprüfern festgestellten Wertes auf den im Jahresabschluss vorgenommenen Wertansatz ersichtlich zu machen; Beispiel s. *ADS* Rn. 11.

10 Abs. 1 S. 7 wurde durch das BilRUG eingeführt, welches die Richtlinie 2013/34/EU umgesetzt hat, und ist gemäß § 26g erstmals für Jahresabschlüsse anzuwenden, die nach dem 31.12.2015 beginnen. Die Richtlinie strebt die Maximalharmonisierung der Anhangsangaben bei kleinen Kapitalgesellschaften gemäß § 267 Abs. 1 HGB an (Art. 16 Abs. 3 RL 2013/34/EU).[20] Aus diesem Grund werden die Pflichtangaben im Anhang nach Abs. 1 S. 3 und 4 für kleine Aktiengesellschaften eingeschränkt. Eine Angabe der Gründe und die Berechnung der abweichenden Werte nach Abs. 1 S. 3 und der Ertrag aus dem Abgang der Gegenstände gemäß Abs. 1 S. 4 (→ Rn. 11) sind nur erforderlich, wenn der Jahresabschluss ohne diese Angaben nach § 264 Abs. 2 S. 2 HGB kein den tatsächlichen Verhältnissen entsprechendes Bild vermittelt.[21]

11 **3. Ausnahme: Abgang von Vermögensgegenständen.** Eine weitere Ausnahme vom Grundsatz des § 261 Abs. 1 S. 1 gilt, wenn die bemängelten Bilanzposten zwischenzeitlich abgegangen sind, zB durch Veräußerung, Tausch, Verbrauch, Untergang oä. Auch in diesem Fall können aufgrund der veränderten Verhältnisse am Bilanzstichtag die Wertansätze der Sonderprüfer nicht übernommen werden, denn die bemängelten Gegenstände sind am Bilanzstichtag nicht mehr vorhanden. Damit entfällt auch die Entscheidung der HV über die Verwendung des Ertrags aufgrund höherer Bewertung nach § 261 Abs. 3. Für Vermögensgegenstände des Umlaufvermögens und kurzfristige Verbindlichkeiten hat das Verfahren der Sonderprüfung deshalb praktisch kaum Bedeutung.[22] Es verbleibt nur die **Berichterstattung im Anhang** nach § 261 Abs. 1 S. 4 (Ausnahme bei kleinen Aktiengesellschaften → Rn. 10). Zu berichten ist über den Abgang selbst, den Grund (Verkauf, Untergang oÄ) sowie über den uU erzielten Ertrag und dessen Verwendung. Bei der Angabe der Verwendung des Ertrags genügt es idR, wenn angegeben wird, dass der Ertrag in den Bilanzgewinn eingegangen ist.[23]

12 **4. Vermerk in der Bilanz.** Nach § 261 Abs. 1 S. 5 sind bei den einzelnen Posten in der Bilanz die **Unterschiedsbeträge** zu vermerken, die bei Aktivposten zu einem höheren bzw. bei Passivposten zu einem niedrigeren Wertansatz geführt haben. Der Begriff „Unterschiedsbetrag" meint die sich aus den abschließenden Feststellungen der Sonderprüfer ergebende Wertkorrektur (Abs. 1 S. 1), unter Berücksichtigung etwaiger Änderungen nach Abs. 1 S. 2 aufgrund veränderter Verhältnisse am Bilanzstichtag. Der erforderliche Vermerk kann entweder in Form eines „davon-Vermerks", in einer Fußnote oder auch bei Gegenständen des Anlagevermögens im Anlagespiegel erfolgen.[24] Er muss aber in der Bilanz erfolgen; eine Angabe im Anhang ist nicht ausreichend. Bei Gegenständen des Anlagevermögens kann der Vermerk auch in der Zuschreibungsspalte des Anlagespiegels aufgenom-

---

[17] K. Schmidt/Lutter/*Kleindiek* Rn. 7; MüKoAktG/*Koch* Rn. 10; *ADS* Rn. 9; Großkomm AktG/*Bezzenberger* Anm. 21.
[18] Hüffer/Koch/*Koch* Rn. 4.
[19] AusschBer *Kropff* S. 353.
[20] RegBegr. BT-Drs. 18/4050, 89.
[21] Hüffer/Koch/*Koch* Rn. 7a.
[22] MüKoAktG/*Koch* Rn. 12.
[23] Kölner Komm AktG/*Claussen* Rn. 8; Hüffer/Koch/*Koch* Rn. 5; *ADS* Rn. 13; *Voß* FS Münstermann, 1969, 443 (469) unten.
[24] *ADS* Rn. 16; *Frey* WPg 1966, 633 (639); aA Hüffer/Koch/*Koch* Rn. 6: muss Bestandteil der Bilanz sein.

5. Gesonderter Ertragsausweis. Die **Summe der Unterschiedsbeträge** (→ Rn. 12) ergibt 13
nach § 261 Abs. 1 S. 6 den „Ertrag aufgrund höherer Bewertung gemäß dem Ergebnis der Sonderprüfung". Der Ertrag ist mit dieser Bezeichnung auf der Passivseite der Bilanz und in der Gewinn- und Verlustrechnung gesondert auszuweisen. Eine Zusammenfassung mit anderen Posten ist unzulässig. An welcher Position genau der gesonderte Ausweis zu erfolgen hat, regelt § 261 Abs. 1 S. 6 nicht. Nach allgM sollte der Ertrag in der Bilanz nach dem Posten Jahresüberschuss/Jahresfehlbetrag (§ 266 Abs. 3 A. V. HGB) bzw. bei Aufstellung gem. § 268 Abs. 1 HGB nach dem Posten Bilanzgewinn/Bilanzverlust eingestellt werden.[26] Entsprechend erfolgt der Ausweis in der Gewinn- und Verlustrechnung nach den Posten Nr. 17 (§ 275 Abs. 2 HGB) bzw. Nr. 16 (§ 275 Abs. 3 HGB), wobei der Ausweis nach § 158 Abs. 1 auch in den Anhang verlagert werden kann.[27]

Auszuweisen ist der **Bruttoertrag**; die von der Gesellschaft geschuldeten Steuern sind nicht 14
abzuziehen. Anfallende Steuern sind vom Vorstand und Aufsichtsrat als Abzugsposten in ihrem Vorschlag zur Beschlussfassung (§ 124 Abs. 3 S. 1) zu berücksichtigen (→ Rn. 18).[28]

III. Sinngemäße Anwendung bei gerichtlicher Entscheidung

Hat das gemäß § 260 angerufene Gericht festgestellt, dass Posten unterbewertet sind, verlangt 15
§ 261 Abs. 2 S. 1 die **sinngemäße Anwendung von Abs. 1.** Die vorstehenden Ausführungen gelten somit bei gerichtlicher Entscheidung entsprechend. Die Korrektur der Unterbewertung hat in dem ersten Jahresabschluss zu erfolgen, der nach Eintritt der Rechtskraft der gerichtlichen Entscheidung (→ § 260 Rn. 11) aufgestellt wird. Der gesondert auszuweisende Ertrag ist entsprechend dem vorangegangenen gerichtlichen Verfahren als „Ertrag aufgrund höherer Bewertung gemäß gerichtlicher Entscheidung" zu bezeichnen.

IV. Verwendung des Ertrags aufgrund höherer Bewertung

1. Keine Zurechnung zum Jahresüberschuss. Nach § 261 Abs. 3 S. 1 rechnet der Ertrag aus 16
höherer Bewertung nach Abs. 1 und 2 für die Anwendung des § 58 nicht zum Jahresüberschuss. Damit wird sichergestellt, dass der Ertrag aus höherer Bewertung **in voller Höhe zur Disposition der HV** steht. Der Ertrag kann weder durch Bestimmungen der Satzung (§ 58 Abs. 1), noch durch den Vorstand und Aufsichtsrat bei Feststellung des Jahresabschlusses (§ 58 Abs. 2) in freie Gewinnrücklagen eingestellt werden.[29] Allerdings kann die HV selbst gemäß § 261 Abs. 3 S. 2 die Einstellung in die freien Gewinnrücklagen beschließen.

Aus der fehlenden Zurechnung zum Jahresüberschuss resultiert zudem, dass durch die Aufdeckung 17
unzulässiger stiller Reserven keine Tantiemeansprüche erwachsen. Gesetzlich verankert ist dies für den AR, dessen Gewinnbeteiligung ausschließlich an den Jahresüberschuss nach § 113 Abs. 3 anknüpft.[30] Nach der hM gilt dies aber auch für die Tantieme der Vorstandsmitglieder, soweit sich die Gewinnbeteiligung nach dem Jahresüberschuss richtet.[31]

Allerdings ist ein Anteil des Ertrages aus höherer Bewertung zur gesetzlichen Rücklage nach § 150 18
zuzuführen, da die Kapitalerhaltung dem den Gesellschafterinteressen vorrangigen Gläubigerschutz dient.[32]

2. Entscheidung der HV. Über die Verwendung des Ertrags aus höherer Bewertung entscheidet 19
die HV (§ 261 Abs. 3 S. 2) und zwar mit **einfacher Stimmenmehrheit**.[33] Der noch im RegE 1965 vorgesehene Ausschüttungszwang ist nicht Gesetz geworden (auch → Rn. 2). Da der Ertrag in der Bilanz und der Gewinn- und Verlustrechnung als Bruttobetrag ausgewiesen wird (→ Rn. 14),

---

[25] MüKoAktG/*Koch* Rn. 12.
[26] MüKoAktG/*Koch* Rn. 14; ADS Rn. 18; Kölner Komm AktG/*Claussen* Rn. 9.
[27] Ebenso Großkomm AktG/*Bezzenberger* Anm. 26, ADS Rn. 18; Hüffer/Koch/*Koch* Rn. 7.
[28] Großkomm AktG/*Bezzenberger* Anm. 30; ADS Rn. 19; Hüffer/Koch/*Koch* Rn. 7.
[29] MüKoAktG/*Koch* Rn. 16.
[30] Kölner Komm AktG/*Claussen* Rn. 10; ADS Rn. 22; MüKoAktG/*Koch* Rn. 17.
[31] MüKoAktG/*Koch* Rn. 17; ADS Rn. 21; Kölner Komm AktG/*Claussen* Rn. 10; § 261 Abs. 3 S. 1 aF (vor BilMoG v. 28.5.2009, BGBl. 2009 I 1102) schloss die Gewinnbeteiligung der Vorstandmitglieder nach § 86 Abs. 2 (aufgehoben durch TransPuG v. 26.7.2002, BGBl. 2002 I 2681, da Vorschrift als überflüssig angesehen wurde(RegBegr. BT-Drs. 14/8769, 13)), der den Jahresabschluss als Anknüpfungspunkt für die Tantieme sah, aus; aA Großkomm AktG/*Bezzenberger* Anm. 29.
[32] Großkomm AktG/*Bezzenberger* Anm. 28; ADS Rn. 23.
[33] ADS Rn. 25.

sind die auf den Ertrag zu entrichtenden **Steuern** vor der Entscheidung der HV abzuziehen. Es ist Aufgabe des Vorstands, die Steuerschuld zu ermitteln und diesen Betrag als Abzugsposten im Vorschlag zur Beschlussfassung (§ 124 Abs. 3 S. 1) aufzuführen.[34] Ob und in welchem Umfang Steuern auf den Ertrag anfallen, hängt von den Verhältnissen im Einzelfall ab; entscheidend ist ua, ob die Unterbewertungen auch in der Steuerbilanz vorhanden sind.

20 Die HV ist in ihrem Beschluss über den Ertrag aus höherer Bewertung nicht frei, soweit im Jahresabschluss ein **Bilanzverlust** ausgewiesen wird, der nicht durch Kapital- oder Gewinnrücklagen gedeckt ist (§ 261 Abs. 3 S. 2). In diesem Fall kann der Ertrag nicht ausgeschüttet werden, sondern muss stattdessen zur Deckung des Bilanzverlustes verwendet werden. Nur über den Ertrag, der nach Abzug der Steuern und Deckung des Bilanzverlustes verbleibt, kann die HV frei entscheiden.

§ 261a Mitteilungen an die Bundesanstalt für Finanzdienstleistungsaufsicht

Das Gericht hat der Bundesanstalt für Finanzdienstleistungsaufsicht den Eingang eines Antrags auf Bestellung eines Sonderprüfers, jede rechtskräftige Entscheidung über die Bestellung von Sonderprüfern, den Prüfungsbericht sowie eine rechtskräftige gerichtliche Entscheidung über abschließende Feststellungen der Sonderprüfer nach § 260 mitzuteilen, wenn die Gesellschaft Wertpapiere im Sinne des § 2 Absatz 1 des Wertpapierhandelsgesetzes ausgegeben hat, die an einer inländischen Börse zum Handel im regulierten Markt zugelassen sind.

Schrifttum: *Matthéus/Schwab*, Rechtsschutz für Aktionäre beim Rechnungslegungs-Enforcement, DB 2004, 1975; *Matthéus/Schwab*, Fehlerkorrektur nach dem Rechnungslegungs-Enforcement: Private Initiative vor staatlicher Intervention, BB 2004, 1099; *Zülch*, Die Deutsche Prüfstelle für Rechnungslegung DPR e. V. – Organisation und Prüfverfahren, StuB 2005; 565.

I. Regelungsgegenstand und Normzweck

1 Die Vorschrift wurde durch das **BilKoG** v. 15.12.2004 (BGBl. 2004 I 3408) eingefügt und durch das AktGÄndG v. 22.12.2015 (BGBl. 2015 I 2565) lediglich redaktionell angepasst. Sie verpflichtet das mit einer Sonderprüfung nach den §§ 258 ff. befasste Gericht zu bestimmten **Mitteilungen** an die BaFin, sofern die Gesellschaft Wertpapiere iSv § 2 Abs. 1 S. 1 WpHG ausgegeben hat, die an einer inländischen Börse zum Handel im regulierten Markt zugelassen sind. § 261a steht in Zusammenhang mit den Regelungen in § 342b Abs. 3 S. 2 HGB und § 107 Abs. 3 S. 2 WpHG, wonach die aktienrechtliche Sonderprüfung nach den §§ 258 ff. Vorrang vor einer Enforcement-Prüfung durch die Prüfstelle für Rechnungslegung (§ 342b Abs. 1 HGB) oder einer Prüfung durch die Bundesanstalt für Finanzdienstleistungsaufsicht (§ 108 WpHG) hat. Die Mitteilungen des Gerichts sollen die BaFin frühzeitig von einem Sonderprüfungsverfahren sowie deren Gegenstand in Kenntnis setzen, so dass eine Abstimmung zwischen der Enforcement-Prüfung und dem Sonderprüfungsverfahren iSv § 342b Abs. 3 S. 2 HGB und § 107 Abs. 3 S. 2 WpHG vorgenommen werden kann.[1] Falls die Prüfstelle für Rechnungslegung die Prüfung eines von der Mitteilung nach § 261a betroffenen Unternehmens beabsichtigt oder bereits eingeleitet hat, leitet die BaFin die Mitteilung an die Prüfstelle weiter (§ 108 Abs. 3 WpHG). Sowohl für die Sonderprüfung nach § 142 als auch für die Nichtigkeit nach § 256 sind parallele Mitteilungsvorschriften vorhanden (§ 142 Abs. 7 und § 256 Abs. 7 S. 2).

II. Mitteilungspflichten des Gerichts

2 § 261a verpflichtet das Gericht, die BaFin über **jeden Verfahrensschritt** des Sonderprüfungsverfahrens nach den §§ 258 ff. zu informieren. So hat das Gericht zunächst den Eingang eines Antrags auf Bestellung von Sonderprüfern gemäß § 258 Abs. 1 S. 1 mitzuteilen. Diese erste Mitteilung dient der frühzeitigen Information der BaFin.[2] Das Gericht hat ferner die rechtskräftige Entscheidung über die Bestellung von Sonderprüfern mitzuteilen. Die Mitteilung hat den Beschluss des Gerichts, dessen Begründung sowie den Prüfungsauftrag zu enthalten. Nach Abschluss der Sonderprüfung durch den bestellten Sonderprüfer hat das Gericht den Prüfungsbericht des Sonderprüfers weiterzuleiten. Kommt es zu einer gerichtlichen Entscheidung über die abschließenden Feststellungen der Sonderprüfer nach § 260, ist die rechtskräftige Entscheidung zu übermitteln.

---

[34] *Hüffer/Koch/Koch* Rn. 10; *ADS* Rn. 24.
[1] RegBegr. BT-Drs. 15/3421, 21.
[2] RegBegr. BT-Drs. 15/3421, 21.

III. Voraussetzung: kapitalmarktorientierte Gesellschaft

Das Gericht hat die oben genannten Mitteilungen nur dann an die Bundesanstalt für Finanzdienstleistungsaufsicht zu machen, wenn die Gesellschaft Wertpapiere iSv § 2 Abs. 1 S. 1 WpHG ausgegeben hat, die an einer inländischen Börse zum Handel im regulierten Markt zugelassen sind. Mitteilungspflichten nach § 261a bestehen für das Gericht somit nur dann, wenn die Gesellschaft den **geregelten Kapitalmarkt** in Deutschland in Anspruch nimmt und folglich nach § 342b Abs. 2 S. 2 HGB, § 106 WpHG einer Enforcement-Prüfung unterzogen werden kann.

Achter Teil. Auflösung und Nichtigerklärung der Gesellschaft

Erster Abschnitt. Auflösung

Erster Unterabschnitt. Auflösungsgründe und Anmeldung

§ 262 Auflösungsgründe

(1) Die Aktiengesellschaft wird aufgelöst
1. durch Ablauf der in der Satzung bestimmten Zeit;
2. durch Beschluß der Hauptversammlung; dieser bedarf einer Mehrheit, die mindestens drei Viertel des bei der Beschlußfassung vertretenen Grundkapitals umfaßt; die Satzung kann eine größere Kapitalmehrheit und weitere Erfordernisse bestimmen;
3. durch die Eröffnung des Insolvenzverfahrens über das Vermögen der Gesellschaft;
4. mit der Rechtskraft des Beschlusses, durch den die Eröffnung des Insolvenzverfahrens mangels Masse abgelehnt wird;
5. mit der Rechtskraft einer Verfügung des Registergerichts, durch welche nach § 399 des Gesetzes über das Verfahren in Familiensachen und in den Angelegenheiten der freiwilligen Gerichtsbarkeit ein Mangel der Satzung festgestellt worden ist;
6. durch Löschung der Gesellschaft wegen Vermögenslosigkeit nach § 394 des Gesetzes über das Verfahren in Familiensachen und in den Angelegenheiten der freiwilligen Gerichtsbarkeit.

(2) Dieser Abschnitt gilt auch, wenn die Aktiengesellschaft aus anderen Gründen aufgelöst wird.

Schrifttum (Auswahl): *Bachmann,* Vor- und Nachgesellschaft – Ein Beitrag zur juristischen Personifikation, FS Lindacher, 2017, 23; *Buchner,* Amtslöschung, Nachtragsliquidation und masselose Insolvenz, 1988; *Burgard/ Gundlach,* Wege zur Bewältigung des Problems der Masselosigkeit – Zur Einführung einer Insolvenzkosten-Pflichtversicherung, ZIP 2006, 1568; *A. Förster,* System einer Insolvenzauslösung bei der GmbH, 2000; *H. Franz,* Die Beendigung von Gesellschaften im US-amerikanischen Recht, 2006; *Heerma,* Mantelverwendung und Kapitalaufbringungspflichten, 1997; *Heller,* Die vermögenslose GmbH, 1989; *Henze,* Auflösung einer Aktiengesellschaft und Erwerb ihres Vermögens durch den Mehrheitsgesellschafter, ZIP 1995, 1473; *Hirte,* Auflösung der Kapitalgesellschaft, ZInsO 2000, 127; *Hönn,* Die konstitutive Wirkung der Löschung von Kapitalgesellschaften, ZHR 138 (1974), 50; *Horn,* Deutsches und Europäisches Gesellschaftsrecht und die EuGH-Rechtsprechung zur Niederlassungsfreiheit – Inspire Art, NJW 2004, 893; *Hüffer,* Das Ende der Rechtspersönlichkeit von Kapitalgesellschaft, FS Schultz, 1987, 99; *Kreutz,* Von der Einmann- zur „Keinmann"-GmbH?, FS Stimpel, 1985, 379; *Kruck,* Tote Kapitalgesellschaften im Handelsregister, ZIP 2011, 1550; *Lindacher,* Die Nachgesellschaft, FS Henckel, 1995, 548; *Lutter/Drygala,* Liquidation der Aktiengesellschaft oder Liquidation des Minderheitenschutzes?, FS Kropff, 1997, 190; *J. Meyer,* Die Insolvenzanfälligkeit der GmbH als rechtspolitisches Problem, GmbHR 2004, 1417; *H.-F. Müller,* Der Verband in der Insolvenz, 2002; *Müther,* Die Löschung juristischer Personen wegen Vermögenslosigkeit – Ein Problemkind der Praxis?, Rpfleger 1999, 10; *Petersen,* Die fehlgeschlagene Einmanngründung – liquidationsloses Erlöschen oder Fiktion des Fortbestands, NZG 2004, 400; *Piorreck,* Löschung und Liquidation von Kapitalgesellschaften nach dem Löschungsgesetz, RPfleger 1978, 157; *Riek,* Das Liquidationsstadium bei der AG, Diss. Zürich 2003; *Roitsch,* Auflösung, Liquidation und Insolvenz der Europäischen Aktiengesellschaft (SE) mit Sitz in Deutschland, 2006; *M. Roth,* Die übertragende Auflösung nach der Einführung des squeeze-out, NZG 2003, 998; *C. Schäfer,* Die Lehre vom fehlerhaften Verband, 2002; *K. Schmidt,* Die stille Liquidation: Stiefkind des Insolvenzrechts, ZIP 1982, 9; *K. Schmidt,* Löschung und Beendigung der GmbH, GmbHR 1988, 209; *K. Schmidt,* Zur Ablösung des Löschungsgesetzes, GmbHR 1994, 830; *K. Schmidt,* Insolvenzordnung und Gesellschaftsrecht, ZGR 1998, 633; *W. Schulz,* Die masselose Liquidation der GmbH, 1986; *Vallender,* Auflösung und Löschung der GmbH – Veränderungen aufgrund des neuen Insolvenzrechts, NZG 1998, 249.

Übersicht

	Rn.		Rn.
I. Bedeutung und Normzweck	1–9	a) Zweckänderung	5, 6
1. Bedeutung und Anwendungsbereich des achten Teils	1	b) Zeitlich	7
		c) Automatische Beendigung	8, 9
2. Aufbau der gesetzlichen Regelung	2	**II. Ökonomische Bedeutung, Rechtstatsachen, Rechtsvergleich**	10–20
3. Normzweck des § 262	3	1. Ökonomische Bedeutung	10, 11
4. Systematik der Auflösungstatbestände	4	2. Rechtstatsachen	12
5. Begriff der „Auflösung"	5–9	3. Rechtsvergleich	13–16

	Rn.		Rn.
4. Europarecht	17–20	7. Vor-AG	66, 67
III. Einzelne Auflösungsgründe (Abs. 1)	21–59	**V. Keine Auflösungsgründe**	68–80a
1. Zeitablauf (Nr. 1)	21–23	1. Umstände in der Person eines Aktionärs	68
a) Voraussetzung	21, 22	2. Zweckerreichung	69
b) Rechtsfolge	23	3. Kündigung	70
2. Hauptversammlungsbeschluss (Nr. 2)	24–38	4. Satzungsmäßige Auflösungsgründe (Kündigungsrechte)	71
a) Voraussetzungen	24–26		
b) Inhalt des Beschlusses	27–30	5. Vermögensübertragung; Betriebsänderung	72
c) Schranken der Auflösungsfreiheit	31–33		
d) Übertragende Auflösung	34–38	6. Verletzung von Publizitätspflichten	73
3. Eröffnung des Insolvenzverfahrens (Nr. 3)	39–42	7. Sitzverlegung ins Ausland	74–80a
a) Voraussetzungen	39, 40	a) Nicht-Europäisches Ausland	74–78
b) Ende der Auflösung	41, 42	b) Europäische Union	79–80a
4. Masselosigkeit (Nr. 4)	43–46	**VI. Rechtsfolgen der Auflösung**	81–92
a) Voraussetzungen	43	1. Abwicklung und Löschung	81, 82
b) Rechtspolitische Kritik	44, 45	2. Zivilrechtliche Folgen	83–85
c) Reformvorschläge	46	3. Steuerrechtliche Folgen	85a
5. Feststellung eines Satzungsmangels (Nr. 5)	47–58	4. Verwaltungsrechtliche Folgen	86
a) Verweis auf § 399 FamFG (zuvor § 144a FGG)	47	5. Kapitalmarktrechtliche Folgen	87, 88
b) Bedeutung	48, 49	6. Fortsetzung der aufgelösten Gesellschaft	89
c) Relevante Mängel	50–54	7. Fortbestand gelöschter Gesellschaften („Nachgesellschaft")?	90–92
d) Das FamFG-Verfahren	55–58		
6. Löschung wegen Vermögenslosigkeit nach § 394 FamFG – (Nr. 6)	59	**VII. Auflösungsschutz und Liquidationskontrolle**	93
IV. Auflösung aus anderen Gründen (Abs. 2)	60–67	**VIII. Löschung wegen Vermögenslosigkeit (§ 394 FamFG)**	94–106
1. Gesamtrechtsnachfolge (Umwandlung)	60	1. Normtext	94
2. „Nichtigkeit" (§ 275, § 397 FamFG, ehemals § 144 Abs. 1 FGG)	61	2. Normzweck	95, 96
		3. Rechtspolitische Würdigung	96a
3. Gemeinwohlgefährdung (§ 396), Vereinsverbot (§ 3 VereinsG), Verbandsauflösung (§ 12 VerbStrG-E)	62	4. Löschungsvoraussetzungen	97–102
		a) Vermögenslosigkeit (§ 394 Abs. 1 S. 1 FamFG)	97–99
4. Rücknahme der Geschäftserlaubnis (§ 38 KWG, § 87 VAG)	63	b) Durchgeführtes Insolvenzverfahren (§ 394 Abs. 1 S. 2 FamFG)	100
5. „Keinmann"-AG	64	c) Löschungsermessen?	101, 102
6. Auflösungsklage (§ 61 GmbHG analog)?	65	5. Löschungswirkungen	103
		6. FamFG-Verfahren	104–106

I. Bedeutung und Normzweck

1 **1. Bedeutung und Anwendungsbereich des achten Teils.** Die §§ 262 ff. AktG sind Ausdruck des selbstverständlichen und daher vom Gesetz mit Recht nicht eigens ausgesprochenen Gedankens, dass auch die AG als juristische Person **nicht ewig** lebt, sondern unter bestimmten Voraussetzungen zu beenden ist. Dieser Gedanke findet sich in allen Verbandsrechten und gilt für alle Rechtsträger. Die §§ 262 ff. sind daher grundsätzlich auch auf die **Vor-AG** anwendbar, soweit sie nicht die Eintragung voraussetzen (näher → Rn. 66 f. sowie → § 264 Rn. 3).[1] Von Relevanz sind die Normen auch bei der SE, Art. 63 SE-VO (→ Rn. 20). Auch im Inland ansässige AG-ähnliche Gesellschaften ausländischen Rechts, die infolge der Löschung im Register ihres Heimatstaates durch eine behördliche Anordnung ihre Rechtsfähigkeit verloren haben, können die §§ 262 ff. anwendbar sein.[2] Besondere Parallelen bestehen zum **GmbH-Recht** (vgl. §§ 60 ff. GmbHG. Auf die dortige Auslegung

---

[1] BGHZ 169, 270 = NZG 2007, 20; Hüffer/Koch/*Koch* Rn. 5; eingehend MüKoAktG/*Koch* Rn. 24 f.; zur Insolvenzfähigkeit der Vorgesellschaft BGH NZG 2003, 1167.
[2] Derartige Gesellschaften bestehen für ihr in Deutschland belegenes Vermögen als „Restgesellschaften" fort, sie sind grundsätzlich nach deutschem Recht zu beurteilen, insbesondere auch abzuwickeln (vgl. BGH WM 1963, 81 (83); jüngst bestätigt von BGH BB 2017, 460).

der großenteils wortgleichen Vorschriften kann zurückgegriffen werden, soweit die aktienrechtliche Formstrenge nicht im Einzelfall eine engere Auslegung gebietet.

2. Aufbau der gesetzlichen Regelung. § 262 enthält eine – unvollständige – Liste der Auflösungsgründe, §§ 264–274 regeln die Abwicklung der aufgelösten Gesellschaft, werden aber für den praktisch wichtigsten Fall – die Insolvenz – durch die Vorschriften der InsO verdrängt (vgl. § 264 Abs. 1). Nur einen Sonderfall der Auflösung behandeln die §§ 275 ff., welche die sog. „Nichtigerklärung" der AG betreffen. Überzeugender sind die Auflösungsgründe im **GmbHG** gegliedert (vgl. §§ 60–62, 75 GmbHG), das alle Auflösungsgründe (einschließlich der „Nichtigkeit" und der Gemeinwohlgefährdung) zusammenzieht.

3. Normzweck des § 262. Zweck der Spitzenvorschrift des § 262 ist die **Auflistung** der Gründe, die zu einer Auflösung der AG führen. Diesen Zweck erfüllt die Vorschrift nur bedingt: Zum einen ist sie **unvollständig**, weil sachlich zusammenhängende Vorschriften wie die §§ 275 ff., 396 ff. in § 262 ebenso wenig erwähnt werden wie die Auflösung durch Umwandlung nach UmwG. Vor allem aber macht das Nebeneinander der §§ 394 ff. FamFG und der aktienrechtlichen Auflösungsvorschriften die Normen schwer handhabbar. Eine Neufassung, die auch auf eine Abstimmung mit dem GmbHG zu richten wäre (oben → Rn. 1), ist daher wünschenswert, derzeit aber nicht in Sicht. In Verbindung mit § 23 Abs. 5 kann der Regelung immerhin die Aussage entnommen werden, dass die gesetzlich anerkannten Auflösungsgründe grundsätzlich enumerativ sind (→ Rn. 71).

4. Systematik der Auflösungstatbestände. Sachlich lassen sich die verschiedenen Auflösungstatbestände in drei Gruppen zusammen fassen: (1) Die **privatautonome Entscheidung** der Gesellschafter (Nr. 1, 2), denen es freisteht, die Gesellschaft nach Belieben zu beenden; (2) **Defizitäres Vermögen,** das auch ohne oder gegen den Willen der Gesellschafter einen Grund zur Auflösung gibt (Nr. 3, 4, 6); (3) Ein **überragendes Drittinteresse,** das es aus besonderen Gründen (zB Nr. 5: schwere Satzungsmängel; § 396: Gemeinwohlgefährdung) gebietet, die Gesellschaft aus dem Verkehr zu ziehen. Die Initiative zur Auflösung geht in der ersten Gruppe von der Aktionärsmehrheit (bzw. der Verwaltung) aus. In den anderen beiden Gruppen ist jeweils ein Hoheitsakt erforderlich, der rechtlich oder tatsächlich nur auf Antrag oder Anregung einzelner Beteiligter (Aktionär, Gläubiger, Organmitglied) ergehen wird. Die sachliche Gliederung der Auflösungstatbestände ist bedeutsam für das richtige Verständnis der „Auflösung" und die Auslegung der einzelnen Normen.

5. Begriff der „Auflösung". a) Zweckänderung. Die missverständliche Vokabel „Auflösung" meint nicht den Untergang der juristischen Person, sondern lediglich eine **Änderung des Gesellschaftszwecks:** Die „werbende", dh ihren satzungsmäßigen Zweck verfolgende AG wird zur Abwicklungs- oder Liquidationsgesellschaft.[3] Damit geht keine Einschränkung der Rechtsfähigkeit einher. Der Fortbestand der AG wird nicht lediglich fingiert (so noch § 49 Abs. 2 BGB für den Verein), sondern diese bleibt bis zum Abschluss einer etwaigen Liquidation und ihrer anschließenden Löschung im Handelsregister vollrechtsfähige juristische Person (→ Rn. 90).

Allerdings muss die Auflösung nicht stets zur Liquidation führen. Diese unterbleibt zB, wenn das insolvente Unternehmen – gegebenenfalls nach Schuldenerlass – fortgeführt wird (vgl. §§ 157, 217 ff. InsO) oder wenn kein Bedarf für eine Liquidation besteht (→ Rn. 89). Man spricht daher auch davon, dass der Verbandszweck durch den Liquidationszweck lediglich **überlagert** werde.[4] In jedem Fall ist mit der Auflösung ein **Regimewechsel** verbunden: Wurde die Auflösung privatautonom oder aus Gemeinwohlgründen herbeigeführt, wird das aktienrechtliche Kompetenzgefüge durch die Abwicklungsvorschriften der §§ 264 ff. modifiziert; erfolgt sie aufgrund defizitären Vermögens (Insolvenz), überlagern die Organisationsnormen der InsO das Aktienrecht – die Gläubiger übernehmen das Regiment (näher → § 264 Rn. 8 ff.); im Falle der Löschung wegen Vermögenslosigkeit und der Gesamtrechtsnachfolge bedeutet Auflösung schließlich nur, dass die AG als solche nicht mehr fortgesetzt werden kann, sondern gegebenenfalls neu gegründet werden muss.

b) Zeitlich. Zeitlich kann das Ende der Gesellschaft in **drei Stufen** unterteilt werden: (1) Die **Auflösung,** die durch eines der in § 262 (oder einer anderen Vorschrift) genannten Ereignisse ausgelöst wird und im Handelsregister einzutragen ist (§ 263); (2) die anschließende **Abwicklung**

---

[3] Unstr., vgl. nur RGZ 118, 337 (340); BGHZ 14, 163 (168) = NJW 1954, 1682; BGHZ 24, 279 (286) = NJW 1957, 1279; Hüffer/Koch/*Koch* Rn. 2; Kölner Komm AktG/*Winnen* Rn. 11.

[4] Grundlegend K. *Schmidt* GesR § 11 V 4 c; ferner ua Baumbach/Hueck/*Haas* GmbHG § 60 Rn. 9; Lutter/Hommelhoff/*Kleindiek* GmbHG § 69 Rn. 2. Die Auffassung fußt auf dem Verständnis des Verbandszwecks als konstituierendem und insoweit unveränderlichem Element der juristischen Person. Sachliche Unterschiede zur gängigen Darstellung sind damit nicht verbunden (aA *Müller,* Der Verband in der Insolvenz, 2002, 124 ff.: fortbestehender Verbandszweck verpflichtet die Organe zur Beseitigung gesetzlicher Auflösungsgründe).

oder Liquidation des Gesellschaftsvermögens nach §§ 264 ff. bzw. InsO; (3) schließlich die **Löschung** der AG im Handelsregister, die erfolgt, wenn die AG kein Vermögen (mehr) hat. Rechtsprechung und Literatur verwenden daneben noch den Begriff der **Beendigung.** Mit ihm wird einmal das Ende der Abwicklung, also ein tatsächlicher Umstand, bezeichnet (in diesem Sinne auch § 273 Abs. 1; §§ 156 f. HGB), zum anderen das Ende der AG als Rechtsträger. Beide Bedeutungen müssen sorgfältig auseinander gehalten werden, weil die Beendigung der Abwicklung nicht schon zum Untergang des Rechtsträgers führt (→ Rn. 90). Ist der Untergang des Rechtsträgers gemeint, spricht man zur Verdeutlichung besser von **Vollbeendigung.**

8   c) **Automatische Beendigung.** Auflösung und Beendigung fallen zusammen, wenn es keiner Abwicklung bedarf. Man bezeichnet das als **automatische (Voll-)Beendigung.** Sie tritt ein, wenn entweder kein abzuwickelndes Vermögen (mehr) vorhanden ist, oder wenn das Vermögen der AG im Wege der Gesamtrechtsnachfolge – Hauptanwendungsfall: Verschmelzung – auf einen anderen Rechtsträger übergeht.[5] Hierher gehört auch das Vereinsverbot, dessen Bestandskraft idR zugleich zur Auflösung und zum Erlöschen führt (→ Rn. 62). Terminologisch stellt sich die Frage, ob in diesen Fällen noch von einer Auflösung die Rede sein kann, denn eine beendete Gesellschaft kann nicht zugleich als Liquidationsgesellschaft fortbestehen.[6] Der Gesetzgeber spricht gleichwohl auch dort, wo die Gesellschaft ohne Abwicklung untergeht, von ihrer Auflösung (vgl. §§ 2, 123 Abs. 1, § 174 UmwG, Art. 89 Abs. 1 GesR-RL[7] – „**Auflösung ohne Abwicklung**") und bezeichnet auch die erloschene Gesellschaft noch als „aufgelöst" (vgl. § 262 Abs. 1 Nr. 6; auch § 157 Abs. 2 HGB).

9   Jedenfalls mit Blick auf die AG ist diese **Terminologie nicht zu beanstanden:** Der Umstand, dass die aufgelöste Gesellschaft kein abwicklungsbedürftiges Vermögen (mehr) hat, führt nicht schon zum Untergang der juristischen Person. Diese tritt erst mit Löschung im Handelsregister bzw. – bei Verschmelzung auf einen anderen Rechtsträger – mit Eintragung der Verschmelzung im Register des übernehmenden Rechtsträgers ein (vgl. § 19 Abs. 1 S. 2 UmwG). Bis dahin besteht die vermögenslose oder als verschmolzen in ihrem Register eingetragene AG als nicht mehr werbende, folglich „aufgelöste" Gesellschaft fort. Anders liegt es, wenn erst die Löschung im Register die „Auflösung" bewirkt (§ 262 Abs. 1 Nr. 6) oder wenn die Verschmelzung gleichzeitig im Register der übertragenden und demjenigen der übernehmenden Gesellschaft eingetragen wird. Dann kann die AG allenfalls für eine „juristische Sekunde" als Liquidationsgesellschaft bestehen. Ob man hier noch von Auflösung sprechen sollte, ist zweifelhaft,[8] praktisch jedoch ohne Relevanz, weil die „Auflösung" in den genannten Fällen jedenfalls nicht in das Handelsregister eingetragen wird (vgl. § 263 S. 4).

II. Ökonomische Bedeutung, Rechtstatsachen, Rechtsvergleich

10   **1. Ökonomische Bedeutung.** Die Beschränkung der Haftung auf das Gesellschaftsvermögen (§ 1 Abs. 1 S. 2) schafft den volkswirtschaftlich erwünschten Anreiz, sich mit Risikokapital an einer Unternehmung zu beteiligen: Im schlimmsten Fall verliert der Aktionär nur seine Einlage. Deckt das Vermögen nicht mehr die Verbindlichkeiten (Überschuldung) oder wird die Gesellschaft zahlungsunfähig, wird das unternehmerische Risiko auf Dritte verlagert: Die Aktionäre haben bereits alles verloren, weitere Verluste tragen allein die Gläubiger. Ökonomisch betrachtet ist es folgerichtig, dieser Externalität dadurch zu begegnen, dass im Falle der **Insolvenz** die Entscheidungsbefugnisse von den Aktionären auf die Gläubiger übertragen werden. Rechtstechnisch wird das dadurch bewirkt, dass mit Eröffnung des Insolvenzverfahrens an die Stelle des aktienrechtlichen Regimes dasjenige der Insolvenzordnung tritt. Die „Auflösung" der AG (Nr. 3) führt in diesem Fall nicht zwingend zur Abwicklung, sondern kann in eine Sanierung münden, falls die Gläubiger dazu bereit sind (vgl. § 157 InsO und insbesondere §§ 217 ff. InsO – Insolvenzplan). Folgerichtig dürfen die Aktionäre (erst) dann die Fortsetzung beschließen (vgl. § 274 Abs. 2 Nr. 1).

11   Ökonomisch ebenfalls einleuchtend ist die Möglichkeit, das Ende der AG privatautonom herbeizuführen (Nr. 1, 2). Sie ist Ausdruck der **Desinvestitionsfreiheit,** die durch Art. 14 GG verfassungsrechtlich garantiert ist.[9] In einer marktwirtschaftlichen Ordnung muss es grundsätzlich der freien Entscheidung der Eigentümer überlassen bleiben, wo und wie sie ihr Kapital einsetzen möchten. Gesamtwirtschaftlich gesehen führt die (Des-)Investitionsfreiheit auch dann zu einer effizienteren Kapitalallokation, wenn der Investor im Einzelfall und ex-post betrachtet eine Fehlentscheidung

---
[5] Vgl. *K. Schmidt* GesR § 11 V 3.
[6] Vgl. Hüffer/Koch/*Koch* Rn. 22; Scholz/*K. Schmidt/Bitter* GmbHG § 60 Rn. 47 u 56.
[7] Richtlinie des Europäischen Parlaments und des Rates v. 14.6.2017 über bestimmte Aspekte des Gesellschaftsrecht (2017/1132/EU).
[8] Krit. etwa Hüffer/Koch/*Koch* Rn. 6 und 22.
[9] Vgl. BVerfGE 100, 89 = NJW 1999, 3769 – DAT/Altana; BGHZ 129, 136 ff. = NJW 1993, 1739 ff. – Linotype.

trifft. Unter diesem Gesichtspunkt stehen der willkürlichen Auflösung einer an sich lebensfähigen Gesellschaft zulasten von stakeholder-Interessen (Arbeitnehmer, Zulieferer, etc) keine Bedenken entgegen. Die **soziale Abfederung** ist nicht vom Aktien-, sondern vom Arbeits- und Sozialrecht zu leisten (vgl. zB §§ 112 ff. BetrVG – Sozialplan). Die Gründe, die für eine schrankenlose Desinvestitionsfreiheit streiten, gelten nicht in gleichem Maße für das Verhältnis der Aktionäre untereinander. Hier ist es aus ökonomischer Perspektive geboten, den Auflösungsbeschluss einer **Kontrolle** zu unterwerfen, um einer Ausbeutung der Minderheit durch die Mehrheit vorzubeugen (näher → Rn. 31). Aus ähnlichen Gründen ist die Begrenzung der privatautonomen Auflösungsgründe durch einen enumerativen Katalog sinnvoll. Sie gewährleistet eine gewisse Beständigkeit der Korporation, die erst Anreiz zu längerfristigem Engagement gibt.[10]

2. Rechtstatsachen. Das rechtstatsächliche Material ist dürftig, da keine amtlichen Auflösungsstatistiken geführt werden und aussagekräftige empirische Arbeiten fehlen. Aus der amtlichen **Insolvenzstatistik** lässt sich nur die Zahl derjenigen AG ablesen, für welche ein Antrag auf Eröffnung des Insolvenzverfahrens gestellt wurde. Dies war im Jahre 2013 für 182 (2012: 197) AG und KGaA der Fall, was bei einer Zahl von ca 16 000 AG/KGaA eine Insolvenzquote von ca 1,1 % (2012: 1,2) ergibt. Ausgehend von den bekannt gemachten Auflösungs- und Löschungseintragungen (vgl. § 263) dürften die übrigen Auflösungsgründe (§ 262 Abs. 2 Nr. 1, 2, 5, 6) bei der AG eine eher **untergeordnete Rolle** spielen.[11] Praktische Relevanz besitzt die Verschmelzung, welche zwar zur Auflösung, nicht jedoch zur Liquidation gem. §§ 264 ff. führt (→ Rn. 8 f., → 48). Eine größere Bedeutung kommt der privatautonomen Auflösung bei der **GmbH** zu. Die überwiegende Zahl der Judikate betrifft daher diese Rechtsform; sie können wegen der parallelen Regelungen idR auch für das Aktienrecht verwertet werden.

3. Rechtsvergleich. Auflösung und Abwicklung folgen in den modernen Gesellschaftsrechten der Welt weitgehend **ähnlichen Mustern.** Das gilt zunächst für die kontinentalen Rechtsordnungen, die zwar nicht europaweit harmonisiert sind (dazu → Rn. 17), idR jedoch dem deutschen Aktienrecht entsprechen.[12] Eine vergleichbare Struktur weisen aber auch die angelsächsischen Aktienrechte auf, welche dadurch gekennzeichnet sind, dass sie dem Richter im Insolvenz- oder Abwicklungsverfahren großzügige Gestaltungsbefugnisse zugestehen. Danach kann die Auflösung vom Gericht angeordnet werden, wenn dies „recht und billig" erscheint[13] oder wenn die Gesellschaftsform „missbraucht" wird.[14] Praktische Bedeutung erlangt das etwa, wenn die gerichtliche Auflösung als Hebel zur Beseitigung eines *deadlock* (Handlungsunfähigkeit) eingesetzt wird. Auch auf der Rechtsfolgenseite darf der Richter alles anordnen, was Recht und Billigkeit im Einzelfall erfordern.[15]

Im Übrigen entsprechen auch die angelsächsischen Rechte weitgehend dem unsrigen. Von besonderem Interesse ist dabei das **englische Recht,** das insoweit für Ltd. und die – unserer AG entsprechende – plc (= *public company limited by shares*) praktisch identisch ist. Es regelt die Abwicklung der insolventen wie der solventen Gesellschaft einheitlich im **Insolvenzgesetz** (*Insolvency Act 1986*),[16] was auf den ersten Blick überrascht, bei näherem Hinsehen aber plausibel ist, weil es in beiden Fällen darum geht, das Vermögen der Gesellschaft zu realisieren, daraus die Gläubiger zu befriedigen und etwaige Überschüsse an die Gesellschafter auszukehren.[17] Wie im deutschen Recht schließt sich an den Eintritt des Auflösungsgrundes die Abwicklung (*winding up*, synonym: *liquidation*) an, deren Beendigung zur Löschung im Register führt. Abweichend ist lediglich die Terminologie: Der Begriff „Auflösung" (*dissolution*) bezeichnet in der Common-Law-Tradition nicht den Beginn, sondern das Ende des Abwicklungsstadiums (= Tod der Gesellschaft).[18] Die Gründe für eine freiwillige Auflösung (Zeitablauf oder Gesellschafterbeschluss – vgl. sec. 84 Insolvency Act 1986) entsprechen ebenso den unsrigen wie die Abwicklungsschritte: Nach der Bekanntmachung der Auflösung (sec. 85 Insolvency Act 1986) erfolgt die Bestellung eines Liquidators (sec. 91 Insolvency Act 1986) und die Versilberung

---

[10] Vgl. *R. Posner* in Assmann/Kirchner/Schanze, Ökonomische Analyse des Rechts, 1993, 225.
[11] Vgl. *Wilhelm* KapGesR Rn. 1362: „Kommt in der Praxis kaum vor".
[12] Vgl. zum österreichischen Recht MüKoAktG/*Bachner* §§ 262 ff.; zum Schweizer Recht *Riek,* Das Liquidationsstadium der AG, 2003, passim.
[13] So das englische Recht, vgl. sec. 122 (1) (g) Insolvency Act 1986.
[14] Vgl. § 284 Delaware General Corporation Law (DGCL): „The Court of Chancery shall have jurisdiction to revoke or forfeit the charter of any corporation for abuse, mis-use or non-use of its corporate powers, privileges or franchises".
[15] Vgl. §§ 283, 284 (b) DGCL: „The Court of Chancery … may make such orders and decrees … as justice and equity shall require"; sec. 125 Abs. 1 Insolvency Act 1986: The court may make „any other order it thinks fit".
[16] Vgl. sec. 73–219 Insolvency Act 1986.
[17] *Davies/Worthington,* Principles of Modern Company Law, 9. Aufl. 2012, Rn. 30-1.
[18] Vgl. *Merkt/Göthel,* US-amerikanisches Gesellschaftsrecht, 2. Aufl. 2006, Rn. 1494 f.

und Verteilung des Vermögens (sec 107 Insolvency Act 1986), anschließend der Rechenschaftsbericht (sec. 93, sec. 106 Insolvency Act 1986) und die Eintragung des Abwicklungsendes im Register (sec. 201 Abs. 2 Insolvency Act 1986).

15   Dies alles gilt freilich nur, wenn die Direktoren vor der Auflösung erklärt haben, dass das Vermögen der Gesellschaft zur Befriedigung aller Gläubiger hinreicht („Solvenzerklärung", vgl. sec. 89 Insolvency Act 1986). Ist die Gesellschaft dagegen **insolvent,** übernehmen die Gläubiger das Regiment. Wird Insolvenzantrag gestellt (wozu die Direktoren nicht verpflichtet sind),[19] erfolgt die Abwicklung durch einen staatlichen Insolvenzverwalter *(official receiver),*[20] der auch die Gründe der Insolvenz zu untersuchen hat (vgl. sec. 131 seq. Insolvency Act 1986). Andernfalls wird ein von den Gläubigern und Gesellschaftern bestimmter Liquidator tätig (sog. *creditors' voluntary winding up,* vgl. sec. 97 seq. Insolvency Act 1986). Haben die Direktoren zu Unrecht eine Solvenzerklärung abgegeben, droht ihnen eine Kriminalstrafe, ließen sie die Gesellschaft sehenden Auges in die Insolvenz gleiten *(wrongful trading),* sind sie zivilrechtlich haftbar.[21] Masselose Gesellschaften können ohne Abwicklung gelöscht werden (sog. *early dissolution,* vgl. sec. 202 Insolvency Act 1986), desgleichen „Registerleichen" *(defunct companies,* vgl. sec. 1000 Companies Act 2006). Bei berechtigtem Interesse kann auf Antrag eine Wiedereintragung erfolgen.[22]

16   Ähnlich präsentiert sich das **US-amerikanische** Aktienrecht.[23] Wie das deutsche unterscheidet es zwischen der Auflösung *(dissolution)* als bloßer Zweckänderung und der anschließenden Abwicklung *(winding-up).*[24] Ferner wird zwischen der zwangsweisen Liquidation aufgrund von Insolvenz, wegen der Verletzung öffentlicher Pflichten oder aufgrund einer Auflösungsklage und der freiwillig beschlossenen Abwicklung *(voluntary dissolution)* getrennt.[25] Die freiwillige Auflösung besteht wiederum aus verschiedenen Stufen: Dem Auflösungsbeschluss folgen ein entsprechender Publizitätsakt *(certificate of dissolution,* vgl. § 275 (d) DGCL; § 14.03 RMBCA („Articles of Dissolution")), die (dispositive) Einsetzung besonderer Liquidationsorgane *(trustees* oder *receivers,* vgl. § 279 DGCL), der Gläubigeraufruf (vgl. § 280 DGCL; §§ 14.06, 14.07 RMBCA) sowie schließlich die Verteilung des Gesellschaftsvermögens unter die Gläubiger (vgl. § 281 DGCL). Verbleibendes Vermögen darf nach einer (im Vergleich zu Deutschland allerdings geringen) Sperrzeit (150 Tage) an die Aktionäre ausgekehrt werden (vgl. § 281 (a) 4 DGCL). Die Gesellschaft gilt nach der Auflösung für mindestens drei Jahre als fortbestehend, darüber hinaus so lange, wie es etwa noch anhängige (Gerichts-)Verfahren erfordern (vgl. § 278 DGCL). Die Abwicklung insolventer Gesellschaften richtet sich nach dem Insolvenzrecht *(Bankruptcy Code).*

17   **4. Europarecht.** Relevant ist vor allem die Gesellschaftsrechts-Richtlinie 2017/1132/EU **(GesR-RL),** in der die Erste Richtlinie („Publizitätsrichtlinie") 2017 aufgegangen ist. Im Interesse des Rechtsverkehrs schränkt sie die Möglichkeiten nationaler Rechtsordnungen ein, fehlerhaft gegründete Aktiengesellschaften nicht als Rechtsträger anzuerkennen. Fehlerhaften Gesellschaften soll damit im Interesse Dritter ein gewisser **Bestandsschutz** zuteil werden. Die Richtlinie verwirklicht dies auf doppelte Weise: Einerseits wird der Katalog möglicher Nichtigkeitsgründe enumerativ begrenzt (Art. 11 GesR-RL), andererseits die „Nichtigkeit" von der Rechtsfolge her der Auflösung gleich gestellt. Die **„Nichtigkeit"** führt also nur zur Liquidation der Gesellschaft (Art. 12 GesR-RL). Das deutsche Aktienrecht trägt der letztgenannten Vorgabe Rechnung, indem es mangelbehaftete Gesellschaften nicht als inexistent, sondern allenfalls als abwicklungsbedürftig behandelt (vgl. zB § 277 Abs. 1 AktG). Die „Nichtigerklärung", von der in § 275, § 397 FamFG (vormals § 144 FGG)

---

[19] Insolvenzgrund ist insbes. Zahlungsunfähigkeit (sec. 122 Abs. 1 lit. f Insolvency Act 1986), die vermutet wird, wenn die Zahlungsaufforderung eines Gläubigers über mehr als £ 750 nicht binnen drei Wochen beglichen wird, oder wenn die Gesellschaft überschuldet ist, vgl. sec. 123 Insolvency Act 1986.
[20] Sog. *winding up by the court,* vgl. sec. 117 Insolvency Act 1986.
[21] Vgl. sec. 214 Insolvency Act 1986; dazu etwa *Habersack/Verse* ZHR 168 (2004) 174 ff.
[22] Vgl. sec. 1024 seq. Companies Act 2006; dazu näher *Davies/Worthington,* Principles of Modern Company Law, 9. Aufl. 2012, Rn. 33–62 ff.
[23] Die Darstellung beschränkt sich auf das Recht Delawares (DGCL) und den Revised Model Business Corporations Act (RMBCA). Näher zum Ganzen *Merkt/Göthe,* US-amerikanisches Gesellschaftsrecht, 2. Aufl. 2006, Rn. 1494 ff.; monografisch *H. Franz,* Die Beendigung von Gesellschaften im US-amerikanischen Recht, 2006, passim.
[24] Vgl. § 14.05 RMBCA: „A dissolved corporation continues its corporate existence but may not carry on any business except that appropriate to wind up and liquidate its business and affairs"; § 278 DGCL: Dissolved corporations „... shall nevertheless be continued, ... but not for the purpose of continuing the business for which the corporation was organized".
[25] Vgl. einerseits RMBCA subchapter A („voluntary dissolution"), andererseits RMBCA subchapters B („administrative dissolution") und C („judiciary dissolution"); in Delaware: einerseits DGCL subchapter X („sale of assets, dissolution and winding up"), andererseits DGCL subchapter XI („insolvency").

die Rede ist, stellt somit nur einen weiteren Auflösungsgrund dar,[26] der im insoweit lückenhaften Katalog des § 262 Abs. 1 fehlt.

Über die Vorgabe des Art. 11 GesR-RL geht das deutsche Recht dagegen insoweit hinaus, als es **18** auch bei darin nicht erwähnten Mängeln die Möglichkeit vorsieht, die AG von Amts wegen aufzulösen. Der Gesetzgeber hat versucht, eine **Kollision mit der Richtlinie** zu vermeiden, indem er in diesen Fällen nicht mehr von „Nichtigkeit", sondern nur von „Auflösung" spricht und die betreffende Regelung von § 144 FGG (Nichtigkeit wegen Satzungsmangels) in den neu geschaffenen § 144a FGG (heute § 399 FamFG – Amtsauflösung) auslagerte.[27] Während manche darin einen richtlinienwidrigen Etikettenschwindel sehen, hält die hM diese Lösung für **europarechtskonform**.[28] Sie beruft sich auf einen unklaren Richtlinieninhalt, die durch § 399 FamFG (zuvor § 144a FGG) nicht ausgeschlossene Möglichkeit der Fortsetzung der Gesellschaft und die ansonsten entstehenden Sanktionslücken. Richtig ist, dass der noch harmonisierungsunerfahrene europäische Gesetzgeber in seinem Bemühen, Anleger und Gläubiger nicht ins Leere greifen zu lassen, mit der Ersten Richtlinie über das Ziel hinaus geschossen ist. Deshalb ist die Richtlinie restriktiv auszulegen und hindert solche nationalen Normen nicht, die – wie § 399 FamFG – weitere Auflösungsgründe vorsehen.

Eine weitere Einschränkung der Auflösungsgründe folgt aus der 12. Richtlinie (RL 2009/102/ **19** EG), welche die Zulässigkeit der Einmann-GmbH vorgibt. Folgerichtig kann das Herabsinken der Gesellschafterzahl unter die Zahl zwei nicht zur Auflösung einer GmbH führen.[29] Für die AG gestattet Art. 6 GesR-RL (2017/1132/EU) die gerichtliche Auflösung bei Unterschreiten einer von nationalem Recht vorgegebenen Mindestzahl. Weil das deutsche Recht weder für die AG noch für die KGaA eine Mindestmitgliederzahl vorschreibt, ist diese Regelung nur noch für den (theoretischen) Fall der Keinmann-AG relevant.[30] Die **Liquidations-RL**, die eine weitgehende Harmonisierung der Auflösungs- und Abwicklungsregeln anstrebte, ist über das Entwurfsstadium nicht hinausgelangt und gilt heute als gescheitert.[31]

Die Verordnung über das Statut der **Europäischen Gesellschaft** (SE) verweist hinsichtlich der **20** „Auflösung, Liquidation, Zahlungsunfähigkeit, Zahlungseinstellung und ähnlicher Verfahren" auf die maßgeblichen Rechtsvorschriften des Aktienrechts des jeweiligen Sitzstaates (Art. 63 SE-VO). Auflösung und Liquidation einer SE mit Sitz in Deutschland richten sich daher nach den §§ 262 ff.[32] Der von der Verordnung gesondert vorgeschriebenen Offenlegung von Auflösung, Abwicklungsende und Fortsetzung der SE (Art. 65 SE-VO) trägt das AktG in Übereinstimmung mit der GesR-RL (vgl. Art. 14 lit. h-k RL 2017/1132/EU) bereits Rechnung (vgl. §§ 263, 273 Abs. 1, § 274 Abs. 4). Sonderregelungen enthält das Statut nur noch für den Formwechsel einer SE in eine AG nach nationalem Recht (Art 66 SE-VO) und für die Amtsauflösung wegen statutswidriger Sitzverlegung (Art. 64 SE-VO). Im letztgenannten Fall ordnet das deutsche Recht die Auflösung gem. § 262 Abs. 1 Nr. 5 (Satzungsmangel) an, vgl. § 52 SEAG.

III. Einzelne Auflösungsgründe (Abs. 1)

1. Zeitablauf (Nr. 1). a) Voraussetzung. Die Satzung der AG kann Bestimmungen über die **21** Dauer der Gesellschaft enthalten, die dann eintragungspflichtig sind (vgl. § 39 Abs. 2). Gemeint ist eine **Höchstdauer**, dh die Auflösung kann auch schon vorher gem. Nr. 2 beschlossen werden.[33] Die Zeitbestimmung kann durch Angabe eines Datums („... bis zum 11.3.2030 ...") oder eines Zeitraums („... für die Dauer von 5 Jahren ab ...") erfolgen, wobei für die Fristberechnung im Zweifel die §§ 186 ff. BGB gelten. In der Praxis kommen solche Bestimmungen kaum vor.

Erforderlich, aber auch genügend ist die **Bestimmbarkeit** des Termins.[34] Die AG kann danach **22** etwa auch für die Laufzeit eines gewerblichen Schutzrechts, zB eines Patents, eingegangen werden. Problematischer ist die Begrenzung auf die Lebenszeit eines Aktionärs.[35] Sie ähnelt in der Sache

---

[26] AllgA, vgl. nur MüKoAktG/*Koch* § 275 Rn. 8.
[27] Dazu *Einmahl* AG 1969, 210.
[28] Vgl. MüKoAktG/*Koch* Rn. 60; Baumbach/Hueck/*Haas* GmbHG Anh. § 77 Rn. 32.
[29] Vgl. nur *Habersack*/*Verse* EuropGesR § 5 Rn. 34.
[30] *Habersack*/*Verse* EuropGesR § 6 Rn. 15.
[31] Vgl. nur *Habersack*/*Verse* EuropGesR § 4 Rn. 1; *Grundmann* EuropGesR Rn. 134 („praktisch recht unbedeutend"); Abdruck des Entwurfstextes bei *Lutter* Europäisches Unternehmensrecht S. 302 ff.
[32] Näher Habersack/Drinhausen/*Bachmann* SE-Recht Art. 63 Rn. 1 ff.
[33] Kölner Komm AktG/*Winnen* Rn. 28; Hüffer/Koch/*Koch* Rn. 12; MüKoAktG/*Koch* Rn. 40; Bürgers/Körber/*Füller* Rn. 4.
[34] Heute allgA, vgl. Großkomm AktG/*K. Schmidt* Rn. 16; Kölner Komm AktG/*Winnen* Rn. 21; MüKoAktG/*Koch* Rn. 26.
[35] Für ihre Zulässigkeit K. Schmidt/Lutter/*Riesenhuber* Rn. 4.

einer **Bedingung**, die von Nr. 1 weder dem Wortlaut noch dem Sinn nach erfasst ist.[36] Soll die Fortdauer der Gesellschaft von vornherein an eine bestimmte Person gebunden sein, muss auf die personalistisch strukturierte GmbH ausgewichen werden. Die Zeitbestimmung kann auch nachträglich durch Satzungsänderung getroffen werden, die dann allerdings stets den Anforderungen des § 262 Abs. 1 Nr. 2 genügen muss.[37]

23   b) **Rechtsfolge**. Die Gesellschaft wird kraft Gesetzes, dh **automatisch** aufgelöst, sobald der genannte Zeitpunkt erreicht ist. Obwohl die Auflösung wegen der Eintragung der Zeitdauer (vgl. § 39 Abs. 2) bereits mittelbar aus dem Register abzulesen ist, muss sie auch in diesem Falle gesondert angemeldet und eingetragen werden (vgl. § 263). Fallen eingetragene und satzungsmäßige Zeitdauer auseinander (oder fehlt es entgegen § 39 Abs. 2 an einer Eintragung der Befristung), ist für die Auflösung nach hM gleichwohl der satzungsmäßige Zeitpunkt maßgeblich.[38] Dritten kann die Auflösung freilich, wie auch sonst, erst mit ihrer Eintragung entgegengehalten werden (→ § 263 Rn. 13). Die Zeitbestimmung kann durch Satzungsänderung wieder **aufgehoben** werden, solange der satzungsmäßige Auflösungszeitpunkt noch nicht erreicht ist.[39] Nach diesem Zeitpunkt ist ein Fortsetzungsbeschluss erforderlich und genügend.[40]

24   2. **Hauptversammlungsbeschluss (Nr. 2). a) Voraussetzungen**. Wie bei allen Grundlagenbeschlüssen verlangt das Gesetz mindestens eine **Mehrheit von drei Vierteln** des bei der Beschlussfassung vertretenen Grundkapitals. Dabei muss zugleich eine Mehrheit der abgegebenen Stimmen erreicht werden (§ 133).[41] Praktische Bedeutung erlangt dieses Erfordernis der „doppelten Mehrheit" allerdings nur beim Vorhandensein von Aktien, deren Stimmgewicht nicht ihrem Nennbetrag oder bei Stückaktien ihrer Zahl entspricht. Zur Berechnung s. im Einzelnen oben, → § 179 Rn. 114 ff. Soll die Auflösung mit einer Übertragung des Gesellschaftsvermögens an den Mehrheitsgesellschafter verbunden werden („übertragende Auflösung"), bedarf es nach dem Rechtsgedanken des § 327a einer Kapitalmehrheit von 95 % (str., dazu → Rn. 34 ff.).

25   Wie bei anderen Strukturänderungen gestattet das Gesetz den Satzungsgebern, eine größere Mehrheit festzulegen und **„weitere Erfordernisse"** zu bestimmen, womit nur Erschwerungen, nicht aber Erleichterungen gemeint sind. So kann die erforderliche Kapital- oder Stimmenmehrheit bis hin zur Einstimmigkeit heraufgesetzt werden.[42] Weitere Erfordernisse können die besondere Zustimmung einzelner Aktionäre oder das Erreichen einer Mehrheit bei zwei Abstimmungen sein.[43] Wegen des Grundsatzes der Verbandssouveränität kann die Auflösung dagegen nicht an die Zustimmung eines Nichtmitglieds, auch nicht eines stillen Gesellschafters, gebunden werden.[44] Ebenfalls unzulässig ist der satzungsmäßige Ausschluss des Selbstauflösungsrechts. Das ergibt sich bereits aus § 23 Abs. 5.

26   Die Auflösung muss als Beschlussgegenstand bekannt gemacht werden (vgl. § 124). Der Beschluss selbst bedarf, wie sich aus § 130 Abs. 1 S. 3 ergibt, stets der notariellen Beurkundung. Weitere **Formalien**, etwa einen Vorstandsbericht, schreibt das Gesetz nicht vor. Das ist rechtspolitisch zweifelhaft, aber, da es sich um eine bewusste Entscheidung des Gesetzgebers handelt, nicht durch Analogie zu Vorschriften über andere Strukturmaßnahmen, zB der §§ 60 ff. UmwG, zu korrigieren. Anderes gilt nur, falls der Auflösungsbeschluss mit der Beschlussfassung über die Übertragung des Gesellschaftsvermögens (§ 179a Abs. 1) verbunden wird. Hier ist der betreffende Vertrag gem. § 179a Abs. 2 auszulegen und zu erläutern. Im Falle der „übertragenden Auflösung" wird zudem analog § 8 UmwG, §§ 293a, 319 Abs. 3 Nr. 3 ein Bericht verlangt, der entsprechend § 9 UmwG, §§ 293b, 320 Abs. 3 zu prüfen ist.[45] Die Einhaltung besonderer Formalien kann im Übrigen als „weiteres Erfordernis" im Sinne des § 262 Abs. 1 Nr. 2 in der Satzung vereinbart werden.

---

[36] Insoweit auch K. Schmidt/Lutter/*Riesenhuber* Rn. 4; wie hier nun auch MüKoAktG/*Koch* Rn. 27; Kölner Komm AktG/*Winnen* Rn. 21.
[37] AllgA, s. Hüffer/Koch/*Koch* Rn. 8; MüKoAktG/*Koch* Rn. 29; Kölner Komm AktG/*Winnen* Rn. 26.
[38] Vgl. RGZ 79, 418 (422 f.) (zur GmbH); Hüffer/Koch/*Koch* Rn. 8; MüKoAktG/*Koch* Rn. 26, 30; Großkomm AktG/*K. Schmidt* Rn. 17; → § 263 Rn. 10.
[39] Unstr., s. nur MüKoAktG/*Koch* Rn. 31; Großkomm AktG/*K. Schmidt* Rn. 18; Kölner Komm AktG/*Winnen* Rn. 22.
[40] Vgl. Großkomm AktG/*K. Schmidt* Rn. 18.
[41] Unstr., s. nur Hüffer/Koch/*Koch* Rn. 11.
[42] HM, s. nur MüKoAktG/*Koch* Rn. 43; aA K. Schmidt/Lutter/*Riesenhuber* Rn. 10.
[43] AllgA, vgl. (zur GmbH) nur RGZ 169, 65 (81); Hüffer/Koch/*Koch* Rn. 12.
[44] Unstr., vgl. nur RGZ 169, 65 (80 f.) (betr. GmbH); Hüffer/Koch/*Koch* Rn. 12; MüKoAktG/*Koch* Rn. 40, 44; zum stillen Gesellschafter *Bachmann/Veil* ZIP 1999, 348 (349).
[45] So *Emmerich* AG 1998, 151 (152); *M. Roth* NZG 2003, 998 (1001); *Rühland* WM 2002, 1957; *Henze* FS Peltzer, 2001, 181 (193 f.); aA die hM, vgl. nur *Kallmeyer* FS Lutter, 2000, 1245 ff. (1256) mwN.

b) Inhalt des Beschlusses. Der Inhalt des Beschlusses ist durch das Gesetz vorgegeben: Er richtet 27 sich auf die Auflösung der Gesellschaft. Das muss nicht wörtlich, aber **ausdrücklich** beschlossen werden.[46] Für konkludente Beschlüsse ist im Aktienrecht kein Raum.[47] Etwaige Zweifel sind im Wege der Auslegung zu klären. Die Sitzverlegung (→ Rn. 74 ff.) ist ebenso wenig Auflösung wie die Übertragung des ganzen Vermögens (arg. § 179a Abs. 3) oder die Aufgabe der Gewinnerzielungsabsicht.

Befristung und **Bedingung** des Beschlusses werden als zulässig angesehen.[48] Dafür mag die 28 vergleichbare Rechtslage bei der Satzungsänderung sprechen, doch wird diese erst mit Eintragung wirksam, während die Eintragung der Auflösung nur deklaratorischer Natur ist (→ § 263 Rn. 13). Damit kann eine unerwünschte Rechtsunsicherheit eintreten. Das Herausschieben des Beschlusswirksamkeit ist daher nur ausnahmsweise anzuerkennen, wenn es an einen klar erkennbaren und zeitlich absehbaren Umstand geknüpft ist.[49] Ansonsten ist später erneut Beschluss zu fassen oder der Weg der Satzungsänderung zu wählen.[50] Wer das nicht mag, muss auf die GmbH ausweichen.[51] Ausgeschlossen ist jedenfalls die **rückwirkende** Auflösung.[52] Auch darf die Entscheidung über die Auflösung nicht in die Hand der Verwaltung gelegt werden.[53]

Die **Art der Liquidation** (Zerschlagung, Unternehmensveräußerung etc) muss im Auflösungsbe- 29 schluss nicht festgelegt werden, sondern ist prinzipiell dem Ermessen der Liquidatoren anheim gestellt. Jedoch bedarf es in bestimmten Fällen der Zustimmung durch die Hauptversammlung (Hauptanwendungsfall: § 179a; näher → § 268 Rn. 11). Dann kann es sich empfehlen, Auflösungs- und Zustimmungsbeschluss miteinander zu verbinden.

Ist der Auflösungsbeschluss **nichtig** (§ 241) oder wirksam angefochten (§§ 243, 248), entfaltet er 30 von Anfang an keine Wirkung. Die AG ist dann nicht aufgelöst, sondern weiterhin werbend tätig. Zwischenzeitlich begonnene Abwicklungsmaßnahmen sind gegebenenfalls rückgängig zu machen. Wurde allerdings bereits mit der Vermögensverteilung begonnen, soll das werbende Stadium irreversibel verlassen (arg. § 274) und die Auflösung analog § 726 BGB eingetreten sein.[54]

c) Schranken der Auflösungsfreiheit. Die AG genießt grundsätzlich keinen Bestandsschutz 31 gegenüber Maßnahmen ihrer Gesellschafter.[55] Einschränkungen der privatautonomen Auflösungsfreiheit können sich aber aus der **Treuepflicht** ergeben.[56] Allerdings weigern sich Rechtsprechung und hL, den Auflösungsbeschluss einer **Inhaltskontrolle** zu unterziehen, da dieser seine Rechtfertigung „in sich trage".[57] Daran ist richtig, dass die unternehmerische Entscheidung der Aktionärsmehrheit, das von der AG betriebene Unternehmen nicht fortzuführen, nicht vom Richter auf ihre Sinnhaftigkeit überprüft werden darf. Das hindert aber nicht, den Auflösungsbeschluss auf eigensüchtiges Verhalten eines etwaigen Mehrheitsgesellschafters zu überprüfen.[58] Ein solches wird namentlich dann angenommen, wenn die Auflösung dazu dient, eine Minderheit herauszudrängen.[59] Neben diesen „Liquidationseingangsschutz" tritt eine Kontrolle der eigentlichen Liquidation, sofern diese der (erneuten) Zustimmung durch die Hauptversammlung bedarf (→ Rn. 34 f.).[60]

---

[46] Vgl. BGH NJW 1999, 1481 (1483); RGZ 101, 78 f. (beide zur GmbH).
[47] Tendenziell großzügiger das GmbH-Recht, vgl. (krit.) Scholz/*K. Schmidt*/*Bitter* GmbHG § 60 Rn. 13, 15.
[48] Vgl. Großkomm AktG/*K. Schmidt* Rn. 23; MüKoAktG/*Koch* Rn. 41; allgemein Baumbach/Hueck/*Zöllner*/*Noack* GmbHG § 47 Rn. 6.
[49] Einen festgelegten Zeitpunkt sowie Auflösung kurz nach Beschlussfassung für zulässig erachtend Kölner Komm AktG/*Winnen* Rn. 38; vgl. RGZ 145, 99 (110 f.) (betr. GmbH); → § 274 Rn. 12.
[50] RGZ 65, 264 (265 f.) (zur GmbH).
[51] Vgl. zum tendenziell großzügigeren Verständnis dort Scholz/*K. Schmidt*/*Bitter* GmbHG § 60 Rn. 14.
[52] Vgl. Großkomm GmbHG/*Casper* § 60 Rn. 49.
[53] Unstr., s. nur MüKoAktG/*Koch* Rn. 40.
[54] So *C. Schäfer*, Die Lehre vom fehlerhaften Verband, 2002, 409; gegen die Möglichkeit der Nichtigkeitsklage auch Großkomm AktG/*Wiedemann*, 3. Aufl. 1973, Anm. 20; nun auch Kölner Komm AktG/*Winnen* Rn. 44; hinsichtlich der Rückkehr zur werbenden Gesellschaft und der Klage auf Feststellung der Nichtigkeit differenzierend MüKoAktG/*Koch* Rn. 47; aA Bürgers/Körber/*Füller* Rn. 10.
[55] BGHZ 129, 136 (151) – Girmes.
[56] Vgl. BGH NJW 1985, 1901 (betr. GmbH); Großkomm AktG/*K. Schmidt* Rn. 25; MüKoAktG/*Koch* Rn. 49; Scholz/*K. Schmidt*/*Bitter* GmbHG § 60 Rn. 17.
[57] Vgl. BGHZ 129, 136 (151); BGHZ 103, 184 = NJW 1988, 1579; BGHZ 76, 352 (353) (betr. GmbH); zust. etwa *Meyer*, Liquidatorenkompetenzen und Gesellschafterkompetenzen, 1996, 62 f.; Hüffer/Koch/*Koch* Rn. 11 iVm § 243 Rn. 28; MüKoAktG/*Koch* Rn. 49; Großkomm AktG/*K. Schmidt* § 243 Rn. 46; K. Schmidt/Lutter/*Riesenhuber* Rn. 11.
[58] Zutr. (zur GmbH) Scholz/*K. Schmidt*/*Bitter* GmbHG § 60 Rn. 17; *Wilhelm* Rn. 879.
[59] Vgl. BGHZ 103, 184 = NJW 1988, 1579; Hüffer/Koch/*Koch* Rn. 11 iVm § 243 Rn. 28 und 34.
[60] Vgl. *Meyer*, Liquidatorenkompetenzen und Gesellschafterkompetenzen, 1996, 58 ff.

32 Kaum erörtert ist die umgekehrte Frage, ob es in besonderen Fällen eine **Pflicht zur Auflösung** geben kann. Sie stellt sich namentlich dann, wenn der Liquidationswert den Verkehrswert der Summe der Aktien (noch) übersteigt und eine Profitabilität der Gesellschaft nicht mehr zu erwarten ist. Hier kann es die Treuepflicht gebieten, sich dem Auflösungsbegehren der Mitaktionäre nicht zu versagen.[61] Das Problem liegt in der **Justiziabilität**.[62] Ein Gericht wird kaum seine Prognose über die Zukunft der Geschäftsidee an die Stelle derjenigen der Verwaltung oder des Mehrheitsaktionärs setzen. Andererseits sind Prognoseentscheidungen, wie die Insolvenzantragspflicht (§ 15a InsO) zeigt, nicht per se unkontrollfrei.[63] Ist die AG börsennotiert, kann als Indiz der Börsenwert herangezogen werden, der eine Prognose der (professionellen) Marktteilnehmer über die künftige Ertragsfähigkeit der AG zum Ausdruck bringt. Wie weit er trägt, hängt von der Effizienz des betreffenden Kapitalmarktes ab. Im Übrigen ist entweder auf die Evidenz des dauerhaften Misserfolgs der Geschäftsidee abzustellen, die sich zB aus einer irreversiblen technischen Innovation ergeben kann,[64] oder auf die Motive, aus denen einzelne Aktionäre ihre Mitwirkung an der Auflösungsentscheidung verweigern. Bestehen diese allein darin, den Mitgesellschaftern zu schaden, ist das Verhalten schon deshalb als treuwidrig anzusehen (vgl. § 226 BGB).

33 Ist ausnahmsweise eine Pflicht zur Auflösung zu erwägen, muss stets deren **Subsidiarität** gegenüber milderen Mitteln bedacht werden.[65] Als solche kommen in Betracht Satzungsänderungen, aber auch die Anteilsveräußerung bei zumutbarem Kaufangebot zu angemessenen Bedingungen. Ist die Auflösungspflicht zu bejahen, sind auch die **Organe** verpflichtet, daran mitzuwirken, insbesondere eine entsprechende Beschlussvorlage für die – uU außerordentlich einzuberufende (vgl. § 92 Abs. 1) – Hauptversammlung zu erstellen.

34 **d) Übertragende Auflösung.** Ein Sonderfall ist die sog. „übertragende Auflösung". Sie erfolgt mit dem Zweck, das von der Gesellschaft betriebene Unternehmen unter Ausbootung der Minderheit weiter durch den Mehrheitsgesellschafter fortzuführen. Rechtstechnisch wird dies dadurch bewerkstelligt, dass die AG mit Billigung der Hauptversammlung (vgl. § 179a) ihr Vermögen auf den Mehrheitsaktionär oder eine von ihm kontrollierte Gesellschaft überträgt und gleichzeitig ihre Auflösung beschließt, oder, was in der Sache auf dasselbe hinaus läuft, dass zunächst die Auflösung beschlossen und anschließend im Rahmen der Liquidation das Unternehmen von den Liquidatoren an den Mehrheitsgesellschafter veräußert wird.[66] Die Gefahr für die Minderheit besteht bei einem solchen Vorgehen darin, dass die vom Mehrheitsaktionär erbrachte Gegenleistung unangemessen ist.

35 In der Linotype-Entscheidung, der ein entsprechender Sachverhalt zugrunde lag, **verneinte** der BGH gleichwohl das Erfordernis einer **Inhaltskontrolle** und nahm eine Treuepflichtverletzung durch den Mehrheitsaktionär allein mit der gewundenen Begründung an, der Minderheit sei die Chance genommen, sich ihrerseits um den Erwerb der betroffenen Unternehmensteile zu bemühen.[67] Das BVerfG billigt im Fall **Moto-Meter** die Duldung der „übertragenden Auflösung" durch die Zivilgerichte, weil Art. 14 GG keinen Schutz gegen das Herausdrängen aus der AG garantiere, solange die Ausscheidenden wirtschaftlich voll kompensiert würden. Letzteres sei allerdings einer gerichtlichen Kontrolle zu unterwerfen.[68]

36 Entgegen der hM ist die Vereinbarkeit der „übertragenden Auflösung" mit dem Aktienrecht prinzipiell **abzulehnen**.[69] Zwar hat sich der Gesetzgeber zunächst für ihre Zulässigkeit ausgesprochen, indem er das Rechtsinstitut der „übertragenden Umwandlung", dh der Verschmelzung der Gesellschaft auf einen Gesellschafter (unter Ausschluss der übrigen) schuf, weil das nämliche Ziel auch über den „ohnehin immer möglichen Weg" einer übertragenden Auflösung zu erreichen sei.[70] Von dieser Einschätzung ist er aber später wieder abgerückt, indem zunächst die Mehrheitsquote für

---

[61] Vgl. Großkomm AktG/*K. Schmidt* Rn. 2 und 25; zur OHG BGH NJW 1960, 434; *Windbichler* GesR § 13 Rn. 24; zur GmbH Scholz/*K. Schmidt/Bitter* GmbHG § 60 Rn. 16.
[62] *Lutter* ZHR 162 (1998) 164 (170).
[63] Vgl. nur Hüffer/Koch/*Koch* § 92 Rn. 12 f.; allgemein *Spindler* AG 2006, 677 ff.
[64] Vgl. *Lutter* ZHR 162 (1998) 164 (170); Scholz/*K. Schmidt/Bitter* GmbHG § 60 Rn. 16.
[65] Vgl. Scholz/*K. Schmidt/Bitter* GmbHG § 61 Rn. 3.
[66] Vgl. dazu den Sachverhalt in BVerfG NJW 2001, 279 – Moto-Meter.
[67] Vgl. BGHZ 103, 184 = NJW 1988, 1579.
[68] BVerfG NJW 2001, 279 – Moto-Meter; s. zuvor auch schon BVerfGE 14, 263 – Feldmühle und BVerfGE 100, 289 = NJW 1999, 3769 – DAT/Altana; grundsätzliche Kritik bei *Wiedemann* GesR I S. 445 f. (704 ff.); s. auch *Canaris* AcP 184 (1984) 201 (220 f.).
[69] *Bachmann* ZIP 2009, 1249 (1255) mwN; *Wilhelm/Dreier* ZIP 2003, 1369; zweifelnd *Wilhelm* KapGesR Rn. 672 Fn. 1000; zur Gegenauffassung → § 179a Rn. 36 mwN.
[70] BT-Drs. 2/2402; zur Entstehungsgeschichte s. BVerfGE 14, 263 (264 ff.) – Feldmühle.

die übertragende Umwandlung auf 90 % heraufgesetzt,[71] später dieses Institut ganz abgeschafft wurde, weil es „heutigen Vorstellungen über den Schutz von Anteilsinhabern nicht mehr entspricht".[72] Erst zum 1.1.2002 wurde die Möglichkeit des Hinausdrängens von Minderheitsaktionären mit dem sog. **squeeze-out** (§§ 327a ff.) wieder eingeführt, der allerdings – wie die Mehrheitseingliederung (§ 320) – eine Beteiligung des Hauptaktionärs iHv 95 % erfordert (§ 327a Abs. 1; vgl. auch § 39a WpÜG). Auch die Konzernverschmelzung (§ 62 Abs. 5 UmwG) verlangt noch eine Beteiligung von 90 %. Diese Regelungen sind Ausdruck einer grundsätzlichen Wertentscheidung, die auf vergleichbare Sachverhalte ausstrahlt.[73] Die Zulässigkeit einer dieselben Wirkungen erzielenden, aber praktisch kontrollfreien „übertragenden" Auflösung ist damit unvereinbar.

Aus der Regelung der **Vermögensübertragung (§ 179a)** folgt entgegen der hM nichts anderes. **37** Diese wahrt lediglich die Kompetenzen der Hauptversammlung gegenüber der Verwaltung, enthält über die Zulässigkeit der übertragenden Auflösung dagegen keine Aussage.[74] Auch der pauschale Hinweis auf die Desinvestitionsfreiheit des Mehrheitsaktionärs überzeugt nicht, denn es kommt immer noch darauf an, ob die beschließende Mehrheit auch wirklich desinvestieren will oder lediglich danach trachtet, das gewinnträchtige Unternehmen alleine weiterzuführen.[75] Im letztgenannten Fall stehen dem Ausbooten der Minderheit **ökonomische Bedenken** entgegen, denn die ungehemmte Möglichkeit einer ex-post Umverteilung („hold-up") bewirkt langfristig, dass (Klein-)Anleger weniger Risikokapital zur Verfügung stellen werden.[76] Die zugunsten eines Hinausdrängens der Minderheit ins Feld geführten wirtschaftlichen Vorteile einer straffen Konzernführung[77] lassen sich auch marktkonformer, nämlich durch kaufweise Aufstockung der Beteiligung auf 95 % (und anschließenden squeeze-out) oder durch Abschluss eines Beherrschungsvertrages erzielen.[78]

Hält man mit der hM die übertragende Auflösung der AG gleichwohl für weiterhin zulässig, so **38** kann sie allenfalls unter der Voraussetzung einer **95 %igen Mehrheit** zulässig sein.[79] Wenigstens müssen 90 % gefordert werden (vgl. § 62 Abs. 5 UmwG). Auch eine Berichts- und Prüfungspflicht (§ 327c Abs. 2 analog) wäre zu bejahen.[80] Schließlich müsste die Möglichkeit des **Spruchverfahrens** (§§ 327 f. analog) eröffnet sein.[81] Dadurch ließen sich auch Verfahrensverdoppelungen, die bei Anfechtung des Übertragungsbeschlusses entstehen können, vermeiden.[82] Die zur Umsetzung erforderlichen Schritte müsste wegen der damit verbundenen Komplikationen aber wohl der Gesetzgeber vornehmen.[83] Zur verwandten Frage der Zulässigkeit eines **squeeze-out im Auflösungsstadium** → § 264 Rn. 39 f.

3. Eröffnung des Insolvenzverfahrens (Nr. 3). a) Voraussetzungen. Auflösungsgrund ist **39** nicht schon die Insolvenz der AG, sondern erst die **Eröffnung des Insolvenzverfahrens** durch das Insolvenzgericht gem. § 27 InsO. Voraussetzung dafür sind ein Eröffnungsantrag (§ 13 InsO) durch einen Gläubiger oder (mindestens) ein Vorstandsmitglied (§ 15 InsO) sowie das Vorliegen eines

---

[71] Durch § 39 EGAktG 1965, s. dazu *Wiedemann* GesR I § 7 III 2 a (S. 383).
[72] RegBegr. zu § 202 UmwG 1994 (zit. bei *K. Schmidt* GesR § 12 III 1 c).
[73] Vgl. *Bolte* DB 2001, 2587 f.; *Krieger* BB 2002, 53 (55); *Halasz/Kloster* DB 2002, 1253 (1256); *von Morgen* WM 2003 1553 (1555); aA *Fleischer* ZGR 2002, 757 (788 f.); *Wolf* ZIP 2002, 153 (156, 160); *M. Roth* NZG 2003, 998; s. auch *Meyer*, Liquidatorenkompetenzen und Gesellschafterkompetenzen, 1996, 91 f.
[74] *K. Schmidt* GesR § 30 V 1: „Diese Vorschrift ist nicht dazu geschaffen, die Vermögensübertragung zu ermöglichen oder zu erleichtern, ... sondern soll verhindern, dass der Vorstand als Vertretungsorgan der AG ohne Zustimmung der Aktionäre Verträge über die Vermögensübertragung schließt".
[75] Zutr. schon *Lutter* ZGR 1981, 171 (177 ff.); s. auch *Wilhelm* KapGesR Rn. 613 und 879; zur Unterscheidung zwischen Desinvestition und Herausdrängen von Minderheiten *Wilhelm* FS U. Huber, 2006, 1019 (1028 f.).
[76] Vgl. *Richter/Furubotn*, Neue Institutionenökonomik, 2. Aufl. 1999, 335.
[77] Das BVerfG verweist auf „gewünschte Synergien" (BVerfGE 100, 289) bzw. auf eine „Rationalisierung und damit eine Steigerung und Verbilligung der Produktion" (BVerfGE 14, 263 (280)).
[78] Vgl. bereits *Wiedemann* GesR I § 12 III 2 (S. 707).
[79] Dafür *Rühland* WM 2002, 1957 (1961 ff.); *von Morgen* WM 2003, 1553 (1555 f.); krit. → § 327a Rn. 8 mit 48; mit Blick auf andere Strukturänderungen *Bauer* NZG 2000, 1214 (1215); *Henze* FS Peltzer, 2001, 181 (189 f.); *Leinekugel*, Die Ausstrahlungswirkungen des Umwandlungsgesetzes, 2000, 30; *Lutter/Leinekugel* ZIP 1999, 261 (263 f.); s. auch schon *Timm* JZ 1980, 665 (670); aA *Lutter/Hommelhoff/Kleindiek* GmbHG § 60 Rn. 6 aE; *Fleischer* ZGR 2002, 757 (788 f.); *Wolf* ZIP 2002, 153 (156, 160); *M. Roth* NZG 2003, 998 (1000) mwN.
[80] Insoweit auch *M. Roth* NZG 2003, 998 (1001); grds. schon *Lutter/Drygala* FS Kropff, 1997, 191 (208, 214 f., 222); aA die hM, vgl. → § 179a Rn. 41 mwN.
[81] Ebenso → § 179a Rn. 42 ff. unter Hinweis auf BGHZ 153, 47 (58) – Macrotron; *Klöcker/Frowein* Spruchverfahrensgesetz § 1 Rn. 17; aA die wohl noch hM, die auf die Möglichkeit der Anfechtung des Übetragungsbeschlusses (§ 179a) verweist, vgl. nur OLG Düsseldorf AG 2005, 771; *Hüffer/Koch/Koch* § 179a Rn. 12a mwN; für einen Sonderfall („übertragende" Auflösung während eines bestehenden Beherrschungsvertrages) OLG Zweibrücken NZG 2005, 859.
[82] Vgl. dazu BGHZ 169, 221 = NZG 2007, 26 = NJW 2007, 300 – Massa.
[83] Eingehend *Windbichler* GesR § 33 Rn. 24.

Eröffnungsgrundes (§ 16 InsO). Eröffnungsgründe sind (drohende) **Zahlungsunfähigkeit** oder **Überschuldung.** Zahlungsunfähigkeit liegt vor, wenn die AG nicht in der Lage ist, die fälligen Zahlungen zu erfüllen (§ 17 InsO), Überschuldung ist gegeben, wenn das Vermögen der AG die bestehenden Verbindlichkeiten nicht mehr deckt (§ 19 InsO). In diesen Fällen ist der Vorstand, bei Führungslosigkeit der Aufsichtsrat nach § 15a InsO verpflichtet, die Eröffnung des Insolvenzverfahrens zu beantragen. Reicht das Vermögen der Gesellschaft nicht aus, um die Kosten des Insolvenzverfahrens zu decken, wird der Eröffnungsantrag abgelehnt. Dies führt zur Auflösung der AG nach Ziff. 4.

40   Ob die Voraussetzungen für die Eröffnung des Insolvenzverfahrens wirklich vorliegen, ist für die Auflösung der AG irrelevant. Allein entscheidend ist die **Wirksamkeit** des Eröffnungsbeschlusses. Sie ist in aller Regel zu bejahen, soweit nicht der (seltene) Fall einer wirkungslosen Entscheidung vorliegt.[84] Auf die Rechtskraft des Beschlusses kommt es, wie der Vergleich mit Nr. 4 und 5 zeigt, ebenso wenig an wie auf seine Richtigkeit. Auch wenn die AG also tatsächlich nicht überschuldet oder doch zumindest sanierungsfähig ist, ist sie (zunächst) aufgelöst,[85] doch wird in diesem Fall das Insolvenzverfahren regelmäßig wieder beendet werden. Der Eröffnungsbeschluss wird der AG förmlich zugestellt (§ 30 Abs. 2 InsO), eine Ausfertigung dem Handelsregister übermittelt (§ 31 Nr. 1 InsO). In der Regel enthält er die Stunde der Eröffnung (§ 27 Abs. 2 Nr. 3 InsO). Ansonsten gilt als **Zeitpunkt** der Eröffnung die Mittagsstunde des Tages, an dem der Beschluss erlassen worden ist (§ 27 Abs. 3 InsO). Der Eröffnungsbeschluss ist mit der Ernennung eines Insolvenzverwalters verbunden (vgl. § 27 Abs. 1 S. 1 InsO). Damit verliert der Vorstand der AG die Befugnis, über das Vermögen der AG zu verfügen (vgl. § 80 InsO); das aktienrechtliche Regime wird durch dasjenige der InsO überlagert (näher → § 264 Rn. 8 ff.).

41   **b) Ende der Auflösung.** Die **Auflösung** gem. § 262 Abs. 1 Nr. 3 **endet:** (1) wenn der Eröffnungsbeschluss im Rechtsmittelverfahren aufgehoben wird; die Aufhebung wirkt ex tunc, doch bleibt die Wirkung von Rechtshandlungen, die vom Insolvenzverwalter oder ihm gegenüber vorgenommen wurden, unberührt (vgl. § 34 Abs. 3 S. 3 InsO);[86] (2) wenn das Insolvenzverfahren auf Antrag des Vorstandes eingestellt wird, weil der Eröffnungsgrund weggefallen ist (§ 212 InsO) oder alle Gläubiger der AG mit der Einstellung einverstanden sind (§ 213 InsO) *und* die Hauptsammlung daraufhin die Fortsetzung beschließt (vgl. § 274 Abs. 2 Nr. 1 Alt. 1); (3) wenn die Gläubiger einem Sanierungsvorschlag („Insolvenzplan") zustimmen, der den Fortbestand der Gesellschaft vorsieht, das Insolvenzgericht nach Bestätigung dieses Planes das Insolvenzverfahren aufhebt (§ 258 InsO) *und* die Hauptversammlung daraufhin die Fortsetzung der AG beschließt (§ 274 Abs. 2 Nr. 1 Alt. 2).

42   Die Auflösung endet **nicht,** wenn das bereits eröffnete Insolvenzverfahren mangels Masse wieder eingestellt wird (vgl. § 207 InsO); hier wird lediglich der Auflösungsgrund ausgewechselt (→ Rn. 43).[87] Sie endet auch nicht, wenn das Insolvenzverfahren gem. § 200 InsO aufgehoben wird, nachdem das Vermögen der AG restlos verteilt wurde. Die AG ist dann vermögenslos und wird gem. § 394 FamFG im Handelsregister gelöscht (näher → Rn. 94 ff.).

43   **4. Masselosigkeit (Nr. 4). a) Voraussetzungen.** Die Eröffnung des Insolvenzverfahrens wird „mangels Masse" abgelehnt, wenn das **Vermögen** der AG voraussichtlich **nicht ausreicht,** um die Kosten des Insolvenzverfahrens zu decken, und wenn auch kein ausreichender Geldbetrag von einem Gläubiger vorgeschossen wird (§ 26 Abs. 1 InsO). Gegen den ablehnenden Beschluss kann der Antragsteller (Gläubiger, Vorstand oder einzelnes Vorstandsmitglied), in jedem Fall aber der Vorstand (analog § 15 Abs. 1 InsO auch das einzelne Vorstandsmitglied)[88] binnen 2 Wochen (§ 569 Abs. 1 ZPO iVm §§ 4, 6 Abs. 2 InsO) sofortige Beschwerde erheben (vgl. §§ 6, 34 Abs. 1 InsO), als weiterer Rechtsbehelf kommt die Rechtsbeschwerde (§ 574 ZPO iVm § 4 InsO) in Betracht. Werden die Rechtsmittel nicht ausgeschöpft oder bleiben sie erfolglos, erwächst der Beschluss in **Rechtskraft** (vgl. § 4 InsO iVm § 704 ZPO). Damit ist die AG aufgelöst. Ob der Beschluss zu Recht erging, ist ebenso unbeachtlich wie beim stattgebenden Beschluss (→ Rn. 40).[89] Die Auflösung ist irreversibel. Selbst wenn die AG doch noch über nennenswertes Vermögen verfügt oder ihr solches nachträglich verschafft wird, kommt eine Fortsetzung nicht in Betracht (→ § 274 Rn. 13).

---

[84] Vgl. dazu Zöller/*Vollkommer* ZPO Vor § 300 Rn. 13 ff.
[85] Zu rechtspolitischen Gegenvorschlägen (Auflösung erst mit Einleitung des Liquidationsverfahrens) s. *Müller,* Der Verband in der Insolvenz, 2002, 315.
[86] Zustimmend MüKoAktG/*Koch* Rn. 51.
[87] Vgl. MüKoAktG/*Koch* Rn. 54; Großkomm GmbHG/*Casper* § 60 Rn. 55.
[88] Hüffer/Koch/*Koch* Rn. 14; MüKoAktG/*Koch* Rn. 55; Kölner Komm AktG/*Winnen* Rn. 63.
[89] Großkomm AktG/*K. Schmidt* Rn. 48.

b) Rechtspolitische Kritik. Die Auflösung wegen Masselosigkeit soll „lebensunfähige Gesell- **44** schaften aus dem Rechtsleben entfernen",[90] doch führt sie zunächst nur zum Abwicklungsregime der §§ 264 ff. (vgl. § 264 Abs. 1). Das ist **rechtspolitisch bedenklich,** weil die §§ 264 ff. nicht auf den Fall des defizitären Vermögens zugeschnitten sind.[91] Die Organe einer überschuldeten AG haben kein Interesse an einer Liquidation, in deren Rahmen sie nicht selten Ansprüche gegen sich selbst (zB wegen Insolvenzverschleppung) geltend machen müssten. Eine geordnete Abwicklung unterbleibt daher: Die Gesellschaft wird „still" liquidiert oder gewerbsmäßig „bestattet".[92] Zwar ist das Problem bei der AG **weniger drängend** als bei der GmbH, weil die Kapitalbindung hier wesentlich strenger ist (vgl. § 57).[93] Die „stille" Verteilung von Vermögen an die Aktionäre führt hier in jedem Fall zu Rückzahlungs- bzw. Haftungsansprüchen (vgl. § 62 Abs. 1, § 93 Abs. 3 Nr. 1, 5 und 6), die von den Gläubigern außerhalb des Insolvenzverfahrens auch selbst geltend gemacht werden können (§ 62 Abs. 2, § 93 Abs. 5). Jedenfalls Kleingläubiger scheuen jedoch schon aufgrund ihrer informationellen Unterlegenheit das Kostenrisiko eines Prozesses. Auch das Registergericht verfügt über keine ausreichenden Zwangsmittel, um den Vorstand zur ordnungsgemäßen Liquidation anzuhalten.[94] Jedenfalls nutzt es die vorhandenen nicht, sondern schreitet stattdessen zur Löschung (§ 394 FamFG, mit der den Altgläubigern nicht gedient ist (→ Rn. 94 ff.).

Rechtsprechung und Gesetzgeber suchen **Abhilfe** zu schaffen, indem sie die „Firmenbestattung" **45** erschweren, etwa durch Ausdehnung des Anfechtungsrechts oder erleichterte Zustellungen.[95] Flankierend wirkt das Recht der Gläubiger auf Einsicht in die Insolvenzakten nach Verfahrenseinstellung mangels Masse.[96] Fortschritte erhofft man sich daher von **Änderungen im Insolvenzrecht.** So soll schon die bloße Ablösung der Konkurs- durch die Insolvenzordnung (1998) die Eröffnungsquote für Personen- und Kapitalgesellschaften von 36 % auf 50 % verbessert haben.[97] Konkrete Erleichterungen verheißt die später geschaffene Möglichkeit, das Insolvenzverfahren durch Leistung eines **Vorschusses** in Gang zu setzen,[98] der dem Gläubiger von denjenigen, die ihre Insolvenzantragspflicht (§ 15a InsO) verletzt haben, zu erstatten ist (vgl. § 26 Abs. 3 S. 1 InsO), wobei die Beweislast für die Pflichtverletzung dem Organ zufällt (§ 26 Abs. 3 S. 2 InsO). Auch diese Regelung bürdet das Kostenrisiko aber zunächst dem Gläubiger auf. Die Änderungen durch das MoMiG, den Anfechtungszeitraum im Falle der Abweisung des Insolvenzantrags mangels Masse auszudehnen (vgl. § 6 Abs. 1 S. 2 AnfG) und die Abweisung des Antrags öffentlich bekannt zu machen (vgl. § 26 Abs. 1 S. 3 InsO), stellen ebenfalls nur marginale Korrekturen dar. Zur weitergehenden Möglichkeit einer gerichtlichen Überprüfung der Anzeige der Masseunzulänglichkeit (§ 208 InsO) wollte sich der Gesetzgeber nicht durchringen.[99]

c) Reformvorschläge. Es besteht daher weiterhin **Reformbedarf.** Ihm kann einerseits dadurch **46** Genüge getan werden, dass masselose Insolvenzen durch eine **Verschärfung der Insolvenzverschleppungssanktionen** nach Möglichkeit vermieden werden.[100] Hierzu mögen die vorgesehenen Maßnahmen gegen „Firmenbestattungen" ihren Teil beitragen. Für die AG wenig geeignet ist indes der Weg, zur Stellung des Insolvenzantrags notfalls die Gesellschafter zu verpflichten.[101] Weitere

---

[90] Vgl. BGHZ 75, 178 (180) = NJW 1980, 233; MüKoAktG/*Koch* Rn. 53 (im Anschluss an die amtliche Begründung zum ehemaligen Löschungsgesetz v. 9.10.1934).

[91] Grds. *K. Schmidt* ZIP 1982, 9 ff.; *K. Schmidt* GesR § 11 VI 5; *K. Schmidt* ZGR 1998, 633 (639); Scholz/ *K. Schmidt/Bitter* GmbHG § 60 Rn. 28, Scholz/*K. Schmidt* § 66 Rn. 1.

[92] Vgl. etwa die Sachverhalte in BGHZ 165, 343; BGH NJW 2006, 847; BGH NZG 2006, 231; BayObLG NZG 2005, 1011; OLG Celle ZIP 2006, 2098 (alle betr. GmbH).

[93] Die durch das MoMiG eingeführte Ausweitung des Zahlungsverbots in § 92 Abs. 2 S. 3 dürfte daher mehr edukative Bedeutung haben, vgl. *Noack* DB 2006, 1474 (1479).

[94] Die Verhängung von Zwangsgeld kommt nur – aber immerhin – in Betracht, wenn die Anmeldpflichten (§§ 266, 273) verletzt werden oder wenn entgegen § 270 Abs. 2 S. 2 iVm § 325 HGB keine Eröffnungsbilanz eingereicht wird (§ 14).

[95] Vgl. dazu nur *Seibert* ZIP 2006, 1157 (1164 ff.) (zur GmbH-Reform); s. auch BGHZ 165, 343 – Anfechtung nach „Firmenbestattung".

[96] Vgl. BGH NZG 2006, 595; *Burgard/Gundlach* ZIP 2006, 1568 (1570).

[97] BT-Drs. 16/3227, 11.

[98] Der Antrag ist auch nach Löschung noch zulässig, wenn schlüssig vorgetragen wird, dass die gelöschte Gesellschaft noch verteilungsfähiges Vermögen besitzt, BGH NZG 2005, 278.

[99] Vgl. BT-Drs. 16/3227, 11 f.

[100] Dafür etwa *J. Meyer* GmbHR 2004, 1417 (1428); *K. Schmidt* NJW 2004, 1345 (1353) (Beweislastumkehr bei masseloser Insolvenz); *K. Schmidt* VGR Bd. 11 (2006), 143 (164, 168) (Berufsverbot und Verlustausgleichspflicht); s. auch schon *K. Schmidt* ZIP 1982, 9 (13); *K. Schmidt* GesR § 9 IV 5; s. auch die Vorüberlegungen der Europäischen Kommission zu einer europäischen *wrongful trading*-Haftung, zust. etwa *Triebel/Otte* ZIP 2006, 311 (314); krit. *Habersack/Verse* ZHR 168 (2004) 174 (206 ff.); *Habersack/Verse* EuropGesR § 4 Rn. 39.

[101] So nun § 64 Abs. 1 S. 3 GmbHG in der Fassung nach dem MoMiG.

Abhilfe versprechen Kauteln, die eine professionelle Realisierung etwa noch vorhandener Vermögenswerte (insbes Regressansprüche) garantieren. Ein Schritt in diese Richtung ist die Gewährung von **Prozesskostenhilfe** an den Verwalter (vgl. § 116 ZPO),[102] die freilich zu Lasten der Staatskasse geht. Weiter geht der Vorschlag, die gesamten Kosten des masselosen Insolvenzverfahrens von der öffentlichen Hand (vor-)finanzieren zu lassen,[103] was allerdings ebenfalls zu Lasten der Allgemeinheit ginge und möglicherweise zur Flucht in die Masselosigkeit erst ansporne. Sinnvoller erscheint der für die GmbH vorgeschlagene Weg, den Gesellschaftern eine einlageähnliche Haftung für etwaige Masseverbindlichkeiten aufzuerlegen.[104] Für die publikumsoffene AG dürfte er jedoch kaum zu realisieren sein. Es bleibt die Einführung einer **Insolvenzkosten-Pflichtversicherung**, die den Charme aufweist, einerseits die Belastung der Unternehmen niedrig zu halten, andererseits verursachergerecht zu steuern.[105] Ihr gehört der Vorzug.

47 **5. Feststellung eines Satzungsmangels (Nr. 5). a) Verweis auf § 399 FamFG (zuvor § 144a FGG).** § 262 Abs. 1 Nr. 5 ist nur in Verbindung mit § 399 FamFG (Amtsauflösung) verständlich. Dieser lautet:

§ 399 Auflösung wegen Mangels der Satzung

(1) ¹Enthält die Satzung einer in das Handelsregister eingetragenen Aktiengesellschaft oder einer Kommanditgesellschaft auf Aktien eine der nach § 23 Abs. 3 Nr. 1, 4, 5 oder Nr. 6 des Aktiengesetzes wesentlichen Bestimmungen nicht oder ist eine dieser Bestimmungen oder die Bestimmung nach § 23 Abs. 3 Nr. 3 des Aktiengesetzes nichtig, hat das Registergericht die Gesellschaft von Amts wegen oder auf Antrag der berufsständischen Organe aufzufordern, innerhalb einer bestimmten Frist eine Satzungsänderung, die den Mangel der Satzung behebt, zur Eintragung in das Handelsregister anzumelden oder die Unterlassung durch Widerspruch gegen die Aufforderung zu rechtfertigen. ²Das Gericht hat gleichzeitig darauf hinzuweisen, dass andernfalls ein nicht behobener Mangel im Sinne des Absatzes 2 festzustellen ist und dass die Gesellschaft dadurch nach § 262 Abs. 1 Nr. 5 oder § 289 Abs. 2 Nr. 2 des Aktiengesetzes aufgelöst wird.

(2) ¹Wird innerhalb der nach Absatz 1 bestimmten Frist weder der Aufforderung genügt noch Widerspruch erhoben oder ist ein Widerspruch zurückgewiesen worden, hat das Gericht den Mangel der Satzung festzustellen. ²Die Feststellung kann mit der Zurückweisung des Widerspruchs verbunden werden. ³Mit der Zurückweisung des Widerspruchs sind der Gesellschaft zugleich die Kosten des Widerspruchsverfahrens aufzuerlegen, soweit dies nicht unbillig ist.

(3) Der Beschluss, durch den eine Feststellung nach Absatz 2 getroffen, ein Antrag oder ein Widerspruch zurückgewiesen wird, ist mit der Beschwerde anfechtbar. (...)

48 **b) Bedeutung.** § 262 Abs. 1 Nr. 5 ergänzt § 399 FamFG und hat **Sanktionscharakter:** Enthält die Satzung einer AG nicht die in § 23 Abs. 3 zwingend vorgeschriebenen Angaben (oder sind diese wegen Verstoßes gegen zwingendes Recht unwirksam), darf die AG nicht eingetragen werden, § 38 Abs. 1 S. 2. Wird gleichwohl eingetragen, muss ein Instrument bereit stehen, um nachträglich den **rechtmäßigen Zustand** herzustellen. Dazu dient § 399 FamFG iVm § 262 Abs. 1 Nr. 5. Kommt die AG der richterlichen Aufforderung zur Satzungsänderung nicht nach, wird der Satzungsmangel hoheitlich festgestellt, mit der Folge, dass die AG kraft Gesetzes (§ 262 Abs. 1 Nr. 5) aufgelöst ist und – vorbehaltlich einer nachträglichen Beseitigung des Mangels (§ 274 Abs. 2 Nr. 2) – abgewickelt werden muss. Darin liegt zugleich die Aussage, dass ein Satzungsmangel an sich die Existenz des Verbandes unberührt lässt. In diesem Sinne stellt § 262 Abs. 1 Nr. 5 eine Stütze der Lehre von der fehlerhaften Gesellschaft dar (→ § 275 Rn. 2).

49 Nicht ohne weiteres verständlich ist das Nebeneinander von § 399 FamFG einerseits und den in § 397 FamFG iVm § 275 angesprochenen **Nichtigkeitsgründen** andererseits. Sowohl § 397 FamFG als auch § 399 FamFG betreffen die Beanstandung fehlerhafter Satzungsbestimmungen iSv § 23 Abs. 3. Die wenig glückliche Aufspaltung in zwei Normen beruht auf der Publizitätsrichtlinie,[106] durch die sich der deutsche Gesetzgeber veranlasst sah, einige der ursprünglich in § 144 FGG (iVm § 275) einheitlich erfassten Satzungsmängel verbal zu Auflösungsgründen „herabzustufen" und in

---

[102] Vgl. dazu *Burgard/Gundlach* ZIP 2006, 1568 (1569); *Haas* GmbHR 2006, 505 (512 f.); *Haas/Oechsler* NZG 2006, 806 (807 ff.); *Ringstmeier/Homann* ZIP 2005, 284; *Gundlach/Frenzel/Schmidt* NJW 2003, 2412.
[103] Dafür *W. Schulz*, Die masselose Liquidation der GmbH, 1986, 106 ff.; sympathisierend Großkomm AktG/ *K. Schmidt* Rn. 50.
[104] In diesem Sinne etwa *Bachmann* ZGR 2001, 351 (366); *Bitter* WM 2004, 2190 (2192); *Thiessen* ZIP 2006, 1892; zuvor schon *Buchner*, Amtslöschung, Nachtragsliquidation und masselose Insolvenz, 1988, 145; *Förster* S. 339 ff.
[105] Überzeugend *Burgard/Gundlach* ZIP 2006, 1568 (1571 ff.) (mit weiteren Reformvorschlägen).
[106] Heute konsolidiert in der Richtlinie (EU) 2017/1132 des Europäischen Parlaments und des Rates vom 14. Juni 2017 über bestimmte Aspekte des Gesellschaftsrechts (ABl. L 169, 46).

eine separate Vorschrift (§ 144a FGG – heute § 399 FamFG) auszulagern (→ Rn. 18). Weil in beiden Fällen die Rechtsfolge (Auflösung) dieselbe ist, wäre es vorzugswürdig gewesen, die „Nichtigerklärung" insgesamt zu einem einheitlichen Auflösungstatbestand umzugestalten. Davon zu unterscheiden ist die Löschung einer unzulässigen Eintragung gem. § 395 FamFG, die nicht lediglich zur Auflösung führt, sondern zurückwirkt, gegenüber den spezielleren §§ 397, 399 FamFG aber zurücktritt (dazu → § 275 Rn. 28).

c) Relevante Mängel. (1) Firma und **Sitz** (§ 23 Abs. 3 Nr. 1 iVm § 399 Abs. 1 FamFG): Geset- 50 zeswidrige Firmierung liegt vor, wenn gegen § 4 oder die firmenrechtlichen Vorschriften des HGB (§§ 18 ff. HGB) verstoßen wird. Umstritten ist, ob das auch dann gilt, wenn die gewählte Firma gegen § 30 HGB (Unterscheidbarkeit) verstößt oder wenn eine zunächst zulässige Firmierung durch nachträgliche Satzungsänderung oder dadurch unzulässig wird, dass sich die zugrunde liegenden tatsächlichen Umstände ändern.[107] Diese Fragen brauchen hier nicht vertieft zu werden, weil das scharfe Schwert der Amtsauflösung jedenfalls dort zurückzutreten hat, wo mildere Instrumente zur Verfügung stehen (Verhältnismäßigkeitsprinzip). Als vorrangig ist insbesondere das **Firmenmissbrauchsverfahren** gem. § 37 Abs. 1 HGB anzusehen.[108] Spezieller ist auch die Löschung unzulässiger Satzungsänderungen nach § 398 FamFG, so dass es bei der alten Firma verbleibt.[109] Entsprechendes gilt für die Änderung des **Sitzes**.[110] Bloßes Auseinanderfallen von tatsächlichem und satzungsmäßigem Sitz rechtfertigt seit der Neufassung des § 5 durch das MoMiG heute keine Amtsauflösung mehr (→ Rn. 76).[111] Zur Sitzverlegung ins Ausland → Rn. 74.

(2) Höhe des Grundkapitals (§ 23 Abs. 3 Nr. 3 iVm § 399 Abs. 1 FamFG): Sind die Bestimmun- 51 gen über das Grundkapital nichtig (vgl. hierzu die Erl. zu § 1 Abs. 2, §§ 6, 7 und zu § 23 Abs. 3 Nr. 4, 5), führt dies zum Amtsauflösungsverfahren nach § 399 FamFG. Fehlen die betreffenden Bestimmungen gänzlich, liegt ein Nichtigkeitsgrund iSv § 275 Abs. 1 vor. Auch dann kommt eine Auflösung von Amts wegen in Betracht, die sich allerdings nicht nach § 399 FamFG, sondern nach dem speziellen § 397 FamFG (iVm § 277 Abs. 1) richtet.

(3) Aktien (§ 23 Abs. 3 Nr. 4 und 5 iVm § 399 Abs. 1 FamFG): Sowohl das Fehlen als auch die 52 Nichtigkeit der entsprechenden Satzungsbestimmungen führt zur Amtsauflösung. Zu den Einzelheiten vgl. die Erl. zu §§ 6–10 und § 23 Nr. 6.

(4) Zahl der Vorstandsmitglieder (§ 23 Abs. 3 Nr. 6 iVm § 399 Abs. 1 FamFG): Sowohl das 53 Fehlen wie auch die Nichtigkeit der vorgeschriebenen Angaben geben Anlass zur Amtsauflösung. Zu den Einzelheiten s. die Erl. zu § 23 Abs. 3 Nr. 6.

(5) Sonstige Satzungsmängel, die sich insbesondere aus unzulässigen Abweichungen von zwin- 54 gendem Satzungsrecht (§ 23 Abs. 5) ergeben können, führen **nicht** zur Auflösung. Das ergibt der Umkehrschluss zu § 399 FamFG, § 262 Abs. 1 Nr. 5. Nur bei fehlenden bzw. nichtigen Bestimmungen über das Grundkapital oder den Unternehmensgegenstand kommt eine Auflösung in Betracht, die von Aktionären und Organen gem. § 275 betrieben oder von Amts wegen nach § 397 FamFG verfügt werden kann.

d) Das FamFG-Verfahren. Zuständig ist gem. § 376 Abs. 1 FamFG iVm § 377 Abs. 1 FamFG 55 das **Amtsgericht** (Registergericht) des Satzungssitzes (§ 14), dort der Richter (§ 17 Nr. 1 lit. f RPflG), soweit nicht Landesrecht den Richtervorbehalt aufgehoben hat (vgl. § 19 Abs. 1 S. 1 Nr. 6 RPflG). Das Gericht wird von Amts wegen oder auf Antrag der berufsständischen Organe (vgl. § 380 FamFG) tätig. Es muss tätig werden, ein Ermessen steht ihm nach dem Wortlaut der Norm („hat") nicht zu.[112] Dabei gilt (theoretisch) der **Amtsermittlungsgrundsatz** (§ 26 FamFG). Das Gericht kann die Beteiligten durch Zwangsgeld zur Mitwirkung anhalten (§ 35 FamFG).

Das Gericht fordert unter **Fristsetzung** dazu auf, eine Satzungsänderung anzumelden, die den – 56 konkret zu benennenden – Mangel behebt, oder die Unterlassung durch „Widerspruch" zu rechtfertigen (§ 399 Abs. 1 S. 1 FamFG). Dass die Frist angemessen sein muss, sagt das Gesetz nicht ausdrücklich, versteht sich aber von selbst. Sie darf nicht kürzer sein als die Ladungsfrist zur Hauptversammlung (30 Tage, § 123 Abs. 1), welche die erforderliche Satzungsänderung beschließen muss.

---

[107] Vgl. Kölner Komm AktG/*Winnen* 74 f.; Hüffer/Koch/*Koch* Rn. 16; eingehend MüKoAktG/*Koch* Rn. 61 ff.; Scholz/*K. Schmidt*/*Bitter* GmbHG § 60 Rn. 38.
[108] Großkomm AktG/*K. Schmidt* Rn. 55; trotz Bedenken iE auch MüKoAktG/*Koch* Rn. 65; zumindest für den Verstoß gegen § 30 HGB Großkomm GmbHG/*Casper* § 60 Rn. 64; anders aber zB Keidel/*Heinemann* FamFG § 399 Rn. 10.
[109] Kölner Komm AktG/*Winnen* Rn. 75; MüKoAktG/*Koch* Rn. 63.
[110] Kölner Komm AktG/*Winnen* Rn. 76; MüKoAktG/*Koch* Rn. 66.
[111] Bumiller/Harders/*Schwamb* FamFG § 399 Rn. 4.
[112] KG OLGZ 1991, 396 = NJW-RR 1991, 860 f.; Keidel/*Heinemann* FamFG § 399 Rn. 18.

57 Der **Widerspruch** ist an keine Form gebunden, muss aber begründet werden („rechtfertigen"). Andere Rechtsbehelfe gegen die Aufforderung kommen nicht in Betracht. Die Zurückweisung des Widerspruchs ist mit der **Beschwerde** anfechtbar (§ 399 Abs. 3 FamFG). Beschwerdebefugt ist nur die AG, nicht der einzelne Aktionär, da dieser nicht unmittelbar in seinen Rechten betroffen wird.[113] Die Beschwerde ist binnen eines Monats zu erheben (§ 63 Abs. 1 FamFG). Die Behebung des Satzungsmangels ist noch während des Beschwerdeverfahrens möglich.[114]

58 Wird der Mangel nicht behoben, kein Widerspruch eingelegt oder dieser zurückgewiesen, **stellt das Gericht den Satzungsmangel fest** (§ 399 Abs. 2 FamFG). Gem. § 399 Abs. 3 ist dieser Feststellungsbeschluss mit der Beschwerde anfechtbar (§§ 58 ff. FamFG). Zur Rechtsbeschwerde vgl. §§ 70 ff. FamFG. Mit Rechtskraft der Verfügung ist die Gesellschaft aufgelöst (§ 262 Abs. 1 Nr. 5). Zur Eintragung vgl. → § 263 Rn. 7 ff. Gegenüber der Amtslöschung nach § 395 FamFG ist das Verfahren nach § 399 FamFG vorrangig (→ § 275 Rn. 28).[115]

59 **6. Löschung wegen Vermögenslosigkeit nach § 394 FamFG – (Nr. 6).** Die Ziffer hat – im Unterschied zur Amtslöschung selbst (dazu → Rn. 95) – **praktisch keine Bedeutung:** Weder ist die Auflösung der gelöschten AG in das Handelsregister einzutragen, da die Eintragung in diesem Fall „entfällt" (§ 263 S. 4), noch löst sie das Abwicklungsregime der §§ 264 ff. aus, da es bei der vermögenslosen AG nichts abzuwickeln gibt. Im Schrifttum wird Ziff. 6 daher als „nicht ernst gemeint" bezeichnet.[116] Auch bei der gelöschten AG mag es freilich Sinn machen, von einer aufgelösten Gesellschaft auszugehen. Stellt sich nämlich nach der Löschung heraus, dass doch noch verteilungsfähiges Vermögen vorhanden ist, besteht die AG als Nachgesellschaft fort (→ Rn. 90). Ziff. 6 lässt sich für diesen Fall die **Klarstellung** entnehmen, dass diese nicht werbend tätig sein darf, sondern nur als Liquidationsgesellschaft fortbestehen kann. Im Übrigen bezeichnet das Gesetz auch sonst die erloschene oder keiner Abwicklung bedürftige Gesellschaft noch als „aufgelöst" (→ Rn. 5 und 60).

IV. Auflösung aus anderen Gründen (Abs. 2)

60 **1. Gesamtrechtsnachfolge (Umwandlung).** Wird eine AG auf einen anderen Rechtsträger verschmolzen, geht ihr Vermögen im Wege der Gesamtrechtsnachfolge auf diesen über, sobald die Verschmelzung in das Register des übernehmenden Rechtsträgers eingetragen ist (§ 20 Abs. 1 Nr. 1 UmwG). Gleichzeitig erlischt die AG, ohne dass es einer besonderen Löschung bedarf (§ 20 Abs. 1 Nr. 2 UmwG). Das UmwG bezeichnet diesen Vorgang als **„Auflösung ohne Abwicklung"** (§ 2 UmwG). Ob das sprachlich treffend ist, mag man bezweifeln (→ Rn. 8).[117] Die europäischen Richtlinie praktiziert jedenfalls auch diesen Sprachgebrauch (vgl. Art. 89 Abs. 1, Art. 136 Abs. 1 GesRRL). Praktische Folgen haben die terminologischen Differenzen nicht, denn die Auflösung der übertragenden AG wird als solche nicht in das Handelsregister eingetragen, und die übertragende AG kann bis zum Wirksamwerden der Verschmelzung ihre werbende Tätigkeit ohne Unterbrechung fortsetzen. Entsprechendes gilt für die Fälle der Aufspaltung und der Vermögensübertragung (vgl. § 123 Abs. 1, § 174 Abs. 1 UmwG). Keine – auch nur verbale – Auflösung ist mit dem Formwechsel verbunden (so ausdrücklich Art. 66 Abs. 2 SE-VO). Hier ändert sich lediglich das Rechtskleid.

61 **2. „Nichtigkeit" (§ 275, § 397 FamFG, ehemals § 144 Abs. 1 FGG).** Die Feststellung der „Nichtigkeit" der AG durch Urteil (§ 275) oder ihre „Löschung" als „nichtig" durch das Registergericht (**§ 397 FamFG**) führt trotz des missverständlichen Wortlauts dieser Bestimmungen nicht zum Untergang des Rechtsträgers, sondern nur zur Abwicklung nach §§ 264 ff. Das ergibt sich aus § 277. In der Sache handelt es sich also ebenfalls um einen Auflösungsgrund (vgl. → § 275 Rn. 1).

62 **3. Gemeinwohlgefährdung (§ 396), Vereinsverbot (§ 3 VereinsG), Verbandsauflösung (§ 12 VerbStrG-E).** Nach § 396 kann eine das **Gemeinwohl** gefährdende AG durch Urteil aufgelöst werden (Einzelheiten s. dort). Die Abwicklung erfolgt wie auch sonst nach §§ 264 ff. (§ 396 Abs. 2). Unter strengeren Voraussetzungen (Verstoß gegen die verfassungsmäßige Ordnung oder den Gedanken der Völkerverständigung; Verletzung strafbewehrter Staatsschutzbestimmungen) ist alternativ[118]

---

[113] Vgl. BGH NZG 2009, 876; anders für die GmbH Lutter/Hommelhoff/*Kleindiek* GmbHG § 60 Rn. 13.
[114] Vgl. BayObLG NJW-RR 2001, 1047; OLG Schleswig NJW-RR 2001, 30.
[115] BayObLGZ 1989, 44 (49) = NJW-RR 1989, 867; BayObLGZ 1979, 207; KG OLGZ 1991, 396 (400) = NJW-RR 1991, 860 f.; OLG Stuttgart BB 1982, 1194 (1195); Hüffer/Koch/*Koch* Rn. 20; MüKoAktG/*Koch* Rn. 73; Keidel/*Heinemann* FamFG § 399 Rn. 3.
[116] *K. Schmidt* GmbHR 1994, 829 (832); Hüffer/Koch/*Koch* Rn. 22.
[117] Nach Scholz/*K. Schmidt/Bitter* GmbHG § 60 Rn. 70 bewirken Umwandlungen „in keinem Fall" die Auflösung. Das steht im Gegensatz zum Gesetzeswortlaut und beruht auf einem (zu) engen Auflösungsbegriff.
[118] Vgl. Kölner Komm AktG/*Zöllner* § 396 Rn. 8; MüKoAktG/*Koch* Rn. 105.

Auflösungsgründe 63–65 § 262

ein behördliches **Vereinsverbot** gem. §§ 3, 17 VereinsG möglich. In der Verbotsverfügung wird die Auflösung angeordnet (§ 3 Abs. 1 Hs. 2 VereinsG). Gleichzeitig wird idR das Gesellschaftsvermögen eingezogen (§ 3 Abs. 1 S. 2 Nr. 1 VereinsG), womit die AG liquidationslos erlischt (§ 11 Abs. 2 S. 3 VereinsG). Abzuwickeln ist dann nur noch das durch die Einziehung entstandene Sondervermögen. Diese Abwicklung richtet sich nicht nach §§ 264 ff., sondern nach § 13 VereinsG. Repressiven Charakter hat die Auflösung nach § 12 des geplanten **Verbandsstrafgesetzbuchs** (VerbStrG-E). Sie erfolgt durch gerichtliches Urteil und setzt voraus, dass eine Straftat im Sinne des § 2 Abs. 1 VerbStrG-E „beharrlich wiederholt" worden ist und die Gefahr besteht, dass bei Fortbestand des Verbandes dessen Entscheidungsträger weiter erhebliche rechtswidrige Zuwiderhandlungen der genannten Art begehen werden. Ist das Urteil rechtskräftig, beantragt die Vollstreckungsbehörde beim Registergericht die Bestellung eines Abwicklers (§ 22 Abs. 3 VerbStrG-E). Die Abwicklung erfolgt nach §§ 264 ff. Ob der Entwurf des VerbStrG Gesetz wird, ist zZt noch offen.

4. Rücknahme der Geschäftserlaubnis (§ 38 KWG, § 87 VAG). Sonderregelungen enthält 63 das Finanzaufsichtsrecht. Nach § 38 KWG kann einem **Kredit- oder Finanzdienstleistungsinstitut** die Geschäftserlaubnis mit der Bestimmung entzogen werden, „dass das Institut abzuwickeln ist". Die Verfügung wirkt wie ein Auflösungsbeschluss (§ 38 Abs. 1 S. 2 KWG). Die Abwicklung erfolgt nach §§ 264 ff., doch sind vorrangige Weisungen der Aufsichtsbehörde zu beachten (vgl. § 38 Abs. 2 KWG).[119] Davon zu unterscheiden ist die Abwicklung einzelner ungesetzlicher Geschäfte (§ 37 KWG).[120] Wird die Geschäftserlaubnis für ein in der Rechtsform der AG betriebenes **Versicherungsunternehmen** gem. § 304 VAG (§ 87 VAG aF) widerrufen, bedarf es dagegen noch eines gesonderten Auflösungsbeschlusses. Kommt dieser nicht zustande, kann die Behörde (BaFin) gem. § 307 VAG (§ 83a VAG aF) einen Sonderbeauftragten einsetzen, der dann die Auflösung anstelle der Hauptversammlung beschließen darf.[121] Er übernimmt auch die Abwicklung, die nach §§ 264 ff. erfolgt.

5. „Keinmann"-AG. Hält eine AG alle Aktien an sich selbst, soll dies automatisch zur Auflösung 64 führen.[122] Dem kann nicht zugestimmt werden.[123] Das Halten eigener – auch aller – Anteile ist konstruktiv möglich (vgl. § 71 Abs. 4) und praktisch vorstellbar (Beispiel: Alleinaktionär setzt AG zur Alleinerbin ein, § 71 Abs. 1 Nr. 5). Zwar lähmt das dadurch eintretende Ruhen sämtlicher Stimmrechte (§ 71b) die AG, weshalb der Zustand kein dauerhafter sein kann.[124] Kontrollverluste akzeptiert das Gesetz aber auch andernorts.[125] Selbst schwerste Satzungsmängel bewirken im Übrigen nicht die sofortige Auflösung, sondern **nur** die **Auflösbarkeit** (vgl. § 275, §§ 397 ff. FamFG, ehemals § 144 Abs. 1, § 144a FGG aF). Analog § 397 FamFG (iVm § 45 Abs. 1 HRV) ist der Verwaltung daher Gelegenheit zu geben, den Mangel durch Veräußerung von Aktien zu beheben.[126] So sieht es auch § 71c vor. Der alternative Weg, das Veräußern von Anteilen als konkludenten Fortsetzungsbeschluss zu deuten,[127] ist bei der AG wegen § 274, der einen ausdrücklichen Beschluss erfordert, nicht gangbar. Findet innerhalb der vom Gericht gesetzten Frist keine Veräußerung statt, ist die Nichtigkeit der AG festzustellen, womit diese gem. § 262 Abs. 1 Nr. 5 aufgelöst ist.

6. Auflösungsklage (§ 61 GmbHG analog)? Eine GmbH kann auf Antrag einer Gesellschafter- 65 minderheit durch gerichtliches Urteil aufgelöst werden, wenn die Erreichung des Gesellschaftszweckes unmöglich geworden ist, oder wenn andere **wichtige Gründe** für die Auflösung vorhanden sind (§ 60 Abs. 1 Nr. 2 iVm § 61 GmbHG). Die Vorschrift soll das Einfrieren oder Aushungern der Minderheit vermeiden und Blockaden auflösen helfen.[128] Ihrer (analogen) Anwendung auf die Aktiengesellschaft steht entgegen, dass das AktG bewusst auf diesen Auflösungsgrund verzichtet, weil der Aktionär prinzipiell die Möglichkeit hat, durch Anteilsveräußerung aus der Gesellschaft auszuscheiden.[129] Zwar gestehen ausländische Rechte Minderheitsaktionären zT das Recht zu, die

---

[119] Näher MüKoAktG/*Koch* Rn. 106.
[120] Vgl. dazu OLG Hamm ZIP 2007, 682.
[121] Vgl. *Prölss/Kollhosser* VAG § 87 Rn. 18 (noch zum alten VAG).
[122] Hüffer/Koch/*Koch* Rn. 24; MüKoAktG/*Koch* Rn. 103; Großkomm AktG/*K. Schmidt* Rn. 68; Bürgers/Körber/*Füller* Rn. 35; K. Schmidt/Lutter/*Riesenhuber* Rn. 23; ebenso die ganz hM zur GmbH, s. nur Baumbach/Hueck/*Haas* GmbHG § 60 Rn. 81; *Roth/Altmeppen* GmbHG § 33 Rn. 28.
[123] Eingehend *Kreutz* FS Stimpel, 1985, 379 ff. (zur GmbH).
[124] AA *Kreutz* FS Stimpel, 1985, 379 (389): teleologische Reduktion des § 71b.
[125] Vgl. *Bachmann* NZG 2001, 961 (965) (Personenidentität von Vorstand und Alleinaktionär).
[126] In diesem Sinne auch Scholz/*Westermann* GmbHG § 33 Rn. 44.
[127] So etwa Scholz/*K. Schmidt/Bitter* GmbHG § 60 Rn. 65; krit. *Fichtelmann* GmbHR 2003, 67 (69).
[128] Vgl. BGH NJW 1985, 1901; BGH NJW 1981, 2302; OLG München NZG 2005, 554; Scholz/*K. Schmidt/Bitter* GmbHG § 61 Rn. 1.
[129] Anders liegt es bei der KGaA, vgl. dazu → § 289 Rn. 7, 13 ff.

gerichtliche Auflösung der Gesellschaft zu beantragen.[130] Derartige Rechtsbehelfe zielen aber – funktional unserem § 61 GmbHG entsprechend – vor allem auf die geschlossene Gesellschaft, sind zT auch auf diese beschränkt.[131] Vertretbar erscheint es daher, den rechtsordnungsübergreifenden Gedanken des § 61 GmbHG dort zur Anwendung zu bringen, wo die Fungibilität der Aktie beschränkt ist, namentlich bei der **geschlossenen AG**.[132] Wer das ablehnt, muss dem Gedanken des § 61 Abs. 1 GmbHG jedenfalls im Rahmen der Treuepflicht Rechnung tragen. Bedeutung kann das nur (aber immerhin) in Extremfällen haben.

66   **7. Vor-AG.** Auch für die Vor-AG gelten grundsätzlich die in § 262 Abs. 1 aufgezählten Auflösungsgründe, soweit sie nicht die Eintragung voraussetzen.[133] Nicht in Betracht kommen damit allein die Nr. 5 (Satzungsmangel) und 6 (Löschung wegen Vermögenslosigkeit), welche an den Registereintrag anknüpfen. Weil der Vor-AG die verfestigte, auf Dauer angelegte Struktur und Verselbständigung der „fertigen" AG fehlt, welche die enge Auswahl der Auflösungsgründe in § 262 rechtfertigen, sind für sie darüber hinaus **weitere Auflösungsgründe** einschlägig.[134] So ist nach dem Gedanken der §§ 314, 723 BGB auch ohne satzungsmäßige Grundlage ihre **Kündigung** aus wichtigem Grund zulässig.[135] Ein „wichtiger Grund" ist jedenfalls dann anzunehmen, wenn ein Gründer trotz Aufforderung nicht die notwendige Mitwirkung bei der Vollendung der juristischen Person leistet, so dass diese endgültig zu scheitern droht.[136]

67   Scheitert die Eintragung endgültig, etwa weil der Eintragungsantrag rechtskräftig abgelehnt worden ist, führt dies zur Auflösung wegen **Zweckverfehlung**, § 726 BGB.[137] Das gilt auch bei der gescheiterten Einmann-Vor-AG, deren Vermögen dann nach §§ 264 ff. abzuwickeln ist.[138] Die hM geht demgegenüber von einem liquidationslosen Erlöschen aus, weil die unechte Vor-AG als Gesamthand zu begreifen sei, was bei nur einem Mitglied nicht denkbar sei.[139] Nimmt man die organisatorische Verselbständigung der Vor-AG dagegen ernst, darf man die Einmann-Vor-AG im Falle des Scheiterns nicht einfach „verschwinden" und deren Vermögen an den Gründer zurückfallen lassen.[140]

V. Keine Auflösungsgründe

68   **1. Umstände in der Person eines Aktionärs.** Das Eintreten besonderer Umstände in der Person eines Aktionärs stellt keinen Auflösungsgrund dar. Das gilt für den **Tod** ebenso wie für die Eröffnung des Insolvenzverfahrens über Aktionärsvermögen oder die **Pfändung** des Anteils durch einen Privatgläubiger. Anders als bei den Personenhandelsgesellschaften (vgl. § 131 Abs. 3) führen diese Gründe auch nicht zum Ausscheiden des Betreffenden; sie können auch nicht durch die Satzung zu Auflösungsgründen erhoben werden (→ Rn. 71). Dass die **Vereinigung aller Aktien** in der Hand eines Aktionärs keine Auflösung bewirkt, folgt aus §§ 2, 320a, 327e Abs. 3.

69   **2. Zweckerreichung.** Das Erreichen oder Unmöglichwerden des Gesellschaftszweckes führt, wie der Umkehrschluss zu § 726 BGB zeigt, nicht ipso iure zur Auflösung.[141] Eine Ausnahme gilt nur für die Vor-AG (→ Rn. 67). Bei der eingetragenen AG kann die Zweckerreichung oder -verfehlung den Aktionären dagegen nur Anlass geben, die Auflösung gem. § 262 Abs. 1 Nr. 2 zu beschließen. In der Entscheidung, dies zu tun, sind sie frei, solange die AG (noch) solvent ist. Bei Insolvenz besteht dagegen eine mittelbare Auflösungspflicht, indem der Vorstand gehalten ist, die Eröffnung des Insolvenzverfahrens zu beantragen, die ihrerseits zur Auflösung nach § 262 Abs. 1 Nr. 3 führt.

---

[130] Vgl. *Merkt/Göthel*, US-amerikanisches Gesellschaftsrecht, 2. Aufl. 2006, Rn. 1513 ff.; *Davies/Worthington*, Principles of Modern Company Law, 9. Aufl. 2012, Rn. 20–40 seq.

[131] Vgl. *Seligman*, Corporations, 1995, 583 (unter Hinweis auf § 355 DGCL); *Davies/Worthington*, Principles of Modern Company Law, 9. Aufl. 2012, Rn. 20–40.

[132] Zur Definition der geschlossenen AG vgl. Art. 2 Abs. 2 Richtlinie 68/151/EWG.

[133] So auch Kölner Komm AktG/*Winnen* Rn. 6. Vgl. zur Insolvenzfähigkeit der Vorgesellschaft nur BGH NZG 2003, 1167.

[134] Vgl. BGHZ 169, 270 Rn. 12 ff. = NZG 2007, 20.

[135] BGHZ 169, 270 Rn. 15 = NZG 2007, 20; MHdB AG/*Hoffmann-Becking* § 3 Rn. 39.

[136] BGHZ 169, 270 Rn. 16 = NZG 2007, 20.

[137] Vgl. BGHZ 169, 270; allgemein Großkomm AktG/*Schall* § 36 Rn. 205; Großkomm AktG/*K. Schmidt* § 41 Rn. 123.

[138] Zutr. *Petersen* NZG 2004, 400 (406).

[139] Vgl. BGH NZG 1999, 960 (961 f.); LG Berlin NJW-RR 1988, 1183; *K. Schmidt* ZHR 145 (1981) 540 (563); *Ulmer/Ihrig* GmbHR 1988, 376 ff.

[140] Eingehend *Petersen* NZG 2004, 400 ff.

[141] Anders *C. Schäfer*, Die Lehre vom fehlerhaften Verband, 2002, 409 für den Fall begonnener Vermögensverteilung nach unwirksamer Auflösung, weil eine Weiterführung der werbenden Tätigkeit dann nach dem Gedanken des § 274 ausgeschlossen sei.

Unabhängig davon kann die **Treuepflicht** gebieten, sich einem Auflösungsbegehren wegen endgültiger Zweckverfehlung nicht zu verweigern (→ Rn. 31). Das gilt nicht, wenn die AG – uU nach Satzungsänderung – einem anderen sinnvollen Zweck zugeführt werden kann.[142]

3. Kündigung. Eine Kündigung der Gesellschaft nach dem Muster des § 723 BGB kommt für **70** die eingetragene AG **nicht** in Betracht.[143] Eine Kündigung kann hier auch nicht mit der Rechtsfolge des Ausscheidens eines Aktionärs erklärt werden (vgl. dagegen § 131 Abs. 3 Nr. 3 HGB). Bei der geschlossenen AG hilft im Extremfall eine Analogie zu § 61 GmbHG (→ Rn. 65). Kündigungsrechte können nach zutreffender Ansicht auch nicht durch die Satzung geschaffen werden (→ Rn. 71).

4. Satzungsmäßige Auflösungsgründe (Kündigungsrechte). Eine ältere Ansicht ließ es zu, **71** dass die Satzung weitere Auflösungsgründe, insbesondere ein Kündigungsrecht zugunsten von Aktionären festlegt.[144] Das ist **abzulehnen**.[145] Die Gegensicht beruht auf unkritischer Fortführung einer vor 1937 geteilten Sichtweise, die schon deshalb nicht mehr maßgebend sein kann, weil das damalige Aktienrecht den Grundsatz der Satzungsstrenge (§ 23 Abs. 5) nicht kannte. Mit ihm ist es unvereinbar, die Auflösung an Umstände zu knüpfen, die sich nicht bereits aus dem Gesetz ergeben.[146] Gegen die satzungsmäßige Festlegung von Auflösungsgründen sprechen auch der Gegenschluss zu § 60 Abs. 2 GmbHG und das in § 262 Abs. 1 Nr. 2 festgelegte Quorum („mindestens"), das ansonsten ausgehebelt werden könnte.[147] Für eine gegenteilige Bewertung ist auch **kein praktisches Bedürfnis** erkennbar. Wer die börsenfähige, allseitig haftungsbeschränkte und gleichwohl kündbare Rechtsform sucht, kann heute auf die GmbH & Co KGaA ausweichen, die ein entsprechendes Kündigungsrecht zulässt (→ § 289 Rn. 9, 15).

5. Vermögensübertragung; Betriebsänderung. Keine Auflösung bewirken lediglich **tatsäch-** **72** **liche Änderungen** des von der AG betriebenen Unternehmens.[148] Beispiele: Übertragung von Vermögensgegenständen im Wege der Einzelrechtsnachfolge (arg. e § 179a Abs. 3), Undurchführbarkeit des Zweckes (→ Rn. 69), Stilllegung oder Veräußerung des Betriebes, Handlungsunfähigkeit wegen fehlender Organmitglieder. Auch Verluste bis hin zur Vermögenslosigkeit führen, wie Nr. 6 zeigt, nicht zur automatischen Auflösung.

6. Verletzung von Publizitätspflichten. In Großbritannien kann die Verletzung von Publizi- **73** tätspflichten zur Zwangsauflösung führen.[149] Eine ähnliche Sanktion sah auch das deutsche Recht in der durch das Bilanzrichtliniengesetz eingeführten Bestimmung des § 2 Abs. 1 S. 2 LöschG vor. Danach war eine Gesellschaft von Amts wegen zu löschen, wenn sie entgegen gesetzlicher Verpflichtung in drei aufeinander folgenden Jahren ihren Jahresabschluss nicht bekannt gemacht hatte. Diese Regelung ist mit der Verkündung der **Insolvenzreform** außer Kraft getreten. Ihrer Wiedereinführung steht entgegen, dass die Sanktionsregelung des § 335 HGB verschärft worden ist.[150] Insoweit stellt sich das deutsche Recht in der Konkurrenz zu britischen Rechtsformen aus Unternehmersicht günstiger dar.

7. Sitzverlegung ins Ausland. a) Nicht-Europäisches Ausland. Lange Zeit wurde die Sitz- **74** verlegung ins Ausland in Schrifttum und Rechtsprechung als Auflösungsgrund gewertet.[151] Das Steuerrecht verfährt nach wie vor entsprechend (vgl. § 12 Abs. 3 KStG).[152] Diese Auffassung, die die Flucht aus der deutschen Rechtsordnung sanktionieren will, steht methodisch auf wackligen Beinen und befindet sich zumindest in der Literatur auf dem Rückzug. Dabei ist zu trennen zwischen

---

[142] *Windbichler* GesR § 26 Rn. 40.
[143] MHdB AG/*Hoffmann-Becking* § 66 Rn. 3 u 10.
[144] Vgl. *Baumbach/Hueck* Rn. 9; *v. Godin/Wilhelmi* Anm. 3; Großkomm AktG/*Wiedemann*, 3. Aufl. 1973, Anm. 39; *Würdinger* AktienR § 45 I 8; dem noch folgend *K. Schmidt* GesR § 30 VI 2.
[145] Heute unstr., vgl. Hüffer/Koch/*Koch* Rn. 7; MüKoAktG/*Koch* Rn. 19 ff.; Kölner Komm AktG/*Winnen* Rn. 121 f.; Großkomm AktG/*K. Schmidt* Rn. 20.
[146] MüKoAktG/*Koch* Rn. 21; Großkomm AktG/*K. Schmidt* Rn. 20.
[147] Vgl. Kölner Komm AktG/*Winnen* Rn. 122; MüKoAktG/*Koch* Rn. 21.
[148] Unstr., statt vieler *K. Schmidt* NJW 2004, 1345 (1350 f.); Hüffer/Koch/*Koch* Rn. 6; *Windbichler* GesR § 26 Rn. 40.
[149] Vgl. nur *Noack* NZG 2006, 803 (805) Fn. 53; für Übernahme in das deutsche Recht *Triebel/Otte* ZIP 2006, 311 (315).
[150] Vgl. dazu nur *Noack* NZG 2006, 803 (805).
[151] Vgl. BGHZ 25, 134 (144) = NJW 1957, 1433; BGHZ 107, 94 (97); 88, 53 (55); 7, 68 (69); BayObLGZ 2004, 24; BayObLGZ 1998, 195 = NZG 1998, 936; BayObLGZ 1992, 113 (116) = NJW-RR 1993, 43 f.; OLG Brandenburg ZIP 2005, 489; OLG Hamm NJW 2001, 2183; OLG Düsseldorf NJW 2001, 2184; eingehend Staudinger/*Großfeld* (1998) IntGesR Rn. 608 ff. (617, 634 f.); weitere Nachweise bei MüKoBGB/*Kindler* IntGesR Rn. 503 Fn. 1103 u Rn. 507 Fn. 1119.
[152] Dazu MüKoBGB/*Kindler* IntGesR Rn. 501 (503 f.).

der Verlegung des Satzungs- und derjenigen des Verwaltungssitzes.[153] Der Beschluss, nur den **Satzungssitz** in einen Staat zu verlegen, der nicht der EU angehört und mit dem auch nicht die wechselseitige Anerkennung von Gesellschaften völkerrechtlich vereinbart wurde, kann selbst dann **nicht** als Auflösungsbeschluss gedeutet werden, wenn man insoweit der Sitztheorie[154] folgt.[155] Denn die Gesellschaft bleibt in diesem Fall eine solche deutschen Rechts, weil kollisionsrechtlich allein der tatsächliche Sitz maßgebend ist,[156] der nach wie vor im Inland liegt. Da der satzungsmäßige Sitz einer deutschen AG schon aus registerrechtlichen Gründen ein inländischer sein muss (vgl. § 5),[157] ist der Beschluss als **nichtig** anzusehen.[158] Er wird nicht in das deutsche Handelsregister eingetragen bzw. beanstandet (vgl. § 399 FamFG, ehemals § 144a FGG).[159]

75   Die am 1.11.2008 in Kraft getretene **GmbH-Reform** („MoMiG")[160] hat es deutschen Kapitalgesellschaften erlaubt, ihren Verwaltungssitz abweichend vom Satzungssitz und damit auch im Ausland zu nehmen, indem § 5 Abs. 2 AktG aF und § 4a Abs. 2 GmbHG aF ersatzlos gestrichen wurden. Damit schwenkt das deutsche Recht für nach deutschem Recht gegründete Kapitalgesellschaften zur **Gründungstheorie** um.[161] Bezweckt ist, auswärts aktiven Gesellschaften nicht den Zugang zur oder das Beibehalten der deutschen Rechtsform zu versperren. Das bedeutet aber nicht, dass eine nach deutschem Recht gegründete AG künftig auch ihren Satzungssitz ins außereuropäische Ausland verlegen und dadurch zur fremden Rechtsform mutieren darf.[162] Wie die §§ 190 ff. UmwG, aber auch Art. 66 SE-VO und Art. 163 f. SchweizIPRG zeigen, kann ein solcher grenzüberschreitender Rechtsformwechsel nur im Rahmen eines geordneten Verfahrens stattfinden.[163] Weil ein solcher Rahmen jenseits der EU nicht existiert und insoweit auch nicht durch die Niederlassungsfreiheit überspielt werden kann, ist die „Sitzverlegung" rechtlich unmöglich, der betreffende Beschluss daher mit der heute hL als **nichtig** gem. § 241 Nr. 3 anzusehen.[164] Will sich die AG wirklich auflösen und im Gastland neu gründen, muss das ausdrücklich so beschlossen werden.[165]

76   Wird dagegen beschlossen, den **Verwaltungssitz** ins Ausland zu verlegen, führt auch dies **nicht** zur Auflösung.[166] Denn § 5 (idF des MoMiG) verlangt nur einen inländischen Satzungssitz und lässt damit einen ausländischen Verwaltungssitz zu. Folgt das Zuzugsland ebenfalls der Gründungstheorie, bleibt die Gesellschaft eine solche deutschen Rechts. Folgt es der Sitztheorie, kommt es uU zum Statutenkonflikt, der aber aus unserer Sicht nicht zur Auflösung nötigt. Wer den Verlegungsbeschluss gleichwohl als Auflösungsbeschluss verstehen will, steht vor der Schwierigkeit, dass idR gar **keine Auflösung gewollt** ist.[167] Die „aufgelöste" Gesellschaft könnte im Übrigen sogleich wieder ihre Fortsetzung beschließen, was sich nur durch Annahme eines zwingenden gesetzlichen Auflösungsgrundes vermeiden ließe.[168] Dem steht der grundsätzlich abschließende Charakter der gesetzlichen Regelung entgegen (→ Rn. 3 und 75).

---

[153] Das wird in Rechtsprechung und Lehre oft unterlassen, weshalb die jeweiligen Aussagen nur unter Vorbehalt verwertbar sind, vgl. Staudinger/*Großfeld* (1998) IntGesR Rn. 607, 631 (651).

[154] Zur Fortgeltung der Sitztheorie im Vergleich zu außereuropäischen Staaten BGHZ 212, 381 = NZG 2017, 347 Rn. 20 f.; BGHZ 178, 192 = NZG 2009, 68 (Trabrennbahn); BGHZ 153, 353 (355) = NJW 2003, 1607 (1608) (mit Ausnahme aufgrund des deutsch-amerikanischen Freundschaftsvertrages); → IntGesR Rn. 3; MüKoBGB/*Kindler* IntGesR Rn. 115, 338; krit. *Sandrock* ZVglRWiss 102 (2003) 447 (450); *Ziemons* ZIP 2003, 1913 (1919).

[155] AA Staudinger/*Großfeld* (1998) IntGesR Rn. 655 f. mit dem Argument, dass oft unklar sei, ob nur der Satzungs- oder auch der Verwaltungssitz verlegt werden solle, weshalb beide Fälle gleich zu behandeln seien. Auch die Verlegung des Verwaltungssitzes führt richtigerweise aber nicht zur Auflösung, vgl. → Rn. 76 f.

[156] BGHZ 97, 269 (271); Staudinger/*Großfeld* (1998) IntGesR Rn. 26, 241; MüKoBGB/*Kindler* IntGesR Rn. 510.

[157] Vgl. BGHZ 29, 320 (327) = NJW 1959, 1126; BGHZ 19, 102 (105 f.) = NJW 1956, 183; RGZ 107, 97; Hüffer/Koch/*Koch* § 5 Rn. 5; Staudinger/*Großfeld* (1998) IntGesR Rn. 94, 243, 652.

[158] Ebenso → IntGesR Rn. 11; MüKoBGB/*Kindler* IntGesR Rn. 510.

[159] Vgl. BayObLG NZG 2004, 1116 (LS) = NJW-RR 2004, 836; OLG Brandenburg ZIP 2005, 489; MüKoBGB/*Kindler* IntGesR Rn. 510.

[160] MoMiG v. 23.10.2008, BGBl. 2008 I S. 2026.

[161] Zurückhaltend *Paefgen* WM 2009, 531.

[162] Anders innerhalb der EU, wenn die Gesellschaft zugleich bereit ist, ihren Verwaltungssitz zu verlegen, → Rn. 80 sowie *Zimmer/Naendrup* NJW 2009, 545 (549).

[163] Staudinger/*Großfeld* (1998) IntGesR Rn. 619 ff.; *Wiedemann* GesR I S. 869.

[164] → IntGesR Rn. 11; Hüffer/Koch/*Koch* § 5 Rn. 13; MüKoAktG/*Koch* Rn. 38; MüKoAktG/*Heider* § 5 Rn. 65; Kölner Komm AktG/*Winnen* Rn. 32; *Windbichler* GesR § 26 Rn. 39; *Wiedemann* GesR S. 870; zur GmbH Scholz/*K. Schmidt/Bitter* GmbHG § 60 Rn. 13.

[165] MüKoAktG/*Koch* Rn. 38.

[166] AA Großkomm AktG/*K. Schmidt* Rn. 22.

[167] Zutr. MüKoAktG/*Koch* Rn. 37 *Wiedemann* GesR S. 870; dagegen aber MüKoBGB/*Kindler* IntGesR Rn. 398; Staudinger/*Großfeld* (1998) IntGesR Rn. 636.

[168] Dafür MüKoBGB/*Kindler* IntGesR Rn. 508; MüKoAktG/*Koch* Rn. 37.

Wird beschlossen, **sowohl** den satzungsmäßigen **als auch** den tatsächlichen Sitz ins Ausland zu 77
verlagern, ist der den satzungsmäßigen Sitz betreffende Teil nichtig (zum teilnichtigen Beschluss
→ § 241 Rn. 65 ff.). Der Beschluss ist insgesamt nichtig, wenn das Zielland der Sitztheorie folgt
(→ Rn. 76).[169] Gleiches gilt, wenn unklar ist, ob nur eine Verlegung des Satzungs- oder auch eine
solche des Verwaltungssitzes gewollt ist, denn im Zweifel ist auch eine Verlegung des Verwaltungssitzes
gewollt.[170]

Die **faktische** (beschlusslose) Verlegung des Verwaltungssitzes ins Ausland ist entgegen verbreiteter 78
Ansicht **kein** sonstiger **Auflösungsgrund** iSv § 262 Abs. 2.[171] Auch eine Amtsauflösung analog
§ 399 FamFG kommt nicht in Betracht.[172] Andernfalls könnte die Verwaltung durch eigenmächtigen
Umzug ins Ausland absichtlich oder unabsichtlich die Auflösung der AG herbeiführen.[173] Folgt das
Zuzugsland der Gründungstheorie, besteht auch kein Anlass, die Auflösung anzuordnen.[174] Denn
dann gilt weiter deutsches Recht, das die Verwaltungsführung im Ausland nicht ausschließt
(→ Rn. 76). Da es sich um eine Frage der Geschäftsordnung handelt, bedarf es in diesem Fall
wohl noch nicht einmal eines Hauptversammlungsbeschlusses. Folgt das Zuzugsland dagegen der
Sitztheorie, kommt es zu einer misslichen **Statutenkollision,** die jedoch wiederum nicht zur Auflösung
nötigt (→ Rn. 76), sondern die Gesellschaft im eigenen Interesse von der unüberlegten Sitzverlegung
abhalten sollte. Gegen „Firmenbestattungen" durch Sitzverlagerung ins Ausland hilft die
Zwangsauflösung jedenfalls nicht, weil bei den betroffenen Gesellschaften idR ohnehin nichts mehr
zu holen ist.[175]

b) Europäische Union. Innerhalb der Europäischen Union oder des EWR gilt im Ergebnis 79
nichts anderes. Auch hier führt die Sitzverlegung **nicht** zur **Auflösung,** wofür neben den genannten
Argumenten zusätzlich die Niederlassungsfreiheit (Art. 43 EG) streitet. Will die AG ihren **Verwaltungssitz**
ins europäische Ausland verlegen, aber weiter eine solche deutschen Rechts bleiben,
so stünde es dem deutschen Recht zwar europarechtlich frei, die Gesellschaft der Liquidation zu
unterwerfen.[176] Das deutsche Recht tut das aber, wie gezeigt, nicht (→ Rn. 76 ff.). Auch das ausländische
Recht ist in einem solchen Fall gehalten, die hier wirksam gegründete AG als solche anzuerkennen.[177]
Verlegt die Gesellschaft dagegen ihren Verwaltungssitz mit der Absicht, sich in eine
Rechtsform des Gastlandes umzuwandeln, ist der deutschen Rechtsordnungen kraft der Niederlassungsfreiheit
verwehrt, ihr dies durch Anordnung der Auflösung zu versagen.[178]

Entsprechendes gilt für die Verlegung des **Satzungssitzes.** Will die Gesellschaft eine solche 80
deutschen Rechts bleiben, ist der Beschluss nichtig (→ Rn. 74). Daran ändert die Niederlassungsfreiheit
nichts. Will sie sich in eine solche des fremden Rechts verwandeln (grenzüberschreitender
Formwechsel), darf ihr das dann nicht unter Androhung der Auflösung versagt werden, wenn der
Aufnahmestaat den Rechtsformwechsel akzeptiert und die Gesellschaften dessen Anforderungen
genügt.[179] Dies gilt auch dann, wenn die Gesellschaft ihren Verwaltungssitz in Deutschland behält
und nur ihren Satzungssitz ins Ausland verlegt (grenzüberschreitende Sitzverlegung).[180]

Welche Folgen der **Brexit** auf britische Gesellschaften mit Verwaltungssitz im Inland hat, wird 80a
aktuell kontrovers diskutiert. Denn sollte mit dem Austritt Großbritanniens aus der EU auch der
Schutz der Niederlassungsfreiheit für britische Gesellschaften mit deutschem Verwaltungssitz wegfallen,
stellt sich die Frage ihrer Fortexistenz unter deutschem Recht neu. Während manche den
dann betroffenen Gesellschaften einen gewissen Bestandsschutz gewähren wollen,[181] plädieren andere
dafür, englischen Gesellschaften jede weitere Anerkennung zu versagen und sie als prozessual rechtsfä-

---

[169] Für Auflösung dagegen – folgerichtig – MüKoBGB/*Kindler* IntGesR Rn. 511 iVm Rn. 505.
[170] Insoweit überzeugend Staudinger/*Großfeld* (1998) IntGesR Rn. 655.
[171] So aber noch Staudinger/*Großfeld* (1998) IntGesR Rn. 617 ff.
[172] So aber noch MüKoBGB/*Kindler* IntGesR Rn. 495, 506; NK-AktG*AktR*/*Ammon* § 5 Rn. 19; *Ulmer* FS
Th. Raiser, 2005, 439 (448 ff.).
[173] Dagegen Staudinger/*Großfeld* (1998) IntGesR Rn. 626 f. mit dem Hinweis auf mögliche Rechtsbehelfe
(Aktionärsklage und registergerichtliches Einschreiten).
[174] Ebenso MüKoBGB/*Kindler* IntGesR Rn. 504 f.
[175] Vgl. dazu BGHZ 165, 343.
[176] Vgl. EuGH NZG 2009, 61 – Cartesio; dazu *Zimmer/Naendrup* NJW 2009, 545.
[177] Vgl. EuGH NZG 1999, 298 – Centros.
[178] EuGH NZG 2012, 871, Rn. 112 – Vale; EuGH NZG 2009, 61, Rn. 112 – Cartesio.
[179] Vgl. EuGH NZG 2009, 61 Rn. 111 ff. – Cartesio; *Zimmer/Naendrup* NJW 2009, 545 (548).
[180] EuGH NZG 2017, 1308 – Polbud mit Anm. *Wachter.*
[181] Für eine „intertemporale Anerkennungslösung" etwa *Weller/Thomale/Benz* NJW 2016, 2378 (2381 f.); für
Bestandsschutz aus (verfassungsrechtlichem) Vertrauensschutz *Bode/Bron* GmbHR 2016, R129; für Umqualifizierung
in eine Personengesellschaft und zu „Rettungsmöglichkeiten" *Wachter* VGR 22 (2017), 189 ff. mit Diskussionsbericht
Pauschinger (S. 233 ff.).

hige „**Restgesellschaft**" nach deutschem Recht abzuwickeln.[182] Für letzteres spricht, dass die deutsche Rechtsprechung schon bislang einer englischen Gesellschaft, der vom Heimatrecht die Existenz versagt wurde (zB wegen Löschung infolge eines Verstoßes gegen die dortigen Offenlegungsvorschriften), die geordnete Abwicklung nach deutschem Recht ermöglicht, sofern sie in Deutschland noch Vermögen besitzt.[183] Da diese Frage aber ganz entscheidend vom Ausgang der Austrittsverhandlungen abhängt, sollte zunächst die weitere Entwicklung abgewartet werden.

VI. Rechtsfolgen der Auflösung

81 1. **Abwicklung und Löschung.** Mit Eintritt des Auflösungsgrundes verwandelt sich die AG in eine **Liquidationsgesellschaft** (→ Rn. 5). Diese ist nach den §§ 265 ff. abzuwickeln, sofern nicht das vorrangige Insolvenzregime eingreift (§ 264 Abs. 1) oder eine Abwicklung ausnahmsweise unterbleibt (→ Rn. 8). Weil sich mit der Auflösung auch das Regelungsregime der Aktiengesellschaft verändert, haben die Aktionäre ein berechtigtes Interesse daran, den Status der Auflösung im Zweifel **gerichtlich feststellen** zu lassen.[184] Dazu steht ihnen die allgemeine Feststellungsklage (§ 256 ZPO) zur Verfügung.[185]

82 Die Abwicklung ist vorrangige, aber nicht unvermeidliche Folge der Auflösung. Soweit die Fortsetzung nicht ausgeschlossen ist (→ § 274 Rn. 2 ff.), kommt auch jetzt noch eine Umwandlung (vgl. § 3 Abs. 3 UmwG) oder die Fortsetzung in Betracht (→ Rn. 89). Diese Optionen müssen die Vertreter der AG bedenken, weshalb die Auflösung für sie ein **Reaktionsgebot** auslöst.[186] Ist die Abwicklung abgeschlossen oder entfällt sie, wird die Gesellschaft im Handelsregister **gelöscht** (§ 273 Abs. 1). Damit verliert sie die Eigenschaft als voll rechts- und parteifähige juristische Person. Besteht dennoch Abwicklungsbedarf, existiert die AG als teilrechtsfähige Nachgesellschaft fort (→ Rn. 90 f.).

83 2. **Zivilrechtliche Folgen.** Für das allgemeine Zivilrecht ist die Auflösung grundsätzlich **ohne Bedeutung.** Die aufgelöste AG behält weiterhin ihre **Rechts- und Grundbuchfähigkeit** sowie ihre Gläubiger- und Schuldnerstellung. Durch ihre Abwickler ist die AG auch weiter handlungsfähig. Prokuren und **Vollmachten** bleiben bestehen (arg. § 269 Abs. 3, § 52 Abs. 3 HGB).[187] Besonderheiten gelten nur im Insolvenzverfahren: Hier erlöschen erteilte Vollmachten (§ 117 InsO) und verliert die AG ihre Verfügungsbefugnis (Einzelheiten → § 264 Rn. 8 ff.). Erst mit der **Löschung** endet die Rechtsfähigkeit der AG. Nach hM gehen dann auch die gegen sie gerichteten Verbindlichkeiten unter (str., näher → § 273 Rn. 12). Bis dahin bestehen auch noch persönliche Dienstbarkeiten fort (vgl. § 1061 S. 2 BGB).

84 Auch für das **Prozessrecht** ergeben sich grundsätzlich keine Änderungen. Die aufgelöste AG behält ihre Parteifähigkeit und bleibt durch ihre Abwickler prozessfähig. Nur bei Ausfall eines Abwicklers kann es zu einer vorübergehenden Prozessunterbrechung kommen.[188] Ist die AG vermögenslos (insbesondere nach Auflösung gem. § 262 Abs. 1 Nr. 4), kann sie jedoch grundsätzlich **nicht** mehr in gewillkürter **Prozessstandschaft** fremde Rechte einklagen, weil es ihr insoweit an einem schutzwürdigen eigenen Interesse fehlt.[189] Dadurch wird vermieden, dass eine löschungsreife Gesellschaft im Prozess vorgeschoben wird, um das Kostenrisiko auf den Gegner abzuwälzen. Zur prozessualen Situation nach Löschung → § 273 Rn. 13 f. und 30.

85 Im Rahmen der **Vertragsfreiheit** können an den Tatbestand der Auflösung besondere Folgen (zB Kündigungsrechte, Erlöschen von Vollmachten, Fälligkeit von Forderungen) geknüpft werden. Ob das gewollt ist, ist im Zweifelsfall durch (ergänzende) Vertragsauslegung zu ermitteln. Einen „wichtigen Grund" zur Beendigung von Dauerschuldverhältnissen (§ 314 BGB) gibt die Auflösung nur ausnahmsweise.[190] Zu den Folgen für **Beherrschungs- und Gewinnabführungsverträge** → § 297 Rn. 36 ff.).

---

[182] Vgl. *Teichmann/Knaier* IWRZ 2016, 243 (245 f.).
[183] Vgl. (zur Limited) BGHZ 212, 381 = NZG 2017, 347; OLG Brandenburg ZIP 2016, 671; OLG Hamm NZG 2014, 703; KG Berlin NZG 2014, 901.
[184] BGHZ 169, 270 Rn. 23 ff. = NZG 2007, 20 (zur Vor-AG).
[185] BGHZ 169, 270 Rn. 23 ff. = NZG 2007, 20 (zur Vor-AG).
[186] *Paura*, Liquidation und Liquidationspflichten von Organen und Mitgliedern nach Auflösung der Gesellschaft, 1996, 77; *Riek*, Das Liquidationsstadium der AG, 2003, 38.
[187] RegBegr. *Kropff* S. 359; Kölner Komm AktG/*Winnen* § 269 Rn. 6; Scholz/*K. Schmidt* GmbHG § 69 Rn. 7; MüKoHGB/*Krebs* HGB § 52 Rn. 29; aA (unzutreffend) LG Halle NZG 2005, 442; richtig (für die KG) OLG München NZG 2011, 1183.
[188] Vgl. Kölner Komm AktG/*Kraft*, 2. Aufl. 1996, Vor § 262 Rn. 27.
[189] BGHZ 96, 151; BGH NZG 2003, 688 (dort auch zu Ausnahmen).
[190] Vgl. BGHZ 24, 279 (294 f.) = NJW 1957, 1279 (1280); näher Kölner Komm AktG/*Kraft*, 2. Aufl. 1996, Vor § 262 Rn. 24 ff.

3. Steuerrechtliche Folgen. Auch steuerrechtlich führt die Auflösung der AG nicht zur Beendi- 85a
gung des Rechtsträgers, der damit in der Liquidation Steuerrechtssubjekt bleibt.[191] Selbst nach der
Löschung soll die AG noch steuerrechtsfähig bleiben, solange sie noch steuerrechtliche Pflichten zu
erfüllen hat.[192] Eine Steuerfestsetzung dürfte dann aber schon wegen der fehlenden Möglichkeit der
Realisation gem. § 156 Abs. 2 Nr. 1 AO unterbleiben.[193]

4. Verwaltungsrechtliche Folgen. Spezielle Folgen können sich aus einzelnen Vorschriften des 86
Verwaltungsrechts ergeben. So kann eine aufgelöste AG ihren Status als **Beliehene** oder sonstige
öffentlich-rechtliche Privilegien (zB Genehmigungen) verlieren.[194] Ob das bereits mit Auflösung,
mit dem Verlust der Fortsetzungsfähigkeit (vgl. § 274) oder erst mit der Löschung geschieht, ist im
Einzelfall aus dem Sinnzusammenhang zu ermitteln. Dabei ist zu berücksichtigen, dass die Vokabel
„Auflösung" außerhalb des Verbandsrechts oft unzutreffend iSv „Untergang" gebraucht wird.[195]

5. Kapitalmarktrechtliche Folgen. Ist die AG börsennotiert (§ 3 Abs. 2), führt die Auflösung 87
nicht automatisch zum Erlöschen der Zulassung, doch kann sie Grund zu Aussetzung, Einstellung
oder Widerruf der Notierung gem. § 39 BörsG sein. Voraussetzung dafür ist, dass ein „ordnungsgemäßer Börsenhandel" nicht mehr gewährleistet ist, wofür der bloße Eintritt ins Liquidationsstadium
jedenfalls dann nicht genügt, solange noch eine Liquidationsquote zu erwarten ist.[196] Ferner löst die
Auflösung kapitalmarktrechtliche **Publizitätspflichten** aus: So ist die AG gem. Art. 17 MAR (ehemals § 15 WpHG) verpflichtet, die Auflösung im Rahmen einer **Ad-hoc-Mitteilung** publik zu
machen, da es sich jedenfalls bis zur Eintragung und Bekanntmachung (§ 10 HGB) um eine nicht
öffentlich bekannte, kursrelevante Tatsache und damit um eine Insiderinformation iSv Art. 7 MAR
(ehemals § 13 WpHG) handelt.[197] Bei geplanter Sanierung kommt allerdings ein Aufschub gem.
Art. 17 Abs. 4 MAR (ehemals § 15 Abs. 3 WpHG) in Betracht. Zugleich wird das Insiderhandelsverbot (Art. 14 MAR; ehemals § 14 WpHG) aktiviert.

Die **Zuständigkeit** für die Erfüllung der (sanktionsbewehrten) Publizitätspflichten liegt beim 88
Vorstand bzw. – falls schon im Amt – bei den Abwicklern. Im Insolvenzverfahren verbleibt die
Kompetenz beim Vorstand,[198] doch ist der Insolvenzverwalter zu dessen Unterstützung verpflichtet,
insbesondere indem er aus der Insolvenzmasse die erforderlichen Mittel zur Verfügung stellt (§ 11
WpHG, § 43 BörsG).

6. Fortsetzung der aufgelösten Gesellschaft. Eine Wiederaufnahme der werbenden Tätigkeit 89
kommt nur nach § 274 in Betracht (s. näher dort). Setzt der Vorstand trotz Auflösung die werbende
Tätigkeit der AG fort, ohne einen Fortsetzungsbeschluss herbeizuführen, handelt er selbst dann
pflichtwidrig, wenn dies mit (stillschweigender) Billigung der Aktionäre geschieht.[199] Wollen diese
die Fortsetzung der Gesellschaft, bedarf es dazu eines ausdrücklichen **Hauptversammlungsbeschlusses** (§ 274). Gegen die eigenmächtige Fortsetzung der aufgelösten Gesellschaft kann sich jeder
Aktionär mit einer Unterlassungsklage zur Wehr setzen,[200] denn darin liegt sowohl ein Übergriff in
Hauptversammlungskompetenzen als auch ein nicht hinzunehmender Eingriff in die Mitgliedschaft.
Umgekehrt kann auch die Durchführung der Abwicklung im Wege der Aktionärsklage durchgesetzt
werden.[201]

7. Fortbestand gelöschter Gesellschaften („Nachgesellschaft")? Ist die AG im Register 90
gelöscht worden und besteht auch keinerlei Abwicklungsbedarf mehr, dann ist ihre Existenz beendet.
Fraglich ist die Rechtslage, wenn trotz Löschung noch **Abwicklungsbedarf,** insbesondere in Gestalt
von Vermögensgegenständen, vorhanden ist. Nach älterer Lehre kam es für die Existenz der AG als
solcher allein auf das Vorhandensein von Vermögen an. Die Löschung der vermögenslosen AG im

---

[191] Zur Frage, ob die Liquidation zu einem steuerpflichtigen Gewinn führt, s. FG Köln GmbHR 2012, 980 m. Anm. *Frey/Mückl; Haase/Dorn* BB 2011, 2907.
[192] Vgl. BFH v. 28.1.2004 = BFH/NV 2004, 670.
[193] FG Köln GmbHR 2012, 977 (979).
[194] Vgl. zB § 19 Abs. 1 ElektroG; zum automatischen Verlust der Börsengenehmigung bei Auflösung der Trägergesellschaft Schwark/*Beck* KMRK § 1 BörsG Rn. 15; *Kümpel* Bank- und Kapitalmarktrecht Rn. 17.279 (mit Fn. 4).
[195] Vgl. zB Schwark/*Beck* KMRK BörsG § 1 Rn. 15: Verlust der Genehmigung mit Auflösung, weil Träger damit untergehe.
[196] Vgl. Schwark/*Heidelbach* KMRK BörsG § 38 Rn. 5, 17, 21; *Haas* in Gottwald/*Haas* InsR-HdB § 93 Rn. 36.
[197] Vgl. *Haas* in Gottwald InsR-HdB § 93 Rn. 11.
[198] Vgl. BVerwG NJW-RR 2005, 1207 = NZG 2005, 895 (LS).
[199] *Heerma*, Mantelverwendung und Kapitalaufbringungspflichten, 1997, 90.
[200] Vgl. BGHZ 83, 122 – Holzmüller; dazu nun *Baums*, Gutachten für den 63. DJT, 2000, F 197 ff.
[201] So schon RGZ 136, 185 (187), dem eine starke Ansicht bis heute folgt, s. MüKoAktG/*Koch* Rn. 28; ebenfalls Kölner Komm AktG/*Kraft*, 2. Aufl. 1996, Rn. 15.

Register sollte danach lediglich **deklaratorische** Bedeutung haben.[202] Das ist insofern richtig, als bei Vorhandensein von Vermögen trotz Löschung noch von einem Rechtsträger auszugehen ist (zu dessen streitiger Rechtsnatur sogleich → Rn. 91).[203] Umgekehrt gilt das aber nicht: Solange die AG nicht im Handelsregister gelöscht ist, besteht sie selbst dann als solche fort, wenn sie über kein Vermögen mehr verfügt.[204] Nur so ist auch zu erklären, dass eine vermögens- oder unternehmenslose, aber noch eingetragene AG weiter als „Mantel" verwendet werden kann.[205] Insofern wirken Eintragung und Löschung also **konstitutiv.**[206]

91 Fraglich ist indes, wem Vermögensgegenstände der gelöschten AG zuzuordnen sind, deren Vorhandensein sich erst im Nachhinein herausstellt. Das Gesetz ordnet nur an, dass in diesem Fall eine Nachtragsliquidation stattzufinden hat (§ 264 Abs. 2, § 273 Abs. 4), verhält sich aber nicht zur Frage des Rechtsträgers. In der Lehre werden dazu im Wesentlichen drei Ansichten vertreten: Die erste, heute kaum mehr vertretene betrachtet die gelöschte, aber noch über Vermögen verfügende AG als teilrechtsfähige **Gesamthand** der ehemaligen Aktionäre, auf die das (Rest-)Vermögen der AG im Wege der Gesamtrechtsnachfolge übergehe.[207] Die im GmbH-Recht herrschende Lehre geht vom Fortbestand der **juristischen Person** aus, weil deren Ende zusätzlich zur Löschung den Verlust sämtlichen Vermögens voraussetze. Im Unterschied zur alten deklaratorischen Doktrin soll es für das Ende der juristischen Person sowohl auf den Verlust des Vermögens als auch auf die Registerlöschung ankommen („Lehre vom Doppeltatbestand").[208] Ein im Vordringen begriffener, im Aktienrecht inzwischen schon herrschender Ansatz nimmt das Vorliegen einer „**Nachgesellschaft**" an, welche zwar mit der AG identisch sei (insofern in Übereinstimmung mit der Lehre vom Doppeltatbestand), jedoch mangels Registereintrags nicht als juristische Person, sondern, spiegelbildlich zur Vor-AG, als körperschaftlich strukturiertes Gebilde eigener Art anzusehen sei.[209]

92 Stellungnahme: Zu folgen ist der Lehre von der **Nachgesellschaft**.[210] Gegen die Klassifizierung des gelöschten Rechtsträgers als Gesamthand sprechen ihre unpraktikablen Folgen, die sich etwa bei der Einmann-AG oder im Prozess zeigen. Auch versagt sie dort, wo trotz fehlenden Vermögens gleichwohl noch Abwicklungsbedarf besteht. Im Übrigen hat die überkommene Dichotomie von Gesamthand und juristischer Person mit der endgültigen Anerkennung der Rechtsfähigkeit von Vor- und Gesamthandsgesellschaften an Überzeugungskraft verloren.[211] Der Lehre vom Doppeltatbestand steht entgegen, dass sie die elementare Bedeutung des Registereintrags für die Existenz der juristischen Person außer Acht lässt.[212] Erst mit der Eintragung gelangt die AG „als solche" zur Entstehung (§ 41 Abs. 1), weshalb sie mit Löschung „als solche" wieder verschwinden muss. Zwar hängt die Rechtsfähigkeit eines Verbandes nicht notwendig von seiner Eintragung ab (vgl. § 124 HGB). Nicht jeder Rechtsträger ist aber juristische Person (vgl. nur § 11 Abs. 2 InsO). Mit Verlust der Eintragung

---

[202] In diesem Sinne noch BGHZ 53, 264 (266) = NJW 1970, 1044; BGHZ 48, 303 (307) = NJW 1968, 297; RGZ 156, 23 (26 f.); RGZ 149, 293 (296); Großkomm AktG/*Wiedemann*, 3. Aufl. 1973, § 273 Anm. 3, 5.
[203] Vgl. aus neuerer Zeit nur BGH NJW 2015, 2424 (2425); BGH NZG 2005, 278.
[204] Heute zunehmend unstr., grundlegend *Hönn* ZHR 138 (1974) 50 ff.; vgl. ferner BayObLG NZG 1998, 228 = NJW-RR 1998, 228; OLG Stuttgart AG 1999, 280 (281) = NZG 1999, 31 (32); OLG Stuttgart ZIP 1986, 647 (648) = NJW-RR 1998, 836; *Buchner*, Amtslöschung, Nachtragsliquidation und masselose Insolvenz, 1988, 105; *Heller*, Die vermögenslose GmbH, 1989, 84 f.; *H. Schmidt*, Zur Vollbeendigung juristischer Personen, 1989, 131 f.; MüKoAktG/*Koch* Rn. 87; Hüffer/Koch/*Koch* Rn. 23 und § 273 Rn. 7; Kölner Komm AktG/*Winnen* § 273 Rn. 20; Hachenburg/*Ulmer* GmbHG Anh. § 60 Rn. 37; anders aber noch die Rechtsauffassung im Vereinsrecht, vgl. OLG Düsseldorf NZG 2005, 363 f.
[205] Vgl. *Heerma*, Mantelverwendung und Kapitalaufbringungspflichten, 1997, 66 ff.; zur Möglichkeit der Mantelverwendung nur BGHZ 155, 318.
[206] Kölner Komm AktG/*Winnen* Rn. 112, § 273 Rn. 20.
[207] So noch *Hüffer* GS Schultz, 1987, 99 (103 ff.); Bürgers/Körber/*Füller* § 264 Rn. 4.
[208] So insbes. Großkomm AktG/*K. Schmidt* § 273 Rn. 2; *K. Schmidt* GmbHR 1988, 209 (211); dem folgend K. Schmidt/Lutter/*Riesenhuber* Rn. 15; für das GmbH-Recht nur OLG Düsseldorf NZG 2004, 916 (918); OLG Stuttgart NZG 1999, 31 f.; Baumbach/Hueck/*Haas* GmbHG § 60 Rn. 6 f.; Modifikation zum „Dreifachtatbestand" bei *Galla* GmbHR 2006, 635 (637) (fehlendes Vermögen und fehlender sonstiger Abwicklungsbedarf).
[209] *Bachmann* FS Lindacher, 2017, 23 (27 ff.); Hüffer/Koch/*Koch* Rn. 23a; MüKoAktG/*Koch* Rn. 92; Kölner Komm AktG/*Winnen* Rn. 115; der Sache nach auch Großkomm AktG/*K. Schmidt* Rn. 16; Roth/Altmeppen/*Altmeppen* GmbHG § 65 Rn. 23 f.; wegbereitend *Lindacher* FS Henckel, 1995, 549 (553 ff.), im Anschluss an die Arbeiten von *Buchner*, Amtslöschung, Nachtragsliquidation und masselose Insolvenz, 1988, 115 ff., *Heller*, Die vermögenslose GmbH, 1989, 128 ff. und *H. Schmidt*, Zur Vollbeendigung juristischer Personen, 1989, 138 ff.; im Ansatz bereits *Hönn* ZHR 138 (1974) 50 (74 ff.) (Fiktion des Fortbestehens der gelöschten AG).
[210] Eingehend *Bachmann* FS Lindacher, 2017, 23 (27 ff.).
[211] Vgl. nur *Bachmann* NZG 2001, 961 (962).
[212] *Heerma*, Mantelverwendung und Kapitalaufbringungspflichten, 1997, 84; MüKoAktG/*Koch* Rn. 90; grds. *Hönn* ZHR 138 (1974) 50 (74 ff.).

bleibt die noch vermögende AG daher **rechtsfähig**, weil und insoweit sie handlungsfähig ist.[213] Sie büßt aber ihre Autonomie ein, da sie unter gerichtlicher Kuratel steht und nur noch durch Neugründung, nicht aber im Wege der Fortsetzung wiederbelebt werden kann (→ § 274 Rn. 14). Dem trägt die Klassifizierung als „Nachgesellschaft" angemessen Rechnung. Sie ist auch elastisch genug, um Einzelfragen der Nachtragsliquidation sach- und praxisgerecht lösen zu können.[214] Soweit die Abwicklung des Inlandsvermögens einer gelöschten Auslandsgesellschaft in Rede steht, geht im Übrigen auch die Rechtsprechung von einer rechtsfähigen Nachgesellschaft („Restgesellschaft") aus.[215]

VII. Auflösungsschutz und Liquidationskontrolle

Auflösung und Liquidation tangieren erheblich das Interesse von Gläubigern und Aktionärsminderheit. Die privatautonome Auflösung müssen **Gläubiger** hinnehmen, bei defizitärem Vermögen Schutz im Insolvenzverfahren suchen. Im Übrigen kann durch eine gläubigerfreundliche Auslegung der Liquidationsvorschriften geholfen werden. Die **Minderheit** erfährt zweifachen Schutz: Zum einen im Rahmen einer „Liquidationseingangskontrolle" durch erhöhte Beschlussanforderungen und richterliche Kontrolle (→ Rn. 24, → 31), zum anderen durch die zwingenden Vorschriften der Abwicklung, deren Umgehung sich freilich nicht immer effektiv verhindern lässt (→ § 264 Rn. 5 ff.). Das Spruchverfahren steht ihnen dagegen nicht zur Verfügung.[216]

93

VIII. Löschung wegen Vermögenslosigkeit (§ 394 FamFG)

1. Normtext. § 394 FamFG lautet:

94

(1) ¹Eine Aktiengesellschaft, Kommanditgesellschaft auf Aktien, Gesellschaft mit beschränkter Haftung oder Genossenschaft, die kein Vermögen besitzt, kann von Amts wegen oder auf Antrag der Finanzbehörde oder der berufsständischen Organe gelöscht werden. ²Sie ist von Amts wegen zu löschen, wenn das Insolvenzverfahren über das Vermögen der Gesellschaft durchgeführt worden ist und keine Anhaltspunkte dafür vorliegen, dass die Gesellschaft noch Vermögen besitzt.

(2) ¹Das Gericht hat die Absicht der Löschung den gesetzlichen Vertretern der Gesellschaft oder Genossenschaft, soweit solche vorhanden sind und ihre Person und ihr inländischer Aufenthalt bekannt ist, bekannt zu machen und ihnen zugleich eine angemessene Frist zur Geltendmachung des Widerspruchs zu bestimmen. ²Auch wenn eine Pflicht zur Bekanntmachung und Fristbestimmung nach Satz 1 nicht besteht, kann das Gericht anordnen, dass die Bekanntmachung und die Bestimmung der Frist durch Bekanntmachung in dem für die Bekanntmachung der Eintragungen in das Handelsregister bestimmten elektronischen Informations- und Kommunikationssystem nach § 10 des Handelsgesetzbuch erfolgt; in diesem Fall ist jeder zur Erhebung des Widerspruchs berechtigt, der an der Unterlassung der Löschung ein berechtigtes Interesse hat. ³Vor der Löschung sind die in § 380 bezeichneten Organe, im Fall einer Genossenschaft der Prüfungsverband, zu hören.

(3) Für das weitere Verfahren gilt § 393 Abs. 3 bis 5 entsprechend.

(4) (betr. OHG und KG)

2. Normzweck. Die Löschung wegen Vermögenslosigkeit dient der „Entrümpelung des Registers von juristisch personifizierten Karteileichen".[217] Sie beruht auf § 2 des Löschungsgesetzes v. 9.10.1934, welcher im Rahmen der Insolvenzrechtsreform in FamFG (bis zum 1.9.2009: FGG) und AktG integriert wurde.[218] Die vermögenslose AG ist als juristische Person noch existent, aber funktionslos. Zwar könnte sie theoretisch als leerer „Mantel" weiter bestehen, doch wird das angesichts der offensichtlichen Missbrauchsgefahren und im Interesse des guten Rufs dieser Rechtsform vom Gesetz nicht geduldet. Insoweit geht es um **Institutionenschutz**. In Fortführung dieses Gedankens hat die Rechtsprechung die Verwertung selbst solcher Mäntel, die noch mit einem Restvermögen ausgestattet sind, durch analoge Anwendung der Gründungsvorschriften unattraktiv gemacht.[219]

95

---

[213] *H. Schmidt*, Zur Vollbeendigung juristischer Personen, 1989, 146 (im Anschluss an *John*, Die organisierte Rechtsperson, 1977).
[214] Eingehend → § 273 Rn. 20 ff.
[215] Vgl. BGHZ 212, 381 = NZG 2017, 347 Rn. 13: „als Restgesellschaft weiterbestehender Rechtsträger".
[216] OLG Düsseldorf AG 2005, 771.
[217] *K. Schmidt* GmbHR 1994, 829 (832).
[218] Zur Historie *K. Schmidt* GmbHR 1994, 829 ff.; MüKoAktG/*Koch* Rn. 5, 76.
[219] Vgl. BGHZ 155, 318; grds. Kritik bei *Heerma*, Mantelverwendung und Kapitalaufbringungspflichten, 1997, 108 ff.

96 Zugleich soll die Norm dem **Gläubigerschutz** dienen.[220] Geschützt werden aber nur (potentielle) Neugläubiger, die vor Kontakt mit einer generell kreditunwürdigen Rechtsperson bewahrt werden. Dabei dürfen die Interessen der Altgläubiger nicht aus dem Blick geraten, denen der Zugriff auf etwa noch vorhandenes (verstecktes) Vermögen durch die Löschung erschwert wird.[221] Bei der Anwendung und Auslegung der Norm ist daher zwischen den Belangen beider Gläubigerkreise abzuwägen, wobei nach der Intention des Gesetzes dem Neugläubigerschutz im Zweifel der Vorrang gebührt.

96a **3. Rechtspolitische Würdigung.** Das Löschungsrecht ist **unbefriedigend.** Angesichts der strengen Anforderungen, welche einige Oberlandesgerichte an die Löschung nach § 394 FamFG stellen (dazu → Rn. 97 ff.), haben die Registergerichte oftmals keine Handhabe, unseriöse und inaktive Gesellschaften, die weder ihren gesetzlichen Pflichten nachkommen noch irgendwie erreichbar sind, aus dem Register zu tilgen. Die Sachverhalte der einschlägigen Entscheidungen, in denen Nachfragen des Gerichts unbeantwortet bleiben, sprechen für sich. Angesichts dessen ist eine Regelung wünschenswert, wonach Kapitalgesellschaften von Amts wegen zu löschen sind, wenn sie unter keiner zustellungsfähigen Adresse zu erreichen sind und auch keine empfangsberechtigte Person nach § 39 Abs. 1 S. 2 zur Verfügung steht. Alternativ könnte zum Schutz des Rechtsverkehrs ein entsprechender Warnvermerk in das Handelsregister aufgenommen werden.[222]

97 **4. Löschungsvoraussetzungen. a) Vermögenslosigkeit (§ 394 Abs. 1 S. 1 FamFG).** Zentrales Tatbestandsmerkmal ist die **Vermögenslosigkeit.** Sie liegt vor, wenn die Gesellschaft über kein Aktivvermögen mehr verfügt, Passiva bleiben außer Betracht (Saldierungsverbot).[223] Ob die Gesellschaft dauerhaft „lebensunfähig" oder nur vorübergehend „stillgelegt" ist, spielt keine Rolle.[224] Wiederbelebungsabsichten können nur bei der Ermessensausübung, und dort nur in engen Grenzen berücksichtigt werden. Vermögenslosigkeit ist entgegen Teilen der Rechtsprechung[225] auch dann zu bejahen, wenn nur noch **verschwindend geringes** Vermögen vorhanden ist.[226] Andernfalls könnten sich die Gesellschafter der Löschung allzu leicht entziehen. Ein fixer Grenzwert lässt sich nicht angeben, doch steht zB ein Guthaben von 3000 € der Löschung im Wege.[227] Überschuldung, fehlende Zahlungsmoral, Führungslosigkeit oder Gewerbeaufgabe rechtfertigen die Annahme der Vermögenslosigkeit für sich genommen nicht, doch kann ihre Summe ein ausreichendes Indiz dafür abgeben.[228] Maßgeblich ist, ob nach Kosten-Nutzen-Analyse die Liquidation oder Zwangsvollstreckung wirtschaftlich sinnlos wäre.[229] Ansatz und Bewertung etwaiger Vermögensgegenstände bestimmen sich nach bilanzrechtlichen Grundsätzen,[230] doch können auch Gegenstände außerhalb der Bilanz einen relevanten Liquidationswert haben.[231] Goodwill und Firmenmantel stellen unstreitig keinen solchen Wert dar.[232]

---

[220] OLG München NZG 2011, 709; Hüffer/Koch/*Koch* Anh. § 262 Rn. 1; MüKoAktG/*Koch* Rn. 75.
[221] Vgl. AG Duisburg ZIP 2007, 690: vorgetäuschte Vermögenslosigkeit zwecks „Firmenbestattung"; OLG München NZG 2011, 709: Antrag auf Amtslöschung nach „stiller Liquidation".
[222] *Kruck* ZIP 2011, 1550.
[223] Statt aller Hüffer/Koch/*Koch* Anh. § 262 Rn. 4; MüKoAktG/*Koch* Rn. 78; zum problem von über die Wertgrenze belasteten Grundstücken s. OLG Düsseldorf NJW-RR 1997, 870.
[224] *Heller*, Die vermögenslose GmbH, 1989, 24 f., 29 f.; nach anderen Formulierungen soll es auf die Lebensunfähigkeit ankommen, welche durch die Vermögenslosigkeit lediglich indiziert werde, in diesem Sinne Hüffer/Koch/*Koch* Anh. § 262 Rn. 2; MüKoAktG/*Koch* Rn. 78.
[225] OLG Brandenburg NJW-RR 2001, 176 (177); OLG Karlsruhe NJW 2000, 630; OLG Düsseldorf NJW-RR 1997, 870; OLG Frankfurt ZIP 1983, 309; OLG Frankfurt WM 1983, 281 = ZIP 1983, 312; abw. BayObLG ZIP 1984, 175.
[226] Vgl. BayObLG NJW-RR 1999, 1054 = NZG 1999, 399; BayObLG GmbHR 1995, 530 (531); Hüffer/Koch/*Koch* § 262 Anh. Rn. 4; MüKoAktG/*Koch* Rn. 78; in diese Richtung gehend Kölner Komm AktG/*Winnen* Rn. 97; Scholz/*K. Schmidt/Bitter* GmbHG § 60 Rn. 49; *Heller*, Die vermögenslose GmbH, 1989, 31 ff.; *Pape* KTS 1994, 157 (162).
[227] Vgl. OLG Düsseldorf ZIP 2014, 874; OLG Düsseldorf GmbHR 2011, 311; OLG Frankfurt GmbHR 2006, 94.
[228] Vgl. OLG Frankfurt NZG 2015, 759; OLG Karlsruhe ZIP 2015, 39, 40; OLG Düsseldorf GmbHR 2012, 1305.
[229] Vgl. OLG Karlsruhe ZIP 2015, 39, 40; *Heller*, Die vermögenslose GmbH, 1989, 9 (35); Großkomm AktG/*K. Schmidt* § 264 Rn. 17; wohl auch Kölner Komm AktG/*Winnen* Rn. 97.
[230] OLG Brandenburg NJW-RR 2001, 176 (177); BayObLG ZIP 1985, 33 f.; BayObLG BB 1982, 1590; OLG Frankfurt ZIP 1983, 312; Hüffer/Koch/*Koch* Anh. § 262 Rn. 4.
[231] Einzelheiten bei *Heller*, Die vermögenslose GmbH, 1989, 14 ff.; *Buchner*, Amtslöschung, Nachtragsliquidation und masselose Insolvenz, 1988, 6 ff.
[232] OLG Frankfurt OLGZ 1978, 48; *Heller*, Die vermögenslose GmbH, 1989, 15 f.; Kölner Komm AktG/*Winnen* Rn. 99; Scholz/*K. Schmidt/Bitter* GmbHG § 60 Rn. 49; Keidel/*Heinemann* FamFG § 394 Rn. 9.

Das Gericht darf die Absicht der Löschung erst dann bekanntmachen, wenn es seine diesbezügli- 98
chen Ermittlungen wenigstens vorläufig abgeschlossen hat.[233] An die (begrenzten) Erkenntnismöglichkeiten des Gerichts dürfen jedoch keine überzogenen Anforderungen gestellt werden.[234] Die obergerichtliche Rechtsprechung verfährt hier gleichwohl **streng** und fordert unter Hinweis auf den Amtsermittlungsgrundsatz (§ 26 FamFG) und die schwerwiegenden Folgen der Löschung, dass deren Voraussetzungen „besonders genau und gewissenhaft" geprüft werden.[235] Die bloße Vorlage eines Bankauszugs soll danach die Löschung bereits hindern können.[236] Fehlendes Bemühen, den Verdacht der Vermögenslosigkeit zu entkräften, oder Unerreichbarkeit der Gesellschaft können jedoch weitere Ermittlungen erübrigen.[237] Umgekehrt ist darauf zu achten, dass die Vermögenslosigkeit von der Gesellschaft nicht nur **vorgetäuscht** wird, um durch Löschung den Zugriff der Gläubiger auf das Gesellschaftsvermögen zu vereiteln.[238] Bloße **Masselosigkeit** indiziert nicht schon Vermögenslosigkeit.[239] Nach Durchführung des Insolvenzverfahrens kann hingegen idR von Vermögenslosigkeit ausgegangen werden.[240] Bleiben die Abwickler dauerhaft – praktischer Richtwert: sechs Monate – untätig, kann auch das als Indiz für Vermögenslosigkeit gewertet werden.[241] Auch im Übrigen kann die Vermögenslosigkeit aus einem Indizienbündel geschlossen werden.[242] Maßgeblicher **Zeitpunkt** für die Vermögenslosigkeit ist die Löschungsverfügung.[243] Danach auftauchendes oder neu erworbenes Vermögen gibt keinen Anlass, die Löschung rückgängig zu machen.[244] Hier steht die Nachtragsliquidation (§ 264 Abs. 2) zur Verfügung.

Weitere Tatbestandsmerkmale kennt der Wortlaut nicht. Das ist korrekturbedürftig, weil § 264 99
Abs. 2 nach hL die Nachtragsliquidation einer nach § 394 Abs. 1 S. 1 FamFG gelöschten AG auch dann vorschreibt, wenn **sonstiger Abwicklungsbedarf** besteht (→ § 264 Rn. 29).[245] Es wäre aber widersinnig, eine AG zu löschen, wenn sogleich zur Nachtragsliquidation geschritten werden müsste. Gelöscht werden sollte bei sonstigem Abwicklungsbedarf daher nur dann, wenn die Organe der AG ersichtlich inaktiv bleiben.[246] Dann verschafft die Löschung dem Gericht die Befugnis, mit den Abwicklern andere Personen als Vertreter zu bestellen. Ansonsten sollte eine vermögenslose AG nicht gelöscht werden, solange noch **Erklärungen** abzugeben sind oder ein **laufender Prozess** nicht beendet ist.[247] Dafür sprechen neben den Interessen der Altgläubiger nicht zuletzt Gründe der Prozessökonomie.

b) Durchgeführtes Insolvenzverfahren (§ 394 Abs. 1 S. 2 FamFG). Das (reguläre, liquidie- 100
rende) Insolvenzverfahren ist mit Vollzug der Schlussverteilung (§ 196 InsO) „durchgeführt". Auf den Aufhebungsbeschluss (§ 200 InsO) kommt es für § 394 Abs. 1 S. 2 FamFG nicht an,[248] doch gibt seine Übermittlung an das Registergericht (§ 200 Abs. 1 S. 3 iVm § 31 InsO) diesem idR erst Anlass, das Löschungsverfahren einzuleiten. **Anhaltspunkte** für noch vorhandenes Vermögen liegen

---

[233] OLG Düsseldorf NZG 2017, 1109; OLG Düsseldorf ZIP 2017, 1717 (1718).
[234] Vgl. Buchner, Amtslöschung, Nachtragsliquidation und masselose Insolvenz, 1988, 10 f.; Müther Rpfleger 1999, 10 (13).
[235] St. Rspr., vgl. nur OLG Düsseldorf NZG 2017, 1109 (1110); OLG Karlsruhe ZIP 2015, 39 (40); OLG Köln GmbHR 2011, 596; OLG Karlsruhe NZG 2000, 150.
[236] So OLG Düsseldorf NZG 2014, 508 (509); OLG Düsseldorf GmbHR 2011, 311; strenger noch OLG Köln NJW-RR 1994, 726: kommentarloser Bankauszug nicht ausreichend.
[237] So richtig OLG München NZG 2013, 188 (189); zum alten FGG auch noch KG NZG 2006, 552.
[238] Vgl. AG Duisburg ZIP 2007, 690 (betr. missbräuchlicher Insolvenzantrag).
[239] Heller, Die vermögenslose GmbH, 1989, 30 f.; abw. Jansen/Steder FGG § 141a Rn. 22 („Anzeichen für Vermögenslosigkeit"); für Löschung analog § 2 LöschG (jetzt: § 394 FamFG) bei Masselosigkeit Buchner, Amtslöschung, Nachtragsliquidation und masselose Insolvenz, 1988, 165 ff.
[240] OLG Düsseldorf NZG 2017, 1109.
[241] Vgl. Vallender NZG 1998, 249 (250).
[242] Vgl. OLG Frankfurt NZG 2015, 759 (kein Geschäftsführer, kein Geschäftsbetrieb, erfolglose Pfändung).
[243] OLG Düsseldorf GmbHR 2011, 311 (312); Hüffer/Koch/Koch Anh. § 262 Rn. 2; MüKoAktG/Koch Rn. 82; so nun auch Kölner Komm AktG/Winnen Rn. 101; abw. noch Kölner Komm AktG/Kraft, 2. Aufl. 1996, Rn. 62 (Löschungseintragung).
[244] OLG Hamm NJW-RR 2002, 324 (325); OLG Frankfurt OLGZ 1994, 39 f.
[245] Vgl. OLG Frankfurt GmbHR 2006, 94; OLG Frankfurt NZG 2005, 844 (keine Löschung der vermögenslosen Komplementär-GmbH, solange diese noch bei der Abwicklung der KG mitzuwirken hat).
[246] Tendenziell auch MüKoAktG/Koch Rn. 79 (Löschung, wenn ausstehende Erklärung nicht alsbald zu erlangen).
[247] In diesem Sinne auch OLG Frankfurt WM 1982, 1266 f. (zur GmbH & Co); H. Schmidt, Zur Vollbeendigung juristischer Personen, 1989, 125; Bokelmann NJW 1977, 1130 (1132); Piorreck Rpfleger 1978, 157; K. Schmidt GesR § 11 V 6 c aE; Roth/Altmeppen/Altmeppen GmbHG § 65 Rn. 28, 35; aA BayObLG 1995, 9 (12 f.) = NJW-RR 1995, 612; Hüffer/Koch/Koch Anh. § 262 Rn. 4; MüKoAktG/Koch Rn. 79, § 264 Rn. 12; Keidel/Heinemann FamFG § 394 Rn. 8.
[248] Hüffer/Koch/Koch Anh. § 262 Rn. 6.

namentlich vor, wenn eine Nachtragsverteilung (§ 203 InsO) in Betracht kommt, insbesondere bei dafür zurückbehaltenen Beträgen (§ 203 Abs. 1 Nr. 1 iVm § 198 InsO), ansonsten, wenn ausgezahlte Beträge zurückfließen (§ 203 Abs. 1 Nr. 2 InsO) oder nachträglich noch Massevermögen ermittelt (§ 203 Abs. 1 Nr. 3 InsO) bzw. Massegegenstände vom Insolvenzverwalter freigegeben werden.

101   c) **Löschungsermessen?** Nach dem Wortlaut der Norm muss die Löschung nur im Falle von § 394 Abs. 1 S. 2 FamFG (durchgeführtes Insolvenzverfahren) erfolgen, im Übrigen „**kann**" gelöscht werden. Daraus wird gefolgert, das Gericht könne im Einzelfall (zB bei nachgewiesener Wiederbelebungsabsicht oder laufendem Passivprozess) von der Löschung absehen.[249] Nach gewichtigen Stimmen in der Literatur soll der Richter dagegen stets zur Löschung verpflichtet sein.[250] Zum Teil wird lediglich bei der Frage, ob der Tatbestand der Vermögenslosigkeit erfüllt ist, ein (rechtlich voll überprüfbarer) **Beurteilungsspielraum** zugestanden, innerhalb dessen Raum für eine Verhältnismäßigkeitsprüfung bleibe.[251]

102   Der vordringenden Lehre ist nicht zu folgen. Sowohl die Unsicherheiten bei der Feststellung der Vermögenslosigkeit als auch das Bedürfnis, von der Löschung aus praktischen Gründen (Vermeidung der Nachtragsliquidation) oder im Interesse von Altgläubigern oder Aktionären (vorerst) abzusehen, lassen einen gewissen **Spielraum** für den Richter **unverzichtbar** erscheinen. Ihn nicht auf der Tatbestands-, sondern auf der Rechtsfolgenseite anzusiedeln, entspricht dem klaren Wortlaut und der Systematik des Gesetzes. Selbstverständlich unterliegt die Ermessensausübung den üblichen Schranken. Für eine tiefere Kontrolldichte besteht im Unterschied zur Eintragungsprüfung (Aufbringung des Grundkapitals) kein Bedarf.

103   **5. Löschungswirkungen.** Mit Rechtskraft der Verfügung hört die juristische Person auf, als solche zu existieren. Hat sie wirklich kein Vermögen mehr und besteht auch kein sonstiger Abwicklungsbedarf, ist der Rechtsträger erloschen (**Vollbeendigung**, → Rn. 7). Bücher und Unterlagen sollen analog § 273 Abs. 2 aufzubewahren sein,[252] doch dürfte dafür regelmäßig kein Geld mehr vorhanden sein, womit diese – rechtspolitisch bedenklich – der Vernichtung anheim fallen.[253] Soweit die AG noch nicht aufgelöst war (zB durch Eröffnung des Insolvenzverfahrens), führt die Löschung zugleich zur Auflösung (§ 262 Abs. 1 Nr. 6). Relevant wird das (nur), wenn trotz der Löschung noch Gesellschaftsvermögen vorhanden ist. Dann liegt eine **Nachgesellschaft** vor, die im Wege der Nachtragsliquidation gem. § 264 Abs. 2 abzuwickeln ist (→ Rn. 90, 92). Die gelöschte Gesellschaft kann nicht durch Fortsetzungsbeschluss wiederbelebt werden (→ § 274 Rn. 14). Zu den Löschungswirkungen im Übrigen → § 273 Rn. 10 ff.

104   **6. FamFG-Verfahren.** Das Löschungsverfahren entspricht im Kern dem Verfahren der Amtsauflösung gem. § 399 FamFG; auf das dazu Gesagte wird verwiesen (→ Rn. 55 f.). Ergänzend ist folgendes anzumerken: Vorbehaltlich einer landesrechtlichen Sonderregelung (§ 19 Abs. 1 S. 1 Nr. 6 RPflG) ist auch hier der **Richter**, nicht der Rechtspfleger zuständig (§ 17 Nr. 1 lit. e RPflG). Das Löschungsverfahren wird nicht nur von Amts wegen, sondern auch auf Antrag der **Finanzbehörde** und seit 1.9.2009 nunmehr auch der berufsständischen Organe, etwa der zuständigen **IHK,** in Gang gesetzt.[254] Damit wurde die Stellung der Organe des Handelsstandes bewusst gestärkt.[255] Die Absicht der Löschung ist „den gesetzlichen Vertretern", also dem Vorstand, bekannt zu machen (vgl. § 394 Abs. 1 FamFG). Dabei soll das Gericht der Gesellschaft mitteilen, auf welche Tatsachen und Beweisergebnisse es seine Überzeugung der Vermögenslosigkeit stützt.[256] Im Fall der **Führungslosigkeit** ist die Bekanntmachung an den Aufsichtsrat zu richten (vgl. § 78 Abs. 1 S. 2).[257] Die Organe des

---

[249] So etwa OLG Karlsruhe NJW-RR 2000, 630 = NZG 2000, 150; OLG Frankfurt WM 1983, 281; BayObLG GmbHR 1979, 176 f.; OLG Karlsruhe JFG 13, 379 (381); OLG Frankfurt OLGZ 1978, 48 (50); *Piorreck* Rpfleger 1978, 157 (158); *Bokelmann* NJW 1977, 1130 (1132); *Winnefeld* BB 1975, 70 (72).
[250] Hüffer/Koch/*Koch* Anh. § 262 Rn. 7; MüKoAktG/*Koch* Rn. 98; so noch Kölner Komm AktG/*Kraft*, 2. Aufl. 1996, Rn. 63; nun allerdings aA Kölner Komm AktG/*Winnen* Rn. 106; für die GmbH insbes. Scholz/ *K. Schmidt/Bitter* GmbHG § 60 Rn. 55 f.
[251] So noch *Hüffer*, 10. Aufl. 2012, Anh. § 262 Rn. 9.
[252] *H. Schmidt*, Zur Vollbeendigung juristischer Personen, 1989, 114 (177); MüKoAktG/*Koch* § 273 Rn. 18 (Vorstandspflicht); Kölner Komm AktG/*Winnen* § 273 Rn. 27.
[253] *Buchner*, Amtslöschung, Nachtragsliquidation und masselose Insolvenz, 1988, 143 f.; *v. Godin/Wilhelmi* Anm. 6.
[254] Vgl. OLG Rostock NZG 2011, 1160.
[255] Vgl. dazu *Ries* NZG 2009, 654 (656).
[256] So OLG Köln GmbHR 2011, 596; zweifelnd OLG München NZG 2013, 188 (189); offenlassend OLG Düsseldorf GmbHR 2012, 1305 (1307).
[257] Vgl. *Ries* NZG 2009, 654 (656).

Handelsstands sind zu hören (§ 394 Abs. 2 S. 3 FamFG), doch handelt es sich lediglich um eine Ordnungsvorschrift.

Innerhalb einer vom Gericht gesetzten, angemessenen Frist kann **Widerspruch** erhoben werden. Befugt dazu sind stets Vorstand und Aufsichtsrat, ansonsten jeder, der an der Unterlassung der Löschung ein berechtigtes Interesse hat, jedoch nur, wenn auf Anordnung des Gerichts Bekanntmachung und Fristsetzung wenigstens im Bundesanzeiger **veröffentlicht** wurden (§ 394 Abs. 2 S. 2 FamFG iVm § 10 HGB). Im Interesse des Gläubigerschutzes ist von dieser Möglichkeit großzügig Gebrauch zu machen. Gegen die den Widerspruch zurückweisende oder ihm stattgebende Entscheidung ist die **Beschwerde** statthaft (§ 394 Abs. 3 iVm § 393 Abs. 3 S. 2 FamFG). Dritte sind nicht beschwerdebefugt.[258] Die bereits gelöschte Gesellschaft wird während des Beschwerdeverfahrens als fortbestehend angesehen.[259] Der Gesellschaft, die ihre eigene Löschung nach § 394 angeregt hat, steht indes kein Beschwerderecht zu.[260] 105

Bleibt der Widerspruch aus oder wird er rechtskräftig zurückgewiesen, erfolgt die **Löschung**. Dagegen ist außer der Anhörungsrüge, § 44 FamFG, kein Rechtsbehelf gegeben (vgl. § 383 Abs. 3 FamFG). Bei schweren Verfahrensfehlern (zB Löschung vor Entscheidung über den Widerspruch, keine ausreichende Ermittlung der Vermögenslosigkeit) kann die Löschung aber gem. § 395 Abs. 2 FamFG von Amts wegen gelöscht werden (**„Löschung der Löschung"**).[261] Dass sich nachträglich noch Vermögen findet, die Vermögenslosigkeit also irrtümlich angenommen wurde, genügt dafür nicht. In diesem Fall ist vielmehr eine Nachtragsliquidation nach § 264 Abs. 2 durchzuführen.[262] 106

§ 263 Anmeldung und Eintragung der Auflösung

¹Der Vorstand hat die Auflösung der Gesellschaft zur Eintragung in das Handelsregister anzumelden. ²Dies gilt nicht in den Fällen der Eröffnung und der Ablehnung der Eröffnung des Insolvenzverfahrens (§ 262 Abs. 1 Nr. 3 und 4) sowie im Falle der gerichtlichen Feststellung eines Mangels der Satzung (§ 262 Abs. 1 Nr. 5). ³In diesen Fällen hat das Gericht die Auflösung und ihren Grund von Amts wegen einzutragen. ⁴Im Falle der Löschung der Gesellschaft (§ 262 Abs. 1 Nr. 6) entfällt die Eintragung der Auflösung.

Übersicht

	Rn.		Rn.
I. Normzweck	1, 2	1. Eintragung der angemeldeten Auflösung	7, 8
II. Anmeldung	3–6	a) Prüfung durch das Gericht	7
1. Gegenstand der Anmeldung	3	b) Inhalt der Eintragung	8
2. Inhalt, Form und Anlagen	4, 5	2. Eintragung von Amts wegen	9–11
3. Zuständigkeit	6	3. Keine Eintragung (S. 4)	12
III. Eintragung	7–13	4. Wirkung	13

I. Normzweck

Die Vorschrift dient der **Publizität** der Auflösung. Da die Auflösung die Interessen der Anteilseigner und der Gläubiger berührt, ist es geboten, diesen über das Medium des Handelsregisters die Möglichkeit der Unterrichtung zu verschaffen.[1] Gleichzeitig legt die Norm fest, dass nur bei privatautonomer Auflösung (§ 262 Nr. 1, Nr. 2) die Anmeldung durch Organe der Gesellschaft zu bewirken ist. Das ist Folge der grundsätzlichen Unterscheidung in privatautonome und sonstige Auflösungsgründe (→ § 262 Rn. 4). Ergänzt wird die Vorschrift durch § 266 (Anmeldung der Abwickler), § 273 Abs. 1 (Anmeldung des Schlusses der Abwicklung) und § 274 Abs. 3 (Anmeldung der Fortsetzung). **Parallelnormen:** § 65 Abs. 1 GmbHG, § 143 Abs. 1 HGB, §§ 74 f. BGB. 1

Rechtspolitisch ist die Publizität **verbesserungswürdig**. So ist die Angabe des Auflösungsgrundes nur bei der von Amts wegen vorzunehmenden Eintragung, nicht dagegen bei der auf Anmeldung 2

---

[258] Vgl. OLG Hamm GmbHR 2003, 902 (903); BayObLG GmbHR 1969, 38; Keidel/*Heinemann*, FamFG § 393 Rz. 26 (Ausnahme: Der Dritte kann eine unmittelbare Verletzung des eigenen Firmen- oder Namensrechts rügen).
[259] OLG Düsseldorf ZIP 2017, 1717; OLG Düsseldorf RNotZ 2016, 331.
[260] Vgl. OLG München NZG 2011, 709.
[261] OLG Düsseldorf NZG 2017, 1109; OLG Düsseldorf ZIP 2017, 1717; OLG Düsseldorf RNotZ 2016, 331; Keidel/*Heinemann* FamFG § 395 Rn. 50; Hüffer/Koch/*Koch* Anh. § 262 Rn. 9; MüKoAktG/*Koch* Rn. 100; Kölner Komm AktG/*Winnen* Rn. 108.
[262] OLG Düsseldorf RNotZ 2016, 331.
[1] Vgl. RegBegr *Kropff* S. 354.

hin erfolgenden vorgeschrieben (→ Rn. 4). Dagegen muss der Löschungsgrund nur bei Anmeldung (§ 273 Abs. 1), nicht hingegen bei Löschung wegen Vermögenslosigkeit angegeben werden. Im Interesse des Publikums, das mittels elektronischer Medien verstärkt auf das Handelsregister zugreift, ist insgesamt eine klarere Sprache erstrebenswert. Der Grund von Auflösung und Löschung und die Geschäftszeichen zugrunde liegender Beschlüsse sowie etwa anhängiger Insolvenzverfahren sollten stets im Register vermerkt sein. Die Registerpraxis trägt dem in Ansätzen bereits Rechnung.

II. Anmeldung

3 **1. Gegenstand der Anmeldung.** Anzumelden ist die **Auflösung,** jedoch nur in den Fällen des § 262 Abs. 1 Nr. 1 (Zeitablauf) und § 262 Abs. 1 Nr. 2 (Hauptversammlungsbeschluss). In den anderen in § 262 Abs. 1 genannten Fällen erfolgt die Eintragung von Amts wegen (Satz 2 und 3) oder entfällt ganz (Satz 4). Keiner Anmeldung bedarf es auch bei der Auflösung aus sonstigem Grund (vgl. § 262 Abs. 2), weil die einschlägigen Normen nicht auf § 263 verweisen (so § 396 Abs. 2) und/oder die Mitteilung und Eintragung ohnehin von Amts wegen erfolgt (vgl. § 38 Abs. 1 S. 3 KWG, § 7 Abs. 2 VereinsG).[2] Für die Einreichung des Nichtigkeitsurteils, dessen Eintragung ebenfalls zur Auflösung führt (§ 277), enthält § 275 Abs. 4 S. 2 eine Spezialregelung. Zweckmäßigerweise ist die Anmeldung der Auflösung mit derjenigen der **Abwickler** (§ 266) zu verbinden.

4 **2. Inhalt, Form und Anlagen.** Angemeldet wird die „**Auflösung der Gesellschaft**", nicht deren Grund (Umkehrschluss zu Satz 3). Dennoch empfiehlt es sich, auch den **Auflösungsgrund** zu benennen, weil das Gericht sonst seiner Prüfungsaufgabe nicht nachkommen kann.[3] Nicht anzumelden ist das Erlöschen von Prokuren etc, weil diese durch die Auflösung an sich nicht berührt werden (→ § 262 Rn. 83).[4] Die Anmeldung erfolgt in öffentlich **beglaubigter** Form (§ 12 HGB). Sie hat **unverzüglich,** dh ohne schuldhaftes Zögern (§ 121 Abs. 1 S. 1 BGB) zu erfolgen, was ein kurzes Hinausschieben im Einzelfall erlaubt.[5] Wurde zwischenzeitlich die Fortsetzung beschlossen, muss dennoch (vor oder mit dieser) die Auflösung angemeldet werden.[6] Das Registergericht kann die Anmeldung notfalls **erzwingen** (§ 14 HGB, §§ 388 ff. FamFG).

5 Der Anmeldung müssen **keine Anlagen** beigefügt werden. Das ergibt der Umkehrschluss zu anderen Vorschriften (zB § 266 Abs. 2, § 179a Abs. 3). Eine **Ausnahme** gilt, wenn die Auflösung aus Anlass der Übertragung des ganzen Gesellschaftsvermögens beschlossen wurde. Dann ist der Vertrag der Anmeldung beizufügen (§ 179a Abs. 3). Die Beifügung der Niederschrift des Auflösungsbeschlusses ist entbehrlich, weil dieser ohnehin zum Handelsregister einzureichen ist (vgl. § 130 Abs. 5). Zweckmäßigerweise werden die Anmeldung der Auflösung und die Einreichung der Beschlussniederschrift miteinander verbunden. Das gilt auch dann, wenn die Auflösung erst aus einer Satzungsänderung hervorgeht.[7] Im Übrigen liegt die Satzung, soweit sich aus ihr ein Auflösungsgrund ergibt, dem Gericht bereits vor. Insofern genügt die Bezugnahme.

6 **3. Zuständigkeit.** Die Anmeldung erfolgt durch den (ehemaligen) **Vorstand,** nicht durch die Abwickler.[8] Das entspricht dem Wortlaut und ist auch sinnvoll, weil die Anmeldung der ersten Abwickler ebenfalls dem Vorstand obliegt (str., → § 266 Rn. 6). Praktisch relevant wird die Frage, wenn Abwickler und (ehemalige) Vorstandsmitglieder nicht identisch sind (vgl. § 265 Abs. 1). Es genügt die Anmeldung in vertretungsberechtigter Zahl (§ 78). Anmeldung durch Bevollmächtigte ist theoretisch möglich (§ 12 Abs. 2 HGB), wegen der idR gleichzeitigen Anmeldung der Abwickler aber meistens nicht zweckmäßig (→ § 266 Rn. 7). Ist der Vorstand nicht mehr vollzählig, genügt Anmeldung durch die verbliebenen Vorstandsmitglieder.[9]

III. Eintragung

7 **1. Eintragung der angemeldeten Auflösung. a) Prüfung durch das Gericht.** Zuständig ist das Amtsgericht (Rechtspfleger, § 3 Nr. 2 lit. d RPflG) des Gesellschaftssitzes, § 377 FamFG. Es prüft

---

[2] MüKoAktG/*Koch* Rn. 3; Kölner Komm AktG/*Winnen* Rn. 3 f.
[3] Vgl. MüKoAktG/*Koch* Rn. 4; Kölner Komm AktG/*Winnen* Rn. 9.
[4] Anders LG Halle NZG 2005, 442: Keine Anmeldung, da Prokura mit Auflösung automatisch erlösche.
[5] Vgl. RGZ 145, 99 (103); Hüffer/Koch/*Koch* Rn. 2; MüKoAktG/*Koch* Rn. 8; Kölner Komm AktG/*Winnen* Rn. 8.
[6] MüKoAktG/*Koch* Rn. 6; Scholz/*K. Schmidt* GmbHG § 65 Rn. 5; aA die hL zum GmbH-Recht, vgl. nur Lutter/Hommelhoff/*Kleindiek* GmbHG § 65 Rn. 3; Baumbach/Hueck/*Haas* GmbHG § 65 Rn. 6.
[7] MüKoAktG/*Koch* Rn. 6.
[8] Hüffer/Koch/*Koch* Rn. 2; MüKoAktG/*Koch* Rn. 7; Großkomm AktG/*K. Schmidt* Rn. 4; aA *Krafka/Kühn* RegisterR Rn. 1645 und die hL zum GmbH-Recht, s. statt vieler Scholz/*K. Schmidt* GmbHG § 65 Rn. 7.
[9] Kölner Komm AktG/*Winnen* Rn. 7; MüKoAktG/*Koch* Rn. 8; Großkomm AktG/*K. Schmidt* Rn. 8; *Krafka/Kühn* RegisterR Rn. 1646.

nicht nur das Vorliegen der **formellen,** sondern auch der **materiellen** Eintragungsvoraussetzungen.[10] Zwar fehlt es insoweit an einer § 38 entsprechenden Vorschrift, doch ergibt sich dies aus der Funktion des Handelsregisters.[11] Die bloß deklaratorische Wirkung der Eintragung (→ Rn. 13) steht der Prüfungspflicht des Registers nicht entgegen,[12] jedoch darf der Prüfungsmaßstab nicht strenger als bei konstitutiven Eintragungen (zB Satzungsänderung) ausfallen.[13] Die Eintragung wird abgelehnt, wenn der zugrunde liegende Auflösungsbeschluss **nichtig** ist.[14] Der Ablauf der Anfechtungsfrist muss dagegen nicht abgewartet werden.[15] Ist der Beschluss allerdings **angefochten,** kann das Eintragungsverfahren gem. § 381 FamFG ausgesetzt werden, das Freigabeverfahren gem. § 246a greift hier nicht.[16]

b) Inhalt der Eintragung. Bei der Auflösung wegen Zeitablaufs (§ 262 Abs. 1 Nr. 1) oder aufgrund Hauptversammlungsbeschlusses (§ 262 Abs. 1 Nr. 2) muss lediglich der Umstand der Auflösung selbst eingetragen werden („Die Gesellschaft ist aufgelöst"). **Nicht** einzutragen ist der **Grund** der Auflösung. Das folgt aus dem Umkehrschluss zu Satz 3. Die Angabe des Auflösungsgrundes ist allerdings zulässig und auch sinnvoll. Ergibt er sich aus der Anmeldung, sollte der Grund daher stets mit eingetragen werden.[17] Die Eintragung selbst erfolgt in Spalte 6 Unterspalte b des elektronischen Handelsregisters (§ 43 Nr. 6 lit. b sublit. dd HRV). Die **Bekanntmachung** richtet sich nach § 10 HGB, § 383 FamFG.

2. Eintragung von Amts wegen. Die Eintragung von Amts wegen setzt **Kenntnis** des Richters vom Vorliegen eines Auflösungsgrundes voraus. Bei Amtsauflösung (§ 399 FamFG, § 262 Abs. 1 Nr. 5) und Amtslöschung (§ 397 FamFG, ehemals § 144 Abs. 1 FGG) hat er diese ohne weiteres. Im Insolvenzfall (§ 262 Abs. 1 Nr. 3 und 4) erhält er sie durch die Geschäftsstelle des Insolvenzgerichts, welches dem Registergericht gem. § 31 InsO eine Ausfertigung des betreffenden Beschlusses zu übermitteln hat. In den übrigen Auflösungsfällen wird er durch die jeweils zuständige Behörde informiert (vgl. § 38 Abs. 1 S. 3 KWG, § 304 Abs. 6 S. 2 VAG, § 7 Abs. 2 VereinsG).

Bei der Eintragung von Amts wegen ist der **Grund** der Auflösung mit anzugeben (Satz 3). Das dient dem Interesse der Gläubiger, weil sich je nach Auflösungsgrund unterschiedliche Abwicklungsverfahren und damit unterschiedliche Befriedigungschancen ergeben. Weil die Eintragung der Eröffnung des Insolvenzverfahrens ohnehin besonders vorgeschrieben ist (§ 32 Abs. 1 HGB), kann diese mit der Eintragung der Auflösung gem. § 262 Abs. 1 Nr. 3 verbunden werden. Beispiel: „Die Gesellschaft ist durch Eröffnung des Insolvenzverfahrens über ihr Vermögen aufgelöst". In den anderen Fällen hat die Eintragung neben dem Auflösungsgrund auch den Hinweis auf die **gesetzliche Grundlage** und den Zusatz „Von Amts wegen eingetragen" zu enthalten (§ 19 Abs. 2 HRV). Also: „Die Gesellschaft ist durch rechtskräftige Abweisung eines Antrages auf Eröffnung des Insolvenzverfahrens mangels einer die Kosten des Verfahrens deckenden Masse gem. § 262 Abs. 1 Nr. 4 AktG aufgelöst"; oder: „Mit Beschluss vom ... wurde die Nichtigkeit der Satzung gem. § 399 FamFG festgestellt. Die Gesellschaft ist dadurch aufgelöst (§ 262 Abs. 1 Nr. 5 AktG). Von Amts wegen eingetragen nach § 263 AktG". Die Angabe des Geschäftszeichens der betreffenden Beschlüsse ist nicht vorgeschrieben, aber sinnvoll.

Die **Bekanntmachung** erfolgt auch hier nach § 10 HGB, § 383 Abs. 1 FamFG (vormals § 130 Abs. 2 FGG). „Nicht bekannt gemacht" wird nach § 32 Abs. 2 S. 1 HGB die Eintragung der Insolvenzeröffnung, denn diese wird bereits vom Insolvenzgericht veröffentlicht.[18] Bekanntzumachen ist aber die mit der Eröffnung einhergehende Auflösung.[19] Weil bei dieser der Auflösungsgrund anzugeben ist (→ Rn. 10), wird bei der Insolvenzeröffnung also faktisch doch (nochmals) bekannt gemacht. Zu beachten ist der eingeschränkte Publizitätsschutz (→ Rn. 13).

3. Keine Eintragung (S. 4). Wird die AG wegen **Vermögenslosigkeit** gem. § 394 FamFG **gelöscht,** so lautet der Eintrag (§ 19 Abs. 2, § 43 Nr. 6 lit. b sublit. ff HRV): „Die Gesellschaft ist wegen Vermögenslosigkeit gelöscht. Von Amts wegen eingetragen".[20] Daneben „entfällt" nach § 263

---
[10] Hüffer/Koch/*Koch* Rn. 3; MüKoAktG/*Koch* Rn. 9; *Krafka/Kühn* RegisterR Rn. 1647.
[11] Vgl. Großkomm HGB/*Koch* HGB § 8 Rn. 3, 80 f.; näher MüKoHGB/*Krafka* HGB § 8 Rn. 8 ff.
[12] OLG Hamm DNotZ 2001, 959; KG NJW-RR 1997, 1127 (1128); MüKoHGB/*Krafka* HGB § 8 Rn. 59; aA Großkomm HGB/*Koch* HGB § 8 Rn. 88.
[13] Vgl. dazu nur Hüffer/Koch/*Koch* § 181 Rn. 14; Baumbach/Hueck/*Zöllner/Noack* GmbHG § 54 Rn. 19 ff.
[14] Großkomm HGB/*Koch* HGB § 8 Rn. 105.
[15] Henssler/Strohn GesR/*Wamser* HGB § 8 Rn. 12.
[16] MüKoAktG/*Hüffer/Schäfer* § 246a Rn. 6.
[17] Großkomm AktG/*Wiedemann,* 3. Aufl. 1973, Anm. 1; Scholz/*K. Schmidt* GmbHG § 65 Rn. 4, 9.
[18] MüKoHGB/*Krafka* HGB § 32 Rn. 11.
[19] MüKoHGB/*Krafka* HGB § 32 Rn. 12.
[20] *Krafka/Kühn* RegisterR Rn. 436; beachte auch § 16 HRV (Rötung des Voreintrags).

§ 264　　　　　　　　　　　　　　　　　　　　　　　　　　　　Erstes Buch. Aktiengesellschaft

S. 4 die Eintragung der Auflösung. Gemeint ist der Fall, dass erst die Löschung zur Auflösung führt (§ 262 Abs. 1 Nr. 6). Da es in diesem Fall nichts abzuwickeln gibt, wäre die Eintragung der Auflösung neben derjenigen der Löschung in der Tat irreführend. Lag dagegen bereits ein anderer Auflösungsgrund vor, dann bleibt es bei der nach § 263 einzutragenden Auflösung auch dann, wenn die AG anschließend als vermögenslos gelöscht wird. Keine besondere Eintragung der Auflösung ist ferner bei Erlöschen kraft **Verschmelzung** erforderlich. Hier genügt der Verschmelzungsvermerk (§ 19 UmwG), der beim übertragenden Rechtsträger den Hinweis enthalten kann, dass die Verschmelzung „unter Auflösung ohne Abwicklung" (§ 2 UmwG) erfolgte.

13　　4. **Wirkung.** Die Eintragung der Auflösung hat nur **deklaratorische** Bedeutung.[21] Der Übergang von der werbenden zur Abwicklungsgesellschaft erfolgt also ungeachtet der Eintragung bereits mit Eintritt des jeweiligen Auflösungsgrundes. Da es sich um eine eintragungspflichtige Tatsache handelt, findet **§ 15 HGB** Anwendung. Das gilt auch hinsichtlich der von Amts wegen vorgenommenen Eintragungen.[22] Bedeutung kann das bei einer sich mit Eintritt der Auflösung ergebenden Änderung der Vertretung haben (→ § 269 Rn. 3 ff.).[23] Denkbar wäre auch, dass ein leer ausgegangener Gläubiger die Rechtmäßigkeit der Liquidation nicht gegen sich gelten lassen muss, falls die Auflösung nicht eingetragen war. Daraus könnten sich uU Ansprüche gem. § 62 Abs. 2, § 93 Abs. 5 ergeben. Die Aktionäre können sich gegenüber der AG nicht auf § 15 HGB berufen, weil sie nicht „Dritte" sind.[24] Ausdrücklich ausgeschlossen ist die Anwendung des § 15 HGB hinsichtlich der Publizität der Eröffnung des **Insolvenzverfahrens** (§ 32 Abs. 2 S. 2 HGB). Dieser Ausschluss betrifft aber nicht die Bekanntmachung der dadurch ausgelösten Auflösung.[25]

Zweiter Unterabschnitt. Abwicklung

§ 264 Notwendigkeit der Abwicklung

(1) Nach der Auflösung der Gesellschaft findet die Abwicklung statt, wenn nicht über das Vermögen der Gesellschaft das Insolvenzverfahren eröffnet worden ist.

(2) ¹Ist die Gesellschaft durch Löschung wegen Vermögenslosigkeit aufgelöst, so findet eine Abwicklung nur statt, wenn sich nach der Löschung herausstellt, daß Vermögen vorhanden ist, das der Verteilung unterliegt. ²Die Abwickler sind auf Antrag eines Beteiligten durch das Gericht zu ernennen.

(3) Soweit sich aus diesem Unterabschnitt oder aus dem Zweck der Abwicklung nichts anderes ergibt, sind auf die Gesellschaft bis zum Schluß der Abwicklung die Vorschriften weiterhin anzuwenden, die für nicht aufgelöste Gesellschaften gelten.

Schrifttum: *Arens,* Die Löschung der GmbH: zivil- und steuerrechtliche Folgen im Lichte aktueller Rechtsprechung, DB 2017, 2913; *Bokelmann,* Der Prozess gegen eine im Handelsregister gelöschte GmbH, NJW 1977, 1130 ff.; *Buchner,* Amtslöschung, Nachtragsliquidation und masselose Insolvenz, 1988; *Finke,* Kollision von Gesellschaftsrecht und Insolvenzrecht – Die Organkompetenzen in der Eigenverwaltung, 2011; *Grziwotz,* Sonderfälle der Liquidation von Gesellschaften, DStR 1992, 1813; *Heller,* Die vermögenslose GmbH, 1989; *Kessler,* Die Aktiengesellschaft in der Eigenverwaltung, 2006; *Klöckner,* Die Aktiengesellschaft in der Insolvenz – Bestellung und Abberufung des Vorstands, AG 2010, 780; *Maesch,* Corporate Governance in der insolventen Aktiengesellschaft, 2005; *H.-F. Müller,* Der Verband in der Insolvenz, 2002; *Oechsler,* Der Aufsichtsrat in der Insolvenz, AG 2006, 606; *Piorreck,* Löschung und Liquidation von Kapitalgesellschaften nach dem Löschungsgesetz, Rpfleger 1978, 157; *Prütting/Huhn,* Kollision von Gesellschaftsrecht und Insolvenzrecht in der Eigenverwaltung?, ZIP 2002, 777; *Riek,* Das Liquidationsstadium bei der AG, 2003; *Rosenkranz,* Die Anordnung der Nachtragsabwicklung gem. § 273 Abs. 4 S. 1 AktG, AG 2014, 309; *H. Schmidt,* Zur Vollbeendigung juristischer Personen, 1989; *K. Schmidt,* Die stille Liquidation: Stiefkind des Insolvenzrechts, ZIP 1982, 9; *K. Schmidt,* Insolvenzordnung und Gesellschaftsrecht, ZGR 1998, 633; *K. Schmidt,* Aktienrecht in der Insolvenz, AG 2006, 597; *K. Schmidt,* Bestellung und Abberufung des Vorstands in der Insolvenz einer Aktiengesellschaft, AG 2011, 1; *W. Schulz,* Die masselose Liquidation der GmbH, 1986; *Wehdeking,* Eigenverwaltung der insolventen Aktiengesellschaft, DZWiR 2006, 451.

---

[21] Unstr., vgl. nur Hüffer/Koch/*Koch* Rn. 3; MüKoAktG/*Koch* Rn. 10; Kölner Komm AktG/*Winnen* Rn. 12, 19.
[22] Kölner Komm AktG/*Winnen* Rn. 22; MüKoAktG/*Koch* Rn. 11.
[23] Vgl. MüKoHGB/*Krafka* HGB § 32 Rn. 14; ebenso noch Kölner Komm AktG/*Kraft,* 2. Aufl. 1996, Rn. 13; aA Kölner Komm AktG/*Winnen* Rn. 21, der „faktisch keine Auswirkung auf Dritte" sieht.
[24] RGZ 120, 363 (369); MüKoAktG/*Koch* Rn. 11; Kölner Komm AktG/*Winnen* Rn. 21.
[25] Str., wie hier MüKoHGB/*Krafka* HGB § 32 Rn. 7 und 14; Großkomm AktG/*Wiedemann,* 3. Aufl. 1973, Anm. 2; MüKoAktG/*Koch* Rn. 13; wohl auch Kölner Komm AktG/*Winnen* Rn. 22; aA noch Kölner Komm AktG/*Kraft,* 2. Aufl. 1996, Rn. 9, 11.

Übersicht

	Rn.		Rn.
I. Normzweck	1–3	7. Internationale Insolvenz	25–27
II. Anwendungsbereich	4–7	IV. Nachtragsliquidation (Abs. 2)	28–33
1. Alle Aktiengesellschaften	4	1. Bedeutung	28
2. Auslandsgesellschaften	5	2. Voraussetzungen	29–31
3. Stille Liquidation	6, 7	3. Abwicklungsverfahren	32, 33
III. Vorrang des Insolvenzverfahrens (Abs. 1)	8–27	V. Geltung der Vorschriften der werbenden AG (Abs. 3)	34–41
1. Abwicklung nach InsO und AktG	8, 9	1. Allgemeines	34
2. Eröffnung des Insolvenzverfahrens	10, 11	2. Aktionäre	35
3. Ablauf des regulären Insolvenzverfahrens	12, 13	3. Verwaltung	36, 36a
4. Eigenverwaltung	14	4. Hauptversammlung	37, 38
5. Verfassung der insolventen AG	15–20	5. Squeeze-out	39, 40
6. Sanierung und Unternehmensveräußerung	21–24	6. Sonstiges	41

I. Normzweck

Die Norm hat im Wesentlichen **klarstellende Funktion**. Ihre Aussagen folgen bereits aus dem Begriff der Auflösung (→ § 262 Rn. 5). Verallgemeinert lauten sie: (1) Die Auflösung führt nicht zum Untergang der Gesellschaft, sondern nur zu ihrer Liquidation. (2) Eine Liquidation findet dann nicht statt, wenn kein Vermögen vorhanden ist (Abs. 2). (3) Umgekehrt führt die Löschung dann nicht zum Untergang der Gesellschaft, falls und soweit doch noch Vermögen vorhanden ist. (4) Bis zum Schluss der Abwicklung gelten die Vorschriften, die auch für werbende, dh nicht aufgelöste Gesellschaften gelten (Abs. 3). (5) Die Regelungen des Insolvenzrechts haben Vorrang vor den §§ 264 ff. **Parallelvorschriften:** § 66 Abs. 1 und 5 GmbHG, § 69 Abs. 1 GmbHG, §§ 145, 156 HGB, §§ 47, 49 Abs. 2 BGB. 1

Die Abwicklung ist die zwingende Folge der Auflösung, soweit eine solche nicht ausnahmsweise unterbleibt (→ § 262 Rn. 81). Ebenso sind die Vorschriften über den Ablauf der Abwicklung (§§ 265–274) **zwingend**.[1] Im Unterschied zu anderen Rechtsformen (vgl. zB § 158 HGB) kommt eine privatautonome Abweichung daher nur ausnahmsweise in Betracht (s. Erl. zu den nachfolgenden Vorschriften). Damit bezweckt das Gesetz **Gläubiger- und Aktionärsschutz**,[2] welcher freilich schon durch § 23 Abs. 5 bewirkt wird und obendrein umgangen werden kann (→ Rn. 6). Eigenständigen Gläubigerschutz erzielt dagegen Abs. 2, welcher der Deutung den Weg sperrt, die gelöschte Gesellschaft auch beim Vorhandensein verteilungsfähigen Vermögens als nichtexistent anzusehen (→ § 262 Rn. 90 ff.). 2

Im Schrifttum wird zunehmend verlangt, die Abwicklung überschuldeter, aber **masseloser** Kapitalgesellschaften an **insolvenzrechtlichen Grundsätzen** zu orientieren.[3] Dafür spricht die sachliche Verschiedenheit der privatautonomen Auflösung, auf die §§ 264 ff. allein passen, von derjenigen wegen insuffizienten Vermögens. Daraus folgt theoretisch eine Pflicht zur **Gleichbehandlung** der Gläubiger, die jedoch praktisch schwer umzusetzen ist, weil weder ein staatlich bestallter Abwickler noch ein Verbot der Einzelzwangsvollstreckung im Wege der Rechtsfortbildung einzuführen sind. Daran ändert sich auch dann nichts, wenn man die Pflicht zur Gläubigergleichbehandlung bei insuffizientem Schuldnervermögen als verfassungsrechtliches Gebot begreift.[4] Wer den Gläubigern wirklich helfen will, muss auf die Verhinderung masseloser Insolvenzen hinarbeiten (dazu → § 262 Rn. 44 ff.). 3

II. Anwendungsbereich

1. Alle Aktiengesellschaften. Das Abwicklungsregime der §§ 264 ff. gilt für alle Aktiengesellschaften. Auch die Einmann-AG, die nicht überschuldete AG und die vermögenslose, aber noch nicht 4

---

[1] Unstr., s. nur Hüffer/Koch/*Koch* Rn. 1.
[2] Vgl. Hüffer/Koch/*Koch* Rn. 1; MüKoAktG/*Koch* Rn. 2; Kölner Komm AktG/*Winnen* Rn. 4.
[3] Vgl. *W. Schulz*, Die masselose Liquidation der GmbH, 1986, 94 ff.; *K. Schmidt* ZIP 1982, 9 (11); *K. Schmidt* GmbHR 1994, 829 (833); *K. Schmidt* ZGR 1998, 633 (639); Scholz/*K. Schmidt/Bitter* GmbHG § 60 Rn. 30; zust. *Vallender* NZG 1998, 250 f.; *Konzen* FS Ulmer, 2003, 323 (346 ff.); tendenziell auch Lutter/Hommelhoff/*Kleindiek* GmbHG § 73 Rn. 8; abl. aber *Uhlenbruck* ZIP 1993, 241; auch Baumbach/Hueck/*Haas* GmbHG § 70 Rn. 5.
[4] So MüKoInsO/*Stürner* Einl. Rn. 77, 95.

gelöschte AG können daher im Prinzip nicht ohne Abwicklung gem. §§ 264 ff. beendet werden.[5] Zweifelhaft ist die Rechtslage bei der **Vor-AG**, weil die §§ 264 ff. zT die Eintragung voraussetzen. Das hindert aber nicht, wie auch sonst jene Vorschriften zur Anwendung zu bringen, welche nicht zwingend an die Eintragung anknüpfen.[6] Das gilt etwa für die Einhaltung des Sperrjahrs (§ 272 Abs. 1), aber auch für die Bestellung von Abwicklern (str., → § 265 Rn. 12).[7]

5 **2. Auslandsgesellschaften. Nicht anwendbar** sind die Abwicklungsvorschriften auf **Auslandsgesellschaften**, weil es sich bei den §§ 264 ff. um Regeln des deutschen Gesellschaftsrechts handelt, deren Anwendung auf ausländische Rechtsformen grundsätzlich nicht in Betracht kommt. Das gilt auch bei sog. Scheinauslandsgesellschaften, wenn diese ihren Sitz im EU-Ausland haben oder ihre Anerkennung sonst wie völkerrechtlich verbürgt ist (→ § 262 Rn. 74 ff.). Anders liegt es, wenn die betreffende Gesellschaft in ihrem Heimatstaat (zB Frankreich) abgewickelt und gelöscht wurde, im Inland jedoch noch über Vermögenswerte verfügt (sog. **Restgesellschaft**). In diesem Fall kann das deutsche Gericht analog § 273 Abs. 4 einen Nachtragsliquidator bestellen (→ Rn. 28 ff.).[8] Für eine weitergehende Anwendung der §§ 264 ff. ist hingegen kein Raum. Dagegen wird in der Literatur vorgebracht, dass die Liquidation einer Kapitalgesellschaft jedenfalls bei **masseloser Insolvenz** funktional dem Insolvenzverfahren vergleichbar sei, weshalb nach dem Gedanken der Art. 3 Abs. 1, Art. 4 Abs. 1 EuInsVO das Recht des Staates Anwendung finden müsse, in dem die Gesellschaft den Mittelpunkt ihrer hauptsächlichen Interessen habe (→ Rn. 26).[9] Diese Argumentation ist nicht unplausibel (→ Rn. 3). Jedoch muss auch die EuInsVO im Lichte der Grundfreiheiten ausgelegt werden, welche einer extensiven Geltungserstreckung nationaler Gesellschaftsrechtsnormen nach der maßgeblichen Rechtsprechung des EuGH nun einmal den Weg sperren.

6 **3. Stille Liquidation.** Neben der regelgerechten Abwicklung gem. § 264 ist in der Praxis die „stille" oder „faktische" Liquidation anzutreffen.[10] Damit sind einmal die Fälle gemeint, in denen eine bereits überschuldete Gesellschaft mit dem Ziel „bestattet" wird, mit deren Schulden auch die Gläubiger loszuwerden.[11] Dieser Fallgestaltung wird überwiegend bei der GmbH virulent (zu Gegenstrategien → § 262 Rn. 44 ff.). Denkbar sind aber auch Fälle, in denen die Gesellschafter eine solvente AG liquidieren möchten, jedoch die Mühen des Abwicklungsverfahrens, insbes. die Einhaltung des Sperrjahrs (§ 272 Abs. 1), scheuen.[12] Der Geschäftsbetrieb wird dann lautlos eingestellt und das Gesellschaftsvermögen ohne Einhaltung der §§ 264 ff. verteilt. Anschließend wird die Auflösung beschlossen, die mangels abwicklungsfähigen Vermögens unmittelbar in die Löschung mündet, oder es wird – ohne den Umweg über den Auflösungsbeschluss – gleich auf Löschung hingewirkt.

7 Aus Sicht der Gläubiger mag die stille Liquidation unbedenklich sein, solange ihre Forderungen korrekt bedient werden und notfalls beizeiten Insolvenzantrag erfolgt (§ 15a InsO). Dennoch ist sie – vom Sonderfall des § 179a abgesehen – **rechtswidrig**.[13] Der Aufsichtsrat muss sie unterbinden, Aktionäre können ihr mit Hilfe der Unterlassungsklage begegnen. Geschieht nichts dergleichen, bleibt die stille Liquidation sanktionslos. Wurde dabei jedoch ein Gläubiger übersehen, können auch nach der Löschung noch Ansprüche geltend gemacht werden.

III. Vorrang des Insolvenzverfahrens (Abs. 1)

8 **1. Abwicklung nach InsO und AktG.** Die Eröffnung des Insolvenzverfahrens ist Auflösungsgrund gem. § 262 Abs. 1 Nr. 3. Dennoch findet keine Abwicklung gem. §§ 264 ff. statt, weil die Insolvenzordnung (InsO) ein **vorrangiges Abwicklungsregime** bereitstellt.[14] Der Vorrang des Insolvenzrechts ist begrenzt: Er gilt nur für die Dauer des Insolvenzverfahrens (zu dessen Ende → § 262 Rn. 41) und greift nicht ein, wenn das Insolvenzverfahren nicht eröffnet wird, etwa mangels Insolvenzantrags (§ 13 Abs. 1 InsO) oder wegen Massenlosigkeit (§ 26 InsO). Raum für eine Abwicklung nach §§ 264 ff. bleibt ferner, wenn Massegegenstände durch den Insolvenzverwalter **freigegeben**

---

[5] MüKoAktG/*Koch* Rn. 3; Kölner Komm AktG/*Winnen* Rn. 5; K. Schmidt/Lutter/*Riesenhuber* Rn. 1.
[6] Vgl. BGHZ 169, 270 Rn. 10 = NZG 2007, 20; BGH NJW 1998, 1079 (1080) (zur GmbH); Hüffer/Koch/*Koch* § 262 Rn. 5; MüKoAktG/*Koch* Rn. 3; Kölner Komm AktG/*Winnen* Rn. 5.
[7] Vgl. BGHZ 169, 270 = NZG 2007, 20.
[8] BGHZ 212, 381 = NZG 2017, 347 Rn. 11 ff. mwN.
[9] *Haas* GmbHR 2006, 505 (509 f.); MüKoBGB/*Kindler* IntGesR Rn. 703; *Eidenmüller* in Eidenmüller (Hrsg.), Ausländische Kapitalgesellschaften im deutschen Recht, 2004, § 9 Rn. 38.
[10] Zur Begrifflichkeit *Riek*, Das Liquidationsstadium der AG, 2003, 7.
[11] Vgl. etwa den Sachverhalt in BGHZ 165, 343 (Sitzverlegung nach Spanien zwecks „stiller Liquidation").
[12] Vgl. *Erle* GmbHR 1998, 216 (219 f.).
[13] K. Schmidt/Lutter/*Riesenhuber* Rn. 2a; Großkomm AktG/*K. Schmidt* Rn. 8.
[14] So auch Kölner Komm AktG/*Winnen* § 262 Rn. 55.

werden, weil ihre Verwertung keinen positiven Ertrag verspricht. Das ist nach zutreffender, wenn auch nicht unumstrittener Auffassung auch im Insolvenzverfahren einer AG möglich, weil der Verwalter nicht zur Vollabwicklung der juristischen Person, sondern allein zur Wahrnehmung der Gläubigerinteressen verpflichtet ist.[15] Ob §§ 264 ff. im Insolvenzverfahren subsidiär zur Geltung kommen, soweit die InsO nicht einschlägig ist (namentlich im sog. Schuldnerbereich, → Rn. 18 ff.), ist umstritten.[16] Rechtspolitisch spricht einiges dafür, doch geht das Gesetz wohl von einem anderen Verständnis aus.

Auch bei masseloser Insolvenz richtet sich die Abwicklung nach §§ 264 ff., soweit der Gläubiger nicht einen Kostenvorschuss nach § 26 InsO leistet. Weil das rechtspolitisch unbefriedigend ist (→ § 262 Rn. 44 f.), hat man den Vorschlag gemacht, die Abwicklung nach **insolvenzrechtlichem Muster** durchzuführen. Der Abwickler wäre danach vom Staat einzusetzen und zu vergüten, und die Befriedigung der Gläubiger, denen die Einzelvollstreckung untersagt bliebe, erfolgte nach dem insolvenzrechtlichen Gleichbehandlungsgrundsatz (par conditio creditorum).[17] Das überzeugt, ist nach geltendem Recht aber nur eingeschränkt zu verwirklichen.[18] Insbesondere eine staatliche Kostentragungspflicht kann im Wege der Rechtsfortbildung nicht begründet werden. Daher muss es bei der (unbefriedigenden) Abwicklung der §§ 264 ff. verbleiben, die freilich – soweit sie überhaupt stattfindet – an insolvenzrechtlichen Regeln orientiert werden mag (→ Rn. 3). 9

2. Eröffnung des Insolvenzverfahrens. Die Eröffnung des Insolvenzverfahrens erfolgt nur auf Antrag eines Gläubigers oder der AG selbst[19] (§ 13 Abs. 1 InsO), die dabei durch den Vorstand vertreten wird. Auch gegen die Vor-AG oder die bereits gelöschte AG kann das Verfahren eröffnet werden. Im letzteren Fall genügt es, dass das Vorhandensein von Vermögen schlüssig behauptet und ein entsprechender Kostenvorschuss geleistet wird.[20] Antragsbefugt ist ungeachtet der Vertretungsbefugnis jedes einzelne Vorstandsmitglied (§ 15 Abs. 1 InsO), doch sind die anderen Mitglieder zu hören (§ 15 Abs. 2 S. 3 InsO). Wird der Antrag von einem Gläubiger oder einzelnen Vorstandsmitgliedern gestellt, muss der Eröffnungsgrund glaubhaft gemacht werden (§ 14 Abs. 1, § 15 Abs. 2 S. 1 InsO). 10

Eröffnungsgrund sind Zahlungsunfähigkeit (§ 17 InsO), drohende Zahlungsunfähigkeit (§ 18 InsO) und Überschuldung (§ 19 InsO). Bei drohender Zahlungsunfähigkeit kann der Antrag nur von Vorstandsmitgliedern in vertretungsberechtigter Zahl gestellt werden (§ 17 Abs. 3 InsO). Sie liegt vor, wenn die AG voraussichtlich nicht in der Lage sein wird, die bestehenden Zahlungspflichten im Zeitpunkt der Fälligkeit zu erfüllen (§ 18 Abs. 2 InsO). Zahlungsunfähigkeit ist gegeben, wenn die AG ihre bereits fälligen Zahlungspflichten nicht erfüllen kann, was bei Zahlungseinstellung vermutet wird (§ 17 Abs. 2 InsO). Überschuldung liegt vor, wenn das Vermögen der AG die bestehenden Verbindlichkeiten nicht mehr deckt (§ 19 Abs. 2 InsO). Bei Zahlungsunfähigkeit oder Überschuldung besteht gem. § 15a Abs. 1 InsO eine **Antragspflicht** des Vorstands. Einzelheiten dazu und zum Eröffnungsgrund bei → § 92 Rn. 18 ff. 11

3. Ablauf des regulären Insolvenzverfahrens. Das Insolvenzgericht (Richter, § 18 Abs. 1 Nr. 1 RPflG) entscheidet nach Anhörung des Vorstands (§ 10 Abs. 2, § 14 Abs. 2, § 15 Abs. 2 S. 3 InsO) über die Eröffnung des Insolvenzverfahrens. Schon vorher kann es Sicherungsmaßnahmen treffen, insbesondere einen vorläufigen Insolvenzverwalter bestellen und ein allgemeines Verfügungsverbot verhängen (§ 21 InsO). Der **Eröffnungsbeschluss** wird bekannt gemacht (§ 30 InsO) und dem Handelsregister übermittelt (§ 31 InsO). Darin werden die Gläubiger aufgefordert, ihre Forderungen innerhalb einer Frist von höchstens drei Monaten anzumelden (§ 28 InsO). Mit der Eröffnung des Insolvenzverfahrens geht die Verwaltungs- und Verfügungsbefugnis über das gesamte Gesellschaftsvermögen auf den Insolvenzverwalter über (§ 80 InsO). Der Verwalter nimmt das Vermögen der AG in Besitz (§ 148 InsO) und erstellt eine entsprechende Übersicht (§ 153 InsO). Massefreies Vermögen 12

---

[15] Vgl. BGHZ 148, 252 (258 f.); offen lassend BGHZ 150, 305 (318) = NJW-RR 2002, 459; ferner OLG Brandenburg ZInsO 2001, 558; OLG Rostock ZInsO 2000, 604; OLG Naumburg ZIP 2000, 976; Hüffer/Koch/*Koch* Rn. 7; MüKoAktG/*Koch* Rn. 48; *Foerste* Insolvenzrecht Rn. 175; Braun/*Kroth* InsO § 80 Rn. 24; Braun/*Gerbers* InsO § 148 Rn. 10; aA insbes. *K. Schmidt* ZIP 2000, 1913 (1916 f.); dem folgend *Müller*, Der Verband in der Insolvenz, 2002, 13 ff., 38 ff.

[16] Dafür *Klöckner* AG 2010, 780 ff.; dagegen *K. Schmidt* AG 2011, 1 ff.

[17] Eingehend *W. Schulz*, Die masselose Liquidation der GmbH, 1986, 94 ff.; im Ansatz zust. *K. Schmidt* GesR § 11 VI 5 a.

[18] Scholz/*K. Schmidt/Bitter* GmbHG § 60 Rn. 30; ganz abl. die hL, vgl. nur *Buchner*, Amtslöschung, Nachtragsliquidation und masselose Insolvenz, 1988, 48 f. und *Heller*, Die vermögenslose GmbH, 1989, 150 ff.

[19] S. dazu AG Duisburg ZIP 2007, 690 (zur GmbH): Antrag unzulässig, wenn damit verfahrensfremde Zwecke verfolgt werden (zB sog. Firmenbestattung durch Vorspiegelung einer vermögenslosen Gesellschaft, um eine Abweisung des Insolvenzantrages mangels Masse zu erreichen).

[20] BGH NZG 2005, 278.

der Gesellschaft gibt es nicht (vgl. § 35 InsO), soweit der Verwalter nicht bestimmte Gegenstände freigibt (→ Rn. 8).

13 **Im Berichtstermin** (§ 156 InsO), der mit dem Prüfungstermin (§ 176 InsO) verbunden werden kann (§ 29 Abs. 2 InsO), beschließt die Gläubigerversammlung über Stilllegung oder Fortführung des Unternehmens (§ 157 InsO). Anschließend beginnt die Verwertung des Vermögens (§ 159 InsO) und die Verteilung an die Gläubiger (§§ 187 ff. InsO). Das Insolvenzverfahren endet mit Aufhebung (§ 200 InsO) oder Einstellung (§§ 207 ff. InsO). Die AG ist von Amts wegen zu löschen (§ 394 Abs. 1 S. 2 FamFG; → § 262 Rn. 100). Eine **Restschuldbefreiung** gem. §§ 286 ff. InsO kommt für die AG als juristische Person nicht in Betracht; sie ist nur möglich im Rahmen eines Insolvenzplans (Sanierung), dazu → Rn. 21.

14 **4. Eigenverwaltung.** Neben dem Regelinsolvenzverfahren besteht die Möglichkeit, die Vermögensabwicklung in die Hände des Schuldners selbst zu legen, wenn das Gericht die Eigenverwaltung gem. § 270 InsO anordnet. In diesem Rahmen ist auch sein sog. **Schutzschirmverfahren** möglich (vgl. § 270b InsO). Diese Optionen stellen sich gerade in der (drohenden) Insolvenz einer Aktiengesellschaft als **attraktive Alternative** dar.[21] Sie ermöglichen es, die Abgrenzungs- und Verzahnungsprobleme, welche das Nebeneinander von Vorstand und Insolvenzverwalter normalerweise mit sich bringt (→ Rn. 18 ff.), zu vermeiden und damit die Sanierung zu erleichtern. Der Vorstand agiert dann quasi als – unter der Aufsicht eines Sachwalters (§ 270c InsO) stehender – Insolvenzverwalter und ist insoweit **von gesellschaftsrechtlichen Bindungen** zugunsten des Gläubigerinteresses **befreit,** bedarf also insbesondere keiner Zustimmung anderer Organe zur Veräußerung wesentlicher Unternehmensteile („Holzmüller").[22] Ein praktisch gangbarer und rechtlich zulässiger Weg besteht namentlich darin, bereits im Vorfeld einer sich abzeichnenden Insolvenz die bisherigen Vorstandsmitglieder ganz oder teilweise gegen sanierungserfahrene Liquidatoren auszutauschen und damit das für die Eigenverwaltung notwendige Vertrauen von Gericht und Gläubigern zu schaffen.[23]

15 **5. Verfassung der insolventen AG.** Die organschaftliche Verfassung der AG wird durch die Eröffnung des Insolvenzverfahrens nicht außer Kraft gesetzt, aber durch die insolvenzrechtlichen Normen **überlagert.**[24] Das ist folgerichtig, denn wirtschaftlich betrachtet gehört das Vermögen der insolventen AG den Gläubigern. Der **Vorstand** bleibt als solcher im Amt, er mutiert nicht zum Liquidator iSv § 265.[25] Wesentliche Entscheidungsbefugnisse verlagern sich jedoch von den verbandsrechtlichen Organen auf die Gläubigerorgane: Gläubigerversammlung (§ 74 InsO), Gläubigerausschuss (§ 67 InsO) und – vor allem – **Insolvenzverwalter** (§ 56 InsO). Ihm steht die ausschließliche Verwaltungs- und Verfügungsbefugnis über das Gesellschaftsvermögen zu (§ 80 InsO). Ob der Verwalter dadurch selbst zum Organ der AG wird oder – so die ganz hA[26] – als Partei kraft Amtes agiert, ist eine theoretische Frage, von der die Lösung praktischer Fragen nicht abhängig gemacht werden sollte.[27] In jedem Falle ist der Verwalter nicht den Interessen der Aktionäre oder einem abstrakten „Unternehmensinteresse" verpflichtet, sondern allein den Belangen der Gläubiger.[28]

16 Auch der **Aufsichtsrat** bleibt im Amt und übt dem Vorstand gegenüber weiterhin seine aktienrechtlichen Befugnisse aus.[29] Etwas anderes gilt nur, wenn Eigenverwaltung angeordnet wurde (vgl. § 276a InsO). Dann wird der Vorstand von Sachwalter, Gericht und Gläubigerausschuss überwacht. Seine Abberufung und Neubestellung kann der Aufsichtsrat nur mit Zustimmung des Sachwalters vollziehen (§ 276a S. 2 InsO), während Abberufung und Neubestellung des Aufsichtsrats weiterhin

---

[21] Vgl. nur *K. Schmidt* AG 2006, 597 (602); *Wehdeking* DZWiR 2006, 451; MüKoInsO/*Tetzlaff* InsO Vor § 270 Rn. 23; eingehend *Kessler,* Die Aktiengesellschaft in der Eigenverwaltung, 2006, passim.
[22] Str., wie hier *Prütting/Huhn* ZIP 2002, 777; auch Braun/*Riggert* InsO § 270 Rn. 1; Uhlenbruck/*Zipperer* InsO § 270 Rn. 4; krit. *Maesch,* Corporate Governance in der insolventen Aktiengesellschaft, 2005, 157 ff.; *K. Schmidt* AG 2006, 597 (603 f.); *Noack* ZIP 2002, 1873 (1875 ff.); FK-InsO/*Foltis* InsO Vor § 270 Rn. 66 f.; aA *Ringstmeier/Homann* NZI 2002, 406; *Wehdeking* DZWiR 2006, 451 (453); *Kessler,* Die Aktiengesellschaft in der Eigenverwaltung, 2006, 221 ff.
[23] Vgl. (krit.) AG Duisburg ZIP 2002, 1636 – Babcock Borsig; *Uhlenbruck* NJW 2002, 3219; Braun/*Riggert* InsO § 270 Rn. 2, 6 ff.; eingehend FK-InsO/*Foltis* InsO Vor § 270 Rn. 21 ff., 32 ff. (auch zur Missbrauchskontrolle).
[24] Unstr., s. nur KG AG 2005, 736; OLG München AG 1995, 232; Hüffer/Koch/*Koch* Rn. 8; MüKoAktG/*Koch* Rn. 40 ff.; Großkomm AktG/*K. Schmidt* Rn. 13.
[25] Vgl. BGH NJW 1996, 2035; *Kessler,* Die Aktiengesellschaft in der Eigenverwaltung, 2006, 109 f.; vertiefend *Müller,* Der Verband in der Insolvenz, 2002, 63 ff.
[26] Vgl. BGHZ 100, 346 (351) = NJW 1987, 3133 (3135); BGHZ 88, 331 (334) = NJW 1984, 739; *Müller,* Der Verband in der Insolvenz, 2002, 56 ff.; Hüffer/Koch/*Koch* Rn. 9; MüKoAktG/*Koch* Rn. 45.
[27] *Foerste* Insolvenzrecht Rn. 176.
[28] Vgl. RGZ 81, 332 (339) (1913): „Das Interesse der Gläubiger steht allem voran".
[29] RGZ 81, 332 (336 f.); KG AG 2005, 736 (737); *Oechsler* AG 2006, 606 f.

Notwendigkeit der Abwicklung 17–19 § 264

der Hauptversammlung obliegen.[30] Eine gerichtliche Bestellung von AR-Mitgliedern gem. § 104 kommt auch im Insolvenzverfahren noch in Betracht.[31] Der Verwalter ist an diesem Verfahren nicht zu beteiligen und auch nicht beschwerdebefugt.[32] Gegenüber dem Insolvenzverwalter hat der Aufsichtsrat jedoch keinerlei Bestellungs- oder Überwachungskompetenzen.[33] Ein Vergütungsanspruch gegen die Masse steht den Aufsichtsratsmitgliedern jedenfalls nicht zu.[34] Die **Hauptversammlung** behält grundsätzlich ihre Kompetenzen, die jedoch durch den Insolvenzzweck überlagert werden (→ Rn. 19 ff.).

Spricht die InsO vom „Schuldner", ist darunter die juristische Person, also die AG, zu verstehen.[35] Die praktisch wichtigen **Auskunfts- und Mitwirkungspflichten** des Schuldners (§§ 20, 97 ff. InsO) werden durch § 101 InsO aber ausdrücklich auf deren Organe erstreckt.[36] Der Insolvenzverwalter ist seinerseits verpflichtet, die insolvente AG bei der Erfüllung der ihr nach wie vor obliegenden **kapitalmarktrechtlichen Pflichten** zu unterstützen, insbesondere indem er aus der Insolvenzmasse die hierfür erforderlichen Mittel bereitstellt (§ 24 WpHG, § 43 BörsG). Nach richtiger Ansicht muss und darf er dem Vorstand auch die zur Erfüllung sonstiger Organobliegenheiten, namentlich die zur Einberufung und **Durchführung der Hauptversammlung** erforderlichen Mittel zur Verfügung stellen.[37] 17

Bei der **Abgrenzung der Zuständigkeiten** der Organe der AG und des Insolvenzverwalters wird traditionell zwischen dem Verdrängungsbereich (Alleinzuständigkeit des Verwalters) und einem sog. Schuldnerbereich (Zuständigkeit der Gesellschaftsorgane) unterschieden, zwischen denen ein „Überschneidungsbereich" siedeln soll.[38] Zum **Verdrängungsbereich** gehört insbs. die Befugnis, das Vermögen der AG zu verwalten und über dieses zu verfügen (vgl. § 80 InsO). Der Verwalter bedarf folglich nicht der Zustimmung der Gesellschaftsorgane zur Veräußerung wesentlicher Unternehmensteile („Holzmüller"). Auch die Erfüllung der Buchführungs- und Rechnungslegungspflichten obliegt „in Bezug auf die Insolvenzmasse" folgerichtig dem Verwalter (§ 155 Abs. 1 S. 2 InsO). Die Disposition über den Antrag auf Delisting steht ebenfalls dem Insolvenzverwalter zu.[39] Der **Schuldnerbereich** beschränkt sich auf insolvenzfreies Vermögen, das es aber grundsätzlich nicht gibt (§ 35 InsO), im Übrigen auf Beteiligungsrechte und Mitwirkungspflichten des Schuldners im Insolvenzverfahren (zB § 97 InsO), schließlich und vor allem auf gesellschaftsinterne Angelegenheiten.[40] 18

Zur **gesellschaftsinternen Sphäre** und damit zu den von den Gesellschaftsorganen wahrzunehmenden Aufgaben rechnen namentlich: Bestellung, Anstellung (nicht: Kündigung, → Rn. 20), Abberufung und Überwachung des Vorstands, die weiter dem Aufsichtsrat obliegen (eingeschränkt bei Eigenverwaltung, → oben Rn. 16);[41] ferner die in § 119 Abs. 1 aufgezählten Kompetenzen der Hauptversammlung, insbes. **Kapitalmaßnahmen,** soweit für diese in der Insolvenz noch Raum bleibt und sie nicht in einem Insolvenzplan getroffen werden (dazu noch → Rn. 22 f.);[42] schließlich aktien- und kapitalmarktrechtliche **Mitteilungs- und Meldepflichten** (zB Veränderung der Stimmrechtsanteile), für deren Erfüllung der Vorstand verantwortlich bleibt.[43] Auch die Befugnis zur **Einberufung der Hauptversammlung** liegt nach wie vor beim Vorstand (§ 121 Abs. 2) bzw. Aufsichtsrat (§ 111 Abs. 3),[44] die Kosten dafür muss die Masse tragen (→ Rn. 17). Zur Vertretung der AG in Anfechtungsprozessen sind weiterhin Vorstand und Auf- 19

---

[30] OLG Düsseldorf AG 2013, 468 = BeckRS 2013, 06973; *Klöhn* NZG 2013, 81 (84); *Scheibner* DZWiR 2013, 279; aA AG Montabaur ZIP 2012, 1307 = BeckRS 2012, 14971.
[31] KG AG 2005, 736.
[32] KG AG 2005, 736.
[33] RGZ 81, 332 (338); vertiefend *Oechsler* AG 2006, 606 ff.
[34] RGZ 81, 332 (338); KG AG 2005, 736 (737); vertiefend *Oechsler* AG 2006, 606 ff.
[35] Braun/*Riggert* InsO § 270 Rn. 1.
[36] Näher dazu *Müller,* Der Verband in der Insolvenz, 2002, 87 ff.
[37] Zutr. *Müller,* Der Verband in der Insolvenz, 2002, 117 f. (§ 100 InsO analog).
[38] So – im Anschluss an *Friedrich Weber* KTS 1970, 73 (77 ff.) – Hüffer/Koch/*Koch* Rn. 10; MüKoAktG/*Koch* Rn. 44.
[39] Vgl. HessVGH ZIP 2007, 1999.
[40] Ausf. MüKoAktG/*Koch* Rn. 62 ff.
[41] OLG Düsseldorf AG 2013, 468 = BeckRS 2013, 06973; OLG Nürnberg AG 1991, 446 (447) = NJW-RR 1992, 230 (232); Hüffer/Koch/*Koch* Rn. 11; MüKoAktG/*Koch* Rn. 70; abw. *Müller,* Der Verband in der Insolvenz, 2002, 151 ff. (Anstellungskompetenz des Verwalters); für Bestellungskompetenz der Hauptversammlung *Klöckner* AG 2010, 780 ff., dessen Ansicht aber jetzt § 276a InsO entgegensteht, der von einer fortbestehenden Bestellungskompetenz des Aufsichtsrats ausgeht; s. auch *K. Schmidt* AG 2011, 1 ff.
[42] Vgl. BayObLG NZG 2004, 582; eingehend MüKoAktG/*Koch* Rn. 71 ff.
[43] BVerwG NJW-RR 2005, 1207 = NZG 2005, 895 (LS); näher *Rubel* AG 2009, 615 ff.
[44] Vgl. RGZ 81, 332 (337); KG AG 2005, 736; *K. Schmidt* AG 2006, 597 (604).

sichtsrat verpflichtet (§ 246 Abs. 3), soweit diese nicht gegen den Insolvenzverwalter als Partei kraft Amtes geführt werden.[45]

20 **Nicht befugt** sind die Gesellschaftsorgane zur Bestellung oder Abberufung des Insolvenzverwalters, ebenso wenig zur **Kündigung** des Anstellungsvertrages des Vorstandes, vgl. § 87 Abs. 3. Die Hauptversammlung darf nicht mehr in Geschäftsführungsfragen entscheiden (vgl. § 119 Abs. 2). Für die Verfolgung von **Haftungsansprüchen** (§ 147) ist ausschließlich der Insolvenzverwalter zuständig.[46] Er soll auch Mängel von Hauptversammlungsbeschlüssen geltend machen können, allerdings nur, soweit diese Auswirkungen auf die Masse haben.[47]

21 **6. Sanierung und Unternehmensveräußerung.** Das Insolvenzrecht will den „Erhalt des Unternehmens" (§ 1 S. 1 Fall 2 InsO) erleichtern. Das kann geschehen durch Sanierung der unternehmenstragenden AG selbst oder durch Veräußerung des von ihr betriebenen Unternehmens (übertragende Sanierung).[48] Zur **Veräußerung des Unternehmens** oder wesentlicher Teile davon ist der Insolvenzverwalter ohne weiteres befugt, da es zur Masse gehört. Eine Zustimmung der Hauptversammlung nach § 179a oder nach Holzmüller-Grundsätzen ist nicht erforderlich (→ Rn. 18). Von der Veräußerungsbefugnis umfasst ist auch die **Firma** (§ 4).[49] Dann ist gegebenenfalls eine Ersatzfirma zu bilden, was praktischerweise durch den Insolvenzverwalter geschehen kann.[50]

22 Die Sanierung des Unternehmensträgers (AG) ist möglich durch Schuldenerlass, insbes im Rahmen eines **Insolvenzplans** (vgl. § 224 InsO), setzt aber idR die Zuführung neuen Eigenkapitals im Wege der Kapitalerhöhung (§§ 182 ff.) bei gleichzeitiger Herabsetzung des verlorenen Kapitals (§§ 229 ff.) voraus, sog. **Kapitalschnitt.** Um zu verhindern, dass derartige Maßnahmen an der Blockade der Aktionäre scheitern, sieht die InsO seit 2012 die **Einbeziehung der Anteilseigner** in den Insolvenzplan vor (§ 217 S. 2 InsO). Auch ohne Zustimmung der HV kann der Plan jede Regelung treffen, die gesellschaftsrechtlich zulässig ist (§ 225a Abs. 3 InsO), insbesondere einen sog. **Debt-Equity-Swap** vorsehen (§ 225a Abs. 2 InsO). Außerhalb des Plans kann der Insolvenzverwalter dagegen nicht ohne freiwillige Mitwirkung der Gesellschaftsorgane agieren. Daraus ergeben sich Verzahnungsprobleme, weil die Gläubiger idR nur dann zum Forderungsverzicht bereit sein werden, wenn die Aktionäre den Kapitalschnitt auch wirklich durchführen und umgekehrt. Mitwirkungspflichten der Aktionäre können sich uU aus der Treuepflicht ergeben.[51] Mit der Möglichkeit der Einbeziehung der Anteilseigner in den Plan dürften sich diese Probleme weitgehend erledigt haben.

23 Die Durchführung einer **bereits beschlossenen** Kapitalerhöhung wird durch die Eröffnung des Insolvenzverfahrens nicht gehindert.[52] Die effektive Kapitalerhöhung ist auch im Insolvenzverfahren noch möglich.[53] Zuständig ist die Hauptversammlung (→ Rn. 19), die Anmeldung ihrer Durchführung (§ 188 AktG) erfolgt nicht durch den Verwalter, sondern durch den Vorstand.[54] Ein Bezugsrechtsausschluss wird durch den Sanierungszweck sachlich gerechtfertigt.[55] Problematisch ist, ob das dadurch gewonnene Kapital in die **Masse** fällt.[56] Nach dem Wortlaut des § 35 InsO scheint das der Fall zu sein, doch erlaubt jedenfalls das Insolvenzplanverfahren (§§ 217 ff. InsO) eine abweichende Gestaltung.[57] Denkbar ist auch, die neu eingeworbenen Eigenmittel durch den Insolvenzverwalter freigeben zu lassen.[58]

---

[45] Näher Hüffer/Koch/*Koch* § 246 Rn. 29 f.
[46] MüKoAktG/*Koch* Rn. 50 f.; vgl. auch BGH NJW-RR 2004, 1408 (zur GmbH).
[47] Hüffer/Koch/*Koch* § 245 Rn. 37; vertiefend *Müller,* Der Verband in der Insolvenz, 2002, 202 ff.
[48] Eingehend *Müller,* Der Verband in der Insolvenz, 2002, 261 ff.
[49] BGHZ 85, 221 (222 f.) = NJW 1983, 755; Hüffer/Koch/*Koch* Rn. 11; vertiefend MüKoAktG/*Koch* Rn. 56 ff.; *Müller,* Der Verband in der Insolvenz, 2002, 169 ff.
[50] Näher *Müller,* Der Verband in der Insolvenz, 2002, 175 ff.
[51] Vgl. BGHZ 129, 136 – Girmes; eingehend *Müller,* Der Verband in der Insolvenz, 2002, 330 ff.
[52] Vgl. BGH NJW 1995, 460 (betr. GmbH); KG NZG 2000, 103 (104); Hüffer/Koch/*Koch* § 182 Rn. 32 mwN; krit. *Müller,* Der Verband in der Insolvenz, 2002, 183 ff.
[53] Hüffer/Koch/*Koch* Rn. 11 u § 182 Rn. 32; MüKoAktG/*Koch* Rn. 72; *Götze* ZIP 2002, 2204 f.; *Müller,* Der Verband in der Insolvenz, 2002, 179 ff.
[54] HM; vgl. BGH NJW 1995, 460 (betr. GmbH); KG NZG 2000, 103 (104); *K. Schmidt* AG 2006, 597 (604); Hüffer/Koch/*Koch* § 182 Rn. 32.
[55] Hüffer/Koch/*Koch* § 186 Rn. 31; *Müller,* Der Verband in der Insolvenz, 2002, 327 ff.
[56] Dafür: *Müller,* Der Verband in der Insolvenz, 2002, 182 mwN; *K. Schmidt* in Arbeitskreis für Insolvenz- und Schiedsgerichtswesen eV (Hrsg.), Kölner Schrift zur Insolvenzordnung, 1997, 911 (919); *Noack* GesR Rn. 279; dagegen: Großkomm AktG/*Habersack/Foerster* § 92 Rn. 99; *Braun/Uhlenbruck,* Unternehmensinsolvenz, 1997, 89; Uhlenbruck/*Mock* InsO § 80 Rn. 14.
[57] Zutr. Hüffer/Koch/*Koch* § 182 Rn. 32b; MüKoAktG/*Koch* Rn. 75; skeptisch *K. Schmidt* AG 2006, 597 (604 f.).
[58] Vgl. Braun/*Bäuerle* InsO § 35 Rn. 77.

Schließlich muss zur erfolgreichen Sanierung die **Fortsetzung** der Gesellschaft beschlossen werden (vgl. § 274 Abs. 2 Nr. 1). Dies kann im Rahmen des Insolvenzplans geschehen, vgl. § 225a Abs. 3 InsO. Ansonsten ist die Möglichkeit eines bedingten Fortsetzungsbeschlusses in Betracht zu ziehen (näher → § 274 Rn. 12).[59]

7. Internationale Insolvenz. Das Insolvenzverfahren über eine deutsche AG wird idR vor einem deutschen Gericht nach deutschem Insolvenzrecht abgewickelt. Zwingend ist das jedoch nicht, da das Insolvenzstatut nicht mit dem Gesellschaftsstatut identisch ist.[60] Die **internationale Zuständigkeit** der Insolvenzgerichte ergibt sich aus einer entsprechenden Anwendung der Regeln über die örtliche Zuständigkeit.[61] Danach kommt es in erster Linie auf den (Satzungs-)Sitz der AG an, der für eine deutsche AG nur in Deutschland liegen kann (→ § 262 Rn. 74). Wird die wirtschaftliche Tätigkeit der AG aber schwerpunktmäßig im **Ausland** entfaltet, weil zB dort der Verwaltungssitz liegt, sind entsprechend § 3 Abs. 1 S. 2 InsO die dortigen Insolvenzgerichte zuständig.[62] Eröffnen sie das Insolvenzverfahren, wird dies in Deutschland anerkannt (§ 343 InsO) mit der Folge, dass das Insolvenzverfahren und seine Wirkungen sich ausschließlich nach dem Recht des Eröffnungsstaates richten (§ 335 InsO). Hat die Gesellschaft in Deutschland eine Niederlassung oder Vermögen, kommt allerdings ein **Partikularverfahren** über das inländische Vermögen in Betracht (§ 354 InsO).

Innerhalb Europas ist die vorrangige Geltung der **Europäischen Insolvenzverordnung (EuInsVO)** zu beachten.[63] Praktisch ergeben sich daraus keine wesentlichen Abweichungen. Zuständig sind die Gerichte desjenigen Mitgliedsstaats, in dessen Gebiet der Schuldner den Mittelpunkt seiner hauptsächlichen Interessen hat (Art. 3 Abs. 1 S. 1 EuInsVO). Bei juristischen Personen wird bis zum Beweis des Gegenteils vermutet, dass dies der Ort des **satzungsmäßigen Sitzes** ist (Art. 3 Abs. 2 Uabs. 2 EuInsVO). Die Vermutung ist entkräftet, wenn zur Überzeugung des Gerichts feststeht, dass die Gesellschaft im Staat ihres Satzungssitzes keinerlei Tätigkeit nachgeht.[64] Dafür genügt es aber nicht, dass die Aktivitäten der Gesellschaft von einer ausländischen Konzernmutter kontrolliert werden.[65] Die gerichtliche Zuständigkeit ist deshalb wichtig, weil sich nach ihr auch das **anwendbare Recht** bestimmt, Art. 7 Abs. 1 EuInsVO.

Die Eröffnung des Insolvenzverfahrens in einem anderen Mitgliedstaat der EU ist hierzulande **automatisch anzuerkennen** (Art. 19 EuInsVO). Ob diese Zuständigkeit zu Recht angenommen wurde, darf das heimische Gericht nicht mehr nachprüfen (Prioritätsprinzip).[66] Ein Antrag auf Eröffnung des deutschen Insolvenzverfahrens ist dann nicht mehr zulässig (Art 3 Abs. 1 EuInsVO). Ein sekundäres **Partikularverfahren** ist nicht schon bei inländischem Vermögen, sondern nur bei inländischer Niederlassung zulässig (Art. 34 iVm Art. 3 Abs. 2 EuInsVO). Darunter ist jeder Ort zu verstehen, an dem der Schuldner eine wirtschaftliche Aktivität nicht nur vorübergehender Art entfaltet, die den Einsatz von Personal und Vermögenswerten voraussetzt (Art. 2 Ziff. 10 EuInsVO). Im **Konzern** ist für jede Tochtergesellschaft die Zuständigkeit gesondert zu ermitteln.[67]

IV. Nachtragsliquidation (Abs. 2)

1. Bedeutung. Mit der Löschung wegen Vermögenslosigkeit gem. § 394 FamFG geht die Auflösung einher (§ 262 Abs. 1 Nr. 6), die aber nicht zur Liquidation führt, weil es mangels Vermögens nichts abzuwickeln gibt. Stellt sich nach der Löschung heraus, dass doch noch verteilungsfähiges Vermögen vorhanden ist, ordnet das Gesetz eine **nachträgliche Abwicklung** (sog Nachtragsliquidation) an (Abs. 2). Absatz 2 wurde 1994 im Rahmen der Insolvenzrechtsreform wörtlich aus dem gleichzeitig aufgehobenen Löschungsgesetz (§ 2 Abs. 2 LöschG) von 1934 übernommen. Von der Nachtragsliquidation iSv § 273 Abs. 4 unterscheidet sie sich dadurch, dass dort bereits eine Liquidation stattgefunden hat. Ansonsten folgt die Liquidation in beiden Fällen weitgehend gleichen Grundsätzen, weshalb für Einzelheiten auf die Kommentierung zu § 273 Abs. 4 verwiesen werden kann (→ § 273 Rn. 20 ff.). War der Löschung dagegen ein Insolvenzverfahren vorangegangen, richtet sich die nachträgliche Abwicklung vorrangig nach §§ 203 ff. InsO.[68]

---

[59] *Müller*, Der Verband in der Insolvenz, 2002, 380.
[60] Zur Abgrenzungsproblematik *Ulmer* NJW 2004, 1201 (1207); *Röhricht* ZIP 2005, 505 (506 f.).
[61] Braun/*Liersch* InsO § 343 Rn. 8.
[62] Vgl. Braun/*Kießner* InsO § 3 Rn. 3, 7, 10.
[63] Verordnung (EG) Nr. 2015/848 des Europäischen Parlaments und des Rates vom 20. Mai 2015 über Insolvenzverfahren (ABl. EU Nr. L 141/19).
[64] Vgl. EuGH ZIP 2006, 907 – Eurofood.
[65] Vgl. EuGH ZIP 2006, 907 – Eurofood.
[66] EuGH ZIP 2006, 907 – Eurofood; krit. dazu *Mankowski* BB 2006, 1753 (1756).
[67] Vgl. EuGH ZIP 2006, 907 – Eurofood; dazu *Knof/Mock* ZIP 2006, 911 (914).
[68] Hüffer/Koch/*Koch* Rn. 13; MüKoAktG/*Koch* Rn. 10 u 88.

29 **2. Voraussetzungen.** Die Nachtragsliquidation findet statt, wenn verteilungsfähiges Vermögen vorhanden ist (§ 264 Abs. 2), aber auch wenn sonstiger Abwicklungsbedarf besteht (§ 273 Abs. 4 analog).[69] Zum sonstigen Abwicklungsbedarf → § 273 Rn. 21. Ob **verteilungsfähiges Vermögen** vorhanden ist, bestimmt sich spiegelbildlich nach dem zur Vermögenslosigkeit Gesagten (→ § 262 Rn. 97). Es ist zu verneinen, wenn das Vermögen verschwindend gering ist, insbesondere die Kosten der Nachtragsliquidation nicht deckt (zur Möglichkeit des Kostenvorschusses → § 273 Rn. 24). Vermögen ist insbesondere dann noch vorhanden, wenn werthaltige Einlageansprüche oder **Ansprüche der AG gegen Dritte,** zB gegen ihre Gründer, Aktionäre, Organmitglieder oder (ehemalige) Liquidatoren bestehen.[70] Auch Forderungen gegen einen Haftpflichtversicher oder Kostenerstattungsansprüche aus einem rechtskräftig abgeschlossenen Prozess kommen in Betracht.[71] Wertlose Ansprüche (zB weil der Schuldner selbst vermögenslos ist), bleiben außer Betracht.[72] Verbindlichkeiten stellen schon begrifflich kein Vermögen dar.[73] Sie rechtfertigen die Nachtragsliquidation daher nicht, solange es nichts zu verteilen gibt.[74]

30 Von der materiell-rechtlichen Frage des Vorhandenseins von Vermögen ist die verfahrensrechtliche zu scheiden, welche Anforderungen an deren **Nachweis** zu stellen sind. Wegen der begrenzten Ermittlungsmöglichkeiten sowohl der Gläubiger als auch des Registergerichts dürfen die Anforderungen nicht überspannt werden (→ § 262 Rn. 98). Weil die Existenz von Ersatzansprüchen der AG oftmals erst im Prozess geklärt werden kann, muss deren schlüssige Behauptung für die Bestellung des Nachtragsliquidators im Aktivprozess ausreichen.[75] **Vage Hinweise** genügen jedoch nicht, da es weder Aufgabe des Gerichts noch des Nachtragsliquidators ist, nach verbliebenem Gesellschaftsvermögen zu forschen.[76] Ist in der abgeschlossenen Liquidation schon umfangreich und ergebnislos nach Vermögensgegenständen geforscht worden oder sind etwaige Ersatzansprüche gegen Gesellschafter oder Dritte eingehend geprüft und verneint worden, wird das Gericht mangels gehaltvoller neuer Indizien den Antrag auf Nachtragsliquidation ablehnen.[77] Hilfreich für den Antragsteller kann ein Blick in die Insolvenzakten sein.[78] Bejaht werden sollte der Abwicklungsbedarf, wenn in Kenntnis der Löschung ein Prozess gegen die gelöschte AG angestrengt wird (Passivprozess), denn ohne Anzeichen für vorhandenes Vermögen wird kein Gläubiger das Prozesskostenrisiko eingehen.[79] Für den Insolvenzantrag genügt es, wenn schlüssig vorgetragen wird, dass die gelöschte Gesellschaft noch verteilbares Vermögen besitzt.[80]

31 Ob das Vermögen nachträglich aufgetaucht ist oder schon bei Löschung bekannt war, spielt keine Rolle.[81] Fraglich ist aber, ob noch **nach Löschung** Vermögen neu erworben werden kann, welches dann eine Nachtragsliquidation erforderlich macht. Da die Nachgesellschaft teilrechtsfähig ist (→ § 262 Rn. 91 f.), muss das für liquidationsfähige Güter bejaht werden. Eine Erbschaft kann daher noch anfallen, eine Schenkung noch angenommen werden.[82] Ob der Vermögenserwerb wirklich

---

[69] Heute allgA, vgl. (zur GmbH) BGHZ 105, 259 (260) = NJW 1989, 220; BGHZ 53, 264; BayObLG NZG 2004, 1164; BayObLGZ 1993, 332 (333); BayObLG ZIP 1984, 450 (451); BayObLG ZIP 1983, 938 (939); *Buchner*, Amtslöschung, Nachtragsliquidation und masselose Insolvenz, 1988, 117; *Heller*, Die vermögenslose GmbH, 1989, 160; Hüffer/Koch/*Koch* Rn. 13; MüKoAktG/*Koch* Rn. 11; Kölner Komm AktG/*Winnen* Rn. 33; Großkomm AktG/*K. Schmidt* Rn. 18.

[70] Vgl. BGHZ 159, 94 (101) = NJW 2004, 2523 (2525); BGHZ 105, 259 (261) = NJW 1989, 220; BayObLG NZG 2004, 1164; BayObLG ZIP 1985, 33; BayObLGZ 1993, 332 (333 f.); OLG München NZG 2017, 1071; Hüffer/Koch/*Koch* Rn. 13.

[71] OLG München NZG 2017, 1071; OLG Frankfurt NZG 2015, 626 (628).

[72] Vgl. BGH NJW 2015, 2424 (2425).

[73] Hüffer/Koch/*Koch* Rn. 13; MüKoAktG/*Koch* Rn. 11.

[74] Vgl. BGHZ 105, 259 (260 f.) = NJW 1989, 220 (betr. GmbH); BGHZ 74, 212 (213) = NJW 1979, 1592 (betr. Verein); MüKoAktG/*Koch* Rn. 11; Großkomm AktG/*K. Schmidt* Rn. 18; zur Frage ihres Erlöschens → § 273 Rn. 12.

[75] Vgl. BayObLG ZIP 1985, 33 (34); *Piorreck* Rpfleger 1978, 157; *Bokelmann* NJW 1977, 1130 (1131); sehr streng OLG Frankfurt GmbHR 2005, 1137: Konkrete Angaben zu Anspruchsgrund, Anspruchshöhe, Person des Schuldners und zur Realisierbarkeit der Forderung; vgl. auch KG DB 2007, 851 f.: konkreter Vortrag erforderlich; einfache Behauptung reicht nicht aus.

[76] OLG Frankfurt GmbHR 2005, 1137; zT abweichend *Rosenkranz* AG 2014, 309 (312 ff.) (Erforschungsmaßnahmen als zulässiger Gegenstand der Nachtragsliquidation), der vage Anträge aber ebenfalls nicht genügen lässt.

[77] So OLG Düsseldorf ZIP 2013, 877 (878) = BeckRS 2013, 06879; iE auch *Rosenkranz* AG 2014, 309 (315).

[78] Vgl. BGH NZG 2006, 595.

[79] Vgl. BGHZ 74, 212 = NJW 1979, 1592 (betr. Verein); BGHZ 48, 303 = BGH NJW 1968, 297 (betr. GmbH); *Piorreck* Rpfleger 1978, 157; *Bokelmann* NJW 1977, 1130 (1131).

[80] BGH NZG 2005, 278.

[81] OLG Düsseldorf ZIP 2013, 877 (878) = BeckRS 2013, 06879; Kölner Komm AktG/*Winnen* Rn. 35; MüKoAktG/*Koch* § 273 Rn. 33.

[82] AA *Buchner*, Amtslöschung, Nachtragsliquidation und masselose Insolvenz, 1988, 120 (abwicklungsfremdes Geschäft).

erfolgt, richtet sich nicht nach Aktienrecht, sondern ist durch Auslegung des Zuweisungsaktes (zB Testament) im Einzelfall zu ermitteln.

3. Abwicklungsverfahren. Der **Nachtragsliquidator** wird nicht von Amts wegen, sondern nur auf Antrag eines Beteiligten durch das Registergericht (Richter, § 17 Nr. 2 lit. b RPflG, bei landesrechtlicher Ermächtigung auch Rechtspfleger, vgl. § 19 Abs. 1 S. 1 Nr. 6 RPflG) bestellt. **Beteiligte** sind Gläubiger, Aktionäre oder der Vorstand. Eine Bestellung oder Abberufung durch die Hauptversammlung ist ausgeschlossen.[83] In der Auswahl der Abwickler ist das Gericht frei,[84] doch sollte es keine Person bestellen, die nicht die Gewähr für die Übernahme und effiziente Ausführung des Amtes bietet. Erforderlich ist idR ein vom Antragsteller zu leistender Kostenvorschuss.[85] Rechtsbehelf gegen die Bestellung ist die Beschwerde (§ 273 Abs. 5 analog).[86] Eingehend zur Rolle des Nachtragsliquidators → § 273 Rn. 22 ff.

Ungeklärt ist, inwieweit die **formalen Kautelen** der „normalen" Liquidation (§§ 265 ff.) auch für die Nachtragsliquidation gem. § 264 Abs. 2 gelten. Teilweise wird ihre weitgehende Einhaltung gefordert,[87] teilweise wird darauf verzichtet. Richtigerweise ist zu differenzieren. Geht es – wie im Regelfall – nur noch um Einzelmaßnahmen (Bsp.: Verwertung eines aufgefundenen KFZ), dürfen der Gläubigeraufruf (§ 267), die Aufstellung einer Eröffnungsbilanz (§ 270), das Sperrjahr (§ 272) und die Eintragung des Abwicklungsschlusses (§ 273) **entfallen.**[88] Der Erlös gebührt dann (nur) denjenigen, die sich aktiv an der Nachtragsliquidation beteiligt haben.[89] Bei der Abwicklung größerer Restvermögen ist dagegen – schon um Umgehungen der §§ 264 ff. durch „Flucht in die Löschung" zu vermeiden – auf Einhaltung der genannten Normen zu pochen.[90] In allen Fällen nur eingeschränkt anwendbar sind die Vorschriften für den Liquidator (näher → § 273 Rn. 22 ff.). Die Insolvenzantragspflicht des Nachtragsliquidators wird allerdings bejaht.[91] Eine Wiedereintragung der AG kommt generell nicht in Betracht (→ § 273 Rn. 29). Auch ihre Fortsetzung scheidet aus (→ § 274 Rn. 14).[92] Der Praxis ist die Abstimmung mit dem jeweils zuständigen Registerrichter zu empfehlen.

V. Geltung der Vorschriften der werbenden AG (Abs. 3)

1. Allgemeines. Da die Auflösung nur zu einer Änderung des Gesellschaftszwecks führt, ergeben sich daraus für die AG im **Außenverhältnis** grundsätzlich keine Änderungen (→ § 262 Rn. 83 ff.). Insbesondere bleibt die AG weiter unbeschränkt rechts- und parteifähig. Auch im **Innenverhältnis** finden im Prinzip nach wie vor die Vorschriften für die werbende AG Anwendung. Verdrängt werden sie durch die spezielleren §§ 264 ff. (s. jeweils dort). Im Übrigen steht die Fortgeltung der allgemeinen Vorschriften unter dem Vorbehalt, dass sich „aus dem Zweck der Abwicklung nichts anderes ergibt". Dieser Vorbehalt ist ernst zu nehmen, woraus sich für die ansonsten bestehende Handlungsfreiheit der Organe im Einzelfall Schranken ergeben.

2. Aktionäre. Die Aktionäre sind zwar grundsätzlich weiter verpflichtet, ausstehende **Einlagen** zu leisten (§ 54), und geleistete Einlagen dürfen auch nach der Auflösung bis zur Berichtigung der Verbindlichkeiten (§ 271 Abs. 1) und dem Ablauf des Sperrjahrs (§ 272) nicht zurückgewährt werden (missverständlich § 57 Abs. 3).[93] Ist freilich absehbar, dass nach Befriedigung der Gläubiger ein Über-

---

[83] KG WM 1967, 283 f.; *H. Schmidt*, Zur Vollbeendigung juristischer Personen, 1989, 149; wie hier wohl auch Kölner Komm AktG/*Winnen* Rn. 41.
[84] BGHZ 53, 264 (269) (betr. GmbH); Hüffer/Koch/*Koch* Rn. 14; MüKoAktG/*Koch* Rn. 13.
[85] MüKoAktG/*Koch* Rn. 13.
[86] OLG Schleswig NZG 2002, 317 = NJW-RR 2000, 769 (betr. GmbH); OLG München ZIP 2009, 490 (zur GmbH); Hüffer/Koch/*Koch* Rn. 14; MüKoAktG/*Koch* Rn. 14; K. Schmidt/Lutter/*Riesenhuber* Rn. 16 Fn. 43; aA (zum GmbH-Recht) OLG München NZG 2005, 897 (898); OLG Hamm Rpfleger 1987, 251 (252): einfache Beschwerde. Der Streit, ob die einfache oder sofortige Beschwerde statthaft ist, hat sich mit der generellen Befristung der Beschwerde sowie der Neuregelung des § 273 Abs. 5 erledigt.
[87] So zB *Piorreck* Rpfleger 1978, 157; tendenziell auch *Buchner*, Amtslöschung, Nachtragsliquidation und masselose Insolvenz, 1988, 150; sowie NK-AktG/*Wermeckes* Rn. 8.
[88] In diesem Sinne auch OLG Hamm GmbHR 1987, 470 (betr. GmbH); *H. Schmidt*, Zur Vollbeendigung juristischer Personen, 1989, 176; *Heller*, Die vermögenslose GmbH, 1989, 170; Hüffer/Koch/*Koch* Rn. 15; MüKoAktG/*Koch* Rn. 15 f.; Großkomm GmbHG/*Paura* § 66 Rn. 88.
[89] *Buchner*, Amtslöschung, Nachtragsliquidation und masselose Insolvenz, 1988, 150 f. (keine Geltung des § 271).
[90] Kölner Komm AktG/*Winnen* Rn. 38; *Heller*, Die vermögenslose GmbH, 1989, 170; *Buchner*, Amtslöschung, Nachtragsliquidation und masselose Insolvenz, 1988, 150.
[91] So Großkomm AktG/*K. Schmidt* Rn. 20.
[92] RGZ 156, 23 (26 f.); Hüffer/Koch/*Koch* Rn. 15; MüKoAktG/*Koch* Rn. 17; Kölner Komm AktG/*Winnen* Rn. 39.
[93] Vgl. Kölner Komm AktG/*Winnen* Rn. 13; Hüffer/Koch/*Koch* Rn. 16; MüKoAktG/*Koch* Rn. 21 f.

schuss verbleibt, darf der Vorstand die Einlagen nicht einfordern, weil diese sogleich wieder zurückzugewähren wären (vgl. § 277 Abs. 3). Der Einlageanspruch beschränkt sich maW auf das zur Abwicklung Erforderliche.[94] Eine Nachschusspflicht (vgl. § 735 BGB) tritt ebenso wenig ein wie die persönliche Haftung. Gewinne werden nicht mehr erzielt, daher auch **keine Dividenden** gezahlt.[95]

36 3. **Verwaltung.** Die aufgelöste AG hat **keinen Vorstand.** An seine Stelle treten die (idR personenidentischen, § 265 Abs. 1) Abwickler.[96] Auch für diesen gelten die §§ 76 ff. (vgl. § 268 Abs. 2), soweit sie nicht durch die (zT wortgleichen) Spezialregelungen der §§ 265–269 verdrängt werden (näher → § 268 Rn. 15 ff.). Vorstandsmitglieder, die nicht Abwickler werden, behalten ihre Vergütungsansprüche aus dem weiter bestehenden Anstellungsvertrag (→ § 265 Rn. 8), nicht jedoch den Tantiemenanspruch (Auslegungsfrage).[97] Unverändert im Amt bleibt der **Aufsichtsrat** (vgl. § 268 Abs. 2 S. 2).[98] Er behält seine Überwachungsaufgabe (gegenüber den Abwicklern),[99] büßt hingegen seine Personalkompetenz[100] (§ 84) und die Zuständigkeit zur Feststellung des Jahresabschlusses zu Lasten der Hauptversammlung ein (vgl. § 265 Abs. 2, § 270 Abs. 2). Zur Vertretung der AG in Beschlussmängelstreitigkeiten ist er dagegen gem. § 246 Abs. 2 weiterhin neben den Abwicklern berufen.[101]

36a Fraglich ist die **Vergütung** der Mitglieder des Aufsichtsrats. Nach älterer Auffassung[102] soll sich wegen des eingeschränkten Tätigkeitsbereichs nur noch ein Anspruch auf angemessene Vergütung nach § 612 BGB ergeben. Nach neuerer Ansicht[103] soll für die Höhe der Vergütung die Satzung oder ein Beschluss der Hauptversammlung relevant sein, § 113 Abs. 1 S. 2 AktG. Für die Maßgeblichkeit der Satzung und des Beschlusses der Hauptversammlung spricht dabei, dass nach § 264 Abs. 3 die Vorschriften der werbenden AG weiter gelten, soweit sich nicht aus dem Zweck der Abwicklung etwas anderes ergibt. Es besteht jedoch keine Veranlassung, von der Regelung des § 113 Abs. 1 S. 2 abzuweichen; zumal die Hauptversammlung bei einem tatsächlich eingeschränkten Tätigkeitsbereich[104] die Möglichkeit zur Reduzierung der Vergütung hat. Gegen eine Anwendung des § 612 BGB spricht auch, dass die Mitglieder des Aufsichtsrats nicht von der AG angestellt sind, sondern die Rechtsbeziehung der Aufsichtsratsmitglieder zur AG auf der Wahl durch die Hauptversammlung beruht.[105]

37 4. **Hauptversammlung.** Die Befugnisse der Hauptversammlung ändern sich grundsätzlich nicht. Allerdings ist hier der gesetzliche Vorbehalt, dass ihre Ausübung dem Abwicklungszweck nicht zuwider läuft, stets besonders zu beachten.[106] Unzulässig sind damit namentlich Gewinnverwendungsbeschlüsse.[107] Als zulässig werden heute hingegen Strukturmaßnahmen erachtet. So soll auch die aufgelöste AG noch **Satzungsänderungen** (einschließlich Änderungen der Firma und des Gegenstandes) oder die Sitzverlegung beschließen können.[108] Gleiches gilt für eine **Kapitalerhöhung,** soweit sie nicht aus Gesellschaftsmitteln erfolgt, weil dadurch neue Mittel zur Gläubigerbefriedigung oder zur Vorbereitung der Fortsetzung zugeführt werden können.[109] Auch die **Kapitalherabsetzung** wird heute überwiegend zugelassen, sofern zusätzlich zu den Anforderungen des § 225

---

[94] Vgl. BGHZ 169, 270 Rn. 19 f. = NZG 2007, 20.
[95] Kölner Komm AktG/*Winnen* § 270 Rn. 12; MüKoAktG/*Koch* Rn. 22.
[96] Vgl. Kölner Komm AktG/*Winnen* Rn. 15; MüKoAktG/*Koch* Rn. 23.
[97] Vgl. Hüffer/Koch/*Koch* Rn. 17; MüKoAktG/*Koch* Rn. 23, 25.
[98] BGHZ 32, 114 (117) = NJW 1960, 1006 (betr. Genossenschaft); Hüffer/Koch/*Koch* Rn. 16; MüKoAktG/*Koch* Rn. 24.
[99] Vgl. OLG Frankfurt a. M. AG 2009, 335: Kündigung der Abwickler obliegt dem Aufsichtsrat; s. hierzu auch BGH NZG 2009, 664.
[100] S. aber AG Duisburg NZI 2008, 621 (622): Vorschrift des § 84 genau zu beachten.
[101] BGHZ 32, 114 (118); Hüffer/Koch/*Koch* § 246 Rn. 31.
[102] Kölner Komm AktG/*Kraft*, 2. Aufl. 1996, Rn. 13; Großkomm AktG/*Wiedemann*, 3. Aufl. 1973, Anm. 3.
[103] Hüffer/Koch/*Koch* Rn. 17; MüKoAktG/*Koch* Rn. 25; Kölner Komm AktG/*Winnen* Rn. 24; K. Schmidt/Lutter/*Riesenhuber* Rn. 8; Bürgers/Körber/*Füller* Rn. 16.
[104] Vgl. zur Reduzierung des Tätigkeitsbereichs MüKoAktG/*Koch* Rn. 26: Annahme der Reduzierung durchweg nicht zutreffend.
[105] So MüKoAktG/*Koch* Rn. 25.
[106] Vgl. RGZ 121, 246 (253) (Satzungsänderung, betr. Genossenschaft); BGHZ 24, 279 (286) = NJW 1957, 1279; OLG Hamburg AG 2003, 643 (644); Hüffer/Koch/*Koch* Rn. 16; MüKoAktG/*Koch* Rn. 26.
[107] MüKoAktG/*Koch* Rn. 26; Kölner Komm AktG/*Winnen* Rn. 17; Bürgers/Körber/*Füller* Rn. 13.
[108] Vgl. Hüffer/Koch/*Koch* Rn. 16; MüKoAktG/*Koch* Rn. 27; Kölner Komm AktG/*Winnen* Rn. 18 (wobei für die Änderung des Unternehmensgegenstands ein Fortsetzungsbeschluss nötig sein soll); zu Recht einschränkend OLG Thüringen GmbHR 2006, 765 (767).
[109] Vgl. BGHZ 24, 279 = NJW 1957, 1279; MüKoAktG/*Koch* Rn. 28; Kölner Komm AktG/*Winnen* Rn. 25 f.; Bürgers/Körber/*Füller* Rn. 18.

die Sperrfrist (§ 272) beachtet wird.[110] Ebenso akzeptiert man unter Hinweis auf § 3 Abs. 3 UmwG die **Umwandlung** des aufgelösten Rechtsträgers.[111] Schließlich kann auch ein **Squeeze-out** (§§ 327a ff.) im Auflösungsstadium noch vollzogen werden (näher → Rn. 39 f.). Folgerichtig kämen auch noch andere Strukturbeschlüsse (zB Billigung eines Unternehmensvertrags) in Betracht.

Dazu ist **kritisch** anzumerken, dass die Auflösung zwar nicht notwendig zur Selbstvernichtung **38** der AG führt (→ § 262 Rn. 5, 81 ff.), dennoch die Abwicklung des Rechtsträgers vorrangiges Ziel ist.[112] Zwar bleibt die Anteilseignerversammlung insoweit Herr der Dinge, als sie die Fortsetzung der Gesellschaft beschließen kann. Dafür stellt § 274 aber besondere Voraussetzungen auf, verlangt namentlich einen ausdrücklichen Fortsetzungsbeschluss (str., → § 274 Rn. 3). Hiervon dispensiert § 3 Abs. 3 UmwG – in Übereinstimmung mit europarechtlichen Vorgaben[113] – nur für den übertragenden, nicht jedoch für den übernehmenden Rechtsträger (→ § 274 Rn. 4).[114] Ohne gleichzeitigen Fortsetzungsbeschluss sind die genannten Maßnahmen daher nur zulässig, wenn sie nachweislich zur Optimierung des Abwicklungsergebnisses beitragen. Das kann im Wege der Anfechtungsklage (§ 243) überprüft werden.

5. Squeeze-out. Problematisch ist namentlich die Möglichkeit, Minderheitsaktionäre per Sque- **39** eze-out (§ 327a) aus der Liquidationsgesellschaft zu drängen. Der Bundesgerichtshof hat das – in Übereinstimmung mit der hL und gebilligt vom BVerfG[115] – mit der Begründung zugelassen, auch im Abwicklungsstadium könne die bloße Existenz von Minderheitsaktionären erheblichen Aufwand, potentielle Schwierigkeiten und Verzögerungen – etwa durch Anfechtungsklagen – bei der Abwicklung mit sich bringen.[116] Ihr Ausschluss könne daher dazu beitragen, den **Liquidationserlös** entsprechend **höher ausfallen** zu lassen. Schließlich könnte mit den Stimmen des Mehrheitsaktionärs ohnehin die Fortsetzung beschlossen und die Minderheit jedenfalls dann herausgedrängt werden. Einer sachlichen Rechtfertigung bedürfe der Squeeze-out auch im Abwicklungsstadium nicht, weil der Gesetzgeber die Abwägung bereits selbst getroffen habe.

Mag dem für den konkreten Fall zu folgen sein, bleibt gleichwohl ein gewisses **Unbehagen,** weil **40** das Störpotential im Abwicklungsfall doch ungleich geringer ist und im Übrigen stets die Gefahr droht, dass die Minderheit um ihren Anteil am Liquidationserlös gebracht wird, deren wahrer Wert sich ja idR erst im Zuge der Vermögensrealisierung offenbart. Der Einwand, mit der Auflösung ändere sich „lediglich" der Zweck der Gesellschaft,[117] vermag diese Bedenken nicht auszuräumen, denn gerade diese Zweckänderung ist es ja, die den Minderheitenausschluss im Angesicht des nahen Erlöschens der Gesellschaft anrüchig erscheinen lässt. Wenn dem Urteil **im Ergebnis gefolgt** werden kann, dann allein deshalb, weil der Hauptaktionär schon aus eigenem Interesse vom Squeeze-out in der Abwicklung regelmäßig absehen wird. Denn dieser ist mit Mühen und Kosten (Berichts- und Prüfungspflicht) verbunden und eröffnet den Ausgeschlossenen den Weg ins Spruchverfahren, der ihnen in der Liquidation ansonsten nicht frei steht. Dennoch bleiben die Gerichte gehalten, offensichtlichem **Missbrauch** Einhalt zu gebieten. Dem steht die vom Gesetzgeber getroffene Entscheidung zugunsten des Squeeze-out schon deshalb nicht entgegen, da dieser allein die werbende Gesellschaft vor Augen hatte. **Rechtspolitisch** ist zu erwägen, den Ausgeschlossenen einen Nachschlag zu gewähren, falls die Liquidationsquote später höher ausfällt. Unter dieser Prämisse könnte auf das Spruchverfahren in der Abwicklung verzichtet werden.

6. Sonstiges. Die **Firma** muss einen Abwicklungszusatz („iL") erhalten (§ 269 Abs. 6), die Anga- **41** ben auf Geschäftsbriefen (§ 80) sind entsprechend zu modifizieren (§ 268 Abs. 4 S. 1). Die Vorschriften über die **Rechnungslegung** gelten nur in den Grenzen des § 270 (s. dort). Zu den Auswirkungen der Auflösung auf **Unternehmensverträge** → § 297 Rn. 36 ff. Zu den sonstigen Wirkungen der Auflösung → § 262 Rn. 81 ff.

---

[110] Hüffer/Koch/*Koch* Rn. 16; MüKoAktG/*Koch* Rn. 29; K. Schmidt/Lutter/*Riesenhuber* Rn. 9; nunmehr auch Kölner Komm AktG/*Winnen* Rn. 27.
[111] MüKoAktG/*Koch* Rn. 27; wie hier wohl auch Kölner Komm AktG/*Winnen* Rn. 12, § 269 Rn. 10.
[112] Strenger daher auch das Schweizer Recht, vgl. (krit.) *Riek*, Das Liquidationsstadium der AG, 2003, 43 ff.
[113] Vgl. Art. 89 Abs. 2 GesR-RL (RL 2017/1132/EU).
[114] Vgl. AG Erfurt Rpfleger 1996, 163; Lutter/*Lutter/Drygala* UmwG § 3 Rn. 23; NK-AktR/*Wermeckes* Rn. 10; MHdB AG/*Hoffmann-Becking* § 67 Rn. 2.
[115] Vgl. BVerfG ZIP 2007, 2121 = WM 2007, 2199; OLG Köln NZG 2005, 931 (Vorinstanz); Hüffer/Koch/*Koch* § 327a Rn. 6; Emmerich/Habersack/*Habersack* § 327a Rn. 12; MüKoAktG/*Grunewald* § 327a Rn. 4; Kölner Komm AktG/*Winnen* Rn. 19; aA Kölner Komm AktG/*Koppensteiner* § 327a Rn. 2.
[116] BGH NZG 2006, 905 f. = ZIP 2006, 2080 (2081 f.); zust. *Wilsing/Siebmann* DB 2006, 2509 f.
[117] BGH NZG 2006, 905 f. = ZIP 2006, 2080 (2081 f.); ebenso zuvor OLG Köln NZG 2005, 931 (932) – Vorinstanz.

§ 265 Abwickler

(1) Die Abwicklung besorgen die Vorstandsmitglieder als Abwickler.

(2) ¹Die Satzung oder ein Beschluß der Hauptversammlung kann andere Personen als Abwickler bestellen. ²Für die Auswahl der Abwickler gilt § 76 Abs. 3 Satz 2 und 3 sinngemäß. ³Auch eine juristische Person kann Abwickler sein.

(3) ¹Auf Antrag des Aufsichtsrats oder einer Minderheit von Aktionären, deren Anteile zusammen den zwanzigsten Teil des Grundkapitals oder den anteiligen Betrag von 500 000 Euro erreichen, hat das Gericht bei Vorliegen eines wichtigen Grundes die Abwickler zu bestellen und abzuberufen. ²Die Aktionäre haben glaubhaft zu machen, daß sie seit mindestens drei Monaten Inhaber der Aktien sind. ³Zur Glaubhaftmachung genügt eine eidesstattliche Versicherung vor einem Gericht oder Notar. ⁴Gegen die Entscheidung ist die Beschwerde zulässig.

(4) ¹Die gerichtlich bestellten Abwickler haben Anspruch auf Ersatz angemessener barer Auslagen und auf Vergütung für ihre Tätigkeit. ²Einigen sich der gerichtlich bestellte Abwickler und die Gesellschaft nicht, so setzt das Gericht die Auslagen und die Vergütung fest. ³Gegen die Entscheidung ist die Beschwerde zulässig; die Rechtsbeschwerde ist ausgeschlossen. ⁴Aus der rechtskräftigen Entscheidung findet die Zwangsvollstreckung nach der Zivilprozeßordnung statt.

(5) ¹Abwickler, die nicht vom Gericht bestellt sind, kann die Hauptversammlung jederzeit abberufen. ²Für die Ansprüche aus dem Anstellungsvertrag gelten die allgemeinen Vorschriften.

(6) Die Absätze 2 bis 5 gelten nicht für den Arbeitsdirektor, soweit sich seine Bestellung und Abberufung nach den Vorschriften des Montan-Mitbestimmungsgesetzes bestimmen.

Schrifttum: *Bredol*, Die Rechtsstellung der Abwickler einer Aktiengesellschaft, 2010; *Hofmann*, Zur Liquidation einer GmbH (I), GmbHR 1976, 229; *Kühn*, Die Versicherung juristischer Personen als Abwickler von Kapitalgesellschaften, NZG 2012, 731; *S. Meyer*, Abberufung und Kündigung des Liquidators einer GmbH, GmbHR 1998, 1018; *Sethe*, Die Satzungsautonomie in Bezug auf die Liquidation einer AG, ZIP 1998, 770.

Übersicht

	Rn.		Rn.
I. Normzweck und Anwendungsbereich	1, 2	3. Bestellung und Abberufung durch das Gericht (Abs. 3)	12–16
II. Qualifikation der Abwickler	3–6	a) Bedeutung und Anwendungsbereich	12
1. Bestellungshindernisse	3	b) Antragsbefugnis	13–14a
2. Fachliche Qualifikation	4	c) Wichtiger Grund	15
3. Sonstige Anforderungen	5	d) Verfahren	16
4. Juristische Person	6	4. Amtsannahme und Amtsniederlegung	17, 18
III. Bestellung und Abberufung des Abwicklers	7–18	**IV. Vergütung und Anstellung (Abs. 4)**	19–24
1. Vorstandsmitglieder als „geborene" Abwickler (Abs. 1)	7, 8	1. Vorstandsmitglieder	19
		2. Von der Hauptversammlung bestellte Abwickler	20
2. Bestellung und Abberufung durch die Hauptversammlung (Abs. 2 und 5)	9–11	3. Abschluss des Dienstvertrages	21, 22
		4. Gerichtlich bestellte Abwickler	23, 24
		V. Arbeitsdirektor (Abs. 6)	25

I. Normzweck und Anwendungsbereich

1   Die Norm regelt die Bestellung und Abberufung der Abwickler (synonym: Liquidatoren). Sie findet grundsätzlich auch auf die **Vor-AG** Anwendung.[1] „Geborene" Liquidatoren sind die Vorstandsmitglieder (Abs. 1), doch kann die Hauptversammlung (Abs. 2 und 5), im Sonderfall auch das Gericht (Abs. 3), andere Personen als Abwickler bestellen oder abberufen. In der **Verschiebung der Personalkompetenz** vom (mitbestimmten!) Aufsichtsrat (§ 84) zur Versammlung der Anteilseigner liegt die Hauptbedeutung der Vorschrift. Sie findet ihren Sinn darin, dass es bei der Abwicklung nicht mehr um zukunfts-

---

[1] BGHZ 169, 270 = NZG 2007, 20 in Abkehr von der bis dahin hM, wonach auf die Vor-AG §§ 730 ff. BGB anzuwenden sein sollten, BGHZ 51, 30 (34) = NJW 1969, 509; BGHZ 86, 122 (127) = NJW 1983, 876, vgl. hierzu MüKoAktG/*Koch* Rn. 3f. mwN.

gerichtete unternehmerische Entscheidungen oder um die Verwirklichung des „Unternehmensinteresses" geht, sondern allein um die bestmögliche Abwicklung eines Zweckvermögens mit absehbarem Zeithorizont.² Dieser Gedanke liegt auch Abs. 2 S. 3 zugrunde (→ Rn. 6).

Ferner bringt die Norm zum Ausdruck, dass der Abwickler nicht nur der unter anderem Namen **2** handelnde Vorstand, sondern ein **eigenes Organ** ist.³ Das mag auf der überholten Vorstellung von der Auflösung als dem Ende der Rechtssubjektivität beruhen,⁴ ist aber nach wie vor geltendes Recht. Dessen ungeachtet kann vielfach auf die Auslegung der Vorschriften zum Vorstand zurückgegriffen werden, denen die §§ 265 ff. zT wörtlich nachgebildet sind. Als **Treuhänder** ist der Abwickler den Interessen der Aktionäre bzw. – bei Insolvenz – der Gläubiger verpflichtet. Das rechtfertigt die entsprechende Anwendung treuhänderischer Vorschriften, auch aus anderen Gesetzen. **Parallelnormen:** § 66 GmbHG, §§ 146 f. HGB, § 48 Abs. 1 BGB.

II. Qualifikation der Abwickler

1. Bestellungshindernisse. Für Vorstandsmitglieder als Abwickler gelten die **Anforderungen des** **3** **§ 76 Abs. 3.** Werden andere Personen zu Abwicklern bestellt, finden § 76 Abs. 3 S. 2 und 3 über die Verweisung in Abs. 2 S. 2 entsprechende Anwendung. Das gilt auch dann, wenn die Abwickler gem. Abs. 3 vom Gericht bestellt werden, denn die gerichtliche Bestellung dient dem Minderheitenschutz, soll aber nicht von den persönlichen Anforderungen dispensieren. Wer wegen Insolvenzstraftaten verurteilt ist oder einem **Berufsverbot** unterliegt, kann also niemals Abwickler sein. Dass der Abwickler nicht unter Betreuung stehen darf, ergibt sich nunmehr aus der Verweisung auf § 76 Abs. 3 S. 2 Nr. 1; dass er auch ansonsten nicht in seiner Geschäftsfähigkeit beschränkt sein darf, versteht sich trotz fehlender Bezugnahme auf § 76 Abs. 3 S. 1 von selbst und sollte bei Gelegenheit vom Gesetzgeber klargestellt werden.⁵ Entsprechendes gilt für die **Unvereinbarkeit von Aufsichtsrats- und Abwickleramt** (vgl. § 105 iVm § 264 Abs. 3).⁶ Verstöße machen die Bestellung unwirksam.⁷

2. Fachliche Qualifikation. Das Gesetz stellt **keine Anforderungen** an die fachliche Qualifika- **4** tion oder die Unabhängigkeit der Liquidatoren. Mit Blick auf das Insolvenzrecht (§ 56 InsO) und das Recht der Sonderprüfung (§ 143), aber auch auf andere Rechtsordnungen, welche – wie zB England – an Liquidatoren strenge Anforderungen stellen (vgl. sec. 388 seq. Insolvency Act), ist dies nicht selbstverständlich. Angesichts der entsprechenden Rechtslage beim Vorstand ist dies aber de lege lata hinzunehmen.⁸ Die Hauptversammlung kann freilich entsprechende Anforderungen in der **Satzung** aufstellen.⁹ Fraglich ist, ob diese dann auch bei Bestellung durch das Gericht (Abs. 3) zu beachten sind. Wegen seines im Interesse der Minderheit bestehenden eigenständigen Auswahlermessens ist das grundsätzlich zu verneinen, doch darf sich das Gericht über die Anforderungen der Satzung nicht grundlos hinweg setzen. Im Übrigen sollte es nur solche Personen zu Abwicklern bestellen, die fachlich und persönlich die Gewähr für eine ordnungsgemäße Erledigung ihrer Aufgaben bieten. Das ist ein **allgemeiner Gedanke** des Treuhandrechts (vgl. § 1779 Abs. 2 BGB). Für die (masselos) insolvente AG folgt es zusätzlich aus der entsprechenden Anwendung von § 56 InsO. Verstöße machen den Bestellungsakt anfechtbar.¹⁰

3. Sonstige Anforderungen. Ein **inländischer Wohnsitz** ist – wie bei Vorstandsmitgliedern – **5** **nicht** erforderlich. Überholt dürfte auch die Auffassung sein, wonach Organmitglieder berechtigt sein müssen, jederzeit in die Bundesrepublik Deutschland einzureisen.¹¹ Eine **Mindestanzahl** ist ebenfalls **nicht** vorgeschrieben. Da auch der Vorstand grundsätzlich aus nur einer Person bestehen kann (vgl. § 76 Abs. 2), ist entsprechendes auch bei der Abwicklung möglich.¹² Unberührt bleibt das Amt des Arbeitsdirektors (vgl. § 76 Abs. 2 S. 2, § 265 Abs. 6).

---

² Vgl. auch MüKoAktG/*Koch* Rn. 2: „Optimierung des Abwicklungsergebnisses".
³ AA Großkomm AktG/*K. Schmidt* Rn. 11.
⁴ Krit. daher Großkomm AktG/*K. Schmidt* Rn. 10; vertiefend *K. Schmidt* ZHR 153 (1989) 290 (zur oHG); *Meyer*, Liquidatorenkompetenzen und Gesellschafterkompetenzen in der aufgelösten GmbH, 1996, 141 ff.
⁵ Das MoMiG war hier nicht ganz konsequent.
⁶ Großkomm AktG/*Wiedemann*, 3. Aufl. 1973, Anm. 3.
⁷ Vgl. Hüffer/Koch/*Koch* § 37 Rn. 6; MüKoAktG/*Koch* Rn. 9, 10; Kölner Komm AktG/*Winnen* Rn. 19.
⁸ Vgl. dagegen Ziff. 5.4.1 Deutscher Corporate Governance Kodex (Qualifikation des Aufsichtsrats). Zum Schutz gegen parteiische Abwicklung durch Kontrolle des Auflösungsbeschlusses → § 262 Rn. 31; zur Abberufung parteiischer Abwickler → Rn. 15.
⁹ Vgl. zur Rechtslage beim Vorstand Hüffer/Koch/*Koch* § 76 Rn. 26 f.
¹⁰ Vgl. (zur Bestellung ungeeigneter Sonderprüfer) Hüffer/Koch/*Koch* § 143 Rn. 5.
¹¹ S. zum Vorstand: → § 76 Rn. 122; anders noch Großkomm AktG/*Kort*, 4. Aufl. 2003, § 76 Rn. 209, der aber inzwischen seinen Standpunkt aufgegeben hat, vgl. Großkomm AktG/*Kort* § 76 Rn. 253.
¹² Großkomm AktG/*Wiedemann*, 3. Aufl. 1973, Anm. 2; vgl. auch Scholz/*K. Schmidt* GmbHG § 66 Rn. 2a.

6 4. Juristische Person. Abweichend von § 76 Abs. 3 S. 2 kann Abwickler auch eine **juristische Person** sein.[13] Das Gesetz ermöglicht es dadurch zB Rechtsanwalts- oder Wirtschaftsprüfungsgesellschaften, als Abwickler zu agieren. Mit Blick auf die gegenteilige Wertung des Insolvenzrechts (vgl. § 56 InsO) ist diese Regelung durchaus nicht selbstverständlich.[14] Sie ist Ausdruck des gewandelten Gesellschaftszwecks, der nicht mehr die unmittelbare unternehmerische Verantwortung einer natürlichen Person erfordert. Es ist auch sachgerecht, weil es die Bestellung erleichtert und entspricht neueren Vorschriften im BGB. „Juristische Person" ist nicht technisch, sondern als Gegenbegriff zur natürlichen Person gemeint und erfasst daher **auch oHG** und **KG**.[15] Mangels Registerpublizität nicht in Betracht kommt dagegen die (rechtsfähige) GbR.[16] Bestellungshindernisse (→ Rn. 3) beziehen sich nur auf die juristische Person, nicht auf deren Organe.[17] Liegt ein Bestellungshindernis in der Person des Organs vor, ist dessen Bestellung bei der juristischen Person unwirksam (→ § 76 Rn. 140).

III. Bestellung und Abberufung des Abwicklers

7 1. Vorstandsmitglieder als „geborene" Abwickler (Abs. 1). Werden keine anderen Abwickler bestellt, so fällt die Aufgabe automatisch, dh ohne weiteren Bestellungs- oder Annahmeakt, den amtierenden Vorstandsmitgliedern zu.[18] Da das Gesetz nur auf die „Mitglieder" abhebt und nicht auf § 76 Abs. 2 verweist, ist es unerheblich, ob der Vorstand vollständig ist.[19] Das Liquidatorenamt **endet** idR erst mit der Löschung der AG im Handelsregister, auch wenn die Amtszeit als Vorstandsmitglied bereits vorher geendet hätte.[20]

8 Vorstandsmitglieder, die **nicht** Abwickler werden, scheiden als solche aus ihrer Organstellung aus, denn die aufgelöste AG hat keinen Vorstand (→ § 264 Rn. 36; zur Eintragung → § 266 Rn. 3).[21] Damit erlischt nicht automatisch ihr **Anstellungsvertrag**, welcher separat zu beenden ist. Die Auflösung als solche ist kein wichtiger Grund zur Kündigung iSv § 626 BGB, doch kann der „wichtige Grund" iSv Abs. 2, der zur Bestellung anderer Liquidatoren berechtigt, zugleich ein solcher sein. Diese obliegt dem Aufsichtsrat. Abwickler sind in dieser Eigenschaft nicht zur Kündigung des Anstellungsvertrags befugt,[22] allenfalls bei masseloser Insolvenz ist eine Analogie zu § 113 InsO erwägenswert. Zum Anstellungsvertrag im Übrigen und zur Vergütung → Rn. 19 ff.

9 2. Bestellung und Abberufung durch die Hauptversammlung (Abs. 2 und 5). Die Hauptversammlung kann die Person des Abwicklers durch Satzung oder Beschluss bestimmen („gekorene Abwickler"). Dabei genießt sie weitgehende **Gestaltungsfreiheit**. Möglich ist eine positive wie eine negative Benennung. So können einzelne oder alle Vorstandsmitglieder vom Amt des Abwicklers ausgeschlossen werden. Im ersten Fall kann, im zweiten muss zugleich ein anderer Abwickler benannt werden. Über Satzungsvorgaben kann die Hauptversammlung sich durch einfachen Mehrheitsbeschluss hinwegsetzen (arg. Abs. 5).[23] Für die Abberufung vorhandener, nicht vom Gericht bestellter Abwicklung bedarf es keines wichtigen Grundes.[24] Einfache Stimmenmehrheit genügt auch hier.

10 Entgegen der hM muss es auch als ausreichend angesehen werden, wenn die Person des Abwicklers nicht bestimmt ist, für Außenstehende aber **bestimmbar** bleibt.[25] So kann nicht nur der Inhaber eines bestimmten Amtes benannt,[26] sondern die Benennung auch einem **Dritten,** insbesondere

---

[13] Für generelle Zulassung juristischer Personen als Organmitglied de lege ferenda *Triebel/Otte* ZIP 2006, 311 (314); *Brandes* NZG 2004, 642; krit. *Fleischer* AcP 204 (2004) 502 (529 ff.).
[14] Zweifelnd auch Großkomm AktG/*K. Schmidt* Rn. 17; zur Rechtfertigung von § 56 Abs. 1 InsO s. BGH NJW 2013, 3374.
[15] Hüffer/Koch/*Koch* Rn. 6; MüKoAktG/*Koch* Rn. 11; Großkomm AktG/*K. Schmidt* Rn. 17; aA *Bredol* S. 110 f.; Kölner Komm AktG/*Winnen* Rn. 23; Bürgers/Körber/*Füller* Rn. 8.
[16] Bürgers/Körber/*Füller* Rn. 8; aA MüKoAktG/*Koch* Rn. 11; Kölner Komm AktG/*Winnen* Rn. 22; Großkomm AktG/*K. Schmidt* Rn. 17 (für analoge Anwendung von § 161 Abs. 1 S. 2 HGB); MüKoGmbHG/*Müller* § 66 Rn. 9.
[17] *Kühn* NZG 2012, 731 (732 f.); aA die hM im GmbH-Recht, s. MüKoGmbHG/*Müller* § 66 Rn. 8.
[18] Die Abwicklung ist dabei eine (unveräußerliche) Leitungsaufgabe, vgl. *Grabolle,* Der unveräußerliche Kernbereich der Leistungsfunktion, 2015, 128.
[19] Unstr., s. nur Hüffer/Koch/*Koch* Rn. 3; MüKoAktG/*Koch* Rn. 5.
[20] Kölner Komm AktG/*Winnen* Rn. 11; MüKoAktG/*Koch* Rn. 6.
[21] So auch Kölner Komm AktG/*Winnen* § 263 Rn. 12.
[22] So aber *v. Godin/Wilhelmi* § 269 Anm. 3.
[23] Hüffer/Koch/*Koch* Rn. 5; MüKoAktG/*Koch* Rn. 10; Kölner Komm AktG/*Winnen* Rn. 17; Großkomm AktG/*K. Schmidt* Rn. 24; krit. *Hofmann* GmbHR 1976, 229 (230 f.).
[24] Großkomm AktG/*K. Schmidt* Rn. 9.
[25] Ebenso Großkomm AktG/*K. Schmidt* Rn. 18; enger Hüffer/Koch/*Koch* Rn. 4; MüKoAktG/*Koch* Rn. 9; Kölner Komm AktG/*Winnen* Rn. 14.
[26] *Hofmann* GmbHR 1976, 229 (230); *Sethe* ZIP 1998, 770 (771); aA Hüffer/Koch/*Koch* Rn. 4; MüKoAktG/*Koch* Rn. 9; K. Schmidt/Lutter/*Riesenhuber* Rn. 6.

einem anderen Organ der AG (Aufsichtsrat) **übertragen** werden.[27] Darin liegt schon deshalb keine Selbstentmündigung, weil die Hauptversammlung, wie auch Abs. 5 S. 1 zeigt, den Abwickler jederzeit durch einfachen Mehrheitsbeschluss auswechseln kann.

Der Beschluss unterliegt der Anfechtung nach den allgemeinen Grundsätzen. Im Wege des **einstweiligen Rechtsschutzes** soll zudem die Anmeldung eines zu Unrecht bestellten oder abberufenen Abwicklers untersagt werden können.[28] Mit Blick auf die europarechtlich vorgegeben Publizitätspflicht (vgl. § 266) ist das nicht zweifelsfrei. Zum Anstellungsvertrag des Abwicklers → Rn. 19 ff. 11

3. Bestellung und Abberufung durch das Gericht (Abs. 3). a) Bedeutung und Anwendungsbereich. Die Möglichkeit, Abwickler durch Gerichtsbeschluss abzuberufen oder zu bestellen („befohlener Abwickler"), dient in erster Linie dem **Minderheitenschutz**.[29] Sie kommt nach zunehmend unbestrittener Ansicht auch bei der Vor-AG zum Zuge (→ § 264 Rn. 4).[30] Die Nach-AG hat nur noch gerichtlich bestellte (Nachtrags-)Abwickler (§ 264 Abs. 2, § 273 Abs. 4). Die ergänzende Bestellung kommt nur in Betracht, wenn es an einer vertretungsberechtigten Zahl von Abwicklern fehlt; im Übrigen ist ein Nebeneinander gerichtlicher und gesellschaftlich bestellter Abwickler nicht tunlich.[31] 12

b) Antragsbefugnis. Der Antrag muss von einer Minderheit gestellt werden, die den vorgeschriebenen **Schwellenwert** (zwanzigster Teil des Grundkapitals oder anteiliger Betrag von 500 000 Euro) erreicht. Dieser entsprach bis zu deren Neufassung durch das UMAG der Regelung in § 147 Abs. 3 aF, § 258 Abs. 2 aF. Dort ist er auf den einhundertsten Teil bzw. 100 000 Euro abgesenkt worden (vgl. § 142 Abs. 2, § 148 Abs. 1). Mangels ausdrücklicher Angleichung und wegen fehlender Vergleichbarkeit der betroffenen Rechte gilt die **Absenkung** hier nicht, soweit die Satzung nicht – was zulässig ist[32] – den Schwellenwert heruntersetzt. Dafür muss die vorgeschriebene Mindesthaltezeit (3 Monate) weiterhin nicht nachgewiesen, sondern nur glaubhaft gemacht werden, wozu die eidesstattliche Versicherung genügt (Abs. 3 S. 2 und 3; § 31 FamFG). Die Aktien müssen bis zum Schluss des Verfahrens gehalten werden. Eine Hinterlegung ist hingegen nicht vorgeschrieben. 13

Antragsbefugt ist auch der **Aufsichtsrat**. Unter den Voraussetzungen des § 108 Abs. 4 genügt es, wenn sein Antrag von allen Mitgliedern unterschrieben wurde.[33] In dringenden Fällen wird das Gericht daneben als befugt angesehen, auf Antrag eines **einzelnen Aktionärs** oder **Gläubigers** einen vorläufigen Abwickler zu bestellen, falls die AG sonst vertretungslos bliebe.[34] Das entspricht der Regelung des § 85, welcher durch § 265 Abs. 3 wegen seiner anderen Zielrichtung nicht verdrängt wird und daher gem. § 264 Abs. 3 Anwendung findet.[35] 14

Ob eine Ernennung im Wege der **einstweiligen Verfügung**, wie unter Geltung des FGG von der ganz hM angenommen,[36] nach Inkrafttreten des FamFG weiterhin nicht in Betracht kommt, mag zumindest bezweifelt werden, da das dafür vorgebrachte Argument, dass die freiwillige Gerichtsbarkeit einen einstweiligen Rechtsschutz nicht kenne, mit der ausdrücklichen Regelung der einstweiligen Anordnung in §§ 49 ff. FamFG obsolet geworden ist.[37] Anerkannt ist jedenfalls zu Möglichkeit, analog § 85 einen **Notabwickler** zu bestellen.[38] 14a

c) Wichtiger Grund. Ein „**wichtiger Grund**" für die Abberufung der vorhandenen und die (idR gleichzeitig erfolgende) Bestellung neuer Abwickler liegt vor, wenn es dauerhaft an Abwicklern fehlt, daneben, wenn die Amtsführung durch die bisherigen Liquidatoren **unzumutbar** ist.[39] Analog § 84 Abs. 3 S. 2 ist das zB der Fall bei Unfähigkeit zur Amtsführung, grober Pflichtverletzung oder 15

---

[27] Vgl. Großkomm AktG/*K. Schmidt* Rn. 18; anders die hM, vgl. nur RGZ 145, 99 (104 f.); *Hofmann* GmbHR 1976, 229 (230); *Sethe* ZIP 1998, 770 (771); Hüffer/Koch/*Koch* Rn. 4; Kölner Komm AktG/*Winnen* Rn. 14.
[28] Vgl. OLG Frankfurt NZG 2004, 526.
[29] Großkomm AktG/*K. Schmidt* Rn. 28; Kölner Komm AktG/*Winnen* Rn. 25; Hüffer/Koch/*Koch* Rn. 1; MüKoAktG/*Koch* Rn. 13.
[30] Eingehend MüKoAktG/*Koch* Rn. 3 f.; zust. Kölner Komm AktG/*Winnen* Rn. 26; Großkomm AktG/ *K. Schmidt* Rn. 28.
[31] Vgl. Scholz/*K. Schmidt* GmbHG § 66 Rn. 18.
[32] Großkomm AktG/*Wiedemann*, 3. Aufl. 1973, Anm. 8; zur GmbH *Hofmann* GmbHR 1976, 229 (231).
[33] Kölner Komm AktG/*Winnen* Rn. 27; Großkomm AktG/*K. Schmidt* Rn. 30; Hüffer/Koch/*Koch* Rn. 7; wie hier wohl auch MüKoAktG/*Koch* Rn. 14.
[34] *Krafka/Kühn* RegisterR Rn. 1718; enger Kölner Komm AktG/*Winnen* Rn. 28 f. (keine Antragsberechtigung für Gläubiger).
[35] Vgl. MüKoAktG/*Koch* Rn. 30; aA offenbar Großkomm AktG/*K. Schmidt* Rn. 32.
[36] Vgl. OLG Dresden OLGR 16, 196; Kölner Komm AktG/*Kraft*, 2. Aufl. 1996, Rn. 25; Bürgers/Körber/ *Füller* Rn. 12.
[37] So auch Hüffer/Koch/*Koch* Rn. 9; MüKoAktG/*Koch* Rn. 26.
[38] Vgl. Großkomm AktG/*K. Schmidt* Rn. 42.
[39] Kölner Komm AktG/*Winnen* Rn. 31; Hüffer/Koch/*Koch* Rn. 8; MüKoAktG/*Koch* Rn. 18.

Zerstörung des Vertrauensverhältnisses zwischen Minderheit und Liquidator.[40] Auch Verfeindung der Abwickler untereinander oder zum Vorstand kommt in Betracht.[41] Satzung oder Auflösungsbeschluss können den wichtigen Grund in gewissen Grenzen **definieren**,[42] solange das Minderheitenrecht nach Abs. 3 dadurch nicht beeinträchtigt wird. Im Übrigen kann zur Konkretisierung auf die Rechtsprechung zu § 66 Abs. 2, § 66 Abs. 3 GmbHG zurückgegriffen werden.[43] Auf ein **Verschulden** kommt es nach allgM nicht an. Verdachtsmomente können einen wichtigen Grund abgeben. Das Abwarten einer Hauptversammlung, die ggf. über die Auswechslung untragbarer Liquidatoren entscheidet, ist jedenfalls bei größeren Gesellschaften wegen des damit verbundenen Aufwandes idR nicht zumutbar.[44]

16   **d) Verfahren.** Das Verfahren ist ein solches der Freiwilligen Gerichtsbarkeit. Gem. § 375 Nr. 3 FamFG, § 23a Abs. 1 Nr. 2, Abs. 2 Nr. 4 GVG iVm § 265 Abs. 3, § 14 AktG entscheidet das Amtsgericht (Richter) des Gesellschaftssitzes (§ 14). Nach § 34 Abs. 1 Nr. 1 FamFG ist ein Beteiligter anzuhören, wenn dies zur Gewährung rechtlichen Gehörs erforderlich ist. Danach dürfte idR eine Anhörung der AG, vertreten durch die bisherigen Abwickler, geboten sein.[45] Bei der **Auswahl des Abwicklers** ist das Gericht nicht an die Anträge gebunden, muss aber eine qualifizierte und zur Annahme bereite Person finden.[46] Es wird vor der Bestellung eine Erklärung des zu Bestellenden verlangen, dass dieser das Amt annehmen will, dass keine Bestellungshindernisse bestehen und dass er auf Kosten- und Auslagenersatz gegenüber dem Land verzichtet.[47] Gegen seine Entscheidung ist nach § 265 Abs. 3 S. 4, § 402 Abs. 1 FamFG die Beschwerde (nach §§ 58 ff. FamFG) statthaft, anschließend die Rechtsbeschwerde (§§ 70 ff. FamFG). Gem. § 39 FamFG hat der Beschluss eine Rechtsmittelbelehrung zu enthalten,[48] deren Fehlen dazu führt, dass bei Fristversäumnis aufgrund der Vermutung des § 17 Abs. 2 FamFG Wiedereinsetzung in den vorigen Stand nach § 17 Abs. 1 FamFG möglich ist.[49] Beschwerdebefugt sind die AG (bei erfolgreichem Antrag) bzw. die Antragsteller (bei erfolglosem Antrag).[50] Abberufene Abwickler können gleichfalls Beschwerde einlegen.

17   **4. Amtsannahme und Amtsniederlegung.** Mit Ausnahme der Vorstandsmitglieder, die kraft Gesetzes in die Rolle der Liquidatoren einrücken (→ Rn. 7), wird die Bestellung nur wirksam, wenn der Betreffende sie **annimmt**.[51] Das gilt auch für die gerichtliche Bestellung. Darin kommt ein allgemeines Prinzip des Verbandsrechts zum Ausdruck, welches keine Pflicht zur Übernahme eines Amtes kennt (vgl. dagegen § 1785 BGB). Die Bestellung muss dem Betroffenen also jedenfalls zur Kenntnis gebracht werden. Einer ausdrücklichen Annahmeerklärung bedarf es dagegen nicht.[52]

18   Dem Recht, die Annahme des Amtes abzulehnen, korrespondiert das ungeschriebene Recht zur **Amtsniederlegung**.[53] Die Erklärung hat gegenüber der Gesellschaft zu erfolgen, die nach hM vom Aufsichtsrat vertreten wird.[54] Bei gerichtlicher Bestellung erfolgt sie gegenüber dem Gericht. Die Amtsniederlegung ist nach heute gängiger Ansicht an keine weiteren Voraussetzungen geknüpft, darf aber **nicht zur Unzeit** erfolgen, was missbräuchlich erfolgen, was etwa anzunehmen ist, wenn die Gesellschaft dadurch auf absehbare Zeit handlungsunfähig wird.[55] Insoweit kann auf die für den Vorstand geltenden Regeln verwiesen werden (→ § 84 Rn. 141). Von der Amtsniederlegung zu

---

[40] Vgl. *Hofmann* GmbHR 1976, 229 (231); Hüffer/Koch/*Koch* Rn. 8; Kölner Komm AktG/*Winnen* Rn. 31.
[41] Vgl. OLG Frankfurt GmbHR 2006, 493 (LS): Abwickler „heillos zerstritten".
[42] Vgl. RGZ 145, 99 (105 f.) (zur GmbH).
[43] Vgl. dazu zB BayObLG NJW-RR 1996, 1384; BayObLGZ 1969, 65 (68 ff.); BayObLG NJW 1955, 1678; KG NZG 2005, 934; zur KG OLG Hamm BB 1960, 918 u 1355; OLG Hamm BB 1958, 497.
[44] Enger Kölner Komm AktG/*Winnen* Rn. 31: Hauptversammlung nur dann nicht nötig, wenn alsbaldiger Durchführung Hindernisse entgegenstehen.
[45] Hüffer/Koch/*Koch* Rn. 9; MüKoAktG/*Koch* Rn. 20.
[46] Vgl. BayObLGZ 1996, 129 (131) = NJW-RR 1997, 419; Hüffer/Koch/*Koch* Rn. 9; Kölner Komm AktG/*Winnen* Rn. 35.
[47] Vgl. BayObLGZ 1996, 129, 131; Hüffer/Koch/*Koch* Rn. 9; Kölner Komm AktG/*Winnen* Rn. 35.
[48] Nach dem FGG war eine Belehrungspflicht noch zu verneinen, vgl. noch OLG Frankfurt NZG 2004, 95 (unter Abgrenzung zu BGHZ 150, 390 = NJW 2002, 2171: ungeschriebene Rechtsmittelbelehrungspflicht in WEG-Sachen).
[49] Vgl. *Bumiller/Harders/Schwamb* FamFG § 39 Rn. 7.
[50] Hüffer/Koch/*Koch* Rn. 9; MüKoAktG/*Koch* Rn. 25; Kölner Komm AktG/*Winnen* Rn. 37.
[51] Großkomm AktG/*K. Schmidt* Rn. 21; Kölner Komm AktG/*Winnen* Rn. 38; MüKoAktG/*Koch* Rn. 12.
[52] MüKoAktG/*Koch* Rn. 12 und 21 (gerichtliche Bestellung).
[53] Vgl. BGHZ 121, 257 = NJW 1993, 1198 (zum Geschäftsführer); BGH BB 1968, 230; OLG Hamm NJW 1960, 872; Kölner Komm AktG/*Winnen* Rn. 45; MüKoAktG/*Koch* Rn. 36; Hüffer/Koch/*Koch* Rn. 13.
[54] Hüffer/Koch/*Koch* Rn. 13; MüKoAktG/*Koch* Rn. 36; Kölner Komm AktG/*Winnen* Rn. 45.
[55] Vgl. LG Memmingen NZG 2004, 828 (zur GmbH); Hüffer/Koch/*Koch* Rn. 13; MüKoAktG/*Koch* Rn. 36; Kölner Komm AktG/*Winnen* Rn. 45.

trennen ist die nach „allgemeinen Regeln" (Abs. 5 S. 2) zu beurteilende Frage der wirksamen Beendigung des **Dienstvertrages**. Sie richtet sich nach Dienstvertragsrecht (§§ 611 ff. BGB).

IV. Vergütung und Anstellung (Abs. 4)

1. Vorstandsmitglieder. Sie erhalten keine gesonderte **Vergütung** für die Abwicklungstätigkeit. Eine solche darf ihnen auch grundsätzlich nicht gewährt werden (vgl. § 87 Abs. 1), da die Abwicklung, wie Abs. 1 zeigt, zu den gewöhnlichen Aufgaben des Vorstands gehört.[56] Ihre Besoldung richtet sich nach dem Anstellungsvertrag, der durch die Auflösung nicht endet, uU aber gekündigt werden kann (→ Rn. 8). Die Auflösung als solche berechtigt nicht zur **Kündigung,** kann aber Anlass für Neuverhandlungen oder für eine Anpassung der Vergütung sein.[57] Insbesondere bei der (masselos) insolventen AG kommt eine einseitige Herabsetzung der Bezüge gem. § 87 Abs. 2 in Betracht. Bei Ende des Anstellungsvertrages vor Abschluss der Abwicklung kann in der fortgesetzten Tätigkeit eine konkludente Verlängerung gesehen werden.[58]

2. Von der Hauptversammlung bestellte Abwickler. Diese werden entsprechend der vertraglichen Vereinbarung vergütet. Grenzen setzen §§ 134, 138 BGB, doch ist auch der Rechtsgedanke des § 87 Abs. 1 zu beachten.[59] Fehlt es an einer Vereinbarung, ist „die übliche Vergütung" zu zahlen (§ 612 Abs. 2 BGB).[60] Anhaltspunkte können die **Vergütungsmaßstäbe** für Insolvenzverwalter liefern, wie sie gem. § 65 InsO in der Insolvenzrechtlichen Vergütungsverordnung (InsVV) niedergelegt sind.[61] Inwieweit unzureichende Tätigkeit eine Minderung des Honorars rechtfertigt, ist eine Frage des Einzelfalles.[62] Ein Erfolgshonorar darf nicht vereinbart werden.[63] Die einseitige Herabsetzung der Bezüge entsprechend § 87 Abs. 2 kommt insbesondere dann nicht in Betracht, wenn die Abwickler für eine bereits überschuldete AG bestellt werden. Der Vertrag zwischen AG und Abwickler ist ein auf Dienstleistung gerichteter **Geschäftsbesorgungsvertrag** (§ 675 BGB).[64]

3. Abschluss des Dienstvertrages. Unklar ist, wer im Abwicklungsstadium für die **Vertretung** der AG beim Abschluss oder der Änderung des Vertrages mit den Abwicklern (Vorstandsmitgliedern) zuständig ist. Nach allgemeinen Regeln, auf die § 264 Abs. 3 verweist, wäre dies der **Aufsichtsrat** (vgl. § 112).[65] Damit fielen Bestellungs- und Anstellungskompetenz auseinander, was der Rechtslage hinsichtlich des Abschlussprüfers entspricht (vgl. § 111 Abs. 2 S. 3, § 119 Abs. 1 Nr. 4). Richtig ist, dass ein Selbstkontrahieren auch in der aufgelösten AG unterbunden werden muss, weshalb der Abwickler (Vorstand) den Vertrag nicht mit sich selbst schließen kann. Daher ist in der Tat zunächst der Aufsichtsrat zuständig, doch hindert das nicht die Befugnis der Hauptversammlung, bei Bedarf **andere Personen** zur Vertretung der Gesellschaft zu **ermächtigen**.[66] Das entspricht einer für die Vertretung der AG gegenüber dem Sonderprüfer entwickelten Auffassung.[67] Benennt die Hauptversammlung keine anderen Personen, bleibt es bei der Abschlusskompetenz des AR.

Entsprechendes gilt für die **Kündigung** des Anstellungsvertrags mit den Abwicklern. Auch hier soll gem. § 112 iVm § 264 Abs. 3 der Aufsichtsrat zuständig sein.[68] Dafür scheint der Verweis auf die „allgemeinen Vorschriften" in Abs. 5 S. 2 zu streiten. Er wiederholt jedoch nur den Wortlaut des § 84 Abs. 3 S. 5, weshalb anzunehmen ist, dass – wie dort – nur zum Ausdruck gebracht werden soll, dass die Abberufung nicht automatisch das Ende des Dienstvertrages bewirkt. Nicht dagegen ist ein zwingendes Auseinanderfallen von Abberufungs- und Kündigungskompetenz anzunehmen. Der BGH billigt dem Aufsichtsrat die Kündigungskompetenz zu, jedoch darf die Kündigung nicht

---

[56] Vgl. RGZ 24, 70; Kölner Komm AktG/*Winnen* Rn. 47; MHdB AG/*Hoffmann-Becking* § 67 Rn. 6.
[57] Vgl. Hüffer/Koch/*Koch* Rn. 3; MüKoAktG/*Koch* Rn. 7; Kölner Komm AktG/*Winnen* Rn. 48; näher *Bredol*, Die Rechtsstellung der Abwickler einer Aktiengesellschaft, 2010, 249 ff.
[58] Vgl. Bürgers/Körber/*Füller* Rn. 4.
[59] Vgl. Kölner Komm AktG/*Kraft*, 2. Aufl. 1996, § 268 Rn. 22.
[60] BGH NZG 2005, 890 (zur GmbH); aus der Lit. nur *Hofmann* GmbHR 1976, 229 (232) (zur GmbH).
[61] BGH NZG 2005, 890 f. (zur GmbH); vgl. auch BGHZ 139, 309 = NZG 1998, 906 (Vergütung nach BRAGO).
[62] Vgl. BGH NZG 2005, 890 (891 f.) (zur Substantiierungslast).
[63] BGH DB 1996, 1968; MHdB AG/*Hoffmann-Becking* § 67 Rn. 7.
[64] Vgl. Hüffer/Koch/*Koch* § 84 Rn. 11.
[65] So zB MHdB AG/*Hoffmann-Becking* § 67 Rn. 6 (Entscheidung über die Anstellung: Hauptversammlung; Abschluss des Anstellungsvertrages: Aufsichtsrat).
[66] Vgl. auch Kölner Komm AktG/*Winnen* Rn. 50; Bürgers/Körber/*Füller* Rn. 9 (umfassende Personalkompetenz der Hauptversammlung während der Abwicklung).
[67] Vgl. Hüffer/Koch/*Koch* § 142 Rn. 11.
[68] Hüffer/Koch/*Koch* Rn. 11; MüKoAktG/*Koch* Rn. 33; wohl auch Kölner Komm AktG/*Winnen* Rn. 53.

erfolgen, bevor die Hauptversammlung den Abwickler durch Beschluss abberufen hat.[69] Der Vertrag endet spätestens mit Löschung der AG; eine vertragliche Regelung ist empfehlenswert.

23   **4. Gerichtlich bestellte Abwickler.** Für sie enthält das Gesetz eine Regelung, die wörtlich § 84 Abs. 3 entspricht. Danach hat der Abwickler einen **gesetzlichen Anspruch** auf Auslagenersatz und Vergütung (Abs. 4 S. 1). Über deren Höhe muss er zunächst versuchen, mit der AG eine vertragliche Einigung herbeizuführen **(Verhandlungspflicht).** Wer die AG vertritt, sagt das Gesetz nicht. Da es sich nicht um einen von der Hauptversammlung bestellten Abwickler handelt, kommen insoweit nur Vorstand oder Aufsichtsrat in Betracht. Weil der Abwickler dem Vorstand gleichsteht (vgl. § 268 Abs. 2) und wegen der potentiellen Befangenheit der Vorstandsmitglieder ist der Aufsichtsrat als zuständig anzusehen. Er hat sich an § 87 zu orientieren. Dem Gericht liefern die Vergütungsmaßstäbe für Insolvenzverwalter (→ Rn. 20) Anhaltspunkte. Zwischen AG und gerichtlich bestelltem Abwickler entsteht, soweit keine vertragliche Regelung zustande kommt, eine **vertragsähnliche Beziehung** iSv § 311 Abs. 3 BGB.[70] Diese endet mit Löschung der AG, andernfalls mit Abberufung des Abwicklers.

24   **Verfahren:** Zuständig ist gem. § 375 Nr. 3 FamFG, § 23a Abs. 1 Nr. 2, Abs. 2 Nr. 4 GVG iVm § 265 Abs. 4, § 14 AktG das Amtsgericht (Richter, § 17 Nr. 2 a RPflG) des Gesellschaftssitzes. Rechtsbehelf ist die Beschwerde, die Rechtsbeschwerde ist ausgeschlossen (Abs. 4 S. 3). Beschwerdebefugt sind sowohl die AG (vertreten durch den Aufsichtsrat) als auch der Abwickler. Die rechtskräftige Entscheidung ist Vollstreckungstitel gem. Abs. 4 S. 4 und § 794 Abs. 1 Nr. 3 ZPO. Wie auch sonst kann das Gericht die Bestellung von der Leistung eines Vorschusses durch die Antragsteller abhängig machen.[71]

V. Arbeitsdirektor (Abs. 6)

25   § 265 gilt nicht für den Arbeitsdirektor im Geltungsbereich des **Montan-Mitbestimmungsgesetzes.** Dieser wird also **immer Abwickler** und kann als solcher weder von der Hauptversammlung noch vom Gericht abberufen werden. Eine Abberufung ist nur nach § 84 Abs. 3 durch den Aufsichtsrat möglich. Aus dem Umkehrschluss ergibt sich, dass Arbeitsdirektoren nach dem MitbestG oder dem MitbestErgG wie alle anderen Vorstandsmitglieder unter die Regelung des § 265 fallen.

§ 266 Anmeldung der Abwickler

(1) Die ersten Abwickler sowie ihre Vertretungsbefugnis hat der Vorstand, jeden Wechsel der Abwickler und jede Änderung ihrer Vertretungsbefugnis haben die Abwickler zur Eintragung in das Handelsregister anzumelden.

(2) Der Anmeldung sind die Urkunden über die Bestellung oder Abberufung sowie über die Vertretungsbefugnis in Urschrift oder öffentlich beglaubigter Abschrift beizufügen.

(3) ¹In der Anmeldung haben die Abwickler zu versichern, daß keine Umstände vorliegen, die ihrer Bestellung nach § 265 Abs. 2 Satz 2 entgegenstehen, und daß sie über ihre unbeschränkte Auskunftspflicht gegenüber dem Gericht belehrt worden sind. ²§ 37 Abs. 2 Satz 2 ist anzuwenden.

(4) Die Bestellung oder Abberufung von Abwicklern durch das Gericht wird von Amts wegen eingetragen.

Schrifttum: *Kühn* die Versicherung juristischer Personen als Abwickler von Kapitalgesellschaften, NZG 2012, 731. Ferner die Nachweise zu § 265.

Übersicht

	Rn.		Rn.
I. Normzweck	1	3. Form und Anlagen	9, 10
II. Anmeldung und Eintragung der Abwickler	2–13	4. Verfahren und Eintragung	11
		5. Keine Aufbewahrung, keine Unterschriftsprobe	12
1. Gegenstand der Anmeldung	2–5		
2. Zuständigkeit	6–8	6. Wirkung	13

---

[69] Vgl. BGH NZG 2009, 664.
[70] Vgl. Kölner Komm AktG/*Winnen* Rn. 51 (Geschäftsbesorgungsvertrag); für gesetzliches Schuldverhältnis Bürgers/Körber/*Füller* Rn. 14; Großkomm AktG/*K. Schmidt* Rn. 40.
[71] Hüffer/Koch/*Koch* Rn. 10.

I. Normzweck

Die Vorschrift bezweckt die **Publizität der Abwickler** und ihrer Vertretungsbefugnis im Handelsregister. Das ist erforderlich, weil die Abwickler in ihrem Aufgabenkreis die Aufgabe des Vorstands übernehmen (§ 268 Abs. 2) und als solche die Gesellschaft nach außen vertreten (§ 269). Eine entsprechende Publizität ist europarechtlich geboten (vgl. Art. 14 lit. j GesR-RL (RL 2017/1132/EU)). Im Verein mit § 15 HGB sichert die Anmeldepflicht den gebotenen **Verkehrsschutz**. Die Vorschrift entspricht nahezu wörtlich der für den Vorstand geltenden Norm des § 81, der seinerseits die Regelungen in § 37 Abs. 2–6 fortführt. Auf die Auslegung dieser Vorschriften kann daher zurückgegriffen werden. **Parallelnormen:** § 67 GmbHG, § 148 HGB, § 76 BGB.   1

II. Anmeldung und Eintragung der Abwickler

1. Gegenstand der Anmeldung. Anzumelden sind die Abwickler und ihre Vertretungsbefugnis. 2
Wer **Abwickler** ist, bestimmt sich nach § 265. Ist keine andere Regelung getroffen, sind es die Vorstandsmitglieder (§ 265 Abs. 1). Diese sind daher neu als „Abwickler" anzumelden. Hat die Hauptversammlung eine andere Person zum Abwickler bestimmt, ist diese anzumelden. Das gilt auch dann, wenn der Beschluss rechtswidrig, aber bestandskräftig ist,[1] solange sein Inhalt der Eintragung nicht entgegensteht (→ Rn. 11). Anzugeben sind gem. § 43 Nr. 4 lit. b HRV Vor- und Familienname, Geburtsdatum und Wohnort des Abwicklers. Ist dieser eine **juristische Person** (vgl. § 265 Abs. 2 S. 3), sind Firma, Rechtsform sowie Sitz oder Niederlassung anzugeben. Auch ihr gesetzlicher Vertreter ist zweckmäßigerweise anzuführen (→ Rn. 4).

Weil die Abwickler an die Stelle der **Vorstandsmitglieder** treten, scheiden diese als solche mit 3
der Auflösung automatisch aus dem Amt. Ob das gesondert mit anzumelden und einzutragen ist, erscheint zweifelhaft.[2] Bei Personenidentität und unveränderter Vertretungsbefugnis kann eine solche Anmeldung unterbleiben. Andernfalls sollte zusätzlich zu den Abwicklern das Ausscheiden der Vorstandsmitglieder bzw. der Verlust ihrer Vertretungsbefugnis angemeldet werden.[3] Das ergibt sich zwar nicht aus § 266, wohl aber aus § 81 und dient dem Interesse des rechtsuchenden Publikums.

Die **Vertretungsbefugnis** richtet sich nach § 269. Ist nichts anderes bestimmt, gilt bei einem 4
Abwickler Alleinvertretungsbefugnis, bei mehreren Abwicklern Gesamtvertretungsmacht (§ 269 Abs. 2). Obwohl sich dies bereits aus dem Gesetz ergibt, muss es dennoch angemeldet werden.[4] Anzugeben ist grundsätzlich nicht die konkrete, dh auf namentlich benannte Personen bezogene, sondern die abstrakte Vertretungsbefugnis (zB Gesamtvertretung, unechte Gesamtvertretung).[5] Bzgl. der GmbH hält die hM[6] auch bei Bestellung nur eines Liquidators die Anmeldung der abstrakten Vertretungsbefugnis für den Fall der Bestellung weiterer Liquidatoren für zwingend erforderlich. Ist einzelnen Personen Alleinvertretungsmacht eingeräumt, ist dies aber ebenso anzugeben wie die Befreiung vom Verbot des Selbstkontrahierens (§ 181 BGB).[7] Bei **juristischen Personen** sollte auch deren organschaftlicher Vertreter benannt werden, weil sich andernfalls dem Registerblatt nicht entnehmen lässt, wer konkret für die aufgelöste AG zu handeln berechtigt ist.[8]

Anzumelden ist auch jede **Änderung** der Vertretungsbefugnis sowie jeder „Wechsel" der Abwick- 5
ler. Entgegen dem zu engen Wortlaut ist nicht nur die Auswechslung, sondern jede relevante Änderung in der Person eines Abwicklers anzumelden (vgl. auch § 81 Abs. 1).[9] Anmeldepflichtig sind danach sowohl das ersatzlose Ausscheiden und das Hinzutreten neuer Abwickler als auch die Änderung des Namens bzw. der Firma.[10] Nur anmeldefähig soll dagegen die Änderung des Wohnortes oder Sitzes sein.[11]

---

[1] Allgemein Großkomm AktG/*Habersack/Foerster* § 83 Rn. 12.
[2] Dafür *Krafka/Kühn* RegisterR Rn. 1648; abl. (unter Hinweis auf KG LZ 1930 Sp. 734 f.) MüKoAktG/*Koch* Rn. 8; Kölner Komm AktG/*Winnen* Rn. 4.
[3] Vgl. auch Scholz/K. *Schmidt* GmbHG § 67 Rn. 8 mwN.
[4] Vgl. BGHZ 63, 261 (263) = NJW 1975, 213 f. (zum GmbH-Geschäftsführer); MüKoAktG/*Koch* Rn. 3; Kölner Komm AktG/*Winnen* Rn. 4; aA OLG Hamm OLGZ 1988, 53 = NJW-RR 1988, 221; Scholz/K. *Schmidt* GmbHG § 67 Rn. 3.
[5] BGHZ 87, 59 (63) = NJW 1983, 1676; Hüffer/Koch/*Koch* Rn. 2, § 37 Rn. 8; MüKoAktG/*Koch* Rn. 3; Kölner Komm AktG/*Winnen* Rn. 4.
[6] BGH ZIP 2007, 1367; Großkomm GmbHG/*Paura* § 67 Rn. 5 mwN; aA Scholz/K. *Schmidt* GmbHG § 67 Rn. 3.
[7] Vgl. Großkomm AktG/*Habersack/Foerster* § 81 Rn. 7.
[8] Eine Verpflichtung dazu besteht indes nicht, s. Großkomm AktG/*K. Schmidt* Rn. 3.
[9] MüKoAktG/*Koch* Rn. 4; Kölner Komm AktG/*Winnen* Rn. 6.
[10] MüKoAktG/*Koch* Rn. 4.
[11] So zum Vorstand Hüffer/Koch/*Koch* § 81 Rn. 3; Großkomm AktG/*Habersack/Foerster* § 81 Rn. 6.

6   **2. Zuständigkeit.** Die ersten Abwickler sind vom (ehemaligen) **Vorstand** anzumelden, für alle weiteren Anmeldungen sind ausschließlich die **Abwickler** zuständig. Das mag weniger praktikabel sein als eine umfassende Zuständigkeit nur der Abwickler, entspricht aber dem unmissverständlichen Wortlaut des Gesetzes und ist hL.[12] Dass der Vorstand nicht mehr im Amt sei, ist kein Einwand, weil das Gesetz ihn ja hinsichtlich der Erstanmeldepflicht gerade im Amt belässt.[13] Eine vergleichbare Differenzierung ist im Übrigen bei der Anmeldung des Vorstands vorgesehen (vgl. § 36 Abs. 1 einerseits, § 81 Abs. 1 andererseits).

7   Die Anmeldung hat auch dann durch den Vorstand zu erfolgen, wenn die Auflösung selbst von Amts wegen eingetragen wird. Sie muss nicht durch alle Abwickler bzw. Vorstandsmitglieder erfolgen, es genügt die **vertretungsberechtigte Zahl**.[14] Weil aber alle Abwickler die Versicherung nach Abs. 3 abgeben und die Annahme des Amtes nachweisen müssen (→ Rn. 9, 10), melden im Regelfall auch alle an. Aus diesem Grund kommt eine Anmeldung durch Bevollmächtigte (§ 12 Abs. 1 S. 2 HGB) praktisch nicht in Betracht.[15] Ausgeschiedene Abwickler sollen ihr Ausscheiden nicht selbst (mit-)anmelden dürfen;[16] das ist mit Blick auf ihr berechtigtes Interesse an baldiger Verlautbarung zweifelhaft.[17]

8   Vom **Registergericht** gem. § 265 Abs. 3 bestellte Abwickler und ihre Vertretungsbefugnis trägt das Gericht **von Amts wegen** ein (§ 266 Abs. 4). Eine Anmeldung ist insoweit entbehrlich. Das gilt auch hinsichtlich des durch die gerichtliche Bestellung bedingten Ausscheidens der bisherigen Abwickler, welches ebenfalls von Amts wegen eingetragen werden kann.[18] **Sonderbeauftragte** gem. § 307 VAG, denen die Aufgabe eines Abwicklers übertragen wurde, haben sich selbst unter Vorlage ihrer Bestellungsurkunde anzumelden.[19]

9   **3. Form und Anlagen.** Die Anmeldung hat in öffentlich **beglaubigter Form** zu erfolgen (§ 12 Abs. 1 HGB). Sie kann vom Registergericht **erzwungen** werden (§ 14 HGB, §§ 388 ff. FamFG). Beizufügen sind **Urkunden** über die „Bestellung oder Abberufung" sowie über die Vertretungsbefugnis des Abwicklers (Abs. 2). Wiederum ist der Wortlaut zu eng (→ Rn. 5), weil auch Urkunden über sonstige Änderungen (Bsp.: Sterbeurkunde, Namensänderung) vorzulegen sind.[20] Ein elektronisches Dokument genügt (vgl. § 12 Abs. 2 HGB). Die Beifügung kann unterbleiben, wenn dem Gericht entsprechende Unterlagen (Satzung, Beschlussprotokoll) schon vorliegen.[21] Entbehrlich sind auch Urkunden über die Abwicklungsbefugnis der Vorstandsmitglieder, soweit diese bereits aus dem Gesetz (§ 265 Abs. 1) folgt. Die **Annahme des Amtes** ist nur nachzuweisen, wenn der betreffende Abwickler nicht mit anmeldet.[22]

10   In der Anmeldung ist die **Versicherung** nach Abs. 3 abzugeben. Bestellungshindernisse nach § 265 Abs. 2 S. 2 sind solche, wie sie nach § 76 Abs. 3 S. 3 und 4 auch der Bestellung des Vorstandes entgegenstehen. Damit ist die Norm mit § 81 Abs. 3 identisch, auf dessen Erläuterung verwiesen wird. Zu beachten ist, dass die Versicherung sich nicht in der bloßen Wiedergabe des Gesetzestextes erschöpfen darf, sondern dass konkrete Tatsachen verneint werden müssen, aus denen sich ein Bestellungshindernis ergeben kann.[23] Ferner ist zu beachten, dass die Versicherung auch von jenen Abwicklern vorzulegen ist, die als Vorstandsmitglied bereits eine entsprechende Erklärung nach § 37 Abs. 2 oder § 81 Abs. 3 abgegeben haben.[24] Denn die der Versicherung zugrunde liegenden Umstände (keine einschlägigen Vorstrafen usw) können sich seither geändert haben. Ist eine **juristische Person** Abwickler, haben deren Vertreter die Versicherung für diese abzugeben. Sie hat sich darauf zu beziehen, dass keine Bestellungshindernisse bei der juristischen Person bestehen (→ § 265 Rn. 6). Daher genügt die Abgabe in vertretungsberech-

---

[12] Vgl. MüKoAktG/*Koch* Rn. 6; Kölner Komm AktG/*Winnen* Rn. 8; Großkomm AktG/*K. Schmidt* Rn. 8; Bürgers/Körber/*Füller* Rn. 4; aA (Anmeldebefugnis nur der Abwickler) Krafka/Kühn RegisterR Rn. 1645 u 1654 sowie die hM im GmbH-Recht, vgl. nur Hofmann GmbHR 1976, 229 (232); Scholz/*K. Schmidt* GmbHG § 67 Rn. 8.
[13] Vgl. Bürgers/Körber/*Füller* Rn. 4 (nachwirkende öffentlich-rechtliche Pflicht der Vorstandsmitglieder).
[14] MüKoAktG/*Koch* Rn. 6 f., 14; Kölner Komm AktG/*Winnen* Rn. 9.
[15] Vgl. Hüffer/Koch/*Koch* § 36 Rn. 4, § 181 Rn. 4.
[16] Hüffer/Koch/*Koch* Rn. 3; MüKoAktG/*Koch* Rn. 7.
[17] Abl. etwa Großkomm AktG/*Habersack/Foerster* § 81 Rn. 9 (betr. Vorstand).
[18] Vgl. *Krafka/Kühn* RegisterR Rn. 1720.
[19] Prölss/*Frey* VAG § 81 Rn. 99, § 87 Rn. 17.
[20] Vgl. MüKoAktG/*Koch* Rn. 10.
[21] Hüffer/Koch/*Koch* Rn. 3; MüKoAktG/*Koch* Rn. 10; Kölner Komm AktG/*Winnen* Rn. 11.
[22] *Krafka/Kühn* RegisterR Rn. 1655; s. auch Hüffer/Koch/*Koch* § 37 Rn. 11.
[23] So OLG Schleswig GmbHR 2014, 1095 (rkr.).
[24] Vgl. BayObLG WM 1982, 1288 (1291 f.); Kölner Komm AktG/*Winnen* Rn. 13; *Krafka/Kühn* RegisterR Rn. 1656; krit. Scholz/*K. Schmidt* GmbHG § 67 Rn. 12.

tigter Zahl.[25] Die Abgabe einer falschen Versicherung ist strafbar (§ 399 Abs. 1 Nr. 6). Ohne Versicherung kann nicht eingetragen werden.

4. Verfahren und Eintragung. Das Gericht (Rechtspfleger, § 3 Nr. 2 lit. d RPflG) prüft nicht nur das Vorliegen der **formellen,** sondern auch der **materiellen** Eintragungsvoraussetzungen.[26] Die Eintragung wird daher auch dann abgelehnt, wenn der Angemeldete nicht Abwickler geworden ist, weil etwa ein Bestellungshindernis vorliegt oder der zugrunde liegende Hauptversammlungsbeschluss unwirksam ist.[27] An der fehlenden Vorlage von Urkunden allein darf die Eintragung dagegen nicht scheitern, denn diese ist nicht Selbstzweck.[28] Bestehen an der Richtigkeit der Anmeldung keine vernünftigen Zweifel, ist einzutragen. Die **Eintragung** der Abwickler erfolgt in Spalte 4 unter dem Buchstaben b (§ 43 Nr. 4 lit. b HRV), diejenige ihrer Vertretungsbefugnis in Spalte 4 unter dem Buchstaben a, bei im Einzelfall abweichender Vertretungsmacht auch unter Buchstabe b (§ 43 Nr. 4 lit. a HRV). Die Bekanntmachung richtet sich nach § 10 HGB, Art. 61 Abs. 4 EGHGB (Übergangsregelung), § 383 FamFG). Die unterlassene Anmeldung kann gem. § 14 HGB durch Zwangsgeld erzwungen werden. Davon ist abzusehen, wenn die Anmeldung durch einstweilige Verfügung untersagt wurde.[29]

5. Keine Aufbewahrung, keine Unterschriftsprobe. Nach der bis zum 1.1.2007 geltenden Fassung des Abs. 2 waren die der Anmeldung beizufügenden Urkunden „für das Gericht des Sitzes der Gesellschaft" bestimmt, was bedeutete, dass sie dort entsprechend § 37 Abs. 6 bei den Registerakten verblieben.[30] Diese Regelung ist durch das Gesetz über das elektronische Handelsregister (EHUG) gestrichen worden. Ebenfalls weggefallen ist die Pflicht der Abwickler, ihre **Namensunterschrift** zur Aufbewahrung beim Gericht zu zeichnen. Sie war in Abs. 5 aF vorgesehen, welcher zusammen mit den parallelen Normen für den Vorstand (§ 37 Abs. 5 aF, § 81 Abs. 4 aF) ebenfalls dem EHUG zum Opfer fiel.

6. Wirkung. Die Eintragung der Abwickler hat lediglich **deklaratorische** Bedeutung.[31] Auch ohne Eintragung sind die wirksam bestellten Abwickler also zur Vertretung der AG berechtigt, doch kann dies Dritten, die von der Bestellung nichts wissen, gem. **§ 15 Abs. 1 HGB** nicht entgegen gehalten werden. Sind Abwickler und Vorstandsmitglieder – wie im Regelfall – identisch, spielt das keine Rolle, solange die Vertretungsmacht der Abwickler nicht von derjenigen des Vorstands abweicht. § 15 Abs. 1 HGB greift auch ein, wenn eintragungspflichtige Änderungen nicht eingetragen wurden. Ist die Eintragung erfolgt, können Dritte nach § 15 Abs. 2 HGB grundsätzlich nicht mehr einwenden, von der eingetragenen Änderung der Vertretungsberechtigung nichts gewusst zu haben. Einschränkungen dieser Regel aus Rechtsscheinerwägungen kommen nur in seltenen Fällen in Betracht.[32]

§ 267 Aufruf der Gläubiger

¹Die Abwickler haben unter Hinweis auf die Auflösung der Gesellschaft die Gläubiger der Gesellschaft aufzufordern, ihre Ansprüche anzumelden. ²Die Aufforderung ist in den Gesellschaftsblättern bekanntzumachen.

I. Normzweck

Die Norm dient dem **Gläubigerschutz** und ist in Zusammenhang mit § 272 zu lesen. Danach ist der Gläubigeraufruf Voraussetzung dafür, dass mit der Verteilung des Gesellschaftsvermögens an die Aktionäre begonnen werden darf. Ist **kein Vermögen** mehr vorhanden, bedarf es des Aufrufs folglich **nicht**.[1] Schuldenfreiheit oder das (vermeintliche) Bekanntsein aller Gläubiger rechtfertigen dagegen keinen Verzicht auf den Aufruf.[2] Gegenüber den Gläubigern soll die Norm keine Pflicht,

---

[25] *Kühn* NZG 2012, 730 (732 f.); aA MüKoGmbHG/*Müller* § 67 Rn. 22: Versicherung durch sämtliche vertretungsberechtigten Organmitglieder.
[26] MüKoAktG/*Koch* Rn. 8; Großkomm HGB/*Koch* HGB § 8 Rn. 56 f.
[27] Zum einstweiligen Rechtsschutz gegen eine Eintragung nach § 266 s. OLG Frankfurt NZG 2004, 526.
[28] Zutr. MüKoAktG/*Koch* Rn. 11.
[29] Vgl. dazu OLG Frankfurt NZG 2004, 526.
[30] Vgl. Großkomm AktG/*Habersack*, 4. Aufl. 2003, § 81 Rn. 11.
[31] Unstr., s. nur Hüffer/Koch/*Koch* Rn. 1; MüKoAktG/*Koch* Rn. 9; Kölner Komm AktG/*Winnen* Rn. 20.
[32] Vgl. *Bachmann* ZGR 2001, 351 (379 f.); eingehend MüKoHGB/*Krebs* § 15 Rn. 75 ff.
[1] Vgl. MüKoAktG/*Koch* Rn. 1; Großkomm AktG/*K. Schmidt* Rn. 3; anders zum Verein Palandt/*Ellenberger* BGB § 50 Rn. 1.
[2] Zutr. K. Schmidt/Lutter/*Riesenhuber* Rn. 1.

sondern nur eine **Obliegenheit** statuieren.³ Für den Fall der überschuldeten AG ist dem nicht beizutreten (→ Rn. 9). Eine Pflicht zur Bekanntmachung besteht unstreitig der AG gegenüber.⁴ **Parallelvorschriften** enthalten § 65 Abs. 2 GmbHG, § 50 BGB. Keine entsprechenden Normen weist das Personengesellschaftsrecht auf, weil das Gesetz dort wegen der Gesellschafterhaftung einen Gläubigeraufruf für entbehrlich hält.

II. Durchführung des Gläubigeraufrufs

2   **1. Inhalt.** Nach den zitierten Parallelvorschriften (→ Rn. 1) erfolgt der Gläubigeraufruf „zugleich" mit der Bekanntmachung der Auflösung. Dagegen schreibt § 267 vor, dass die Gläubiger „unter Hinweis" auf die Auflösung zur Anmeldung ihrer Ansprüche aufzufordern sind. Sachliche Unterschiede sind damit nicht verbunden.⁵ Der Gläubigeraufruf muss in jedem Fall darauf **hinweisen,** dass die AG aufgelöst ist und gleichzeitig zur Anmeldung der Forderungen **auffordern.** Auflösungsgrund und -zeitpunkt brauchen nicht angegeben zu werden.⁶ Der Sitz der Gesellschaft sollte zu ihrer Identifikation erwähnt werden (vgl. auch § 9 Abs. 1 S. 2 InsO).⁷ Im Übrigen empfiehlt es sich, den Bekanntmachungstext am Gesetzeswortlaut auszurichten. **Formulierungsvorschlag:** „Die B-AG in A (HR Nummer) ist aufgelöst. Die Gläubiger werden hiermit aufgefordert, ihre Ansprüche unter Angabe des Grundes und der Höhe bei der Gesellschaft (Anschrift) anzumelden".

3   Der Aufruf muss von den **Liquidatoren** ausgehen. Dass dies auch nach außen erkennbar sein muss, schreibt das Gesetz nicht vor.⁸ Da es sich nicht um ein Rechtsgeschäft handelt, kommt es für die Wirksamkeit des Aufrufs nicht darauf an, ob die Liquidatoren in vertretungsberechtigter Zahl handeln.⁹

4   **2. Zeitpunkt.** Im Interesse der Aktionäre und Gläubiger ist der Aufruf **unverzüglich** iSv § 121 BGB zu veröffentlichen.¹⁰ Die Eintragung und Bekanntmachung der Auflösung (§ 263) und der Abwickler (§ 266) müssen nicht abgewartet werden.¹¹ Die Abwickler handeln aber nicht pflichtwidrig, wenn sie dies tun, weil sich die Gläubiger erst zu diesem Zeitpunkt Gewissheit über die Auflösung im Handelsregister verschaffen können. Auch das Gesetz geht, wie die Stellung des § 267 zeigt, offenbar von dieser Reihenfolge aus.

5   **3. Medium und Adressat.** Die Bekanntmachung erfolgt in den Gesellschaftsblättern, also jedenfalls im **elektronischen Bundesanzeiger** (§ 25) in deutscher Sprache. Damit ist sie auch über das ebenfalls elektronisch geführte Unternehmensregister abrufbar (vgl. § 8b Abs. 2 Nr. 5 HGB). Eine weitergehende freiwillige Publizität (zB Internetseite der Gesellschaft) und unter Verwendung anderer Sprachen ist zulässig. Sie ist geboten, wenn diese anderen Medien in der Satzung benannt sind (vgl. § 23 Abs. 4). Eine gesonderte Benachrichtigung namentlich bekannter Gläubiger ist dagegen weder ausreichend noch erforderlich.¹² Das bestätigt der Gegenschluss aus § 50 Abs. 2 BGB. Doch kann sich eine entsprechende Pflicht im Einzelfall aus vertraglicher oder vorvertraglicher Bindung ergeben (vgl. § 241 Abs. 2 BGB).

6   Mit Rücksicht auf die elektronische Verfügbarkeit wurde das frühere Erfordernis der dreimaligen Bekanntmachung als „nicht mehr erforderlich" durch das ARUG gestrichen. Die **einmalige Bekanntmachung** genügt also.

III. Rechtsfolgen und Sanktionen

7   Der Gläubigeraufruf setzt den **Lauf des Sperrjahrs** (§ 272 Abs. 1) in Gang. Gerichtlich erzwungen werden kann und muss er insoweit nicht (vgl. § 407, § 14 HGB), da er seine Sanktion in sich trägt: wird der Aufruf verzögert, verschiebt sich der zulässige Zeitpunkt der Vermögensverteilung an die Aktionäre. Das kann Ersatzansprüche der Aktionäre gegenüber den Liquidatoren begründen,

---

³ Hüffer/Koch/*Koch* Rn. 1; MüKoAktG/*Koch* Rn. 4; Großkomm AktG/*K. Schmidt* Rn. 12.
⁴ Hüffer/Koch/*Koch* Rn. 1.
⁵ Vgl. Großkomm AktG/*K. Schmidt* Rn. 7.
⁶ Kölner Komm AktG/*Winnen* Rn. 11; MüKoAktG/*Koch* Rn. 3.
⁷ MüKoAktG/*Koch* Rn. 3.
⁸ Wie hier nun auch MüKoAktG/*Koch* Rn. 3; Kölner Komm AktG/*Winnen* Rn. 11.
⁹ AA MüKoAktG/*Koch* Rn. 4; Kölner Komm AktG/*Winnen* Rn. 10, mit dem Argument, dass die Gläubigeraufforderung eine rechtsgeschäftsähnliche Handlung sei, auf die § 269 zumindest entsprechend Anwendung fände.
¹⁰ Kölner Komm AktG/*Winnen* Rn. 13; Hüffer/Koch/*Koch* Rn. 2; MüKoAktG/*Koch* Rn. 5.
¹¹ Kölner Komm AktG/*Winnen* Rn. 13; MüKoAktG/*Koch* Rn. 5.
¹² Kölner Komm AktG/*Winnen* Rn. 6; MüKoAktG/*Koch* Rn. 4; Großkomm AktG/*K. Schmidt* Rn. 7.

zB auf Ersatz eines Verzögerungsschadens (§ 286 BGB).[13] Für Ersatzansprüche der AG aus § 93 Abs. 2, § 268 Abs. 2 ist dagegen mangels Schadens idR kein Raum.[14]

Der Aufruf hat **keine Aufgebotswirkung**.[15] Das zeigt der Vergleich mit anderen Vorschriften (zB § 11 Abs. 1 S. 3 VereinsG). Gläubiger, die ihre Forderungen nicht „anmelden", büßen ihre Rechte also nicht ein. Sind sie der AG bekannt, müssen auch sie – selbstverständlich – befriedigt werden (→ § 272 Rn. 6). Geschieht das nicht, kommen Rückzahlungs- und Ersatzansprüche gegen die Aktionäre und/oder die Abwickler in Betracht (→ § 268 Rn. 22). Waren die nicht gemeldeten Gläubiger der AG unverschuldet nicht bekannt und wurde im Übrigen das Abwicklungsverfahren (Sperrjahr, § 272) eingehalten, scheiden solche Ansprüche aus; die Forderungen werden dann zunächst praktisch, mit Löschung der AG auch rechtlich wertlos. 8

Unterbleibt der Gläubigeraufruf, kann dies zu Lasten derjenigen Gläubiger gehen, die von der Auflösung nichts erfahren. Zwar werden sie dadurch, dass sie ihre Forderungen nicht anmelden, mit diesen nicht ausgeschlossen; gleichwohl gehen sie leer aus, wenn sie der Gesellschaft nicht bekannt sind und das vorhandene Vermögen daher an andere verteilt wird (→ Rn. 8).[16] Ersatzansprüche gegen Aktionäre gem. § 62 oder gegen Abwickler aus § 93 Abs. 2, 3 Nr. 6 kommen dann nicht in Betracht, wenn die AG **überschuldet** war und das vorhandene Vermögen nach fristgerecht beantragter, aber abgelehnter Eröffnung des Insolvenzverfahrens vollständig zur Befriedigung anderer Gläubiger verwendet wurde. Ein von den übergangenen Gläubigern gem. § 93 Abs. 5 (iVm § 268 Abs. 2) geltend zu machender Schaden ist der AG dann nicht entstanden.[17] Jedoch ist ein **Ersatzanspruch** gem. § 823 Abs. 2 BGB iVm § 267 gegen die Liquidatoren in Betracht zu ziehen (→ § 268 Rn. 23). Da die Norm im Verbund mit § 272 dem Gläubigerschutz dient (→ Rn. 1), kann sie wie diese als Schutzgesetz begriffen werden (→ § 272 Rn. 13).[18] 9

§ 268 Pflichten der Abwickler

(1) ¹Die Abwickler haben die laufenden Geschäfte zu beenden, die Forderungen einzuziehen, das übrige Vermögen in Geld umzusetzen und die Gläubiger zu befriedigen. ²Soweit es die Abwicklung erfordert, dürfen sie auch neue Geschäfte eingehen.

(2) ¹Im übrigen haben die Abwickler innerhalb ihres Geschäftskreises die Rechte und Pflichten des Vorstands. ²Sie unterliegen wie dieser der Überwachung durch den Aufsichtsrat.

(3) Das Wettbewerbsverbot des § 88 gilt für sie nicht.

(4) ¹Auf allen Geschäftsbriefen, die an einen bestimmten Empfänger gerichtet werden, müssen die Rechtsform und der Sitz der Gesellschaft, die Tatsache, daß die Gesellschaft sich in Abwicklung befindet, das Registergericht des Sitzes der Gesellschaft und die Nummer, unter der die Gesellschaft in das Handelsregister eingetragen ist, sowie alle Abwickler und der Vorsitzende des Aufsichtsrats mit dem Familiennamen und mindestens einem ausgeschriebenen Vornamen angegeben werden. ²Werden Angaben über das Kapital der Gesellschaft gemacht, so müssen in jedem Falle das Grundkapital sowie, wenn auf die Aktien der Ausgabebetrag nicht vollständig eingezahlt ist, der Gesamtbetrag der ausstehenden Einlagen angegeben werden. ³Der Angaben nach Satz 1 bedarf es nicht bei Mitteilungen oder Berichten, die im Rahmen einer bestehenden Geschäftsverbindung ergehen und für die üblicherweise Vordrucke verwendet werden, in denen lediglich die im Einzelfall erforderlichen besonderen Angaben eingefügt zu werden brauchen. ⁴Bestellscheine gelten als Geschäftsbriefe im Sinne des Satzes 1; Satz 3 ist auf sie nicht anzuwenden.

Schrifttum: *Bredol*, Die Rechtsstellung der Abwickler einer Aktiengesellschaft, 2010; *Hofmann*, Zur Liquidation einer GmbH, GmbHR 1976, 229 und 258; *T. Meyer*, Liquidatorenkompetenzen und Gesellschafterkompetenzen, 1996; *Paura*, Liquidation und Liquidationspflichten von Organen und Mitgliedern nach Auflösung der Gesellschaft, 1996; *Riek*, Das Liquidationsstadium der AG, Diss. Zürich 2003; *Schwab*, Die Vertretung der Aktiengesellschaft gegenüber ausgeschiedenen Vorstandsmitgliedern im Liquidationsstadium, ZIP 2006, 1478; *Sethe*, Die Satzungsautonomie in Bezug auf die Liquidation einer AG ZIP 1998, 770; *Vomhof*, Die Haftung des Liquidators der GmbH, 1988.

---

[13] Ausf. zur Haftung der Liquidatoren → § 268 Rn. 22.
[14] Anders Kölner Komm AktG/*Winnen* Rn. 17; Hüffer/Koch/*Koch* Rn. 3; MüKoAktG/*Koch* Rn. 8.
[15] Unstr., s. nur Hüffer/Koch/*Koch* Rn. 3.
[16] Vgl. Hüffer/Koch/*Koch* Rn. 3; MüKoAktG/*Koch* Rn. 7.
[17] Vgl. BGHZ 129, 236 (258): Haftung gem. § 93 Abs. 3 Nr. 6 nur bei Verletzung der Insolvenzantragspflicht aus § 92 Abs. 2.
[18] Zurückhaltend Scholz/K. Schmidt GmbHG § 65 Rn. 17; s. aber Scholz/K. Schmidt GmbHG § 73 Rn. 32.

Übersicht

	Rn.		Rn.
I. Normzweck	1, 2	III. Der Abwickler als Gesellschaftsorgan (Abs. 2)	15–23
II. Liquidation und Gläubigerbefriedigung (Abs. 1)	3–14	1. Verhältnis zum Vorstand	15–17
1. Satzungsautonomie	3	2. Verhältnis zum Aufsichtsrat	18, 19
2. Abwicklung durch Liquidation („Zerschlagung")	4–8	3. Verhältnis zur Hauptversammlung	20, 21
3. Abwicklung durch Unternehmensveräußerung	9	4. Haftung des Abwicklers	22, 23
4. Liquidationsermessen und Vorlagepflicht	10–14	IV. Kein Wettbewerbsverbot (Abs. 3)	24
		V. Angaben auf Geschäftsbriefen (Abs. 4)	25, 26

I. Normzweck

1   Die Norm fasst Disparates zusammen. Abs. 1 beschreibt den „Geschäftskreis" der Abwickler, auf den Abs. 2 Bezug nimmt. Damit wird einerseits die erste Phase der Abwicklung (Liquidation des Unternehmens) erläutert, die in § 271 (Vermögensverteilung) ihre Fortsetzung findet, zum anderen der **Pflichtenkreis der Abwickler** gegenüber der Gesellschaft definiert. Dieser ist zu eng gefasst, denn oberste Maxime für die Abwickler ist nicht die Erfüllung der in Abs. 1 aufgeführten Tätigkeiten, sondern das Erzielen eines möglichst hohen Liquidationserlöses im Interesse aller Gesellschafter.[1] Dies kann auch durch Veräußerung des Unternehmens als Ganzes geschehen (→ Rn. 9). **Parallelvorschriften** enthalten §§ 70, 71 Abs. 4, 5 GmbHG, § 48 Abs. 2, § 49 Abs. 1 BGB, § 149 HGB. Mit einem Verweis auf letztere Norm begnügte sich das Aktienrecht bis 1937 (vgl. § 299 Abs. 1 HGB aF).

2   Innerhalb des beschriebenen „Geschäftskreises" unterstellt Abs. 2 die Abwickler den Regeln über den **Vorstand.** Das ist konsequent, doch beantwortet das Gesetz nicht die Frage, ob es neben diesem „Geschäftskreis" überhaupt Raum für eigenständiges Handeln des Vorstands neben dem Abwickler gibt. Die Frage ist zu verneinen (→ Rn. 15). **Redaktionell fragwürdig** ist es, wenn das Gesetz in Abs. 4 praktisch wortgleich § 80 wiederholt. Entsprechend kritikwürdig ist die Regelung in §§ 266, 269, welche (zusammen mit Abs. 4) im Wesentlichen in einer Kopie der für den Vorstand geltenden Regeln (§§ 78–82) besteht. Zur Auslegung kann jedenfalls auf die zu den Vorstandsregeln entwickelten Rechtsauffassungen zurückgegriffen werden.

II. Liquidation und Gläubigerbefriedigung (Abs. 1)

3   **1. Satzungsautonomie.** Das Gesetz geht vom Modell der Liquidation durch Zerschlagung aus. Die dazu erforderlichen Tätigkeiten werden aber eher illustrativ beschrieben (→ Rn. 4). Auch ist es heute unbestritten, dass eine andere Art der Abwicklung grundsätzlich zulässig ist (→ Rn. 5). Das spricht dafür, von einer weitgehenden **Satzungsfreiheit** bei der Ausgestaltung des Liquidationsverfahrens auszugehen.[2] Dagegen legen die Satzungsstrenge (§ 23 Abs. 5) und der Umstand, dass die Liquidation auch im Gläubigerinteresse erfolgt, eher den Schluss auf die Satzungsfestigkeit des § 268 nahe.[3] Ältere Entscheidungen können zur Klärung der Frage ebenso wenig herangezogen werden wie die Gesetzeslage vor 1937.[4] Vertretbar erscheint es, der Satzung die Festlegung von Rahmenbedingungen, etwa die Wahl zwischen Zerschlagung und Veräußerung, zuzugestehen. (Nur) in diesem Rahmen ist dann auch Raum für ein Weisungsrecht der Hauptversammlung (→ Rn. 20 f.). Großzügiger ist für die Ausgestaltung der Überschussverteilung (§ 271) zu entscheiden, weil hier keine Gläubigerinteressen mehr berührt sind (→ § 271 Rn. 4 ff.).

4   **2. Abwicklung durch Liquidation („Zerschlagung").** Die **Beendigung laufender Geschäfte** ist der Oberbegriff und umfasst neben den ausdrücklich im Gesetz erwähnten Tätigkeiten etwa die Auflösung von Dauerschuldverhältnissen, das Zuendeführen schwebender Verfahren, den Abschluss von Verhandlungen etc.[5] Explizit angesprochen wird das Vermögen der Gesellschaft, das „in Geld umzusetzen" ist. Einen Unterfall dazu bildet der **Forderungseinzug,** der auch durch Veräußerung (zB Facto-

---

[1] Unstr., s. nur Hüffer/Koch/*Koch* Rn. 2; MüKoAktG/*Koch* Rn. 3; MHdB AG/*Hoffmann-Becking* § 67 Rn. 9.
[2] Dafür namentlich *Sethe* ZIP 1998, 770 (772); *Sethe* ZHR 162 (1998) 474 (480 f.).
[3] So MüKoAktG/*Koch* Rn. 20 u § 271 Rn. 4.
[4] Anders *Sethe* ZIP 1998, 770 (772) mit Fn. 21; *Sethe* ZHR 162 (1998) 474 (481) mit Fn. 29.
[5] Vgl. Hüffer/Koch/*Koch* Rn. 4; MüKoAktG/*Koch* Rn. 16.

Die Umsetzung hat **„in Geld"** zu erfolgen (sog. Versilberung). Davon darf abgesehen werden, wenn bestimmte Gegenstände (zB Waren) zur Erfüllung offener Verbindlichkeiten benötigt werden. Nach älterer Auffassung soll die Versilberung auch unterbleiben dürfen, wenn die Hauptversammlung eine Verteilung **in natura** beschließt.[8] Das entspricht der Ansicht, die § 268 für disponibel hält (→ Rn. 3).[9] Die Stellungnahme kann nicht ohne Blick auf § 271 erfolgen.[10] Soweit dieser eine Modifikation der Teilhabe am Liquidationserlös gestattet, kann auf die Versilberung zugunsten einer Teilung in natura verzichtet werden (→ § 271 Rn. 4 ff.). Erlöstes Geld ist bei länger dauernder Abwicklung **anzulegen**.[11] Das folgt aus der treuhänderischen Vermögenswahrungspflicht der Abwickler (→ § 265 Rn. 2).

Die **Befriedigung der Gläubiger** erfolgt durch Erfüllung ausstehender Verbindlichkeiten, auch solcher in Natur. Gegebenenfalls kommen Hinterlegung und Sicherheitsleistung in Betracht (vgl. § 272 Abs. 2, 3). Die Verpflichtung besteht allein im Interesse der Gesellschaft.[12] Der Liquidator handelt daher nicht pflichtwidrig, wenn er eine – auch unbestrittene oder einredefreie – Verbindlichkeit aus taktischen Gründen (vorerst) nicht erfüllt, solange dies dem Abwicklungserfolg dienlich ist. Mögliche **Einreden** müssen dagegen grundsätzlich erhoben werden. Das nahe Ende der AG gebietet keine Rücksicht mehr auf ihren kaufmännischen Ruf.[13] Zur gleichmäßigen Befriedigung der Gläubiger ist der Abwickler regelmäßig nicht verpflichtet.[14]

Soweit es die Abwicklung erfordert, dürfen auch einzelne **neue Geschäfte** eingegangen werden (Satz 2), etwa Räume zum Lagern nicht mehr benötigter Produkte angemietet werden, Abwicklungspersonal eingestellt oder Werkverträge abgeschlossen werden. Wo möglich und sinnvoll, hat dies befristet oder bedingt zu geschehen. Die Norm ist 1965 in bewusster Abkehr von dem (zu) eng gefassten § 149 HGB („zur Beendigung schwebender Geschäfte") umformuliert worden. Sie umfasst in jedem Fall solche Geschäfte, die nötig sind, um vorhandene Vermögenswerte zu Geld zu machen.[15] Zulässig ist selbst die **generelle Fortführung** der werbenden Tätigkeit, wenn nur parallel Bemühungen um eine optimale Verwertung (Veräußerung) des Unternehmens betrieben werden.[16]

Das Gesetz macht keine Angaben über den **Zeitrahmen** der Abwicklung. Die Zulassung neuer Geschäfte (→ Rn. 7) bestätigt aber, dass es nicht auf die schnellste, sondern auf die bestmögliche Liquidation ankommt (→ Rn. 1).[17] Die Beendigung laufender Geschäfte muss daher nicht sofort erfolgen.[18] Es kann zB sinnvoll sein, das Auslaufen einer – auch langen – Kündigungsfrist abzuwarten, statt einen kostspieligen Aufhebungsvertrag zu schließen. Umgekehrt darf nicht jedes Verfahren bis zum Ende betrieben werden, wenn es wirtschaftlicher erscheint, es – auch unter Nachgeben – sofort zu beenden. Im Einzelnen kommt dem Abwickler ein **Ermessensspielraum** zu, soweit er nicht ersichtlich gegen den Abwicklungszweck oder gegen zulässige Vorgaben der Satzung oder Hauptversammlung verstößt (→ Rn. 1, 20).[19]

3. Abwicklung durch Unternehmensveräußerung. Obwohl vom Gesetzeswortlaut nicht erfasst, ist der Liquidator dazu berechtigt, das Unternehmen nicht zu zerschlagen, sondern als Ganzes oder in Teilen zu veräußern.[20] Das entspricht heute allg Ansicht, nicht nur im Aktienrecht.[21] In

---

[6] Hüffer/Koch/*Koch* Rn. 4; MüKoAktG/*Koch* Rn. 17 aE; Kölner Komm AktG/*Winnen* Rn. 26.
[7] Hüffer/Koch/*Koch* Rn. 4; MüKoAktG/*Koch* Rn. 17; Kölner Komm AktG/*Winnen* Rn. 25.
[8] Vgl. RGZ 62, 56 (58 f.); RGZ 124, 279 (300) (betr. Verschmelzung); *Baumbach/Hueck* Rn. 5; *v. Godin/Wilhelmi* Anm. 4; Kölner Komm AktG/*Kraft*, 2. Aufl. 1996, Rn. 7; Großkomm AktG/*Wiedemann*, 3. Aufl. 1973, Anm. 5.
[9] Vgl. *Sethe* ZIP 1998, 770 (772); *Sethe* ZHR 162 (1998) 474 (481).
[10] Ebenso Hüffer/Koch/*Koch* Rn. 4; MüKoAktG/*Koch* Rn. 19 f.; im Ausgangspunkt auch Kölner Komm AktG/*Winnen* Rn. 29.
[11] Lutter/Hommelhoff/*Kleindiek* GmbHG § 70 Rn. 15; Scholz/K. Schmidt GmbHG § 70 Rn. 15.
[12] *Vomhof*, Die Haftung des Liquidators der GmbH, 1988, 13 (betr. GmbH).
[13] Abw. Großkomm AktG/*Wiedemann*, 3. Aufl. 1973, Anm. 7.
[14] Großkomm AktG/*Wiedemann*, 3. Aufl. 1973, Anm. 5; *Hofmann* GmbHR 1976, 258 (263); Scholz/K. Schmidt GmbHG § 70 Rn. 10 (für Ausnahme bei Überschuldung).
[15] Vgl. bereits RGZ 44, 80: Ausübung einer Ankaufsoption, um das Erworbene gewinnbringend weiter zu veräußern.
[16] Zutr. MHdB AG/*Hoffmann-Becking* § 67 Rn. 9.
[17] Vgl. RGZ 145, 99 (103); Kölner Komm AktG/*Winnen* Rn. 8 und 9; Lutter/Hommelhoff/*Kleindiek* GmbHG § 70 Rn. 6.
[18] Vgl. RGZ 145, 301 (303); *Hofmann* GmbHR 1976, 258 (263); Kölner Komm AktG/*Winnen* Rn. 23.
[19] Vgl. Kölner Komm AktG/*Winnen* Rn. 7 ff.; Lutter/Hommelhoff/*Kleindiek* GmbHG § 70 Rn. 6 f.
[20] Hüffer/Koch/*Koch* Rn. 2 f.; MüKoAktG/*Koch* Rn. 4 und 6; Kölner Komm AktG/*Winnen* Rn. 10.
[21] Vgl. BGHZ 103, 184 (192 f.); 76, 352 (354) (betr. GmbH); OLG Hamm BB 1954, 913.

diesem Rahmen sind auch **Strukturmaßnahmen** nach dem Umwandlungsgesetz (Verschmelzung, Spaltung, Formwechsel) sowie sonstige Umstrukturierungen zulässig, soweit sie im Endergebnis der Optimierung des Liquidationserlöses dienen (→ § 264 Rn. 22 f.).[22] Das war schon nach altem Aktienrecht so, welches Verschmelzung und Vermögensübertragung ausschließlich im Kontext der Liquidation regelte (§§ 303 ff. HGB aF).[23] Zu den danach zulässigen Strukturmaßnahmen rechnen ua die **Errichtung einer neuen Gesellschaft** zwecks Vorbereitung späterer Veräußerung, die Betriebsaufspaltung oder die Ausgliederung (im untechnischen Sinne) durch Einbringung von Unternehmensteilen als Sacheinlage in eine erwerbende Gesellschaft.[24] Die **Sitzverlegung** ist dagegen nur bei nachvollziehbaren Gründen zulässig.[25]

10   **4. Liquidationsermessen und Vorlagepflicht.** In der Art und Weise der Abwicklung steht den Abwicklern ein weiter **Ermessensspielraum** zu.[26] Das gilt nicht nur für die Frage des Zeitrahmens (→ Rn. 8) und hinsichtlich einzelner Liquidationsmaßnahmen, sondern grundsätzlich auch für die Wahl des einen (Zerschlagung) oder anderen (Veräußerung) Liquidationsmodells. Macht die Hauptversammlung zulässige Liquidationsvorgaben, sind diese allerdings zu beachten (→ Rn. 21). Auch ohne solche Vorgaben sind die Abwickler im Einzelfall verpflichtet, die Zustimmung der Hauptversammlung einzuholen (→ Rn. 11). Die Entwicklung eines **Liquidationskonzepts** ist geboten,[27] doch muss dieses nicht in jedem Fall der Hauptversammlung zu Billigung vorgelegt werden.[28] Besteht eine Vorlagepflicht, dient das Konzept als Berichtsgrundlage, im Übrigen zur Haftungsvermeidung.

11   Fraglich ist, wann eine Abwicklungsmaßnahme der **Zustimmung** durch die **Hauptversammlung** bedarf. Das ist jedenfalls dann der Fall, wenn die Maßnahme unter den Katalog des § 119 Abs. 1 fällt.[29] Einer Zustimmung bedarf ferner die Verpflichtung zur Veräußerung des **ganzen Gesellschaftsvermögens**.[30] Das folgt aus § 179a, der ursprünglich gerade für das Liquidationsverfahren geschaffen wurde (vgl. § 303 HGB aF). Entsprechendes wurde vereinzelt für die Verpflichtung zur Mitveräußerung der **Firma** (§§ 22, 23 HGB) angenommen, weil es die Hauptversammlung zwinge, für die AG iL eine neue Firma anzunehmen.[31] Mit der heute ganz hM ist eine solche Zustimmungspflicht jedoch abzulehnen.[32]

12   Zustimmungspflichtig ist auch die faktische (dauerhafte) Fortführung des Unternehmens (arg. § 274).[33] Bei **sonstigen Veräußerungen** könnte erwogen werden, die etwa erforderliche Billigung durch die Hauptversammlung bereits im Auflösungsbeschluss zu sehen. Dieser erteilt jedoch nur das generelle Plazet, von der werbenden zur auflösenden Tätigkeit überzugehen, sanktioniert als solcher jedoch nicht die konkrete Veräußerung. Im Übrigen will das Gesetz die Rolle der Hauptversammlung im Auflösungsstadium stärken, nicht schwächen (arg. § 265 Abs. 2). Eine nach allgemeinen Grundsätzen[34] zustimmungsbedürftige Strukturmaßnahme ist daher auch im Auflösungsstadium nur mit Billigung der Hauptversammlung zulässig.[35]

---

[22] Vgl. schon RGZ 124, 279 (300) – Verschmelzung; Hüffer/Koch/*Koch* Rn. 3; MüKoAktG/*Koch* Rn. 4; Kölner Komm AktG/*Winnen* Rn. 14 ff. und 11.
[23] Vgl. Hüffer/Koch/*Koch* § 179a Rn. 2; Großkomm AktG/*Wiedemann*, 3. Aufl. 1973, Anm. 6.
[24] Vgl. Hüffer/Koch/*Koch* Rn. 3; eingehend MüKoAktG/*Koch* Rn. 10 ff.
[25] OLG Thüringen GmbHR 2006, 765 (767).
[26] Großkomm AktG/*Wiedemann*, 3. Aufl. 1973, Anm 5; MüKoAktG/*Koch* Rn. 3; Kölner Komm AktG/ *Winnen* Rn. 7; ferner *Meyer*, Liquidatorenkompetenzen und Gesellschafterkompetenzen, 1996, 95 (zur GmbH); *Riek*, Das Liquidationsstadium der AG, 2003, 63.
[27] Vgl. Lutter/Hommelhoff/*Kleindiek* GmbHG § 70 Rn. 4; *Paura*, Liquidation und Liquidationspflichten von Organen und Mitgliedern nach Auflösung der Gesellschaft, 1996, 85 f.; *Meyer*, Liquidatorenkompetenzen und Gesellschafterkompetenzen, 1996, 80.
[28] Anders für die GmbH Lutter/Hommelhoff/*Kleindiek* GmbHG § 70 Rn. 7; eine Pflicht zur Berichterstattung über die Abwicklungsplanung gegenüber dem Aufsichtsrat bejaht MüKoAktG/*Koch* Rn. 30.
[29] Hüffer/Koch/*Koch* Rn. 6.
[30] *Meyer*, Liquidatorenkompetenzen und Gesellschafterkompetenzen, 1996, 23 f.; Hüffer/Koch/*Koch* Rn. 3 aE, § 179a Rn. 21; MüKoAktG/*Koch* Rn. 14; Kölner Komm AktG/*Winnen* Rn. 12 und 19; Großkomm AktG/ *K. Schmidt* Rn. 3.
[31] MüKoAktG/*Hüffer*, 3. Aufl. 2011, Rn. 9; zurückhaltend Kölner Komm AktG/*Kraft*, 2. Aufl. 1996, Rn. 13.
[32] Großkomm AktG/*Wiedemann*, 3. Aufl. 1973, Anm. 6; MüKoAktG/*Koch* Rn. 9; Scholz/*K. Schmidt* GmbHG § 69 Rn. 13; Kölner Komm AktG/*Winnen* Rn. 13.
[33] Vgl. *Meyer*, Liquidatorenkompetenzen und Gesellschafterkompetenzen, 1996, 52; Scholz/*K. Schmidt* GmbHG § 70 Rn. 7 und 16.
[34] Vgl. BGHZ 83, 122 – Holzmüller; BGHZ 159, 30 – Gelatine.
[35] Ebenso *Meyer*, Liquidatorenkompetenzen und Gesellschafterkompetenzen, 1996, 50 (mit Fn. 226); MüKoAktG/*Koch* Rn. 12; aA *Noack* ZIP 2002, 1873 (1878 f.); zum Problem der Zustimmungspflicht (positive Stimmpflicht) in der Liquidation *Paura*, Liquidation und Liquidationspflichten von Organen und Mitgliedern nach Auflösung der Gesellschaft, 1996, 94 ff. (zur GmbH).

Problematisch ist die Annahme einer darüber hinausgehenden **Vorlagepflicht.** Sie nach dem 13
Muster von § 160 InsO bei allen „bedeutsamen" Maßnahmen zu verlangen,[36] ginge zu weit und
wäre auch kaum praktikabel.[37] Dennoch kann sich nach Eintritt der Auflösung die Notwendigkeit
ergeben, den Gesellschaftern die **Gelegenheit zu einem Fortsetzungsbeschluss** zu eröffnen.[38]
Das überzeugt namentlich bei der GmbH, deren Beschlüsse einfach zustande zu bringen sind. Bei
der AG kann eine solche Pflicht dagegen nur im Einzelfall bejaht werden, etwa wenn sich im Vorfeld
eine Initiative der Aktionäre zur Fassung eines Fortsetzungsbeschlusses abzeichnet.[39] Im Interesse
des Minderheitenschutzes ist darüber hinaus eine Vorlagepflicht an die Hauptversammlung immer
dann anzunehmen, wenn das Unternehmen an einen Gesellschafter oder eine diesem **nahe stehende
Person** veräußert werden soll (Rechtsgedanke des § 162 InsO).[40] Stimmverbote bestehen dabei
nicht.[41]

Der Zustimmungsbeschluss kann die Liquidation hemmen, weil die Hauptversammlung ein 14
schwerfälliges Gremium ist. Er sollte daher möglichst mit dem Auflösungsbeschluss verbunden werden. Nach der ratio der bedingten Kapitalerhöhung ist auch eine Vorab-Ermächtigung möglich.
Dem Vorbild anderer Strukturmaßnahmen (vgl. § 8 UmwG) entsprechend haben die Abwickler
einen **Liquidationsbericht** abzugeben,[42] der mangels ausdrücklicher Regelung aber an keine
bestimmte Form gebunden ist. Der Beschluss ist **anfechtbar,** wenn die gebilligte Maßnahme die
Aktionärsminderheit treuwidrig benachteiligt, etwa das Unternehmen unter Wert an den Mehrheitsaktionär vergeben wird. Umgekehrt kann die Treuepflicht es der Minderheit gebieten, sich einer
wirtschaftlich sinnvollen Liquidation nicht zu verschließen.[43] Führt der Abwickler eine Maßnahme
ohne die gebotene Zustimmung der Hauptversammlung durch, kommen **Schadensersatz- und
Unterlassungsansprüche** nach allgemeinen Grundsätzen in Betracht.[44]

III. Der Abwickler als Gesellschaftsorgan (Abs. 2)

1. Verhältnis zum Vorstand. Die Abwickler treten an die Stelle des Vorstands. Nach dem 15
Gesetzestext haben sie „innerhalb ihres Geschäftskreises" dessen Rechte und Pflichten. Da es im
Abwicklungsstadium keinen anderen Geschäftskreis gibt, **verdrängen** sie den Vorstand als Organ
vollständig: Die AG iL hat keinen Vorstand (anders die AG im Insolvenzverfahren).[45] Vorstandsmitglieder, die nicht mit den Abwicklern identisch sind, werden dadurch beschäftigungslos. Das kann
ihre Abberufung und Entlassung rechtfertigen (→ § 265 Rn. 8). Indem das Gesetz auf den
„Geschäftskreis" Bezug nimmt, bringt es den Charakter der §§ 264 ff. als **lex specialis** zum Ausdruck.
Nur wo diese keine einschlägige Regelung enthalten, sind die §§ 76 ff. anwendbar. Solche Spezialnor-
men sind: § 265 (zu § 76 Abs. 1, §§ 84, 85), § 266 (zu § 81), § 268 Abs. 3 (zu § 88), § 268 Abs. 4 (zu
§ 80), § 269 (zu §§ 78, 79, 82 Abs. 1).

Über die Verweisung des Abs. 2 bleiben **anwendbar:** §§ 77, 82 Abs. 2 (Geschäftsführung), jedoch 16
mit der Maßgabe, dass nicht nur Satzung und Geschäftsordnung, sondern auch die Hauptversammlung als Kreationsorgan Abweichendes beschließen kann. Beschränkungen nach § 82 Abs. 2, § 111
Abs. 4 S. 2, welche für den Vorstand gegolten haben, gelten wegen des geänderten Gesellschaftszwecks jedoch nicht ohne weiteres für die Abwickler.[46] Anwendung finden weiter § 83 (Vorbereitung

---

[36] So tendenziell aber Großkomm AktG/*K. Schmidt* Rn. 3 (für „atypische Liquidationsstrategien"); zur GmbH auch *Meyer,* Liquidatorenkompetenzen und Gesellschafterkompetenzen, 1996, 50; Scholz/*K. Schmidt* GmbHG § 70 Rn. 6.
[37] Das österreichische Recht sieht hier einen Zustimmungsvorbehalt zugunsten des Aufsichtsrats vor, vgl. § 95 Abs. 5 iVm § 205 Abs. 2 öAktG und dazu MüKoAktG/*Bachner* Rn. 34.
[38] Dafür *Meyer,* Liquidatorenkompetenzen und Gesellschafterkompetenzen, 1996, 54 u 57; *Riek,* Das Liquidati-onsstadium der AG, 2003, 38.
[39] Vgl. Kölner Komm AktG/*Kraft,* 2. Aufl. 1996, § 271 Rn. 9: „gegebenenfalls" Willensbekundung der Haupt-versammlung abwarten.
[40] *Meyer,* Liquidatorenkompetenzen und Gesellschafterkompetenzen, 1996, 69 f.; Scholz/*K. Schmidt* GmbHG § 70 Rn. 14; aA MüKoAktG/*Koch* Rn. 6, der eine etwaige Haftung der Abwickler für ausreichend hält.
[41] Anders für das GmbH-Recht *Meyer,* Liquidatorenkompetenzen und Gesellschafterkompetenzen, 1996, 78 ff.
[42] *Meyer,* Liquidatorenkompetenzen und Gesellschafterkompetenzen, 1996, 76.
[43] Vgl. BGHZ 129, 136 – Girmes; *Meyer,* Liquidatorenkompetenzen und Gesellschafterkompetenzen, 1996, 88 f.
[44] Näher *Meyer,* Liquidatorenkompetenzen und Gesellschafterkompetenzen, 1996, 95 ff.; allgemein *K. Schmidt* GesR § 21 V.
[45] Vgl. Kölner Komm AktG/*Winnen* Rn. 35; abw Großkomm AktG/*K. Schmidt* Rn. 8 ff. (identisches Organ).
[46] MüKoAktG/*Koch* Rn. 26; Großkomm AktG/*Wiedemann,* 3. Aufl. 1973, § 269 Anm. 4; Kölner Komm AktG/*Winnen* Rn. 36.

und Ausführung von Hauptversammlungsbeschlüssen); § 87 (Vergütung); ferner §§ 89–94.[47] Auch die §§ 105, 121 Abs. 2, § 245 Nr. 4, § 246 Abs. 2 gelten.[48]

17   **Bestritten** wird die Anwendbarkeit von **§ 92 Abs. 1,** weil die Bilanz gem. § 270 ohnehin der Hauptversammlung zur Feststellung vorzulegen sei.[49] Der Verlust in hälftiger Höhe des Grundkapitals kann sich aber auch erst nach Aufstellung des Jahresabschlusses ergeben. Um eine Entscheidung über die auch in der Liquidation noch mögliche Weiterführung des Unternehmens zu ermöglichen, muss die **Einberufungspflicht** der Abwickler gem. § 92 Abs. 1 daher bejaht werden.[50] Nur mit Einschränkungen anwendbar ist dagegen § 76 Abs. 1.[51] Die unabhängige, auf das „Unternehmensinteresse" verpflichtete Leitungsposition des Vorstands ist mit der beschränkten, von der Hauptversammlung abhängigen Stellung des Liquidators nicht vereinbar (→ Rn. 20 ff.). Dass eine **Übertragung** der Abwicklung auf **Dritte** unzulässig ist,[52] folgt schon aus allgemeinen Treuhandprinzipien (vgl. § 664 Abs. 1 BGB).

18   **2. Verhältnis zum Aufsichtsrat.** Der Aufsichtsrat verliert in der aufgelösten AG seine Bestellungskompetenz (vgl. § 265 Abs. 2, 5). Auch an der Feststellung des Jahresabschlusses (§ 172) ist er nicht mehr beteiligt (vgl. § 270 Abs. 2). Bestehen bleibt dagegen nach Abs. 2 S. 2 seine **Überwachungskompetenz**. Angesprochen ist in erster Linie § 111, doch kommt auch § 90 zum Zuge, weil ohne entsprechende Unterrichtung eine wirksame Überwachung der Abwickler nicht möglich ist.[53] Auch zur Vertretung der AG in Beschlussmängelverfahren (§ 246 Abs. 2) ist er weiter berechtigt.[54]

19   Nicht zweifelsfrei ist die Geltung von **§ 112.** Die hM bejaht sie unter Hinweis auf die Gleichstellung von Vorstand und Abwickler.[55] Dafür spricht § 264 Abs. 3, der pauschal auf die Vorschriften für die werbende AG und damit auch auf § 112 verweist. Allerdings darf § 265 Abs. 2 nicht unberücksichtigt bleiben, welcher den Aufsichtsrat seiner Bestellungskompetenz zugunsten der Hauptversammlung beraubt. Dies spricht dafür, der **Hauptversammlung** als Annexkompetenz auch die Vertretungsmacht gegenüber dem Abwickler einzuräumen.[56] Denn wenn die Hauptversammlung den Abwickler jederzeit austauschen kann, sollte sie die Gesellschaft diesem gegenüber auch vertreten können. Weil die Hauptversammlung als solche nicht handlungsfähig ist, wird es im praktischen Ergebnis zwar bei der Anwendung des § 112 verbleiben. Im Unterschied zur hM ist dessen Geltung jedoch aus den genannten Gründen im Liquidationsstadium **nicht** als **zwingend** anzusehen, so dass es der Hauptversammlung freisteht, andere Vertreter zu benennen.[57] Entsprechendes wird für die Vertretung der Gesellschaft gegenüber dem Sonderprüfer angenommen.[58]

20   **3. Verhältnis zur Hauptversammlung.** Der Hauptversammlung kommt gegenüber den Abwicklern die Bestellungs- (§ 265 Abs. 2, 5) und – nach hier vertretener Ansicht (→ Rn. 18) – auch die Anstellungskompetenz zu. **Strukturmaßnahmen** bedürfen auch in der Abwicklung ihrer Zustimmung (→ Rn. 11 f.). Streitig ist, ob die Hauptversammlung den Abwicklern abweichend von § 119 Abs. 2 **Weisungen** erteilen darf. Eine ältere Ansicht bejaht das mit der Begründung, im Abwicklungsstadium träten die Interessen der Aktionäre gegenüber dem Erfordernis unabhängiger Unternehmensleitung in den Vordergrund.[59] Die heute herrschende Gegenansicht vermisst dafür

---

[47] Für § 92 Abs. 2, § 93 Abs. 1 S. 2 explizit bestätigt durch § 401 Abs. 1 Nr. 2, § 404 Abs. 1 Nr. 1. Umstritten ist dagegen die Geltung von § 93 Abs. 4 S. 2 und 3, dagegen Großkomm AktG/*Wiedemann*, 3. Aufl. 1973, Anm. 9; v. Godin/Wilhelmi Anm. 7 (Verzicht auch durch Aufsichtsrat möglich); nur für Ausschluss von Satz 3 (Drei-Jahres-Frist) MüKoAktG/*Koch* Rn. 27.
[48] Vgl. BGHZ 32, 114 (118); Hüffer/Koch/*Koch* § 245 Rn. 37, § 246 Rn. 31.
[49] So noch Kölner Komm AktG/*Kraft*, 2. Aufl. 1996, Rn. 23.
[50] So auch Hüffer/Koch/*Koch* § 92 Rn. 5; Kölner Komm AktG/*Winnen* Rn. 37; anders offenbar nun Großkomm AktG/*Habersack/Foerster* § 92 Rn. 29.
[51] Großkomm AktG/*Wiedemann*, 3. Aufl. 1973, Anm. 5, 9; anders Kölner Komm AktG/*Winnen* Rn. 36; MüKoAktG/*Koch* Rn. 25; Großkomm AktG/*K. Schmidt* Rn. 3.
[52] Hüffer/Koch/*Koch* Rn. 5; MüKoAktG/*Koch* Rn. 25 aE; Kölner Komm AktG/*Winnen* Rn. 36; Großkomm AktG/*Wiedemann*, 3. Aufl. 1973, Anm. 9; zum Vorstand nur Großkomm AktG/*Kort* § 76 Rn. 50.
[53] Ebenso Hüffer/Koch/*Koch* Rn. 6.
[54] BGHZ 32, 114 (118); Hüffer/Koch/*Koch* § 246 Rn. 31.
[55] Vgl. BGH NZG 2009, 664; Schwab ZIP 2006, 1478 f.; Großkomm AktG/*K. Schmidt* § 269 Rn. 4; Kölner Komm AktG/*Winnen* Rn. 42; Hüffer/Koch/*Koch* § 265 Rn. 11 f.; MüKoAktG/*Koch* § 269 Rn. 9 (außer bei Vertretung gegenüber ehemaligen Vorstandsmitgliedern durch Fremdabwickler).
[56] Vgl. Großkomm AktG/*Wiedemann*, 3. Aufl. 1973, § 269 Anm. 1.
[57] Ähnlich Bürgers/Körber/*Füller* § 265 Rn. 9, der eine umfassende Personalkompetenz der Hauptversammlung annimmt.
[58] Vgl. Hüffer/Koch/*Koch* § 142 Rn. 11.
[59] Baumbach/Hueck Rn. 9; Großkomm AktG/*Wiedemann*, 3. Aufl. 1973, Anm. 5; Schlegelberger/Quassowski AktG 1937 § 209 Rn. 14, 16; zum Schweizer Recht Riek, Das Liquidationsstadium der AG, 2003, 72 ff.

eine gesetzliche Grundlage und sieht die Hauptversammlung mit der Entscheidung in unternehmerischen Fragen auch im Abwicklungsstadium überfordert.[60]

Stellungnahme: Das Gesetz beantwortet die Frage nicht. § 265 Abs. 2, § 270 Abs. 2 lassen sowohl 21 den Schluss auf einen allgemeinen Kompetenzzuwachs der Hauptversammlung als auch den Umkehrschluss zu. GmbH- und OHG-Recht (§ 152 HGB) liefern keine Anhaltspunkte, weil das geschäftsführende Organ dort stets weisungsgebunden ist. Sachgerecht erscheint eine **vermittelnde Lösung:** Wenn die Hauptversammlung auf die Liquidation mittelbar – durch Bestellung und Abberufung von Abwicklern – Einfluss nehmen darf, wesentliche Abwicklungsentscheidungen darüber hinaus nicht ohne ihre Zustimmung vorgenommen werden dürfen (→ Rn. 11 f.), ist nicht einzusehen, warum sie nicht auch die Rahmenbedingungen der Liquidation soll festlegen dürfen.[61] Dazu rechnet etwa die Wahl zwischen Zerschlagung und Veräußerung.[62] Die Befugnis, Einzelmaßnahmen der Liquidation zu bestimmen, steht ihr dagegen nicht zu; daran werden die Aktionäre auch regelmäßig nicht interessiert sein.

4. Haftung des Abwicklers. Eine spezielle Anspruchsgrundlage ist im Aktienrecht nicht vorhanden 22 (vgl. dagegen § 73 Abs. 3 GmbHG, § 53 BGB). Kraft Verweisung in § 264 Abs. 3, § 268 Abs. 2 S. 1 haftet der Abwickler aber für Pflichtverletzungen wie ein Vorstandsmitglied gem. § 93 Abs. 2–Abs. 6 unter den darin genannten Voraussetzungen.[63] Eine Haftung trifft ihn ua dann, wenn er nach Insolvenzreife noch Zahlungen iSv § 93 Abs. 3 Nr. 6 vornimmt oder es unterlässt, seinen Nachfolger auf dringend zu erledigende oder für die Gesellschaft besonders wichtige Angelegenheiten hinzuweisen.[64] Die Haftung besteht **gegenüber der Gesellschaft,** nicht gegenüber den Gläubigern. Abweichend von § 93 Abs. 4 S. 3 kann die AG schon vor Ablauf der 3-Jahresfrist auf den Anspruch verzichten.[65] Unter den darin genannten Voraussetzungen können den Anspruch gem. § 93 Abs. 5 auch **Gläubiger** geltend machen, soweit sie von der AG keine Befriedigung erlangen können. Das ist immer dann der Fall, wenn sie bei der Liquidation rechtswidrig, dh unter Verstoß gegen §§ 267, 272 übergangen wurden und das Vermögen anderweitig verteilt wurde. Auf die Nachtragsliquidation (§ 273 Abs. 4) müssen sie sich nicht verweisen lassen (→ § 273 Rn. 28).

Die im GmbH-Recht erörterte Frage, ob daneben ein Anspruch der Gläubiger gegen die 23 Abwickler aus **§ 823 Abs. 2 BGB** (iVm §§ 267, 272) in Betracht kommt,[66] soll sich im Aktienrecht wegen § 93 Abs. 5 nicht stellen.[67] Es sind aber Konstellationen vorstellbar, in denen § 93 Abs. 5 nicht weiterhilft (→ 267 Rn. 9).[68] Für diese, wenn auch seltenen Fälle dürfen deliktische Ansprüche nicht von vornherein ausgeschlossen werden. Bejaht man die Schutzgesetzeigenschaft von §§ 267, 272 (s. dort), ist ein Direktanspruch aus § 823 Abs. 2 BGB in Betracht zu ziehen. Ferner kommt eine Haftung nach § 823 Abs. 2 BGB in Betracht, wenn der Liquidator es versäumt, rechtzeitig **Insolvenzantrag** nach § 15a InsO zu stellen. Zur Haftung der Aktionäre → § 272 Rn. 12.

IV. Kein Wettbewerbsverbot (Abs. 3)

Abs. 3 stellt die Abwickler gänzlich vom Wettbewerbsverbot des § 88 frei. Das ist (weiterer) 24 Ausdruck der den Gesetzgeber leitenden Vorstellung von der Abwicklung als ein nicht den vollen unternehmerischen Einsatz des Vorstandes abforderndes Verfahren (→ Rn. 20 und → § 265 Rn. 1). Die Norm wurde 1937 eingeführt und ist im Zusammenhang mit der gleichzeitigen Stärkung der Rolle des Vorstands zu lesen. Angesichts langwieriger Abwicklungsverfahren und der heute unstreitigen Zulässigkeit einer Abwicklung durch Unternehmensveräußerung (→ Rn. 9) ist sie nicht

---

[60] Hüffer/Koch/*Koch* Rn. 6; MüKoAktG/*Koch* Rn. 29; Kölner Komm AktG/*Winnen* Rn. 41; Großkomm AktG/*K. Schmidt* Rn. 3; Bürgers/Körber/*Füller* Rn. 2; K. Schmidt/Lutter/*Riesenhuber* Rn. 7; MHdB AG/*Hoffmann-Becking* § 67 Rn. 10.
[61] Ebenso *Sethe* ZIP 1998, 770 (772 f.), der jedoch weitergeht und für ein umfassendes „Weisungs- und Letztentscheidungsrecht" der Hauptversammlung im Auflösungsstadium eintritt.
[62] Insofern übereinstimmend Kölner Komm AktG/*Winnen* Rn. 12; K. Schmidt/Lutter/*Riesenhuber* Rn. 7.
[63] BGH NZG 2012, 547 Rn. 9; BGH NZG 2012, 1076 (1077) Rn. 16 (zur eG); Hüffer/Koch/*Koch* § 272 Rn. 7; MüKoAktG/*Koch* Rn. 27 und § 272 Rn. 32 und 34; Kölner Komm AktG/*Winnen* Rn. 38.
[64] BGH NZG 2012, 547 (548) Rn. 13.
[65] Kölner Komm AktG/*Winnen* Rn. 38; MüKoAktG/*Koch* Rn. 27; offen lassend Großkomm AktG/*K. Schmidt* Rn. 5.
[66] Vgl. *K. Schmidt* ZIP 1981, 6 (8); Scholz/*K. Schmidt* GmbHG § 73 Rn. 32; Lutter/Hommelhoff/*Kleindiek* GmbHG § 73 Rn. 14; eingehend (krit.) *Vomhof,* Die Haftung des Liquidators der GmbH, 1988, 75 ff., 164 ff.
[67] So Hüffer/Koch/*Koch* § 272 Rn. 7; MüKoAktG/*Koch* Rn. § 272 Rn. 34 aE.
[68] Vgl. auch BGHZ 75, 97 (100 ff., 105); Scholz/*K. Schmidt* GmbHG § 73 Rn. 32.

unproblematisch.[69] Sie sollte gegebenenfalls durch **vertragliche Wettbewerbsverbote** kompensiert werden. Wie weit diese reichen, ist Auslegungssache.[70] Schranken setzt im Übrigen die **Treuepflicht**, die dem Abwickler als Treuhänder jedenfalls das eigennützige Ausnutzen von Geschäftschancen der AG verbietet.

V. Angaben auf Geschäftsbriefen (Abs. 4)

25 Die vorgeschriebenen Angaben für Geschäftsbriefe (Abs. 4) enthalten im Wesentlichen eine **überflüssige** Wiederholung des § 80 Abs. 1–3 (s. dort), der seinerseits auf die Publizitäts-RL zurückgeht. Stattdessen hätte es auch ein einfacher Verweis („im Übrigen gelten die Regeln des § 80 Abs. 1–3 entsprechend") getan, wie er bei der Parallelvorschrift des § 71 Abs. 5 GmbHG durch das MoMiG eingefügt wurde. Abweichend von § 80 Abs. 1 S. 1 ist anzugeben, dass die Gesellschaft sich **in Abwicklung** befindet. Dazu genügt die Ergänzung der Firma um das gängige Kürzel „iL" (= in Liquidation) oder „iA" (in Abwicklung).[71]

26 Statt der Vorstandsmitglieder nimmt die Norm auf die **Abwickler** Bezug, die namentlich aufzuführen und auch also solche kenntlich zu machen sind. Bei Personenidentität müssen die Abwickler nicht zusätzlich als (ehemalige) Vorstandsmitglieder ausgewiesen werden. Das gilt auch für den in § 80 Abs. 4 S. 2 geregelten Fall der inländischen Zweigniederlassung einer in Abwicklung befindlichen **ausländischen AG**.[72] Da es unter den Abwicklern keinen „Vorsitzenden" gibt, muss ein solcher auch nicht benannt werden.[73] Die Einhaltung der Norm kann durch **Zwangsgeld** gegen die Abwickler durchgesetzt werden (§ 407 Abs. 1). Eine Rechtsscheinhaftung wegen fehlerhafter Angaben kommt dagegen nur ausnahmsweise in Betracht.[74]

§ 269 Vertretung durch die Abwickler

(1) Die Abwickler vertreten die Gesellschaft gerichtlich und außergerichtlich.

(2) ¹Sind mehrere Abwickler bestellt, so sind, wenn die Satzung oder die sonst zuständige Stelle nichts anderes bestimmt, sämtliche Abwickler nur gemeinschaftlich zur Vertretung der Gesellschaft befugt. ²Ist eine Willenserklärung gegenüber der Gesellschaft abzugeben, so genügt die Abgabe gegenüber einem Abwickler.

(3) ¹Die Satzung oder die sonst zuständige Stelle kann auch bestimmen, daß einzelne Abwickler allein oder in Gemeinschaft mit einem Prokuristen zur Vertretung der Gesellschaft befugt sind. ²Dasselbe kann der Aufsichtsrat bestimmen, wenn die Satzung oder ein Beschluß der Hauptversammlung ihn hierzu ermächtigt hat. ³Absatz 2 Satz 2 gilt in diesen Fällen sinngemäß.

(4) ¹Zur Gesamtvertretung befugte Abwickler können einzelne von ihnen zur Vornahme bestimmter Geschäfte oder bestimmter Arten von Geschäften ermächtigen. ²Dies gilt sinngemäß, wenn ein einzelner Abwickler in Gemeinschaft mit einem Prokuristen zur Vertretung der Gesellschaft befugt ist.

(5) Die Vertretungsbefugnis der Abwickler kann nicht beschränkt werden.

(6) Abwickler zeichnen für die Gesellschaft, indem sie der Firma einen die Abwicklung andeutenden Zusatz und ihre Namensunterschrift hinzufügen.

Schrifttum: *Bredol*, Die Rechtsstellung der Abwickler einer Aktiengesellschaft, 2010; *Hofmann*, Zur Liquidation der GmbH (I), GmbHR 1976, 229; *K. Schmidt*, Liquidationszweck und Vertretungsmacht der Liquidatoren, AcP 174 (1974) 55; *K. Schmidt*, Ultra-vires-Doktrin: tot oder lebendig?, AcP 184 (1984), 529; *M. Schwab*, Die Vertretung der Aktiengesellschaft gegenüber ausgeschiedenen Vorstandsmitgliedern im Liquidationsstadium, ZIP 2006, 1478; *Sethe*, Die Satzungsautonomie in Bezug auf die Liquidation einer AG, ZIP 1998, 770.

---

[69] Krit. Bürgers/Körber/*Füller* Rn. 10 (für teleologische Reduktion); ähnlich Großkomm AktG/*K. Schmidt* Rn. 9 (ungeschriebenes organschaftliches Wettbewerbsverbot).
[70] Vgl. Hüffer/Koch/*Koch* Rn. 7; MüKoAktG/*Koch* Rn. 31; Kölner Komm AktG/*Winnen* Rn. 48; für eine umfassende Fortgeltung eines vertraglichen Wettbewerbsverbots bzw. eines Einwilligungsvorbehalts bei einem als Abwickler agierenden Vorstandsmitglied OLG Brandenburg AG 2009, 513 (515).
[71] MHdB AG/*Hoffmann-Becking* § 67 Rn. 12; wohl auch Kölner Komm AktG/*Winnen* Rn. 49.
[72] Vgl. Großkomm AktG/*Habersack/Foerster* § 80 Rn. 11.
[73] Zur Frage, wie bei Vakanz des Aufsichtsratsvorsitzes zu verfahren ist s. *Haßler* BB 2016, 461 ff.
[74] Eingehend Großkomm AktG/*Habersack/Foerster* § 80 Rn. 21.

Übersicht

	Rn.		Rn.
I. Normzweck	1, 2	**III. Ausgestaltung der Vertretungsmacht (Abs. 2–5)**	8–10
II. Abwickler als Vertretungsorgan (Abs. 1)	3–7	1. Gesamtvertretung (Grundsatz)	8
		2. Abweichende Vertretungsregelungen	9, 10
1. Organschaftliche Vertretung	3, 4	**IV. Keine Beschränkung der Vertretungsmacht (Abs. 5)**	11–12a
2. Ausschluss der Vertretung	5, 6		
3. Rechtsgeschäftliche Vertretung	7	**V. Zeichnung der Abwickler (Abs. 6)**	13–15

I. Normzweck

Die Vorschrift regelt die **Vertretungsmacht** der Abwickler. Dazu lehnt sie sich nahezu wörtlich 1 an die entsprechenden Normen zum Vorstand an: Die Abs. 1–4 entsprechen § 78 Abs. 1–4, Abs. 5 dem § 82 Abs. 1. Das MoMiG hat § 78 Abs. 1–4 um Vertretungsregeln bei sog. Führungslosigkeit erweitert und ließ § 79 (Zeichnung) als Äquivalent des Abs. 6 gänzlich entfallen. Diese Änderungen sind in § 269 (unbewusst?) nicht nachvollzogen worden (→ Rn. 10 und 13). Im Übrigen ist der Gleichlauf der Normen Ausdruck des modernen Verständnisses vom Fortbestand der aufgelösten Gesellschaft, der einer unbeschränkten und unbeschränkbaren, nicht auf den Abwicklungszweck begrenzten Vertretungsmacht der Abwickler entspricht.[1] Bezweckt wird damit der **Verkehrsschutz,** dem als Kehrseite eine größere Vertrauenswürdigkeit und damit bessere **Handlungsfähigkeit** der Gesellschaft korrespondiert.[2] Der gesetzliche Regelfall der Gesamtvertretung dient dem Schutz der AG. Rückständiger sind die Parallelvorschriften im Handelsrecht (§ 149 S. 2 HGB) und im GmbH-Gesetz (§ 70 Abs. 1 S. 1 Hs. 2 GmbHG) formuliert, welche die Vertretungsmacht der Liquidatoren (scheinbar) noch an die Abwicklungsbefugnis koppeln.[3] Die dort vorhandenen Auslegungsprobleme stellen sich im Aktienrecht nicht. Zur Auslegung kann weitgehend auf die zum Vorstand gewonnenen Ergebnisse verwiesen werden.

Fraglich ist, ob die Norm mit Blick auf die Richtlinie 2017/1132/EU (GesR-RL) **europarechts-** 2 **konform** ausgelegt werden muss. Relevant ist das vor allem mit Blick auf die Unbeschränkbarkeit der Vertretungsmacht (Abs. 5), die durch Art. 9 GesR-RL zwingend vorgegeben wird. Für die Parallelvorschrift zum Vorstand (§ 82 Abs. 1) wird die Frage bejaht.[4] Hier ist sie zu **verneinen,** weil die Vorgaben des Art. 9 GesR-RL ersichtlich auf die werbende AG bezogen sind. Zwar verlangt Art. 14 Abs. 1 lit. h GesR-RL die Publizität der Auflösung und ordnet Art. 12 Abs. 2 und 3 GesR-RL für den Fall der „Nichtigkeit" den (vorübergehenden) Fortbestand der Gesellschaft an; daraus folgt aber gerade, dass das Regime der aufgelösten AG von der Richtlinie grundsätzlich nicht erfasst wird (zur gescheiterten Liquidations-RL → § 262 Rn. 19). Der Umstand, dass der deutsche Gesetzgeber die aufgelöste AG dem Regime der werbenden AG unterstellt (§ 264 Abs. 3), ändert daran nichts.[5]

II. Abwickler als Vertretungsorgan (Abs. 1)

1. Organschaftliche Vertretung. In wörtlicher Anlehnung an § 78 Abs. 1 S. 1 bestimmt Abs. 1, 3 dass die AG von den Abwicklern gerichtlich und außergerichtlich vertreten wird. Das ist folgerichtig, denn die Abwickler treten an die Stelle des Vorstands (→ § 268 Rn. 15). Wie die Vertretungsmacht des Vorstands ist auch diejenige der Abwickler eine organschaftliche. Sie ist **abstrakt,** dh nicht auf den Umfang der Geschäftsführungsbefugnis der Abwickler begrenzt (**keine** Geltung der **ultra-vires-Doktrin**).[6] Das ergibt sich zum einen daraus, dass die Vertretungsmacht nicht – wie im GmbH-Recht (vgl. § 70 GmbHG) – in einem Atemzug mit der Geschäftsführungsbefugnis geregelt wird und auch nicht – wie im Recht der OHG (vgl. § 149 HGB) – auf den „Geschäftskreis" der Abwickler Bezug nimmt. Auch Rechtsgeschäfte, die außerhalb des Abwicklungszwecks liegen, sind daher von

---

[1] Eingehend *K. Schmidt* AcP 184 (1984) 529 ff.
[2] Vgl. RegBegr. *Kropff* S. 358 f.; Hüffer/Koch/*Koch* Rn. 1 f.; MüKoAktG/*Koch* Rn. 2; Großkomm AktG/ *Habersack/Foerster* § 82 Rn. 1.
[3] Historisch-vergleichende Analyse bei *K. Schmidt* AcP 174 (1974) 56 (64 ff.).
[4] Vgl. Großkomm AktG/*Habersack/Foerster* § 78 Rn. 9; § 82 Rn. 2, 10.
[5] AA Großkomm AktG/*K. Schmidt* Rn. 7.
[6] Unstr., s. nur Hüffer/Koch/*Koch* Rn. 2; MüKoAktG/*Koch* Rn. 4; Kölner Komm AktG/*Winnen* Rn. 7; Großkomm AktG/*Habersack/Foerster* § 82 Rn. 5 (zum Vorstand).

der Vertretungsmacht gedeckt, soweit nicht ausnahmsweise die Grundsätze über den Missbrauch der Vertretungsmacht eingreifen (→ Rn. 12).

4 Abs. 1 betrifft nur die Vertretungsmacht. Die weiteren Voraussetzungen und die Rechtsfolgen der Vertretung bestimmen sich nach §§ 164 ff. BGB, die jedenfalls analog anwendbar sind.[7] Für eine wirksame Vertretung der AG ist gem. § 164 Abs. 1 BGB ein Handeln **im Namen** der Gesellschaft erforderlich (Offenkundigkeitsprinzip). Ein solches liegt auch dann vor, wenn die Abwickler entgegen § 268 Abs. 4 oder § 269 Abs. 6 ohne Abwicklungszusatz agieren, weil werbende und abzuwickelnde AG als Rechtsträger identisch sind. Im Übrigen gelten auch in der Abwicklung die Grundsätze über das unternehmensbezogene Geschäft.[8]

5 **2. Ausschluss der Vertretung.** Die Abwickler vertreten die AG nicht, soweit das Gesetz die Vertretung einem anderen Organ zuweist oder von dessen Zustimmung abhängig macht. Das betrifft einmal solche **Strukturmaßnahmen**, die ohne Zustimmung der Hauptversammlung nach außen nicht wirksam werden.[9] Zum anderen sind **Insichgeschäfte** angesprochen. Hier sieht das Gesetz eine Vertretungsbefugnis des Aufsichtsrats vor (§ 112 iVm § 268 Abs. 2, § 264 Abs. 3), die nach hiesiger Ansicht jedoch dispositiv ist (→ § 268 Rn. 19). Mehrvertretung fällt nicht unter § 112, sondern unter § 181 BGB.[10] Mangels Interessenkollision gilt das nicht für den Alleinaktionär, der mit dem Abwickler identisch ist.[11] Die erforderliche **Befreiung** kann jedenfalls in der Abwicklung auch von der Hauptversammlung erteilt werden.[12] Ob eine dem Vorstand erteilte Befreiung auch für die Abwickler gilt, ist Auslegungsfrage. Im GmbH-Recht wird sie überwiegend verneint, weil die dem Liquidator obliegende Versilberung des Gesellschaftsvermögens Insichgeschäfte besonders gefährlich mache.[13] Da es bei der AG angesichts des § 112 nur um weniger gefährliche Fälle der Mehrvertretung geht, sollte die Frage hier tendenziell bejaht werden (auch → Rn. 10).[14]

6 (Ehemaligen) **Vorstandsmitgliedern gegenüber**, die nicht Abwickler geworden sind (vgl. § 265 Abs. 2, 3), soll die AG nicht durch den Aufsichtsrat, sondern durch die **Abwickler** vertreten werden.[15] Dafür scheint zu sprechen, dass in diesem Fall der Interessenkonflikt, dem § 112 begegnen will, ausgeschlossen ist. Auch ist es nicht unbedenklich, die Vertretung dem Aufsichtsrat zu überantworten, der – im Unterschied zum Fremdliquidator – mit dem früheren Vorstand auf die eine oder andere Art verbandelt ist.[16] Andererseits darf nicht verkannt werden, dass auch der Abwickler bei Prozessen gegen ehemalige Vorstandsmitglieder in Befangenheitssituationen geraten kann, etwa wenn er zugleich selbst mit verklagt wird. Die Frage entschärft sich, wenn man mit der hier vertretenen Auffassung § 112 in der Abwicklung für disponibel hält (→ Rn. 5). Dann können Hauptversammlung oder Gericht (§ 265 Abs. 3) den Abwickler zur Vertretung auch gegenüber Vorständen ausdrücklich ermächtigen. Geschieht dies nicht, bleibt es bei der Anwendung des § 112.[17]

7 **3. Rechtsgeschäftliche Vertretung.** Neben der organschaftlichen bleibt rechtsgeschäftliche Vertretung durch **Bevollmächtigte** auch in der Abwicklung möglich.[18] Das folgt aus dem Generalverweis auf das Recht der werbenden AG (§ 264 Abs. 3). Bestehende Vollmachten werden durch die Auflösung an sich nicht beendet (→ § 262 Rn. 83). Auch die Neuerteilung von **Prokura** ist weiter zulässig. Dies ergibt sich zum einen aus Abs. 3, zum anderen aus der Entstehungsgeschichte. Die ursprüngliche Regel, wonach in der Abwicklung Prokuristen nicht mehr bestellt werden konnten und bestehende Prokuren sich in Handlungsvollmachten umwandelten (§ 210 Abs. 5 AktG 1937; § 298 Abs. 4 S. 1 HGB aF), ist 1965 bewusst aufgegeben worden.[19]

---

[7] MüKoAktG/*Koch* Rn. 3 aE; zum Vorstand Hüffer/Koch/*Koch* § 78 Rn. 9; Großkomm AktG/*Habersack/Foerster* § 78 Rn. 15 ff.

[8] Dazu Großkomm AktG/*Habersack/Foerster* § 78 Rn. 16.

[9] Vgl. Kölner Komm AktG/*Winnen* Rn. 10; MüKoAktG/*Koch* Rn. 8.

[10] MüKoAktG/*Koch* Rn. 11; zum Vorstand Großkomm AktG/*Habersack/Foerster* § 78 Rn. 23.

[11] Vgl. *Bachmann* NZG 2001, 961 (966); *Ekkenga* AG 1985, 40 (42); aA Hüffer/Koch/*Koch* § 78 Rn. 6; Großkomm AktG/*Habersack/Foerster* § 78 Rn. 23.

[12] Vgl. *Ekkenga* AG 1985, 40 (42); MüKoAktG/*Koch* Rn. 11; Kölner Komm AktG/*Winnen* Rn. 14.

[13] Vgl. OLG Rostock NZG 2004, 288 f.; OLG Zweibrücken NJW-RR 1999, 38 f.; OLG Hamm NJW-RR 1998, 1044; OLG Düsseldorf NRW-RR 1990, 51; Lutter/Hommelhoff/*Kleindiek* § 68 Rn. 4; abw. *Scholz/K. Schmidt* GmbHG § 68 Rn. 5a mwN.

[14] Ebenso Großkomm AktG/*K. Schmidt* Rn. 8; zurückhaltend MüKoAktG/*Koch* Rn. 11; ablehnend Kölner Komm AktG/*Winnen* Rn. 15.

[15] OLG Brandenburg AG 2003, 44; OLG Köln NZG 2002, 1062 (1063); Hüffer/Koch/*Koch* Rn. 2 aE.

[16] Vgl. *M. Schwab* ZIP 2006, 1478 (1481 f.), der diese Bedenken jedoch hintanstellt und auf die Möglichkeit der Aktionärsklage (§§ 147 f.) verweist.

[17] So auch *M. Schwab* ZIP 2006, 1478 (1480 ff.); Großkomm AktG/*K. Schmidt* Rn. 4; Kölner Komm AktG/*Winnen* Rn. 12.

[18] Vgl. BGH NZG 2005, 218; zur werbenden AG nur Großkomm AktG/*Habersack/Foerster* § 78 Rn. 80.

[19] Zu ihrer Fortgeltung im österreichischen Recht MüKoAktG/*Bachner* Rn. 22.

III. Ausgestaltung der Vertretungsmacht (Abs. 2–5)

1. Gesamtvertretung (Grundsatz). Wie bei der werbenden AG gilt auch im Abwicklungsstadium grundsätzlich Gesamtvertretung, dh alle Abwickler sind nur **gemeinschaftlich** zur Vertretung der Gesellschaft befugt. Dies folgt aus Abs. 2, welcher praktisch dem § 78 Abs. 2 S. 1 und S. 2 Hs. 1 entspricht. Ein Vorstandsmitglied mit vormaliger Einzelvertretungsmacht ist als Abwickler lediglich gesamtvertretungsberechtigt, weil mit der Auflösung der Vorstand als Organ samt seiner organschaftlichen Vertretungsmacht erlischt.[20] Die Gesamtvertretungsmacht eines von mehreren Abwicklern soll nicht zur Einzelvertretungsmacht erstarken, wenn die übrigen Abwickler aus dem Amt scheiden. Das erscheint **zweifelhaft**, entspricht aber höchstrichterlicher Rechtsprechung[21] und wird von der hL geteilt.[22] Die Handlungsfähigkeit ist wieder hergestellt, wenn die Hauptversammlung dem letzten Abwickler Einzelvertretungsmacht erteilt oder weitere Abwickler beruft. Allgemeinen Grundsätzen folgend genügt für die Abgabe einer Willenserklärung den Abwicklern gegenüber (Passivvertretung) die Abgabe gegenüber einem Abwickler (Abs. 2 S. 2). Entsprechendes gilt im Prozess (vgl. § 170 Abs. 3 ZPO). In der Parteibezeichnung (§ 130 Nr. 1, § 253 Abs. 4 ZPO) und im Rubrum (§ 313 I Nr. 1 ZPO) sind die Abwickler zu nennen. Zur Vertretung der AG bei Führungslosigkeit → Rn. 10.

2. Abweichende Vertretungsregelungen. Abweichungen kann die **Satzung** festlegen. Im Unterschied zu § 78 Abs. 2 S. 1 kann eine abweichende Vertretungsregel auch von der „**sonst zuständigen Stelle**" bestimmt werden. Damit ist zum einen die Hauptversammlung gemeint (§ 265 Abs. 2), deren Vertretungsbestimmung einer etwaigen Satzungsregel stets vorgeht (arg. § 265 Abs. 5 S. 1);[23] zum anderen das Gericht, das nur – dann aber ausschließlich[24] – abweichende Regelungen treffen kann, soweit es Abwickler bestellen darf (vgl. § 265 Abs. 3). Der **Aufsichtsrat** kann zum Erlass abweichender Vertretungsregeln nicht nur von der Satzung (so § 78 Abs. 3 S. 2), sondern auch durch Hauptversammlungsbeschluss ermächtigt werden. Das ist Ausdruck der Personalkompetenz der Hauptversammlung im Abwicklungsstadium. Sinnvoll ist eine Ermächtigung dann, wenn der Aktienbesitz breit gestreut und ein Hauptversammlungsbeschluss daher schwer herbeizuführen ist.[25] Fechten Aktionäre einen Hauptversammlungsbeschluss an, wird die Gesellschaft von Abwicklern und dem Aufsichtsrat vertreten (§ 246 Abs. 2).

Als Beispiele („auch") **alternativer Vertretungsregeln** nennt **Abs. 3** die Einzelvertretung und die gemischte („unechte") Gesamtvertretung mit einem Prokuristen. Das entspricht wörtlich § 78 Abs. 3, auf dessen Kommentierung insoweit verwiesen werden kann (→ § 78 Rn. 33 ff.). Gemischte Gesamtvertretung kann auch das Gericht anordnen, das aber selbst keine Prokura erteilen darf.[26] Eine solche Regelung ist daher nicht sinnvoll. Lässt die Satzung eine andere Vertretung durch den **Vorstand** zu, fragt sich, ob dies auch für die Abwickler gilt. Das ist Auslegungsfrage. Entgegen der hL ist sie im Zweifel zu bejahen, weil die Gründer sich über das Abwicklungsregime oftmals keine Gedanken machen, ohne dass sie deshalb eine andere (schwerfälligere) Vertretungsregelung wünschten.[27] Keine abweichende Regelung ist möglich hinsichtlich der **Passivvertretung**, für die es stets bei der Einzelvertretungsbefugnis bleibt (Abs. 3 S. 3 iVm Abs. 2 S. 2). Ein Rückgriff auf die erleichternde Empfangs- und Zustellungsvorschrift des § 78 Abs. 1 S. 2, Abs. 2 S. 3 (**Führungslosigkeit**) ist aber im Wege der Analogie möglich, weil das Fehlen entsprechender Normen eine unbewusste Regelungslücke darstellt. Im Gegensatz zur Passivvertretung ist die Vertretungsermächtigung auch in der Abwicklung möglich, wie Abs. 4 durch (unnötige) Wiederholung von § 78 Abs. 4 klarstellt. Diese Erweiterung der organschaftlichen Vertretungsmacht steht jedoch nur einem Abwickler (keinem Prokuristen) offen.[28]

IV. Keine Beschränkung der Vertretungsmacht (Abs. 5)

Die Vertretungsmacht der Abwickler kann ebenso wenig wie diejenige des Vorstands durch eine **interne** Regel (Satzung, Beschluss, Geschäftsordnung) begrenzt werden (vgl. § 82 Abs. 1). Das entspricht Art. 9 Abs. 2 GesR-RL (→ Rn. 2). Möglich ist dagegen eine Beschränkung der

---

[20] Vgl. OLG Frankfurt AG 2009, 335 (336); Kölner Komm AktG/*Winnen* Rn. 19; zur GmbH BGH NZG 2009, 72.
[21] Vgl. BGHZ 121, 263 (264 f.) = NJW 1993, 1654 f.; BGH WM 1975, 157 f.
[22] Vgl. Hüffer/Koch/*Koch* Rn. 3; Kölner Komm AktG/*Winnen* Rn. 19; aA Großkomm AktG/*K. Schmidt* Rn. 9.
[23] *Sethe* ZIP 1998, 770 (771, 774); Kölner Komm AktG/*Winnen* Rn. 24; Großkomm AktG/*K. Schmidt* Rn. 10.
[24] *Sethe* ZIP 1998, 770 (771); MüKoAktG/*Koch* Rn. 18; Kölner Komm AktG/*Winnen* Rn. 24.
[25] *Sethe* ZIP 1998, 770 (771).
[26] Hüffer/Koch/*Koch* Rn. 5; MüKoAktG/*Koch* Rn. 18; Kölner Komm AktG/*Winnen* Rn. 24.
[27] Ebenso Großkomm AktG/*K. Schmidt* Rn. 11; K. Schmidt/Lutter/*Riesenhuber* Rn. 4; aA MüKoAktG/*Koch* Rn. 17; Kölner Komm AktG/*Winnen* Rn. 22; im GmbH-Recht ist die Frage streitig, s. nur OLG Hamm RNotZ 2010, 544 (verneinend).
[28] MüKoAktG/*Koch* Rn. 19; NK-AktG/*Wermeckes* Rn. 6; aA Bürgers/Körber/*Füller* Rn. 7.

Vertretungsmacht gegenüber einem bestimmten Geschäftspartner durch **vertragliche** Vereinbarung. Danach kann die Wirksamkeit bestimmter Rechtsgeschäfte im Einzelfall, aber auch generell von der Zustimmung zB des Aufsichtsrats oder der Hauptversammlung abhängig gemacht werden.[29] Unklar ist, warum Abs. 5 nur den ersten, nicht auch den zweiten Absatz des § 82 wiederholt, wonach die Vorstandsmitglieder (Abwickler) im Innenverhältnis zur Einhaltung etwaiger Beschränkungen verpflichtet sind. Das ist allerdings eine Selbstverständlichkeit, die über den allgemeinen Verweis des § 268 Abs. 2 auch für die Abwickler gilt.[30]

12   Die unbeschränkbare Vertretungsmacht endet, wo die Grundsätze über den **Missbrauch der Vertretungsmacht** eingreifen.[31] Das ist neben dem kollusiven Zusammenwirken von Vertreter und Drittem dann der Fall, wenn das Überschreiten der Geschäftsführungsbefugnis evident ist.[32] Auch im Abwicklungsstadium kann davon nur im Ausnahmefall ausgegangen werden.[33] Der Abschluss neuer Geschäfte oder das Fortführen des Unternehmens nötigen nicht ohne weiteres zu dieser Annahme, denn die Abwickler sind auch dazu prinzipiell befugt (→ § 268 Rn. 7).

12a Bestellt die BaFin einen (einzelvertretungsberechtigten) Abwickler wegen Betreibens **unerlaubter Bankgeschäfte** (§ 37 Abs. 1 KWG), so wirkt eine Beschränkung der Abwicklungstätigkeit auf unerlaubte Bankgeschäfte nur im öffentlich-rechtlichen Innenverhältnis.[34] Die gesellschaftsrechtlich bestellten Vertreter werden durch den Abwickler nicht verdrängt.[35] Eine Abgrenzung der Geschäftsführungsbefugnisse kann ausschließlich öffentlich-rechtlich geregelt werden. Im **Insolvenzverfahren** der Gesellschaft haben die Abwickler keine Vertretungsbefugnis. Die Gesamtvollstreckung überlagert die Auseinandersetzung durch die Abwickler.[36] Der Abwickler ist nach § 15a InsO zur Antragstellung verpflichtet, gem. § 37 Abs. 2 KWG bei ungesetzlichen Geschäften berechtigt.

V. Zeichnung der Abwickler (Abs. 6)

13   Die Parallelnorm des § 79 wurde durch das MoMiG aus Gründen der Deregulierung gestrichen, da sich ihr Inhalt bereits aus der Anwendung der §§ 164 ff. BGB ergebe. Bei § 269 hat man die entsprechende Folgeänderung offenbar vergessen. Dies ist jedoch unschädlich, da die Vorschrift ohnehin nur als **Ordnungsvorschrift** verstanden wird, ihre Missachtung also nicht zur Unwirksamkeit des Rechtsgeschäfts führt.[37] Abwickler müssen ihrer Unterschrift zwecks Klarheit des Rechtsverkehrs stets die **Firma** hinzufügen. Die Firmennennung braucht nicht handschriftlich zu erfolgen; Stempel oder Druck genügen. Auch wenn dies nicht geschieht, kann sich ein Handeln für die Gesellschaft aber aus den Grundsätzen des unternehmensbezogenen Geschäfts ergeben (→ Rn. 4). Im Übrigen muss ein „die Abwicklung andeutender Zusatz" beigefügt werden, wofür eine **gängige Abkürzung** („iL"; „iA") genügt.[38] Bei Gesamtvertretung genügen die Unterschrift eines Abwicklers und die formlose Zustimmung des anderen.[39]

14   Die gesellschaftsrechtlichen Zeichnungsvorschriften werden zT als **Schutzgesetze** iSv § 823 Abs. 2 BGB verstanden.[40] Auch eine Anfechtung oder eine Haftung aus cic oder Rechtsscheingrundsätzen soll in Betracht kommen.[41] Im Auge hat man dabei Fälle des unterbliebenen Rechtsformzusatzes. Eine persönliche Haftung des Abwicklers wegen Verstoßes gegen Abs. 6 wird man aber nur bejahen können, wenn das Handeln für einen Rechtsträger mit beschränkter Haftung nicht aus anderen Gründen ersichtlich war. Das bloße **Weglassen des Liquidationszusatzes** vermag idR keine Haftung des Abwicklers zu begründen. Anders mag es im Einzelfall bei insolventen (masselosen) Gesellschaften liegen. Eine Lösung vom Vertrag im Wege der Naturalrestitution kommt nur aus-

---

[29] Vgl. Großkomm AktG/*Habersack/Foerster* § 82 Rn. 16.
[30] MüKoAktG/*Koch* Rn. 5.
[31] Hüffer/Koch/*Koch* Rn. 7; MüKoAktG/*Koch* Rn. 10; Kölner Komm AktG/*Winnen* Rn. 9; Großkomm AktG/*K. Schmidt* Rn. 7; zum Vorstand Hüffer/Koch/*Koch* § 82 Rn. 6; ausf. Großkomm AktG/*Habersack/Foerster* § 82 Rn. 9 ff.
[32] Vgl. MüKoAktG/*Koch* Rn. 10; Großkomm AktG/*Habersack/Foerster* § 82 Rn. 13.
[33] Richtig Kölner Komm AktG/*Winnen* Rn. 9: keine Nachforschungspflicht.
[34] OLG Hamm ZIP 2007, 682.
[35] OLG Hamm ZIP 2007, 682, vgl. auch BGH ZIP 2006, 1454.
[36] *Uhlenbruck* Kölner Schrift z. InsO 2000, 1157 ff. (1175); *Noack* ZIP 2002, 1873.
[37] MüKoAktG/*Koch* Rn. 20; Kölner Komm AktG/*Winnen* Rn. 30; Großkomm AktG/*K. Schmidt* Rn. 14.
[38] Unstr., s. nur Hüffer/Koch/*Koch* Rn. 8; MüKoAktG/*Koch* Rn. 20; Kölner Komm AktG/*Winnen* Rn. 29.
[39] Vgl. RGZ 106, 268 (269).
[40] Vgl. OLG Naumburg OLGR 2000, 482; OLG Frankfurt NZG 1998, 550 f. = NJW-RR 1998, 1246; *Haas* NJW 1997, 2854 (2857); Großkomm AktG/*Habersack*, 4. Aufl. 2002, § 79 Rn. 4; Scholz/*K. Schmidt* GmbHG § 68 Rn. 13.
[41] Vgl. Scholz/*K. Schmidt* GmbHG § 68 Rn. 9; Lutter/Hommelhoff/*Kleindiek* GmbHG § 68 Rn. 6; anders wohl MüKoAktG/*Koch* Rn. 20: Verstöße bleiben „ohne materiell-rechtliche Folge".

nahmsweise in Betracht, etwa wenn der Hinweis auf den fehlenden Fortbestand des Rechtsträgers wegen langer Vertragsdauer von besonderer Bedeutung ist.

Ob die **gesetzliche** oder **vertraglich** vorgeschriebene **Form** eingehalten ist, bestimmt sich nicht nach § 269 Abs. 6, sondern nach den §§ 126–129 BGB. Eine Zeichnung entsprechend § 269 Abs. 6 genügt dem bürgerlichen Schriftformerfordernis. Für § 126 BGB reicht es aber ebenso, wenn der Abwickler mit der Firma der Gesellschaft zeichnet, weil der Vertreter nach ganz hM mit dem Namen des Vertretenen unterschreiben darf.[42] Besondere Grundsätze gelten für wechsel- und scheckrechtliche Erklärungen. Bei ihnen führt das urkundliche Fehlen von Hinweisen auf ein Vertretungsverhältnis dazu, dass die Erklärung dem Zeichner selbst zuzurechnen ist.

15

§ 270 Eröffnungsbilanz. Jahresabschluß und Lagebericht

(1) Die Abwickler haben für den Beginn der Abwicklung eine Bilanz (Eröffnungsbilanz) und einen die Eröffnungsbilanz erläuternden Bericht sowie für den Schluß eines jeden Jahres einen Jahresabschluß und einen Lagebericht aufzustellen.

(2) ¹Die Hauptversammlung beschließt über die Feststellung der Eröffnungsbilanz und des Jahresabschlusses sowie über die Entlastung der Abwickler und der Mitglieder des Aufsichtsrats. ²Auf die Eröffnungsbilanz und den erläuternden Bericht sind die Vorschriften über den Jahresabschluß entsprechend anzuwenden. ³Vermögensgegenstände des Anlagevermögens sind jedoch wie Umlaufvermögen zu bewerten, soweit ihre Veräußerung innerhalb eines übersehbaren Zeitraums beabsichtigt ist oder diese Vermögensgegenstände nicht mehr dem Geschäftsbetrieb dienen; dies gilt auch für den Jahresabschluß.

(3) ¹Das Gericht kann von der Prüfung des Jahresabschlusses und des Lageberichts durch einen Abschlußprüfer befreien, wenn die Verhältnisse der Gesellschaft so überschaubar sind, daß eine Prüfung im Interesse der Gläubiger und Aktionäre nicht geboten erscheint. ²Gegen die Entscheidung ist die Beschwerde zulässig.

Schrifttum: *Adler,* Die Abwicklungsbilanzen der Kapitalgesellschaft, 2. Aufl. 1956; *Arians,* Sonderbilanzen, 2. Aufl. 1985; *Bauch,* Zur Gliederung und Bewertung der Abwicklungsbilanzen (§ 270 AktG), DB 1973, 977; *Brühling,* Rechnungslegung bei Liquidation, WPg 1977, 597; *Budde/Förschle/Winkeljohann,* Sonderbilanzen, 4. Aufl. 2008; *Erle,* Die Funktion des Sperrjahres in der Liquidation der GmbH, GmbHR 1998, 216; *Förschle/Deubert,* Der Bestätigungsvermerk zur Abwicklungs-/Liquidations-Eröffnungsbilanz, WPg 1993, 397; *Förschle/Deubert,* Entsprechende Anwendung allgemeiner Vorschriften über den Jahresabschluß in der Liquidations-Eröffnungsbilanz, DStR 1996, 1743; *Förschle/Deubert/Kropp,* Notwendigkeit der Schlußbilanz einer werbenden Gesellschaft und Zulässigkeit der Gewinnverwendung bei Liquidation einer Kapitalgesellschaft, DStR 1992, 1523; *Förschle/Deubert/Kropp,* „Schlußbilanz der werbenden Gesellschaft" kein Pflichtbestandteil der Rechnungslegung von Kapitalgesellschaften in Liquidation, DB 1994, 998; *Förster/Döring,* Liquidationsbilanz, 4. Aufl. 2005; *Förster/Grönwoldt,* Das Bilanzrichtlinien-Gesetz und die Liquidationsbilanz, BB 1987, 577; *Forster,* Die Rechnungslegung der Aktiengesellschaft während der Abwicklung (§ 270 AktG 1965), FS Knorr, 1968, 77; *Forster,* Überlegungen zur Bewertung in Abwicklungs-Abschlüssen, FS Barz, 1974, 335; *Goldbeck,* Liquidationsbilanz: Totenschein der betroffenen Unternehmen, Der Betriebswirt 1982, 3; *Heni,* Umgliederungen in Liquidations- und Insolvenzbilanzen, InsO 2008, 998; *Institut der Wirtschaftsprüfer,* Stellungnahme zum Regierungsentwurf eines Bilanzrichtlinie-Gesetzes 1983, WPg 1984, 125; *Jurowsky,* Bilanzierungszweckentsprechende Liquidationsrechnungslegung für Kapitalgesellschaften, DStR 1997, 1782; *Metz,* Die Liquidationsbilanz in betriebswirtschaftlicher, handelsrechtlicher und steuerrechtlicher Sicht, 1968; *Moxter,* Anschaffungswertprinzip für Abwicklungsbilanzen? Eine Stellungnahme zu § 270 AktG, WPg 1982, 473; *Olbrich,* Zur Rechnungslegung bei Auflösung einer Aktiengesellschaft, WPg 1975, 265; *Olfert/Körner/Langenbeck,* Sonderbilanzen, 4. Aufl. 1994; *Sarx,* Zur Abwicklungsrechnungslegung einer Kapitalgesellschaft, FS Forster, 1992, 547; *Scherrer/Heni,* Liquidations-Rechnungslegung, 3. Aufl. 2009; *Scherrer/Heni,* Externe Rechnungslegung bei Liquidation, DStR 1992, 797; *Scherrer/Heni,* Offene Fragen zur Liquidationsbilanz, WPg 1996, 681; *Schmidt,* Liquidationsbilanzen und Konkursbilanzen, ZHR-Beiheft 64, 1989; *Schmidt,* Liquidationsergebnisse und Liquidationsrechnungslegung im Handels- und Steuerrecht, FS L. Schmidt, 1993, 227; *Steiner,* Liquidationsprüfung, in Coenenberg/v. Wysocki,* Handwörterbuch der Revision, Bd. 8, 2. Aufl. 1992, Sp. 1262; *Wirtschaftsprüferkammer und Institut der Wirtschaftsprüfer,* Gemeinsame Stellungnahme zum Entwurf eines Bilanzrichtlinie-Gesetzes, WPg 1981, 609.

Übersicht

	Rn.		Rn.
I. Normzweck	1–6	3. Überblick über die Aufgaben während der Abwicklung	6
1. Regelungsgegenstand und -zweck der Norm	1, 2	**II. Entstehungsgeschichte der Norm**	7–12
2. Anwendungsbereich – Abgrenzung zur Insolvenz	3–5	**III. Rechnungslegung der aufzulösenden werbenden AG**	13–29

---

[42] Vgl. RGZ 74, 69 (72 f.); BGHZ 45, 193 (195 f.).

	Rn.		Rn.
1. Erstellung des Jahresabschlusses	13–20	g) Externe Prüfung der Bilanz und des Erläuterungsberichts	97–106
a) Auflösung zum Geschäftsjahresende	13	h) Offenlegungspflicht	107
b) Auflösung während des Geschäftsjahres	14–20	2. Jahresabschluss der Abwicklungsgesellschaft	108–122
2. Anforderungen an den Jahresabschluss	21–25	a) Begriff und Funktion	108, 109
a) Ausgestaltung und Bilanzstichtag	21	b) Geschäftsjahr während der Abwicklung	110
b) Erstellung, Feststellung und Prüfung	22–25	c) Ausgestaltung des Jahresabschlusses	111–120
3. Vermögens- bzw. Gewinnverwendung nach Auflösungsbeschluss	26–29	d) Feststellung	121
IV. Rechnungslegung der Abwicklungsgesellschaft	30–125	e) Prüfung und Offenlegung	122
1. Eröffnungsbilanz und Erläuterungsbericht der Abwicklungsgesellschaft	30–107	3. Abwicklungsschlussbilanz und Schlussrechnung	123–125
a) Erstellung der Abwicklungseröffnungsbilanz	30–35	V. Konzernrechnungslegung im Rahmen der Abwicklung	126–136
b) Bilanzgliederung	36–46	1. Konzernrechnungslegung	126–133
c) Ansatzfragen	47–65	a) Mutterunternehmen in Abwicklung	126–131
d) Bewertungsfragen	66–86	b) Tochterunternehmen in Abwicklung	132, 133
e) Erläuterungsbericht zur Eröffnungsbilanz	87–90	2. Abhängigkeitsbericht	134–136
f) Interne Prüfung und Feststellung	91–96		

I. Normzweck

1. Regelungsgegenstand und -zweck der Norm. Die **Rechnungslegung bei in Abwicklung befindlichen Aktiengesellschaften** bildet den **Regelungsgegenstand des § 270**.[1] Abs. 1 verpflichtet die Abwickler zur Rechnungslegung während des Abwicklungszeitraums. Diese sollen mit der Aufstellung einer Abwicklungseröffnungsbilanz sowie jährlicher Folgebilanzen nachfolgende **Zwecke** erfüllen. Im Vordergrund steht die **Dokumentation der Vermögensverhältnisse** der in Abwicklung befindlichen Gesellschaft. Dadurch soll betrügerisches „Beiseiteschaffen" von Vermögen oder betrügerisches „Andichten" von Schulden erschwert werden, was gleichermaßen dem Gläubiger- und Gesellschafterschutz dient.[2] Die Abwicklungsbilanzen sollen ferner **Informationen über das zu erwartende Abwicklungsergebnis** liefern und zur **Rechenschaftslegung der Abwickler** beitragen.[3] Bis zum BiRiLiG 1985 hatte § 270 das Ziel, die allgemeinen Vorschriften über den Jahresabschluss im Hinblick auf die Abwicklung zu spezifizieren.

In der **heutigen Fassung** gelten gem. Abs. 2 S. 2 grundsätzlich alle allgemeinen Vorschriften über den Jahresabschluss entsprechend. Aus der Formulierung „entsprechend" lassen sich nach herrschender Meinung keine inhaltlichen Einschränkungen für die Abwicklungsrechnungslegung ableiten, damit sind die allgemeinen **Vorschriften über den Jahresabschluss maßgebend**.[4] Das hat zur Folge, dass nur noch vergleichsweise rudimentäre, durch den **Abwicklungszweck bedingte Abwandlungen in § 270** Berücksichtigung finden. Dies zeigt sich im Wesentlichen in drei Abwandlungen der allgemeinen Vorschriften über den Jahresabschluss. Erstens: Der Jahresabschluss der Abwicklungsgesellschaft wird gem. Abs. 2 S. 1 zwingend durch Beschluss der Hauptversammlung festgestellt und nicht, wie bei werbenden Gesellschaften in der Regel üblich, durch Vorstand und Aufsichtsrat (→ § 172 Rn. 1, 3 ff.). Zweitens: Anlagevermögen ist gem. Abs. 2 S. 3 unter bestimmten Voraussetzungen wie Umlaufvermögen zu bewerten (→ Rn. 81 ff.). Drittens: Die generelle Prüfungsfreiheit der Abwicklungsgesellschaft wurde aufgegeben, jedoch besteht gem. Abs. 3 die Möglichkeit eines gerichtlichen Dispenses (→ Rn. 98 ff.).

2. Anwendungsbereich – Abgrenzung zur Insolvenz. § 270 enthält die abschließenden Regelungen für alle Fälle der Auflösung mit Ausnahme des Insolvenzverfahrens (§ 264 Abs. 1). Auch ist eine Anwendung von § 270 dann nicht möglich, wenn das Insolvenzverfahren über die bereits aufgelöste Gesellschaft eröffnet wird. Nur im unwahrscheinlichen Fall, dass noch nach Ende des Insolvenzverfahrens eine Abwicklung erfolgt, kommt § 270 zur Anwendung.[5]

---

[1] § 270 neu gef. durch BiRiLiG v. 19.12.1985, BGBl. 1985 I 2355; Abs. 3 S. 2 geänd. mW v. 1.9.2009 durch FGG-RG v. 17.12.2008, BGBl. 2008 I 2586.
[2] OLG Stuttgart AG 1995, 284 (285) = NJW-RR 1995, 805; *Moxter* Bilanzlehre I, 3. Aufl. 1984, 82 f.
[3] Budde/Förschle/Winkeljohann/*Förschle/Deubert*, Sonderbilanzen, 4. Aufl. 2008, T Anm. 15.
[4] *Scherrer/Heni*, Liquidations-Rechnungslegung, 3. Aufl. 2009, 48 ff.; Budde/Förschle/Winkeljohann/*Förschle/Deubert*, Sonderbilanzen, 4. Aufl. 2008, T Anm. 20; *Förschle/Deubert* DStR 1996, 1744; zur Kritik an der Neuregelung: *Jurowsky* DStR 1997, 1785 ff. mwN.
[5] Kölner Komm AktG/*Kraft* Rn. 9.

Sofern das **Insolvenzverfahren** über eine Gesellschaft eröffnet wird, unterliegt dies den Regelungen der Insolvenzordnung. Die Zuständigkeit, eine Insolvenzbilanz anzufertigen, liegt gem. § 153 InsO beim Insolvenzverwalter.[6] Dabei bleiben gem. § 155 Abs. 1 InsO die handelsrechtlichen Pflichten zur Buchführung und Rechnungslegung uneingeschränkt bestehen. Demzufolge kommen auch die Rechnungslegungsvorschriften über die Abwicklung zur Anwendung.[7] Soll das Unternehmen zwecks Sanierung fortgeführt werden, können Zwischenbilanzen zweckmäßig und geboten sein. Die Insolvenzschlussbilanz ist der Schlussrechnung gem. § 273 Abs. 1 S. 1 vergleichbar.[8]

Des Weiteren gelten die Bestimmungen des § 270 nicht für den Fall der so genannten **stillen Abwicklung,** bei der die Abwicklung der Gesellschaft ohne förmliche Auflösung durchgeführt wird.[9]

3. Überblick über die Aufgaben während der Abwicklung. Die Pflicht der Abwickler zur Rechnungslegung ist nicht ausschließlich in § 270 geregelt. Sie müssen neben der Erstellung von Eröffnungsbilanz, eventuellen Jahresbilanzen während des Abwicklungszeitraums, Erläuterungs- und Lagebericht auch über die Geschäftstätigkeit der werbenden Gesellschaft während des letzten Geschäftsjahres Rechnung legen (§ 268 Abs. 2 AktG iVm §§ 242, 264 Abs. 1 HGB). Des Weiteren sind sie gem. § 273 Abs. 1 S. 1 iVm § 268 Abs. 1 und 2 dazu verpflichtet, zum Abwicklungsende eine Schlussrechnung zu erstellen, jedoch nicht zwingend in bilanzieller Form (→ Rn. 125).[10] Die Schlussrechnung dient der besonderen Rechenschaftslegung der Abwickler gegenüber den Gesellschaftern und ist nicht Bestandteil der handelsrechtlichen Rechnungslegung (vgl. § 273).[11]

II. Entstehungsgeschichte der Norm

Der 1965 novellierte § 270 geht auf den § 211 AktG 1937 zurück und übernahm zunächst weitestgehend dessen Regelungsinhalt. Darüber hinaus fordert § 270 Abs. 1 AktG 1965 einen die Eröffnungsbilanz **erläuternden Bericht** und die Anwendung der Vorschriften über die **Bilanzgliederung.** Der erläuternde Bericht soll zur Verständlichkeit der Eröffnungsbilanz beitragen, insbesondere im Hinblick auf die durch den Abwicklungszweck bedingten Wertänderungen einzelner Bilanzposten.[12] Entgegen der früheren Regelung gem. § 211 Abs. 3 S. 1 AktG 1937 verlangt § 270 Abs. 3 S. 1 AktG 1965 in der ursprünglichen Fassung, die allgemeinen Bilanzgliederungsbestimmungen auch für die Eröffnungsbilanz und die folgenden Jahresbilanzen anzuwenden, um die Vergleichbarkeit der Bilanzen vor und nach Abwicklungsbeginn zu ermöglichen.[13] Im Ergebnis wurde die Vorschrift 1965, abgesehen von den oben genannten Änderungen, nur straffer gefasst.[14]

Bis zum **BiRiLiG 1985** waren die für den Jahresabschluss der werbenden Gesellschaft geltenden Bewertungsvorschriften, die Vorschriften über die Gliederung der GuV sowie die Prüfungsvorschriften von einer sinngemäßen Anwendung bei in Abwicklung befindlichen Gesellschaften ausgenommen. Mit der Umsetzung der 4.[15] und 7.[16] EG-Richtlinie in nationales Recht erfuhr § 270 wiederum **zwei wesentliche Änderungen.**

Zum einen sind gem. § 270 Abs. 2 S. 2 fortan alle Vorschriften über den Jahresabschluss einer werbenden Gesellschaft, teilweise entsprechend oder über § 264 Abs. 3 unmittelbar, auch auf die gesamte Rechnungslegung der Abwicklungsgesellschaft anzuwenden. Dies hat zur Folge, dass die zuvor mögliche und in der Literatur überwiegend als sinnvoll erachtete Neubewertung mit höheren Zeitwerten nicht mehr zulässig ist, da fortan das Anschaffungswertprinzip gem. § 253 Abs. 1 S. 1 HGB gilt.[17] Fernerhin wird in § 270 Abs. 2 S. 3 explizit gefordert, dass Vermögensgegenstände des Anlagevermögens, die nicht mehr dem Geschäftsbetrieb dienen bzw. deren Veräußerung bevorsteht, wie Umlaufvermögen bewertet werden; diese Regelung korrespondiert mit § 247 Abs. 2 HGB.

---

[6] Vgl. ergänzend zur Insolvenz: Budde/Förschle/Winkeljohann/*Förschle/Weisang*, Sonderbilanzen, 4. Aufl. 2008, R (Rechnungslegung im Insolvenzverfahren); *Olfert/Körner/Langenbeck* S. 249 ff.; *Arians*, Sonderbilanzen, 2. Aufl. 1985, 98 ff. (218 ff.).
[7] RegE mit Begr: BT-Drs. 12/2443 zu 174 InsO.
[8] MüKoAktG/*Koch* Rn. 6.
[9] *Scherrer/Heni*, Liquidations-Rechnungslegung, 3. Aufl. 2009, 22 f.; *Erle* GmbHR 1998, 219 f.; *ADS* Rn. 7.
[10] MüKoAktG/*Koch* Rn. 7.
[11] *ADS* Rn. 9.
[12] RegBegr. *Kropff* S. 360.
[13] RegBegr. *Kropff* S. 360.
[14] MüKoAktG/*Koch* Rn. 1; Kölner Komm AktG/*Kraft* Rn. 1.
[15] Rat der Europäischen Gemeinschaft Vierte Richtlinie vom 25.7.1978 (78/660/EWG), ABl. EG 1978 Nr. L 222, 11.
[16] Rat der Europäischen Gemeinschaft Siebente Richtlinie v. 13.6.1983 (83/349/EWG), ABl. EG 1983 Nr. L 193, 1 ff.
[17] Budde/Förschle/Winkeljohann/*Förschle/Deubert*, Sonderbilanzen, 4. Aufl. 2008, T Anm. 22.

10 Zum anderen ist gem. § 316 Abs. 1 HGB, im Gegensatz zur früheren generellen Prüfungsbefreiung, fortan die Prüfung der Abwicklungsbilanzen von mittelgroßen und großen Gesellschaften iSv § 267 Abs. 2 und 3 HGB durch einen Abschlussprüfer obligatorisch. Sofern es sich um überschaubare Gesellschaftsverhältnisse handelt, besteht gem. § 270 Abs. 3 jedoch die Möglichkeit einer gerichtlichen Befreiung von der Prüfungspflicht (→ Rn. 98 ff.).

11 Die Rückführung der Änderungen auf die Bilanzierungsrichtlinien gilt in der Literatur teilweise als fragwürdig, da deren Wortlaut keinerlei Hinweise zur Anwendung auf in Abwicklung befindliche Unternehmen gibt.[18]

12 Mit Wirkung zum 1.9.2009 wurde § 270 durch das **FGG-Reformgesetz** v. 17.12.2008[19] geändert und in Abs. 3 S. 2 bei der Formulierung „sofortige Beschwerde" der Zusatz „sofortige" gestrichen. Mit der Streichung wurde § 270 jedoch lediglich an die neue Terminologie des Beschwerderechts im FamFG angepasst.[20]

III. Rechnungslegung der aufzulösenden werbenden AG

13 **1. Erstellung des Jahresabschlusses. a) Auflösung zum Geschäftsjahresende.** Fällt die Auflösung mit dem regulären Ende des abgelaufenen Geschäftsjahres zusammen, besteht die Verpflichtung, einen Jahresabschluss einschließlich Anhang (§ 242 Abs. 1 S. 1 bzw. § 264 Abs. 1 S. 1 und §§ 284 ff. HGB) auf- und festzustellen und um einen Lagebericht (§§ 289 f. HGB) zu ergänzen. Entsprechendes gilt für frühere Geschäftsjahre, für die noch kein Abschluss erstellt wurde.

14 **b) Auflösung während des Geschäftsjahres.** Findet die Auflösung im Laufe des Geschäftsjahres statt, ergibt sich ein so genanntes **Rumpfgeschäftsjahr**. Die Frage, ob in diesem Fall zusätzlich zur Abwicklungseröffnungsbilanz ein Jahresabschluss für den bis zur Auflösung abgelaufenen Teil des Geschäftsjahres erstellt werden muss, wird in der Literatur weitestgehend bejaht.[21]

15 **Kritiker** der hM stützten ihre Auffassung ursprünglich auf das Argument, dass mit dem Jahresabschluss des Rumpfgeschäftsjahres eine Gewinnermittlungsbilanz geschaffen werde, obwohl nach der Auflösung eine Verteilung des Gewinns als Gesellschaftsvermögen nur unter Beachtung der §§ 271 und 272 möglich sei.[22] Seit dem BiRiLiG (→ Rn. 8 ff.) wird darüber hinaus von Kritikern auf die gem. § 270 Abs. 2 S. 2 entsprechende Gültigkeit der Abschlussregeln für die Abwicklungseröffnungsbilanz und/oder auf die Kontinuität des Unternehmens vor und nach Auflösung verwiesen.[23]

16 Die Erstellung eines gesonderten Jahresabschlusses ist jedoch schon deshalb erforderlich, weil ansonsten eine Entlastung der bisherigen Vorstandsmitglieder gem. § 120 Abs. 3 iVm §§ 175, 176 nicht möglich wäre (→ § 120 Rn. 41 f.). Die Abwicklungseröffnungsbilanz ist aus zwei Gründen hierzu nicht ausreichend. Erstens: Sie enthält als **reine Vermögensbilanz** kein Geschäftsergebnis. Dies hat unter anderem auch zur Folge, dass keine gewinnabhängigen Ansprüche wie zB Tantiemen ermittelt werden können. Zweitens: Die Abwicklungseröffnungsbilanz ist in ihrem **Wesen grundverschieden** und kann daher nicht ohne weiteres an die bisherigen Bilanzwerte anknüpfen.[24]

17 Ein wesentlicher Unterschied zwischen Abwicklungseröffnungsbilanz und der abschließenden Jahresbilanz beruht auf den **„Neubewertungen"**, die auch unter entsprechender Anwendung der Vorschriften über den Jahresabschluss erforderlich werden.[25] Aufgrund der inhaltlichen Divergenz von Abwicklungseröffnungsbilanz und Jahresabschluss, bliebe das Rumpfgeschäftsjahr somit ohne Abschluss, was ein Verstoß gegen die Grundsätze ordnungsmäßiger Bilanzierung und gegen § 264 Abs. 2 S. 1 HGB darstellt. **Stellungnahme:** Die angesprochenen „Neubewertungen" entbehren, aufgrund des Verweises in § 270 Abs. 2 S. 1 zunächst jeder gesetzlichen Grundlage, da die handelsrechtlichen Vorschriften über den Jahresabschluss generell keine Neubewertungen zulassen. Dennoch kommt es in der Regel zu erheblichen Bewertungsunterschieden vom Jahresabschluss der werbenden

---

[18] MüKoAktG/*Koch* Rn. 2.
[19] FGG-RG v. 17.12.2008, BGBl. 2008 I 2586.
[20] RegE mit Begr.: BT-Drs. 16/6308, 355.
[21] BayObLG DB 1994, 524 = BayObLGR 1994, 22; *Brühling* WPg 1977, 599; *Olbrich* WPg 1975, 265 f.; *Scherrer/Heni,* Liquidations-Rechnungslegung, 3. Aufl. 2009, 25 ff.; *Förster/Döring,* Liquidationsbilanz, 4. Aufl. 2005, Rn. 10 ff.; *Sarx* FS Forster, 1992, 547 (551 f.); Kölner Komm AktG/*Kraft* Rn. 16; Großkomm AktG/*Wiedemann* Anm. 1; MüKoAktG/*Koch* Rn. 9; GHEK/*Hüffer* Rn. 8; Hüffer/Koch/*Koch* Rn. 3; Grigoleit/*Servatius* Rn. 2; *Adler,* Die Abwicklungsbilanzen der Kapitalgesellschaft, 2. Aufl. 1956, 74 f.; K. Schmidt/Lutter/*Riesenhuber* Rn. 2; Bürgers/Körber/*Füller* Rn. 4.
[22] *v. Godin/Wilhelmi* Anm. 3; *Schlegelberger/Quasowski* AktG 1937§ 211 Rn. 3.
[23] Budde/Förschle/Winkeljohann/*Förschle/Deubert,* Sonderbilanzen, 4. Aufl. 2008, T Anm. 50 ff.; *Förschle/Kropp/Deubert* DStR 1992, 1523 f.; *Förschle/Kropp/Deubert* DB 1994, 998 f.
[24] Kölner Komm AktG/*Kraft* Rn. 16; Großkomm AktG/*Wiedemann* Anm. 1; aA Budde/Förschle/Winkeljohann/*Förschle/Deubert,* Sonderbilanzen, 4. Aufl. 2008, T Anm. 50 ff.; *Förschle/Kropp/Deubert* DStR 1992, 1523 f.
[25] MüKoAktG/*Koch* Rn. 9; GHEK/*Hüffer* Rn. 8.

Gesellschaft zur Abwicklungseröffnungsbilanz. Diese beruhen zu einem großen Teil auf § 270 Abs. 2 S. 3 und der darin geforderten Bewertung von Anlagevermögen als Umlaufvermögen (→ Rn. 81 ff.). Für das Umlaufvermögen gilt das strenge Niederstwertprinzip (§ 253 Abs. 4 HGB), was bei einem großen Teil der betroffenen Vermögensgegenstände zwangsläufig zu Wertänderungen führt und in gewisser Weise eine „Neubewertung" darstellt. Nach derzeit geltendem Recht können Vermögensgegenstände daher, im Rahmen der Abwicklungsrechnungslegung und unter Berücksichtigung des strengen Niederstwertprinzips, einzig mit ihren Liquidationswerten erfasst werden, sofern diese nicht die um planmäßige Abschreibungen verminderten Anschaffungs- bzw. Herstellungskosten übersteigen (§ 253 Abs. 1 S. 1 HGB). Von einer Bilanzidentität der Schlussbilanz und Abwicklungseröffnungsbilanz kann somit grundsätzlich nicht ausgegangen werden; sowohl die formelle als auch die materielle Bilanzkontinuität wird unterbrochen.

Auch die vom Jahresabschluss der werbenden Gesellschaft **abweichenden Bestandteile** der 18 Abwicklungseröffnungsbilanz stehen der Bilanzkontinuität entgegen. Eine Gewinn- und Verlustrechnung ist für die Abwicklungseröffnungsbilanz nicht aufzustellen und der Erläuterungsbericht übernimmt die Funktionen von Anhang (§§ 284 ff. HGB) und Lagebericht (§ 289 f. HGB).[26]

Bei der Erstellung eines Jahresabschlusses für den abgelaufenen Teil des Geschäftsjahres handelt 19 es sich um eine **Rechtspflicht**.[27] Dem Wortlaut des § 270 Abs. 1 folgend besteht zwar unmittelbar nur eine Aufstellungspflicht für die Abwicklungseröffnungsbilanz inklusive des erläuternden Berichts, was nicht zwangsläufig auch eine unmittelbare gesetzliche Verpflichtung zur Aufstellung einer Schlussbilanz einschließt.[28] Dennoch besteht eine mittelbare Verpflichtung zur Erstellung einer Schlussbilanz, welche sich aus der entsprechenden Anwendung der handelsrechtlichen Vorschriften über den Jahresabschluss gem. § 270 Abs. 2 S. 2 ergibt.

Grundsätzlich kann die Abwicklungseröffnungsbilanz, aus den dargelegten Gründen, keine 20 Rechenschaft für vorangegangene Perioden geben, weil sie grundlegend andere Zwecke verfolgt als der handelsrechtliche Jahresabschluss (→ Rn. 1). In den Fällen, in denen trotzdem die Identität zwischen der Schlussbilanz der werbenden Gesellschaft und der Abwicklungseröffnungsbilanz gewährleistet werden kann, besteht kein Grund, die Erstellung einer Schlussbilanz für den bis zur Auflösung abgelaufenen Teil des Geschäftsjahres in Frage zu stellen. De facto kann, gerade in diesen Fällen, ohne großen Mehraufwand das gleiche Rechenwerk mehrfach verwendet werden und man kann durch eine gemeinsame Erstellung in der Regel hohe Synergieeffekte erzielen.[29]

2. Anforderungen an den Jahresabschluss. a) Ausgestaltung und Bilanzstichtag. Der Jah- 21 resabschluss für den bis zur Auflösung abgelaufenen Teil des Geschäftsjahres entspricht einem **gewöhnlichen Jahresabschluss** zum Geschäftsjahresende und umfasst folglich neben Bilanz und GuV einen Anhang (§§ 264, 284 ff. HGB) und einen Lagebericht (§§ 264, 289 f. HGB). Als Stichtag für die Erstellung des Jahresabschlusses gilt der Tag, welcher der Auflösung vorangeht,[30] also in der Regel der **Tag vor der Beschlussfassung über die Auflösung**. Sofern dies nicht möglich ist, zB weil die Auflösung zu spät bekannt wird, ist ein abweichender, wenn möglich zeitnaher, Stichtag zu wählen.[31]

b) Erstellung, Feststellung und Prüfung. § 270 beinhaltet keine expliziten Vorschriften über 22 die Erstellung, Feststellung und Prüfung des Jahresabschlusses für ein Rumpfgeschäftsjahr und auch nicht für ein abgelaufenes Geschäftsjahr.

Bei analoger Anwendung des § 270 Abs. 1 fällt die **Erstellung** des Jahresabschlusses für den 23 abgelaufenen Teil des Geschäftsjahres in den **Aufgabenbereich der Abwickler**. Der ehemalige Vorstand verliert mit der Leitungs- auch jegliche Buchführungs- und Bilanzierungskompetenz.[32]

Die **Feststellung** muss gem. § 270 Abs. 2 S. 1 durch die Hauptversammlung erfolgen.[33] In jedem 24 Fall bleibt nach hM § 172 unanwendbar, auch dann, wenn gem. § 265 Abs. 1 die ehemaligen Vorstandsmitglieder als Abwickler bestellt werden; dies resultiert aus der Beschränkung ihres Aufgabenbereichs gem. § 268.[34]

---

[26] *Jurowsky* DStR 1997, 1783; GHEK/*Hüffer* Rn. 28 f.
[27] *ADS* Rn. 12.
[28] Budde/Förschle/Winkeljohann/*Förschle/Deubert*, Sonderbilanzen, 4. Aufl. 2008, T Anm. 64; *Förschle/Kropp/Deubert* DB 1994, 998 ff.; *Förschle/Kropp/Deubert* DStR 1992, 1523 f.
[29] *Scherrer/Heni*, Liquidations-Rechnungslegung, 3. Aufl. 2009, 28.
[30] BayObLG BB 1994, 476 = BayObLGR 1994, 21; *ADS* Rn. 13.
[31] MüKoAktG/*Koch* Rn. 10; *Adler*, Die Abwicklungsbilanzen der Kapitalgesellschaft, 2. Aufl. 1956, 15 f.; *Forster* FS Knorr, 1968, 77 (79).
[32] MüKoAktG/*Koch* Rn. 11; GHEK/*Hüffer* Rn. 10.
[33] Olbrich WPg 1975, 266 f.; Großkomm AktG/*Wiedemann* Anm. 7.
[34] MüKoAktG/*Koch* Rn. 11; GHEK/*Hüffer* Rn. 10; *ADS* Rn. 14.

25 Für den Abschluss des Rumpfgeschäftsjahres besteht **Prüfungspflicht;** dies ergibt sich aus der analogen Anwendung von § 316 HGB.[35]

26 **3. Vermögens- bzw. Gewinnverwendung nach Auflösungsbeschluss.** Ergibt sich bei der abschließenden Rechnungslegung für das Rumpfgeschäftsjahr ein Bilanzgewinn, stellt sich die Frage der Rechtmäßigkeit von **Dividendenzahlungen.** Dies ist insbesondere fragwürdig, wenn die Feststellung des Jahresabschlusses und der Gewinnverwendungsbeschluss der Hauptversammlung sich zwar auf den Zeitraum vor der Auflösung beziehen, jedoch erst nach dem Auflösungsstichtag tatsächlich zustande kommen. Sofern nämlich die Beschlussfassung noch vor der Auflösung zustande kommt, entstehen die Dividendenzahlungsansprüche der Aktionäre als Gläubigerrechte und müssen vor Beginn der Vermögensverteilung erfüllt werden. Ist dies nicht der Fall, erhöht der Gewinn die Verteilungsmasse.[36]

27 Aus § 272 Abs. 1 geht klar hervor, dass während der Abwicklung Vermögen nur unter den dort angeführten Voraussetzungen verteilt werden darf, wobei gem. § 271 Abs. 1 vorrangig die bestehenden Verbindlichkeiten zu berichtigen sind. Eine Dividendenausschüttung verstieße zunächst gegen § 272 Abs. 1 und ein entsprechender Beschluss der Hauptversammlung wäre gem. § 241 Nr. 3, wegen Verletzung von Vorschriften zum Schutze der Gläubiger, ebenfalls nichtig. Des Weiteren läge in der Ausschüttung ein Fortsetzungshindernis im Sinne von § 274 Abs. 1.[37]

28 Nach hM handelt es sich in diesem fragwürdigen Fall bei der Dividendenzahlung um eine vorzeitige und somit unzulässige Vermögensausschüttung im Sinne des § 272.[38] Denn gem. dem Wortlaut des § 272 Abs. 1 unterliegt das gesamte Vermögen der Gesellschaft, einschließlich dem erzielten Gewinn, einer **Ausschüttungssperre** von einem Jahr, ab dem Tag, an dem der Aufruf der Gläubiger zum dritten Mal bekannt gemacht worden ist. Damit wird das Ziel verfolgt, die Gesellschaftsgläubiger zu schützen. Diese Regelung würde ad absurdum geführt, bestünde die Möglichkeit, dass sich die Aktionäre durch einen Hauptversammlungsbeschluss noch nach der Auflösung zu Gläubigern von Dividendenzahlungsansprüchen machen könnten. Dies gilt insbesondere unter dem Aspekt, dass keine Absicht zur Unternehmensfortführung mehr besteht, wonach folglich in Zukunft nicht mehr mit Gewinnen gerechnet werden kann und dadurch faktisch auch ein durch Dividendenauszahlungen entstandener Vermögensabfluss nicht mehr ausgeglichen werden kann.[39]

29 Im **Ergebnis** kann festgehalten werden, dass die Auszahlung eines Gewinns erst erfolgen kann, wenn alle Verbindlichkeiten getilgt oder sichergestellt wurden und das Sperrjahr abgelaufen ist. Bei Abwicklungseröffnung bereits entstandene Ausschüttungsansprüche bleiben als Teil der Verbindlichkeiten allerdings generell unberührt.

IV. Rechnungslegung der Abwicklungsgesellschaft

30 **1. Eröffnungsbilanz und Erläuterungsbericht der Abwicklungsgesellschaft. a) Erstellung der Abwicklungseröffnungsbilanz. aa) Begriff und Funktion.** Zu Beginn der Abwicklung haben die Abwickler gem. § 270 Abs. 1 die Aufgabe, eine Eröffnungsbilanz und einen erläuternden Bericht zu erstellen. Diese dienen als neuer **Ausgangspunkt für die Rechnungslegung während der Abwicklung.** Ihre Erstellung ist gem. § 270 Abs. 1 verpflichtend und auch nicht bei einer unmittelbar vorausgehenden Jahresbilanz vernachlässigbar.[40] Nach der Umsetzung des Art. 2 Nr. 60 BiRiLiG verweist § 270 Abs. 2 S. 2 hinsichtlich Inhalt und Gliederung der Eröffnungsbilanz auf die entsprechende Anwendung der Vorschriften über den Jahresabschluss; dies umfasst im Einzelnen die §§ 243–256a und 264–274 HGB sowie die §§ 150, 152 AktG. Mit dieser Regelung soll der Tatsache Rechnung getragen werden, dass Auflösungen in der Regel nicht zu einer sofortigen Einstellung des Geschäftsbetriebs führen.[41] Der Generalnorm § 264 Abs. 2 HGB folgend, besteht das Ziel der Abwickler somit darin, durch den Jahresabschluss ein den tatsächlichen Verhältnissen entsprechendes Bild der Vermögens-, Finanz- und Ertragslage der Abwicklungsgesellschaft zu vermitteln. Vor diesem Hintergrund ist die Abwicklungseröffnungsbilanz am ehesten als eine modifizierte Gewinnermittlungsbilanz zu verstehen.[42] Trotz der entsprechenden Anwendung der Vorschriften

---

[35] *Olbrich* WPg 1975, 266; MüKoAktG/*Koch* Rn. 10; GHEK/*Hüffer* Rn. 9.
[36] Budde/Förschle/Winkeljohann/*Förschle/Deubert,* Sonderbilanzen, 4. Aufl. 2008, T Anm. 80 f.
[37] MüKoAktG/*Koch* Rn. 12.
[38] BFHE 110, 353 (356) = BB 1973, 1475; Kölner Komm AktG/*Kraft* Rn. 17; MüKoAktG/*Koch* Rn. 13 f.; Budde/Förschle/Winkeljohann/*Förschle/Deubert,* Sonderbilanzen, 4. Aufl. 2008, T Anm. 81; *Adler,* Die Abwicklungsbilanzen der Kapitalgesellschaft, 2. Aufl. 1956, 75 f.
[39] MüKoAktG/*Koch* Rn. 14.
[40] *Scherrer/Heni,* Liquidations-Rechnungslegung, 3. Aufl. 2009, 30.
[41] RegE mit Begr: BR-Drs. 257/83, 107; RegE mit Begr.: BT-Drs. 10/317, 107.
[42] MüKoAktG/*Koch* Rn. 16 mwN.

über den Jahresabschluss wird die Rechnungslegung der Abwicklungsgesellschaft auch durch den Abwicklungszweck beeinflusst.

Alle **Abwickler** sind gleichermaßen persönlich verpflichtet, die Rechnungslegung während der Abwicklung zu übernehmen.[43] Es entsteht eine öffentlich-rechtliche Verpflichtung der Abwickler, die an den Eintritt der einzelnen Auflösungstatbestände anknüpft.[44] Auch mangelnde Sachkenntnis[45] oder ein für die Abwicklung zu geringes Gesellschaftsvermögen können die Abwickler von ihrer Verpflichtung nicht entbinden. In der Literatur wird sogar die Auffassung vertreten, dass sie im Notfall eigene Mittel einsetzen müssen, wenn das Gesellschaftsvermögen nicht ausreicht.[46] 31

bb) Bilanzstichtag. Für die Erstellung der Abwicklungseröffnungsbilanz ist nach hM ausschließlich der **Tag der Auflösung** (§ 262 Abs. 1), insbesondere der Tag der Beschlussfassung (§ 262 Abs. 1 Nr. 2), maßgeblich.[47] Sowohl die Bestellung oder die Eintragung der Abwickler in das Handelsregister als auch die Eintragung der Auflösung in das Handelsregister haben ausschließlich deklaratorische Wirkung und keinen Einfluss auf den Stichtag. Bestehen jedoch Schwierigkeiten, die eine Verschiebung der abschließenden Jahresbilanz rechtfertigen, so gilt Entsprechendes auch für die anschließende Abwicklungseröffnungsbilanz.[48] 32

In Ausnahmefällen ist bei Erfüllung bestimmter Voraussetzungen eine **Verlegung der Abwicklungseröffnungsbilanz** auf einen geringfügig später liegenden Stichtag möglich. In der Regel ist die Verlegung an folgende Voraussetzungen geknüpft: (1) Der Auflösungszeitpunkt war für die Geschäftsführung im Voraus nicht absehbar. (2) Die Aufstellung einer Abwicklungseröffnungsbilanz auf den Auflösungsstichtag würde zu unzumutbarer Mehrarbeit führen oder wäre mit Ungenauigkeiten verbunden. (3) Die Geschäftsvorfälle zwischen dem Auflösungsstichtag und dem späteren Stichtag der Abwicklungseröffnungsbilanz sind für das zu vermittelnde Bild der Vermögenslage unbedeutend.[49] 33

Die **Auflösung durch Beschlussfassung** stellt den **Regelfall** dar, was den Beginn des Tages, an dem der Beschluss gefasst wurde, als Stichtag festlegt. Das gilt auch, wenn der Auflösungsbeschluss keine ausdrückliche Zeitbestimmung enthält.[50] Der Auflösungsbeschluss unterliegt keinen gesetzlichen Formvorschriften und kann daher schriftlich, mündlich oder in notarieller Form wirksam gefasst werden.[51] 34

cc) Fristen. Die Fristen für die Aufstellung eines Jahresabschlusses gelten gem. § 264 Abs. 1 HGB iVm § 270 Abs. 2 S. 2 auch entsprechend für die Erstellung der Abwicklungseröffnungsbilanz. Demnach ist generell von einer **dreimonatigen Aufstellungsfrist** auszugehen. Bei entsprechender Anwendung der Jahresabschlussvorschriften besteht gem. § 264 Abs. 1 S. 4 HGB eine **größenabhängige Erleichterung** für kleine Kapitalgesellschaften im Sinne von § 267 Abs. 1 HGB, die Aufstellungsfrist auf sechs Monate zu verlängern, sofern es einem ordnungsgemäßen Geschäftsgang entspricht. Vor dem Hintergrund der Abwicklung ist der Sinn dieser Erleichterung jedoch anzuzweifeln; denn eine Verlängerung der Frist entspricht, im Hinblick auf die bevorstehende Abwicklung, in der Regel nicht einem ordnungsgemäßen Geschäftsgang.[52] Sofern die Aufstellungsfristen nicht eingehalten werden, wird das Registergericht Zwangsgelder zur Aufstellung verhängen (§ 407 Abs. 1 S. 1). 35

b) Bilanzgliederung. aa) Vorbemerkung. Seit der Umsetzung des Bilanzrichtliniengesetzes (vgl. → Rn. 8 ff.) sind die allgemeinen Gliederungsvorschriften gem. §§ 265, 266, 268 ff. HGB iVm § 270 Abs. 2 S. 2 auch während der Abwicklung anzuwenden und bilden damit die **gesetzliche** 36

---

[43] OLG Stuttgart NJW-RR 1995, 805 = AG 1995, 284.
[44] OLG Stuttgart NJW-RR 1995, 805 = AG 1995, 284; *Adler,* Die Abwicklungsbilanzen der Kapitalgesellschaft, 2. Aufl. 1956, 13; Großkomm AktG/*Wiedemann* Anm. 1.
[45] FG Baden-Württemberg EFG 591 = WPg 1988, 79.
[46] *Scherrer/Heni,* Liquidations-Rechnungslegung, 3. Aufl. 2009, 30 f. mwN; Budde/Förschle/Winkeljohann/ *Förschle/Deubert,* Sonderbilanzen, 4. Aufl. 2008, T Anm. 90. Zu Verstößen gegen die Rechnungslegungspflicht s. im Detail: Budde/Förschle/Winkeljohann/*Förschle/Deubert,* Sonderbilanzen, 4. Aufl. 2008, T Anm. 90.
[47] BFHE 113, 112 (114) = BB 1974, 1285; zB *Olbrich* WPg 1975, 265 f.; GHEK/*Hüffer* Rn. 9; Hüffer/Koch/ *Koch* Rn. 4.
[48] *Adler,* Die Abwicklungsbilanzen der Kapitalgesellschaft, 2. Aufl. 1956, 15 f.; *Forster* FS Knorr, 1968, 77 (79); ADS Rn. 17; Budde/Förschle/Winkeljohann/*Förschle/Deubert,* Sonderbilanzen, 4. Aufl. 2008, T Anm. 92.
[49] *Olbrich* WPg 1975, 266; *Adler,* Die Abwicklungsbilanzen der Kapitalgesellschaft, 2. Aufl. 1956, 15 f.; *Forster* FS Knorr, 1968, 77 (79); GHEK/*Hüffer* Rn. 9; Hüffer/Koch/*Koch* Rn. 4; Budde/Förschle/Winkeljohann/*Förschle/Deubert,* Sonderbilanzen, 4. Aufl. 2008, T Anm. 92 mwN.
[50] BFHE 111, 469 (470) = BB 1974, 637; BFHE 138, 81 = BB 1983, 1199.
[51] BayObLG BB 1995, 168 = NJW-RR 1995, 1001.
[52] *Scherrer/Heni,* Liquidations-Rechnungslegung, 3. Aufl. 2009, 52 f.; ADS Rn. 18; MüKoAktG/*Koch* Rn. 18; Budde/Förschle/Winkeljohann/*Förschle/Deubert,* Sonderbilanzen, 4. Aufl. 2008, T Anm. 105 f.

Ausgangslage. Durch den Abwicklungszweck ergeben sich jedoch teilweise Einschränkungen der gesetzlichen Regelungen und Unsicherheiten hinsichtlich der entsprechenden Anwendung. Die Angabe von **Vorjahresbeträgen** gem. § 265 Abs. 2 S. 1 HGB ist im Rahmen der Abwicklung nicht erforderlich.[53] Im Folgenden werden Abweichungen bzw. Besonderheiten, die aus dem Abwicklungszweck resultieren, dargestellt.

37 **bb) Aktivseite der Bilanz.** Generell sind die Gliederungsvorgaben des § 266 Abs. 2 HGB iVm § 270 Abs. 2 S. 2 auch für die Aktivseite der Abwicklungseröffnungsbilanz bzw. der Folgebilanzen während der Abwicklung maßgebend. Der geänderte Bilanzzweck erfordert grundsätzlich keine Umgliederungen von Aktivposten im Zuge der Abwicklung. Jedoch ist es strittig, ob die in § 270 Abs. 2 S. 3 geforderte Bewertung der abgehenden oder nicht mehr betriebsrelevanten Vermögensgegenstände des Anlagevermögens als Umlaufvermögen zwingend auch mit einer **bilanziellen Umgruppierung** verbunden sein muss. Gegner dieser Auffassung[54] berufen sich auf den Gesetzeswortlaut, der lediglich die Umbewertung verlangt. Befürworter dieser Auffassung[55] sehen die formalrechtliche Auslegung des § 270 Abs. 2 S. 3 nicht als alleinig maßgebend an.

38 Sofern man ausschließlich von dem Gesetzeswortlaut des § 270 Abs. 2 S. 3 ausgeht, lässt sich in der Tat daraus keine Umgruppierung der nicht mehr betriebsnotwendigen Vermögensgegenstände ableiten bzw. rechtfertigen, da es sich um eine reine Bewertungsvorschrift handelt. gem. § 270 Abs. 2 S. 2 ist jedoch, bei entsprechender Anwendung der Vorschriften über den Jahresabschluss, ferner auch § 247 Abs. 2 HGB zu beachten. Sofern Vermögensgegenstände des Anlagevermögens infolge einer vollständigen oder sukzessiven Betriebsaufgabe dem Geschäftsbetrieb nicht mehr dienen, sind sie folglich gem. § 247 Abs. 2 HGB iVm § 270 Abs. 2 S. 2 nicht mehr dem Anlagevermögen, sondern dem Umlaufvermögen zuzuordnen und dementsprechend zu bewerten.[56]

39 Dienen die Vermögensgegenstände des Anlagevermögens jedoch zur temporären Fortführung bzw. Aufrechterhaltung des Geschäftsbetriebs, kann der Ausweis weiterhin im Anlagevermögen erfolgen; und zwar auch dann, wenn deren Veräußerung in absehbarer Zeit bevorsteht. Dies entspricht auch der Handhabung bei werbenden Unternehmen.[57] Eine pauschale Umgliederung sämtlicher Vermögensgegenstände des Anlagevermögens in das Umlaufvermögen zu Beginn der Abwicklung wäre daher nicht zweckadäquat.

40 Darüber hinaus macht die schrittweise Umwidmung des Anlagevermögens in Umlaufvermögen den Fortgang des Abwicklungsverfahrens im Anlagenspiegel (§ 268 Abs. 2 HGB) ersichtlich und erhöht damit den Informationsgehalt der Bilanzen während der Abwicklung.[58]

41 **cc) Passivseite der Bilanz.** Es besteht Uneinigkeit darüber, ob das **Eigenkapital** auf der Passivseite der Abwicklungseröffnungsbilanz bzw. der Folgebilanzen während der Abwicklung entsprechend der Brutto- oder der Nettomethode auszuweisen ist. gem. § 266 Abs. 3 HGB iVm § 270 Abs. 2 S. 2 gilt auch während der Abwicklung das Gliederungsschema für werbende Gesellschaften unverändert – was der **Bruttomethode** entspricht. Bei Anwendung der so genannten **Nettomethode** weicht die Bilanz vom Gliederungsschema des § 266 Abs. 3 HGB dahingehend ab, dass auf der Passivseite kein **Grundkapital** und keine Rücklagen ausgewiesen werden. Der Abschluss der Bilanz erfolgt durch einen **Ausgleichsposten,** der zB als „Abwicklungskonto" bezeichnet werden kann und das gesamte zur Abwicklung stehende „Vermögen" umfasst; dieser ist bei einem positiven Ergebnis als Passivposten und bei einem negativen Ergebnis als Aktivposten zu berücksichtigen.

42 Bis zum BiRiLiG (→ Rn. 8 ff.) galt die Nettomethode als herrschende Auffassung in der Literatur[59] und wird auch weiterhin noch vertreten.[60] Überwiegend wird heute jedoch der Bruttomethode Vorrang eingeräumt, da es sich faktisch um eine – aus § 270 Abs. 2 S. 2 abgeleitete – gesetzliche

---

[53] *Scherrer/Heni,* Liquidations-Rechnungslegung, 3. Aufl. 2009, 65; Budde/Förschle/Winkeljohann/*Förschle/ Deubert,* Sonderbilanzen, 4. Aufl. 2008, T Anm. 225 f.
[54] *Heni* ZInsO 2008, 998 ff.; *Scherrer/Heni* DStR 1992, 801 f.; *Scherrer/Heni,* Liquidations-Rechnungslegung, 3. Aufl. 2009, 64 ff.; MüKoAktG/*Koch* Rn. 24; *ADS* Rn. 62.
[55] LG Berlin NZG 2001, 846; *Sarx* FS Forster 1992, 547 (558); Budde/Förschle/Winkeljohann/*Förschle/ Deubert,* Sonderbilanzen, 4. Aufl. 2008, T Anm. 230 ff.
[56] *ADS* Rn. 63.
[57] *Förschle/Deubert* DStR 1996, 1748; *ADS* Rn. 64; Budde/Förschle/Winkeljohann/*Förschle/Deubert,* Sonderbilanzen, 4. Aufl. 2008, T Anm. 231.
[58] *Förschle Deubert* DStR 1996, 1748; Budde/Förschle/Winkeljohann/*Förschle/Deubert,* Sonderbilanzen, 4. Aufl. 2008, T Anm. 232.
[59] *Adler,* Die Abwicklungsbilanzen der Kapitalgesellschaft, 2. Aufl. 1956, 63 ff.; *Forster* FS Knorr, 1968, 77 (82 ff.); GHEK/*Hüffer* Rn. 17 f.; *Bauch* DB 1973, 977 ff.
[60] *Olfert/Körner/Langenbeck* S. 239.

Verpflichtung handelt.[61] Abgesehen vom Ausspruch für eine Methode wird auch noch ein Wahlrecht zwischen Brutto- und Nettomethode erachtet.[62]

Insgesamt überwiegen die Argumente für die **Beibehaltung der Gliederung** des Kapitalausweises von werbenden Gesellschaften. Neben der gesetzlichen Verpflichtung spricht für eine Beibehaltung auch, dass seit dem BiRiLiG (→ Rn. 8 ff.) die Abwicklungsgesellschaft zunächst als unternehmensfortführend angesehen werden muss, was sich unmittelbar auf die Bewertung und mittelbar auch auf die Bilanzgliederung auswirkt; mit der Folge, dass die Beibehaltung der bisher angewandten Eigenkapitalgliederung nahe liegt. Auch bei Abwicklungsgesellschaften besteht die Möglichkeit einer effektiven Kapitalerhöhung bzw. Kapitalherabsetzung, die als Bezugsgröße auf das Grundkapital zurückgreift und dadurch indirekt die Fortführung der bisherigen Eigenkapitalgliederung erfordert.[63] Des Weiteren besteht grundsätzlich die Option, bis zur vollständigen Beendigung der Abwicklung, die Fortsetzung der AG als „werbende Gesellschaft" zu beschließen.[64] Solch ein Fortsetzungsbeschluss bedarf ebenfalls der Eigenkapitalgliederung entsprechend einer werbenden Gesellschaft.[65] Nicht zuletzt erfordert das Abwicklungsverfahren indirekt die Fortführung der Eigenkapitalgliederung oder zumindest die Kenntnis des Grundkapitals, da als Maßstab für die Verteilung des Vermögens gem. § 271 die Anteile am Grundkapital und die geleisteten Einlagen verwendet werden.[66] 43

Aus der **Zusammenfassung der Eigenkapitalposten,** wie sie die Nettomethode vorsieht, resultieren **Informationsdefizite,** welche die Aussagekraft der Bilanzen während der Abwicklung hinsichtlich Klarheit und Übersichtlichkeit einschränken. Die Kompensation dieses Informationsverlustes durch Anhangangaben oder Vorspaltenvermerke erscheint wenig zweckmäßig, wenn nicht sogar sinnwidrig.[67] 44

Daher ist die stringente Anwendung der Bruttomethode vorzuziehen. Was ausstehende Einlagen auf das Grundkapital und eigene Aktien betrifft, geben die handelsrechtlichen Rechnungslegungsvorschriften künftig ohnehin eine einheitliche Nettobilanzierung vor: Ausstehende Einlagen auf das Grundkapital waren gem. § 272 Abs. 1 S. 2 HGB aF iVm § 270 Abs. 2 S. 2 in der Abwicklungseröffnungsbilanz und deren Folgebilanzen bislang nicht mit diesem zu saldieren.[68] Mit dem BilMoG[69] entfällt jedoch der aktivische Ausweis der ausstehenden Einlagen gem. § 272 Abs. 1 S. 2 HGB aF. Stattdessen ist das Grundkapital gem. § 272 Abs. 1 HGB iVm § 270 Abs. 2 S. 2 künftig mit dem Nennbetrag anzusetzen und (nicht eingeforderte) ausstehende Einlagen sind offen davon abzusetzen (Nettoausweis). Auch (nicht zur Einziehung bestimmte) eigene Aktien waren gem. § 265 Abs. 3 S. 2 HGB, § 266 Abs. 2 (B. III.2.) HGB und § 272 Abs. 4 S. 1 HGB iVm § 270 Abs. 2 S. 2, solange sie einen beizulegenden Wert repräsentierten, nicht gegen das Kapital aufzurechnen – beachte hierzu § 272 Abs. 1 S. 4 bis 6 HGB aF iVm § 270 Abs. 2 S. 2. Eine Aufrechnung war jedoch spätestens in der Schlussrechnung durchzuführen, da eigene Aktien bei der Verteilung des Abwicklungserlöses nicht berücksichtigt werden können. Aufgrund der in § 272 geregelten generellen Ausschüttungssperre während der Abwicklung war ein gesonderter Ausweis der Rücklage für eigene Anteile gem. § 272 Abs. 4 S. 1 HGB aF nicht mehr zwingend erforderlich; es bestand die Möglichkeit, diese zu Gunsten der übrigen Gewinnrücklagen aufzulösen. Seit dem BilMoG ist indes der Nennbetrag bzw. der rechnerische Wert der erworbenen eigenen Aktien unabhängig vom Erwerbszweck (vgl. § 71) offen vom Grundkapital abzusetzen und der Unterschiedsbetrag zwischen Nennbetrag bzw. rechnerischem Wert und deren Anschaffungskosten ist mit den frei verfügbaren Rücklagen zu verrechnen (Nettoausweis), Anschaffungsnebenkosten sind als Periodenaufwand zu berücksichtigen (§ 272 Abs. 1a HGB iVm § 272 Abs. 2 S. 2). Entsprechend entfällt auch die Rücklage für eigene Anteile nach § 272 Abs. 4 HGB aF. Der Ausweis der Rücklagen, des Jahresüberschusses bzw. des Jahresfehlbetrags gem. § 266 Abs. 3 und § 272 Abs. 2 HGB iVm § 270 Abs. 2 S. 2 ist während der Abwicklung unverändert fortzuführen. Gewinne sind allerdings, aufgrund des Ausschüttungsverbots gem. § 272, zunächst bis zur Vermögensverteilung auf neue Rechnung vorzutragen.[70] 45

---

[61] *Jurowsky* DStR 1997, 1787; *Scherrer/Heni* DStR 1992, 801 f.; *Scherrer/Heni,* Liquidations-Rechnungslegung, 3. Aufl. 2009, 72 ff.; MüKoAktG/*Koch* Rn. 26; Grigoleit/*Servatius* Rn. 5; Budde/Förschle/Winkeljohann/*Förschle/Deubert,* Sonderbilanzen, 4. Aufl. 2008, T Anm. 235 ff.
[62] ADS Rn. 65 f.
[63] *Scherrer/Heni,* Liquidations-Rechnungslegung, 3. Aufl. 2009, 73 f.; MüKoAktG/*Koch* Rn. 27; ADS Rn. 66.
[64] Budde/Förschle/Winkeljohann/*Förschle/Deubert,* Sonderbilanzen, 4. Aufl. 2008, T Anm. 237 (355 ff.); MüKoAktG/*Koch* § 274 Rn. 1 ff.
[65] *Scherrer/Heni,* Liquidations-Rechnungslegung, 3. Aufl. 2009, 74 f.; Budde/Förschle/Winkeljohann/*Förschle/Deubert,* Sonderbilanzen, 4. Aufl. 2008, T Anm. 237; ADS Rn. 67.
[66] *Scherrer/Heni,* Liquidations-Rechnungslegung, 3. Aufl. 2009, 74; ADS Rn. 66.
[67] Budde/Förschle/Winkeljohann/*Förschle/Deubert,* Sonderbilanzen, 4. Aufl. 2008, T Anm. 237; aA Adolf/v. Wysocki/*Steiner,* Handwörterbuch der Revision, Bd.8; 2. Aufl. 1992, 1264.
[68] *Scherrer/Heni* DStR 1992, 802.
[69] Bilanzrechtsmodernisierungsgesetz v. 25.9.2009, BGBl. 2009 I 1102.
[70] AA ADS Rn. 68.

46 Auch wenn bereits bei Beginn der Abwicklung ein Abschluss in unmittelbarer Zukunft abzusehen ist, resultieren aus der **Fortführung der Gliederung** für werbende Gesellschaften **keine Nachteile.** Allenfalls werden durch die fortwährende Beachtung des Gliederungsschemas gem. § 266 Abs. 3 HGB zusätzliche bzw. schlimmstenfalls irrelevante Informationen bereitgestellt.

47 c) **Ansatzfragen. aa) Vollständigkeitsgebot und Verrechnungsverbot.** Durch den Verweis in § 270 Abs. 2 S. 2 gelten grundsätzlich die Ansatzvorschriften gem. §§ 246–251 HGB und zudem § 274 HGB entsprechend für die Abwicklungsbilanzen. Demnach gilt auch das **Vollständigkeitsgebot** gem. § 246 Abs. 1 HGB, was den Ansatz sämtlicher Vermögensgegenstände, Schulden und Rechnungsabgrenzungsposten vorschreibt, sofern kein Bilanzierungsverbot gem. §§ 248, 249 Abs. 2 HGB besteht oder aber ein Bilanzierungswahlrecht, zB § 246 Abs. 2 S. 1 HGB, ausgeübt wird.

48 Einen Sonderfall bildet der **entgeltlich erworbene Geschäfts- oder Firmenwert** für den seither gem. § 255 Abs. 4 S. 1 HGB ein Aktivierungswahlrecht bestand und der nun mit dem BilMoG aber „für handelsbilanzielle Zwecke – Ansatz und Bewertung – im Wege der Fiktion zum Vermögensgegenstand erhoben" wurde (§ 246 Abs. 1 S. 4 HGB, § 253 Abs. 5 S. 2 HGB).[71] Die erstmalige Aktivierung eines derivativen Geschäfts- oder Firmenwerts während der Abwicklung ist auch weiterhin nur in absoluten Ausnahmefällen – ggf. bei einer Langzeitabwicklung – möglich.[72] Wurde ein Geschäfts- oder Firmenwert bereits vor der Abwicklung erworben, kann dieser im Regelfall, aufgrund der darin verkörperten flüchtigen Vermögenskomponenten bzw. deren mangelnder Verwertbarkeit, in der Abwicklungseröffnungsbilanz nicht fortgeführt werden. Dies erfordert eine außerplanmäßige Abschreibung des Geschäfts- oder Firmenwertes gem. § 253 Abs. 3 S. 3 HGB bei Aufstellung der Abwicklungseröffnungsbilanz.[73] In letzter Konsequenz muss eine Beurteilung jedoch vor dem Hintergrund der Gegebenheiten im konkreten Einzelfall erfolgen.

49 Das in § 246 Abs. 2 HGB kodifizierte generelle **Saldierungs- bzw. Verrechnungsverbot,** wonach Posten der Aktivseite grundsätzlich nicht mit Posten der Passivseite bzw. auch keine Aufwendungen mit Erträgen verrechnet werden dürfen, behält ebenso seine Gültigkeit während der Abwicklung. Entsprechendes gilt für die mit dem BilMoG in § 246 Abs. 2 S. 2 und 3 HGB aufgenommene Ausnahme: Vermögensgegenstände, die zur Deckung von Altersversorgungsverpflichtungen oder vergleichbaren langfristigen Verpflichtungen dienen und dem Zugriff der übrigen Gläubiger entzogen sind bzw. die zugehörigen Aufwendungen und Erträge sind auch während der Abwicklung zu verrechnen. Der Ausweis eines aktivischen Überhangs nach § 246 Abs. 2 S. 3 HGB ist, sofern werthaltig, ebenfalls beizubehalten. Aus der Abwicklung resultiert keine abweichende Behandlung, da die entsprechenden Vermögensgegenstände ohnehin vom Versilberungsvermögen zu trennen sind.[74]

50 bb) **Eröffnungsinventar.** Zu Beginn der Abwicklung ist gem. § 240 Abs. 1 HGB iVm § 270 Abs. 2 S. 2 ein Eröffnungsinventar zu erstellen, welches eine Übersicht über alle Vermögensgegenstände und Schulden, unter Angabe von Art, Menge und Wert, zum Auflösungsstichtag gibt und damit die **Grundlage für die Eröffnungsbilanz** bildet. Die Erstellung des Eröffnungsinventars ist gem. § 240 Abs. 2 S. 3 HGB iVm § 270 Abs. 2 S. 2 innerhalb der einem ordnungsmäßigen Geschäftsgang entsprechenden Zeit zu bewirken; was im Ergebnis eine rechtzeitige Fertigstellung erfordert, um die Frist (→ Rn. 35) für die Aufstellung der Abwicklungseröffnungsbilanz und deren Erläuterungsbericht einhalten zu können.

51 Die zentrale Aufgabe des Eröffnungsinventars im Rahmen der Abwicklung besteht in der **Sicherung der Vermögenswerte.** Trotz der uneingeschränkten Gültigkeit des Vollständigkeitsgebots gem. § 246 Abs. 1 HGB iVm § 270 Abs. 2 S. 2 dürfen oder müssen, unter Berücksichtigung des Abwicklungszwecks, dennoch nicht alle Vermögensgegenstände und Schulden bilanziell erfasst werden.[75]

52 cc) **Bilanzierungsverbote während der Abwicklung.** Aus dem Zweck der Abwicklungsbilanz ergibt sich zwangsläufig, dass das Bilanzierungsverbot für **Gründungsaufwendungen** gem. § 248 Abs. 1 HGB keiner Diskussion bedarf.[76]

53 Mit dem BilMoG wurde das generelle Bilanzierungsverbot für **nicht entgeltlich erworbene immaterielle Vermögensgegenstände des Anlagevermögens** gem. § 248 Abs. 2 HGB aF aufge-

---

[71] BT-Drs. 16/10 067, 35 und 47.
[72] *Scherrer/Heni,* Liquidations-Rechnungslegung, 3. Aufl. 2009, 59; Budde/Förschle/Winkeljohann/*Förschle/Deubert,* Sonderbilanzen, 4. Aufl. 2008, T Anm. 206; *ADS* Rn. 39.
[73] LG Berlin NZG 2001, 846; Budde/Förschle/Winkeljohann/*Förschle/Deubert,* Sonderbilanzen, 4. Aufl. 2008, T Anm. 118; aA: *Scherrer/Heni* DStR 1992, 800; *Scherrer/Heni,* Liquidations-Rechnungslegung, 3. Aufl. 2009, 58; *ADS* Rn. 39.
[74] BT-Drs. 16/10 067, 48.
[75] Budde/Förschle/Winkeljohann/*Förschle/Deubert,* Sonderbilanzen, 4. Aufl. 2008, T Anm. 95.
[76] *Förster/Döring,* Liquidationsbilanz, 4. Aufl. 2005, Rn. 86.

hoben und durch ein (restriktives) Aktivierungswahlrecht ersetzt, das nach § 248 Abs. 2 HGB iVm § 255 Abs. 2a HGB den Ansatz der Aufwendungen für die Entwicklung eines immateriellen Vermögensgegenstands ermöglicht. Dabei besteht nach Art. 66 Abs. 7 EGHGB die zeitliche Restriktion, dass die Entwicklung in Geschäftsjahren begonnen wird, die nach dem 31.12.2009 beginnen. Insofern ist eine „Nachaktivierung" nicht möglich. gem. § 270 Abs. 2 S. 2 sind die Vorschriften auch während der Abwicklung entsprechend anzuwenden, mit der Folge, dass selbsterstellte immaterielle Vermögenswerte künftig in der Abwicklungsbilanz angesetzt bzw. fortgeführt werden dürfen, soweit sie die og Voraussetzungen erfüllen. Eine weitergehende Aktivierung von nicht entgeltlich erworbenen immateriellen Vermögensgegenständen des Anlagevermögens, insbesondere der durch § 248 Abs. 2 S. 2 HGB ausgeschlossenen selbst geschaffenen Marken, Drucktitel, Verlagsrechte, Kundenlisten oder vergleichbaren immateriellen Vermögensgegenstände des Anlagevermögens, ist selbst dann nicht zulässig, wenn sie einen nicht unerheblichen Wert verkörpern und ein Verwertungserlös im Rahmen der Abwicklung mit realistischer Wahrscheinlichkeit zu erwarten ist.[77]

In der Literatur wird vereinzelt die Ansicht vertreten, dass jedoch die Möglichkeit besteht, die potentiellen Erlöse aus der Veräußerung von nicht entgeltlich erworbenen immateriellen Vermögensgegenständen, die nicht aktiviert wurden, bei der Bemessung einer Rückstellung für Abwicklungskosten zu berücksichtigen.[78] Mangels hinreichender Konkretisierung der potentiellen Veräußerungserlöse und unter Berücksichtigung des Saldierungsverbots gem. § 246 Abs. 2 HGB iVm § 270 Abs. 2 S. 2 (→ Rn. 49) ist diese Ansicht jedoch abzulehnen (→ Rn. 57). 54

Für nicht entgeltlich erworbene immaterielle Vermögensgegenstände, die bis zur Auflösung zum Anlagevermögen zählten, jedoch nicht aktiviert wurden und die fortan nicht mehr betriebsnotwendig sind, besteht **keine** Möglichkeit zur **(Nach-)Aktivierung im Umlaufvermögen** iSv § 270 Abs. 2 S. 3, da sich deren Wert nicht objektiv ermitteln lässt.[79] 55

Der Rückstellungskatalog gem. § 249 HGB iVm § 270 Abs. 2 S. 2 gilt auch im Rahmen der Abwicklung als abschließend; darüber hinaus dürfen gem. § 249 Abs. 2 S. 1 HGB iVm § 270 Abs. 2 S. 2 **keine weiteren Rückstellungen** gebildet werden. Demzufolge dürfen auch während der Abwicklung ausschließlich konkrete Rückstellungen für zB Leistungen aufgrund eines Sozialplans[80] angesetzt werden. Dies stellt eine Verschärfung zum früheren Aktienrecht dar, welches auch die Bildung einer pauschalen Rückstellung für Abwicklungskosten anerkannte.[81] 56

In der aktuellen Literatur wird vereinzelt die Auffassung vertreten, dass sich durch die Abwicklung ein **neuer Rückstellungssachverhalt**, in Form von **Abwicklungskosten**, ergeben kann, **die nicht durch Überschüsse aus der Abwicklung gedeckt sind**.[82] Dies impliziert die Saldierung von potentiellen Abwicklungserlösen mit potentiellen Abwicklungsaufwendungen, und im Falle eines Aufwandsüberhangs wäre eine Rückstellung für drohende Abwicklungsverluste zu bilden.[83] Diese Verrechnung mit künftigen nicht realisierten Erträgen verstößt gegen das Saldierungsverbot gem. § 246 Abs. 2 HGB iVm § 270 Abs. 2 S. 2 (→ Rn. 49). Abgesehen davon sind pauschale Rückstellungen für künftige Fehlbeträge aus der Abwicklung, aufgrund mangelnder Objektivierbarkeit, nicht zulässig.[84] 57

Die Bildung einer Rückstellung für die **Vergütungen der Abwickler** ist ausgeschlossen, da deren wirtschaftliche Verursachung erst im bevorstehenden Abwicklungszeitraum liegt.[85] 58

Für **Sonderposten mit Rücklageanteil** gem. § 247 Abs. 3 und 273 S. 1 HGB aF galt im Rahmen der Abwicklung ein generelles Bilanzierungsverbot (zu Einzelheiten → 1. Aufl. 2007, Rn. 57).[86] Mit Aufgabe der umgekehrten Maßgeblichkeit nach § 5 Abs. 1 S. 1 Hs. 2 EStG aF im Rahmen des BilMoG wurde die Vorschrift obsolet und insofern aus dem HGB gestrichen.[87] Allerdings können nach Art. 67 Abs. 3 EGHGB bereits bestehende Sonderposten mit Rücklageanteil 59

---

[77] *Scherrer/Heni*, Liquidations-Rechnungslegung, 3. Aufl. 2009, 59 f.; ähnlich zur alten Rechtslage Budde/Förschle/Winkeljohann/*Förschle/Deubert*, Sonderbilanzen, 4. Aufl. 2008, T Anm. 115; *ADS* Rn. 34.
[78] *ADS* Rn. 34.
[79] *Scherrer/Heni* DStR 1992, 800; *Förster/Döring*, Liquidationsbilanz, 4. Aufl. 2005, Rn. 87; Budde/Förschle/Winkeljohann/*Förschle/Deubert*, Sonderbilanzen, 4. Aufl. 2008, T Anm. 115; *ADS* Rn. 34; aA *Sarx* FS Forster, 1992, 547 (553).
[80] BeBiKo/*Schubert* HGB § 249 Rn. 100 mwN.
[81] *Adler*, Die Abwicklungsbilanzen der Kapitalgesellschaft, 2. Aufl. 1956, 70 f.; *Forster* FS Knorr, 1968, 82.
[82] *ADS* Rn. 35.
[83] *ADS* Rn. 52.
[84] Budde/Förschle/Winkeljohann/*Förschle/Deubert*, Sonderbilanzen, 4. Aufl. 2008, T Rn. 125; MüKoAktG/*Koch* Rn. 34; aA *ADS* Rn. 52.
[85] Budde/Förschle/Winkeljohann/*Förschle/Deubert*, Sonderbilanzen, 4. Aufl. 2008, T Anm. 127.
[86] *Scherrer/Heni* DStR 1992, 800; *Förster/Döring*, Liquidationsbilanz, 4. Aufl. 2005, Rn. 88; *Sarx* FS Forster, 1992, 547 (553); *ADS* Rn. 37.
[87] BT-Drs. 16/10 067, 49.

unter Anwendung der für sie bis dato geltenden Vorschriften grundsätzlich beibehalten werden. Bestehen aus der werbenden Gesellschaft Sonderposten mit Rücklageanteil für steuerbegünstigte Rücklagen nach zB § 6b EStG oder R 6.6 EStR, so ist im Rahmen der Abwicklung der Eigenkapitalanteil in den Gewinnvortrag einzustellen und eine Rückstellung für latente Steuern gem. § 274 Abs. 1 HGB zu bilden, um zukünftige Ertragsteuerbelastungen zu kompensieren. Vor dem Hintergrund der bevorstehenden Abwicklung führt der Sonderposten mit Rücklageanteil lediglich zu einer temporären Steuerfreiheit, was faktisch nur eine Steuerstundung zur Folge hat.[88]

60   dd) **Bilanzierungswahlrechte während der Abwicklung.** Mit dem BilMoG wurde das Wahlrecht zur Aktivierung von **Aufwendungen für die Ingangsetzung und Erweiterung des Geschäftsbetriebs** als Bilanzierungshilfe gem. § 269 HGB aF aufgehoben, jedoch dürfen nach Art. 67 Abs. 5 EGHGB bestehende Bilanzierungshilfen unter Anwendung der für sie bis dato geltenden Vorschriften fortgeführt werden. Noch nicht vollständig abgeschriebene Ingangsetzungs- oder Erweiterungsaufwendungen können auch während der Abwicklung weiter fortgeführt werden, sofern der Geschäftsbetrieb zunächst aufrechterhalten wird und die ausstehenden Abschreibungen durch zu erwartende Erträge aus dem Geschäftsbetrieb gedeckt sind.[89] Ist dies nicht der Fall oder ist die Aktivierung, insbesondere im Hinblick auf die bevorstehende Auflösung, als Fehlmaßnahme einzustufen, hat eine sofortige und vollständige Abschreibung zu Lasten des Ergebnisses der aufzulösenden werbenden Gesellschaft zu erfolgen.[90]

61   Aufgrund der besonderen Bedingungen während der Abwicklung muss ein Abgrenzungsposten für den Überhang an **aktiven latenten Steuern** gem. § 274 Abs. 1 S. 2 und 3 HGB, um den Ausweis des Steueraufwands in der Handelsbilanz an das handelsrechtliche Ergebnis anzugleichen, außer Ansatz bleiben.[91]

62   Grundsätzlich gilt die allgemeine Vorschrift für die Bildung eines **aktiven Rechnungsabgrenzungspostens** gem. § 250 Abs. 1 S. 1 HGB iVm § 270 Abs. 2 S. 2 auch während der Abwicklung. Neben der grundsätzlichen Fortgeltung der allgemeinen Vorschrift bleibt auch das Wahlrecht zur Aktivierung eines Rechnungsabgrenzungspostens für ein Disagio aus der Aufnahme eines Kredits gem. § 250 Abs. 3 S. 1 HGB während der Abwicklung bestehen;[92] die Aktivierungswahlrechte hinsichtlich Zölle und Verbrauchsteuern sowie Umsatzsteuer auf Anzahlungen wurden durch das BilMoG aufgehoben.[93] Unter Umständen muss der Auflösungszeitraum des aktiven Rechnungsabgrenzungspostens verkürzt werden, wenn das Ende der Abwicklung vor dem planmäßigen Ende der Auflösung liegt.[94]

63   **Passive Rechnungsabgrenzungsposten** sind gem. § 250 Abs. 2 HGB iVm § 270 Abs. 2 S. 2 auch im Rahmen der Abwicklung zu bilden.[95] Eine Verkürzung des Auflösungszeitraums kann auch bei passiven Rechnungsabgrenzungsposten notwendig werden. Entfällt die Leistungspflicht infolge der Abwicklung vollständig oder teilweise und ist dies nicht mit einer entsprechenden Rückzahlungsverpflichtung verbunden, ist ein passiver Rechnungsabgrenzungsposten in der Abwicklungseröffnungsbilanz entsprechend aufzulösen.[96]

64   Die Passivierungswahlrechte gem. § 249 Abs. 1 S. 3 und Abs. 2 HGB aF für so genannte **Aufwandsrückstellungen** wurden durch das BilMoG gestrichen. Nach Art. 67 Abs. 3 EGHGB können bereits bestehende Aufwandsrückstellungen – auch teilweise – beibehalten werden. Die Fortführung einer bestehenden Aufwandsrückstellung kommt auch während der Abwicklung grundsätzlich weiterhin in Betracht (zu Einzelheiten → 1. Aufl. 2007, Rn. 64).[97] Die Passivierungspflicht für Verbindlichkeiten im bilanzrechtlichen Sinne besteht auch während der Abwicklung unverändert fort. Entfallen die Gründe für die Rückstellungsbildung, ist gem. § 249 Abs. 2 S. 2 HGB eine Auflösung der Rückstellung zwingend erforderlich.

65   Im Rahmen der Abwicklung sind **Rückstellungen für laufende Pensionen, Pensionsanwartschaften und ähnliche Verpflichtungen (zB Altersteilzeit)** vollständig zu passivieren. Das hat zur Folge, dass das Passivierungswahlrecht gem. Art. 28 Abs. 1 EGHGB, für vor 1987 erteilte unmittelbare Pensionszusagen und mittelbare Pensionsverpflichtungen sowie ähnliche unmittelbare oder

---

[88] Budde/Förschle/Winkeljohann/*Förschle/Deubert,* Sonderbilanzen, 4. Aufl. 2008, T Anm. 132; *ADS* Rn. 37.
[89] *Sarx* FS Forster, 1992, 547 (555); *ADS* Rn. 38.
[90] Budde/Förschle/Winkeljohann/*Förschle/Deubert,* Sonderbilanzen, 4. Aufl. 2008, T Anm. 117.
[91] *ADS* Rn. 40.
[92] Budde/Förschle/Winkeljohann/*Förschle/Deubert,* Sonderbilanzen, 4. Aufl. 2008, T Anm .116; *ADS* Rn. 41.
[93] BT-Drs. 16/10067, 51.
[94] *Scherrer/Heni* DStR 1992, 801; Budde/Förschle/Winkeljohann/*Förschle/Deubert,* Sonderbilanzen, 4. Aufl. 2008, T Anm. 116; *ADS* Rn. 41.
[95] *Scherrer/Heni* DStR 1992, 801; *Sarx* FS Forster, 1992, 547 (555).
[96] Budde/Förschle/Winkeljohann/*Förschle/Deubert,* Sonderbilanzen, 4. Aufl. 2008, T Anm. 133.
[97] *Sarx* FS Forster, 1992, 547 (554); *ADS* Rn. 42.

mittelbare Verpflichtungen, während der Abwicklung nicht fortbesteht und diese Verpflichtungen ebenfalls der Passivierungspflicht unterliegen.[98] Durch die bevorstehende Abwicklung entfällt die grundlegende Annahme des Art. 28 EGHGB, dass die ungewisse Last künftiger Pensionsverpflichtungen durch Erträge in der Zukunft ausgeglichen wird.[99] Ohne die Sonderregelung in Art. 28 Abs. 1 EGHGB wären die dort aufgeführten Verpflichtungen bilanzrechtlich als Verbindlichkeiten zu qualifizieren und gem. § 249 Abs. 1 HGB generell bilanzierungspflichtig.[100]

d) Bewertungsfragen. aa) Vorbemerkung. Mit der Umsetzung des Bilanzrichtlinien-Gesetzes 66 (→ Rn. 8 ff.) und der damit verbundenen Neufassung des § 270 Abs. 2 ergaben sich wesentliche Änderungen hinsichtlich der Bewertung gegenüber früherem Recht. Das bis dato anerkannte **Prinzip der Neubewertung,** das eine Bewertung der Vermögensgegenstände mit den Veräußerungserlösen statt dem Buchwert zuließ, verlor seine Gültigkeit und musste den generellen **Bewertungsvorschriften des HGB** weichen, was sich aus der entsprechenden Anwendung der Jahresabschlussvorschriften gem. § 270 Abs. 2 S. 2 ergibt. Die entsprechende Anwendung der allgemeinen Bewertungsgrundsätze gem. §§ 252 ff. und 264 Abs. 2 HGB während der Abwicklung führt zu Bewertungen, die grundsätzlich den Bewertungen in den bisherigen Jahresabschlüssen der werbenden Gesellschaft entspricht; damit wird die Kontinuität der geschäftlichen Verhältnisse vor und nach der Abwicklung als Regelfall angenommen.

bb) Going-Concern-Vermutung. Der in § 252 Abs. 1 Nr. 2 HGB kodifizierte Grundsatz der 67 Unternehmensfortführung (Going-Concern-Prinzip) besagt, dass bei der Bewertung von der **Fortführung der Unternehmenstätigkeit** auszugehen ist, sofern dem nicht tatsächliche oder rechtliche Gegebenheiten entgegenstehen. Was unmittelbar die Frage aufwirft, inwieweit die bevorstehende Abwicklung bzw. Auflösung einer Unternehmensfortführung entgegensteht und damit die Übernahme der Bewertungsvorschriften für die Abwicklung nach § 270 Abs. 2 S. 2 einschränkt.

Der Regierungsbegründung zur Änderung des § 270 durch das BiRiLiG (→ Rn. 8 ff. und 68 → Rn. 29) kann entnommen werden, dass die Unternehmensauflösung als solche grundsätzlich keine rechtliche Gegebenheit im Sinne des § 252 Abs. 1 Nr. 2 HGB darstellt, die einer Unternehmensfortführung entgegensteht; denn die Abwicklung führe nur ausnahmsweise zur sofortigen Einstellung des Geschäftsbetriebs.[101] Darüber hinaus setzt die mit der Auflösung einhergehende Änderung des Gesellschaftszwecks der Fortführung keine festen Grenzen sondern erachtet sie grundsätzlich als zulässig, soweit sie dem Abwicklungszweck dient. Nach hM wird daher heute für die Abwicklung die **Unternehmensfortführung als Regelfall** angenommen und lediglich in Ausnahmefällen die Anwendung des § 252 Abs. 1 Nr. 2 HGB als ungerechtfertigt angesehen.[102]

Somit können grundsätzlich sämtliche Ansatz- und Bewertungsvorschriften, die sich auf das 69 Fortführungsprinzip stützen, auch im Rahmen der Abwicklung weiterhin angewendet werden; dazu zählen zum Beispiel: die planmäßige Abschreibung der beweglichen abnutzbaren Anlagegegenstände über ihre voraussichtliche Restnutzungsdauer, das gemilderte Niederstwertprinzip für die Bewertung des Anlagevermögens und die Bildung von Rechnungsabgrenzungsposten.

Zu den **rechtlichen Gegebenheiten, die eine Fortführung** des Unternehmens definitiv **aus-** 70 **schließen,** gehören: die Auflösung durch Urteil gem. § 396 bei Gefährdung des Gemeinwohls, die Löschung wegen Vermögenslosigkeit gem. § 394 FamFG iVm § 262 Abs. 1 Nr. 6, die Aufhebung des Insolvenzverfahrens im Anschluss an die Schlussverteilung gem. § 200 InsO, die Einstellung mangels kostendeckender Masse gem. § 207 InsO, die Anzeige der Masseunzulänglichkeit gem. § 211 InsO und die Ablehnung der Eröffnung des Insolvenzverfahrens mangels kostendeckender Masse gem. § 26 InsO iVm § 262 Abs. 1 Nr. 4.[103]

Von **der Unternehmensfortführung** ist regelmäßig auch dann nicht auszugehen, wenn **tatsäch-** 71 **liche Gegebenheiten** dem **entgegenstehen.** In diesem Zusammenhang ist als tatsächliche Gegebenheit die Einstellung des Geschäftsbetriebs zu verstehen; wobei das Kriterium „Einstellung des Geschäftsbetriebs" weder in sachlicher noch in zeitlicher Hinsicht konkretisiert ist. Die mangelnde

---

[98] HM *Förster/Grönwoldt* BB 1987, 580; Budde/Förschle/Winkeljohann/*Förschle/Deubert,* Sonderbilanzen, 4. Aufl. 2008, T Anm 130; aA *Sarx* FS Forster, 1992, 547 (554 f.).
[99] HM *Forster* FS Knorr, 1968, 77 (81); Budde/Förschle/Winkeljohann/*Förschle/Deubert,* Sonderbilanzen, 4. Aufl. 2008, T Anm 130; *ADS* Rn. 43; GHEK/*Hüffer* Rn. 27.
[100] *ADS* Rn. 43.
[101] RegE mit Begr.: BT-Drs. 10/317, 107.
[102] HM *Scherrer/Heni* DStR 1992, 799; *Scherrer/Heni* WPg 1996, 684 f.; *Förschle/Deubert* DStR 1996, 1746 f.; *Scherrer/Heni,* Liquidations-Rechnungslegung, 3. Aufl. 2009, 85 ff.; *Sarx* FS Forster, 1992, 547 (552 ff.); GHEK/ *Hüffer* Rn. 22; MüKoAktG/*Koch* Rn. 31; *ADS* Rn. 48 ff.; Budde/Förschle/Winkeljohann/*Förschle/Deubert,* Sonderbilanzen, 4. Aufl. 2008, T Anm 145; aA Kölner Komm AktG/*Kraft* Rn. 7.
[103] MüKoAktG/*Koch* Rn. 32.

Objektivierbarkeit dieses Kriteriums eröffnet den Abwicklern regelmäßig nicht unerhebliche Ermessensspielräume, da die Betriebseinstellung in der Regel in Form eines fließenden Übergangs von der werbenden Tätigkeit zur Vermögensverwertung verläuft.

72   Sofern die Geschäftstätigkeit noch für einen absehbaren Zeitraum, mindestens jedoch für ein Geschäftsjahr, aufrechterhalten wird, um zB die eingeleiteten Geschäfte abzuwickeln, kann auch am Fortführungsprinzip festgehalten werden.[104] Letztendlich sind die vorliegenden Verhältnisse am Bilanzstichtag im Einzelfall zu beurteilen, wobei berücksichtigt werden muss, ob eine Veräußerung des Gesamtunternehmens bzw. von Betriebsteilen oder eine Einzelveräußerung der Vermögensgegenstände angestrebt wird, und welcher zeitliche Abstand zum Auflösungsstichtag besteht.[105]

73   Für einen Teil der betroffenen Unternehmen gilt die Fortführung des Unternehmens generell als problematisch und bildet damit gleichzeitig den Grund für die Unternehmensauflösung und die anschließende Abwicklung. Bei diesen Unternehmen wird die Einstellung des Geschäftsbetriebs von vornherein so überschaubar sein, dass der Grundsatz der Unternehmensfortführung bereits zu Abwicklungsbeginn nicht mehr angewendet werden kann.[106]

74   **cc) Einzelfragen zur Bewertung während der Abwicklung.** Ein Streitpunkt besteht hinsichtlich der Anwendbarkeit des Grundsatzes der **Bilanzidentität** gem. § 252 Abs. 1 Nr. 1 HGB im Übergang von der letzten Schlussbilanz der werbenden Gesellschaft zur Abwicklungseröffnungsbilanz. In der Literatur wird überwiegend die Meinung vertreten, dass der Grundsatz der Bilanzidentität in diesem Fall nicht angewendet werden kann, da materielle Differenzen zwischen den Bilanzen nicht ausgeschlossen sind.[107] Dagegen wird argumentiert, dass die Abwicklung in der Regel nicht plötzlich eintritt, sondern sich vielmehr über einen längeren Zeitraum abzeichne, was bereits in den Bilanzen vor der Abwicklungseröffnungsbilanz zu entsprechenden Bilanzierungen führe und daher aus wirtschaftlichen Gesichtspunkten eine Unterbrechung des Bilanzzusammenhangs nicht rechtfertige.[108] Diese Auffassung beschreibt den Normalfall, dennoch kann es in Einzelfällen zu Abweichungen zwischen Schlussbilanz und Abwicklungseröffnungsbilanz kommen (→ Rn. 17 f.). Demzufolge ist die generelle Anwendung des Grundsatzes der Bilanzidentität gem. § 252 Abs. 1 Nr. 1 HGB beim Übergang von der letzten Jahresabschluss der werbenden Gesellschaft zur Abwicklungseröffnungsbilanz nicht möglich. Durch den Grundsatz der Bilanzidentität soll vermieden werden, dass einzelne Aufwendungen und Erträge ausgegrenzt werden, mit dem Ziel, die damit verbundene Manipulation von Ausschüttungen zu verhindern. Dieser Schutzgedanke ist aufgrund der generellen Ausschüttungssperre während der Abwicklung gem. § 272 nicht weiter relevant.[109]

75   Die Fortgeltung des Bilanzidentitätsprinzips für die folgenden Schluss- und Eröffnungsbilanzen während der Abwicklung ist hingegen unstrittig.[110]

76   Das **Prinzip der Einzelbewertung** von Vermögensgegenständen und Schulden gem. § 252 Abs. 1 Nr. 3 HGB ist auch in der Abwicklungseröffnungsbilanz und den zeitlich nachfolgenden Bilanzen uneingeschränkt beizubehalten. Folglich gilt die Verrechnung von Wertminderungen einzelner Vermögensgegenstände mit unrealisierten Wertsteigerungen anderer Vermögensgegenstände auch im Rahmen der Abwicklung generell als unzulässig (→ Rn. 54, 57). Eine Durchbrechung des Einzelbewertungsprinzips kann auch nicht mit einer hinlänglich sicheren Gesamtveräußerung des Unternehmens gerechtfertigt werden. Vom Einzelbewertungsprinzip ausgenommen sind lediglich die mit dem BilMoG eingeführten Bewertungseinheiten nach § 254 HGB, die grundsätzlich auch während der Abwicklung gebildet bzw. fortgeführt werden dürfen, sofern dem nicht durch die Abwicklung bedingte zeitliche oder sachliche Gründe entgegenstehen. Die Bewertungsvereinfachungen gem. § 240 Abs. 3 und 4 HGB iVm § 256 S. 2 HGB bleiben während der Abwicklung unverändert anwendbar.[111]

77   Gemäß § 252 Abs. 1 Nr. 4 HGB iVm § 270 Abs. 2 S. 2 ist auch während der Abwicklung generell vorsichtig zu bewerten; dh im Zweifel ist ein eher vorsichtiger Wertansatz zu wählen. Die Konkretisierung des allgemeinen **Vorsichtsprinzips** durch das **Realisations- und das Imparitätsprinzip** besteht während der Abwicklung fort. Demnach dürfen auch während der Abwicklung Gewinne

---

[104] Budde/Förschle/Winkeljohann/*Förschle/Deubert*, Sonderbilanzen, 4. Aufl. 2008, T Anm. 145. Von einem Zeitraum bis zu zwei Jahren ausgehend: *ADS* Rn. 50.
[105] *Förschle/Deubert* DStR 1996, 1746 f.; Budde/Förschle/Winkeljohann/*Förschle/Deubert*, Sonderbilanzen, 4. Aufl. 2008, T Anm. 145.
[106] *Schmidt* ZHR-Beiheft 64, 1989, 43; *ADS* Rn. 51; GHEK/*Hüffer* Rn. 23.
[107] MüKoAktG/*Koch* Rn. 9; *Scherrer/Heni*, Liquidations-Rechnungslegung, 3. Aufl. 2009, 83; *ADS* Rn. 45.
[108] Budde/Förschle/Winkeljohann/*Förschle/Deubert* Sonderbilanzen, 4. Aufl. 2008, T Anm. 143 f.
[109] *Scherrer/Heni*, Liquidations-Rechnungslegung, 3. Aufl. 2009, 84.
[110] *ADS* Rn. 45.
[111] MüKoAktG/*Koch* Rn. 37; Budde/Förschle/Winkeljohann/*Förschle/Deubert*, Sonderbilanzen, 4. Aufl. 2008, T Anm. 149; aA hinsichtlich Saldierung von Wertminderungen und -steigerungen *ADS* Rn. 52.

nur berücksichtigt werden, sofern sie am Stichtag realisiert sind (§ 252 Abs. 1 Nr. 4 Hs. 2 HGB iVm § 270 Abs. 2 S. 2). Hingegen müssen weiterhin alle vorhersehbaren Risiken und Verluste, die bis zum Stichtag entstanden sind, selbst wenn diese erst zwischen Auflösungsstichtag und dem Tag der Aufstellung der Abwicklungseröffnungsbilanz bekannt werden, berücksichtigt werden. Diese Prinzipien sollen einen möglichst willkürfreien Bilanzansatz und ein anhand nachprüfbarer Kriterien vorsichtig ermitteltes Mindestabwicklungsergebnis sicherstellen.[112]

Der auf dem Vorsichtsprinzip aufbauende **Grundsatz der Periodenabgrenzung** gem. § 252 Abs. 1 Nr. 5 HGB ist zunächst auch auf die Jahresabschlüsse während der Abwicklung anzuwenden, jedoch erfährt er durch den Abwicklungszweck bedingte Einschränkungen und verliert mit fortschreitender Abwicklung an Bedeutung.[113] **78**

Eine wesentliche Auswirkung des Vorsichtsprinzips ist die Bindung an die um Abschreibungen verminderten Anschaffungs- oder Herstellungskosten als Wertansatz für Vermögensgegenstände, soweit nicht außerplanmäßige Umstände eine niedrigere Wertfestsetzung erfordern.[114] Mit der Aufhebung der Option zur Neubewertung von Aktiva im Rahmen der Abwicklung (→ Rn. 66) wurde das **Anschaffungswertprinzip** gem. § 253 Abs. 1 S. 1 HGB als Bewertungsgrundsatz für die Abwicklung übernommen. Dem Anschaffungswertprinzip gem. § 253 Abs. 1 S. 1 HGB folgend bilden somit die um planmäßige Abschreibungen verminderten Anschaffungs- bzw. Herstellungskosten die absolute Obergrenze für alle Wertansätze in der Abwicklungseröffnungsbilanz und den folgenden Jahresabschlüssen; eine Neubewertung mit den höheren potentiellen Veräußerungswerten ist seitdem ausgeschlossen.[115] **79**

Soweit keine begründeten Ausnahmen iSv § 252 Abs. 2 HGB vorliegen, sind gem. § 252 Abs. 1 Nr. 6 HGB iVm § 270 Abs. 2 S. 2 die bisher angewandten Bewertungsmethoden während der Abwicklung beizubehalten, um die Vergleichbarkeit aufeinanderfolgender Bilanzen auch weiterhin zu gewährleisten. Abweichungen vom Grundsatz der **Bewertungsstetigkeit** sind gem. § 284 Abs. 2 Nr. 3 HGB iVm § 270 Abs. 2 S. 2 im Zusammenhang mit der Abwicklungseröffnungsbilanz im Erläuterungsbericht und in den nachfolgenden Jahresabschlüssen im Anhang anzugeben und zusätzlich deren Auswirkungen auf die Vermögenslage gesondert darzustellen.[116] Die Umbewertungen gem. § 270 Abs. 2 S. 3 (→ Rn. 81 ff.) oder die Verkürzung der Restnutzungsdauer von Vermögensgegenständen führen zu Ausnahmen von der Bewertungsstetigkeit, die auf die Abwicklung zurückzuführen sind.[117] Im Ergebnis stellt die Auflösung der Gesellschaft an sich eine Ausnahme gem. § 252 Abs. 2 HGB dar, was die Möglichkeit eröffnet, in der Abwicklungseröffnungsbilanz Bewertungswahlrechte neu auszuüben, sofern damit eine zutreffende Abbildung der Vermögensverhältnisse angesichts der Abwicklung erreicht wird.[118] **80**

dd) Umbewertungen des Anlagevermögens. Durch die fortschreitende Abwicklung verliert das Anlagevermögen nach und nach seine Funktion, der Fortführung des Unternehmens zu dienen, und steht in Folge dessen wie Umlaufvermögen zur Veräußerung. Mit der in § 270 Abs. 2 S. 3 kodifizierten Bewertungsregel soll diese Besonderheit, die sich aus der Abwicklung ergibt, berücksichtigt werden, was letztlich in **zwei Fällen** zu einer gesetzlichen Ausnahme von den Bewertungsgrundsätzen gem. §§ 252 ff. HGB führt. Im ersten Fall sind Vermögensgegenstände des Anlagevermögens, deren Veräußerung innerhalb eines übersehbaren Zeitraums beabsichtigt ist, wie Umlaufvermögen zu bewerten. Hiermit ist nicht zwingend eine Umgliederung der Vermögensgegenstände verbunden (→ Rn. 39). Im zweiten Fall sind Vermögensgegenstände des Anlagevermögens, die nicht mehr dem Geschäftsbetrieb dienen, ebenfalls wie Umlaufvermögen zu bewerten, was sich jedoch bereits aus der Notwendigkeit zur Umgliederung gem. § 247 Abs. 2 HGB iVm § 270 Abs. 2 S. 2 ergibt (→ Rn. 38). Dies gilt sowohl für die Abwicklungseröffnungsbilanz als auch für die Jahresabschlüsse während der Abwicklung. **81**

Bei der ersten Fallgruppe des § 270 Abs. 2 S. 3 ist die **Umbewertung an eine Veräußerungsabsicht gekoppelt,** die zwei Dimensionen umfasst. Zum einen die Absicht zur Veräußerung der Vermögensgegenstände des Anlagevermögens an sich, welche grundsätzlich nicht in Frage gestellt **82**

---

[112] *Scherrer/Heni,* Liquidations-Rechnungslegung, 3. Aufl. 2009, 92 ff.
[113] *ADS* Rn. 47.
[114] MüKoAktG/*Koch* Rn. 38.
[115] *Scherrer/Heni,* Liquidations-Rechnungslegung, 3. Aufl. 2009, 102 f.; *Sarx* FS Forster, 1992, 547 (549); Budde/Förschle/Winkeljohann/*Förschle/Deubert,* Sonderbilanzen, 4. Aufl. 2008, T Anm. 141; zur Kritik des Anschaffungswertprinzips bei Abwicklungsbilanzen *Moxter* WPg 1982, 473 ff.
[116] Budde/Förschle/Winkeljohann/*Förschle/Deubert,* Sonderbilanzen, 4. Aufl. 2008, T Anm. 152; *ADS* Rn. 53.
[117] MüKoAktG/*Koch* Rn. 39.
[118] *Sarx* FS Forster, 1992, 547 (557); Budde/Förschle/Winkeljohann/*Förschle/Deubert,* Sonderbilanzen, 4. Aufl. 2008, T Anm. 152; *ADS* Rn. 53.

werden muss, da gem. § 268 Abs. 1 die Versilberung zu den Pflichten der Abwickler zählt.[119] Zum anderen die Verknüpfung mit dem subjektiven Tatbestandsmerkmal des „übersehbaren Zeitraums", dessen Länge jedoch nicht näher definiert ist. In der Literatur besteht Einigkeit darüber, dass der „übersehbare Zeitraum" in jedem Fall ein Jahr umfasst;[120] ob zur Erfüllung des Tatbestandsmerkmals auch längere Zeiträume genügen können, ist jedoch strittig.[121] Da die Veräußerungsabsicht kein intersubjektiv nachprüfbares Kriterium darstellt, ist eine Umbewertung anzuerkennen, solange eine Veräußerung in einem übersehbaren Zeitraum nicht unplausibel erscheint. Wenn jedoch tatsächliche Gegebenheiten gegen eine Veräußerungsabsicht sprechen, obliegt es den Abwicklern, die Veräußerungsabsicht nachzuweisen.

83 Bei der zweiten Fallgruppe des § 270 Abs. 2 S. 3 ist die **Umbewertung an eine Funktionsaufgabe gekoppelt;** dh wenn Vermögensgegenstände des Anlagevermögens nicht mehr dem Geschäftsbetrieb dienen. Davon ist zunächst auszugehen, wenn der Betrieb oder Teilbetrieb stillgelegt wird oder aber auch, wenn einzelne Anlagen stillgelegt werden oder wenn Grundstücke gehalten werden, die ursprünglich für eine Betriebserweiterung vorgesehen waren.[122] Des Weiteren dienen Beteiligungen iSv § 271 Abs. 1 S. 1 HGB in der Regel erst dann nicht mehr dem Geschäftsbetrieb, wenn der eigene Betrieb endgültig eingestellt wird und nicht bereits im Auflösungszeitpunkt.[123]

84 Sofern Vermögensgegenstände des Anlagevermögens einer der beiden Fallgruppen zugerechnet werden, müssen sie gem. § 270 Abs. 2 S. 3 wie Umlaufvermögen bewertet werden. Als Folge dieser Umbewertung ist fortan das **strenge Niederstwertprinzip** anzuwenden; dh es sind Abschreibungen gem. § 253 Abs. 4 HGB vorzunehmen. In den seltensten Fällen existieren Börsen- oder Marktpreise iSv § 253 Abs. 4 S. 1 HGB für Vermögensgegenstände des Anlagevermögens, somit kommen vor allem Abschreibungen auf den „beizulegenden Wert" gem. § 253 Abs. 4 S. 2 HGB in Betracht. Im Rahmen der Abwicklung können die Wiederbeschaffungskosten bei der Ermittlung des beizulegenden Wertes nicht herangezogen werden, da dieser Wertansatz im Widerspruch zum Sinn und Zweck der Abwicklungseröffnungsbilanz und deren Folgebilanzen steht (vgl. auch § 268 Abs. 1 S. 1).[124] Stattdessen ist als beizulegender Wert der am Absatzmarkt erzielbare Veräußerungspreis, abzüglich der noch anfallenden Veräußerungskosten, anzusetzen.[125]

85 Soweit Vermögensgegenstände des Anlagevermögens auf nicht absehbare Zeit – in jedem Fall länger als ein Jahr (→ Rn. 82) – in der Gesellschaft weiter genutzt werden, sind sie in der Abwicklungseröffnungsbilanz und den zeitlich folgenden Jahresabschlüssen mit den fortgeführten Anschaffungskosten gem. § 253 Abs. 3 HGB zu bewerten. Dh diese Vermögensgegenstände sind weiterhin planmäßig abzuschreiben, sofern nicht eine voraussichtlich dauernde Wertminderung iSv § 253 Abs. 3 S. 3 HGB eintritt (→ Rn. 69). Finanzanlagen können gem. § 253 Abs. 3 S. 4 HGB auch bei voraussichtlich nicht dauernder Wertminderung außerplanmäßig abgeschrieben werden. Durch die Abwicklung kann es jedoch erforderlich werden, die planmäßigen Abschreibungen in Bezug auf eine geänderte Restnutzungsdauer und einen geänderten (Rest-)Veräußerungserlös zu überprüfen und ggf. anzupassen.[126]

86 **ee) Wertaufholung.** Im Hinblick auf eine Wertaufholung gelten die allgemeinen Vorschriften gem. § 253 Abs. 5 S. 1 HGB iVm § 270 Abs. 2 S. 2 auch während der Abwicklung fort. Nach Umsetzung des BilMoG sind **Zuschreibungen** künftig generell vorzunehmen, wenn sich in einem späteren Geschäftsjahr herausstellt, dass die Gründe, die zu einer außerplanmäßigen Abschreibung gem. § 253 Abs. 3 S. 3 oder 4 und Abs. 4 HGB geführt haben, nicht mehr bestehen. Die um planmäßige Abschreibungen verminderten Anschaffungs- oder Herstellungskosten gelten auch im Rahmen der Abwicklung als Obergrenze für die Zuschreibung. Darüber hinaus ist es unzulässig,

---

[119] *Scherrer/Heni*, Liquidations-Rechnungslegung, 3. Aufl. 2009, 98 ff.; Budde/Förschle/Winkeljohann/*Förschle/Deubert*, Sonderbilanzen, 4. Aufl. 2008, T Anm. 156, MüKoAktG/*Koch* Rn. 41; *ADS* Rn. 58.
[120] *Scherrer/Heni*, Liquidations-Rechnungslegung, 3. Aufl. 2009, 99 f.; MüKoAktG/*Koch* Rn. 41; *ADS* Rn. 58; Budde/Förschle/Winkeljohann/*Förschle/Deubert*, Sonderbilanzen, 4. Aufl. 2008, T Anm. 156.
[121] Zur Diskussion stehen auch 2 Jahre – *ADS* Rn. 58; oder 4 Jahre – *Förster*, Liquidationsbilanz, 2. Aufl. 1992, 28 (nicht mehr in der aktuellen Auflage *Förster/Döring*, Liquidationsbilanz, 4. Aufl. 2005, Rn. 103 ff.).
[122] Budde/Förschle/Winkeljohann/*Förschle/Deubert*, Sonderbilanzen, 4. Aufl. 2008, T Anm. 157; *Sarx* FS Forster, 1992, 547 (557).
[123] Budde/Förschle/Winkeljohann/*Förschle/Deubert*, Sonderbilanzen, 4. Aufl. 2008, T Anm. 157; MüKoAktG/*Koch* Rn. 42.
[124] *Scherrer/Heni*, Liquidations-Rechnungslegung, 3. Aufl. 2009, 98 ff.; Budde/Förschle/Winkeljohann/*Förschle/Deubert*, Sonderbilanzen, 4. Aufl. 2008, T Anm. 158; MüKoAktG/*Koch* Rn. 43.
[125] HM *Scherrer/Heni* DStR 1992, 803; *ADS* Rn. 57; Budde/Förschle/Winkeljohann/*Förschle/Deubert*, Sonderbilanzen, 4. Aufl. 2008, T Anm. 158; MüKoAktG/*Koch* Rn. 43.
[126] *Förschle/Deubert* DStR 1996, 1747 f.; *Sarx* FS Forster, 1992, 547 (557); Budde/Förschle/Winkeljohann/*Förschle/Deubert*, Sonderbilanzen, 4. Aufl. 2008, T Anm. 159.

den Wertansatz von Vermögensgegenständen in der Abwicklungseröffnungsbilanz und in den zeitlich folgenden Jahresabschlüssen mit der Begründung zu erhöhen, dass die entsprechenden Vermögensgegenstände einen höheren Zeitwert aufweisen (→ Rn. 79).[127]

e) Erläuterungsbericht zur Eröffnungsbilanz. Gem. § 270 Abs. 1 sind die Abwickler dazu 87 verpflichtet, einen die Eröffnungsbilanz erläuternden Bericht zu erstellen. Auf diesen Bericht sind gem. § 270 Abs. 2 S. 2 ebenfalls die Vorschriften über den Jahresabschluss entsprechend anzuwenden, was im Wesentlichen die entsprechende Anwendung der §§ 284 ff., 289 f. HGB und § 160 anbelangt.[128] Der Erläuterungsbericht zur Abwicklungseröffnungsbilanz hat die **Aufgabe,** dem externen Bilanzadressaten die **Änderungen in der Rechnungslegung zu erklären,** die sich aus dem Übergang von der werbenden Gesellschaft zur Abwicklungsgesellschaft ergeben. Dabei besteht die Hauptaufgabe darin, die Bewertung des Vermögens in der Abwicklungseröffnungsbilanz darzulegen, insbesondere bei Abweichungen von den bisherigen Buchwerten.[129] Somit kommen dem Erläuterungsbericht zur Abwicklungseröffnungsbilanz Funktionen zu, die der Anhang und zum Teil der Lagebericht bei einer werbenden Gesellschaft haben.

Die Bestimmungen über den Anhang und den Lagebericht lassen sich jedoch nicht eins zu eins 88 übertragen; vielmehr sind sie nur insoweit anzuwenden, als sie zum Verständnis der Abwicklungsrechnungslegung beitragen bzw. sinnvolle Zusatzinformationen liefern. Da es sich bei der Abwicklungseröffnungsbilanz lediglich um eine stichtagsbezogene Statusbetrachtung handelt, sind regelmäßig nur die Vorschriften relevant, die sich auf die Vermögenslage der Abwicklungsgesellschaft beziehen. Vorschriften, die sich auf Zeitraumgrößen – also insbesondere die GuV – beziehen, wie zB § 285 Nr. 4, 6–8, 9 lit. a und 9 lit. b HGB, brauchen nicht beachtet zu werden.[130]

Bei der Berichterstattung über die in der Abwicklungseröffnungsbilanz angewandten Bilanzie- 89 rungs- und Bewertungsmethoden iSv § 284 Abs. 2 HGB muss der Schwerpunkt vor allem auf den durch die Abwicklung bedingten **Methodenänderungen** liegen. Von besonderem Interesse sind zB: Änderungen der Abschreibungspläne aufgrund neu festgesetzter (Rest-)Veräußerungserlöse und Restnutzungsdauern, die auf dem voraussichtlichen Abwicklungsende basieren; die Vornahme von außerplanmäßigen Abschreibungen im Anlagevermögen als Folge der Anwendung von § 270 Abs. 2 S. 3; Änderungen in den Rückstellungen sowie Art und Umfang von Wertaufholungen.[131]

Seit der Neufassung des § 270 Abs. 2 S. 2 (→ Rn. 8 ff.) sind Wertaufholungen (→ Rn. 86) nur 90 unter Berücksichtigung des Anschaffungswertprinzips (→ Rn. 79) möglich. Das bedeutet, dass eine Aufdeckung stiller Reserven in der Abwicklungseröffnungsbilanz maximal bis zu den fortgeführten Anschaffungs- oder Herstellungskosten vorgenommen werden kann. Aus diesem Grund sind fortan die nicht ansetzbaren höheren potenziellen Veräußerungserlöse von Vermögensgegenständen im Erläuterungsbericht zur Abwicklungseröffnungsbilanz anzugeben und damit Informationen über **Veräußerungschancen** und deren Auswirkungen auf das Abwicklungsergebnis bereitzustellen.[132] Dabei kann auf eine detaillierte Aufschlüsselung der vorhandenen stillen Reserven der einzelnen Vermögensgegenstände verzichtet werden; vielmehr genügen pauschale Angaben über Existenz und Höhe der stillen Reserven.[133]

f) Interne Prüfung und Feststellung. aa) Anwendung der Verfahrensvorschriften für den 91 **Jahresabschluss.** Neben der entsprechenden Anwendung der handelsrechtlichen Vorschriften über Gliederung und Inhalt der Bilanz besteht ebenfalls die Verpflichtung, die für den Jahresabschluss gültigen Verfahrensvorschriften zu beachten, insbesondere die § 170 Abs. 1 und 3, §§ 171, 173 sowie die §§ 316 ff. HGB. Dies steht im Einklang mit dem Wortlaut des § 270 Abs. 2 S. 2, welcher keinerlei Beschränkungen auf bestimmte Vorschriften vorsieht und die **Einbeziehung der Hauptversammlung und des Aufsichtsrats in das Abwicklungsverfahren** erfordert (§ 270 Abs. 2 S. 1, § 268 Abs. 2 S. 2).

---

[127] *Scherrer/Heni* DStR 1992, 804; *Forster* FS Barz, 1974, 335 (338 ff.); Budde/Förschle/Winkeljohann/*Förschle/Deubert,* Sonderbilanzen, 4. Aufl. 2008, T Anm. 175.
[128] Budde/Förschle/Winkeljohann/*Förschle/Deubert,* Sonderbilanzen, 4. Aufl. 2008, T Anm. 185; MüKoAktG/*Koch* Rn. 44; Relativierend zu § 289 HGB: *Sarx* FS Forster, 1992, 547 (559); ADS Rn. 19 (76); aA Kölner Komm AktG/*Kraft* Rn. 10.
[129] RegBegr. *Kropff* S. 360; *Forster* FS Knorr, 1968, 77 (84); Kölner Komm AktG/*Kraft* Rn. 10; ADS Rn. 20.
[130] *Scherrer/Heni,* Liquidations-Rechnungslegung, 3. Aufl. 2009, 101; ADS Rn. 76; Budde/Förschle/Winkeljohann/*Förschle/Deubert,* Sonderbilanzen, 4. Aufl. 2008, T Anm. 186.
[131] *Scherrer/Heni,* Liquidations-Rechnungslegung, 3. Aufl. 2009, 101 f.; Budde/Förschle/Winkeljohann/*Förschle/Deubert,* Sonderbilanzen, 4. Aufl. 2008, T Anm. 187; ADS Rn. 77.
[132] *Sarx* FS Forster, 1992, 547 (559); *Forster* FS Barz, 1974, 335 (339); HWRev/*Steiner* 1992, S. 1266; Hüffer/Koch/*Koch* Rn. 9; Budde/Förschle/Winkeljohann/*Förschle/Deubert,* Sonderbilanzen, 4. Aufl. 2008, T Anm. 188.
[133] Ausführlich *Scherrer/Heni,* Liquidations-Rechnungslegung, 3. Aufl. 2009, 102 ff.; Budde/Förschle/Winkeljohann/*Förschle/Deubert,* Sonderbilanzen, 4. Aufl. 2008, T Anm 188; MüKoAktG/*Koch* Rn. 45; ADS Rn. 78.

92 **bb) Prüfung durch den Aufsichtsrat.** Die von den Abwicklern erstellte **Eröffnungsbilanz inklusive Erläuterungsbericht** muss gem. § 170 Abs. 1 iVm § 270 Abs. 2 S. 2 nach der Fertigstellung unverzüglich und unaufgefordert dem Aufsichtsrat vorgelegt werden (→ § 170 Rn. 21 ff.).[134] Dieser hat gem. § 171 Abs. 1 S. 1 iVm § 270 Abs. 2 S. 2 die Pflicht, die vorgelegten Unterlagen zu prüfen, und zwar auch dann, wenn eine gerichtliche Prüfungsbefreiung gem. § 270 Abs. 2 S. 3 (→ Rn. 99 ff.) vorliegt (→ § 171 Rn. 10 ff.).[135] Besteht keine Befreiung von der Pflichtprüfung, hat der externe Prüfer seinen Prüfungsbericht in der Regel direkt an den Vorsitzenden des Aufsichtsrats auszuhändigen (§ 321 Abs. 5 S. 2 HGB iVm § 270 Abs. 2 S. 2 – → Rn. 97 ff.). Der Aufsichtsrat ist wiederum gem. § 171 Abs. 2 und 3 dazu verpflichtet, der Hauptversammlung zu berichten, ob er die Vorlagen und damit die Prüfungsergebnisse der Prüfer und die zu Grunde liegende Bilanz billigt oder ob Einwände bestehen und zwar binnen eines Monats seinen Bericht zuzuleiten (→ § 171 Rn. 69 ff.).[136]

93 **cc) Feststellung durch die Hauptversammlung.** Sobald der Bericht des Aufsichtsrats vorliegt, haben die Abwickler die Hauptversammlung einzuberufen. gem. § 270 Abs. 2 S. 1 erfolgt die **Feststellung der Abwicklungseröffnungsbilanz bzw. des Abwicklungsjahresabschlusses ausschließlich durch die Hauptversammlung;** die Detailregelungen ergeben sich aus §§ 175 und 176 iVm § 270 Abs. 2 S. 2 (vgl. §§ 175, 176). Darüber hinaus bestimmt die Hauptversammlung gem. § 270 Abs. 2 S. 1 über die **Entlastung der Abwickler und der Mitglieder des Aufsichtsrats.**

94 Die **Billigung durch den Aufsichtsrat** fungiert im Sinne von § 124 Abs. 3 S. 1 lediglich als Begründung des Vorschlags zur Beschlussfassung und soll die Hauptversammlung bei der Entscheidungsfindung unterstützen.[137]

95 Des Weiteren ist die **abgeschlossene Prüfung** der Bilanz gem. § 316 Abs. 1 S. 2 HGB iVm § 270 Abs. 2 S. 2 als grundlegende **Voraussetzung zur Feststellung** durch die Hauptversammlung zwingend erforderlich, es sei denn, es besteht eine gerichtliche Prüfungsbefreiung gem. § 270 Abs. 3 S. 1.

96 Aus § 173 Abs. 2 und 3 iVm § 270 Abs. 2 S. 2 ergibt sich die Möglichkeit für die Hauptversammlung, die Eröffnungsbilanz bzw. den Jahresabschluss bei der Feststellung zu ändern. Dies erfordert jedoch eine erneute Prüfung und einen hinsichtlich der Änderungen uneingeschränkten Bestätigungsvermerk; ist dieser nicht binnen zwei Wochen erteilt, gilt der Beschluss der Hauptversammlung als nichtig (→ § 173 Rn. 15 ff.).[138]

97 **g) Externe Prüfung der Bilanz und des Erläuterungsberichts. aa) Pflichtprüfung.** Seit dem BiRiLiG (→ Rn. 8 ff.) sind gem. § 270 Abs. 2 S. 2 die Vorschriften über den Jahresabschluss auf die Abwicklungseröffnungsbilanz und den erläuternden Bericht – ohne Einschränkung – entsprechend anzuwenden, was folglich auch die Vorschriften zur Prüfung nach §§ 316 ff. HGB einschließt. Überdies setzt die in § 270 Abs. 3 kodifizierte Vorschrift zur Prüfungsbefreiung diese Auslegung voraus.[139] Die **Pflichtprüfung** stellt somit auch für die Abwicklungsrechnungslegung den **Regelfall** dar und die Befreiung von der Prüfung die Ausnahme. Damit hat sich das Regel-Ausnahme-Verhältnis gegenüber dem früheren Recht umgekehrt, denn gem. § 270 Abs. 3 AktG 1965 (→ Rn. 7 ff.) waren die Vorschriften zur Prüfung grundsätzlich von der Anwendung ausgenommen. Diese Wendung zum Gegenteil wird damit begründet, dass ein Großteil der Unternehmen während der Abwicklung zunächst fortgeführt wird (→ Rn. 68).[140]

98 Gemäß § 316 Abs. 1 HGB iVm § 270 Abs. 2 S. 2 besteht jedoch nur dann eine Prüfungspflicht, wenn die Gesellschaft nicht klein ist iSd § 267 Abs. 1 HGB. Dafür maßgeblich sind gem. § 267 Abs. 4 S. 1 HGB die Verhältnisse an den Abschlussstichtagen der letzten zwei Geschäftsjahre vor Beginn der Abwicklung und nicht die Verhältnisse am Stichtag der Eröffnungsbilanz.[141] Wird aus Anlass der Abwicklung ein Rumpfgeschäftsjahr gebildet, gilt dieses als ein Geschäftsjahr iSd § 267 HGB.[142]

---

[134] MüKoAktG/*Koch* Rn. 21.
[135] MüKoAktG/*Koch* Rn. 21; *ADS* Rn. 88.
[136] MüKoAktG/*Koch* Rn. 21; Kölner Komm AktG/*Kraft* Rn. 23.
[137] MüKoAktG/*Koch* Rn. 22; GHEK/*Hüffer* Rn. 38.
[138] MüKoAktG/*Koch* Rn. 22; *ADS* Rn. 87.
[139] *Scherrer/Heni*, Liquidations-Rechnungslegung, 3. Aufl. 2009, 111; Budde/Förschle/Winkeljohann/*Förschle/Deubert*, Sonderbilanzen, 4. Aufl. 2008, T Anm. 306; MüKoAktG/*Koch* Rn. 46.
[140] RegE mit Begründung: BT-Drs. 10/317, 107; *Scherrer/Heni*, Liquidations-Rechnungslegung, 3. Aufl. 2009, 111 f.; ausführlich Budde/Förschle/Winkeljohann/*Förschle/Deubert*, Sonderbilanzen, 4. Aufl. 2008, T Anm. 308.
[141] MüKoAktG/*Koch* Rn. 46; ADS Rn. 81.
[142] Budde/Förschle/Winkeljohann/*Förschle/Deubert*, Sonderbilanzen, 4. Aufl. 2008, T Rn. 307.

bb) Gerichtliche Befreiung von der Prüfungspflicht. Des Weiteren besteht gem. § 270 Abs. 3 **99** die Möglichkeit einer gerichtlichen Befreiung von der Pflicht zur (externen) Prüfung der Abwicklungseröffnungsbilanz samt Erläuterungsbericht sowie der zeitlich folgenden Jahresabschlüsse und Lageberichte.[143] Im Gegensatz zum AktG 1965 stellt die **Prüfungsbefreiung** damit nicht mehr die Regel, sondern die **Ausnahme** dar.

Eine Befreiung von der Prüfungspflicht kann gem. § 270 Abs. 3 jedoch nur dann erfolgen, wenn **100** die Verhältnisse der Gesellschaft so überschaubar sind, dass eine Prüfung im Interesse der Gläubiger und Aktionäre nicht geboten erscheint. Die Beurteilung, ob im jeweiligen Einzelfall diese Voraussetzung zur Befreiung von der Prüfungspflicht erfüllt ist, obliegt dem zuständigen Richter. Damit hat das zuständige Gericht wohl einen Beurteilungsspielraum für die Entscheidung, jedoch kein zusätzliches Handlungsermessen; mit anderen Worten, wenn die Voraussetzung für die Befreiung von der Prüfungspflicht gegeben ist, dann ist diese auch zwingend auszusprechen.[144]

Eine Befreiung kann in zwei Fällen so gut wie ausgeschlossen werden: 1. Wenn auch im Rahmen **101** der Abwicklung noch geschäftliche Tätigkeiten in nennenswertem Umfang zu erwarten sind.[145] 2. Wenn Zweifel an der ordnungsmäßigen Durchführung der Abwicklung bestehen, was sowohl auf persönliche Unzuverlässigkeiten der Abwickler als auch auf ungewöhnliche Begleitumstände bei der Auflösung zurückgeführt werden kann.[146]

Für eine Befreiung iSd § 270 Abs. 3 ist das Registergericht zuständig, in dessen Bezirk die Gesell- **102** schaft ihren Sitz hat (§ 375 Nr. 3 FamFG, § 14). Das **Registergericht** kann jedoch nur dann tätig werden, wenn die Abwickler im Namen der Gesellschaft einen **Antrag** stellen. Dazu können die Abwickler verpflichtet sein, zB um überflüssige Kosten zu vermeiden oder das Abwicklungsverfahren zu beschleunigen.[147] Die Entscheidung des Gerichts ergeht durch **Beschluss**, gegen den gem. § 270 Abs. 3 S. 2 das Rechtsmittel der Beschwerde zulässig ist. Bis zu welchem Zeitpunkt die Möglichkeit einer gerichtlichen Befreiung besteht, ist nicht näher konkretisiert. Daher geht man davon aus, dass auch nach Beginn der Prüfung noch eine Befreiung ausgesprochen werden kann, jedoch nicht nach Abschluss der Prüfung.[148] Einer **nachträglichen Befreiung** kommt insbesondere deshalb praktische Relevanz zu, da eine Prüfung, nach Anhörung eines Prüfers, oftmals nicht mehr geboten erscheint.

Wird **Beschwerde** iSv § 270 Abs. 3 S. 2 gegen die antragsgemäße Befreiung von der Prüfungs- **103** pflicht eingelegt, muss dies innerhalb einer zweiwöchigen Frist geschehen (§ 63 Abs. 2 Nr. 2 FamFG); Entsprechendes gilt für die Beschwerdeentscheidung (§ 69 Abs. 3 FamFG).

cc) Prüfungsdurchführung. Die Auswahl des Abschlussprüfers obliegt gem. § 318 Abs. 1 S. 1 **104** HGB iVm § 270 Abs. 2 S. 2 und § 119 Abs. 1 Nr. 4 der Hauptversammlung. Unverzüglich nach der Wahl erteilt gem. § 318 Abs. 1 S. 1 HGB iVm § 270 Abs. 2 S. 2 und § 111 Abs. 2 S. 3 der Aufsichtsrat den **Prüfungsauftrag**. Wurde bis zum Bilanzstichtag kein Prüfer gewählt, so hat gem. § 318 Abs. 4 S. 1 HGB iVm § 270 Abs. 2 S. 2 das Gericht auf Antrag der Abwickler, des Aufsichtsrats oder eines Aktionärs den Abschlussprüfer zu bestellen.[149] Die gerichtliche Bestellung wird hinfällig, wenn die Hauptversammlung die Wahl bis zur gerichtlichen Entscheidung nachholt.[150] Ergeht nach der Wahl des Abschlussprüfers vom Registergericht der Beschluss zur Prüfungsbefreiung gem. § 270 Abs. 3 S. 1 (→ Rn. 102), hat die Gesellschaft die Möglichkeit, den Prüfungsauftrag aus wichtigem Grund zu kündigen.[151]

Der beauftragte Prüfer muss den **Anforderungen** des § 319 ff. HGB genügen. Er hat die in § 320 **105** HGB geregelten **Rechte** gegenüber den Abwicklern und ist dazu **verpflichtet**, gem. § 321 HGB iVm § 270 Abs. 2 S. 2 einen schriftlichen Prüfungsbericht und gem. § 322 HGB iVm § 270 Abs. 2 S. 2 einen Bestätigungsvermerk zu verfassen. Der Wortlaut des Bestätigungsvermerks hat sich, soweit es der abweichende Prüfungsgegenstand zulässt, am Bestätigungsvermerk zum Jahresabschluss zu

---

[143] Bericht Rechtsauschuss, BT-Drs. 10/4268, 126; Budde/Förschle/Winkeljohann/*Förschle*/*Deubert*, Sonderbilanzen, 4. Aufl. 2008, T Anm. 315; MüKoAktG/*Koch* Rn. 48; *ADS* Rn. 84.
[144] MüKoAktG/*Koch* Rn. 48; Budde/Förschle/Winkeljohann/*Förschle*/*Deubert*, Sonderbilanzen, 4. Aufl. 2008, T Anm. 316.
[145] HM MüKoAktG/*Koch* Rn. 49; Budde/Förschle/Winkeljohann/*Förschle*/*Deubert*, Sonderbilanzen, 4. Aufl. 2008, T Anm . 317.
[146] HM *ADS* Rn. 82; Kölner Komm AktG/*Kraft* Rn. 20; MüKoAktG/*Koch* Rn. 49; Budde/Förschle/Winkeljohann/*Förschle*/*Deubert*, Sonderbilanzen, 4. Aufl. 2008, T Anm. 317; Großkomm AktG/*Wiedemann* Rn. 6.
[147] Budde/Förschle/Winkeljohann/*Förschle*/*Deubert*, Sonderbilanzen, 4. Aufl. 2008, T Anm. 318; *ADS* Rn. 83; MüKoAktG/*Koch* Rn. 50.
[148] BeBiKo/*Schmidt*/*Heinz* HGB § 318 Rn. 26 f.; *ADS* HGB § 318 Rn. 386 ff.
[149] MüKoAktG/*Koch* Rn. 47; Budde/Förschle/Winkeljohann/*Förschle*/*Deubert*, Sonderbilanzen, 4. Aufl. 2008, T Anm. 328; *ADS* HGB § 318 Rn. 404.
[150] MüKoAktG/*Koch* Rn. 47; Budde/Förschle/Winkeljohann/*Förschle*/*Deubert*, Sonderbilanzen, 4. Aufl. 2008, T Anm. 328; *ADS* HGB § 318 Rn. 404.
[151] Budde/Förschle/Winkeljohann/*Förschle*/*Deubert*, Sonderbilanzen, 4. Aufl. 2008, T Anm. 329.

orientieren;[152] Anpassungen hinsichtlich der Abwicklungseröffnungsbilanz und des Erläuterungsberichts sind vorzunehmen. Nachdem der Vorstand eine Gelegenheit zur Stellungnahme bekommen hat, muss der Prüfer seinen Bericht direkt an den Aufsichtsrat aushändigen (§ 321 Abs. 5 S. 2 HGB iVm § 270 Abs. 2 S. 2 und § 111 Abs. 2 S. 3 –→ Rn. 92).

106 **Prüfungsgegenstand** ist gem. § 316 Abs. 1 S. 1 HGB und § 317 Abs. 1 S. 1 HGB iVm § 270 Abs. 2 S. 2 das Eröffnungsinventar, die Abwicklungseröffnungsbilanz samt Erläuterungsbericht, die Buchführung und der Jahresabschluss mit dem Lagebericht. Bei der Prüfung handelt es sich um eine Gesetz- und Ordnungsmäßigkeitsprüfung iSd § 317 HGB; auf die entsprechenden Erläuterungen kann verwiesen werden.

107 **h) Offenlegungspflicht.** Die allgemeinen Vorschriften gem. §§ 325 ff. HGB iVm § 270 Abs. 2 S. 2 bezüglich der Offenlegung gelten sowohl für die **Abwicklungseröffnungsbilanz samt Erläuterungsbericht** als auch für die folgenden **Jahresabschlüsse und Lageberichte** entsprechend;[153] dh die Unterlagen der Rechnungslegung sind beim Betreiber des elektronischen Bundesanzeigers elektronisch einzureichen und entsprechend im elektronischen Bundesanzeiger bekannt zu machen. Sofern die Abwickler dieser Pflicht nicht nachkommen, kann ihnen gem. § 335 Abs. 1 HGB iVm § 270 Abs. 2 S. 2 vom Bundesamt für Justiz ein Ordnungsgeld auferlegt werden. Die Pflicht zur Offenlegung besteht ungeachtet einer Prüfungsbefreiung nach § 270 Abs. 3. Bei der Offenlegung eines nach § 270 Abs. 3 S. 1 von der Prüfung befreiten Abschlusses ist dieser mit einem entsprechenden Vermerk zu versehen.[154]

108 **2. Jahresabschluss der Abwicklungsgesellschaft. a) Begriff und Funktion.** Der § 270 Abs. 1 verpflichtet die Abwickler nicht nur zur Erstellung einer Abwicklungseröffnungsbilanz inklusive erläuterndem Bericht, sondern auch zur Erstellung eines Abwicklungsjahresabschlusses samt Lagebericht zum Ende eines jeden Geschäftsjahres bis zum Abschluss der Abwicklung.[155] Damit bleibt die **Pflicht zur periodischen Rechnungslegung** auch weiterhin bestehen, jedoch mit der Intention, den **Stand der Abwicklung** darzustellen. Die Aufgabe der Abwicklungsrechnungslegung besteht folglich darin, eine **Übersicht über das Vermögen der Abwicklungsgesellschaft** zum Bilanzstichtag, einschließlich der **Erfolgsbeiträge** aus der Fortführung der geschäftlichen Tätigkeit **während** der **Abwicklungsperiode,** zu geben.[156] Dazu sind die Gliederung, der Ansatz und die Bewertung aus der Abwicklungseröffnungsbilanz stetig fortzuschreiben.[157]

109 Gemäß dem Wortlaut des § 270 Abs. 2 S. 2 sind die Vorschriften über den Jahresabschluss lediglich für die Abwicklungseröffnungsbilanz und den erläuternden Bericht entsprechend anzuwenden. Demzufolge ist davon auszugehen, dass für den Abwicklungsjahresabschluss samt Lagebericht gem. § 264 Abs. 3 die **Vorschriften über den Jahresabschluss** für werbende Gesellschaften (§§ 242–256a und 264–289a HGB, §§ 152 und 160 AktG) uneingeschränkt anzuwenden sind, sofern sich aus dem Abwicklungszweck nichts anderes ergibt.[158] Ferner ist die ergänzende Bestimmung zur Prüfungsbefreiung gem. § 270 Abs. 2 S. 3 zu berücksichtigen, da sie den Jahresabschluss explizit einschließt.[159]

110 **b) Geschäftsjahr während der Abwicklung.** Aufgrund der Verpflichtung aus § 270 Abs. 1 „für den Schluss eines jeden Jahres" einen Jahresabschluss und einen Lagebericht zu erstellen, stellt sich die Frage nach dem Geschäftsjahresende bzw. **Bilanzstichtag für den Zeitraum der Abwicklung.** Entsprechend der Systematik und der mehrheitlichen Meinung folgend, ergibt sich das Geschäftsjahresende und damit der Bilanzstichtag zunächst durch Weiterrechnung, ausgehend von Tag und Monat der Abwicklungseröffnungsbilanz, wonach ein mit der Auflösung beginnendes neues Abwicklungsgeschäftsjahr resultiert.[160] Alternativ besteht nach mehrheitlicher Meinung ebenfalls die Möglichkeit,

---

[152] Ausf. Budde/Förschle/Winkeljohann/*Förschle/Deubert,* Sonderbilanzen, 4. Aufl. 2008, T Anm. 331 ff.
[153] LG Berlin GmbHR 1992, 539.
[154] Budde/Förschle/Winkeljohann/*Förschle/Deubert,* Sonderbilanzen, 4. Aufl. 2008, T Anm. 345; ADS Rn. 90.
[155] LG Bonn 14.10.2008 – 37 T 62/08, BeckRS 2009, 22194.
[156] *Scherrer/Heni,* Liquidations-Rechnungslegung, 3. Aufl. 2009, 107; *Forster* FS Knorr, 1968, 77 (86); Budde/Förschle/Winkeljohann/*Förschle/Deubert,* Sonderbilanzen, 4. Aufl. 2008, T Anm. 201; MüKoAktG/*Koch* Rn. 54; *ADS* Rn. 21.
[157] *Scherrer/Heni,* Liquidations-Rechnungslegung, 3. Aufl. 2009, 107; MüKoAktG/*Koch* Rn. 54.
[158] Bericht Rechtsausschuss, BT-Drs. 10/4268, 128; MüKoAktG/*Koch* Rn. 53; ADS Rn. 22; Kölner Komm AktG/*Kraft* Rn. 11.
[159] *ADS* Rn. 22.
[160] OLG Frankfurt BB 1977, 312; *Scherrer/Heni,* Liquidations-Rechnungslegung, 3. Aufl. 2009, 35 ff.; *ADS* Rn. 24; Hüffer/Koch/*Koch* Rn. 14; Budde/Förschle/Winkeljohann/*Förschle/Deubert,* Sonderbilanzen, 4. Aufl. 2008, T Anm. 200.

dass die Gesellschaft ihr bisheriges Geschäftsjahr – in der Regel das Kalenderjahr – beibehält.[161] Diese Möglichkeit wurde in § 211 Abs. 1 AktG 1937 noch explizit genannt und ist im Rahmen der Neufassung 1965 (→ Rn. 7) entfallen. Die Aufgabe dieses Normteils begründet jedoch keine materielle Rechtsänderung, vielmehr wurde diese Alternative vom Gesetzgeber als selbstverständlich vorausgesetzt und daher nicht mehr ausdrücklich in den Gesetzestext des § 270 aufgenommen.[162] Entscheidet man sich für die Beibehaltung des bisherigen Geschäftsjahres, erfordert dies nach hM einen Beschluss der Hauptversammlung.[163] Mit der Beibehaltung des bisherigen Geschäftsjahres wird von der Gesetzeslage abgewichen, was gem. § 23 Abs. 5 (→ § 23 Rn. 28 ff.) eine ergänzende Bestimmung der Satzung voraussetzt. Daher ist eine Anpassung des Satzungswortlautes gem. §§ 179 ff. in jedem Fall zweckmäßig.[164]

c) Ausgestaltung des Jahresabschlusses. aa) Bilanz. Aufgrund der zunächst uneingeschränkten Gültigkeit der Vorschriften über den Jahresabschluss (→ Rn. 109) besteht der Abwicklungsjahresabschluss, wie auch bei der werbenden Gesellschaft, aus Bilanz, Gewinn- und Verlustrechnung und Anhang (§ 242 Abs. 3 HBG, § 264 Abs. 1 HGB iVm § 264 Abs. 3). Es bestehen in der Regel keine nennenswerten materiellen Abweichungen von den Gliederungs-, Ansatz- und Bewertungsvorschriften der Abwicklungseröffnungsbilanz; daher kann auf die entsprechenden Ausführungen verwiesen werden. Insbesondere ist die Bewertung nach § 270 Abs. 2 S. 3 fortzuführen, das Eigenkapital nach der Bruttomethode auszuweisen und das Fortführungsprinzip (Going-Concern) anzuwenden, sofern keine tatsächlichen Gegebenheiten dem entgegenstehen. 111

bb) Gewinn- und Verlustrechnung. Seit dem BiRiLiG sind auch die Vorschriften über die Gewinn- und Verlustrechnung gem. §§ 265 und 275 ff. HGB inklusive der ergänzenden Vorschriften gem. § 158 für die Abwicklungsrechnungslegung relevant (→ Rn. 8 ff.). Die Gewinn- und Verlustrechnung hat die Aufgabe, die **Zusammensetzung der Jahresergebnisse** im Zeitraum der Abwicklung darzulegen.[165] Diesbezüglich sind im Wesentlichen die Ergebnisbeiträge aus der Fortführung des Geschäftsbetriebs und die Ergebnisbeiträge aus der Vermögensverwertung zu unterscheiden, die in der Regel im Verlauf der Abwicklung in einem inversen Verhältnis stehen. Dh mit fortschreitender Abwicklung werden in der Regel die Ergebnisbeiträge aus der Vermögensverwertung zunehmen und die Ergebnisbeiträge aus der Fortführung des Geschäftsbetriebs abnehmen. Das Gliederungsschema der Gewinn- und Verlustrechnung gem. § 275 HGB ist nur bedingt dazu geeignet, diesen Verlauf entsprechend abzubilden.[166] 112

Diese inverse Beziehung wird in der Gewinn- und Verlustrechnung in der Form deutlich, dass die Posten „Umsatzerlöse, Material- und Personalaufwand" im Verlauf der Abwicklung tendenziell an Bedeutung verlieren und die wenig aussagefähigen Posten „sonstigen betrieblichen Aufwendungen und Erträge" bzw. „außerordentliche Aufwendungen und Erträge" tendenziell an Bedeutung gewinnen. Daraus resultiert ein Mangel an Differenzierung, der einen Informationsverlust für den Adressaten darstellt.[167] 113

Dieser Mangel kann zum Teil durch **Angaben im Anhang** gem. § 277 Abs. 4 HGB kompensiert werden; wonach gem. S. 3, unter Rückgriff auf S. 2, alle Erträge und Aufwendungen, die einem anderen Geschäftsjahr zuzurechnen sind, hinsichtlich ihres Betrags und ihrer Art im Anhang zu erläutern sind, soweit die ausgewiesenen Beträge für die Beurteilung der Ertragslage nicht von untergeordneter Bedeutung sind. Diese Erläuterungspflicht besteht somit für die realisierten Buchgewinne aus der Veräußerung von Vermögensgegenständen des Anlagevermögens, da sie in der Regel nicht dem Geschäftsjahr zuzuordnen sind.[168] Darüber hinaus verlieren die typischen außerordentlichen Aufwendungen und Erträge iSv § 277 Abs. 4 S. 1 HGB (zB aus der Veräußerung von Teilbetrieben) durch die Abwicklung häufig ihren außerordentlichen Charakter.[169] 114

---

[161] Budde/Förschle/Winkeljohann/*Förschle/Deubert*, Sonderbilanzen, 4. Aufl. 2008, T Anm. 200; ADS Rn. 24; MüKoAktG/*Koch* Rn. 55.
[162] RegBegr. *Kropff* S. 360.
[163] *Adler*, Die Abwicklungsbilanzen der Kapitalgesellschaft, 2. Aufl. 1956, 48; *Forster* FS Knorr, 1968, 77 (87); MüKoAktG/*Koch* Rn. 55; Kölner Komm AktG/*Kraft* Rn. 12; ADS Rn. 25; Großkomm AktG/*Wiedemann* Anm. 3.
[164] Ausf. ADS Rn. 24; MüKoAktG/*Koch* Rn. 55.
[165] Scherrer/Heni, Liquidations-Rechnungslegung, 3. Aufl. 2009, 108 f., MüKoAktG/*Koch* Rn. 58; Budde/Förschle/Winkeljohann/*Förschle/Deubert*, Sonderbilanzen, 4. Aufl. 2008, T Anm. 256.
[166] Scherrer/Heni, Liquidations-Rechnungslegung, 3. Aufl. 2009, 108; *Forster* FS Knorr, 1968, 77 (88 f.); ADS Rn. 72.
[167] *Forster* FS Knorr, 1968, 77 (89); ADS Rn. 73; Budde/Förschle/Winkeljohann/*Förschle/Deubert*, Sonderbilanzen, 4. Aufl. 2008, T Anm. 257.
[168] Scherrer/Heni, Liquidations-Rechnungslegung, 3. Aufl. 2009, 108 f.; MüKoAktG/*Koch* Rn. 58; relativierend ADS Rn. 73.
[169] ADS Rn. 73.

115 Vor dem Hintergrund ein den tatsächlichen Verhältnissen entsprechendes Bild der Ertragslage gem. § 264 Abs. 2 S. 1 HGB zu vermitteln, kann es daher angebracht sein, das **Gliederungsschema der Gewinn- und Verlustrechnung** den veränderten Gegebenheiten im Verlauf der Abwicklung anzupassen und insbesondere die sonstigen betrieblichen Aufwendungen und Erträge gem. § 265 Abs. 5 HGB tiefer zu untergliedern.[170]

116 cc) **Anhang.** Die Abwickler müssen gem. § 270 Abs. 1 als Bestandteil des Abwicklungsjahresabschlusses einen Anhang erstellen. Für diesen Anhang gelten die Regelungen gem. §§ 284–288 HGB und § 160 AktG uneingeschränkt. Wie auch bei der werbenden Gesellschaft, hat der Anhang gem. § 284 Abs. 1 HGB vorwiegend die Funktion, **ergänzende Informationen zur Bilanz und Gewinn- und Verlustrechnung** bereitzustellen und durch „Auslagerung" von Angaben aus der Bilanz und Gewinn- und Verlustrechnung die Klarheit und Übersichtlichkeit des Abwicklungsjahresabschlusses zu erhöhen.

117 Von besonderer Bedeutung ist dabei die Darstellung der auf die Bilanzposten angewandten **Bilanzierungs- und Bewertungsmethoden** gem. § 284 Abs. 2 Nr. 1 HGB. In diesem Zusammenhang sind gem. § 284 Abs. 2 Nr. 3 HGB insbesondere die durch die Abwicklung bedingten **Methodenänderungen** anzugeben und deren Einfluss auf die Vermögens-, Finanz- und Ertragslage darzustellen.[171] Darüber hinaus besteht die Erläuterungspflicht gem. § 277 Abs. 4 HGB (→ Rn. 114). Die größenabhängigen Erleichterungen gem. § 288 HGB gelten auch für den Anhang als Bestandteil des Abwicklungsjahresabschlusses und werden häufig erst mit fortschreitender Abwicklung erreicht.[172] Des Weiteren gelten die Schutzklauseln zum Unterlassen von Angaben gem. § 286 Abs. 1 HGB – bei öffentlichem Interesse – und gem. § 286 Abs. 2 und 3 HGB – bei erheblichen Nachteilen für die Gesellschaft – ebenfalls uneingeschränkt.

118 Die geforderte Einzelangabe nach § 285 Nr. 13 HGB ist im Rahmen der Abwicklung in der Regel obsolet (→ Rn. 48).[173] Die Erläuterungspflichten gem. § 285 Nr. 9 und 10 HGB beziehen sich im Rahmen der Abwicklung auf die Abwickler.[174]

119 Falls es sich um eine **kapitalmarktorientierte Gesellschaft** iSd § 264d HGB handelt, die nicht zur Konzernrechnungslegung verpflichtet ist, muss der Jahresabschluss seit dem BilMoG gem. § 264 Abs. 1 S. 2 HGB iVm § 264 Abs. 3 um eine **Kapitalflussrechnung** und einen **Eigenkapitalspiegel** ergänzt werden, die mit der Bilanz, Gewinn- und Verlustrechnung und dem Anhang eine Einheit bilden; zudem kann der Jahresabschluss um eine **Segmentberichterstattung** erweitert werden. Grundsätzlich steht der Auflösungsbeschluss einer Börsennotierung respektive einer Kapitalmarktorientierung iSd § 264d HGB nicht entgegen, insofern sind die Pflichtangaben auch im Rahmen der Abwicklung fortzuführen, denn sie gehören als integraler Bestandteil zum Jahresabschluss einer Gesellschaft iSd § 264d HGB.[175]

120 dd) **Lagebericht.** Auch der Abwicklungsjahresabschluss ist gem. § 270 Abs. 1 um einen Lagebericht zu erweitern, sofern dieser nicht nach § 264 Abs. 1 S. 4 HGB iVm § 267 Abs. 1 HGB entbehrlich ist. Er soll Aufschluss über die gegenwärtigen und die zukünftigen Verhältnisse der Abwicklungsgesellschaft geben. Der Inhalt des Lageberichts wird durch §§ 289 f. HGB bestimmt. Demzufolge sind gem. § 289 Abs. 1 HGB zumindest der **Verlauf der Abwicklung** und die **Lage der Abwicklungsgesellschaft** so darzustellen, dass ein den tatsächlichen Verhältnissen entsprechendes Bild vermittelt wird; dazu gehören zB Angaben über den Zeitpunkt und den Umfang der Stilllegung von Betrieben, Teilbetrieben und Geschäftsbereichen oder eine Übersicht über die Entwicklung der Auftragslage (Altaufträge, Neuaufträge, Stornierungen) der fortgeführten Abwicklungsgesellschaft.[176] Ferner soll gem. § 289 Abs. 2 Nr. 1 HGB über **Vorgänge von besonderer Bedeutung** berichtet werden, die nach dem Geschäftsjahresende eingetreten sind und den Verlauf der Abwicklung beeinflussen;[177] dazu zählen zB Änderungen des Unternehmenszwecks oder Veräußerungen von Teilbetrieben. Auf die **voraussichtliche „Entwicklung"** der Abwicklungsgesellschaft ist gem. § 289

---

[170] *Forster* FS Knorr, 1968, 77 (89 f.); Budde/Förschle/Winkeljohann/*Förschle/Deubert*, Sonderbilanzen, 4. Aufl. 2008, T Anm. 258; *ADS* Rn. 74.
[171] *Scherrer/Heni*, Liquidations-Rechnungslegung, 3. Aufl. 2009, 109 f.; Budde/Förschle/Winkeljohann/*Förschle/Deubert*, Sonderbilanzen, 4. Aufl. 2008, T Anm. 216.
[172] *Scherrer/Heni*, Liquidations-Rechnungslegung, 3. Aufl. 2009, 109 f.; *Forster* FS Knorr, 1968, 90 ff.; MüKoAktG/*Koch* Rn. 59.
[173] Budde/Förschle/Winkeljohann/*Förschle/Deubert*, Sonderbilanzen, 4. Aufl. 2008, T Anm. 217.
[174] MüKoAktG/*Koch* Rn. 59; Budde/Förschle/Winkeljohann/*Förschle/Deubert*, Sonderbilanzen, 4. Aufl. 2008, T Anm. 217.
[175] *Scherrer/Heni*, Liquidations-Rechnungslegung, 3. Aufl. 2009, 34.
[176] *Scherrer/Heni*, Liquidations-Rechnungslegung, 3. Aufl. 2009, 110 f.
[177] *Sarx* FS Forster, 1992, 547 (559).

Abs. 2 Nr. 2 HGB im Lagebericht ebenfalls einzugehen, was insbesondere eingeleitete Abwicklungsmaßnahmen bei Personal, Produktion und Absatz betrifft, sowie eine Prognose über das voraussichtliche Ende der Abwicklung erfordert.[178] Bestehen Umstände, die zu einer Verzögerung oder einer Verlängerung der Abwicklung führen bzw. führen könnten, so ist auf diese ebenfalls einzugehen.[179] Auf die Angaben zu Forschung und Entwicklung gem. § 289 Abs. 2 Nr. 3 HGB kann während der Abwicklung in der Regel verzichtet werden.[180]

d) Feststellung. Entsprechend der grundsätzlichen Generalverweisung gem. § 264 Abs. 3 würde die Feststellung des Abwicklungsjahresabschlusses regelmäßig durch Vorstand und Aufsichtsrat erfolgen (→ § 172 Rn. 1, 3 ff.). Aufgrund der Sondervorschrift gem. § 270 Abs. 2 S. 1 obliegt es jedoch der **Hauptversammlung,** die Feststellung vorzunehmen. Dies entspricht der Vorgehensweise bei der Abwicklungseröffnungsbilanz (→ Rn. 93).

e) Prüfung und Offenlegung. Gem. § 264 Abs. 3 gelten die allgemeinen Vorschriften über die Prüfung und Offenlegung des Jahresabschlusses und des Lageberichts während der Abwicklung uneingeschränkt fort. Es bestehen jedoch keine materiellen Unterschiede gegenüber der Prüfung und Offenlegung der Abwicklungseröffnungsbilanz samt erläuterndem Bericht, daher kann auf die entsprechenden Ausführungen in → Rn. 104 ff. und → Rn. 107 verwiesen werden.

3. Abwicklungsschlussbilanz und Schlussrechnung. Man muss zwischen der Erstellung der Abwicklungsschlussbilanz der aufgelösten Gesellschaft und der Legung der Schlussrechnung durch die Abwickler unterscheiden.

Bei der **Abwicklungsschlussbilanz** inklusive Gewinn- und Verlustrechnung, Anhang und Lagebericht handelt es sich um die **letzte öffentlich-rechtliche Rechnungslegung der Abwicklungsgesellschaft,** bevor das verbliebene Reinvermögen an die Gesellschafter verteilt wird.[181] Die Verpflichtung zur Erstellung eines Jahresabschlusses und Lageberichts für das letzte (Rumpf-)Geschäftsjahr vor Beendigung der Gesellschaft, lässt sich sowohl aus § 270 Abs. 1 als auch aus den §§ 238, 242, 264 HGB iVm § 264 Abs. 2 ableiten.[182] In der Abwicklungsschlussbilanz inklusive Gewinn- und Verlustrechnung werden alle Ergebnisse seit der Abwicklungseröffnungsbilanz bzw. dem letzten regulären Abwicklungsjahresabschluss erfasst, um am Ende der Abwicklung das verbliebene Reinvermögen – nach Befriedigung der Gläubiger – nachzuweisen, welches dann im Anschluss an die Anteilseigner verteilt wird. Darüber hinaus ist ein Schlussanhang zu erstellen, der neben den Angaben nach §§ 284 ff. HGB im Wesentlichen die Aufgaben hat, den auf der Schlussbilanz beruhenden Verteilungsplan zu erläutern und die Grundlagen für die Zeitwertermittlung von Vermögensgegenständen darzustellen. Die Notwendigkeit zur Erstellung eines Lageberichts dürfte in der Regel nicht mehr bestehen; einzelne Angaben können gegebenenfalls in den Schlussanhang aufgenommen werden.[183] Der Aufstellungsstichtag lässt sich nicht per Kalender bestimmen, sondern liegt in der Einschätzung der Abwickler.[184]

Die Verpflichtung zur Erstellung einer **Schlussrechnung** lässt sich indirekt aus § 273 Abs. 1 ableiten. Dabei handelt es sich nicht mehr um eine öffentlich-rechtliche Verpflichtung der Abwickler, vielmehr besteht eine Verpflichtung der Abwickler iSv § 259 BGB zur **Rechenschaftslegung gegenüber den Gesellschaftern.** Die Legung der Schlussrechnung erfolgt erst nachdem das Restvermögen, welches nicht zur Befriedigung der Gläubiger benötigt wurde, an die Anteilseigner verteilt wurde.[185]

V. Konzernrechnungslegung im Rahmen der Abwicklung

1. Konzernrechnungslegung. a) Mutterunternehmen in Abwicklung. Ist die Aktiengesellschaft als Mutterunternehmen gem. § 290 HGB zur Konzernrechnungslegung verpflichtet, besteht nach hM diese Verpflichtung auch während der Abwicklung fort.[186] Die gesetzliche Begründung

---

[178] *ADS* Rn. 79.
[179] *Scherrer/Heni,* Liquidations-Rechnungslegung, 3. Aufl. 2009, 111.
[180] MüKoAktG/*Koch* Rn. 60; Budde/Förschle/Winkeljohann/*Förschle/Deubert,* Sonderbilanzen, 4. Aufl. 2008, T Anm. 222.
[181] Budde/Förschle/Winkeljohann/*Förschle/Deubert,* Sonderbilanzen, 4. Aufl. 2008, T Anm. 265.
[182] *Scherrer/Heni,* Liquidations-Rechnungslegung, 3. Aufl. 2009, 39; Budde/Förschle/Winkeljohann/*Förschle/Deubert,* Sonderbilanzen, 4. Aufl. 2008, T Anm. 265.
[183] Budde/Förschle/Winkeljohann/*Förschle/Deubert,* Sonderbilanzen, 4. Aufl. 2008, T Anm. 272.
[184] Ausführlich Budde/Förschle/Winkeljohann/*Förschle/Deubert,* Sonderbilanzen, 4. Aufl. 2008, T Anm. 267.
[185] *ADS* Rn. 27 f.; Budde/Förschle/Winkeljohann/*Förschle/Deubert,* Sonderbilanzen, 4. Aufl. 2008, R Anm. 280.
[186] *Scherrer/Heni* DStR 1992, 798; *Scherrer/Heni,* Liquidations-Rechnungslegung, 3. Aufl. 2009, 44 f.; MüKoAktG/*Koch* Rn. 64; *ADS* Rn. 91; Budde/Förschle/Winkeljohann/*Förschle/Deubert,* Sonderbilanzen, 4. Aufl. 2008, T Anm. 375.

für die **Konzernrechnungslegungspflicht** im Zeitraum der Abwicklung beruht auf dem Verweis auf die allgemeinen Vorschriften über den Jahresabschluss gem. § 270 Abs. 2 S. 2, der nahezu alle Vorschriften des dritten Buches des HGB – einschließlich der Vorschriften zur Konzernrechnungslegung – einbezieht.[187] Ansonsten ergäbe sich die Konzernrechnungslegungspflicht in jedem Fall aus der in § 264 Abs. 3 angeordneten Fortgeltung der Vorschriften für werbende Gesellschaften.[188]

127 Nach hM besteht jedoch nicht die Verpflichtung zur Erstellung einer **konsolidierten Abwicklungseröffnungsbilanz**, denn gem. § 298 Abs. 1 HGB ist § 242 HGB nicht auf die Konzernrechnungslegung anzuwenden.[189]

128 Wird ein Konzernabschluss aufgestellt, so ist er gem. § 316 Abs. 2 HGB immer von einem Abschlussprüfer zu prüfen. Die Befreiung von der **Prüfungspflicht** gem. § 270 Abs. 3 bezieht sich lediglich auf den Einzelabschluss der Abwicklungsgesellschaft und ist daher nicht anwendbar.[190]

129 Für Aufstellung, Prüfung und Offenlegung des Konzernabschlusses gelten grundsätzlich die **allgemeinen Vorschriften** gem. §§ 290 ff. HGB.[191]

130 Wenn sich das Mutterunternehmen in Abwicklung befindet, gilt die normalerweise übliche **konzerneinheitliche Bilanzierung und Bewertung in der Regel nur eingeschränkt.** Die Besonderheiten, die sich für das Mutterunternehmen aus der Abwicklung ergeben, können nicht generell maßgebend für den Konzernabschluss sein; außer die Auflösung der Tochterunternehmen geht mit der Auflösung des Mutterunternehmens einher. Dh auf die sich nicht in Abwicklung befindlichen Unternehmen des Konzernverbundes sind weiterhin konzerneinheitliche Bilanzierungs- und Bewertungsmethoden anzuwenden. Ergeben sich durch die Abwicklung für das Mutterunternehmen **Abweichungen** von diesen konzerneinheitlichen Bilanzierungs- und Bewertungsmethoden, sind diese im Konzernanhang zu erläutern.[192]

131 Die bloße Tatsache, dass sich das Mutterunternehmen in Abwicklung befindet – was zwar die Versilberung des Vermögens zur Folge hat – ermöglicht nicht ohne weiteres die Inanspruchnahme des **Einbeziehungswahlrechts** gem. § 296 Abs. 1 Nr. 3 HGB. Dem Wortlaut folgend, brauchen Tochterunternehmen nicht in den Konzernabschluss einbezogen werden, wenn die Anteile des Tochterunternehmens ausschließlich zum Zwecke ihrer Veräußerung gehalten werden. Dies ist jedoch auf Anteile an Unternehmen beschränkt, bei deren Erwerb bereits die Absicht zur Weiterveräußerung bestand und die daher von vornherein nicht konsolidiert wurden.[193] Darüber hinaus muss die Veräußerungsabsicht nachvollziehbar belegt sein.[194]

132 **b) Tochterunternehmen in Abwicklung.** Ist die aufgelöste AG ihrerseits ein Tochterunternehmen iSd § 290 Abs. 1 HGB, gilt es zu prüfen, inwiefern sie in den Konzernabschluss einzubeziehen ist; dh es ist zu prüfen, ob **Konsolidierungswahlrechte** gem. § 296 HGB ausgeübt werden können.[195]

133 Gemäß § 296 Abs. 1 Nr. 1 HGB braucht ein Tochterunternehmen nicht in den Konzernabschluss einbezogen werden, wenn erhebliche und andauernde Beschränkungen die Ausübung der Rechte des Mutterunternehmens in Bezug auf das Vermögen oder die Geschäftsführung dieses Unternehmens nachhaltig beeinträchtigt. Durch die Ausschüttungssperre gem. § 272 werden die Rechte des Mutterunternehmens dahingehend beschränkt, dass nach Eintritt in die Abwicklung keine Gewinn- bzw. Vermögensverteilung mehr vorgenommen werden darf, auch wenn die Gewinne bereits vor der Auflösung erzielt wurden. Diese Beschränkung wird mit der Tilgung bzw. Sicherung der Schulden des Tochterunternehmens und nach Ablauf des Sperrjahres aufgehoben. Damit handelt es sich nicht um eine andauernde, sondern wenn überhaupt um eine vorübergehende Beschränkung, die ein Verzicht auf Einbeziehung fragwürdig erscheinen lässt.[196]

---

[187] Bericht Rechtsausschuss, BT-Drs. 10/4268, 128; *ADS* § 290 HGB Rn. 126 ff. mwN.
[188] MüKoAktG/*Koch* Rn. 64.
[189] *Scherrer/Heni*, Liquidations-Rechnungslegung, 3. Aufl. 2009, 45; *ADS* Rn. 91; Budde/Förschle/Winkeljohann/*Förschle/Deubert*, Sonderbilanzen, 4. Aufl. 2008, T Anm. 375.
[190] MüKoAktG/*Koch* Rn. 64; *ADS* Rn. 91; Budde/Förschle/Winkeljohann/*Förschle/Deubert*, Sonderbilanzen, 4. Aufl. 2008, T Anm. 375.
[191] *ADS* Rn. 91.
[192] *ADS* Rn. 92; ähnlich Budde/Förschle/Winkeljohann/*Förschle/Deubert*, Sonderbilanzen, 4. Aufl. 2008, T Anm. 377.
[193] *Scherrer/Heni*, Liquidations-Rechnungslegung, 3. Aufl. 2009, 48; *ADS* Rn. 93; Budde/Förschle/Winkeljohann/*Förschle/Deubert*, Sonderbilanzen, 4. Aufl. 2008, T Anm. 383; BeBiKo/*Förschle/Deubert* HGB § 296 Rn. 31 mwN.
[194] BeBiKo/*Förschle/Deubert* HGB § 296 Rn. 27; *ADS* HGB § 296 Rn. 26 mwN.
[195] *Scherrer/Heni* DStR 1992, 798.
[196] *Scherrer/Heni*, Liquidations-Rechnungslegung, 3. Aufl. 2009, 46 ff.; MüKoAktG/*Koch* Rn. 65 f.; Budde/Förschle/Winkeljohann/*Förschle/Deubert*, Sonderbilanzen, 4. Aufl. 2008, T Anm. 381; aA *ADS* Rn. 96.

2. Abhängigkeitsbericht. Handelt es sich bei der Gesellschaft um ein abhängiges Unternehmen 134 iSv § 17, ist diese dazu verpflichtet, einen **Abhängigkeitsbericht** zu erstellen, sofern mit dem herrschenden Unternehmen **kein Beherrschungsvertrag (§ 312 Abs. 1 S. 1), kein Gewinnabführungsvertrag (§ 316)** oder **eine Eingliederung (§ 323 Abs. 1 S. 3)** besteht; diese Verpflichtung besteht auch während der Abwicklung uneingeschränkt fort. Darüber hinaus kann die Verpflichtung zur Erstellung eines Abhängigkeitsberichts während der Abwicklung neu entstehen, wenn zB ein befreiender Beherrschungsvertrag im Rahmen der Abwicklung aufgehoben wird.[197]

Die **Rechtsgrundlage** für die Erstellung eines Abhängigkeitsberichts bildet § 264 Abs. 3, denn 135 der Abhängigkeitsbericht wird weder durch die §§ 262–274 ausgeschlossen noch steht er im Widerspruch zum Abwicklungszweck.[198]

Durch die Abwicklung ergeben sich keine materiellen Besonderheiten hinsichtlich der Bericht- 136 erstattung und Prüfung, womit grundsätzlich auf die Erläuterungen zu §§ 312 ff. verwiesen werden kann.[199] Bezüglich der **Aufstellungspflicht** treten die Abwickler an die Stelle des Vorstands. Der **Stichtag** für die Erstellung des Abwicklungsjahresabschlusses ist grundsätzlich auch für die Erstellung des Abhängigkeitsberichts maßgeblich. Eine **Befreiung von der Prüfungspflicht** gem. § 270 Abs. 3 S. 1 schließt den Abhängigkeitsbericht grundsätzlich mit ein, wobei die wesentlichen Beziehungen zu verbundenen Unternehmen bei der Entscheidung des Gerichts berücksichtigt werden müssen.[200]

§ 271 Verteilung des Vermögens

(1) Das nach der Berichtigung der Verbindlichkeiten verbleibende Vermögen der Gesellschaft wird unter die Aktionäre verteilt.

(2) Das Vermögen ist nach den Anteilen am Grundkapital zu verteilen, wenn nicht Aktien mit verschiedenen Rechten bei der Verteilung des Gesellschaftsvermögens vorhanden sind.

(3) ¹Sind die Einlagen auf das Grundkapital nicht auf alle Aktien in demselben Verhältnis geleistet, so werden die geleisteten Einlagen erstattet und ein Überschuß nach den Anteilen am Grundkapital verteilt. ²Reicht das Vermögen zur Erstattung der Einlagen nicht aus, so haben die Aktionäre den Verlust nach ihren Anteilen am Grundkapital zu tragen; die noch ausstehenden Einlagen sind, soweit nötig, einzuziehen.

Schrifttum: Klöhn, Interessenkonflikte zwischen Aktionären und Gläubigern der Aktiengesellschaft im Spiegel der Vorstandspflichten, ZGR 2008, 110; *Sethe,* Aktien ohne Vermögensbeteiligung?, ZHR 162 (1998), 474; *Sethe,* Die Satzungsautonomie in Bezug auf die Liquidation einer AG, ZIP 1998, 770.

Übersicht

	Rn.		Rn.
I. Normzweck	1	1. Voraussetzungen	7
II. Liquidationsbeteiligung	2–6	2. Verteilungsverfahren	8–10
1. Das Recht auf Beteiligung am Liquidationserlös	2, 3	3. Verteilungsmaßstab	11–13
2. Satzungsmäßige Einschränkungen	4–6	IV. Sanktionen und Rechtsdurchsetzung	14–16
III. Vermögensverteilung	7–13		

I. Normzweck

Die Norm begründet das Recht der Aktionäre auf **Beteiligung am Liquidationserlös** und 1 liefert dafür zugleich den Verteilungsmaßstab. Neben dem Gewinnanspruch handelt es sich um das wichtigste Vermögensrecht der Aktionäre. Ferner legt die Norm die **Nachrangigkeit** dieses Rechts gegenüber dem Recht der Gläubiger auf Befriedigung fest. In der ökonomisch orientierten Literatur werden die Aktionäre daher als „residual claimants" bezeichnet.[1] Die nachrangige Stellung kommt

---

[197] Hierzu Hüffer/Koch/*Koch* § 297 Rn. 22; Budde/Förschle/Winkeljohann/*Förschle/Deubert,* Sonderbilanzen, 4. Aufl. 2008, T Anm. 385; *ADS* Rn. 98.
[198] *Scherrer/Heni,* Liquidations-Rechnungslegung, 3. Aufl. 2009, 42; *ADS* Rn. 98, Budde/Förschle/Winkeljohann/*Förschle/Deubert,* Sonderbilanzen, 4. Aufl. 2008, T Anm. 386.
[199] *ADS* Rn. 99.
[200] Budde/Förschle/Winkeljohann/*Förschle/Deubert,* Sonderbilanzen, 4. Aufl. 2008, T Anm. 388; *ADS* Rn. 99; MüKoAktG/*Koch* Rn. 63.
[1] ZB *Easterbrook/Fischel,* The Economic Structure of Corporate Law, 1996, 79; *Cheffins,* Company Law, 1997, 54.

auch in § 57 Abs. 3 zum Ausdruck, der vor der Auflösung eine Verteilung von Vermögen, das nicht Gewinn ist, verbietet und das Gesellschaftsvermögen damit für die Gläubiger reserviert. Diese Vermögensbindung wird durch § 271 in der Liquidation aufgehoben, freilich erst, wenn alle Gläubiger befriedigt sind. Schließlich sorgt die Norm für eine gleichmäßige Verteilung des Liquidationsergebnisses und verwirklicht damit den **Gleichbehandlungsgrundsatz** (§ 53a). **Parallelvorschriften:** § 72 GmbHG, § 155 Abs. 1 HGB.

II. Liquidationsbeteiligung

2 **1. Das Recht auf Beteiligung am Liquidationserlös.** Das Recht auf Beteiligung am Liquidationserlös ist ein „Grundrecht" der Aktionäre, vergleichbar dem Recht auf Gewinnbeteiligung. Wie dieses ist es **mitgliedschaftlicher,** dh individualrechtlicher Natur und kann theoretisch in ein unentziehbares Stammrecht und einen konkreten Auszahlungsanspruch (Gläubigerrecht) unterteilt werden.[2] Anders als das Gewinnrecht ist das Stammrecht hier aber nicht auf die Herbeiführung eines Verwendungsbeschlusses beschränkt, weil die Verwendung des Liquidationserlöses (= vollständige Ausschüttung) vom Gesetz bereits vorgegeben ist und der (einklagbare) Auszahlungsanspruch gegen die Gesellschaft **automatisch** mit Eintritt der Verteilungsvoraussetzungen (→ Rn. 7) entsteht.[3] Eines besonderen Verwendungsbeschlusses bedarf es daher nicht. Denkbar ist aber ein auf das mitgliedschaftliche Stammrecht gestütztes individuelles Klagerecht, falls der Liquidator pflichtwidrig nicht *die Verteilungsvor*aussetzungen herbeiführt (→ unten Rn. 14).

3 Vom mitgliedschaftlichen Recht auf Beteiligung am Liquidationserlös zu unterscheiden sind Ansprüche, die lediglich aus Anlass der Liquidation entstehen, etwa Rechte auf Rückgabe von Gegenständen (vgl. § 732 BGB), ferner (sonstige) **Drittgläubigeransprüche** (zB Steuerschulden). Letztere sind wie sonstige Gläubigerrechte zu befriedigen, bevor mit der Verteilung begonnen werden darf.[4] Die §§ 271, 272 gelten dafür nicht. Können Gläubiger nicht befriedigt werden, haften Aktionäre nicht persönlich (§ 1 Abs. 1 S. 2). Besonderheiten sind für Aktionärsdarlehen zu beachten: Die betreffenden Rückzahlungsansprüche (§ 488 Abs. 1 S. 2 BGB) sind erst nach Befriedigung der Gläubiger und Ablauf der Sperrfrist, dann aber vorab und vor Feststellung der Verteilungsmasse zu befriedigen.[5]

4 **2. Satzungsmäßige Einschränkungen.** Klärungsbedürftig ist die Frage, ob das Recht auf Teilhabe am Liquidationsrecht im Vorhinein **ausgeschlossen** oder modifiziert werden kann. Das ist jedenfalls dann zu bejahen, wenn der AG die steuerliche Anerkennung als **gemeinnützig** verschafft werden soll. Diese setzt „Selbstlosigkeit" voraus (§ 52 AO), welche nur gegeben ist, wenn die Gesellschafter bei Auflösung nicht mehr als ihre Einlage zurückerhalten (§ 55 Abs. 1 Nr. 2 AO). Weil das Aktiengesetz keinen erwerbswirtschaftlichen Zweck vorschreibt, muss es zulässig sein, eine AG durch satzungsmäßige Bestimmung von vornherein als gemeinnützige zu gründen und zu diesem Zwecke die Beteiligung nicht nur am Gewinn (vgl. § 58 Abs. 4), sondern auch am Liquidationsüberschuss auszuschließen.[6]

5 Ob ähnliches auch bei anderen Gestaltungen, etwa einer **vereinsnützigen** AG (Bsp „Fußball-AG"), gilt, ist unklar. Dagegen wird § 23 Abs. 5 ins Feld geführt, welcher § 271 jenseits der Gemeinnützigkeit satzungsfest mache.[7] Für Satzungsfreiheit spricht hingegen § 58 Abs. 3 und 4, welcher Gestaltungen zulässt, wonach der Bilanzgewinn weder ausgeschüttet noch thesauriert, sondern „anders" verwendet wird. Warum dies nicht auch für die Beteiligung am Liquidationsüberschuss gelten soll, ist nicht einzusehen, zumal potentielle Anleger darüber regelmäßig im Prospekt aufgeklärt werden (müssen).[8] Soweit die Beteiligung am Liquidationserlös ausgeschlossen werden kann, müssen auch **Modifikationen** dieses Rechts zulässig sein. So darf die Satzung von vornherein vorsehen, dass die Verteilung eines etwaigen Liquidationserlöses nicht in Geld, sondern in natura erfolgt. Insoweit kann dann auch von einer Versilberung abgesehen werden (→ § 268 Rn. 5).[9]

---

[2] Kölner Komm AktG/*Winnen* Rn. 5; Hüffer/Koch/*Koch* Rn. 2; Großkomm AktG/*K. Schmidt* Rn. 3.
[3] Hüffer/Koch/*Koch* Rn. 2; ROHGE 3, 336; 17, 44 (46).
[4] Vgl. Lutter/Hommelhoff/*Kleindiek* GmbHG § 72 Rn. 5 f.
[5] Vgl. Lutter/Hommelhoff/*Kleindiek* GmbHG § 72 Rn. 8.
[6] Insoweit unstr., s. nur Sethe ZHR 162 (1998) 474 (486 f.); Hüffer/Koch/*Koch* Rn. 2; MüKoAktG/*Koch* Rn. 6 und § 268 Rn. 20; Kölner Komm AktG/*Winnen* Rn. 7.
[7] Hüffer/Koch/*Koch* Rn. 2; MüKoAktG/*Koch* Rn. 6; umfassende Satzungsfreiheit besteht dagegen im GmbH-Recht, vgl. nur BGHZ 14, 264 (272); Scholz/*K. Schmidt* GmbHG § 72 Rn. 2.
[8] *Sethe* ZHR 162 (1998) 474 (486 f.); Kölner Komm AktG/*Winnen* Rn. 8.
[9] Kölner Komm AktG/*Winnen* Rn. 10; anders folgerichtig MüKoAktG/*Koch* Rn. 4 und § 268 Rn. 20.

Nachträgliche Einschränkungen des Rechts auf Teilhabe am Liquidationserlös sind nur bei **6** Zustimmung aller betroffenen Aktionäre möglich.[10] Das gilt nicht nur für den vollständigen Ausschluss, sondern auch für Modifikationen, etwa die **Teilung in Natur:** Wer Geld in Aktien investiert, muss sich nicht mit Birnen abfinden lassen.[11] Dafür spricht auch der Blick auf § 268 Abs. 1: Das Vermögen der AG ist „in Geld" umzusetzen und folgerichtig auch so zu verteilen. Anders ist ausnahmsweise zu entscheiden, wenn die Sachwerte liquide sind und/oder ihre Übernahme dem Aktionär ohne weiteres zumutbar ist (Bsp Wertpapiere).[12] Dann muss sich aber auch der einzelne Aktionär der von der Mehrheit beschlossenen Verteilungsart beugen. Ob die erforderliche Billigung durch Satzungsänderung oder durch Liquidationsbeschluss erfolgt, ist gleichgültig, solange nur alle betroffenen Aktionäre zustimmen.[13] Ist der Anspruch auf Auszahlung des Liquidationserlöses einmal entstanden, kann darauf nach allgemeinen Grundsätzen (§ 397 BGB) nur noch der betreffende Anspruchsinhaber (Aktionär) verzichten.[14] Auch während des Liquidationsstadiums ist allerdings der Ausschluss von Minderheitsaktionären im Wege des **Squeeze Out** noch möglich (zur Kritik → § 264 Rn. 40).[15] An die Stelle des Liquidationserlöses tritt dann der Barausgleich (§ 327b).

III. Vermögensverteilung

1. Voraussetzungen. Voraussetzungen der Vermögensverteilung sind folgende: (1) Die AG muss **7** rechtswirksam aufgelöst sein (vgl. § 57 Abs. 3); s. zu dieser Voraussetzung → § 262 Rn. 5 ff. (2) Ihre Verbindlichkeiten – einschließlich der Liquidationskosten – wurden berichtigt (§ 271 Abs. 1) bzw. die Berichtigung wurde gewährleistet (vgl. § 272 Abs. 2 und 3); dazu → § 272 Rn. 6 ff. (3) Das Sperrjahr (§ 272) ist abgelaufen; dazu → unten § 272 Rn. 3 ff. (4) Es ist noch Vermögen vorhanden (§ 271 Abs. 1). Ob die letzte Voraussetzung erfüllt ist, lässt sich nur feststellen, wenn nach Befriedigung der Gläubiger und Ablauf des Sperrjahres entsprechend § 155 Abs. 1 HGB eine **Schlussbilanz** aufgestellt wird (abzugrenzen von der „Schlussrechnung" iSv § 273 Abs. 1). Dazu sind die Abwickler folgerichtig verpflichtet.[16] Diese sollte sinnvollerweise um einen **Verteilungsplan** ergänzt werden. Zuständig sind allein die Abwickler, da die Kompetenzen der Hauptversammlung im Abwicklungsstadium eingeschränkt sind (vgl. § 270 Abs. 2).

2. Verteilungsverfahren. Das Verteilungsverfahren wird vom Gesetz nicht bestimmt und steht **8** daher gem. § 23 Abs. 5 S. 2 einer **satzungsmäßigen Ausgestaltung** offen, soweit das prinzipiell unentziehbare Recht der Aktionäre auf Teilhabe am Liquidationserlös dadurch nicht geschmälert wird. Nur weil das Gesetz eine satzungsmäßige Modifikation gestattet, ist daraus nicht im Umkehrschluss zu folgern, dass abweichende Ausgestaltungen (etwa auch schuldrechtliche Vereinbarungen) ausgeschlossen sind.[17] Stets zulässig sind Regeln über Aufruf und Feststellung der berechtigten Aktionäre, die Kontrolle der Zahlungsvorgänge, die Verwendung nicht verteilungsfähiger Restbeträge (Spitzen) und der Ausschluss oder die Verjährung nicht geltend gemachter Forderungen.[18] Nur in der Ursprungssatzung oder mit Zustimmung der Betroffenen (→ Rn. 6) darf die Rückgabe von Sacheinlagen in Natur angeordnet werden.[19]

Trifft die Satzung keine Regel, verfahren die Abwickler nach **Ermessen** hinsichtlich Feststellung **9** der Masse, Zeitpunkt und Verfahren, wobei sie (selbstverständlich) an das Leitbild eines ordentlichen und gewissenhaften Abwicklers gebunden sind.[20] Die Liquidatoren müssen sich bemühen, die Identität aller empfangsberechtigten Aktionäre in Erfahrung zu bringen, etwa durch Aufruf in den Gesell-

---

[10] Unstr., s. *Sethe* ZHR 162 (1998) 474 (487); Hüffer/Koch/*Koch* Rn. 2; MüKoAktG/*Koch* Rn. 7; Kölner Komm AktG/*Winnen* Rn. 9.
[11] Überholt RGZ 62, 56 (58 f.); wie hier Großkomm AktG/*K. Schmidt* Rn. 4; Kölner Komm AktG/*Winnen* Rn. 10.
[12] Kölner Komm AktG/*Kraft*, 2. Aufl. 1996, Rn. 6; Großkomm AktG/*K. Schmidt* Rn. 4; aA (stets Verteilung in Geld) Kölner Komm AktG/*Winnen* Rn. 10, § 268 Rn. 29.
[13] *Sethe* ZHR 162 (1998) 474 (481) mit Fn. 38.
[14] Unstr., s. nur BGHZ 23, 150 (152 ff.) (zur Dividende); Hüffer/Koch/*Koch* Rn. 2; Großkomm AktG/*Mock* § 11 Rn. 58; *Sethe* ZHR 162 (1998) 474 (483).
[15] BGH NZG 2006, 905; BVerfG ZIP 2007, 2121.
[16] Hüffer/Koch/*Koch* Rn. 3; MüKoAktG/*Koch* Rn. 10; wie hier nun auch MHdB AG/*Hoffmann-Becking* § 67 Rn. 19; anders Kölner Komm AktG/*Winnen* Rn. 14: Keine (separate) Pflicht, Aufstellung einer Schlussbilanz aber dennoch regelmäßig geboten, weil Ausfluss der Sorgfaltspflicht eines ordentlichen und gewissenhaften Abwicklers.
[17] Wie hier das überwiegende Schrifttum, vgl. *Koch* AG 2015, 213 ff.; *Priester* ZIP 2015, 2156 ff.; *Harbarth/Zeyher/Brechtel* AG 2016, 801; aA LG Frankfurt aM NZG 2015, 482, 483 ff; LG Marburg BeckRS 2015, 7834.
[18] *Sethe* ZHR 162 (1998) 474 (481); *Sethe* ZIP 1998, 770 (772).
[19] AA *Sethe* ZHR 162 (1998) 474 (481); *Sethe* ZIP 1998, 770 (772); strenger MüKoAktG/*Koch* Rn. 4: nur durch Vertrag.
[20] Hüffer/Koch/*Koch* Rn. 1, 4; Kölner Komm AktG/*Winnen* Rn. 15.

schaftsblättern.[21] Die Aktionäre legitimieren sich idR durch Vorlage einer Hinterlegungsbescheinigung (Inhaberaktie) oder Eintrag im Aktienregister (Namensaktie).[22] Nach früher vertretener Ansicht, sollten Auszahlungen nur Zug-um-Zug gegen Aushändigung der Aktienurkunden erfolgen.[23] Das ist bei zunehmender Entmaterialisierung der Anteilsrechte wenig praktikabel und vom Gesetz wird es auch nicht verlangt. Nach heute hM genügen die Abwickler deshalb ihren Pflichten, wenn sie sicherstellen, dass Zahlungen nicht doppelt erfolgen können. Zu **dokumentieren** sind in jedem Fall Name und Anschrift der Zahlungsempfänger.[24] Nehmen nicht alle Berechtigten die Zahlung in Empfang, ist der betreffende Betrag zu hinterlegen.[25]

10   Hinsichtlich der **Verjährung** wird zwischen Inhaber- und Namensaktien unterschieden. Erstere sollen analog § 801 Abs. 1 BGB erst zwei Jahre nach Ablauf einer 30-jährigen (!) Ausschlussfrist verjähren, während letztere der normalen dreijährigen Verjährungsfrist (§ 195 BGB) unterliegen.[26] Diese Differenzierung, die unter Geltung des alten Verjährungsrechts kaum bedeutend war, führt heute zu Diskrepanzen, die **sachlich nicht zu rechtfertigen** sind. Richtig erscheint die analoge Anwendung von § 801 Abs. 2 BGB (betr. Gewinnanteilscheine), und zwar auf beide Arten von Aktien.[27] Danach beträgt die Vorlegungsfrist **vier Jahre,** an die sich eine zweijährige Verjährungsfrist anschließt. Diese beginnt mit dem Schluss des Jahres, in dem die Anspruchsvoraussetzungen erfüllt sind und der Aktionär davon Kenntnis erlangt oder erlangen müsste (§ 199 Abs. 1 BGB). Die Satzung darf sowohl die Vorlegungsfrist (vgl. § 801 Abs. 3 BGB) als auch die Verjährungsfrist (vgl. § 202 BGB) verkürzen.[28] Die Verkürzung muss jedoch vor Ausgabe der Aktien erfolgen[29] und darf die Geltendmachung des Anspruchs nicht faktisch vereiteln. Problematisch wäre zB die Verkürzung auf weniger als ein Jahr.

11   3. **Verteilungsmaßstab.** Das Gesetz unterscheidet folgende Fallgruppen: (1) Die **Einlagen** sind vollständig oder zumindest in gleichem Verhältnis **geleistet** (Abs. 2): In diesem Fall wird der Liquidationserlös gleichmäßig nach den Anteilen am Grundkapital verteilt (§ 271 Abs. 2). Sind bestimmte Aktien mit Sonderrechten ausgestattet, werden sie (selbstverständlich) entsprechend bevorzugt.[30] Verteilungsmaßstab ist bei Nennbetragsaktien deren Verhältnis zum Grundkapital, während bei Stückaktien der Überschuss durch die Aktienanzahl dividiert wird. Eigene Aktien bleiben gem. § 71b unberücksichtigt.

12   (2) Die Einlagen sind **nicht** auf alle Aktien **in demselben Verhältnis geleistet** und das noch vorhandene Vermögen reicht zur Rückerstattung der Einlagen aus (Abs. 3 S. 1): Dann werden erst die geleisteten Einlagen zurückerstattet, anschließend ein etwa noch verbleibender Überschuss nach dem genannten Maßstab (→ Rn. 11) verteilt.

13   (3) Die Einlagen sind **nicht** auf alle Aktien **in demselben Verhältnis geleistet,** aber das **Vermögen reicht nicht** zur Erstattung der geleisteten Einlagen aus (Abs. 3 S. 2): Dann wird das vorhandene Vermögen so verteilt, dass im Ergebnis jeder Aktionär die seinem Anteil gemäße Verlustquote trägt. Dazu sind erforderlichenfalls noch ausstehende Einlagen anzuziehen (Abs. 3 S. 2 Hs. 2). **Beispiel:** Grundkapital 300, Aktionäre A, B, C sind jeweils mit Aktien im Nennwert von 100 beteiligt. A hat vollständig geleistet, B hat 20 geleistet, C nichts. Vorhandenes Vermögen: 30. Der Verlust beträgt 90, so dass auf jeden Aktionär ein Verlust von 30 entfällt: B muss auf seine Einlage noch 10 entrichten, C 30, A erhält 70 (30 + 10 + 30). Eine Nachschusspflicht (vgl. § 739 BGB) wird durch Abs. 3 nicht begründet. Ein Verlust aus uneinbringlichen Einlagen ist anteilig zu verteilen.[31]

IV. Sanktionen und Rechtsdurchsetzung

14   Verstöße gegen die §§ 271, 272 können sowohl Rechte der Gläubiger beeinträchtigen (dazu → § 272 Rn. 10 ff.) als auch solche der Aktionäre. Für diese gilt: Wird trotz Vorliegens der Vorausset-

---

[21] Kölner Komm AktG/*Winnen* Rn. 17; Hüffer/Koch/*Koch* Rn. 4; MüKoAktG/*Koch* Rn. 13.
[22] Kölner Komm AktG/*Winnen* Rn. 18; Hüffer/Koch/*Koch* Rn. 4; MüKoAktG/*Koch* Rn. 14.
[23] So noch MüKoAktG/*Hüffer*, 3. Aufl. 2011, Rn. 15.
[24] Kölner Komm AktG/*Winnen* Rn. 18; Hüffer/Koch/*Koch* Rn. 4; MüKoAktG/*Koch* Rn. 16.
[25] Kölner Komm AktG/*Winnen* Rn. 18; Hüffer/Koch/*Koch* Rn. 5; MüKoAktG/*Koch* Rn. 19.
[26] Kölner Komm AktG/*Kraft*, 2. Aufl. 1996, Rn. 23; anders Hüffer/Koch/*Koch* Rn. 5 und MüKoAktG/*Koch* Rn. 17 f., der beide Gestaltungen den allgemeinen Verjährungsregeln (§§ 195, 199 Abs. 1 BGB) unterwirft; zustimmend Kölner Komm AktG/*Winnen* Rn. 21.
[27] Zust. Großkomm AktG/*K. Schmidt* Rn. 16.
[28] Unstr., s. nur RGZ 7, 32 (34); *Sethe* ZIP 1998, 770 (773); Hüffer/Koch/*Koch* Rn. 5; MüKoAktG/*Koch* Rn. 18.
[29] AA Kölner Komm AktG/*Winnen* Rn. 21; MüKoAktG/*Koch* Rn. 18: Auch durch Satzungsänderung.
[30] Zu Einzelfragen MüKoAktG/*Koch* Rn. 22 und 25; Kölner Komm AktG/*Winnen* Rn. 24 ff.; aA K. Schmidt/Lutter/*Riesenhuber* Rn. 10.
[31] NK-AktR/*Wermeckes* Rn. 8; Kölner Komm AktG/*Winnen* Rn. 27; Großkomm AktG/*K. Schmidt* Rn. 10.

zungen (→ Rn. 7) kein Liquidationserlös ausgeschüttet, können die Aktionäre ihren Zahlungsanspruch gegen die AG (vertreten durch die Abwickler) im Wege der **Leistungsklage** geltend machen. Gleiches gilt, wenn anspruchsberechtigte Aktionäre bei der Verteilung übergangen wurden.

Die Darlegungs- und Beweislast für das Nichtvorliegen der Verteilungsvoraussetzungen ist der 15 AG (vertreten durch die Abwickler) aufzuerlegen.[32] Drohen Gläubigeransprüche durch eine voreilige Ausschüttung vereitelt zu werden, kommt **einstweiliger Rechtsschutz** in Betracht (näher → § 272 Rn. 11). Bleiben die Abwickler gänzlich untätig, kann auf Herbeiführung der Verteilungsvoraussetzungen – gegebenenfalls im Wege eines Hilfsantrags – geklagt werden (→ Rn. 2). Sind Abwickler zugleich Gesellschafter, steht § 181 BGB nicht entgegen, denn die Abwickler erfüllen lediglich bestehende Verbindlichkeiten.

Zu Unrecht bedachte Aktionäre haben die empfangenen Leistungen nach § 62 **zurückzuzah-** 16 **len**.[33] Der Anspruch kann unter den Voraussetzungen des § 62 Abs. 2 auch von den Gläubigern geltend gemacht werden, zu denen etwa übergangene (Mit-)Aktionäre zählen.[34] Allerdings darf nur Zahlung an die Gesellschaft verlangt werden.[35] Erfolgte die fehlerhafte Verteilung schuldhaft, kommen **Ersatzansprüche** der AG gegen die Abwickler gem. § 93 (iVm § 268 Abs. 2), uU auch gegen die Aufsichtsratsmitglieder (§ 116) in Betracht. Diese können gem. § 93 Abs. 5 uU auch von den Gläubigern – wiederum einschließlich übergangener Aktionäre – geltend gemacht werden, die dabei Zahlung an sich selbst verlangen dürfen.[36] Bei **sittenwidriger Schädigung** des auch im Liquidationsstadium noch zugunsten der Gläubiger gebundenen Gesellschaftsvermögens kommt daneben ein Anspruch der AG aus § 826 BGB (Fallgruppe „Existenzvernichtung") in Betracht (→ § 272 Rn. 12 f.).[37]

§ 272 Gläubigerschutz

(1) Das Vermögen darf nur verteilt werden, wenn ein Jahr seit dem Tage verstrichen ist, an dem der Aufruf der Gläubiger bekanntgemacht worden ist.

(2) Meldet sich ein bekannter Gläubiger nicht, so ist der geschuldete Betrag für ihn zu hinterlegen, wenn ein Recht zur Hinterlegung besteht.

(3) Kann eine Verbindlichkeit zur Zeit nicht berichtigt werden oder ist sie streitig, so darf das Vermögen nur verteilt werden, wenn dem Gläubiger Sicherheit geleistet ist.

Schrifttum: *Erle*, Die Funktion des Sperrjahres in der Liquidation der GmbH, GmbHR 1998, 216; *Hofmann*, Zur Liquidation der GmbH (II), GmbHR 1976, 258; *K. Schmidt*, Das Liquidations-Sperrjahr als Liquiditätssicherung vor und nach MoMiG, DB 2009, 1971; *K. Schmidt*, Zur Gläubigersicherung im Liquidationsrecht der Kapitalgesellschaften, Genossenschaften und Vereine, ZIP 1981, 1; *K. Schmidt*, Vorfinanzierung der Liquidationsquote im Einklang mit dem Ausschüttungssperrjahr?, DB 1994, 2013; *Sethe*, Die Satzungsautonomie in Bezug auf die Liquidation einer AG, ZIP 1998, 770.

Übersicht

	Rn.		Rn.
I. Normzweck	1, 2	IV. Sicherheitsleistung (Abs. 3)	9
II. Sperrjahr (Abs. 1)	3–5a	V. Rechtswirkungen und Sanktionen	10–13
1. Beginn und Ende	3	1. Wirkung	10
2. Bedeutung	4–5a	2. Rechtsschutz und Sanktionen	11–13
III. Befriedigung und Hinterlegung	6–8	a) Einstweiliger Rechtsschutz	11
1. Befriedigung	6	b) Rückzahlung	12
2. Hinterlegung (Abs. 2)	7, 8	c) Schadensersatz	13

I. Normzweck

Die Norm bezweckt den **Schutz der Gesellschaftsgläubiger**. Sie ist im Kontext der §§ 267, 1 268 Abs. 1, § 271 Abs. 1 zu lesen. Danach sind die Gläubiger zur Anmeldung ihrer Ansprüche

---

[32] AA MüKoAktG/*Koch* Rn. 20: Nur im Einzelfall Beweiserleichterungen nach dem Prinzip der Tatsachennähe denkbar.
[33] Hüffer/Koch/*Koch* § 272 Rn. 7.
[34] Kölner Komm AktG/*Winnen* Rn. 31.
[35] HM, vgl. nur Hüffer/Koch/*Koch* § 62 Rn. 14.
[36] Vgl. Hüffer/Koch/*Koch* § 93 Rn. 83; vgl. Großkomm GmbHG/*Paura* § 72 Rn. 26 zur GmbH.
[37] Zur GmbH BGHZ 179, 344 = NZG 2009, 545 – Sanitary.

aufzufordern (§ 267). Erst wenn die bekannten Gläubiger befriedigt sind (§ 268 Abs. 1), darf mit der Verteilung des Gesellschaftsvermögens an die Aktionäre begonnen werden (§ 271 Abs. 1). Das **Sperrjahr** soll den (unbekannten) Gläubigern Zeit und Gelegenheit geben, von der Auflösung und dem Gläubigeraufruf Kenntnis zu nehmen und sich bei der Gesellschaft zu melden. Daher kann es nicht durch Vereinbarung mit den bereits bekannten Gläubigern verkürzt werden; die Vorschrift ist **zwingend.**[1] **Parallelvorschriften:** § 73 Abs. 1 und 2 GmbHG, §§ 51, 52 BGB.

2   Das Verbot der vorzeitigen Vermögensverteilung bezweckt nicht nur die wertmäßige Deckung des Gesellschaftsvermögens, sondern will den Gläubigern eine liquide Vermögensmasse sichern. Insofern wird es als **Thesaurierungsgebot** verstanden.[2] Damit geht die Vorschrift über den für die werbende AG geltenden § 57 hinaus (→ Rn. 12 und → § 264 Rn. 35). Den Abwicklern gibt § 272 Gelegenheit, Hindernisse bei der Schuldentilgung durch Hinterlegung (Abs. 2) oder Sicherheitsleistung (Abs. 3) zu überwinden. Dadurch soll auch der zügige Abschluss der Abwicklung erreicht werden.

II. Sperrjahr (Abs. 1)

3   **1. Beginn und Ende.** Das Sperrjahr **beginnt** gem. § 187 Abs. 1 BGB mit Beginn des Tages, der auf die Bekanntmachung iSd § 267 folgt. Es **endet** gem. § 188 Abs. 2 mit Ablauf desjenigen Tages des zwölften Monats, welcher durch seine Benennung oder seine Zahl dem Tage entspricht, an dem die Bekanntmachung erfolgte. **Beispiel:** Gläubigeraufruf am 28.6.2016, Beginn des Sperrjahres: 29.6.2016 um 0 Uhr, Ende am 28.6.2017 um 24 Uhr. Der Zeitablauf kann nicht gehemmt oder unterbrochen werden. Eine Vermögensverteilung ist frühestens mit Ablauf des Sperrjahrs möglich. Evtl. muss darüber hinaus abgewartet werden, etwa bei einem rechtshängigen Anfechtungsprozess.[3]

4   **2. Bedeutung.** Das Sperrjahr hat weder Ausschluss- noch Stundungs- oder Fälligkeitswirkung.[4] Seine Bedeutung besteht allein darin, dass vor seinem Ablauf jede **„Vermögensverteilung"**, dh jedwede Übertragung von Gesellschaftsvermögen an Aktionäre wegen deren Mitgliedschaft (causa societatis) **verboten** ist (zB Abschläge, Darlehen, welche mit der Verteilungsquote verrechnet werden).[5] Ausgenommen sind Drittgläubigeransprüche, zB aus Kauf- oder Werkvertrag, aber auch Dividendenansprüche, soweit deren Befriedigung nicht das zur Deckung des Grundkapitals erforderliche Vermögen samt gesetzlicher Rücklagen (§ 150) angreift und der Gewinnverwendungsbeschluss vor der Auflösung gefasst wurde.[6] Vom Verbot erfasst werden **verdeckte Auszahlungen,** etwa überhöhte Kaufpreiszahlungen, ebenso wie Umgehungstatbestände, zB die Vorfinanzierung der Liquidationsquote mit der Abrede einer späteren Verrechnung.[7]

5   Für **Darlehen** gilt: Rückzahlungsansprüche von Aktionären sind selbständige Drittgläubigeransprüche und unterfallen daher nicht dem Verteilungsverbot. Dies gilt auch dann, wenn das Darlehen verlorenes Eigenkapital ersetzt, weil solche Darlehen seit dem MoMiG **nicht** mehr **gesperrt** sind (vgl. § 57 Abs. 1 S. 4) und der Nachrang des § 39 Abs. 1 Nr. 5 InsO außerhalb des Insolvenzverfahrens nicht zum Tragen kommt.[8] Anders ist im Fall der Auflösung wegen **Masselosigkeit** (§ 262 Abs. 1 Nr. 4) zu entscheiden, wie die Wertung des § 6 Abs. 1 S. 2 AnfG bestätigt.

5a   Darlehen der Gesellschaft an Aktionäre in der Auflösungsphase sind grundsätzlich unzulässig, weil dies dem Thesaurierungsgebot widerspräche (→ Rn. 2).[9] Dies gilt auch nach Rückkehr zur bilanzierten Betrachtungsweise (vgl. § 57 Abs. 1 S. 3). Ausnahmen kommen (nur) in Betracht, soweit

---

[1] *Hofmann* GmbHR 1976, 258 (265); Hüffer/Koch/*Koch* Rn. 1; MüKoAktG/*Koch* Rn. 3; Kölner Komm AktG/*Winnen* Rn. 5.
[2] Vgl. (zur GmbH) BGH NZG 2009, 659 (662) Rn. 19; *K. Schmidt* DB 1994, 2013 (2015); *K. Schmidt* DB 2009, 1971 ff.; Großkomm AktG/*K. Schmidt* Rn. 3; Hüffer/Koch/*Koch* Rn. 2; aA *Erle* GmbHR 1998, 216 (218 ff.) (Auszahlungen zulässig, soweit Grundkapital unberührt und Gläubigerinteressen nicht tangiert).
[3] NK-AktR/*Wermeckes* Rn. 2; Kölner Komm AktG/*Winnen* Rn. 6.
[4] Vgl. Scholz/*K. Schmidt* GmbHG § 73 Rn. 3.
[5] Hüffer/Koch/*Koch* Rn. 2; ähnlich auch Kölner Komm AktG/*Winnen* Rn. 7; vgl. (zur GmbH) *K. Schmidt* DB 1994, 2013 (2015); rechtspolitische Kritik bei *Groß-Langenhoff*, Vermögensbindung im Aktienrecht, 2013, 338 f., der das der Norm zugrundeliegende Prinzip abstrakter Vermögensbindung de lege ferenda zugunsten eines konkreten Gläubigerschutzes ablösen will.
[6] Hüffer/Koch/*Koch* Rn. 3; MüKoAktG/*Koch* Rn. 7 ff.; Großkomm AktG/*K. Schmidt* Rn. 5.
[7] MüKoAktG/*Koch* Rn. 11; Kölner Komm AktG/*Winnen* Rn. 7; Großkomm AktG/*K. Schmidt* Rn. 3; zur GmbH: *K. Schmidt* DB 1994, 2013 (2014); aA *Erle* GmbHR 1998, 216 (219 ff.) unter Hinweis auf praktisch gängige Vermeidungsstrategien.
[8] Großkomm AktG/*K. Schmidt* Rn. 4; *K. Schmidt* DB 2009, 1871 (1974) (zur GmbH).
[9] Zutr. *K. Schmidt* DB 1994, 2013 (2015); Großkomm AktG/*K. Schmidt* Rn. 3; Hüffer/Koch/*Koch* Rn. 2; Kölner Komm AktG/*Winnen* Rn. 8.

dies der ordnungsgemäßen Verwaltung der Liquidationsmasse dient.[10] Ein cash-pool muss alson nicht aufgelöst werden.[11] Wird gleichwohl ein Darlehn ausgereicht, besteht ein Rückzahlungsanspruch der Gesellschaft (auch) aus § 488 Abs. 1 S. 2 BGB.[12] Aus § 272 folgt dabei ein jederzeitiges außerordentliches Kündigungsrecht.[13]

III. Befriedigung und Hinterlegung

1. Befriedigung. Die Liquidation zielt auf vollständige Vermögensabwicklung. Positiv bekannte[14] Gläubiger fälliger Forderungen müssen daher ungeachtet des Umstandes befriedigt werden, ob sie sich „gemeldet" haben oder nicht (vgl. § 268 Abs. 1).[15] Dies kann selbstverständlich auch im Wege der **Aufrechnung** oder durch **Vergleich** (bzw. Erlass) geschehen.[16] In welcher Reihenfolge die Tilgung erfolgt, bleibt den Abwicklern überlassen; auf den Zeitpunkt der Meldung kommt es nicht an.[17] Auch eine **gleichmäßige** Behandlung der Gläubiger ist nicht vorgeschrieben, im praktisch allein relevanten Fall der masselosen Insolvenz aber erwägenswert (→ § 264 Rn. 9).[18] 6

2. Hinterlegung (Abs. 2). Raum für eine **Hinterlegung** bleibt danach nur, wenn der Gläubiger die Mitwirkung bei der (anzubietenden!) Erfüllung verweigert (Annahmeverzug, §§ 293 ff. BGB) oder seine Identität nicht bekannt ist.[19] Beide Fälle werden von § 372 BGB vorausgesetzt, so dass es – entgegen des wenig glücklichen Wortlauts von Abs. 2 – weder auf das Bekanntsein des Gläubigers noch auf dessen unterbliebene „Meldung", sondern allein darauf ankommt, ob die Hinterlegungsvoraussetzungen der §§ 372 ff. BGB, § 373 HGB vorliegen.[20] Die Bedeutung von Abs. 2 kann dann nur darin liegen, das in den §§ 372 BGB, § 373 HGB gewährte Ermessen zu einer Pflicht zu verdichten. 7

Dass die Forderung, für die zu hinterlegen ist, hinreichend **substantiiert** sein muss, versteht sich von selbst.[21] Nur wenn keine Geldsumme („Betrag") geschuldet wird, kommt statt der Hinterlegung auch Sicherheitsleistung in Betracht. Ob die Hinterlegung unter Verzicht auf die Rücknahme (§ 376 Abs. 2 Nr. 1 BGB) erfolgt, steht im Ermessen der Abwickler.[22] Jedoch ist kaum ein Grund ersichtlich, warum ein solcher Verzicht nicht ausgesprochen werden sollte, denn nur so kann die Befriedigungswirkung und damit letztlich Beendigung der AG erreicht werden. Verzichtet ein Gläubiger auf den Schutz des § 272, kann dies seine Ersatzansprüche ausschließen.[23] 8

IV. Sicherheitsleistung (Abs. 3)

Eine Verbindlichkeit kann „zur Zeit nicht berichtigt werden", wenn sie aus wiederkehrenden Leistungen besteht, **betagt** oder **bedingt** ist und Erfüllungszeitpunkt bzw. Bedingung noch nicht eingetreten sind. Nicht hierhin gehören Erfüllungshindernisse aus der Sphäre des Gläubigers, für die Abs. 2 bei Geldschulden die speziellere Regel darstellt (→ Rn. 7). „**Streitig**" ist eine Forderung, wenn sie von der AG mit plausiblen Sach- oder Rechtsgründen bestritten wird. Offensichtlich unbegründete Forderungen nötigen nicht zur Sicherheitsleistung.[24] Wurden sie eingeklagt, kommt es auf die Wahrscheinlichkeit eines klagabweisenden Urteils an.[25] Ebenso wenig wie Abs. 2 gibt Abs. 3 dem Gläubiger 9

---

[10] K. Schmidt DB 1994, 2013 (2015). Beispiele (nach Schmidt ebd.): Festgeldkonto bei Aktionär-Kreditinstitut; Vermögensverwaltung durch Konzernmutter; kurzfristig kündbarer und angemessen verzinster Kredit an alle Gesellschafter; weitergehend Erle GmbHR 1998, 216 (220 f.): Wenn an der Möglichkeit jederzeitiger Rückzahlung keine berechtigten Zweifel bestehen.
[11] Großkomm AktG/K. Schmidt Rn. 3.
[12] BGH NZG 2007, 659 (661 Rn. 25).
[13] K. Schmidt DB 2009, 1971 (1972) (zur GmbH).
[14] RGZ 92, 77 (80); RG JW 1930, 2943; Hüffer/Koch/Koch Rn. 4; K. Schmidt/Lutter/Riesenhuber Rn. 5; NK-AktR/Wermeckes Rn. 4.
[15] Kölner Komm AktG/Winnen Rn. 4; Hofmann GmbHR 1976, 258 (265).
[16] Kölner Komm AktG/Winnen Rn. 4.
[17] Kölner Komm AktG/Winnen Rn. 11; Großkomm AktG/K. Schmidt Rn. 9.
[18] Dafür Großkomm AktG/K. Schmidt Rn. 9.
[19] MüKoAktG/Koch Rn. 18; Kölner Komm AktG/Winnen Rn. 13.
[20] Vgl. Großkomm AktG/K. Schmidt Rn. 10; Kölner Komm AktG/Winnen Rn. 13.
[21] Nach der Formel des RG muss die Forderung dem Grunde nach und „im wesentlichen" auch der Höhe nach bekannt sein, vgl. (zur GmbH) RGZ 92, 77 (80) (betr. Unfallschaden); bei unbekannter Höhe muss notfalls geschätzt werden, s. K. Schmidt ZIP 1981, 1 (2 f.).
[22] MüKoAktG/Koch Rn. 17, 19.
[23] K. Schmidt/Lutter/Riesenhuber Rn. 2.
[24] AllgA: K. Schmidt ZIP 1981, 1 (3); Großkomm AktG/K. Schmidt Rn. 11; Hüffer/Koch/Koch Rn. 5; MüKoAktG/Koch Rn. 21; Kölner Komm AktG/Winnen Rn. 18.
[25] Für Nichtberücksichtigung auch in diesem Fall Großkomm AktG/Wiedemann, 3. Aufl. 1971, Anm. 4; dagegen K. Schmidt ZIP 1981, 1 (3); Großkomm AktG/K. Schmidt Rn. 11; für Ermessen der Abwickler K. Schmidt/Lutter/Riesenhuber Rn. 5.

einen klagbaren Anspruch, sondern stellt nur eine Verteilungsvoraussetzung auf.[26] Art und Weise der Sicherheitsleistung richten sich nach §§ 232 ff. BGB, sofern die Parteien nicht – was zulässig ist[27] – eine abweichende Regelung treffen (zB Bürgschaft des herrschenden Unternehmens).[28]

V. Rechtswirkungen und Sanktionen

10 **1. Wirkung.** Erfüllung oder Erfüllungssurrogate (§§ 378, 389, 397, 414 f. BGB) bringen die Schuld der AG zum Erlöschen. Hinterlegung (ohne Ausschluss der Rücknahme) und Sicherheitsleistung lassen die Schuld bestehen, schaffen aber die **Verteilungsvoraussetzungen**. Nach Ablauf des Sperrjahrs kann somit zur Verteilung geschritten werden. Unbekannt gebliebene Ansprüche (zB von nicht bekannten Deliktsgläubigern) bleiben zwar bestehen, weil der Gläubigeraufruf keine Aufgebotswirkung hat und das Sperrjahr auch keine Ausschlussfrist darstellt, doch gehen sie ins Leere, wenn das Vermögen der AG inzwischen rechtmäßig (dh mit Rechtsgrund) verteilt worden ist.[29] Wurden die Voraussetzungen der §§ 267, 268 Abs. 1, §§ 271, 272 beachtet, sind die Aktionäre nicht zur Rückzahlung des Empfangenen zugunsten unbedacht gebliebener Gläubiger verpflichtet.[30] Sofern noch Vermögen vorhanden ist, können nachziehende Gläubiger an der Nachtragsabwicklung teilnehmen (§ 273 Abs. 4).

11 **2. Rechtsschutz und Sanktionen. a) Einstweiliger Rechtsschutz.** Wird entgegen §§ 271, 272 vorzeitig mit der Verteilung von Vermögen an Aktionäre begonnen, können die Gläubiger ihre Interessen im Wege des **einstweiligen Rechtsschutzes** wahren. Wegen Geldforderungen können sie dinglichen Arrest (§§ 916 ff. ZPO) beantragen. Daneben soll eine gegen die Abwickler gerichtete einstweilige Verfügung auf Unterlassung der rechtswidrigen Verteilung (nicht auf Sicherheitsleistung) in Betracht kommen.[31] Der danach vorausgesetzte materiell-rechtliche Unterlassungsanspruch ist aber dogmatisch kaum zu begründen, wenn man mit der hL einen deliktischen Direktanspruch gegen den Abwickler verneint (→ Rn. 13). Gegenüber der Gesellschaft hilft bereits der dingliche Arrest, neben dem für eine – gegen die Gesellschaft gerichtete – einstweilige Verfügung kein Raum bleibt.[32] Einstweilige Verfügungen kommen daher nur zur Sicherung nicht geldwerter Ansprüche in Betracht.

12 **b) Rückzahlung.** Nach einhelliger Meinung stellen §§ 271, 272 keine Verbotsgesetze iSv § 134 BGB dar, so dass die unzulässige Verteilung von Vermögen dinglich wirksam bleibt.[33] Rechtsfolge ist daher nur ein **Rückzahlungsanspruch** gem. § 62 AktG.[34] Diesen können nach § 62 Abs. 2 auch die rechtswidrig übergangenen Gläubiger geltend machen, wenn sie von der Gesellschaft keine Befriedigung erlangen können, doch ist auf Zahlung an die AG (nach Löschung: an die Nachtragsabwickler) zu klagen.[35] Wurden die §§ 267, 272 dagegen eingehalten, kommt ein Rückforderungsanspruch weder gegen Aktionäre noch gegen Mitgläubiger in Betracht.[36] Ein Anspruch aus § 62 besteht auch dann, wenn die unter Missachtung der §§ 271, 272 erfolgte Leistung an den Aktionär durch einen **vollwertigen Gegenleistungs-** oder Rückgewähranspruch gedeckt ist, weil die betreffende Einschränkung in § 57 Abs. 1 S. 3 nicht für die (strengere) Kapitalerhaltung in der Abwicklung gilt (→ Rn. 1).[37] Das bedeutet aber nicht, dass die Liquidationsgesellschaft auf einem **Cash-Pool** herausgelöst werden müsste.[38] Nach Ansicht des BGH kommt ferner ein Anspruch aus einer **konkludenten Rückzahlungsabrede** in Betracht. Eine solche sei bei Vorabausschüttungen auf einen zu erwartenden Liquidationserlös anzunehmen, die unter dem „selbstverständlichen stillschweigenden Vorbehalt" stünden, dass auf die Empfänger nach der abschließenden Liquidationsbilanz auch ein entsprechender Erlös entfalle.[39]

---

[26] Heute unstr.: Hüffer/Koch/*Koch* Rn. 5; MüKoAktG/*Koch* Rn. 22; Kölner Komm AktG/*Winnen* Rn. 19.
[27] Hüffer/Koch/*Koch* Rn. 5; MüKoAktG/*Koch* Rn. 24; Kölner Komm AktG/*Winnen* Rn. 20.
[28] Vgl. RGZ 143, 301 f.
[29] *Erle* GmbHR 1998, 216 (222); *Hofmann* GmbHR 1976, 258 (265); Kölner Komm AktG/*Winnen* Rn. 4.
[30] Heute unstr., s. nur RGZ 124, 210 (214) (betr. GmbH); Kölner Komm AktG/*Winnen* Rn. 22; MüKoAktG/*Koch* Rn. 15, 31; Großkomm AktG/*K. Schmidt* Rn. 17.
[31] So *K. Schmidt* ZIP 1981, 1 (4 f.); dem folgend Hüffer/Koch/*Koch* Rn. 6; MüKoAktG/*Koch* Rn. 27.
[32] Insoweit zutr. *K. Schmidt* ZIP 1981, 1 (4 f.); aA („differenzierende Lösung") mit praktischen Erwägungen MüKoAktG/*Koch* Rn. 28.
[33] Vgl. RGZ 92, 77 (79) (betr. GmbH); Großkomm AktG/*K. Schmidt* Rn. 13; Kölner Komm AktG/*Winnen* Rn. 23; MüKoAktG/*Koch* Rn. 29; anders bei Kollusion zw. Abwicklern und Gesellschaftern BGH NJW 1973, 1695 (betr. GmbH).
[34] Hüffer/Koch/*Koch* Rn. 7; MüKoAktG/*Koch* Rn. 29; Kölner Komm AktG/*Winnen* Rn. 24.
[35] Hüffer/Koch/*Koch* Rn. 7; § 62 Rn. 14; MüKoAktG/*Koch* Rn. 33; Kölner Komm AktG/*Winnen* Rn. 25.
[36] Kölner Komm AktG/*Winnen* Rn. 22; Scholz/*K. Schmidt* GmbHG §73 Rn. 18, 36.
[37] *K. Schmidt* DB 2009, 1971 (1973).
[38] Zutr. Großkomm AktG/*K. Schmidt* Rn. 3.
[39] BGH NZG 2009, 660 Rn. 21 (zur GmbH).

c) Schadensersatz. § 272 enthält keinen eigenen Haftungstatbestand (vgl. dagegen § 73 Abs. 3 GmbHG, § 53 BGB), verdeutlicht aber ein verselbständigtes Vermögensinteresse. Unter den Voraussetzungen der §§ 93, 116 kommt ein **Schadensersatzanspruch** der AG gegen pflichtwidrig handelnde Abwickler oder Aufsichtsratsmitglieder in Betracht, dessen Erfüllung die Gläubiger gem. § 93 Abs. 5 an sich selbst verlangen dürfen (→ § 268 Rn. 22). Für einen Anspruch aus § 823 Abs. 2 BGB iVm § 272 soll daneben kein Raum sein.[40] Es sind aber Fälle denkbar, in denen ein Anspruch aus § 93 nicht durchgreift. Die dadurch entstehende Schutzlücke schließt § 823 Abs. 2 BGB. Weil § 272 unstreitig dem Gläubigerschutz dient, sollte die Norm als Schutzgesetz anerkannt werden.[41] Ferner ist ein Innenhaftungsanspruch aus **Existenzvernichtungshaftung** (§ 826 BGB) auch in der Liquidation möglich. Dabei soll es auf die Vertiefung oder Verursachung einer Insolvenz nicht ankommen.[42]

§ 273 Schluß der Abwicklung

(1) ¹Ist die Abwicklung beendet und die Schlußrechnung gelegt, so haben die Abwickler den Schluß der Abwicklung zur Eintragung in das Handelsregister anzumelden. ²Die Gesellschaft ist zu löschen.

(2) Die Bücher und Schriften der Gesellschaft sind an einem vom Gericht bestimmten sicheren Ort zur Aufbewahrung auf zehn Jahre zu hinterlegen.

(3) Das Gericht kann den Aktionären und den Gläubigern die Einsicht der Bücher und Schriften gestatten.

(4) ¹Stellt sich nachträglich heraus, daß weitere Abwicklungsmaßnahmen nötig sind, so hat auf Antrag eines Beteiligten das Gericht die bisherigen Abwickler neu zu bestellen oder andere Abwickler zu berufen. ²§ 265 Abs. 4 gilt.

(5) Gegen die Entscheidungen nach den Absätzen 2, 3 und 4 Satz 1 ist die Beschwerde zulässig.

Schrifttum: *Altmeppen,* Verwertung von Ansprüchen der gelöschten GmbH gegen Gesellschafter und Geschäftsführer im Einvernehmen zwischen Nachtragsliquidator und Gläubiger, ZIP 2017, 497; *Bachmann,* Vorgesellschaft und Nachgesellschaft – Ein Beitrag zur juristischen Personifikation, FS Lindacher, 2018, 23; *Bokelmann,* Der Prozess gegen eine im Handelsregister gelöschte GmbH, NJW 1977, 1130; *Bork,* Die als vermögenslos gelöschte GmbH im Prozess, JZ 1991, 841; *Buchner,* Amtslöschung, Nachtragsliquidation und masselose Insolvenz von Kapitalgesellschaften, 1988; *Fichtelmann,* Auswirkungen der Löschung einer vermögenslosen GmbH im Handelsregister, GmbHR 2011, 912; *Heller,* Die vermögenslose GmbH, 1989; *Hofmann,* Zur Liquidation einer GmbH (II), GmbHR 1976, 258; *Hüffer,* Das Ende der Rechtspersönlichkeit von Kapitalgesellschaften, FS Schultz, 1985, 99; *Leuering/Simon,* Die gelöschte GmbH im Prozess, NJW-Spezial 2007, 27; *Lindacher,* Die Nachgesellschaft, FS Henckel, 1995, S. 549; *Riehm,* Gerichtliche Bestellung des Nachtragsliquidators – Ein Modell für alle Handelsgesellschaften, NZG 2003, 1054; *Rosenkranz,* Die Anordnung der Nachtragsabwicklung gem. § 273 Abs. 4 S. 1 AktG, AG 2014, 309; *Saenger,* Die im Handelsregister gelöschte GmbH im Prozess, GmbHR 1994, 300; *H. Schmidt,* Zur Vollbeendigung juristischer Personen, 1989; *K. Schmidt,* Löschung und Beendigung der GmbH, GmbHR 1988, 209.

Übersicht

	Rn.		Rn.
I. Normzweck	1	1. Bücher und Schriften	15
II. Anmeldung	2–6	2. Ort, Zeit, Kosten	16, 17
1. Voraussetzungen	2–4a	3. Einsichtsrechte	18, 19
a) Beendigung der Abwicklung	2, 3		
b) Schlussrechnung	4, 4a	V. Nachtragsliquidation (Abs. 4)	20–30b
2. Inhalt und Verfahren	5, 6	1. Bedeutung	20
III. Löschung	7–14a	2. Voraussetzungen	21
1. Löschungsvoraussetzungen und -verfahren	7, 8	3. Abwickler	22–24
2. Löschungseintrag	9	4. Bestellung	25
3. Löschungswirkungen	10–14a	5. Abwicklung und Aufgabenkreis	26–29
IV. Aufbewahrung von Büchern und Schriften (Abs. 2 und 3)	15–19	6. Prozessrecht	30–30b
		VI. Rechtsmittel (Abs. 5)	31, 32

---

[40] Hüffer/Koch/*Koch* Rn. 7; MüKoAktG/*Koch* Rn. 34.
[41] So *K. Schmidt* ZIP 1981, 1 (8) („klassisches Schutzgesetz"); Großkomm AktG/*K. Schmidt* Rn. 16.
[42] So zur GmbH BGHZ 179, 344 = NZG 2009, 545 – Sanitary.

I. Normzweck

1 Die vollständig abgewickelte AG könnte theoretisch als leerer „Mantel" bestehen bleiben. Das Gesetz will das nicht, sondern fordert im Interesse der Reinhaltung des Registers die Löschung der Gesellschaft. Diese Reinhaltung ist ihrerseits nicht Selbstzweck, sondern dient dem **Schutz der Institution** „Aktiengesellschaft". Damit verfolgt die Norm denselben Zweck wie die Amtslöschung wegen Vermögenslosigkeit (§ 394 FamFG; dazu → § 262 Rn. 59). Da das Gericht nicht wissen kann, wann die privatautonome Abwicklung beendet ist, gibt das Gesetz den Abwicklern auf, den Schluss der Abwicklung „anzumelden", statuiert also eine Informationspflicht. Mit der Pflicht zur Löschung wird gleichzeitig das **Ende der AG als juristische Person** bestimmt.[1] Bücheraufbewahrung (Abs. 2) und Nachtragsliquidation (Abs. 4) dienen dem Gläubigerschutz. **Parallelvorschriften** finden sich in § 74 GmbHG und in § 157 HGB. Dort fehlt allerdings eine Regelung über die Nachtragsliquidation (§ 273 Abs. 4). Aufgrund der vergleichbaren Interessenlage ist § 273 Abs. 4 aber auf andere Körperschaften **analog** anwendbar.[2] Die Rechtsprechung wendet die Norm ferner auf Publikumspersonengesellschaften sowie auf (ausländische) Restgesellschaften entsprechend an.[3] Nach (noch) weitergehender Ansicht gilt § 273 Abs. 4 für alle Handelsgesellschaften, gleich welcher Rechtsform.[4]

II. Anmeldung

2 **1. Voraussetzungen. a) Beendigung der Abwicklung.** Die Abwicklung ist **abgeschlossen,** wenn das verteilungsfähige Vermögen der AG verteilt ist,[5] die laufenden Geschäfte beendet (§ 268 Abs. 1) und etwaige Prozesse (einschließlich Anfechtungsklagen) abgeschlossen sind.[6] Laufende Steuerverfahren stehen der Löschung jedenfalls dann nicht im Wege, wenn die Gesellschaft den Geschäftsbetrieb endgültig eingestellt hat und über kein Vermögen mehr verfügt.[7] Eine fehlende (vollständige) Befriedigung der Gesellschaftsgläubiger schadet nicht, weil das Ende der Abwicklung lediglich die restlose Verteilung des noch vorhandenen (uU defizitären) Vermögens voraussetzt. Für den endgültigen Verfahrensabschluss nötige Beträge (vgl. Abs. 2) dürfen und müssen zurückbehalten werden. Die Hinterlegung (§ 272 Abs. 2) steht dem Ende der Abwicklung nicht entgegen, wohl aber die **Sicherheitsleistung** iSv § 272 Abs. 3, wenn sie wegen streitiger Verbindlichkeiten erfolgte.[8]

3 **Nicht** beendet ist die Abwicklung, solange noch Vermögen vorhanden ist oder sonstige Abwicklungshandlungen vorzunehmen sind, denn für diese müsste sogleich wieder ein Nachtragsliquidator bestellt werden (vgl. Abs. 4). Abgewartet werden muss grundsätzlich der Ablauf des **Sperrjahres** (§ 272 Abs. 1),[9] es sei denn, es liegt bereits vorher Vermögenslosigkeit vor.[10] Denn dann könnte gem. § 394 FamFG auch sofort gelöscht werden. Beruht die Vermögenslosigkeit allerdings darauf, dass Vermögen unter Missachtung des Sperrjahres an die Aktionäre ausgeschüttet wurde, liegt in Wahrheit keine Vermögenslosigkeit vor, weil der Gesellschaft dann Ersatzansprüche zustehen (→ § 272 Rn. 12).

4 **b) Schlussrechnung.** Nach dem Gesetz muss ferner „**Schlussrechnung**" gelegt sein. Diese ist von der Abwicklungsschlussbilanz zu unterscheiden, die – wiewohl weder in § 270 noch in § 273 erwähnt – nach Abschluss der Abwicklung, aber vor Verteilung des Liquidationserlöses unter die Aktionäre nach bilanzrechtlichen Grundsätzen zu erstellen sein soll (→ § 270 Rn. 124). Da in § 270 nicht genannt, ist eine solche Bilanz aber nur dann von der Hauptversammlung festzustellen, wenn Abwickler und Aufsichtsrat es so beschließen (§ 172 iVm § 264 Abs. 3), ansonsten lediglich vom

---

[1] Hüffer/Koch/*Koch* Rn. 1.
[2] BGHZ 53, 264, 266 = NJW 1970, 1044; BGHZ 105, 259 (262) = NJW 1989, 220.
[3] Vgl. BGHZ 155, 155 = NZG 2003, 769 (zur Publikums-KG); BGHZ 212, 381 = NZG 2017, 347 (zur Restgesellschaft).
[4] So *Riehm* NZG 2003, 1054 (allgemeiner Rechtsgrundsatz).
[5] Zur Nichtberücksichtigung von Spitzenbeträgen nur Kölner Komm AktG/*Winnen* Rn. 9; Hüffer/Koch/*Koch* Rn. 2. Zur Vermögenslosigkeit allgemein auch → § 262 Rn. 97 f.
[6] Vgl. Kölner Komm AktG/*Winnen* Rn. 5. Dagegen soll die Löschung gem. § 394 FamFG auch bei laufendem Passivprozess möglich sein, krit. dazu → § 262 Rn. 99.
[7] OLG Düsseldorf NJW-RR 2017, 810; OLG Jena ZIP 2016, 25; abweichend OLG Hamm NJW-RR 2015, 1134 (nur bei Löschung wegen Vermögenslosigkeit nach § 394 FamFG).
[8] Vgl. Kölner Komm AktG/*Winnen* Rn. 8; Hüffer/Koch/*Koch* Rn. 2; MüKoAktG/*Koch* Rn. 4.
[9] Vgl. RGZ 77, 268 (273) (betr. KGaA); Hüffer/Koch/*Koch* Rn. 2.
[10] Vgl. OLG Köln NZG 2005, 83 f.; OLG Naumburg ZIP 2002, 1529 (1530); *H. Schmidt*, Zur Vollbeendigung juristischer Personen, 1989, 186; Kölner Komm AktG/*Winnen* Rn. 10; *Wilhelm* KapGesR Rn. 1359; zurückhaltend Hüffer/Koch/*Koch* Rn. 2; MüKoAktG/*Koch* Rn. 3.

Aufsichtsrat zu prüfen (§ 171 iVm § 264 Abs. 3). Für die separat zu erstellende Schlussrechnung genügt eine geordnete Zusammenstellung von Einnahmen und Ausgaben iSv § 259 BGB.[11]

„Gelegt" ist die Schlussrechnung nach allgM erst mit ihrer **Billigung durch die Hauptversammlung,**[12] die in der Praxis idR mit der Entgegennahme der Abwicklungsschlussbilanz und mit der Entlastung der Abwickler verbunden wird.[13] Vorher darf zwar schon Vermögen verteilt, die AG aber noch nicht gelöscht werden. Streitig ist die materielle Bedeutung der Billigung. Nach früher verbreiteter Auffassung entfaltet sie **Präklusionswirkung**, so dass später keine Ersatzansprüche mehr gegen Abwickler geltend gemacht werden können.[14] Diese Ansicht ist nach heute hL überholt. Der Zweck des Billigungsbeschlusses gebietet es nicht, dem Beschluss eine andere Bedeutung als der Entlastung iSv § 120 Abs. 2 S. 2 zuzusprechen.[15] Daher ist auch kein subjektives Recht des Liquidators auf Entlastung anzuerkennen.[16] Übersehene Ansprüche gegen Abwickler hindern nicht die Löschung, können jedoch im Wege der Nachtragsliquidation (Abs. 4) weiter geltend gemacht werden.[17]

2. Inhalt und Verfahren. Anzumelden ist der **Schluss der Abwicklung,** nicht die Löschung der Gesellschaft. Das ist folgerichtig, denn die Löschung der abgewickelten AG unterliegt nicht der privatautonomen Entscheidung der Abwickler oder Aktionäre, sondern wird vom Gesetz vorgeschrieben. Die Anmeldung informiert nur darüber, dass die Löschungsvoraussetzungen eingetreten sind. Auch das Erlöschen der **Firma** muss nicht (zusätzlich) angemeldet werden.[18] Zwar geht im Regelfall mit dem Rechtsträger auch dessen Firma (= Name, § 17 HGB) unter,[19] doch wird § 273 Abs. 1 insoweit als Spezialnorm zu § 31 HGB angesehen.[20] Die Firma erlischt nicht, wenn sie im Rahmen der Liquidation gem. §§ 22, 23 HGB (mit-)veräußert wurde. Das sollte bei der Anmeldung gegebenenfalls angegeben werden. Das Erlöschen von **Prokuren** ist automatische Rechtsfolge des Erlöschens der Gesellschaft und muss daher nicht mit angemeldet werden.[21]

Die Anmeldung hat durch die **Abwickler** in vertretungsberechtigter Zahl (§ 269 Abs. 2) in der Form des § 12 HGB (öffentliche Beglaubigung) beim zuständigen Gericht (§ 23a Abs. 1 Nr. 2, Abs. 2 Nr. 3 GVG; §§ 374, 376 FamFG [ex § 125 FGG], § 14) zu erfolgen. Geeignete Unterlagen, die dem Gericht die Prüfung der materiellen Löschungsvoraussetzungen ermöglichen, sind beizufügen.[22] Gerichtliche Durchsetzung nach § 407 Abs. 1 S. 1, Hs. 2, § 14 HGB durch **Zwangsgeld** gegen die Abwickler ist möglich. Alternativ kommt Löschung gem. § 394 FamFG (ex § 141a Abs. 1 FGG) in Betracht (dazu → § 262 Rn. 94).

III. Löschung

1. Löschungsvoraussetzungen und -verfahren. Das Gericht hat nicht nur das Vorliegen der formellen Voraussetzungen (→ Rn. 4–6), sondern auch den materiellen Löschungstatbestand (→ Rn. 2 und 3) zu **prüfen.** Das folgt aus der Amtsermittlungspflicht (§ 26 FamFG [ex § 12 FGG]).[23] Ein Einverständnis der Finanzbehörden zur Löschung ist nicht erforderlich, wenn die Löschungsvoraussetzungen im Übrigen erfüllt sind.[24] Ist die Liquidation vollständig abgeschlossen,

---

[11] AllgA, vgl. Hüffer/Koch/*Koch* Rn. 3; MüKoAktG/*Koch* Rn. 6; Kölner Komm AktG/*Winnen* Rn. 6; Großkomm AktG/*K. Schmidt* Rn. 6.
[12] Vgl. Hüffer/Koch/*Koch* Rn. 3; Kölner Komm AktG/*Winnen* Rn. 13; GroßkommAktG/*K. Schmidt* § 270 Rn. 1.
[13] Vgl. dazu den Sachverhalt in OLG Düsseldorf ZIP 2013, 877 = BeckRS 2013, 06879.
[14] So etwa noch MüKoAktG/*Hüffer*, 3. Aufl. 2011, Rn. 8; einschränkend Großkomm AktG/*K. Schmidt* Rn. 6 (nicht zu Lasten der Gläubiger).
[15] *H. Schmidt,* Zur Vollbeendigung juristischer Personen, 1989, 158; Kölner Komm AktG/*Winnen* Rn. 14; wie hier nun auch Hüffer/Koch/*Koch* Rn. 3; MüKoAktG/*Koch* Rn. 7.
[16] *H. Schmidt,* Zur Vollbeendigung juristischer Personen, 1989, 158; Kölner Komm AktG/*Winnen* Rn. 15; nunmehr auch Hüffer/Koch/*Koch* Rn. 3; MüKoAktG/*Koch* Rn. 8.
[17] Kölner Komm AktG/*Winnen* Rn. 14.
[18] *H. Schmidt,* Zur Vollbeendigung juristischer Personen, 1989, 185; Hüffer/Koch/*Koch* AktG Rn. 4; Kölner Komm AktG/*Winnen* Rn. 16.
[19] Vgl. MüKoAktG/*Heider* § 4 Rn. 12; Hüffer/Koch/*Koch* § 4 Rn. 4; Großkomm HGB/*Burgard* HGB § 31 Rn. 27.
[20] Vgl. Baumbach/Hopt/*Hopt* HGB § 31 Rn. 1 und 6; MüKoAktG/*Koch* Rn. 9; Großkomm HGB/*Burgard* HGB § 31 Rn. 6.
[21] Vgl. OLG Oldenburg NJW-RR 1996, 1180; OLG Karlsruhe NJW 1969, 1724; MüKoHGB/*Krebs* § 53 Rn. 14.
[22] Vgl. auch Hüffer/Koch/*Koch* Rn. 5 („praktisch unverzichtbar"); MüKoAktG/*Koch* Rn. 11, 12; wie hier nun auch Kölner Komm AktG/*Winnen* Rn. 17 (Beifügung „sinnvoll").
[23] Kölner Komm AktG/*Winnen* Rn. 17; MüKoAktG/*Koch* Rn. 11; mit anderer Begründung (Grundsatz der Gesetzmäßigkeit der Verwaltung) Baumbach/Hopt/*Hopt* HGB § 8 Rn. 8; Großkomm HGB/*Koch* § 8 Rn. 8.
[24] Vgl. OLG Düsseldorf NJW-RR 2017, 810.

ohne dass die Liquidatoren ihrer Anmeldepflicht gem. Abs. 1 nachkommen, kommt eine Amtslöschung nach § 394 FamFG (ex § 141a FGG) in Betracht (→ § 262 Rn. 94 ff.). Ob die Liquidation ordnungsgemäß iSv §§ 264 ff. durchgeführt wurde, hat das Gericht grundsätzlich nicht zu prüfen. Eine Löschung vor Ablauf des Sperrjahrs ist möglich, wenn bereits vorher sämtliches Vermögen zwecks Gläubigerbefriedigung verbraucht wurde oder von vornherein kein solches mehr vorhanden ist (→ Rn. 3).[25]

8   Wegen der konstitutiven Bedeutung der Löschung (→ Rn. 10) soll die Prüfung der Löschungsvoraussetzungen **besonders sorgfältig** erfolgen.[26] Dabei ist zu bedenken, dass die zu Unrecht gelöschte Gesellschaft nicht aus dem Rechtsverkehr verschwindet, sondern als Nachgesellschaft fortbesteht. Die Prüfung muss also jedenfalls nicht strenger als diejenige bei Eintragung der Gesellschaft (§ 38) ausfallen. Wegen der eingeschränkten Erkenntnismöglichkeiten des Gerichts dürfen auch hier keine überspannten Maßstäbe angelegt werden. Im Regelfall wird sich der Richter auf die Erklärung der Abwickler verlassen dürfen.[27]

9   **2. Löschungseintrag.** Eingetragen werden das **Ende der Abwicklung** und das **Erlöschen der Gesellschaft.** Beispiel: „Die Abwicklung ist beendet. Die Gesellschaft ist erloschen." Die Eintragung erfolgt in Abteilung B, Spalte 6 Unterspalte b (§ 43 Nr. 6 lit. b sublit. ff HRV) des elektronischen Handelsregisters. Sie wird gem. §§ 10, 11 HGB bekannt gemacht. Das Erlöschen der **Firma** ist nicht (zusätzlich) einzutragen, weil es regelmäßige Folge des Erlöschens der AG ist (→ Rn. 5). Wird es eingetragen, empfiehlt sich der Hinweis, dass die Firma „hier" erloschen, der Name also zur Verwendung wieder frei ist. Ein Hinweis auf das Fortbestehen der Firma ist gem. § 46 HRV angezeigt, wenn diese nach §§ 22, 23 HGB von einem anderen Rechtsträger fortgeführt wird.

10 **3. Löschungswirkungen.** Die Löschung beseitigt die AG als juristische Person. Ist tatsächlich kein verwertbares Vermögen mehr vorhanden und besteht auch sonst kein Abwicklungsbedarf, geht die AG damit zugleich als Rechtsträger unter **(Vollbeendigung).**[28] Etwa noch vorhandenes unverwertbares Vermögen wird dann herrenlos. Andernfalls besteht sie als abwicklungsbedürftige **Nachgesellschaft** fort (→ Rn. 20).[29] Weil nie auszuschließen ist, dass doch noch Abwicklungsbedarf auftritt, existiert die gelöschte AG als latente Nachgesellschaft theoretisch ewig.[30] Das bereitet nur dann Verständnisschwierigkeiten, wenn man sich das Erlöschen unzutreffend als physikalischen Vorgang vorstellt.

11 Mit der Löschung gehen etwa erteilte **Vollmachten** automatisch unter. Das gilt auch für die Prokura.[31] Vor der Löschung erteilte Prozessvollmachten bestehen nach dem Gedanken des § 86 ZPO fort.[32] Mit der Löschung **entfällt** auch ein etwaiges **Geheimhaltungsbedürfnis** der Gesellschaft, welches deren Geschäftsführer oder Berater zur Zeugnisverweigerung berechtigten könnte.[33]

12 Nach verbreiteter Ansicht führt die Löschung der AG zum **Erlöschen ihrer Verbindlichkeiten**, weil solche ohne Schuldner nicht existieren könnten.[34] Dem ist nicht zu folgen. Hat die gelöschte AG noch Vermögen, bestehen die Verbindlichkeiten als solche der Nachgesellschaft fort. Andernfalls wäre weder ein Rechtsgrund noch ein Verteilungsschlüssel vorhanden, um das Restvermögen an unbefriedigt gebliebene Gläubiger auszukehren. Aber selbst, wenn kein Gesellschaftsvermögen mehr vorhanden ist, erlöschen die Schulden nicht, weil die Gesellschaft jedenfalls latent weiterexistiert

---

[25] OLG Köln NZG 2005, 83 (84) (zur GmbH); OLG Düsseldorf NZG 2005, 363 (364) (zum eV); *Krafka/Kühn* RegisterR Rn. 1667; aA Hüffer/Koch/*Koch* Rn. 6.
[26] Vgl. nur Baumbach/Hopt/*Hopt* HGB § 8 Rn. 8.
[27] OLG Köln NZG 2005, 83 (84); Großkomm AktG/*Wiedemann*, 3. Aufl. 1971, Anm. 2.
[28] Insoweit unstr., vgl. nur Hüffer/Koch/*Koch* Rn. 7.
[29] Eingehend zur Rechtsnatur der Nachgesellschaft → § 262 Rn. 90 ff.
[30] *Fichtelmann*, GmbHR 2011, 912 (916) („bis sie dem Vergessen anheim fällt"); *Buchner*, Amtslöschung, Nachtragsliquidation und masselose Insolvenz von Kapitalgesellschaften, 1988, 126; *H. Schmidt*, Zur Vollbeendigung juristischer Personen, 1989, 181 (schwebende Nichtexistenz); nur verbal abl. Großkomm AktG/*K. Schmidt* Rn. 3, der die gelöschte AG an anderer Stelle als „potentiellen Wiedergänger mit Geisterexistenz" kennzeichnet, was exakt der hiesigen Sicht entspricht, s. Großkomm AktG/*K. Schmidt* § 264 Rn. 16.
[31] Vgl. OLG Oldenburg NJW-RR 1996, 1180; OLG Karlsruhe NJW 1969, 1724; MüKoHGB/*Krebs* HGB § 52 Rn. 27.
[32] Vgl. BGHZ 121, 263 = NJW 1993, 1654; BayObLG NZG 2004, 1164 (1165).
[33] Vgl. OLG Nürnberg ZIP 2015, 38 (rkr.).
[34] Vgl. BGHZ 96, 151, 155 = NJW 1986, 850; *Heller*, Die vermögenslose GmbH, 1989, 144; Großkomm AktG/*K. Schmidt* Rn. 3; Kölner Komm AktG/*Winnen* Rn. 21; K. Schmidt/Lutter/*Riesenhuber* Rn. 3; Palandt/*Grüneberg* BGB Überbl. v. § 362 Rn. 4; *K. Schmidt* GesR § 11 V 3 b; anders aber Großkomm AktG/*Wiedemann*, 3. Aufl. 1971, Anm. 5; *v. Godin/Wilhelmi* Anm. 3 d; Großkomm GmbHG/*Casper* GmbHG § 60 Rn. 128, 149 f. und Hüffer/Koch/*Koch* Rn. 8; MüKoAktG/*Koch* Rn. 13 ff., § 262 Rn. 88 ff., der zwischen berechtigter (Erlöschen der Verbindlichkeit) und unberechtigter (Verbindlichkeit geht auf Nach-AG über) Löschung differenziert.

(→ Rn. 10).³⁵ Die Vorstellung, ohne Schuldner könne es keine Schulden geben, ist ein naturalistischer Fehlschluss.³⁶ Solange der Gläubiger ein berechtigtes Interesse daran hat, erlischt seine Forderung nicht.³⁷ Das folgt schon aus dem wohlverstandenen Wesen der Obligation. Damit löst sich zwanglos die Frage **akzessorischer Sicherungsrechte** (Bürgschaft, Hypothek, Pfandrecht, Vormerkung), die der hL unnötiges Kopfzerbrechen bereitet. Sie bestehen trotz Untergangs der AG als (Haupt-)Schuldner fort³⁸ und können sogar neu begründet werden.³⁹

Ein **laufender Prozess** steht der Löschung nach hier vertretener Ansicht entgegen (→ Rn. 2, → § 262 Rn. 99). Wird dennoch gelöscht, gilt Folgendes: Solange über die Parteifähigkeit gestritten wird, ist die gelöschte AG für diesen Streit als parteifähig anzusehen.⁴⁰ Gleiches gilt für das Löschungsverfahren selbst.⁴¹ Ansonsten kommt es darauf an, ob noch verwertbares Restvermögen vorhanden ist oder sonstiger anerkennenswerter Abwicklungsbedarf besteht. In diesem Fall kann der Prozess von der Nachgesellschaft fortgeführt werden, weil diese als solche parteifähig ist (→ Rn. 30). Bis zur erforderlichen Bestellung des Nachtragsliquidators wird der Prozess jedoch unterbrochen (§ 241 ZPO) oder – bei anwaltlicher Vertretung – ausgesetzt (§ 246 ZPO).⁴² Ein gesetzlicher Parteiwechsel findet nicht statt, § 239 kommt nicht zum Zuge.⁴³ Weil ein **Aktivprozess** immer auf noch vorhandenes Vermögen hindeutet, ist entsprechender Abwicklungsbedarf in diesem Fall stets anzunehmen.⁴⁴

Schwierigkeiten bereitet der **Passivprozess.** Der Ansicht, wonach die Klage mangels Parteifähigkeit in jedem Fall als unzulässig abzuweisen sei,⁴⁵ ist zu pauschal.⁴⁶ Sie ist auch keineswegs in diesem Sinne geklärt.⁴⁷ Wenn Anhaltspunkte für noch vorhandenes und verwertbares Vermögen vorliegen, muss das Verfahren vielmehr fortgeführt werden, denn dann ist die AG nicht vollbeendet und es besteht noch Abwicklungsbedarf (→ § 264 Rn. 29 f.).⁴⁸ Im Übrigen ist kann sich eine Partei nicht mit der Behauptung aus dem Prozess stehlen, sie sei nicht existent. Vielmehr ist es trotz § 56 ZPO Sache der beklagten AG, den (vollständigen!) Verlust ihrer Rechts- und Parteifähigkeit nachvollziehbar darzutun.⁴⁹ Der Hinweis auf die Löschung genügt dafür nicht (→ Rn. 30).

Verwertbares Vermögen (und damit Parteifähigkeit) liegt auch dann vor, wenn der gelöschten Gesellschaft noch **Kostenerstattungsansprüche** aus anderen, rechtskräftig abgeschlossenen Verfahren zustehen.⁵⁰ Selbiges gilt, wenn die gelöschte AG Rechtsmittel gegen ihre Verurteilung eingelegt hat, für deren Erfolg sie Kostenerstattung vom Gegner verlangen könnte.⁵¹ Dagegen kann der Kläger die Parteifähigkeit der gelöschten AG nicht damit begründen, dieser stünden im Fall ihres Obsiegens Kostenerstattungsansprüche gegen ihn selbst zu, weil er sich damit in Widerspruch zu seiner eigenen

---

³⁵ In diesem Sinne auch RGZ 153, 338 (343) (Klarstellung zu RGZ 148, 65 (67)).
³⁶ Offen lassend BGHZ 48, 303 (307) = NJW 1968, 297; BGH NJW 1981, 47; *K. Schmidt* ZIP 1981, 1 (6); Scholz/*K. Schmidt* GmbHG § 74 Rn. 15.
³⁷ Vgl. auch BGHZ 105, 259 (261) – Anspruch auf Eintragung einer Sicherungshypothek.
³⁸ Im Erg. unstr., s. nur BGHZ 153, 337 = NJW 2003, 1250 = NZG 2003, 773; BGHZ 105, 259 (261) = NJW 1989, 220 (betr. Vormerkung); BGHZ 82, 323 = NJW 1982, 875; Hüffer/Koch/*Koch* Rn. 8. Vgl. auch § 254 Abs. 2 InsO, § 301 Abs. 2 InsO.
³⁹ Vgl. BGH NJW 1981, 47; aA (für den Fall der berechtigten Löschung) Hüffer/Koch/*Koch* Rn. 8; MüKo-AktG/*Koch* Rn. 15.
⁴⁰ BGHZ 24, 91 = NJW 1957, 989.
⁴¹ OLG Düsseldorf ZIP 2017, 1717; OLG Düsseldorf RNotZ 2016, 331.
⁴² Vgl. BGH NZG 2004, 186 (188) (betr. Verschmelzung); BGH NJW-RR 1991, 660; BGH NJW 1985, 2479; *Buchner*, Amtslöschung, Nachtragsliquidation und masselose Insolvenz von Kapitalgesellschaften, 1988, 154 f.; *Bokelmann* NJW 1977, 1130 (1131); *Lindacher* FS Henckel, 1995, 549 (560).
⁴³ *Buchner*, Amtslöschung, Nachtragsliquidation und masselose Insolvenz von Kapitalgesellschaften, 1988, 155; *Bokelmann* NJW 1977, 1130 (1131); wie hier iE. nun auch MüKoAktG/*Koch* Rn. 47 ff.
⁴⁴ Wohl unstr., vgl. nur BGHZ 75, 178 (182 f.); BGHZ 48, 303 (307) = NJW 1968, 297; BGH NJW-RR 1991, 660; BGH NJW-RR 1986, 394; BGH BB 1957, 725; BayObLG NJW-RR 1994, 230; MüKoZPO/*Lindacher* ZPO § 50 Rn. 16.
⁴⁵ So verstanden zT BGHZ 74, 212 (214) = NJW 1979, 1592 (zum Verein); BGH NJW 1982, 238; OLG Rostock NZG 2002, 94; OLG Saarbrücken GmbHR 1992, 311.
⁴⁶ Vgl. auch BAG NJW 2008, 603 (604) (zur GmbH): Erfordernis der Benennung von Liquidatoren oder Bestellung eines Prozesspflegers nach § 57 ZPO analog.
⁴⁷ So aber Hüffer/Koch/*Koch* Rn. 9 (unter Hinweis auf die vorgenannten Entscheidungen).
⁴⁸ In diesem Sinne BGH NJW-RR 1991, 660; BAG NJW 1982, 1831; offenlassend BGHZ 74, 212 = NJW 1979, 1592. Wie hier auch *Buchner*, Amtslöschung, Nachtragsliquidation und masselose Insolvenz von Kapitalgesellschaften, 1988, 154; Großkomm AktG/*K. Schmidt* Rn. 3; ferner die hL im Prozessrecht, vgl. nur *Bork* JZ 1991, 848; MüKoZPO/*Lindacher* ZPO § 50 Rn. 16a.
⁴⁹ Vgl. BGHZ 159, 94 (110 f.) = NJW 2004, 2523 = NZG 2004, 863; BGHZ 94, 105 (108) = NJW 1985, 1836.
⁵⁰ OLG München NZG 2017, 1071.
⁵¹ Vgl. BGHZ 159, 94 (101) = NJW 2004, 2523 (2524); BGH WM 1991, 765 (766); BGH NJW-RR 1986, 395; OLG München NZG 2012, 233; OLG Koblenz ZIP 1998, 967.

Klage setzen würde.⁵² Darüber hinaus sollte das Verfahren immer dann weiter geführt werden, wenn Entscheidungsreife vorliegt oder wenn angesichts erheblicher Streitinvestitionen des Klägers sein Wunsch nach Sachentscheidung vordringlich ist.⁵³ Alternativ kann der Kläger das Verfahren für erledigt erklären, um so zumindest einen Kostentitel gem. § 91a ZPO zu erwirken.⁵⁴ Zur Anstrengung neuer Prozesse durch oder gegen die gelöschte AG → Rn. 30.

IV. Aufbewahrung von Büchern und Schriften (Abs. 2 und 3)

15   1. **Bücher und Schriften.** Damit sind alle **Unterlagen iSv § 257 HGB** gemeint, ferner das etwaige Aktienregister sowie Unterlagen über die Abwicklung, zB die Schlussrechnung und die Belege über den Gläubigeraufruf.⁵⁵ Die Aufbewahrungspflicht trifft nicht die Gesellschaft, sondern die **Abwickler,** die zur Erfüllung mit **Zwangsgeld** (§ 407) angehalten werden können. Einer Aufbewahrung bedarf es dann nicht, wenn das Unternehmen im Rahmen der Liquidation an einen Dritten **veräußert** wurde, weil diesen dann die Verwahrungspflicht trifft. Allerdings sind dann ein Exemplar des Veräußerungsvertrages sowie nicht übernommene Unterlagen zurückzubehalten.⁵⁶

16   2. **Ort, Zeit, Kosten.** Als „**sicherer Ort**" zur Aufbewahrung kommen Banken oder Treuhandgesellschaften, aber auch Anwaltskanzleien in Betracht. Entscheidend ist, dass die aufbewahrende Institution dauerhaft und vertrauenswürdig erscheint. Der Abwickler oder Aktionäre sollten nur im Ausnahmefall zur Verwahrung bestimmt werden. Im Unterschied zur GmbH (vgl. § 74 Abs. 2 GmbHG) kann der Aufbewahrende auch nicht frei von der Satzung bestimmt werden. Den Ort bestimmt das **Gericht,** doch können und sollen die Abwickler Vorschläge unterbreiten, von denen nur bei ernsten Bedenken abgewichen werden sollte.⁵⁷ Die Bestimmung erfolgt sinnvollerweise vor Eintragung der Löschung.⁵⁸ Die **Aufbewahrungsfrist** (zehn Jahre) beginnt nicht schon mit dem Tag der Löschung, sondern läuft ab Hinterlegung und endet gem. § 188 Abs. 2 Alt. 1 BGB.⁵⁹

17   Die **Kosten** der Aufbewahrung trägt die AG,⁶⁰ ihre Höhe richtet sich nach dem zwischen Abwickler und Verwahrer zu schließenden Verwahrungsvertrag (vgl. § 688 BGB).⁶¹ Den entsprechenden Betrag hat der Abwickler aus dem AG-Vermögen zurückzuhalten. Versäumt der Abwickler, für die Verwahrung der Bücher zu sorgen, muss das gegebenenfalls im Wege der Nachtragsliquidation nachgeholt werden.⁶²

18   3. **Einsichtsrechte.** (Ehemaligen) Aktionären und Gläubigern kann das Gericht die Einsicht gestatten (Abs. 3). „Gläubiger" sind sowohl nach Wortlaut als auch nach Sinn und Zweck nur unbefriedigt gebliebene.⁶³ Ein besonderes Interesse dafür muss entgegen hM nicht dargetan werden,⁶⁴ doch darf das Gericht im Rahmen seines Ermessens („kann") nach **Gründen** für das Einsichtsbegehren fragen, um missbräuchliche Einsichtsnahmen abzublocken. Ein berechtigtes Interesse ist jedenfalls dann gegeben, wenn der Einsicht Begehrende die gelöschte Gesellschaft verklagt hat und das Prozessgericht deren Parteifähigkeit bezweifelt.⁶⁵ Das Einsichtsrecht unterliegt grundsätzlich keinen Einschränkungen, weil Gläubiger sich nur so Gewissheit verschaffen können, ob die zu ihren Gunsten

---

⁵² BGHZ 74, 212 (213) = NJW 1979, 1592; OLG Zweibrücken NZG 2005, 406 (keine Kostenfestsetzung für gelöschte Beklagte); OLG Rostock ZIP 2001, 1590 (1592); *Saenger* GmbHR 1994, 304 f.; *Bork* JZ 1991, 841 (847 ff.); Scholz/*K. Schmidt* GmbHG § 74 Rn. 17a ff.; offen lassend OLG Düsseldorf NZG 2004, 918.
⁵³ Überzeugend MüKoZPO/*Lindacher* ZPO § 50 Rn. 16; vgl. auch OLG Düsseldorf NZG 2004, 918 (921); strenger aber BGHZ 74, 212 = NJW 1979, 1592.
⁵⁴ Vgl. BGH NJW 1982, 238 f.; MüKoZPO/*Lindacher* ZPO § 50 Rn. 17; krit. Scholz/*K. Schmidt* GmbHG § 74 Rn. 17a ff.
⁵⁵ Vgl. BayObLGZ 1967, 240 (242) = NJW 1968, 56; Hüffer/Koch/*Koch* Rn. 10; MüKoAktG/*Koch* Rn. 18; Kölner Komm AktG/*Winnen* Rn. 28.
⁵⁶ Hüffer/Koch/*Koch* Rn. 10; MüKoAktG/*Koch* Rn. 20; Kölner Komm AktG/*Winnen* Rn. 29.
⁵⁷ Vgl. OLG Düsseldorf Beschl. v. 31.5.2010, BeckRS 2010, 14736: keine Aufbewahrung durch „erkennbar ungeeignete" Stelle (betr GmbH).
⁵⁸ Vgl. Kölner Komm AktG/*Winnen* Rn. 32.
⁵⁹ Kölner Komm AktG/*Winnen* Rn. 34; MüKoAktG/*Koch* Rn. 22.
⁶⁰ Hüffer/Koch/*Koch* Rn. 10; Kölner Komm AktG/*Winnen* Rn. 31.
⁶¹ Vgl. Kölner Komm AktG/*Winnen* Rn. 33; für atypisches öffentlich-rechtliches Verwahrungsverhältnis dagegen MüKoAktG/*Koch* Rn. 21.
⁶² AA *Buchner,* Amtslöschung, Nachtragsliquidation und masselose Insolvenz von Kapitalgesellschaften, 1988, 144; *v. Godin/Wilhelmi* Anm. 6 (Vernichtung der Bücher).
⁶³ Hüffer/Koch/*Koch* Rn. 11; Kölner Komm AktG/*Winnen* Rn. 36.
⁶⁴ AA OLG Celle NZG 2018, 265 (266); Hüffer/Koch/*Koch* Rn. 11; MüKoAktG/*Koch* Rn. 23; Kölner Komm AktG/*Winnen* Rn. 35.
⁶⁵ OLG Celle NZG 2018, 265 (266).

bestehenden gesetzlichen Vorgaben durch die Organe eingehalten wurden.[66] Geschäftsgeheimnisse der erloschenen AG können einer Einsichtnahme ebenfalls nicht mehr im Weg stehen. Andere Personen können Gestattung der Einsicht nach § 810 BGB begehren.[67] Das Einsichtsrecht ist weder pfändbar noch selbständig abtretbar.[68]

Das Recht zur Einsichtnahme bezieht sich auf „Bücher und Schriften" (→ Rn. 15). Es besteht **19** auch dann, wenn diese elektronisch geführt werden,[69] und umfasst die Befugnis, Auszüge oder **Kopien** anzufertigen und sich erforderlichenfalls eines **Sachverständigen** zu bedienen.[70] Die aktienrechtlich vorgeschriebene Gestattung überlagert den privatrechtlichen Verwahrungsvertrag. Die gestattete Einsichtnahme kann daher gem. § 35 FamFG unmittelbar beim Verwahrer **erzwungen** werden.[71] Wurden die Unterlagen von einem Dritten übernommen, trifft diesen neben der Aufbewahrungs- die Einsichtsgewährungspflicht gem. § 810 BGB.[72] Auf § 810 BGB gestützte Einsichtsrechte unterliegen nicht der Gestattung nach § 273 Abs. 3 und können demgemäß auch nicht nach § 35 FamFG, sondern nur vor den ordentlichen Gerichten durchgesetzt werden.

V. Nachtragsliquidation (Abs. 4)

1. Bedeutung. Ist noch verwertbares Vermögen oder sonstiger Abwicklungsbedarf vorhanden, **20** besteht die gelöschte AG als **Nachgesellschaft** fort (näher → § 262 Rn. 90 ff.).[73] Diese verfügt weder über einen Aufsichtsrat noch über eine Hauptversammlung. Sie kann auch weder werbend tätig noch wiederbelebt werden, sondern muss abgewickelt werden (→ § 274 Rn. 14). Dazu sieht das Gesetz eine **Nachtragsliquidation** durch einen vom Gericht neu zu bestellenden Liquidator vor (Abs. 4).[74] Die Norm wird analog auf andere Rechtsformen angewandt (→ Rn. 1). Die Rechtsfähigkeit der Nach-AG beschränkt sich auf den Abwicklungszweck (§ 49 Abs. 2 BGB analog).[75] Darüber hinausgehende Geschäfte (ultra vires) führen gem. § 179 BGB zur Haftung des Handelnden.[76] Für einen weitergehenden Verkehrsschutz, der eine unbeschränkte Vertretungsmacht rechtfertigte, ist bei der gelöschten Gesellschaft kein Bedarf. Eine persönliche Haftung der Aktionäre kommt dagegen nicht in Betracht,[77] es sei denn, diese betreiben unter dem Namen der gelöschten AG ein neues Unternehmen („unechte" Nachgesellschaft).

2. Voraussetzungen. Der Begriff der „weiteren Abwicklungsmaßnahmen" umfasst zunächst die **21** Notwendigkeit, etwa noch vorhandenes verteilungsfähiges **Vermögen** zu verteilen. Solches Vermögen liegt insbesondere vor, wenn noch offene und werthaltige (Regress-)Ansprüche gegen Dritte bestehen, etwa gegen ehemalige Liquidatoren (→ § 268 Rn. 22). Insoweit gilt das zu § 264 Abs. 2 Ausgeführte (→ § 264 Rn. 28 ff.). Sonstige Abwicklungsmaßnahmen sind immer dann durchzuführen, wenn für das Tätigwerden eines Nachtragsliquidators irgendein Bedürfnis besteht.[78] Das ist namentlich der Fall, wenn von der AG noch **Erklärungen abzugeben** sind.[79] Betroffen sind etwa

---

[66] OLG Celle NZG 2018, 265 (266).
[67] Kölner Komm AktG/*Winnen* Rn. 39; MüKoAktG/*Koch* Rn. 25; Großkomm AktG/*K. Schmidt* Rn. 11.
[68] MüKoAktG/*Koch* Rn. 24.
[69] OLG Celle NZG 2018, 265 (266).
[70] MüKoAktG/*Koch* Rn. 26; Kölner Komm AktG/*Winnen* Rn. 37.
[71] OLG Oldenburg BB 1983, 1434; Hüffer/Koch/*Koch* Rn. 12; MüKoAktG/*Koch* Rn. 29; nunmehr auch Kölner Komm AktG/*Winnen* Rn. 38.
[72] Kölner Komm AktG/*Winnen* Rn. 39.
[73] Abw. Großkomm AktG/*K. Schmidt* Rn. 13: nur bei noch vorhandenem Vermögen, nicht bei sonstigem Abwicklungsbedarf.
[74] Auch für eine Gesellschaft ausländischen Rechts, die infolge der Löschung im Register ihres Heimatstaates durch eine behördliche Anordnung ihre Rechtsfähigkeit verloren hat, und die für ihr in Deutschland belegenes Vermögen als Restgesellschaft fortbesteht, ist entsprechend ein Nachtragsliquidator zu bestellen, wenn einzelne Abwicklungsmaßnahmen in Betracht kommen, vgl. BGH BB 2017, 460 f.
[75] So richtig *Buchner*, Amtslöschung, Nachtragsliquidation und masselose Insolvenz von Kapitalgesellschaften, 1988, 119 ff.; *Heller*, Die vermögenslose GmbH, 1989, 156 (zur GmbH); aA *H. Schmidt*, Zur Vollbeendigung juristischer Personen, 1989, 161 f.
[76] *Buchner*, Amtslöschung, Nachtragsliquidation und masselose Insolvenz von Kapitalgesellschaften, 1988, 122 (158); *Heller*, Die vermögenslose GmbH, 1989, 140 (beschränkt auf die Höhe des Restvermögens der Gesellschaft).
[77] Vgl. *H. Schmidt*, Zur Vollbeendigung juristischer Personen, 1989, 163.
[78] Vgl. BGHZ 105, 259 (262) = NJW 1989, 220; BayObLG NZG 2004, 1164; OLG München NZG 2008, 555 (556); *Heller*, Die vermögenslose GmbH, 1989, 145 ff.
[79] Hüffer/Koch/*Koch* Rn. 14; MüKoAktG/*Koch* Rn. 36; Kölner Komm AktG/*Winnen* Rn. 44; krit. für das GmbH-Recht (das eine dem § 274 Abs. 4 entsprechende Regelung allerdings nicht kennt) Großkomm GmbHG/*Paura* GmbHG § 66 Rn. 80 f.; Scholz/*K. Schmidt/Bitter* GmbHG § 60 Rn. 61, § 74 Rn. 20a.

die Zustimmung zur Eintragung einer Sicherungshypothek,[80] Löschungsbewilligungen,[81] die Mitwirkung im Hinterlegungsverfahren,[82] Zeugniserteilungen,[83] die Führung und Beendigung eines anhängigen Verfahrens[84] sowie Erklärungen in öffentlich-rechtlichen Verfahren, namentlich solchen des Steuerrechts.[85] Hier ist jeweils im Einzelfall zu prüfen, ob das Ziel nicht durch weniger aufwändige und kostenträchtige Mittel erreicht werden kann, etwa ein gerichtliches Zeugnis über die Tatsache der Löschung wegen Vermögenslosigkeit.

22 **3. Abwickler.** Zum Nachtragsabwickler kann jede geeignete Person, auch ein Antragsteller, bestellt werden. Die **Auswahl** obliegt dem pflichtgemäßen Ermessen des Richters.[86] Das Amt früherer Abwickler lebt nach dem unmissverständlichen Wortlaut („neu bestellt") nicht automatisch wieder auf.[87] Diese sind auch grundsätzlich nicht zur Übernahme des neuen Amtes verpflichtet,[88] soweit die Ablehnung nicht rechtsmissbräuchlich ist.[89] Eine **Verpflichtung** des alten Abwicklers zur Amtsübernahme wird namentlich für zwei Fälle diskutiert: Zum einen für die Abgabe einer **eidesstattlichen Versicherung** gem. §§ 807, 889 ff. ZPO,[90] zum anderen für die Einlegung von Rechtsbehelfen im Bestellungs- oder Löschungsverfahren.[91] Jedenfalls im ersten Fall ist die Ausnahme anzuerkennen, da es hier um Wissenserklärungen geht, die zweckmäßigerweise der ehemalige Abwickler abgibt. Der Gegeneinwand, dass es so zu einem verwirrenden Nebeneinander von altem und neuem Liquidator kommen könne,[92] ist bedenkenswert, sollte aber bei klar umgrenzten Fallgruppen und mit Blick auf die gewollte Flexibilität der Nachtragsabwicklung (→ Rn. 26) nicht durchschlagen.

23 Die **Vertretungsmacht** des Nachtragsliquidators ist auf seinen Aufgabenkreis begrenzt,[93] § 269 Abs. 5 gilt nicht (→ Rn. 20 und 27). Er handelt innerhalb seiner Vertretungsmacht, wenn er Gläubigern der gelöschten Gesellschaft erfüllungshalber etwa noch vorhandene Vermögensgegenstände, etwa (behauptete) Ansprüche gegen Gesellschafter oder ehemalige Organmitglieder (→ Rn. 28), abtritt.[94] Seine **Haftung** richtet sich wie beim regulären Liquidator nach § 93 iVm § 268 Abs. 2.[95] Im Übrigen finden die §§ 265 ff. nur insoweit Anwendung, als dies nach dem begrenzten Zweck der Nachtragsliquidation noch geboten ist. Kraft ausdrücklicher Verweisung in Abs. 4 S. 2 anwendbar ist § 265 Abs. 4 (Vergütung), ferner § 265 Abs. 1, 2 (persönliche Qualifikation) und § 266 Abs. 4, 5 (Eintragung). Die folgenden Normen (§§ 267 ff.) gelten mit der Maßgabe, dass der Nachtragsliquidator nicht der Überwachung durch den Aufsichtsrat unterliegt (§ 268 Abs. 2 S. 2), dessen Angabe auf Geschäftsbriefen (§ 266 Abs. 4) daher entbehrlich ist.

24 Deckt das Vermögen nicht die Kosten der Nachtragsliquidation, kann die Bestellung eines Nachtragsliquidators von der Leistung eines **Kostenvorschusses** abhängig gemacht werden.[96] Das folgt (auch) aus § 203 Abs. 3 InsO (analog). Wird ein solcher Vorschuss geleistet, *muss* der Liquidator bestellt werden (Rechtsgedanke des § 26 Abs. 1 S. 2 InsO). Wegen der begrenzten Aufgaben ist der Vorschuss freilich niedrig anzusetzen.

---

[80] BGHZ 105, 259.
[81] BayObLGZ 1955, 288 (292); OLG Frankfurt NZG 2015, 626 (627); KG JW 1935, 3165.
[82] Vgl. OLG Frankfurt WM 1982, 1266.
[83] OLG Frankfurt NZG 2015, 626 (627) Rn. 21 aE.
[84] BAG NJW 2008, 603 (604); OLG Frankfurt NZG 2015, 626 (627).
[85] OLG München NZG 2008, 555.
[86] BGHZ 53, 264 (269); OLG Frankfurt NZG 2015, 626 (628) Rn. 33; OLG Jena ZIP 2007, 1709 (zur Restgesellschaft); konkretisierend MüKoAktG/*Koch* Rn. 39.
[87] Vgl. nur BGHZ 53, 264 (266 ff.); BGH NJW 2003, 2676; BayObLG NZG 2001, 408 (409); OLG München NZG 2005, 897 (898); OLG Hamm NJW-RR 2002, 324; *Kirberger* Rpfleger 1975, 341 (342); *Piorreck* Rpfleger 1978, 157 (159); Hüffer/Koch/*Koch* Rn. 16; MüKoAktG/*Koch* Rn. 39; Kölner Komm AktG/*Winnen* Rn. 45.
[88] OLG München NZG 2008, 555; KG FGPrax 2001, 86; KG FGPrax 2000, 155; *Krafka/Kühn* RegisterR Rn. 438.
[89] *Krafka/Kühn* RegisterR Rn. 438; offenlassend OLG München NZG 2008, 555 (557).
[90] Vgl. zB OLG Koblenz JurBüro 1990, 537; Keidel/*Heinemann* FamFG § 394 Rn. 40; *Heller,* Die vermögenslose GmbH, 1989, 162 f.
[91] Vgl. KG NZG 2004, 1004; BayObLG NJW-RR 1998, 613; BayObLGZ 1983, 130; BayObLG ZIP 1984, 450; aA KG ZIP 1982, 59 (60); OLG Stuttgart GmbHR 1994, 485.
[92] *Buchner,* Amtslöschung, Nachtragsliquidation und masselose Insolvenz von Kapitalgesellschaften, 1988, 18 ff.
[93] Vgl. auch OLG München NZG 2008, 555 (557) (zur GmbH); aA OLG Koblenz NZG 2007, 431 f. (zur GmbH): keine Beschränkung der Nachtragsliquidation; differenzierend Großkomm AktG/*K. Schmidt* Rn. 20: unbeschränkte Vertretungsmacht, soweit noch Vermögen abzuwickeln ist, sonst nicht.
[94] *Altmeppen* ZIP 2017, 497 (498).
[95] BGH NZG 2012, 1076 (1078 Rn. 17) mit Anm. *Bachmann* EWiR 2012, 793.
[96] BayObLGZ 1955, 288 (294); *Buchner,* Amtslöschung, Nachtragsliquidation und masselose Insolvenz von Kapitalgesellschaften, 1988, 156; *Heller,* Die vermögenslose GmbH, 1989, 171; MüKoAktG/*Koch* Rn. 39.

4. Bestellung. Zuständig für die Bestellung des Nachtragsliquidators ist nach § 23a Abs. 1 Nr. 2, **25** Abs. 2 Nr. 4 GVG, §§ 375 Nr. 3, 376 FamFG[97] (ex § 145 FGG) das **Amtsgericht** (Richter, § 17 Nr. 2 lit. a RPflG) des Gesellschaftssitzes. Es wird auf (formlosen) Antrag eines Beteiligten (Aktionär, Gläubiger, früherer Abwickler) tätig.[98] Dem Antrag wird stattgegeben, wenn das Gericht vom Vorliegen des Nachabwicklungsbedarfs überzeugt ist (Amtsermittlung, § 26 FamFG). An das Vorbringen des Antragstellers dürfen dabei zwar keine überzogenen Anforderungen gestellt werden, doch genügen allzu vage Hinweise nicht (näher → § 264 Rn. 30).[99] Das Gericht ist nicht nur in der Auswahl der Abwickler, sondern auch in der Bestimmung ihres Geschäfts- und Vertretungskreises frei (→ Rn. 22, → 26 f.). Es muss den Nachtragsliquidator bei Vorliegen eines wichtigen Grundes wieder abberufen, § 265 Abs. 3 analog.[100] Zu den Rechtsbehelfen → Rn. 31.

5. Abwicklung und Aufgabenkreis. Von der regulären Liquidation gem. §§ 264 ff. hebt sich **26** die Nachtragsliquidation zum einen dadurch ab, dass nicht die Gesellschaft, sondern das **Gericht der Herr des Verfahrens** ist.[101] Das spiegelt sich bei Bestellung und Amtsführung des Liquidators wider. Zum anderen strebt das Gesetz nach einer schnellen und **unkomplizierten** Erledigung der Nachgesellschaft. Das zeigt sich etwa im fehlenden Gebot der Wiedereintragung (→ Rn. 29). Die Abwicklung hat daher nicht in schematischer Anwendung der §§ 265 ff. zu erfolgen, darf im Interesse der Gläubiger aber auch nicht nach Belieben davon abweichen. Für Einzelheiten (Gläubigeraufruf, Sperrjahr etc.) gilt das zu § 264 Abs. 2 Gesagte (→ § 264 Rn. 33).

Einziges Organ der Nachgesellschaft ist der Abwickler. Sein **Aufgabenkreis** (und damit seine **27** Vertretungsmacht) wird vom Gericht frei nach Zweckmäßigkeitserwägungen bestimmt.[102] Er kann auf diejenigen Maßnahmen **beschränkt** werden, für die konkreter Abwicklungsbedarf erkennbar ist, kann aber auch weiter gefasst werden.[103] Um eine unnötige Neubestellung zu vermeiden, sollte der Aufgabenkreis großzügig beschrieben und im Zweifel weit ausgelegt werden.[104] Für die Bestellung von Notliquidatoren oder Pflegern besteht daneben regelmäßig weder Raum noch Bedürfnis.[105] Aufsichtsrat und Hauptversammlung leben entgegen älterer Ansicht nicht wieder auf.[106] Ihre Funktionen werden, soweit nötig, vom Registergericht wahrgenommen. Dagegen behält die Nachgesellschaft ihren Sitz und ihre **Firma,** die gegebenenfalls um einen die Nachtragsliquidation andeutenden Zusatz zu ergänzen ist.[107]

Eine **Konzentrationswirkung** kommt der Nachtragsabwicklung insoweit zu, als die Nach-AG **28** nur noch durch den Nachtragsabwickler handlungsfähig ist (→ Rn. 27). Ist ein solcher bestellt, macht er auch etwaige **Ersatzansprüche** gegen Aktionäre und ehemalige Organe (auch: Abwickler) geltend. Er ist allerdings nicht verpflichtet, selbst gegen diese zu prozessieren, sondern kann die (behaupteten) Ansprüche der Nach-AG an Dritte **abtreten,** wenn diese glaubhaft machen, selbst noch Forderungen gegen die gelöschte AG zu haben.[108] Der vom Dritten aufgrund der Abtretung in Anspruch Genommene (Gesellschafter oder ehemaliges Organmitglied) kann sich damit verteidigen dass die vom Dritten behauptete Forderung gegen die Nachgesellschaft nicht besteht; ein vom

---

[97] Zur Regelung der Zuständigkeit *Krafka* NZG 2009, 650.
[98] Keidel/*Heinemann* FamFG § 375 Rn. 56d; die Bestellung eines Nachtragsliquidators *von Amts wegen* ist vom Gesetz nicht vorgesehen und daher unzulässig, vgl. OLG Bremen NJW-RR 2016, 672.
[99] Ähnlich Kölner Komm AktG/*Winnen* Rn. 48: Glaubhaftmachung genügt.
[100] Vgl. (jew. zur GmbH) KG NZG 2005, 934 (935); OLG Köln ZIP 2003, 573. S. auch K. Schmidt/Lutter/*Riesenhuber* Rn. 13.
[101] Zutr. MüKoAktG/*Koch* Rn. 44, § 264 Rn. 15 ff.; zur GmbH Großkomm GmbHG/*Paura* GmbHG § 66 Rn. 85.
[102] Vgl. MüKoAktG/*Koch* Rn. 44; zur GmbH auch *Heller,* Die vermögenslose GmbH, 1989, 165; Großkomm GmbHG/*Paura* GmbHG § 66 Rn. 85; eingehend und mit Beispielen *Buchner,* Amtslöschung, Nachtragsliquidation und masselose Insolvenz von Kapitalgesellschaften, 1988, 133 ff.; krit. Scholz/*K. Schmidt* GmbHG § 74 Rn. 23.
[103] Vgl. KG NZG 1999, 163; für Beschränkungs*pflicht* OLG München NZG 2008, 555 (557); aA OLG Koblenz NZG 2007, 431 (432): Beschränkung mit Vollabwicklungszweck unvereinbar.
[104] Insoweit überzeugend OLG Koblenz NZG 2007, 431 (432).
[105] Vgl. BGHZ 53, 264 (268); *Buchner,* Amtslöschung, Nachtragsliquidation und masselose Insolvenz von Kapitalgesellschaften, 1988, 131; *Heller,* Die vermögenslose GmbH, 1989, 161; aA BAG NZG 2008, 270: Bestellung von Prozesspfleger analog § 57 ZPO, falls Bestellung von Nachtragsliquidator „nicht ohne Weiteres durchzusetzen"; *v. Godin/Wilhelmi* Anm. 9; zur GmbH Großkomm GmbHG/*Paura* GmbHG § 66 Rn. 85.
[106] Zutr. *Buchner,* Amtslöschung, Nachtragsliquidation und masselose Insolvenz von Kapitalgesellschaften, 1988, 132 f. (141); *H. Schmidt,* Zur Vollbeendigung juristischer Personen, 1989, 152 ff. (159); *Rheinboldt* NJW 1954, 1829 (1831); aA noch Großkomm AktG/*Wiedemann,* 3. Aufl. 1971, Anm. 5 d; *v. Godin/Wilhelmi* Anm. 9.
[107] *H. Schmidt,* Zur Vollbeendigung juristischer Personen, 1989, 164; *Heller,* Die vermögenslose GmbH, 1989, 140: „in Nachtragsliquidation" oder „in Liquidation nach Löschung im Handelsregister".
[108] *Altmeppen* ZIP 2017, 497 (498).

Nachtragsliquidator erklärtes Anerkenntnis wirkt nicht zu seinen Lasten.[109] Ein eigenes **Klagerecht** der Aktionäre gem. § 148 kommt in der Nachtragsliquidation nicht mehr zum Zuge.[110] Leer ausgegangene Gläubiger können etwaige Direktansprüche aus § 93 Abs. 5 (iVm § 268 Abs. 2) oder § 823 Abs. 2 BGB iVm §§ 267, 272 auch außerhalb einer stattfindenden Nachtragsabwicklung durchsetzen.[111] Den dadurch möglicherweise einsetzenden „schädlichen Wettlauf"[112] verhindert das Gesetz nicht. Umgekehrt ist der Nachtragsliquidator grundsätzlich nicht verpflichtet, den auf Betreiben einzelner Gläubiger erzielten Nachtragserlös auf alle etwa noch vorhandene Gläubiger anteilig zu verteilen.[113]

29   Eine **Wiedereintragung** der Gesellschaft schreibt das Gesetz **nicht** vor.[114] Das entspricht der Rechtsnatur der Nachgesellschaft, die keine juristische Person ist.[115] Die Eintragung ist auch nicht tunlich, wenn es – wie im Regelfall – lediglich um einzelne Abwicklungsmaßnahmen geht.[116] In Sonderfällen mag eine Eintragung angezeigt erscheinen, doch gibt das Gesetz dafür keine Handhabe.[117] In Betracht kommt allein die Löschung des Löschungsvermerks (§ 395 FamFG [ex § 142 FGG]), die jedoch nur bei schweren Verfahrensfehlern eingreift, nicht jedoch bei nachträglichem Auffinden von Vermögen.[118] Auch die **Eintragung des Nachtragsliquidators,** die in der Literatur zT verlangt wird,[119] unterbleibt in der Praxis meist.[120] Dafür spricht, dass Abs. 4 S. 2 zwar auf § 265 Abs. 4, aber nicht auf § 266 verweist. Dem Gericht entscheidet daher nach seinem pflichtgemäßen Ermessen, ob es dem Antrag des Nachtragsabwicklers auf Eintragung stattgibt.[121] Ergibt sich langfristiger und umfangreicher Abwicklungsbedarf, sollte der Nachtragsabwickler im Interesse des Rechtsverkehrs aber eingetragen werden. Ist die geforderte Tätigkeit dagegen, wie zumeist, nur auf einzelne Handlungen beschränkt, besteht für die Eintragung in der Tat kein Bedürfnis.[122] Der Vertretungsnachweis kann durch die Ausfertigung des Bestellungsbeschlusses geführt werden, auf dessen Wirksamkeit Dritte gem. § 47 FamFG vertrauen dürfen.

30   **6. Prozessrecht.** Als mit der gelöschten AG identische, teilrechtsfähige Einheit ist die Nach-AG grundsätzlich **parteifähig**.[123] Dies gilt jedenfalls, solange über ihre Parteifähigkeit noch gestritten wird (→ Rn. 13). Verfügt sie noch über Vermögen oder besteht sonstiger Abwicklungsbedarf, sind laufende Prozesse trotz erfolgter Löschung fortzuführen (→ Rn. 13 f.). Unter den genannten Voraussetzungen können auch **neue Prozesse** von der bzw. gegen die gelöschte Gesellschaft angestrengt werden.[124] Das gilt jedenfalls für den von der gelöschten AG selbst angestrengten Prozess **(Aktivprozess)**. Hier genügt idR die bloße Rechtsberührung, um Abwicklungsbedarf und damit Parteifähig-

---

[109] Eingehend *Altmeppen* ZIP 2017, 497 (498 ff.).
[110] Anders für die zweigliedrige GmbH BGH NZG 2005, 216 (actio pro socio); BGH NJW 1991, 1884.
[111] Anders (unter Hinweis auf § 73 Abs. 3) für die GmbH *K. Schmidt* ZIP 1981, 1 (8); Scholz/*K. Schmidt* GmbHG § 73 Rn. 32.
[112] BGHZ 75, 96 (102).
[113] AA Scholz/*K. Schmidt* GmbHG § 73 Rn. 9.
[114] Anders – unter Geltung des LöschG – noch KG JW 1937, 1739; *Piorreck* Rpfleger 1978, 157 (160).
[115] *Buchner*, Amtslöschung, Nachtragsliquidation und masselose Insolvenz von Kapitalgesellschaften, 1988, 147; *Heller*, Die vermögenslose GmbH, 1989, 168 (zur GmbH); wie hier nun auch Hüffer/Koch/*Koch* Rn. 17; MüKoAktG/*Koch* Rn. 43, § 264 Rn. 18; Kölner Komm AktG/*Winnen* Rn. 56; anders – vom Fortbestand der juristischen Person ausgehend („Lehre vom Doppeltatbestand") – folgerichtig Großkomm AktG/*K. Schmidt* Rn. 18.
[116] Vgl. BayObLGZ 1955, 288 (293); *Piorreck* Rpfleger 1978, 157 (160); *Krafka/Kühn* RegisterR Rn. 1669; Großkomm GmbHG/*Paura* GmbHG § 66 Rn. 84; im Erg. auch Scholz/*K. Schmidt* GmbHG § 60 Rn. 58, 60.
[117] AA Keidel/*Heinemann* FamFG § 394 Rn. 37.
[118] Vgl. KG NZG 2004, 1004 f.; BayObLG NJW-RR 2000, 1348 = NZG 2000, 833; OLG Düsseldorf NJW-RR 1999, 1053; OLG Frankfurt NJW-RR 1998, 612; Hüffer/Koch/*Koch* Rn. 17; MüKoAktG/*Koch* Rn. 43; Scholz/*K. Schmidt/Bitter* GmbHG 60 Rn. 63; anders aber OLG Köln NZG 2005, 83 (84); *Heller*, Die vermögenslose GmbH, 1989, 166 f.; *Krafka/Kühn* RegisterR Rn. 1669; Keidel/*Heinemann* FamFG § 395 Rn. 15.
[119] ZB Hüffer/Koch/*Koch* Rn. 16; Kölner Komm AktG/*Winnen* Rn. 55; *K. Schmidt/Lutter/Riesenhuber* Rn. 12; Großkomm AktG/*K. Schmidt* Rn. 18; *Buchner*, Amtslöschung, Nachtragsliquidation und masselose Insolvenz von Kapitalgesellschaften, 1988, 147; *H. Schmidt*, Zur Vollbeendigung juristischer Personen, 1989, 160.
[120] Aus Sicht des Registerrichters *Ries* Rpfleger 2008, 231.
[121] OLG München NZG 2011, 38.
[122] BayObLGZ 1955, 288 (292); OLG München NZG 2011, 38; Hüffer/Koch/*Koch* Rn. 16; MüKoAktG/*Koch* Rn. 41; Kölner Komm AktG/*Winnen* Rn. 55; nach *Heller*, Die vermögenslose GmbH, 1989, 168 ff. *muss* die Eintragung in diesem Fall sogar unterbleiben.
[123] OLG Koblenz NZG 2007, 431 (zur GmbH); Großkomm AktG/*K. Schmidt* Rn. 19 (soweit noch über Vermögen verfügend, sonst nicht); MüKoZPO/*Lindacher* ZPO § 50 Rn. 15.
[124] Vgl. BGH NJW 2015, 2424 (2425); BGH NZG 2012, 916; BGH NZG 2011, 26 Rn. 22 = NJW-RR 2011, 115; OLG München NZG 2017, 1071.

keit anzunehmen.[125] Das Risiko für den Gegner, bei erfolgloser Klage auf den Kosten „sitzen" zu bleiben, fällt demgegenüber regelmäßig nicht ins Gewicht.[126]

Parteifähigkeit ist grundsätzlich aber auch für den **Passivprozess** zu befürworten, weil der Kläger, der sowohl den Kostenvorschuss für das streitige Verfahren als auch für die Bestellung eines Nachtragsliquidators auf sich nimmt, dies kaum tun wird, wenn er sich von dem Verfahren nichts verspricht. Jedenfalls wenn der Kläger substanziiert behauptet, es sei noch verwertbares Vermögen vorhanden, sollte die gelöschte AG als parteifähig behandelt und die Klage gegen sie zugelassen werden.[127] Ob eine konkrete **Aussicht auf Vollstreckbarkeit** des Titels besteht, sollte daneben – entgegen einer gefestigten Rechtsprechung – keine Rolle spielen.[128] Ob wirklich noch verwertbares Vermögen existiert, ist keine Frage der Zulässigkeit, sondern eine solche der Begründetheit.[129] Im Übrigen muss passive Parteifähigkeit auch bejaht werden, soweit nicht-vermögensrechtlicher Abwicklungsbedarf, wie etwa die Feststellung der Unwirksamkeit einer Kündigung oder die Ausstellung eines Arbeitszeugnisses, in Rede steht.[130] **30a**

Prozessfähig ist in allen Fällen nicht der bisherige Abwickler, sondern nur der neu zu bestellende Nachtragsliquidator.[131] Eines solchen bedarf es nicht, wenn noch vor der Löschung eine Prozessvollmacht erteilt wurde, denn diese wirkt gem. § 86 ZPO fort.[132] Der Antrag auf Nachtragsliquidation ist in diesem Fall mangels Rechtsschutzbedürfnisses abzulehnen. **30b**

VI. Rechtsmittel (Abs. 5)

Abs. 5 ordnete ursprünglich für die darin genannten Entscheidungen die Statthaftigkeit der sofortigen Beschwerde an, die sich gegenüber der einfachen Beschwerde durch Befristung auszeichnete. Mit der Abschaffung der sofortigen Beschwerde und der einheitlichen Befristung der allgemeinen Beschwerde (§ 63 FamFG: ein Monat) ist Abs. 5 **überflüssig** geworden.[133] Er schürt nunmehr das Missverständnis, dass gegen die Entscheidung nach Abs. 1 (Ablehnung der Löschung) gar kein Rechtsbehelf gegeben ist. Das kann nicht richtig sein, weil nach altem Recht in diesem Fall die einfache Beschwerde statthaft war. Dass daran etwas geändert werden sollte, ist nicht erkennbar. **31**

Im **Einzelnen** ist die Beschwerde also statthaft gegen **folgende Entscheidungen:** (1) Die Ablehnung des Antrags gem. Abs. 1; (2) die gerichtliche Bestimmung des Aufbewahrungsorts (Abs. 2), antragsbefugt sind Abwickler und (bis zur Löschung) die durch sie vertretene AG;[134] (3) die Entscheidung über die Einsichtnahme (Abs. 3), antragsbefugt sind bei Versagung die Antragsteller (§ 59 Abs. 2 FamFG), bei Gestattung der Abwickler;[135] (4) die Entscheidung über die Bestellung neuer Abwickler zum Zwecke der Nachtragsliquidation[136] (Abs. 4); antragsbefugt ist bei Ablehnung der Antragsteller (§ 59 Abs. 2 FamFG), bei Stattgabe die gelöschte AG, die nach richtiger Auffassung nur durch die bisherigen Abwickler vertreten werden kann,[137] weil der Aufsichtsrat nach Löschung nicht mehr im **32**

---

[125] Vgl. BGHZ 75, 178 (182) = NJW 1980, 233; BGH NJW-RR 1995, 1237; BGH NJW-RR 1994, 542; BGH NJW-RR 1991, 660; BayObLGZ 1993, 334 = BayObLG NJW-RR 1994, 230; OLG Hamm BB 1998, 1654; OLG Koblenz NZG 2007, 431; *Bokelmann* NJW 1977, 1130 (1131); MüKoZPO/*Lindacher* ZPO § 50 Rn. 16; Stein/Jonas/Bork, 22. Aufl. 2004, ZPO § 50 Rn. 47.
[126] Anders (nur) für den Fall der Prozessstandschaft BGHZ 96, 151 (155 f.); BGH NZG 2003, 688 (689).
[127] Vgl. BGH NZG 2011, 26; BGH NZG 2005, 278 (zum Insolvenzverfahren); BGH NJW-RR 1991, 660; BGHZ 48, 303 (307) = NJW 1968, 297; BGH WM 1957, 975; OLG München NZG 2017, 1071; LG Bonn NJW-RR 1998, 180; *H. Schmidt* JA 2015, 944 (947); Zöller/*Vollkommer* ZPO § 50 Rn. 4b; *Bokelmann* NJW 1977, 1130 (1131).
[128] Anders BGH NJW 2015, 2424 (2425); BGH NJW-RR 1995, 1237; BGH NJW-RR 1991, 660; OLG Oldenburg NJW-RR 1996, 160 (161); OLG Stuttgart NJW-RR 1994, 1064; MüKoZPO/*Lindacher* ZPO § 50 Rn. 16.
[129] Vgl. OLG München NZG 2017, 1071 (1072).
[130] Vgl. BAG NJW 1982, 1831; *Buchner*, Amtslöschung, Nachtragsliquidation und masselose Insolvenz von Kapitalgesellschaften, 1988, 152 f.; *Heller*, Die vermögenslose GmbH, 1989, 194 f.; MüKoZPO/*Lindacher* ZPO § 50 Rn. 16.
[131] Heute allgA, vgl. nur *Buchner*, Amtslöschung, Nachtragsliquidation und masselose Insolvenz von Kapitalgesellschaften, 1988, 153; *Bokelmann* NJW 1977, 1130 (1132).
[132] BayObLG NZG 2004, 1164; OLG Frankfurt NZG 2015, 626 (628); Hüffer/Koch/*Koch* Rn. 19.
[133] Vgl. zur Neuregelung der Beschwerde nach FamFG *Krafka* NZG 2009, 650 (653 f.); *Zimmermann* JuS 2009, 692 (694 f.).
[134] Hüffer/Koch/*Koch* Rn. 20; MüKoAktG/*Koch* Rn. 49; Kölner Komm AktG/*Winnen* Rn. 58.
[135] Hüffer/Koch/*Koch* Rn. 20; MüKoAktG/*Koch* Rn. 49; nunmehr auch Kölner Komm AktG/*Winnen* Rn. 58.
[136] Vgl. OLG München NZG 2008, 555.
[137] Vgl. BayObLGZ 1983, 130 (134); OLG Düsseldorf ZIP 2013, 877; OLG München NZG 2005, 897 (betr. GmbH); Hüffer/Koch/*Koch* Rn. 20; MüKoAktG/*Koch* Rn. 48; nunmehr auch Kölner Komm AktG/*Winnen* Rn. 58; *Baumbach/Hueck* Anm. 10 (jetzige Abwickler).

§ 274   1

Amt ist und die neubestellten Liquidatoren nicht unbefangen agieren können. Eine Beschwerdebefugnis **einzelner Gesellschafter,** wie sie im GmbH-Recht zT angenommen wird,[138] ist auch für die Aktiengesellschaft vertretbar, weil deren Kompetenzgefüge nach der Löschung außer Kraft gesetzt ist.[139]

§ 274 Fortsetzung einer aufgelösten Gesellschaft

(1) ¹Ist eine Aktiengesellschaft durch Zeitablauf oder durch Beschluß der Hauptversammlung aufgelöst worden, so kann die Hauptversammlung, solange noch nicht mit der Verteilung des Vermögens unter die Aktionäre begonnen ist, die Fortsetzung der Gesellschaft beschließen. ²Der Beschluß bedarf einer Mehrheit, die mindestens drei Viertel des bei der Beschlußfassung vertretenen Grundkapitals umfaßt. ³Die Satzung kann eine größere Kapitalmehrheit und weitere Erfordernisse bestimmen.

(2) Gleiches gilt, wenn die Gesellschaft
1. durch die Eröffnung des Insolvenzverfahrens aufgelöst, das Verfahren aber auf Antrag des Schuldners eingestellt oder nach der Bestätigung eines Insolvenzplans, der den Fortbestand der Gesellschaft vorsieht, aufgehoben worden ist;
2. durch die gerichtliche Feststellung eines Mangels der Satzung nach § 262 Abs. 1 Nr. 5 aufgelöst worden ist, eine den Mangel behebende Satzungsänderung aber spätestens zugleich mit der Fortsetzung der Gesellschaft beschlossen wird.

(3) ¹Die Abwickler haben die Fortsetzung der Gesellschaft zur Eintragung in das Handelsregister anzumelden. ²Sie haben bei der Anmeldung nachzuweisen, daß noch nicht mit der Verteilung des Vermögens der Gesellschaft unter die Aktionäre begonnen worden ist.

(4) ¹Der Fortsetzungsbeschluß wird erst wirksam, wenn er in das Handelsregister des Sitzes der Gesellschaft eingetragen worden ist. ²Im Falle des Absatzes 2 Nr. 2 hat der Fortsetzungsbeschluß keine Wirkung, solange er und der Beschluß über die Satzungsänderung nicht in das Handelsregister des Sitzes der Gesellschaft eingetragen worden sind; die beiden Beschlüsse sollen nur zusammen in das Handelsregister eingetragen werden.

Schrifttum: *Fichtelmann,* Die Fortsetzung der aufgelösten GmbH, GmbHR 2003, 67; *Galla,* Fortsetzung einer GmbH in Nachtragsliquidation, GmbHR 2006, 635; *Heerma,* Mantelverwendung und Kapitalaufbringungspflichten, 1997; *Hennrichs,* Fortsetzung einer mangels Masse aufgelösten GmbH, ZHR 159 (1995), 593; *K. Schmidt,* Unterbilanzhaftung bei Fortsetzung einer aufgelösten Gesellschaft?, DB 2014, 701.

Übersicht

	Rn.		Rn.
I. Normzweck	1	c) Vorratsbeschluss?	12
II. Voraussetzungen der Fortsetzung	2–15	3. Fortsetzung in sonstigen Fällen?	13–15
1. Privatautonome Auflösung (Abs. 1)	2–8	**III. Pflichten der Abwickler (Abs. 3)**	16–18
a) Hauptversammlungsbeschluss	2–5	1. Einberufungspflicht	16
b) Keine Vermögensverteilung	6	2. Anmeldung	17–18
c) Keine Überschuldung	7	**IV. Eintragung und Wirkung der Fortsetzung (Abs. 4)**	19, 20
d) Beschlussmängel	8	1. Eintragung	19
2. Gesetzliche Auflösung (Abs. 2)	9–12	2. Wirkung	20
a) Insolvenzverfahren	9, 10		
b) Satzungsmängel	11		

I. Normzweck

1   Solange man die Auflösung als Verlust der Rechtsfähigkeit begriff,[1] war die Gestattung der Fortsetzung als Erlaubnis zu begreifen, sich in eine juristische Person zurück zu verwandeln. Heute ist die Fortsetzungsmöglichkeit selbstverständliche Folge der Auflösung als bloßer Zweckänderung. Die Bedeutung der Norm liegt daher weniger in der Klarstellung als in der **Begrenzung der Fortsetzungsmöglichkeit.** Diese Begrenzung soll die Umgehung der Gründungsvorschriften verhindern

---

[138] Vgl. KG NZG 2005, 934 (935).
[139] Vgl. auch OLG München NZG 2005, 897.
[1] Vgl. dazu *K. Schmidt* GesR § 11 V 4 a; MüKoAktG/*Koch* Rn. 3, § 262 Rn. 12.

und dadurch dem Interesse der Aktionäre und der Gläubiger dienen.[2] Das ist nicht zweifelsfrei, weil der Zwang zur Neugründung in den von § 274 nicht erfassten Fällen diesen Interessen auch zuwider laufen kann. Dennoch ist der Gesetzeszweck ernst zu nehmen. Für den Fortsetzungsbeschluss stellt das Gesetz Hürden auf, die denen der Satzungsänderung entsprechen. Das korrespondiert mit § 262 Abs. 1 Nr. 2 (Auflösungsbeschluss), ist aber insofern bemerkenswert, als die Fortsetzung ebenso wie die Auflösung keine Satzungsänderung ist. Das **GmbH-Recht** kennt keine entsprechende Norm, lässt die Fortsetzung aber – zT in analoger Anwendung des § 274 – ebenfalls zu.[3]

II. Voraussetzungen der Fortsetzung

1. Privatautonome Auflösung (Abs. 1). a) Hauptversammlungsbeschluss. Wurde die AG 2
durch Zeitablauf (§ 262 Abs. 1 Nr. 1)[4] oder durch Hauptversammlungsbeschluss (§ 262 Abs. 1 Nr. 2) aufgelöst, ist zur Fortsetzung ein **Hauptversammlungsbeschluss** erforderlich. Dieser bedarf nach Abs. 1 S. 2 einer Mehrheit, die mindestens drei Viertel des bei der Beschlussfassung vertretenen Grundkapitals umfasst (→ § 179 Rn. 114 ff.) und muss zu seiner Wirksamkeit ins Handelsregister eingetragen werden (Abs. 4). Nach Abs. 1 S. 3 kann die Satzung eine höhere Mehrheit und weitere Erfordernisse bestimmen. Auch das entspricht der Regelung in § 179 (→ § 179 Rn. 119). Nicht zulässig ist es, die Fortsetzungsmöglichkeit in der Satzung gänzlich auszuschließen, doch kann das praktisch durch das Erfordernis der Einstimmigkeit erreicht werden.[5] Eine (zusätzliche) **Satzungsänderung** ist für die Fortsetzung nicht erforderlich, soweit mit ihr nicht satzungsändernde Maßnahmen (zB Kapitalerhöhung) einhergehen.[6]

Der Fortsetzungsbeschluss muss **ausdrücklich** ergehen. Zwar ist ein bestimmter Wortlaut vom 3
Gesetz nicht vorgeschrieben, weshalb das Wort „Fortsetzung" nicht verwendet werden muss.[7] Aus Gründen der Rechtssicherheit kann es aber nicht akzeptiert werden, den Willen zur Fortsetzung irgendwie aus einem anderen Beschluss, etwa einer Kapitalerhöhung, herauszulesen.[8] Dagegen spricht schon die Eintragungspflicht (Abs. 4), ist es geboten, auf die Interessen der informationswilligen Öffentlichkeit Rücksicht zu nehmen. Auch die einberufenen Aktionäre müssen wissen, worüber sie befinden. Großzügigere Auffassungen zum GmbH-Recht[9] können deshalb nicht übernommen werden, weil dieses weder eine dem § 274 vergleichbare Regelung noch den Grundsatz der aktienrechtlichen Formstrenge kennt.[10]

Eine **Ausnahme** ist für den Fall der **Verschmelzung** der aufgelösten AG auf einen anderen 4
Rechtsträger anzunehmen, weil das Gesetz (§ 3 Abs. 3 UmwG) es hier genügen lässt, dass die Fortsetzung beschlossen werden „könnte".[11] Da die AG mit Wirksamwerden der Verschmelzung sogleich wieder aufgelöst ist (→ § 262 Rn. 60), wäre ein besonderer Fortsetzungsbeschluss Förmelei. Folgerichtig gilt dies nicht, falls die aufgelöste AG als aufnehmender Rechtsträger fungiert; hier muss die Fortsetzung mindestens gleichzeitig mit der Verschmelzung beschlossen werden.[12] Eine Gesellschaft, deren Fortsetzung unzulässig wäre, kann an einer Verschmelzung nicht mehr teilnehmen.[13]

Eine **Pflicht,** für die Fortsetzung zu stimmen, besteht grundsätzlich nicht.[14] Ebenso wie die 5
Aktionäre aber nicht treuwidrig die Auflösung herbeiführen dürfen (→ § 262 Rn. 31), können sie im Einzelfall gehalten sein, sich einer zumutbaren Fortsetzung nicht in den Weg zu stellen. Das ist für die Pflicht zur Mitwirkung bei notwendigen Satzungsänderungen anerkannt,[15] trifft auch für die Mitwirkung bei der Heilung zu (→ § 276 Rn. 5) und sollte daher auch hier gelten.[16]

---

[2] Vgl. Hüffer/Koch/*Koch* Rn. 1; MüKoAktG/*Koch* Rn. 2; Kölner Komm AktG/*Winnen* Rn. 5.
[3] Eingehend Baumbach/Hueck/*Haas* GmbHG § 60 Rn. 91 ff.
[4] Ein satzungsmäßiges Kündigungsrecht ist abzulehnen → § 262 Rn. 70 f.
[5] Kölner Komm AktG/*Winnen* Rn. 36, 39; MüKoAktG/*Koch* Rn. 5; Großkomm AktG/*K. Schmidt* Rn. 12; für satzungsmäßigen Ausschluss der Fortsetzung noch Großkomm AktG/*Wiedemann*, 3. Aufl. 1971, Anm. 4.
[6] Allg. Ansicht, vgl. RGZ 118, 337 (341) (zur GmbH); Kölner Komm AktG/*Winnen* Rn. 35; Hüffer/Koch/ *Koch* Rn. 2; MüKoAktG/*Koch* Rn. 4; Großkomm AktG/*K. Schmidt* Rn. 7.
[7] Zust. Kölner Komm AktG/*Winnen* Rn. 35.
[8] So aber MüKoAktG/*Koch* Rn. 4, 23; wie hier Kölner Komm AktG/*Winnen* Rn. 40.
[9] Vgl. etwa Scholz/*K. Schmidt*/*Bitter* GmbHG § 60 Rn. 10, 87, § 76 Rn. 3.
[10] Zustimmend Kölner Komm AktG/*Winnen* Rn. 40, der zusätzlich auf die Formstrenge des Hauptversammlungsbeschlusses verweist.
[11] Unstr., s. nur Semler/Stengel/*Stengel* UmwG § 3 Rn. 43.
[12] Großkomm AktG/*K. Schmidt* Rn. 8; Semler/Stengel/*Stengel* UmwG § 3 Rn. 46.
[13] Hüffer/Koch/*Koch* Rn. 6.
[14] Vgl. für die KG BGH NZG 2007, 860.
[15] Vgl. BGHZ 98, 276 (280).
[16] Vgl. Scholz/*K. Schmidt*/*Bitter* GmbHG § 60 Rn. 90.

6 **b) Keine Vermögensverteilung.** Weitere und entscheidende Voraussetzung ist, dass noch **nicht** mit der **Vermögensverteilung** an die Aktionäre (§ 271) begonnen wurde. Dieses Erfordernis soll die Umgehung des Verbots der Einlagenrückgewähr (§ 57) verhindern, weil die Gesellschafter sonst eine Scheinliquidation beschließen könnten mit dem Ziel, in den Genuss des Privilegs des § 271 zu gelangen, um nach Auszahlung des Vermögens – ohne den Erstattungsanspruch des § 62 auszulösen – wieder die Fortsetzung zu beschließen.[17] Gleichwohl ist das Erfordernis nicht gegen rechtspolitische Kritik gefeit.[18] Weil es jedoch in bewusster Abkehr von der älteren Rechtsprechung eingeführt wurde, wonach es genügte, wenn schon verteiltes Vermögen wieder zurückgegeben wurde, ist es gleichwohl **streng** zu verstehen.[19] Jegliche Auskehr von Vermögen hindert danach unwiderruflich die Fortsetzung. Das gilt auch, wenn Vermögen wider §§ 271, 272 vor Befriedigung der Gläubiger oder Ablauf des Sperrjahrs verteilt wurde. Nicht erfasst wird die Befriedigung von Drittgläubigeransprüchen (→ § 271 Rn. 3). Ist kein verteilungsfähiges Vermögen (mehr) vorhanden, muss das Fortsetzungsverbot erst recht gelten. Das folgt auch daraus, dass die Fortsetzung der wegen Vermögenslosigkeit aufgelösten AG vom Gesetz nicht zugelassen wird (→ Rn. 13). Auch die unwirksam aufgelöste AG kann nach Beginn der Vermögensverteilung nicht mehr werbend tätig werden.[20]

7 **c) Keine Überschuldung. Nicht** erforderlich ist, dass die aufgelöste AG noch über ein bestimmtes **Mindestvermögen,** etwa in Höhe des Grundkapitals, verfügt.[21] Das ist folgerichtig, denn ohne Eintritt des Auflösungsgrundes wären die Aktionäre auch nicht zur Auffüllung des Vermögens verpflichtet gewesen, und nach Beseitigung des Auflösungsgrundes kann nichts anderes gelten. Ist die AG allerdings **überschuldet,** kommt eine Fortsetzung nicht in Betracht.[22] Das folgt aus § 15a Abs. 1 S. 1 InsO, der es gebietet, die insolvente AG aus dem Verkehr zu ziehen, und der gem. § 268 Abs. 2 auch in der Auflösung gilt (→ § 268 Rn. 16). Zu beachten ist, dass die Fortsetzung einer aufgelösten AG den Tatbestand der sog. **wirtschaftlichen Neugründung** erfüllen kann (→ § 23 Rn. 42 ff.).[23] Voraussetzung ist – wie auch sonst – dass die (abzuwickelnde) AG nur noch als „leere Hülse" bestanden hat. Davon kann nur ausgegangen werden, wenn die Abwicklung über längere Zeit überhaupt nicht mehr betrieben wurde. Wurden dagegen Abwicklungsaufgaben wahrgenommen, die auf den Schluss der Liquidation zusteuern, liegt in deren Abbruch sowie der zäsurlosen Fortsetzung keine wirtschaftliche Neugründung.[24]

8 **d) Beschlussmängel.** Wird die Fortsetzung beschlossen, obwohl kein zulässiger Fortsetzungsfall oder ein Fortsetzungshindernis vorliegt, ist der Beschluss gem. § 241 Nr. 3 **nichtig,** kann aber gem. § 242 Abs. 2 durch Eintragung und Fristablauf **geheilt** werden.[25] Ansonsten führen Gesetzes- oder Satzungsverstöße wie auch sonst nur zur Anfechtbarkeit. Ein Freigabeverfahren analog § 246a ist nicht statthaft.[26]

9 **2. Gesetzliche Auflösung (Abs. 2). a) Insolvenzverfahren.** § 274 Abs. 2 Nr. 1 erlaubt die Fortsetzung der wegen Eröffnung des Insolvenzverfahrens (§ 262 Abs. 1 Nr. 3) aufgelösten AG, die das Insolvenzverfahren unter Erhaltung einer Mindestsubstanz „heil überstanden hat".[27] Voraussetzung ist, dass das Verfahren auf Antrag der AG eingestellt wurde (§ 213 InsO) oder nach der Bestätigung eines Insolvenzplans, der den Fortbestand der AG vorsieht, gem. § 258 InsO aufgehoben wurde. Beides kann nicht ohne Zustimmung der Gläubiger(mehrheit) geschehen. Der Fortsetzungsbeschluss kann auch unter der aufschiebenden Bedingung gefasst werden, dass es zu einer entsprechenden Einstellung des Insolvenzverfahrens kommt.[28]

---

[17] *Galla* GmbHR 2006, 635 (636) (zur GmbH); zust. auch Kölner Komm AktG/*Winnen* Rn. 28 f.
[18] Krit. etwa *Heerma,* Mantelverwendung und Kapitalaufbringungspflichten, 1997, 87 f.; Roth/Altmeppen/ *Altmeppen* GmbHG § 60 Rn. 41; *K. Schmidt* GesR § 11 V 5.
[19] AllgA, vgl. Hüffer/Koch/*Koch* Rn. 4; MüKoAktG/*Koch* Rn. 20; Kölner Komm AktG/*Winnen* Rn. 29.
[20] Vgl. *Kort,* Bestandsschutz fehlerhafter Strukturänderungen im Kapitalgesellschaftsrecht, 1998, 126 f.; *C. Schaefer,* Die Lehre vom fehlerhaften Verband, 2002, 409.
[21] Implizit anerkannt von BGH NZG 2014, 264 (betr. GmbH); ferner *Heerma,* Mantelverwendung und Kapitalaufbringungspflichten, 1997, 89; *K. Schmidt* DB 2014, 701; Hüffer/Koch/*Koch* Rn. 4; MüKoAktG/*Koch* Rn. 7; Kölner Komm AktG/*Winnen* Rn. 32; Großkomm AktG/*K. Schmidt* Rn. 11.
[22] Vgl. BayObLG DB 1993, 2523; OLG Dresden AG 2001, 489 (491); KG DB 1998, 2409; Hüffer/Koch/*Koch* Rn. 4; MüKoAktG/*Koch* Rn. 7; Kölner Komm AktG/*Winnen* Rn. 21; Großkomm AktG/*K. Schmidt* Rn. 11.
[23] BGH NZG 2014, 264; dazu *K. Schmidt* DB 2014, 701 ff.; KG NZG 2017, 307 (308).
[24] BGH NZG 2014, 264 Rn. 15. Für generelle Insolvenzausnahme *Hacker/Petsch* ZIP 2015, 761 (767).
[25] MüKoAktG/*Koch* Rn. 24 f.; Kölner Komm AktG/*Winnen* Rn. 42; für Heilung schon mit Eintragung noch Großkomm AktG/*Wiedemann,* 3. Aufl. 1971, Anm. 2; *Baumbach/Hueck* Anm. 4.
[26] LG München I WM 2008, 77; Kölner Komm AktG/*Winnen* Rn. 43.
[27] Kölner Komm AktG/*Kraft,* 2. Aufl. 1996, Rn. 5.
[28] Vgl. LG München I WM 2008, 77.

Aus dem Verweis auf Abs. 1 („Gleiches gilt") folgt, dass noch nicht mit der Vermögensverteilung 10
begonnen worden sein darf. Ferner ist ein entsprechender **Fortsetzungsbeschluss** erforderlich. Dieser
kann zwar bereits während des laufenden Insolvenzverfahrens gefasst und auch zum Gegenstand eines
Insolvenzplans (vgl. § 225a Abs. 3 InsO) gemacht werden, wird jedoch nicht vor der Verfahrensaufhebung wirksam.[29] Ein vor der Eröffnung des Insolvenzverfahrens gefasster Fortsetzungsbeschluss geht
dagegen ins Leere, soweit man ihn nicht als bedingtes Rechtsgeschäft zulässt (→ Rn. 12).

b) Satzungsmängel. Fortgesetzt werden kann gem. § 274 Abs. 2 Nr. 2 auch die wegen Satzungs- 11
mängeln nach § 262 Abs. 1 Nr. 5 (iVm § 399 FamFG) aufgelöste AG. In diesem Fall muss erst
der Mangel durch Satzungsänderung beseitigt werden, welche aber mit dem Fortsetzungsbeschluss
verbunden werden kann. Ein zuvor gefasster Fortsetzungsbeschluss ist unwirksam. Die Vorschrift
wird entsprechend angewandt auf Fälle, in denen ein heilbarer Nichtigkeitsgrund zur **Nichtigerklärung** (§ 275) oder zur Amtslöschung (§ 397 FamFG) geführt hat.[30] Der Heilungsbeschluss soll dabei
zugleich den Fortsetzungsbeschluss enthalten.[31] Vorsorglich sollte die Fortsetzung aber auch in diesem
Fall ausdrücklich als solche beschlossen werden.[32]

c) Vorratsbeschluss? Fraglich ist, ob die Fortsetzung der AG zeitlich vor der Auflösung – also 12
auf Vorrat – beschlossen werden kann. An sich geht ein solcher Beschluss ins Leere, weil die
werbende Gesellschaft nicht in eine werbende verwandelt werden kann. Denkbar ist jedoch, den
Beschluss unter die (doppelte) **aufschiebende Bedingung** zu stellen, dass die Auflösung später
tatsächlich eintritt und die Fortsetzungsvoraussetzungen vorliegen. Als Rechtsgeschäft ist der
Beschluss einer solchen Bedingung im Prinzip zugänglich.[33] Im Interesse der Rechtssicherheit wird
man jedoch fordern müssen, dass über den Eintritt oder Nichteintritt der Bedingung innerhalb eines
überschaubaren Zeitraums Klarheit zu erwarten ist.[34]

3. Fortsetzung in sonstigen Fällen? Im Schrifttum wird die Fortsetzungsfähigkeit zT als allgemei- 13
ner Grundsatz des Verbandsrechts betrachtet.[35] Danach soll die Beseitigung des Auflösungsgrundes stets
den Weg zur Fortsetzung frei machen. Obwohl rechtspolitisch manches dafür spricht, kann dem für das
Aktienrecht nicht gefolgt werden. Aus dem **Umkehrschluss** zu § 274 Abs. 2 folgt vielmehr, dass die
Fortsetzung **nicht** in Betracht kommt bei Auflösung gem. § 262 Abs. 1 Nr. 4 (Masselosigkeit) oder gem.
§ 262 Abs. 1 Nr. 6 (Löschung wegen Vermögenslosigkeit) sowie in allen Fällen des durchgeführten (oder
eingestellten) Insolvenzverfahrens, die nicht von Abs. 2 Nr. 1 erfasst werden.[36]

Erst recht scheidet die Fortsetzung aus, wenn die aufgelöste AG bereits im Handelsregister 14
gelöscht wurde.[37] Das ergibt sich zwar nicht mit naturgesetzlicher Notwendigkeit aus dem Umstand
der Löschung, denn das Recht kann die „tote" Korporation durchaus wieder auferstehen lassen.
Doch es will dies zumindest für die AG nicht, wie die Regelung des § 274 zeigt. Eine Fortsetzung
der gelöschten AG kommt daher selbst dann nicht in Betracht, wenn sie doch noch über Vermögen
verfügen sollte, weil hierfür ausschließlich die Nachtragsliquidation zur Verfügung steht.[38] Auch die
nach § 396 (Gemeinwohlgefährdung) aufgelöste AG kann nach hL nicht fortgesetzt werden.[39]

---

[29] Kölner Komm AktG/*Winnen* Rn. 13; *Eidenmüller* ZGR 2001, 680 (693); *Müller,* Der Verband in der Insolvenz, 2002, 394.
[30] Hüffer/Koch/*Koch* Rn. 5; MüKoAktG/*Koch* Rn. 10; Kölner Komm AktG/*Winnen* Rn. 20.
[31] So Großkomm AktG/*K. Schmidt* § 276 Rn. 4 u. 11, § 277 Rn. 13.
[32] Zust. Kölner Komm AktG/*Winnen* Rn. 19, 40.
[33] Vgl. *Müller,* Der Verband in der Insolvenz, 2002, 380; Baumbach/Hueck/*Zöllner/Noack* GmbHG § 47 Rn. 6; zur Geschäftsführerbestellung auch BGH NZG 2006, 62 (63).
[34] So *Müller,* Der Verband in der Insolvenz, 2002, 380.
[35] Vgl. insbes. *K. Schmidt* GesR § 11 V 5; Scholz/*K. Schmidt/Bitter* GmbHG § 60 Rn. 79; Roth/Altmeppen/*Altmeppen* GmbHG § 60 Rn. 52; *Hennrichs* ZHR (1995) 159, 593 (606 f.); *Hacker/Petsch* ZIP 2015, 761 (768).
[36] Für das Aktienrecht wohl unstreitig, s. BGH NZG 2003, 532 (535); RGZ 156, 23 (26 f.); Hüffer/Koch/*Koch* Rn. 6, § 262 Rn. 11; MüKoAktG/*Koch* § 262 Rn. 56; Kölner Komm AktG/*Winnen* Rn. 24 f.; Großkomm AktG/*K. Schmidt* Rn. 19; im GmbH-Recht hM, vgl. aus der Rspr. BGH NZG 2015, 872 f.; BGHZ 75, 178 (180); BayObLG NJW-RR 1996, 417; OLG Köln NZG 2010, 507; KG NJW-RR 1999, 475 und jüngst NZG 2017, 307.
[37] RGZ 156, 23 (26 f.); Hüffer/Koch/*Koch* Rn. 6; MüKoAktG/*Koch* Rn. 14; Kölner Komm AktG/*Winnen* § 262 Rn. 11; *Heerma,* Mantelverwendung und Kapitalaufbringungspflichten, 1997, 84 f.
[38] Vgl. *Buchner,* Amtslöschung, Nachtragsliquidation und masselose Insolvenz von Kapitalgesellschaften, 1988, 147; *Heller,* Die vermögenslose GmbH, 1989, 173; im Erg. auch K. Schmidt/Lutter/*Riesenhuber* Rn. 5; für die GmbH OLG Celle NZG 2008, 271; aA *H. Schmidt,* Zur Vollbeendigung juristischer Personen, 1989, 180; zur GmbH *Galla* GmbHR 2006, 635 (638 ff.); Baumbach/Hueck/*Haas* GmbHG § 60 Rn. 104; offen lassend BayObLG NJW 1994, 594.
[39] Hüffer/Koch/*Koch* Rn. 6, § 396 Rn. 9; Kölner Komm AktG/*Winnen* Rn. 23; rechtspolitische Kritik bei MüKoAktG/*Koch* Rn. 13; aA (Fortsetzung mit behördlicher Genehmigung) Großkomm AktG/*Wiedemann,* 3. Aufl. 1971, Anm 7; Großkomm AktG/*K. Schmidt* Rn. 18.

15 Besonderheiten gelten bei Auflösung aufgrund von **Vereinsverbot** oder wegen finanz**aufsichtsrechtlicher Maßnahmen** (→ § 262 Rn. 62 f.). Wird der zugrunde liegende Verwaltungsakt aufgehoben oder zurückgenommen, kann die Fortsetzung ohne weiteres beschlossen werden.[40] Die Auflösung folgt hier nicht aus dem Aktienrecht, welches der Fortsetzung daher neutral gegenübersteht. Im Falle der rückwirkenden Aufhebung bedarf es richtigerweise noch nicht einmal eines Fortsetzungsbeschlusses.[41]

III. Pflichten der Abwickler (Abs. 3)

16 **1. Einberufungspflicht.** Nicht aus § 274, wohl aber aus § 93 Abs. 1 (iVm § 268 Abs. 2) und § 121 Abs. 1 Alt. 3 (iVm § 264 Abs. 3) kann sich die Pflicht der Abwickler ergeben, die Hauptversammlung **einzuberufen** und/oder einen Fortsetzungsbeschluss auf die Tagesordnung zu setzen (→ § 268 Rn. 13), um überhaupt erst die Voraussetzungen für eine Fortsetzung zu schaffen. Dazu kann insbesondere in den Fällen des Abs. 2 Veranlassung bestehen.

17 **2. Anmeldung.** Ist die Fortsetzung beschlossen, sind die Abwickler – in vertretungsberechtigter Zahl (§ 269) – zur **Anmeldung** des Beschlusses verpflichtet (Abs. 3). Die Anmeldung hat beim zuständigen Gericht (§ 14, § 376 FamFG) in öffentlich beglaubigter Form (§ 12 HGB) zu erfolgen. Erzwungen werden kann sie nicht (§ 407 Abs. 2), aber bei Verzögerung können Gesellschafter Ersatzansprüche geltend machen.[42] Sie ist idR mit der Anmeldung der (neuen) Vorstandsmitglieder zu verbinden, die zudem die Versicherung gem. § 81 Abs. 3 (wieder) abzugeben haben.[43]

17a Im Falle der Fortsetzung nach Insolvenzeröffnung (→ Rn. 9) stellt sich die Frage, ob die Vorstandsmitglieder gem. §§ 265, 266 noch als „Abwickler" eingetragen werden müssen. Erschöpft sich ihre Tätigkeit in der Anmeldung der Fortsetzung, ist die Frage zu verneinen.[44]

18 Der vom Gesetz geforderte **Nachweis**, dass mit der Verteilung des Vermögens noch nicht begonnen wurde, ist schwer zu erbringen. Neben der allgemein für erforderlich gehaltenen **Bescheinigung von Wirtschaftsprüfern** kommt daher notfalls auch die eidesstattliche Versicherung (§ 31 Abs. 1 FamFG) in Betracht.[45] Auch sonstige Erkenntnismittel wie Auskünfte der kontoführenden Bank sind nach § 26 FamFG heranzuziehen. Verbleiben Zweifel, ist der Antrag zurückzuweisen. Vorsätzlich falsche Angaben sind **strafbar** gem. § 399 Abs. 1 Nr. 5 iVm § 274 Abs. 3.

IV. Eintragung und Wirkung der Fortsetzung (Abs. 4)

19 **1. Eintragung.** Das Gericht (Rechtspfleger, § 3 Nr. 2 lit. d RPflG) prüft das Vorliegen der gesetzlichen Voraussetzungen und verfügt gegebenenfalls die Eintragung der Fortsetzung in Spalte 6 Unterspalte b (§ 43 Nr. 6 lit. b sublit. dd HRV). Eingetragen wird sowohl der Fortsetzungsbeschluss, der (erst) dadurch wirksam wird (Abs. 4 S. 1), als auch die **Fortsetzung selbst** („Die Gesellschaft wird fortgesetzt").[46] Im Fall des Abs. 2 S. 2 kommt als zusätzliches Erfordernis die Eintragung der heilenden Satzungsänderung (§ 181) hinzu, die gleichzeitig mit dem Fortsetzungsbeschluss vorgenommen werden „soll", aber nicht muss.[47] Die Eintragung wird nach § 10 HGB **bekannt gemacht** mit der Folge, dass sich Dritte nach § 15 Abs. 2 HGB nicht mehr auf die Vertretungsmacht der (vom Vorstand verschiedenen) Abwickler berufen können.

20 **2. Wirkung.** Nach dem ausdrücklichen Wortlaut (Abs. 4 S. 1) hat die Eintragung konstitutive Wirkung.[48] Mit ihr verwandelt sich die aufzulösende wieder in eine werbende AG. Darin liegt erneut nur eine **Zweckänderung,** keine Veränderung der Rechtspersönlichkeit (→ § 262 Rn. 5). Rechtshängige Prozesse werden daher weder unterbrochen noch ausgesetzt. Die Modifikation der

---

[40] HM, vgl. Hüffer/Koch/*Koch* Rn. 5; MüKoAktG/*Koch* Rn. 12; Kölner Komm AktG/*Winnen* Rn. 22.
[41] MüKoAktG/*Koch* Rn. 12; Kölner Komm AktG/*Winnen* Rn. 22; aA *K. Schmidt* GesR § 11 V 5 (Fortsetzungsbeschluss stets erforderlich).
[42] NK-AktR/*Wermeckes* Rn. 9; MüKoAktG/*Koch* Rn. 28; Kölner Komm AktG/*Winnen* Rn. 46.
[43] *Krafka/Kühn* RegisterR Rn. 1663.
[44] So mit Recht MüKoAktG/*Koch* Rn. 28 (Formalismus); nunmehr auch Kölner Komm AktG/*Winnen* Rn. 47.
[45] AA MüKoAktG/*Koch* Rn. 29; Kölner Komm AktG/*Winnen* Rn. 48; Bürgers/Körber/*Füller* Rn. 9; vgl. zu § 31 FamFG *Bumiller/Harders/Schwamb* FamFG § 31 Rn. 1.
[46] Vgl. Kölner Komm AktG/*Winnen* Rn. 51; Großkomm AktG/*K. Schmidt* Rn. 20.
[47] Vgl. Hüffer/Koch/*Koch* Rn. 8; MüKoAktG/*Koch* Rn. 31; Kölner Komm AktG/*Winnen* Rn. 53.
[48] Hüffer/Koch/*Koch* Rn. 8; Kölner Komm AktG/*Winnen* Rn. 518; Großkomm AktG/*K. Schmidt* Rn. 20; aA *Heerma*, Mantelverwendung und Kapitalaufbringungspflichten, 1997, 89 (mit wenig überzeugendem Umkehrschluss zu § 274 Abs. 4 S. 2); anders auch für das GmbH-Recht, das freilich keine entsprechende Vorschrift enthält, Scholz/*K. Schmidt/Bitter* GmbHG § 60 Rn. 91; Lutter/Hommelhoff/*Kleindiek* GmbHG § 60 Rn. 29.

organisationsrechtlichen Normen durch das Liquidationsregime (vgl. § 264 Abs. 3) endet. Das Amt der Abwickler und damit ihre Vertretungsmacht erlischt, ohne dass es einer Anmeldung nach § 266 bedürfte.[49] **Hauptversammlung** und **Aufsichtsrat** treten wieder in die ihnen nach allgemeinen Vorschriften zustehenden Befugnisse ein. Abwickler, die bereits vorher **Vorstandsmitglieder** waren, werden dies wieder, ohne dass es einer erneuten Bestellung bedürfte.[50] Andere Abwickler sowie ehemalige Vorstandsmitglieder, die nicht Abwickler wurden, müssen dagegen, sofern erwünscht, neu bestellt[51] werden.[52] Die ehemaligen Abwickler haben entsprechend § 273 Abs. 1 **Rechnung** zu legen und sind – ohne dass sich daraus eine Präklusion ergäbe[53] – anschließend zu entlasten.[54] Sodann erstellt der Vorstand eine neue Eröffnungsbilanz.[55]

---

[49] Kölner Komm AktG/*Winnen* Rn. 61; MüKoAktG/*Koch* Rn. 33.
[50] Hüffer/Koch/*Koch* Rn. 9; MüKoAktG/*Koch* Rn. 34; Großkomm AktG/*Wiedemann*, 3. Aufl. 1971, Anm. 9; Kölner Komm AktG/*Winnen* Rn. 49, der allerdings einen klarstellen AR-Beschluss für sinnvoll hält; aA noch v. Godin/*Wilhelmi* Anm. 7.
[51] Aufschiebend bedingte Bestellung möglich, so Bürgers/Körber/*Füller* Rn. 11; Hüffer/Koch/*Koch* Rn. 9; MüKoAktG/Koch/*Koch* Rn. 35; Kölner Komm AktG/*Winnen* Rn. 61.
[52] Kölner Komm AktG/*Winnen* Rn. 62; MüKoAktG/*Koch* Rn. 34.
[53] Hüffer/Koch/*Koch* Rn. 9.
[54] MüKoAktG/*Koch* Rn. 33; Kölner Komm AktG/*Winnen* Rn. 63.
[55] Großkomm AktG/*Wiedemann*, 3. Aufl. 1971, Anm. 9; Kölner Komm AktG/*Winnen* Rn. 63.

Zweiter Abschnitt. Nichtigerklärung der Gesellschaft

§ 275 Klage auf Nichtigerklärung

(1) [1]Enthält die Satzung keine Bestimmungen über die Höhe des Grundkapitals oder über den Gegenstand des Unternehmens oder sind die Bestimmungen der Satzung über den Gegenstand des Unternehmens nichtig, so kann jeder Aktionär und jedes Mitglied des Vorstands und des Aufsichtsrats darauf klagen, daß die Gesellschaft für nichtig erklärt werde. [2]Auf andere Gründe kann die Klage nicht gestützt werden.

(2) Kann der Mangel nach § 276 geheilt werden, so kann die Klage erst erhoben werden, nachdem ein Klageberechtigter die Gesellschaft aufgefordert hat, den Mangel zu beseitigen, und sie binnen drei Monaten dieser Aufforderung nicht nachgekommen ist.

(3) [1]Die Klage muß binnen drei Jahren nach Eintragung der Gesellschaft erhoben werden. [2]Eine Löschung der Gesellschaft von Amts wegen nach § 397 Abs. 1 des Gesetzes über das Verfahren in Familiensachen und in den Angelegenheiten der freiwilligen Gerichtsbarkeit wird durch den Zeitablauf nicht ausgeschlossen.

(4) [1]Für die Anfechtung gelten § 246 Abs. 2 bis 4, §§ 247, 248 Abs. 1 Satz 1, §§ 248a, 249 Abs. 2 sinngemäß. [2]Der Vorstand hat eine beglaubigte Abschrift der Klage und das rechtskräftige Urteil zum Handelsregister einzureichen. [3]Die Nichtigkeit der Gesellschaft auf Grund rechtskräftigen Urteils ist einzutragen.

Schrifttum: *Casper*, Die Heilung nichtiger Beschlüsse im Kapitalgesellschaftsrecht, 1998; *Hell*, GmbH-Mantelverwendung, 2010; *Kort*, Bestandsschutz fehlerhafter Strukturänderungen im Kapitalgesellschaftsrecht, 1998; *Paschke*, Die fehlerhafte Korporation, ZHR 155 (1991), 1; *Pörnig*, Die Lehre von der fehlerhaften Gesellschaft, 1999; *Roßner*, Der Einfluß von Gründungsmängeln auf die AG, die GmbH und die eG, Diss. Würzburg 1967; *C. Schäfer*, Die Lehre vom fehlerhaften Verband, 2002; *K. Schmidt*, „Fehlerhafte Gesellschaft" und allgemeines Verbandsrecht, AcP 186 (1986), 421 ff.; *K. Schmidt*, Satzungsmängel und „nichtige Kapitalgesellschaften", FS Kollhosser, 2004, 679; *Tieves*, Der Unternehmensgegenstand der Kapitalgesellschaften, 1998; *Wiesner*, Die Lehre von der fehlerhaften Gesellschaft, 1980.

Übersicht

	Rn.		Rn.
I. Normzweck	1–3	IV. Urteil, Anmeldung, Bekanntmachung (noch Abs. 4)	21–23
II. Voraussetzungen	4–12	1. Urteil und Verfahrensende	21
1. Anwendungsbereich	4, 5	2. Anmeldung und Eintragung	22
2. Relevante Satzungsmängel (Abs. 1)	6–12	3. Bekanntmachung	23
a) Fehlen von Bestimmungen über Höhe des Grundkapitals	6	V. Amtslöschung (§ 397 FamFG) und sonstige Rechtsbehelfe	24–33
b) Nichtigkeit	7–9	1. Amtslöschung (§ 397 FamFG)	24–27
c) Tatsächliche Abweichungen	10	a) Bedeutung und Voraussetzungen	24
d) Satzungsänderung	11	b) Verfahren	25, 26
e) Sonstige Mängel	12	c) Verhältnis zur Nichtigkeitsklage	27
III. Sonstige Klagevoraussetzungen und Verfahren (Abs. 2–4)	13–20	2. Löschung unzulässiger Eintragung (§ 395 FamFG)	28–30
1. Klageberechtigte	13, 14	3. Amtsauflösung (§ 399 FamFG) und Löschung wegen Vermögenslosigkeit (§ 394 FamFG)	31
2. Mangelbeseitigung	15–17	4. Sonstige Rechtsbehelfe	32, 33
3. Klagefrist	18	a) Nichtigkeit einzelner Klauseln	32
4. Rechtsschutzbedürfnis	19	b) Einstweiliger Rechtsschutz	33
5. Verfahren	20		

I. Normzweck

1 Die Vorschrift (Parallelnorm: § 75 GmbHG) spricht der Sache nach einen **weiteren Auflösungsgrund** an. Das ergibt sich aus dem Zusammenspiel mit § 277, wonach die erfolgreiche „Nichtigkeitsklage" (richtiger: Auflösungsklage) nur zur Abwicklung gem. §§ 264 ff. führt. Die Norm will den Aktionären keine zusätzlichen Befugnisse verschaffen, sondern nur solche, die nach allgemeinen Grundsätzen bestehen, **einschränken.** Denn gäbe es § 275 nicht, könnten sich diese, aber auch jeder Dritte im gegebenen Fall auf die bürgerlich-rechtliche Unwirksamkeit der Satzung berufen.

Folge wäre die Rückabwicklung des Verbandes und seiner Rechtsbeziehungen im Außen- wie im Innenverhältnis einschließlich des Rechts, die Einlageleistung zu verweigern. Das wollte der Gesetzgeber nicht, weshalb er die Feststellung der „Nichtigkeit" sowohl hinsichtlich der Voraussetzungen als auch hinsichtlich der Rechtsfolgen erheblich beschränkte.[1]

Diese Beschränkung schafft **Rechtssicherheit,** indem sie das Vertrauen der Aktionäre und des Verkehrs auf die Verlässlichkeit des Registereintrags schützt.[2] Eigentlich dürfte bei Fehlen oder Unwirksamkeit der in § 23 Abs. 3 zwingend vorgeschriebenen Satzungsbestandteile eine solche Eintragung gar nicht erfolgen (vgl. § 38). Wird dennoch eingetragen, genießt die AG Bestandsschutz, der von den Beteiligten nur nach § 275 durchbrochen werden kann. Daher werden die §§ 275 ff. auch als Ausdruck der Lehre von der **fehlerhaften Gesellschaft** verstanden.[3] Dieser liegt letztlich die Überlegung zu Grunde, dass die Rückabwicklung einer bereits in Vollzug gesetzten Organisation unpraktikabel ist und die §§ 812 ff. BGB dafür nicht passen.[4] Im Aktienrecht spielt diese Lehre angesichts der ausdrücklichen Regeln der §§ 275 ff. nur dort eine Rolle, wo es um den Bestandsschutz der noch nicht oder nicht mehr eingetragenen AG geht (→ Rn. 4).

Unabhängig davon besteht die Befugnis des Registergerichts, die zu Unrecht eingetragene AG gem. §§ 397, 399 FamFG jederzeit wieder zu **löschen** (→ Rn. 24 ff.). In allen Fällen ist Rechtsfolge aber nicht die Rückabwicklung, sondern nur die Abwicklung ex nunc (vgl. § 262 Abs. 1 Nr. 5, § 277). Ex tunc wirkt allein die Löschung einer Eintragung gem. § 395 FamFG, die aber nur bei schweren Verfahrensfehlern in Betracht kommt (→ Rn. 28). Selbst in diesem Fall ist noch ein Bestandsschutz nach allgemeinen Grundsätzen denkbar (→ Rn. 4).

II. Voraussetzungen

1. Anwendungsbereich. Die Nichtigkeitsklage kommt nur gegen die **bereits eingetragene** AG in Betracht.[5] Das ergibt sich mittelbar aus § 275 Abs. 3 S. 1. Vor Eintragung gelten die Beschränkungen der §§ 275 ff. daher nicht, die Nichtigkeit einzelner Klauseln oder der ganzen Satzung kann dann von jedermann geltend gemacht werden, soweit nicht die ungeschriebenen Grundsätze des fehlerhaften Verbandes entgegenstehen.[6] Diese setzen voraus, dass die Vor-AG bereits **in Vollzug gesetzt** wurde.[7] Dafür genügt nicht die Anmeldung oder die Leistung von Einlagen, sondern es ist die Aufnahme des Geschäftsbetriebs zu fordern.[8] Ist die AG einmal eingetragen, kommt es für die Anwendung von § 275 auf ein In-Vollzug-Setzen allerdings nicht mehr an, denn der Bestandsschutz des § 275 knüpft sich allein an den Registereintrag.[9] Etwas anderes gilt nur dann, wenn die Eintragung der AG gem. § 395 FamFG wieder **gelöscht** wurde, weil diese Löschung (im Unterschied zu der nach §§ 394, 397 FamFG) zurückwirkt.[10] Bis zur rechtskräftigen Löschung muss die AG allerdings als eingetragen behandelt werden mit der Folge, dass die Nichtigkeit nur gem. §§ 275 ff. geltend gemacht werden kann.[11]

Soweit sein Tatbestand erfüllt ist, gilt § 275 auch für die durch **Umwandlung** (Verschmelzung, Spaltung, Formwechsel) entstandene AG.[12] § 20 Abs. 2 UmwG steht nicht entgegen, weil dieser nur die Schwierigkeiten einer Entschmelzung vermeiden will, zu der es nach § 277 iVm §§ 264 ff. aber nicht kommt.[13] Dass der neu entstandene Rechtsträger danach insgesamt abzuwickeln ist, ist kein Einwand, sondern nur die logische Folge der §§ 275 ff. Keine Anwendung findet § 275, soweit die Unwirksamkeit eines Umwandlungsvorgangs und damit das Fortbestehen des alten Rechtsträgers geltend gemacht wird (sog. negative Identitätsfeststellungsklage). Hierfür steht die allgemeine Feststel-

---

[1] Vgl. zur Historie MüKoAktG/*Koch* Rn. 2, 5; eingehend *Schäfer*, Die Lehre vom fehlerhaften Verband, 2002, 62 ff.

[2] Vgl. RGZ 127, 186 (191); *Casper*, Die Heilung nichtiger Beschlüsse im Kapitalgesellschaftsrecht, 1998, 74; MüKoAktG/*Koch* Rn. 5.

[3] MüKoAktG/*Koch* Rn. 3; MüKoAktG/*Koch* Rn. 5 ff.; Kölner Komm AktG/*Winnen* Rn. 10 f.; Großkomm AktG/K. *Schmidt* Rn. 1.

[4] Vgl. nur C. *Schäfer*, Die Lehre vom fehlerhaften Verband, 2002, 89 ff. (142); K. *Schmidt* GesR § 6 II 3.

[5] HM, vgl. nur Großkomm AktG/K. *Schmidt* Rn. 6.

[6] Vgl. Hüffer/Koch/*Koch* Rn. 8, § 23 Rn. 41; Kölner Komm AktG/*Winnen* Rn. 15.

[7] Statt aller K. *Schmidt* GesR § 6 III 1.

[8] Str., wie hier C. *Schäfer*, Die Lehre vom fehlerhaften Verband, 2002, 159 f. (252); allgemein *Windbichler* GesR § 13 Rn. 14; *Wiedemann* GesR II § 2 V 3 a; K. *Schmidt* GesR § 6 III 1 b.

[9] AA C. *Schäfer*, Die Lehre vom fehlerhaften Verband, 2002, 150 (160), der insoweit für eine teleologische Reduktion des § 275 plädiert.

[10] MüKoAktG/*Koch* Rn. 11.

[11] MüKoAktG/*Koch* Rn. 11.

[12] Kölner Komm AktG/*Winnen* Rn. 16; MüKoAktG/*Koch* Rn. 13; Großkomm AktG/K. *Schmidt* Rn. 8.

[13] Krit. zum Entschmelzungseinwand auch C. *Schäfer*, Die Lehre vom fehlerhaften Verband, 2002, 187 ff.

lungsklage (§ 256 ZPO) zur Verfügung. Wegen der fehlenden Vergleichbarkeit kommt auch eine analoge Anwendung des § 275 Abs. 3 (Ausschlussfrist) nicht in Betracht.[14]

6   **2. Relevante Satzungsmängel (Abs. 1). a) Fehlen von Bestimmungen über Höhe des Grundkapitals.** Das vollständige **Fehlen** von Bestimmungen über die Höhe des **Grundkapitals** oder über den Unternehmensgegenstand ist praktisch kaum vorstellbar. Eine entsprechende Bestimmung fehlt jedenfalls nicht dann schon, wenn sie unklar ist.[15] Nichtige Bestimmungen über das Grundkapital (zB Verstoß gegen §§ 6, 7) stehen fehlender Bestimmung nicht gleich (Umkehrschluss aus § 275 Abs. 1 S. 1 Alt. 3).[16] Das Fehlen einer Bestimmung über das Grundkapital ist unheilbar (Umkehrschluss aus § 276).

7   **b) Nichtigkeit.** Praktisch relevant ist die **Nichtigkeit** der Bestimmung des **Unternehmensgegenstandes** (§ 275 Abs. 1 S. 1 Alt. 3). Sie kann ihre Ursache zunächst in rechtsgeschäftlichen Mängeln haben, welche die Satzung insgesamt und damit auch der Bestimmung des Gegenstandes anhaften. Als lediglich „**mittelbare**" Mängel sind sie nach allgemeiner Ansicht aber irrelevant.[17] Das überzeugt jedenfalls für die Formnichtigkeit (§ 125 BGB), welche durch Eintragung als geheilt anzusehen ist (vgl. § 242 Abs. 1), ist aber auch bei fehlerhafter Willensbildung anzunehmen. Diese mag bei besonderer Schutzbedürftigkeit (Geschäftsunfähigkeit) dazu führen, dass der Betreffende nicht Gründer oder Aktionär wird,[18] rechtfertigt aber nicht die Auflösung der eingetragenen Gesellschaft gem. §§ 275 ff.[19] In Extremfällen hilft die Amtslöschung.

8   Die Nichtigkeit kann sich daher **nur** aus Mängeln ergeben, welche der Bestimmung des Unternehmensgegenstandes selbst anhaften (**Inhaltsmängel**). Auch insoweit wird eine Einschränkung vorgenommen: Nicht jeder Verstoß gegen § 23 Abs. 3 Nr. 2 oder die §§ 134, 138 BGB soll zur Nichtigkeit iSv § 275 führen, sondern nur ein solcher, welcher die **Nichtigkeitsschwelle des § 241 Nr. 3 und 4** erreicht.[20] Dem ist schon deshalb beizupflichten, weil § 241 jedenfalls für Änderungen des Unternehmensgegenstandes durch Satzungsänderung gilt (→ Rn. 11), ein einheitlicher aktienrechtlicher Nichtigkeitsmaßstab aber sinnvoll ist. Danach kommt es entscheidend darauf an, ob der in der Satzung festgelegte Unternehmensgegenstand durch seinen Inhalt solche Vorschriften verletzt, die zumindest überwiegend dem Gläubigerschutz oder dem öffentlichen Interesse dienen.

9   **Einzelfälle:** Die **mangelnde Individualisierung** begründet danach **keine** Nichtigkeit iSv § 275 Abs. 1.[21] Zwar dient die durch § 23 Abs. 3 Nr. 2 vorgeschriebene Konkretisierung des Unternehmensgegenstandes auch dem Interesse der Gläubiger (→ § 23 Rn. 16), hat für diese aber keine wesentliche Bedeutung.[22] Entsprechendes gilt für die offene **Vorratsgesellschaft,** deren satzungsmäßiger Gegenstand sich nach hM in farblosen Beschreibungen („Verwaltung des eigenen Vermögens") erschöpfen darf.[23] Nichtig soll dagegen die **verdeckte** Vorrats- oder Mantelgesellschaft sein,[24] was sich nur schwer mit den Vorgaben der GesR-RL (ehemals Publizitäts-RL) deckt (→ Rn. 10). Nichtig sind dagegen Unternehmensgegenstände, deren Verfolgung im öffentlichen Interesse vorbehaltlos **verboten,** insbesondere unter Strafe gestellt sind, also Hehlerei, Menschenhandel, Schmuggel, Geldwäsche, Steuerhinterziehung etc.[25] Der bloße Bordellbetrieb fällt wegen der Legalisierung der Prostitution durch das ProstG nicht mehr hierunter.[26] Bei **Kartellen** (§ 1 GWB) sollte unterschieden werden zwischen sog. hard-core-Kartellen, die stets als nichtiger Unternehmensgegenstand anzusehen sind, und Kartellen im Graubereich der Freistellung (§ 2 GWB), weil die Umstellung auf das gesetzliche Ausnahmesystem durch die 7. GWB-Novelle Rechtsunsicherheiten geschaffen hat, die

---

[14] BGHZ 142, 1 (3 f.) = NJW 1999, 2522 (betr. LPG-Umwandlung).
[15] Kölner Komm AktG/*Winnen* Rn. 24; Hüffer/Koch/*Koch* Rn. 10.
[16] Im Erg. auch Kölner Komm AktG/*Winnen* Rn. 22.
[17] Vgl. Hüffer/Koch/*Koch* Rn. 18; MüKoAktG/*Koch* Rn. 34.
[18] Vgl. nur Hüffer/Koch/*Koch* § 28 Rn. 3; MüKoAktG/*Koch* Rn. 35 f.; Kölner Komm AktG/*Winnen* Rn. 6.
[19] So aber MüKoAktG/*Koch* Rn. 36 (unverzichtbarer Schutz der nicht Geschäftsfähigen).
[20] So insbes. Hüffer/Koch/*Koch* Rn. 11; Kölner Komm AktG/*Winnen* Rn. 26; eingehend MüKoAktG/*Koch* Rn. 21; im Erg. auch Großkomm AktG/*K. Schmidt* Rn. 14.
[21] Im Erg. wohl unstr., s. nur Hüffer/Koch/*Koch* Rn. 16; MüKoAktG/*Koch* Rn. 31.
[22] Vgl. *Bachmann* ZGR 2001, 351 (359); zum Erfordernis der wesentlichen Bedeutung nur Hüffer/Koch/*Koch* § 241 Rn. 18.
[23] Vgl. nur BGHZ 117, 323 (325 f.) = NJW 1992, 1824; Hüffer/Koch/*Koch* Rn. 16 f.; Kölner Komm AktG/*Winnen* Rn. 32.
[24] So Großkomm AktG/*K. Schmidt* Rn. 18 (§ 275 analog). AA NK-AktR/*Werneckes* Rn. 8; Bürgers/Körber/*Füller* Rn. 11.
[25] Unstr., s. nur Hüffer/Koch/*Koch* Rn. 15.
[26] Anders noch Hüffer/Koch/*Koch* Rn. 15.

nicht auf dem Rücken des Verbandsrechts auszutragen sind.[27] Zurückhaltung ist auch geboten bei Tätigkeiten, die nicht an sich verboten, sondern dem Staat vorbehalten oder **erlaubnispflichtig** sind.[28] Hier ist die Nichtigkeit des Verbandes idR die falsche Sanktion. Auch die „Umgehung ausländerrechtlicher Vorschriften" stellt keinen Nichtigkeitsgrund iSv § 275 dar.[29]

c) Tatsächliche Abweichungen. Tatsächliche Abweichungen vom (zulässigen) satzungsmäßigen **10** Unternehmensgegenstand begründen **keine Nichtigkeit** iSv § 275 Abs. 1. Das entspricht seit der grundlegenden **Marleasing-Entscheidung** des EuGH der hL jedenfalls im Aktienrecht.[30] In der Entscheidung hatte der Gerichtshof ausgesprochen, dass Art. 11 Abs. 1 Publizitäts-RL (RL 68/151/EWG, nunmehr Art. 11 Abs. 1 RL 2017/1132/EU = GesR-RL) nur das Abstellen auf den Wortlaut der Bestimmung des Unternehmensgegenstandes gestatte.[31] Das ist mit beachtlichen Argumenten kritisiert worden, im Interesse einheitlicher Anwendung europarechtlicher Vorgaben aber hinzunehmen.[32] Dabei kann es keinen Unterschied machen, ob die Abweichung von Anfang an gewollt war oder erst im Laufe der Zeit eingetreten ist.[33] § 117 BGB (Scheingeschäft) stellt schon deshalb keinen überzeugenden Einwand dar, weil Willensmängeln nach der Eintragung generell keine Bedeutung beigemessen wird (→ Rn. 7).

d) Satzungsänderung. Wird der Unternehmensgegenstand erst durch Satzungsänderung nich- **11** tig, käme § 275 theoretisch zum Zuge, falls der Beschluss eingetragen wird (→ Rn. 4), denn er wird dadurch zum Bestandteil der Satzung. Die hM sieht jedoch die **§§ 241 ff. als Spezialregeln** an.[34] Praktische Bedeutung hat das, weil nicht mehr die Auflösung der Gesellschaft, sondern nur noch die Feststellung der Nichtigkeit des satzungsändernden Beschlusses begehrt werden kann mit der Folge, dass anstelle des nichtigen der alte Unternehmensgegenstand gilt. Das ist jedenfalls sachgerecht. In beiden Fällen ist die Geltendmachung der Nichtigkeit ohnehin nach drei Jahren ausgeschlossen (vgl. § 275 Abs. 3 S. 1 und § 242 Abs. 2).

e) Sonstige Mängel. Auf sonstige Mängel der Satzung kann die Nichtigkeitsklage **nicht** gestützt **12** werden. Das ergibt sich ausdrücklich aus Abs. 1 S. 2. Ist ein anderer der durch § 23 Abs. 3 vorgeschriebenen Satzungsbestandteile (Firma, Sitz, Aktien, Vorstand) mangelhaft, kann dies nach Eintragung daher im Verfahren der Amtsauflösung (§ 399 FamFG [ex § 144a FGG]) beanstandet werden (→ § 262 Rn. 47 ff.). Ansonsten führen Inhaltsmängel der Satzung, die sich auch aus unzulässigen Abweichungen von zwingendem Gesetzesrecht (§ 23 Abs. 5) ergeben können, in keinem Fall zur Auflösung. Sie können im Wege der **Feststellungsklage** (§ 256 ZPO) geltend gemacht werden,[35] heilen aber drei Jahre nach Eintragung (§ 242 Abs. 2 analog, str.).[36] Eine entsprechende Befugnis des Registergerichts, analog § 398 FamFG (ex § 144 Abs. 2 FGG) nichtige Klauseln der Ursprungssatzung zu streichen, besteht dagegen nicht, weil § 398 FamFG nur die Streichung von Registereintragungen zulässt, die Ursprungssatzung jedoch nicht eingetragen, sondern nur hinterlegt wird.

III. Sonstige Klagevoraussetzungen und Verfahren (Abs. 2–4)

1. Klageberechtigte. Sie sind in Abs. 1 erschöpfend aufgezählt. **Aktionäre** sind nur solche, die **13** sowohl zur Zeit der Klageerhebung als auch noch am Tag der letzten mündlichen Verhandlung

---

[27] Vgl. auch MüKoAktG/*Koch* Rn. 27; generell gegen Nichtigkeit Scholz/*K. Schmidt/Bitter* GmbHG § 75 Rn. 12, § 62 Rn. 19 f.; vgl. auch (zur GmbH) BGH GmbHR 2015, 532: Kartellrechtsverstoß begründet keine von Gesetzes wegen eintretende Inexistenz der Gesellschaft als Rechtsträgerin, sondern berechtigt allenfalls zur Nichtigkeitsklage nach §§ 75 ff. GmbHG.
[28] Für Nichtigkeit bei staatlichem Monopol aber zB noch BayObLGZ 1972, 126 (129) – Zündwarenmonopol; Hüffer/Koch/*Koch* Rn. 15.
[29] AA Hüffer/Koch/*Koch* Rn. 15; Hachenburg/*Ulmer* GmbHG § 1 Rn. 32.
[30] Vgl. Hüffer/Koch/*Koch* Rn. 12 u 17; MüKoAktG/*Koch* Rn. 23; Kölner Komm AktG/*Winnen* Rn. 36 f.; aA Großkomm AktG/*K. Schmidt* Rn. 30; eingehend *Hell*, GmbH-Mantelverwendung, 2010, 73 ff.; abw. zT auch das GmbH-Schrifttum, vgl. Baumbach/Hueck/*Haas* GmbHG § 75 Rn. 16; Scholz/*K. Schmidt* GmbHG § 75 Rn. 11; Lutter/Hommelhoff/*Kleindiek* GmbHG § 75 Rn. 3.
[31] Vgl. EuGH Slg. 1990 I, 4135, 4159 f. = DB 1991, 157.
[32] *Lutter* JZ 1992, 593 ff.; MüKoAktG/*Koch* Rn. 23; aA *Tieves*, Der Unternehmensgegenstand der Kapitalgesellschaften, 1998, 260 ff., der die Marleasing-Entscheidung für unvereinbar mit Art. 2 lit. b Kapital-RL (RL 77/91/EWG, nunmehr RL 2017/1132/EU = GesR-RL) hält.
[33] Ebenso Hüffer/Koch/*Koch* Rn. 14; MüKoAktG/*Koch* Rn. 26; Kölner Komm AktG/*Winnen* Rn. 36 f.
[34] Vgl. BayObLGZ 1984, 283 (286 f.) (zur eG); Hüffer/Koch/*Koch* Rn. 13; MüKoAktG/*Koch* Rn. 24; Kölner Komm AktG/*Winnen* Rn. 38.
[35] Hüffer/Koch/*Koch* Rn. 18; MüKoAktG/*Koch* Rn. 33.
[36] *Casper*, Die Heilung nichtiger Beschlüsse im Kapitalgesellschaftsrecht, 1998, 204 ff. (297 ff.); Hüffer/Koch/*Koch* § 23 Rn. 43; Großkomm AktG/*Röhricht/Schall* § 23 Rn. 261 f.; aA (keine Heilung) Kölner Komm AktG/*Kraft*, 2. Aufl. 1996, Rn. 11; Baumbach/Hueck Anm. 6; v. Godin/Wilhelmi Anm. 2.

mindestens eine (auch stimmrechtslose) Aktie halten.[37] Obligationäre sind keine „Aktionäre". Nicht erforderlich ist, dass die Aktionärseigenschaft bis zur gerichtlichen Entscheidung besteht (Umkehrschluss zu § 142 Abs. 2 S. 2 Hs. 2). Ebenso wenig kommt es darauf an, dass der Kläger an der Feststellung der Satzung beteiligt war, denn sonst müsste das Gesetz von „Gründern" sprechen (vgl. § 28). Wer (zB mangels Geschäftsfähigkeit) nicht Gründer wurde und auch später keine Aktie erwarb, ist nicht klagebefugt.[38] Bei Verlust der Klagebefugnis im laufenden Prozess ist entsprechend § 91a ZPO zu verfahren.[39] § 265 Abs. 2 ZPO ist nicht anwendbar.[40]

14 Klagebefugt sind ferner die **Mitglieder** von **Vorstand** und **Aufsichtsrat,** nicht jedoch der Vorstand oder der Aufsichtsrat als solcher.[41] Erfasst werden auch stellvertretende Vorstandsmitglieder und vom Gericht gem. § 85 Bestellte, Ersatzmitglieder des Aufsichtsrats dagegen erst mit ihrer Aktivierung (vgl. § 101 Abs. 3). Abwickler als solche sollen nicht klagebefugt sein, weil die Erhebung der Nichtigkeitsklage kein Abwicklungsgeschäft sei.[42] Danach verbleibt die Befugnis bei den alten Vorstandsmitgliedern.

15 **2. Mangelbeseitigung.** Vor Erhebung der Nichtigkeitsklage muss die AG zur Beseitigung des Mangels **aufgefordert** werden, soweit dieser nach § 276 geheilt werden kann. Heilbar sind das Fehlen oder die Nichtigkeit der Bestimmung des Unternehmensgegenstandes. Fehlt es an der Aufforderung, ist die Klage als zurzeit unzulässig abzuweisen.[43] Die Aufforderung muss nicht vom späteren Kläger, sondern kann von irgendeinem Klageberechtigten ausgehen.[44] Sie ist an keine Form gebunden, sollte aber aus Nachweisgründen mindestens schriftlich erfolgen. Empfangsvertreter der AG ist nur der Vorstand, da § 246 Abs. 2 S. 2 (iVm § 275 Abs. 4 S. 1) noch nicht gilt. Der Mangel muss konkret bezeichnet werden.[45]

16 Die **Dreimonatsfrist** beginnt gem. § 187 Abs. 1 BGB am Tage nach Zugang des Schreibens und endet gem. § 188 Abs. 2 BGB mit Ablauf des Tages des dritten Monats, welcher durch seine Zahl dem Zugangstag entspricht (Bsp.: Zugang am 14.3., Fristbeginn 15.3. 0 Uhr, Fristende 14.6. 24 Uhr). Vor Ablauf der Dreimonatsfrist ist die Klage nur zulässig, wenn der Ablauf der Klagefrist (→ Rn. 18) droht.[46]

17 „**Nachgekommen**" ist die AG der Aufforderung, wenn sie das ihrerseits Erforderliche getan, also die nötige Satzungsänderung beschlossen und zur Eintragung angemeldet hat.[47] Auf den Vollzug der Eintragung sollte nicht abgestellt werden,[48] weil dieser von der AG nicht beeinflusst werden kann. Erfolgt die Anmeldung nur zum Schein, um nach Klagabweisung wieder zurückgenommen zu werden (ein eher theoretischer Fall), hat die AG dem Kläger nach allgemeinen Grundsätzen (§ 280 Abs. 1, § 241 Abs. 2 BGB) den entstandenen Schaden (Prozesskosten) zu ersetzen. Wird der Mangel erst während des gerichtlichen Verfahrens beseitigt, tritt Erledigung der Hauptsache ein (§ 91a ZPO).

18 **3. Klagefrist.** Die Klagefrist beträgt **drei Jahre** und berechnet sich gem. § 222 ZPO nach §§ 187 f. BGB. Ihr Lauf beginnt am Tag nach der Eintragung der Gesellschaft (§ 187 BGB) und endet mit Ablauf des Tages des dritten Jahres, welcher durch seine Zahl dem Eintragungstag entspricht (Bsp.: Eintragung am 14.3.2003, Fristbeginn 15.3.2003 0 Uhr, Fristende 14.3.2006 24 Uhr). Analog § 193 BGB endet die Frist nicht an Wochenenden oder Feiertagen, sondern am darauf folgenden Werk-

---

[37] Vgl. Hüffer/Koch/*Koch* Rn. 21; MüKoAktG/*Koch* Rn. 45, 47; Kölner Komm AktG/*Winnen* Rn. 44.
[38] So auch Großkomm AktG/*K. Schmidt* Rn. 23; anders MüKoAktG/*Koch* Rn. 45; Kölner Komm AktG/*Winnen* Rn. 49: Keine Frage der Zulässigkeit im Sinne einer Klagebefugnis, sondern materiell-rechtliche Voraussetzung der Nichtigkeitsklage.
[39] Anders MüKoAktG/*Koch* Rn. 47 (Abweisung als unbegründet); Kölner Komm AktG/*Winnen* Rn. 49 ff., der im Erg. aber ebenfalls die Anwendung von § 91a ZPO befürwortet.
[40] MüKoAktG/*Koch* Rn. 47; vgl. aber auch BGHZ 169, 221 = NZG 2007, 26 (analoge Anwendung von § 265 Abs. 2 ZPO im Anfechtungsprozess); krit. dazu *Bachmann* LMK 2007, 220 486.
[41] Hüffer/Koch/*Koch* Rn. 22; MüKoAktG/*Koch* Rn. 48; Kölner Komm AktG/*Winnen* Rn. 46; Großkomm AktG/*K. Schmidt* Rn. 23.
[42] So MüKoAktG/*Koch* Rn. 48; anders Kölner Komm AktG/*Winnen* Rn. 47 mwN. sowie die hL im GmbH-Recht, vgl. dazu Scholz/*K. Schmidt* GmbHG § 75 Rn. 3, 16.
[43] Hüffer/Koch/*Koch* Rn. 24; MüKoAktG/*Koch* Rn. 41; Bürgers/Körber/*Füller* Rn. 14; aA Großkomm AktG/*K. Schmidt* Rn. 28: „zur Zeit unbegründet".
[44] Kölner Komm AktG/*Winnen* Rn. 55; MüKoAktG/*Koch* Rn. 42.
[45] Hüffer/Koch/*Koch* Rn. 24; MüKoAktG/*Koch* Rn. 42; Kölner Komm AktG/*Winnen* Rn. 55.
[46] Hüffer/Koch/*Koch* Rn. 24; MüKoAktG/*Koch* Rn. 44; iE auch Großkomm AktG/*K. Schmidt* Rn. 30; Kölner Komm AktG/*Winnen* Rn. 61 f., nach denen die Aufforderung und Fristsetzung gemäß § 275 Abs. 2 als materielle Voraussetzungen einzuordnen sind und daher das Risiko der Unzulässigkeit der Klage vor Ablauf der Dreimonatsfrist nicht besteht.
[47] Sympathisierend Großkomm AktG/*K. Schmidt* Rn. 29 („viel spricht dafür").
[48] So aber MüKoAktG/*Koch* Rn. 43; Kölner Komm AktG/*Winnen* Rn. 56; für Aussetzung gem. § 148 ZPO Kölner Komm AktG/*Winnen* Rn. 56 im Anschluss an Großkomm AktG/*K. Schmidt* Rn. 29.

tag.⁴⁹ Wie bei § 246 Abs. 1 handelt es sich um eine materiell-rechtliche **Ausschlussfrist** mit der Folge, dass die verfristete Klage als unbegründet zurückzuweisen ist und weder Wiedereinsetzung noch Hemmung, Unterbrechung oder Fristverlängerung in Betracht kommen.⁵⁰ „Erhoben" ist die Klage mit Zustellung der Klageschrift (§ 253 Abs. 1 ZPO), wobei zur Fristwahrung gem. § 270 Abs. 3 ZPO der Eingang beim Gericht genügt.⁵¹ Der Antrag auf **Prozesskostenhilfe** reicht aus, wenn mit ihm ein Entwurf der Klageschrift eingereicht wird.⁵² Bei Versagung gilt § 234 Abs. 1 ZPO entsprechend.

4. Rechtsschutzbedürfnis. Die ungeschriebene Zulässigkeitsvoraussetzung ist regelmäßig erfüllt, **19** weil das erfolgreiche Berufen auf die „Nichtigkeit" der AG anders als durch gerichtliche (nicht: schiedsrichterliche) Feststellung nicht erreicht werden kann.⁵³ Das wird bestätigt durch den Umkehrschluss zu § 249 Abs. 1 S. 2. Es fehlt auch nicht, wenn parallel ein **Amtslöschungsverfahren** nach § 397 FamFG betrieben wird, doch kommt gegebenenfalls eine Aussetzung des einen oder anderen Verfahrens gem. § 381 FamFG, § 148 ZPO in Betracht.⁵⁴ Wird während des Verfahrens die Löschung verfügt, erledigt sich damit die Hauptsache (§ 91a ZPO). Auch gegen die aus anderen Gründen **bereits aufgelöste,** aber noch nicht gelöschte AG kann Nichtigkeitsklage erhoben werden, sofern nur dadurch einer ansonsten möglichen Fortsetzung gem. § 274 begegnet werden kann.⁵⁵ Vor missbräuchlichen Klagen schützen §§ 248a, 149 iVm § 275 Abs. 4 S. 1 (→ Rn. 23).

5. Verfahren. Abs. 4 verweist für die „Anfechtung" (wohl gemeint: Klage)⁵⁶ auf die sinngemäße **20** Geltung der §§ 246 ff. Kurz gefasst ergibt sich daraus folgendes: Die Klage ist gegen die AG zu richten, welche durch Vorstand und/oder Aufsichtsrat vertreten wird (§ 246 Abs. 2), was gegebenenfalls zwei Zustellungen erforderlich macht.⁵⁷ **Zuständig** ist ausschließlich das Landgericht am Sitz der AG (§ 246 Abs. 3 S. 1). Die mündliche Verhandlung kann schon vor Ablauf der Klagefrist erfolgen, der Verweis auf § 246 Abs. 3 S. 2 ist sinnlos.⁵⁸ Mehrere Nichtigkeitsklagen können untereinander, aber auch mit Nichtigkeits- oder Anfechtungsklagen nach §§ 241 ff. **verbunden** werden (§ 246 Abs. 3 S. 6, § 249 Abs. 2).⁵⁹ Der Vorstand hat die Erhebung der Klage und den Termin zur mündlichen Verhandlung unverzüglich in den Gesellschaftsblättern (§ 23 Abs. 4, § 25) **bekannt zu machen** (§ 246 Abs. 4). Das ist gem. § 407 Abs. 1 erzwingbar, worauf das Prozessgericht gegebenenfalls hinzuwirken hat.⁶⁰ Damit soll Gelegenheit zur Nebenintervention (§ 66 ZPO) gegeben werden, die sowohl auf Seiten des Klägers als auch auf Seiten der AG möglich ist.⁶¹ Der **Streitwert** sollte ein Zehntel des Grundkapitals bzw. 500 000 Euro nicht übersteigen (§ 247 Abs. 1). Zum Urteil unten → Rn. 21.

IV. Urteil, Anmeldung, Bekanntmachung (noch Abs. 4)

1. Urteil und Verfahrensende. Das stattgebende Urteil spricht die „Nichtigkeit" der AG aus **21** (Tenor: „Die XY-AG wird für nichtig erklärt"). Die hM räumt ihm **rechtsgestaltende** Wirkung ein, weil es die werbende AG in den Auflösungszustand versetzt.⁶² Diese Folge tritt aber erst mit Eintragung des Urteils und auch dann nur ein, wenn die AG nicht zuvor bereits aufgelöst war (näher

---

⁴⁹ MüKoAktG/*Koch* Rn. 51.
⁵⁰ Hüffer/Koch/*Koch* Rn. 25; MüKoAktG/*Koch* Rn. 50; Kölner Komm AktG/*Winnen* Rn. 58; Großkomm AktG/*K. Schmidt* Rn. 26.
⁵¹ Vgl. BGHZ 32, 318 (322) (zur Anfechtungsfrist); Hüffer/Koch/*Koch* Rn. 25; MüKoAktG/*Koch* Rn. 52; Kölner Komm AktG/*Winnen* Rn. 58.
⁵² Hüffer/Koch/*Koch* Rn. 25; MüKoAktG/*Koch* Rn. 53; Kölner Komm AktG/*Winnen* Rn. 59; Großkomm AktG/*K. Schmidt* Rn. 27; näher MüKoAktG/*Koch* § 246 Rn. 43; Großkomm AktG/*K. Schmidt* § 246 Rn. 21.
⁵³ Vgl. nur Hüffer/Koch/*Koch* Rn. 19; MüKoAktG/*Koch* Rn. 40; Großkomm AktG/*K. Schmidt* Rn. 25.
⁵⁴ Kölner Komm AktG/*Winnen* Rn. 77; MüKoAktG/*Koch* Rn. 40.
⁵⁵ Kölner Komm AktG/*Winnen* Rn. 63; MüKoAktG/*Koch* Rn. 40; vgl. auch Scholz/*K. Schmidt* GmbHG § 75 Rn. 3.
⁵⁶ Der ursprüngliche Wortlaut „Klage" wurde durch das Gesetz zur Unternehmensintegrität und Modernisierung des Anfechtungsrechts (UMAG) v. 22.9.2005 (BGBl. 2005 I 2802) in „Anfechtung" verändert. Beabsichtigt war aber offenbar nur die Einfügung des Verweises auf den gleichzeitig neu geschaffenen § 248a AktG. Insofern handelt es sich augenscheinlich um ein Redaktionsversehen.
⁵⁷ Vgl. OLG Hamm AG 1973, 206; OLG Frankfurt AG 1973, 136 (zur Anfechtungsklage); Kölner Komm AktG/*Winnen* Rn. 66.
⁵⁸ Hüffer/Koch/*Koch* Rn. 26; MüKoAktG/*Koch* Rn. 55; Kölner Komm AktG/*Winnen* Rn. 67.
⁵⁹ Vgl. Hüffer/Koch/*Koch* Rn. 26; MüKoAktG/*Koch* Rn. 56; Kölner Komm AktG/*Winnen* Rn. 68.
⁶⁰ MüKoAktG/*Koch* Rn. 55.
⁶¹ Hüffer/Koch/*Koch* Rn. 21; MüKoAktG/*Koch* Rn. 45.
⁶² Vgl. BGHZ 142, 1 (3) = NJW 1999, 2522; Hüffer/Koch/*Koch* Rn. 20; MüKoAktG/*Koch* Rn. 57; Großkomm AktG/*K. Schmidt* Rn. 35; krit. Kölner Komm AktG/*Winnen* Rn. 70.

→ § 277 Rn. 5 f.).[63] Ungeachtet dessen wirkt das rechtskräftige Urteil gem. § 248 Abs. 1 S. 1 iVm § 275 Abs. 4 S. 1 **für und gegen alle** Aktionäre sowie die Mitglieder des Vorstands und des Aufsichtsrats, auch wenn sie nicht Partei waren. Einer erneuten Klageerhebung steht daher der Einwand der rechtskräftigen Entscheidung (ne bis in idem) entgegen. Dem klagabweisenden Urteil und der Verfahrensbeendigung durch Klagerücknahme, Erledigung der Hauptsache oder Vergleich kommt eine solche Wirkung nicht zu.[64]

22 **2. Anmeldung und Eintragung.** Abweichend von § 248 Abs. 2 S. 2 hat der Vorstand nicht nur das Urteil, sondern auch eine beglaubigte Abschrift der Klage zum Handelsregister **einzureichen** (Abs. 4 S. 2). Der Sinn dieser Abweichung bleibt dunkel. Obwohl nicht ausdrücklich angeordnet, muss die Einreichung unverzüglich, dh ohne schuldhaftes Zögern (§ 121 Abs. 1 S. 1 BGB), erfolgen. Einzureichen ist nach hL sowohl das klagabweisende als auch das stattgebende Urteil.[65] Liest man Abs. 4 S. 2 richtig als Fortsetzung des nach Satz 1 anzuwendenden § 248 Abs. 1 S. 1, ergibt sich dagegen, dass nur das stattgebende Urteil einzureichen ist.[66] Das ist auch sinnvoll, denn nur das stattgebende Urteil wird vom Register gem. § 14 HGB erzwungen werden. Die Eintragung („Die Gesellschaft ist nichtig auf Grund rechtskräftigen Urteils vom …") erfolgt in Spalte 6 Unterspalte b (§ 43 Nr. 6 lit. b sublit. dd HRV). Sie wirkt gem. § 277 konstitutiv (str., → § 277 Rn. 6).

23 **3. Bekanntmachung.** Die Eintragung des stattgebenden Urteils wird nach § 10 HGB von Amts wegen bekannt gemacht. **Börsennotierte Gesellschaften** haben darüber hinaus jede **Verfahrensbeendigung,** also auch solche durch Klagabweisung, Klagerücknahme, Vergleich oder Erledigung, unverzüglich in den Gesellschaftsblättern bekannt zu machen (§ 275 Abs. 4 S. 1 iVm § 248a S. 1). Bekanntzumachen sind die Art der Beendigung, etwaige Nebenabreden sowie die Namen der Beteiligten und etwa erfolgte Leistungen. Mit Blick auf die zuvor erfolgte Bekanntmachung der Klageerhebung (§ 246 Abs. 3) ist eine – freiwillige – Publizität der Verfahrensbeendigung auch der nicht börsennotierten AG anzuraten.

V. Amtslöschung (§ 397 FamFG) und sonstige Rechtsbehelfe

24 **1. Amtslöschung (§ 397 FamFG). a) Bedeutung und Voraussetzungen.** Die Vorschrift stellt das registerrechtliche Pendant zu § 275 dar. Sie lautet:

„Eine in das Handelsregister eingetragene Aktiengesellschaft (…) kann nach § 395 als nichtig gelöscht werden, wenn die Voraussetzungen vorliegen, unter denen nach den §§ 275 und 276 des Aktiengesetzes die Klage auf Nichtigerklärung erhoben werden kann …".

Mit den „Voraussetzungen" sind die relevanten **Satzungsmängel** iSv § 275 Abs. 1 gemeint (dazu → Rn. 6 ff.), soweit diese nicht nach § 276 rechtzeitig geheilt werden. Kein Löschungsgrund sind folglich eine verschleierte Sachgründung, ein Beurkundungsmangel oder die Geschäftsunfähigkeit eines Gründers.[68] Die Aufforderung zur Mangelbeseitigung (§ 275 Abs. 2) ist nicht erforderlich, an ihre Stelle tritt die Frist zur Geltendmachung eines Widerspruchs (→ Rn. 25). Auch die **Ausschlussfrist** (→ Rn. 18) findet **keine Anwendung,** wie sich ausdrücklich aus Abs. 3 S. 2 ergibt. Dagegen wird für die Löschung der AG gemeinhin ein **öffentliches Interesse** gefordert, welches durch Zeitablauf entfallen könne.[69] Anders liegt es bei fehlenden Angaben über das Grundkapital, welche stets das öffentliche Interesse an der Auflösung begründen.[70] Im Ergebnis steht die Löschung aber immer im Ermessen des Gerichts.[71]

---

[63] Zur Zulässigkeit der Nichtigkeitsklage gegen die aufgelöste AG → Rn. 18.
[64] Hüffer/Koch/*Koch* Rn. 28; MüKoAktG/*Koch* Rn. 59; Kölner Komm AktG/*Winnen* Rn. 71.
[65] Hüffer/Koch/*Koch* Rn. 29; MüKoAktG/*Koch* Rn. 60; Kölner Komm AktG/*Winnen* Rn. 72; *Krafka/Kühn* RegisterR Rn. 1741.
[66] So zu § 248 auch Großkomm AktG/*K. Schmidt* § 248 Rn. 21; MüKoAktG/*Koch* § 248 Rn. 29.
[67] Hüffer/Koch/*Koch* Rn. 29; MüKoAktG/*Koch* Rn. 60; Kölner Komm AktG/*Winnen* Rn. 72; abweichend (Rechtskraftzeugnis nur bei stattgebender Entscheidung) offenbar Kölner Komm AktG/*Kraft*, 2. Aufl. 1996, Rn. 48.
[68] Vgl. KG NJW-RR 2001, 117 f. (zur GmbH); *Krafka/Kühn* RegisterR Rn. 453; Keidel/*Heinemann* FamFG § 397 Rn. 9.
[69] Vgl. Kölner Komm AktG/*Winnen* Rn. 82; Hüffer/Koch/*Koch* Rn. 32; MüKoAktG/*Koch* Rn. 67.
[70] Kölner Komm AktG/*Winnen* § 276 Rn. 6.
[71] Zutr. Keidel/*Heinemann* FamFG § 397 Rn. 17; aA Hüffer/Koch/*Koch* Rn. 32; MüKoAktG/*Koch* Rn. 68; Großkomm AktG/*K. Schmidt* Rn. 43; ferner die hL im GmbH-Recht, vgl. insbes. Scholz/*K. Schmidt* GmbHG § 75 Rn. 26 mwN.

b) Verfahren. Für das Verfahren verweist das Gesetz auf § 395 FamFG. Deren Muster folgen 25
weitgehend auch die §§ 394, 399 FamFG (dazu → § 262 Rn. 55 ff., 104 ff.). Danach hat das Gericht
die AG von der beabsichtigten Löschung zu benachrichtigen und ihr zugleich eine angemessene
Frist zur Geltendmachung eines **Widerspruchs** zu bestimmen. Diese betrug früher mindestens drei
Monate (§ 144 Abs. 3 FGG), was im FamFG nicht übernommen wurde, jedoch mit Blick auf die
nach wie vor in § 275 Abs. 2 enthaltene Dreimonatsfrist weiter als Orientierungspunkt dienen sollte.
Auf die Heilungsmöglichkeit nach § 276 ist ausdrücklich hinzuweisen (§ 45 Abs. 1 HRV). Für das
weitere Verfahren verweist § 395 Abs. 3 FamFG auf die § 393 Abs. 3–5 FamFG (→ § 262 Rn. 105 f.).

Die **Löschung** erfolgt durch Vermerk in Spalte 6 des Registerblattes (§ 43 Nr. 6 lit. b sublit. ff 26
HRV). Darin wird die AG als nichtig bezeichnet (§ 45 Abs. 2 HRV). Die Rechtsfolge ist nicht im
FGG, sondern in § 277 geregelt und besteht in der Auflösung der Gesellschaft. Die AG kann die
Löschung auch noch nach Ablauf der Widerspruchsfrist oder nach rechtskräftiger Zurückweisung
des Widerspruchs vermeiden, wenn sie den Mangel bis dahin heilt.[72] Nach Vollzug der Löschung
kommt eine Heilung in Betracht, wenn zugleich die Fortsetzung beschlossen wird und die sonstigen
Fortsetzungsvoraussetzungen erfüllt sind, vgl. § 274 Abs. 2 Nr. 2.

c) Verhältnis zur Nichtigkeitsklage. Die Möglichkeit der Nichtigkeitsklage und der Amtslö- 27
schung nach § 397 FamFG bestehen **nebeneinander** (→ Rn. 19). Die erhobene Klage hindert also
nicht die Einleitung des registerrechtlichen Verfahrens.[73] Der Registerrichter kann (und sollte) das
Löschungsverfahren aber nach § 381 FamFG aussetzen.[74] An die stattgebende **rechtskräftige Entscheidung** nach § 275 Abs. 4 ist er gebunden.[75] Das folgt schon aus der Eintragungspflicht nach
§ 248 Abs. 1 S. 3 (iVm § 275 Abs. 4 S. 1).[76] Keine rechtliche Bindungswirkung entfaltet dagegen das
klagabweisende Urteil.[77] Das ist folgerichtig, denn für dieses gilt § 248 Abs. 1 nicht.

2. Löschung unzulässiger Eintragung (§ 395 FamFG). Gem. § 395 FamFG kann das Regis- 28
tergericht eine Eintragung löschen, die „wegen Mangels einer wesentlichen Voraussetzung unzulässig
war". Nach allgemeiner Ansicht **treten** diese Regeln hinter den spezielleren §§ 397 ff. FamFG
zurück.[78] Wie weit dieser Ausschluss reicht, ist nicht völlig geklärt. Zum Teil wird gesagt, dass
§ 395 FamFG für Kapitalgesellschaften nur insoweit eingreife, als es nicht um die Löschung der
Gesellschaft gehe.[79] Danach könnte die einmal eingetragene AG nie nach § 395 FamFG gelöscht
werden. Die wohl hL lässt die Gesellschaftslöschung dagegen nach § 395 FamFG zu, beschränkt sie
aber im Wesentlichen auf (gravierende) **Verfahrensmängel**.[80] Teilweise wird auch eine Löschung
der Gesellschaft gem. § 375 FamFG bei sachlichen Mängeln befürwortet, etwa dem bestandskräftigen
Gewerbeverbot oder Bestellungshindernissen des einzigen Geschäftsführers.[81]

Stellungnahme: Ein völliger Ausschluss des § 395 FamFG ließe Schutzlücken, doch untergräbt 29
seine unbegrenzte Anwendung den Bestandsschutz, den im Interesse des Rechtsverkehrs auch die
fehlerhaft zur Entstehung gelangte juristische Person genießt. Eine Löschung der AG gem. § 395
FamFG kommt daher nur in extremen Fällen in Betracht. Solche liegen vor, wenn gar **keine
Satzung** festgestellt wurde, die Aktien nicht übernommen wurden oder die AG ohne oder aufgrund
gefälschter Anmeldung eingetragen wurde.[82] Dagegen greift § 395 FamFG nicht ein bei Verfahrensverstößen, welche nicht die Richtigkeit der Eintragung berühren, etwa fehlender Beglaubigung

---

[72] Hüffer/Koch/*Koch* Rn. 31; MüKoAktG/*Koch* Rn. 71; Kölner Komm AktG/*Winnen* Rn. 91; Keidel/*Heinemann* FamFG § 397 Rn. 15.
[73] Keidel/*Heinemann* FamFG § 397 Rn. 19.
[74] MüKoFamFG/*Krafka* FamFG § 397 Rn. 11.
[75] Unstr., s. Hüffer/Koch/*Koch* Rn. 34; MüKoAktG/*Koch* Rn. 74; Kölner Komm AktG/*Winnen* Rn. 77; Keidel/*Heinemann* FamFG § 397 Rn. 19.
[76] Vgl. MüKoAktG/*Hüffer/Schäfer* § 241 Rn. 87.
[77] HM, vgl. MüKoFamFG/*Krafka* FamFG § 397 Rn. 11; Keidel/*Heinemann* FamFG § 397 Rn. 19; MüKoAktG/*Koch* Rn. 74 (aber faktische Bindung); Hüffer/Koch/*Koch* Rn. 34; aA Kölner Komm AktG/*Winnen* Rn. 77.
[78] Vgl. OLG Frankfurt NZG 2003, 790 (791); NJW-RR 2002, 605 f.; MüKoAktG/*Koch* Rn. 69; Kölner Komm AktG/*Winnen* Rn. 78; Großkomm AktG/*K. Schmidt* Rn. 41; *Krafka/Kühn* RegisterR Rn. 451; Keidel/*Heinemann* FamFG § 395 Rn. 7, § 397 Rn. 4; *Jansen/Steder* FGG § 142 Rn. 4 und 8.
[79] Keidel/*Heinemann* FamFG § 397 Rn. 4; vgl. auch *Baums*, Eintragung und Löschung von Gesellschafterbeschlüssen, 1981, 109 ff.
[80] Vgl. KG NZG 2006, 552; OLG München NZG 2006, 553 (LS); Hüffer/Koch/*Koch* Rn. 18 und § 241 Rn. 31; MüKoAktG/*Koch* Rn. 37; Großkomm AktG/*K. Schmidt* § 262 Rn. 54; der Sache nach auch Kölner Komm AktG/*Winnen* Rn. 78.
[81] So OLG Düsseldorf GmbHR 2013, 1152, das die Frage offenlässt, ob dies auch dann gilt, wenn die Gesellschafter die Auflösung beschlossen haben. Sie ist zu verneinen.
[82] Kölner Komm AktG/*Winnen* Rn. 8; MüKoAktG/*Koch* Rn. 12.

oder Anmeldung nur durch einen Teil der Gründer.[83] Wird eine AG nach § 375 FamFG nachträglich aus dem Register getilgt, stellt sich die Frage, was mit dem von ihr betriebenen Unternehmen geschehen soll. Für einen Bestandsschutz nach § 275 ist mangels Eintragung kein Raum, und auch die Lehre von der fehlerhaften Gesellschaft soll nicht zum Zuge kommen.[84] Gleichwohl ist eine analoge Anwendung von § 264 Abs. 2 AktG in Betracht zu ziehen.

30 Keine Konkurrenz zu §§ 397 ff. FamFG besteht, soweit es um die **Löschung einer Löschung** geht. So kann die verfrühte Löschung einer AG nach § 394 FamFG gem. § 395 FamFG wieder gelöscht werden.[85] Gleiches gilt, wenn die AG gem. § 273 Abs. 1 gelöscht wurde, obwohl es an der Auflösung fehlte. Besteht dagegen noch Abwicklungsbedarf, wird die Löschung gem. § 273 Abs. 1 nicht gelöscht, weil die Eintragung des Nachtragliquidators gem. § 273 Abs. 4 idR genügt.[86] Nur bei erheblichem Abwicklungsbedarf sollte die Löschung wieder gelöscht werden (→ § 273 Rn. 29).[87] Auch wenn eine zu Unrecht gelöschte AG inzwischen vermögenslos ist, bleibt es bei der Löschung, weil diese sachlich richtig ist.[88]

31 **3. Amtsauflösung (§ 399 FamFG) und Löschung wegen Vermögenslosigkeit (§ 394 FamFG).** Keine Überschneidungen ergeben sich zwischen Amtslöschung gem. § 397 FamFG (ex § 144 FGG) iVm § 275 und **Amtsauflösung** gem. § 399 FamFG. Beide Tatbestände haben gemein, dass sie jeweils einen Satzungsmangel voraussetzen und im Ergebnis zur Auflösung der AG führen (vgl. § 262 Abs. 1 Nr. 5 einerseits, § 277 andererseits). Ursprünglich waren sie daher in einer Norm (§ 144 FGG aF) vereint; die zweifelhafte Aufspaltung wurde durch die Publizitätsrichtlinie veranlasst (→ § 262 Rn. 17). Dagegen beruht die Löschung wegen **Vermögenslosigkeit** nicht auf rechtlichen, sondern auf tatsächlichen Mängeln der AG. Sie führt nicht zur Liquidation, sondern zum Untergang der AG (eingehend → § 262 Rn. 59, 103). Eine Konkurrenz zu §§ 397 ff. FamFG besteht nicht.

32 **4. Sonstige Rechtsbehelfe. a) Nichtigkeit einzelner Klauseln.** §§ 275 ff., 397 ff. FamFG betreffen nur die Nichtigkeit der Gesellschaft, sagen aber nichts über die Wirksamkeit der **einzelnen** fehlerhaften Satzungsbestimmung. So ist es denkbar, dass ein Satzungsmangel zwar nicht zur Auflösung der AG führt, weil die Voraussetzungen von § 275 oder § 399 FamFG nicht erfüllt sind und § 139 BGB nicht eingreift,[89] die Organe die betreffende Bestimmung aber dennoch ignorieren dürfen oder müssen. Die Lösung liefert die **entsprechende Anwendung der §§ 241 f.** auf Mängel der Ursprungssatzung. Danach kann die Unbeachtlichkeit einer Satzungsbestimmung auch ohne Erhebung der Nichtigkeitsklage nur (aber immerhin) geltend gemacht werden, wenn der Tatbestand des § 241 Nr. 3, 4 erfüllt ist.[90] Für Klauseln, die (mittelbar) die Einlageverpflichtung betreffen, kann das aber nicht gelten, weil § 275 gerade der Verweigerung der Einlageleistung den Weg sperren will.[91] Auch der einzelne Satzungsmangel wird im Übrigen analog § 242 Abs. 2 rückwirkend geheilt, wenn die AG drei Jahre eingetragen war.[92]

33 **b) Einstweiliger Rechtsschutz.** Die Nichtigkeit der AG kann nicht im Wege der einstweiligen Verfügung ausgesprochen werden. Wohl aber kommen Maßnahmen in Betracht, die den (möglichen) Eintritt in das Abwicklungsstadium während des laufenden Nichtigkeitsprozesses sichern (Bsp.: Verbot an den Vorstand, abwicklungswidrige Geschäfte vorzunehmen).[93] Zum einstweiligen Rechtsschutz nach Auflösung → § 272 Rn. 11.

---

[83] Im Einzelnen str., vgl. Kölner Komm AktG/*Kraft*, 2. Aufl. 1996, Rn. 8; *Krafka/Kühn* RegisterR Rn. 442 f.
[84] Vgl. *C. Schäfer*, Die Lehre vom fehlerhaften Verband, 2002, 168, 212.
[85] Vgl. (alle zur GmbH) OLG Zweibrücken NZG 2002, 426 = NJW-RR 2002, 825; BayObLG NZG 2000, 833 = NJW-RR 2000, 1348; OLG Schleswig NZG 2000, 944 = NJW-RR 2002, 30; OLG Düsseldorf NZG 1998, 819 = NJW-RR 1998, 1053; ferner Hüffer/Koch/*Koch* Anh. § 262 Rn. 9; *Krafka/Kühn* RegisterR Rn. 442; Keidel/*Heinemann* FamFG § 395 Rn. 17, 50.
[86] Vgl. OLG Hamm NJW-RR 2002, 324; *Krafka/Kühn* RegisterR Rn. 443; anders Keidel/*Heinemann* FamFG § 395 Rn. 15; *v. Godin/Wilhelmi* § 273 Rn. 9.
[87] *Krafka/Kühn* RegisterR Rn. 1669; auch dann gegen Anwendung des § 395 FamFG MüKoAktG/*Koch* § 273 Rn. 43.
[88] Vgl. (zur GmbH) OLG Düsseldorf NJW-RR 1988, 354; KG NJW-RR 1986, 1240; *Krafka/Kühn* RegisterR Rn. 441; Keidel/*Heinemann* FamFG § 395 Rn. 15, 17, 50.
[89] Zum Ausschluss von § 139 BGB s. nur BGHZ 49, 364 (365); RGZ 114, 81; *C. Schäfer*, Die Lehre vom fehlerhaften Verband, 2002, 18, 236 ff.
[90] *Casper*, Die Heilung nichtiger Beschlüsse im Kapitalgesellschaftsrecht, 1998, 204 ff. mwN; Hüffer/Koch/*Koch* § 23 Rn. 43; MüKoAktG/*Hüffer/Schäfer* § 241 Rn. 52.
[91] Vgl. RGZ 148, 225 (228) (betr. eG); *C. Schäfer*, Die Lehre vom fehlerhaften Verband, 2002, 66.
[92] BGHZ 144, 365 (368) = NJW 2000, 2819; *Casper*, Die Heilung nichtiger Beschlüsse im Kapitalgesellschaftsrecht, 1998, 210 ff.; Hüffer/Koch/*Koch* § 23 Rn. 43; MüKoAktG/*Hüffer/Schäfer* § 242 Rn. 31.
[93] MüKoAktG/*Koch* Rn. 62; Kölner Komm AktG/*Kraft*, 2. Aufl. 1996, Rn. 49.

§ 276 Heilung von Mängeln

Ein Mangel, der die Bestimmungen über den Gegenstand des Unternehmens betrifft, kann unter Beachtung der Bestimmungen des Gesetzes und der Satzung über Satzungsänderungen geheilt werden.

Schrifttum: *Casper,* Die Heilung nichtiger Beschlüsse im Kapitalgesellschaftsrecht, 1998.

I. Normzweck

Die Vorschrift schließt die Nichtigkeitsklage für den Fall aus, dass der Satzungsmangel behoben wird. Das erscheint selbstverständlich,[1] ist es mit Blick auf strengere Regeln (vgl. § 27 Abs. 4 aF, § 183 Abs. 2 S. 4 aF: Heilungsausschluss bei verdeckter Sacheinlage, aufgehoben durch ARUG) aber nicht. Die praktische Bedeutung besteht darin, dass die Mangelbeseitigung nicht durch Neuvornahme erfolgen muss, was Einstimmigkeit voraussetzte (so die Parallelnorm § 76 GmbHG), sondern durch Satzungsänderung erfolgen darf, wofür ein **Mehrheitsentscheid** genügt. Ferner wird Mangelbeseitigung auch noch nach Beginn oder Abschluss des Nichtigkeitsverfahrens zugelassen, was im Wortlaut des § 276 allerdings nicht zum Ausdruck kommt. Schließlich ergibt sich aus dem Umkehrschluss, dass das Fehlen einer Bestimmung über das Grundkapital nicht nachträglich beseitigt werden kann. Auch dieser Mangel kann aber nach Ablauf der Klagefrist (§ 275 Abs. 3) nicht mehr klagweise geltend gemacht werden. 1

Der **Unterschied zu § 242** (Heilung nichtiger Beschlüsse) besteht darin, dass dort der Fehler nicht beseitigt wird, die Heilung vielmehr durch bloße Eintragung und/oder Zeitablauf eintritt. Denselben Effekt, den man als Heilung im engeren Sinne bezeichnet,[2] erzielt § 275, weil auf dort nicht genannte Satzungsmängel die Klage in keinem Fall, auf die genannten hingegen nur innerhalb von drei Jahren nach Eintragung gestützt werden kann. So gesehen besteht die Bedeutung des § 276 nicht in der Erweiterung der Heilungsmöglichkeiten (ieS), sondern in der **Klarstellung,** dass die Nichtigkeitsklage nicht nur durch Zeitablauf, sondern auch (und erst recht) ausgeschlossen ist, wenn der Grund für die Klage beseitigt wurde. 2

II. Voraussetzungen

1. Heilungsfähiger Mangel. Heilungsfähig sind nur das Fehlen oder die Nichtigkeit der nach § 23 Abs. 3 Nr. 2 vorgeschriebenen Bestimmung über den **Unternehmensgegenstand** (→ § 275 Rn. 6 ff.). Das Fehlen einer Bestimmung über das Grundkapital ist, da in § 276 bewusst nicht genannt, nicht nach dieser Vorschrift heilbar.[3] Es kann dennoch nicht mehr geltend gemacht werden, wenn die Klagefrist (§ 275 Abs. 3) verstrichen ist. Insofern ist auch dieser Mangel heilbar. Alle nicht in § 275 aufgeführten Mängel werden bereits durch die Eintragung geheilt, weil sie danach nicht mehr gem. § 275 geltend gemacht werden können (→ § 275 Rn. 12). Insofern bedarf es keiner Mangelbeseitigung. 3

2. Satzungsänderung. Die Heilung erfolgt durch Satzungsänderung. Für diese gelten – wie auch sonst – die §§ 179 ff. (s. dort). Erforderlich ist also ein **Hauptversammlungsbeschluss** (§ 179 Abs. 1), der einer Dreiviertelmehrheit bedarf (§ 179 Abs. 2), beim Handelsregister anzumelden ist (§ 181 Abs. 1) und erst mit Eintragung wirksam wird (§ 181 Abs. 3). Die Satzung kann zusätzliche Erfordernisse aufstellen (§ 179 Abs. 2 S. 3), nicht jedoch die Änderung gänzlich ausschließen. Für eine Änderung des Unternehmensgegenstandes darf die erforderliche **Mehrheit** nicht erleichtert, sondern nur **erhöht** werden (§ 179 Abs. 2 S. 2). Eine „Änderung" des Unternehmensgegenstandes iSv § 179 Abs. 2 S. 2 liegt allerdings nicht vor, wenn durch die Neufassung überhaupt erst ein wirksamer Unternehmensgegenstand geschaffen wird, weil ein solcher zuvor gar nicht oder nicht wirksam bestimmt war.[4] 4

Der **Vorstand** ist verpflichtet, eine Hauptversammlung **einzuberufen** und die Heilung auf die Tagesordnung zu setzen, wenn an die AG die Aufforderung eines Klageberechtigten nach § 275 Abs. 2 ergangen und die Heilung möglich ist.[5] Umstritten ist dagegen, ob die Aktionäre **verpflichtet** sind, einer entsprechenden Beschlussvorlage **zuzustimmen.** Die Frage kann nicht generell unter Hinweis 5

---

[1] Vgl. MüKoAktG/*Koch* Rn. 3; Großkomm AktG/*K. Schmidt* Rn. 3 u 7.
[2] *Casper,* Die Heilung nichtiger Beschlüsse im Kapitalgesellschaftsrecht, 1998, 57.
[3] HM, vgl. Hüffer/Koch/*Koch* Rn. 1; MüKoAktG/*Koch* Rn. 5; Kölner Komm AktG/*Winnen* Rn. 6; aA Großkomm AktG/*K. Schmidt* Rn. 7; anders auch für die GmbH Scholz/*K. Schmidt* GmbHG § 76 Rn. 5; Lutter/Hommelhoff/*Kleindiek* GmbHG § 76 Rn. 1.
[4] MüKoAktG/*Koch* Rn. 8; Kölner Komm AktG/*Winnen* Rn. 9.
[5] MüKoAktG/*Koch* Rn. 6; Kölner Komm AktG/*Winnen* Rn. 8.

§ 277   Erstes Buch. Aktiengesellschaft

auf das Mehrheitsprinzip verneint werden.⁶ Vielmehr kommt es darauf an, ob es im Einzelfall triftige Gründe gibt, sich dem Heilungsbeschluss zu widersetzen.⁷ Das ist insbesondere dann nicht der Fall, wenn es um die Korrektur eines versehentlich falsch formulierten Unternehmensgegenstandes durch die Gründungsaktionäre geht.⁸ Dass die Aktionäre frei sind, jederzeit die Auflösung zu beschließen (§ 262 Abs. 1 Nr. 2), stellt dann keinen Einwand⁹ dar, wenn man auch diesen Beschluss einer Inhaltskontrolle unterwirft (→ § 262 Rn. 31).

6   Unterliegt der neue Unternehmensgegenstand staatlicher **Genehmigung**, ist bei der Anmeldung die Genehmigungsurkunde beizufügen (§ 181 Abs. 1 S. 2). War der Unternehmensgegenstand an sich zulässig und fehlt es nur an einer staatlichen Genehmigung, genügt deren nachträgliche Einholung; einer Heilung nach § 276 bedarf es daneben nicht (→ § 275 Rn. 9).

III. Wirkung

7   **1. Klageausschluss.** Mit der Eintragung wird die Satzungsänderung wirksam, § 181 Abs. 3. Damit ist sowohl die Erhebung der **Nichtigkeitsklage** als auch die Amtslöschung nach § 397 FamFG (ex § 144 FGG) **ausgeschlossen.** Das ergibt sich nicht erst aus § 276, sondern schon aus § 275 Abs. 1, weil dessen Voraussetzungen nicht mehr vorliegen. War bereits eine Aufforderung zur Mangelbeseitigung durch einen Klageberechtigten ergangen (§ 275 Abs. 2), genügt für den Ausschluss der Klage die Anmeldung zum Handelsregister (→ § 275 Rn. 17).

8   **2. Zeitpunkt.** Die Heilung kann **jederzeit** erfolgen. Geschieht dies vor Klageerhebung, werden künftige Klagen ausgeschlossen (→ Rn. 7). War die Klage bereits erhoben, erledigt sich mit Wirksamwerden der Satzungsänderung die Hauptsache.¹⁰ Gegebenenfalls sollte das Verfahren nach § 148 ZPO bis zum Wirksamwerden der Satzungsänderung ausgesetzt werden. Selbst wenn der Nichtigkeitsklage bereits stattgegeben und dies ins Handelsregister eingetragen wurde (§ 277), kommt noch eine Heilung in Betracht, solange noch nicht mit der Vermögensverteilung begonnen wurde (arg. § 274 Abs. 2 Nr. 2).¹¹ Die Satzungsänderung muss dann aber spätestens zugleich mit der Fortsetzung der Gesellschaft beschlossen werden (§ 274 Abs. 2 Nr. 2).¹² Die bereits aufgelöste AG wird dann wieder in den werbenden Zustand zurück versetzt. Entsprechendes gilt für den Fall der bereits erfolgten Amtslöschung nach § 397 FamFG.

9   In der Vergangenheit liegende **Pflichtverletzungen** der Verwaltung, die etwa in der Verfolgung eines von der Satzung ursprünglich nicht gedeckten Unternehmensgegenstandes liegen können, werden durch die Heilung nicht hinfällig.¹³ Denn die Heilung schließt zwar die (erneute) Auflösung der Gesellschaft wegen eines Satzungsmangels aus, wirkt aber nicht in dem Sinne zurück, dass sie bereits abgeschlossene Sachverhalte nachträglich legalisierte. Insofern bleibt es bei dem Grundsatz, dass Satzungsänderungen nur ex nunc wirken.

§ 277 Wirkung der Eintragung der Nichtigkeit

(1) Ist die Nichtigkeit einer Gesellschaft auf Grund rechtskräftigen Urteils oder einer Entscheidung des Registergerichts in das Handelsregister eingetragen, so findet die Abwicklung nach den Vorschriften über die Abwicklung bei Auflösung statt.

(2) Die Wirksamkeit der im Namen der Gesellschaft vorgenommenen Rechtsgeschäfte wird durch die Nichtigkeit nicht berührt.

(3) Die Gesellschafter haben die Einlagen zu leisten, soweit es zur Erfüllung der eingegangenen Verbindlichkeiten nötig ist.

Schrifttum: Vgl. die Angaben zu § 275, § 276.

---

⁶ So aber noch MüKoAktG/*Hüffer,* 3. Aufl. 2011, Rn. 10.
⁷ Vgl. BGHZ 98, 276 (betr. Anpassung des Stammkapitals bei GmbH); Kölner Komm AktG/*Winnen* Rn. 10.
⁸ Großkomm AktG/*K. Schmidt* Rn. 8; Kölner Komm AktG/*Winnen* Rn. 10.
⁹ So aber etwa Bürgers/Körber/*Füller* Rn. 3.
¹⁰ MüKoAktG/*Koch* Rn. 14 und § 275 Rn. 43.
¹¹ MüKoAktG/*Koch* Rn. 15; Kölner Komm AktG/*Winnen* Rn. 14; Großkomm AktG/*K. Schmidt* Rn. 11.
¹² Nach MüKoAktG/*Koch* Rn. 12 kann der Fortsetzungsbeschluss auch im Beschluss über die Satzungsänderung enthalten sein (krit. dazu → § 274 Rn. 3). Nach anderen sollen Heilungs- und Fortsetzungsbeschluss der Sache nach dasselbe sein, so namentlich Scholz/*K. Schmidt* GmbHG § 76 Rn. 3.
¹³ Hüffer/Koch/*Koch* Rn. 4; MüKoAktG/*Koch* Rn. 16.

I. Normzweck

Die Vorschrift ergänzt § 275 und § 397 FamFG (ex § 144 Abs. 1 FGG), indem sie die **Rechtsfolge** 1 der dort vorgesehen „Nichtigkeit" definiert (praktisch wortgleich: § 77 GmbHG). Diese Rechtsfolge ist die Auflösung mit anschließender Abwicklung gem. §§ 264 ff. Daraus ergibt sich, dass die Nichtigkeitsklage in Wahrheit eine Auflösungsklage, die Amtslöschung eine Amtsauflösung ist (→ § 275 Rn. 1). Würden § 275 und § 397 FamFG entsprechend reformiert (→ § 262 Rn. 2, 61), könnte § 277 entfallen. Schon heute **entbehrlich** sind Abs. 2 u 3, weil sich die Wirksamkeit der aufgelösten AG im Innen- wie im Außenverhältnis bereits aus dem Begriff der Auflösung ergibt (→ § 264 Rn. 5).[1] Praktische Bedeutung entfaltet die Norm insoweit, als sie den **Zeitpunkt** der Auflösung auf die Eintragung verlegt, dieser also abweichend von § 263 konstitutive Wirkung beimisst (→ Rn. 6, str.).

II. Eintragung

1. Nichtigkeitsurteil. Wurde die AG aufgrund rechtskräftigen Urteils für nichtig erklärt, hat der 2 Vorstand gem. § 275 Abs. 4 S. 2 eine mit Rechtskraftzeugnis versehene Urteilsausfertigung zum Handelsregister einzureichen (→ § 275 Rn. 22). Die Eintragung erfolgt in Spalte 6 Unterspalte b (§ 43 Nr. 6 lit. b sublit. dd HRV). Sie muss die AG als **nichtig** bezeichnen (§ 45 Abs. 2 S. 2 HRV) und den Hinweis auf die dadurch erfolgte Auflösung enthalten.[2] Im Übrigen ist eine Orientierung am Wortlaut der § 275 Abs. 4, § 277 Abs. 1 zu empfehlen. Beispiel: „Die Gesellschaft ist nichtig aufgrund rechtskräftigen Urteils vom ... Sie ist dadurch aufgelöst". Die Eintragung wird nach § 10 HGB bekannt gemacht und der AG (§ 383 Abs. 1 FamFG) und der IHK (§ 37 HRV) mitgeteilt.

Liegt dem Registergericht zugleich die Anmeldung einer **Satzungsänderung** vor, die den festge- 3 stellten Mangel behebt, unterbleibt die Eintragung der Nichtigkeit, weil der Mangel geheilt ist (→ § 276 Rn. 8). Das gilt ungeachtet der zeitlichen Reihenfolge der Anmeldungen, weil das Registergericht an diese nicht gebunden ist (Umkehrschluss zu § 17 GBO).[3] Wer hingegen annimmt, dass die Auflösung bereits mit Rechtskraft des Urteils eintritt (→ Rn. 6), muss zugleich einen Nachweis über das Vorliegen der Fortsetzungsvoraussetzungen verlangen (vgl. § 274 Abs. 2 Nr. 2, Abs. 3).

2. Amtslöschung. Die Amtslöschung gem. § 397 FamFG (→ § 275 Rn. 24 ff.) erfolgt durch 4 Eintragung eines Vermerks, der die AG als nichtig bezeichnet (§ 45 Abs. 2 S. 1 HRV). Auch hier ist zugleich die Auflösung zu vermerken.[4] Trotz des missverständlichen Wortlauts des § 397 FamFG („als nichtig gelöscht") wird weder die bisherige Eintragung der AG gelöscht noch das Wort „Löschung" im Eintrag verwendet. Das ist folgerichtig, weil eine Löschung des Rechtsträgers iSv § 394 FamFG (ex § 141a FGG), § 273 Abs. 1 S. 2 nicht vorliegt. Eine Mitteilung an die IHK soll nach § 37 Abs. 1 Nr. 3 HRV ergehen.

III. Wirkung der Eintragung

1. Auflösung. Die „nichtige" AG ist aufgelöst und verwandelt sich damit in eine Liquidationsge- 5 sellschaft, welche nach §§ 264 ff. abzuwickeln ist. War die AG bereits aufgelöst, bleibt das Nichtigkeitsurteil insofern von Bedeutung, als eine Fortsetzung dann nur möglich ist, wenn nicht nur der (erste) Auflösungsgrund, sondern auch der Satzungsmangel gem. § 276 behoben wird.[5]

Fraglich ist der **Zeitpunkt** der Auflösung. Im Falle der Amtslöschung tritt diese unstreitig erst 6 mit dem Registereintrag ein.[6] Unklar ist die Rechtslage bei der Nichtigkeitsklage. Zum Teil wird die Ansicht vertreten, die Auflösung trete bereits mit Rechtskraft des Urteils ein, während der Eintragung **nur deklaratorische** Bedeutung zukomme.[7] Das ist dogmatisch stimmig, weil es der Rechtslage bei der Beschlussanfechtung entspricht und die Auflösung auch sonst nicht erst mit der Eintragung, sondern schon mit Eintritt des Auflösungstatbestandes erfolgt (→ § 263 Rn. 13). Dennoch kann der Ansicht nicht gefolgt werden, weil sie mit dem Wortlaut des § 277 Abs. 1 schlechter-

---

[1] Großkomm AktG/*K. Schmidt* Rn. 6.
[2] *Krafka/Kühn* RegisterR Rn. 458.
[3] Vgl. *Krafka/Kühn* RegisterR Rn. 178.
[4] *Krafka/Kühn* RegisterR Rn. 458.
[5] Vgl. Scholz/*K. Schmidt* GmbHG § 75 Rn. 3.
[6] Heute unstr., s. nur Hüffer/Koch/*Koch* Rn. 2; MüKoAktG/*Koch* Rn. 6; Großkomm AktG/*K. Schmidt* Rn. 4.
[7] Großkomm AktG/*K. Schmidt* Rn. 4; NK-AktR/*Werneckes* Rn. 2; Bürgers/Körber/*Füller* § 275 Rn. 23; im GmbH-Recht hL, vgl. insbes. Scholz/*K. Schmidt* GmbHG § 75 Rn. 6 mwN; gewichtige Gegengründe konzedierend K. Schmidt/Lutter/*Riesenhuber* Rn. 2.

dings nicht zu vereinbaren ist.[8] Danach wirkt die Eintragung **konstitutiv.** Das birgt keine praktischen Schwierigkeiten und kann überdies den Vorzug der Rechtssicherheit für sich in Anspruch nehmen. Für eine Korrektur des Gesetzes besteht daher kein Anlass.

7   **2. Abwicklung.** Bis zur Eintragung besteht die AG als werbende fort und wird als solche vom Vorstand vertreten.[9] Erst mit der Eintragung erfolgt der Übergang ins Abwicklungsstadium. Dennoch bestehen keine Bedenken, die Einreichung des Nichtigkeitsurteils (§ 275 Abs. 4) mit der Anmeldung der (künftigen) Abwickler (§ 263 Abs. 1) zu verbinden,[10] zumal auch diese vom Vorstand vorzunehmen ist (→ § 263 Rn. 6). Für die Abwicklung selbst gelten **keine Besonderheiten,** sie richtet sich wie sonst nach §§ 264 ff. Eine Fortsetzung der AG ist unter den Voraussetzungen des § 274 Abs. 2 Nr. 2 möglich.

8   **3. Wirksamkeit der Rechtsgeschäfte (Abs. 2).** Der Hinweis auf die **Wirksamkeit** der im Namen der „nichtigen" AG vorgenommenen Rechtsgeschäfte (Abs. 2) hat nur klarstellende Wirkung, weil die Auflösung nur für die Zukunft wirkt und im Übrigen nichts an der Rechtsfähigkeit der AG ändert (→ § 262 Rn. 83). Es handelt sich daher nicht um eine den § 15 HGB verdrängende Sonderregelung; dieser ist vielmehr von vornherein gar nicht einschlägig.[11]

9   **4. Einlagepflicht (Abs. 3).** Entsprechendes gilt für die **Einlagepflicht** (Abs. 3), von deren Erfüllung die Auflösung an sich nicht dispensiert (→ § 264 Rn. 35). Soweit Einlagen zur Erfüllung von Verbindlichkeiten eingezogen werden, ist – selbstverständlich – der Grundsatz der Gleichbehandlung (§ 53a AktG) zu beachten.[12] Über den Wortlaut des Abs. 3 hinaus sind ausstehende Einlagen auch dann einzuziehen, wenn dies zur gleichmäßigen Verteilung der Verluste auf die Aktionäre erforderlich ist. Das folgt aus § 271 Abs. 3 S. 2 Hs. 2. Dass die Einlagen von der AG nicht benötigt werden, hat im Zweifel der Aktionär zu beweisen.[13]

---

[8] Ebenso Kölner Komm AktG/*Winnen* Rn. 4; wie hier nun auch Hüffer/Koch/*Koch* Rn. 2; MüKoAktG/*Koch* Rn. 5; anders Großkomm AktG/*K. Schmidt* Rn. 4, wonach der Wortlaut nur auf die „typische Reihenfolge des Pflichtenprogramms" hinweisen will.
[9] Zustimmend Hüffer/Koch/*Koch* Rn. 3; MüKoAktG/*Koch* Rn. 7.
[10] Vgl. *Krafka/Kühn* RegisterR Rn. 147; MüKoAktG/*Koch* Rn. 7.
[11] Vgl. Großkomm AktG/*K. Schmidt* Rn. 6.
[12] Kölner Komm AktG/*Winnen* Rn. 12; MüKoAktG/*Koch* Rn. 10; Großkomm AktG/*K. Schmidt* Rn. 11.
[13] Hüffer/Koch/*Koch* Rn. 5; MüKoAktG/*Koch* Rn. 10.

Zweites Buch. Kommanditgesellschaft auf Aktien

§ 278 Wesen der Kommanditgesellschaft auf Aktien

(1) Die Kommanditgesellschaft auf Aktien ist eine Gesellschaft mit eigener Rechtspersönlichkeit, bei der mindestens ein Gesellschafter den Gesellschaftsgläubigern unbeschränkt haftet (persönlich haftender Gesellschafter) und die übrigen an dem in Aktien zerlegten Grundkapital beteiligt sind, ohne persönlich für die Verbindlichkeiten der Gesellschaft zu haften (Kommanditaktionäre).

(2) Das Rechtsverhältnis der persönlich haftenden Gesellschafter untereinander und gegenüber der Gesamtheit der Kommanditaktionäre sowie gegenüber Dritten, namentlich die Befugnis der persönlich haftenden Gesellschafter zur Geschäftsführung und zur Vertretung der Gesellschaft, bestimmt sich nach den Vorschriften des Handelsgesetzbuchs über die Kommanditgesellschaft.

(3) Im übrigen gelten für die Kommanditgesellschaft auf Aktien, soweit sich aus den folgenden Vorschriften oder aus dem Fehlen eines Vorstands nichts anderes ergibt, die Vorschriften des Ersten Buchs über die Aktiengesellschaft sinngemäß.

Älteres Schrifttum (bis 1997): *Ammenwerth,* Die Kommanditgesellschaft auf Aktien (KGaA) – eine Rechtsformalternative für personenbezogene Unternehmen?, 1997; *Elschenbroich,* Die Kommanditgesellschaft auf Aktien, 1959; *L. Fischer,* Die Kommanditgesellschaft auf Aktien nach dem Mitbestimmungsgesetz, 1982; *Graf,* Die Kapitalgesellschaft und Co auf Aktien, 1993; *Grafmüller,* Die Kommanditgesellschaft auf Aktien als geeignete Rechtsform für börsenwillige Familienunternehmen, 1994; *Kallmeyer,* Die Kommanditgesellschaft auf Aktien – eine interessante Rechtsformalternative für den Mittelstand?, DStR 1994, 977; *Mertens,* Zur Existenzberechtigung der Kommanditgesellschaft auf Aktien, FS Barz, 1974, 253; *Priester,* Die Kommanditgesellschaft auf Aktien ohne natürlichen Komplementär, ZHR 160 (1996), 250; *K. Schmidt,* Deregulierung des Aktienrechts durch Denaturierung der KGaA?, ZHR 160 (1996), 265; *Sethe,* Die personalistische Kapitalgesellschaft mit Börsenzugang, 1996.

Neueres Schrifttum (nach 1997): *Arnold,* Die GmbH & Co. KGaA, 2001; *Bachmann,* Die Hauptversammlung der KGaA, FS Marsch-Barner, 2018, 13; *Bachmann,* Die Änderung personengesellschaftsrechtlicher Satzungsbestandteile bei der KGaA, FS K. Schmidt, 2009, 41; *Bayreuther,* Die Kapitalgesellschaft & Co KGaA, JuS 1999, 651; *Born,* Die abhängige Kommanditgesellschaft auf Aktien, 2004; *Bürgers/Fett,* Die Kommanditgesellschaft auf Aktien, 2. Aufl 2015; *Dirksen/Möhrle,* Die kapitalistische Kommanditgesellschaft auf Aktien, ZIP 1998, 1377; *v. Eiff/Otte,* Die Kapitalgesellschaft & Co. KGaA – eine attraktive Gestaltungsmöglichkeit, GWR 2015, 246, *Fett/Förl,* Die Mitwirkung der Hauptversammlung einer KGaA bei der Veräußerung wesentlicher Unternehmensteile, NZG 2004, 210; *Fett/Stütz,* 20 Jahre Kapitalgesellschaft & Co. KGaA, NZG 2017, 1121; *Förl,* Die GmbH & Co. KGaA als abhängiges Unternehmen, Diss. Düsseldorf 2003; *Giehl,* Mitbestimmung in der Komplementärin einer kapitalistischen KGaA, MittBayNot 2016, 285; *Gonella/Mikic,* Die Kapitalgesellschaft & Co KGaA als „Einheitsgesellschaft", AG 1998, 508; *Haase,* Die Vorteile der GmbH oder der GmbH & Co KGaA in gesellschaftsrechtlicher Sicht, GmbHR 1997, 917; *Halsasz/Kloster/Kloster,* Die GmbH & Co KGaA – Eine Rechtsalternative zur GmbH & Co KG?, GmbHR 2002, 77; *Hasselbach/Ebbinghaus,* Die KGaA als Unternehmensform für den deutschen Mittelstand, DB 2015, 1269; *Heermann,* Unentziehbare Mitwirkungsrechte der Minderheitsaktionäre bei außergewöhnlichen Geschäften in der GmbH & Co. KGaA, ZGR 2000, 61; *Heineke,* Anlegerschutz in der Kommanditgesellschaft auf Aktien: Zur Erforderlichkeit von Restriktionen in der Satzungsgestaltung börsennotierter KGaA, 2002; *Heinze,* Die Gesellschaft bürgerlichen Rechts als Komplementärin der Kommanditgesellschaft auf Aktien, DNotZ 2012, 426; *Heite,* Bezugsrechtsausschluss im Rahmen des genehmigten Kapitals bei personalistisch strukturierten Kapitalgesellschaften – GmbH & KGaA, 2016; *Herfs,* Die Satzung der börsennotierten GmbH & Co KGaA – Gestaltungsfreiheit und Grenzen, VGR Bd. 1 (1999), 23; *Hommelhoff,* Anlegerschutz in der GmbH & Co KGaA, in Ulmer, Die GmbH & Co KGaA nach dem Beschluss BGHZ 134, 352 (Beihefte der ZHR Nr. 67), 1998, 9; *Ihrig/Schlitt,* Die KGaA nach dem Beschluss des BGH vom 24.2.1997 – organisationsrechtliche Fragen, in Ulmer, Die GmbH & Co KGaA nach dem Beschluss BGHZ 134, 352 (Beihefte der ZHR Nr. 67), 1998, 33; *Jacques,* Börsengang und Führungskontinuität durch die kapitalistische KGaA, NZG 2000, 401; *Johannsen-Roth/Kießling,* Die unzureichende Beachtung der rechtsformspezifischen Besonderheiten der KGaA in der jüngeren Gesetzgebung und im Corporate Governance Kodex, FS Marsch-Barner, 2018, 273; *Joost,* Mitbestimmung in der kapitalistischen Kommanditgesellschaft auf Aktien, ZGR 1998, 334; *Kessler,* Die rechtlichen Möglichkeiten der Kommanditaktionäre einer GmbH & Co. KGaA zur Einwirkung auf die Geschäftsführung, 2003; *Kessler,* Die Entwicklung des Binnenrechts der KGaA sei BGHZ 134, 392, NZG 2005, 145; *Kiefer,* Anlegerschutz durch Gesellschaftsrecht in der börsennotierten GmbH & Co. KGaA, 2001; *Koch,* Mitwirkungsrechte der Kommanditaktionäre bei der GmbH & Co KGaA, DB 2002, 1701; *Kölling,* Gestaltungsspielräume und Anlegerschutz in der kapitalistischen KGaA, 2005; *R. Krause,* Zum beherrschenden Einfluss des Komplementärs in der KGaA, Liber Amicorum M. Winter, 2011, 351; *Lieder/Hoffmann,* Die bunte Welt der KGaA, AG 2016, 704; *Lorz,* Die GmbH & Co KGaA und ihr Weg an die Börse, VGR 1 (1999), 57; *Mayer-Uellner/Otte,* Die SE & Co. KGaA als Rechtsform kapitalmarktfinanzierter Familienunternehmen, NZG 2015, 737; *Mense,* Besonderheiten bei der Vorbereitung und Durchführung der Hauptversammlung einer börsennotierten Kommanditgesellschaft auf Aktien, GWR 2015, 320; *Mertens,* Die Handelsgesellschaft KGaA als Gegenstand gesellschaftsrechtlicher Diskussion und die Wissenschaft vom Gesellschaftsrecht, FS Ritter, 1997, 731; *Otte,* Die AG & Co. KGaA, 2011; *Overlack,* Der Komplementär in der GmbH & Co KGaA, RWS-Forum 10 Gesellschaftsrecht 1997, 237; *Pfeiffer,* Die KGaA als Beteiligte eines Beherrschungsvertrages und einer Eingliederung, 2005; *Philbert,* Die Kommanditgesellschaft auf Aktien zwischen Personengesellschaftsrecht und Aktienrecht, 2005; *Reichert,* Wettbewerb der Gesellschaftsrechtsreformen – SE oder KGaA zur Organisation großer Familiengesellschaften, ZIP 2014, 1957; *Reichert/Ott,* Die SE als Komplementärin, in: Bergmann ua, 10 Jahre SE, 2014, 154; *Schlitt,* Die Satzung der KGaA, 1999; *Schlitt/Winzen,* Die Kommanditgesellschaft auf Aktien (KGaA) – eine attraktive Rechtsform für börsennotierte Unternehmen?, CFL 2012, 261; *K. Schmidt,* Zehn Jahre GmbH & Co KGaA – Zurechnungs- und Durchgriffsprobleme nach BGHZ 134, 392, FS Priester, 2007, 691; *K. Schmidt,* Zur Vermögensstruktur der KGaA, FS Forstmoser 2003, 87; *K. Schmidt,* 150 Jahre KGaA, in Bayer/Habersack, Aktienrecht im Wandel, Bd. 2, 2007, 1188; *Schnorbus,* Gestaltungsfragen fakultativer Aufsichtsorgane der KGaA, Liber Amicorum M. Winter 2011, 627; *Scholz,* Das Übernahme- und Pflichtangebot bei der KGaA, NZG 2006, 445; *Ullrich,* Unternehmensmitbestimmung in der kapitalistischen Kommanditgesellschaft auf Aktien, 2002; *Wichert,* Die Finanzen der Kommanditgesellschaft auf Aktien, 1999; *Wichert,* Die GmbH & Co KGaA nach dem Beschluss BGHZ 134, 392, AG 2000, 268; *Winzen,* Vorzugsaktie und KGaA – Instrumente zur Kontrollerhaltung bei der Eigenkapitalfinanzierung, 2014.

Zum Steuerrecht der KGaA: *Bielinis,* Die Besteuerung der KGaA, 2013; *Bielinis,* Vorschläge zur Reform der KGaA-Besteuerung, DStR 2014, 769; *Fischer,* Die (deutsche) KGaA im internationalen Steuerrecht, FS Gosch 2016, 69; *Hageböke,* Das „KGaA-Modell", 2008; *Hageböke,* Sondervergütungen des KGaA-Komplementärs und Betriebsausgabenabzug, DB 2012, 2709; *Hageböke,* Erstes BFH-Urteil zum sog. „KGaA-Modell", Der Konzern 2017, 126; *Hölzl,* Die Besteuerung der Kommanditgesellschaft auf Aktien, 2003; *Hoppe,* Die Besteuerung der KGaA zwischen Trennungs- und Transparenzprinzip, 2014; *Kempf,* Ergänzungsbilanzen für den persönlich haftenden Gesellschafter einer KGaA?, DStR 2015, 1905; *Kollruss,* Warum es keine Ergänzungsbilanz des KGaA-Komplementärs gibt, FR 2016, 203; *Kollruss,* Ergänzungsbilanz des KGaA-Komplementärs ist gesetzlich ausgeschlossen, WPg 2016, 586; *Kollruss/Weißert/Dilg,* KGaA-Besteuerung im Lichte des § 50d Abs. 11 EStG: Funktionsweise, gewerbesteuerliche Implikation und mögliche Regelungsdefizite, DB 2013, 423; *Krebbers-van Heek,* Die mitunternehmerische Besteuerung der Komplementäre der Kommanditgesellschaft auf Aktien, 2016; *Schaumburg/Schulte,* Die KGaA – Recht und Steuern in der Praxis, 2000; *Wacker,* „KGaA-Modell": Keine Ergänzungsbilanz für persönlich haftender Gesellschafter – Anm. zu BFH, DStR 2017, 197; Wiss. *Beirat Steuern der Ernst & Young GmbH,* Rechtsunsicherheit bei der Besteuerung der KGaA und ihrer persönlich haftenden Gesellschafter, DB 2014, 147.

Übersicht

	Rn.		Rn.
I. Bedeutung der Rechtsform	1–13	b) Abgrenzung zwischen Abs. 2 und Abs. 3	22–24
1. Abart der AG	1, 2	c) Folgerungen	25–27
2. Varianten der KGaA	3	3. „Sonderrecht" für atypische KGaA?	28–32
3. Rechtsformwahl	4–7a	a) Meinungsstand	28, 29
a) Vergleich zur Kommanditgesellschaft	4, 5	b) Stellungnahme	30, 31
b) Vergleich zur Aktiengesellschaft	6, 7	c) Einzelne Satzungsgestaltungen	32
c) Transparenz der Rechtsformwahl	7a	**IV. Die Kommanditaktionäre**	33–36
4. Besteuerung	8, 9	1. Aktionärsstellung	33, 34
5. Rechtstatsachen, Historie, ökonomische Würdigung	10–13	2. Besonderheiten	35, 36
a) Praktische Bedeutung	10, 11	**V. Der persönlich haftende Gesellschafter**	37–52
b) Historische Entwicklung	12	1. Zahl	37
c) Ökonomische Würdigung	13	2. Persönliche Voraussetzungen	38–40c
II. Rechtsnatur und Gesellschaftergruppen (Abs. 1)	14–16	a) Natürliche Personen	38, 39
		b) Juristische Personen	40
1. Rechtsnatur der KGaA	14	c) „Frauenquote"	40a–40c
2. Die Gesellschaftergruppen	15, 16	3. Rechte, Pflichten, Status	41–47
III. Organe und anwendbares Recht (Abs. 2 u 3)	17–32	a) Haftung	41–43
		b) Gesellschafterdarlehen	44, 45
1. Die Organe der KGaA	17–20	c) Sonstige Rechte und Pflichten	46
a) Aufsichtsrat, Hauptversammlung, Komplementär	17	d) Kaufmannseigenschaft	47
b) „Gesamtheit der Kommanditaktionäre"	18, 19	4. Erwerb und Verlust der Komplementärstellung	48–52
c) Beirat	20	**VI. Geschäftsführung**	53–79
2. Anwendbares Recht	21–27	1. Geschäftsführungsbefugnis	53–59
a) Gesetzliche Systematik	21	a) Gesetzliche Regelung	53–56
		b) Satzungsregeln	57–59

	Rn.		Rn.
2. Umfang	60–73	c) Beteiligungsrechte (§ 32 MitbestG)	88
a) Gewöhnliche Geschäfte	60	2. Konzernrecht	89–94
b) Außergewöhnliche Geschäfte	61–63	a) Anwendbarkeit	89
c) Grundlagengeschäfte	64–69	b) Vertragskonzern	90
d) Holzmüller-Doktrin	70–73	c) Faktischer Konzern	91–93
3. Entzug	74–79	d) Rechtsfolgen	94
a) Voraussetzungen	74–76	**IX. Die börsennotierte KGaA**	95–109
b) Satzungsregeln	77	1. Börsenzugang	95
c) Besonderheiten bei der GmbH &		2. Prospektpflicht	96–98
Co KGaA	78	3. Keine Satzungskontrolle	99
d) Niederlegung	79	4. Kapitalmarktrechtliche Folgepflichten	100–104
VII. Vertretung	80–82	a) Publizitätspflichten	100–102
1. Vertretungsbefugnis	80, 80a	b) Deutscher Corporate Governance	
2. Umfang	81	Kodex	103, 103a
3. Entzug	82	c) Erklärung zur Unternehmensfüh-	
VIII. Mitbestimmung und Konzern-		rung (§ 289f HGB)	103b
recht	83–94	d) Insiderhandelsverbot	104
1. Mitbestimmung	83–88	5. Übernahmerecht	105–109
a) MitbestG, DrittelbG	83, 84	a) Anwendung des WpÜG	105
b) Besonderheiten der Kapitalgesell-		b) Kontrolle der KGaA	106–108
schaft & Co KGaA?	85–87	c) KGaA als Bieter	109

I. Bedeutung der Rechtsform

1. Abart der AG. Die KGaA ist eine **Zwitterform**, die Elemente der Kommanditgesellschaft (KG) mit denjenigen der Aktiengesellschaft (AG) verbindet.[1] Teilweise wird sie als Variante der KG verstanden,[2] überwiegend jedoch als **Sonderform der AG** eingeordnet.[3] Die Frage wird relevant, wenn in Grenzbereichen die Anwendung von Aktien- oder Personengesellschaftsrecht zur Debatte steht.[4] Richtig ist die zweite Auffassung. Für sie streitet die 1937 erfolgte Herausnahme der KGaA aus dem HGB und ihre bewusste Einordnung in das Aktiengesetz, die damit verbundene Umbenennung der Kommanditisten in Kommanditaktionäre, das Erfordernis, auch die dem Personengesellschaftsrecht unterliegenden Rechtsbeziehungen (§ 278 Abs. 2) in der Satzung zu regeln (vgl. § 281), vor allem aber die wertungsmäßige Gleichstellung von AG und KGaA im Umwandlungsrecht (vgl. § 78 S. 4 UmwG). Diese Erkenntnis entbindet nicht von der Bürde, das jeweils anwendbare Recht unter Beachtung der (komplizierten) Verweisungstechnik zu ermitteln, doch gibt sie im Zweifelsfall den Ausschlag zugunsten eines **Vorrangs des Aktienrechts** (→ Rn. 21). 1

Gegenüber der KG weist die KGaA den Vorteil auf, **börsenfähig** zu sein und damit weitere Anlegerkreise erschließen zu können (→ Rn. 4, 95 ff.). Gegenüber der AG besteht der zentrale Vorteil darin, dass die KGaA **flexibler** ist, weil sie in weiten Teilen dem überwiegend dispositiven Recht der KG (§§ 109–122, 161–172 HGB) unterliegt. Der persönlich haftende Gesellschafter (phG) kann nicht vom Aufsichtsrat abberufen werden und ist in seiner Geschäftsführung daher freier als ein Vorstand. 2

2. Varianten der KGaA. Wie bei der KG ist die praktisch wichtigste Unterscheidung nach der Person des phG vorzunehmen. Im historischen Regelfall ist er eine natürliche, im tatsächlich vorherrschenden Fall eine juristische Person (Bsp.: GmbH & Co KGaA), sog. **kapitalistische** oder **atypische KGaA**.[5] Am häufigsten kommt als Komplementär die GmbH zum Einsatz,[6] doch wird – vor allem aus Image-Gründen – bisweilen auch die AG oder die SE gewählt (→ Rn. 40). Für die kapitalistische KGaA enthält das Gesetz nur eine spezielle Regel (§ 279 Abs. 2). Ob daneben, wie 3

---

[1] Insoweit unstr., s. nur BGHZ 134, 392 (398); Großkomm AktG/*Assmann/Sethe* Rn. 3; MüKoAktG/*Perlitt* Vor § 278 Rn. 29; *K. Schmidt* GesR § 32 I 1 (Mischform).
[2] So Großkomm AktG/*Assmann/Sethe* Rn. 9.
[3] So *Kessler*, Die rechtlichen Möglichkeiten der Kommanditaktionäre einer GmbH & Co. KGaA zur Einwirkung auf die Geschäftsführung, 2003, 66; *Philbert*, Die Kommanditgesellschaft auf Aktien zwischen Personengesellschaftsrecht und Aktienrecht, 2005, 84 (117) (Aktiengesellschaft mit Komplementär-Fremdkörper); Hüffer/Koch/*Koch* Rn. 3; *K. Schmidt* GesR § 26 II 3; *Windbichler* GesR § 34 Rn. 2; anders, aber nicht verallgemeinerungsfähig BGHZ 134, 392 (398) (keine bloße Spielart der Aktiengesellschaft).
[4] Es handelt sich also nicht um eine „müßige Frage", so aber Kölner Komm AktG/*Mertens/Cahn* Vor § 278 Rn. 2; Bürgers/Körber/*Förl/Fett* Rn. 3; NK-AktR/*Wichert* Rn. 2: allgemeine Charakterisierung überflüssig; *Fett* in Bürgers/Fett KGaA § 3 Rn. 2.
[5] Vgl. nur Großkomm AktG/*Assmann/Sethe* Vor § 278 Rn. 119 f.
[6] Zahlen bei *Lieder/Hoffmann* AG 2016, 704 (709 f.).

bei der Publikums-KG, ein ungeschriebenes „Sonderrecht" zur Anwendung kommt, ist ungeklärt (→ Rn. 28 ff.). Im Übrigen sind der Fantasie der steuerrechtlich motivierten Kautelarpraxis wenig Grenzen gesetzt.[7] Möglich ist danach sowohl eine doppelstöckige Konstruktion (GmbH & Co KG & Co KGaA) als auch die sog. **Einheitsgesellschaft,** welche alle Anteile an ihrer eigenen Komplementärin selbst hält.[8] Schließlich kann unter Ausnutzung bestehender Satzungsfreiheiten die KGaA **hauptversammlungs-** oder **komplementärdominiert** ausgestaltet werden.[9] Auch eine Dominierung durch den Aufsichts- oder Beirat ist denkbar.[10]

4   3. Rechtsformwahl.[11] **a) Vergleich zur Kommanditgesellschaft.** Im Vergleich zur Kommanditgesellschaft und GmbH & Co KG[12] weist die KGaA als wesentlichen **Vorteil** den besseren Zugang zu einem breiten Anlegerpublikum auf. Kommanditaktionäre sind wie Aktionäre einem (noch) geringeren Haftungsrisiko ausgesetzt als Kommanditisten, weil sie nur von der Gesellschaft in Anspruch genommen werden können und die „Haftungsfalle" des § 176 HGB nicht besteht.[13] Zudem sind **Aktien fungibler** als Kommanditanteile und können – was als entscheidender Vorzug angesehen wird – zum **Börsenhandel** zugelassen werden.[14] Hinzu kommt die aktienrechtliche Firmierung, die als psychologisches Plus gewertet werden mag, ferner der Umstand, dass Aufsichtsrat und Anlegerversammlung nicht erst statutarisch gestaltet werden müssen, sondern per Gesetz bereits zur Verfügung stehen.[15]

5   Der **Nachteil** liegt darin, dass die Rechtsform unbekannter und (noch) **komplizierter** als die GmbH & Co KG ist und weniger Präzedenzentscheidungen vorliegen.[16] Wegen des neben den §§ 161 ff. HGB zur Anwendung gelangenden zwingenden Aktienrechts (§ 278 Abs. 3) ist die KGaA zudem **weniger flexibel.** Die persönliche Haftung des Komplementärs besteht bei beiden Rechtsformen und ist durch Einsatz eines beschränkt haftenden Rechtsträgers zu vermeiden. Für das Mittelstands- oder Familienunternehmen, das keinen Börsengang plant, weist die KGaA gegenüber der KG damit weder gesellschafts- noch steuerrechtlich nennenswerte Vorteile auf.[17]

6   b) Vergleich zur Aktiengesellschaft. Im Vergleich zur Aktiengesellschaft (AG) bestehen die aus Unternehmersicht wesentlichen **Vorteile** im erhöhten **Gestaltungsspielraum,** den das nach § 278 Abs. 2 anwendbare dispositive Handelsrecht (§§ 109, 163 HGB) schafft, ferner in der starken Stellung des Komplementärs, dessen Geschäftsführungsrecht zeitlich nicht beschränkt ist (vgl. dagegen § 84 und der vom Aufsichtsrat nicht abberufen werden und nur eingeschränkt kontrolliert werden kann.[18] Diese

---

[7] Vgl. nur den Sachverhalt in BGHZ 165, 192 – Spaten.
[8] MüKoAktG/*Perlitt* Rn. 388; *Reger* in Bürgers/Fett KGaA § 5 Rn. 216; eingehend *Arnold,* Die GmbH & Co. KGaA, 2001, 30 ff.; *Otte,* Die AG & Co. KGaA, 2011, 223 ff.; *Gonella/Mikic* AG 1998, 508; *Schnorbus* Liber Amicorum M Winter, 2011, 627 (661 ff.) In diesem Falle sollte eine Regelung aufgenommen werden, wonach die KGaA in der Gesellschafterversammlung der Komplementärgesellschaft von einem Gesellschafterausschuss oder Beirat der KGaA vertreten wird, für dessen Besetzung ausschließlich die Kommanditaktionäre zuständig sind, vgl. *Arnold,* Die GmbH & Co. KGaA, 2001, 35.
[9] Großkomm AktG/*Assmann/Sethe* Vor § 278 Rn. 123.
[10] Vgl. *Bürgers* in Bürgers/Fett KGaA § 5 Rn. 509.
[11] Vgl. dazu aus der Beratungspraxis *Mayer/Uelner* NZG 2015, 737; *Hasselbach/Ebbinghaus* DB 2015, 1269; *Haider-Giangreco/Polte* BB 2014, 2947; *Reichert* ZIP 2014, 1957; ferner *Binz/Sorg* DB 1997, 313 ff.; *Ladewig/Motte* DStR 1997, 1539; *Hennerkes/Lorz* DB 1997, 1388 ff.; *Haase* GmbHR 1997, 917 ff.; *Niedner/Kusterer* DB 1997, 2010; *Strieder/Habel* BB 1997, 1375; *Strieder/Habel* DB 1994, 1557; *Hartel* DB 1992, 2329; *Hesselmann* BB 1989, 2344 ff.; *Hennerkes/May* DB 1988, 537; *Hennerkes/May* BB 1988, 2392 ff.
[12] Vgl. dazu inbes. *Halasz/Kloster/Kloster* GmbHR 2002, 77 ff.
[13] Vgl. *Ammenwerth,* Die Kommanditgesellschaft auf Aktien (KGaA) – eine Rechtsformalternative für personenbezogene Unternehmen?, 1997, 48 f.; *Hüffer/Koch/Koch* Rn. 4; eingehend zum Haftungsrisiko des Kommanditisten *K. Schmidt* GesR § 55.
[14] Vgl. *Ammenwerth,* Die Kommanditgesellschaft auf Aktien (KGaA) – eine Rechtsformalternative für personenbezogene Unternehmen?, 1997, 49 f.; *Arnold,* Die GmbH & Co. KGaA, 2001, 6; *Kessler,* Die rechtlichen Möglichkeiten der Kommanditaktionäre einer GmbH & Co. KGaA zur Einwirkung auf die Geschäftsführung, 2003, 27 f.; krit. aus steuerlicher Sicht aber Großkomm AktG/*Assmann/Sethe* Vor § 278 Rn. 129 (höhere Erbschaftsteuerbelastung von Aktien gegenüber Kommanditanteilen wegen unterschiedlicher Bewertung).
[15] Vgl. *Ammenwerth,* Die Kommanditgesellschaft auf Aktien (KGaA) – eine Rechtsformalternative für personenbezogene Unternehmen?, 1997, 84.
[16] Keinen entscheidenden Nachteil will darin *Arnold,* Die GmbH & Co. KGaA, 2001, 3 sehen; relativierend auch *Kessler,* Die rechtlichen Möglichkeiten der Kommanditaktionäre einer GmbH & Co. KGaA zur Einwirkung auf die Geschäftsführung, 2003, 33 f.
[17] So auch *Binz/Sorg* Die GmbH & Co. KG § 26 Rn. 29; eingehend zum Vergleich GmbH & Co KG – KGaA auch aus steuerrechtlicher Sicht *Halasz/Kloster/Kloster* GmbHR 2002, 77 (87 ff.).
[18] Vgl. *Arnold,* Die GmbH & Co. KGaA, 2001, 6 f.; *Kessler,* Die rechtlichen Möglichkeiten der Kommanditaktionäre einer GmbH & Co. KGaA zur Einwirkung auf die Geschäftsführung, 2003, 23 ff.; Kölner Komm AktG/*Mertens/Cahn* Vor § 278 Rn. 7; Großkomm AktG/*Assmann/Sethe* Vor § 278 Rn. 51; *Göz* in Bürgers/Fett KGaA § 2 Rn. 2, 9.

dominante Stellung besteht unabhängig von einer Kapitalbeteiligung und ist daher auch nicht durch feindliche **Übernahmen** gefährdet (→ Rn. 105 ff.).[19] Sie lässt sich bei der AG nicht in gleicher Weise durch die Ausgabe (stimmrechtsloser) Vorzugsaktien installieren, weil diese dem Umfang nach begrenzt sind (vgl. § 139 Abs. 2).[20] Auch die **Mitbestimmung** der Arbeitnehmer ist gegenüber der AG sichtlich eingeschränkt (näher → Rn. 83 ff.). Zu Recht bezeichnet man den persönlich haftenden Gesellschafter daher als „**Herr im Haus**".[21] Zu diesen gesellschaftsrechtlichen Vorzügen gesellen sich solche der Besteuerung (→ Rn. 8).[22]

Wesentliche **Nachteile** sind die komplizierte Verwaltung (insbesondere bei der GmbH & Co KGaA), Unsicherheiten in der Bestimmung des anwendbaren Rechts (→ Rn. 21 ff.) und fehlende höchstrichterliche Präzedenzien.[23] Sie lassen die Handhabung der Rechtsform **fehleranfälliger** und weniger vorhersehbar werden. Hinzu kommen die umständliche Firmierung und der geringe Bekanntheitsgrad, die im Zusammengehen mit möglichen Kursabschlägen wegen geringerer Mitspracherechte von Anlegern und Aufsichtsrat (Stichwort: „Corporate Governance") zu einer **schlechteren Vermarktbarkeit** der Gesellschaft und ihrer Anteile führen können.[24] Die aus der Stellung des phG resultierenden Nachteile (unbeschränkte Haftung, Nachfolgeproblematik, keine Fremdorganschaft[25]) können durch die (zulässige) Einsetzung zB einer GmbH als Komplementär vermieden werden. Dadurch ergeben sich Verzahnungsprobleme, die aber gering bleiben, wenn der Komplementär nicht zugleich auch Kommanditaktionär ist.[26]

c) **Transparenz der Rechtsformwahl.** Einem Urteil des LG Mannheim zufolge muss bei der Umwandlung einer AG in eine KGaA im **Umwandlungsbericht** (§ 192 UmwG) genau dargelegt werden, welche Vorzüge für die neue Rechtsform sprechen und warum diese nicht mit der AG erreicht werden können.[27] Eine Darlegung der Besonderheiten der Rechtsform empfiehlt sich im Wertpapierprospekt (→ Rn. 98), ferner in der Entsprechenserklärung (§ 161), der Erklärung zur Unternehmensführung (§ 289f HGB) und ggfs. im Corporate Governance Bericht (Ziff. 3.10 DCGK).

4. Besteuerung.[28] Die **KGaA selbst** unterliegt als Kapitalgesellschaft wie die AG mit ihren Einkünften vollumfänglich dem Regime des **Körperschaftsteuergesetzes** (vgl. § 1 Abs. 1 Nr. 1 KStG). Als Handelsgesellschaft (→ Rn. 14) erzielt sie gem. § 8 Abs. 2 KStG ausschließlich Einkünfte

---

[19] Zur „Übernahmeresistenz" der KGaA s. *Ammenwerth*, Die Kommanditgesellschaft auf Aktien (KGaA) – eine Rechtsformalternative für personenbezogene Unternehmen?, 1997, 40; *Schlitt/Winzen* CFL 2012, 261 (268 f.); Großkomm AktG/*Assmann/Sethe* Vor § 278 Rn. 51; Kölner Komm AktG/*Mertens/Cahn* Vor § 278 Rn. 7; eingehend *Wieneke/Fett* in Bürgers/Fett KGaA § 10 Rn. 146.

[20] Näher *Schlitt/Winzen* CFL 2012, 261 (265 ff.).

[21] *Sethe*, Die personalistische Kapitalgesellschaft mit Börsenzugang, 1996, 203; *Kessler*, Die rechtlichen Möglichkeiten der Kommanditaktionäre einer GmbH & Co. KGaA zur Einwirkung auf die Geschäftsführung, 2003, 25; der historische Gesetzgeber sah in der KGaA daher das „monarchische" im Unterschied zum „republikanischen" Prinzip der AG verwirklicht, s. Großkomm AktG/*Assmann/Sethe* Vor § 278 Rn. 25.

[22] Vgl. Großkomm AktG/*Assmann/Sethe* Vor § 278 Rn. 132; *Engel* in Bürgers/Fett KGaA § 2 Rn. 12 ff.

[23] Vgl. *Ammenwerth*, Die Kommanditgesellschaft auf Aktien (KGaA) – eine Rechtsformalternative für personenbezogene Unternehmen?, 1997, 24; *Sethe*, Die personalistische Kapitalgesellschaft mit Börsenzugang, 1996, 252 ff.; *Kessler*, Die rechtlichen Möglichkeiten der Kommanditaktionäre einer GmbH & Co. KGaA zur Einwirkung auf die Geschäftsführung, 2003, 30 ff., 36 ff.; *Philbert*, Die Kommanditgesellschaft auf Aktien zwischen Personengesellschaftsrecht und Aktienrecht, 2005, 27 (214) (Misere der KGaA); Hüffer/Koch/*Koch* Rn. 2; Kölner Komm AktG/*Mertens/Cahn* Vor § 278 Rn. 8; Großkomm AktG/*Assmann/Sethe* Vor § 278 Rn. 52; ähnlich nunmehr auch *Fett* in Bürgers/Fett KGaA § 1 Rn. 13.

[24] Vgl. *Kessler*, Die rechtlichen Möglichkeiten der Kommanditaktionäre einer GmbH & Co. KGaA zur Einwirkung auf die Geschäftsführung, 2003, 33 ff.; Kölner Komm AktG/*Mertens/Cahn* Vor § 278 Rn. 8; Großkomm AktG/*Assmann/Sethe* Vor § 278 Rn. 52; *Wieneke/Fett* in Bürgers/Fett KGaA § 10 Rn. 4, 27 ff.; *Windbichler* GesR § 34 Rn. 3; krit. *Philbert*, Die Kommanditgesellschaft auf Aktien zwischen Personengesellschaftsrecht und Aktienrecht, 2005, 24 f.

[25] *Kessler*, Die rechtlichen Möglichkeiten der Kommanditaktionäre einer GmbH & Co. KGaA zur Einwirkung auf die Geschäftsführung, 2003, 30 ff.; *Sethe*, Die personalistische Kapitalgesellschaft mit Börsenzugang, 1996, 211 (persönliche Haftung als „Hauptnachteil").

[26] *Arnold*, Die GmbH & Co. KGaA, 2001, 29 f.; *Kessler*, Die rechtlichen Möglichkeiten der Kommanditaktionäre einer GmbH & Co. KGaA zur Einwirkung auf die Geschäftsführung, 2003, 37 (fällt nicht besonders schwer ins Gewicht).

[27] LG Mannheim ZIP 2014, 970 (Sto KGaA).

[28] Näher zur Besteuerung der KGaA und ihrer Gesellschafter neben den oben im Schrifttumsverzeichnis Genannten: BFH DStR 2017, 1976; BFH DStR 2017, 193 mAnm *Wacker*; *Hasselbach/Ebbinghaus* DB 2015, 1269 (1275 f.); *Kessler*, Die rechtlichen Möglichkeiten der Kommanditaktionäre einer GmbH & Co. KGaA zur Einwirkung auf die Geschäftsführung, 2003, 40 ff.; Großkomm AktG/*Assmann/Sethe* Vor § 278 Rn. 124 ff.; MüKoAktG/*Perlitt* Vor § 278 Rn. 80 ff.; MHdB AG/*Kantenwein* § 80; besonders ausf. *Engel* in Bürgers/Fett KGaA § 9 (S. 437–494).

aus Gewerbebetrieb. Gem. § 2 Abs. 2 S. 1 GewStG ist sie gewerbesteuerpflichtig. Gewinnauszahlungen, die der phG für nicht auf das Grundkapital geleistete Einlagen oder als Vergütung (Tantieme) für die Geschäftsführung erhält, stellen abzugsfähige Aufwendungen dar (vgl. § 9 Abs. 1 Nr. 1 KStG). Gewerbesteuerrechtlich werden die betreffenden Gewinnanteile dem Gewinn der Gesellschaft jedoch wieder hinzugerechnet (vgl. § 8 Nr. 4 GewStG). Insofern ist die Besteuerung im Vergleich zur AG weniger günstig, bei der eine Hinzurechnung der gezahlten Vorstandsvergütung unterbleibt.

9 Der entscheidende steuerrechtliche Vorzug der KGaA ergibt sich aus der **Besteuerung der Gesellschafter**. Während Gewinnanteile **(Dividenden)** der Kommanditaktionäre wie diejenigen von AG-Aktionären als Einkünfte aus Kapitalvermögen (§ 20 Abs. 1 Nr. 1 EStG) versteuert werden,[29] wird die Vermögenseinlage des phG nach den Grundsätzen über die Besteuerung von Personengesellschaften behandelt.[30] Das bedeutet, dass der phG als Mitunternehmer angesehen wird und die Gewinnanteile, die er auf seine Vermögenseinlage erhält, als **Einkünfte aus Gewerbebetrieb** gelten (§ 15 Abs. 1 S. 1 Nr. 3 EStG), ohne das der phG dadurch selbst gewerbesteuerpflichtig würde. Für die Erbschaft- und Schenkungsteuer gilt im Hinblick auf einen mit einer Vermögenseinlage beteiligten phG, dass die Bewertung nach dem gemeinen Wert erfolgt (§§ 97, 109 Abs. 2 S. 2 iVm § 11 Abs. 2 BewG). Insgesamt erlaubt die KGaA damit die Kombination der steuerlichen Behandlung nach Grundsätzen für Kapitalgesellschaften mit einer solchen nach personengesellschaftsrechtlichen Grundsätzen. Durch Verteilung oder Umschichtung des einzusetzenden Kapitals auf Aktien und/ oder Vermögenseinlage kann so die Steuerlast optimiert werden. Für Einzelheiten muss auf das Spezialschrifttum verwiesen werden.[31]

10 **5. Rechtstatsachen, Historie, ökonomische Würdigung. a) Praktische Bedeutung.** Die praktische Bedeutung der KGaA ist – verglichen mit AG und KG – eher **gering**. Zwar hat die Zulassung der GmbH & Co KGaA zur Belebung der Rechtsform geführt. Der zT prognostizierte „Boom" ist indes bislang ausgeblieben.[32] Gleichwohl ist zu beobachten, dass die KGaA in Beraterkreisen zuletzt verstärkte Aufmerksamkeit erfahren hat. Einer gewissen Beliebtheit erfreut sich die Rechtsform seit jeher im Bank- und **Finanzsektor** (Private Equity),[33] ferner seit dessen Kommerzialisierung auch im **Profifußball**.[34] Neuerdings wird die KGaA von **familiendominierten** Gesellschaften mit Kapitalmarktzugang „entdeckt", die darin eine Alternative zur Ausgabe von Vorzugsaktien sehen (→ Rn. 6). Als Komplementär werden dabei zunehmend auch AG, SE oder Stiftungen eingesetzt. Prominente Fälle jüngerer Umwandlungen in eine KGaA sind die Fresenius SE & Co KGaA, die Bertelsmann SE & Co KGaA, die Drägerwerke AG & Co KGaA, die Cewe KGaA, die Sto SE & Co KGaA und die Voith GmbH & Co KGaA.[35] Die Axel Springer SE hat ihre Pläne zur Umwandlung in eine KGaA 2016 aufgegeben.

11 **Zahlenmaterial:** Wiewohl speziell auf die KGaA ausgerichtete Erhebungen nicht vorliegen, geben die Handelsregister doch einigermaßen verlässlich Auskunft. Bis in die neunziger Jahre hinein lag die Zahl der KGaA relativ stabil bei 20–30 Gesellschaften.[36] Mit Zulassung der GmbH & Co KGaA im Jahr 1997 ist die Zahl deutlich angestiegen, und zwar zunächst auf ca. einhundert,[37] sodann

---

[29] Bei Anteilsveräußerung kommt eine Besteuerung nach §§ 17, 20 Abs. 2 Nr. 1 EStG in Betracht.
[30] BFH DStR 2017, 1976; BFH DStR 2017, 193. Eingehend *Ch. Schulte* DStR 2005, 951 ff.; *Hageböke/Koetz* DStR 2006, 293 ff. (mit Kritik an zT einschränkenden Tendenzen in der Finanzverwaltung).
[31] Aus neuerer Zeit *Wiss. Beirat Steuern der Ernst & Young GmbH* DB 2014, 147; *Kollruss/Weißert/Dilg* DB 2013, 423; *Hageböke* DB 2012, 2709. Monografisch *Bielinis* (passim).
[32] Nüchtern auch Kölner Komm AktG/*Mertens/Cahn* Vor § 278 Rn. 6; *Raiser/Veil* KapGesR § 28 Rn. 4; etwas verhaltener nunmehr auch *Fett* in Bürgers/Fett AktG § 1 Rn. 13; optimistisch aber *Kessler*, Die rechtlichen Möglichkeiten der Kommanditaktionäre einer GmbH & Co. KGaA zur Einwirkung auf die Geschäftsführung, 2003, 52 (äußerst attraktive Rechtsform); Großkomm AktG/*Assmann/Sethe* Vor § 278 Rn. 43 (Rechtsform erster Wahl).
[33] Nach der empirischen Untersuchung von *Grafmüller*, Die Kommanditgesellschaft auf Aktien als geeignete Rechtsform für börsenwillige Familienunternehmen, 1994, 281 sind 19,3 % der KGaA Banken, weitere 19,3 % vermögensverwaltend tätig. *Ammenwerth*, Die Kommanditgesellschaft auf Aktien (KGaA) – eine Rechtsformalternative für personenbezogene Unternehmen?, 1997, 120, führt dies darauf zurück, dass im Finanzsektor das persönliche Vertrauen in die Unternehmensführung von besonderer Bedeutung sei.
[34] Zur KGaA als geeigneter Rechtsform für Proficlubs s. *Korff* KSzW 2013, 263; *Ch. Weber* GmbHR 2013, 631 (am Beispiel Borussia Dortmund); *Balzer* ZIP 2001, 175 (179 f.); *Siebold/Wichert* SpuRt 1998, 138; *Habel/Strieder* NZG 1998, 929.
[35] S. dazu *Reichert* ZIP 2014, 1957 ff.; *Reiner* Der Konzern 2011, 135 ff.; in einigen Fällen wurde der Rechtsformwechsel angefochten, s. LG Mannheim ZIP 2014, 970 (Sto KGaA – mangelhafter Umwandlungsbericht) und BörsenZ v. 29.1.2011 S. 9 (Fresenius – Verfahren durch Vergleich beendet).
[36] Vgl. *Windbichler* GesR § 34 Rn. 3; näher Großkomm AktG/*Assmann/Sethe* Vor § 278 Rn. 44.
[37] *Philbert*, Die Kommanditgesellschaft auf Aktien zwischen Personengesellschaftsrecht und Aktienrecht, 2005, 258 ff. (basierend auf Internet-Recherche); Großkomm AktG/*Assmann/Sethe* Vor § 278 Rn. 45, 150 (unter Hinweis auf *Schlitt*, Die Satzung der KGaA, 1999, 3); vgl. auch die Daten bei *Meyer* GmbHR 2002, 177 ff.

auf über zweihundert³⁸ und zuletzt auf ca. **dreihundert:** Neuere Erhebungen melden einen KGaA-Bestand von 293 (Stand: 1.1.2016)³⁹ bzw. 307 (Stand 11.7.2016).⁴⁰ Im DAX sind 4 Unternehmen in der Rechtsform der KGaA vertreten.⁴¹ Die Zahl der börsennotierten KGaA insgesamt beträgt derzeit 13, einige weitere Kommanditaktien werden im Freiverkehr gehandelt.⁴² Im Unterschied zur AG wird die KGaA seltener als bloße Zwischenholding oder Briefkastengesellschaft verwandt. Dies dürfte erklären, warum das durchschnittliche **Grundkapital** der KGaA mit rund 40 Mio. Euro um die Hälfte größer ist als dasjenige der AG.⁴³

b) Historische Entwicklung. Die historische Entwicklung war wechselhaft.⁴⁴ Nachdem die **12** KGaA zunächst populär war, weil ihre Gründung im Unterschied zur AG keiner staatlichen Genehmigung bedurfte, verlor sie diesen Vorzug schon im 19. Jahrhundert mit Aufhebung des Oktroisystems.⁴⁵ In der Folgezeit wurde die ursprünglich eher an der KG orientierte Rechtsform zunehmend zu einer Abart der AG ausgestaltet, mit der sie 1937 folgerichtig aus dem HGB aus- und in das neu geschaffene AktG eingegliedert wurde. Eine Aufwertung erfuhr die Rechtsform 1997 mit der Anerkennung der GmbH & Co KGaA durch den BGH,⁴⁶ die der Gesetzgeber 1998 nachvollzog (vgl. § 279 Abs. 2). Die KGaA, wie wir sie heute im Gesetz vorfinden, ist nicht Ergebnis eines planmäßigen Entwurfs, sondern hat sich eher **zufällig** neben der AG erhalten.⁴⁷ Daraus lässt sich weder eine eher strenge noch eine eher nachgiebige Auslegung der für diese Rechtsform maßgeblichen Vorschriften ableiten.⁴⁸

c) Ökonomische Würdigung. Aus **ökonomischer** und **rechtspolitischer** Warte präsentiert **13** sich die KGaA **zwiespältig.** Einerseits erlaubt ihre Flexibilität eher maßgeschneiderte Lösungen als die AG und belebt damit theoretisch den Wettbewerb der Rechtsformen.⁴⁹ Andererseits gehen mit dem zwingenden Charakter des AG-Rechts auch dessen Vorteile wie Netzwerkeffekte, Rechtssicherheit und strikter Anlegerschutz verloren.⁵⁰ Ob der Markt in der Lage ist, abweichende Satzungsgestaltungen der börsennotierten KGaA angemessen zu bepreisen, ist fraglich.⁵¹ Andererseits hat die Zulassung der GmbH & Co KGaA nicht zur nennenswerten Übervorteilung des Anlegerpublikums geführt, wie sie von manchen befürchtet worden war.⁵² Bevor der Gesetzgeber zu Reformversuchen schreitet, ist jedenfalls die weitere Entwicklung dieser Gesellschaftsform in der Rechtswirklichkeit zu beobachten.⁵³

II. Rechtsnatur und Gesellschaftergruppen (Abs. 1)

1. Rechtsnatur der KGaA. Wie die AG (vgl. § 1 Abs. 1 S. 1) ist auch die KGaA „eine Gesell- **14** schaft mit eigener Rechtspersönlichkeit" (§ 278 Abs. 1), also eine vollrechtsfähige **juristische Person.** Ungeachtet ihres Unternehmensgegenstandes gilt sie als Handelsgesellschaft (§ 3 Abs. 1 iVm

---

³⁸ Vgl. *Kölling*, Gestaltungsspielräume und Anlegerschutz in der kapitalistischen KGaA, 2005, 26, der 180 KGaA nennt (mit namentlicher Auflistung S. 251 ff.); *Herfs* AG 2005, 589 Fn. 1: 233 KGaA zum 1.1.2003 (ohne Quellenangabe). Ferner die Auflistung vorhandener KGaA bei *Philbert*, Die Kommanditgesellschaft auf Aktien zwischen Personengesellschaftsrecht und Aktienrecht, 2005, 258 ff. (sortiert nach Branchen).
³⁹ *Kornblum* GmbHR 2016, 691 (692).
⁴⁰ *Lieder/Hoffmann* AG 2016, 704 (705).
⁴¹ Fresenius, Fresenius Medical Care, Henkel, Merck.
⁴² *Lieder/Hoffmann* AG 2016, 704 (707).
⁴³ *Fett* in Bürgers/Fett KGaA § 1 Rn. 12; vgl. auch Großkomm AktG/*Assmann/Sethe* Vor § 278 Rn. 47.
⁴⁴ Ausf. *Sethe*, Die personalistische Kapitalgesellschaft mit Börsenzugang, 1996, 11–100; Großkomm AktG/*Assmann/Sethe* Vor § 278 Rn. 2 ff.; ferner MüKoAktG/*Perlitt* Vor § 278 Rn. 6 ff.; knapper Überblick bei *Fett* in Bürgers/Fett KGaA § 1 Rn. 1 ff.; Kölner Komm AktG/*Mertens/Cahn* Vor § 278 Rn. 5; Windbichler GesR § 34 Rn. 3; *Lieder/Hoffmann* AG 2016, 704 ff.
⁴⁵ Großkomm AktG/*Assmann/Sethe* Vor § 278 Rn. 23; MüKoAktG/*Perlitt* Vor § 278 Rn. 13.
⁴⁶ BGHZ 134, 392.
⁴⁷ *Mertens* FS Barz, 1974, 253 (255) („unkritisch tradiert").
⁴⁸ Tendenziell anders Kölner Komm AktG/*Mertens/Cahn* Vor § 278 Rn. 10, die den Umstand, dass der Reformgesetzgeber von 1965 das Recht der KGaA unverändert übernommen hat, als Argument für weitgehende Satzungsfreiheit heranziehen.
⁴⁹ Diese Vorzüge betonen Kölner Komm AktG/*Mertens/Cahn* Vor § 278 Rn. 9; *Mertens* FS Barz, 1974, 253 (269); zurückhaltender aus rechtsvergleichender und rechtstatsächlicher Perspektive Großkomm AktG/*Assmann/Sethe* Vor § 278 Rn. 156.
⁵⁰ Vgl. zu den Vor- und Nachteilen zwingenden Aktienrechts nur *Spindler* AG 1998, 53 ff.
⁵¹ Zuversichtlich Großkomm AktG/*Assmann/Sethe* Vor § 278 Rn. 164.
⁵² Vgl. dazu *Hommelhoff* in Ulmer, Die GmbH & Co KGaA nach dem Beschluss BGHZ 134, 352, 1998, S. 101.
⁵³ Ebenso Großkomm AktG/*Assmann/Sethe* Vor § 278 Rn. 164.

§ 278 Abs. 3), ist also Formkaufmann (vgl. § 6 HGB). Da sie über ein in Aktien zerlegtes Grundkapital verfügt (vgl. § 278 Abs. 1), gehört sie zu den **Kapitalgesellschaften** (vgl. auch § 3 Abs. 1 Nr. 2 UmwG). Als solche unterliegt sie der Körperschaftsteuer (§ 1 Abs. 1 Nr. 1 KStG) und den für Kapitalgesellschaften geltenden Rechnungslegungsvorschriften.[54] Sie wird als Körperschaft, dh Verein iSd §§ 21 ff. BGB, angesehen,[55] weist allerdings personengesellschaftsrechtliche Elemente auf.

15   **2. Die Gesellschaftergruppen.** Die KGaA muss gem. § 278 Abs. 1 mindestens über zwei Arten von Gesellschaftern verfügen: Ein **persönlich haftender Gesellschafter** (phG), auch als „Komplementär" oder – historisch überholt – „Geschäftsinhaber" bezeichnet,[56] der den Gesellschaftsgläubigern gegenüber unbeschränkt haftet und sich mit einer Vermögenseinlage und/oder mit Kommanditaktien am Vermögen der Gesellschaft beteiligen kann (nicht: muss); daneben einen oder mehrere **Kommanditaktionäre,** die mit mindestens einer Aktie am Grundkapital der KGaA beteiligt sind, für die Verbindlichkeiten der Gesellschaft nicht persönlich haften und auch im Übrigen eine den Aktionären einer AG vergleichbare Stellung innehaben (→ Rn. 33 ff.). Zu den Rechtsfolgen beim Ausscheiden des einzigen Komplementärs → § 289 Rn. 26 f.

16   Eine Beteiligung als Kommanditist iSv § 161 Abs. 1 HGB ist nicht möglich.[57] Nach ungeteilter Ansicht kommt dagegen eine **stille Beteiligung** (§ 230 HGB) an dem von der KGaA betriebenen Handelsgewerbe in Betracht.[58] Der stille Gesellschafter wird dann aber nicht Mitglied der KGaA, sondern es entsteht eine Innengesellschaft zwischen ihm und der Gesellschaft, die als Unternehmensvertrag iSv § 292 Abs. 1 Nr. 2 zu qualifizieren ist.[59] Fraglich ist, ob dem Stillen **Mitspracherechte** in Geschäftsführungsfragen eingeräumt werden können („atypische stille Gesellschaft"). Für die AG ist die Frage wegen § 76 zu verneinen.[60] Für die KGaA kann sie bejaht werden, weil die Geschäftsführungsbefugnis hier dispositiv ausgestaltet ist (→ Rn. 57 ff.). Möglich sind danach etwa Zustimmungsvorbehalte, deren Missachtung Ersatz- oder Kündigungsrechte des Stillen gegenüber der KGaA auslösen kann.[61] Eine Übertragung der Geschäftsführungsbefugnis in der KGaA auf den (gesellschaftsfremden) Stillen ist wegen des Grundsatzes der Selbstorganschaft dagegen ausgeschlossen.[62]

III. Organe und anwendbares Recht (Abs. 2 u 3)

17   **1. Die Organe der KGaA. a) Aufsichtsrat, Hauptversammlung, Komplementär.** Wie die AG verfügt die KGaA über den **Aufsichtsrat** als Kontrollorgan und die **Hauptversammlung,** die für Grundlagenentscheidungen (Kapitalerhöhung, Satzungsänderung etc.) zuständig ist (s. näher Kommentierung zu § 285 und zu § 287). Deren Stellung gegenüber dem geschäftsführenden Organ ist im Vergleich zur AG allerdings schwächer, weil dem Aufsichtsrat die Personalkompetenz fehlt (→ § 287 Rn. 9) und wesentliche Beschlüsse der Hauptversammlung der Zustimmung des phG bedürfen (§ 285 Abs. 2). Geschäftsführendes Organ ist der **persönlich haftende Gesellschafter** (Synonym: Komplementär) (→ Rn. 37 ff.). Er übernimmt bei der KGaA die Funktion, die bei der AG der Vorstand ausfüllt.

18   **b) „Gesamtheit der Kommanditaktionäre".** Die „Gesamtheit der Kommanditaktionäre", von der das Gesetz an zwei Stellen noch spricht (vgl. § 278 Abs. 2, § 287 Abs. 2), ist ein Überbleibsel des ADHGB, welches im Recht der Aktiengesellschaft getilgt wurde. Es besteht Einigkeit, dass es sich dabei weder um ein besonderes Gesellschaftsorgan noch um einen eigenen Verband handelt.[63] Um Missverständnisse zu vermeiden, wird daher vorgeschlagen, die Wendung

---

[54] Dies ergibt sich aus der Überschrift des zweiten Abschnitts des dritten Buchs (Handelsbücher) des HGB.
[55] Hüffer/Koch/*Koch* Rn. 4; *Windbichler* GesR § 2 Rn. 12.
[56] Hüffer/Koch/*Koch* Rn. 4; MüKoAktG/*Perlitt* Rn. 41 aE.
[57] Heute unstr., vgl. Hüffer/Koch/*Koch* Rn. 5; MüKoAktG/*Perlitt* Rn. 11 ff.; Kölner Komm AktG/*Mertens/Cahn* Rn. 12; Großkomm AktG/*Assmann/Sethe* Rn. 15.
[58] RGZ 153, 371 (373); Hüffer/Koch/*Koch* Rn. 5; MüKoAktG/*Perlitt* Rn. 6; Großkomm AktG/*Assmann/Sethe* Rn. 16; Kölner Komm AktG/*Mertens/Cahn* Rn. 12.
[59] Großkomm AktG/*Assmann/Sethe* Rn. 16.
[60] Näher *Bachmann/Veil* ZIP 1999, 348 (350).
[61] Vgl. BGHZ 127, 176 (180); *Bachmann/Veil* ZIP 1999, 348 (349).
[62] Vgl. Hüffer/Koch/*Koch* Rn. 19a.
[63] Vgl. nur *Kessler*, Die rechtlichen Möglichkeiten der Kommanditaktionäre einer GmbH & Co. KGaA zur Einwirkung auf die Geschäftsführung, 2003, 16; *Philbert*, Die Kommanditgesellschaft auf Aktien zwischen Personengesellschaftsrecht und Aktienrecht, 2005, 93; Großkomm AktG/*Assmann/Sethe* Rn. 93; Kölner Komm AktG/*Mertens/Cahn* Rn. 49; MüKoAktG/*Perlitt* Rn. 83; K. Schmidt/Lutter/*K. Schmidt* Rn. 5, 10; Bürgers/Körber/ *Förl/Fett* Rn. 37; MHdB AG/*Herfs* § 78 Rn. 58; *Fett* in Bürgers/Fett KGaA § 3 Rn. 6; *Bürgers* in Bürgers/Fett KGaA § 5 Rn. 492.

in den beiden Vorschriften als „**Gesellschaft**" zu lesen.[64] In § 278 Abs. 2 ist das materiellrechtliche Verhältnis zwischen den Komplementären und den Kommanditaktionären, kurz: das Innenverhältnis gemeint, für das der Verweis auf Handelsrecht (§§ 109 ff., 163 ff. HGB) die Gewährung von Satzungsfreiheit bedeutet.[65] § 287 Abs. 2 wird als Kompetenzzuweisung an den Aufsichtsrat verstanden.[66]

Wenn das Gesetz die Kommanditaktionäre in ihrer „Gesamtheit" anspricht, dann will es damit **19** zum Ausdruck bringen, dass die Kommanditaktionäre innergesellschaftlich nur als Kollektiv wahrgenommen werden: Die „Gesamtheit der Kommanditaktionäre" ist der Kommanditist der KGaA.[67] Diese „**Vergemeinschaftung**" kraft Gesetzes unterscheidet die KGaA von der Publikums-KG, bei der eine solche erst durch den Gesellschaftsvertrag herbeigeführt werden muss. Das gesetzlich dafür bereitgestellte Forum ist die **Hauptversammlung,** der insofern eine Doppelfunktion – Organ der juristischen Person und Forum zur kollektiven Ausübung personengesellschaftsrechtlicher Befugnisse – zukommt (→ § 285 Rn. 2). Bedeutung entfaltet die Kollektivierung etwa dort, wo ein Beschluss beider Gesellschaftergruppen erforderlich ist. Setzt dieser Einstimmigkeit voraus (§ 119 Abs. 1 HGB), dann heißt das nicht, dass jeder einzelne Kommanditaktionär zustimmen müsste, vielmehr genügt die Zustimmung der „Gesamtheit der Kommanditaktionäre", dh der Hauptversammlung mit der jeweils dafür vorgesehenen Mehrheit.

c) Beirat. Als fakultatives Organ kann ein **Beirat** eingerichtet werden.[68] Ihm können zB Rechte **20** übertragen werden, die den Kommanditisten in ihrer Gesamtheit zustehen. Jedoch dürfen nur solche Kompetenzen übertragen werden, die nicht zwingend einem anderen Organ (Aufsichtsrat oder Hauptversammlung) zugewiesen sind (näher dazu → § 287 Rn. 29 ff.).

2. Anwendbares Recht. a) Gesetzliche Systematik. Nach der gesetzlichen Systematik, wie **21** sie in § 278 Abs. 2 und 3 zum Ausdruck gelangt, gilt für die in § 278 Abs. 2 angesprochenen Sachverhalte Personengesellschaftsrecht, sodann finden die Spezialvorschriften der §§ 279 ff. Anwendung, im Übrigen bleibt es bei den Regeln des Aktienrechts. Diese Anordnung ist dahin gehend zu **korrigieren**, dass an erster Stelle die **Spezialvorschriften der §§ 279 ff.** Anwendung finden müssen.[69] Dies entspricht dem methodisch anerkannten Satz „lex specialis derogat leges generales". Eine satzungsmäßige Abweichung von diesen Normen kommt gem. § 23 Abs. 5 grundsätzlich nicht in Betracht.[70] Denn § 23 Abs. 5 nimmt explizit auf die Vorschriften „dieses Gesetzes" und damit auch auf §§ 278 ff. Bezug. Nur soweit die §§ 279 ff. keine einschlägige Regelung enthalten, greift für die in Abs. 2 genannten Bereiche das Recht der KG.

b) Abgrenzung zwischen Abs. 2 und Abs. 3. Als **zentrales Problem** hat sich die Abgrenzung **22** zwischen Abs. 2 und Abs. 3 und damit zwischen der Anwendbarkeit von Personengesellschafts- und Aktienrecht herauskristallisiert. Die genaue Zuordnung ist oft **zweifelhaft**, weil sich ein und dieselbe

---

[64] *Kessler*, Die rechtlichen Möglichkeiten der Kommanditaktionäre einer GmbH & Co. KGaA zur Einwirkung auf die Geschäftsführung, 2003, 17; *Kessler* NZG 2005, 145 (146).

[65] *Philbert*, Die Kommanditgesellschaft auf Aktien zwischen Personengesellschaftsrecht und Aktienrecht, 2005, 96.

[66] Vgl. *Philbert*, Die Kommanditgesellschaft auf Aktien zwischen Personengesellschaftsrecht und Aktienrecht, 2005, 96; *Kessler*, Die rechtlichen Möglichkeiten der Kommanditaktionäre einer GmbH & Co. KGaA zur Einwirkung auf die Geschäftsführung, 2003, 17; *Wichert*, Die Finanzen der Kommanditgesellschaft auf Aktien, 1999, 52; Kölner Komm AktG/*Mertens/Cahn* Rn. 49, 54; MüKoAktG/*Perlitt* Vor § 278 Rn. 56, § 278 Rn. 232; Großkomm AktG/*Assmann/Sethe* Rn. 93, 95; *Fett* in Bürgers/Fett KGaA § 3 Rn. 6.

[67] Vgl. *Ammenwerth*, Die Kommanditgesellschaft auf Aktien (KGaA) – eine Rechtsformalternative für personenbezogene Unternehmen?, 1997, 22; Großkomm AktG/*Barz*, 3. Aufl. 1973, Anm. 15.

[68] Heute unstr., s. Hüffer/Koch/*Koch* § 287 Rn. 1; Großkomm AktG/*Assmann/Sethe* § 287 Rn. 90 ff.; MüKo-AktG/*Perlitt* Rn. 239 ff.; Kölner Komm AktG/*Mertens/Cahn* Rn. 59 (unter Aufgabe früherer Bedenken); MHdB AG/*Herfs* § 79 Rn. 76 f.; *Reger* in Bürgers/Fett KGaA § 5 Rn. 4, 36.

[69] Vgl. *Herfs* AG 2005, 590 (591); *Kessler*, Die rechtlichen Möglichkeiten der Kommanditaktionäre einer GmbH & Co. KGaA zur Einwirkung auf die Geschäftsführung, 2003, 9 (Redaktionsversehen); Kölner Komm AktG/*Mertens/Cahn* Rn. 5; *Fett* in Bürgers/Fett KGaA § 3 Rn. 4; abw. *Philbert*, Die Kommanditgesellschaft auf Aktien zwischen Personengesellschaftsrecht und Aktienrecht, 2005, 83, der durch „gesetzessystematische Auslegung" nach § 278 Abs. 1, 2 zunächst eine personengesellschaftsrechtliche und eine aktienrechtliche „Teilmenge" ermitteln will, in welche die speziellen Regelungen der §§ 279 ff. dann einzupassen seien (deduktiver Aufbau). Das mag theoretisch sauberer sein, ist aber für die praktische Rechtsanwendung zu kompliziert.

[70] Kölner Komm AktG/*Mertens/Cahn* Rn. 8 aE; MüKoAktG/*Perlitt* Vor § 278 Rn. 42; *Fett* in Bürgers/Fett KGaA § 3 Rn. 7; aA *Kessler*, Die rechtlichen Möglichkeiten der Kommanditaktionäre einer GmbH & Co. KGaA zur Einwirkung auf die Geschäftsführung, 2003, 18 f. (für jede Vorschrift gesondert durch teleologische Auslegung zu ermitteln).

Frage je nach Sichtweise diesem oder jenem Absatz zuordnen lässt.[71] Praktisch ist die Frage bedeutsam, weil im Anwendungsbereich des Abs. 2 weitgehende Satzungsfreiheit herrscht, während es im Übrigen bei der Satzungsstrenge des Aktienrechts bleibt. Die vom BGH aufgegriffene Faustformel, die Führungsstruktur richte sich nach dem Recht der KG, die Kapitalstruktur hingegen nach Aktienrecht,[72] hilft hier nicht weiter.

23   In der neueren Literatur lassen sich zwei Herangehensweisen ausmachen. Ein **abstrakt-systematischer** Ansatz geht davon aus, dass es zwischen beiden Absätzen keine Schnittmenge gibt, alle dem Innenverhältnis der Gesellschaftergruppen zuzurechnenden Fragen also gem. § 278 Abs. 2 allein nach Handelsrecht zu beantworten seien.[73] Im Ergebnis führt dies zu einer großzügigen Anwendung von Personengesellschaftsrecht und damit zu mehr Satzungsfreiheit. Eine andere, **konkret-teleologisch** operierende Methode sieht Abs. 2 und Abs. 3 nicht in einem Exklusivitätsverhältnis, sondern hält Überschneidungen für möglich und bestimmt die Anwendbarkeit von Aktien- oder Handelsrecht in Zweifelsfällen nach wertenden Kriterien.[74] Das kann auch dort zur Anwendung von Aktienrecht führen, wo der Weg dazu durch Abs. 2 scheinbar versperrt ist.

24   **Stellungnahme:** Richtig ist, dass § 278 Abs. 2 als Ausgangspunkt dienen muss. Dennoch lässt sich die eindeutige Zuweisung nicht für alle Fälle durchhalten. Auch der abstrakte Ansatz kommt im Problemfall nicht ohne (verdeckte) Wertungen aus.[75] Dass die gesetzliche Systematik nicht allzu wörtlich genommen werden darf, zeigt sich bereits daran, dass sie mit Blick auf den Vorrang der §§ 279 ff. ohnehin zu korrigieren ist (→ Rn. 21). **Aktienrechtliche Wertungen** kommen durch das Umwandlungs- und Konzernrecht auch jenseits der Verweisung des Abs. 3 zum Tragen (→ Rn. 89 ff.). Über das – aktienrechtlich inspirierte – Sonderrecht der Publikums-KG gilt dies selbst im Anwendungsbereich des Abs. 2 (→ Rn. 28). Damit bestätigt sich, dass die KGaA eine Sonderform der AG ist (→ Rn. 1). Den Vorzug verdient daher im Zweifel die teleologische Methode. Auch wo die mit ihr begründete Anwendung von Aktienrecht nicht zweifelsfrei ist, sollten die gewonnen Ergebnisse dort nicht mehr in Frage gestellt werden, wo sie höchstrichterlich geklärt sind (→ § 287 Rn. 11 ff. – betr. Anwendung des § 112). Das dient dem bei der KGaA vordringlichen Interesse an **Rechtssicherheit,** dessen Befriedigung Anliegen aller Autoren ist.

25   c) **Folgerungen.** Soweit nicht die §§ 279 ff. greifen, gilt danach **im Einzelnen** folgendes: Das Verhältnis der **Komplementäre untereinander** (Abs. 2 Alt. 1) richtet sich unproblematisch nach Personengesellschaftsrecht, also nach OHG- bzw. GbR-Recht (vgl. § 161 Abs. 2, § 105 Abs. 3 HGB) und ist damit weitestgehend dispositiv (§ 109 HGB). Entsprechendes gilt für ihr **Verhältnis zur Gesellschaft** (der „Gesamtheit der Kommanditaktionäre", Abs. 2 Alt. 2).[76] Davon erfasst sind etwa Fragen der Einlagepflicht (§§ 705 ff. BGB, § 111 HGB), der Gewinnverteilung (§§ 121, 168), des Aufwendungsersatzes (§ 110 HGB) oder – in § 278 Abs. 2 ausdrücklich genannt – der Geschäftsführung (§§ 114 ff., 164 HGB). Schließlich gilt Handelsrecht für das Verhältnis der Komplementäre zu **Dritten** (Abs. 2 Alt. 3), namentlich für die Vertretung (§§ 125 ff. HGB) und die persönliche Haftung (§ 128 ff. HGB). Im Einzelnen kann es dabei freilich zu Überlagerungen durch das Aktienrecht kommen.

26   **Nach Aktienrecht,** soweit dessen (modifizierte) Geltung nicht ohnehin aus §§ 279 ff. folgt, bestimmen sich insbesondere die **Gründungsformalitäten** (→ § 280 Rn. 2 ff.), die Aufbringung, Erhaltung und Veränderung des **Grundkapitals** (→ § 281 Rn. 14a) sowie die Rechte und Pflichten der **Kommanditaktionäre** gegenüber der KGaA (§§ 53a ff.) sowie untereinander (→ Rn. 33 ff.).[77]

---

[71] Beispiel: Ob der Aufsichtsrat Zustimmungsvorbehalte festlegen kann, mag als Frage des Umfangs der Geschäftsführung dem Abs. 2 zugeordnet werden, als Frage der Befugnisse des Aufsichtsrats dagegen Abs. 3, vgl. *Kessler,* Die rechtlichen Möglichkeiten der Kommanditaktionäre einer GmbH & Co. KGaA zur Einwirkung auf die Geschäftsführung, 2003, 10 f.; auch *Sethe* AG 1996, 289 (299); weitere Beispiele bei *Mertens* FS Barz, 1974, 253 (258 ff.).

[72] BGHZ 134, 392 (396); Großkomm AktG/*Assmann/Sethe* Rn. 5.

[73] Vgl. insbes. *Philbert,* Die Kommanditgesellschaft auf Aktien zwischen Personengesellschaftsrecht und Aktienrecht, 2005, 106 ff. und *Fett* in Bürgers/Fett KGaA § 3 Rn. 3 ff., 28.

[74] In diesem Sinne *Cahn* AG 2001, 579 (582); *Herfs* AG 2005, 589 (592); Kölner Komm AktG/*Mertens/Cahn* Vor § 278 Rn. 13; *Raiser/Veil* KapGesR § 28 Rn. 3; s. auch schon *Mertens* FS Barz, 1974, 253 (258 ff.); der Sache nach auch BGH NZG 2005, 276; s. ferner *Veil* NZG 2000, 72 (75): „Soweit aufgrund der Verweisungen handelsrechtliche Regeln anzuwenden sind, müssen diese daran angepasst werden, dass die KGaA eigene Rechtspersönlichkeit genießt und Kapitalgesellschaft ist".

[75] Das komplizierte Prüfungsschema von *Philbert,* Die Kommanditgesellschaft auf Aktien zwischen Personengesellschaftsrecht und Aktienrecht, 2005, 107 ff. bestätigt diese Annahme eher als dass es sie widerlegt.

[76] *Philbert,* Die Kommanditgesellschaft auf Aktien zwischen Personengesellschaftsrecht und Aktienrecht, 2005, 86; NK-AktR/*Wichert* Rn. 23.

[77] *Philbert,* Die Kommanditgesellschaft auf Aktien zwischen Personengesellschaftsrecht und Aktienrecht, 2005, 110 f.; *Sethe,* Die personalistische Kapitalgesellschaft mit Börsenzugang, 1996, 112 f.

Auch die Zusammensetzung und Funktionsweise von Aufsichtsrat und Hauptversammlung folgt weitgehend aktienrechtlichen Regeln, doch macht die besondere Struktur der KGaA hier einige Modifikationen erforderlich (→ § 285 Rn. 6 ff. (Hauptversammlung); → § 287 Rn. 9 (Aufsichtsrat)).

Problematisch, weil nicht eindeutig Abs. 2 oder Abs. 3 zuzuordnen, sind namentlich folgende 27 Regelungsbereiche: Die **Satzungsänderung,** weil die Satzung sowohl aus personengesellschaftsrechtlichen als auch aus aktienrechtlichen Elementen besteht (→ § 281 Rn. 4, 18 ff.); **Strukturänderungen** wie die Übertragung des gesamten Gesellschaftsvermögens (§ 179a) oder die Ausgliederung wertvoller Betriebe („Holzmüller"-Doktrin), für die nach Aktienrecht zwingend die Zustimmung der Hauptversammlung erforderlich ist, während sie nach Personengesellschaftsrecht abbedungen werden kann (→ Rn. 70 ff.); schließlich die Kompetenzen des **Aufsichtsrats,** deren Umfang wegen der Kollision seiner aktienrechtlichen Organzuständigkeit mit der personengesellschaftsrechtlichen Geschäftsführungs- und Vertretungsbefugnis des Komplementärs näher bestimmt werden muss (→ Rn. 58 und 81).

3. **„Sonderrecht" für atypische KGaA? a) Meinungsstand.** In seiner die Zulässigkeit der 28 GmbH & Co KGaA billigenden Entscheidung hatte der BGH erwogen, **Satzungsgestaltungen zu Lasten der Kommanditaktionäre** „nur in engeren Grenzen zuzulassen als bei der gesetzestypischen KGaA" und dabei als „allgemeine Richtlinie" auf die Rechtsprechungsgrundsätze zu den Publikumskommanditgesellschaften verwiesen.[78] Im Schrifttum führte das zu einer Debatte über Zulässigkeit und Grenzen eines **„Sonderrechts"** der atypischen KGaA.[79] Während manche sich diesem Gedanken aufgeschlossen zeigen, namentlich eine richterliche **Inhaltskontrolle** befürworten,[80] steht die überwiegende Meinung dem zurückhaltend[81] bis ablehnend[82] gegenüber.

Gegen eine Inhaltskontrolle wird eingewandt, dass die Kontrolle ungewöhnlicher Satzungsgestal- 29 tungen besser dem Kapitalmarkt überlassen bleibe.[83] Ferner sei die KGaA – anders als die KG – von vornherein als Publikumsgesellschaft konzipiert.[84] Auch die persönliche Haftung des Komplementärs bei der typischen KGaA schütze nicht vor einseitiger Satzungsgestaltung.[85] Schließlich seien die vorhandenen Rechtsinstitute des Gesellschaftsrechts, namentlich die Treuepflicht und der Gleichbehandlungsgrundsatz, ausreichend, um etwaige Schutzlücken zu schließen.[86]

b) Stellungnahme. Die Einwände **überzeugen nicht.** Das in den neunziger Jahren aus der 30 angelsächsischen Literatur übernommene Argument der selbstheilenden Marktkräfte ist durch anschließende Skandale („Neuer Markt"; Enron etc.) erschüttert worden.[87] Das gesamte zwingende Kapitalanlagerecht verdankt seine Existenz allein der historischen Erfahrung, dass der Markt die Übervorteilung von Anlegern eben nicht zu verhindern in der Lage ist. Unbeachtlich ist insofern auch der Umstand, dass die KGaA als Publikumsgesellschaft konzipiert ist, denn nicht dies, sondern die (bei Publikumsgesellschaften allerdings typische) **missbräuchliche Ausnutzung der Satzungsfreiheit** legitimiert die Inhaltskontrolle.[88] Dass auch die KGaA mit einer natürlichen Person als phG vor einem solchen Missbrauch nicht gefeit ist, legt es nahe, die Inhaltskontrolle auch auf diese zu erstrecken, nicht aber, die KGaA insgesamt davon auszunehmen. Von einer „künstlichen" Einschrän-

---

[78] BGHZ 134, 392 (399 f.).
[79] Eingehend zu einem solchen „Sonderrecht" MüKoAktG/*Perlitt* Rn. 313 ff. (mit Vorschlägen zur satzungsmäßigen Entschärfung der Problematik Rn. 375 ff.).
[80] MüKoAktG/*Perlitt* Rn. 355 f.; *Raiser/Veil* KapGesR § 31 Rn. 20 ff.; *Ihrig/Schlitt* Beihefte der ZHR Nr. 67, 1998, 33, 60; *Otte,* Die AG & Co. KGaA, 2011, 120 ff.; im Erg. auch *Kessler,* Die rechtlichen Möglichkeiten der Kommanditaktionäre einer GmbH & Co. KGaA zur Einwirkung auf die Geschäftsführung, 2003, 88 f.
[81] Vgl. Kölner Komm AktG/*Mertens/Cahn* Vor § 278 Rn. 17.
[82] Vgl. *Wichert* AG 2000, 268; *Herfs* VGR 1999, 36; Hüffer/Koch/*Koch* Rn. 9; Grigoleit/*Servatius* Rn. 20; Großkomm AktG/*Assmann/Sethe* Rn. 7; Bürgers/Körber/Förl/*Fett* Rn. 37a; NK-AktR/*Wichert* Rn. 11; *Reger* in Bürgers/Fett KGaA § 5 Rn. 98 f.; auch *Kessler,* Die rechtlichen Möglichkeiten der Kommanditaktionäre einer GmbH & Co. KGaA zur Einwirkung auf die Geschäftsführung, 2003, 86 f., der aber eine Inhaltskontrolle aus anderen Gründen befürwortet.
[83] In diesem Sinne etwa *Sethe* AG 1996, 289 (294 f.); Großkomm AktG/*Assmann/Sethe* Rn. 7, 118, § 287 Rn. 106 f.; NK-AktR/*Wichert* Rn. 11; MHdB AG/*Herfs* § 78 Rn. 64; *Herfs* VGR 1 (1999), 23 (38 ff.); *Reger* in Bürgers/Fett KGaA § 5 Rn. 101; krit. *Bayreuther* JuS 1999, 651 (655).
[84] *Herfs* VGR 1999, 36; *Reger* in Bürgers/Fett KGaA § 5 Rn. 29; *Wieneke/Fett* in Bürgers/Fett KGaA § 10 Rn. 36.
[85] Vgl. *Sethe* AG 1996, 289 (296); *Sethe,* Die personalistische Kapitalgesellschaft mit Börsenzugang, 1996, 211 ff.
[86] Kölner Komm AktG/*Mertens/Cahn* Rn. 17; Großkomm AktG/*Assmann/Sethe* Rn. 7; *Wieneke/Fett* in Bürgers/Fett KGaA § 10 Rn. 39 (Treuepflicht).
[87] Zur US-amerikanischen Debatte eingehend *Spindler* AG 1998, 53 ff.
[88] *Kessler,* Die rechtlichen Möglichkeiten der Kommanditaktionäre einer GmbH & Co. KGaA zur Einwirkung auf die Geschäftsführung, 2003, 65; *Windbichler* GesR § 19 Rn. 8.

kung der Gestaltungsfreiheit der KGaA durch Übertragung von Prinzipien anderer Rechtsformen[89] kann schon deshalb keine Rede sein, weil sich die Gestaltungsfreiheit bei der KGaA nur aus der Anwendbarkeit eben jenes Rechts ergibt, welches selbst die Schranken der Gestaltungsfreiheit formuliert.[90] Richtig ist, dass die vorhandenen Rechtsinstitute für den Anlegerschutz fruchtbar gemacht werden können. Dazu rechnet auch die Treuepflicht, doch passt diese nur dort, wo eine an sich zulässige Regelung missbräuchlich ausgenutzt wird. Im Übrigen beschert dieser Ansatz der Praxis nicht mehr Rechtssicherheit als eine Inhaltskontrolle.[91]

31 Das Gespenst der Inhaltskontrolle verliert seinen Schrecken, wenn man sich vergegenwärtigt, dass die Kontrolle **vorformulierter** und einseitig gestellter Vertrags- oder Satzungsklauseln mit dem Grundsatz der Vertragsfreiheit nicht kollidiert, sondern dessen **notwendiges** Korrelat ist.[92] Dieser Rechtsgedanke, der in § 307 BGB seinen (unvollkommenen) Ausdruck gefunden hat, erfasst daher im Ansatz *jede* Publikumsgesellschaft, soweit deren Verfassung nicht – wie bei der AG – durch zwingendes Gesetzesrecht festgelegt ist.[93] Auch die KGaA mit einer natürlichen Person bleibt nicht ausgenommen, soweit sie sich vom gesetzlichen Leitbild entfernt, doch mag der Umstand, dass die persönliche Haftung – entgegen der Ansicht des BGH[94] – durchaus eine disziplinierende Wirkung ausübt, bei der Abwägung eine gewisse Rolle spielen.[95] Im Übrigen kommt es auf den Einzelfall an,[96] wobei die Inhaltskontrolle insofern **subsidiär** ist, als für das Verdikt der Nichtigkeit einer bestimmten Satzungsklausel kein Bedarf besteht, soweit unter Heranziehung anderer Rechtsgedanken (Treuepflicht, Durchgriff, Vertrag mit Schutzwirkung etc) oder durch Rechtsfortbildung eine verhältnismäßige Lösung gelingt.[97]

32 c) **Einzelne Satzungsgestaltungen.** Einzelne Satzungsgestaltungen werden bei den sachlich einschlägigen Vorschriften kommentiert. Im **Überblick** sind namentlich folgende Klauseln unter dem Gesichtspunkt einer Inhaltskontrolle erwähnenswert: Umstritten, aber nach hM zulässig ist der vollständige **Ausschluss des Zustimmungsrechts** der Kommanditaktionäre gem. § 164 Abs. 1 Hs. 2 HGB iVm § 278 Abs. 2, § 161 Abs. 2 HGB (→ Rn. 62 f.). Als bedenklich werden dagegen der vollständige **Ausschluss des Wettbewerbsverbots** aus § 284 (s. dort)[98] oder die über § 285 Abs. 2 S. 1 hinausreichende Anordnung von Zustimmungsvorbehalten zugunsten der Komplementäre[99] angesehen. Nicht von vornherein zu verwerfen, sondern auf ihre sachgerechte Ausgestaltung im Einzelfall zu untersuchen sind **Veränderungen der Mehrheitserfordernisse** in der Hauptversammlung und das Recht des Komplementärs zur einseitigen Erhöhung seiner Vermögenseinlage.[100] Zum Problem des „Durchgriffs" auf den Geschäftsführer der Komplementärgesellschaft → Rn. 78, → § 283 Rn. 11.

IV. Die Kommanditaktionäre

33 **1. Aktionärsstellung.** Rechte und Pflichten der Kommanditaktionäre entsprechen im Prinzip denjenigen der **Aktionäre einer AG**.[101] Wie diese sind sie am Grundkapital beteiligt und haften für Verbindlichkeiten der AG nicht persönlich (§ 278 Abs. 1). Die Haftungs- und Einlageregeln für

---

[89] So *Reger* in Bürgers/Fett KGaA § 5 Rn. 29.
[90] Das Argument wäre nur schlüssig, wenn man auch das Sonderrecht für die Publikums-KG ablehnte. Das aber stellte die gesamte Rechtsentwicklung der letzten Jahrzehnte grundlos in Frage.
[91] Krit. daher auch *Herfs* VGR 1 (1999) S. 23 (31).
[92] *Kessler*, Die rechtlichen Möglichkeiten der Kommanditaktionäre einer GmbH & Co. KGaA zur Einwirkung auf die Geschäftsführung, 2003, 87 ff. (unter Hinweis auf *Stein*, Die Inhaltskontrolle vorformulierter Verträge, 1982); s. auch *Fastrich*, Richterliche Inhaltskontrolle im Privatrecht, 1992, passim.
[93] *Bachmann*, Private Ordnung, 2006, 328; *Kessler*, Die rechtlichen Möglichkeiten der Kommanditaktionäre einer GmbH & Co. KGaA zur Einwirkung auf die Geschäftsführung, 2003, 88 f.; deutlich auch *K. Schmidt* GesR § 5 III 4 b (S. 129): „Während der Gesetzgeber im Aktienrecht keine beliebigen Abweichungen vom Normalstatut zulässt (§ 23 V AktG), kann bei anderen Verbänden nur eine Inhaltskontrolle die Gesellschafter oder Mitglieder vor dem einseitigen Diktat unangemessener Bedingungen schützen".
[94] BGHZ 134, 392 (398 f.); dagegen mit Recht *Kessler*, Die rechtlichen Möglichkeiten der Kommanditaktionäre einer GmbH & Co. KGaA zur Einwirkung auf die Geschäftsführung, 2003, 73 ff.; *Bayreuther* JuS 1999, 651 (654).
[95] So auch MüKoAktG/*Perlitt* Rn. 356.
[96] MüKoAktG/*Perlitt* Rn. 356.
[97] Dass eine derartige „Normanwendung" kein Gegensatz zum „Sonderrecht" ist, sondern dessen Quelle bildet, übersieht die Kritik von Großkomm AktG/*Assmann/Sethe* Rn. 7 aE.
[98] Kölner Komm AktG/*Mertens/Cahn* Rn. 17; MüKoAktG/*Perlitt* Rn. 365.
[99] Vgl. BGHZ 134, 392 (399); Kölner Komm AktG/*Mertens/Cahn* Rn. 16; MüKoAktG/*Perlitt* Rn. 363.
[100] Kölner Komm AktG/*Mertens/Cahn* Rn. 17; MüKoAktG/*Perlitt* Rn. 362, 401, 406.
[101] *Kessler* NZG 2005, 145 (147); Kölner Komm AktG/*Mertens/Cahn* Rn. 41; NK-AktR/*Wichert* Rn. 56.

Kommanditisten einer KG (§§ 171–176 HGB) sind in der KGaA daher irrelevant. Stattdessen gelten die §§ 53a ff. einschließlich des **Verbots der Einlagenrückgewähr** (§§ 57, 62). Auch die Regeln über Aktionärsdarlehen kommen zum Zuge.[102] Von der Geschäftsführung und Vertretung sind die Kommanditaktionäre grundsätzlich ausgeschlossen (§§ 164, 170 HGB; zum Widerspruchsrecht → Rn. 61 ff.).

Ihre Verwaltungsrechte können die Kommanditaktionäre nur in der Hauptversammlung geltend 34 machen (→ Rn. 19).[103] Sie unterliegen keinem Wettbewerbsverbot (§ 165 HGB), wohl aber einer **Treuepflicht**[104] sowohl gegenüber der Gesellschaft als auch gegenüber den Mitgesellschaftern.[105] Eine persönliche Haftung kommt unter den Voraussetzungen des § 117,[106] gegebenenfalls auch nach § 826 oder den Grundsätzen der Durchgriffshaftung in Betracht.[107] **Minderheitenrechte** (zB § 93 Abs. 4 S. 3, § 142 Abs. 2, § 148 Abs. 1) finden ebenso Anwendung wie das Recht zur Erhebung einer Anfechtungsklage (§ 243). Auch die allgemeine Feststellungsklage (§ 256 ZPO) steht ihnen gegen rechtswidriges Verbandshandeln offen.[108]

2. Besonderheiten. Abweichungen gegenüber der AG bestehen darin, dass das **Auskunftsrecht** 35 der Kommanditaktionäre in der Hauptversammlung weiter reicht als dasjenige von Aktionären. Es erstreckt sich insbesondere auf Verhältnisse des Komplementärs, falls dieser seinerseits eine Gesellschaft ist.[109] Theoretisch kommen **Einsichtsrechte** hinzu (§ 166 HGB iVm § 278 Abs. 2),[110] die jedoch praktisch bedeutungslos sind, da sie den Kommanditaktionären nur als Gesamtheit zustehen (→ Rn. 19) und idR abbedungen werden.[111] Auch die Vorschriften zur **Gewinnverteilung** (§ 168) sind für die große KGaA unpassend und werden in der Satzung durch abweichende Regeln ersetzt.[112]

Fraglich ist, ob den Kommanditaktionären eine **Einzelklagebefugnis** (actio pro socio) einzuräu- 36 men ist, wie sie das Personengesellschaftsrecht kennt. Die Frage ist zu **verneinen**.[113] Das prinzipiell anwendbare Personengesellschaftsrecht wird insoweit durch die aktienrechtliche Organisationsstruktur überlagert, welche die KGaA als Sonderform der AG prägt (→ Rn. 1). Die Bedeutung der unstreitig geltenden §§ 147 f. (vgl. § 283 Nr. 8) würde ausgehebelt, die für eine Publikumsgesellschaft gebotene Rechtssicherheit beeinträchtigt, wollte man neben der nur unter strengen Voraussetzungen zulässigen **Unterlassungsklage** gegen kompetenzwidriges Geschäftsführungsverhalten[114] (die auch Kommanditaktionären offen steht[115]) eine Einzelklage etwa wegen Verletzung von Treuepflichten des Komplementärs zulassen.[116] Denkbar ist allenfalls eine Klagebefugnis der Kommanditaktionäre

---

[102] Unstr., s. nur Großkomm AktG/*Assmann*/*Sethe* Vor § 278 Rn. 70; MüKoAktG/*Perlitt* Rn. 114; Kölner Komm AktG/*Mertens*/*Cahn* Rn. 8.
[103] MüKoAktG/*Perlitt* Rn. 108.
[104] S. zur Reichweite der Treuepflicht bei ungewissen Sanierungskonzepten BGH NZG 2007, 860 (zur KG).
[105] *Kessler*, Die rechtlichen Möglichkeiten der Kommanditaktionäre einer GmbH & Co. KGaA zur Einwirkung auf die Geschäftsführung, 2003, 112 (289); MüKoAktG/*Perlitt* Rn. 92, (bei gemeinsamer Interessenwahrnehmung), 118; Bürgers/Körber/Förl/Fett Rn. 35. Dass sich die Treuepflicht gegenüber den Komplementären nicht aus aktienrechtlichen, sondern aus personengesellschaftsrechtlichen Grundsätzen ergibt (Großkomm AktG/*Assmann*/*Sethe* Rn. 90), ist praktisch irrelevant, weil sich die Intensität der Treuebindung nicht nach der Rechts-, sondern nach der Realstruktur der Gesellschaft bemisst.
[106] Dazu *Kessler*, Die rechtlichen Möglichkeiten der Kommanditaktionäre einer GmbH & Co. KGaA zur Einwirkung auf die Geschäftsführung, 2003, 287 ff.
[107] Zur Möglichkeit der „Existenzvernichtungshaftung" in der KGaA *Göz* in Bürgers/Fett KGaA § 7 Rn. 62 ff.
[108] Vgl. BGHZ 165, 192 (196) – Spaten; zur AG BGHZ 164, 249 (255) – Mangusta/Commerzbank.
[109] *Schlitt*, Die Satzung der KGaA, 1999, 210; Großkomm AktG/*Assmann*/*Sethe* Rn. 83; MüKoAktG/*Perlitt* Rn. 329.
[110] Vgl. dazu OLG München NZG 2008, 864 (865) (zur Publikums-KG): außerordentliches Informationsrecht der Kommanditisten nach § 166 Abs. 3 HGB ist nicht allein dadurch ausgeschlossen, dass eine Publikums-Gesellschaft handelt.
[111] Vgl. *Ammenwerth*, Die Kommanditgesellschaft auf Aktien (KGaA) – eine Rechtsformalternative für personenbezogene Unternehmen?, 1997, 80; für Anwendbarkeit des § 166 HGB nun auch MüKoAktG/*Perlitt* Rn. 218, aA wohl OLG München NZG 2008, 864 (866).
[112] Vgl. *Wichert*, Die Finanzen der Kommanditgesellschaft auf Aktien, 1999, 147; Großkomm AktG/*Assmann*/*Sethe* Rn. 101 f.; ferner → § 288 Rn. 2 ff.
[113] Richtig *Philbert*, Die Kommanditgesellschaft auf Aktien zwischen Personengesellschaftsrecht und Aktienrecht, 2005, 135; *Kessler*, Die rechtlichen Möglichkeiten der Kommanditaktionäre einer GmbH & Co. KGaA zur Einwirkung auf die Geschäftsführung, 2003, 259 (317); Großkomm AktG/*Assmann*/*Sethe* Rn. 62, 86, 93; *Göz* in Bürgers/Fett KGaA § 5 Rn. 676; deutlich jetzt auch MüKoAktG/*Perlitt* Rn. 107; zur AG nur Hüffer/Koch/*Koch* § 147 Rn. 6; aA offenbar MHdB AG/*Herfs* § 78 Rn. 58 (jeder einzelne klagebefugt).
[114] Vgl. BGHZ 83, 122 = NJW 1982, 1703 – Holzmüller.
[115] So MüKoAktG/*Perlitt* Rn. 126; krit. *Kessler*, Die rechtlichen Möglichkeiten der Kommanditaktionäre einer GmbH & Co. KGaA zur Einwirkung auf die Geschäftsführung, 2003, 317 (322 ff.), der auch insoweit § 147 für einschlägig und abschließend hält.
[116] So aber offenbar Kölner Komm AktG/*Mertens*/*Cahn* Rn. 54 aE.

als Gesamtheit,[117] die jedoch praktisch bedeutungslos bleibt, weil es auch insofern eines Hauptversammlungsbeschlusses bedarf (→ Rn. 18 f.).

V. Der persönlich haftende Gesellschafter

37 **1. Zahl.** Die Zahl der phG ist **beliebig,** nach dem Gesetz muss sie mindestens eins betragen (Abs. 1). Scheidet der einzige Komplementär ersatzlos aus, ist die Gesellschaft aufgelöst (str., → § 289 Rn. 26). Die Satzung darf eine höhere Mindestzahl festsetzen.[118] Die einschlägige Vorschrift für den Vorstand, wonach ab einem bestimmten Grundkapital der Vorstand aus mindestens drei Personen zu bestehen hat (§ 76 Abs. 2 S. 2), gilt mangels Erwähnung in § 283 nicht.[119] Auch ein Arbeitsdirektor (§ 76 Abs. 2 S. 3) ist nicht zu bestellen, § 33 Abs. 1 S. 2 MitbestG.

38 **2. Persönliche Voraussetzungen. a) Natürliche Personen.** Komplementär kann eine **natürliche Person** sein. Mitglieder des Aufsichtsrats dürfen nicht zugleich Komplementär sein (§ 287 Abs. 3). Umstritten ist, ob die Anforderungen, die § 76 Abs. 3 an den Vorstand stellt (insbesondere unbeschränkte **Geschäftsfähigkeit;** keine einschlägigen Vorstrafen), in diesem Fall auch für den phG der KGaA gelten. Dies ist jedenfalls dann zu **verneinen,** wenn der phG – was zulässig ist[120] – von der Geschäftsführung und Vertretung der Gesellschaft ausgeschlossen wird, weil er dann dem Vorstand nicht vergleichbar ist.[121] In diesem Fall ist auch weder eine Belehrung noch eine Erklärung gem. § 37 Abs. 2 erforderlich.[122]

39 Im anderen Fall gehen die Ansichten auseinander: Einige wollen § 76 Abs. 3 zur Anwendung bringen, weil der Rechtsverkehr erwarte, dass die Leitung und Vertretung der KGaA in diesem Punkt den bei anderen Kapitalgesellschaften geltenden Maßstäben genüge.[123] Rechtspolitisch mögen dafür gute Gründe sprechen, doch findet die genannte Erwartung **im Gesetz keine Stütze.**[124] Die Stellung des Komplementärs bemisst sich nach KG-Recht (vgl. § 278 Abs. 2), und § 283 verweist gerade nicht auf § 76. Was KG recht ist, muss der KGaA billig sein. Dem Rechtsverkehr geschieht jedenfalls mit Blick auf den beschränkt geschäftsfähigen Komplementär kein Unbill, weil dieser durch einen Vertreter handeln muss, den Gesellschaftern kommt die Lösung entgegen, weil sie den Bestand der Rechtsform beim Einrücken minderjähriger Erben in die Komplementärstellung wahrt.[125] Zu folgen ist daher der Ansicht, die § 76 Abs. 3 generell nicht anwendet.

40 **b) Juristische Personen.** Komplementär können auch **juristische Personen** und rechtsfähige Personenhandelsgesellschaften sein. Das ist heute unstreitig,[126] von Rechtsprechung[127] und Gesetzgeber[128] anerkannt und in der Praxis bereits die Regel.[129] Die praktisch häufigste Variante ist die GmbH & Co KGaA. Sie bietet dank des elastischen GmbH-Rechts die größte Flexibilität. Bei größeren Unternehmen erfreut sich die AG als Komplementärin einer gewissen Beliebtheit (AG & Co KGaA).[130] Ihr wird hauptsächlich aus Reputationsgründen gegenüber der GmbH der Vorzug gegeben, doch besteht der Preis neben einem starreren Rechtsrahmen darin, dass zwei Aufsichtsräte zu installieren und zu koordinieren sind (→ § 287 Rn. 19a). Ähnliches gilt für die SE & Co KGaA,

---

[117] Dafür Großkomm AktG/*Assmann*/*Sethe* Rn. 86; auch *Philbert,* Die Kommanditgesellschaft auf Aktien zwischen Personengesellschaftsrecht und Aktienrecht, 2005, 135 und *Göz* in Bürgers/Fett KGaA § 5 Rn. 675, welche die actio pro socio aber im Anwendungsbereich der §§ 147 f. durch diese überlagert sehen. → § 287 Rn. 25.
[118] Kölner Komm AktG/*Mertens*/*Cahn* Rn. 14; Großkomm AktG/*Assmann*/*Sethe* Rn. 17.
[119] Unstr., s. Kölner Komm AktG/*Mertens*/*Cahn* Rn. 14; Großkomm AktG/*Assmann*/*Sethe* Rn. 17; MüKoAktG/*Perlitt* Rn. 8.
[120] Vgl. nur MüKoAktG/*Perlitt* Rn. 18. Einzelheiten → Rn. 53 ff., insbes. → Rn. 57.
[121] Unstr., s. Hüffer/Koch/*Koch* Rn. 7; Kölner Komm AktG/*Mertens*/*Cahn* Rn. 20; Großkomm AktG/*Assmann*/*Sethe* Rn. 23, 27; MüKoAktG/*Perlitt* Rn. 28 f.
[122] MüKoAktG/*Perlitt* Rn. 29; Kölner Komm AktG/*Mertens*/*Cahn* Rn. 15.
[123] Kölner Komm AktG/*Mertens*/*Cahn* Rn. 15, 20; zweifelnd Hüffer/Koch/*Koch* Rn. 7 eingeschränkt jetzt auch MüKoAktG/*Perlitt* Rn. 25.
[124] *Philbert,* Die Kommanditgesellschaft auf Aktien zwischen Personengesellschaftsrecht und Aktienrecht, 2005, 143; Großkomm AktG/*Assmann*/*Sethe* Rn. 24 ff.; K. Schmidt/Lutter/*K. Schmidt* Rn. 18; *Bürgers* in Bürgers/Fett KGaA § 4 Rn. 7; *Reger* in Bürgers/Fett KGaA § 5 Rn. 77; jetzt wohl auch MüKoAktG/*Perlitt* Rn. 25.
[125] Vgl. Großkomm AktG/*Assmann*/*Sethe* Rn. 26; *Düringer*/*Hachenburg* HGB, 3. Aufl. 1935, § 320 Anm. 6.
[126] Vgl. Hüffer/Koch/*Koch* Rn. 8; Kölner Komm AktG/*Mertens*/*Cahn* Rn. 16; Großkomm AktG/*Assmann*/*Sethe* Rn. 30; MüKoAktG/*Perlitt* Rn. 19; *Raiser*/*Veil* KapGesR § 29 Rn. 2 ff.
[127] Grundlegend BGHZ 134, 392 = NJW 1997, 1923.
[128] Vgl. § 279 Abs. 2 sowie den (inzwischen aus anderen Gründen aufgehobenen (→ Rn. 97)) § 18 Nr. 3 BörsZulVO.
[129] Vgl. die rechtstatsächlichen Angaben bei *Kölling,* Gestaltungsspielräume und Anlegerschutz in der kapitalistischen KGaA, 2005, 251 ff.
[130] Umfassend *Otte,* Die AG & Co. KGaA, 2011 (passim).

bei der das europäische Image und die Option der monistischen Verwaltungsstruktur als Pluspunkte gelten.[131] Auch die Stiftung & Co KGaA ist möglich und kommt durchaus vor.[132] Die letztgenannten Gestaltungen bieten den Vorteil, dass ein „Abberufungsdurchgriff" der Kommanditaktionäre, der nach hM freilich auch bei der GmbH & Co KGaA ausgeschlossen ist (→ Rn. 78), in keinem Fall in Betracht kommt.[133] Eine eher theoretische Alternative bleiben juristische Personen des öffentlichen Rechts sowie VVaG und eG.[134] Auch doppelstöckige Konstruktionen wie die GmbH & Co KG & Co KGaA sind denkbar.[135] An der Komplementärfähigkeit der rechtsfähigen **BGB-Gesellschaft** sollte ebenfalls nicht mehr gezweifelt werden,[136] doch ist die Gestaltung unpraktisch, weil alle Gesellschafter namentlich in die Satzung und analog § 162 Abs. 1 S. 2 HGB in das Handelsregister aufzunehmen sind.[137] Nicht ausgeschlossen ist schließlich ein **ausländischer Rechtsträger** als Komplementär,[138] was allerdings zu einem unhandlichen „Normenmix" führt.[139] Auch eine von der KGaA **abhängige Gesellschaft** soll Komplementärin sein dürfen, doch löst dies besonderen Gestaltungsbedarf aus.[140]

c) „Frauenquote". Zielgrößen für den **Frauenanteil** beim phG sind **nicht** festzulegen, wenn **40a** der phG eine natürliche Person ist. Zwar gilt § 111 Abs. 5, der entsprechendes für den Vorstand und Aufsichtsrat einer börsennotierten oder mitbestimmten AG anordnet, an sich auch für die KGaA, wie sich mittelbar aus § 289f Abs. 3 HGB ergibt (→ Rn. 103b). Eine Geschlechterquote für Gesellschafter widerspräche aber den Prinzipien des Personengesellschaftsrechts und ist vom Gesetzgeber daher nicht gewollt.[141]

Schwieriger ist es, wenn der phG eine **Kapitalgesellschaft** ist. Für deren Vorstand (bzw. **40b** Geschäftsführung, vgl. § 36 GmbHG) sind jedenfalls dann Zielgrößen festzulegen, wenn diese selbst börsennotiert oder paritätisch mitbestimmt ist, was regelmäßig nicht der Fall sein wird. Zuständig für die Festlegung ist in diesem Fall der Aufsichtsrat der Komplementärgesellschaft. Ist nur die KGaA, nicht aber ihre Komplementärgesellschaft börsennotiert oder mitbestimmt, sprechen Sinn und Zweck der Regelung dafür, bei der Geschäftsführung der Komplementärin ebenfalls Zielquoten festzulegen.[142] Dies gilt jedenfalls dann, wenn die Komplementärgesellschaft keinen anderen Zweck außer der Geschäftsführung der KGaA verfolgt.

Fraglich ist allerdings, wer diese Zielquote festlegen soll. Der Aufsichtsrat der KGaA verfügt bei **40c** der Komplementärgesellschaft über keine Personalkompetenz (→ § 287 Rn. 9), so dass an sich nur der Aufsichtsrat der Komplementärgesellschaft in Betracht kommt.[143] Dieser wird jedenfalls als zuständig für die Entwicklung eines Diversitätskonzepts (§ 289f Abs. 2 Nr. 6 HGB) bei der Komplementärgesellschaft angesehen.[144] Ist diese eine GmbH, besitzt sie aber im Regelfall keinen Aufsichtsrat, so dass die Festlegung von Zielquoten von der (zufälligen) Rechtsform der Komplementärgesellschaft abhinge. Weil das kein sinnvolles Ergebnis ist, sollte die Pflicht zur Festlegung von Zielquoten zumindest in diesem Fall dem **Aufsichtsrat der KGaA** zugesprochen werden. Dass dieser bei der Komplementärgesellschaft über keine Personalkompetenz verfügt, ist misslich, steht dem hier vertretenen Ergebnis aber nicht im Wege,[145] weil die Zielquote unverbindlich ist und ihr Erreichen oder Verfehlen lediglich nach § 289f Abs. 2 Nr. 4, Abs. 4 u. 5 HGB berichtet werden muss. Besteht

---

[131] Näher *Mayer-Ullner/Otte* NZG 2015, 737 ff.; *Reichert/Ott* in Bergmann ua, 10 Jahre SE, 2014, 154 ff.; *Reichert* ZIP 2015, 1957 (1964 f.); *Giangreco/Polte* BB 2014, 2947 (2951 f.).
[132] Zur Stiftung & Co KGaA *Pauli* ZErb 2010, 66.
[133] Kölner Komm AktG/*Mertens/Cahn* Rn. 85.
[134] Dazu *Bürgers* in Bürgers/Fett KGaA § 4 Rn. 8, 13 sowie K. Schmidt/Lutter/*K. Schmidt* Rn. 19.
[135] Statt aller Großkomm AktG/*Assmann/Sethe* Rn. 43; zur Firmierung → § 279 Rn. 8.
[136] *Heinze* DNotZ 2012, 426 (430); Kölner Komm AktG/*Mertens/Cahn* Rn. 16; K. Schmidt/Lutter/ *K. Schmidt* Rn. 20; Bürgers/Körber/Förl/Fett Rn. 14; *Bürgers* in Bürgers/Fett KGaA § 4 Rn. 9; zur KG Baumbach/Hopt/*Roth* HGB § 161 Rn. 3, § 105 Rn. 28; vgl. auch BGHZ 148, 291 (zur Kommanditistenfähigkeit der GbR); jetzt auch MüKoAktG/*Perlitt* Rn. 37; abw. noch Großkomm AktG/*Assmann/Sethe* Rn. 42.
[137] Vgl. LG Berlin DB 2003, 1380; *Heinze* DNotZ 2012, 426 (431 ff.) (dort auch zu den technischen Details); *Bürgers* in Bürgers/Fett KGaA § 4 Rn. 9; Kölner Komm AktG/*Mertens/Cahn* Rn. 16.
[138] MüKoAktG *Perlitt* Rn. 35 f.; Kölner Komm AktG/*Mertens/Cahn* Rn. 16.
[139] Abl. daher Großkomm AktG/*Assmann/Sethe* Vor § 278 Rn. 171 f.; *Bürgers* in Bürgers/Fett KGaA § 4 Rn. 15.
[140] Näher *Gonella/Mikic* AG 1998, 508 (511 f.); Kölner Komm AktG/*Mertens/Cahn* Rn. 18 f.
[141] Vgl. BT-Drs. 18/4227.
[142] So auch *Johannsen-Roth/Kießling* FS Marsch-Barner, 2018, 273 (279 f.), die wegen der rechtstechnischen Hürden (dazu sogleich) aber nur von einer freiwilligen Festlegung ausgehen.
[143] So *Nicolas/v. Eiff* in Frodermann/Jannott AktR-HdB, 9. Aufl. 2017, Kap. 17 Rn. 189; ablehnend *Johannsen-Roth/Kießling* FS Marsch-Barner, 2018, 273 (279 f.).
[144] *Johannsen-Roth/Kießling* FS Marsch-Barner, 2018, 273 (282).
[145] AA *Johannsen-Roth/Kießling* FS Marsch-Barner, 2018, 273 (279 f.).

bei der Komplementärin ein eigener Aufsichtsrat, muss dieser in die Entscheidung einbezogen werden. Praktisch löst sich das Problem, wenn beide Aufsichtsräte personenidentisch besetzt sind und/oder gemeinsam tagen (→ § 287 Rn. 19a). Eine klare gesetzliche Lösung wäre vorzugswürdig. Zur Festlegung von Zielquoten für die weiteren Führungsebenen → § 283 Rn. 2a. Zur „Frauenquote" im Aufsichtsrat → § 287 Rn. 2a.

41 3. Rechte, Pflichten, Status. a) Haftung. Der Komplementär **haftet** den Gläubigern gegenüber **unbeschränkt** (§ 278 Abs. 1). Art und Umfang der Haftung richten sich nach §§ 128–130 (iVm § 161 Abs. 2 HGB), wie sich aus dem Verweis in § 278 Abs. 2 ergibt. Die Haftung ist danach eine persönliche, unbeschränkte, unmittelbare und primäre. Mehrere Komplementäre haften als Gesamtschuldner.[146] Sie ist gesetzlicher Natur und kann daher nur durch Einzelvereinbarung mit einem bestimmten Gläubiger ausgeschlossen werden. Als akzessorische Haftung folgt sie in Bestand, Umfang und Gläubigerschaft der jeweiligen Verbindlichkeit der Gesellschaft.

42 **Ein Rückgriff** gegen die Gesellschaft ist nach § 110 HGB möglich, ein solcher gegen andere Komplementäre nach § 426 BGB.[147] Auch ein Forderungsübergang analog § 774 BGB kommt in Betracht.[148] Zulässig sind vertragliche oder satzungsmäßige **Freistellungsvereinbarungen** zwischen den Komplementären untereinander, die freilich nur im Innenverhältnis wirken (§ 128 S. 2 HGB).[149] Freistellungsvereinbarungen, die zu Lasten des Gesellschaftsvermögens gehen, sind zulässig,[150] haben aber wegen des ohnehin aus § 110 HGB folgenden Rückgriffsanspruchs wenig praktische Bedeutung.[151] Ein Rückgriff gegen die Kommanditaktionäre ist in jedem Fall ausgeschlossen und kann auch durch Satzung nicht begründet werden.[152]

43 **Eintretende** Komplementäre haften nach § 130 HGB (iVm § 161 Abs. 2 HGB). **Ausgeschiedene** Komplementäre haften für die Dauer von fünf Jahren fort (§ 160 HGB). Der Umstand, dass den Gläubigern – anders als bei der KG – zusätzlich ein reserviertes Grundkapital als Haftungsmasse zur Verfügung steht, ändert daran nichts.[153] Denn nur die strenge persönliche Haftung legitimiert nach der Vorstellung des Gesetzgebers – ob zu Recht oder Unrecht – die besondere Gestaltungsfreiheit bei der KGaA.[154] Der Ausgeschiedene kann allerdings Rückgriff gegen die Gesellschaft aus § 670 BGB nehmen.[155]

44 b) Gesellschafterdarlehen. **Fraglich** ist, ob die Regeln zur Behandlung von Gesellschafterdarlehen (§ 39 Abs. 1 Nr. 5, Abs. 4 und 5, § 135 InsO) auch Darlehen des phG erfassen. Die zum alten Eigenkapitalersatzrecht entwickelte hL **differenziert**: Sei der phG eine **natürliche Person,** fänden die Regeln keine Anwendung, sei er dies nicht, kämen sie in Betracht.[156] Zur Begründung wird darauf verwiesen, dass es sich gem. § 278 Abs. 2 um eine nach Personengesellschaftsrecht zu beantwortende Frage handele, welches in § 172a HGB aF eine entsprechende Differenzierung vornehme. Außerdem bestehe im Falle der persönlichen Haftung einer natürlichen Person für eine Anwendung der Darlehnsregeln kein Bedürfnis.

45 Ob das zuletzt genannte Argument überzeugt, mag hier dahinstehen. Jedenfalls seit der GmbH-Reform ist der **hL zu folgen.** Nach **§ 39 Abs. 4 InsO** gilt die Nachrangigkeit von Gesellschafterdarlehen „für Gesellschaften, die weder eine natürliche Person noch eine Gesellschaft als persönlich haftender Gesellschafter haben, bei der ein persönlich haftender Gesellschafter eine natürliche Person ist". Aus dem Umkehrschluss folgt, dass in anderen Fällen – insbesondere bei Vorhandensein eines natürlichen Vollhafters – die Anwendung des § 39 Abs. 1 Nr. 5 InsO und damit auch diejenige des § 135 InsO ausgeschlossen ist. Zwar dachte der Gesetzgeber bei der Formulierung des (an die alten

---

[146] Vgl. nur *Windbichler* GesR § 15 Rn. 20; eingehend *K. Schmidt* GesR § 45.
[147] Hüffer/Koch/*Koch* Rn. 10; MüKoAktG/*Perlitt* Rn. 161 f.; Kölner Komm AktG/*Mertens/Cahn* Rn. 44; Großkomm AktG/*Assmann/Sethe* Rn. 68; K. Schmidt/Lutter/*K. Schmidt* Rn. 43.
[148] Vgl. Großkomm HGB/*Habersack* § 128 Rn. 43, 49.
[149] Großkomm AktG/*Assmann/Sethe* Rn. 69; MüKoAktG/*Perlitt* Rn. 61, 163.
[150] Vgl. Großkomm AktG/*Assmann/Sethe* Rn. 69; MHdB AG/*Herfs* § 78 Rn. 24; *Kallmeyer* DZWir 1998, 238 (239 f.).
[151] MüKoAktG/*Perlitt* Rn. 61; anders Großkomm AktG/*Assmann/Sethe* Rn. 69 (sinnvoll).
[152] Großkomm AktG/*Assmann/Sethe* Rn. 69; Kölner Komm AktG/*Mertens/Cahn* Rn. 52.
[153] MüKoAktG/*Perlitt* Rn. 164; Großkomm AktG/*Assmann/Sethe* Rn. 67; Kölner Komm AktG/*Mertens/Cahn* Rn. 44; MHdB AG/*Herfs* § 78 Rn. 23; *Raiser/Veil* KapGesR § 30 Rn. 15; aA *Wiesner* ZHR 148 (1984) 56 ff.; krit. auch Hüffer/Koch/*Koch* Rn. 10.
[154] Kölner Komm AktG/*Mertens/Cahn* Vor § 278 Rn. 10 aE.
[155] Hüffer/Koch/*Koch* Rn. 10; Großkomm AktG/*Assmann/Sethe* Rn. 68; Kölner Komm AktG/*Mertens/Cahn* Rn. 44.
[156] MüKoAktG/*Perlitt* Vor § 278 Rn. 72 ff.; Großkomm AktG/*Assmann/Sethe* Vor § 278 Rn. 70; *Göz* in Bürgers/Fett KGaA § 7 Rn. 41 f. Erfasst werden auch Darlehen der Gesellschafter der Komplementärgesellschaft an die KGaA, vgl. *Arnold,* Die GmbH & Co. KGaA, 2001, 157; *Göz* in Bürgers/Fett KGaA § 7 Rn. 42.

§§ 129a, 172a HGB angelehnten) § 39 Abs. 4 InsO offenbar nur an OHG und KG, wie sich aus der Gesetzesbegründung ergibt.[157] Der insoweit eindeutige Gesetzeswortlaut ist aber auf alle Gesellschaftsformen bezogen, wobei es im Interesse der Rechtssicherheit bleiben muss.

c) Sonstige Rechte und Pflichten. Im Übrigen entsprechen **Rechte und Pflichten** des phG weitgehend denjenigen des Komplementärs einer KG.[158] Der phG ist danach, soweit nicht davon ausgeschlossen, zur **Geschäftsführung** und **Vertretung** berechtigt und verpflichtet (→ Rn. 53 ff.).[159] Er muss die versprochenen Einlagen leisten, ist am Gewinn beteiligt und unterliegt einer **Treuepflicht** gegenüber der Gesellschaft wie gegenüber den Mitgesellschaftern, die über die Treuepflicht eines Vorstands hinausgeht.[160] Er kann im Wege der **actio pro socio** gegen Mitgesellschafter, insbes. Mitkomplementäre vorgehen.[161] Sondervorschriften gelten für das Wettbewerbsverbot (§ 284, s. dort) und das Entnahmerecht (§ 288, s. dort). Daneben erklärt das Gesetz eine Reihe von Vorschriften für anwendbar, wie sie für den Vorstand einer AG gelten (§ 283, s. dort). Von besonderer Bedeutung sind dabei die **Haftung**, für die nicht der milde Maßstab des § 708 BGB, sondern der strenge des § 93 Abs. 1 gilt,[162] und die Regeln zu ihrer Realisierung, die sich ebenfalls nach Aktienrecht richten (§ 112, §§ 147 ff. iVm § 283 Nr. 3 und 8). Bei der **GmbH & Co KGaA** wird gemäß den zur Publikums-KG entwickelten Grundsätzen dem Anstellungsvertrag des GmbH-Geschäftsführers **Schutzwirkung** zugunsten der KGaA zugesprochen.[163] Daraus können unmittelbare Schadensersatzansprüche der KGaA gegen den GmbH-Geschäftsführer resultieren. Ein „Abberufungsdurchgriff" kommt hingegen nicht in Betracht (→ Rn. 78). Zu **Anstellung** und **Vergütung** → § 288 Rn. 9 ff.

d) Kaufmannseigenschaft. Wie der Komplementär einer KG so soll auch der phG der KGaA nach traditioneller Auffassung stets **Kaufmann** sein.[164] Diese Auffassung weicht heute einer differenzierteren Betrachtung.[165] Der Komplementär kann danach ohne weiteres als „Kaufmann" iSd § 109 Abs. 1 Nr. 3 GVG ehrenamtlicher Richter in einer Kammer für Handelssachen sein.[166] Im Übrigen ist seine Kaufmannseigenschaft jedenfalls insoweit zu verneinen, als es um private Rechtsgeschäfte oder das Verhältnis der Komplementäre untereinander geht.[167] Eine etwaige Kaufmannseigenschaft des Komplementärs kraft Rechtsform (§ 6 HGB) bleibt davon selbstverständlich *unberührt*.

4. Erwerb und Verlust der Komplementärstellung. Der originäre **Erwerb** der Komplementärstellung kann unmittelbar im Rahmen der Gründung erfolgen, indem sich die phG – wie vorgeschrieben (§ 280 Abs. 2) – an der Feststellung der Satzung beteiligen. Entsteht die KGaA durch Formwechsel, kann der Umwandlungsbeschluss vorsehen, dass ein bisheriges Mitglied die Rechtsstellung eines phG einnimmt; alternativ ist der Beitritt als phG möglich (§ 218 Abs. 2, § 221 UmwG). Jede weitere Veränderung in der Person des phG ist **Satzungsänderung,** bedarf also eines Hauptversammlungsbeschlusses (§ 179) sowie der Zustimmung der Komplementäre (§ 285 Abs. 2 S. 1).[168]

Weil sich die Rolle der Komplementäre nach Handelsrecht richtet (§ 278 Abs. 2), sind **abweichende Satzungsgestaltungen** zulässig.[169] Das Spektrum der nach hM möglichen Gestaltungen ist dabei außerordentlich groß. Denkbar ist etwa, dass die Entscheidung über die Aufnahme neuer phG dem Aufsichtsrat, der Hauptversammlung oder einem sonstigen Gremium (Beirat) – alleine oder im Zusammenwirken – übertragen wird,[170] wobei sogar die Übertragung an ein mit **Externen**

---

[157] Vgl. Begründung der Beschlussempfehlung (BT-Drs. 16/9737) zu § 39 InsO.
[158] Eingehend Großkomm AktG/*Assmann/Sethe* Rn. 52 ff.; MüKoAktG/*Perlitt* Rn. 40 ff.
[159] Kölner Komm AktG/*Mertens/Cahn* Rn. 32.
[160] Kölner Komm AktG/*Mertens/Cahn* Rn. 30, 33, 54; Bürgers/Körber/*Förl/Fett* Rn. 27.
[161] HM, vgl. Großkomm AktG/*Assmann/Sethe* Rn. 62; Kölner Komm AktG/*Mertens/Cahn* Rn. 31; *Göz* in Bürgers/Fett KGaA § 5 Rn. 673; einschränkend MüKoAktG/*Perlitt* Rn. 80 ff.; aA *Kessler* NZG 2005, 145 (146).
[162] Statt aller MüKoAktG/*Perlitt* Rn. 62.
[163] Vgl. *Kessler,* Die rechtlichen Möglichkeiten der Kommanditaktionäre einer GmbH & Co. KGaA zur Einwirkung auf die Geschäftsführung, 2003, 280 ff.; Raiser/Veil KapGesR § 31 Rn. 17 unter Hinweis auf BGHZ 75, 321; BGHZ 76, 326.
[164] Vgl. RGZ 34, 374 (379).
[165] Vgl. MüKoAktG/*Perlitt* Rn. 41: „Hängt von den Umständen des Einzelfalls ab".
[166] Kölner Komm AktG/*Mertens/Cahn* Rn. 22; Großkomm AktG/*Assmann/Sethe* Rn. 13.
[167] Großkomm AktG/*Assmann/Sethe* Rn. 13.
[168] Vgl. OLG Stuttgart AG 2003, 587 = ZIP 2003, 670; *Kessler* NZG 2005, 145 (146); *Herfs* AG 2005, 589 (593); Großkomm AktG/*Assmann/Sethe* Rn. 49; Kölner Komm AktG/*Mertens/Cahn* Rn. 24; Auswechslung außerhalb der Satzung erwägen K. Schmidt/Lutter/*K. Schmidt* Rn. 28.
[169] Im Grundsatz unstr., so nur OLG München NZG 2004, 521; Hüffer/Koch/*Koch* Rn. 19; Großkomm AktG/*Assmann/Sethe* Rn. 46; Kölner Komm AktG/*Mertens/Cahn* Rn. 26; zum Personengesellschaftsrecht eingehend Großkomm HGB/*Habersack* § 130 Rn. 7 mwN.
[170] Großkomm AktG/*Assmann/Sethe* Rn. 46; Kölner Komm AktG/*Mertens/Cahn* Rn. 26.

besetztes Gremium für zulässig erachtet wird (zweifelhaft).[171] Auch der Komplementär soll dazu ermächtigt werden dürfen, alleine über die Aufnahme weiterer Komplementäre zu befinden.[172] Hält man das für zulässig,[173] ist jedenfalls § 112 zu beachten (→ § 287 Rn. 11 ff.). Schließlich können Eintritts-, Entsendungs- oder Präsentationsrechte geschaffen werden.[174]

50 Zulässig ist auch die **Übertragung** einer vorhandenen Komplementärstellung.[175] Sie erfolgt gem. §§ 413, 398 BGB und bedarf sowohl der Zustimmung der Mitkomplementäre als auch derjenigen der Hauptversammlung.[176] Auch insoweit besteht Satzungsfreiheit, so dass zB die Zustimmungsentscheidung auf eine der beiden Gesellschaftergruppen oder ein anderes Organ delegiert oder in ein enumeratives Widerspruchsrecht umgestaltet werden kann.[177]

51 Zu beachten ist, dass sich der Beitritt in keinem Fall gegen den Willen des Betroffenen vollziehen kann (klarstellend § 217 Abs. 3 UmwG) und dass die an der Aufnahmeentscheidung nicht beteiligten Gesellschafter den Beitritt bis zur gerichtlichen Klärung **blockieren** können, wenn in der Person des Beitretenden ein wichtiger Grund iSv §§ 133, 140 HGB liegt.[178]

52 Das **Ausscheiden** eines Komplementärs findet jedenfalls dann statt, wenn dieser gem. § 140 HGB (iVm § 278 Abs. 2) durch gerichtliches Urteil aus der Gesellschaft ausgeschlossen wurde. Im Übrigen sollen phG gem. § 289 Abs. 5 nur dann ausscheiden können, „wenn es die Satzung für zulässig erklärt". Diese Vorschrift ist dahingehend zu korrigieren, dass ein Ausscheiden auch in allen anderen in § 131 Abs. 3 HGB genannten Fällen stattfindet.[179] Zum „Abberufungsdurchgriff" bei der kapitalistischen KGaA → Rn. 78.

VI. Geschäftsführung

53 **1. Geschäftsführungsbefugnis. a) Gesetzliche Regelung.** Nach der ausdrücklichen Regelung in § 278 Abs. 2 obliegt die Geschäftsführung und Vertretung der KGaA den **Komplementären**. Man bezeichnet sie daher auch als **geborene Geschäftsführer**. Es finden §§ 114–118 HGB iVm § 161 Abs. 2 HGB Anwendung, die §§ 76, 77 gelten nicht. Mit der Verweisung auf das Recht der Personenhandelsgesellschaft wird zugleich die Geltung des ungeschriebenen Grundsatzes der **Selbstorganschaft** für die KGaA angeordnet.[180] Er schließt die alleinige Geschäftsführung und Vertretung durch Dritte aus.

54 **Zur Geschäftsführung sind** nach § 114 Abs. 1 HGB **alle** persönlich haftenden Gesellschafter berechtigt und verpflichtet, doch kann diese auch einem oder mehreren von ihnen übertragen werden, § 114 Abs. 2 HGB. Abweichend vom Recht der AG (§ 77 Abs. 1 S. 1) gilt das Prinzip der **Einzelgeschäftsführung** mit Widerspruchsrecht der anderen Geschäftsführungsberechtigten, § 115 Abs. 1 HGB. Die fragliche Maßnahme hat danach zu unterbleiben, wenn ein anderer geschäftsführungsbefugter Komplementär ihr widersprochen hat (§ 115 Abs. 1 HS 2 HGB).[181] Abweichende Gestaltungen sind möglich (→ Rn. 57).

55 Die geschäftsführungsbefugten Komplementäre können sich selbst eine **Geschäftsordnung** geben. Das hat einstimmig zu geschehen (§ 119 HGB), doch darf die Satzung anderes vorsehen, da § 77 Abs. 2 S. 2 nicht gilt.[182] Dem Aufsichtsrat steht diese Kompetenz – anders als in der AG (§ 77

---

[171] So Großkomm AktG/*Assmann/Sethe* Rn. 47; Bürgers/Körber/*Förl/Fett* Rn. 18; MHdB AG/*Herfs* § 78 Rn. 6; offenbar nur für Präsentationsrecht Dritter MüKoAktG/*Perlitt* Rn. 68.
[172] So *Kessler* NZG 2005, 145 (146) (unter Hinweis auf den Sachverhalt in OLG München NZG 2004, 521); Großkomm AktG/*Assmann/Sethe* § 285 Rn. 76; Kölner Komm AktG/*Mertens/Cahn* Rn. 26; MüKoAktG/*Perlitt* Rn. 68; MHdB AG/*Herfs* § 78 Rn. 6.
[173] Abl. *K. Schmidt* ZHR 160 (1996) 265 (282 f.).
[174] Näher Großkomm AktG/*Assmann/Sethe* Rn. 47; Kölner Komm AktG/*Mertens/Cahn* Rn. 26; MüKoAktG/*Perlitt* Rn. 67 ff. MHdB AG/*Herfs* § 78 Rn. 8; eingehend *Reger* in Bürgers/Fett KGaA § 5 Rn. 313 ff.
[175] Vgl. *Kessler* NZG 2005, 145 (146); MüKoAktG/*Perlitt* § 289 Rn. 141.
[176] Vgl. *Kessler* NZG 2005, 145 (146;) Großkomm AktG/*Assmann/Sethe* § 289 Rn. 115. Vgl. zur Publikums-KG auch OLG München NZG 2009, 25 (26).
[177] Großkomm AktG/*Assmann/Sethe* § 289 Rn. 115.
[178] Großkomm AktG/*Assmann/Sethe* Rn. 50; Kölner Komm AktG/*Mertens/Cahn* Rn. 27; MüKoAktG/*Perlitt* Rn. 70.
[179] Unstr., vgl. nur Hüffer/Koch/*Koch* § 289 Rn. 7 f.; MüKoAktG/*Perlitt* § 289 Rn. 45; näher → § 289 Rn. 20.
[180] Statt aller Hüffer/Koch/*Koch* Rn. 19a; krit. de lege ferenda *Sethe*, Die personalistische Kapitalgesellschaft mit Börsenzugang, 1996, 146 f.; Großkomm AktG/*Assmann/Sethe* Rn. 137 f.
[181] Einzelheiten bei Großkomm AktG/*Assmann/Sethe* Rn. 127 ff.
[182] Kölner Komm AktG/*Mertens/Cahn* Rn. 70; Großkomm AktG/*Assmann/Sethe* Rn. 135; nach *Reger* in Bürgers/Fett KGaA § 5 Rn. 108 soll die Geschäftsordnung von den Komplementären stets mehrheitlich beschlossen werden dürfen (unter unzutreffendem Hinweis auf MüKoAktG/*Perlitt* Rn. 78).

Abs. 2 S. 1) – nicht zu,[183] soweit sie ihm nicht per Satzung eingeräumt wird. Wie in der AG (§ 77 Abs. 2 S. 2) können einzelne Fragen der Geschäftsführung in der Satzung geregelt werden.

Die Vorschriften der §§ 114 ff. HGB werden in bestimmten Fragen durch Aktienrecht überlagert. Das gilt namentlich soweit § 283 die Geltung der Regeln über den Vorstand anordnet (s. im Einzelnen § 283). Die damit verbundene Gesamtverantwortung kann nicht unbegrenzt abbedungen werden.[184] Verletzt der phG seine Geschäftsführungspflichten, richtet sich die Haftung nach § 93 Abs. 2 iVm § 283 Nr. 3. Haftungsmaßstab ist in diesem Fall nicht § 708 BGB (diligentia quam in suis), sondern § 93 Abs. 1.[185] Auch für die Rechnungslegung gelten die Vorstandsregeln, § 283 Nr. 9–11. 56

b) Satzungsregeln. Die Geschäftsführungsregeln des HGB sind **dispositiv**, es kann also in der Satzung sowohl Gesamtgeschäftsführung aller Komplementäre (vgl. § 115 Abs. 2 HGB) angeordnet werden, als auch einer oder mehrere Komplementäre von der Geschäftsführung **ausgeschlossen**[186] und ihm das Widerspruchsrecht nach § 115 Abs. 1 Hs. 2 HGB genommen werden.[187] Folgerichtig muss auch einem Komplementär ein Alleinentscheidungsrecht zugestanden werden können, was in der AG nicht möglich ist (vgl. § 77 Abs. 1 S. 2).[188] Umgekehrt kann die Stellung der geschäftsführenden Komplementäre weitgehend denen eines **Vorstands angenähert** werden, insbes. indem dem Aufsichtsrat Überwachungs- und Bestellungskompetenzen eingeräumt werden, die ihm nach dem Gesetz nicht zukommen (→ § 287 Rn. 8, 16 f.). 57

Fraglich ist, inwieweit Geschäftsführungsbefugnisse anderen Personen oder Organen anvertraut werden dürfen. Wegen des Grundsatzes der Selbstorganschaft ist von vornherein unzulässig ist die Geschäftsführung durch Gesellschaftsfremde.[189] Ein ähnliches Ergebnis kann allerdings durch den Abschluss von Betriebsführungsverträgen erreicht werden.[190] Theoretisch denkbar, aber unpraktikabel ist die Betrauung der **Hauptversammlung** mit Geschäftsführungsaufgaben.[191] Ihr können aber zB Zustimmungsrechte zu bestimmten Geschäften eingeräumt werden, die über das in § 164 S. 1 Hs. 2 HGB angesprochene Maß hinausgehen.[192] In ähnlicher Weise können der **Aufsichtsrat** oder ein Beirat mit Zustimmungs- oder sogar Weisungsrechten ausgestattet werden.[193] Diese dürfen aber nicht soweit reichen, dass der Aufsichtsrat zum Geschäftsführungsorgan und der Komplementär zum Statisten mutiert.[194] Das wäre mit dem Grundsatz der Trennung von Aufsicht und Geschäftsführung als Strukturprinzip von AG und KGaA unvereinbar. Der phG sollte daher die Möglichkeit zum Rekurs an die Hauptversammlung (§ 111 Abs. 4 S. 3) haben.[195] Auch muss der phG stets in der Lage bleiben, die ihm nach § 283 zwingend obliegenden Vorstandspflichten wahrzunehmen.[196] 58

---

[183] Unstr., vgl. nur Hüffer/Koch/*Koch* Rn. 12; Kölner Komm AktG/*Mertens/Cahn* Rn. 70, 72; MüKoAktG/ *Perlitt* Rn. 78, 213; Großkomm AktG/*Assmann/Sethe* Rn. 135 f.
[184] Betont MüKoAktG/*Perlitt* Rn. 185, 225 (jedenfalls soweit dies durch das öffentliche Interesse geboten wird), 227.
[185] Unstr., vgl. nur BGHZ 134, 392 (394) = NJW 1997, 1923; OLG München AG 2000, 426 (427); Hüffer/ Koch/*Koch* Rn. 13.
[186] Statt aller MüKoAktG/*Perlitt* Rn. 31 ff., 173 f.; den ausgeschlossenen Komplementären steht dann das Kontrollrecht aus § 118 HGB zu, ferner die nicht an die Geschäftsführung geknüpften Rechte und Pflichten aus § 283 Nr. 1, 2, 5, 8 und 13, näher Kölner Komm AktG/*Mertens/Cahn* Rn. 88; eingehend Großkomm AktG/ *Assmann/Sethe* Rn. 105, 139 ff.
[187] Großkomm AktG/*Assmann/Sethe* Rn. 127; MüKoAktG/*Perlitt* Rn. 226.
[188] Vgl. MüKoAktG/*Perlitt* Rn. 226; Großkomm AktG/*Assmann/Sethe* Rn. 105, 132; Kölner Komm AktG/ *Mertens/Cahn* Rn. 87; MHdB AG/*Herfs* § 79 Rn. 6.
[189] *Kessler*, Die rechtlichen Möglichkeiten der Kommanditaktionäre einer GmbH & Co. KGaA zur Einwirkung auf die Geschäftsführung, 2003, 232 f.; Kölner Komm AktG/*Mertens/Cahn* Rn. 94; Großkomm AktG/*Assmann/ Sethe* Rn. 104.
[190] Vgl. BGHZ 36, 292 (294); BGH NJW 1982, 877 (878) – Holiday Inn; auch Großkomm AktG/*Assmann/ Sethe* Rn. 138; Kölner Komm AktG/*Mertens/Cahn* Rn. 94; großzügiger jetzt auch MüKoAktG/*Perlitt* Rn. 228 f.
[191] § 119 Abs. 2, der eine Geschäftsführung durch die Hauptversammlung ausschließt, gilt nach ganz hM im KGaA nicht, vgl. nur *Kessler*, Die rechtlichen Möglichkeiten der Kommanditaktionäre einer GmbH & Co. KGaA zur Einwirkung auf die Geschäftsführung, 2003, 230; MüKoAktG/*Perlitt* Rn. 202.
[192] Vgl. Hüffer/Koch/*Koch* Rn. 19; Großkomm AktG/*Assmann/Sethe* Rn. 104, 148 f.; MüKoAktG/*Perlitt* Rn. 231.
[193] MüKoAktG/*Perlitt* Rn. 234 f.; Kölner Komm AktG/*Mertens/Cahn* Rn. 92, § 287 Rn. 25; Großkomm AktG/*Assmann/Sethe* Rn. 151, § 287 Rn. 76 f.; vgl. auch BGHZ 75, 96 (106) – Herstatt, und OLG Köln AG 1978, 17 (18) (Vorinstanz).
[194] Vgl. OLG Köln AG 1978, 17 (18); *Kessler*, Die rechtlichen Möglichkeiten der Kommanditaktionäre einer GmbH & Co. KGaA zur Einwirkung auf die Geschäftsführung, 2003, 231 (Verbot der Denaturierung der Gesellschaftsorgane); MüKoAktG/*Perlitt* Rn. 236 f., § 287 Rn. 56; Kölner Komm AktG/*Mertens/Cahn* Rn. 92; Großkomm AktG/*Assmann/Sethe* Rn. 151, 154, § 287 Rn. 77; *Bürgers* in Bürgers/Fett KGaA § 5 Rn. 490.
[195] Vgl. MüKoAktG/*Perlitt* Rn. 238.
[196] MüKoAktG/*Perlitt* Rn. 232; Großkomm AktG/*Assmann/Sethe* Rn. 154.

59 **Dagegen kann die Geschäftsführungsbefugnis nicht einzelnen Kommanditaktionären** eingeräumt werden.[197] Zwar wird Entsprechendes bei der KG für zulässig erachtet.[198] Dagegen streitet aber bei der KGaA der Umstand, dass die Kommanditaktionäre in Gesellschaftsangelegenheiten nur als Gesamtheit (Hauptversammlung) handlungsfähig sind (→ Rn. 18). Auch Weisungsrechte[199] zugunsten einzelner Kommanditaktionäre sind daher problematisch.

60 **2. Umfang. a) Gewöhnliche Geschäfte.** Der Umfang der Geschäftsführungsbefugnis bestimmt sich nach § 161 Abs. 2, §§ 116, 164 HGB. Dies umfasst alle Handlungen, die der **gewöhnliche Betrieb** des Handelsgewerbes (dieser Gesellschaft) mit sich bringt (für Einzelheiten vgl. die Kommentierungen zu § 116 HGB). Das sind solche, die sich nach ihrem Inhalt, ihrer Art und den mit ihnen verbundenen Risiken im Rahmen dessen bewegen, was den aktuellen Geschäftsbetrieb der jeweiligen Gesellschaft ausmacht und die von Zeit zu Zeit zu erwarten sind.[200] Eine Sonderregel besteht für die Erteilung und den Widerruf einer **Prokura.** Obwohl grundsätzlich dem gewöhnlichen Betrieb des Handelsgewerbes zuzurechnen, hat der Gesetzgeber sie im (abdingbaren) § 116 Abs. 3 HGB an die Zustimmung aller geschäftsführenden Gesellschafter geknüpft.

61 **b) Außergewöhnliche Geschäfte.** Außergewöhnliche Geschäfte bedürfen nach § 116 Abs. 2, § 164 S. 1 Hs. 2 HGB hingegen der **Zustimmung** sämtlicher Gesellschafter. „Außergewöhnlich" sind alle Geschäfte, die nicht zu den üblichen Geschäften gehören und denen daher Ausnahmecharakter zukommt.[201] Erforderlich ist dann sowohl die Zustimmung der Komplementäre (§ 116 Abs. 2 HGB) als auch die der Gesamtheit der Kommanditaktionäre, also der Hauptversammlung (§ 164 S. 1 HGB).[202] Dies gilt nur dann nicht, wenn Gefahr im Verzug ist (§ 115 Abs. 2 HGB); in diesem Fall darf auch ohne Zustimmung aller geschäftsführenden Gesellschafter sowie der Kommanditaktionäre ein einzelner geschäftsführender Gesellschafter Prokurabestellungen vornehmen oder Maßnahmen ergreifen, die die Existenz des Unternehmens sichern sollen (§ 744 Abs. 2 BGB). Eine rechtswidrige Zustimmungsverweigerung der Hauptversammlung muss zunächst durch Anfechtungsklage beseitigt werden.[203]

62 Das Zustimmungsrecht der anderen Komplementäre bei außergewöhnlichen Geschäften kann in der Satzung **abbedungen** werden. Fraglich ist, inwieweit das auch für das Zustimmungsrecht der Kommanditaktionäre aus § 164 S. 1 Hs. 2 HGB gilt.[204] Für die gesetzestypische KGaA wird die Frage wie bei der KG bejaht.[205] Bis zur Anerkennung der GmbH als Komplementärin der KGaA wurde dies auch für die GmbH & Co KGaA mehrheitlich vertreten,[206] doch äußerte der BGH in den Urteilsgründen für die Rechtsform GmbH & Co KGaA **Bedenken**.[207] Infolgedessen steht ein Teil der Literatur auf dem Standpunkt, dass ein Ausschluss des § 164 S. 1 Hs. 2 HGB in der GmbH & Co KGaA nur beschränkt zulässig sei, da anderenfalls die Kommanditaktionäre keinerlei Einfluss auf Maßnahmen der Geschäftsführung besäßen, zumal der Aufsichtsrat in der KGaA Zustimmungsvorbehalte nach § 111 Abs. 4 S. 2 AktG nicht begründen könne.[208] Ausreichend sei aber die Übertra-

---

[197] Großkomm AktG/*Assmann/Sethe* Rn. 104; aA *Kessler*, Die rechtlichen Möglichkeiten der Kommanditaktionäre einer GmbH & Co. KGaA zur Einwirkung auf die Geschäftsführung, 2003, 234.
[198] Vgl. nur BGHZ 17, 392 (394); BGHZ 51, 198 (201); *Windbichler* GesR § 17 Rn. 11.
[199] AA *Kessler*, Die rechtlichen Möglichkeiten der Kommanditaktionäre einer GmbH & Co. KGaA zur Einwirkung auf die Geschäftsführung, 2003, 234 unter Hinweis auf OLG Köln AG 1978, 17 – Herstatt.
[200] BGHZ 76, 160 (162).
[201] RGZ 158, 302 (308); *Sethe*, Die personalistische Kapitalgesellschaft mit Börsenzugang, 1996, 148; MüKoAktG/*Perlitt* Rn. 177.
[202] RGZ 158, 302 (305); MüKoAktG/*Perlitt* Rn. 177; Hüffer/Koch/*Koch* Rn. 13.
[203] MüKoAktG/*Perlitt* Rn. 205; Kölner Komm AktG/*Mertens/Cahn* Rn. 65.
[204] Das in § 164 HGB angesprochene Widerspruchsrecht stellt nach einhelliger Ansicht ein Zustimmungsrecht dar, s. nur RGZ 158, 302 (305); Hüffer/Koch/*Koch* Rn. 13; MüKoAktG/*Perlitt* Rn. 177; eingehend *K. Schmidt* GesR § 53 III 2 b.
[205] Vgl. MüKoAktG/*Perlitt* Rn. 230; Kölner Komm AktG/*Mertens/Cahn* Rn. 90; *Hennerkes/May* BB 1988, 2393 (2398); *Schürmann/Groh* BB 1995, 684 (685); *Hesselmann* GmbHR 1988, 472 (475); dies bestätigt implizit auch der BGH, s. BGHZ 134, 392 f. (399); vgl. dazu Großkomm AktG/*Assmann/Sethe* Rn. 113; *Sethe*, Die personalistische Kapitalgesellschaft mit Börsenzugang, 1996, 151. Vgl. zur Publikums-KGaA auch OLG München NZG 2008, 755 (756): wirksam, wenn Recht zur Zustimmung auf den Aufsichtsrat übertragen werde.
[206] Kölner Komm AktG/*Mertens/Cahn* Rn. 90; MüKoAktG/*Perlitt* Rn. 360; MHdB AG/*Herfs* § 79 Rn. 19; *Hoffmann-Becking/Herfs* FS Sigle, 2000, 273 f. (286 f.); *Jacques* NZG 2000, 401 f. (408); *Hennerkes/May* BB 1988, 2393 (2398); *Schürmann/Groh* BB 1995, 684 (685); *Hesselmann* GmbHR 1988, 472 (475); *L. Fischer*, Die Kommanditgesellschaft auf Aktien nach dem Mitbestimmungsgesetz, 1982, 101.
[207] BGHZ 134, 392 (399).
[208] *Dirksen/Möhrle* ZIP 1998, 1377 (1385); *Hennerkes/Lorz* DB 1997, 1388 (1391); *Ihrig/Schlitt* Beihefte der ZHR Nr. 67, 1998, 33 f. (64 ff.); *Schlitt*, Die Satzung der KGaA, 1999, 157; *Arnold*, Die GmbH & Co. KGaA, 2001, 65; *Kessler*, Die rechtlichen Möglichkeiten der Kommanditaktionäre einer GmbH & Co. KGaA zur Einwirkung auf die Geschäftsführung, 2003, 213.

gung des unabdingbaren Zustimmungsrechts auf den Aufsichtsrat oder einen besonderen Aktionärsausschuss (Beirat).

Diese Bedenken sind ernst zu nehmen. Dennoch dürfte im Ergebnis der vorherrschenden **Gegenansicht** der Vorzug gebühren, welche einen vollständigen Ausschluss auch bei der GmbH & Co KGaA zulässt.[209] Zwar hat die Minderansicht durch die Reform des § 111 Abs. 4 S. 2 neue Nahrung erhalten, wonach der Aufsichtsrat Zustimmungsvorbehalte für bestimmte Geschäfte nicht nur anordnen darf, sondern anordnen muss.[210] Das mag dafür streiten, auch bei der kapitalistischen KGaA auf bestimmte Zustimmungsvorbehalte nicht zu verzichten. Auch wird bei Übertragung der Zustimmungsrechte auf den Aufsichtsrat oder einen Beirat der Geschäftsgang nicht ungebührlich erschwert. Entscheidend ist jedoch, dass auch nach den Rechtsprechungsgrundsätzen zu den Publikumskommanditgesellschaften der Ausschluss des § 164 S. 1 Hs. 2 HGB nicht als unangemessen zu betrachten ist.[211] Daher genügt hier das **Korrektiv der Treuepflicht**, welche es im Einzelfall gebietet, außergewöhnliche Geschäfte von weitreichender Bedeutung der Hauptversammlung zur Billigung vorzulegen.[212] Um der damit verbundenen Rechtsunsicherheit auszuweichen, empfiehlt es sich gleichwohl, einen Zustimmungskatalog aufzustellen und die Ausübung einem effektiven Gremium (Aufsichtsrat, Beirat) zu übertragen.[213]

c) Grundlagengeschäfte. Eine Grenze des Geschäftsführerhandelns bilden die sog. Grundlagengeschäfte. Das sind solche, die die wesentlichen gesellschaftsvertraglichen Rechte der Gesellschafter berühren. Sie gehören nicht mehr zum Bereich der Geschäftsführung, sondern berühren die Fundamente des Verbandes. Hierunter rechnen insbes. Änderungen des Gesellschaftsvertrages, Umwandlungen, der Abschluss von Unternehmensverträgen, die Auflösung, die Änderung der Firma, die Einstellung oder Veräußerung des Geschäftsbetriebs, die Entziehung von Geschäftsführungs- und Vertretungsmacht, die Aufnahme und Ausschließung von Gesellschaftern und der Verlust der rechtlichen Selbständigkeit der Gesellschaft.[214] Auf solche Grundlagengeschäfte erstreckt sich die Geschäftsführungs- und Vertretungsbefugnis der geschäftsführungsbefugten Komplementäre nicht.[215] In diesen Fällen ist daher die Zustimmung aller Gesellschafter beider Gesellschaftergruppen der KGaA notwendig.

Fraglich ist, ob das Recht der Hauptversammlung zur Entscheidung über Grundlagengeschäfte **abbedungen** werden kann. Zum Teil wird das pauschal mit der Begründung bejaht, Grundlagengeschäfte seien Angelegenheiten, für die bei der Kommanditgesellschaft das Einverständnis von Komplementären und Kommanditisten erforderlich sei. Diese aber seien, wie § 285 Abs. 2 S. 1, § 278 Abs. 2 zeigten, bei der KGaA nach Personengesellschaftsrecht zu beurteilen, welches abweichende Regelungen zulasse.[216]

Tatsächlich muss **differenziert** werden.[217] Für Gegenstände, die sich nach **Aktienrecht** (einschließlich der §§ 279 ff.) richten, ist der Hauptversammlungsbeschluss schon deshalb unabdingbar, weil dieses zwingend ist (§ 23 Abs. 5). Dass es sich zugleich um ein „Grundlagengeschäft" handelt,

---

[209] Vgl. *Schnorbus* Liber Amicorum M Winter, 2011, 627 (636); *Heermann* ZGR 2000, 61 (79); *Wichert* AG 2000, 268 (270); *Jacques* NZG 2000, 401 f. (408); *Schaumburg* DStZ 1998, 525 (532); *Ladewig/Motte* DStR 1997, 1539 f. (1541); Großkomm AktG/*Assmann/Sethe* Rn. 114, 116 ff.; MüKoAktG/*Perlitt* Rn. 360; Kölner Komm AktG/*Mertens/Cahn* Rn. 90; NK-AktR/*Wichert* Rn. 36; MHdB AG/*Herfs* § 79 Rn. 19; *Reger* in Bürgers/Fett KGaA § 5 Rn. 99; *Raiser/Veil* KapGesR § 31 Rn. 21; *Hoffmann-Becking/Herfs* FS Sigle, 2000, 273 (286 f.).

[210] Vgl. § 111 Abs. 4 idF durch das Gesetz zur Transparenz und Publizität im Unternehmensbereich (TransPuG).

[211] *Wichert* AG 2000, 268 f. (270); *Schaumburg/Schulte*, Die KGaA – Recht und Steuern in der Praxis, 2000, 38 f.; *Overlack* RWS-Forum S. 237 f., 258 ff.; *Heermann* ZGR 2000, 61 f. (81 ff.); Großkomm AktG/*Assmann/Sethe* Rn. 117; zur OHG Großkomm HGB/*Ulmer* HGB § 116 Rn. 37.

[212] *Heermann* ZGR 2000, 61 (83); Großkomm AktG/*Assmann/Sethe* Rn. 120; *Reger* in Bürgers/Fett KGaA § 5 Rn. 101.

[213] Für eine entsprechende Rechtspflicht de lege ferenda *Sethe* AG 1996, 289 (301) und *Ammenwerth*, Die Kommanditgesellschaft auf Aktien (KGaA) – eine Rechtsformalternative für personenbezogene Unternehmen?, 1997, 36.

[214] Vgl. nur Baumbach/Hopt/*Roth* HGB § 114 Rn. 3.

[215] *Kessler*, Die rechtlichen Möglichkeiten der Kommanditaktionäre einer GmbH & Co. KGaA zur Einwirkung auf die Geschäftsführung, 2003, 210; Großkomm AktG/*Assmann/Sethe* Rn. 122; Kölner Komm AktG/*Mertens/Cahn* Rn. 69, 91; MüKoAktG/*Perlitt* Rn. 180; *Fett/Förl* NZG 2004, 210 f. (213); zur OHG/KG MüKoHGB/*K. Schmidt* HGB § 126 Rn. 10; *K. Schmidt* ZGR 1995, 675 f. (679 f.); Baumbach/Hopt/*Roth* HGB § 126 Rn. 3.

[216] In diesem Sinne *Sethe*, Die personalistische Kapitalgesellschaft mit Börsenzugang, 1996, 122 ff.; *Philbert*, Die Kommanditgesellschaft auf Aktien zwischen Personengesellschaftsrecht und Aktienrecht, 2005, 163 f.; Großkomm AktG/*Assmann/Sethe* § 285 Rn. 69, 79; Kölner Komm AktG/*Mertens/Cahn* § 285 Rn. 42; *Reger* in Bürgers/Fett KGaA § 5 Rn. 103.

[217] Vgl. *Wichert* AG 1999, 362 (366); *Kessler*, Die rechtlichen Möglichkeiten der Kommanditaktionäre einer GmbH & Co. KGaA zur Einwirkung auf die Geschäftsführung, 2003, 151; *Schnorbus* Liber Amicorum M Winter, 2011, 627 (638); Großkomm AktG/*Assmann/Sethe* Rn. 124; Kölner Komm AktG/*Mertens/Cahn* Rn. 91; MüKoAktG/*Perlitt* Vor § 278 Rn. 34 f.

ändert daran nichts.²¹⁸ Das betrifft namentlich Änderungen der in § 280 Abs. 1 S. 2, § 23 Abs. 3 und 4 genannten Satzungsregeln, ferner sämtliche das **Grundkapital** berührende Entscheidungen wie Kapitalaufbringung, -erhaltung, -erhöhung und -herabsetzung einschließlich des Bezugsrechtsausschlusses und der Ausgabe von Wandelschuldverschreibungen.²¹⁹ Auch die in § 283 angesprochenen und die in § 285 Abs. 1 erwähnten Gegenstände sind hiervon erfasst,²²⁰ soweit sie einen Hauptversammlungsbeschluss voraussetzen, ebenso die Feststellung des Jahresabschlusses (§ 286 Abs. 1).²²¹

67 Unabdingbar ist der Hauptversammlungsbeschluss auch für rechtsgeschäftliche **Konzernierungsmaßnahmen** sowie bei sämtlichen **Umwandlungen,** denn sowohl das Konzernrecht (§§ 291 ff., 327a) als auch das Umwandlungsrecht schreiben die Beteiligung der KGaA-Hauptversammlung ausdrücklich und unmissverständlich vor.²²² Entsprechendes gilt für die **Veräußerung des gesamten Vermögens** der KGaA, für das analog § 179a ebenfalls ein Hauptversammlungsbeschluss unabdingbar ist.²²³ Dass die KGaA in dieser Norm nicht (mehr) erwähnt ist, muss als Redaktionsversehen gedeutet werden.²²⁴ Am Ergebnis ändert sich nichts, wenn man insoweit Personengesellschaftsrecht für einschlägig hält, weil der BGH – zu Recht – den Gedanken des § 179a auf die KG übertragen hat.²²⁵

68 Gestaltungsfreiheit verbleibt damit nur für die allein dem Personengesellschaftsrecht unterliegenden Grundlagengeschäfte. Der Befassung durch die Hauptversammlung sollen danach entzogen werden können die **Aufnahme neuer Komplementäre,**²²⁶ die Erbringung oder Veränderung der **Vermögenseinlage**²²⁷ und Entscheidungen über **Entzug** von Geschäftsführungs- und Vertretungsbefugnis.²²⁸ Zu beachten seien nur die durch Bestimmtheitsgrundsatz und Kernbereichslehre gezogenen Grenzen, die namentlich für die Beteiligung von phG die Angabe von Höchstgrenzen sowie weitere Einschränkungen in der Satzung verlangten.²²⁹

69 Richtigerweise wird man die Grenze **noch strenger** ziehen müssen. Denn die Beteiligung an Entscheidungen, welche die ökonomischen Grundlagen des Investments verändern, ist ein Grundrecht der Gesellschafter, dessen Einschränkung im Gesellschaftsinteresse liegen und verhältnismäßig sein muss,²³⁰ und das im Kern unverzichtbar ist. Daran ist auch nach der (verbalen) Aufgabe der Kernbereichslehre durch den BGH festzuhalten.²³¹ Ein vollständiger Ausschluss der Beteiligung der Kommanditaktionäre an Grundlagengeschäften genügt dem nicht, weil er diese ohne Not zu bloßen Obligationären herabstufte.²³² Mindestens erforderlich ist daher die **Mitwirkung des Aufsichtsrats** oder eines anderen Gremiums, welches die Teilhabeinteressen der Kommanditaktionäre angemessen wahrzunehmen in der Lage ist. Da Grundlagengeschäfte per definitionem nicht alltäglich sind, sind nennenswerte praktische Erschwernisse damit nicht verbunden.

70 **d) Holzmüller-Doktrin.** Streitig ist, ob sich ein ungeschriebenes (und unabdingbares) Zustimmungsrecht der Kommanditaktionäre aus den Grundsätzen der **Holzmüller-Doktrin** ergibt.²³³

---

²¹⁸ *Fett/Förl* NZG 2004, 210 (214).
²¹⁹ *Philbert,* Die Kommanditgesellschaft auf Aktien zwischen Personengesellschaftsrecht und Aktienrecht, 2005, 201 f.
²²⁰ Für die in § 285 Abs. 1 S. 2 Nr. 3 (Sonderprüfung), Nr. 4 (Geltendmachung von Ersatzansprüchen) und Nr. 5 (Verzicht auf Ersatzansprüche) auch *Heermann* ZGR 2000, 61 (68); Großkomm AktG/*Assmann/Sethe* Rn. 124.
²²¹ MüKoAktG/*Perlitt* Rn. 224.
²²² Großkomm AktG/*Assmann/Sethe* Rn. 124 aE.
²²³ Ganz hM, vgl. *Koch* DB 2002, 1701 (1704); *Fett/Förl* NZG 2004, 210 (213); *Philbert,* Die Kommanditgesellschaft auf Aktien zwischen Personengesellschaftsrecht und Aktienrecht, 2005, 182 f.; Hüffer/Koch/*Koch* § 179a Rn. 25; Großkomm AktG/*Assmann/Sethe* Vor § 278 Rn. 101; aA *Kessler* NZG 2005, 145 (148).
²²⁴ *Philbert,* Die Kommanditgesellschaft auf Aktien zwischen Personengesellschaftsrecht und Aktienrecht, 2005, 183.
²²⁵ Vgl. BGH NJW 1995, 596; krit. *Bredol/Natterer* ZIP 2015, 1419 ff.
²²⁶ Wohl unstr., s. *Herfs* AG 2005, 589 (593); Großkomm AktG/*Assmann/Sethe* § 285 Rn. 76; Kölner Komm AktG/*Mertens/Cahn* Rn. 26; MüKoAktG/*Perlitt* Vor § 278 Rn. 34, § 278 Rn. 69.
²²⁷ Großkomm AktG/*Assmann/Sethe* § 285 Rn. 75.
²²⁸ Vgl. Großkomm AktG/*Assmann/Sethe* § 285 Rn. 21.
²²⁹ So Großkomm AktG/*Assmann/Sethe* § 285 Rn. 75.
²³⁰ Vgl. BGH NJW 1995, 192 (194).
²³¹ Zur (vermeintlichen) Preisgabe der Kernbereichslehre s. BGHZ 203, 77 = NZG 2014, 1296; *Altmeppen* VGR 22 (2016), 55 ff. mit Diskussionsbericht *Ph. Scholz;* Baumbach/Hopt/*Roth* HGB § 119 Rn. 36.
²³² Im Ansatz auch *Wichert* AG 1999, 362 (366) (Bsp.: Gewinn- und Verlustverteilung), der den Kernbereich aber bei bloß „mittelbarer" Beeinträchtigung (Aufnahme neuer Komplementäre, Änderung der Vermögenseinlage) nicht beeinträchtigt sieht, s. auch NK-AktR/*Wichert* § 281 Rn. 26.
²³³ Vgl. hierzu OLG Stuttgart NZG 2003, 778 ff. (783 ff.), das die Holzmüller-Rechtsprechung des BGH zwar nicht ausdrücklich zur Begründung der Hauptversammlungszuständigkeit heranzieht, sie aber zur Konkretisierung der Kompetenzen, die sich aus der Qualifikation einer Maßnahme als Grundlagengeschäft ergeben, bemüht.

Danach bedürfen Maßnahmen wie die Ausgliederung des wertvollsten Betriebs auf eine Tochtergesellschaft der Zustimmung der Hauptversammlung, weil sie so tief in die Mitgliedschaftsrechte der Aktionäre eingreifen, dass der Vorstand vernünftigerweise nicht annehmen darf, die Entscheidung in ausschließlich eigener Verantwortung treffen zu können.[234] In der **Gelatine**-Entscheidung aus dem Jahre 2004 konkretisierte der BGH dies dahin, dass die Maßnahme des Vorstands Veränderungen nach sich ziehen müsse, die denjenigen zumindest nahe komme, welche allein durch Satzungsänderung herbeigeführt werden könnten.[235] Die dann notwenige Zustimmung der Hauptversammlung bedarf einer Mehrheit von ¾ des vertretenen Grundkapitals.

Die Übertragbarkeit dieser Doktrin auf die KGaA wird teils abgelehnt,[236] teils befürwortet.[237] **71** Im Ergebnis ist die Anwendbarkeit zu **bejahen.** Der Einwand, dass § 119 Abs. 2 für die KGaA nicht gelte,[238] ist hinfällig, seit der BGH klargestellt hat, dass die ungeschriebenen Mitwirkungsrechte der Hauptversammlung nicht auf § 119 fußen, sondern Ergebnis einer offenen Rechtsfortbildung sind.[239] Grundlage dieser Rechtsfortbildung ist die wertungsmäßige **Parallele zu Strukturänderungen,** für die das Gesetz (§ 179a, §§ 291 ff., §§ 78, 125 UmwG) auch bei der KGaA einen Hauptversammlungsbeschluss vorschreibt (→ Rn. 67).[240] Damit fällt auch der Gegeneinwand, es handele sich um eine gem. § 278 Abs. 2 allein nach Personengesellschaftsrecht zu beantwortende Frage.[241] Denn die Wertungen, auf denen „Holzmüller" fußt, ergeben sich aus dem Konzern- und Umwandlungsrecht, welches für die KGaA ohne den Umweg über § 278 Abs. 3 gilt.

Selbst wenn man dem nicht folgt und die Frage allein nach Personengesellschaftsrecht beantworten **72** will, kann sich richtigerweise nichts anderes ergeben.[242] Denn da Strukturmaßnahmen zu den Grundlagengeschäften rechnen,[243] muss ein diesbezüglicher Mehrheitsbeschluss im Gesellschaftsinteresse liegen und verhältnismäßig sein.[244] Reicht der Mehrheitsbeschluss als solcher aber nicht aus, um einen tiefgreifenden Eingriff in die Mitgliedschaft zu legitimieren, dann kann ein solcher erst recht nicht vollkommen ohne Beteiligung der betroffenen Gesellschafter erfolgen.[245] Anders gesagt: Das einzelne Mitglied hat zwar kein Vetorecht, wohl aber das (satzungsfeste) Recht, an der Entscheidungsfindung irgendwie beteiligt zu werden.[246] Geschieht dies nicht, kann das resultierende

---

[234] BGHZ 83, 122 ff. (131) = NJW 1982, 1703 – Holzmüller.

[235] BGHZ 159, 30 ff. = BGH NZG 2004, 571 f.

[236] *Schnorbus* Liber Amicorum M. Winter, 2011, 627 (639); *Fett/Förl* NZG 2004, 210 (211); *Kessler* NZG 2005, 145 (148); *Kessler,* Die rechtlichen Möglichkeiten der Kommanditaktionäre einer GmbH & Co. KGaA zur Einwirkung auf die Geschäftsführung, 2003, 220; *Philbert,* Die Kommanditgesellschaft auf Aktien zwischen Personengesellschaftsrecht und Aktienrecht, 2005, 200; *Hoffmann-Becking/Herfs* FS Sigle, 2000, 273 ff. (286 f.); MHdB AG/*Herfs* § 79 Rn. 53; Kölner Komm AktG/*Mertens/Cahn* Rn. 57 aE, 67; Großkomm AktG/*Assmann/Sethe* Vor § 278 Rn. 102, § 278 Rn. 123, § 285 Rn. 78 Fn. 160; *Fett* in Bürgers/Fett KGaA § 3 Rn. 17; Bürgers/Körber/*Förl/Fett* Rn. 47; jetzt auch MüKoAktG/*Perlitt* Rn. 181; differenzierend *Arnold,* Die GmbH & Co. KGaA, 2001, 61 f.

[237] Vgl. OLG Stuttgart NZG 2003, 778 (783); K. Schmidt/Lutter/*K. Schmidt* Rn. 39; *Koch* DB 2002, 1701 (1703); *Heermann* ZGR 2000, 61 ff. (70, 82 f.); *Wichert* AG 2000, 268 (270); *Ihrig/Schlitt* Beihefte der ZHR Nr. 67, 1998, 33 ff. (65 f.); *Jacques* NZG 2000, 401 ff. (406) Fn. 76; *Schaumburg/Schulte,* Die KGaA – Recht und Steuern in der Praxis, 2000, Rn. 60; *Schlitt,* Die Satzung der KGaA, 1999, 6; *Schlitt/Winzen* CFL 2012, 261, 264; *Sethe,* Die personalistische Kapitalgesellschaft mit Börsenzugang, 1996, 148 f.; Hüffer/Koch/*Koch* Rn. 17a; NK-AktR/*Wichert* Rn. 36; *Raiser/Veil* KapGesR § 31 Rn. 21.

[238] *Kessler* NZG 2005, 145 (148); *Kessler,* Die rechtlichen Möglichkeiten der Kommanditaktionäre einer GmbH & Co. KGaA zur Einwirkung auf die Geschäftsführung, 2003, 220; *Philbert,* Die Kommanditgesellschaft auf Aktien zwischen Personengesellschaftsrecht und Aktienrecht, 2005, 194; *Arnold,* Die GmbH & Co. KGaA, 2001, 62 mit Fn. 85; *Sethe,* Die personalistische Kapitalgesellschaft mit Börsenzugang, 1996, 148 f.; *Schlitt,* Die Satzung der KGaA, 1999, 6; Kölner Komm AktG/*Mertens/Cahn* Rn. 67; Bürgers/Körber/*Förl/Fett* Rn. 47.

[239] So jetzt BGHZ 159, 130 = BGH NZG 2004, 571 f. – Gelatine; ähnlich bereits Geßler FS Stimpel, 1985, 771 ff. (780); krit. etwa *Koppensteiner* Der Konzern 2004, 381 ff. (385); *Liebscher* ZGR 2005, 1 ff.

[240] Vgl. auch *Koch* DB 2002, 1701 (1704) (Analogie zu § 179a AktG); dagegen aber *Philbert,* Die Kommanditgesellschaft auf Aktien zwischen Personengesellschaftsrecht und Aktienrecht, 2005, 196 f.

[241] So *Kessler* NZG 2005, 145 (148); *Fett/Förl* NZG 2004, 210 (211); *Philbert,* Die Kommanditgesellschaft auf Aktien zwischen Personengesellschaftsrecht und Aktienrecht, 2005, 192 f.; Großkomm AktG/*Assmann/Sethe* Vor § 278 Rn. 102; *Fett* in Bürgers/Fett KGaA § 3 Rn. 17.

[242] Im Erg. auch Großkomm AktG/*Assmann/Sethe* Vor § 278 Rn. 102; aA *Fett/Förl* NZG 2004, 210 (212 ff.).

[243] HM, vgl. BGH NJW 1995, 596; *Philbert,* Die Kommanditgesellschaft auf Aktien zwischen Personengesellschaftsrecht und Aktienrecht, 2005, 189; Schlegelberger/*Martens* HGB § 114 Rn. 7; Heymann/*Horn* HGB § 114 Rn. 7; Heymann/*Emmerich* § 114 Rn. 3; tendenziell auch Baumbach/Hopt/*Roth* HGB § 105 Rn. 106, § 114 Rn. 3, § 116 Rn. 2; differenziert Großkomm HGB/*Ulmer* § 116 Rn. 14; offen lassend Großkomm AktG/*Assmann/Sethe* Vor § 278 Rn. 102; aA mit bemerkenswerten Argumenten *Fett/Förl* NZG 2004, 210 (212 ff.).

[244] BGH NJW 1995, 194 = JZ 1995, 311 m. zust. Anm. *K. Schmidt.*

[245] AA *Fett/Förl* NZG 2004, 210 (215 f.); Großkomm AktG/*Assmann/Sethe* Vor § 278 Rn. 102.

[246] Vgl. *K. Schmidt* GesR § 16 III 3 b bb, c.

Legitimationsdefizit weder dadurch kompensiert werden, dass die Maßnahme im Gesellschaftsvertrag **konkret bestimmt** war[247] noch durch eine **verstärkte Treuepflicht** der allein handlungsbefugten Komplementäre.[248] Praktische Probleme sind daraus nicht zu befürchten, weil die Schwelle für den „tiefgreifenden Eingriff" durch Gelatine hoch gelegt wurde.

73 Die **unterlassene** Befragung der Hauptversammlung ist eine Pflichtverletzung des geschäftsführenden Organs im Innenverhältnis, das aber eine wirksame Vertretung der Gesellschaft nach außen nicht hindert.[249] Geht man wie hier von einer Anwendbarkeit der Holzmüller-Doktrin auf die KGaA aus, sind keine Gründe ersichtlich, die eine Modifizierung dieses Ergebnisses bei der KGaA erforderlich machen. Die unbeschränkte Vertretungsmacht des Komplementärs (§ 126 Abs. 2 HGB) dient dem Rechtsverkehr, der hier nicht weniger schutzwürdig ist.

74 **3. Entzug. a) Voraussetzungen.** Die Geschäftsführungsbefugnis kann gem. § 117 HGB (iVm § 278 Abs. 2) aus **wichtigem Grund** durch gerichtliche Entscheidung entzogen werden (zum Entzug der Vertretungsbefugnis → Rn. 82; zum Ausschluss aus der Gesellschaft → § 289 Rn. 19). Ein wichtiger Grund liegt insbes. vor bei grober Pflichtverletzung oder Unfähigkeit zur ordnungsgemäßen Geschäftsführung, § 117 Hs. 2 HGB. Zu beachten ist der Grundsatz der **Verhältnismäßigkeit,** wonach mildere Mittel wie die Beschränkung der Geschäftsführungsbefugnis auf bestimmte Bereiche Vorrang haben.[250]

75 Der Entzug erfolgt in einem **zweistufigen Verfahren.** Erforderlich ist nach § 117 HGB zunächst ein Antrag „der übrigen Gesellschafter". Das bedeutet, dass die sonstigen Komplementäre (einschließlich der nicht geschäftsführungsbefugten) sowie die **Hauptversammlung** einen entsprechenden Beschluss fassen müssen, für den mangels abweichender Regelung die einfache Mehrheit genügt.[251] Fehlt es daran, ist die Klage unbegründet.[252] Bei der Beschlussfassung in der Hauptversammlung ist der betroffene phG nicht stimmberechtigt (→ § 285 Rn. 21).[253] Er kann den Beschluss auch nicht mit der Begründung anfechten, ein wichtiger Grund gem. § 117 HGB liege nicht vor, weil dies allein im anschließenden Gerichtsverfahren gem. § 117 HGB zu prüfen ist.[254] Dieser Prozess wird nicht von den Gesellschaftern, sondern von der KGaA als juristischer Person geführt.[255] Der Antrag ist daher wegen § 112 ausschließlich durch den Aufsichtsrat zu stellen (→ § 287 Rn. 11 f.), welcher die Gesellschaft im Prozess vertritt.[256] Das ist bei der Zulässigkeitsprüfung zu beachten. In Eilfällen kommt **einstweiliger Rechtsschutz** in Betracht.[257]

76 Fraglich ist, ob auch der **letzte** oder **einzige** Komplementär von der Geschäftsführung ausgeschlossen werden darf. Mit der hM ist die Frage zu **bejahen.**[258] Die Geschäftsführung richtet sich gem. § 278 Abs. 2 nach Handelsrecht, und dieses lässt es bei der KG zu, dass dem einzigen geschäftsführenden Komplementär die Geschäftsführungsbefugnis entzogen wird.[259] **Rechtsfolge**

---

[247] AA OLG Stuttgart NZG 2003, 778; Großkomm AktG/*Assmann/Sethe* Vor § 278 Rn. 102, die dieses Erfordernis allerdings praktisch für undurchführbar halten.
[248] So aber *Fett/Förl* NZG 2004, 210 (215 f.); *Fett* in Bürgers/Fett KGaA § 3 Rn. 19, die hier eine Parallele zur Siemens/Nold-Entscheidung (BGHZ 136, 133 (139 ff.)) ziehen wollen. Für Ersetzung der „Kernbereichslehre" durch eine Treupflichtkontrolle nun auch BGHZ 203, 77 = NZG 2014, 1296.
[249] BGHZ 83, 122 ff.
[250] Unstr., s. nur *Kessler*, Die rechtlichen Möglichkeiten der Kommanditaktionäre einer GmbH & Co. KGaA zur Einwirkung auf die Geschäftsführung, 2003, 333 (339 f.); Großkomm AktG/*Assmann/Sethe* Rn. 166; Baumbach/Hopt/*Roth* HGB § 117 Rn. 5.
[251] BGH BeckRS 2016, 00462 Rn. 4 ff.; LG Frankfurt ZIP 2013, 1425 (1428). Für Zulässigkeit abweichender Mehrheit in der Satzung MüKoAktG/*Perlitt* Rn. 369; s. dagegen aber *Arnold*, Die GmbH & Co. KGaA, 2001, 138; *Otte*, Die AG & Co. KGaA, 2011, 162 ff. (nur Erleichterungen zulässig).
[252] *Kessler*, Die rechtlichen Möglichkeiten der Kommanditaktionäre einer GmbH & Co. KGaA zur Einwirkung auf die Geschäftsführung, 2003, 335.
[253] Vgl. LG Frankfurt ZIP 2013, 1425 (1428).
[254] LG Frankfurt ZIP 2013, 1425 (1428).
[255] *Raiser/Veil* KapGesR § 30 Rn. 13.
[256] OLG Frankfurt AG 2015, 448 (449); *Kessler*, Die rechtlichen Möglichkeiten der Kommanditaktionäre einer GmbH & Co. KGaA zur Einwirkung auf die Geschäftsführung, 2003, 331; Großkomm AktG/*Assmann/Sethe* Rn. 165; nunmehr auch Hüffer/Koch/*Koch* Rn. 17b; aA (Antrag durch Aufsichtsrat und alle phG) Kölner Komm AktG/*Mertens/Cahn* Rn. 83; K. Schmidt/Lutter/*K. Schmidt* Rn. 40; wie hier offenbar auch MüKoAktG/*Perlitt* Rn. 188, der jedoch vorsorglich einen Antrag durch Aufsichtsrat und alle phG empfiehlt.
[257] Vgl. BGHZ 33, 105 (107) (betr. OHG); Großkomm AktG/*Assmann/Sethe* Rn. 167.
[258] Vgl. BGH BeckRS 2016, 00462 Rn. 6; RGZ 74, 297 (299 ff.); *Kessler*, Die rechtlichen Möglichkeiten der Kommanditaktionäre einer GmbH & Co. KGaA zur Einwirkung auf die Geschäftsführung, 2003, 341; Hüffer/Koch/*Koch* Rn. 17b; Großkomm AktG/*Assmann/Sethe* Rn. 168; Kölner Komm AktG/*Mertens/Cahn* Rn. 84; *Raiser/Veil* KapGesR § 30 Rn. 14; einschränkend MHdB AG/*Herfs* § 79 Rn. 12: Nur wenn gleichzeitig die Umwandlung in eine AG beschlossen wird.
[259] Vgl. BGHZ 51, 198 (200).

kann bei der KGaA allerdings nicht sein, dass die Geschäftsführungsbefugnis nun der „Gesamtheit aller Gesellschafter" (einschließlich der Kommanditaktionäre) zustünde.²⁶⁰ Auch dem Aufsichtsrat kann diese Rolle nicht – auch nicht vorübergehend – zufallen (vgl. § 287 Abs. 3). Möglich ist aber die Bestellung eines **Notgeschäftsführers** analog § 29 BGB.²⁶¹ Sie sollte entsprechend §§ 397, 398, 399 FamFG (ex §§ 144, 144a FGG) (iVm § 45 Abs. 1 HRV) mit der Aufforderung verbunden werden, alsbald einen neuen geschäftsführungsbefugten Komplementär zu benennen oder die Umwandlung in eine AG zu beschließen.²⁶²

b) Satzungsregeln. Da § 117 HGB **dispositiv** ist, kann die Satzung eine andere Gestaltung **77** vorsehen. Beispielsweise kann der „wichtige Grund" weiter spezifiziert werden.²⁶³ Zulässig ist auch eine Regelung, die gänzlich auf einen wichtigen Grund **verzichtet**.²⁶⁴ Die Antragsbefugnis kann bestimmten Gesellschaftern oder Organen übertragen werden.²⁶⁵ Auch auf das Erfordernis eines Gestaltungsurteils kann verzichtet und die Rechtslage damit derjenigen bei der BGB-Gesellschaft angeglichen werden (vgl. § 712 BGB).²⁶⁶ Der betroffene phG muss dann gegen den Entzug seinerseits Feststellungsklage erheben. Umgekehrt kann der Entzug der Geschäftsführungsbefugnis **erschwert** werden. Eine Grenze ist jedenfalls bei der Publikums-KGaA dort erreicht, wo der Entzug faktisch oder rechtlich ausgeschlossen wird (→ Rn. 28 ff.).²⁶⁷

c) Besonderheiten bei der GmbH & Co KGaA. Besonderheiten sind bei der GmbH & Co **78** KGaA zu beachten.²⁶⁸ Die GmbH als Komplementärin muss sich zunächst das Verhalten ihrer Geschäftsführer sowie gegebenenfalls ihrer Gesellschafter zurechnen lassen.²⁶⁹ Sind die Organe der Komplementärin unfähig zur Geschäftsführung in der KGaA, kann der GmbH also die Geschäftsführungsbefugnis entzogen werden.²⁷⁰ Die hierzu erforderliche einfache Mehrheit wird als satzungsfest angesehen.²⁷¹ Umstritten ist die Möglichkeit eines **„Abberufungsdurchgriffs"**, also die Frage, ob die Hauptversammlung oder der Aufsichtsrat der KGaA eine Abberufung des Geschäftsführers der Komplementärgesellschaft unmittelbar beschließen kann.²⁷² Sie wird von der hM zu Recht **verneint,** weil ein solcher Durchgriff mit der rechtlichen Eigenständigkeit der GmbH nicht vereinbar ist.²⁷³ Obendrein ist unklar, welches Organ die Abberufung vornehmen sollte. Ob ein entsprechendes Recht zugunsten von Hauptversammlung oder Aufsichtsrat in der GmbH-Satzung verankert werden

---

²⁶⁰ Vgl. in diesem Sinne BGHZ 51, 198 (201) (betr. zweigliedrige KG).
²⁶¹ Vgl. RGZ 74, 297 (301); MüKoAktG/*Perlitt* Rn. 255; Großkomm AktG/*Assmann/Sethe* Rn. 168, § 289 Rn. 140 (dort auch zu abweichenden Meinungen); *Raiser/Veil* KapGesR § 30 Rn. 14.
²⁶² Vgl. → § 262 Rn. 64 (zur „Keinmann"-AG); auch Großkomm AktG/*Assmann/Sethe* Rn. 168, § 289 Rn. 143; nach MHdB AG/*Herfs* § 79 Rn. 12 soll der Antrag auf Entzug der Geschäftsführungsbefugnis nur zulässig sein, wenn zugleich die Umwandlung in eine AG beschlossen wird.
²⁶³ Großkomm AktG/*Assmann/Sethe* Rn. 178.
²⁶⁴ *Kessler,* Die rechtlichen Möglichkeiten der Kommanditaktionäre einer GmbH & Co. KGaA zur Einwirkung auf die Geschäftsführung, 2003, 342; Baumbach/Hopt/*Roth* HGB § 117 Rn. 12 mwN.
²⁶⁵ Vgl. Kölner Komm AktG/*Mertens/Cahn* Rn. 97.
²⁶⁶ *Kessler,* Die rechtlichen Möglichkeiten der Kommanditaktionäre einer GmbH & Co. KGaA zur Einwirkung auf die Geschäftsführung, 2003, 342; Kölner Komm AktG/*Mertens/Cahn* Rn. 97; Großkomm AktG/*Assmann/Sethe* Rn. 178; MüKoAktG/*Perlitt* Rn. 222, 360.
²⁶⁷ *Kessler,* Die rechtlichen Möglichkeiten der Kommanditaktionäre einer GmbH & Co. KGaA zur Einwirkung auf die Geschäftsführung, 2003, 343; Großkomm AktG/*Assmann/Sethe* Rn. 178; Kölner Komm AktG/*Mertens/Cahn* Rn. 97; MüKoAktG/*Perlitt* Rn. 253; aA MHdB AG/*Herfs* § 79 Rn. 8.
²⁶⁸ Eingehend dazu *Kessler,* Die rechtlichen Möglichkeiten der Kommanditaktionäre einer GmbH & Co. KGaA zur Einwirkung auf die Geschäftsführung, 2003, 327 ff.; *Arnold,* Die GmbH & Co. KGaA, 2001, 75 ff.
²⁶⁹ *Kessler,* Die rechtlichen Möglichkeiten der Kommanditaktionäre einer GmbH & Co. KGaA zur Einwirkung auf die Geschäftsführung, 2003, 333 f.; MüKoAktG/*Perlitt* Rn. 368; Großkomm AktG/*Assmann/Sethe* Rn. 165 (unter Hinweis auf BGH WM 1977, 500 (502); BGH NJW 1984, 171 (173)).
²⁷⁰ MüKoAktG/*Perlitt* Rn. 368; Großkomm AktG/*Assmann/Sethe* Rn. 171.
²⁷¹ So *Arnold,* Die GmbH & Co. KGaA, 2001, 138.
²⁷² Dafür Kölner Komm AktG/*Mertens/Cahn* § 289 Rn. 60; K. Schmidt/Lutter/*K. Schmidt* Rn. 13, 41, § 283 Rn. 3, § 287 Rn. 22; *Raiser/Veil* KapGesR § 31 Rn. 18; *Schaumburg* DStZ 1998, 525 (531 f.); *Hennerkes/Lorz* DB 1997, 1388 (1391); *Overlack* RWS-Forum 10 Gesellschaftsrecht 1997, 237 (255); *Schilling* BB 1998, 1905 (1906 f.); für die GmbH & Co KG *Hopt* ZGR 1979, 1 (16 ff.); *Hüffer* ZGR 1981, 348 (359).
²⁷³ Vgl. LG Frankfurt ZIP 2013, 1425 (1428) = NZG 2013, 748 (749); Kölner Komm AktG/*Mertens/Cahn* Rn. 85; Großkomm AktG/*Assmann/Sethe* Rn. 172 (unter Aufgabe von *Sethe,* Die personalistische Kapitalgesellschaft mit Börsenzugang, 1996, 169 f.); MüKoAktG/*Perlitt* Rn. 372 ff.; NK-AktR/*Wichert* Rn. 41; Bürgers/Körber/*Förl/Fett* Rn. 50; MHdB AG/*Herfs* § 79 Rn. 9; *Herfs* VGR 1999 S. 23 (46); *Dirksen/Möhrle* ZIP 1998, 1377 (1384); *Kessler,* Die rechtlichen Möglichkeiten der Kommanditaktionäre einer GmbH & Co. KGaA zur Einwirkung auf die Geschäftsführung, 2003, 350; *Schlitt,* Die Satzung der KGaA, 1999, 211; *Ihrig/Schlitt* Beihefte der ZHR Nr. 67, 1998, 33 (53 f.); *Schnorbus* Liber Amicorum M. Winter, 2011, 627 (660).

kann,[274] hängt vom Verständnis des GmbH-Rechts ab. Jedenfalls für eine GmbH, deren Rolle sich in der einer Komplementärin erschöpft, sollte die Frage bejaht werden, denn die Gesellschafter der KGaA sind für sie dann keine völlig Fremden.[275] Ist Komplementärin eine AG, steht der satzungsmäßigen Regelung eines Abberufungsdurchgriffs zwingendes Aktienrecht (§ 84) entgegen.[276] In jedem Fall ist die Komplementärgesellschaft ihrerseits kraft **Treuepflicht** gehalten, unfähige Geschäftsleiter abzurufen.[277] Hält die KGaA selbst Anteile an der Komplementärin, kann sie an der Abberufung mitwirken. Vertreten wird sie in diesem Fall durch den Aufsichtsrat, was vorsorglich in der Satzung festzulegen ist.[278]

79 **d) Niederlegung.** Auch eine Niederlegung der Geschäftsführung kommt in Betracht, doch darf dies entsprechend § 712 Abs. 2, § 671 Abs. 2, 3 BGB nur aus wichtigem Grund und nicht zur Unzeit geschehen.[279] Erklärungsempfänger sind der Aufsichtsrat sowie die anderen Komplementäre.[280] Satzungsmäßige Erleichterungen oder Verschärfungen werden als zulässig angesehen.[281]

VII. Vertretung

80 **1. Vertretungsbefugnis.** Die Vertretung der KGaA richtet sich nach OHG-Recht (§§ 125 ff. HGB iVm § 278 Abs. 2, § 161 Abs. 2 HGB). Die organschaftliche Vertretungsmacht kommt damit allein den **Komplementären** zu. Einzelne Komplementäre können kraft Satzung von der Vertretung ausgeschlossen werden (§ 125 Abs. 1 HS 2), nicht jedoch alle (Ausnahme → Rn. 82).[282] Kommanditaktionären kann die organschaftliche Vertretungsmacht auch in ihrer Gesamtheit nicht zugestanden werden, da § 170 HGB zwingend ist (arg. § 163 HGB).[283] Abweichend vom Aktienrecht (vgl. § 78 Abs. 2) besteht nach der dispositiven gesetzlichen Regelung **Einzelvertretungsbefugnis** (§ 125 Abs. 1 HGB), Gesamtvertretung kann in der Satzung festgelegt werden (§ 125 Abs. 2, 3 HGB).

80a Hat eine Gesellschaft **keinen** Komplementär, ist sie aufgelöst und wird gem. § 269 Abs. 1 (iVm § 278 Abs. 3) AktG durch Fremdabwickler vertreten, die vom Gericht zu bestellen sind (näher → § 289 Rn. 26 und → § 290 Rn. 2). Bis zur Bestellung der Abwickler ist die KGaA **führungslos**. In dieser Phase erfolgt die passive Vertretung entsprechend § 78 Abs. 1 S. 2, Abs. 3 S. 2 u 3 (iVm § 278 Abs. 3) durch den **Aufsichtsrat**. Zwar findet § 78 auf die KGaA an sich keine Anwendung, da ihre Vertretung sich nach personengesellschaftsrechtlichen Grundsätzen richtet (→ Rn. 80). Hier geht es jedoch um eine Kompetenzzuweisung an den Aufsichtsrat, und dessen Stellung folgt auch bei der KGaA im Prinzip aktienrechtlichen Regeln (→ Rn. 26 f. und → § 287 Rn. 7; aber auch → § 287 Rn. 11). Aus diesem Grund ist es auch unerheblich, dass § 78 in der Liquidation durch den spezielleren § 269 verdrängt wird, denn dieser lässt die Pflichten und Befugnisse des Aufsichtsrats grundsätzlich unberührt. Abgesehen davon müssen die Regeln über die Führungslosigkeit auch und gerade in der Abwicklung gelten (→ § 269 Rn. 3).

81 **2. Umfang.** Die Vertretungsmacht erstreckt sich auf „alle" Geschäfte (§ 126 Abs. 1 HGB), also auch solche jenseits von Satzungszweck und Unternehmensgegenstand. Dritten gegenüber kann die Vertretungsbefugnis ihrem Umfang nach durch Individualvereinbarung, **nicht** durch Satzung **beschränkt** werden (§ 126 Abs. 2 HGB). Die unbeschränkbare Vertretungsmacht wird jedoch nach hM durch **aktienrechtliche Regeln** überlagert (→ Rn. 21).[284] Keine Vertretungsmacht besitzt der Komplementär danach etwa für den zustimmungslosen Abschluss von Unternehmensverträgen oder

---

[274] Dafür *Schilling* BB 1998, 1905 (1907); *Hennerkes/Lorz* DB 1997, 1388 (1391); *Hommelhoff* in Ulmer, Die GmbH & Co KGaA nach dem Beschluss BGHZ 134, 352, 1998, 9 (25); Kölner Komm AktG/*Mertens/Cahn* Rn. 85; K. Schmidt/Lutter/*K. Schmidt* § 283 Rn. 3; dagegen *Kessler*, Die rechtlichen Möglichkeiten der Kommanditaktionäre einer GmbH & Co. KGaA zur Einwirkung auf die Geschäftsführung, 2003, 345 f.; MüKoAktG/*Perlitt* Rn. 374; Bürgers/Körber/*Förl/Fett* Rn. 50; s. auch NK-AktR/*Wichert* Rn. 41 f. eingehend Großkomm AktG/*Assmann/Sethe* Rn. 173 ff.
[275] Generell bejahend Roth/Altmeppen/*Altmeppen* GmbHG § 38 Rn. 12; aA Baumbach/Hueck/*Zöllner/Noack* GmbHG § 38 Rn. 21; s. auch Lutter/Hommelhoff/*Kleindiek* GmbHG § 38 Rn. 3; Lutter/Hommelhoff/*Bayer* GmbHG § 46 Rn. 25.
[276] *Marsch-Barner* FS Hoffmann-Becking, 2013, 777 (789).
[277] Unstr., vgl. nur BGHZ 134, 392 (399); *Priester* ZHR 160 (1996) 250 (261); MüKoAktG/*Perlitt* Rn. 371; Kölner Komm AktG/*Mertens/Cahn* Rn. 85; Großkomm AktG/*Assmann/Sethe* Rn. 170.
[278] Näher *Reger* in Bürgers/Fett KGaA § 5 Rn. 216 f.
[279] MüKoAktG/*Perlitt* Rn. 189, 256; Kölner Komm AktG/*Mertens/Cahn* Rn. 82; Großkomm AktG/*Assmann/Sethe* Rn. 179; MHdB AG/*Herfs* § 79 Rn. 13.
[280] MüKoAktG/*Perlitt* Rn. 189.
[281] Großkomm AktG/*Assmann/Sethe* Rn. 180; MüKoAktG/*Perlitt* Rn. 256; MHdB AG/*Herfs* § 79 Rn. 13.
[282] Großkomm AktG/*Assmann/Sethe* Rn. 159.
[283] Vgl. BGHZ 51, 198 (200) (zur KG); Großkomm AktG/*Assmann/Sethe* Rn. 156.
[284] Vgl. MüKoAktG/*Perlitt* Rn. 251; Großkomm AktG/*Assmann/Sethe* Rn. 164.

die zustimmungslose Übertragung des gesamten Gesellschaftsvermögens, § 179a (zur Anwendbarkeit der Norm → Rn. 67).[285] Ferner ist die Vertretungsmacht bei **Insichgeschäften** ausgeschlossen, für die nach hM § 112 (iVm § 278 Abs. 3) und damit die Vertretung durch den Aufsichtsrat Platz greift (näher → § 287 Rn. 11 ff.).[286] Schließlich gelten auch bei der KGaA die Regeln über den Missbrauch der Vertretungsmacht.[287]

3. Entzug. Der Entzug der Vertretungsmacht ist nach § 127 HGB (iVm § 278 Abs. 2) unter denselben Voraussetzungen und in denselben Grenzen wie der Entzug der Geschäftsführungsbefugnis möglich (→ Rn. 74 ff.). Anders als bei der KG[288] kann bei der KGaA auch dem **letzten** oder **einzigen** phG die Vertretungsbefugnis entzogen werden, weil hier die Möglichkeit der Bestellung eines Notgeschäftsführers analog § 29 BGB besteht.[289]

VIII. Mitbestimmung und Konzernrecht

1. Mitbestimmung. a) MitbestG, DrittelbG. Das MitbestG findet auch auf die KGaA Anwendung, soweit diese mehr als 2000 Arbeitnehmer beschäftigt (§ 1 Abs. 1 MitbestG). In diesem Fall setzt sich der Aufsichtsrat zur Hälfte aus Aufsichtsratmitgliedern der Arbeitnehmer und solchen der Anteilseigner zusammen (vgl. § 7 Abs. 1 MitbestG). Anteilseigner sind die Aktionäre (§ 2 MitbestG), bei der KGaA also die Kommanditaktionäre. Auch in der mitbestimmten KGaA hat der Aufsichtsrat gegenüber dem Komplementär **keine besonderen Befugnisse,** kann diesen insbesondere weder bestellen noch abberufen, da § 84 nicht gilt. Das wird durch § 31 Abs. 1 S. 2 MitbestG ausdrücklich klar gestellt. In der KGaA ist auch **kein Arbeitsdirektor** zu bestellen (§ 33 Abs. 1 S. 2, § 27 Abs. 2 S. 3 MgVG). Damit sind der paritätischen Mitbestimmung in der KGaA die Zähne gezogen.

Das **Drittelbeteiligungsgesetz** findet auf solche KGaA Anwendung, die in der Regel mehr als 500 Arbeitnehmer beschäftigen (§ 1 Abs. 1 Nr. 2 DrittelbG). Hier muss der Aufsichtsrat zu einem Drittel aus Arbeitnehmern bestehen (§ 4 Abs. 1 DrittelbG). Die **betriebliche** Mitbestimmung durch Betriebsräte nach BetrVG ist rechtsformunabhängig und erfasst daher auch Betriebe, die zu einem von einer KGaA betriebenen Unternehmen gehören.

b) Besonderheiten der Kapitalgesellschaft & Co KGaA? Umstritten ist, wie die Mitbestimmung bei der **kapitalistischen KGaA** (zB GmbH & Co KGaA) umzusetzen ist. Ein Teil des Schrifttums hält die Mitbestimmungsprivilegien hier für unangebracht und will sie daher gänzlich entfallen lassen. Dem mitbestimmten Aufsichtsrat käme danach eine unmittelbare Personalkompetenz gegenüber den Geschäftsleitern der Komplementärgesellschaft zu.[290] Das mag rechtspolitisch stimmig sein, überschreitet jedoch die Grenzen der Rechtsfortbildung. Gesetzesnäher ist die Ansicht, **§ 4 MitbestG analog** anzuwenden.[291] Nach dieser Norm werden unter bestimmten Voraussetzungen die Arbeitnehmer der KGaA der Komplementärgesellschaft zugerechnet. Das hat zur Folge, dass die Mitbestimmung bei Überschreiten des Schwellenwerts von 2000 Arbeitnehmern in der Komplementärgesellschaft stattfindet, die Arbeitnehmervertreter also über den dort zu bildenden Aufsichtsrat Einfluss auf die Auswahl der geschäftsführenden Person nehmen können. Für die Analogie spricht, dass § 4 MitbestG die Flucht aus der Mitbestimmung aus Gründen unterbinden will, die auch auf die kapitalistische KGaA zutreffen. Dennoch ist sie im Ergebnis **abzulehnen.**[292] Das MitbestG stellt

---
[285] § 179a stellt eine Beschränkung der Vertretungsmacht dar, s. nur Hüffer/Koch/*Koch* § 179a Rn. 1.
[286] Vgl. vorerst nur BGH NZG 2005, 276; Hüffer/Koch/*Koch* Rn. 16; MüKoAktG/*Perlitt* Rn. 260.
[287] Großkomm AktG/*Assmann/Sethe* Rn. 163.
[288] Vgl. BGHZ 51, 198 (200).
[289] RGZ 74, 297 (301); *Kessler,* Die rechtlichen Möglichkeiten der Kommanditaktionäre einer GmbH & Co. KGaA zur Einwirkung auf die Geschäftsführung, 2003, 351; Hüffer/Koch/*Koch* Rn. 17b, § 289 Rn. 9; Großkomm AktG/*Assmann/Sethe* Rn. 168; Kölner Komm AktG/*Mertens/Cahn* Rn. 84; MüKoAktG/*Perlitt* Rn. 255; *Schulz* in Bürgers/Fett KGaA § 8 Rn. 47 f.
[290] So K. Schmidt/Lutter/*K. Schmidt* § 287 Rn. 5 unter Hinweis auf *Steindorff* FS Ballerstedt, 1975, 127 ff.
[291] ZB UHH/*Ulmer/Habersack* MitbestG § 1 Rn. 40a; *Joost* ZGR 1998, 334 (343 ff.); *Arnold,* Die GmbH & Co. KGaA, 2001, 114 ff.; Großkomm AktG/*Oetker* MitbestG § 4 Rn. 2; *Raiser/Veil* MitbestG § 31 Rn. 45; *Raiser/Veil* KapGesR § 31 Rn. 13; ausf. *Ullrich,* Unternehmensmitbestimmung in der kapitalistischen Kommanditgesellschaft auf Aktien, 2002, 78–144.
[292] HM, vgl. nur OLG Celle ZIP 2015, 123 = Beck RS 2014, 21703; *Giehl* MittBayNot 2016, 285 (287 ff.); *Kessler* NZG 2005, 145 (149 f.); *Kessler,* Die rechtlichen Möglichkeiten der Kommanditaktionäre einer GmbH & Co. KGaA zur Einwirkung auf die Geschäftsführung, 2003, 236 (mwN); *Bayreuther* JuS 1999, 651 (656); *Dirksen/Möhrle* ZIP 1998, 1377 (1378 f.); *Jaques* NZG 2000, 401 (404); *Hennerkes/Lorz* DB 1997, 1388 (1392); *Philbert,* Die Kommanditgesellschaft auf Aktien zwischen Personengesellschaftsrecht und Aktienrecht, 2005, 68; MüKoAktG/*Perlitt* Rn. 303 ff.; Großkomm AktG/*Assmann/Sethe* Vor § 287 Rn. 15; Kölner Komm AktG/*Mertens/Cahn* Vor § 278 Rn. 20; *Hoffmann-Becking/Herfs* FS Sigle, 2000, 273 (279); *Hanau/Wackerbarth* FS Lutter, 2000, 425 (455 ff.).

mehr als andere Normen ein politisches Gesetz dar, von dem obendrein fraglich ist, ob es heute noch einmal so verabschiedet werden könnte. Seine rechtsfortbildende Erweiterung auf vom Wortlaut nicht erfasste Sachverhalte kommt daher aus grundsätzlichen Erwägungen nicht in Betracht.[293]

86 Befürwortet man die Analogie, bleibt die **praktische Bedeutung** wegen der engen Tatbestandsvoraussetzungen gleichwohl **gering**. Denn § 4 Abs. 1 S. 1 MitbestG setzt voraus, dass die Mehrheit der Kommanditisten zugleich die Mehrheit der Anteile der Komplementärgesellschaft hält. Dieses Erfordernis ist bei der Publikums-KGaA regelmäßig nicht gegeben, im Übrigen leicht vermeidbar.[294] Allerdings wird die genannte Voraussetzung auch als erfüllt angesehen, wenn die Kommanditaktionäre die Beteiligung an der Komplementärgesellschaft nicht selbst, sondern über die KGaA halten („Einheitsgesellschaft").[295] Der Versuch, bei der analogen Anwendung von § 4 MitbestG von dem Erfordernis der Gesellschafteridentität abzusehen,[296] dürfte jedoch die Grenzen zulässiger Rechtsfortbildung sprengen.

87 Eine Zurechnung von Arbeitnehmern einer KGaA zu deren Komplementärgesellschaft ist auch nicht über **§ 5 MitbestG** zu bewerkstelligen.[297] Danach gelten die Arbeitnehmer eines **Konzernunternehmens** als solche der Konzernmutter. Die Anwendung der Norm auf die kapitalistische KGaA scheitert zwar nicht daran, dass die Komplementärgesellschaft nicht herrschendes Unternehmen iSv §§ 15 ff. sein könne (→ Rn. 91).[298] Gegen sie sprechen jedoch systematische Erwägungen, denn der speziell auf die GmbH & Co KG zugeschnittene § 4 MitbestG würde praktisch bedeutungslos, wenn diese stets auch dem § 5 MitbestG unterfiele.[299]

88 c) Beteiligungsrechte (§ 32 MitbestG). Umstritten ist schließlich die Anwendung des **§ 32 Abs. 1 S. 1 MitbestG** auf die KGaA. Nach dieser Vorschrift darf das geschäftsführende Organ – bei der KGaA der Komplementär – in bestimmten Fällen die sich aus **Beteiligungen** an anderen mitbestimmten Gesellschaften ergebenden Rechte nur mit Zustimmung des Aufsichtsrats ausüben. Für diese Zustimmung genügt die Stimmenmehrheit der Anteilseignervertreter (§ 32 Abs. 1 S. 2 MitbestG). Dadurch soll eine Potenzierung von Arbeitnehmerinteressen verhindert werden.[300] Zu dieser kann es bei der KGaA als Obergesellschaft aber von vornherein nicht kommen, weil dessen geschäftsführendes Organ nicht von einem (mitbestimmten) Aufsichtsrat bestellt wird. Auf die KGaA ist § 32 MitbestG also **nicht anzuwenden**.[301] Ist bei der GmbH & Co KGaA die Komplementärgesellschaft mitbestimmt, gilt § 32 Abs. 1 MitbestG nicht hinsichtlich der Beteiligungen, die von der KGaA gehalten werden.[302]

89 **2. Konzernrecht. a) Anwendbarkeit.** Die Regeln des Konzernrechts sind grundsätzlich auch auf die KGaA **anzuwenden**. Für die §§ 15 ff. folgt dies daraus, dass § 278 Abs. 3 auf das gesamte

---

[293] Zutr. BGHZ 134, 392 (400); diametral entgegengesetzt K. Schmidt/Lutter/*K. Schmidt* § 287 Rn. 5.
[294] Vgl. zu Vermeidungsstrategien *Binz/Sorg* BB 1988, 2045; *Hennerkes/May* DB 1988, 541.
[295] Vgl. *Ullrich*, Unternehmensmitbestimmung in der kapitalistischen Kommanditgesellschaft auf Aktien, 2002, 167; *Zöllner* ZGR 1977, 332; RVJ/*Raiser* MitbestG § 4 Rn. 15. Zur Zulässigkeit der Einheitsgesellschaft → Rn. 3.
[296] So *Ullrich*, Unternehmensmitbestimmung in der kapitalistischen Kommanditgesellschaft auf Aktien, 2002, 165 ff. unter Hinweis auf die „Realitäten der Gestaltungspraxis" (S. 175); vgl. auch schon *Steindorff* FS Ballerstedt, 1975, 127 ff.
[297] HM, vgl. nur OLG Celle ZIP 2015, 123 = Beck RS 2014, 21703; *Kessler* NZG 2005, 145 (150); *Kessler*, Die rechtlichen Möglichkeiten der Kommanditaktionäre einer GmbH & Co. KGaA zur Einwirkung auf die Geschäftsführung, 2003, 241; *Ullrich*, Unternehmensmitbestimmung in der kapitalistischen Kommanditgesellschaft auf Aktien, 2002, 149 ff.; Großkomm AktG/*Assmann/Sethe* Vor § 287 Rn. 11, 13; Kölner Komm AktG/*Mertens/Cahn* Vor § 278 Rn. 20; MüKoAktG/*Perlitt* Rn. 306 f.; *Hecht* in Bürgers/Fett KGaA § 5 Rn. 538; aA *Binz/Sorg* DB 1997, 313 (315 f.); UHH/*Ulmer/Habersack* MitbestG § 1 Rn. 40a; RVJ/*Raiser* MitbestG § 31 Rn. 45; *Raiser/Veil* KapGesR § 31 Rn. 13.
[298] Vgl. Großkomm AktG/*Windbichler* § 15 Rn. 19; Großkomm AktG/*Oetker* MitbestG § 5 Rn. 6.
[299] Vgl. *Ullrich*, Unternehmensmitbestimmung in der kapitalistischen Kommanditgesellschaft auf Aktien, 2002, 162 f.; *Kessler*, Die rechtlichen Möglichkeiten der Kommanditaktionäre einer GmbH & Co. KGaA zur Einwirkung auf die Geschäftsführung, 2003, 240; *Arnold*, Die GmbH & Co. KGaA, 2001, 121 f.; *Joost* ZGR 1998, 334 (347); *Hoffmann-Becking/Herfs* FS Sigle, 2000, 273 (279); zur GmbH & Co KG *Binz/Sorg*, Die GmbH & Co KG, § 14 Rn. 65 ff. mwN.
[300] *Kessler*, Die rechtlichen Möglichkeiten der Kommanditaktionäre einer GmbH & Co. KGaA zur Einwirkung auf die Geschäftsführung, 2003, 225 f.
[301] HM, vgl. MHdB AG/*Hoffmann-Becking* § 29 Rn. 62; Kölner Komm AktG/*Mertens* Anh. § 117 B § 32 MitbestG Rn. 4; aA *Kessler*, Die rechtlichen Möglichkeiten der Kommanditaktionäre einer GmbH & Co. KGaA zur Einwirkung auf die Geschäftsführung, 2003, 226 (Umkehrschluss zu § 31 Abs. 1 S. 2 MitbestG, § 33 Abs. 1 S. 2 MitbestG), der die Norm aber rechtspolitisch für verfehlt erachtet.
[302] *Kessler*, Die rechtlichen Möglichkeiten der Kommanditaktionäre einer GmbH & Co. KGaA zur Einwirkung auf die Geschäftsführung, 2003, 242.

Erste Buch des Aktiengesetzes verweist. Für das im Dritten Buch geregelte materielle Konzernrecht fehlt es zwar an einer entsprechenden Verweisung, doch wird die KGaA in den einschlägigen Vorschriften (§§ 291 ff.) jeweils ausdrücklich erwähnt. Unerwähnt bleibt sie in den Vorschriften zu **Eingliederung** (§§ 319 ff.). Das ist insoweit folgerichtig, als sich die KGaA als einzugliedernde Gesellschaft nicht eignet.[303] Entgegen der hL sind jedoch keine stichhaltigen Gründe ersichtlich, warum die KGaA nicht im Wege erweiternder Auslegung als eingliedernde Gesellschaft zugelassen werden sollte.[304]

b) Vertragskonzern. Unproblematisch anwendbar sind die Regeln über den **Vertragskonzern** 90 (§§ 291 ff.), der an das Vorliegen eines formalisierten Vertragsschlusses anknüpft und dessen Vorliegen daher einfach festzustellen ist.[305] Erforderlich ist neben der Zustimmung der Hauptversammlung (§ 293) wegen § 285 Abs. 2 S. 1 die Zustimmung der Komplementäre, auf die – da zum Kernbereich der Mitgliedschaft gehörend – nicht verzichtet werden kann.[306] Der „andere Vertragsteil" kann ein Komplementär, ein Kommanditaktionär aber auch ein Dritter sein, soweit er die Voraussetzungen des Unternehmensbegriffs iSv § 15 erfüllt (→ Rn. 91 und → § 291 Rn. 6 f.). Da der Komplementär ohnehin eine dominierende Stellung innehat, ist für ihn der Abschluss eines Beherrschungsvertrages gesellschaftsrechtlich idR reizlos.

c) Faktischer Konzern. Für die Anwendung der Regeln über den sog. **faktischen Konzern** 91 (§§ 311 ff.) kommt es darauf an, ob im Einzelfall die Voraussetzungen der §§ 15 ff. erfüllt sind. Erforderlich ist danach zunächst, dass der potentiell Beherrschende als **„Unternehmen"** iSv § 15 einzustufen ist. Dies setzt voraus, dass außerhalb der KGaA eine anderweitige wirtschaftliche Interessenbindung besteht (eingehend → § 15 Rn. 23 ff.). Für eine (natürliche oder juristische) Person, deren Rolle sich in derjenigen des phG einer einzigen KGaA erschöpft, ist das zu verneinen.[307] Anders liegt es bei der sog. **sternförmigen KGaA,** bei der eine Person mehreren KGaA als phG dient.[308] Der Gesellschafter der Komplementärgesellschaft wird hingegen nicht schon dadurch zum „Unternehmen" iSv § 15, dass er daneben an der KGaA selbst beteiligt ist.[309]

Erfüllt ein Gesellschafter der KGaA den Unternehmensbegriff, muss ein **„beherrschender Ein-** 92 **fluss"** iSv § 17 hinzukommen. Die Vermutung des § 17 Abs. 2, wonach ein solcher bei Vorliegen von Anteils- oder Stimmenmehrheit anzunehmen ist, kann für den mehrheitlich beteiligten Kommanditaktionär in der typischen KGaA wegen der fehlenden (mittelbaren) Personalkompetenz der Hauptversammlung als entkräftet angesehen werden.[310] Seine Herrschaft muss daher positiv gem. § 17 Abs. 1 festgestellt werden. **Fraglich** ist, wann ein beherrschender Einfluss des **Komplementärs** anzunehmen ist. Zu verneinen dürfte das jedenfalls dann sein, wenn weitere Komplementäre vorhanden sind, denen das Widerspruchsrecht nach § 115 Abs. 1 Hs. 2 HGB zusteht.[311] Im Übrigen ist die Frage streitig. Während manche sie generell verneinen wollen, weil der beherrschende Einfluss des Komplementärunternehmens vom Gesetz vorprogrammiert sei,[312] stellt die hL einzelfallbezogen

---

[303] AA für die GmbH & Co KGaA *Fett* in Bürgers/Fett KGaA § 12 Rn. 37 (analoge Anwendung der §§ 319 ff.).
[304] Näher Emmerich/Habersack/*Habersack* § 319 Rn. 6; *Fett* in Bürgers/Fett KGaA § 12 Rn. 37 f.; K. Schmidt/Lutter/*K. Schmidt* Rn. 47; Bürgers/Körber/*Förl/Fett* Rn. 52; aA Hüffer/Koch/*Koch* § 319 Rn. 4; MüKoAktG/*Grunewald* § 319 Rn. 5; Kölner Komm AktG/*Mertens/Cahn* Vor § 278 Rn. 22.
[305] Abzulehnen ist die Ansicht von Großkomm AktG/*Assmann/Sethe* Vor § 278 Rn. 83, wonach die satzungsmäßige Möglichkeit der Beherrschung der KGaA einem Beherrschungsvertrag gleichstehe.
[306] *Wichert* AG 2000, 268 (270); *Heermann* ZGR 2000, 66 f. (71, 84); Kölner Komm AktG/*Mertens/Cahn* Vor § 278 Rn. 22; *Fett* in Bürgers/Fett KGaA § 12 Rn. 14.
[307] Wohl unstr., s. nur *K. Schmidt* ZHR 160 (1996) 265 (284); *Joost* ZGR 1998, 334 (347); *Schlitt,* Die Satzung der KGaA, 1999, 108; *Arnold,* Die GmbH & Co. KGaA, 2001, 72; *Kessler,* Die rechtlichen Möglichkeiten der Kommanditaktionäre einer GmbH & Co. KGaA zur Einwirkung auf die Geschäftsführung, 2003, 238; MüKoAktG/*Perlitt* Vor § 278 Rn. 101; Großkomm AktG/*Assmann/Sethe* Vor § 278 Rn. 76; Kölner Komm AktG/*Mertens/Cahn* Vor § 278 Rn. 25; *Fett* in Bürgers/Fett KGaA § 12 Rn. 40; zur KG nur *Binz/Sorg* Die GmbH & Co KG § 14 Rn. 55.
[308] Großkomm AktG/*Assmann/Sethe* Vor § 278 Rn. 76.
[309] Großkomm AktG/*Assmann/Sethe* Vor § 278 Rn. 77.
[310] Wohl unstr., vgl. MüKoAktG/*Perlitt* Vor § 278 Rn. 105 f.; Großkomm AktG/*Assmann/Sethe* Vor § 278 Rn. 79; *Fett* in Bürgers/Fett KGaA § 12 Rn. 27; auch Großkomm HGB/*Ulmer* Anh. § 105 Rn. 28, 34.
[311] Wohl unstr., vgl. MüKoAktG/*Perlitt* Vor § 278 Rn. 108; Großkomm AktG/*Assmann/Sethe* Rn. 80; *Fett* in Bürgers/Fett KGaA § 12 Rn. 28.
[312] Vgl. *Kessler,* Die rechtlichen Möglichkeiten der Kommanditaktionäre einer GmbH & Co. KGaA zur Einwirkung auf die Geschäftsführung, 2003, 239 (Komplementär *sei* die Geschäftsführung und könne daher nicht beeinflussen); *Schaumburg/Schulte,* Die KGaA – Recht und Steuern in der Praxis, 2000, Rn. 70; *Jaques* NZG 2000, 401 (404); *Hennerkes/May* BB 1988, 2393 (2399) (Beherrschung gehöre zu den gesetzmäßigen Aufgaben der Komplementärin).

darauf ab, ob dem phG in der Satzung eine besondere Stellung, etwa durch Ausschluss des Widerspruchsrechts aus § 164 Abs. 1 HGB, eingeräumt wurde.[313]

93 **Stellungnahme:** Beide Ansichten überzeugen nicht. Schon in der gesetzestypischen KGaA ist die (einzige) Komplementärin, soweit sie Unternehmen iSv § 15 ist, **stets** als **„beherrschend"** iSv § 17 einzustufen.[314] Wenn gemeinhin der maßgebliche Einfluss auf die Besetzung des Geschäftsführungsorgans oder ein satzungsmäßiges Sonderrecht zur Geschäftsführung als ausreichendes Beherrschungsinstrument akzeptiert werden,[315] ist es schlechthin unerfindlich, warum dem Komplementär, dem dieser Einfluss kraft Gesetzes zukommt, nicht „beherrschend" sein soll. Dafür spricht auch der Blick auf §§ 311 ff., welche die Gesellschaft vor nachteiligen Geschäftsführungsmaßnahmen schützen soll. Die Gegenansicht, die die Treuepflicht des Komplementärs als Korrektiv genügen lassen will,[316] hebt das geschriebene Konzernrecht aus den Angeln.[317] Vermeiden lässt sich der beherrschende Einfluss des phG nur durch entsprechende Satzungsgestaltung.

94 **d) Rechtsfolgen.** Die Rechtsfolgen ergeben sich für den Vertragskonzern unmittelbar aus §§ 300–310, für den faktischen Konzern aus §§ 311–318. Außenstehende Komplementäre haben kein Recht auf Ausgleich oder Abfindung gem. §§ 304 f., da sie über ein Vetorecht verfügen (→ Rn. 90).[318] Bedeutsam ist insbesondere die Pflicht zur Erstellung eines **Abhängigkeitsberichts**.[319] Ein Unternehmen iSv § 15 (→ Rn. 91), das mehr als den vierten Teil der Aktien einer KGaA hält, unterliegt der **Mitteilungspflicht** nach § 20. Gehört der KGaA mehr als der vierte Teil oder die Mehrheit der Anteile an einer anderen Kapitalgesellschaft, ist dies nach § 21 mitteilungspflichtig. Im Anwendungsbereich des WpHG und der MAR gehen deren Regelungen vor (→ Rn. 100 ff.). Zur Konzernrechnungslegung → § 286 Rn. 13 f.

IX. Die börsennotierte KGaA

95 **1. Börsenzugang.** Wie die AG ist die KGaA **börsenfähig,** dh ihre Kommanditaktien können als „Wertpapiere" iSv § 32 BörsG zum regulierten Markt an einer Börse zugelassen oder in den Freiverkehr (§ 48 BörsG) einbezogen werden. Keine Wertpapiere im genannten Sinne sind Komplementäranteile, und zwar auch dann nicht, wenn sie verbrieft sein sollten.[320] Sind Kommanditanteile einer KGaA zum Handeln an einem organisierten Markt (Börse) zugelassen, dann ist die KGaA eine börsennotierte Gesellschaft iSv § 3 Abs. 2. Soweit das AktG für börsennotierte Gesellschaften Sonderregeln aufstellt, gelten diese daher auch für die KGaA.[321] Anwendung findet ferner das gesamte **Kapitalmarktrecht.** Da die einschlägigen Vorschriften des Aktien- und Kapitalmarktrechts jedoch allein auf die AG zugeschnitten sind, ergeben sich einige Besonderheiten, auf die näher einzugehen ist.[322]

96 **2. Prospektpflicht.** Sollen Aktien zum regulierten Börsenhandel zugelassen werden, bedarf es gem. § 32 Abs. 3 Nr. 2 BörsG, § 3 Abs. 1 WpPG der Veröffentlichung eines **Prospekts.** Darin sind „in leicht analysierbarer und verständlicher Form" sämtliche Angaben aufzunehmen, die dem Publikum eine aufgeklärte Anlageentscheidung ermöglichen, wozu insbesondere Angaben über den Emittenten gehören (§ 5 Abs. 1 WpPG). Einzelheiten bestimmt bislang die **Verordnung (EG) Nr. 809/2004** der Kommission betreffend die in Prospekten enthaltenen Informationen (EU-Prospektverordnung).[323] Als explizit die KGaA betreffende Information ist danach nur die Angabe des **Namens und der Anschrift des persönlich haftenden Gesellschafters** sowie dessen Stellung

---

[313] *Ammenwerth,* Die Kommanditgesellschaft auf Aktien (KGaA) – eine Rechtsformalternative für personenbezogene Unternehmen?, 1997, 93; MüKoAktG/*Perlitt* Vor § 278 Rn. 107; Großkomm AktG/*Assmann/Sethe* Vor § 278 Rn. 79 ff.; Kölner Komm AktG/*Mertens/Cahn* Vor § 278 Rn. 27.

[314] Richtig *Fett* in Bürgers/Fett KGaA § 12 Rn. 28. Vgl. zur KG auch BGHZ 89, 162 (166 f.); BAG NJW 1991, 2923 (2926); Großkomm AktG/*Windbichler* § 17 Rn. 28; → § 17 Rn. 47.

[315] Vgl. → § 17 Rn. 9; ferner Hüffer/Koch/*Koch* § 17 Rn. 5; Großkomm AktG/*Windbichler* § 17 Rn. 31.

[316] So *Schaumburg/Schulte,* Die KGaA – Recht und Steuern in der Praxis, 2000, Rn. 72; vgl. auch *Binz/Sorg* Die GmbH & Co KG § 14 Rn. 58 ff.

[317] Abl.daher auch *Arnold,* Die GmbH & Co. KGaA, 2001, 73; Kölner Komm AktG/*Mertens/Cahn* Vor § 278 Rn. 27.

[318] Überzeugend *Fett* in Bürgers/Fett KGaA § 12 Rn. 15.

[319] Dazu *Mertens* FS Claussen, 1997, 297 ff.

[320] Vgl. allgemein für KG-Anteile Schwark/*Heidelbach* BörsG § 30 Rn. 9.

[321] Auflistung bei *Wieneke/Fett* in Bürgers/Fett KGaA § 10 Rn. 104 f.

[322] Ausf. zum Recht der börsennotierten KGaA *Wieneke/Fett* in Bürgers/Fett KGaA § 10 (S. 495–591).

[323] Verordnung (EG) Nr. 809/2004 der Kommission vom 29. April 2004 zur Umsetzung der Richtlinie 2003/71/EG des Europäischen Parlaments und des Rates betreffend die in Prospekten enthaltenen Informationen sowie das Format, die Aufnahme von Informationen mittels Verweis und die Veröffentlichung solcher Prospekte und die Verbreitung von Werbung, ABl. EG 2004 Nr. L 215, 3.

bei der Gesellschaft vorgeschrieben (VO (EG) Nr. 809/2004, Anlage I, Ziff. 14.1. b). Künftig wird die Prospektpflicht in der (unmittelbar anwendbaren) neuen EU-Prospektverordnung geregelt sein, die insoweit die bisherigen Regelungen im WpPG verdrängt und in ihren wesentlichen Teilen am 21.7.2019 in Kraft tritt.[324]

Zusätzliche Angaben „über die Struktur des persönlich haftenden Gesellschafters und die von der gesetzlichen Regelung abweichenden Bestimmungen der Satzung oder des Gesellschaftsvertrages", wie sie noch § 18 Nr. 3 BörsZulVO aF vorschrieb, werden von der Verordnung nicht verlangt. Dennoch empfiehlt es sich, entsprechend der bisherigen Praxis die **rechtsformspezifischen Besonderheiten** einer KGaA im Allgemeinen sowie die Besonderheiten der jeweiligen Satzungsgestaltung im Besonderen darzustellen.[325] Zwar hat der deutsche Gesetzgeber von der bislang bestehenden Möglichkeit, über die europarechtlich geforderten Mindestangaben weitere Angaben speziell für die KGaA vorzuschreiben, keinen Gebrauch gemacht. Jedoch lässt sich die „Stellung" des Komplementärs „bei der Gesellschaft" nur sinnvoll beschreiben, wenn die Besonderheiten der KGaA kurz erläutert werden. Das gilt namentlich dann, wenn der Komplementär eine juristische Person ist. Auch sonstige, das Management und etwaige Interessenkollisionen betreffende Pflichtangaben legen es nahe, vorsorglich auf die besondere Verwaltungsstruktur der KGaA einzugehen. Mit Blick auf die generalklauselartige Fassung des § 5 Abs. 1 WpPG sollte dabei im Zweifel eher großzügig informiert werden. **97**

Aufzunehmen sind danach genaue **Angaben über den persönlich haftenden Gesellschafter** (Rechtsform, Sitz, Geschäftsführung etc), über die eingeschränkten Kontroll- und Mitspracherechte von Aufsichtsrat und Hauptversammlung sowie über die Vermögensbeteiligung des Komplementärs einschließlich der damit verbundenen Rechte (zB Recht zur Umwandlung der Vermögenseinlage in Kommanditaktien).[326] Neben diesen Angaben ist ein gesonderter Hinweis auf den **„Risikofaktor KGaA"** nicht zwingend vonnöten, aber auch nicht schädlich.[327] Ebenfalls nicht erforderlich ist die Aufnahme des vollen Textes der Gesellschaftsstatute in den Prospekt.[328] **98**

3. Keine Satzungskontrolle. Mit Blick auf die größere Satzungsfreiheit bei der KGaA ist in der Literatur die Ansicht vertreten worden, die Börsenzulassungsstellen sollten zum Schutze der Anleger eine **materielle Satzungsprüfung** vornehmen.[329] Diese Auffassung, die kaum Gefolgschaft fand,[330] ist heute **hinfällig** geworden. Gestützt wurde sie im Wesentlichen auf § 30 Abs. 3 Nr. 3 BörsG aF, wonach keine Umstände bekannt sein durften, „die bei Zulassung der Wertpapiere zu einer Übervorteilung des Publikums oder einer Schädigung erheblicher allgemeiner Interessen führen". Diese Norm ist im Rahmen der Umsetzung der Prospektrichtlinie gestrichen worden.[331] Ihr Pendant findet sich heute in § 26 Abs. 8 WpPG. Danach kann die zuständige Bundesanstalt für Finanzdienstleistungsaufsicht (BaFin) zum Schutze des Publikums das öffentliche Angebot (nur) untersagen, wenn sich die Gefahr einer Übervorteilung aus unrichtigen oder unvollständigen Prospektangaben ergibt. Stellt der Prospekt die Rechtslage bei der KGaA dagegen korrekt dar (→ Rn. 96 ff.), muss dieser von der BaFin gebilligt werden. Die Börsen haben dann lediglich festzustellen, ob die Bestimmungen der BörsZulVO eingehalten wurden (§ 32 Abs. 3 Nr. 1 BörsG). Eine materielle Prüfungskompetenz ist damit nicht verbunden.[332] Davon unberührt bleibt die mögliche Inhaltskontrolle durch die Gerichte (→ Rn. 28 ff.). **99**

4. Kapitalmarktrechtliche Folgepflichten. a) Publizitätspflichten. Ist die KGaA börsennotiert, gelten besondere **Publizitätspflichten** nach den einschlägigen Vorschriften des Wertpapier- **100**

---

[324] Verordnung (EU) 2017/1129 des Europäischen Parlaments und des Rates vom 14. Juni 2017 über den Prospekt, der beim öffentlichen Angebot von Wertpapieren oder bei deren Zulassung zum Handel an einem geregelten Markt zu veröffentlichen ist und zur Aufhebung der Richtlinie 2003/71/EG, ABl. EU 2017 Nr. L 168, 12.
[325] Näher *Schlitt/Winzen* CFL 2012, 261 (270 f.); *Wieneke/Fett* in Bürgers/Fett KGaA § 10 Rn. 73 ff.
[326] Vgl. *Schlitt/Winzen* CFL 2012, 261 (270 f.); *Wieneke/Fett* in Bürgers/Fett KGaA § 10 Rn. 75 ff.
[327] *Schlitt/Winzen* CFL 2012, 261 (271); *Wieneke/Fett* in Bürgers/Fett KGaA § 10 Rn. 78.
[328] MüKoAktG/*Perlitt* Rn. 385; *Wieneke/Fett* in Bürgers/Fett KGaA § 10 Rn. 77 mit Hinweis auf die unterschiedlich gehandhabte Praxis; für entsprechende Publizität *Schlitt*, Die Satzung der KGaA, 1999, 31 f.; *Herfs* VGR 1 (1999), 54; *Raiser/Veil* KapGesR § 31 Rn. 16 („sachgerecht").
[329] So *Hommelhoff* ZHR Beiheft 67 (1998) 9 (26 ff.); zust. *Schlitt*, Die Satzung der KGaA, 1999, 31.
[330] Krit. etwa *Wieneke/Fett* in Bürgers/Fett KGaA § 10 Rn. 32 ff., Rn. 64; *Herfs* VGR 1 (1999), 23 (30 f.).
[331] Die Streichung erfolgte durch den Finanzausschuss des Bundestages, der damit einer Anregung des Bundesrates folgte, vgl. BT-Drs. 15/5373, 86. Zweck war die Sicherung der alleinigen Prospektprüfungskompetenz der BAFin. Denn die Feststellung der Übervorteilung von Anlegern hätte den Zulassungsstellen erneut den Zugriff auf den bereits gebilligten Prospekt ermöglicht, vgl. BT-Drs. 15/5219, 6.
[332] Zutr. *Wieneke/Fett* in Bürgers/Fett KGaA § 10 Rn. 33.

handelsgesetzes (WpHG) sowie der Marktmissbrauchsverordnung (MAR).[333] Die Meldepflichten beim **Überschreiten bestimmter Schwellwerte** (§§ 33 ff. WpHG; entspricht §§ 21 ff. WpHG aF) knüpfen nicht an die Beteiligungshöhe, sondern an die Stimmrechte an. Weil sich Stimmrechte nur aus Aktien, nicht aber aus der Vermögenseinlage des phG ergeben (vgl. § 285 Abs. 1 S. 1), kann der Komplementär nur meldepflichtig werden, wenn er auch eine entsprechende Anzahl von Aktien hält. Dass er dabei einem erweiterten Stimmrechtsverbot unterliegt (§ 285 Abs. 1 S. 2), ist unerheblich, weil es nach § 33 WpHG wie bislang nur auf das abstrakte Bestehen, nicht auf die Ausübbarkeit der Stimmrechte ankommt.[334] Ob dem Komplementär die Stimmrechte der KGaA als eigene zugerechnet werden, ist noch nicht geklärt, aber zweifelhaft (zum Parallelproblem beim WpÜG → Rn. 109).[335]

101 Als Emittent unterliegt die KGaA der Pflicht zur **Ad-hoc-Publizität** aus Art. 17 MAR. Meldepflichtig können danach auch Umstände auf Ebene des phG sein, etwa der Austausch von Geschäftsführern der geschäftsführenden Komplementär-GmbH.[336] Das Problem mehrstufiger Unternehmensentscheidungen stellt sich bei der KGaA dagegen nur in eingeschränkter Weise, weil die Geschäftsführung idR nicht von der Zustimmung des Aufsichtsrats abhängt (→ § 287 Rn. 10) und Zustimmungserfordernisse der Hauptversammlung häufig abbedungen werden (→ Rn. 62, 65). Die Veröffentlichungspflicht tritt damit regelmäßig schon mit der Entscheidung durch den phG ein.[337]

102 Die Pflicht zur Mitteilung von sog. **Directors Dealings** (Art. 19 MAR) erstreckte sich nach dem bis 2016 geltenden § 15a Abs. 2 WpHG aF explizit auf Geschäfte eines persönlich haftenden Gesellschafters. Auch nach der MAR sind Eigengeschäfte des Komplementärs meldepflichtig, denn dieser ist eine „Person, die Führungsaufgaben wahrnimmt" iSv Art. 3 Abs. 1 Nr. 25 MAR.[338] Ist der Komplementär seinerseits eine juristische Person, werden auch Geschäfte von deren **Geschäftsführern** und etwaigen Aufsichts- oder Beiratsmitgliedern erfasst.[339] Das folgt jedenfalls daraus, dass die MAR unter „Personen, die Führungsaufgaben wahrnehmen" auch solche versteht, die regelmäßig Zugang zu Insiderinformationen haben und zu wesentlichen unternehmerischen Entscheidungen befugt sind (Art. 3 Abs. 1 Nr. 25 lit. b MAR). Anteilseigner der Komplementärin unterfallen dagegen nicht der Meldepflicht.[340]

103 **b) Deutscher Corporate Governance Kodex.** Börsennotierte Aktiengesellschaften müssen sich nach § 161 darüber erklären, ob sie den Empfehlungen des **Deutschen Corporate Governance Kodex** folgen und Abweichungen gegebenenfalls begründen.[341] Nach ganz herrschender und zutreffender Ansicht gilt diese Verpflichtung über § 278 Abs. 3 auch für die KGaA.[342] Dem steht nicht entgegen, dass der Kodex die Leitung der Gesellschaft betrifft und sich die Geschäftsführung bei der KGaA nach Personengesellschaftsrecht richtet, weshalb die Verweisung des § 278 Abs. 3 insoweit nicht anwendbar sei.[343] Denn § 161 gehört systematisch zu den Vorschriften über die Rechnungslegung (§§ 150 ff), und diese gelten grundsätzlich auch für die KGaA (→ § 286 Rn. 5). Dass der Gesetzgeber von der Geltung des § 161 AktG für die KGaA ausgeht, ergibt sich im Übrigen zwanglos aus § 289f Abs. 2 Nr. 1, Abs. 3 HGB, wonach die Erklärung zur Unternehmensführung bei der börsennotierten KGaA die Erklärung gemäß § 161 des Aktiengesetzes zu enthalten hat (→ Rn. 103b).

103a In der Literatur wird zu Recht darauf hingewiesen, dass **nicht alle** Kodex-Empfehlungen auf die KGaA **passen**.[344] Für jede Empfehlung ist daher separat zu prüfen, ob und wie sie ggfs. für die KGaA umgesetzt werden kann.[345] Eine vollständige Herausnahme der KGaA aus dem Anwendungs-

---

[333] Verordnung (EU) 596/2014 des Europäischen Parlaments und des Rates vom 16. April 2014 über Marktmissbrauch (Marktmissbrauchsverordnung) und zur Aufhebung der Richtlinie 2003/6/EG des Europäischen Parlaments und des Rates und der Richtlinien 2003/124/EG, 2003/125/EG und 2004/72/EG der Kommission.
[334] MüKoAktG/*Bayer* Anh. § 22 WpHG § 21 Rn. 20; Schwark/*Schwark* WpHG § 21 Rn. 8.
[335] Näher R. *Krause* Liber Amicorum M. Winter, 2011, 351 (365 ff.).
[336] *Wieneke/Fett* in Bürgers/Fett KGaA § 10 Rn. 90.
[337] Ebenso *Wieneke/Fett* in Bürgers/Fett KGaA § 10 Rn. 94.
[338] Zutr. *Fett/Stütz* NZG 2017, 1121 (1129 f.); aA *Kumpan* AG 2016, 446 (449).
[339] *Fett/Stütz* NZG 2017, 1121 (1130); *Wieneke/Fett* in Bürgers/Fett KGaA § 10 Rn. 115b.
[340] *Fett/Stütz* NZG 2017, 1121 (1130).
[341] Eine entsprechende Publizitätspflicht ergibt sich aus der EU-Prospektverordnung (Anhang I, Ziff. 16.4).
[342] Vgl. nur KBLW/*Bachmann* DCGK Rn. 53; Kölner Komm AktG/*Lutter* § 161 Rn. 16; Schlitt/*Winzen* CFL 2012, 261 (272).
[343] So *Johannsen-Roth/Kießling* FS Marsch-Barner, 2018, 273 (283) unter Hinweis auf *Bayer/Renner* AG-Report 2008, R211.
[344] *Wieneke/Fett* in Bürgers/Fett KGaA § 10 Rn. 108; *Binz/Beyer* AR 2011, 153; *Johannsen-Roth/Kießling* FS Marsch-Barner, 2018, 273 (283).
[345] Vgl. KBLW/*Bachmann* DCGK Rn. 90.

bereich des § 161 im Wege der teleologischen Reduktion ist dagegen abzulehnen.[346] Denn der Sinn des § 161 liegt jedenfalls auch darin, die Leitungs- und Überwachungsorgane der Gesellschaften dazu anzuhalten, sich über die Effizienz ihrer Kontrollstrukturen Gedanken zu machen und dies den (potenziellen) Investoren zu kommunizieren.[347] Diesen Sinn erfüllt die Vorschrift auch bei der KGaA. Besondere Belastungen gehen damit nicht einher, weil die Nichtanwendung unpassender Empfehlungen lediglich publik zu machen und zu begründen ist.[348]

c) **Erklärung zur Unternehmensführung (§ 289f HGB).** Börsennotierte KGaA sind darüber hinaus verpflichtet, eine **Erklärung zur Unternehmensführung (§ 289f HGB)** abzugeben. Die Anwendbarkeit dieser Norm auf die KGaA ergibt sich unmittelbar aus deren Absatz 3, in dem die KGaA seit 2015 als Normadressat explizit erwähnt wird. Statt der „Arbeitsweise des Vorstands" ist bei der KGaA die Struktur und Funktion des phG zu erläutern. Zur Anwendung der **„Frauenquote"** (vgl. § 289f Abs. 2 Nr. 4 u. 5, Abs. 4 u. 5 HGB) → Rn. 40a. 103b

d) **Insiderhandelsverbot.** Das Insiderhandelsverbot (Art. 14 MAR) gilt selbstverständlich auch für den Handel mit Aktien einer börsennotierten KGaA. Es trifft nicht nur Organe der KGaA, sondern jeden, der Kenntnis von einer Insiderinformation iSv Art. 7 MAR hat. 104

5. Übernahmerecht. a) Anwendung des WpÜG. Das einschlägige **Wertpapierübernahme- und Erwerbsgesetz** (WpÜG) ist ausdrücklich auch auf die KGaA als Zielgesellschaft **anwendbar** (§ 2 Abs. 3 WpÜG). Seinem Inhalt nach ist es jedoch nicht auf diese, sondern ganz auf die AG zugeschnitten. Das bedeutet zunächst, dass dort, wo das WpÜG den Vorstand anspricht, bei der KGaA der phG gemeint ist (vgl. § 283).[349] Obwohl der phG – anders als der Vorstand – nicht nur Organ, sondern selbst Gesellschafter ist, gilt das **Vereitelungsverbot** (§ 33 WpÜG) daher auch für ihn.[350] Entsprechend muss ihm auch die Befugnis zugestanden werden, mit Zustimmung der Aufsichtsrats Abwehrmaßnahmen gegen feindliche Übernahmeversuche einzuleiten (vgl. § 33 Abs. 1 S. 2 Alt. 3 WpÜG).[351] 105

b) **Kontrolle der KGaA.** Schwierigkeiten bereitet die Frage, wann von der **„Kontrolle"** einer KGaA iSv § 29 WpÜG auszugehen ist. Das Gesetz stellt auf das Überschreiten einer Stimmrechtsquote von 30 % ab (§ 29 Abs. 2 WpÜG), doch ist für den maßgeblichen Einfluss auf die KGaA nicht der Bestand an Kommanditaktien, sondern die Stellung als phG von Bedeutung. Daher wurde die Auffassung vertreten, die unwiderrufliche Kontrollvermutung des § 29 Abs. 2 WpÜG sei auf die KGaA nicht anwendbar.[352] 106

Diese Auffassung hat sich zu Recht nicht durchgesetzt.[353] Das Gesetz hat aus Gründen der Rechtssicherheit bewusst einen **formellen Kontrollbegriff** gewählt. Unbilligkeiten im Einzelfall muss durch Befreiung gem. § 37 WpÜG begegnet werden, die bei der gesetzestypischen KGaA regelmäßig zu gewähren ist.[354] Ein Kommanditaktionär, der mindestens 30 % der Aktien einer börsennotierten KGaA hält, übt damit die Kontrolle über diese iSv § 29 Abs. 2 WpÜG aus. Umgekehrt stellt der **Wechsel des phG** keinen Kontrollerwerb iSd WpÜG dar, weil eine analoge Anwen- 107

---

[346] Ebenso *Philbert*, Die Kommanditgesellschaft auf Aktien zwischen Personengesellschaftsrecht und Aktienrecht, 2005, 239 f.; nunmehr auch *Wieneke/Fett* in Bürgers/Fett KGaA § 10 Rn. 109.
[347] *Bachmann* WM 2002, 2137 (2139); *von Werder* DB 2002, 801 (810).
[348] Liste der nur modifiziert anwendbaren Empfehlungen bei *Wieneke/Fett* in Bürgers/Fett KGaA § 10 Rn. 111a; ferner *Johansen-Roth/Kießling* FS Marsch-Barner, 2018, 273 (283 f.).
[349] Kölner Komm WpÜG/*Versteegen* WpÜG § 2 Rn. 107.
[350] HM, vgl. *Philbert*, Die Kommanditgesellschaft auf Aktien zwischen Personengesellschaftsrecht und Aktienrecht, 2005, 250; Kölner Komm WpÜG/*Hirte* WpÜG § 33 Rn. 45; MüKoAktG/*Schlitt* WpÜG § 33 Rn. 61; Assmann/Pötzsch/Schneider/*Krause/Pötzsch* WpÜG § 33 Rn. 75; zweifelnd *Wieneke/Fett* in Bürgers/Fett KGaA § 10 Rn. 165.
[351] *Wieneke/Fett* in Bürgers/Fett KGaA § 10 Rn. 168; Assmann/Pötzsch/Schneider/*Krause/Pötzsch* WpÜG § 33 Rn. 173; Baums/Thoma/*Grunewald* WpÜG § 33 Rn. 48; MüKoAktG/*Schlitt* WpÜG § 33 Rn. 163; aA Kölner Komm WpÜG/*Hirte* WpÜG § 33 Rn. 78.
[352] So noch *Steinmeyer/Häger* WpÜG 1. Aufl. 2002 § 29 Rn. 30 ff.; ähnlich für einen vergleichbaren Fall (Bieter überschreitet 30 %, bleibt aber selbst in der Minderheit) Ehricke/Ekkenga/*Oechsler* WpÜG 1. Aufl. 2003 § 29 Rn. 9 (teleologische Reduktion).
[353] Dagegen nur *Scholz* NZG 2006, 445 (446 f.); *Philbert*, Die Kommanditgesellschaft auf Aktien zwischen Personengesellschaftsrecht und Aktienrecht, 2005, 244; Assmann/Pötzsch/Schneider/*Pötzsch* WpÜG § 2 Rn. 89; Assmann/Pötzsch/Schneider/*Möller* WpÜG § 29 Rn. 25; Kölner Komm WpÜG/*Versteegen* WpÜG § 2 Rn. 105 Fn. 116; Angerer/Geibel/Süßmann/*Süßmann* WpÜG § 29 Rn. 25; *Wieneke/Fett* in Bürgers/Fett KGaA § 10 Rn. 151.
[354] Zutr. *Wieneke/Fett* in Bürgers/Fett KGaA § 10 Rn. 180 (Ermessensreduzierung auf Null); *Schlitt/Winzen* CFL 2012, 261 (268); keine Befreiung erfolgt bei der sog. hauptversammlungsdominierten KGaA (*Philbert*, Die Kommanditgesellschaft auf Aktien zwischen Personengesellschaftsrecht und Aktienrecht, 2005, 246).

dung der §§ 29 ff., 32 ff. WpÜG aus eben den Gründen ausscheidet, aus denen auch eine teleologische Reduktion nicht in Betracht kommt.[355] Ein Pflichtangebot (→ Rn. 108) ist daher nicht erforderlich. Dagegen erfüllt ein phG, der zusätzlich über mindestens 30 % der Stimmrechte in der Hauptversammlung verfügt, den formellen Kontrollbegriff des § 29 Abs. 2 WpÜG.[356] Das erweiterte Stimmverbot (§ 285 Abs. 1 S. 2) ändert daran nichts, weil es – wie bei § 33 WpHG – lediglich auf das abstrakte Stimmrecht ankommt.[357]

108 Wird eine Befreiung nach § 37 WpÜG nicht erteilt, muss beim Kontrollwechsel ein **Pflichtangebot** gem. § 35 Abs. 2 WpÜG erfolgen. Dieses erstreckt sich nur auf die außenstehenden Kommanditaktien, nicht hingegen auf die Beteiligung des phG als solcher.[358] Anders liegt es nur, wenn dem phG das Recht zusteht, seine Vermögenseinlage in Kommanditaktien umzuwandeln (→ § 281 Rn. 10, 13) und er von diesem Recht während der laufenden Angebotsfrist Gebrauch macht.[359] Ein **Kontrollwechsel auf der Ebene des phG** ist kein Kontrollerwerb iSd WpÜG und löst daher kein Pflichtangebot aus (→ Rn. 107). Sollen Anleger auch in diesem Fall an der sog. Kontrollprämie teilhaben, kann dies durch eine Regelung in der Satzung erreicht werden, die ein Ausscheiden des phG vorsieht, wenn den Kommanditaktionären nach einem Kontrollwechsel auf der phG-Ebene kein Kaufangebot entsprechend den Regeln des WpÜG unterbreitet wird. Kommt der Erwerber dieser Obliegenheit nach, sind die Kommanditaktionäre so gestellt, als hätten sie in eine börsennotierte AG oder SE investiert.[360]

109 c) **KGaA als Bieter.** Erstrebt die KGaA als Bieter ihrerseits die Kontrolle an einer Zielgesellschaft, gelten für sie alle Bieterpflichten. Die KGaA kann ihre Aktien gem. § 33 Abs. 2 WpÜG als Gegenleistung für Aktien einer AG anbieten, obwohl sie wegen des Rechtsformunterschiedes einen geringeren Einfluss vermitteln.[361] Stuft man die KGaA als „Tochterunternehmen" ihres Komplementärs iSv § 2 Abs. 6 WpÜG ein, werden diesem die von der KGaA an der Zielgesellschaft erworbenen Stimmrechte **zugerechnet** (§ 30 Abs. 1 S. 1 Nr. 1 WpÜG).[362] Auch der Komplementär ist dann bei Überschreiten der Kontrollschwelle (theoretisch) zur Abgabe eines Pflichtangebots verpflichtet, welches jedoch mit befreiender Wirkung allein von der KGaA abgegeben werden kann.[363]

§ 279 Firma

(1) **Die Firma der Kommanditgesellschaft auf Aktien muß, auch wenn sie nach § 22 des Handelsgesetzbuchs oder nach anderen gesetzlichen Vorschriften fortgeführt wird, die Bezeichnung „Kommanditgesellschaft auf Aktien" oder eine allgemein verständliche Abkürzung dieser Bezeichnung enthalten.**

(2) **Wenn in der Gesellschaft keine natürliche Person persönlich haftet, muß die Firma, auch wenn sie nach § 22 des Handelsgesetzbuchs oder nach anderen gesetzlichen Vorschriften fortgeführt wird, eine Bezeichnung enthalten, welche die Haftungsbeschränkung kennzeichnet.**

I. Normzweck

1 Die Vorschrift schreibt den Rechtsformzusatz vor und dient damit dem Interesse von Rechtsverkehr und Gläubigern an der **Transparenz der Rechtsverhältnisse**. Abs. 1 entspricht wörtlich § 4, tauscht lediglich das Wort „Aktiengesellschaft" gegen „Kommanditgesellschaft auf Aktien" aus. Abs. 2 betrifft die sog. kapitalistische KGaA (zB GmbH & Co KGaA), deren Komplementär keine natürliche Person ist. Er wurde vom Gesetzgeber 1998 eingeführt, der damit zugleich die Zulässigkeit dieser zuvor vom BGH gebilligten Gestaltung bestätigte (→ § 278 Rn. 12, 40).[1] Ergänzt wird die

---

[355] Vgl. *Scholz* NZG 2006, 445 (449); *R. Krause* Liber Amicorum M. Winter, 2011, 351 (367); *Hasselbach/Ebbinghaus* DB 2015, 1269 (1275); *Wieneke/Fett* in Bürgers/Fett KGaA § 10 Rn. 153.
[356] *Scholz* NZG 2006, 445 (449); nunmehr auch *Wieneke/Fett* in Bürgers/Fett KGaA § 10 Rn. 154 ff.
[357] Vgl. Assmann/Pötzsch/Schneider/*Möllers* WpÜG § 29 Rn. 21; Kölner Komm WpÜG/*von Bülow* WpÜG § 29 Rn. 129.
[358] *Scholz* NZG 2006, 445 (448).
[359] Näher dazu *Scholz* NZG 2006, 445 (448 f.).
[360] *Hasselbach/Ebbinghaus* DB 2015, 1269 (1275) (unter Hinweis auf die Satzung der Fresenius SE & Co KGaA).
[361] *Wieneke/Fett* in Bürgers/Fett KGaA § 10 Rn. 159 ff. (unter Hinweis auf § 78 S. 4 UmwG).
[362] So *Wieneke/Fett* in Bürgers/Fett KGaA § 10 Rn. 174; zweifelnd *R. Krause* Liber Amicorum M. Winter, 2011, 351 (365 f.).
[363] *Wieneke/Fett* in Bürgers/Fett KGaA § 10 Rn. 176; zum Problem Assmann/Pötzsch/Schneider/*Krause/Pötzsch* WpÜG § 35 Rn. 196 mwN.
[1] Vgl. nur Hüffer/Koch/*Koch* Rn. 1. Zur Rechtslage vor 1998 s. Großkomm AktG/*Assmann/Sethe* Rn. 1 ff.

Norm durch § 80 (iVm § 278 Abs. 3), der die Angabe der Rechtsform auf allen Geschäftsbriefen vorschreibt (→ Rn. 9).

Nicht geregelt ist der **Inhalt der Firma**, der sich nach § 18 HGB (iVm § 3 Abs. 1, § 278 Abs. 3) **2** richtet.[2] Zulässig sind – wie auch sonst – Personen-, Sach- und Fantasiefirmen, soweit sie nicht irreführen. Unsicher ist, ob die Namen von Personen in die Firma aufgenommen werden dürfen, die nicht Komplementär sind.[3] Das hängt davon ab, ob dadurch bei Dritten der Eindruck erweckt wird, die Benannten seien phG.[4] Weil dies nicht ausgeschlossen werden kann, sollte auf eine entsprechende Personenfirma im Zweifel verzichtet werden.

II. Rechtsformzusatz (Abs. 1)

1. Rechtsformbezeichnung. Die Firma der KGaA muss in jedem Fall die Bezeichnung „Kom- **3** manditgesellschaft auf Aktien" enthalten. Diese muss dem Firmenkern nicht nachgestellt sein, sondern darf ihm auch vorangehen, solange eine Irreführung des Publikums ausgeschlossen bleibt (vgl. § 18 Abs. 2 HGB). Im Übrigen kann auf die Erläuterungen zu § 4 verwiesen werden.

2. Abkürzung. Statt des voll ausgeschriebenen Zusatzes gestattet das Gesetz alternativ **4** („oder") die Verwendung einer „allgemein verständlichen Abkürzung". Eingebürgert und daher allein empfehlenswert ist das Kürzel **„KGaA"**. Ebenfalls noch gebräuchlich und daher akzeptabel sind Variationen wie „KG aA" oder „KG a.A.".[5] Auch Teilabkürzungen wie „KG auf Aktien" oder „Kommanditgesellschaft aA" werden als zulässig angesehen.[6] Nicht (mehr) allgemeinverständlich und daher unzulässig sind früher gebräuchliche Abkürzungen wie KGA, KoAG, Komm AG oder KAG.[7] Mitunter anzutreffende Verballhornungen wie „Kommanditaktiengesellschaft" oder „Aktienkommanditgesellschaft" sind nicht irreführend, entsprechen aber ebenfalls nicht den Vorgaben des § 279 Abs. 1.[8]

3. Firmenfortführung. Der Rechtsformzusatz ist auch dann vorgeschrieben, wenn der Firmen- **5** kern einem von der Gesellschaft erworbenen Handelsunternehmen entlehnt wird. Das stellt der Verweis auf § 22 HGB klar. Der (abweichende) Rechtsformzusatz des erworbenen Unternehmens muss dann wegfallen.[9]

Nicht ausdrücklich angesprochen wird **§ 24 HGB**. Das entspricht der Regelung in § 4 und **6** ist folgerichtig, weil § 24 Abs. 1 HGB weder für die AG noch für die KGaA passt. Jedoch sollte erwogen werden, § 24 Abs. 2 HGB zur Anwendung zu bringen, wenn ein phG, dessen Name in der Firma enthalten ist, aus der KGaA **ausscheidet**.[10] Die Fortführung des Namens nach Ausscheiden bedarf dann seiner Zustimmung. Das entspricht der Regelung in § 200 Abs. 3 UmwG.[11] Ein berechtigtes Interesse, den eigenen Namen auch ohne endgültige Weggabe in die Firma aufzunehmen,[12] kann dem Komplementär einer KGaA ebenso wenig abgesprochen werden wie demjenigen einer KG.

III. Firma der kapitalistischen KGaA (Abs. 2)

1. Kennzeichnung der Haftungsbeschränkung. Haftet in der KGaA keine natürliche Person **7** persönlich, muss diese zusätzliche Haftungsbeschränkung kenntlich gemacht werden. Die Regelung entspricht praktisch wörtlich dem § 19 Abs. 2 HGB (betr OHG und KG) und zielt auf die GmbH & Co KGaA. Gemeint ist also der Fall, dass der (einzige) **Komplementär** der KGaA seiner Rechtsform nach **nur mit seinem Vermögen haftet**. Betroffen sind neben der GmbH auch die AG, die Stiftung, die eG, der VVaG oder die GmbH & Co KG, ferner entsprechende ausländische Rechtsformen (zB Limited). Zur Komplementärfähigkeit derartiger Gebilde → § 278 Rn. 40.

---

[2] Unstr., s. nur Hüffer/Koch/*Koch* Rn. 2; Großkomm AktG/*Assmann/Sethe* Rn. 7.
[3] Bejahend *Schlitt*, Die Satzung der KGaA, 1999, 92; MüKoAktG/*Perlitt* Rn. 3; zurückhaltend Kölner Komm AktG/*Mertens/Cahn* Rn. 3.
[4] Generell verneinend Großkomm AktG/*Assmann/Sethe* Rn. 10.
[5] *Lieder/Hoffmann* AG 2016, 704 (708).
[6] So *Lieder/Hoffmann* AG 2016, 704 (708); MüKoAktG/*Perlitt* Rn. 4; Großkomm AktG/*Assmann/Sethe* Rn. 12; Kölner Komm AktG/*Mertens/Cahn* Rn. 4.
[7] Hüffer/Koch/*Koch* Rn. 2; MüKoAktG/*Perlitt* Rn. 4; Großkomm AktG/*Assmann/Sethe* Rn. 13.
[8] Ebenso MüKoAktG/*Perlitt* Rn. 4.
[9] Vgl. *Bachmann* EWiR 2000, 87 f.
[10] Für Anwendung des § 24 Abs. 2 HGB auf alle Kapitalgesellschaften *Felsner* NJW 1998, 3255; *Kern* BB 1999, 1719; dagegen die hL, vgl. nur BGHZ 58, 322 (325 f.); Baumbach/Hopt/*Roth* HGB § 24 Rn. 12.
[11] Zur Firmierung beim Formwechsel in eine KGaA s. *Dirksen/Möhrle* ZIP 1998, 1378 (1380).
[12] So die Rechtfertigung für § 24 Abs. 2 HGB, vgl. Baumbach/Hopt/*Roth* HGB § 24 Rn. 12.

8 Im Regelfall genügt es, wenn die **Rechtsform des Komplementärs** in die Firma der KGaA mit aufgenommen und durch eine gängige Konjunktion (zB „**& Co**") von deren Rechtsformbezeichnung getrennt wird (Bsp.: AG & Co KGaA).[13] Eine Abkürzung der Komplementär-Rechtsform ist ausreichend, wenn sie allgemein verständlich ist (vgl. Abs. 1).[14] Ist die Komplementärin ihrerseits eine typengemischte Gesellschaft (zB GmbH & Co KG), soll dem Erfordernis des § 279 Abs. 2 auch dann Genüge getan sein, wenn statt der vollständigen Fassung („GmbH & Co KG & Co KGaA") die Kurzform „GmbH & Co KGaA" gewählt wird.[15] Im Übrigen ist auf die Kommentierungen zu § 19 HGB zu verweisen.

9 **2. Geschäftsbriefe.** Für Geschäftsbriefe gilt § 80, der eine Umsetzung der auch die KGaA erfassenden Publizitätsrichtlinie (heute: GesR-RL) darstellt.[16] Neben Angaben zur Rechtsform sind danach die Nennung des Sitzes, des Registergerichts, der Vorstandsmitglieder (= Komplementäre) und des Aufsichtsratsvorsitzenden vorgeschrieben. Im Fall der KGaA ohne natürliche Person als Komplementär soll zusätzlich § 177a HGB iVm § 125a Abs. 1 S. 2 HGB anzuwenden sein.[17] Danach sind die nämlichen Angaben auch für die Komplementärgesellschaft zu machen (vgl. § 35a GmbHG, § 80). Bei mehrstöckigen KGaA kann das zu einer ansehnlichen Auflistung führen.[18]

IV. Sanktionen

10 Der Rechtsformzusatz ist in allen Rechtsdokumenten (Satzung, Registeranmeldung etc.) und auf Geschäftsbriefen (§ 80) zu führen. Geschieht dies nicht, kann das Registergericht dazu durch **Zwangsgeld** anhalten (§ 407 Abs. 1). Auch die Verhängung von **Ordnungsgeld** gem. § 37 Abs. 1 HGB und die Amtsauflösung nach § 399 FamFG sind möglich (→ § 4 Rn. 6). Das Weglassen des Rechtsformzusatzes kann theoretisch zivilrechtliche Folgen haben, insbesondere zu einer **Rechtsscheinhaftung** führen.[19] Praktisch relevant wird das allenfalls beim Verstoß gegen Abs. 2.[20] Denkbar sind schließlich Unterlassungsansprüche auf wettbewerbsrechtlicher Grundlage.

§ 280 Feststellung der Satzung. Gründer

(1) ¹Die Satzung muß durch notarielle Beurkundung festgestellt werden. ²In der Urkunde sind bei Nennbetragsaktien der Nennbetrag, bei Stückaktien die Zahl, der Ausgabebetrag und, wenn mehrere Gattungen bestehen, die Gattung der Aktien anzugeben, die jeder Beteiligte übernimmt. ³Bevollmächtigte bedürfen einer notariell beglaubigten Vollmacht.

(2) ¹Alle persönlich haftenden Gesellschafter müssen sich bei der Feststellung der Satzung beteiligen. ²Außer ihnen müssen die Personen mitwirken, die als Kommanditaktionäre Aktien gegen Einlagen übernehmen.

(3) Die Gesellschafter, die die Satzung festgestellt haben, sind die Gründer der Gesellschaft.

Schrifttum: *Halasz/Kloster/Kloster*, Umwandlungen von GmbH und GmbH & Co in eine GmbH & Co KGaA, GmbHR 2002, 310 und 359; *Hoffmann-Becking/Herfs*, Struktur und Satzung der Familien-KGaA, FS Sigle, 2000, 273; *Reiner*, Formwechsel einer SE in eine KGaA und „vernünftige" Zweifel an der Auslegung des Art. 66 Se-VO, Der Konzern 2011, 135; *Schrick*, Überlegungen zur Gründung einer kapitalistischen KGaA aus dem Blickwinkel der Unternehmerfamilie, NZG 2000, 409.

---

[13] Unstr., vgl. nur MüKoAktG/*Perlitt* Rn. 7; Kölner Komm AktG/*Mertens/Cahn* Rn. 8. Verschiedene Firmierungsvorschläge bei *Dirksen/Möhrle* ZIP 1998, 1378 (1379 f.).
[14] Nach Kölner Komm AktG/*Mertens/Cahn* Rn. 8 soll die Abkürzung sogar vorzugswürdig sein.
[15] Wohl allgA, vgl. *Dirksen/Möhrle* ZIP 1998, 1377 (1380); *Herfs* VGR 1999 S. 23 (42); *Arnold*, Die GmbH & Co. KGaA, 2001, 37; *Schlitt*, Die Satzung der KGaA, 1999, 93; MüKoAktG/*Perlitt* Rn. 7; Großkomm AktG/*Assmann/Sethe* Rn. 21; Kölner Komm AktG/*Mertens/Cahn* Rn. 8; *Reger* in Bürgers/Fett KGaA § 4 Rn. 71.
[16] Vgl. Großkomm AktG/*Assmann/Sethe* § 278 Rn. 6, Rn. 103m. Fn. 208.
[17] *Dirksen/Möhrle* ZIP 1998, 1377 (1380); *Arnold*, Die GmbH & Co. KGaA, 2001, 40 f.; MüKoAktG/*Perlitt* Rn. 11; Großkomm AktG/*Assmann/Sethe* Rn. 28 f.; Kölner Komm AktG/*Mertens/Cahn* Rn. 10; MHdB AG/*Herfs* § 77 Rn. 10; *Reger* in Bürgers/Fett KGaA § 4 Rn. 77; im Erg. wohl auch *Jäger* AG § 2 Rn. 47.
[18] Krit. daher Großkomm AktG/*Assmann/Sethe* Rn. 29 mit dem Vorschlag, die Angaben auf die erste Komplementär-Stufe zu beschränken.
[19] Näher Großkomm AktG/*Habersack* § 80 Rn. 20 f.; Baumbach/Hopt/*Hopt* HGB § 37a Rn. 8.
[20] So *Dirksen/Möhrle* ZIP 1998, 1377 (1382 f.); *Schlitt*, Die Satzung der KGaA, 1999, 93; dem folgend MüKoAktG/*Perlitt* Rn. 8; Großkomm AktG/*Assmann/Sethe* Rn. 23.

Übersicht

	Rn.		Rn.
I. Normzweck	1	b) Vermögenseinlage und Nachgründung	14, 15
II. Gründung der KGaA	2–16	c) Gründung einer GmbH & Co KGaA	16
1. Gründerzahl	2	III. Gründer- und Handelndenhaftung	17, 18
2. Beteiligte	3, 4	IV. Umwandlung	19–24
3. Gründungsurkunde	5	1. Formwechsel	19–22
4. Ablauf der Gründung	6–11	a) Wechsel in die KGaA	19–20
5. Sonderfragen	12–16	b) Wechsel aus der KGaA	21, 22
a) Sachgründungsprüfung bei Vermögenseinlage?	12, 13	2. Verschmelzung und Spaltung	23, 24

I. Normzweck

Die Norm regelt im Verbund mit § 281 Einzelheiten der **Gründung** der KGaA. Abs. 1 enthält **1** Form- und Inhaltsvorgaben für die Gründungsurkunde und bestimmt die Formbedürftigkeit etwaiger Vollmachten. Er stimmt wörtlich mit § 23 Abs. 1, Abs. 2 Nr. 2 überein und enthält insofern lediglich eine **Klarstellung** der sich bereits aus § 278 Abs. 3 ergebenden Anordnung, dass für die Gründung der KGaA Aktienrecht gilt. In der Mitwirkungspflicht der Komplementäre (Abs. 2 S. 1) kommt zum Ausdruck, dass deren Rechtsverhältnis zueinander und zur Gesellschaft sich zwar materiell nach Personengesellschaftsrecht richtet, seine Grundlage aber in der Satzung findet. Dadurch wird die aktienrechtliche Natur der KGaA bekräftigt (→ § 278 Rn. 1). Die Mitwirkungspflicht der Kommanditaktionäre (Abs. 2 S. 2) entspricht derjenigen der Aktionäre einer AG. Auch diese müssen, soweit sie Aktien übernehmen, sich an der Feststellung der Satzung beteiligen.[1] Abs. 3 definiert den Gründerbegriff und entspricht § 28.

II. Gründung der KGaA

1. Gründerzahl. Eine bestimmte Gründerzahl ist **nicht vorgeschrieben.** Der ursprüngliche **2** Passus, wonach die Satzung von „mindestens fünf Personen" festgestellt werden müsse, wurde 2005 durch das UMAG gestrichen.[2] Dadurch sollte eine Anpassung an § 2 AktG erfolgen, der seit 1994 die **Einmanngründung** der AG zulässt. Die rechtspolitische Kritik daran vermochte sich nicht durchzusetzen.[3] Praktisch war die Einmanngründung über den Umweg des Formwechsels möglich (vgl. § 197 S. 2 UmwG). Heute kann sie dergestalt vonstatten gehen, dass der Komplementär sich zugleich als (einziger) Kommanditaktionär beteiligt. Dem steht nicht entgegen, dass der Komplementär als Kommanditaktionär einem besonderen Stimmverbot unterliegt (§ 285) und die Hauptversammlung daher gesetzlich vorgeschriebene Beschlüsse (Entlastung, Wahl von Aufsichtsrat und Abschlussprüfer) nicht fassen kann. Denn das Stimmverbot findet insoweit mangels Interessenkollision keine Anwendung.[4] Entsteht eine Einmann-KGaA, sind die **Meldepflichten** der §§ 20, 21, 42 zu beachten, die vorsorglich kumulativ erfüllt werden sollten.[5]

2. Beteiligte. An der Feststellung der Satzung müssen nach dem ausdrücklichen Wortlaut der **3** Norm (Abs. 2 S. 2) die Personen mitwirken, die als **Kommanditaktionäre** Aktien gegen Einlagen übernehmen. Eine Stufengründung, bei der zunächst die AG gegründet, anschließend die Aktien (von anderen oder weiteren Personen) übernommen werden, ist damit ausgeschlossen.[6] Jeder, der Aktien an der neu zu gründenden KGaA übernehmen möchte, muss sich also an der Feststellung der Satzung beteiligen und wird dadurch „Gründer" (vgl. Abs. 3). Nicht ausdrücklich ausgesprochen wird der umgekehrte Satz, wonach jeder, der sich an der Gründung beteiligen möchte, zwingend mindestens eine Aktie zu übernehmen hat. Er folgt aus aktienrechtlichen Grundsätzen.[7] Zur Gründerfähigkeit im Allgemeinen → § 2 Rn. 7 ff.

---

[1] Vgl. Hüffer/Koch/*Koch* § 23 Rn. 16 f.
[2] Vgl. Art. 1 Ziff. 34 des Gesetzes zur Unternehmensintegrität und Modernisierung des Anfechtungsrechts (UMAG).
[3] Vgl. Hüffer/Koch/*Koch* Rn. 2.
[4] Kölner Komm AktG/*Mertens/Cahn* § 280 Rn. 6, 13; MüKoAktG/*Perlitt* Rn. 29; Großkomm AktG/*Assmann/Sethe* Rn. 13, 15; vgl. auch Hüffer/Koch/*Koch* § 136 Rn. 5 aE.
[5] Vgl. zum Konkurrenzverhältnis *Bachmann* NZG 2001, 961 (963 f.).
[6] MüKoAktG/*Perlitt* § 278 Rn. 1.
[7] Vgl. Hüffer/Koch/*Koch* § 2 Rn. 13, § 23 Rn. 17, § 28 Rn. 2.

4 Überdies müssen sich alle **persönlich haftenden Gesellschafter** an der Satzungsfeststellung beteiligen (Abs. 2 S. 1). Angesprochen sind damit diejenigen Komplementäre, die nicht zugleich Aktien übernehmen, denn die Mitwirkungspflicht der Kommanditaktionäre folgt bereits aus Satz 1 (→ Rn. 3). Den persönlich haftenden Gesellschaftern steht es frei, sich mit einer Vermögenseinlage zu beteiligen.[8] Tun sie es, muss auch diese nach Art und Höhe in der Satzung festgesetzt werden (§ 281 Abs. 2). Die Komplementäre dürfen sich zugleich als Kommanditaktionäre beteiligen. Zulässig ist auch, dass **alle** Aktien von den Komplementären übernommen werden.[9] Das Stimmverbot des § 285 Abs. 1 Nr. 1 und 6 greift in diesem Fall mangels Interessenkollision nicht (→ Rn. 2). Zur Gründung der GmbH & Co KGaA → Rn. 16.

5 **3. Gründungsurkunde.** Für die Feststellung der Satzung gelten gegenüber der AG grundsätzlich keine Besonderheiten. Wie bei dieser ist die **notarielle Beurkundung** erforderlich und bedürfen Bevollmächtigte einer notariell beglaubigten Vollmacht (vgl. § 23 Abs. 1). § 280 Abs. 1 S. 2, der die Aufnahme bestimmter Angaben über die Aktien in die Urkunde fordert, entspricht wörtlich § 23 Abs. 2 (s. dort). Im Unterschied zu diesem spricht § 280 Abs. 1 S. 2 von „Beteiligten", erfasst also auch Komplementäre, die sich zugleich als Kommanditaktionäre beteiligen. Nach einhelliger und zutreffender Ansicht müssen, wiewohl in Abs. 1 S. 2 nicht erwähnt, auch die in § 23 Abs. 2 Nr. 1 und 3 vorgeschriebenen **Pflichtangaben** (Gründer und eingezahlter Betrag) in die Urkunde mit aufgenommen werden.[10] Das folgt aus dem Generalverweis des § 278 Abs. 3.

6 **4. Ablauf der Gründung.** Auch der Ablauf der Gründung entspricht weitestgehend demjenigen bei der AG, deren Vorschriften gem. § 278 Abs. 3 mit einigen Modifikationen Anwendung finden. Die Bestellung eines Vorstands (§ 30 Abs. 4) entfällt naturgemäß. Für die **Bestellung** des ersten **Aufsichtsrats** und des Abschlussprüfers sollen nur die Kommanditaktionäre zuständig sein,[11] obwohl die Aufgabe vom Gesetz den „Gründern" zugewiesen wird (§ 30 iVm § 278 Abs. 3), zu denen nach Abs. 3 auch die Komplementäre rechnen. Für diese Auffassung spricht das Stimmverbot des § 285 Abs. 1 S. 2 Nr. 1 und 3, dessen Gedanke auch bei der Gründung greift.[12]

7 Der **Gründungsbericht** (§ 32) ist von den „Gründern" zu erstatten. Zu diesen rechnen gem. § 280 Abs. 3 alle an der Satzungsfeststellung beteiligten Kommanditaktionäre und Komplementäre. Die gem. § 33 Abs. 1 auch bei der KGaA stets erforderliche allgemeine **Gründungsprüfung** ist vom Aufsichtsrat und von den Komplementären durchzuführen, welche insoweit an die Stelle des Vorstandes treten (vgl. § 283 Nr. 2). Der Komplementär muss also stets die eigene Gründungstätigkeit prüfen. Wegen der ohnehin erforderlichen externen Prüfung (→ Rn. 8) wäre zu erwägen, darauf zu verzichten; das Gesetz sieht es aber unzweideutig so vor.[13]

8 **Wegen der notwendigen Beteiligung des Komplementärs an der Gründung ist stets auch eine externe** Gründungsprüfung (§ 33 Abs. 2 Nr. 1) erforderlich.[14] Das erscheint nicht zweifelsfrei, weil der phG kraft Gesetzes zu den Gründern gehört (→ Rn. 4), das Gesetz den Interessenkonflikt, dem die externe Prüfung begegnen soll, also vorprogrammiert hat. Mit entsprechender Argumentation versucht man im Konzernrecht, die Nichtanwendung der §§ 15 ff. auf das Komplementärunternehmen zu begründen (→ § 278 Rn. 89). Hier wie da kann das Argument jedoch nicht überzeugen, weil auch ein vorprogrammierter Interessenkonflikt ein Interessenkonflikt bleibt. Praktische Erschwernisse gehen damit nicht einher, weil die externe Prüfung durch den beurkundenden Notar vorgenommen werden kann (§ 33 Abs. 3 S. 1).

9 Die **Einforderung der Einlagen,** die auf die Aktien (nicht: die Vermögenseinlage) zu leisten sind (§ 36 Abs. 2, § 36a), ist vom phG zu bewirken. Die anschließende **Anmeldung** der Gesellschaft zum Handelsregister (§ 37) erfolgt durch den phG (§ 283 Nr. 1) gemeinsam mit den Mitgründern und den Mitgliedern des Aufsichtsrats (§ 36 Abs. 1). Dabei ist der Nachweis zu erbringen, dass die Leistung endgültig zur freien Verfügung des phG steht (§ 36 Abs. 2 S. 1, § 37 Abs. 1 S. 2). Die

---

[8] Kölner Komm AktG/*Mertens/Cahn* Rn. 4; MüKoAktG/*Perlitt* Rn. 9.
[9] Heute unstr., vgl. Hüffer/Koch/*Koch* Rn. 3; MüKoAktG/*Perlitt* Rn. 14 f.; Kölner Komm AktG/*Mertens/ Cahn* Rn. 6; Großkomm AktG/*Assmann/Sethe* Rn. 13; *Bürgers* in Bürgers/Fett KGaA § 4 Rn. 24.
[10] Kölner Komm AktG/*Mertens/Cahn* Rn. 7; MüKoAktG/*Perlitt* Rn. 2 (Redaktionsversehen); Großkomm AktG/*Assmann/Sethe* Rn. 8.
[11] Wohl unstr., vgl. Großkomm AktG/*Assmann/Sethe* Rn. 17, 20 (außer bei Übernahme aller Aktien durch Komplementäre); Kölner Komm AktG/*Mertens/Cahn* Rn. 8; MüKoAktG/*Perlitt* Rn. 20; MHdB AG/*Herfs* § 77 Rn. 2.
[12] MüKoAktG/*Perlitt* Rn. 20; Kölner Komm AktG/*Mertens/Cahn* Rn. 8.
[13] Vgl. MüKoAktG/*Perlitt* Rn. 22; *Bürgers* in Bürgers/Fett KGaA § 4 Rn. 34.
[14] Unstr., s. Hüffer/Koch/*Koch* § 283 Rn. 2; MüKoAktG/*Perlitt* Rn. 22; Kölner Komm AktG/*Mertens/Cahn* Rn. 9; Großkomm AktG/*Assmann/Sethe* Rn. 22, § 283 Rn. 16; MHdB AG/*Herfs* § 77 Rn. 3; *Bürgers* in Bürgers/ Fett KGaA § 4 Rn. 39.

dazu idR erforderliche **Bankbestätigung** (§ 37 Abs. 1 S. 3) muss sich entgegen der Praxis einiger Registergerichte nicht auf die Leistung der Vermögenseinlage des pHG beziehen.[15]

Das **Registergericht prüft**, ob die Gesellschaft ordnungsgemäß errichtet wurde (§ 38). Wegen mangelhafter Satzungsbestimmungen darf die Eintragung nur in den in § 38 Abs. 3 genannten Fällen abgelehnt werden. Wegen der nach § 278 Abs. 2 bestehenden Gestaltungsfreiheit für die KGaA besonders relevant ist Nr. 2 (Verletzung von Vorschriften, die ausschließlich oder überwiegend zum Schutze der Gläubiger oder sonst im öffentlichen Interesse gegeben sind). Aus der engen, an § 241 Nr. 3 angelehnten Formulierung wird gefolgert, dass atypische Gestaltungen zu Lasten der Kommanditaktionäre davon nur in **extremen Fällen** erfasst werden.[16] Auch stehe zum Zeitpunkt der Anmeldung noch gar nicht fest, ob es sich um eine Publikumsgesellschaft handele, für welche eine materielle Inhaltskontrolle allein in Betracht komme.[17]

Für diese restriktive Sicht spricht, dass die Aktionäre/Anleger (im Unterschied zu den Gläubigern) in der Vorschrift nicht explizit genannt werden. Wirklich schlagend ist dieses Argument aber nur im Rahmen des § 241, weil der von einem fehlerhaften Beschluss Betroffene sich mit der Anfechtungsklage wehren kann. Ein äquivalenter Behelf steht dem Anleger gegen unzulässige Satzungsklauseln nicht zu. Dennoch muss die Registerkontrolle auch hier **zurückhaltend geübt** werden, weil sich die Unzulässigkeit einer abweichenden Satzungsgestaltung idR nicht abstrakt, sondern nur anhand eines konkreten Falles feststellen lässt.[18] Die Eintragung verweigern sollte der Richter daher nur dann, wenn eine bestimmte Satzungsgestaltung nach ganz überwiegender Ansicht unzulässig ist. Die hier als bedenklich gewerteten Klauseln (→ § 278 Rn. 32) fallen idR nicht darunter.

5. Sonderfragen. a) Sachgründungsprüfung bei Vermögenseinlage? Streitig ist, ob eine Sachgründungsprüfung (§ 33 Abs. 2 Nr. 4) auch dann zu erfolgen hat, wenn Sachleistungen nicht auf das Grundkapital, sondern auf die **Vermögenseinlage** eines pHG erfolgen. Nach wohl hL ist die Frage zu verneinen, weil die Sachgründungsvorschriften nur auf das Grundkapital Bezug nehmen und die Bewertung der Vermögenseinlage sich nach Personengesellschaftsrecht richtet.[19] Die Gegenansicht verweist darauf, dass sich die Bewertung der Vermögenseinlage **mittelbar** auf die Erhaltung des Grundkapitals auswirke, weil etwa ein überhöhter Ansatz von Vermögenseinlagen die Fähigkeit der Gesellschaft zur Bildung der gesetzlichen Rücklage nach § 150 beeinträchtige.[20] Eine Überbewertung der Vermögenseinlage berge zudem die Gefahr einer versteckten Gewinnverschiebung zu Lasten der Kommanditaktionäre.[21]

Stellungnahme: Obwohl die Bedenken nicht von der Hand zu weisen sind, ist doch der **hL zu folgen**. Die Sachgründungsprüfung dient allein der Sicherung der erstmaligen Aufbringung des Grundkapitals. Nur darauf dürfen die Gläubiger vertrauen. Wird eine Vermögenseinlage nicht in bar erbracht, geht das aus der Satzung hervor (vgl. § 281 Abs. 2). Ihre Bilanzierung und deren Prüfung erfolgt nach aktienrechtlichen Grundsätzen. Stellt sich später eine Überbewertung heraus, ist die Differenz in bar nachzuzahlen (str., → § 281 Rn. 8 Fn. 15). Entnahmen zu Lasten der Vermögenseinlage sind nur in den Grenzen des § 288 zulässig. Im Übrigen bleibt es mangels abweichender Regelungen bei den Grundsätzen des Personengesellschaftsrechts, das den Gesellschaftern bei der Ausgestaltung von Einlageleistungen Gestaltungsfreiheit gewährt.[22] Möglich ist allerdings eine freiwillige Prüfung, die ein gut beratener Komplementär schon im eigenen Interesse veranlassen sollte.

b) Vermögenseinlage und Nachgründung. Umstritten ist ferner, ob die Vermögenseinlage bei der Anwendung der **Nachgründungsregeln** (§ 52) zur Bestimmung des Überschreitens der 10 % Schwelle zu berücksichtigen ist. Rechnete man sie dem Grundkapital hinzu, wären Geschäfte größeren Umfangs zwischen Gesellschaft und Gründern oder Kommanditaktionären möglich, ohne

---

[15] MüKoAktG/*Perlitt* Rn. 24 Fn. 11; Kölner Komm AktG/*Mertens/Cahn* Rn. 11; *Bürgers* in Bürgers/Fett KGaA § 4 Rn. 41.
[16] So MüKoAktG/*Perlitt* § 278 Rn. 346.
[17] *Herfs* VGR 1999, 23 (30).
[18] Das ist der berechtigte Kern jener Stimmen, die statt einer materiellen Inhaltskontrolle auf die Treuepflicht setzen, → § 278 Rn. 28 f.
[19] *Masuch* NZG 2003, 1048 (1050); K. Schmidt/Lutter/*K. Schmidt* Rn. 7; NK-AktR/*Wichert* § 281 Rn. 15; *Wichert*, Die Finanzen der Kommanditgesellschaft auf Aktien, 1999, 113; MüKoAktG/*Perlitt* Rn. 23, § 281 Rn. 28; *Bürgers* in Bürgers/Fett KGaA § 4 Rn. 37 f.; MHdB AG/*Herfs* § 77 Rn. 3.
[20] Kölner Komm AktG/*Mertens/Cahn* Rn. 10.
[21] *Sethe*, Die personalistische Kapitalgesellschaft mit Börsenzugang, 1996, 186 f. (Anlegerschutz); *Sethe* DB 1998, 1044 (1046 f.); Großkomm AktG/*Assmann/Sethe* § 281 Rn. 24 f.; Kölner Komm AktG/*Mertens/Cahn* Rn. 10; iE auch *Raiser/Veil* KapGesR § 29 Rn. 8.
[22] Ebenso MüKoAktG/*Perlitt* § 281 Rn. 32.

das Nachgründungsregime auszulösen. Die hM plädiert **für** eine solche **Hinzurechnung**.²³ Sie argumentiert, dass andernfalls bei Gesellschaften mit hoher Vermögenseinlage und niedrigem Grundkapital die Nachgründungsvorschriften auch bei solchen Geschäften zur Anwendung gelangten, die sich gemessen am Gesamtkapital als marginal darstellen. Demgegenüber verweist die Gegenansicht darauf, dass Vermögenseinlagen nicht den strengen Kautelen zur Erhaltung des Grundkapitals unterlägen, und dass andernfalls die Möglichkeit zur Umgehung des § 26 eröffnet werde.²⁴ Daher sei nur auf das Grundkapital abzustellen.

15   **Stellungnahme:** Keiner der Ansichten ist zu folgen. Geht man mit der hM davon aus, dass Vermögenseinlagen von vornherein nicht den strengen Sachgründungsregeln des Aktienrechts unterworfen sind (→ Rn. 12 f. und → § 281 Rn. 7 ff.), leuchtet nicht ein, warum die Nachgründungsregeln, deren Zweck der Schutz vor Umgehung der Sachgründungsregeln ist, auf den Komplementär und seine Vermögenseinlage überhaupt anwendbar sein sollen. Stattdessen muss der Gründerbegriff des Abs. 3 mit Blick auf § 52 teleologisch reduziert werden mit dem Ergebnis, dass **nur Kommanditaktionäre** (einschließlich der zugleich als solche beteiligten Komplementäre) von der Vorschrift erfasst werden.²⁵ Folgerichtig bleibt die Vermögenseinlage bei der Bemessung der 10 %-Schwelle unberücksichtigt und die Frage einer Zusammenrechnung stellt sich nicht mehr. Dieser Lösung lässt sich nicht der auf die „Gründer" abhebende Wortlaut des § 52 entgegenhalten, denn auch die hL, die statt des „Grundkapitals" das Gesamtkapital heranzieht, setzt sich über diesen hinweg.

16   **c) Gründung einer GmbH & Co KGaA.** Die Gründung der kapitalistischen KGaA (insbes. **GmbH & Co KGaA**) wirft keine besonderen Schwierigkeiten auf, wenn die Komplementärgesellschaft bereits existiert. Auch die noch nicht eingetragene Vor-GmbH ist komplementär- und damit gründerfähig (zur AG → § 2 Rn. 11), doch verbinden sich damit intrikate Haftungsprobleme, die nach Möglichkeit vermieden werden sollten.²⁶ Der Unternehmensgegenstand der nur als Komplementärin tätigen GmbH oder AG darf sich in der Beschreibung dieser Stellung erschöpfen.²⁷

III. Gründer- und Handelndenhaftung

17   Mit der Gründerrolle (→ Rn. 3 ff.) ist neben der Mitwirkung an den Gründungshandlungen (→ Rn. 6 ff.) die **Gründerhaftung** (§ 46) verbunden. Sie ist eine Binnenhaftung und tritt für Komplementär-Gründer neben die Außenhaftung gem. § 128 HGB. Die **strafrechtliche** Verantwortung der Gründer für Falschangaben folgt aus § 399 Abs. 1 Nr. 1, § 400 Abs. 2, welche nach § 408 S. 1 ausdrücklich auf die KGaA erstreckt werden. Soweit in §§ 399 ff. der Vorstand angesprochen wird, tritt an dessen Stelle der Komplementär, § 408 S. 2.

18   Mit Feststellung der Satzung entsteht eine **Vor-KGaA**.²⁸ Auf diese ist nach allgemeinen Grundsätzen das Recht der KGaA insoweit anzuwenden, als dieses nicht die Eintragung voraussetzt. Gesellschafter, die im Namen der Vor-KGaA handeln, trifft die **Handelndenhaftung** aus § 41.²⁹ Kommanditaktionäre werden davon nur betroffen, wenn sie sich nach außen als Komplementär geriert haben.³⁰ Handelt eine Komplementärgesellschaft, haftet nur sie, nicht das für sie agierende Organ.³¹ Wird vor Eintragung der Geschäftsbetrieb aufgenommen, gelten die Grundsätze zur **Vorbelastungs- und Verlustdeckungshaftung**.³² Diese werden nicht dadurch hinfällig, dass der phG ohnehin persönlich haftet, denn sie sind als Binnenhaftung konzipiert und auf (Wieder-)Auffüllung des Grundkapitals gerichtet, welches ungeachtet der Komplementärhaftung aufzubringen ist.³³

IV. Umwandlung

19   **1. Formwechsel. a) Wechsel in die KGaA.** Eine KGaA kann auch durch **Formwechsel** aus einer anderen Rechtsform hervorgehen (vgl. § 191 Abs. 2 Nr. 3 iVm § 3 Abs. 1 Nr. 2

---

²³ *Wichert*, Die Finanzen der Kommanditgesellschaft auf Aktien, 1999, 113 ff.; Schaumburg/Schulte, Die KGaA – Recht und Steuern in der Praxis, 2000, Rn. 20; MüKoAktG/*Perlitt* § 278 Rn. 335, § 281 Rn. 32; Kölner Komm AktG/*Mertens/Cahn* Rn. 14; *Bürgers* in Bürgers/Fett KGaA § 4 Rn. 60; aA *Diekmann* ZIP 1996, 2149 (2150); Großkomm AktG/*Assmann/Sethe* Rn. 3; *Bürgers/Körber/Förl/Fett* Rn. 7.
²⁴ Großkomm AktG/*Assmann/Sethe* Rn. 3; K. Schmidt/Lutter/*K. Schmidt* Rn. 10.
²⁵ Überzeugend HdB KGaA/*Bürgers/Schütz* § 4 Rn. 61.
²⁶ Eingehend zur GmbH & Co *Binz/Sorg* Die GmbH & Co KG § 3 Rn. 50 ff.
²⁷ MüKoAktG/*Pentz* § 23 Rn. 80; *Reger* in Bürgers/Fett KGaA § 4 Rn. 89.
²⁸ *Bürgers* in Bürgers/Fett KGaA § 4 Rn. 25.
²⁹ MüKoAktG/*Perlitt* Rn. 26; Großkomm AktG/*Assmann/Sethe* Rn. 20; *Bürgers* in Bürgers/Fett KGaA § 4 Rn. 30.
³⁰ Vgl. Hüffer/Koch/*Koch* § 41 Rn. 20.
³¹ Kölner Komm AktG/*Mertens/Cahn* Rn. 12.
³² Dazu nur Hüffer/Koch/*Koch* § 41 Rn. 8 ff.
³³ Ebenso *Bürgers* in Bürgers/Fett KGaA § 4 Rn. 26.

UmwG).³⁴ Dabei sind die Gründe für den Rechtsformwechsel im Umwandlungsbericht (§ 192 UmwG) näher zu erläutern.³⁵ Praktisch besonders relevant ist der Formwechsel aus einer AG in eine KGaA. Weil das Gesetz beide Rechtsformen als gleichwertig betrachtet, ist den Aktionären in diesem Fall keine Barabfindung anzubieten (vgl. § 250 UmwG). Entsprechendes gilt beim Formwechsel aus einer SE in die KGaA.³⁶ Wird der Umwandlungsbeschluss angefochten, steht der Weg ins Freigabeverfahren offen.³⁷

Tritt kein neuer phG der Gesellschaft bei (→ Rn. 20), muss mindestens einer der bisherigen 19a Gesellschafter der alten Rechtsform die Rolle des **Komplementärs** in der neuen Rechtsform übernehmen. Weil damit notwendig die persönliche Haftung einhergeht, schreibt das Umwandlungsgesetz die **Zustimmung** der betreffenden Person zum Formwechsel auch dann vor, wenn dafür im Übrigen ein Mehrheitsbeschluss genügt (vgl. § 217 Abs. 3, § 240 Abs. 2 UmwG). Zustimmende Gesellschafter – beim Wechsel aus der AG nur der phG – gelten als **„Gründer"** iSv § 28 (vgl. §§ 219, 245 Abs. 1 und 2 UmwG). Nicht möglich ist die Umwandlung eines Anteils am bisherigen Stamm-/Grundkapital in eine Sondereinlage (arg. § 247 UmwG).³⁸ Der als Komplementär Auserkorene wird also immer zugleich Kommanditaktionär.³⁹

Die notwendige Beteiligung eines phG kann auch dadurch erreicht werden, dass eine bislang nicht 20 an der Gesellschaft beteiligte Person anlässlich der Umwandlung in eine KGaA als solcher **beitritt** (vgl. § 194 Abs. 1 Nr. 4, § 218 Abs. 2, § 243 Abs. 1 S. 1 UmwG). In der Praxis ist dies der Regelfall.⁴⁰ Der Beitretende wirkt am Umwandlungsbeschluss nicht mit, da dieser nur von den bisherigen Anteilsinhabern gefasst wird (vgl. § 193 Abs. 1 UmwG). Art und Umfang seiner künftigen Beteiligung sind aber in den Umwandlungsbeschluss mit aufzunehmen (§ 194 Abs. 1 Nr. 4 UmwG). Die Beitrittserklärung kann erst nach Vorliegen des Umwandlungsbeschlusses erfolgen.⁴¹ Sie muss **notariell beurkundet** werden (§ 221 S. 1, § 240 Abs. 2 S. 2 UmwG) und der Anmeldung des Formwechsels in Ausfertigung oder öffentlich beglaubigter Abschrift beigefügt werden (§ 223 UmwG). Die Satzung der KGaA ist von ihm zu **genehmigen** (§ 221 S. 2, § 240 Abs. 2 S. 2 UmwG). Ob die Genehmigung auch der notariellen Form bedarf, ist ungeklärt.⁴² Sie sollte jedenfalls der Anmeldung beigefügt werden. Er gilt als „Gründer" (§§ 219, 245 Abs. 1 und 2 UmwG) und haftet auch für vor seinem Beitritt begründete Verbindlichkeiten persönlich (vgl. § 278 Abs. 2 iVm § 130 HGB).⁴³

b) Wechsel aus der KGaA. Der Formwechsel kann auch aus der KGaA **heraus** in eine andere 21 Rechtsform führen. Zum Wechsel in eine andere **Kapitalgesellschaftsform** (AG, GmbH) bedarf es eines mit mindestens drei Vierteln des vertretenen Grundkapitals gefassten Hauptversammlungsbeschlusses, soweit die Satzung keine höhere oder niedrigere Mehrheit vorsieht (vgl. § 240 Abs. 1 UmwG). Ferner müssen die phG zustimmen, wobei die Satzung eine Mehrheitsentscheidung vorsehen kann (§ 240 Abs. 3 UmwG). Durch den Formwechsel scheiden die phG „als solche" aus der Gesellschaft aus (§ 247 Abs. 2 UmwG, zur Firmenfortführung s. § 200 Abs. 3 UmwG). Ihre Abfindung richtet sich nicht nach §§ 207 ff. UmwG (vgl. § 227 UmwG), sondern nach §§ 738 ff. BGB (iVm § 278 Abs. 2, § 161 Abs. 2, § 105 Abs. 3 HGB). Sie haften für die Dauer von fünf Jahren fort (§§ 249, 224 UmwG) und gelten als „Gründer" der neuen Gesellschaft (§ 245 Abs. 3 UmwG). Ein Anspruch der Aktionäre auf **Barabfindung** gem. §§ 207 ff. UmwG ist beim Formwechsel einer AG in eine KGaA **ausgeschlossen** (§ 250 UmwG), da AG und KGaA vom UmwG als Spielarten ein und derselben Rechtsform betrachtet werden (→ § 278 Rn. 1).

Beim Formwechsel in eine **Personengesellschaft** (zB KG) bedarf es der Zustimmung der persön- 22 lich haftenden Gesellschafter, doch kann beim Wechsel in eine KG die Satzung einen Mehrheitsentscheid genügen lassen (§ 233 Abs. 3 UmwG). Einer besonderen Vermögensaufstellung (§ 229 UmwG aF) bedarf es nicht mehr.⁴⁴ Es ist naheliegend, aber nicht zwingend, dass der Komplementär bei Umwandlung in eine KG wiederum die Stellung des Komplementärs einnimmt. Er kann aber auch

---

³⁴ Ausf. dazu *Sparfeld/Schütz* in Bürgers/Fett KGaA § 11 Rn. 173 ff.; Nachweise zum Spezialschrifttum bei Großkomm AktG/*Assmann/Sethe* Vor § 278 Rn. 90; zu steuerrechtlichen Fragen *Ch. Schulte* DStR 2005, 951 (953 ff.).
³⁵ LG Mannheim ZIP 2014, 970 (betr. Sto KGaA).
³⁶ Zu dieser Option s. OLG Frankfurt NZG 2012, 351.
³⁷ OLG Frankfurt NZG 2012, 351.
³⁸ Lutter/*Happ* UmwG § 240 Rn. 14; *Sparfeld/Schütz* in Bürgers/Fett KGaA § 11 Rn. 175, Rn. 401.
³⁹ *Sparfeld/Schütz* in Bürgers/Fett KGaA § 11 Rn. 175.
⁴⁰ *Hasselbach/Ebbinghaus* DB 2015, 1269 (1271).
⁴¹ HM, vgl. Lutter/*Joost* UmwG § 221 Rn. 4; Lutter/*Happ* UmwG § 240 Rn. 15 mwN.
⁴² Dafür Lutter/*Joost* UmwG § 221 Rn. 7; aA *Kallmeyer/Dirksen* UmwG § 221 Rn. 6; Semler/Stengel/*Schlitt* UmwG § 221 Rn. 12.
⁴³ Lutter/*Joost* UmwG § 221 Rn. 5.
⁴⁴ Die Norm wurde durch das Zweite Gesetz zur Änderung des Umwandlungsgesetzes gestrichen.

§ 281   Zweites Buch. Kommanditgesellschaft auf Aktien

in die Kommanditistenrolle wechseln, ohne dadurch jedoch der **Forthaftung** gem. § 224 UmwG zu entgehen (vgl. § 237 UmwG). Diese greift auch, wenn er anlässlich des Formwechsels sein **Ausscheiden** aus der Gesellschaft erklärt (§ 233 Abs. 3 S. 3, § 236 UmwG). Anspruch auf Barabfindung gem. §§ 207 ff. UmwG hat der Komplementär in keinem Fall (§ 227 UmwG).

23   **2. Verschmelzung und Spaltung.** Die KGaA ist verschmelzungsfähiger Rechtsträger, § 3 Abs. 1 Nr. 2 UmwG.[45] Für ihre Verschmelzung mit einem anderem Rechtsträger gelten die allgemeinen Vorschriften der §§ 2 ff. UmwG. Als **Sondernorm** ist **§ 78 UmwG** zu beachten, der die entsprechende Geltung der Regeln für AG (§§ 60 ff. UmwG) anordnet (§ 78 S. 1 UmwG) und an Stelle des Vorstands den Komplementär anspricht (§ 78 S. 2). Der Verschmelzungsbeschluss der Hauptversammlung bedarf einer Mehrheit von mindestens drei Vierteln des vertretenen Grundkapitals (§ 65 UmwG). Anders als beim Formwechsel darf die Satzung lediglich eine höhere Mehrheit festschreiben. Ferner ist die Zustimmung aller phG erforderlich.[46] Ein Mehrheitsbeschluss kann vorgesehen werden (§ 78 S. 3 UmwG), der gänzlich Ausschluss der Zustimmungsbedürftigkeit ist dagegen nicht möglich.[47] Komplementäre erhalten grundsätzlich **keine Barabfindung**,[48] überstimmte Kommanditaktionäre dann nicht, wenn Verschmelzungspartner eine AG ist (§ 78 S. 4 UmwG).[49]

24   Mangels weiterer Spezialregeln ist im Übrigen manches streitig.[50] Einigkeit besteht wohl darüber, dass – anders als beim Formwechsel – Nominalkapital des übertragenden Rechtsträgers in eine **Sondereinlage** bei der KGaA umgewandelt werden kann.[51] Der **Beitritt** eines neuen phG anlässlich der Verschmelzung auf eine KGaA soll dagegen nicht möglich sein.[52] Wird eine KGaA auf einen anderen Rechtsträger verschmolzen, scheidet der Komplementär notwendig aus, wenn die neue Rechtsform keine vergleichbare Rechtsstellung kennt und der Komplementär keine Einlage erbracht hat, für die ihm andere Anteile am neuen Rechtsträger gewährt werden können.[53] Hinsichtlich der **Spaltung** (§§ 123 ff. UmwG) gilt das Gesagte entsprechend (vgl. § 125 UmwG).

§ 281 Inhalt der Satzung

(1) Die Satzung muß außer den Festsetzungen nach § 23 Abs. 3 und 4 den Namen, Vornamen und Wohnort jedes persönlich haftenden Gesellschafters enthalten.

(2) Vermögenseinlagen der persönlich haftenden Gesellschafter müssen, wenn sie nicht auf das Grundkapital geleistet werden, nach Höhe und Art in der Satzung festgesetzt werden.

(3) *(aufgehoben)*

Schrifttum: *Bachmann*, Die Änderung personengesellschaftsrechtlicher Satzungsbestandteile bei der KGaA, FS K. Schmidt, 2009, 41; *Cahn*, Die Änderung der Satzungsbestimmungen nach § 281 AktG bei der Kommanditgesellschaft auf Aktien, AG 2001, 579; *Fett*, Änderungen von Satzungsbestimmungen mit personengesellschaftsrechtlichem Ursprung, in Bürgers/Fett, Die Kommanditgesellschaft auf Aktien, 2. Aufl 2015, 32; *Fett*, Kapitalmaßnahmen, in Bürgers/Fett, Die Kommanditgesellschaft auf Aktien, 2. Aufl 2015, 375; *Herfs*, Die Satzung der börsennotierten GmbH & Co KGaA – Gestaltungsfreiheit und Grenzen, VGR 1 (1999), 23; *Hoffmann-Becking/Herfs*, Struktur und Satzung der Familien-KGaA, FS Sigle, 2000, 273; *Krug*, Gestaltungsmöglichkeiten bei der KGaA durch Umwandlung von Komplementäranteilen in Aktien, AG 2000, 510; *Kusterer*, Anteilsumwandlung bei atypisch ausgestalteter KGaA, DStR 1999, 1681; *Masuch*, Sachkapitalerhöhung des Komplementärkapitals in der KGaA, NZG 2003, 1048; *Wichert*, Satzungsänderungen in der Kommanditgesellschaft auf Aktien, AG 1999, 362; vgl. auch Schrifttum in § 278.

---

[45] Eingehend zur Verschmelzung und Spaltung unter Beteiligung von KGaA *Sparfeld/Schütz* in Bürgers/Fett KGaA § 11 Rn. 12 ff.
[46] Zum Problem des maßgeblichen Zeitpunkts Kallmeyer/*Marsch-Barner* UmwG § 78 Rn. 6; *Sparfeld/Schütz* in Bürgers/Fett KGaA § 11 Rn. 78.
[47] Unstr., vgl. nur Lutter/*Grunewald* UmwG § 78 Rn. 4.
[48] Lutter/*Grunewald* UmwG § 78 Rn. 8; *Sparfeld/Schütz* in Bürgers/Fett KGaA § 11 Rn. 69.
[49] Krit. dazu MüKoAktG/*Perlitt* Vor § 278 Rn. 92.
[50] Eingehend zu den Einzelheiten die Kommentierungen zu § 78 UmwG.
[51] *Sparfeld/Schütz* in Bürgers/Fett KGaA § 11 Rn. 32.
[52] Zum Streit *Sparfeld/Schütz* in Bürgers/Fett KGaA § 11 Rn. 26., der für eine analoge Anwendung des § 221 UmwG plädiert; für Zulässigkeit des Beitritts mit guten Gründen auch Lutter/*Grunewald* UmwG § 36 Rn. 15 mwN; Semler/Stengel/*Bärwaldt* UmwG § 36 Rn. 70.
[53] Im Einzelnen str., näher Großkomm AktG/*Assmann/Sethe* Vor § 278 Rn. 95; *Sparfeld/Schütz* in Bürgers/Fett KGaA § 11 Rn. 30, 71 f. mwN; gegen Gewährung von (anderen) Anteilen im Wege der Umwandlung Lutter/*Grunewald* UmwG § 78 Rn. 9; Kallmeyer/*Marsch-Barner* UmwG § 78 Rn. 8.

Übersicht

	Rn.		Rn.
I. Regelungsgehalt und Normzweck ..	1–3	2. Änderungen der Vermögenseinlage	10–14
II. Inhalt der Satzung	4–6	IV. Veränderungen des Grundkapitals	14a
1. Aktienrechtliche Angaben (§ 23 Abs. 3 und 4)	4	V. Satzungsmängel	15
2. Angaben über Komplementäre (Abs. 1)	5, 6	VI. Sondervorteile	16, 17
III. Vermögenseinlage	7–14	VII. Satzungsänderung	18–23
1. Leistung von Vermögenseinlagen (Abs. 2)	7–9	1. Aktienrechtliche Bestandteile	18
a) Art	7	2. Personengesellschaftsrechtliche Bestandteile	19–23
b) Höhe und Bewertung	8	a) Problem	19
c) Fehlende Angaben	9	b) Meinungsstand	20
		c) Stellungnahme	21–23

I. Regelungsgehalt und Normzweck

Der notwendige Inhalt der Satzung ergibt sich aus § 23 Abs. 3 und 4 (iVm § 278 Abs. 3). Diese **1** Regelungen **ergänzt** § 281, indem er zusätzliche Angaben betreffend die Identität des phG (Abs. 1) und der von ihm geleisteten Vermögenseinlage (Abs. 2) fordert. Der ursprüngliche Abs. 3 enthielt Regelungen über Sondervorteile für den Komplementär. Er wurde durch die Neufassung des § 26, der neben Aktionären auch „Dritte" erfasst, überflüssig und daher gestrichen.

Der **Zweck** der Vorschrift ist **dunkel**. Er soll in der **Information** von Mitgesellschaftern und **2** Gläubigern liegen.[1] Das trifft insoweit zu, als die Satzung zum Handelsregister eingereicht wird und dort für jedermann einzusehen ist. Dennoch ist die Ansicht nicht zweifelsfrei, denn die Gründer verfügen bereits über die betreffenden Informationen und die Personalien des phG werden ohnehin ins Handelsregister eingetragen (§ 282). Andere wollen den Zweck darin sehen, die **Mitwirkung der Hauptversammlung** bei den in der Norm genannten Punkten zu gewährleisten.[2] Eine solche Mitwirkungskompetenz folgt aber bereits aus personengesellschaftsrechtlichen Grundsätzen (→ § 278 Rn. 62), und satzungsfest soll sie gerade nicht sein (→ Rn. 19 ff.). Schließlich könnte bezweckt sein, **alle mitgliedschaftlichen Regelungen** (einschließlich der nach § 278 Abs. 2 zu beurteilenden!) **in der Satzung** zu verankern (Einheitlichkeit der Satzung). Ein solches Prinzip liegt dem Recht der KGaA in der Tat zugrunde,[3] wird aber nicht von § 281 ausgesprochen (der eher den Gegenschluss nahe legt), sondern findet Ausdruck in § 285 Abs. 3, § 287 Abs. 1 und § 289 Abs. 5.

Sinn ergibt die Norm daher nur, wenn zumindest ihr Abs. 1 als **reine Gründungsvorschrift 3** interpretiert wird.[4] Dafür streitet nicht nur die systematische Stellung, sondern auch die Parallele zu §§ 26, 27, welche bestimmte Satzungsangaben ebenfalls nur im Zusammenhang mit der Gründung verlangen. Der gestrichene Abs. 3 war denn auch explizit als Sonderregel zu § 26 konzipiert (→ Rn. 1). Die Auffassung hat zur Folge, dass spätere Änderungen jedenfalls des Komplementärs nicht mehr dem Satzungsänderungsverfahren gem. §§ 179 ff. unterfallen. Damit lösen sich Probleme, welche Praxis und Lehre heute großes Kopfzerbrechen bereiten (näher → Rn. 6, → 19 ff.).

II. Inhalt der Satzung

1. Aktienrechtliche Angaben (§ 23 Abs. 3 und 4). Wie jede AG muss auch die KGaA in ihre **4** Satzung die in § 23 Abs. 3 und 4 zwingend vorgeschriebenen Angaben zu Firma, Sitz, Unternehmensgegenstand, Höhe des Grundkapitals, Zerlegung des Grundkapitals Art der Aktien und Bekanntmachungen der Gesellschaft enthalten. Für die KGaA gelten insoweit **keine Besonderheiten,** so dass auf die einschlägige Kommentierung zu § 23 verwiesen werden kann. Zur Firma s. Erl. zu § 279, zum Unternehmensgegenstand der Komplementärgesellschaft → § 280 Rn. 16. Entbehrlich ist die Angabe der Zahl der Komplementäre (vgl. § 23 Abs. 3 Nr. 6), weil diese ohnehin namentlich in der Satzung aufzuführen sind (→ Rn. 5).[5]

---

[1] Vgl. Großkomm AktG/*Assmann/Sethe* Rn. 7; Kölner Komm AktG/*Mertens/Cahn* Rn. 15.
[2] *Herfs* VGR 1 (1999), 23 (50 f.); MHdB AG/*Herfs* § 78 Rn. 5; *Masuch* NZG 2003, 1048 (1049); *Würdinger* AktR S. 255.
[3] Vgl. MüKoAktG/*Perlitt* Rn. 58; Großkomm AktG/*Assmann/Sethe* Rn. 12; Kölner Komm AktG/*Mertens/Cahn* Rn. 7.
[4] In diesem Sinne *Düringer/Hachenburg* HGB, 3. Aufl. 1935, § 321 Anm. 45, § 322 Anm. 11.
[5] Unstr., s. Hüffer/Koch/*Koch* Rn. 1; MüKoAktG/*Perlitt* Rn. 6; Großkomm AktG/*Assmann/Sethe* Rn. 7; Kölner Komm AktG/*Mertens/Cahn* Rn. 2.

5 **2. Angaben über Komplementäre (Abs. 1).** Vorgeschrieben ist die Aufnahme von **Name,** Vorname und Wohnort jedes phG. Bei der Anmeldung ist zusätzlich das Geburtsdatum anzugeben (§ 24 HRV), das mit eingetragen wird (§ 43 Nr. 4 HRV). Ist ein Komplementär keine natürliche Person, sind die **Firma** (oder sonstige Identifikationsbezeichnung) und der **Sitz** aufzunehmen,[6] bei der GbR auch die Namen der Gesellschafter.[7] Anstelle des Geburtsdatums tritt bei eingetragenen Rechtsträgern in der Anmeldung zweckmäßigerweise die Angabe der Registernummer. Ändern sich die Angaben ohne Änderung der Person des Komplementärs (Bsp.: Wohnortwechsel), muss die Fassung der Satzung geändert werden, womit der Aufsichtsrat betraut werden kann (§ 179 Abs. 1 S. 2).

6 Soll sich die **Person** des Komplementärs **ändern,** bedarf es nach allgemeiner Ansicht dazu einer **Satzungsänderung.**[8] Die scheinbar logische Konsequenz aus dem Erfordernis, entsprechende Angaben in die Satzung aufzunehmen, ist indes nicht selbstverständlich und nach hiesiger Lesart abzulehnen (→ Rn. 3). Jedenfalls das Ausscheiden eines Komplementärs gem. § 289 iVm § 161 Abs. 2, § 131 Abs. 3 vollzieht sich außerhalb der Satzung (→ § 289 Rn. 20 ff.). Bei der Aufnahme eines neuen Komplementärs lässt die ganz hL die Umgehung der Satzungsänderungsvorschriften (§§ 179 ff.) durch abweichende Satzungsgestaltung zu (näher → Rn. 19 ff.). Wollte § 281 wirklich die Mitwirkung der Hauptversammlung und die präventive Registerkontrolle erreichen, dürften solche Gestaltungen eigentlich nicht zulässig sein (→ Rn. 2).[9]

III. Vermögenseinlage

7 **1. Leistung von Vermögenseinlagen (Abs. 2). a) Art.** Dem Komplementär steht es nach dem Gesetz frei, sich mit einer Vermögenseinlage (auch: Sondereinlage) zu beteiligen. Tut er es, müssen Angaben über Art und Höhe in die Satzung aufgenommen werden (Abs. 2). Im Übrigen gilt für Vermögenseinlagen das Recht der Personengesellschaften, § 278 Abs. 2.[10] Mit Blick auf die Bedeutung der Vermögenseinlage für den Kapitalanteil muss dabei aber ein strengerer Maßstab angelegt werden. Soll eine Anrechnung auf den Kapitalanteil erfolgen, kommen daher der **Art** nach neben einer Bareinlage nur **bilanzierungsfähige** Güter in Betracht (vgl. § 27 Abs. 2).[11] Dienstleistungen können also – entgegen der hL und anders als bei Personengesellschaften (§ 706 Abs. 3 BGB) – nicht als Vermögenseinlage eingebracht werden.[12]

8 **b) Höhe und Bewertung.** Festzulegen ist auch die **„Höhe".** Daraus wird gefolgert, dass für Sachvermögenseinlagen in der Satzung ein Geldbetrag festgesetzt werden muss.[13] Festgelegt werden kann aber auch ein Rahmen, innerhalb dessen Variationen möglich sind (→ Rn. 12). In der **Bewertung** der erbrachten Einlage sind die Gesellschafter nicht frei, es gelten die §§ 252 ff. HGB.[14] Erreicht der tatsächliche Wert nicht die vereinbarte Höhe, kommt es nicht zur sog. Differenzhaftung, weil diese nur die Aufbringung des Grundkapitals sichert (str.).[15] Aus gleichem Grund greifen die aktienrechtlichen Regeln über die verschuldensunabhängige Bardeckungshaftung nicht ein.[16] Bei verspäteter Leistung (Fälligkeit: § 271 BGB) fallen Verzugszinsen an. Die §§ 63 ff. gelten dagegen nicht.[17]

---

[6] MüKoAktG/*Perlitt* Rn. 11; Kölner Komm AktG/*Mertens/Cahn* Rn. 4; Großkomm AktG/*Assmann/Sethe* Rn. 7.
[7] Kölner Komm AktG/*Mertens/Cahn* Rn. 4.
[8] Differenzierend MüKoAktG/*Perlitt* Rn. 14 f.; Kölner Komm AktG/*Mertens/Cahn* Rn. 5; Großkomm AktG/ *Assmann/Sethe* Rn. 9, § 278 Rn. 49.
[9] Konsequent daher Düringer/Hachenburg HGB, 3. Aufl. 1935, § 321 Anm. 45, § 322 Anm. 11.
[10] Unstr., s. nur Hüffer/Koch/*Koch* Rn. 2; MüKoAktG/*Perlitt* Rn. 19; Kölner Komm AktG/*Mertens/Cahn* Rn. 9; Großkomm AktG/*Assmann/Sethe* § 278 Rn. 71, § 281 Rn. 15; *Reger* in Bürgers/Fett KGaA § 5 Rn. 235.
[11] Kölner Komm AktG/*Mertens/Cahn* Rn. 10; NK-AktR/*Wichert* Rn. 11; *Raiser/Veil* KapGesR § 29 Rn. 6.
[12] *Ammenwerth,* Die Kommanditgesellschaft auf Aktien (KGaA) – eine Rechtsformalternative für personenbezogene Unternehmen?, 1997, 43; NK-AktR/*Wichert* Rn. 12; *Wichert,* Die Finanzen der Kommanditgesellschaft auf Aktien, 1999, 99 ff.; Kölner Komm AktG/*Mertens/Cahn* Rn. 10; MHdB AG/*Herfs* § 77 Rn. 23; aA *Schlitt,* Die Satzung der KGaA, 1999, 123; *Sethe,* Die personalistische Kapitalgesellschaft mit Börsenzugang, 1996, 186; Hüffer/Koch/*Koch* Rn. 2, § 286 Rn. 2; MüKoAktG/*Perlitt* Rn. 21; Großkomm AktG/*Assmann/Sethe* Rn. 15; *Reger* in Bürgers/Fett KGaA § 5 Rn. 236.
[13] Kölner Komm AktG/*Mertens/Cahn* Rn. 11.
[14] MüKoAktG/*Perlitt* Rn. 25; Großkomm AktG/*Assmann/Sethe* Rn. 27; Kölner Komm AktG/*Mertens/Cahn* Rn. 20; MHdB AG/*Herfs* § 77 Rn. 24; NK-AktR/*Wichert* § 281 Rn. 13; näher *Wichert,* Die Finanzen der Kommanditgesellschaft auf Aktien, 1999, 107 ff.
[15] MüKoAktG/*Perlitt* Rn. 29; Kölner Komm AktG/*Mertens/Cahn* Rn. 21; aA NK-AktR/*Wichert* Rn. 14; *Wichert,* Die Finanzen der Kommanditgesellschaft auf Aktien, 1999, 110.
[16] Kölner Komm AktG/*Mertens/Cahn* Rn. 22; aA *Wichert,* Die Finanzen der Kommanditgesellschaft auf Aktien, 1999, 112.
[17] Unstr., s. MüKoAktG/*Perlitt* Rn. 28; Großkomm AktG/*Assmann/Sethe* Rn. 20; Kölner Komm AktG/*Mertens/Cahn* Rn. 19.

c) Fehlende Angaben. Vermögenseinlagen sind in die Satzung aufzunehmen (Abs 2). Eine **9** Gründungsprüfung findet dagegen nicht statt (→ § 280 Rn. 12 f.). Anders als bei Kommanditeinlagen (§ 162 HGB) erfolgt auch **keine Eintragung** ins Handelsregister.[18] **Fehlen** die vorgeschriebenen Angaben, hat der Komplementär weder das Recht noch die Pflicht, eine entsprechende Einlage zu erbringen, dennoch erbrachte Einlagen erhöhen nicht den Kapitalanteil.[19] Wird eine wirksam vereinbarte Leistung unmöglich, tritt Befreiung ein (§ 275 BGB), gegebenenfalls ist Schadensersatz zu leisten.

2. Änderungen der Vermögenseinlage. Weil Angaben über die Vermögenseinlage in die Satzung gehören (Abs. 2), stellen Änderungen nach hL eine **Satzungsänderung** dar.[20] Dazu ist nach **10** §§ 179 f. ein Hauptversammlungsbeschluss erforderlich, der seinerseits der Zustimmung durch die Komplementäre bedarf (§ 285 Abs. 2 S. 1). Nicht einschlägig sind dagegen die §§ 182 ff., welche nur für Veränderungen des Grundkapitals gelten. Anzumelden ist also nur die Satzungsänderung (§ 181), nicht die Erhöhung der Einlage.[21] Wie bei der Erhöhung des Grundkapitals durch Sacheinlagen soll es bei späterer Erbringung einer Sachvermögenseinlage genügen, dass in die Satzung lediglich Angaben zur Höhe aufgenommen werden.[22] Das überzeugt. Nach hier vertretener Ansicht lässt es sich damit begründen, dass § 281 (wie §§ 26, 27) eine bloße Gründungsvorschrift ist (→ Rn. 3). Ließe man analog § 282 die Eintragung der Vermögenseinlage in das Handelsregister zu, könnte auf Angaben in der Satzung insgesamt verzichtet werden.

Unstreitig **zulässig ist es**, dass die Satzung zur Änderung der in § 281 angesprochenen Punkte **11** ein von § 179 abweichendes Verfahren bestimmt (näher → Rn. 19 ff.). Insbesondere kann dem Komplementär das Recht eingeräumt werden, seine Vermögenseinlage einseitig zu erhöhen oder herabzusetzen. Ein **Bezugsrecht** steht den Kommanditaktionären dabei **nicht** zu.[23] Weil es sich jedoch um ein Grundlagengeschäft handelt, sind gewisse Grenzen zu ziehen (→ § 278 Rn. 69). Das bedeutet im Einzelnen:

Ohne entsprechende Satzungsklausel ist der Komplementär nicht befugt, seine Sondereinlage **12** **zurückzunehmen**.[24] Die einseitige **Erhöhung** der Vermögenseinlage in der Satzung („genehmigtes Komplementärkapital") darf dem Komplementär jedenfalls in der Publikums-KGaA nur gestattet werden, wenn dafür ein bestimmter **Rahmen** vorgegeben wird, der den Umfang[25] und den Ausübungszeitraum begrenzt.[26] Um die Vorgabe des § 281 Abs. 2 und den Kernbereich der Mitgliedschaftsrechte der Kommanditaktionäre nicht auszuhöhlen, darf der Rahmen nicht nach Belieben gestaltet sein.[27] Wie die Grenzen zu ziehen sind, ist nicht geklärt. Vertreten wird, eine maximale Erhöhung um 100 % zuzulassen, weil dies auch die Obergrenze für zulässige Entnahmen darstellt.[28] Andere wollen sich an den Regelungen zum genehmigten Kapital orientieren, wonach die zeitliche Grenze 5 Jahre beträgt (§ 202 Abs. 2) und der Umfang auf 50 % des Grundkapitals beschränkt ist (§ 202 Abs. 3).[29] In jedem Fall sollte den Kommanditaktionären analog § 255 ein **Anfechtungsrecht** zugestanden werden.[30] Weitergehend wird vertreten, den Kommanditaktionären als Ausgleich die verhältniswahrende Erhöhung des Grundkapitals ohne Zustimmung des Komplementärs (§ 285 Abs. 2) zuzubilligen.[31]

---

[18] Großkomm AktG/*Assmann/Sethe* Rn. 16; missverständlich *Masuch* NZG 2003, 1048 (1050).
[19] Vgl. MüKoAktG/*Perlitt* Rn. 20, 27, 69; Kölner Komm AktG/*Mertens/Cahn* Rn. 12.
[20] Vgl. nur MüKoAktG/*Perlitt* Rn. 27; NK-AktR/*Wichert* Rn. 16.
[21] Ungenau *Masuch* NZG 2003, 1048 (1050).
[22] *Masuch* NZG 2003, 1048 (1050).
[23] Unstr., s. Großkomm AktG/*Assmann/Sethe* Rn. 28; *Heite*, Bezugsrechtsausschluss im Rahmen des genehmigten Kapitals bei personalistisch strukturierten Kapitalgesellschaften – GmbH & KGaA, 2016, 172; eingehend *Fett* in Bürgers/Fett KGaA § 7 Rn. 5.
[24] MüKoAktG/*Perlitt* Rn. 35; MHdB AG/*Herfs* § 77 Rn. 26; *Reger* in Bürgers/Fett KGaA § 5 Rn. 242; *Fett* in Bürgers/Fett KGaA § 7 Rn. 16; strenger Kölner Komm AktG/*Mertens/Cahn* Rn. 23: auch einseitige Rücknahme aufgrund von Satzungsklausel unzulässig.
[25] Unstr., vgl. *Wichert* AG 1999, 362 (369); *Hoffmann-Becking/Herfs* FS Sigle, 2000, S. 273 (292 ff.); MüKoAktG/*Perlitt* § 278 Rn. 400; Großkomm AktG/*Assmann/Sethe* Rn. 16; *Reger* in Bürgers/Fett KGaA § 5 Rn. 242, Rn. 399; *Fett* in Bürgers/Fett KGaA § 7 Rn. 8; eingehend Kölner Komm AktG/*Mertens/Cahn* Rn. 14 ff.
[26] MüKoAktG/*Perlitt* § 278 Rn. 401; *Raiser/Veil* KapGesR § 32 Rn. 7; aA NK-AktR/*Wichert* § 281 Rn. 17 f.; *ders.* AG 1999, 362 (369).
[27] *Hoffmann-Becking/Herfs* FS Sigle, 2000, 273 (294 f.); Kölner Komm AktG/*Mertens/Cahn* Rn. 14 ff.; anders offenbar *Fett* in Bürgers/Fett KGaA § 7 Rn. 8, Rn. 15 (unter Hinweis auf § 278 Abs. 2).
[28] So Kölner Komm AktG/*Mertens/Cahn* Rn. 17.
[29] *Hoffmann-Becking/Herfs* FS Sigle, 2000, 273 (294); dagegen *Fett* in Bürgers/Fett KGaA § 7 Rn. 8.
[30] *Hoffmann-Becking/Herfs* FS Sigle, 2000, 273 (295); MHdB AG/*Herfs* § 80 Rn. 6; MüKoAktG/*Perlitt* § 278 Rn. 392; aA Großkomm AktG/*Assmann/Sethe* Rn. 28; *Fett* in Bürgers/Fett KGaA § 7 Rn. 7 (Möglichkeit des Schadensersatzes wegen Treuepflichtverletzung reicht).
[31] So *Jäger* AG § 32 Rn. 3; *Hoffmann-Becking/Herfs* FS Sigle, 2000, 273 (293).

13 Zulässig ist eine Klausel, die es dem phG gestattet, seine Vermögenseinlage in Aktien **umzuwandeln**.[32] Ein Ausscheiden aus der Gesellschaft ist damit im Zweifel nicht gewollt, weil eine Beteiligung als Komplementär auch ohne Vermögenseinlage möglich ist.[33] Zur Durchführung bedarf es neben einer Herabsetzung der Vermögenseinlage einer Erhöhung des Grundkapitals. Die ordentliche Kapitalerhöhung eignet sich dazu wenig.[34] Daher sollte entweder ein **genehmigtes Kapital** bereit gestellt und das Bezugsrecht der Kommanditaktionäre ausgeschlossen werden;[35] alternativ kann eine **bedingte Kapitalerhöhung** entsprechend § 192 Abs. 2 vorgenommen werden,[36] bei der von vornherein kein Bezugsrecht besteht und die folgerichtig auch keines „sachlich gerechtfertigten Grundes" bedarf.[37] Sie kann nach hM allerdings nicht schon in der Ursprungssatzung vorgesehen werden.[38] Die Einlage erfolgt als **Sachleistung**.[39] Erforderlich ist eine Sacherhöhungsprüfung gem. § 183 Abs. 3, wovon bei „großen" Gesellschaften iSv § 267 Abs. 3 HGB aber eine Ausnahme gemacht wird.[40] In allen Fällen ist zu beachten, dass die Gesellschaft dem Komplementär gegenüber gem. § 112 vom Aufsichtsrat vertreten wird (→ § 287 Rn. 11 ff.).

14 Schließlich kann dem Komplementär in der Satzung das Recht eingeräumt werden, seine Vermögenseinlage in dem Umfang zu erhöhen, in dem das Grundkapital erhöht wird.[41] Ein solches Recht zum **„Nachziehen"** soll ohne zeitliche Befristung eingeräumt werden können.[42] Nach anderen soll es in der Satzung auf sechs Monate befristet werden, weil dies der Maximalzeitraum sei, der zwischen Kapitalerhöhungsbeschluss und Durchführung liegen dürfe.[43] Folgt man der ersten Sicht, muss der phG jedenfalls verpflichtet bleiben, dass zu zahlende Agio (Aufgeld) der aktuellen wirtschaftlichen Situation der Gesellschaft anzupassen.[44]

---

[32] Unstr., s. nur *Hoffmann-Becking/Herfs* FS Sigle, 2000, 273 (294 ff.); MüKoAktG/*Perlitt* § 278 Rn. 389; Kölner Komm AktG/*Mertens/Cahn* Rn. 26 ff.; Großkomm AktG/*Assmann/Sethe* § 278 Rn. 188, § 281 Rn. 31. Zum umgekehrten Fall (Umwandlung von Kommanditaktien in Vermögenseinlage) s. MHdB AG/*Herfs* § 80 Rn. 18; Großkomm AktG/*Assmann/Sethe* § 278 Rn. 193; eingehend *Fett* in Bürgers/Fett KGaA § 7 Rn. 31.

[33] Kölner Komm AktG/*Mertens/Cahn* Rn. 27; Großkomm AktG/*Assmann/Sethe* § 278 Rn. 189.

[34] Zur ungeklärten Frage, ob die Hauptversammlung einen entsprechenden Erhöhungsbeschluss fassen muss und unter welchen Voraussetzungen dabei das Bezugsrecht ausgeschlossen werden kann s. *Fett* in Bürgers/Fett KGaA § 7 Rn. 26 f.; eingehend *Wichert*, Die Finanzen der Kommanditgesellschaft auf Aktien, 1999, 177 ff. (193 ff.); *Heite*, Bezugsrechtsausschluss im Rahmen des genehmigten Kapitals bei personalistisch strukturierten Kapitalgesellschaften – GmbH & KGaA, 2016, 173 ff., 179 ff.

[35] Vgl. näher *Krug* AG 2000, 510 (513 f.); MüKoAktG/*Perlitt* § 278 Rn. 391 ff.; Kölner Komm AktG/*Mertens/Cahn* Rn. 28; Großkomm AktG/*Assmann/Sethe* § 278 Rn. 190; MHdB AG/*Herfs* § 780 Rn. 14; *Fett* in Bürgers/Fett KGaA § 7 Rn. 29; *Heite*, Bezugsrechtsausschluss im Rahmen des genehmigten Kapitals bei personalistisch strukturierten Kapitalgesellschaften – GmbH & KGaA, 2016, 173 ff.

[36] Ganz hM, eingehend *Wichert*, Die Finanzen der Kommanditgesellschaft auf Aktien, 1999, 171 ff.; *Hoffmann-Becking/Herfs* FS Sigle, 2000, 273 (296 f.); MHdB AG/*Herfs* § 80 Rn. 15; *ders.* VGR Band 1 (1998) S. 23 (49); Kölner Komm AktG/*Mertens/Cahn* Rn. 28; Großkomm AktG/*Assmann/Sethe* § 278 Rn. 191; MüKoAktG/*Perlitt* § 278 Rn. 390; *Fett* in Bürgers/Fett KGaA § 7 Rn. 28; *Raiser/Veil* KapGesR § 32 Rn. 7; aA *Krug* AG 2000, 510 (514).

[37] Zutr. *Fett* in Bürgers/Fett KGaA § 7 Rn. 28; *Hoffmann-Becking/Herfs* FS Sigle, 2000, 273 (297); allgemein Hüffer/Koch/*Koch* § 192 Rn. 3; aA *Wichert*, Die Finanzen der Kommanditgesellschaft auf Aktien, 1999, 176 (unter Hinweis auf den Unternehmenszusammenschluss durch bedingte Kapitalerhöhung); dem folgend Großkomm AktG/*Assmann/Sethe* § 278 Rn. 191; MüKoAktG/*Perlitt* § 278 Rn. 390; allgemein zum Problem MüKoAktG/*Fuchs* § 192 Rn. 31 ff.

[38] Vgl. MüKoAktG/*Fuchs* § 192 Rn. 22 mwN; Hüffer/Koch/*Koch* § 192 Rn. 7; aA Großkomm AktG/*Frey* § 192 Rn. 25.

[39] Ob Gegenstand der Sacheinlage der Kapitalanteil des Komplementärs ist oder – präziser – sein Anspruch auf Auszahlung des Auseinandersetzungsguthabens (wohl hL), ist str., näher dazu mit Nachweisen Kölner Komm AktG/*Mertens/Cahn* Rn. 29; *Fett* in Bürgers/Fett KGaA § 7 Rn. 22 f.

[40] MüKoAktG/*Perlitt* § 278 Rn. 389; Großkomm AktG/*Assmann/Sethe* § 278 Rn. 190; NK-AktR/*Wichert* § 281 Rn. 20; *ders.* S. 171.

[41] Unstr., s. nur *Hoffmann-Becking/Herfs* FS Sigle, 2000, 273 (292 f.); MüKoAktG/*Perlitt* § 278 Rn. 400; Kölner Komm AktG/*Mertens/Cahn* Rn. 24; Großkomm AktG/*Assmann/Sethe* § 278 Rn. 186, § 281 Rn. 30; *Fett* in Bürgers/Fett KGaA § 7 Rn. 15.

[42] So Kölner Komm AktG/*Mertens/Cahn* Rn. 25; *Fett* in Bürgers/Fett KGaA § 7 Rn. 15; generell NK-AktR/*Wichert* Rn. 17 f.; zweifelnd MüKoAktG/*Perlitt* § 278 Rn. 401.

[43] So *Hoffmann-Becking/Herfs* FS Sigle, 2000, 273 (293); MHdB AG/*Herfs* § 80 Rn. 11; dem folgend Großkomm AktG/*Assmann/Sethe* § 278 Rn. 186.

[44] Vgl. *Wichert* AG 2000, 268 (272); Kölner Komm AktG/*Mertens/Cahn* Rn. 25; nach *Fett* in Bürgers/Fett KGaA § 7 Rn. 15 kommt nur ein Schadensersatzanspruch in Betracht, wenn die Komplementäre ihr Recht missbräuchlich ausnutzen.

IV. Veränderungen des Grundkapitals

Veränderungen des Grundkapitals (Kapitalerhöhung, Kapitalherabsetzung) richten sich gem. § 278 **14a** Abs. 3 nach **Aktienrecht** (→ § 278 Rn. 26; → § 278 Rn. 66). Einschlägig sind also §§ 182–240 einschließlich der Regeln über Sacheinlagen. Auch die Vorschriften über die verdeckte Sacheinlage (§ 27 Abs. 3) und über das Hin- und Herzahlen (§ 27 Abs. 4) finden Anwendung.[45] Kapitalmaßnahmen bedürfen der Zustimmung der phG (→ § 285 Rn. 32), die auch für die Anmeldungen beim Handelsregister zuständig sind (→ § 283 Rn. 4). Zur Umwandlung einer Vermögenseinlage in Aktien → Rn. 13.

V. Satzungsmängel

Fehlen die in § 281 vorgeschriebenen Angaben, liegt ein **Eintragungshindernis** vor. Wird dennoch eingetragen, gilt: Fehlt jede Angabe über einen **Komplementär,** kann dieser nicht Gesellschafter geworden sein, weil die Aufnahme in die Satzung jedenfalls bei der Gründung konstitutiver Natur ist. In diesem Fall ist die Gesellschaft als AG entstanden.[46] Ungenauigkeiten in der Bezeichnung sind dagegen unbeachtlich, solange der Komplementär identifizierbar bleibt.[47] Fehlende Angaben zur **Sondereinlage** berühren nicht die Komplementärstellung, lassen jedoch weder ein Recht noch eine Pflicht zur Leistung einer solchen Einlage entstehen.[48]

VI. Sondervorteile

Gem. § 26 iVm § 278 Abs. 3 sind alle Sondervorteile, die einem Kommanditaktionär oder Komplementär eingeräumt werden, in die Satzung aufzunehmen. Sondervorteile für Komplementäre sind alle Leistungen, die diesen nicht schon automatisch nach dem Gesetz zu stehen, also alle über eine Gewinnbeteiligung iSv § 168 Abs. 2 HGB und Aufwendungsersatz iSv § 110 HGB hinausreichenden Leistungen. Erfasst werden damit insbesondere **Tätigkeitsvergütungen** und Ruhegeldzusagen,[49] nach hL auch Vergütungen für die Übernahme der mit der Gesellschafterstellung verbundenen persönlichen Haftung.[50] Nicht erfasst sind Vorteile, die sich aus einer nach § 278 Abs. 2 zulässigen abweichenden Satzungsgestaltung ergeben. Sie stehen zwar ohnehin in der Satzung, können aber sinnvollerweise nicht den Restriktionen der § 26 Abs. 4, 5 unterworfen sein.[51]

Nach überwiegender Ansicht reicht bei Tätigkeitsvergütungen eine Festsetzung **dem Grunde nach,** während die Festlegung der Einzelheiten (Höhe etc.) durch Gesellschafterbeschluss oder ein besonderes ermächtigtes Organ erfolgen kann.[52] Mit dem üblichen Verständnis des § 26, wonach summarische Beschreibungen oder Ermächtigungen nicht genügen,[53] ist diese Auffassung nicht vereinbar. Sie dürfte dem Umstand geschuldet sein, dass § 26 in seiner Rigidität für Tätigkeitsentgelte **nicht passt.** Nähme man die Norm streng beim Wort, könnte keine Änderung der Tätigkeitsvergütung vor Ablauf von fünf Jahren (§ 26 Abs. 4) erfolgen. Will man das vermeiden, böte es sich an, Tätigkeitsvergütungen von vornherein nicht als Sondervorteil iSv § 26 zu begreifen[54] oder jedenfalls § 26 Abs. 4, 5 nicht zur Anwendung zu bringen.[55] Demgegenüber stellt die hL eine Kompromisslösung dar, mit der sich im Hinblick auf die nur „sinngemäße" Geltung des § 26 (vgl. § 278 Abs. 3) leben lässt. Im Übrigen ist auf die Kommentierung zu § 26 zu verweisen. Zur Vergütung des Komplementärs noch → § 288 Rn. 11 ff.

VII. Satzungsänderung

1. Aktienrechtliche Bestandteile. Unproblematisch ist die Änderung aktienrechtlicher Satzungsbestandteile (§ 278 Abs. 3 iVm § 23 Abs. 3 und 4), etwa der Firma oder des Grundkapitals. Sie

---

[45] Für einen entsprechenden Sachverhalt s. OLG Dresden NZG 2017, 985.
[46] MüKoAktG/*Perlitt* Rn. 67.
[47] MüKoAktG/*Perlitt* Rn. 68.
[48] MüKoAktG/*Perlitt* Rn. 69.
[49] Vgl. MüKoAktG/*Perlitt* Rn. 47 f.; Großkomm AktG/*Assmann/Sethe* Rn. 34; Kölner Komm AktG/*Mertens/Cahn* Rn. 33 ff.
[50] Vgl. die Vorgenannten; aA MHdB AG/*Herfs* § 77 Rn. 5; *Reger* in Bürgers/Fett KGaA § 5 Rn. 272.
[51] Zutr. NK-AktR/*Wichert* Rn. 32.
[52] Vgl. Großkomm AktG/*Assmann/Sethe* § 278 Rn. 75, § 281 Rn. 35 mit Fn. 73; MüKoAktG/*Perlitt* Rn. 47, 49; MHdB AG/*Herfs* § 79 Rn. 26; strenger Kölner Komm AktG/*Mertens/Cahn* Rn. 33: Grundlagen der Bemessung müssen aus der Satzung erkennbar sein.
[53] Vgl. Hüffer/Koch/*Koch* § 26 Rn. 4; MüKoAktG/*Pentz* § 26 Rn. 17.
[54] In diese Richtung MüKoAktG/*Pentz* § 26 Rn. 19.
[55] So im Ansatz NK-AktR/*Wichert* Rn. 32 f., der dies jedoch nur für abweichende Gewinnverteilungen, nicht für Tätigkeitsvergütungen annimmt (ebd. Rn. 33).

richtet sich nach den einschlägigen aktienrechtlichen Vorschriften (§§ 179 ff., 182 ff.) und bedarf der Zustimmung durch die phG (§ 285 Abs. 2). Die Verzahnung regelt § 285 Abs. 3 (s. dort).

19   **2. Personengesellschaftsrechtliche Bestandteile. a) Problem.** Besondere Schwierigkeiten bereitet demgegenüber die Änderung der gem. § 278 Abs. 2 dem Handelsrecht unterliegenden Satzungspunkte.[56] Das Gesetz geht davon aus, dass die KGaA als juristische Person über eine **einheitliche Satzung** verfügt (→ Rn. 4). Folgte deren Änderung ausschließlich aktienrechtlichen Regeln, bedürfte es dazu – neben der auch hier erforderlichen Mitwirkung der Komplementäre (§ 285 Abs. 2 S. 1) – stets eines Hauptversammlungsbeschlusses (§ 179 Abs. 1) und jede Änderung würde erst mit der Eintragung in das Handelsregister wirksam (§ 181 Abs. 3).[57] Diese Lösung näherte die KGaA weiter an die AG an (→ § 278 Rn. 1), widerspräche aber der Regel, wonach für das Verhältnis der Gesellschafter zueinander Handelsrecht gilt (§ 278 Abs. 2). Dieses erlaubt Änderungen des Gesellschaftsvertrags durch formlosen und obendrein abdingbaren Gesellschafterbeschluss. Aktien- und handelsrechtliche Erfordernisse müssen demnach **harmonisiert** werden. Praktisch relevant ist namentlich das Problem der Aufnahme eines neuen Komplementärs und/oder der Veränderung der Vermögenseinlage.

20   **b) Meinungsstand.** Die hL geht davon aus, dass die §§ 179 ff. Anwendung finden, hält sie aber für dispositiv oder lässt – was auf dasselbe hinausläuft – eine „antizipierte" Zustimmung der Kommanditaktionäre in der Satzung genügen. Dementsprechend wird danach **differenziert,** ob die Satzung für den betreffenden Punkt eine von § 179 **abweichende Regelung** getroffen, zB – das ist der hauptsächlich diskutierte Fall – die Entscheidung über die Aufnahme neuer Komplementäre oder die Erhöhung der Vermögenseinlage einem anderen Organ übertragen habe. (Nur) in diesem Fall bedürfe es keiner Satzungsänderung gem. §§ 179 ff., sondern lediglich einer Fassungsänderung, mit welcher nach § 179 Abs. 1 S. 2 der Aufsichtsrat betraut werden könne.[58] Andere meinen, dass sich das Verfahren von vornherein nur nach Personengesellschaftsrecht richte.[59] Danach dürfte eine Fassungsänderung in jedem Fall genügen.[60] Eine dritte Ansicht schließlich hält mit der hL die Zuständigkeit der Hauptversammlung und die Mehrheitserfordernisse (§ 179) für dispositiv, verlangt aber hinsichtlich der formellen Seite (Anmeldung und Eintragung, § 181) Beachtung des Aktienrechts.[61]

21   **c) Stellungnahme.** Im praktischen Ergebnis weichen die Ansichten wenig voneinander ab, da alle die satzungsmäßige Übertragung von Änderungen der in § 278 Abs. 2 angesprochenen Punkte auf andere Organe zulassen und zumindest für diesen Fall dem Registereintrag nur deklaratorische Bedeutung beimessen.[62] Hält man eine solche Delegation für zulässig (→ § 278 Rn. 68), stellt sich gleichwohl die Frage der **dogmatischen Begründung.** Eine solche vermisst man bei der hM, die denn auch unstimmige Ergebnisse zeitigt. Warum etwa eine Änderung der Geschäftsführungsbefugnis erst nach registergerichtlicher Prüfung und Eintragung ins Handelsregister wirksam werden soll (§ 181 Abs. 3), wenn sie von der Hauptversammlung (mit Zustimmung des Komplementärs) beschlossen wird, dagegen sofort Wirksamkeit erlangt, wenn sie allein vom Komplementär beschlossen wird, vermag nicht einzuleuchten.[63] Überhaupt ist die Annahme, die Zuständigkeit der Hauptversammlung sei vollständig abdingbar, die Verfahrenserfordernisse der §§ 179 ff. hingegen nicht, problematisch.[64] Der Konstruktionsfehler der hL besteht letztlich darin, dass sie aus der Dispositivität der dem Personengesellschaftsrecht unterliegenden Punkte die Dispositivität der §§ 179 ff. folgert. Die zuletzt genannte Ansicht hat zwar für sich, dass sie zutreffend auf § 181 verweist, welcher die (äußerliche) Einheitlichkeit der Satzung wahrt, schließt daraus aber unzutreffend auf die Geltung auch des § 181 Abs. 3 (→ Rn. 22).

---

[56] Ausf. zum Folgenden *Bachmann* FS K. Schmidt, 2009, 41 (43 ff.).
[57] So im Ausgangspunkt K. Schmidt/Lutter/*K. Schmidt* Rn. 15; Kölner Komm AktG/*Mertens,* 1. Aufl. 1985, § 278 Rn. 94.
[58] *Sethe,* Die personalistische Kapitalgesellschaft mit Börsenzugang, 1996, 127 f.; MüKoAktG/*Perlitt* Rn. 14 ff., Rn. 60 ff.; Großkomm AktG/*Assmann/Sethe* § 278 Rn. 45 ff., Rn. 181, § 281 Rn. 9; Kölner Komm AktG/*Mertens/Cahn* Rn. 5 ff.; *Baumbach/Hueck* Rn. 2; *v. Godin/Wilhelmi* Anm. 2.
[59] *Fett/Stütz* NZG 2017, 1121 (1127); *Wichert* AG 1999, 362 (365, 367); NK-AktR/*Wichert* Rn. 23 f.; *Fett* in Bürgers/Fett KGaA § 3 Rn. 24 ff.; *Würdinger* AktR S. 261; *Schnorbus* Liber Amicorum M. Winter, 2011, 627 (641).
[60] Konsequent müsste sogar die formlose Änderung der personengesellschaftsrechtlichen Bestandteile genügen. Das wird angesichts des Prinzips der (äußerlichen) Einheitlichkeit der Satzung aber heute nicht mehr vertreten.
[61] *Cahn* AG 2001, 579 (582 f.).
[62] Aus pragmatischen Gründen auch *Cahn* AG 2001, 579 (582, 585).
[63] Krit. daher mit Recht *Cahn* AG 2001, 579 (582). Ob die hL allerdings wirklich diese Konsequenz ziehen würde, ist mangels expliziter Aussagen zu § 181 fraglich.
[64] So zB MüKoAktG/*Perlitt* Rn. 63.

22 Stimmig ist es dagegen, mit der zweiten Ansicht das Verfahren der Änderung von Punkten, die von § 278 Abs. 2 erfasst werden, von vornherein dem (dispositiven) **Personengesellschaftsrecht** zu unterstellen. Diese stellen nur äußerlich einen Bestandteil der Satzung dar, sind der Sache nach aber Gesellschaftsvertrag iSv § 109 HGB.[65] Mangels abweichender Satzungsbestimmung gilt also nicht § 179, sondern § 119 HGB, wonach es des einstimmigen Zusammenwirkens aller Gesellschafter bedarf. Weil bei der KGaA an die Stelle des einzelnen Kommanditaktionärs die „Gesamtheit der Kommanditaktionäre" tritt, muss die Hauptversammlung zustimmen, wofür im Grunde genommen die **einfache Mehrheit** genügt, weil es eben nicht um eine aktienrechtliche Satzungsänderung, sondern um die Zustimmung des (als eine Person gedachten) Kommanditisten zu einer Änderung des Gesellschaftsvertrages geht (→ § 278 Rn. 19).[66] Weil sich diese Auffassung aber nicht vermitteln lässt, mag man die in § 179 Abs. 2 vorgesehenen (dispositiven!) Mehrheitserfordernisse im Interesse der Fortentwicklung der Rechtsform akzeptieren.[67] Änderungen der personengesellschaftsrechtlichen Verhältnisse können also (in den Grenzen der Treuepflicht) auch von anderen Organen und mit anderen Mehrheiten beschlossen werden.

23 Auf Ebene der Satzung (als Verfassungstext) handelt es sich folglich **stets** nur um **Fassungsänderungen,** die bei entsprechender Ermächtigung auch von einem anderen Organ als der Hauptversammlung oder dem Aufsichtsrat (§ 179 Abs. 1 S. 2) vorgenommen werden können. Auch insoweit gilt freilich § 181 Abs. 1 und 2,[68] denn diese stellen die Geschlossenheit einer aktuellen, vollständigen und einsehbaren Satzungsurkunde sicher. Unverzichtbar ist damit die Einreichung durch den Komplementär (§ 283 Nr. 1) nebst Notarbescheinigung zum Handelsregister (§ 181 Abs. 1 S. 1). Konstitutive Wirkung (§ 181 Abs. 3) kommt der Eintragung dagegen nicht zu. Änderungen in der **Person des Komplementärs** können sich nach hiesigem Verständnis sogar stets außerhalb der Satzung vollziehen (→ Rn. 3).

§ 282 Eintragung der persönlich haftenden Gesellschafter

¹Bei der Eintragung der Gesellschaft in das Handelsregister sind statt der Vorstandsmitglieder die persönlich haftenden Gesellschafter anzugeben. ²Ferner ist einzutragen, welche Vertretungsbefugnis die persönlich haftenden Gesellschafter haben.

Schrifttum: → § 278.

I. Normzweck

1 Die Vorschrift **modifiziert § 39,** welcher den Inhalt der Eintragung der AG regelt, und der nach § 278 Abs. 3 auch für die KGaA gilt. Einzutragen ist danach neben den Kerndaten der Gesellschaft (Firma, Sitz etc.) die Person des Komplementärs sowie dessen Vertretungsbefugnis. Im Grunde ist die Regelung überflüssig, weil sich ihr Regelungsgehalt schon aus dem Verweis auf die „sinngemäße" Geltung der aktienrechtlichen Gründungsvorschriften in § 278 Abs. 3 ergibt. Sie hat aber jedenfalls **klarstellende Funktion.** Dagegen ordnet die Norm nicht die Pflicht zur Eintragung von Änderungen in der Person des Komplementärs oder seiner Vertretungsbefugnis an. Diese folgt aus § 107 HGB iVm § 278 Abs. 2 (str., → Rn. 6).

II. Anmeldung und Eintragung

2 **1. Anmeldung.** § 282 betrifft nur die Eintragung. Das Erfordernis der Anmeldung und deren **Inhalt** ergibt sich aus §§ 36 Abs. 1, 37 iVm § 278 Abs. 3 (→ § 280 Rn. 9). Statt des Vorstandes und dessen Vertretungsbefugnis (§ 37 Abs. 3) sind die phG und ihre Vertretungsbefugnis anzumelden. Dies gilt auch dann, wenn die Vertretungsbefugnis nicht von der gesetzlichen Regelung (§ 125 HGB) abweicht.[1] Es gilt auch für die Vertretungsverhältnisse innerhalb der GbR, falls diese Komplementär ist.[2] Einer Versicherung nach § 37 Abs. 2 bedarf es nicht (→ § 278 Rn. 38). Urkunden über die „Bestellung" des phG (§ 37 Abs. 4 Nr. 3) sind nicht beizufügen, weil der phG Gesellschafter ist und

---

[65] *Bachmann* FS K. Schmidt, 2009, 41 (47); *Würdinger* AktR S. 261; aA K. Schmidt/Lutter/*K. Schmidt* Rn. 15.
[66] Zutreffend *Wichert* AG 1999, 362 (365 ff.); NK-AktR/*Wichert* Rn. 23; *Würdinger* AktR S. 259, 261; ebenso *Fett/Stütz*,NZG 2017, 1121 (1127); dagegen aber die ganz hL, vgl nur *Raiser/Veil* KapGesR § 31 Rn. 3.
[67] So *Bachmann* FS K. Schmidt, 2009, 42 (48).
[68] Allgemein Hüffer/Koch/*Koch* § 179 Rn. 1; MüKoAktG/*Stein* § 181 Rn. 3; Kölner Komm AktG/*Zöllner* § 179 Rn. 3; speziell zur KGaA NK-AktR/*Wichert* Rn. 27.
[1] Unstr., s. nur Hüffer/Koch/*Koch* Rn. 1; Großkomm AktG/*Assmann/Sethe* Rn. 11; Kölner Komm AktG/*Mertens/Cahn* Rn. 4.
[2] Näher *Heinze* DNotZ 2012, 426 (431 ff.).

als solcher nicht „bestellt" wird. Die Vermögenseinlage wird nicht eingetragen und ist folglich auch nicht anzumelden.[3]

3   Die Anmeldung erfolgt durch die **phG** gemeinsam mit den **Mitgründern** und den Mitgliedern des Aufsichtsrats (§ 36 Abs. 1 iVm § 278 Abs. 3). Zwar ist der phG stets auch Gründer (§ 280 Abs. 3) und muss sicher nicht doppelt anmelden.[4] Wegen § 283 Nr. 1 sollte in der Anmeldung jedoch kenntlich gemacht werden, dass der phG zugleich als solcher handelt. Wie auch sonst ist die Anmeldung in beglaubigter Form (§ 12 HGB) beim Gericht des Gesellschaftssitzes (§ 14) anzubringen.

4   **2. Eintragung und Bekanntmachung.** Das Gericht prüft gem. § 38, ob die Gesellschaft ordnungsgemäß errichtet und angemeldet wurde (zum Prüfungsumfang → § 280 Rn. 10 f.). In diesem Fall verfügt es die Eintragung. Diese erfolgt in der Abteilung B des elektronischen Handelsregisters (vgl. § 43 HRV). Die Bekanntmachung richtet sich wie bei der AG nach § 40.

5   **3. Fehler und Sanktionen.** Fehlerhafte Eintragungen lassen den Bestand der Gesellschaft grundsätzlich unberührt. Nur in besonderen Fällen kommt die Nichtigkeitsklage oder eine Löschung von Amts wegen in Betracht (eingehend → § 275 Rn. 6 ff., 24 ff.). Die fehlende oder unterbliebene Eintragung des phG ist daher weder für den Bestand der Gesellschaft noch für seine Mitgliedschaft von Belang.[5] Dritte können sich jedoch zu ihren Gunsten auf § 15 HGB berufen, da es sich bei den in § 282 genannten Daten um eintragungspflichtige Tatsachen handelt.[6]

III. Änderungen

6   Änderungen in der Person des Komplementärs stellen nach hL **Satzungsänderungen** dar und sind als solche gem. § 181 anzumelden (→ § 281 Rn. 6, 20). Nach hier vertretener Ansicht ist die Person des Komplementärs hingegen nur bei der Gründung in den Satzungstext aufzunehmen (→ § 281 Rn. 3 und 23). Ungeachtet dessen ist jede Änderung des phG oder seiner Vertretungsbefugnis **gesondert** zum Handelsregister **anzumelden.** Dies folgt nicht aus § 282, der nur die Gründung betrifft, sondern ergibt sich aus § 81, der nach hL über § 283 Nr. 1 entsprechend anzuwenden ist.[7]

7   Ob der Verweis in § 283 Nr. 1 wirklich auch § 81 erfasst, ist indes **zweifelhaft** (→ § 283 Rn. 5).[8] Verneint man das, ergibt sich die Anmeldepflicht aus § 107 HGB (iVm § 278 Abs. 2). Der **praktische Unterschied ist gering.** Er besteht darin, dass entsprechende Urkunden nicht stets vorzulegen wären (§ 81 Abs. 2), sondern nur bei begründeten Zweifeln des Gerichts.[9] Dagegen entfällt die Versicherung nach § 37 Abs. 2 (iVm § 81 Abs. 3) auch dann, wenn man § 81 anwendet, denn sie ist richtigerweise schon bei der erstmaligen Anmeldung nicht abzugeben (→ Rn. 2). Die Anmeldung hat nicht durch alle Gesellschafter, sondern nur durch vertretungsberechtigte Komplementäre zu erfolgen.[10] Zumindest insoweit ist § 283 Nr. 1 iVm § 81 Abs. 1 speziell.

§ 283 Persönlich haftende Gesellschafter

Für die persönlich haftenden Gesellschafter gelten sinngemäß die für den Vorstand der Aktiengesellschaft geltenden Vorschriften über
1. die Anmeldungen, Einreichungen, Erklärungen und Nachweise zum Handelsregister sowie über Bekanntmachungen;
2. die Gründungsprüfung;
3. die Sorgfaltspflicht und Verantwortlichkeit;
4. die Pflichten gegenüber dem Aufsichtsrat;
5. die Zulässigkeit einer Kreditgewährung;

---

[3] Vgl. MüKoAktG/*Perlitt* Rn. 5; Großkomm AktG/*Assmann/Sethe* Rn. 7; Kölner Komm AktG/*Mertens/Cahn* Rn. 2.

[4] MüKoAktG/*Perlitt* Rn. 2; Großkomm AktG/*Assmann/Sethe* Rn. 3; Kölner Komm AktG/*Mertens/Cahn* Rn. 2.

[5] Großkomm AktG/*Assmann/Sethe* Rn. 9.

[6] Großkomm AktG/*Assmann/Sethe* Rn. 13.

[7] Vgl. MüKoAktG/*Perlitt* Rn. 10; Großkomm AktG/*Assmann/Sethe* Rn. 12.

[8] Vgl. Kölner Komm AktG/*Mertens/Cahn* Rn. 4 f., die Anmeldungen betreffend die Vertretungsbefugnis nach Personengesellschaftsrecht, solche betreffend die Person des Komplementärs hingegen nach Aktienrecht (§ 81) beurteilen wollen. Hintergrund dieser wenig plausiblen Differenzierung dürfte sein, dass die Anmeldung der Vertretungsbefugnis früher in § 125 HGB (aF) geregelt war, dieser aber nach einhelliger Ansicht auch für die KGaA gilt.

[9] Vgl. Baumbach/Hopt/*Roth* HGB § 106 Rn. 4.

[10] Vgl. Hüffer/Koch/*Koch* § 81 Rn. 5.

6. die Einberufung der Hauptversammlung;
7. die Sonderprüfung;
8. die Geltendmachung von Ersatzansprüchen wegen der Geschäftsführung;
9. die Aufstellung, Vorlegung und Prüfung des Jahresabschlusses und des Vorschlags für die Verwendung des Bilanzgewinns;
10. die Vorlegung und Prüfung des Lageberichts sowie eines Konzernabschlusses und eines Konzernlageberichts;
11. die Vorlegung, Prüfung und Offenlegung eines Einzelabschlusses nach § 325 Abs. 2a des Handelsgesetzbuchs;
12. die Ausgabe von Aktien bei bedingter Kapitalerhöhung, bei genehmigtem Kapital und bei Kapitalerhöhung aus Gesellschaftsmitteln;
13. die Nichtigkeit und Anfechtung von Hauptversammlungsbeschlüssen;
14. den Antrag auf Eröffnung des Insolvenzverfahrens.

Schrifttum: → § 278. Ferner: *Grobe*, Zum Rechtsverhältnis des persönlich haftenden Gesellschafters einer KGaA, NJW 1968, 1709; *Pflug*, Der persönlich haftende Gesellschafter in der KGaA, NJW 1971, 345.

Übersicht

	Rn.		Rn.
I. Normzweck und Anwendungsbereich	1–3	6. Einberufung der Hauptversammlung (Nr. 6)	15, 16
II. Vorstandsrechte und -pflichten (Katalog)	4–22	7. Sonderprüfung (Nr. 7)	17
1. Anmeldungen etc. (Nr. 1)	4–6	8. Geltendmachung von Ersatzansprüchen (Nr. 8)	18
2. Gründungsprüfung (Nr. 2)	7	9. Jahresabschluss etc. (Nr. 9–11)	19
3. Sorgfaltspflicht und Verantwortlichkeit (Nr. 3)	8–11a	10. Aktienausgabe (Nr. 12)	20
4. Pflichten gegenüber dem Aufsichtsrat (Nr. 4)	12, 12a	11. Nichtigkeit und Anfechtbarkeit von Hauptversammlungsbeschlüssen (Nr. 13)	21
5. Kreditgewährung (Nr. 5)	13, 14	12. Antrag auf Eröffnung des Insolvenzverfahrens (Nr. 14)	22

I. Normzweck und Anwendungsbereich

Die KGaA verfügt über keinen Vorstand. Ihr geschäftsführendes Organ ist der phG. Dessen Recht **1** und Pflicht zur Geschäftsführung sowie die Vertretungsbefugnis ergeben sich aus den handelsrechtlichen Normen (§§ 114 ff., 125 ff. HGB iVm § 278 Abs. 2, eingehend → § 278 Rn. 53 ff., → 80 ff.). Die den Vorstand betreffenden Normen des Aktienrechts gelten damit prinzipiell nicht. Weil das Recht der KGaA aber zu weiten Teilen dem Aktienrecht entspricht (vgl. § 278 Abs. 3), entstehen **Regelungslücken,** die § 283 **schließt,** indem er bestimmte für den Vorstand geltende Vorschriften auf den phG erstreckt. Diese Vorschriften sind zwingend und verdrängen in ihrem Anwendungsbereich den § 278 Abs. 2 (→ § 278 Rn. 21). Aus der bloß „sinngemäßen" Geltung können sich dabei Modifikationen ergeben. Sondervorschriften betreffen das Wettbewerbsverbot (§ 284, s. dort) und das Entnahmerecht (§ 288, s. dort). Über § 408 finden die an den Vorstand adressierten Strafvorschriften Anwendung.

Im Umkehrschluss zu § 283 ergibt sich, dass für die **nicht** darin erwähnten Gegenstände die den **2** Vorstand betreffenden Vorschriften grundsätzlich **nicht gelten.**[1] Dies gilt namentlich für §§ 76–78 (Ausnahme: § 76 Abs. 4, → Rn. 2a) und für §§ 84–89. Ausnahmen greifen da Platz, wo der Sachzusammenhang mit einer anwendbaren aktienrechtlichen Regelung es im Einzelfall erfordert. So steht dem phG, wiewohl in § 283 nicht genannt, das Antragsrecht nach § 104 zu.[2]

Der geschäftsführende phG ist gem. § 76 Abs. 4 AktG verpflichtet, Zielgrößen für den **Frauen- 2a anteil** in den beiden oberen Führungsebenen festzulegen. Denn die Personalkompetenz für die der unmittelbaren Geschäftsführung nachgelagerten Ebenen liegt in der KGaA bei den geschäftsführenden Komplementären.[3] Die (entsprechende) Geltung von § 76 Abs. 4 für die KGaA ergibt sich indirekt aus § 289f Abs. 3 HGB. Zielgrößen sind nicht nur dann festzulegen, wenn die Führungs-

---

[1] BGHZ 134, 392 (394); Hüffer/Koch/*Koch* Rn. 1; Großkomm AktG/*Assmann*/*Sethe* Rn. 4; Kölner Komm AktG/*Mertens*/*Cahn* Rn. 4.
[2] OLG Frankfurt/M. ZIP 2015, 170 (172) = NZG 2015, 1154 mAnm *Bachmann* EWiR 2015, 103.
[3] *Stüber* DStR 2015, 947 (952).

ebene beim phG angesiedelt ist (insoweit unstr.), sondern auch dann, wenn das Führungspersonal bei der Komplementärgesellschaft angestellt ist.[4] Das folgt aus Sinn und Zweck der Regelung.

3 § 283 gilt grundsätzlich auch für die **nicht geschäftsführungsbefugten** Komplementäre, soweit nicht eine Norm angesprochen ist, welche die Geschäftsführungskompetenz voraussetzt.[5] Nicht erfasst werden die Nichtgeschäftsführenden danach von den Nr. 4, 6, 9–12 und 14, erfasst hingegen von Nr. 2, 5 und 13.[6] Bei den verbleibenden Nr. (1, 3, 7 und 8) sind die nichtgeschäftsführenden Komplementäre angesprochen, soweit es um Gründungsvorgänge geht, an denen sie als solche und ohne Rücksicht auf ihre Geschäftsführungsbefugnis beteiligt sind.[7]

II. Vorstandsrechte und -pflichten (Katalog)

4 **1. Anmeldungen etc. (Nr. 1).** Die Komplementäre haben als Vertretungsorgan der Gesellschaft bei allen **Anmeldungen** mitzuwirken, die bei der AG dem Vorstand obliegen. Erfasst werden insbesondere: §§ 36, 37 (Anmeldung der Gesellschaft); § 181 (Satzungsänderungen); §§ 184, 188, 195, 201, 210, 223, 227, 239 (Kapitalmaßnahmen), §§ 266, 273 Abs. 1 S. 1, § 274 Abs. 3 (Abwicklungsende und Fortsetzung),[8] §§ 294, 298 (Unternehmensverträge), § 327e (Squeeze-Out). Für die Anmeldung der Auflösung enthält § 289 Abs. 6 eine Sonderregelung. Außer bei der Gründung, welche die Mitwirkung aller verlangt, genügt die Anmeldung durch Komplementäre in vertretungsberechtigter Zahl.[9]

5 Nach hM erfasst Nr. 1 nicht nur Anmeldungen durch den Vorstand, sondern auch die **Anmeldung des Vorstands selbst** (vgl. § 37 Abs. 2, § 81). Das ist zweifelhaft, weil die Vorschriften für den Komplementär nicht recht passen: Weder gibt es eine besondere Bestellungsurkunde (vgl. § 81 Abs. 2) noch haben die Komplementäre die Versicherung nach § 37 Abs. 2, § 81 Abs. 3 abzugeben (→ § 278 Rn. 38). Vorzugswürdig erscheint daher die Anwendung des § 107 HGB. Im Interesse der Rechtssicherheit mag es freilich bei der eingefahrenen Anwendung des § 81 bleiben. Wer Schwierigkeiten mit dem Registergericht vermeiden will, hält sich ohnehin daran.

6 „**Einreichungen**" zum Handelsregister werden etwa in § 106 (Änderungen im Aufsichtsrat), § 130 Abs. 5 (HV-Protokoll), § 248 Abs. 1 S. 2 (Anfechtungsurteil) oder § 275 Abs. 4 (Nichtigkeitsklage) angesprochen. Auch die Einreichung des Jahresabschlusses (§ 325 HGB) obliegt dem phG, obwohl sie nicht (mehr) zum Handelsregister, sondern zum elektronischen Bundesanzeiger erfolgt. „**Erklärungen**" und „**Nachweise**" sind insbes. die im Zusammenhang mit der Gründung geforderten (§ 37 Abs. 1). „**Bekanntmachungen**" sind von der Gesellschaft an Aktionäre oder Dritte adressiert, etwa im Zusammenhang mit der Einberufung der Hauptversammlung (§ 121 Abs. 3, § 124 Abs. 1), für die obendrein § 283 Nr. 6 gilt. Erfasst werden auch Normen, die den Vorstand zu „**Mitteilungen**", zum „zugänglich machen", zur „Veröffentlichung" etc. verpflichten (zB § 161),[10] auch solche außerhalb des AktG (zB § 27 WpÜG, Art. 19 MAR).

7 **2. Gründungsprüfung (Nr. 2).** Die Gründung der KGaA richtet sich nach Aktienrecht (→ § 278 Rn. 26). Nr. 2 enthält daher nur eine (unvollständige) **Klarstellung.** Danach treten die phG im Rahmen der gem. § 33 Abs. 1 erforderlichen internen Gründungsprüfung an die Stelle des Vorstandes. Sie müssen also stets die eigene Gründungstätigkeit prüfen (krit. → § 280 Rn. 7). Wegen der notwendigen Beteiligung des Komplementärs an der Gründung ist stets auch eine **externe** Gründungsprüfung erforderlich (§ 33 Abs. 2 Nr. 1),[11] die allerdings durch den beurkundenden Notar vorgenommen werden kann (§ 33 Abs. 3 S. 1).

8 **3. Sorgfaltspflicht und Verantwortlichkeit (Nr. 3).** Die wichtige Verweisung erklärt § 93 für anwendbar. Für den Komplementär gilt also nicht wie in der KG der Maßstab der eigenüblichen Sorgfalt (§ 708 BGB iVm § 161 Abs. 2, § 105 Abs. 3 HGB), sondern zwingend derjenige eines „**ordentlichen und gewissenhaften Geschäftsleiters**" (§ 93 Abs. 1 S. 1). In der Literatur werden daraus Organisationspflichten abgeleitet, nach denen die Komplementäre für eine effektive Leitungs-

---

[4] AA *Johannsen-Roth/Kießling* FS Marsch-Barner, 2018, 273 (276 ff.), die aber vorsorglich eine solche Festlegung empfehlen.
[5] Hüffer/Koch/*Koch* Rn. 1; Kölner Komm AktG/*Mertens/Cahn* Rn. 6; eingehend MüKoAktG/*Perlitt* Rn. 8 ff.
[6] Vgl. MüKoAktG/*Perlitt* Rn. 9 f.; differenzierend für Nr. 6 und 13 Großkomm AktG/*Assmann/Sethe* Rn. 7–9.
[7] Vgl. MüKoAktG/*Perlitt* Rn. 12.
[8] Falls die Komplementäre – wie im Regelfall (§ 290 Abs. 1) – als Abwickler agieren.
[9] Vgl. nur MüKoAktG/*Perlitt* Rn. 15; Großkomm AktG/*Assmann/Sethe* Rn. 14.
[10] Zur (umstrittenen) Geltung des § 161 bei der KGaA → § 278 Rn. 103.
[11] Unstr., s. Hüffer/Koch/*Koch* Rn. 2; MüKoAktG/*Perlitt* Rn. 17; Kölner Komm AktG/*Mertens/Cahn* Rn. 8; Großkomm AktG/*Assmann/Sethe* Rn. 16; MHdB AG/*Herfs* § 77 Rn. 3; *Bürgers* in Bürgers/Fett KGaA § 4 Rn. 39.

struktur Sorge zu tragen haben.[12] Dem kann unter dem Vorbehalt zugestimmt werden, dass § 76 für den phG nicht gilt, der Umfang seiner Leitungsmacht und -verantwortung vielmehr von der konkreten Ausgestaltung seiner Geschäftsführungsbefugnisse abhängt.[13] In diesem Umfang gilt auch die Business Judgement Rule (§ 93 Abs. 1 S. 2),[14] desgleichen die **Geheimhaltungspflicht** (§ 93 Abs. 1 S. 3).[15]

Aus dem generellen Verweis auf § 93 ergibt sich ferner die **Haftung** des Komplementärs gem. 9 § 93 Abs. 2.[16] Wird zu seinen Gunsten eine Haftpflichtversicherung („D&O-Versicherung") abgeschlossen, ist nach § 93 Abs. 2 S. 3 ein entsprechender **Selbstbehalt** vorzusehen, soweit der Komplementär ein Festgehalt bezieht (→ § 288 Rn. 11). Zwar wird er, soweit natürliche Person, schon wegen der persönlichen Haftung (§ 128 HGB) vorsichtiger als ein Vorstand agieren. Dies schließt aber „moral hazard" zulasten der Gesellschaft nicht gänzlich aus. Ob sich der Selbstbehalt auch auf die Vergütung von Geschäftsleitern einer Komplementärgesellschaft erstreckt, ist offen, dürfte mit Blick auf den Normzweck aber wohl zu bejahen sein. Weitere Schadensersatzansprüche können sich aus den gleichfalls anwendbaren gründungsrechtlichen (§§ 48, 53) und konzernrechtlichen Tatbeständen der §§ 309, 310, 317, 318 Abs. 1 (zum Konzernrecht → § 278 Rn. 89 ff.) ergeben,[17] nach hL ferner aus § 117.[18]

Die Haftung ist eine **Binnenhaftung.** Durchgesetzt wird sie gem. § 112 durch den **Aufsichtsrat** 10 (zur Anwendbarkeit von § 112 in der KGaA → § 287 Rn. 11 ff.). Der Direktanspruch der Gläubiger (§ 93 Abs. 5) ist neben der ohnehin bestehenden Haftung der Komplementäre aus § 128 HGB praktisch bedeutungslos. Ungeachtet der Nichtgeltung des § 119 Abs. 2 HGB (→ § 278 Rn. 56) hat der Komplementär die Befugnis, Geschäftsführungsmaßnahmen von der Hauptversammlung absegnen zu lassen und sich damit einer etwaigen Haftung gem. § 93 Abs. 4 zu entledigen.[19] Zu beachten ist allerdings, dass der Haftungsausschluss nur dann eintritt, wenn auch die nach § 285 Abs. 2 S. 1 erforderliche Zustimmung aller (Mit-)Komplementäre vorliegt.[20]

Ist eine **Gesellschaft** Komplementär (zB GmbH & Co KGaA), haftet diese nach § 93 Abs. 2 11 (iVm § 283 Nr. 3). Das Handeln ihrer Organe wird der Komplementärgesellschaft gem. § 31 BGB zugerechnet. Ungeachtet der Rechtsform gilt für die Geschäftsführungsorgane der Komplementärgesellschaft dabei ebenfalls der Maßstab des § 93, da sonst der Verweis des § 283 Nr. 3 leerliefe.[21] Zur Vermeidung von Schutzlücken wird zudem ein **Direktanspruch** der KGaA gegen die **Geschäftsführer** der Komplementärgesellschaft angenommen.[22] Die Begründungsmuster variieren.[23] Überwiegend wird wohl eine Erstreckung der Haftung aus § 43 Abs. 2 GmbHG gegenüber der Komplementär-GmbH auf die KGaA nach dem Gedanken des Vertrags mit **Schutzwirkung zugunsten Dritter** vertreten.[24] Das entspricht der Rechtsprechung zur GmbH & Co KG.[25] Dabei besteht

---

[12] Großkomm AktG/*Assmann/Sethe* Rn. 20.
[13] Näher *Reger* in Bürgers/Fett KGaA § 5 Rn. 114 ff.
[14] Ebenso K. Schmidt/Lutter/*K. Schmidt* Rn. 6; *Kessler*, Die rechtlichen Möglichkeiten der Kommanditaktionäre einer GmbH & Co. KGaA zur Einwirkung auf die Geschäftsführung, 2003, 250; *Reger* in Bürgers/Fett KGaA § 5 Rn. 120 f.
[15] *Reger* in Bürgers/Fett KGaA § 5 Rn. 122 f.
[16] Eingehend zu den einzelnen Tatbestandsmerkmalen *Kessler*, Die rechtlichen Möglichkeiten der Kommanditaktionäre einer GmbH & Co. KGaA zur Einwirkung auf die Geschäftsführung, 2003, 244 ff.
[17] MüKoAktG/*Perlitt* Rn. 18 f., Vor § 278 Rn. 97 ff.; Kölner Komm AktG/*Mertens/Cahn* Rn. 9.
[18] Großkomm AktG/*Assmann/Sethe* Rn. 17; *Reger* in Bürgers/Fett KGaA § 5 Rn. 127; differenziert MüKoAktG/*Perlitt* Rn. 19; aA (keine Geltung) *Kessler*, Die rechtlichen Möglichkeiten der Kommanditaktionäre einer GmbH & Co. KGaA zur Einwirkung auf die Geschäftsführung, 2003, 271 f.
[19] *Bachmann* FS Marsch-Barner, 2018, 13 (18); *Kessler*, Die rechtlichen Möglichkeiten der Kommanditaktionäre einer GmbH & Co. KGaA zur Einwirkung auf die Geschäftsführung, 2003, 254.
[20] Kölner Komm AktG/*Mertens/Cahn* Rn. 9; *Reger* in Bürgers/Fett KGaA § 5 Rn. 140.
[21] MüKoAktG/*Perlitt* § 278 Rn. 62, 317; Großkomm AktG/*Assmann/Sethe* Rn. 18; *Reger* in Bürgers/Fett KGaA § 5 Rn. 111.
[22] Einschränkend *Fett/Stütz* NZG 2017, 1121 (1126): nur wenn die alleinige oder wesentliche Aufgabe der Komplementärgesellschaft in der Führung der Geschäfte der KGaA liegt.
[23] Eingehend *Arnold*, Die GmbH & Co. KGaA, 2001, 88 ff.; *Kessler*, Die rechtlichen Möglichkeiten der Kommanditaktionäre einer GmbH & Co. KGaA zur Einwirkung auf die Geschäftsführung, 2003, 279 ff.; *Otte*, Die AG & Co. KGaA, 2011, 96 ff.; *Reger* in Bürgers/Fett KGaA § 5 Rn. 152 ff.; für Haftung auch der Gesellschafter der Komplementärin *Kessler*, Die rechtlichen Möglichkeiten der Kommanditaktionäre einer GmbH & Co. KGaA zur Einwirkung auf die Geschäftsführung, 2003, 291 ff.
[24] Vgl. Großkomm AktG/*Assmann/Sethe* Rn. 19; *Arnold*, Die GmbH & Co. KGaA, 2001, 94; *Otte*, Die AG & Co. KGaA, 2011, 98 ff.; *Reger* in Bürgers/Fett KGaA § 5 Rn. 159. Für Analogie zu § 93 Abs. 5 *Kessler*, Die rechtlichen Möglichkeiten der Kommanditaktionäre einer GmbH & Co. KGaA zur Einwirkung auf die Geschäftsführung, 2003, 287; abl. Bürgers/Körber/*Förl/Fett* Rn. 6, die von einer Drittwirkung des Anstellungsvertrages ausgehen.
[25] Vgl. BGHZ 197, 304 (308 ff); BGHZ 75, 321 (322 f.); BGHZ 76, 326 (337 f.); BGHZ 69, 82 (86).

im Ergebnis weitgehend Einigkeit, dass dieser Anspruch nicht durch Dispositionen zwischen der Komplementärgesellschaft und ihrem Organ vernichtet werden kann.[26] Ehrlicher ist es dann wohl, den Anspruch der KGaA gegen den Geschäftsführer der Komplementärin ebenso aus dem Recht der KGaA (hier: § 283 Nr. 3 iVm § 93 Abs. 2) herzuleiten wie man dies heute bezüglich des Wettbewerbsverbots tut (→ § 284 Rn. 3).[27]

11a Fraglich ist, wer **prozessual** zur Geltendmachung des Direktanspruchs der KGaA gegen den Geschäftsführer der Komplementärgesellschaft (→ Rn. 11) zuständig ist. Für das Parallelproblem bei der GmbH & Co KG hat der BGH entschieden, dass es insoweit bei der gesetzlichen Kompetenzverteilung bleibt und **keine „Durchgriffsklage"** in Betracht kommt.[28] Die Kommanditisten können den Anspruch der KG gegen den Geschäftsführer der Komplementärin mangels Prozessführungsbefugnis daher nicht im Wege der actio pro socio einklagen, und zwar selbst dann nicht, wenn sie die einzigen Gesellschafter der GmbH sind. Diese Rechtsprechung ist wenig überzeugend, weil sie den Direktanspruch der KG gegen den Komplementärgeschäftsführer praktisch zunichte macht. Überträgt man sie dennoch auf die KGaA, muss die KGaA, vertreten durch den Aufsichtsrat (→ § 287 Rn. 15), den Anspruch nach § 93 Abs. 2 gegen die GmbH durchsetzen und sich dann ggfs. deren – notfalls wiederum einzuklagenden – Anspruch aus § 43 Abs. 2 GmbHG gegen ihren Geschäftsführer im Wege der Zwangsvollstreckung überweisen lassen.[29] Überzeugender ist es, dem Aufsichtsrat der KGaA die Befugnis zuzuerkennen, den Direktanspruch der KGaA (→ Rn. 11) gegen den Geschäftsführer direkt im Wege der Prozessstandschaft einzuklagen.

12 **4. Pflichten gegenüber dem Aufsichtsrat (Nr. 4).** Verwiesen wird insbesondere auf die **Berichtspflicht** nach § 90. Bei der GmbH & Co KGaA sind als „Angelegenheiten der Gesellschaft" iSv § 90 Abs. 3 auch solche der Komplementärgesellschaft anzusehen, soweit deren Komplementärfunktion betroffen ist und eine gewisse Erheblichkeitsschwelle überschritten wird.[30] In diesem Fall ist auch eine unmittelbare Berichtspflicht des GmbH-Geschäftsführers gegenüber dem KGaA-Aufsichtsrat anzunehmen.[31] Verfügt die Komplementärgesellschaft über einen eigenen Aufsichtsrat („doppelter" AR → § 287 Rn. 19a), ist auch diesem über Angelegenheiten der KGaA nach dem Standard des § 90 zu berichten.[32]

12a Ferner sind dem Aufsichtsrat der **Jahresabschluss** (§ 170) und ein etwaiger Abhängigkeitsbericht (§§ 312, 314) vorzulegen und es ist ihm Einsicht in Bücher und Schriften zu gewähren (§ 111 Abs. 2).[33] Verfügt die Komplementärgesellschaft über einen eigenen Aufsichtsrat, ist diesem auch der Jahresabschluss der KGaA vorzulegen, während umgekehrt dem Aufsichtsrat der KGaA der Jahresabschluss der Komplementärgesellschaft nicht vorgelegt werden muss.[34] Einsichts- und Prüfungsrechte bzgl. der Komplementärgesellschaft stehen grundsätzlich nur deren Aufsichtsrat zu.[35] Schließlich ist der phG verpflichtet, für die gesetzesmäßige Zusammensetzung des Aufsichtsrats (§ 97) und die Publizität seiner Mitglieder (§ 106) zu sorgen (auch → Rn. 6). All dies ergibt sich im Grunde schon aus § 278 Abs. 3 (→ § 278 Rn. 26).

13 **5. Kreditgewährung (Nr. 5).** Über die Vergütung des Komplementärs entscheidet grundsätzlich nicht der Aufsichtsrat (arg. e § 288 Abs. 3 S. 2), sondern die Satzung (→ § 288 Rn. 11). Anderes gilt für Kredite. Insoweit verweist die Vorschrift auf § 89, ferner auf § 115 (betr. Aufsichtsratsmitglieder). Die Kreditgewährung an Komplementäre ist danach nur mit vorheriger oder nachträglicher (§ 89 Abs. 5) Zustimmung des **Aufsichtsrats** zulässig.[36] Ob eine Zahlungszusage einen Kredit darstellt, ist nach wirtschaftlicher Betrachtung zu entscheiden. Die Zusage einer **Abschlagszahlung**

---

[26] Vgl. nur *Otte*, Die AG & Co. KGaA, 2011, 100 (Begründung: § 334 BGB konkludent abbedungen).
[27] *Bachmann* NZG 2013, 1121 (1126 f.).
[28] BGH NZG 2018, 220 = NJW-RR 2018, 288.
[29] Vgl. BGH NZG 2018, 220 (Rn. 16).
[30] *Arnold*, Die GmbH & Co. KGaA, 2001, 128; *Kessler*, Die rechtlichen Möglichkeiten der Kommanditaktionäre einer GmbH & Co. KGaA zur Einwirkung auf die Geschäftsführung, 2003, 179; *Marsch-Barner* FS Hoffmann-Becking, 2013, 777 (784).
[31] Vgl. *Fischer*, Die Kommanditgesellschaft auf Aktien nach dem Mitbestimmungsgesetz, 1982, 121; *Marsch-Barner* FS Hoffmann-Becking, 2013, 777 (784); wohl auch MüKoAktG/*Perlitt* Rn. 21; aA *Kessler*, Die rechtlichen Möglichkeiten der Kommanditaktionäre einer GmbH & Co. KGaA zur Einwirkung auf die Geschäftsführung, 2003, 182 f.
[32] *Marsch-Barner* FS Hoffmann-Becking, 2013, 777 (782 f.).
[33] Großkomm AktG/*Assmann/Sethe* § 283 Rn. 24.
[34] *Marsch-Barner* FS Hoffmann-Becking, 2013, 777 (785 f.).
[35] *Marsch-Barner* FS Hoffmann-Becking, 2013, 777 (786 f.).
[36] OLG Stuttgart NZG 2005, 1102 (1103) und ganz hL, vgl. nur MüKoAktG/*Perlitt* Rn. 22; aA *Kallmeyer* ZGR 1993, 57 (74 ff.) (Zustimmung der Hauptversammlung).

auf eine gewinnabhängige, zum Jahresende fällige Vergütung kann danach einen Kredit darstellen.[37] Erforderlich ist in diesem Fall ein zweiaktiges Vorgehen: Die Satzung (oder das von der Satzung ermächtigte Organ) legt generell fest, dass der Komplementär überhaupt Anspruch auf eine Abschlagszahlung hat (→ § 288 Rn. 11), der Aufsichtsrat stellt im konkreten Fall durch Prognose fest, ob und in welcher Höhe ein Abschlag auf den zu erwartenden Gewinn auszuzahlen ist.[38]

Als Kredit gilt auch die **Entnahme,** die über einen Schwellenwert hinaus geht (§ 89 Abs. 1 S. 2 und 3). Für den Komplementär ist dieser irrelevant, da § 288 insoweit eine **Spezialregelung** enthält. Wie sich aus § 288 Abs. 2 iVm § 286 Abs. 2 S. 4, § 89 ergibt, ist im Fall des § 288 Abs. 1 S. 1 zwar die Gewinnentnahme, nicht aber die kreditmäßige Entnahme untersagt, es sei denn, die Satzung schreibt eine kreditfeste Mindesteinlage vor.[39] Im Fall des § 288 Abs. 1 S. 2 ist auch dies verboten (§ 288 Abs. 2). Ist Komplementärin eine Gesellschaft, erstreckt sich das Kreditverbote auf deren Organe.[40] Unter § 89 fallende Kredite sind in der Bilanz gesondert auszuweisen (§ 286 Abs. 2 S. 4). 14

6. Einberufung der Hauptversammlung (Nr. 6). Der phG ist zur „Einberufung der Hauptversammlung" zuständig. Gemeint sind damit in erster Linie die entsprechend überschriebenen Vorschriften des zweiten Unterabschnitts **(§§ 121–128)** des Hauptversammlungsabschnitts (§§ 118 ff.). Der Komplementär ist also nicht nur zur eigentlichen Einberufung (§ 121 Abs. 2) verpflichtet, sondern auch zu allen damit in Zusammenhang stehenden Tätigkeiten, insbesondere Mitteilungen und Bekanntmachungen (auch → Rn. 6).[41] Einberufungspflichten des phG ergeben sich ferner aus § 92 Abs. 1 und aus § 175 Abs. 1.[42] 15

Zur Einberufung berechtigt sind **nur die geschäftsführungs- und vertretungsberechtigten Komplementäre,**[43] soweit die Satzung nicht ausdrücklich etwas anderes vorsieht.[44] Ohne eine solche Klausel darf der nichtgeschäftsführende phG nur einberufen, wenn er einen Antrag gem. §§ 117, 127 HGB stellen will und dazu der Zustimmung der Hauptversammlung bedarf. Die Einberufungsrechte anderer Organe bleiben unberührt (§ 121 Abs. 2 S. 3). Personen, die als phG **im Handelsregister eingetragen** sind (§ 282), gelten gem. § 121 Abs. 2 S. 2 auch dann als zur Einberufung der Hauptversammlung befugt, wenn sie in Wahrheit nicht (mehr) phG sind. Zwar lehnt der BGH die analoge Anwendung dieser Norm auf den phG einer KG ab.[45] Hier stellt sich die Analogiefrage jedoch nicht, da § 283 Nr. 6 umfassend auf die Vorschriften über die Einberufung und damit auch auf § 121 Abs. 2 S. 2 verweist. Für eine teleologische Korrektur dieser Verweisung besteht mE kein Anlass. Zum Einberufungsverlangen von Kommanditaktionären → § 285 Rn. 9. 16

7. Sonderprüfung (Nr. 7). Die Hauptversammlung (§ 142 Abs. 1) oder das Gericht auf Antrag einer Aktionärsminderheit (§ 142 Abs. 2, § 258 Abs. 2 S. 3) kann Sonderprüfer bestellen, welche die Gründung, die Geschäftsführung oder den Jahresabschluss (§ 258) untersuchen. Obwohl die Prüfung der **Geschäftsführung** einen Bereich betrifft, der gem. § 278 Abs. 2 dem Personengesellschaftsrecht unterliegt, sind die §§ 142 ff. auch insoweit **zwingend,** können also zB den Schwellenwert des § 142 Abs. 2 nicht herauf- oder herabsetzen. Abweichend von § 142 Abs. 1 S. 2 dürfen Komplementäre bei der Bestellung der Sonderprüfer in keinem Fall mitstimmen (§ 285 Abs. 1 S. 2 Nr. 3). 17

8. Geltendmachung von Ersatzansprüchen (Nr. 8). Angesprochen sind §§ 147, 148. Auch diese Vorschriften sind zwingend, weil zwar die Geschäftsführung, nicht aber die Haftung der Geschäftsführenden dem Personengesellschaftsrecht unterliegt (→ Rn. 3). Dem einzelnen Kommanditaktionär steht daher jedenfalls im Bereich der §§ 147 ff. keine **actio pro socio** zu (→ § 278 Rn. 36). Ob anderes für die Gesamtheit der Kommanditaktionäre gilt, ist eine theoretische Frage, weil auch insoweit ein Hauptversammlungsbeschluss erforderlich ist (→ § 278 Rn. 35). Einzelklagebefugt sind dagegen die Komplementäre.[46] 18

---

[37] OLG Stuttgart NZG 2005, 1102.
[38] OLG Stuttgart NZG 2005, 1102.
[39] Vgl. Großkomm AktG/*Assmann/Sethe* § 288 Rn. 54; Kölner Komm AktG/*Mertens/Cahn* Rn. 12.
[40] MüKoAktG/*Perlitt* § 278 Rn. 330.
[41] LG München I NZG 2014, 700 (702).
[42] Heute unstr., s. Hüffer/Koch/*Koch* Rn. 2; MüKoAktG/*Perlitt* Rn. 43; Großkomm AktG/*Assmann/Sethe* Rn. 26; Kölner Komm AktG/*Mertens/Cahn* Rn. 13.
[43] LG München I NZG 2014, 700 (702); Kölner Komm AktG/*Mertens/Cahn* Rn. 13; weitergehend Großkomm AktG/*Assmann/Sethe* Rn. 27: auch nicht-geschäftsführender „wenn dessen Rechtsstellung gefährdet ist".
[44] *Bachmann* FS Marsch-Barner, 2018, 13 (19 f.); MüKoAktG/*Perlitt* Rn. 7.
[45] BGH NJW 2017, 1467 (1470).
[46] Großkomm AktG/*Assmann/Sethe* Rn. 30.

19 **9. Jahresabschluss etc. (Nr. 9–11).** Die Nummern 9–11 wurden durch das Bilanzrechtsreformgesetz neu gestaltet.[47] Die ursprüngliche Aufteilung in Aufstellung und Vorlage (Nr. 9 aF), Prüfung (Nr. 10 aF) und Konzernrechnungslegung (Nr. 11 aF) wurde umgestellt, ohne dass sich daraus sachliche Änderungen ergeben.[48] Zur Aufstellung des Jahresabschlusses und des Lageberichts sowie gegebenenfalls (vgl. § 290 HGB) eines Konzernabschlusses ist der geschäftsführende Komplementär verpflichtet.[49] Ist die KGaA herrschendes Unternehmen, ist auch ein **Abhängigkeitsbericht** zu erstellen.[50] Die Pflicht zur Vorlage an den Prüfer folgt aus § 320 HGB, diejenige zur Vorlage an den Aufsichtsrat aus § 170 Abs. 1. Dieser erteilt dem Prüfer den Prüfungsauftrag (§ 111 Abs. 2 S. 3) und ist seinerseits zur Prüfung verpflichtet (§ 171). Optional kann ein sog. **Einzelabschluss nach § 325 Abs. 2a HGB**, also ein nach IAS erfolgender Abschluss, erstellt werden, der jedoch reinen Informationszwecken dient.[51] Die Feststellung erfolgt hingegen durch die Hauptversammlung (§ 286 Abs. 1), welche auch über die Gewinnverwendung entscheidet (§ 174).

20 **10. Aktienausgabe (Nr. 12).** Angesprochen sind in erster Linie § 199 (bedingte Kapitalerhöhung), §§ 203 ff. (genehmigtes Kapital) und § 214 (Kapitalerhöhung aus Gesellschaftsmitteln). Auch die in diesem Zusammenhang stehenden Verbote vorzeitiger Aktienausgabe gelten (vgl. §§ 197, 219). § 199 und § 214 meinen die Ausgabe von Urkunden, §§ 203 ff. im weiteren Sinne die Durchführung der Kapitalerhöhung. Nicht angesprochen wird die **ordentliche Kapitalerhöhung**, obschon auch hier, soweit der Verbriefungsanspruch nicht ausgeschlossen wurde (vgl. § 10 Abs. 5), die Ausgabe von Aktienurkunden erforderlich werden kann. Der Grund dürfte darin liegen, dass der Ausgabe in §§ 199, 214 eine besondere Bedeutung zukommt.[52] Abgesehen davon erfolgt auch bei der ordentlichen Kapitalerhöhung eine etwaige Urkundenausgabe durch den phG (Ausnahme: § 112).

21 **11. Nichtigkeit und Anfechtbarkeit von Hauptversammlungsbeschlüssen (Nr. 13).** Nichtigkeit und Anfechtung von Hauptversammlungsbeschlüssen richten sich nach Aktienrecht (§§ 241 ff.). Im Regelfall vertritt der Komplementär die Gesellschaft gemeinsam mit dem Aufsichtsrat (§ 246 Abs. 2, § 249 Abs. 1 S. 1). Versteht man Ziff. 13 als Rechtsgrundverweisung, sind gem. § 245 Nr. 4 nur die geschäftsführungs- und vertretungsbefugten phG klagebefugt, andere nur im Falle des § 245 Nr. 5. Die Vorschrift wird aber überwiegend als **Rechtsfolgenverweisung** verstanden mit der Konsequenz, dass jeder Komplementär ungeachtet seiner Geschäftsführungsbefugnis stets als anfechtungsberechtigt angesehen wird.[53] Außer Betracht bleibt der Nichtigkeitsgrund nach § 256 Abs. 2, weil der Jahresabschluss allein von der Hauptversammlung festgestellt wird.

22 **12. Antrag auf Eröffnung des Insolvenzverfahrens (Nr. 14).** Geschäftsführende Komplementäre müssen bei Zahlungsunfähigkeit oder Überschuldung der Gesellschaft die Eröffnung des Insolvenzverfahrens beantragen (§ 15a InsO). Nicht geschäftsführungsbefugte Komplementäre sind nicht verpflichtet, aber berechtigt, dies zu tun (vgl. § 15 InsO).[54] Die Geschäftsführenden unterliegen dabei auch dem **Zahlungsverbot** aus § 92 Abs. 2.[55] Zur Einberufungspflicht gem. § 92 Abs. 1 → Rn. 15.

§ 284 Wettbewerbsverbot

(1) ¹Ein persönlich haftender Gesellschafter darf ohne ausdrückliche Einwilligung der übrigen persönlich haftenden Gesellschafter und des Aufsichtsrats weder im Geschäftszweig der Gesellschaft für eigene oder fremde Rechnung Geschäfte machen noch Mitglied des Vorstands oder Geschäftsführer oder persönlich haftender Gesellschafter einer anderen gleichartigen Handelsgesellschaft sein. ²Die Einwilligung kann nur für bestimmte Arten von Geschäften oder für bestimmte Handelsgesellschaften erteilt werden.

(2) ¹Verstößt ein persönlich haftender Gesellschafter gegen dieses Verbot, so kann die Gesellschaft Schadenersatz fordern. ²Sie kann statt dessen von dem Gesellschafter verlan-

---

[47] Gesetz zur Einführung internationaler Rechnungslegungsstandards und zur Sicherung der Qualität der Abschlussprüfung (Bilanzrechtsreformgesetz – BilReG) v. 4.12.2004, BGBl. 2004 I 3166.
[48] Laut Entwurfsbegründung handelt es sich um bloße „Folgeänderungen".
[49] Vgl. Baumbach/Hopt/*Merkt* HGB § 264 Rn. 8; MüKoAktG/*Perlitt* § 286 Rn. 48.
[50] Unstr., s. nur Hüffer/Koch/*Koch* Rn. 3; Großkomm AktG/*Assmann/Sethe* Rn. 34 mwN.
[51] Baumbach/Hopt/*Merkt* HGB § 325 Rn. 6.
[52] Im Fall des § 199 wirkt sie konstitutiv, bei § 214 muss eine besondere Aufforderung zum Abholen der Urkunden ergehen.
[53] MüKoAktG/*Perlitt* Rn. 39 f.; Kölner Komm AktG/*Mertens/Cahn* Rn. 20; *Göz* in Bürgers/Fett KGaA § 5 Rn. 649; *Raiser/Veil* KapGesR § 30 Rn. 18; eingehend Großkomm AktG/*Assmann/Sethe* § 285 Rn. 11 f.
[54] Großkomm AktG/*Assmann/Sethe* Rn. 38.
[55] MüKoAktG/*Perlitt* Rn. 42; Großkomm AktG/*Assmann/Sethe* Rn. 38.

gen, daß er die für eigene Rechnung gemachten Geschäfte als für Rechnung der Gesellschaft eingegangen gelten läßt und die aus Geschäften für fremde Rechnung bezogene Vergütung herausgibt oder seinen Anspruch auf die Vergütung abtritt.

(3) ¹Die Ansprüche der Gesellschaft verjähren in drei Monaten seit dem Zeitpunkt, in dem die übrigen persönlich haftenden Gesellschafter und die Aufsichtsratsmitglieder von der zum Schadensersatz verpflichtenden Handlung Kenntnis erlangen oder ohne grobe Fahrlässigkeit erlangen müssten. ²Sie verjähren ohne Rücksicht auf diese Kenntnis oder grob fahrlässige Unkenntnis in fünf Jahren von ihrer Entstehung an.

Schrifttum: → § 88. Ferner *Armbrüster*, Wettbewerbsverbote in Kapitalgesellschaften, ZIP 1997, 169; *Hoffmann-Becking*, Das Wettbewerbsverbot des Geschäftsleiters der Kapitalgesellschaft & Co., ZHR 175 (2011) 597.

Übersicht

	Rn.		Rn.
I. Normzweck	1	5. Dispens	10, 11
II. Wettbewerbsverbot (Abs. 1)	2–11	III. Sanktionen (Abs. 2) und Verjährung	
1. Adressaten	2–3a	(Abs. 3)	12–14
2. Umfang	4, 5	1. Sanktionen	12
3. Geschäftschancenlehre	6	2. Verjährung	13
4. Abdingbarkeit	7–9	3. Steuerrecht	14

I. Normzweck

Die Vorschrift ergänzt § 283, indem sie abweichend vom ansonsten anwendbaren Handelsrecht **1** (§§ 112, 113 HGB iVm § 278 Abs. 2) das Wettbewerbsverbot für Komplementäre demjenigen für Vorstandsmitglieder (§ 88) annähert. Dadurch entsteht im Ergebnis ein **gemischtes Modell**: Im Unterschied zu § 112 HGB kann ein Dispens vom Wettbewerbsverbot nur „ausdrücklich", nicht aber stillschweigend erfolgen (vgl. dagegen § 112 Abs. 2 HGB). Anderseits beschränkt sich das Verbot von Eigengeschäften auf den Geschäftszweig der Gesellschaft, umfasst hingegen nicht jedes „Handelsgewerbe" (strenger § 88 Abs. 1). Folgerichtig sind konkurrierende Mandate nur bei „gleichartigen" Handelsgesellschaften untersagt. **Schutzzweck** ist daher nicht der Erhalt der vollen Arbeitskraft des Komplementärs, sondern die Wahrung der Geschäftschancen der Gesellschaft.[1]

II. Wettbewerbsverbot (Abs. 1)

1. Adressaten. Erfasst werden alle geschäftsführenden Komplementäre. Ob das Gebot auch für **2** **nicht geschäftsführungsbefugte** phG gilt, ist streitig. Die hL bejaht die Frage unter Hinweis auf den Wortlaut und den Zweck der Norm, der allein auf mögliche Interessenkollisionen abstelle.[2] Dem ist zu folgen, denn auch der Nichtgeschäftsführungsbefugte verfügt über im Kern unentziehbare Informationsrechte (→ § 278 Rn. 46), die ihn in die Versuchung bringen können, der Gesellschaft unerbetene Konkurrenz zu machen. Insoweit stellt § 284 nur eine Ausprägung der unabdingbaren Treuepflicht dar.[3] Daran ändert sich nichts, wenn bestehende Einsichtsrechte prozedural beschränkt werden.[4] Die mit Blick auf § 1 GWB geäußerten Bedenken übersehen, dass § 1 GWB keine höherrangige Norm ist.[5] Eine einschränkende Auslegung ist daher allenfalls mit Blick auf Art. 12 GG und Art. 101 AEUV geboten. Die Auswirkungen des Wettbewerbsverbots dürfen daher nicht unverhältnismäßig sein.

Unstreitig nicht erfasst werden **ausgeschiedene** Komplementäre.[6] Sie können einem vertraglich **3** vereinbarten Wettbewerbsverbot unterfallen (→ Rn. 9) und dürfen ihr Ausscheiden jedenfalls vorbe-

---

[1] MüKoAktG/*Perlitt* Rn. 3; Großkomm AktG/*Assmann/Sethe* Rn. 4; Kölner Komm AktG/*Mertens/Cahn* Rn. 2; zu § 112 HGB Baumbach/Hopt/*Roth* HGB § 112 Rn. 1; anders das AG-Recht, vgl. nur Hüffer/Koch/*Koch* § 88 Rn. 1.

[2] Eingehend Großkomm AktG/*Assmann/Sethe* Rn. 5; ferner MüKoAktG/*Perlitt* Rn. 4; NK-AktR/*Wichert* Rn. 1; *Reger* in Bürgers/Fett KGaA § 5 Rn. 278; aA *Kessler*, Die rechtlichen Möglichkeiten der Kommanditaktionäre einer GmbH & Co. KGaA zur Einwirkung auf die Geschäftsführung, 2003, 262 f.; für teleologische Reduktion im Einzelfall K. Schmidt/Lutter/*K. Schmidt* Rn. 8.

[3] Vgl. Großkomm AktG/*Assmann/Sethe* Rn. 4.

[4] Abw. Kölner Komm AktG/*Mertens/Cahn* Rn. 4.

[5] Vgl. zu diesen Bedenken Hüffer/Koch/*Koch* Rn. 1 (unter Hinweis auf BGHZ 38, 306 = NJW 1963, 646); ebenso Kölner Komm AktG/*Mertens/Cahn* Rn. 4; auch Baumbach/Hopt/*Roth* HGB § 112 Rn. 15 f.

[6] Hüffer/Koch/*Koch* Rn. 1; Großkomm AktG/*Assmann/Sethe* Rn. 8; Kölner Komm AktG/*Mertens/Cahn* Rn. 9.

reiten.[7] Eine Nachwirkung des Wettbewerbsverbots kommt nur ausnahmsweise in Betracht.[8] Ebenfalls nicht betroffen sind gesetzliche Vertreter einer natürlichen Person, zB eines minderjährigen Komplementärs.[9]

3a Ist eine **juristische Person** phG, trifft das Wettbewerbsverbot aus § 284 jedenfalls deren beherrschenden Gesellschafter.[10] Hinsichtlich der Geschäftsführungsorgane der Komplementärin ist nach deren Rechtsform zu differenzieren: Bei der GmbH & Co KGaA wird man – analog zur GmbH & Co KG – auch den Geschäftsführer dem Wettbewerbsverbot des § 284 zugunsten der KGaA unterwerfen müssen.[11] Dieses kann folgerichtig nicht durch Vereinbarung zwischen der GmbH und dem Geschäftsführer abbedungen werden. Bei der AG & Co KG dagegen soll – folgt man dem BGH – das Verbot des § 112 HGB nicht für den Vorstand der Komplementärin gelten.[12] Überträgt man das auf die AG & Co KGaA, kommt auch eine Erstreckung des § 284 auf den Vorstand der Komplementär-AG nicht in Betracht. Es bleibt dann nur, § 88 zugunsten der KGaA drittschützende Wirkung zuzusprechen. Überzeugender ist es, die Geltung des § 284 auch für den Vorstand der AG & Co KGaA zu bejahen.[13] Unstrittig ist, dass das Wettbewerbsverbot nicht für **Kommanditaktionäre** und Aufsichtsratsmitglieder gilt. Schranken ergeben sich für sie im Einzelfall aber aus der Treuepflicht.[14]

4 **2. Umfang.** Verboten sind nur Geschäfte „im Geschäftszweig" der Gesellschaft. Wie im Kartellrecht ist danach eine Abgrenzung des **räumlich** und **sachlich relevanten Marktes** erforderlich.[15] Ausgangspunkt ist der in der Satzung festgelegte Unternehmensgegenstand, doch kommt es mit Blick auf den Normzweck im Zweifel nicht auf diesen, sondern auf die **tatsächlich ausgeübte Tätigkeit** an,[16] soweit nicht der Unternehmensgegenstand gegen den Willen des betreffenden Komplementärs eindeutig überschritten wird.[17] In diesem Rahmen sind auch neu ins Auge gefasste Geschäftsfelder tabu. Mit Blick auf die Befreiungsmöglichkeit ist der betroffene Markt weit zu verstehen.

5 Verboten sind auch die in der Norm umschriebenen **Mandate** in anderen „gleichartigen" Handelsgesellschaften. „Gleichartig" sind Gesellschaften, die auf dem relevanten Markt (→ Rn. 4) zur Gesellschaft in aktueller oder potenzieller Konkurrenz stehen. Andere als **Handelsgesellschaften** (OHG; KG; GmbH; AktG; KGaA und ausländische Pendants) kommen nach dem klaren Wortlaut nicht in Betracht.[18] Das gilt auch für die kleingewerbliche GbR, deren Betätigung definitionsgemäß keinen erheblichen Umfang annehmen kann. Eine Beteiligung ohne (formale) Geschäftsführungskompetenzen ist unschädlich, es sei denn, über diese wird eine tatsächliche Einflussnahme auf die Geschäftsführung ausgeübt.[19] Die bloße Beteiligung an einer anderen Gesellschaft ist jedenfalls dann unschädlich, wenn sie mit keinem besonderen Einfluss verbunden ist.[20]

---

[7] Vgl. Baumbach/Hopt/Roth HGB § 112 Rn. 3; MüKoAktG/Perlitt Rn. 14; Großkomm AktG/Assmann/Sethe Rn. 23; zum Vorstand § 88 Rn. 13.

[8] Vgl. Großkomm AktG/Assmann/Sethe Rn. 24 (nachwirkende Gewinnbeteiligung) Rn. 39 (Ausschließung).

[9] MüKoAktG/Perlitt Rn. 6; Großkomm AktG/Assmann/Sethe Rn. 7; Kölner Komm AktG/Mertens/Cahn Rn. 5.

[10] Unstr., s. Wichert AG 2000, 268 (274); Arnold, Die GmbH & Co. KGaA, 2001, 95 f.; Kessler, Die rechtlichen Möglichkeiten der Kommanditaktionäre einer GmbH & Co. KGaA zur Einwirkung auf die Geschäftsführung, 2003, 264 f.; Kölling, Gestaltungsspielräume und Anlegerschutz in der kapitalistischen KGaA, 2005, 185 ff.; K. Schmidt/Lutter/K. Schmidt Rn. 9 f.; MüKoAktG/Perlitt § 278 Rn. 326 f.; Großkomm AktG/Assmann/Sethe Rn. 10 f.; Kölner Komm AktG/Mertens/Cahn Rn. 3; NK-AktR/Wichert Rn. 1; Reger in Bürgers/Fett KGaA § 5 Rn. 279, 282. Zur KG s. BGHZ 89, 162 (166) – Heumann/Ogilvy; BGHZ 180, 105 Rn. 9 = NZG 2009, 744 – Gruner + Jahr.

[11] Vgl. die zuvor Genannten. Nicht ganz klar ist, ob es sich um das auf die KGaA als Dritte erweiterte Wettbewerbsverbot gegenüber der GmbH oder um das „nach oben" erstreckte Verbot des § 284 handelt.

[12] BGHZ 180, 105 Rn. 10 = NZG 2009, 744 – Gruner + Jahr, unter Hinweis auf die ansonsten gestörte Kompetenzordnung in der AG. Krit. (zur Vorinstanz) Cahn Der Konzern 2007, 716 ff.; Hellgardt ZIP 2007, 2248 ff.

[13] So Hoffmann-Becking ZHR 175 (2011) 597 (601 ff.); Hüffer/Koch/Koch Rn. 1; Bürgers/Körber/Förl/Fett Rn. 3; Grigoleit/Servatius Rn. 4; Otte, Die AG & Co. KGaA, 2011, 103.

[14] Vgl. Kölling, Gestaltungsspielräume und Anlegerschutz in der kapitalistischen KGaA, 2005, 189 ff.; MüKoAktG/Perlitt Rn. 7; Großkomm AktG/Assmann/Sethe Rn. 13 f.

[15] Vgl. Baumbach/Hopt/Roth HGB § 112 Rn. 5; auch Kölner Komm AktG/Mertens/Cahn Rn. 6 f.

[16] Armbrüster ZIP 1997, 261 (263 ff.); Großkomm AktG/Assmann/Sethe Rn. 16; Kölner Komm AktG/Mertens/Cahn Rn. 6; tendenziell auch MüKoAktG/Perlitt Rn. 9; zum Vorstand → § 88 Rn. 21.

[17] Kölner Komm AktG/Mertens/Cahn Rn. 6.

[18] Anders offenbar Kölner Komm AktG/Mertens/Cahn Rn. 8; auch Baumbach/Hopt/Roth HGB § 112 Rn. 6.

[19] Vgl. Kessler, Die rechtlichen Möglichkeiten der Kommanditaktionäre einer GmbH & Co. KGaA zur Einwirkung auf die Geschäftsführung, 2003, 266; MüKoAktG/Perlitt Rn. 11; Großkomm AktG/Assmann/Sethe Rn. 18.

[20] K. Schmidt/Lutter/K. Schmidt Rn. 14; strenger Grigoleit/Servatius Rn. 8.

3. Geschäftschancenlehre. Wie dem Vorstand einer AG so ist es auch dem phG der KGaA 6
untersagt, Geschäftschancen der Gesellschaft für sich selbst gewinnbringend auszunutzen.[21] Ob es sich
um einen Unterfall des Wettbewerbsverbots oder um ein danebenstehendes Rechtsinstitut handelt,
ist ungeklärt, für das Ergebnis aber ohne Belang (→ § 88 Rn. 5). Die Rechtsfolgen sollten sich
jedenfalls an § 284 Abs. 2 orientieren.[22]

4. Abdingbarkeit. Streitig ist, ob § 284 in der Satzung abbedungen werden darf. Für den zwin- 7
genden Charakter der Vorschrift spricht, dass es sich um eine solche des Aktienrechts handelt, welches
generell der Satzungsstrenge unterworfen ist (§ 23 Abs. 5). Diesem eher formalen Argument lässt
sich entgegenhalten, dass die Norm ihrem sachlichen Umfang nach nicht § 88, sondern dem dispositiven § 112 HGB entspricht und es sich im Übrigen um eine Materie handelt, die an sich gem. § 278
Abs. 2 dem Handelsrecht unterfällt (→ Rn. 1). Mit dieser Begründung geht die **hL** davon aus, dass
§ 284 **vollständig abdingbar** sei.[23] Bedenken werden nur (aber immerhin) mit Blick auf die
GmbH & Co KGaA geäußert.[24]

Der Auffassung von der vollständigen Abdingbarkeit ist **nicht** zu folgen.[25] Zum einen ist der 8
Weg über § 278 Abs. 2 durch die Spezialregelung in § 284 versperrt (→ § 278 Rn. 21). Zum anderen
und entscheidend wäre die gegenüber § 112 HGB bewusst vorgenommene Verschärfung der Dispensregeln (→ Rn. 10) witzlos, wenn sie von den Gründern ohne weiteres umgangen werden
könnte.[26] Der tröstende Hinweis auf die **Treuepflicht** vermag demgegenüber nicht zu verfangen,
weil deren Konkretisierung immer wieder Anlass zu Streitereien geben wird, die zu vermeiden
gerade Sinn der aktienrechtlichen Wettbewerbsverbote (§§ 88, 284) ist. Im Übrigen handelt es sich
um ein Kernelement mitgliedschaftlicher Treuepflichten, das zu beseitigen selbst nach Personengesellschaftsrecht zweifelhaft wäre (→ § 278 Rn. 46). Die Regelung ist gegenüber § 88 deutlich großzügiger; sie noch weiter auszudünnen besteht bei einer auf massenhafte Beteiligung angelegten Rechtsform kein Anlass. Im Ergebnis muss § 284 daher als zwingender Mindeststandard verstanden werden.

Zulässig sind damit lediglich **Verschärfungen** des Wettbewerbsverbots. So kann dieses der stren- 9
geren Regelung in § 88 angepasst werden,[27] auf bestimmte andere Handelsgewerbe erstreckt oder
zeitlich über die Dauer des Ausscheidens hinaus ausgedehnt werden.[28] Auch die Vereinbarung einer
Vertragsstrafe wird als zulässig angesehen.[29] In allen Fällen sind die Grenzen der § 138 BGB, § 1
GWB, Art. 101 Abs. 1 AEUV zu beachten, die idR zeitliche, räumliche und sachliche Begrenzungen
gebieten.[30] Kompensierend kann die Vereinbarung einer Karenzentschädigung nach dem Vorbild
des (freilich nicht unmittelbar anwendbaren) § 74 Abs. 2 HGB wirken.[31] Entsprechendes gilt für
außerhalb der Satzung getroffene vertragliche Wettbewerbsverbote.[32]

5. Dispens. Eine Befreiung vom Wettbewerbsverbot setzt das Einverständnis aller übrigen Kom- 10
plementäre sowie des Aufsichtsrats voraus. Obgleich die Norm zwingend ist (→ Rn. 8), kann auf
das Erfordernis des Mitwirkens aller Komplementäre in der Satzung verzichtet werden, weil insoweit
keine besondere Schutzbedürftigkeit besteht. Unabdingbar ist hingegen die Mitwirkung des **Aufsichtsrats**.[33] Die Einwilligung bedarf stets der „**ausdrücklichen**" Erklärung, ein konkludenter
Dispens (vgl. § 112 Abs. 2 HGB) kommt damit nicht in Betracht (→ Rn. 1). Die Einwilligung muss

---

[21] Kölner Komm AktG/*Mertens/Cahn* Rn. 23.
[22] Vgl. Hüffer/Koch/*Koch* § 88 Rn. 3 mwN.
[23] Vgl. MüKoAktG/*Perlitt* Rn. 26 f.; Großkomm AktG/*Assmann/Sethe* Rn. 25; Kölner Komm AktG/*Mertens/Cahn* Rn. 20; *Schütz/Reger* in Bürgers/Fett KGaA § 5 Rn. 281, 289. Formulierungsvorschläge bei *Förl* in Bürgers/Fett KGaA § 13 (S. 770): „Der phG ist vom Wettbewerbsverbot des § 284 AktG befreit.".
[24] MüKoAktG/*Perlitt* § 278 Rn. 365 (problematisch); Kölner Komm AktG/*Mertens/Cahn* § 278 Rn. 17 (bedenklich).
[25] Ebenso *Armbrüster* ZIP 1997, 1269 (1272); NK-AktR/*Wichert* Rn. 3; MHdB AG/*Herfs* § 78 Rn. 27; K. Schmidt/Lutter/*K. Schmidt* Rn. 22.
[26] Zutr. NK-AktR/*Wichert* Rn. 3. Die Dispensregelung in § 284 Abs. 1 spricht also nicht für, sondern gegen die Abdingbarkeit der Vorschrift (anders Großkomm AktG/*Assmann/Sethe* Rn. 25).
[27] Klauselvorschläge bei *Förl* in Bürgers/Fett KGaA § 13 (S. 769, S. 778).
[28] Insoweit unstr., vgl. nur MüKoAktG/*Perlitt* Rn. 29 f.; Großkomm AktG/*Assmann/Sethe* Rn. 26; Kölner Komm AktG/*Mertens/Cahn* Rn. 22.
[29] MüKoAktG/*Perlitt* Rn. 32; Großkomm AktG/*Assmann/Sethe* Rn. 26; Kölner Komm AktG/*Mertens/Cahn* Rn. 22.
[30] Vgl. *Reger* in Bürgers/Fett KGaA § 5 Rn. 294.
[31] Vgl. auch Großkomm AktG/*Assmann/Sethe* Rn. 27 f.; aA *Reger* in Bürgers/Fett KGaA § 5 Rn. 295 (unter Hinweis auf OLG Düsseldorf ZIP 1999, 311 (313)).
[32] Großkomm AktG/*Assmann/Sethe* Rn. 30.
[33] Hält man die Norm dagegen insgesamt für dispositiv, müsste wohl auch darauf verzichtet werden können.

im Vorhinein ergehen (vgl. § 183 S. 1 BGB)³⁴ und sich auf bestimmte Arten von Geschäften oder bestimmte Handelsgesellschaften beziehen (Abs. 1 S. 2). Eine **Blanketteinwilligung** ist damit **ausgeschlossen**. Im Zweifel soll eine restriktive Auslegung geboten sein.³⁵

11   Die Einwilligung kann von vornherein mit einem Widerrufsvorbehalt versehen werden.³⁶ Andernfalls ist sie nur aus wichtigem Grund **widerruflich**.³⁷ Ein Anspruch auf Erlaubnis besteht grundsätzlich nicht, wohl aber ein solcher auf Verbescheidung binnen angemessener Frist. Das gebietet die **Treuepflicht**. Aus ihr ergibt sich auch, dass die willkürliche Versagung der Einwilligung nicht hinzunehmen ist.³⁸ Umgekehrt kann ein Dispens treuwidrig sein, wenn er die faktische Abhängigkeit der KGaA von einem Konkurrenzunternehmen begründet, ohne sachlich gerechtfertigt und verhältnismäßig zu sein.³⁹

III. Sanktionen (Abs. 2) und Verjährung (Abs. 3)

12   **1. Sanktionen.** Beim Verstoß gegen das Wettbewerbsverbot kann die Gesellschaft wahlweise **Schadensersatz** verlangen oder das Geschäft wirtschaftlich an sich ziehen (Abs. 2). Diese Rechtsfolgen entspechen wörtlich denjenigen aus § 88 Abs. 2, auf dessen Erläuterung verwiesen wird (→ § 88 Rn. 32 ff.). Daneben kommen **Unterlassungsansprüche** in Betracht, ferner die Entziehung der Geschäftsführungs- und Vertretungsbefugnis (§§ 117, 127 HGB iVm § 278 Abs. 2) oder – bei schweren oder hartnäckigen Verstößen – der Ausschluss aus der Gesellschaft (§ 140 HGB iVm § 278 Abs. 2).⁴⁰

13   **2. Verjährung.** Auch die Verjährungsregelung (Abs. 3) stimmt mit derjenigen für den Vorstand einer AG überein (vgl. § 88 Abs. 3 → § 88 Rn. 40 f.). Für den Beginn kommt es nach dem Wortlaut auf die Kenntnis **aller** Komplementäre und **aller** Aufsichtsratsmitglieder an.⁴¹ Unberücksichtigt bleiben sollten Komplementäre, die von der Mitwirkung an der Befreiungsentscheidung satzungsmäßig ausgeschlossen sind (→ Rn. 10). Zu beachten ist die im Gefolge der Schuldrechtsreform eingeführte Verjährungserleichterung, wonach anstelle der Kenntnis grob fahrlässige Unkenntnis genügt.⁴²

14   **3. Steuerrecht.** Steuerrechtlich ist zu beachten, dass das Nichtgeltendmachen von Ersatzansprüchen, die sich aus der Verletzung eines Wettbewerbsverbots ergeben, als **verdeckte Gewinnausschüttung** angesehen werden kann.⁴³ Voraussetzung ist allerdings, dass das Wettbewerbsverbot zivilrechtlich wirksam und nicht durch Dispens aufgehoben war.

§ 285 Hauptversammlung

(1) ¹In der Hauptversammlung haben die persönlich haftenden Gesellschafter nur ein Stimmrecht für ihre Aktien. ²Sie können das Stimmrecht weder für sich noch für einen anderen ausüben bei Beschlußfassungen über
1. die Wahl und Abberufung des Aufsichtsrats;
2. die Entlastung der persönlich haftenden Gesellschafter und der Mitglieder des Aufsichtsrats;
3. die Bestellung von Sonderprüfern;
4. die Geltendmachung von Ersatzansprüchen;
5. den Verzicht auf Ersatzansprüche;
6. die Wahl von Abschlußprüfern.
³Bei diesen Beschlußfassungen kann ihr Stimmrecht auch nicht durch einen anderen ausgeübt werden.

(2) ¹Die Beschlüsse der Hauptversammlung bedürfen der Zustimmung der persönlich haftenden Gesellschafter, soweit sie Angelegenheiten betreffen, für die bei einer Kommanditgesellschaft das Einverständnis der persönlich haftenden Gesellschafter und der Kom-

---

³⁴ Unstr., vgl. MüKoAktG/*Perlitt* Rn. 23; Großkomm AktG/*Assmann*/*Sethe* Rn. 34; Kölner Komm AktG/*Mertens*/*Cahn* Rn. 13.
³⁵ So Kölner Komm AktG/*Mertens*/*Cahn* Rn. 14.
³⁶ Großkomm AktG/*Assmann*/*Sethe* Rn. 32; Kölner Komm AktG/*Mertens*/*Cahn* Rn. 14.
³⁷ Großkomm AktG/*Assmann*/*Sethe* Rn. 35; Kölner Komm AktG/*Mertens*/*Cahn* Rn. 17.
³⁸ Kölner Komm AktG/*Mertens*/*Cahn* Rn. 15.
³⁹ Hüffer/Koch/*Koch* Rn. 2 (unter Hinweis auf BGHZ 80, 69 (74) = NJW 1981, 1512 – Süssen).
⁴⁰ Kölner Komm AktG/*Mertens*/*Cahn* Rn. 18.
⁴¹ Statt aller MüKoAktG/*Perlitt* Rn. 25.
⁴² Geändert durch Art. 11 Gesetz zur Anpassung von Verjährungsvorschriften an das Gesetz zur Modernisierung des Schuldrechts v. 9.12.2004, BGBl. 2004 I 3214.
⁴³ Näher Kölner Komm AktG/*Mertens*/*Cahn* Rn. 24 ff. (unter Hinweis auf BFH DB 1995, 2451).

manditisten erforderlich ist. ²Die Ausübung der Befugnisse, die der Hauptversammlung oder einer Minderheit von Kommanditaktionären bei der Bestellung von Prüfern und der Geltendmachung von Ansprüchen der Gesellschaft aus der Gründung oder der Geschäftsführung zustehen, bedarf nicht der Zustimmung der persönlich haftenden Gesellschafter.

(3) ¹Beschlüsse der Hauptversammlung, die der Zustimmung der persönlich haftenden Gesellschafter bedürfen, sind zum Handelsregister erst einzureichen, wenn die Zustimmung vorliegt. ²Bei Beschlüssen, die in das Handelsregister einzutragen sind, ist die Zustimmung in der Verhandlungsniederschrift oder in einem Anhang zur Niederschrift zu beurkunden.

Schrifttum: *Bachmann*, Die Hauptversammlung der KGaA, FS Marsch-Barner, 2018, 13; *Dreisow*, Zu den Stimmverboten für die Komplementäre einer Kommanditgesellschaft auf Aktien, DB 1977, 851; *Dreisow*, Die Kommanditgesellschaft auf Aktien als echte Einmanngesellschaft, WPg 1976, 658; *Durchlaub*, Mitwirkung der Hauptversammlung und des Aufsichtsrats bei Geschäftsführungsmaßnahmen in der Kommanditgesellschaft auf Aktien, BB 1977, 1581; *Hennemann*, Einfluss und Kontrolle in der Kommanditgesellschaft auf Aktien, ZHR 182 (2018), 157; *Matthießen*, Stimmrecht und Interessenkollision im Aufsichtsrat, 1989; *Mense*, Besonderheiten bei der Vorbereitung und Durchführung der Hauptversammlung einer börsennotierten Kommanditgesellschaft auf Aktien, GWR 2014, 320; *Schnülle*, Die Reichweite der Stimmverbote gem. § 285 I 2 AktG bei der Kommanditgesellschaft auf Aktien, NZG 2017, 1056; vgl. im Übrigen das Schrifttum zu → § 278.

Übersicht

	Rn.		Rn.
I. Bedeutung und Normzweck	1, 2	b) Die Stimmverbote des Abs. 1 S. 2 im Einzelnen	16–20
II. Teilnahmebefugnis	3–5	c) Weitere Stimmverbote	21, 22
1. Kommanditaktionäre	3	3. Sonderfragen	23–26
2. Komplementäre	4, 5	a) Umgehungen	23
III. Kompetenzen der Hauptversammlung	6–8	b) Stimmbindungsverträge	24
		c) Kapitalgesellschaft & Co KGaA	25, 26
IV. Einberufung und Durchführung der Hauptversammlung	9–12	4. Ausnahmen vom Stimmverbot	27–28a
1. Einberufung und Abwicklung	9	5. Folgen einer unzulässigen Stimmrechtsausübung	29
2. Hauptversammlungsbezogene Rechte	10, 11	**VI. Zustimmung der Komplementäre (Abs. 2)**	30–38
3. Beschlussanfechtung	12	1. Zustimmungsbedürftige Beschlüsse (Satz 1)	30–33b
V. Stimmrecht der Komplementäre (Abs. 1)	13–29	2. Zustimmungserteilung	34–36
1. Stimmrecht (Abs. 1 S. 1)	13, 14	3. Zustimmungsfreie Beschlüsse (Satz 2)	37
a) Nur für Aktien	13	4. Rechtsfolgen fehlender Zustimmung	38
b) Gestaltungsspielräume	14	**VII. Anmeldung und Eintragung von Beschlüssen (Abs. 3)**	39–41
2. Grenzen des Stimmrechts (Abs. 1 S. 2)	15–22		
a) Stimmverbot für Komplementäre	15		

I. Bedeutung und Normzweck

Die Vorschrift geht wie selbstverständlich davon aus, dass auch die KGaA über eine Hauptversammlung verfügt. Sie regelt diese nicht eigentlich, sondern enthält nur einige **klarstellende** und **ergänzende** Regeln. Anlass dafür ist der Umstand, dass es bei der KGaA im Unterschied zur AG keine strikte Trennung zwischen Geschäftsführungsorgan und Gesellschafterversammlung gibt, sondern dass die Geschäftsführenden zugleich Gesellschafter sind und als solche auch Aktien halten können. Daraus können **Interessenkollisionen** erwachsen, denen die besonderen Stimmverbote in Abs. 1 Rechnung tragen sollen. Abs. 2 und 3 regeln das Zusammenwirken von Hauptversammlung und Komplementären in Angelegenheiten, in denen beide Gruppen mitwirken müssen. 1

Die Hauptversammlung der KGaA hat eine **Doppelfunktion.**[1] Als Organ der juristischen Person KGaA ist sie einerseits (im Zusammenwirken mit den Komplementären) zuständig für die Willensbildung in Angelegenheiten, in denen nach Aktienrecht (§ 119) die Hauptversammlung beschließt. 2

---

[1] Vgl. *Sethe* AG 1996, 289 (300); Großkomm AktG/*Assmann/Sethe* Rn. 15. Abl. *Düringer/Hachenburg* HGB § 327 Anm. 1, allerdings von der (überholten) Annahme ausgehend, die KGaA sei keine juristische Person. Krit. aus umgekehrter Sicht *Mertens* FS Barz, 1974, 252 (256): Die Hauptversammlung sei nur Organ der KGaA, da die Gesamtheit der Kommanditaktionäre kein eigener Verband sei. Das trifft zu, schließt die Doppelrolle aber nicht aus.

Insofern richten sich ihre Zuständigkeit und ihr Verfahren nach den zwingenden Regeln des Aktienrechts. Zum anderen ist sie das Medium, über das die „Gesamtheit der Kommanditaktionäre" seine personengesellschaftsrechtlichen Befugnisse ausschließlich wahrnimmt.[2] Insofern besteht eine gewisse **Satzungsfreiheit**, deren Umfang allerdings nicht restlos klar ist. Als Leitlinie lässt sich sagen, dass die Regeln über die Einberufung und Durchführung (§§ 121–141), auf die auch § 283 Nr. 6 Bezug nimmt, stets gelten, während hinsichtlich der Zuständigkeit, zT auch hinsichtlich des Verfahrens, im personengesellschaftsrechtlichen Bereich Spielräume bestehen.[3]

II. Teilnahmebefugnis

3   **1. Kommanditaktionäre.** Die Kommanditaktionäre können ihre Rechte grundsätzlich nur in der Hauptversammlung ausüben. Dies folgt (auch) aus § 118 Abs. 1 (iVm § 278 Abs. 3), der ungeachtet der Frage gilt, in welcher Funktion die Hauptversammlung agiert. Darin kommt das für KGaA wie AG gleichermaßen prägende Strukturprinzip einer **Mediatisierung der Verwaltungsrechte** der Anleger zum Ausdruck.[4] Damit einher geht notwendig das vom Gesetz nicht explizit ausgesprochene **Teilnahmerecht** aller (Kommandit-)Aktionäre.[5]

4   **2. Komplementäre.** Sofern ein Komplementär zugleich Kommanditaktionär ist, folgt sein Teilnahmerecht ohne weiteres aus dieser Stellung (→ Rn. 3). Im Übrigen gilt § 118 Abs. 3 S. 1 iVm § 278 Abs. 3 sinngemäß.[6] Danach sollen die geschäftsführungsbefugten und vertretungsberechtigten Organe, denen die Leitung der Gesellschaft anvertraut ist, an der Hauptversammlung teilnehmen. Im Hinblick auf die der Geschäftsführung obliegenden Vorlage- und Auskunftspflichten (§ 120 Abs. 1, § 131 Abs. 1, § 175 Abs. 2, § 176 Abs. 1, § 278 Abs. 3) wandelt sich dieses Teilnahmerecht im Regelfall zur **Teilnahmepflicht**. Dies gilt namentlich für Beschlussfassungen über mit der Geschäftsführung im Zusammenhang stehenden Angelegenheiten, aber auch für Beschlüsse, die nur mit Zustimmung der persönlich haftenden Gesellschafter wirksam werden. Bei Gegenständen, über die die Kommanditaktionäre autonom Beschluss fassen können (Abs. 2 S. 2), soll dagegen nur ein Teilnahmerecht bestehen.[7] Weil auch hier Fragen der Aktionäre beantwortet werden müssen, ist aber auch hier von einer Teilnahmepflicht auszugehen.[8] Berechtigt, aber nicht verpflichtet zur Teilnahme sind die nicht geschäftsführungsbefugten phG.[9]

5   Fraglich ist, ob die persönlich haftenden Gesellschafter, die nicht zugleich Kommanditaktionäre sind, von der Teilnahme an der Hauptversammlung **ausgeschlossen** werden können. Soweit eine Teilnahmeverpflichtung besteht (→ Rn. 4), ist die Frage zu verneinen, im Übrigen zu bejahen.[10] Zwar enthält das Gesetz keine Anhaltspunkte für ein Ausschlussrecht, doch stellt die Hauptversammlung das Medium der Kommanditaktionäre dar und verfügt, wie die Kompetenz zum Erlass einer Geschäftsordnung (§ 129 Abs. 1 S. 1) bestätigt, über eine gewisse Regelungsautonomie. Beschließt die Hauptversammlung daher, zustimmungsfreie Tagesordnungspunkte (Abs. 2 S. 2) ohne Komplementäre abzuhandeln, entfällt das Teilnahmerecht aller Nur-Komplementäre.

III. Kompetenzen der Hauptversammlung

6   Die Hauptversammlung ist zunächst zuständig für die in **§ 119 Abs. 1** aufgezählten Angelegenheiten.[11] Für Nr. 1 (**Aufsichtsratswahl**), Nr. 3 (Entlastung), Nr. 4 (**Prüferwahl**), Nr. 7 (Sonderprüfung) ergibt sich das explizit daraus, dass die betreffenden Gegenstände in Abs. 1 S. 2, zT auch in § 283 ausdrücklich angesprochen werden. Obwohl in § 283 nicht erwähnt, findet damit auch § 120 (Entlastung) Anwendung. Weil das Gesetz in Abs. 1 S. 1 die Zuständigkeit der Hauptversammlung

---

[2] Vgl. → § 278 Rn. 19. Auch insoweit ist die Hauptversammlung aber nicht Organ der Kommanditaktionäre (so Großkomm AktG/*Assmann/Sethe* Rn. 3), sondern ein Gesellschaftsorgan, in dem allerdings ausschließlich Kommanditaktionäre vertreten sind.
[3] Vgl. *Bachmann* FS K. Schmidt, 2009, 41 (47 f.).
[4] Vgl. dazu nur Hüffer/Koch/*Koch* § 118 Rn. 1, 7.
[5] Vgl. Hüffer/Koch/*Koch* § 118 Rn. 24.
[6] Großkomm AktG/*Assmann/Sethe* Rn. 7 f.; Kölner Komm AktG/*Mertens/Cahn* Rn. 3; NK-AktR/*Wichert* Rn. 3; K. Schmidt/Lutter/*K. Schmidt* Rn. 4 f.; im Erg. auch MüKoAktG/*Perlitt* Rn. 6.
[7] MüKoAktG/*Perlitt* Rn. 7; aA Großkomm AktG/*Assmann/Sethe* Rn. 9.
[8] *Bachmann* FS Marsch-Barner, 2018, 13 (21); K. Schmidt/Lutter/*K. Schmidt* Rn. 5.
[9] Großkomm AktG/*Assmann/Sethe* Rn. 8; NK-AktR/*Wichert* Rn. 3; aA Kölner Komm AktG/*Mertens/Cahn* Rn. 3.
[10] MüKoAktG/*Perlitt* Rn. 8; Großkomm AktG/*Assmann/Sethe* Rn. 9; NK-AktR/*Wichert* Rn. 3; abw. Kölner Komm AktG/*Mertens/Cahn* Rn. 4 sowie Bürgers/Körber/*Förl/Fett* Rn. 1: Ausschluss nur der nicht geschäftsleitenden Komplementäre.
[11] Großkomm AktG/*Assmann/Sethe* Rn. 5.

als selbstverständlich unterstellt, ist davon auszugehen, dass auch die übrigen in § 119 Abs. 1 angesprochenen Zuständigkeiten bestehen. Besonderheiten gelten hinsichtlich der **Satzungsänderung** (§ 119 Abs. 1 Nr. 5), für die nach hL eine abweichende Zuständigkeitsregel in der Satzung getroffen werden kann (→ § 281 Rn. 18 ff.), ferner für die Auflösung (§ 119 Abs. 1 Nr. 8), hinsichtlich derer die Sonderregelung des § 289 zu beachten ist.

Soweit das Aktienrecht anwendbar ist (vgl. § 278 Abs. 3), ist die Hauptversammlung auch für die nicht in § 119 Abs. 1 erwähnten Gegenstände zuständig. Das betrifft etwa die Geltendmachung von Ersatzansprüchen (§ 147) oder den Verzicht darauf (§ 93 Abs. 4 S. 3), vgl. § 285 Abs. 1 S. 2 Nr. 4 und 5, Abs. 2 S. 2. Der Zustimmung der Hauptversammlung bedürfen ferner **Strukturänderungen** wie Umwandlungsmaßnahmen gem. UmwG (→ § 280 Rn. 19 ff.), die Übertragung des gesamten Vermögens (§ 179a, unstr., → § 278 Rn. 67) oder sog. „Holzmüller"-Fälle (str., → § 278 Rn. 70 ff.).

Dagegen richtet sich die Zuständigkeit in **Geschäftsführungsfragen** nicht nach § 119 Abs. 2, sondern nach § 164 HGB (iVm § 278).[12] Personengesellschaftsrecht ist ferner maßgebend für die Zuständigkeit in Satzungsfragen, die sich nach Handelsrecht bestimmen, also zB die Aufnahme neuer Komplementäre, die Erbringung von Vermögenseinlagen (§ 281 Abs. 2) oder die Regelung der Geschäftsführungs- und Vertretungsbefugnis einschließlich deren Entzug (§§ 114 ff., 125 ff. HGB).[13] In den Grenzen der Treuepflicht können hier abweichende Zuständigkeiten in der Satzung festgelegt werden.[14]

IV. Einberufung und Durchführung der Hauptversammlung

1. Einberufung und Abwicklung. Da allgemeine Vorschriften über die Hauptversammlung der KGaA fehlen, ist insoweit das Recht der AG maßgeblich, es gelten gem. § 278 Abs. 3 die §§ 121 ff. Einberufung und Durchführung der Hauptversammlung entsprechen somit derjenigen einer Hauptversammlung der AG.[15] Danach erfolgt die **Einberufung** im Regelfall durch die geschäftsführungsbefugten Komplementäre (§ 283 Nr. 6, §§ 121 ff., 175, 92 Abs. 1). Gem. § 121 Abs. 2 S. 3 kann die Satzung der AG anderen Personen Einberufungsbefugnisse einräumen. Das gilt auch und erst recht für die KGaA. Soweit ein Teilnahmerecht der Komplementäre zu bejahen ist (→ Rn. 4 f.), sollten diese auch zur Hauptversammlung eingeladen werden, jedoch gelten hierfür nicht die §§ 121 ff., sondern die weniger förmlichen Vorschriften des Personengesellschaftsrechts.[16] Vgl. im Übrigen die Kommentierung zur AG.

2. Hauptversammlungsbezogene Rechte. Kommanditaktionäre haben in der Hauptversammlung alle Rechte, die das Gesetz einem einzelnen Aktionär zugesteht.[17] Hierzu gehören neben dem Teilnahmerecht (vgl. § 118) und dem Stimmrecht (§ 134) auch das Rede- und Fragerecht (§ 131). Dabei ist zu beachten, dass das **Auskunftsrecht** (§ 131) **weiter reicht** als in der AG. So gelten die Auskunftsverweigerungsrechte betreffend stille Reserven (§ 131 Abs. 3 Nr. 3) und Einzelheiten der Bilanzierungs- und Bewertungsmethoden (§ 131 Abs. 3 Nr. 4) in der KGaA nicht, weil die Feststellung des Jahresabschlusses Aufgabe der Hauptversammlung ist (§ 286 Abs. 1).[18] Ausnahmen werden wegen §§ 340 ff. HGB nur für Kreditinstitute gemacht.[19] Die Auskunftspflicht erstreckt sich auch auf die Höhe des auf die Kapitaleinlagen der Komplementäre entfallenden Ergebnisses sowie auf die Gewinnanteile der persönlich haftenden Gesellschafter und deren Berechnung.[20] Demgegenüber kann nicht darauf verwiesen werden, dass die Gesamtbezüge der phG im Anhang zum Jahresabschluss angegeben werden (vgl. § 285 Nr. 9 lit. a HGB), denn diese Angaben erfolgen nicht individualisiert[21] und zu einem späteren Zeitpunkt.

In der **atypischen KGaA** umfasst der Auskunftsanspruch prinzipiell auch Angelegenheiten der Komplementärgesellschaft.[22] Ein Informationsrecht analog § 51a GmbHG kommt daneben nicht in Betracht.[23]

---

[12] Unstr., s. nur MüKoAktG/*Perlitt* Rn. 4; Großkomm AktG/*Assmann/Sethe* Rn. 15, 17.
[13] Vgl. nur Großkomm AktG/*Assmann/Sethe* Rn. 15.
[14] Großkomm AktG/*Assmann/Sethe* Rn. 21.
[15] Unstr., s. nur MüKoAktG/*Perlitt* Rn. 3; Großkomm AktG/*Assmann/Sethe* Rn. 4; zu Details *Bachmann* Marsch-Barner, 2018, 13 (19 ff.).
[16] *Reger* in Bürgers/Fett KGaA § 5 Rn. 376 f.
[17] MüKoAktG/*Perlitt* § 278 Rn. 120.
[18] Unstr., vgl. MüKoAktG/*Perlitt* § 286 Rn. 75; Großkomm AktG/*Assmann/Sethe* § 286 Rn. 23.
[19] Vgl. MüKoAktG/*Perlitt* § 286 Rn. 78; Großkomm AktG/*Assmann/Sethe* § 286 Rn. 23.
[20] MüKoAktG/*Perlitt* § 286 Rn. 76 f.; Großkomm AktG/*Assmann/Sethe* § 286 Rn. 23.
[21] Der durch das Vorstandsvergütungs-Offenlegungsgesetz eingeführte § 285 Nr. 9 lit. a S. 5 HGB betrifft ausdrücklich nur die Aktiengesellschaft, nicht die KGaA.
[22] Vgl. MüKoAktG/*Perlitt* § 278 Rn. 329; Großkomm AktG/*Assmann/Sethe* § 278 Rn. 83.
[23] *Kessler*, Die rechtlichen Möglichkeiten der Kommanditaktionäre einer GmbH & Co. KGaA zur Einwirkung auf die Geschäftsführung, 2003, 189 f.

12 **3. Beschlussanfechtung.** Für die Hauptversammlung der KGaA gelten die **aktienrechtlichen Vorschriften** über Nichtigkeit und Anfechtung von Hauptversammlungsbeschlüssen (vgl. § 283 Nr. 13, §§ 241 ff. iVm § 278 Abs. 3).[24] Ausgenommen ist lediglich § 256 Abs. 2, der aufgrund von § 286 Abs. 1 bei der KGaA nicht zur Anwendung kommen kann. An die Stelle des Vorstands treten die geschäftsführungsbefugten Komplementäre (§ 283 Nr. 13). Die Anfechtungsbefugnis der Kommanditaktionäre richtet sich nach § 245 Nr. 1–3 (iVm § 278 Abs. 3). Klagegegner ist die Gesellschaft, denn die Hauptversammlung handelt als Organ der KGaA, und zwar auch dann, wenn sie Beschlüsse als Gesamtheit der Kommanditaktionäre fasst (→ § 287 Rn. 24). Die Gesellschaft wird bei Anfechtungsklagen, die von Kommanditaktionären erhoben werden, von den persönlich haftenden Gesellschaftern und vom Aufsichtsrat **vertreten,** im Übrigen nur vom Komplementär oder vom Aufsichtsrat (vgl. § 246 Abs. 2 iVm § 278 Abs. 3).[25] Bei Klagen, die von der „Gesamtheit der Kommanditaktionäre" gegen den Komplementär erhoben werden, gilt § 287 Abs. 2 (Vertretung durch den Aufsichtsrat).

V. Stimmrecht der Komplementäre (Abs. 1)

13 **1. Stimmrecht (Abs. 1 S. 1). a) Nur für Aktien.** S. 1 stellt klar, dass den phG nur aus Aktien, nicht jedoch aus einer etwaigen Vermögenseinlage (§ 281 Abs. 2) Stimmrechte in der Hauptversammlung erwachsen. Diese Regelung ist zwingend.[26] Mit ihr wird die Geltung des § 12 S. 1 für die KGaA bekräftigt, der negativ besagt, dass es **kein Stimmrecht ohne Aktie** gibt.[27] Nur soweit die persönlich haftenden Gesellschafter auch Kommanditaktionäre sind, haben sie ein Stimmrecht. Diese Regel ersetzt seit 1937 den bis dahin geltenden vollständigen Ausschluss des Stimmrechts für Aktien, die von persönlich haftenden Gesellschaftern gehalten werden. Die heutige Regelung dient dazu, den Einfluss der die Gesellschaft leitenden Personen zu stärken und einer den wirklichen Kapitalverhältnissen widersprechenden Mehrheitsbildung, die sich bei großem Aktienbesitz der vom Stimmrecht ausgeschlossenen Komplementäre ergeben könnte, entgegen zu wirken.[28] Für die **Ausübung** des Stimmrechts in der Hauptversammlung gelten die aktienrechtlichen Regeln (§§ 133 ff.).[29]

14 **b) Gestaltungsspielräume.** Bei der Ausformung des Komplementär-Stimmrechts bestehen **Gestaltungsspielräume.** Zwar sind Vorschriften, welche die mit der Aktie verbundenen Rechte ausformen, nach § 278 Abs. 3 iVm § 23 Abs. 5 einer vom Gesetz abweichenden Regelung nur in engen Grenzen zugänglich, doch wird bei Regelungen, die an die Komplementäreigenschaft eines Aktionärs anknüpfen, größere Gestaltungsfreiheit angenommen. So ist es möglich, in der Satzung oder einem Tätigkeitsvertrag den persönlich haftenden Gesellschaftern den Erwerb von Aktien der KGaA zu verbieten oder nur die Ausgabe von Aktien besonderer Gattung zuzulassen.[30] Auch soll die **Stimmrechtsausübung** durch Satzung oder Vereinbarung modifiziert oder gar **untersagt** werden können (zweifelhaft).[31] Ein solches Stimmverbot kann sich dabei nach hL auch auf die grds. zulässige Ausübung des Stimmrechts für fremde Aktien erstrecken, insbesondere wenn sie den Komplementären kraft Gesetzes zusteht (zB elterliche Gewalt).[32] Um zu verhindern, dass die Satzung die Stimmrechtsausübung in solchen Fällen gänzlich unmöglich macht, kommt die Bestellung eines Pflegers in Betracht.[33]

15 **2. Grenzen des Stimmrechts (Abs. 1 S. 2). a) Stimmverbot für Komplementäre.** Eine gesetzliche Grenze des Stimmrechts der aktienbesitzenden Komplementäre ziehen die Stimmverbote des § 285 Abs. 1 S. 2 Nr. 1–6. Diese sind **strenger** als die für den Vorstand der AG geltenden, erstrecken sich insbesondere auch auf die Wahl des Aufsichtsrats und des Abschlussprüfers. Erfasst werden nicht nur Sach- sondern auch auf **Verfahrensanträge,** doch bleibt das Recht auf Anwesenheit und das Rederecht ebenso unberührt wie die Möglichkeit, Widerspruch einzulegen, einen

---

[24] Statt aller Großkomm AktG/*Assmann/Sethe* Rn. 10.
[25] RGZ 66, 37; K. Schmidt/Lutter/*K. Schmidt* Rn. 1.
[26] MüKoAktG/*Perlitt* Rn. 15; Großkomm AktG/*Assmann/Sethe* Rn. 44; Kölner Komm AktG/*Mertens/Cahn* Rn. 30.
[27] Hüffer/Koch/*Koch* § 12 Rn. 3.
[28] Zur Normentwicklung Großkomm AktG/*Assmann/Sethe* Rn. 23.
[29] MüKoAktG/*Perlitt* Rn. 10.
[30] §§ 11, 139–141 sind auch bei der KGaA anwendbar, vgl. nur Großkomm AktG/*Assmann/Sethe* Rn. 45.
[31] MüKoAktG/*Perlitt* Rn. 11; Großkomm AktG/*Assmann/Sethe* Rn. 45; Kölner Komm AktG/*Mertens/Cahn* Rn. 32; NK-AktR/*Wichert* Rn. 5.
[32] Vgl. MüKoAktG/*Perlitt* Rn. 11; Kölner Komm AktG/*Mertens/Cahn* Rn. 32; Großkomm AktG/*Assmann/Sethe* Rn. 46.
[33] MüKoAktG/*Perlitt* Rn. 11; Großkomm AktG/*Assmann/Sethe* Rn. 46; Kölner Komm AktG/*Mertens/Cahn* Rn. 32.

Beschluss anzufechten oder gegen ihn Nichtigkeitsklage zu erheben.[34] Die Stimmrechtsbeschränkungen gelten für **alle** Gesellschafter in Komplementärstellung, unabhängig von ihrer Geschäftsführungs- oder Vertretungsbefugnis, da das Gesetz insoweit von einer abstrakt gegebenen Interessenkollision ausgeht und individuelle Abstufungen nicht vorsieht.[35] Sie sind zwingend.[36]

b) Die Stimmverbote des Abs. 1 S. 2 im Einzelnen. aa) Wahl und Abberufung des Aufsichtsrats (Nr. 1). Das Stimmrechtsverbot ist strenger als in der AG, denn aktienbesitzende Vorstandsmitglieder dürfen sich an der Wahl des Aufsichtsrats beteiligen. Gerechtfertigt werden kann es daher nicht damit, dass der Aufsichtsrat die Geschäftsleitung überwacht,[37] sondern nur damit, dass der Aufsichtsrat auch die Beschlüsse der Kommanditaktionäre ausführt (§ 287 Abs. 1).[38] Wird diese Aufgabe einem **besonderen Vertretungsorgan** der Kommanditaktionäre übertragen (zB Beirat), erstreckt sich das Stimmverbot folgerichtig auf dessen Wahl.[39] Zugleich müsste das Wahlverbot hinsichtlich des Aufsichtsrats entfallen (teleologische Reduktion). Das wird bislang nicht vertreten, was folgerichtig ist, wenn man das Stimmverbot auch mit der Überwachungsaufgabe begründet. Das Verbot gilt ungeachtet der Geschäftsführungsbefugnis.[40] Sein Zweck steht der Ausübung von **Entsendungsrechten** durch den pHG entgegen (→ § 287 Rn. 4b).[41] Dagegen hindert § 285 Abs. 1 S. 2 nicht die Antragstellung gem. § 104 durch den pHG.[42]

bb) Entlastung der persönlich haftenden Gesellschafter und der Mitglieder des Aufsichtsrats (Nr. 2). Dieses Stimmrechtsverbot ist insoweit überflüssig, als sich das Verbot des Mitstimmens bei der eigenen Entlastung schon aus § 136 Abs. 1 (iVm § 278 Abs. 3) ergibt. Die Erstreckung auf die Entlastung des Aufsichtsrats gründet in den zu Nr. 1 genannten Erwägungen und gilt daher auch hinsichtlich eines mit der Überwachung der Komplementäre oder der Repräsentation der Kommanditaktionäre betrauten **Beirats**.[43] Hingegen erfasst die Vorschrift nicht die Aktien von Aufsichtsratsmitgliedern, die also bei der Entlastung des phG mitstimmen dürfen.[44] Mittelbar lässt sich der Norm entnehmen, dass § 120 auch in der KGaA Anwendung findet.

cc) Bestellung von Sonderprüfern (Nr. 3). Das aktienrechtliche Stimmverbot bei der Bestellung von Sonderprüfern (§ 283 Nr. 7, § 278 Abs. 3 iVm § 119 Abs. 1 Nr. 7, § 142) gilt nach § 142 Abs. 1 S. 2 nur, wenn die Prüfung sich auf Vorgänge erstreckt, an denen der Betroffene beteiligt war. Für den Komplementär der KGaA wird es **verschärft**, indem dieser generell bei der Bestellung von Sonderprüfern nicht mitwirken darf. Folglich kann es auch nicht darauf ankommen, ob der betreffende Komplementär geschäftsführungsbefugt ist oder nicht.[45]

dd) Geltendmachung von Ersatzansprüchen und Verzicht darauf (Nr. 4 u 5). In Verschärfung des § 136 Abs. 1 S. 1 ordnet die Norm ein Stimmrechtsverbot ungeachtet der Frage an, ob der betreffende Komplementär an der schädigenden Handlung beteiligt war. Folgerichtig gilt sie für **alle** Komplementäre ungeachtet ihrer Geschäftsführungsbefugnis.[46] Über den Wortlaut hinaus werden auch Beschlüsse über einen etwaigen **Vergleich** vom Verbot erfasst.[47]

ee) Wahl von Abschlussprüfern (Nr. 6). Im Interesse einer neutralen Prüfung wirken die Komplementäre bei der Wahl des Abschlussprüfers durch die Hauptversammlung (§ 318 HGB, § 119 Abs. 1 Nr. 4) nicht mit. Wiederum gilt das Verbot ungeachtet der Geschäftsführungsbefugnis.[48]

---

[34] Hüffer/Koch/*Koch* Rn. 1; MüKoAktG/*Perlitt* Rn. 18; Großkomm AktG/*Assmann/Sethe* Rn. 24; Kölner Komm AktG/*Mertens/Cahn* Rn. 9.
[35] Ganz hM, vgl. nur MüKoAktG/*Perlitt* Rn. 20; aA *Hennemann* ZHR 182 (2018), 157 (184).
[36] Unstr., s. nur MüKoAktG/*Perlitt* Rn. 23; Kölner Komm AktG/*Mertens/Cahn* Rn. 12.
[37] So aber Großkomm AktG/*Assmann/Sethe* Rn. 26; Kölner Komm AktG/*Mertens/Cahn* Rn. 13.
[38] MüKoAktG/*Perlitt* Rn. 25.
[39] MüKoAktG/*Perlitt* Rn. 27; Großkomm AktG/*Assmann/Sethe* Rn. 26; nach Kölner Komm AktG/*Mertens/Cahn* Rn. 15 soll das Stimmverbot insoweit aber zur Disposition der Satzung stehen.
[40] Kölner Komm AktG/*Mertens/Cahn* Rn. 14.
[41] Vgl. *Kersting* WuB II B. § 287 AktG 1.06; MüKoAktG/*Perlitt* Rn. 26; Großkomm AktG/*Assmann/Sethe* Rn. 26; offen lassend BGHZ 165, 192 (201).
[42] Vgl. OLG Frankfurt/M. ZIP 2015, 170 (172) = NZG 2015, 1154 mAnm *Bachmann* EWiR 2015, 103.
[43] Großkomm AktG/*Assmann/Sethe* Rn. 27.
[44] Kölner Komm AktG/*Mertens/Cahn* Rn. 16; K. Schmidt/Lutter/*K. Schmidt* Rn. 17; ausf. Großkomm AktG/*Assmann/Sethe* Rn. 28.
[45] Ebenso K. Schmidt/Lutter/*K. Schmidt* Rn. 18; aA Kölner Komm AktG/*Mertens/Cahn* Rn. 18.
[46] Ebenso K. Schmidt/Lutter/*K. Schmidt* Rn. 19; aA Kölner Komm AktG/*Mertens/Cahn* Rn. 20.
[47] Kölner Komm AktG/*Mertens/Cahn* Rn. 21.
[48] Folgerichtig aA Kölner Komm AktG/*Mertens/Cahn* Rn. 22.

Unberührt bleibt das Recht, gem. § 318 Abs. 3 HGB gegen die Bestellung eines ungeeigneten Prüfers gerichtlich vorzugehen.[49]

21 **c) Weitere Stimmverbote.** § 285 Abs. 1 S. 2 lässt die Geltung des **allgemeinen aktienrechtlichen Stimmverbots** aus § 136 unberührt.[50] Praktisch relevant ist die Befreiung von einer sonstigen Verbindlichkeit, bei der (nur) der Schuldner-Komplementär nicht mitstimmen darf. Kein Stimmrechtsverbot kennt das Gesetz dagegen für die Zustimmung zur Übertragung **vinkulierter Namensaktien** (§ 68 Abs. 2).[51] Das gilt ungeachtet der Frage, wem die Entscheidung im konkreten Fall übertragen ist.[52] Ein (ungeschriebener) Stimmrechtsausschluss nach **Personengesellschaftsrecht** besteht dagegen, soweit es um Maßnahmen gegen den Gesellschafter aus wichtigem Grund geht (§§ 117, 127, 140 HGB).[53] Diese greifen nicht nur bei Abstimmungen innerhalb der Komplementäre, sondern auch bei der Abstimmung in der Hauptversammlung.[54]

22 Für weiterreichende Stimmverbote, wie sie bei anderen Rechtsformen angeordnet (zB § 34 BGB, § 47 Abs. 4 GmbHG) oder aus § 181 BGB herausgelesen werden, ist im Aktienrecht dagegen kein Raum, weil § 136 insoweit abschließend ist.[55] Ein Stimmrechtsausschluss aufgrund **allgemeiner Interessenkollision** wird für die AG aus Gründen der Rechtssicherheit abgelehnt;[56] dabei sollte man es auch bei der KGaA belassen.[57] Im praktisch relevanten Fall der Insichgeschäfte oder der Prozessführung gegen den Komplementär hat die Frage wegen der Geltung des § 112 ohnehin kaum Bedeutung (→ § 287 Rn. 11 ff.).

23 **3. Sonderfragen. a) Umgehungen.** Umgehungen der Stimmrechtsausschlüsse des § 285 Abs. 1 S. 2 Nr. 1–6 sind unzulässig; die Stimmrechtsverbote können auch durch Satzung oder Gesellschafterbeschluss **nicht aufgehoben** oder eingeschränkt werden.[58] Eine unzulässige Umgehung stellt es etwa dar, wenn ein Komplementär als Vertreter eines Kommanditaktionärs auftritt (Abs. 1 S. 2: „für einen anderen") oder ein Vertreter aus den Aktien eines Komplementärs abstimmt (Abs. 1 S. 3: „durch einen anderen"). Dagegen hat der BGH die (analoge) Anwendung des § 285 Abs. 1 S. 2 Nr. 1 bei Übertragung der Aktien auf eine dem Komplementär „genehme" Person **(Familienmitglied)** jedenfalls für den Fall verneint, dass diese frei von Weisungen entscheiden kann.[59] Die Verpflichtung eines Kommanditaktionärs, sein Stimmrecht nach der Weisung eines persönlich haftenden Gesellschafters auszuüben, ist entsprechend § 136 Abs. 2 als nichtig zu behandeln und wird nach § 405 Abs. 3 Nr. 6 und 7, § 408 als Ordnungswidrigkeit verfolgt.

24 **b) Stimmbindungsverträge.** Die Stimmverbote des Abs. 1 S. 2 wirken sich auch auf **Stimmbindungsverträge** und die zu ihrer Absicherung mit anderen Kommanditaktionären getroffenen Vereinbarungen zugunsten des betroffenen Komplementärs aus.[60] Entsprechende Vereinbarungen sind **unwirksam,** da sie dem Komplementär Einflussmöglichkeiten auf Beschlüsse eröffnen, an denen er nach Abs. 1 S. 2 nicht mitwirken darf. Stimmt der Vertragspartner einer Stimmbindungsabrede in rechtsirrtümlicher Annahme einer entsprechenden Verpflichtung nach den Weisungen des Komplementärs ab, ist seine Stimmabgabe nichtig. Der entsprechende Beschluss der Hauptversammlung ist dann unabhängig von einem Anfechtungsrecht des Kommanditaktionärs anfechtbar, sofern seine Stimmabgabe ergebnisrelevant war.[61] Dies gilt freilich nicht für die freiwillige Stimmabgabe des Kommanditaktionärs im Sinne des ausgeschlossenen Komplementärs.

25 **c) Kapitalgesellschaft & Co KGaA.** Im Falle der **Kapitalgesellschaft & Co KGaA** (GmbH & Co KGaA; AG & Co KGaA) treffen die Stimmverbote des Abs. 1 S. 2 und das Ausübungsverbot

---

[49] MüKoAktG/*Perlitt* Rn. 33; Großkomm AktG/*Assmann/Sethe* Rn. 31; Kölner Komm AktG/*Mertens/Cahn* Rn. 23.
[50] Unstr., vgl. MüKoAktG/*Perlitt* Rn. 34; Großkomm AktG/*Assmann/Sethe* Rn. 37; Kölner Komm AktG/*Mertens/Cahn* Rn. 25; K. Schmidt/Lutter/*K. Schmidt* Rn. 11.
[51] Zutr. MüKoAktG/*Perlitt* Rn. 36.
[52] Differenzierend dagegen Kölner Komm AktG/*Mertens/Cahn* Rn. 26 (Stimmverbot nur bei Entscheidung durch die Komplementäre, nicht bei solcher durch Hauptversammlung); ebenso Großkomm AktG/*Assmann/Sethe* Rn. 38.
[53] Wohl unstr., vgl. Großkomm AktG/*Assmann/Sethe* Rn. 42; Kölner Komm AktG/*Mertens/Cahn* Rn. 27.
[54] Großkomm AktG/*Assmann/Sethe* Rn. 42.
[55] Tendenziell anders Großkomm AktG/*Assmann/Sethe* Rn. 42 f. (Erstreckung im Einzelfall zulässig).
[56] HM, vgl. nur BGHZ 97, 28 (33); Hüffer/Koch/*Koch* § 136 Rn. 18.
[57] Ebenso iE MüKoAktG/*Perlitt* Rn. 37.
[58] AllgA, statt aller MüKoAktG/*Perlitt* Rn. 15, 23.
[59] Vgl. BGHZ 165, 192 = NJW 2006, 500 Rn. 21, 24 – Spaten (betr. Entsendungsrecht, dazu näher → § 287 Rn. 4 f.); s. auch *K. Schmidt* FS Priester, 2007, 691 (706).
[60] Kölner Komm AktG/*Mertens/Cahn* Rn. 11.
[61] Kölner Komm AktG/*Mertens/Cahn* Rn. 11; vgl. auch Hüffer/Koch/*Koch* § 136 Rn. 24.

des Abs. 1 S. 3 unstreitig die Geschäftsleiter der Komplementär-Gesellschaft, da hier die Gefahr einer Interessenkollision auf der Hand liegt.[62] Keine Einigkeit besteht indes hinsichtlich der Frage, ob auch die **Gesellschafter** der Komplementär-Gesellschaft einem Stimmverbot unterliegen. Dies wird zT mit der Begründung abgelehnt, dass weder Normzweckerwägungen noch Gründe der Rechtssicherheit eine solche Erstreckung rechtfertigten.[63] Die hL befürwortet hingegen eine solche Ausdehnung, wenn es sich um eine wesentliche Beteiligung an der GmbH handelt.[64]

Im Ausgangspunkt sollte die Frage nicht anders als bei § 287 Abs. 3 beantwortet werden (→ § 287 Rn. 5 a f.).[65] Das Stimmverbot erfasst danach die Gesellschafter einer Komplementär-GmbH, denn diese haben ein Weisungsrecht gegenüber den Geschäftsführern der Komplementärgesellschaft.[66] Auch treffen jeden Gesellschafter der GmbH immer auch mitgliedschaftliche (Treue-)Pflichten zu dieser, die den Schluss nahe legen, dass er in seiner zugleich gegebenen Stellung als Kommanditaktionär sein Stimmrecht nicht frei von Rücksichtnahmen auf die Komplementärgesellschaft ausübt. Eine solche **Interessenverquickung** stellt gerade den Grund für die Stimmrechtsausschlüsse des Abs. 1 S. 2 dar, so dass der Normzweck des § 285 eine Erstreckung auf die herrschenden Gesellschafter der Komplementär-GmbH verlangt. Dasselbe sollte – trotz fehlenden Weisungsrechts – für die Gesellschafter einer Komplementär-AG gelten.[67] Eine noch weitergehende Anwendung auf alle Gesellschafter einer Komplementärgesellschaft lässt sich dagegen nicht rechtfertigen.[68]

4. Ausnahmen vom Stimmverbot. Sofern sich alle Aktien der KGaA in der Hand des einzigen Komplementärs oder der Komplementär-Gesellschaft befinden **(Einmann-KGaA)**, ist ein Interessengegensatz zwischen den Gesellschaftergruppen der KGaA ausgeschlossen und die Stimmrechtsverbote des § 285 Abs. 1 S. 2 entfallen.[69] Dies ist auch aus Funktionalitätsgründen notwendig, da andernfalls bestimmte Beschlüsse nicht mehr gefasst werden könnten.[70]

Sofern einer, alle oder mehrere der Komplementäre alle Aktien der KGaA besitzen **(Gesellschaftergruppenidentität)**, ist die Frage streitig. Das Wegfallen eines möglichen Interessengegensatzes zwischen den Gesellschaftergruppen rechtfertigt nach manchen nur ein Entfallen des Verbots nach Abs. 1 S. 2 Nr. 1–3 und Nr. 6 (Wahl des Aufsichtsrats), nicht jedoch der Nr. 4 und Nr. 5.[71] Andere wollen hinsichtlich der einzelnen Stimmverbote differenzieren und dabei insbesondere berücksichtigen, ob die Geschäftsführungsbefugnis einzelner Komplementäre beschränkt ist, da diese dann wie alle anderen Kommanditaktionäre schutzwürdig seien.[72] Wohl zu Recht wird aber überwiegend ein unterschiedloses Entfallen des Stimmrechtsverbots vertreten, weil es wie bei der Einmann-KGaA am normtragenden Interessengegensatz fehlt.[73] Hierbei ist unbeachtlich, ob alle oder nur einige Komplementäre alle Kommanditaktien halten, ob einzelne von ihnen von der Geschäftsführungsbefugnis ausgeschlossen sind oder nicht, denn all das berührt ausschließlich das Verhältnis der persönlich haftenden Gesellschafter untereinander. Mögliche Interessengegensätze zwischen den Komplementären sind jedoch nicht Regelungsgenstand der Vorschrift.

Schließlich ist das Stimmverbot nicht anzuwenden, wenn sich alle Anteile der Komplementärgesellschaft in der Hand der KGaA selbst befinden, sog. **Einheits-KGaA** (→ § 278 Rn. 3).[74] Denn ein Interessenkonflikt, wie ihn das Gesetz vor Augen hat, ist dann nicht gegeben.

---

[62] Vgl. nur Großkomm AktG/*Assmann/Sethe* Rn. 25; Kölner Komm AktG/*Mertens/Cahn* Rn. 8.
[63] Kölner Komm AktG/*Mertens/Cahn* Rn. 8.
[64] *Arnold*, Die GmbH & Co. KGaA, 2001, 101 f.; Großkomm AktG/*Assmann/Sethe* Rn. 25; *Assmann/Sethe* FS Lutter, 2000, 251 (266); MüKoAktG/*Perlitt* § 278 Rn. 325; NK-AktR/*Wichert* Rn. 4; *Schaumburg* DStZ 1998, 526 f.; *Hoffmann-Becking/Herfs* FS Sigle, 2000, 273 f. (289); *Schnülle* NZG 2017, 1056 (1057).
[65] *Hennemann* ZHR 182 (2018), 157 (184).
[66] Dieses besteht auch in Angelegenheiten der KGaA, vgl. *Kessler*, Die rechtlichen Möglichkeiten der Kommanditaktionäre einer GmbH & Co. KGaA zur Einwirkung auf die Geschäftsführung, 2003, 201.
[67] *Schnülle* NZG 2017, 1056 (1057).
[68] So aber *Ihrig/Schlitt* Beihefte der ZHR Nr. 67, 1998, 33 (46 f.); *Wichert* AG 2000, 268 (274); *Halasz/Kloster/Kloster* GmbHR 2002, 77 (85); *Neumann-Duesberg*, Die Besetzung des Aufsichtsrats der atypischen Kommanditgesellschaft auf Aktien, 2015, 159 f.
[69] HM, vgl. *Schnülle* NZG 2017, 1056 (1057 f.); *Hennemann* ZHR 182 (2018), 157 (186); MüKoAktG/*Perlitt* Rn. 21; Großkomm AktG/*Assmann/Sethe* Rn. 32 mwN.
[70] Für Einzelheiten vgl. *Dreisow* DB 1977, 851 f.
[71] Kölner Komm AktG/*Mertens/Cahn* Rn. 24.
[72] Großkomm AktG/*Assmann/Sethe* Rn. 34 f.
[73] Vgl. MüKoAktG/*Perlitt* Rn. 21; K. Schmidt/Lutter/*K. Schmidt* Rn. 13; *Schnülle* NZG 2017, 1056 (1058); *Hennemann* ZHR 182 (2018), 157 (186); bereits *Dreisow* DB 1977, 851 f.; *Schlitt*, Die Satzung der KGaA, 1999, 207.
[74] *Schnülle* NZG 2017. 1056 (1058); *Hennemann* ZHR 182 (2018), 157 (186 f.); Kölner Komm AktG/*Mertens/Cahn* Rn. 24; Bürgers/Körber/*Förl/Fett*, Rn. 4.

29 **5. Folgen einer unzulässigen Stimmrechtsausübung.** Hier ist zu differenzieren: Bei Ausschluss oder Beschränkung durch die Satzung zählt die Stimme nicht mit und kann der darauf beruhende Beschluss der Hauptversammlung **angefochten** werden (§ 243).[75] Entsprechendes gilt bei Verstoß gegen eines der Verbote des Abs. 1 S. 2. Gründet der Stimmrechtsausschluss hingegen im Tätigkeitsvertrag, bestimmen sich die Folgen nach allgemeinem Vertragsrecht. Darüber hinaus handelt ordnungswidrig, wer einem gesetzlichen (nicht: satzungsmäßigen) Stimmrechtsausschluss zuwiderhandelt (§ 405 Abs. 3 Nr. 5, § 408).

VI. Zustimmung der Komplementäre (Abs. 2)

30 **1. Zustimmungsbedürftige Beschlüsse (Satz 1).** Die KGaA verfügt über **kein Gesamtorgan,** in dem alle Gesellschafter vertreten sind. Jede Gesellschaftergruppe muss also in Gesellschaftsangelegenheiten für sich ihre Entscheidung treffen, woraus sich eine **Koordinierungsaufgabe** ergibt. Sie zu erfüllen dienen Abs. 2 und 3. Dabei unterscheidet das Gesetz nicht zwischen aktienrechtlichen (§ 278 Abs. 3) und handelsrechtlichen Angelegenheiten (§ 278 Abs. 2), indem es etwa für erstere nur die Hauptversammlung, für letztere Hauptversammlung („Gesamtheit der Kommanditaktionäre") und Komplementäre zur Entscheidung beruft. Vielmehr wird nach personengesellschaftsrechtlichen Kriterien danach unterschieden, ob eine Maßnahme in einer Kommanditgesellschaft der Zustimmung aller Gesellschafter bedürfte. Jede einzelne Hauptversammlungszuständigkeit muss vor diesem Raster darauf geprüft werden, ob sie für sich steht („autonome" Zuständigkeit, Satz 2) oder ob sie der Mitwirkung der Komplementäre bedarf (Satz 1).[76] Danach gilt:

31 In **Geschäftsführungsfragen** entscheiden alleine die Komplementäre, soweit es sich nicht um eine außergewöhnliche Maßnahme handelt (vgl. § 164 HGB iVm § 278 Abs. 2). Im letzteren Fall bedarf der Beschluss der Komplementäre der Zustimmung durch die Hauptversammlung, soweit die Satzung nicht zulässigerweise eine abweichende Regelung getroffen hat (→ § 278 Rn. 61 ff.). Theoretisch ist auch denkbar, dass die Initiative von der Hauptversammlung ausgeht, deren Beschluss dann die Zustimmung der Komplementäre finden muss. Abweichend von der gesetzlichen Regelung kann die Satzung der Hauptversammlung Mitwirkungsrechte zudem in einfachen Geschäftsführungsfragen geben.[77] Auch dann bedarf es im Regelfall eines Zusammenwirkens beider Gesellschaftergruppen.[78]

32 Erforderlich ist die Zustimmung der Komplementäre namentlich bei sog. **Grundlagengeschäften.** Sie erfordern grundsätzlich einen Hauptversammlungsbeschluss, den die Komplementäre billigen müssen. Angesprochen sind insbes. Satzungsänderungen, Kapitalmaßnahmen und sonstige Strukturänderungen, wobei es für die Einordnung als Grundlagengeschäft (und damit das Eingreifen des Zustimmungserfordernisses) keinen Unterschied macht, ob es sich dabei um einen nach Aktienrecht (zB Änderung der Firma, § 23 Abs. 3) oder nach Personengesellschaftsrecht (zB Aufnahme neuer Komplementäre) zu beurteilenden Gegenstand handelt. Bedeutung hat diese Differenzierung nur für die Frage, ob die Zuständigkeit der Hauptversammlung abbedungen[79] werden kann (→ § 278 Rn. 65 ff.). Das Zustimmungserfordernis nach § 285 Abs. 2 S. 1 ist **abdingbar,**[80] weil dieses allein aus personengesellschaftsrechtlichen Erwägungen fließt.

33 Zwingend zustimmungsbedürftig kraft ausdrücklicher Anordnung ist die **Feststellung des Jahresabschlusses** (§ 286 Abs. 1 S. 2). Die Satzung kann weitere Maßnahmen, die nur in die Zuständigkeit der Hauptversammlung fallen, der Zustimmung der Komplementäre unterwerfen.[81] Umstritten ist dies für den Beschluss über die **Gewinnverwendung.** Nach verbreiteter Ansicht kann hierfür ein Vetorecht des Komplementärs in der Satzung verankert werden.[82] Die Gegenansicht hält dies

---

[75] MüKoAktG/*Perlitt* Rn. 13; Großkomm AktG/*Assmann/Sethe* Rn. 47; Kölner Komm AktG/*Mertens/Cahn* Rn. 29.
[76] Erschöpfender Katalog bei Großkomm AktG/*Assmann/Sethe* Rn. 18 ff.
[77] Großkomm AktG/*Assmann/Sethe* Rn. 81.
[78] Zu Einzelheiten s. MüKoAktG/*Perlitt* Rn. 40 ff.
[79] Vgl. für Aufnahme neuer Komplementäre OLG Stuttgart NZG 2003, 293 = ZIP 2003, 670.
[80] Kölner Komm AktG/*Mertens/Cahn* Rn. 42, 43; *Reger* in Bürgers/Fett KGaA § 5 Rn. 56 f. (Ausnahme: Auflösungsbeschluss; im Erg. auch MüKoAktG/*Perlitt* Rn. 43 (Verzichtsverzicht in der Satzung als antizipierte Zustimmung); einschränkend Großkomm AktG/*Assmann/Sethe* Rn. 69 ff., Rn. 84 ff.: Gänzlicher Ausschluss der Zustimmung wegen Eingriffs in mitgliedschaftlichen Kernbereich unzulässig.
[81] So Großkomm AktG/*Assmann/Sethe* Rn. 81; Kölner Komm AktG/*Mertens/Cahn* Rn. 38.
[82] Vgl. LG München I NZG 2014, 700 (für die personalistisch strukturierte KGaA mit natürlicher Person als Komplementär); Kölner Komm AktG/*Mertens/Cahn* Rn. 39, § 286 Rn. 33; K. Schmidt/Lutter/*K. Schmidt* § 286 Rn. 12; (jedenfalls für die nicht börsennotierte Nicht-Publikums-KGaA); MHdB AG/*Herfs* § 81 Rn. 21; *Schnorbus* Liber Amicorum M Winter, 2011, 627 (652).

generell oder doch wenigstens bei der Publikums-KGaA für ausgeschlossen.[83] Wendet man nach § 278 Abs. 3 Aktienrecht an, scheidet ein Vetorecht von vornherein aus (→ § 133 Rn. 47). Sieht man dagegen das Verhältnis der Gesellschaftergruppen zueinander als betroffen an, gilt nach § 278 Abs. 2 disponibles Handelsrecht. Für die kapitalistische Publikums-KGaA wäre wegen der dort gebotenen Inhaltskontrolle selbst dann ein Vetorecht zu versagen.[84]

Richtigerweise enthält § 285 Abs. 2 S. 1 eine Spezialverweisung, so dass das **Vetorecht zulässig** 33a ist. Im Übrigen ist die Ausübung des Vetorechts an die Treuepflicht gebunden, darf also nicht willkürlich erfolgen. Ein Treuepflichtverstoß ist zu verneinen, wenn die Blockade der Ausschüttung dem Aufbau regulatorisch geforderten Eigenkapitals (Banken) dient.[85] Die Anfechtung des Gewinnverwendungsbeschlusses gem. § 254 (iVm § 283 Nr. 13) kommt nur in Betracht, wenn und soweit die Hauptversammlung die Thesaurierung beschlossen hat.

Zustimmungsfrei müssen selbstverständlich solche Beschlussgegenstände bleiben, für die das Gesetz 33b den Komplementären ein zwingendes **Stimmverbot** auferlegt (→ Rn. 15 ff.).[86] Eine Ausnahme gilt nur für den **Verzicht** auf Ersatzansprüche (§ 285 Abs. 1 S. 2 Nr. 5). Er soll auch ohne ausdrückliche Satzungsregelung nur mit Zustimmung der Komplementäre wirksam werden.[87] Der betroffene Komplementär darf dabei analog § 136 Abs. 1 nicht mitstimmen. Ablehnende Beschlüsse bedürfen ungeachtet ihres Gegenstandes keiner Zustimmung.[88]

2. Zustimmungserteilung. Wie die Zustimmung zu erteilen ist, legt das Gesetz nicht fest. Sie 34 kann vorher in Form der Einwilligung (§ 183 BGB) oder nachträglich als Genehmigung (§ 184 BGB) ausgesprochen werden.[89] Eine besondere **Form** ist nicht vorgeschrieben, soweit sich die Zustimmung nicht auf eintragungsbedürftige Beschlüsse bezieht (dann Beurkundung, vgl. Abs. 3 S. 2). Konkludentes Handeln, etwa durch entsprechenden Beschlussvorschlag, positives Abstimmen als Kommanditaktionär oder durch Mitwirken bei der Einreichung zum Register, soll daher genügen.[90] Bloßes Schweigen in der Hauptversammlung reicht aber nicht, um eine konkludente Zustimmung anzunehmen.[91] Auch die antizipierte Zustimmung in der Satzung wird anerkannt.[92] Schriftliche Dokumentation ist aber in jedem Fall zweckmäßig. Als **Willenserklärung** unterliegt die Zustimmung den allgemeinen Regeln, kann also zB angefochten oder widerrufen werden. Adressat ist die Gesellschaft, vertreten durch den Aufsichtsrat (§ 112), doch genügt die Zustimmung in der Versammlung (arg. Abs. 3 S. 2).[93]

Sind **mehrere Komplementäre** vorhanden, müssen grundsätzlich **alle** (einschließlich der nicht 35 geschäftsführungsbefugten[94]) zustimmen (zum Mehrheitsentscheid → Rn. 36). Nicht mitwirken muss, wer zum Zeitpunkt des Wirksamwerdens des Beschlusses nicht mehr oder noch nicht Komplementär ist.[95] Weil für das Verhältnis der Komplementäre zueinander Handelsrecht gilt (§ 278 Abs. 2), sind diese frei darin, wie sie zu ihrer Entscheidung gelangen. Eine Mediatisierung dergestalt, dass die Komplementäre nur in ihrer Gesamtheit handlungsfähig wären und/oder ihre Rechte zwingend

---

[83] Vgl. Großkomm AktG/*Assmann/Sethe* Rn. 82; *Grigoleit/Servatius* Rn. 2; NK-AktR/*Wichert* § 286 Rn. 10; Bürgers/Körber/*Förl/Fett*, Rn. 9; *Otte*, Die AG & Co. KGaA, 2011, 175; zweifelnd auch OLG München AG 2014, 18 = Beck RS 2014, 18030.
[84] So MüKoAktG/*Perlitt* § 278 Rn. 363, § 285 Rn. 45; *Ihrig/Schlitt* Beihefte der ZHR Nr. 67, 1998, 33 (69 f.); für die Publikums-KG auch MüKoHGB/*Grunewald* § 161 Rn. 128.
[85] LG München I NZG 2014, 700 (701); abw. OLG München AG 2014, 864, 865 (Berufungsinstanz).
[86] Vgl. MüKoAktG/*Perlitt* Rn. 50; Großkomm AktG/*Assmann/Sethe* Rn. 56, 67, 80; Kölner Komm AktG/*Mertens/Cahn* Rn. 40.
[87] So MüKoAktG/*Perlitt* Rn. 49; Großkomm AktG/*Assmann/Sethe* Rn. 68; Kölner Komm AktG/*Mertens/Cahn* Rn. 40.
[88] MüKoAktG/*Perlitt* Rn. 42; Großkomm AktG/*Assmann/Sethe* Rn. 58; Kölner Komm AktG/*Mertens/Cahn* Rn. 37; K. Schmidt/Lutter/*K. Schmidt* Rn. 27.
[89] Näher *Bachmann* FS Marsch-Barner, 2018, 13 (24 ff.).
[90] Hüffer/Koch/*Koch* Rn. 3; MüKoAktG/*Perlitt* Rn. 54, 56; Großkomm AktG/*Assmann/Sethe* Rn. 61; zT einschränkend Kölner Komm AktG/*Mertens/Cahn* Rn. 45, 46 (nicht bei Abstimmung durch Stimmrechtsvertreter).
[91] LG München I NZG 2014, 700 (702).
[92] *Grafmüller*, Die Kommanditgesellschaft auf Aktien als geeignete Rechtsform für börsenwillige Familienunternehmen, 1994, 133; MüKoAktG/*Perlitt* Rn. 43; Großkomm AktG/*Assmann/Sethe* Rn. 54 aE, 69.
[93] Im Erg. auch Hüffer/Koch/*Koch* Rn. 3; MüKoAktG/*Perlitt* Rn. 51; Kölner Komm AktG/*Mertens/Cahn* Rn. 45; zT abw. Großkomm AktG/*Assmann/Sethe* Rn. 59: Zustimmung nur gegenüber Aufsichtsrat, besonderem satzungsmäßigen Vertreter oder konkludent durch Einreichung zum Handelsregister.
[94] Hüffer/Koch/*Koch* Rn. 2; MüKoAktG/*Perlitt* Rn. 43; Großkomm AktG/*Assmann/Sethe* Rn. 60; Kölner Komm AktG/*Mertens/Cahn* Rn. 35.
[95] Vgl. KG JW 1927, 720 (Ausscheiden vor Eintragung des Beschlusses); MüKoAktG/*Perlitt* Rn. 65; Kölner Komm AktG/*Mertens/Cahn* Rn. 34.

§ 285 36–39   Zweites Buch. Kommanditgesellschaft auf Aktien

in einer Versammlung ausüben müssten, kennt das Gesetz nicht. Mangels abweichender Regelung muss daher jeder Komplementär **individuell** seine Zustimmung erteilen. Per Satzung oder sonstiger Absprache darf allerdings ein abweichendes Procedere angeordnet werden. Bei einer Vielzahl von Komplementären mag es zweckmäßig sein, eine Komplementärversammlung abzuhalten.[96] Die Komplementäre können jedoch auch innerhalb der Hauptversammlung ihre Zustimmung erteilen.[97] Jedoch sollten Beschlussgegenstände und Abstimmung schon wegen des Stimmverbots (Abs. 1) äußerlich getrennt bleiben.

36 Für die Zustimmung zu Grundlagengeschäften ist **Einstimmigkeit** erforderlich (§ 119 Abs. 1 HGB), wovon die Satzung jedoch abweichen darf (vgl. §§ 109, 119 Abs. 2 HGB).[98] Entsprechendes gilt für außergewöhnliche Geschäfte (§ 116 Abs. 2 HGB). Dagegen richtet sich das Quorum bei laufenden Geschäftsführungsmaßnahmen – sofern sie überhaupt das Zusammenwirken mit der Hauptversammlung erfordern (→ Rn. 31) – nach den allgemein für die Geschäftsführung geltenden Regeln. Danach genügt die Zustimmung eines geschäftsführungsbefugten Komplementärs, soweit die anderen nicht widersprechen (§ 115 Abs. 1 HGB). Stimmverbote für einzelne Komplementäre ergeben sich nicht aus § 285 Abs. 1, sondern (ungeschrieben) aus dem Personengesellschaftsrecht.[99] Wie auch sonst zieht die **Treuepflicht** dem Zustimmungsermessen im Einzelfall Grenzen.[100]

37 **3. Zustimmungsfreie Beschlüsse (Satz 2).** Explizit von der Zustimmungsbedürftigkeit ausgenommen sind Maßnahmen zur **Bestellung von Prüfern**, womit nicht nur die Sonderprüfung (§§ 142, 258), sondern auch die Abschlussprüfung gemeint ist;[101] ferner die Geltendmachung von **Ersatzansprüchen** auf Betreiben von Hauptversammlung oder Kommanditaktionärsminderheit (§§ 147 ff.). Unberührt bleibt das Widerspruchsrecht nach § 318 Abs. 3 HGB (→ Rn. 20). Zu ergänzen ist die Aufzählung um diejenigen Gegenstände, für die nach Abs. 1 S. 2 ein **Stimmverbot** besteht (Ausnahme: Verzicht, → Rn. 33b). In diesen Fällen ist die Zustimmungsfreiheit satzungsfest vorgeschrieben.[102] Umgekehrt kann die Satzung vorsehen, dass an sich zustimmungsbedürftige Beschlüsse zustimmungsfrei bleiben (→ Rn. 31). Zustimmungsfrei kraft ausdrücklicher gesetzlicher Anordnung ist schließlich der **Squeeze-Out**-Beschluss (§ 327a Abs. 1 S. 2).

38 **4. Rechtsfolgen fehlender Zustimmung.** Bis zur Erteilung der Zustimmung ist der Hauptversammlungsbeschluss **schwebend unwirksam**.[103] Die Fiktion einer Genehmigungsverweigerung nach dem Muster der §§ 177, 108 BGB sieht das Gesetz nicht vor. Bei eintragungsbedürftigen Beschlüssen wird die Unwirksamkeit analog § 242 Abs. 2 geheilt, wenn nach Eintragung drei Jahre klaglos verstrichen sind.[104]

VII. Anmeldung und Eintragung von Beschlüssen (Abs. 3)

39 Jeder Hauptversammlungsbeschluss ist gem. § 130 Abs. 5 (iVm § 278 Abs. 3) unverzüglich zum Handelsregister **einzureichen.** Zuständig ist der Komplementär (§ 283 Nr. 1), der eine vom Notar beglaubigte oder – bei einfachen Beschlüssen nichtbörsennotierter Gesellschaften – vom Aufsichtsratsvorsitzenden unterzeichnete Abschrift vorzulegen hat. An diese Regelung knüpft Abs. 3 S. 1 an und bestimmt, dass die Einreichung zustimmungsbedürftiger Beschlüsse erst nach Vorliegen der Zustimmung erfolgen darf.[105] Geschieht das nicht, ist die Einreichung nicht zurückzugeben, sondern

---

[96] Dazu näher *Reger* in Bürgers/Fett KGaA § 5 Rn. 45 ff.
[97] So MüKoAktG/*Perlitt* Rn. 54, 56 (unter Hinweis auf KG Recht 1926 Nr. 1374).
[98] Unstr., s. *Sethe*, Die personalistische Kapitalgesellschaft mit Börsenzugang, 1996, 125; MüKoAktG/*Perlitt* Rn. 60; *Reger* in Bürgers/Fett KGaA § 5 Rn. 54.
[99] Vgl. Großkomm AktG/*Assmann/Sethe* Rn. 41; Baumbach/Hopt/*Roth* HGB § 119 Rn. 8 ff.
[100] Vgl. näher MüKoAktG/*Perlitt* Rn. 61 f.; Großkomm AktG/*Assmann/Sethe* Rn. 65; Kölner Komm AktG/ *Mertens/Cahn* Rn. 49.
[101] MüKoAktG/*Perlitt* Rn. 47.
[102] MüKoAktG/*Perlitt* Rn. 46; Großkomm AktG/*Assmann/Sethe* Rn. 66, 80.
[103] Kölner Komm AktG/*Mertens/Cahn* Rn. 48; Großkomm AktG/*Assmann/Sethe* Rn. 64; K. Schmidt/Lutter/ *K. Schmidt* Rn. 30; auch MüKoAktG/*Perlitt* Rn. 52, die aber andernorts (Rn. 66) davon sprechen, es liege eine wirksame „Erklärung der Hauptversammlung" vor, jedoch kein wirksamer „Beschluss der Gesellschaft". Ein Beschluss der Hauptversammlung ist aber immer ein Beschluss „der Gesellschaft" (vgl. Fn. 2), nur – mangels gebotener Zustimmung der Komplementäre – eben kein wirksamer.
[104] Zutr. Großkomm AktG/*Assmann/Sethe* Rn. 64, 92; Kölner Komm AktG/*Mertens/Cahn* Rn. 48; Bürgers/ Körber/*Förl/Fett* Rn. 12; allgemein Hüffer/Koch/*Koch* § 242 Rn. 10; MüKoAktG/*Perlitt* Rn. 66.
[105] Es handelt sich nicht um eine Ausnahme vom Erfordernis der „Unverzüglichkeit" iSv § 130 Abs. 5 (so aber Großkomm AktG/*Assmann/Sethe* Rn. 90), weil das Warten auf die Zustimmung kein „schuldhaftes Zögern" iSv § 121 BGB darstellt. Sobald die Zustimmung vorliegt, muss umgehend eingereicht werden.

die Zustimmung nachzufordern.[106] Die praktische Bedeutung der Regelung besteht darin, dass das Registergericht Nachweise fordern darf, womit auch die Zustimmungserklärung faktisch einreichungsbedürftig wird (vgl. § 388 FamFG [ex § 132 FGG]). Der Nachweis darf allerdings auch in anderer Form erbracht werden. Er kann etwa darin liegen, dass der Komplementär durch die Einreichung des Beschlusses konkludent seine Zustimmung zu diesem erteilt.[107]

Handelt es sich um einen **eintragungspflichtigen** Beschluss, muss die Zustimmung in der Niederschrift oder in einem „Anhang" dazu beurkundet sein (Abs. 3 S. 2). Die Erklärung des Komplementärs in der notariell beglaubigten Anmeldung zum Handelsregister, die Zustimmung liege vor, genügt dem Formerfordernis nicht.[108] Die Eintragungspflicht ergibt sich aus besonderen Vorschriften des Aktienrechts und erfasst auch nur deklaratorische Eintragungen (zB § 263). Abweichend vom missverständlichen Wortlaut sind insbesondere Fälle gemeint, in denen nicht der Beschluss selbst, sondern eine Maßnahme eingetragen wird, für die der Beschluss Wirksamkeitserfordernis ist, also Satzungsänderungen (§ 181), Kapitalmaßnahmen (§§ 184, 188), Unternehmensverträge (§§ 294, 298), Umwandlungsvorgänge etc.[109] 40

Die Beurkundung in der **Niederschrift** empfiehlt sich bei Teilnahme der Komplementäre an der Hauptversammlung (zur Teilnahmebefugnis → Rn. 4).[110] Ansonsten muss sie in einen „Anhang" aufgenommen werden. Was darunter zu verstehen ist, lässt sich dem Gesetz nicht entnehmen. Jedenfalls kann es nicht bedeuten, dass die Zustimmung nicht zeitlich und räumlich separat beurkundet werden dürfte, weil sie sonst auch gleich in die Niederschrift mit aufgenommen werden könnte.[111] „Anhang" kann also nur heißen, dass die beurkundete Zustimmung der beurkundeten Niederschrift beigefügt wird. Genügt für die Niederschrift die Unterzeichnung durch den Aufsichtsratsvorsitzenden, muss das auch für die Zustimmungserklärung der Komplementäre ausreichen.[112] Ist der Aufsichtsrat zu **Fassungsänderungen** ermächtigt (§ 179 Abs. 1 S. 2), bedarf es daneben keiner besonderen Zustimmung der Komplementäre mehr.[113] 41

§ 286 Jahresabschluß. Lagebericht

(1) ¹Die Hauptversammlung beschließt über die Feststellung des Jahresabschlusses. ²Der Beschluß bedarf der Zustimmung der persönlich haftenden Gesellschafter.

(2) ¹In der Jahresbilanz sind die Kapitalanteile der persönlich haftenden Gesellschafter nach dem Posten „Gezeichnetes Kapital" gesondert auszuweisen. ²Der auf den Kapitalanteil eines persönlich haftenden Gesellschafters für das Geschäftsjahr entfallende Verlust ist von dem Kapitalanteil abzuschreiben. ³Soweit der Verlust den Kapitalanteil übersteigt, ist er auf der Aktivseite unter der Bezeichnung „Einzahlungsverpflichtungen persönlich haftender Gesellschafter" unter den Forderungen gesondert auszuweisen, soweit eine Zahlungsverpflichtung besteht; besteht keine Zahlungsverpflichtung, so ist der Betrag als „Nicht durch Vermögenseinlagen gedeckter Verlustanteil persönlich haftender Gesellschafter" zu bezeichnen und gemäß § 268 Abs. 3 des Handelsgesetzbuchs auszuweisen. ⁴Unter § 89 fallende Kredite, die die Gesellschaft persönlich haftenden Gesellschaftern, deren Ehegatten, Lebenspartnern oder minderjährigen Kindern oder Dritten, die für Rechnung dieser Personen handeln, gewährt hat, sind auf der Aktivseite bei den entsprechenden Posten unter der Bezeichnung „davon an persönlich haftende Gesellschafter und deren Angehörige" zu vermerken.

(3) In der Gewinn- und Verlustrechnung braucht der auf die Kapitalanteile der persönlich haftenden Gesellschafter entfallende Gewinn oder Verlust nicht gesondert ausgewiesen zu werden.

---

[106] Heute unstr., vgl. Hüffer/Koch/*Koch* Rn. 4; MüKoAktG/*Perlitt* Rn. 64; Großkomm AktG/*Assmann/Sethe* Rn. 91; Kölner Komm AktG/*Mertens/Cahn* Rn. 50.
[107] MüKoAktG/*Perlitt* Rn. 56; Kölner Komm AktG/*Mertens/Cahn* Rn. 46.
[108] OLG Stuttgart NZG 2003, 293 = ZIP 2003, 670.
[109] Ebenso Großkomm AktG/*Assmann/Sethe* Rn. 94 Fn. 193.
[110] Kostenrechtlich liegt dann nur ein Beurkundungsakt vor, MüKoAktG/*Perlitt* Rn. 55; Großkomm AktG/*Assmann/Sethe* Rn. 94; Kölner Komm AktG/*Mertens/Cahn* Rn. 47.
[111] Zutr. *Düringer/Hachenburg* HGB § 327 Anm. 35; iE auch Großkomm AktG/*Assmann/Sethe* Rn. 94; wohl auch MüKoAktG/*Perlitt* Rn. 53.
[112] *Bachmann* FS Marsch-Barner, 2018, 13 (26). Praktisch spielt die Frage keine Rolle, weil zustimmungsbedürftige Beschlüsse idR einer Dreiviertelmehrheit in der Hauptversammlung bedürfen und daher stets notariell beurkundet werden müssen, vgl. § 130 Abs. 1 S. 3.
[113] MüKoAktG/*Perlitt* Rn. 67; iE auch Großkomm AktG/*Assmann/Sethe* Rn. 93, die allerdings eine – wohl ausdrückliche – Zustimmung in der Satzung verlangen.

(4) **§ 285 Nr. 9 Buchstabe a und b des Handelsgesetzbuchs gilt für die persönlich haftenden Gesellschafter mit der Maßgabe, daß der auf den Kapitalanteil eines persönlich haftenden Gesellschafters entfallende Gewinn nicht angegeben zu werden braucht.**

Schrifttum: *Hageböke/Koetz,* Die Gewinnermittlung des persönlich haftenden Gesellschafters einer KGaA durch Betriebsvermögensvergleich, DStR 2006, 293; *Kessler,* Die KGaA im System der dualen Unternehmensbesteuerung, FS Korn, 2005, 302; *Kusterer,* Ergänzungsbilanz des persönlich haftenden Gesellschafters einer KGaA, DStR 2004, 77; *Schließer,* § 6 Die Rechnungslegung der KGaA, in Bürgers/Fett, Die Kommanditgesellschaft auf Aktien, 2. Aufl 2015, 333; *Sethe,* Die Besonderheiten der Rechnungslegung bei der KGaA, DB 1998, 1044; *Werther,* Zur freien Rücklage im Jahresabschluss, insbesondere bei der Kommanditgesellschaft auf Aktien, AG 1966, 305; ferner Angaben zu → § 278.

Übersicht

	Rn.		Rn.
I. Normzweck	1	3. Kredite (Satz 4)	10
II. Kompetenzen (Abs. 1)	2–4	IV. Gewinn- und Verlustrechnung	
III. Bilanzierungsvorschriften (Abs. 2)	5–10	(Abs. 3)	11
1. Grundsätzliches	5, 6	V. Vergütungstransparenz (Abs. 4)	12
2. Kapitalanteil (Satz 1–3)	7–9	VI. Konzernrechnungslegung	13, 14

I. Normzweck

1   Die Vorschrift bezweckt in erster Linie die **Verzahnung personen- und kapitalgesellschaftsrechtlicher Rechnungslegungsvorschriften.** Als Kapitalgesellschaft unterliegt die KGaA wie die AG deren besonderen Bilanzierungsregeln (§§ 264 ff. HGB), doch ergeben sich durch das Vorhandensein eines Komplementärs, welcher sich mit einer Vermögenseinlage beteiligen kann, bilanzielle Probleme, welche die Vorschrift nur ungenügend löst. Die Rechnungslegung in der KGaA ist daher kompliziert, viele Einzelfragen sind streitig.[1] Abweichend von der AG wird der Jahresabschluss nicht dadurch festgestellt, dass der Aufsichtsrat die Vorlage des Vorstands billigt (vgl. § 172), sondern durch das Zusammenwirken von Hauptversammlung und Komplementären. Dadurch soll die **gleichberechtigte Mitwirkung** aller Gesellschaftergruppen an einem Grundlagengeschäft sichergestellt werden.

II. Kompetenzen (Abs. 1)

2   Die **Aufstellung** des Jahresabschlusses obliegt den geschäftsführungs- und vertretungsbefugten Komplementären.[2] Für die Feststellung des Jahresabschlusses ist dagegen die **Hauptversammlung** zuständig (Abs. 1 S. 1). Sie bedarf der Zustimmung aller, also auch der nichtgeschäftsführenden Komplementäre. Diese Regelung ist **zwingend,** jedoch können einzelne Komplementäre durch Satzung von der Mitwirkung ausgeschlossen werden oder kann das Einstimmigkeitserfordernis abbedungen werden.[3] In der Vorlage der Abschlussunterlagen ist idR bereits die Billigung zu sehen.[4] Der Beschluss der Hauptversammlung ergeht mit einfacher Mehrheit (§ 133 Abs. 1). Entsprechend § 173 Abs. 3 darf er den Jahresabschluss – mit anschließender Zustimmung der Komplementäre – ändern.[5] Dagegen finden § 173 Abs. 1 und Abs. 2 S. 1 keine Anwendung.[6] Dem Aufsichtsrat kommt nur die Aufgabe zu, den Jahresabschluss zu prüfen (§ 171) und dem Prüfer den Prüfungsauftrag zu erteilen (§ 111 Abs. 2 S. 3). An der Feststellung selbst ist er nicht beteiligt. Über die **Gewinnverwendung** beschließt – wie in der AG – die Hauptversammlung. Auch diese Kompetenz ist satzungsfest.[7] Ob ein Vetorecht des Komplementärs vereinbart werden darf, ist umstritten (→ § 285 Rn. 33 f.).

---

[1] Vgl. *Schließer* in Bürgers/Fett KGaA § 6 Rn. 5: „Ungelöste Diskrepanzen".
[2] MüKoAktG/*Perlitt* Rn. 48; *Schließer* in Bürgers/Fett KGaA § 6 Rn. 6.
[3] *Philbert,* Die Kommanditgesellschaft auf Aktien zwischen Personengesellschaftsrecht und Aktienrecht, 2005, 218; Kölner Komm AktG/*Mertens/Cahn* Rn. 22, 27.
[4] MüKoAktG/*Perlitt* Rn. 46, 63; Großkomm AktG/*Assmann/Sethe* Rn. 7; Bürgers/Körber/*Förl/Fett* Rn. 3.
[5] Vgl. Hüffer/Koch/*Koch* Rn. 1; Kölner Komm AktG/*Mertens/Cahn* Rn. 26; MüKoAktG/*Perlitt* Rn. 62; Großkomm AktG/*Assmann/Sethe* Rn. 5, 10.
[6] *Sethe* DB 1998, 1044 (1045); Großkomm AktG/*Assmann/Sethe* Rn. 27; MüKoAktG/*Perlitt* Rn. 60; *Schließer* in Bürgers/Fett KGaA § 6 Rn. 29; für Ausschluss (nur) von § 173 Abs. 2 Satz 2 Kölner Komm AktG/*Mertens/Cahn* Rn. 19 aE.
[7] *Arnold,* Die GmbH & Co. KGaA, 2001, 153 f.; *Philbert,* Die Kommanditgesellschaft auf Aktien zwischen Personengesellschaftsrecht und Aktienrecht, 2005, 219; *Förl,* Die GmbH & Co KGaA als abhängiges Unternehmen, 2003, 17 f.; *Wichert* AG 2000, 268 (270); Großkomm AktG/*Assmann/Sethe* § 285 Rn. 82; *Schließer* in Bürgers/Fett KGaA § 6 Rn. 36 f.; aA (Vetorecht der Komplementäre möglich) MüKoAktG/*Perlitt* § 285 Rn. 45; MHdB AG/*Herfs* § 81 Rn. 21; Kölner Komm AktG/*Mertens/Cahn* Rn. 33.

Jahresabschluß. Lagebericht 3–6 § 286

Aus der Hauptversammlungskompetenz folgt, dass die **Auskunftsverweigerungsrechte** des 3
§ 131 Abs. 3 S. 1 Nr. 3 und 4 in der KGaA **keine Anwendung** finden.[8] Abweichendes gilt wegen
§ 340f HGB nur für Kreditinstitute in Rechtsform der KGaA.[9] Das Auskunftsrecht erstreckt sich
auch auf die Höhe des auf die Kapitaleinlagen der Komplementäre entfallenden Ergebnisses und auf
deren Gewinnanteile.[10]

Kommt es zur **Uneinigkeit** zwischen Hauptversammlung und Komplementären, ist der Jahresab- 4
schluss zunächst nicht festgestellt. Lässt sich der Konflikt nicht schlichten, bedarf es der Klage.
Klagen die Komplementäre, handelt es sich um eine **Anfechtungsklage** gegen den ablehnenden
Hauptversammlungsbeschluss, verbunden mit einer positiven **Beschlussfeststellungsklage**.[11] Für
eine Feststellungsklage ist mangels Feststellungsinteresses kein Raum.[12] Wollen die Kommanditaktionäre gerichtlich vorgehen, ist eine Klage der Gesellschaft gegen die Komplementäre auf Erteilung
der Zustimmung der statthafte Rechtsbehelf.[13] Der Aufsichtsrat vertritt die Gesellschaft bei der
Anfechtungsklage (§ 246 Abs. 2 S. 2), im Übrigen auch dann, wenn die Hauptversammlung keine
besonderen Vertreter bestellt hat (vgl. § 287 Abs. 2). Begründet ist die Klage, wenn die Billigung des
Jahresabschlusses treuwidrig verweigert wurde, was auf eine gewisse Plausibilitätsprüfung hinaus
läuft.[14] Ist das nicht der Fall, muss die Klage abgewiesen werden. Die Regel „im Zweifel zugunsten
der Komplementäre" würde ein Patt lösen, ist dem Gesetz aber nicht zu entnehmen.[15] Bleibt es
beim Patt, ist die Gesellschaft auflösungsreif.[16]

III. Bilanzierungsvorschriften (Abs. 2)

1. Grundsätzliches. Da die KGaA Kapitalgesellschaft ist, richtet sich ihr Jahresabschluss nach 5
den dafür einschlägigen §§ 264 ff. HGB, ergänzt um die Sondervorschriften der §§ 150 ff. AktG.[17]
Erforderlich ist also ein nach **aktienrechtlichen Grundsätzen** aufzustellender Jahresabschluss.
Schwierigkeiten ergeben sich daraus, dass der Gewinn- oder Verlustanteil des Komplementärs bereits
bei der Aufstellung des Jahresabschlusses berücksichtigt und daher vorab ermittelt werden muss
(→ Rn. 6 ff.). Nach überkommener Ansicht bedarf es dazu eines gesonderten internen Abschlusses,
der nach personengesellschaftsrechtlichen Grundsätzen aufzustellen ist (sog. dualistische Methode).[18]
Mit der inzwischen hL ist diese Auffassung abzulehnen, da sie mit dem Charakter der KGaA als
Kapitalgesellschaft unvereinbar ist und zur Intransparenz der Verteilungsentscheidung führt.[19] Praktisch ist der Streit ohne Belang, da auch nach hL Korrekturen vorzunehmen sind (→ Rn. 6), während
die traditionelle Ansicht einen Satzungsspielraum (§ 278 Abs. 2) anerkennt, der für abweichende
Gestaltungen genutzt wird.[20]

Aus der Beteiligung des Komplementärs ergeben sich für den aktienrechtlichen Jahresabschluss 6
einige **Besonderheiten**. Da der Komplementär am Gewinn bzw. Verlust eines Geschäftsjahres bereits
im Jahr seiner Entstehung durch entsprechende Veränderung seines Kapitalanteils teilnimmt
(→ Rn. 7), sind **Gewinn- und Verlustvorträge** bei der Ermittlung seines Ergebnisanteils außer

---

[8] AllgA, vgl. nur Hüffer/Koch/*Koch* Rn. 1; MüKoAktG/*Perlitt* Rn. 75; Kölner Komm AktG/*Mertens/Cahn* Rn. 23.
[9] Hüffer/Koch/*Koch* Rn. 1; MüKoAktG/*Perlitt* Rn. 78; Großkomm AktG/*Assmann/Sethe* Rn. 23.
[10] MüKoAktG/*Perlitt* Rn. 76 f.
[11] *Wichert*, Die Finanzen der Kommanditgesellschaft auf Aktien, 1999, 136; MüKoAktG/*Perlitt* Rn. 72; Kölner Komm AktG/*Mertens/Cahn* Rn. 32; K. Schmidt/Lutter/*K. Schmidt* Rn. 2.
[12] MüKoAktG/*Perlitt* Rn. 72.
[13] MüKoAktG/*Perlitt* Rn. 72.
[14] Insoweit unstr., vgl. *Wichert*, Die Finanzen der Kommanditgesellschaft auf Aktien, 1999, 135 f.; MüKoAktG/*Perlitt* Rn. 71; Kölner Komm AktG/*Mertens/Cahn* Rn. 32; *Raiser/Veil* KapGesR § 32 Rn. 4.
[15] Zutr. *Wichert*, Die Finanzen der Kommanditgesellschaft auf Aktien, 1999, 135; aA MüKoAktG/*Perlitt* Rn. 71; s. auch Bürgers/Körber/*Förl/Fett* Rn. 4: Einschätzungsprärogative der geschäftsführenden Komplementäre.
[16] Vgl. RGZ 49, 141 (145 f.); Hüffer/Koch/*Koch* Rn. 1; aA NK-AktR/*Wichert* Rn. 5, 9.
[17] Zur steuerlichen Gewinnermittlung *Hageböke/Koetz* DStR 2006, 293 ff.
[18] So etwa noch MüKoAktG/*Perlitt* Rn. 22; Großkomm AktG/*Assmann/Sethe* § 288 Rn. 18 ff. mit Nachweisen aus dem älteren Schrifttum.
[19] Eingehend *Ammenwerth*, Die Kommanditgesellschaft auf Aktien (KGaA) – eine Rechtsformalternative für personenbezogene Unternehmen?, 1997, 55 ff.; *Philbert*, Die Kommanditgesellschaft auf Aktien zwischen Perso-nengesellschaftsrecht und Aktienrecht, 2005, 212 f.; *Wichert*, Die Finanzen der Kommanditgesellschaft auf Aktien, 1999, 141 ff.; Hüffer/Koch/*Koch* § 288 Rn. 2; Kölner Komm AktG/*Mertens/Cahn* Rn. 10; K. Schmidt/Lutter/ *K. Schmidt* Rn. 4; ferner NK-AktR/ *Wichert* § 288 Rn. 2; *Schließer* in Bürgers/Fett KGaA § 6 Rn. 52; MHdB AG/*Herfs* § 81 Rn. 8 ff.
[20] MüKoAktG/*Perlitt* Rn. 25; auch *Arnold*, Die GmbH & Co. KGaA, 2001, 151: „praktisch ... zu vernachlässi-gen".

Betracht zu lassen.[21] Aus dem Jahresüberschuss zu bildende **Rücklagen** sind nur zu Lasten der Kommanditaktionäre zu dotieren, Gewinnanteile und Tätigkeitsvergütungen der Komplementäre sind aus diesem insoweit herauszurechnen.[22] Entsprechend § 58 Abs. 2 ist den Komplementären die Befugnis zuzubilligen, bei der Aufstellung des Jahresabschlusses bis zu 50 % des Jahresüberschusses in „andere Gewinnrücklagen" einzustellen.[23] Die **Körperschaftsteuer** darf die Komplementäre nicht belasten (vgl. § 9 Abs. 1 Nr. 1 KStG) und ist daher dem für die Bemessung des Komplementärgewinns maßgeblichen Jahresabschluss hinzuzurechnen.

7 **2. Kapitalanteil (Satz 1–3).** Der „Kapitalanteil" ist eine bilanzmäßige **Rechenziffer**.[24] Er existiert nur, wenn sich der Komplementär mit einer Vermögenseinlage am Gesellschaftsvermögen beteiligt. Dabei ist der Kapitalanteil von der Vermögenseinlage insofern verschieden, als diese in der Satzung fixiert ist (§ 281 Abs. 2), während jener variabel ist. Auch ist nicht alles, was nach hL gem. § 281 Abs. 2 einlagefähig ist, bilanzierungsfähig (zB Dienstleistung).[25] Der Kapitalanteil ist maßgeblich für die Gewinn- und Verlustverteilung (§ 278 Abs. 2 iVm §§ 167, 120 HGB), das Entnahmerecht (§ 288, § 278 Abs. 2 iVm § 122 HGB) und den Umfang der Beteiligung am Gesellschaftsvermögen (§ 290, §§ 278 Abs. 2 iVm § 155 HGB). In der Praxis werden für jeden persönlich haftenden Gesellschafter meist verschiedene Kapitalkonten eingerichtet.[26] Soweit es nur um die interne Ergebnisbeteiligung geht, sind dabei fixe Konten zulässig und üblich.[27]

8 Für die Bilanzierung schreibt Abs. 2 S. 1 einen **gesonderten Ausweis** nach dem Posten „Gezeichnetes Kapital" (§ 266 Abs. 3 A. I. HGB) vor. Das soll dem Gläubigerschutz dienen.[28] Um Verwechslungen mit der Kapitalrücklage auszuschließen, ist hierbei der Gliederungspunkt I a. zu verwenden und eine entsprechende Kennzeichnung („Kapitalanteile persönlich haftender Gesellschafter") vorzunehmen.[29] Eine Zusammenfassung positiver Kapitalanteile mehrerer Komplementäre ist zulässig, nicht jedoch die Saldierung mit negativen Konten.[30]

9 **Verluste** sind vom Kapitalkonto **abzuschreiben** (Abs. 2 S. 2). Das entspricht der Regelung in § 120 Abs. 2 HGB, ist aber für die KGaA aufgrund der ausdrücklichen Anordnung **zwingend**.[31] Nicht zwingend ist die Zuschreibung von Gewinnanteilen, die sich nach dem dispositiven § 120 Abs. 2 HGB (iVm § 278 Abs. 2) richtet.[32] **Übersteigt** der Verlust den Kapitalanteil, ist dies gesondert auf der Aktivseite auszuweisen (Abs. 2 S. 3). Dabei differenziert das Gesetz danach, ob der betroffene Komplementär intern zum Ausgleich des Verlustes verpflichtet ist (dann Ausweis unter Forderungen als „Einzahlungsverpflichtungen persönlich haftender Gesellschafter") oder nicht (dann Ausweis als „Nicht durch Vermögenseinlagen gedeckter Verlustanteil persönlich haftender Gesellschafter"). Im letzteren Fall erfolgt der Ausweis gesondert am Schluss auf der Aktivseite der Bilanz (vgl. Abs. 2 S. 2 iVm § 268 Abs. 3 HGB).

10 **3. Kredite (Satz 4).** Für die Kreditgewährung an persönlich haftende Gesellschafter oder diesen nahe stehenden Personen ist gem. § 283 Nr. 5 iVm § 89 der Aufsichtsrat zuständig. Zusätzlich verlangt § 286 Abs. 2 S. 4 eine **besondere Transparenz.** Danach ist der Ausweis der betreffenden Rückzahlungsansprüche auf der Aktivseite mit der Kennzeichnung „davon an persönlich haftende Gesellschafter und deren Angehörige" zu versehen. Beide Personengruppen sind auch dann zu nennen, wenn der Kredit nur an eine von ihnen ausgereicht wurde, doch schadet eine genauere Kennzeichnung

---

[21] *Arnold,* Die GmbH & Co. KGaA, 2001, 152; Kölner Komm AktG/*Mertens/Cahn* Rn. 6 f.
[22] Vgl. *Ammenwerth,* Die Kommanditgesellschaft auf Aktien (KGaA) – eine Rechtsformalternative für personenbezogene Unternehmen?, 1997, 66 f.; *Arnold,* Die GmbH & Co. KGaA, 2001, 143; Kölner Komm AktG/*Mertens/Cahn* Rn. 8, 17; *Hoffmann-Becking/Herf* FS Sigle, 2000, S. 291.
[23] *Sethe* DB 1998, 1044; *Arnold,* Die GmbH & Co. KGaA, 2001, 149; *Wichert,* Die Finanzen der Kommanditgesellschaft auf Aktien, 1999, 126; MüKoAktG/*Perlitt* Rn. 54; Kölner Komm AktG/*Mertens/Cahn* Rn. 19; Großkomm AktG/*Assmann/Sethe* Rn. 26; Bürgers/Körber/Förl/Fett Rn. 2; MHdB AG/*Herfs* § 81 Rn. 32; *Schließer* in Bürgers/Fett KGaA § 6 Rn. 22; de lege ferenda auch *Ammenwerth,* Die Kommanditgesellschaft auf Aktien (KGaA) – eine Rechtsformalternative für personenbezogene Unternehmen?, 1997, 71 f.
[24] Hüffer/Koch/*Koch* Rn. 2; Großkomm AktG/*Assmann/Sethe* Rn. 34.
[25] Vgl. nur Hüffer/Koch/*Koch* Rn. 2; MüKoAktG/*Perlitt* Rn. 84; Großkomm AktG/*Assmann/Sethe* Rn. 34. Zur Einlagefähigkeit → § 281 Rn. 7.
[26] *Schließer* in Bürgers/Fett KGaA § 6 Rn. 64; Klauselbeispiel bei *Raiser/Veil* KapGesR § 30 Rn. 8.
[27] Vgl. Kölner Komm AktG/*Mertens/Cahn* Rn. 38 aE, § 288 Rn. 15; MüKoAktG/*Perlitt* § 288 Rn. 40.
[28] Kölner Komm AktG/*Mertens/Cahn* Rn. 36 aE; Großkomm AktG/*Assmann/Sethe* Rn. 33.
[29] Kölner Komm AktG/*Mertens/Cahn* Rn. 36; aA (Gliederungspunkt II.) Großkomm AktG/*Assmann/Sethe* Rn. 33; MüKoAktG/*Perlitt* Rn. 83; K. Schmidt/Lutter/*K. Schmidt* Rn. 6.
[30] Hüffer/Koch/*Koch* Rn. 3; MüKoAktG/*Perlitt* Rn. 83; Kölner Komm AktG/*Mertens/Cahn* Rn. 36; Großkomm AktG/*Assmann/Sethe* Rn. 33.
[31] Unstr., vgl. nur Hüffer/Koch/*Koch* Rn. 4; Großkomm AktG/*Assmann/Sethe* Rn. 39.
[32] Vgl. Kölner Komm AktG/*Mertens/Cahn* Rn. 40; Großkomm AktG/*Assmann/Sethe* Rn. 40.

nicht. Eine individuelle Aufschlüsselung ist nicht vorgeschrieben.[33] Zusätzliche Angaben sind gem. § 285 Nr. 9 lit. c HGB im Anhang zu machen.[34] Die Bagatellgrenze des § 89 Abs. 1 S. 5 (Monatsgehalt) gilt auch hier.[35]

IV. Gewinn- und Verlustrechnung (Abs. 3)

Der auf die Komplementäre entfallende Gewinn oder Verlust kann, aber muss nicht in der Gewinn- und Verlustrechnung (§ 275 HGB) gesondert ausgewiesen werden – es besteht also ein **Wahlrecht**.[36] Damit soll den Komplementären eine entsprechende **Offenlegung erspart** bleiben.[37] Ob das rechtspolitisch sinnvoll ist, steht auf einem anderen Blatt.[38] Ein etwaiger Gewinn kann daher mit den „sonstigen betrieblichen Aufwendungen" (§ 275 Abs. 2 Nr. 4 und Abs. 3 Nr. 7 HGB) erfasst und vom Gesamtgewinn gekürzt werden, ein Verlust darf entsprechend den „sonstigen betrieblichen Erträgen" (§ 275 Abs. 2 Nr. 4 und Abs. 3 Nr. 6 HGB) zugesetzt und damit von einem Gesamtverlust abgezogen werden.[39] Den Kommanditaktionären ist jedoch auf Verlangen in der Hauptversammlung entsprechende Auskunft zu erteilen.[40]

V. Vergütungstransparenz (Abs. 4)

Im **Anhang** sind gem. § 285 Nr. 9 HGB detaillierte Angaben zur Vergütung des geschäftsleitenden Organs zu machen. Die Vorschrift gilt, da für alle Kapitalgesellschaften einschlägig, prinzipiell auch für die KGaA. § 286 Abs. 4 stellt dies mit der Maßgabe klar, dass der auf den Kapitalanteil eines Komplementärs entfallende Gewinn nicht angegeben werden muss. Denn dieser ist unternehmerischen Ertrag dar und ist daher mit der Vergütung des Managements nicht vergleichbar. **Unklar** ist, ob die durch das Vorstandsvergütungs-Offenlegungsgesetz (VorstOG) den börsennotierten Gesellschaften auferlegte Pflicht zur **Individualisierung** der Vergütungsangaben A (§ 285 Nr. 9 lit. a S. 5– 8 HGB) auch die KGaA erfasst. Der Pauschalverweis in Abs. 4 und der Normzweck mögen das nahe legen.[41] Da in § 285 Nr. 9 lit. a S. 5 HGB aber explizit nur von der „Aktiengesellschaft" und dem „Vorstandsmitglied" die Rede ist, und da die vom Gesetzgeber ins Auge gefassten Vergütungsexzesse nicht die KGaA betreffen, spricht mehr für die Nichtanwendung (→ § 288 Rn. 12).[42] Sieht man das anders, muss man konsequent den Dispens durch Hauptversammlungsbeschluss (§ 286 Abs. 5 HGB) zulassen, bei dem der Komplementär dann analog § 286 Abs. 5 S. 3 HGB nicht mitstimmen darf. In keinem Fall gefordert ist eine individuelle Offenlegung der Bezüge von Organmitgliedern einer Komplementärgesellschaft.[43]

VI. Konzernrechnungslegung

Auf die KGaA als Kapitalgesellschaft finden die §§ 290 ff. HGB über Konzernabschluss und Konzernlagebericht Anwendung. Ist die KGaA Mutterunternehmen eines anderen Unternehmens, ist sie also zur Konzernrechnungslegung verpflichtet.[44] Praktisch relevant ist die Frage, ob die Komplementärin, soweit sie selbst Kapitalgesellschaft ist (Bsp.: **GmbH & Co KGaA**) als „Mutterunternehmen" iSv § 290 HGB anzusehen und damit als solches zur Aufstellung eines Konzernabschlusses verpflichtet ist. Dabei ist von Bedeutung, dass es für den Unternehmensbegriff iSv § 290 HGB anders als nach § 15 nicht darauf ankommt, ob die Komplementärin anderweitig geschäftlich engagiert ist.[45] Übt sie einen beherrschenden Einfluss aus, ist sie daher ohne weiteres zum Konzernabschluss

---

[33] Sethe DB 1998, 1044 (1048); Hüffer/Koch/*Koch* Rn. 5; Großkomm AktG/*Assmann/Sethe* Rn. 43.
[34] MüKoAktG/*Perlitt* Rn. 90; Großkomm AktG/*Assmann/Sethe* Rn. 45; Kölner Komm AktG/*Mertens/Cahn* Rn. 42.
[35] Großkomm AktG/*Assmann/Sethe* Rn. 44; K. Schmidt/Lutter/*K. Schmidt* Rn. 9a.
[36] Vgl. MüKoAktG/*Perlitt* Rn. 91.
[37] RegBegr *Kropff* S. 370; Hüffer/Koch/*Koch* Rn. 6.
[38] Krit. Kölner Komm AktG/*Mertens/Cahn* Rn. 43; *Ammenwerth*, Die Kommanditgesellschaft auf Aktien (KGaA) – eine Rechtsformalternative für personenbezogene Unternehmen?, 1997, 88 („ersatzlos streichen").
[39] MüKoAktG/*Perlitt* Rn. 91; abw. mit eingehender Darstellung Kölner Komm AktG/*Mertens/Cahn* Rn. 11 f., 14, 44.
[40] OLG Hamm AG 1969, 295; MüKoAktG/*Perlitt* Rn. 91.
[41] Bejahend auch K. Schmidt/Lutter/*K. Schmidt* Rn. 14; MüKo AktG/*Perlitt* Rn. 94.
[42] Wie hier *Leuering/Simon* NZG 2005, 945 (956); Bürgers/Körber/*Förl/Fett* Rn. 9.
[43] Ebenso Bürgers/Körber/*Förl/Fett* Rn. 9; aA MüKo AktG/*Perlitt* Rn. 96.
[44] Unstr., statt aller Großkomm AktG/*Assmann/Sethe* Rn. 49.
[45] *Ammenwerth*, Die Kommanditgesellschaft auf Aktien (KGaA) – eine Rechtsformalternative für personenbezogene Unternehmen?, 1997, 92; MüKoAktG/*Perlitt* Vor § 278 Rn. 113; *ADS* § 290 HGB Rn. 29, 117 ff.;aA Großkomm AktG/*Assmann/Sethe* Rn. 54 (aber auch Rn. 63 aE); Kölner Komm AktG/*Mertens/Cahn* Vor § 278 Rn. 25; *Fett* in Bürgers/Fett KGaA § 12 Rn. 52.

verpflichtet.[46] Ein solcher liegt jedenfalls vor, wenn das Widerspruchsrecht der Kommanditaktionäre nach § 164 HGB ausgeschlossen ist und die Komplementärstellung nur von einer einzigen juristischen Person übernommen wird.[47]

14 Im Übrigen kommt es auf die Tatbestände des § 290 Abs. 2 HGB an **(Control Concept)**. Die „Mehrheit der Stimmrechte" (§ 290 Abs. 2 Nr. 1 HGB) führt dabei regelmäßig nicht zur Beherrschung, weil der Hauptversammlung in der KGaA kein maßgeblicher Einfluss zukommt (→ § 278 Rn. 17).[48] Insoweit ist § 290 Abs. 2 Nr. 1 HGB also teleologisch zu reduzieren. Einschlägig ist jedoch § 290 Abs. 2 Nr. 2 HGB: Wenn das Recht eines Gesellschafters, die Geschäftsführungsorgane zu bestimmen, zur Aufstellung eines Konzernabschlusses verpflichtet, dann muss dies erst recht gelten, wenn der betreffende Gesellschafter der **„geborene" Geschäftsführer** ist.[49] Eine Ausnahme für typengemischte Gesellschaften mag naheliegen, ist im Gesetz aber nicht vorgesehen. Der Beherrschung durch Beherrschungsvertrag oder Satzungsgestaltung (§ 290 Abs. 2 Nr. 3 HGB) kommt daneben keine besondere Bedeutung zu.[50]

§ 287 Aufsichtsrat

(1) Die Beschlüsse der Kommanditaktionäre führt der Aufsichtsrat aus, wenn die Satzung nichts anderes bestimmt.

(2) ¹In Rechtsstreitigkeiten, die die Gesamtheit der Kommanditaktionäre gegen die persönlich haftenden Gesellschafter oder diese gegen die Gesamtheit der Kommanditaktionäre führen, vertritt der Aufsichtsrat die Kommanditaktionäre, wenn die Hauptversammlung keine besonderen Vertreter gewählt hat. ²Für die Kosten des Rechtsstreits, die den Kommanditaktionären zur Last fallen, haftet die Gesellschaft unbeschadet ihres Rückgriffs gegen die Kommanditaktionäre.

(3) Persönlich haftende Gesellschafter können nicht Aufsichtsratsmitglieder sein.

Schrifttum: *Assmann/Sethe,* Der Beirat der KGaA, FS Lutter, 2000, 251; *Bürgers,* § 5 D (Aufsichtsrat), § 5 E (Beirat), in Bürgers/Fett, Die Kommanditgesellschaft auf Aktien, 2. Aufl. 2015, 251; *Habersack,* Der Gesellschafterausschuss der KGaA, FS Hellwig, 2010, 143; *Hasselbach,* Der Aufsichtsrat in der KGaA: Effiziente Aufsichtsratsstrukturen bei eingeschränkter Mitbestimmung, AR 2015, 104; *Hennemann,* Einfluss und Kontrolle in der Kommanditgesellschaft auf Aktien, ZHR 182 (2018), 157; *Kallmeyer,* Rechte und Pflichten des Aufsichtsrats in der Kommanditgesellschaft auf Aktien, ZGR 1983, 57; *Marsch-Barner,* Doppelte Überwachung der Geschäftsführung in der AG & Co KGaA, FS Hoffmann-Becking, 2013, 777; *Martens,* Der Beirat in der Kommanditgesellschaft auf Aktien, AG 1982, 113; *Mertens,* Zur Reichweite der Inkompatibilitätsregelung des § 287 Abs. 3 AktG, FS Ulmer, 2003, 419; *Neumann-Duesberg,* Die Besetzung des Aufsichtsrats der atypischen Kommanditgesellschaft auf Aktien, 2015; *Schnorbus,* Gestaltungsfragen fakultativer Aufsichtsorgane der KGaA, Liber Amicorum M. Winter, 2011, 627; *Schnorbus/Ganzer,* Haftung fakultativer Gesellschaftsorgane in der GmbH und GmbH & Co KGaA, BB 2017, 1795; *Sethe,* Aufsichtsratsreform mit Lücken – Die Einbeziehung der Kommanditgesellschaft auf Aktien in die gegenwärtige Reformdiskussion, AG 1996, 289; *Wollburg* Zur Ausdehnung der Inkompatibilitätsregelung des § 287 Abs. 3 AktG in der Kapitalgesellschaft & Co KGaA, FS Hoffmann-Becking, 2013, 1425.

Übersicht

	Rn.		Rn.
I. Normzweck	1	3. Innere Ordnung und Rechtsverhältnis der Aufsichtsratsmitglieder	6
II. Zusammensetzung, Wahl und innere Ordnung	2–6	III. Aktienrechtliche Aufgaben	7–19a
1. Mitgliederzahl und Zusammensetzung	2–3	1. Überwachung der Geschäftsführung	7, 8
2. Wahl und Wählbarkeit (Abs. 3)	4–5b	2. Abweichungen gegenüber der AG	9

---

[46] Für die GmbH & Co KG regelmäßig bejahend Baumbach/Hopt/*Merkt* HGB § 290 Rn. 7. Zweifelnd zur KGaA *R. Krause* Liber Amicorum M Winter, 2011, 351 (359 ff.).

[47] *Ammenwerth,* Die Kommanditgesellschaft auf Aktien (KGaA) – eine Rechtsformalternative für personenbezogene Unternehmen?, 1997, 93; krit. *R. Krause* Liber Amicorum M. Winter, 2011, 351 (360 f.).

[48] Vgl. *Ammenwerth,* Die Kommanditgesellschaft auf Aktien (KGaA) – eine Rechtsformalternative für personenbezogene Unternehmen?, 1997, 94; MüKoAktG/*Perlitt* Vor § 278 Rn. 116; Großkomm AktG/*Assmann/Sethe* Rn. 57, Rn. 63; *Fett* in Bürgers/Fett KGaA § 12 Rn. 53.

[49] Vgl. Kölner Komm AktG/*Mertens/Cahn* Vor § 278 Rn. 27; ADS § 290 HGB Rn. 290 ff.; aA *Ammenwerth,* Die Kommanditgesellschaft auf Aktien (KGaA) – eine Rechtsformalternative für personenbezogene Unternehmen?, 1997, 95; MüKoAktG/*Perlitt* Vor § 278 Rn. 116; Großkomm AktG/*Assmann/Sethe* Vor § 278 Rn. 88, § 286 Rn. 58; *Fett* in Bürgers/Fett KGaA § 12 Rn. 52.

[50] Anders folgerichtig MüKoAktG/*Perlitt* Vor § 278 Rn. 116; auch insoweit zurückhaltend Großkomm AktG/*Assmann/Sethe* Rn. 61 und *R. Krause* Liber Amicorum M. Winter, 2011, 351 (364 f.).

	Rn.		Rn.
3. Kein Zustimmungsvorbehalt (§ 111 Abs. 4 S. 2)	10	IV. **Personengesellschaftsrechtliche Aufgaben (Abs. 1 und 2)**	20–28
4. Vertretung der Gesellschaft	11–15a	1. Beschlussausführung (Abs 1)	20–23
a) Anwendbarkeit des § 112	11, 12	2. Prozessvertretung (Abs. 2)	24–28
b) Einzelfragen zu § 112	13–15	a) Parteifähigkeit	24
c) Sonstige Vertretung	15a	b) Vertretungskompetenz	25, 26
5. Satzungsspielraum	16–18	c) Prozesskosten	27, 28
6. Haftung	19	V. **Beirat**	29–32
7. Doppelter Aufsichtsrat (AG & Co KGaA)	19a	1. Zulässigkeit und Kompetenzen	29–31
		2. Besetzung, innere Ordnung, Haftung	32

I. Normzweck

Die Vorschrift setzt die Existenz eines Aufsichtsrats als **zwingendes Organ** voraus.[1] Sie enthält dafür einige **Sonderregeln**, welche durch die Eigenarten der KGaA bedingt sind. Darin kommt die **Doppelfunktion** des Aufsichtsrats der KGaA zum Ausdruck, wie sie auch der Hauptversammlung der KGaA zu eigen sind.[2] Einerseits nimmt er aktienrechtliche Überwachungsaufgaben wahr (→ Rn. 7 f.), andererseits obliegt ihm die personengesellschaftsrechtliche Aufgabe, die „Gesamtheit der Kommanditaktionäre" zu repräsentieren (→ Rn. 11 ff.).[3] Zwar stellt diese keinen eigenen Verband dar, weshalb der Aufsichtsrat – ebenso wie die Hauptversammlung – stets nur als Organ der Gesellschaft agiert.[4] Dies ändert aber nichts daran, dass er zwei unterschiedliche Funktionen wahrnimmt. Insofern kann § 287 Abs. 2, der ein Relikt aus dem ADHGB darstellt, als Kompetenzzuweisung an den Aufsichtsrat gedeutet werden.[5] Ferner enthält die Vorschrift eine **Inkompatibilitätsregel** (Abs. 3), welcher derjenigen des § 105 entspricht. Zulässig und in der Praxis üblich ist es, neben dem Aufsichtsrat einen fakultativen Beirat einzurichten (→ Rn. 29 ff.). 1

II. Zusammensetzung, Wahl und innere Ordnung

1. Mitgliederzahl und Zusammensetzung. Hinsichtlich der **Zusammensetzung** und Wahl gelten gegenüber dem allgemeinen Aktienrecht keine Besonderheiten. Anwendung finden die §§ 95 ff., wonach der Aufsichtsrat aus **drei Personen** besteht, wobei die Satzung innerhalb der vorgeschriebenen Höchstgrenzen eine höhere Zahl festlegen darf (§ 95). Hinsichtlich der für die **Höchstgrenzen** maßgeblichen Kapitalziffern ist aus Gründen der Rechtssicherheit allein das Grundkapital maßgebend, etwaige Vermögenseinlagen der Komplementäre bleiben außer Betracht.[6] Findet das Mitbestimmungsgesetz Anwendung (→ Rn. 3), richtet sich die Zahl der Aufsichtsräte nach der Anzahl der Beschäftigten (vgl. näher § 7 MitbestG). Ist das Drittelbeteiligungsgesetz anwendbar, muss die Zahl der Aufsichtsratsmitglieder durch drei teilbar sein (§ 95 S. 3 AktG). 2

Ist die KGaA zugleich börsennotiert und mitbestimmt nach dem MitbestG, kommt die zwingende **Geschlechterquote** („Frauenquote") zur Anwendung (§ 96 Abs. 2). Ist die Gesellschaft nur börsennotiert oder mitbestimmt, sind Zielgrößen für den Frauenanteil im Aufsichtsrat festzulegen (§ 111 Abs. 5). Beide Regelungen treffen auch die KGaA, wie sich aus § 289f Abs. 3 HGB ergibt, wonach die Berichtspflicht über Quotenerfüllung bzw. Zielerreichung entsprechend für börsennotierte Kommanditgesellschaften auf Aktien gilt. Ist der phG seinerseits eine **Kapitalgesellschaft,** die über einen Aufsichtsrat verfügt, gilt die Geschlechterquote dort nur, wenn die Komplementärgesellschaft selbst börsennotiert und mitbestimmt ist, was idR nicht der Fall ist.[7] Zur Festlegung von Zielgrößen für den phG → § 278 Rn. 40a ff.; zu Zielquoten für die weiteren Führungsebenen → § 283 Rn. 2a. 2a

---

[1] Für einen *fakultativen* Aufsichtsrat de lege ferenda *Sethe* AG 1996, 289 (301) (mit rechtsvergleichendem Hinweis). Historisch betrachtet war es freilich nicht die AG, sondern die KGaA, bei der ein obligatorischer Aufsichtsrat für notwendig befunden wurde, s. *Lieder,* Der Aufsichtsrat im Wandel der Zeit, 2006, 103 mwN. In der gegenüber der AG strikteren Ämterscheidung kommt das noch heute zum Ausdruck, → Rn. 4 f.

[2] *Sethe* AG 1996, 289 (290); Hüffer/Koch/*Koch* § 278 Rn. 15 f.; Kölner Komm AktG/*Mertens*/*Cahn* Rn. 2; *Raiser*/*Veil* KapGesR § 31 Rn. 11; K. Schmidt/Lutter/*K. Schmidt* Rn. 2 („geteilter Aufgabenkreis").

[3] Vgl. *Philbert,* Die Kommanditgesellschaft auf Aktien zwischen Personengesellschaftsrecht und Aktienrecht, 2005, 99.

[4] Heute wohl unstr., vgl. nur BGHZ 165, 192 (199) – Spaten = NZG 2006, 138; Hüffer/Koch/*Koch* Rn. 1; MüKoAktG/*Perlitt* Rn. 5; MHdB AG/*Herfs* § 79 Rn. 55; *Raiser*/*Veil* KapGesR § 31 Rn. 9 ff.; eingehend *Mertens* FS Barz, 1974, 253 (255 f.).

[5] So namentlich Kölner Komm AktG/*Mertens*/*Cahn* Rn. 2; Großkomm AktG/*Assmann*/*Sethe* Rn. 31.

[6] Kölner Komm AktG/*Mertens*/*Cahn* Rn. 7.

[7] *Johannsen-Roth*/*Kießling* FS Marsch-Barner, 2018, 273 (279); *Hasselbach*/*Ebbinghaus* DB 2015, 1269 (1274).

3 Unter den einschlägigen Voraussetzungen der **Mitbestimmungsgesetze** müssen dem Aufsichtsrat der KGaA Arbeitnehmervertreter angehören (Einzelheiten → § 278 Rn. 83 ff.).[8] Beschäftigt die Gesellschaft mehr als 500 Arbeitnehmer, ist ein Drittel der Aufsichtsratssitze mit Arbeitnehmervertretern zu besetzen (§ 1 Abs. 1 Nr. 2 S. 1 DrittelbG), beschäftigt sie mehr als 2000, kommt die paritätische Mitbestimmung zum Zuge (vgl. § 7 MitbestG). Nach § 1 Abs. 1 Nr. 2 S. 2 iVm § 1 Abs. 1 Nr. 1 S. 2 und S. 3 DrittelbG greift die Mitbestimmung für vor dem 10.8.1994 eingetragene KGaA ungeachtet der Arbeitnehmerzahl, soweit es sich nicht um eine **Familiengesellschaft** handelt.[9] Das ist nur anzunehmen, wenn alle Gesellschafter (einschließlich der Komplementäre) untereinander das relevante Näheverhältnis aufweisen.[10] Eine GmbH & Co KGaA ist danach dann als Familiengesellschaft zu qualifizieren, wenn zwischen den Kommanditaktionären und den Gesellschaftern der Komplementär-GmbH Personenidentität besteht oder eine Kette von Angehörigenverhältnissen vorliegt.[11]

4 **2. Wahl und Wählbarkeit (Abs. 3).** Das Gesetz geht von der strikten Scheidung der Leitungs- und der Aufsichtsfunktion aus. **Komplementäre** können daher **nicht** zugleich Aufsichtsratsmitglieder sein (Abs. 3). Das gilt auch für nicht-geschäftsführende pHG,[12] und es gilt auch, wenn der phG alle Kommanditaktien hält.[13] Die Inkompatibilitätsregel entspricht der für Vorstände geltenden Regelung (§ 105 Abs. 1). Weitergehend sind Komplementäre, soweit sie Aktien halten, von der **Stimmrechtsausübung** bei der Aufsichtsratswahl **ausgeschlossen** (§ 285 Abs. 1 S. 2 Nr. 1). Dagegen dürfen sie einen Antrag nach § 104 auf Ergänzung des Aufsichtsrats stellen.[14] Daneben ist § 100 zu beachten (betr. persönliche Voraussetzungen für Aufsichtsratsmitglieder). Hervorhebung verdient § 100 Abs. 2 S. 1 Nr. 4, der eine (disponible) **Karenzzeit** von 2 Jahren für den Wechsel vom Vorstand in den Aufsichtsrat anordnet. Da die Ämtertrennung bei der KGaA noch strikter als bei der AG durchgeführt wird, muss das auch für Komplementäre gelten. Für Prokuristen und Handlungsbevollmächtigte findet § 105 Abs. 1 Anwendung, während § 105 Abs. 2 bei der KGaA nicht gilt.[15]

4a Die **Wahl** und Abberufung von Aufsichtsratsmitgliedern der Anteilseigner erfolgt nach aktienrechtlichen Grundsätzen (§§ 101 ff.). Für die Wahl etwaiger Arbeitnehmervertreter gelten die mitbestimmungsrechtlichen Wahlvorschriften (→ Rn. 3). Ist der Aufsichtsrat unterbesetzt, kommt eine gerichtliche Ergänzung in Betracht (§ 104). Zur entsprechenden Antragstellung ist auch der Komplementär befugt (→ Rn. 4).

4b In der Satzung kann ein **Entsendungsrecht** (§ 101 Abs. 2) festgelegt werden. Komplementäre oder an ihnen maßgeblich beteiligte Personen dürfen aber kein Entsendungsrecht ausüben.[16] Auch das unterscheidet sie vom Vorstand der AG.[17] Für zulässig hält es der BGH dagegen, dass Komplementäre ihre Aktien zu diesem Zwecke auf eine ihr genehme Person übertragen, jedenfalls solange diese über die Ausübung des Entsendungsrechts „frei entscheiden kann".[18] Umgekehrt können persönlich haftende Gesellschafter ungeachtet ihrer Geschäftsführungsbefugnis weder in den Aufsichtsrat gewählt (Abs. 3) noch in diesen entsandt werden.[19]

5 In der **atypischen KGaA** erstreckt sich das Inkompatibilitätsgebot des § 287 Abs. 3 jedenfalls auf **Geschäftsleiter** der Komplementärgesellschaft.[20] Diese können also nicht Aufsichtsratsmitglieder

---

[8] Rechtspolitische Kritik bei Kölner Komm AktG/*Mertens*/*Cahn* Rn. 3; NK-AktR/*Wichert* Rn. 1.
[9] Verfassungsrechtliche Bedenken gegenüber dieser Differenzierung bei UHH/*Henssler* Einl. DrittelbG Rn. 2.
[10] MüKoAktG/*Perlitt* Rn. 23; Kölner Komm AktG/*Mertens*/*Cahn* Rn. 4.
[11] Vgl. UHH/*Henssler* DrittelbG § 1 Rn. 21.
[12] OLG München NZG 2004, 521 (523); Hüffer/Koch/*Koch* Rn. 4; aA Hennemann ZHR 182 (2018), 157 (165).
[13] *Hennemann* ZHR 182 (2018), 157 (165).
[14] OLG Frankfurt/M. ZIP 2015, 170 (171 f.) = NZG 2015, 1154 mAnm *Bachmann* EWiR 2015, 103.
[15] MüKoAktG/*Perlitt* Rn. 26, 30; Großkomm AktG/*Assmann*/*Sethe* Rn. 9 f.; Kölner Komm AktG/*Mertens*/*Cahn* Rn. 11 f.
[16] *Arnold,* Die GmbH & Co. KGaA, 2001, 109; *Dürr* EWiR 2006, 193 (194); *Hoffmann-Becking*/*Herfs* FS Sigle, 2000, 273 (289); *Hennemann* ZHR 182 (2018), 157 (187); MüKoAktG/*Perlitt* Rn. 18, 20; Großkomm AktG/*Assmann*/*Sethe* Rn. 6, 15; Kölner Komm AktG/*Mertens*/*Cahn* Rn. 9; offen lassend BGHZ 165, 192 (201) = NJW 2006, 510 = WM 2006, 138 (141).
[17] Die hM hält die Ausübung von Entsendungsrechten durch Vorstandsaktionäre für zulässig, vgl. → § 101 Rn. 49.
[18] BGHZ 165, 192 (202 f.) = NJW 2006, 510 = WM 2006, 138 (141) im Anschluss an *Hoffmann-Becking*/*Herfs* FS Sigle, 2000, 273 (289 f.); zust. *Dürr* EWiR 2006, 193 f.; *Hennemann* ZHR 182 (2018), 157 (188 f.); krit. *Kersting* WuB II B. § 287 AktG 1.06; tendenziell abw. auch Großkomm AktG/*Assmann*/*Sethe* Rn. 6 (keine Wahrnehmung des Entsendungsrechts durch einen Kommanditaktionär).
[19] Vgl. BGHZ 165, 192 (197) = NJW 2006, 510 = WM 2006, 138; Hüffer/Koch/*Koch* Rn. 4; MüKoAktG/*Perlitt* Rn. 28; Kölner Komm AktG/*Mertens*/*Cahn* Rn. 10; Großkomm AktG/*Assmann*/*Sethe* Rn. 16.
[20] Unstr., vgl. BGHZ 165, 192 (197 f.) = NJW 2006, 510 (Einbeziehung mag geboten sein); *Arnold,* Die GmbH & Co. KGaA, 2001, 108; *Wollburg* FS Hoffmann-Becking, 2013, 1425 (1430); *Hennemann* ZHR 182 (2018), 157 (166 f.); Hüffer/Koch/*Koch* Rn. 4; *Mertens* FS Ulmer, 2003, 419 (420); Kölner Komm AktG/*Mertens*/*Cahn* Rn. 10; Großkomm AktG/*Assmann*/*Sethe* Rn. 10; MüKoAktG/*Perlitt* Rn. 28.

der KGaA sein. Sie dürfen auch nicht an der Besetzung des Aufsichtsrats mitwirken (→ Rn. 4).[21] Entsprechend anwendbar ist auch § 100 Abs. 2 S. 1 Nr. 4 (Karenzzeit). **Aufsichtsratsmitglieder** der Komplementärgesellschaft unterfallen dagegen nicht dem Verbot des § 287 Abs 3.[22] Selbiges ist für Beiratsmitglieder anzunehmen.[23] Der Aufsichtsrat des phG und derjenige der KGaA können also prinzipiell personenidentisch besetzt werden (→ Rn. 19a).

Streitig ist, ob die **Gesellschafter** der Komplementärin von § 287 Abs. 3 (analog) erfasst werden. **5a** Die hM bejaht das, wenn der Betreffende am phG maßgeblich beteiligt ist.[24] Die Gegenansicht hält Gesellschafter des pHG für wählbar, solange sie keine geschäftsführende Funktion beim phG ausüben.[25] Der BGH hat die Frage nicht verbindlich entschieden, sondern befunden, dass eine analoge Anwendung „allenfalls" für solche Gesellschafter der Komplementärgesellschaft in Betracht kommt, „welche in ihr eine organähnliche Leitungsfunktion tatsächlich ausüben oder an der Komplementärgesellschaft maßgeblich beteiligt sind und deshalb bestimmenden Einfluss auf deren Geschäftsleitung ausüben können".[26] An dieser Differenzierung und an der hM wird gerügt, dass sie der gebotenen Rechtssicherheit nicht genüge.[27] Das trifft zu, doch wollte man deshalb die Analogie zu § 287 Abs. 3 für Gesellschafter der Komplementärin gänzlich ablehnen, schüttete man das Kind mit dem Bade aus. Selbst der Alleingesellschafter einer Komplementär-GmbH wäre danach trotz seines latenten Einflusses auf die Geschäftsführung in den Aufsichtsrat der KGaA wählbar.

Sinnvoll erscheint eine **vermittelnde Lösung.** Der hM ist danach mit der Maßgabe beizutreten, **5b** dass ein bestimmender, die Wählbarkeit ausschließender Einfluss auf den phG **nur** (aber immer dann) anzunehmen ist, wenn die Voraussetzungen des **§ 17** bzw. des § 290 Abs. 2 HGB erfüllt sind.[28] Auch ein mittelbar beherrschender Gesellschafter kann danach von der Wahl in den Aufsichtsrat ausgeschlossen sein, nicht jedoch ein herrschender Kommanditaktionär in der Einheits-KGaA.[29] Inhabil ist der herrschende Gesellschafter auch dann, wenn der phG eine AG ist, und zwar ungeachtet der Frage, ob diese beherrschungsvertraglich gebunden ist.[30] Familiäre Bande mit anderen Gesellschaftern genügen dagegen für sich genommen nicht.[31] In der Praxis lässt sich der Problematik (teilweise) ausweichen, indem bei der KGaA ein Beirat oder Gesellschafterausschuss gebildet wird, für den die Inkompatibilitätsregel des § 287 Abs. 3 nicht gilt (→ Rn 32).

3. Innere Ordnung und Rechtsverhältnis der Aufsichtsratsmitglieder. Insoweit gelten **6** gegenüber der AG **keine Besonderheiten,** es finden also (über § 278 Abs. 3) die §§ 107–110 sowie die §§ 113–115 Anwendung.[32] Weil diese Vorschriften zwingend sind, kommen abweichende Gestaltungen nur in dem explizit zugelassenen Umfang in Betracht. Zu § 111 → Rn. 7 ff., zu § 112 → Rn. 11 ff., zu § 116 → Rn. 19.

III. Aktienrechtliche Aufgaben

1. Überwachung der Geschäftsführung. Grundsätzlich bestimmen sich die Kompetenzen des **7** Aufsichtsrats nach Aktienrecht. Das ergibt der Verweis in § 278 Abs. 3 und wird für einzelne Bereiche in § 283 Nr. 4 und 5 explizit bestätigt. Der Aufsichtsrat hat danach die Aufgabe, die Geschäftsführung

---

[21] *Arnold,* Die GmbH & Co. KGaA, 2001, 108 f.; *Ihrig/Schlitt* Beihefte der ZHR Nr. 67, 1998, 33 (45); Großkomm AktG/*Assmann/Sethe* Rn. 7; MüKoAktG/*Perlitt* § 278 Rn. 321.
[22] *Wollburg* FS Hoffmann-Becking, 2013, 1425 (1430 f); *Fett/Stütz* NZG 2017, 1121 (1124); *Hennemann* ZHR 182 (2018), 157 (167 ff.).
[23] *Hennemann* ZHR 182 (2018), 157 (179).
[24] OLG München NZG 2004, 521 (Vorinstanz zu BGHZ 165, 192); *Arnold,* Die GmbH & Co. KGaA, 2001, 107; MHdB AG/*Herfs* § 79 Rn. 59; *Hoffmann-Becking/Herfs* FS Sigle, 2000, 273 (289); strenger (Ausschluss aller Gesellschafter mit mehr als bloßer Bagatellbeteiligung) LG München I AG 2002, 467 (468 f.) (Ausgangsinstanz zu BGHZ 165, 192); *Wichert* AG 2000, 268 (273); NK-AktR/*Wichert* § 287 Rn. 7; Großkomm AktG/*Assmann/Sethe* Rn. 10; *Bürgers* in Bürgers/Fett KGaA § 5 Rn. 452 f.; für Einzelfallbetrachtung MüKoAktG/*Perlitt* § 278 Rn. 321; für Anwendung auf sämtliche Gesellschafter *Kölling,* Gestaltungsspielräume und Anlegerschutz in der kapitalistischen KGaA, 2005, 159 f. und *Neumann-Duesberg,* Die Besetzung des Aufsichtsrats der atypischen Kommanditgesellschaft auf Aktien, 2015, 128 f.
[25] So *Wollburg* FS Hoffmann-Becking, 2013, 1425 (1431 ff.); Kölner Komm AktG/*Mertens/Cahn* Rn. 10 (nur bei Organfunktion); *Otte,* Die AG & Co. KGaA, 2011, 146 f. (für Komplementär-AG).
[26] BGHZ 165, 192 (198) = NJW 2006, 510.
[27] *Mertens* FS Ulmer, 2003, 419 (423 ff.); *Wollburg* FS Hoffmann-Becking, 2013, 1425 (1433 ff.).
[28] Zustimmend *Hennemann* ZHR 182 (2018), 157 (174).
[29] *Hennemann* ZHR 182 (2018), 157 (177 f.).
[30] *Hennemann* ZHR 182 (2018), 157 (176); zweifelnd *Fett/Stütz* NZG 2017, 1121 (1125) mwN.
[31] BGHZ 165, 192 (200 f.) = WM 2006, 138 (141); zust. *Kersting* WuB II B. § 287 AktG 1.06; *Dürr* EWiR 2006, 193 f.; *Hennemann* ZHR 182 (2018), 157 (180 f.); aA *Hoffmann-Becking/Herfs* FS Sigle, 2000, 273 (289).
[32] Unstr., vgl. nur Großkomm AktG/*Assmann/Sethe* Rn. 21 ff.

der Komplementäre persönlich (§ 111 Abs. 6) zu **überwachen** (§ 111 Abs. 1) und sich zu diesem Zwecke die nötigen Informationen zu verschaffen (vgl. §§ 90, 111 Abs. 2).[33] Gegebenenfalls darf und muss er eine Hauptversammlung einberufen (§ 111 Abs. 3).[34] Dem korrespondiert die Pflicht des Komplementärs, dem Aufsichtsrat die vorgeschriebenen **Berichte** zu erstatten (§ 90).[35] Sie ist sinnvollerweise auf die geschäftsführenden Komplementäre beschränkt.[36] Angelegenheiten der Komplementärgesellschaft sind bei entsprechender Relevanz solche der Gesellschaft iSv § 90 Abs. 3 (→ § 283 Rn. 12). Werden Geschäftsführungsaufgaben auf **andere Organe übertragen,** erstrecken sich die Überwachungskompetenzen des Aufsichtsrats nicht automatisch auf diese.[37] Eine entsprechende Satzungsregelung ist jedoch als zulässig anzusehen.[38]

8 Zu den weiteren aktienrechtlichen Aufgaben gehört die Entscheidung über die **Kreditgewährung** an Komplementäre (§ 283 Nr. 5 iVm § 89).[39] Ferner hat der Aufsichtsrat den Jahresabschluss zu prüfen (§ 171 AktG). Ungeschrieben sind seine Pflicht, den phG zu **beraten,** sowie das Gebot des vertrauensvollen Zusammenarbeitens der Organe. Ferner ist der Aufsichtsrat – in Gestalt des Vorsitzenden – im Rahmen seiner Aufgaben zur Kommunikation nach außen, einschließlich des **Investorendialogs,** befugt.[40] Die betreffende Kodexanregung (Ziff. 5.2 DCGK) gilt auch für die KGaA.[41]

9 **2. Abweichungen gegenüber der AG.** Dem Aufsichtsrat der KGaA kommt **keine Personalkompetenz** zu, da der Komplementär geborenes Geschäftsführungsorgan ist. Positivrechtlich folgt es aus dem fehlenden Verweis in § 283 auf die Bestellungsvorschriften (§§ 84 ff.). Für mitbestimmte KGaA ist es in § 31 Abs. 1 S. 2 MitbestG ausdrücklich klargestellt.[42] Er ist aber gem. § 112 für den Abschluss eines etwaigen Anstellungsvertrages zuständig (→ Rn. 11 f. und → § 288 Rn. 9). Ist der Komplementär eine juristische Person, gelten für die dortige Personalkompetenz deren Regeln, dem Aufsichtsrat der KGaA kommen insofern keine Rechte zu (zum „Abberufungsdurchgriff" → § 278 Rn. 78). Sieht die Satzung eine Tätigkeitsvergütung für den phG vor, deren Höhe oder Herabsetzung vom Aufsichtsrat zu bestimmen ist (dazu → § 288 Rn. 11), sollte darüber nach § 107 Abs. 3 S. 4 das Plenum befinden. Mangels Personalkompetenz darf der Aufsichtsrat **keine Geschäftsordnung** für die Komplementäre erlassen (vgl. § 77 Abs. 2 S. 1).[43] Er hat den **Jahresabschluss** zu prüfen (§ 171), wirkt aber abweichend von § 172 nicht an dessen Feststellung mit (vgl. § 286). Das Geschäftsführungsverbot des § 111 Abs. 4 S. 1 gilt für ihn nicht.[44] Zu satzungsmäßigen Erweiterungen → Rn. 16 ff. Zielquoten für den **Frauenanteil** beim phG sind nur festzulegen, wenn dieser eine Kapitalgesellschaft ist (→ § 278 Rn. 40a ff.). Zur Zielquote für den Aufsichtsrat → Rn. 2a.

10 **3. Kein Zustimmungsvorbehalt (§ 111 Abs. 4 S. 2).** Nach heute unbestrittener Ansicht hat der Aufsichtsrat der KGaA **nicht** die gesetzliche Kompetenz, bestimmte Arten von Geschäften seiner Zustimmung zu unterstellen.[45] Denn § 111 Abs. 4 S. 2, der Entsprechendes dem Aufsichtsrat der

---

[33] Statt aller Hüffer/Koch/*Koch* § 278 Rn. 15; mit einschränkender Tendenz *Kallmeyer* ZGR 1983, 57 ff.
[34] *Arnold,* Die GmbH & Co. KGaA, 2001, 126; *Marsch-Barner* FS Hoffmann-Becking, 2013, 777 (781); MüKo-AktG/*Perlitt* Rn. 46; Großkomm AktG/*Assmann/Sethe* Rn. 42 f.; Kölner Komm AktG/*Mertens/Cahn* Rn. 14; *Bürgers* in Bürgers/Fett KGaA § 5 Rn. 487 (mit praktischen Vorbehalten); die abw. Ansicht von *Kallmeyer* ZGR 1983, 57 (71 f.), hat sich nicht durchgesetzt.
[35] Unstr., vgl. nur Hüffer/Koch/*Koch* § 278 Rn. 15.
[36] Ausdrücklich *Kessler,* Die rechtlichen Möglichkeiten der Kommanditaktionäre einer GmbH & Co. KGaA zur Einwirkung auf die Geschäftsführung, 2003, 178 f.; ferner MüKoAktG/*Perlitt* Rn. 40; Kölner Komm AktG/*Mertens/Cahn* Rn. 14.
[37] MüKoAktG/*Perlitt* Rn. 48; Großkomm AktG/*Assmann/Sethe* Rn. 35, 45; Kölner Komm AktG/*Mertens/Cahn* Rn. 16 mwN.
[38] Großkomm AktG/*Assmann/Sethe* Rn. 45.
[39] Kölner Komm AktG/*Mertens/Cahn* Rn. 13; eingehend Großkomm AktG/*Assmann/Sethe* Rn. 48; die abw. Ansicht von *Kallmeyer* ZGR 1983, 57 (74 f.), hat sich nicht durchgesetzt.
[40] Für die AG str., aber hM, überzeugend *Bachmann* VGR 22 (2017), 135 ff.
[41] AA Johannsen-Roth/*Kießling* FS Marsch-Barner, 2018, 273 (283 ff.).
[42] Für Nichtanwendung der Norm in Sonderfällen UHH/*Ulmer/Habersack* MitbestG § 1 Rn. 39, § 31 Rn. 4.
[43] Unstr., s. nur Hüffer/Koch/*Koch* § 278 Rn. 12, 15; MüKoAktG/*Perlitt* Rn. 43, Kölner Komm AktG/*Mertens/Cahn* Rn. 14; Großkomm AktG/*Assmann/Sethe* Rn. 40; zur satzungsmäßigen Abweichung → Rn. 16.
[44] *Bürgers* in Bürgers/Fett KGaA § 5 Rn. 509.
[45] Vgl. *Sethe* AG 1996, 289 (291, 297 f.); Hüffer/Koch/*Koch* § 278 Rn. 15; MüKoAktG/*Perlitt* § 278 Rn. 193, 211, § 287 Rn. 43; Großkomm AktG/*Assmann/Sethe* § 278 Rn. 108, § 287 Rn. 39; Kölner Komm AktG/*Mertens/Cahn* Rn. 17; K. Schmidt/Lutter/*K. Schmidt* Rn. 15; Bürgers/Körber/*Förl/Fett* Rn. 2; *Mertens* FS Barz, 1974, 253 (267); MHdB AG/*Herfs* § 79 Rn. 61; *Bürgers* in Bürgers/Fett KGaA § 5 Rn. 479; *Raiser/Veil* KapGesR § 31 Rn. 10; *Hoffmann-Becking/Herfs* FS Sigle, 2000, 273 (278); weitere Nachweise bei *Kessler,* Die rechtlichen Möglichkeiten der Kommanditaktionäre einer GmbH & Co. KGaA zur Einwirkung auf die Geschäftsführung, 2003, 223 Fn. 135.

AG zur Pflicht macht, findet auf die KGaA **keine Anwendung**. Begründet wird dies damit, dass es sich um Fragen der Geschäftsführung handele, für die nach § 278 Abs. 2 nicht Aktien-, sondern Handelsrecht einschlägig sei. Das allein ist nicht überzeugend, denn die Regelung ist beim Aufsichtsrat verortet und Teil seiner Überwachungsaufgabe, für die gem. § 278 Abs. 3 Aktienrecht einschlägig ist (→ § 278 Rn. 26). Entscheidend ist, dass die Hauptversammlung selbst über Zustimmungsrechte bei außergewöhnlichen Geschäften verfügt, welche sie an den Aufsichtsrat delegieren kann. Wird dieses Recht – wie praktisch häufig – ausgeschlossen (→ § 278 Rn. 62 f.), lebt der Zustimmungsvorbehalt des § 111 Abs. 4 S. 2 aber nicht von selbst auf, sondern muss **satzungsmäßig festgelegt** werden. Eine solche Gestaltung wird zu Recht als zulässig angesehen (→ Rn. 16).[46] In der Praxis scheint sie selten zu sein, hier wird empfohlen, etwaige Zustimmungsvorbehalte eher einem Gesellschafterausschuss einzuräumen (→ Rn. 31).[47]

4. Vertretung der Gesellschaft. a) Anwendbarkeit des § 112. Streitig ist, ob der Aufsichtsrat **11** gem. § 112 die KGaA zwingend gegenüber den Komplementären vertritt. Der BGH und die ganz hL **bejahen** die Frage.[48] Zur Begründung wird darauf verwiesen, dass es auch bei der KGaA zu Interessenkollisionen der in § 112 angesprochenen Art kommen könne, weshalb die Anwendung der Norm „angemessen" erscheine. Darin liege kein Widerspruch zu § 278 Abs. 2, welcher für die Vertretungsbefugnis auf das Handelsrecht (§§ 125 ff. HGB) verweist, denn dieser werde durch § 278 Abs. 3 „ergänzt".[49] Diese **Begründung überzeugt nicht,** denn auch das Personengesellschaftsrecht sieht mögliche Interessenkollisionen und begegnet diesen durch die Anwendung von § 181 BGB,[50] und § 278 Abs. 3 ist gegenüber § 278 Abs. 2 ausdrücklich subsidiär.[51] Dass § 112 zur Regelungsmaterie „Aufsichtsrat" gehört, ändert daran nichts, denn mit dieser Begründung müsste auch § 111 Abs. 4 S. 2 Anwendung finden, was nach ganz hM aber gerade nicht der Fall ist (→ Rn. 10). Im Übrigen beschert die Anwendung des (zwingenden!) § 112 Folgeprobleme, die von der hM nicht hinreichend bedacht sind (→ Rn. 14).

Im **Ergebnis** kann die hM dennoch **hingenommen** werden. Denn das bürgerlich-rechtliche **12** Verbot des Selbstkontrahierens ist vom Gesetzgeber für Kapitalgesellschaften bewusst verschärft worden (vgl. § 35 Abs. 3 GmbHG),[52] und seine freie Abdingbarkeit ist für die börsenfähige Publikumsgesellschaft in der Tat fragwürdig.[53] Begegnet werden könnte dem allerdings auch durch ein im Wege der Inhaltskontrolle zu gewinnendes Sonderrecht, welches die Abdingbarkeit des § 181 ausschlösse (→ § 278 Rn. 28 ff., 81), ohne mit der Verweisungssystematik der § 278 Abs. 2, 3 zu brechen. Gegenüber dieser Lösung, die sich im Ergebnis von der Anwendung des § 112 kaum unterschiede, weist der Weg der hM den Vorzug der **Rechtssicherheit** auf, denn er vermag an eine konkrete Norm des Aktienrechts anzuknüpfen und inkorporiert damit deren gefestigte Auslegung. Dogmatisch stützen lässt sich seine Anwendung letzthin damit, dass die KGaA eine Abart der AG ist und daher entgegen § 278 Abs. 2 dann deren Regeln folgt, wenn dies sachlich geboten erscheint (→ § 278 Rn. 1, 23).

---

[46] Vgl. nur *Sethe* AG 1996, 289 (293); *Arnold,* Die GmbH & Co. KGaA, 2001, 131; MüKoAktG/*Perlitt* Rn. 54; Großkomm AktG/*Assmann/Sethe* § 278 Rn. 108, § 287 Rn. 44.
[47] *Marsch-Barner* FS Hoffmann-Becking, 2013, 777 (781).
[48] BGH ZIP 2005, 348 = NZG 2005, 276; *Kersting* WuB II B. § 112 AktG 1.05; *Sethe* AG 1996, 289 (298 f.); *Wichert* AG 2000, 268 (273 f.); *Ihrig/Schlitt* Beihefte der ZHR Nr. 67, 1998, 33 (54 f.); *Arnold,* Die GmbH & Co. KGaA, 2001, 44 f., 129; *Förl,* Die GmbH & Co. KGaA als abhängiges Unternehmen, 2003, 19 f.; *Kessler,* Die rechtlichen Möglichkeiten der Kommanditaktionäre einer GmbH & Co. KGaA zur Einwirkung auf die Geschäftsführung, 2003, 13; *Otte,* Die AG & Co. KGaA, 2011, 138 f.; *Schlitt,* Die Satzung der KGaA, 1999, 178; Hüffer/Koch/*Koch* § 278 Rn. 16; MüKoAktG/*Perlitt* § 278 Rn. 260, § 287 Rn. 66 ff.; Großkomm AktG/*Assmann/Sethe* § 278 Rn. 157, § 287 Rn. 67; K. Schmidt/Lutter/*K. Schmidt* Rn. 20; NK-AktR/*Wichert* Rn. 3; Raiser/Veil KapGesR § 31 Rn. 11; nur im Erg. Bürgers/Körber/*Förl/Fett* Rn. 4; im Grundsatz auch *Hasselbach/Spengler* EWiR 2005, 85 f.
[49] BGH ZIP 2005, 348 (349) = NZG 2005, 276.
[50] Vgl. dazu ausf. *Binz/Sorg* Die GmbH & Co. KG § 4 Rn. 10 ff.
[51] Abl. daher auch *Philbert,* Die Kommanditgesellschaft auf Aktien zwischen Personengesellschaftsrecht und Aktienrecht, 2005, 155 ff.; *Bürgers* in Bürgers/Fett KGaA § 5 Rn. 497 ff.; krit. auch Kölner Komm AktG/*Mertens/Cahn* Rn. 21, die dem Aufsichtsrat nur eine ergänzende, keine verdrängende Vertretungskompetenz gem. § 112 zusprechen wollen; für die Möglichkeit einer Regelung in der Satzung MHdB AG/*Herfs* § 79 Rn. 16; bei entsprechender Satzungsklausel auch OLG München WM 1996, 782. Vermittelnd Bürgers/Körber/*Förl/Fett* Rn. 4: Bei interessenkollisionsfreier Regelung (zB Vertretung durch Beirat) keine zur Anwendung von § 112 berechtigende Regelungslücke.
[52] Krit. dazu *Bachmann* ZIP 1999, 85 ff.
[53] Ebenso *Arnold,* Die GmbH & Co. KGaA, 2001, 129; Großkomm AktG/*Assmann/Sethe* Rn. 68: Anwendung des § 112 sachgerecht; auch *Hasselbach/Spengler* EWiR 2005, 185 (186), die aber – nicht widerspruchsfrei – für Dispositivität des § 112 plädieren.

13 **b) Einzelfragen zu § 112.** § 112 wird von der Rechtsprechung weit ausgelegt, namentlich auf eintretende oder **ausgeschiedene** Vorstandsmitglieder erstreckt, weil es ungeachtet einer konkreten Interessenkollision allein auf eine typisierende Betrachtung ankomme.[54] Dieses Verständnis wird auf die Anwendung des § 112 bei der KGaA übertragen. Auch hier muss also bei Rechtsgeschäften mit ehemaligen Komplementären stets eine Vertretung der Gesellschaft durch den Aufsichtsrat stattfinden.[55] Entsprechendes gilt für Geschäfte mit nicht-geschäftsführungsbefugten Komplementären.[56] Die **Genehmigung** eines unter Verstoß gegen § 112 vorgenommenen Insichgeschäfts kann – wenn überhaupt[57] – nur der Aufsichtsrat, nicht jedoch die Hauptversammlung erklären.[58] Letztere kann den Aufsichtsrat auch nicht anweisen, die Genehmigung zu erteilen.[59]

14 Die ausschließliche Vertretungsbefugnis des Aufsichtsrats gem. § 112 soll **nicht** für die **Aufnahme neuer Komplementäre** gelten, soweit letztere durch Satzungsklausel den phG übertragen worden ist.[60] Nach hM handelt es sich um eine kaum zu begründende (und idR auch nicht begründete) Ausnahme zum an sich anwendbaren § 112.[61] Das ist schwerlich überzeugend.[62] Hält man § 112 für anwendbar (zur Kritik → Rn. 11), muss man folgerichtig bleiben. § 112 gilt daher sowohl für die Aufnahme neuer Komplementäre (soweit diese nicht durch reguläre Satzungsänderung erfolgt, → § 281 Rn. 3 und 6) als auch für den Abschluss einer Tätigkeitsvereinbarung mit diesen (→ § 288 Rn. 9 und 11). Allenfalls könnte erwogen werden, § 112 dann nicht zur Anwendung zu bringen, wenn für eine andere interessenkollisionsfreie Vertretungsregelung gesorgt ist.[63]

15 Die Vertretungsbefugnis gem. § 112 gilt **entsprechend** für Rechtsgeschäfte, die der **Geschäftsführer einer Komplementärgesellschaft** unmittelbar mit der KGaA abschließt.[64] Denn hier ist die Interessenlage mit der skizzierten (→ Rn. 11) ohne weiteres vergleichbar. Auf Rechtsgeschäfte zwischen Gesellschaftern der Komplementärgesellschaft und der KGaA findet § 112 dagegen nur dann Anwendung, wenn diese alleinige Anteilsinhaber sind oder einen beherrschenden Einfluss ausüben.[65]

15a **c) Sonstige Vertretung.** Der Aufsichtsrat vertritt die Gesellschaft gemeinsam mit dem Komplementär bei **Anfechtungsklagen,** die von Kommanditaktionären erhoben werden (→ § 285 Rn. 12). Wird die Anfechtungsklage nur vom Komplementär erhoben, vertritt nur der Aufsichtsrat die KGaA. Ferner obliegt ihm die passive Vertretung im Falle der **Führungslosigkeit** (§ 78 Abs. 1 S. 2), dazu → § 278 Rn. 80a.

16 **5. Satzungsspielraum.** Fraglich ist, inwieweit die vorstehend beschriebenen Aufgaben einer abweichenden Satzungsregelung zugänglich sind. Da sie ihre Wurzeln im strengen Aktienrecht haben, ist ein Abweichen nach unten ausgeschlossen.[66] **Satzungsfest** sind insoweit namentlich die Befugnisse aus §§ 90, 111 Abs. 1–3, 5. Aber auch die Geltung des § 112 kann – soweit man seine Anwendbarkeit bejaht (→ Rn. 11 f.) – folgerichtig nur eine zwingende sein.[67] Als zulässig wird dagegen eine **Erweiterung** der Überwachungskompetenzen angesehen.[68] Dem ist jedenfalls insoweit zuzustimmen, als es lediglich darum geht, den Überwachungsstandard demjenigen bei der AG anzupas-

---

[54] Vgl. nur BGHZ 130, 108 (111 f.) = NJW 1995, 2559.
[55] BGH ZIP 2005, 348 (349) = NZG 2005, 276; Großkomm AktG/*Assmann/Sethe* Rn. 72.
[56] Großkomm AktG/*Assmann/Sethe* Rn. 72.
[57] Ob ein Verstoß gegen § 112 zur Nichtigkeit gem. § 134 BGB oder zur schwebenden Unwirksamkeit gem. § 177 BG führt, ist streitig, offen lassend BGH ZIP 2005, 348 (349) = NZG 2005, 276; zum Streitstand Hüffer/Koch/*Koch* § 112 Rn. 12.
[58] BGH ZIP 2005, 348 (349 f.) = NZG 2005, 276.
[59] Offen lassend BGH ZIP 2005, 348 (349) = NZG 2005, 276.
[60] Großkomm AktG/*Assmann/Sethe* Rn. 71; Kölner Komm AktG/*Mertens/Cahn* Rn. 21.
[61] So Großkomm AktG/*Assmann/Sethe* Rn. 71.
[62] Krit. mit Recht bereits *Mertens* FS Barz, 1974, 253 (262) Fn. 30.
[63] So der erwägenswerte Vorschlag von Bürgers/Körber/Förl/Fett Rn. 2; ebenso *Schnorbus* Liber Amicorum M. Winter, 2011, 627 (647).
[64] *Wichert* AG 2000, 268 (274); *Ihrig/Schlitt* Beihefte der ZHR Nr. 67, 1998, 33 (56); *Schlitt*, Die Satzung der KGaA, 1999, 178 f.; *Arnold*, Die GmbH & Co. KGaA, 2001, 129; Großkomm AktG/*Assmann/Sethe* Rn. 73; MüKoAktG/*Perlitt* Rn. 65; aA nur *Dirksen/Möhrle* ZIP 1998, 1377, 1384 (1388).
[65] Vgl. Großkomm AktG/*Assmann/Sethe* Rn. 73; anders bei Komplementär-AG *Otte*, Die AG & Co. KGaA, 2011, 142 (mangels Weisungsbefugnis des Aktionärs).
[66] Unstr., vgl. nur *Arnold*, Die GmbH & Co. KGaA, 2001, 130; Großkomm AktG/*Assmann/Sethe* Rn. 75.
[67] Ebenso Großkomm AktG/*Assmann/Sethe* Rn. 68; anders, aber inkonsequent zT das Praxisschrifttum, s. *Schnorbus* Liber Amicorum M Winter, 2011, 627 (646 f.); *Otte*, Die AG & Co. KGaA, 2011, 140 f.; *Hasselbach/Spengler* EWiR 2005, 285 (286); auch noch OLG München AG 1996, 86 ff.
[68] *Arnold*, Die GmbH & Co. KGaA, 2001, 131; Großkomm AktG/*Assmann/Sethe* Rn. 44, 75; MüKoAktG/*Perlitt* Rn. 53.

sen.⁶⁹ Namentlich die Einführung von Zustimmungsvorbehalten (§ 111 Abs. 4 S. 2) ist damit als zulässig anzusehen (unstr., → Rn. 10). Auch die Kompetenz zum Erlass einer Geschäftsordnung für die Komplementäre darf dem Aufsichtsrat verliehen werden.⁷⁰

Aber auch darüber hinausgehende Erweiterungen müssen in dem Maße zulässig sein, in welchem dem Aufsichtsrat Geschäftsführungsbefugnisse zugestanden werden können (sogleich → Rn. 18). Wenn der Aufsichtsrat mit Weisungsrechten oder der Entscheidung über die Aufnahme neuer Komplementäre betraut werden darf, ist es nicht einsichtig, warum ihm nicht auch (weitere) **Personalbefugnisse** übertragen werden können. Dies folgt daraus, dass die Einschränkung der gesetzlichen Kompetenzen des KGaA-Aufsichtsrats personengesellschaftsrechtlichen Erwägungen entspringt, welches insoweit aber gestaltungsoffen ist. Zwingend ist dagegen der Ausschluss des Aufsichtsrats von der Feststellung des Jahresabschlusses.⁷¹ 17

Abweichend von § 111 Abs. 4 können dem Aufsichtsrat **Geschäftsführungsbefugnisse** übertragen werden.⁷² Diese dürfen aber nicht soweit reichen, dass der Komplementär zum Statisten degradiert wird und der Aufsichtsrat seiner Überwachungsaufgabe nicht mehr gerecht werden kann (→ § 278 Rn. 58). Fraglich ist, ob an den Aufsichtsrat Entscheidungen auf mitgliedschaftlicher Ebene delegiert werden können, etwa betreffend die **Aufnahme neuer Komplementäre**.⁷³ Soweit man die Mitwirkung der Kommanditaktionäre an diesen Entscheidungen für abdingbar hält (→ § 278 Rn. 68), muss eine Mitwirkung des Aufsichtsrats vereinbart werden können, um das entstehende Legitimationsdefizit zu kompensieren. Eine ausschließliche Kompetenz des Aufsichtsrats begegnet dagegen Bedenken, dürfte in der Praxis jedoch kaum vorkommen. 18

6. Haftung. Die Haftung der Aufsichtsratsmitglieder gegenüber der Gesellschaft richtet sich nach § 116 iVm § 93 (iVm § 278 Abs. 3) sowie nach § 117 Abs. 2. Eine unmittelbare Haftung gegenüber den Kommanditaktionären sieht das Gesetz nicht vor.⁷⁴ Dass bei der Anwendung der Haftungsnormen die im Vergleich zur AG **beschränkten Einwirkungsmöglichkeiten** zu beachten sind,⁷⁵ ergibt sich von selbst. Keinesfalls darf der Aufsichtsrat jedoch sein pflichtwidriges Untätigbleiben damit rechtfertigen, er habe den Vorstand nicht zu einem anderen Verhalten zwingen können.⁷⁶ Beruht die schädigende Handlung auf einem rechtmäßigen Beschluss der Hauptversammlung, tritt die Haftung nicht ein (§ 93 Abs. 4 S. 1 iVm § 116). 19

7. Doppelter Aufsichtsrat (AG & Co KGaA). Ist der pHG eine Aktiengesellschaft (AG oder dualistische SE) oder eine GmbH mit fakultativem bzw. aus mitbestimmungsrechtlichen Gründen gebotenen Aufsichtsrat, dann bestehen **zwei Aufsichtsräte** nebeneinander: Zum einen derjenige der Komplementärgesellschaft, zum anderen derjenige der KGaA. Obwohl beide Gremien praktisch dieselbe Aufgabe haben, nämlich die Überwachung der Geschäftsführung der für die KGaA handelnden Komplementärgesellschaft, sind ihre Befugnisse juristisch getrennt zu betrachten.⁷⁷ Abweichungen ergeben sich namentlich daraus, dass nur dem Aufsichtsrat der Komplementärgesellschaft kraft Gesetzes ein **Zustimmungsvorbehalt** gem. § 111 Abs. 4 S. 2 AktG zusteht, während er für den Aufsichtsrat der KGaA statutarisch vereinbart werden müsste (→ Rn. 10). **Personal- und Geschäftsordnungskompetenzen** bezüglich des Vorstands der Komplementär-AG stehen ebenfalls nur deren Aufsichtsrat zu; sie sollen auch durch Satzung nicht auf den Aufsichtsrat der KGaA erstreckt werden können (zweifelhaft).⁷⁸ Eine Ausnahme ist hinsichtlich der Festlegung von Zielquoten für den Frauenanteil zu machen, die nach hier vertretener Ansicht stets dem Aufsichtsrat der KGaA obliegt (→ § 278 Rn. 40b f.). Hinsichtlich der Berichtspflichten gilt, dass jedem der beiden Aufsichtsräte grundsätzlich auch über Angelegenheiten der jeweils anderen Gesellschaft zu berichten ist (→ § 283 Rn. 12 f.). Für die Praxis wird empfohlen, die Arbeit der beiden Aufsichtsräte zu koordinieren. Dafür bietet sich eine wechselseitige Information oder – soweit mitbestimmungsrechtlich 19a

---

⁶⁹ So MüKoAktG/*Perlitt* § 278 Rn. 78, § 287 Rn. 53.
⁷⁰ Großkomm AktG/*Assmann/Sethe* Rn. 76; *Bürgers* in Bürgers/Fett KGaA § 5 Rn. 507.
⁷¹ Vgl. MüKoAktG/*Perlitt* § 286 Rn. 59.
⁷² Unstr., statt vieler Kölner Komm AktG/*Mertens/Cahn* Rn. 25; Großkomm AktG/*Assmann/Sethe* Rn. 44, 76.
⁷³ Dafür zB MüKoAktG/*Perlitt* Rn. 55; Großkomm AktG/*Assmann/Sethe* Rn. 78; krit. Kölner Komm AktG/*Mertens/Cahn* Rn. 26 (Selbstentmündigung der Gesellschafter).
⁷⁴ Kölner Komm AktG/*Mertens/Cahn* Rn. 27; MüKoAktG/*Perlitt* Rn. 79.
⁷⁵ So Großkomm AktG/*Assmann/Sethe* Rn. 42; Kölner Komm AktG/*Mertens/Cahn* Rn. 27; MüKoAktG/ *Perlitt* Rn. 39; *Bürgers* in Bürgers/Fett KGaA § 5 Rn. 545, 548.
⁷⁶ Eindringlich MüKoAktG/*Perlitt* Rn. 45 ff. (keine Flucht aus der Verantwortung).
⁷⁷ Eingehend *Marsch-Barner* FS Hoffmann-Becking, 2013, 777 ff.; ferner *Hasselbach* AR 2015, 104 ff.
⁷⁸ *Marsch-Barner* FS Hoffmann-Becking, 2013, 777 (789 f.).

möglich – eine **personenidentische Besetzung** an.[79] Auch gemeinsame Sitzungen werden für möglich gehalten,[80] wobei allerdings die Schranken des § 109 zu beachten sind.

IV. Personengesellschaftsrechtliche Aufgaben (Abs. 1 und 2)

20 **1. Beschlussausführung (Abs 1).** Beschlüsse der Hauptversammlung führt das geschäftsführende Organ aus, bei der KGaA also der Komplementär. Abweichend davon sieht Abs. 1 eine Ausführungskompetenz des Aufsichtsrats vor, soweit es um **„Beschlüsse der Kommanditaktionäre"** geht. Weil die Kommanditaktionäre als Kollektiv nur über die Hauptversammlung handlungsfähig sind (→ § 278 Rn. 19 und → § 285 Rn. 2 f.), bedarf es einer Abgrenzung, wann ein Hauptversammlungsbeschluss von den Komplementären und wann vom Aufsichtsrat auszuführen ist. Nach einer gängigen, an § 285 Abs. 2 S. 1 angelehnten Formel ist letzteres dann der Fall, wenn die Versammlung Rechte geltend macht, die in der KG den Kommanditisten gegen die KG oder gegen die Komplementäre zustehen.[81]

21 Missverständlichen Literaturstimmen zum Trotz wird davon nicht jeder Beschluss erfasst, der nach § 285 Abs. 2 S. 1 der Zustimmung durch die Komplementäre bedarf.[82] Denn zustimmungsbedürftig sind auch und insbesondere Strukturbeschlüsse (Satzungsänderung, Umwandlung), deren Ausführung (Registeranmeldung) zweifellos nicht dem Aufsichtsrat, sondern dem Komplementär obliegt (vgl. § 283 Nr. 1). Gemeint sind vielmehr Beschlüsse, mit denen die Hauptversammlung **personengesellschaftsrechtliche Befugnisse** geltend macht, also zB (soweit nicht abbedungen) Auskunftsbegehren nach § 166 HGB,[83] die Zustimmung zur Aufnahme neuer Komplementäre oder die Billigung außergewöhnlicher Geschäfte (§ 164 HGB); ferner die Entziehung der Geschäftsführungs- oder Vertretungsbefugnis (§§ 117, 127 HGB), die Klage auf Erteilung der Zustimmung gem. § 285 Abs. 2 S. 1 oder § 286 Abs. 1 und die Auflösungsklage (§ 133 HGB);[84] schließlich, falls man sich zulässt (→ Rn. 25), die actio pro socio zB auf Erbringung einer versprochenen Vermögenseinlage.[85] Weil sich die Prozessführungsbefugnis des Aufsichtsrats ohnehin aus Abs. 2 bzw. aus § 112 ergibt, ist die praktische Bedeutung von Abs. 1 gering.

22 Bei der Beschlussausführung gem. Abs. 1 ist der Aufsichtsrat ausschließlich den **Interessen der Kommanditaktionäre** verpflichtet, denn er nimmt ihre Rechte wahr.[86] Das gilt auch für den mitbestimmten Aufsichtsrat.[87] Bei Kollisionen mit dem Gesellschaftsinteresse oder mit Interessen unterlegener Minderheitskommanditaktionäre können sich Einschränkungen unter dem Gesichtspunkt der Rücksichtnahmepflicht (Treuepflicht) ergeben.[88] Im letzteren Fall ist die Minderheit aber zur Beschlussanfechtung gehalten; bestandskräftige Beschlüsse muss der Aufsichtsrat in jedem Fall ausführen, solange die Ausführung nicht offensichtlich zu einer Schädigung der Gesellschaft führt.[89] Aus Zweckmäßigkeitsgründen darf der Aufsichtsrat die Beschlussausführung nicht verweigern.[90] Verletzt der Aufsichtsrat seine Ausführungspflicht, **haftet** er gegenüber der Gesellschaft, als deren Organ er handelt.[91]

23 § 287 Abs. 1 ist **dispositiv**. Die Ausführung der darin angesprochenen Beschlüsse kann also durch die Satzung einem anderen Organ oder einer bestimmten Person übertragen werden.[92] Ob eine solche Regel die Hauptversammlung daran hindert, im Einzelfall Abweichendes zu beschließen, ist Auslegungsfrage.[93] Jedenfalls kann die Hauptversammlung sich eine entsprechende Befugnis ausdrücklich in der Satzung vorbehalten.[94] Wegen unvermeidlicher Interessenkonflikte darf der Komplementär nicht mit der Beschlussausführung betraut werden.[95]

---

[79] *Hasselbach* AR 2015, 104 (106); *Marsch-Barner* FS Hoffmann-Becking, 2013, 777 (791 f.).
[80] *Marsch-Barner* FS Hoffmann-Becking, 2013, 777 (792), allerdings beschränkt auf „Informationssitzungen".
[81] Hüffer/Koch/*Koch* Rn. 1; Großkomm AktG/*Assmann*/*Sethe* Rn. 49; MüKoAktG/*Perlitt* Rn. 58.
[82] So aber Großkomm AktG/*Assmann*/*Sethe* Rn. 49; Kölner Komm AktG/*Mertens*/*Cahn* Rn. 2; *Bürgers* in Bürgers/Fett KGaA § 5 Rn. 491.
[83] Vgl. MüKoAktG/*Perlitt* § 278 Rn. 218, § 287 Rn. 58.
[84] *Bürgers* in Bürgers/Fett KGaA § 5 Rn. 491; *Göz* in Bürgers/Fett KGaA § 5 Rn. 632, 638, 656.
[85] Vgl. *Göz* in Bürgers/Fett KGaA § 5 Rn. 678.
[86] MüKoAktG/*Perlitt* Rn. 60; Großkomm AktG/*Assmann*/*Sethe* Rn. 51; *Bürgers* in Bürgers/Fett KGaA § 5 Rn. 493; nach Kölner Komm AktG/*Mertens*/*Cahn* Rn. 19 hat die Frage „keine praktische Bedeutung".
[87] Kölner Komm AktG/*Mertens*/*Cahn* Rn. 3 (mit rechtspolitischer Kritik an der Arbeitnehmerbeteiligung).
[88] MüKoAktG/*Perlitt* Rn. 61; Großkomm AktG/*Assmann*/*Sethe* Rn. 52.
[89] Zutr. Kölner Komm AktG/*Mertens*/*Cahn* Rn. 19.
[90] Kölner Komm AktG/*Mertens*/*Cahn* Rn. 19; Großkomm AktG/*Assmann*/*Sethe* Rn. 52.
[91] Großkomm AktG/*Assmann*/*Sethe* Rn. 53; MüKoAktG/*Perlitt* Rn. 63.
[92] Unstr., vgl. nur Großkomm AktG/*Assmann*/*Sethe* Rn. 55; MüKoAktG/*Perlitt* Rn. 9 f.
[93] Großkomm AktG/*Assmann*/*Sethe* Rn. 56; strenger MüKoAktG/*Perlitt* Rn. 12.
[94] MüKoAktG/*Perlitt* Rn. 11; Großkomm AktG/*Assmann*/*Sethe* Rn. 55; Kölner Komm AktG/*Mertens*/*Cahn* Rn. 18.
[95] MüKoAktG/*Perlitt* Rn. 10; Großkomm AktG/*Assmann*/*Sethe* Rn. 55.

2. Prozessvertretung (Abs. 2). a) Parteifähigkeit. Nach Abs. 2 ist der Aufsichtsrat dafür 24 zuständig, die „Gesamtheit der Kommanditaktionäre" in Prozessen gegen die Komplementäre zu vertreten.[96] Weil die „Gesamtheit der Kommanditaktionäre" unstreitig kein rechtsfähiger Verband ist (→ Rn. 1 Fn. 4; → § 278 Rn. 18), kann sie als solche **nicht parteifähig** sein.[97] Parteifähig sind die einzelnen Kommanditaktionäre, welche als notwendige Streitgenossen klagen müssten. Das ist jedoch nicht praktikabel und vom Gesetz auch nicht gewollt, welches die Kommanditaktionäre nur in ihrer Gesamtheit für handlungsfähig erklärt (→ § 278 Rn. 19; → § 285 Rn. 3). Mit der modernen Auffassung ist daher davon auszugehen, dass der Aufsichtsrat in den von Abs. 2 erfassten Fällen die **Gesellschaft** vertritt, welche als solche Partei wird.[98] Die Korrektur des Wortlauts rechtfertigt sich daraus, dass dieser durch die fortgeschrittene Entwicklung des Verbandsrechts überholt ist.[99] Vorsorglich wird empfohlen, die „Gesamtheit der Kommanditaktionäre" gleichwohl im Klageantrag aufzuführen.[100]

b) Vertretungskompetenz. Geht man mit der heute hM von der Geltung des § 112 für die 25 KGaA aus (→ Rn. 11 ff.), ergibt sich die Vertretungsbefugnis des Aufsichtsrats gegenüber den Komplementären schon aus dieser Norm, so dass sich die Frage stellt, welchen Sinngehalt Abs. 2 daneben noch hat. Die Frage beantwortet sich, wenn man die Vorschrift als reine **Kompetenznorm** auffasst.[101] Ihre Bedeutung liegt dann einerseits darin, dass – abweichend von § 112 – andere Personen als der Aufsichtsrat mit der Prozessführung betraut werden dürfen (→ Rn. 26), zum anderen in der Klarstellung, dass nicht nur die aktienrechtlichen, sondern auch die personengesellschaftsrechtlichen Befugnisse der Kommanditaktionäre nur über eine Klage der Gesellschaft geltend gemacht werden können.[102] Das ist der Ausschluss oder doch jedenfalls eine erhebliche **Modifikation der actio pro socio** (bereits → § 278 Rn. 36). Eine Klage im eigenen Namen können Kommanditaktionäre unter den in § 148 genannten Voraussetzungen erheben. Dieser Weg wird durch Abs. 2 nicht beschnitten.[103]

Abs. 2 findet nur Anwendung, wenn es sich um eine Streitigkeit handelt, welche die personenge- 26 sellschaftsrechtliche Seite der Mitgliedschaft der Kommanditaktionäre berührt (dazu → Rn. 21).[104] Klagegegner muss ein Komplementär sein, worunter auch ein Geschäftsführer oder maßgeblich beteiligter Gesellschafter der Komplementärgesellschaft fällt. Erforderlich ist ein Beschluss der Hauptversammlung.[105] Diese kann mit der Prozessführung **besondere Vertreter** betrauen. An deren Person stellt das Gesetz keine Anforderungen, so dass auch ein einzelner Kommanditaktionär in Betracht kommt. Wegen des unvermeidlichen Interessenkonflikts ist eine Prozessführung durch Komplementäre zwingend ausgeschlossen, ohne dass es auf deren konkrete Befangenheit ankäme.[106]

c) Prozesskosten. Verliert die Gesellschaft den Prozess gegen den Komplementär, fallen ihr die 27 **Kosten** zur Last (Abs. 2 S. 2). Nach hiesigem Verständnis ist das selbstverständliche Folge ihrer Parteistellung. Fraglich ist, inwieweit die Gesellschaft bei den Kommanditaktionären **Rückgriff** nehmen kann. Traditioneller Ansicht gemäß enthält die Norm eine diesbezügliche Anspruchsgrundlage, weshalb die Kommanditaktionäre pro rata der Gesellschaft die Kosten zu erstatten haben, was sich praktisch nur über einen Abzug von der Dividende bewerkstelligen lässt.[107] Nach moderner Ansicht können dagegen nur solche Aktionäre belangt werden, die für die Einleitung des Rechtsstreits

---

[96] Eingehend zu den Rechtsstreitigkeiten in der KGaA: *Göz* in Bürgers/Fett KGaA § 5 Rn. 625 ff.
[97] Ganz hM, vgl. *Sethe* AG 1996, 289 (299 f.); *Wichert*, Die Finanzen der Kommanditgesellschaft auf Aktien, 1999, 50 f.; Hüffer/Koch/*Koch* Rn. 2; Kölner Komm AktG/*Mertens/Cahn* Rn. 22; Großkomm AktG/*Assmann/Sethe* Rn. 62; NK-AktR/*Wichert* § 287 Rn. 6; *Fett* in Bürgers/Fett KGaA § 3 Rn. 6; *Göz* in Bürgers/Fett KGaA § 5 Rn. 625; MüKoAktG/*Perlitt* Rn. 74; aA MHdB AG/*Herfs* § 78 Rn. 59.
[98] Vgl. *Philbert*, Die Kommanditgesellschaft auf Aktien zwischen Personengesellschaftsrecht und Aktienrecht, 2005, 97 f.; Kölner Komm AktG/*Mertens/Cahn* Rn. 22; Großkomm AktG/*Assmann/Sethe* Rn. 62; *Göz* in Bürgers/Fett KGaA § 5 Rn. 625; Raiser/Veil KapGesR § 31 Rn. 8.
[99] → § 278 Rn. 12; ferner *Fett* in Bürgers/Fett KGaA § 3 Rn. 6.
[100] So Hüffer/Koch/*Koch* Rn. 2; Großkomm AktG/*Assmann/Sethe* Rn. 62; Bürgers/Körber/*Förl/Fett* Rn. 7; *Fett* in Bürgers/Fett KGaA § 3 Rn. 6.
[101] Hüffer/Koch/*Koch* Rn. 2; Kölner Komm AktG/*Mertens/Cahn* Rn. 22; Großkomm AktG/*Assmann/Sethe* Rn. 62.
[102] *Göz* in Bürgers/Fett KGaA § 5 Rn. 622632622 (Prozessstandschaft).
[103] Kölner Komm AktG/*Mertens/Cahn* Rn. 24. Ebenso unberührt bleiben sonstige, dem Kommanditaktionär nach Aktienrecht zustehende Individualklagerechte, so namentlich nach § 245 (Anfechtungsklage) und § 132 (Auskunftserzwingungsverfahren), vgl. *Göz* in Bürgers/Fett KGaA § 5 Rn. 659.
[104] Zur Abgrenzung s. Großkomm AktG/*Assmann/Sethe* Rn. 58.
[105] Großkomm AktG/*Assmann/Sethe* Rn. 60; *Göz* in Bürgers/Fett KGaA § 5 Rn. 632.
[106] Vgl. BGH ZIP 2005, 348 = NZG 2005, 276; Kölner Komm AktG/*Mertens/Cahn* Rn. 22.
[107] So das ältere Schrifttum.

gestimmt und dabei pflichtwidrig die Interessen der Gesellschaft verletzt haben.[108] Anspruchsgrundlage sei in diesem Fall § 826 BGB.[109]

28 Dieser Ansicht ist zu folgen. Sie vermeidet ungerechte Ergebnisse und kann sich dabei auf die **allgemeine aktienrechtliche Wertung** stützen, Regressansprüche gegen Aktionäre aufgrund nachteiligen Abstimmungsverhaltens nur unter erschwerten Bedingungen zu gewähren (vgl. § 117).[110] Diese Wertung hat im vergleichbaren Fall des Klagezulassungsverfahrens besonderen Niederschlag gefunden, wenn § 148 Abs. 6 S. 5 eine Belastung von Aktionären mit Prozesskosten nur insoweit vorsieht, als diese die Klagezulassung durch vorsätzlich oder grob fahrlässig unrichtigen Vortrag erwirkt haben. Die präferierte Auslegung ist schließlich mit dem Wortlaut des § 287 Abs. 2 S. 2 vereinbar, der mit der Verwendung der Vokabel „unbeschadet" andeutet, dass keine eigene Anspruchsgrundlage normiert, sondern lediglich der Rückgriff nach anderen Vorschriften (zB § 117, § 826 BGB) offengehalten werden soll.

V. Beirat

29 **1. Zulässigkeit und Kompetenzen.** Die Einrichtung eines Beirates ist nach heute ungeteilter Meinung **zulässig.**[111] Dem Beirat können keine Aufgaben übertragen werden, die nach zwingendem Aktienrecht einem anderen Organ, namentlich dem **Aufsichtsrat** zustehen.[112] Dies entspricht der Rechtslage bei der AG.[113] Die Überwachung der Geschäftsführung einschließlich der damit verbundenen Kompetenzen (→ Rn. 7 ff.) muss daher zwingend beim Aufsichtsrat verbleiben (→ Rn. 16).[114] Für zulässig wird es allerdings gehalten, dem Beirat eine parallele Überwachungskompetenz einzuräumen, da der Aufsichtsrat kein Überwachungsmonopol genieße.[115] Auch die Kontrolle des geschäftsführenden Komplementärs durch einen nicht-geschäftsführenden „Kontroll-Komplementär" soll darstellbar sein.[116] Mittelbar kann dem Aufsichtsrat die Überwachungskompetenz entzogen werden, indem Geschäftsführungsrechte auf ein anderes Gremium, etwa einen Beirat, übertragen werden, der selbst nicht der Überwachung durch den Aufsichtsrat unterliegt.[117] Entsprechendes gilt für die unabdingbaren Hauptversammlungszuständigkeiten und den Kern der Komplementärrechte (vgl. § 283).

30 Dem Beirat übertragen werden können dagegen die in § 287 genannten Aufsichtsratskompetenzen, weil es sich bei diesen der Sache nach um **personengesellschaftsrechtliche Befugnisse** handelt.[118] Geschieht dies, muss bei der Vertretung der Gesellschaft gegenüber den Komplementären streng darauf geachtet werden, ob es sich um eine personengesellschaftsrechtliche Angelegenheit handelt (dann Vertretung durch den Beirat möglich) oder um eine aktienrechtliche (dann Vertretung durch den Aufsichtsrat, § 112). Unproblematisch sind ferner **Beratungs-, Koordinierungs- und Schlichtungsaufgaben,** für deren Erfüllung insbesondere in der Familien-KGaA ein Bedürfnis gesehen wird.[119] Weiterhin können dem Beirat ergänzende Kontrollkompetenzen zugewiesen werden, welche diejenigen des Aufsichtsrats nicht verdrängen, sondern daneben treten, zB ein satzungsmäßiger Zustimmungsvorbehalt nach dem Muster des § 111 Abs. 4 S. 2.[120]

---

[108] Kölner Komm AktG/*Mertens/Cahn* Rn. 23; dem folgend *Sethe* AG 1996, 289 (300); Hüffer/Koch/*Koch* Rn. 3; Großkomm AktG/*Assmann/Sethe* Rn. 64; NK-AktR/*Wichert* Rn. 6; MüKoAktG/*Perlitt* Rn. 77.
[109] Kölner Komm AktG/*Mertens/Cahn* Rn. 23; Bürgers/Körber/*Förl/Fett* Rn. 8.
[110] Vgl. auch BGHZ 129, 136 = NJW 1995, 1739 – Girmes.
[111] Vgl. nur Hüffer/Koch/*Koch* Rn. 1; Kölner Komm AktG/*Mertens/Cahn* Rn. 29; zu (erledigten) mitbestimmungsrechtlichen Bedenken *Martens* AG 1982, 113 (116 ff.); MüKoAktG/*Perlitt* Rn. 87; zu den praktischen Gründen für die Einrichtung eines Beirats *Bürgers* in Bürgers/Fett KGaA § 5 Rn. 551 ff.; Großkomm AktG/ *Assmann/Sethe* Rn. 79 ff., dort auch zu Einzelfragen (ebenda Rn. 111 ff.). Zur (eher theoretischen) Unterscheidung zwischen schuldrechtlichen und organschaftlichen Beiräten s. MüKoAktG/*Perlitt* Rn. 86; Großkomm AktG/ *Assmann/Sethe* Rn. 89 f.
[112] MüKoAktG/*Perlitt* Rn. 89 ff.; Kölner Komm AktG/*Mertens/Cahn* Rn. 30; Großkomm AktG/*Assmann/ Sethe* Rn. 96; K. Schmidt/Lutter/*K. Schmidt* Rn. 24; mit großzügigerer Tendenz aber *Schnorbus/Ganzer* BB 2017, 1795 (1800): parallele Überwachungsstrukturen bei der KGaA „nichts Ungewöhnliches" (unter Hinweis auf die AG & Co. KGaA).
[113] Vgl. Hüffer/Koch/*Koch* § 23 Rn. 38.
[114] Kölner Komm AktG/*Mertens/Cahn* Rn. 34; Großkomm AktG/*Assmann/Sethe* Rn. 96.
[115] So *Habersack* FS Hellwig, 2010, 143 (148); *Schnorbus* Liber Amicorum M Winter, 2011, 627 (644 f.).
[116] Vgl. *Schnorbus* Liber Amicorum M. Winter, 2011, 627 (653).
[117] *Bürgers* in Bürgers/Fett KGaA § 5 Rn. 552 (595).
[118] Unstr., vgl. nur Hüffer/Koch/*Koch* Rn. 1; Kölner Komm AktG/*Mertens/Cahn* Rn. 33; K. Schmidt/Lutter/ *K. Schmidt* Rn. 24.
[119] Vgl. Kölner Komm AktG/*Mertens/Cahn* Rn. 29; Großkomm AktG/*Assmann/Sethe* Rn. 98. Zu den verschiedenen Gestaltungsformen *Bürgers* in Bürgers/Fett KGaA § 5 Rn. 560 ff.
[120] Vgl. Kölner Komm AktG/*Mertens/Cahn* Rn. 31, 34.

Zu beachten sind in allen Fällen der Grundsatz der **Verbandssouveränität** und das Prinzip der 31
Selbstorganschaft.[121] Danach müssen alle Herrschaftsbefugnisse im Verband auf eine mitgliedschaftliche Legitimation zurückgeführt werden können und ist die Organvertretungsmacht auf die persönlich haftenden Gesellschafter beschränkt.[122] Folglich ist danach zu **unterscheiden,** ob der Beirat überwiegend mit Gesellschaftern oder mit Gesellschaftsfremden besetzt ist. Im letzteren Fall können ihm keine organschaftlichen Vertretungsbefugnisse zugewiesen werden.[123] Auch Maßnahmen mit strukturänderndem Charakter, etwa die Aufnahme neuer Komplementäre, können ihm dann nicht übertragen werden.[124] Fraglich ist, ob **Weisungs- oder Zustimmungsrechte** in Geschäftsführungsfragen zulässig sind. Entgegen der wohl hL ist hier eine großzügigere Betrachtung angezeigt, weil der Beirat jederzeit abgesetzt werden kann und seine Mitglieder einer organschaftlichen Verantwortung unterworfen sind (→ Rn. 32).[125]

2. Besetzung, innere Ordnung, Haftung. In der Besetzung des Beirats sind die Gesellschafter 32
frei, eine Mitbestimmung findet nicht statt.[126] Die Inhabilitätsregel des Abs 3 ist nicht anwendbar. Das **Stimmverbot** für Komplementäre (vgl. § 285 Abs. 1 S. 2 Nr. 1) gilt dagegen auch bei der Beiratswahl, wenn der Beirat zur Vertretung der Interessen der Kommanditaktionäre bestimmt ist.[127] Im Übrigen dürfen Komplementäre an der Besetzung des Beirats mitwirken, weil die Überwachung durch den Aufsichtsrat unberührt bleibt (→ Rn. 29).[128] Beiratsmitglieder können ihrerseits dem Stimmverbot aus § 285 Abs. 1 unterworfen sein.[129] Die innere Ordnung wird ebenso wie die Besetzung in der Satzung festgelegt. Fehlt es daran, ist eine Ausrichtung an den üblichen Gremienregeln, etwa beim Aufsichtsrat, geboten. Der Beirat kann sich selbst eine **Geschäftsordnung** geben.[130] Aufsichtsratsmitglieder sind nicht analog § 118 Abs. 2 zur Teilnahme an Beiratssitzungen befugt.[131] Ein **Wettbewerbsverbot** ist nur anzunehmen, soweit dem Beirat Mitwirkungsrechte in der Geschäftsführung oder Personalkompetenzen eingeräumt wurden.[132] Bei drittschädigendem Fehlverhalten von Beiratsmitgliedern kommt eine Haftung der Gesellschaft über § 31 BGB in Betracht.[133] Der Gesellschaft gegenüber **haften** Beiratsmitglieder analog § 93 iVm § 116 sowie gegebenenfalls nach § 117 oder nach Delikt.[134] Allerdings wird eine statutarische Haftungsbegrenzung für zulässig gehalten.[135]

§ 288 Entnahmen der persönlich haftenden Gesellschafter. Kreditgewährung

(1) ¹Entfällt auf einen persönlich haftenden Gesellschafter ein Verlust, der seinen Kapitalanteil übersteigt, so darf er keinen Gewinn auf seinen Kapitalanteil entnehmen. ²Er darf ferner keinen solchen Gewinnanteil und kein Geld auf seinen Kapitalanteil entnehmen, solange die Summe aus Bilanzverlust, Einzahlungsverpflichtungen, Verlustanteilen persönlich haftender Gesellschafter und Forderungen aus Krediten an persönlich haftende

---

[121] *Assmann/Sethe* FS Lutter, 2000, 251 (258 f.); Großkomm AktG/*Assmann/Sethe* Rn. 97; Kölner Komm AktG/*Mertens/Cahn* Rn. 30.
[122] *K. Schmidt* GesR § 14 II 2 a.
[123] Wohl unstr., s. nur Kölner Komm AktG/*Mertens/Cahn* Rn. 31; Großkomm AktG/*Assmann/Sethe* Rn. 97, 111.
[124] *Assmann/Sethe* FS Lutter, 2000, 251 (261); Großkomm AktG/*Assmann/Sethe* Rn. 103; Kölner Komm AktG/*Mertens/Cahn* Rn. 32; *Bürgers* in Bürgers/Fett KGaA § 5 Rn. 585; aA *Schnorbus* Liber Amicorum M Winter, 2011, 627 (656 ff.); liberaler auch MHdB AG/*Herfs* § 79 Rn. 79.
[125] Vgl. *Bürgers* in Bürgers/Fett KGaA § 5 Rn. 589–591 (Zustimmungsrechte ja, Weisungsrechte nein); strenger (Geschäftsführungsrechte nur bei Besetzung mit Gesellschaftern) Kölner Komm AktG/*Mertens/Cahn* Rn. 31; Großkomm AktG/*Assmann/Sethe* Rn. 97.
[126] MüKoAktG/*Perlitt* Rn. 87, 92; zur Frage der Mitbestimmung in der Komplementär-Gesellschaft *Giehl* MittBayNot 2016, 285.
[127] MüKoAktG/*Perlitt* Rn. 27; Großkomm AktG/*Assmann/Sethe* Rn. 112, § 285 Rn. 26; *Bürgers* in Bürgers/Fett KGaA § 5 Rn. 570.
[128] *Bürgers* in Bürgers/Fett KGaA § 5 Rn. 569; aA (Stimmverbot auch bei Beirat mit Überwachungsfunktion) *Assmann/Sethe* FS Lutter, 2000, 251 (266); Großkomm AktG/*Assmann/Sethe* Rn. 112; für generelles Stimmverbot MüKoAktG/*Perlitt* Rn. 98.
[129] MüKoAktG/*Perlitt* Rn. 99; *Bürgers* in Bürgers/Fett KGaA § 5 Rn. 571.
[130] Großkomm AktG/*Assmann/Sethe* Rn. 115.
[131] MüKoAktG/*Perlitt* Rn. 96, speziell zum Aktionärsausschuss Rn. 93; *Bürgers* in Bürgers/Fett KGaA § 5 Rn. 597; eingehend *Martens* AG 1982, 113 (118 ff.).
[132] Großkomm AktG/*Assmann/Sethe* Rn. 117; *Bürgers* in Bürgers/Fett KGaA § 5 Rn. 594.
[133] Eingehend Großkomm AktG/*Assmann/Sethe* Rn. 120–124.
[134] Ausf. Großkomm AktG/*Assmann/Sethe* Rn. 127–142.
[135] So *Schnorbus/Ganzer* BB 2017, 1795 (1805), die insoweit nicht zwischen dem Beirat einer GmbH und demjenigen einer KGaA differenzieren.

Gesellschafter und deren Angehörige die Summe aus Gewinnvortrag, Kapital- und Gewinnrücklagen sowie Kapitalanteilen der persönlich haftenden Gesellschafter übersteigt.

(2) ¹Solange die Voraussetzung von Absatz 1 Satz 2 vorliegt, darf die Gesellschaft keinen unter § 286 Abs. 2 Satz 4 fallenden Kredit gewähren. ²Ein trotzdem gewährter Kredit ist ohne Rücksicht auf entgegenstehende Vereinbarungen sofort zurückzugewähren.

(3) ¹Ansprüche persönlich haftender Gesellschafter auf nicht vom Gewinn abhängige Tätigkeitsvergütungen werden durch diese Vorschriften nicht berührt. ²Für eine Herabsetzung solcher Vergütungen gilt § 87 Abs. 2 Satz 1 und 2 sinngemäß.

Schrifttum: *Herfs,* Vereinbarungen zwischen der KGaA und ihren Komplementären, AG 2005, 589.

Übersicht

	Rn.		Rn.
I. Normzweck	1	IV. Anstellungsvertrag und Tätigkeitsvergütung (Abs. 3)	9–14
II. Gewinnverteilung und Entnahmesperre (Abs. 1)	2–7	1. Anstellungsvertrag	9, 10
1. Gewinnverteilung	2–4	2. Tätigkeitsvergütung	11, 12
2. Entnahmerecht	5–7	3. Vergütungsschranken	13, 14
a) Grundlage	5	a) Entnahmesperren	13
b) Schranken	6, 7	b) Herabsetzung der Vergütung	14
III. Kreditsperre (Abs. 2)	8		

I. Normzweck

1 Die Vorschrift dient dem **Kapitalschutz** und begrenzt zu diesem Zwecke das Entnahmerecht des Komplementärs (Abs. 1) sowie die Kreditgewährung an ihn (Abs. 2). Ferner wird klargestellt, dass die Tätigkeitsvergütung von diesen Schranken unberührt bleibt, jedoch nach den für den Vorstand geltenden Vorschriften herabgesetzt werden kann (Abs. 3). Die Vorschrift stellt gegenüber dem an sich (§ 278 Abs. 2) geltenden Personengesellschaftsrecht eine **Verschärfung** dar, indem sie der Vertragsfreiheit der Gesellschafter zwingende Schranken zieht. Darin liegt eine Annäherung an das Aktienrecht. Zugleich zeigt die Norm, dass es die persönliche Haftung der Komplementäre als zum Schutze der Gesellschaftsgläubiger nicht genügend erachtet.

II. Gewinnverteilung und Entnahmesperre (Abs. 1)

2 **1. Gewinnverteilung.** Die Verteilung des nach aktienrechtlichen Grundsätzen zu ermittelnden Jahresüberschusses bzw. Jahresfehlbetrags (→ § 286 Rn. 5) erfolgt gedanklich in **zwei Schritten**: Zunächst ist der Gewinn auf die beiden Gesellschaftergruppen entsprechend dem Verhältnis Grundkapital – Kapitalanteile zu verteilen. Da es sich um eine Frage des Innenverhältnisses handelt, herrscht **Satzungsfreiheit**, eine beliebige Gestaltung scheint also denkbar.¹ Für die Publikums-KGaA ist dies einzuschränken (→ § 278 Rn. 28 ff.). Hier darf der Anleger im Regelfall erwarten, dass dem Grundkapital ein seiner Quote am Gesamtkapital entsprechender Gewinnanteil zugewiesen wird.

3 Im zweiten Schritt ist der Gewinn innerhalb der Gesellschaftergruppen zu verteilen. Für die Kommanditaktionäre gilt insoweit Aktienrecht, wonach sich die Gewinnanteile nach den Anteilen am Grundkapital bestimmen (§ 60 Abs. 1), eine abweichende Satzungsregelung jedoch möglich ist (§ 60 Abs. 3). Die Gewinnverteilung unter den Komplementären kann frei vereinbart werden (vgl. § 109 HGB). Das Spektrum denkbarer Regelungsmodelle ist dabei weit und reicht von der Vereinbarung eines anderen Zinssatzes über die Abrede abweichender Verteilungsmaßstäbe bis zum **vollständigen Ausschluss** von der Gewinnteilhabe.² Entsprechendes gilt für die Verlustverteilung.³ Zur Erleichterung einer etwaigen Umwandlung von Sondereinlagen in Grundkapital (oder umgekehrt) wird der satzungsmäßige Gleichlauf der Rücklagenbildung von Komplementären und Gesellschaft empfohlen.⁴

---

¹ Vgl. Baumbach/Hopt/*Roth* HGB § 121 Rn. 8 (im Rahmen des § 138 BGB); MüKoAktG/*Perlitt* Rn. 20.
² Kölner Komm AktG/*Mertens/Cahn* Rn. 15. Zu Einzelheiten *Wichert,* Die Finanzen der Kommanditgesellschaft auf Aktien, 1999, 146 f.; MüKoAktG/*Perlitt* Rn. 21 ff.; Großkomm AktG/*Assmann/Sethe* Rn. 34 ff.; *Reger* in Bürgers/Fett KGaA § 5 Rn. 252 ff.; Fall- und Rechenbeispiel bei *Schließer* in Bürgers/Fett KGaA § 6 Rn. 69.
³ Vgl. Kölner Komm AktG/*Mertens/Cahn* Rn. 16 f.
⁴ Näher *Reger* in Bürgers/Fett KGaA § 5 Rn. 253; *Hoffmann-Becking/Herfs* FS Sigle, 2000, 291 f.

Fehlt eine Satzungsregelung, greifen §§ 168, 121 HGB (iVm § 278 Abs. 2). Danach entfällt auf **4** die Komplementäre und auf die Gesamtheit der Kommanditaktionäre jeweils ein Betrag in Höhe von 4 % ihrer Beteiligung, der darüber hinaus gehende Betrag ist unter den Gesellschaftergruppen **„angemessen"** zu verteilen (§ 168 Abs. 2 HGB). Dabei soll zugunsten der Komplementäre ihre persönliche Haftung ins Gewicht fallen, was aber jedenfalls bei der kapitalistischen KGaA (GmbH & Co KGaA) keine Rolle spielen kann.[5] Für die Verteilung unter den Kommanditaktionären gilt § 60 (→ Rn. 3), die Verteilung unter die Komplementäre erfolgt nicht nach Kopfteilen (§ 121 Abs. 3 S. 1 HGB),[6] sondern „angemessen" (§ 168 Abs. 2 HGB), wobei neben der Beteiligungsquote auch Unterschiede in der Ausgestaltung der Komplementärstellung (Geschäftsführung) zu berücksichtigen sind.[7]

2. Entnahmerecht. a) Grundlage. Grundlage des Entnahmerechts ist § 122 HGB (iVm § 278 **5** Abs. 2). Während die Kommanditaktionäre ihren Gewinnanteil nur ausgezahlt erhalten, wenn die Hauptversammlung einen entsprechenden Gewinnverwendungsbeschluss gefasst hat, stehen den Komplementären danach weitergehende Rechte zu. Bis zum Betrag von 4 % ihres Kapitalanteils können sie gewinnunabhängig Geld, aber auch sonstige Vermögenswerte entnehmen (sog. Grundentnahme).[8] Die Auszahlung eines darüber hinausgehenden Gewinnanteils kann ebenfalls verlangt werden (sog. Gewinnentnahme). Eigenmächtig darf die Entnahme nur durch vertretungsberechtigte Komplementäre erfolgen, ansonsten ist Klage geboten.[9] Die Ansprüche entstehen mit der Feststellung der Bilanz für das vorangegangene Geschäftsjahr und erlöschen mit der Feststellung der Bilanz für das laufende Geschäftsjahr.[10] Die Vorschrift ist **dispositiv** und lässt breiten Raum für abweichende Gestaltungen.[11]

b) Schranken. Schranken des Entnahmerechts ergeben sich zunächst aus § 122 Abs. 1 Hs. 2 **6** HGB, wonach die Entnahme nicht zum offenbaren **Schaden** der Gesellschaft erfolgen darf, ferner aus der **Treuepflicht**.[12] Wichtiger sind die zwingenden Schranken des § 288 Abs. 1. Danach ist die Entnahme unzulässig, wenn der Verlustanteil den Kapitalanteil übersteigt (Satz 1) oder wenn die Summe aus den in der Norm genannten Negativposten diejenige der positiven Posten übersteigt (Satz 2).[13] Bei mehreren Kapitalkonten sind diese zu saldieren, um so den gegenwärtigen Stand der Einlage zu ermitteln.[14] Erforderlichenfalls ist eine Zwischenbilanz zu erstellen.[15]

Werden die Schranken missachtet, ist der Komplementär zur **Rückzahlung** verpflichtet, ohne **7** den Gutglaubensschutz des § 62 Abs. 1 S. 2 in Anspruch nehmen zu können. Die Rechtsgrundlage ist unklar, doch besteht im Ergebnis Einigkeit.[16] Möglich sind daneben Schadensersatzansprüche aus § 93 Abs. 2 iVm § 283 Nr. 3 oder § 117.[17] Nach überwiegender Ansicht soll auch ein Anspruch aus § 823 Abs. 2 BGB in Betracht kommen,[18] doch ist zweifelhaft, ob § 288 als Schutzgesetz verstanden werden kann.[19]

---

[5] Vgl. *Ammenwerth*, Die Kommanditgesellschaft auf Aktien (KGaA) – eine Rechtsformalternative für personenbezogene Unternehmen?, 1997, 60; *Wichert*, Die Finanzen der Kommanditgesellschaft auf Aktien, 1999, 145; *Schließer* in Bürgers/Fett KGaA § 6 Rn. 68 Fn. 112; Bürgers/Körber/Förl/Fett Rn. 2; aA *Arnold*, Die GmbH & Co. KGaA, 2001, 153; Kölner Komm AktG/*Mertens/Cahn* Rn. 12.
[6] So aber MHdB AG/*Herfs* § 81 Rn. 17; *Schließer* in Bürgers/Fett KGaA § 6 Rn. 68 Fn. 113.
[7] Kölner Komm AktG/*Mertens/Cahn* Rn. 13; MüKoAktG/*Perlitt* Rn. 17, 27; Großkomm AktG/*Assmann/Sethe* Rn. 30.
[8] Vgl. Baumbach/Hopt/*Roth* HGB § 122 Rn. 1; *Schließer* in Bürgers/Fett KGaA § 6 Rn. 100.
[9] Baumbach/Hopt/*Roth* HGB § 122 Rn. 5.
[10] Kölner Komm AktG/*Mertens/Cahn* Rn. 21; K. Schmidt/Lutter/*K. Schmidt* Rn. 7; zT abw. MüKoAktG/*Perlitt* Rn. 36.
[11] Gestaltungsbeispiele bei MüKoAktG/*Perlitt* Rn. 40 ff.; Großkomm AktG/*Assmann/Sethe* Rn. 57 ff.; Kölner Komm AktG/*Mertens/Cahn* Rn. 22 ff.; NK-AktR/*Wichert* Rn. 6 ff.; MHdB AG/*Herfs* § 81 Rn. 24.
[12] Kölner Komm AktG/*Mertens/Cahn* Rn. 26 f.; Großkomm AktG/*Assmann/Sethe* Rn. 45; *Reger* in Bürgers/Fett KGaA § 5 Rn. 257.
[13] Zur Berechnung im Einzelnen MüKoAktG/*Perlitt* Rn. 47 ff.; Großkomm AktG/*Assmann/Sethe* Rn. 49 ff. (jeweils mit Rechenbeispielen); Kölner Komm AktG/*Mertens/Cahn* Rn. 31.
[14] Kölner Komm AktG/*Mertens/Cahn* Rn. 30.
[15] Kölner Komm AktG/*Mertens/Cahn* Rn. 33; vgl. auch Großkomm AktG/*Assmann/Sethe* Rn. 53; vgl. MüKoAktG/*Perlitt* Rn. 53 ff.
[16] Vgl. Hüffer/Koch/*Koch* Rn. 4; MüKoAktG/*Perlitt* Rn. 57; Kölner Komm AktG/*Mertens/Cahn* Rn. 34; Großkomm AktG/*Assmann/Sethe* Rn. 54 f.
[17] MüKoAktG/*Perlitt* Rn. 58; Kölner Komm AktG/*Mertens/Cahn* Rn. 35; Großkomm AktG/*Assmann/Sethe* Rn. 56.
[18] So Hüffer/Koch/*Koch* Rn. 4; MüKoAktG/*Perlitt* Rn. 58; Großkomm AktG/*Assmann/Sethe* Rn. 56; Bürgers/Körber/Förl/Fett Rn. 8.
[19] Bejahend MüKoAktG/*Perlitt* Rn. 58; abl. Kölner Komm AktG/*Mertens/Cahn* Rn. 35 unter Hinweis auf BGHZ 110, 342 (359 f.) (betr. § 30 GmbHG).

III. Kreditsperre (Abs. 2)

8   Zuständig für die Kreditgewährung an den Komplementär ist der Aufsichtsrat (§ 89 iVm § 283 Nr. 5). Unter § 89 fallende Kredite sind in der Bilanz gesondert auszuweisen (§ 286 Abs. 2 S. 4). Als Kredit gilt auch § 89 Abs. 1 S. 2 und 3 auch die Entnahme, die dem Komplementär jedoch gem. § 122 HGB ohne Mitwirken des Aufsichtsrats gestattet ist (→ Rn. 5). Unter den Voraussetzungen des § 288 Abs. 1 S. 2 ist die Kreditgewährung **unzulässig**. Im Umkehrschluss folgt, dass im Fall des § 288 Abs. 1 S. 1 zwar die Gewinnentnahme, nicht jedoch die kreditmäßige Entnahme untersagt ist, es sei denn, die Satzung schreibt eine kreditfeste Mindesteinlage vor.[20] Gesperrt sind alle Kredite, die nach Eintritt der Voraussetzungen des Abs. 1 S. 2 ausgezahlt werden, auf den **Zeitpunkt** des Vertragsabschlusses kommt es hingegen nicht an.[21] Verstöße führen gem. Abs. 2 S. 2 zu einer **Rückzahlungspflicht,** neben die eine Schadensersatzpflicht aus §§ 93, 116 treten kann.[22]

IV. Anstellungsvertrag und Tätigkeitsvergütung (Abs. 3)

9   **1. Anstellungsvertrag.** Die KGaA kann mit den Komplementären einen Anstellungsvertrag (Tätigkeitsvertrag) schließen.[23] Dieser trägt den Charakter eines Dienstvertrages (§ 611 BGB).[24] Geht man mit der hM von der Geltung des § 112 aus (eingehend → § 287 Rn. 11 ff.), ist für den Vertragsabschluss ausschließlich der **Aufsichtsrat** zuständig.[25] Die in der Literatur zT noch vertretene Auffassung, der Abschluss könne an ein anderes Organ, insbesondere an Komplementäre delegiert werden,[26] ist mit der zwingenden Wirkung des § 112 unvereinbar. Sie lässt sich auch nicht dadurch retten, dass man den Tätigkeitsvertrag in eine mitgliedschaftliche Regelung umdeutet.[27] Etwaige Kompetenzprobleme müssen auf statutarischem Wege gelöst werden (→ Rn. 11). Wird im Tätigkeitsvertrag – wie üblich – eine Vergütung vereinbart, bedarf es zum Vertragsschluss einer Ermächtigung in der Satzung (→ Rn. 11).

10   Ist eine Gesellschaft Komplementärin **(GmbH & Co KGaA),** kann der Anstellungsvertrag mit deren organschaftlichen Vertretern wahlweise von den nach der jeweiligen Gesellschaftsform zuständigen Organen oder direkt mit der KGaA geschlossen werden.[28] Im ersten Fall wird dem Anstellungsvertrag Schutzwirkung zugunsten der KGaA zugesprochen (→ § 278 Rn. 46). Im zweiten Fall liegt eine sog. **Drittanstellung** vor. Sie ist gesellschaftsrechtlich zulässig und kann sich aus steuerrechtlichen Gründen empfehlen.[29] Der Tätigkeitsvertrag kann Rechte nur im Rahmen der Vorgaben der Satzung einräumen, im Übrigen besteht **Vertragsfreiheit.**[30] Möglich sind zB Regeln über den Erwerb oder das Halten von Aktien oder die Stimmrechtsausübung.[31] Bei hinreichend bestimmter Satzungsgrundlage sollen auch Regelungen mitgliedschaftlicher Natur zulässig sein, zB über den Entzug der Geschäftsführungsbefugnis oder Wettbewerbsverbote.[32]

11   **2. Tätigkeitsvergütung.** Wird eine Tätigkeitsvergütung vorgesehen, bedarf das einer **Grundlage in der Satzung.**[33] Das leitet man aus § 26 (Sondervorteil) ab, doch wird es abweichend von dessen üblicher Lesart für ausreichend erachtet, dass die Satzung eine Festlegung nur dem Grunde nach enthält, während die Bestimmung der Höhe einem entsprechend ermächtigten Organ überlas-

---

[20] Vgl. Großkomm AktG/*Assmann/Sethe* Rn. 54; Kölner Komm AktG/*Mertens/Cahn* Rn. 12.
[21] MüKoAktG/*Perlitt* Rn. 61; Kölner Komm AktG/*Mertens/Cahn* Rn. 36; Großkomm AktG/*Assmann/Sethe* Rn. 70.
[22] Hüffer/*Koch/Koch* Rn. 5.
[23] Unstr., vgl. nur MüKoAktG/*Perlitt* § 278 Rn. 55, § 288 Rn. 81.
[24] Vgl. Großkomm AktG/*Assmann/Sethe* Rn. 75 (schuldrechtliche Nebenabrede mit dienstvertraglichen Zügen).
[25] Grundsätzlich BGH ZIP 2005, 348 = NZG 2005, 276; Großkomm AktG/*Assmann/Sethe* § 278 Rn. 76.
[26] So etwa *Herfs* AG 2005, 589 (594); für die Vergütungsabrede auch MüKoAktG/*Perlitt* § 281 Rn. 47 (für Abschluss des Tätigkeitsvertrages aber wie hier, vgl. § 288 Rn. 82).
[27] So aber *Herfs* AG 2005, 589 (594).
[28] Vgl. *Arnold,* Die GmbH & Co. KGaA, 2001, 83 f.; *Wichert* AG 2000, 268 (274); *Reger* in Bürgers/Fett KGaA § 5 Rn. 269.
[29] Näher *Hasselbach/Ebbinghaus* DB 2015, 1269 (1276); für Zulässigkeit auch *Otte,* Die AG & Co. KGaA, 2011, 93 f.; zweifelnd wg. der zwingenden Personalkompetenz des AR *Marsch-Barner* FS Hoffmann-Becking, 2013, 777 (789).
[30] Vgl. Großkomm AktG/*Assmann/Sethe* § 278 Rn. 75; zum typischen Inhalt s. *Reger* in Bürgers/Fett KGaA § 5 Rn. 262.
[31] MüKoAktG/*Perlitt* Rn. 85.
[32] Großkomm AktG/*Assmann/Sethe* § 278 Rn. 80; MüKoAktG/*Perlitt* Rn. 83.
[33] AllgA, vgl. OLG Stuttgart NZG 2005, 1002 (1003); MüKoAktG/*Perlitt* § 278 Rn. 55, § 288 Rn. 81; Kölner Komm AktG/*Mertens/Cahn* § 278 Rn. 40; Großkomm AktG/*Assmann/Sethe* § 278 Rn. 75, § 288 Rn. 78; *Reger* in Bürgers/Fett KGaA § 5 Rn. 260; MHdB AG/*Herfs* § 79 Rn. 24.

sen wird.³⁴ Das entspricht der in Vergütungsfragen grundsätzlich geltenden personengesellschaftsrechtlichen Freiheit, kollidiert aber in gewisser Weise mit der ausschließlichen Zuständigkeit des **Aufsichtsrats** zum Abschluss des Tätigkeitsvertrages (→ Rn. 9).³⁵ Um ein Leerlaufen des § 112 zu vermeiden, wird man eine Delegation der Vergütungsentscheidung an die Komplementäre daher verneinen müssen.³⁶ Im Übrigen lässt sich ein Auseinanderfallen der Kompetenzen vermeiden, wenn die Satzung als zuständiges Organ zur Festlegung der Vergütungseinzelheiten den Aufsichtsrat benennt, in dessen Hand sich dann die Vergütungsentscheidungen bündeln.³⁷

Art und Höhe können frei vereinbart werden, die Grenzen des § 87 gelten mangels Verweises in 12 § 283 und wegen des Umkehrschlusses aus § 288 Abs. 3 S. 2 **nicht**.³⁸ Das mag man bedauern, ist aber de lege lata nicht zu korrigieren.³⁹ Da der Komplementär als Gesellschafter idR ohnehin am Gewinn beteiligt ist, passt § 87 in der durch das VorstAG strikter gefassten Form auch nur bedingt. Auch die einschlägigen Kodex-Empfehlungen sind auf die KGaA grundsätzlich nicht anwendbar.⁴⁰ Bei der börsennotierten KGaA ist ein Vergütungsbeschluss der **Hauptversammlung** gem. § 120 Abs. 4 möglich (und zT üblich), jedoch wenig sinnvoll.⁴¹ Die Satzung kann der Hauptversammlung weiterreichende Vergütungskompetenzen einräumen (→ Rn. 11). Die Höhe der Vergütung ist gem. § 285 Nr. 9 lit. a HGB im Anhang **publik zu machen**. Die Norm gilt für alle Kapitalgesellschaften und damit auch für die KGaA. Ein individualisierter Vergütungsausweis gem. § 285 Nr. 9 lit. a S. 5 HGB ist hingegen nicht erforderlich, weil sich diese Verpflichtung explizit nur auf den Vorstand der AG bezieht (→ § 286 Rn. 12). Angaben über die Vergütung sind darüber hinaus in einen etwaigen Prospekt nach WpPG aufzunehmen.⁴²

3. Vergütungsschranken. a) Entnahmesperren. Die Entnahmesperren der Abs. 2 und 3 gelten 13 gemäß der ausdrücklichen Regelung in Abs. 3 S. 1 **nicht** für gewinnunabhängige Tätigkeitsvergütungen. Im Umkehrschluss folgt, dass eine ergebnisabhängige Vergütung (Tantieme) diesen Sperren unterworfen ist. Das soll auch hinsichtlich Vergütungen für die Übernahme der persönlichen Haftung, nicht jedoch für Umsatztantiemen gelten.⁴³ **Aktienoptionen** sind weder gewinnabhängig noch schmälern sie das Gesellschaftsvermögen. Sie fallen daher nicht unter die Entnahmesperre.⁴⁴ Bei einer aus gewinnabhängigen und gewinnunabhängigen Komponenten gemischten Vergütung ist für die Anwendung des § 288 Abs. 3 eine Aufteilung vorzunehmen.⁴⁵ Die Entnahmesperre führt nicht zu einem endgültigen Erlöschen des Vergütungsanspruchs, sondern lässt diesen nur ruhen.⁴⁶

b) Herabsetzung der Vergütung. Die Vergütung des Komplementärs unterliegt nicht der 14 Angemessenheitsschwelle des § 87 Abs. 1 (→ Rn. 12), doch erlaubt Abs. 3 S. 2 ausdrücklich eine **Herabsetzung** gem. § 87 Abs. 2 S. 1, soweit es um nicht gewinnabhängige Entgeltbestandteile geht. Umstritten ist, ob das auch für gewinnabhängige Vergütungen gilt. Die Frage ist mit dem klaren Wortlaut zu verneinen.⁴⁷ Gewinnabhängige Vergütungsbestandteile unterliegen, wie Abs. 3 S. 2 klarstellt, der Ausschüttungssperre der Abs. 2 und 3, so dass für eine Herabsetzung idR auch kein Bedürfnis besteht. Bei der Frage, ob die Herabsetzung „angemessen" ist, müssen jedoch die Gesamtbezüge berücksichtigt werden.⁴⁸ Die Satzung oder der Anstellungsvertrag kann eine abweichende

---

³⁴ Vgl. MüKoAktG/*Perlitt* § 281 Rn. 47; Großkomm AktG/*Assmann*/*Sethe* § 281 Rn. 35 Fn. 73, § 288 Rn. 79.
³⁵ Die Situation entspricht derjenigen des Vorstands-Aktionärs, dem Sondervorteile gem. § 26 zugewandt werden sollen: Der Sondervorteil muss vom Satzungsgeber festgelegt werden, die vertragliche Zuwendung erfolgt durch den Aufsichtsrat.
³⁶ Ebenso Bürgers/Körber/*Förl*/*Fett* § 278 Rn. 31: Abweichung von § 112 nur durch von Interessenkonflikten freie Regelung.
³⁷ Dabei gilt es zu bedenken, dass im Aufsichtsrat uU Arbeitnehmer vertreten sind.
³⁸ Großkomm AktG/*Assmann*/*Sethe* § 278 Rn. 77.
³⁹ AA *Ihrig*/*Schlitt* Beihefte der ZHR Nr. 67, 1998, 33 (73).
⁴⁰ KBLW/*Bachmann* DCGK Rn. 949, 967, 1051.
⁴¹ *Bachmann* FS Marsch-Barner, 2018, 13 (17 f.).
⁴² Vgl. Großkomm AktG/*Assmann*/*Sethe* § 278 Rn. 77.
⁴³ Kölner Komm AktG/*Mertens*/*Cahn* Rn. 38; MüKoAktG/*Perlitt* Rn. 65, 71; Großkomm AktG/*Assmann*/*Sethe* Rn. 85 f.
⁴⁴ Kölner Komm AktG/*Mertens*/*Cahn* Rn. 39.
⁴⁵ *Wichert*, Die Finanzen der Kommanditgesellschaft auf Aktien, 1999, 156 f.; MüKoAktG/*Perlitt* Rn. 68; Großkomm AktG/*Assmann*/*Sethe* Rn. 87; Kölner Komm AktG/*Mertens*/*Cahn* Rn. 38.
⁴⁶ Vgl. MüKoAktG/*Perlitt* Rn. 73; Kölner Komm AktG/*Mertens*/*Cahn* Rn. 40; Großkomm AktG/*Assmann*/*Sethe* Rn. 88; aA noch Hüffer/Koch/*Koch*, 12. Aufl. 2012, Rn. 6 (aktuelle Aufl. nicht mehr).
⁴⁷ Ebenso MüKoAktG/*Perlitt* Rn. 76; Bürgers/Körber/*Förl*/*Fett* Rn. 11; MHdB AG/*Herfs* § 79 Rn. 26; iE auch Kölner Komm AktG/*Mertens*/*Cahn* Rn. 42; aA Großkomm AktG/*Assmann*/*Sethe* Rn. 90; K. Schmidt/Lutter/*K. Schmidt* Rn. 19; *Reger* in Bürgers/Fett KGaA § 5 Rn. 267.
⁴⁸ MüKoAktG/*Perlitt* Rn. 78; Kölner Komm AktG/*Mertens*/*Cahn* Rn. 42.

Regelung treffen. Zuständig für die Herabsetzung ist der Aufsichtsrat.[49] Bezüge der Geschäftsführer einer Komplementär-GmbH können nicht analog § 87 herabgesetzt werden.[50] Herabgesetzte Bezüge müssen bei Besserung der Lage nicht nachgezahlt werden.[51]

§ 289 Auflösung

(1) Die Gründe für die Auflösung der Kommanditgesellschaft auf Aktien und das Ausscheiden eines von mehreren persönlich haftenden Gesellschaftern aus der Gesellschaft richten sich, soweit in den Absätzen 2 bis 6 nichts anderes bestimmt ist, nach den Vorschriften des Handelsgesetzbuchs über die Kommanditgesellschaft.

(2) Die Kommanditgesellschaft auf Aktien wird auch aufgelöst
1. mit der Rechtskraft des Beschlusses, durch den die Eröffnung des Insolvenzverfahrens mangels Masse abgelehnt wird;
2. mit der Rechtskraft einer Verfügung des Registergerichts, durch welche nach § 399 des Gesetzes über das Verfahren in Familiensachen und in den Angelegenheiten der freiwilligen Gerichtsbarkeit ein Mangel der Satzung festgestellt worden ist;
3. durch die Löschung der Gesellschaft wegen Vermögenslosigkeit nach § 394 des Gesetzes über das Verfahren in Familiensachen und in den Angelegenheiten der freiwilligen Gerichtsbarkeit.

(3) ¹Durch die Eröffnung des Insolvenzverfahrens über das Vermögen eines Kommanditaktionärs wird die Gesellschaft nicht aufgelöst. ²Die Gläubiger eines Kommanditaktionärs sind nicht berechtigt, die Gesellschaft zu kündigen.

(4) ¹Für die Kündigung der Gesellschaft durch die Kommanditaktionäre und für ihre Zustimmung zur Auflösung der Gesellschaft ist ein Beschluß der Hauptversammlung nötig. ²Gleiches gilt für den Antrag auf Auflösung der Gesellschaft durch gerichtliche Entscheidung. ³Der Beschluß bedarf einer Mehrheit, die mindestens drei Viertel des bei der Beschlußfassung vertretenen Grundkapitals umfaßt. ⁴Die Satzung kann eine größere Kapitalmehrheit und weitere Erfordernisse bestimmen.

(5) Persönlich haftende Gesellschafter können außer durch Ausschließung nur ausscheiden, wenn es die Satzung für zulässig erklärt.

(6) ¹Die Auflösung der Gesellschaft und das Ausscheiden eines persönlich haftenden Gesellschafters ist von allen persönlich haftenden Gesellschaftern zur Eintragung in das Handelsregister anzumelden. ²§ 143 Abs. 3 des Handelsgesetzbuchs gilt sinngemäß. ³In den Fällen des Absatzes 2 hat das Gericht die Auflösung und ihren Grund von Amts wegen einzutragen. ⁴Im Falle des Absatzes 2 Nr. 3 entfällt die Eintragung der Auflösung.

Schrifttum: *Bunnemann,* Das Ausscheiden des letzten Komplementärs aus der Kommanditgesellschaft auf Aktien, 2008; *Durchlaub,* Fortsetzung der Kommanditgesellschaft auf Aktien mit den Erben des Komplementärs, BB 1977, 875; *Mertens,* Die Auflösung der KGaA durch Kündigung der Kommanditaktionäre, AG 2004, 333; *Schulz,* Auflösung und Abwicklung, in Bürgers/Fett, Die Kommanditgesellschaft auf Aktien, 2. Aufl. 2015, § 8 (S. 409–435); *Siebert,* Insolvenzeröffnung bei der KGaA, ZInsO 2004, 773; *Veil,* Die Kündigung der KGaA durch persönlich haftende Gesellschafter und Kommanditaktionäre, NZG 2000, 72; *Wiesner,* Die Enthaftung ausgeschiedener persönlich haftender Gesellschafter einer Kommanditgesellschaft auf Aktien, ZHR 148 (1994), 56.

Übersicht

	Rn.		Rn.
I. Normzweck	1	2. Aktienrechtliche Auflösungsgründe (Abs. 2)	7
II. Auflösungsgründe (Abs 1–4)	2–15	3. Sonstige Auflösungsgründe	8, 9
1. Handelsrechtliche Auflösungsgründe (Abs. 1 und 3)	2–6	a) Gesetzliche Auflösungsgründe	8
a) Zeitablauf	2	b) Satzungsmäßige Auflösungsgründe	9
b) Gesellschafterbeschluss	3, 4	4. Keine Auflösungsgründe	10–15
c) Eröffnung des Insolvenzverfahrens	5	a) Ereignisse in der Person eines Kommanditaktionärs	10
d) Auflösungsklage	6		

---

[49] MüKoAktG/*Perlitt* Rn. 79; Kölner Komm AktG/*Mertens/Cahn* Rn. 41; Großkomm AktG/*Assmann/Sethe* Rn. 92.
[50] *Reger* in Bürgers/Fett KGaA § 5 Rn. 271; aA *Arnold,* Die GmbH & Co. KGaA, 2001, 86.
[51] Kölner Komm AktG/*Mertens/Cahn* Rn. 43.

	Rn.		Rn.
b) Ereignisse in der Person eines Komplementärs	11	1. Ausscheiden von persönlich haftenden Gesellschaftern	19–30
c) Erwerb aller Aktien durch Komplementär; Sitzverlegung	12	a) Ausschließungsklage	19
		b) Ausscheiden gem. § 131 Abs. 3 HGB	20–25
d) Kündigung der Gesamtheit der Kommanditaktionäre	13–15	c) Ausscheiden des einzigen Komplementärs	26, 27
III. Rechtsfolgen der Auflösung	16–18	d) Auflösung des Komplementärs	28
1. Abwicklungsgesellschaft	16	e) Rechtsfolgen des Ausscheidens	29, 30
2. Fortsetzung	17, 18	2. Ausscheiden von Kommanditaktionären	31, 32
IV. Ausscheiden von Gesellschaftern (Abs. 5)	19–32	V. Anmeldung und Eintragung (Abs. 6)	33, 34

I. Normzweck

Die Vorschrift will die **Auflösung** der Gesellschaft und das **Ausscheiden** von Komplementären 1 regeln. Dies gelingt nur **unzureichend,** weil die Norm auf einschlägige Vorschriften des HGB Bezug nimmt, ohne dessen grundlegende Änderung durch das Handelsrechtsreformgesetz nachvollzogen zu haben. Dadurch entstehen ungeklärte Auslegungsfragen. Die Sondervorschriften der Abs. 3–5 zum Verfahren und zum Ausscheiden von Gesellschaftern sind teils überflüssig, teils missverständlich. Sie sollten gestrichen werden (s nachfolgende Einzelerläuterung). Insgesamt trägt die Vorschrift nicht zur Klarheit der Rechtsform KGaA bei.

II. Auflösungsgründe (Abs 1–4)

1. Handelsrechtliche Auflösungsgründe (Abs. 1 und 3). a) Zeitablauf. Die KGaA wird 2 durch Zeitablauf aufgelöst, falls dies in der Satzung so bestimmt ist (§ 131 Abs. 1 Nr. 1 HGB). Die Regelung entspricht der in § 262 Abs. 1 Nr. 1, auf deren Erläuterung verwiesen werden kann (→ § 262 Rn. 21 ff.). Im Unterschied zur Aktiengesellschaft darf das Ende der KGaA auch an ein gewisses zukünftiges Ereignis geknüpft werden, dessen Eintrittszeitpunkt noch nicht feststeht, zB den Tod eines Gesellschafters.[1] Das folgt aus dem Verweis auf Personengesellschaftsrecht, welches eine solche Klausel zulässt (arg. § 134 HGB: Gesellschaft auf Lebenszeit eines Gesellschafters). Eine stillschweigende Fortsetzung nach Zeitablauf ist entgegen § 134 HGB jedoch ausgeschlossen, da das insoweit einschlägige Aktienrecht (§ 274) dies nicht gestattet (→ Rn. 17 f.).[2]

b) Gesellschafterbeschluss. Die KGaA wird auch durch **Gesellschafterbeschluss** aufgelöst 3 (§ 131 Abs. 1 Nr. 2 HGB). Gem. § 285 Abs. 2 S. 1 ist dazu das Zusammenwirken von Kommanditaktionären und Komplementären erforderlich. Die **Komplementäre** müssen einstimmig beschließen (vgl. § 119 Abs. 1 HGB), soweit die Satzung nicht einen **Mehrheitsbeschluss** zulässt.[3] Bedenken, die dagegen mit Blick auf die sog. Kernbereichslehre geäußert wurden,[4] dürften mit Aufgabe dieser Lehre durch den BGH (→ § 278 Rn. 69) gegenstandslos geworden sein. Angesichts der im Vergleich zu anderen Strukturmaßnahmen weniger einschneidenden Folgen der Auflösung dürfte gegen eine Mehrheitsentscheidung auch in der Sache nichts zu erinnern sein, solange der Beschluss nicht im Einzelfall treuwidrig ist.[5] Denn die Überstimmten finden sich nicht in einer anderen Gesellschaft wieder, sondern werden nur gegen volle Entschädigung aus der Mitgliedschaft entlassen. Der gebotene Minderheitenschutz wird jedenfalls dann gewährleistet, wenn man den Auflösungsbeschluss – wie hier vertreten – einer Inhaltskontrolle unterzieht (→ § 262 Rn. 31). Der Beschluss ist beurkundungsbedürftig, § 285 Abs. 3 S. 2.

Die Kommanditaktionäre befinden durch **Hauptversammlungsbeschluss,** was durch Abs. 4 4 S. 1 klargestellt wird, sich aber bereits daraus ergibt, dass die Gesamtheit der Kommanditaktionäre anders gar nicht handlungsfähig ist (→ § 285 Rn. 2 f.; → § 287 Rn. 20). Einer zusätzlichen „Ausführung" des Beschlusses durch Stimmabgabe seitens des Aufsichtsrats bedarf es nicht.[6] Der Hauptversammlungsbeschluss muss nicht einstimmig erfolgen,[7] vielmehr genügt gem. Abs. 4 S. 3 eine Drei-

---
[1] Kölner Komm AktG/*Mertens/Cahn* Rn. 8.
[2] MüKoAktG/*Perlitt* Rn. 14; Kölner Komm AktG/*Mertens/Cahn* Rn. 10; Großkomm AktG/*Assmann/Sethe* Rn. 17.
[3] Vgl. RGZ 114, 393 (395); MüKoAktG/*Perlitt* Rn. 17; Kölner Komm AktG/*Mertens/Cahn* Rn. 13 f.; K. Schmidt/Lutter/*K. Schmidt* Rn. 7; NK-AktR/*Wichert* Rn. 5.
[4] Bedenken noch bei Großkomm AktG/*Assmann/Sethe* Rn. 21 ff.
[5] Ebenso *Schulz* in Bürgers/Fett KGaA § 8 Rn. 14.
[6] So aber Hüffer/Koch/*Koch* Rn. 6.
[7] So aber *Mertens* AG 2004, 333 (335) unter Hinweis auf Baumbach/Hopt/*Roth* HGB § 131 Rn. 12.

viertel-Mehrheit,[8] was der Rechtslage bei der AG entspricht (vgl. § 262 Abs. 1 Nr. 2). Wie dort sind auch hier Verschärfungen durch die Satzung möglich (Abs. 4 S. 4). Komplementäre, die zugleich Kommanditaktionäre sind, unterliegen keinem Stimmverbot, weil die Auflösung in § 285 Abs. 1 nicht erwähnt ist.

5   c) **Eröffnung des Insolvenzverfahrens.** Ebenfalls der aktienrechtlichen Regelung (§ 262 Abs. 1 Nr. 3) entspricht der Auflösungsgrund der Eröffnung des **Insolvenzverfahrens** über das Vermögen der Gesellschaft (§ 131 Abs. 1 Nr. 3 HGB, → § 262 Rn. 39 ff.). Antragsberechtigt sind die Komplementäre ohne Rücksicht auf ihre Vertretungsbefugnis (vgl. § 15 InsO). Im Falle der Zahlungsunfähigkeit oder Überschuldung ist der persönlich haftende Gesellschafter gem. § 15a Abs. 1 S. 1 InsO iVm § 283 Nr. 14 zur Antragsstellung verpflichtet. Mit der Verfahrenseröffnung verliert der Komplementär seine Geschäftsführungs- und Vertretungsbefugnis zugunsten des Insolvenzverwalters (§ 80 InsO), haftet jedoch weiter auch für die im Insolvenzverfahren begründeten Masseverbindlichkeiten. Während des Verfahrens kann der Anspruch aus § 128 HGB jedoch nur vom Verwalter geltend gemacht werden, § 93 InsO.

6   d) **Auflösungsklage.** Schließlich wird die Gesellschaft aufgelöst durch erfolgreiche **Auflösungsklage** gem. § 133 HGB, vgl. § 131 Abs. 1 Nr. 4 HGB. Voraussetzung ist ein „wichtiger Grund", der insbesondere bei vorsätzlicher oder grob fahrlässiger Verletzung wesentlicher Pflichten oder bei Unmöglichkeit ihrer Erfüllung gegeben ist (§ 133 Abs. 2 HGB). Die **Satzung** kann die Anforderungen an den wichtigen Grund präzisieren oder verschärfen, das Auflösungsrecht aber nicht gänzlich abbedingen (vgl. § 133 Abs. 3 HGB).[9] Zulässig ist es dagegen, das Erfordernis einer Gestaltungsklage durch einseitige **Auflösungserklärung** zu ersetzen (str.).[10] Das mag zu Rechtsunsicherheiten führen, entspricht aber dem Recht der Personengesellschaften, welches insoweit einschlägig ist. Die Klage ist gegen die übrigen Gesellschafter zu richten.[11] Sie kann von jedem Komplementär erhoben werden, aber auch von der Gesamtheit der Kommanditaktionäre, die dazu einen entsprechenden – zustimmungsfreien[12] – Hauptversammlungsbeschluss fassen müssen, welcher dann vom Aufsichtsrat gem. § 285 Abs. 1 ausgeführt wird.[13]

7   2. **Aktienrechtliche Auflösungsgründe (Abs. 2).** Ergänzend zu den handelsrechtlichen Auflösungsgründen des § 131 Abs. 1 HGB treten gem. Abs. 2 die Gründe, die gem. § 262 Abs. 1 Nr. 4– 6 auch zur Auflösung der AG führen. Dies sind die Ablehnung der Eröffnung des Insolvenzverfahrens wegen **Masselosigkeit** (Abs. 2 Nr. 1), die rechtskräftige Feststellung eines **Satzungsmangels** gem. § 399 FamFG (ex § 144a FGG) (Abs. 2 Nr. 2) sowie die **Löschung** wegen Vermögenslosigkeit nach § 394 FamFG[14] (ex § 141a FGG) (Abs. 2 Nr. 3). Insofern ergeben sich keine Besonderheiten gegenüber der Aktiengesellschaft. Auf die einschlägige Kommentierung wird verwiesen (→ § 262 Rn. 43 ff.).

8   3. **Sonstige Auflösungsgründe. a) Gesetzliche Auflösungsgründe.** Wie bei der AG existieren neben den erwähnten Auflösungsgründen einige weitere, die nicht im Katalog der §§ 262, 289, § 131 HGB aufgeführt werden. Dies sind die Auflösung wegen **Gemeinwohlgefährdung** (§ 396), die Gesamtrechtsnachfolge im Wege der **Umwandlung**, die gerichtliche Feststellung der **Nichtigkeit** (§ 275) sowie die Rücknahme der Geschäftserlaubnis gem. KWG oder VAG.[15] Insofern kann auf die Erläuterungen zur AG verwiesen werden (→ § 262 Rn. 60 ff.). Auch das **Ausscheiden des einzigen Komplementärs** führt zur Auflösung, da die Gesellschaft als solche nicht ohne Komplementär bestehen kann (str., → Rn. 26).

---

[8] Hüffer/Koch/*Koch* Rn. 6; Kölner Komm AktG/*Mertens*/*Cahn* Rn. 12.
[9] MüKoAktG/*Perlitt* Rn. 31, 124; Kölner Komm AktG/*Mertens*/*Cahn* Rn. 18; Großkomm AktG/*Assmann*/*Sethe* Rn. 53.
[10] Kölner Komm AktG/*Mertens*/*Cahn* Rn. 19; aA Großkomm AktG/*Assmann*/*Sethe* Rn. 53; MüKoAktG/*Perlitt* Rn. 32 (abw. aber Rn. 37: Kündigung der Gesellschaft aus wichtigem Grund).
[11] Großkomm AktG/*Assmann*/*Sethe* Rn. 46; K. Schmidt/Lutter/*K. Schmidt* Rn. 9; aA MüKoAktG/*Perlitt* Rn. 28; Kölner Komm AktG/*Mertens*/*Cahn* Rn. 17; NK-AktR/*Wichert* Rn. 6: Klage gegen die Gesellschaft, da KGaA eher mit GmbH (vgl. § 61 Abs. 2 GmbHG: Klage gegen die Gesellschaft) als mit KG vergleichbar.
[12] Großkomm AktG/*Assmann*/*Sethe* Rn. 47.
[13] MüKoAktG/*Perlitt* Rn. 27; Großkomm AktG/*Assmann*/*Sethe* Rn. 47 f.; K. Schmidt/Lutter/*K. Schmidt* Rn. 10; MHdB AG/*Herfs* § 77 Rn. 38; abw. Kölner Komm AktG/*Mertens*/*Cahn* Rn. 17, die aber auf Umwegen (Auflösungsbeschluss der Hauptversammlung plus Klage gegen die Komplementäre auf Zustimmung) zum gleichen Ergebnis gelangen.
[14] Vgl. dazu *Ries* NZG 2009, 654 (656).
[15] Vgl. Kölner Komm AktG/*Mertens*/*Cahn* Rn. 24 ff.

Auflösung 9–13 § 289

b) Satzungsmäßige Auflösungsgründe. Fraglich ist, ob die **Satzung** neben den sich aus § 289 **9** Abs. 1, § 131 Abs. 1 HGB ergebenden Auflösungsgründen **weitere Auflösungstatbestände** einführen kann. Dafür scheint der generelle Verweis in Abs. 1 auf das Auflösungsrecht der KG zu sprechen, welches nach hL offen ist für die vertragliche Erweiterung des Katalogs der Auflösungsgründe.[16] Jedoch ist zu bedenken, dass die Auflösung der Gesellschaft nicht lediglich das Binnenverhältnis der Gesellschafter untereinander, sondern den Status der juristischen Person als solcher betrifft, weshalb an sich Aktienrecht zur Anwendung berufen ist (§ 278 Abs. 3), welches nach richtiger Ansicht keine Erweiterung um satzungsmäßige Auflösungsgründe zulässt (ausführlich → § 262 Rn. 71). Daher ist zu **differenzieren**: Die Satzung darf die in § 131 Abs. 1 HGB genannten Auflösungsgründe und das insoweit zu beachtende Verfahren modifizieren, ferner die in § 131 Abs. 3 HGB genannten Ausscheidensgründe zu Auflösungsgründen erheben; im Übrigen ist eine Erweiterung der Auflösungsgründe nicht zulässig.[17]

4. Keine Auflösungsgründe. a) Ereignisse in der Person eines Kommanditaktionärs. **10** Kein Auflösungsgrund ist gem. Abs. 3 S. 1 die Eröffnung des **Insolvenzverfahrens über das Vermögen eines Kommanditaktionärs**. Die Regelung hat nur klarstellende Bedeutung, weil dies bereits aus § 131 Abs. 3 S. 1 Nr. 2 HGB ergibt.[18] Gleiches gilt für die in Abs. 3 S. 2 genannte **Kündigung durch einen Privatgläubiger** eines Kommanditaktionärs (vgl. § 135 HGB), die ebenfalls nicht zur Auflösung der KGaA führt (vgl. § 131 Abs. 3 S. 1 Nr. 4).[19] Schließlich bewirkt auch der **Tod eines Kommanditaktionärs** nicht die Auflösung der Gesellschaft, § 177 HGB (iVm § 289 Abs. 1). Jede andere Regelung wäre mit dem Charakter der KGaA als juristischer Person und börsenfähiger Kapitalgesellschaft unvereinbar.

b) Ereignisse in der Person eines Komplementärs. Aufgrund des Verweises in Abs. 1 auf **11** § 131 Abs. 3 HGB gilt das Gesagte entsprechend, wenn das betreffende Ereignis (Tod, Insolvenz, Kündigung) sich in der Person eines Komplementärs verwirklicht.[20] Der phG scheidet dann aus, die KGaA bleibt als werbende bestehen (anders bei Ausscheiden des einzigen phG → Rn. 26). Der **Entzug der Geschäftsführungs- und Vertretungsbefugnis** des einzigen Komplementärs führt nicht zur Auflösung. Dies gilt für die KG und trifft auch auf die KGaA zu.[21] Die Gesellschaft ist dann zwar vorübergehend handlungsunfähig, doch rechtfertigt dies allein noch nicht den Übergang ins Liquidationsstadium. Vielmehr muss eine neue Vertretungsregelung getroffen werden, gegebenenfalls durch Aufnahme eines weiteren Komplementärs oder Bestellung eines Notgeschäftsführers.[22]

c) Erwerb aller Aktien durch Komplementär; Sitzverlegung. Auch der **Erwerb aller** **12** **Aktien** durch den Komplementär (Einheits-KGaA) führt nicht zur Auflösung, weil die KGaA als juristische Person nicht mindestens zwei Gesellschafter voraussetzt (→ § 278 Rn. 3; → § 280 Rn. 2). Ebenso lässt die **Sitzverlegung ins europäische Ausland** den werbenden Status der KGaA unberührt.[23]

d) Kündigung der Gesamtheit der Kommanditaktionäre. Ungeklärt ist, ob die **Kündigung** **13** durch die Kommanditaktionäre zu einer Auflösung der Gesellschaft führt. § 289 Abs. 4 scheint von dieser Möglichkeit auszugehen, doch widerspräche das sowohl dem Aktien- als auch dem Personengesellschaftsrecht, die eine gesetzliche Auflösungskompetenz einzelner Gesellschafter nicht kennen. Unstreitig kann ein einzelner Kommanditaktionär daher nicht mit der Folge kündigen, die Gesellschaft in das Abwicklungsstadium zu versetzen.[24] Denkbar ist aber ein entsprechendes Kündigungsrecht zugunsten der **Gesamtheit der Kommanditaktionäre**. In der Tat geht ein Teil der Literatur von der Zulässigkeit einer solchen Auflösungs-Kündigung aus.[25] Zur Begründung wird darauf verwiesen, dass § 289 Abs. 4 S. 1 andernfalls sinnlos wäre, dem Gesetzgeber die Beibehaltung

---

[16] Vgl. nur Baumbach/Hopt/*Roth* HGB § 131 Rn. 74; MüKoHGB/*Schmidt* § 131 Rn. 9; soweit die in § 131 HGB genannten Auflösungsgründe in der Rspr. als „erschöpfend" bezeichnet werden (vgl. zB BGHZ 75, 179, BGHZ 82, 323 (326)), bezieht sich das auf deren Charakter als gesetzliche Auflösungsgründe.
[17] So auch Kölner Komm AktG/*Mertens*/*Cahn* Rn. 8.
[18] Für Streichung daher zu Recht Hüffer/Koch/*Koch* Rn. 5.
[19] *Jäger* AG § 63 Rn. 22 misst der Kündigung zu Unrecht konstitutive Bedeutung bei.
[20] Hüffer/Koch/*Koch* Rn. 2; MüKoAktG/*Perlitt* Rn. 42.
[21] Vgl. BGHZ 51, 198 (zur KG); Hüffer/Koch/*Koch* Rn. 9; Kölner Komm AktG/*Mertens*/*Cahn* Rn. 22; aA MüKoAktG/*Perlitt* Rn. 143, 147; K. Schmidt/Lutter/*K. Schmidt* Rn. 16.
[22] Vgl. BGHZ 51, 198 (200) (zur KG); Kölner Komm AktG/*Mertens*/*Cahn* Rn. 22.
[23] Vgl. Hüffer/Koch/*Koch* Rn. 1; K. Schmidt/Lutter/*K. Schmidt* Rn. 22; eingehend → § 262 Rn. 74 ff.
[24] *Mertens* AG 2004, 333 Fn. 10; Großkomm AktG/*Assmann*/*Sethe* Rn. 71.
[25] So *Mertens* AG 2004, 333; Kölner Komm AktG/*Mertens*/*Cahn* Rn. 20; mit Einschränkung auch MüKoAktG/*Perlitt* Rn. 37 (bei wichtigem Grund).

unsinniger Regeln aber nicht unterstellt werden könne.[26] Ferner liefen die Kommanditaktionäre ansonsten Gefahr, von den Komplementären in der Gesellschaft „eingesperrt" zu werden, weil der – immer mögliche – Auflösungsbeschluss nicht ohne Zustimmung der Komplementäre ergehen kann (→ Rn. 3). Eine andere Ansicht hält die Auflösungs-Kündigung zwar für ausgeschlossen, gelangt aber praktisch zum gleichen Ergebnis, indem sie der Gesamtheit der Kommanditaktionäre das Recht zugesteht, durch Kündigung aus der Gesellschaft auszuscheiden.[27] Die dritte, inzwischen herrschende Meinung schließt eine Kündigung durch die Gesamtheit der Kommanditaktionäre generell aus, soweit nicht die Satzung eine entsprechende Möglichkeit vorsieht.[28]

14 **Stellungnahme:** Zu folgen ist der letztgenannten Auffassung. Wortlaut und systematische Stellung des § 289 Abs. 4 zeigen unmissverständlich, dass die Norm kein eigenes Kündigungsrecht einführt, sondern an ein (vermeintlich) sich aus Abs. 1 ergebendes Kündigungsrecht anknüpft.[29] So war die Norm auch ursprünglich gedacht, denn bis zur Handelsrechtsreform 1998 führte die Kündigung durch einen Gesellschafter nach § 131 Nr. 6 HGB, auf den § 289 Abs. 1 Bezug nimmt, zur Auflösung der Gesellschaft. Seit diese Regelung gestrichen wurde, greift § 289 Abs. 4 S. 1 **ins Leere**.[30] Die Vorschrift nunmehr in die eigenständige Anordnung eines Auflösungsgrundes umzudeuten, setzte einen entsprechenden Willen des Gesetzgebers voraus, für den nichts ersichtlich ist.[31] Auch geht es nicht an, zur nämlichen Rechtsfolge über den Umweg einer „Massenkündigung" zu gelangen (näher → Rn. 31). Folgerichtig war vorgesehen, die Norm durch das UMAG zu streichen.[32] Dies ist – offenbar auf Drängen der Kautelarpraxis[33] – nicht geschehen, woraus jedoch nicht geschlossen werden darf, dass der Gesetzgeber sich damit zur Auflösungs-Kündigung bekannt hat. Näher liegt die Vermutung, dass er die Frage weiter der Diskussion durch die Lehre überlassen wollte, die sie überwiegend und zu Recht verneint.

15 **Rechtspolitisch** besteht für die (Wieder-)Einführung einer Auflösungs-Kündigung auch **kein Anlass.** Der Sache nach geht es darum, der Hauptversammlung die Kompetenz zur Auflösung ohne Zustimmung der Komplementäre einzuräumen.[34] Ein solches Damoklesschwert hilft den „eingesperrten" Kommanditaktionären, stellt aber zugleich eine erhebliche **Belastung der Komplementäre** dar.[35] Deren Belange genießen angesichts des Umstands, dass sie – anders als der Vorstand einer AG – persönliches Unternehmerrisiko tragen, Vorrang.[36] Auch stünden die Kommanditaktionäre sonst ohne Grund besser als die Kommanditisten einer KG, welche die Auflösung der Gesellschaft nicht durch Mehrheits-Kündigung erzwingen können. Der Hinweis auf das kündigungsfreundliche Recht der BGB-Gesellschaft (§ 723 Abs. 3 BGB) verfängt schon deshalb nicht, weil diese mit der börsenfähigen Kapitalgesellschaft nur schwerlich zu vergleichen ist.[37] Schließlich bleibt den Kommanditaktionären die Möglichkeit der Veräußerung ihrer Beteiligung. Wo dieser Weg ausnahmsweise versperrt ist (geschlossene KGaA), bleibt immer noch die Möglichkeit der (zustimmungsfreien!) Auflösungsklage aus wichtigem Grund (→ Rn. 6). In jedem Fall steht die **Möglichkeit einer abweichenden Satzungsregelung** offen, deren nachträgliche Einführung im Extremfall erzwungen

---

[26] *Mertens* AG 2004, 333 (334, 337). Die Einsicht hindert *Mertens* nicht daran, § 289 Abs. 5 für „obsolet" zu erklären, ebenda S. 335 Fn. 14. Mit gleichem Fug muss man dann aber auch Abs. 4 seine Daseinsberechtigung absprechen dürfen, s. dazu nachfolgenden Text.

[27] So Großkomm AktG/*Assmann/Sethe* Rn. 75 (liquidationsloses Erlöschen der Gesellschaft und Gesamtrechtsnachfolge des Komplementärs bzw. – bei mehreren Komplementären – Umwandlung kraft Gesetzes in OHG); MHdB AG/*Herfs* § 77 Rn. 41; BeckHdB AG/*Schmidt-Hern* § 17 Rn. 89.

[28] *Veil* NZG 2000, 72 (73 ff.); Hüffer/Koch/*Koch* Rn. 6; *Schulz* in Bürgers/Fett KGaA § 8 Rn. 52; *Raiser/Veil* KapGesR § 33 Rn. 2; Bürgers/Körber/*Förl/Fett* Rn. 9; iE auch K. Schmidt/Lutter/*K. Schmidt* Rn. 21: „Kündigung" ist Auflösungsbeschluss.

[29] Zutr. *Veil* NZG 2000, 72 (73 f.); Bürgers/Körber/*Förl/Fett* Rn. 9; NK-AktR/*Wichert* Rn. 12 f.; dagegen nicht überzeugend *Mertens* AG 2004, 333 (337 f.); Kölner Komm AktG/*Mertens/Cahn* Rn. 20.

[30] *Veil* NZG 2000, 72 (73); *Schulz* in Bürgers/Fett KGaA § 8 Rn. 52 (Redaktionsversehen).

[31] Umgekehrt argumentierend *Mertens* AG 2004, 333 (334, 337), der Anhaltspunkte für die gesetzgeberische Intention vermisst, das vormals bestehende Auflösungs-Kündigungsrecht der Kommanditaktionäre aufzuheben. Die Systematik des KGaA-Rechts ist aber gerade durch den pauschalen Verweis auf das KG-Recht gekennzeichnet und rezipiert damit dessen Wertungen *automatisch*.

[32] Vgl. Referentenentwurf (Beilage zu NZG 2004 Heft 4, S. 23); für Umformulierung Hüffer/Koch/*Koch* Rn. 6.

[33] Vgl. *Mertens* AG 2004, 333 Fn. 4, dessen – erfolgreiche – Attacke gegen die Streichung des Abs. 4 sich einer „Anfrage aus der Praxis" verdankt.

[34] *Mertens* AG 2004, 333 (339).

[35] Zu diesem Zusammenhang anschaulich *Ammenwerth*, Die Kommanditgesellschaft auf Aktien (KGaA) – eine Rechtsformalternative für personenbezogene Unternehmen?, 1997, 118 f.

[36] Ebenso *Veil* NZG 2000, 72 (77).

[37] Anders mag es bei der Vorgesellschaft liegen, vgl. dazu BGHZ 169, 270 = NZG 2007, 20.

werden mag (Treuepflicht). Ein solches opt-in-Modell harmoniert mit dem gesetzlichen Muster, wonach die KGaA als offene Rechtsform konzipiert ist.

III. Rechtsfolgen der Auflösung

1. Abwicklungsgesellschaft. Mit Eintritt des Auflösungsgrundes wandelt sich die werbende 16 KGaA in eine **Liquidationsgesellschaft** um. Insofern bestehen keine Unterschiede zur AG (eingehend → § 262 Rn. 81 ff.). Für die Abwicklung gelten die §§ 264 ff., soweit § 290 keine Sonderregelung enthält (s. dort). Die **Haftung** der Komplementäre endet weder mit der Auflösung noch mit der Vollbeendigung der Gesellschaft, sondern richtet sich nach § 159 HGB (iVm § 161 Abs. 2 HGB, § 278 Abs. 2).

2. Fortsetzung. Wie jede aufgelöste Gesellschaft kann auch die KGaA durch Fortsetzungsbe- 17 schluss in eine werbende zurückverwandelt werden, soweit das Gesetz dem nicht entgegensteht. Insoweit ist allerdings nicht das großzügige Personengesellschaftsrecht,[38] sondern das strengere **Aktienrecht einschlägig.**[39] Für die in Abs. 2 genannten Auflösungsgründe ergibt sich dies schon daraus, dass es sich um solche des Aktienrechts handelt (→ Rn. 7). Für die handelsrechtlichen Auflösungsgründe (§ 131 Abs. 1 iVm § 289 Abs. 1) folgt es aus dem Umstand, dass der Verweis in Abs. 1 sich nur auf die Auflösung, nicht hingegen auf die Fortsetzung erstreckt. Da es sich auch nicht um eine Frage des bloßen Innenverhältnisses handelt, kommt nicht die Verweisung des § 278 Abs. 2, sondern die des § 278 Abs. 3 zum Zuge.[40]

Nach dem somit maßgeblichen § 274 ist die Fortsetzung nur in den darin ausdrücklich genannten 18 Fällen möglich, scheidet also insbesondere aus, wenn die Eröffnung des Insolvenzverfahrens mangels Masse abgelehnt oder die Gesellschaft wegen Vermögenslosigkeit aus dem Handelsregister gelöscht wurde (str., → § 274 Rn. 13 f.). In den zulässigen Fällen bedarf es eines **ausdrücklichen Fortsetzungsbeschlusses** der Hauptversammlung, welcher mit einer Mehrheit von mindestens drei Vierteln des bei der Beschlussfassung vertretenen Grundkapitals gefasst wird (§ 274 Abs. 1 S. 2). Der Beschluss muss von den Komplementären gem. § 285 Abs. 2 S. 1 in notarieller Form (§ 285 Abs. 3 S. 2) einstimmig[41] gebilligt werden und wird erst mit Eintragung in das Handelsregister wirksam (§ 274 Abs. 4 S. 1). Die Fortsetzung ist ausgeschlossen, wenn schon mit der **Verteilung des Vermögens** unter die Kommanditaktionäre begonnen wurde (§ 274 Abs. 1 S. 1). Die Verteilung von Vermögen an die Komplementäre ist unschädlich, solange sie nicht die Entnahmeschranken des § 288 Abs. 1 übersteigt.[42]

IV. Ausscheiden von Gesellschaftern (Abs. 5)

1. Ausscheiden von persönlich haftenden Gesellschaftern. a) Ausschließungsklage. Ein 19 Komplementär kann gem. § 140 HGB (iVm § 278 Abs. 2) durch eine erfolgreiche **Ausschließungsklage** aus der Gesellschaft ausgeschlossen werden. Das wird durch Abs. 5 klargestellt. Der Ausschließung steht nicht entgegen, dass es sich um den einzigen Komplementär handelt (vgl. § 140 Abs. 1 S. 2 HGB). Voraussetzung für den Ausschluss ist ein „wichtiger Grund" (→ Rn. 6), der wegen der einschneidenden Rechtsfolge „noch wichtiger" als derjenige des § 133 HGB sein muss.[43] Der Ausschluss muss „ultima ratio" sein.[44] Als milderes Mittel ist der Entzug der Geschäftsführungs- oder Vertretungsbefugnis vorrangig.[45] Der Antrag ist von den „übrigen Gesellschaftern" zu stellen (§ 140 Abs. 1 HGB). Für die KGaA bedeutet das, dass die Klage durch die (anderen) vertretungsberechtigten Komplementäre zu erheben ist, welche dazu der Zustimmung auch der nicht geschäftsführungsbefugten bedürfen. An der Klageerhebung muss sich ferner der Aufsichtsrat beteiligen, der die Kommanditaktionäre gem. § 287 Abs. 2 vertritt. Dazu wiederum bedarf es eines

---

[38] Vgl. hierzu aber BGH NZG 2007, 860 (zur KG in Liquidation): Bei fehlender Regelung im Gesellschaftsvertrag einstimmiger Beschluss zur Fortsetzung erforderlich.
[39] AllgA, vgl. nur Hüffer/Koch/*Koch* Rn. 1; MüKoAktG/*Perlitt* § 290 Rn. 22; Kölner Komm AktG/*Mertens/Cahn* § 290 Rn. 4; Großkomm AktG/*Assmann/Sethe* § 290 Rn. 43.
[40] Hüffer/Koch/*Koch* Rn. 1; Kölner Komm AktG/*Mertens/Cahn* § 290 Rn. 4.
[41] § 119 Abs. 1 HGB. Mehrheitsklauseln unterliegen den Schranken der (früher so genannten) Kernbereichslehre, dürfen also nicht zum Verbleiben in der fortgesetzten Gesellschaft den widerstrebenden Komplementär also nicht zum Verbleiben in der fortgesetzten Gesellschaft zwingen, s. Großkomm AktG/*Assmann/Sethe* § 290 Rn. 46.
[42] Kölner Komm AktG/*Mertens/Cahn* § 290 Rn. 4.
[43] Vgl. *Kessler*, Die rechtlichen Möglichkeiten der Kommanditaktionäre einer GmbH & Co. KGaA zur Einwirkung auf die Geschäftsführung, 2003, 353; *K. Schmidt* GesR § 50 III 1 b, § 52 III 4 b.
[44] S. hierzu K. Schmidt/Lutter/*K. Schmidt* Rn. 30: Einstufung als „ultima ratio" missverständlich, da Ausschließungsklage Vorrang vor Auflösungsklage haben könne.
[45] Vgl. nur MüKoAktG/*Perlitt* Rn. 120; Großkomm AktG/*Assmann/Sethe* Rn. 91.

Hauptversammlungsbeschlusses, der wegen des satzungsändernden Charakters der Maßnahme eine qualifizierte Mehrheit gem. § 179 Abs. 2 erfordert.[46] Ein Abberufungsdurchgriff bei der GmbH & Co KGaA scheidet aus (→ § 278 Rn. 78).[47] Die **Satzung** kann die Anforderungen an die Ausschließung verschärfen oder erleichtern, etwa die Mehrheitserfordernisse heraufsetzen[48] oder statt der Klage einen Ausschließungsbeschluss vorsehen.[49] Umgekehrt kann die Ausschließung nach hL ganz abbedungen werden.[50]

20   b) **Ausscheiden gem. § 131 Abs. 3 HGB.** Im Übrigen sollen phG gem. § 289 Abs. 5 nur dann ausscheiden können, „wenn es die Satzung für zulässig erklärt". Die Vorschrift beruht auf der Rechtslage vor der Handelsrechtsreform 1998, nach der das Ausscheiden eines Gesellschafters der Vereinbarung im Gesellschaftsvertrag bedurfte. Nachdem § 131 Abs. 3 einen gesetzlichen Katalog von Ausscheidensgründen statuiert, ist **Abs. 5 obsolet** geworden. Ein Ausscheiden des Komplementärs findet in den in § 131 Abs. 3 HGB genannten Fällen daher auch dann statt, wenn es an einer entsprechenden Satzungsregelung fehlt.[51] Es wäre sinnloser Formalismus, müsste die Satzung den Inhalt des § 131 Abs. 3 HGB wiederholen.

21   aa) **Tod eines Komplementärs.** (Nur) zum Ausscheiden des Betreffenden führt daher der **Tod** eines von mehreren Komplementären (§ 131 Abs. 3 S. 1 Nr. 1 HGB). Die Rechtsfolgen entsprechen denen bei der KG. Der Anteil des Verstorbenen wächst den übrigen Gesellschaftern zu, dessen Erben erwerben einen Abfindungsanspruch gem. § 738 BGB. War die Mitgliedschaft durch **Nachfolgeklausel** vererblich gestellt worden, wird die Gesellschaft mit den Erben fortgesetzt, die ihr Verbleiben in der Gesellschaft von der Einräumung einer Kommanditaktionärsstellung abhängig machen können, § 139 HGB. Dazu ist idR eine Kapitalerhöhung mit Bezugsrechtsausschluss erforderlich, bei der als Einlage auf das Grundkapital die Einbringung der bisherigen Sondereinlage des Verstorbenen vereinbart werden kann (Sachkapitalerhöhung).[52] Der Erbe kann gem. § 139 Abs. 2 HGB auch fristlos ausscheiden und Abfindung nach § 738 BGB fordern. Möglich sind schließlich qualifizierte Nachfolgeklauseln (Fortsetzung nur mit einem bestimmten Erben), Eintrittsklauseln (Recht zum Beitritt des Erben) oder der Ausschluss des Abfindungsanspruchs.[53]

22   bb) **Insolvenz des Komplementärs.** Zum Ausscheiden des Komplementärs kommt es auch, wenn über sein Vermögen das **Insolvenzverfahren** eröffnet wird (§ 131 Abs. 3 S. 1 Nr. 2 HGB). Fraglich ist, ob die Satzung Abweichendes bestimmen kann. Das wird im Schrifttum bejaht,[54] ist aber nur unter der Voraussetzung anzuerkennen, dass der Verwalter die Beteiligung freigibt. Alles andere würde zu Komplikationen führen, die mit der Rolle des Komplementärs als verantwortlichem Leitungsorgan einer Kapitalgesellschaft unvereinbar sind.

23   cc) **Kündigung des Komplementärs.** Der Komplementär scheidet ferner aus, wenn er die **Kündigung** erklärt (§ 131 Abs. 3 S. 1 Nr. 3).[55] Dies ist nur zum Schluss des Geschäftsjahres und mit einer Frist von sechs Monaten möglich ist (§ 132 HGB). Die Kündigungserklärung ist gegenüber dem Aufsichtsrat und den übrigen persönlich haftenden Gesellschaftern abzugeben.[56] Entsprechendes gilt, wenn ein **Privatgläubiger** des Komplementärs die Beteiligung gem. § 135 HGB kündigt (§ 131

---

[46] Hüffer/Koch/*Koch* Rn. 7; MüKoAktG/*Perlitt* Rn. 125; Kölner Komm AktG/*Mertens*/*Cahn* Rn. 59; Großkomm AktG/*Assmann*/*Sethe* Rn. 92.
[47] AA Kölner Komm AktG/*Mertens*/*Cahn* Rn. 60.
[48] *Arnold,* Die GmbH & Co. KGaA, 2001, 138 f.
[49] MüKoAktG/*Perlitt* Rn. 122; Kölner Komm AktG/*Mertens*/*Cahn* Rn. 61 f.; Großkomm AktG/*Assmann*/ *Sethe* Rn. 109 f.
[50] RGZ 109, 80 (82) (zur KG); MüKoAktG/*Perlitt* Rn. 123; MHdB AG/*Herfs* § 78 Rn. 41; Kölner Komm AktG/*Mertens*/*Cahn* Rn. 61; aA Großkomm AktG/*Assmann*/*Sethe* Rn. 109.
[51] Einhellige Ansicht, vgl. nur *Veil* NZG 2000, 72 (75 f.); *Mertens* AG 2004, 333 (335 Fn. 14); *Kessler* NZG 2005, 145 (146 f.); Hüffer/Koch/*Koch* Rn. 7 f.; MüKoAktG/*Perlitt* Rn. 45, 83 f.; Kölner Komm AktG/*Mertens*/ *Cahn* § 288 Rn. 33; Großkomm AktG/*Assmann*/*Sethe* Rn. 78; *Raiser*/*Veil* KapGesR § 30 Rn. 4.
[52] Hüffer/Koch/*Koch* Rn. 8; näher Kölner Komm AktG/*Mertens*/*Cahn* Rn. 38 f.; abw. (Einbringung der Abfindungsforderung) *Wichert,* Die Finanzen der Kommanditgesellschaft auf Aktien, 1999, 199; *Durchlaub* BB 1977, 875; MüKoAktG/*Perlitt* Rn. 55; Großkomm AktG/*Assmann*/*Sethe* Rn. 124.
[53] Vgl. Hüffer/Koch/*Koch* Rn. 8 mwN; zu Einzelheiten s. MüKoAktG/*Perlitt* Rn. 43 ff.; Kölner Komm AktG/ *Mertens*/*Cahn* Rn. 38 ff.; Großkomm AktG/*Assmann*/*Sethe* Rn. 119 ff.
[54] Kölner Komm AktG/*Mertens*/*Cahn* Rn. 47; Großkomm AktG/*Assmann*/*Sethe* Rn. 131.
[55] Abw. K. *Schmidt*/*Lutter*/*K. Schmidt* Rn. 26: Mangels entsprechender Satzungsklausel nur Austritt aus wichtigem Grund, da § 289 Abs. 5 das personengesellschaftsrechtliche Kündigungsrecht verdränge.
[56] MüKoAktG/*Perlitt* Rn. 85 f.; Kölner Komm AktG/*Mertens*/*Cahn* Rn. 51 (alternativ gegenüber HV); Großkomm AktG/*Assmann*/*Sethe* Rn. 85; MHdB AG/*Herfs* § 77 Rn. 36.

Auflösung 24–27 § 289

Abs. 3 S. 1 Nr. 4).[57] Das Kündigungsrecht des Komplementärs kann gem. § 723 Abs. 3 BGB nicht ausgeschlossen oder erschwert werden, doch dürfen hinsichtlich der formalen Voraussetzungen (Frist, Form) Modifikationen vorgenommen werden.[58] Das Kündigungsrecht des Privatgläubigers ist satzungsfest, der Ausschluss der Abfindung allein für diesen Fall nichtig (§ 138 BGB).[59]

dd) Satzungsmäßige Gründe. Die **Satzung** darf gem. § 131 Abs. 3 S. 1 Nr. 5 HGB **weitere** 24 **Gründe** aufführen, die zum Ausscheiden führen, etwa das Erreichen einer Altersgrenze, Zeitablauf, den Abschluss einer Ausscheidensvereinbarung, die außerordentliche (Selbst-)Kündigung oder die **Übertragung** der Beteiligung.[60] Auch die Vereinbarung einer auflösenden Bedingung ist möglich, wenn diese jedenfalls sachlich berechtigt ist (zB Berufsunfähigkeit, vgl. auch § 9 Abs. 3 PartGG).[61]

ee) Beschluss der Gesellschafter. Schließlich kann nach § 131 Abs. 3 S. 1 Nr. 6 HGB das 25 Ausscheiden eines Komplementärs durch (satzungsändernden) **Beschluss der Gesellschafter** (Hauptversammlung und Komplementäre) herbeigeführt werden. Entgegen dem missverständlichen Wortlaut ist dies nur möglich, wenn der Betroffene dem Ausscheiden zustimmt.[62] Einer satzungsmäßigen Ermächtigung bedarf der Beschluss nicht, da das Gesetz ihn selbst vorsieht.[63] Eine Hinauskündigungsklausel, die es ohne weiteres erlaubte, den Komplementär auszuschließen, ist unwirksam.[64]

c) Ausscheiden des einzigen Komplementärs. Problematisch ist das Ausscheiden des einzigen 26 Komplementärs. Das Gesetz spricht nur das Ausscheiden „eines von mehreren" persönlich haftenden Gesellschaftern an (Abs. 1) und gibt dem Rechtsanwender damit keine Hilfestellung. Zur Lösung ist daher auf allgemeine Grundsätze zurückzugreifen. Danach führt das Ausscheiden des einzigen Komplementärs unmittelbar zur **Auflösung**, da die KGaA (wie die KG) als werbende Gesellschaft nicht ohne einen Komplementär bestehen kann.[65] Ein Übergang des Handelsgeschäfts auf die Kommanditaktionäre findet nicht statt, ebenso wenig eine automatische **Umwandlung** in eine AG.[66] Auch eine „auflösungsfreie" Übergangszeit ist mangels gesetzlicher Grundlage nicht anzuerkennen.[67] Die gegenteilige Ansicht ist von dem billigenswerten Interesse getragen, die Zerschlagung eines funktionierenden Unternehmens zu vermeiden. Dem steht die Auflösung jedoch nicht entgegen, da die Abwickler im Rahmen ihres pflichtgemäßen Ermessens gehalten sind, die Erhaltung des Unternehmens durch Fortsetzung oder Umwandlung in Betracht zu ziehen und die dazu erforderlichen Maßnahmen gegebenenfalls einzuleiten (→ § 268 Rn. 7, 10, 13). Die Satzung kann eine automatische Umwandlung nicht antizipieren, weil dem das UmwG entgegen steht.[68] Bis zur Beendigung der Abwicklung besteht die KGaA iL als komplementärlose **„Kommanditaktionärsgesellschaft"** mit einem Fremdabwickler fort (→ § 290 Rn. 2).[69]

Um die unerwünschte Auflösung zu vermeiden, sollte die **Satzung** entsprechende Vorkehrungen 27 treffen. Insbesondere darf sie dem einzigen Komplementär den beliebigen Austritt nicht ohne Vor-

---

[57] Hüffer/Koch/*Koch* Rn. 7; näher MüKoAktG/*Perlitt* Rn. 101 ff.; Großkomm AktG/*Assmann/Sethe* Rn. 86 ff., 131.
[58] Unstr., vgl. näher MüKoAktG/*Perlitt* Rn. 93 ff.; Kölner Komm AktG/*Mertens/Cahn* Rn. 54; Großkomm AktG/*Assmann/Sethe* Rn. 132 ff.; *Schütz/Reger* in Bürgers/Fett KGaA § 5 Rn. 306.
[59] Großkomm AktG/*Assmann/Sethe* Rn. 131, 136.
[60] Näher MüKoAktG/*Perlitt* Rn. 127 ff.; Großkomm AktG/*Assmann/Sethe* Rn. 94 ff.
[61] Vgl. Baumbach/Hopt/*Roth* HGB § 131 Rn. 25; Großkomm AktG/*Assmann/Sethe* Rn. 104.
[62] Baumbach/Hopt/*Roth* HGB § 131 Rn. 26; Kölner Komm AktG/*Mertens/Cahn* Rn. 58; Großkomm AktG/*Assmann/Sethe* Rn. 90.
[63] Zutr. Kölner Komm AktG/*Mertens/Cahn* Rn. 58; Großkomm AktG/*Assmann/Sethe* Rn. 90, 113, missverständlich Rn. 95; aA MüKoAktG/*Perlitt* Rn. 107.
[64] Vgl. Baumbach/Hopt/*Roth* HGB § 140 Rn. 31 mwN; Großkomm AktG/*Assmann/Sethe* Rn. 111 mwN.
[65] HM, vgl. *Kessler* NZG 2005, 145 (146); *Schlitt*, Die Satzung der KGaA, 1999, 145; Hüffer/Koch/*Koch* Rn. 9; MüKoAktG/*Perlitt* Rn. 143.
[66] HM, vgl. Hüffer/Koch/*Koch* Rn. 9; MüKoAktG/*Perlitt* Rn. 143; Kölner Komm AktG/*Mertens/Cahn* Rn. 63; MHdB AG/*Herfs* § 77 Rn. 46; eingehend *Schulz* in Bürgers/Fett KGaA § 8 Rn. 29 ff.; aA *Kallmeyer* ZIP 1994, 1746 (1751); Großkomm AktG/*Assmann/Sethe* Rn. 147, 149 f., 154; *Bunnemann*, Das Ausscheiden des letzten Komplementärs aus der Kommanditgesellschaft auf Aktien, 2008, 14, 54 ff.
[67] AA *Schulz* in Bürgers/Fett KGaA § 8 Rn. 28; *Schrick* NZG 2000, 409 (412); Großkomm AktG/*Assmann/Sethe* Rn. 149 (Dreimonatsfrist analog § 139 Abs. 3).
[68] MüKoAktG/*Perlitt* Rn. 163 f.; Kölner Komm AktG/*Mertens/Cahn* Rn. 65; MHdB AG/*Herfs* § 77 Rn. 31; auch Großkomm AktG/*Assmann/Sethe* Rn. 143, 151, die freilich schon eine Umwandlung kraft Gesetzes annehmen (Fn. 66); überholt *Ammenwerth*, Die Kommanditgesellschaft auf Aktien (KGaA) – eine Rechtsformalternative für personenbezogene Unternehmen?, 1997, 114.
[69] *Schulz* in Bürgers/Fett KGaA § 8 Rn. 32; K. Schmidt/Lutter/*K. Schmidt* Rn. 36; für die KG auch *Eckardt* NZG 2000, 449 (454); *Frey/von Bredow* ZIP 1998, 1621 ff.; *K. Schmidt* BB 1989, 1702 (1705).

kehrungen für einen Ersatz gestatten.[70] Fehlt eine solche Regelung, soll der einzige Komplementär unter dem Gesichtspunkt der **Treuepflicht** zu einem vorübergehenden Verbleiben verpflichtet sein.[71] Das Kündigungsrecht ist allerdings auch für ihn unentziehbar (vgl. § 723 Abs. 3 BGB).[72] Die Gesellschaft kann fortgesetzt werden, wenn ein neuer Komplementär beitritt oder ein Kommanditaktionär diese Rolle übernimmt. Wird der letzte Komplementär durch Klage ausgeschlossen (§ 140 HGB), kann diese mit dem Antrag verbunden werden, den Komplementär zur Zustimmung zur Umwandlung der Gesellschaft in eine AG zu verurteilen.[73] Der Formwechsel selbst hat sich nach Maßgabe des UmwG zu vollziehen.

28 d) **Auflösung des Komplementärs.** Ist Komplementär eine **juristische Person** (zB GmbH & Co KGaA), scheidet diese nicht schon dann aus der Gesellschaft aus, wenn sich bei ihr ein Auflösungstatbestand verwirklicht, sondern erst mit ihrer **Vollbeendigung**.[74] Allerdings ist eine Abwicklungsgesellschaft nicht als Komplementärin einer werbenden Gesellschaft geeignet. Die Satzung der KGaA sollte daher für diesen Fall Vorsorge treffen.

29 e) **Rechtsfolgen des Ausscheidens.** Die Rechtsfolgen des Ausscheidens richten sich grundsätzlich nach §§ 738 ff. BGB (iVm § 278 Abs. 2, § 161 Abs. 2, § 105 Abs. 3 HGB). Danach wächst die Beteiligung des Ausscheidenden „den übrigen Gesellschaftern" zu,[75] was für die KGaA als juristische Person nichts anderes heißt, als dass die Gesellschafterin Inhaberin des Gesellschaftsvermögens bleibt und der Ausscheidende auf einen schuldrechtlichen **Abfindungsanspruch** (§ 738 Abs. 1 S. 2 BGB) beschränkt bleibt.[76] Dieser richtet sich folgerichtig nicht gegen die Mitgesellschafter, sondern gegen die Gesellschaft.[77] Bei der Berechnung des Abfindungsguthabens ist zu beachten, dass die Komplementäre in Ermangelung einer besonderen Satzungsregelung nicht an den Rücklagen der Gesellschaft zu beteiligen sind.[78] Im Übrigen gewährt die **Satzungsfreiheit** breiten Spielraum. Möglich ist insbesondere eine Regelung, wonach der Ausscheidende durch Kommanditaktien abgefunden wird.[79] Zu den übrigen Folgen des Ausscheidens vgl. §§ 738–740 BGB.[80]

30 Unabdingbar ist dagegen die **Forthaftung** des Ausgeschiedenen, die sich auf einen Zeitraum von fünf Jahren erstreckt, §§ 159, 160 HGB.[81] Im Innenverhältnis verbleiben dem Ausscheidenden jedoch die Rückgriffsansprüche gegen die Gesellschaft.[82] Gem. § 738 Abs. 1 S. 2 BGB kann er hinsichtlich der noch nicht fälligen Gesellschaftsschulden Sicherheitsleistung verlangen.[83]

31 2. **Ausscheiden von Kommanditaktionären.** Über das Ausscheiden von Kommanditaktionären enthält § 289 keine Regelung. Daher gilt insoweit Aktienrecht (§ 278 Abs. 3).[84] Weil dieses den Austritt von Aktionären nicht kennt, gibt es jedenfalls **kein** freiwilliges Ausscheiden **einzelner** Kommanditaktionäre.[85] Denkbar wäre allein, den leer laufenden Verweis in § 289 Abs. 4 S. 1 (→ Rn. 13 ff.) auf die „Kündigung der Gesellschaft" in eine Ausscheidenskündigung der **Gesamtheit** der Kommanditak-

---

[70] MüKoAktG/*Perlitt* Rn. 165 ff.; Großkomm AktG/*Assmann*/*Sethe* Rn. 160; Kölner Komm AktG/*Mertens*/*Cahn* Rn. 66; MHdB AG/*Herfs* § 77 Rn. 48.
[71] So MüKoAktG/*Perlitt* Rn. 167 ff.; MHdB AG/*Herfs* § 77 Rn. 48; *Schulz* in Bürgers/Fett KGaA § 8 Rn. 37 ff.; differenzierend Großkomm AktG/*Assmann*/*Sethe* Rn. 153 ff.
[72] *Veil* NZG 2000, 72 (76); Kölner Komm AktG/*Mertens*/*Cahn* Rn. 66.
[73] RGZ 82, 360 (362); Hüffer/Koch/*Koch* Rn. 9; MüKoAktG/*Perlitt* Rn. 159; Kölner Komm AktG/*Mertens*/*Cahn* Rn. 65; MHdB AG/*Herfs* § 77 Rn. 50.
[74] So die hM, vgl. MüKoAktG/*Perlitt* Rn. 69; Kölner Komm AktG/*Mertens*/*Cahn* Rn. 45; Großkomm AktG/*Assmann*/*Sethe* Rn. 83; *Schütz*/*Reger* in Bürgers/Fett KGaA § 5 Rn. 303; *Schulz* in Bürgers/Fett KGaA § 8 Rn. 45; krit. (zur GmbH & Co) mit Recht MüKoHGB/*Schmidt* § 131 Rn. 68.
[75] Großkomm AktG/*Assmann*/*Sethe* Rn. 166. Ein Anwachsen nur zugunsten der verbleibenden Komplementäre (so *Jäger* AG § 26 Rn. 15, 20) kommt nicht in Betracht, weil die Komplementäre keinen neben der KGaA stehenden gesamthänderischen Verbund bilden.
[76] So generell das Prinzip der Anwachsung deutend *K. Schmidt* GesR § 45 II 5.
[77] BGH AG 1974, 187; *Wichert*, Die Finanzen der Kommanditgesellschaft auf Aktien, 1999, 228; MüKoAktG/*Perlitt* Rn. 189; Kölner Komm AktG/*Mertens*/*Cahn* Rn. 69; Großkomm AktG/*Assmann*/*Sethe* Rn. 168; MHdB AG/*Herfs* § 77 Rn. 51.
[78] MüKoAktG/*Perlitt* Rn. 194; Kölner Komm AktG/*Mertens*/*Cahn* Rn. 69; MHdB AG/*Herfs* § 77 Rn. 52.
[79] Vgl. *Wichert*, Die Finanzen der Kommanditgesellschaft auf Aktien, 1999, 231 ff.; MüKoAktG/*Perlitt* Rn. 200; Großkomm AktG/*Assmann*/*Sethe* Rn. 178; MHdB AG/*Herfs* § 77 Rn. 53.
[80] Einzelheiten bei MüKoAktG/*Perlitt* Rn. 189 ff.; Großkomm AktG/*Assmann*/*Sethe* Rn. 168 ff.
[81] Krit. *Wiesner* ZHR 148 (1984) 56 (67 ff.); dagegen aber *Raiser*/*Veil* KapGesR § 23 Rn. 28.
[82] Vgl. MüKoAktG/*Perlitt* Rn. 201.
[83] Großkomm AktG/*Assmann*/*Sethe* Rn. 170.
[84] Hüffer/Koch/*Koch* Rn. 3; MüKoAktG/*Perlitt* Rn. 37, 92, 205; Kölner Komm AktG/*Mertens*/*Cahn* Rn. 4; Großkomm AktG/*Assmann*/*Sethe* Rn. 69; Bürgers/Körber/*Förl*/*Fett* Rn. 2.
[85] Unstr., vgl. nur *Veil* NZG 2000, 72, 76 f.; Hüffer/Koch/*Koch* Rn. 3.

tionäre (nach dem Muster des § 131 Abs. 3 S. 1 Nr. 3 HGB) umzudeuten.[86] Ein solcher „Massenaustritt" müsste aber nach personengesellschaftsrechtlichen Grundsätzen zur Gesamtrechtsnachfolge des Komplementärs bzw. bei mehreren Komplementären zur Umwandlung kraft Gesetzes in eine OHG führen.[87] Eine Umwandlung außerhalb des Registers ist jedoch mit dem Charakter der KGaA als Kapitalgesellschaft unvereinbar.[88] Zudem würde es einer qualifizierten Mehrheit ermöglicht, diejenigen Kommanditaktionäre mit aus der Gesellschaft zu ziehen, die in der Hauptversammlung gegen die Kündigung stimmten, was nicht akzeptabel ist.[89] Ein Ausscheiden nur der Zustimmenden machte eine Herabsetzung des Grundkapitals erforderlich, über die nicht ohne Zustimmung der Komplementäre entschieden werden kann (§ 285 Abs. 2 S. 1).[90] Ein Ausscheiden von Kommanditaktionären via Kündigung, sei es einzeln, sei es als Gesamtheit, ist daher insgesamt nicht anzuerkennen.[91] Den beteiligungsmüden Kommanditaktionären bleibt die Veräußerung der Beteiligung.

Wegen der Geltung des Aktienrechts (→ Rn. 31) kommt auch ein **unfreiwilliges Ausscheiden** 32 von Kommanditaktionären nur auf aktienrechtlichem Wege, also durch Kaduzierung (§ 64) oder Einziehung von Aktien im Rahmen einer Kapitalherabsetzung (§§ 237 ff.) in Betracht.[92] Die Gründe, die gem. § 131 Abs. 3 HGB zum unfreiwilligen Ausscheiden eines Komplementärs führen (→ Rn. 19 ff.), können dagegen **kein** Ausscheiden von Kommanditaktionären bewirken.[93] Daher gibt es weder einen Ausschluss einzelner Kommanditaktionäre[94] noch einen solchen der Gesamtheit der Kommanditaktionäre aus wichtigem Grund. Verletzt die Gesamtheit der Kommanditaktionäre ihre Pflichten, etwa indem die Hauptversammlung ihr obliegende Beschlüsse nicht fasst,[95] bleibt dem Komplementär nur der Antrag auf Auflösung der Gesellschaft (§ 133 HGB).

V. Anmeldung und Eintragung (Abs. 6)

Auflösung und Ausscheiden eines Komplementärs sind nach Abs. 6 S. 1 zum Handelsregister 33 anzumelden. Die **Anmeldung** hat durch alle (geschäftsführenden wie nicht-geschäftsführenden) Komplementäre einschließlich des Ausgeschiedenen zu erfolgen.[96] Ist dieser verstorben, müssen seine Erben nicht mitwirken, falls dem „besondere Hindernisse" entgegenstehen, § 289 Abs. 6 S. 2 iVm § 143 Abs. 3 HGB. Wechselt der Komplementär, wird darin wegen § 281 eine Satzungsänderung gesehen, die in entsprechender Weise anzumelden ist.[97] Beim Ausscheiden aufgrund eines Hauptversammlungsbeschlusses ist für die Anmeldung § 285 Abs. 3 zu beachten. Die **Eintragung** hat lediglich deklaratorische Wirkung.[98] Verkehrsschutz gewährleistet § 15 HGB.

Keiner Anmeldung bedarf die Auflösung wegen Eröffnung des Insolvenzverfahrens (§ 143 Abs. 1 34 S. 2 HGB iVm § 289 Abs. 1) sowie wegen Ablehnung der Eröffnung des Insolvenzverfahrens mangels Masse oder der Feststellung eines Satzungsmangels; in diesen Fällen erfolgt die Eintragung **von Amts wegen** (§ 143 Abs. 1 S. 3 HGB iVm § 289 Abs. 1; § 289 Abs. 6 S. 3). Bei Löschung wegen Vermögenslosigkeit (§ 289 Abs. 2 Nr. 3) entfällt die Eintragung der Auflösung (§ 289 Abs. 6 S. 4). All das entspricht der Regelung für die Aktiengesellschaft (vgl. § 263).

§ 290 Abwicklung

(1) Die Abwicklung besorgen alle persönlich haftenden Gesellschafter und eine oder mehrere von der Hauptversammlung gewählte Personen als Abwickler, wenn die Satzung nichts anderes bestimmt.

---

[86] So Großkomm AktG/*Assmann/Sethe* Rn. 72 ff.
[87] So konsequent Großkomm AktG/*Assmann/Sethe* Rn. 75; K. Schmidt/Lutter/*K. Schmidt* Rn. 28; zur KG nur Baumbach/Hopt/*Roth* HGB § 161 Rn. 17; abw. *Schlitt*, Die Satzung der KGaA, 1999, 233; *Schulz* in Bürgers/Fett KGaA § 8 Rn. 52 (Auflösung, da KGaA ohne Kommanditaktionäre bestehen kann).
[88] Vgl. *Schulz* in Bürgers/Fett KGaA § 8 Rn. 30; auch *Veil* NZG 2000, 72 (77).
[89] Insofern zutr. *Mertens* AG 2004, 333 (335); s. auch Kölner Komm AktG/*Mertens/Cahn* Rn. 20.
[90] Kölner Komm AktG/*Mertens/Cahn* Rn. 20.
[91] Zutr. MüKoAktG/*Perlitt* Rn. 37 f., 92; Kölner Komm AktG/*Mertens/Cahn* Rn. 20.
[92] Kölner Komm AktG/*Mertens/Cahn* Rn. 4.
[93] Vgl. Kölner Komm AktG/*Mertens/Cahn* Rn. 4, 36, 46; MüKoAktG/*Perlitt* Rn. 205; Großkomm AktG/ *Assmann/Sethe* Rn. 70 f.
[94] So aber für die personalistisch geprägte KGaA mit kleinem Gesellschafterkreis Großkomm AktG/*Assmann/ Sethe* Rn. 69.
[95] Vgl. MüKoAktG/*Perlitt* Rn. 29, unter Hinweis auf Großkomm AktG/*Barz*, 3. Aufl. 1973, § 289 Anm. 13, RGZ 82, 360 f.
[96] Hüffer/Koch/*Koch* Rn. 10; Kölner Komm AktG/*Mertens/Cahn* Rn. 65; Großkomm AktG/*Assmann/Sethe* Rn. 179.
[97] Vgl. Kölner Komm AktG/*Mertens/Cahn* Rn. 67 sowie oben → § 281 Rn. 2 f., 6.
[98] MüKoAktG/*Perlitt* Rn. 18, 111, 187; Großkomm AktG/*Assmann/Sethe* Rn. 36, 180; aA *Cahn* AG 2001, 579 (583 ff.); Kölner Komm AktG/*Mertens/Cahn* Rn. 67.

(2) Die Bestellung oder Abberufung von Abwicklern durch das Gericht kann auch jeder persönlich haftende Gesellschafter beantragen.

(3) ¹Ist die Gesellschaft durch Löschung wegen Vermögenslosigkeit aufgelöst, so findet eine Abwicklung nur statt, wenn sich nach der Löschung herausstellt, daß Vermögen vorhanden ist, das der Verteilung unterliegt. ²Die Abwickler sind auf Antrag eines Beteiligten durch das Gericht zu ernennen.

Schrifttum: *Schulz,* Auflösung und Abwicklung (§ 8), in Bürgers/Fett, Die Kommanditgesellschaft auf Aktien, 2. Aufl 2015; *Sethe,* Die Satzungsautonomie in Bezug auf die Liquidation einer KGaA, ZIP 1998, 1138; *Wichert,* Die Finanzen der KGaA, 1999, 223.

Übersicht

	Rn.		Rn.
I. Bedeutung und anwendbares Recht	1	4. Anmeldung, Aufgaben und Kompetenzen der Abwickler	6
II. Abwickler	2–6	III. Die Abwicklung	7–11
1. Gesetzlicher Regelfall	2, 3	1. Ablauf	7
2. Abweichende Satzungsregelung	4	2. Einzelheiten	8–11
3. Bestellung und Abberufung durch das Gericht (Abs. 2)	5	IV. Nachtragsliquidation (Abs. 3)	12

I. Bedeutung und anwendbares Recht

1   Die Vorschrift enthält Sonderregeln zur **Person der Abwickler** (Abs. 1 und 2) und wiederholt in Abs. 3 die für die Nachtragsliquidation der Aktiengesellschaft geltende Vorschrift des § 264 Abs. 2. Damit werden nur Teilfragen der Abwicklung (Liquidation) geregelt. Ob sich die Abwicklung im Übrigen nach Personengesellschafts- oder Aktienrecht richtet, bestimmt sich nach den allgemeinen Verweisen in § 278. Weil es sich bei der auf die Beendigung zielenden Liquidation um Fragen handelt, die nicht nur das Verhältnis der Gesellschafter untereinander betreffen, ist insoweit das strenge **Aktienrecht** (§§ 264 ff.) **einschlägig**.[1] Eine Ausnahme gilt nur für die Frage der Verteilung des Liquidationserlöses, die sich zT nach Handelsrecht richtet (näher → Rn. 10).

II. Abwickler

2   **1. Gesetzlicher Regelfall.** Abweichend von der aktienrechtlichen Regel (§ 265 Abs. 1) wird die Abwicklung nicht allein von dem Geschäftsführungsorgan, sondern von **„allen"**, also auch den nicht geschäftsführenden Komplementären[2] plus einer von der Hauptversammlung gewählten Person vorgenommen. Da die Hauptversammlung den Willen der „Gesamtheit der Kommanditaktionäre" bildet, die ihrerseits dem Kommanditisten der KG entsprechen, stellt die Regelung ein Abbild des Personengesellschaftsrechts dar, welches ebenfalls alle Gesellschafter zur Abwicklung beruft (vgl. § 146 HGB). **Fehlt** es an einem **Komplementär,** weil die Auflösung durch Ausscheiden des einzigen persönlich haftenden Gesellschafters bewirkt wurde, muss der Abwickler gerichtlich bestellt werden, weil der von der Hauptversammlung Gewählte nur neben den Komplementär tritt, diesen als Abwickler also nicht ersetzen kann.[3] Die Hauptversammlung kann sich des Rechts, einen eigenen Abwickler zu wählen, enthalten.[4] Dies muss mangels abweichender Satzungsregel aber ausdrücklich so beschlossen werden. Sie kann die von ihr gekorenen Abwickler jederzeit abberufen, § 265 Abs. 5 iVm § 278 Abs. 3.[5]

3   Die **Hauptversammlung** wählt „ihren" Abwickler mit einfacher Stimmenmehrheit (§ 133). Komplementäre, die zugleich Kommanditaktionäre sind, dürfen mitstimmen, weil die Wahl von Abwicklern nicht im Katalog der Stimmverbote (§ 285 Abs. 1 S. 2) enthalten ist.[6] Der Beschluss bedarf **nicht** der **Zustimmung** durch die Komplementäre gem. § 285 Abs. 2 S. 1.[7] Das ist sachgerecht, weil diese ohnehin selbst als Abwickler agieren. Bei der Auswahl des Abwicklers sind die

---

[1] Vgl. Hüffer/Koch/*Koch* Rn. 1; MüKoAktG/*Perlitt* Rn. 2; Kölner Komm AktG/*Mertens/Cahn* Rn. 2; Großkomm AktG/*Assmann/Sethe* Rn. 5.
[2] AllgA, vgl. nur Hüffer/Koch/*Koch* Rn. 1; MüKoAktG/*Perlitt* Rn. 17; Kölner Komm AktG/*Mertens/Cahn* Rn. 5; Großkomm AktG/*Assmann/Sethe* Rn. 10.
[3] Zutr. *Schulz* in Bürgers/Fett KGaA § 8 Rn. 61; auch MüKoAktG/*Perlitt* § 289 Rn. 184.
[4] Kölner Komm AktG/*Mertens/Cahn* Rn. 6; Großkomm AktG/*Assmann/Sethe* Rn. 11.
[5] Kölner Komm AktG/*Mertens/Cahn* Rn. 10.
[6] Unstr., vgl. nur Hüffer/Koch/*Koch* Rn. 1; MüKoAktG/*Perlitt* Rn. 19.
[7] Vgl. nur Hüffer/Koch/*Koch* Rn. 1; MüKoAktG/*Perlitt* Rn. 19; K. Schmidt/Lutter/*K. Schmidt* Rn. 5.

Vorgaben des § 265 Abs. 2 S. 2 und 3 zu beachten. Auch juristische Personen kommen danach als Abwickler in Betracht (§ 265 Abs. 2 S. 3). Durch bloßen Hauptversammlungsbeschluss können hingegen nicht die Komplementäre als „geborene" Abwickler durch andere Abwickler ersetzt werden.[8] Dies folgt aus Abs. 1, welcher – im Unterschied zu § 265 Abs. 2 S. 1 – eine vom Gesetz abweichende Abwicklerbestimmung nur durch die Satzung gestattet.

2. Abweichende Satzungsregelung. Die Satzung ist **weitestgehend frei,** eine abweichende Regelung zu treffen. Das stellt keine Besonderheit der KGaA dar, sondern gilt gem. § 265 Abs. 2 S. 1 auch für die AG (s. dort, → § 265 Rn. 9 f.). Möglich ist insbesondere, die Abwicklung ausschließlich den persönlich haftenden Gesellschaftern oder, umgekehrt, allein den Vertretern der Kommanditaktionäre zu überlassen.[9] Das Recht, die Bestellung oder Abberufung von Abwicklern durch das Gericht zu beantragen (→ Rn. 5), ist dagegen unabdingbar.[10] **4**

3. Bestellung und Abberufung durch das Gericht (Abs. 2). Abs. 2 nimmt Bezug auf § 265 Abs. 3 und 4 und setzt dessen Geltung für die KGaA damit voraus. Auf Antrag des **Aufsichtsrats** oder einer qualifizierten Minderheit von **Kommanditaktionären** hat das Gericht danach bei Vorliegen eines wichtigen Grundes die Abwickler abzuberufen und neue zu bestellen (§ 265 Abs. 3).[11] § 290 Abs. 2 ergänzt diese Regelung um die Befugnis der **Komplementäre,** einen entsprechenden Antrag zu stellen. Antragsbefugt sind auch nicht geschäftsführungsbefugte Komplementäre.[12] § 265 Abs. 3 S. 2 und 3 (nachgewiesene Mindesthaltefrist) finden hinsichtlich der Komplementäre keine Anwendung.[13] Für den Auslagenersatz der Abwickler gilt § 265 Abs. 4. **5**

4. Anmeldung, Aufgaben und Kompetenzen der Abwickler. Insoweit gelten die §§ 266 ff. entsprechend (§ 278 Abs. 3). Die Abwickler sind danach gem. § 266 zum Handelsregister **anzumelden,** wobei an die Stelle des Vorstands die persönlich haftenden Gesellschafter treten (§ 283 Nr. 1). Ihre Befugnisse unterscheiden sich nicht von denjenigen der Abwickler einer AG (s dort). Wird die Gesellschaft durch Ausscheiden des letzten Komplementärs aufgelöst, haben sie vor der Liquidation zu prüfen, ob eine Fortsetzung durch Aufnahme eines neuen Komplementärs in Betracht kommt (→ § 289 Rn. 26). **6**

III. Die Abwicklung

1. Ablauf. Über den Ablauf der Abwicklung selbst sagt § 290 nichts. Sie richtet sich im Wesentlichen nach den zwingenden §§ 264 ff. (→ Rn. 1). Danach gelten für die KGaA iL bis zum Schluss der Abwicklung zunächst die Vorschriften, die für die nicht aufgelöste KGaA gelten (§ 264 Abs. 3 iVm § 278 Abs. 3). Im Übrigen erfolgt die Abwicklung **wie bei der AG,** beginnt also mit dem Gläubigeraufruf (§ 267) und der Eröffnungsbilanz (§ 270) und endet nach Versilberung (§ 268) und Verteilung (§ 271) des Vermögens mit der Schlussrechnung und der Anmeldung des Abwicklungsendes zum Handelsregister (§ 273 Abs. 1 S. 1). Mit der Löschung der Gesellschaft im Handelsregister (§ 273 Abs. 1 S. 2) ist diese als juristische Person untergegangen, soweit sie nicht als sog. Nachgesellschaft fortbesteht (→ Rn. 12). Zur **Fortsetzung** der aufgelösten KGaA → § 289 Rn. 17 f. **7**

2. Einzelheiten. Strittig ist, ob das **Sperrjahr**[14] (§ 272) auch einzuhalten ist, soweit es um die Ausschüttung des Liquidationserlöses an die mit einer Vermögenseinlage beteiligten Komplementäre geht. Mit der heute hM ist die Frage zu **bejahen.**[15] Zwar hindert die Verteilung von Vermögen an die Komplementäre nicht die Fortsetzung der KGaA (→ § 289 Rn. 18 aE). Das bedeutet aber nicht, dass mit der Verteilung früher begonnen werden dürfte. Die fortdauernde persönliche Haftung der **8**

---

[8] Vgl. nur MüKoAktG/*Perlitt* Rn. 18; Großkomm AktG/*Assmann*/*Sethe* Rn. 13.
[9] *Sethe* ZIP 1998, 1138 (1140); MüKoAktG/*Perlitt* Rn. 26; Kölner Komm AktG/*Mertens*/*Cahn* Rn. 8; Großkomm AktG/*Assmann*/*Sethe* Rn. 35; MHdB AG/*Herfs* § 76 Rn. 44.
[10] Vgl. *Sethe* ZIP 1998, 1038 (1140); Kölner Komm AktG/*Mertens*/*Cahn* Rn. 8.
[11] Kölner Komm AktG/*Mertens*/*Cahn* Rn. 7, 10; aA MüKoAktG/*Perlitt* Rn. 20: Abberufung von persönlich haftenden Gesellschaftern nur nach § 147 HGB.
[12] Hüffer/Koch/*Koch* Rn. 2; Kölner Komm AktG/*Mertens*/*Cahn* Rn. 7, 10.
[13] Hüffer/Koch/*Koch* Rn. 2; MüKoAktG/*Perlitt* Rn. 21; Kölner Komm AktG/*Mertens*/*Cahn* Rn. 7; Großkomm AktG/*Assmann*/*Sethe* Rn. 16.
[14] S. zur Frage einer auch in der Abwicklung möglichen Existenzvernichtungshaftung nach § 826 BGB wegen sittenwidriger Verletzung der Abwicklungsvorschriften (hier: Sperrjahr) BGH NJW 2009, 2127 – Sanitary (zur GmbH).
[15] Vgl. *Wichert,* Die Finanzen der Kommanditgesellschaft auf Aktien, 1999, 226; Hüffer/Koch/*Koch* Rn. 1; Großkomm AktG/*Assmann*/*Sethe* Rn. 27 ff.; K. Schmidt/Lutter/*K. Schmidt* Rn. 13; aA MüKoAktG/*Perlitt* Rn. 8 ff.; Bürgers/Körber/*Förl*/*Fett* Rn. 1; *Schulz* in Bürgers/Fett KGaA § 8 Rn. 67; *Schlitt,* Die Satzung der KGaA, 1999, 234 f.

Komplementäre bietet den Gesellschaftsgläubigern, deren Interessen § 272 dient, keinen hinreichenden Schutz, weil es zur Konkurrenz mit Privatgläubigern der Komplementäre kommen könnte.

9 Fraglich ist ferner, ob die Komplementäre in der Abwicklung verpflichtet sind, **negative Kapitalkonten** durch Zahlung auszugleichen (Nachschusspflicht, § 735 BGB). Auch diese Frage ist zu bejahen, weil es dabei nicht nur um den Schutz der Mitgesellschafter, sondern auch um die vorrangigen Belange der Gesellschaftsgläubiger geht.[16]

10 Für die **Verteilung** des nach der Gläubigerbefriedigung übrig bleibenden Vermögens gilt: Die Verteilung unter die beiden Gesellschaftergruppen (Komplementäre und Gesamtheit der Kommanditaktionäre) richtet sich gem. § 278 Abs. 2 nach Handelsrecht, also nach § 155 HGB.[17] Die Summe der Kapitalanteile ist danach ins Verhältnis zum Grundkapital zu setzen. Die Verteilung innerhalb der Gruppe der Komplementäre bestimmt sich ebenfalls nach § 155 HGB, während für die Verteilung unter die einzelnen Kommanditaktionäre gem. § 271 die jeweilige Beteiligung am Grundkapital maßgeblich ist.[18]

11 Die §§ 264 ff. sind zwingend, gewähren aber im Einzelnen **Satzungsspielraum**. So kann die Abwicklung anders als durch Zerschlagung, zB durch Übernahme oder Veräußerung des Unternehmens als Ganzes, geregelt werden.[19] Die Person des Abwicklers (→ Rn. 4), aber auch dessen Vertretungsbefugnis darf abweichend festgelegt werden (vgl. § 269 Abs. 2). Schließlich besteht sowohl im Rahmen des § 155 HGB als auch in dem des § 271 Spielraum für abweichende Satzungsgestaltungen.[20]

IV. Nachtragsliquidation (Abs. 3)

12 Die erst mit Wirkung zum 1.1.1999 eingeführte Regelung entspricht wortwörtlich der für die AG geltenden Regel des § 264 Abs. 2. Sie ist damit **überflüssig**, weil sich das Gesagte bereits aus § 278 Abs. 3 iVm § 264 Abs. 2 ergibt.[21] Im Übrigen bringt die Norm Selbstverständliches zum Ausdruck: Verfügt die aufgelöste Gesellschaft über kein Vermögen (mehr), gibt es auch nichts abzuwickeln. Das gilt aber nicht nur im Fall der Löschung wegen Vermögenslosigkeit (§ 394 FamFG [ex § 141a FGG], § 289 Abs. 2 Nr. 3), sondern generell (→ § 264 Rn. 1). Stellt sich hingegen nach der Löschung heraus, dass doch noch Vermögen vorhanden ist, existiert die KGaA als **teilrechtsfähige Nachgesellschaft** fort (str., eingehend auch zu den abweichenden Meinungen → § 262 Rn. 90 ff. (zur AG)). Entsprechendes gilt, wenn zwar kein Vermögen vorhanden ist, aber noch sonstiger Abwicklungsbedarf besteht (vgl. § 273 Abs. 4, → § 264 Rn. 29). Wegen der Einzelheiten kann auf die Kommentierung zu §§ 264, 273 verwiesen werden.

---

[16] Wohl unstr., vgl. *Wichert*, Die Finanzen der Kommanditgesellschaft auf Aktien, 1999, 224 f.; Kölner Komm AktG/*Mertens/Cahn* Rn. 9; MüKoAktG/*Perlitt* Rn. 13; Großkomm AktG/*Assmann/Sethe* Rn. 24; *Schulz* in Bürgers/Fett KGaA § 8 Rn. 63.
[17] *Sethe* ZIP 1998, 1138 (1140); *Wichert*, Die Finanzen der Kommanditgesellschaft auf Aktien, 1999, 223 f.; MüKoAktG/*Perlitt* Rn. 7; Kölner Komm AktG/*Mertens/Cahn* Rn. 2; Großkomm AktG/*Assmann/Sethe* Rn. 6.
[18] Vgl. *Sethe* ZIP 1998, 1138 (1140); *Wichert*, Die Finanzen der Kommanditgesellschaft auf Aktien, 1999, 224; MüKoAktG/*Perlitt* Rn. 8, 14; Kölner Komm AktG/*Mertens/Cahn* Rn. 2; Großkomm AktG/*Assmann/Sethe* Rn. 7.
[19] Vgl. nur MüKoAktG/*Perlitt* Rn. 25; Großkomm AktG/*Assmann/Sethe* Rn. 39.
[20] Vgl. nur MüKoAktG/*Perlitt* Rn. 24, 28; näher Großkomm AktG/*Assmann/Sethe* Rn. 8, 40 ff.
[21] Hüffer/Koch/*Koch* Rn. 3; *Jäger* AG § 63 Rn. 24.

Drittes Buch. Verbundene Unternehmen

Erster Teil. Unternehmensverträge

Vorbemerkungen

Schrifttum: *Bache,* Der internationale Unternehmensvertrag nach deutschem Kollisionsrecht, 1969; *Bälz,* Einheit und Vielheit im Konzern, FS Raiser, 1974, 287; *Ballerstedt,* Schranken der Weisungsbefugnis aufgrund eines Beherrschungsvertrags, ZHR 137 (1973), 388; *W. Bayer,* Der grenzüberschreitende Beherrschungsvertrag, 1988; *Bayreuther,* Wirtschaftlich-existentiell abhängige Unternehmen im Konzern-, Kartell- und Arbeitsrecht, 2001; *Beck,* Macht und die Berücksichtigung von Machtverhältnissen im Konzern, Der Konzern 2012, 301; *Bungert/Wansleben,* Umsetzung der überarbeiteten Aktionärsrechterichtlinie in das deutsche Recht: Say on Pay und Related Party Transactions, DB 2017, 1190; *Bunjes,* UStG, 16. Aufl. 2017; *Dreher,* Ausstrahlungen des Aufsichtsrechts auf das Aktienrecht, ZGR 2010, 496; *Druey,* „Konzernvertrauen", FS Lutter, 2000, 1069; *Einsele,* Kollisionsrechtliche Behandlung des Rechts verbundener Unternehmen, ZGR 1996, 40; *Ekkenga,* Neue Pläne der Europäischen Kommission für ein Europäisches Konzernrecht: Erste Eindrücke, AG 2013, 181; *Erle/Sauter,* Körperschaftsteuergesetz, 3. Aufl. 2010; *European Company Law Experts (ECLE),* A Proposal for the Reform of Group Law in Europe, 18 EBOR (2017), 1; *Exner,* Beherrschungsvertrag und Vertragsfreiheit, 1984; *Fleischer/Schmolke,* Klumpenrisiken im Bankaufsichts-, Investment- und Aktienrecht, ZHR 173 (2009), 649; *Friedlaender,* Konzernrecht unter Berücksichtigung der amerikanischen Praxis, 2. Aufl. 1954; *Forum Europaeum Konzernrecht,* Konzernrecht für Europa, ZGR 1998, 672; *Gause,* Europäisches Konzernrecht im Vergleich, 2000; *Großfeld/Kötter,* Zum Internationalen Privatrecht des Gleichordnungskonzerns, IPRax 1983, 60; *Grunewald,* Auslegung von Unternehmens- und Umwandlungsverträgen, ZGR 2009, 647; *Hageböke/Hasbach,* Zur handelsbilanziellen Abbildung von Geschäftsführungsverträgen iSv § 291 Abs. 1 Satz 2 AktG, Der Konzern 2016, 167; *Hommelhoff,* Die Konzernleitungspflicht, 1982; *Hommelhoff,* Zum revidierten Vorschlag für eine EG-Konzernrichtlinie, FS Fleck, 1988, 125; *Hommelhoff,* Konzernrecht für den europäischen Binnenmarkt, ZGR 1992, 121; *Hommelhoff,* Zwölf Fragen zum Konzernrecht in Europa, ZGR 1992, 422; *Hommelhoff,* Empfiehlt es sich, das Recht faktischer Unternehmensverbindungen – auch im Hinblick auf das Recht anderer EG-Staaten – neu zu regeln?, Gutachten G für den 59. DJT, in Verhandlungen des 59. DJT, 1992; *Hopt,* Harmonisierung im europäischen Gesellschaftsrecht, ZGR 1992, 265; *Hopt,* Europäisches Konzernrecht, FS Volhard, 1996, 74; *Hopt,* Ein Neustart im europäischen Konzernrecht, KSzW 2014, 63; *Jesse,* Die nationale Holding aus steuerrechtlicher Sicht, in Lutter/Bayer, Holding Handbuch, 5. Aufl. 2015; *Kindler,* Hauptfragen des Konzernrechts in der internationalen Diskussion, ZGR 1997, 449; *Koppensteiner,* Internationale Unternehmen im deutschen Gesellschaftsrecht, 1971; *Kronke,* Grenzüberschreitende Personengesellschaftskonzerne – Sachnormen und Internationales Privatrecht, ZGR 1989, 473; *Krumm,* EStG, KStG und GewStG, 138. Aufl. 2017; *Luchterhandt,* Deutsches Konzernrecht bei grenzüberschreitenden Konzernverbindungen, 1971; *Lübking,* Ein einheitliches Konzernrecht für Europa, 2000; *Lutter,* Die Rechte der Gesellschafter beim Abschluß fusionsähnlicher Unternehmensverbindungen, DB Beilage Nr. 21/73 zu Heft 46/1973; *Lutter,* Stand und Entwicklung des Konzernrechts in Europa, ZGR 1987, 324; *Lutter/Bayer,* Holding-Handbuch, 5. Aufl. 2015; *Mestmäcker,* Verwaltung, Konzerngewalt und Rechte der Aktionäre, 1958; *Mestmäcker,* Zur Systematik des Rechts der verbundenen Unternehmen im neuen AktG, FG Kronstein, 1967, 129; *Mülbert,* Aktiengesellschaft, Unternehmensgruppe und Kapitalmarkt, 2. Aufl. 1996; *Mülbert,* Unternehmensbegriff und Konzernorganisationsrecht, ZHR 163 (1999), 1; *Oesterreich,* Die Betriebsüberlassung zwischen Vertragskonzern und faktischem Konzern, 1979; *Praël,* Eingliederung und Beherrschungsvertrag als körperschaftliche Rechtsgeschäfte, 1978; *Rittner,* Konzernorganisation und Privatautonomie, AcP 183 (1983), 295; *K. Schmidt,* Konzernunternehmen, Unternehmensgruppe und Konzerngesellschaftsrecht, FS Lutter, 2000, 1167; *U. H. Schneider,* Der Auskunftsanspruch des Aktionärs im Konzern – Ein Beitrag zum Konzernverfassungsrecht, FS Lutter, 2000, 1193; *Schwarz,* Europäisches Gesellschaftsrecht, 2000; *Slagter,* Einheitliches Konzernrecht in Europa?, ZGR 1992, 401; *Sonnenschein,* Organschaft und Konzerngesellschaftsrecht, 1976; *Spindler,* Recht und Konzern, 1993; *Stangl/Brühl,* Die „kleine Organschaftsreform", Der Konzern 2013, 77; *Stangl/Winter,* Organschaft 2013/2014, 2014; Untersuchungen zur Reform des Konzernrechts, Bericht der *Studienkommission des DJT,* 1967; *Tarde,* Die verschleierte Konzernrichtlinie, ZGR 2017, 360; *Ulmer,* Aktienrechtliche Beherrschung durch Leistungsaustauschbeziehungen, ZGR 1978, 457; *Veil,* Unternehmensverträge, 2003; *Veil,* Zukunftsfragen der Konzernrechtsforschung, in Bumke et al, Begegnungen im Recht, 2011, 21; *Veil,* Transaktionen mit Related Parties im deutschen Aktien- und Konzernrecht, NZG 2017, 521; *Weber-Rey,* Ausstrahlungen des Aufsichtsrechts (insbesondere für Banken und Versicherungen) auf das Aktienrecht – oder die Infiltration von Regelungssätzen?, ZGR 2010, 543; *Weymüller,* UStG, 2014; *Würdinger,* Aktienrecht und das Recht der verbundenen Unternehmen, 4. Aufl. 1981.

Übersicht

	Rn.		Rn.
I. Regelungsgegenstand	1–14	3. Reformen und Reformbedarf	10–14
1. Überblick	1, 2	**II. Steuerrechtliche Organschaft**	**15–24**
2. Entstehungsgeschichte und Regelungszwecke	3–9	1. Überblick	15

	Rn.		Rn.
2. Voraussetzungen und Rechtsfolgen einer Organschaft	16–24	a) Selbständigkeit der Unternehmensvertragstypen	38–40
a) Körperschaftsteuerliche Organschaft	16–19	b) Numerus Clausus	41–43
b) Gewerbesteuerliche Organschaft	20	**IV. Internationale Unternehmensverbindungen**	44–52
c) Umsatzsteuerliche Organschaft	21, 22	1. Faktischer Konzern	45, 46
d) Entwicklungen	23, 24	2. Unternehmensverträge	47–52
III. Unternehmensverträge	25–43	a) Beherrschungs- und Gewinnabführungsverträge	47–50
1. Rechtsnatur	25–37	b) Andere Unternehmensverträge	51, 52
a) Organisationsvertraglicher Charakter	25, 26	**V. Europäisches Konzernrecht**	53–56
b) Folgerungen	27–37	**VI. Rechtstatsachen**	57
2. Systematik	38–43		

I. Regelungsgegenstand

1 **1. Überblick.** Das dritte Buch befasst sich mit den verbundenen Unternehmen. Die Vorschriften wurden durch das Aktiengesetz von 1965 eingeführt und sollen „Grundzüge einer Konzernverfassung" verwirklichen.[1] Sie knüpfen an den in den §§ 15 ff. verwandten Begriff des Unternehmens an und bestimmen, unter welchen Voraussetzungen die dort genannten Unternehmensverbindungen zustande kommen und bestimmen die Rechte und Pflichten innerhalb dieser Unternehmensverbindungen.

2 Im **ersten Teil** sind die verschiedenen **Arten** von **Unternehmensverträgen definiert** und Vorschriften über den Abschluss und die Beendigung von Unternehmensverträgen sowie **Sicherungen zugunsten** der **Gesellschaft**, der **Gläubiger** und der **außenstehenden Aktionäre** vorgesehen. Die Leitungsmacht und Verantwortlichkeit bei Abhängigkeit von Unternehmen ist Gegenstand des zweiten Teils, der zwischen der Abhängigkeit bei Bestehen und bei Fehlen eines Beherrschungsvertrags differenziert. Der dritte Teil beschäftigt sich mit eingegliederten Gesellschaften, der fünfte Teil mit wechselseitig beteiligten Unternehmen. Im vierten Teil ist der Ausschluss von Minderheitsaktionären erfasst. Diese Vorschriften wurden 2001 eingeführt[2] und haben keinen konzernrechtlichen Gehalt und wären daher in einem anderen Teil des AktG besser aufgehoben.

3 **2. Entstehungsgeschichte und Regelungszwecke.** Der Gesetzgeber hat mit dem Aktiengesetz von 1965 das Anliegen verfolgt, der steigenden Bedeutung des Konzernwesens im wirtschaftlichen Leben Rechnung zu tragen. In der Konzernpraxis waren seinerzeit Organschaftsverträge und diverse vertragliche Unternehmensverbindungen weit verbreitet.[3] Die größte Bedeutung hatte der steuerlich motivierte Organschaftsvertrag, durch den sich eine Gesellschaft verpflichtete, sich in ihrer Geschäftsführung dem Willen einer anderen Gesellschaft zu unterwerfen und gegen Verlustdeckungszusage ihren Gewinn an jene abzuführen.[4] Manche Stimmen hatten die Vereinbarkeit des Vertragstyps mit dem Organisationsrecht der AG bezweifelt,[5] da § 256 AktG von 1937 nur Gewinnabführungsverträge, Betriebspacht- und Geschäftsführungsverträge erfasste. Ferner war der Schutz der Gläubiger und außenstehenden Aktionäre einer Organgesellschaft nicht durch spezielle gesetzliche Regeln gewährleistet. § 256 AktG von 1937 hatte lediglich verlangt, dass die betreffenden Verträge zu ihrer Wirksamkeit der Zustimmung der Hauptversammlung bedürfen. In der Diskussion über eine Reform des Konzernrechts kristallisierte sich schnell heraus, dass die Aktionäre und Gläubiger der einzelnen Gesellschaften effektiver geschützt werden mussten und ein Bedürfnis bestand, dem Geschäftsverkehr die Möglichkeit einzuräumen, sich über die vertraglichen und faktischen Konzernverhältnisse zu unterrichten.

4 Letzteres suchte der Gesetzgeber durch **Publizitätsvorschriften** zu erreichen. Komplexer gestaltete sich die Etablierung eines effektiven Außenseiter- und Gläubigerschutzes. In einer kontrovers geführten Diskussion vermochten sich schließlich zwei Grundlinien durchzusetzen. So ist das Konzernrecht erstens geprägt von der rechtspolitischen Entscheidung, die **Verfolgung** von **Konzerninteressen** zum Nachteil der Gesellschaft nur zuzulassen, wenn durch Abschluss eines Beherrschungs- oder Gewinnabführungsvertrags die gesetzlichen **Schutzvorschriften** zugunsten der außenstehen-

---

[1] RegBegr. *Kropff* S. 374.
[2] Gesetz zur Regelung von öffentlichen Angeboten zum Erwerb von Wertpapieren und von Unternehmensübernahmen v.20.12.2001 (WpÜG, BGBl. 2001 I 3822).
[3] Vgl. *Friedlaender*, Konzernrecht unter Berücksichtigung der amerikanischen Praxis, 2. Aufl. 1954, 188.
[4] Zu den heute geltenden Voraussetzungen und Rechtsfolgen einer Organschaft → Rn. 15–24
[5] Vgl. *Duden* BB 1957, 49.

den Aktionäre und Gläubiger **eingreifen**.[6] Zentrale Bedeutung kommt zweitens der Entscheidung zu, einem **herrschenden Unternehmen** die Möglichkeit einzuräumen, gegenüber einer abhängigen, beherrschungsvertraglich nicht gebundenen Gesellschaft **Leitungsmacht** auszuüben, „soweit das von der abhängigen Gesellschaft verlangte Verhalten auch vom Standpunkt eines gewissenhaften Vorstands einer unabhängigen Gesellschaft nicht zu beanstanden wäre."[7]

Daraus folgt, dass das Konzernrecht zum einen Organisationsrecht und zum anderen Schutzrecht ist. In der wissenschaftlichen Diskussion und der Gerichtspraxis spielte der **Schutzzweckansatz** des Aktiengesetzes von 1965 lange Zeit eine dominierende Rolle. So wurde er ins Feld geführt, um die relevanten Fragen zum Gegenstand der Unternehmensverträge und zum Ausmaß der inhaltlichen Gestaltungsfreiheit der Unternehmensverträge zu beantworten, die Auslegung der Vorschriften über den Vertragsschluss zu klären und um die Probleme bei der Anwendung der Sicherungsinstrumente zu lösen. Der Schutzzweckansatz wurde ferner zur Beurteilung der Gefahren fruchtbar gemacht, die sich für Außenseiter und Gläubiger bei anderen vertraglichen Beziehungen (Betriebsführungsverträge, atypische Kreditverträge, Franchiseverträge) mit einem abhängigkeitsbegründenden Charakter ergeben.[8] Schließlich ist auch die Debatte über die Grenzen einer faktischen Konzernherrschaft und die rechtsfortbildende Entwicklung des „qualifizierten faktischen Konzerns"[9] maßgeblich von der Funktion des Konzernrechts geprägt, einen effektiven Schutz zu verwirklichen.

Die **organisationsrechtliche Funktion** des Konzernrechts geriet dagegen erst spät in das Blickfeld der wissenschaftlichen Diskussion. Zu nennen sind vor allem die zahlreichen Arbeiten von *Lutter, Hommelhoff, Schneider* und *Timm*, ein Konzernverfassungsrecht herauszubilden.[10] Dabei haben sie in erster Linie das Ziel verfolgt, den Gruppenbildungsprozess zu erfassen und Verhaltenspflichten der Konzernunternehmen zueinander zu entwickeln. Ausgangspunkt für diese rechtsfortbildenden Überlegungen bildet die Erkenntnis, dass das Konzernrecht bestimmte Möglichkeiten zur Verfügung stellt, aus einer Vielzahl von Konzerngliedern eine „Einheit" zu schaffen.[11] Hierzu bedarf es der Befugnis, die Willensbildung in den Konzerngliedern zu steuern und diese auf die Verfolgung eines Konzerninteresses auszurichten.

Diese Aspekte eines Konzerngesellschaftsrechts werden vor allem im **Recht** der **Unternehmensverträge** und der **Eingliederung** sichtbar. Ein herrschendes Unternehmen ist bei Bestehen eines Beherrschungsvertrags berechtigt, dem Vorstand der Gesellschaft hinsichtlich der Leitung der Gesellschaft auch nachteilige Weisungen zu erteilen, wenn sie den Belangen des herrschenden Unternehmens oder der mit ihm und der Gesellschaft konzernverbundenen Unternehmen dienen (§ 308 Abs. 1). Ferner sind bei Bestehen eines Beherrschungs- und Gewinnabführungsvertrags die Vorschriften über die Kapitalbindung außer Kraft gesetzt (§ 291 Abs. 3). Die Eingliederung ermöglicht eine noch weiter gehende Integration der Gesellschaft in den Unternehmensverbund des herrschenden Unternehmens. Das Konzernrecht ist insoweit ein Sonderorganisationsrecht, weil es eine Ausgestaltung der Beziehungen erlaubt, die in einer unverbundenen Gesellschaft wegen der aktienrechtlichen Gesetzesstrenge (§ 23 Abs. 5) nicht möglich ist.[12] Die anderen Unternehmensverträge (§ 292 Abs. 1) sind allerdings ebenfalls geeignet, besondere Verbindungen herzustellen, die im Wege der Satzungsänderung nicht oder zumindest nicht auf diese Weise begründbar sind, wenngleich sie nicht dieselbe rechtliche Integrationskraft entfalten wie ein Beherrschungs- und Gewinnabführungsvertrag.[13]

Das Recht der **faktisch abhängigen Aktiengesellschaft** ist dagegen nahezu ausschließlich vom Schutzzweckgedanken geprägt. Dies zeigt sich zum einen im Verbot der Nachteilszufügung (§ 311 Abs. 1) und der korrespondierenden haftungsrechtlichen Verantwortlichkeit (§§ 317, 318), zum ande-

---

[6] RegBegr. *Kropff* S. 17.
[7] RegBegr. *Kropff* S. 17. → hierzu § 311 Rn. 27 ff.
[8] Vgl. aus dem älteren Schrifttum *Dierdorf*, Herrschaft und Abhängigkeit einer Aktiengesellschaft auf schuldvertraglicher und tatsächlicher Grundlage, 1978; *Martens*, Die existentielle Wirtschaftsabhängigkeit, 1979; aus dem jüngeren Schrifttum *Bayreuther*, Wirtschaftlich-existentiell abhängige Unternehmen im Konzern-, Kartell- und Arbeitsrecht, 2001; *Veil* Unternehmensverträge 2003.
[9] Vgl. BGHZ 95, 330 (339, 345 ff.) – Autokran; BGHZ 107, 7 (15 ff.) – Tiefbau; BGHZ 115, 187 (189) – Video; BGHZ 122, 123 (127 ff.) – TBB.
[10] Vgl. *Lutter* DB 1973, Beil. 1; *Lutter* FS Westermann, 1974, 347 (361 ff.); *Lutter* FS Stimpel, 1985, 824 (826 ff.); *Hommelhoff*, Die Konzernleitungspflicht, 1982; *U.H. Schneider* BB 1981, 249 ff.; *U.H. Schneider* FS Lutter, 2000, 1193; *Timm*, Die Aktiengesellschaft als Konzernspitze, 1980. Vgl. zur Auseinandersetzung mit diesem Ansatz *Mülbert*, Aktiengesellschaft, Unternehmensgruppe und Kapitalmarkt, 2. Aufl. 1996, 17 ff.; *K. Schmidt* FS Lutter, 2000, 1167.
[11] Vgl. auch *Bälz* FS Raiser, 1974, 287 (320).
[12] Vgl. *Mülbert* ZHR 163 (1999) 1 (5, 29); *Veil* Unternehmensverträge 66 ff., 109 ff.; *Beck* Der Konzern 2012, 301 (305 ff.).
[13] Vgl. *Veil* Unternehmensverträge 126 ff., 151 ff.

ren in der Verpflichtung des Vorstands, über die Beziehungen zu verbundenen Unternehmen einen Bericht aufzustellen (§ 312). Eine Ausnahme bildet lediglich die in § 311 Abs. 2 vorgesehene Bestimmung, dass der Vorstand ein vom herrschenden Unternehmen veranlasstes nachteiliges Rechtsgeschäft schließen bzw. eine nachteilige Maßnahme treffen darf, wenn eine Kompensation nicht gleichzeitig gewährt, sondern erst zum Ende des Geschäftsjahres zugesagt wird. In dieser Regelung kommt der Organisationscharakter des Konzernrechts zum Ausdruck: Das herrschende Unternehmen wird teilweise von den strengen Kapitalbindungsvorschriften befreit.

9 Die Zwecke des Konzernrechts können für eine **Rechtsfortbildung** in vielfältiger Weise fruchtbar gemacht werden. So kommt dem Schutzzweck eine herausragende Rolle für die Etablierung einer **Konzerneingangskontrolle** zu (→ Vor § 311 Rn. 37 ff.). Auch beeinflusst er die rechtsvergleichend inspirierten[14] Ansätze, eine **Konzernvertrauenshaftung** zu etablieren.[15] Bislang hat sich zwar der in der Schweiz höchstrichterlich entwickelte Ansatz, ein einheitlicher Auftritt von Konzernunternehmen könne einen schadensersatzrechtlich sanktionierten Vertrauenstatbestand begründen, nicht durchgesetzt.[16] Doch können nach Maßgabe des § 311 Abs. 3 BGB Schadensersatzansprüche gegen das herrschende Unternehmen begründet sein, insbesondere wenn es besonderes persönliches Vertrauen eines Dritten in Anspruch nimmt.[17] Schließlich ist das organisationsrechtliche Verständnis der §§ 291 ff. eine unverzichtbare Grundlage, um über eine **unternehmensvertragliche Qualifikation** potentiell **abhängigkeitsbegründender Verträge** zu urteilen. Im Blickpunkt der Debatte stehen Gleichordnungskonzernverträge und andere Vertragsarten, die trotz ihres schuldrechtlichen Charakters bestimmte strukturverändernde Wirkungen entfalten können (Betriebsführungs-, Kredit- und Franchiseverträge), sowie schließlich Investorenvereinbarungen und Business Combination Agreements,[18] die sogar beherrschungsvertraglichen Charakter annehmen können (→ § 291 Rn. 69 ff.). Solche Abreden und Verträge müssen, wenn sie in die Organisations- und Finanzverfassung einer Aktiengesellschaft eingreifen, nach den Regeln der Unternehmensverträge geschlossen werden (→ § 291 Rn. 70b und → § 292 Rn. 50 ff.), andernfalls sind sie unwirksam.

10 **3. Reformen und Reformbedarf.** Die dreistufige Konzernverfassung hat sich in der Unternehmenspraxis im Grundsatz bewährt, wenngleich die Vorstellung des Gesetzgebers, dass der Vertragskonzern die Regel sein sollte, nicht Realität geworden ist. Die seit 1965 vorgenommenen Änderungen zielten darauf ab, das Unternehmensvertragsrecht an die Entwicklungen in anderen Bereichen des Gesellschaftsrechts anzupassen. So sind die Aktionäre nunmehr umfassend durch einen Bericht über den Unternehmensvertrag zu informieren (§ 293a). Ein externer Sachverständiger hat den Vertrag zu prüfen (§ 293b).[19] Ferner ist es möglich, trotz Anfechtungsklage gegen den Beschluss der Hauptversammlung über den Abschluss eines Unternehmensvertrags bzw. über die Eingliederung der Gesellschaft eine vorzeitige Eintragung im Handelsregister durchzusetzen (§ 246a bzw. § 319 Abs. 6).[20]

11 Mit der **Reform** des **Spruchverfahrens**[21] reagierte der Gesetzgeber darauf, dass die zur Bestimmung eines angemessenen Ausgleichs (§ 304) und einer angemessenen Abfindung (§ 305) angestrengten Verfahren häufig mehrere Jahre bis zu einer rechtskräftigen Entscheidung gedauert hatten.

12 Eine große Bedeutung kommt dem am 1.1.2002 in Kraft getretenen **Wertpapiererwerbs- und Übernahmegesetz** zu.[22] So verlangt § 35 Abs. 2 WpÜG im Falle eines bei 30 % der Stimmrechte begründeten Kontrollerwerbs (§ 29 Abs. 2 WpÜG) die Abgabe eines Angebots auf Übernahme

---

[14] Vgl. etwa Schweizer Bundesgericht v. 5.11.1994, AG 1996, 44 – Swissair.
[15] Grundlegend *Rehbinder,* Konzernaußenrecht und allgemeines Privatrecht, 1969; *Wiedemann* FS Bärmann, 1975, 1037. Vgl. aus dem jüngeren Schrifttum *Fleischer* ZHR 163 (1999), 461 (474 ff.); *Druey* FS Lutter, 2000, 1069 ff.
[16] Sympathisierend Emmerich/Habersack/*Emmerich* § 302 Rn. 15; skeptisch bzw. abl *Lutter* ZGR 1982, 244 (256 ff.); *Lutter* GS Knobbe-Keuk, 1997, 229 (232 ff.); *Lutter* FS Druey, 2002, 462; *K. Schmidt* GesR § 17 II 2; *U. Stein* FS Peltzer, 2001, 557; K. Schmidt/Lutter/*Langenbucher* § 291 Rn. 47; in der Tendenz zurückhaltend ebenfalls *Rieckers,* Konzernvertrauen und Konzernrecht, 2004.
[17] Emmerich/Habersack/*Emmerich* § 302 Rn. 15; K. Schmidt/Lutter/*Langenbucher* § 291 Rn. 46.
[18] Vgl. OLG München AG 2012, 802; LG München I NZG 2012, 1152.
[19] Die §§ 293a–293g sind durch das Gesetz zur Bereinigung des Umwandlungsrechts v. 28.10.1994 (Art. 6 Nr. 5 und 6; UmwBerG, BGBl. 1994 I 3210) eingeführt worden.
[20] Das umwandlungsrechtliche Freigabeverfahren (§ 16 Abs. 3) wurde bereits durch das *UmwBerG* (Fn. 19) auch für die Eingliederung eingeführt. Es gilt seit Inkrafttreten des Gesetzes zur Unternehmensintegrität und Modernisierung des Anfechtungsrechts v. 22.9.2005 (UMAG; BGBl. 2005 I 2802) in einer leicht abgewandelten Form (§ 246a) für Unternehmensverträge iSd §§ 291, 292.
[21] Gesetz über das gesellschaftsrechtliche Spruchverfahren v. 12.6.2003 (SpruchG, BGBl. 2003 I 838).
[22] Art. 1 des Gesetzes zur Regelung von öffentlichen Angeboten zum Erwerb von Wertpapieren und Unternehmensübernahmen v. 20.12.2001, BGBl. 2001 I 3822.

sämtlicher börsennotierter Aktien (**Pflichtangebot**).[23] Damit wurden die sich um eine **Konzerneingangskontrolle** rankenden Problemfelder zumindest für die börsennotierte Gesellschaft entschärft.[24]

Ein gewisser **Reformbedarf** ist für die Vorschriften festzustellen, die sich mit der **faktisch abhängigen Aktiengesellschaft** beschäftigen. So hat sich gezeigt, dass der **Abhängigkeitsbericht** die ihm zugedachten Funktionen nicht effektiv zu erfüllen vermag (→ § 312 Rn. 3). Problematisch ist ferner die tatbestandliche Ausformung des **Verbots**, der Gesellschaft **Nachteile zuzufügen** (§ 311). Die hM schließt aus der gesetzlichen Regelung, dass ex-ante zu beurteilen ist, ob die vom herrschenden Unternehmen veranlassten Maßnahmen und Rechtsgeschäfte nachteilig sind. Da dies in einzelnen Fällen nicht zuverlässig möglich ist, droht das auf einen Einzelausgleich zugeschnittene Schutzsystem zu versagen (→ § 311 Rn. 29). Rechtsprechung und Schrifttum haben zwar diverse Lösungen entwickelt, um den Schutzdefiziten zu begegnen. Doch vermochte sich bislang kein Modell durchsetzen. Ob die für die GmbH höchstrichterlich entwickelten, inzwischen freilich aufgegebenen Grundsätze zum „qualifizierten faktischen Konzern"[25] im Aktienkonzernrecht benötigt werden,[26] lässt sich zurzeit noch nicht abschließend sagen.[27]

Für den Vertragskonzern sind bislang keine Reformpläne bekannt geworden.[28] Die gesetzgeberischen Aktivitäten betreffen derzeit andere Bereiche des Aktienrechts und das Kapitalmarktrecht. Allerdings könnten die vom europäischen Gesetzgeber verabschiedeten Reformen zur Aktionärsrechte-Richtlinie (→ Rn. 55) gewisse Änderungen nötig machen. Es lässt sich allerdings im Mai 2018 noch nicht zuverlässig beurteilen, ob der deutsche Gesetzgeber das Aktien- und Konzernrecht grundlegend reformieren oder sich darauf beschränken wird, die Vorgaben umzusetzen. Anders verhält es sich im Wirtschaftsaufsichtsrecht. Dort haben zunächst der europäische und sodann der nationale Gesetzgeber für den Banken- und Versicherungskonzern vielfältige organisationsrechtliche Regeln, insbesondere zu einem konzernweiten Risikomanagement und zur Compliance, geschaffen.[29] Die Auswirkungen des Aufsichtsrechts auf das Konzerngesellschaftsrecht gehören zu den derzeit am lebhaftesten diskutierten Themen der Konzernrechtsforschung.[30]

II. Steuerrechtliche Organschaft

1. Überblick. Das Konzerngesellschaftsrecht geht von der rechtlichen Selbständigkeit der einzelnen Konzernglieder aus. Bestrebungen, den Konzern als eine juristische Person zu verstehen, vermochten sich nicht durchsetzen. Anders verhält es sich im Steuerrecht, das bei Bestehen eines Organschaftsverhältnisses eine konzernweite Verrechnung von Gewinnen und Verlusten erlaubt. Die Organschaftslehre hat in Deutschland eine lange Tradition und ist geprägt durch den Ideenreichtum der Praxis, durch den Abschluss von **Organschaftsverträgen** eine „einheitliche" Besteuerung „des Konzerns" zu erreichen. Voraussetzung hierfür war ursprünglich, dass eine Gesellschaft in den Konzernverbund des herrschenden Unternehmens wirtschaftlich, organisatorisch und finanziell eingegliedert war. Diese Voraussetzungen wurden in der Regel als erfüllt angesehen, wenn der Organträger mit der Organgesellschaft einen Beherrschungs- und Gewinnabführungsvertrag geschlossen hatte. Auf Grund der Anfang der 2000er-Jahre erfolgten Änderungen des KStG und des GewStG[31] ist

---

[23] Vgl. zu den Regelungszwecken des Pflichtangebots und den Ausnahmen gem. §§ 36, 37 WpÜG *Emmerich/Habersack* KonzernR § 9a III; *Raiser/Veil* KapGesR § 75.
[24] Vgl. zu den weiteren Änderungen auf Grund der jüngsten aktienrechtlichen Reformgesetze die Übersicht bei Emmerich/Habersack/*Habersack* Einl. Rn. 21 ff.
[25] Zur Entwicklung der Rechtsprechung die Nachweise in Fn. 9.
[26] Dem OLG Köln AG 2009, 416 (420) genügte der Vortrag des Klägers nicht zur Begründung qualifizierter, dem Einzelausgleich nicht zugänglicher Nachteile.
[27] Eine verbreitete Meinung spricht sich mit überzeugenden Gründen dafür aus, die Grundsätze auf den faktischen AG-Konzern weiterhin anzuwenden; vgl. *Cahn* ZIP 2001, 2159 (2160); Emmerich/Habersack/*Habersack* Anh. § 317 Rn. 5a; *H.F. Müller* Vor § 311 Rn. 25f.; Großkomm AktG/*Hirte* § 302 Rn. 101. AA OLG Stuttgart ZIP 2007, 1210 (1213); Hüffer/Koch/*Koch* § 302 Rn. 9.
[28] Denkbar ist eine Reform der Sicherungsinstrumente. Vgl. hierzu *Veil* in Bumke, Begegnungen im Recht, 2011, 21 (31).
[29] Vgl. *Fleischer/Schmolke* ZHR 173 (2009) 649 ff.; *Wundenberg*, Compliance und die prinzipiengeleitete Aufsicht über Bankengruppen, 2012; *Lechnowitsch*, Die Eingehung und Überwachung von Klumpenrisiken im Gesellschafts- und Konzernrecht vor dem Hintergrund des aufsichtsrechtlichen Regelungsregimes, 2018.
[30] Näher *Dreher* ZGR 2010, 496; *Weber-Rey* ZGR 2010, 542; *Veil* in Bumke, Begegnungen im Recht, 2011, 21 (33 ff.); *Einsele* ZHR 180 (2016), 233.
[31] Steuersenkungsgesetz v. 14.7.2000 (StSenkG, BGBl. 2000 I 1433); Unternehmenssteuerfortführungsgesetz v. 20.12.2001 (UntStFG BGBl. 2001 I 3858); Steuervergünstigungsabbaugesetz v. 16.5.2003 (StVergAbG, BGBl. 2003 I 550); Gesetz zur Änderung und Vereinfachung der Unternehmensbesteuerung und des steuerlichen Reisekostenrechts v. 20.2.2013 (GAVUR, BGBl. 2013 I 285).

allerdings außer der finanziellen Eingliederung nur noch der Abschluss eines Gewinnabführungsvertrags erforderlich; eines Beherrschungsvertrags bedarf es nicht mehr. Eine umsatzsteuerliche Organschaft kann sogar ohne Abschluss eines Unternehmensvertrags begründet werden.

16 **2. Voraussetzungen und Rechtsfolgen einer Organschaft. a) Körperschaftsteuerliche Organschaft.** Eine körperschaftsteuerliche Organschaft bewirkt, dass das Einkommen der Organgesellschaft vorbehaltlich der in § 16 KStG getroffenen Regelung dem Träger des Unternehmens (Organträger) zugerechnet wird (§ 14 Abs. 1 S. 1 KStG). Hieraus folgt, dass die Besteuerung im Organkreis auf der Ebene des Organträgers stattfindet, womit eine Senkung der effektiv zu tragenden Steuerlast verbunden sein kann.[32] Die Begründung einer Organschaft ist erstmals für das Kalenderjahr möglich, in dem das Wirtschaftsjahr der Organgesellschaft endet, in welchem der Gewinnabführungsvertrag wirksam wird (§ 14 Abs. 1 S. 2 KStG). Die Organschaft wird somit frühestens ab dem Kalenderjahr anerkannt, in dem der Gewinnabführungsvertrag in das Handelsregister eingetragen wird. Die in der früheren Praxis verbreitete, auf frühere Geschäftsjahre sich erstreckende Rückwirkung eines Gewinnabführungsvertrags ist jedenfalls aus steuerlichen Gründen nicht mehr sinnvoll.[33]

17 Das KStG setzt für eine Organschaft ausdrücklich den Abschluss eines **Gewinnabführungsvertrags** voraus. Die übrigen in den §§ 291 f. genannten Unternehmensverträge genügen nach hM nicht,[34] mit Ausnahme des Geschäftsführungsvertrags, der dem Gewinnabführungsvertrag gleichgestellt ist.[35] Der Vertrag muss sich auf den gesamten Gewinn der Organgesellschaft erstrecken,[36] mindestens eine Dauer von fünf Jahren haben[37] und während der gesamten Geltungsdauer durchgeführt werden. Ferner muss der Organträger an der Organgesellschaft vom Beginn ihres Wirtschaftsjahres an ununterbrochen in einem solchen Maß beteiligt sein, dass ihm die Mehrheit der Stimmrechte aus den Anteilen an der Organgesellschaft zusteht **(finanzielle Eingliederung)**. Dabei können nach Abschaffung des Additionsverbots auch mittelbare Beteiligungen zu berücksichtigen sein (§ 14 Abs. 1 S. 1 Nr. 1 S. 2 KStG). Weitere Voraussetzungen sind nicht zu erfüllen. Insbesondere ist eine wirtschaftliche und organisatorische Eingliederung der Organgesellschaft nicht mehr notwendig.

18 Wer tauglicher **Organträger** ist, bestimmt sich nach § 14 Abs. 1 S. 1 Nr. 2 KStG.[38] Von erheblicher praktischer Bedeutung ist, dass der Gesetzgeber mit dem StVergAbG die in § 14 Abs. 2 S. 1 KStG aF vorgesehene Regelung ersatzlos aufgehoben hat. Der früher weit verbreiteten Praxis, bei Bestehen einer Mehrmütterherrschaft durch Gründung einer Gesellschaft bürgerlichen Rechts eine Mehrmütterorganschaft herzustellen, ist daher seit dem Veranlagungszeitraum 2003 der Boden entzogen.[39] Ausweichstrategien sind wenig vielversprechend.[40] Eine Personengesellschaft kommt als Organträger nur in Betracht, wenn sie eine Tätigkeit iSv § 15 Abs. 1 Nr. 2 EStG ausübt und die Voraussetzung einer finanziellen Eingliederung im Verhältnis zur Personengesellschaft erfüllt ist. Sie muss folglich selbst gewerblich tätig sein und über die mehrheitsvermittelnden Anteile an der Organgesellschaft verfügen.

19 **Organgesellschaft** (d.h. die Untergesellschaft) kann eine Europäische Gesellschaft (SE), AG und eine KGaA sein (§ 14 Abs. 1 S. 1 KStG). In Betracht kommen gem. § 17 KStG auch andere Kapitalgesellschaften, sofern sie die 2013 durch das GAVUR neu geregelten Anforderungen erfüllen,[41] also die Geschäftsleitung im Inland und ihren Sitz in einem Mitgliedstaat der Europäischen Union oder in einem Vertragsstaat des EWR-Abkommens haben. In Betracht kommt vor allem die GmbH (auch in der Variante der Unternehmergesellschaft),[42] ferner grundsätzlich auch eine Kapitalgesellschaft ausländischen Rechts.

20 **b) Gewerbesteuerliche Organschaft.** Der Gewerbesteuer unterliegt jeder im Inland betriebene Gewerbebetrieb. Ist eine Kapitalgesellschaft eine Organgesellschaft iSd §§ 14 oder 17 KStG, so gilt sie als Betriebsstätte des Organträgers (§ 2 Abs. 2 S. 2 GewStG). Die Organgesellschaft verliert folglich

---

[32] Vgl. Erle/Sauter/*Erle* KStG § 14 Rn. 117 ff.; *Jesse* in Lutter/Bayer Holding-HdB § 14 Rn. 535.
[33] Vgl. Erle/Sauter/*Erle* KStG § 14 Rn. 104.
[34] Vgl. Erle/Sauter/*Erle* KStG § 14 Rn. 90; *Stangl/Winter*, Organschaft 2013/2014, 2014, Rn. 107.
[35] Vgl. *Hageböke/Hasbach* Der Konzern 2016, 167.
[36] Bedeutung hat dieses aus gesellschaftsrechtlicher Sicht selbstverständliche Erfordernis für die Möglichkeiten einer Rücklagenbildung. Vgl. § 14 Abs. 1 Nr. 4 KStG.
[37] Dazu BFH AG 2011, 417: fünfjährige Mindestlaufzeit bemisst sich nach Zeitjahren und nicht nach Wirtschaftsjahren.
[38] Dazu näher *Stangl/Brühl* Der Konzern 2013, 77 (79 ff.).
[39] Vgl. Erle/Sauter/*Erle/Heurung* KStG § 14 Rn. 360 f.; *Jesse* in Lutter/Bayer Holding-HdB § 14 Rn. 546.
[40] Vgl. Erle/Sauter/*Erle/Heurung* KStG § 14 Rn. 362 f.
[41] Vgl. *Stangl/Winter*, Organschaft 2013/2014, 2014, Rn. A103 ff.
[42] Das Thesaurierungsgebot nach § 5a Abs. 3 S. 1 GmbHG steht der steuerlichen Anerkennung nicht entgegen. Vgl. *Blümich* in Krumm, EStG, KStG und GewStG, § 17 KStG Rn. 6.

ihre Steuersubjektfähigkeit, so dass allein der Organträger für die Steuerschulden aufzukommen hat.[43] Die Voraussetzungen einer gewerbesteuerlichen Organschaft bestimmen sich somit nach den für eine körperschaftsteuerliche Organschaft geltenden Anforderungen. Eine Mehrmütterorganschaft ist ebenfalls nicht möglich.

c) Umsatzsteuerliche Organschaft. Eine umsatzsteuerliche Organschaft hat zur Folge, dass die **21** Organgesellschaft ihre Unternehmensqualität verliert, so dass sich die Umsatzsteuerpflicht auf den Organträger beschränkt. Entgeltliche Lieferungen und Leistungen zwischen dem Organträger und der Organgesellschaft sind umsatzsteuerrechtlich irrelevant.[44] Voraussetzung hierfür ist, dass eine juristische Person (Personengesellschaften kommen nicht in Betracht)[45] nach dem Gesamtbild der tatsächlichen Verhältnisse **finanziell, wirtschaftlich** und **organisatorisch** in das Unternehmen des Organträgers **eingegliedert** ist (§ 2 Abs. 2 Nr. 2 UStG). Im Unterschied zur körperschaftsteuerlichen und gewerbesteuerlichen Organschaft wurden die Voraussetzungen einer umsatzsteuerlichen Organschaft folglich bislang nicht geändert.

In der Regel schließen die Parteien einen Beherrschungs- und Gewinnabführungsvertrag, um **22** sicher zu stellen, dass die genannten Merkmale erfüllt sind;[46] erforderlich ist dies aber nicht. Zwar müssen sämtliche der genannten Merkmale erfüllt sein, doch können sie unterschiedlich stark ausgeprägt sein. Die größte Bedeutung wird der **finanziellen Eingliederung** beigemessen. Diese ist erfüllt, wenn der Organträger über die Mehrheit der Anteile verfügt.[47] Eine **wirtschaftliche Eingliederung** liegt vor, sobald ein vernünftiger betriebswirtschaftlicher Zusammenhang zwischen dem Organträger und der Organgesellschaft besteht. Dazu reicht es aus, dass die Organgesellschaft das Gesamtunternehmen fördert oder ergänzt.[48] Eine **organisatorische Eingliederung** muss nicht nur rechtlich bestehen, sondern auch tatsächlich erfolgen. Sie ist bei einer personellen Verflechtung der geschäftsleitenden Organe gegeben,[49] ferner bei Bestehen eines Beherrschungsvertrags, der auch tatsächlich durchgeführt wird.[50]

d) Entwicklungen. Der EuGH hatte zum britischen „Group Relief" (betreffend die Konstella- **23** tion zwischen einer Verlusttochter- und einer Gewinnmuttergesellschaft)[51] entschieden, dass die Art. 43 EG und 48 EG beim derzeitigen Stand des Gemeinschaftsrechts einer Regelung eines Mitgliedstaats nicht entgegen stehen würden, die es einer gebietsansässigen Muttergesellschaft allgemein verwehrt, von ihrem steuerpflichtigen Gewinn Verluste abzuziehen, die einer in einem anderen Mitgliedstaat ansässigen Tochtergesellschaft dort entstanden sind, während sie einen solchen Abzug für Verluste einer gebietsansässigen Tochtergesellschaft zulässt. Es **verstoße** jedoch „gegen die **Art. 43 EG** und **48 EG,** der **gebietsansässigen Muttergesellschaft** eine solche **Möglichkeit** des **Verlustabzugs** dann zu **verwehren,** wenn die **gebietsfremde Tochtergesellschaft** die im Staat ihres Sitzes für den in dem Abzugsantrag erfassten Steuerzeitraum sowie frühere Steuerzeiträume vorgesehenen Möglichkeiten zur Berücksichtigung von Verlusten ausgeschöpft hat [...] und wenn keine Möglichkeit besteht, dass die Verluste der ausländischen Tochtergesellschaft im Staat ihres Sitzes für künftige Zeiträume von ihr selbst oder von einem Dritten, insbesondere im Fall der Übertragung der Tochtergesellschaft auf ihn, berücksichtigt werden."

Diese Aussagen des Gerichts warfen die Frage auf, ob das **deutsche** System der **Gruppenbesteue- 24 rung** mit den unionsrechtlichen **Grundfreiheiten** in Einklang steht. Als problematisch wurde vor allem angesehen, dass eine grenzüberschreitende Organschaft seinerzeit nicht wirksam begründet werden konnte, weil das nationale Steuerrecht einen zivilrechtlich wirksamen Gewinnabführungsvertrag voraussetzte. Diese Rechtslage wurde als eine mittelbare Diskriminierung angesehen.[52] Aus dem Urteil des EuGH wurde außerdem der Schluss gezogen, dass die im KStG getroffenen Anforderungen an die Organschaft in Gestalt eines Gewinnabführungsvertrags und eines Inlandsbezugs mit der gemeinschaftsrechtlichen Niederlassungsfreiheit nicht vereinbar seien. Der deutsche Gesetzgeber war daher aufgerufen, ein gemeinschaftskonformes Gruppenbesteuerungssystem zu schaffen. Dies hat er 2013 mit dem GÄVUR umgesetzt. Am rechtspolitisch hoch umstrittenen Erfordernis eines Gewinn-

---

[43] *Jesse* in Lutter/Bayer Holding-HdB § 14 Rn. 588.
[44] Vgl. Weymüller/*Müller* UStG § 2 Rn. 332; *Jesse* in Lutter/Bayer Holding-HdB § 14 Rn. 60.
[45] Sehr str., vgl. Bunjes/*Korn* UStG § 2 Rn. 112.
[46] Vgl. zum Steuererstattungsanspruch des Organträgers gegenüber der Organgesellschaft bei Bestehen eines Gewinnabführungsvertrags BGH GmbHR 2004, 258.
[47] Bunjes/*Korn* UStG § 2 Rn. 117; Weymüller/*Müller* UStG § 2 Rn. 271.1.
[48] Bunjes/*Korn* UStG § 2 Rn. 123; Weymüller/*Müller* UStG § 2 Rn. 292.2.
[49] Bunjes/*Korn* UStG § 2 Rn. 132; Weymüller/*Müller* UStG § 2 Rn. 292 ff.
[50] Bunjes/*Korn* UStG § 2 Rn. 133.
[51] EuGH WM 2006, 95.
[52] Vgl. *Hey* GmbHR 2006, 113 (118); *Herzig/Wagner* DStR 2006, 1 (9).

abführungsvertrags hat er freilich festgehalten (→ Rn. 17) und sich damit begnügt, das körperschaftsteuerliche Zurechnungskonzept an unionsrechtlichen Vorgaben auszurichten. Damit wollte er auch einem von der Europäischen Kommission angestrengten Vertragsverletzungsverfahren begegnen. Das GAVUR hat lediglich die Anforderungen an eine Organgesellschaft und den Organträger neu geregelt. Die Diskussion über eine größer angelegte Reform der Gruppenbesteuerung[53] dürfte durch die letzte Reform nicht verstummen.

III. Unternehmensverträge

25 **1. Rechtsnatur. a) Organisationsvertraglicher Charakter.** Die Unternehmensverträge des § 291 werden von der hM als Organisationsverträge begriffen.[54] Dagegen sollen die Unternehmensverträge des § 292 nur schuldrechtliche Austauschverträge sein.[55] Die Klassifikation geht auf Arbeiten von *Flume* und *Ballerstedt* über den in der Praxis schon vor dem Erlass des Aktiengesetzes von 1965 weit verbreiteten Organschaftsvertrag (→ Rn. 15–24) zurück[56] und wurde von *Würdinger* fruchtbar gemacht,[57] um die verfassungsändernden Wirkungen des Beherrschungs- und Gewinnabführungsvertrags (→ § 291 Rn. 8–31 und 32–46) zu erfassen. Zentrales Element der organisationsvertraglichen Würdigung bildet die Erkenntnis, dass sich durch einen Beherrschungsvertrag nicht die „juristische Person von außen her" verpflichtet, sondern die Organe innerhalb der Gesellschaft, die ebenso wie bei Satzungsbestimmungen an die getroffenen Regelungen gebunden sind.[58] Der **Vertrag** begründet keine subjektiven Rechte und Pflichten, sondern **bestimmt** die **organisatorischen Grundlagen** der Gesellschaft.

26 Die von *Würdinger* getroffenen Schlussfolgerungen beruhen auf der zutreffenden Prämisse, dass ein Beherrschungs- und Gewinnabführungsvertrag in gleicher Weise wie eine Satzungsregelung die Verbandsorganisation ausgestaltet. Die **Unternehmensverträge** des **§ 291** werden daher zu Recht als **Organisationsverträge** qualifiziert. Die Vorstellung, dass der Vertrag die durch Gesetz und Satzung bestimmte Verfassung der Gesellschaft unmittelbar abändert, verstößt nicht gegen gesellschaftsrechtliche Prinzipien.[59] Denn der Vertrag wird erst mit Zustimmung der Hauptversammlung wirksam. Darüber hinaus können entgegen der hM auch die Unternehmensverträge des § 292 als Organisationsverträge zu qualifizieren sein. Die Gewinngemeinschaft, der Teilgewinnabführungsvertrag, der Betriebspacht- und der Betriebsüberlassungsvertrag sind konzipiert, als ob es sich um satzungsändernde Verträge handele. Es besteht eine zwingende Hauptversammlungskompetenz mit Außenwirkung (§ 293 Abs. 1). Ferner ist das Bestehen des Vertrags in das Handelsregister einzutragen (§ 294 Abs. 1). **Soweit** die **Unternehmensverträge** des **§ 292 organisationsrechtliche Elemente** aufweisen, sind sie ebenfalls als **Organisationsverträge** zu begreifen.[60]

27 **b) Folgerungen.** Die Rechtsprechung hat die organisationsvertragliche Klassifikation vor allem zur Beurteilung der Rechtsfolgen eines fehlerhaften Beherrschungs- und Gewinnabführungsvertrags (→ § 291 Rn. 61–68) aufgegriffen.[61] In der wissenschaftlichen Diskussion wird sie herangezogen, um der unternehmensvertraglichen Verfassung Konturen zu verleihen, die zutreffenden Auslegungs-

---

[53] Vgl. hierzu Herzig/Wagner DStR 2006, 1 (10); Hey GmbHR 2006, 113 (119 f.); Raupach FS Priester, 2007, 633 (639 ff.); Schön ZHR 171 (2007) 409 ff.; Frey/Sälzer BB 2012, 294.

[54] Vgl. Bälz AG 1992, 277 (286); W. Bayer, Der grenzüberschreitende Beherrschungsvertrag, 1988, 16 f.; Emmerich/Habersack/*Emmerich* § 291 Rn. 26; Kölner Komm AktG/*Koppensteiner* Rn. 156; Prael, Eingliederung und Beherrschungsvertrag als körperschaftliche Rechtsgeschäfte, 1978, 68 ff.; Raiser/Veil KapGesR § 62 Rn. 5; Sonnenschein, Organschaft und Konzerngesellschaftsrecht, 1976, 321; aA GroßkommAktG/*Mülbert* § 291 Rn. 21 ff. (strukturänderungsgestaltender einseitiger Schuldvertrag).

[55] Vgl. RegBegr. Kropff S. 379; Emmerich/Habersack/*Emmerich* § 292 Rn. 4; Hüffer/Koch/*Koch* § 292 Rn. 2; Kölner Komm AktG/*Koppensteiner* Rn. 153; K. Schmidt ZGR 1984, 295 (304 f.); K. Schmidt/Lutter/*Langenbucher* § 292 Rn. 1. AA Oesterreich, Die Betriebsüberlassung zwischen Vertragskonzern und faktischem Konzern, 1979, 62 ff.; Prael, Eingliederung und Beherrschungsvertrag als körperschaftliche Rechtsgeschäfte, 1978, 68; Ulmer ZGR 1978, 457 (468); wohl auch MüKoAktG/*Altmeppen* § 292 Rn. 7.

[56] Vgl. Flume DB 1955, 485 (489); Flume DB 1956, 455; Flume DB 1956, 672; Ballerstedt DB 1956, 813 (815); Ballerstedt DB 1956, 837 (839).

[57] Würdinger, Aktienrecht und das Recht der verbundenen Unternehmen, 4. Aufl. 1981, 324; Würdinger DB 1958, 1447 (1451 f.).

[58] Würdinger DB 1958, 1447 (1451 f.).

[59] AA GroßkommAktG/*Mülbert* § 291 Rn. 22.

[60] Vgl. Veil Unternehmensverträge 200 ff.

[61] Die Judikate betreffen meist Verträge, die mit einer GmbH geschlossen wurden; vgl. BGHZ 103, 1 (4 f.) - Familienheim; BGHZ 105, 324 (331) – Supermarkt; BGHZ 116, 37 (43) – Stromlieferung; BGH AG 1992, 192 (193 f.); OLG Hamm WM 1988, 1164 (1168 f.); OLG Frankfurt AG 1988, 267 (270); OLG Karlsruhe AG 1994, 283; OLG Hamburg AG 2001, 91 (92); OLG Stuttgart AG 1998, 585 (586); OLG Oldenburg NZG 2000, 1138 (1139).

maßstäbe und das Ausmaß einer inhaltlichen Gestaltungsfreiheit festzulegen. Ob die herausgearbeiteten Lösungen überzeugend sind, kann nur für jeden Problemkomplex gesondert festgestellt werden.

aa) Normative Wirkungen. Eine verbreitete Ansicht schließt aus dem organisationsrechtlichen 28 Charakter eines Beherrschungsvertrags, dass die allgemeinen Vorschriften des BGB keine Anwendung finden. An die Stelle des bürgerlich-rechtlichen Interessenausgleichs sollen spezifische körperschaftliche Sanktionen treten. So habe das herrschende Unternehmen keinen Anspruch auf Erfüllung der Weisungen und könne keinen Schadensersatz verlangen, wenn die Gesellschaft ihren Verpflichtungen nicht nachkommt; es müsse auf die allgemeinen gesellschaftsrechtlichen Rechtsbehelfe zurückgegriffen werden.[62] Schließlich wird der Gesellschaft das Recht abgesprochen, bei fehlendem Verlustausgleich gem. § 320 BGB die Weisungen nicht zu befolgen.[63]

Die Thesen sind im Schrifttum auf Ablehnung gestoßen.[64] Dabei wird zu Recht beanstandet, 29 dass es nicht überzeugend ist, allein aus der Rechtsnatur eines Vertrags Schlussfolgerungen für die Rechtsanwendung zu ziehen. Eine Klärung der Probleme verlangt vielmehr, die gesellschaftsrechtlichen Vertragselemente offen zu legen und ihre Wirkungsweise zu analysieren. Dabei zeigt sich, dass ein organisationsrechtlicher Unternehmensvertrag im Unterschied zu einem Schuldvertrag einerseits die Rechts- und Pflichtenstellung der Organe der Gesellschaft sowie die Rechtsstellung der Aktionäre ändert. Der innere Willensbildungsprozess wird von den unternehmensvertraglichen Verpflichtungen determiniert. Diese binden den Vorstand und Aufsichtsrat gegenüber ihrer Gesellschaft. Ein **Unternehmensvertrag** kann daher **normative Wirkungen** entfalten.[65] Andererseits können sich aus den unternehmensvertraglich geänderten Verfassungsbestimmungen der Gesellschaft Konsequenzen für die Rechtsstellung des anderen Vertragsteils ergeben. Dieser kann insbesondere auf Grund einer unternehmensvertraglichen Treuepflicht gehalten sein, auch die Interessen der Gesellschaft zu berücksichtigen.[66]

Bei Bestehen eines **Beherrschungsvertrags** ist der Vorstand gegenüber seiner Gesellschaft ver- 30 pflichtet, den Weisungen des herrschenden Unternehmens nachzukommen (§ 82 Abs. 2). Insoweit unterliegt er einer organschaftlichen Verantwortlichkeit. Die Befolgung der Weisungen ist durch die gegenüber der Gesellschaft bestehende Schadensersatzpflicht (§ 93 Abs. 2) sanktioniert. Ferner kann die Bestellung zum Mitglied des Vorstands vom Aufsichtsrat widerrufen werden, wenn das Vorstandsmitglied weisungswidrig handelt (§ 84 Abs. 3 S. 1).[67] Eines Rückgriffs auf die allgemeinen Vorschriften des BGB bedarf es demnach nicht. Dies gilt auch für die im Schrifttum diskutierte Möglichkeit des Vorstands, die Befolgung von Weisungen abzulehnen, solange das herrschende Unternehmen die Verluste nicht ausgleicht. Dieses hat auf Grund seiner unternehmensvertraglichen Treuepflicht auf die Interessen der abhängigen Gesellschaft Rücksicht zu nehmen. Der Vorstand kann sich darauf berufen, dass es treuwidrig ist, Konzernleitungsmacht auszuüben, ohne den vom Gesetz hierfür vorgesehenen Preis zahlen zu wollen.[68]

In einer zur **Abführung** ihres **Gewinns** verpflichteten Gesellschaft haben Vorstand und Aufsichts- 31 rat zu beachten, dass die Gesellschaft ihren Jahresüberschuss an den anderen Vertragsteil auszukehren hat. Es ist ihnen verwehrt, einen Teil des Jahresüberschusses zu thesaurieren. Sieht der Vertrag vor, dass bestimmte Beträge auf Verlangen des anderen Vertragsteils in andere Gewinnrücklagen eingestellt werden müssen, sind der Vorstand und Aufsichtsrat gegenüber ihrer Gesellschaft verpflichtet, entsprechend zu verfahren.[69]

Ein **Betriebspacht-** bzw. **Betriebsüberlassungsvertrag** weist ebenfalls gesellschaftsrechtliche 32 Elemente auf, die eine normative Wirkung entfalten (→ § 292 Rn. 36). Dies ist in zweierlei Hinsicht von Bedeutung. So ist zum einen der Vorstand im Verhältnis zu seiner Gesellschaft verpflichtet, die mit den Vertragsarten verbundenen Beschränkungen seiner Geschäftsführungsbefugnisse zu beachten (§ 82 Abs. 2). Soweit er seine Leitungskompetenzen verliert, ist er verpflichtet, den Pächter bzw.

---

[62] *W. Bayer,* Der grenzüberschreitende Beherrschungsvertrag, 1988, 17 f.; GHEK/*Geßler* § 291 Rn. 24; *Praël,* Eingliederung und Beherrschungsvertrag als körperschaftliche Rechtsgeschäfte, 1978, 68 (94); *Sapper,* Die rechtssystematische Stellung der Unternehmensverträge, 1963, 127 ff.

[63] *Praël,* Eingliederung und Beherrschungsvertrag als körperschaftliche Rechtsgeschäfte, 1978, 74 (94); *Sapper,* Die rechtssystematische Stellung der Unternehmensverträge, 1963, 132; GroßkommAktG/*Mülbert* § 291 Rn. 34; wohl auch *Kort,* Der Abschluss von Beherrschungs- und Gewinnabführungsverträgen im GmbH-Recht, 1986, 56.

[64] Vgl. MüKoAktG/*Altmeppen* § 291 Rn. 30; *Exner,* Beherrschungsvertrag und Vertragsfreiheit, 1984, 69; Kölner Komm AktG/*Koppensteiner* Rn. 156 f.

[65] Vgl. *Veil* Unternehmensverträge 192 ff., 200 ff.

[66] Vgl. *Veil* Unternehmensverträge 204 ff.

[67] Vgl. *Veil* Unternehmensverträge 202.

[68] Vgl. *Veil* Unternehmensverträge 205. IE ebenso MüKoAktG/*Altmeppen* § 291 Rn. 38; Hüffer/Koch/*Koch* § 291 Rn. 18; Kölner Komm AktG/*Koppensteiner* Rn. 157.

[69] Vgl. *Veil* Unternehmensverträge 202.

Übernehmer des Unternehmens zu überwachen. Dabei hat er dafür zu sorgen, dass die Interessen der Gesellschaft, die auf eine Fortführung des Unternehmens beschränkt sind, gewahrt werden. Der Aufsichtsrat kontrolliert, ob der Vorstand diesen Aufgaben gerecht wird und die der Gesellschaft verbliebenen Befugnisse, insbesondere bezüglich der Verwendung des Jahresüberschusses, ordnungsgemäß wahrnimmt und ob dieser die vom Pächter bzw. Übernehmer des Unternehmens geplanten Maßnahmen der Erhaltung und Investitionen kontrolliert.[70] Zum anderen muss der Vertragspartner berücksichtigen, dass er Entscheidungen trifft, die sich auf den Betrieb des Unternehmens langfristig auswirken und damit die vermögensrechtlichen Interessen der Gesellschaft berühren können. Er unterliegt insoweit einer organschaftlichen Verantwortlichkeit analog § 93 Abs. 2.[71]

33 Eine **Gewinngemeinschaft** und ein **Teilgewinnabführungsvertrag** greifen nicht in die Verfassung der Aktiengesellschaft ein. Beide Vertragsarten sind daher keine Organisationsverträge. Sie haben keine unmittelbaren Auswirkungen auf die Organpflichten der Verwaltungsmitglieder. Allerdings ist es den Parteien grundsätzlich erlaubt, eine Gewinngemeinschaft und einen Teilgewinnabführungsvertrag atypisch auszugestalten. Sie können beiden Vertragsarten einen organisationsrechtlichen Inhalt geben, sofern und soweit die Belange der Gesellschaft, der außenstehenden Aktionäre und der Gläubiger angemessen gewahrt sind.[72] Diese verfassungsändernden vertraglichen Bestimmungen wirken sich auf die Rechtsstellung der Gesellschaftsorgane und außenstehenden Aktionäre aus, wenn sie wirksam vereinbart worden sind.[73]

34 **bb) Auslegung.** Die Satzung einer AG bildet das normative Gerüst für die von den Gesellschaftern geschaffene Organisation. Die korporativen Bestimmungen werden als objektives Recht verstanden. Echte (materielle) Satzungsbestandteile betreffen die Organisation der Gesellschaft und entfalten eine überindividuelle Geltung. Sie sind wie Rechtsnormen **objektiv auszulegen.** Ferner kann ihre Auslegung in der Revisionsinstanz uneingeschränkt überprüft werden (§ 546 ZPO).

35 Die Grundsätze gelten auch für **Unternehmensverträge, soweit** diese einen **organisationsrechtlichen Charakter** aufweisen und normative Wirkungen entfalten.[74] Objektiv auszulegen sind demnach auch die in einem Unternehmensvertrag getroffenen Regelungen zum Vertragsbeginn.[75] Es besteht ein Bedürfnis für eine einheitliche Auslegung der Vertragsbestimmungen, die sich nach dem Wortlaut und Sinn der anderen im Unternehmensvertrag getroffenen Regelungen richtet. Dabei kann lediglich auf solche Unterlagen zugegriffen werden, die allgemein zugänglich sind, insbesondere sich aus den Akten des Handelsregisters erschließen. Vorstellungen der Parteien, die Dritten nicht zugänglich sind, dürfen nicht berücksichtigt werden. Die übrigen Vertragsbestandteile, denen bloß schuldvertraglicher Charakter zukommt, sind dagegen gem. §§ 133, 157 BGB auszulegen.[76]

36 **cc) Vertragsfreiheit.** Die Satzung einer AG kann von den Vorschriften des AktG nur abweichen, wenn dies ausdrücklich zugelassen ist (§ 23 Abs. 5 S. 1). Das Ausmaß der Gestaltungsfreiheit soll sich nach einer im älteren Schrifttum verbreiteten Ansicht für Unternehmensverträge ebenfalls nach der aktienrechtlichen Gesetzesstrenge bestimmen, weil diese als Organisationsverträge und damit als satzungsändernde Verträge zu qualifizieren seien. Es sei ausgeschlossen, einem Beherrschungsvertrag ein atypisches Gepräge zu geben. Das Weisungsrecht dürfe nur soweit modifiziert werden, wie dies § 308 Abs. 1 S. 2 ausdrücklich gestattet.[77]

37 Die Ansicht konnte sich nicht durchsetzen.[78] Es ist unbefriedigend, die Grenzen der unternehmensvertraglichen Organisationsfreiheit allein aus der besonderen Rechtsnatur der Vertragsarten abzuleiten. Ausschlaggebend müssen die Regelungszwecke des Unternehmensvertragsrechts sein. Die §§ 291, 292 erlauben ausdrücklich, von zwingenden Vorschriften des Gesetzes abzuweichen. In welchem Umfang dies zulässig ist, muss sich danach bestimmen, ob die zu Gunsten der außenstehen-

---

[70] Vgl. *Veil* Unternehmensverträge 203.
[71] Vgl. *Veil* Unternehmensverträge 206 f.
[72] Zur Reichweite der Organisationsautonomie → § 292 Rn. 10.
[73] Vgl. *Veil* Unternehmensverträge 201.
[74] MüKoAktG/*Altmeppen* § 291 Rn. 36; GHEK/*Geßler* § 291 Rn. 24; GroßkommAktG/*Mülbert* § 291 Rn. 40; FG Bremen EFG 2005, 1554 f.; zurückhaltend Kölner Komm AktG/*Koppensteiner* Rn. 158. AA wohl OLG Düsseldorf ZIP 1984, 586.
[75] OLG München ZIP 2009, 2295 (2297); krit. *Grunewald* ZGR 2009, 647 (650 ff.): Unterscheidung zwischen körperschaftlichen und nicht körperschaftlichen Bestimmungen lasse sich kaum durchführen; vgl. ferner *Jänig* BB 2009, 631 ff.
[76] MüKoAktG/*Altmeppen* § 291 Rn. 37.
[77] GHEK/*Geßler* § 291 Rn. 24; Großkomm AktG/*Würdinger*, 3. Aufl. 1971, § 291 Anm. 13.
[78] Vgl. BGHZ 122, 211 (217 f.); MüKoAktG/*Altmeppen* § 291 Rn. 33; *Exner*, Beherrschungsvertrag und Vertragsfreiheit, 1984, 49 ff.; Kölner Komm AktG/*Koppensteiner* Rn. 157; *Veil* Unternehmensverträge 191.

den Aktionäre und Gläubiger vorgesehenen Sicherungen in ausreichender Weise den mit einer Verfassungsänderung verbundenen Gefahren Rechnung tragen.

2. Systematik. a) Selbständigkeit der Unternehmensvertragstypen. Die Unternehmens- 38 verträge sind nach hM in den §§ 291, 292 als selbständige Vertragstypen erfasst, die einen voneinander unterscheidbaren Inhalt haben sollen. Diese Ansicht wird maßgeblich auf Publizitätserwägungen gestützt.[79] Die wichtigste Schlussfolgerung aus diesem systematischen Verständnis ist die These, die Parteien könnten in einem Vertrag keine Rechte vorsehen, die infolge eines anderen Unternehmensvertrags gewährt werden.[80]

Dem ist nicht zu folgen.[81] Zutreffend ist allein der Ausgangspunkt, dass der Gesetzgeber **selbstän-** 39 **dige Unternehmensvertragsarten** mit einer unterschiedlichen Vertragsstruktur geschaffen hat. Eine andere Auslegung verbietet sich, weil anderenfalls die Publizität der Unternehmensverbindung nicht gewahrt wäre und die Aktionäre nicht ausreichend geschützt wären. So ist zwar die zutreffende Bezeichnung des Unternehmensvertrags kein Wirksamkeitserfordernis, und es ist auch nicht erforderlich, die Vertragsart im Beschluss der Hauptversammlung (§ 293 Abs. 1 S. 1) zutreffend anzugeben (→ § 293 Rn. 35). Der Vorstand ist aber verpflichtet, über den Unternehmensvertrag zu berichten und diesen im Einzelnen rechtlich und wirtschaftlich zu erläutern und zu begründen (§ 293a Abs. 1). In der Hauptversammlung ist der Unternehmensvertrag auszulegen, auf Verlangen ist jedem Aktionär eine Abschrift des Vertrags zu erteilen (§§ 293 f.). Die Aktionäre können sich folglich über den Unternehmensvertrag informieren, tragen aber die Last, diesen zutreffend rechtlich einzuordnen. Dies ist nur gerechtfertigt, wenn die in den §§ 291 f. erfassten Vertragsarten einen bestimmten, voneinander unterscheidbaren Inhalt haben.

Aus dieser Systematik der Unternehmensverträge kann lediglich der Schluss gezogen werden, 40 dass der Beherrschungsvertrag nicht „an der Spitze" der Unternehmensverträge steht und alle anderen Vertragsarten umfasst.[82] Es ist daher ausgeschlossen, in einem Beherrschungsvertrag eine Abrede über eine vollständige oder teilweise Gewinnabführung vorzusehen oder zu vereinbaren, dass die Gesellschaft dem herrschenden Unternehmen ihr Unternehmen verpachtet. Hierzu müssen die Parteien zusätzlich einen Gewinnabführungsvertrag bzw. einen Betriebspachtvertrag schließen. Es ist allerdings nicht ausgeschlossen, bestimmte vertragstypische Nebenabreden in einem anderen Unternehmensvertrag zu begründen. In Betracht kommen vor allem Einflussrechte auf Leitungsangelegenheiten in Gestalt eines Weisungs- oder Zustimmungsrechts. Ob dies zulässig ist, muss mit Blick auf die Regelungszwecke der §§ 291, 292 beurteilt werden: Einerseits wird den Parteien eine Organisationsautonomie eingeräumt, andererseits werden die außenstehenden Aktionäre und Gläubiger geschützt (→ § 291 Rn. 22 ff., 37 ff., 55 ff. und → § 292 Rn. 10, 47 ff., 56 ff.).

b) Numerus Clausus. Die Unternehmensverträge sollen nach hM in den §§ 291, 292 abschlie- 41 ßend erfasst sein.[83] Eine detaillierte Aufzählung der Vertragstypen sei andernfalls überflüssig gewesen. Dagegen wird angeführt, dass der Gesetzgeber schwerlich einen vollständigen Überblick über alle in Betracht kommenden Vertragsgestaltungen haben konnte, der einen numerus clausus rechtfertigen würde.[84] Eine analoge Anwendung der §§ 291 ff. sei daher grundsätzlich zulässig.[85] Allerdings ist es bislang nicht gelungen, Kriterien für eine Analogie herauszuarbeiten. Eine entsprechende Anwendung der unternehmensvertraglichen Vorschriften wird nur ausnahmsweise für möglich gehalten. Voraussetzung sei, dass der Inhalt von Verträgen, die als Unternehmensverträge behandelt werden sollen, so präzise beschrieben werde, dass die Zuordnung konkreter Vereinbarungen sicher möglich sei.[86] Dies ist bislang nur für Betriebsführungsverträge gelungen (→ § 292 Rn. 52–58).

Die von der hM angeführten Argumente sind nicht in der Lage, einen numerus clausus der 42 Unternehmensverträge zu rechtfertigen.[87] Aus den organisationsrechtlichen Zwecken des Unternehmensvertragsrechts folgt vielmehr, dass eine entsprechende **Rechtsfortbildung** grundsätzlich **zuläs-**

---

[79] Vgl. *Ballerstedt* ZHR 137 (1973) 388 (390, 399); *Exner,* Beherrschungsvertrag und Vertragsfreiheit, 1984, 90.
[80] Vgl. *Ballerstedt* ZHR 137 (1973) 388 (391 ff.).
[81] Vgl. *Veil* Unternehmensverträge 210 ff.
[82] Vgl. *Ballerstedt* ZHR 137 (1973) 388 (391, 393).
[83] Vgl. MüKoAktG/*Altmeppen* § 291 Rn. 42 f.; *von Brevern,* Allgemeine Grundsätze für den Unternehmensvertrag, 1971, 4 f.; GHEK/*Geßler* § 291 Rn. 15; *Havermann* WPg 1966, 90; Hüffer/Koch/*Koch* § 292 Rn. 22; *Maser,* Betriebspacht- und Betriebsüberlassungsverhältnisse in Konzernen, 1985, 16; GroßkommAktG/*Mülbert* Vor § 291 Rn. 7.
[84] Raiser/*Veil* KapGesR § 64 Rn. 4.
[85] Emmerich/Habersack/*Emmerich* § 292 Rn. 7; *Hommelhoff,* Die Konzernleitungspflicht, 1982, 86 ff.; *Martens,* Die existentielle Wirtschaftsabhängigkeit, 1979, 25; im Grundsatz auch Kölner Komm AktG/*Koppensteiner* Rn. 162 f.
[86] Kölner Komm AktG/*Koppensteiner* Rn. 163.
[87] Kölner Komm AktG/*Koppensteiner* Rn. 162 f.

sig sein muss. Die in §§ 291, 292 erfassten Vertragsarten ändern die Verfassung der Gesellschaft. Insoweit wird den Parteien eine Organisationsautonomie eingeräumt, die in einer unverbundenen Gesellschaft nicht zur Verfügung steht. Verneinte man die Zulässigkeit einer Analogie, könnten andere Verträge mit einem leitungs- oder finanzstrukturellen Charakter nicht wirksam geschlossen werden.

43 Ausgangspunkt für eine unternehmensvertragliche Qualifikation muss zunächst die Analyse sein, ob und in welchem Maße ein gesetzlich nicht erfasster Vertrag organisationsrechtliche Wirkungen entfaltet.[88] Im nächsten Schritt ist der Vertrag im Unternehmensvertragsrecht einzuordnen. Dazu stehen fünf Modelle zur Verfügung, die aus den § 291 Abs. 1 und 3, § 308 Abs. 1 und § 292 Abs. 1 Nr. 3 abgeleitet werden können. Sie beschreiben einerseits auf einer abstrakten Ebene die Organisationsautonomie der Parteien und benennen andererseits die Instrumente, die kraft Gesetzes zum Schutz der außenstehenden Aktionäre und Gläubiger eingreifen.[89] Auf diese Weise ist es möglich, Betriebsführungs- (→ § 292 Rn. 52–58), Gleichordnungskonzern- (→ § 291 Rn. 52–60), Franchiseverträge (→ § 292 Rn. 61, 62) und atypische Kreditverträge (→ § 292 Rn. 59, 60) in das System der Unternehmensverträge einzubetten.

IV. Internationale Unternehmensverbindungen

44 Eine internationale Unternehmensverbindung liegt vor, wenn die Unternehmen unterschiedlichen Personalstatuten unterliegen. Aufgabe des Internationalen Konzernrechts ist es, das auf die Beziehung zwischen den Unternehmen geltende Recht zu bestimmen. Das deutsche Internationale Privatrecht sieht hierzu keine Vorschriften vor. Es kennt insbesondere kein besonderes Konzernstatut. Allerdings haben sich Rechtsprechung und Schrifttum mit dem Komplex ausführlich auseinander gesetzt, so dass die zentralen Fragen als geklärt angesehen werden können. So wird der Konzern auch im Internationalen Privatrecht nicht als eine Einheit begriffen. Ausgangspunkt ist vielmehr die Erkenntnis, dass die einzelnen Konzernglieder rechtlich selbständig sind. Es ist daher notwendig, für jede Rechtsbeziehung das anwendbare Recht gesondert zu bestimmen. Dabei ist zwischen den faktischen Konzernverhältnissen und den vertraglichen Unternehmensverbindungen zu unterscheiden.

45 **1. Faktischer Konzern.** Die kollisionsrechtliche Behandlung eines **faktischen Unterordnungskonzerns** ist inzwischen geklärt. Die hM schließt aus dem Schutzzweckcharakter der konzernrechtlichen Vorschriften, dass das **Personalstatut** der **abhängigen Gesellschaft** entscheidend ist.[90] Ist eine deutsche Gesellschaft von einem ausländischen Unternehmen abhängig, sind demnach die deutschen konzernrechtlichen Regeln anzuwenden.[91] Dies gilt jedoch nur, soweit die Interessen der abhängigen Gesellschaft, der außenstehenden Aktionäre oder der Gläubiger berührt sind.[92] Folglich sind zwar die Vorschriften über die Verantwortlichkeit bei Fehlen eines Beherrschungsvertrags (§§ 311 ff.) anzuwenden, nicht jedoch die von der Rechtsprechung (BGHZ 83, 122) herausgearbeiteten Grundsätze einer Konzernbildungskontrolle in der Obergesellschaft. Ob und welche Kompetenzen deren Hauptversammlung hat, bestimmt sich nach ausländischem Recht.

46 Ein **faktischer Gleichordnungskonzern** kann in mehreren Variationen auftreten. Die größte Bedeutung kommt der Konstellation zu, dass ein eigens geschaffenes Organ die Konzernunternehmen leitet. Dies geschieht allerdings in der Regel mit Abschluss eines Gleichordnungsvertrags.[93] Ferner kommen Gleichordnungskonzerne durch Überkreuzbeteiligungen und Personalverflechtungen zustande. Die kollisionsrechtliche Behandlung solcher grenzüberschreitenden Konzernverhältnisse ist noch nicht geklärt.[94] Eine verbreitete Meinung spricht sich dafür aus, dass die Personalstatuten der einzelnen Gesellschaften zur Anwendung kommen und die Grenzen einer Einflussnahme bestim-

---

[88] *Veil* Unternehmensverträge 228 ff.
[89] Vgl. *Veil* Unternehmensverträge 272 ff.
[90] OLG Frankfurt/Main AG 1988, 267; Staudinger/*Großfeld* (1998) IntGesR Rn. 557; *Wiedemann* FS Kegel, 1977, 187, (203 f., 208 f.). Ein instruktiver Überblick zu weiteren methodischen Begründungen findet sich bei MüKoBGB/*Kindler* IntGesR Rn. 688 ff.; vgl. ferner *Schall* → Vor § 15 Rn. 31 ff. mit einer differenzierten Betrachtung.
[91] Vgl. OLG Frankfurt/Main AG 1988, 267; Staudinger/*Großfeld* (1998) IntGesR Rn. 557; MüKoBGB/*Kindler* IntGesR Rn. 713; GroßkommAktG/*Mülbert* Vor § 291 Rn. 30. Diese Erkenntnis liegt auch der Rechtsprechung des BGH zugrunde; vgl. BGHZ 65, 15; 119, 1; 138, 136.
[92] MüKoBGB/*Kindler* IntGesR Rn. 681; Staudinger/*Großfeld* (1998) IntGesR Rn. 558 f.; *Wiedemann* FS Kegel, 1977, 187 (204, 208 f.).
[93] Vgl. zur kollisionsrechtlichen Behandlung → Rn. 51.
[94] Ausf. MüKoBGB/*Kindler* IntGesR Rn. 716 ff.

men.⁹⁵ Mögliche Kollisionen sollen im Wege der Anpassung geklärt werden.⁹⁶ Dem ist im Grundsatz zuzustimmen. Ausschlaggebend muss sein, dass auch in einem faktischen Gleichordnungskonzern die Gefahr einer Schädigung der einzelnen Konzernglieder besteht. Das Schrifttum spricht sich mittlerweile für einen besonderen Aktionärs- und Gläubigerschutz aus, der sich am Vorbild der in § 302 Abs. 1 bzw. 2 vorgesehenen Verlustausgleichspflicht orientieren sollte.⁹⁷ Sind ein deutsches und ein ausländisches Unternehmen, ohne dass eines vom anderen abhängig ist, unter einheitlicher Leitung zusammengefasst, so gilt folglich für das deutsche Konzernunternehmen dessen Personalstatut. Es ist nach Maßgabe der skizzierten Regeln vor einer Einflussnahme des anderen Konzernunternehmens geschützt.

2. Unternehmensverträge. a) Beherrschungs- und Gewinnabführungsverträge. Grenzüberschreitende Beherrschungs- und Gewinnabführungsverträge mit einer deutschen AG werden heute von der Rechtsprechung⁹⁸ und der hL⁹⁹ anerkannt. Die **Wirksamkeit** beider Vertragsarten bestimmt sich nach **deutschem Recht** (§ 291 ff.). Dieses findet allerdings nur Anwendung, soweit es die Interessen der abhängigen Gesellschaft, ihrer außenstehenden Aktionäre sowie Gläubiger schützt. Ob die Hauptversammlung des ausländischen herrschenden Unternehmens dem Vertragsschluss zuzustimmen hat, beurteilt sich nach dessen Personalstatut; § 293 Abs. 2 findet keine Anwendung.¹⁰⁰ Eine Rechtswahl (vgl. Art. 3 ff. Rom I-VO) ist unzulässig.¹⁰¹

Die **Rechtsfolgen** der Unternehmensvertragsarten richten sich ebenfalls nach **deutschem Recht.** Soweit dieses die Interessen der abhängigen Gesellschafter, der außenstehenden Aktionäre oder ihrer Gläubiger schützt, hat das herrschende Unternehmen die entsprechenden Pflichten zu beachten. Die ausländische Obergesellschaft ist Ansprüchen gem. §§ 302–305 ausgesetzt,¹⁰² die Haftung ihrer Organe bestimmt sich nach § 309.¹⁰³

Probleme kann die **prozessuale Durchsetzung** der zum Schutz der Gesellschaft und außenstehenden Aktionäre vorgesehenen Sicherungsansprüche in internationalen Sachverhalten aufwerfen. Teilweise wird erwogen, die Parteien müssten aus diesem Grund im Vertrag ausdrücklich die Anwendbarkeit des deutschen Rechts und einen deutschen Gerichtsstand festlegen.¹⁰⁴ Dem ist nicht zu folgen. Es besteht auch keine Gefahr, dass die Vollstreckung der unternehmensvertraglichen Sicherungsansprüche am ordre public des Vollstreckungsstaates scheitert.¹⁰⁵ Den Schutzbedürfnissen der Gesellschaft kann durch eine vermittelnde Lösung Rechnung getragen werden. So ist der Vorstand der deutschen abhängigen Gesellschaft berechtigt und verpflichtet, nachteilige Weisungen (§ 308 Abs. 1 S. 2) erst auszuführen, wenn sich das herrschende Unternehmen verpflichtet hat, die Vollstreckung aus einem rechtskräftigen Urteil zu dulden.¹⁰⁶

Ob ein deutsches herrschendes Unternehmen mit einer ausländischen Gesellschaft einen Beherrschungs- oder Gewinnabführungsvertrag schließen kann, bestimmt sich nach dem Personalstatut der ausländischen Gesellschaft.¹⁰⁷ Das deutsche Recht findet grundsätzlich keine Anwendung. Zwar ist es ausnahmsweise denkbar, dass die Hauptversammlung einer deutschen herrschenden Gesellschaft einem Beherrschungsvertrag mit einer ausländischen abhängigen Gesellschaft zuzustimmen hat (§ 293 Abs. 2). Dies dürfte jedoch in der Praxis kaum relevant werden, da mit Ausnahme von Portugal kein Mitgliedstaat einen Vertragskonzern kennt. Deutsches Recht ist schließlich anzuwenden, wenn sich im internationalen Konzern Fragen der Konzernbildungskontrolle stellen. Diese sind nach den Grundsätzen des Holzmüller-Urteils (BGHZ 83, 122) zu beurteilen.¹⁰⁸

---

⁹⁵ MüKoAktG/*Altmeppen* Einl. §§ 291 ff. Rn. 45; Staudinger/*Großfeld* (1998) IntGesR Rn. 560.
⁹⁶ MüKoAktG/*Altmeppen* Einl. §§ 291 ff. Rn. 45.
⁹⁷ Vgl. *Lutter/Drygala* ZGR 1995, 557 (569 f.); *Veil* in Theobald, Entwicklungen zur Durchgriffs- und Konzernhaftung, 2002, 81 (102 ff.).
⁹⁸ So implizit BGHZ 119, 1; BGHZ 138, 136; ferner OLG Stuttgart AG 2013, 724 (725); LG München AG 2011, 801 (802).
⁹⁹ MüKoBGB/*Kindler* IntGesR Rn. 701; MüKoAktG/*Altmeppen* Einl. §§ 291 ff. Rn. 49; Staudinger/*Großfeld* (1998) IntGesR Rn. 571; GroßkommAktG/*Mülbert* Vor § 291 Rn. 25.
¹⁰⁰ MüKoBGB/*Kindler* IntGesR Rn. 710; Staudinger/*Großfeld* (1998) IntGesR Rn. 558.
¹⁰¹ MüKoBGB/*Kindler* IntGesR Rn. 7699.
¹⁰² Staudinger/*Großfeld* (1998) IntGesR Rn. 577.
¹⁰³ Staudinger/*Großfeld* (1998) IntGesR Rn. 577.
¹⁰⁴ *Wiedemann*, Gesellschaftsrecht, Bd. I, 1980, 805 ff.; in Bezug auf die Vereinbarung deutschen Rechts ebenso *Westermann* ZGR 1975, 68 (83, 105).
¹⁰⁵ *Bayer*, Der grenzüberschreitende Beherrschungsvertrag, 1988, 129 f.; Kölner Komm AktG/*Koppensteiner* Rn. 195.
¹⁰⁶ MüKoBGB/*Kindler* IntGesR Rn. 711; Staudinger/*Großfeld* (1998) IntGesR Rn. 577.
¹⁰⁷ GroßkommAktG/*Mülbert* Vor §§ 291 ff. Rn. 27. AA *Schall* → Vor § 15 Rn. 37.
¹⁰⁸ MüKoAktG/*Altmeppen* Einl. §§ 291 Rn. 43 f.; Staudinger/*Großfeld* (1998) IntGesR Rn. 582.

51 **b) Andere Unternehmensverträge.** Die hM differenziert bei der kollisionsrechtlichen Behandlung des **Gleichordnungskonzernvertrags** danach, ob durch den Abschluss des Vertrags eine Innengesellschaft oder eine Außengesellschaft entsteht. In der ersten Konstellation sollen die Parteien das Recht haben, das anzuwendende Recht festzulegen.[109] Die Statuten der gleichgeordneten Konzernunternehmen bestimmten die Grenzen der Rechtswahl.[110] Werden die Konzernunternehmen von einer Außengesellschaft in Form einer Leitungsgesellschaft geleitet, sei eine Rechtswahl ausgeschlossen. Die Leitungsgesellschaft unterstehe ihrem Gesellschaftsstatut.[111] Dem ist zuzustimmen. Sofern die Beteiligten durch einen Gleichordnungskonzern ein Leitungsorgan mit Rechtsfähigkeit schaffen, verfolgen sie in der Regel den Zweck, eine einheitliche Leitung der Konzernunternehmen zu ermöglichen. Hiermit sind leitungsstrukturelle Abreden verbunden, die eine analoge Anwendung bestimmter unternehmensvertraglicher Vorschriften verlangen (→ § 291 Rn. 57, 58). Die Hauptversammlungskompetenz eines deutschen Konzernunternehmens analog § 293 Abs. 1 und die rechtsfortbildend entwickelten Schutzregeln stehen nicht zur Disposition der Parteien.

52 Eine Rechtswahl ist schließlich auch bei den **Unternehmensverträgen** des § 292 ausgeschlossen.[112] Dies kann allerdings nicht darauf gestützt werden, dass die durch den Vertrag gebundene deutsche AG in der Regel eine abhängige Gesellschaft ist.[113] Ausschlaggebend ist vielmehr, dass die Vertragsarten diverse leitungs- und finanzstrukturelle Elemente aufweisen und vom Gesetzgeber als verfassungsändernde Verträge konzipiert wurden. Ferner sind zum Schutz der außenstehenden Aktionäre und Gläubiger spezifische Sicherungsinstrumente vorgesehen. Die unternehmensvertragliche Beziehung bestimmt sich daher nach dem **Gesellschaftsstatut** der Gesellschaft, die ihren Gewinn mit einem ausländischen Unternehmen zusammenlegt, einen Teil ihres Gewinns an eine ausländische Person abführt oder dieser ihr Unternehmen verpachtet bzw. überlässt.

V. Europäisches Konzernrecht

53 In Europa verfügen lediglich Deutschland und Portugal über ein kodifiziertes Konzernrecht.[114] Seit Anfang 2004 kennt außerdem Italien ein konzernspezifisches Haftungsrecht.[115] In den übrigen Mitgliedstaaten werden konzernrechtliche Probleme durch allgemeine gesellschafts- und insolvenzrechtliche Instrumente bewältigt.[116] Dies dürfte der entscheidende Grund dafür sein, dass es bislang nicht gelungen ist, eine Konzernrechtsrichtlinie zu verabschieden.

54 Die von der Kommission in den 1970er Jahren vorgeschlagenen Richtlinien waren höchst unterschiedlich konzipiert. Der in den Jahren 1974 und 1975 vorgelegte Vorentwurf einer Konzernrechtsrichtlinie[117] und die 1970 und 1975 unterbreiteten Vorschläge einer SE-VO sind vom Modell einer organischen Konzernverfassung inspiriert. Dagegen ist der aus dem Jahr 1984 stammende Vorentwurf einer Konzernrechtsrichtlinie[118] maßgeblich von der Konzeption des deutschen Konzernrechts getragen, im faktischen Konzern, Vertragskonzern und in der Eingliederung unterschiedliche Konzernleitungsbefugnisse und Schutzniveaus vorzusehen.

55 Es ist nicht zu erwarten, dass in naher Zukunft eine sämtliche organisations- und schutzrechtliche Aspekte erfassende Konzernrechtsrichtlinie verabschiedet werden kann. Realistisch ist vielmehr, dass bestimmte Komplexe zum Gegenstand der Angleichungsbemühungen gemacht werden. So hatte das aus Vertretern der Wissenschaft bestehende Forum Europaeum Konzernrecht nur die Harmonisierung eines Kernbereichs des Konzernrechts im Sinn.[119] Eine von der Europäischen Kommission eingerichtete Expertengruppe unter dem Vorsitz von *Jaap Winter* schlug in ihrem Abschlussbericht vom 4.11.2002 vor, Konzern- und Pyramidenstrukturen offen zu legen sowie Rahmenregelungen einzu-

---

[109] MüKoAktG/*Altmeppen* Einl. §§ 291 ff. Rn. 45; MüKoAktG/*Kindler* IntGesR Rn. 722.
[110] MüKoBGB/*Kindler* IntGesR Rn. 722; Staudinger/*Großfeld* (1998) IntGesR Rn. 60.
[111] MüKoBGB/*Kindler* IntGesR Rn. 721; Staudinger/*Großfeld* (1998) IntGesR Rn. 560.
[112] Staudinger/*Großfeld* (1998) IntGesR Rn. 579; *Einsele* ZGR 1996, 40 (50).
[113] So aber MüKoAktG/*Altmeppen* Einl. §§ 291 ff. Rn. 52.
[114] Vgl. zum portugiesischen Konzernrecht *Lutter/Overath* ZGR 1991, 394. Das portugiesische Gesetz in deutscher Übersetzung ist abgedruckt bei *Gause*, Europäisches Konzernrecht im Vergleich, 2000, 319 ff.
[115] Vgl. *Strnad* RIW 2004, 255 (256 f.).
[116] Vgl. *Lübking*, Ein einheitliches Konzernrecht für Europa, 2000, 143 ff. zum französischen Recht, 161 ff. zum britischen Recht; → Vor § 15 Rn. 4.
[117] Vorentwurf einer neunten Richtlinie auf der Grundlage des Art. 54 Abs. 3g) des EWG-Vertrags zur Angleichung des Konzernrechts, abgedruckt bei *Lutter*, Europäisches Gesellschaftsrecht, 2. Aufl. 1984, 187 ff.
[118] Entwurf einer neunten gesellschaftsrechtlichen Richtlinie (Konzernrechtsrichtlinie) von 1984, abgedruckt bei *Lutter*, Europäisches Unternehmensrecht, 2. Aufl. 1984, 244 ff.
[119] *Forum Europaeum Konzernrecht* ZGR 1998, 672 ff. Vgl. auch *Hommelhoff/Hopt/Lutter*, Konzernrecht und Kapitalmarktrecht, 2001; ferner den jüngsten Vorstoß aus akademischer Perspektive durch die *European Company Law Experts (ECLE)*, EBOR 18 (2017), 1.

führen, die eine koordinierte Konzernpolitik ermöglichen und die Gläubiger und Aktionäre schützen.[120] Auf dieser Grundlage stellte die Europäische Kommission am 21.5.2003 einen **Aktionsplan zur Reform des Europäischen Gesellschaftsrechts** vor.[121] Darin wurde als eine mittelfristige Maßnahme (für den Zeitraum 2006 bis 2008) das Ziel beschrieben, eine Richtlinie vorzulegen, die es der Geschäftsleitung erlaubt, eine koordinierte Konzernpolitik zu verabschieden und umzusetzen.[122] Doch erst 2011 griff die Kommission konzernrechtliche Themen in ihrem Grünbuch zu einem Europäischen Corporate Governance-Rahmen erneut auf.[123] Nachdem auch eine Expertengruppe (sog. Reflection Group) bestimmte Maßnahmen empfohlen hatte,[124] veröffentlichte die Kommission im April 2014 zwei in ihrem Aktionsplan 2012[125] bereits angedeutete Richtlinienvorschläge, die zum einen auf eine Verbesserung der Corporate Governance abzielen[126] und dazu auch Vorgaben zu *related party transactions* machen[127] und zum anderen Erleichterungen bei der Gründung von Einmanngesellschaften vorsehen.[128] Die Initiativen mündete schließlich in die Verabschiedung der Richtlinie zur Änderung der Aktionärsrechte-Richtlinie,[129] die u.a. den Mitgliedstaaten aufgibt, bis zum 10.6.2019 Vorschriften über *related party transactions* im nationalen Recht vorzusehen (Art. 9c RL (EU) 2017/828). Diese Vorschriften verfolgen den Zweck, durch Offenlegungspflichten und gesellschaftsinterne Zustimmungserfordernisse (entweder durch die Hauptversammlung oder den Aufsichtsrat) Minderheitsaktionäre und Stakeholder vor einem Zugriff auf das Gesellschaftsvermögen durch Geschäfte mit nahestehenden Personen zu schützen. Diese Regeln gelten grundsätzlich auch für den Konzern. Allerdings hat der nationale Gesetzgeber die Befugnis, für bestimmte Konstellationen Ausnahmen vorzusehen (Art. 9c Abs. 6 RL (EU) 2017/828). Insbesondere kann er Geschäfte bei Bestehen eines Vertragskonzerns privilegieren.[130] Ob er eine Ausnahme schaffen wird, lässt sich im Januar 2018 noch nicht zuverlässig beurteilen.

Das **Wirtschaftsaufsichtsrechts,** insbesondere das Bank-, Versicherungs- und Kapitalmarktaufsichtsrecht, nimmt sich zunehmend Konzernfragen – etwa des gruppenweiten Risikomanagements, der Compliance im Konzern und der Vermeidung von Klumpenrisiken – an.[131] Diese Teilgebiete entwickeln sich in einer rasanten Geschwindigkeit fort. Es ist bereits heute festzustellen, dass aufsichtsrechtliche Regeln die klassischen gesellschaftsrechtlichen Regeln überlagern.[132]

VI. Rechtstatsachen

Da seit dem Jahr 1973 keine amtlichen Statistiken mehr geführt werden, kann die praktische Bedeutung der Unternehmensverträge nicht mehr zuverlässig beurteilt werden. Es kann lediglich festgehalten werden, dass sich die Vorstellung des Gesetzgebers 1965, die Praxis werde sich des Beherrschungsvertrags bedienen, um eine rechtssichere Leitung des Konzerns sicherzustellen, nicht bewahrheitet hat: Der faktische Konzern überwiegt.[133] Sowohl Beherrschungs- als auch Gewinnabführungsverträge sind aber dennoch weit verbreitet. Dies dürfte sicherlich vor allem steuerliche Gründe haben. Auch wenn dies steuerrechtlich für die Begründung einer Organschaft nicht vorgeschrieben ist, werden meist kombinierte Beherrschungs- und Gewinnabführungsverträge geschlos-

---

[120] Vgl. hierzu *Maul* DB 2003, 27 (31).
[121] *EG Kommission,* Modernisierung des Gesellschaftsrechts und Verbesserung der Corporate Governance in der Europäischen Union – Aktionsplan, Sonderbeilage zu NZG 13/2003.
[122] Vgl. hierzu *Maul/Eggenhofer* BB 2003, 1289; *Wiesner* ZIP 2003, 977.
[123] Grünbuch Europäischer Corporate Governance-Rahmen, KOM (2011) 164/3 S. 19 f.
[124] Reflection Group, Report on the Future of EU Company Law, 5.4.2011.
[125] Aktionsplan: Europäisches Gesellschaftsrecht und Corporate Governance – ein moderner Rechtsrahmen für engagiertere Aktionäre und besser überlebensfähige Unternehmen, 12.12.2012, KOM (2012) 74; dazu *Ekkenga* AG 2013, 181 ff.
[126] Vorschlag für eine Richtlinie des Europäischen Parlaments und des Rates zur Änderung der Richtlinie 2007/36/EG im Hinblick auf die Förderung der langfristigen Einbeziehung der Aktionäre sowie der Richtlinie 2013/34/EU in Bezug auf bestimmte Elemente der Erklärung zur Unternehmensführung, 9.4.2014, KOM (2014) 213.
[127] Dazu *Bremer* NZG 2014, 415; *Hommelhoff* KSzW 2014, 63 (66 f.).
[128] Vorschlag für eine Richtlinie des Europäischen Parlaments und des Rates über Gesellschaften mit beschränkter Haftung mit einem einzigen Gesellschafter, 9.4.2014, KOM (2014) 212.
[129] Richtlinie (EU) 2017/828 des Europäischen Parlaments und des Rates vom 17.5.2017 zur Änderung der Richtlinie 2007/36/EG im Hinblick auf die Förderung der langfristigen Mitwirkung der Aktionäre, ABl. EU Nr. L 132, 1 vom 20.5.2017.
[130] Näher *Bungert/Wansleben* DB 2017, 1190 (1198 f.); *Tarde* ZGR 2017, 360 (384); *Veil* NZG 2017, 521 (528 ff.).
[131] Vgl. *Hopt* ZHR 171 (2007), 199 (232 ff.).
[132] Vgl. *Veil* in Bumke, Begegnungen im Recht, 2011, 21 ff.
[133] Vgl. MüKoAktG/*Altmeppen* Einl. §§ 291 ff. Rn. 19.

sen. Schließlich ist es üblich, im Zuge einer öffentlichen Unternehmensübernahme einen Beherrschungs- und Gewinnabführungsvertrag abzuschließen. Der Bieter erhält dadurch Zugriff auf das Vermögen der Zielgesellschaft und kann erreichen, dass weitere Aktionäre aus der Gesellschaft ausscheiden, so dass er die für einen Squeeze-Out erforderliche Anzahl der Aktien erwirbt.

Erster Abschnitt. Arten von Unternehmensverträgen

§ 291 Beherrschungsvertrag. Gewinnabführungsvertrag

(1) ¹Unternehmensverträge sind Verträge, durch die eine Aktiengesellschaft oder Kommanditgesellschaft auf Aktien die Leitung ihrer Gesellschaft einem anderen Unternehmen unterstellt (Beherrschungsvertrag) oder sich verpflichtet, ihren ganzen Gewinn an ein anderes Unternehmen abzuführen (Gewinnabführungsvertrag). ²Als Vertrag über die Abführung des ganzen Gewinns gilt auch ein Vertrag, durch den eine Aktiengesellschaft oder Kommanditgesellschaft auf Aktien es übernimmt, ihr Unternehmen für Rechnung eines anderen Unternehmens zu führen.

(2) Stellen sich Unternehmen, die voneinander nicht abhängig sind, durch Vertrag unter einheitliche Leitung, ohne daß dadurch eines von ihnen von einem anderen vertragschließenden Unternehmen abhängig wird, so ist dieser Vertrag kein Beherrschungsvertrag.

(3) Leistungen der Gesellschaft bei Bestehen eines Beherrschungs- oder eines Gewinnabführungsvertrags gelten nicht als Verstoß gegen die §§ 57, 58 und 60.

Schrifttum: *Altmeppen*, Die Haftung des Managers im Konzern, 1998; *Altmeppen*, Cash Pooling und Kapitalerhaltung bei bestehendem Beherrschungs- und Gewinnabführungsvertrag, NZG 2010, 361; *Arens*, Vertragliche Einflussrechte auf die Geschäftsführung des Vorstands durch ein Business Combination Agreement, 2014; *Bachmann/Veil*, Grenzen atypischer stiller Beteiligung an einer Aktiengesellschaft, ZIP 1999, 348; *Ballerstedt*, Schranken der Weisungsbefugnis aufgrund eines Beherrschungsvertrages, ZHR 137 (1973), 388; *Baumgartl*, Die konzernbeherrschte Personengesellschaft, 1986; *W. Bayer*, Der grenzüberschreitende Beherrschungsvertrag, 1988; *W. F. Bayer*, Mehrstufige Unternehmensverträge, FS Ballerstedt, 1975, 157; *Bezzenberger/Schuster*, Die öffentliche Anstalt als abhängiges Konzernunternehmen, ZGR 1996, 481; *Cahn/Simon*, Isolierte Gewinnabführungsverträge, Der Konzern 2003, 1; *Decher*, Das Business Combination Agreement – ein verdeckter Beherrschungsvertrag oder sonstiger strukturändernder Vertrag?, FS Hüffer, 2010, 145; *Dierdorf*, Herrschaft und Abhängigkeit einer Aktiengesellschaft auf schuldvertraglicher und tatsächlicher Grundlage, 1978; *Drygala*, Der Gläubigerschutz bei der typischen Betriebsaufspaltung, 1991; *Ebenroth*, Die verdeckten Vermögenszuwendungen in transnationalen Unternehmen, 1979; *Eberth*, Die Aktiengesellschaft mit atypischer Zwecksetzung, 2000; *Ederle*, Verdeckte Beherrschungsverträge, 2010; *Emmerich*, Über atypische und verdeckte Beherrschungsverträge, FS Hüffer, 2010, 179; *Exner*, Beherrschungsvertrag und Vertragsfreiheit, 1984; *Fabian*, Inhalt und Auswirkungen des Beherrschungsvertrags, 1997; *Gansweid*, Gemeinsame Tochtergesellschaften im deutschen Konzern- und Wettbewerbsrecht, 1976; *Geßler*, Abgrenzungs- und Umgehungsprobleme bei Unternehmensverträgen, FS Ballerstedt, 1975, 219; *Geßler*, Atypische Beherrschungsverträge, FS Beitzke, 1979, 923; *Glaser*, Grenzen des Weisungsrechts in Unternehmensverträgen, 1982; *Goslar*, Verdeckte Beherrschungsverträge, DB 2008, 800; *Gromann*, Die Gleichordnungskonzerne im Konzern- und Wettbewerbsrecht, 1979; *Habersack*, Aufsteigende Kredite nach MoMiG, FS Schaumburg, 2009, 1291; *Hennrichs*, Gewinnabführung und Verlustausgleich im Vertragskonzern, ZHR 174 (2010), 683; *Hippeli/Diesing*, Business Combination Agreements bei M&A-Transaktionen, AG 2015, 185; *Hirte*, Grenzen der Vertragsfreiheit bei aktienrechtlichen Unternehmensverträgen, ZGR 1994, 644; *Hirte/Schall*, Zum faktischen Beherrschungsvertrag, Der Konzern 2006, 243; *Hommelhoff*, Die Konzernleitungspflicht, 1982; *Hommelhoff*, Zum vorläufigen Bestand fehlerhafter Strukturveränderungen in Kapitalgesellschaften, ZHR 158 (1994), 11; *Kiefner*, Investorenvereinbarungen zwischen Aktien- und Vertragsrecht, ZHR 178 (2014), 547; *Kiefner/Schürnbrand*, Beherrschungsverträge unter Beteiligung der öffentlichen Hand, AG 2013, 789; *Kleindiek*, Strukturvielfalt im Personengesellschafts-Konzern 1991; *Klöhn*, Das System der aktien- und umwandlungsrechtlichen Abfindungsansprüche, 2009; *Köhler*, Rückabwicklung fehlerhafter Unternehmenszusammenschlüsse (Unternehmensvertrag, Eingliederung, Verschmelzung, Gemeinschaftsunternehmen), ZGR 1985, 307; *Kort*, Der Abschluß von Beherrschungs- und Gewinnabführungsverträgen im GmbH-Recht, 1986; *Kort*, Zur Vertragsfreiheit bei Unternehmensverträgen, BB 1988, 79; *Kort*, Bestandsschutz fehlerhafter Strukturänderungen im Kapitalgesellschaftsrecht, 1998; *Kort*, Anwendung der Grundsätze der fehlerhaften Gesellschaft auf einen „verdeckten" Beherrschungsvertrag?, NZG 2009, 364; *Krauel/Klie*, Lenkungsmöglichkeiten im Konzern unter besonderer Berücksichtigung des Aufsichtsrechts für Kreditinstitute und Versicherungen, WM 2010, 1735; *Krieger*, Fehlerhafte Satzungsänderungen: Fallgruppen und Bestandskraft, ZHR 158 (1994), 35; *Larisch/Bunz*, Der Entherrschungsvertrag als Mittel der Konzernvermeidung bei faktischen Hauptversammlungsmehrheiten, NZG 2013, 1247; *Lauber-Nöll*, Die Rechtsfolgen fehlerhafter Unternehmensverträge, 1993; *Lutter/Drygala*, Grenzen der Personalverflechtungen und Haftung im Gleichordnungskonzern, ZGR 1995, 557; *Martens*, Die existenzielle Wirtschaftsabhängigkeit, 1979; *Milde*, Der Gleichordnungskonzern im Gesellschaftsrecht, 1996; *Mülbert*, Unternehmensbegriff und Konzernorganisationsrecht, ZHR 163 (1999), 1; *Mülbert*, Kapitalschutz und Gesellschaftszweck bei der Aktiengesellschaft, FS Lutter, 2000, 535; *Mülbert/Leuschner*, Aufsteigende Darlehen im Kapitalerhaltungs- und Konzernrecht – Gesetzgeber und BGH haben gesprochen, NZG 2009, 281; *H. P. Müller*, Zur Gewinn- und Verlustermittlung bei aktienrechtlichen Gewinnabführungsverträgen, FS Goerdeler, 1987, 375; *W. Müller*, Bilanzierungsfragen bei der Beendigung von Unternehmensverträgen, FS Forster, 1997, 517; *Nodoushani*, Abschlagszahlungen unter einem BGAV, NZG 2017, 728; *Pentz*, Die verdeckte Sacheinlage im GmbH-Recht nach dem MoMiG, FS K. Schmidt, 2009, 1265; *Praël*, Eingliederung und Beherrschungsvertrag als körperschaftliche Rechtsgeschäfte, 1978; *Raiser*, Beherrschungsvertrag im Recht der Personengesellschaften,

ZGR 1980, 558; *Raiser,* Konzernverflechtungen unter Einschluß öffentlicher Unternehmen, ZGR 1996, 458; *Rehbinder,* Gesellschaftsrechtliche Probleme mehrstufiger Unternehmensverbindungen, ZGR 1977, 581; *Reichert,* Die Treuepflicht zwischen Organgesellschaft und Organträger, LA Winter, 2011, 541; *Reichert,* Business Combination Agreements, ZGR 2015, 1; *Rubel,* Konzerneinbindung einer UG (haftungsbeschränkt) durch Gewinnabführungsverträge, GmbHR 2010, 470; *C. Schäfer,* Die Lehre vom fehlerhaften Verband, 2002; *Schall,* Business Combination Agreements und Investorenvereinbarungen, in Kämmerer/Veil, Übernahme- und Kapitalmarktrecht in der Reformdiskussion, 2013, 75; *Schießl,* Die beherrschte Personengesellschaft, 1985; *K. Schmidt,* Konzentrationsprivileg und Gleichordnungsvertragskonzern – Kartellrechtsprobleme des Gleichordnungskonzerns, FS Rittner, 1991, 561; *K. Schmidt,* Gleichordnung im Konzern: terra incognita?, ZHR 155 (1991), 417; *K. Schmidt,* Unternehmensbegriff und Vertragskonzern – zum Funktionswandel des § 291 AktG, FS Koppensteiner, 2001, 191; *Schön,* Deutsches Konzernprivileg und europäischer Kapitalschutz – ein Widerspruch?, FS Kropff, 1997, 285; *Schürnbrand,* „Verdeckte" und „atypische" Beherrschungsverträge im Aktien- und GmbH-Recht, ZHR 169 (2005), 35; *Seibt,* Investoren- und Zusammenschlussvereinbarungen im Zusammenhang mit öffentlichen Kaufangeboten, in Kämmerer/Veil, Übernahme- und Kapitalmarktrecht in der Reformdiskussion, 2013, 105; *Seibt/Cziupka,* Existenzgefährdende Weisungen im Vertragskonzern: Prognosepflichten und Haftungsgefahren für den Vorstand der abhängigen Gesellschaft, AG 2015, 721; *Sieger/Hasselbach,* Die Holzmüller-Entscheidung im Unterordnungskonzern, AG 1999, 241; *Sonnenschein,* Organschaft und Konzerngesellschaftsrecht, 1976; *Sonnenschein,* Der aktienrechtliche Vertragskonzern im Unternehmensrecht, ZGR 1981, 429; *Stephan,* Zum Stand des Vertragskonzernrechts, Der Konzern 2014, 1; *Timm,* Die Aktiengesellschaft als Konzernspitze, 1980; *van Venrooy,* Weisungen im Rahmen von Geschäftsführungs- und Gewinnabführungsverträgen, DB 1981, 675; *van Venrooy,* Isolierte Unternehmensverträge nach § 291 AktG?, BB 1986, 612; *Veil,* Haftung in der Betriebsaufspaltung, in Theobald, Entwicklungen zur Durchgriffs- und Konzernhaftung, 2002, 81; *Veil,* Unternehmensverträge, 2003; *Veil,* Klagemöglichkeiten bei Beschlussmängeln der Hauptversammlung nach dem UMAG, AG 2005, 567; *Wand/Tillmann/Heckenthaler,* Aufsteigende Darlehen und Sicherheiten bei Aktiengesellschaften nach dem MoMiG und der MPS-Entscheidung des BGH, AG 2009, 148; *Wiegand,* Investorenvereinbarungen und Business Combination Agreements bei Aktiengesellschaften, 2017; *Wilhelmi,* Upstream-Darlehen nach dem MoMiG, WM 2009, 1917; *Windbichler,* Unternehmensverträge und Zusammenschlußkontrolle, 1977; *Zöllner,* Inhalt und Wirkungen von Beherrschungsverträgen bei der GmbH, ZGR 1992, 173.

Übersicht

	Rn.		Rn.
I. Normzweck	1–3	5. Abgrenzungen	45, 46
II. Vertragsparteien	4–7	**V. Geschäftsführungsvertrag**	47–51
1. Untergesellschaft (verpflichtete Gesellschaft)	4–5b	1. Praktische Bedeutung	47
2. Obergesellschaft (anderes Unternehmen)	6, 7	2. Begriff und Inhalt des Vertrags	48–50
		3. Abgrenzung	51
III. Beherrschungsvertrag	8–31	**VI. Gleichordnungskonzernvertrag**	52–60
1. Praktische Bedeutung	8	1. Praktische Bedeutung	52
2. Begriff und Inhalt des Vertrags	9–21	2. Begriff und Inhalt	53–60
a) Leitung der Gesellschaft	11–19	a) Zulässiger Inhalt eines Vertrags iSv Abs. 2	55, 56
b) Ausgleich, Abfindung und Verlustausgleich	20, 21	b) Übertragung von Leitungszuständigkeiten	57, 58
3. Vertragsfreiheit	22–28	c) Begründung von kapitalschutzrelevanten Einflussrechten	59, 60
a) Zulässigkeit inhaltsbeschränkender Abreden	23–25	**VII. Rechtsfolgen fehlerhafter Verträge**	61–68
b) Atypischer Beherrschungsvertrag	26–28	1. Grundlagen	61, 62
4. Beherrschungsverträge in besonderen Konzernverbindungen	29–31	2. Durchführung eines fehlerhaften Vertrags vor Eintragung	63, 64
IV. Gewinnabführungsvertrag	32–46	3. Durchführung eines fehlerhaften Vertrags nach Eintragung	65–68
1. Praktische Bedeutung	32	**VIII. Verdeckte Beherrschungsverträge**	69–70b
2. Begriff und Inhalt	33–39		
a) Gewinnabführung	34–36		
b) Vertragsfreiheit	37–39		
3. Isolierter Gewinnabführungsvertrag	40–42		
4. Gewinnabführungsverträge in besonderen Konzernverbindungen	43, 44	**IX. Konzernprivileg (Abs. 3)**	71–75

I. Normzweck

1 § 291 Abs. 1 definiert die Vertragsarten, die in die Verfassung einer AG am gravierendsten eingreifen: den **Beherrschungsvertrag,** durch den eine AG oder KGaA die Leitung ihrer Gesellschaft einem anderen Unternehmen unterstellt, und den **Gewinnabführungsvertrag,** durch den eine AG

oder KGaA sich verpflichtet, ihren ganzen Gewinn an ein anderes Unternehmen abzuführen. Zweck der Vorschrift ist es, den Abschluss solcher Unternehmensverträge zu ermöglichen. Ohne gesetzliche Anerkennung der Vertragsarten könnten sie nicht wirksam geschlossen werden.[1] Beherrschungs- und Gewinnabführungsvertrag werden nur mit Zustimmung der Hauptversammlung wirksam (§ 293 Abs. 1). Der Vertragsschluss und die verschiedenen Möglichkeiten einer Vertragsbeendigung sind besonderen Voraussetzungen unterworfen (§§ 293a–299). Zum Schutz der Gesellschaft, der außenstehenden Aktionäre und der Gläubiger sind diverse Sicherungen vorgesehen (§§ 300–305).

Ein Vertrag, durch den ein AG oder KGaA es übernimmt, ihr Unternehmen für Rechnung eines anderen Unternehmens zu führen (**Geschäftsführungsvertrag**), ist dem Gewinnabführungsvertrag gleichgestellt (§ 291 Abs. 1 S. 2). Grund hierfür ist, dass ein Geschäftsführungsvertrag die gleichen Auswirkungen hat wie ein Gewinnabführungsvertrag.[2] Dies macht es nötig, ihn denselben Wirksamkeitsvoraussetzungen zu unterwerfen.[3] Dagegen ist ein Vertrag, durch den sich Unternehmen, die voneinander nicht abhängig sind, unter einheitliche Leitung stellen, ohne dass dadurch eines von ihnen von einem anderen vertragsschließenden Unternehmen abhängig wird, kein Beherrschungsvertrag (§ 291 Abs. 2; **Gleichordnungskonzernvertrag**). Doch ist er als ein anderer Unternehmensvertrag iSv § 292 zu qualifizieren, sofern er leitungsstrukturelle Elemente aufweist (vgl. → Rn. 57). § 291 Abs. 3 in der Neufassung durch das MoMiG[4] bestimmt, dass Leistungen der Gesellschaft bei Bestehen eines Beherrschungs- und Gewinnabführungsvertrags nicht als Verstoß gegen die Vorschriften über die Kapitalbindung gelten. Das **Konzernprivileg** kollidiert zwar mit dem Vermögensschutzsystem der zweiten gesellschaftsrechtlichen Richtlinie (Kapitalrichtlinie), doch ist es **nicht europarechtswidrig**, da die Mitgliedstaaten berechtigt sind, für Konzernverhältnisse entsprechende Regelungen vorzusehen (→ Rn. 71).

Nicht in § 291 (und auch nicht in § 292) erwähnt ist der **Entherrschungsvertrag**. Er wird in der Praxis geschlossen, um die gesetzlichen Pflichten, die aus einer (aus einem bestimmten Anteilsbesitz resultierenden) Beherrschung (vgl. § 17) folgen, zu vermeiden, wie beispielsweise die Erstellung eines Abhängigkeitsberichts nach § 312.[5] Entherrschungsverträge scheinen wenig verbreitet zu sein.[6] Damit ein Entherrschungsvertrag eine abhängigkeitsausschließende Wirkung hat, muss er einen bestimmten Inhalt haben. Nach der sog. „Minus-Eins-Regel" hat der Mehrheitsgesellschafter für Beschlüsse über die Wahl und Abwahl von Aufsichtsratsmitgliedern auf die Ausübung seiner Stimmrechte aus einer so großen Anzahl seiner Aktien zu verzichten, dass er mit den übrigen Stimmrechten keine Hauptversammlungsmehr mehr hat.[7] Nicht erforderlich ist es, dass der Mehrheitsgesellschafter sich verpflichtet, keinen anderweiten Einfluss auszuüben.[8] Ein Entherrschungsvertrag ist weder als Unternehmensvertrag iSd § 291 noch iSd § 292 zu qualifizieren, so dass der Vertrag nicht gem. § 293 Abs. 1 der Zustimmung der Hauptversammlung bedarf.[9] Auch eine Eintragung in das Handelsregister entsprechend § 294 ist für das Wirksamwerden des Vertrags nicht erforderlich.[10] Nach hM bedarf er Vertrag aber der Schriftform und muss eine Mindestlaufzeit von fünf Jahren vorsehen.[11]

II. Vertragsparteien

1. Untergesellschaft (verpflichtete Gesellschaft). Als verpflichtungsfähige Gesellschaften eines Beherrschungs-, Gewinnabführungs- und Geschäftsführungsvertrags nennt § 291 Abs. 1 eine **AG** und eine **KGaA**. Es kommen aber auch andere Rechtsformen in Betracht. So kann eine SE die in § 291 geregelten Verträge schließen.[12] Auch kann eine **GmbH** nach gefestigter Rechtsprechung einen Unternehmensvertrag iSv § 291 Abs. 1 schließen.[13] Dies gilt auch dann, wenn sie als Unterneh-

---

[1] Vgl. *Veil* Unternehmensverträge 125, 151.
[2] Vgl. AusschußB *Kropff* S. 391; → Rn. 49.
[3] Vgl. AusschußB *Kropff* S. 391.
[4] Gesetz zur Modernisierung des GmbH-Rechts und zur Bekämpfung von Missbräuchen (MoMiG) v. 23.10.2008, BGBl. 2008 I 2026.
[5] Vgl. *Larisch/Bunz* NZG 2013, 1247 (1248).
[6] Vgl. *Bayer/Hoffmann* AG-Report 2014, R 107 ff.; anders die Einschätzung von *Larisch/Bunz* NZG 2013, 1247 (gehören zum anerkannten Instrumentarium der aktienkonzernrechtlichen Beratung).
[7] LG Mainz AG 1991, 30 (32); MHdB AG/*Krieger* § 69 Rn. 62.
[8] MHdB AG/*Krieger* § 69 Rn. 62.
[9] MHdB AG/*Krieger* § 69 Rn. 62.
[10] MHdB AG/*Krieger* § 69 Rn. 62.
[11] Vgl. OLG Köln AG 1993, 86 (87); LG Mainz ZIP 1991, 583.
[12] Vgl. *Habersack* ZGR 2003, 724 (731 ff.); *Veil* WM 2003, 2169 (2172 f.); *Brandi* NZG 2003, 889 (891 ff.).
[13] Vgl. BGHZ 105, 324 (330 f.) – Supermarkt; BGH NJW 1992, 1452 – Siemens; *Kort*, Der Abschluss von Beherrschungs- und Gewinnabführungsverträgen im GmbH-Recht, 1986, 4 f.; *Zöllner* ZGR 1992, 173 (175).

mergesellschaft (UG, vgl. § 5a GmbHG) gegründet wurde.[14] Der Vertragsschluss, die Möglichkeiten einer Beendigung des Vertrags und die Sicherungen zugunsten der Gesellschaft, der Gläubiger sowie der außenstehenden Gesellschafter bestimmen sich grundsätzlich nach den aktienrechtlichen Vorschriften. Diese sind analog anzuwenden, sofern dem nicht die unterschiedliche Organisations- und Finanzverfassung einer GmbH entgegensteht. Die Zulässigkeit von Beherrschungs- und Gewinnabführungsverträgen mit **Personenhandelsgesellschaften** ist heute im Grundsatz ebenfalls anerkannt;[15] solche Verträge kommen in der Praxis aber kaum vor.[16] Aus gesellschaftsrechtlicher Sicht bestehen außerdem keine Bedenken gegen eine beherrschungs- oder gewinnabführungsvertragliche Bindung einer öffentlich-rechtlichen Anstalt.[17]

5 Die Gesellschaft muss ihren **Sitz** im **Inland** haben[18] bzw. nach **deutschem Recht gegründet** worden sein;[19] das deutsche Konzernrecht findet auf ausländische Gesellschaften keine Anwendung (→ Vor § 291 Rn. 50). Allerdings kann eine AG seit der Reform des Gesellschaftsrechts durch das MoMiG ihren Verwaltungssitz in das Ausland verlegen. Denn das MoMiG hat § 5 Abs. 2 AktG aF aufgehoben. Ob der ausländische Staat eine deutsche AG als ausländische juristische Person anerkennt, hängt davon ab, ob er die Sitz- oder Gründungstheorie anwendet. Im ersten Fall wird die Gesellschaft im Ausland nicht als deutsche AG oder GmbH anerkannt. Es ist also eine Neugründung nach dem Recht des Zuzugsstaats nötig. Nach überwiegender Meinung scheidet dann auch in Deutschland die Anerkennung der Rechtsfähigkeit aus.[20] Folgt der Staat des Verwaltungssitzes dagegen der Gründungstheorie, impliziert diese eine Rückverweisung auf das deutsche Recht. Die Rückverweisung macht die Zulässigkeit der Verwaltungssitzverlegung dann vom deutschen Sachrecht abhängig. Diese Rechtslage gilt sowohl für die Gründung einer deutschen Gesellschaft (GmbH, AG) mit ausländischem Verwaltungssitz als auch für die Verlegung deren Verwaltungssitzes in das Ausland.[21]

5a Nach heute hM[22] kann auch ein **Kredit-** oder **Finanzdienstleistungsinstitut** durch Vertrag gem. § 291 Abs. 1 die Leitung der Gesellschaft einem anderen Unternehmen unterstellen. Zwar muss nach dem KWG dem Geschäftsleiter eines Kreditinstituts die uneingeschränkte Geschäfts- und Vertretungsbefugnis zustehen. Die beherrschungsvertragliche Befugnis, Weisungen gegenüber dem Vorstand zu erteilen, ist mit diesem Grundsatz nicht vereinbar. In der Praxis trägt man dieser Vorgabe aber dadurch Rechnung, dass im Vertrag vorgesehen wird, dass die andere Vertragsteil „*die nach den Bestimmungen des Gesetzes über das Kreditwesen und des Pfandbriefgesetzes bestehende Alleinverantwortung des Vorstands der [als AG verfassten Bank] bei seinen Weisungen beachten [wird]. Der andere Vertragsteil] wird keine Weisungen erteilen, deren Ausführung zur Folge hätte, dass die ... C-Bank Aktiengesellschaft oder ihre Organe gegen die ihnen durch das Gesetz über das Kreditwesen oder das Pfandbriefgesetz auferlegten Pflichten oder gegen Anordnungen oder Verlautbarungen der Bundesanstalt für Finanzdienstleistungsaufsicht verstoßen würden.*"[23] Diese Vorbehaltsklausel (sog. KWG-Vorbehalt) ist in der Praxis weit verbreitet.[24] Allerdings hat die vertragliche Regelung über die Beschränkung des Weisungsrechts nur deklaratorische Bedeutung. Denn ein Beherrschungsvertrag kann das im öffentlichen Interesse liegende Bankaufsichtsrecht nicht verdrängen.[25]

5b Ein als AG verfasstes **Versicherungsunternehmen** benötigt für den Abschluss eines Beherrschungsvertrags die Genehmigung der BaFin (vgl. § 12 Abs. 1 VAG).[26] Wer ohne die Genehmigung einen Unternehmensvertrag in Kraft setzt, handelt gem. § 332 Abs. 1 Nr. 1 VAG ordnungswidrig.

---

[14] Vgl. *Rubel* GmbHR 2010, 470.
[15] Vgl. *Baumgartl*, Die konzernbeherrschte Personengesellschaft, 1986, 59 ff.; *Kleindiek*, Strukturvielfalt im Personengesellschafts-Konzern, 1991, 77 ff.; *Raiser* ZGR 1980, 558 (563 ff.); *Raiser/Veil* KapGesR § 62 Rn. 11 ff.; *Schießl*, Die beherrschte Personengesellschaft, 1985, 43 ff.; Großkomm HGB/*Schäfer* HGB Anh. § 105 Rn. 13 ff. AA *Reuter* ZHR 146 (1982) 1 (15 ff.); *Schneider* ZGR 1975, 253 (266 ff.); *K. Schmidt* ZGR 1981, 455 (477 f.).
[16] Vgl. MüKoAktG/*Altmeppen* Rn. 18; das *Gervais*-Urteil (BGH NJW 1980, 231) stieß zwar die wissenschaftliche Diskussion über die Zulässigkeit von Beherrschungsverträgen mit Personengesellschaften an, doch lag der Entscheidung kein Beherrschungsvertrag zugrunde.
[17] Vgl. MüKoAktG/*Altmeppen* Rn. 20; *Bezzenberger/Schuster* ZGR 1996, 481 (494 ff.); Hüffer/Koch/*Koch* Rn. 7; *Raiser* ZGR 1996, 458 (465 ff.). AA LAG Berlin AG 1996, 140 (142 f.) – Berliner Landesbank.
[18] Hüffer/Koch/*Koch* Rn. 5; Kölner Komm AktG/*Koppensteiner* Vor § 291 Rn. 182 f.
[19] MüKoAktG/*Altmeppen* Rn. 15; Großkomm AktG/*Mülbert* Rn. 43.
[20] Vgl. Staudinger/*Großfeld* (1998) IntGesR Rn. 98 ff.
[21] Die früher herrschende Meinung sah in der Sitzverlegung einen zwingenden Grund zur Auflösung und Liquidation. Vgl. RGZ 107, 94; BayObLG NJW-RR 1993, 43; OLG Hamm ZIP 1997, 1696.
[22] Vgl. BGHZ 197, 284 (299). AA das frühere Bundesaufsichtsamt für das Kreditwesen (BAK), Schreiben v. 27.2.1989, II 5 – E 246 – 31.
[23] Klausel zitiert nach OLG Frankfurt ZIP 2012, 79 (81).
[24] Vgl. *Knauel/Klie* WM 2010, 1735 (1737).
[25] Großkomm AktG/*Mülbert* Rn. 87.
[26] Vgl. *Knauel/Klie* WM 2010, 1735 (1737) zu den Angaben im Antrag gegenüber der BaFin.

2. Obergesellschaft (anderes Unternehmen). Der andere Vertragsteil muss nach dem Wortlaut 6 von § 291 Abs. 1 bei Vertragsschluss ein Unternehmen sein. Der Begriff des Unternehmens ist identisch mit jenem, den das Gesetz in den §§ 15 ff. zur Definition der Unternehmensverbindungen verwendet.[27] Zur Bestimmung der Unternehmenseigenschaft ist auf den Zweck der konzernrechtlichen Vorschriften abzustellen, die außenstehende Aktionäre und Gläubiger zu schützen. Ein solches Bedürfnis besteht nur bei **Personen** mit einer **wirtschaftlichen Interessenbindung außerhalb der Gesellschaft**, die stark genug ist, um die ernste Besorgnis zu begründen, der Aktionär könne um ihretwillen seinen Einfluss zum Nachteil der Gesellschaft geltend machen.[28] Demnach kommen als taugliche Vertragspartner natürliche und juristische Personen, Stiftungen sowie Personenhandelsgesellschaften in Betracht, die sich anderweitig unternehmerisch betätigen.[29] Auch die öffentliche Hand kann anderer Vertragsteil sein.[30] Selbst eine ausländische Gesellschaft mit Verwaltungssitz in Deutschland ist eine mögliche Vertragspartnerin, sofern sie sich auf die Niederlassungsfreiheit (Art. 49 AEUV) oder auf den zwischen der Bundesrepublik Deutschland und den Vereinigten Staaten von Amerika geschlossenen Freundschafts-, Handels- und Schifffahrtsvertrag[31] berufen kann. Es ist nicht erforderlich, dass das Unternehmen an der Gesellschaft beteiligt ist;[32] in der Praxis ist dies aber regelmäßig der Fall.[33]

Auf der Grundlage einer schutzzweckorientierten Interpretation des Unternehmensbegriffs kom- 7 men nur „gefährliche" Aktionäre als Vertragspartner in Betracht. Ein **Privataktionär,** der ausschließlich an der Gesellschaft beteiligt ist, kann keinen Beherrschungs- oder Gewinnabführungsvertrag mit ihr schließen; ein solcher Vertrag wäre gem. § 134 BGB iVm §§ 57 ff., 76 nichtig.[34] Dies ist mit Blick auf den weiteren Zweck des Unternehmensvertragsrechts, eine individuelle, organisationsrechtlich fundierte Einflussnahme zu ermöglichen (→ Vor § 291 Rn. 6), zweifelhaft. Eine analoge Anwendung der §§ 291 ff. ist aber aus unionsrechtlichen Gründen abzulehnen. Das Konzernprivileg (§ 291 Abs. 3) kollidiert mit dem europarechtlichen Vermögensschutzsystem. Es ist nur deshalb mit den Vorgaben der Kapitalrichtlinie vereinbar, weil diese die nationalen Gesetzgeber hinsichtlich der Ausgestaltung ihrer Konzernrechte nicht bindet. Die Mitgliedstaaten sind daher einerseits befugt, Unternehmen einen Zugriff auf das Vermögen abhängiger Gesellschaften zu eröffnen. Es ist ihnen andererseits aber verwehrt, anderen Personen ein entsprechendes Privileg einzuräumen.[35] Praktisch bedeutungslos ist, ob ein privater Aktionär einen Gewinnabführungsvertrag schließen kann.[36]

III. Beherrschungsvertrag

1. Praktische Bedeutung. Es ist schwierig, die praktische Bedeutung des Beherrschungsvertrags 8 zuverlässig zu ermessen.[37] Bekannt ist, dass ein Beherrschungsvertrag meist mit einem Gewinnabführungsvertrag verbunden ist, obwohl dies aus steuerlichen Gründen nicht mehr zwingend geboten ist. Denn zur Begründung einer Organschaft genügt mittlerweile ein Gewinnabführungsvertrag (→ Vor § 291 Rn. 15). Dennoch wird in der Praxis meist auch ein Beherrschungsvertrag geschlossen, da die Rechtsfolgen beider Vertragsarten weitgehend identisch sind. Soweit ausnahmsweise isolierte Beherrschungsverträge anzutreffen sind, wurden sie ausschließlich aus konzernorganisatorischen Gründen geschlossen. Denn ein herrschendes Unternehmen ist nur durch Abschluss eines Beherrschungsvertrags in der Lage, eine abhängige AG in seinen Konzernverbund wirtschaftlich zu integrieren. Zu erwähnen ist schließlich, dass es weit verbreitete Praxis ist, nach einer erfolgreichen Über-

---

[27] Vgl. MüKoAktG/*Altmeppen* Rn. 3; Hüffer/Koch/*Koch* Rn. 8; Kölner Komm AktG/*Koppensteiner* Rn. 9; MHdB AG/*Krieger* § 70 Rn. 4; → § 15 Rn. 10 ff., → 46 ff.
[28] Vgl. BGHZ 69, 334 (338) – Veba/Gelsenberg; BGHZ 74, 359 (364 f.) – WAZ; BGHZ 80, 69 (72) – Süssen; BGHZ 95, 330 (337) – Autokran; BGHZ 135, 107 (113) – VW/Land Niedersachsen.
[29] Vgl. K. Schmidt/Lutter/*Langenbucher* Rn. 12.
[30] Vgl. *Kiefner/Schürnbrand* AG 2013, 789 (790 ff.).
[31] Freundschafts-, Handels- und Schifffahrtsvertrag v. 29.10.1954, BGBl. 1956 II 487.
[32] Vgl. OLG Nürnberg AG 1996, 228 (229); MüKoAktG/*Altmeppen* Rn. 6; Hüffer/Koch/*Koch* Rn. 5; Kölner Komm AktG/*Koppensteiner* Rn. 7; Wachter/*Müller* Rn. 8. AA *van Venrooy* BB 1986, 612 (615).
[33] Vgl. K. Schmidt/Lutter/*Langenbucher* Rn. 10.
[34] MüKoAktG/*Altmeppen* Rn. 15; Emmerich/Habersack/*Emmerich* Rn. 9 f.; Kölner Komm AktG/*Koppensteiner* Rn. 14; *Mülbert* ZHR 163 (1999) 1 (32 f.); K. Schmidt/Lutter/*Langenbucher* Rn. 12; Großkomm AktG/*Mülbert* Rn. 50; Bürgers/Körber/*Schenk* Rn. 5; Grigoleit/*Servatius* Rn. 19; jetzt auch Hüffer/Koch/*Koch* Rn. 8. AA K. *Schmidt* FS Koppensteiner, 2001, 191 (207 ff.); *Rubner* Der Konzern 2003, 735 (739 f.); vgl. auch *Schall* → § 15 Rn. 47.
[35] Vgl. *Veil* Unternehmensverträge 167 ff., 173 f.; zust. K. Schmidt/Lutter/*Langenbucher* Rn. 12.
[36] Vgl. *Veil* Unternehmensverträge 170 Fn. 36.
[37] Amtliche Statistiken über Unternehmensverträge werden nicht mehr geführt. Vgl. zu älteren Zahlen (Stand: 31.12.1973) die Angaben bei GHEK/*Geßler* Vor § 291 Rn. 8.

nahme einen Beherrschungsvertrag zu schließen, um die verbliebenen Aktionäre „hinauszudrängen" und somit die Voraussetzungen für einen Squeeze-Out zu schaffen.[38]

9 2. Begriff und Inhalt des Vertrags. Die **vertragstypischen Elemente** eines Beherrschungsvertrags sind in den § 291 Abs. 1, § 308 Abs. 1 niedergelegt: zum einen die Abrede, die **Leitung** der **Gesellschaft** einem anderen Unternehmen zu **unterstellen;** zum anderen das Recht des herrschenden Unternehmens, dem Vorstand der Gesellschaft hinsichtlich der Leitung der Gesellschaft **Weisungen** zu erteilen, die für die Gesellschaft **nachteilig** sein können, wenn sie den Belangen des herrschenden Unternehmens oder der mit ihm und der Gesellschaft konzernverbundenen Unternehmen dienen.[39] Die Pflicht zum Verlustausgleich gem. § 302 ist eine gesetzliche Folge und daher nicht notwendiger Vertragsbestandteil, wenngleich sie in der Praxis regelmäßig in den Vertrag aufgenommen wird. Die in der Praxis anzutreffenden Verträge beschränken sich meist auf wenige Regelungen, die sich am Gesetzeswortlaut (§ 291 Abs. 1) orientieren.[40]

10 Aus der **Interessenänderung** ist zu schließen, dass ein Beherrschungsvertrag den **Zweck** der **Gesellschaft ändert.** Er weist zahlreiche gesellschaftsrechtliche Elemente auf und wird daher heute als ein **Organisationsvertrag** qualifiziert (→ Vor § 291 Rn. 25, 26), auf den die allgemeinen Vorschriften des BGB nur zum Teil und mit Modifikationen anzuwenden sind (→ Vor § 291 Rn. 28, 29). Auch für die Auslegung der korporativen Vertragsbestimmungen gelten eigene Grundsätze (→ Vor § 291 Rn. 34 f.). Wegen seines verfassungsändernden Charakters kann ein Beherrschungsvertrag **nicht rückwirkend** geschlossen werden.[41] Aus dem organisationsrechtlichen Charakter ergeben sich zudem **Treuepflichten** der Vertragsparteien.[42] So kann auch die abhängige Gesellschaft verpflichtet sein, die Interessen des herrschenden Unternehmens zu berücksichtigen, insbesondere keine Maßnahmen zu ergreifen, die die steuerrechtlichen Zwecke des Vertrags konterkarieren.

11 a) Leitung der Gesellschaft. Der Begriff der **Leitung** hat dieselbe Bedeutung wie in § 76 Abs. 1.[43] Das herrschende Unternehmen bestimmt die Unternehmensplanung, koordiniert die unternehmerische Tätigkeit der Gesellschaft, legt die Organisation des Unternehmens fest, kontrolliert die Durchführung der Geschäfte und entscheidet, wie die Führungspositionen zu besetzen sind (→ § 76 Rn. 16 ff., 79 f.). Das Gesetz verlangt ferner, dass die Gesellschaft ihre Leitung einem anderen Unternehmen **unterstellt.** Hieraus folgt zum einen, dass die Führungsentscheidungen ausschließlich vom herrschenden Unternehmen getroffen werden und der Vorstand der Gesellschaft nicht mehr initiativ tätig werden kann.[44] Zum anderen ist hieraus zu schließen, dass das herrschende Unternehmen in der Lage sein muss, Führungsentscheidungen gegenüber der Gesellschaft durchzusetzen.[45] Instrument hierzu ist das **Weisungsrecht** des herrschenden Unternehmens.[46]

12 Der **Inhalt** eines Beherrschungsvertrags wird meist in enger Anlehnung an die gesetzliche Vertragsdefinition (vgl. § 291 Abs. 1) festgelegt. Notwendig ist dies nicht. Es genügt, wenn sich aus dem Inhalt des Vertrags ergibt, dass das herrschende Unternehmen in der Lage ist, „eine auf das **Gesamtinteresse** der **verbundenen Unternehmen** ausgerichtete **Zielkonzeption** zu **entwickeln** und gegenüber dem Vorstand der beherrschten Gesellschaft **durchzusetzen**".[47] Das Weisungsrecht besteht kraft Gesetzes und braucht daher nicht in den Vertrag aufgenommen werden. Es ist auch nicht erforderlich, dass der Vertrag explizit als Beherrschungsvertrag bezeichnet ist. Ausschlaggebend

---

[38] Dazu *Austmann* in Veil, Übernahmerecht in Praxis und Wissenschaft, 2009, 163 (172 f.).
[39] Zu aufsichtsrechtlichen Grenzen des Weisungsrechts bei Alternativen Investmentfonds (AIF) → § 308 Rn. 28b.
[40] Vgl. das Formular von *Stangl/Winter,* Formularbuch Recht und Steuern, 9. Aufl. 2018, A 10.00 mit umfangreichen Erläuterungen, insbes. auch zu steuerrechtlichen Fragen.
[41] Vgl. OLG Hamburg NJW 1990, 521; OLG Hamburg NJW 1990, 3024; Hüffer/Koch/*Koch* Rn. 11, ferner die weiteren Nachw bei → § 294 Rn. 26.
[42] Vgl. OLG Frankfurt/Main NZG 2000, 603 (604 f.) (Rücksichtnahmepflicht); *Veil* Unternehmensverträge 204 ff.; *Reichert* Liber Amicorum Winter, 2011, 541 (551 ff.).
[43] So schon RegBegr. *Kropff* S. 403; ferner MüKoAktG/*Altmeppen* Rn. 56 und 78; Emmerich/Habersack/ *Emmerich* Rn. 12; Hüffer/Koch/*Koch* Rn. 10; Kölner Komm AktG/*Koppensteiner* Rn. 20. AA Großkomm AktG/ *Mülbert* Rn. 60 (Begriff entspreche der Geschäftsführung iSd § 77 Abs. 1).
[44] Str.; wie hier *Exner,* Beherrschungsvertrag und Vertragsfreiheit, 1984, 98 f.; Kölner Komm AktG/*Koppensteiner* § 308 Rn. 71 *Veil* Unternehmensverträge 110. AA *Hommelhoff,* Die Konzernleitungspflicht, 1982, 218 f.; Hüffer/Koch/*Koch* Rn. 37.
[45] Vgl. MüKoAktG/*Altmeppen* Rn. 83; Hüffer/Koch/*Koch* Rn. 11.
[46] Str. ist, ob das Weisungsrecht ein unverzichtbares Merkmal des Beherrschungsvertrags ist. Vgl. hierzu → Rn. 25.
[47] Hüffer/Koch/*Koch* Rn. 10; *Raiser/Veil* KapGesR § 62 Rn. 2.

für eine zutreffende Qualifikation eines Vertrags ist allein dessen durch Auslegung (→ Vor § 291 Rn. 34 f.) zu ermittelnder Inhalt.[48]

Ein **Beherrschungsvertrag verändert die Verfassung** der Gesellschaft auf vielfältige Weise. **13** So verliert der Vorstand seine Kompetenz, das Unternehmen unter eigener Verantwortung zu leiten (§ 76 Abs. 1). Die Befugnisse des Aufsichtsrats, die Unternehmensleitung zu kontrollieren, bleiben zwar grundsätzlich unberührt. Er ist weiterhin berechtigt, die ihm in der Satzung anvertrauten Zustimmungsvorbehalte (§ 111 Abs. 4 S. 2) auszuüben. Allerdings kann das herrschende Unternehmen sich über ein Veto des Aufsichtsrats hinwegsetzen (§ 308 Abs. 3). Dagegen hat es keinen Einfluss auf die Maßnahmen, die von der Hauptversammlung der Gesellschaft zu beschließen sind.[49]

Nicht gesetzlich geregelt ist, ob der andere Vertragsteil aufgrund des Beherrschungsvertrags **Infor-** **13a** **mationsansprüche** gegenüber der abhängigen Gesellschaft hat. Normiert ist lediglich, dass ein Aktionär nach Maßgabe des § 131 Auskunft von der Gesellschaft verlangen kann.[50] Bei Bestehen eines Beherrschungsvertrags hat das herrschende Unternehmen die Leitungskompetenz inne (vgl. § 291 Abs. 1). Der Sinn und Zweck des Vertrags besteht darin, die Gesellschaft in den Konzernverbund zu integrieren. Um dieses Ziel zu erreichen, ist ein Informationszugang des herrschenden Unternehmens erforderlich. Es ist daher anzunehmen, dass das herrschende Unternehmen einen umfassenden anlassunabhängigen Auskunftsanspruch gegenüber dem Vorstand der abhängigen Gesellschaft über Leitungsangelegenheiten hat[51] (→ § 308 Rn. 1). Die Grenze für den konzerninternen Informationsfluss ergibt sich aus § 308 Abs. 1 S. 2. Schließlich bestehen vor diesem Hintergrund auch keine Bedenken dagegen, im Vertrag den Auskunftsanspruch zu regeln und eine periodische Berichterstattung durch den Vorstand der abhängigen Gesellschaft vorzusehen. Eine andere Frage ist, ob der Vorstand der abhängigen Gesellschaft eine (haftungsbewährte) **Informationspflicht** gegenüber dem herrschenden Unternehmen hat, etwa wenn größere Verluste drohen. Dafür spricht, dass das herrschende Unternehmen die Verluste der Gesellschaft tragen muss (vgl. § 302 Abs. 1). Daraus können Rücksichtsnahmepflichten der abhängigen Gesellschaft gegenüber dem herrschenden Unternehmen abgeleitet werden.[52]

Zweifelhaft ist, ob der Vorstand der beherrschungsvertraglich gebundenen Gesellschaft verpflichtet **14** ist, **Strukturmaßnahmen** im Sinne der *Holzmüller*- und *Gelatine*-Doktrin[53] der **Hauptversammlung** zur Entscheidung vorzulegen. Dagegen könnte sprechen, dass die außenstehenden Aktionäre durch eine Ausgliederung von Unternehmensteilen oder einen vergleichbaren Vorgang in ihren vermögensrechtlichen Interessen nicht verletzt werden. Sie könnten durch die Ausgleichs- und Abfindungsansprüche (§§ 304, 305) angemessen und in ausreichender Weise geschützt sein.[54] Diese Auslegung verkennt aber, dass die vom BGH mit den *Holzmüller*- und *Gelatine*-Urteilen rechtsfortbildend entwickelten Grundsätze gerade für solche Maßnahmen gelten, die nicht mehr der Geschäftsführung unterfallen. Es handelt sich, wenn die höchstrichterlich formulierten Voraussetzungen erfüllt sind, um zwingend der Hauptversammlung zugewiesene Strukturmaßnahmen! Der beherrschungsvertragliche Einfluss kann sich auf diesen Bereich nicht erstrecken. Sofern es sich also um eine Maßnahme handelt, die an die Kernkompetenz der Hauptversammlung rührt, über die Verfassung der Aktiengesellschaft zu bestimmen, hat eine Mitwirkungskontrolle der Hauptversammlung stattzufinden.[55]

aa) **Einfluss auf die unternehmerische Tätigkeit der Gesellschaft.** Das herrschende Unter- **15** nehmen kann dem Vorstand auch **Weisungen** erteilen, die für die Gesellschaft **nachteilig** sind, wenn sie den Belangen des herrschenden Unternehmens oder der mit ihm und der Gesellschaft konzernverbundenen Unternehmen dienen (§ 308 Abs. 1 S. 2). Erst aus der veränderten Interessenausrichtung ergibt sich, dass die Gesellschaft in den Konzernverband des herrschenden Unternehmens

---

[48] Vgl. KG AG 2001, 186 zu einem noch vor 1965 geschlossenen Vertrag; LG Flensburg Der Konzern 2006, 303 (306) (iE abgelehnt; aA insoweit *Hirte/Schall* Der Konzern 2006, 243 (244 ff.); LG Hamburg AG 1991, 365 (366); MüKoAktG/*Altmeppen* Rn. 44 f.; Hüffer/Koch/*Koch* Rn. 13; Kölner Komm AktG/*Koppensteiner* Vor § 291 Rn. 155. AA nur Teile des älteren Schrifttums; vgl. *v. Godin/Wilhelmi* § 294 Anm. 6; Großkomm AktG/*Würdinger*, 3. Aufl. 1971 Anm. 14.
[49] MüKoAktG/*Altmeppen* Rn. 78; Hüffer/Koch/*Koch* § 308 Rn. 12.
[50] Daneben bestehen spezifische Informationsansprüche, etwa im Rechnungslegungsrecht (vgl. § 294 Abs. 3 HGB) und im Bankaufsichtsrecht (vgl. *Wundenberg*, Compliance und die prinzipiengeleitete Aufsicht über Bankengruppen, 2012, 184 ff.).
[51] Ebenso Großkomm AktG/*Mülbert* Rn. 130.
[52] Vgl. OLG Frankfurt/Main NZG 2000, 603 (604 f.) (Rücksichtnahmepflicht der Gesellschaft bei Bestehen eines Gewinnabführungsvertrags aufgrund der besonderen Umstände des Falls); → Rn. 10.
[53] Vgl. BGHZ 83, 122 – Holzmüller und BGHZ 129, 30 – Gelatine.
[54] Abl. *Sieger/Hasselbach* AG 1999, 241 (245 ff.); *Fuhrmann* AG 2004, 339 (342); *Arnold* ZIP 2005, 1573 (1579).
[55] Ebenso *Liebscher* ZGR 2005, 1 (32).

wirtschaftlich eingegliedert ist. Dieses ist berechtigt, der Gesellschaft abstrakte oder konkrete Vorgaben zu den Bedingungen ihrer geschäftlichen Transaktionen zu machen, insbesondere durch Verrechnungspreise den konzerninternen Austausch von Waren und die Erbringung von Dienstleistungen zu steuern.[56] Die **Konzernverrechnungspreise** können für die verpflichtete Gesellschaft auch **unangemessen** sein; verdeckte Gewinnausschüttungen sind bei Bestehen eines Beherrschungsvertrags nicht verboten.[57] Auch ein **Cash-Managementsystem** kann weitgehend friktionslos – dh ohne eine beträchtliche Gefahr, gegen die §§ 57, 58, 60 zu verstoßen – etabliert werden. Denn Leistungen der abhängigen Gesellschaft verstoßen nicht gegen die Regeln über die Kapitalbindung (§ 291 Abs. 3; dazu → Rn. 72 ff.). Auf die Angemessenheit des Darlehenszinses sowie die Vollwertigkeit des Rückerstattungsanspruchs kommt es daher bei einem Cash-Pooling nicht an.[58] Allerdings muss in einem solchen Fall der **Verlustausgleichsanspruch** der abhängigen Gesellschaft gegen den anderen Vertragsteil (vgl. § 302 Abs. 1) **vollwertig** sein (zum Leistungsverweigerungsrecht → § 308 Rn. 33).[59]

16   Die Konzernleitung darf nicht uneingeschränkt ausgeübt werden. So dürfen die mit einer Weisung verbundenen Nachteile nicht außer Verhältnis stehen zu den Vorteilen für den Konzernverbund.[60] Nach hM sollen außerdem **existenzgefährdende Weisungen unzulässig** sein.[61] Dem ist nicht zu folgen.[62] Zum einen ist es bislang nicht gelungen, den Begriff der existenzgefährdenden Weisung befriedigend zu konturieren. Die Judikatur des BGH zur Haftung wegen existenzvernichtenden Eingriffs[63] kann wegen ihrer anders gelagerten Funktion (Ergänzung des bilanziell fundierten Kapitalschutzes)[64] nicht nutzbar gemacht werden. Dies erschwert eine zuverlässige Subsumtion möglicher virulenter Sachverhalte. Zum anderen sind die von der hM angeführten Fälle einer rechtswidrigen Konzernleitung durch die Zwecke eines Beherrschungsvertrags gedeckt. Es ist nicht zu beanstanden, wenn die Gesellschaft wie eine unselbständige Betriebsabteilung geführt oder Liquidität abgezogen wird. Da das herrschende Unternehmen die Risiken der geschäftlichen Tätigkeit der Gesellschaft übernimmt (§ 302 Abs. 1), muss es außerdem berechtigt sein, die Einstellung des Geschäftsbetriebs durchzusetzen.[65] Aus diesem Grund sind auch finanzielle Transaktionen, die „offensichtlich hoch spekulativ und riskant" sind,[66] erlaubt.

17   bb) **Einfluss auf den Jahresüberschuss.** Die Zuständigkeiten der Hauptversammlung werden durch einen Beherrschungsvertrag nicht berührt. So ist sie nach wie vor dazu berufen, über die Verwendung des Gewinns zu entscheiden (§ 174). Das herrschende Unternehmen hat nicht das Recht, nach Feststellung des Jahresabschlusses auf den Bilanzgewinn zuzugreifen.[67] Dazu muss es einen Gewinnabführungsvertrag schließen. Nicht abschließend geklärt ist, ob das herrschende Unternehmen **vor** der **Feststellung** des **Jahresabschlusses** die **Abführung** des **Jahresüberschusses**

---

[56] Emmerich/Habersack/*Emmerich* § 308 Rn. 44; GHEK/*Geßler* § 308 Rn. 47; MHdB AG/*Krieger* § 70 Rn. 134.
[57] MüKoAktG/*Altmeppen* § 308 Rn. 96.
[58] Vgl. *Mülbert/Leuschner* NZG 2009, 281 (287).
[59] Vgl. *Mülbert/Leuschner* NZG 2009, 281 (287) („gesichert"); *Wand/Tillmann/Heckenthaler* AG 2009, 148 (154) („vollwertig"); *Altmeppen* NZG 2010, 361 (364); K. Schmidt/Lutter/*Langenbucher* Rn. 71. AA *Wilhelmi* WM 2009, 1917 (1920): konkretes Ausfallrisiko des Ausgleichsanspruchs sei entscheidend; wiederum anders *Cahn* Der Konzern 2009, 7 (16) (Verbot des Abzugs existenznotwendig benötigter Liquidität gem. § 64 S. 3 GmbHG und § 92 Abs. 2 S. 3 AktG).
[60] Emmerich/Habersack/*Emmerich* § 308 Rn. 51; *Eschenbruch* Konzernhaftung Rn. 3055; *Hommelhoff*, Die Konzernleitungspflicht, 1982, 149; Hüffer/Koch/*Koch* § 308 Rn. 17; Kölner Komm AktG/*Koppensteiner* § 308 Rn. 47; großzügiger GHEK/*Geßler* § 308 Rn. 54.
[61] *Clemm* ZHR 141 (1977) 197 (204 ff.); Emmerich/Habersack/*Emmerich* § 308 Rn. 61; *Geßler* ZHR 140 (1976) 433 (436 ff.); *Hommelhoff*, Die Konzernleitungspflicht, 1982, 150 f.; Hüffer/Koch/*Koch* § 308 Rn. 19; *Immenga* ZHR 140 (1976) (301, 305 ff.); *Köhler* ZGR 1985, 307 (318); MHdB AG/*Krieger* § 71 Rn. 153; *Seibt/Cziupka* AG 2015, 721; OLG Düsseldorf AG 1990, 490 (492).
[62] Ebenso Kölner Komm AktG/*Koppensteiner* § 308 Rn. 50; *Glaser*, Grenzen des Weisungsrechts im Vertragskonzern, 1982, 12 ff.
[63] BGHZ 149, 10 – Bremer Vulkan; BHGZ 150, 61 – L-Kosmetik; BHGZ 151, 181 – KBV; BGH ZIP 2004, 2138 – Klinik; BGH ZIP 2005, 117 – BMW-Vertragshändler; BGH ZIP 2005, 250 – Handelsvertreter; BGH NZG 2005, 886; BGHZ 173, 246 – Trihotel; BGHZ 176, 204 – GAMMA.
[64] Grundlegend *Röhricht* FS 50 Jahre BGH, 2000, 83 ff.; vgl. ferner *Veil* VGR 10 (2006) 103 (109 ff.) (flankierender Solvenzschutz).
[65] So zu Recht Kölner Komm AktG/*Koppensteiner* § 308 Rn. 28 gegen *Geßler* ZHR 140 (1976) 433 (439).
[66] *Clemm* ZHR 141 (1977) 197 (203).
[67] Emmerich/Habersack/*Emmerich* § 308 Rn. 43; *Exner*, Beherrschungsvertrag und Vertragsfreiheit, 1984, 89; *Fabian*, Inhalt und Auswirkungen des Beherrschungsvertrags, 1997, 156; *Geßler* FS Ballerstedt, 1975, 219 (221); Kölner Komm AktG/*Koppensteiner* § 308 Rn. 36.

durchsetzen kann. Dies wird von manchen Stimmen bejaht.[68] Das herrschende Unternehmen sei rechtlich in der Lage, auf das Vermögen der Gesellschaft zuzugreifen und somit zu verhindern, dass Gewinne entstehen. Es müsse dann auch zulässig sein, einen etwaigen Jahresüberschuss abzuschöpfen, zumal sich eine offene und eine verdeckte Gewinnverlagerung nur in der buchmäßigen Behandlung des Vorgangs unterscheiden würden.[69] Die hM wendet gegen diese Auffassung zu Recht ein, sie sei mit der Systematik der §§ 291, 292 nicht in Einklang zu bringen.[70] Anerkennte man, dass sich die beherrschungsvertragliche Leitungsmacht auf den Transfer des Jahresüberschusses erstreckt, würde die gesetzliche Unterteilung der Vertragsarten eingeebnet.

Dem herrschenden Unternehmen ist es verwehrt, die Feststellung des Jahresabschlusses durch Vorstand und Aufsichtsrat zu erzwingen,[71] da durch den Beherrschungsvertrag die finanzverfassungsrechtlichen Kompetenzen der Verwaltung nicht aufgehoben werden (→ Rn. 19). Zweifelhaft ist, ob das herrschende Unternehmen Einfluss auf die **Aufstellung** des **Jahresabschlusses** hat. Die hM bejaht die Frage, da sie die Rechnungslegung als einen Ausschnitt der unternehmerischen Leitungskompetenz des Vorstands versteht.[72] Das **Weisungsrecht** des herrschenden Unternehmens erstrecke sich auf alle **bilanzpolitischen Entscheidungen.** Der Vorstand könne daher angewiesen werden, wie er Ansatz- und Bewertungswahlrechte[73] und bilanzrechtliche Ermessensspielräume[74] auszuüben habe. Das herrschende Unternehmen sei ferner berechtigt, dem Vorstand vorzugeben, bestimmte Beträge in andere Gewinnrücklagen einzustellen oder solche Rücklagen aufzulösen.[75] 18

Der hM ist nicht zu folgen.[76] Der typische Inhalt eines Beherrschungsvertrags erschließt sich zum einen aus § 291 und zum anderen aus § 308 Abs. 1. Hiernach unterstellt sich die Gesellschaft der Leitung durch ein anderes Unternehmen, das berechtigt ist, dem Vorstand hinsichtlich der Leitung der Gesellschaft Weisungen zu erteilen. Das herrschende Unternehmen bestimmt somit den gesamten Bereich der Unternehmensleitung, der an sich der Kompetenz des Vorstands unterfällt (§ 76 Abs. 1).[77] Der Einfluss des herrschenden Unternehmens erschöpft sich folglich darin, die Unternehmensplanung, die Kontrolle der Unternehmensorganisation sowie die Geschäfts- und die Personalpolitik der Gesellschaft zu bestimmen (→ § 76 Rn. 18). Die finanzverfassungsrechtlichen Angelegenheiten sind weiterhin vom Vorstand und vom Aufsichtsrat der Gesellschaft wahrzunehmen. Beide Organe treffen nach Abschluss eines Beherrschungsvertrags die ihnen gem. §§ 58, 170 ff. zugewiesenen Führungsentscheidungen weiterhin nach eigenem pflichtgemäßen Ermessen.[78] 19

b) Ausgleich, Abfindung und Verlustausgleich. Ein Beherrschungsvertrag muss die Verpflichtung des herrschenden Unternehmens enthalten, den außenstehenden Aktionären einen Ausgleich zu gewähren (§ 304) und eine Abfindung (§ 305) anzubieten. Der Vertrag ist bei Fehlen des Ausgleichsanspruchs nichtig (§ 304 Abs. 3 S. 1). Sieht er keine bzw. keine ordnungsgemäße Abfindung vor, so wird die vertraglich zu gewährende Abfindung im Spruchverfahren vom Gericht bestimmt (§ 305 Abs. 5 S. 2). 20

Dagegen ist die Verpflichtung des herrschenden Unternehmens, einen sonst zum Ende des Geschäftsjahres entstehenden Jahresfehlbetrag zu übernehmen, kein notwendiger Vertragsbestandteil. Die Verlustausgleichspflicht ist als ein gesetzliches Dauerschuldverhältnis konzipiert.[79] § 302 Abs. 1 21

---

[68] *Glaser,* Grenzen des Weisungsrechts im Vertragskonzern, 1982, 50 ff.; *Sonnenschein,* Organschaft und Konzerngesellschaftsrecht, 1976, 428.

[69] *Sonnenschein,* Organschaft und Konzerngesellschaftsrecht, 1976, 428.

[70] Vgl. *Geßler* FS Ballerstedt, 1975, 219 (221 f.); Kölner Komm AktG/*Koppensteiner* § 308 Rn. 36; *Exner,* Beherrschungsvertrag und Vertragsfreiheit, 1984, 88 ff.; Emmerich/Habersack/*Emmerich* § 308 Rn. 43; *Fabian,* Inhalt und Auswirkungen des Beherrschungsvertrags, 1997, 157 ff.

[71] Vgl. *Exner,* Beherrschungsvertrag und Vertragsfreiheit, 1984, 109.

[72] *Altmeppen* DB 1999, 2453 (2454); *Exner,* Beherrschungsvertrag und Vertragsfreiheit, 1984, 101 (106 ff.); Hüffer/Koch/*Koch* § 308 Rn. 12, 14; *Fabian,* Inhalt und Auswirkungen des Beherrschungsvertrags, 1997, 146 ff.; Kölner Komm AktG/*Koppensteiner* § 308 Rn. 27, 33; *W. Müller* FS Kropff, 1997, 517 (528); Emmerich/Habersack/*Emmerich* § 308 Rn. 40; *Sina* AG 1991, 1; Großkomm AktG/*Hirte* § 308 Rn. 32; wohl auch *H.P. Müller* FS Goerdeler, 1987, 375 (381); so auch der BGH obiter dictum, BGHZ 135, 374 (377 f.) – Guano.

[73] *Exner,* Beherrschungsvertrag und Vertragsfreiheit, 1984, 106; *W. Müller* FS Kropff, 1997, 517 (528); im Grundsatz auch *H.P. Müller* FS Goerdeler, 1987, 375 (381).

[74] *Exner,* Beherrschungsvertrag und Vertragsfreiheit, 1984, 107; *W. Müller* FS Kropff, 1997, 517 (528).

[75] *Exner,* Beherrschungsvertrag und Vertragsfreiheit, 1984, 105; *Fabian,* Inhalt und Auswirkungen des Beherrschungsvertrags, 1997, 150 f.

[76] *Glaser,* Grenzen des Weisungsrechts im Vertragskonzern, 1982, 24 ff.; *Veil* Unternehmensverträge 112 ff.

[77] RegBegr. *Kropff* S. 403.

[78] Vgl. *Veil* Unternehmensverträge 112 ff.

[79] *K. Schmidt* ZGR 1983, 513 (516 f.); Hüffer/Koch/*Koch* § 302 Rn. 4; *W. Müller* FS Rowedder, 1994, 277 (281); *Wiechmann* DB 1985, 2031 (2032); zweifelnd Kölner Komm AktG/*Koppensteiner* § 302 Rn. 15; aA *Gansweid,* Gemeinsame Tochtergesellschaften im deutschen Konzern- und Wettbewerbsrecht, 1976, 140; *Timm* GmbHR 1987, 8 (17).

setzt lediglich das Bestehen eines Beherrschungsvertrags voraus.[80] Das herrschende Unternehmen haftet folglich auch dann, wenn ein Verlustausgleich im Beherrschungsvertrag nicht ausdrücklich vorgesehen ist.

22 3. **Vertragsfreiheit.** „Unternehmensverträge gehören zu den unter AktG § 83 fallenden Grundlagenverträgen, über deren Wirksamwerden die Hauptversammlung verbindlich entscheidet. Ihren Inhalt können die Parteien in den Grenzen gestalten, die durch zwingende Regelungen aktienrechtlicher Normen einschließlich der Vorschriften über das Unternehmensvertragsrecht gezogen werden."[81] Die Möglichkeiten und Grenzen einer inhaltlichen Ausgestaltung des Beherrschungsvertrags sind freilich bis heute nicht endgültig geklärt (etwa zur Vereinbarung von Informationsansprüchen → Rn. 13a). Im Vordergrund der Diskussion steht, ob die Befugnisse des herrschenden Unternehmens eingeschränkt oder ausgeschlossen werden können.[82] Es stellt sich außerdem die Frage, ob sich mit der Beschränkung des beherrschungsvertraglichen Einflusspotentials ein reduziertes Sicherungssystem zugunsten der Gesellschaft, der Gläubiger und der außenstehenden Aktionäre verbindet.

23 a) **Zulässigkeit inhaltsbeschränkender Abreden.** In der Regel besteht kein Anlass, die vertraglichen Leitungskompetenzen des herrschenden Unternehmens zu begrenzen (aber zu sog. KWG-Vorbehalten → Rn. 5a). Ein herrschendes Unternehmen kann hieran aber ein Interesse haben, wenn es nicht über die erforderliche Kapitalmehrheit (§ 293 Abs. 1 S. 2) verfügt und deshalb die Zustimmung der außenstehenden Aktionäre zum Abschluss des Beherrschungsvertrags gewinnen muss.[83] Zu unterscheiden sind zwei Gestaltungsvarianten. Erstens kommt in Betracht, dass die abhängige Gesellschaft dem anderen Unternehmen nur bestimmte Ausschnitte der Leitungszuständigkeit des Vorstands überträgt (Teilbeherrschungsvertrag). Zweitens kann ein Bedürfnis dafür bestehen, das Weisungsrecht des herrschenden Unternehmens vollständig oder teilweise auszuschließen.

24 Die hM anerkennt eine Gestaltungsfreiheit der Parteien, verlangt aber, dass das herrschende Unternehmen in der Lage sein müsse, die Gesellschaft einheitlich zu leiten (§ 18 Abs. 1).[84] So soll ein **Teilbeherrschungsvertrag** zulässig sein, wenn das herrschende Unternehmen in der Lage ist, einzelne Ausschnitte der Unternehmensleitung zu bestimmen.[85] Dagegen sei es ausgeschlossen, dem herrschenden Unternehmen die Befugnis einzuräumen, dem Vorstand der Gesellschaft hinsichtlich der Führung einzelner Betriebe Weisungen zu erteilen.[86] Der restriktiven Linie der hM ist nicht zu folgen. Beschränkungen der Vertragsfreiheit können weder auf den Zweck der §§ 291 ff. gestützt werden, dem herrschenden Unternehmen zur Gestaltung der Konzernbeziehungen eine Organisationsautonomie einzuräumen,[87] noch auf den weiteren Zweck der Vorschriften, Gläubiger und außenstehende Aktionäre zu schützen.[88] Aus den Regelungszielen des Unternehmensvertragsrechts folgt vielmehr, dass es den Parteien möglich sein muss, dem herrschenden Unternehmen nur bestimmte Leitungsfunktionen zu übertragen[89] oder ihm nur die Leitung einzelner Betriebe anzuvertrauen.[90]

---

[80] *K. Schmidt* ZGR 1983, 513 (517).
[81] BGHZ 122, 211 Leitsatz 1.
[82] Nach *Hommelhoff*, Die Konzernleitungspflicht, 1982, 304 ff. (315 ff.) hat der Vorstand des herrschenden Unternehmens ein „konzernpolitisches Gesamtkonzept" zu entwerfen, welches Eingang in den Beherrschungsvertrag finden müsse. Die Auffassung hat sich in der Praxis nicht durchgesetzt und wird im Schrifttum wohl einhellig abgelehnt. Vgl. MüKoAktG/*Altmeppen* Rn. 73 f.; Kölner Komm AktG/*Koppensteiner* Rn. 53 f.; *Kropff* ZGR 1984, 112 (120 ff.); *Rehbinder* ZHR 147 (1983) 464 (471); Großkomm AktG/*Mülbert* Rn. 84 ff. (keine Ausgestaltungsgebote).
[83] Vgl. zu weiteren Gründen für inhaltsbeschränkende Abreden *Veil* Unternehmensverträge 13–15.
[84] *Bachmann/Veil* ZIP 1999, 348 (353 f.); Emmerich/Habersack/*Emmerich* Rn. 21; *Fabian*, Inhalt und Auswirkungen des Beherrschungsvertrags, 1997, 180; *Glaser*, Grenzen des Weisungsrechts im Vertragskonzern, 1982, 212 (214); Hüffer/Koch/*Koch* Rn. 10; MHdB AG/*Krieger* § 71 Rn. 5.
[85] Vgl. mit Unterschieden im Einzelnen GHEK/*Geßler* Rn. 51; *Dierdorf*, Herrschaft und Abhängigkeit einer AG auf schuldvertraglicher und tatsächlicher Grundlage, 1978, 110 f.; Hüffer/Koch/*Koch* Rn. 10; K. Schmidt/Lutter/*Langenbucher* Rn. 30 f.; Großkomm AktG/*Mülbert* Rn. 66 ff. AA Kölner Komm AktG/*Koppensteiner* Rn. 47 f.
[86] Vgl. *Dierdorf*, Herrschaft und Abhängigkeit einer AG auf schuldvertraglicher und tatsächlicher Grundlage, 1978, 110 f.; *Fabian*, Inhalt und Auswirkungen des Beherrschungsvertrags, 1997, 180; GHEK/*Geßler* Rn. 50; *Glaser*, Grenzen des Weisungsrechts im Vertragskonzern, 1982, 214; Kölner Komm AktG/*Koppensteiner* Rn. 45; K. Schmidt/Lutter/*Langenbucher* Rn. 31 (im Regelfall nicht ausreichend). AA *Exner*, Beherrschungsvertrag und Vertragsfreiheit, 1984, 110 ff.
[87] Vgl. *Veil* Unternehmensverträge 233.
[88] MüKoAktG/*Altmeppen* Rn. 91; *Veil* Unternehmensverträge 233.
[89] MüKoAktG/*Altmeppen* Rn. 89 ff.; *Exner*, Beherrschungsvertrag und Vertragsfreiheit, 1984, 111 ff.; *Veil* Unternehmensverträge 234 f.
[90] *Veil* Unternehmensverträge 235.

Eine **Beschränkung** des **Weisungsrechts** ist auf verschiedene Art und Weise möglich. Eine 25
entsprechende Abrede kann konkrete Maßnahmen betreffen. Denkbar ist es, dass das herrschende
Unternehmen sich bereit erklärt, über bestimmte Gegenstände des Anlagevermögens nicht zu verfügen oder Lizenzen bzw. Patente nicht zu verwerten. Beschränkungen können auch abstrakt in dem
Sinne formuliert sein, dass bestimmte Geschäfte dem Einfluss des herrschenden Unternehmens
entzogen werden oder dass sich dieses verpflichtet, eine bestimmte Geschäftspolitik zu verfolgen.
Solche Abreden sind ebenfalls grundsätzlich zulässig.[91] Dabei kommt es entgegen der hM nicht
darauf an, ob der Vertrag eine einheitliche Leitung der Gesellschaft iSv § 18 Abs. 1 ermöglicht. Mit
den Zwecken der §§ 291 ff. ist es allerdings nicht zu vereinbaren, das Weisungsrecht vollständig
auszuschließen.[92]

b) Atypischer Beherrschungsvertrag. Es ist bislang kaum diskutiert worden, ob sich mit einer 26
vertraglichen Begrenzung der Herrschaftsrechte Modifikationen des gesetzlichen Schutzsystems verbinden. Ein solcher atypischer Beherrschungsvertrag kann vorliegen, wenn der andere Vertragsteil
sich damit begnügt, seine unternehmerischen Ziele mit Vetorechten zu sichern.[93] Auf diese Weise
wird er lediglich in die Lage versetzt, bestimmte, ihm unter Umständen unliebsame Entscheidungen
zu verhindern. Dabei muss er auch die Interessen der Gesellschaft berücksichtigen. Insbesondere ist
er nicht berechtigt, seine Vertragsposition zum Nachteil der Gesellschaft auszuüben.

Bei Bestehen eines atypischen Beherrschungsvertrags sind ein Bestandsschutz der Gesellschaft und 27
ein besonderer Gläubigerschutz entbehrlich. Der andere Vertragsteil ist weder verpflichtet, die Verluste der Gesellschaft auszugleichen, noch muss er den Gläubigern bei Vertragsende Sicherheit leisten.
Allerdings kann der andere Vertragsteil zum Schadensersatz verpflichtet sein, wenn er die Interessen
der Gesellschaft und damit seine unternehmerische Treuepflicht verletzt.[94] Außenstehenden Aktionären ist aber eine Barabfindung anzubieten.[95]

Diese rechtsfortbildende Konzeption der vom Gesetz anerkannten beherrschungsvertraglichen 28
Organisationsautonomie kann nur in bestimmten Situationen anerkannt werden. So ist es ausgeschlossen, dass ein herrschendes Unternehmen mit der Gesellschaft einen atypischen Beherrschungsvertrag schließt.[96] Als Vertragspartner kommen lediglich Dritte und Aktionäre in Betracht, von
denen die Gesellschaft nicht abhängig ist. Ihnen wird es ermöglicht, die Verfolgung eigener unternehmerischer Ziele auf einer organisationsrechtlichen Ebene zu sichern. Der atypische Beherrschungsvertrag substituiert die im Aktienrecht fehlende Möglichkeit, den Interessen einzelner Aktionäre
durch eine statutarische Ausgestaltung der Organisationsordnung gerecht zu werden. Aus Gründen
der Rechtssicherheit sollte gesetzlich klargestellt werden, unter welchen Voraussetzungen die gesetzlichen Sicherungen keine Anwendung finden.

4. Beherrschungsverträge in besonderen Konzernverbindungen. Beherrschungsverträge 29
werden in der Praxis häufig in **mehrstufigen Unternehmensverbindungen** geschlossen. Sofern
beispielsweise eine Enkelin beherrschungsvertraglich gebunden werden soll, bietet es sich an, einen
Vertrag sowohl mit der Mutter als auch mit der Tochter zu schließen. Anderenfalls wären in den
Konzernverhältnissen die Vorschriften über die Verantwortlichkeit des herrschenden Unternehmens
bei Fehlen eines Beherrschungsvertrags (§§ 311 ff.) anwendbar. Die Mutter kann auf diese Weise
ihre Vorstellungen über die Unternehmenspolitik unmittelbar gegenüber dem Vorstand der Enkelin
durchsetzen, ohne verpflichtet zu sein, die aus der Maßnahme oder dem Rechtsgeschäft resultierenden Nachteile auszugleichen.

Die Zulässigkeit dieses Vorgehens ist mittlerweile anerkannt.[97] Die §§ 291 ff. gehen zwar von 30
einem einstufigen Konzernverhältnis aus. Doch lässt sich den Vorschriften kein Verbot entnehmen,
Beherrschungsverträge mit mehreren Unternehmen abzuschließen. Der Gefahr sich widerspre-

---

[91] *Glaser*, Grenzen des Weisungsrechts im Vertragskonzern, 1982, 211 f.; *Hommelhoff*, Die Konzernleitungspflicht, 1982, 152; Hüffer/Koch/*Koch* § 308 Rn. 1, 13; einschränkend Kölner Komm AktG/*Koppensteiner* § 308 Rn. 58 (nur Maßnahmen, welche typischerweise nachteiligen Charakter haben).
[92] *Emmerich/Habersack* KonzernR § 11 II 2; *Fabian*, Inhalt und Auswirkungen des Beherrschungsvertrags, 1997, 182 ff.; Hüffer/Koch/*Koch* Rn. 11; Kölner Komm AktG/*Koppensteiner* Rn. 21 f.; MHdB AG/*Krieger* § 71 Rn. 6; *Veil* Unternehmensverträge 235 f. AA MüKoAktG/*Altmeppen* Rn. 97 f.; *Exner*, Beherrschungsvertrag und Vertragsfreiheit, 1984, 116; *Geßler* FS Beitzke, 1979, 923 (930 f.).
[93] Vgl. zur Wirkungsweise der Kontrollrechte *Veil* Unternehmensverträge 240.
[94] Vgl. *Veil* Unternehmensverträge 241.
[95] Vgl. *Veil* Unternehmensverträge 242.
[96] Vgl. *Veil* Unternehmensverträge 243.
[97] Vgl. LG Frankfurt/Main DB 1990, 624; MüKoAktG/*Altmeppen* Rn. 108; Hüffer/Koch/*Koch* Rn. 15; *W.F. Bayer* FS Ballerstedt, 1975, 157 (163 f.); Kölner Komm AktG/*Koppensteiner* Rn. 57 ff.; MHdB AG/*Krieger* § 71 Rn. 11. AA *Pentz*, Die Rechtsstellung der Enkel-AG in einer mehrstufigen Unternehmensverbindung, 1994, 171 ff.

der Weisungen seitens der Mutter und der Tochter muss aber Rechnung getragen werden, indem im Vertrag die Konzernleitungsbefugnisse der Vertragspartner entweder klar voneinander getrennt werden oder eine Abstimmung der Vertragspartner bei der Durchsetzung der unternehmenspolitischen Vorstellungen sichergestellt wird.[98]

31   In ähnlicher Weise stellt sich die Sach- und Rechtslage dar, wenn ein Beherrschungsvertrag mit mehreren Müttern geschlossen wird. Die **„Mehrmütterherrschaft"** war bislang steuerrechtlich motiviert und mit Blick auf die in § 14 Abs. 2 KStG aF und § 2 Abs. 2 S. 3 GewStG aF vorgesehenen Anforderungen an die Begründung einer Organschaft konzipiert. Sie zeichnet sich dadurch aus, dass sowohl die Mütter als auch ein von ihnen gegründetes Gemeinschaftsunternehmen mit der Gesellschaft einen Beherrschungs- und Gewinnabführungsvertrag schließen.[99] Die hierbei auftretenden Probleme sollen ebenfalls mit dem Erfordernis einer koordinierten Konzernleitungsmacht gelöst werden.[100] Durch das StVergAbG[101] wurden die Vorschriften über die Mehrmütterorganschaft aufgehoben (→ Vor § 291 Rn. 18), so dass die Konstruktion für die Gestaltungspraxis nicht mehr von Interesse sein dürfte.[102]

IV. Gewinnabführungsvertrag

32   **1. Praktische Bedeutung.** Die praktische Bedeutung von Gewinnabführungsverträgen ließ sich bislang nur erahnen.[103] Aus dem elektronischen Bundesanzeiger kann aber ein Eindruck über die Vertragspraxis gewonnen werden. Dabei zeigt sich, dass Gewinnabführungsverträge durchaus verbreitet sind. Sie werden nur zur Begründung einer steuerlichen Organschaft geschlossen (→ Vor § 291 Rn. 15). Üblicherweise werden sie mit einem Beherrschungsvertrag verbunden. Doch ist dies aus steuerlichen Gründen nicht mehr erforderlich (→ Vor § 291 Rn. 15).

33   **2. Begriff und Inhalt.** Der Gewinnabführungsvertrag ändert die finanzverfassungsrechtlichen Strukturen der verpflichteten Gesellschaft. Da in dieser kein ausschüttungsfähiger Bilanzgewinn mehr entstehen kann, werden die Gewinnverwendungskompetenz der Hauptversammlung (§ 174) und das Gewinnbezugsrecht der Aktionäre (§ 58 Abs. 4) faktisch entwertet. Ferner greift der Vertrag in die Kompetenzen des Vorstands und des Aufsichtsrats ein, Teile des Jahresüberschusses zu thesaurieren (§ 58 Abs. 2, Abs. 2a).[104] Bei Bestehen eines Gewinnabführungsvertrags ist außerdem kein Abhängigkeitsbericht zu erstellen (§ 316). Der Vertrag **ändert** den **Zweck** der Gesellschaft[105] und ist ebenso wie der Beherrschungsvertrag als ein **Organisationsvertrag** zu qualifizieren (→ Vor § 291 Rn. 25, 26). Im Unterschied zu jenem kann einem Gewinnabführungsvertrag rückwirkende Kraft für das Geschäftsjahr beigemessen werden, in welchem er durch Eintragung wirksam wird.[106] Dieser steuerrechtlich motivierten Praxis ist seit Längerem schon der Boden entzogen.[107]

34   **a) Gewinnabführung.** Durch einen Gewinnabführungsvertrag verpflichtet sich eine Aktiengesellschaft, ihren **ganzen Gewinn** an ein anderes Unternehmen abzuführen (zur unterjährigen Abführung → Rn. 74).[108] § 301 S. 1 legt den Höchstbetrag der Gewinnabführung fest. Nach der vertraglich getroffenen Abrede (zur Auslegung→ Vor § 291 Rn. 34 f.) hat der andere Vertragsteil **Anspruch** auf den ohne die Gewinnabführung entstehenden **Jahresüberschuss, vermindert** um einen **Ver-**

---

[98] IE hM; vgl. LG Frankfurt/Main DB 1990, 624; *W.F. Bayer* FS Ballerstedt, 1975, 157 (163 f.); Hüffer/Koch/*Koch* Rn. 15; Kölner Komm AktG/*Koppensteiner* Rn. 57 ff.; MHdB AG/*Krieger* § 71 Rn. 10.
[99] In der Regel gründeten die Mütter das Gemeinschaftsunternehmen in der Rechtsform der GbR. Nach hM sollte eine GbR aber kein tauglicher Vertragspartner sein (aA noch für Zeiträume bis VZ 2003 MüKoAktG/*Altmeppen*, 3. Aufl. 2010, Rn. 113). Es könne aber in der Regel davon ausgegangen werden, dass die GbR ihre Gesellschafter vertrete, so dass der Beherrschungsvertrag (auch) mit allen Müttern zustande komme. Vgl. Hüffer/Koch/*Koch* Rn. 16; Kölner Komm AktG/*Koppensteiner* Rn. 41; MHdB AG/*Krieger* § 71 Rn. 11.
[100] Vgl. LG Frankfurt/Main DB 1990, 624; *Gansweid*, Gemeinsame Tochtergesellschaften im deutschen Konzern- und Wettbewerbsrecht, 1976, 134 ff.; Kölner Komm AktG/*Koppensteiner* Rn. 58 f.
[101] StVergAbG v. 16.5.2003, BGBl. 2003 I 660.
[102] Vgl. *Raupach/Burgwitz* DStR 2003, 1901 (1904 ff.).
[103] Amtliche Statistiken über Unternehmensverträge werden nicht mehr geführt. Ältere Zahlen (Stand: 31.12.1973) sind bei GHEK/*Geßler* Vor § 291 Rn. 8 angegeben.
[104] Vgl. *Veil* Unternehmensverträge 144 ff.
[105] Kölner Komm AktG/*Koppensteiner* Vor § 291 Rn. 160; *Mülbert*, Aktiengesellschaft, Unternehmensgruppe und Kapitalmarkt, 2. Aufl. 1996, 167 f.
[106] Vgl. BGHZ 122, 211 (224); der BGH verlangt hierfür, dass das herrschende Unternehmen die Ausgleichszahlung (§ 304 Abs. 1) auch für den vor der Wirksamkeit liegenden Zeitraum übernimmt.
[107] Das StVergAbG von 2003 hat das Privileg einer Rückwirkung aufgehoben (vgl. § 14 Abs. 1 S. 2 iVm § 34 Abs. 9 Nr. 3 KStG).
[108] Vgl. hierzu das Formular bei *Stangl/Winter*, Formularbuch Recht und Steuern, 9. Aufl. 2018, A 10.00 (mit einer AG mit außenstehenden Aktionären) sowie A 10.03 (mit einer GmbH).

lustvortrag aus dem Vorjahr und um den **Betrag**, der nach § 300 in die **gesetzliche Rücklage einzustellen** ist. Seit der Neuregelung durch das BilMoG darf der nach § 268 Abs. 8 HGB ausschüttungsgesperrte Betrag ebenfalls nicht abgeführt werden (→ § 301 Rn. 9). Die während der Dauer des Vertrags in andere Gewinnrücklagen eingestellten Beträge können entnommen und als Gewinn abgeführt werden (§ 301 S. 2); ebenso kann mit einem Gewinnvortrag und mit stillen Reserven verfahren werden, nicht jedoch mit vorvertraglichen Gewinnrücklagen (→ § 301 Rn. 16).

Der Gewinn der Gesellschaft wird in einer Vorbilanz ermittelt und entspricht dem Jahresüberschuss iSv 275 Abs. 2 Nr. 20, Abs. 3 Nr. 19 HGB. Im Jahresabschluss wird kein Gewinn ausgewiesen. Der entsprechende Betrag wird vielmehr als Verbindlichkeit gegenüber verbundenen Unternehmen auf der Passivseite der Bilanz ausgewiesen (vgl. § 266 Abs. 3 Nr. C 6 HGB) und in der Gewinn- und Verlustrechnung als Aufwendung verbucht (vgl. § 277 Abs. 3 S. 2 HGB).[109] Der andere Vertragsteil ist zur phasengleichen Vereinnahmung verpflichtet, wenn sein Abschlussstichtag identisch ist mit jenem der Gesellschaft oder diesem nachfolgt.[110] **Fällig** wird der **Anspruch auf Gewinnabführung** – anders als der Anspruch der Gesellschaft auf Verlustausgleich (→ § 302 Rn. 22) – mit **Feststellung** des **Abschlusses**.[111] Es ist aber zulässig, im Vertrag eine abweichende Regelung zu treffen, insbesondere die Fälligkeit parallel zum Verlustausgleichsanspruch vorzusehen.[112] 35

Der andere Vertragsteil braucht für die Gewinnabführung keine Gegenleistung zu erbringen. Er hat den Gläubigern bei Vertragsende **Sicherheit** zu leisten (§ 303) und die **außenstehenden Aktionäre** zu **sichern** (§§ 304, 305). Ferner ist er kraft Gesetzes verpflichtet, jeden während der Vertragsdauer sonst entstehenden Jahresfehlbetrag auszugleichen, soweit dieser nicht dadurch ausgeglichen wird, dass den anderen Gewinnrücklagen Beträge entnommen werden, die während der Vertragsdauer in sie eingestellt worden sind (§ 302 Abs. 1). 36

b) Vertragsfreiheit. Nach hM begründet ein Gewinnabführungsvertrag keine Konzernleitungsmacht. Es soll außerdem unzulässig sein, dem anderen Vertragsteil Weisungsrechte einzuräumen.[113] Da in den §§ 291, 292 selbständige Vertragstypen erfasst seien, könne ein Unternehmensvertrag keine Rechte begründen, die nach der gesetzlich bestimmten Vertragstypik durch einen anderen Unternehmensvertrag eingeräumt werden können. Es kann aber ein Bedürfnis dafür bestehen, Einflussrechte des anderen Vertragsteils auf die Bilanzpolitik des Vorstands und auf die bei Aufstellung des Jahresabschlusses zu treffenden Entscheidungen über die Bildung und Auflösung von Rücklagen vorzusehen. Sofern die Parteien keinen Beherrschungsvertrag geschlossen haben, ist es nicht gesichert, dass der Vorstand einem entsprechenden Verlangen des anderen Vertragsteils nachkommen wird.[114] 37

Das Schrifttum will dem Schutzbedürfnis des anderen Vertragsteils Rechnung tragen, indem es dem Vorstand die Pflicht auferlegt, bei der **Ausübung** von **Bilanzierungswahlrechten** auf die Interessen des anderen Vertragsteils Rücksicht zu nehmen. Ein Verstoß gegen die **Pflicht zur Rücksichtnahme** könne eine Schadensersatzpflicht der Gesellschaft begründen.[115] Ein effektiver Schutz ist mit dieser Lösung freilich nicht verbunden. Eine haftungsrechtliche Verantwortlichkeit der Gesellschaft kann grundsätzlich nur in Betracht kommen, wenn der Vorstand die Grenzen seines Leitungsermessens überschritten hat. Ferner wird die Ansicht vertreten, eine **Auflösung anderer Gewinnrücklagen** sei erzwingbar, wenn der Vertrag dies vorsehe.[116] Die Parteien könnten außerdem im Gewinnabführungsvertrag **Regelungen** über die **Bilanzierung** treffen.[117] Doch bleibt unklar, auf welche Weise solche Bestimmungen durchgesetzt werden können. Dies wäre nur möglich, wenn der andere Vertragsteil das Recht hätte, dem Vorstand der Gesellschaft eine Weisung zu erteilen, Teile des Jahresüberschusses nicht zu thesaurieren, andere Gewinnrücklagen aufzulösen oder bilanz- 38

---

[109] Vgl. *Emmerich/Habersack* KonzernR § 20 III 1.
[110] Vgl. Hüffer/Koch/*Koch* Rn. 26a; *Kropff* ZGR 1997, 115 (119); teilweise abweichend (Wahlrecht) *ADS* § 277 Rn. 71.
[111] OLG Frankfurt v. 29.9.2009 – 5 U 69/08, abrufbar unter www.juris.de, Rn. 66; *Wolf* NZG 2007, 641 (642 ff.); MüKoAktG/*Altmeppen* Rn. 148; *Hennrichs* ZHR 174 (2010) 683 (698). AA Kölner Komm AktG/*Koppensteiner* § 302 Rn. 53.
[112] *Wolf* NZG 2007, 641 (642 ff.); MüKoAktG/*Altmeppen* Rn. 148.
[113] Vgl. MüKoAktG/*Altmeppen* Rn. 151; Emmerich/Habersack/*Emmerich* Rn. 49; Eschenbruch Konzernhaftung Rn. 3013; GHEK/*Geßler* § 291 Rn. 72; Hüffer/Koch/*Koch* Rn. 27. AA *van Venrooy* DB 1981, 675 (681); wohl auch OLG Karlsruhe NJW 1967, 831 (832) (allerdings zur Rechtslage nach dem AktG von 1937).
[114] So in der vom OLG Frankfurt/Main NZG 2000, 603 entschiedenen Konstellation.
[115] Vgl. OLG Frankfurt/Main NZG 2000, 603 (604 f.) (Pflicht zur Abstimmung über bilanzielle Behandlung von Sanierungsleistungen); *Emmerich/Habersack* KonzernR § 20 III.
[116] Vgl. Kölner Komm AktG/*Koppensteiner* § 301 Rn. 17, GHEK/*Geßler* § 301 Rn. 18.
[117] Vgl. *H.P. Müller* FS Goerdeler, 1987, 375 (385 ff.); Hüffer/Koch/*Koch* Rn. 26a.

politische Entscheidungen in einer bestimmten Weise zu treffen. Eine entsprechende Organisationsautonomie wird allerdings abgelehnt.[118]

39 Der hM ist nicht zu folgen.[119] Durch einen Gewinnabführungsvertrag werden zentrale finanzverfassungsrechtliche Strukturen der Gesellschaft verändert (→ Rn. 33). Der Vorstand und der Aufsichtsrat sind an die organisationsvertraglichen Bestimmungen gebunden. Ein Weisungsrecht konkretisiert daher lediglich die unternehmensvertragliche Rechtslage. Es ist somit **zulässig**, in einem Gewinnabführungsvertrag dem **anderen Vertragsteil** das **Recht** einzuräumen, **Vorstand** und **Aufsichtsrat anzuweisen,** ob und welche **Beträge** in andere **Gewinnrücklagen einzustellen** sind. Ferner kann ein Weisungsrecht gegenüber dem Vorstand hinsichtlich **bilanzpolitischer Entscheidungen** vorgesehen werden. Der Aufsichtsrat ist zwar berechtigt, den Jahresabschluss nicht zu billigen, der andere Vertragsteil kann jedoch analog § 308 Abs. 3 die Feststellung des Jahresabschlusses durchsetzen.

40 **3. Isolierter Gewinnabführungsvertrag.** Ein Gewinnabführungsvertrag wird in der Regel mit einem Beherrschungsvertrag verbunden (→ Vor § 291 Rn. 65). Aufgrund der steuerrechtlichen Vorgaben ist dies aber zur Begründung eines Organschaftsverhältnisses nicht erforderlich (→ Vor § 291 Rn. 15), so dass es für die Unternehmenspraxis von Interesse ist, ob ein Gewinnabführungsvertrag isoliert geschlossen werden kann.

41 Nach einer vor allem im älteren Schrifttum vertretenen Ansicht muss der Gewinnabführungsvertrag mit einem Beherrschungsvertrag verbunden werden. Als Argument wird angeführt, dass die Vorschriften über die Verantwortlichkeit im einfachen Abhängigkeitsverhältnis (§§ 311, 317 f.) nur bei Bestehen eines Beherrschungsvertrags außer Kraft gesetzt seien (vgl. § 316). Das Verlangen, den Gewinn abzuführen, müsse als Veranlassung zu einer nachteiligen Maßnahme qualifiziert werden (§ 311 Abs. 1). Rechtsfolge sei, dass das herrschende Unternehmen den erlangten Gewinn gem. § 317 zu erstatten habe.[120] Der Gewinnabführungsvertrag wäre demnach nicht durchführbar, wenn nicht zugleich eine Beherrschungsabrede getroffen wurde.

42 Die hM geht heute zu Recht von der **Zulässigkeit** eines **isolierten Gewinnabführungsvertrags** aus.[121] Dies entspricht der Vorstellung des Gesetzgebers, der den vor der Aktienrechtsnovelle von 1965 in der Praxis weit verbreiteten Organschaftsvertrag bewusst in den Beherrschungs- und Gewinnabführungsvertrag aufgespalten hat (→ Vor § 291 Rn. 3). Im Übrigen ergibt sich aus den §§ 316, 324 Abs. 2, dass das Gesetz eine Verbindung des Gewinnabführungs- mit dem Beherrschungsvertrag nicht verlangt. Die Interessen der außenstehenden Aktionäre sind wegen der Verlustausgleichspflicht des anderen Vertragsteils (§ 302 Abs. 1) und der in den §§ 304, 305 vorgesehenen Sicherungen ausreichend geschützt. Gegenüber sonstigen schädigenden Einflussnahmen ist die gewinnabführungsvertraglich gebundene Gesellschaft auch nach dem durch das MoMiG reformierten Recht gem. §§ 311, 317 geschützt (auch → Rn. 74).

43 **4. Gewinnabführungsverträge in besonderen Konzernverbindungen.** Gewinnabführungsverträge mit mehreren Unternehmen waren bislang in der Praxis weit verbreitet. Dabei hatten die Parteien die steuerrechtliche Vorgabe zu beachten, dass ein Organträger nicht aus mehreren Personen bestehen kann. Die Unternehmen mussten daher ein Gemeinschaftsunternehmen gründen, das mit der Gesellschaft den Gewinnabführungsvertrag schloss. Die Gestaltung wirft keine gesellschaftsrechtlichen Bedenken auf, da die gewinnbezugsberechtigten Unternehmen gesamtschuldnerisch für den Ausgleich der Verluste der Gesellschaft (§ 302 Abs. 1) verantwortlich sind.[122] Im Unterschied zum Beherrschungsvertrag mit mehreren Müttern (→ Rn. 31) ist außerdem eine Koordination der Konzernleitungsmacht nicht erforderlich. Nach hM ist daher der Abschluss eines **Gewinnabführungsvertrags** mit **mehreren Müttern zulässig.**[123] Eine „Mehrmütterorganschaft" ist allerdings infolge

---

[118] Vgl. *H.P. Müller* FS Goerdeler, 1987, 375 (380, 386); *Emmerich/Habersack* KonzernR § 20 III.
[119] Vgl. *Veil* Unternehmensverträge 261 ff.
[120] Vgl. *Ebenroth,* Die verdeckten Vermögenszuwendungen im transnationalen Unternehmen, 1979, 402 f.; *Sonnenschein,* Organschaft und Konzerngesellschaftsrecht, 1976, 379 f. Vgl. auch die noch weitergehende Auffassung von *van Venrooy* BB 1986, 612, wonach es unzulässig sein soll, einen Gewinnabführungsvertrag zu schließen, wenn die Gesellschaft vom anderen Vertragsteil unabhängig ist. Dagegen zutr. *Kort* BB 1988, 79 (80 f.).
[121] Vgl. MüKoAktG/*Altmeppen* Rn. 150; GHEK/*Geßler* Rn. 71 f.; Kölner Komm AktG/*Koppensteiner* Rn. 78; MHdB AG/*Krieger* § 72 Rn. 2; *Kort* BB 1988, 79; *H.P. Müller* FS Goerdeler, 1987, 375 (382 f.); *Kley,* Die Rechtsstellung der außenstehenden Aktionäre bei der vorzeitigen Beendigung von Unternehmensverträgen, 1986, 6; *Raiser/Veil* KapGesR § 62 Rn. 135.
[122] Vgl. Hüffer/Koch/*Koch* § 302 Rn. 21; Emmerich/Habersack/*Emmerich* § 302 Rn. 19. AA *K. Schmidt* DB 1984, 1181. → § 302 Rn. 27.
[123] MüKoAktG/*Altmeppen* Rn. 152; Hüffer/Koch/*Koch* Rn. 25; Kölner Komm AktG/*Koppensteiner* Rn. 94.

der Änderungen durch das StVergAbG[124] nicht mehr sinnvoll,[125] so dass die Konstruktion keine praktische Bedeutung mehr haben dürfte.

Schwieriger zu beurteilen ist, ob eine **Gewinnabführung zugunsten Dritter** vereinbart werden kann. Diese Ausgestaltung des Vertrags kann in einem mehrstufigen Konzern von Interesse sein, indem beispielsweise im Vertrag zwischen einer Tochter- und einer Enkelgesellschaft eine Abführung des Gewinns an die Muttergesellschaft vereinbart wird. Es ist noch nicht abschließend geklärt, ob diese Gestaltungsform zulässig ist.[126] Problematisch ist dabei, dass die Tochtergesellschaft einerseits die Verluste der Enkelgesellschaft zu tragen hat, andererseits aber keinen Anspruch auf deren Gewinne hat. Ob sie ausreichend gem. §§ 311 ff. geschützt ist,[127] kann deshalb bezweifelt werden. Dennoch ist eine Gewinnabführung zugunsten eines Dritten grundsätzlich zulässig. Die hiermit verbundene Gewinnverlagerung innerhalb des Konzernverbundes des herrschenden Unternehmens findet in den §§ 302, 308 Abs. 1 eine hinreichende Legitimation.[128] 44

5. Abgrenzungen. Bei einer **Gewinngemeinschaft** verpflichtet sich die Gesellschaft, ihren Gewinn oder den Gewinn einzelner ihrer Betriebe ganz oder zum Teil mit dem Gewinn anderer Unternehmen oder einzelner Betriebe anderer Unternehmen zusammenzulegen (§ 292 Abs. 1 Nr. 1). Der Vertrag ist einem Gewinnabführungsvertrag nicht gleichgestellt, weil das Gesetz nur solche Abreden als Unternehmensvertrag erfasst und infolgedessen zulässt, bei denen der zusammengelegte Gewinn nach einem Verteilungsschlüssel aufgeteilt wird. Ein **Teilgewinnabführungsvertrag** (§ 292 Abs. 1 Nr. 2) zeichnet sich im Unterschied zu einem Gewinnabführungsvertrag dadurch aus, dass der Vertragspartner nur einen Teil des Gewinns beanspruchen kann und hierfür eine angemessene Gegenleistung zu erbringen hat (→ § 292 Rn. 20). Aus diesem Grund ist ein Schutz der Gesellschaft, der Gläubiger und der außenstehenden Aktionäre entbehrlich.[129] 45

Zweifelhaft ist, ob ein **Verlustübernahmevertrag** analog § 291 Abs. 1 Alt. 2 oder analog § 292 Abs. 1 Nr. 1, 2 als ein Unternehmensvertrag zu qualifizieren ist. Die hM lehnt dies sowohl für den Fall, dass die Muttergesellschaft die Verluste der Tochtergesellschaft übernimmt, als auch für den umgekehrten Fall ab.[130] Dem ist für die erstgenannte Konstellation zuzustimmen. Der Vertrag weist weder leitungsstrukturelle noch finanzstrukturelle Elemente auf, die eine entsprechende Anwendung der Vorschriften über den Vertragsschluss, die Beendigung des Vertrags und über die Sicherungen der Gesellschaft, ihrer Gläubiger und außenstehenden Aktionäre rechtfertigen würden. Die Vorstände der Gesellschaften können ihn im Rahmen ihrer Leitungskompetenz schließen (§ 76 Abs. 1). Allerdings ist es denkbar, dass der Verlustübernahmevertrag der Hauptversammlung der Muttergesellschaft nach den Grundsätzen der Holzmüller- (BGHZ 83, 122) und Gelatine-Doktrin (BGHZ 159, 30) vorzulegen ist. Eine andere Beurteilung ist geboten, wenn die Tochter sich verpflichtet, die Verluste der Mutter zu tragen. Ein solcher Vertrag bedarf analog § 292 Abs. 1 Nr. 2, § 293 Abs. 1 der Zustimmung der Hauptversammlung.[131] 46

V. Geschäftsführungsvertrag

1. Praktische Bedeutung. Geschäftsführungsverträge kommen in der Praxis nur selten vor, was zwei Gründe haben dürfte. Ein typischer Geschäftsführungsvertrag räumt dem anderen Unternehmen keine Herrschaftsrechte ein. Es ist unzulässig, entsprechende Befugnisse im Vertrag vorzusehen (→ Rn. 50), so dass er keine Alternative zum Beherrschungsvertrag ist. Seine Wirkung ist darin zu 47

---

[124] StVergAbG v. 16.5.2003, BStBl. I 2003, 321.
[125] Vgl. *Raupach/Burgwitz* DStR 2003, 1901 (1904 ff.).
[126] Die Zulässigkeit der Gestaltung befürworten Kölner Komm AktG/*Koppensteiner* Rn. 95 f.; MHdB AG/*Krieger* § 72 Rn. 6; *Raiser/Veil* KapGesR § 62 Rn. 135. AA Hüffer/Koch/*Koch* Rn. 25; *Rehbinder* ZGR 1977, 581 (628); *Pentz*, Die Rechtsstellung der Enkel-AG in einer mehrstufigen Unternehmensverbindung, 1994, 118 f.; *Sonnenschein* AG 1976, 147 (148 ff.). Dagegen fordert Emmerich/Habersack/*Emmerich* Rn. 58, dass die Mutter neben der Tochter die Verpflichtungen aus den §§ 302 f. übernimmt.
[127] So Kölner Komm AktG/*Koppensteiner* Rn. 96. AA *Emmerich/Habersack* Konzernrecht § 12 III 1.
[128] Vgl. MüKoAktG/*Altmeppen* Rn. 159 ff. mit der konsequenten Forderung, eine Gewinnabführung zugunsten eines Dritten nur zuzulassen, wenn der Vertragspartner zumindest mittelbar von der Gewinnabführung an einen Dritten profitiert.
[129] Vgl. KG NZG 1999, 1102 (1105).
[130] Vgl. OLG Celle AG 1984, 266 (268 f.); MüKoAktG/*Altmeppen* Rn. 163; Hüffer/Koch/*Koch* Rn. 28; Emmerich/Habersack/*Emmerich* Rn. 63; MHdB AG/*Krieger* § 73 Rn. 3; *K. Schmidt* FS Werner, 1984, 777 (786 ff.); K. Schmidt/Lutter/*Langenbucher* Rn. 58; Großkomm AktG/*Mülbert* Rn. 178; differenzierend Kölner Komm AktG/*Koppensteiner* Rn. 80 und § 292 Rn. 67 f.; vgl. auch BGH AG 2006, 548 (549) (Formlosigkeit einer causa societatis abgegebenen Verlustübernahmeerklärung).
[131] Zutr. Kölner Komm AktG/*Koppensteiner* § 292 Rn. 68; für eine analoge Anwendung des § 293 Abs. 2 Großkomm AktG/*Mülbert* Rn. 179.

sehen, dass die **Geschäfte** für **Rechnung** des **anderen Unternehmens** geführt werden. Dieses profitiert von den finanziellen Ergebnissen der unternehmerischen Tätigkeit der Gesellschaft: in guten wie in schlechten Zeiten. Sofern den Beteiligten hieran gelegen ist, bevorzugen sie es, einen Gewinnabführungsvertrag abzuschließen. Eine gewisse Nähe hat der Geschäftsführungsvertrag zu der bei einer Verschmelzung getroffenen Vereinbarung über den Verschmelzungsstichtag gem. § 5 Abs. 1 Nr. 6 UmwG.[132]

48   **2. Begriff und Inhalt des Vertrags.** Ein Geschäftsführungsvertrag ist ein Vertrag, durch den sich die Gesellschaft verpflichtet, ihr Unternehmen für Rechnung eines anderen Unternehmens zu führen. Dies ist in zwei Variationen möglich. Die Gesellschaft kann zum einen die **Geschäfte** im **eigenen Namen**[133] führen, so dass der andere Vertragsteil einen Anspruch auf das Ergebnis der geschäftlichen Tätigkeit hat (§ 667 BGB) und verpflichtet ist, die Verluste der Gesellschaft zu tragen (§ 670 BGB).[134] Zum anderen kommt in Betracht, dass die Gesellschaft die **Geschäfte** im **Namen** des **anderen Unternehmens** führt,[135] welches dann die finanziellen Folgen der Geschäftstätigkeit unmittelbar treffen. Der Vertrag ändert nichts daran, dass die geschäftsführende Gesellschaft zivilrechtlich und wirtschaftlich Eigentümer der von der Geschäftsführung erfassten Vermögensgegenstände ist. Diese sind daher unverändert der geschäftsführenden Gesellschaft handelsbilanziell zuzurechnen.[136]

49   Ein Geschäftsführungsvertrag muss sich auf die gesamte geschäftliche Tätigkeit der Gesellschaft erstrecken.[137] Er ist nur dann als ein Unternehmensvertrag iSv § 291 Abs. 1 zu qualifizieren, wenn die Gesellschaft keine Gegenleistung erhält.[138] Bei einem entgeltlichen Vertrag würde die Gesellschaft einen Gewinn erwirtschaften, was sich mit der Gleichstellung des Geschäftsführungs- mit dem Gewinnabführungsvertrag nicht vertragen würde.

50   Der Geschäftsführungsvertrag hat einen auftragsähnlichen Charakter. Hieraus wird zum Teil geschlossen, das andere Unternehmen sei berechtigt, der Gesellschaft hinsichtlich der Unternehmensführung Weisungen zu erteilen (§ 665 BGB).[139] Die Auffassung ist aus rechtssystematischen Gründen abzulehnen.[140] Eine organisationsrechtlich gesicherte Konzernleitungsmacht kann nur durch einen Beherrschungsvertrag begründet werden. Der andere Vertragsteil hat **kein Recht,** der Gesellschaft oder deren Vorstand **Weisungen** zu erteilen.[141]

51   **3. Abgrenzung.** Ein Geschäftsführungsvertrag unterscheidet sich vom Gewinnabführungsvertrag dadurch, dass die Gesellschaft die Geschäfte für fremde Rechnung führt. Die Verträge haben lediglich in wirtschaftlicher Hinsicht die gleichen Wirkungen, da die Gesellschaft bei Bestehen eines Gewinnabführungsvertrags einerseits ihren gesamten Gewinn abzuführen hat, andererseits einen Anspruch auf Ausgleich ihrer Verluste hat. Schwieriger kann die **Abgrenzung** zum **Betriebsüberlassungsvertrag** (§ 292 Abs. 1 Nr. 3) sein, bei dem die Geschäfte ebenfalls für Rechnung des Vertragspartners geführt werden (→ § 292 Rn. 38). Die beiden Vertragsarten unterscheiden sich durch die Verpflichtung des Vertragspartners, für die Überlassung des Unternehmens eine Gegenleistung zu erbringen.[142]

VI. Gleichordnungskonzernvertrag

52   **1. Praktische Bedeutung.** Gleichordnungskonzerne sind als terra incognita beschrieben worden.[143] Dies hat zum einen seinen Grund in einem restriktiven Verständnis des in § 18 nicht klar

---

[132] Vgl. *Hageböke/Hasbach* Der Konzern 2016, 167 (170).
[133] Vgl. AusschussB *Kropff* S. 377.
[134] Str. ist, wie das Geschäftsergebnis zu bilanzieren ist. Vorgeschlagen wird die Ermittlung eines fiktiven Bilanzgewinns am Ende eines Geschäftsjahres und sodann Übertragung auf das andere Unternehmen (Hüffer/Koch/*Koch* Rn. 30; *Emmerich/Habersack* KonzernR § 12 V 1), doch soll es auch zulässig sein, die einzelnen Ergebnisse während des Geschäftsjahres zu übertragen (MüKoAktG/*Altmeppen* Rn. 179 f.; ähnlich Kölner Komm AktG/*Koppensteiner* Rn. 85).
[135] Hüffer/Koch/*Koch* Rn. 31; Kölner Komm AktG/*Koppensteiner* Rn. 83; MüKoAktG/*Altmeppen* Rn. 174. AA *van Venrooy* DB 1981, 675 (677 ff.).
[136] *Hageböke/Hasbach* Der Konzern 2016, 167 (172 ff.).
[137] Hüffer/Koch/*Koch* Rn. 31; *Knepper* BB 1982, 2061 (2062).
[138] *Emmerich/Habersack* KonzernR § 12 V1; Hüffer/Koch/*Koch* Rn. 31; Kölner Komm AktG/*Koppensteiner* Rn. 84; *Schulze-Osterloh* ZGR 1974, 427 (453). AA *Geßler* FS Ballerstedt, 1975, 219 (222 f.); *van Venrooy* DB 1981, 675 (678).
[139] Vgl. *van Venrooy* DB 1981, 675 (677 ff.).
[140] Vgl. zur Systematik der §§ 291, 292 *Veil* Unternehmensverträge 209 ff.
[141] MüKoAktG/*Altmeppen* Rn. 182; GHEK/*Geßler* Rn. 94; Hüffer/Koch/*Koch* Rn. 32; Kölner Komm AktG/*Koppensteiner* Rn. 87 f.
[142] HM; vgl. MüKoAktG/*Altmeppen* Rn. 190. AA GHEK/*Geßler* Rn. 96 f.
[143] *K. Schmidt* ZHR 155 (1991), 417.

zum Ausdruck kommenden Verhältnisses zwischen einem Unterordnungs- und einem Gleichordnungskonzern. So geht die hM davon aus, eine einheitliche Leitung gleichgeordneter Unternehmen sei ausgeschlossen, wenn diese von einem Dritten abhängig seien.[144] Konsequenz dieser Sichtweise ist, dass für die Annahme eines Gleichordnungskonzerns in der Regel kein Raum ist.[145] Hinzu kommt, dass die hM den zur Begründung eines Gleichordnungskonzerns geschlossenen Verträgen die Qualität eines Unternehmensvertrags abspricht (→ Rn. 53), so dass sie nicht zur Eintragung in das Handelsregister angemeldet werden. Allerdings sind aus der kartellrechtlichen Praxis einige vertragliche Gleichordnungskonzerne bekannt geworden,[146] was den Schluss nahe legt, dass sie von einer gewissen praktischen Bedeutung sind.

2. Begriff und Inhalt. Ein Vertrag, durch den sich **Unternehmen, die voneinander nicht abhängig** sind, unter **einheitliche Leitung** stellen, **ohne** dass dadurch **eines** von ihnen von einem **anderen** vertragsschließenden **Unternehmen abhängig** wird, ist gem. § 291 Abs. 2 kein Beherrschungsvertrag. Er ist nach hM auch kein Unternehmensvertrag iSv § 292 Abs. 1.[147] Es sei zwar kennzeichnend, dass die Unternehmen sich zu einem gemeinsamen Zweck zusammenschließen würden (§ 705 BGB), der Vertrag begründe aber keine rechtlich gesicherte Konzernleitungsmacht oder ein Weisungsrecht. § 291 Abs. 2 setze die Kompetenz des Vorstands, die Gesellschaft eigenverantwortlich zu leiten, nicht außer Kraft.[148] Der Gleichordnungskonzernvertrag sei daher wie ein schuldrechtlicher Vertrag zu behandeln,[149] so dass der Vorstand einer gleichgeordneten Gesellschaft ihn im Rahmen seiner Leitungskompetenz schließen könne (§ 76 Abs. 1). Eine Zustimmung der Hauptversammlung analog § 293 Abs. 1 sei nicht notwendig.[150]

Eine verbreitete Auffassung versteht den Gleichordnungskonzernvertrag dagegen als eine organisationsrechtliche Grundlage für die Leitung der Unternehmen.[151] Im Unterschied zum Beherrschungsvertrag habe der Vertrag die Funktion, die Geschäftsführung der Gesellschaften zu vergemeinschaften.[152] Dazu könnten die Parteien auch das Recht begründen, nachteilige Weisungen zu erteilen.[153] Dieser Eingriff in die Verfassung der Konzerngesellschaften sei legitimiert, sofern der Vertrag eine horizontale Verlustgemeinschaft vorsehe.[154] Ferner wird verlangt, dass die außenstehenden Aktionäre der gleichgeordneten Gesellschaften nach Maßgabe der §§ 304, 305 zu schützen sind.[155]

a) Zulässiger Inhalt eines Vertrags iSv Abs. 2. Wenn der Gleichordnungskonzernvertrag kein Beherrschungsvertrag und nicht als ein Unternehmensvertrag iSv § 292 Abs. 1 zu qualifizieren ist, muss sein **zulässiger Inhalt** aus dem **Verfassungsrecht der AG** abgeleitet werden. Dies hat seinen Grund darin, dass der Vorstand keine Vereinbarungen treffen kann, die von den zwingenden Vorschriften der Organisations- und Finanzverfassung der Aktiengesellschaft abweichen. Solche Verträge sind nur zulässig, wenn sie den besonderen Vorschriften über Unternehmensverträge unterliegen.[156] Ein Gleichordnungskonzernvertrag kann folglich nur solche Abreden vorsehen, die mit den §§ 57 ff. und §§ 76 ff. zu vereinbaren sind,[157] so dass er keine organisationsrechtlich verfestigte Konzernleitungsmacht begründet.[158] Eine andere Sichtweise würde im Widerspruch zu den Wertungen stehen, die den §§ 291–293 zugrunde liegen.

---

[144] MüKoAktG/*Bayer* § 18 Rn. 55; Kölner Komm AktG/*Koppensteiner* § 18 Rn. 8; *Milde,* Der Gleichordnungskonzern im Gesellschaftsrecht, 1996, 135 f.

[145] *Ehlke* DB 1986, 523 (524); *K. Schmidt* ZHR 155 (1991), 417; *Veil* in Theobald, Entwicklungen zur Durchgriffs- und Konzernhaftung, 2002, 81 (108).

[146] Vgl. *Bundeskartellamt,* Tätigkeitsbereich 1973, 98 f. zum Südmilch-Fall; vgl. zu weiteren Verträgen *Gromann,* Die Gleichordnungskonzerne im Konzern- und Wettbewerbsrecht, 1979, 10 ff.

[147] *Geßler* FS Beitzke, 1979, 923 (924); Hüffer/Koch/*Koch* Rn. 34; *Lutter* Sonderbeilage DB 1974, 41.

[148] Vgl. *Gromann,* Die Gleichordnungskonzerne im Konzern- und Wettbewerbsrecht, 1979, 58 f.; *Hommelhoff,* Die Konzernleitungspflicht, 1982, 389 ff.

[149] MüKoAktG/*Altmeppen* Rn. 213; Hüffer/Koch/*Koch* Rn. 35; *Lutter* Sonderbeilage DB 1974, 42.

[150] MüKoAktG/*Altmeppen* Rn. 215; *Gromann,* Die Gleichordnungskonzerne im Konzern- und Wettbewerbsrecht, 1979, 33 f.; *Hommelhoff,* Die Konzernleitungspflicht, 1982, 389 f.; Hüffer/Koch/*Koch* Rn. 35; Kölner Komm AktG/*Koppensteiner* Rn. 104; *Milde,* Der Gleichordnungskonzern im Gesellschaftsrecht, 1996, 229 f.; K. Schmidt/Lutter/*Langenbucher* Rn. 67.

[151] *K. Schmidt* ZHR 155 (1991) 417 (427 ff.); *Emmerich/Habersack* Konzernrecht § 4 IV 4; *Raiser/Veil* KapGesR § 65 Rn. 7; *Timm,* Die Aktiengesellschaft als Konzernspitze, 1980, 153 ff.

[152] *K. Schmidt* ZHR 155 (1991) 417 (429).

[153] *K. Schmidt* ZHR 155 (1991) 417 (428).

[154] *K. Schmidt* ZHR 155 (1991) 417 (429); ähnlich *Emmerich/Habersack* Konzernrecht § 4 IV 4; iE auch K. Schmidt/Lutter/*Langenbucher* Rn. 69 für den Fall, dass unzulässige Weisungen befolgt werden.

[155] *Raiser/Veil* KapGesR § 65 Rn. 11; *Emmerich/Habersack* KonzernR § 4 IV 4.

[156] S. zur Organisationsautonomie → Vor § 291 Rn. 41–43.

[157] AA von den Vertretern der hM Kölner Komm AktG/*Koppensteiner* Rn. 103.

[158] AA von den Vertretern der hM *Geßler* FS Beitzke, 1979, 923 (933); Kölner Komm AktG/*Koppensteiner* Rn. 103.

56 Ein **Vertrag** mit dem von § 291 Abs. 2 vorausgesetzten **Inhalt** kann vom Vorstand im Rahmen seiner Leitungskompetenz (§ 76 Abs. 1) geschlossen werden.[159] Allerdings ist es dann dem **Vorstand verwehrt**, im Vertrag dem eigens geschaffenen Leitungsorgan **Einflussrechte** gegenüber den **Konzernunternehmen** und deren geschäftsleitenden Organen **einzuräumen** oder die **Willensbildung im Leitungsgremium** in einer Weise **auszugestalten,** dass Leitungsentscheidungen ohne die Zustimmung der Repräsentanten der Konzernunternehmen getroffen werden können. Ein solcher Vertrag dürfte für die Beteiligten in der Regel nicht von Interesse sein.[160] Anliegen der Unternehmen wird es vielmehr sein, eine rechtlich sichere Grundlage für eine einheitliche oder zumindest abgestimmte Leitung der einzelnen Konzernglieder zu schaffen. So ist zum einen an eine straffe Führung der Unternehmen durch Weisungsrechte des konzernleitenden Organs zu denken. Zum anderen kommt in Betracht, die Unternehmenspolitik zu koordinieren, was eine flexible Ausgestaltung der Entscheidungsabläufe verlangt.[161] Beide Gestaltungsvarianten sind nur möglich, wenn der Gleichordnungskonzernvertrag den Regeln über die Unternehmensverträge unterstellt wird.[162] Klärungsbedürftig ist noch, wie weit diese Organisationsautonomie reichen kann und welche korrespondierenden Schutzinstrumentarien eingreifen.

57 **b) Übertragung von Leitungszuständigkeiten.** Ein Gleichordnungskonzernvertrag ist analog § 292 Abs. 1 Nr. 3 als ein Unternehmensvertrag zu qualifizieren, wenn die Geschäftspolitik der Konzernunternehmen in einem Leitungsorgan in der Weise vergemeinschaftet wird, dass **Führungsentscheidungen gegen** den **Willen** eines repräsentierten **Konzernunternehmens** getroffen werden können. Ferner kommt als eine weitere Gestaltungsvariante in Betracht, dass ein Konzernunternehmen in dem Gremium nicht repräsentiert ist. Mit diesen beiden Formen eines Gleichordnungskonzernvertrags verbindet sich ein Eingriff in die Leitungskompetenzen des Vorstands (§ 76 Abs. 1), der nur durch eine **unternehmensvertragliche Qualifikation** legitimierbar ist. Diese Rechtsfortbildung kann sich auf die aus den §§ 292 Abs. 1 Nr. 3, 293 Abs. 1 abzuleitende Organisationsautonomie stützen, einem anderen Unternehmen Leitungskompetenzen einzuräumen.

58 Die wichtigste Folgerung ist, dass die **Hauptversammlung** dem Gleichordnungskonzernvertrag analog § 292 Abs. 1 Nr. 3, § 293 Abs. 1 **zustimmen** muss.[163] Der Beschluss bedarf einer Mehrheit von ¾ des vertretenen Grundkapitals. Ein besonderer haftungsrechtlicher Schutz der Konzerngesellschaften ist nicht erforderlich, da die **Mitglieder** des **Leitungsgremiums** verpflichtet sind, die **Interessen** der **Konzerngesellschaften** zu **beachten** und insoweit einer **organschaftlichen Verantwortlichkeit** analog § 93 unterliegen.[164]

59 **c) Begründung von kapitalschutzrelevanten Einflussrechten.** Die Parteien können ein Interesse daran haben, einen weitergehenden Einfluss gegenüber den Konzerngliedern zu etablieren. Zu denken ist vor allem an die Konstellation, dass dem Leitungsgremium das Recht zusteht, auch nachteilige Entscheidungen zu treffen und diese durch Weisungsrechte gegenüber den Leitungsorganen der Konzernunternehmen durchzusetzen.[165] Dabei könnte es sich um einen Vertrag handeln, der analog §§ 291, 293 Abs. 1, § 308 als ein Unternehmensvertrag zu qualifizieren ist.

60 Eine entsprechende Gestaltungsbefugnis der Konzerngesellschaften ist grundsätzlich denkbar; § 291 Abs. 1 eröffnet eine weit reichende Organisationsautonomie. Im Ergebnis ist aber eine entsprechende Rechtsfortbildung abzulehnen.[166] Voraussetzung wäre ein effektiver Schutz der außenstehenden Aktionäre und Gläubiger nach dem Vorbild der §§ 302 ff., der durch eine analoge Anwendung der betreffenden Vorschriften nicht zuverlässig begründet werden kann. So würden trotz einer konzernweiten Verlustausgleichspflicht signifikante Schutzdefizite auftreten. Eine analoge Anwendung der §§ 304, 305 würde außerdem nicht lösbare Rechtsanwendungsprobleme aufwerfen.[167]

---

[159] AA Großkomm AktG/*Mülbert* Rn. 214 (Gleichordnungskonzernvertrag bedürfe immer der Zustimmung der Hauptversammlung).
[160] Vgl. *Veil* Unternehmensverträge 276.
[161] *Paschke/Reuter* ZHR 158 (1994) 390 (394); *Timm,* Die Aktiengesellschaft als Konzernspitze, 1980, 157.
[162] So der zutreffende Ausgangspunkt von *K. Schmidt* ZHR 155 (1991) 417 (427 f.); vgl. auch *Raiser/Veil* KapGesR § 65 Rn. 10.
[163] Ähnlich Großkomm AktG/*Mülbert* Rn. 216 ff. (freilich mit anderer Terminologie).
[164] Vgl. *Veil* Unternehmensverträge 279 ff. Nach einer verbreiteten Ansicht sollen außerdem Schadensersatzpflichten wegen Verletzung der Treuepflicht begründet sein. Vgl. *Drygala,* Der Gläubigerschutz bei der typischen Betriebsaufspaltung, 1991, 120 ff.
[165] Vgl. *Friedlaender,* Konzernrecht unter Berücksichtigung der amerikanischen Praxis, 2. Aufl. 1954, 119; *Veil* Unternehmensverträge 281.
[166] Ebenso Großkomm AktG/*Mülbert* Rn. 218 ff.
[167] Vgl. *Veil* Unternehmensverträge 282; wohl auch Großkomm AktG/*Mülbert* Rn. 220.

VII. Rechtsfolgen fehlerhafter Verträge

1. Grundlagen. Beherrschungs- und Gewinnabführungsverträge können aus vielfältigen Gründen fehlerhaft sein. In Betracht kommen zum einen Mängel des Vertrags und zum anderen Mängel des Zustimmungsbeschlusses. Zur ersten Kategorie sind die allgemeinen vertragsrechtlichen Nichtigkeitsgründe (§§ 119 und 123 iVm 142 Abs. 1 BGB, §§ 125, 134, 138, 154, 155 BGB) und der in § 304 Abs. 3 S. 1 AktG genannte Nichtigkeitsgrund eines fehlenden Ausgleichs zu zählen. Der zweiten Kategorie sind die allgemeinen Gründe zuzuordnen, die eine Nichtigkeit des Hauptversammlungsbeschlusses begründen (§§ 241 ff.) oder eine Anfechtung des Beschlusses (§ 243) ermöglichen.[168]

Probleme treten auf, wenn ein **Beherrschungs-** oder **Gewinnabführungsvertrag** trotz eines Mangels **durchgeführt** wird. Wäre der Vertrag nichtig, müsste er rückabgewickelt werden, was aufgrund seines organisationsrechtlichen Charakters erhebliche Schwierigkeiten aufwerfen und aus Gläubigersicht zu Schutzdefiziten führen kann. Denn statt des einfach durchsetzbaren Verlustausgleichsanspruchs müssten die Aktionäre oder Gläubiger Ansprüche aus §§ 317, 318 geltend machen; deren Tatbestandsvoraussetzungen dürften weder Aktionäre noch Gläubiger darlegen und beweisen können. Aus diesen Gründen hat sich in Rechtsprechung und Schrifttum als Lösungsansatz mittlerweile durchgesetzt, die zur fehlerhaften Gesellschaft herausgearbeiteten Grundsätze fruchtbar zu machen.[169] Allerdings ist noch nicht abschließend geklärt, unter welchen Voraussetzungen ein vorläufiger Bestandsschutz anzuerkennen ist. Eine Analyse der Rechtslage muss danach differenzieren, ob der Vertrag bereits in das Handelsregister eingetragen worden ist. Dabei ist außerdem die Relevanz des Mangels zu berücksichtigen.[170]

2. Durchführung eines fehlerhaften Vertrags vor Eintragung. Der BGH hatte sich erstmals im „Familienheim"-Urteil[171] mit einem fehlerhaften Beherrschungs- und Gewinnabführungsvertrag auseinanderzusetzen, der allerdings mit einer GmbH geschlossen wurde. Der Vertrag ist nach Auffassung des BGH entsprechend den Grundsätzen der fehlerhaften Gesellschaft als wirksam zu behandeln, solange er von den Beteiligten durchgeführt und nicht wegen des fehlerhaften Abschlusses oder aus sonstigen Gründen beendet wurde. Das Erfordernis eines Vollzugs soll bereits dann erfüllt sein, wenn das herrschende Unternehmen während der Vertragslaufzeit die Verluste der Gesellschaft ausgeglichen hatte.[172] Damit wurde ein vorläufiger Bestandsschutz anerkannt, obwohl der Vertrag nicht in das Handelsregister eingetragen war.[173]

In der Diskussion über die Übertragung der Grundsätze auf fehlerhafte Beherrschungs- und Gewinnabführungsverträge mit einer AG hat sich demgegenüber die Auffassung durchgesetzt, dass die Regeln nur herangezogen werden können, wenn der fehlerhafte Vertrag in das Handelsregister eingetragen wurde.[174] Dem ist zuzustimmen. Ein Beherrschungs- und Gewinnabführungsvertrag wird erst wirksam, wenn sein Bestehen in das Handelsregister eingetragen worden ist (§ 294 Abs. 2). Es ist im Unterschied zur früheren GmbH-Praxis praktisch ausgeschlossen, dass die Beteiligten einen mit einer AG geschlossenen Unternehmensvertrag vor der Eintragung durchführen. **Im Übrigen** besteht **kein Bedürfnis, die außenstehenden Aktionäre** oder die **Gläubiger** der Gesellschaft **vor der Eintragung zu schützen.**

3. Durchführung eines fehlerhaften Vertrags nach Eintragung. Ein fehlerhafter, in das Handelsregister eingetragener Beherrschungs- oder Gewinnabführungsvertrag kann nach zutreffender Ansicht nur unter zwei Voraussetzungen vorläufig anerkannt werden. So ist erstens zu verlangen, dass die Parteien den **Vertrag durchgeführt** haben; dies dürfte in der Regel ohne nennenswerte

---

[168] Vgl. zu weiteren Nichtigkeitsgründen MüKoAktG/*Altmeppen* Rn. 204 ff.
[169] AA lediglich *Köhler* ZGR 1985, 307 (314 ff.); Kölner Komm AktG/*Koppensteiner* § 293 Rn. 65 und § 297 Rn. 51 ff. Im jüngeren Schrifttum wird außerdem dafür plädiert, die Grundsätze der fehlerhaften Gesellschaft nicht auf einen isolierten Gewinnabführungsvertrag anzuwenden; vgl. *C. Schäfer*, Die Lehre vom fehlerhaften Verband, 2002, 463 ff. Das erscheint sachgerecht, da in diesem Fall keine nennenswerten Rückabwicklungsschwierigkeiten zu vergegenwärtigen sind. Anders stellt sich aber die Lage dar, wenn der Vertrag Vorgaben zur Bilanzierung enthält.
[170] Zur Behandlung fehlerhafter Teilgewinnabführungsverträge → § 292 Rn. 25–29.
[171] BGHZ 103, 1 (4 ff.).
[172] Vgl. BGHZ 116, 37 (40).
[173] So auch BGHZ 116, 37 (39); BGH AG 2002, 240. Vgl. aber auch BGH NJW 1996, 659 (660).
[174] Vgl. OLG Hamburg NZG 2005, 604 (605); OLG Schleswig ZIP 2009, 124 (129 f.); MüKoAktG/*Altmeppen* Rn. 204; *Hommelhoff* ZHR 158 (1994) 11 (13, 27 ff.); *Kort*, Bestandsschutz fehlerhafter Strukturänderungen im Kapitalgesellschaftsrecht, 1998, 165 f.; *Krieger* ZHR 158 (1994) 35 (36 ff.); *Lauber-Nöll*, Die Rechtsfolgen fehlerhafter Unternehmensverträge, 1993, 75 f.; *Priester* in U.H. Schneider, Beherrschungs- und Gewinnabführungsverträge in der Praxis der GmbH, 1989, 37 (47); *Wachter/Müller* Rn. 36. AA Bürgers/Körber/*Schenk* Rn. 15.

Probleme festzustellen sein.[175] Zweitens ist erforderlich, dass die **Hauptversammlungen** der beteiligten Gesellschaften dem **Vertrag** gem. § 293 Abs. 1, 2 **zugestimmt** haben.[176]

66 Zweifelhaft ist, ob die Rechtsfigur der fehlerhaften Gesellschaft bei sämtlichen in Betracht kommenden Mängeln heranzuziehen ist. Dies wird zum einen für die Fälle verneint, in denen der Vertrag gem. §§ 134, 138 BGB oder gem. § 304 Abs. 3 S. 1 nichtig ist,[177] zum anderen auch dann abgelehnt, wenn ein Aktionär einen Anfechtungs- oder Nichtigkeitsgrund des Zustimmungsbeschlusses gem. §§ 241 ff. erfolgreich geltend gemacht hat.[178] Ein klares Meinungsbild hat sich noch nicht herausgebildet.

67 Vorzugswürdig ist es, über die Anwendung der Grundsätze nicht pauschal zu entscheiden. Ausschlaggebend muss sein, wie schwerwiegend der geltend gemachte Nichtigkeitsgrund ist. So ist es aus Gründen des Schutzes der außenstehenden Aktionäre ausgeschlossen, einen Beherrschungs- oder Gewinnabführungsvertrag, der keinen Ausgleich vorsieht, als vorläufig wirksam zu behandeln. In den Fällen, in denen Aktionäre gegen einen Beschluss der Hauptversammlung Anfechtungsklage erhoben haben, ist zu differenzieren. Die Grundsätze über die fehlerhafte Gesellschaft sind nicht anzuwenden, wenn der Beschluss der Hauptversammlung der beherrschten Gesellschaft rechtskräftig für nichtig erklärt wird.[179] Anders ist es zu beurteilen, wenn ein **Beherrschungs-** oder **Gewinnabführungsvertrag** auf Grund eines **Freigabebeschlusses** gem. § 246a in das Handelsregister **eingetragen** worden ist. Nach der Eintragung lassen Mängel des Beschlusses seine Durchführung unberührt (§ 246a Abs. 4 S. 2). Diese auch in die Zukunft gerichtete **Bestandskraft**[180] wirkt für und gegen jedermann (§ 246a Abs. 3 S. 5). Das Urteil zu einer später erfolgreichen Anfechtungsklage kann folglich nicht eingetragen werden (§ 242 Abs. 2 S. 5). Aus § 246a Abs. 3 S. 5 folgt, dass das Registergericht an die Freigabeentscheidung des Prozessgerichts gebunden ist. Es darf daher die Eintragung nicht aus Gründen ablehnen, die Gegenstand der Freigabe waren (→ § 246a Rn. 36 f.).

68 Ein Registergericht kann theoretisch einen Unternehmensvertrag trotz Anhängigkeit einer Anfechtungsklage eintragen, ohne dass ein Gericht die Freigabe erteilt hat (→ § 246a Rn. 39). In der Praxis dürfte dies aber kaum geschehen. Die durch die Einführung des § 246a geschaffene Rechtslage hat somit zur Folge, dass ein vorläufiger Bestandsschutz fehlerhafter Unternehmensverträge in der Regel nicht mehr mit den Grundsätzen der fehlerhaften Gesellschaft begründet werden muss. In den wenigen Fällen, die auf diese Weise noch zu bewältigen sind, genügt es aus Gründen der Rechtssicherheit nicht, wenn sich eine der Vertragsparteien auf die Fehlerhaftigkeit des Vertrags beruft. Es ist erforderlich, dass die Partei den Vertrag **außerordentlich kündigt**;[181] Fristen sind hierbei nicht zu beachten.

VIII. Verdeckte Beherrschungsverträge

69 Besondere Probleme bereiten Verträge, welche einem Unternehmen faktisch die Leitung über eine Gesellschaft übertragen, indem sie an ein Weisungsrecht heranreichende Einflussmöglichkeiten begründen, ohne als Beherrschungsverträge gekennzeichnet zu sein.[182] Die rechtliche Behandlung verdeckter Beherrschungsverträge – mitunter auch als atypische Beherrschungsverträge bezeichnet[183] – ist noch

---

[175] Die Leistung von Ausgleichszahlungen und Abfindungen genügt nicht; OLG Hamburg NZG 2005, 604 (605).
[176] Vgl. OLG Schleswig NZG 2008, 868 (872); OLG München ZIP 2008, 1330; MüKoAktG/*Altmeppen* Rn. 205; Emmerich/Habersack/*Emmerich* Rn. 30; *Kort*, Bestandsschutz fehlerhafter Strukturänderungen im Kapitalgesellschaftsrecht, 1998, 168; *Krieger* ZHR 158 (1994) 35 (38); *Lauber-Nöll*, Die Rechtsfolgen fehlerhafter Unternehmensverträge, 1993, 75 ff.
[177] Vgl. Emmerich/Habersack/*Emmerich* Rn. 31; *Priester* in U.H. Schneider, Beherrschungs- und Gewinnabführungsverträge in der Praxis der GmbH, 1989, 37 (46 ff.); in der Tendenz großzügiger MüKoAktG/*Altmeppen* Rn. 208.
[178] Vgl. OLG Zweibrücken ZIP 2004, 559 (562); OLG Koblenz ZIP 2001, 1095 (1098); Emmerich/Habersack/*Emmerich* Rn. 30a; *Lauber-Nöll*, Die Rechtsfolgen fehlerhafter Unternehmensverträge, 1993, 64 ff. AA MüKoAktG/*Altmeppen* Rn. 209 ff.; *Krieger* ZHR 158 (1994) 35 (38); *Kort*, Bestandsschutz fehlerhafter Strukturänderungen im Kapitalgesellschaftsrecht, 1998, 173 f.
[179] Zutr. OLG Zweibrücken ZIP 2004, 559 (562) (für ein Minderheitsaktionären betriebenes Spruchverfahren trete dann Erledigungswirkung ein). AA MüKoAktG/*Altmeppen* Rn. 210.
[180] Zum Umfang der Bestandskraft vgl. *Veil* AG 2005, 567 (570 ff.); zur Interessenabwägung vgl. OLG München DB 2006, 1608 (1609).
[181] MüKoAktG/*Altmeppen* Rn. 197; *Kort*, Bestandsschutz fehlerhafter Strukturänderungen im Kapitalgesellschaftsrecht, 1998, 169 ff. AA Emmerich/Habersack/*Emmerich* Rn. 32.
[182] MüKoAktG/*Bayer* § 17 Rn. 68; Kölner Komm AktG/*Koppensteiner* Rn. 41 f.
[183] Vgl. Großkomm AktG/*Mülbert* Rn. 116.

nicht abschließend geklärt.[184] In Betracht kommen **Betriebspacht-** und **Betriebsüberlassungsverträge,** die dem Vertragspartner schrankenlos Rechte bezüglich des Unternehmens einräumen.[185] Verbreitet sind ferner Kreditverträge, die dem Vertragspartner bestimmte Einflussrechte in geschäftspolitischen Angelegenheiten gewähren (Covenants).[186] Aber auch ein **Kooperationsrahmenabkommen** mit dem herrschenden Unternehmen bzw. **Business Combination Agreement (BCA)**[187] und **Investorenvereinbarungen**[188] können Einflussrechte des Vertragspartners begründen, so dass eine beherrschungsvertragliche Qualifikation zur Debatte steht.

Auf die atypische Ausgestaltung eines Betriebspacht- und Betriebsüberlassungsvertrags oder eines Kreditvertrags wird bei der Erläuterung zu § 292 eingegangen (→ Rn. 33 ff., 59). Als BCA werden Vereinbarungen bezeichnet, die im Vorfeld eines Unternehmenszusammenschlusses (Verschmelzung, Unternehmensübernahme, etc.) zwischen der Gesellschaft und einem Investor geschlossen werden. Dabei werden in der Regel die Bedingungen und Ziele des Zusammenschlusses festgelegt.[189] Typische Klauseln betreffen die künftige Unternehmensstrategie, den Transaktionsablauf, die Zusammensetzung von Vorstand und Aufsichtsrat, Kapitalmaßnahmen und die Transaktionssicherung. Davon sind Investorenvereinbarungen zu unterscheiden. Diese kennzeichnet, dass es primär um die Vereinbarung transaktionsschützender Regelungen geht.[190] Die Rechtsprechung hat sich in den letzten Jahren verschiedentlich mit solchen Fallgestaltungen beschäftigt.[191] Ein bestimmter Vertragstyp hat sich dabei nicht herauskristallisiert.

Ausgangspunkt für eine rechtliche Beurteilung muss der konkrete Vertragsinhalt sein, der ggf. durch Auslegung zu ermitteln ist.[192] Im zweiten Schritt ist zu klären, ob der Vertrag aktienrechtlich zulässig und ggf. als Beherrschungsvertrag zu qualifizieren ist. Bedenken gegen die Zulässigkeit können sich in erster Linie aus § 76 ergeben. Denn der Vorstand einer AG darf seine Leitungskompetenzen nicht veräußern bzw. aufgeben. Für eine beherrschungsvertragliche Einordnung wird man darauf abzustellen haben, ob der Vertrag dem Vertragspartner die Leitung der Gesellschaft überantwortet.[193] Dies kann auch dergestalt geschehen, dass der Vertragspartner aufgrund vertraglich eingeräumter Rechte auf die Leitungsangelegenheiten verbindlich Einfluss nehmen kann. Ein Beherrschungsvertrag kann auch dann anzunehmen sein, wenn ein Weisungsrecht nicht vereinbart ist.[194] Dass vertraglich eingeräumte Rechte – etwa das Erfordernis der Zustimmung des Vertragspartners für geschäftspolitische Angelegenheiten – schuldrechtlicher Natur sind (weil nicht der Vorstand selbst, sondern die Gesellschaft gebunden ist), schließt es nicht aus, den Vertrag als einen verdeckten Beherrschungsvertrag zu qualifizieren.

Das Vorliegen eines Beherrschungsvertrags kann nur im Einzelfall beurteilt werden. Vergegenwärtigt man sich die typischen Inhalte einer **Investorenvereinbarung,** wird man freilich zu dem Schluss kommen, dass in der Regel kein Beherrschungsvertrag vorliegt. Dies gilt auf jeden Fall dann, wenn die Beteiligten die Unabhängigkeit der Gesellschaft nach einer Übernahme oder einem Beteiligungserwerb sicherstellen wollen. Aber auch aktienrechtlich zulässige transaktionsabsichernde Abreden begründen in der Regel keine Beherrschung.[195] Anders kann es sich bei **BCA** verhalten, die eine bestimmte Konzernstruktur zum Gegenstand haben.[196] In solchen Verträgen können zudem Rege-

---

[184] Vgl. Emmerich/Habersack/*Emmerich* Rn. 24a; *Hirte/Schall* Der Konzern 2006, 243; *Raiser/Veil* KapGesR § 62 Rn. 126 ff.; *Schürnbrand* ZHR 169 (2005) 35 (36 ff.); *Veil* Unternehmensverträge 246 ff.; *Schall* in Kämmerer/Veil, Übernahme- und Kapitalmarktrecht in der Reformdiskussion, 2013, 75; *Seibt* in Kämmerer/Veil, Übernahme- und Kapitalmarktrecht in der Reformdiskussion, 2013, 105; monographisch *Ederle*, Verdeckte Beherrschungsverträge, 2010, 135 ff.
[185] *Oesterreich* Betriebsüberlassung S. 132 ff.; *Veil* Unternehmensverträge 246 ff.
[186] Vgl. Grigoleit/*Servatius* Rn. 49.
[187] Vgl. OLG Schleswig ZIP 2009, 124 – MobilCom; reichhaltiges Fallmaterial bei *Wiegand*, Investorenvereinbarungen und Business Combination Agreements bei Aktiengesellschaften, 2017, 19 ff.
[188] Vgl. OLG München ZIP 2008, 1330 – HVB/UniCredit; LG Nürnberg-Fürth AG 2010, 179 f.
[189] Vgl. *Schall* in Kämmerer/Veil S. 75 (77 ff.); *Seibt* in Kämmerer/Veil, Übernahme- und Kapitalmarktrecht in der Reformdiskussion, 2013, 105 (108 f.).
[190] Vgl. *Seibt* in Kämmerer/Veil, Übernahme- und Kapitalmarktrecht in der Reformdiskussion, 2013, 105 (109).
[191] Vgl. OLG München ZIP 2008, 1330 – HVB/UniCredit; OLG Schleswig ZIP 2009, 124 – MobilCom.
[192] *Emmerich* FS Hüffer, 2010, 179 (181, 184); Großkomm AktG/*Mülbert* Rn. 119.
[193] *Hippeli/Diesing* AG 2015, 185 (191); restriktiv *Wiegand*, Investorenvereinbarungen und Business Combination Agreements bei Aktiengesellschaften, 2017, 76 ff.
[194] *Hirte/Schall* Der Konzern 2006, 243 (245); Großkomm AktG/*Mülbert* Rn. 122. AA OLG München AG 2012, 802 (803); K. Schmidt/Lutter/*Langenbucher* Rn. 33.
[195] Vgl. *Seibt* in Kämmerer/Veil, Übernahme- und Kapitalmarktrecht in der Reformdiskussion, 2013, 105 (125).
[196] Dazu *Schall* in Kämmerer/Veil, Übernahme- und Kapitalmarktrecht in der Reformdiskussion, 2013, 75 (95). AA *Decher* FS Hüffer, 2010, 145 (151 ff.); *Wiegand*, Investorenvereinbarungen und Business Combination Agreements bei Aktiengesellschaften, 2017, 60 ff.

lungen getroffen sein, die gegen die aktienrechtliche Kompetenzordnung verstoßen. Sowohl eine Abrede über eine Erhöhung des Grundkapitals[197] als auch eine Abrede über das Unterlassen einer Kapitalerhöhung[198] verstoßen gegen § 76 und können daher grundsätzlich nicht wirksam geschlossen werden.[199] Anders ist die Frage insbesondere zu beurteilen, wenn die Hauptversammlung zuvor einen entsprechenden Beschluss getroffen hat.[200]

70b Die **Rechtsfolgen** ergeben sich aus den §§ 291 ff.: Ist ein Vertrag aufgrund seiner atypischen Ausgestaltung als ein Beherrschungsvertrag zu qualifizieren, so muss er den gesetzlichen Anforderungen genügen, also insbesondere von den Hauptversammlungen der abhängigen Gesellschaft und des anderen Vertragsteils beschlossen werden (§ 293 Abs. 1 und 2), in das Handelsregister eingetragen werden sowie einen Ausgleich und eine Abfindung vorsehen (§§ 304, 305). Der andere Vertragsteil ist entsprechend § 302 Abs. 1 zum Verlustausgleich verpflichtet.[201]

IX. Konzernprivileg (Abs. 3)

71 Ein Beherrschungs- und Gewinnabführungsvertrag kann nur dann friktionslos durchgeführt werden, wenn die Vorschriften über die Kapitalbindung außer Kraft gesetzt sind. Die Frage war freilich vor der Reform des AktG im Jahre 1965 kontrovers diskutiert worden. Deshalb stellte der Gesetzgeber im Jahre 1965 klar, dass die §§ 57, 58 und 60 nicht bei Leistungen auf Grund eines Beherrschungs- oder Gewinnabführungsvertrags gelten.[202] Im Jahre 2008 änderte er durch das MoMiG diese Regelung. Nunmehr sind **Leistungen „bei Bestehen"** eines **Beherrschungs- und Gewinnabführungsvertrags privilegiert.** Außerdem verfügte der Gesetzgeber in § 57 Abs. 1 S. 3, dass § 57 Abs. 1 S. 1 nicht bei Leistungen gilt, die bei Bestehen eines Beherrschungs- oder Gewinnabführungsvertrags erfolgen. Schließlich wurde durch das MoMiG in § 71a Abs. 1 S. 3 eine Ausnahme von der in § 71a Abs. 1 S. 1 angeordneten Nichtigkeit von bestimmten Umgehungsgeschäften eingeführt. Dieses Privileg hat vor allem bei der finanziellen Unterstützung eines fremdfinanzierten Unternehmenskaufs Bedeutung.[203]

72 Die Neufassung des § 291 Abs. 3 durch das MoMiG hat zahlreiche Auslegungsfragen aufgeworfen. Zur Debatte steht, ob bei einem isolierten Gewinnabführungsvertrag auch jeder unterjährig erfolgende Vermögenstransfer privilegiert ist.[204] Ferner wird erörtert, dass die Vorkehrungen des § 308 Abs. 2 und 3 bei einem isolierten Beherrschungsvertrag keine Bedeutung mehr haben.[205]

73 Für eine Lösung der neuen Probleme sollte im Ausgangspunkt berücksichtigt werden, dass das Gesetz weiterhin zwischen Beherrschungs- und Gewinnabführungsverträgen unterscheidet. Deshalb kann ein **Beherrschungsvertrag** dem anderen Vertragsteil nicht das Recht auf Gewinnabführung einräumen. Dieser hat weiterhin zum Inhalt, dass die Gesellschaft sich der Leitung durch den anderen Vertragsteil unterstellt. Das Instrument hierzu ist das Weisungsrecht. Auch soweit der andere Vertragsteil nicht ausdrücklich von diesem Recht Gebrauch macht, ist der Vorstand der abhängigen Gesellschaft gehalten, konkrete Leistungen daraufhin zu überprüfen, ob sie – verkürzt formuliert – im Interesse „des Konzerns" liegen. Die Vorkehrungen des § 308 Abs. 2 und 3 sind rechtlich nicht außer Kraft gesetzt und dürfen daher auch faktisch nicht ausgehebelt werden. Eine andere Beurteilung würde eine Umgehung des gesetzlichen Konzepts ermöglichen: Das herrschende Unternehmen

---

[197] Vgl. *Lutter* FS Schilling, 1973, 207 (228) („Autonomie der Gesellschaft").
[198] Vgl. *Fleischer* WM 2002, 2305 (2313 f.) zu Marktschutzvereinbarungen; restriktiv auch Großkomm AktG/*Wiedemann* § 182 Rn. 37; *Winneke*, Schuldrechtliche Vereinbarungen über Kapitalbeschaffungsmaßnahmen in GmbH und AG, 2005, 189.
[199] Vgl. auch OLG München ZIP 2012, 2439, wonach die in einem Business Combination Agreement getroffene Regelung, dass der Vorstand ohne die Zustimmung der herrschenden Gesellschaft weder genehmigtes Kapital ausnutzen noch die Ausgabe von Aktienoptionen oder ähnlichen Instrumenten unterstützen noch einen Teil oder alle eigenen Aktien oder neue eigene Aktien veräußern oder erwerben darf, mit der Aufgabenverteilung zwischen dem Vorstand und einem Aktionär unvereinbar sei. Abl. *Bungert/Wansleben* ZIP 2013, 1841 (1843 ff.) mit einer differenzierenden Beurteilung möglicher vertraglicher Abreden.
[200] Ähnlich Großkomm AktG/*Wiedemann* § 182 Rn. 37; im Grundsatz ebenso *Winneke*, Schuldrechtliche Vereinbarungen über Kapitalbeschaffungsmaßnahmen in GmbH und AG, 2005, 145 ff. (zulässig sei es, eine Kapitalerhöhungsverpflichtung einzugehen, wenn die Hauptversammlung die Verwaltung durch einen mit qualifizierter Mehrheit zustande gekommenen Beschluss ermächtigt habe).
[201] *Emmerich* FS Hüffer, 2010, 179 (185); Großkomm AktG/*Mülbert* Rn. 129; Grigoleit/*Servatius* Rn. 51.
[202] Vgl. RegBegr. *Kropff* S. 378.
[203] Vgl. *Wand/Tillmann/Heckenthaler* AG 2009, 148 (158).
[204] In diesem Sinne MüKoAktG/*Altmeppen* Rn. 229a und b; *Altmeppen* ZIP 2009, 49 (55 f.); iE auch *Habersack* FS Schaumburg, 2009, 1291 (1296, 1299).
[205] In diesem Sinne *Wand/Tillmann/Heckenthaler* AG 2009, 148 (154) (eine Weisung sei nicht mehr erforderlich); *Pentz* FS K. Schmidt, 2009, 1265 (1268); iE auch (sehr krit.) *Habersack* FS Schaumburg, 2009, 1291 (1296). AA MüKoAktG/*Altmeppen* Rn. 232 ff.; *Altmeppen* NZG 2010, 361 (363).

würde dazu eingeladen werden, auf eine förmliche Weisung zu verzichten, so dass der Vorstand der abhängigen Gesellschaft ohne die Restriktionen des § 308 Abs. 2 und 3 vorgehen könnte. Im Übrigen dürfte die aufgeworfene Frage ohnehin nur akademische Bedeutung haben. Denn in der Regel gibt die Konzernmutter ihren beherrschungsvertraglich gebundenen Töchtern und Enkelinnen en detail (etwa in Handbüchern) vor, wie sich deren Geschäftsleiter zu verhalten haben. Soweit dies nicht der Fall ist, existieren abstrakt formulierte Vorgaben, die als Weisungen iSd § 308 zu begreifen sind (→ § 308 Rn. 5) und die der „Leistung" durch die abhängige Gesellschaft zugrunde liegen.

Der Gesetzgeber wollte durch die Neuregelung Rechtssicherheit für das Cash-Pooling schaffen. **74** Dies wird auch bei einem **Gewinnabführungsvertrag** relevant. Schädigungen der Gesellschaft sind nicht privilegiert, weil der Vertragsinhalt durch die § 291 Abs. 1, § 301 bestimmt ist.[206] In diesen Grenzen können die Parteien weitere Regelungen treffen. Eine unterjährige Gewinnabführung wäre danach eine zulässige Vertragsgestaltung und würde nach § 291 Abs. 3 nicht gegen die Kapitalbindungsvorschriften verstoßen.[207] Davon zu unterscheiden ist die Frage, ob aufgrund der Neuregelung der Kapitalerhaltung noch die §§ 311, 317 Anwendung finden.[208] Sie ist zu bejahen, denn der Gewinnabführungsvertrag hat gerade nicht zum Inhalt, die abhängige Gesellschaft der Leitung durch den anderen Vertragsteil zu unterstellen. Dass die Kapitalbindung gem. § 291 Abs. 3 aufgehoben ist, ändert daran nichts.

Die Konzeption des deutschen Konzernrechts, Unternehmen einen Zugriff auf das Gesellschafts- **75** vermögen zu gewähren, kollidiert mit dem **Vermögensschutzsystem** der **Kapitalrichtlinie**, das sowohl offene als auch verdeckte Entnahmen aus dem Gesellschaftsvermögen verbietet.[209] Da es bislang noch nicht gelungen ist, eine Konzernrechtsrichtlinie zu verabschieden (→ Vor § 291 Rn. 53), ist es den nationalen Gesetzgebern aber nicht verwehrt, Unternehmen kapitalschutzrelevante Einflussrechte zu gewähren und eine Abführung von Gewinnen zu ermöglichen. Die Mitgliedstaaten sind berechtigt, die Verfassung von Unternehmensverbindungen und den Schutz der außenstehenden Aktionäre und Gläubiger in eigener Verantwortung zu regeln.[210] Das deutsche **Konzernprivileg** ist **nicht unionsrechtswidrig**. Dagegen ist es ausgeschlossen, Personen, die nicht als Unternehmen zu qualifizieren sind, entsprechende Befugnisse einzuräumen.[211]

§ 292 Andere Unternehmensverträge

(1) Unternehmensverträge sind ferner Verträge, durch die eine Aktiengesellschaft oder Kommanditgesellschaft auf Aktien
1. sich verpflichtet, ihren Gewinn oder den Gewinn einzelner ihrer Betriebe ganz oder zum Teil mit dem Gewinn anderer Unternehmen oder einzelner Betriebe anderer Unternehmen zur Aufteilung eines gemeinschaftlichen Gewinns zusammenzulegen (Gewinngemeinschaft),
2. sich verpflichtet, einen Teil ihres Gewinns oder den Gewinn einzelner ihrer Betriebe ganz oder zum Teil an einen anderen abzuführen (Teilgewinnabführungsvertrag),
3. den Betrieb ihres Unternehmens einem anderen verpachtet oder sonst überläßt (Betriebspachtvertrag, Betriebsüberlassungsvertrag).

(2) Ein Vertrag über eine Gewinnbeteiligung mit Mitgliedern von Vorstand und Aufsichtsrat oder mit einzelnen Arbeitnehmern der Gesellschaft sowie eine Abrede über eine Gewinnbeteiligung im Rahmen von Verträgen des laufenden Geschäftsverkehrs oder Lizenzverträgen ist kein Teilgewinnabführungsvertrag.

(3) ¹Ein Betriebspacht- oder Betriebsüberlassungsvertrag und der Beschluß, durch den die Hauptversammlung dem Vertrag zugestimmt hat, sind nicht deshalb nichtig, weil der Vertrag gegen die §§ 57, 58 und 60 verstößt. ²Satz 1 schließt die Anfechtung des Beschlusses wegen dieses Verstoßes nicht aus.

Schrifttum: *Armbrüster/Joos,* Zur Abwicklung fehlerhafter Gesellschaften, ZIP 2004, 189; *Bachmann/Veil,* Grenzen atypischer stiller Beteiligung an einer Aktiengesellschaft, ZIP 1999, 348; *Ballerstedt,* Kapital, Gewinn und

---

[206] MüKoAktG/*Altmeppen* § 291 Rn. 234.
[207] *Habersack* FS Schaumburg, 2009, 1291 (1296 (1299)); *Mülbert/Leuschner* NZG 2009, 281 (287).
[208] Bejahend *Altmeppen* NZG 2010, 361 (365); MüKoAktG/*Altmeppen* § 291 Rn. 234; verneinend *Mülbert/Leuschner* NZG 2009, 281 (287); wohl auch *Habersack* FS Schaumburg, 2009, 1291 (1299 f.).
[209] Vgl. *Schön* FS Kropff, 1997, 285 (294); *Mülbert* FS Lutter, 2000, 535 (546 f.); *Veil* Unternehmensverträge S. 165.
[210] So auch *Schön* FS Kropff, 1997, 285 (299) zum Vertragskonzern; *Veil* Unternehmensverträge 167; Großkomm AktG/*Mülbert* Rn. 138; zweifelnd K. Schmidt/Lutter/*Langenbucher* Rn. 73.
[211] Vgl. *Veil* Unternehmensverträge 173.

Ausschüttung bei Kapitalgesellschaften, 1949; *Berninger,* Errichtung einer stillen Gesellschaft an einer Tochter-AG bei bestehendem Beherrschungs- und Gewinnabführungsvertrag zwischen Mutter- und Tochter-AG, DB 2004, 297; *Beuthien/Gätsch,* Einfluß Dritter auf die Organbesetzung und Geschäftsführung bei Vereinen, Kapitalgesellschaften und Genossenschaften, ZHR 157 (1993), 483; *Blaurock,* Die stille Beteiligung an einer Kapitalgesellschaft als Unternehmensvertrag, FS Großfeld, 1999, 83; *Dierdorf,* Herrschaft und Abhängigkeit einer AG auf schuldvertraglicher und tatsächlicher Grundlage, 1978; *Ekkenga,* Mitbestimmung der Aktionäre über Erfolgsvergütungen für Arbeitnehmer, AG 2017, 89; *Eyber,* Die Abgrenzung zwischen Genußrecht und Teilgewinnabführungsvertrag im Recht der Aktiengesellschaft, 1997; *Fedke,* Ertragspooling als Gewinngemeinschaft, Der Konzern 2015, 53; *Führling,* Sonstige Unternehmensverträge mit einer abhängigen GmbH, 1993; *Gehling,* „Obligationsähnliche Genussrechte": Genußrechte oder Obligation?, WM 1992, 1093; *Geßler,* Zur Anfechtung wegen Strebens nach Sondervorteilen, FS Barz, 1974, 97; *Geßler,* Abgrenzungs- und Umgehungsprobleme bei Unternehmensverträgen, FS Ballerstedt, 1975, 219; *Geßler,* Der Betriebsführungsvertrag im Lichte der aktienrechtlichen Zuständigkeitsordnung, FS Hefermehl, 1976, 263; *Gromann,* Die Gleichordnungskonzerne im Konzern- und Wettbewerbsrecht, 1979; *Henze,* Zur Problematik des Teilgewinnabführungsvertrags, FS Meilicke, 2010, 145; *Herfs,* Einwirkung Dritter auf den Willensbildungsprozeß der GmbH, 1994; *Hirte,* Genußrecht oder verbotener Gewinnabführungsvertrag?, ZBB 1992, 50; *Hommelhoff,* Die Konzernleitungspflicht, 1982; *Huber,* Betriebsführungsverträge zwischen selbständigen Unternehmen, ZHR 152 (1988), 1; *Huber,* Betriebsführungsverträge zwischen konzernverbundenen Unternehmen, ZHR 152 (1988), 123; *Jebens,* Die stille Beteiligung an einer Kapitalgesellschaft, BB 1996, 701; *Köhn,* Der Betriebsführungsvertrag – Rechtliche Qualifikation und gesellschaftsrechtliche Wirksamkeitsvoraussetzungen, Der Konzern 2011, 530; *Löffler,* Betriebsführungsverträge mit Personengesellschaften, NJW 1983, 2920; *Martens,* Die existenzielle Wirtschaftsabhängigkeit, 1979; *Martens,* Mehrheits-Minderheitskonflikte innerhalb abhängiger Unternehmen, AG 1974, 9; *Maser,* Betriebspacht- und Betriebsüberlassungsverhältnisse in Konzernen, 1985; *K. Mertens,* Die stille Beteiligung an der GmbH und ihre Überleitung bei Umwandlungen in die AG, AG 2000, 32; *Mestmäcker,* Zur Systematik des Rechts der verbundenen Unternehmen, FG Kronstein, 1967, 129; *Mimberg,* Konzernexterne Pachtverträge im Recht der GmbH, 2000; *Mülbert,* Aktiengesellschaft, Unternehmensgruppe und Kapitalmarkt, 1995; *Mülbert,* Unternehmensbegriff und Konzernorganisationsrecht, ZHR 163 (1999), 1; *Oechsler,* Die Anwendung des Konzernrechts auf Austauschverträge mit organisationsrechtlichem Bezug, ZGR 1997, 464; *Oesterreich,* Die Betriebsüberlassung zwischen Vertragskonzern und faktischem Konzern, 1979; *Praël,* Eingliederung und Beherrschungsvertrag als körperschaftliche Rechtsgeschäfte, 1978; *Priester,* Innenbereichsrelevante Zustimmungsvorbehalte stiller Gesellschafter im GmbH- und Aktienrecht, FS Raiser, 2005, 293; *Raupach,* Schuldvertragliche Verpflichtungen anstelle beteiligungsgestützter Beherrschung, FS Bezzenberger 2000, 327; *Schatz,* Die Sicherung des Gesellschaftsvermögens und der Gläubigerinteressen im deutschen Konzernrecht, 1980; *K. Schmidt,* Betriebspacht, Betriebsüberlassung und Betriebsführung im handelsrechtlichen Stresstest, FS Hoffmann-Becking, 2013, 1053; *K. Schmidt,* Konzernrechtliche Wirksamkeitsvoraussetzungen für typische stille Beteiligungen an Kapitalgesellschaften?, ZGR 1984, 295; *K. Schmidt,* Die isolierte Verlustdeckungszusage unter verbundenen Unternehmen als Insolvenzabwendungsinstrument, FS Werner, 1984, 777; *U. H. Schneider,* Vertragsrechtliche, gesellschaftsrechtliche und arbeitsrechtliche Probleme von Betriebspachtverträgen, Betriebsüberlassungsverträgen und Betriebsführungsverträgen, JbFSt 1982/83, 387; *U. H. Schneider,* Beherrschungs- und Gewinnabführungsverträge mit einer GmbH, 1989, S. 7; *Schulze-Osterloh,* Das Recht der Unternehmensverträge und die stille Beteiligung an einer Aktiengesellschaft, ZGR 1974, 427; *Semler,* Vorfinanzierung zukünftigen Gesellschaftskapitals durch stille Gesellschafter, FS Werner, 1984, 855; *Timm,* Die Aktiengesellschaft als Konzernspitze, 1980; *Ulmer,* Aktienrechtliche Beherrschung durch Leistungsaustauschbeziehungen?, ZGR 1978, 457; *Veelken,* Der Betriebsführungsvertrag im deutschen und amerikanischen Aktien- und Konzernrecht, 1975; *Veil,* Unternehmensverträge, 2003; *Veit,* Unternehmensverträge und Eingliederung als aktienrechtliche Instrumente der Unternehmensverbindung, 1974; *Walter,* Die Gewinngemeinschaft – ein verkanntes Gestaltungsmittel des Steuerrechts, BB 1995, 1876.

Übersicht

	Rn.		Rn.
I. Normzweck	1–5	b) Gegenleistung	18–20
II. Gewinngemeinschaft	6–11	4. Beispiele	21–24a
1. Begriff und Inhalt des Vertrags	6–9	a) Stille Gesellschaft	21–24
a) Begriff des Gewinns	7	b) Weitere Fälle	24a
b) Zusammenlegung und Aufteilung des Gewinns	8, 9	5. Rechtsfolgen eines fehlerhaften Vertrags	25–29
2. Vertragsfreiheit und Abgrenzung	10	6. Gewinnbeteiligungen (Abs. 2)	30–32
3. Rechtsfolgen einer unangemessenen Gewinnverteilung	11	**IV. Betriebspacht und Betriebsüberlassungsvertrag**	33–49
III. Teilgewinnabführungsvertrag	12–32	1. Praktische Bedeutung	33
1. Praktische Bedeutung	12	2. Vertragsparteien	34
2. Vertragsparteien	13	3. Begriff und Inhalt der Vertragsarten	35–43
3. Begriff und Inhalt des Vertrags	14–20	a) Betriebspacht und Betriebsüberlassung	38–40
a) Teilgewinn und Gewinn einzelner Bereiche	15–17	b) Gegenleistung	41–43

	Rn.		Rn.
4. Rechtsfolgen einer unangemessenen Gegenleistung (Abs. 3)	44–46	1. Betriebsführungsvertrag	52–58
		a) Begriff und Inhalt des Vertrags	52–55
5. Abgrenzung zum Beherrschungs- und Gewinnabführungsvertrag	47–49	b) Abgrenzung zum Beherrschungsvertrag	56–58
		2. Atypische Kreditverträge	59, 60
V. Sonstige Verträge	50–62	3. Franchiseverträge	61, 62

I. Normzweck

§ 292 Abs. 1 erfasst die Gewinngemeinschaft (Nr. 1), den Teilgewinnabführungsvertrag (Nr. 2), **1** den Betriebspacht- und den Betriebsüberlassungsvertrag (Nr. 3) als andere Unternehmensverträge. Der Gesetzgeber hatte die Vorstellung, es handele sich bei diesen Verträgen im Unterschied zu Beherrschungs- und Gewinnabführungsverträgen um schuldrechtliche Austauschverträge.[1] Daran ist richtig, dass es sich um Austauschverträge handelt, die schuldrechtliche Pflichten der Parteien begründen. Doch können auch die in § 292 Abs. 1 Nr. 1 bis 3 genannten Verträge die **Strukturen** der **Gesellschaft** ändern und deren Verfassung umgestalten; insoweit sind sie ebenfalls als **Organisationsverträge** zu qualifizieren.[2]

Ein Vertrag über eine Gewinnbeteiligung mit Mitgliedern von Vorstand und Aufsichtsrat oder **2** mit einzelnen Arbeitnehmern der Gesellschaft sowie eine Abrede über eine Gewinnbeteiligung im Rahmen von Verträgen des laufenden Geschäftsverkehrs oder Lizenzverträgen ist kein Teilgewinnabführungsvertrag (§ 292 Abs. 2) und folglich kein Unternehmensvertrag. Dabei handelt es sich um **unbedeutende** und im Wirtschaftsleben **übliche Formen** einer Gewinnabführung, mit denen die Hauptversammlung nicht befasst werden soll.[3]

Die wichtigste **Rechtsfolge** der Aufnahme der Verträge in § 292 Abs. 1 ist die **Anwendbarkeit 3** der **Vorschriften** über den **Abschluss**, die **Änderung** und **Beendigung** von Unternehmensverträgen (§§ 293–299).[4] Sicherungen zu Gunsten der Gesellschaft, der Gläubiger und der außenstehenden Aktionäre sieht das Gesetz dagegen grundsätzlich nicht vor. Es vertraut darauf, dass die **allgemeinen Regeln** des AktG einen **ausreichenden Schutz** gewährleisten. Im Vordergrund stehen die Vorschriften über die Kapitalerhaltung (§§ 57 ff.), die der Vertragsgestaltung Grenzen setzen. So muss der mit einem Aktionär geschlossene Vertrag über eine Gewinngemeinschaft oder eine Teilgewinnführung eine angemessene Gegenleistung vorsehen. Anderenfalls sind der Vertrag (§ 134 BGB iVm §§ 57, 58, 60) und der Beschluss der Hauptversammlung (§ 241 Nr. 3) nichtig.

Etwas anderes gilt nur beim Abschluss eines Betriebspacht- und Betriebsüberlassungsvertrags. **4** Schließt die Gesellschaft mit einem Aktionär einen dieser Verträge, ohne dass dieser eine angemessene Gegenleistung vorsieht, so wären der Vertrag und der Beschluss der Hauptversammlung an sich ebenfalls nichtig. § 292 Abs. 3 S. 1 sieht aber von der Nichtigkeit des Vertrags und des Zustimmungsbeschlusses ab, weil diese wegen des strukturändernden Charakters der beiden Vertragsarten keine angemessene Rechtsfolge sei.[5] Doch können die Aktionäre den Rechtsverstoß im Wege der Anfechtungsklage geltend machen (§ 292 Abs. 3 S. 2). Zum Schutz der Gläubiger sieht das Gesetz eine beschränkte Verlustausgleichspflicht des herrschenden Unternehmens vor (§ 302 Abs. 2). Die Befreiung von den Kapitalbindungsregeln ist mit den Vorgaben der Kapitalrichtlinie teilweise nicht vereinbar und daher richtlinienkonform auszulegen; sie findet nur auf konzerninterne Verträge Anwendung (→ Rn. 45).

Von Bedeutung ist schließlich, dass bei Bestehen eines Teilgewinnabführungsvertrags bestimmte **5** Anforderungen an die Rücklagenbildung zu beachten sind und der Höchstbetrag der Gewinnabführung festgelegt ist (§ 300 Nr. 2, § 301).

II. Gewinngemeinschaft

1. Begriff und Inhalt des Vertrags. Eine Gewinngemeinschaft ist ein Vertrag, durch den sich **6** eine AG oder KGaA verpflichtet, ihren Gewinn oder den Gewinn einzelner ihrer Betriebe ganz oder zum Teil mit dem Gewinn anderer Unternehmen oder einzelner Betriebe anderer Unternehmen zur Aufteilung eines gemeinschaftlichen Gewinns zusammenzulegen. An dem Vertrag können neben

---

[1] RegBegr. *Kropff* S. 378.
[2] Zur organisationsrechtlichen Seite der §§ 291 ff. → Vor § 291 Rn. 6–9 und zur Rechtsnatur der Unternehmensverträge → Vor § 291 Rn. 25–37; ähnlich wie hier, freilich mit anderer Terminologie Großkomm AktG/ *Mülbert* Rn. 11.
[3] RegBegr. *Kropff* S. 379; zum Ausnahmecharakter der Vorschrift → Rn. 30.
[4] RegBegr. *Kropff* S. 378.
[5] RegBegr. *Kropff* S. 379.

der Gesellschaft folglich nur **Unternehmen** beteiligt sein; ein Vertrag mit einer Privatperson ist keine Gewinngemeinschaft iSv § 292 Abs. 1 Nr. 1[6] und dürfte in der Praxis nicht vorkommen. Verträge mit Unternehmen sind ebenfalls selten,[7] was in erster Linie darauf zurückzuführen sein dürfte, dass eine Gewinngemeinschaft nicht mehr geeignet ist, eine körperschaftsteuerliche Organschaft zu begründen (→ Vor § 291 Rn. 17). Vereinzelt kommt es aber auch heute noch zu Gewinngemeinschaften.[8] Sie erfüllt die Merkmale einer Gesellschaft bürgerlichen Rechts, so dass die §§ 705 ff. BGB anzuwenden sind.[9] Da die Gewinngemeinschaft über kein Vermögen verfügt, handelt es sich um eine nicht rechtsfähige Innen-GbR.

7   a) **Begriff des Gewinns.** Der Vertrag muss sich auf die Zusammenlegung des Gewinns der Gesellschaft oder auf den Gewinn einzelner ihrer Betriebe erstrecken. Was unter dem Begriff des Gewinns zu verstehen ist, sagt das Gesetz nicht. Die hM verlangt, dass es sich um einen periodisch ermittelten Gewinn handeln muss. Demnach kommen der Jahresüberschuss (§ 275 Abs. 2 Nr. 17 HGB bzw. Abs. 3 Nr. 16 HGB), der Bilanzgewinn und das Rohergebnis in Betracht.[10] Eine Gewinngemeinschaft liegt dagegen nicht vor, wenn sich der Vertrag auf den Gewinn aus einzelnen Geschäften bezieht, wie dies im Baugewerbe verbreitet der Fall ist.[11] Eine höhenmäßige Beschränkung des abzuführenden Gewinns ist nicht vorgesehen. Die Gemeinschaft braucht sich aber nicht auf den ganzen Gewinn zu erstrecken; es genügt, wenn nur eine bestimmte Höhe des Gesamtgewinns zusammengelegt wird.[12]

8   b) **Zusammenlegung und Aufteilung des Gewinns.** Es ist erforderlich, dass **alle** vertragsschließenden **Unternehmen** ihren **Gewinn zusammenlegen.** Sofern ein oder mehrere Unternehmen eine entsprechende Verpflichtung nicht eingehen, kann ein Gewinnabführungsvertrag oder Teilgewinnabführungsvertrag vorliegen.[13] Ferner zeichnet sich eine Gewinngemeinschaft dadurch aus, dass der Gesamtbetrag des **zusammengelegten Gewinns aufgeteilt** wird. Es muss gewährleistet sein, dass die Gesellschaft über den Betrag, der ihr nach dem Verteilungsschlüssel zusteht, frei verfügen kann.[14] Dies ist nicht der Fall, wenn den außenstehenden Aktionären lediglich eine Dividende garantiert wird.[15]

9   Zweifelhaft ist die Beurteilung, wenn der zusammengelegte **Gewinn** für **bestimmte Vorhaben verwandt** werden soll; in Betracht kommen beispielsweise gemeinsame Forschungsvorhaben oder der Aufbau eines gemeinsamen Vertriebsnetzes. Nach hM liegt in solchen Fällen keine Gewinngemeinschaft vor,[16] weil der Gewinn nicht aufgeteilt werde.[17] Im Übrigen greife der Vertrag nicht in die Gewinnverwendungskompetenz der Hauptversammlung ein. Es handele sich um Aufwendungen, die sich auf den

---

[6] MüKoAktG/*Altmeppen* Rn. 11; Großkomm AktG/*Mülbert* Rn. 30.
[7] Vgl. MHdB AG/*Krieger* § 73 Rn. 9; *Raiser/Veil* KapGesR § 64 Rn. 7. Vgl. zur früheren Verbreitung von Interessengemeinschaften Emmerich/Habersack/*Emmerich* Rn. 10a mit dem Beispiel der IG Farben; aus der jüngeren Rspr. BFH DStR 2017, 1527.
[8] Vgl. BFH DStR 2017, 1527 zu einer Gewinngemeinschaft, mit der die Parteien „beabsichtigten, durch die Poolung ihrer Gewinne und Verluste unter Aufrechterhaltung ihrer rechtlichen Selbständigkeit die wirtschaftliche Risiko aus dem sehr zyklischen Geschäft ihrer verschiedenen Beteiligungen zu streuen, ihre geschäftliche Zusammenarbeit zu vertiefen und gegenseitig Erfahrungen auszutauschen, ihre Geschäftsabläufe zusammenzufassen und zu optimieren. Langfristiges Ziel sei es, die Gesellschaften in einigen Jahren zu verschmelzen." Vgl. auch *Fedke* Der Konzern 2015, 53 zur Gewinngemeinschaft beim Betrieb von Windparks.
[9] Vgl. zur Anwendung der §§ 723, 726 BGB BGHZ 24, 279 (293 ff.); OLG Frankfurt/Main AG 1987, 43 (45); AG 1988, 269 f.
[10] RegBegr. *Kropff* S. 379. Vgl. auch MüKoAktG/*Altmeppen* Rn. 16; Emmerich/Habersack/*Emmerich* Rn. 11; Hüffer/Koch/*Koch* Rn. 8; MHdB AG/*Krieger* § 73 Rn. 10; *Raiser/Veil* KapGesR § 64 Rn. 8; Großkomm AktG/*Mülbert* Rn. 63. AA in Bezug auf den Rohertrag Kölner Komm AktG/*Koppensteiner* Rn. 35, 42 f.; Bürgers/Körber/*Schenk* Rn. 4.
[11] Vgl. MüKoAktG/*Altmeppen* Rn. 16; Emmerich/Habersack/*Emmerich* Rn. 11; Kölner Komm AktG/*Koppensteiner* Rn. 34; MHdB AG/*Krieger* § 73 Rn. 10.
[12] RegBegr. *Kropff* S. 379.
[13] MüKoAktG/*Altmeppen* Rn. 20; Kölner Komm AktG/*Koppensteiner* Rn. 37.
[14] MüKoAktG/*Altmeppen* Rn. 19; Hüffer/Koch/*Koch* Rn. 9; Kölner Komm AktG/*Koppensteiner* Rn. 37 f.; K. Schmidt/Lutter/*Langenbucher* Rn. 4.
[15] MüKoAktG/*Altmeppen* Rn. 20; GHEK/*Geßler* Rn. 15; Hüffer/Koch/*Koch* Rn. 9; Kölner Komm AktG/*Koppensteiner* Rn. 37; Großkomm AktG/*Mülbert* Rn. 71.
[16] MüKoAktG/*Altmeppen* Rn. 22; GHEK/*Geßler* Rn. 16; Hüffer/Koch/*Koch* Rn. 9; *Veit*, Unternehmensverträge und Eingliederung als aktienrechtliche Instrumente der Unternehmensverbindung, 1974, 38; Großkomm AktG/*Mülbert* Rn. 69; Bürgers/Körber/*Schenk* Rn. 4; zweifelnd MHdB AG/*Krieger* § 73 Rn. 11.
[17] GHEK/*Geßler* Rn. 16; *Veit*, Unternehmensverträge und Eingliederung als aktienrechtliche Instrumente der Unternehmensverbindung, 1974, 38.

Gewinn der Gesellschaft nur mittelbar auswirkten.[18] Der Vorstand der Gesellschaft könne daher den Vertrag im Rahmen seiner Leitungskompetenz (§ 76 Abs. 1) schließen. Dem ist nicht zu folgen.[19] Die Gewinngemeinschaft wurde als Unternehmensvertrag erfasst und einer Zustimmung der Hauptversammlung unterworfen, weil die Verfügung über den Gewinn in das Gewinnbezugsrecht der Aktionäre eingreifen kann.[20] Die Hauptversammlung soll entscheiden, ob der vereinbarte Verteilungsschlüssel angemessen ist. Hierfür besteht auch dann ein Bedürfnis, wenn der Gewinn für gemeinsame Vorhaben der vertragsschließenden Unternehmen verwandt werden soll.[21]

2. Vertragsfreiheit und Abgrenzung. Es ist zulässig, neben einer Vergemeinschaftung des 10 Gewinns eine Vergemeinschaftung der **Verluste** vorzusehen. Solche Verträge werden als Ergebnisgemeinschaft bezeichnet.[22] Eine isolierte Verlustübernahme ist allerdings nicht als Unternehmensvertrag iSd § 292 Abs. 1 Nr. 1 zu qualifizieren.[23] Eine Gewinngemeinschaft weist finanzstrukturelle Elemente auf, Herrschaftsrechte werden durch sie nicht begründet. Zweifelhaft ist, wie ein Vertrag zu qualifizieren ist, der außer der Zusammenlegung und Aufteilung des Gewinns eine Vergemeinschaftung der **Unternehmenspolitik** vorsieht. In diesem Fall kann auch ein **Gleichordnungskonzern** anzunehmen sein.[24] Zu berücksichtigen ist allerdings, dass eine einheitliche Leitung gleichgeordneter Unternehmen nur in bestimmten Grenzen zulässig ist (→ § 291 Rn. 55). Sofern diese Schranken beachtet werden, ist die atypische Gewinngemeinschaft als ein Unternehmensvertrag iSv § 291 Abs. 1 Nr. 1 und analog § 292 Abs. 1 Nr. 3 zu qualifizieren. Die Konzernunternehmen sind auf Grund einer organschaftlichen Verantwortlichkeit der Mitglieder des Leitungsgremiums geschützt (→ § 291 Rn. 58). Räumen dagegen die Vertragsbeteiligten einem Unternehmen ein Weisungsrecht ein, liegt entweder ein Beherrschungsvertrag vor[25] – mit der Folge, dass die entsprechenden Wirksamkeitsvoraussetzungen erfüllt sein müssen – oder ein Vertrag, der gem. § 134 BGB iVm § 76 Abs. 1 nichtig ist. Andere fusionsähnliche Verbindung, wie beispielsweise die Einbringung eines Betriebs in eine Zwischenholding, an der die Vertragspartner quotal beteiligt sind, sind in der Regel nicht als eine Gewinngemeinschaft iSd § 292 Abs. 1 Nr. 1 einzuordnen;[26] stattdessen ist zu prüfen, ob die Vorstände der beteiligten Gesellschaften im Rahmen des Unternehmensgegenstands ihrer Gesellschaft agieren und ob sie für den Vorgang nach den *Holzmüller-* und *Gelatine-*Grundsätzen eines zustimmenden Beschlusses der Hauptversammlung bedürfen.[27]

3. Rechtsfolgen einer unangemessenen Gewinnverteilung. Der Vertrag muss eine angemes- 11 sene Gewinnverteilung zum Gegenstand haben.[28] Dazu werden Sockelbeträge und Verteilungsquoten festgelegt.[29] Der verteilte Gewinn muss zur freien Verfügung der Gesellschaft stehen (→ Rn. 8). Es ist nicht erforderlich, im Vertrag sicherzustellen, dass die Gesellschaft mindestens das Ergebnis erhält, das sie ohne die Gewinngemeinschaft erhalten würde. Denn es liegt in der Natur einer Vergemeinschaftung der Gewinne, dass einer der Vertragsparteien sich schlechter stellen kann.[30] Eine Gewinngemeinschaft ist im Übrigen nicht schon dann unangemessen, wenn die Aufteilung sich nicht nach den Einlagen richtet.[31] Besondere Sicherungen zugunsten der Aktionäre und der Gläubiger sieht das Gesetz nicht vor. Diese sind vor den Gefahren einer unangemessenen Gewinnverteilung nach den allgemeinen Regeln ausreichend geschützt. So ist eine Gewinngemeinschaft nichtig, wenn der Vertrag eine unangemessene Aufteilung des Gewinns zugunsten eines am Vertrag beteiligten Aktionärs vorsieht (§ 134 BGB iVm §§ 57, 58, 60).[32] Eine andere Beurteilung ist zwar geboten, wenn

---

[18] MüKoAktG/*Altmeppen* Rn. 22.
[19] Ebenso Kölner Komm AktG/*Koppensteiner* Rn. 38; Emmerich/Habersack/*Emmerich* Rn. 13; *Führling*, Sonstige Unternehmensverträge mit einer abhängigen GmbH, 1993, 74; K. Schmidt/Lutter/*Langenbucher* Rn. 3; Großkomm AktG/*Mülbert* Rn. 73.
[20] Vgl. Emmerich/Habersack/*Emmerich* Rn. 13; *Veil* Unternehmensverträge 156.
[21] *Veil* Unternehmensverträge 156.
[22] MüKoAktG/*Altmeppen* Rn. 15; Bürgers/Körber/*Schenk* Rn. 4.
[23] MüKoAktG/*Altmeppen* Rn. 15; Bürgers/Körber/*Schenk* Rn. 4.
[24] Vgl. MüKoAktG/*Altmeppen* Rn. 42; Emmerich/Habersack/*Emmerich* Rn. 15; Großkomm AktG/*Mülbert* Rn. 75.
[25] Vgl. Emmerich/Habersack/*Emmerich* Rn. 17.
[26] MüKoAktG/*Altmeppen* Rn. 23 ff.; Großkomm AktG/*Mülbert* Rn. 78; Bürgers/Körber/*Schenk* Rn. 5. AA Emmerich/Habersack/*Emmerich* Rn. 16; MHdB AG/*Krieger* § 73 Rn. 12.
[27] MüKoAktG/*Altmeppen* Rn. 26; Großkomm AktG/*Mülbert* Rn. 79.
[28] MüKoAktG/*Altmeppen* Rn. 27; Großkomm AktG/*Mülbert* Rn. 74.
[29] Bürgers/Körber/*Schenk* Rn. 6.
[30] Kölner Komm AktG/*Koppensteiner* Rn. 50 f.; Großkomm AktG/*Mülbert* Rn. 74.
[31] Großkomm AktG/*Mülbert* Rn. 74.
[32] Hüffer/Koch/*Koch* Rn. 11; Emmerich/Habersack/*Emmerich* Rn. 19; Kölner Komm AktG/*Koppensteiner* Rn. 53; Großkomm AktG/*Mülbert* Rn. 39. AA MüKoAktG/*Altmeppen* Rn. 30 ff mit der Begründung, dass nach der Rechtsprechung des BGH (BGHZ 196, 312) ein Verstoß gegen § 57 nicht zur Nichtigkeit des Vertrags führt.

von der unangemessenen Gewinnverteilung ein Vertragspartner profitiert, der nicht Aktionär der Gesellschaft ist: Die Gewinngemeinschaft ist in diesem Fall wirksam. Doch ist kaum damit zu rechnen, dass sich der Vorstand der Gesellschaft auf einen solchen Verteilungsschlüssel einlässt; er wäre in diesem Fall zum Schadensersatz verpflichtet (§ 93).[33]

III. Teilgewinnabführungsvertrag

12   **1. Praktische Bedeutung.** Teilgewinnabführungsverträge kommen in der Praxis häufig vor. Grund hierfür ist in erster Linie, dass stille Beteiligungen als Teilgewinnabführungsverträge zu qualifizieren sind (→ Rn. 21) und in den letzten Jahren vermehrt als Finanzierungsinstrumente eingesetzt werden. Es sind Fälle bekannt geworden, in denen eine Gesellschaft mehr als 55 000 Teilgewinnabführungsverträge schloss,[34] was der Handelsregisterpraxis diverse Probleme bereitete. Der Gesetzgeber hat darauf mittlerweile reagiert und die Anmeldung bzw. Eintragung einer Vielzahl von Teilgewinnabführungsverträgen erleichtert. Es genügt, wenn eine Bezeichnung in das Handelsregister eingetragen wird, die den jeweiligen Vertrag konkret bestimmt; der Name des Vertragspartners muss nicht mehr angegeben werden (§ 294 Abs. 1 S. 1 Hs. 2).

13   **2. Vertragsparteien.** Vertragspartner eines Teilgewinnabführungsvertrags kann nach dem Wortlaut des Gesetzes jeder „andere" sein. Im Unterschied zu den in § 291 Abs. 1 und § 292 Abs. 1 Nr. 1 erfassten Vertragsarten muss der Vertragspartner folglich kein Unternehmen[35] und erst recht kein herrschendes Unternehmen sein.[36] Auch beim Abschluss eines Vertrags mit einer Privatperson besteht das Bedürfnis, die Hauptversammlung darüber entscheiden zu lassen, ob sich die Gefahr einer Verwässerung des Dividendenbezugsrechts realisieren kann.[37]

14   **3. Begriff und Inhalt des Vertrags.** Ein Teilgewinnabführungsvertrag ist ein Vertrag, durch den sich eine AG oder KGaA verpflichtet, einen Teil ihres Gewinns oder den Gewinn einzelner ihrer Betriebe ganz oder zum Teil an einen anderen abzuführen. Seine Erfassung als Unternehmensvertrag hat der Gesetzgeber damit gerechtfertigt, dass es im Interesse der Aktionäre sei, jede Abführung von Gewinn des Unternehmens an die Zustimmung der Hauptversammlung zu binden.[38] Die Erwägung ist nicht zwingend, da der Vertrag im Unterschied zum Gewinnabführungsvertrag das Gewinnbezugsrecht der Aktionäre nicht außer Kraft setzt. Doch verbindet sich mit jeder Teilgewinnabführung eine Vergrößerung des Kreises derjenigen, die einen Anspruch auf den Jahresüberschuss bzw. Bilanzgewinn haben und infolgedessen die Gefahr einer Verwässerung des mitgliedschaftlichen Dividendenrechts.[39] Die Sachlage stellt sich ebenso dar wie bei einer Gewinngemeinschaft und bei der Ausgabe von Genussrechten.[40] Es ist daher systemgerecht, dass die Aktionäre überprüfen können, ob die vereinbarte Gegenleistung angemessen ist und ob sich die Gefahr realisiert, dass ihr Gewinnrecht verwässert wird.

15   **a) Teilgewinn und Gewinn einzelner Bereiche.** Ein Teilgewinnabführungsvertrag setzt die Abführung eines Teilgewinns voraus. Dies ist nicht der Fall, wenn eine feste, vom Gewinn unabhängige Vergütung gewährt wird.[41] § 292 Abs. 1 Nr. 2 erfasst diverse Formen einer vertraglichen (möglicherweise in einer Nebenbestimmung „versteckten")[42] Verpflichtung zur Gewinnabführung: Diese kann sich zum einen auf einen Teil des Gewinns der Gesellschaft erstrecken, zum anderen auf den ganzen Gewinn einzelner Betriebe der Gesellschaft oder auf einen Teil des Gewinns einzelner Betriebe. Hieraus resultieren schwierige Abgrenzungsprobleme, die sich in erster Linie am Begriff des Gewinns entzünden. Dieser ist ebenso wie in § 292 Abs. 1 Nr. 1 nicht definiert. Die hM verlangt

---

[33] MüKoAktG/*Altmeppen* Rn. 38; Hüffer/Koch/*Koch* Rn. 11; Kölner Komm AktG/*Koppensteiner* Rn. 53.
[34] Vgl. OLG Celle AG 1996, 370.
[35] Vgl. Hüffer/Koch/*Koch* Rn. 12; Kölner Komm AktG/*Koppensteiner* Rn. 7; MüKoAktG/*Altmeppen* Rn. 46. Krit. Emmerich/Habersack/*Emmerich* Rn. 9.
[36] MüKoAktG/*Altmeppen* Rn. 46; *Eyber*, Die Abgrenzung zwischen Genußrecht und Teilgewinnabführungsvertrag im Recht der Aktiengesellschaft, 1997, 12; Hüffer/Koch/*Koch* Rn. 3; Kölner Komm AktG/*Koppensteiner* Rn. 5. AA *U.H. Schneider/Reusch* DB 1989, 713 (715).
[37] Zum Zweck der Hauptversammlungskompetenz → Rn. 14.
[38] RegBegr. *Kropff* S. 379.
[39] *Schulze-Osterloh* ZGR 1974, 427 (432); *K. Schmidt* ZGR 1984, 295 (306 f.) (Präventivprüfung aller Gewinnbeteiligungsabreden); Kölner Komm AktG/*Koppensteiner* Rn. 15 f. Vgl. auch *Mülbert*, Aktiengesellschaft, Unternehmensgruppe und Kapitalmarkt, 2. Aufl. 1996, 168, der einem Teilgewinnabführungsvertrag einen verbandszweckändernden Charakter beimisst. Prämisse dieser Ansicht ist die These, das Gesetz lasse auch unentgeltliche Verträge zu, was jedoch abzulehnen ist (→ Rn. 18, 19).
[40] *Schulze-Osterloh* ZGR 1974, 427 (433).
[41] BGH AG 2013, 92 (94); BayObG AG 2001, 424. AA OLG Hamburg AG 2013, 519.
[42] Vgl. KG NZG 1999, 1102 (1106).

zu Recht, dass der **Gewinn aus** einer **periodischen Abrechnung** ermittelt sein muss.[43] Demnach kommen der **Jahresüberschuss** (§ 275 Abs. 2 Nr. 17 HGB bzw. Abs. 3 Nr. 16 HGB; vgl. auch § 301 S. 1), der **Bilanzgewinn,** der **Rohertrag**[44] oder die **Umsatzerlöse** in Betracht.[45] Demgegenüber liegt ein Teilgewinnabführungsvertrag nicht vor, wenn die Gesellschaft für die Überlassung von Geldmitteln die Rückgewähr nebst einer Festverzinsung verspricht.[46] Ebenfalls keinen Teilgewinnabführungsvertrag stellt es dar, wenn die Verpflichtung der Gesellschaft zur Rückzahlung eines Darlehens nach einer Besserungsabrede bei Erwirtschaftung eines Jahresüberschusses in dessen Höhe wieder aufleben soll.[47]

Zweifelhaft ist, wie eine Verpflichtung zur Abführung von **Gewinnen** zu qualifizieren ist, welche **16** die Gesellschaft **aus einzelnen Geschäften** erzielt. Solche Vereinbarungen sind als partiarische Austauschverträge in der Praxis weit verbreitet. Sofern ein entsprechender Vertrag sich auf einen periodisch ermittelten Gewinn eines Betriebes der Gesellschaft bezieht (praktisch von Bedeutung dürften insbesondere die Umsatzerlöse sein) und die Abrede nicht im Rahmen eines Vertrags des laufenden Geschäftsverkehrs getroffen wurde (vgl. § 292 Abs. 2), handelt es sich ebenfalls um einen Teilgewinnabführungsvertrag.[48] Eine andere Beurteilung ist geboten, wenn lediglich eine Beteiligung am Ergebnis einzelner Geschäfte verabredet wird. Da eine solche Vereinbarung nicht einen periodisch ermittelten Gewinn zum Gegenstand hat, liegt kein Teilgewinnabführungsvertrag vor. Daran ändert sich auch nichts, sofern die Geschäfte einen wesentlichen Teil der wirtschaftlichen Betätigung der Gesellschaft ausmachen.[49] Anderenfalls würden zahlreiche Rechtsanwendungsfragen aufgeworfen werden, die nicht zuverlässig beantwortet werden könnten. Diese Rechtsunsicherheit kann wegen der Außenwirksamkeit des Zustimmungsbeschlusses der Hauptsammlung (§ 293 Abs. 1) nicht hingenommen werden. Die Aktionäre sind gegen eine Verwässerung ihres Gewinnbezugsrechts durch die organschaftliche Verantwortlichkeit des Vorstands (§ 93) geschützt, der dafür Sorge zu tragen hat, dass die vereinbarte Gegenleistung angemessen ist. In Betracht kommt aber, dass die Hauptversammlung nach den Grundsätzen der *Holzmüller*- (BGHZ 83, 122) und *Gelatine*-Doktrin (BGHZ 159, 30) über den Vertrag zu entscheiden hat.

Im Unterschied zu einem Gewinnabführungsvertrag erstreckt sich der Teilgewinnabführungsver- **17** trag nur auf einen **Teil** des **Gewinns** der Gesellschaft. Dies wirft die Frage auf, wo die **Grenze** zwischen Teilgewinn- und Gewinnabführung zu ziehen ist. In der älteren Literatur wurde erwogen, dass der Gesellschaft ein bestimmter Mindestgewinn (§ 254 Abs. 1) verbleiben müsse.[50] Diese Auslegung findet jedoch im Gesetz keine Stütze.[51] Angesichts des klaren Wortlauts des Gesetzes unterfällt auch eine Abrede über die Abführung von 99 % des Jahresüberschusses unter den Begriff des Teilgewinnabführungsvertrags. Die Aktionäre und Gläubiger sind bei Bestehen eines solchen Vertrags ausreichend geschützt, da die Vorschriften über die Kapitalerhaltung (§§ 57 ff.) Anwendung finden. Das läuft darauf hinaus, dass für die Teilgewinnabführung eine angemessene Gegenleistung vereinbart werden muss. Denkbar ist ferner, dass ein entsprechender Beschluss wegen Verletzung der mitgliedschaftlichen Treuepflicht anfechtbar ist.

b) Gegenleistung. Das Gesetz beschränkt sich darauf, die verschiedenen Modalitäten einer Teil- **18** gewinnabführung zu beschreiben. Es ist daher unklar, ob auch ein unentgeltlicher Vertrag als Unternehmensvertrag zu begreifen ist. Die hM bejaht die Frage,[52] obwohl sich ein unentgeltlicher Vertrag nachteilig auf das Gewinnbezugsrecht der Aktionäre auswirkt. Sie will dem Problem gerecht werden,

---

[43] Vgl. KG NZG 1999, 1102 (1106); *Schulze-Osterloh* ZGR 1974, 427 (437 ff.); Emmerich/Habersack/*Emmerich* Rn. 26; *Führling,* Sonstige Unternehmensverträge mit einer abhängigen GmbH, 1993, 65 f.; Hüffer/Koch/*Koch* Rn. 13; Kölner Komm AktG/*Koppensteiner* Rn. 55; MHdB AG/*Krieger* § 73 Rn. 16.

[44] Vgl. KG NZG 1999, 1102 (1106) (bezüglich einer Gewinnbeteiligungsklausel, die sich auf einen Mietgegenstand erstreckt).

[45] Vgl. *Schulze-Osterloh* ZGR 1974, 427 (437 ff.); Emmerich/Habersack/*Emmerich* Rn. 25; *Führling,* Sonstige Unternehmensverträge mit einer abhängigen GmbH, 1993, 64 f.; Hüffer/Koch/*Koch* Rn. 13 iVm Rn. 8; MHdB AG/*Krieger* § 73 Rn. 16. AA in Bezug auf Rohertrag und Umsatzerlöse Kölner Komm AktG/*Koppensteiner* Rn. 65, 42.

[46] Vgl. BayObLG AG 2001, 424; Hüffer/Koch/*Koch* Rn. 13; K. Schmidt/Lutter/*Langenbucher* Rn. 27. AA OLG Hamburg NZG 2003, 436 (437).

[47] Vgl. OLG München WM 2009, 318.

[48] Vgl. *Schulze-Osterloh* ZGR 1974, 427 (438).

[49] MHdB AG/*Krieger* § 73 Rn. 16; Kölner Komm AktG/*Koppensteiner* Rn. 65, 42 f. AA *Schulze-Osterloh* ZGR 1974, 427 (436); wohl auch MüKoAktG/*Altmeppen* Rn. 62.

[50] Vgl. GHEK/*Geßler* Rn. 33.

[51] Wie hier Hüffer/Koch/*Koch* Rn. 13; Kölner Komm AktG/*Koppensteiner* Rn. 54; K. Schmidt/Lutter/*Langenbucher* Rn. 18. IE ebenso MüKoAktG/*Altmeppen* Rn. 51; wohl auch Emmerich/Habersack/*Emmerich* Rn. 24.

[52] Vgl. Emmerich/Habersack/*Emmerich* Rn. 27; Hüffer/Koch/*Koch* Rn. 16; Kölner Komm AktG/*Koppensteiner* Rn. 71; K. Schmidt/Lutter/*Langenbucher* Rn. 18.

indem sie darauf hinweist, dass ein unentgeltlicher Teilgewinnabführungsvertrag mit einem Aktionär gegen das aktienrechtliche Ausschüttungsverbot (§§ 57 ff.) verstößt und daher nichtig ist.[53] Die von der Gesellschaft abgeführten Gewinne sollen gem. § 62 bzw. §§ 311, 317 zu erstatten sein. Ein entsprechender Vertrag mit einem Dritten sei zwar wirksam. Es bestehe jedoch keine Gefahr, dass der Vorstand einen unentgeltlichen Vertrag schließe, da er sich dann gem. § 93 und § 826 BGB schadensersatzpflichtig mache.[54]

19 Die von der hM propagierte Auslegung ist mit den Zwecken des Unternehmensvertragsrechts nicht zu vereinbaren. Der Gesetzgeber hatte das Ziel verfolgt, vertragliche Unternehmenskonzentrationen rechtlich zu erfassen, durch Publizitätserfordernisse transparent zu machen und der Leitungskompetenz des Vorstands zu entziehen (→ Vor § 291 Rn. 3). Es sind keine Anhaltspunkte ersichtlich, dass er eine Kompetenz der Hauptversammlung hatte begründen wollen, einen Teil des Bilanzgewinns zu verschenken.[55] Es besteht auch kein Bedürfnis, einen unentgeltlichen Teilgewinnabführungsvertrag als einen Unternehmensvertrag zu begreifen. Die Vereinbarung einer **Gegenleistung** ist daher ein **notwendiger Vertragsbestandteil**.[56] Wenn sie fehlt, liegt kein Unternehmensvertrag vor, sondern ein Vertrag, dessen Wirksamkeit sich nach den allgemeinen Vorschriften richtet.

20 Die **Gegenleistung** muss **angemessen** sein. Anderenfalls ist der mit einem Aktionär geschlossene Teilgewinnabführungsvertrag gem. § 134 BGB iVm §§ 57 ff. nichtig. Ist Vertragspartner ein Dritter, so ist der Vertrag zwar wirksam. Doch kann der Vorstand der Gesellschaft zum Schadensersatz verpflichtet sein (§ 93 Abs. 2), wenn er sich auf ein unangemessenes Entgelt eingelassen hat. Die Beurteilung der Angemessenheit wirft erhebliche, größtenteils noch völlig ungeklärte Probleme auf. Der hM ist es bislang lediglich gelungen, sich auf einen zutreffenden Ausgangspunkt für eine Problemerörterung zu verständigen: Abzustellen für die Beurteilung der Angemessenheit ist auf den **Zeitpunkt des Vertragsschlusses**.[57] Ferner wird angenommen, dass die vom Vertragspartner zu erbringende Leistung der Summe der abzuführenden Teilgewinne entsprechen muss.[58] Diese Auslegung ist zu Recht von dem Gedanken getragen, einer Verwässerung der vermögensrechtlichen Mitgliedsrechte der Aktionäre zu begegnen. Doch fordert sie auch Widerstand heraus: Warum müssen die Leistung und die Gegenleistung betragsmäßig übereinstimmen? Problematisch ist ferner, dass die Höhe des Jahresüberschusses, Bilanzgewinns bzw. des Umsatzerlöses bei Vertragsschluss lediglich prognostiziert werden kann. Die in den letzten Jahren geführte gesellschaftsrechtliche Diskussion hat zu dem Ergebnis geführt, dass Prognosen der Geschäftsleitung nur einer eingeschränkten gerichtlichen Kontrolle zugänglich sind. Zum Ausdruck kommt dies auch in der Business-Judgment-Rule (§ 93 Abs. 1 S. 2). Als Marschroute für eine Bewältigung der schwierigen Rechtsfragen ist festzuhalten, dass ein **objektives Missverhältnis** von Leistung und Gegenleistung nur anzunehmen ist, wenn sich die vom Vorstand zu Grunde gelegten und von der Hauptversammlung mit einer qualifizierten Mehrheit gebilligten **Erwartungen** ex ante als **unvertretbar** erweisen.[59]

21 **4. Beispiele. a) Stille Gesellschaft.** Stille Beteiligungen an einer AG sind nach mittlerweile einhelliger Auffassung im Schrifttum[60] und einer gefestigten Rechtsprechung[61] als Teilgewinnabführungsverträge zu qualifizieren.[62] Es ist nach hM unerheblich, in welcher Höhe eine Gewinnbeteiligung versprochen wird, weil es sich in jedem Fall um eine außergewöhnliche Maßnahme der

---

[53] Vgl. OLG Düsseldorf AG 1996, 473 (474).
[54] Emmerich/Habersack/*Emmerich* Rn. 28; Hüffer/Koch/*Koch* Rn. 16.
[55] Vgl. MüKoAktG/*Altmeppen* Rn. 75 f.
[56] Vgl. MüKoAktG/*Altmeppen* Rn. 75 f.; *Veil* Unternehmensverträge 153 f.
[57] Vgl. MüKoAktG/*Altmeppen* Rn. 84; Hüffer/Koch/*Koch* Rn. 16; Kölner Komm AktG/*Koppensteiner* Rn. 74; Großkomm AktG/*Mülbert* Rn. 92.
[58] Vgl. MüKoAktG/*Altmeppen* Rn. 84; Großkomm AktG/*Mülbert* Rn. 92.
[59] In der Tendenz wie hier MüKoAktG/*Altmeppen* Rn. 84; strenger Kölner Komm AktG/*Koppensteiner* Rn. 74; K. Schmidt/Lutter/*Langenbucher* Rn. 22 (Prognose sei nach einem objektiven Maßstab vollständig gerichtlich nachprüfbar, wenn ein Verstoß gegen die Kapitalbindungsregeln zur Debatte stehen würde); wohl auch Großkomm AktG/*Mülbert* Rn. 92.
[60] Grundlegend *Schulze-Osterloh* ZGR 1974, 427 (431 ff.); vgl. ferner MüKoAktG/*Altmeppen* Rn. 65; *Bachmann/Veil* ZIP 1999, 348 (351); *Blaurock* HdB der Stillen Gesellschaft Rn. 7.19 ff.; Emmerich/Habersack/*Emmerich* Rn. 29; *Jebens* BB 1996, 701; *J. Semler* FS Werner, 1984, 855 (861); *K. Schmidt* ZGR 1984, 295 (300 ff.); Großkomm AktG/*Mülbert* Rn. 95.
[61] Vgl. BGH AG 2013, 92 (93); BGH WM 2006, 1154 (1156); BGHZ 156, 38 (42 ff.); OLG Hamburg AG 2011, 339; OLG Celle AG 2000, 280; OLG Stuttgart NZG 2000, 93 (94); OLG Düsseldorf AG 1996, 473; OLG Celle AG 1996, 370.
[62] Vgl. zur Abgrenzung von stillen Beteiligungen zu Genussrechten BGHZ 156, 38 (42 ff.) und vorhergehend KG ZIP 2002, 890 (891 f.); Emmerich/Habersack/*Emmerich* Rn. 31 f.; *Eyber*, Die Abgrenzung zwischen Genußrecht und Teilgewinnabführungsvertrag im Recht der Aktiengesellschaft, 1997, 68 ff.

Geschäftsführung handele.[63] Dem ist im Ergebnis zuzustimmen. Grund für die Aufnahme des Teilgewinnabführungsvertrags in § 292 Abs. 1 als ein anderer Unternehmensvertrag ist, dass sich mit dem Abschluss des Vertrags die Gefahr einer Verwässerung des Gewinnbezugsrechts der Aktionäre verbindet. Die Hauptversammlung soll in die Lage versetzt werden, die Angemessenheit der vereinbarten Gegenleistung zu kontrollieren. Dafür besteht auch dann ein Bedürfnis, wenn die Gesellschaft nur einen unbedeutenden Teil ihres Gewinns abführen will.[64] Eine Ausnahme hat nur § 15 des sog. Beschleunigungsgesetzes[65] für Unternehmen des Finanzsektors gemacht.

In der Praxis wird – häufig sukzessiv – eine Vielzahl von stillen Gesellschaftsverträgen geschlossen. **22** Die Beteiligungen werden als Finanzierungsinstrumente eingesetzt, so dass fraglich ist, ob den Aktionären analog § 221 Abs. 4 ein Bezugsrecht einzuräumen ist. Der BGH lehnt dies ab. Zum einen sei eine stille Gesellschaft kein Genussrecht, sondern ein Teilgewinnabführungsvertrag, zum anderen sehe das Gesetz in § 292 ein Bezugsrecht nicht ausdrücklich vor.[66] Die Argumentation überzeugt nicht, da bei einer **massenweisen Begebung stiller Beteiligungen** die Gefahr einer Verschlechterung im Rahmen der Gewinnverteilung und die Sorge einer Kursverwässerung besteht. Die Sachlage ist identisch mit jener bei der Ausgabe von Genussrechten, so dass den **Aktionären** ein **Bezugsrecht** auf stille Beteiligungen einzuräumen ist.[67]

Schwierigkeiten wirft ferner die verbreitete Praxis auf, dem still Beteiligten Mitwirkungsrechte **23** einzuräumen **(atypische stille Beteiligungen).** Diese sind meist steuerrechtlich motiviert. So ist Voraussetzung für eine steuerliche Mitunternehmerschaft (§ 15 Abs. 1 Nr. 2 EStG) unter anderem, dass der still Beteiligte eine Mitunternehmerinitiative trägt. Die stillen Gesellschaftsverträge sehen daher in der Regel (zumindest) Zustimmungsrechte in Angelegenheiten der Geschäftsführung vor. *Schulze-Osterloh* begreift einen solchen Vertrag als einen Betriebsüberlassungsvertrag, weil die Gesellschaft nicht mehr autonom unternehmerisch tätig werde. Vielmehr bilde die stille Gesellschaft selbst einen eigenen unternehmerischen Willen. Vertragspartner der Betriebsüberlassung sei daher die stille Gesellschaft selbst.[68] Dagegen spricht, dass die stille Gesellschaft eine bloße Innengesellschaft ist, die keine Rechtsfähigkeit besitzt.[69] Allerdings ist bedenklich, dass der still Beteiligte über Einflussrechte gegenüber der Gesellschaft verfügt.[70] Mitunter sind Weisungsrechte vorgesehen, teilweise auch Zustimmungsrechte, so dass der still Beteiligte Maßnahmen verhindern kann, die der Leitungskompetenz des Vorstands unterfallen. Diese Weisungs- und Mitwirkungsrechte haben zwar schuldrechtlichen Charakter. Doch können sie in die Organisationsverfassung eingreifen.[71] Sind sie mit dem Prinzip der Verbandsautonomie unvereinbar,[72] können sie in einer AG weder einem Gesellschafter noch einem Dritten eingeräumt werden.[73] Schuldrechtlich wirkende Zustimmungsrechte bedürfen einer **unternehmensvertraglichen Legitimation;** anderenfalls sind sie nicht rechtswirksam vereinbart.[74] Dies ist auf zwei Wegen möglich.

So kommt erstens in Betracht, dass die Parteien eine **Beherrschungsabrede** treffen. Allerdings **24** müssen sie dann die Voraussetzungen beachten, die das Gesetz für einen Beherrschungsvertrag vorsieht.[75] Insbesondere wäre der andere Vertragsteil verpflichtet, die Verluste der Gesellschaft zu über-

---

[63] GHEK/*Geßler* § 292 Rn. 39; *J. Semler* FS Werner, 1984, 855 (861); *Blaurock* HdB der Stillen Gesellschaft Rn. 7.26; *K. Schmidt* ZGR 1984, 295 (302). AA *Nirk/Brezing/Bächle* HdB AG Rn. 1031; *Eyber*, Die Abgrenzung zwischen Genußrecht und Teilgewinnabführungsvertrag im Recht der Aktiengesellschaft, 1997, 25 (28).
[64] Vgl. *Veil* Unternehmensverträge 158 f.
[65] Gesetz zur Beschleunigung und Vereinfachung des Erwerbs von Anteilen an sowie Risikopositionen von Unternehmen des Finanzsektors durch den Fonds „Finanzmarktstabilisierungsfonds – FMS", BGBl. 2009 I 1986.
[66] Vgl. BGHZ 156, 38 (43).
[67] Vgl. *Veil* Unternehmensverträge 159.
[68] *Schulze-Osterloh* ZGR 1974, 427 (447 ff.).
[69] *Jebens* BB 1996, 701; Kölner Komm AktG/*Koppensteiner* Rn. 62; *Blaurock* HdB der Stillen Gesellschaft Rn. 7.23; Großkomm AktG/*Mülbert* Rn. 95.
[70] Vgl. zum Verhältnis zwischen diesen Rechten und dem beherrschungsvertraglichen Weisungsrecht *Berninger* DB 2004, 297 (298).
[71] Vgl. *Blaurock* FS Großfeld, 1999, 83 (93); *Herfs*, Einwirkung Dritter auf den Willensbildungsprozeß der GmbH, 1994, 190 f. (298); *K. Mertens* AG 2000, 32 (35). AA *U.H. Schneider/Reusch* DB 1989, 713 (714).
[72] Vgl. *Beuthien/Gätsch* ZHR 157 (1993) 483 (488); *Herfs*, Einwirkung Dritter auf den Willensbildungsprozeß der GmbH, 1994, 298 f.; *K. Mertens* AG 2000, 32 (35); *Veil* Unternehmensverträge 268; *Priester* FS Raiser, 2005, 293 (296 ff.).
[73] Vgl. *Bachmann/Veil* ZIP 1999, 348 (350); *Veil* Unternehmensverträge 268; wohl auch Großkomm AktG/*Windbichler* § 17 Rn. 42. AA wohl BGHZ 156, 38 (44) mit der Begründung, solche Kontrollrechte seien der stillen Beteiligung „immanent"; so auch die zweitinstanzliche Entscheidung KG ZIP 2002, 890 (893).
[74] Zur unternehmensvertraglichen Organisationsautonomie → Vor § 291 Rn. 41–43.
[75] Vgl. *Bachmann/Veil* ZIP 1999, 348 (354 f.); Emmerich/Sonnenschein/*Habersack* Konzernrecht § 11 III 2b; *K. Schmidt/Lutter/Langenbucher* Rn. 24; Großkomm AktG/*Windbichler* § 17 Rn. 42; *Priester* FS Raiser, 2005, 293 (306 ff.).

nehmen (§ 302 Abs. 1). Der Abschluss eines Beherrschungsvertrags dürfte daher für die Beteiligten in der Regel nicht von Interesse sein. Zweitens ist es möglich, **Vetorechte** in Leitungsangelegenheiten analog § 292 Abs. 1 Nr. 3, § 293 Abs. 1 einzuräumen,[76] wenn sichergestellt ist, dass der still Beteiligte einer verbandsrechtlichen Verantwortlichkeit unterliegt.[77] Dies ist der Fall, wenn die zustimmungspflichtigen Maßnahmen konkret benannt sind. Ferner dürfen die eingeräumten Befugnisse nicht zum Nachteil der Gesellschaft ausgeübt werden. Der still Beteiligte muss vielmehr die Interessen der Gesellschaft beachten. Sofern er diese missachtet, macht er sich wegen Verletzung seiner unternehmensvertraglichen Treuepflicht schadensersatzpflichtig.[78]

24a b) **Weitere Fälle.** Partiarische Darlehen können als Teilgewinnabführungsvertrag zu qualifizieren sein. Voraussetzung ist, dass sich die Gewinnbeteiligung nach dem periodisch ermittelten Gewinn bestimmt.[79] Mit dieser Maßgabe unterfällt auch ein partiarischer Austauschvertrag dem Begriff des Teilgewinnabführungsvertrags[80] (→ Rn. 16). Arbeitnehmer-Erfolgsbeteiligungen können die Voraussetzungen eines Teilgewinnabführungsvertrags erfüllen.[81] Dagegen ist ein **Genussrecht** kein Teilgewinnabführungsvertrag.[82] Ebenso unterfällt ein **Zinsversprechen** – unabhängig davon ob es variabel oder fest ist – nicht § 292 Abs. 1 Nr. 2[83] (→ Rn. 15). Eine von der gesetzlichen Regelung des § 60 abweichende (dh disquotale) Gewinnverteilung kann ein verdeckter Teilgewinnabführungsvertrag sein.[84]

25 5. **Rechtsfolgen eines fehlerhaften Vertrags.** Ein Teilgewinnabführungsvertrag kann aus diversen Gründen fehlerhaft sein. So kann er beispielsweise wegen Verstoßes gegen die Kapitalbindungsregeln (§ 134 BGB iVm §§ 57 ff.), wegen Sittenwidrigkeit (§ 138 BGB)[85] oder auf Grund einer erfolgreichen Anfechtung wegen arglistiger Täuschung (§§ 123, 142 Abs. 1 BGB) nichtig sein. Die rechtliche Behandlung bereitet in der Regel keine Probleme. Die Vertragsparteien sind verpflichtet, die erbrachten Leistungen nach Bereicherungsgrundsätzen zurück zu gewähren.

26 Zweifelhaft ist die Behandlung einer fehlerhaften stillen Beteiligung, die als Teilgewinnabführungsvertrag zu qualifizieren ist. Nach der Rechtsprechung sind auf einen solchen Vertrag die **Grundsätze** einer **fehlerhaften Gesellschaft** entsprechend anzuwenden,[86] so dass der Vertragspartner nach Geltendmachung des Fehlers[87] keinen Anspruch auf Rückzahlung der Einlage, sondern einen Auseinandersetzungsanspruch hat, der sich nach gesellschaftsrechtlichen Grundsätzen bestimmt. Voraussetzung sei, dass der Teilgewinnabführungsvertrag vollzogen wurde.[88] Dies soll schon anzunehmen sein, wenn der Vertragspartner seine Einlage geleistet hat.[89] Die „rechtliche Anerkennung der fehlerhaften Gesellschaft finde nur da ihre Grenzen, wo gewichtige Interessen der Allgemeinheit oder besonders schutzbedürftiger Personen entgegenstehen. Selbst der Umstand, dass ein stiller Gesellschafter durch betrügerisches Verhalten des Geschäftsinhabers zum Abschluss des Gesellschaftsvertrags bestimmt worden ist, rechtfertig[e] es aber nicht, die durch die Invollzugsetzung des Gesellschaftsverhältnisses geschaffenen Rechtstatsachen rückwirkend zu beseitigen und statt des Gesellschaftsrechts die allgemeinen Regeln des bürgerlichen Rechts zur Anwendung zu bringen."[90]

---

[76] AA *Priester* FS Raiser, 2005, 293 (306).
[77] Vgl. zur Art und Weise der Ausübung der Zustimmungsrechte *Veil* Unternehmensverträge 271.
[78] Vgl. *Veil* Unternehmensverträge 269 ff.
[79] Vgl. MüKoAktG/*Altmeppen* Rn. 69; Großkomm AktG/*Mülbert* Rn. 99; Bürgers/Körber/*Schenk* Rn. 13.
[80] Vgl. Großkomm AktG/*Mülbert* Rn. 98; wohl auch MüKoAktG/*Altmeppen* Rn. 69.
[81] Vgl. *Ekkenga* AG 2017, 89 (95 ff.).
[82] Vgl. BGHZ 156, 38 (42 f.); Großkomm AktG/*Mülbert* Rn. 100 ff.; K. Schmidt/Lutter/*Langenbucher* Rn. 26; Bürgers/Körber/*Schenk* Rn. 13. AA Wachter/*Müller* Rn. 11; offen gelassen von MüKoAktG/*Altmeppen* Rn. 31.
[83] BayObLG AG 2001, 424; K. Schmidt/Lutter/*Langenbucher* Rn. 27. AA OLG Hamburg NZG 2003, 436 (437).
[84] Vgl. LG Frankfurt AG 2015, 590.
[85] Vgl. OLG Dresden WM 2004, 726 (727) (nicht nur einzelne Vertragsklauseln, sondern der von der Gesellschaft verfolgte Zweck muss gegen die guten Sitten verstoßen).
[86] Vgl. BGH AG 2014, 41 (42); BGH WM 2006, 1154 (1156); BGH ZIP 2005, 753 (755); BGH ZIP 2005, 254 (256); OLG Dresden WM 2004, 726; OLG Braunschweig ZIP 2003, 1793 (1794); OLG Hamm AG 2003, 520 (521); OLG Hamburg AG 2003, 519 (520). Im Grundsatz auch *Armbrüster/Joos* ZIP 2004, 189 (194). AA in Bezug auf eine zweigliedrige atypische stille Gesellschaft OLG Jena ZIP 2003, 1444 (1446). Vgl. zum Vorrang der Interessen besonders schutzwürdiger Personen OLG Schleswig ZIP 2002, 1244 (1246 f.).
[87] Vgl. hierzu BGH WM 2006, 1154 (1156).
[88] Die hM wendet die Lehre über die fehlerhafte Gesellschaft auf einen Unternehmensvertrag nur an, wenn der Vertrag in das Handelsregister eingetragen worden ist. Vgl. → § 291 Rn. 64.
[89] Vgl. BGH ZIP 2005, 254 (255); zuvor bereits OLG Hamm AG 2003, 520 (521).
[90] Vgl. BGH AG 2014, 41 (42); BGHZ 62, 234 (241).

Der Rspr. und hL ist nicht zu folgen.[91] Der BGH spricht sich zwar in ständiger Rechtsprechung **27** für die Übertragung der Grundsätze über die fehlerhafte Gesellschaft auf eine stille Gesellschaft aus.[92] Die angeführten Erwägungen über eine „auf Dauer angelegte und tatsächlich vollzogene Leistungsgemeinschaft in Form einer Gesellschaft, für welche die Beteiligten Beiträge erbracht und Werte geschaffen, die Gewinnchancen genutzt und gemeinschaftlich das Risiko getragen haben", rechtfertigen jedoch keinen vorläufigen Bestandsschutz der als Teilgewinnabführungsverträge zu qualifizierenden stillen Beteiligungen. Dieser ist nur bei Vorliegen gewichtiger Rückabwicklungsschwierigkeiten oder der unabweisbaren Notwendigkeit eines Verkehrsschutzes anzuerkennen. Bei einer stillen Beteiligung an einer AG können zum einen die geleistete Einlage und die ausgeschütteten Gewinne ohne nennenswerte Probleme kondiziert werden.[93] Zum anderen bedarf es keines Gläubigerschutzes, da ein stiller Gesellschaftsvertrag eine bloße Innengesellschaft ist; der still Beteiligte tritt im Rechtsverkehr nicht auf. Die **Grundsätze** über die **fehlerhafte Gesellschaft** sind daher auf einen fehlerhaften Teilgewinnabführungsvertrag in Gestalt eines stillen Gesellschaftsvertrags grundsätzlich **nicht anzuwenden.**

Eine andere Beurteilung ist lediglich in zwei Konstellationen geboten: erstens, wenn dem Vertrags- **28** partner bestimmte Mitwirkungsrechte eingeräumt worden sind (atypische stille Gesellschaft, → Rn. 23) und er diese ausgeübt hat,[94] sowie zweitens bei koordinierten stillen Beteiligungen. In den erstgenannten Fällen wirft die Abwicklung der stillen Gesellschaft unlösbare Probleme auf, in den zweitgenannten Fällen würden die Interessen der anderen still Beteiligten verletzt, da diese mit dem Risiko zwischenzeitlicher Verluste belastet würden.[95]

Ein vorläufiger Bestandsschutz ist schließlich begründet, wenn ein Teilgewinnabführungsvertrag **29** auf Grund eines Freigabebeschlusses in das Handelsregister eingetragen worden ist (vgl. § 246a).[96]

6. Gewinnbeteiligungen (Abs. 2). Ein Vertrag über eine Gewinnbeteiligung mit Mitgliedern **30** von Vorstand und Aufsichtsrat oder mit einzelnen Arbeitnehmern der Gesellschaft sowie eine Abrede über eine Gewinnbeteiligung im Rahmen von Verträgen des laufenden Geschäftsverkehrs oder Lizenzverträgen ist kein Teilgewinnabführungsvertrag (§ 292 Abs. 2). Dabei handelt es sich nach der Vorstellung des Gesetzgebers um unbedeutende und im Wirtschaftsleben übliche Formen einer Gewinnführung, mit denen sich die Hauptversammlung nicht befasst werden soll.[97] Sie sind abschließend aufgezählt, so dass eine analoge Anwendung nicht in Betracht kommt.[98]

Die **personenbezogenen Ausnahmen** betreffen zum einen Verträge mit Mitgliedern des Vor- **31** stands (vgl. § 86) oder des Aufsichtsrats (vgl. § 113 Abs. 3) über eine Gewinnbeteiligung, zum anderen Verträge mit einzelnen Arbeitnehmern. Solche Abreden sind in der Praxis üblich. Nicht anders verhält es sich mit Tantiemen für Arbeitnehmer, die in einer Betriebsvereinbarung festgelegt sind. Angesichts des klaren Wortlauts des § 292 Abs. 2 sind allerdings entsprechende Vereinbarungen zugunsten der gesamten Arbeitnehmerschaft nicht privilegiert.[99] Eine entsprechende Betriebsvereinbarung ist daher als ein Teilgewinnabführungsvertrag iSv § 292 Abs. 1 Nr. 2 zu qualifizieren,[100] was in der Praxis mitunter nicht beachtet wird.

Größere Schwierigkeiten bereiten die **gegenstandsbezogenen Ausnahmen.** Ob eine Abrede **32** über eine Gewinnbeteiligung im Rahmen eines Vertrags des laufenden Geschäftsverkehrs vorliegt, beurteilt sich nach einhelliger Auffassung nach den zu § 116 Abs. 1 HGB herausgearbeiteten Grundsätzen.[101] Es muss sich demnach um einen Vertrag handeln, den der gewöhnliche Geschäftsverkehr der betreffenden Gesellschaft mit sich bringt. Entscheidend ist der Vertragstyp (qualitative, nicht

---

[91] In diesem Sinne auch *C. Schäfer,* Die Lehre vom fehlerhaften Verband, 2002, 87 ff. (143 ff., 145); zurückhaltend Emmerich/Habersack/*Emmerich* Rn. 29g; zweifelnd MüKoAktG/*Altmeppen* Rn. 89.
[92] Vgl. zur atypischen stillen Gesellschaft BGHZ 8, 157; zur typischen stillen Gesellschaft BGHZ 55, 5 (8 f.); 62, 234 (237).
[93] So auch zum Gewinnabführungsvertrag gem. § 291 Abs. 1 *C. Schäfer,* Die Lehre vom fehlerhaften Verband, 2002, 464.
[94] Vgl. MüKoHGB/*K. Schmidt* § 230 Rn. 133 (nur bei stiller Gesellschaft mit „Verbandscharakter").
[95] Vgl. *Armbrüster/Joos* ZIP 2004, 189 (192).
[96] Hierzu → § 291 Rn. 67, 68 und → § 246a Rn. 5.
[97] RegBegr. *Kropff* S. 379.
[98] Vgl. MüKoAktG/*Altmeppen* Rn. 83; Hüffer/Koch/*Koch* Rn. 26; Emmerich/Habersack/*Emmerich* Rn. 33; Kölner Komm AktG/*Koppensteiner* Rn. 60; MHdB AG/*Krieger* § 73 Rn. 19; *K. Schmidt* ZGR 1984, 295 (302); Schulze-Osterloh ZGR 1974, 427 (435 f.).
[99] Vgl. Kölner Komm AktG/*Koppensteiner* Rn. 57.
[100] Vgl. MüKoAktG/*Altmeppen* Rn. 79; Hüffer/Koch/*Koch* Rn. 27; MHdB AG/*Krieger* § 73 Rn. 19.
[101] Vgl. MüKoAktG/*Altmeppen* Rn. 80; Emmerich/Habersack/*Emmerich* Rn. 35; Hüffer/Koch/*Koch* Rn. 28; MHdB AG/*Krieger* § 73 Rn. 19; *K. Schmidt* ZGR 1984, 295 (302); *J. Semler* FS Werner, 1984, 855 (861); Großkomm AktG/*Mülbert* Rn. 110.

quantitative Beurteilung).[102] Dies bedeutet, dass es, anders als bei § 116 HGB, nicht auf das Gewicht des betreffenden Vertrags ankommt. Denn der Gesetzgeber hat sich mit der Regelung von der Konzeption des früheren Rechts gelöst, das für die Reichweite einer Hauptversammlungszuständigkeit auf einen quantitativen Maßstab abgestellt hatte. Damit wollte er Abgrenzungsschwierigkeiten vermeiden.[103] Es kommt daher weder auf die Höhe der Gewinnabführung noch auf den Beweggrund für den Vertrag an.[104] Stille Gesellschaftsverträge sind immer als Teilgewinnabführungsvertrag einzuordnen (→ Rn. 21).[105] Anders kann es sich bei partiarischen Darlehen (→ Rn. 24a) verhalten.[106] Unter Lizenzverträgen sind auch Know-how-Verträge zu verstehen.[107]

IV. Betriebspacht und Betriebsüberlassungsvertrag

33 **1. Praktische Bedeutung.** Betriebspacht- und Betriebsüberlassungsverträge waren früher in der Großindustrie weit verbreitet und wurden häufig zusammen mit Beherrschungs- und Gewinnabführungsverträgen geschlossen.[108] Sie sind heute vor allem im Handel[109] sowie im Hotel- und Gaststättengewerbe[110] anzutreffen. Es kommt auch vor, dass Wirtschaftsprüfungsgesellschaften ihren Betrieb (dem herrschenden Unternehmen) verpachten bzw. überlassen.

34 **2. Vertragsparteien.** § 292 Abs. 1 Nr. 3 setzt voraus, dass eine **AG** oder eine **KGaA** den Betrieb ihres Unternehmens **einem anderen** verpachtet oder überlässt. Vertragspartner können somit auch eine **Privatperson** und ein **Aktionär** sein (konzernexterner Vertrag),[111] wenngleich solle Fälle selten sind. In der Regel ist der Vertragspartner **herrschendes Unternehmen** (konzerninterner Vertrag).

35 **3. Begriff und Inhalt der Vertragsarten.** Ein Betriebspachtvertrag bzw. Betriebsüberlassungsvertrag ist ein Vertrag, durch den eine AG oder KGaA den **Betrieb** ihres **Unternehmens** einem anderen **verpachtet** oder **sonst überlässt**. Nach einem Teil des Schrifttums ist die Formulierung „Betrieb des Unternehmens" objektiv zu verstehen. Gegenstand des Vertrags sei der Betrieb der Gesellschaft, nicht jedoch ihr Unternehmen.[112] Die Gesellschaft sei daher noch in der Lage, eine eigene Unternehmenspolitik zu betreiben.[113] Doch findet diese Auslegung in den Materialien keine Stütze und wird dem typischen Inhalt der beiden Vertragsarten nicht gerecht. Deren Gegenstand ist das Unternehmen der Gesellschaft, das vom Pächter bzw. Übernehmer betrieben wird.[114] Der Gesetzeswortlaut ist daher funktional zu interpretieren.[115]

36 Dieses Verständnis verdeutlicht, dass sich mit dem Abschluss der Verträge eine Verlagerung von Entscheidungskompetenzen verbindet. So werden zentrale Führungsentscheidungen (zum Beispiel über Investitionen), die an sich vom Vorstand getroffen werden, dem Vertragspartner anvertraut.[116] Beide Vertragsarten greifen daher in die Leitungskompetenz des Vorstands (§ 76 Abs. 1) ein. Sie wären wegen ihrer **leitungsstrukturellen Auswirkungen** nichtig (§ 134 BGB iVm § 76 Abs. 1, § 111 Abs. 1, 4), wenn sie nicht als andere Unternehmensverträge in § 292 Abs. 1 Nr. 3 erfasst

---

[102] Vgl. KG NZG 1999, 1102 (1106). AA *Henze* FS Meilicke, 2010, 145 (153 ff.).
[103] LG Stuttgart v. 28.5.2010 – 31 O 56/09 KfH, BeckRS 2010, 13182.
[104] LG Stuttgart v. 28.5.2010 – 31 O 56/09 KfH, BeckRS 2010, 13182 im Anschluss an Kölner Komm AktG/ *Koppensteiner* Rn. 56.
[105] MüKoAktG/*Altmeppen* Rn. 80; Emmerich/Habersack/*Emmerich* Rn. 35; Hüffer/Koch/*Koch* Rn. 28: restriktiver Großkomm AktG/*Mülbert* Rn. 110.
[106] Großkomm AktG/*Mülbert* Rn. 110; Wachter/*Müller* Rn. 11.
[107] Vgl. MüKoAktG/*Altmeppen* Rn. 82; Emmerich/Habersack/*Emmerich* Rn. 36; Hüffer/Koch/*Koch* Rn. 28; Kölner Komm AktG/*Koppensteiner* Rn. 58 Fn. 199; Großkomm AktG/*Mülbert* Rn. 111.
[108] Vgl. zur rechtlichen Behandlung solcher Kombinationen MüKoAktG/*Altmeppen* Rn. 132 ff.
[109] Vgl. OLG Hamburg AG 2001, 91 – Textil-Einzelhandel.
[110] Vgl. LG Berlin AG 1992, 91 – Steigenberger-Interhotel AG.
[111] MüKoAktG/*Altmeppen* Rn. 95; Hüffer/Koch/*Koch* Rn. 17; *Mimberg*, Konzernexterne Pachtverträge im Recht der GmbH, 2000, 78 ff. AA *U.H. Schneider*, Beherrschungs- und Gewinnabführungsverträge in der Praxis der GmbH, 1989, 7 (28).
[112] MüKoAktG/*Altmeppen* Rn. 6; GHEK/*Geßler* Rn. 58 f.; Kölner Komm AktG/*Koppensteiner* Rn. 75; MHdB AG/*Krieger* § 73 Rn. 24.
[113] MüKoAktG/*Altmeppen* Rn. 6; GHEK/*Geßler* Rn. 59.
[114] Vgl. auch *K. Schmidt* FS Hoffmann-Becking, 2013, 1053 (1058 ff.).
[115] *Oesterreich*, Die Betriebsüberlassung zwischen Vertragskonzern und faktischem Konzern, 1979, 49 ff.; *Hommelhoff*, Die Konzernleitungspflicht, 1982, 277; *Mimberg*, Konzernexterne Pachtverträge im Recht der GmbH, 2000, 23; *Mülbert*, Aktiengesellschaft, Unternehmensgruppe und Kapitalmarkt, 2. Aufl. 1996, 170.
[116] *Oesterreich*, Die Betriebsüberlassung zwischen Vertragskonzern und faktischem Konzern, 1979, 64 f. (140); *Veil* Unternehmensverträge 133.

Andere Unternehmensverträge 37–42 § 292

wären.[117] Die Hauptversammlung ist daher in der Lage, mit der Zustimmung zum Abschluss eines Betriebspacht- bzw. Betriebsüberlassungsvertrags (§ 293 Abs. 1) den Leitungsauftrag ihres Vorstands zu beschränken. Insoweit sind ein Betriebspacht- und ein Betriebsüberlassungsvertrag als **Organisationsverträge** zu qualifizieren.[118]

Die Gesellschaft kann nach Abschluss des Vertrags aus eigener unternehmerischer Tätigkeit keinen 37 Gewinn mehr erzielen. Sie erhält stattdessen als Gegenleistung für die Verpachtung bzw. Überlassung ihres Unternehmens ein Entgelt und wird damit zur Rentnerin. Beide Vertragsarten **ändern** daher den **Unternehmensgegenstand** der Gesellschaft.[119] Auch aus diesem Grund hat die Hauptversammlung dem Vertrag zuzustimmen (§ 293 Abs. 1).

a) Betriebspacht und Betriebsüberlassung. Der Inhalt eines Betriebspachtvertrags bestimmt 38 sich nach der in den §§ 581 ff. BGB festgelegten Vertragstypik, wonach der Verpächter dem Pächter den Gebrauch der Sache und den Genuss der Früchte während der Pachtzeit zu gewähren hat.[120] Folglich betreibt bei Bestehen eines **Betriebspachtvertrags** der Pächter das **Unternehmen** in **eigenem Namen** und auf **eigene Rechnung**. Ein **Betriebsüberlassungsvertrag** zeichnet sich dadurch aus, dass der Vertragspartner das **Unternehmen** auf **eigene Rechnung**, aber im **Namen der Gesellschaft** führt. In der Regel wird dem Vertragspartner hierzu eine Generalhandlungsvollmacht oder eine Prokura erteilt.[121]

Die Vertragspraxis orientiert sich am herrschenden Verständnis des Vertragsbegriffs. So finden 39 sich häufig Klauseln, wonach die Gesellschaft den Betrieb ihres Unternehmens überlässt oder ihr gesamtes Unternehmen verpachtet.[122] Das Sachanlagevermögen wird in der Regel zum Gebrauch überlassen, das Umlaufvermögen dagegen verkauft und übereignet. Eine ausführliche Regelung erfahren Erhaltungs- und Erweiterungsmaßnahmen (→ Rn. 48).

Nach hM muss sich ein Betriebspacht- bzw. Betriebsüberlassungsvertrag auf das gesamte Unter- 40 nehmen der Gesellschaft erstrecken. Die Verpachtung bzw. Überlassung einzelner Betriebe genüge nicht, da die Gesellschaft ansonsten nicht zur Rentnerin werde.[123] Das überzeugt nicht. Die hM blendet aus, dass sich die Aufnahme der beiden Vertragsarten in § 292 Abs. 1 Nr. 3 auch daraus erklärt, dass sie in die Organisationsverfassung eingreifen (→ Rn. 36). So kann sich mit der **Verpachtung** oder **Überlassung einzelner Betriebe** ebenfalls eine Verkürzung des Leitungsauftrags des Vorstands verbinden. Ein solcher Vertrag wäre gem. § 134 BGB iVm §§ 76, 111 Abs. 1, 4 nichtig, wenn er nicht unter den Voraussetzungen geschlossen würde, die das Gesetz für einen Betriebspacht- und Betriebsüberlassungsvertrag vorsieht. Er ist daher als ein **Unternehmensvertrag** zu qualifizieren, sofern er in die Leitungskompetenz des Vorstands eingreift.

b) Gegenleistung. Die hM schließt aus der bürgerlich-rechtlichen Vertragstypik (§ 581 Abs. 1 41 S. 2 BGB), dass ein Betriebspachtvertrag nur vorliegt, wenn der Pächter zur Zahlung eines Pachtzinses verpflichtet ist.[124] Ein Betriebsüberlassungsvertrag müsse dagegen kein Entgelt vorsehen.[125]

Der hM kann nicht gefolgt werden. Sie lässt sich mit den Zwecken des Unternehmensvertrags- 42 rechts nicht vereinbaren. Der Gesetzgeber wollte bestimmte vertragliche Unternehmenskonzentrationen rechtlich erfassen, durch Publizitätserfordernisse transparent machen und der Leitungskompetenz des Vorstands entziehen (→ Vor § 291 Rn. 3). Es ist nicht ersichtlich, dass er eine Kompetenz der Hauptversammlung hatte begründen wollen, das Unternehmen der Gesellschaft einem anderen zu „verschenken".[126] Die Vereinbarung einer **Gegenleistung** ist ein **notwendiger Vertragsbe-**

---

[117] *Oesterreich*, Die Betriebsüberlassung zwischen Vertragskonzern und faktischem Konzern, 1979, 65; *Hommelhoff*, Die Konzernleitungspflicht, 1982, 287; *Veil* Unternehmensverträge 134.
[118] Zur Rechtsnatur der Unternehmensverträge → Vor § 291 Rn. 25–37.
[119] Kölner Komm AktG/*Koppensteiner* Vor § 291 Rn. 161; *Prael*, Eingliederung und Beherrschungsvertrag als körperschaftliche Rechtsgeschäfte, 1978, 68. Nach aA ändert der Vertrag den Zweck der Gesellschaft; vgl. *Oesterreich*, Die Betriebsüberlassung zwischen Vertragskonzern und faktischem Konzern, 1979, 63.
[120] AllgM; vgl. Hüffer/Koch/*Koch* Rn. 18.
[121] Vgl. MüKoAktG/*Altmeppen* Rn. 106; Hüffer/Koch/*Koch* Rn. 19.
[122] Vgl. zur Vertragspraxis *Veil* Unternehmensverträge 29 ff.
[123] Vgl. MüKoAktG/*Altmeppen* Rn. 97; Emmerich/Habersack/*Emmerich* Rn. 40; Hüffer/Koch/*Koch* Rn. 18; Kölner Komm AktG/*Koppensteiner* Rn. 75; Großkomm AktG/*Mülbert* Rn. 126.
[124] Vgl. MüKoAktG/*Altmeppen* Rn. 110; Emmerich/Habersack/*Emmerich* Rn. 40; Hüffer/Koch/*Koch* Rn. 18; GHEK/*Geßler* Rn. 86; *Maser*, Betriebspacht- und Betriebsüberlassungsverhältnisse in Konzernen, 1985, 46; *Schulze-Osterloh* ZGR 1974, 427 (455); Großkomm AktG/*Mülbert* Rn. 127; wohl auch Bürgers/Körber/*Schenk* Rn. 22. AA Kölner Komm AktG/*Koppensteiner* Rn. 77.
[125] Vgl. GHEK/*Geßler* Rn. 87; Hüffer/Koch/*Koch* Rn. 19. IE ebenso Kölner Komm AktG/*Koppensteiner* Rn. 77, der aber aus der Anwendbarkeit der §§ 311 ff. schließt, dass der Vertragspartner ein angemessenes Entgelt schulde.
[126] Vgl. MüKoAktG/*Altmeppen* Rn. 110.

standteil. Ein unentgeltlicher Betriebspacht- bzw. Betriebsüberlassungsvertrag ist kein Unternehmensvertrag iSv § 292 Abs. 1 Nr. 3.[127] Er kann aber als ein Geschäftsführungsvertrag (§ 291 Abs. 1 S. 2) zu qualifizieren sein.[128]

43 Die **Angemessenheit** der Gegenleistung ist mit Rücksicht auf den Ertragswert des verpachteten bzw. überlassenen Unternehmens zu bestimmen.[129] In der Praxis sind diverse Vereinbarungen über das Entgelt anzutreffen. Der Pacht- bzw. Überlassungszins setzt sich in der Regel aus einem festen und einem variablen, an der Höhe des erzielten Gewinns orientierten Betrag zusammen. Ferner wird dem Umstand Rechnung getragen, dass die verpachteten bzw. überlassenen Gegenstände einen Wertverlust erleiden, der sich in der Bilanz der Gesellschaft durch Abschreibungen niederschlägt. Diese Abschreibungsverluste werden meistens vom Vertragspartner übernommen.[130]

44 **4. Rechtsfolgen einer unangemessenen Gegenleistung (Abs. 3).** Ein Betriebspacht- oder Betriebsüberlassungsvertrag und der Beschluss, mit welchem die Hauptversammlung dem Vertrag zugestimmt hat, sind nicht deshalb nichtig, weil der Vertrag gegen die §§ 57, 58 und 60 verstößt. Die Anfechtung des Beschlusses wegen dieses Verstoßes (vgl. § 243 Abs. 1, § 243 Abs. 2 S. 1) ist allerdings möglich (§ 293 Abs. 3 S. 2). Eine Anfechtungsklage ist nicht gem. § 243 Abs. 2 S. 2 ausgeschlossen, wenn der Beschluss zu Gunsten der außenstehenden Aktionäre einen angemessenen Ausgleich für ihren Schaden vorsieht.[131] Die im Schrifttum vertretene gegenteilige Ansicht[132] verkennt, dass anderenfalls ein Mehrheitsaktionär die Möglichkeit hätte, auf den Gewinn der Gesellschaft zuzugreifen. Dies ist mit der gesetzlich anerkannten Funktion eines Betriebspacht- bzw. Betriebsüberlassungsvertrags nicht vereinbar.

45 Der Gesetzgeber hat die partielle Außerkraftsetzung der aktienrechtlichen Kapitalbindung damit begründet, dass die Nichtigkeit wegen des strukturändernden Charakters der beiden Vertragsarten keine angemessene Rechtsfolge sei.[133] Das kann schwerlich überzeugen, da etwaigen Rückabwicklungsschwierigkeiten durch die Anwendung der Grundsätze über die fehlerhafte Gesellschaft Rechnung getragen werden könnte. Zweifelhaft ist ferner, ob die Privilegierung mit den **Anforderungen der Kapitalrichtlinie** vereinbar ist. Diese verbietet offene und verdeckte Ausschüttungen zu Gunsten eines Aktionärs. Eine rechtswidrig erfolgte Ausschüttung ist zu erstatten (Art. 16 Kapitalrichtlinie). Diesen Vorgaben wird § 292 Abs. 3 S. 1 nicht gerecht. Der Anwendungsbereich der Vorschrift ist im Wege richtlinienkonformer Auslegung auf konzerninterne Verträge[134] zu beschränken.[135] Auf einen **konzernexternen,** mit einem Aktionär geschlossenen **Betriebspacht-** bzw. **Betriebsüberlassungsvertrag** sind die **Vorschriften** über die **Kapitalerhaltung** (§§ 57 ff.) uneingeschränkt **anzuwenden.**[136] Die **Gegenleistung** muss folglich **angemessen** sein, was im Einzelfall schwierig zu beurteilen sein kann. Keine Probleme bereitet es, wenn ein Dritter von gleicher Bonität bei sonst identischen Pachtbedingungen einen wesentlich höheren Pacht- bzw. Überlassungszins zu zahlen bereit ist.[137] In den übrigen Fällen muss ein Sachverständigengutachten eingeholt werden.

46 Bei Bestehen eines **konzerninternen Vertrags** ist die Gesellschaft zum einen durch die in § 302 Abs. 2 vorgesehene beschränkte **Verlustausgleichspflicht** des herrschenden Unternehmens geschützt.[138] Zum anderen finden die §§ 311, 317 Anwendung.[139] Hat die Gesellschaft einen Vertrag geschlossen, der eine unangemessene Gegenleistung vorsieht, so ist das herrschende Unternehmen demnach zum **Nachteilsausgleich** und unter den in § 317 Abs. 1 S. 1 genannten Voraussetzungen zum **Schadensersatz** verpflichtet.[140]

---

[127] Vgl. MüKoAktG/*Altmeppen* Rn. 110.
[128] Vgl. MüKoAktG/*Altmeppen* Rn. 111; *Geßler* FS Ballerstedt, 1975, 219 (232); *Schulze-Osterloh* ZGR 1974, 427 (455).
[129] Vgl. Großkomm AktG/*Mülbert* Rn. 129.
[130] Vgl. *Maser,* Betriebspacht- und Betriebsüberlassungsverhältnisse in Konzernen, 1985, 170 ff.; *Oesterreich,* Die Betriebsüberlassung zwischen Vertragskonzern und faktischen Konzern, 1979, 29.
[131] MüKoAktG/*Altmeppen* Rn. 122; *Martens* AG 1974, 9; *Veil* Unternehmensverträge 141 Fn. 116.
[132] *Geßler* FS Barz, 1974, 97 (107); Hüffer/Koch/*Koch* Rn. 30; Kölner Komm AktG/*Koppensteiner* Rn. 25; *Oesterreich,* Die Betriebsüberlassung zwischen Vertragskonzern und faktischem Konzern, 1979, 99 ff.
[133] RegBegr. *Kropff* S. 379.
[134] Die Mitgliedstaaten sind weiterhin berechtigt, für Konzernverhältnisse Ausnahmen von der Kapitalbindung vorzusehen. → § 291 Rn. 71.
[135] AA K. Schmidt/Lutter/*Langenbucher* Rn. 52; Großkomm AktG/*Mülbert* Rn. 40.
[136] Vgl. *Veil* Unternehmensverträge 174 f.
[137] Vgl. OLG Frankfurt/Main AG 1973, 136 (137).
[138] Vgl. zu den Einzelheiten → § 302 Rn. 31 ff.
[139] Vgl. OLG Frankfurt/Main AG 1973, 136 (137); Emmerich/Habersack/*Emmerich* Rn. 52; Hüffer/Koch/*Koch* Rn. 31; Kölner Komm AktG/*Koppensteiner* Rn. 29; *Raiser/Veil* KapGesR § 64 Rn. 25; *Veil* Unternehmensverträge 140 ff.; Großkomm AktG/*Mülbert* Rn. 46 ff.
[140] Vgl. zum Anwendungsbereich von § 302 Abs. 2 neben §§ 311, 317 *Veil* Unternehmensverträge 142.

5. Abgrenzung zum Beherrschungs- und Gewinnabführungsvertrag. Die Abgrenzung des 47
Betriebspacht- und Betriebsüberlassungsvertrags zu den in § 291 Abs. 1 erfassten Unternehmensvertragsarten ist angesichts der unterschiedlichen Schutzstandards von herausragender Bedeutung. Im Schrifttum sind diverse Lösungen vorgeschlagen worden, um eine Umgehung der Sicherungsvorschriften zu verhindern.[141] Diese verfolgen das Ziel, einen atypischen Betriebspacht- bzw. Betriebsüberlassungsvertrag in einen Beherrschungsvertrag umzuqualifizieren mit der Folge, dass die beherrschungsvertraglichen Sicherungsvorschriften (§§ 302 f., 304 f.) anwendbar sind. Es kommt aber auch in Betracht, in der Durchführung eines rechtswidrigen Betriebspacht- bzw. Betriebsüberlassungsvertrags einen qualifizierten faktischen Konzern zu sehen und die hierzu von der Rechtsprechung entwickelten Grundsätze anzuwenden.[142] Im Ergebnis führt dies zu einer analogen Anwendung der genannten beherrschungsvertraglichen Sicherungsvorschriften.

Als unzulässig ist es anzusehen, dem Vertragspartner einen Einfluss auf die Gewinnverwendung, 48
beispielsweise in Gestalt eines Weisungsrechts, einzuräumen.[143] In solchen Fällen kommt allerdings in der Regel ein Einzelausgleich der zugefügten Nachteile in Betracht.[144] Ferner ist es problematisch, wenn der Vertragspartner über **Erhaltungs-** und **Erweiterungsmaßnahmen** entscheidet und die hierdurch entstehenden Kosten von der Gesellschaft zu tragen sind.[145] In solchen Fällen besteht die Gefahr, dass die Unternehmen faktisch miteinander verschmolzen werden. Der Vorstand der Gesellschaft ist nicht mehr in der Lage, unter Umständen zweckwidrige Maßnahmen zu verhindern. Die Gesellschaft ist ferner erheblichen finanziellen Risiken ausgesetzt, die sie nicht zu beeinflussen vermag. Die mit solchen Klauseln verbundenen Ziele können nur mit Abschluss eines Beherrschungsvertrags verwirklicht werden. Die Parteien müssen daher bei der Vertragsgestaltung sicherstellen, dass die Gesellschaft über Erhaltungsmaßnahmen und Investitionen unterrichtet wird. Es ist außerdem unzulässig, die entsprechenden Zustimmungsrechte (vgl. § 590 Abs. 1, Abs. 2 S. 1 BGB, § 591 BGB) auszuschließen.[146] Anderenfalls kann das herrschende Unternehmen zum Ausgleich der Verluste analog § 302 Abs. 1 verpflichtet sein.

Dagegen ist es irrelevant, ob durch den Vertrag auch die **Ausübung** von **Rechten** aus **Beteili-** 49
gungen übertragen werden.[147] Die angeführte Begründung, die Gesellschaft könne in diesem Fall keine eigene Unternehmenspolitik mehr betreiben, überzeugt nicht. Die Gesellschaft ist auch bei einem typischen Betriebspacht- bzw. Betriebsüberlassungsvertrag nicht in der Lage, unternehmerisch tätig zu werden.[148]

V. Sonstige Verträge

Die Unternehmensvertragsarten sind in den §§ 291, 292 nicht abschließend erfasst, so dass die 50
Vorschriften über den Abschluss, die Änderung und Beendigung der Verträge sowie über die Sicherungen zu Gunsten der Gesellschaft, Gläubiger und außenstehenden Aktionäre auf andere Vertragstypen anwendbar sein können (→ Vor § 291 Rn. 42). Ein Teil der Literatur lehnt dies freilich ab[149] und will lediglich den Betriebsführungsvertrag dem Unternehmensvertragsrecht unterstellen (→ Rn. 54). Diese Zurückhaltung dürfte maßgeblich darauf zurückzuführen sein, dass es noch nicht befriedigend gelungen ist, die Voraussetzungen für eine Analogie präzise zu bestimmen.

Die Diskussion über die **unternehmensvertragliche Qualifikation sonstiger schuldrecht-** 51
licher Austauschverträge hat sich vor allem mit dem Phänomen beschäftigt, dass die Gesellschaft

---

[141] Vgl. Kölner Komm AktG/*Koppensteiner* § 291 Rn. 28 ff.; *Oesterreich*, Die Betriebsüberlassung zwischen Vertragskonzern und faktischem Konzern, 1979, 133 ff. Vgl. ferner MüKoAktG/*Altmeppen* Rn. 136 ff.; Emmerich/Habersack/*Emmerich* Rn. 60 ff.
[142] Vgl. *Veil* Unternehmensverträge 246 ff.; ebenso wohl Emmerich/Habersack/*Emmerich* Rn. 62.
[143] IE hM; vgl. MüKoAktG/*Altmeppen* Rn. 138; Kölner Komm AktG/*Koppensteiner* § 291 Rn. 32; *Schulze-Osterloh* ZGR 1974, 427 (456 ff.); *Veil* Unternehmensverträge 254.
[144] Vgl. *Veil* Unternehmensverträge 258.
[145] Vgl. zu solchen Abreden in der Vertragspraxis *Oesterreich*, Die Betriebsüberlassung zwischen Vertragskonzern und faktischem Konzern, 1979, 28; *Maser*, Betriebspacht- und Betriebsüberlassungsverhältnisse in Konzernen, 1985, 168.
[146] Vgl. *Veil* Unternehmensverträge 254 ff. IE ebenso *Oesterreich*, Die Betriebsüberlassung zwischen Vertragskonzernen und faktischem Konzern, 1979, 142, allerdings mit der weiteren nicht überzeugenden Forderung, der Vertrag müsse die Art und Weise der Unternehmensführung vorschreiben.
[147] So *Dierdorf*, Herrschaft und Abhängigkeit einer AG auf schuldvertraglicher und tatsächlicher Grundlage, 1978, 124; GHEK/*Geßler* Rn. 100.
[148] Vgl. MüKoAktG/*Altmeppen* Rn. 136.
[149] MüKoAktG/*Altmeppen* Rn. 104; Hüffer/Koch/*Koch* Rn. 22; Kölner Komm AktG/*Koppensteiner* Rn. 84 f.; MHdB AG/*Krieger* § 73 Rn. 27 (ohne Begr.).

wirtschaftlich abhängig wird.[150] Die bislang unternommenen Versuche, das Abhängigkeitspotential der Verträge zu klassifizieren,[151] haben sich freilich nicht als weiterführend erwiesen. Grund hierfür ist in erster Linie, dass die Autoren in der Regel das Ziel verfolgten, eine Anwendung der beherrschungsvertraglichen Sicherungen zu begründen. Die Subsumtion eines atypischen Kreditvertrags oder eines Franchisevertrags unter den Begriff des Beherrschungsvertrags ist aber nicht möglich, da der Partner eines solchen Vertrags nicht in der Lage ist, die Gesellschaft im Interesse des Konzernverbands zu leiten. Es ist erforderlich, den durch die gesetzlich erfassten Unternehmensverträge begründbaren Einfluss auf unternehmerische und finanzverfassungsrechtliche Angelegenheiten zu präzisieren.[152] Erst dann können andere Verträge, die ebenfalls einen leitungsstrukturellen Charakter aufweisen, im unternehmensvertraglichen Herrschafts- und Vermögensschutzsystem verortet werden.

52   **1. Betriebsführungsvertrag. a) Begriff und Inhalt des Vertrags.** Ein Betriebsführungsvertrag ist ein Vertrag, durch den die Gesellschaft (Eigentümerunternehmen) ein anderes Unternehmen (Betriebsführer) beauftragt, gegen ein Entgelt ihr **Unternehmen für ihre Rechnung** zu führen. Der Betriebsführer wird in der Regel im Namen der Gesellschaft (sog. echter Betriebsführungsvertrag), mitunter aber auch im eigenen Namen tätig (sog. unechter Betriebsführungsvertrag).[153] In der Hotelindustrie ist es üblich, dass der Betriebsführer durch das Eigentümerunternehmen das Recht und die Pflicht eingeräumt erhält, das Hotel des Eigentümerunternehmens nach einem bestimmten Standard im Namen und auf Rechnung des Eigentümerunternehmens zu führen. Für diesen Zweck erhält der Betriebsführer eine Vollmacht, die zu allen Maßnahmen berechtigt, die für den Betrieb des Hotels erforderlich oder zweckmäßig sind.

53   Ein Betriebsführungsvertrag erfüllt als Interessenwahrungsvertrag die Merkmale eines Geschäftsbesorgungsvertrags (§§ 611, 675 BGB).[154] Der Betriebsführer erhält eine Vergütung und hat einen Anspruch auf Ersatz seiner Aufwendungen (§ 670 BGB).[155] Er ist verpflichtet, den Weisungen des Eigentümerunternehmens Folge zu leisten (§ 665 BGB). Wird der Betriebsführer im eigenen Namen tätig, hat er dem Eigentümerunternehmen das aus der Geschäftsführung Erlangte herauszugeben (§ 667 BGB). Beim echten Betriebsführungsvertrag wird der Betriebsführer nicht Inhaber des Betriebs. Ein Betriebsübergang findet nicht statt.[156]

54   Im Unterschied zu den in § 292 Abs. 1 Nr. 3 erfassten Vertragsarten wird der **Betriebsführer** für fremde Rechnung tätig. Er nimmt **Managementaufgaben** wahr, für die an sich der Vorstand der Gesellschaft zuständig wäre (vgl. § 76 Abs. 1). Ein Betriebsführungsvertrag **verändert** daher in gleicher Weise wie ein Betriebspacht- bzw. Betriebsüberlassungsvertrag die **Leitungskompetenz des Vorstands.** Dieser ist nicht mehr dafür zuständig, Führungsentscheidungen zu treffen. Auf Grund dieses Eingriffs in die Organisationsverfassung muss ein Betriebsführungsvertrag **analog § 292 Abs. 1 Nr. 3** als ein **Unternehmensvertrag** qualifiziert werden.[157] Anderenfalls kann der Vertrag nicht wirksam geschlossen werden. Hieraus folgt, dass die Hauptversammlung der Gesellschaft (Eigentümerunternehmen) dem Abschluss zustimmen (§ 293 Abs. 1) und das Bestehen des Vertrags in das Handelsregister eingetragen werden muss (§ 294 Abs. 2). Ein konzerninterner Betriebsführungsver-

---

[150] Nach hM kann eine wirtschaftliche Abhängigkeit grundsätzlich nicht herangezogen werden, um zu beurteilen, ob eine Gesellschaft gem. § 17 abhängig ist und gem. § 311 vor Einflussnahmen des Vertragspartners geschützt ist. Vgl. BGHZ 90, 381 (395 f.); Hüffer/Koch/*Koch* § 17 Rn. 8; *Ulmer* ZGR 1978, 457 (465 ff.).

[151] Vgl. *Dierdorf*, Herrschaft und Abhängigkeit einer AG auf schuldvertraglicher und tatsächlicher Grundlage, 1978, 148 ff.; *Martens*, Die existentielle Wirtschaftsabhängigkeit, 1979, 23 ff.; *Oechsler* ZGR 1997, 464 (475 f.).

[152] Vgl. hierzu *Veil* Unternehmensverträge 272 ff. mit dem Vorschlag, den Einfluss des Vertragspartners auf einer abstrakten Ebene mit fünf Modellen zu erfassen.

[153] Die Betriebsführung im eigenen Namen wird auch als „unechte Betriebsführung" bezeichnet; vgl. MüKoAktG/*Altmeppen* Rn. 144; *K. Schmidt* GesR § 17 I 3d; *U. Huber* ZHR 152 (1988) 1 (4); *Veelken*, Der Betriebsführungsvertrag im deutschen und amerikanischen Aktien- und Konzernrecht, 1975, 18. Ein Erkenntnisgewinn ist mit der Begriffsbildung jedoch nicht verbunden; vgl. *Geßler* FS Hefermehl, 1976, 263 (264); *Hommelhoff*, Die Konzernleitungspflicht, 1982, 284; Kölner Komm AktG/*Koppensteiner* Rn. 79.

[154] Nach *K. Schmidt* FS Hoffmann-Becking, 2013, 1053 (1066) „umgekehrter Geschäftsführungsvertrag und Treuhandverhältnis".

[155] Näher zu den Praktiken Großkomm AktG/*Mülbert* Rn. 149.

[156] LAG Baden-Württemberg AG 2016, 754 (755).

[157] IE hM; vgl. MüKoAktG/*Altmeppen* Rn. 149; Emmerich/Habersack/*Emmerich* Rn. 58 f.; *U. Huber* ZHR 152 (1988) 1 (32 f.); Hüffer/Koch/*Koch* Rn. 20; Kölner Komm AktG/*Koppensteiner* Rn. 81; MHdB AG/*Krieger* § 73 Rn. 48; K. Schmidt/Lutter/*Langenbucher* Rn. 35; *Veil* Unternehmensverträge 289 f.; zurückhaltender *Köhn* Der Konzern 2011, 530 (533) (es komme auf die Ausgestaltung an). AA *Veelken*, Der Betriebsführungsvertrag im deutschen und amerikanischen Aktien- und Konzernrecht, 1975, 210 ff.; Großkomm AktG/*Mülbert* Rn. 153 (155 ff.).

trag ist entgegen einer verbreiteten Meinung[158] nicht anders zu behandeln; insbesondere kann er nicht als ein Beherrschungsvertrag qualifiziert werden.[159] Schließlich muss auch ein Betriebsführungsvertrag, mit dem sich nur die Übertragung eines Ausschnitts der Leitungskompetenz des Vorstands verbindet,[160] als ein Unternehmensvertrag begriffen werden.[161] Diese Grundsätze gelten nicht nur für die AG, sondern auch für die GmbH. Wird der Betriebsführungsvertrag mit einer GmbH geschlossen, ist er ebenfalls als Unternehmensvertrag analog § 292 Abs. 1 Nr. 3 zu qualifizieren.[162]

Ein besonderer Schutz des Eigentümerunternehmens ist nicht erforderlich. Zum einen unterliegt 55 der Betriebsführer einer organschaftsähnlichen Verantwortlichkeit (**Schadensersatzpflicht** analog § 93).[163] Zum anderen muss die vom Eigentümerunternehmen zu erbringende Gegenleistung (→ Rn. 52), wenn der Vertrag mit einem Aktionär geschlossen ist, angemessen sein (§§ 57 ff.). Ein zu hohes Entgelt ist als eine **verdeckte Gewinnausschüttung** zu qualifizieren und vom Betriebsführer zu erstatten (§ 62). Es besteht kein Anlass, das in § 292 Abs. 3 normierte Privileg auf einen Betriebsführungsvertrag entsprechend anzuwenden, und daher auch kein Bedürfnis, den Betriebsführer einer Verlustausgleichspflicht analog § 302 Abs. 2 zu unterwerfen.[164] Ein Ausgleich nach § 304 und eine Abfindung nach § 305 sind ebenfalls nicht geschuldet. Zweifelhaft ist, welche Rechtsfolgen es hat, wenn ein Betriebsführungsvertrag, der dem Eigentümerunternehmen keine Weisungsrechte einräumt, eine **unwiderrufliche Generalvollmacht** zugunsten des Betriebsführers vorsieht. Nach Ansicht von *U. Huber* soll dies unzulässig sein.[165] Die Unwiderruflichkeit sei entweder durch § 168 Satz 2 BGB nicht gedeckt oder aber sie verstoße gegen § 138 BGB.[166] Diese Ansicht wird von einem Teil der Lit. geteilt.[167] Es wird argumentiert, die Organe des Eigentümerunternehmens würden keine Möglichkeit haben, die Interessen ihrer Gesellschaft gegenüber der Betriebsführerin durchzusetzen.[168] Das Eigentümerunternehmen werde letztlich im Interesse der Betriebsführerin geführt.[169] Ein solcher Vertrag sei *nur unter den gesetzlichen Voraussetzungen des Beherrschungsvertrages zulässig.*[170] *Dieser Auslegung ist nicht zuzustimmen. Sie berücksichtigt nicht, dass* nach ständiger Rechtsprechung des BGH auch eine unwiderrufliche Vollmacht jedenfalls aus wichtigem Grund widerrufen werden kann.[171] Ein wichtiger Grund kann sich u.a. daraus ergeben, dass die Legitimation durch die Vollmacht weit über das hinausgeht, zu was sich der Vertreter nach dem Grundverhältnis verpflichtet oder woran er ein berechtigtes Interesse hat.[172] Es ist daher nicht überzeugend, den Betriebsführungsvertrag wegen der Einräumung einer Generalvollmacht als nichtig anzusehen (gem. § 138 BGB oder wegen Verstoßes gegen das Prinzip der Privatautonomie) oder gar ihn als einen Beherrschungsvertrag zu qualifizieren.

b) Abgrenzung zum Beherrschungsvertrag. Problematisch ist, wenn in einem **Betriebsfüh-** 56 **rungsvertrag** die **Weisungsrechte** des **Eigentümerunternehmens ausgeschlossen** oder durch andere Formen einer Einflussnahme (Zustimmungsrechte in bestimmten Leitungsangelegenheiten)

---

[158] So aber GHEK/*Geßler* Rn. 85; *U. Huber* ZHR 152 (1988) 123 (125, 140 f.). Vgl. *Veelken*, Der Betriebsführungsvertrag im deutschen und amerikanischen Aktien- und Konzernrecht, 1975, 218 mit der weitergehenden Forderung, die Gesellschaft müsse gem. §§ 319 ff. eingegliedert werden.
[159] HM; vgl. MüKoAktG/*Altmeppen* Rn. 167 ff.; Hüffer/Koch/*Koch* Rn. 24; Kölner Komm AktG/*Koppensteiner* § 291 Rn. 40; MHdB AG/*Krieger* § 73 Rn. 57; *Veil* Unternehmensverträge 292.
[160] Vgl. hierzu den *Raupach* FS Bezzenberger, 2000, 327 (340) angeführten Fall.
[161] Ebenso bei einer Umgehung *Köhn* Der Konzern 2011, 530 (536).
[162] Vgl. UHL/*Casper* GmbHG, Anh. § 77 Rn. 200; MüKoGmbHG/*Liebscher*, 2. Aufl. 2015, Anh. § 13 Rn. 702; *Raiser*/*Veil* KapGesR § 64 Rn. 20 f.; Henssler/Strohn/*Verse* GmbHG Anh. § 13 Rn. 124. AA *Fenzl*, Betriebspacht-, Betriebsüberlassungs- und Betriebsführungsverträge in der Konzernpraxis, 2007, 156; Roth/Altmeppen/*Altmeppen* GmbHG Anh. § 13 Rn. 113. Vgl. auch BGH NJW 1982, 1817 zur Personengesellschaft.
[163] Vgl. *Veil* Unternehmensverträge 291; ähnlich bereits *Geßler* FS Hefermehl, 1971, 263 (280) (analoge Anwendung von § 93 Abs. 4 S. 3); *Veelken*, Der Betriebsführungsvertrag im deutschen und amerikanischen Aktien- und Konzernrecht, 1975, 235 f.
[164] Vgl. MüKoAktG/*Altmeppen* § 302 Rn. 54; Emmerich/Habersack/*Emmerich* § 302 Rn. 23; Hüffer/Koch/*Koch* § 302 Rn. 22; Kölner Komm AktG/*Koppensteiner* § 302 Rn. 59; *Veil* Unternehmensverträge 292 f. AA *Schatz*, Die Sicherung des Gesellschaftsvermögens und der Gläubigerinteressen im deutschen Konzernrecht, 1980, 119; *Veelken*, Der Betriebsführungsvertrag im deutschen und amerikanischen Aktien- und Konzernrecht, 1975, 248.
[165] *U. Huber* ZHR 152 (1988), 1 (28).
[166] *U. Huber* ZHR 152 (1988), 1 (28).
[167] Vgl. MüKoAktG/*Altmeppen* § 292 Rn. 153; K. Schmidt/Lutter/*Langenbucher* § 292 Rn. 38. AA MVHdB/*Hoffmann-Becking* X.11 Anmerkung 5 (Zulässigkeit der Erteilung einer Generalvollmacht sei durch den BGH anerkannt); wohl auch Großkomm AktG/*Mülbert* § 292 Rn. 161.
[168] Vgl. MüKoAktG/*Altmeppen* § 292 Rn. 153.
[169] Vgl. MüKoAktG/*Altmeppen* § 292 Rn. 153.
[170] Vgl. MüKoAktG/*Altmeppen* § 292 Rn. 153.
[171] Vgl. BGH WM 1969, 1009 Leitsatz 1; BGH NJW 1997, 3437, 3445; BGH NJW 1988, 2603.
[172] Vgl. MüKoBGB/*Schubert* BGB § 168 Rn. 29.

ersetzt sind. In solchen Fällen besteht die Gefahr, dass das Eigentümerunternehmen die vom Betriebsführer verfolgte Unternehmenspolitik nicht mehr kontrollieren kann. Dieser kann sich veranlasst sehen, das Unternehmen im eigenen Interesse bzw. im Interesse der anderen mit ihm verbundenen Unternehmen zu führen. Aus diesen Gründen kann nach hM ein Vertrag, in dem die Weisungsrechte abbedungen sind, nur wirksam werden, wenn die Parteien die Wirksamkeitsvoraussetzungen beachten, die das Gesetz für den Abschluss eines Beherrschungsvertrags vorsieht.[173] Nach aA soll das Problem auf der Grundlage bürgerlich-rechtlicher Wertungen gelöst werden. Ein Betriebsführungsvertrag dürfe keine unwiderrufliche Generalvollmacht zugunsten des Betriebsführers vorsehen, weil diese gegen das Prinzip der Privatautonomie verstoße.[174]

57 Der hM ist im Ausgangspunkt zuzustimmen. Die Parteien sind bei der Ausgestaltung eines Betriebsführungsvertrags an bestimmte Grenzen gebunden. Es muss gewährleistet sein, dass die Gesellschaft über die Betriebsführung unterrichtet wird und ihre eigenen Interessen durchsetzen kann. Hierzu bedarf es zwar keines Weisungsrechts gegenüber dem Betriebsführers; dieses kann daher im Vertrag ausgeschlossen werden. Doch ist es erforderlich, dass das Eigentümerunternehmen sämtliche Maßnahmen, über die der Betriebsführer analog § 90 zu berichten hat,[175] durch ein Vetorecht verhindern kann.[176] Ein Betriebsführungsvertrag muss daher ein Zustimmungsrecht des Eigentümerunternehmens vorsehen. Andernfalls verbindet sich mit dem Vertrag eine Übertragung von Leitungskompetenzen, die von der Hauptversammlung analog § 292 Abs. 1 Nr. 3, § 293 Abs. 1 nicht legitimiert werden kann.[177]

58 Überschreiten die Parteien ihre Organisationsautonomie, so kann ein Beherrschungsvertrag vorliegen, der den Anforderungen der §§ 291 ff. unterliegt.[178] Zum Schutz der Aktionäre und Gläubiger kommt ferner in Betracht, nach den **Grundsätzen** über den **qualifizierten faktischen Konzern** die beherrschungsvertraglichen Sicherungsregeln (§§ 302 f., 304 f.) analog **anzuwenden**.

59 **2. Atypische Kreditverträge.** Ein typischer Kreditvertrag räumt dem Kreditgeber keine Herrschaftsbefugnisse ein. Dies kann ausnahmsweise anders sein. So sehen manche (teilweise in Sanierungsfällen geschlossene) Kreditverträge vor, dass bestimmte, abstrakt beschriebene Maßnahmen der Geschäftsführung der Zustimmung des Kreditgebers bedürfen (Covenants). Zustimmungsrechte können sich beispielsweise auf wesentliche Veränderungen der unternehmerischen Tätigkeit der Gesellschaft erstrecken. Sie haben in der Regel die Funktion, eine zweckgebundene Verwendung der Geldmittel sicherzustellen.

60 Solche atypischen Einflussrechte können ausnahmsweise in die Leitungskompetenz (§ 76 Abs. 1) des Vorstands eingreifen und dann nicht wirksam begründet werden. Um sie dem Kreditgeber einzuräumen, muss die Hauptversammlung dem Vertrag analog § 292 Abs. 1 Nr. 3, § 293 Abs. 1 zustimmen.[179] Eine Pflicht zum Verlustausgleich analog § 302 besteht aber nicht. Der andere Vertragsteil ist ferner nicht verpflichtet, den außenstehenden Aktionären einen Ausgleich und eine Abfindung nach §§ 304, 305 anzubieten.

61 **3. Franchiseverträge.** Ein typischer Franchisevertrag zeichnet sich durch eine Systemführerschaft des Franchisegebers aus. Dieser legt die Art und Weise der Geschäftsführung fest, so dass ein einheitliches Auftreten der Franchisenehmer am Markt gewährleistet ist. Ferner werden diverse Kontrollbefugnisse vereinbart. Der Franchisegeber ist zum einen auf Grund eines umfassenden Informationszugangs in der Lage, den Franchisenehmer zu kontrollieren. Zum anderen kann er dem Franchisenehmer mit Hilfe von Weisungsrechten bestimmte Vorgaben machen.

62 Infolge dieser engmaschigen vertraglichen Verpflichtungen ist der Franchisenehmer in die Organisation des Franchisegebers eingebunden. Doch kann der Vertrag deshalb nicht als ein Beherrschungsvertrag qualifiziert werden.[180] Er hat nicht die Funktion, den Franchisenehmer wirtschaftlich in den Konzernverband des Franchisegebers einzugliedern. Die Systemführerschaft dient vielmehr auch den Interessen des Franchisenehmers. Der Franchisegeber hat schließlich auch nicht das Recht, auf das

---

[173] Vgl. Hüffer/Koch/*Koch* Rn. 24; K. Schmidt GesR § 17 I 3d; Großkomm AktG/*Mülbert* Rn. 161; vgl. auch K. Schmidt/Lutter/*Langenbucher* Rn. 39 (Plädoyer für die Entwicklung eines beweglichen Systems zur Abgrenzung der Vertragsarten).
[174] Vgl. MüKoAktG/*Altmeppen* Rn. 154; *U. Huber* ZHR 152 (1988) 1 (24 ff.). Vgl. zu diesem Lösungsweg *Veil* Unternehmensverträge S. 295.
[175] Vgl. zur Notwendigkeit eines umfassenden Informationszugangs *Veil* Unternehmensverträge 256 (296).
[176] Vgl. *Hommelhoff*, Die Konzernleitungspflicht, 1982, 285; *Veil* Unternehmensverträge 294.
[177] Vgl. *Veil* Unternehmensverträge 294 f.
[178] Vgl. *U. Huber* ZHR 152 (1988) 123 (128 ff.).
[179] Vgl. *Veil* Unternehmensverträge 286 f. AA K. Schmidt/Lutter/*Langenbucher* Rn. 43; Großkomm AktG/*Mülbert* Rn. 139.
[180] IE ebenso *Oechsler* ZGR 1997, 464 (475 f.).

Vermögen des Franchisenehmers zuzugreifen. Ein Franchisevertrag entfaltet allerdings leitungsstrukturelle Wirkungen, die mit jenen eines Betriebsführungsvertrags vergleichbar sind. So ist der Vorstand der Gesellschaft nicht mehr in der Lage, eine eigene Unternehmenspolitik zu betreiben. Die Führungsentscheidungen werden vom Franchisegeber getroffen, was mit der Organisationsordnung einer AG nicht vereinbar ist. Ein Franchisevertrag kann daher analog § 292 Abs. 1 Nr. 3 als ein Unternehmensvertrag zu qualifizieren sein, so dass eine Zustimmung der Hauptversammlung analog § 293 Abs. 1 erforderlich ist.[181] Die in §§ 302, 303 und §§ 304, 305 vorgesehenen Sicherungen finden jedoch keine Anwendung.[182]

---

[181] AA Großkomm AktG/*Mülbert* Rn. 139.
[182] Vgl. *Veil* Unternehmensverträge 301 f.

Zweiter Abschnitt. Abschluß, Änderung und Beendigung von Unternehmensverträgen

§ 293 Zustimmung der Hauptversammlung

(1) ¹Ein Unternehmensvertrag wird nur mit Zustimmung der Hauptversammlung wirksam. ²Der Beschluß bedarf einer Mehrheit, die mindestens drei Viertel des bei der Beschlußfassung vertretenen Grundkapitals umfaßt. ³Die Satzung kann eine größere Kapitalmehrheit und weitere Erfordernisse bestimmen. ⁴Auf den Beschluß sind die Bestimmungen des Gesetzes und der Satzung über Satzungsänderungen nicht anzuwenden.

(2) ¹Ein Beherrschungs- oder ein Gewinnabführungsvertrag wird, wenn der andere Vertragsteil eine Aktiengesellschaft oder Kommanditgesellschaft auf Aktien ist, nur wirksam, wenn auch die Hauptversammlung dieser Gesellschaft zustimmt. ²Für den Beschluß gilt Absatz 1 Satz 2 bis 4 sinngemäß.

(3) Der Vertrag bedarf der schriftlichen Form.

Schrifttum: *Emmerich*, Konzernbildungskontrolle, AG 1991, 303; *Hageböke/Hasbach*, Zur handelsbilanziellen Abbildung von Geschäftsführungsverträgen i.S.v. § 291 Abs. 1 Satz 2 AktG, Der Konzern 2016, 167; *Henze*, Rechtsschutz bei Verletzung von Auskunfts- und Informationsrechten im Unternehmensvertrags-, Umwandlungs- und Verschmelzungsrecht, RWS-Forum 2001, 39; *Henze*, Treupflichten der Gesellschafter, ZHR 162 (1998), 186; *Hirte*, Bezugsrechtsausschluß und Konzernbildung, 1986; *Hirte*, Informationsmängel und Spruchverfahren, ZHR 167 (2003), 8; *Hoffmann-Becking*, Rechtsschutz bei Informationsmängeln im Unternehmensvertrags- und Umwandlungsrecht, RWS-Forum 2001, 50; *Hommelhoff*, Die Konzernleitungspflicht, 1982; *Immenga*, Der Preis der Konzernierung, FS Böhm, 1975, 253; *Kleindiek*, Abfindungsbezogene Informationsmängel und Anfechtungsausschluss, NZG 2001, 552; *Klöhn*, Der Abfindungsanspruch des Aktionärs als Aufopferungsanspruch, AG 2002, 443; *Lauber-Nöll*, Die Rechtsfolgen fehlerhafter Unternehmensverträge, 1993; *Lutter*, Teilfusionen im Gesellschaftsrecht, FS Barz, 1974, 199; *Lutter*, Zur Binnenstruktur des Konzerns, FS Westermann, 1974, 347; *Lutter*, Materielle und förmliche Erfordernisse eines Bezugsrechtsausschlusses, ZGR 1979, 401; *Lutter*, Zur inhaltlichen Begründung von Mehrheitsentscheidungen, ZGR 1981, 171; *Lutter*, Organzuständigkeiten im Konzern, FS Stimpel, 1985, 825; *Lutter*, Treupflichten und ihre Anwendungsprobleme, ZHR 162 (1998), 164; *Martens*, Der Ausschluss des Bezugsrechts: BGHZ 33, S. 175, FS Fischer, 1979, 437; *Martens*, Die Entscheidungsautonomie des Vorstands und die „Basisdemokratie" in der Aktiengesellschaft, ZHR 147 (1983), 377; *B. Mertens*, Die Geltendmachung von Mängeln eines Unternehmensvertrags durch Aktionäre, BB 1995, 1417; *Pentz*, Die Rechtsstellung der Enkel-AG in einer mehrstufigen Unternehmensverbindung, 1994; *Pentz*, Zustimmungserfordernisse beim Stufen übergreifenden Unternehmensvertrag in Mehrstufigkeitsverhältnissen, DB 2004, 1543; *Rehbinder*, Gesellschaftsrechtliche Probleme mehrstufiger Unternehmensverbindungen, ZGR 1977, 581; *Röhricht*, Die aktuelle höchstrichterliche Rechtsprechung zum Gesellschaftsrecht, VGR (Hrsg.), Gesellschaftsrecht in der Diskussion 2001, VGR Bd. 5 (2002), 3; *Sinewe*, Keine Anfechtungsklage gegen Umwandlungsbeschlüsse bei wertbezogenen Informationsmängeln, DB 2001, 690; *Sonnenschein*, Organschaft und Konzerngesellschaftsrecht, 1976; *Sonnenschein,* Der aktienrechtliche Vertragskonzern im Unternehmensrecht, ZGR 1981, 429; *Timm*, Die Aktiengesellschaft als Konzernspitze, 1980; *Timm*, Die Mitwirkung des Aufsichtsrates bei unternehmensstrukturellen Entscheidungen, DB 1980, 1201; *Timm*, Zur Sachkontrolle von Mehrheitsentscheidungen im Kapitalgesellschaftsrecht, ZGR 1987, 403; *Timm*, Rechtsfragen der Änderung und Beendigung von Unternehmensverträgen, FS Kellermann, 1991, 461; *Vetter*, Die Geltung von § 93 Abs. 2 AktG beim Unternehmensvertrag zwischen herrschender AG und abhängiger GmbH, AG 1993, 168; *Vetter*, Eintragung des Unternehmensvertrags im Handelsregister des herrschenden Unternehmens?, AG 1994, 110; *Vetter*, Abfindungswertbezogene Informationsmängel und Rechtsschutz, FS Wiedemann, 2002, 1323; *Wiedemann*, Rechtsethische Maßstäbe im Unternehmens- und Gesellschaftsrecht, ZGR 1980, 147; *Windbichler*, Unternehmensverträge und Zusammenschlußkontrolle, 1977; *Winter*, Mitgliedschaftliche Treubindungen im GmbH-Recht, 1988.

Übersicht

	Rn.
I. Normzweck	1
II. Vertragsschluss	2–12
1. Zuständigkeiten	2–5
2. Inhalt	6–8
3. Formerfordernisse (Abs. 3)	9
4. Rechtsfolgen	10–12
III. Zustimmungsbeschluss der Hauptversammlung (Abs. 1)	13–36
1. Beschlusserfordernis	14–16
a) Gegenstand	14, 15
b) Einwilligung/Genehmigung des Vertrags	16
2. Formelle Beschlussvoraussetzungen	17–22
3. Materielle Beschlussvoraussetzungen	23–26
4. Rechtsfolgen des Beschlusses	27, 28
5. Beschlussmängel	29–36
IV. Zustimmungsbeschluss der Hauptversammlung der Obergesellschaft (Abs. 2)	37–42
1. Beschlusserfordernis	37–39
2. Mehrstufige Unternehmensverbindungen	40–42

I. Normzweck

§ 293 legt die Wirksamkeitserfordernisse beim Abschluss von **Unternehmensverträgen** fest. Das 1
Erfordernis einer **Zustimmung** der **Hauptversammlung** der **Gesellschaft** (§ 291 Abs. 1) erklärt
sich aus den strukturändernden Wirkungen der Verträge.[1] Der Abschluss eines **Beherrschungs-**
oder **Gewinnabführungsvertrags** setzt außerdem eine **Zustimmung** der **Hauptversammlung**
des **anderen Vertragsteils** voraus (§ 293 Abs. 2), der auf Grund derartiger Verträge erheblichen
finanziellen Risiken ausgesetzt ist (§§ 302, 303 und §§ 304, 305). Es soll deshalb nicht allein Sache
der Verwaltung des anderen Vertragsteils sein, über den Abschluss dieser Verträge zu entscheiden.[2]
Die Einzelheiten des Vertragsschlusses sind in § 293 nur rudimentär erfasst; Abs. 3 ordnet aus Gründen
der Publizität von Unternehmensverträgen die Schriftform an.[3] Ferner sind die §§ 293a–293g zu
beachten. Im Übrigen finden die §§ 145 ff. BGB Anwendung.

II. Vertragsschluss

1. Zuständigkeiten. Der **Vorstand** der Gesellschaft **entscheidet** auf Grund seiner Leitungskom- 2
petenz (§ 76 Abs. 1) über den **Abschluss** eines **Unternehmensvertrags**. Er bereitet den Vertragsschluss vor und bestimmt den Inhalt des Vertrags. Die **Hauptversammlung** kann ihn jedoch hierzu
mit der für den Zustimmungsbeschluss erforderlichen Mehrheit **anweisen** (§ 83 Abs. 1 S. 2 und 3,
§ 293 Abs. 1).[4]

Die Hauptversammlung des herrschenden Unternehmens kann gegenüber ihrem Vorstand dage- 3
gen den Abschluss eines Unternehmensvertrags iSv § 292 Abs. 1 nicht durchsetzen. Zweifelhaft ist,
ob sie ihn anweisen kann, einen Beherrschungs- oder Gewinnabführungsvertrag zu schließen (§ 83
Abs. 1 S. 2 und 3, § 293 Abs. 2). Dies wird zum Teil verneint.[5] Der Gesetzgeber habe in § 293 Abs. 2
eine Hauptversammlungskompetenz wegen der beherrschungs- bzw. gewinnabführungsvertraglichen
Verpflichtungen des herrschenden Unternehmens (→ Rn. 1) vorgesehen, nicht jedoch ein Initiativrecht der Hauptversammlung begründen wollen.[6] Diese restriktive Interpretation findet im Wortlaut
des § 83 Abs. 1 S. 2 keine Stütze und ist daher abzulehnen.[7] Die Vorschrift bezweckt die effektive
Wahrnehmung von Zuständigkeiten der Hauptversammlung (→ § 83 Rn. 1), die ein Interesse haben
kann, dem Vorstand Vorbereitungshandlungen in Bezug auf den Abschluss eines Beherrschungs-
oder Gewinnabführungsvertrags aufzutragen.[8]

Nach hM können die Satzung oder der Aufsichtsrat bestimmen, dass der Abschluss eines Unter- 4
nehmensvertrags nur mit Zustimmung des Aufsichtsrats vorgenommen werden darf (vgl. § 111 Abs. 4
S. 2).[9] Dagegen wird eingewandt, dass eine entsprechende Beteiligung des Aufsichtsrats in § 293
ausdrücklich hätte vorgesehen werden müssen.[10] Das Argument vermag jedoch nicht zu überzeugen.
Der **Abschluss** eines **Unternehmensvertrags** ist eine Maßnahme der Geschäftsführung, so dass
nach dem Wortlaut des § 111 Abs. 4 S. 2 ein **Zustimmungsrecht** des **Aufsichtsrats** begründet
sein kann. Ein Bedürfnis für eine Kontrolle durch den Aufsichtsrat kommt praktisch vor allem bei
Abschluss eines Vertrags in Betracht, der auf der Initiative des Vorstandes beruht. Es sind allerdings
keine stichhaltigen Gründe ersichtlich, warum der Aufsichtsrat kein Zustimmungsrecht haben soll,
wenn die Hauptversammlung den Vorstand angewiesen hat, einen Unternehmensvertrag zu schließen.[11] Der Aufsichtsrat erhält zwar auf diese Weise einen Einfluss auf den vom Vorstand festgelegten
Vertragsinhalt. Die Hauptversammlung ist jedoch in der Lage, sich gem. § 111 Abs. 4 S. 3 über das
Veto des Aufsichtsrats hinwegzusetzen. Der entsprechende Beschluss der Hauptversammlung bedarf
nach einer verbreiteten Auffassung einer qualifizierten Stimmen- und Kapitalmehrheit (§ 111 Abs. 4

---

[1] RegBegr. *Kropff* S. 380.
[2] RegBegr. *Kropff* S. 381. Hierzu auch → Rn. 37–39.
[3] RegBegr. *Kropff* S. 381.
[4] MüKoAktG/*Altmeppen* Rn. 7; Emmerich/Habersack/*Emmerich* Rn. 16; Hüffer/Koch/*Koch* Rn. 23; Kölner Komm AktG/*Koppensteiner* Rn. 5; Bürgers/Körber/*Schenk* Rn. 31.
[5] Hüffer/Koch/*Koch* Rn. 23; Kölner Komm AktG/*Koppensteiner* Rn. 9; Bürgers/Körber/*Schenk* Rn. 31.
[6] Kölner Komm AktG/*Koppensteiner* Rn. 9.
[7] So auch MüKoAktG/*Altmeppen* Rn. 7; Emmerich/Habersack/*Emmerich* Rn. 16; K. Schmidt/Lutter/*Langenbucher* Rn. 1.
[8] MüKoAktG/*Altmeppen* Rn. 7.
[9] MüKoAktG/*Altmeppen* Rn. 11; Emmerich/Habersack/*Emmerich* Rn. 34; K. Schmidt/Lutter/*Langenbucher* Rn. 9; Hüffer/Koch/*Koch* Rn. 25; für den Fall, dass der Abschluss auf der Initiative des Vorstands beruht, ebenso *Martens* ZHR 147 (1983) 377 (386) Fn. 23; Kölner Komm AktG/*Koppensteiner* Rn. 7.
[10] *Timm* DB 1980, 1201 (1204); *Sonnenschein* ZGR 1981, 429 (436).
[11] So aber *Martens* ZHR 147 (1983) 377 (386) Fn. 23; Kölner Komm AktG/*Koppensteiner* Rn. 7.

S. 4, § 293 Abs. 1 S. 2).[12] Dagegen spricht, dass der Vertragsschluss der ausschließlichen Kompetenz der Hauptversammlung unterliegt, die mit einer einfachen Stimmen- und einer qualifizierten Kapitalmehrheit entscheidet (→ Rn. 17); § 111 Abs. 4 S. 4 ist daher nicht anwendbar.[13]

5   Der **Vorstand** ist im Außenverhältnis auf Grund seiner **Vertretungskompetenz** (§ 78) dafür zuständig, den Unternehmensvertrag abzuschließen. Dieser wird nur mit Zustimmung der Hauptversammlung wirksam (§ 293 Abs. 1), ein Beherrschungs- oder Gewinnabführungsvertrag jedoch nur, wenn auch die Hauptversammlung des anderen Vertragsteils zustimmt (§ 293 Abs. 2). Die **Zustimmungserfordernisse** haben mithin **Außenwirkung;** die grundsätzlich unbeschränkte Vertretungsmacht des Vorstands (§ 82 Abs. 1) ist beschränkt. Ein ohne die erforderlichen Zustimmungen geschlossener Vertrag ist gem. § 177 Abs. 1 BGB schwebend unwirksam. Verweigert eine der beiden Hauptversammlungen die Zustimmung, so ist der Vertrag endgültig unwirksam. Eine Haftung des Vorstands nach § 179 BGB kommt aber nicht in Betracht, da der andere Vertragsteil das Zustimmungserfordernis kennt oder zumindest kennen muss (§ 179 Abs. 3 S. 1 BGB).[14] Der Vertrag kann schließlich noch öffentlich-rechtlichen Genehmigungserfordernissen unterliegen; dann können auch Vollzugsverbote bestehen (vgl. § 41 Abs. 1 GWB und Art. 3 Abs. 1 lit. b FKVO). Bei Beteiligung einer Kommune kann eine Genehmigung der Kommunalaufsichtsbehörde einzuholen sein.[15]

6   **2. Inhalt.** Die verschiedenen Arten von Unternehmensverträgen sind in den §§ 291, 292 abstrakt beschrieben. Weitere Anforderungen an den Inhalt eines Vertrags verlangt das Gesetz grundsätzlich nicht. Eine Ausnahme gilt lediglich für Beherrschungs- und Gewinnabführungsverträge, die zugunsten der außenstehenden Aktionäre einen Ausgleich vorsehen müssen (§ 304 Abs. 3 S. 1).[16]

7   Nach Auffassung von *Koppensteiner* muss außerdem die **Vertragsart** in der **Vertragsurkunde** genau **benannt** werden.[17] Anderenfalls seien die Aktionäre nicht hinreichend über den Vertrag unterrichtet. Die Qualifikation eines Vertrags bestimmt sich jedoch allein nach dessen Inhalt; die Bezeichnung des Vertrags ist irrelevant.[18] Ferner wird die Information der Aktionäre seit 1994 durch diverse Informationspflichten sichergestellt. So hat der Vorstand einen Bericht über den Unternehmensvertrag zu erstatten (§ 293a), den die Aktionäre vor der Hauptversammlung einsehen können (§ 293f) und den der Vorstand in der Hauptversammlung mündlich zu erläutern hat (§ 293g Abs. 2). Die zutreffende Bezeichnung des Unternehmensvertrags ist daher kein notwendiger Vertragsbestandteil.

8   **Unternehmensverträge** können **befristet geschlossen** werden; es muss lediglich gewährleistet sein, dass Anfangs- und Endzeitpunkt des Vertrags für jedermann feststellbar sind.[19] Gleichfalls möglich ist die Vereinbarung und Eintragung eines **Anfangs-** oder **Endtermins.**[20] Dagegen kann ein Unternehmensvertrag grundsätzlich nicht unter einer Bedingung geschlossen werden. Es muss durch Einsichtnahme in das Handelsregister jederzeit feststellbar sein, ob ein Unternehmensvertrag besteht.[21] Ein aufschiebend bedingter Unternehmensvertrag ist daher erst nach Bedingungseintritt eintragungsfähig.[22] Die Eintragung eines auflösend bedingten Unternehmensvertrags ist ausgeschlossen.[23] Auch der Umstand, dass der Einzelne gem. § 15 HGB geschützt sein kann, solange die Beendigung nicht eingetragen ist,[24] vermag an der grundsätzlichen Bedingungsfeindlichkeit von Unternehmensverträgen aus Gründen der Rechtssicherheit nichts zu ändern.[25]

---

[12] Vgl. Hüffer/Koch/*Koch* Rn. 25; Emmerich/Habersack/*Emmerich* Rn. 34; K. Schmidt/Lutter/*Langenbucher* Rn. 9. Die im älteren Schrifttum vertretene Ansicht, hierfür sei gem. § 111 Abs. 4 S. 4 lediglich eine qualifizierte Stimmmehrheit erforderlich (*Baumbach/Hueck* Rn. 15; *v. Godin/Wilhelmi* Anm. 6), findet mittlerweile keine Gefolgschaft mehr.

[13] MüKoAktG/*Altmeppen* Rn. 12 ff.; Kölner Komm AktG/*Koppensteiner* Rn. 8.

[14] MüKoAktG/*Altmeppen* Rn. 5; Kölner Komm AktG/*Koppensteiner* Rn. 11; Emmerich/Habersack/*Emmerich* Rn. 15; Hüffer/Koch/*Koch* Rn. 24.

[15] Vgl. Großkomm AktG/*Mülbert* Rn. 30.

[16] Zu den Rechtsfolgen bei Fehlen eines Ausgleichs → § 304 Rn. 84–86.

[17] Kölner Komm AktG/*Koppensteiner* Rn. 14 f.

[18] KG AG 2001, 186 (187); LG Hamburg AG 1991, 365 (366); Emmerich/Habersack/*Emmerich* Rn. 17; Hüffer/Koch/*Koch* Rn. 14, § 291 Rn. 13.

[19] MüKoAktG/*Altmeppen* Rn. 27; Emmerich/Habersack/*Emmerich* Rn. 18; Kölner Komm AktG/*Koppensteiner* Rn. 19 f.

[20] MüKoAktG/*Altmeppen* Rn. 27; Kölner Komm AktG/*Koppensteiner* Rn. 20.

[21] BGHZ 122, 211 (219); MüKoAktG/*Altmeppen* Rn. 26; Kölner Komm AktG/*Koppensteiner* Rn. 19.

[22] Kölner Komm AktG/*Koppensteiner* Rn. 19; Emmerich/Habersack/*Emmerich* Rn. 18; MüKoAktG/*Altmeppen* Rn. 26; *Raiser/Veil* KapGesR § 62 Rn. 18; *Grunewald* AG 1990, 133 (138).

[23] MüKoAktG/*Altmeppen* Rn. 26; Emmerich/Habersack/*Emmerich* Rn. 18. AA Kölner Komm AktG/*Koppensteiner* Rn. 19.

[24] Mit diesem Argument für die Zulässigkeit der auflösenden Bedingung Kölner Komm AktG/*Koppensteiner* Rn. 19.

[25] Vgl. MüKoAktG/*Altmeppen* Rn. 26.

3. Formerfordernisse (Abs. 3). Ein Unternehmensvertrag bedarf gem. § 293 Abs. 3 der Schriftform. Zweck dieser Vorschrift ist es, für Rechtsklarheit zu sorgen und dem Vertrag Publizität zu verschaffen.[26] Die inhaltlichen Anforderungen bestimmen sich nach § 126 BGB. Notwendig ist mithin die eigenhändige Unterzeichnung durch die Parteien (§ 126 Abs. 1 BGB) oder die notarielle Beurkundung (§§ 126 Abs. 4 iVm 128 BGB). Die Vertragsurkunde muss zusammen mit allen Anlagen und sonstigen Bestandteilen eine Einheit bilden. Es ist ausreichend, wenn sich die Einheit aus einer fortlaufenden Paginierung, aus der Nummerierung der Vertragsbestimmungen, dem inhaltlichen Zusammenhang oder ähnlichen Merkmalen ergibt.[27] Ein Verstoß gegen die Schriftform begründet die Nichtigkeit des Vertrags (§ 125 BGB).

4. Rechtsfolgen. Schließt der Vorstand einer Gesellschaft einen Unternehmensvertrag vor Zustimmung der Hauptversammlung, so ist der Vertrag wegen fehlender Vertretungsmacht des Vorstands gem. § 177 Abs. 1 BGB schwebend unwirksam (→ Rn. 5). Doch ist es denkbar, dass die **Gesellschaft** bereits durch den Abschluss des Vertrags gewissen **Bindungen unterliegt**.[28] So soll nach einer Ansicht die Gesellschaft gegenüber dem anderen Vertragsteil verpflichtet sein, die Hauptversammlung mit dem Vertrag zu befassen.[29] Die Interessenlage sei identisch mit jener bei Abschluss eines Vertrags, der einer behördlichen Genehmigung bedarf.[30] In solchen Fällen ist eine Verpflichtung der Parteien, die Genehmigung einzuholen, anerkannt.[31]

Der Vergleich ist nicht weiterführend. Bei Fehlen einer behördlichen Genehmigung haben die Parteien über den Abschluss des Vertrags bereits entschieden. Die Entscheidungsfreiheit der Parteien ist eingeschränkt, damit bestimmte Interessen der Allgemeinheit durchgesetzt werden können. Das Zustimmungserfordernis der Hauptversammlung (§ 293 Abs. 1 und 2) hat dagegen den Zweck, die Mitwirkung der Aktionäre zu gewährleisten. Die Gesellschaft unterliegt nach Abschluss eines Unternehmensvertrags noch keinen Bindungen.[32]

Hieraus folgt zum einen, dass der Abschluss von weiteren Unternehmensverträgen mit Dritten keinen Einschränkungen unterliegt.[33] Zum anderen ist die Gesellschaft nicht verpflichtet, die Hauptversammlung innerhalb einer bestimmten Frist mit dem Vertrag zu befassen.[34] Sollte die Hauptversammlung nicht über den Unternehmensvertrag entscheiden, so ist der andere Vertragsteil allerdings analog § 178 BGB zum Widerruf berechtigt, da er nur mit einer Schwebelage bis zur nächsten Hauptversammlung rechnen musste.[35] Verweigert die Hauptversammlung ihre Zustimmung, so ist der Vertrag endgültig unwirksam, der andere Vertragsteil ist an den Vertragsschluss nicht mehr gebunden.

III. Zustimmungsbeschluss der Hauptversammlung (Abs. 1)

Ein Unternehmensvertrag wird nur mit Zustimmung der Hauptversammlung wirksam (§ 293 Abs. 1 S. 1). Die Vorschrift findet auf alle Vertragsarten Anwendung, die in den §§ 291, 292 erfasst sind und betrifft allein die Gesellschaft, welche die vertragstypische Leistung erbringt.[36] In einer KGaA ist zusätzlich die Zustimmung des persönlich haftenden Gesellschafters erforderlich (§ 285 Abs. 2 S. 1).

1. Beschlusserfordernis. a) Gegenstand. Der Beschluss der Hauptversammlung muss die Zustimmung der Hauptversammlung zum gesamten Inhalt des Vertrags einschließlich etwaiger zusätzlich geschlossener Abreden zum Ausdruck bringen.[37] Dies ist vor allem dann von Bedeutung, wenn die Vereinbarungen in verschiedenen Vertragsurkunden niedergelegt sind.[38]

---

[26] RegBegr. *Kropff* S. 381; MüKoAktG/*Altmeppen* Rn. 16; Kölner Komm AktG/*Koppensteiner* Rn. 12; Hüffer/Koch/*Koch* Rn. 26.
[27] Es können die in BGHZ 136, 357 (361 ff.) getroffenen Grundsätze zur Einhaltung der Schriftform bei Abschluss eines Mietvertrags entsprechend herangezogen werden. Vgl. Emmerich/Habersack/*Emmerich* Rn. 21; Hüffer/Koch/*Koch* Rn. 26.
[28] Vgl. hierzu ausf. K. Schmidt/Lutter/*Langenbucher* Rn. 10 ff.
[29] Kölner Komm AktG/*Koppensteiner* Rn. 24; Bürgers/Körber/*Schenk* Rn. 36; wohl auch KG NZG 1999, 1102 (1107).
[30] Kölner Komm AktG/*Koppensteiner* Rn. 24.
[31] Vgl. MüKoBGB/*Emmerich* BGB § 311a Rn. 109 f.
[32] MüKoAktG/*Altmeppen* Rn. 18 f.; *Baumbach/Hueck* § 294 Rn. 7; *v. Godin/Wilhelmi* § 294 Anm. 6.
[33] AA Kölner Komm AktG/*Koppensteiner* Rn. 24.
[34] AA die hM; vgl. Kölner Komm AktG/*Koppensteiner* Rn. 25; vgl. ferner K. Schmidt/Lutter/*Langenbucher* Rn. 19 zu den Möglichkeiten eines Schadensersatzanspruchs aus culpa in contrahendo (§§ 311 Abs. 2, 241 Abs. 2).
[35] MüKoAktG/*Altmeppen* Rn. 25; vgl. auch OLG Braunschweig AG 2003, 686 (687); OLG Hamm AG 2003, 520 (521); LG München Der Konzern 2010, 132 (134 f.).
[36] Hüffer/Koch/*Koch* Rn. 3.
[37] MüKoAktG/*Altmeppen* Rn. 56; Emmerich/Habersack/*Emmerich* Rn. 26; Hüffer/Koch/*Koch* Rn. 5; Kölner Komm AktG/*Koppensteiner* Rn. 32; *Windbichler* AG 1981, 169 (171).
[38] Vgl. zu § 361 AktG aF BGHZ 82, 188 (196 ff.); MüKoAktG/*Altmeppen* Rn. 56; Emmerich/Habersack/*Emmerich* Rn. 26; Hüffer/Koch/*Koch* Rn. 5; Kölner Komm AktG/*Koppensteiner* Rn. 32.

15 Die Hauptversammlung kann dem Vorstand nicht die Ermächtigung erteilen, ergänzende Abreden zu treffen.[39] Sie ist aus Gründen der Rechtssicherheit, der handelsregisterrechtlichen Publizität und gebotenen Schutzes der Aktionäre auch nicht in der Lage, ihm konkretisierende Ausführungsbestimmungen oder die Klärung von Detailfragen zu überlassen.[40] Anderenfalls wäre es nicht gewährleistet, dass die Hauptversammlung ohne Einfluss anderer Organe der Gesellschaft über den Inhalt des gesamten Unternehmensvertrags entscheidet.[41]

16 **b) Einwilligung/Genehmigung des Vertrags.** Die Zustimmung zu dem Vertrag kann nach hM durch (nachfolgende) Genehmigung (§ 184 BGB) oder durch (vorhergehende) Einwilligung (§ 183 BGB) erfolgen.[42] Dagegen wurde eingewandt, dass die Informationsansprüche der Aktionäre (§§ 293f, 293g) nur gewahrt seien, wenn die Zustimmung nach Abschluss des Vertrags erfolgt.[43] Zu Recht ist aber angeführt worden, dass dem Informationsbedürfnis genüge getan sei, wenn der schriftliche Vertragsentwurf im Zeitpunkt der Entscheidung vollständig vorliegt.[44] Jede Änderung bedarf eines neuen Zustimmungsbeschlusses der Hauptversammlung.[45]

17 **2. Formelle Beschlussvoraussetzungen.** Die Form des Zustimmungsbeschlusses bestimmt sich nach den allgemeinen Vorschriften; § 293 Abs. 3 findet keine Anwendung. Der Beschluss ist folglich notariell zu beurkunden (§ 130 Abs. 1 S. 1).[46] Er bedarf der einfachen Stimmenmehrheit (§ 131 Abs. 1).[47] Darüber hinaus verlangt § 293 Abs. 1 S. 2 eine Mehrheit, die mindestens drei Viertel des bei der Beschlussfassung vertretenen Grundkapitals umfasst. Es muss mithin zur einfachen Stimmenmehrheit eine qualifizierte Kapitalmehrheit hinzutreten.[48] Stimmrechtslose Vorzugsaktien finden keine Berücksichtigung, es sei denn, diese gewähren ausnahmsweise ein Stimmrecht (vgl. § 140 Abs. 2 S. 2).

18 Die Satzung kann eine größere Kapitalmehrheit und weitere Erfordernisse bestimmen (§ 293 Abs. 1 S. 3). Eine Herabsetzung der Anforderungen ist demnach unzulässig. Andererseits ist es nicht möglich, den Abschluss von Unternehmensverträgen statutarisch auszuschließen.[49] Die Satzung kann von den Vorschriften des AktG nur abweichen, wenn es ausdrücklich zugelassen ist (§ 23 Abs. 5). § 293 Abs. 1 S. 3 ermöglicht abweichende Regelungen lediglich hinsichtlich der Voraussetzungen eines Zustimmungsbeschlusses. Ein statutarisches Verbot des Abschlusses von Unternehmensverträgen ist in § 293 Abs. 1 S. 3 nicht ausdrücklich zugelassen.[50] Es besteht auch kein Bedürfnis für eine entsprechende Regelung, da die Satzungsgeber vorsehen können, dass der Beschluss der Zustimmung aller Aktionäre bedarf.

19 Auf den Beschluss sind die Bestimmungen des Gesetzes und der Satzung über Satzungsänderungen nicht anzuwenden (§ 293 Abs. 1 S. 4). Der Gesetzgeber wollte mit dieser Vorschrift eine Streitfrage des alten Rechts entscheiden.[51] Ihr kommt wegen der in den §§ 293 ff. getroffenen Regelungen keine praktische Bedeutung zu.[52]

20 Bei der Beschlussfassung sind die Aktionäre nach den allgemeinen Regeln stimmberechtigt. § 293 schließt bestimmte Aktionäre von der Ausübung ihres Stimmrechts nicht aus. Da auch § 136 Abs. 1 nicht anwendbar ist, kann der am Vertragsschluss beteiligte Mehrheitsaktionär seine Stimmrechte ausüben und auf Grund seiner aus dem Kapitalbesitz resultierenden Stimmrechtsmacht den Abschluss

---

[39] Emmerich/Habersack/*Emmerich* Rn. 26; Hüffer/Koch/*Koch* Rn. 5; Kölner Komm AktG/*Koppensteiner* Rn. 33.
[40] Kölner Komm AktG/*Koppensteiner* Rn. 18 und 33 f.; Hüffer/Koch/*Koch* Rn. 5. AA MüKoAktG/*Altmeppen* Rn. 58 ff.
[41] AA MüKoAktG/*Altmeppen* Rn. 69 und 61 mit der Begründung, die Hauptversammlung könne auf diese Weise zum Ausdruck bringen, die Klärung der überlassenen Details interessiere sie nicht. Diese Auslegung ist mit dem Schutzzweck der Mitwirkungskontrolle nicht zu vereinbaren.
[42] RegBegr. *Kropff* S. 383; MüKoAktG/*Altmeppen* Rn. 34; Hüffer/Koch/*Koch* Rn. 4; Emmerich/Habersack/*Emmerich* Rn. 25; K. Schmidt/Lutter/*Langenbucher* Rn. 23. Vgl. auch BGHZ 82, 188 (197) zu § 361 AktG aF.
[43] So noch Kölner Komm AktG/*Koppensteiner*, 2. Aufl. 2003, Rn. 5 (inzwischen aufgegeben).
[44] MüKoAktG/*Altmeppen* Rn. 34; Hüffer/Koch/*Koch* Rn. 4.
[45] *Windbichler* AG 1981, 169 (174 f.); MüKoAktG/*Altmeppen* Rn. 34; Emmerich/Habersack/*Emmerich* Rn. 25; Hüffer/Koch/*Koch* Rn. 4.
[46] MüKoAktG/*Altmeppen* Rn. 36; Emmerich/Habersack/*Emmerich* Rn. 24.
[47] MüKoAktG/*Altmeppen* Rn. 37; Emmerich/Habersack/*Emmerich* Rn. 30; Hüffer/Koch/*Koch* Rn. 8; Kölner Komm AktG/*Koppensteiner* Rn. 28.
[48] MüKoAktG/*Altmeppen* Rn. 37; Emmerich/Habersack/*Emmerich* Rn. 30; Hüffer/Koch/*Koch* Rn. 8.
[49] MüKoAktG/*Altmeppen* Rn. 39; Hüffer/Koch/*Koch* Rn. 8. AA Emmerich/Habersack/*Emmerich* Rn. 33.
[50] MüKoAktG/*Altmeppen* Rn. 39; Hüffer/Koch/*Koch* Rn. 8.
[51] RegBegr. *Kropff* S. 381.
[52] MüKoAktG/*Altmeppen* Rn. 40; Hüffer/Koch/*Koch* Rn. 11.

eines Unternehmensvertrags gegen den Willen der außenstehenden Aktionäre durchsetzen.[53] Der Gesetzgeber hat sich bewusst für diese Konzeption entschieden.[54] Sie war lange Zeit rechtspolitisch umstritten,[55] dürfte heute jedoch außer Streit stehen.[56]

Eine rechtspolitisch fragwürdige Sonderregelung[57] ist zu beachten, wenn der **andere Vertragsteil** und die **Gesellschaft** dem **MitbestG** unterliegen. In diesem Fall darf der andere Vertragsteil sein Stimmrecht nur unter Beteiligung seines Aufsichtsrats ausüben (§ 32 Abs. 1 S. 1 MitbestG), es sei denn, dass seine Beteiligung an der Gesellschaft weniger als ein Viertel beträgt (§ 32 Abs. 2 MitbestG). Der Aufsichtsratsbeschluss bedarf allerdings nur der Mehrheit der Stimmen der Aufsichtsratsmitglieder der Anteilseigner; er ist für den Vorstand verbindlich (§ 32 Abs. 1 S. 2 MitbestG).

Zweifelhaft ist, ob ein **Aktionär,** der über eine **Sperrminorität** verfügt, kraft seiner mitgliedschaftlichen **Treuepflicht** gehalten sein kann, dem Abschluss eines **Unternehmensvertrags zuzustimmen.** Eine Stimmpflicht soll nach manchen Autoren begründet sein, wenn ein Aktionär aus unsachgemäßen, eigennützigen Erwägungen die im Interesse der Gesellschaft dringend gebotene Zustimmung zu einem Beherrschungs- oder Gewinnabführungsvertrag verweigere und der Mehrheitsaktionär auf diese Stimmen angewiesen sei. In einem solchen Fall könne der Aktionär außerdem wegen Verletzung seiner Treuepflicht bzw. gem. § 826 BGB schadensersatzpflichtig sein.[58] Dem kann im Ausgangspunkt zugestimmt werden. Auch ein Minderheitsaktionär unterliegt bei der Ausübung seines Stimmrechts den beweglichen Schranken mitgliedschaftlicher Herrschaftsmacht. In der Regel dürften die Voraussetzungen einer entsprechenden Bindung des Aktionärs aber nicht erfüllt sein. Es ist nicht ersichtlich, aus welchen Gründen sich ein Aktionär damit einverstanden erklären muss, dass seine Mitgliedschaft durch den Abschluss eines Unternehmensvertrags des § 291 Abs. 1 entwertet wird. Die hiermit verbundenen steuerlichen Vorteile können eine entsprechende Stimmpflicht eines unternehmerisch beteiligten Aktionärs jedenfalls nicht rechtfertigen.[59]

3. Materielle Beschlussvoraussetzungen. Es ist noch nicht abschließend geklärt, ob der Beschluss über die Zustimmung zu einem Unternehmensvertrag einer sachlichen Rechtfertigung bedarf. Im Schrifttum haben sich mehrere Stimmen dafür ausgesprochen, die vom BGH zum Bezugsrechtsausschluss vertretenen Grundsätze einer Inhaltskontrolle[60] entsprechend anzuwenden.[61] Sie berufen sich darauf, dass ein Mehrheitsaktionär die Zustimmung zum Vertrag ohne Rücksicht auf die Interessen der anderen Aktionäre allein auf Grund seiner Stimmrechtsmacht durchsetzen kann. Diese Ausübung der Mehrheitsmacht bedeute einen von den gesetzlichen Wertungen nicht mehr gedeckten Eingriff in die Rechte der überstimmten Minderheit. Es bedürfe deshalb eines effektiven Minderheitenschutzes. Der Abschluss eines Unternehmensvertrags müsse im Interesse der Gesellschaft liegen, erforderlich und verhältnismäßig sein.

Die hM lehnt eine **Inhaltskontrolle** zu Recht ab.[62] Die Mehrheit unterliegt zwar einer besonderen Loyalitätspflicht und darf ihre Interessen nicht ohne Rücksicht auf die Belange der Minderheiten durchsetzen. Eines rechtsfortbildend zu entwickelnden Minderheitenschutzes bedarf es aber nicht, wenn die Belange der außenstehenden Aktionäre durch ein spezifisches gesetzliches Schutzinstrumentarium angemessen gewahrt sind. In diesen Fällen ist davon auszugehen, dass der Gesetzgeber eine Abwägung zwischen den konkurrierenden Interessen der Mehrheit und der Minderheiten vorgenommen hat.[63] Dies ist hinsichtlich des Abschlusses eines Beherrschungs- und Gewinnabfüh-

---

[53] MüKoAktG/*Altmeppen* Rn. 41; Hüffer/Koch/*Koch* Rn. 9; K. Schmidt/Lutter/*Langenbucher* Rn. 25; Bürgers/Körber/*Schenk* Rn. 9.
[54] RegBegr. *Kropff* S. 380 f.
[55] *Immenga* FS Böhm, 1975, 253 (262); im Grundsatz zust., aber für eine höhere Beschlussmehrheit plädierend *Sonnenschein* ZGR 1981, 429 (440).
[56] Vgl. MüKoAktG/*Altmeppen* Rn. 41; Kölner Komm AktG/*Koppensteiner* Rn. 30; K. Schmidt/Lutter/*Langenbucher* Rn. 25 (unter Hinweis auf die kapitalmarktrechtlichen Austrittsrechte der Aktionäre bei Erreichen der Kontrollschwelle, §§ 35, 29 WpÜG). Krit. aber Hüffer/Koch/*Koch* Rn. 9.
[57] Vgl. Raiser/Veil/Jacobs/*Raiser* MitbestG § 32 Rn. 2.
[58] MüKoAktG/*Altmeppen* Rn. 43 bis 46; Emmerich/Habersack/*Emmerich* Rn. 30a.
[59] So aber MüKoAktG/*Altmeppen* Rn. 44f; Bürgers/Körber/*Schenk* Rn. 12. Wie hier Großkomm AktG/*Mülbert* Rn. 74.
[60] Vgl. BGHZ 71, 40. S. auch → § 186 Rn. 40 ff.
[61] *Emmerich* AG 1991, 303 (307); *Martens* FS Fischer, 1979, 437 (446); *Wiedemann* GesR Bd. I S. 444 f.; *Wiedemann* ZGR 1980, 147 (156 f.); differenzierend danach, ob bereits eine Abhängigkeitslage besteht oder erst durch Abschluss des Vertrags entsteht *Timm* ZGR 1987, 403 (427).
[62] Vgl. LG München I ZIP 2009, 2247; LG Frankfurt/Main AG 2007, 48 (52); MüKoAktG/*Altmeppen* Rn. 51 ff.; Hüffer/Koch/*Koch* Rn. 6 f.; *Raiser/Veil* KapGesR § 62 Rn. 27; Bürgers/Körber/*Schenk* Rn. 16; Großkomm AktG/*Mülbert* Rn. 72; nunmehr auch Emmerich/Habersack/*Emmerich* Rn. 25.
[63] Vgl. *Lutter* ZGR 1979, 401 (411 f.); *Lutter* ZGR 1981, 171 (176); *Hirte,* Bezugsrechtsausschluß und Konzernbildung, 1986, 144 ff.; *Semler* BB 1983, 1566 (1569).

rungsvertrags geschehen. So hat sich der Gesetzgeber zum einen bewusst dafür entschieden, dass ein Mehrheitsaktionär auf Grund seiner Stimmrechtsmacht den Abschluss dieser Verträge durchsetzen kann (→ Rn. 20). Zum anderen suchte er den Interessen der außenstehenden Aktionäre durch Sicherungen (§§ 300 ff., 304 ff.) Rechnung zu tragen.

25 Eine Inhaltskontrolle findet auch bei den in § 292 Abs. 1 erfassten Unternehmensverträgen nicht statt.[64] Es trifft zwar zu, dass der Gesetzgeber keine besonderen Maßnahmen zur Entgeltsicherung vorgesehen hat. Er hat hiervon jedoch abgesehen, weil die Aktionäre bereits nach den allgemeinen Regeln ausreichend geschützt sind. Von Bedeutung ist in erster Linie, dass die Vorschriften über die Kapitalerhaltung (§§ 57 ff.) Anwendung finden. Von zentraler Bedeutung ist ferner, dass eine sachverständige Prüfung stattfindet, die sich auch auf die Angemessenheit von Leistung und Gegenleistung erstreckt (→ § 293b Rn. 8). Hieraus folgt, dass die vom Vertragspartner zu erbringende Gegenleistung angemessen sein muss. Es kann daher davon ausgegangen werden, dass die gesetzliche Ausgestaltung des Abschlusses eines in § 292 Abs. 1 genannten Unternehmensvertrags die für Minderheiten nachteiligen Auswirkungen auf ihre Mitgliedsrechte legitimiert. Der Vertragsschluss ist daher nicht anhand der Kriterien der Erforderlichkeit und Verhältnismäßigkeit zu prüfen.

26 Der **Beschluss** über die Zustimmung zu einem Unternehmensvertrag kann allerdings wegen **Verstoßes** gegen § 53a, die **mitgliedschaftliche Treuepflicht** oder wegen unzulässiger Verfolgung von Sondervorteilen (§ 243 Abs. 2) anfechtbar sein.[65] In Betracht kommt dies beispielsweise, wenn die Finanzierung der Abfindung oder des Ausgleichs im Zeitpunkt des Zustimmungsbeschlusses der Hauptversammlung der abhängigen Gesellschaft nahezu ausgeschlossen ist.[66]

27 **4. Rechtsfolgen des Beschlusses.** Die Hauptversammlung kann einem Unternehmensvertrag nur zustimmen oder ihn ablehnen. Schwierigkeiten kann es bereiten, wenn sie einem Vertrag nur unter bestimmten Änderungen zustimmt. In diesem Fall ist davon auszugehen, dass sie den vom Vorstand vorgelegten Vertrag abgelehnt hat.[67] Ob in ihrem Beschluss zugleich eine Aufforderung an den Vorstand zu sehen ist, durch Verhandlung mit dem Vertragspartner den Abschluss eines entsprechenden Unternehmensvertrags zu erreichen (§ 83 Abs. 1), kann nur im Einzelfall zutreffend beurteilt werden.[68]

28 Die Gesellschaft unterliegt nach dem Beschluss ihrer Hauptversammlung gegenüber dem anderen Vertragsteil gewissen Bindungen. So ist sie nach erteilter Zustimmung verpflichtet, das Wirksamwerden des Vertrags durch Eintragung in das Handelsregister herbeizuführen.[69] Anderenfalls kann sie wegen Verletzung einer vertraglichen Nebenpflicht zum Schadensersatz verpflichtet sein (§ 280 Abs. 1 BGB). Der Vertragspartner kann die Verpflichtung der Gesellschaft zur Anmeldung gerichtlich durchsetzen.[70]

29 **5. Beschlussmängel.** Bei Mängeln des Zustimmungsbeschlusses bestimmen sich die Rechtsfolgen nach den allgemeinen Grundsätzen. Der Beschluss kann gem. §§ 241 ff. nichtig bzw. anfechtbar sein, soweit nicht die §§ 291 ff. abweichende Vorschriften enthalten.

30 Eine wichtige Sonderregelung ist in § 304 Abs. 3 S. 1 vorgesehen. Nach dieser Vorschrift ist ein Gewinnabführungs- oder Beherrschungsvertrag nichtig, wenn der Vertrag keinen Ausgleich vorsieht. Der Beschluss der Hauptversammlung ist ebenfalls nichtig (§ 241 Nr. 3). Allerdings kann die Anfechtung des Beschlusses, durch den die Hauptversammlung dem Vertrag zugestimmt hat, nicht auf § 243 Abs. 2 oder darauf gestützt werden, dass der im Vertrag bestimmte Ausgleich nicht angemessen ist. Stattdessen kann das in § 2 SpruchG bestimmte Gericht einen angemessenen Ausgleich festsetzen. Eine ähnliche Regelung sieht § 305 in Bezug auf die Verpflichtung des herrschenden Unternehmens vor, den außenstehenden Aktionären eine Abfindung anzubieten. Fehlt bei einem Beherrschungs- oder Gewinnabführungsvertrag das Abfindungsangebot[71] oder ist die Abfindung unangemessen, so

---

[64] MüKoAktG/*Altmeppen* Rn. 54; Hüffer/Koch/*Koch* Rn. 7; Großkomm AktG/*Mülbert* Rn. 73. AA Kölner Komm AktG/*Koppensteiner* Rn. 63; ähnlich *Semler* BB 1983, 1566 (1569).
[65] Vgl. *Lutter* ZGR 1979, 401 (411 f.); *Lutter* ZGR 1981, 171 (176); Hüffer/Koch/*Koch* Rn. 7. Krit. MüKoAktG/*Altmeppen* Rn. 52 (die Treuepflicht sei in der Fallgruppe der Unternehmensverträge „kaum justitiabel").
[66] Vgl. LG München I v. 4.6.2009 – 5 HK O 591/09, BeckRS 2009, 23099 (insoweit nicht in ZIP 2009, 2247 abgedruckt).
[67] MüKoAktG/*Altmeppen* Rn. 35; Emmerich/Habersack/*Emmerich* Rn. 28; Hüffer/Koch/*Koch* Rn. 13.
[68] Emmerich/Habersack/*Emmerich* Rn. 28; Hüffer/Koch/*Koch* Rn. 13. AA Kölner Komm AktG/*Koppensteiner* Rn. 38 (Zustimmung unter Änderungen sei stets ein Auftrag an den Vorstand, den Vertrag unter Berücksichtigung der Änderung abzuschließen); ähnlich auch MüKoAktG/*Altmeppen* Rn. 35 („in der Regel").
[69] Kölner Komm AktG/*Koppensteiner* Rn. 39; Hüffer/Koch/*Koch* Rn. 15; mittlerweile auch Emmerich/Habersack/*Emmerich* Rn. 32. AA (keine Bindung, aber uU Schadensersatzanspruch gem. § 311 Abs. 2 BGB) MüKoAktG/*Altmeppen* Rn. 66 f.
[70] Kölner Komm AktG/*Koppensteiner* Rn. 39; Hüffer/Koch/*Koch* Rn. 15.
[71] Anders als ohne Ausgleich ist der Vertrag in diesem Fall folglich nicht nichtig.

ist die Anfechtung des Beschlusses ausgeschlossen. Die Festsetzung einer angemessenen Abfindung ist wiederum dem in § 2 SpruchG bestimmten Gericht übertragen.

Zweifelhaft ist, ob die **Anfechtung** des Beschlusses auch dann **ausgeschlossen** ist, wenn die im **31 Unternehmensvertragsbericht** oder in der **Hauptversammlung** gegebenen **Informationen und Auskünfte** über die **Bewertung** der Gesellschaft **fehlerhaft** sind. Solche Informationen sind unentbehrlich, um zu beurteilen, ob der angebotene Ausgleich und die angebotene Abfindung angemessen sind. Aus diesem Grund befürwortete die hL die Anfechtbarkeit des Hauptversammlungsbeschlusses wegen wertbezogener Informationsmängel,[72] und auch der BGH sprach sich für diese Lösung aus.[73] Die Entscheidungen *MEZ*[74] und *Aqua Butzke*[75] zum umwandlungsrechtlichen Anfechtungsausschluss bei einem zu niedrigen, nicht ordnungsgemäßen oder fehlenden Barabfindungsangebot (§ 210 UmwG) führten indes zu einer Neubewertung der Frage.

So machte sich die hM dafür stark, die höchstrichterlichen Überlegungen auch für die Auslegung **32** des in § 305 Abs. 5 S. 1 und 2 normierten Anfechtungsausschlusses nutzbar zu machen.[76] Sie stützte sich darauf, dass der BGH sich in den beiden Entscheidungen von seiner früheren Rechtsprechung ausdrücklich distanziert hatte[77] und machte das vom BGH angeführte „*a maiore ad minus*"-Argument fruchtbar: Wenn nicht einmal das gänzliche Fehlen eines Abfindungsangebots, das ein vollständiges Informationsdefizit des Aktionärs zur Folge hat, die Anfechtbarkeit des Beschlusses begründet, könne erst recht nicht eine Auskunftspflichtverletzung in Form des nur unvollständig oder mangelhaft begründeten und erläuterten Abfindungsangebots als geringerer Mangel im Hinblick auf die Willensbildung des Aktionärs die Anfechtungsklage eröffnen.[78] Der in § 305 normierte Anfechtungsausschluss finde auch insoweit Anwendung, als die vom Unternehmensvertrag betroffenen Aktionäre die Verletzung von Informations-, Auskunfts- oder Berichtspflichten geltend machen, die im Zusammenhang mit der Barabfindung stehen. Entsprechendes sollte nach einer verbreiteten Meinung auch für den in § 304 Abs. 3 S. 2 vorgesehenen Anfechtungsausschluss gelten.[79]

Dieser Auslegung hat sich der Gesetzgeber angeschlossen. Eine **Anfechtungsklage** wegen **33 bewertungsbezogener Informationsmängel** ist seit dem UMAG in den von den **§§ 304 Abs. 3 S. 2, 305 Abs. 4 S. 1 und 2** erfassten Konstellationen, in denen das Spruchverfahren eröffnet ist, **ausgeschlossen** (vgl. § 243 Abs. 4 S. 2).[80] Dies gilt allerdings nicht für kompensationsbezogene Informationsmängel außerhalb der Hauptversammlung (etwa im Unternehmensvertragsbericht). Der Gesetzgeber hat sie bewusst nicht erfasst.[81] Diese halbherzige Regelung ist von der Sorge getragen, dass andernfalls eine ordnungsgemäße Berichterstattung nicht mehr ausreichend gewährleistet wäre. Es sollte die „Erosion der Aktionärs-Information" verhindert werden.[82] Angesichts dieser klaren gesetzgeberischen Entscheidung verbietet es sich, die vom BGH in den Urteilen *MEZ* und *Aqua Butzke* vertretene Auslegung weiterhin fruchtbar zu machen und eine Anfechtung wegen fehlerhafter bewertungsbezogener Informationen im nach § 293a erstatteten Bericht auszuschließen.[83]

Sieht der Vertrag keinen Ausgleich vor, so ist er nichtig (§ 304 Abs. 3 S. 1). Bereits vor der **34** Änderung des § 243 Abs. 4 durch das UMAG verbot es sich, den vom BGH ins Feld geführten „erst-recht"-Schluss nutzbar zu machen.[84] Es ist daher in diesem Fall zulässig, die Verletzung von wertbezogenen Informations-, Auskunfts- oder Berichtspflichten im Klageweg zu rügen. Praktische Bedeutung dürfte dieser Möglichkeit aber wegen der vom Gesetz angeordneten Nichtigkeit des Vertrags nicht zukommen.

---

[72] Vgl. Kölner Komm AktG/*Koppensteiner* Rn. 61.
[73] Vgl. BGHZ 121, 211 (238) (*SS I I*) zum Ausgleich nach § 304 und BGH ZIP 1995, 1256 (1258) (*SS I II*) zur Abfindung nach § 305.
[74] BGHZ 146, 179.
[75] BGH NJW 2001, 1428.
[76] *Hirte* ZHR 167 (2003) 8 (26); *Henze* RWS-Forum 2001, 39 (52f.); Hüffer/Koch/*Koch* § 243 Rn. 18, 47b, 47c und § 305 Rn. 29; *Hoffmann-Becking* RWS-Forum 2001, 55 (65 f.); *Kleindiek* NZG 2001, 552 (554); *Röhricht* VGR 5 (2002) 3 (32); *Sinewe* DB 2001, 690; *E. Vetter* FS Wiedemann, 2002, 1323 (1337).
[77] Vgl. BGHZ 146, 179 (188f.).
[78] Vgl. BGHZ 146, 179 (186).
[79] Hüffer/Koch/*Koch* § 243 Rn. 18, 47b, 47c und § 304 Rn. 21; *Klöhn* AG 2002, 443 (452); *Hirte* ZHR 167 (2003) 8 (27ff.); *Röhricht* VGR Bd. 5 (2002) 3 (32); *E. Vetter* FS Wiedemann, 2002, 1322 (1330, 1334, 1338f.); wohl auch *Henze* RWS-Forum 2001, 39 (52f.). AA *Hoffmann-Becking* RWS-Forum 2001, 55 (66).
[80] Vgl. OLG Frankfurt/Main ZIP 2008, 1966 (1967); zu den Einzelheiten vgl. → § 243 Rn. 236ff., 242.
[81] Vgl. *Veil* AG 2005, 567 (569f.).
[82] Begr RegE UMAG BT-Drs. 15/5092, 26.
[83] LG München I v. 4.6.2009 – 5 HK O 591/09, BeckRS 2009, 23099 (insoweit nicht abgedr. in ZIP 2009, 2247); MüKoAktG/*Altmeppen* Rn. 81c. AA wohl K. Schmidt/Lutter/*Langenbucher* Rn. 34; Bürgers/Körber/*Schenk* Rn. 28.
[84] Ebenso *Röhricht* VGR Bd. 5 (2002) 3 (32); weitergehend *Hoffmann-Becking* RWS-Forum 2001, 55 (66).

35 Der **Zustimmungsbeschluss** ist nach verbreiteter Ansicht ferner **nichtig,** wenn in ihm die Art des Unternehmensvertrags nicht bezeichnet ist (§ 241 Nr. 3). Angeführt werden im Wesentlichen zwei Gründe. Es wird argumentiert, der Vorstand der Gesellschaft habe nicht nur das Bestehen, sondern auch die Art des Unternehmensvertrags zur Eintragung in das Handelsregister anzumelden.[85] Außerdem könne es den Aktionären nicht zugemutet werden, den Vertrag zutreffend juristisch zu qualifizieren. Letztere Bedenken sind zwar bedeutsam, im Ergebnis jedoch nicht überzeugend. Da sich ein entsprechendes Erfordernis nicht aus dem Wortlaut des Gesetzes ergibt, müssen hierfür gewichtigere Gründe angeführt werden können. Das reklamierte Informationsbedürfnis der Aktionäre genügt nicht, da diese gem. §§ 293a ff. umfassend über den Vertrag und dessen Auswirkungen unterrichtet werden müssen und in der Hauptversammlung Auskunft verlangen können.[86]

36 Bei **Teilnichtigkeit** eines Unternehmensvertrags gilt § 139 BGB.[87] Wenn die beteiligten Unternehmen den Vertrag trotz seiner Mängel durchführen, können die Grundsätze über die fehlerhafte Gesellschaft Anwendung finden, so dass der Vertrag bis zur Geltendmachung des Fehlers als wirksam zu behandeln ist (→ § 291 Rn. 61–68).

IV. Zustimmungsbeschluss der Hauptversammlung der Obergesellschaft (Abs. 2)

37 **1. Beschlusserfordernis.** Ein Beherrschungs- oder Gewinnabführungsvertrag wird, wenn der andere Vertragsteil eine AG oder KGaA ist, nur wirksam, wenn auch die Hauptversammlung dieser Gesellschaft dem Vertrag zustimmt (§ 293 Abs. 2). Das Zustimmungserfordernis des anderen Vertragsteils erklärt sich aus den besonderen Pflichten, die das herrschende Unternehmen treffen.[88] Manche Stimmen stellen insoweit die in § 305 Abs. 2 Nr. 1 vorgesehene Verpflichtung des anderen Vertragsteils heraus, außenstehende Aktionäre mit Aktien abzufinden.[89] Vorzugswürdig ist es aber, die Beschlusskompetenz mit der Pflicht des herrschenden Unternehmens zu erklären, die Verluste der Gesellschaft auszugleichen (§ 302 Abs. 1).[90] Das Zustimmungserfordernis ist auch dann zu beachten, wenn die Gesellschaft keine außenstehenden Aktionäre hat, die in Aktien abzufinden wären,[91] und wenn der andere Vertragsteil eine GmbH[92] oder KG[93] ist.

38 Voraussetzung für eine Zustimmung der Hauptversammlung des anderen Vertragsteils ist, dass dieser seinen **Sitz im Inland** hat (oder nach deutschem Recht gegründet wurde; → § 291 Rn. 5). Ist der andere Vertragsteil eine ausländische Gesellschaft, so findet § 293 Abs. 2 grundsätzlich keine Anwendung, weil das deutsche Konzernrecht nicht seinen Schutz bezweckt.[94]

39 Auf den Hauptversammlungsbeschluss des anderen Vertragsteils sind die in § 293 Abs. 1 S. 2 bis 4 vorgesehenen Wirksamkeitsvoraussetzungen sinngemäß anzuwenden (§ 293 Abs. 2 S. 2). Der Zustimmungsbeschluss bedarf demnach einer einfachen Stimmen- und einer qualifizierten Kapitalmehrheit. Diese Anforderungen können nur verschärft, nicht aber herabgesetzt werden. Gegenstand der Zustimmung der Hauptversammlung ist der gesamte Unternehmensvertrag einschließlich aller Nebenabreden.[95] Die Obergesellschaft nimmt zwar am Registerverfahren nicht teil. Zu beachten ist jedoch, dass die verpflichtete Gesellschaft den Beschluss der Obergesellschaft ihrer Anmeldung zum Handelsregister beizulegen hat (§ 293 Abs. 1 S. 2). Die Form des Zustimmungsbeschlusses bestimmt sich nach § 130; zu beachten ist ferner, dass der Unternehmensvertrag der Niederschrift als Anlage beizufügen ist (§ 293g Abs. 2 S. 2).

40 **2. Mehrstufige Unternehmensverbindungen.** Es kann aus steuerrechtlichen Gründen sinnvoll sein,[96] in einer mehrstufigen Unternehmensverbindung Beherrschungs- oder Gewinnabführungsver-

---

[85] Kölner Komm AktG/*Koppensteiner* Rn. 37 und 57.
[86] MüKoAktG/*Altmeppen* Rn. 75; Hüffer/Koch/*Koch* Rn. 14.
[87] AA OLG München AG 1980, 272 (273); OLG Hamburg AG 1991, 21 (22) (mit der formalistischen Begründung, Unternehmensverträge seien Organisationsverträge).
[88] RegBegr. *Kropff* S. 381; Hüffer/Koch/*Koch* Rn. 17.
[89] *Sonnenschein*, Organschaft und Konzerngesellschaftsrecht, 1976, 349 f.; *Sonnenschein* BB 1975, 1088 (1092); *Rehbinder* ZGR 1977, 581 (613).
[90] BGHZ 105, 324 (335); BGH NJW 1992, 1452 (1453); OLG München AG 2015, 40 (41); LG Mannheim AG 1995, 142 (143); *Kropff* ZGR 1984, 112 (120); Kölner Komm AktG/*Koppensteiner* Rn. 40; Hüffer/Koch/*Koch* Rn. 17; MüKoAktG/*Altmeppen* Rn. 92; Emmerich/Habersack/*Emmerich* Rn. 2, 8.
[91] Vgl. BGHZ 105, 324 (335); BGH NJW 1992, 1452 (1453); MüKoAktG/*Altmeppen* Rn. 95; *Hommelhoff*, Die Konzernleitungspflicht, 1982, 296; Hüffer/Koch/*Koch* Rn. 17; Kölner Komm AktG/*Koppensteiner* Rn. 40 f.
[92] BGHZ 105, 324 (335); BGH NJW 1992, 1452 (1453); nach OLG Celle ZIP 2014, 1787 (1788) auch bei einer Sparkasse als herrschendem Unternehmen; aA OLG München AG 2015, 40 (41).
[93] LG Mannheim AG 1995, 142 (143).
[94] Vgl. MüKoAktG/*Altmeppen* Rn. 119; Hüffer/Koch/*Koch* Rn. 18; Kölner Komm AktG/*Koppensteiner* Rn. 43. Auch → Vor § 291 Rn. 47.
[95] Hinsichtlich der Einzelheiten → Rn. 14, 15.
[96] Zu den steuerrechtlichen Vorgaben für die Begründung einer Organschaft → Vor § 291 Rn. 15–24.

träge zwischen Mutter und Tochter sowie zwischen Tochter und Enkelin zu schließen.[97] Schließt die abhängige Tochter einen Unternehmensvertrag mit einem anderen Konzernunternehmen und ist sie Verpflichtete des Vertrags, so muss ihre Hauptversammlung dem Vertrag gem. § 293 Abs. 1 zustimmen. Ist die Tochter dagegen Berechtigte des (mit einer Enkelin geschlossenen) Vertrags, so ist ein Beschluss ihrer Hauptversammlung gem. § 293 Abs. 2 erforderlich.

Bestehen bei Abschluss eines Vertrags der Tochter mit der Mutter bereits Verträge der Tochter mit dritten Konzernunternehmen, so deckt die Zustimmung der Hauptversammlung der Mutter gem. § 293 Abs. 2 die bereits bestehenden Verträge ab.[98] Anders stellt sich die Situation dar, wenn zunächst ein Beherrschungs- oder Gewinnabführungsvertrag zwischen Mutter und Tochter geschlossen wird und letztere anschließend einen entsprechenden Vertrag mit einem dritten Unternehmen schließt. Nach einer verbreiteten Ansicht soll in diesem Fall neben der Zustimmung der Hauptversammlung der Tochter die Zustimmung der Hauptversammlung der Mutter analog § 293 Abs. 2 notwendig sein.[99] Dies wird zum einen damit begründet, dass die Mutter verpflichtet ist, die außenstehenden Aktionäre gem. § 305 Abs. 2 Nr. 2 mit eigenen Aktien abzufinden.[100] Zum anderen wird darauf hingewiesen, dass die Mutter die Verluste der mit der Tochter vertraglich gebundenen Gesellschaft „mittelbar" auszugleichen habe.[101] Die angeführten Gründe können einen **„Zustimmungsdurchgriff"** allerdings nicht rechtfertigen.[102] Das Argument, die Mutter könne zur Abfindung in eigenen Aktien verpflichtet sein, ist nicht zwingend, da dies nur eine von mehreren Möglichkeiten einer Abfindung ist. Auch der Hinweis auf die Verlustausgleichspflicht der Mutter gegenüber ihrer Tochter vermag eine andere Beurteilung nicht zu rechtfertigen. Die Vermögensinteressen der Mutter werden nur dann tangiert, wenn die Tochter nicht in der Lage ist, ihre vertraglichen Verpflichtungen zu erfüllen. Es könnte daher nur im Einzelfall festgestellt werden, ob auf Grund des Normzwecks von § 293 Abs. 2 eine Zustimmung der Muttergesellschaft erforderlich ist. Dies verbietet sich aber aus Gründen der Rechtssicherheit.

Eine andere Frage ist, ob beim Abschluss eines Unternehmensvertrags zwischen der Tochter und einem anderen Konzernunternehmen eine besondere **Konzernbildungskontrolle** stattzufinden hat. In einem solchen Fall besteht die Gefahr einer Verwässerung der Mitgliedsrechte der Aktionäre der Mutter, so dass deren Vorstand verpflichtet sein könnte, vor der Stimmrechtsausübung in der Hauptversammlung der Tochter einen zustimmenden Beschluss der Hauptversammlung der Mutter einzuholen.[103] Diese Auffassung kann sich auf die vom BGH im *Holzmüller*-Urteil getroffenen Erwägungen zur Beteiligung der Hauptversammlung der Obergesellschaft an grundlegenden Entscheidungen in der Tochtergesellschaft[104] stützen. Allerdings hat sich der BGH mit den *Gelatine*-Urteilen[105] mittlerweile von dem Ansatz, ein Konzernbinnenverfassungsrecht zu etablieren, distanziert.[106] Eine ungeschriebene Zuständigkeit der Hauptversammlung befürwortet er nur noch bei Umstrukturierungen, die an die Kernkompetenz der Hauptversammlung rühren, über die Verfassung der Gesellschaft zu entscheiden.[107] Dies kann bei einer Mediatisierung der Einflussrechte und bei einer Wertverwässerung zu bejahen sein.[108] Nur unter dieser Voraussetzung kann eine Entscheidungskompetenz der Hauptversammlung der Mutter begründet sein.[109]

§ 293a Bericht über den Unternehmensvertrag

(1) ¹Der Vorstand jeder an einem Unternehmensvertrag beteiligten Aktiengesellschaft oder Kommanditgesellschaft auf Aktien hat, soweit die Zustimmung der Hauptversammlung nach § 293 erforderlich ist, einen ausführlichen schriftlichen Bericht zu erstatten, in

---

[97] Vgl. zu den Problemen bei Abschluss eines Vertrags zwischen Mutter und Enkelin *Pentz* DB 2004, 1543 (1545 ff.).
[98] AllgM; vgl. MüKoAktG/*Altmeppen* Rn. 111; Emmerich/Habersack/*Emmerich* Rn. 12; Hüffer/Koch/*Koch* Rn. 20; Kölner Komm AktG/*Koppensteiner* Rn. 45; *Rehbinder* ZGR 1977, 581 (612); *Timm*, Die Aktiengesellschaft als Konzernspitze, 1980, 170.
[99] *Pentz*, Die Rechtsstellung der Enkel-AG in einer mehrstufigen Unternehmensverbindung, 1994, 130; *Rehbinder* ZGR 1977, 581 (612 f.); *Timm*, Die Aktiengesellschaft als Konzernspitze, 1980, 171 f.
[100] *Rehbinder* ZGR 1977, 581 (613); *Timm*, Die Aktiengesellschaft als Konzernspitze, 1980, 171 f.
[101] *Pentz*, Die Rechtsstellung der Enkel-AG in einer mehrstufigen Unternehmensverbindung, 1994, 130.
[102] Vgl. MüKoAktG/*Altmeppen* Rn. 113 f.; Hüffer/Koch/*Koch* Rn. 20; Kölner Komm AktG/*Koppensteiner* Rn. 45; K. Schmidt/Lutter/*Langenbucher* Rn. 45.
[103] Vgl. *Lutter* FS Barz, 1974, 199 (213); *Lutter* FS Westermann, 1974, 347 (367).
[104] BGHZ 83, 122 (140).
[105] BGHZ 159, 30.
[106] BGHZ 159, 30 (39).
[107] BGHZ 159, 30 (44 f.).
[108] Vgl. hierzu *Raiser/Veil* KapGesR § 16 Rn. 10 ff.
[109] Vgl. *Habersack* AG 2005, 137 (149); K. Schmidt/Lutter/*Langenbucher* Rn. 31.

dem der Abschluß des Unternehmensvertrags, der Vertrag im einzelnen und insbesondere Art und Höhe des Ausgleichs nach § 304 und der Abfindung nach § 305 rechtlich und wirtschaftlich erläutert und begründet werden; der Bericht kann von den Vorständen auch gemeinsam erstattet werden. ²Auf besondere Schwierigkeiten bei der Bewertung der vertragschließenden Unternehmen sowie auf die Folgen für die Beteiligungen der Aktionäre ist hinzuweisen.

(2) ¹In den Bericht brauchen Tatsachen nicht aufgenommen zu werden, deren Bekanntwerden geeignet ist, einem der vertragschließenden Unternehmen oder einem verbundenen Unternehmen einen nicht unerheblichen Nachteil zuzufügen. ²In diesem Falle sind in dem Bericht die Gründe, aus denen die Tatsachen nicht aufgenommen worden sind, darzulegen.

(3) Der Bericht ist nicht erforderlich, wenn alle Anteilsinhaber aller beteiligten Unternehmen auf seine Erstattung durch öffentlich beglaubigte Erklärung verzichten.

Schrifttum: *Altmeppen*, Zum richtigen Verständnis der neuen §§ 293a–293g AktG zu Bericht und Prüfung beim Unternehmensvertrag, ZIP 1998, 1853; *Bungert*, Unternehmensvertragsbericht und Unternehmensvertragsprüfung gemäß §§ 293a ff. AktG (Teil I), DB 1995, 1384 und (Teil II), DB 1995, 1449; *Hoffmann-Becking*, Das neue Verschmelzungsrecht in der Praxis, FS Fleck, 1988, 105; *Hommelhoff*, Zur Kontrolle strukturändernder Gesellschafterbeschlüsse, ZGR 1990, 447; *Hommelhoff*, Minderheitenschutz bei Umstrukturierungen, ZGR 1993, 452; *Hüffer*, Die gesetzliche Schriftform bei Berichten des Vorstands gegenüber der Hauptversammlung, FS Claussen, 1997, 171; *Humbeck*, Die Prüfung der Unternehmensverträge nach neuem Recht, BB 1995, 1893; *Keil*, Der Verschmelzungsbericht nach § 340a AktG, 1990; *Köhn*, Der Betriebsführungsvertrag – Rechtliche Qualifikation und gesellschaftsrechtliche Wirksamkeitsvoraussetzungen, Der Konzern 2011, 530; *Köhn*, Vertragsbericht und Prüfungsbericht beim Betriebsführungsvertrag – Ein Praxisleitfaden zur Berichterstattung, Der Konzern 2013, 323; *Kort*, Das Informationsrecht des Gesellschafters der Konzernobergesellschaft, ZGR 1987, 46; *Mertens*, Die Gestaltung von Verschmelzungs- und Verschmelzungsprüfungsbericht, AG 1990, 20; *Nirk*, Der Verschmelzungsbericht nach § 340a AktG, FS Steindorff, 1990, 187; *Pentz*, Schutz der AG und der außenstehenden Aktionäre in mehrstufigen faktischen und unternehmensvertraglichen Unternehmensverbindungen – zugleich Anm. zu OLG Frankfurt aM NZG 2000, 837, NZG 2000, 1103; *Priester*, Strukturänderungen – Beschlußvorbereitung und Beschlußfassung, ZGR 1990, 420.

Übersicht

	Rn.		Rn.
I. Normzweck	1–3	b) Vertragsabschluss	11, 12
		c) Vertragsinhalt	13, 14
II. Bericht über den Unternehmensvertrag (Abs. 1)	4–20	d) Ausgleich und Abfindung	15–17
		5. Einschränkungen der Berichterstattung (Abs. 2)	18–20
1. Voraussetzungen einer Berichtspflicht	4		
2. Zuständigkeiten	5–7	a) Voraussetzungen	19
3. Form	8	b) Begründungspflicht	20
4. Inhalt	9–17	III. Verzicht auf Bericht (Abs. 3)	21–23
a) Grundlagen	9, 10	IV. Rechtsfolgen	24–26

I. Normzweck

1   Die Vorschrift legt in Abs. 1 dem Vorstand die Pflicht auf, einen Unternehmensvertragsbericht zu erstatten. Ihr Vorbild ist der Verschmelzungsbericht (§ 8 UmwG). Der Gesetzgeber hat die Einführung der Berichtspflicht im Zuge des UmwBerG damit begründet, dass die Verschmelzung und der Vertragskonzern im Wesentlichen austauschbare rechtliche Instrumente seien und nicht selten demselben wirtschaftlichen Ziel dienten. In beiden Fällen seien daher dieselben Schutzmaßnahmen geboten.[1] **Zweck** des § 293a ist mithin eine **umfassende Information** der **außenstehenden Aktionäre** über die vereinbarte Strukturmaßnahme, so dass sie eine sachgerechte Entscheidung über den Unternehmensvertrag treffen können.

2   Das gesetzgeberische Anliegen sowie die Ausgestaltung der §§ 293a ff. sind im Schrifttum auf zum Teil vehemente Kritik gestoßen.[2] So wird angeführt, dass die Parallele zur Verschmelzung allenfalls für Beherrschungsverträge und mit Abstrichen für Gewinnabführungsverträge, nicht aber für die Verträge des § 292 zutreffen würde,[3] da letztere allein schuldrechtliche Austauschverträge seien.[4]

---

[1] RegBegr. BT-Drs. 12/6699, 178.
[2] Emmerich/Habersack/*Emmerich* Rn. 6 f.; Hüffer/Koch/*Koch* Rn. 3 f.
[3] Emmerich/Habersack/*Emmerich* Rn. 7; Hüffer/Koch/*Koch* Rn. 4; iE auch MüKoAktG/*Altmeppen* Rn. 6 f.
[4] Emmerich/Habersack/*Emmerich* Rn. 7.

Zudem sei fraglich, ob ein umfassender Schutz der Aktionäre durch die §§ 293a ff. erreicht werden könne. Der Zustimmungsbeschluss sei in der Regel aufgrund der Stimmrechtskraft des anderen Vertragsteils ein reiner Formalakt. Da es letztlich auf die Mitwirkung der außenstehenden Aktionäre nicht ankomme, sei deren Information irrelevant. Schließlich wird eingewandt, dass die Einführung einer externen Prüfung nicht notwendig gewesen sei, um eine effektive Unterrichtung der Aktionäre zu gewährleisten. Zu den verschiedenen Verträgen müsse es unterschiedliche Berichtsinhalte geben, welche nicht hinreichend konkretisiert seien.[5] Es liege eine Überregulierung vor.[6]

Die Kritik vermag nicht zu überzeugen.[7] Die Vorschrift ist nicht nur auf Beherrschungs- und **3** Gewinnabführungsverträge, sondern auch auf die Unternehmensverträge des § 292 anzuwenden.[8] Dies ergibt sich bereits aus dem Wortlaut der Norm. Es ist auch nicht gerechtfertigt, die Vorschrift teleologisch zu reduzieren und die Verträge aus dem Anwendungsbereich des § 292 herauszunehmen.[9] Es trifft zwar zu, dass die Unternehmensverträge des § 292 keine Fusionstatbestände darstellen. Eine **umfassende Information** der Aktionäre **in Gestalt** eines **Berichts** ist jedoch auch bei ihnen **sinnvoll** und **notwendig,** da die betreffenden Verträge die Rechte der Aktionäre ebenfalls beeinträchtigen können. So kann sich mit einer Gewinngemeinschaft und einem Teilgewinnabführungsvertrag eine Verwässerung des Gewinnbezugsrechts der Aktionäre verbinden (→ § 292 Rn. 9, 14). Die Aktionäre haben ein schützenswertes Interesse, die vom Vorstand getroffenen Annahmen hinsichtlich der Angemessenheit der vereinbarten Gegenleistung zu erfahren (→ Rn. 14). Dies ist nur gewährleistet, wenn sie vorab schriftlich und umfassend informiert werden. Ähnlich verhält es sich beim Abschluss eines Betriebspacht- bzw. Betriebsüberlassungsvertrags. Die Gesellschaft wird hierdurch zur „Rentnerin", was die Aktionäre nur hinnehmen müssen, wenn der vom Vertragspartner versprochene Pacht- bzw. Überlassungszins angemessen ist. Diese beiden Vertragsarten haben außerdem eine Delegation der Vorstandskompetenzen auf den Pächter bzw. Übernehmer des Unternehmens zur Folge (→ § 292 Rn. 36, 40). Ähnlich verhält es sich beim Betriebsführungsvertrag (→ § 292 Rn. 53).[10] Solche schwerwiegenden Eingriffe in die Organisationsordnung der Gesellschaft bedürfen einer Erläuterung und Begründung, zumal aus einer atypischen Ausgestaltung dieser Vertragsarten weitere Beeinträchtigungen zu Lasten der außenstehenden Aktionäre resultieren können.[11] Schwerlich nachvollziehbar ist schließlich die Kritik, eine Information sei entbehrlich, weil die Zustimmung der Hauptversammlung in der Praxis ein reiner Formalakt sei. Sie blendet aus, dass der Hauptversammlungsbeschluss als ein Instrument der Mitwirkungskontrolle der Aktionäre fungiert, denn ihnen wird es so ermöglicht, die Rechtmäßigkeit des Vorgangs zu prüfen.

II. Bericht über den Unternehmensvertrag (Abs. 1)

1. Voraussetzungen einer Berichtspflicht. Der Vorstand jeder an einem Unternehmensvertrag **4** beteiligten AG oder KGaA hat, soweit die Zustimmung der Hauptversammlung nach § 293 erforderlich ist, einen ausführlichen schriftlichen Bericht über den Vertrag zu erstatten (§ 293a Abs. 1 S. 1). Diese **Vorschrift** findet auf den **Abschluss aller Unternehmensverträge Anwendung.**[12] Die im Schrifttum vereinzelt vertretene Ansicht, der Begriff „Unternehmensvertrag" in §§ 293a ff. sei teleologisch auf die Verträge des § 291 zu reduzieren, da bei den anderen Unternehmensverträgen iSv § 292 die vom Gesetzgeber gezogene Parallele zur Verschmelzung offensichtlich nicht zutreffe,[13] ist abzulehnen. Die Verträge des § 292 können ebenfalls die Rechte der Aktionäre erheblich beeinträchtigen, so dass eine schriftliche Vorabinformation sinnvoll ist (→ Rn. 3). Bei Abschluss eines Beherrschungs- oder Gewinnabführungsvertrags haben folglich die Vorstände beider Gesellschaften einen Bericht zu erstatten, bei Abschluss eines in § 292 erfassten Unternehmensvertrags dagegen nur der Vorstand derjenigen Gesellschaft, welche die vertragstypischen Leistungen erbringt.

---

[5] Hüffer/Koch/*Koch* Rn. 4.
[6] *Bungert* DB 1995, 1384 (1386); Hüffer/Koch/*Koch* Rn. 4; Emmerich/Habersack/*Emmerich* Rn. 7; MüKoAktG/*Altmeppen* Rn. 10; Bürgers/Körber/*Schenk* Rn. 5.
[7] Ebenso LG München ZIP 2010, 522 (523); K. Schmidt/Lutter/*Langenbucher* Rn. 2.
[8] LG München ZIP 2010, 522 (523); K. Schmidt/Lutter/*Langenbucher* Rn. 2; Großkomm AktG/*Mülbert* Rn. 14.
[9] So aber MüKoAktG/*Altmeppen* Rn. 10.
[10] Konsequenz der Einordnung dieses Vertrags als Unternehmensvertrag ist es, dass auch die §§ 293a ff. Anwendung finden. Vgl. auch *Köhn* Der Konzern 2011, 533 (538).
[11] Zu den Grenzen einer Organisationsautonomie → § 292 Rn. 10, 14 ff., 47 ff.
[12] Hüffer/Koch/*Koch* Rn. 7; Emmerich/Habersack/*Emmerich* Rn. 8; MHdB AG/*Krieger* § 72 Rn. 55; zum Teilgewinnabführungsvertrag jetzt auch LG München Der Konzern 2010, 132.
[13] *Altmeppen* ZIP 1998, 1853 (1854 f.); MüKoAktG/*Altmeppen* Rn. 5 ff.; *Bungert* DB 1995, 1384 (1386).

5 **2. Zuständigkeiten.** Berichtspflichtig ist der **Vorstand** jeder beteiligten Gesellschaft (§ 293a Abs. 1 S. 1 Hs. 1), nicht die Gesellschaft selbst; in einer KGaA trifft die Pflicht den Komplementär bzw. die Komplementäre (§ 278 Abs. 2).

6 Die Erstattung des Berichts unterfällt der **Gesamtgeschäftsführung** des Vorstands (§ 77). § 293a Abs. 1 ist zwingend; die Satzung oder Geschäftsordnung (§ 77 Abs. 2) kann daher nichts Abweichendes regeln.[14] Jedes Vorstandsmitglied ist kraft seiner Organstellung und seines Anstellungsvertrags berechtigt und verpflichtet, am Bericht mitzuwirken. Eine Delegation ist unzulässig. Dies schließt es aber nicht aus, dass einzelne Mitglieder des Vorstands den Bericht vorbereiten.[15]

7 § 293a Abs. 1 S. 1 Hs. 2 sieht die Möglichkeit einer **gemeinsamen Berichterstattung** durch die Vorstände der beteiligten Unternehmen vor. Die Vorschrift entspricht § 8 Abs. 1 S. 1 Hs. 2 UmwG. Beim Abschluss eines Beherrschungs- oder Gewinnabführungsvertrags genügt mithin ein einziger Bericht.

8 **3. Form.** Der **Bericht** über den Unternehmensvertrag ist **schriftlich** abzufassen (§ 293a Abs. 1 S. 1 Hs. 1). Es ist nach hL erforderlich, dass alle Vorstandsmitglieder den Bericht eigenhändig unterschreiben (§ 126 BGB).[16] Die Gerichtspraxis ist allerdings großzügiger. So sieht der BGH den Sinn und Zweck des Schriftformerfordernisses des Verschmelzungsberichts in der Information der Aktionäre. Weil dem geschriebenen Wort eine größere Präzision, Nachvollziehbarkeit und Überprüfbarkeit zukomme, solle der Bericht schriftlich und nicht lediglich mündlich vorgetragen werden. Dass bei Unterzeichnung des Berichts durch Organmitglieder nur in vertretungsberechtigter Zahl die Gefahr bestünde, der Bericht entspreche nicht dem Willen der Mehrheit des Organs, erscheine lebensfremd.[17] Diese Erwägungen treffen auch für das Unternehmensvertragsrecht zu. Der BGH mag die Frage in seinem Urteil zwar nicht abschließend entschieden haben. Die Praxis kann sich aber an den Ausführungen des BGH orientieren. Auch für Unternehmensverträge ist somit anzunehmen, dass eine **Unterzeichnung** durch **Organmitglieder** in **vertretungsberechtigter Zahl** ausreicht. Das Registergericht darf dann die Eintragung des Vertrags in das Handelsregister nicht ablehnen.[18] Eine Ersetzung der Schriftform durch die elektronische Form kommt wegen der Auslegungspflichten (§§ 293f Abs. 1 Nr. 1 und 293g Abs. 1) nicht in Betracht (vgl. § 126 Abs. 3 BGB).[19]

9 **4. Inhalt. a) Grundlagen.** § 293a Abs. 1 S. 1 verlangt eine **ausführliche Berichterstattung** zum **Vertragsabschluss**, zum **Vertrag** selbst sowie zur **Art** und **Höhe** von **Ausgleich** und **Abfindung**. Diese Komplexe sind **rechtlich** und **wirtschaftlich** zu **erläutern** und zu **begründen**. Abs. 1 S. 2 erweitert die Berichtspflicht; hiernach ist auf besondere Schwierigkeiten bei der Bewertung der vertragsschließenden Unternehmen sowie auf die Folgen für die Beteiligungen der Aktionäre hinzuweisen. Der vom Gesetz nur schlagwortartig beschriebene Inhalt des Unternehmensvertragsberichts bedarf einer Konkretisierung, die von Rechtsprechung und Wissenschaft noch zu leisten ist; allerdings können die zum Verschmelzungsbericht (§ 8 UmwG) gewonnenen Erkenntnisse fruchtbar gemacht werden.[20]

10 Ausgangspunkt muss der Zweck des Berichts sein, den Aktionären eine geeignete Entscheidungsgrundlage für ihr Abstimmungsverhalten zu bieten. Die Ausführungen im Bericht haben sich an einem juristisch nicht vorgebildeten Durchschnittsaktionär zu orientieren.[21] Die Erläuterungen und Begründungen müssen so detailliert sein, dass den Aktionären die Hintergründe und Zwecke, die mit dem Vertragsabschluss verfolgt werden, transparent und plausibel werden.[22] Sie müssen ferner in die Lage versetzt werden, mögliche Beeinträchtigungen ihrer Mitgliedsrechte zu erkennen und zu bewerten. Der Bericht ist folglich nicht ausführlich genug, wenn die Aktionäre gezwungen sind,

---

[14] So auch Emmerich/Habersack/*Emmerich* Rn. 16; Bürgers/Körber/*Schenk* Rn. 10; aA MüKoAktG/*Altmeppen* Rn. 29.
[15] Großkomm AktG/*Mülbert* Rn. 22.
[16] *Bungert* DB 1995, 1384 (1389); Emmerich/Habersack/*Emmerich* Rn. 16a, 18; Hüffer/Koch/*Koch* Rn. 10; MHdB AG/*Krieger* § 70 Rn. 28. AA MüKoAktG/*Altmeppen* Rn. 34 (Unterschriften derjenigen Vorstandsmitglieder, die auf Grund der internen Geschäftsverteilung den Bericht zu verfassen haben, genügen).
[17] BGH ZIP 2007, 1524 (1528).
[18] Zust. Großkomm AktG/*Mülbert* Rn. 43. Vgl. zur Irrelevanz eines etwaigen Formmangels für die Informations- und Mitwirkungsrechte der Aktionäre BGH ZIP 2007, 1524 (1528).
[19] Emmerich/Habersack/*Emmerich* Rn. 18; Bürgers/Körber/*Schenk* Rn. 12. AA K. Schmidt/Lutter/*Langenbucher* Rn. 9 f. (wenn in der Satzung oder der Geschäftsordnung des Vorstands eine entsprechende Legitimation niedergelegt sein).
[20] Ausf. zum Betriebsführungsvertrag *Köhn* Der Konzern 2013, 323 ff.
[21] MüKoAktG/*Altmeppen* Rn. 41; Großkomm AktG/*Mülbert* Rn. 30.
[22] OLG Frankfurt AG 2010, 368 (373 f.); MüKoAktG/*Altmeppen* Rn. 41; Emmerich/Habersack/*Emmerich* Rn. 20; Bürgers/Körber/*Schenk* Rn. 15. Vgl. zum Verschmelzungsbericht BGHZ 107, 296 (303) – Kochs/Adler.

von ihrem Auskunftsrecht (§ 293g Abs. 3) Gebrauch zu machen, um den Sinn der Ausführungen des Vorstandes zu erfassen.[23] Da das Gesetz in § 293b außerdem eine Prüfung des Unternehmensvertrags durch externe Sachverständige verlangt, ist es nicht erforderlich, dass die Aktionäre selbst überprüfen können, ob die Barabfindung und der Ausgleich angemessen sind.[24]

b) Vertragsabschluss. Den Aktionären sollen die rechtlichen und wirtschaftlichen Gründe mitgeteilt werden, welche den Vertrag als „das geeignete Mittel zur Verfolgung des Unternehmenszweckes erscheinen lassen".[25] Hierzu sind die **wirtschaftliche Ausgangslage** der am **Vertrag beteiligten Gesellschaften** und die zu **erwartenden Auswirkungen** des **Vertragsschlusses** ausführlich zu **schildern**.[26] Der andere Vertragsteil ist „vorzustellen", damit sich die außenstehenden Aktionäre ein Bild über dessen Bonität machen können.[27] Es reicht nicht aus, insoweit auf die nach § 293f erforderlichen Jahresabschlüsse zu verweisen.[28] Ein entsprechendes Informationsbedürfnis besteht in der Regel aber nur, wenn die Gesellschaft einen Beherrschungs-, Gewinnabführungs-, Betriebspacht- bzw. Betriebsüberlassungsvertrag schließen will. Steht der Abschluss von Teilgewinnabführungsverträgen zur Debatte, können die entsprechenden Ausführungen kurz gehalten werden; ausführliche Angaben zu den Vertragspartnern bedarf es nicht. 11

Den Aktionären ist vor Augen zu führen, warum der betreffende Unternehmensvertrag geschlossen werden soll. Es sind daher **Alternativen** zum Abschluss des Unternehmensvertrags **aufzuzeigen**.[29] In Betracht kommt beispielsweise, statt eines Beherrschungsvertrags einen anderen Unternehmensvertrag zu schließen, die Gesellschaft einzugliedern oder zu verschmelzen.[30] Sofern die Gesellschaft eine Vielzahl von Teilgewinnabführungsverträgen in Gestalt stiller Beteiligungen eingehen soll, kann im Einzelfall auch eine Kapitalerhöhung oder die Ausgabe von Genussrechten erwägenswert sein. Sind andere Maßnahmen denkbar, so müssen ihre Vor- und Nachteile dargelegt werden. Dabei ist vor allem darauf einzugehen, welche Auswirkungen die genannten Alternativmaßnahmen auf die Rechtsstellung der Aktionäre hätten.[31] Häufig wird es notwendig sein, auf steuerrechtliche Motive hinzuweisen (beispielsweise bei Abschluss eines Gewinnabführungsvertrags). Insoweit reicht es freilich aus, wenn bezüglich der vorgestellten Alternativen mitgeteilt wird, dass mit ihnen nicht die gleichen steuerlichen Vorteile erreicht werden können.[32] Schließlich kann es erforderlich sein, darüber zu berichten, ob zwischen dem Vertragsschluss und der Zustimmung der Hauptversammlung Erklärungen seitens eines Vertragspartners abgegeben wurden, die geeignet sind, den Fortbestand des bis zur Hauptversammlung schwebend unwirksamen Vertrags in Frage zu stellen.[33] 12

c) Vertragsinhalt. Der Inhalt des Vertrags ist im Einzelnen rechtlich und wirtschaftlich zu erläutern und zu begründen (§ 293a Abs. 1 S. 1 Hs. 1). Es genügt nach allgemeiner Auffassung nicht, den Wortlaut des gem. §§ 293f, 293g ohnehin auszulegenden Vertrags zu wiederholen.[34] Wie ausführlich Angaben zu machen sind, kann auf einer abstrakten Ebene nicht abschließend festgelegt werden. Es ist jedoch möglich, einige Eckpunkte zu benennen. 13

Die **Erläuterungen** müssen sich zum einen auf die **Bezeichnung** des **Unternehmensvertrags**[35] und zum anderen auf die getroffenen **Vertragsbestimmungen** beziehen. Im Blickpunkt stehen die vertragstypischen Leistungspflichten. Sofern sie sich bereits aus dem Gesetz ergeben, ist es freilich 14

---

[23] Emmerich/Habersack/*Emmerich* Rn. 23.
[24] Emmerich/Habersack/*Emmerich* Rn. 20. S. auch → Rn. 15–17. Vgl. zum Verschmelzungsbericht OLG Düsseldorf AG 1999, 418 (419); AG 2002, 398 (400); OLG Hamm AG 1999, 422 (424); vgl. zum Umwandlungsbericht (§ 192 UmwG) LG Mainz AG 2002, 247 (248).
[25] Vgl. BT-Drs. 12/6699, 83 f. zur Parallelbestimmung § 8 UmwG.
[26] MüKoAktG/*Altmeppen* Rn. 39 f. (bei getrennter Berichterstattung soll die Vorstellung des anderen Vertragsteils ausreichen); Emmerich/Habersack/*Emmerich* Rn. 21.
[27] OLG München ZIP 2009, 718 (721) („Angaben zur wirtschaftlichen Leistungsfähigkeit sowie zur Ertrags- und Vermögenslage ... unerlässlich"); MüKoAktG/*Altmeppen* Rn. 39; K. Schmidt/Lutter/*Langenbucher* Rn. 12; instruktiv LG München I v. 4.6.2009 – 5 HK O 591/09, BeckRS 2009, 23099 (insoweit nicht abgedr. in ZIP 2009, 2247).
[28] OLG München ZIP 2009, 718 (721).
[29] Vgl. MüKoAktG/*Altmeppen* Rn. 38; Emmerich/Habersack/*Emmerich* Rn. 20; Hüffer/Koch/*Koch* Rn. 12; MHdB AG/*Krieger* § 70 Rn. 30. Instruktiv LG München I v. 4.6.2009 – 5 HK O 591/09, BeckRS 2009, 23099 (insoweit nicht abgedr. in ZIP 2009, 2247). Vgl. zum Verschmelzungsbericht LG München I AG 2000, 86 (87). Speziell zum Betriebsführungsvertrag *Köhn* Der Konzern 2013, 323 (326).
[30] MüKoAktG/*Altmeppen* Rn. 38; Emmerich/Habersack/*Emmerich* Rn. 20.
[31] BT-Drs. 12/6699, 83 f. zu § 8 UmwG. Vgl. zum Verschmelzungsbericht LG München I AG 2000, 86 (87).
[32] OLG Frankfurt/Main ZIP 2008, 1966 (1967).
[33] LG München ZIP 2010, 522 (523).
[34] Emmerich/Habersack/*Emmerich* Rn. 21.
[35] Vgl. zur Frage, ob die zutreffende Bezeichnung des Vertrags eine Wirksamkeitsvoraussetzung ist, → § 293 Rn. 7, ob sie Voraussetzung für die Wirksamkeit des Zustimmungsbeschlusses ist, → § 293 Rn. 35.

entbehrlich, eingehend Stellung zu nehmen, da sie ohne weiteres verständlich sind. So brauchen beispielsweise die Klauseln über das Weisungsrecht des herrschenden Unternehmens und dessen Verpflichtung, die Verluste der Gesellschaft zu übernehmen, nicht vertieft erläutert zu werden. Anders stellt sich dies für die **vertragstypischen Abreden** dar, die bei einer Gewinngemeinschaft, einem Teilgewinnabführungs-, einem Betriebspacht- oder einem Betriebsüberlassungsvertrag getroffen werden. Das Hauptaugenmerk ist auf die Vereinbarungen über die Gewinnbeteiligung, die Teilgewinnabführung bzw. den Pacht- oder Überlassungszins zu werfen. Da der Vertragsinhalt auch wirtschaftlich zu begründen ist, müssen die **Erwägungen** des **Vorstands** zur **Angemessenheit** der vom **Vertragspartner** versprochenen **Leistung** angegeben werden.[36] Bei einem Betriebsführungsvertrag ist darzulegen, wie sich die Kosten der Betriebsführung zu den Kosteneinsparungen und der zu erwartenden Ertragsentwicklung verhalten.[37] Ferner ist eine vertiefte Auseinandersetzung mit den Regelungen vonnöten, die sich von einer gewöhnlichen Vertragsgestaltung unterscheiden. Solche Klauseln sind kenntlich zu machen und ausführlich zu erläutern. Dies gilt zum einen für besondere Kündigungsregelungen,[38] zum anderen für Bestimmungen, die dem Vertrag ein atypisches Gepräge geben.[39] So ist beispielsweise darauf einzugehen, welche organisationsrechtlichen Einflussmöglichkeiten dem anderen Vertragsteil in einem Gewinnabführungsvertrag (→ § 291 Rn. 33–39), einem Teilgewinnabführungsvertrag (→ § 292 Rn. 23, 24) oder einem Betriebspacht- bzw. Betriebsüberlassungsvertrag (→ § 292 Rn. 36) eingeräumt werden. Maßstab hierfür muss der Zweck des Berichts sein, dem Aktionär eine Plausibilitätskontrolle zu ermöglichen.[40]

15   **d) Ausgleich und Abfindung.** Der Bericht über den Unternehmensvertrag muss gem. § 293a Abs. 1 S. 1 Hs. 1 die Art und Höhe des Ausgleichs nach § 304 und der Abfindung nach § 305 rechtlich und wirtschaftlich erläutern und begründen. Bedeutung hat dies freilich nur für Beherrschungs- und Gewinnabführungsverträge; die §§ 304, 305 sind beim Abschluss eines anderen Unternehmensvertrags iSv § 292 nicht anzuwenden, was im Bericht nicht ausdrücklich ausgeführt werden muss.[41] Eine erweiternde Auslegung des Gesetzestextes in dem Sinne, dass sich der Bericht über Unternehmensverträge iSv § 292 auch auf die Angemessenheit von Leistung und Gegenleistung beziehen muss, verbietet sich.[42] Allerdings hat der Vorstand der Gesellschaft seine Erwägungen zur Angemessenheit der vom Vertragspartner versprochenen Leistung darzulegen,[43] so dass es den Aktionären der Gesellschaft möglich ist, eine Plausibilitätskontrolle vorzunehmen.

16   Der feste Ausgleich ist nach Maßgabe der Ertragsaussichten der Gesellschaft (→ § 304 Rn. 43 ff., 54 ff.), der variable Ausgleich (→ § 304 Rn. 45 ff., 61 ff.) und die Abfindung (→ § 305 Rn. 41 ff.) sind nach der Verschmelzungswertrelation zu bestimmen. Es ist daher **anzugeben, nach welcher Methode** die **Unternehmen bewertet** wurden; dies ist in der Regel die Ertragswertmethode. Problematisch ist, dass noch nicht höchstrichterlich geklärt ist, wie detailliert die Methode und ihre konkrete Anwendung vorzustellen sind. In der wissenschaftlichen Diskussion hat sich immerhin ein klares Meinungsbild zu einigen wesentlichen Fragen herausgebildet. So genügt es nicht, die angewandten Bewertungsgrundsätze anzugeben und die Bewertungsergebnisse mitzuteilen.[44] Es ist vielmehr erforderlich, die nach der Ertragswertmethode erforderlichen **Berechnungen im Einzelnen vorzuführen**.[45] Sämtliche Zahlen müssen allerdings nicht wiedergegeben werden.[46]

17   Im Bericht ist gem. § 293a Abs. 1 S. 2 zusätzlich auf besondere Schwierigkeiten bei der Bewertung der vertragsschließenden Unternehmen hinzuweisen. Damit sind Probleme bei der Anwendung der gewählten Methode gemeint, insbesondere Prognoseschwierigkeiten.[47] Schließlich ist gem. Abs. 1 S. 2 gesondert auf die Folgen für die Beteiligung der Aktionäre hinzuweisen. Im Unterschied zur

---

[36] Zust. K. Schmidt/Lutter/*Langenbucher* Rn. 15. AA MüKoAktG/*Altmeppen* Rn. 43.
[37] *Köhn* Der Konzern 2013, 323 (327).
[38] Emmerich/Habersack/*Emmerich* Rn. 22; restriktiver MüKoAktG/*Altmeppen* Rn. 41 f.; Hüffer/Koch/*Koch* Rn. 13.
[39] Ähnlich MüKoAktG/*Altmeppen* Rn. 42 („Besonderheiten gegenüber der gewöhnlichen Vertragssituation"); Emmerich/Habersack/*Emmerich* Rn. 22 („besondere und ungewöhnliche Regelungen").
[40] MüKoAktG/*Altmeppen* Rn. 41.
[41] Hüffer/Koch/*Koch* Rn. 14.
[42] Ebenso MüKoAktG/*Altmeppen* Rn. 43; K. Schmidt/Lutter/*Langenbucher* Rn. 15.
[43] Dies folgt daraus, dass der Vertrag auch im Einzelnen wirtschaftlich zu begründen ist. → Rn. 9.
[44] Emmerich/Habersack/*Emmerich* Rn. 25; Hüffer/Koch/*Koch* Rn. 15; K. Schmidt/Lutter/*Langenbucher* Rn. 16; Bürgers/Körber/*Schenk* Rn. 16. Vgl. zum Verschmelzungsbericht BGHZ 107, 293 (302 f.) – Kochs/Adler; zum Umwandlungsbericht LG Mainz AG 2002, 247 (248).
[45] Vgl. hierzu Emmerich/Habersack/*Emmerich* Rn. 26.
[46] Vgl. zum Verschmelzungsbericht OLG Düsseldorf AG 2002, 398 (400); OLG Hamm AG 1999, 422 (424).
[47] Hüffer/Koch/*Koch* Rn. 16; Emmerich/Habersack/*Emmerich* Rn. 28; MüKoAktG/*Altmeppen* Rn. 45; Großkomm AktG/*Mülbert* Rn. 37.

Verschmelzung (vgl. § 8 Abs. 1 S. 2 UmwG) macht eine solche Information beim Abschluss eines Unternehmensvertrags keinen Sinn. Es ist insbesondere nicht erforderlich, auf die rechtlichen Veränderungen hinzuweisen, die sich für die Mitgliedschaft der Aktionäre kraft Gesetzes (insbes. aus § 291 Abs. 1, § 308) ergeben.[48]

5. Einschränkungen der Berichterstattung (Abs. 2). In den Bericht über den Unternehmensvertrag brauchen Tatsachen nicht aufgenommen zu werden, deren Bekanntwerden geeignet ist, einem der vertragsschließenden Unternehmen oder einem verbundenen Unternehmen einen nicht unerheblichen Nachteil zuzufügen (§ 293a Abs. 2 S. 1). Jedoch müssen in diesem Fall gem. Abs. 1 S. 2 die Gründe für die Nichtaufnahme der Tatsachen im Bericht dargelegt werden. Die Vorschrift entspricht § 8 Abs. 2 UmwG, so dass die hierzu gewonnenen Erkenntnisse nutzbar gemacht werden können. 18

a) Voraussetzungen. Ziel der Vorschrift ist es, einerseits dem **Geheimhaltungsinteresse** der **Gesellschaft** Rechnung zu tragen, andererseits die berechtigten **Informationsinteressen** der **Aktionäre** zu wahren. Bereits aus dem Wortlaut des Gesetzes folgt, dass die Eignung einer Tatsache zur Nachteilszufügung ausreicht; es ist nicht erforderlich, dass der Nachteil notwendige Folge des Bekanntwerdens der Tatsache sein wird.[49] Ob dies der Fall ist, bestimmt sich nach einem objektiven Maßstab, der mit Blick auf § 131 Abs. 3 S. 1 Nr. 1 konkretisiert werden kann: Eine Tatsache braucht nicht aufgenommen zu werden, soweit ihr Bekanntwerden nach **vernünftiger kaufmännischer Beurteilung** geeignet ist, einem der vertragsschließenden Unternehmen oder einem verbundenen Unternehmen einen **nicht unerheblichen Nachteil** zuzufügen.[50] Dies kann beispielsweise zu befürchten sein, wenn stille Reserven oder Investitionspläne aufgedeckt werden.[51] 19

b) Begründungspflicht. Sofern der Vorstand gem. Abs. 2 S. 1 bestimmte Tatsachen nicht in den Unternehmensvertrag aufnimmt, muss er gem. Abs. 2 S. 2 schriftlich die Gründe hierfür angeben. Anderenfalls würde den Aktionären der Eindruck eines vollständigen Berichts vermittelt werden.[52] Es ist erforderlich, erstens die entsprechende Auslassung im Bericht kenntlich zu machen. Zweitens sind die möglichen Nachteile aufzuzeigen, die sich bei einer Offenlegung der Informationen ergeben können. Es ist nicht möglich, die hierbei zu beachtenden Maßstäbe auf einer abstrakten Ebene zuverlässig zu beschreiben. Auf der Hand liegt, dass ein pauschaler Hinweis auf die Geheimhaltungsbedürftigkeit nicht ausreicht.[53] Vielmehr sind einerseits konkrete Tatsachen anzugeben, damit die Geheimhaltung plausibel erscheint.[54] Andererseits müssen die maßgeblichen Gründe nicht en detail dargelegt werden, sonst würde der befürchtete Nachteil doch eintreten.[55] 20

III. Verzicht auf Bericht (Abs. 3)

Ein Bericht über den Unternehmensvertrag ist nicht erforderlich, wenn alle Anteilsinhaber aller beteiligten Unternehmen auf seine Erstattung durch öffentlich beglaubigte Erklärung verzichten. Die Verzichtserklärung ist gegenüber der Gesellschaft abzugeben. Es ist aus Schutzzweckgesichtspunkten ausgeschlossen, sie im Voraus zu erklären.[56] 21

Nach dem Wortlaut der Vorschrift müssen **alle Anteilsinhaber aller** am **Vertragsabschluss beteiligten Gesellschaften** zustimmen, so dass bei Abschluss eines Beherrschungs- bzw. Gewinnabführungsvertrags gem. § 293 Abs. 2 iVm § 293a Abs. 1 S. 1 Hs. 1 auch die Aktionäre des herrschenden Unternehmens zuzustimmen haben; ein einseitiger Verzicht ist ausgeschlossen.[57] Ferner ist ein Bericht auch dann zu erstatten, wenn sich alle Anteile der Gesellschaft in der Hand des anderen Vertragsteils befinden. Das ist zwar nicht einsichtig. Im Unterschied zu § 8 Abs. 3 S. 1 UmwG sieht § 293 Abs. 3 aber keine Befreiung vom Berichtserfordernis vor.[58] 22

---

[48] So auch MüKoAktG/*Altmeppen* Rn. 47; Hüffer/Koch/*Koch* Rn. 17; aA Emmerich/Habersack/*Emmerich* Rn. 29.
[49] MüKoAktG/*Altmeppen* Rn. 61; Emmerich/Habersack/*Emmerich* Rn. 32; Hüffer/Koch/*Koch* Rn. 19.
[50] MüKoAktG/*Altmeppen* Rn. 62; Emmerich/Habersack/*Emmerich* Rn. 32; Hüffer/Koch/*Koch* Rn. 19.
[51] Bürgers/Körber/*Schenk* Rn. 21. Weitere Beispiele bei MüKoAktG/*Altmeppen* Rn. 61 ff.; Emmerich/Habersack/*Emmerich* Rn. 32.
[52] Hüffer/Koch/*Koch* Rn. 20.
[53] Emmerich/Habersack/*Emmerich* Rn. 33; Hüffer/Koch/*Koch* Rn. 20; MüKoAktG/*Altmeppen* Rn. 66.
[54] MüKoAktG/*Altmeppen* Rn. 65; *Bungert* DB 1995, 1384 (1389); Emmerich/Habersack/*Emmerich* Rn. 33; Hüffer/Koch/*Koch* Rn. 20. Vgl. zum Umwandlungsbericht LG Mainz AG 2002, 247 (248).
[55] MüKoAktG/*Altmeppen* Rn. 65; *Bungert* DB 1995, 1384 (1389); Hüffer/Koch/*Koch* Rn. 20; Bürgers/Körber/*Schenk* Rn. 22.
[56] Emmerich/Habersack/*Emmerich* Rn. 37.
[57] Emmerich/Habersack/*Emmerich* Rn. 36 f.; Hüffer/Koch/*Koch* Rn. 21. AA *Altmeppen* ZIP 1998, 1853 (1860 ff.); MüKoAktG/*Altmeppen* Rn. 55 f.
[58] *Bungert* DB 1995, 1384 (1388 f.); Emmerich/Habersack/*Emmerich* Rn. 38; Hüffer/Koch/*Koch* Rn. 22.

23 Die Anteilsinhaber müssen durch **öffentlich beglaubigte Erklärung** verzichten. An sich müssten die Verzichtserklärungen jedes Aktionärs schriftlich abgefasst und die Unterschriften von einem Notar beglaubigt werden (§ 129 Abs. 1 S. 1 BGB). Ein einstimmiger, notariell beurkundeter Beschluss der Hauptversammlung würde demnach nicht ausreichen. Allerdings verlangt Abs. 3 im Unterschied zu § 8 Abs. 3 S. 2 UmwG nicht, dass die Verzichtserklärung notariell zu beurkunden ist. Der Gesetzgeber hat dies damit begründet, das Verfahren nicht mit zu hohen Kosten belasten zu wollen.[59] Angesichts dieser Erwägungen ist davon auszugehen, dass dem Formerfordernis auch durch einen notariell beurkundeten Beschluss der Hauptversammlung Genüge getan ist.[60]

IV. Rechtsfolgen

24 Wenn ein Unternehmensvertragsbericht nicht erstattet worden oder unvollständig ist, beruht der Zustimmungsbeschluss der Hauptversammlung auf einer Gesetzesverletzung, so dass gem. § 243 Abs. 1 **Anfechtungsklage** erhoben werden kann. Bewertungsbezogene Informationsmängel sind ebenfalls als Gesetzesverletzungen zu qualifizieren.[61] Es kann daher Anfechtungsklage erhoben werden, wenn der Bericht unrichtige, unvollständige oder unzureichende Informationen über die Ermittlung, Höhe oder Angemessenheit des Ausgleichs und der Abfindung enthält (§ 243 Abs. 4 S. 2; hierzu → § 293 Rn. 31–34). Es kommen auch **Schadensersatzansprüche** in Betracht, wenn eine Gesellschaft, ein Aktionär oder Gläubiger aufgrund des fehlerhaften Berichts einen Schaden erleidet. Die Organhaftung des Vorstands resultiert aus § 93, eine Außenhaftung kann sich gem. § 823 Abs. 2 BGB iVm § 293a und gem. § 400 ergeben.[62]

25 Bei anderen Berichtsmängeln stellt sich die Frage, ob sie durch Nachholung der entsprechenden Angaben in der Hauptversammlung oder während des Spruchverfahrens geheilt werden können. Angesichts des Zwecks des Unternehmensvertragsberichts, die Aktionäre vorab umfassend über die Strukturmaßnahme zu unterrichten, ist die Frage ausnahmslos zu verneinen- eine **Heilung** ist weder in der Hauptversammlung noch im Spruchverfahren möglich.[63]

26 Kontrovers diskutiert wird, ob Mängel des Berichts ein **Eintragungshindernis** darstellen (§§ 381, 21 FamFG, vor dem 1.9.2009: § 127 FGG).[64] Dies ist grundsätzlich zu bejahen, weil anderenfalls die Informationsrechte der Aktionäre nicht angemessen gewahrt wären. Die Belange des herrschenden Unternehmens sind ausreichend gewahrt, da die Gesellschaft seit Inkrafttreten des § 246a durch das UMAG die Eintragung eines möglicherweise fehlerhaften und deshalb angefochtenen Unternehmensvertrags erwirken kann (→ § 246a Rn. 9 ff., 33).

§ 293b Prüfung des Unternehmensvertrags

(1) Der Unternehmensvertrag ist für jede vertragschließende Aktiengesellschaft oder Kommanditgesellschaft auf Aktien durch einen oder mehrere sachverständige Prüfer (Vertragsprüfer) zu prüfen, es sei denn, daß sich alle Aktien der abhängigen Gesellschaft in der Hand des herrschenden Unternehmens befinden.

(2) § 293a Abs. 3 ist entsprechend anzuwenden.

Schrifttum: Vgl. Angaben zu § 293a.

Übersicht

	Rn.		Rn.
I. Normzweck	1	3. Verpflichtete	9
II. Gegenstand und Umfang der Prüfung	2–11	4. Vertragsprüfer	10, 11
1. Gegenstand	2, 3	III. Ausnahmen	12, 13
2. Inhalt und Umfang der Prüfung	4–8	IV. Rechtsfolgen	14, 15

---

[59] Vgl. RegBegr. BT-Drs. 12/6699, 178.
[60] *Altmeppen* ZIP 1998, 1853 (1862 f.); MüKoAktG/*Altmeppen* Rn. 59; Emmerich/Habersack/*Emmerich* Rn. 35; Hüffer/Koch/*Koch* Rn. 21.
[61] Vgl. LG München ZIP 2010, 522 (524); LG München AG 2009, 918 (922).
[62] Großkomm AktG/*Mülbert* Rn. 66.
[63] MüKoAktG/*Altmeppen* Rn. 67; Emmerich/Habersack/*Emmerich* Rn. 41; Bürgers/Körber/*Schenk* Rn. 27; Großkomm AktG/*Mülbert* Rn. 60 f. Vgl. zum Verschmelzungsbericht BGH AG 1991, 102 (103) – SEN.
[64] Vgl. zum Streitstand MüKoAktG/*Altmeppen* Rn. 71; Emmerich/Habersack/*Emmerich* Rn. 41.

I. Normzweck

§ 293b wurde ebenso wie § 293a durch das UmwBerG eingeführt und ordnet nach dem Vorbild 1
des § 9 UmwG eine Prüfung des Unternehmensvertrags durch einen oder mehrere sachverständige
Prüfer (Vertragsprüfer) an.[1] Zweck der Vorschrift ist zum einen, den **angemessenen Ausgleich**
und die **angemessene Abfindung** schon vor der Beschlussfassung über den Unternehmensvertrag
einer **Prüfung** durch unabhängige Sachverständige zu unterwerfen. Zum anderen sollen spätere
gerichtliche Überprüfungen im Spruchverfahren möglichst überflüssig gemacht werden.[2]

II. Gegenstand und Umfang der Prüfung

1. Gegenstand. Gegenstand der **Prüfung** ist nach dem Wortlaut von Abs. 1 der **Unterneh-** 2
mensvertrag; damit sind wie in § 293a sowohl die Verträge des § 291 als auch die Verträge des
§ 292 gemeint.[3]

Noch nicht geklärt ist, ob und in welchem Umfang auch der **Bericht** über den **Unternehmens-** 3
vertrag (§ 293a) zu **prüfen** ist. Es stehen sich im Kern zwei Ansichten gegenüber, die allerdings zu
ähnlichen Ergebnissen gelangen. So wird vertreten, dass der Vertragsbericht nur insoweit Gegenstand
der sachverständigen Prüfung sei, wie dieser sich zur Angemessenheit von Ausgleich und Abfindung
äußert.[4] Dagegen verlangen andere Autoren mit Blick auf die Schutz- und Entlastungsfunktion der in
§ 293b angeordneten Prüfung eine weitergehende Berücksichtigung des Berichts;[5] eine erschöpfende
Kontrolle der vom Vorstand im Bericht gemachten Angaben sei aber nicht erforderlich, da sich die
Vertragsprüfung gem. § 293a in erster Linie auf die Angemessenheit des Ausgleichs und der Abfindung zu erstrecken habe.[6] Dem ist zuzustimmen. Bereits aus dem Wortlaut des Gesetzes folgt, dass
eine Prüfung des Berichts nicht verlangt wird. Es stellt sich vielmehr die Frage, ob sich die Prüfer
mit den im Bericht gemachten Angaben auseinander zu setzen haben. Sie ist im Grundsatz zu
bejahen, da die Prüfer mit dem „nackten" Unternehmensvertrag wenig anfangen können; sie sind
auf den Bericht angewiesen. Als Faustformel kann festgehalten werden, dass die **Prüfer berechtigt**
und **verpflichtet** sind, den **Bericht heranzuziehen, soweit** ihr **Prüfungsauftrag** (→ Rn. 4 ff.)
reicht.[7]

2. Inhalt und Umfang der Prüfung. § 293b Abs. 1 verlangt, dass **der Unternehmensvertrag** 4
zu prüfen ist. Die Prüfung des Verschmelzungsvertrags ist in § 9 Abs. 1 UmwG ebenso karg umschrieben. Allerdings bereitet es keine Schwierigkeiten, den Inhalt und den Umfang der Verschmelzungsprüfung zu konkretisieren, da zum einen § 5 Abs. 1 UmwG ausführlich vorgibt, welche Angaben
im Verschmelzungsvertrag mindestens zu machen sind, und zum anderen in den § 12 Abs. 2 UmwG,
§ 30 Abs. 2 UmwG festgelegt ist, welche Erklärungen im Prüfungsbericht abzugeben sind. Damit
ist den Verschmelzungsprüfern ein klar umrissenes Prüfungsmuster an die Hand gegeben. Dagegen
ist in den §§ 291 ff. keine Vorschrift vorgesehen, die den notwendigen Inhalt der Unternehmensvertragsarten klar benennt. Hieraus resultiert eine erhebliche Unsicherheit, was die Prüfer im Einzelnen
zu leisten haben.[8] Einen Anhaltspunkt bietet allein die in § 293e Abs. 1 S. 2 getroffene und mit den
§ 12 Abs. 2 UmwG, § 30 Abs. 2 UmwG vergleichbare Regelung, wonach der Prüfungsbericht mit
einer Erklärung darüber abzuschließen ist, ob der vorgeschlagene Ausgleich oder die vorgeschlagene
Abfindung angemessen ist.

Hieraus ist zu schließen, dass bei einem **Beherrschungs-** und **Gewinnabführungsvertrag** die 5
Angemessenheit des **Ausgleichs** bzw. der **Abfindung** den **Schwerpunkt** der **Prüfung** bildet.[9]

---

[1] Die Vorschrift wurde durch Art. 1 Nr. 29 des Gesetzes zur Kontrolle und Transparenz im Unternehmensbereich (KonTraG) v. 27.4.1998, BGBl. 1998 I 786 geändert; hierzu → Rn. 10.

[2] BT-Drs. 12/6699, 178.

[3] Emmerich/Habersack/*Emmerich* Rn. 11; Hüffer/Koch/*Koch* Rn. 2; MHdB AG/*Krieger* § 71 Rn. 39; Großkomm AktG/*Mülbert* Rn. 9; zum Betriebsführungsvertrag vgl. *Köhn* Der Konzern 2013, 323 (329). AA MüKo AktG/*Altmeppen* Rn. 5, 12; *Bungert* DB 1995, 1384 (1386); Bürgers/Körber/*Schenk* Rn. 2.

[4] MHdB AG/*Krieger* § 70 Rn. 36; wohl auch Bürgers/Körber/*Schenk* Rn. 4. Vgl. zur Eingliederung Emmerich/Habersack/*Habersack* § 320 Rn. 20. Vgl. zur Verschmelzung *Hoffmann-Becking* FS Fleck, 1988, 105 (122); Lutter/*Drygala* UmwG § 9 Rn. 13; Kallmeyer/*Müller* UmwG § 9 Rn. 10; Schmitt/Hörtnagl/Stratz/*Stratz* UmwG § 9 Rn. 5.

[5] Emmerich/Habersack/*Emmerich* Rn. 15 (wegen der Schutzfunktion); Hüffer/Koch/*Koch* Rn. 3 (wegen der Entlastungsfunktion); Großkomm AktG/*Mülbert* Rn. 26; im Grundsatz auch MüKoAktG/*Altmeppen* Rn. 10 f. Vgl. zur Eingliederung LG Berlin AG 1996, 230 (232 f.).

[6] MüKoAktG/*Altmeppen* Rn. 11; Emmerich/Habersack/*Emmerich* Rn. 15.

[7] In diesem Sinne auch MüKoAktG/*Altmeppen* Rn. 11.

[8] MüKoAktG/*Altmeppen* Rn. 6; Emmerich/Habersack/*Emmerich* Rn. 16; Hüffer/Koch/*Koch* Rn. 5.

[9] AllgM; vgl. MüKoAktG/*Altmeppen* Rn. 8; Emmerich/Habersack/*Emmerich* Rn. 17; Hüffer/Koch/*Koch* Rn. 6.

Zu den Verträgen des § 292 Abs. 1 haben die Vertragsprüfer eine entsprechende Prüfung nicht vorzunehmen, da die betreffenden Vertragsarten einen Ausgleich (§ 304) und eine Abfindung (§ 305) nicht vorsehen müssen.[10] Fraglich ist, in welchem Umfang der vorgeschlagene Ausgleich und die vorgeschlagene Abfindung zu verifizieren sind. Der in der Regierungsbegründung genannte Zweck der Vertragsprüfung, eine spätere gerichtliche Überprüfung im Gerichtsverfahren möglichst überflüssig zu machen, spricht für eine Pflicht der Prüfer, eine erneute und vollständige Unternehmensbewertung vorzunehmen. Eine solche umfangreiche Prüfung ist allerdings den Vertragsprüfern nicht zumutbar. Ferner verdeutlicht § 293e Abs. 1 S. 3, dass es ausreichend ist, wenn die Vertragsprüfer auf der Grundlage der im Vertragsbericht (§ 293a) gemachten Angaben eine **Plausibilitätskontrolle** hinsichtlich der Angemessenheit des vorgeschlagenen Ausgleichs und der Abfindung vornehmen.[11] Im Einzelfall kann es erforderlich sein, ergänzende Informationen (beispielsweise die von den Vorständen in Auftrag gegebenen Bewertungsgutachten) einzuholen.

6 Nach hM haben die Vertragsprüfer im Übrigen nur eine eingeschränkte Prüfung auf Vollständigkeit und Richtigkeit des Vertragsinhalts vorzunehmen.[12] Zur Begründung wird zum einen angeführt, dem Gesetz seien nur wenige Vorgaben hinsichtlich eines Mindestinhalts zu entnehmen.[13] Zum anderen könne von den Vertragsprüfern nicht verlangt werden, schwierige rechtliche Fragen zutreffend zu beurteilen. Ihre Kompetenz liege darin, sich mit den bei der Unternehmensbewertung auftretenden betriebswirtschaftlichen Fragen auseinander zu setzen.[14] Es könne daher von ihnen nicht verlangt werden, die rechtliche Zulässigkeit eines Unternehmensvertrags über eine Evidenzprüfung hinaus zu beurteilen.[15]

7 Diese Position vermag nicht vollends zu überzeugen. Die einzelnen Arten von Unternehmensverträgen sind in den §§ 291, 292 auf eine abstrakte Weise umschrieben. In der wissenschaftlichen Diskussion hat sich mittlerweile ein klares Meinungsbild zu der Frage herausgebildet, welche Vertragsgestaltungen unter die betreffenden Vertragsdefinitionen zu subsumieren sind und welche nicht. Vor diesem Hintergrund bestehen keine Bedenken gegen die Annahme einer **Pflicht des Vertragsprüfers**, zu prüfen, ob die vom **Vorstand** getroffene **Qualifikation** des Vertrags als **Unternehmensvertrag** iSv § 291 bzw. § 292 **plausibel** ist und ob die für den betreffenden Unternehmensvertrag **typischen Leistungen und Gegenleistungen vorgesehen** sind. Der im Schrifttum erhobene Einwand, dem Vertragsprüfer wären in diesem Fall richterliche Aufgaben zugewiesen,[16] ist nicht stichhaltig; der Vertragsprüfer entscheidet nicht, sondern kontrolliert und berichtet hierüber.

8 Dieser Prüfungsumfang ist vor allem bei den Verträgen des § 292 von Bedeutung. So hat sich der Vertragsprüfer damit auseinander zu setzen, ob die Vertragsparteien die Aufteilung des gemeinschaftlichen Gewinns verabredet haben (vgl. § 292 Abs. 1 Nr. 1), der Teilgewinnabführung eine Gegenleistung des Vertragspartners gegenüber steht (vgl. § 292 Abs. 1 Nr. 2) oder ob die Gesellschaft für die Verpachtung bzw. Überlassung ihres Unternehmens einen Pacht- bzw. Überlassungszins erhält (vgl. § 292 Abs. 1 Nr. 3). Dabei hat der Vertragsprüfer auch zu prüfen, ob die vom Vorstand im Vertragsbericht (§ 293a) niedergelegten Erwägungen zur Angemessenheit der betreffenden Gegenleistung (→ § 293a Rn. 14) nachvollziehbar sind und in seinem Bericht hierzu Stellung zu nehmen[17] (zur Parallelprüfung → Rn. 11). Zu weit ginge es allerdings, wenn er auch die Zweckmäßigkeit des Vertrags unter die Lupe nehmen müsste.[18] Der Prüfer hat lediglich die Unrichtigkeit von bewertungsrelevanten Ausführungen zu beanstanden.[19] Die Zweckmäßigkeit ist allein vom Vorstand zu beurteilen und von der Hauptversammlung gem. § 293 zu entscheiden.[20]

9 **3. Verpflichtete.** Der Unternehmensvertrag ist für jede vertragsschließende AG oder KGaA zu prüfen (§ 293b Abs. 1). Nach dem Wortlaut ist folglich eine Prüfung des Vertrags für eine Gesellschaft selbst dann erforderlich, wenn deren Hauptversammlung dem Vertragsschluss nicht zuzustimmen

---

[10] Emmerich/Habersack/*Emmerich* Rn. 6; Hüffer/Koch/*Koch* Rn. 6. Siehe zu der Frage, ob der Prüfer bei den Verträgen des § 292 die Angemessenheit der vom Vertragspartner versprochenen Gegenleistungen zu kontrollieren hat → Rn. 8.
[11] MüKoAktG/*Altmeppen* Rn. 8; Emmerich/Habersack/*Emmerich* Rn. 17. Vgl. zur Verschmelzung OLG Düsseldorf AG 2001, 189 (190).
[12] Emmerich/Habersack/*Emmerich* Rn. 19; Hüffer/Koch/*Koch* Rn. 5.
[13] *Bungert* DB 1995, 1384 (1391); Hüffer/Koch/*Koch* Rn. 5.
[14] MüKoAktG/*Altmeppen* Rn. 7; *Bungert* DB 1995, 1384 (1391).
[15] Emmerich/Habersack/*Emmerich* Rn. 19.
[16] So MüKoAktG/*Altmeppen* Rn. 7; *Bungert* DB 1995, 1384 (1391).
[17] Ebenso MHdB AG/*Krieger* § 70 Rn. 56 Großkomm AktG/*Mülbert* Rn. 21. AA Hüffer/Koch/*Koch* Rn. 10; Emmerich/Habersack/*Emmerich* Rn. 6; K. Schmidt/Lutter/*Langenbucher* Rn. 6.
[18] Hüffer/Koch/*Koch* Rn. 4.
[19] KG AG 2009, 30 (36).
[20] Hüffer/Koch/*Koch* Rn. 4; ähnlich auch MüKoAktG/*Altmeppen* Rn. 10.

hat. Diese Auslegung ist allerdings systemwidrig[21] und wird dem Zweck der Vertragsprüfung nicht gerecht. Die Erstattung des Prüfungsberichts nach § 293e und die Auslage des Berichts ab der Einberufung der Hauptversammlung und in der Hauptversammlung selbst (vgl. § 293f Abs. 1 Nr. 3, § 293g Abs. 1) machen nur Sinn, wenn die Hauptversammlung dafür zuständig ist, über den Unternehmensvertrag zu entscheiden und somit die Aktionäre ein Interesse daran haben, über den Vorgang informiert zu werden. Zu Recht hat sich deshalb im Schrifttum eine teleologische Reduktion des § 293b Abs. 1 durchgesetzt.[22] Eine **Vertragsprüfung** hat nur **stattzufinden, soweit die Zustimmung** der **Hauptversammlung** gem. **§ 293 erforderlich** ist. Bei den Verträgen des § 292 ist folglich eine Vertragsprüfung für die Gesellschaft vorzunehmen, welche die vertragstypische Leistung erbringt (vgl. § 293 Abs. 1), bei den Verträgen des § 291 für die verpflichtete Gesellschaft (vgl. § 293 Abs. 1) und für den anderen Vertragsteil (vgl. § 293 Abs. 2).

4. Vertragsprüfer. Die Prüfung des Unternehmensvertrags ist gem. § 293b Abs. 1 durch einen oder **10** mehrere sachverständige Prüfer durchzuführen, die in der Vorschrift als Vertragsprüfer bezeichnet werden. Die Anforderungen an die Qualifikation der Prüfer ergeben sich aus § 293d Abs. 1 iVm § 319 Abs. 1 S. 1 HGB. Folglich sind nur Wirtschaftsprüfer und Wirtschaftsprüfungsgesellschaften geeignet, die Prüfung vorzunehmen. Es kann für alle am Vertragsschluss beteiligten Unternehmen ein gemeinsamer Vertragsprüfer bestellt werden, der einen Prüfungsbericht für beide Vertragsparteien erstattet.[23] Dies ergibt sich seit der Neufassung des § 293b Abs. 1 und des § 293c Abs. 1 durch das KonTraG von 1998[24] eindeutig aus dem Wortlaut des Gesetzes. Die Auswahl des Prüfers erfolgt durch das Gericht. In der Praxis ist es üblich, dass die Gesellschaft einen Prüfer vorschlägt. Das Gericht geht darauf in der Regel ein, es sei denn, dass sich Anhaltspunkte für eine fehlende Unabhängigkeit ergeben.[25]

Von der gesetzlich angeordneten sachverständigen Prüfung zu unterscheiden ist die vom Vorstand **11** (des herrschenden Unternehmens) veranlasste Prüfung. Der Prüfungsgegenstand ist identisch. Es geht um den Unternehmenswert, aus dem die angemessene Abfindung und der angemessene Ausgleich ermittelt werden. Deshalb ist häufig von einer sog. **Parallelprüfung** die Rede. Der Vorstand gibt eine Prüfung des Unternehmenswerts in Auftrag, um seinen Geschäftsleiterpflichten (§§ 76, 93) gerecht zu werden. Daran ist kein Anstoß zu nehmen. Problematisch ist aber die Frage, ob der gesetzliche Prüfer sich auf eine Plausibilitätskontrolle verlassen darf. Sie ist zu verneinen. Zwar ist nicht zu beanstanden, wenn beide Prüfer parallel tätig werden.[26] Doch wird der gesetzliche Prüfer seiner Aufgabe nur gerecht, wenn er eine eigenständige Prüfung vornimmt.[27]

III. Ausnahmen

Nach § 293b Abs. 1 S. 1 Hs.2 entfällt die Prüfungspflicht, wenn sich alle Aktien der abhängigen **12** Gesellschaft in der Hand des herrschenden Unternehmens befinden. Grund hierfür ist, dass in diesem Fall weder ein Ausgleich noch eine Abfindung anzubieten sind (vgl. § 304 Abs. 1 S. 3, §§ 305 (307)) und damit das zentrale Bedürfnis für eine Prüfung nicht besteht.[28] Zu beachten ist, dass nach dem Wortlaut der Vorschrift die **Prüfungspflicht** nur **entfällt, wenn sich „alle Aktien** der **abhängigen Gesellschaft** in der **Hand** des **herrschenden Unternehmens befinden"**; eine Zurechnung von Aktien eines Schwesterunternehmens nach § 16 Abs. 4 findet demnach nicht statt.[29] Bei einer Mehrmütterherrschaft kann eine Prüfung ebenfalls entbehrlich sein. Dies ist jedenfalls dann anzunehmen, wenn alle Aktien der abhängigen Gesellschaft durch eine GbR gehalten werden, die von den Müttern gegründet worden ist.[30] Schließlich ist eine Vertragsprüfung entbehrlich, wenn der einzige außenstehende Aktionär auf einen Ausgleich verzichtet.[31]

---

[21] Ein Vertragsbericht ist nur erforderlich, soweit die Zustimmung der Hauptversammlung nach § 293 erforderlich ist (§ 293a Abs. 1 S. 1).

[22] Hüffer/Koch/*Koch* Rn. 7; Emmerich/Habersack/*Emmerich* Rn. 10a; nunmehr auch OLG Stuttgart AG 2013, 724 (725).

[23] MüKoAktG/*Altmeppen* Rn. 13 f. Vgl. zur Rechtslage vor Inkrafttreten des KonTraG *Bungert* DB 1995, 1384 (1389 f.).

[24] Gesetz zur Kontrolle und Transparenz im Unternehmensbereich (KonTraG) v. 27.4.1998, BGBl. 1998 I 786.

[25] Vgl. *Köhn* Der Konzern 2013, 323 (329).

[26] Vgl. OLG Frankfurt/Main ZIP 2008, 1966 (1967); Großkomm AktG/*Mülbert* Rn. 26.

[27] LG Frankfurt/Main BB 2007, 1069 (1070).

[28] MüKoAktG/*Altmeppen* Rn. 18; Emmerich/Habersack/*Emmerich* Rn. 12; Hüffer/Koch/*Koch* Rn. 9; K. Schmidt/Lutter/*Langenbucher* Rn. 3.

[29] MüKoAktG/*Altmeppen* Rn. 18; *Bungert* DB 1995, 1384 (1392); Emmerich/Habersack/*Emmerich* Rn. 12; Hüffer/Koch/*Koch* Rn. 9; *Humbeck* BB 1995, 1893 (1895); K. Schmidt/Lutter/*Langenbucher* Rn. 3.

[30] MüKoAktG/*Altmeppen* Rn. 19; Hüffer/Koch/*Koch* Rn. 9; weitergehend *Bungert* DB 1995, 1384 (1391) und Emmerich/Habersack/*Emmerich* Rn. 12 (selbst dann keine Prüfung, wenn der Vertrag unmittelbar zwischen den Müttern und der abhängigen Gesellschaft geschlossen wird).

[31] OLG Hamburg AG 2011, 48 (49).

13 § 293b Abs. 2 verweist auf § 293a Abs. 3. Hieraus folgt, dass die Aktionäre auch auf die Prüfung des Vertrags verzichten können. Es müssen – ebenso wie bei § 293a Abs. 3 (→ § 293a Rn. 22) – sämtliche Anteilsinhaber der beteiligten Unternehmen auf die Vertragsprüfung durch öffentlich beglaubigte Erklärung verzichten. Es genügt – ebenso wie bei § 293a Abs. 3 (→ § 293a Rn. 23) – ein einstimmiger, notariell beglaubigter Beschluss der Hauptversammlung.

IV. Rechtsfolgen

14 Wenn der Unternehmensvertrag nicht geprüft wurde oder die Vertragsprüfer in ihrem Bericht bestimmte Mängel beanstandet haben, beruht der Zustimmungsbeschluss der Hauptversammlung auf einer Gesetzesverletzung, so dass er nach § 243 Abs. 1 anfechtbar ist. Etwaige Rechtsverletzungen sind im Spruchverfahren geltend zu machen. Allerdings darf das Bestehen des Vertrags nicht in das Handelsregister eingetragen werden, wenn der Unternehmensvertrag nicht geprüft wurde oder die Vertragsprüfer in ihrem Bericht Mängel beanstandet haben.[32] Denkbar ist, dass eine Eintragung nach § 246a erfolgt. Dies ist seit der Neuregelung des Freigabeverfahrens auch dann vorstellbar, wenn ein Prüfungsbericht fehlt oder Mängel durch die Vertragsprüfer festgestellt wurden.

15 Eine fehlerhafte Prüfung durch die Prüfer ist keine der Gesellschaft zuzurechnende Gesetzesverletzung, so dass der Beschluss jedenfalls mit diesem Grund nicht angefochten werden kann.[33]

§ 293c Bestellung der Vertragsprüfer

(1) ¹Die Vertragsprüfer werden jeweils auf Antrag der Vorstände der vertragschließenden Gesellschaften vom Gericht ausgewählt und bestellt. ²Sie können auf gemeinsamen Antrag der Vorstände für alle vertragschließenden Gesellschaften gemeinsam bestellt werden. ³Zuständig ist das Landgericht, in dessen Bezirk die abhängige Gesellschaft ihren Sitz hat. ⁴Ist bei dem Landgericht eine Kammer für Handelssachen gebildet, so entscheidet deren Vorsitzender an Stelle der Zivilkammer. ⁵Für den Ersatz von Auslagen und für die Vergütung der vom Gericht bestellten Prüfer gilt § 318 Abs. 5 des Handelsgesetzbuchs.

(2) § 10 Abs. 3 bis 5 des Umwandlungsgesetzes gilt entsprechend.

Schrifttum: Vgl. Angaben zu § 293a.

I. Normzweck

1 § 293c ist durch das UmwBerG[1] eingeführt und durch das KonTraG,[2] durch das Spruchverfahrensneuordnungsgesetz[3] und das FGG-Reformgesetz[4] geändert worden. Die Vorschrift regelt nach dem Vorbild von § 10 UmwG die Zuständigkeit zur Bestellung der Vertragsprüfer. Auf Grund der Neufassung der Vorschrift durch das Spruchverfahrensneuordnungsgesetz werden die Prüfer ausschließlich vom Gericht auf Antrag der Vorstände der vertragsschließenden Gesellschaften ausgewählt und bestellt. Auf diese Weise soll zum einen dem Eindruck der Parteinähe der Prüfer entgegengewirkt und damit die Akzeptanz der Prüfungsergebnisse vor allem für die außenstehenden Aktionäre erhöht werden.[5] Zum anderen wird eine Entlastung des Spruchverfahrens bezweckt. Der Gesetzgeber hatte die Vorstellung, dass in einem später durchgeführten Spruchverfahren ein weiteres Sachverständigengutachten vermieden oder jedenfalls auf solche Punkte beschränkt werden könne, die nach dem früheren Prüfungsbericht noch offen geblieben sind.[6]

II. Bestellung durch das Gericht

2 **1. Antragsbefugnis und gerichtliche Zuständigkeit.** Bis zum Inkrafttreten des Spruchverfahrensneuordnungsgesetzes wurden die Vertragsprüfer von dem Vorstand der abhängigen Gesellschaft

---

[32] MüKoAktG/*Altmeppen* Rn. 20; Emmerich/Habersack/*Emmerich* Rn. 20; K. Schmidt/Lutter/*Langenbucher* Rn. 7.
[33] K. Schmidt/Lutter/*Langenbucher* Rn. 8; OLG Hamm ZIP 2005, 1457 (1460) (zum Squeeze-Out).
[1] Gesetz zur Bereinigung des Umwandlungsrechts v. 28.10.1994, BGBl. 1994 I 3210.
[2] Gesetz zur Kontrolle und Transparenz im Unternehmensbereich v. 27.4.1998, BGBl. 1998 I 786. Zu den Änderungen → Rn. 3.
[3] Gesetz zur Neuordnung des gesellschaftsrechtlichen Spruchverfahrens v. 12.6.2003, BGBl. 2003 I 838. Zu den Änderungen → Rn. 2.
[4] Gesetz zur Reform des Verfahrens in Familiensachen und in den Angelegenheiten der freiwilligen Gerichtsbarkeit v. 17.12.2008, BGBl. 2008 I 2586.
[5] Vgl. RegBegr. BT-Drs. 15/371, 18.
[6] Vgl. RegBegr. BT-Drs. 15/371, 18; Emmerich/Habersack/*Emmerich* Rn. 2.

oder auf dessen Antrag vom Gericht bestellt. Nunmehr verlangt § 293c Abs. 1 S. 1 jeweils einen **Antrag** der **Vorstände** der **vertragsschließenden Gesellschaften**. Es besteht daher zum einen eine ausschließliche Zuständigkeit des Gerichts. Zum anderen ist nunmehr klargestellt, dass der Antrag von den Vorständen aller am Vertrag beteiligten Gesellschaften zu stellen ist. Die Bestellung eines gemeinschaftlichen Prüfers kann das Gericht nach § 293c Abs. 1 S. 2 nur dann vornehmen, wenn die Vorstände der vertragsschließenden Unternehmen dies gemeinsam beantragen.

Sachlich zuständig ist nach § 293c Abs. 1 S. 3 das Landgericht. Ist bei diesem eine Kammer für **3** Handelssachen gebildet, so entscheidet deren Vorsitzender an Stelle der Zivilkammer (§ 293c Abs. 1 S. 4).[7] Örtlich zuständig ist gem. § 293c Abs. 1 S. 3 das Gericht, in dessen Bezirk die abhängige Gesellschaft ihren Sitz hat (§ 5). Nach § 293c Abs. 2 iVm § 10 Abs. 5 UmwG kann die Landesregierung bzw. die Landesjustizverwaltung durch Rechtsverordnung die Verfahren bei einem Landgericht konzentrieren. Dies ist in Baden-Württemberg,[8] Niedersachsen,[9] Nordrhein-Westfalen,[10] Bayern[11] und Hessen[12] geschehen.

2. Verfahren. Nach § 293c Abs. 2 iVm § 10 Abs. 3 UmwG findet auf das Verfahren grundsätzlich **4** das Gesetz über das Verfahren in Familiensachen und in den Angelegenheiten der freiwilligen Gerichtsbarkeit (FamFG) Anwendung. Im Unterschied zu den Verfahren, die in den §§ 99, 132 und im SpruchG erfasst sind, handelt es sich nicht um ein streitiges Verfahren.[13]

Die **Vorstände** der **vertragsschließenden Gesellschaft** haben die Möglichkeit, **Vorschläge** **5** zur **Person** eines zu bestellenden **Vertragsprüfers** zu machen. Nach der Vorstellung des Gesetzgebers sollte das Gericht möglichst unter mehreren vorgeschlagenen geeigneten Personen auswählen können.[14] Die von den Vertragsparteien unterbreiteten Vorschläge sind allerdings für das Gericht nicht bindend.[15] Das Gericht entscheidet vielmehr nach freier Überzeugung (vgl. § 37 Abs. 1 FamFG). Dies gilt auch für die Anzahl der Prüfer.[16] Es kann dabei die Anregungen des Vorstands aufgreifen.[17] Eine andere Auslegung ist mit Sinn und Zweck der Vertragsprüfung nicht vereinbar.

Die Entscheidung des Gerichts ist gem. § 41 FamFG bekanntzumachen. Bestellt das Gericht die **6** Vertragsprüfer, so steht den Parteien nach § 293c Abs. 2 iVm § 10 Abs. 4 UmwG das Rechtsmittel der sofortigen Beschwerde zu. Beschwerdeberechtigt sind die Antragsteller (Vertragsparteien), nicht ihre Aktionäre.[18]

Für den Ersatz von Auslagen und für die Vergütung des oder der vom Gericht bestellten Prüfer **7** gilt § 318 Abs. 5 HGB entsprechend (§ 293c Abs. 1 S. 5). Die Prüfer haben folglich Anspruch auf Ersatz angemessener barer Auslagen und auf Vergütung, die jeweils auf Antrag der Prüfer vom Gericht festgesetzt werden. Diese Entscheidung des Gerichts bildet nach § 318 Abs. 5 S. 5 HGB einen Vollstreckungstitel. Schuldner der Auslagen und Vergütung sind die am Vertrag beteiligten Gesellschaften, nicht die Staatskasse.[19]

---

[7] Die funktionale Zuständigkeit des Vorsitzenden einer KfH wurde durch das KonTraG (Gesetz zur Kontrolle und Transparenz im Unternehmensbereich v. 27.4.1998, BGBl. 1998 I 786) geschaffen.

[8] Verordnung des Justizministeriums über Zuständigkeiten in der Justiz (Zuständigkeitsverordnung Justiz – ZuVOJu) v. 20.11.1998 (GBl. 1998, 680), § 13 Abs. 2 Nr. 10 iVm Abs. 1: LG Mannheim für den Bezirk des OLG Karlsruhe und LG Stuttgart für den Bezirk des OLG Stuttgart.

[9] Verordnung zur Regelung von Zuständigkeiten in der Gerichtsbarkeit und der Justizverwaltung (ZustVO-Justiz) v. 18.12.2009 (Nds. GVBl. 2009, 506), § 2 Nr. 12: LG Hannover.

[10] Verordnung über die gerichtliche Zuständigkeit zur Entscheidung in gesellschaftsrechtlichen Angelegenheiten und in Angelegenheiten der Versicherungsvereine auf Gegenseitigkeit (Konzentrations-VO Gesellschaftsrecht) v. 8.6.2010 (GV NRW 2010, 350), § 1 Nr. 4: LG Düsseldorf (für die Bezirke der Landgerichte Düsseldorf, Duisburg, Kleve, Krefeld, Mönchengladbach und Wuppertal), LG Dortmund (für die Bezirke der Landgerichte Arnsberg, Bielefeld, Bochum, Detmold, Dortmund, Essen, Hagen, Münster, Paderborn und Siegen) und dem LG Köln (für die Bezirke der Landgerichte Aachen, Bonn und Köln).

[11] Verordnung über gerichtliche Zuständigkeiten im Bereich des Staatsministeriums der Justiz und für Verbraucherschutz (Gerichtliche Zuständigkeitsverordnung Justiz – GZVJu) v. 11.6.2012 (Bay. GVBl. 2012, 295), § 29 Abs. 1: LG München I für die Landgerichtsbezirke des OLG München, LG Nürnberg-Fürth für die Landgerichtsbezirke der OLG Nürnberg und Bamberg.

[12] Justizzuständigkeitsverordnung (JuZuV) v. 3.6.2013 (Hess. GVBl. 2013, 386), § 38 Nr. 1 lit. h aa: LG Frankfurt/Main für die Bezirke der LG in Hessen.

[13] MüKoAktG/*Altmeppen* Rn. 7; Hüffer/Koch/*Koch* Rn. 4; Großkomm AktG/*Mülbert* Rn. 11.

[14] Vgl. RegBegr. BT-Drs. 15/371, 18.

[15] Vgl. RegBegr. BT-Drs. 15/371, 18.

[16] Großkomm AktG/*Mülbert* Rn. 12.

[17] Vgl. OLG Stuttgart v. 17.10.2011 – 20 W 7/11, BeckRS 2011, 24586; Großkomm AktG/*Mülbert* Rn. 12.

[18] MüKoAktG/*Altmeppen* Rn. 9.

[19] Vgl. Emmerich/Habersack/*Emmerich* Rn. 9; MüKoAktG/*Altmeppen* Rn. 13.

§ 293d Auswahl, Stellung und Verantwortlichkeit der Vertragsprüfer

(1) ¹Für die Auswahl und das Auskunftsrecht der Vertragsprüfer gelten § 319 Abs. 1 bis 4, § 319a Abs. 1, § 319b Abs. 1, § 320 Abs. 1 Satz 2 und Abs. 2 Satz 1 und 2 des Handelsgesetzbuchs entsprechend. ²Das Auskunftsrecht besteht gegenüber den vertragschließenden Unternehmen und gegenüber einem Konzernunternehmen sowie einem abhängigen und einem herrschenden Unternehmen.

(2) ¹Für die Verantwortlichkeit der Vertragsprüfer, ihrer Gehilfen und der bei der Prüfung mitwirkenden gesetzlichen Vertreter einer Prüfungsgesellschaft gilt § 323 des Handelsgesetzbuchs entsprechend. ²Die Verantwortlichkeit besteht gegenüber den vertragschließenden Unternehmen und deren Anteilsinhabern.

Schrifttum: Vgl. Angaben zu § 293a.

Übersicht

	Rn.		Rn.
I. Normzweck	1	III. Einsichts- und Auskunftsrecht	4–7
II. Auswahl der Vertragsprüfer	2, 3	IV. Verantwortlichkeit	8–11

I. Normzweck

1 § 293d wurde durch das UmwBerG[1] eingeführt und in Abs. 1 zunächst durch das BilReG[2] und sodann durch das BilMoG[3] geändert. Die Vorschrift regelt in Abs. 1 die Auswahl und das Auskunftsrecht der Vertragsprüfer sowie in Abs. 2 die Haftung der Vertragsprüfer, indem bestimmte Regelungen für Abschlussprüfer für anwendbar erklärt werden. Sie wurde geändert.

II. Auswahl der Vertragsprüfer

2 Die Auswahl der Vertragsprüfer bestimmt sich gem. § 293d Abs. 1 S. 1 nach § 319 Abs. 1 bis 4, § 319a Abs. 1 und § 319b Abs. 1 HGB. Als Vertragsprüfer kommen demnach nur **Wirtschaftsprüfer** oder **Wirtschaftsprüfungsgesellschaften** in Betracht (§ 319 Abs. 1 HGB). Zu beachten sind ferner die in **§ 319 Abs. 2 bis 4 HGB** vorgesehenen allgemeinen **Ausschlussgründe** sowie die in §§ 319a, 319b HGB normierten besonderen Ausschlussgründe, die eine unabhängige Prüfung zu gewährleisten suchen. Sofern ein Bestellungsverbot besteht, kann der Wirtschaftsprüfer bzw. die Wirtschaftsprüfungsgesellschaft weder für die betreffende Gesellschaft, noch für die andere Vertragspartei als Vertragsprüfer bestellt werden. Dies folgt aus dem Zweck der Vorschrift, eine unbefangene Vertragsprüfung gegenüber beiden Vertragsparteien zu gewährleisten.[4] Eine vorangegangene Tätigkeit des Prüfers als Abschlussprüfer einer der beiden Vertragsparteien stellt allerdings kein Bestellungshindernis gem. § 319 Abs. 2 und 3 HGB dar.[5] Rechtspolitisch leuchtet dieser halbherzige Problemzugriff schwerlich ein.[6]

3 Fraglich ist, welche **Rechtsfolgen** mit einer **rechtswidrigen Bestellung** eines Vertragsprüfers durch das Gericht verbunden sind. Dies kann beispielsweise der Fall sein, wenn das Gericht die Prüferbefähigung gem. § 319 Abs. 1 HGB oder die in § 319 Abs. 2–4 HGB sowie §§ 319a, 319b HGB normierten Ausschlussgründe nicht beachtet hat. Nach einer verbreiteten Meinung soll der Beschluss lediglich rechtlich fehlerhaft sein. Sofern keine der Vertragsparteien Beschwerde gegen den Beschluss erhebt, sei die Bestellung als wirksam zu behandeln.[7] Dagegen spricht aber der Zweck der Vorschrift, eine unabhängige Vertragsprüfung sicher zu stellen. Die durch das BilReG erfolgten Änderungen geben beredt Zeugnis über den Stellenwert einer unabhängigen Prüfung ab. Alle in

---

[1] Gesetz zur Bereinigung des Umwandlungsrechts v. 28.10.1994, BGBl. 1994 I 3210.
[2] Gesetz zur Einführung internationaler Rechnungslegungsstandards und zur Sicherung der Qualität der Abschlussprüfung v. 4.12.2005, BGBl. 2005 I 3166.
[3] Gesetz zur Modernisierung des Bilanzrechts v. 25.5.2009, BGBl. 2009 I 1102.
[4] Vgl. MüKoAktG/*Altmeppen* Rn. 4; Emmerich/Habersack/*Emmerich* Rn. 3; Hüffer/Koch/*Koch* Rn. 3. Vgl. ferner RegBegr. zu § 340b aF BT-Drs. 9/1065, 16.
[5] MüKoAktG/*Altmeppen* Rn. 5; Emmerich/Habersack/*Emmerich* Rn. 5; *Hoffmann-Becking* FS Fleck, 1988, 105 (121); Hüffer/Koch/*Koch* Rn. 3. Vgl. ferner RegBegr. zu § 340b aF BT-Drs. 9/1785, 23.
[6] Zu Recht krit. K. Schmidt/Lutter/*Langenbucher* Rn. 3; keine Bedenken dagegen bei Großkomm AktG/*Mülbert* Rn. 9.
[7] Emmerich/Habersack/*Emmerich* Rn. 4; Hüffer/Koch/*Koch* Rn. 3; K. Schmidt/Lutter/*Langenbucher* Rn. 4.

§ 319 Abs. 1 sowie § 319 Abs. 2 und 3 HGB genannten Gründe sind von schwerwiegender Natur. Ein Gerichtsbeschluss ist daher bei Verstoß gegen die genannten Vorschriften nichtig.[8]

III. Einsichts- und Auskunftsrecht

Nach § 293d Abs. 1 S. 1 beurteilen sich die Befugnisse der Vertragsprüfer nach § 320 Abs. 1 S. 2, Abs. 2 S. 1 und 2 HGB. Es ist zu unterscheiden zwischen einem Einsichts- und einem Auskunftsrecht. **4**

Die **Vertragsprüfer** haben das Recht, die **Bücher** und **Schriften** der **Gesellschaft** sowie die **Vermögensgegenstände** und **Schulden,** namentlich die Kasse und die Bestände an Wertpapieren und Waren zu **prüfen** (§ 293d Abs. 1 S. 1 iVm § 320 Abs. 1 S. 2 HGB). Diese Befugnis besteht auch gegenüber **der anderen Vertragspartei**.[9] In § 293d Abs. 1 S. 2 heißt es zwar lediglich, dass das *Auskunftsrecht* gegenüber den vertragsschließenden Unternehmen besteht. Doch ist mit Auskunftsrecht auch das in § 320 Abs. 1 S. 2 HGB normierte Einsichtsrecht gemeint. **5**

Den **Vertragsprüfern** steht ferner gegenüber den **vertragsschließenden Unternehmen** ein Auskunftsrecht zu (§ 293d Abs. 1 S. 2 iVm § 320 Abs. 2 S. 1 HGB). Sie können von den gesetzlichen Vertretern der Gesellschaft und der anderen Vertragspartei alle **Aufklärungen** und **Nachweise** verlangen, die für eine sorgfältige Prüfung notwendig sind. Zu beachten ist, dass die Mitglieder des Aufsichtsrats keine gesetzlichen Vertreter iSv § 320 Abs. 2 S. 1 HGB im Unterschied zu § 145 Abs. 2 und somit auch nicht auskunftspflichtig sind.[10] Das Auskunftsrecht besteht allerdings auch gegenüber einem Konzernunternehmen, einem abhängigen und herrschenden Unternehmen (§ 293d Abs. 1 S. 2). **6**

Problematisch ist, dass die Rechte der Vertragsprüfer nicht zwangsweise durchgesetzt werden können.[11] Grund hierfür ist, dass es sich um eine freiwillige Prüfung handelt. Sofern eine Partei den Vertragsprüfern die Prüfung der Bücher und Schriften oder Auskünfte verweigert, sind die Vertragsprüfer darauf beschränkt, dies in ihrem Bericht zu vermerken. Unter Umständen kann dies auch dazu führen, dass die Vertragsprüfer keinen Bericht abgeben können und daher der Unternehmensvertrag nicht wirksam werden kann. **7**

IV. Verantwortlichkeit

Die Verantwortlichkeit der Vertragsprüfer, ihrer Gehilfen und der bei der Prüfung mitwirkenden gesetzlichen Vertreter einer Prüfungsgesellschaft richtet sich gem. § 293d Abs. 2 nach § 323 HGB. Sofern die Vertragsprüfer ihre Pflichten verletzen, können sie gem. §§ 403, 404 strafrechtlich zur Verantwortung gezogen werden.[12] **8**

Die Vertragsprüfer sind zu einer gewissenhaften und unparteiischen Prüfung und zur Verschwiegenheit verpflichtet (§ 323 Abs. 1 S. 1 HGB). Ferner dürfen sie nicht unbefugt Geschäfts- und Betriebsgeheimnisse verwerten, die sie während ihrer Tätigkeit erfahren haben (§ 323 Abs. 1 S. 2 HGB). Bedeutung kommt dieser Regelung vor allem in Hinblick auf die Prüfung der Angemessenheit von Ausgleich und Abfindung zu. **9**

Verletzen die **Vertragsprüfer** vorsätzlich oder fahrlässig ihre **Pflichten,** so sind sie nach Maßgabe von § 323 Abs. 1 S. 3 und 4, Abs. 2 und Abs. 4 HGB gegenüber den **Vertragsparteien** sowie deren **Anteilsinhabern** zum **Schadensersatz** verpflichtet (§ 293d Abs. 2 S. 2). Diese Regelung ist gem. § 323 Abs. 4 HGB zwingendes Recht. Die Ersatzpflicht ist bei Personen, die fahrlässig gehandelt haben, auf eine Million Euro bzw. bei Aktiengesellschaften, deren Aktien zum Handel im regulierten Markt zugelassen sind, auf vier Millionen Euro beschränkt (§ 323 Abs. 2 S. 1 und 2 HGB). **10**

Praktische Bedeutung hat insbesondere die Haftung gegenüber den Anteilsinhabern der abhängigen Gesellschaft (Präventivfunktion), die einen eigenen Schadensersatzanspruch gegenüber den Vertragsprüfern haben, wenn diese ihre Pflichten bei der Prüfung der Angemessenheit von Ausgleich oder Abfindung verletzen (→ § 293b Rn. 4 f.). Im Unterschied zu § 323 Abs. 3 S. 3 HGB besteht aber keine Pflicht zum Schadensersatz gegenüber den mit den Vertragsparteien verbundenen Unternehmen. **11**

---

[8] MüKoAktG/*Altmeppen* Rn. 10. AA Emmerich/Habersack/*Emmerich* Rn. 4; Hüffer/Koch/*Koch* Rn. 3; K. Schmidt/Lutter/*Langenbucher* Rn. 4; Großkomm AktG/*Mülbert* Rn. 10.
[9] MüKoAktG/*Altmeppen* Rn. 14; Emmerich/Habersack/*Emmerich* Rn. 8.
[10] MüKoAktG/*Altmeppen* Rn. 12; Emmerich/Habersack/*Emmerich* Rn. 7; Hüffer/Koch/*Koch* Rn. 4.
[11] MüKoAktG/*Altmeppen* Rn. 13; Emmerich/Habersack/*Emmerich* Rn. 6.
[12] MüKoAktG/*Altmeppen* Rn. 17; Emmerich/Habersack *Emmerich* Rn. 9.

§ 293e Prüfungsbericht

(1) ¹Die Vertragsprüfer haben über das Ergebnis der Prüfung schriftlich zu berichten. ²Der Prüfungsbericht ist mit einer Erklärung darüber abzuschließen, ob der vorgeschlagene Ausgleich oder die vorgeschlagene Abfindung angemessen ist. ³Dabei ist anzugeben,
1. nach welchen Methoden Ausgleich und Abfindung ermittelt worden sind;
2. aus welchen Gründen die Anwendung dieser Methoden angemessen ist;
3. welcher Ausgleich oder welche Abfindung sich bei der Anwendung verschiedener Methoden, sofern mehrere angewandt worden sind, jeweils ergeben würde; zugleich ist darzulegen, welches Gewicht den verschiedenen Methoden bei der Bestimmung des vorgeschlagenen Ausgleichs oder der vorgeschlagenen Abfindung und der ihnen zugrunde liegenden Werte beigemessen worden ist und welche besonderen Schwierigkeiten bei der Bewertung der vertragschließenden Unternehmen aufgetreten sind.

(2) § 293a Abs. 2 und 3 ist entsprechend anzuwenden.

Schrifttum: Vgl. Angaben zu § 293a.

Übersicht

	Rn.		Rn.
I. Normzweck	1, 2	IV. Ausnahmen	11, 12
II. Berichtspflicht und Form	3, 4	V. Rechtsfolgen	13, 14
III. Berichtsinhalt	5–10		

I. Normzweck

1 § 293e ist durch das UmwBerG[1] nach dem Vorbild von § 12 UmwG eingeführt worden. Die Vorschrift bestimmt, dass die Vertragsprüfer einen Bericht zu erstatten haben und legt dessen Inhalt fest. Wichtigster Bestandteil ist die in Abs. 1 S. 2 vorgeschriebene Schlusserklärung über die Angemessenheit des vorgeschlagenen Ausgleichs bzw. der vorgeschlagenen Abfindung. **Zweck** der Regelung ist zum einen der **Schutz** der **außenstehenden Aktionäre** gegen eine zu niedrige Festsetzung des Ausgleichs und der Abfindung. Zum anderen soll sie gewährleisten, dass die Vertragsprüfung zur **Entlastung** des **Spruchverfahrens** beiträgt.[2]

2 Die Vorschrift soll nach hM praktisch nur für die Unternehmensverträge iSv § 291 von Bedeutung sein. So wird vertreten, dass sie nur auf Beherrschungs- und Gewinnabführungsverträge anwendbar sei, da bei den Unternehmensverträgen des § 292 eine Prüfung keinen Sinn ergebe.[3] Nach anderer Ansicht kommt eine teleologische Reduktion der Vorschrift zwar nicht in Betracht. Doch könne der Bericht über die Prüfung eines Unternehmensvertrags iSv § 292 nur einen reduzierten Inhalt haben. Eine Schlusserklärung sei nicht abzugeben, da die betreffenden Verträge keinen Ausgleich und keine Abfindung vorsehen müssten.[4] Beide Ansichten sind abzulehnen. Die Prüfung ergibt auch bei den Verträgen des § 292 Sinn (→ § 293a Rn. 3 zum Bericht!). Insbesondere haben die Vertragsprüfer zu prüfen, ob die vom Vorstand im Bericht niedergelegten Erwägungen zur Angemessenheit der vom Vertragspartner versprochenen Gegenleistung plausibel sind (→ § 293a Rn. 14). Über das Ergebnis dieser Prüfung haben sie zu berichten.

II. Berichtspflicht und Form

3 Berichtspflichtig sind nach § 293e Abs. 1 S. 1 die bestellten Vertragsprüfer. Sofern das Gericht für die vertragsschließenden Gesellschaften jeweils unterschiedliche Prüfer bestellt hat, können diese den Bericht analog § 12 Abs. 1 S. 2 UmwG gemeinsam erstatten.[5] Der Bericht über die Prüfung eines Vertrags iSv § 291 ist den Vorständen beider vertragsschließenden Gesellschaften zuzuleiten, der Bericht über die Prüfung eines Vertrags iSv § 292 nur dem Vorstand der Gesellschaft, die sich zur Erbringung der vertragstypischen Leistung verpflichtet. Dies ist zwar in § 293e nicht explizit festge-

---

[1] Gesetz zur Bereinigung des Umwandlungsrechts v. 28.10.1994, BGBl. 1994 I 3210.
[2] MüKoAktG/*Altmeppen* Rn. 1; Emmerich/Habersack/*Emmerich* Rn. 4; Hüffer/Koch/*Koch* Rn. 1. Zur Entlastungsfunktion der Vertragsprüfung → § 293b Rn. 1.
[3] MüKoAktG/*Altmeppen* Rn. 2; *Altmeppen* ZIP 1998, 1853 ff.; sympathisierend Emmerich/Habersack/*Emmerich* Rn. 3.
[4] Hüffer/Koch/*Koch* Rn. 8.
[5] MüKoAktG/*Altmeppen* Rn. 3; Emmerich/Habersack/*Emmerich* Rn. 7; Großkomm AktG/*Mülbert* Rn. 7.

legt, folgt aber aus den Auslegungs- und sonstigen Pflichten, die das Gesetz in § 293f Abs. 1 Nr. 3, § 293g Abs. 1 und § 293f Abs. 2 vorsieht.[6]

Der **Prüfungsbericht** ist nach § 293e Abs. 1 S. 1 **schriftlich** zu **erstatten.** Dies bedeutet, dass die Vertragsprüfer den Bericht eigenhändig durch Namensunterschrift oder mittels notariell beglaubigten Handzeichens zu unterschreiben haben (§ 126 Abs. 1 BGB). Die elektronische Form anstelle der Schriftform ist auf Grund der Pflicht, den Bericht vor und in der Hauptversammlung auszulegen (§ 293f Abs. 1 Nr. 3, § 293g Abs. 1), ausgeschlossen (vgl. § 126 Abs. 3 BGB).[7] 4

III. Berichtsinhalt

Die Vertragsprüfer haben nach § 293e Abs. 1 S. 1 über das **Ergebnis ihrer Prüfung** zu berichten. Hieraus folgt, dass das abschließende Urteil mitzuteilen ist; der gesamte Prüfungsvorgang braucht nicht geschildert werden.[8] Im Bericht sind zum einen die in § 293e Abs. 1 festgelegten Angaben zu machen (→ Rn. 7 ff.). Dabei ist es nicht notwendig, die Ausführungen durch Zahlen und sonstige Daten zu untermauern, da die Vertragsprüfer nach dem eindeutig formulierten Wortlaut des Gesetzes nur über das Ergebnis der Prüfung zu berichten haben.[9] Zum anderen haben die Vertragsprüfer zur Vollständigkeit des Vertragsinhalts Stellung zu nehmen (→ Rn. 6). Ob und in welchem Umfang sie weitere Ausführungen zur Prüfung machen, steht in ihrem pflichtgemäßen Ermessen.[10] 5

Im Prüfungsbericht ist erstens zu erklären, welcher **Unternehmensvertrag** geschlossen wurde und ob die für den betreffenden Unternehmensvertrag **typischen Leistungen** und **Gegenleistungen** vorgesehen sind.[11] In diesem Zusammenhang haben die Vertragsprüfer auch darüber zu berichten, ob die vom Partner eines Unternehmensvertrags iSv § 292 versprochene Gegenleistung entsprechend den vom Vorstand der Gesellschaft gemachten Angaben angemessen ist.[12] 6

Zweitens hat der Bericht die sog. **Schlusserklärung** über die **Angemessenheit** von **Ausgleich** und **Abfindung** zu enthalten (§ 293e Abs. 1 S. 2). Dabei ist zu beachten, dass das Gesetz in § 293e Abs. 1 S. 3 einen bestimmten Mindestinhalt vorgibt. 7

So ist anzugeben, nach **welchen Methoden Ausgleich** und **Abfindung ermittelt** worden sind **(§ 293e Abs. 1 S. 3 Nr. 1).** Mit dem Begriff der Methoden ist das Bewertungsverfahren gemeint.[13] Sofern das beherrschende Unternehmen den außenstehenden Aktionären eine **variablen Ausgleich** (§ 304 Abs. 2 S. 2) oder eine **Abfindung in Aktien** (§ 305 Abs. 2 Nr. 1, 2) anbietet, haben die Vertragsprüfer zu kontrollieren, ob der **Unternehmenswert beider Vertragsparteien** ordnungsgemäß ermittelt und die **Wertrelation** zutreffend **festgelegt** wurde; dies ist bei der Angabe der Methoden zu berücksichtigen.[14] Sieht der Vertrag eine **Barabfindung** vor (§ 305 Abs. 2 Nr. 2, 3), können sich die Vertragsprüfer darauf beschränken, die Ermittlung des **Unternehmenswerts** der **Gesellschaft** zu prüfen; entsprechend haben sie nur zu der hierbei angewandten Methode Stellung zu nehmen. Nach zutreffender hM haben die Vertragsprüfer auch die Angemessenheit eines **festen Ausgleichs** (§ 304 Abs. 2 S. 1, Abs. 1 S. 2) zu verifizieren, so dass sie ebenfalls über die hierbei angewandte Methode berichten müssen.[15] Es genügt in der Regel, die **Ertragswertmethode** anzugeben und zu erläutern, in welcher Weise diese angewandt wurde, insbesondere ob die pauschale Methode, die Phasenmethode oder eine Kombination dieser beiden Methoden[16] zugrunde gelegt wurde.[17] 8

Ferner hat der Bericht die Angabe zu enthalten, **aus welchen Gründen** die **Anwendung** der **gewählten Methoden angemessen** ist (§ 293e Abs. 1 S. 3 Nr. 2). Diese Erklärung ist im Unter- 9

---

[6] MüKoAktG/*Altmeppen* Rn. 4; Hüffer/Koch/*Koch* Rn. 2.
[7] Emmerich/Habersack/*Emmerich* Rn. 7; AA K. Schmidt/Lutter/*Langenbucher* Rn. 3; Großkomm AktG/*Mülbert* Rn. 10.
[8] Emmerich/Habersack/*Emmerich* Rn. 5.
[9] Hüffer/Koch/*Koch* Rn. 6; MHdB AG/*Krieger* § 70 Rn. 37; wohl auch Großkomm AktG/*Mülbert* Rn. 20; vgl. zur Verschmelzung OLG Hamm AG 1989, 31 (33); Lutter/*Drygala* UmwG § 12 Rn. 7; *Rodewald* BB 1992, 237 (240); Schmitt/Hörtnagl/Stratz/*Stratz* UmwG § 12 Rn. 18. AA MüKoAktG/*Altmeppen* Rn. 11–13; Emmerich/Habersack/*Emmerich* Rn. 16; vgl. zur Verschmelzung OLG Karlsruhe AG 1990, 35 (37 f.); LG Frankenthal AG 1990, 549 (551); *Bayer* AG 1988, 323 (328); vgl. zur Eingliederung LG Berlin AG 1996, 230 (232).
[10] MüKoAktG/*Altmeppen* Rn. 5; *Humbeck* BB 1995, 1893 (1897).
[11] → § 293b Rn. 4–8. Ähnlich MüKoAktG/*Altmeppen* Rn. 6 zur Prüfung der Unternehmensverträge des § 291.
[12] Str.; wie hier Großkomm AktG/*Mülbert* Rn. 22; aA die hM. Hierzu und zum Umfang des Prüfungsrechts → § 293b Rn. 8.
[13] Großkomm AktG/*Mülbert* Rn. 15.
[14] MüKoAktG/*Altmeppen* Rn. 7; Hüffer/Koch/*Koch* Rn. 4.
[15] MüKoAktG/*Altmeppen* Rn. 8; Hüffer/Koch/*Koch* Rn. 4.
[16] Zu diesen Ausprägungen der Ertragswertmethode → § 305 Rn. 69.
[17] Emmerich/Habersack/*Emmerich* Rn. 9 f. AA wohl MüKoAktG/*Altmeppen* Rn. 9.

§ 293f

schied zu den nach Nr. 1 der Vorschrift erforderlichen Ausführungen in der Regel von geringerer Bedeutung, da sich zur Ermittlung eines Unternehmenswerts das Ertragswertverfahren durchgesetzt hat und von den Gerichten durchweg akzeptiert wird. Allerdings kann es erforderlich sein, darüber zu berichten, ob die einzelnen Elemente der Bewertungsmethode in sachgerechter Weise angewendet wurden. Dies kann beispielsweise erforderlich sein in Bezug auf die Höhe des Kapitalisierungszinssatzes, die Abgrenzung des nicht betriebsnotwendigen Vermögens sowie die Berücksichtigung von Verbundeffekten.[18]

10 Schließlich ist anzugeben, **welcher Ausgleich** oder **welche Abfindung** sich **bei der Anwendung verschiedener Methoden,** sofern mehrere angewandt worden sind, **jeweils ergeben würde**; zugleich ist darzulegen, welches Gewicht den verschiedenen Methoden bei der Bestimmung des vorgeschlagenen Ausgleichs oder der vorgeschlagenen Abfindung und der ihnen zugrunde liegenden Werte beigemessen worden ist und welche besonderen Schwierigkeiten bei der Bewertung der vertragsschließenden Unternehmen aufgetreten sind. Solche Ausführungen können zum einen erforderlich sein, wenn wegen der geringeren Ertragskraft der abhängigen Gesellschaft ausnahmsweise unterschiedliche Bewertungsmethoden zugrunde gelegt wurden.[19] Zum anderen können andere Ausprägungen der Ertragswertmethode (pauschale Methode, Phasenmethode oder eine Kombination dieser beiden Methoden) angewandt worden sein.[20] In diesen Fällen ist über das Ergebnis der Vergleichsrechnungen zu berichten.

IV. Ausnahmen

11 In den Bericht brauchen **Tatsachen nicht aufgenommen** zu werden, deren **Bekanntwerden geeignet** ist, einem der vertragschließenden oder einem verbundenen Unternehmen einen nicht unerheblichen **Nachteil zuzufügen.** In diesem Fall sind in dem Bericht die Gründe, aus denen die Tatsachen nicht aufgenommen werden, darzulegen (§ 293e Abs. 2 iVm § 293a Abs. 2).[21] Die Vorschrift dürfte in der Regel keine praktische Bedeutung haben, da der Prüfungsbericht sich nur auf das Ergebnis der Prüfung erstreckt und daher keine Einzelangaben enthält. Die Vertragsprüfer sind allerdings auch verpflichtet, geheimhaltungsbedürftige Tatsachen nicht anzugeben. Anderenfalls können sie zum Schadensersatz verpflichtet sein (§ 293d Abs. 2 iVm § 323 HGB).[22]

12 § 293e Abs. 2 erklärt schließlich § 293a Abs. 3 für anwendbar. Der Prüfungsbericht ist folglich nicht erforderlich, wenn alle Anteilsinhaber aller beteiligten Unternehmen auf seine Erstattung durch öffentlich beglaubigte Erklärung verzichten. Grund für diese Ausnahmeregelung ist es, unnötige Kosten zu vermeiden.[23]

V. Rechtsfolgen

13 Sofern der **Prüfungsbericht** nicht erstattet wurde, beruht der **Hauptversammlungsbeschluss** auf einer Gesetzesverletzung und ist **anfechtbar** (§ 243 Abs. 1).[24] Ferner darf das Bestehen des Vertrags nicht in das Handelsregister eingetragen werden.[25] Allerdings kann gem. § 246a ein Freigabebeschluss erwirkt werden.

14 Noch nicht geklärt ist, welche Bedeutung einem **fehlerhaften Bericht** zukommt. Da die Gesellschaft für die Vertragsprüfer nicht verantwortlich gemacht werden kann, dürfte es vorzugswürdig sein, einen mangelhaften Bericht nicht als eine Gesetzesverletzung iSv § 243 Abs. 1 zu qualifizieren.[26] Eine andere Beurteilung kann aber bei schwerwiegenden Fehlern des Berichts in Betracht kommen.[27]

§ 293f Vorbereitung der Hauptversammlung

(1) Von der Einberufung der Hauptversammlung an, die über die Zustimmung zu dem Unternehmensvertrag beschließen soll, sind in dem Geschäftsraum jeder der beteiligten

---

[18] Emmerich/Habersack/*Emmerich* Rn. 11.
[19] MüKoAktG/*Altmeppen* Rn. 10; Hüffer/Koch/*Koch* Rn. 5.
[20] Emmerich/Habersack/*Emmerich* Rn. 13 f. (allerdings mit der noch weitergehenden Forderung von Vergleichsrechnungen bei unterschiedlichen Kapitalisierungszinssätzen, etc). AA wohl MüKoAktG/*Altmeppen* Rn. 10.
[21] Zu diesem Ausnahmetatbestand → § 293a Rn. 18–20.
[22] MüKoAktG/*Altmeppen* Rn. 20; Emmerich/Habersack/*Emmerich* Rn. 20.
[23] Vgl. zu den Einzelheiten → § 293a Rn. 21 ff.
[24] MüKoAktG/*Altmeppen* Rn. 23; Emmerich/Habersack/*Emmerich* Rn. 21; *Humbeck* BB 1995, 1893 (1898). Vgl. zur Eingliederung LG Berlin AG 1996, 230 (232).
[25] Emmerich/Habersack/*Emmerich* Rn. 22.
[26] KG AG 2009, 30 (35).
[27] Hierzu auch → § 293b Rn. 15.

Aktiengesellschaften oder Kommanditgesellschaften auf Aktien zur Einsicht der Aktionäre auszulegen
1. der Unternehmensvertrag;
2. die Jahresabschlüsse und die Lageberichte der vertragschließenden Unternehmen für die letzten drei Geschäftsjahre;
3. die nach § 293a erstatteten Berichte der Vorstände und die nach § 293e erstatteten Berichte der Vertragsprüfer.

(2) Auf Verlangen ist jedem Aktionär unverzüglich und kostenlos eine Abschrift der in Absatz 1 bezeichneten Unterlagen zu erteilen.

(3) Die Verpflichtungen nach den Absätzen 1 und 2 entfallen, wenn die in Absatz 1 bezeichneten Unterlagen für denselben Zeitraum über die Internetseite der Gesellschaft zugänglich sind.

Schrifttum: Vgl. Angaben zu § 293a.

§ 293f regelt die Pflichten der beteiligten Gesellschaften zur Auslegung bestimmter Unterlagen vor der Hauptversammlung. Die Vorschrift ist durch das UmwBerG[1] eingeführt worden. Sie entspricht weitgehend § 293 Abs. 3 S. 2 und 3 aF, geht allerdings über die alte Regelung hinaus, da sie auch die Auslegung der Jahresabschlüsse, Lageberichte und der Berichte des Vorstandes sowie der Vertragsprüfer verlangt. Die Einberufung der Hauptversammlung bestimmt sich nach den §§ 121 ff. In der Bekanntmachung der Tagesordnung für die Hauptversammlung ist daher der wesentliche Inhalt des Vertrags wiederzugeben (§ 124 Abs. 2 S. 2). Der durch das ARUG[2] neu geschaffene Abs. 3 befreit im Zusammenspiel mit dem neuen § 124a von den Pflichten zur Auslegung und zur Erteilung von Abschriften.

Zweck der **Norm** ist es, die Aktionäre in die Lage zu versetzen, sich über den **Unternehmensvertrag**, insbesondere über die vorgeschlagene Höhe des **Ausgleichs** und der **Abfindung** zu **unterrichten**, so dass sie in der Hauptversammlung ihr Stimmrecht effektiv ausüben können.

Die in § 293f erfasste Pflicht zur Auslage von Unterlagen besteht, wenn die Hauptversammlung einer am Vertrag beteiligten Gesellschaft dem Unternehmensvertrag gem. § 293 Abs. 1 oder Abs. 2 zustimmen muss. Folglich sind die Auslegungspflichten von der abhängigen bzw. zur Erbringung der vertragstypischen Leistung verpflichteten Gesellschaft immer (vgl. § 293 Abs. 1) zu beachten. Der andere Vertragsteil hat die Unterlagen nur bei einem Beherrschungs-, Gewinnabführungs- oder Geschäftsführungsvertrag (vgl. § 293 Abs. 2) auszulegen.

§ 293f Abs. 1 Nr. 1 verlangt die Auslegung des **Unternehmensvertrags**. Es ist der gesamte Vertragstext, über den die Hauptversammlung beschließen soll, zugänglich zu machen; dies schließt Nebenabreden und Anlagen, die mit dem Vertrag eine rechtliche Einheit (§ 139 BGB) bilden, ein.[3] Ferner sind die **Jahresabschlüsse** und **Lageberichte** der vertragsschließenden Unternehmen für die letzten drei Geschäftsjahre auszulegen (Nr. 2). Es genügt nicht, die Jahresabschlüsse in englischer Sprache zur Verfügung zu stellen.[4] Auszulegen sind nur die vorhandenen Unterlagen. Sofern die Gesellschaft noch keine drei Jahre besteht, können folglich nur die bereits vorliegenden Abschlüsse ausgelegt werden.[5] Die nachträgliche Erstellung von Lageberichten, beispielsweise für kleine Kapitalgesellschaften (vgl. § 267 Abs. 1 HGB), oder die vorfristige Aufstellung eines Jahresabschlusses ist nicht erforderlich.[6] Ebenso wenig wird nach Wortlaut sowie Sinn und Zweck des Gesetzes die Korrektur etwaiger Mängel vorliegender Abschlüsse verlangt.[7] Unter dem „letzten" Geschäftsjahr ist dasjenige zu verstehen, für das ein Jahresabschluss nebst Lagebericht bereits festgestellt wurde oder hätte vorliegen müssen.[8] Schließlich müssen die **Vertragsberichte** der Vorstände (§ 293a) und die **Berichte der Vertragsprüfer** (§ 293e) ausgelegt werden (Nr. 3). Nicht auslegungspflichtig sind der Konzernabschluss und -lagebericht (vgl. §§ 290 ff. HGB).[9] Soweit auf die Erstattung des Vorstands- bzw. des Prüfungsberichts verzichtet wurde (§ 293a Abs. 3, § 293b Abs. 2, § 293e Abs. 2), entfällt naturgemäß die Auslegungspflicht.

---
[1] Gesetz zur Bereinigung des Umwandlungsrechts v. 28.10.1994, BGBl. 1994 I 3210.
[2] Gesetz zur Umsetzung der Aktionärsrechterichtlinie v. 30.7.2009, BGBl. 2009 I 2479.
[3] Emmerich/Habersack/*Emmerich* Rn. 7.
[4] OLG München ZIP 2009, 718 (721).
[5] Bürgers/Körber/*Schenk* Rn. 4.
[6] In diesem Sinne zur gleichlautenden Regelung im UmwG etwa Schmitt/Hörtnagl/Stratz/*Stratz* UmwG § 49 Rn. 6; Semler/Stengel/*Reichert* Rn. 8; zu § 293f wohl auch KG AG 2009, 30 (36).
[7] KG AG 2009, 30 (36).
[8] MüKoAktG/*Altmeppen* Rn. 6; Emmerich/Habersack/*Emmerich* Rn. 8; *Vetter* NZG 1999, 925 (929).
[9] KG AG 2009, 30 (36); Großkomm AktG/*Mülbert* Rn. 20; ebenso zu § 327c Abs. 3 BGHZ 180, 154 (167).

5   Die Unterlagen sind **vom Tag** der **Einberufung an** in dem **Geschäftsraum jeder** der **beteiligten Gesellschaften** auszulegen. Es muss sich um einen Geschäftsraum am **Sitz** der **Hauptverwaltung** der Gesellschaft handeln,[10] der von den Aktionären während der normalen Geschäftszeit betreten werden kann.[11] Die Gesellschaft hat allerdings das Recht, von den Aktionären zu verlangen, dass diese sich als solche ausweisen.[12] Es ist nicht notwendig, die Aktionäre in der Einberufung der Hauptversammlung auf ihre Rechte gem. § 293f hinzuweisen. Es empfiehlt sich jedoch, sie auf diese Weise zu informieren.[13]

6   Die Auslegungspflichten sind in einer AG durch deren Vorstand und in einer KGaA durch deren persönlich haftenden Gesellschafter zu erfüllen (§ 278 Abs. 2, § 283). Die Mitglieder des Vorstands bzw. der Komplementär einer KGaA kann durch Festsetzung von Zwangsgeld zur Einhaltung der Pflichten angehalten werden (§ 407 Abs. 1 S. 1).

7   Nach § 293f Abs. 2 ist **jedem Aktionär** auf **Verlangen** unverzüglich (ohne schuldhaftes Zögern, § 121 Abs. 1 S. 1 BGB) und kostenlos eine **Abschrift** der in Abs. 1 bezeichneten Unterlagen zu **erteilen.** Es genügt eine einfache Abschrift.[14] Der Anspruch des Aktionärs auf Erteilung einer Abschrift kann mittels Klage durchgesetzt werden[15] und erlischt mit Ablauf der Hauptversammlung.[16]

8   § 293f Abs. 3 befreit die Gesellschaft von den Pflichten zur Auslegung und zur Erteilung von Abschriften, wenn die in Abs. 1 genannten **Unterlagen** von der Einberufung der Hauptversammlung an über die **Internetseite** der Gesellschaft **zugänglich** sind. Dies soll zugleich den Bürokratieaufwand für die Gesellschaften verringern und den ortsfremden Aktionären den Zugang zu den Informationen erleichtern.[17] Über die Internetseite der Gesellschaft werden die Aktionäre nach § 121 Abs. 3 Nr. 4 bei börsennotierten Gesellschaften mit der Einberufung der Hauptversammlung informiert. Für börsennotierte Gesellschaften besteht nach § 124a Nr. 3 ohnehin die Pflicht, die der Versammlung zugänglich zu machenden Unterlagen alsbald nach der Einberufung der Hauptversammlung auf ihrer Internetseite zugänglich zu machen. Die Voraussetzungen von Abs. 3 sind aber insofern enger, als die Unterlagen hiernach zeitgleich mit der Einberufung zur Verfügung gestellt werden müssen und auch nicht börsennotierte Gesellschaften erfasst sind. Insoweit behält § 293f einen eigenständigen Regelungsgehalt. Die Gesetzesbegründung hält die traditionelle Auslegung besonders für kleinere geschlossene Gesellschaften für geeignet.[18] Außerdem wird klargestellt, dass die in Abs. 1 genannten Unterlagen den Aktionären zugänglich zu machen sind. Dies wird für den Verweis in § 293g benötigt. Ähnliche Erleichterungen hat das ARUG auch in § 52 Abs. 2, § 179a Abs. 2, § 319 Abs. 3, § 327c Abs. 5 AktG und § 62 Abs. 3 UmwG, § 63 Abs. 4 UmwG, § 230 Abs. 2 UmwG eingeführt.

9   Kürzere Unterbrechungen der Internetverbindung zur Systemwartung, oder die nur leicht fahrlässig von der Gesellschaft herbeigeführt werden, beeinträchtigen die Erfüllung der Pflicht zur Zugänglichmachung nicht.[19]

10 Bei einem Verstoß gegen § 293f beruht der Hauptversammlungsbeschluss auf einer Gesetzesverletzung und ist anfechtbar (§ 243 Abs. 1).[20]

§ 293g Durchführung der Hauptversammlung

(1) In der Hauptversammlung sind die in § 293f Abs. 1 bezeichneten Unterlagen zugänglich zu machen.

(2) ¹Der Vorstand hat den Unternehmensvertrag zu Beginn der Verhandlung mündlich zu erläutern. ²Er ist der Niederschrift als Anlage beizufügen.

(3) Jedem Aktionär ist auf Verlangen in der Hauptversammlung Auskunft auch über alle für den Vertragschluß wesentlichen Angelegenheiten des anderen Vertragsteils zu geben.

Schrifttum: Vgl. Angaben zu § 293a.

---

[10] Emmerich/Habersack/*Emmerich* Rn. 4. Vgl. zur Verschmelzung Lutter/*Grunewald* UmwG § 63 Rn. 2; Kallmeyer/*Marsch-Barner* UmwG § 63 Rn. 2. AA MüKoAktG/*Altmeppen* Rn. 4 (idR Geschäftsraum am Sitz der Hauptverwaltung der Gesellschaft).
[11] Emmerich/Habersack/*Emmerich* Rn. 4.
[12] Emmerich/Habersack/*Emmerich* Rn. 4; Hüffer/Koch/*Koch* § 175 Rn. 5.
[13] MüKoAktG/*Altmeppen* Rn. 4; Emmerich/Habersack/*Emmerich* Rn. 5.
[14] Hüffer/Koch/*Koch* Rn. 4.
[15] MüKoAktG/*Altmeppen* Rn. 10; Emmerich/Habersack/*Emmerich* Rn. 10.
[16] Großkomm AktG/*Mülbert* Rn. 27. AA K. Schmidt/Lutter/*Langenbucher* Rn. 14.
[17] Begr RegE ARUG BR-Drs. 847/08, 66 iVm 34 f.
[18] Begr RegE ARUG BR-Drs. 847/08, 66 iVm 35.
[19] Begr RegE ARUG BR-Drs. 847/08, 66 iVm 35.
[20] OLG München AG 1996, 327; MüKoAktG/*Altmeppen* Rn. 12; Emmerich/Habersack/*Emmerich* Rn. 11.

Übersicht

	Rn.		Rn.
I. Normzweck	1, 2	1. Anwendungsbereich und Verhältnis zu §§ 131, 132	8, 9
II. Zugänglichmachung der Unterlagen (Abs. 1)	3	2. Verpflichteter	10, 11
III. Erläuterung des Unternehmensvertrags (Abs. 2)	4–7	3. Umfang	12
		4. Schranken	13
IV. Auskunftsrecht der Aktionäre (Abs. 3)	8–13	V. Rechtsfolge	14

I. Normzweck

§ 293g ist durch das UmwBerG[1] eingeführt worden und enthält Regelungen über die bei der Durchführung der Hauptversammlung zu beachtenden Pflichten, die im Wesentlichen bereits in § 293 Abs. 3 S. 4 bis 6, Abs. 4a F vorgesehen waren. Abs. 1 wurde durch das ARUG[2] weiter gefasst Die **Vorschrift** ist – ebenso wie § 293f – **anzuwenden,** wenn die **Hauptversammlung** gem. § 293 Abs. 1 oder gem. § 293 Abs. 2 über einen Unternehmensvertrag **beschließt.** Im Falle eines Beherrschungs-, Gewinnabführungs- oder Geschäftsführungsvertrags sind folglich die Hauptversammlungen der herrschenden und der abhängigen Gesellschaft nach § 293g durchzuführen.

Zweck der Norm ist es, die Aktionäre in die Lage zu versetzen, sich über den Unternehmensvertrag, insbesondere über die vorgeschlagene Höhe des Ausgleichs und der Abfindung zu unterrichten, so dass sie ihr Stimmrecht effektiv ausüben können.

II. Zugänglichmachung der Unterlagen (Abs. 1)

Nach Sinn und Zweck der Vorschrift (→ Rn. 2) muss gewährleistet sein, dass die Aktionäre auf den **Unternehmensvertrag,** die **Jahresabschlüsse** und die **Berichte** (→ § 293f Rn. 4) zugreifen können. In der Hauptversammlung sind deshalb die in § 293f Abs. 1 bezeichneten Unterlagen **zugänglich zu machen** (§ 293g Abs. 1). Die Zugänglichmachung ersetzt seit dem ARUG die bisherige Auslegung. Den Gesellschaften wird dadurch die Möglichkeit gegeben, ihren Aktionären diverse Informationen nur noch über ihre Internetseiten zur Verfügung zu stellen (vgl. § 124a). Weiterhin ausreichend ist die **Auslegung** der Unterlagen. Diese sollten in dem Raum ausgelegt werden, in dem die Hauptversammlung stattfindet.[3] Nicht zu beanstanden ist es, wenn sich die Unterlagen im Original auf dem Notartisch und in Kopie am Informationstisch befinden.[4] Es ist aber nicht ausreichend, wenn sie ohne einen entsprechenden Hinweis durch einen Mitarbeiter verwahrt werden, der die Unterlagen nur auf Verlangen der Aktionäre herausgibt.[5] Ferner ist darauf zu achten, dass genügend Exemplare vorhanden sind.[6] Alternativ können Computer-Terminals in ausreichender Anzahl bereitgehalten werden, an denen die Aktionäre die Unterlagen mit Zugriff auf die Internetseite oder auch offline in elektronischer Form einsehen können.[7] Insbesondere bei der Online-Teilnahme nach § 118 Abs. 1 S. 2 ermöglicht nur dies die hinreichende Information der Aktionäre. Auch auf diese Möglichkeit ist deutlich hinzuweisen. Die Pflicht zur Zugänglichmachung besteht bis zum Ende der Beschlussfassung über den Unternehmensvertrag.[8]

III. Erläuterung des Unternehmensvertrags (Abs. 2)

Der **Unternehmensvertrag** ist zu Beginn der Verhandlung über die Beschlussfassung **mündlich zu erläutern** (§ 293g Abs. 2 S. 1). Diese Pflicht war bereits in § 293 Abs. 3 S. 5 aF vorgesehen und in der Gesetzgebungsphase damit begründet worden, dass die Verlesung des möglicherweise schwer verständlichen Wortlauts zur Unterrichtung der Aktionäre weder erforderlich noch ausreichend sei.[9]

---

[1] Gesetz zur Bereinigung des Umwandlungsrechts v. 28.10.1994, BGBl. 1994 I 3210.
[2] Gesetz zur Umsetzung der Aktionärsrechterichtlinie v. 30.7.2009, BGBl. 2009 I 2479.
[3] MüKoAktG/*Altmeppen* Rn. 3.
[4] OLG München v. 6.8.2008 – 7 U 3905/06, BeckRS 2009, 12208.
[5] Vgl. OLG Frankfurt DB 1992, 2492; MüKoAktG/*Altmeppen* Rn. 3; Emmerich/Habersack/*Emmerich* Rn. 5.
[6] MüKoAktG/*Altmeppen* Rn. 3; Emmerich/Habersack/*Emmerich* Rn. 5.
[7] Vgl. Begr RegE ARUG BR-Drs. 847/08, 66 iVm 35.
[8] MüKoAktG/*Altmeppen* Rn. 4; Bürgers/Körber/*Schenk* Rn. 2; weitergehend Emmerich/Habersack/*Emmerich* Rn. 5.
[9] AusschußB *Kropff* S. 382.

5   Der Vorstand muss einen zusammenfassenden mündlichen Vortrag halten. Dabei hat er vor allem auf die **Gründe** für den **Abschluss** des **Vertrags** sowie dessen **Auswirkungen** für die **Gesellschaft** und deren außenstehende **Aktionäre** einzugehen.[10] Einen Schwerpunkt des Vortrags bilden Ausführungen zur Angemessenheit des Ausgleichs und der Abfindung.[11] Bei Unternehmensverträgen iSv § 292 ist zu erläutern, aus welchen Gründen die vom Vertragspartner versprochene Gegenleistung angemessen ist.[12] Da die Aktionäre die Möglichkeit haben, sich durch die Lektüre des Vorstandsberichts (§ 293a) und des Berichts der Vertragsprüfer (§ 293e) über den Unternehmensvertrag zu informieren, kann sich der Vorstand auf eine Zusammenfassung der wesentlichen Aspekte beschränken.[13] Über den Umfang des Vortrags entscheidet er nach eigenem pflichtgemäßen Ermessen.[14] Der Vorstand hat in einer den Aktionären verständlichen Sprache vorzutragen; juristische Fachtermini sollte er möglichst vermeiden.[15]

6   Auf **Tatsachen**, die der Vorstand wegen **vorrangiger Geheimhaltungsinteressen** der Gesellschaft gem. § 293a Abs. 2 nicht in den Vertragsbericht aufgenommen hat, ist in der Hauptversammlung **nicht einzugehen**.[16]

7   Der Unternehmensvertrag ist gem. § 293g Abs. 1 S. 2 der Niederschrift der Sitzung der Hauptversammlung (§ 130 Abs. 1) als Anlage beizufügen, so dass urkundlich festgehalten ist, welchem Wortlaut die Hauptversammlung zugestimmt hat.[17] Notwendig ist eine notarielle Niederschrift. Eine vom Vorsitzenden des Aufsichtsrats zu unterzeichnende Niederschrift reicht nicht aus, weil der Zustimmungsbeschluss einer Mehrheit von mindestens ¾ des vertretenen Grundkapitals (§ 293 Abs. 1 S. 2) bedarf (vgl. § 130 Abs. 1 S. 3).

IV. Auskunftsrecht der Aktionäre (Abs. 3)

8   **1. Anwendungsbereich und Verhältnis zu §§ 131, 132.** Das allgemeine Auskunftsrecht des Aktionärs (§ 131) erstreckt sich auf die Angelegenheiten der Gesellschaft sowie die rechtlichen und geschäftlichen Beziehungen der Gesellschaft zu einem verbundenen Unternehmen (§ 131 Abs. 1 S. 1, 2). **§ 293g Abs. 3 erweitert** dieses **Auskunftsrecht**. So ist jedem Aktionär auf Verlangen in der Hauptversammlung Auskunft auch über alle für den Vertragsschluss **wesentlichen Angelegenheiten** des **anderen Vertragsteils** zu geben. Dies gilt für alle Unternehmensverträge und nicht nur für die Verträge des § 291.[18] Im Übrigen sind die §§ 131 und 132 grundsätzlich anwendbar. Insbesondere muss die Auskunft zur sachgemäßen Beurteilung des Tagesordnungspunktes „Zustimmung zum Unternehmensvertrag" erforderlich sein.[19] Ferner können die Aktionäre ihr Auskunftsrecht gem. § 132 durchsetzen.

9   Das Auskunftsrecht ist in der Hauptversammlung geltend zu machen, die über den Unternehmensvertrag entscheidet. Im Unterschied zu der früher in § 293 Abs. 4 getroffenen Regelung haben die Aktionäre auch dann ein Auskunftsrecht, wenn in der Hauptversammlung über einen Unternehmensvertrag iSv § 292 beschlossen wird.[20] Auskunftsberechtigt ist jeder Aktionär. Es ist ohne Belang, wenn er nur über wenige Aktien verfügt; sein Auskunftsverlangen ist in diesem Fall grundsätzlich nicht rechtsmissbräuchlich.[21]

10 **2. Verpflichteter.** Die Auskunft ist vom **Vorstand** der Gesellschaft zu geben. Ein Recht der Aktionäre, vom Vorstand des anderen Vertragsteils Auskunft zu verlangen, ist in § 293g Abs. 3 nicht vorgesehen. Folglich hat der auskunftspflichtige Vorstand dafür Sorge zu tragen, über die wesentlichen

---

[10] MüKoAktG/*Altmeppen* Rn. 6; Emmerich/Habersack/*Emmerich* Rn. 6; Hüffer/Koch/*Koch* Rn. 2; Kölner Komm AktG/*Koppensteiner* § 293g Rn. 6; MHdB AG/*Krieger* § 70 Rn. 41.
[11] MüKoAktG/*Altmeppen* Rn. 6; K. Schmidt/Lutter/*Langenbucher* Rn. 5.
[12] MüKoAktG/*Altmeppen* Rn. 6.
[13] MüKoAktG/*Altmeppen* Rn. 7; Emmerich/Habersack/*Emmerich* Rn. 7.
[14] MüKoAktG/*Altmeppen* Rn. 7.
[15] MüKoAktG/*Altmeppen* Rn. 6.
[16] Vgl. Emmerich/Habersack/*Emmerich* Rn. 8.
[17] RegBegr. *Kropff* S. 381. Vgl. BGH ZIP 1992, 395 (396); MüKoAktG/*Altmeppen* Rn. 8; Emmerich/Habersack/*Emmerich* Rn. 24; Hüffer/Koch/*Koch* Rn. 2.
[18] Emmerich/Habersack/*Emmerich* Rn. 12; Hüffer/Koch/*Koch* Rn. 3; vgl. auch KG AG 2003, 99 (101) zu einem Teilgewinnabführungsvertrag. AA MüKoAktG/*Altmeppen* Rn. 10 ff. (freilich auf der Grundlage seiner These, die §§ 293a ff. seien nur auf die Verträge des § 291 anzuwenden; → hierzu § 293a Rn. 2, 3).
[19] Emmerich/Habersack/*Emmerich* Rn. 12; BayObLG AG 1975, 325 (327); LG Frankfurt ZIP 1989, 1062 (1063).
[20] KG AG 2003, 99 (101); Emmerich/Habersack/*Emmerich* Rn. 9; Hüffer/Koch/*Koch* Rn. 3. AA MüKoAktG/*Altmeppen* Rn. 9; *Altmeppen* ZIP 1988, 1853 (1865).
[21] Vgl. BGHZ 119, 1 (17) zu § 293 aF (auch Kleinstaktionär mit nur einer einzigen Aktie ist anfechtungsberechtigt); MüKoAktG/*Altmeppen* Rn. 19; Emmerich/Habersack/*Emmerich* Rn. 13.

Angelegenheiten des Vertragspartners informiert zu sein, so dass er den Aktionären seiner Gesellschaft ordnungsgemäß Auskunft geben kann.²² Einen entsprechenden Anspruch hat die Gesellschaft gegenüber ihrem Vertragspartner grundsätzlich nicht. Im Einzelfall kann allerdings nach Treu und Glauben ein Auskunftsanspruch begründet sein.²³

In der Regel dürfte der Vorstand die erforderlichen Informationen freiwillig erhalten. Anderenfalls **11** ist es seine Pflicht, die Aktionäre auf seine ungenügende Kenntnislage hinzuweisen und ihnen zu empfehlen, dem Abschluss des Vertrags nicht zuzustimmen.²⁴

3. Umfang. Das erweiterte Auskunftsrecht der Aktionäre hat den Zweck, die Vermögensinter- **12** essen der Aktionäre zu schützen und ihnen die Möglichkeit einzuräumen, bei der Beschlussfassung über den Unternehmensvertrag ihr Stimmrecht effektiv auszuüben. Die Vorschrift ist daher weit auszulegen.²⁵ So können die Aktionäre Auskunft über die Bonität²⁶ des anderen Vertragsteils verlangen. Der Vorstand hat ferner Fragen über die Verhältnisse²⁷ sowie die Vermögens- und Ertragslage²⁸ des anderen Vertragsteils zu beantworten, insbesondere wenn sie für die Angemessenheit des vorgeschlagenen Ausgleichs und der vorgeschlagenen Abfindung von Bedeutung sind.²⁹

4. Schranken. Das Auskunftsrecht der Aktionäre nach § 293g Abs. 3 erweitert das allgemeine **13** Auskunftsrecht nach § 131. Die in dieser Vorschrift enthaltenen Regelungen sind grundsätzlich anwendbar (→ Rn. 8). Es stellt sich daher die Frage, ob dem Vorstand auch das allgemeine Auskunftsverweigerungsrecht gem. § 131 Abs. 3 S. 1 zusteht. Der BGH hat die Frage bislang offen gelassen.³⁰ Sie wird von einer verbreiteten Ansicht mit Hinweis auf den Wortlaut von § 293g sowie Sinn und Zweck der Vorschrift verneint.³¹ Dabei wird jedoch ausgeblendet, dass § 293g als spezielle Vorschrift lediglich den Anwendungsbereich der allgemeinen Vorschrift erweitert. Es ist auch nicht einsichtig, warum die Aktionäre der verpflichteten Gesellschaft berechtigt sein sollen, uneingeschränkt Auskunft über die Verhältnisse des anderen Vertragsteils zu verlangen, nicht aber dessen Aktionäre. Der Vorstand kann sich daher gegenüber einem erweiterten Auskunftsbegehren auf § 131 Abs. 3 berufen.³²

V. Rechtsfolge

Die Verletzung der in § 293g normierten Pflichten begründet eine Gesetzesverletzung, so dass **14** der Beschluss der Hauptversammlung – die Relevanz des Fehlers vorausgesetzt – gem. § 243 Abs. 1 grundsätzlich anfechtbar ist. Etwas anderes gilt, wenn der Vorstand bewertungsrelevante Auskünfte zu Unrecht verweigert hat. Die Aktionäre können diese Rechtsverletzung nur im Spruchverfahren geltend machen (§ 243 Abs. 4 S. 2 nF) (→ § 293 Rn. 31–33).

---

²² RegBegr. *Kropff* S. 382 zu § 293 aF; MüKoAktG/*Altmeppen* Rn. 17; Emmerich/Habersack/*Emmerich* Rn. 14; Hüffer/Koch/*Koch* Rn. 4.
²³ Vgl. BayObLG AG 1975, 78 (79); Emmerich/Habersack/*Emmerich* Rn. 16 f.
²⁴ Emmerich/Habersack/*Emmerich* Rn. 18. AA MüKoAktG/*Altmeppen* Rn. 17 und Hüffer/Koch/*Koch* Rn. 4 (entsprechende Empfehlung nur, wenn die erhaltenen Informationen zur Erstellung eines ordnungsgemäßen Vertragsberichts (§ 293a) nicht ausreichend waren); K. Schmidt/Lutter/*Langenbucher* Rn. 9.
²⁵ MüKoAktG/*Altmeppen* Rn. 15; Emmerich/Habersack/*Emmerich* Rn. 20.
²⁶ BGHZ 119, 1 (15 ff.) (Kapitalausstattung des herrschenden Unternehmens); Emmerich/Habersack/*Emmerich* Rn. 20.
²⁷ BGH AG 2003, 625 (627) sowie in der Vorinstanz KG AG 2003, 99 (101) (Beziehung des Vertragspartners eines Teilgewinnabführungsvertrags zu einem Dritten, im konkreten Fall aber mangels Wesentlichkeit der Angelegenheit verneint).
²⁸ BGHZ 119, 1 (15 f.); 122, 211 (238).
²⁹ BGHZ 122, 211 (237) (Wertansatz von Beteiligungen in der Bilanz, Ausweis von Steuerrückstellungen in der Bilanz); BayObLG AG 1975, 325 (327) (Gewinn des herrschenden Unternehmens); OLG Koblenz ZIP 2001, 1093 (1094) (*Diebels/Reginaris I*; Überschüsse in den letzten fünf Jahren, prognostizierte Endergebnisse, Art und Verkehrswert des nicht betriebsnotwendigen Vermögens); OLG Koblenz 2001, 1095 (1098) (*Diebels/Reginaris II*; Wertansatz der Aktien der abhängigen Gesellschaft in der Bilanz des herrschenden Unternehmens, Jahresergebnisse, Überschüsse, Verluste sowie Nettoumsatzrendite und Rentabilität des Eigenkapitals); MüKoAktG/*Altmeppen* Rn. 15; Emmerich/Habersack/*Emmerich* Rn. 20 f.
³⁰ BGHZ 119, 1 (16 f.) zu § 293 Abs. 4 aF.
³¹ MüKoAktG/*Altmeppen* Rn. 21; *Decher* ZHR 158 (1994) 473 (492); Emmerich/Habersack/*Emmerich* Rn. 23; Hüffer/Koch/*Koch* Rn. 5; wohl auch OLG München AG 1996, 327 (328).
³² BayObLG AG 1974, 224 (225) und LG Frankfurt AG 1989, 231 jew. zu § 293 Abs. 4 aF; *Bungert* DB 1995, 1449 (1451); *Spitze/Diekmann* ZHR 158 (1994) 447 (450 f.); Bürgers/Körber/*Schenk* Rn. 8; Großkomm AktG/*Mülbert* Rn. 32. Ebenso RegBegr. zu § 64 Abs. 2 UmwG, BT-Drs. 12/6699, 103.

§ 294 Eintragung. Wirksamwerden

(1) ¹Der Vorstand der Gesellschaft hat das Bestehen und die Art des Unternehmensvertrages sowie den Namen des anderen Vertragsteils zur Eintragung in das Handelsregister anzumelden; beim Bestehen einer Vielzahl von Teilgewinnabführungsverträgen kann anstelle des Namens des anderen Vertragsteils auch eine andere Bezeichnung eingetragen werden, die den jeweiligen Teilgewinnabführungsvertrag konkret bestimmt. ²Der Anmeldung sind der Vertrag sowie, wenn er nur mit Zustimmung der Hauptversammlung des anderen Vertragsteils wirksam wird, die Niederschrift dieses Beschlusses und ihre Anlagen in Urschrift, Ausfertigung oder öffentlich beglaubigter Abschrift beizufügen.

(2) Der Vertrag wird erst wirksam, wenn sein Bestehen in das Handelsregister des Sitzes der Gesellschaft eingetragen worden ist.

Schrifttum: *Baums*, Registerrechtliche Fragen bei mißbräuchlicher Anfechtung, in Timm (Hrsg), Mißbräuchliches Aktionärsverhalten, 1990, 85; *Heinze*, Einstweiliger Rechtsschutz in aktienrechtlichen Anfechtungs- und Nichtigkeitsverfahren, ZGR 1979, 293; *Hirte*, Mißbrauch aktienrechtlicher Anfechtungsklagen, BB 1988, 1469; *Hirte*, Grenzen der Vertragsfreiheit bei aktienrechtlichen Unternehmensverträgen, ZGR 1994, 644; *Hommelhoff*, Die Konzernleitungspflicht, 1982; *Hommelhoff*, Zur Kontrolle strukturändernder Gesellschafterbeschlüsse, ZGR 1990, 447; *Knepper*, Wirksamkeit von Unternehmensverträgen, DStR 1994, 377; *Köhler*, Rückabwicklung fehlerhafter Unternehmenszusammenschlüsse (Unternehmensvertrag, Eingliederung, Verschmelzung, Gemeinschaftsunternehmen), ZGR 1985, 307; *Krieger*, Inhalt und Zustandekommen von Beherrschungs- und Gewinnabführungsverträgen im Aktien- und GmbH-Recht, DStR 1992, 432; *Lüke*, Das Verhältnis von Auskunfts-, Anfechtungs- und Registerverfahren im Aktienrecht, ZGR 1990, 657; *Ries/Schulte*, Umstrittene Eintragungsfähigkeit bestimmter Veränderungen in das Handelsregister, GmbHR 2013, 345; *Schulte/Waechter*, Atypische stille Beteiligungen und § 294 AktG – neue Fassung, alte Probleme?, GmbHR 2002, 189; *Semler*, Vorfinanzierung zukünftigen Aktienkapitals durch stille Gesellschaften, FS Werner, 1984, 855; *Timm*, Mißbräuchliche Aktionärsklage einschließlich Abfindungsregelungen, in *Timm* (Hrsg.), Mißbräuchliches Aktionärsverhalten, 1990, 1; *Veil*, Klagemöglichkeiten bei Beschlussmängeln der Hauptversammlung nach dem UMAG, AG 2005, 570; *Vetter*, Eintragung des Unternehmensvertrags im Handelsregister des herrschenden Unternehmens?, AG 1994, 110.

Übersicht

	Rn.		Rn.
I. Normzweck	1	IV. Prüfung durch das Registergericht	14–22
II. Anwendungsbereich	2, 3	1. Zuständigkeit	14
III. Anmeldung (Abs. 1)	4–13	2. Umfang der Prüfung	15–22
1. Anmeldepflicht	4, 5	V. Eintragung	23–29
2. Form und Inhalt der Anmeldung	6–9	1. Wirkungen	25, 26
3. Beizufügende Unterlagen	10–13	2. Unrichtige Eintragung	27–29

I. Normzweck

1 Die Vorschrift verlangt die Anmeldung und Eintragung eines Unternehmensvertrags in das Handelsregister. Die **Eintragung** ist **Wirksamkeitsvoraussetzung** für den **Unternehmensvertrag**. Auf diese Weise soll zum einen eine ausreichende Unterrichtung der Öffentlichkeit, namentlich der Gläubiger sowie der gegenwärtigen und zukünftigen Aktionäre über den Abschluss eines Unternehmensvertrags sichergestellt werden.[1] Zum anderen dient die konstitutive Wirkung der Eintragung der Rechtssicherheit, da der Zeitpunkt des Wirksamwerdens des Unternehmensvertrags eindeutig festgelegt wird.[2] Die letzte Änderung erfuhr die Vorschrift durch das Gesetz über elektronische Register vom 10.12.2001, durch das eine Sonderregelung für Teilgewinnabführungsverträge eingeführt wurde.[3]

II. Anwendungsbereich

2 § 294 Abs. 1 verlangt die **Eintragung** eines **Unternehmensvertrags** in das **Handelsregister** der **Gesellschaft**. Die Vorschrift gilt auch für die Verträge, die analog § 292 als Unternehmensverträge zu qualifizieren sind (→ § 292 Rn. 50 ff.), wie beispielsweise Betriebsführungsverträge.[4] Nach einer verbreiteten Ansicht soll das Bestehen eines Beherrschungs- oder Gewinnabführungsvertrags außerdem in

---
[1] RegBegr. *Kropff* S. 382.
[2] RegBegr. *Kropff* S. 383; BGHZ 105, 324 (344); MüKoAktG/*Altmeppen* Rn. 1; Emmerich/Habersack/*Emmerich* Rn. 2; Hüffer/Koch/*Koch* Rn. 1.
[3] BGBl. 2001 I 3422; vgl. → Rn. 8.
[4] Vgl. Großkomm AktG/*Mülbert* Rn. 7.

das Handelsregister der herrschenden Gesellschaft einzutragen sein.[5] Deren zukünftige Aktionäre und Gläubiger hätten wegen der konzernrechtlichen Haftung gem. §§ 302, 303 und §§ 304, 305 ein berechtigtes Informationsinteresse. Diese Ansicht vermag nicht zu überzeugen.[6] Gegen ein entsprechendes Eintragungserfordernis spricht bereits der Wortlaut der Vorschrift.[7] Es ist auch kein unabweisbares Bedürfnis ersichtlich, welches die Eintragung im Handelsregister der herrschenden Gesellschaft rechtfertigen könnte. Ein Beherrschungs- bzw. Gewinnabführungsvertrag hat keine Auswirkungen auf die Struktur der herrschenden Gesellschaft.[8] Schließlich gewährleistet die Konzernrechnungslegung, dass sich die Öffentlichkeit über die vertraglichen Unternehmensverbindungen der herrschenden Gesellschaft unterrichten kann.[9]

Das Bestehen eines Unternehmensvertrags ist auch dann zur Eintragung in das Handelsregister anzumelden, wenn der Vertrag im Wege der Gesamtrechtsnachfolge[10] auf einen anderen Rechtsträger übergeht. Die Anmeldung obliegt dem übernehmenden Rechtsträger. Wirksamkeitsvoraussetzung ist die Eintragung in diesem Fall jedoch nicht.[11] Ein mit einer Kommanditgesellschaft als beherrschter Gesellschaft geschlossener Vertrag ist nicht in das Handelsregister einzutragen.[12] Dafür gibt es keine gesetzliche Grundlage. Anders verhält es sich mit einer GmbH; das Eintragungserfordernis ergibt sich aus einer entsprechenden Anwendung der §§ 53, 54 GmbHG.[13] Ist die GmbH herrschendes Unternehmen, ist § 293 Abs. 2 entsprechend anzuwenden. 3

III. Anmeldung (Abs. 1)

1. Anmeldepflicht. Die Verpflichtung zur Anmeldung obliegt in der AG dem **Vorstand** der 4 **vertragstypisch verpflichteten Gesellschaft**; in der KGaA dem persönlich haftenden Gesellschafter (§ 283 Nr. 1). Der Vorstand handelt hierbei im Namen der Gesellschaft[14] und mit der erforderlichen Anzahl seiner Mitglieder (vgl. § 78 Abs. 2). Zulässig sind auch unechte Gesamtvertretung (§ 78 Abs. 3) sowie die Ermächtigung einzelner Gesamtvertreter (§ 78 Abs. 4 S. 1).[15] Die Bevollmächtigung eines Dritten ist ebenfalls möglich, sofern sie sich auf die Anmeldung bezieht und § 12 Abs. 2 S. 1 HGB beachtet wird.[16]

Der Vorstand ist gegenüber der Gesellschaft aus dem Organverhältnis zur Anmeldung verpflichtet. 5 Aus § 407 Abs. 2 S. 1 folgt, dass es sich hierbei nicht um eine öffentlich-rechtliche, durch Festsetzung von **Zwangsgeld** (§ 14 HGB) durchsetzbare Pflicht der Gesellschaft handelt.[17] Allerdings kann der Vertragspartner von der Gesellschaft verlangen, das Bestehen des Vertrags zur Eintragung in das Handelsregister anzumelden.[18]

2. Form und Inhalt der Anmeldung. Die Anmeldung muss das **Bestehen** und die **Art** des 6 **Unternehmensvertrags** beinhalten (§ 294 Abs. 1 S. 1 Hs. 1). Dies bedeutet, dass der Vertrag mit dem Datum des Vertragsschlusses angemeldet und einem der Vertragstypen des § 291 Abs. 1 oder § 292 Abs. 1 zugeordnet werden muss.[19] Hierbei ist aus Gründen der Rechtssicherheit die gesetzliche

---

[5] LG Bonn AG 1993, 521 (522) zur GmbH vgl. auch OLG Celle GmbHR 2014, 1047 zur GmbH (offen gelassen); *Heckschen* DB 1989, 29 (30 f.); *Lutter* NJW 1988, 1240 (1242); *Schneider* WM 1986, 181 (187); *Hommelhoff*, Die Konzernleitungspflicht, 1982, 319 f.
[6] Vgl. *Vetter* AG 1994, 110 (112); MüKoAktG/*Altmeppen* Rn. 12 f.; Emmerich/Habersack/*Emmerich* Rn. 5; Hüffer/Koch/*Koch* Rn. 2; Kölner Komm AktG/*Koppensteiner* Rn. 5; K. Schmidt/Lutter/*Langenbucher* Rn. 2. Vgl. auch AG Erfurt AG 1997, 275 zur GmbH.
[7] Kölner Komm AktG/*Koppensteiner* Rn. 5; *Vetter* AG 1994, 110 (111); *Zeidler* NZG 1999, 692 (694).
[8] AG Erfurt AG 1997, 275; AG Duisburg AG 1997, 568; MüKoAktG/*Altmeppen* Rn. 13.
[9] AG Erfurt AG 1997, 275; AG Duisburg AG 1997, 568; Kölner Komm AktG/*Koppensteiner* Rn. 5; *Vetter* AG 1994, 110 (112).
[10] Vgl. zum Schicksal von Unternehmensverträgen bei Verschmelzung und Spaltung → § 297 Rn. 44–47.
[11] MüKoAktG/*Altmeppen* Rn. 17; Emmerich/Habersack/*Emmerich* Rn. 4; Kölner Komm AktG/*Koppensteiner* Rn. 4 Fn. 18; *Semler* FS Werner, 1984, 855 (870 f.).
[12] Vgl. OLG München GmbHR 2011, 376 (377).
[13] BGHZ 105, 324 (336 ff.).
[14] BGH NJW 1989, 295; MüKoAktG/*Altmeppen* Rn. 7; Emmerich/Habersack/*Emmerich* Rn. 6; Hüffer/Koch/*Koch* Rn. 2; Kölner Komm AktG/*Koppensteiner* Rn. 6.
[15] MüKoAktG/*Altmeppen* Rn. 7; Emmerich/Habersack/*Emmerich* Rn. 6; Hüffer/Koch/*Koch* Rn. 2; Kölner Komm AktG/*Koppensteiner* Rn. 6.
[16] MüKoAktG/*Altmeppen* Rn. 8; Emmerich/Habersack/*Emmerich* Rn. 6; Hüffer/Koch/*Koch* Rn. 2.
[17] MüKoAktG/*Altmeppen* Rn. 9; Emmerich/Habersack/*Emmerich* Rn. 7; Hüffer/Koch/*Koch* Rn. 2; Kölner Komm AktG/*Koppensteiner* Rn. 8.
[18] → § 293 Rn. 28; Hüffer/Koch/*Koch* Rn. 2; Kölner Komm AktG/*Koppensteiner* § 293 Rn. 39. AA MüKoAktG/*Altmeppen* Rn. 10; Emmerich/Habersack/*Emmerich* Rn. 27 f.
[19] RegBegr. *Kropff* S. 382; MüKoAktG/*Altmeppen* Rn. 18; Emmerich/Habersack/*Emmerich* Rn. 9; Hüffer/Koch/*Koch* Rn. 3; Kölner Komm AktG/*Koppensteiner* Rn. 9.

Terminologie einzuhalten;[20] ansonsten besteht ein Eintragungshindernis (→ Rn. 17). Sofern ein Vertrag mehreren Vertragstypen zuzuordnen ist, sind sämtliche Arten zu nennen.[21]

7 In der Anmeldung sind ferner der **Name** des **anderen Vertragsteils,** in der Regel dessen Firma (§ 17 HGB), und dessen **Sitz** bzw. Wohnort anzugeben.[22] Bei Unternehmensverträgen mit mehreren Müttern müssen alle als Vertragspartnerinnen eingetragen werden. Besteht zwischen ihnen (früher vor allem aus steuerrechtlichen Gründen) eine GbR, die als Vertragspartnerin fungiert, ist neben den Namen der Mütter der Hinweis einzutragen, dass zwischen ihnen eine GbR besteht.[23] Durch die Aufhebung der Vorschriften über die Mehrmütterorganschaft durch das StVergAbG[24] dürfte dieser Fall in der Praxis nicht mehr relevant sein (→ § 291 Rn. 31).

8 § 294 Abs. 1 Hs. 2 aF sah für **Teilgewinnabführungsverträge** vor, dass zusätzlich die Vereinbarung über die Höhe des abzuführenden Gewinns zur Eintragung in das Handelsregister anzumelden war. Diese Regelung stellte die Handelsregisterpraxis vor erhebliche Probleme. Auf Grund des massenweisen Abschlusses stiller Beteiligungen (→ § 292 Rn. 22) mussten oft mehrere tausend Namen eingetragen werden, was zu einer Überlastung der Registergerichte führte.[25] Die Vorschrift wurde daher durch das Gesetz über elektronische Register vom 10.12.2001 (BGBl. 2001 I 3422) aufgehoben. Die Eintragung der getroffenen Teilgewinnabführungsabrede ist nunmehr nicht mehr erforderlich. Bei einer **Vielzahl** von Teilgewinnabführungsverträgen kann anstelle des Namens auch eine **andere Bezeichnung** eingetragen werden, die den jeweiligen Teilgewinnabführungsvertrag konkret bestimmt (vgl. auch § 43 Nr. 6b cc HRV). Das Registergericht kann eine zusammenfassende Bezeichnung der Verträge wählen, die bei Einsicht in die Handelsregisterakten eine Individualisierung ermöglicht (beispielsweise durch eine fortlaufende Nummerierung).[26] Der Begriff „eine Vielzahl von Teilgewinnabführungsverträgen" ist mit Blick auf den Zweck der Vorschrift auszulegen, einer Überlastung der Registergerichte entgegen zu wirken und die Übersichtlichkeit des Handelsregisters zu gewährleisten.[27] Er kann bereits erfüllt sein, wenn mehr als zehn Verträge angemeldet werden.[28]

9 Die Anmeldung ist **elektronisch** in **öffentlich beglaubigter Form** einzureichen (§ 12 Abs. 1 HGB).

10 **3. Beizufügende Unterlagen.** Der Anmeldung sind der **Vertrag** im vollständigen Wortlaut[29] sowie, wenn er nur mit Zustimmung der Hauptversammlung des anderen Vertragsteils wirksam wird, die **Niederschrift** dieses **Beschlusses** und ihre Anlagen in Urschrift, Ausfertigung oder öffentlich beglaubigter Abschrift beizufügen (§ 294 Abs. 1 S. 2).

11 Die Einreichung des Vertrags ist entbehrlich, wenn der Vorstand bereits eine Abschrift der Niederschrift des Zustimmungsbeschlusses der Gesellschaft mit dem Vertrag als Anlage gem. § 130 Abs. 5 iVm § 293g Abs. 2 S. 2 eingereicht hat; in diesem Fall kann auf den dem Registergericht vorliegenden Vertrag Bezug genommen werden.[30]

12 Die Pflicht zur Beifügung des nach § 293 Abs. 2 erforderlichen Zustimmungsbeschlusses der Hauptversammlung des anderen Vertragsteils soll dem Registergericht die Prüfung ermöglichen, ob dieser ordnungsgemäß zugestimmt hat. Da dem Zustimmungsbeschluss der Unternehmensvertrag als Anlage beizufügen ist, kann das Registergericht auch kontrollieren, ob die Hauptversammlungen der Vertragsparteien demselben Vertrag zugestimmt haben.[31] Sollte für beide Parteien dasselbe Registergericht zuständig sein und hat der andere Vertragsteil den Zustimmungsbeschluss bereits gem. § 130 Abs. 5 iVm § 293g Abs. 2 S. 2 eingereicht, so muss dieser nicht erneut eingereicht werden.[32]

---

[20] Emmerich/Habersack/*Emmerich* Rn. 10; Kölner Komm AktG/*Koppensteiner* Rn. 9; Hüffer/Koch/*Koch* Rn. 5; zu den Folgen unrichtiger Bezeichnung → Rn. 17.
[21] MüKoAktG/*Altmeppen* Rn. 18; Kölner Komm AktG/*Koppensteiner* Rn. 9; Emmerich/Habersack/*Emmerich* Rn. 10; Hüffer/Koch/*Koch* Rn. 5; GroßkommAktG/*Mülbert* Rn. 19.
[22] Emmerich/Habersack/*Emmerich* Rn. 11; Hüffer/Koch/*Koch* Rn. 3; Kölner Komm AktG/*Koppensteiner* Rn. 10. AA MüKoAktG/*Altmeppen* Rn. 20 (der Sitz müsse nur angegeben werden, wenn dies zur Identifizierung erforderlich sei).
[23] MüKoAktG/*Altmeppen* Rn. 20; Kölner Komm AktG/*Koppensteiner* Rn. 10.
[24] Gesetz zum Abbau von Steuervergünstigungen v. 20.5.2003, BGBl. 2003 I 660.
[25] RegBegr. BT-Drs. 14/6855, 21. Vgl. *Schulte/Waechter* GmbHR 2002, 189 (190 f.).
[26] Emmerich/Habersack/*Emmerich* Rn. 12a; Hüffer/Koch/*Koch* Rn. 6.
[27] Emmerich/Habersack/*Emmerich* Rn. 12a; Hüffer/Koch/*Koch* Rn. 6; Bürgers/Körber/*Schenk* Rn. 5.
[28] Nunmehr auch Emmerich/Habersack/*Emmerich* Rn. 12a; strenger Großkomm AktG/*Mülbert* Rn. 52: bei mehr als drei oder vier Verträgen.
[29] MüKoAktG/*Altmeppen* Rn. 24; Emmerich/Habersack/*Emmerich* Rn. 13; Hüffer/Koch/*Koch* Rn. 7.
[30] MüKoAktG/*Altmeppen* Rn. 24; Emmerich/Habersack/*Emmerich* Rn. 14; Hüffer/Koch/*Koch* Rn. 7; Kölner Komm AktG/*Koppensteiner* Rn. 11.
[31] BGH NJW 1992, 1452; MüKoAktG/*Altmeppen* Rn. 24; Hüffer/Koch/*Koch* Rn. 8; Kölner Komm AktG/*Koppensteiner* Rn. 11.
[32] MüKoAktG/*Altmeppen* Rn. 25; Emmerich/Habersack/*Emmerich* Rn. 15; Hüffer/Koch/*Koch* Rn. 8.

Eintragung. Wirksamwerden

13 Eine staatliche Genehmigung ist seit dem MoMiG nicht mehr beizufügen. Denn der Gesetzgeber hat § 181 Abs. 1 S. 3 durch das MoMiG aufgehoben.

IV. Prüfung durch das Registergericht

14 **1. Zuständigkeit.** Sachlich zuständig ist gem. § 8 HGB, § 376 FamFG das Amtsgericht als Registergericht. Die örtliche Zuständigkeit des Gerichts wird danach bestimmt, in welchem Bezirk die Gesellschaft ihren Sitz hat (§§ 5, 14). Die funktionale Zuständigkeit des Richters folgt aus § 17 Abs. 1 Nr. 1 lit. d RPflG.

15 **2. Umfang der Prüfung.** Neben den formellen Voraussetzungen (**Zuständigkeit, Form** der **Anmeldung** und **Vollständigkeit** der **Unterlagen**)[33] prüft das Gericht, ob die **materiellen Voraussetzungen** für die **Wirksamkeit** des **Unternehmensvertrags** vorliegen.[34] Es darf einen unwirksamen bzw. nichtigen Vertrag nicht in das Handelsregister eintragen.[35] Bestehen entsprechende Bedenken, die trotz Ermittlungen (§ 26 FamFG) nicht ausgeräumt werden können, steht es im Ermessen des Gerichts, ob es den Eintragungsantrag ablehnt oder das Verfahren nach §§ 381, 21 FamFG aussetzt.[36]

16 Ein Unternehmensvertrag[37] kann vor allem wegen Formnichtigkeit (§ 125 BGB), Verstoßes gegen ein gesetzliches Verbot (§ 134 BGB) oder fehlender Ausgleichsregelung (§ 304 Abs. 3 S. 1) nichtig sein,[38] ein Vertrag des § 292 Abs. 1 ferner wegen Überschreitens der gesetzlich zulässigen Organisationsautonomie.[39] Das Registergericht kann die Eintragung eines unter Beteiligung einer Gemeinde abgeschlossenen Beherrschungs- und Gewinnabführungsvertrags ablehnen, wenn eine kommunalaufsichtliche Genehmigung nicht erteilt ist.[40] Ob das Gericht auch die Angemessenheit der Gegenleistung prüfen muss, richtet sich nach der Art des Unternehmensvertrags. Bei den in § 291 Abs. 1 genannten Verträgen ist dies nicht erforderlich, weil Wirksamkeitsvoraussetzung nur das Vorhandensein einer Ausgleichsregelung ist (§ 304 Abs. 3 S. 1 und 3). Dagegen sind die Verträge des § 292 grundsätzlich nichtig, wenn die vereinbarte Gegenleistung nicht angemessen ist.[41] Dies hat das Registergericht zu überprüfen.[42] Es kann sich allerdings darauf beschränken, die dem vereinbarten Entgelt zugrunde liegenden Erwartungen auf ihre Plausibilität hin zu kontrollieren.

17 Das Gericht muss schließlich prüfen, ob der Vorstand den Vertrag richtig benannt hat. Zwar ist ein unzutreffend bezeichneter Unternehmensvertrag nicht schon deswegen nichtig, weil die Hauptversammlung ihm nicht zustimmen kann (→ § 293 Rn. 7, 35). Eine **fehlende** bzw. **falsche Bezeichnung** stellt jedoch ein **Eintragungshindernis** dar, da sich aus der Eintragung ergeben muss, welche Art von Bindung das Unternehmen durch den Unternehmensvertrag eingegangen ist.[43]

18 Die Eintragung des Unternehmensvertrags setzt weiter voraus, dass der **Beschluss** der **Hauptversammlung** der Gesellschaft (§ 293 Abs. 1) und bei einem Beherrschungs- bzw. Gewinnabführungsvertrag außerdem der Beschluss der Hauptversammlung des anderen Vertragsteils (§ 293 Abs. 2) **wirksam** sind. Das Gericht muss vor allem kontrollieren, ob die getroffenen Beschlüsse nichtig sind (§ 241).[44] Es hat allerdings nur eine Plausibilitätsprüfung vorzunehmen. Eine ausführliche Kontrolle ist nur bei Vorliegen von Verdachtsmomenten erforderlich.[45] Stets zu prüfen ist, ob die Beschlüsse sich, wenn der Vertrag der Zustimmung der Hauptversammlungen beider Parteien bedarf, auf denselben Vertragstext beziehen.[46]

---

[33] MüKoAktG/*Altmeppen* Rn. 28; Kölner Komm AktG/*Koppensteiner* Rn. 22.
[34] MüKoAktG/*Altmeppen* Rn. 28; Emmerich/Habersack/*Emmerich* Rn. 19; Hüffer/Koch/*Koch* Rn. 11; MHdB AG/*Krieger* § 70 Rn. 49.
[35] MüKoAktG/*Altmeppen* Rn. 28; Emmerich/Habersack/*Emmerich* Rn. 19.
[36] OLG München AG 2009, 706; MüKoAktG/*Altmeppen* Rn. 28; Emmerich/Habersack/*Emmerich* Rn. 20; K. Schmidt/Lutter/*Langenbucher* Rn. 16.
[37] Zur Auslegung → Vor § 291 Rn. 34 f.
[38] Vgl. zu möglichen weiteren Mängeln → § 291 Rn. 61 und → § 292 Rn. 25.
[39] Vgl. zu den Schranken einer unternehmensvertraglichen Organisationsautonomie → § 292 Rn. 47 f.
[40] OLG München AG 2009, 706.
[41] Vgl. → § 292 Rn. 11 zur Gewinngemeinschaft, → § 292 Rn. 20 zum Teilgewinnabführungsvertrag und → § 292 Rn. 44 f. zum konzernexternen Betriebspacht- bzw. Betriebsüberlassungsvertrag. Die Kapitalbindungsregeln finden allerdings bei einem konzerninternen Betriebspacht- bzw. Betriebsüberlassungsvertrag keine Anwendung, → § 292 Rn. 45.
[42] Emmerich/Habersack/*Emmerich* Rn. 20; Kölner Komm AktG/*Koppensteiner* Rn. 23. AA MüKoAktG/*Altmeppen* Rn. 31.
[43] MüKoAktG/*Altmeppen* Rn. 19, 26; Hüffer/Koch/*Koch* Rn. 11.
[44] MüKoAktG/*Altmeppen* Rn. 29; Hüffer/Koch/*Koch* Rn. 12.
[45] MüKoAktG/*Altmeppen* Rn. 29; Kölner Komm AktG/*Koppensteiner* Rn. 23.
[46] MüKoAktG/*Altmeppen* Rn. 29; Kölner Komm AktG/*Koppensteiner* Rn. 23.

19 Problematisch ist, wie das Gericht bei **Vorliegen** von **Gesetzesverletzungen,** die zu einer **Anfechtung** berechtigen, vorzugehen hat. Nach überwiegender Meinung kann ein Unternehmensvertrag trotz anhängiger Anfechtungsklage in das Handelsregister eingetragen werden.[47] Dem ist zuzustimmen. Der Regierungsentwurf zu § 294 sah ursprünglich eine Registersperre vor. Um es einzelnen Aktionären nicht zu ermöglichen, in rechtsmissbräuchlicher Weise durch die Erhebung einer offensichtlich erfolglosen Anfechtungsklage die Eintragung und damit die Wirksamkeit von Unternehmensverträgen zu verhindern, nahm man von der Vorschrift Abstand.[48] Mangels einer Regelungslücke verbietet es sich, die in § 319 Abs. 5 sowie § 16 Abs. 2 UmwG vorgesehene Registersperre für Eingliederungs- und Umwandlungsbeschlüsse analog anzuwenden.[49] Daran hat sich auch durch das UMAG und ARUG nichts geändert; § 246a sieht keine allgemeine Registersperre für strukturändernde, eintragungsbedürftige Hauptversammlungsbeschlüsse vor, weil eine Registersperre keine notwendige Voraussetzung für ein Freigabeverfahren sein soll.[50]

20 Bei **Anhängigkeit** eines **Anfechtungsverfahrens** hat das Registergericht nach § 21 FamFG zu verfahren. Es muss die Erfolgsaussichten der Anfechtungsklage prüfen und das **Aussetzungsinteresse** des Anfechtungsklägers mit dem **Eintragungsinteresse** der Gesellschaft abwägen. Zweifelhaft ist, nach welchen Maßstäben dies zu geschehen hat. Nach einer verbreiteten Ansicht soll der Vertrag grundsätzlich einzutragen sein; etwas anderes gelte nur, wenn die Anfechtungsklage offensichtlich zulässig und begründet ist und dem Aktionär ein besonderer Nachteil droht.[51] Sie stützt sich darauf, dass der Gesetzgeber durch den bewussten Verzicht auf eine Registersperre zum Ausdruck gebracht habe, dass das Interesse der Gesellschaft an der Eintragung grundsätzlich vorrangig sei.[52] Nach aA kommt aus Gründen des Aktionärsschutzes eine Eintragung nur in Betracht, wenn die Anfechtungsklage unzulässig oder offensichtlich unbegründet ist.[53]

21 Die Kontroverse dürfte seit Inkrafttreten des UMAG keine Bedeutung mehr haben. Der Gesetzgeber hat dem Bedürfnis nach einer vorzeitigen Eintragung eines Unternehmensvertrags Rechnung getragen, indem er das für Eingliederungen und Umwandlungen vorgesehene **Freigabeverfahren** (§ 319 Abs. 6 und § 16 Abs. 3 UmwG) auf Unternehmensverträge erstreckt hat (§ 246a). Das Gericht kann auf Antrag der Gesellschaft durch Beschluss feststellen, dass die Klage der Eintragung nicht entgegensteht. Ein Beschluss ergeht, wenn (Nr. 1) die Klage unzulässig oder offensichtlich unbegründet ist, (Nr. 2) der Kläger nicht binnen einer Woche nach Zustellung des Antrags durch Urkunden nachgewiesen hat, dass er seit Bekanntmachung der Einberufung einen anteiligen Betrag von mindestens 1.000 Euro hält (sog. Bagatellklausel), oder (Nr. 3) das alsbaldige Wirksamwerden des Hauptversammlungsbeschlusses vorrangig erscheint, weil die vom Antragsteller dargelegten wesentlichen Nachteile für den Antragsgegner überwiegen, es sei denn, es liegt eine besondere Schwere des Rechtsverstoßes vor (sog. Interessenabwägungsklausel). Der Beschluss ist für das Registergericht bindend (§ 246a Abs. 3 S. 5). Den Unternehmen steht somit ein Weg zur Verfügung, die Eintragung eines Unternehmensvertrags trotz anhängiger Anfechtungsklage zu erreichen. Sollten sie ihn nicht beschreiten, steht es dem Registergericht zwar offen, die Eintragung des Vertrags nach den allgemeinen Vorschriften der FamFG zu veranlassen. Dies kann jedoch nur nach den Grundsätzen geschehen, die der Gesetzgeber für das Freigabeverfahren etabliert hat.[54] Anderenfalls würden Wertungswidersprüche auftreten, die auch nicht damit gerechtfertigt werden können, dass ein freigegebener Beschluss Bestandskraft entfaltet und der klagende Aktionär auf Schadensersatz verwiesen ist (vgl. § 246a Abs. 4).

22 Fraglich ist, welche **Rechtsschutzmöglichkeiten** bestehen, wenn ein Freigabeverfahren nicht betrieben wird. Anerkannt ist, dass ein Anfechtungskläger die Eintragung des Vertrags in das Handelsregister durch eine einstweilige Verfügung unterbinden kann (vgl. § 16 Abs. 2 HGB).[55] Zum Teil wird die Ansicht vertreten, die Gesellschaft könne ebenfalls im Wege des vorläufigen Rechtsschutzes eine Eintragung erwirken, weil das Prozessgericht besser in der Lage sei, die Erfolgsaussichten der

---

[47] Vgl. AusschussB *Kropff* S. 383; MüKoAktG/*Altmeppen* Rn. 33; Emmerich/Habersack/*Emmerich* Rn. 21; Kölner Komm AktG/*Koppensteiner* Rn. 25.
[48] Vgl. AusschussB *Kropff* S. 383.
[49] MüKoAktG/*Altmeppen* Rn. 33.
[50] Vgl. RegBegr. UMAG BT-Drs. 15/5693, 27.
[51] MüKoAktG/*Altmeppen* Rn. 34; *Lüke* ZGR 1990, 657 (678 f.); *Timm,* Mißbräuchliches Aktionärsverhalten, 1990, 1 (24); Bürgers/Körber/*Schenk* Rn. 13.
[52] Vgl. MüKoAktG/*Altmeppen* Rn. 34; ähnlich auch GroßKommAktG/*Mülbert* Rn. 46.4.
[53] Vgl. Kölner Komm AktG/*Koppensteiner* Rn. 25; Hüffer/Koch/*Koch* Rn. 14.
[54] Vgl. *Veil* AG 2005, 567 (570 f.). AA Großkomm AktG/*Mülbert* Rn. 46.
[55] LG Heilbronn AG 1971, 372; MüKoAktG/*Altmeppen* Rn. 38; Emmerich/Habersack/*Emmerich* Rn. 22; Hüffer/Koch/*Koch* Rn. 15; Bürgers/Körber/*Schenk* Rn. 14.

Anfechtungsklage zu beurteilen.[56] Eine solche Möglichkeit ist jedoch abzulehnen.[57] Zum einen ist Sinn einer einstweiligen Verfügung die Sicherung des mit der Klage geltend gemachten Anspruchs.[58] Eine auf Eintragung gerichtete einstweilige Verfügung der Gesellschaft würde diese lediglich vor dem Aussetzungsbeschluss schützen. Hierfür stehen der Gesellschaft aber die Rechtsmittel des FamFG zur Verfügung.[59] Zum anderen ist es der Gesellschaft nunmehr möglich, die Freigabe des entsprechenden Beschlusses zu erwirken (§ 246a). Das Verfahren hat den Charakter einer einstweiligen Anordnung und bietet im Gegensatz zu einer einstweiligen Verfügung den Vorteil, dass dem Antrag der Gesellschaft stattgegeben werden muss, wenn die Interessen der Gesellschaft eine vorzeitige Eintragung erfordern.[60]

V. Eintragung

Der Inhalt der Eintragung entspricht den Angaben, die bei der Anmeldung gem. § 294 Abs. 1 zu machen sind.[61] Eingetragen werden das **Bestehen** und die **Art** des **Unternehmensvertrags**, der **Name** bzw. die **Firma** und der **Sitz** des **Vertragspartners** (→ Rn. 6 f.). Außerdem ist das Datum der Eintragung zu vermerken (§ 382 Abs. 2 FamFG). Bei Teilgewinnabführungsverträgen ist § 294 Abs. 1 S. 1 Hs. 2 zu beachten (→ Rn. 8). Die Nichtigkeit eines Unternehmensvertrags ist keine eintragungsfähige Tatsache.[62] Die Bekanntmachung der Eintragung bestimmt sich nach § 10 HGB. 23

Der Vorstand ist auf Grund seiner organschaftlichen Pflichten gegenüber der Gesellschaft verpflichtet, die Anmeldung vorzunehmen. Die Gesellschaft selbst unterliegt vor der Eintragung des Vertrags in das Handelsregister gegenüber dem Vertragspartner gewissen Bindungen (→ § 293 Rn. 28). So ist es ihr untersagt, das Wirksamwerden des Vertrags durch Aufhebung des zustimmenden Hauptversammlungsbeschlusses zu verhindern.[63] 24

1. Wirkungen. Die **Eintragung** ist **Voraussetzung** für die **Wirksamkeit** des **Unternehmensvertrags** (§ 294 Abs. 2); sie hat mithin konstitutive Wirkung. Maßgeblicher Zeitpunkt ist das Datum der Eintragung, bei Gewinngemeinschaften das Datum der letzten erforderlichen Eintragung.[64] Es kann auch ein späterer Wirksamkeitszeitpunkt vereinbart werden.[65] 25

Zweifelhaft ist, ob ein Unternehmensvertrag rückwirkend wirksam werden kann. Nach Auffassung des Gesetzgebers soll die **Rückwirkung** nach den allgemeinen Rechtsgrundsätzen zu beurteilen sein.[66] Demnach müsste ein rückwirkender Vertragsschluss grundsätzlich zulässig sein. Die hM lehnt dies aber in Bezug auf einen Beherrschungsvertrag wegen seiner organisationsrechtlichen Auswirkungen zu Recht ab.[67] Dagegen ist es möglich, einen Gewinnabführungsvertrag rückwirkend für das Geschäftsjahr zu schließen, in dem er wirksam wird. Da für dieses Geschäftsjahr noch kein festgestellter Jahresabschluss vorliegt, wird den Aktionären ein bereits entstandener Anspruch auf den Bilanzgewinn nicht genommen.[68] Das herrschende Unternehmen muss freilich die Ausgleichszahlung (§ 304 Abs. 1) auch für den Zeitraum der Rückwirkung übernehmen.[69] Nach einer verbreiteten Auffassung soll eine weitergehende Rückbeziehung ebenfalls zulässig sein.[70] Dem kann im Grundsatz zuge- 26

---

[56] *Timm*, Mißbräuchliches Aktionärsverhalten, 1990, 25 ff.
[57] Hüffer/Koch/*Koch* Rn. 15; *Lüke* ZGR 1990, 657 (677); Bürgers/Körber/*Schenk* Rn. 14; GroßkommAktG/*Mülbert* Rn. 59; nunmehr auch MüKoAktG/*Altmeppen* Rn. 39 (heute kein praktisches Bedürfnis mehr).
[58] MüKoZPO/*Heinze* § 935 Rn. 1.
[59] *Lüke* ZGR 1990, 657 (677).
[60] Näher *Raiser/Veil* KapGesR § 16 Rn. 129 ff.
[61] MüKoAktG/*Altmeppen* Rn. 40; Emmerich/Habersack/*Emmerich* Rn. 23; Hüffer/Koch/*Koch* Rn. 16; Kölner Komm AktG/*Koppensteiner* Rn. 26.
[62] OLG Hamm AG 2010, 216.
[63] AA MüKoAktG/*Altmeppen* Rn. 52; Emmerich/Habersack/*Emmerich* Rn. 27 f.
[64] MüKoAktG/*Altmeppen* Rn. 42; Hüffer/Koch/*Koch* Rn. 17; Kölner Komm AktG/*Koppensteiner* Rn. 29.
[65] → § 293 Rn. 8; MüKoAktG/*Altmeppen* Rn. 67; Kölner Komm AktG/*Koppensteiner* Rn. 30; Hüffer/Koch/*Koch* Rn. 18.
[66] RegBegr. *Kropff* S. 383 f.
[67] Vgl. aus der instanzgerichtlichen Rechtsprechung OLG Karlsruhe AG 1994, 283; OLG München ZIP 1992, 327 (330); OLG Hamburg ZIP 1989, 1326. Der BGH hat die Frage in BGHZ 122, 211 (223) *(SSI)* offen gelassen. Vgl. aus dem Schrifttum Emmerich/Habersack/*Emmerich* Rn. 29; Hüffer/Koch/*Koch* Rn. 19; Kölner Komm AktG/*Koppensteiner* Rn. 34. AA MüKoAktG/*Altmeppen* Rn. 57 f.
[68] BGHZ 122, 211 (224) – SSI; Hüffer/Koch/*Koch* Rn. 20; Kölner Komm AktG/*Koppensteiner* Rn. 32.
[69] BGHZ 122, 211 (224) – SSI*;* das Fehlen einer solchen Regelung soll die Wirksamkeit des Vertrags nicht berühren.
[70] LG Kassel AG 1997, 239 f.; Kölner Komm AktG/*Koppensteiner* Rn. 32; Bürgers/Körber/*Schenk* Rn. 17. AA (Rückbeziehung nur für das laufende Geschäftsjahr zulässig) OLG München AG 1991, 358 (359); Emmerich/Habersack/*Emmerich* Rn. 29.

stimmt werden. Voraussetzung einer solchen Rückbeziehung ist aber, dass die Rechte der außenstehenden Aktionäre nicht verkürzt werden. Dies ist nur dann gewährleistet, wenn der Jahresabschluss für das betreffende Geschäftsjahr noch nicht festgestellt worden ist.[71] Die höchst kontrovers geführte Auseinandersetzung dürfte freilich keine große praktische Bedeutung haben. Die Begründung einer Organschaft ist seit Inkrafttreten des StVergAbG erstmals für das Kalenderjahr möglich, in dem das Wirtschaftsjahr der Organgesellschaft endet und in dem der Gewinnabführungsvertrag wirksam wird (§ 14 Abs. 1 S. 2 KStG). Die Organschaft wird somit frühestens ab dem Kalenderjahr anerkannt, in dem der Gewinnabführungsvertrag in das Handelsregister eingetragen wird. Keine Bedenken bestehen schließlich dagegen, die in § 292 Abs. 1 genannten Verträge rückzubeziehen.[72]

27   **2. Unrichtige Eintragung.** Das Registergericht hat zu überprüfen, ob der Vertrag in der Anmeldung zutreffend benannt ist (→ Rn. 17). Trägt es einen Unternehmensvertrag ein, der falsch bezeichnet ist, so steht dies aber der Wirksamkeit des Vertrags nicht entgegen.[73] Die Hauptversammlung kann nämlich auch einem unrichtig bezeichneten Unternehmensvertrag zustimmen (→ § 293 Rn. 7, 35). Aus denselben Gründen kann die Wirksamkeit des Unternehmensvertrags nicht alleine daran scheitern, dass er unter einer falschen Bezeichnung eingetragen wurde.[74] Die Rechtsfolgen, die sich aus dem Vertrag ergeben, bestimmen sich nach seinem Inhalt, nicht nach seiner Bezeichnung. Da der Vertragstext sich bei den Registerunterlagen befindet, ist eine Einsichtnahme für künftige Aktionäre oder Gläubiger jederzeit möglich.

28   Die **Eintragung** entfaltet grundsätzlich **keine heilende Wirkung**.[75] Ergeht in einem Anfechtungsverfahren ein rechtskräftiges Urteil, dass der Beschluss nichtig ist, so hat dies die Nichtigkeit des Vertrags zur Folge. Allerdings können die Grundsätze über die fehlerhafte Gesellschaft Anwendung finden,[76] so dass der Vertrag vorläufig, nämlich bis zur Geltendmachung des Fehlers, als wirksam zu behandeln ist.[77] Ein weitergehender Bestandsschutz kann begründet sein, wenn der Vertrag auf Grund der Freigabe des Beschlusses gem. § 246a in das Handelsregister eingetragen wurde.[78]

29   Sofern der Unternehmensvertrag nichtig ist und kein Fall des § 246a vorliegt, hat das Registergericht ein **Amtslöschungsverfahren** gem. § 395 FamFG einzuleiten.[79]

§ 295 Änderung

(1) ¹Ein Unternehmensvertrag kann nur mit Zustimmung der Hauptversammlung geändert werden. ²§§ 293–294 gelten sinngemäß.

(2) ¹Die Zustimmung der Hauptversammlung der Gesellschaft zu einer Änderung der Bestimmungen des Vertrags, die zur Leistung eines Ausgleichs an die außenstehenden Aktionäre der Gesellschaft oder zum Erwerb ihrer Aktien verpflichten, bedarf, um wirksam zu werden, eines Sonderbeschlusses der außenstehenden Aktionäre. ²Für den Sonderbeschluß gilt § 293 Abs. 1 Satz 2 und 3. ³Jedem außenstehenden Aktionär ist auf Verlangen in der Versammlung, die über die Zustimmung beschließt, Auskunft auch über alle für die Änderung wesentlichen Angelegenheiten des anderen Vertragsteils zu geben.

Schrifttum: *W. Bayer,* Herrschaftsveränderungen im Vertragskonzern, ZGR 1993, 599; *Ebenroth/Parche,* Konzernrechtliche Beschränkungen der Umstrukturierung des Vertragskonzerns, BB 1989, 637; *Exner,* Beherrschungsvertrag und Vertragsfreiheit, 1984; *Grüner,* Die Beendigung von Gewinnabführungs- und Beherrschungsverträgen, 2001; *Hirte,* Grenzen der Vertragsfreiheit bei aktienrechtlichen Unternehmensverträgen, ZGR 1994, 644; *Hohner,* Beherrschungsvertrag und Verschmelzung, DB 1973, 1487; *Hommelhoff,* Der Beitritt zum Beherrschungsvertrag und seine Auswirkungen auf die Sicherung außenstehender Aktionäre, FS Claussen, 1997, 129; *Hüchting,* Abfindung und Ausgleich im aktienrechtlichen Beherrschungsvertrag, 1972; *Humbeck,* Die Prüfung der Unternehmens-

---

[71] LG Kassel AG 1997, 239 f.; Kölner Komm AktG/*Koppensteiner* Rn. 32. AA OLG Frankfurt/Main GmbHR 1996, 859; MüKoAktG/*Altmeppen* Rn. 64 ff. (Rückbeziehung auf den Beginn des vorherigen Geschäftsjahres ist auch dann zulässig, wenn die Aktionäre auf Grund der Feststellung des Jahresabschlusses bereits über einen Gewinnanspruch verfügen).
[72] Vgl. MüKoAktG/*Altmeppen* Rn. 67; Emmerich/Habersack/*Emmerich* Rn. 29.
[73] MüKoAktG/*Altmeppen* Rn. 19; Hüffer/Koch/*Koch* Rn. 11.
[74] MüKoAktG/*Altmeppen* Rn. 19.
[75] OLG Celle AG 2010, 280; MüKoAktG/*Altmeppen* Rn. 44; Emmerich/Habersack/*Emmerich* Rn. 25; Hüffer/Koch/*Koch* Rn. 17; Kölner Komm AktG/*Koppensteiner* Rn. 36; Großkomm AktG/*Mülbert* Rn. 69.
[76] Vgl. zur Diskussion über die Anwendung von § 15 Abs. 3 HGB einerseits *Köhler* ZGR 1985, 307 (320 f.) (bejahend) und andererseits (ablehnend) Hüffer/Koch/*Koch* Rn. 21; Kölner Komm AktG/*Koppensteiner* Rn. 39; K. Schmidt/Lutter/*Langenbucher* Rn. 28.
[77] Zu den Rechtsfolgen eines fehlerhaften Vertrags → § 291 Rn. 61–68 und → § 292 Rn. 25–29.
[78] S. zur Reichweite des Bestandsschutzes *Veil* AG 2005, 567 (573 f.).
[79] MüKoAktG/*Altmeppen* Rn. 40; Hüffer/Koch/*Koch* Rn. 21; Kölner Komm AktG/*Koppensteiner* Rn. 38.

verträge nach neuem Recht, BB 1995, 1893; *Kley,* Die Rechtsstellung der außenstehenden Aktionäre bei der vorzeitigen Beendigung von Unternehmensverträgen, 1986; *Kort,* Ausgleichs- und Abfindungsrechte beim Beitritt eines herrschenden Unternehmens zu einem Beherrschungsvertrag, ZGR 1999, 402; *Krieger,* Änderung und Beendigung von Beherrschungs- und Gewinnabführungsverträgen, in U. H. Schneider, Beherrschungs- und Gewinnabführungsverträge in der Praxis der GmbH, 1989, 99; *Krieger/Jannott,* Änderung und Beendigung von Beherrschungs- und Gewinnabführungsverträgen im Aktien- und GmbH-Recht, DStR 1995, 1473; *Pentz,* Die verbundene Aktiengesellschaft als außenstehender Aktionär, AG 1996, 97; *Pentz,* Mitwirkungsrechte und Sicherung außenstehender Aktionäre im Falle der Änderung eines Unternehmensvertrages durch Beitritt eines weiteren Unternehmens, FS Kropff, 1997, 225; *Priester,* Herrschaftswechsel beim Unternehmensvertrag, ZIP 1992, 293; *Röhricht,* Die Rechtsstellung der außenstehenden Aktionäre beim Beitritt zum Beherrschungsvertrag, ZHR 162 (1998), 249; *Schwarz,* Änderung und Beendigung von Unternehmensverträgen – insbesondere in handelsregisterlicher Sicht –, MittRhNotK 1994, 49; *Timm,* Rechtsfragen der Änderung und Beendigung von Unternehmensverträgen, FS Kellermann, 1991, 461; *Veil,* Unternehmensverträge, 2003; *Waclawik,* Sonderzahlungsversprechen an Eigenkapitalgeber in der Krise – Schenkung an Geschäftspartner oder Leistung „caus societatis"?, DB 2011, 1846; *H. Wilhelm,* Die Beendigung des Beherrschungs- und Gewinnabführungsvertrags, 1976; *Windbichler,* Unternehmensverträge und Zusammenschlusskontrolle, 1977.

Übersicht

	Rn.		Rn.
I. Normzweck	1, 2	1. Schriftform	15
II. Änderung des Unternehmensvertrags (Abs. 1)	3–14	2. Beachtung der §§ 293a ff.	16
1. Begriff der Vertragsänderung	3	3. Zuständigkeiten	17
2. Vertragsübernahme	4, 5	4. Anmeldung und Eintragung	18
3. Vertragsbeitritt	6	5. Sonderbeschluss der außenstehenden Aktionäre (Abs. 2)	19–30
4. Sonstige mögliche Fälle einer Vertragsänderung	7–14	a) Notwendigkeit eines Sonderbeschlusses	19–22
III. Voraussetzungen einer Vertragsänderung	15–30	b) Sonderbeschlussfassung	23–28
		c) Auskunftsrecht der außenstehenden Aktionäre	29, 30

I. Normzweck

Die Vorschrift bestimmt die Erfordernisse einer Änderung von Unternehmensverträgen. Sie stellt **1** hierfür die gleichen Anforderungen auf wie für den Abschluss eines Unternehmensvertrags. So können nach Abs. 1 S. 1 Unternehmensverträge nur mit Zustimmung der Hauptversammlung geändert werden. Ferner werden gem. Abs. 1 S. 2 die in §§ 293–294 normierten Erfordernisse auf die Änderung eines Unternehmensvertrags erstreckt. **Zweck** dieser Regelungen ist es, die **Mitwirkung der Hauptversammlung sicher zu stellen** und vor **Umgehungsversuchen** zu schützen.[1] Ferner dient § 295 Abs. 1 der **Information** der **Öffentlichkeit**.[2]

Abs. 2 der Vorschrift verlangt die Zustimmung der außenstehenden Aktionäre in Form eines **2** Sonderbeschlusses, wenn Vertragsbestimmungen über einen Ausgleich oder eine Abfindung an außenstehende Aktionäre geändert werden sollen.[3] Auf diese Weise soll verhindert werden, dass die Vertragsparteien in bereits bestehende Rechte (§ 328 BGB) der außenstehenden Aktionäre eingreifen.[4] Allerdings müssen einer Änderung nicht sämtliche Aktionäre zustimmen; es genügt ein Sonderbeschluss mit einer qualifizierten Mehrheit von den von den außenstehenden Aktionären vertretenen Grundkapitals (§ 295 Abs. 2 S. 2). Der Gesetzgeber hat auf diese Weise dem Umstand Rechnung getragen, dass eine Vertragsänderung unzumutbar erschwert wäre, wenn sie von der Zustimmung aller außenstehenden Aktionäre (vgl. §§ 35, 311 Abs. 1 BGB, § 328 BGB) abhängig wäre.[5]

II. Änderung des Unternehmensvertrags (Abs. 1)

1. Begriff der Vertragsänderung. Der Begriff der Vertragsänderung iSv § 295 Abs. 1 S. 1 ent- **3** spricht jenem des bürgerlichen Rechts der Vertragsänderung.[6] Als eine Änderung des Unterneh-

---

[1] MüKoAktG/*Altmeppen* Rn. 1; Emmerich/Habersack/*Emmerich* Rn. 1; Hüffer/Koch/*Koch* Rn. 1; Raiser/Veil KapGesR § 62 Rn. 98.
[2] MüKoAktG/*Altmeppen* Rn. 1.
[3] MüKoAktG/*Altmeppen* Rn. 2; Hüffer/Koch/*Koch* Rn. 2; Emmerich/Habersack/*Emmerich* Rn. 2.
[4] BGHZ 119, 1 (8); MüKoAktG/*Altmeppen* Rn. 2; Hüffer/Koch/*Koch* Rn. 2; Emmerich/Habersack/*Emmerich* Rn. 24.
[5] RegBegr. *Kropff* S. 385: „Damit wird ein vermittelnder Weg eingeschlagen."; MüKoAktG/*Altmeppen* Rn. 2.
[6] Emmerich/Habersack/*Emmerich* Rn. 6.

mensvertrags[7] ist folglich eine zwei- oder mehrseitige **einverständliche rechtsgeschäftliche inhaltliche Abänderung** des **Vertrags**, die noch **während** der **Laufzeit** des **Vertrags wirksam** werden soll, zu verstehen.[8] Es ist unerheblich, ob es sich um wesentliche oder unwesentliche bzw. um inhaltliche oder redaktionelle Änderungen handelt.[9] Folglich müssen die Wirksamkeitsvoraussetzungen für eine Änderung des Vertrags auch dann erfüllt werden, wenn die Änderung den materiellen Gehalt des Vertrags (Teilgewinnabführung) als solchen unberührt lässt.[10] Differenzierungen zwischen wesentlichen und nicht wesentlichen Änderungen verbieten sich aus Gründen der Rechtssicherheit.[11] Allerdings sind bloße Textberichtigungen (Änderung der Firma oder des Sitzes einer Partei) nicht als Vertragsänderung zu qualifizieren.[12]

4 **2. Vertragsübernahme.** Der Parteiwechsel durch Vertragsübernahme kann sich auf verschiedenen Wegen vollziehen: zum einen durch ein dreiseitiges Rechtsgeschäft zwischen der ausscheidenden, der übernehmenden und der verbleibenden Partei,[13] zum anderen durch Vertrag zwischen der alten und neuen Partei mit Zustimmung des anderen Teils.[14] Beide Konstruktionen einer Vertragsübernahme sind als Vertragsänderung iSv § 295 Abs. 1 zu begreifen.[15]

5 Eine andere Beurteilung ist geboten, wenn der Wechsel einer Vertragspartei durch die Aufhebung des ursprünglichen Vertrags und den Abschluss eines neuen Vertrags mit der neuen Vertragspartei erfolgt. In diesem Fall beurteilen sich die Aufhebung des Vertrags nach § 296 und der Abschluss des neuen Vertrags nach § 293; § 295 ist nicht anzuwenden.[16]

6 **3. Vertragsbeitritt.** Eine neue Vertragspartei kann dem Unternehmensvertrag durch Aufhebung des alten und Abschluss eines neuen Unternehmensvertrags beitreten. Auf diesen Vorgang sind nach allgemeiner Ansicht die §§ 293, 296 anwendbar. Anders ist es zu beurteilen, wenn der Beitritt unter Aufrechterhaltung des alten Vertrags erfolgt. In diesem Fall liegt eine Vertragsänderung vor, auf die § 295 Abs. 1 anzuwenden ist. Dies gilt nach zutreffender Ansicht des BGH selbst dann, wenn das Weisungsrecht aus einem Beherrschungsvertrag auf den beitretenden Vertragspartner übergehen soll.[17]

7 **4. Sonstige mögliche Fälle einer Vertragsänderung.** Den Vertragsparteien eines Unternehmensvertrags steht es frei, ob sie einen Änderungsvertrag (§ 295), einen Aufhebungsvertrag (§ 296), verbunden mit einem neuen Vertrag, oder einen weiteren rechtlich selbständigen Vertrag abschließen wollen.[18] Soweit sie die von ihnen angestrebte Neugestaltung ihrer vertraglichen Beziehungen auf unterschiedlichen Wegen verwirklichen können, steht es ihnen auch offen, mit welchen der ihnen vom Gesetz eingeräumten Möglichkeiten sie das von ihnen verfolgte Ziel erreichen wollen.[19] Doch steht es ihnen nicht zu, die von ihnen im Einzelfall gewählte tatsächliche Gestaltung rechtlich zu beurteilen. Eine Vereinbarung, welche die Voraussetzungen einer Änderung im Sinne des § 295 erfüllt, unterfällt daher auch dann dem Anwendungsbereich dieser Vorschrift, wenn die Vertragsparteien der Ansicht sind, den zwischen ihnen bestehenden Unternehmensvertrag nicht zu ändern.[20]

7a Als weitere mögliche Fälle einer Vertragsänderung kommen Änderungen der Vertragsdauer (Verkürzung/Verlängerung) und der Vertragsart in Betracht. Ferner stellt sich die Frage, wie eine Änderungskündigung und die sog. faktische Änderung des Vertrags einzuordnen sind.

8 Es wird vertreten, dass die **Verkürzung** der **Vertragsdauer** eine Vertragsänderung iSv § 295 Abs. 1 S. 1 sei, da hierdurch eine bereits getroffene Vereinbarung abgeändert werde.[21] Doch ist

---

[7] Zur Auslegung → Vor § 291 Rn. 34 f.
[8] BGH AG 2013, 92 (93); BGH NJW 1979, 2103; BayObLG NZG 2003, 36 (38) (nachträgliche Aufhebung der rückwirkenden Bestimmungen über die Leitungsmacht und die Weisungsrechte); MüKoAktG/*Altmeppen* Rn. 3; Emmerich/Habersack/*Emmerich* Rn. 6.
[9] BGH AG 2013, 92 (93).
[10] BGH AG 2013, 92 (94).
[11] RegBegr. *Kropff* S. 384; BFH DStR 2009, 100 (101); LG Mannheim ZIP 1990, 379; MüKoAktG/*Altmeppen* Rn. 3; Emmerich/Habersack/*Emmerich* Rn. 6; *Bayer* ZGR 1993, 599 (603); K. Schmidt/Lutter/*Langenbucher* Rn. 7.
[12] Emmerich/Habersack/*Emmerich* Rn. 7; MüKoAktG/*Altmeppen* Rn. 3; Kölner Komm AktG/*Koppensteiner* Rn. 5 f.; Großkomm AktG/*Mülbert* Rn. 10.
[13] MüKoAktG/*Altmeppen* Rn. 4; *Priester* ZIP 1992, 293 (300).
[14] Emmerich/Habersack/*Emmerich* Rn. 14; *Priester* ZIP 1992, 293 (300).
[15] MüKoAktG/*Altmeppen* Rn. 4; Emmerich/Habersack/*Emmerich* Rn. 14.
[16] LG Essen AG 1995, 189 (190); MüKoAktG/*Altmeppen* Rn. 4; Emmerich/Habersack/*Emmerich* Rn. 14.
[17] BGHZ 119, 1 (6 ff., 15 ff.); MüKoAktG/*Altmeppen* Rn. 5; Emmerich/Habersack/*Emmerich* Rn. 13; Kölner Komm AktG/*Koppensteiner* Rn. 13; *Krieger/Jannott* DStR 1995, 1473 (1478).
[18] BGH AG 2013, 92 (94).
[19] BGH AG 2013, 92 (94); BGHZ 119, 1 (6); BGHZ 122, 211.
[20] BGH AG 2013, 92 (94).
[21] MüKoAktG/*Altmeppen* Rn. 9; Grigoleit/*Servatius* Rn. 4.

es überzeugender, den Vorgang wegen der sachlichen Nähe zu einer vorzeitigen Aufhebung des Unternehmensvertrags entsprechend § 296 zu behandeln.[22] Die außenstehenden Aktionäre sind auf Grund des gem. § 296 Abs. 2 erforderlichen Sonderbeschlusses in gleicher Weise geschützt.

Zweifelhaft ist, wie die **Verlängerung** eines befristeten oder auflösend bedingten **Vertrags** zu beurteilen ist. Sofern der Vertrag nach Ablauf der vereinbarten Frist oder ab Eintritt der Bedingung fortgesetzt werden soll, handelt es sich nach allgemeiner Ansicht um den Abschluss eines neuen Vertrags, auf den § 293 anzuwenden ist. Ein Sonderbeschluss nach § 295 Abs. 2 ist nicht zu fassen. Bei einem Beherrschungs- und/oder Gewinnabführungsvertrag sind die Ausgleichs- und Abfindungsansprüche der außenstehenden Aktionäre gem. §§ 304, 305 neu festzusetzen.[23] Die Verlängerung des Unternehmensvertrags kann aber auch durch die Änderung der Bestimmungen über die Befristung des Unternehmensvertrags erreicht werden.[24] Nach einer verbreiteten Ansicht ist dieser Fall als eine Vertragsänderung iSv § 295 zu begreifen.[25] Dagegen spricht, dass die ursprünglichen Vertragsbestimmungen in ihrer Geltung nicht berührt werden. Eine Auslegung der Verlängerungsabrede ergibt, dass die Parteien für den betreffenden Zeitraum einen neuen Vertrag schließen wollen. Dass sie sich hierzu eines bereits formulierten Vertrags bedienen, kann für die rechtliche Qualifikation des Vorgangs nicht von Bedeutung sein. Im Übrigen ist kein Grund ersichtlich, warum die außenstehenden Aktionäre durch einen Sonderbeschluss nach § 295 Abs. 2 geschützt werden müssten. Auf den Neuabschluss des Vertrags in Gestalt einer Änderung der vertraglichen Klausel über die Vertragsdauer sind folglich die §§ 293 ff. anzuwenden.[26] Insgesamt gilt, dass die Verlängerung des Unternehmensvertrags unabhängig davon, wie sie konstruktiv vorgenommen wird, keine Vertragsänderung iSv § 295 Abs. 1 S. 1 darstellt. 9

Schwierig zu beurteilen ist, wie die **Änderung** der **Vertragsart** (Beispiel: Änderung eines Gewinnabführungs-[27] oder Betriebspachtvertrags in einen Beherrschungsvertrag oder Erstreckung einer Teilgewinnabführungsverpflichtung auf den gesamten Gewinn der Gesellschaft) zu qualifizieren ist. Nach einer vereinzelten Meinung ist ein solcher Wechsel der Vertragsart eine Vertragsänderung iSv § 295 Abs. 1 S. 1,[28] nach hM dagegen eine Aufhebung des alten Vertrags (§ 296) und ein Abschluss eines neuen Vertrages nach § 293.[29] Schließlich wird vertreten, den Parteien könne die Wahl zwischen den beiden Verfahren überlassen werden, da der sachliche Unterschied zwischen ihnen gering sei und in jedem Fall – entweder nach § 295 Abs. 2 oder gem. § 296 Abs. 2 – ein Sonderbeschluss erforderlich sein könne.[30] Beizutreten ist der hM. In einem „Wechsel" der Vertragsart sind immer die Aufhebung des alten und der Abschluss eines neuen Vertrags zu sehen. Eine andere Sichtweise ist mit der Dogmatik und Systematik des deutschen Zivilrechts nicht vereinbar. Es verbietet sich daher auch, den Parteien die Möglichkeit einzuräumen, einen Vorgang, der als Vertragsaufhebung und Abschluss eines neuen Vertrags zu qualifizieren ist, anders einzuordnen. 10

Änderungen im Gesellschafterbestand einer GbR, die im Falle der Mehrmütterorganschaft zwischen den Müttern und der Gesellschaft „zwischengeschaltet" und daher Vertragspartnerin ist, führen nicht zu einer Änderung des Unternehmensvertrags, da die GbR selbst alleinige Vertragspartnerin ist (und sein kann).[31] Eine andere Beurteilung ist aber geboten, wenn neben der GbR auch deren Gesellschafter am Vertrag beteiligt sind. 11

Fraglich ist, wie eine **Änderungskündigung** zu beurteilen ist. Dabei handelt es sich um eine einseitige Erklärung, den Unternehmensvertrag zu kündigen (§ 297 Abs. 1) und nachfolgend zu 12

---

[22] *Raiser/Veil* KapGesR § 62 Rn. 102; MHdB AG/*Krieger* § 71 Rn. 182; K. Schmidt/Lutter/*Langenbucher* Rn. 11; Bürgers/Körber/*Schenk* Rn. 5; Großkomm AktG/*Mülbert* Rn. 17; so jetzt auch Emmerich/Habersack/*Emmerich* Rn. 10.

[23] LG München I DB 2000, 1217; MüKoAktG/*Altmeppen* Rn. 10; K. Schmidt/Lutter/*Langenbucher* Rn. 12, 14.

[24] MüKoAktG/*Altmeppen* Rn. 11.

[25] Emmerich/Habersack/*Emmerich* Rn. 11; *Schwarz* MittRhNotK 1994, 49 (66); *Bungert* DB 1995, 1449; *Grüner*, Die Beendigung von Gewinnabführungs- und Beherrschungsverträgen, 2001, 138 f.

[26] Hüffer/Koch/*Koch* Rn. 7; MüKoAktG/*Altmeppen* Rn. 12; Kölner Komm AktG/*Koppensteiner* Rn. 16; MHdB AG/*Krieger* § 70 Rn. 154; *Säcker* DB 1988, 271 (272); K. Schmidt/Lutter/*Langenbucher* Rn. 12, 14; Bürgers/Körber/*Schenk* Rn. 6.

[27] Vgl. LG München I DB 2000, 1217.

[28] Kölner Komm AktG/*Koppensteiner* Rn. 18 („vertragstyprelevante Änderungsvereinbarungen").

[29] LG München I DB 2000, 1217; MüKoAktG/*Altmeppen* Rn. 8; Hüffer/Koch/*Koch* Rn. 7; *Raiser/Veil* KapGesR § 62 Rn. 105; MHdB AG/*Krieger* § 72 Rn. 64; *Schwarz* MittRhNotK 1994, 49 (66).

[30] Emmerich/Habersack/*Emmerich* Rn. 12; Großkomm AktG/*Mülbert* Rn. 15.

[31] MüKoAktG/*Altmeppen* Rn. 6; Bürgers/Körber/*Schenk* Rn. 4. AA Hüffer/Koch/*Koch* Rn. 5; *Priester* ZIP 1992, 293 (300). Auf Grund der Beendigung der steuerrechtlichen Anerkennung der Mehrmütterorganschaft durch das Steuervergünstigungsabbaugesetz hat diese Konstellation seit dem VZ 2003 keine große praktische Bedeutung mehr. → Vor § 291 Rn. 18.

geänderten Bedingungen neu abzuschließen (§ 293).³² Mit der Änderungskündigung kann dasselbe wirtschaftliche Ziel wie mit einer Vertragsänderung erreicht werden, ohne den Anforderungen des § 295 genügen zu müssen. Dagegen bestehen grundsätzlich keine Bedenken, da das Gesetz den Vertragsparteien beide Änderungsmöglichkeiten gleichberechtigt nebeneinander zur Verfügung stellt.³³ Eine Umgehung des § 295 liegt aber vor, wenn die Änderungskündigung unter der auflösenden Bedingung geschlossen wird, dass die Änderung des Unternehmensvertrags durch die andere Vertragspartei angenommen wird.³⁴ In diesem Fall kann ein Sonderbeschluss der außenstehenden Aktionäre gem. § 295 Abs. 2 erforderlich sein.³⁵

13 Die **abweichende tatsächliche Handhabung** eines **Unternehmensvertrags** durch die Parteien (sog. faktische Vertragsänderung) ist rechtlich ohne Wirkung und stellt keine Vertragsänderung dar.³⁶ Sofern die abweichende Durchführung des Vertrags einen rechtsgeschäftlichen Charakter erreicht, liegt allerdings ein (konkludent geschlossener) Änderungsvertrag vor (§ 311 Abs. 1 BGB), der nur dann wirksam ist, wenn die Voraussetzungen des § 295 erfüllt sind.³⁷ Anderenfalls ist die Änderungsvereinbarung nichtig (§§ 125, 134 BGB).³⁸ Auf den vermeintlich geänderten und durchgeführten Unternehmensvertrag können jedoch die Regeln über fehlerhafte Unternehmensverträge Anwendung finden.³⁹ Eine einseitige faktische Vertragsänderung kann die allgemeinen Rechtsfolgen einer Vertragsverletzung (§§ 309, 310 und §§ 93, 116; § 280 BGB) auslösen.⁴⁰

14 Der **Wechsel** einer **Vertragspartei** auf Grund einer **Verschmelzung** oder eines **Formwechsels** ist grundsätzlich nicht als eine Vertragsänderung iSv § 295 zu qualifizieren. Ein Sonderbeschluss gem. § 295 Abs. 2 ist daher in der Regel nicht erforderlich. Allerdings kann in manchen Konstellationen ein erneutes Abfindungs- bzw. Ausgleichsangebot abzugeben sein.⁴¹

III. Voraussetzungen einer Vertragsänderung

15 **1. Schriftform.** Der Abschluss des Änderungsvertrags zwischen der Gesellschaft und der anderen Vertragspartei bedarf der Schriftform (§ 295 Abs. 1 S. 2 iVm § 293 Abs. 3; §§ 125, 126 BGB).

16 **2. Beachtung der §§ 293 a ff.** Beim Abschluss eines Änderungsvertrags gelten die §§ 293–294 sinngemäß (§ 295 Abs. 1 S. 2).⁴² Hieraus folgt, dass die Parteien auch die in §§ 293 a bis 293 g normierten Voraussetzungen über einen Bericht der Vorstände, die Prüfung durch unabhängige Sachverständige und die Vorbereitung sowie Durchführung der Hauptversammlung zu beachten haben.⁴³ Bei weniger gewichtigen Änderungen können die Vorstandsberichte gem. § 293 a und die Berichte der Vertragsprüfer gem. § 293 e kurz gehalten werden. Insbesondere braucht der Bericht nach § 293 a nicht auf die unveränderten Einzelheiten des Unternehmensvertrags einzugehen.⁴⁴

17 **3. Zuständigkeiten.** Aus der sinngemäßen Anwendung der §§ 291–294 folgt, dass der **Vorstand** der Gesellschaft für den Vertrag zwischen der Gesellschaft und dem anderen Vertragsteil zuständig ist. Die Vertragsänderung kann von der Zustimmung des **Aufsichtsrats** gem. § 111 Abs. 4 S. 2 abhängig gemacht werden.⁴⁵ In einer mitbestimmten Gesellschaft ist zudem § 32 MitbestG anzuwenden. Voraussetzung einer Vertragsänderung ist ferner gem. § 295 Abs. 1 S. 1 die Zustimmung der **Hauptversammlung** der Gesellschaft. Der Beschluss bedarf einer **Mehrheit** von **mindestens ¾ des vertretenen Grundkapitals** (§ 295 Abs. 1 S. 2 iVm § 293 Abs. 1 S. 2). Die Änderung eines Beherrschungs- oder Gewinnabführungsvertrags wird, wenn der andere Vertragsteil eine AG oder

---

³² BGHZ 122, 211; BGH NJW 1979, 2103; MüKoAktG/*Altmeppen* Rn. 13; Emmerich/Habersack/*Emmerich* Rn. 8; MHdB AG/*Krieger* § 71 Rn. 183; *Priester* ZGR 1992, 293 (299); *Timm* FS Kellermann, 1991, 461 (462).
³³ BGHZ 122, 211 (233 f.).
³⁴ MüKoAktG/*Altmeppen* Rn. 14; MHdB AG/*Krieger* § 71 Rn. 183; Emmerich/Habersack/*Emmerich* Rn. 8.
³⁵ MüKoAktG/*Altmeppen* Rn. 14; Emmerich/Habersack/*Emmerich* Rn. 8; MHdB AG/*Krieger* § 71 Rn. 183; *Windbichler*, Unternehmensverträge und Zusammenschlusskontrolle, 1977, 77 ff.
³⁶ MüKoAktG/*Altmeppen* Rn. 15; Hüffer/Koch/*Koch* Rn. 4.
³⁷ Vgl. BGH AG 2013, 92 (93).
³⁸ Emmerich/Habersack/*Emmerich* Rn. 9; MüKoAktG/*Altmeppen* Rn. 15.
³⁹ AA Emmerich/Habersack/*Emmerich* Rn. 9. Zu diesen Regeln → § 291 Rn. 61–68.
⁴⁰ Emmerich/Habersack/*Emmerich* Rn. 9; Hüffer/Koch/*Koch* Rn. 4; MüKoAktG/*Altmeppen* Rn. 15.
⁴¹ Zu den verschiedenen Konstellationen → § 297 Rn. 41–49.
⁴² § 295 Abs. 1 S. 2 aF lautete: „§§ 293–294 gelten sinngemäß.".
⁴³ OLG Hamburg AG 2005, 355 (360); Großkomm AktG/*Mülbert* Rn. 38; Emmerich/Habersack/*Emmerich* Rn. 18 ff.; Hüffer/Koch/*Koch* Rn. 8; K. Schmidt/Lutter/*Langenbucher* Rn. 21. AA *Bungert* DB 1995, 1449 (1450) (Anwendung der §§ 293 a ff. nur bei Änderung wesentlicher Teile des Unternehmensvertrags, insbes. von Ausgleichs- und Abfindungsansprüchen); MüKoAktG/*Altmeppen* Rn. 21 (Anwendung der §§ 293 a ff. nur bei den Verträgen des § 291).
⁴⁴ OLG Hamburg AG 2005, 355 (360).
⁴⁵ MüKoAktG/*Altmeppen* Rn. 25; Großkomm AktG/*Mülbert* Rn. 34.

KGaA ist, nur wirksam, wenn die Hauptversammlung dieser Gesellschaft ebenfalls mit einer Mehrheit von mindestens ¾ des vertretenen Grundkapitals zustimmt (§ 295 Abs. 1 S. 2 iVm § 293 Abs. 2 und Abs. 1).

4. Anmeldung und Eintragung. Die Änderung des Unternehmensvertrages ist zur Eintragung in das Handelsregister anzumelden (§ 295 Abs. 1 S. 2 iVm § 294). In das Handelsregister wird nur die Tatsache der Vertragsänderung, nicht deren Inhalt eingetragen.[46] Dieser ergibt sich aus dem Änderungsvertrag, welcher der Anmeldung beizufügen ist (§ 294 Abs. 1 S. 2).[47] Im Falle eines Parteiwechsels ist allerdings der neue Vertragspartner anzumelden und in das Handelsregister einzutragen.[48] Etwas anderes gilt nur bei einem Teilgewinnabführungsvertrag, sofern die in § 294 Abs. 1 genannten Voraussetzungen vorliegen.[49] Die dargestellten Regeln über die Anmeldung und Eintragung gelten auch dann, wenn sich die Partei auf Grund einer Gesamtrechtsnachfolge (Verschmelzung, Spaltung) geändert hat.[50]

5. Sonderbeschluss der außenstehenden Aktionäre (Abs. 2). a) Notwendigkeit eines Sonderbeschlusses. Werden Ausgleichs- oder Abfindungsregelungen des Unternehmensvertrags geändert, ist außerdem ein Sonderbeschluss der außenstehenden Aktionäre erforderlich (§ 295 Abs. 2). Die Vorschrift findet zum einen auf Beherrschungs- und Gewinnabführungsverträge Anwendung, die einen Ausgleich und eine Abfindung vorsehen müssen (§§ 291, 304, 305). Nach hM kann ein Sonderbeschluss zum anderen auch dann einzuholen sein, wenn ein Unternehmensvertrag iSv § 292 ein Ausgleichs- oder Abfindungsangebot enthält.[51] Diese Auslegung ist abzulehnen.[52] Ihr liegt die Vorstellung des Gesetzgebers zugrunde, die in § 292 erfassten Unternehmensverträge könnten solche Rechte zugunsten der außenstehenden Aktionäre (freiwillig) vorsehen, um den Zustimmungsbeschluss zum Unternehmensvertrag der Anfechtung nach § 243 Abs. 2 zu entziehen.[53] Die Parteien haben aber nicht die Befugnis, die Verträge des § 292 in dieser Weise auszugestalten.[54] Die Verträge des § 292 sind Austauschverträge und nicht als Maßnahmen konzipiert, die einen einseitigen Eingriff in Rechte der Aktionäre legitimieren (der durch Ausgleich und Abfindung kompensiert werden müsste). § 295 Abs. 2 ist folglich nur auf die Verträge des § 291 anzuwenden.

Die **Änderung** muss sich auf die **bisher** geltende **Ausgleichs-** oder **Abfindungsregelung** beziehen.[55] Es ist irrelevant, ob sich die Rechtsstellung der außenstehenden Aktionäre durch die Änderung des Vertrages verbessert, verschlechtert oder ob die Vertragsänderung die Ausgleichs- und Abfindungsleistungen unmittelbar oder mittelbar (zum Beispiel durch Änderung der Bemessungsgrundlage) beeinflusst. In allen Konstellationen bedarf es eines Sonderbeschlusses.[56] Entscheidend ist folglich, dass der Ausgleich oder die Abfindung materiell verändert wird.[57]

So ist auch bei einer **Vertragsübernahme** (→ Rn. 4 f.) ein Sonderbeschluss erforderlich, da sich der Schuldner der Ausgleich- oder Abfindungsverpflichtung ändert.[58] Das gilt auch dann, wenn der Vertrag auf Grund einer konzerninternen Umstrukturierung von einem anderen verbundenen Unternehmen übernommen wird.[59]

Problematisch ist die Rechtslage bei einem **Vertragsbeitritt** (→ Rn. 6) einer neuen Partei. Der BGH hat in seiner *ASEA/BBC*-Entscheidung die Notwendigkeit eines Sonderbeschlusses mit dem

---

[46] Emmerich/Habersack/*Emmerich* Rn. 36; MüKoAktG/*Altmeppen* Rn. 26; Kölner Komm AktG/*Koppensteiner* Rn. 28; Hüffer/Koch/*Koch* Rn. 9.
[47] MüKoAktG/*Altmeppen* Rn. 27.
[48] MüKoAktG/*Altmeppen* Rn. 26; Emmerich/Habersack/*Emmerich* Rn. 36; Hüffer/Koch/*Koch* Rn. 9.
[49] MüKoAktG/*Altmeppen* Rn. 26; Hüffer/Koch/*Koch* Rn. 9.
[50] Hüffer/Koch/*Koch* Rn. 9.
[51] MüKoAktG/*Altmeppen* Rn. 29; Emmerich/Habersack/*Emmerich* Rn. 25; Kölner Komm AktG/*Koppensteiner* Rn. 30.
[52] Ebenso Grigoleit/*Servatius* Rn. 11.
[53] RegBegr. *Kropff* S. 384.
[54] *Veil* Unternehmensverträge 141.
[55] BGHZ 119, 1 (8); OLG Karlsruhe AG 1991, 144 (145 f.); Hüffer/Koch/*Koch* Rn. 10; Emmerich/Habersack/*Emmerich* Rn. 26.
[56] MüKoAktG/*Altmeppen* Rn. 29 f.; Emmerich/Habersack/*Emmerich* Rn. 26; *Priester* ZIP 1992, 293 (296 f.); *Pentz* NZG 1998, 380 (381); *Ebenroth/Parche* BB 1989, 637 (638). AA *Säcker* DB 1988, 271 (272).
[57] Emmerich/Habersack/*Emmerich* Rn. 26.
[58] OLG Karlsruhe ZIP 1991, 101; Emmerich/Habersack/*Emmerich* Rn. 27; Hüffer/Koch/*Koch* Rn. 11; MüKoAktG/*Altmeppen* Rn. 31; Kölner Komm AktG/*Koppensteiner* Rn. 34; Raiser/*Veil* KapGesR § 62 Rn. 103; *Bayer* ZGR 1993, 599 (608); *Priester* ZIP 1992, 293 (300).
[59] MüKoAktG/*Altmeppen* Rn. 31 ff.; *Bayer* ZGR 1993, 599 (608); *Schwarz* MittRhNotK 1994, 49 (67); Großkomm AktG/*Mülbert* Rn. 57. AA *Säcker* DB 1988, 271 (273 ff.); *Priester* ZIP 1992, 293 (300); *Krieger/Jannott* DStR 1473, 1479.

Argument abgelehnt, dass die Rechtstellung der außenstehenden Aktionäre durch das Hinzutreten eines weiteren Schuldners nicht verschlechtert, sondern verbessert werde, sofern die vereinbarten Ausgleichs- und Abfindungsansprüche der außenstehenden Aktionäre unberührt bleiben.[60] Dem ist im Grundsatz zu folgen. Eine abweichende Beurteilung ist aber geboten, wenn ein variabler Ausgleich vereinbart wurde oder ein Angebot auf Abfindung in Aktien noch angenommen werden kann. Die Ansprüche der außenstehenden Aktionäre sind in diesem Fall betroffen, weil der variable Ausgleich angepasst werden und der Abfindungsanspruch sich alternativ auf Aktien der beitretenden Gesellschaft richten muss.[61]

23 **b) Sonderbeschlussfassung.** Der Sonderbeschluss ist von den **außenstehenden Aktionären** zu fassen (§ 295 Abs. 2). Wer zu den außenstehenden Aktionären zu zählen ist, hat der Gesetzgeber bewusst weder in § 295 Abs. 2 noch in den § 296 Abs. 2 S. 1, § 297 Abs. 2 S. 1, §§ 304, 305 definiert.[62] Allerdings zeichnet sich mittlerweile ein klares Meinungsbild zu den relevanten Fragen ab, so dass der Begriff gewisse Konturen hat, die im Einzelfall eine zuverlässige Subsumtion ermöglichen.

24 Ausgangspunkt für eine Bestimmung des Begriffs ist der Zweck des § 295 Abs. 2, die außenstehenden Aktionäre vor einem Eingriff in ihre Ausgleichs- oder Abfindungsansprüche zu schützen. Er ist folglich mit Blick auf die §§ 304, 305 auszulegen: Zum Kreis der außenstehenden Aktionäre sind **alle Aktionäre** zu zählen, denen kraft Gesetzes **Ausgleichs-** oder **Abfindungsleistungen zustehen**.[63] Der andere Vertragsteil ist ebenso wenig außenstehender Aktionär wie Aktionäre, die wegen rechtlich fundierter wirtschaftlicher Verknüpfung mit dem anderen Vertragsteil von der Gewinnabführung oder der Leitungsmacht unmittelbar oder mittelbar in ähnlicher Weise profitieren.[64] Ferner sind Aktionäre, die vom anderen Vertragsteil abhängig (§ 17 Abs. 1) sind, nicht außenstehende Aktionäre iSv § 295 Abs. 2 S. 1, § 296 Abs. 2 S. 1, § 297 Abs. 2 S. 1.[65] Grund für diese im Vergleich zu den §§ 304, 305 engere Auslegung des Begriffs (→ § 304 Rn. 17–28) ist, dass die Stimmabgabe solcher Aktionäre bei der Sonderbeschlussfassung vom herrschenden Unternehmen beeinflusst sein könnte, was den bezweckten effektiven Schutz der außenstehenden Aktionäre gefährden würde.[66] Allerdings ist es erforderlich, dass der betreffende Aktionär tatsächlich vom anderen Vertragsteil abhängig ist. Dies ist unwiderleglich zu vermuten, wenn der betreffende Aktionär gegenüber dem anderen Vertragsteil durch einen Beherrschungsvertrag gebunden ist. Es genügt jedoch auch, wenn er im Mehrheitsbesitz des anderen Vertragsteils steht. Der Aktionär darf in diesem Fall bei der Sonderbeschlussfassung nicht mitstimmen, außer wenn die in § 17 Abs. 2 normierte Abhängigkeitsvermutung widerlegt ist. Unerheblich ist es dagegen, wenn der Aktionär vom anderen Vertragsteil die Aktien erworben hat. Allein dieser Umstand genügt nicht für die Annahme einer Abhängigkeit gegenüber dem anderen Vertragsteil.[67] Es müssen vielmehr weitere Umstände hinzutreten, wie beispielsweise ein Treuhandverhältnis gegenüber dem anderen Vertragsteil.[68]

25 Die **Eigenschaft** als **außenstehender Aktionär** muss im **Zeitpunkt** der **Sonderbeschlussfassung** vorliegen.[69] Aktionäre der Gesellschaft, die bereits gegen Abfindung aus der Gesellschaft

---

[60] BGHZ 119, 1 (7 f.); OLG Karlsruhe AG 1991, 144 (145 f.); MüKoAktG/*Altmeppen* Rn. 34 ff.; Hüffer/Koch/*Koch* Rn. 11; *Priester* ZIP 1992, 293 (300 f.); *Röhricht* ZHR 162 (1998) 249 (259); *Pentz* FS Kropff, 1997, 225 (233 f.); *Bayer* ZGR 1993, 599 (608).

[61] Emmerich/Habersack/*Emmerich* Rn. 27; *Raiser*/*Veil* KapGesR § 62 Rn. 104; *Röhricht* ZHR 162 (1998) 249 (252 f.); MHdB AG/*Krieger* § 70 Rn. 163; *Pentz* FS Kropff, 1997, 225 (238); Großkomm AktG/*Mülbert* Rn. 59 ff. AA *Hirte* ZGR 1994, 644 (658), der beim Vertragsbeitritt immer einen Sonderbeschluss für erforderlich hält. Hierzu auch → § 304 Rn. 76–78.

[62] RegBegr. *Kropff* S. 385.

[63] So die Formulierung von Hüffer/Koch/*Koch* Rn. 12. Vgl. ferner RegBegr. *Kropff* S. 385; MüKoAktG/*Altmeppen* Rn. 43; Kölner Komm AktG/*Koppensteiner* Rn. 47; MHdB AG/*Krieger* § 70 Rn. 159; K. Schmidt/Lutter/*Langenbucher* Rn. 23; Großkomm AktG/*Mülbert* Rn. 67.

[64] Hüffer/Koch/*Koch* Rn. 12; ähnlich Emmerich/Habersack/*Emmerich* Rn. 30.

[65] LG Essen AG 1995, 189 (190); *Hüchting*, Abfindung und Ausgleich im aktienrechtlichen Beherrschungsvertrag, 1972, 108; MüKoAktG/*Altmeppen* Rn. 46; Emmerich/Habersack/*Emmerich* Rn. 30; Hüffer/Koch/*Koch* Rn. 12; Kölner Komm AktG/*Koppensteiner* Rn. 47; Großkomm AktG/*Mülbert* Rn. 68 f. Vgl. auch OLG Nürnberg AG 1996, 228 (229).

[66] *Hüchting*, Abfindung und Ausgleich im aktienrechtlichen Beherrschungsvertrag, 1972, 108; MüKoAktG/*Altmeppen* Rn. 46; Emmerich/Habersack/*Emmerich* Rn. 30; *Pentz* AG 1996, 97 (108 f.); K. Schmidt/Lutter/*Langenbucher* Rn. 25.

[67] LG Essen AG 1995, 189 (190); Emmerich/Habersack/*Emmerich* Rn. 30; MüKoAktG/*Altmeppen* Rn. 48 ff.; Hüffer/Koch/*Koch* Rn. 12; Kölner Komm AktG/*Koppensteiner* Rn. 48.

[68] MüKoAktG/*Altmeppen* Rn. 49; Hüffer/Koch/*Koch* Rn. 12; Emmerich/Habersack/*Emmerich* Rn. 30; K. Schmidt/Lutter/*Langenbucher* Rn. 27.

[69] Hüffer/Koch/*Koch* Rn. 13; Emmerich/Habersack/*Emmerich* Rn. 28; MüKoAktG/*Altmeppen* Rn. 51; Großkomm AktG/*Mülbert* Rn. 70.

ausgeschieden sind, können nicht am Sonderbeschluss teilnehmen.[70] Das gilt auch, wenn ein Spruchverfahren anhängig ist, aus dem im Falle der Festsetzung einer höheren Abfindung Abfindungsergänzungsansprüche entstehen können. Insoweit handelt es sich lediglich um eine Reflexwirkung, die zu einer aktiven Beteiligung an der Sonderbeschlussfassung nicht mehr berechtigt.[71]

Für den Sonderbeschluss gilt § 138, so dass er sowohl in einer gesonderten Versammlung der außenstehenden Aktionäre gefasst werden als auch in einer gesonderten Abstimmung in der Hauptversammlung erfolgen kann, in welcher über die Zustimmung zur Änderung nach § 295 Abs. 1 beschlossen wird.[72] Allerdings bestimmen sich die Mehrheitserfordernisse nicht nach § 138. Erforderlich ist eine qualifizierte Mehrheit des bei der Sonderbeschlussfassung von den außenstehenden Aktionären vertretenen Grundkapitals (§ 293 Abs. 1 S. 2 und 3 iVm § 295 Abs. 2). 26

Der **Sonderbeschluss** ist **Wirksamkeitsvoraussetzung für** den nach § 295 Abs. 1 erforderlichen **Hauptversammlungsbeschluss** und damit auch für die Wirksamkeit der **Vertragsänderung**. Diese ist bis zur Sonderbeschlussfassung schwebend unwirksam und wird bei ablehnendem Beschluss endgültig unwirksam. Es ist irrelevant, in welcher Reihenfolge die Beschlüsse der Hauptversammlung und der außenstehenden Aktionäre getroffen werden, da beide Beschlüsse Voraussetzung für die Wirksamkeit der Vertragsänderung sind.[73] Die Niederschrift über den Sonderbeschluss ist der Registeranmeldung als Anlage in entsprechender Anwendung des § 294 Abs. 1 S. 2 beizufügen.[74] Das Fehlen des Sonderbeschlusses stellt ein Eintragungshindernis für die Vertragsänderung dar.[75] Trägt das Registergericht die Vertragsänderung trotz Fehlens des Sonderbeschlusses ein, wird die Vertragsänderung dadurch nicht wirksam, da der Eintragung keine heilende Wirkung zukommt.[76] Etwas anderes gilt nur, wenn die Eintragung des Vertrags gem. § 246a erwirkt wurde, was freilich kaum vorstellbar ist, wenn ein Sonderbeschluss nicht gefasst wurde. 27

Der **Sonderbeschluss** ist nach Maßgabe von § 243 **anfechtbar**. Es gelten dieselben Beschränkungen des Anfechtungsrechts wie für den zustimmenden Hauptversammlungsbeschluss.[77] Eine Anfechtung kann insbesondere nicht darauf gestützt werden, dass der geänderte Ausgleich oder die geänderte Abfindung nicht angemessen seien (§ 304 Abs. 2 S. 2, § 305 Abs. 5 S. 1).[78] Auch entsprechende Verletzungen der Informationsrechte können nicht im Klagewege geltend gemacht werden (§ 243 Abs. 4). Die außenstehenden Aktionäre müssen etwaige Rechtsverletzungen im Spruchverfahren geltend machen.[79] 28

c) Auskunftsrecht der außenstehenden Aktionäre. Das gegenüber § 131 erweiterte Auskunftsrecht nach § 295 Abs. 2 S. 3 ist § 293g Abs. 3 nachempfunden[80] und steht den außenstehenden Aktionären sowohl in der gesonderten Versammlung (§ 138) als auch bei der gesonderten Abstimmung in der Hauptversammlung (§ 295 Abs. 1) zu.[81] Der Anspruch auf die erweiterte Auskunft erfasst alle für die Vertragsänderung wesentlichen Umstände, die den anderen Vertragsteil betreffen.[82] 29

Das Auskunftsrecht bezieht sich entgegen der hM nicht auf die Änderung von Unternehmensverträgen iSv § 292, die Ausgleichs- und Abfindungsverpflichtungen enthalten.[83] Solche Verträge sind nicht anzuerkennen (→ Rn. 19), so dass die außenstehenden Aktionäre die Rechtsverletzung in einer Anfechtungsklage geltend zu machen haben. In der Praxis dürfte dies aber kaum relevant werden. 30

---

[70] Emmerich/Habersack/*Emmerich* Rn. 29; Hüffer/Koch/*Koch* Rn. 13; MüKoAktG/*Altmeppen* Rn. 52; *Röhricht* ZHR 162 (1998) 249 (252).
[71] Kölner Komm AktG/*Koppensteiner* Rn. 51; *Raiser/Veil* KapGesR § 62 Rn. 100. AA wohl MüKoAktG/*Altmeppen* Rn. 53 f.; auch Emmerich/Habersack/*Emmerich* Rn. 29; Hüffer/Koch/*Koch* Rn. 14.
[72] MüKoAktG/*Altmeppen* Rn. 55; Emmerich/Habersack/*Emmerich* Rn. 31; Hüffer/Koch/*Koch* Rn. 14.
[73] MüKoAktG/*Altmeppen* Rn. 59; Emmerich/Habersack/*Emmerich* Rn. 33.
[74] Hüffer/Koch/*Koch* Rn. 15; MüKoAktG/*Altmeppen* Rn. 60; Emmerich/Habersack/*Emmerich* Rn. 33.
[75] Hüffer/Koch/*Koch* Rn. 15; MüKoAktG/*Altmeppen* Rn. 60.
[76] Emmerich/Habersack/*Emmerich* Rn. 33; MüKoAktG/*Altmeppen* Rn. 60.
[77] Hüffer/Koch/*Koch* Rn. 15.
[78] Hüffer/Koch/*Koch* Rn. 15; MüKoAktG/*Altmeppen* Rn. 58; Kölner Komm AktG/*Koppensteiner* Rn. 55; MHdB AG/*Krieger* § 70 Rn. 161; Emmerich/Habersack/*Emmerich* Rn. 34.
[79] MüKoAktG/*Altmeppen* Rn. 58; Hüffer/Koch/*Koch* Rn. 15.
[80] Zu den Einzelheiten → § 293g Rn. 8–13.
[81] MüKoAktG/*Altmeppen* Rn. 57; Hüffer/Koch/*Koch* Rn. 14; Emmerich/Habersack/*Emmerich* Rn. 31; MHdB AG/*Krieger* § 71 Rn. 189.
[82] Emmerich/Habersack/*Emmerich* Rn. 31; MHdB AG/*Krieger* § 71 Rn. 189; *Bayer* ZGR 1993, 599 (610).
[83] So aber MüKoAktG/*Altmeppen* Rn. 57 (auf der Grundlage der Auslegung, dass Verträge des § 292 auch einen Ausgleich und eine Abfindung zugunsten außenstehender Aktionäre vorsehen können).

§ 296 Aufhebung

(1) ¹Ein Unternehmensvertrag kann nur zum Ende des Geschäftsjahrs oder des sonst vertraglich bestimmten Abrechnungszeitraums aufgehoben werden. ²Eine rückwirkende Aufhebung ist unzulässig. ³Die Aufhebung bedarf der schriftlichen Form.

(2) ¹Ein Vertrag, der zur Leistung eines Ausgleichs an die außenstehende Aktionäre oder zum Erwerb ihrer Aktien verpflichtet, kann nur aufgehoben werden, wenn die außenstehenden Aktionäre durch Sonderbeschluß zustimmen. ²Für den Sonderbeschluß gilt § 293 Abs. 1 Satz 2 und 3, § 295 Abs. 2 Satz 3 sinngemäß.

Schrifttum: *Bungert,* Die Beendigung von Beherrschungs- und Gewinnabführungsverträgen im GmbH-Konzern, NJW 1995, 1118; *Ehlke,* Aufhebung von Beherrschungsverträgen – eine schlichte Geschäftsführungsmaßnahme?, ZIP 1995, 355; *Grüner,* Die Beendigung von Gewinnabführungs- und Beherrschungsverträgen, 2001; *Hoffmann-Becking,* Gelöste und ungelöste Fragen zum Unternehmensvertrag der GmbH, WiB 1994, 57; *Hüchting,* Abfindung und Ausgleich im aktienrechtlichen Beherrschungsvertrag, 1972; *Kallmeyer,* Beendigung von Beherrschungs- und Gewinnabführungsverträgen, GmbHR 1995, 578; *Kley,* Die Rechtsstellung der außenstehenden Aktionäre bei der vorzeitigen Beendigung von Unternehmensverträgen, 1986; *Krieger/Jannott,* Änderung und Beendigung von Beherrschungs- und Gewinnabführungsverträgen im Aktien- und GmbH-Recht, DStR 1995, 1473; *Müller/Dorweiler,* Unterjährige Beendigung des Beherrschungs- und Gewinnabführungsvertrages beim Unternehmenskauf, FS Beuthien, 2009, 183; *Priester,* Die Aufhebung des Unternehmensvertrages, ZGR 1996, 189; *Priester,* Bildung und Auflösung des GmbH-Vertragskonzerns, in Hommelhoff (Hrsg), Entwicklungen im GmbH-Konzernrecht, ZGR Sonderheft 6, 1986, S. 151; *Schlögell,* Die Beendigung von Unternehmensverträgen im GmbH-Konzern, GmbHR 1995, 401; *Schwarz,* Änderung und Beendigung von Unternehmensverträgen – insbesondere in handelsregisterlicher Sicht –, MittRhNotK 1994, 49; *Timm,* Geklärte und offene Fragen im Vertragskonzernrecht der GmbH, GmbHR 1987, 8; *Timm/Geuting,* Gesellschafterbeteiligung bei der Aufhebung von Beherrschungs- und Gewinnabführungsverträgen im „einheitlichen" GmbH-Konzern, GmbHR 1996, 229; *Veil,* Unternehmensverträge, 2003; *Vetter,* Zur Aufhebung eines Beherrschungs- und Gewinnabführungsvertrages im GmbH-Recht, ZIP 1995, 345; *Wilhelm,* Die Beendigung des Beherrschungs- und Gewinnabführungsvertrages, 1976; *von Wilmowski,* Insolvenzkonzernrecht: Die Obergesellschaft eines Beherrschungsvertrags in Insolvenz, Der Konzern 2016, 261.

Übersicht

	Rn.		Rn.
I. Normzweck	1–3	3. Wirkungen	13–14a
II. Aufhebung des Unternehmensvertrags (Abs. 1)	4–14a	III. Sonderbeschluss der außenstehenden Aktionäre (Abs. 2)	15–22
1. Begriff der Aufhebung	4–8	1. Notwendigkeit eines Sonderbeschlusses	15–18
2. Zuständigkeit	9–12	2. Sonderbeschlussfassung	19–22

I. Normzweck

1 § 296 regelt die vertragliche Aufhebung eines Unternehmensvertrags (§ 311 Abs. 1 BGB). Voraussetzung ist, dass der Vertrag mit einer AG oder KGaA geschlossen ist. Für die Aufhebung eines mit einer GmbH geschlossenen Vertrags gilt § 296 entsprechend.[1] Die Vorschrift bestimmt in Abs. 1, dass eine **Aufhebung** nur zu einem **bestimmten Zeitpunkt zulässig** ist und der **Schriftform** bedarf. Auf diese Weise soll Rechtssicherheit gewährleistet werden. Ferner ist in Abs. 1 das **Verbot einer rückwirkenden Aufhebung** des Unternehmensvertrags vorgesehen. Es soll verhindern, dass den aus dem Unternehmensvertrag entstandenen Ansprüchen der abhängigen Gesellschaft (§ 302) und der außenstehenden Aktionäre (§§ 304, 305) nachträglich von den Vertragsparteien die Grundlage entzogen wird.[2]

2 Der nach Abs. 2 erforderliche **Sonderbeschluss** bezweckt den **Schutz außenstehender Aktionäre** vor Beeinträchtigungen ihrer Ausgleichs- oder Abfindungsansprüche. Ob ein solcher Schutz vollumfänglich erreicht wird, ist zweifelhaft.[3] In der Praxis werden in den Verträgen meist andere Abreden getroffen, die den Parteien die Befugnis einer Beendigung des Vertrags verschaffen,[4] ohne dass ein Sonderbeschluss gem. § 296 Abs. 2 erforderlich ist. Im Übrigen obliegt es allein dem Vor-

---

[1] BGH NZG 2015, 912 und die Vorinstanz OLG München GmbHR 2014, 535 (538).
[2] RegBegr. *Kropff* S. 385.
[3] Zu Recht krit. Emmerich/Habersack/*Emmerich* Rn. 3; Hüffer/Koch/*Koch* Rn. 5; ausf. MüKoAktG/*Altmeppen* Rn. 9 ff.
[4] Problematisch ist in erster Linie die Vereinbarung außerordentlicher Kündigungsrechte. Hierzu → § 297 Rn. 5 ff.

stand, über die Aufhebung des Vertrags zu entscheiden. Eine Kompetenz der Hauptversammlung besteht im Unterschied zum Abschluss eines Unternehmensvertrags (§ 293 Abs. 1) nicht.[5]

Den Parteien ist es nicht möglich, von den in § 296 getroffenen Regelungen abzuweichen. Die Vorschrift enthält in ihrem Anwendungsbereich (Vertragsaufhebung) **zwingendes Recht**.[6]   3

II. Aufhebung des Unternehmensvertrags (Abs. 1)

1. Begriff der Aufhebung. Die vertragliche Aufhebung des Unternehmensvertrags erfolgt durch   4
übereinstimmende Willenserklärungen der **Parteien**,[7] die **unternehmensvertragliche Bindung im Ganzen zu** einem **zulässigen Zeitpunkt** zu **beenden** (vgl. § 311 Abs. 1 BGB).[8] Sie ist abzugrenzen von der inhaltlichen Änderung des Unternehmensvertrags, die unter § 295 zu subsumieren ist (→ 295 Rn. 3). Soll ein Parteiwechsel stattfinden, so kann dieser entweder durch Vertragsänderung iSv § 295 Abs. 1 S. 1 oder durch Aufhebung des alten Vertrags und Abschluss eines neuen Vertrags erfolgen (→ § 295 Rn. 4 f.). Der Beitritt einer weiteren Vertragspartei kann ebenfalls auf diese Weise vonstatten gehen (→ § 295 Rn. 6). Dagegen findet § 296 keine Anwendung auf Vertragsbeendigungen, die sich als gesetzliche Folge einer Strukturmaßnahme (beispielsweise Eingliederung oder Verschmelzung)[9] ergeben.[10] Ein Sonderbeschluss ist in diesen Fällen daher nicht erforderlich.[11]

Der Aufhebungszeitpunkt ist von den Parteien nicht vertraglich frei bestimmbar. Der Aufhebungs-   5
vertrag kann **frühestens zum Ende des Geschäftsjahres** der aus dem Unternehmensvertrag verpflichteten Gesellschaft vereinbart werden (§ 296 Abs. 1 S. 1 Alt. 1). Sieht der Unternehmensvertrag einen vom Geschäftsjahr abweichenden Abrechnungszeitraum vor, so kann er auch zum Ende dieses Zeitraums aufgehoben werden (§ 296 Abs. 1 S. 1 Alt. 1). Sofern in der Aufhebungsvereinbarung kein konkreter Zeitpunkt festgelegt ist, wird nach dem Parteiwillen meist von einer Beendigung zum nächstmöglichen Zeitpunkt auszugehen sein (§§ 133, 157 BGB).[12]

§ 296 Abs. 1 S. 2 enthält das **Verbot** einer **rückwirkenden Aufhebung.** Damit wird die Verein-   6
barung eines Aufhebungszeitpunkts ausgeschlossen, der vor dem Abschluss des Aufhebungsvertrags liegt.[13] Die Vorschrift findet sowohl auf die **Unternehmensverträge** des **§ 291** als auch auf die **Unternehmensverträge** des **§ 292** Anwendung, obwohl bei einer Gewinngemeinschaft, einem Teilgewinnabführungs- und einem konzernexternen Betriebspacht- bzw. Betriebsüberlassungsvertrag keine Ansprüche gem. §§ 302, 304, 305 bestehen, die von einer rückwirkenden Aufhebung betroffen sein könnten.[14] Dennoch ist nach dem eindeutigen Wortlaut der Vorschrift eine rückwirkende Aufhebung auch dann verboten, wenn ein Verlustausgleich nicht geschuldet ist oder außenstehenden Aktionären keine Ansprüche auf Ausgleich und Abfindung zustehen. Denkbar ist es allerdings, vom Rückwirkungsverbot eine Ausnahme zuzulassen, wenn ein Eingriff in bestehende Rechte der Gesellschaft oder ihrer Aktionäre nicht in Betracht kommt.[15] Das Rückwirkungsverbot ist schließlich auch auf die Aufhebung eines nichtigen, jedoch durchgeführten Unternehmensvertrags anwendbar, der nach den Grundsätzen der fehlerhaften Gesellschaft zu behandeln ist und daher ebenfalls Grundlage von Ansprüchen sein kann.[16]

Die Aufhebung eines Unternehmensvertrags kann erforderlich sein, wenn der Zusammenschluss   7
vom Bundeskartellamt untersagt wird (vgl. § 36, 40, 41 GWB). Allerdings sind auch in diesem Fall die Voraussetzungen von § 296 zu beachten.[17]

---

[5] Zur rechtspolitischen Würdigung → Rn. 9.
[6] MüKoAktG/*Altmeppen* Rn. 3.
[7] Zur Auslegung → Vor § 291 Rn. 34 f.
[8] MüKoAktG/*Altmeppen* Rn. 7; Hüffer/Koch/*Koch* Rn. 2.
[9] MüKoAktG/*Altmeppen* Rn. 6.
[10] Zur Beurteilung der verschiedenen Konstellationen → § 297 Rn. 41–57.
[11] MüKoAktG/*Altmeppen* Rn. 6; Hüffer/Koch/*Koch* Rn. 7; Kölner Komm AktG/*Koppensteiner* Rn. 20.
[12] MüKoAktG/*Altmeppen* Rn. 26; Hüffer/Koch/*Koch* Rn. 2; Emmerich/Habersack/*Emmerich* Rn. 14; MHdB AG/*Krieger* § 71 Rn. 196.
[13] Emmerich/Habersack/*Emmerich* Rn. 15.
[14] MüKoAktG/*Altmeppen* Rn. 23 und 30; Kölner Komm AktG/*Koppensteiner* Rn. 15; Emmerich/Habersack/*Emmerich* Rn. 15.
[15] *Werth* DB 1975, 1140 (1141) (Verzicht auf den Gewinnanspruch aus dem laufenden Geschäftsjahr); Emmerich/Habersack/*Emmerich* Rn. 15; Kölner Komm AktG/*Koppensteiner* Rn. 15; ähnlich MüKoAktG/*Altmeppen* Rn. 23.
[16] BGH NJW 2002, 822 (823); Emmerich/Habersack/*Emmerich* Rn. 15.
[17] Gem. § 41 Abs. 1 GWB dürfen die Unternehmen einen Zusammenschluss, der vom Bundeskartellamt nicht freigegeben ist, nicht vor Ablauf der Fristen nach § 40 Abs. 1 S. 1 und Abs. 2 S. 2 GWB vollziehen oder am Vollzug dieses Zusammenschlusses mitwirken. Rechtsgeschäfte, die gegen dieses Verbot verstoßen, sind unwirksam. Dies gilt allerdings ua nicht für Unternehmensverträge iSv §§ 291 und 292, sobald sie durch Eintragung in das zuständige Register rechtswirksam geworden sind.

8 **Verstöße** gegen § 296 Abs. 1 S. 1 und S. 2 begründen die **Nichtigkeit** der betreffenden **Vertragsbestimmung** (§ 134 BGB).[18] Problematisch ist, wie die hieraus resultierende Teilnichtigkeit des Aufhebungsvertrags zu beurteilen ist. So wird zum einen angenommen, die Wirksamkeit des Aufhebungsvertrags bestimme sich hinsichtlich seines übrigen Inhalts nach § 139 BGB.[19] Zum anderen wird vertreten, es sei § 140 BGB anzuwenden.[20] Der BGH hat die Frage (zu Recht) offen gelassen, weil nach beiden Vorschriften davon auszugehen sei, dass die Parteien bei Kenntnis der Teilnichtigkeit eine Aufhebung des Vertrags zum nächstmöglichen Zeitpunkt vereinbart hätten.[21] Sofern dies der Fall ist, ist der Vertrag zum nächsten zulässigen Zeitpunkt aufgehoben,[22] anderenfalls ist er nichtig.[23]

9 **2. Zuständigkeit.** Die Vertragsaufhebung ist eine Maßnahme der Geschäftsführung und von der **Vertretungsmacht** des **Vorstands** oder in einer KGaA des persönlich haftenden Gesellschafters (§ 283) gedeckt,[24] die allerdings durch das **Erfordernis** eines **Sonderbeschlusses** der außenstehenden Aktionäre **beschränkt** ist (→ Rn. 17). Sofern dieser nicht vorliegt, ist der Aufhebungsvertrag schwebend unwirksam (→ Rn. 17). Im Unterschied zum Abschluss und zur Änderung eines Unternehmensvertrags (§ 293 Abs. 1 und 2, § 295 Abs. 1) besteht aber kein Zustimmungserfordernis der Hauptversammlung. Dies ist rechtspolitisch bedenklich.[25] So ist insbesondere die Vorstellung des Gesetzgebers,[26] die Aufhebung des Unternehmensvertrags berühre die Aktionärsinteressen weniger als dessen Abschluss, schwerlich nachzuvollziehen, da die wirtschaftliche Existenz der abhängigen Gesellschaft trotz der bis zum Vertragsende bestehenden Verlustausgleichspflicht des herrschenden Unternehmens (§ 302 Abs. 1) in den meisten Fällen nicht gesichert sein dürfte.[27] Angesichts der klaren gesetzlichen Regelung ist es aber ausgeschlossen, ein Zustimmungserfordernis der Hauptversammlung im Wege der Rechtsfortbildung zu begründen.[28]

10 Hieraus folgt, dass die Hauptversammlung vom Vorstand nicht gem. § 83 Abs. 1 S. 2 verlangen kann, den Abschluss eines Aufhebungsvertrags vorzubereiten.[29] Der Vorstand kann freilich der Hauptversammlung den Abschluss eines Aufhebungsvertrags zur Entscheidung vorlegen (§ 119 Abs. 2).[30] Hierzu ist er jedoch nicht verpflichtet. Eine Vorlagepflicht nach den Grundsätzen des Holzmüller-Urteils[31] ist mit der in § 296 getroffenen eindeutigen gesetzgeberischen Entscheidung nicht vereinbar.[32]

11 Zu beachten ist, dass hinsichtlich des Abschlusses eines Aufhebungsvertrags ein **Zustimmungsrecht** des **Aufsichtsrats** begründet sein kann (§ 111 Abs. 4 S. 2).[33] Verweigert dieser die Zustimmung, so kann der Vorstand verlangen, dass die Hauptversammlung über die Zustimmung beschließt (§ 111 Abs. 4 S. 3).[34]

12 Der Abschluss des Aufhebungsvertrags bedarf der Schriftform (§ 296 Abs. 1 S. 3 iVm § 126 BGB). Eine konkludente oder mündliche Aufhebung des Unternehmensvertrags ist folglich ausgeschlossen. Wird die Schriftform nicht eingehalten, so ist der Vertrag nichtig (§ 125 S. 1 BGB) und der Unternehmensvertrag bleibt bestehen.

13 **3. Wirkungen.** Mit **Eintritt** des vereinbarten **Aufhebungszeitpunkts** ist der **Unternehmensvertrag beendet.** Die Eintragung in das Handelsregister hat lediglich deklaratorische Wirkung.[35] Sofern die Gesellschaft vom Vertragspartner abhängig ist, sind zu ihrem Schutz die §§ 311 ff. anzuwen-

---

[18] MüKoAktG/*Altmeppen* Rn. 25; Hüffer/Koch/*Koch* Rn. 3 f.
[19] Hüffer/Koch/*Koch* Rn. 3 f.; Kölner Komm AktG/*Koppensteiner* Rn. 16.
[20] MüKoAktG/*Altmeppen* Rn. 25; offen gelassen von Emmerich/Habersack/*Emmerich* Rn. 16.
[21] BGH NJW 2002, 822 (823).
[22] Emmerich/Habersack/*Emmerich* Rn. 16; iE ebenso (auf der Grundlage einer Anwendung von § 140 BGB) MüKoAktG/*Altmeppen* Rn. 25.
[23] Kölner Komm AktG/*Koppensteiner* Rn. 16.
[24] MüKoAktG/*Altmeppen* Rn. 8; Emmerich/Habersack/*Emmerich* Rn. 8; Hüffer/Koch/*Koch* Rn. 5.
[25] MüKoAktG/*Altmeppen* Rn. 9 ff.; Hüffer/Koch/*Koch* Rn. 5; Kölner Komm AktG/*Koppensteiner* Rn. 9.
[26] RegBegr. *Kropff* S. 385.
[27] MüKoAktG/*Altmeppen* Rn. 11. Vgl. auch OLG Düsseldorf AG 1990, 490 ff. (drastisches Beispiel).
[28] MüKoAktG/*Altmeppen* Rn. 11; Hüffer/Koch/*Koch* Rn. 5.
[29] MüKoAktG/*Altmeppen* Rn. 18; Emmerich/Habersack/*Emmerich* Rn. 10; Hüffer/Koch/*Koch* Rn. 5; MHdB AG/*Krieger* § 71 Rn. 195.
[30] MüKoAktG/*Altmeppen* Rn. 18; Emmerich/Habersack/*Emmerich* Rn. 10; MHdB AG/*Krieger* § 71 Rn. 195.
[31] BGHZ 83, 122.
[32] MüKoAktG/*Altmeppen* Rn. 18; Emmerich/Habersack/*Emmerich* Rn. 10; *Krieger/Jannott* DStR 1995, 1473 (1477); K. Schmidt/Lutter/*Langenbucher* Rn. 5; Großkomm AktG/*Mülbert* Rn. 10.
[33] Hüffer/Koch/*Koch* Rn. 5; K. Schmidt/Lutter/*Langenbucher* Rn. 4.
[34] MüKoAktG/*Altmeppen* Rn. 19.
[35] MüKoAktG/*Altmeppen* Rn. 40; Hüffer/Koch/*Koch* Rn. 9. → § 298 Rn. 1.

den.³⁶ Der ehemals andere Vertragsteil braucht neue Verluste der Gesellschaft nicht gem. § 302 zu übernehmen und ist auch nicht mehr verpflichtet, Ausgleichs- oder Abfindungsleistungen (§§ 304, 305) zu erbringen.³⁷ Die Gläubiger der Gesellschaft sind bei Vertragsende durch einen Anspruch auf Sicherheitsleistung geschützt (§ 303). Weitere Ansprüche gegenüber dem ehemaligen anderen Vertragsteil bestehen nicht. Insbesondere ist dieser nicht verpflichtet, eine finanzielle Wiederaufbauhilfe zu leisten (→ § 302 Rn. 23) oder außenstehenden Aktionären ein erneutes Abfindungsangebot zu unterbreiten.³⁸ Solche Verpflichtungen sind mit den abschließenden Regeln der §§ 300 ff., 304 ff. nicht vereinbar.³⁹

Die **Beendigung** des **Vertrags** hat **keine Auswirkungen** auf bereits **entstandene Ausgleichsansprüche** iSv § 304 und **Abfindungsleistungen** iSv § 305 (vgl. § 296 Abs. 1 S. 2).⁴⁰ So brauchen bereits abgefundene Aktionäre die entsprechenden Beträge nicht herauszugeben, da der rechtliche Grund für die Abfindungsleistungen nicht wegfällt:⁴¹ Rechtsgrund für die Abfindung der außenstehenden Aktionäre ist der mit dem anderen Vertragsteil geschlossene Kauf- oder Tauschvertrag, dessen Bestand vom Unternehmensvertrag unabhängig ist.⁴² Sofern allerdings der Abfindungsanspruch noch nicht geltend gemacht wurde, gehen die betreffenden außenstehenden Aktionäre leer aus, da auf Grund der Beendigung des Vertrags keine Grundlage mehr für die Annahme des Angebots besteht.⁴³ Aus verfassungsrechtlichen Gründen (Schutz des Eigentums, Art. 14 GG) ist die Rechtslage jedoch anders zu beurteilen, wenn der **Unternehmensvertrag während** des **Spruchverfahrens beendet** wird. Der **Abfindungsanspruch besteht** in diesem Fall **fort**.⁴⁴ **14**

Eine vorzeitige Beendigung eines Gewinnabführungsvertrages kann steuerschädlich sein. Denn im Falle einer vorzeitigen Aufhebung des Vertrags können die Voraussetzungen für eine Organschaft nach § 14 KStG nicht mehr erfüllt sein. In Betracht kommt dies insbesondere bei Kündigung und Aufhebung des Gewinnabführungsvertrages. Anders ist es nur zu beurteilen, wenn ein wichtiger Grund für die vorzeitige Beendigung besteht. Insoweit können das Gesellschaftsrecht und das Steuerrecht zu unterschiedlichen Ergebnissen gelangen.⁴⁵ So kann insbesondere die Veräußerung einer Beteiligung an der Organgesellschaft steuerrechtlich als ein wichtiger Grund zur Vertragsbeendigung angesehen werden,⁴⁶ während aus gesellschaftsrechtlicher Perspektive der Vorgang keine außerordentliche Kündigung des Vertrags rechtfertigt (→ § 297 Rn. 11 sowie zur Zulässigkeit der Vereinbarung über eine Aufhebung in diesem Fall → Rn. 6). **14a**

III. Sonderbeschluss der außenstehenden Aktionäre (Abs. 2)

1. Notwendigkeit eines Sonderbeschlusses. Die **Aufhebung** eines **Unternehmensvertrags**, **15** der für außenstehende Aktionäre **Ausgleichs-** oder **Abfindungsleistungen** vorsieht, bedarf zu ihrer **Wirksamkeit** eines **Sonderbeschlusses** der **außenstehenden Aktionäre** (§ 296 Abs. 2 S. 1). Dieser Beschluss ist zum einen bei Beherrschungs- oder Gewinnabführungsverträgen erforderlich, die zugunsten der außenstehenden Aktionäre die in §§ 304, 305 normierten Ausgleichs- und Abfindungsansprüche enthalten. Zum anderen ist nach hM ein Sonderbeschluss auch dann erforderlich, wenn in einem Unternehmensvertrag iSv § 292 ein Ausgleich oder eine Abfindung vorgesehen ist (→ § 295 Rn. 19). Dem ist nicht zuzustimmen. Das Unternehmensvertragsrecht lässt entsprechende Ausgestaltungen der Verträge des § 292 nicht zu,⁴⁷ so dass zur Aufhebung eines solchen (nichtigen) Vertrags ein Sonderbeschluss nicht erforderlich sein kann.

Der in § 296 Abs. 2 enthaltene **Begriff** des **außenstehenden Aktionärs** ist in derselben Weise **16** auszulegen wie bei § 295 Abs. 2 (→ § 295 Rn. 23 ff.).

Die **Vertretungsmacht** des **Vorstands** ist durch das **Erfordernis** eines **Sonderbeschlusses 17** (§ 296 Abs. 2) **beschränkt**.⁴⁸ Ein ohne die Zustimmung der außenstehenden Aktionäre abgeschlos-

---

³⁶ MüKoAktG/*Altmeppen* Rn. 40; Emmerich/Habersack/*Emmerich* Rn. 23.
³⁷ MüKoAktG/*Altmeppen* Rn. 40.
³⁸ Emmerich/Habersack/*Emmerich* Rn. 25.
³⁹ Emmerich/Habersack/*Emmerich* Rn. 25; Hüffer/Koch/*Koch* Rn. 9; *Priester* ZIP 1989, 1301 (1305).
⁴⁰ MüKoAktG/*Altmeppen* Rn. 41; Hüffer/Koch/*Koch* Rn. 9.
⁴¹ MüKoAktG/*Altmeppen* Rn. 41; Hüffer/Koch/*Koch* Rn. 9; Emmerich/Habersack/*Emmerich* Rn. 24; Kölner Komm AktG/*Koppensteiner* Rn. 17.
⁴² MüKoAktG/*Altmeppen* Rn. 41.
⁴³ MüKoAktG/*Altmeppen* Rn. 41; Emmerich/Habersack/*Emmerich* Rn. 24; Kölner Komm AktG/*Koppensteiner* Rn. 17; Großkomm AktG/*Mülbert* Rn. 32. Diese Position der hM hat der BGH im *Guano*-Beschluss BGHZ 135, 374 bestätigt.
⁴⁴ BGHZ 135, 374 (377) – Guano.
⁴⁵ Vgl. Bürgers/Körber/*Schenk* Rn. 14.
⁴⁶ Vgl. etwa FG Niedersachsen Der Konzern 2012, 371 (374 ff.).
⁴⁷ *Veil* Unternehmensverträge 141.
⁴⁸ MüKoAktG/*Altmeppen* Rn. 32; Emmerich/Habersack/*Emmerich* Rn. 19.

sener Aufhebungsvertrag ist schwebend unwirksam.[49] Der Vorstand handelt als Vertreter ohne Vertretungsmacht (§ 177 Abs. 1 BGB).[50] Die Gesellschaft ist bei Fehlen des Sonderbeschlusses an den schwebend unwirksamen Aufhebungsvertrag nicht gebunden. Sie ist auch nicht gegenüber dem anderen Vertragsteil verpflichtet, den Aufhebungsvertrag ihren außenstehenden Aktionären zur Abstimmung vorzulegen.[51] Allerdings können diese nach § 138 S. 2 und S. 3 iVm § 122 die Einberufung einer Sonderversammlung verlangen.[52]

18   Hat der andere Vertragsteil keine Kenntnis von der schwebenden Unwirksamkeit, so steht ihm entsprechend § 178 BGB ein Widerrufsrecht zu.[53] Hat er dagegen Kenntnis, so ist er bis zur Entscheidung der außenstehenden Aktionäre an den Aufhebungsvertrag gebunden. Diese Bindung besteht solange, wie mit einem Sonderbeschluss zu rechnen ist, in der Regel bis zur nächsten Hauptversammlung.[54] Danach ist der andere Vertragsteil entsprechend § 178 BGB zum Widerruf berechtigt.

19   **2. Sonderbeschlussfassung.** Der Sonderbeschluss kann vor oder nach dem Abschluss des Aufhebungsvertrags gefasst werden (§§ 183, 184 BGB);[55] in der Regel wird er nachfolgen. Zweifelhaft ist, ob er noch nach dem vertraglich vorgesehenen Aufhebungszeitpunkt gefasst werden kann oder bereits zum vereinbarten Aufhebungszeitpunkt vorliegen muss. Die Frage wird kontrovers diskutiert. So wird vertreten, es verstoße gegen das Rückwirkungsverbot (§ 296 Abs. 1 S. 2), wenn der Sonderbeschluss erst nach dem Eintritt des vereinbarten Aufhebungszeitpunkts gefasst wird.[56] Andererseits wird mit Blick auf den Wortlaut des Gesetzes angenommen, das Rückwirkungsverbot gelte nur für die vertraglichen Regelungen, nicht aber für den Sonderbeschluss.[57]

20   Beizutreten ist der erstgenannten Auffassung. Der **Aufhebungsvertrag** ist **schwebend unwirksam,** solange die **außenstehenden Aktionäre** noch nicht zugestimmt haben. Bis zu diesem Zeitpunkt können Ansprüche begründet werden. Sofern der Sonderbeschluss nach dem vereinbarten Zeitpunkt der Aufhebung getroffen wird, würde er eine Rückwirkung entfalten und die bereits entstandenen Ansprüche der außenstehenden Aktionäre beseitigen. § 296 Abs. 1 S. 2 will dies verhindern. Das Rückwirkungsverbot gilt daher auch für den Sonderbeschluss der außenstehenden Aktionäre, der spätestens bis zum vereinbarten Aufhebungszeitpunkt getroffen sein muss. Sofern er später ergeht, kann der unwirksame Aufhebungsvertrag allerdings nach § 140 BGB umgedeutet werden, mit der Folge, dass der Unternehmensvertrag zum nächsten gesetzlich zulässigen Zeitpunkt aufgehoben ist.[58]

21   § 296 Abs. 2 S. 2 verweist zum einen auf § 293 Abs. 1 S. 2 und 3. Hieraus folgt, dass der Sonderbeschluss einer Mehrheit von mindestens ¾ des von den außenstehenden Aktionären vertretenen Grundkapitals bedarf. Die Satzung kann eine größere Kapitalmehrheit und weitere Erfordernisse bestimmen (→ § 293 Rn. 18). Zum anderen verweist § 296 Abs. 2 S. 2 auf § 295 Abs. 2 S. 3. Die außenstehenden Aktionäre haben folglich ein erweitertes Auskunftsrecht gegenüber dem anderen Vertragsteil (→ § 295 Rn. 29 f.).

22   Auf den Sonderbeschluss findet schließlich auch § 138 Anwendung. So bestimmen sich die Nichtigkeit und Anfechtbarkeit des Sonderbeschlusses nach den §§ 241 und 243 ff. (§ 138 S. 2). Im Unterschied zu dem in § 295 Abs. 2 erfassten Sonderbeschluss enthalten die §§ 304 Abs. 3 S. 2, 305 Abs. 5 S. 1 keine Sonderregelungen über die Anfechtbarkeit des Beschlusses, da auf Grund der Aufhebung des Vertrags ein Spruchverfahren nicht mehr in Betracht kommt.

§ 297 Kündigung

(1) ¹**Ein Unternehmensvertrag kann aus wichtigem Grunde ohne Einhaltung einer Kündigungsfrist gekündigt werden.** ²**Ein wichtiger Grund liegt namentlich vor, wenn der andere Vertragsteil voraussichtlich nicht in der Lage sein wird, seine auf Grund des Vertrags bestehenden Verpflichtungen zu erfüllen.**

---

[49] MüKoAktG/*Altmeppen* Rn. 32 f.; Emmerich/Habersack/*Emmerich* Rn. 19; MHdB AG/*Krieger* § 71 Rn. 197; *Raiser/Veil* KapGesR § 62 Rn. 108.
[50] Emmerich/Habersack/*Emmerich* Rn. 19.
[51] Emmerich/Habersack/*Emmerich* Rn. 19.
[52] MüKoAktG/*Altmeppen* Rn. 33; Emmerich/Habersack/*Emmerich* Rn. 19.
[53] MüKoAktG/*Altmeppen* Rn. 34.
[54] MüKoAktG/*Altmeppen* Rn. 34; Emmerich/Habersack/*Emmerich* Rn. 20.
[55] MüKoAktG/*Altmeppen* Rn. 35; Hüffer/Koch/*Koch* Rn. 8; Emmerich/Habersack/*Emmerich* Rn. 21.
[56] MüKoAktG/*Altmeppen* Rn. 37; Emmerich/Habersack/*Emmerich* Rn. 21; *Grüner*, Die Beendigung von Gewinnabführungs- und Beherrschungsverträgen, 2001, 60; *Schwarz* MittRhNotK 1994, 49 (69).
[57] LG Essen AG 1995, 189 (191); Hüffer/Koch/*Koch* Rn. 8; Kölner Komm AktG/*Koppensteiner* Rn. 21; *Vetter* ZIP 1995, 345 (348).
[58] MüKoAktG/*Altmeppen* Rn. 37; Emmerich/Habersack/*Emmerich* Rn. 21; MHdB AG/*Krieger* § 71 Rn. 197.

(2) ¹Der Vorstand der Gesellschaft kann einen Vertrag, der zur Leistung eines Ausgleichs an die außenstehenden Aktionäre der Gesellschaft oder zum Erwerb ihrer Aktien verpflichtet, ohne wichtigen Grund nur kündigen, wenn die außenstehenden Aktionäre durch Sonderbeschluß zustimmen. ²Für den Sonderbeschluß gilt § 293 Abs. 1 Satz 2 und 3, § 295 Abs. 2 Satz 3 sinngemäß.

(3) Die Kündigung bedarf der schriftlichen Form.

Schrifttum: *Acher,* Vertragskonzern und Insolvenz, 1987; *Bage,* Umwandlungen im Konzern, 2009; *Walter Bayer,* Herrschaftsveränderungen im Vertragskonzern, ZGR 1993, 599; *Berthold,* Unternehmensverträge in der Insolvenz, 2004; *Bultmann,* Der Gewinnabführungsvertrag in der Insolvenz, ZInsO 2007, 785; *Ebenroth/Parche,* Konzernrechtliche Beschränkungen der Umstrukturierung des Vertragskonzerns, BB 1989, 637; *Exner,* Beherrschungsvertrag und Vertragsfreiheit, 1984; *Fedke,* Auswirkungen von konzerninternen Verschmelzungsvorgängen auf bestehende Unternehmensverträge, Der Konzern 2008, 533; *Freudenberg,* Der Fortbestand des Beherrschungs- und Gewinnabführungsvertrags in der Insolvenz der Konzernobergesellschaft, ZIP 2009, 2037; *Gattineau,* Der Beherrschungsvertrag in der Verschmelzung von Aktiengesellschaften, 2005; *Gerth,* Die Beendigung von Gewinnabführungs- und Beherrschungsverträgen, BB 1978, 1497; *Grüner,* Die Beendigung von Gewinnabführungs- und Beherrschungsverträgen, 2001; *Gutheil,* Die Auswirkungen von Umwandlungen auf Unternehmensverträge nach §§ 291, 292 AktG und die Rechte außenstehender Aktionäre, 2001; *Heidenhain,* Spaltungsvertrag und Spaltungsplan, NJW 1995, 2873; *Hengeler/Hoffmann-Becking,* Insolvenz im Vertragskonzern, FS Hefermehl, 1976, 283; *Hirte,* Grenzen der Vertragsfreiheit bei aktienrechtlichen Unternehmensverträgen, ZGR 1994, 644; *Hüchting,* Abfindung und Ausgleich im aktienrechtlichen Beherrschungsvertrag, 1972; *Joussen,* Die Kündigung von Beherrschungsverträgen bei Anteilsveräußerung, GmbHR 2000, 221; *Kley,* Die Rechtsstellung der außenstehenden Aktionäre bei der vorzeitigen Beendigung von Unternehmensverträgen, 1986; *Knott/Rodewald,* Beendigung der handels- und steuerrechtlichen Organschaft bei unterjähriger Anteilsveräußerung, BB 1996, 472; *Krieger,* Beendigung von Beherrschungs- und Gewinnabführungsverträgen in der Praxis der GmbH, 1989, 99; *Krieger,* Konzern in Fusion und Umwandlung, ZGR 1990, 517; *Krieger/Jannott,* Änderung und Beendigung von Beherrschungs- und Gewinnabführungsverträgen, DStR 1995, 1473; *Laule,* Die Beendigung eines Beherrschungsvertrages aus wichtigem Grund (§ 297 Abs. 1 AktG) und korrespondierende Handlungspflichten der Verwaltung einer beherrschten Aktiengesellschaft, AG 1990, 145; *Müller,* Auswirkungen von Umstrukturierungen nach dem Umwandlungsgesetz auf Beherrschungs- und Gewinnabführungsverträge, BB 2002, 217; *Müller/Donweiler,* Unterjährige Beendigung des Beherrschungs- und Gewinnabführungsvertrages beim Unternehmenskauf, FS Beuthien, 2009, 183; *Naraschewski,* Verschmelzung im Konzern: Augleichs- und Abfindungsansprüche außenstehender Aktionäre bei Erlöschen eines Unternehmensvertrages, DB 1997, 1653; *Priester,* Herrschaftswechsel beim Unternehmensvertrag, ZIP 1992, 293; *Riegger/Mutter,* Wann muß der Vorstand einer beherrschten AG den Beherrschungsvertrag kündigen?, DB 1997, 1603; *Samer,* Beherrschungs- und Gewinnabführungsverträge gem. § 291 Abs. 1 AktG in Konkurs und Vergleich der Untergesellschaft, 1990; *Schlögell,* Die Beendigung von Unternehmensverträgen im GmbH-Konzern, GmbHR 1995, 401; *K. Schmidt,* Die konzernrechtliche Verlustübernahmepflicht als gesetzliches Dauerschuldverhältnis, ZGR 1983, 513; *R. M. Schmidt,* Der aktienrechtliche Unternehmensvertrag als Gegenstand der Spaltung nach dem Umwandlungsgesetz, 2007; *Schwarz,* Änderung und Beendigung von Unternehmensverträgen – insbesondere in handelsregisterlicher Sicht, MittRhNotK 1994, 49; *Schwarz,* Zur Beendigung eines Beherrschungs- und Gewinnabführungsvertrages bei Veräußerung aller Anteile an der Untergesellschaft durch die Obergesellschaft, DNotZ 1995, 243; *Schwarz,* Beendigung von Organschaftsverträgen anläßlich der Veräußerung der Beteiligung an der hauptverpflichteten Gesellschaft mbH, DNotZ 1996, 68; *Timm,* Geklärte und offene Fragen im Vertragskonzernrecht der GmbH, GmbHR 1987, 8; *Timm,* Rechtsfragen der Änderung und Beendigung von Unternehmensverträgen, FS Kellermann, 1991, 461; *Trendelenburg,* Der Gewinnabführungs- und Beherrschungsvertrag in der Krise der Obergesellschaft, NJW 2002, 647; *Veit,* Unternehmensverträge und Eingliederung als aktienrechtliche Instrumente der Unternehmensverbindung, 1974; *H. Wilhelm,* Die Beendigung des Beherrschungs- und Gewinnabführungsvertrags, 1976; *Windbichler,* Unternehmensverträge und Zusammenschlusskontrolle, 1977; *Wirth,* Die Beendigung von Beherrschungs- und Gewinnabführungsverträgen bei der Veräußerung der abhängigen GmbH, DB 1990, 2105; *Zeidler,* Ausgewählte Probleme des GmbH-Vertragskonzernrechts, NZG 1999, 692.

Übersicht

	Rn.		Rn.
I. Normzweck	1–4	b) Veräußerung der Beteiligung durch anderen Vertragsteil	11, 12
II. Außerordentliche Kündigung (Abs. 1)	5–17	c) Pflichtverletzung des anderen Vertragsteils und sonstige Fälle	13, 14
1. Grundlagen	5–9	3. Wichtiger Grund für anderen Vertragsteil	15–17
2. Wichtiger Grund für abhängige Gesellschaft	10–14	**III. Befristete außerordentliche Kündigung**	18, 19
a) Voraussichtliche Leistungsunfähigkeit des anderen Vertragsteils (Abs. 1 S. 2)	10	**IV. Ordentliche Kündigung**	20–28
		1. Zulässigkeit	20–23

	Rn.		Rn.
a) Fehlen einer vertraglichen Vereinbarung	21, 22	b) Auflösung aus sonstigen Gründen	40
b) Vertragliche Vereinbarung	23	4. Umwandlungen	41–49
2. Kündigungsfrist und -termin	24, 25	a) Verschmelzung und Spaltung unter Beteiligung des anderen Vertragsteils (Obergesellschaft)	41–43
3. Sonderbeschluss der außenstehenden Aktionäre (Abs. 2)	26–28	b) Verschmelzung und Spaltung unter Beteiligung der (abhängigen) Gesellschaft	44–47
V. Schriftform der Kündigung (Abs. 3)	29, 30	c) Formwechsel einer Vertragspartei	48
VI. Beendigung aus sonstigen Gründen	31–57	d) Auswirkungen einer Umwandlung auf ein Spruchverfahren	49
1. Zeitablauf	31	5. Eingliederung	50–52
2. Rücktritt	32–35	6. Anteilsveräußerung (§ 307)	53
3. Auflösung	36–40	7. Sonstige Fälle	54–57
a) Insolvenz	36–39		

I. Normzweck

1   Die Beendigung von Unternehmensverträgen ist in ihren Voraussetzungen und Rechtsfolgen im Gesetz nur lückenhaft erfasst. Neben der einverständlichen Aufhebung eines Unternehmensvertrags (§ 296) bestimmt § 297 ebenfalls nicht abschließend die **Voraussetzungen** der **Kündigung** eines **Unternehmensvertrags**.[1] Die Vorschrift regelt drei Fragen der Kündigung: in Abs. 1 die Kündigung aus wichtigem Grund, in Abs. 2 das Erfordernis der Zustimmung der außenstehenden Aktionäre und in Abs. 3 die Form der Kündigung. Die übrigen Rechtsfragen der Kündigung, namentlich Frist und Zeitpunkt einer Kündigung ohne wichtigen Grund, sind, soweit nicht die allgemeinen Kündigungsvorschriften des Bürgerlichen Rechts eingreifen, der Vertragsfreiheit überlassen.[2] Auch die Rechtsfolgen einer Kündigung ergeben sich aus dem allgemeinen Recht. Eine außerordentliche Kündigung beendet den Vertrag ex nunc, eine ordentliche Kündigung zum vorgesehenen Termin. Die Eintragung der Beendigung des Vertrags hat nur deklaratorische Wirkung (→ Rn. 30).

2   § 297 Abs. 1 S. 1 bestimmt „in Übereinstimmung mit den allgemein für Dauerverhältnisse geltenden Grundsätzen"[3] (vgl. § 314 Abs. 1 S. 1 BGB), dass ein **Unternehmensvertrag** von **jeder Partei** bei Vorliegen eines **wichtigen Grundes** ohne Einhaltung einer Kündigungsfrist **gekündigt** werden kann. Ein wichtiger Grund liegt beispielsweise vor, wenn der andere Vertragsteil voraussichtlich nicht in der Lage sein wird, seine auf Grund des Vertrags bestehenden Verpflichtungen zu erfüllen (§ 297 Abs. 1 S. 2).[4] Daneben kommen zahlreiche weitere Konstellationen in Betracht.[5] So liegt nach allgemeinen Grundsätzen ein wichtiger Grund immer dann vor, wenn dem kündigenden Teil unter Berücksichtigung aller Umstände des Einzelfalls und unter Abwägung der beiderseitigen Interessen die Fortsetzung des Vertragsverhältnisses bis zur vereinbarten Beendigung oder bis zum Ablauf einer Kündigungsfrist nicht zugemutet werden kann (§ 314 Abs. 1 S. 2 BGB). Dies kann insbesondere bei schwerwiegenden Vertragsverletzungen der Fall sein (→ Rn. 13).

3   § 297 Abs. 2 legt aus ähnlichen Gründen wie § 295 Abs. 2, § 296 Abs. 2 für die Änderung und Aufhebung von Unternehmensverträgen fest, dass ein **Unternehmensvertrag**, der zu **Leistungen** an die **außenstehenden Aktionäre verpflichtet**, vom Vorstand der Gesellschaft **nicht ohne Zustimmung** dieser **Aktionäre gekündigt** werden kann. Ausgenommen ist lediglich die außerordentliche Kündigung, die uU gerade im Interesse der außenstehenden Aktionäre schnell ausgesprochen werden muss.[6] Der andere Vertragsteil kann dagegen ohne das Erfordernis eines Sonderbeschlusses eine ordentliche Kündigung aussprechen.[7]

4   Das in § 297 Abs. 3 erfasste Schriftformerfordernis dient der Rechtssicherheit.[8]

II. Außerordentliche Kündigung (Abs. 1)

5   **1. Grundlagen.** Jeder Unternehmensvertrag iSv §§ 291, 292 kann fristlos gekündigt werden, wenn ein wichtiger Grund vorliegt (§ 297 Abs. 1). Das außerordentliche Kündigungsrecht steht

---

[1] Zu den in § 304 Abs. 4, § 305 Abs. 5 S. 4 erfassten Kündigungsfällen → § 304 Rn. 89 f., → § 305 Rn. 86.
[2] RegBegr. *Kropff* S. 386. → Rn. 24.
[3] RegBegr. *Kropff* S. 386.
[4] Auf diesen Grund können sich die Gesellschaft und unter bestimmten Umständen auch der andere Vertragsteil berufen. → Rn. 16.
[5] RegBegr. *Kropff* S. 386. → Rn. 11 ff.
[6] RegBegr. *Kropff* S. 386.
[7] RegBegr. *Kropff* S. 386. → Rn. 27.
[8] RegBegr. *Kropff* S. 386.

Kündigung   6–9 § 297

sowohl der abhängigen Gesellschaft als auch dem herrschenden Unternehmen zu[9] und gilt unabhängig davon, ob der Unternehmensvertrag befristet oder unbefristet geschlossen wurde.[10] Ein vertraglicher Ausschluss oder eine vertragliche Beschränkung des Kündigungsrechts ist nichtig; § 297 Abs. 1 enthält zwingendes Recht (§ 23 Abs. 5 S. 1).[11]

Zweifelhaft ist, ob **im Vertrag sonstige Gründe** vorgesehen werden können, die zur **außerordentlichen Kündigung** des Unternehmensvertrags **berechtigen,** die aber an sich keinen wichtigen Grund iSv § 297 Abs. 1 S. 1 darstellen.[12] Diese weit verbreitete Praxis ist bedenklich, weil eine ordentliche Kündigung nur mit Zustimmung der außenstehenden Aktionäre zulässig ist (§ 297 Abs. 2), eine außerordentliche Kündigung dagegen eine Zustimmung nicht erfordert. Problematisch ist ferner, dass auf diese Weise die ordentliche Kündigung auf einen gesetzlich nicht vorgesehenen Zeitpunkt möglich wäre. Nach einer vor allem im älteren Schrifttum vertretenen Meinung soll aus diesen Gründen eine vertragliche Erweiterung der Kündigungsgründe nicht statthaft sein.[13] Der BGH und die hL anerkennen aber zu Recht eine umfassende Vertragsfreiheit der Parteien, die Kündigungsgründe im Vertrag festzulegen.[14] Problematisch ist allerdings, dass vertragliche Vereinbarungen über Kündigungsgründe die Gefahr einer Umgehung der aktienrechtlichen Schutzvorschriften in sich bergen. Der BGH sucht dieser Gefahr durch eine entsprechende Anwendung des § 297 Abs. 2 Rechnung zu tragen: Eine **außerordentliche Kündigung,** die **auf einem – lediglich – vertraglich vereinbarten Grund beruht** und **von** der **beherrschten Gesellschaft** ausgesprochen wird, kann nur vorgenommen werden, wenn ihre **außenstehenden Aktionäre** durch **Sonderbeschluss zustimmen.**[15] 6

Vor diesem Hintergrund ist es von erheblicher Relevanz, den Begriff des wichtigen Grundes zu konkretisieren. Ausgangspunkt hierfür kann § 314 BGB sein. Die Vorschrift regelt die Kündigung von Dauerschuldverhältnissen aus wichtigem Grund und konkurriert mit § 297. Da speziellere Vorschriften vorgehen,[16] ist ein Rückgriff auf § 314 BGB nur insoweit möglich, als das AktG (§ 297) und die anderen Gesetze des Gesellschaftsrechts keine eigenen Regelungen enthalten. 7

Stets zu Grunde zu legen ist die in § 314 Abs. 1 S. 2 BGB getroffene Definition eines wichtigen Grunds. Dieser liegt vor, wenn dem kündigenden Teil unter Berücksichtigung aller Umstände des Einzelfalls und unter Abwägung der beiderseitigen Interessen die Fortsetzung des Vertragsverhältnisses bis zur vereinbarten Beendigung oder bis zum Ablauf einer Kündigungsfrist nicht zugemutet werden kann. Dabei ist zu berücksichtigen, dass eine **Kündigung ausgeschlossen** ist, wenn der **Kündigende** die **Störung** des **Vertragsverhältnisses überwiegend verursacht** hat[17] oder wenn der für die Kündigung angeführte Umstand in der **Risikosphäre** des **Kündigenden** liegt.[18] Ferner sind die in § 314 Abs. 2 und Abs. 3 BGB vorgesehenen Regelungen zu beachten.[19] 8

§ 297 steht schließlich mit weiteren Vorschriften in Konkurrenz, die zur fristlosen Kündigung von anderen Unternehmensverträgen iSv § 292 berechtigen: Gewinngemeinschaften und Teilgewinnabführungsverträge in Form der stillen Gesellschaft sind nach § 723 Abs. 1 S. 2 BGB kündbar, Betriebspacht- und Betriebsüberlassungsverträge analog § 594e und gem. § 581 Abs. 2 BGB, § 543 BGB. Da diese Vorschriften von den in § 297 statuierten Voraussetzungen nicht abweichen, können die allgemeinen gesellschaftsrechtlichen Regelungen neben den speziellen aktienrechtlichen Regelungen ohne nennenswerte Schwierigkeiten angewendet werden.[20] 9

---

[9] MüKoAktG/*Altmeppen* Rn. 16; Hüffer/Koch/*Koch* Rn. 3; Kölner Komm AktG/*Koppensteiner* Rn. 16; MHdB AG/*Krieger* § 70 Rn. 168; *Schwarz* MittRhNotK 1994, 49 (69).

[10] MüKoAktG/*Altmeppen* Rn. 15; Hüffer/Koch/*Koch* Rn. 3; MHdB AG/*Krieger* § 71 Rn. 201; Großkomm AktG/*Mülbert* Rn. 19.

[11] RegBegr. *Kropff* S. 386; BGHZ 122, 211 (228 ff.); MüKoAktG/*Altmeppen* Rn. 15; Emmerich/Habersack/ *Emmerich* Rn. 16; MHdB AG/*Krieger* § 71 Rn. 201; *Krieger/Jannott* DStR 1995, 1473 (1475).

[12] Zur Auslegung → Vor § 291 Rn. 34 f.

[13] LG Ingolstadt AG 1991, 24 (25); Kölner Komm AktG/*Koppensteiner* Rn. 20; *Windbichler,* Unternehmensverträge und Zusammenschlusskontrolle, 1977, 74 f.

[14] BGHZ 122, 211 (228 ff.); OLG Frankfurt/Main ZIP 2008, 1666 (1667); OLG München ZIP 2009, 2295 (2298); OLG Frankfurt AG 2010, 368 (373); MüKoAktG/*Altmeppen* Rn. 49; Hüffer/Koch/*Koch* Rn. 8; MHdB AG/*Krieger* § 71 Rn. 203; *Raiser/Veil* KapGesR § 62 Rn. 115; zurückhaltend, aber iE für die Zulässigkeit der vertraglichen Erweiterung der Kündigungsgründe Emmerich/Habersack/*Emmerich* Rn. 17; ähnlich auch *Hirte* ZGR 1994, 644 (651 ff.).

[15] BGHZ 122, 211 (232). Vgl. auch MüKoAktG/*Altmeppen* Rn. 49.

[16] Begr. zu § 314 RegE BT-Drs. 14/6040, 177.

[17] BGHZ 44, 217 (275); BGH NJW 1981, 1264 (1265) (eigenes Verhalten spiele eine wesentliche Rolle bei der Gesamtwürdigung); BeckOK BGB/*Lorenz* BGB § 314 Rn. 8.

[18] Vgl. BGH NJW 1991, 1828 (1829) (zum Versicherungsvertrag); BGH NJW 1996, 714 (zum Versicherungsvertrag); BGHZ 136, 161 (164) (zum Darlehensvertrag); MüKoBGB/*Gaier* BGB § 314 Rn. 10; BeckOK BGB/ *Lorenz* BGB § 314 Rn. 13.

[19] Emmerich/Habersack/*Emmerich* Rn. 18. → Rn. 14.

[20] Emmerich/Habersack/*Emmerich* Rn. 18a.

10 **2. Wichtiger Grund für abhängige Gesellschaft. a) Voraussichtliche Leistungsunfähigkeit des anderen Vertragsteils (Abs. 1 S. 2).** Ein wichtiger Grund liegt namentlich vor, wenn der andere Vertragsteil voraussichtlich nicht in der Lage sein wird, seine auf Grund des Vertrags bestehenden Verpflichtungen gegenüber der Gesellschaft (beispielsweise Ausgleich der Verluste, Zahlung des Pachtzinses) oder gegenüber deren Aktionären (beispielsweise Ausgleichs- oder Abfindungsleistungen) zu erfüllen. Es ist nicht erforderlich, dass die Leistungsunfähigkeit des anderen Vertragsteils feststeht. Diese muss „voraussichtlich" eintreten. Der Vorstand der Gesellschaft hat mithin eine Prognose zu treffen.[21] Allerdings kann er die Kündigung nicht bereits dann aussprechen, wenn es sich um kurzfristige Leistungsstockungen handelt.[22]

11 **b) Veräußerung der Beteiligung durch anderen Vertragsteil.** Der andere Vertragsteil ist auf Grund der Veräußerung seiner Beteiligung an der abhängigen Gesellschaft nach zutreffender Ansicht nicht berechtigt, einen Unternehmensvertrag (praktisch von Bedeutung: einen Beherrschungs- bzw. Gewinnabführungsvertrag) aus wichtigem Grund zu kündigen.[23] Die Anteilsveräußerung und die damit verbundenen Folgen sind seiner Sphäre zuzuordnen.[24] Andernfalls hätte es das herrschende Unternehmen selbst in der Hand, sich von einem mittlerweile unerwünschten Unternehmensvertrag zu lösen. Im Übrigen ist es nicht schutzbedürftig, da es die Möglichkeit hat, den Vertrag einverständlich aufzuheben[25] oder ordentlich zu kündigen.[26] Allerdings können die Parteien im Unternehmensvertrag festlegen, dass die Veräußerung der Beteiligung einen wichtigen Grund darstellt (→ Rn. 6), was in der Praxis meist geschieht.[27]

12 Anders stellt sich die Rechtslage aus Sicht der **abhängigen Gesellschaft** dar. Auf Grund der Veräußerung der Beteiligung hat sie einerseits einen neuen Mehrheitsgesellschafter, andererseits ist sie den Weisungen des anderen Vertragsteils ausgesetzt, der nach dem Verkauf der Anteile kein Interesse mehr an der Gesellschaft haben dürfte. Deren Vorstand kann daher berechtigt sein, den **Unternehmensvertrag außerordentlich** zu **kündigen**.[28]

13 **c) Pflichtverletzung des anderen Vertragsteils und sonstige Fälle.** Der Gesellschaft kann auf Grund von wesentlichen und/oder ständigen Pflichtverletzungen des anderen Vertragsteils ein weiteres Festhalten am Vertrag nicht mehr zumutbar sein, so dass sie zur Kündigung aus wichtigem Grund berechtigt ist.[29] Dies ist insbesondere anzunehmen, wenn sich der andere Vertragsteil ernsthaft und endgültig weigert, seine Vertragspflichten zu erfüllen.[30] Bei Bestehen eines Beherrschungsvertrags kann auch die wiederholte Erteilung unzulässiger Weisungen durch das herrschende Unternehmen ein wichtiger Grund sein.[31] Kein wichtiger Grund liegt vor, wenn ein Gesellschafter der beherrschten GmbH nach dem Wegfall des Unternehmensvertrags seinen Anteil besser verwerten kann. Denn dies betrifft nur die persönlichen Verhältnisse des Gesellschafters und nicht das Verhältnis zwischen beherrschter und herrschender Gesellschaft.[32]

14 Eine außerordentliche Kündigung setzt in den genannten Fällen voraus, dass der Vorstand der Gesellschaft dem anderen Vertragsteil erfolglos eine zur Abhilfe bestimmte Frist setzt oder ihn

---

[21] Hüffer/Koch/*Koch* Rn. 4; Emmerich/Habersack/*Emmerich* Rn 21; Bürgers/Körber/*Schenk* Rn. 7; wohl auch MüKoAktG/*Altmeppen* Rn. 21 („lässt sich absehen").

[22] Hüffer/Koch/*Koch* Rn. 4; Emmerich/Habersack/*Emmerich* Rn. 21; MHdB AG/*Krieger* § 71 Rn. 202; einschränkend MüKoAktG/*Altmeppen* Rn. 20: Eine Kündigung sei erst zulässig, wenn eine Voraussicht über die Solvenz des herrschenden Unternehmens möglich sei. In der Zwischenzeit ruhten die Leistungspflichten der abhängigen Gesellschaft.

[23] OLG Düsseldorf AG 1995, 137 (138); OLG Oldenburg NZG 2000, 1138 (1140) (jeweils zum GmbH-Konzern); LG Duisburg AG 1994, 379 (380); LG Frankenthal AG 1989, 253 (254); MüKoAktG/*Altmeppen* Rn. 39 f.; *Ebenroth*/*Parche* BB 1989, 637 (642); Emmerich/Habersack/*Emmerich* Rn. 24; Hüffer/Koch/*Koch* Rn. 7; *Joussen* GmbHR 2000, 221 (222); K. Schmidt/Lutter/*Langenbucher* Rn. 8; Bürgers/Körber/*Schenk* Rn. 9. AA *Kley*, Die Rechtsstellung der außenstehenden Aktionäre bei der vorzeitigen Beendigung von Unternehmensverträgen, 1986, 64; *Knott*/*Rodewald* BB 1996, 472 (473); MHdB AG/*Krieger* § 70 Rn. 169; *Krieger/Jannott* DStR 1995, 1473 (1476); *Laule* AG 1990, 145 (152); *Müller*/*Dorweiler* FS Beuthien, 2009, 183 (193 ff.). Vgl. auch *Timm* GmbHR 1987, 8 (14 ff.) (differenzierende Lösung). Der BGH hat die Frage bislang nicht entschieden (offen gelassen in BGH NZG 2015, 912 Rn. 19).

[24] Zur Relevanz dieses Aspekts → Rn. 8.

[25] OLG Düsseldorf AG 1995, 137 (138); MüKoAktG/*Altmeppen* Rn. 39.

[26] OLG Düsseldorf AG 1995, 137 (138); MüKoAktG/*Altmeppen* Rn. 39.

[27] Steuerschädlich ist dies nicht, vgl. BFH AG 2014, 369 ff.

[28] MüKoAktG/*Altmeppen* Rn. 30; MHdB AG/*Krieger* § 70 Rn. 169; *Laule* AG 1990, 145 (152). AA K. Schmidt/Lutter/*Langenbucher* Rn. 10.

[29] MüKoAktG/*Altmeppen* Rn. 22; Emmerich/Habersack/*Emmerich* Rn. 23; Hüffer/Koch/*Koch* Rn. 6.

[30] MüKoAktG/*Altmeppen* Rn. 22, 27 f.; Emmerich/Habersack/*Emmerich* Rn. 23; Hüffer/Koch/*Koch* Rn. 6.

[31] MüKoAktG/*Altmeppen* Rn. 27; Emmerich/Habersack/*Emmerich* Rn. 23; Hüffer/Koch/*Koch* Rn. 6.

[32] BGHZ 190, 45 (47).

abmahnt (§ 314 Abs. 2 BGB).³³ Allerdings kann dies im Einzelfall gem. § 314 Abs. 2 S. 2 iVm § 323 Abs. 2 entbehrlich sein.

3. Wichtiger Grund für anderen Vertragsteil. Die **Verschlechterung** der **wirtschaftlichen** 15 **Lage** der **abhängigen Gesellschaft** stellt grundsätzlich keinen wichtigen Grund dar. Eine andere Beurteilung soll aber nach hM geboten sein, wenn diese **Situation nicht** auf **Umständen** beruht, die in den **Verantwortungs-** und **Risikobereich** des **herrschenden Unternehmens** fallen, sondern beispielsweise auf die allgemeine Konjunkturlage zurückzuführen sind, und wenn die **Gesellschaft** wegen des **Vertrags** in ihrer **Existenz** bedroht wird.³⁴ Teilweise wird sogar ein Kündigungsrecht des herrschenden Unternehmens angenommen, wenn es die wirtschaftliche Verschlechterung zu verantworten hat. Es sei ausreichend, wenn wegen der Pflicht zur Verlusttragung die wirtschaftliche Lage des Gesamtkonzerns gefährdet ist.³⁵ Diese Sichtweise ist aber schwerlich damit in Einklang zu bringen, dass die Parteien ihre vertraglichen Risiken zu verantworten haben und nur solche Umstände zur Kündigung aus wichtigem Grund berechtigen, die nicht der eigenen Risikosphäre zuzuordnen sind.³⁶

Zweifelhaft ist, ob auch der **andere Vertragsteil** berechtigt ist, sich auf den in **§ 297 Abs. 1 S. 2** 16 erfassten **Kündigungsgrund** zu **berufen.** Die wohl hM spricht sich dafür aus, dass das herrschende Unternehmen auf Grund einer Verschlechterung der eigenen wirtschaftlichen Lage zur Kündigung des Vertrags aus wichtigem Grund berechtigt ist.³⁷ Diese Ansicht ist ebenfalls schwerlich mit den allgemeinen Grundsätzen vereinbar, die zum außerordentlichen Kündigungsrecht bei Dauerschuldverhältnissen herausgearbeitet wurden: Eigenes Unvermögen vermag den Schuldner nicht zu entlasten.³⁸ Eine andere Beurteilung ist nur geboten, wenn die eigene Leistungsfähigkeit aus Gründen eingeschränkt ist, die das herrschende Unternehmen nicht zu vertreten hat und wenn es auf Grund seiner Zahlungspflichten in der Existenz bedroht ist.³⁹

Die **Veräußerung** der **Beteiligung** an der Gesellschaft berechtigt den anderen Vertragsteil nicht, 17 den Unternehmensvertrag außerordentlich zu kündigen, es sei denn, dieser Umstand ist nach dem Vertrag ein Kündigungsgrund (→ Rn. 11). Auch kann vereinbart werden, dass die herrschende Gesellschaft zur Kündigung aus wichtigem Grund berechtigt ist, wenn die finanzielle Eingliederung iSd KStG nicht mehr gegeben ist.⁴⁰

III. Befristete außerordentliche Kündigung

Die außerordentliche **Kündigung** kann nur innerhalb **angemessener Frist** nach Kenntnis des 18 Kündigungsgrundes erfolgen.⁴¹ Problematisch ist, ob die Parteien für die außerordentliche Kündigung eines Unternehmensvertrags Fristen vereinbaren können. Maßstab für die Zulässigkeit entsprechender Abreden sind mangels besonderer aktienrechtlicher Regelungen die allgemeinen Vorschriften.⁴² So ergeben sich Grenzen der Vertragsautonomie zum einen aus § 314 Abs. 3 BGB, wonach das Kündigungsrecht innerhalb einer angemessenen Frist nach Kenntnis des Kündigungsgrunds ausgeübt werden muss.⁴³ Zum anderen darf das Recht zur außerordentlichen Kündigung nicht unzumutbar beschränkt werden.⁴⁴ Die Vereinbarung einer Kündigungsfrist kann daher unzulässig sein.⁴⁵

Bei einem Betriebspacht- bzw. Betriebsüberlassungsvertrag kann sich ein befristetes außerordentliches Kündigungsrecht aus § 581 Abs. 2 BGB iVm § 544 BGB und §§ 580, 584 Abs. 2 BGB ergeben.⁴⁶ 19

---

³³ Zum Verhältnis von § 314 BGB und § 297 → Rn. 7.
³⁴ *Ebenroth/Parche* BB 1989, 637 (642); Emmerich/Habersack/*Emmerich* Rn. 22; MHdB AG/*Krieger* § 71 Rn. 202 („Risiken nicht mehr tragbar"); *Timm* GmbHR 1987, 8 (13); wohl auch Kölner Komm AktG/*Koppensteiner* Rn. 18 (nur in Fällen höherer Gewalt); MüKoAktG/*Altmeppen* Rn. 33. AA Hüffer/Koch/*Koch* Rn. 7.
³⁵ *Krieger/Jannott* DStR 1995, 1473 (1475); *Schwarz* MittRhNotK 1994, 49 (70).
³⁶ → Rn. 8. MüKoAktG/*Altmeppen* Rn. 33; Emmerich/Habersack/*Emmerich* Rn. 22.
³⁷ Hüffer/Koch/*Koch* Rn. 5; Kölner Komm AktG/*Koppensteiner* Rn. 18; *Kley*, Die Rechtsstellung der außenstehenden Aktionäre bei der vorzeitigen Beendigung von Unternehmensverträgen, 1986, 54 f.; MHdB AG/*Krieger* § 71 Rn. 202; einschränkend Emmerich/Habersack/*Emmerich* Rn. 22; noch restriktiver MüKoAktG/*Altmeppen* Rn. 35 f.
³⁸ MüKoAktG/*Altmeppen* Rn. 35.
³⁹ Emmerich/Habersack/*Emmerich* Rn. 22; iE ähnlich MüKoAktG/*Altmeppen* Rn. 35; K. Schmidt/Lutter/*Langenbucher* Rn. 5; Großkomm AktG/*Mülbert* Rn. 27.
⁴⁰ OLG München ZIP 2009, 2295 (2298).
⁴¹ Vgl. OLG München AG 2011, 467 (468): zehn Monate nicht fristgerecht.
⁴² Vgl. RegBegr. *Kropff* S. 386; MüKoAktG/*Altmeppen* Rn. 50; Hüffer/Koch/*Koch* Rn. 9.
⁴³ Emmerich/Habersack/*Emmerich* Rn. 26.
⁴⁴ MüKoAktG/*Altmeppen* Rn. 50.
⁴⁵ MüKoAktG/*Altmeppen* Rn. 50; Emmerich/Habersack/*Emmerich* Rn. 26. AA wohl Hüffer/Koch/*Koch* Rn. 9.
⁴⁶ Hüffer/Koch/*Koch* Rn. 9.

IV. Ordentliche Kündigung

20 1. Zulässigkeit. Die ordentliche Kündigung wurde im AktG bewusst nicht gesetzlich geregelt.[47] In § 297 Abs. 2 ist lediglich bestimmt, dass der Vorstand einen Unternehmensvertrag ohne wichtigen Grund nur kündigen kann, wenn die außenstehenden Aktionäre durch Sonderbeschluss zustimmen. Hieraus ist zu schließen, dass eine ordentliche Kündigung grundsätzlich zulässig und dafür der **Vorstand** zuständig ist.[48] Eine Teilkündigung ist unzulässig.[49] Zweifelhaft ist, ob das Kündigungsrecht vereinbart werden muss (→ Rn. 21), welche Ausgestaltungen des Kündigungsrechts zulässig (→ Rn. 23) sowie welche Fristen und Termine zu beachten sind (→ Rn. 24 f.).

21 a) Fehlen einer vertraglichen Vereinbarung. Ein Beherrschungs- und Gewinnabführungsvertrag ist nicht ordentlich kündbar, wenn im Vertrag ein entsprechendes Recht nicht explizit vorgesehen ist.[50] In einem solchen Fall kann zwar eine **Auslegung** des **Vertrags**[51] ergeben, dass ein **ordentliches Kündigungsrecht** vereinbart ist.[52] Allerdings müssen dem Vertrag zumindest Anhaltspunkte zu entnehmen sein, die für ein konkludent vereinbartes ordentliches Kündigungsrecht sprechen.[53] Im Zweifel ist wegen der strukturverändernden fusionsähnlichen Wirkungen solcher Verträge anzunehmen, dass bei fehlender vertraglicher Fixierung ein Recht zur Kündigung nicht gewollt war.[54] Die Praxis hat sich auf diese Rechtslage mittlerweile eingestellt. So sehen Unternehmensverträge iSv § 291 meist ein ordentliches Kündigungsrecht der Parteien vor.

22 Auf die Unternehmensverträge iSv § 292 finden bei Fehlen einer Kündigungsklausel die allgemeinen Vorschriften Anwendung. Eine Gewinngemeinschaft ist gem. § 723 Abs. 1 S. 1 BGB,[55] ein Betriebspacht- und Betriebsüberlassungsvertrag analog § 584 BGB[56] und ein Betriebsführungsvertrag gem. §§ 621, § 627 bzw. § 671 BGB[57] kündbar. Die ordentliche Kündigung einer stillen Gesellschaft, die als ein Teilgewinnabführungsvertrag zu qualifizieren ist, bestimmt sich nach §§ 132, 134, 234 HGB und § 723 Abs. 1 S. 1 BGB.[58]

23 b) Vertragliche Vereinbarung. Die **ordentliche Kündigung** eines Unternehmensvertrags ist bei ausdrücklicher vertraglicher Vereinbarung zulässig.[59] Die Vertragsparteien können für das ordentliche Kündigungsrecht bestimmte Gründe festlegen[60] oder es mit dem Eintritt bestimmter Voraussetzungen verbinden,[61] es durch Vereinbarung einer bestimmten Vertragsdauer ausschließen oder auf andere Weise beschränken.[62] So kann beispielsweise der Vorstand für die Erklärung der ordentlichen Kündigung an die Zustimmung anderer Organe (eines Beirats), der außenstehenden Aktionäre oder

---

[47] RegBegr. *Kropff* S. 386.
[48] Vgl. zu den Zuständigkeiten in einer GmbH BGHZ 190, 45 (47 ff.) (Erfordernis eines Beschlusses der Gesellschafterversammlung).
[49] MüKoAktG/*Altmeppen* Rn. 73; Bürgers/Körber/*Schenk* Rn. 15; Großkomm AktG/*Mülbert* Rn. 15.
[50] *Gerth* BB 1978, 1479; Hüffer/Koch/*Koch* Rn. 13; Kölner Komm AktG/*Koppensteiner* Rn. 10; MHdB AG/*Krieger* § 70 Rn. 167; *Praël*, Eingliederung und Beherrschungsvertrag als körperschaftliche Rechtsgeschäfte, 1978, 88; *Veit*, Unternehmensverträge und Eingliederung als aktienrechtliche Instrumente der Unternehmensverbindung, 1974, 76; *H. Wilhelm*, Die Beendigung des Beherrschungs- und Gewinnabführungsvertrags, 1976, 9; Großkomm AktG/*Mülbert* Rn. 78; wohl auch MüKoAktG/*Altmeppen* Rn. 70 (wenn Kündigungsrecht „bewusst" nicht vorgesehen sei). AA *Grüner*, Die Beendigung von Gewinnabführungs- und Beherrschungsverträgen, 2001, 92 f.; *Hüchting*, Abfindung und Ausgleich im aktienrechtlichen Beherrschungsvertrag, 1972, 115; *Kley*, Die Rechtsstellung der außenstehenden Aktionäre bei der vorzeitigen Beendigung von Unternehmensverträgen, 1986, 57 f.; *Windbichler*, Unternehmensverträge und Zusammenschlusskontrolle, 1977, 68 ff.; *Timm* FS Kellermann, 1990, 461 (470 ff.).
[51] Zur objektiven Auslegung unternehmensvertraglicher Bestimmungen → Vor § 291 Rn. 34 f.
[52] MüKoAktG/*Altmeppen* Rn. 70; *Raiser/Veil* KapGesR § 62 Rn. 111.
[53] Ähnlich Emmerich/Habersack/*Emmerich* Rn. 6; Hüffer/Koch/*Koch* Rn. 13.
[54] Hüffer/Koch/*Koch* Rn. 13. AA MüKoAktG/*Altmeppen* Rn. 70.
[55] MüKoAktG/*Altmeppen* Rn. 72; Emmerich/Habersack/*Emmerich* Rn. 5; Hüffer/Koch/*Koch* Rn. 14; Großkomm AktG/*Mülbert* Rn. 79.
[56] MüKoAktG/*Altmeppen* Rn. 72 (§§ 594a ff BGB); Emmerich/Habersack/*Emmerich* Rn. 5; Hüffer/Koch/*Koch* Rn. 14; Großkomm AktG/*Mülbert* Rn. 79.
[57] Emmerich/Habersack/*Emmerich* Rn. 5; Großkomm AktG/*Mülbert* Rn. 79; MüKoAktG/*Altmeppen* Rn. 72.
[58] MüKoAktG/*Altmeppen* Rn. 72; Emmerich/Habersack/*Emmerich* Rn. 5.
[59] Emmerich/Habersack/*Emmerich* Rn. 5; Kölner Komm AktG/*Koppensteiner* Rn. 4; Hüffer/Koch/*Koch* Rn. 11; MHdB AG/*Krieger* § 71 Rn. 198.
[60] Zur vertraglichen Festlegung des wichtigen Grundes für eine außerordentliche Kündigung des Vertrags → Rn. 6.
[61] Emmerich/Habersack/*Emmerich* Rn. 6; Hüffer/Koch/*Koch* Rn. 11; MHdB AG/*Krieger* § 71 Rn. 198.
[62] Emmerich/Habersack/*Emmerich* Rn. 6; Hüffer/Koch/*Koch* Rn. 11; ausf. MüKoAktG/*Altmeppen* Rn. 13 und 60 ff.

Dritter (der Obergesellschaft) gebunden werden;[63] die organschaftliche Vertretungsmacht des Vorstands wird hierdurch aber nicht beschnitten.[64]

2. Kündigungsfrist und -termin. Die **Kündigungsfrist** bestimmt sich mangels gesetzlicher 24 Vorgaben nach den vertraglichen **Vereinbarungen** der **Parteien**.[65] Die Parteien können ferner den **Kündigungstermin** frei festlegen.[66] Die von *Koppensteiner* entwickelte und weiterhin von ihm vertretene gegenteilige Ansicht, dass die in § 296 Abs. 1 S. 1 getroffene Regelung über den zulässigen Termin einer Vertragsaufhebung auf die ordentliche Kündigung zu übertragen sei,[67] hat der BGH mit Recht verworfen. Eine Gesetzeslücke, die einen Analogieschluss rechtfertigen würde, liegt nicht vor.[68]

Sofern die Vertragsparteien keine Regelung getroffen haben, beurteilen sich die Frist und der 25 Termin zur Kündigung eines Unternehmensvertrags iSv § 292 nach den einschlägigen gesetzlichen Vorschriften.[69] Ein Beherrschungs- und Gewinnführungsvertrag ist analog § 132 HGB mit einer Frist von sechs Monaten zum Schluss eines Geschäftsjahres zu kündigen.[70]

3. Sonderbeschluss der außenstehenden Aktionäre (Abs. 2). Der Vorstand der Gesellschaft 26 kann einen Vertrag, der zur Leistung eines Ausgleichs an die außenstehenden Aktionäre der Gesellschaft oder zum Erwerb ihrer Aktien verpflichtet, ohne wichtigen Grund nur kündigen, wenn die außenstehenden Aktionäre mittels Sonderbeschlusses zustimmen (§ 297 Abs. 1 S. 2). Der Sonderbeschluss ist **Voraussetzung** für die **Wirksamkeit** der **ordentlichen Kündigung,** so dass die gesetzliche Vertretungsmacht des Vorstands der abhängigen Gesellschaft beschränkt ist. Die Genehmigung einer ohne Sonderbeschluss erfolgten Kündigung ist nach Maßgabe von § 180 BGB zulässig.[71]

Die **außerordentliche Kündigung** durch eine der Vertragsparteien und die **Kündigung** durch 27 das **herrschende** Unternehmen setzen nach dem eindeutigen Wortlaut des Gesetzes keinen Sonderbeschluss voraus. Diese Rechtslage stößt im Schrifttum zu Recht durchweg auf Kritik. Sie lädt dazu ein, dass sich die Vorstände der Vertragsparteien darauf verständigen, die ordentliche Kündigung durch das herrschende Unternehmen aussprechen zu lassen. Auf diese Weise kann das Erfordernis einer Zustimmung der außenstehenden Aktionäre der Gesellschaft „umgangen" werden.[72] Allerdings hat sich der Gesetzgeber bewusst für diese Konzeption des ordentlichen Kündigungsrechts entschieden. Die außenstehenden Aktionäre würden nicht unbillig beeinträchtigt, da sich das Kündigungsrecht auf den Vertrag gründe, dem die Hauptversammlung der Gesellschaft zugestimmt habe.[73] Vor diesem Hintergrund ist eine erweiternde Auslegung des § 297 Abs. 1 S. 2 ausgeschlossen.[74] Eine Lösung des Problems kann darin liegen, den Verlustausgleich (§ 302 Abs. 1) zum Ende des Vertrags nach Zerschlagungswerten zu bestimmen.[75] Sollte sie sich durchsetzen, wäre gewährleistet, dass die abhängige Gesellschaft auch nach Vertragsende existenzfähig wäre. Die gegen die Konzeption des § 297 Abs. 2 geltend gemachten rechtspolitischen Bedenken wären dann ausgeräumt.

Die **Durchführung** des **Sonderbeschlusses** bestimmt sich nach denselben Regeln wie bei der 28 Änderung und Aufhebung eines Beherrschungs- und Gewinnabführungsvertrags gem. §§ 295 Abs. 2 und 296 Abs. 2 (→ § 295 Rn. 19 ff.).

V. Schriftform der Kündigung (Abs. 3)

Die Kündigung eines Unternehmensvertrags bedarf der Schriftform, andernfalls ist sie nichtig 29 (§ 297 Abs. 3, §§ 125, 126 BGB). Die Übergabe der Niederschrift über einen Gesellschafterbeschluss

---

[63] Emmerich/Habersack/*Emmerich* Rn. 7; differenzierend MüKoAktG/*Altmeppen* Rn. 12. AA Hüffer/Koch/*Koch* Rn. 19; *Timm* FS Kellermann, 1990, 461 (472 ff.).
[64] MüKoAktG/*Altmeppen* Rn. 12 und 84.
[65] Vgl. RegBegr. *Kropff* S. 386; MüKoAktG/*Altmeppen* Rn. 74; Emmerich/Habersack/*Emmerich* Rn. 12; Hüffer/Koch/*Koch* Rn. 15.
[66] Vgl. RegBegr. *Kropff* S. 386.
[67] Kölner Komm AktG/*Koppensteiner* Rn. 5; *Windbichler,* Unternehmensverträge und Zusammenschlusskontrolle, 1977, 74 f.
[68] BGHZ 122, 211 (229 f.); MüKoAktG/*Altmeppen* Rn. 78 f.; Hüffer/Koch/*Koch* Rn. 16; *Raiser/Veil* KapGesR § 62 Rn. 112.
[69] Zu diesen Regelungen → Rn. 9.
[70] MüKoAktG/*Altmeppen* Rn. 75 f (Wertungen der §§ 584 BGB, 132 HGB); Emmerich/Habersack/*Emmerich* Rn. 11; Hüffer/Koch/*Koch* Rn. 16; MHdB AG/*Krieger* § 71 Rn. 199; Bürgers/Körber/*Schenk* Rn. 16.
[71] MüKoAktG/*Altmeppen* Rn. 80.
[72] Hüffer/Koch/*Koch* Rn. 18; Emmerich/Habersack/*Emmerich* Rn. 9; Kölner Komm AktG/*Koppensteiner* Rn. 4; *Raiser/Veil* KapGesR § 62 Rn. 112; MHdB AG/*Krieger* § 70 Rn. 167. AA MüKoAktG/*Altmeppen* Rn. 64 f.
[73] RegBegr. *Kropff* S. 386.
[74] BGHZ 122, 211 (233); BGH NJW 1979, 2103; Hüffer/Koch/*Koch* Rn. 18; Kölner Komm AktG/*Koppensteiner* Rn. 4.
[75] Vgl. MüKoAktG/*Altmeppen* Rn. 64 bis 66.

der herrschenden Gesellschaft betreffend die Kündigung eines Unternehmensvertrags an den Geschäftsführer der beherrschten Gesellschaft wahrt diese Schriftform nicht.[76] Die Kündigung erfolgt durch **einseitige empfangsbedürftige Willenserklärung** gegenüber dem anderen Vertragsteil (§ 130 BGB) und beendet den Unternehmensvertrag mit Wirkung ex nunc. Zuständig für die Abgabe der Kündigungserklärung ist der **Vorstand** der Gesellschaft (§ 78 Abs. 1). Da die Kündigung eine Leitungsmaßnahme (§ 76 Abs. 1) ist, hat er auch darüber zu entscheiden, ob sie überhaupt ausgesprochen werden soll.[77]

30   Die **Beendigung** des Unternehmensvertrags ist nach Maßgabe von § 298 zur **Eintragung** in das **Handelsregister anzumelden**.[78] Im Unterschied zur Eintragung des Abschlusses des Vertrags entfaltet die Eintragung der Vertragsbeendigung nur **deklaratorische Wirkung** (→ § 298 Rn. 1). Die außerordentliche Kündigung braucht entsprechend allgemeinen Grundsätzen[79] nicht begründet zu werden.[80] Es ist aber zweckmäßig, den Grund anzugeben. Das Registergericht hat die Wirksamkeit der zur Eintragung angemeldeten außerordentlichen Kündigung eines Unternehmensvertrags zu prüfen, wenn Anhaltspunkte dafür vorliegen, dass ein Kündigungsgrund nicht vorliegt.[81] Bei der Anmeldung der Beendigung des Vertrags zur Eintragung in das Handelsregister ist auszuführen, auf welchen Gründen die außerordentliche Kündigung beruht (→ § 298 Rn. 4). Im Rechtsstreit können Kündigungsgründe nachgeschoben werden.[82]

VI. Beendigung aus sonstigen Gründen

31   **1. Zeitablauf.** Die **Befristung** eines Unternehmensvertrags hat eine enorme praktische Bedeutung. So müssen Gewinnabführungsverträge aus steuerrechtlichen Gründen auf mindestens fünf Jahre abgeschlossen werden (§ 14 Abs. 1 Nr. 3 S. 1 KStG) (→ Vor § 291 Rn. 17). Dabei ist zu beachten, dass die ordentliche Kündigung während der Laufzeit des Vertrags ausgeschlossen ist, sofern die Parteien nicht eine Kündigungsbefugnis ausdrücklich fixiert haben (→ Rn. 21). Nach Ablauf der vereinbarten Dauer endet der Vertrag. Allerdings können die Parteien vereinbaren, dass der Vertrag automatisch nach Ablauf der Zeit verlängert wird,[83] wenn er nicht von einer der Vertragsparteien ordentlich gekündigt wird.[84] In einem solchen Fall können die außenstehenden Aktionäre einen Anspruch haben, die Ausgleichsleistung neu festzusetzen.[85]

32   **2. Rücktritt.** Der Rücktritt von einem Unternehmensvertrag ist gesetzlich nicht geregelt. Der Gesetzgeber wollte die Frage, ob und in welchen Grenzen ein Rücktritt möglich ist, der Rechtsprechung überlassen.[86] Es liegt zwar bisher erst eine höchstrichterliche Entscheidung vor.[87] Doch hat sich zu den zahlreichen Problemen eine gefestigte Meinung gebildet, so dass die wesentlichen Fragen als geklärt gelten können.

33   **Gesetzliche Rücktrittsrechte** (§§ 323, 326 BGB) kommen bei Unternehmensverträgen wie bei allen Dauerschuldverhältnissen wegen des Erfordernisses einer Rückabwicklung des Vertragsverhältnisses nur **bis** zu ihrem **Vollzug** in Betracht.[88] Ab diesem Zeitpunkt tritt an die Stelle eines gesetzlichen Rücktrittsrechts das Kündigungsrecht aus wichtigem Grund.[89] Zweifelhaft ist, unter welchen Voraussetzungen ein Unternehmensvertrag vollzogen ist. Ausgangspunkt für eine zutreffende Beurteilung der Frage muss sein, dass die **Eintragung** des **Bestehens** eines **Unternehmensvertrags** konstitutive Wirkung hat (§ 294 Abs. 2). Erst ab diesem Zeitpunkt kann ein Unternehmensvertrag vollzogen sein. Grundsätzlich ist ferner erforderlich, dass sich die Parteien nach dem Vertrag gerichtet

---

[76] OLG München AG 2011, 467 (468).
[77] Zu dieser Ermessensentscheidung des Vorstands *Riegger/Mutter* DB 1997, 1603 ff.
[78] Hüffer/Koch/*Koch* Rn. 21.
[79] Vgl. MüKoBGB/*Gaier* BGB § 314 Rn. 18.
[80] Emmerich/Habersack/*Emmerich* Rn. 25; MHdB AG/*Krieger* § 71 Rn. 204. AA MüKoAktG/*Altmeppen* Rn. 88; Kölner Komm AktG/*Koppensteiner* Rn. 24.
[81] OLG München ZIP 2009, 2295.
[82] MüKoAktG/*Altmeppen* Rn. 88; Emmerich/Habersack/*Emmerich* Rn. 25.
[83] Die Verlängerung eines befristeten Vertrags vor Ablauf der Vertragsdauer ist als Vertragsaufhebung und Abschluss eines neuen Vertrags zu qualifizieren. → § 295 Rn. 9.
[84] Emmerich/Habersack/*Emmerich* Rn. 33; MüKoAktG/*Altmeppen* Rn. 57 f.; *Raiser/Veil* KapGesR § 62 Rn. 102 und 117.
[85] MüKoAktG/*Altmeppen* Rn. 58.
[86] AusschussB *Kropff* S. 387.
[87] BGHZ 122, 211 (225).
[88] MüKoAktG/*Altmeppen* Rn. 92; Kölner Komm AktG/*Koppensteiner* Rn. 28; Bürgers/Körber/*Schenk* Rn. 21.
[89] MüKoAktG/*Altmeppen* Rn. 92; Emmerich/Habersack/*Emmerich* Rn. 31; Hüffer/Koch/*Koch* Rn. 23; Kölner Komm AktG/*Koppensteiner* Rn. 28; MHdB AG/*Krieger* § 71 Rn. 206; *Schwarz* MittRhNotK 1994, 49 (68); Großkomm AktG/*Mülbert* Rn. 51.

haben, was bei Erbringung der vertragstypischen Leistungen stets der Fall ist. Anders ist dies nur bei einem Beherrschungsvertrag[90] – entgegen der hM aber nicht bei einem isolierten Gewinnabführungsvertrag[91] – zu beurteilen, der eine Änderung der Interessen der Gesellschaft begründet. Es ist anzunehmen, dass der Vorstand der Gesellschaft bereits ab Eintragung des Vertrags nicht mehr autonom die Unternehmenspolitik bestimmt. Der gesetzliche Rücktritt von einem Beherrschungsvertrag ist daher nur bis zur Eintragung im Handelsregister möglich.

Die **Zulässigkeit** eines **vertraglichen Rücktrittsrechts** bestimmt sich ebenfalls nach den dargestellten Grundsätzen. Ein Rücktritt von einem Beherrschungsvertrag ist bis zur Eintragung im Handelsregister zulässig,[92] von einem Gewinnabführungsvertrag oder einem Unternehmensvertrag des § 292 jedenfalls solange, wie der Vertrag noch nicht vollzogen ist. **34**

Ein nach den dargestellten Grundsätzen unzulässig vereinbarter Rücktrittsvorbehalt kann in ein ordentliches Kündigungsrecht umgedeutet werden,[93] so dass gem. § 297 Abs. 2 ein Sonderbeschluss der außenstehenden Aktionäre erforderlich ist. Anders ist dies nur zu beurteilen, wenn der im Vertrag genannte Rücktrittsgrund einen wichtigen Grund iSv § 297 Abs. 1 darstellt. In einem solchen Fall ist für die Wirksamkeit der außerordentlichen Kündigung die Zustimmung der außenstehenden Aktionäre mittels Sonderbeschlusses nicht erforderlich.[94] **35**

3. Auflösung. a) Insolvenz. Zweifelhaft ist, welche Rechtsfolgen die **Insolvenz** des **anderen Vertragsteils** bzw. der **Gesellschaft** auf den Bestand eines Unternehmensvertrags hat. Zur alten Rechtslage (vor In-Kraft-Treten der InsO) vertrat der **BGH** die Auffassung, die **Eröffnung** des **Konkursverfahrens** über das **Vermögen einer** der beiden **Vertragsparteien** führe zur **automatischen Beendigung** eines **Beherrschungs-** oder **Gewinnabführungsvertrags**.[95] Zur Begründung führte er an, die konkursbedingte Auflösung der herrschenden Gesellschaft würde stets die Änderung ihres Zwecks bewirken; diese sei nicht mehr auf Gewinnerzielung durch Betrieb eines werbenden Unternehmens gerichtet, sondern auf die Verwertung des Gesellschaftsvermögens. Mit dem Wegfall des bisherigen Gesellschaftszwecks entfalle zugleich die Rechtsgrundlage der Konzernleitungsmacht. Die sich im Stadium der Abwicklung befindende Gesellschaft sei nicht mehr in der Lage, eine auf Gewinnerzielung ausgerichtete Unternehmenspolitik für den Gesamtkonzern zu betreiben. Zudem gehe die Ausübung der Leitungsmacht über die Aufgabe des Konkursverwalters hinaus, der lediglich die Konkursmasse im Interesse der Gläubiger bestmöglich und gleichmäßig zu verwerten, nicht aber einen Konzern zu leiten habe.[96] Dagegen habe die Eröffnung des Vergleichsverfahrens über das Vermögen des herrschenden Unternehmens nicht die Beendigung des Vertrags zur Folge. Der betroffenen Gesellschaft würde genügend Raum zur Verfügung stehen, um die Leitungsmacht gegenüber den Weisungsempfängern der beherrschten Gesellschaft auszuüben.[97] **36**

Nach einer verbreiteten Ansicht sollen diese zur KO vertretenen Grundsätze nicht mehr fortgelten. Es wird argumentiert, dass das Schicksal eines Unternehmens im Rahmen eines Insolvenzverfahrens nunmehr offen sei. Da die Gesellschaft in einem Insolvenzplanverfahren aus der Insolvenz geführt werden könne (§§ 1 S. 1, 217 ff. InsO), entspreche es den Interessen der Vertragsbeteiligten, wenn der Vertrag nicht beendet werde, sondern fortbestehe. Die Wirkungen des Vertrags seien suspendiert.[98] Die Parteien müssten aber das Recht haben, den Unternehmensvertrag außerordentlich zu kündigen.[99] **37**

---

[90] MüKoAktG/*Altmeppen* Rn. 93; *Hirte* ZGR 1994, 644 (663); Hüffer/Koch/*Koch* Rn. 23; *Kley*, Die Rechtsstellung der außenstehenden Aktionäre bei der vorzeitigen Beendigung von Unternehmensverträgen, 1986, 59 f.; Kölner Komm AktG/*Koppensteiner* Rn. 29; *Windbichler*, Unternehmensverträge und Zusammenschlusskontrolle, 1977, 49 f. AA Großkomm AktG/*Mülbert* Rn. 53 (Manifestation eines vertragstypischen Moments erforderlich).
[91] Siehe Diskussionsstand → § 291 Rn. 42.
[92] BGHZ 122, 211 (225); Hüffer/Koch/*Koch* Rn. 23; Kölner Komm AktG/*Koppensteiner* Rn. 31; *Schwarz* MittRhNotK 1994, 49 (69).
[93] MüKoAktG/*Altmeppen* Rn. 96; Emmerich/Habersack/*Emmerich* Rn. 32; MHdB AG/*Krieger* § 71 Rn. 206; *Schwarz* MittRhNotK 1994, 49 (69); Bürgers/Körber/*Schenk* Rn. 21. AA (Umdeutung in ein außerordentliches Kündigungsrecht) Hüffer/Koch/*Koch* Rn. 23; Kölner Komm AktG/*Koppensteiner* Rn. 31.
[94] MüKoAktG/*Altmeppen* Rn. 97.
[95] BGHZ 103, 1 (6 f.); BayObLG AG 1999, 43; OLG Hamburg AG 2002, 406 (407) (jeweils zur früheren KO). Vgl. aus dem Schrifttum *Hengeler/Hoffmann-Becking* FS Hefermehl, 1970, 283 (296); *Kley*, Die Rechtsstellung der außenstehenden Aktionäre bei der vorzeitigen Beendigung von Unternehmensverträgen, 1986, 191 ff.; *H. Wilhelm*, Die Beendigung des Beherrschungs- und Gewinnabführungsvertrags, 1976, 33 f.
[96] BGHZ 103, 1 (6 f.).
[97] BGHZ 103, 1 (8).
[98] *Zeidler* NZG 1999, 692 (696 f.); ähnlich *Trendelenburg* NJW 2002, 647 (649); *Bultmann* ZInsO 2007, 785 ff. Diese Lösung wurde bereits im Schrifttum zur Rechtslage nach der früheren KO vorgeschlagen. Vgl. *K. Schmidt* ZGR 1983, 513 (527 ff.); *K. Schmidt* GesR § 31 III 5. Nach *Freudenberg* ZIP 2009, 2037 (2038 ff.) soll das allgemeine Insolvenzvertragsrecht anwendbar sein.
[99] *Zeidler* NZG 1999, 692 (697); *Bultmann* ZInsO 2007, 785 ff.; *Freudenberg* ZIP 2009, 2037 (2043 f.). AA *Trendelenburg* NJW 2002, 647 (650).

38 Die angeführten Gründe vermögen – auch nach der letzten Reform durch das ESUG – keine andere Beurteilung zu rechtfertigen. Es trifft zwar zu, dass das Insolvenzverfahren nach neuer Rechtslage offener ausgestaltet ist. So hat der Insolvenzverwalter alle Möglichkeiten auszuloten, um das Unternehmen zu sanieren. Hierzu stellt ihm die InsO mit dem Insolvenzplanverfahren ein funktionsfähiges Instrument zur Verfügung. Dennoch wird in der Praxis ein insolventes Unternehmen in der Regel zerschlagen. Erfolgreiche Sanierungen auf Grund eines Insolvenzplanverfahrens sind jedenfalls nicht die Regel.[100] Vor diesem Hintergrund kann schwerlich angenommen werden, die Parteien wollten einen Beherrschungs- oder Gewinnabführungsvertrag trotz Insolvenz aufrechterhalten. Die **Eröffnung** des **Insolvenzverfahrens** über das **Vermögen einer** der **Vertragsparteien**[101] hat weiterhin die **Beendigung** eines **Beherrschungs- oder Gewinnabführungsvertrags** zur **Folge**.[102] Lediglich bei der Eigenverwaltung (§§ 270 ff. InsO) ist anzunehmen, dass der Vertrag fortbesteht.[103] Von der Frage der Beendigung des Vertrags zu trennen ist die Frage, ob Abfindungsansprüche infolge der Insolvenz des herrschenden Unternehmens entfallen. Diese Frage ist zu verneinen.[104]

39 Ein Betriebspacht- bzw. Betriebsüberlassungsvertrag (§ 292 Abs. 1 Nr. 3) endet entgegen der hM[105] ebenfalls automatisch. Beide Vertragsarten sind auf Grund ihrer leitungsstrukturellen Auswirkungen als Organisationsverträge zu qualifizieren (→ § 292 Rn. 36). Einer Gesellschaft kann nicht der Wille unterstellt werden, dass der insolvente Pächter bzw. Übernehmer weiterhin Führungsentscheidungen für das Unternehmen treffen soll. Schließlich entspricht es auch dem typischen Willen der Vertragsparteien, dass eine Gewinngemeinschaft und ein Teilgewinnabführungsvertrag im Insolvenzfall automatisch enden.[106]

40 **b) Auflösung aus sonstigen Gründen.** Die Auflösung der Gesellschaft (vgl. § 262 Abs. 1) hat ihre Abwicklung und damit eine Änderung des Gesellschaftszwecks zur Folge (§ 264 Abs. 1).[107] Sofern die abhängige bzw. zur Erbringung der vertragstypischen Leistung verpflichtete Gesellschaft aufgelöst wird, endet der Unternehmensvertrag automatisch.[108] Anders ist es zu beurteilen, wenn die herrschende Gesellschaft aus den in § 262 Abs. 1 Nr. 1 und 2 genannten Gründen aufgelöst wird. In diesem Fall bleibt ein Unternehmensvertrag iSv § 291 bzw. § 292 Abs. 1 Nr. 3 bestehen,[109] eine Gewinngemeinschaft und ein Teilgewinnabführungsvertrag jedoch nicht.[110]

41 **4. Umwandlungen. a) Verschmelzung und Spaltung unter Beteiligung des anderen Vertragsteils (Obergesellschaft).** Die Verschmelzung der Parteien durch Aufnahme (§ 2 Nr. 1 UmwG) oder Neugründung (§ 2 Nr. 2 UmwG) führt durch Konfusion zum Erlöschen des Unternehmensvertrags iSv §§ 291, 292.[111] Anders stellt sich die Rechtslage bei einer Gewinngemeinschaft dar, an der mehr als zwei Personen beteiligt sind. Die Verschmelzung zweier Parteien hat in einem solchen Fall lediglich zur Folge, dass sich die Anzahl der Mitglieder der Gewinngemeinschaft verringert.[112]

---

[100] Nach *Kranzusch/Icks*, Die Quoten der Insolvenzgläubiger in Regel- und Insolvenzplanverfahren, IfM-Materialien Nr. 186, Bonn 2009, 33) enden weniger als 0,5 % der beantragten Insolvenzplanverfahren mit einem Insolvenzplan. Vgl. ferner *Häsemeyer* Insolvenzrecht Rn. 28.06a; *Wellensiek* WM 1999, 405 ff.; *Wellensiek* BB 2000, 1; positiver *Kussmaul/Stephen* DB 2000, 1849; *Graf/Wunsch* ZIP 2001, 1029 f.

[101] Die Beendigung eines Beherrschungs- oder Gewinnabführungsvertrags wegen Insolvenz der Gesellschaft dürfte kaum eine praktische Bedeutung haben. Die abhängige Gesellschaft ist gem. § 302 Abs. 1 vor einer Überschuldung und vor einer Zahlungsunfähigkeit geschützt (→ § 302 Rn. 23).

[102] MüKoAktG/*Altmeppen* Rn. 106 ff, 117 ff; Emmerich/Habersack/*Emmerich* Rn. 52b; Hüffer/Koch/*Koch* Rn. 22 f.; MHdB AG/*Krieger* § 71 Rn. 207; *Raiser/Veil* KapGesR § 62 Rn. 119; K. Schmidt/Lutter/*Langenbucher* Rn. 30; Großkomm AktG/*Mülbert* Rn. 140. IE ebenso bzgl. der Insolvenz des herrschenden Unternehmens *Berthold*, Unternehmensverträge in der Insolvenz, 2004, 128 ff.

[103] Emmerich/Habersack/*Emmerich* Rn. 52b; *Trendelenburg* NJW 2002, 647 (648). AA *Berthold*, Unternehmensverträge in der Insolvenz, 2004, 135.

[104] Vgl. BGHZ 176, 43; → § 305 Rn. 5 und 27.

[105] MüKoAktG/*Altmeppen* Rn. 114 (123); Emmerich/Habersack/*Emmerich* Rn. 52b; *Berthold*, Unternehmensverträge in der Insolvenz, 2004, 253 ff.

[106] MüKoAktG/*Altmeppen* Rn. 114 (123); *Berthold*, Unternehmensverträge in der Insolvenz, 2004, 234 (zur Gewinngemeinschaft) und 243 (zum Teilgewinnabführungsvertrag); Großkomm AktG/*Mülbert* Rn. 141.

[107] Zur Rechtslage bei der Auflösung auf Grund Insolvenz der Gesellschaft (§ 262 Abs. 1 Nr. 3) → Rn. 36 ff.

[108] Hüffer/Koch/*Koch* Rn. 22; *Raiser/Veil* KapGesR § 62 Rn. 119; MHdB AG/*Krieger* § 71 Rn. 207; Großkomm AktG/*Mülbert* Rn. 139. AA Kölner Komm AktG/*Koppensteiner* Rn. 44; *K. Schmidt* ZGR 1983, 513 (530 f.).

[109] Emmerich/Habersack/*Emmerich*. Rn. 51.

[110] Emmerich/Habersack/*Emmerich* Rn. 51.

[111] MüKoAktG/*Altmeppen* Rn. 130; Emmerich/Habersack/*Emmerich* Rn. 38; Kölner Komm AktG/*Koppensteiner* Rn. 37; MHdB AG/*Krieger* § 71 Rn. 208; *Raiser/Veil* KapGesR § 62 Rn. 118; Lutter/*Grunewald* UmwG § 20 Rn. 39.

[112] MüKoAktG/*Altmeppen* Rn. 130; Emmerich/Habersack/*Emmerich* Rn. 38; Lutter/*Grunewald* UmwG § 20 Rn. 39; *Krieger* ZGR 1990, 517 (533).

Die **Verschmelzung** des **anderen Vertragsteils** mit einem **dritten Unternehmen** führt nicht 42 zur Beendigung des Unternehmensvertrags, wenn er der **übernehmende Rechtsträger** ist.[113] Der Vorgang hat lediglich zur Folge, dass das Gesellschaftsvermögen des anderen Vertragsteils vergrößert wird.[114] Es ist nicht erforderlich, den Ausgleich anzupassen und ein erneutes Abfindungsangebot zu unterbreiten.[115] Allerdings ist es denkbar, dass die abhängige Gesellschaft ein Kündigungsrecht aus wichtigem Grund hat. Dies kann der Fall sein, wenn sich die wirtschaftliche Lage des herrschenden Unternehmens durch die Aufnahme eines Dritten verschlechtert hat oder sonstige wesentliche Veränderungen damit verbunden sind.[116] Ist das **herrschende Unternehmen** der **übertragende Rechtsträger,** so erlischt es mit Wirksamwerden der Verschmelzung mit einem anderen Unternehmen (§ 20 Abs. 1 Nr. 2 UmwG). Der übernehmende Rechtsträger wird im Wege der Gesamtrechtsnachfolge neuer Vertragspartner, ohne dass der Unternehmensvertrag beendet wird.[117] Eine Zustimmung der Hauptversammlung der abhängigen Gesellschaft oder der außenstehenden Aktionäre entsprechend §§ 295, 296 ist nicht erforderlich.[118] Allerdings ist es notwendig, die Ausgleichsansprüche der außenstehenden Aktionäre anzupassen und ein erneutes Abfindungsangebot entsprechend § 305 zu unterbreiten.[119] Das neue herrschende Unternehmen und die abhängige Gesellschaft können den Unternehmensvertrag nicht allein auf Grund der Verschmelzung kündigen. Es müssen Umstände hinzutreten, die einen wichtigen Grund darstellen.[120]

Schwierig ist das Schicksal des Unternehmensvertrags bei der **Spaltung** (§§ 123 ff. UmwG) des 43 **herrschenden Unternehmens** zu beurteilen, zumal das UmwG zahlreiche Spaltungsvarianten zulässt. Diese können hier nicht abschließend dargestellt werden,[121] so dass nur auf die wesentlichen Konstellationen einzugehen ist. Die **Abspaltung** (§ 123 Abs. 2 UmwG) und die **Ausgliederung** (§ 123 Abs. 3 UmwG) von Vermögen des herrschenden Unternehmens auf ein **drittes Unternehmen** haben keine Auswirkungen auf einen Unternehmensvertrag, da das herrschende Unternehmen als Vertragspartner bestehen bleibt.[122] Es kann allerdings im Einzelfall ein Kündigungsrecht aus wichtigem Grund bestehen.[123] Bei der **Aufspaltung des herrschenden Unternehmens** auf mindestens zwei Rechtsträger erlischt dieses (§ 131 Abs. 1 UmwG). Der Unternehmensvertrag kann einem der übernehmenden Rechtsträger zugeordnet werden.[124] Sofern der Vertrag – was zulässig ist[125] – mehreren oder allen übernehmenden Rechtsträgern zugewiesen wird, ist die Zustimmung

---

[113] MüKoAktG/*Altmeppen* Rn. 125; Emmerich/Habersack/*Emmerich* Rn. 44; Kölner Komm AktG/*Koppensteiner* Rn. 36; Lutter/*Grunewald* UmwG § 20 Rn. 35; *Raiser/Veil* KapGesR § 62 Rn. 118; *Krieger* ZGR 1990, 517 (536, 540); *Müller* BB 2002, 157.

[114] MüKoAktG/*Altmeppen* Rn. 125; Emmerich/Habersack/*Emmerich* Rn. 44; Kölner Komm AktG/*Koppensteiner* Rn. 36; Lutter/*Grunewald* UmwG § 20 Rn. 35.

[115] Emmerich/Habersack/*Emmerich* Rn. 44; MHdB AG/*Krieger* § 71 Rn. 209.

[116] MüKoAktG/*Altmeppen* Rn. 125; Emmerich/Habersack/*Emmerich* Rn. 44; Kölner Komm AktG/*Koppensteiner* Rn. 36; MHdB AG/*Krieger* § 71 Rn. 209; *Müller* BB 2002, 157.

[117] OLG Karlsruhe AG 1991, 144 (146); LG Mannheim ZIP 1990, 379 (380); LG Bonn GmbHR 1996, 774 f.; MüKoAktG/*Altmeppen* Rn. 125; Emmerich/Habersack/*Emmerich* Rn. 43; Kölner Komm AktG/*Koppensteiner* Rn. 36; MHdB AG/*Krieger* § 70 Rn. 174; *Raiser/Veil* KapGesR § 62 Rn. 118; *Priester* ZIP 1992, 293 (301). AA *Bayer* ZGR 1993, 599 (604 ff.); Großkomm AktG/*Würdinger*, 3. Aufl. 1971, § 291 Anm. 24.

[118] LG Bonn GmbHR 1996, 774 (775 f.); LG Mannheim ZIP 1990, 379 (380); Emmerich/Habersack/*Emmerich* Rn. 43; Kölner Komm AktG/*Koppensteiner* § 295 Rn. 8 f.; Hüffer/Koch/*Koch* Rn. 22 und § 295 Rn. 5; MHdB AG/*Krieger* § 71 Rn. 209.

[119] Ausf. *Bage*, Umwandlungen im Konzern, 2009, 102 ff.; ferner Emmerich/Habersack/*Emmerich* Rn. 43; MHdB AG/*Krieger* § 71 Rn. 209.

[120] Ausf. *Gutheil*, Die Auswirkungen von Umwandlungen auf Unternehmensverträge nach §§ 291, 292 AktG und die Rechte außenstehender Aktionäre, 2001, 159 f.; *Bage*, Umwandlungen im Konzern, 2009, 98 ff.; ferner Kölner Komm AktG/*Koppensteiner* Rn. 36; MHdB AG/*Krieger* § 71 Rn. 209.

[121] Vgl. hierzu monographisch *Gutheil*, Die Auswirkungen von Umwandlungen auf Unternehmensverträge nach §§ 291, 292 AktG und die Rechte außenstehender Aktionäre, 2001, 210 ff.; *Bage*, Umwandlungen im Konzern, 2009, 147 ff.; *R.M. Schmidt*, Der aktienrechtliche Unternehmensvertrag als Gegenstand der Spaltung nach dem Umwandlungsgesetz, 2007, 105 ff.

[122] MüKoAktG/*Altmeppen* Rn. 126; Emmerich/Habersack/*Emmerich* Rn. 46.

[123] MüKoAktG/*Altmeppen* Rn. 126; MHdB AG/*Krieger* § 71 Rn. 212.

[124] *Gutheil*, Die Auswirkungen von Umwandlungen auf Unternehmensverträge nach §§ 291, 292 AktG und die Rechte außenstehender Aktionäre, 2001, 228 ff.; Emmerich/Habersack/*Emmerich* Rn. 46; MHdB AG/*Krieger* § 71 Rn. 217; *Müller* BB 2002, 157 (159); *Bage*, Umwandlungen im Konzern, 2009, 149. AA Lutter/*Teichmann* UmwG § 132 Rn. 53.

[125] Vgl. *Gutheil*, Die Auswirkungen von Umwandlungen auf Unternehmensverträge nach §§ 291, 292 AktG und die Rechte außenstehender Aktionäre, 2001, 223 ff.; MüKoAktG/*Altmeppen* Rn. 129; wohl auch *Krieger* ZGR 1990, 517 (542) (nicht als gesetzliche Folge, sondern nur bei Festlegung im Spaltungsvertrag, wenn Herrschaftsrechte koordiniert sind). AA *Heidenhain* NJW 1995, 2873 (2877).

der Hauptversammlung der abhängigen Gesellschaft erforderlich, da die Sachlage sich nicht wesentlich von einem Beitritt zu einem Unternehmensvertrag unterscheidet.[126]

44 **b) Verschmelzung und Spaltung unter Beteiligung der (abhängigen) Gesellschaft.** Bei einer **Verschmelzung** der aus dem Unternehmensvertrag **verpflichteten Gesellschaft** mit einem dritten Rechtsträger, bei welcher die verpflichtete Gesellschaft **übertragender Rechtsträger** ist, ist danach zu differenzieren, ob ein Unternehmensvertrag iSv § 291 oder iSv § 292 betroffen ist. Ein Beherrschungs- oder Gewinnabführungsvertrag erlischt mit der Eintragung der Verschmelzung in das Handelsregister.[127] Grund hierfür ist, dass dem aufnehmenden Rechtsträger und seinen Gesellschaftern die aus dem Vertrag resultierenden Belastungen nicht zumutbar sind.[128] Andere Unternehmensverträge iSv § 292 müssen dagegen nicht notwendigerweise enden. Ein solcher Vertrag geht im Wege der Gesamtrechtsnachfolge auf den übernehmenden Rechtsträger über, sofern dadurch der Vertragsgegenstand nicht wesentlich verändert wird und aus diesem Grund eine Vertragsänderung iSv § 295 stattfindet.[129] Gewinngemeinschaften und Teilgewinnabführungsverträge sind betriebsbezogen fortzuführen.[130] Dies gilt auch für Betriebspacht- und Betriebsüberlassungsverträge, die allerdings nach Wirksamwerden der Verschmelzung sich nicht mehr auf das gesamte Unternehmen der Gesellschaft erstrecken. Dies ist aber nach hM für die Qualifikation als ein Unternehmensvertrag iSv § 292 Abs. 1 Nr. 3 erforderlich (→ § 292 Rn. 40). Die hM nimmt daher an, dass der Vertrag als normaler bürgerlich-rechtlicher Vertrag einzuordnen[131] und im Handelsregister zu löschen sei, da solche Verträge nicht eintragungsfähig seien.[132]

45 Die **Verschmelzung** eines dritten **Unternehmens** mit einer **abhängigen** Gesellschaft als **übernehmendem Rechtsträger** hat nach überwiegender und zutreffender Auffassung keine Auswirkungen auf den Unternehmensvertrag. Die herrschende Gesellschaft hat jedoch die Möglichkeit der Kündigung aus wichtigem Grund.[133] Sie erlangt zwar auf Grund der mit der Umwandlungsmaßnahme verbundenen Steigerung des Unternehmenswertes der abhängigen Gesellschaft einen größeren Einfluss. Doch ist sie wegen der Verpflichtung zum Verlustausgleich auch größeren Risiken ausgesetzt.[134] Die neuen außenstehenden Aktionäre können in gleichem Maß von Ausgleichsansprüchen profitieren, deren Höhe aber neu festzusetzen ist.[135] Schließlich ist auch ein erneutes Abfindungsangebot zu unterbreiten.[136] Eine Zustimmung der außenstehenden Aktionäre durch einen Sonderbeschluss ist nicht erforderlich.[137]

46 Die Spaltungsfälle sind danach zu beurteilen, welche Art der Spaltung erfolgt und welche Unternehmensvertragsart betroffen ist. Die **Aufspaltung** der **abhängigen Gesellschaft** führt zu ihrer Auflösung (§ 123 Abs. 1 UmwG) und zum Erlöschen eines bestehenden Unternehmensvertrags iSv § 291.[138] Bei der Aufspaltung der abhängigen Gesellschaft **zur Neugründung** kann ein Unternehmensvertrag iSv § 291 aber auf den bzw. die neuen Rechtsträger übertragen werden, da aus wirtschaft-

---

[126] MüKoAktG/*Altmeppen* Rn. 129 (erwägenswert). AA wohl *Gutheil*, Die Auswirkungen von Umwandlungen auf Unternehmensverträge nach §§ 291, 292 AktG und die Rechte außenstehender Aktionäre, 2001, 224 ff.

[127] OLG Karlsruhe ZIP 1994, 1529 (1531); MüKoAktG/*Altmeppen* Rn. 131; Emmerich/Habersack/*Emmerich* Rn. 39; Kölner Komm AktG/*Koppensteiner* Rn. 38; Lutter/*Grunewald* UmwG § 20 Rn. 36; *Raiser*/*Veil* KapGesR § 62 Rn. 118; MHdB AG/*Krieger* § 70 Rn. 173.

[128] Emmerich/Habersack/*Emmerich* Rn. 39; Kölner Komm AktG/*Koppensteiner* § 291 Rn. 73; iE wohl auch MüKoAktG/*Altmeppen* Rn. 131 (allerdings zweifelnd wegen der Möglichkeit, sich den Verpflichtungen aus dem Dauerschuldverhältnis zu entziehen).

[129] Emmerich/Habersack/*Emmerich* Rn. 40; MüKoAktG/*Altmeppen* Rn. 132; Lutter/*Grunewald* UmwG § 20 Rn. 36.

[130] MüKoAktG/*Altmeppen* Rn. 132; Emmerich/Habersack/*Emmerich* Rn. 40.

[131] MüKoAktG/*Altmeppen* Rn. 132; Emmerich/Habersack/*Emmerich* Rn. 40; Lutter/*Grunewald* UmwG § 20 Rn. 36.

[132] Emmerich/Habersack/*Emmerich* Rn. 40.

[133] MüKoAktG/*Altmeppen* Rn. 133; Lutter/*Grunewald* UmwG § 20 Rn. 35; *Gutheil*, Die Auswirkungen von Umwandlungen auf Unternehmensverträge nach §§ 291, 292 AktG und die Rechte außenstehender Aktionäre, 2001, 250 (259); MHdB AG/*Krieger* § 70 Rn. 176; *Müller* BB 2002, 157 (160). AA *Westermann* FS Schilling, S. 271 (281 f.); *H. Wilhelm*, Die Beendigung des Beherrschungs- und Gewinnabführungsvertrags, 1976, 31; Emmerich/Habersack/*Emmerich* Rn. 41.

[134] MüKoAktG/*Altmeppen* Rn. 133; Lutter/*Grunewald* UmwG § 20 Rn. 35; *Müller* BB 2002, 157 (160).

[135] Emmerich/Habersack/*Emmerich* Rn. 42; MHdB AG/*Krieger* § 70 Rn. 176. AA *Gutheil*, Die Auswirkungen von Umwandlungen auf Unternehmensverträge nach §§ 291, 292 AktG und die Rechte außenstehender Aktionäre, 2001, 257.

[136] Emmerich/Habersack/*Emmerich* Rn. 42; *Gutheil*, Die Auswirkungen von Umwandlungen auf Unternehmensverträge nach §§ 291, 292 AktG und die Rechte außenstehender Aktionäre, 2001, 253 f.

[137] Emmerich/Habersack/*Emmerich* Rn. 42.

[138] MüKoAktG/*Altmeppen* Rn. 134; *Bage*, Umwandlungen im Konzern, 2009, 164; Emmerich/Habersack/*Emmerich* Rn. 47; *Müller* BB 2002, 157 (161); Lutter/*Teichmann* UmwG § 132 Rn. 52.

licher Perspektive dieselben Beteiligten betroffen sind.[139] Bei der **Abspaltung** und **Ausgliederung** von Vermögen der **abhängigen Gesellschaft** findet eine Auflösung des übertragenden Rechtsträgers nicht statt, so dass der Unternehmensvertrag bestehen bleibt.[140] Ob das herrschende Unternehmen zur außerordentlichen Kündigung des Vertrags berechtigt ist,[141] kann nur im Einzelfall beurteilt werden. Da es aufgrund seiner Stimmrechtsmacht die Spaltung beschließt, dürfte ein außerordentliches Kündigungsrecht allerdings entbehrlich sein.[142] Eine Abspaltung oder Ausgliederung **zur Neugründung** kann – ebenso wie die Aufspaltung der abhängigen Gesellschaft zur Neugründung – in der Weise erfolgen, dass mit dem übertragenen Vermögen (Unternehmen bzw. Unternehmensteil) der Unternehmensvertrag übergeht.[143]

Unternehmensverträge iSv **§ 292** können von der abhängigen Gesellschaft durch Spaltung grundsätzlich übertragen werden.[144]

47

c) Formwechsel einer Vertragspartei. Der Formwechsel einer Partei iSv § 1 Abs. 1 Nr. 4 UmwG, § 190 UmwG lässt den Bestand des Unternehmensvertrags unberührt.[145] Etwas anderes gilt nur, wenn der Unternehmensvertrag mit der Rechtsform der abhängigen Gesellschaft nicht vereinbar ist.[146] Im Einzelfall sind die Rechte der außenstehenden Aktionäre anzupassen.[147]

48

d) Auswirkungen einer Umwandlung auf ein Spruchverfahren. Eine Umwandlungsmaßnahme, die eine Beendigung des Unternehmensvertrags bewirkt, ist trotz eines anhängigen Spruchverfahrens nicht unzulässig.[148] Das Spruchverfahren ist zum Schutz der außenstehenden Aktionäre auch bei Beendigung des Unternehmensvertrags fortzusetzen.[149]

49

5. Eingliederung. Durch Eingliederung der abhängigen Gesellschaft iSv §§ 319 oder 320 in das herrschende Unternehmen wird der zwischen ihnen bestehende Beherrschungsvertrag beendet, da dieser keine Funktion mehr haben kann.[150] Dagegen werden alle anderen Unternehmensverträge von der Eingliederung nicht berührt (vgl. § 324 Abs. 2 S. 1).[151]

50

Wird die abhängige Gesellschaft in ein drittes Unternehmen eingegliedert, endet der Beherrschungsvertrag. Etwas anderes ist nur dann anzunehmen, wenn die Obergesellschaften ihre Weisungsbefugnisse koordinieren.[152] Ein Unternehmensvertrag iSv § 292 wird durch die Eingliederung dagegen nicht beeinflusst.[153] Dies gilt nach zutreffender hM auch für einen Gewinnabführungsvertrag.[154] Zu beachten ist, dass die Eingliederung durch ein drittes Unternehmen nur nach Veräußerung der Aktien des anderen Vertragsteils, der in der Regel Mehrheitsaktionär ist, vonstatten gehen kann. Der andere Vertragsteil ist daher grundsätzlich nicht zur Kündigung des Unternehmensvertrags befugt (→ Rn. 11).

51

Die Eingliederung des herrschenden Unternehmens in ein drittes Unternehmen hat auf den Bestand eines Unternehmensvertrags keine Auswirkungen.[155] Die §§ 295, 296 sind nicht anzuwenden.

52

---

[139] MüKoAktG/*Altmeppen* Rn. 134; Emmerich/Habersack/*Emmerich* Rn. 47; *Müller* BB 2002, 157 (161); Lutter/*Teichmann* UmwG § 132 Rn. 52.

[140] MüKoAktG/*Altmeppen* Rn. 135; Emmerich/Habersack/*Emmerich* Rn. 47.

[141] MüKoAktG/*Altmeppen* Rn. 135 (in der Regel); *Müller* BB 2002, 157 (161).

[142] *Bage*, Umwandlungen im Konzern, 2009, 167.

[143] MüKoAktG/*Altmeppen* Rn. 135; Emmerich/Habersack/*Emmerich* Rn. 47; Lutter/*Teichmann* UmwG § 132 Rn. 52.

[144] MüKoAktG/*Altmeppen* Rn. 136; *Heidenhain* NJW 1995, 2873 (2877); eingehend *Gutheil*, Die Auswirkungen von Umwandlungen auf Unternehmensverträge nach §§ 291, 292 AktG und die Rechte außenstehender Aktionäre, 2001, 239 ff.

[145] Emmerich/Habersack/*Emmerich* Rn. 45; MüKoAktG/*Altmeppen* Rn. 137; Kölner Komm AktG/*Koppensteiner* Rn. 35; MHdB AG/*Krieger* § 71 Rn. 216; *Müller* BB 2002, 157 (160); *Bage*, Umwandlungen im Konzern, 2009, 55 ff.

[146] Zur Rechtsform der Vertragsparteien eines Unternehmensvertrags → § 291 Rn. 4.

[147] Emmerich/Habersack/*Emmerich* Rn. 45; *Bage*, Umwandlungen im Konzern, 2009, 56 f. (60 f., 62 f.).

[148] Kölner Komm AktG/*Koppensteiner* Rn. 37.

[149] BVerfG NJW 1999, 1701 (1702); BGH NJW 1997, 2242 (2243); Emmerich/Habersack/*Emmerich* Rn. 56; MHdB AG/*Krieger* § 70 Rn. 183.

[150] BGH WM 1974, 713 (715); OLG Celle WM 1972, 1004 (1011 f.); MüKoAktG/*Altmeppen* Rn. 141; Emmerich/Habersack/*Emmerich* Rn. 34; Kölner Komm AktG/*Koppensteiner* Rn. 40; MHdB AG/*Krieger* § 71 Rn. 217; *Raiser*/*Veil* KapGesR § 62 Rn. 117.

[151] MüKoAktG/*Altmeppen* Rn. 141; Emmerich/Habersack/*Emmerich* Rn. 34; Kölner Komm AktG/*Koppensteiner* Rn. 41.

[152] MüKoAktG/*Altmeppen* Rn. 142; Emmerich/Habersack/*Emmerich* Rn. 35.

[153] MüKoAktG/*Altmeppen* Rn. 142; Emmerich/Habersack/*Emmerich* Rn. 35.

[154] MüKoAktG/*Altmeppen* Rn. 142; Emmerich/Habersack/*Emmerich* Rn. 35. AA Kölner Komm AktG/*Koppensteiner* Rn. 40.

[155] MüKoAktG/*Altmeppen* Rn. 140; Emmerich/Habersack/*Emmerich* Rn. 36; Kölner KommAktG/*Koppensteiner* Rn. 40.

53 **6. Anteilsveräußerung (§ 307).** Hat die Gesellschaft im Zeitpunkt der Beschlussfassung ihrer Hauptversammlung über einen Beherrschungs- oder Gewinnabführungsvertrag keinen außenstehenden Aktionär, so endet der Vertrag spätestens zum Ende des Geschäftsjahrs, in dem ein außenstehender Aktionär beteiligt ist (§ 307).[156]

54 **7. Sonstige Fälle.** Ein Unternehmensvertrag kann nach den allgemeinen Vorschriften nichtig sein (§ 125 S. 1 BGB, §§ 134, 138 BGB). Da die Grundsätze über die fehlerhafte Gesellschaft jedenfalls auf Beherrschungsverträge Anwendung finden, kann ein nichtiger Vertrag aber als vorläufig wirksam zu behandeln sein (→ § 291 Rn. 61–68), sofern er nicht gem. § 246a in das Handelsregister eingetragen worden ist.

55 Der **Verlust** der **Unternehmenseigenschaft** (§ 15) hat zur Folge, dass ein Unternehmensvertrag kraft Gesetzes endet,[157] sofern die §§ 291, 292 für den Abschluss des betreffenden Vertrags die Unternehmenseigenschaft voraussetzen (→ § 291 Rn. 6 f.). Auf einen solchen Vertrag können ebenfalls die Grundsätze der fehlerhaften Gesellschaft anzuwenden sein.[158]

56 Die Übertragung des Vermögens einer Vertragspartei nach § 179a hat keinen Einfluss auf den Bestand eines Unternehmensvertrags.[159] Sie kann im Einzelfall aber ein Kündigungsrecht aus wichtigem Grund begründen.

57 § 41 Abs. 1 S. 3 GWB enthält eine Sonderregelung über die Auswirkungen des Verstoßes gegen das kartellrechtliche Zusammenschlussverbot. Nach dieser Vorschrift dürfen die Unternehmen einen Zusammenschluss, der vom Bundeskartellamt nicht freigegeben ist, nicht vor Ablauf der Fristen nach § 40 Abs. 1 S. 1 und Abs. 2 S. 2 vollziehen oder am Vollzug dieses Zusammenschlusses mitwirken. Rechtsgeschäfte, die gegen dieses Verbot verstoßen, sind unwirksam. Dies gilt aber nicht für Unternehmensverträge iSv §§ 291, 292, sobald sie durch Eintragung in das zuständige Register rechtswirksam geworden sind. Beide Vertragsparteien sind in einem solchen Fall aber berechtigt und verpflichtet, den Vertrag aus wichtigem Grund zu kündigen.[160]

§ 298 Anmeldung und Eintragung

Der Vorstand der Gesellschaft hat die Beendigung eines Unternehmensvertrags, den Grund und den Zeitpunkt der Beendigung unverzüglich zur Eintragung in das Handelsregister anzumelden.

Schrifttum: *Bungert,* Die Beendigung von Beherrschungs- und Gewinnabführungsverträgen im GmbH-Konzern, NJW 1995, 1118; *Hoffmann-Becking,* Gelöste und ungelöste Fragen zum Unternehmensvertrag, WiB 1994, 57; *Hohner,* Beherrschungsvertrag und Verschmelzung, DB 1973, 1487; *Timm,* Unternehmensverträge im GmbH-Recht, GmbHR 1989, 11; *Vetter,* Zur Aufhebung eines Beherrschungs- und Gewinnabführungsvertrages im GmbH-Recht, ZIP 1995, 345; *Wirth,* Beendigung von Beherrschungs- und Gewinnabführungsverträgen bei der Veräußerung der abhängigen GmbH, DB 1990, 2105.

I. Normzweck

1 § 298 steht im Zusammenhang mit § 294 und verlangt, die Beendigung eines Unternehmensvertrags zur Eintragung in das Handelsregister anzumelden. Es sollen alle unterrichtet werden, für die der Vertrag Bedeutung hat.[1] Ein Unternehmensvertrag endet allerdings bereits mit der Verwirklichung eines Beendigungstatbestands. Die entsprechende **Eintragung** hat **keine konstitutive Wirkung**.[2] Aus diesem Grund hat der Vorstand auch den Zeitpunkt der Beendigung zur Eintragung in das Handelsregister anzumelden.[3]

---

[156] Zu den Einzelheiten → § 307 Rn. 3 f.
[157] MüKoAktG/*Altmeppen* Rn. 146; Emmerich/Habersack/*Emmerich* Rn. 53; Hüffer/Koch/*Koch* Rn. 22; Kölner Komm AktG/*Koppensteiner* Rn. 50.
[158] MüKoAktG/*Altmeppen* Rn. 146.
[159] Emmerich/Habersack/*Emmerich* Rn. 48; MHdB AG/*Krieger* § 71 Rn. 215.
[160] MüKoAktG/*Altmeppen* Rn. 45; Kölner Komm AktG/*Koppensteiner* Rn. 49; Schwarz MittRhNotK 1994, 49 (70); *Windbichler,* Unternehmensverträge und Zusammenschlusskontrolle, 1977, 80 ff.
[1] RegBegr. *Kropff* S. 387; MüKoAktG/*Altmeppen* Rn. 1; Emmerich/Habersack/*Emmerich* Rn. 1; Hüffer/Koch/*Koch* Rn. 1; Kölner Komm AktG/*Koppensteiner* Rn. 1.
[2] BGHZ 116, 37 (43); MüKoAktG/*Altmeppen* Rn. 2; Emmerich/Habersack/*Emmerich* Rn. 1; Hüffer/Koch/*Koch* Rn. 5.
[3] RegBegr. *Kropff* S. 387; Emmerich/Habersack/*Emmerich* Rn. 6; Hüffer/Koch/*Koch* Rn. 3; MHdB AG/*Krieger* § 71 Rn. 218; *Raiser/Veil* KapGesR § 62 Rn. 107.

II. Anmeldung

1. Gegenstand. § 298 verlangt, die **Beendigung** eines **Unternehmensvertrags** zur Eintragung 2 in das Handelsregister anzumelden. Aus welchem Rechtsgrund der Vertrag beendet wird, ist irrelevant. Es sind daher auch andere als die in §§ 296, 297 erfassten Beendigungstatbestände von der Anmeldepflicht des § 298 erfasst.[4] Zweifelhaft ist, wie bei der Beendigung eines Unternehmensvertrags wegen Eingliederung, Verschmelzung, Spaltung oder Formwechsel zu verfahren ist. Nach zutreffender hM besteht in solchen Fällen keine Anmeldepflicht gem. § 298, da die Handelsregisterpublizität durch andere vergleichbare Anmeldepflichten (§ 327 Abs. 3; §§ 16, 17 UmwG) gewährleistet wird.[5] § 298 ist dagegen entsprechend anwendbar, wenn ausnahmsweise ein nichtiger Unternehmensvertrag in das Handelsregister eingetragen wurde.[6] In diesem Fall hat das Registergericht ferner die Möglichkeit, das Bestehen des Vertrags nach § 395 FamFG von Amts wegen oder neuerdings auch auf Antrag der berufsständischen Organe zu löschen.[7]

2. Inhalt und Anlagen. Anzumelden sind die **Tatsache** der **Beendigung** des **Unternehmens-** 3 **vertrags,** deren **Grund** und der **Zeitpunkt.** Der Unternehmensvertrag ist so, wie er in das Handelsregister eingetragen ist, zu bezeichnen (vgl. § 43 Nr. 6 lit. g HRV).

Der Vorstand kann sich nicht damit begnügen, den Grund der Beendigung allgemein oder abstrakt 4 zu benennen. Vielmehr ist **konkret anzugeben,** welcher **Tatbestand** der **Beendigung** erfüllt ist.[8] So ist beispielsweise im Falle einer außerordentlichen Kündigung darzulegen, auf welchen Gründen die Kündigung beruht. Anderenfalls könnte das Registergericht seiner materiellen Prüfungspflicht nicht gerecht werden. Schließlich ist auch der Zeitpunkt der Beendigung wegen der bloß deklaratorisch wirkenden Eintragung (→ Rn. 1) exakt anzugeben.[9] Die Anmeldung hat elektronisch in öffentlich beglaubigter Form zu erfolgen (§ 12 Abs. 1 HGB).

Welche **Anlagen** der Anmeldung beizufügen sind, regelt § 298 nicht. In entsprechender Anwen- 5 dung von § 294 Abs. 1 S. 2 sind – je nach Beendigungstatbestand – folgende Schriftstücke vom Vorstand der Anmeldung beizufügen: der **Aufhebungsvertrag** (§ 296 Abs. 1 S. 3), das **Kündigungsschreiben** (§ 297 Abs. 3) oder das die Nichtigkeit des Unternehmensvertrags feststellende Urteil.[10] Die Dokumente sind elektronisch einzureichen (§ 12 Abs. 2 S. 1 HGB). Es ist dem Vorstand überlassen, ob er gem. § 12 Abs. 2 S. 2 HGB eine elektronische Aufzeichnung oder ein mit einem einfachen elektronischen Zeugnis versehenes Dokument übermittelt.[11] Ist für die Beendigung des Unternehmensvertrags ein **Sonderbeschluss** der **außenstehenden Aktionäre** nach § 296 Abs. 2 oder § 297 Abs. 2 erforderlich, so ist die Bezugnahme auf die Niederschrift des Beschlusses ausreichend, weil diese sich ohnehin in den Akten beim Registergericht befinden wird (vgl. § 130 Abs. 5, § 138).[12] Liegt die Niederschrift dem Registergericht ausnahmsweise nicht vor, so ist sie mit der Anmeldung vorzulegen.[13] Weitere Unterlagen, die das Registergericht zur Überprüfung der materiellen Richtigkeit der Angaben benötigt, kann es gem. § 26 FamFG einholen.[14]

3. Vorstandspflicht. Die **Anmeldepflicht** trifft jedes Vorstandsmitglied (bzw. die persönlich 6 haftenden Gesellschafter einer KGaA) der **Gesellschaft, die** zur **Erbringung** der **vertragstypischen Leistung verpflichtet** ist.[15] Die Mitglieder des Vorstands handeln nicht in eigenem, sondern im Namen der Gesellschaft.[16] Die Anmeldung ist von den Mitgliedern des Vorstands in vertretungsbe-

---

[4] Zu weiteren Beendigungstatbeständen → § 297 Rn. 31 ff.
[5] MüKoAktG/*Altmeppen* Rn. 4; *Hohner* DB 1973, 1487 (1491); Kölner Komm AktG/*Koppensteiner* Rn. 3; MHdB AG/*Krieger* § 70 Rn. 184; differenzierend Hüffer/Koch/*Koch* Rn. 3. AA Emmerich/Habersack/*Emmerich* Rn. 3; Großkomm AktG/*Mülbert* Rn. 4.
[6] MüKoAktG/*Altmeppen* Rn. 5; Emmerich/Habersack/*Emmerich* Rn. 2; Großkomm AktG/*Mülbert* Rn. 6 zweifelnd Hüffer/Koch/*Koch* Rn. 2.
[7] MüKoAktG/*Altmeppen* Rn. 5; Emmerich/Habersack/*Emmerich* Rn. 2; Kölner Komm AktG/*Koppensteiner* Rn. 7.
[8] Emmerich/Habersack/*Emmerich* Rn. 6; Großkomm AktG/*Mülbert* Rn. 11; AA MüKoAktG/*Altmeppen* Rn. 6.
[9] Emmerich/Habersack/*Emmerich* Rn. 6; Hüffer/Koch/*Koch* Rn. 3; Kölner Komm AktG/*Koppensteiner* Rn. 3.
[10] MüKoAktG/*Altmeppen* Rn. 6; Kölner Komm AktG/*Koppensteiner* Rn. 5; Emmerich/Habersack/*Emmerich* Rn. 7.
[11] MüKoAktG/*Altmeppen* Rn. 7.
[12] MüKoAktG/*Altmeppen* Rn. 7; Hüffer/Koch/*Koch* Rn. 4; Emmerich/Habersack/*Emmerich* Rn. 7.
[13] Emmerich/Habersack/*Emmerich* Rn. 7.
[14] Hüffer/Koch/*Koch* Rn. 4.
[15] MüKoAktG/*Altmeppen* Rn. 8; Emmerich/Habersack/*Emmerich* Rn. 4 und 5; Hüffer/Koch/*Koch* Rn. 2; *Raiser/Veil* KapGesR § 62 Rn. 107.
[16] Hüffer/Koch/*Koch* Rn. 2.

rechtigter Zahl (vgl. § 78) vorzunehmen.[17] Sie hat unverzüglich (ohne schuldhaftes Zögern, vgl. § 121 Abs. 1 S. 1 BGB) nach der Verwirklichung eines Beendigungstatbestandes zu erfolgen.

7 Das Registergericht kann anders als bei § 294 die Vorstandsmitglieder dazu anhalten, ihre Anmeldepflicht zu erfüllen und nach § 14 HGB ein Zwangsgeld festsetzen, wenn sie ihr nicht nachkommen.[18] Es kann in dieser Weise auch dann verfahren, wenn die „Beendigung" eines nichtigen Unternehmensvertrags analog § 298 (→ Rn. 2) anzumelden ist,[19] da § 14 HGB nicht dem Strafrecht zuzuordnen ist und folglich das Analogieverbot nicht eingreift.[20]

8 Der andere Vertragsteil ist nicht zur Anmeldung verpflichtet. Dies gilt sowohl für die Verträge des § 291 als auch für die Verträge des § 292. Lediglich bei einer Gewinngemeinschaft (§ 292 Abs. 1 Nr. 1) haben alle Vertragspartner die Beendigung des Vertrags anzumelden.[21]

9 **4. Registergericht.** Das Registergericht hat nur bei Anhaltspunkten für die Unrichtigkeit der Anmeldung im Rahmen des Amtsermittlungsgrundsatzes die Richtigkeit des Sachverhalts zu ermitteln. Bestehen keine Zweifel an der Richtigkeit der Anmeldung, beispielsweise über das tatsächliche Vorliegen eines wichtigen Grundes für eine Kündigung des Unternehmensvertrags,[22] so hat das Registergericht nur zu prüfen, ob die formellen Voraussetzungen eingehalten sind (Berechtigung zur Anmeldung, Inhalt und Form der Anmeldung, beigefügte Anlagen).[23] Liegen Anhaltspunkte vor, dass ein Kündigungsgrund nicht vorliegt, hat das Registergericht die Wirksamkeit der zur Eintragung angemeldeten außerordentlichen Kündigung zu prüfen.[24]

III. Eintragung und Bekanntmachung

10 Nach der Prüfung verfügt das Registergericht die Eintragung der Beendigung des Unternehmensvertrags in die Abteilung B des Handelsregisters. Der Inhalt der **Eintragung** muss dem der Anmeldung entsprechen.[25] Eingetragen werden die **Beendigung** des Unternehmensvertrags, der **Grund** und der **Zeitpunkt** der Beendigung. Vor dem Beendigungszeitpunkt kann die Eintragung nicht vorgenommen werden.[26] Sie ist nach § 10 HGB bekannt zu machen. Mit der Bekanntmachung beginnen die in §§ 302 Abs. 3 S. 1 und Abs. 4 sowie § 303 Abs. 1 S. 1 genannten Fristen.

§ 299 Ausschluß von Weisungen

Auf Grund eines Unternehmensvertrags kann der Gesellschaft nicht die Weisung erteilt werden, den Vertrag zu ändern, aufrechtzuerhalten oder zu beenden.

I. Normzweck

1 Die Vorschrift schließt es aus, dass die Gesellschaft auf Grund eines Unternehmensvertrags angewiesen wird, den Vertrag zu ändern, aufrecht zu erhalten oder in anderer Weise (beispielsweise durch eine Kündigung oder Aufhebungsvereinbarung) zu beenden. Es soll verhindert werden, dass die Gesellschaft auf Grund eines Beherrschungsvertrags zur Beendigung des Vertrags angewiesen wird. Der Gesellschaft soll die freie, ihrem Vorstand die eigenverantwortliche Entscheidung über die Vertragsdauer erhalten bleiben.[1] Ob dieser Zweck tatsächlich erreicht wird, ist wegen der Einflussmöglichkeiten, über die ein herrschendes Unternehmen in der Regel kraft seines Beteiligungsbesitzes verfügt, zweifelhaft.[2] Allerdings ist die Vorschrift aus haftungsrechtlicher Perspektive von Bedeutung.[3] Sofern der Vorstand eine entsprechende Weisung des herrschenden Unternehmens befolgt, kann er auf Schadensersatz in Anspruch genommen werden (§ 310 Abs. 1). Es ist ihm verwehrt, sich gem.

---

[17] MüKoAktG/*Altmeppen* Rn. 8; Emmerich/Habersack/*Emmerich* Rn. 5.
[18] MüKoAktG/*Altmeppen* Rn. 8; Emmerich/Habersack/*Emmerich* Rn. 5; Hüffer/Koch/*Koch* Rn. 2.
[19] MüKoAktG/*Altmeppen* Rn. 8; zweifelnd Kölner Komm AktG/*Koppensteiner* Rn. 7. AA Emmerich/Habersack/*Emmerich* Rn. 2.
[20] Zutr. MüKoAktG/*Altmeppen* Rn. 8.
[21] MüKoAktG/*Altmeppen* Rn. 9; Emmerich/Habersack/*Emmerich* Rn. 4; Großkomm AktG/*Mülbert* Rn. 9.
[22] Vgl. OLG Düsseldorf AG 1995, 137 (138) zur Beendigung eines Unternehmensvertrags durch eine außerordentliche Kündigung: Überprüfung der sachlichen Richtigkeit der angemeldeten Tatsache.
[23] MüKoAktG/*Altmeppen* Rn. 12; Großkomm AktG/*Mülbert* Rn. 15.
[24] OLG München ZIP 2009, 2295 (2296).
[25] Emmerich/Habersack/*Emmerich* Rn. 9.
[26] Emmerich/Habersack/*Emmerich* Rn. 9.
[1] RegBegr. *Kropff* S. 387.
[2] Zu den Möglichkeiten einer Umgehung des § 299 → Rn. 7-10.
[3] MüKoAktG/*Altmeppen* Rn. 2; Emmerich/Habersack/*Emmerich* Rn. 1; Hüffer/Koch/*Koch* Rn. 1; K. Schmidt/Lutter/*Langenbucher* Rn. 1; Großkomm AktG/*Mülbert* Rn. 3.

§ 308 Abs. 2 S. 1 auf die Weisung zu berufen, so dass seine Ersatzpflicht nicht gem. § 310 Abs. 3 ausgeschlossen ist.

II. Anwendungsbereich

Die Vorschrift bezieht sich nach ihrem Wortlaut auf Unternehmensverträge jeder Art. Dies ist missverständlich, da eine Weisung nur auf Grund eines Beherrschungsvertrags erteilt werden kann (§ 308).[4] **§ 299 verbietet** daher nur **Weisungen** hinsichtlich der **Änderung** und **Fortführung** eines **Beherrschungsvertrags**.[5] Sofern der Beherrschungsvertrag mit einem anderen Unternehmensvertrag verbunden ist (praktisch relevant: mit einem Gewinnabführungs- oder Betriebspachtvertrag), so erstreckt sich das Weisungsverbot auch auf diese Verträge.[6] Dies folgt aus dem Zweck der Vorschrift, dem Vorstand die eigenverantwortliche Entscheidung über die Dauer eines Unternehmensvertrags zu erhalten.

Das in § 299 normierte Verbot gilt nicht für Weisungen gegenüber einer beherrschungsvertraglich gebundenen (Tochter-) Gesellschaft, Unternehmensverträge zwischen dieser und dritten Unternehmen zu ändern, aufrechtzuerhalten oder zu beendigen, selbst wenn es sich bei diesen Unternehmen um Tochter- oder Enkelgesellschaften des herrschenden Unternehmens handelt.[7] Grund hierfür ist, dass die Weisung den Unternehmensvertrag zwischen abhängiger und herrschender Gesellschaft nicht betrifft; dieser bleibt unberührt. Das herrschende Unternehmen ist somit in der Lage, konzerninterne Strukturmaßnahmen durchzusetzen.[8]

III. Unzulässige Weisung und Rechtsfolgen

§ 299 verbietet Weisungen, den Unternehmensvertrag zu ändern, aufrechtzuerhalten oder zu beendigen. Dies ergibt sich allerdings in Bezug auf die Änderung eines Unternehmensvertrags bereits aus § 295 Abs. 1.[9] Nach dieser Vorschrift kann ein Unternehmensvertrag nur mit Zustimmung der Hauptversammlung geändert werden. Die Hauptversammlung ist dabei an keine Weisungen gebunden. Von Bedeutung ist § 299 in diesem Zusammenhang allerdings, wenn das herrschende Unternehmen den Vorstand der abhängigen Gesellschaft veranlassen will, eine Vertragsänderung vorzubereiten. Dazu kann es einerseits den Weg über die Hauptversammlung wählen (→ Rn. 9). Andererseits kommt in Betracht, den Vorstand gem. § 308 Abs. 1 anzuweisen, die Vertragsänderung vorzubereiten und auf die Tagesordnung der nächsten Hauptversammlung zu setzen. Da entsprechende Vorbereitungshandlungen als Maßnahmen der Geschäftsführung zu qualifizieren sind, unterliegen sie an sich dem beherrschungsvertraglichen Weisungsrecht.[10] Doch ist zu berücksichtigen, dass die Vertragsänderung nur mit Zustimmung der Hauptversammlung wirksam wird. § 299 ist mit Blick auf seinen Zweck weit auszulegen, so dass auch Vorbereitungshandlungen in Bezug auf die Änderung eines Unternehmensvertrags dem Verbot des § 299 unterfallen.[11]

Die Aufhebung (§ 296) und Kündigung (§ 297) eines Unternehmensvertrags sind Geschäftsführungsmaßnahmen und daher vom Vorstand der Gesellschaft wahrzunehmen. Eine Mitwirkung der Aktionäre ist – abgesehen vom Erfordernis eines Sonderbeschlusses der außenstehenden Aktionäre (§ 296 Abs. 2, § 297 Abs. 2) – nicht vorgesehen, so dass das herrschende Unternehmen den Vorstand an sich entsprechend anweisen könnte. Dies ist aber gem. § 299 verboten.

§ 299 ist ein **gesetzliches Verbot** iSv § 134 BGB. Verbotswidrig erteilte **Weisungen** sind **nichtig** und dürfen vom Vorstand nicht beachtet werden. Anderenfalls machen sich die Mitglieder des Vorstands nach § 93 Abs. 2, § 310 schadensersatzpflichtig. Eine haftungsbefreiende Berufung auf die erteilte Weisung (§ 308 Abs. 1, § 310 Abs. 3) ist nicht möglich. Die gesetzlichen Vertreter des

---

[4] Die Parteien haben die Möglichkeit, in einem Gewinnabführungsvertrag ein Weisungsrecht in finanzverfassungsrechtlichen Angelegenheiten vorzusehen (→ § 291 Rn. 39). Ihre Vertragsautonomie ist allerdings begrenzt. Sie können nicht das Recht begründen, den Vorstand bezüglich einer Vertragsänderung, -aufrechterhaltung oder sonstigen Beendigung anzuweisen, so dass § 299 auf einen entsprechenden Gewinnabführungsvertrag keine Anwendung findet.
[5] MüKoAktG/*Altmeppen* Rn. 3; Emmerich/Habersack/*Emmerich* Rn. 2; Hüffer/Koch/*Koch* Rn. 2.
[6] MüKoAktG/*Altmeppen* Rn. 5; Emmerich/Habersack/*Emmerich* Rn. 2; Hüffer/Koch/*Koch* Rn. 2; Kölner Komm AktG/*Koppensteiner* Rn. 2; Großkomm AktG/*Mülbert* Rn. 5.
[7] MüKoAktG/*Altmeppen* Rn. 13; Hüffer/Koch/*Koch* Rn. 3; Emmerich/Habersack/*Emmerich* Rn. 3; MHdB AG/*Krieger* § 70 Rn. 164; Großkomm AktG/*Mülbert* Rn. 6.
[8] Vgl. *Säcker* DB 1988, 271 (273).
[9] MüKoAktG/*Altmeppen* Rn. 7.
[10] Kölner Komm AktG/*Koppensteiner* Rn. 3.
[11] Hüffer/Koch/*Koch* Rn. 6; Emmerich/Habersack/*Emmerich* Rn. 6; Kölner Komm AktG/*Koppensteiner* Rn. 3; K. Schmidt/Lutter/*Langenbucher* Rn. 4. IE auch MüKoAktG/*Altmeppen* Rn. 9, 18.

herrschenden Unternehmens sind nach § 309 Abs. 2 ebenfalls zum Ersatz des entstandenen Schadens verpflichtet.

IV. Einflussmöglichkeiten

7   Ob die **Hauptversammlung** den **Vorstand** zu einer Änderung, Aufrechterhaltung oder Beendigung des Vertrags **verpflichten** kann, soll sich nach der Vorstellung des Gesetzgebers nach den allgemeinen Vorschriften bestimmen (§§ 83, 119 Abs. 2). Das Gleiche gilt für die Frage, ob der Aufsichtsrat solche Maßnahmen an seine Zustimmung binden kann (§ 111 Abs. 4).[12]

8   Die **Aufhebung** und **Kündigung** eines Unternehmensvertrags sind Geschäftsführungsmaßnahmen. Insoweit ist der Vorstand an einen Beschluss der Hauptversammlung gebunden, wenn er die Frage der Hauptversammlung nach § 119 Abs. 2 vorgelegt hat (§ 83 Abs. 2). Hierzu kann er vom herrschenden Unternehmen nicht angewiesen werden, weil dies eine Umgehung des § 299 bedeuten würde.[13]

9   Anders stellen sich die Einflussmöglichkeiten bezüglich einer **Vertragsänderung** dar. Sofern das herrschende Unternehmen – wie in der Regel – über die Mehrheit der Aktien verfügt, kann es einen Beschluss der Hauptversammlung erwirken, den Vorstand anzuhalten, eine Vertragsänderung vorzubereiten und abzuschließen sowie – nach Zustimmung der Hauptversammlung – durchzuführen (§ 83 Abs. 1 S. 2, Abs. 2). Der Vorstand hat dabei sorgfältig zu prüfen, ob der Hauptversammlungsbeschluss für die Gesellschaft nachteilig ist. Ist dies der Fall, muss er den Beschluss zur Vermeidung einer Schadensersatzpflicht (§ 93 Abs. 2) gem. §§ 243, 245 Nr. 4 anfechten.[14]

10 Der (in der Regel vom herrschenden Unternehmen dominierte) **Aufsichtsrat** hat kein Recht, dem Vorstand zu Fragen der Geschäftsführung Weisungen zu erteilen. Allerdings ist er berechtigt, die Aufhebung oder Kündigung eines Unternehmensvertrags seiner Zustimmung zu unterwerfen (§ 111 Abs. 4 S. 2).[15] Auf diese Weise erhält das herrschende Unternehmen einen gewissen Einfluss auf die Beendigung eines Vertrags, ohne freilich in der Lage zu sein, die betreffende Maßnahme durchzusetzen.

---

[12] RegBegr. *Kropff* S. 387.
[13] MüKoAktG/*Altmeppen* Rn. 18; Hüffer/Koch/*Koch* Rn. 6; Kölner Komm AktG/*Koppensteiner* § 308 Rn. 34. AA Emmerich/Habersack/*Emmerich* Rn. 7.
[14] MüKoAktG/*Altmeppen* Rn. 17; Emmerich/Habersack/*Emmerich* Rn. 6.
[15] Großkomm AktG/*Mülbert* Rn. 14.

Dritter Abschnitt. Sicherung der Gesellschaft und der Gläubiger

§ 300 Gesetzliche Rücklage

In die gesetzliche Rücklage sind an Stelle des in § 150 Abs. 2 bestimmten Betrags einzustellen,
1. wenn ein Gewinnabführungsvertrag besteht, aus dem ohne die Gewinnabführung entstehenden, um einen Verlustvortrag aus dem Vorjahr geminderten Jahresüberschuß der Betrag, der erforderlich ist, um die gesetzliche Rücklage unter Hinzurechnung einer Kapitalrücklage innerhalb der ersten fünf Geschäftsjahre, die während des Bestehens des Vertrags oder nach Durchführung einer Kapitalerhöhung beginnen, gleichmäßig auf den zehnten oder den in der Satzung bestimmten höheren Teil des Grundkapitals aufzufüllen, mindestens aber der in Nummer 2 bestimmte Betrag;
2. wenn ein Teilgewinnabführungsvertrag besteht, der Betrag, der nach § 150 Abs. 2 aus dem ohne die Gewinnabführung entstehenden, um einen Verlustvortrag aus dem Vorjahr geminderten Jahresüberschuß in die gesetzliche Rücklage einzustellen wäre;
3. wenn ein Beherrschungsvertrag besteht, ohne daß die Gesellschaft auch zur Abführung ihres ganzen Gewinns verpflichtet ist, der zur Auffüllung der gesetzlichen Rücklage nach Nummer 1 erforderliche Betrag, mindestens aber der in § 150 Abs. 2 oder, wenn die Gesellschaft verpflichtet ist, ihren Gewinn zum Teil abzuführen, der in Nummer 2 bestimmte Betrag.

Schrifttum: *Havermann,* Die verbundenen Unternehmen und ihre Pflichten nach dem Aktiengesetz 1965, WPg 1966, 90; *Veit,* Unternehmensverträge und Eingliederung als aktienrechtliche Instrumente der Unternehmensverbindung, 1974; *Veit,* Die obligatorische Rücklagenbildung einer gewinnabführenden im Vergleich zu der einer selbständigen Aktiengesellschaft, DB 1974, 1245; *Voss,* Zur Einheitsbesteuerung verbundener Unternehmen aus betriebswirtschaftlicher Sicht, AG 1973, 326.

Übersicht

	Rn.		Rn.
I. Regelungsgegenstand und Normzweck	1–3	1. Begriff	16–18
II. Zuweisung bei Gewinnabführungsvertrag (Nr. 1)	4–15	2. Berechnung des Zuweisungsbetrags	19
1. Begriff	4–6	**IV. Zuweisung bei Beherrschungsvertrag (Nr. 3)**	**20–26**
2. Berechnung des Zuweisungsbetrags	7–14	1. Begriff	20, 21
a) Fiktiver Jahresüberschuss	7, 8	2. Beherrschungsvertrag ohne Gewinnabführungsvereinbarung	22, 23
b) Regelzuweisung	9–13		
c) Mindestzuweisung	14	3. Beherrschungsvertrag mit Gewinnabführungsvereinbarung	24
3. Obergrenze des gesetzlichen Reservefonds	15		
III. Zuweisung bei Teilgewinnabführungsvertrag (Nr. 2)	16–19	4. Beherrschungsvertrag mit Teilgewinnabführungsvereinbarung	25, 26

I. Regelungsgegenstand und Normzweck

Die Norm regelt als **Spezialvorschrift zu § 150 Abs. 2** die Zuweisung von Teilen des Jahres- 1 überschusses in die gesetzliche Rücklage, wenn ein Gewinnabführungs-, Teilgewinnabführungs- oder Beherrschungsvertrag besteht. § 300 ist notwendig, da die genannten Verträge die Zuweisungen zur gesetzlichen Rücklage nach § 150 Abs. 2 vollständig oder teilweise verhindern können. Bei Bestehen eines Gewinnabführungs- oder Teilgewinnabführungsvertrags entsteht beim abführenden Unternehmen kein bzw. nur ein verkürzter Jahresüberschuss. Da § 150 Abs. 2 bei der Berechnung der Zuweisung zur gesetzlichen Rücklage jedoch auf den Jahresüberschuss abstellt, würde ohne ergänzende Vorschrift die gesetzliche Rücklage nicht oder nur in geringem Umfang dotiert werden. Ähnliches gilt bei Bestehen eines Beherrschungsvertrags. Die beherrschende Gesellschaft kann durch ihren Einfluss den Jahresüberschuss bei der beherrschten Gesellschaft begrenzen, wodurch sich die Zuweisungen zur gesetzlichen Rücklage nach § 150 Abs. 2 ebenfalls verringern. § 300 ersetzt daher bei Bestehen eines Gewinnabführungs-, Teilgewinnabführungs- oder Beherrschungsvertrags § 150 Abs. 2 durch modifizierte Zuweisungsregeln und trägt damit den Besonderheiten von Unternehmensverträgen Rechnung. Dabei bleiben die Pflichten des § 150 Abs. 2 als Mindestanforderungen erhalten.

2 Zweck der Vorschrift ist es, die Gesellschaft, und damit sowohl die Gläubiger als auch die außenstehenden Aktionäre, vor einer Aushöhlung der bilanziellen Substanz zu schützen.[1] Unabhängig vom Bestehen eines Gewinnabführungs-, Teilgewinnabführungs- oder Beherrschungsvertrags soll durch die Bildung einer gesetzlichen Rücklage, unter Hinzurechnung der Kapitalrücklagen, ein gesetzlicher Reservefonds[2] aufgebaut werden. Der gesetzliche Reservefonds soll, nach dem Ende der Laufzeit des Unternehmensvertrags, dem Ausgleich von Verlusten dienen, die ansonsten das Grundkapital der Gesellschaft angreifen würden. Während der Laufzeit des Unternehmensvertrags ist das Grundkapital durch die Pflicht zur Verlustübernahme des anderen Vertragsteils nach § 302 geschützt.

3 § 300 ist **zwingend.** Anders lautende Regelungen in der Satzung oder im Unternehmensvertrag sind unzulässig.[3] Verstöße gegen § 300 führen zur Nichtigkeit des Jahresabschlusses (§ 256 Abs. 1 Nr. 1 und Nr. 4).[4]

II. Zuweisung bei Gewinnabführungsvertrag (Nr. 1)

4 **1. Begriff.** § 300 Nr. 1 setzt das Bestehen eines Gewinnabführungsvertrags voraus. § 291 Abs. 1 S. 1 Alt. 2 definiert den Gewinnabführungsvertrag als Unternehmensvertrag, bei dem sich eine Aktiengesellschaft oder Kommanditgesellschaft auf Aktien verpflichtet, ihren **ganzen Gewinn** an ein anderes Unternehmen abzuführen (→ § 291 Rn. 34 ff.). Ganzer Gewinn heißt Bilanzgewinn, wie er sich ohne Gewinnabführungsvertrag ergeben würde.[5]

5 Nach § 291 Abs. 1 S. 2 steht ein **Geschäftsführungsvertrag,** durch den eine Aktiengesellschaft oder Kommanditgesellschaft auf Aktien ihr Unternehmen für Rechnung eines anderen Unternehmens führt, dem Gewinnabführungsvertrag gleich. Voraussetzung für die Gleichstellung ist nach allgM die Unentgeltlichkeit des Geschäftsführungsvertrags.[6] Bezieht die Gesellschaft vom geschäftsführenden Unternehmen ein Entgelt, hat die Gesellschaft eigene Erträge, so dass eine Gleichstellung mit dem Gewinnabführungsvertrag nicht mehr anzunehmen ist.

6 § 300 Nr. 1 gilt folglich bei Gewinnabführungsverträgen nach § 291 Abs. 1 S. 1 Alt. 2 und unentgeltlichen Geschäftsführungsverträgen nach § 291 Abs. 1 S. 2.[7] Bei Geschäftsführungsverträgen mit **unangemessen niedrigem Entgelt** ist wie bei Unentgeltlichkeit zu verfahren und § 300 Nr. 1 anzuwenden.[8]

7 **2. Berechnung des Zuweisungsbetrags. a) Fiktiver Jahresüberschuss.** Grundlage für die Berechnung des in die gesetzliche Rücklage einzustellenden Betrags ist nach § 300 Nr. 1 der Jahresüberschuss, der ohne Bestehen eines Gewinnabführungsvertrags (Geschäftsführungsvertrags)[9] entstehen würde. Die **Ermittlung** eines solchen fiktiven Jahresüberschusses ist notwendig, da bei Bestehen eines Gewinnabführungsvertrags an sich kein Jahresüberschuss entsteht. Der fiktive Jahresüberschuss ergibt sich aus der Gewinn- und Verlustrechnung (§ 275 Abs. 2 Nr. 17, Abs. 3 Nr. 16 HGB) unter Vernachlässigung des an den anderen Vertragsteil abzuführenden Gewinns, welcher nach § 277 Abs. 3 S. 2 HGB gesondert als Aufwand auszuweisen ist.

8 Der fiktive Jahresüberschuss ist um einen etwaigen Verlustvortrag aus dem Vorjahr zu kürzen. Aus dem danach verbleibenden positiven Betrag ist die gesetzliche Rücklage zu dotieren (→ Rn. 9 ff.).[10] Der um einen Verlustvortrag gekürzte, fiktive Jahresüberschuss stellt sozusagen die **Bemessungsgrundlage**[11] für die Zuweisung zur gesetzlichen Rücklage dar. Ein zu berücksichtigender **Verlustvortrag** kann bei Bestehen eines Beherrschungs- oder Gewinnabführungsvertrags nur aus der Zeit vor dem Abschluss des Unternehmensvertrags bestehen. Während der Laufzeit des Vertrags kann aufgrund der Pflicht zur Verlustübernahme nach § 302 kein Verlustvortrag entstehen.

---

[1] RegBegr. *Kropff* S. 388.
[2] *ADS* § 150 Rn. 2.
[3] MüKoAktG/*Altmeppen* Rn. 3; Kölner Komm AktG/*Koppensteiner* Rn. 1.
[4] Emmerich/Habersack/*Emmerich* Rn. 4; *ADS* Rn. 5.
[5] Hüffer/Koch/*Koch* § 291 Rn. 26; MüKoAktG/*Altmeppen* § 291 Rn. 145.
[6] Großkomm AktG/*Würdinger* § 291 Anm. 37; MüKoAktG/*Altmeppen* § 291 Rn. 177; Hüffer/Koch/*Koch* § 291 Rn. 31; *Knepper* BB 1982, 2061 (2063); *Schulze-Osterloh* ZGR 1974, 427 (452 f. und 455); *van Venrooy* DB 1981, 675 (678); offen lassend *ADS* Rn. 13.
[7] Ebenso Hüffer/Koch/*Koch* Rn. 5; MüKoAktG/*Altmeppen* Rn. 39; Kölner Komm AktG/*Koppensteiner* Rn. 7; aA *ADS* Rn. 13.
[8] Hüffer/Koch/*Koch* Rn. 5; Großkomm AktG/*Hirte* Anm. 45–46; MüKoAktG/*Altmeppen* Rn. 39: damit keine Gesetzesumgehung durch unangemessen niedrigem Entgelt möglich ist; aA *ADS* § 150 Rn. 12 f.
[9] MüKoAktG/*Altmeppen* Rn. 40 f.: auch bei Geschäftsführungsvertrag ist fiktiver Jahresüberschuss zu ermitteln; aA Kölner Komm AktG/*Koppensteiner* Rn. 7.
[10] Hüffer/Koch/*Koch* Rn. 6.
[11] *ADS* Rn. 14 ff.

b) Regelzuweisung. Bei der Berechnung des in die gesetzliche Rücklage einzustellenden Betrags 9 ist zwischen der Regelzuweisung und der Mindestzuweisung zu unterscheiden.[12] Die Regelzuweisung ergibt sich aus der nach § 300 Nr. 1 bestehenden Pflicht, die gesetzliche Rücklage durch Zuweisungen **innerhalb von fünf Jahren** nach Wirksamwerden des Gewinnabführungsvertrags in gleichen Beträgen aufzufüllen, bis der gesetzliche Reservefonds, bestehend aus der gesetzlichen Rücklage und den Kapitalrücklagen, die gesetzliche Obergrenze von 10 % des Grundkapitals oder die höhere satzungsmäßige Obergrenze erreicht hat. Die Regelzuweisung berechnet sich folglich aus 10 % des Grundkapitals oder eines in der Satzung bestimmten höheren Teils des Grundkapitals, abzüglich der Kapitalrücklagen (→ Rn. 15) und der bereits bestehenden gesetzlichen Rücklage dividiert durch fünf.[13]

Beispielrechnung bei gesetzlicher Obergrenze:[14]

Grundkapital:		200.000 Euro
davon 10 %:		20.000 Euro
./.	Kapitalrücklagen:	10.000 Euro
./.	bestehende gesetzliche Rücklage:	5.000 Euro
=	insgesamt in die gesetzliche Rücklage einzustellender Betrag:	5.000 Euro
Regelzuweisung ($\frac{1000}{5}$):		1.000 Euro

Liegt kein (fiktiver) Jahresüberschuss vor oder verbleibt nach Abzug des Verlustvortrags aus dem 10 Vorjahr kein positiver Betrag, ist keine Regelzuweisung in die gesetzliche Rücklage für das betreffende Geschäftsjahr vorzunehmen.[15] Eine **ganz oder teilweise unterbliebene Regelzuweisung** ist jedoch in den folgenden Geschäftsjahren nachzuholen.[16] Dazu ist die unterbliebene Zuweisung unter Berücksichtigung der Fünfjahresfrist auf die verbleibenden Geschäftsjahre gleichmäßig zu verteilen.[17] Gelingt es nicht, den gesetzlichen Reservefonds innerhalb der Fünfjahresfrist aufzufüllen, ist der fehlende Restbetrag in voller Höhe aus dem Jahresüberschuss des folgenden Geschäftsjahrs in die gesetzliche Rücklage einzustellen.[18] Dem Ziel der Vorschrift, den gesetzlichen Reservefonds innerhalb von fünf Jahren vollständig aufzufüllen, ist so weit wie möglich zu entsprechen.[19]

Die **Fünfjahresfrist** zur Auffüllung der gesetzlichen Rücklage beginnt mit dem Wirksamwerden 11 des Gewinnabführungsvertrags durch Eintragung in das Handelsregister (§ 294 Abs. 2) und nicht bereits mit dem Abschluss des Unternehmensvertrags.[20] Wird der Gewinnabführungsvertrag innerhalb eines Geschäftsjahrs wirksam, bezieht sich die Fünfjahresfrist nach hM auf die fünf folgenden Geschäftsjahre.[21] Bei einem rückwirkenden Gewinnabführungsvertrag beginnt die Fünfjahresfrist ab dem Geschäftsjahr, für das der Unternehmensvertrag erstmalig gelten soll.[22]

Bei Durchführung einer **Kapitalerhöhung** beginnt mit deren Wirksamwerden durch Eintragung 12 in das Handelsregister (§§ 189, 200 und 211) eine neue Fünfjahresfrist, um den gesetzlichen Reservefonds in den folgenden fünf Geschäftsjahren auf die neue gesetzliche Obergrenze von 10 % des erhöhten Grundkapitals oder die höhere satzungsmäßige Obergrenze aufzufüllen.[23] Dies gilt auch dann, wenn seit Wirksamwerden des Gewinnabführungsvertrags noch keine fünf Geschäftsjahre vergangen sind.[24] In diesem Fall überschneiden sich die laufende Fünfjahresfrist nach Wirksamwerden des Gewinnabführungsvertrags und die neue Fünfjahresfrist nach der Kapitalerhöhung. Bei dieser Konstellation ist fraglich, wie die Regelzuweisung in die gesetzliche Rücklage zu berechnen ist. Der Gesetzeswortlaut gibt keine Hinweise dazu. Nach der ersten Methode ist bei Wirksamwerden der Kapitalerhöhung die Regelzuweisung unter Berücksichtigung des bereits gebildeten gesetzlichen Reservefonds neu zu berechnen.[25] Die Zuweisungen zur gesetzliche Rücklage, die vor der Kapitalerhöhung noch ausstanden, sind mit dem Betrag zur Aufstockung der gesetzlichen Rücklage nach der

---

[12] Anlehnung an Hüffer/Koch/*Koch* Rn. 7.
[13] MüKoAktG/*Altmeppen* Rn. 13.
[14] In Anlehnung an Havermann WPg 1966, 90 (95); ADS Rn. 22; weiter Berechnungsbeispiele *Veit* DB 1974, 1245.
[15] Hüffer/Koch/*Koch* Rn. 6; MüKoAktG/*Altmeppen* Rn. 8; ADS Rn. 16.
[16] RegBegr. *Kropff* S. 388.
[17] ADS Rn. 24 f.
[18] MüKoAktG/*Altmeppen* Rn. 22; Kölner Komm AktG/*Koppensteiner* Rn. 12; Emmerich/Habersack/*Emmerich* Rn. 12.
[19] ADS Rn. 25.
[20] MüKoAktG/*Altmeppen* Rn. 16; Hüffer/Koch/*Koch* Rn. 7.
[21] ADS Rn. 33; MüKoAktG/*Altmeppen* Rn. 16; Kölner Komm AktG/*Koppensteiner* Rn. 10; Großkomm AktG/*Hirte* Anm. 38: nach dem Wortlaut ist auf die nächsten fünf Geschäftsjahre abzustellen, „die...beginnen".
[22] Hüffer/Koch/*Koch* Rn. 7; ADS Rn. 32.
[23] RegBegr. *Kropff* S. 388.
[24] Hüffer/Koch/*Koch* Rn. 8; MüKoAktG/*Altmeppen* Rn. 17; ADS Rn. 26.
[25] Berechnungsbeispiel ADS Rn. 27.

Kapitalerhöhung zu einer neuen Regelzuweisung zusammenzufassen und auf die fünf folgenden Geschäftsjahre zu verteilen. Bei der zweiten Methode wird die Regelzuweisung der ersten Fünfjahresfrist nach Wirksamwerden des Gewinnabführungsvertrags unverändert fortgeführt.[26] Die neue Fünfjahresfrist gilt dann nur für die aufgrund der Kapitalerhöhung notwendige zusätzliche Regelzuweisung. Beide Methoden gelten als zulässig.[27] Der Zweck der Vorschrift, den gesetzlichen Reservefonds in einem Zeitraum von höchstens fünf Jahren aufzubauen, spricht jedoch eher für die zweite Methode, wenngleich durch die erste Methode die Anforderung der Gleichmäßigkeit eher erfüllt wird.[28] Da die neue Fünfjahresfrist nur für die zusätzliche Regelzuweisung nach der Kapitalerhöhung gilt, ist sichergestellt, dass der Reservefonds sowohl nach Wirksamwerden des Gewinnabführungsvertrags als auch nach Wirksamwerden der Kapitalerhöhung nach jeweils fünf Geschäftsjahren auf die gesetzliche oder satzungsmäßige Obergrenze aufgefüllt wird. Bei der ersten Methode führt eine Kapitalerhöhung hingegen zu einer Fristverlängerung für die Zuweisungsbeträge, die vor der Kapitalerhöhung noch ausstanden. Zudem könnte die erste Methode durch weitere Kapitalerhöhungen zu einer unbeschränkten Verlängerung des Auffüllungszeitraums führen.[29]

13   Bei einer **Kapitalherabsetzung** ist, sofern die gesetzliche oder satzungsmäßige Obergrenze des Reservefonds bezogen auf das verringerte Grundkapital noch nicht erreicht ist, die Regelzuweisung neu zu berechnen und entsprechend zu verringern.[30]

14   c) **Mindestzuweisung.** Ist bei Wirksamwerden des Gewinnabführungsvertrags der gesetzliche Reservefonds bereits weitgehend aufgefüllt, kann die Regelzuweisung unter dem Betrag liegen, der ohne die Gewinnabführung gemäß § 150 Abs. 2 einzustellen wäre. Der Gesetzgeber wollte jedoch die Zuweisungsregelungen des § 150 Abs. 2 als Mindestanforderungen erhalten.[31] § 300 schreibt daher eine Mindestzuweisung zur gesetzlichen Rücklage vor. Die Mindestzuweisung nach § 300 Nr. 1 ist gemäß dem **Verweis auf Nr. 2** der Betrag, der ohne Bestehen eines Gewinnabführungsvertrags nach § 150 Abs. 2 einzustellen wäre. Das bedeutet, dass bei Bestehen eines Gewinnabführungsvertrags jährlich eine Mindestzuweisung von 5 % des fiktiven, um einen etwaigen Verlustvortrag aus dem Vorjahr geminderten Jahresüberschusses zur gesetzlichen Rücklage zu erfolgen hat, auch wenn nach Berechnung der Regelzuweisung ein niedrigerer Betrag zuzuweisen wäre. Die Zuweisungen zur gesetzlichen Rücklage dürfen somit nicht unter die 5 %-Grenze nach § 150 Abs. 2 fallen.

15   3. **Obergrenze des gesetzlichen Reservefonds.** Nach § 300 Nr. 1 sind Zuweisungen zur gesetzlichen Rücklage vorzunehmen, bis diese, unter Hinzurechnung der Kapitalrücklagen, die gesetzliche Obergrenze von 10 % des Grundkapitals oder eine höhere satzungsmäßige Obergrenze erreicht haben. Welche **Bestandteile der Kapitalrücklagen** dem gesetzlichen Reservefonds zuzurechnen sind, ergibt sich aus § 150 Abs. 2 (→ § 150 Rn. 11 ff.).[32] Zu berücksichtigen sind die Kapitalrücklagen nach § 272 Abs. 2 Nr. 1 bis Nr. 3 HGB sowie die Beträge aus einer Kapitalherabsetzung nach den § 229 Abs. 1, §§ 231, 232 und 237 Abs. 5. Die „anderen Zuzahlungen" nach § 272 Abs. 2 Nr. 4 HGB sind bei der Ermittlung des gesetzlichen Reservefonds hingegen nicht zu berücksichtigen.

III. Zuweisung bei Teilgewinnabführungsvertrag (Nr. 2)

16   1. **Begriff.** § 300 Nr. 2 regelt die Zuweisung zur gesetzlichen Rücklage bei Bestehen eines Teilgewinnabführungsvertrags. Ein **Teilgewinnabführungsvertrag** ist nach § 292 Abs. 1 Nr. 2 ein Vertrag, bei dem sich eine Aktiengesellschaft oder Kommanditgesellschaft auf Aktien verpflichtet, einen Teil ihres Gewinns oder den Gewinn einzelner Betriebe ganz oder zum Teil an den anderen Vertragsteil abzuführen (→ § 292 Rn. 14 ff.). Teilgewinnabführungsverträge können daher sowohl unternehmensgewinnbezogen als auch betriebsgewinnbezogen sein.

17   Bei **unternehmensgewinnbezogenen** Teilgewinnabführungsverträgen ist § 300 Nr. 2 unstreitig anzuwenden.[33] Die Anwendbarkeit der Vorschrift bei **betriebsgewinnbezogenen** Teilgewinnabführungsverträgen ist jedoch umstritten. Nach der RegBegr. ist bei diesen Teilgewinnabführungsverträgen § 300 Nr. 2 nicht anzuwenden; die Bildung der gesetzlichen Rücklage richte sich in diesem

---

[26] Berechnungsbeispiel *ADS* Rn. 28.
[27] Hüffer/Koch/*Koch* Rn. 8; MüKoAktG/*Altmeppen* Rn. 19; *ADS* Rn. 28; Kölner Komm AktG/*Koppensteiner* Rn. 11.
[28] Ebenso Hüffer/Koch/*Koch* Rn. 8; MüKoAktG/*Altmeppen* Rn. 19; *ADS* Rn. 28; Großkomm AktG/*Hirte* Anm. 41.
[29] Großkomm AktG/*Hirte* Anm. 41.
[30] *ADS* Rn. 30; Kölner Komm AktG/*Koppensteiner* Rn. 8; Hölters/*Deilmann* Rn. 13.
[31] RegBegr. *Kropff* S. 389.
[32] Ebenso *ADS* Rn. 34; Hüffer/Koch/*Koch* Rn. 3.
[33] *ADS* Rn. 39; Hüffer/Koch/*Koch* Rn. 10; MüKoAktG/*Altmeppen* Rn. 24.

Fall vielmehr nach den allgemeinen Vorschriften.[34] Die Nichtanwendung von § 300 Nr. 2 bei betriebsgewinnbezogenen Teilgewinnabführungsverträgen ist jedoch nicht dem Gesetzeswortlaut zu entnehmen. Es wird daher nach allgM zutreffend angenommen, dass § 300 Nr. 2 sowohl bei unternehmensgewinnbezogenen als auch bei betriebsgewinnbezogenen Teilgewinnabführungsverträgen anzuwenden ist,[35] da eine Einschränkung der Rücklagenbildung in diesem Fall auch anderweitig nicht begründbar ist.

§ 300 Nr. 2 ist auch dann anzuwenden, wenn der Teilgewinnabführungsvertrag nicht die Abführung von Teilen des Jahresüberschusses sondern von Teilen des **Bilanzgewinns** vorsieht.[36] Zwar wird zT die Auffassung vertreten, dass § 300 Nr. 2 bei Abführung von Teilen des Bilanzgewinns nicht gelte, da die Zuweisung zur gesetzlichen Rücklage im Bilanzgewinn bereits erfolgt sei.[37] Dabei wird jedoch nicht berücksichtigt, dass die Teilgewinnabführung den Jahresüberschuss nach § 277 Abs. 3 S. 2 HGB und somit auch die Grundlage für die Bemessung des in die gesetzliche Rücklage einzustellenden Betrags mindert.[38] Die dadurch entstehende Verringerung der Zuweisungsbeträge soll durch § 300 Nr. 2 gerade verhindert werden. Eine Nichtanwendung von § 300 Nr. 2 bei Teilgewinnabführungsverträgen, die auf den Bilanzgewinn abstellen, würde daher dem Normzweck widersprechen.

2. Berechnung des Zuweisungsbetrags. Bei Bestehen eines Teilgewinnabführungsvertrags ist der Betrag in die gesetzliche Rücklage einzustellen, der ohne die Teilgewinnabführung nach § 150 Abs. 2 einzustellen wäre. Jährlich sind daher 5 % des fiktiven, um einen Verlustvortrag aus dem Vorjahr gekürzten Jahresüberschusses der gesetzlichen Rücklage zuzuweisen, bis der gesetzliche Reservefonds die gesetzliche Obergrenze von 10 % des Grundkapitals oder eine höhere satzungsmäßige Obergrenze erreicht hat. Liegt kein fiktiver Jahresüberschuss vor oder verbleibt nach Abzug des Verlustvortrags kein positiver Betrag, sind in diesem Geschäftsjahr keine Zuweisungen vorzunehmen.[39] Der fiktive Jahresüberschuss ist zudem um die erhaltenen Gegenleistungen zu korrigieren, da diese auch als Bestandteil der Teilgewinnabführung zu sehen und somit wegzulassen sind.[40] Eine Berücksichtigung dieser Gegenleistung im fiktiven Jahresüberschuss würde zur doppelten Erfassung des Teilgewinns führen. Zum einen durch den fiktiven Überschuss und zum anderen durch die hereinkommende Gegenleistung.[41]

IV. Zuweisung bei Beherrschungsvertrag (Nr. 3)

1. Begriff. Besteht ein Beherrschungsvertrag, sind Zuweisungen zur gesetzlichen Rücklage nach Maßgabe des § 300 Nr. 3 vorzunehmen. **Beherrschungsverträge** sind nach § 291 Abs. 1 S. 1 Alt. 1 Verträge, durch die eine Aktiengesellschaft oder Kommanditgesellschaft auf Aktien die Leitung ihrer Gesellschaft einem anderen Unternehmen unterstellt (→ § 291 Rn. 30 ff.).

Bei der Bemessung der Zuweisung zur gesetzlichen Rücklage sind **drei Konstellationen** zu unterscheiden: Beherrschungsvertrag ohne Gewinnabführungsvereinbarung, Beherrschungsvertrag mit Gewinnabführungsvereinbarung und Beherrschungsvertrag mit Teilgewinnabführungsvereinbarung.

2. Beherrschungsvertrag ohne Gewinnabführungsvereinbarung. Besteht ein Beherrschungsvertrag ohne Gewinnabführungsvereinbarung (isolierter Beherrschungsvertrag) ist nach § 300 Nr. 3 der zur Auffüllung der gesetzlichen Rücklage nach § 300 Nr. 1 erforderliche Betrag, mindestens aber der in § 150 Abs. 2 bestimmte Betrag in die gesetzliche Rücklage einzustellen. Die jährlichen **Zuweisungsbeträge** dürfen daher, wie bei Bestehen eines Gewinnabführungsvertrags, nicht unter die Mindestzuweisungen nach § 150 Abs. 2 fallen (→ Rn. 14), auch dann nicht, wenn die Regelzuweisung nach § 300 Nr. 1 (→ Rn. 9 ff.) niedriger ist. Es gelten sinngemäß die Ausführungen zu § 300 Nr. 1.

Umstritten ist jedoch die Frage, ob bei Bestehen eines isolierten Beherrschungsvertrags die Regelzuweisung zur gesetzlichen Rücklage einen **Jahresüberschuss** voraussetzt. Ein Teil der Literatur

---

[34] RegBegr. *Kropff* S. 389.
[35] Hüffer/Koch/*Koch* Rn. 10; MüKoAktG/*Altmeppen* Rn. 24; ADS Rn. 40; GHEK/*Geßler* Rn. 17; aA Kölner Komm AktG/*Koppensteiner* Rn. 14.
[36] Hüffer/Koch/*Koch* Rn. 10; MüKoAktG/*Altmeppen* Rn. 25; ADS Rn. 41.
[37] Großkomm AktG/*Würdinger* Anm. 2.
[38] Kölner Komm AktG/*Koppensteiner* Rn. 15; MüKoAktG/*Altmeppen* Rn. 25; A/D/S Rn. 41; Großkomm AktG/*Hirte* Anm. 48.
[39] Hüffer/Koch/*Koch* Rn. 11; ADS Rn. 43.
[40] aA Großkomm AktG/*Hirte* Anm. 41; Kölner Komm AktG/*Koppensteiner* Rn. 16; ADS Rn. 43.
[41] MüKoAktG/*Altmeppen* Rn. 10.

bejaht dies mit der Begründung, dass § 300 Nr. 3 einen Verweis auf Nr. 1 darstelle.[42] Da § 300 Nr. 1 ausdrücklich auf einen (fiktiven) Jahresüberschuss abstelle, müsse dies sinngemäß auch für Zuweisungen bei Bestehen eines isolierten Beherrschungsvertrags gelten. Nach der anderen Auffassung setzt die Regelzuweisung zur gesetzlichen Rücklage nach § 300 Nr. 3 keinen Jahresüberschuss voraus, denn der Wortlaut von § 300 Nr. 3 stellt im Gegensatz zu den Regelungen in Nr. 1 und Nr. 2 nicht auf den Jahresüberschuss ab.[43] Aus den Materialien ist ersichtlich, dass die Problematik im Gesetzgebungsverfahren bekannt war.[44] Das bedeutet, dass der Gesetzgeber bewusst nicht auf den Jahresüberschuss abgestellt hat.[45] Ein fiktiver Jahresüberschuss kann zudem bei Bestehen eines Beherrschungsvertrags praktisch auch gar nicht ermittelt werden, da dies nur unter der Prämisse, dass kein Beherrschungsvertrag vorliegt, möglich wäre.[46] § 300 Nr. 3 stellt vielmehr auf den zur Auffüllung der gesetzlichen Rücklage erforderlichen Betrag ab und verweist dabei auf die Regelung in Nr. 1, wonach die gesetzliche Rücklage innerhalb von fünf Jahren nach dem Wirksamwerden des Unternehmensvertrags gleichmäßig aufzufüllen ist, bis der gesetzliche Reservefonds die gesetzliche Obergrenze von 10 % des Grundkapitals oder eine höhere satzungsmäßige Obergrenze erreicht hat. Der zweiten Auffassung ist wiederum entgegenzuhalten, dass der Gesetzgeber trotzdem in Nr. 3 auf § 150 Abs. 2 abstellt, der den (fiktiven) Jahresüberschuss als Bemessungsgrundlage für die Rücklagenauffüllung heranzieht. Dennoch wird auch hier die Auffassung aus den oben genannten Gründen vertreten, dass bei Bestehen eines isolierten Beherrschungsvertrags die gesetzliche Rücklage innerhalb der Fünfjahresfrist gemäß § 300 Nr. 1 auch dann aufzufüllen ist, wenn kein Jahresüberschuss vorliegt. Die Regelzuweisung zur gesetzlichen Rücklage hat in diesem Fall einen Bilanzverlust zur Folge, soweit dieser nicht dadurch ausgeglichen wird, dass den anderen Gewinnrücklagen Beträge entnommen werden, die während der Dauer des Unternehmensvertrags eingestellt wurden.[47] Das herrschende Unternehmen hat einen entstehenden Verlust nach § 302 zu übernehmen.

24 **3. Beherrschungsvertrag mit Gewinnabführungsvereinbarung.** Besteht ein Beherrschungsvertrag und zugleich ein Gewinnabführungsvertrag oder ein Beherrschungsvertrag mit einer zusätzlichen Gewinnabführungsvereinbarung gilt § 300 Nr. 3 nicht. Die Anwendbarkeit von § 300 Nr. 3 ist bei dieser Konstellation durch den Wortlaut der Vorschrift ausgeschlossen („… Beherrschungsvertrag …, ohne dass die Gesellschaft auch zur Abführung ihres ganzen Gewinns verpflichtet ist, …"). Es gilt vielmehr § 300 Nr. 1. Bemessungsgrundlage für die **Berechnung der Zuweisung** zur gesetzlichen Rücklage ist entsprechend ein fiktiver, um einen Verlustvortrag aus dem Vorjahr geminderter Jahresüberschuss, wie er sich ohne Gewinnabführungsvereinbarung ergeben würde. Es gelten die Ausführungen zu § 300 Nr. 1 (→ Rn. 7 ff.).

25 **4. Beherrschungsvertrag mit Teilgewinnabführungsvereinbarung.** § 300 Nr. 3 regelt nicht nur die Zuweisung zur gesetzlichen Rücklage bei Bestehen eines isolierten Beherrschungsvertrags (→ Rn. 22 f.), sondern auch die Zuweisung bei Bestehen eines Beherrschungsvertrags mit Teilgewinnabführungsvereinbarung oder mit separatem Teilgewinnabführungsvertrag. Nach § 300 Nr. 3 Hs. 2 haben beherrschte Gesellschaften, die verpflichtet sind ihren Gewinn zum Teil abzuführen, den in Nr. 2 bestimmten Betrag in die gesetzliche Rücklage einzustellen. Anzuwenden sind folglich sinngemäß die **Zuweisungsregeln**, die bei Bestehen eines isolierten Teilgewinnabführungsvertrags gelten. Auf die genannten Grundsätze kann verwiesen werden (→ Rn. 19).

26 Teilweise wird die Auffassung vertreten, § 300 Nr. 3 Hs. 2 sei nicht als Verweis auf § 300 Nr. 2 aufzufassen.[48] § 300 Nr. 3, 2 Hs. 2 sei vielmehr als Mindestregelung zu interpretieren. Anzuwenden sei zunächst die aus § 300 Nr. 1 resultierende Zuweisungsregel. Als Begründung wird angeführt, dass § 300 Nr. 3 Hs. 1 Beherrschungsverträge mit Teilgewinnabführungsvereinbarungen mit einschließe. Darüber hinaus könne die beherrschte Gesellschaft bei Bestehen eines isolierten Beherrschungsvertrags aufgrund der strengeren Zuweisungspflichten nach § 300 Nr. 1 nicht besser gestellt werden, als wenn sie noch zusätzlich eine Teilgewinnabführungsverpflichtung übernommen habe. Dieser

---

[42] Kölner Komm AktG/*Koppensteiner* Rn. 20; Emmerich/Habersack/*Emmerich* Rn. 21; *Veit*, Unternehmensverträge und Eingliederung als aktienrechtliche Instrumente der Unternehmensverbindung, 1974, 92 f.; *Voss* AG 1973, 326 (327).
[43] Ebenso Hüffer/Koch/*Koch* Rn. 13; MüKoAktG/*Altmeppen* Rn. 31–33; ADS Rn. 53; HdJ/*Singhof* Abt. III/ 2 Rn. 139.
[44] RegBegr. *Kropff* S. 388.
[45] ADS Rn. 53; MüKoAktG/*Altmeppen* Rn. 31.
[46] Hüffer/Koch/*Koch* Rn. 13; MüKoAktG/*Altmeppen* Rn. 33; ADS Rn. 53.
[47] MüKoAktG/*Altmeppen* Rn. 34.
[48] Kölner Komm AktG/*Koppensteiner* Rn. 19; Hüffer/Koch/*Koch* Rn. 15; Emmerich/Habersack/*Emmerich* Rn. 21.

Auffassung kann nicht gefolgt werden.[49] § 300 Nr. 3 Hs. 2 regelt einen anderen Tatbestand als § 300 Nr. 3 Hs. 1 und ist damit isoliert zu betrachten. Die unterschiedliche Behandlung von Gesellschaften mit isolierten Beherrschungsverträgen im Gegensatz zu Gesellschaften mit Beherrschungsverträgen mit zusätzlicher Teilgewinnabführungsvereinbarung ergibt sich aus der Konzeption des § 300. Bei Bestehen eines isolierten Beherrschungsvertrags sind sinngemäß die strengeren, für Gewinnabführungsverträge geltenden Zuweisungsregeln nach § 300 Nr. 1 anzuwenden; bei Teilgewinnabführungsvereinbarungen, ob mit oder ohne Beherrschungsvertrag, gelten die weniger strengen Regeln nach § 300 Nr. 2.[50]

§ 301 Höchstbetrag der Gewinnabführung

¹Eine Gesellschaft kann, gleichgültig welche Vereinbarungen über die Berechnung des abzuführenden Gewinns getroffen worden sind, als ihren Gewinn höchstens den ohne die Gewinnabführung entstehenden Jahresüberschuss, vermindert um einen Verlustvortrag aus dem Vorjahr, um den Betrag, der nach § 300 in die gesetzlichen Rücklagen einzustellen ist, und den nach § 268 Abs. 8 des Handelsgesetzbuchs ausschüttungsgesperrten Betrag, abführen. ²Sind während der Dauer des Vertrags Beträge in andere Gewinnrücklagen eingestellt worden, so können diese Beträge den anderen Gewinnrücklagen entnommen und als Gewinn abgeführt werden.

Schrifttum: *Brandes,* Rückforderung übermäßig abgeführter Gewinne nach Beendigung eines Ergebnisabführungsvertrags, Liber Amicorum Winter, 2011, 43; *Bünning/Stoll,* Bildung und Auflösung von Kapitalrücklagen bei bestehenden Gewinnabführungsverträgen, BB 2016, 555; *Cahn/Simon,* Isolierte Gewinnabführungsverträge, Der Konzern 2003, 1; *Erle/Sauter,* Körperschaftsteuergesetz, 3. Aufl. 2010; *Funnemann/Graf Kerssenbrock,* Ausschüttungssperren im BilMoG-RegE, BB 2008, 2674; *Geßler,* Rücklagenbildung bei Gewinnabführungsverträgen, FS Meilicke, 1985, 18; *Geßler,* Rücklagenbildung im Konzern, AG 1985, 257; *Hüffer,* Gewinnabführung und Verlustsaldierung unter Entnahme aus der gem. § 272 Abs. 2 Nr. 4 HGB innervertraglich gebildeten Kapitalrücklage, FS Schneider, 2011, 559; *H.-P. Müller,* Zur Gewinn- und Verlustermittlung bei aktienrechtlichen Gewinnabführungsverträgen, FS Goerdeler, 1987, 375; *Mylich,* Rückgewähransprüche einer AG nach Ausschüttung oder Abführung von Scheingewinnen, AG 2011, 765; *Neymayer/Imschweiler,* Aktuelle Rechtsfragen zur Gestaltung und Durchführung von Gewinnabführungsverträgen, GmbHR 2011, 57; *Priester,* Rücklagenauskehrung beim Gewinnabführungsvertrag, ZIP 2001, 725; *Reichert,* Die Treuepflicht zwischen Organgesellschaft und Organträger, Liber Amicorum Winter, 2011, S. 541; *Rohrer/v. Goldacker/Huber,* Durchführung eines Gewinnabführungsvertrags – Empfehlungen für die Praxis bei einer „vergessenen" Verrechnung von vorvertraglichen Verlusten, DB 2009, 360; *Schatz,* Die Sicherung des Gesellschaftsvermögens und der Gläubigerinteressen im deutschen Konzernrecht, 1980; *Simon,* Ausschüttungs- und Abführungssperre als gläubigerschützendes Institut in dem reformierten HGB-Bilanzierung, NZG 2009, 1081; *Streck,* Körperschaftsteuergesetz, 8. Aufl. 2014; *Sünner,* Grenzen der Gewinnabführung von AG und GmbH aufgrund Gewinnabführungsvertrag nach dem Inkrafttreten des Bilanzrichtlinien-Gesetzes, AG 1989, 414; *Veil,* Unternehmensverträge, 2003; *Willenberg/Welte,* Ausschüttung vororganschaftlicher Gewinnrücklagen, DB 1994, 1688; *Zwirner,* Notwendigkeit von Vertragsanpassungen durch das BilMoG, BB 2010, 491.

Übersicht

	Rn.		Rn.
I. Normzweck	1–3	IV. Entnahmen aus Gewinnrücklagen (Satz 2)	11–18
II. Anwendungsbereich	4, 5	1. Andere Gewinnrücklagen	11–15
III. Höchstbetrag der Gewinnabführung (Satz 1)	6–10	2. Gewinnvortrag	16
1. Jahresüberschuss	6–8	3. Sonstige Rücklagen	17, 18
2. Abzugsposten	9, 10	V. Rechtsfolgen bei Verstößen	19, 20

I. Normzweck

§ 301 S. 1 bestimmt, dass eine Gesellschaft höchstens den fiktiven, nach aktienrechtlichen Grundsätzen zu ermittelnden Jahresüberschuss abzüglich der nach § 300 zu bildenden gesetzlichen Rücklage, eines Verlustvortrags aus dem Vorjahr und des nach § 268 Abs. 8 HGB ausschüttungsgesperrten Betrags abführen kann. Diese **Obergrenze** der **Gewinnabführung** dient dem Gläubigerschutz. Sie soll verhindern, dass die Gesellschaft einen Gewinnbetrag abzuführen hat, den sie bei Beachtung der

---

[49] Ebenso MüKoAktG/*Altmeppen* Rn. 36; ADS Rn. 55, GHEK/*Geßler* Rn. 25.
[50] MüKoAktG/*Altmeppen* Rn. 38.

allgemeinen Regeln nicht als Jahresüberschuss auszuweisen hätte.¹ **Zweck** der Vorschrift ist es folglich, das **Grundkapital** der **Gesellschaft** zu **erhalten**. Sie ist daher **zwingend**. **§ 301** gilt für **Gewinnabführungs-** und **Teilgewinnabführungsverträge** (→ Rn. 4). Mit dem BilMoG² führte der Gesetzgeber den Verweis auf § 268 Abs. 8 HGB ein. Diese Vorschrift, ebenfalls durch das BilMoG eingeführt, ersetzt das frühere handelsrechtliche Verbot der Aktivierung selbst geschaffener immaterieller Vermögenswerte durch eine Ausschüttungssperre.

2   Im Übrigen besteht Vertragsautonomie. So können die Parteien eines Gewinnabführungsvertrags festlegen, was unter dem abzuführenden Gewinn zu verstehen und wie dieser zu berechnen ist (zur unterjährigen Gewinnabführung → § 291 Rn. 74 f.). Insbesondere ist es zulässig, der Gesellschaft vorzugeben, ob und in welcher Weise sie von Ansatz- und Bewertungswahlrechten Gebrauch machen darf.³ Dem herrschenden Unternehmen kann ferner das Recht eingeräumt werden, dem Vorstand der Gesellschaft hinsichtlich der Bilanzierungspolitik Weisungen zu erteilen.⁴ Darüber hinaus bestehen zwischen den Vertragsparteien Treuepflichten, die je nach Sachlage auch Auswirkungen auf die Rücklagenbildung durch die abhängige Gesellschaft haben können.⁵

3   Aus § 301 S. 2 folgt, dass sich der **abführbare Gewinn erhöht,** wenn während der Vertragslaufzeit gebildete **andere Gewinnrücklagen⁶ aufgelöst** werden. Ohne diese Regelung hätte der andere Vertragsteil keinen Zugriff auf die thesaurierten Beträge (→ Rn. 11), so dass es keinen Anreiz geben würde, während des Bestehens eines Gewinnabführungs- oder Teilgewinnabführungsvertrags freiwillig Rücklagen zu bilden.⁷

II. Anwendungsbereich

4   § 301 setzt voraus, dass sich eine Gesellschaft zu einer Gewinnabführung verpflichtet hat. Die Vorschrift ist somit nur auf Verträge anwendbar, die eine entsprechende Verpflichtung vorsehen. Dies ist bei einem **Gewinnabführungsvertrag** iSv § 291 Abs. 1 S. 1 der Fall, nicht jedoch bei einer Gewinngemeinschaft⁸ und auch nicht bei einem Beherrschungsvertrag,⁹ da das herrschende Unternehmen trotz seines Weisungsrechts nicht auf den Jahresüberschuss der Gesellschaft zugreifen kann (→ § 291 Rn. 17–19). Die Vorschrift ist ferner anzuwenden, wenn sich eine AG verpflichtet hat, einen Teil ihres Gewinns an einen anderen abzuführen (**unternehmensgewinnbezogener Teilgewinnabführungsvertrag** iSv § 292 Abs. 1 Nr. 2).¹⁰ Dafür spricht zum einen, dass der in § 301 verwendete Begriff des Gewinns auch den Teilgewinn einer Gesellschaft erfasst. Zum anderen kann es nach Sinn und Zweck der Vorschrift nicht darauf ankommen, ob die Gesellschaft ihren gesamten Gewinn oder nur einen Teil hiervon abzuführen hat. Für die Abführung des Gewinns einzelner Betriebe gilt die in § 301 S. 1 vorgeschriebene Höchstgrenze dagegen nicht, weil sonst jede sich auf den Gewinn einzelner Betriebe erstreckende Gewinnabführung mit Unsicherheiten belastet wäre.¹¹ Auch auf gewinnunabhängige Festvergütungen, die an einen stillen Gesellschafter für dessen Einlage gezahlt werden, ist sie nicht anwendbar.¹²

5   Nach hM gilt § 301 nicht für **Geschäftsführungsverträge** iSv § 291 Abs. 1 S. 2. Zur Begründung wird angeführt, dass bei der für Rechnung des herrschenden Unternehmens tätigen Gesellschaft ein abzuführender Gewinn nicht entstehen könne. Dies sei aber Voraussetzung für eine Anwendung der

---

¹ RegBegr. *Kropff* S. 389.
² Gesetz über die Modernisierung des Bilanzrechts v. 25.5.2009, BGBl. 2009 I 1102.
³ MüKoAktG/*Altmeppen* Rn. 1; Emmerich/Habersack/*Emmerich* Rn. 7; Kölner Komm AktG/*Koppensteiner* Rn. 8; *H. P. Müller* FS Goerdeler, 1987, 375 (386, 389) (Zulässigkeit einer vertraglichen Bestimmung, die Wahlrechte gewinnmaximierend auszuüben). Hierzu auch → § 291 Rn. 38 f.
⁴ → § 291 Rn. 39. IE ebenso die hM (Weisungsrecht auf Grund eines Beherrschungsvertrags); vgl. BGHZ 135, 374 (378) (*Guano* betr. einen kombinierten Beherrschungs- und Gewinnabführungsvertrag). Vgl. zur Pflicht der Gesellschaft, sich mit dem anderen Vertragsteil über die bilanzielle Behandlung einer Sanierungsleistung abzustimmen OLG Frankfurt NZG 2000, 603 (604).
⁵ Näher *Reichert* Liber Amicorum Winter, 2011, 541 (552 ff.).
⁶ § 301 S. 2 wurde durch das BiRiLiG v. 19.12.1985 geändert, indem der Begriff „freie Rücklagen" durch den Begriff „andere Gewinnrücklagen" ersetzt wurde. Vgl. hierzu *Sünner* AG 1989, 414 (416).
⁷ RegBegr. *Kropff* S. 390.
⁸ MüKoAktG/*Altmeppen* Rn. 76.
⁹ MüKoAktG/*Altmeppen* Rn. 12; Hüffer/Koch/*Koch* Rn. 2; Kölner Komm AktG/*Koppensteiner* Rn. 7. AA *Schatz*, Die Sicherung des Gesellschaftsvermögens und der Gläubigerinteressen im deutschen Konzernrecht, 1980, 69 ff.
¹⁰ RegBegr. *Kropff* S. 390; LG Bonn AG 2006, 465; MüKoAktG/*Altmeppen* Rn. 8 f; Emmerich/Habersack/*Emmerich* Rn. 5; Hüffer/Koch/*Koch* Rn. 2.
¹¹ RegBegr. *Kropff* S. 390. MüKoAktG/*Altmeppen* Rn. 10; ähnlich auch Kölner Komm AktG/*Koppensteiner* Rn. 6.
¹² LG Bonn AG 2006, 465 (466).

Vorschrift.[13] Gegen diese Auslegung wird zu Recht eingewandt, dass bei einem Geschäftsführungsvertrag am Ende eines Geschäftsjahres ein fiktiver Jahresüberschuss zu ermitteln und sodann auf den anderen Vertragsteil zu übertragen ist.[14] Die Anwendung des § 301 S. 1 ist sinnvoll: Beträge, die dem anderen Vertragsteil über das zulässige Höchstmaß hinaus gutgeschrieben wurden, sind zurückzubuchen.[15]

III. Höchstbetrag der Gewinnabführung (Satz 1)

1. Jahresüberschuss. Die Gewinnabführungspflicht der Gesellschaft bestimmt sich nach der konkret getroffenen Vereinbarung der Parteien. Sofern im Vertrag eine Bestimmung über die Höhe des abzuführenden Gewinns nicht getroffen ist, könnte § 301 als Auslegungsregel heranzuziehen sein, so dass der gem. § 301 S. 1 höchstmögliche Gewinn abzuführen wäre.[16] Die Einordnung der Vorschrift als eine Auslegungsregel lässt sich aber schwerlich aus ihrem Zweck ableiten, die Erhaltung des Grundkapitals zu gewährleisten. Vorzugswürdig ist es, durch **Auslegung** des **Vertrags** zu ermitteln, **welcher Gewinn** von der Gesellschaft **abzuführen** ist. Dies dürfte jedenfalls bei Gewinnabführungsverträgen auf Grund der Interessen der Parteien, die Voraussetzungen für eine Organschaft zu erfüllen, in der Regel der in § 301 S. 1 definierte Höchstbetrag sein. 6

Der Höchstbetrag einer Gewinnabführung ergibt sich aus dem Jahresüberschuss der Gesellschaft, wie er ohne die Gewinnabführungspflicht bestünde *(fiktiver Jahresüberschuss);* dies ist der gem. § 275 Abs. 2 Nr. 17 oder gem. § 275 Abs. 3 Nr. 16 HGB in der Gewinn- und Verlustrechnung ausgewiesene Betrag. Der fiktive Jahresüberschuss ist mittels einer Vorbilanz zu ermitteln.[17] 7

Sofern in der abhängigen Gesellschaft stille Reserven vorhanden sind, erhöhen diese im Falle ihrer Auflösung den Jahresüberschuss. Das herrschende Unternehmen kann folglich (selbst vorvertragliche) stille Reserven im Wege der Gewinnabführung vereinnahmen.[18] Dies ist zwar rechtspolitisch bedenklich, weil die Kapitalgrundlage der Gesellschaft geschmälert wird und die entsprechenden Beträge nicht mehr zur Sicherung der Gläubiger und der außenstehenden Aktionäre zur Verfügung stehen. Doch lässt sich aus § 301 kein Verbot der Auflösung stiller Reserven entnehmen. Die Interessen der Gesellschaft, der Gläubiger und der außenstehenden Aktionäre werden durch die in den §§ 302–305 vorgesehenen Sicherungsinstrumente ausreichend geschützt. 8

2. Abzugsposten. Der **fiktive Jahresüberschuss** ist um einen etwaigen **Verlustvortrag** aus dem **Vorjahr**, die **Zuweisungen** in die **gesetzliche Rücklage** (vgl. § 300) und den nach § **268 Abs. 8 HGB** ausschüttungsgesperrten **Betrag**[19] zu **kürzen**. Der auf diese Weise ermittelte Betrag ist an den anderen Vertragsteil abzuführen *(fiktiver berichtigter Jahresüberschuss)*. Nach dem Wortlaut des Verweises auf § 268 Abs. 8 HGB sind sowohl die passiven latenten Steuern auf die reinen Aktivposten als auch die freien Eigenkapitalpositionen in Ansatz zu bringen.[20] Ältere (vor dem BilMoG geschlossene) Gewinnabführungsverträge, die nicht dynamisch auf § 301 verweisen, brauchen aus gesellschaftsrechtlichen Gründen nicht geändert zu werden. Die durch das BilMoG eingeführte Abführungssperre, die den maximal abführbaren Gewinn verringert, ist zwingendes Recht; sie gilt auch dann, wenn der Vertrag hierzu keine Bestimmungen vorsieht.[21] Steuerrechtlich ist zu beachten, dass eine Gewinnabführung den in § 301 genannten Betrag nicht überschreitet (vgl. § 17 Abs. 1 S. 2 KStG). Die Abführung darf diesen Betrag aber auch nicht unterschreiten (vgl. § 14 Abs. 1 S. 1 KStG: „ganzer Gewinn"), was vor allem dann problematisch werden kann, wenn der Vertrag keine dynamische Verweisung auf § 301 enthält.[22] 9

Wegen der Verpflichtung des herrschenden Unternehmens, die Verluste der Gesellschaft zu übernehmen (§ 302 Abs. 1), kann es während der Dauer eines Gewinnabführungsvertrags keinen Verlustvortrag geben. Somit bezieht sich die in § 300 S. 1 getroffene Regelung über den Abzug eines Gewinnvortrags nur auf einen im letzten Jahr vor In-Kraft-Treten des Gewinnabführungsvertrags 10

---

[13] Hüffer/Koch/*Koch* Rn. 2; Kölner Komm AktG/*Koppensteiner* Rn. 4; Bürgers/Körber/*Schenk* Rn. 2.
[14] MüKoAktG/*Altmeppen* Rn. 6; → Rn. 6.
[15] MüKoAktG/*Altmeppen* Rn. 6.
[16] In diesem Sinne MüKoAktG/*Altmeppen* Rn. 15; Bürgers/Körber/*Schenk* Rn. 5.
[17] Emmerich/Habersack/*Emmerich* Rn. 8.
[18] BGHZ 135, 374 (378) – Guano; OLG Düsseldorf AG 1990, 490 (493); MüKoAktG/*Altmeppen* Rn. 37 f.; Emmerich/Habersack/*Emmerich* Rn. 18; Hüffer/Koch/*Koch* Rn. 4; *H.P. Müller* FS Goerdeler, 1987, 375 (389 f.).
[19] Vgl. zur Diskussion im Gesetzgebungsverfahren zum BilMoG über diese Regelung *Funnemann/Graf Kerssenbrock* BB 2008, 2674 ff.
[20] Vgl. *Simon* NZG 2009, 1081 (1085).
[21] Vgl. *Simon* NZG 2009, 1081 (1086).
[22] Vgl. *Zwirner* BB 2010, 491 (493); *Neymayer/Imschweiler* GmbHR 2011, 57 (58 f.).

vorgetragenen Verlust.²³ Anders ist die Rechtslage bei einem Teilgewinnabführungsvertrag; § 302 findet auf diese Vertragsart keine Anwendung (→ § 302 Rn. 13), so dass auch während der Vertragsdauer Verluste vorgetragen werden können und in diesem Fall vom fiktiven Jahresabschluss abzuziehen sind.²⁴ Werden die vorvertraglichen Verluste nicht im ersten Gewinnjahr der Organgesellschaft ausgeglichen, führt dies zur steuerlichen Versagung des Organschaftsverhältnisses.²⁵

IV. Entnahmen aus Gewinnrücklagen (Satz 2)

11   **1. Andere Gewinnrücklagen.** Nach § 301 S. 2 dürfen neben dem nach Satz 1 der Vorschrift ermittelten berichtigten fiktiven Jahresüberschuss auch solche **Beträge** als **Gewinn abgeführt** werden, die während der Dauer des Gewinn- oder Teilgewinnabführungsvertrags **in andere Gewinnrücklagen eingestellt** worden sind. Hintergrund der Vorschrift ist, dass Entnahmen aus den anderen Gewinnrücklagen nach dem in § 158 Abs. 1 S. 1 Nr. 3d) vorgegebenen Schema der Gewinn- und Verlustrechnung den Jahresüberschuss nicht erhöhen, § 301 S. 1 aber nur die Abführung des Jahresüberschusses erlaubt. Gäbe es die in § 301 S. 2 vorgesehene Regelung nicht, hätte der andere Vertragsteil folglich keine Möglichkeit, auf die in den anderen Gewinnrücklage eingestellten Beträge zuzugreifen.²⁶ Die entsprechenden Beträge könnten zwar als Bilanzgewinn an die Aktionäre ausgeschüttet werden (vgl. § 158 Abs. 1 S. 1 Nr. 5, § 174 Abs. 2 Nr. 2). Doch würde dies den Interessen des anderen Vertragsteils nicht gerecht werden, weil in diesem Fall auch die außenstehenden Aktionäre profitierten. § 301 S. 2 stellt somit sicher, dass ein gewisser Anreiz besteht, die andere Gewinnrücklage zu speisen.²⁷

12   Zu beachten ist, dass nur **während** der **Dauer** des **Vertrags** in andere Gewinnrücklagen eingestellte Beträge entnommen und als Gewinn abgeführt werden können. Eine vorvertraglich gebildete andere Gewinnrücklage kann nicht abgeführt werden. Die aus dieser Zeit stammenden Beträge können lediglich im Rahmen der Ergebnisverwendung an alle Aktionäre unter Beachtung des Gleichbehandlungsgrundsatzes ausgeschüttet werden, so dass auch die außenstehenden Aktionäre anteilig zu berücksichtigen sind.²⁸ § 301 S. 2 findet schließlich nur auf **andere Gewinnrücklagen** iSv **§ 272 Abs. 3 S. 2 HGB** Anwendung. Der andere Vertragsteil hat daher keinen Zugriff auf gesetzliche oder in der Satzung vorgesehene Rücklagen.²⁹

13   Die **Rücklagenbildung** während der Vertragslaufzeit erfolgt nach den im Unternehmensvertrag vorgesehenen Regeln, im Übrigen nach den in § 58 Abs. 2 bestimmten Regeln.³⁰ In der Praxis ist in Gewinnabführungsverträgen meist vorgesehen, dass die Gesellschaft Beträge aus dem Jahresüberschuss nur insoweit in andere Gewinnrücklagen einstellen darf, als dies bei vernünftiger kaufmännischer Beurteilung wirtschaftlich begründet ist (vgl. § 14 Abs. 1 S. 1 Nr. 4 KStG). Voraussetzung für eine unschädliche Rücklagenbildung ist, dass auf Grund eines konkreten Anlasses bestimmte Verwendungspläne gefasst wurden (beispielsweise Betriebsverlagerungen, Ausweitung der Produktionskapazitäten, etc.)³¹ oder dass die Gesellschaft existenzbedrohenden finanziellen Risiken ausgesetzt ist.³² Sofern dies nicht der Fall ist, gilt die körperschaftsteuerliche Organschaft als nicht durchgeführt.³³ Der Vorstand der Gesellschaft ist verpflichtet, einer vertraglichen Regelung über die Rücklagenbildung nicht zuwiderzuhandeln. Anderenfalls kann die Gesellschaft gegenüber dem anderen Vertragsteil zum Schadensersatz verpflichtet sein.

14   Es ist dem herrschenden Unternehmen unbenommen, auf die Abführung des Gewinns ganz oder teilweise zu verzichten, um die Beträge als Gewinn vortragen oder in andere Gewinnrücklagen – unter Vorbehalt späterer Entnahme und Abführung – einstellen zu lassen.³⁴ Allerdings besteht in einem solchen Fall die Gefahr, dass die Voraussetzungen einer körperschaftsteuerlichen Organschaft nicht erfüllt sind. § 14 Abs. 1 S. 1 Nr. 3 KStG verlangt nämlich, dass der Gewinnabführungsvertrag auf

---

²³ Hüffer/Koch/*Koch* Rn. 5; Kölner Komm AktG/*Koppensteiner* Rn. 10.
²⁴ Emmerich/Habersack/*Emmerich* Rn. 9; Hüffer/Koch/*Koch* Rn. 5.
²⁵ Um die steuerliche Anerkennung dennoch zu erreichen, werden verschiedene Alternativen diskutiert. Vgl. *Rohrer/von Goldacker/Huber* DB 2009, 360 ff.
²⁶ Emmerich/Habersack/*Emmerich* Rn. 12; Kölner Komm AktG/*Koppensteiner* Rn. 13.
²⁷ RegBegr. *Kropff* S. 390.
²⁸ BGH ZIP 2003, 1933 (1935); Emmerich/Habersack/*Emmerich* Rn. 12; *Cahn/Simon* Der Konzern 2003, 1 (6).
²⁹ Emmerich/Habersack/*Emmerich* Rn. 11, 13, 17; Hüffer/Koch/*Koch* Rn. 8; Kölner Komm AktG/*Koppensteiner* Rn. 14.
³⁰ MüKoAktG/*Altmeppen* Rn. 30; Emmerich/Habersack/*Emmerich* Rn. 14.
³¹ *Erle/Heurung* in Erle/Sauter KStG § 14 Rn. 320; *Olbing* in Streck KStG § 14 Anm. 116.
³² *Erle/Heurung* in Erle/Sauter KStG § 14 Rn. 320.
³³ *Erle/Heurung* in Erle/Sauter KStG § 14 Rn. 321; *Cahn/Simon* Der Konzern 2003, 1 (7).
³⁴ MüKoAktG/*Altmeppen* Rn. 32; MHdB AG/*Krieger* § 71 Rn. 18.

mindestens fünf Jahre abgeschlossen und während **seiner gesamten Geltungsdauer durchgeführt** werden muss.

Die **Auflösung** der anderen **Gewinnrücklagen** fällt als Maßnahme der Geschäftsführung in den Zuständigkeitsbereich des **Vorstands**.[35] Dabei handelt es sich um eine Leitungsentscheidung, die vom Vorstand zusammen mit dem Aufsichtsrat in eigener Verantwortung wahrzunehmen ist. Im Vertrag kann allerdings vorgesehen werden, dass die Gewinnrücklage auf Verlangen des anderen Vertragsteils aufzulösen ist.[36] Bei Bestehen eines Beherrschungsvertrags soll das herrschende Unternehmen nach hM ferner berechtigt sein, den Vorstand der Gesellschaft anzuweisen, die Gewinnrücklage aufzulösen.[37] Nach der hier vertretenen Ansicht gibt es zwar kein entsprechendes beherrschungsvertragliches Weisungsrecht (→ § 291 Rn. 19). Doch haben die Parteien eines Gewinnabführungsvertrags die Möglichkeit, ein solches Weisungsrecht in einem Gewinnabführungsvertrag zu begründen.[38]

2. Gewinnvortrag. Der Gewinnvortrag ist nach dem Schema der Gewinn- und Verlustrechnung ebenfalls kein Bestandteil des Jahresüberschusses (§ 158 Abs. 1 S. 1 Nr. 1) und erhöht diesen daher nicht. Doch ist kein Grund ersichtlich, die Auflösung eines Gewinnvortrags anders zu beurteilen als die Entnahme von Beträgen aus einer Gewinnrücklage. § 301 S. 2 ist daher auf Gewinnvorträge entsprechend anzuwenden,[39] so dass ein **während** des **Bestehens** eines **Gewinnabführungsvertrags vorgetragener Gewinn abgeführt** werden kann.

3. Sonstige Rücklagen. Entnahmen aus Kapitalrücklagen sind nach § 158 Abs. 1 S. 1 Nr. 2 erst nach dem Jahresüberschuss in der Gewinn- und Verlustrechnung anzuführen. Sie wirken sich ebenso wie Entnahmen aus anderen Gewinnrücklagen auf den Jahresüberschuss nicht aus. Im Unterschied zu den in die andere Gewinnrücklage eingestellten Beträgen können die in der Kapitalrücklage ausgewiesenen Beträge aber nicht gem. § 301 S. 2 entnommen sowie als Gewinn abgeführt werden (→ Rn. 12). Fraglich ist, ob zumindest für die gem. **§ 272 Abs. 2 Nr. 4 HGB** in die **Kapitalrücklage** eingestellten Beträge (freiwillige Zuzahlungen der Gesellschafter in das Eigenkapital) eine andere Beurteilung geboten ist. Dies wird von einer verbreiteten Ansicht mit dem Argument bejaht, dass der in § 301 S. 2 verwandte Begriff „andere Gewinnrücklagen" erst durch das BiRiLiG Eingang in das Gesetz gefunden und den Begriff „freie Rücklagen" ersetzt (→ Rn. 3 Fn. 6) habe. Eine sachliche Änderung sei hiermit nicht intendiert gewesen, so dass freiwillige Leistungen der Gesellschafter in das Eigenkapital nach wie vor auflösungsfähig und abführbar seien.[40] Gegen diese Ansicht spricht aber der eindeutige Wortlaut des § 301 S. 2, der aus Gründen des Aktionärsschutzes nicht erweiternd ausgelegt werden kann.[41] Die aus einer Auflösung der gem. § 272 Abs. 2 Nr. 4 HGB gebildeten Kapitalrücklage resultierenden Beträge sind als Bilanzgewinn an die Aktionäre auszuschütten. Um dies zu vermeiden, kann der Mehrheitsaktionär, der in der Regel der andere Vertragsteil eines Gewinnabführungsvertrags ist, seine Leistung als ertragswirksamen Zuschuss ausgestalten, der den Jahresüberschuss erhöht und daher der Pflicht zur Gewinnabführung unterfällt.[42]

Anders verhält es sich bei **Sonderposten** mit **Rücklagenanteil** (§ 247 Abs. 3 HGB, §§ 273, 281 HGB), da diese nach § 281 Abs. 2 S. 2 HGB als „sonstige betriebliche Erträge" auszuweisen sind und damit den gem. § 301 S. 1 abführbaren Jahresüberschuss erhöhen.[43]

V. Rechtsfolgen bei Verstößen

Eine Weisung des anderen Vertragsteils, entgegen § 301 Gewinn abzuführen, ist nichtig.[44] Auch eine Vertragsbestimmung, die mit den in § 301 normierten Vorgaben nicht vereinbar ist, ist nichtig

---

[35] MüKoAktG/*Altmeppen* Rn. 31; Emmerich/Habersack/*Emmerich* Rn. 15.
[36] Kölner Komm AktG/*Koppensteiner* Rn. 17; MHdB AG/*Krieger* § 71 Rn. 18.
[37] MüKoAktG/*Altmeppen* Rn. 31; Emmerich/Habersack/*Emmerich* Rn. 15; Kölner Komm AktG/*Koppensteiner* § 308 Rn. 33.
[38] Vgl. *Veil* Unternehmensverträge S. 263 ff. → ferner § 291 Rn. 39.
[39] Emmerich/Habersack/*Emmerich* Rn. 16; Hüffer/Koch/*Koch* Rn. 7; Kölner Komm AktG/*Koppensteiner* Rn. 19.
[40] Vgl. OLG Frankfurt/Main NZG 2000, 603 (604); *Hoffmann-Becking* WiB 1994, 57 (61); *Hüffer* FS Schneider, 2011, 559 (565 ff.).
[41] BFH AG 2002, 680 (681); MüKoAktG/*Altmeppen* Rn. 21; *Priester* ZIP 2001, 725 (728 f.); *Cahn/Simon* Der Konzern 2003, 1 (8); *Willenberg/Welte* DB 1994, 1688 (1691); *Bünning/Stoll* BB 2016, 555 (558).
[42] BFH AG 2002, 680 (682).
[43] MüKoAktG/*Altmeppen* Rn. 33; Emmerich/Habersack/*Emmerich* Rn. 17.
[44] MüKoAktG/*Altmeppen* Rn. 25; Emmerich/Habersack/*Emmerich* Rn. 10.

(§ 134 BGB).[45] Dies ist in der Praxis vor allem von Bedeutung, wenn die Parteien die Abrede getroffen haben, dass eine während der Dauer des Vertrags gebildete Kapitalrücklage nach § 272 Abs. 2 Nr. 4 HGB aufzulösen und als Gewinn abzuführen ist (→ Rn. 17). Eine solche Bestimmung ist nichtig und braucht vom Vorstand der Gesellschaft nicht beachtet zu werden.[46]

20   Der andere Vertragsteil ist verpflichtet, die Bestimmungen des Vertrags und des Gesetzes über den Höchstbetrag einer Gewinnabführung zu beachten. Verstößt er gegen diese Pflicht, so kann er gem. §§ 280 Abs. 1, 249 BGB verpflichtet sein, der Gesellschaft die zu Unrecht erhaltenen Beträge zu erstatten.[47] Ferner können die Voraussetzungen einer Haftung der gesetzlichen Vertreter des anderen Vertragsteils (§ 309) und der Verwaltungsmitglieder der Gesellschaft (§ 310) begründet sein. Weist die Gesellschaft in ihrem Jahresabschluss aus anderen Gründen einen zu hohen Gewinn aus, kommen Erstattungsansprüche gegen das herrschende Unternehmen gem. § 62 und analog § 302 in Betracht.[48] Dies kann etwa der Fall sein, wenn sich der Jahresabschluss als nichtig erweist.

§ 302 Verlustübernahme

(1) Besteht ein Beherrschungs- oder ein Gewinnabführungsvertrag, so hat der andere Vertragsteil jeden während der Vertragsdauer sonst entstehenden Jahresfehlbetrag auszugleichen, soweit dieser nicht dadurch ausgeglichen wird, daß den anderen Gewinnrücklagen Beträge entnommen werden, die während der Vertragsdauer in sie eingestellt worden sind.

(2) Hat eine abhängige Gesellschaft den Betrieb ihres Unternehmens dem herrschenden Unternehmen verpachtet oder sonst überlassen, so hat das herrschende Unternehmen jeden während der Vertragsdauer sonst entstehenden Jahresfehlbetrag auszugleichen, soweit die vereinbarte Gegenleistung das angemessene Entgelt nicht erreicht.

(3) ¹Die Gesellschaft kann auf den Anspruch auf Ausgleich erst drei Jahre nach dem Tage, an dem die Eintragung der Beendigung des Vertrags in das Handelsregister nach § 10 des Handelsgesetzbuchs bekannt gemacht worden ist, verzichten oder sich über ihn vergleichen. ²Dies gilt nicht, wenn der Ausgleichspflichtige zahlungsunfähig ist und sich zur Abwendung des Insolvenzverfahrens mit seinen Gläubigern vergleicht oder wenn die Ersatzpflicht in einem Insolvenzplan geregelt wird. ³Der Verzicht oder Vergleich wird nur wirksam, wenn die außenstehenden Aktionäre durch Sonderbeschluß zustimmen und nicht eine Minderheit, deren Anteile zusammen den zehnten Teil des bei der Beschlußfassung vertretenen Grundkapitals erreichen, zur Niederschrift Widerspruch erhebt.

(4) Die Ansprüche aus diesen Vorschriften verjähren in zehn Jahren seit dem Tag, an dem die Eintragung der Beendigung des Vertrags in das Handelsregister nach § 10 des Handelsgesetzbuchs bekannt gemacht worden ist.

Schrifttum: *Altmeppen,* Abschied vom „qualifiziert faktischen" Konzern, 1991; *Altmeppen,* Zur Entstehung, Fälligkeit und Höhe des Verlustausgleichsanspruchs nach § 302 AktG, DB 1999, 2453; *Altmeppen,* Der Verlustausgleichsanspruch nach § 302 AktG: Noch ein Kunstfehler im „modernen" Verjährungsrecht, DB 2002, 879; *Assmann,* Gläubigerschutz im faktischen GmbH-Konzern durch richterliche Rechtsfortbildung (Teil 2), JZ 1986, 928; *Bärenz/Fragel,* Der Abwendungsvergleich gem. § 302 Abs. 3 S. 2 AktG als Sanierungsinstrument in der Krise der herrschenden Gesellschaft, FS Grög, 2010, 13; *Baumgartl,* Die konzernbeherrschte Personengesellschaft, 1986; *H. Brandes,* Grundsätze der Kapitalerhaltung im Vertragskonzern, FS Kellermann, 1991, 25; *S. Brandes,* Rückforderung übermäßig abgeführter Gewinne nach Beendigung eines Ergebnisabführungsvertrages, Liber Amicorum Winter, 2011, 43; *Cahn/Simon,* Isolierte Gewinnabführungsverträge, Der Konzern 2003, 1; *Dachner,* Der Abwendungsvergleich in § 302 Abs. 3 S. 2 AktG an der Schnittstelle von Gesellschafts-, Steuer- und Insolvenzrecht, 2013; *Drüke,* Die Haftung der Muttergesellschaft für Schulden der Tochtergesellschaft, 1990; *Eschenbruch,* Konzernhaftung, 1996; *Exner,* Beherrschungsvertrag und Vertragsfreiheit, 1984; *Geßler,* Bestandsschutz der beherrschten Gesellschaft im Vertragskonzern?, ZHR 140 (1976), 433; *Grunewald,* Verlustausgleich nach § 302 AktG und reale Kapitalaufbringung, NZG 2005, 781; *Hennrichs,* Gewinnführung und Verlustausgleich im Vertragskonzern, ZHR 174 (2010), 683; *Hentzen,* Zulässigkeit der Verrechnung des Verlustausgleichsanspruchs aus § 302 Abs. 1 AktG im Cash Pool, AG 2006, 133; *Hommelhoff,* Die Konzernleitungspflicht, 1982; *Hommelhoff,* Der Verlustausgleich im Mehrmütter-Vertragskonzern – zu den Legitimationsgrundlagen der aktienrechtlichen Ausgleichs-

---

[45] Emmerich/Habersack/*Emmerich* Rn. 10. AA MüKoAktG/*Altmeppen* Rn. 25 (die vertragliche Regelung bleibe unberührt, da § 301 lediglich den abführbaren Gewinn festlege).
[46] AA wohl Hüffer/Koch/*Koch* Rn. 8.
[47] Emmerich/Habersack/*Emmerich* Rn. 10; Grigoleit/*Servatius* Rn. 2. Nach aA besteht eine verschuldensunabhängige Haftung des anderen Vertragsteils aus dem Gewinnabführungsvertrag; vgl. MüKoAktG/*Altmeppen* Rn. 26.
[48] Vgl. *Brandes* Liber Amicorum Winter, 2011, 43ff. (§ 62); *Mylich* AG 2011, 765 (772ff.): § 62 und § 302; Hüffer/Koch/*Koch* Rn. 10.

pflicht –, FS Goerdeler, 1987, 221; *Kleindiek*, Strukturvielfalt im Personengesellschafts-Konzern, 1991; *Kleindiek*, Entstehen und Fälligkeit des Verlustausgleichsanspruchs im Vertragskonzern, ZGR 2001, 479; *Koppensteiner*, Über die Verlustausgleichspflicht im qualifizierten AG-Konzern, in Ulmer, Probleme des Konzernrechts, 1989, 87; *Krieger*, Verlustausgleich und Jahresabschluss, NZG 2005, 787; *Kübler*, Haftungsverfassung und Gläubigerschutz im Recht der Kapitalgesellschaften, FS Heinsius, 1991, 397; *Liebscher*, Die Erfüllung des Verlustausgleichsanspruchs nach § 302 AktG, ZIP 2006, 1221; *Lwowski/Groeschke*, Die Konzernhaftung der §§ 302, 303 AktG als atypische Sicherheit, WM 1994, 613; *Meister*, Der Ausgleichsanspruch nach § 302 Abs. 1 AktG bei Beherrschungs- und Gewinnabführungsverträgen als Kreditsicherheit, WM 1976, 1182; *H.-P. Müller*, Zur Gewinn- und Verlustermittlung bei aktienrechtlichen Gewinnabführungsverträgen, FS Goerdeler, 1987, 375; *K. Müller*, Die Haftung der Muttergesellschaft für die Verbindlichkeiten der Tochtergesellschaft im Aktienrecht, ZGR 1977, 1; *W. Müller*, Bilanzierungsfragen bei der Beendigung von Unternehmensverträgen, FS Kropff, 1997, 517; *Nodoushani*, Abschlagszahlungen unter einem BGAV, NZG 2017, 728; *Oesterreich*, Die Betriebsüberlassung zwischen Vertragskonzern und faktischem Konzern, 1979; *Paschke*, Rechtsfragen der Durchgriffsproblematik im mehrstufigen Unternehmensverbund, AG 1988, 196; *Priester*, Liquiditätsausstattung der abhängigen Gesellschaft und unterjährige Verlustdeckung des herrschenden Unternehmens, ZIP 1989, 1301; *Reuter*, Die Personengesellschaft als abhängiges Unternehmen, ZHR 146 (1982), 1; *Röhricht*, Die GmbH im Spannungsfeld zwischen wirtschaftlicher Dispositionsfreiheit ihrer Gesellschafter und Gläubigerschutz, FS 50 Jahre BGH, 2000, 83; *Sämisch/Adam*, Gläubigerschutz in der Insolvenz von abhängigen Konzerngesellschaften, ZInsO 2007, 520; *Schatz*, Die Sicherung des Gesellschaftsvermögens und der Gläubigerinteressen im deutschen Konzernrecht, 1980; *K. Schmidt*, Die konzernrechtliche Verlustübernahmepflicht als gesetzliches Dauerschuldverhältnis, ZGR 1983, 513; *K. Schmidt*, Die isolierte Verlustdeckungszusage unter verbundenen Unternehmen als Insolvenzabwendungsinstrument, FS Werner, 1984, 777; *K. Schmidt*, Zwingend gesamtschuldnerischer Verlustausgleich bei der Mehrmütterorganschaft?, DB 1984, 1181; *K. Schmidt*, Gleichordnung im Konzern: terra incognita?, ZHR 155 (1991), 417; *Sonnenschein*, Organschaft und Konzerngesellschaftsrecht, 1976; *Steiger/Schulz*, § 302 III 3 AktG als Sanierungshindernis bei insolvenzlichen Sanierungen mittels Insolvenzplan?, NZI 2016, 335; *Stimpel*, Die Rechtsprechung des Bundesgerichtshofes zur Innenhaftung des herrschenden Unternehmens im GmbH-Konzern, AG 1986, 117; *Stimpel*, „Durchgriffshaftung bei der GmbH": Tatbestände, Verlustausgleich, Ausfallhaftung, FS Goerdeler, 1987, S. 601; *Timm*, Geklärte und offene Fragen im Vertragskonzernrecht der GmbH, GmbHR 1987, 8; *Ulmer*, Der Gläubigerschutz im faktischen GmbH-Konzern beim Fehlen von Minderheitsgesellschaftern, ZHR 148 (1984), 391; *Ulmer*, Verlustübernahmepflicht des herrschenden Unternehmens als konzernspezifischer Kapitalerhaltungsschutz, AG 1986, 123; *Veelken*, Der Betriebsführungsvertrag im deutschen und amerikanischen Aktien- und Konzernrecht, 1975; *Veil*, Unternehmensverträge, 2003; *Verse*, Aufrechnung gegen Verlustausgleichsansprüche im Vertragskonzern, ZIP 2005, 1627; *Wiedemann*, Die Unternehmensgruppe im Privatrecht, 1988; *H. Wilhelm*, Die Beendigung des Beherrschungs- und Gewinnabführungsvertrags, 1976; *J. Wilhelm*, Konzernrecht und allgemeines Haftungsrecht, DB 1986, 2113; *Zöllner*, Referat für den 59. DJT, in Verhandlungen des 59. DJT, Bd II, 1992, S. 35; *Zwirner*, Bestimmung des Verlustübernahmebetrags nach § 302 AktG, DStR 2011, 783.

Übersicht

	Rn.		Rn.
I. Normzweck	1–9	4. Anspruchsinhaber und -gegner	25–27
1. Regelungsgegenstand	1, 2	5. Ausgleich des Jahresfehlbetrags	28–30a
2. Zweck und Rechtsgrund des Verlustausgleichs gem. Abs. 1	3–6	**III. Verlustübernahme bei Bestehen eines Betriebspacht- oder Betriebsüberlassungsvertrags (Abs. 2)**	31–43
3. Zweck und Rechtsgrund des Verlustausgleichs gem. Abs. 2	7–9	1. Grundlagen	31, 32
II. Verlustübernahme bei Bestehen eines Beherrschungs- oder Gewinnabführungsvertrags (Abs. 1)	10–30a	2. Voraussetzungen	33–41
1. Grundlagen	10, 11	a) Bestehen eines Vertrags	33, 34
2. Voraussetzungen	12–19	b) Abhängigkeit	35, 36
a) Bestehen eines Vertrags	13, 14	c) Jahresfehlbetrag	37, 38
b) Jahresfehlbetrag	15–17	d) Unangemessene Gegenleistung	39–41
c) Während der Vertragsdauer	18, 19	3. Entstehen, Fälligkeit und Verjährung	42
3. Entstehen, Fälligkeit, Abschlagszahlung und Verjährung	20–24	4. Anspruchsinhaber und -gegner	43
		IV. Verzicht und Vergleich (Abs. 3)	44–47

I. Normzweck

1. Regelungsgegenstand. Die Vorschrift verpflichtet den anderen Vertragsteil, bei Bestehen bestimmter Unternehmensverträge die Verluste der Gesellschaft zu übernehmen. Eine solche Haftung war bereits in den Organschaftsverträgen, die vor dem Aktiengesetz 1965 in der Konzernrechtspraxis weit verbreitet waren (→ Vor § 291 Rn. 3), regelmäßig vorgesehen gewesen. Der Gesetzgeber verstand die Bestimmung daher nicht als eine vollständige Neuerung. Ihm ging es darum, in Abs. 1 und 2 den **Kreis** der **Verträge,** die eine **Pflicht** zur **Verlustübernahme auslösen, schärfer** zu

1

umschreiben und den zu übernehmenden **Verlust** zu **bestimmen** sowie schließlich in Abs. 3 einen Verzicht der Gesellschaft auf den Anspruch auf Verlustübernahme nur unter besonderen Voraussetzungen zuzulassen.[1] Die Vorschrift hat bislang nur wenige Änderungen erfahren. So wurde im Zuge des BiRiLiG der Begriff „freie Rücklagen" durch „andere Gewinnrücklagen" ersetzt.[2] Ferner musste Abs. 3 S. 2 wegen der Reform des Insolvenzrechts neu gefasst werden.[3] Das Gesetz zur Anpassung von Verjährungsvorschriften an das Gesetz zur Modernisierung des Schuldrechts hat die in Abs. 4 getroffene Regelung eingeführt.[4] Schließlich führte die Neufassung des § 10 HGB durch das EHUG zu redaktionellen Anpassungen in Abs. 3 S. 1 und Abs. 4.

2   Die gesetzliche Regelung hat sich in der Praxis bewährt. Der BGH hatte sie zunächst auch bei der Entwicklung von Haftungsgrundsätzen für die Fälle einer qualifizierten faktischen Konzernherrschaft angewandt.[5] Inzwischen kann es als gesichert gelten, dass der Existenzschutz in einer GmbH nicht durch eine analoge Anwendung des § 302 Abs. 1 gewährleistet wird.[6] Die Rechtslage für eine AG ist dagegen offen. Klärungsbedürftig ist vor allem, ob die Vorschrift nach der vom BGH in den Urteilen *„Bremer Vulkan", „KBV"* und *„Trihotel"* vollzogenen Kehrtwende bei einer qualifizierten faktischen Konzernherrschaft über eine abhängige AG (weiterhin) entsprechend angewandt werden kann (→ Vor § 291 Rn. 13).

3   **2. Zweck und Rechtsgrund des Verlustausgleichs gem. Abs. 1.** Nach Abs. 1 ist der **andere Vertragsteil** verpflichtet, bei Bestehen eines Beherrschungs- oder Gewinnabführungsvertrags jeden während der Vertragsdauer sonst entstehenden **Jahresfehlbetrag auszugleichen. Zweck** der **Vorschrift** ist es, die **Gesellschaft** zu **schützen.** Sie dient zwar auch den Interessen der außenstehenden Aktionäre und Gläubiger. Doch werden diese nur reflexartig geschützt.[7] Letztere können in den Anspruch auf Verlustübernahme vollstrecken, so dass der andere Vertragsteil ihnen gegenüber zumindest mittelbar haftet.[8] Die außenstehenden Aktionäre haben keine Möglichkeit, den Anspruch auf Verlustausgleich geltend zu machen (→ Rn. 26). Die Vorschrift ist wegen ihres Schutzzwecks zwingend, so dass die Parteien keine abweichenden Vereinbarungen treffen können.[9]

4   Fraglich und noch nicht abschließend geklärt ist der **Rechtsgrund** für die **beherrschungsvertragliche Verlustdeckungspflicht.** In einer bis heute kontrovers geführten Debatte lassen sich im Wesentlichen drei Meinungen ausmachen. So wird vertreten, dass der Verlustausgleich als ein Aufwendungsersatz für die Führung fremder Geschäfte zu begreifen sei.[10] Eine verbreitete Ansicht versteht die Haftung des anderen Vertragsteils als Gegenleistung für die vertraglich eingeräumte Leitungsmacht.[11] Schließlich wird ihr Grund darin gesehen, dass die allgemeinen Kapitalerhaltungsvorschriften außer Kraft gesetzt sind.[12] Die Auseinandersetzung ist von Bedeutung, um auf die bei einer qualifizierten faktischen Konzernherrschaft auftretenden Fragen Antworten zu finden. Auch ist sie unverzichtbar, um die verschiedenen Arten von Unternehmensverträgen voneinander abzugrenzen. Sie kann schließlich fruchtbar gemacht werden, um die Anforderungen an einen Ausgleich der Verluste zu bestimmen (→ Rn. 10 ff.).

5   Eine auftragsähnliche Interpretation der Verlustausgleichspflicht wird der Komplexität des Beherrschungsverhältnisses – die abhängige Gesellschaft darf geschädigt werden! – nicht gerecht. Diesem Einwand sind auch die beiden anderen, vornehmlich in der Diskussion über das Haftungsregime im qualifizierten faktischen Konzern herausgearbeiteten Erklärungsmodelle ausgesetzt. Der Rechtsgrund für die Verlustausgleichspflicht kann vielmehr nur zutreffend erfasst werden, wenn beide Argumenta-

---

[1] Vgl. RegBegr. *Kropff* S. 390 f.
[2] Bilanzrichtlinien-Gesetz v. 19.12.1985, BGBl. 1985 I 2355.
[3] Einführungsgesetz zur Insolvenzordnung v. 5.10.1994, BGBl. 1994 I 2911.
[4] Gesetz zur Anpassung von Verjährungsvorschriften an das Gesetz zur Modernisierung des Schuldrechts v. 9.12.2004, BGBl. 2004 I 3214.
[5] Vgl. BGHZ 95, 330 (341 ff.) – Autokran; BGHZ 105, 168 (183) – HSW; BGHZ 107, 7 (15 f.) – Tiefbau; BGHZ 122, 123 (127 ff.) – TBB.
[6] BGHZ 149, 10 (15 f.) – KBV; BGHZ 151, 181 (186 ff.) – Bremer Vulkan; zur Entwicklung dieser Rechtsprechung grundlegend *Röhricht*, FS 50 Jahre BGH, 2000, 83 (98 ff.).
[7] Hüffer/Koch/*Koch* Rn. 3; *Ulmer* AG 1986, 123 (125). AA wohl Kölner Komm AktG/*Koppensteiner* Rn. 7.
[8] Vgl. RegBegr. *Kropff* S. 390; → Rn. 26.
[9] MüKoAktG/*Altmeppen* Rn. 3; Hüffer/Koch/*Koch* Rn. 1; Kölner Komm AktG/*Koppensteiner* Rn. 15.
[10] *Wilhelm* DB 1986, 2113 (2116); *Altmeppen*, Abschied vom „qualifizierten faktischen" Konzern, 1998, 74; *Geitzhaus* GmbHR 1989, 397 (405); *K. Schmidt* ZIP 1991, 1325 (1329).
[11] Kölner Komm AktG/*Koppensteiner* Rn. 6; *Sonnenschein*, Organschaft und Konzerngesellschaftsrecht, 1976, 331; *Timm* GmbHR 1987, 8 (12). Vgl. auch RegBegr. *Kropff* S. 391: „Wer die Geschicke der Gesellschaft bestimmen kann ..., muss auch für Verluste einstehen."
[12] *Ulmer* AG 1986, 123 (126); *Assmann* JZ 1986, 928 (936); Hüffer/Koch/*Koch* Rn. 3; Emmerich/Habersack/*Emmerich* Rn. 17; *Kübler* FS Heinsius, 1991, 397 (412 f.); *Reuter* ZHR 146 (1982) 1 (21).

tionsstränge nutzbar gemacht werden.[13] Dabei steht im Vordergrund, dass der andere Vertragsteil das allgemeine Geschäftsrisiko trägt, wenn es sich in einem Jahresfehlbetrag realisiert (→ Rn. 10). Sofern die Gesellschaft aus allgemeinen wirtschaftlichen Gründen Verluste erleidet, muss der andere Vertragsteil hierfür einstehen, obwohl die Kapitalbindung nicht verletzt wurde. Diese Verantwortlichkeit kann nicht damit erklärt werden, § 291 Abs. 3 befreie von aktienrechtlichen Vorschriften, die eine Bindung des Gesellschaftsvermögens gewährleisten.[14] Die Globalhaftung des anderen Vertragsteils kompensiert vielmehr die Schädigungen, die wegen der veränderten Interessenausrichtung der Gesellschaft möglich und zu erwarten sind. Das **herrschende Unternehmen** muss folglich auf Grund seiner **kapitalschutzrelevanten Organisationsherrschaft** die **Verluste** der Gesellschaft **tragen.**

Der Grund für die **Verlustübernahmepflicht** bei Bestehen eines **Gewinnabführungsvertrags** 6 wird von der hM darin gesehen, dass in der verpflichteten Gesellschaft nicht mit der Bildung anderer Gewinnrücklagen gerechnet werden könne. Die Gesellschaft sei daher nicht in der Lage, ihre Verluste zu kompensieren. Der andere Vertragsteil wäre, wenn er die Verluste der Gesellschaft nicht übernehmen müsste, keinen Risiken ausgesetzt und könnte von einer günstigen Entwicklung der Gesellschaft einseitig profitieren. Die Verlustübernahme sei folglich das **notwendige Korrelat** der **Gewinnabführung.**[15] Dieser Erklärung ist zuzustimmen. Entscheidende Bedeutung kommt dem Aspekt zu, dass die Gläubiger es mit einer Gesellschaft zu tun haben, die nicht in der Lage ist, sich selbst zu finanzieren. So ist es nicht mehr gewährleistet, dass die Verwaltungsorgane der Gesellschaft bis zu 50 % des Jahresüberschusses gem. § 58 Abs. 2 in andere Gewinnrücklagen einstellen. Der andere Vertragsteil kann vielmehr sämtliche an sich thesaurierungsfähigen Beträge vereinnahmen. Wenn er auf der einen Seite den gesamten Jahresüberschuss beanspruchen kann, so muss er auf der anderen Seite die Risiken der unternehmerischen Tätigkeit tragen. Keine ausschlaggebende Bedeutung kommt demnach dem Aspekt zu, dass die Kapitalbindung gem. §§ 57, 58, 60 teilweise aufgehoben ist (§ 291 Abs. 3).[16]

3. Zweck und Rechtsgrund des Verlustausgleichs gem. Abs. 2. Hat eine **abhängige** 7 **Gesellschaft** den **Betrieb** ihres **Unternehmens** dem **herrschenden Unternehmen verpachtet** oder sonst **überlassen,** so ist das herrschende Unternehmen nach Abs. 2 der Vorschrift verpflichtet, jeden während der Vertragsdauer sonst entstehenden **Jahresfehlbetrag auszugleichen.** Ein Verlustausgleich ist aber nur geschuldet, wenn und **soweit** die **vereinbarte Gegenleistung** das **angemessene Entgelt** nicht erreicht. Unter diesen Voraussetzungen ist nach Ansicht des Gesetzgebers regelmäßig die Annahme begründet, dass das herrschende Unternehmen die abhängige Gesellschaft zu unangemessenen Bedingungen vertraglich gebunden hat.[17]

Zweck der **Verlustausgleichspflicht** ist es, eine nachhaltige Schädigung der Gesellschaft zu 8 vermeiden. Die Gesellschaft wird vor den Gefahren geschützt, die aus einem unangemessenen Pacht- bzw. Überlassungszins resultieren. Die Pflicht zum Verlustausgleich ergänzt die Haftung des herrschenden Unternehmens gem. §§ 311, 317[18] und rechtfertigt es, solche Verträge als wirksam zu behandeln (§ 292 Abs. 3 S. 1), obwohl sie an sich gegen die Vorschriften über die Kapitalbindung (§§ 57, 58, 60) verstoßen.[19] Die Vorschrift ist wegen ihres Schutzzwecks zwingend.[20]

Die Globalhaftung nach Abs. 2 spielt in der Praxis keine große Rolle und kann schwerlich als 9 ein effektives Sicherungsinstrument bezeichnet werden. Zum einen vermag sie nicht vollständig zu verhindern, dass das herrschende Unternehmen durch einen nicht adäquaten Pacht- bzw. Überlassungszins auf das Vermögen der abhängigen Gesellschaft zugreift (→ Rn. 31). Zum anderen wird in den einschlägigen Fällen meist kein Jahresfehlbetrag entstehen, da der Gesellschaft aktivierungsfähige Schadensersatzansprüche (§§ 311, 317) zustehen (→ Rn. 32).

---

[13] In diesem Sinne auch BGHZ 116, 37 (41 f.) – Stromlieferung; ähnlich bereits BGHZ 103, 1 (10) – Familienheim und BGHZ 107, 7 (18) – Tiefbau sowie BGH ZIP 2006, 1488 (1490); *Drüke,* Die Haftung der Muttergesellschaft für Schulden der Tochtergesellschaft, 1990, 175 ff.; *Hommelhoff* FS Goerdeler, 1987, 221 (227 ff.); *Kleindiek,* Strukturvielfalt im Personengesellschafts-Konzern, 1991, 140 ff.; *Stimpel* AG 1986, 117 (121); *Veil* Unternehmensverträge S. 118 ff.
[14] Kölner Komm AktG/*Koppensteiner* Rn. 9; MüKoAktG/*Altmeppen* Rn. 9.
[15] Kölner Komm AktG/*Koppensteiner* Rn. 5; zust. *Kleindiek,* Strukturvielfalt im Personengesellschafts-Konzern, 1991, 145; *Schatz,* Die Sicherung des Gesellschaftsvermögens und der Gläubigerinteressen im deutschen Konzernrecht, 1980, 100; *Veil* Unternehmensverträge S. 148 ff.; Großkomm AktG/*Hirte* Rn. 5.
[16] Zutr. insoweit *Cahn/Simon* Der Konzern 2003, 1 (12).
[17] RegBegr. *Kropff* S. 391.
[18] RegBegr. *Kropff* S. 391. → Rn. 32.
[19] RegBegr. *Kropff* S. 391.
[20] MüKoAktG/*Altmeppen* Rn. 3; Hüffer/Koch/*Koch* Rn. 1; Kölner Komm AktG/*Koppensteiner* Rn. 15.

II. Verlustübernahme bei Bestehen eines Beherrschungs- oder Gewinnabführungsvertrags (Abs. 1)

10 **1. Grundlagen.** Das herrschende Unternehmen hat bei Bestehen eines **Beherrschungsvertrags** die während der Vertragsdauer sonst entstehenden Jahresfehlbeträge auszugleichen (§ 302 Abs. 1). Geschäftliche Verluste sind folglich zu übernehmen, wenn sie sich im Jahresergebnis der Gesellschaft auswirken würden. In diesem Fall ist das herrschende Unternehmen auch dann zum Ausgleich verpflichtet, wenn die Verluste nicht auf einer nachteiligen Konzernleitung beruhen.[21] Es haftet für den **bilanziellen Zustand** am **Ende** eines **Geschäftsjahres**. Mit dem Abschluss eines Beherrschungsvertrags verbindet sich somit einerseits eine **beschränkte Übernahme** des **allgemeinen Geschäftsrisikos**; § 302 Abs. 1 kann daher nicht als eine Verhaltenshaftung begriffen werden.[22] Andererseits wird das **herrschende Unternehmen** auch **privilegiert**. Während es im faktischen Abhängigkeitsverhältnis für sämtliche der Gesellschaft zugefügten Nachteile haftet (§§ 311, 317), muss es bei Bestehen eines Beherrschungsvertrags nur für den am Ende eines Geschäftsjahres sonst entstehenden Jahresfehlbetrag einstehen. Ein Einzelausgleich ist nicht geschuldet (vgl. § 317 Abs. 1). Sofern sich schädigende Maßnahmen nicht in Verlusten niederschlagen, ist das herrschende Unternehmen für die Folgen der Konzernherrschaft nicht verantwortlich. Abzugrenzen ist die Verlustausgleichspflicht von einer **Patronatserklärung**. Dabei handelt es sich um eine rechtsgeschäftliche Erklärung, die verbreitet von der Muttergesellschaft entweder gegenüber Gläubigern der Tochtergesellschaft oder unmittelbar dieser gegenüber mit dem Ziel abgegeben wird, die Zahlungsunfähigkeit bzw. Überschuldung der Tochter zu vermeiden.[23]

11 Der andere Vertragsteil ist auch bei Bestehen eines **Gewinnabführungsvertrags** verpflichtet, einen während der Vertragsdauer sonst entstehenden Jahresfehlbetrag auszugleichen (§ 302 Abs. 1). Grund hierfür ist in erster Linie, dass die Gesellschaft nicht mehr in der Lage ist, sich selbst zu finanzieren (→ Rn. 6). Fraglich ist, ob der **andere Vertragsteil** ausnahmsweise nicht **haftet**, wenn der Gewinnabführungsvertrag vorsieht, dass die **Verwaltung** in den von § 58 statuierten Grenzen zur **Rücklagenbildung berechtigt** ist.[24] Das Gefährdungspotential für die Gesellschaft, ihre außenstehenden Aktionäre und ihre Gläubiger unterscheidet sich in diesem Fall nicht wesentlich von jenem, das in einer unverbundenen Gesellschaft anzutreffen ist. Gegen eine teleologische Reduktion des § 302 Abs. 1 spricht aber, dass der Gesetzgeber eine entsprechende Ausgestaltung eines Gewinnabführungsvertrags zugelassen hat, ohne die Verlustausgleichspflicht zu beschränken. Die Parteien können nach Maßgabe von § 301 Vereinbarungen über die Berechnung des abzuführenden Gewinns treffen. Sie haben insbesondere die Möglichkeit, die Bildung anderer Gewinnrücklagen zu ermöglichen (→ § 301 Rn. 11). Schließlich ist es zweifelhaft, dass Vorstand und Aufsichtsrat der Gesellschaft bei ihrer Entscheidung, grundsätzlich abführbare Gewinnbeträge zu thesaurieren, nach eigenem pflichtgemäßem Ermessen entscheiden würden.[25]

12 **2. Voraussetzungen.** Aus Wortlaut und Zweck des § 302 Abs. 1 folgt, dass das Bestehen eines Beherrschungs- oder Gewinnabführungsvertrags tatbestandliche Voraussetzung einer Haftung des anderen Vertragsteils ist (→ Rn. 13 f.). Die **Verlustausgleichspflicht** besteht **kraft Gesetzes**.[26] Es handelt sich um ein an die Vertragsdauer geknüpftes gesetzliches **Dauerschuldverhältnis**.[27] Es ist nicht erforderlich, sie im Vertrag zu vereinbaren.[28] Allerdings ist es aus körperschaftsteuerrechtlichen Gründen für die Begründung einer Organschaft erforderlich, im Vertrag ausdrücklich die Verlustübernahme vorzusehen und dabei auch eine gem. der Verjährungsregelung in § 302 Abs. 4 entsprechende Vereinbarung zu treffen.[29] Auszugleichen ist jeder während der Vertragsdauer sonst entstehende Jahresfehlbetrag (→ Rn. 15), sofern er nicht durch Entnahmen aus anderen Gewinnrücklagen

---

[21] BGHZ 116, 37 (41) – Stromlieferung; Hüffer/Koch/*Koch* Rn. 11; Kölner Komm AktG/*Koppensteiner* Rn. 18.
[22] Vgl. Hüffer/Koch/*Koch* Rn. 6.
[23] Vgl. BGHZ 187, 69.
[24] Vgl. hierzu *Kleindiek*, Strukturvielfalt im Personengesellschafts-Konzern, 1991, 145 (der iE eine Pflicht zum Verlustausgleich bejaht); *Veil* Unternehmensverträge S. 149 f.
[25] Vgl. *Veil* Unternehmensverträge S. 150.
[26] RegBegr. *Kropff* S. 391; *K. Schmidt* ZGR 1983, 513 (516); Hüffer/Koch/*Koch* Rn. 4. AA *Timm* GmbHR 1987, 8 (17); *Cahn/Simon* Der Konzern 2003, 1 (13).
[27] *K. Schmidt* ZGR 1983, 513 (518 ff.); Hüffer/Koch/*Koch* Rn. 4; Kölner Komm AktG/*Koppensteiner* Rn. 15; Großkomm AktG/*Hirte* Rn. 6.
[28] RegBegr. *Kropff* S. 391.
[29] Vgl. BFHE 230, 167; BFHE 232, 191; FG Baden-Württemberg Der Konzern 2013, 218 zur Notwendigkeit einer dynamischen Verweisung auf die jeweils gültige Fassung des § 302 nach § 17 S. 2 Nr. 2 KStG; vgl. *Olbing* AG 2013, 348.

ausgeglichen wird (→ Rn. 29). Ein klagbarer Anspruch entsteht mit dem Bilanzstichtag (→ Rn. 20), kann nur von der Gesellschaft geltend gemacht werden (→ Rn. 25) und verjährt in zehn Jahren (→ Rn. 24).

a) Bestehen eines Vertrags. § 302 Abs. 1 verlangt, dass ein Beherrschungs- oder Gewinnabfüh- 13 rungsvertrag besteht. Die in § 292 erfassten Vertragsarten[30] und ein Gleichordnungskonzernvertrag[31] kommen nicht in Betracht. Ein Geschäftsführungsvertrag ist zwar gem. § 291 Abs. 1 S. 2 einem Gewinnabführungsvertrag gleichgestellt. Doch ergibt sich die Pflicht zur Verlusttragung bereits aus der vertraglichen Vereinbarung,[32] die Geschäfte im eigenen Namen auf fremde Rechnung (§ 670 BGB) oder im Namen des anderen Vertragsteils zu führen.[33]

Ein **Beherrschungs-** oder **Gewinnabführungsvertrag besteht,** wenn er in das **Handelsregis-** 14 **ter eingetragen** ist (§ 294 Abs. 2). Die Vorschrift findet ferner Anwendung auf einen nach den Grundsätzen der fehlerhaften Gesellschaft vorläufig als wirksam zu behandelnden Beherrschungs- oder Gewinnabführungsvertrag (→ § 291 Rn. 61–68). Sie ist entsprechend anzuwenden, wenn die Parteien eines Unternehmensvertrags iSv § 292 die Grenzen ihrer Organisationsautonomie nicht beachtet und damit die beherrschungsvertraglichen Sicherungsvorschriften umgangen haben (→ § 291 Rn. 69 f.).

b) Jahresfehlbetrag. Das herrschende Unternehmen hat **jeden** während der Vertragsdauer **sonst** 15 **entstehenden Jahresfehlbetrag** auszugleichen. Aus dieser Formulierung wird bereits ersichtlich, dass ein fiktiver Betrag gemeint ist. Es handelt sich um den Saldo, der an sich in der Gewinn- und Verlustrechnung unter dem Posten 20 bzw. 19 auszuweisen ist (§ 275 Abs. 2 bzw. Abs. 3 HGB). Da bei Bestehen eines Beherrschungs- oder Gewinnabführungsvertrags Erträge aus Verlustübernahme unter entsprechender Bezeichnung auszuweisen sind (§ 277 Abs. 3 S. 2) – unmittelbar vor dem Posten Nr. 20 bzw. 19 –,[34] kann ein Jahresfehlbetrag nicht entstehen und somit auch nicht ausgewiesen werden.[35] Der fiktive Jahresfehlbetrag ist in einer Vorbilanz nach HGB (nicht nach IFRS)[36] zu ermitteln.[37]

Es ist unerheblich, worauf die entstandenen Verluste zurückzuführen sind,[38] da der andere Ver- 16 tragsteil bei Bestehen eines Beherrschungsvertrags das Geschäftsrisiko der Gesellschaft trägt (→ Rn. 10) bzw. bei Bestehen eines Gewinnabführungsvertrags den gesamten Ertrag der unternehmerischen Tätigkeit der Gesellschaft beanspruchen kann (→ Rn. 6). Auf seine Einstandspflicht hat er folglich keinen Einfluss. Gewisse Steuerungsmöglichkeiten resultieren aber aus der **Befugnis** des **anderen Vertragsteils,** bei Bestehen eines Gewinnabführungsvertrags den **Vorstand anzuweisen,** wie **Ansatz-** und **Bewertungswahlrechte** sowie **bilanzrechtliche Ermessensspielräume** auszuüben sind.[39] Dieses Weisungsrecht wird lediglich von den zwingenden Vorschriften des Bilanzrechts begrenzt.[40] So ist insbesondere verboten, gegen das Verbot missbräuchlicher Ausübung der Bilanzierungswahlrechte (§ 264 Abs. 2 HGB) und den Stetigkeitsgrundsatz (§ 252 Abs. 1 Nr. 6, Abs. 2 HGB) zu verstoßen.[41] Der andere Vertragsteil kann seiner Haftung nicht entgehen, indem er den Vorstand der Gesellschaft veranlasst, den Jahresabschluss rechtswidrig aufzustellen. Ausschlaggebend für die Höhe des Verlustausgleichs ist in diesem Fall nicht der in der Bilanz ausgewiesene Betrag, sondern jener, der sich bei ordnungsgemäßer Bilanzierung ergeben würde.[42]

---

[30] MüKoAktG/*Altmeppen* Rn. 16; Emmerich/Habersack/*Emmerich* Rn. 24; Hüffer/Koch/*Koch* Rn. 10.
[31] HM; vgl. Hüffer/Koch/*Koch* Rn. 10; *Veil* Unternehmensverträge S. 282. AA *K. Schmidt* ZHR 155 (1991) 417 (421) (kein gesetzlicher Verlustausgleich; es bestehe ein Zwang, einen Verlustausgleich zu vereinbaren).
[32] StRspr; vgl. BGHZ 103, 1 (14) – Familienheim; BGHZ 116, 37 (39) – Stromlieferungen. Zur fehlerhaften Gesellschaft → § 291 Rn. 61–68.
[33] MüKoAktG/*Altmeppen* Rn. 15; Kölner Komm AktG/*Koppensteiner* Rn. 18.
[34] BeBiKo/*Förschle* HGB § 277 Rn. 23.
[35] Vgl. MüKoAktG/*Altmeppen* Rn. 17; Hüffer/Koch/*Koch* Rn. 11.
[36] Großkomm AktG/*Hirte* Rn. 20.
[37] MüKoAktG/*Altmeppen* Rn. 17; Emmerich/Habersack/*Emmerich* Rn. 28; Bürgers/Körber/*Schenk* Rn. 6. AA K. Schmidt/Lutter/*Stephan* Rn. 19.
[38] BGHZ 116, 37 (41) – Stromlieferung; MüKoAktG/*Altmeppen* Rn. 19; Emmerich/Habersack/*Emmerich* Rn. 30; Hüffer/Koch/*Koch* Rn. 11; Kölner Komm AktG/*Koppensteiner* Rn. 18.
[39] Nach hM erstreckt sich das beherrschungsvertragliche Weisungsrecht des herrschenden Unternehmens auch auf diese Angelegenheiten (→ § 291 Rn. 18). Diese Auslegung ist abzulehnen (→ § 291 Rn. 19). Doch kann in einem Gewinnabführungsvertrag ein Weisungsrecht des anderen Vertragsteils gegenüber dem Vorstand der Gesellschaft hinsichtlich bilanzpolitischer Entscheidungen vorgesehen werden (→ § 291 Rn. 39).
[40] Vgl. Emmerich/Habersack/*Emmerich* Rn. 29a; *W. Müller* FS Kropff, 1997, 517 (528); *H.P. Müller* FS Goerdeler, 1987, 375 (381).
[41] *H.P. Müller* FS Goerdeler, 1987, 375 (381).
[42] Vgl. BGHZ 142, 382 (386). → Rn. 21.

17 Zweifelhaft ist, wie der ausgleichspflichtige Jahresfehlbetrag zu ermitteln ist, wenn die **abhängige AG aufgelöst** wird. Zur Debatte steht, ob in der zum Stichtag aufzustellenden Bilanz auch die – an sich erst in späteren Jahresabschlüssen auszuweisenden – **Abwicklungs- bzw. Zerschlagungsverluste** zu berücksichtigen sind. Die hM verneint die Frage zu Recht, weil diese Verluste nicht während der Vertragsdauer entstanden sind.[43] Anders ist es nur zu beurteilen, wenn sich die Verluste schon in den Wertansätzen der Bilanz zum Stichtag der Vertragsbeendigung niederschlagen müssen.[44]

18 c) **Während der Vertragsdauer.** Das Gesetz verlangt, dass der fiktive Jahresfehlbetrag **während** der **Vertragsdauer** entstanden ist. Ein **Beherrschungs-** oder **Gewinnabführungsvertrag beginnt**, wenn er in das **Handelsregister eingetragen** ist (§ 294 Abs. 2), was in der Regel während eines Geschäftsjahres geschieht. In diesem Fall sind auch die vor der Eintragung des Vertrags in dem Geschäftsjahr entstandenen und im fiktiven Jahresfehlbetrag zum Ausdruck kommenden Verluste auszugleichen,[45] sofern nicht ein Rumpfgeschäftsjahr gebildet wird, so dass die vorher entstandenen Verluste vorzutragen und damit nicht ausgleichspflichtig sind.[46] Zu beachten ist, dass in der Praxis aus steuerrechtlichen Gründen mitunter eine rückwirkende – sich auf frühere Geschäftsjahre erstreckende – Abführung des Gewinns vereinbart wird (→ Vor § 291 Rn. 16 und → § 291 Rn. 33). Der andere Vertragsteil ist dann verpflichtet, auch die in den betreffenden Geschäftsjahren entstandenen Verluste auszugleichen.[47]

19 Die **Verluste** sind bis zum **Ende** des **Vertrags auszugleichen.** Sofern dies – durch ordentliche Kündigung, Zeitablauf oder Aufhebung des Vertrags – zum Ende des Geschäftsjahrs geschieht, hat der andere Vertragsteil sämtliche bis zum **Stichtag** des **Abschlusses** entstandene Verluste zu übernehmen. Bei einer Beendigung des Vertrags während eines Geschäftsjahres (auf Grund einer außerordentlichen Kündigung, der Insolvenz des herrschenden Unternehmens bzw. der Gesellschaft oder einer Umwandlungsmaßnahme) haftet das herrschende Unternehmen (nur) für die bis zu diesem Zeitpunkt entstandenen Verluste,[48] die mittels einer Stichtagsbilanz zu ermitteln sind.[49] Eine andere Sichtweise wäre nicht damit zu vereinbaren, dass die Verlustausgleichspflicht das Korrelat zur beherrschungsvertraglichen Leitungsmacht bzw. der Gewinnabführung ist.[50]

20 3. **Entstehen, Fälligkeit, Abschlagszahlung und Verjährung.** Der Anspruch auf Ausgleich eines Jahresfehlbetrags **entsteht** am **Stichtag** der **Jahresbilanz** der beherrschten Gesellschaft.[51] Es ist nicht erforderlich, dass der Jahresabschluss festgestellt ist. Der BGH hat diese im älteren Schrifttum und vom OLG Schleswig vertretene Ansicht[52] mit dem Argument abgelehnt, dass der Mehrheitsgesellschafter seine Verpflichtung andernfalls dadurch unterlaufen könnte, dass er eine unzutreffende, aber ihm günstige Bilanz feststellt und diese entweder nicht gem. §§ 257, 243 anficht oder sie trotz Nichtigkeit gem. § 256 verbindlich wird, weil die Nichtigkeit nach Abs. 6 dieser Vorschrift nicht mehr geltend gemacht werden kann.[53]

---

[43] *Hengeler/Hoffmann-Becking* FS Hefermehl, 1976, 283 (293 f.); Kölner Komm AktG/*Koppensteiner* Rn. 36; *Lwowski/Groeschke* WM 1994, 613 (616); vgl. auch BFH WM 1968, 409 (410) (keine Abführung eines Abwicklungsgewinns); offen gelassen von BGHZ 105, 168 (183) – HSW und *K. Schmidt* ZGR 1983, 513 (532 f.) AA MüKoAktG/*Altmeppen* Rn. 41 ff (letzter Verlustausgleich nach Zerschlagungswerten); *Meister* WM 1976, 1182 (1186 f.); *Peltzer* AG 1975, 309 (311); *Rümker* WM 1974, 990 (995); *Werner* AG 1968, 181 (185); *H. Wilhelm*, Die Beendigung des Beherrschungs- und Gewinnabführungsvertrags, 1976, 56 ff.

[44] *Raiser/Veil* KapGesR § 62 Rn. 55; *H.P. Müller* FS Goerdeler, 1987, 375 (391 ff.); sympathisierend Emmerich/Habersack/*Emmerich* Rn. 39.

[45] MüKoAktG/*Altmeppen* Rn. 22; Emmerich/Habersack/*Emmerich* Rn. 37.

[46] *K. Schmidt* ZGR 1983, 513 (523 f.); MüKoAktG/*Altmeppen* Rn. 23; Hüffer/Koch/*Koch* Rn. 12 (Bildung eines Rumpfgeschäftsjahres ist erwägenswert); Emmerich/Habersack/*Emmerich* Rn. 37.

[47] Emmerich/Habersack/*Emmerich* Rn. 37.

[48] BGHZ 103, 1 (9 f.) – Familienheim; bestätigt in BGHZ 105, 168 (182) – HSW. Vgl. aus dem Schrifttum grundlegend und prägnant *K. Schmidt* ZGR 1983, 513 (524): Ausgleich aller und nur derjenigen Verluste, die unter verlustausgleichspflichtigem Status erwirtschaftet wurden; MüKoAktG/*Altmeppen* Rn. 25.

[49] Die Verlustausgleichspflicht ist allerdings nicht davon abhängig, dass eine Stichtagsbilanz tatsächlich erstellt wurde. Vgl. MüKoAktG/*Altmeppen* Rn. 25 f.

[50] Die Frage wurde bis zur *Familienheim*-Entscheidung (Fn. 13) kontrovers diskutiert. Nach einer verbreiteten Meinung sollte die Verlustausgleichspflicht für das betreffende Geschäftsjahr gänzlich entfallen (ua OLG Schleswig AG 1988, 382). Vgl. die weiteren Nachweise bei MüKoAktG/*Altmeppen* Rn. 25 Fn. 44.

[51] BGHZ 142, 382 (385); MüKoAktG/*Altmeppen* Rn. 71; Emmerich/Habersack/*Emmerich* Rn. 40; Hüffer/Koch/*Koch* Rn. 15.

[52] OLG Schleswig AG 1988, 382 (383); GHEK/*Geßler* Rn. 41 f.

[53] BGHZ 142, 382 (385 f.).

Der **Anspruch** wird nach hM bereits mit seiner **Entstehung** am **Bilanzstichtag fällig**,[54] was 21 mit Blick auf die diversen Ansatz- und Bewertungswahlrechte, die erst nach Ablauf des Geschäftsjahres ausgeübt werden, nicht vollends zu überzeugen vermag.[55] Eine andere Beurteilung ist aber dem Einwand ausgesetzt, dass der Mehrheitsgesellschafter sonst die Möglichkeit hätte, durch tatsächliche Einflussnahme den Verlustausgleich zu verschleppen.[56] Dies bedeutet im Einzelnen: Die Gesellschaft hat in einem Prozess den bei „objektiv ordnungsgemäßer Bilanzierung sich ergebenden Fehlbetrag für den Jahresabschluss ... zum Stichtag darzulegen und zu beweisen".[57] Liegt ein festgestellter Jahresabschluss vor, so genügt es, auf Zahlung des entsprechenden Betrags zu klagen. Wird die Feststellung der Jahresbilanz – etwa durch den Mehrheitsgesellschafter – verzögert, so ist der Fehlbetrag anhand der Ansätze einer Zwischenbilanz zu ermitteln.[58] Die Gesellschaft klagt dann diesen Betrag ein. Ergibt sich aus der später festgestellten Jahresbilanz bei Richtigkeit der darin enthaltenen Ansätze, dass der Ausgleichsbetrag niedriger ist, steht dem herrschenden Unternehmen ein Anspruch auf Rückzahlung des überzahlten Betrags zu.[59] Dies muss auch für den Fall gelten, dass sich aufgrund der pflichtgemäßen Ausübung der Ansatz- und Bewertungswahlrechte für den Jahresabschluss ein abweichendes Ergebnis ergibt.[60] Letztlich ist dann doch der festgestellte Jahresabschluss maßgeblich.

Sofern es dem Vorstand der Gesellschaft oder – praktisch wohl eher relevant – dem Insolvenzver- 22 walter nicht möglich ist, eine Bilanz aufzustellen, hat das **Gericht** die **Höhe** des Anspruchs nach § 287 ZPO zu **schätzen**.[61] Die abhängige Gesellschaft hat sowohl bei einem Beherrschungs- als auch bei einem Gewinnabführungsvertrag gem. §§ 352, 353 HGB hinsichtlich des zum Bilanzstichtag entstandenen und fälligen Anspruchs auf Verlustausgleich einen Anspruch auf **Fälligkeitszinsen**.[62] Anders ist die Fälligkeit des Gewinnabführungsanspruchs zu beurteilen (→ § 291 Rn. 35). Verzugszinsen sind erst dann geschuldet, wenn die Gesellschaft das herrschende Unternehmen gemahnt hat (§ 284 Abs. 2 Nr. 1 BGB).[63]

Die Verlustausgleichspflicht verhindert eine Überschuldung der Gesellschaft während der Dauer 23 eines Beherrschungs- oder Gewinnabführungsvertrags. Denkbar ist allerdings, dass die Gesellschaft während eines Geschäftsjahres zahlungsunfähig wird. In einem solchen Fall ist das **herrschende Unternehmen verpflichtet**, die **erforderliche Liquidität** zur **Verfügung** zu stellen. Dieser Schutz folgt aus § 302 Abs. 1. Die Vorschrift geht davon aus, dass die Gesellschaft durch einen periodisch fällig werdenden Ausgleichsanspruch ausreichend geschützt ist. Dies ist nur gerechtfertigt, wenn sich das mit der Konzernleitungsmacht verbundene Insolvenzrisiko in Gestalt einer Zahlungsunfähigkeit nicht realisieren kann.[64] Das herrschende Unternehmen muss folglich eine **Abschlagszahlung** erbringen.[65]

Die **Verjährung** des Verlustausgleichsanspruchs war in § 302 ursprünglich nicht geregelt. Der 24 Rechtsausschuss hatte erörtert, ob die Ansprüche drei Jahre nach Beendigung des Vertrags verjähren sollten, hielt eine so kurze Verjährungsfrist aber angesichts der Bedeutung der Ansprüche nicht für vertretbar.[66] Der Verlustausgleichsanspruch unterlag daher der Verjährungsfrist von 30 Jahren (§ 195

---

[54] BGHZ 142, 382 (386); bestätigt in BGH AG 2005, 397 (398); MüKoAktG/*Altmeppen* Rn. 71; Emmerich/ Habersack/*Emmerich* Rn. 40; Hüffer/Koch/*Koch* Rn. 15. AA *Krieger* NZG 2005, 787 (788 ff.) (maßgeblich sei die Feststellung des Abschlusses).
[55] Vgl. *Kleindiek* ZGR 2001, 479 (486 ff.) mit der Folgerung, der sonst entstehende Jahresfehlbetrag könne daher erst mit Abschlussfeststellung ermessen werden. Allerdings seien bereits Zahlungen auf den erwarteten Fehlbetrag geschuldet. Diese würden unter dem Vorbehalt einer etwaigen Rückforderung durch die Gesellschaft stehen. Vgl. auch *Krieger* NZG 2005, 787 (789).
[56] BGHZ 142, 382 (386); Emmerich/Habersack/*Emmerich* Rn. 40.
[57] Vgl. zur Darlegungs- und Beweisantrittslast BGH AG 2005, 397 (398); ferner OLG Dresden Beschl. v. 16.2.2006 – 2 U 290/05.
[58] BGHZ 142, 382 (386).
[59] BGHZ 142, 382 (386).
[60] Vgl. *Krieger* NZG 2005, 787 (789).
[61] BGH AG 2002, 240 (241).
[62] BGHZ 142, 382 (384); OLG München GmbHR 2014, 535 (541); Hüffer/Koch/*Koch* Rn. 16; Bürgers/ Körber/*Schenk* Rn. 19. AA *Thoß* DB 2007, 206 mit der Begründung, die Verträge seien keine Handelsgeschäfte iSd § 343 HGB, so dass eine Verzinsung erst mit Verzug geschuldet sei.
[63] BGH NZG 2015, 912 (915).
[64] Vgl. *Veil* Unternehmensverträge S. 120; ähnlich *Kley*, Die Rechtsstellung der außenstehenden Aktionäre bei der vorzeitigen Beendigung von Unternehmensverträgen, 1986, 204; *Priester* ZIP 1989, 1301 (1307); *Altmeppen* DB 1999, 2453 (2455 f.); MüKoAktG/*Altmeppen* Rn. 37; *Kleindiek* ZGR 2001, 479 (492 ff.) AA Kölner Komm AktG/*Koppensteiner* Rn. 16; MHdB AG/*Krieger* § 70 Rn. 60; Lwowski/*Groeschke* WM 1994, 613 (615).
[65] MüKoAktG/*Altmeppen* Rn. 73; Emmerich/Habersack/*Emmerich* Rn. 41; *Priester* ZIP 1989, 1301 (1307); Bürgers/Körber/*Schenk* Rn. 20; *Nodoushani* NZG 2017, 728 (729). AA Grigoleit/*Servatius* Rn. 14.
[66] AusschussB *Kropff* S. 392.

BGB aF).⁶⁷ Seit In-Kraft-Treten des Gesetzes zur Anpassung von Verjährungsvorschriften an das Gesetz zur Modernisierung des Schuldrechts⁶⁸ verjähren die in § 302 erfassten Ansprüche in 10 Jahren seit dem Tag, an dem die Eintragung der Beendigung des Vertrags in das Handelsregister bekannt gemacht worden ist (Abs. 4). Bei der Neuregelung der Verjährung hat sich der Gesetzgeber von dem Gedanken leiten lassen, dass das subjektive Verjährungssystem (vgl. § 199 Abs. 1 BGB) im Bereich der gläubigerschützenden Kapitalerhaltungsvorschriften kein taugliches Kriterium für den Beginn der Verjährung ist.⁶⁹ Die Abkürzung der Frist von 30 Jahren auf 10 Jahre wird durch einen späteren Verjährungsbeginn ausgeglichen. Damit sollte auch dem Umstand Rechnung getragen werden, dass Beherrschungs- und Gewinnabführungsverträge in der Praxis meist für die Dauer von 5 Jahren geschlossen werden.⁷⁰

25 **4. Anspruchsinhaber und -gegner.** Der Anspruch auf Verlustausgleich steht der **Gesellschaft** zu und ist von ihrem Vorstand unverzüglich geltend zu machen. Dieser ist wegen des zwingenden Charakters der Verlustausgleichspflicht nicht berechtigt, den Anspruch zu stunden.⁷¹ Der Anspruch ist abtretbar und verpfändbar. In der Insolvenz der Gesellschaft gehört der Anspruch zur Insolvenzmasse (§ 35 InsO), so dass der Insolvenzverwalter dafür zuständig ist, ihn zu verfolgen. Statt die Forderung einzuziehen, kann der Vorstand sie gegen eine angemessene Gegenleistung einem Dritten verkaufen und diesem abtreten.⁷²

26 Die Gläubiger haben keinen Anspruch gegen den anderen Vertragsteil. Sie können den Ausgleichsanspruch lediglich pfänden und sich überweisen lassen (§§ 829, 835 ZPO). Noch nicht geklärt ist, ob die außenstehenden Aktionäre analog § 317 Abs. 4, § 309 berechtigt sind, den Anspruch geltend zu machen. Die Frage ist zu verneinen.⁷³ Der Gesetzgeber hat im dritten Abschnitt (§§ 300–303) ausschließlich Sicherungen der Gesellschaft und der Gläubiger vorgesehen. Die außenstehenden Aktionäre werden durch die Pflicht zum Verlustausgleich nur mittelbar geschützt.⁷⁴ Ein unabweisbares Bedürfnis, eine Gesellschafterklage anzuerkennen, ist nicht ersichtlich.⁷⁵

27 Anspruchsgegner ist der andere Vertragsteil. Bei einer – mangels steuerrechtlicher Anreize in der Praxis nicht mehr relevanten (→ Vor § 291 Rn. 18) – Mehrmütterherrschaft haften sämtliche am Vertrag beteiligten Mütter gesamtschuldnerisch iSv §§ 421 ff. BGB.⁷⁶

28 **5. Ausgleich des Jahresfehlbetrags.** Der Ausgleichsanspruch ist auf eine **Geldleistung** gerichtet.⁷⁷ Daraus folgt aber nicht, dass auch andere Formen der Erfüllung unzulässig sind. Voraussetzung für einen Ausgleich durch das herrschende Unternehmen ist, dass der Gesellschaft ein **voller Gegenwert** zufließt.⁷⁸ Zweifelhaft ist, ob dies auch für eine **Aufrechnung** mit einer Gegenforderung gilt oder ob eine Aufrechnung sogar unzulässig ist. Das OLG Jena⁷⁹ hat sich in entsprechender Anwendung von § 19 Abs. 2 S. 2 GmbHG aF für ein Aufrechnungsverbot ausgesprochen. Zur Begründung hat es angeführt, der Verlustausgleichsanspruch bezwecke die Erhaltung des Kapitals der abhängigen Gesellschaft. Außerdem lege der Wortlaut des § 302 Abs. 1 nahe, dass außer der Verrechnung des Fehlbetrags mit Gewinnrücklagen (→ Rn. 12) eine Aufrechnung unzulässig sei. Die Entscheidung ist auf vehemente Kritik gestoßen. So ist dem Gericht vorgeworfen worden, es verkenne, dass § 302

---

⁶⁷ Vgl. BGH AG 2002, 240 (241).
⁶⁸ Das Schuldrechtsmodernisierungsgesetz hatte zur Folge, dass ein Anspruch auf Ausgleich eines Jahresfehlbetrags bereits nach drei Jahren verjährte, so dass das in Abs. 3 S. 1 normierte Verzichts- und Vergleichsverbot plötzlich keinen Anwendungsbereich mehr hatte. Vgl. zur rechtspolitischen Kritik *Altmeppen* DB 2002, 879 (880); *Schockenhoff/Fiege* ZIP 2002, 917 (925); *Cahn/Simon* Der Konzern 2003, 1 (16 f.).
⁶⁹ RegBegr. BT-Drs. 15/3653, 11 f.
⁷⁰ RegBegr. BT-Drs. 15/3653, 23.
⁷¹ Emmerich/Habersack/*Emmerich* Rn. 40a; Kölner Komm AktG/*Koppensteiner* Rn. 54; *Meister* WM 1976, 1182 (1183).
⁷² MüKoAktG/*Altmeppen* Rn. 106; Emmerich/Habersack/*Emmerich* Rn. 44; Kölner Komm AktG/*Koppensteiner* Rn. 39; *Lwowski/Groeschke* WM 1994, 613 (617).
⁷³ Ebenso MüKoAktG/*Altmeppen* Rn. 79 f.; Hüffer/Koch/*Koch* Rn. 20. AA Emmerich/Habersack/*Emmerich* Rn. 44; Kölner Komm AktG/*Koppensteiner* Rn. 41; *H. Wilhelm*, Die Beendigung des Beherrschungs- und Gewinnabführungsvertrags, 1976, 54; Bürgers/Körber/*Schenk* Rn. 21.
⁷⁴ Hüffer/Koch/*Koch* Rn. 20.
⁷⁵ Vgl. MüKoAktG/*Altmeppen* Rn. 80 f. (unterschiedliche Interessenlage).
⁷⁶ MüKoAktG/*Altmeppen* Rn. 83; Emmerich/Habersack/*Emmerich* Rn. 19; *Exner*, Beherrschungsvertrag und Vertragsfreiheit, 1984, 285 ff.; Hüffer/Koch/*Koch* Rn. 21; *Hommelhoff* FS Goerdeler, 1987, 221 (237 ff.); Kölner Komm AktG/*Koppensteiner* Rn. 44. AA *K. Schmidt* DB 1984, 1181 (1184) (Zulässigkeit der Vereinbarung einer an der Beteiligungshöhe orientierten Quotenhaftung).
⁷⁷ BGHZ 168, 285 (288).
⁷⁸ Vgl. MüKoAktG/*Altmeppen* Rn. 106 (betreffend die Abtretung, Verpfändung, Leistung an Erfüllungs Statt).
⁷⁹ OLG Jena AG 2005, 405 (406) (zur GmbH).

Abs. 1 von einer bilanziellen Betrachtungsweise geprägt sei.[80] Eine Regelungslücke bestehe nicht, zumal § 303 einen ergänzenden effektiven Gläubigerschutz begründe.[81] Auch habe das OLG Jena ausgeblendet, dass der Verlustausgleich durch die herrschaftsrechtlichen Befugnisse des anderen Vertragsteils legitimiert sei.[82] Der BGH[83] hat diese Einwände letztlich zurückgewiesen, sich der strengen Linie des OLG Jena aber nicht anschließen wollen. Zur Verwirklichung des gebotenen Gläubigerschutzes genüge es, wenn der **Anspruch,** mit dem aufgerechnet wird, **vollwertig** ist.[84] Diese Auslegung harmoniert mit dem Normzweck. Die Verantwortlichkeit für einen sonst entstehenden Jahresfehlbetrag folgt wesentlich aus der partiellen Außerkraftsetzung des Kapitalschutzes (→ Rn. 4 f.). Es ist daher konsequent, die für die Kapitalaufbringung geltenden Rechtsgrundsätze (vgl. § 66 Abs. 1 S. 2) fruchtbar zu machen. Ein Aufrechnungsverbot ist allerdings mangels Vergleichbarkeit der Interessenlage nicht erforderlich. Somit ist auch eine **Leistung an Erfüllungs Statt** zulässig, sofern der Gegenstand werthaltig ist.[85]

Der sonst entstehende Jahresfehlbetrag kann auch dadurch ausgeglichen werden, dass den **anderen** 29 **Gewinnrücklagen Beträge entnommen** werden, die **während** der **Vertragsdauer** in sie **eingestellt** worden sind. Die gesetzliche Rücklage und die vor Abschluss des Vertrags gebildete andere Gewinnrücklage können dagegen nach dem unmissverständlichen Wortlaut nicht herangezogen werden.[86] Somit soll sichergestellt werden, dass der Gesellschaft ihre bilanzmäßige Substanz beim Abschluss des Vertrags erhalten bleibt und es soll verhindert werden, dass sie bei Beendigung des Vertrags ohne ein Rücklagenpolster auf eigenen Füßen stehen muss.[87] Da Abs. 1 lediglich die Auflösung der anderen Gewinnrücklage (vgl. § 158 Abs. 1 S. 1 Nr. 4d) zulässt, ist es ferner nicht statthaft, eine aus freiwilligen Zuzahlungen gem. § 272 Abs. 2 Nr. 4 HGB gebildete Kapitalrücklage (→ § 301 Rn. 17) und eine satzungsmäßige Rücklage (§ 272 Abs. 3 S. 2 HGB)[88] zum Verlustausgleich heranzuziehen. Zulässig ist es dagegen, einen während der Vertragsdauer gebildeten Gewinnvortrag hierfür zu verwenden.[89] Dies kann das herrschende Unternehmen durch Weisung durchsetzen. Der Aufsichtsrat ist daran aber bei der Billigung des Jahresabschlusses nicht gebunden.[90]

Ein **vorvertraglicher Verlustvortrag** braucht nicht ausgeglichen zu werden,[91] da er nicht wäh- 30 rend der Vertragsdauer entstanden ist. Er vermindert aber nach § 301 den höchstens abzuführenden Gewinn (→ § 301 Rn. 9 f.).

Eine Kapitalherabsetzung gem. § 229 reduziert den Anspruch auf Verlustausgleich nicht.[92] Sie hat 30a lediglich eine Verringerung der Höhe des statutarischen Grundkapitals zur Folge.

III. Verlustübernahme bei Bestehen eines Betriebspacht- oder Betriebsüberlassungsvertrags (Abs. 2)

1. Grundlagen. Bei konzernexternen Verträgen kann davon ausgegangen werden, dass der Vor- 31 stand der Gesellschaft eine angemessene Gegenleistung vereinbart. Andernfalls macht er sich gem. § 93 Abs. 2 schadensersatzpflichtig. Dagegen kann sich in Konzernverhältnissen die Gefahr realisieren, dass der Vorstand sich auf kein bzw. ein unangemessenes Entgelt einlässt. Einer besonderen Sicherung bedürfte es an sich nicht, da ein solcher Vertrag wegen Verstoßes gegen §§ 57, 58, 60 nichtig wäre. Allerdings schließt das Gesetz diese Rechtsfolge in § 292 Abs. 3 S. 1 aus (→ § 292 Rn. 44 f.). Dem Gesetzgeber erschien dies allerdings nur deshalb gerechtfertigt, weil die Gläubiger gem. § 302 Abs. 2 durch die Verlustübernahmepflicht des herrschenden Unternehmens hinreichend geschützt seien (→ Rn. 8).

Ob die Globalhaftung etabliert werden musste, erscheint freilich zweifelhaft, da die Gesellschaft 32 neben der Pflicht zum Verlustausgleich durch die **Haftung** des **herrschenden Unternehmens**

---

[80] Hentzen AG 2006, 133 (137 ff.).
[81] Liebscher ZIP 2006, 1221 (1223 ff.).
[82] Liebscher ZIP 2006, 1221 (1225 f.). Aus diesem Grund differenzierend Verse ZIP 2005, 1627 (1631 ff.) (Anerkennung eines Aufrechnungsverbots nur für die Vertragskonstellationen, bei denen die Kapitalerhaltungsregeln berührt sind; Ausnahmen bei isolierten Gewinnabführungsverträgen, bei Beherrschungsverträgen ohne das Recht, nachteilige Weisungen zu erteilen und unter bestimmten Voraussetzungen im GmbH-Vertragskonzern).
[83] BGHZ 168, 285.
[84] BGHZ 168, 285 (288 ff.); OLG München GmbHR 2014, 535 ff.
[85] Vgl. Grigoleit/Servatius Rn. 12; MüKoAktG/Altmeppen Rn. 92.
[86] RegBegr. Kropff S. 391; Hüffer/Koch/Koch Rn. 14.
[87] RegBegr. Kropff S. 391.
[88] Emmerich/Habersack/Emmerich Rn. 35; Hüffer/Koch/Koch Rn. 14; K. Schmidt/Lutter/Stephan Rn. 27.
[89] Hüffer/Koch/Koch Rn. 14; Kölner Komm AktG/Koppensteiner Rn. 24; K. Schmidt/Lutter/Stephan Rn. 30.
[90] K. Schmidt/Lutter/Stephan Rn. 29. AA MüKoAktG/Altmeppen Rn. 50.
[91] RegBegr. Kropff S. 391; MüKoAktG/Altmeppen Rn. 22.
[92] Vgl. K. Schmidt/Lutter/Stephan Rn. 31.

gem. **§§ 311, 317** geschützt ist.[93] In den einschlägigen Fällen stehen der abhängigen Gesellschaft daher zu aktivierende Schadensersatzansprüche zu, so dass ein ausgleichspflichtiger Jahresfehlbetrag meist nicht entstehen kann.[94] Die praktische Bedeutung des Verlustausgleichs ist daher gering.[95]

33   **2. Voraussetzungen. a) Bestehen eines Vertrags.** § 302 Abs. 2 verlangt, dass ein Betriebspacht- oder Betriebsüberlassungsvertrag iSv § 292 Abs. 1 Nr. 3 besteht. Auf andere Vertragsarten ist die Vorschrift nicht anwendbar. Eine entsprechende Anwendung auf einen konzerninternen Betriebsführungsvertrag kommt ebenfalls nicht in Betracht.[96] Die Kapitalbindung im Eigentümerunternehmen ist nicht analog § 292 Abs. 3 aufgehoben, so dass kein Bedürfnis dafür besteht, das herrschende Unternehmen (Betriebsführer) einer Globalhaftung zu unterwerfen.[97]

34   Ein Betriebspacht- oder Betriebsüberlassungsvertrag besteht, wenn er in das **Handelsregister eingetragen** ist (§ 294 Abs. 2). Ferner ist § 302 Abs. 2 auf einen fehlerhaften – beispielsweise wegen Überschreiten der Grenzen der Organisationsautonomie an sich nichtigen – Betriebspacht- oder Betriebsüberlassungsvertrag anzuwenden, sofern dieser nach den Grundsätzen der fehlerhaften Gesellschaft vorläufig als wirksam zu behandeln ist.[98]

35   **b) Abhängigkeit.** Die Gesellschaft muss vom Pächter bzw. Übernehmer ihres Unternehmens abhängig sein. Dies ist der Fall, wenn ihr **Vertragspartner** unmittelbar oder mittelbar einen **beherrschenden Einfluss ausüben kann** (§ 17 Abs. 1). Eine Abhängigkeit wird vermutet, wenn der Pächter bzw. Übernehmer mit Mehrheit an der Gesellschaft beteiligt ist (§ 17 Abs. 2, § 16). Sie muss bereits bei Vertragsschluss vorliegen. Wird die Gesellschaft erst später vom Pächter bzw. Übernehmer abhängig, ist § 302 Abs. 2 nicht anzuwenden, weil die von der Vorschrift vorausgesetzte Gefahr nicht bestand, dass ein herrschendes Unternehmen einen Vertrag mit unangemessenen Bedingungen durchzusetzen sucht.[99] Anders ist zu entscheiden, wenn die getroffenen Entgeltvereinbarungen geändert werden, nachdem die Gesellschaft von ihrem Vertragspartner abhängig wurde. Die Verlustausgleichspflicht besteht in diesem Fall ab dem Zeitpunkt, in dem die Vertragsänderung wirksam wird (§ 295 Abs. 1 S. 2, § 294 Abs. 2).

36   Die Haftung des Pächters bzw. Übernehmers setzt nicht voraus, dass sich die im Abhängigkeitsverhältnis abstrakt bestehende Gefahr einer Einflussnahme realisiert hat.[100] Wenn die vereinbarte Gegenleistung unangemessen ist, ist unwiderleglich davon auszugehen, dass der Vorstand veranlasst wurde, ein nachteiliges Rechtsgeschäft vorzunehmen.[101] Insoweit unterscheidet sich die Verlustausgleichspflicht vom Schadensersatzanspruch gem. § 317. Sie ist daher nicht gänzlich ohne praktische Bedeutung.

37   **c) Jahresfehlbetrag.** Das herrschende Unternehmen hat **jeden** während der Vertragsdauer **sonst entstehenden Jahresfehlbetrag** auszugleichen. Es ist ebenso wie nach Abs. 1 ein fiktiver Betrag gemeint.[102]

38   Andere Gewinnrücklagen können aufgelöst werden. Im Unterschied zu Abs. 1 hat dies aber nicht zur Folge, dass der Vertragspartner von der Ausgleichspflicht entbunden wird.[103] Abs. 2 sieht dies nicht vor, weil der Pächter bzw. Übernehmer des Unternehmens auf Grund des Vertrags keinen Zugriff auf das Vermögen der Gesellschaft hat.[104]

39   **d) Unangemessene Gegenleistung.** Das herrschende Unternehmen hat **Verluste** nur dann und soweit **auszugleichen,** als die **vereinbarte Gegenleistung** das **angemessene Entgelt nicht erreicht** (§ 302 Abs. 2). Voraussetzung ist folglich, dass der vereinbarte Pachtzins unangemessen ist.

---

[93] OLG Frankfurt/Main AG 1973, 136; OLG Düsseldorf AG 1980, 273; Hüffer/Koch/*Koch* Rn. 26; Kölner Komm AktG/*Koppensteiner* Rn. 58; *Schatz*, Die Sicherung des Gesellschaftsvermögens und der Gläubigerinteressen im deutschen Konzernrecht, 1980, 124; eingehend *Veil* Unternehmensverträge S. 140 ff.
[94] Emmerich/Habersack/*Emmerich* Rn. 46; Kölner Komm AktG/*Koppensteiner* Rn. 67; *Schatz*, Die Sicherung des Gesellschaftsvermögens und der Gläubigerinteressen im deutschen Konzernrecht, 1980, 125.
[95] Zu den Vorteilen des Anspruchs → Rn. 36.
[96] MüKoAktG/*Altmeppen* Rn. 54; Hüffer/Koch/*Koch* Rn. 22; Kölner Komm AktG/*Koppensteiner* Rn. 59; *Veil* Unternehmensverträge 293. AA *Schatz*, Die Sicherung des Gesellschaftsvermögens und der Gläubigerinteressen im deutschen Konzernrecht, 1980, 119; *Veelken*, Der Betriebsführungsvertrag im deutschen und amerikanischen Aktien- und Konzernrecht, 1975, 248.
[97] *Veil* Unternehmensverträge S. 293.
[98] *Geßler* FS Ballerstedt, 1975, 219 (236); *Veil* Unternehmensverträge 258.
[99] MüKoAktG/*Altmeppen* Rn. 58; Hüffer/Koch/*Koch* Rn. 23; Kölner Komm AktG/*Koppensteiner* Rn. 58.
[100] MüKoAktG/*Altmeppen* Rn. 58.
[101] *Oesterreich*, Die Betriebsüberlassung zwischen Vertragskonzern und faktischem Konzern, 1979, 88.
[102] Zu den Einzelheiten → Rn. 15–17.
[103] MüKoAktG/*Altmeppen* Rn. 68; Hüffer/Koch/*Koch* Rn. 25; Kölner Komm AktG/*Koppensteiner* Rn. 61.
[104] *Veil* Unternehmensverträge 142; ähnlich Kölner Komm AktG/*Koppensteiner* Rn. 61.

Die Vorschrift verlangt nicht, dass das herrschende Unternehmen seinen Einfluss zum Nachteil der Gesellschaft geltend gemacht hat (→ Rn. 10).

Das herrschende Unternehmen hat die **Verluste** so weit **auszugleichen,** als die **Gegenleistung** 40 und das **angemessene Entgelt differieren.** Der Gesellschaft kann daher ein Verlust verbleiben, der vom Pächter nicht zu übernehmen ist.[105] In welcher Höhe eine Ausgleichspflicht besteht, kann nur im Einzelfall bestimmt werden. Dabei kommt es maßgeblich darauf an, ob und in welcher Höhe die Gesellschaft über Vermögen verfügt. Ist dies in nennenswertem Umfang der Fall, so kann sich ein Unterschied zwischen vereinbarter und angemessener Gegenleistung erst im zweiten Geschäftsjahr nach Vertragsschluss in Gestalt eines Jahresfehlbetrags auswirken, der unter Umständen nicht vollständig übernommen werden müsste. Das herrschende Unternehmen könnte erst im nächsten Geschäftsjahr verpflichtet sein, die Verluste vollständig auszugleichen.

Ob der **Pacht-** bzw. **Überlassungszins angemessen** ist, kann nur im Einzelfall geklärt werden. 41 Sofern sich eine marktübliche Pacht ermitteln lässt, ist diese zugrunde zu legen.[106] Das Gericht kann dies notfalls gem. § 287 ZPO schätzen.[107] Dabei sollen nach hM auch die vertraglichen Regelungen über Abschreibungen und die Tragung der Kosten, die durch Maßnahmen der Erhaltung und Erneuerung anfallen, zu berücksichtigen sein.[108] Dies vermag nicht vollends zu überzeugen.[109] Unter dem in Abs. 2 verwandten Begriff der Gegenleistung sind grundsätzlich nur die vom Pächter bzw. Übernehmer versprochenen Zahlungen zu verstehen (Hauptleistungspflicht des Pächters bzw. Übernehmers). Ausnahmsweise können auch Nebenkosten zu berücksichtigen sein. Voraussetzung ist aber, dass diese bewertbar sind, was nicht bei sämtlichen Abreden über die Verteilung vertraglicher Risiken und Zuständigkeiten der Fall ist. Hieraus folgt beispielsweise, dass es für die Beurteilung der Angemessenheit der Gegenleistung irrelevant ist, wenn die Gesellschaft die Kosten für Investitionen zu tragen hat, da sie in diesem Fall Eigentümerin der angeschafften Gegenstände wird.[110]

3. Entstehen, Fälligkeit und Verjährung. Der Anspruch auf Verlustausgleich entsteht zum 42 Stichtag des Abschlusses und wird zu diesem Zeitpunkt fällig.[111] Er verjährt gem. Abs. 4 in 10 Jahren seit dem Tag, an dem die Eintragung der Beendigung des Vertrags bekannt gemacht worden ist.[112]

4. Anspruchsinhaber und -gegner. Der Anspruch auf Ausgleich des sonst entstehenden Jahres- 43 fehlbetrags steht der Gesellschaft zu. Er ist von ihrem Vorstand geltend zu machen. Gläubiger und außenstehende Aktionäre sind hierzu nicht berechtigt.[113] Der Anspruch kann abgetreten und verpfändet werden.

IV. Verzicht und Vergleich (Abs. 3)

Die Gesellschaft kann auf den Anspruch auf Ausgleich erst drei Jahre nach dem Tage, an dem die 44 Eintragung der Beendigung des Vertrags in das Handelsregister nach § 10 des Handelsgesetzbuchs bekannt gemacht worden ist, verzichten oder sich über ihn vergleichen. Diese Regelung entspricht den Grundsätzen, wie sie das Gesetz für einen Verzicht auf andere gesellschaftsrechtliche Ersatzansprüche vorsieht (§§ 50, 93 Abs. 4, § 117 Abs. 4, § 309 Abs. 3, § 317 Abs. 4). Grund hierfür ist, dass möglicherweise erst nach Ablauf einer gewissen Zeit ermessen werden kann, in welcher Höhe ein Anspruch besteht und welche Auswirkungen ein Verzicht oder Vergleich haben wird.[114] Die beiden Begriffe Verzicht und Vergleich sind weit auszulegen. Unter einem Verzicht ist ein **Erlassvertrag** (§ 397 BGB)[115] und ein **Klageverzicht** (§ 306 ZPO)[116] zu verstehen, unter einem **Vergleich** (§ 779 BGB) ein **Prozessvergleich**[117] und eine im Rahmen eines Vergleichs versprochene **Klagerück-**

---

[105] MüKoAktG/*Altmeppen* Rn. 65; *K. Müller* ZGR 1977, 1 (11).
[106] Emmerich/Habersack/*Emmerich* Rn. 47; ähnlich MüKoAktG/*Altmeppen* Rn. 62.
[107] Emmerich/Habersack/*Emmerich* Rn. 47.
[108] Kölner Komm AktG/*Koppensteiner* § 292 Rn. 101; *Schatz*, Die Sicherung des Gesellschaftsvermögens und der Gläubigerinteressen im deutschen Konzernrecht, 1980, 119; MüKoAktG/*Altmeppen* Rn. 62.
[109] Vgl. *Veil* Unternehmensverträge 138 f.
[110] Vgl. *Veil* Unternehmensverträge 34.
[111] Zu den Einzelheiten → Rn. 20–22.
[112] Zu den Einzelheiten → Rn. 24.
[113] Zu den Einzelheiten → Rn. 26.
[114] Hüffer/Koch/*Koch* Rn. 27; Kölner Komm AktG/*Koppensteiner* Rn. 12. Krit. hierzu MüKoAktG/*Altmeppen* Rn. 94. Sein Einwand, der Anspruch würde bereits mit seiner Entstehung feststehen, vermag nicht vollends zu überzeugen, wie die Entscheidung BGH AG 2002, 240 zeigt.
[115] MüKoAktG/*Altmeppen* Rn. 95; Emmerich/Habersack/*Emmerich* Rn. 50; Hüffer/Koch/*Koch* Rn. 27.
[116] MüKoAktG/*Altmeppen* Rn. 95; Emmerich/Habersack/*Emmerich* Rn. 50.
[117] MüKoAktG/*Altmeppen* Rn. 95; Emmerich/Habersack/*Emmerich* Rn. 50; Hüffer/Koch/*Koch* Rn. 27.

nahme.[118] Ein Verstoß gegen das in Abs. 3 normierte Verbot hat die Nichtigkeit der Vereinbarung zur Folge (§ 134 BGB).[119]

45 Abs. 3 S. 3 sieht ferner vor, dass ein Verzicht oder Vergleich nur wirksam wird, wenn die **außenstehenden Aktionäre**[120] in einem **Sonderbeschluss zustimmen** und nicht eine Minderheit, deren Anteile zusammen den zehnten Teil des bei der Beschlussfassung vertretenen Grundkapitals erreichen, Widerspruch zur Niederschrift erhebt. Das Erfordernis eines Sonderbeschlusses beschränkt die Vertretungsmacht des Vorstands. Der Gesetzgeber hat es mit der Erwägung begründet, dass der andere Vertragsteil in der Regel über eine Hauptversammlungsmehrheit verfügt, so dass es ihm möglich wäre, einen Verzicht oder Vergleich durchzusetzen.[121] Der Beschluss bedarf einer einfachen Stimmenmehrheit der vertretenen außenstehenden Aktionäre (§ 138 S. 2, § 133 Abs. 1).[122] Er ist unwirksam, wenn eine Minderheit gegen ihn mit der erforderlichen Mehrheit Widerspruch zur Niederschrift erhebt.[123]

46 Das Verzichts- und Vergleichsverbot gilt nach Abs. 3 S. 2 nicht, wenn der Ausgleichspflichtige (der andere Vertragsteil) zahlungsunfähig ist und sich zur Abwendung des Insolvenzverfahrens mit seinen Gläubigern vergleicht oder wenn die Ersatzpflicht in einem Insolvenzplan geregelt wird (**Abwendungsvergleich**). Die Vorschrift ermöglicht es der abhängigen Gesellschaft, eine Insolvenz bzw. Zerschlagung des herrschenden Unternehmens zu verhindern und damit langfristig die eigene Existenz zu sichern. Sie ist analog auch bei **Überschuldung** der herrschenden Gesellschaft anzuwenden.[124]

47 Nach Sinn und Zweck der Regelung über einen Abwendungsvergleich ist es nicht erforderlich, dass sich eine bestimmte Mindestanzahl an Gläubigern – die „große Mehrheit" oder „die Mehrzahl" – an dem Vergleich beteiligt.[125] Es genügt, wenn der Vergleich mit einem Gläubiger, etwa der abhängigen Gesellschaft, geschlossen wird. Der Wortlaut („seinen Gläubigern") steht dieser Auslegung nicht entgegen. Schwierig zu beurteilen sein kann, unter welchen Voraussetzungen der Vergleich „zur Abwendung des Insolvenzverfahrens" erfolgt. Vorzugswürdig ist die Auslegung, dass der Vergleich tatsächlich ein Insolvenzverfahren abwendet.[126] Auch beim Abwendungsvergleich ist ein Sonderbeschluss der außenstehenden Aktionäre notwendig.[127]

§ 303 Gläubigerschutz

(1) ¹Endet ein Beherrschungs- oder ein Gewinnabführungsvertrag, so hat der andere Vertragsteil den Gläubigern der Gesellschaft, deren Forderungen begründet worden sind, bevor die Eintragung der Beendigung des Vertrags in das Handelsregister nach § 10 des Handelsgesetzbuchs bekannt gemacht worden ist, Sicherheit zu leisten, wenn sie sich binnen sechs Monaten nach der Bekanntmachung der Eintragung zu diesem Zweck bei ihm melden. ²Die Gläubiger sind in der Bekanntmachung der Eintragung auf dieses Recht hinzuweisen.

(2) Das Recht, Sicherheitsleistung zu verlangen, steht Gläubigern nicht zu, die im Fall des Insolvenzverfahrens ein Recht auf vorzugsweise Befriedigung aus einer Deckungsmasse haben, die nach gesetzlicher Vorschrift zu ihrem Schutz errichtet und staatlich überwacht ist.

(3) ¹Statt Sicherheit zu leisten, kann der andere Vertragsteil sich für die Forderung verbürgen. ²§ 349 des Handelsgesetzbuchs über den Ausschluß der Einrede der Vorausklage ist nicht anzuwenden.

Schrifttum: *Altmeppen*, Die Haftung des Managers im Konzern, 1998; *Assmann*, Gläubigerschutz im faktischen GmbH-Konzern durch richterliche Rechtsfortbildung – Teil 2, JZ 1986, 928; *Bork*, Die Wirkung des § 93 InsO

---

[118] LG Bochum AG 1987, 324 (325); Emmerich/Habersack/*Emmerich* Rn. 50.
[119] AllgM; vgl. Hüffer/Koch/*Koch* Rn. 27.
[120] Zum Begriff des außenstehenden Aktionärs → § 295 Rn. 23–25.
[121] Vgl. RegBegr *Kropff* § 392.
[122] MüKoAktG/*Altmeppen* Rn. 97.
[123] MüKoAktG/*Altmeppen* Rn. 99.
[124] Vgl. *Bärenz/Fragel* FS Görg, 2010, 13 (20 ff.); *Dachner*, Der Abwendungsvergleich in § 302 Abs. 3 S. 2 AktG an der Schnittstelle von Gesellschafts-, Steuer- und Insolvenzrecht, 2013, 124 ff.
[125] *Bärenz/Fragel*, FS Görg, S. 13 (21); *Dachner*, Der Abwendungsvergleich in § 302 Abs. 3 S. 2 AktG an der Schnittstelle von Gesellschafts-, Steuer- und Insolvenzrecht, 2013, 144. AA *Hirte* Liber Amicorum Happ, 2006, 65 (68 ff.); Emmerich/Habersack/*Emmerich* Rn. 51a.
[126] Ausf. *Dachner*, Der Abwendungsvergleich in § 302 Abs. 3 S. 2 AktG an der Schnittstelle von Gesellschafts-, Steuer- und Insolvenzrecht, 2013, 152 ff.; ferner Emmerich/Habersack/*Emmerich* Rn. 51a.
[127] MüKoAktG/*Altmeppen* Rn. 96; *Hirte* Liber Amoricum Happ, 2006, 65 (69 ff.).

auf Ansprüche aus § 303 AktG – Ein Beitrag zur Verzahnung von Insolvenz- und Aktienrecht, ZIP 2012, 1001; *Eschenbruch*, Konzernhaftung, 1996; *Habersack*, Der persönliche Schutzbereich des § 303 AktG, FS Koppensteiner, 2001, 31; *Hattstein*, Gläubigersicherung durch das ehemals herrschende Unternehmen, 1995; *Henssler/Heiden*, Sicherung von Arbeitnehmeransprüchen bei der Beendigung von Beherrschungs- oder Gewinnabführungsverträgen, NZG 2010, 328; *Jaeger*, Sicherheitsleistung für Ansprüche aus Dauerschuldverhältnissen bei Kapitalherabsetzung, Verschmelzung und Beendigung eines Unternehmensvertrages, DB 1996, 1069; *Klöckner*, Ausfallhaftung der Obergesellschaft bei Beendigung eines Beherrschungs- oder Gewinnabführungsvertrags, ZIP 2011, 1454; *Krieger*, Sicherheitsleistung für Versorgungsrechte?, FS Nirk, 1992, 551; *Leinekugel/Winstel*, Sicherheitsleistung nach § 303 AktG (analog) bei der Beendigung von Unternehmensverträgen in mehrstufigen Konzern, AG 2012, 389; *Lwowski/Groeschke*, Die Konzernhaftung der §§ 302, 303 AktG als typische Sicherheit?, WM 1994, 613; *Mutschler*, Zur Endloshaftung des Sicherungsschuldners für Pensionsansprüche nach § 303 AktG, FS Säcker, 2011, 429; *Rittner*, Die Sicherheitsleistung bei der ordentlichen Kapitalherabsetzung, FS Oppenhoff, 1985, 317; *K. Schmidt*, Die konzernrechtliche Verlustübernahmepflicht als gesetzliches Dauerschuldverhältnis, ZGR 1983, 513; *Schröer*, Sicherheitsleistung für Ansprüche aus Dauerschuldverhältnissen bei Unternehmensumwandlungen, DB 1999, 317; *Ströhmann*, Haftungsfalle §§ 302, 303 AktG? – Kein Ende mit der Endloshaftung?, NZG 1999, 1030; *Veil*, Unternehmensverträge, 2003; *van Venrooy*, Probleme der Gläubigersicherung nach § 303 AktG, BB 1981, 1003.

Übersicht

	Rn.		Rn.
I. Normzweck	1–4	b) Stichtagsregelung	13
II. Voraussetzungen einer Pflicht zur Sicherheitsleistung (Abs. 1)	5–21	c) Dauerschuldverhältnisse	14–16
		4. Ausschlussfrist, Hinweis	17–19
1. Beendigung eines Beherrschungs- oder Gewinnabführungsvertrags	6, 7	5. Art und Weise der Sicherheitsleistung (Abs. 3)	20, 21
2. Anspruchsinhaber und -gegner	8, 9	**III. Ausfallhaftung**	22–25
3. Forderungen	10–16	**IV. Ausschluss der Sicherheitsleistung (Abs. 2)**	26–28
a) Begründung der Forderung	11, 12		

I. Normzweck

Das herrschende Unternehmen ist bei Bestehen eines Beherrschungs- oder Gewinnabführungsvertrags verpflichtet, gem. § 302 Abs. 1 die Verluste der Gesellschaft zu übernehmen. Die Gläubiger der Gesellschaft sind durch diese Globalhaftung des herrschenden Unternehmens angemessen geschützt. Anders stellt sich die Sach- und Rechtslage dar, wenn der Vertrag endet. Der Bestand der Gesellschaft ist nicht mehr durch die gesetzliche Verlusttragungspflicht des herrschenden Unternehmens gesichert. In dieser Situation wird die Gesellschaft häufig nur unter großen Anfangsschwierigkeiten wieder auf eigenen Füßen stehen können; unter Umständen ist es sogar zweifelhaft, ob sie auf sich gestellt überhaupt noch lebensfähig ist.[1] Das Ende der Verlustübernahmepflicht ist für die Gläubiger von einschneidender Bedeutung.[2] Deshalb sieht Abs. 1 der Vorschrift eine **Pflicht** des **anderen Vertragsteils** vor, den **Gläubigern** der Gesellschaft, deren Forderungen begründet worden sind, bevor die Eintragung der Beendigung des Vertrags bekannt gemacht worden ist, eine **Sicherheit** zu **leisten**. Auf diese Weise sollen die Gläubiger der Gesellschaft vor der **Gefahr geschützt** werden, dass sie mit ihren **Forderungen gegen** die **Gesellschaft ausfallen**.[3] Der Schutz durch Verlustausgleich und Sicherheitsleistung ist abschließend. Insbesondere besteht keine auf § 280 Abs. 1 S. 1 BGB, § 241 Abs. 2 BGB, §§ 31, 278 BGB gestützte schadensersatzbewehrte vertragliche **Pflicht** des herrschenden Unternehmens, die **abhängige Gesellschaft** so **auszustatten**, dass sie nach Beendigung des Beherrschungsvertrags etwaige **zukünftige Verbindlichkeiten erfüllen** kann.[4] Für solche Ausuferungen des Gläubigerschutzes ist im ausführlich geregelten Schutzregime der §§ 300–303 kein Raum.

Gläubiger, die im Falle eines Insolvenzverfahrens ausreichend gesichert sind, haben nach Abs. 2 der Vorschrift keinen Anspruch auf Sicherheitsleistung. Anderenfalls wären sie gegenüber anderen Gläubigern unsachgemäß im Vorteil.

Abs. 3 gestattet dem anderen Vertragsteil, die Sicherheitsleistung durch Übernahme einer Bürgschaft abzuwenden, was in der Praxis mittlerweile die Regel ist.[5] Der Gesetzgeber hat diese Möglich-

---

[1] RegBegr. *Kropff* S. 393.
[2] RegBegr. *Kropff* S. 393.
[3] Vergleichbare Regelungen sind für die ordentliche und vereinfachte Kapitalherabsetzung (§§ 225 und 233 Abs. 2), die Eingliederung (§ 321) und für Umwandlungen (§§ 22, 125, 204 UmwG) vorgesehen.
[4] So aber BAG ZIP 2009, 2166 (2169 f.): Herrschendes Unternehmen müsse abhängige Gesellschaft so ausstatten, dass diese nach Beendigung des Vertrags die für die Anpassung der Betriebsrenten erforderliche wirtschaftliche Leistungsfähigkeit besitze.
[5] Emmerich/Habersack/*Emmerich* Rn. 2.

keit geschaffen, um zu verhindern, dass der andere Vertragsteil wegen des plötzlichen Zwangs, in größerem Umfang Sicherheit zu leisten, in wirtschaftliche Schwierigkeiten gerät.[6]

4 Die Pflicht zur **Sicherheitsleistung** ist ein notwendiges **Pendant** zu der – das herrschende Unternehmen auch privilegierenden – **Verlustdeckungshaftung**.[7] Sie setzt nicht voraus, dass die Erfüllung der Forderung auf Grund der vorangegangenen Beherrschung bzw. Gewinnabführung gefährdet ist. Diese schematische Lösung des Gläubigerschutzes wird den facettenreichen Gründen einer vertraglichen Beherrschung nicht hinreichend gerecht. Häufig wird es dem herrschenden Unternehmen nicht darum gehen, die abhängige Gesellschaft „auszuplündern". So kann ihm beispielsweise lediglich daran gelegen sein, eine straff organisierte Konzernleitung durchzusetzen. Es ist daher erwägenswert, dem herrschenden Unternehmen den Einwand zu gestatten, dass die Gesellschaft am Tag der Beendigung des Unternehmensvertrags nicht qualifiziert unterkapitalisiert war.[8]

II. Voraussetzungen einer Pflicht zur Sicherheitsleistung (Abs. 1)

5 Voraussetzung für einen Anspruch auf Sicherheitsleistung gegenüber dem anderen Vertragsteil ist, dass ein Beherrschungs- oder Gewinnabführungsvertrag endet (→ Rn. 6), eine Forderung gegen die Gesellschaft begründet wurde, bevor die Eintragung der Vertragsbeendigung in das Handelsregister nach § 10 HGB bekannt gemacht worden ist (→ Rn. 8 ff.) und dass sich der Gläubiger beim anderen Vertragsteil binnen einer Frist von sechs Monaten seit Bekanntmachung der Eintragung meldet (→ Rn. 17 ff.).

6 **1. Beendigung eines Beherrschungs- oder Gewinnabführungsvertrags.** § 303 Abs. 1 verlangt, dass ein Beherrschungs- oder Gewinnabführungsvertrag iSv § 291 Abs. 1 S. 1 endet. Die Vorschrift ist ferner bei der Beendigung eines Geschäftsführungsvertrags (§ 291 Abs. 1 S. 2) anwendbar,[9] nicht dagegen bei der Beendigung eines anderen Unternehmensvertrags iSv § 292, da in diesen Fällen kein vergleichbares Bedürfnis besteht, die Gläubiger der Gesellschaft zu schützen.[10] Aus welchen Gründen der Vertrag beendet wird, ist irrelevant (**Aufhebung** [→ § 296 Rn. 4–14] oder **Kündigung** des Vertrags [→ § 297 Rn. 5–28], **Ablauf** der **Vertragsdauer** [→ § 297 Rn. 31], **Auflösung** der **Gesellschaft**,[11] **Umwandlung** einer **Vertragspartei** [→ § 297 Rn. 41–49]).

7 Die Vorschrift ist nur anwendbar, wenn der Vertrag wirksam beendet wurde.[12] Dies kann insbesondere bei der außerordentlichen Kündigung eines Beherrschungs- und Gewinnabführungsvertrags zweifelhaft sein[13] und daher erst nach einer gerichtlichen Auseinandersetzung feststehen, in der sich der andere Vertragsteil einer schwer zu durchschauenden komplexen Haftung ausgesetzt sieht.[14] In einem mehrstufigen Konzern hat die Beendigung der zwischen Mutter und Tochter sowie Tochter und Enkelin geschlossenen Unternehmensverträge zur Folge, dass die Gläubiger der Enkelin (E) und der Tochter (T) Ansprüche nur gegen den anderen Vertragsteil haben[15] – Gläubiger der E also gegen T und Gläubiger der T gegen M. Enden die Verträge gleichzeitig, so kann dies zur Folge haben, dass ein Gläubiger der E einen Anspruch gegen T erlangt und wenn danach die Beendigung des Vertrags zwischen M und T bekanntgemacht wird, zum Gläubiger von M wird.[16]

8 **2. Anspruchsinhaber und -gegner.** Einen **Anspruch** auf Sicherheitsleistung hat **jeder Gläubiger** der **Gesellschaft**. Es ist unerheblich, ob er originärer Anspruchsinhaber ist oder sich den Anspruch rechtsgeschäftlich hat abtreten oder im Wege der Zwangsvollstreckung hat überweisen lassen.[17]

---

[6] RegBegr. *Kropff* S. 393.
[7] *Veil* Unternehmensverträge 121.
[8] Vgl. *Hattstein*, Gläubigersicherung durch das ehemals herrschende Unternehmen, 1995, 159 ff.
[9] MüKoAktG/*Altmeppen* Rn. 5; Emmerich/Habersack/*Emmerich* Rn. 3; Hüffer/Koch/*Koch* Rn. 2.
[10] MüKoAktG/*Altmeppen* Rn. 5. Zu Recht krit. hinsichtlich des Betriebspacht- bzw. Betriebsüberlassungsvertrags Emmerich/Habersack/*Emmerich* Rn. 3.
[11] → § 297 Rn. 36–40. Ob die Auflösung der Gesellschaft zur Beendigung des Vertrags führt, ist streitig. Nach einer verbreiteten Meinung sollen ein Beherrschungs- und Gewinnabführungsvertrag nur suspendiert sein (→ § 297 Rn. 37), so dass keine Pflicht bestehe, die Verluste der Gesellschaft zu übernehmen. Doch sei der Fortfall der Verlustdeckungspflicht der in § 303 Abs. 1 erfassten Vertragsbeendigung gleichzustellen, so dass der andere Vertragsteil zur Sicherheitsleistung verpflichtet sei. Vgl. *K. Schmidt* ZGR 1983, 513 (530).
[12] Emmerich/Habersack/*Emmerich* Rn. 7.
[13] Zu den möglichen Kündigungsgründen → § 297 Rn. 10–17.
[14] Vgl. *Ströhmann* NZG 1999, 1030 (1031 ff.).
[15] Vgl. MüKoAktG/*Altmeppen* Rn. 37; Emmerich/Habersack/*Emmerich* Rn. 4; eingehend *Leinekugel/Winstel* AG 2012, 389 (391 ff.).
[16] Im Falle einer absteigenden Beendigung sollen nach *Leinekugel/Winstel* AG 2012, 389 (393 ff.) die Vorschriften des § 303 Abs. 1, 3 analog gelten.
[17] Kölner Komm AktG/*Koppensteiner* Rn. 21.

Anspruchsgegner ist der „anderer Vertragsteil", nicht die Gesellschaft als Schuldnerin der 9
Hauptforderung. Bei einer Mehrmütterherrschaft (→ § 291 Rn. 31) sind alle am Beherrschungs-
oder Gewinnabführungsvertrag beteiligten herrschenden Unternehmen als Gesamtschuldner zur
Sicherheitsleistung verpflichtet.[18] Ebenso zu behandeln ist der Fall, dass ein Unternehmen auf Seiten
der herrschenden Gesellschaft dem Vertrag beitritt[19] oder als herrschender Vertragsteil ausscheidet.[20]
Die Übernahme eines Beherrschungs- bzw. Gewinnabführungsvertrags durch ein anderes Unterneh-
men (→ § 295 Rn. 4 f.) löst ebenfalls eine Pflicht des ausgewechselten Unternehmens aus, den
Gläubigern Sicherheit zu leisten.[21]

3. Forderungen. Der Gläubiger muss Inhaber einer Forderung sein, die vor dem in § 303 Abs. 1 10
genannten Stichtag begründet worden ist. Unter einer **Forderung** ist jeder **schuldrechtliche
Anspruch** (§ 241 Abs. 1 BGB) zu verstehen, unabhängig davon, ob er auf vertraglicher oder gesetzlicher Grundlage beruht; Nebenforderungen sind eingeschlossen. Der Gläubiger eines dinglichen
Anspruchs kann dagegen keine Sicherheit verlangen, da er bereits hinreichend geschützt ist.[22] Sicherungsfähig sind jedoch **Ansprüche** aus dem **Eigentümer-Besitzer-Verhältnis** (§§ 987 ff. BGB),[23]
da diese schuldrechtlicher Natur sind[24] und ihrem Inhaber in der Insolvenz keine Vorrechte gewähren.[25] Die Forderung muss nicht auf Zahlung einer Geldsumme gerichtet sein. So sind Ansprüche
auf Lieferung von Sachen und Erbringung von Dienstleistungen ebenfalls unter den Begriff der
Forderung iSv § 303 Abs. 1 zu subsumieren.[26] Der Gläubiger muss seinen Anspruch auf Sicherheitsleistung notfalls gerichtlich durchsetzen. Im Prozess soll er nach Ansicht des OLG Köln seine zu
sichernde Forderung darzulegen und zu beweisen haben.[27] Diese Auslegung ist abzulehnen. Aus
Sinn und Zweck des § 303 folgt, dass ein Anspruch auf Sicherheitsleistung auch bezüglich bestrittener
Forderungen gegeben sein muss. Eine andere Beurteilung ist nur dann geboten, wenn die Forderung
offensichtlich unbegründet ist.[28]

a) Begründung der Forderung. „Begründet" iSv § 303 Abs. 1 ist die Forderung, wenn sich 11
die tatbestandlichen Voraussetzungen des Rechtsgrunds vor dem Stichtag verwirklicht haben, also
alle zu ihrer Entstehung erforderlichen Voraussetzungen vorliegen und es keiner weiteren Handlung
des Gläubigers bedarf.[29] Anders formuliert: Der vertragliche oder gesetzliche Entstehungsgrund muss
vor dem Stichtag abgeschlossen sein.

Folglich sind **befristete, auflösend** oder **aufschiebend bedingte Ansprüche** bereits „begrün- 12
det".[30] Die Höhe des Anspruchs muss noch nicht feststehen, was bei Schadensersatzansprüchen von
Relevanz ist.[31] Bei **Dauerschuldverhältnissen**[32] ist eine Forderung bereits mit **Vertragsabschluss**
begründet.[33] Es ist ferner nicht erforderlich, dass eine etwaige Gegenleistung bereits erbracht wurde.
Eine nicht fällige Forderung ist bereits begründet iSv § 303 und damit sicherungsfähig, weil der
Gläubiger nicht gezwungen sein soll, zunächst Befriedigung bei der Gesellschaft zu suchen.[34] Im Falle
eines auf mehrere Jahre geschlossenen Mietvertrags sind daher alle zukünftigen Mieten grundsätzlich
sicherungsfähige Forderungen. Selbst für bereits fällige Forderungen ist nach dem Wortlaut und
Zweck der Vorschrift Sicherheit zu leisten.[35]

---

[18] *Emmerich/Habersack/Emmerich* Rn. 14; *Kölner Komm AktG/Koppensteiner* Rn. 21.
[19] *MüKoAktG/Altmeppen* Rn. 8; *Emmerich/Habersack/Emmerich* Rn. 14.
[20] *MüKoAktG/Altmeppen* Rn. 9. AA *Kölner Komm AktG/Koppensteiner* Rn. 9 (allerdings mit der Maßgabe, dass bei späterer Totalbeendigung des Vertrags die Gläubiger den Ausscheidenden gem. § 303 in Anspruch nehmen könnten).
[21] *MüKoAktG/Altmeppen* Rn. 10; *Exner*, Beherrschungsvertrag und Vertragsfreiheit, 1984, 168 f. AA *Kölner Komm AktG/Koppensteiner* Rn. 8.
[22] *MüKoAktG/Altmeppen* Rn. 13; *Kölner Komm AktG/Koppensteiner* Rn. 11.
[23] *Emmerich/Habersack/Emmerich* Rn. 12; *Habersack* FS Koppensteiner, 2001, 31 (34).
[24] *Palandt/Bassenge* BGB Vor § 987 Rn. 1.
[25] *Habersack* FS Koppensteiner, 2001, 31 (34).
[26] *Emmerich/Habersack/Emmerich* Rn. 12.
[27] OLG Köln BB 2008, 1141; vgl. auch BAG ZIP 2009, 2166 (2167) (Klage sei hinreichend bestimmt).
[28] Die Frage ist ebenso wie bei § 225 zu beurteilen; vgl. zu dieser Vorschrift *MüKoAktG/Oechsler* § 225 Rn. 12; *K. Schmidt/Lutter/Veil* § 225 Rn. 10.
[29] *MüKoAktG/Altmeppen* Rn. 16; *Emmerich/Habersack/Emmerich* Rn. 13; *Kölner Komm AktG/Koppensteiner* Rn. 14.
[30] AllgM; vgl. *Hüffer/Koch/Koch* Rn. 3; *Emmerich/Habersack/Emmerich* Rn. 13.
[31] *Hüffer/Koch/Koch* Rn. 3; *Emmerich/Habersack/Emmerich* Rn. 13; *Kölner Komm AktG/Koppensteiner* Rn. 15.
[32] Zum Problem des zeitlichen Umfangs der Haftung → Rn. 14–16.
[33] BGHZ 116, 37 (46); 70, 132 (135).
[34] OLG Frankfurt/Main AG 2001, 139 (140); *Hüffer/Koch/Koch* Rn. 3.
[35] *Hüffer/Koch/Koch* Rn. 3; *Habersack* FS Koppensteiner, 2001, 31 (35).

13 **b) Stichtagsregelung.** Der **Rechtsgrund** muss vor dem in Abs. 1 genannten Stichtag verwirklicht worden sein, also **bevor die Eintragung der Beendigung des Vertrags in das Handelsregister (§ 298) bekannt gemacht worden ist.** Ausschlaggebend ist folglich, dass die Forderung vor diesem Termin begründet wurde, so dass selbst diejenigen Gläubiger einen Anspruch auf Sicherheitsleistung haben, die vor Abschluss des Unternehmensvertrags Inhaber der Forderung wurden.[36] Dasselbe gilt, wenn die Forderung zwischen der Vertragsbeendigung und dem Stichtag begründet wurde. So hat beispielsweise ein Gläubiger selbst dann einen Anspruch auf Sicherheitsleistung, wenn seine Forderung nach der Bekanntmachung (die aber noch nicht als erfolgt gilt) begründet wurde und er Kenntnis von der Beendigung des Vertrags bzw. der Bekanntmachung hatte. Dieser früher auch praktisch relevant gewesene Fall[37] ist seit dem EHUG nicht mehr vorstellbar, weil für den Eintritt der Wirkungen der Bekanntmachung ausschließlich die elektronische Bekanntmachung maßgeblich ist.

14 **c) Dauerschuldverhältnisse.** Da es für die Begründung einer Forderung aus einem Dauerschuldverhältnis nicht darauf ankommt, dass die Forderung fällig ist (→ Rn. 12), könnten Gläubiger eines vor dem Stichtag geschlossenen Dauerschuldverhältnisses gegebenenfalls noch mehrere Jahre nach Ende des Unternehmensvertrags Sicherheit vom herrschenden Unternehmen verlangen. Im Ergebnis besteht Einigkeit darüber, dass eine solche „Endloshaftung" der herrschenden Gesellschaft unzumutbar ist. Zweifelhaft ist allerdings, wie eine zeitliche Begrenzung der Haftung begründet werden kann.

15 Denkbar ist zum einen, die Vorschriften über die Enthaftung des Erwerbers bei Firmenfortführung (§ 26 HGB) und des ausscheidenden Gesellschafters einer Personengesellschaft (§ 160 HGB) analog anzuwenden.[38] Zum anderen wird – mit Blick auf die in § 22 Abs. 1 S. 2 UmwG zur Verschmelzung getroffenen Regelung[39] – vertreten, es sei auf das konkret zu bestimmende Sicherungsinteresse des Gläubigers abzustellen.[40] Nach dieser Lösung könnte bei einem unbefristeten Dauerschuldverhältnis nur für solche Forderungen Sicherheit verlangt werden, die bis zur ersten möglichen ordentlichen Kündigung des Vertragsverhältnisses nach dem Ende des Unternehmensvertrags entstehen. Bei einem befristeten Dauerschuldverhältnis müsste das Sicherungsinteresse des Gläubigers im Einzelfall festgestellt werden; allerdings würde der künftig fällig werdende Gesamtbetrag die Obergrenze darstellen.[41]

16 Vorzugswürdig ist es, die in **§§ 26, 160 HGB** vorgesehenen **Enthaftungsregeln entsprechend anzuwenden.** Es ist nicht ersichtlich, dass der Gesetzgeber mit dem Nachhaftungsbegrenzungsgesetz vom 18.3.1994 (BGBl. 1994 I 560) die Problematik hatte abschließend regeln wollen. Die in den genannten Vorschriften erfassten Kriterien sind geeignet, um sowohl dem Sicherungsinteresse des Gläubigers als auch dem Interesse des anderen Vertragsteils, keiner zeitlich unbeschränkten Haftung ausgesetzt zu sein, angemessen Rechnung zu tragen. Die bei der Beendigung eines Unternehmensvertrags anzutreffenden Interessenlagen sind mit jenen beim Ausscheiden eines Gesellschafters aus einer Personenhandelsgesellschaft vergleichbar.[42] Dies hat der BGH in seiner Entscheidung vom 7.10.2014 anerkannt und entschieden, dass der Anspruch der Gläubiger einer abhängigen Gesellschaft auf eine Sicherheitsleistung für Verbindlichkeiten, die bis zur Bekanntmachung der Eintragung der Beendigung des Beherrschungs- oder Gewinnabführungsvertrags begründet, aber erst danach fällig werden, entsprechend den Nachhaftungsregeln in §§ 26, 160 HGB und § 327 Abs. 4 AktG auf Ansprüche, die vor Ablauf von fünf Jahren nach der Bekanntmachung fällig werden, begrenzt ist[43]

17 **4. Ausschlussfrist, Hinweis.** Der Anspruch auf Sicherheitsleistung besteht nur, wenn sich der Gläubiger binnen einer Frist von sechs Monaten nach Bekanntmachung der Eintragung beim ehemaligen anderen Vertragsteil zu diesem Zweck meldet. Hierbei handelt es sich um eine materiell-

---

[36] Emmerich/Habersack/*Emmerich* Rn. 9. Der BGH hat die Frage offen gelassen, aber zum Ausdruck gebracht, dieser Auslegung folgen zu wollen; vgl. BGHZ 115, 187 (199) – Video.

[37] Hüffer/Koch/*Koch* Rn. 4; Kölner Komm AktG/*Koppensteiner* Rn. 13.

[38] Emmerich/Habersack/*Emmerich* Rn. 13c; *Habersack* FS Koppensteiner, 2001, 31 (38 f.); *Hattstein*, Gläubigersicherung durch das ehemals herrschende Unternehmen, 1995, 118 ff.; ähnlich *Jaeger* DB 1996, 1069 (1070 f.); jetzt auch BGHZ 202, 317.

[39] Der BGH hat zur Begrenzung des auf Grund einer Verschmelzung nach § 26 Abs. 1 S. 1 KapErhG aF erfolgten Sicherungsverlangens ebenfalls auf § 22 Abs. 1 S. 2 UmwG hingewiesen. Vgl. BGH NJW 1996, 1539.

[40] OLG Hamm AG 2008, 898 (899 f.); OLG Frankfurt AG 2001, 139 (141) (freilich ohne Auseinandersetzung mit der anderen Lösung); Hüffer/Koch/*Koch* Rn. 3; *Mutschler* FS Säcker, 2011, 429 (443 ff.); offen gelassen von OLG Zweibrücken GmbHR 2004, 802 (803).

[41] Vgl. BGH NJW 1996, 1539 (1540) zur Verschmelzung; ausf. OLG Hamm AG 2008, 898 (899); ferner MüKoAktG/*Altmeppen* Rn. 31 f.

[42] *Habersack* FS Koppensteiner, 2001, 31 (38).

[43] BGHZ 202, 317 Leitsatz.

rechtliche Ausschlussfrist, so dass auch ein nicht schuldhaftes Verstreichen der Frist zum Anspruchsverlust führt. § 15 HGB ist nicht anwendbar.[44]

Die Frist beginnt an dem Tag zu laufen, der auf den **Stichtag** folgt.[45] Die Meldung kann bereits 18 vor Fristbeginn erfolgen, muss jedoch vor Fristablauf dem anderen Vertragsteil zugegangen sein (§ 130 Abs. 1 BGB). Eine besondere Form sieht das Gesetz hierfür nicht vor; eine mündliche Meldung genügt daher. Zu beachten ist, dass der andere Vertragsteil erkennen können muss, dass er Sicherheit leisten soll (Meldung „zu diesem Zweck"). Die konkrete Höhe braucht aber nicht angegeben zu werden.[46]

Die Gläubiger sind in der Bekanntmachung der Eintragung auf ihr Recht auf Sicherheitsleistung 19 hinzuweisen (§ 303 Abs. 1 S. 2). Sollte der Hinweis fehlen, so hat dies allerdings keine Auswirkungen auf den Lauf der vom Gläubiger zu beachtenden Fristen.[47] Der Gläubiger kann den Registerrichter auf Schadensersatz in Anspruch nehmen (Amtshaftung).

5. Art und Weise der Sicherheitsleistung (Abs. 3). Der Anspruch auf Sicherheitsleistung 20 bestimmt sich nach den §§ 232 ff. BGB. Von erheblicher praktischer Bedeutung ist, dass der **andere Vertragsteil** sich stattdessen für die **Forderung verbürgen** kann (§ 303 Abs. 3 S. 1). Dieser soll davor geschützt werden, nach Ende des Unternehmensvertrags in großem Umfang Liquidität zur Verfügung stellen zu müssen, während die Interessen des Gläubigers mit einer Bürgschaft ebenso gewahrt werden.[48] Die Übernahme einer Bürgschaft und damit der Abschluss eines entsprechenden Vertrags mit dem Gläubiger stehen im alleinigen Ermessen des anderen Vertragsteils. Der Gläubiger kann nicht verlangen, dass der andere Vertragsteil eine Bürgschaft übernimmt. Sollte er allerdings den Abschluss eines Bürgschaftsvertrags ablehnen, so verliert er seinen Anspruch auf Sicherheitsleistung.[49] Hat der andere Vertragsteil sein Wahlrecht hinsichtlich der Sicherheitsleistung ausgeübt – es handelt sich um eine Wahlschuld, vgl. § 262 BGB – beschränkt sich der Anspruch auf diese Art der Sicherung (vgl. § 263 Abs. 2 BGB).[50]

Der **Umfang** der **Bürgschaft** richtet sich nach der jeweiligen Forderung, einschließlich etwaiger 21 Zinsen. Der aus der Bürgschaft verpflichtete andere Vertragsteil ist – entgegen § 349 HGB – in jedem Fall berechtigt, die Einrede der Vorausklage (§ 771 BGB) geltend zu machen (§ 303 Abs. 3 S. 2);[51] § 239 Abs. 2 BGB findet keine Anwendung.

III. Ausfallhaftung

§ 303 Abs. 1 räumt dem Gläubiger lediglich einen Anspruch auf Sicherheitsleistung ein. Einen 22 direkten Zahlungsanspruch gegenüber dem anderen Vertragsteil gewährt die Vorschrift nicht. Allerdings besteht mittlerweile Einigkeit darüber, dass der Gläubiger den anderen Vertragsteil unmittelbar in Anspruch nehmen kann, wenn feststeht, dass er mit seiner Forderung gegen die Gesellschaft endgültig ausfällt. Zweifelhaft ist freilich immer noch, wie dieser **Zahlungsanspruch** zu begründen und unter welchen Voraussetzungen er anzuerkennen ist.

Ausgangspunkt der Diskussion bildeten die Entscheidungen des BGH zum qualifizierten faktischen Konzern. Der II. Zivilsenat meinte, dass es keinen Sinn mache, zunächst Sicherheiten zu gewähren, wenn die abhängige Gesellschaft vermögenslos sei und daher nicht mehr selbst erfüllen könne. Dies gelte auch dann, wenn der Gesellschaft ein Verlustausgleichsanspruch zustehe und sie deshalb nicht als völlig vermögenslos angesehen werden könne. Das herrschende Unternehmen dürfe sich, vom Gläubiger unmittelbar in Anspruch genommen, gem. § 242 BGB nicht darauf berufen, dass sich der Gläubiger zunächst an die Gesellschaft halten und Befriedigung auf dem Umwege der Pfändung des Ausgleichsanspruchs suchen müsse.[52]

---

[44] Kölner Komm AktG/*Koppensteiner* Rn. 18; *Ströhmann* NZG 1999, 1030 (1033 ff.).
[45] Emmerich/Habersack/*Emmerich* Rn. 16.
[46] MüKoAktG/*Altmeppen* Rn. 22; Emmerich/Habersack/*Emmerich* Rn. 17; *Eschenbruch* Konzernhaftung Rn. 3140. Vgl. LAG Frankfurt/Main AG 1989, 256 (257) (ausreichend, wenn der andere Vertragsteil die Forderungshöhe selbst berechnen kann). AA Hüffer/Koch/*Koch* Rn. 5; Kölner Komm AktG/*Koppensteiner* Rn. 19.
[47] Hüffer/Koch/*Koch* Rn. 5.
[48] RegBegr. *Kropff* S. 393.
[49] MüKoAktG/*Altmeppen* Rn. 60; Emmerich/Habersack/*Emmerich* Rn. 22; *Lwowski/Groeschke* WM 1994, 613 (618). AA *Veit*, Unternehmensverträge und Eingliederung als aktienrechtliche Instrumente der Unternehmensverbindung, 1974, 109.
[50] OLG Hamm AG 2008, 898 (900); K. Schmidt/Lutter/*Stephan* Rn. 25.
[51] Emmerich/Habersack/*Emmerich* Rn. 20; K. Schmidt/Lutter/*Stephan* Rn. 27; unentschieden Hüffer/Koch/*Koch* Rn. 9.
[52] BGHZ 95, 330 (347) – Autokran; vgl. ferner BGHZ 105, 168 (183) – HSW; BGHZ 115, 187 (200) – Video; BGHZ 116, 37 (42) – Stromlieferungen.

24 Diese Überlegungen können auch bei einer unmittelbaren Anwendung des § 303 fruchtbar gemacht werden. So kann der **Gläubiger** den **anderen Vertragsteil direkt** auf **Zahlung in Anspruch** nehmen, wenn die **Eröffnung** des **Insolvenzverfahrens** über das Vermögen der abhängigen AG **mangels Masse abgelehnt,** aus diesem Grunde **eingestellt** oder die **Gesellschaft** wegen Vermögenslosigkeit im **Handelsregister gelöscht** worden ist.[53] Ebenso ist es zu beurteilen, wenn ein Insolvenzverfahren über das Vermögen der abhängigen Gesellschaft eröffnet worden, aber noch nicht abgeschlossen ist.[54] In diesem Fall ist es zwar denkbar, dass der insolventen Gesellschaft noch Ansprüche auf Verlustausgleich gem. § 302 Abs. 1 zustehen.[55] Doch rechtfertigt dieser Umstand keine andere Beurteilung. Es ist schwerlich einzusehen, warum der Gläubiger darauf verwiesen sein sollte, die Leistung einer Sicherheit zu verlangen und diese zu verwerten (wozu er in der Insolvenz berechtigt ist[56]).[57]

25 Wird der andere Vertragsteil nach den dargestellten Grundsätzen auf Zahlung in Anspruch genommen, so kann er analog § 322 Abs. 2 Einwendungen geltend machen und analog § 322 Abs. 3 die Befriedigung des Gläubigers verweigern.[58] Auf den Zahlungsanspruch ist § 93 InsO anzuwenden, um einen Wettlauf der Gläubiger auszuschließen.[59]

IV. Ausschluss der Sicherheitsleistung (Abs. 2)

26 Das Recht, Sicherheitsleistung zu verlangen, steht denjenigen **Gläubigern** nicht zu, die im Fall des **Insolvenzverfahrens** ein **Recht** auf **vorzugsweise Befriedigung** aus einer **Deckungsmasse** haben, die nach gesetzlicher Vorschrift **zu ihrem Schutz errichtet** und **staatlich überwacht** ist. Anspruch auf Befriedigung aus einer besonderen Deckungsmasse haben die Inhaber bestimmter Pfandbriefe (§ 30 PfandBG), Inhaber der gedeckten Schuldverschreibungen der Landwirtschaftlichen Rentenbank (§ 13 LwRentBkG)[60] sowie Gläubiger der mit einer Versicherungsgesellschaft geschlossenen Lebens-, Unfall- und Krankenversicherung (§§ 130, 315 VAG).[61]

27 Der Vorschrift liegt die Überlegung zu Grunde, dass ein Gläubiger nicht gegenüber anderen bevorzugt werden soll, sofern er bereits hinreichend gesichert ist. Dieser Gedanke kann verallgemeinert werden: Ein bereits hinlänglich gesicherter Gläubiger hat keinen Anspruch, vom anderen Vertragsteil gem. § 303 Abs. 1 die Leistung einer Sicherheit zu verlangen (§ 242 BGB).[62] Zweifelhaft ist allerdings, wann dies anzunehmen ist. Ein klares Meinungsbild hat sich zu den verschiedenen, in Betracht kommenden Fällen noch nicht herausgebildet. So ist bislang lediglich anerkannt, dass die **Inhaber betrieblicher Ruhegeldansprüche**[63] und **unverfallbarer Versorgungsanwartschaften** über den **Pensionssicherungsverein ausreichend geschützt** sind (§ 7 Abs. 1 und 2 BetrAVG). Ferner haben **Gläubiger,** die durch **Grundpfandrechte** oder **dingliche Sicherheiten** (beispielsweise durch eine Sicherungsübereignung) einen besonderen Insolvenzschutz genießen, **keinen Anspruch** auf Sicherheitsleistung.[64]

28 Schließlich besteht auch kein Bedürfnis, für Ansprüche auf Anpassung einer Betriebsrente (vgl. §§ 4, 16 BetrAVG) einen Anspruch auf Sicherheitsleistung anzuerkennen.[65]

---

[53] Emmerich/Habersack/*Emmerich* Rn. 24; Kölner Komm AktG/*Koppensteiner* Rn. 25; K. Schmidt/Lutter/*Stephan* Rn. 29; *Bork* ZIP 2012, 1001 (1002); *Klöckner* ZIP 2011, 1454 (1455 ff.).

[54] Emmerich/Habersack/*Emmerich* Rn. 25; *Eschenbruch* Konzernhaftung Rn. 3143; *Habersack* FS Koppensteiner, 2001, 21 (32); *Bork* ZIP 2012, 1001 (1004); ausf. MüKoAktG/*Altmeppen* Rn. 43 ff. AA Kölner Komm AktG/*Koppensteiner* Rn. 25; OLG Frankfurt NZG 2000, 933 (934). Nach Auffassung von Hüffer/Koch/*Koch* Rn. 7 soll sich die Debatte über die Anerkennung eines direkten Zahlungsanspruchs nach der Aufgabe der zum qualifizierten faktischen Konzern vertretenen Grundsätze (wohl) erledigt haben.

[55] Sofern solche Ansprüche bestehen, ist es sogar denkbar, dass der Insolvenzgrund der Überschuldung oder Zahlungsunfähigkeit entfällt. Vgl. MüKoAktG/*Altmeppen* Rn. 49.

[56] Ausf. MüKoAktG/*Altmeppen* Rn. 43 ff. (unter Hinweis auf § 773 Abs. 1 Nr. 3 BGB).

[57] Vgl. BGHZ 95, 330 (348) – Autokran; MüKoAktG/*Altmeppen* Rn. 52 f.

[58] BGHZ 95, 330 (348) – Autokran.

[59] Vgl. *Bork* ZIP 2012, 1001 (1055 ff.); K. Schmidt/Lutter/*Stephan* Rn. 29; Emmerich/Habersack/*Emmerich* Rn. 25. AA GroßkommAktG/*Hirte* Rn. 12; vgl. auch OLG Frankfurt NZG 2000, 933 (934): keine Anwendung des § 171 Abs. 2 HGB.

[60] Emmerich/Habersack/*Emmerich* Rn. 26; K. Schmidt/Lutter/*Stephan* Rn. 23.

[61] Vgl. Hölters/*Haberstock/Greitemann* § 225 Rn. 12.

[62] MüKoAktG/*Altmeppen* Rn. 57; Hüffer/Koch/*Koch* Rn. 8; Emmerich/Habersack/*Emmerich* Rn. 27; *Lwowski/Groeschke* WM 1994 613 (619 f.); Grigoleit/*Servatius* Rn. 11.

[63] BAG AG 1997, 268 (269) (zu § 374 AktG aF, ua auf der Grundlage einer entsprechenden Anwendung des § 303); *Krieger* FS Nirk, 1992, 551 (559 f.); MüKoAktG/*Altmeppen* Rn. 56; Emmerich/Habersack/*Emmerich* Rn. 27.

[64] MüKoAktG/*Altmeppen* Rn. 57; Emmerich/Habersack/*Emmerich* Rn. 27; *Habersack* FS Koppensteiner, 2001, 31 (34 f.); zweifelnd hinsichtlich Insolvenzvorrechte und Absonderungsrechte Hüffer/Koch/*Koch* Rn. 8; aA *Rittner* FS Oppenhoff, 1985, 317 (326).

[65] BAG ZIP 2009, 2166 (2168 f.); dazu *Böhm* DB 2009, 2376.

Vierter Abschnitt. Sicherung der außenstehenden Aktionäre bei Beherrschungs- und Gewinnabführungsverträgen

§ 304 Angemessener Ausgleich

(1) ¹Ein Gewinnabführungsvertrag muß einen angemessenen Ausgleich für die außenstehenden Aktionäre durch eine auf die Anteile am Grundkapital bezogene wiederkehrende Geldleistung (Ausgleichszahlung) vorsehen. ²Ein Beherrschungsvertrag muß, wenn die Gesellschaft nicht auch zur Abführung ihres ganzen Gewinns verpflichtet ist, den außenstehenden Aktionären als angemessenen Ausgleich einen bestimmten jährlichen Gewinnanteil nach der für die Ausgleichszahlung bestimmten Höhe garantieren. ³Von der Bestimmung eines angemessenen Ausgleichs kann nur abgesehen werden, wenn die Gesellschaft im Zeitpunkt der Beschlußfassung ihrer Hauptversammlung über den Vertrag keinen außenstehenden Aktionär hat.

(2) ¹Als Ausgleichszahlung ist mindestens die jährliche Zahlung des Betrags zuzusichern, der nach der bisherigen Ertragslage der Gesellschaft und ihren künftigen Ertragsaussichten unter Berücksichtigung angemessener Abschreibungen und Wertberichtigungen, jedoch ohne Bildung anderer Gewinnrücklagen, voraussichtlich als durchschnittlicher Gewinnanteil auf die einzelne Aktie verteilt werden könnte. ²Ist der andere Vertragsteil eine Aktiengesellschaft oder Kommanditgesellschaft auf Aktien, so kann als Ausgleichszahlung auch die Zahlung des Betrags zugesichert werden, der unter Herstellung eines angemessenen Umrechnungsverhältnisses auf Aktien der anderen Gesellschaft jeweils als Gewinnanteil entfällt. ³Die Angemessenheit der Umrechnung bestimmt sich nach dem Verhältnis, in dem bei einer Verschmelzung auf eine Aktie der Gesellschaft Aktien der anderen Gesellschaft zu gewähren wären.

(3) ¹Ein Vertrag, der entgegen Absatz 1 überhaupt keinen Ausgleich vorsieht, ist nichtig. ²Die Anfechtung des Beschlusses, durch den die Hauptversammlung der Gesellschaft dem Vertrag oder einer unter § 295 Abs. 2 fallenden Änderung des Vertrags zugestimmt hat, kann nicht auf § 243 Abs. 2 oder darauf gestützt werden, daß der im Vertrag bestimmte Ausgleich nicht angemessen ist. ³Ist der im Vertrag bestimmte Ausgleich nicht angemessen, so hat das in § 2 des Spruchverfahrensgesetzes bestimmte Gericht auf Antrag den vertraglich geschuldeten Ausgleich zu bestimmen, wobei es, wenn der Vertrag einen nach Absatz 2 Satz 2 berechneten Ausgleich vorsieht, den Ausgleich nach dieser Vorschrift zu bestimmen hat.

(4) Bestimmt das Gericht den Ausgleich, so kann der andere Vertragsteil den Vertrag binnen zwei Monaten nach Rechtskraft der Entscheidung ohne Einhaltung einer Kündigungsfrist kündigen.

Schrifttum: *Altmeppen,* Die unzulängliche Abfindungsregelung beim Squeeze out, ZIP 2010, 1773; *Baldamus,* Gestaltungsspielraum bei Art und Maß von Ausgleichszahlungen nach § 304 AktG, Ubg 2010, 483; *Baums,* Der Ausgleich nach § 304 AktG, 2006; *W. F. Bayer,* Mehrstufige Unternehmensverträge, FS Ballerstedt, 1975, 157; *Beckmann/Simon,* Ist ein Ausgleich gemäß § 304 AktG nach der Unternehmenssteuerreform anzupassen?, ZIP 2001, 1906; *Bilda,* Erwerb der Ausgleichs- und Abfindungsrechte außenstehender Aktionäre, AG 2008, 641; *Bilda,* Zum Geltungsgrund der Ausgleichs- und Abfindungsregelungen in den §§ 304, 305 AktG, FS Hüffer, 2010, 49; *Bungert/Janson,* Im Spannungsfeld von Unternehmensvertrag und Squeeze-out: Gibt es einen zeitanteiligen Ausgleichsanspruch nach § 304 AktG?, FS Schneider, 2011, 159; *Busch,* Der Zinsanspruch des Aktionärs bei unangemessenen Bar-Kompensationsansprüchen gem. §§ 304 Abs. 3 S. 3, 305 Abs. 5 S. 2 AktG, AG 1993, 1; *Casper,* Genussscheine von Banken nach einer Konzernierung des Emittenten, ZIP 2012, 497; *Ekkenga/Becker,* Genussrechte im Vertragskonzern, Der Konzern 2011, 593; *Emmerich,* Anmerkungen zur Beurteilung von Unternehmen im Aktienrecht, FS Schneider, 2011, S. 323; *Exner,* Beherrschungsvertrag und Vertragsfreiheit, 1984; *Fleischer/Hüttemann* (Hrsg.), Rechtshandbuch Unternehmensbewertung, 2015; *Geng,* Erneute Ausgleichs- und Abfindungsansprüche beim Beitritt zu einem Beherrschungsvertrag, NZG 1998, 715; *Großfeld/Frantzmann,* „Da mihi facta": Unternehmensbewertung, FS Beuthien, 2009, 155; *G. Hartmann/A. Hartmann,* Zur Frage eines „Null-Ausgleichs" nach § 304 AktG, FS Pleyer, 1986, 287; *Hommelhoff,* Der Beitritt zum Beherrschungsvertrag und seine Auswirkungen auf die Sicherung außenstehender Aktionäre, FS Claussen, 1997, 129; *Hüchting,* Abfindung und Ausgleich im aktienrechtlichen Beherrschungsvertrag, 1972; *Kamprad,* Ausgleichszahlungen nach § 304 AktG in einem mehrstufigen Konzern, AG 1986, 321; *Kley,* Die Rechtsstellung der außenstehenden Aktionäre bei der vorzeitigen Beendigung von Unternehmensverträgen, 1986; *Koppensteiner,* Ordentliche Kapitalerhöhungen und dividendenabhängige Ansprüche Dritter, ZHR 139 (1975), 191; *Kort,* Ausgleichs- und Abfindungsrechte (§§ 304, 305 AktG) beim Beitritt eines herrschenden Unternehmens zu einem Beherrschungsvertrag, ZGR 1999, 402; *Kübler,* Gerichtliche Entscheidungen als Spielsteine der Konzernstrategie?, FS Goerdeler, 1987, 279; *Lutter/*

Drygala, Wie fest ist der feste Ausgleich nach § 304 Abs. 2 S. 1 AktG? AG 1995, 49; *W. Meilicke*, Die Berechnung der Ausgleichszahlung nach § 304 II 1 AktG, DB 1974, 417; *W. Meilicke*, Beendigung des Spruchstellenverfahrens durch Beendigung des Unternehmensvertrages?; AG 1995, 181; *W. Meilicke*, Gewinnbezugsrecht nach Wirksamwerden des Squeeze-out, AG 2010, 561; *Meyer*, Möglichkeiten und Grenzen der Einbeziehung nachträglich erlangter Informationen bei der Bewertung von Unternehmen, AG 2015, 16; *Mülbert*, Aktiengesellschaft, Unternehmensgruppe und Kapitalmarkt, 2. Aufl. 1996; *Pentz*, Die Rechtsstellung der Enkel-AG in einer mehrstufigen Unternehmensverbindung, 1994; *Pentz*, Die verbundene Aktiengesellschaft als außenstehender Aktionär, AG 1996, 97; *Pentz*, Mitwirkungsrechte und Sicherung außenstehender Aktionäre im Falle der Änderung eines Unternehmensvertrags durch Beitritt eines weiteren Unternehmens, FS Kropff, 1997, 225; *Pluskat/Wiegand*, Genussscheininhaber: Schuldrechtliche Gläubiger oder „Schattenaktionäre"?, DB 2012, 1081; *Popp*, Fester Ausgleich bei Beherrschungs- und/oder Gewinnabführungsverträgen, WPg 2008, 23; *Rezori*, Abwicklung von durchgeführten Spruchverfahren über Unternehmensverträge: Gläubiger des Ausgleichsergänzungsanspruchs bei zwischenzeitlichem Wechsel des Aktionärskreises, NZG 2008, 812; *Röhricht*, Die Rechtsstellung der außenstehenden Aktionäre beim Beitritt zum Beherrschungsvertrag, ZHR 162 (1998), 249; *Schnorbus*, Der variable Ausgleich nach § 304 Abs. 2 S. 2 AktG – Der Versuch einer Wiederbelebung –, ZHR 181 (2017), 902; *Schwenn*, Der Ausgleichs- und Abfindungsanspruch der außenstehenden Aktionäre im Unternehmensvertrag bei Eintritt neuer Umstände, 1998; *Veil*, Unternehmensverträge, 2003; *Vetter*, Die Entschädigung der Minderheitsaktionäre im Vertragskonzern erneut vor dem Bundesverfassungsgericht, ZIP 2000, 561; *Wasmann*, Die Bedeutung des Börsenkurses bei der Ermittlung gesetzlich geschuldeter Kompensationen im Rahmen von Umstrukturierungen, FS Beuthien, 2009, 268; *Wiesner/Wobbe*, Das Zinsniveau sowie weitere Parameter der Unernehmensbewertung im aktuellen Niedrigzinsumfeld, DB 2017, 1725; *Zöllner*, Die Anpassung dividendensatzbezogener Verpflichtungen von Kapitalgesellschaften bei effektiver Kapitalerhöhung, ZGR 1986, 288.

Übersicht

	Rn.
I. Normzweck	1–6a
II. Ausgleichspflicht (Abs. 1)	7–39
1. Rechtsgrundlage	7–9
2. Voraussetzungen	10–33
a) Gewinnabführungsvertrag oder Beherrschungsvertrag	10–13
b) Außenstehende Aktionäre als Gläubiger	14–31
c) Schuldner	32, 33
3. Fälligkeit, Verzinsung und Verjährung	34–36
4. Beendigung des Anspruchs	37–38
5. Verkehrsfähigkeit	39
III. Arten des Ausgleichs (Abs. 1 und 2)	40–50
1. Überblick	40–42
2. Gewinnabführungsvertrag (Abs. 1 S. 1)	43–48
a) Feste Ausgleichszahlung	43, 44
b) Variable Ausgleichszahlung	45–48
3. Isolierter Beherrschungsvertrag (Abs. 1 S. 2 und Abs. 2 S. 2)	49, 50
IV. Angemessenheit des Ausgleichs (Abs. 1 und 2)	51–68
1. Stichtag der Bewertung	51–53
2. Feste Ausgleichszahlung	54–61
a) Überblick	54–55
b) Bisherige Ertragslage	56
c) Zukunftsorientierte Ertragswertbetrachtung	57–60
d) Keine Untergrenze der angemessenen Verzinsung	61
3. Variable Ausgleichszahlung	62–68
a) Überblick	62
b) Dividende als Anknüpfungspunkt	63–67
c) Umrechnung nach Verschmelzungswertrelation	68
V. Wesentliche Veränderungen der maßgeblichen Verhältnisse	69–83
1. Überblick	69, 70
2. Kapitalveränderungen	71–75
a) Kapitalmaßnahmen im herrschenden Unternehmen	71–73
b) Kapitalmaßnahmen in der abhängigen Gesellschaft	74, 75
3. Strukturveränderungen	76–81
a) Beitritt eines neuen herrschenden Unternehmens	76–78
b) Übergang auf isolierte Beherrschung	79
c) Umwandlungstatbestände	80
d) Konzernierung des anderen Vertragsteils	81
4. Umstellungen des Grundkapitals	82
5. Anpassungsklauseln	83
VI. Rechtsfolgen vertraglicher Mängel (Abs. 3)	84–88
1. Überblick	84
2. Fehlender Ausgleich	85, 86
3. Kein angemessener Ausgleich	87, 88
VII. Kündigungsrecht (Abs. 4)	89, 90

I. Normzweck

1 Die Vorschrift bestimmt, dass ein Gewinnabführungs- und ein Beherrschungsvertrag einen Ausgleich zugunsten der außenstehenden Aktionäre, die in der abhängigen Gesellschaft verbleiben, vorsehen müssen. Die Ausgleichszahlung soll die entfallende Dividende kompensieren.[1] In Abs. 1

---
[1] BGHZ 156, 57, 61; BGHZ 166, 195, 197.

wird die **Art** des angemessenen **Ausgleichs** bestimmt. So ist bei Gewinnabführungsverträgen eine auf die **Anteile am Grundkapital bezogene wiederkehrende Geldleistung** zu entrichten[2] und bei Beherrschungsverträgen ein **Gewinnanteil** nach der für die Ausgleichszahlung bestimmten Höhe zu garantieren. Für die Höhe der Ausgleichszahlung sieht Abs. 2 eine **feste** und eine **veränderliche Bemessung** vor. Abs. 3 regelt die Rechtsfolgen, wenn ein Beherrschungs- oder Gewinnabführungsvertrag keinen oder einen unangemessenen Ausgleich gewährt. Im ersten Fall ist der Vertrag gem. Abs. 3 S. 1 nichtig. Bezüglich des zweiten Falls bestimmt Abs. 3 S. 2, dass die Rechtsverletzung nicht durch Anfechtungsklage geltend gemacht werden kann. Stattdessen ist in einem Spruchverfahren zu beantragen, dass das Gericht einen angemessenen Ausgleich bestimmt (Abs. 3 S. 3). Das Spruchverfahren war ursprünglich in § 306 geregelt und ist seit dem 1.9.2003 im Spruchverfahrensgesetz erfasst.[3] Bestimmt das Gericht einen höheren Ausgleich, so kann der andere Vertragsteil den Vertrag außerordentlich kündigen (Abs. 4).

Von der **Bestimmung** eines angemessenen **Ausgleichs** kann nach Abs. 1 S. 3 nur **abgesehen** 2 werden, wenn die **Gesellschaft** im Zeitpunkt ihres Hauptversammlungsbeschlusses über die Zustimmung zum Vertrag **keinen außenstehenden Aktionär** hat. Erhält die Gesellschaft später einen außenstehenden Aktionär, endet der Vertrag gem. § 307. Es ist daher nicht erforderlich, für diesen Fall in § 304 Vorsorge zu treffen. Schließlich ist ein Ausgleich nach § 304 entbehrlich, wenn alle außenstehenden Aktionäre wirksam auf einen Ausgleich verzichtet haben. Es besteht dann kein Grund, sie durch die Vorschriften des § 304 zu schützen.[4] Anders verhält es sich aber bezüglich Aktionären, die ihre Rechte gem. § 44 WpHG oder § 59 WpÜG verloren haben. Denn mit Erfüllung ihrer Pflichten stehen ihnen auch wieder ihre vermögensrechtlichen Ansprüche zu.[5]

Zweck der **Vorschrift** ist es, den von den außenstehenden Aktionären erlittenen **Verlust** ihrer 3 **mitgliedschaftlichen Vermögensrechte** zu kompensieren.[6] So hat ein Gewinnabführungsvertrag zur Folge, dass in der verpflichteten Gesellschaft kein Bilanzgewinn entstehen kann und daher das mitgliedschaftliche Gewinnbezugsrecht gem. § 58 Abs. 4 faktisch entwertet ist (→ § 291 Rn. 33). Bei einem Beherrschungsvertrag ist es zwar möglich, dass an die Aktionäre ein Bilanzgewinn auszuschütten ist. Doch ist das herrschende Unternehmen berechtigt, die abhängige Gesellschaft in seinen Konzernverband wirtschaftlich zu integrieren, so dass dieses häufig nicht mehr in der Lage ist, aus ihrer weisungsgebundenen Tätigkeit einen Gewinn zu erwirtschaften (→ § 291 Rn. 15 und 74). Die Vorschriften des Vierten Abschnitts zur Sicherung der außenstehenden Aktionäre bei Beherrschungs- und Gewinnabführungsverträgen (§§ 304–307) sind zwingend.

Der durch § 304 begründete Anspruch der außenstehenden Aktionäre auf angemessenen Aus- 4 gleich bei Verbleib in der beherrschten Gesellschaft ist nicht ausreichend, um die Beeinträchtigungen der Mitgliedsrechte der außenstehenden Aktionäre vollständig zu kompensieren. Sie können hierüber nur den durch den Unternehmensvertrag entstehenden **Vermögensnachteil ausgleichen** und erhalten **keine Entschädigung** für die **Beeinträchtigung ihrer Herrschaftsrechte**.[7] Aus diesem Grund muss ein Beherrschungs- oder Gewinnabführungsvertrag auch die Verpflichtung des anderen Vertragsteils enthalten, auf Verlangen eines außenstehenden Aktionärs dessen Aktien gegen eine im Vertrag bestimmte angemessene Abfindung zu erwerben (§ 305 Abs. 1). Auf diese Weise können die außenstehenden Aktionäre den vollständigen Wert ihrer Aktien realisieren und aus der Gesellschaft ausscheiden. §§ 304 und 305 greifen ineinander und sollen außenstehenden Aktionären entsprechende Handlungsspielräume eröffnen.

Ausgleich und Abfindung sind nach Auffassung des BVerfG und des BGH als **Entschädigungs-** 5 **leistungen** für die Beeinträchtigung bzw. den Verlust mitgliedschaftlicher Rechte zu begreifen. Sie seien keine Gegenleistung des herrschenden Unternehmens für den durch den Beherrschungsvertrag erlangten Zuwachs an Rechts- und Entscheidungsmacht über die beherrschte Gesellschaft.[8] Diese

---

[2] Mit Art. 1 Nr. 37a StückAG vom 25.3.1998 (BGBl. 1998 I 590) wurde die Formulierung „Aktiennennbeträge" in Abs. 1 S. 1 durch „Anteile am Grundkapital" ersetzt; entsprechend wurde Abs. 2 S. 2 und 3 angepasst.
[3] Gesetz über das gesellschaftsrechtliche Spruchverfahren (Spruchverfahrensgesetz – SpruchG) vom 12.6.2003, BGBl. 2003 I 838. Art. 2 Nr. 2 des Gesetzes zur Neuordnung des gesellschaftsrechtlichen Spruchverfahrens hat ferner Abs. 5 S. 3 neu gefasst; Abs. 4 wurde aufgehoben, Abs. 5 wurde zu Abs. 4.
[4] OLG Hamburg AG 2011, 48 (49); K. Schmidt/Lutter/*Stephan* Rn. 74; Bürgers/Körber/*Schenk* Rn. 3. AA MüKoAktG/*Paulsen* Rn. 175; Großkomm AktG/*Hasselbach*/*Hirte* Rn. 148.
[5] K. Schmidt/Lutter/*Stephan* Rn. 74.
[6] RegBegr. *Kropff* S. 394; BGHZ 147, 108 (113).
[7] RegBegr. *Kropff* S. 397; Hüffer/Koch/*Koch* § 305 Rn. 1; Emmerich/Habersack/*Emmerich* § 305 Rn. 1. Krit. zu diesem Erklärungsansatz *Mülbert*, Aktiengesellschaft, Unternehmensgruppe und Kapitalmarkt, 2. Aufl. 1996, 295 f.; dagegen *Veil* Unternehmensverträge 122 ff.
[8] BVerfGE 100, 289 (302 f.) – DAT/Altana; BVerfGE 14, 163 (283 f.) – Feldmühle; BGHZ 138, 136 (139 f.); *Röhricht* ZHR 162 (1998) 249 (256); *Kort* ZGR 1999, 402 (407 ff.). AA OLG Karlsruhe AG 1997, 270 (Vorinstanz zu BGHZ 138, 136). *Hommelhoff* FS Claussen, 1997, 129 (132); Vgl. hierzu eingehend *Veil* Unternehmensverträge 215 ff.

Sichtweise determiniert die zutreffende rechtliche Behandlung bestimmter, nachträglich eingetretener Umstände, die eine neue Festsetzung des Ausgleichs und der Abfindung erforderlich machen können.[9]

6 Der in den §§ 304, 305 normierte **Schutz** der **außenstehenden Aktionäre** ist **verfassungsrechtlich geboten**. Es ist zwar nicht zu beanstanden, dass der Gesetzgeber in den §§ 291 ff. eine vertragliche Konzernierung gegen den Willen einer Aktionärsminderheit ermöglicht hat. Nach Ansicht des BVerfG ist es legitim, aus gewichtigen Gründen des Gemeinwohls die Interessen der Minderheitsaktionäre an der Erhaltung der Vermögenssubstanz hinter den Interessen an einer freien Entfaltung der unternehmerischen Initiative im Konzern zurücktreten zu lassen. Voraussetzung für die Zulässigkeit einer solchen gesetzgeberischen Wertung sei es allerdings, dass die berechtigten Interessen der zum Ausscheiden gezwungenen Minderheitsaktionäre gewahrt blieben. Dazu gehöre vor allem eine Entschädigung für den Verlust der Rechtsposition. Der Ausscheidende müsse erhalten, was seine gesellschaftliche Beteiligung an dem arbeitenden Unternehmen wert ist.[10] Aus diesem verfassungsrechtlichen Verständnis ergeben sich wichtige Schlussfolgerungen hinsichtlich der Voraussetzungen und der Bemessung der Höhe der Sicherungsansprüche.[11]

6a In steuerrechtlicher Hinsicht ist zu beachten, dass Ausgleichszahlungen gem. § 304 der steuerlichen Anerkennung einer Organschaft nicht entgegenstehen. Dies ist nur der Fall, wenn neben einem bestimmten Festbetrag ein zusätzlicher Ausgleich in jener Höhe vereinbart wird, um die der hypothetische Gewinnanspruch des außenstehenden Aktionärs ohne die Gewinnabführung den Festbetrag übersteigen würde.[12] Denn solche Zahlungen gehen über das nach § 304 Gebotene hinaus und heben aus wirtschaftlicher Sicht die Wirkungen der Gewinnabführung wieder auf. Ausgleichszahlungen der abhängigen Gesellschaft werden steuerrechtlich als Gewinnverwendung angesehen. Dies zeigt sich an der in § 4 Abs. 5 Nr. 9 EStG getroffenen Regelung, wonach Ausgleichszahlungen, die von einer abhängigen Gesellschaft an ihre außenstehenden Aktionäre gezahlt werden, weder den Gewinn der Organgesellschaft noch den Gewinn des Organträgers mindern. Die Organgesellschaft hat ihr Einkommen in Höhe von 20/17 der geleisteten Ausgleichszahlungen selbst zu versteuern (§ 16 S. 1 KStG). Ist die Verpflichtung zum Ausgleich vom Organträger erfüllt worden, so hat die Organgesellschaft 20/17 der geleisteten Ausgleichszahlungen anstelle des Organträgers zu versteuern (§ 16 S. 2 KStG).

II. Ausgleichspflicht (Abs. 1)

7 **1. Rechtsgrundlage.** Der **Ausgleichsanspruch** der außenstehenden Aktionäre hat seine **Rechtsgrundlage** im **Gewinnabführungs-** oder **Beherrschungsvertrag**, der insoweit ein **echter Vertrag zugunsten Dritter** (§ 328 BGB) ist.[13] Er entsteht für jedes Geschäftsjahr neu. Von ihm zu trennen ist die (nicht übertragbare) Ausgleichsberechtigung: Nur außenstehende Aktionäre haben die abstrakte Berechtigung, einen Ausgleich zu erhalten. Der konkrete Ausgleichsanspruch ist dagegen ein (abtretbares) Gläubigerrecht.[14] Die Entgegennahme der Ausgleichszahlung ist Fruchtziehung.[15]

8 Eine **Regelung** über einen **Ausgleich** braucht nur dann **nicht** in den **Vertrag** aufgenommen zu werden, wenn die **Gesellschaft** im Zeitpunkt der Beschlussfassung ihrer Hauptversammlung zu dem Vertrag nach § 293 Abs. 1 **keine außenstehenden Aktionäre hat** (Abs. 1 S. 3). Es ist zwar möglich, in einem solchen Fall eine Ausgleichszahlung vorzusehen. Sinnvoll ist dies jedoch nicht, da mit Hinzutreten eines außenstehenden Aktionärs der Vertrag gem. § 307 zwingend beendet wird, so dass die Parteien, wenn sie an der vertraglichen Konzernierung festhalten wollen, ohnehin einen neuen Vertrag schließen müssen, der eine Ausgleichszahlung zu enthalten hat.[16] Sieht der Vertrag keine Bestimmungen über einen Ausgleich vor, so kann ein Anspruch nicht bestehen. Denkbar ist es, in einem solchen Fall eine Ausgleichsverpflichtung aus einem **gesetzlichen Schuldverhältnis** abzuleiten. Dagegen spricht aber, dass der Vertrag bei Fehlen eines Aus-

---

[9] Zum Vertragsbeitritt eines weiteren herrschenden Unternehmens → Rn. 76–78.
[10] BVerfGE 100, 289 (302 f.) – DAT/Altana; 14, 163 (283 f.) – Feldmühle.
[11] Zum variablen Ausgleich → Rn. 61–68, zur Bedeutung des Börsenkurses für die Bestimmung der Abfindungshöhe → § 305 Rn. 45–61 und zum Fortbestand des Abfindungsanspruchs bei vorzeitiger Beendigung des Vertrags → § 305 Rn. 25 f.
[12] BFH AG 2009, 694 (695).
[13] MüKoAktG/*Paulsen* Rn. 101; *Hüchting*, Abfindung und Ausgleich im aktienrechtlichen Beherrschungsvertrag, 1972, 11; Hüffer/Koch/*Koch* Rn. 5; Kölner Komm AktG/*Koppensteiner* Rn. 7. Vgl. zu § 305 BGHZ 135, 374 (380).
[14] *Rezori* NZG 2008, 812 (813).
[15] BGHZ 174, 378 (383); BGH 189, 261 (265).
[16] Hüffer/Koch/*Koch* Rn. 7.

gleichs gem. Abs. 3 S. 1 nichtig ist. Die außenstehenden Aktionäre sind daher vor Eingriffen in ihre mitgliedschaftlichen Vermögensrechte angemessen geschützt. Der Anspruch auf Zahlung eines Ausgleichs ist – im Unterschied zum Abfindungsanspruch (→ § 305 Rn. 10 f.) – auch dann nicht auf ein gesetzliches Schuldverhältnis zu stützen, wenn der Vertrag während des Spruchverfahrens beendet wird. Der mit dem wirksamen Abschluss des Vertrags entstandene Ausgleichsanspruch entfällt in einem solchen Fall nicht, sondern bleibt bis zur Erfüllung bestehen. Auch der Ausgleichsergänzungsanspruch, der nach Abschluss eines Spruchverfahrens bestehen kann (→ Rn. 84), hat seine Rechtsgrundlage im Unternehmensvertrag, so dass es eines Rückgriffs auf ein gesetzliches Schuldverhältnis nicht bedarf.

Der Beherrschungs- bzw. Gewinnabführungsvertrag ist schließlich Rechtsgrundlage in den Fällen, in denen **veränderte Umstände** (Umwandlung, Kapitalmaßnahmen etc.) eine **Anpassung des Ausgleichs** verlangen (→ Rn. 69–83). So können zum einen im Vertrag **Anpassungsklauseln** enthalten sein (→ Rn. 83). Zum anderen kann sich aus einer **ergänzenden Vertragsauslegung** die Pflicht ergeben, den Ausgleichsanspruch an die veränderten Umstände anzupassen. Grundlage hierfür ist, dass die Parteien bei Abschluss des Vertrags typischerweise davon ausgehen, dass der Ausgleich nach § 304 nicht nur anfänglich, sondern dauerhaft die durch den Vertrag bedingten Eingriffe in die mitgliedschaftlichen Vermögensrechte der außenstehenden Aktionäre kompensiert. 9

2. Voraussetzungen. a) Gewinnabführungsvertrag oder Beherrschungsvertrag. Voraussetzung für die Gewährung eines Ausgleichs ist, dass ein Gewinnabführungsvertrag (Abs. 1 S. 1) oder ein Beherrschungsvertrag (Abs. 1 S. 2) mit einer im Inland ansässigen AG oder KGaA besteht.[17] Es ist nicht erforderlich, dass beide Verträge miteinander kombiniert werden. Ein **Geschäftsführungsvertrag** muss ebenfalls einen Ausgleich enthalten, da er gem. § 291 Abs. 1 S. 2 einem Gewinnabführungsvertrag gleichgestellt ist (zum verdeckten Beherrschungsvertrag → Rn. 60). 10

Die in § 292 erfassten Unternehmensverträge sind in § 304 nicht genannt. Sie brauchen daher eine Ausgleichsregelung nicht vorzusehen. Eine analoge Anwendung von § 304 kommt nicht in Betracht, da keine dieser Vertragsarten in vergleichbarer Weise wie ein Gewinnabführungs- oder Beherrschungsvertrag in die Rechte der außenstehenden Aktionäre eingreift.[18] Dies gilt auch für einen Gleichordnungskonzernvertrag (→ § 291 Rn. 60) und sonstige Verträge, die kraft Analogie als Unternehmensverträge zu qualifizieren sind.[19] 11

Ein Ausgleich ist nur geschuldet, wenn der **Gewinnabführungs-** bzw. **Beherrschungsvertrag** in das **Handelsregister eingetragen** worden und damit wirksam ist (§ 294 Abs. 2) oder wenn er nach den Grundsätzen der fehlerhaften Gesellschaft als vorläufig wirksam zu behandeln ist. Sofern der Vertrag einen Ausgleich nicht vorsieht oder aus anderen Gründen nichtig ist, besteht keine Ausgleichspflicht.[20] 12

Die **Entstehung** des **Anspruchs** dem Grunde nach (Stammrecht) bestimmt sich nach dem Zeitpunkt des Wirksamwerdens des Gewinnabführungs- bzw. Beherrschungsvertrags.[21] Abzustellen ist auf den Zeitpunkt, in dem der Vertrag in das Handelsregister der verpflichteten Gesellschaft eingetragen wird (§ 294 Abs. 2).[22] Davon zu unterscheiden ist die Frage, wann der konkrete Zahlungsanspruch entsteht und fällig wird. Dieser regelmäßige Anspruch entsteht als regelmäßig wiederkehrender Anspruch jedes Jahr neu (→ Rn. 34).[23] 13

b) Außenstehende Aktionäre als Gläubiger. aa) Aktienbesitz. Die Stellung als außenstehender Aktionär ist an den Besitz bestimmter Aktien gebunden. So ist es ohne Belang, ob es sich um **Inhaber-** oder **Namensaktien** oder um **Stamm-** oder **Vorzugsaktien** handelt. Erforderlich ist aber, dass es Aktien sind. Andere Rechtspositionen, die gewinnabhängige Ansprüche gegen die Gesellschaft vermitteln, wie beispielsweise **Genussscheine,** sind nach dem Wortlaut des Gesetzes 14

---

[17] Umstritten ist, ob die §§ 304–307 auf Beherrschungs- und Gewinnabführungsverträge mit einer abhängigen GmbH entsprechend anzuwenden sind. Geht man mit der hM davon aus, dass ein Ausgleichsvertrag einen einstimmigen Beschluss der Gesellschafter der abhängigen GmbH erfordert, besteht kein Schutzbedürfnis, da die außenstehenden Gesellschafter entsprechende Verhandlungsmacht haben, um ihre Interessen hinreichend durchzusetzen; vgl. Emmerich/Habersack/*Emmerich* Rn. 11 f. mwN.
[18] AllgM; vgl. MüKoAktG/*Paulsen* Rn. 21; Bürgers/Körber/*Schenk* Rn. 4.
[19] Zum Betriebsführungsvertrag → § 292 Rn. 55, zu atypischen Kreditverträgen → § 292 Rn. 60 und zu Franchiseverträgen → § 292 Rn. 62.
[20] Zu den Rechtsfolgen von Nichtigkeitsgründen → § 291 Rn. 61–68.
[21] BGHZ 152, 29 (31).
[22] Vgl. OLG Frankfurt AG 2010, 408 (409); K. Schmidt/Lutter/*Stephan* Rn. 34. AA Großkomm AktG/*Hasselbach/Hirte* Rn. 41. Die Eintragung in das Handelsregister des herrschenden Unternehmens ist nicht Wirksamkeitsvoraussetzung. → § 294 Rn. 2.
[23] BGHZ 189, 261 (265).

durch einen Ausgleichsanspruch nicht geschützt. Doch kann ein Schutz der Inhaber solcher Rechte erforderlich sein. Anerkannt hat der BGH dies für die Inhaber von Genussscheinen. Schließt eine Gesellschaft, die Genussscheine begeben hat, als abhängige Gesellschaft einen Beherrschungs- und Gewinnabführungsvertrag ab, sind die Genussscheinbedingungen über § 313 BGB an die neu geschaffene Lage dergestalt anzupassen, dass jedenfalls in den Fällen, in denen bei Abschluss des Beherrschungs- und Gewinnabführungsvertrags davon auszugehen ist, dass die abhängige Gesellschaft in der Zukunft bis zum Ende des Beherrschungs- und Gewinnabführungsvertrags ohne den Vertrag genügend Gewinn ausgewiesen hätte, um die Genussrechte bedienen zu können, sie dies auch nach Abschluss des Beherrschungs- und Gewinnabführungsvertrags tun muss, ohne dass es auf die dann ausgewiesenen (fiktiven) Gewinne oder Verluste ankommt (→ § 221 Rn. 21 ff.).[24] Die „Konzernfreiheit" der Gesellschaft bei Begebung der Genussscheine sei eine Geschäftsgrundlage des Begebungsvertrags. Infolge des Abschlusses eines Beherrschungs- und Gewinnabführungsvertrags entfalle diese Geschäftsgrundlage.[25]

15 Ein **außenstehender Aktionär verliert** mit der **Veräußerung seiner Aktien** diese Stellung und damit die Ausgleichsberechtigung (→ Rn. 7),[26] so dass ihm für das laufende Geschäftsjahr und die Zukunft keine Ausgleichsansprüche mehr zustehen. Die bereits entstandenen Ansprüche werden hiervon aber nicht berührt.[27] Der Erwerber erhält den vollständigen Ausgleichsanspruch für das laufende Jahr, den er regelmäßig über den Kaufpreis miterwirbt.

16 Der andere Vertragsteil muss an der Gesellschaft nicht notwendig beteiligt sein. Es genügt, wenn er bei Vertragsschluss als Unternehmen im konzernrechtlichen Sinne zu qualifizieren ist (→ § 291 Rn. 6 f.). In einem solchen praktisch wohl nur selten vorkommenden Fall[28] sind alle Aktionäre der Gesellschaft ausgleichsberechtigt.[29]

17 **bb) Begriff des „außenstehenden Aktionärs". (1) Grundlagen.** Gläubiger des Anspruchs auf einen angemessenen Ausgleich ist jeder außenstehende Aktionär, also grundsätzlich jeder Aktionär, der nicht herrschendes oder aus dem Unternehmensvertrag berechtigtes Unternehmen ist. Der Gesetzgeber hat diesen Begriff bewusst weder in den §§ 304, 305 noch in den §§ 295 ff. definiert.[30] Aus der RegBegr. zu § 295 kann aber geschlossen werden, wie sich der Gesetzgeber den Kreis der außenstehenden Aktionäre vorgestellt hat: „Grundsätzlich sind **alle Aktionäre** der Gesellschaft **mit Ausnahme** des **anderen Vertragsteils** außenstehende Aktionäre. Dem anderen Vertragsteil müssen aber diejenigen Aktionäre gleichgestellt werden, deren Vermögen wirtschaftlich mit dem Vermögen des anderen Vertragsteils eine Einheit bildet oder deren Erträge dem anderen Vertragsteil oder denen die Erträge des anderen Vertragsteils zufließen. Nicht außenstehende Aktionäre sind daher auch Aktionäre, die mit dem anderen Vertragsteil unmittelbar oder mittelbar durch den Besitz aller Anteile oder durch einen Gewinnabführungs- oder Beherrschungsvertrag verbunden sind. Das Gleiche gilt, wenn die Gesellschaft ihre vertraglichen Leistungen statt an den anderen Vertragsteil an einen Dritten zu erbringen hat, für den Dritten und die mit ihm in der erwähnten Weise verbundenen Aktionäre."

18 Diese Ausführungen bilden die Grundlage für eine zutreffende Auslegung des Begriffs des außenstehenden Aktionärs. Ob ein **Aktionär** dem **anderen Vertragsteil „zuzurechnen"** ist, muss sich nach dem Zweck der Ausgleichs- und Abfindungsansprüche bestimmen. Diese sollen die mit einem Gewinnabführungs- bzw. Beherrschungsvertrag verbundenen Eingriffe in das mitgliedschaftliche Gewinnbezugsrecht kompensieren (→ Rn. 3). Ein entsprechender Schutz ist somit (nur dann) entbehrlich, wenn einem Aktionär auf Grund seiner Verbindung zum anderen Vertragsteil entweder dessen vertraglicher Anspruch gegenüber der Gesellschaft auf Gewinnabführung bzw. dessen beherrschungsvertraglicher Zugriff auf die Ertragschancen der Gesellschaft zugutekommt oder wenn der Ausgleichsanspruch des Aktionärs im Ergebnis dem anderen Vertragsteil zufallen würde.[31]

---

[24] BGHZ 197, 284; vgl. auch die Parallelentscheidung BGH v. 28.5.2013 – II ZR 2/12, BeckRS 2013, 13623. AA in dogmatischer Hinsicht die Berufungsinstanz OLG Frankfurt ZIP 2012, 524526 ff.: angemessener Ausgleich „in ergänzender Auslegung gem. § 157 BGB".
[25] BGHZ 197, 284 (294 ff.).
[26] Vgl. *Rezori* NZG 2008, 812 (814).
[27] Zur Anspruchsberechtigung nach Veräußerung der Aktien ferner → Rn. 29, 37.
[28] Denkbar ist die Situation, dass zwischen Mutter und Enkelin ein Vertrag besteht und sämtliche Anteile der Enkelin von der Tochter gehalten werden. Sofern die Tochter von der Mutter nur faktisch abhängig ist, muss die Tochter als außenstehende Aktionärin qualifiziert werden. Vgl. Emmerich/Habersack/*Emmerich* Rn. 19. → Rn. 27.
[29] OLG Nürnberg AG 1996, 228 (229); MüKoAktG/*Paulsen* Rn. 30; Emmerich/Habersack/*Emmerich* Rn. 19.
[30] RegBegr. *Kropff* S. 385.
[31] MHdB AG/*Krieger* § 71 Rn. 80.

Hieraus folgt, dass es sich verbietet, alle Aktionäre mit Ausnahme des anderen Vertragsteils als **19** außenstehend iSd § 304 zu qualifizieren. Diese von einigen Stimmen vertretene Ansicht[32] vermochte sich zu Recht nicht durchzusetzen.[33]

Eine **Zurechnung ist somit zu bejahen,** wenn ein **Aktionär** am **anderen Vertragsteil zu 100 %** **20** **beteiligt** ist[34] oder wenn er **mit ihm** einen **Gewinnabführungs-** bzw. **Beherrschungsvertrag** geschlossen hat.[35] Auf Grund seines mitgliedschaftlichen Gewinnbezugsrechts bzw. seiner unternehmensvertraglichen Rechte würde der Aktionär schon von den Gewinnen und Erträgen profitieren, die dem anderen Vertragsteil im Rahmen des Unternehmensvertrags zufließen.

Ebenso ist es zu beurteilen, wenn **sämtliche Anteile** des **Aktionärs vom anderen Vertragsteil** **21** **gehalten** werden.[36] In einer solchen Konstellation käme der nach § 304 gewährte Ausgleichsanspruch dem anderen Vertragsteil zugute. Ferner sind dem anderen Vertragsteil solche **Aktionäre zu zurechnen,** die mit ihm **durch** einen **Gewinnabführungs- oder Beherrschungsvertrag verbunden** sind.[37] Grund hierfür ist, dass der andere Vertragsteil auf Grund seiner unternehmensvertraglichen Rechte die gewährten Ausgleichszahlungen vereinnahmen könnte.

Klärungsbedürftig bleibt, ob eine **Zurechnung** auch dann zu befürworten ist, wenn der **andere** **22** **Vertragsteil** an dem **Aktionär** eine **Mehrheitsbeteiligung** unterhalb der Grenze von 100 % hält oder wenn der Aktionär nicht über sämtliche Anteile am anderen Vertragsteil verfügt. So wird vertreten, es sei in beiden Konstellationen ein Ausgleichsanspruch entbehrlich, sofern die in § 18 Abs. 1 S. 3 erfasste Vermutung nicht widerlegt werde.[38] Die hM lehnt dies ab. Zur Begründung führt sie an, die vermögensrechtliche Bindung zwischen dem Aktionär und dem anderen Vertragsteil müsse aus Gründen der Rechtssicherheit möglichst klar definierbar sein.[39] Aus dem Schutzzweck der §§ 304, 305 und aus dem Grundsatz des Vollausgleichs folge, dass jede Benachteiligung ausgeschlossen werden müsse. Konsequenz dieser Sichtweise sei die unterschiedliche Auslegung des Begriffs „außenstehender Aktionär" in den §§ 295–297 und in den §§ 304, 305.[40]

Der hM ist beizutreten. Ausschlaggebend ist allerdings nicht der von ihr vorgebrachte Einwand, **23** bei einem Konzernverhältnis würde es sich nicht um eine klar abgrenzbare wirtschaftliche Einheit handeln.[41] Die in den § 18 Abs. 1 S. 3, § 17 Abs. 2, § 16 Abs. 1 getroffenen Kriterien sind durchaus geeignet, rechtssichere Grenzen zu ziehen. Auch das weitere Argument, der Gesetzgeber hätte auf eine differenzierende Regelung nicht verzichten dürfen, wenn er weitere Aktionärskreise aus dem Schutzbereich der §§ 304, 305 hätte ausklammern wollen,[42] vermag nicht vollends zu überzeugen: Bei den Vorschriften über das Erfordernis eines Sonderbeschlusses der außenstehenden Aktionäre (§ 295 Abs. 2, § 296 Abs. 2, § 297 Abs. 2) kann die hM – freilich aus anderen Erwägungen (→ § 295 Rn. 24) – mit einer entsprechend ausdifferenzierten Sichtweise leben. Entscheidend ist vielmehr,

---

[32] Vgl. *Kley,* Die Rechtsstellung der außenstehenden Aktionäre bei der vorzeitigen Beendigung von Unternehmensverträgen, 1986, 34 ff.; *Pentz,* Die Rechtsstellung der Enkel-AG in einer mehrstufigen Unternehmensverbindung, 1994, 55 ff.

[33] MüKoAktG/*Paulsen* Rn. 27 ff.; Emmerich/Habersack/*Emmerich* Rn. 16 ff.; Hüffer/Koch/*Koch* Rn. 2; MHdB AG/*Krieger* § 71 Rn. 80; *Baldamus* ZGR 2007, 819 (822).

[34] HM; vgl OLG Nürnberg AG 1996, 228 (229); MüKoAktG/*Paulsen* Rn. 30; Emmerich/Habersack/*Emmerich* Rn. 19. AA *Kley,* Die Rechtsstellung der außenstehenden Aktionäre bei der vorzeitigen Beendigung von Unternehmensverträgen, 1986, 38; *Pentz,* Die Rechtsstellung der Enkel-AG in einer mehrstufigen Unternehmensverbindung, 1994, 58 f.

[35] HM; vgl OLG Nürnberg AG 1996, 228 (229); MüKoAktG/*Paulsen* Rn. 30; Emmerich/Habersack/*Emmerich* Rn. 19. AA *Kley,* Die Rechtsstellung der außenstehenden Aktionäre bei der vorzeitigen Beendigung von Unternehmensverträgen, 1986, 40 f.; *Pentz,* Die Rechtsstellung der Enkel-AG in einer mehrstufigen Unternehmensverbindung, 1994, 60 f.

[36] HM; vgl. OLG Nürnberg AG 1996, 228 (229); MüKoAktG/*Paulsen* Rn. 30; Emmerich/Habersack/*Emmerich* Rn. 19. AA *Kley,* Die Rechtsstellung der außenstehenden Aktionäre bei der vorzeitigen Beendigung von Unternehmensverträgen, 1986, 34a bis 36; *Pentz,* Die Rechtsstellung der Enkel-AG in einer mehrstufigen Unternehmensverbindung, 1994, 63.

[37] HM; vgl. OLG Nürnberg AG 1996, 228 (229); MüKoAktG/*Paulsen* Rn. 30; Emmerich/Habersack/*Emmerich* Rn. 19. AA *Kley,* Die Rechtsstellung der außenstehenden Aktionäre bei der vorzeitigen Beendigung von Unternehmensverträgen, 1986, 37; *Pentz,* Die Rechtsstellung der Enkel-AG in einer mehrstufigen Unternehmensverbindung, 1994, 65.

[38] *Raiser* KapGesR, 3. Aufl. 2001, § 54 Rn. 65 (aufgegeben in der 4. Aufl.); GHEK/*Geßler* § 304 Rn. 18; *v. Godin/Wilhelmi* § 304 Anm. 7.

[39] MüKoAktG/*Paulsen* Rn. 28 f.; Emmerich/Habersack/*Emmerich* Rn. 18; Hüffer/Koch/*Koch* Rn. 3.

[40] Emmerich/Habersack/*Emmerich* Rn. 15; Hüffer/Koch/*Koch* § 295 Rn. 12; Kölner Komm AktG/*Koppensteiner* Rn. 17 Fn. 55 sowie § 295 Rn. 40 f.

[41] MüKoAktG/*Paulsen* Rn. 27; Emmerich/Habersack/*Emmerich* Rn. 18; Hüffer/Koch/*Koch* Rn. 3; MHdB AG/*Krieger* § 71 Rn. 80.

[42] Hüffer/Koch/*Koch* Rn. 3.

dass bei **Bestehen** eines **Konzernverhältnisses** iSv § 18 Abs. 1 **zwischen** dem **anderen Vertragsteil** und dem **an** der **abhängigen Gesellschaft** beteiligten **Aktionär nicht** davon **ausgegangen** werden kann, dass der **andere Vertragsteil** auf Grund seiner Konzernleitungsmacht den dem Aktionär gewährten **Ausgleich** außerhalb seines Dividendenbezugsrechts **vereinnahmen kann.** Der vom anderen Vertragsteil abhängige Aktionär ist gem. §§ 311, 317 vor einem entsprechenden Zugriff geschützt.

24   Ein beispielsweise mit 95 % am anderen Vertragsteil beteiligter Aktionär kann somit zum einen über einen Ausgleichsanspruch nach § 304 verfügen und zum anderen auf Grund seines Gewinnbezugsrechts den vom anderen Vertragsteil vereinnahmten Gewinn beanspruchen. Es stellt sich daher die Frage, in welchem **Verhältnis** die beiden **Ansprüche** zueinander stehen. Die hM nimmt zu Recht an, dass diese nebeneinander stehen und weder ganz noch teilweise miteinander zu verrechnen sind. Einerseits führen die mit dem Ausgleichsanspruch verbundenen Auswirkungen auf den vertraglich an den anderen Vertragsteil abzuführenden Bilanzgewinn nicht zu einer Kürzung des Ausgleichs. Andererseits ist der Gewinnanspruch nicht wegen des bestehenden Ausgleichsanspruchs herabzusetzen.

25   **(2) Zurechnungen im mehrstufigen Konzern.** Auf der Grundlage der dargestellten Regeln können die Zurechnungsprobleme in mehrstufigen Unternehmensverbindungen gelöst werden. Dabei kommt es darauf an, ob zwischen Mutter (M) und Tochter (T) sowie zwischen dieser und der Enkelin (E) ein Beherrschungs- bzw. Gewinnabführungsvertrag besteht.

26   Keine Schwierigkeiten treten auf, wenn jeweils zwischen **M** und **T** sowie zwischen **T** und **E** ein **Gewinnabführungs-** bzw. **Beherrschungsvertrag** besteht. Anspruchsberechtigt sind ausschließlich die außenstehenden Aktionäre der T gegenüber M und die außenstehenden Aktionäre der E gegenüber T. Wenn M an E beteiligt ist, kann sie nicht als außenstehende Aktionärin begriffen werden, da sie auf Grund des mit T geschlossenen Vertrags die von dieser vereinnahmten Beträge beanspruchen kann. Zu beachten ist, dass der an T beteiligten E wegen ihrer Abhängigkeit gem. § 71d S. 2 und S. 4 iVm § 71b keine Rechte zustehen, so dass E hinsichtlich eines Ausgleichsanspruchs gegenüber der M nicht als außenstehende Aktionärin zu qualifizieren ist.[43]

27   Besteht **nur** zwischen **M** und **E** ein **Gewinnabführungs-** bzw. **Beherrschungsvertrag**, so sind die außenstehenden Aktionäre der E ausgleichsberechtigt; dazu gehört auch die von M faktisch abhängige T, sofern diese nicht zu 100 % im Anteilsbesitz der M steht. Fraglich ist, ob die außenstehenden Aktionäre der T ebenfalls einen Anspruch auf Ausgleich haben. Dagegen spricht, dass deren vermögensrechtlichen Interessen durch den Ausgleichsanspruch der T gewahrt sind und es der M gem. §§ 311, 317 verwehrt ist, auf die entsprechenden Zahlungen zuzugreifen.[44]

28   Besteht zwischen **T** und **E** ein **Gewinnabführungs-** bzw. **Beherrschungsvertrag**, so ist neben den außenstehenden Aktionären der E auch M ausgleichsberechtigt. Ein Anspruch ist der M nur zu versagen, wenn sie sämtliche Anteile an T hält.[45]

29   **cc) Maßgebliche Zeitpunkte.** Der Zeitpunkt des Aktienerwerbs seitens des außenstehenden Aktionärs ist unerheblich. So ist auch derjenige anspruchsberechtigt, der erst **nach Abschluss** oder In-Kraft-Treten des **Vertrags außenstehender Aktionär** geworden ist.[46] Veräußert beispielsweise ein außenstehender Aktionär seine Aktien und ist der Erwerber als „außenstehend" zu qualifizieren, stehen diesem die vertraglich zugesicherten Ausgleichsansprüche (jedenfalls für das laufende und die nächsten Geschäftsjahre) zu.[47] Ein außenstehender Aktionär ist aber auch dann anspruchsberechtigt, wenn er nach Abschluss des Unternehmensvertrags Aktien vom herrschenden oder vom beherrschten Unternehmen erwirbt, obwohl der Veräußerer in diesen Konstellationen keinen Anspruch auf einen Ausgleich hatte.[48]

30   Ferner ist es möglich, dass ein Aktionär zunächst als außenstehend zu begreifen ist und zu einem späteren Zeitpunkt – beispielsweise auf Grund des Abschlusses eines Gewinnabführungsvertrags mit dem anderen Vertragsteil – diese Eigenschaft verliert. Der Zeitpunkt ist erstens für das Entstehen

---

[43] Kölner Komm AktG/*Koppensteiner* § 295 Rn. 45; MHdB AG/*Krieger* § 71 Rn. 80; *Raiser/Veil* KapGesR § 62 Rn. 66.
[44] MüKoAktG/*Paulsen* Rn. 59; Emmerich/Habersack/*Emmerich* Rn. 60; Kölner Komm AktG/*Koppensteiner* Rn. 18; MHdB AG/*Krieger* § 71 Rn. 100.
[45] Emmerich/Habersack/*Emmerich* Rn. 64; MHdB AG/*Krieger* § 71 Rn. 101.
[46] RegBegr. *Kropff* S. 395; OLG Nürnberg AG 1996, 228; MüKoAktG/*Paulsen* Rn. 35; Hüffer/Koch/*Koch* Rn. 2; Kölner Komm AktG/*Koppensteiner* Rn. 17; Grigoleit/*Servatius* Rn. 8.
[47] Die vor der Veräußerung für das abgelaufene Geschäftsjahr entstandenen Ausgleichsansprüche stehen (→ Rn. 37) dem Veräußerer zu (→ Rn. 15).
[48] BGHZ 189, 261 (265). AA Grigoleit/*Servatius* Rn. 8.

und die Fälligkeit des Ausgleichsanspruchs und zweitens für die Antragsbefugnis im Spruchverfahren von Bedeutung (§ 3 S. 1 Nr. 1 SpruchG).

dd) Beweislast. Bezüglich der Antragsberechtigung für ein Spruchverfahren verlangt § 3 S. 3 **31** SpruchG, dass die Stellung als Aktionär dem Gericht ausschließlich mithilfe von Urkunden nachzuweisen ist.[49] Ferner obliegt dem Aktionär die Darlegungs- und Beweislast, dass er als außenstehend iSv § 304 zu qualifizieren ist.

c) Schuldner. Schuldner des Ausgleichsanspruchs ist nach hM der **andere Vertragsteil**.[50] Die **32** im älteren Schrifttum vertretene Ansicht, die Gesellschaft sei zur Zahlung des Ausgleichs verpflichtet,[51] wird heute zu Recht nicht mehr vertreten. Sie ist nicht damit vereinbar, dass die außenstehenden Aktionäre eine Kompensation für die mit einem Gewinnabführungs- bzw. Beherrschungsvertrag verbundenen Eingriffe in die Mitgliedsrechte erhalten müssen. Hierzu ist nur der andere Vertragsteil in der Lage, der auf Grund seiner unternehmensvertraglichen Rechte auf das Vermögen der abhängigen Gesellschaft zugreifen kann.[52] Ausgleichsleistungen durch die Gesellschaft können ferner nicht mit dem Verbot der Einlagenrückgewähr gem. § 57 in Einklang gebracht werden.[53] Schließlich findet die hM in § 304 Abs. 4 eine Bestätigung. Nach dieser Vorschrift ist der andere Vertragsteil durch ein außerordentliches Kündigungsrecht vor einer erhöhten Inanspruchnahme geschützt.

Aus diesen Gründen ist es ebenfalls ausgeschlossen, im Vertrag zu vereinbaren, dass die Gesellschaft **33** gegenüber den außenstehenden Aktionären verpflichtet ist und der andere Vertragsteil im Innenverhältnis der Gesellschaft die erforderlichen Mittel bereitzustellen hat.[54] Keine Bedenken bestehen dagegen, wenn die **Gesellschaft** als **Zahlstelle** für den **anderen Vertragsteil fungiert,**[55] da dessen Schuldnerstellung hierdurch unberührt bleibt.[56]

3. Fälligkeit, Verzinsung und Verjährung. Sofern im Vertrag zugunsten der außenstehenden **34** Aktionäre nichts anderes festgelegt ist,[57] entsteht der Zahlungsanspruch grundsätzlich mit dem Ende der auf ein Geschäftsjahr folgenden ordentlichen Hauptversammlung der abhängigen Gesellschaft.[58] Denn in dieser Hauptversammlung wird bei einem **isolierten Beherrschungsvertrag** der Gewinnverwendungsbeschluss der abhängigen Gesellschaft gem. § 174 gefasst.[59] Bei einem **Gewinnabführungsvertrag** mit **festem Ausgleich** wird zwar über eine Gewinnverwendung nicht beschlossen. Doch ist nach Sinn und Zweck des Ausgleichsanspruchs (→ Rn. 3) auf den Zeitpunkt abzustellen, in dem die (ordentliche) Hauptversammlung an sich über die Verteilung des Bilanzgewinns entscheiden würde.[60] Zu diesem Zeitpunkt entsteht der Anspruch und wird er auch fällig. Da der **variable Ausgleich** (Abs. 2 S. 2) sich nach dem Bilanzgewinn des anderen Vertragsteils beurteilt, muss der Zeitpunkt ausschlaggebend sein, in dem die (ordentliche) Hauptversammlung des anderen Vertragsteils über die Gewinnverwendung beschließt.[61] Bestimmt das Gericht im Spruchverfahren einen höheren Ausgleich, so hat dies rückwirkende Kraft. Die entsprechenden Zahlungsansprüche werden

---

[49] Nach OLG Stuttgart ZIP 2004, 1907 (1908) muss ein Antragsteller innerhalb der Antragsfrist die Antragsberechtigung nur darlegen und seine Stellung als Aktionär nicht schon nachweisen. AA OLG Hamburg AG 2004, 622; LG Frankfurt/Main ZIP 2005, 859.

[50] OLG Frankfurt AG 2010, 386 (374); OLG Düsseldorf AG 1992, 200 (201); ZIP 1990, 1333 (1334); LG Mannheim AG 1995, 89 (90); MüKoAktG/*Paulsen* Rn. 36; Kölner Komm AktG/*Koppensteiner* 22.

[51] *Möhring*, FS Hengeler, S. 216 (220 f.); *v. Godin/Wilhelmi* Anm. 2; Großkomm AktG/*Würdinger*, 3. Aufl. 1975, Anm. 18.

[52] MüKoAktG/*Paulsen* Rn. 37; Hüffer/Koch/*Koch* Rn. 4.

[53] OLG Frankfurt AG 2010, 368 (374); MüKoAktG/*Paulsen* Rn. 37; dies konzediert auch *Hüchting*, Abfindung und Ausgleich im aktienrechtlichen Beherrschungsvertrag, 1972, 9.

[54] MüKoAktG/*Paulsen* Rn. 38; Kölner Komm AktG/*Koppensteiner* Rn. 24. AA *Hüchting*, Abfindung und Ausgleich im aktienrechtlichen Beherrschungsvertrag, 1972, 9 f.

[55] *Hüchting*, Abfindung und Ausgleich im aktienrechtlichen Beherrschungsvertrag, 1972, 9 f.; MüKoAktG/ *Paulsen* Rn. 38; Emmerich/Habersack/*Emmerich* Rn. 24; Hüffer/Koch/*Koch* Rn. 4; Kölner Komm AktG/*Koppensteiner* Rn. 25.

[56] MüKoAktG/*Paulsen* Rn. 38; Kölner Komm AktG/*Koppensteiner* Rn. 25; Bürgers/Körber/*Schenk* Rn. 18.

[57] Vgl. BGHZ 189, 261 (266).

[58] BGHZ 189, 261 (266).

[59] MüKoAktG/*Paulsen* Rn. 109; *Busch* AG 1993, 1 (5); Hüffer/Koch/*Koch* Rn. 13; Kölner Komm AktG/ *Koppensteiner* Rn. 9.

[60] OLG Düsseldorf v. 18.12.2008 – I-6 U 139/07, abrufbar unter www.juris.de, Rn. 57; MüKoAktG/*Paulsen* Rn. 108; Hüffer/Koch/*Koch* Rn. 13; Kölner Komm AktG/*Koppensteiner* Rn. 9; Emmerich/Habersack/*Emmerich* Rn. 30a; vgl. auch OLG Frankfurt AG 2010, 408 (409) (zur Auslegung und Wirksamkeit einer Vertragsbestimmung).

[61] MüKoAktG/*Paulsen* Rn. 110; Hüffer/Koch/*Koch* Rn. 15; Kölner Komm AktG/*Koppensteiner* Rn. 9; Emmerich/Habersack/*Emmerich* Rn. 55. AA noch Emmerich/Habersack/*Emmerich*, 6. Aufl. 2010, Rn. 55; Großkomm AktG/*Hasselbach/Hirte* Rn. 41.

allerdings erst mit der Rechtskraft der gerichtlichen Entscheidung fällig.[62] Zulässig, praxisüblich und hinreichend bestimmt ist eine Ausgleichsregelung, nach der die regelmäßige Ausgleichszahlung am ersten Banktag nach der Hauptversammlung fällig wird.[63]

35 **Fälligkeitszinsen** sind nicht geschuldet, da sie in § 304 im Unterschied zu § 305 nicht vorgesehen und Ausgleichszahlungen keine Forderungen aus beiderseitigen Handelsgeschäften iSv § 353 HGB sind.[64] Ob **Verzugszinsen** zu entrichten sind, bestimmt sich nach den allgemeinen Vorschriften (§§ 286 ff. BGB). Der andere Vertragsteil kommt erst nach Mahnung in Verzug.[65]

36 Die **Verjährung** beträgt gem. § 195 BGB drei Jahre. Der Beginn der Frist richtet sich nach § 199 Abs. 1 BGB.

37 **4. Beendigung des Anspruchs.** Ein **außenstehender Aktionär** hat **nach Veräußerung** seiner **Aktien** keine Ausgleichsansprüche nach § 304 mehr. Dies gilt auch dann, wenn der Beschluss der Hauptversammlung, die Aktien der Minderheitsaktionäre auf den Hauptaktionär zu übertragen, vor dem Entstehen des Anspruchs auf die Ausgleichszahlung in das Handelsregister eingetragen wird (**Squeeze-Out**). Denn die in den Verträgen übliche Regelung, einen anteiligen Anspruch auf Ausgleich für den Fall des Vertragsendes einzuräumen, findet bei einem Squeeze-Out keine Anwendung. Der Vertrag bleibt ja bestehen. Ein Abfindungsanspruch nach § 327b kompensiert den Verlust des Ausgleichsanspruchs.[66] Ein anteiliger Ausgleichsanspruch ist daher nicht anzuerkennen.[67] Diese höchstrichterliche Auslegung ist mit der Verfassung vereinbar.[68]

37a Bereits entstandene Ansprüche bleiben im Falle einer Veräußerung der Aktien natürlich bestehen (→ Rn. 15, 29). Veräußert der außenstehende Aktionär die Aktien während des Geschäftsjahres, so hat er keinen Anspruch auf eine anteilige Zahlung.[69] Der Anspruch steht dem Erwerber zu. Ebenso ist es zu beurteilen, wenn ein Aktionär das **Abfindungsangebot** nach § 305 **angenommen** und seine **Aktien umgetauscht** hat; Ausgleich und Abfindung stehen ihm alternativ und nicht kumulativ zur Verfügung. Da bis zum Umtausch der Aktien anteilige Ausgleichsansprüche entstehen, kann es erforderlich sein, diese mit den Abfindungszinsen gem. § 305 Abs. 3 zu verrechnen (→ § 305 Rn. 100).[70]

38 Ein **Ausgleichsanspruch entfällt** ferner, wenn der **Gewinnabführungs-** bzw. **Beherrschungsvertrag endet.** Dies ist der Fall bei der **Insolvenz** eines Vertragsteils (→ § 297 Rn. 36–38),[71] der **Auflösung** der **abhängigen Gesellschaft** (→ § 297 Rn. 40), der **Verschmelzung** der **Vertragsparteien** miteinander (→ § 297 Rn. 41) und der **Verschmelzung** der **abhängigen Gesellschaft** mit einer **dritten Gesellschaft** (→ § 297 Rn. 44). Dagegen hat die Verschmelzung bzw. Eingliederung des anderen Vertragsteils mit einer dritten Gesellschaft keinen Einfluss auf das Bestehen des Vertrags, so dass der Ausgleichsanspruch fortbesteht; ein variabler Ausgleich ist allerdings anzupassen (→ § 297 Rn. 42, 52).

39 **5. Verkehrsfähigkeit.** Der Ausgleichsanspruch ist selbständig verkehrsfähig. Er kann **abgetreten, gepfändet** oder **verpfändet** sowie erlassen werden. Ein Pfandrecht am Dividendenanspruch erfasst den Ausgleichsanspruch grundsätzlich nicht.[72]

---

[62] Busch AG 1993, 1 (8 f.); MüKoAktG/Paulsen Rn. 111; Kölner Komm AktG/Koppensteiner Rn. 9, 11.
[63] OLG Frankfurt v. 6.4.2009, 5 W 7/09, GWR 2009, 113; vgl. auch OLG Frankfurt AG 2010, 368 (374 und 408, 409 f.); vgl. auch (unter Berufung auf K. Schmidt/Lutter/Stephan Rn. 25) BGHZ 189, 261 (268) (allgemein übliche Praxis).
[64] OLG Frankfurt AG 2010, 368 (375); OLG München AG 1998, 239 (240); LG Nürnberg-Fürth AG 2000, 89 (91); LG Berlin AG 2000, 284 (287); MüKoAktG/Paulsen Rn. 113; Hüffer/Koch/Koch Rn. 13; MHdB AG/Krieger § 71 Rn. 86; Emmerich/Habersack/Emmerich Rn. 31; K. Schmidt/Lutter/Stephan Rn. 36. AA Busch AG 1993, 1 (4); Kölner Komm AktG/Koppensteiner 2. Aufl. Rn. 6.
[65] MüKoAktG/Paulsen Rn. 115; Bürgers/Körber/Schenk Rn. 10; GroßKomm AktG/Hasselbach/Hirte Rn. 46. AA Emmerich/Habersack/Emmerich Rn. 31 unter Verweis auf § 286 Abs. 2 Nr. 1 BGB, § 288 Abs. 1 S. 1 BGB; differenzierend zwischen börsennotierten und nicht-börsennotierten Gesellschaften K. Schmidt/Lutter/Stephan Rn. 38 f.
[66] OLG Köln AG 2010, 336 (337 ff.); OLG Frankfurt AG 2010, 368 (375 f.); LG Essen BB 2009, 2676.
[67] BGHZ 189, 261 (271 ff.) (keine Gesetzeslücke, die durch einen anteiligen Ausgleichsanspruch geschlossen werden müsste, und auch keine entsprechende Anwendung des § 101 Nr. 2 Hs. 2 BGB); OLG Köln AG 2010, 336 (338). AA Dreier/Riedel BB 2009, 1822 (1826 ff.).
[68] BVerfG AG 2013, 255 ff. zur Verzinsungslücke.
[69] Vgl. K. Schmidt/Lutter/Stephan Rn. 22.
[70] BGH AG 2003, 40 (41) (allerdings keine Verrechnung mit der Barabfindung).
[71] Zum Fortbestehen des Abfindungsanspruchs vgl. BGHZ 176, 43 sowie → § 305 Rn. 5 und 27.
[72] MüKoAktG/Paulsen Rn. 120; Emmerich/Habersack/Emmerich Rn. 29; Hüffer/Koch/Koch Rn. 13; Kölner Komm AktG/Koppensteiner Rn. 19; MHdB AG/Krieger § 71 Rn. 86; K. Schmidt/Lutter/Stephan Rn. 40.

III. Arten des Ausgleichs (Abs. 1 und 2)

1. Überblick. § 304 sieht zwei Arten eines Ausgleichs vor. So ist in Abs. 1 S. 1 erstens festgelegt, **40** dass ein Ausgleich in Gestalt einer auf die Anteile am Grundkapital bezogenen wiederkehrenden Geldleistung zu gewähren ist **(fester Ausgleich)**. Abs. 2 S. 1 bestimmt die Einzelheiten dieser Ausgleichszahlung: Es ist mindestens die jährliche Zahlung des Betrags zuzusichern, der nach der bisherigen Ertragslage der Gesellschaft und ihren künftigen Ertragsaussichten unter Berücksichtigung angemessener Abschreibungen voraussichtlich als durchschnittlicher Gewinnanteil auf die einzelne Aktie verteilt werden könnte. Zweitens kann gem. Abs. 2 S. 2 als Ausgleichszahlung auch die Zahlung des Betrags zugesichert werden, der unter Herstellung eines angemessenen Umrechnungsverhältnisses auf Aktien der anderen Gesellschaft jeweils als Gewinnanteil entfällt **(variabler Ausgleich)**. In Abs. 2 S. 3 ist vorgegeben, nach welchen Grundsätzen die Umrechnung stattzufinden hat.

Der feste und der variable Ausgleich stehen als mögliche Ausgleichszahlung sowohl beim Gewinn- **41** abführungs- als auch beim Beherrschungsvertrag (Abs. 1 S. 2) zur Verfügung. Beide Ausgleichsarten stehen gleichwertig nebeneinander (→ Rn. 64). Die **Parteien** sind grundsätzlich **frei** darin zu entscheiden, **welche Ausgleichszahlung** sie in den Vertrag aufnehmen. In der **Praxis dominiert** der **feste Ausgleich** aufgrund seiner Planbarkeit.[73]

Dennoch sprechen sowohl aus Sicht des anderen Vertragsteils sowie aus Sicht der außenstehenden **41a** Aktionäre gewichtige Gründe für einen variablen Ausgleich. Dieser ist häufig für den anderen Vertragsteil vorteilhafter als der feste Ausgleich, da er den anderen Vertragsteil keinem bereits feststehenden finanziellen Risiko aussetzt.[74] Außerdem fällt er im aktuellen Niedrigzinsumfeld regelmäßig niedriger aus als der feste Ausgleich, ist mangels Vergleichbarkeit mit einer festverzinslichen Anleihe weniger anfällig für missbräuchliche Angriffe und reduziert das „Risiko" einer Erhöhung der Barabfindung im Rahmen eines späteren Squeeze-out durch Heranziehung des Barwerts als Untergrenze der Ausgleichszahlung.[75]

Aus der Perspektive der außenstehenden Aktionäre hat der feste Ausgleich den Vorteil, dass **41b** sie hierüber an einem durch Thesaurierung erzielten Vermögenszuwachs des anderen Vertragsteils partizipieren können. Problematisch ist insoweit freilich, dass sie keinen Einfluss auf die Gewinnverwendungsentscheidung im herrschenden Unternehmen haben.[76]

In einem **Spruchverfahren** hat das Gericht die von den **Parteien getroffene Festlegung** zu **42** respektieren. Es darf nur dann eine andere Ausgleichsart zugrunde legen, wenn der im Vertrag vorgesehene Ausgleich nicht gewählt werden konnte.[77]

2. Gewinnabführungsvertrag (Abs. 1 S. 1). a) Feste Ausgleichszahlung. aa) Konstruk- 43 tion. Bei einer **festen Ausgleichszahlung** haben die außenstehenden Aktionäre gegen den anderen Vertragsteil einen **Anspruch** auf eine angemessene Ausgleich in Gestalt einer auf **ihre Anteile am Grundkapital der Gesellschaft bezogene** wiederkehrende **Geldleistung**. Die Zahlungspflichtung hat ihren Rechtsgrund im Gewinnabführungsvertrag (→ Rn. 7) und ist das Äquivalent für die Dividende, die einem Aktionär nach Abschluss des Vertrags entgeht. Aus Abs. 2 S. 1 wird deutlich, dass sie im Unterschied zum variablen Ausgleich unabhängig von einem konkret erwirtschafteten Gewinn ist, sondern sich nach der bisherigen Ertragslage der Gesellschaft und ihren künftigen Ertragsaussichten bestimmt (→ Rn. 54–60). Die feste Ausgleichszahlung stellt sich somit wirtschaftlich gesehen als eine Verzinsung des Anteils dar.

bb) Besonderheiten im mehrstufigen Konzern. Fraglich ist, ob es in einer mehrstufigen **44** Unternehmensverbindung erforderlich ist, für die Ansprüche der außenstehenden Aktionäre der Enkelin besondere Sicherungen vorzusehen. Zum Teil wird angenommen, dass die Vereinbarung eines festen Ausgleichs zwischen Enkel und Tochter voraussetzt, dass die Mutter eine Garantieerklärung für die Ausgleichsansprüche abgibt.[78] Dagegen spricht, dass das Vermögen der Tochter entweder

---

[73] Vgl. *Baums*, Der Ausgleich nach § 304 AktG, 2006, 163 ff., 214 ff. sowie *Schnorbus* ZHR 181 (2017), 902 (904 f.).
[74] Vgl. *Hüffer/Koch* FS Kruse, 2001, 651 (660), wonach in der Praxis feste Ausgleichszahlungen teilweise deutlich über zuvor gezahlten Dividenden lagen. Dies gilt umso mehr im aktuellen Niedrigzinsumfeld aufgrund der niedrigeren Abzinsungsfaktoren (vgl. *Wiesner/Wobbe* DB 2017, 1725 ff.) und der Berücksichtigung unechter Synergien im Rahmen der IDW S1 (vgl. *Schnorbus* ZHR 181 (2017), 902 (910)).
[75] Näher dazu *Schnorbus* ZHR 181 (2017), 902 (909 ff.).
[76] Vgl. Kölner Komm AktG/*Koppensteiner* Rn. 70; *Mülbert*, Aktiengesellschaft, Unternehmensgruppe und Kapitalmarkt, 2. Aufl. 1996, 294.
[77] Zu den Voraussetzungen für einen variablen Ausgleich → Rn. 45–48.
[78] *Bayer* FS Ballerstedt, 1975, 157 (177) (Garantie der Mutter gegenüber der Tochter zugunsten der außenstehenden Aktionäre der Enkelin, dass die Tochter die Mittel erhält, die sie benötigt, um ihre Verpflichtungen aus der festen Ausgleichszahlung zu erfüllen).

auf Grund der §§ 311, 317 oder wegen des Verlustausgleichsanspruchs gem. § 302 Abs. 1 ausreichend geschützt ist.[79]

45 **b) Variable Ausgleichszahlung. aa) Konstruktion.** Unter einem variablen Ausgleich ist die **Zusicherung** der **Zahlung** eines **Betrags** zu verstehen, der unter **Herstellung** eines **angemessenen Umtauschverhältnisses** auf **Aktien** der **anderen Gesellschaft** jeweils **als Gewinnanteil entfällt** (Abs. 2 S. 2). Der Ausgleich bestimmt sich folglich nach dem Gewinn des anderen Vertragsteils und nicht wie der feste Ausgleich nach dem Gewinn, den die Gesellschaft voraussichtlich erzielt hätte. Hierzu ist es erforderlich, wie bei einer Verschmelzung das Wertverhältnis der Aktien zueinander zu ermitteln, was eine Bewertung der beiden Unternehmen verlangt. Auf dieser Grundlage ist die **Ausgleichszahlung jedes Jahr neu** zu **berechnen.**[80] Bei der Vereinbarung der Ausgleichszahlung sollten die steuerrechtlichen Vorgaben für die Begründung einer Organschaft beachtet werden. So steht nach der Rechtsprechung des BFH der körperschaftsteuerrechtlichen Anerkennung eines Gewinnabführungsvertrags entgegen, wenn neben einem bestimmten Festbetrag ein zusätzlicher Ausgleich in jener Höhe vereinbart wird, um die der hypothetische Gewinnanspruch des außenstehenden Aktionärs ohne die Gewinnabführung den Festbetrag übersteigen würde.[81]

46 Ein variabler Ausgleich kann gem. Abs. 2 S. 2 nur zugesichert werden, wenn der **andere Vertragsteil** eine **AG** oder **KGaA** ist. Es kann sich auch um eine Gesellschaft mit Sitz im Ausland handeln, sofern ihr korporatives Gepräge der deutschen Aktiengesellschaft vergleichbar ist und der Sitzstaat über ein funktionierendes Rechtssystem verfügt (analog § 305 Abs. 2).[82] Ferner ist es erforderlich, dass der andere Vertragsteil die einzige Obergesellschaft ist.[83] Im Falle einer **Mehrmütterherrschaft** ist nicht mehr die dem variablen Ausgleich zugrunde liegende fusionsähnliche Situation gegeben. Außerdem ist es nicht möglich, die für die Ausgleichszahlung maßgebliche Verschmelzungswertrelation festzustellen. Die Parteien müssen daher einen **festen Ausgleich** vereinbaren.

47 **bb) Besonderheiten im mehrstufigen Konzern.** Fraglich ist, ob in einem **Vertrag** zwischen **Tochter** und **Enkelin** ein variabler Ausgleich vereinbart werden kann, wenn zwischen **Mutter** und **Tochter** ein **Gewinnabführungs-** oder ein **Beherrschungsvertrag** besteht.[84] Da im ersten Fall in der Tochter keine ausschüttungsfähigen Gewinne anfallen können und im zweiten Fall es die Mutter in der Hand hat, das Entstehen von Gewinnen in der Tochter zu verhindern, kann der am Bilanzgewinn der Tochter orientierte variable Ausgleich seine Funktion nicht erfüllen. Nach einem Teil des Schrifttums soll daher in beiden Konstellationen die Vereinbarung eines variablen Ausgleichs ausgeschlossen sein; es müsse ein fester Ausgleich gewählt werden.[85] Die hM lehnt diese Sichtweise aber zu Recht ab und schlägt vor, den **Ausgleich analog § 305 Abs. 2 Nr. 2** an der **Gewinnausschüttung** der **Mutter** auszurichten.[86] Eine entsprechende Konstruktion der Ausgleichsverpflichtung ist die „gebotene Folgerung aus der wirtschaftlichen Einheit des Konzerns".[87] Voraussetzung für einen am Gewinn der Mutter orientierten Ausgleich ist, dass diese eine AG oder KGaA ist. Der Ausgleich wird allerdings von der Tochter, nicht von der Mutter geschuldet.[88]

48 Keine Probleme ergeben sich, wenn die **Tochter** von der **Mutter faktisch abhängig** ist. Die Mutter hat dann keine rechtliche Handhabe, um das Entstehen von Gewinnen in der Tochter zu verhindern; konzerninterne Vermögensverlagerungen sind gem. § 311 unzulässig. Die außenstehen-

---

[79] Kölner Komm AktG/*Koppensteiner* Rn. 37; *Pentz*, Die Rechtsstellung der Enkel-AG in einer mehrstufigen Unternehmensverbindung, 1994, 66 f.

[80] Zu den hiermit verbundenen Nachteilen für die außenstehenden Aktionäre Rn. 63–67.

[81] BFH BB 2009, 2183; bestätigt durch BFH ZIP 2018, 173; dazu *Hubertus/Lüdemann* DStR 2009, 2123; *Lohmann/Goldacker/Annecke* BB 2009, 2344; *Meiisel/Bokeloh* DB 2009, 2067.

[82] MüKoAktG/*Paulsen* Rn. 54; Hüffer/Koch/*Koch* Rn. 14; Emmerich/Habersack/*Emmerich* Rn. 45; *Schnorbus* ZHR 181 (2017), 902 (918 ff. mwN). AA Kölner Komm AktG/*Koppensteiner* 42.

[83] MüKoAktG/*Paulsen* Rn. 55; Emmerich/Habersack/*Emmerich* Rn. 45; Hüffer/Koch/*Koch* Rn. 14; Kölner Komm AktG/*Koppensteiner* Rn. 34; MHdB AG/*Krieger* § 71 Rn. 95. AA *Exner*, Beherrschungsvertrag und Vertragsfreiheit, 1984, 296 f.

[84] Zur Rechtslage, wenn der Unternehmensvertrag zwischen Mutter und Tochter nach dem Vertrag zwischen Tochter und Enkelin geschlossen wird → Rn. 81.

[85] LG Dortmund AG 1977, 234 Leitsatz 3; Kölner Komm AktG/*Koppensteiner* Rn. 36; GHEK/*Geßler* Rn. 96; *Pentz*, Die Rechtsstellung der Enkel-AG in einer mehrstufigen Unternehmensverbindung, 1994, 67 ff. (73 ff.).

[86] OLG Düsseldorf AG 1992, 200 (204 ff.); *Kamprad* AG 1986, 321 (323 ff.); *Exner*, Beherrschungsvertrag und Vertragsfreiheit, 1984, 198 ff.; MüKoAktG/*Paulsen* Rn. 57; Emmerich/Habersack/*Emmerich* Rn. 57; ähnlich *Bayer* FS Ballerstedt, 1975, 157 (177 f.); zweifelnd Hüffer/Koch/*Koch* Rn. 17. Einen anderen Vorschlag unterbreitet *Hüchting*, Abfindung und Ausgleich im aktienrechtlichen Beherrschungsvertrag, 1972, 67: Es müsse im Vertrag zwischen Tochter und Enkelin ein fester Ausgleich als Mindestbetrag vereinbart werden.

[87] OLG Düsseldorf AG 1992, 200 (205); Emmerich/Habersack/*Emmerich* Rn. 57.

[88] Emmerich/Habersack/*Emmerich* Rn. 57. AA *Bayer* FS Ballerstedt, 1975, 157 (177 f.).

den Aktionäre der Enkelin sind zudem berechtigt, analog § 317 Abs. 3, § 309 Abs. 4 etwaige Schadensersatzansprüche gegenüber der Mutter geltend zu machen.[89] Bedenken gegen die Vereinbarung eines variablen Ausgleichs bestehen daher nicht.

3. Isolierter Beherrschungsvertrag (Abs. 1 S. 2 und Abs. 2 S. 2). Ein Beherrschungsvertrag muss, wenn die Gesellschaft nicht auch zur Abführung ihres ganzen Gewinns verpflichtet ist, den außenstehenden Aktionären als angemessenen Ausgleich einen bestimmten **jährlichen Gewinnanteil** nach der für die Ausgleichszahlung bestimmten Höhe **garantieren** (Abs. 1 S. 2). Hieraus folgt zunächst, dass eine **feste** oder eine **variable Ausgleichszahlung** vereinbart werden kann. Ferner stellt die Vorschrift sicher, dass die außenstehenden Aktionäre Anspruch auf eine Ausgleichszahlung haben, die bei einem Gewinnabführungsvertrag zuzusichern wäre. Grund hierfür ist, dass die abhängige Gesellschaft bei Bestehen eines Beherrschungsvertrags einen Bilanzgewinn erwirtschaften kann, über den die Hauptversammlung gem. § 174 entscheidet und auf den gem. § 58 Abs. 4 alle Aktionäre einen Anspruch haben.[90]

Es ist daher in jedem Fall eine **Vergleichsrechnung** anzustellen: bei einem festen Ausgleich zwischen dem in der abhängigen Gesellschaft ausgeschütteten Gewinn und der nach Maßgabe von Abs. 1 S. 1 und Abs. 2 S. 1 ermittelten Zahlung, bei einem variablen Ausgleich zwischen dem in der abhängigen Gesellschaft verteilten Gewinn und dem Betrag, den die außenstehenden Aktionäre gem. Abs. 2 S. 2 aus dem in der herrschenden Gesellschaft zur Verteilung anstehenden Bilanzgewinn beanspruchen können. Bleibt in der abhängigen Gesellschaft ausgekehrte Dividende hinter dem Betrag der Ausgleichszahlung zurück, so haben die außenstehenden Aktionäre einen Anspruch auf Zahlung des Differenzbetrags. Dagegen besteht kein Anspruch auf Ergänzungszahlung, wenn die ausgeschüttete Dividende dem Ausgleich entspricht oder diesen übersteigt. Die Verpflichtung zur Ausgleichszahlung kann daher als Dividendengarantie bezeichnet werden.[91]

IV. Angemessenheit des Ausgleichs (Abs. 1 und 2)

1. Stichtag der Bewertung. Ein fester Ausgleich und ein variabler Ausgleich sind nach unterschiedlichen Kriterien zu ermitteln.[92] So ist es bei einem **festen Ausgleich** erforderlich, die **Erträge der Gesellschaft zu prognostizieren**. Ein **variabler Ausgleich** muss auf der Grundlage der **Aktienwertrelationen** bestimmt werden. Maßgeblicher Stichtag hierfür ist in beiden Fällen das **Datum des Hauptversammlungsbeschlusses** gem. § 293 Abs. 1.[93] Die Stichtagsbewertung neutralisiert Wertveränderungen im Zeitablauf und dient der Informationsabgrenzung.[94]

Fraglich ist, ob der **Stichtag** bei einer **qualifizierten faktischen Konzernherrschaft vorzuverlegen** ist.[95] Dagegen wird eingewandt, dass der Tatbestand einer qualifizierten faktischen Konzernierung keine klaren Konturen aufweise und der Zeitpunkt, ab dem die Gesellschaft in dieser Weise beherrscht worden sei, nicht rechtssicher bestimmt werden könne.[96] Die mit Blick auf die praktisch auftretenden Probleme formulierten Bedenken sind zwar wichtig. Sie berücksichtigen jedoch nicht hinreichend, dass das herrschende Unternehmen bei einer qualifizierten faktischen Konzernierung die abhängige Gesellschaft in der Regel ausgeplündert hat, so dass es unwahrscheinlich ist, dass diese noch in der Lage ist, Erträge zu erzielen. In einem solchen Fall vermag der in § 304 normierte Ausgleich seine Funktion nur zu erfüllen, wenn der maßgebliche Stichtag vorverlegt wird.

Obwohl die Ertragsprognose bzw. die Bewertung der Unternehmen zu einem festgelegten Stichtag erfolgt, ist es grundsätzlich nicht ausgeschlossen, dass bestimmte spätere Entwicklungen zu berücksichtigen sind. Voraussetzung hierfür ist, dass diese schon in den am Stichtag bestehenden

---

[89] *Bayer* FS Ballerstedt, 1975, 157 (181 f.); *Exner*, Beherrschungsvertrag und Vertragsfreiheit, 1984, 205 f.; MüKoAktG/*Paulsen* Rn. 59; Kölner Komm AktG/*Koppensteiner* Rn. 39.
[90] Diese Vorschrift ist nicht gem. § 291 Abs. 3 außer Kraft gesetzt. → § 291 Rn. 17 ff.
[91] Hüffer/Koch/*Koch* Rn. 6; MüKoAktG/*Paulsen* Rn. 49.
[92] Vgl. zur Behandlung von Vorzugsaktien einerseits MüKoAktG/*Paulsen* Rn. 98 ff. und andererseits OLG Frankfurt AG 1989, 442 (443).
[93] BGHZ 138, 136 (139 f.); OLG Stuttgart AG 1994, 564; MüKoAktG/*Paulsen* Rn. 72, 90; Emmerich/Habersack/*Emmerich* Rn. 27; Hüffer/Koch/*Koch* Rn. 10; Kölner Komm AktG/*Koppensteiner* Rn. 47.
[94] Vgl. *Meyer* AG 2015, 16 mwN.
[95] Vgl. OLG Stuttgart AG 1994, 564 (im entschiedenen Fall aber mangels Vorliegens der Voraussetzungen abgelehnt); Großkomm AktG/*Hirte/Hasselbach* § 304 Rn. 96; ähnlich Hüffer/Koch/*Koch* Rn. 10 (wenn Voraussetzungen einer Haftung wegen existenzvernichtenden Eingriffs erfüllt seien); krit. Emmerich/Habersack/*Emmerich* Rn. 27a; vgl. auch OLG Hamburg AG 2001, 479 (480); aA Spindler/Klöhn Der Konzern 2003, 511 (515 f.).
[96] MüKoAktG/*Paulsen* Rn. 73; Spindler/Klöhn Der Konzern 2003, 511 (515 f.).

Verhältnissen angelegt sind (**"Wurzeltheorie"**).[97] Ausnahmsweise kann aber eine Anpassungspflicht nach § 313 BGB bestehen (dazu → Rn. 70 sowie zu weiteren Anwendungsfragen zum Stichtagsprinzip → § 305 Rn. 78 ff.).

54 **2. Feste Ausgleichszahlung. a) Überblick.** Abs. 2 S. 1 legt die Maßstäbe fest, nach denen der feste Ausgleich zu ermitteln ist. Es ist mindestens die jährliche Zahlung des Betrags zuzusichern, der nach der bisherigen Ertragslage der Gesellschaft (dazu → Rn. 56) und ihren künftigen Ertragsaussichten (dazu → Rn. 57 ff.) voraussichtlich als durchschnittlicher Gewinnanteil auf die einzelne Aktie verteilt werden könnte. In diesen Kriterien artikuliert sich die Vorstellung des Gesetzgebers, dem außenstehenden Aktionär als Ausgleich mindestens den Betrag zu gewähren, mit dem dieser, wenn der Vertrag nicht bestehen würde, künftig als Gewinnanteil rechnen könnte.[98] Ausschlaggebend ist, was die **Gesellschaft** nach **ihrer bisherigen Ertragslage** und nach den **Gewinnaussichten,** die sie künftig als frei am Markt stehendes Unternehmen hätte, **erwirtschaften könnte.**[99] Diese Frage stellt sich auch bei der Ermittlung der Abfindung nach § 305. Die Praxis macht daher zur Ermittlung des festen Ausgleichs den für die **Abfindung ermittelten Ertragswert** nutzbar.[100] Da der feste Ausgleich die Interessen der außenstehenden Aktionäre an die künftige Ertragsfähigkeit der Gesellschaft zu wahren sucht, brauchen sie vom BVerfG entwickelten Grundsätze über eine Berücksichtigung des Börsenkurses als Untergrenze nicht herangezogen zu werden.[101]

54a Der feste Ausgleich soll den außenstehenden Aktionären einen **Mindestbetrag** gewähren.[102] Aus dem Wortlaut sowie Sinn und Zweck des Abs. 2 S. 1 folgt, dass eine höhere als die ermittelte Ausgleichszahlung zugesichert werden kann. Die herrschende Gesellschaft wird hierzu allerdings nur dann Anlass haben, wenn Bewertungsrisiken bestehen oder wenn sie erreichen möchte, dass möglichst viele außenstehende Aktionäre in der Gesellschaft verbleiben.[103] Ohne triftigen Grund darf der Vorstand des anderen Vertragsteils nicht über den vom Gesetz verlangten Mindestbetrag hinausgehen, weil er sich anderenfalls gem. § 93 Abs. 2 gegenüber seiner Gesellschaft schadensersatzpflichtig machen würde.

55 Hat die Gesellschaft **stimmrechtslose Vorzugsaktien** (§§ 139 ff.) ausgegeben, stellt sich die Frage, ob es geboten ist, für Aktien verschiedener Gattungen einen unterschiedlichen Ausgleich festzusetzen. Sie wird im Schrifttum bejaht.[104] Für eine Antwort ist zwischen mehreren Fragen zu unterscheiden. So ist erstens zu klären, wie mit dem **Vorzug** bei der Dividende umzugehen ist. Zweitens ist zu klären, wie bezüglich einer Mehrdividende zu verfahren ist. Die erste Frage ist dahingehend zu beantworten, dass dem Vorzug keine Bedeutung mehr zukommt.[105] Denn alle Aktionäre erhalten nun einen Ausgleich gem. dem Nennbetrag ihrer Aktien bzw. nach Maßgabe ihres Anteils am Grundkapital, so dass sich der Vorzug nicht mehr auswirkt.[106] Bezüglich der zweiten Frage ist dergestalt zu verfahren, dass der Mehrbetrag dem vom herrschenden Unternehmen garantierten Betrag hinzuzurechnen ist.[107]

56 **b) Bisherige Ertragslage.** Die bisherige Ertragslage ist auf der Grundlage der in den letzten Jahresabschlüssen ausgewiesenen Jahresüberschüsse (§ 275 Abs. 2 Nr. 17 bzw. Abs. 3 Nr. 16 HGB) zu ermitteln (→ § 305 Rn. 70 ff.).[108] In der Regel werden die **Abschlüsse** der **letzten drei** bis

---

[97] BGHZ 138, 136 (140) sowie ursprünglich BGH NJW 1973, 509 (511) zur Unternehmensbewertung i.R.d. Pflichtteil und BGH BB 1977, 1168 f.; OLG Hamburg AG 2003, 583 (585); BayObLG AG 2002, 393 (394) ("keinen hinreichend gesicherten Anhaltspunkt für diese Novellierung" [eines Steuergesetzes] zum Zeitpunkt der Beschlussfassung der Hauptversammlung); Emmerich/Habersack/*Emmerich* Rn. 27; Hüffer/Koch/*Koch* Rn. 10; Kort ZGR 1999, 402 (418 f.); Raiser/Veil KapGesR § 62 Rn. 89. Krit. *Hüttemann/Meyer* in Fleischer/Hüttemann, Rechtshandbuch Unternehmensbewertung, 2015, § 12 Rn. 48 ff., unter Verweis auf die praktische Undurchführbarkeit, da jedes Ereignis kausal aus der Vergangenheit zu begründen sei und der BGH keine handhabbare Abgrenzungsformel für die zu berücksichtigenden Zusammenhänge geliefert habe.
[98] RegBegr. *Kropff* S. 394 f.
[99] RegBegr. *Kropff* S. 395.
[100] OLG Stuttgart AG 2008, 783 (789) zum Kapitalisierungszinssatz; *Baldamus* AG 2005, 77 (78) (ohne Begr.); ausf. Emmerich/Habersack/*Emmerich* Rn. 39. AA *Hüffer* JZ 2007, 151 f.
[101] OLG Stuttgart v. 14.2.2008 – 20 W 10/06, NJOZ 2010, 1105.
[102] RegBegr. *Kropff* S. 395.
[103] OLG Düsseldorf AG 1984, 216 (219); MüKoAktG/*Paulsen* Rn. 63.
[104] Vgl. Großkomm AktG/*Hirte/Hasselbach* Rn. 86; *Vetter* ZIP 2000, 561 (567). Das BVerfG (AG 2000, 40 (41)) hat die Frage offen gelassen. AA OLG Frankfurt ZIP 1990, 588 (591); vgl. ferner OLG Karlsruhe AG 2006, 463 (keine Schlechterstellung der Vorzugsaktien gegenüber den Stammaktien).
[105] Vgl. Großkomm AktG/*Hirte/Hasselbach* Rn. 88; Emmerich/Habersack/*Emmerich* Rn. 33.
[106] Ausf. *G. Roth* Der Konzern 2005, 685 ff.
[107] Vgl. Großkomm AktG/*Hirte/Hasselbach* Rn. 88; Bürgers/Körber/*Schenk* Rn. 33; ausf. *G. Roth* Der Konzern 2005, 685 ff.
[108] MüKoAktG/*Paulsen* Rn. 77; Hüffer/Koch/*Koch* Rn. 8 f.; Bürgers/Körber/*Schenk* Rn. 21.

fünf Jahre herangezogen.[109] Die Abschlüsse müssen allerdings noch für die Zwecke des § 304 „korrigiert" werden. **Außerordentliche Erträge** und **Verluste** sind bei der Berechnung **nicht** zu **berücksichtigen**.[110] Ein **Verlustvortrag** ist abzuziehen.[111] Auch **stille Reserven** sind nicht zu berücksichtigen, wenn sie aus dem Ertrag resultieren und sich nicht aus Wertsteigerungen ergeben.[112] Doch sind sie auch in letzterem Fall zu berücksichtigen, wenn wahrscheinlich ist, dass sie realisiert werden. Denn das herrschende Unternehmen würde die Erträge dann vereinnahmen (vgl. § 301).[113] Die **aus** der bisherigen **Abhängigkeit** der Gesellschaft resultierenden **Nachteile** sind einzubeziehen,[114] wenn der Gesellschaft entsprechende Ausgleichsansprüche zustehen.[115] Schließlich können die in die **gesetzliche Rücklage** eingestellten **Beträge** keine Berücksichtigung finden; diese sind abzuziehen.[116] Anders verhält es sich mit den in andere Gewinnrücklagen eingestellten Beträgen, die einzurechnen sind.[117]

c) Zukunftsorientierte Ertragswertbetrachtung. Aus den für die Vergangenheit nach den 57 vorstehend dargestellten Grundsätzen ermittelten Erträgen ist auf die zukünftige Ertragsentwicklung zu schließen (vgl. auch IDW S. 1 idF 2008 → Rn. 83). Die Prognose hat sich auf den Zeitraum der vorgesehenen Vertragsdauer zu erstrecken.[118] Von einer Vollausschüttung ist heute nicht mehr auszugehen (→ § 305 Rn. 83). Es sind die für die Ermittlung der Vergangenheitswerte dargestellten Grundsätze entsprechend anzuwenden. So sind die Beträge, die in die gesetzliche Rücklage eingestellt werden müssen,[119] einzuberechnen, gem. Abs. 2 S. 1 nicht jedoch die Beträge, die zur Bildung anderer Gewinnrücklagen verwandt werden könnten.[120] Abs. 2 S. 1 bestimmt ferner, dass angemessene Abschreibungen und Wertberichtigungen zu berücksichtigen sind, was nach Maßgabe der §§ 253, 254, 279 ff. HGB zu beurteilen ist.[121] Die Prognose kann zum einen nach der **Pauschalmethode** erfolgen. Zum anderen kommt eine zwischen verschiedenen Phasen differenzierende Vorgehensweise in Betracht **(Phasenmethode)**. Mit der letzten Methode ist es möglich, bestimmten, aus Planungen der Geschäftsleitung ableitbaren ertragsschwachen Jahren Rechnung zu tragen. Doch ist sie auf Kritik gestoßen. Es wird eingewandt, dass die Unternehmensplanungen spekulativ seien und die Phasenmethode zur Manipulation einlade.[122] In der Bewertungspraxis hat sich aber die Phasenmethode durchgesetzt.[123] Auch die Gerichte haben sie mittlerweile anerkannt und akzeptiert, dass für den „überschaubaren Zeitraum von fünf Jahren (erste Phase) auf die vorhandene konkrete Planung [der Gesellschaft] zurückgegriffen ... und daran eine zweite Phase angeschlossen" wird.[124] Ein näherer Blick auf die Phasenmethode offenbart, dass die Probleme im Detail liegen.

Nach dem **IDW Standard** (IDW S. 1 idF 2008) lassen sich für einen gewissen Zeitraum (nähere 58 erste Phase) voraussichtliche Entwicklungen der finanziellen Überschüsse plausibler beurteilen und

---

[109] OLG Frankfurt AG 2003, 581 (582) (drei bis fünf Jahre); OLG Düsseldorf AG 1990, 397 (398); OLG Celle AG 1981, 234 (5 Jahre); LG Dortmund AG 1981, 236 (238) (5 Jahre); MüKoAktG/*Paulsen* Rn. 77 (3 bis 5 Jahre); Emmerich/Habersack/*Emmerich* Rn. 40 (3 bis 5 Jahre); Großkomm AktG/*Hirte*/*Hasselbach* Rn. 76 (3 bis 5 Jahre); Hüffer/Koch/*Koch* Rn. 9 (3 bis 5 Jahre); *Hüchting*, Abfindung und Ausgleich im aktienrechtlichen Beherrschungsvertrag, 1972, 55 (3 bis 5 Jahre); Kölner Komm AktG/*Koppensteiner* Rn. 58 (3 bis 5 Jahre); *Weiss* FS Semler, 1993, 631 (634) (etwa 5 Jahre); Bürgers/Körber/*Schenk* Rn. 22 (3–5 Jahre).
[110] MüKoAktG/*Paulsen* Rn. 78; Hüffer/Koch/*Koch* Rn. 9; Emmerich/Habersack/*Emmerich* Rn. 40; Kölner Komm AktG/*Koppensteiner* Rn. 58.
[111] MüKoAktG/*Paulsen* Rn. 78.
[112] Emmerich/Habersack/*Emmerich* Rn. 40; Großkomm AktG/*Hirte*/*Hasselbach* Rn. 78; Bürgers/Körber/*Schenk* Rn. 22. AA OLG Düsseldorf AG 2000, 323 (325); LG Berlin AG 2000, 284 (287) (bezüglich stiller Reserven aus nichtbetriebsnotwendigem Vermögen); LG Dortmund AG 1996, 278 (279).
[113] Großkomm AktG/*Hirte*/*Hasselbach* Rn. 78.
[114] Zur Vorverlegung des Stichtags bei qualifizierter faktischer Konzernherrschaft → Rn. 52.
[115] OLG Düsseldorf AG 1991, 106 (107 f.) zur Abfindung nach § 12 UmwG aF; OLG Frankfurt AG 1989, 444 (445); OLG Hamburg AG 1980, 163 (164); offen gelassen von Emmerich/Habersack/*Emmerich* Rn. 40. Tendenziell ablehnend OLG Stuttgart AG 2000, 428 (430) (iE aber ebenfalls offen gelassen).
[116] Emmerich/Habersack/*Emmerich* Rn. 40, 41b.
[117] Emmerich/Habersack/*Emmerich* Rn. 40.
[118] Großkomm AktG/*Hirte*/*Hasselbach* Rn. 81; Hüffer/Koch/*Koch* Rn. 10.
[119] MüKoAktG/*Paulsen* Rn. 88; Kölner Komm AktG/*Koppensteiner* Rn. 58.
[120] RegBegr. *Kropff* S. 395; Hüffer/Koch/*Koch* Rn. 11; MüKoAktG/*Paulsen* Rn. 88; Kölner Komm AktG/*Koppensteiner* Rn. 58.
[121] Vgl. LG Berlin AG 2000, 284 (287): Keine Berücksichtigung von Sonderabschreibungen auf Grund steuerlicher Vorschriften.
[122] OLG Hamburg AG 2001, 479 (481).
[123] So auch die Einschätzung von Emmerich/Habersack/*Emmerich* Rn. 41a; Grigoleit/*Servatius* Rn. 16; Bürgers/Körber/*de Vargas* Anh. § 305 Rn. 29.
[124] BayObLG AG 2002, 388 (389); vgl. ferner OLG Frankfurt AG 2002, 404 (405); OLG Stuttgart AG 2012, 135 (137).

sicherer prognostizieren als für die späteren Jahre (vgl. IDW S1 idF 2008 Ziff. 5.3 Tz. 76 f.). In den meisten Fällen würde die Planung in zwei Phasen vorgenommen.[125] Für die nähere erste Phase (**Detailplanungsphase**), die häufig einen überschaubaren Zeitraum von drei bis fünf Jahren umfasse, würden zumeist hinreichend detaillierte Planungsrechnungen zur Verfügung stehen. In dieser zeitlich näheren Phase würden die zahlreichen Einflussgrößen meist einzeln zur Prognose der finanziellen Überschüsse veranschlagt. Insbesondere längerfristige Investitions- oder Produktlebenszyklen könnten eine Verlängerung der Detailplanungsphase notwendig machen (vgl. IDW S1 idF 2008 Ziff. 5.3 Tz. 77). Die Planungsjahre der ferneren **zweiten Phase** würden in der Regel auf langfristigen Fortschreibungen von Trendentwicklungen beruhen (vgl. IDW S1 idF 2008 Ziff. 5.3 Tz. 78). Wegen des starken Gewichts der finanziellen Überschüsse in der zweiten Phase komme der kritischen Überprüfung der zugrunde liegenden Annahmen eine besondere Bedeutung zu (IDW S1 idF 2008 Ziff. 5.3 Tz. 79). Das IDW betont zu Recht, dass die **Verlässlichkeit** und **Vollständigkeit** der **Bewertungsgrundlagen** beurteilt werden müssen (IDW S1 idF 2008 Ziff. 5.3 Tz. 82). Auch ist es von zentraler Bedeutung, dem Einzelfall Rechnung zu tragen: Die **Phasen** können nach den IDW S 1 idF 2008 in „Abhängigkeit von **Größe, Struktur** und **Branche** des zu bewertenden **Unternehmens unterschiedlich lange Zeiträume** umfassen" (IDW S1 idF 2008 Ziff. 5.3 Tz. 76). Die Rechtsprechung wendet diese Grundsätze an und akzeptiert dabei auch kürzere Detailplanungsphasen von einem bis zwei Jahren.[126]

59 Da der Ausgleichsanspruch sich danach bemisst, welchen Dividendenanspruch der Aktionär ohne den Unternehmensvertrag zu erwarten gehabt hätte, sind in Vermögenswerte, die auf den Ertrag keinen Einfluss hatten (sog. **nicht betriebsnotwendiges Vermögen**[127]), grundsätzlich nicht einzubeziehen.[128] Anderes gilt nur dann, wenn aus diesem Vermögen tatsächlich Erträge erzielt werden.[129] Die Unterscheidung zwischen betriebsnotwendigem und nicht betriebsnotwendigem Vermögen ist funktional vorzunehmen. So gehören zum nicht betriebsnotwendigen Vermögen Vermögensgegenstände, die frei veräußert werden könnten, ohne dass davon die Unternehmensaufgabe berührt wird.[130]

60 Den außenstehenden Aktionären ist der voraussichtlich verteilungsfähige „durchschnittliche **Bruttogewinnanteil**" (§ 304 Abs. 2 S. 1) zu gewähren, von dem die **Körperschaftsteuerbelastung** in der **jeweils gesetzlich vorgegebenen Höhe** abzusetzen ist.[131] Nur diese Auslegung des Begriffs des durchschnittlichen Gewinnanteils stellt nach Ansicht des BGH in der „von Verfassungs wegen gebotenen Weise stets sicher, dass der Minderheitsaktionär für die Beeinträchtigung seiner vermögensrechtlichen Stellung durch den Ausgleich ‚wirtschaftlich voll entschädigt' wird".[132] Der Aktionär erhält also der zur Ausschüttung bereitgestellten Bruttogewinn abzüglich der jeweils gesetzlich geltenden Körperschaftsteuerbelastung des Unternehmens. Das Stichtagsprinzip (→ Rn. 53) werde mit dieser Auslegung, so der BGH, nicht in Frage gestellt.[133] Denn die Körperschaftsteuer sei lediglich Ausfluss des erwirtschafteten Gewinns. Die Risiken der stichtagsabhängigen Prognoseentscheidung bei der Ermittlung des aus dem Unternehmenswert abgeleiteten verteilungsfähigen Bruttogewinns würden durch die Körperschaftsteuer nicht verwirklicht. Diese Rechtsprechungsgrundsätze haben

---

[125] Näher zu den Anforderungen an eine Planungserstellung *Franken/Schulte* in Fleischer/Hüttemann, Rechtshandbuch Unternehmensbewertung, 2015, § 5 Rn. 11 ff.
[126] Vgl. BGH AG 2003, 627 (628) (insoweit in BGHZ 156, 57 nicht abgedruckt): „Mehrjährige Prognosephasen sind nicht zwingend, zumal in der kurzfristig orientierten Baubranche regelmäßig [...] mehrjährige Horizonte fehlen. Daher war es [...] sachgerecht, den Zukunftserfolg eines jährlich gleichbleibenden Durchschnittsbetrages zu schätzen, ausgehend von der Ertragssituation am Bewertungsstichtag."; OLG Stuttgart AG 2007, 596 (598); Bürgers/Körber/*de Vargas* Anh. § 305 Rn. 29.
[127] Zum Begriff vgl. IDW S 1 idF 2008 Rn. 59 ff.
[128] BGHZ 156, 57 (64); OLG Stuttgart AG 2012, 49 (50); LG Stuttgart NZG 2013, 342 (343); MüKoAktG/*Paulsen* Rn. 89; weitergehend Großkomm AktG/*Hirte/Hasselbach* Rn. 74. Näher zur Behandlung nicht betriebsnotwendigen Vermögens iRd Ertragswertmethode *Hüttemann/Meiner* in Fleischer/Hüttemann, Rechtshandbuch Unternehmensbewertung, 2015, § 7.
[129] Vgl. OLG München AG 2008, 28 (32) (iE bejaht, weil zum Stichtag bereits eine Veräußerung erfolgte); BayObLG AG 2006, 41 (45) (iE aber abgelehnt „mangels hinreichend sicherer Veräußerungserwartung zum Stichtag"); BayObLG AG 2002, 390 (391) (ohne Begr.); OLG Düsseldorf AG 2000, 323 (325).
[130] OLG Stuttgart AG 2012, 49 (50); OLG Stuttgart AG 2011, 205 (210); OLG Frankfurt. v. 9.2.2010 – 5 W 38/09, abrufbar unter www.juris.de, Rn. 37; IDW S1 idF 2008 Ziff. 4.5 Tz. 59.
[131] BGHZ 156, 57 (61); OLG München AG 2007, 287 (291); BayObLG AG 2006, 41 (45); OLG Stuttgart AG 2004, 43 (47); ausf. Großkomm AktG/*Hirte/Hasselbach* Rn. 85, 156 ff.; zur Frage der Anwendung dieser Grundsätze für das Halbeinkünfteverfahren *Baldamus* AG 2005, 77 (82). Kritisch zur Berücksichtigung der individuellen Steuerlast der Aktionäre nach dem modifizierten Tax-CAPM-Verfahren gem. IDW S 1 idF 2008 Emmerich/Habersack/*Emmerich* Rn. 44 und § 305 Rn. 69 ff.
[132] BGHZ 156, 57 (61).
[133] BGHZ 156, 57 (63).

zur Folge, dass die Ausgleichszahlung jährlich neu zu berechnen ist.[134] Außerdem muss die gesetzlich bestimmte Höhe des **Solidaritätszuschlags** berücksichtigt werden.[135]

d) Keine Untergrenze der angemessenen Verzinsung. Die Berechnung des festen Ausgleichs 61 kann bei chronisch defizitären Gesellschaften zu einem Null-Ausgleich führen.[136] Zum Schutz der außenstehenden Aktionäre soll in solchen Fällen nach manchen Stimmen eine angemessene bzw. marktübliche Verzinsung des zum Liquidationswert berechneten Gesellschaftsvermögens geschuldet sein.[137] Dieser Lösungsvorschlag ist abzulehnen,[138] weil er mit der Konzeption des Ausgleichs nicht vereinbar ist. Die Aktionäre hätten auch sonst keinen entsprechenden Anspruch.[139] Sofern die dauerhafte Ertraglosigkeit auf eine qualifizierte faktische Konzernherrschaft zurückzuführen ist, kann das Problem durch eine Vorverlagerung des maßgeblichen Stichtags gelöst werden (→ Rn. 52). Im Übrigen kommt in Betracht, eine entgegen der Prognose eingetretene Verbesserung der Ertragsaussichten durch eine Anpassung des Ausgleichs zu berücksichtigen.[140]

3. Variable Ausgleichszahlung. a) Überblick. Als variabler Ausgleich versteht Abs. 2 S. 2 den 62 Betrag, der unter Herstellung eines angemessenen Umtauschverhältnisses auf Aktien der anderen Gesellschaft jeweils als Gewinnanteil entfällt. Hieraus wird geschlossen, dass für die Ausgleichszahlung die **tatsächliche Dividende** des **anderen Vertragsteils** maßgeblich ist. Nach Abs. 2 S. 3 bestimmt sich die Angemessenheit der Umrechnung nach dem Verhältnis, in dem bei einer Verschmelzung auf eine Aktie der Gesellschaft Aktien der anderen Gesellschaft zu gewähren wären. Es ist daher erforderlich, den Wert beider Gesellschaften, die am Vertrag beteiligt sind, zu ermitteln. Der nach diesen Kriterien berechnete variable Ausgleich ist als Mindestausgleich zu verstehen, wenngleich dies in Abs. 2 S. 2 nicht ausdrücklich wiederholt wird.[141]

b) Dividende als Anknüpfungspunkt. Anknüpfungspunkt für die Bemessung des Ausgleichs 63 ist nach hM die tatsächlich gezahlte Dividende.[142] Konsequenz dieser Sichtweise ist, dass der außenstehende Aktionär von der Gewinnverwendungs- und Rücklagenpolitik des anderen Vertragsteils abhängig und der Gefahr des „Aushungerns" ausgesetzt ist (→ Rn. 41). Fraglich ist, ob diesem konzeptionellen Mangel abgeholfen werden kann. Im Schrifttum werden diverse Lösungen diskutiert, von denen sich freilich bislang noch keine durchzusetzen vermochte.

So wird erstens vertreten, ein Gewinnabführungs- bzw. Beherrschungsvertrag müsse eine nach 64 § 304 Abs. 2 S. 1 berechnete Mindestgrenze für die Ausgleichszahlung enthalten.[143] Der Vorschlag ist aber weder mit dem Wortlaut der Vorschrift vereinbar noch damit in Einklang zu bringen, dass der feste und der variable Ausgleich als gleichwertige Schutzinstrumente konzipiert wurden.[144]

Zweitens wird erwogen, bei einer **unbilligen Thesaurierungspolitik** eine **vertragliche Anpassung** des **Ausgleichs** vorzunehmen. Grundlage für diese Lösung sind die vom BVerfG im Beschluss „Hartmann Braun AG/Mannesmann AG" getroffenen Erwägungen.[145] Nach Ansicht des **BVerfG** ist es verfassungsrechtlich nicht unbedenklich, wenn unter Gewinnanteil iSd § 304 Abs. 2 S. 2 die tatsächlich gezahlte Dividende verstanden wird. Art. 14 Abs. 1 GG werde hierdurch aber nicht verletzt. Es sei gem. § 162 Abs. 1 BGB möglich, die **außenstehenden Aktionäre** durch eine **Anpassung** des **Ausgleichs** dagegen zu schützen, dass sich ihr **Ausgleichsanspruch** wegen einer **missbräuchlichen Dividendenpolitik** der **herrschenden Gesellschaft** wider Treu und Glauben **verringert**. Dabei sei einerseits zu beachten, dass die herrschende Gesellschaft in der Verwendung ihres Jahresüberschusses grundsätzlich frei sei. Andererseits sei zu berücksichtigen, dass die Kompensation,

---

[134] Vgl. das Formulierungsbeispiel bei K. Schmidt/Lutter/*Stephan* Rn. 88 mit Fn. 131.
[135] OLG München AG 2007, 287 (291 f.); BayObLG AG 2006, 41 (45).
[136] BGHZ 166, 195 (197 ff.); OLG Düsseldorf AG 2009, 667 ff.; Hüffer/Koch/*Koch* Rn. 12; MüKoAktG/ *Paulsen* Rn. 92.
[137] W. Meilicke DB 1974, 417 (418 f.); Kölner Komm AktG/*Koppensteiner* Rn. 60.
[138] BGHZ 166, 195 (197 ff.); BayObLG AG 1995, 509 (511 f.); OLG Düsseldorf AG 1999, 89 (90); MüKoAktG/*Paulsen* Rn. 93; Emmerich/Habersack/*Emmerich* Rn. 32; Hartmann/Hartmann FS Pleyer, 1986, 287 (294 f.); *Hüchting*, Abfindung und Ausgleich im aktienrechtlichen Beherrschungsvertrag, 1972, 70 f.; Hüffer/Koch/*Koch* Rn. 12.
[139] MüKoAktG/*Paulsen* Rn. 93; Hüffer/Koch/*Koch* Rn. 12.
[140] Emmerich/Habersack/*Emmerich* Rn. 32; MüKoAktG/*Paulsen* Rn. 93; in BGHZ 166, 195 (202 f.) offen gelassen.
[141] Zum festen Ausgleich → Rn. 55.
[142] RegBegr. *Kropff* S. 395; OLG Düsseldorf AG 1978, 238; ZIP 1984, 586; LG Dortmund AG 1981, 236 (239 f.); LG Frankfurt/Main AG 1987, 315 (317 f.); *Exner*, Beherrschungsvertrag und Vertragsfreiheit, 1984, 187 f.; MüKoAktG/*Paulsen* Rn. 69; Hüffer/Koch/*Koch* Rn. 15; *Schorbus* ZHR 181 (2017), 902 (906).
[143] *Hüchting*, Abfindung und Ausgleich im aktienrechtlichen Beherrschungsvertrag, 1972, 62 ff.
[144] MüKoAktG/*Paulsen* Rn. 45; Kölner Komm AktG/*Koppensteiner* Rn. 32.
[145] BVerfG NJW-RR 2000, 842 = AG 2000, 40.

die der Ausgleich vermitteln solle, jedenfalls dann nicht mehr erreicht werde, wenn die Obergesellschaft tatsächlich Gewinn an die herrschende Gesellschaft abführe, die Obergesellschaft auch insgesamt einen Gewinn erwirtschafte, die Minderheitsaktionäre aber – infolge der Gewinnthesaurierung der Obergesellschaft – als variablen Ausgleich weniger erhielten, als sie als Dividende oder Wertsteigerung ihres Unternehmens erhalten hätten, wenn es den Unternehmensvertrag nicht gegeben hätte.[146]

66 Auf dieser Grundlage werden im Schrifttum im Kern drei Lösungswege beschritten: So soll der Vorstand der abhängigen Gesellschaft verpflichtet sein, unter den vom BVerfG beschriebenen Voraussetzungen den Vertrag zu kündigen.[147] Ferner soll auf der Grundlage des in § 162 Abs. 1 BGB zum Ausdruck kommenden Rechtsgedankens bei Vorliegen der genannten Voraussetzungen eine Anpassung des Ausgleichs stattfinden.[148] Schließlich könne eine übermäßige Gewinnthesaurierung auch als ein vertragswidriges Verhalten des anderen Vertragsteils begriffen werden, so dass dieser den außenstehenden Aktionären zum Schadensersatz verpflichtet sei. In diesem Fall sei den Aktionären der Betrag zu zahlen, den sie erhalten hätten, wenn der thesaurierte Gewinn ausgeschüttet worden wäre.[149]

67 Die von der hM propagierten Lösungswege sind nicht in der Lage, die skizzierten Schwächen des variablen Ausgleichs zu bewältigen. Bedenklich stimmt, dass die vom BVerfG formulierten Voraussetzungen allenfalls in besonders schwerwiegenden Fällen erfüllt sein dürften.[150] Zudem ist völlig unklar, wie die vom BVerfG formulierten hypothetischen Umstände zu ermitteln sein sollen.[151] Vorzugswürdig ist es daher, statt an die tatsächlich ausgeschüttete Dividende an den in der **herrschenden Gesellschaft erzielten Jahresüberschuss anzuknüpfen**.[152] Diese Lösung ist rechtssicher handhabbar und trägt den beschriebenen Gefahren einer unangemessenen Thesaurierung angemessen Rechnung.[153] Solange sie sich nicht durchgesetzt hat, kann einem außenstehenden Aktionär – vorbehaltlich einer angemessenen Thesaurierungspolitik oder der Vereinbarung einer festen Ausgleichszahlung im Unternehmensvertrag – nicht empfohlen werden, in der abhängigen Gesellschaft zu verbleiben und die Ausgleichszahlungen entgegenzunehmen.

68 **c) Umrechnung nach Verschmelzungswertrelation.** Die Angemessenheit der Umrechnung der Aktien bestimmt sich gem. Abs. 2 S. 3 nach der Verschmelzungswertrelation, so dass eine Bewertung der Unternehmen erforderlich ist (→ § 305 Rn. 41–78). Die vom BVerfG vertretenen Grundsätze über die Maßgeblichkeit des **Börsenkurses** als **Untergrenze** für die **Abfindung** sind auch für den **variablen Ausgleich** (bei der Bestimmung des Umrechnungsverhältnisses nach § 304 Abs. 2 S. 2 und 3) anzuwenden.[154]

V. Wesentliche Veränderungen der maßgeblichen Verhältnisse

69 **1. Überblick.** Die rechtliche Behandlung späterer Änderungen vertragswesentlicher Umstände ist in zahlreichen Konstellationen noch nicht geklärt. In der Praxis werfen vor allem Kapitalmaßnahmen im herrschenden Unternehmen und der Gesellschaft sowie der Beitritt eines weiteren herrschenden Unternehmens zum Beherrschungs- bzw. Gewinnabführungsvertrag Probleme auf (→ Rn. 71–75 sowie 76–78). Komplexe Fragen stellen sich ferner bei Veränderungen der unternehmensvertraglichen Struktur (→ Rn. 79) sowie bei Umwandlungen unter Beteiligung des anderen Vertragsteils bzw. der abhängigen Gesellschaft (→ Rn. 80).

70 In sämtlichen Fällen steht zur Debatte, ob den berechtigten Interessen des anderen Vertragsteils oder der außenstehenden Aktionäre der abhängigen Gesellschaft durch eine **Vertragsanpassung** oder die Anerkennung eines **außerordentlichen Kündigungsrechts** (jeweils nach den Grundsätzen über den **Wegfall der Geschäftsgrundlage**, § 313 BGB) Rechnung zu tragen ist. In Übereinstim-

---

[146] BVerfG AG 2000, 40 (41).
[147] So bereits *Exner*, Beherrschungsvertrag und Vertragsfreiheit, 1984, 192 f.; krit. gegenüber diesem Lösungsweg MüKoAktG/*Paulsen* Rn. 69 ff.
[148] MHdB AG/*Krieger* § 71 Rn. 97; zust. *Vetter* ZIP 2000, 561 (564); dagegen MüKoAktG/*Paulsen* Rn. 69.
[149] MüKoAktG/*Paulsen* Rn. 69 ff.; wohl auch Hüffer/Koch/*Koch* Rn. 15.
[150] Emmerich/Habersack/*Emmerich* Rn. 49. Vgl. etwa den Versuch von *Schnorbus* ZHR 181 (2017), 902 (946 ff.) zur Beschränkung des Anwendungsbereichs der Vorgaben des BVerfG auf Fälle, in denen das primäre Ziel der Thesaurierungspolitik darin bestehe, die variable Ausgleichsverpflichtung unter dem Unternehmensvertrag auszuhöhlen. Dies sei anhand einer Gesamtbetrachtung zu ermitteln. Dass dieser Maßstab kaum einmal rechtssicher nachweisbar sein wird und stets eine wirtschaftliche Argumentation für jedwede Thesaurierungspolitik angeführt werden kann, liegt auf der Hand und würde dazu führen, dass der durch das BVerfG aufgestellte Mindestschutz faktisch leerliefe.
[151] Dies konzedieren auch MüKoAktG/*Paulsen* Rn. 71; *Vetter* ZIP 2000, 561 (564 f.).
[152] Emmerich/Habersack/*Emmerich* Rn. 49; Kölner Komm AktG/*Koppensteiner* Rn. 81.
[153] Ebenso Emmerich/Habersack/*Emmerich* Rn. 49.
[154] BGHZ 147, 108 (115); OLG Hamburg NZG 2003, 89 (91).

mung mit den allgemeinen zivilvertraglichen Grundsätzen sind Anpassungen auf wesentliche, unvorhersehbare Veränderungen beschränkt, die nicht im Risikobereich einer Partei des Unternehmensvertrages liegen.[155] Im Falle späterer Änderungen des Ertrags- bzw. Unternehmenswerts, die nach der Wurzeltheorie keine Berücksichtigung finden (→ Rn. 53), kann der andere Vertragsteil gegenüber der abhängigen Gesellschaft und deren außenstehenden Aktionären verpflichtet sein, einer Anpassung des Vertrags zuzustimmen.[156] Unter welchen Voraussetzungen eine Anpassungspflicht gem. § 313 BGB zu bejahen ist, ist bislang noch nicht klar herausgearbeitet. Dies wird erst die Rechtsprechung anhand konkreter Fälle leisten können.

2. Kapitalveränderungen. a) Kapitalmaßnahmen im herrschenden Unternehmen. Kapitalveränderungen beim anderen Vertragsteil haben keine Auswirkungen auf einen **festen Ausgleich,** da sich dieser gem. Abs. 2 S. 1 nach der Ertragslage der abhängigen Gesellschaft bestimmt. **71**

Anders ist es zu beurteilen, wenn ein **variabler Ausgleich** gewählt wurde. Eine **Kapitalerhöhung aus Gesellschaftsmitteln** (§§ 207 ff.) hat zur Folge, dass der Gewinn des anderen Vertragsteils auf eine größere Anzahl von Aktien zu verteilen ist, als dies bei der Umrechnung gem. Abs. 2 S. 2 und 3 der Fall war, so dass der Anteil des den außenstehenden Aktionären zustehenden Gewinnanteils sinkt. Es ist daher erforderlich, das Umrechnungsverhältnis entsprechend § 216 Abs. 3 anzupassen.[157] Bei einer **Kapitalerhöhung gegen Einlage** (§§ 182 ff.) besteht für die außenstehenden Aktionäre die Gefahr einer Verwässerung ihres Ausgleichszahlungsanspruchs. Diese Gefahr realisiert sich, wenn der Ausgabekurs der jungen Aktien unter dem Wert der Altaktien liegt. In diesem Fall vermindert sich der ausschüttungsfähige Gewinn je Aktie und damit auch die variable Ausgleichszahlung. Es ist von Verfassungs wegen (Art. 14 Abs. 1 GG) geboten, die außenstehenden Aktionäre vor diesen Folgen zu schützen und ihnen anteilig den Wert zukommen zu lassen, den die Aktionäre der herrschenden Gesellschaft unentgeltlich erhalten.[158] Eine Anpassung der Ausgleichszahlung kann allerdings mangels Vergleichbarkeit der Interessenlagen nicht auf § 216 Abs. 3 gestützt werden.[159] Vorzugswürdig ist es, den außenstehenden Aktionären im Wege ergänzender Vertragsauslegung einen Anspruch auf Ausgleichsanpassung einzuräumen.[160] **72**

Schwierige Probleme stellen sich ferner, wenn beim anderen Vertragsteil eine **nominelle Kapitalherabsetzung** (§§ 229 ff.) erfolgt. In diesem Fall wird der **variable Ausgleich** der außenstehenden Aktionäre nicht beeinträchtigt. Auf die Aktien des herrschenden Unternehmens entfällt nunmehr ein größerer Gewinn, so dass die außenstehenden Aktionäre von den bei der Bestimmung der Ausgleichszahlung zugrunde gelegten ursprünglichen Kräfteverhältnissen profitieren. Nach hM muss der andere Vertragsteil mit dieser Situation leben, da er vor den Nachteilen des eigenen Entschlusses nicht geschützt zu werden brauche.[161] Diese Auslegung ist abzulehnen. Sie berücksichtigt nicht hinreichend, dass das Kapital in der Regel aus Sanierungszwecken herabgesetzt wird, was dem anderen Vertragsteil schwerlich „vorgeworfen" werden kann. Dieser hat einen Anspruch auf Anpassung des Ausgleichs zu Lasten der außenstehenden Aktionäre.[162] Eine **effektive Kapitalherabsetzung** (§§ 222 ff.) bedingt dagegen eine Verringerung des gewinnbringenden Kapitals, so dass die **73**

---

[155] Statt vieler ausführl. MüKoBGB/*Finkenauer* BGB § 313 Rn. 8 ff. mwN.
[156] Großkomm AktG/*Hirte/Hasselbach* Rn. 98; offengelassen von OLG Stuttgart AG 2004, 43 (48); eingehend zu diesem Problemkomplex *Hüchting,* Abfindung und Ausgleich im aktienrechtlichen Beherrschungsvertrag, 1972, 121 ff.; *Schwenn,* Der Ausgleichs- und Abfindungsanspruch der außenstehenden Aktionäre im Unternehmensvertrag bei Eintritt neuer Umstände, 1998, 128 ff. Durchzusetzen ist der Anspruch der außenstehenden Aktionäre auf Vertragsanpassung im Wege der Leistungsklage, vgl. Emmerich/Habersack/*Emmerich* Rn. 69.
[157] *Hüchting,* Abfindung und Ausgleich im aktienrechtlichen Beherrschungsvertrag, 1972, 136; *Exner,* Beherrschungsvertrag und Vertragsfreiheit, 1984, 210 f.; Hüffer/Koch/*Koch* Rn. 19; MHdB AG/*Krieger* § 71 Rn. 103; *Schnorbus* ZHR 181 (2017), 902, 937; *Schwenn,* Der Ausgleichs- und Abfindungsanspruch der außenstehenden Aktionäre im Unternehmensvertrag bei Eintritt neuer Umstände, 1998, 111. IE auch Emmerich/Habersack/*Emmerich* Rn. 70; *Koppensteiner* ZHR 139 (1975) 191 (198 ff.); Kölner Komm AktG *Koppensteiner* Rn. 87; MüKo-AktG/*Paulsen* Rn. 162.
[158] BVerfG AG 2000, 40 (41). Es könne allerdings den Fachgerichten überlassen bleiben, wie dieser Schutz zu bewerkstelligen sei. Es sei nicht von Verfassungs wegen geboten, dass dieser Schutz im Spruchverfahren zu erfolgen habe. Vgl. auch *Schnorbus* ZHR 181 (2017), 902, 938.
[159] So aber *Vollmer* ZGR 1983, 464 ff.; *Köhler* AG 1984, 197 (199); *Schwenn,* Der Ausgleichs- und Abfindungsanspruch der außenstehenden Aktionäre im Unternehmensvertrag bei Eintritt neuer Umstände, 1998, 114 ff.
[160] Hüffer/Koch/*Koch* Rn. 19; MüKoAktG/*Paulsen* Rn. 154 (162); *Zöllner* ZGR 1986, 288 (304 f.); ähnlich Kölner Komm AktG/*Koppensteiner* Rn. 88 f. AA *Exner,* Beherrschungsvertrag und Vertragsfreiheit, 1984, 212 ff. (222 ff.) (Anwendung der Grundsätze über den Wegfall der Geschäftsgrundlage).
[161] Kölner Komm AktG/*Koppensteiner* Rn. 92; *Schwenn,* Der Ausgleichs- und Abfindungsanspruch der außenstehenden Aktionäre im Unternehmensvertrag bei Eintritt neuer Umstände, 1998, 120 f.; aA Emmerich/Habersack/*Emmerich* Rn. 73.
[162] MHdB AG/*Krieger* § 71 Rn. 104.

außenstehenden Aktionäre durch eine Anpassung des Ausgleichs zu schützen sind, falls der Auszahlungsbetrag über dem Wert der herabgesetzten Aktien liegt.[163] Gleiches gilt bei einem Aktienrückkauf (§ 71 Abs. 1 Nr. 6, §§ 237 ff. AktG).

74 **b) Kapitalmaßnahmen in der abhängigen Gesellschaft.** Eine **nominelle Kapitalerhöhung** der Gesellschaft erhöht die Anzahl der Aktien, ohne dass das Vermögen vergrößert wird. Sowohl ein fester als auch ein variabler Ausgleich sind gem. § 216 Abs. 3 an diese Situation anzupassen, indem die Ausgleichszahlung entsprechend dem Kapitalerhöhungsverhältnis herabgesetzt wird.[164] Bei einer **effektiven Kapitalerhöhung** sind die von den außenstehenden Aktionären übernommenen jungen Aktien ebenfalls ausgleichsberechtigt. Eine Anpassung eines festen oder variablen Ausgleichs braucht jedoch nicht vorgenommen zu werden. Der andere Vertragsteil ist nicht schutzbedürftig, weil er auf Grund seiner Stimmrechtskraft darauf hinwirken kann, dass für die jungen Aktien ein angemessener Ausgabebetrag festgesetzt wird.[165]

75 Eine **nominelle Kapitalherabsetzung** zum Zwecke des Ausgleichs eines vorvertraglichen Verlustes[166] verlangt keine Anpassung des **festen Ausgleichs**.[167] Anders ist dies für den variablen Ausgleich zu beurteilen, der sich über die Anzahl der Aktien an der Gesellschaft errechnet. Die Ausgleichszahlung ist im Wege der ergänzenden Vertragsauslegung nach Maßgabe des Kapitalherabsetzungsverhältnisses zu erhöhen.[168] Eine **effektive Kapitalherabsetzung** zum Zwecke der Einlagenrückzahlung hat dagegen eine Reduzierung des gewinnbringenden Kapitals zur Folge, so dass ein fester und ein variabler Ausgleich auf Grund einer ergänzenden Vertragsauslegung entsprechend herabzusetzen sind.[169]

76 **3. Strukturveränderungen. a) Beitritt eines neuen herrschenden Unternehmens.** Der Beitritt eines weiteren herrschenden Unternehmens zu einem Beherrschungs- bzw. Gewinnabführungsvertrag unterliegt den Anforderungen der Vertragsänderung gem. § 295 (→ § 295 Rn. 6). Fraglich ist, ob sich das beitretende Unternehmen den Zuwachs der Herrschaftsmacht durch ein erneutes Ausgleichs- und Abfindungsangebot „erkaufen" muss.[170] Der BGH hat dies – unter Ablehnung des „Kaufrechtsansatzes" (→ Rn. 5) – bezüglich des festen Ausgleichs[171] und der Abfindung[172] verneint. Im Übrigen ist die Rechtslage noch nicht höchstrichterlich geklärt. Allerdings hat sich zu den verbleibenden Fragen ein klares Meinungsbild herauskristallisiert.

77 Auf Grund der veränderten Beherrschungsverhältnisse ist es nach zutreffender hM geboten, den außenstehenden Aktionären eine erneute Überprüfung des Risikos ihres Investments zu ermöglichen, so dass es diesen wieder offensteht, das Abfindungsangebot anzunehmen.[173]

78 Sieht der Vertrag einen variablen Ausgleich vor, haben die außenstehenden Aktionäre aus den genannten Gründen ebenfalls wieder das Recht, zwischen Abfindung und Ausgleich zu wählen.[174] Wird die Gesellschaft nach dem Beitritt von beiden Müttern beherrscht, so ist der variable durch

---

[163] AA Kölner Komm AktG/*Koppensteiner* Rn. 92; MHdB AG/*Krieger* § 71 Rn. 103 f.; *Schnorbus* ZHR 181 (2017), 902 (942).
[164] *Exner*, Beherrschungsvertrag und Vertragsfreiheit, 1984, 207 f.; Emmerich/Habersack/*Emmerich* Rn. 72; Kölner Komm AktG/*Koppensteiner* Rn. 83; MHdB AG/*Krieger* § 71 Rn. 104; *Schwenn*, Der Ausgleichs- und Abfindungsanspruch der außenstehenden Aktionäre im Unternehmensvertrag bei Eintritt neuer Umstände, 1998, 121.
[165] *Exner*, Beherrschungsvertrag und Vertragsfreiheit, 1984, 208 f.; *Hüchting*, Abfindung und Ausgleich im aktienrechtlichen Beherrschungsvertrag, 1972, 135; Kölner Komm AktG/*Koppensteiner* Rn. 84; MHdB AG/*Krieger* § 71 Rn. 104; *Schwenn*, Der Ausgleichs- und Abfindungsanspruch der außenstehenden Aktionäre im Unternehmensvertrag bei Eintritt neuer Umstände, 1998, 122.
[166] Eine Kapitalherabsetzung zwecks Ausgleichs anderer Verluste kommt wegen der Verlustausgleichspflicht des herrschenden Unternehmens gem. § 302 Abs. 1 nicht in Betracht. Vgl. Kölner Komm AktG/*Koppensteiner* Rn. 85.
[167] Emmerich/Habersack/*Emmerich* Rn. 73; Kölner Komm AktG/*Koppensteiner* Rn. 85.
[168] Kölner Komm AktG/*Koppensteiner* Rn. 85; MHdB AG/*Krieger* § 71 Rn. 104; *Schwenn*, Der Ausgleichs- und Abfindungsanspruch der außenstehenden Aktionäre im Unternehmensvertrag bei Eintritt neuer Umstände, 1998, 123.
[169] *Exner*, Beherrschungsvertrag und Vertragsfreiheit, 1984, 210; *Hüchting*, Abfindung und Ausgleich im aktienrechtlichen Beherrschungsvertrag, 1972, 139 f.; Kölner Komm AktG/*Koppensteiner* Rn. 85; MHdB AG/*Krieger* § 71 Rn. 104; *Schwenn*, Der Ausgleichs- und Abfindungsanspruch der außenstehenden Aktionäre im Unternehmensvertrag bei Eintritt neuer Umstände, 1998, 123.
[170] OLG Karlsruhe AG 1997, 270 (271 f.) (Vorlagebeschluss zu BGHZ 119, 1); *Hommelhoff* FS Claussen, 1997, 129 (139 ff., 145).
[171] BGHZ 119, 1 (10 f.); 138, 136 (140 f.).
[172] BGHZ 138, 136 (140 f.).
[173] MüKoAktG/*Paulsen* Rn. 170; in BGHZ 138, 136 (141) mangels Entscheidungserheblichkeit offengelassen.
[174] *Röhricht* ZHR 162 (1998) 249 (253); MüKoAktG/*Paulsen* Rn. 170.

einen festen Ausgleich zu ersetzen.[175] Die Berechnung einer Verschmelzungswertrelation ist in diesen Fällen nicht mehr praktikabel. Wird dagegen der Vertrag in der Weise übernommen, dass ausschließlich das beitretende Unternehmen die Konzernleitungsmacht innehat, so ist den außenstehenden Aktionären ein neuer Ausgleich zuzusichern;[176] Stichtag ist der Zeitpunkt des Vertragsschlusses und nicht des Beitritts.[177]

b) Übergang auf isolierte Beherrschung. Der Übergang von einem Gewinnabführungs- zu einem Beherrschungsvertrag ist nicht als Vertragsänderung iSv § 295 zu qualifizieren (→ § 295 Rn. 10). Es handelt sich um die Beendigung eines Vertrags und den Abschluss eines neuen Vertrags, so dass die im alten Vertrag vorgesehene Ausgleichszahlung nicht angepasst zu werden braucht. Diese ist vielmehr neu zu bestimmen.[178] 79

c) Umwandlungstatbestände. Die wesentlichen Fälle einer Umwandlung unter Beteiligung des anderen Vertragsteils und der abhängigen Gesellschaft, in denen eine Anpassung der Ausgleichsansprüche erforderlich sein kann, sind andernorts dargestellt (→ § 297 Rn. 41–49). 80

d) Konzernierung des anderen Vertragsteils. Besteht in einem mehrstufigen Konzern zwischen Tochter und Enkelin ein Beherrschungs- bzw. Gewinnabführungsvertrag und wird anschließend zwischen Mutter und Tochter ebenfalls ein solcher Vertrag geschlossen, droht ein zugunsten der außenstehenden Aktionäre der Enkelin zugesicherter variabler Ausgleich leerzulaufen.[179] Nach einer verbreiteten Ansicht soll daher der Vertrag zwischen Tochter und Enkelin entsprechend § 307 enden.[180] Diese Rechtsfolge wird jedoch dem Willen der Parteien nicht gerecht und ist im Übrigen nicht erforderlich, um die Belange der außenstehenden Aktionäre zu wahren. Diese sind zu schützen, indem die Ausgleichszahlung an die Gewinne der Mutter angeknüpft wird.[181] 81

4. Umstellungen des Grundkapitals. Bei der Umstellung von Nennbetragsaktien auf Stückaktien ist es erforderlich, den variablen Ausgleich nach Maßgabe des bisherigen Umrechnungsverhältnisses anzupassen.[182] Ebenso ist bei einem Aktiensplit zu verfahren.[183] 82

5. Anpassungsklauseln. Um den Schwierigkeiten einer Behandlung nachträglich eingetretener Umstände entgegenzuwirken, kann es sich anbieten, im Vertrag im Einzelnen zu regeln, wie die Anpassung vonstatten zu gehen hat.[184] Dabei ist allerdings zu berücksichtigen, dass der angepasste Ausgleich angemessen zu sein hat. Es ist daher unzulässig, von den dargestellten Grundsätzen abzuweichen.[185] 83

VI. Rechtsfolgen vertraglicher Mängel (Abs. 3)

1. Überblick. Die Rechtsfolgen vertraglicher Mängel sind in Abs. 3 geregelt. So bestimmt Satz 1, dass der **Vertrag** bei **Fehlen** eines **Ausgleichs nichtig** ist. Praktisch von erheblicher Bedeutung ist, dass die außenstehenden Aktionäre gem. Satz 2 die **Unangemessenheit** des **Ausgleichs** nicht in einem Anfechtungsverfahren geltend machen können. Sie müssen stattdessen das **Spruchverfahren** beschreiten, in dem das Gericht den vertraglich geschuldeten Ausgleich bestimmt (Satz 3). Ist dieser höher als der im Vertrag vorgesehene Ausgleich, so stehen den außenstehenden Aktionären **Ausgleichsergänzungsansprüche** zu, die mit Rechtskraft der gerichtlichen Entscheidung fällig werden.[186] Selbst wenn ein Aktionär zwischenzeitlich das Abfindungsangebot angenommen hat, steht 84

---

[175] MüKoAktG/*Paulsen* Rn. 170. Zur Unzulässigkeit eines variablen Ausgleichs bei einer Mehrmütterherrschaft Rn. 46.
[176] *Rehbinder* ZGR 1977, 581 (608); *Bayer* ZGR 1993, 599 (607); *Priester* ZIP 1992, 293 (299); *Röhricht* ZHR 162 (1998) 249 (252 f.); *Pentz* FS Kropff, 1997, 225 (238).
[177] *Röhricht* ZHR 162 (1998) 249 (258 f.); MüKoAktG/*Paulsen* Rn. 170.
[178] AllgM; Hüffer/Koch/*Koch* Rn. 6.
[179] Zur vergleichbaren Problematik bei nachfolgendem Vertragsschluss zwischen Tochter und Enkelin → Rn. 47.
[180] Emmerich/Habersack/*Emmerich* Rn. 59; Kölner Komm AktG/*Koppensteiner*, Rn. 38.
[181] *Rehbinder* ZGR 1977, 581 (608); *Bayer* FS Ballerstedt, 1975, 157 (178); MüKoAktG/*Paulsen* Rn. 171. Vgl. ferner *Pentz*, Die Rechtsstellung der Enkel-AG in einer mehrstufigen Unternehmensverbindung, 1994, 86 ff.: Anknüpfung an die zugunsten der außenstehenden Aktionäre der Tochter gewährten Ausgleichszahlung.
[182] Vgl. MüKoAktG/*Paulsen* Rn. 169.
[183] MüKoAktG/*Paulsen* Rn. 169; Emmerich/Habersack/*Emmerich* Rn. 73; MHdB AG/*Krieger* § 71 Rn. 103.
[184] Bürgers/Körber/*Schenk* Rn. 45; K. Schmidt/Lutter/*Stephan* Rn. 118. Näher dazu mit einem Vorschlag für die Berechnung der variablen Anpassung *Schnorbus* ZHR 181 (2017), 902 (948 ff.).
[185] Vgl. hierzu eingehend MüKoAktG/*Paulsen* Rn. 139 ff.
[186] MüKoAktG/*Paulsen* Rn. 191; Kölner Komm AktG/*Koppensteiner* Rn. 117.

ihm ein Ergänzungsanspruch zu.[187] Das Spruchverfahren ist andernorts dargestellt, so dass sich die folgenden Ausführungen auf die in Abs. 3 getroffenen Aussagen beschränken können.

85   **2. Fehlender Ausgleich.** Ein Vertrag, der entgegen Abs. 1 überhaupt keinen Ausgleich vorsieht, ist gem. Abs. 3 S. 1 nichtig.[188] Dies gilt auch dann, wenn der Vertrag in das Handelsregister eingetragen und durchgeführt wurde. Die Grundsätze über die fehlerhafte Gesellschaft finden keine Anwendung, wenn ein Ausgleich nicht vereinbart wurde (→ § 291 Rn. 66 f.). Die Rechtsfolge der Nichtigkeit tritt allerdings nur ein, wenn die Gesellschaft im Zeitpunkt der Beschlussfassung mindestens einen außenstehenden Aktionär hat. Anderenfalls braucht der Vertrag keinen Ausgleich vorzusehen (Abs. 1 S. 3). Ein Ausgleich fehlt nicht bereits dann, wenn der Vertrag entgegen der in Abs. 2 normierten Voraussetzungen eine unzulässige Ausgleichsart vorsieht.[189] Haben die Parteien beispielsweise einen variablen Ausgleich vereinbart, obwohl sie nur einen festen Ausgleich hätten wählen können, so ist die Rechtsverletzung im Spruchverfahren geltend zu machen. Ebenso ist es zu beurteilen, wenn ein Vertrag einen gesetzlich nicht zulässigen Zeitpunkt für die Ausgleichszahlung bestimmt[190] oder (wegen chronischer Defizite der AG) einen „Null-Ausgleich" vorsieht.[191] Als Fehlen eines Ausgleichs ist es dagegen zu begreifen, wenn der Vertrag vorsieht, dass die abhängige Gesellschaft und nicht der andere Vertragsteil zur Zahlung des Ausgleichs verpflichtet ist.[192]

86   Bei einem **verdeckten Beherrschungsvertrag** (→ § 291 Rn. 69), der keinen Ausgleich vorsieht, soll das Spruchverfahren nicht statthaft sein.[193] Dieser Ansicht liegt die Vorstellung zugrunde, dass ein verdeckter Beherrschungsvertrag nicht nach den Grundsätzen der fehlerhaften Gesellschaft vorläufig aufrechterhalten werden kann. Selbst wenn man dieser Auslegung folgen wollte, sind dann aber die Grundsätze des qualifizierten faktischen Konzerns anzuwenden, so dass den außenstehenden Aktionären auch Ansprüche analog §§ 304, 305 zustehen müssen.[194] Deren Höhe müssen sie im Spruchverfahren überprüfen lassen können.

87   **3. Kein angemessener Ausgleich.** Die **Anfechtung** des Beschlusses, durch den die Hauptversammlung der Gesellschaft dem Vertrag oder einer unter § 295 Abs. 2 fallenden Änderung des Vertrags zugestimmt hat, kann **nicht** auf § 243 Abs. 2 oder **darauf gestützt** werden, dass der im Vertrag **bestimmte Ausgleich nicht angemessen** ist (Abs. 3 S. 2). Dieser Anfechtungsausschluss erfasst sämtliche Bewertungsrügen. Entsprechendes gilt bei Verletzung wertbezogener Informations-, Auskunfts- oder Berichtspflichten (→ § 293 Rn. 31–33). Eine Anfechtungsklage kann schließlich auch nicht darauf gestützt werden, dass im Vertrag die Fälligkeit des festen Ausgleichs falsch angegeben sei.[195] Von diesen Fragen – sie betreffen die Anfechtbarkeit des Hauptversammlungsbeschlusses der abhängigen Gesellschaft – zu trennen ist die Frage, ob der Hauptversammlungsbeschluss der herrschenden Gesellschaft mit der Begründung anfechtbar ist, dass der Ausgleich unangemessen hoch sei.[196] Nach Wortlaut („mindestens", vgl. Abs. 2 S. 1) sowie Sinn und Zweck des § 304 ist es vorzugswürdig, eine Anfechtbarkeit zu verneinen. Die Aktionäre der herrschenden Gesellschaft sind ausreichend dadurch geschützt, dass der Vorstand sich gem. § 93 Abs. 2 schadensersatzpflichtig machen kann, wenn er ohne triftigen Grund zu hohe Ausgleichszahlungen zusagt.[197]

88   Ferner ordnet Abs. 3 S. 3 an, dass bei einem nicht angemessenen Ausgleich das in § 2 SpruchG bestimmte Gericht auf Antrag den vertraglich geschuldeten Ausgleich festzulegen hat, wobei es, wenn der Vertrag einen nach Abs. 2 S. 2 berechneten Ausgleich vorsieht, den Ausgleich nach dieser Vorschrift zu bestimmen hat (**Verfahren nach dem SpruchG**). Hieraus folgt, dass der Vertrag trotz eines unangemessenen Ausgleichs nicht als nichtig zu qualifizieren ist. Bietet das herrschende Unternehmen, auch im Rahmen eines Vergleichs im Anfechtungsverfahren, eindeutig mehr als den

---

[187] OLG Düsseldorf AG 1990, 397 (402); MüKoAktG/*Paulsen* Rn. 191.
[188] Anders ist die Rechtslage bei Fehlen einer Abfindung. → § 305 Rn. 85.
[189] RegBegr. *Kropff* S. 395; MüKoAktG/*Paulsen* Rn. 176; Kölner Komm AktG/*Koppensteiner* Rn. 107. AA Emmerich/Habersack/*Emmerich* Rn. 79.
[190] MüKoAktG/*Paulsen* Rn. 176. AA wohl LG Hamburg AG 1991, 365 (366), das offenbar von einer Teilnichtigkeit ausgeht.
[191] BGHZ 166, 195 (197 ff.).
[192] MüKoAktG/*Paulsen* Rn. 175; MHdB AG/*Krieger* § 71 Rn. 109; Emmerich/Habersack/*Emmerich* Rn. 78; Hüffer/Koch/*Koch* Rn. 20; Kölner Komm AktG/*Koppensteiner* Rn. 26.
[193] OLG München AG 2008, 672 f.; OLG Schleswig AG 2009, 374 (379) zu einem möglichen Anspruch analog § 305 wegen qualifizierter faktischer Konzernherrschaft; zust. *Balthasar* NZG 2008, 858 ff.; Bürgers/Körber/*Schenk* Rn. 6.
[194] Ebenso Grigoleit/*Servatius* Rn. 2 und 4.
[195] BGH AG 2010, 589 f.
[196] Bejahend MüKoAktG/*Paulsen* Rn. 182; Emmerich/Habersack/*Emmerich* Rn. 81. AA Bürgers/Körber/ *Schenk* Rn. 55. Offen gelassen von LG Frankfurt AG 2013, 529 (531).
[197] Zutr. Bürgers/Körber/*Schenk* Rn. 55.

Abfindung   § 305

gerichtlich festzusetzenden Betrag als Ausgleich an, was zulässig ist (→ Rn. 87), so unterbleibt die
gerichtliche Festsetzung.[198] Das Gericht ist an die von den Parteien gewählte Ausgleichsart gebunden.
Es darf eine andere Ausgleichsart nur zugrunde legen, wenn die für den vereinbarten Ausgleich
vorgesehenen Voraussetzungen nicht erfüllt sind.[199] Ein Ausgleich ist nicht angemessen, wenn ein
höherer Mindestbetrag anzubieten gewesen wäre.[200]

VII. Kündigungsrecht (Abs. 4)

Der andere Vertragsteil hat gem. Abs. 4 das Recht zur **fristlosen Kündigung** des Vertrags, wenn 89
das Gericht im Spruchverfahren den Ausgleich bestimmt. Grund hierfür ist, dass die gerichtliche
Feststellung den anderen Vertragsteil einer bei Vertragsschluss nicht vorgesehenen Mehrbelastung
aussetzen kann.[201] Das Kündigungsrecht besteht daher nur, wenn der andere Vertragsteil auf Grund
der gerichtlichen Entscheidung höhere Ausgleichszahlungen zu erbringen hat.

Die Kündigung muss innerhalb von **zwei Monaten seit Rechtskraft** der Entscheidung erfolgen. 90
Dabei handelt es sich um eine Ausschlussfrist. Erforderlich und genügend ist der rechtzeitige Zugang
gem. § 130 Abs. 2 BGB. Ein Sonderbeschluss der außenstehenden Aktionäre ist nicht erforderlich.[202]
Die Kündigung hat keine rückwirkende Kraft, so dass der andere Vertragsteil für die Vergangenheit
die vom Gericht bestimmten Zahlungen leisten muss.[203] Abs. 4 ist zwingend; das Kündigungsrecht
kann daher nicht durch ein vertragliches Rücktrittsrecht ersetzt werden.[204]

§ 305 Abfindung

(1) Außer der Verpflichtung zum Ausgleich nach § 304 muß ein Beherrschungs- oder
ein Gewinnabführungsvertrag die Verpflichtung des anderen Vertragsteils enthalten, auf
Verlangen eines außenstehenden Aktionärs dessen Aktien gegen eine im Vertrag bestimmte
angemessene Abfindung zu erwerben.

(2) Als Abfindung muß der Vertrag,
1. wenn der andere Vertragsteil eine nicht abhängige und nicht in Mehrheitsbesitz stehende Aktiengesellschaft oder Kommanditgesellschaft auf Aktien mit Sitz in einem
Mitgliedstaat der Europäischen Union oder in einem anderen Vertragsstaat des Abkommens über den Europäischen Wirtschaftsraum ist, die Gewährung eigener Aktien dieser
Gesellschaft,
2. wenn der andere Vertragsteil eine abhängige oder in Mehrheitsbesitz stehende Aktiengesellschaft oder Kommanditgesellschaft auf Aktien und das herrschende Unternehmen
eine Aktiengesellschaft oder Kommanditgesellschaft auf Aktien mit Sitz in einem Mitgliedstaat der Europäischen Union oder in einem anderen Vertragsstaat des Abkommens über den Europäischen Wirtschaftsraum ist, entweder die Gewährung von Aktien
der herrschenden oder mit Mehrheit beteiligten Gesellschaft oder eine Barabfindung,
3. in allen anderen Fällen eine Barabfindung
vorsehen.

(3) [1]Werden als Abfindung Aktien einer anderen Gesellschaft gewährt, so ist die Abfindung als angemessen anzusehen, wenn die Aktien in dem Verhältnis gewährt werden, in
dem bei einer Verschmelzung auf eine Aktie der Gesellschaft Aktien der anderen Gesellschaft zu gewähren wären, wobei Spitzenbeträge durch bare Zuzahlungen ausgeglichen
werden können. [2]Die angemessene Barabfindung muß die Verhältnisse der Gesellschaft
im Zeitpunkt der Beschlußfassung ihrer Hauptversammlung über den Vertrag berücksichtigen. [3]Sie ist nach Ablauf des Tages, an dem der Beherrschungs- oder Gewinnabführungsvertrag wirksam geworden ist, mit jährlich 5 Prozentpunkten über dem jeweiligen Basiszinssatz nach § 247 des Bürgerlichen Gesetzbuchs zu verzinsen; die Geltendmachung eines
weiteren Schadens ist nicht ausgeschlossen.

(4) [1]Die Verpflichtung zum Erwerb der Aktien kann befristet werden. [2]Die Frist endet
frühestens zwei Monate nach dem Tage, an dem die Eintragung des Bestehens des Vertrags

---
[198] OLG München v. 31.3.2008, 31 Wx 88/06, BeckRS 2008, 11183.
[199] Zu den Voraussetzungen eines variablen Ausgleichs → Rn. 45–48.
[200] Hüffer/Koch/*Koch* Rn. 22.
[201] RegBegr. *Kropff* S. 396. Krit. hierzu unter dem Verweis auf die Möglichkeit strategischen Verhaltens Emme-
rich/Habersack/*Emmerich* Rn. 83 und *Meilicke* AG 1995, 181.
[202] MüKoAktG/*Paulsen* Rn. 196.
[203] MüKoAktG/*Paulsen* Rn. 197; Hüffer/Koch/*Koch* Rn. 24.
[204] MüKoAktG/*Paulsen* Rn. 197; Hüffer/Koch/*Koch* Rn. 24.

im Handelsregister nach § 10 des Handelsgesetzbuchs bekannt gemacht worden ist. ³Ist ein Antrag auf Bestimmung des Ausgleichs oder der Abfindung durch das in § 2 des Spruchverfahrensgesetzes bestimmte Gericht gestellt worden, so endet die Frist frühestens zwei Monate nach dem Tage, an dem die Entscheidung über den zuletzt beschiedenen Antrag im Bundesanzeiger bekanntgemacht worden ist.

(5) ¹Die Anfechtung des Beschlusses, durch den die Hauptversammlung der Gesellschaft dem Vertrag oder einer unter § 295 Abs. 2 fallenden Änderung des Vertrags zugestimmt hat, kann nicht darauf gestützt werden, daß der Vertrag keine angemessene Abfindung vorsieht. ²Sieht der Vertrag überhaupt keine oder eine den Absätzen 1 bis 3 nicht entsprechende Abfindung vor, so hat das in § 2 des Spruchverfahrensgesetzes bestimmte Gericht auf Antrag die vertraglich zu gewährende Abfindung zu bestimmen. ³Dabei hat es in den Fällen des Absatzes 2 Nr. 2, wenn der Vertrag die Gewährung von Aktien der herrschenden oder mit Mehrheit beteiligten Gesellschaft vorsieht, das Verhältnis, in dem diese Aktien zu gewähren sind, wenn der Vertrag nicht die Gewährung von Aktien der herrschenden oder mit Mehrheit beteiligten Gesellschaft vorsieht, die angemessene Barabfindung zu bestimmen. ⁴§ 304 Abs. 4 gilt sinngemäß.

Schrifttum: *Adolff*, Unternehmensbewertung im Recht der börsennotierten Aktiengesellschaft, 2007; *Aha*, Aktuelle Aspekte der Unternehmensbewertung in Spruchstellenverfahren, AG 1997, 26; *Altmeppen*, Zeitliche und sachliche Begrenzung von Abfindungsansprüchen gegen das herrschende Unternehmen im Spruchstellenverfahren, FS Ulmer, 2003, 3; *App*, Das Spruchstellenverfahren bei der Abfindung von Gesellschaftern nach einer Umwandlung, BB 1995, 267; *Baldamus*, Der Einfluss der Körperschaftsteuer auf den sog. festen Ausgleich nach § 304 II S. 1 AktG, AG 2005, 88; *Bayer*, Herrschaftsveränderungen im Vertragskonzern, ZGR 1993, 599; *Bayer*, Die Geltendmachung des Abfindungsanspruchs nach beendetem Beherrschungsvertrag, ZIP 2005, 1053; *Bayer/Schmidt*, Wer ist mit welchen Anteilen bei Strukturveränderungen abfindungsberechtigt?, ZHR 178 (2014), 150; *Bilda*, Abfindungsansprüche bei vertragsüberlebenden Spruchverfahren, NZG 2005, 375; *Bode*, Berücksichtigung von Vorerwerbspreisen und Paketzuschlägen bei der Ermittlung der Barabfindung, Der Konzern 2010, 529; *Bosse*, Handel in eigenen Aktien durch die Aktiengesellschaft, WM 2000, 806; *Bungert*, Rückwirkende Anwendung von Methodenänderungen der Unternehmensbewertung, WPg 2008, 811; *Bungert/Wettich*, Neues zur Ermittlung des Börsenwerts bei Strukturmaßnahmen, ZIP 2012, 449; *Burg/Braun*, Austrittsrechte nach Verschmelzung von börsennotierten Aktiengesellschaften bei gleichbleibender Kontrolle im aufnehmenden Rechtsträger, AG 2009, 22; *Butzke*, Der Abfindungsanspruch nach § 305 AktG nach Squeeze out, Formwechsel oder Verschmelzung, FS Hüffer, 2010, 97; *Decher*, Wege zu einem praktikablen und rechtssicheren Spruchverfahren, FS Maier-Reimer, 2010, 57; *Dörfler/Gahler/Unterstraßer/Wirichs*, Probleme bei der Wertermittlung von Abfindungsangeboten, BB 1994, 156; *Fleischer*, Die Barabfindung außenstehender Aktionäre nach den §§ 305 und 320b AktG: Stand-alone-Prinzip oder Verbundberücksichtigungsprinzip?, ZGR 1997, 368; *Fleischer*, Rechtsfragen der Unternehmensbewertung bei geschlossenen Kapitalgesellschaften – Minderheitsabschlag, Fungibilitätsabschlag, Abschlag für Schlüsselpersonen, ZIP 2012, 1633; *Fleischer*, Unternehmensbewertung zwischen Tat- und Rechtsfrage – Der Stinnes-Beschluss des BGH zur Anwendung neuer Bewertungsstandards auf vergangene Bewertungsstichtage, AG 2016, 185; *Forster*, Zur angemessenen Barabfindung (§ 305 AktG), FS Claussen, 1997, 91; *Großfeld*, Börsenkurs und Unternehmenswert, BB 2000, 261; *Großfeld/Egger/Tönnes*, Recht der Unternehmensbewertung, 8. Aufl. 2016; *Großfeld/Franzmann*, „Da mihi facta": Unternehmensbewertung, FS Beuthien, 2009, 155; *Haase*, Das Recht des aktienrechtlichen Abfindungsergänzungsanspruchs als notwendiger Bestandteil der §§ 305, 306 AktG, AG 1995, 7; *Habersack*, Abfindung für vom herrschenden Unternehmen oder von der beherrschten Gesellschaft erworbene Aktien?, AG 2005, 709; *Habersack*, Aktienkonzernrecht – Bestandsaufnahme und Perspektiven, AG 2016, 691; *Hachmeister/Ruthardt/Gebhardt*, Berücksichtigung von Synergieeffekten bei der Unternehmensbewertung – Theorie, Praxis und Rechtsprechung in Spruchverfahren, Der Konzern 2011, 600; *Hasselbach/Ebbinghaus*, Auswirkungen der Stollwerck-Entscheidung des BGH auf die Transaktions- und Bewertungspraxis bei börsennotierten Gesellschaften, Der Konzern 2010, 467; *Hommelhoff*, Der Beitritt zum Beherrschungsvertrag und seine Auswirkungen auf die Sicherung außenstehender Aktionäre, FS Claussen, 1997, 129; *Hüchting*, Abfindung und Ausgleich im aktienrechtlichen Beherrschungsvertrag, 1972; *Hüttemann*, Börsenkurs und Unternehmensbewertung, ZGR 2001, 454; *Hüttemann*, Zur „rückwirkenden" Anwendung neuer Bewertungsstandards bei der Unternehmensbewertung – Korreferat zum Beitrag von Bungert, WPg 2008, 811; *Klöhn*, Das System der aktien- und umwandlungsrechtlichen Abfindungsansprüche, 2009; *Kollrus*, Unternehmensbewertung in Spruchverfahren, MDR 2012, 66; *Komp*, Zweifelsfragen des aktienrechtlichen Abfindungsanspruchs nach §§ 305, 320b AktG, 2002; *Koppensteiner*, Abfindungsergänzungsansprüche abgefundener Aktionäre aufgrund einer gerichtlichen Entscheidung gemäß § 305 Abs. 5 S. 2 AktG?, BB 1978, 769; *Kort*, Ausgleichs- und Abfindungsansprüche (§§ 304, 305 AktG) bei Beitritt eines herrschenden Unternehmens zu einem Beherrschungsvertrag, ZGR 1999, 402; *Krafczyk*, Wahrer Wert und Methodenwahl – Die Eigentumsrechte der Minderheitsaktionäre in der Hand der Instanzgerichte, WM 2011, 1992; *Krause*, Die Entdeckung des Marktes durch die Rechtsprechung bei der Ermittlung der angemessenen Abfindung im Rahmen aktienrechtlicher Strukturmaßnahmen, FS Hopt, 2010, 1005; *Leyendecker*, Irrelevanz des anteiligen Unternehmenswerts zur Ermittlung der Squeeze-out-Abfindung bei Bestehen eines fortdauernden Beherrschungs- und Gewinnabführungsvertrags, NZG 2010, 927; *Liebscher*, Einschränkung der Verzinslichkeit des Abfindungsanspruchs dissentierender Gesellschafter gemäß §§ 30 Abs. 1 S. 2, 208 UmwG, § 305 Abs. 3 S. 3 1 Hs. AktG, AG 1996, 455; *Luttermann*, Zum Börsenkurs als gesellschaftsrechtliche Bewertungsgrundlage, ZIP

Abfindung § 305

1999, 45; *Maier-Reimer/Kolb,* Abfindung und Börsenkurs-Verfassungsrecht vs. Aktienrecht?, FS W. Müller, 2001, 93; *Meilicke/Heidel,* Berücksichtigung von Schadensersatzansprüchen gemäß §§ 117, 317 AktG bei der Bestimmung der angemessenen Abfindung für ausscheidende Aktionäre, AG 1989, 117; *Meilicke,* Die Barabfindung für den ausgeschlossenen oder ausscheidungsberechtigten Minderheits-Kapitalgesellschafter, 1975; *Meyer,* Möglichkeiten und Grenzen der Einbeziehung nachträglich erlangter Informationen bei der Bewertung von Unternehmen, AG 2015, 16; *Mülbert,* Grundsatz- und Praxisprobleme der Einwirkungen des Art. 14 GG auf das Aktienrecht, FS Hopt, 2010, 1039; *Müller,* Unternehmenswert und börsennotierte Aktie, FS Roth, 2011, 517; *Pentz,* Die Rechtsstellung der Enkel-AG in einer mehrstufigen Unternehmensverbindung, 1994; *Pentz,* Die verbundene Aktiengesellschaft als außenstehender Aktionär, AG 1996, 97; *Pentz,* Mitwirkungsrechte und Sicherung außenstehender Aktionäre im Falle der Änderung eines Unternehmensvertrags durch Beitritt eines weiteren Unternehmens, FS Kropff, 1997, 225; *Popp,* Squeeze-out-Abfindung bei Beherrschungs- und Gewinnabführungsverträgen, AG 2010, 1; *Popp/Ruthardt,* Das entscheidungsorientierte Stichtagsprinzip bei der Unternehmensbewertung, AG 2015, 857; *Priester,* Herrschaftswechsel beim Unternehmensvertrag, ZIP 1992, 293; *Riegger/Wasmann,* Das Stichtagsprinzip in der Unternehmensbewertung, FS Goette, 2011, 433; *Rodloff,* Börsenkurs statt Unternehmensbewertung – Zur Ermittlung der Abfindung in Spruchstellenverfahren, DB 1999, 1149; *Schwenn,* Der Ausgleichs- und Abfindungsanspruch der außenstehenden Aktionäre im Unternehmensvertrag bei Eintritt neuer Umstände, 1998; *Schilling/Witte,* Die Bestimmung des Börsenwerts einer Aktie im Lichte der aktuellen BGH-Rechtsprechung – eine Erörterung praktischer Bewertungsfragen, Der Konzern 2010, 499; *Seetzen,* Die Bestimmung des Verschmelzungswertverhältnisses im Spruchstellenverfahren, WM 1994, 45; *Seetzen,* Spruchverfahren und Unternehmensbewertung im Wandel, WM 1999, 565; *Stilz,* Börsenkurs und Aktienkurswert – Besprechung der Entscheidung BGH ZIP 2001, 734 – DAT/Altana, ZGR 2001, 875; *Stilz,* Unternehmensbewertung und angemessene Abfindung – Zur vorrangigen Maßgeblichkeit des Börsenkurses, FS Goette, 2010, 529; *Stimpel,* Zum Verhältnis von Ausgleichs- und Barabfindungsansprüchen nach §§ 304, 305 AktG, AG 1998, 259; *Verse,* Genussrechte nach vertraglicher Konzernierung des Emittenten, NZG 2014, 5; *Vetter,* Zum Ausgleich von Spitzen(beträgen) bei der Abfindung von Aktien, AG 1997, 6; *Vetter,* Die Entschädigung der Minderheitsaktionäre im Vertragskonzern erneut vor dem Bundesverfassungsgericht, ZIP 2000, 561; *Wasmann,* Die Bedeutung des Börsenkurses bei der Ermittlung gesetzlich geschuldeter Kompensationen im Rahmen von Umstrukturierungen, FS Beuthien, 2009, 268; *Wasmann,* Endlich Neuigkeiten zum Börsenkurs, ZGR 2011, 83; *M. Weber,* Börsenkursbestimmung aus ökonomischer Perspektive, ZGR 2004, 280; *Weiss,* Die Berücksichtigung des nicht betriebsnotwendigen Vermögens bei der Bestimmung von Abfindung und Ausgleich im aktienrechtlichen Spruchstellenverfahren, FS Semler, 1993, 631; *Wolf,* Abfindungsrechte der Minderheitsaktionäre, 2010; *Wilm,* Abfindung zum Börsenkurs – Konsequenzen der Entscheidung des BVerfG, NZG 2000, 234.

Übersicht

	Rn.		Rn.
I. Normzweck	1–7	1. Grundlagen	44–48a
II. Abfindungspflicht (§ 305 Abs. 1)	8–29	2. Unternehmensbewertung nach dem Börsenkurs	49–69
1. Rechtsgrundlage	8–12	a) Feststellungen des BVerfG	49–51
2. Voraussetzungen	13–16	b) Konzeptionelle Überlegungen des BGH	52, 53
a) Gewinnabführungs- oder Beherrschungsvertrag	13, 14	c) Börsenkurs als Untergrenze oder Regelwert	54–57
b) Außenstehende Aktionäre als Gläubiger	15	d) Bestimmung des Kurses	58–63
c) Schuldner	16	e) Ausnahmen	64, 65
3. Entstehen, Fälligkeit, Verzinsung und Verjährung	17–20	f) Berücksichtigung von Paketzuschlägen	66, 67
4. Erlöschen	21–27	g) Börsenkurs des anderen Vertragsteils	68, 69
a) Wahl des Ausgleichs	21, 22	3. Unternehmensbewertung nach Ertrag und Substanz	70–93a
b) Veräußerung der Aktien	23, 24	a) Überblick	70–77
c) Beendigung des Unternehmensvertrages	25–27	b) Bewertungsstichtag	78–80
5. Verkehrsfähigkeit des Anspruchs	28, 29	c) Ermittlung der Ertragsüberschüsse	81–83
III. Arten der Abfindung (§ 305 Abs. 2)	30–43	d) Kapitalisierungszins	84–93a
1. Grundlagen	30–33	4. Abfindung in Aktien	94–96
2. Abfindung in Aktien (Nr. 1)	34–37	5. Barabfindung	97–100
3. Abfindung in Aktien oder Barabfindung (Nr. 2)	38–42	**V. Veränderungen der vertragswesentlichen Verhältnisse**	101, 102
4. Barabfindung (Nr. 3)	43	**VI. Befristung der Erwerbsverpflichtung (Abs. 4)**	103–106
IV. Angemessenheit der Abfindung (§ 305 Abs. 1 und 3)	44–100	**VII. Rechtsfolgen vertraglicher Mängel (Abs. 5)**	107
		VIII. Kündigungsrecht	108

I. Normzweck

1 Abs. 1 bestimmt, dass ein Gewinnabführungs- oder Beherrschungsvertrag außer der Verpflichtung zum Ausgleich nach § 304 die Verpflichtung des anderen Vertragsteils enthalten muss, auf Verlangen eines außenstehenden Aktionärs dessen Aktien gegen eine im Vertrag bestimmte angemessene Abfindung zu erwerben. Der Gesetzgeber hat das Abfindungsrecht in erster Linie damit begründet, dass die **Ansprüche** der **außenstehenden Aktionäre** nach **§ 304 keine Entschädigung** für die mit einem Gewinnabführungs- und namentlich einem Beherrschungsvertrag verbundene **Beeinträchtigung** der **Herrschaftsrechte** darstellten.[1] Diese „Put Option" soll es den außenstehenden Aktionären ermöglichen, ihre Beteiligung zum Verkehrswert zu verkaufen. Aus den Materialien ergeben sich ferner drei weitere Erwägungen. So sei es erstens im Einzelfall vorstellbar, dass ein außenstehender Aktionär die Aussicht auf eine Kapitalerhöhung aus Gesellschaftsmitteln verlieren könne. Zweitens könne nach den Umständen auch die Sorge begründet sein, dass die Gesellschaft bei Beendigung des Vertrags nicht mehr fähig sei, auf eigenen Füßen zu stehen. Mancher Aktionär werde nicht damit einverstanden sein, dass er künftig statt eines echten Gewinnanteils eine „Rente" von einem anderen Unternehmen bekomme, auf dessen Geschäftsführung er keinen Einfluss habe. Drittens möge es ein Aktionär bei einem variablen Ausgleich als unzumutbar empfinden, mit seinen Ansprüchen von einem Gewinnverteilungsbeschluss abhängig zu sein, bei dem er nicht mitwirke.[2]

2 Die **Art der Abfindung** ist in Abs. 2 festgelegt. Sie hat, wenn der andere Vertragsteil eine Aktiengesellschaft ist, grundsätzlich in Aktien dieser Gesellschaft zu bestehen (Nr. 1). Der ausscheidende Aktionär soll nach Möglichkeit durch eine Beteiligung an der Aktiengesellschaft abgefunden werden, die seiner bisherigen Gesellschaft wirtschaftlich am nächsten steht.[3] Eine Ausnahme von diesem Grundsatz gilt, wenn der andere Vertragsteil selbst eine abhängige Aktiengesellschaft ist. Auf Aktien einer abhängigen Gesellschaft soll der ausscheidende Aktionär nicht verwiesen werden können, da sich anderenfalls seine Stellung nicht verbessern würde.[4] Der Vertrag kann daher, wenn die herrschende Gesellschaft wiederum von einer Aktiengesellschaft abhängig ist, entweder die Gewährung von Aktien jener Gesellschaft oder eine Barabfindung vorsehen (Nr. 2). Ist die herrschende Gesellschaft nicht von einer Aktiengesellschaft, sondern einem Unternehmen in anderer Rechtsform oder einer natürlichen Person abhängig, so muss eine Barabfindung vorgesehen werden (Nr. 3). Die beiden erstgenannten Abfindungsarten waren rechtspolitisch hoch umstritten. Letztlich hielten es der Wirtschafts- und Rechtsausschuss aber aus eigentumspolitischen Gründen für notwendig, den ausscheidenden Aktionär nach Möglichkeit wieder an einer Vermögensmasse zu beteiligen, die der Vermögensmasse, an der er bisher beteiligt war, wirtschaftlich nahe steht.[5]

3 Abs. 3 bestimmt, nach welchen **Kriterien** die **Abfindung** zu bemessen ist. Nach Abs. 4 kann das Recht der außenstehenden Aktionäre auf Abfindung befristet werden. Abs. 5 bestimmt die Rechtsfolgen, wenn im Vertrag keine oder eine unangemessene Abfindung vorgesehen ist. Nach Satz 1 ist in solchen Fällen die Anfechtungsklage ausgeschlossen. Stattdessen müssen die außenstehenden Aktionäre die Rechtsverletzung im Spruchverfahren geltend machen. Das Spruchverfahren war ursprünglich in § 306 geregelt und ist seit dem 1.9.2003 im Spruchverfahrensgesetz erfasst.[6] Bestimmt das Gericht eine höhere Abfindung, so kann der andere Vertragsteil den Vertrag außerordentlich kündigen (Abs. 5 S. 4 iVm § 304 Abs. 4).

4 Die **Vorschrift** erfuhr in den letzten Jahren einige **Änderungen.** So wurde durch das Gesetz zur Bereinigung des Umwandlungsrechts v. 28.10.1994 (BGBl. 1994 I 3210) in Satz 2 die Formulierung „Vermögens- und Ertragslage der Gesellschaft" durch die Formulierung „Verhältnisse der Gesellschaft" ersetzt. Ferner wurde in Satz 3 die Verzinsung der Barabfindung eingeführt, um einer Verzögerung des Spruchverfahrens durch das herrschende Unternehmen entgegenzuwirken.[7] Auf Grund von Art. 5 Abs. 1 Nr. 1 der Verordnung zur Ersetzung von Zinssätzen vom 5. April 2002 (BGBl. 2002 I 1250, 1252) wurde der Bezug auf § 247 BGB aufgenommen. Das Spruchverfahrensneuordnungsgesetz (→ Rn. 3) brachte nur redaktionelle Änderungen. Das Gesetz zur Unternehmensintegrität und Modernisierung des Anfechtungsrechts (UMAG v. 22. September 2005, BGBl. I S. 2802) erweiterte die Abfindungspflicht nach § 305 Abs. 2 Nr. 1 und 2 auf AG und KGaA, die ihren Sitz „in einem

---

[1] RegBegr. *Kropff* S. 397.
[2] RegBegr. *Kropff* S. 397.
[3] RegBegr. *Kropff* S. 397.
[4] RegBegr. *Kropff* 398.
[5] AusschußB *Kropff* S. 398.
[6] Gesetz über das gesellschaftsrechtliche Spruchverfahren (Spruchverfahrensgesetz – SpruchG) v. 12.6.2003, BGBl. 2003 I 838. Art. 2 Nr. 3 des Gesetzes zur Neuordnung des gesellschaftsrechtlichen Spruchverfahrens hat Abs. 4 S. 3, Abs. 5 S. 2 und 4 geändert.
[7] RegBegr. UmwBerG BT-Drs. 12/6699, 88.

Mitgliedstaat der Europäischen Union oder in einem anderen Vertragsstaat des Abkommens über den Europäischen Wirtschaftsraum" haben. Schließlich wurde durch das ARUG vom 30.7.2009 (BGBl. 2009 I 2479) der Zinssatz von 2 auf 5 Prozentpunkte über dem Basiszinssatz des § 247 BGB erhöht.

Der **Schutz** der **außenstehenden Aktionäre** durch **Ausgleich** und **Abfindung** ist von **Verfassungs wegen geboten.**[8] Hieraus ergeben sich vor allem wichtige Schlussfolgerungen hinsichtlich der Angemessenheit der Abfindung. So darf die von Art. 14 Abs. 1 GG geforderte „volle" Entschädigung nicht unter dem Verkehrswert liegen.[9] Dieser kann bei börsennotierten Unternehmen nicht ohne Rücksicht auf den Börsenkurs festgesetzt werden.[10] Die Eigentumsgarantie gebietet, dass der Abfindungsanspruch eines außenstehenden Aktionärs bei Beendigung des Unternehmensvertrags während des Spruchverfahrens fortbesteht und in dem Verfahren darüber sachlich zu befinden ist.[11] Ferner gebietet sie, dass der **Abfindungsanspruch** auch dann **fortbesteht,** wenn während eines laufenden Spruchverfahrens das Konkurs- bzw. Insolvenzverfahren über das **Vermögen** des **herrschenden Unternehmens eröffnet** wird.[12]

Die **Vorschrift** ist **nicht zu Lasten** der **außenstehenden Aktionäre abdingbar.**[13] Dem Gesetzgeber war bewusst, dass mit der Abfindungsverpflichtung eine schwere Belastung des anderen Vertragsteils verbunden sein kann. Dieser könne aber andere Instrumente einsetzen, um Anreize für die außenstehenden Aktionäre zu setzen, in der Gesellschaft zu verbleiben. So sei es grundsätzlich zulässig, einen Substanzkoppelungsvertrag zu schließen, der die Vermögensrechte der außenstehenden Aktionäre der abhängigen Gesellschaft nach denen der Aktionäre der herrschenden Gesellschaft ausrichte.[14] Praktische Bedeutung hat diese Vertragsart freilich nicht erlangt.

Die im Gesetzgebungsverfahren formulierten Bedenken gegenüber den finanziellen Folgen einer Abfindung spielen in der heutigen rechtspolitischen Diskussion keine nennenswerte Rolle mehr. Das Abfindungsrecht wird vielmehr als ein verfassungsrechtlich gebotenes Schutzinstrument verstanden (→ Rn. 5, 45, 49 f.) und zunehmend in anderen Bereichen des Gesellschafts- und Kapitalmarktrechts vom Gesetzgeber[15] und der Rechtsprechung[16] zum Ausgleich der konkurrierenden Belange der Mehrheit und der Minderheiten nutzbar gemacht. Indes wird die Angemessenheit der gemäß § 305 zu gewährenden Abfindungen auf der Basis des Ertragswertverfahrens teilweise massiv kritisiert (→ Rn. 93a).

II. Abfindungspflicht (§ 305 Abs. 1)

1. Rechtsgrundlage. Ein Beherrschungs- oder ein Gewinnabführungsvertrag muss die **Verpflichtung** des **anderen Vertragsteils** enthalten, auf **Verlangen** eines **außenstehenden Aktionärs** dessen **Aktien** gegen eine im Vertrag bestimmte **angemessene Abfindung** zu erwerben. Im Vertrag ist ein konkret beziffertes Angebot zu unterbreiten, so dass der außenstehende Aktionär durch eine Annahmeerklärung aus der Gesellschaft ausscheiden kann.[17] Es genügt somit nicht, wenn der Vertrag lediglich vorsieht, dass der andere Vertragsteil ein Abfindungsangebot zu unterbreiten hat.[18] Abs. 4 erlaubt es allerdings, das Abfindungsangebot zu befristen (→ Rn. 103 ff.), damit der andere Vertragsteil möglichst schnell Klarheit darüber bekommt, in welchem Ausmaß er Abfindungszahlungen zu erbringen hat. Die Angebotserklärung ist nach Sinn und Zweck des Gesetzes so auszulegen, dass

---

[8] BVerfGE 100, 289 (304, 308) – DAT/Altana; → § 304 Rn. 6. Vgl. ferner BVerfG NJW 1999, 1699 (1700) – SEN/KHS; BVerfG NJW 1999, 1701 (1702) – Tarkett/Pegula; BVerfG AG 2000, 40 – Hartmann & Braun/ Mannesmann; BGHZ 176, 43 (51) – EKU. Vgl. auch Ausschuss B. *Kropff* S. 398 (Rechtfertigung der Abfindungsregelung unter Hinweis auf die *Feldmühle*-Entscheidung BVerfGE 14, 263).
[9] BVerfGE 100, 289 (304) – DAT/Altana: „Anders als bei Enteignungen zum Wohl der Allgemeinheit (vgl. B*Verf*GE 24, 421) kommt als Entschädigung in diesem Fall, in dem der Hauptaktionär den Nutzen aus der Konzernierungsmaßnahme zieht, aber nur eine volle Abfindung in Betracht. Der Ausscheidende muß erhalten, was seine gesellschaftliche Beteiligung an dem arbeitenden Unternehmen wert ist (vgl. B*Verf*GE 14, 283 f.)."
[10] BVerfGE 100, 289 (305 ff.).
[11] BVerfG NJW 1999, 1699 (1700 f.); BVerfG NJW 1999, 1701 (1702).
[12] Vgl. BGHZ 176, 43 – EKU; dazu *H. F. Müller* ZIP 2008, 1701.
[13] AllgM; Hüffer/Koch/*Koch* Rn. 1.
[14] RegBegr. *Kropff* S. 397.
[15] Vgl. § 327a Abs. 1 S. 1, § 327b Abs. 1 S. 1 (Ausschluss von Minderheitsaktionären); §§ 29, 30 Abs. 1, §§ 125, 176, 207 (Verschmelzung, Spaltung, Vermögensübertragung und Formwechsel); §§ 31, 35 Abs. 2 S. 1 WpÜG (Übernahme- und Pflichtangebote).
[16] Vgl. BGHZ 153, 47 (57) – Macrotron zum Delisting; BVerfG NJW 2001, 279 (280 f.) – Moto Meter AG zur übertragenden Auflösung.
[17] Hüffer/Koch/*Koch* Rn. 3.
[18] Zutr. Kölner Komm AktG/*Koppensteiner* Rn. 11 gegen die von GHEK/*Geßler* Rn. 11 vertretene Ansicht.

zwar jeder außenstehende Aktionär annahmebefugt sein soll, dies aber nur, solange er diese Eigenschaft innehat.[19]

9 Die außenstehenden Aktionäre können zwischen Ausgleich und Abfindung frei wählen. Das Abfindungsangebot ist eine Option, die sich aus dem Unternehmensvertrag als **berechtigendem Vertrag zugunsten Dritter** ergibt.[20] Mit der Annahme des Angebots erklärt der außenstehende Aktionär, die Abfindungsoption auszuüben. Es entsteht ein unbedingter Kauf- bzw. Tauschvertrag (§ 305 Abs. 2 iVm §§ 433, 480 BGB).[21] Der außenstehende Aktionär hat danach keinen Anspruch mehr auf die Zahlung eines Ausgleichs.[22] Die bis zur Annahme der Abfindung entstandenen Ausgleichsansprüche bleiben allerdings bestehen (→ § 304 Rn. 37). Sollte der außenstehende Aktionär bereits Ausgleichszahlungen erhalten haben, so liegt allein darin kein rechtsgeschäftlich erklärter Verzicht auf die Abfindung.[23]

10 Der andere Vertragsteil ist schließlich auch dann zur **Abfindung verpflichtet, wenn der Beherrschungs- oder Gewinnabführungsvertrag kein Angebot vorsieht.** Dies folgt aus der gesetzlichen Lösung des Aktionärsschutzes. So ist ein Vertrag gem. Abs. 5 S. 2 nicht deshalb nichtig, weil er überhaupt keine Abfindung vorsieht. Die Aktionäre können in diesem Fall das Spruchverfahren beschreiten und beantragen, dass das Spruchgericht die vertraglich zu gewährende Abfindung bestimmt. Dieser gesetzlichen Konzeption liegt die Vorstellung zugrunde, dass die außenstehenden Aktionäre auch ohne vertragliche Grundlage einen Abfindungsanspruch haben. Ebenso ist es zu beurteilen, wenn **während** eines anhängigen **Spruchverfahrens** der **Unternehmensvertrag** (vorzeitig) **endet.**[24] Das Recht des außenstehenden Aktionärs auf Festsetzung einer angemessenen Abfindung[25] bleibt in diesem Fall bestehen.[26] Eine andere Sichtweise ist mit der grundgesetzlichen Eigentumsgarantie nicht vereinbar.[27]

11 Die **Dogmatik** der **Abfindungspflicht** ist noch nicht vollends geklärt. Im Ausgangspunkt wird man festhalten können, dass der Abfindungsanspruch (→ Rn. 9) vertragsrechtliche Natur ist. Dies folgt bereits aus dem Wortlaut des Abs. 1. In den beiden skizzierten Ausnahmekonstellationen (→ Rn. 10) versagt aber diese Deutung. Der Anspruch kann dann aus einem gesetzlichen Schuldverhältnis abgeleitet werden.[28] Dies wirft die Frage auf, in welchem Verhältnis das vertragliche und das gesetzliche Schuldverhältnis zueinander stehen. Vorzugswürdig ist die These, dass mit dem wirksamen Abschluss eines Beherrschungs- oder Gewinnabführungsvertrags ein gesetzliches Abfindungsschuldverhältnis entsteht, das sich nur dann aktualisiert, wenn die Parteien im Vertrag keine oder keine angemessene Abfindung vereinbart haben oder wenn der Vertrag während eines Spruchverfahrens endet.[29]

12 Der **Anspruch** auf **Abfindung** ist nach der Rechtsprechung des BGH kein wertpapiermäßig in der Aktie verkörpertes Mitgliedsrecht, sondern ein schuldrechtlicher Anspruch auf der Grundlage des Beherrschungs- und/oder Gewinnabführungsvertrags gegen das handelnde Unternehmen.[30] Er **entsteht** aufgrund des Vertrags stets **originär** in der **Person** eines jeden Aktionärs. Dies gilt auch für solche Aktionäre, die ihre Aktien vom herrschenden Unternehmen oder von der beherrschten Gesellschaft selbst (beispielsweise aus einer Kapitalerhöhung – erworben haben.[31]

13 **2. Voraussetzungen. a) Gewinnabführungs- oder Beherrschungsvertrag.** Voraussetzung für einen Abfindungsanspruch ist das Bestehen eines Gewinnabführungs- oder Beherrschungsver-

---

[19] BGHZ 167, 299 (307) – Jenoptik.
[20] BGHZ 135, 374 (380); 167, 299 (304); Emmerich/Habersack/*Emmerich* Rn. 5; Hüffer/Koch/*Koch* Rn. 3.
[21] Emmerich/Habersack/*Emmerich* Rn. 4; Kölner Komm AktG/*Koppensteiner* Rn. 12.
[22] Der Anspruch auf Zahlung eines Ausgleichs entfällt mit der Einreichung der Aktien; → Rn. 18.
[23] BGHZ 138, 136 (142); Hüffer/Koch/*Koch* Rn. 4.
[24] Eine vorzeitige Vertragsbeendigung kommt beispielsweise in Betracht durch Aufhebung des Vertrags, Eingliederung der abhängigen Gesellschaft in die herrschende Gesellschaft oder durch Insolvenz der abhängigen Gesellschaft.
[25] Das Recht der außenstehenden Aktionäre auf Festsetzung eines angemessenen Ausgleichs bleibt ebenfalls bestehen. Vgl. BGHZ 147, 108 (113).
[26] BGHZ 135, 374 (380); 147, 108 (112 f.).
[27] BVerfG NJW 1999, 1701 (1702); BVerfG NJW 1999, 1699 (1700 f.).
[28] Vgl. BGHZ 135, 374 (380); Hüffer/Koch/*Koch* Rn. 4b; *Luttermann* JZ 1997, 1183 f.; MüKoAktG/*Paulsen* Rn. 12; Emmerich/Habersack/*Emmerich* Rn. 7a; vgl. auch *Wolf,* Abfindungsrechte der Minderheitsaktionäre, 2010, 87 ff.
[29] Vgl. Hüffer/Koch/*Koch* Rn. 4b; ähnlich MüKoAktG/*Paulsen* Rn. 13. AA Kölner Komm AktG/*Koppensteiner* Rn. 22.
[30] BGHZ 167, 299 (303 f.) entgegen der Vorinstanz OLG Jena AG 2005, 619 ff.; *Bayer* ZIP 2005, 1053 (1058); *Bilda* NZG 2005, 375 (378); MüKoAktG/*Paulsen* Rn. 27. AA Großkomm AktG/*Hirte/Hasselbach* Rn. 12; Kölner Komm AktG/*Koppensteiner* Rn. 32.
[31] BGHZ 167, 299 (303 f.).

trags. Es ist – ebenso wie für den Ausgleichsanspruch – nicht erforderlich, dass beide Verträge miteinander kombiniert werden. In Betracht kommt ferner ein **Geschäftsführungsvertrag,** da dieser gem. § 291 Abs. 1 S. 2 einem Gewinnabführungsvertrag gleichgestellt ist. Dagegen begründen die in § 292 erfassten Vertragsarten und solche, die kraft Analogie als Unternehmensverträge zu qualifizieren sind, keine Abfindungspflicht (dazu bereits → § 304 Rn. 11).

Eine Abfindung ist nur geschuldet, wenn der **Vertrag** in das **Handelsregister eingetragen** und **14** damit wirksam wurde (§ 294 Abs. 2) oder wenn er nach den Grundsätzen der fehlerhaften Gesellschaft als vorläufig wirksam zu behandeln ist (→ § 291 Rn. 63 ff.). Rechtsgrundlage für die Abfindung ist grundsätzlich der betreffende Vertrag. Sofern dieser keine Abfindung vorsieht oder beendet ist, kann der andere Vertragsteil allerdings auch kraft Gesetzes zur Abfindung verpflichtet sein (→ Rn. 11).

b) Außenstehende Aktionäre als Gläubiger. Inhaber des Abfindungsanspruchs ist der außen- **15** stehende Aktionär der abhängigen Gesellschaft. Der Begriff ist ebenso wie bei § 304 auszulegen.[32] Hinsichtlich des maßgeblichen Zeitpunkts des Aktienerwerbs gelten ebenfalls keine Besonderheiten (→ § 304 Rn. 29), so dass auch derjenige, der nach Inkrafttreten (aber vor Beendigung) des Vertrags Aktien der Gesellschaft erwirbt und außenstehender Aktionär ist, in den Genuss der Abfindungsoption kommt.[33] Aktionäre, die ihre Aktien vom herrschenden Unternehmen oder von der beherrschten Gesellschaft selbst erwerben, können ebenfalls abfindungsberechtigt sein.[34] Zu beachten ist, dass das Abfindungsangebot nach Ablauf einer vom anderen Vertragsteil gem. Abs. 4 S. 1 gesetzten Frist nicht mehr angenommen werden kann.

c) Schuldner. Schuldner des Abfindungsanspruchs ist nach dem unmissverständlich formulierten **16** Wortlaut von Abs. 1 der andere Vertragsteil. Es ist unzulässig, der abhängigen Gesellschaft diese Verpflichtung aufzuerlegen.[35] Doch bestehen keine Bedenken dagegen, diese mit der technischen Abwicklung der Abfindung zu beauftragen.[36] Sofern der andere Vertragsteil eigene Aktien zu leisten hat, ist er verpflichtet, diese sich zu beschaffen, indem er sie von seinen Aktionären erwirbt oder das Kapital erhöht (→ Rn. 32).

3. Entstehen, Fälligkeit, Verzinsung und Verjährung. Das **Optionsrecht,** gegen Zahlung **17** einer Abfindung aus der Gesellschaft auszuscheiden, **entsteht** bereits mit dem **wirksamen Abschluss** des **Vertrags,** selbst wenn dieser keine Abfindung vorsieht.[37] Der Anspruch auf Leistung der Abfindung entsteht mit Ausübung der Abfindungsoption.[38] Maßgeblicher Zeitpunkt ist der Zugang der Annahmeerklärung (§ 130 Abs. 1 BGB).[39]

Der **Anspruch** wird mit **Einreichung** der **Aktien fällig.**[40] Ab diesem Zeitpunkt steht dem **18** außenstehenden Aktionär kein Ausgleichsanspruch mehr zu.[41] Auch bei Anhängigkeit eines Spruchverfahrens wird der Anspruch erst mit der Einlieferung der Aktien fällig. Der andere Vertragsteil ist dann nicht mehr berechtigt, die Leistung gem. § 273 BGB mit dem Argument zu verweigern, er habe ein Sonderkündigungsrecht (vgl. § 305 Abs. 5 S. 4 iVm § 304 Abs. 4).[42] Die Fälligkeit kann im Unternehmensvertrag nicht zugunsten des anderen Vertragsteils abweichend festgelegt werden.[43] Insbesondere ist es ausgeschlossen, die Fälligkeit der Abfindung an die rechtskräftige Entscheidung des Gerichts im Spruchverfahren zu knüpfen. Anderenfalls würde die Länge des Spruchverfahrens dem anderen Vertragsteil zum Vorteil gereichen.

---

[32] Zum Erfordernis des Aktienbesitzes → § 304 Rn. 14 und zum Begriff des außenstehenden Aktionärs → § 304 Rn. 17 ff.
[33] MüKoAktG/*Paulsen* Rn. 18; Emmerich/Habersack/*Emmerich* Rn. 20.
[34] BGHZ 167, 299 (303 f.).
[35] OLG Hamm AG 1976, 19; Emmerich/Habersack/*Emmerich* Rn. 22; Hüffer/Koch/*Koch* Rn. 5; MüKoAktG/*Paulsen* Rn. 19.
[36] MüKoAktG/*Paulsen* Rn. 19; Hüffer/Koch/*Koch* Rn. 5.
[37] Zur kraft Gesetzes bestehenden Abfindungspflicht → Rn. 11.
[38] BGHZ 135, 374 (380); 152, 29 (31); BayObLG AG 1980, 76 (77); OLG Celle AG 1974, 405 (406 f.); MüKoAktG/*Paulsen* Rn. 22; Emmerich/Habersack/*Emmerich* Rn. 29; Kölner Komm AktG/*Koppensteiner* Rn. 16.
[39] MüKoAktG/*Paulsen* Rn. 22; Emmerich/Habersack/*Emmerich* Rn. 25; Hüffer/Koch/*Koch* Rn. 7; MHdB AG/*Krieger* § 71 Rn. 112.
[40] BGHZ 155, 110 (120); LG Stuttgart AG 1998, 103 (104); MüKoAktG/*Paulsen* Rn. 24; Hüffer/Koch/*Koch* Rn. 8; MHdB AG/*Krieger* § 71 Rn. 112.
[41] MüKoAktG/*Paulsen* Rn. 24, 33; Grigoleit/*Servatius* Rn. 4; K. Schmidt/Lutter/*Stephan* Rn. 29. AA Emmerich/Habersack/*Emmerich* Rn. 19 unter Verweis auf das taktische Missbrauchspotential des anderen Vertragsteils. Nach *Emmerich* soll der Ausgleichsanspruch erst mit tatsächlicher Erfüllung des Abfindungsanspruchs erlöschen.
[42] LG Stuttgart AG 1998, 103 (104); *Koppensteiner* BB 1978, 769 (770, 772); Emmerich/Habersack/*Emmerich* Rn. 30; Hüffer/Koch/*Koch* Rn. 8; MüKoAktG/*Paulsen* Rn. 25 f.
[43] *Koppensteiner* BB 1978, 769 (770, 772); Hüffer/Koch/*Koch* Rn. 8; MüKoAktG/*Paulsen* Rn. 26. AA *Hüchting,* Abfindung und Ausgleich im aktienrechtlichen Beherrschungsvertrag, 1972, 89.

19 Eine **Verzinsung** der **Abfindung** ist in Abs. 3 S. 3 nur für die Barabfindung vorgesehen (→ Rn. 98). Verzugszinsen sind nach den allgemeinen Regeln geschuldet (§§ 286 ff. BGB). Wählt ein Aktionär die Barabfindung, stellt sich das Problem, dass er in der Zwischenzeit in der Regel **Ausgleichszahlungen** erhalten hat. Der BGH hat sich für eine **Anrechnung** entschieden. Die Ausgleichszahlungen sind auf die gem. § 305 Abs. 3 S. 3 geschuldeten Abfindungszinsen, nicht jedoch auf die Barabfindung anzurechnen (→ Rn. 100).

20 Hat der außenstehende Aktionär die Abfindung gewählt, so hat er einen Anspruch aus dem Kauf- oder Tauschvertrag, der gem. § 195 BGB regelmäßig in drei Jahren verjährt. Der Beginn der Verjährung bestimmt sich nach § 199 Abs. 1 BGB.

21 **4. Erlöschen. a) Wahl des Ausgleichs.** Das Abfindungsoptionsrecht geht unter, sobald sich der außenstehende Aktionär für den Ausgleich entschieden hat.[44] Dies ist aber nur anzunehmen, wenn er sich eindeutig in diese Richtung erklärt hat.[45] Ebenso ist es zu beurteilen, wenn die in Abs. 4 genannte Frist verstreicht und der außenstehende Aktionär sich nicht geäußert hat. Dann kann der außenstehende Aktionär nur noch den Ausgleich gem. § 304 verlangen.

22 Nicht ausreichend ist es, dass der außenstehende Aktionär die Ausgleichszahlung entgegengenommen hat.[46] Anderenfalls müssten die Aktionäre die Ausgleichszahlung zurückweisen und blieben damit ohne Kompensation für den Ausfall der Dividendenzahlung.[47] Im Falle der Barabfindung sieht das Gesetz zwar eine Verzinsung vor. Doch muss die Wahl zwischen Ausgleich und Abfindung erst zum Ende der Frist gem. Abs. 4 getroffen werden.[48]

23 **b) Veräußerung der Aktien.** Die vom BGH entwickelten Rechtsgrundsätze zum Entstehen des Abfindungsanspruchs (→ Rn. 12) determinieren eine zutreffende Beurteilung der Rechtsfragen, die im Falle einer Veräußerung der Aktien auftreten. Zu unterscheiden ist, ob ein **Veräußerer** sein **Wahlrecht** zwischen Ausgleich und Abfindung bereits ausgeübt hat. Hat er es **nicht ausgeübt,** so verliert er sein Abfindungsrecht. Denn er ist nicht mehr außenstehender Aktionär.[49] Das Abfindungsrecht steht nunmehr dem Erwerber der Aktien zu. Eine andere Beurteilung ist nur dann geboten, wenn zum Zeitpunkt des Aktienerwerbs die Frist gem. § 305 Abs. 4 abgelaufen ist oder der Unternehmensvertrag nicht mehr besteht.[50] In diesen beiden Ausnahmekonstellationen kann der Erwerber kein Abfindungsrecht mehr erlangen,[51] selbst dann nicht, wenn ein vertragsüberdauerndes Spruchverfahren geführt wird.[52]

24 Für den Fall, dass der **Veräußerer** sein **Wahlrecht ausgeübt,** die Aktien aber noch nicht eingereicht, sondern an den Erwerber übertragen hatte, nahm ein Teil der Lit. vor der Jenoptik-Entscheidung des BGH an, dass der Erwerber an die Entscheidung des Veräußerers gebunden sei.[53] Diese Position kann nicht mehr aufrechterhalten werden.[54] Der Erwerber ist grundsätzlich an die Entscheidung des Veräußerers nicht gebunden, sondern kann, sofern er als außenstehend zu qualifizieren ist,[55] über Abfindung oder Ausgleich entscheiden. Denn der Abfindungsanspruch entsteht nach der Judikatur aufgrund des Vertrags stets originär in der Person eines jeden außenstehenden Aktionärs (→ Rn. 12). Anders verhält es sich nur, wenn der Erwerber – wie etwa im Erbfall der Erbe – an die Ausübung des Optionsrechts gebunden ist.[56] Entscheidet der Erwerber sich für die Abfindung, braucht er sich nur die von ihm empfangenden Ausgleichsleistungen anrechnen zu lassen (→ Rn. 100).

25 **c) Beendigung des Unternehmensvertrages.** Rechtsgrundlage für die Abfindung ist der Unternehmensvertrag, so dass mit dessen Beendigung das Optionsrecht zur Annahme des Abfin-

---

[44] Vgl. MüKoAktG/*Paulsen* Rn. 24, 33; Grigoleit/*Servatius* Rn. 4; K. Schmidt/Lutter/*Stephan* Rn. 29. AA Emmerich/Habersack/*Emmerich* Rn. 19 unter Verweis auf das taktische Missbrauchspotential des anderen Vertragsteils. Nach *Emmerich* soll der Ausgleichsanspruch erst mit tatsächlicher Erfüllung des Abfindungsanspruchs erlöschen.
[45] MüKoAktG/*Paulsen* Rn. 33.
[46] BGHZ 138, 136 (142); 152, 29 (31); *Koppensteiner* BB 1978, 769 (771); MüKoAktG/*Paulsen* Rn. 33; Stimpel AG 1998, 259 (260); Hüffer/Koch/*Koch* Rn. 4.
[47] BGHZ 138, 136 (142); Hüffer/Koch/*Koch* Rn. 4; Kölner Komm AktG/*Koppensteiner* Rn. 27.
[48] Emmerich/Habersack/*Emmerich* Rn. 18.
[49] BGHZ 167, 299 (308) – Jenoptik.
[50] Emmerich/Habersack/*Emmerich* Rn. 21.
[51] Emmerich/Habersack/*Emmerich* Rn. 21.
[52] Vgl. BGHZ 167, 299 (305); Emmerich/Habersack/*Emmerich* Rn. 21.
[53] Kölner Komm AktG/*Koppensteiner* Rn. 32; Stimpel AG 1998, 259 (263).
[54] Emmerich/Habersack/*Emmerich* Rn. 21a; MüKoAktG/*Paulsen* Rn. 29; K. Schmidt/Lutter/*Stephan* Rn. 26.
[55] Zum Begriff des außenstehenden Aktionärs → § 304 Rn. 17 ff.
[56] *Braun/Krämer* ZIP 2006, 1396 (1399); Emmerich/Habersack/*Emmerich* Rn. 21a; MüKoAktG/*Paulsen* Rn. 30.

dungsangebots bzw. der Abfindungsanspruch untergeht.⁵⁷ Aus welchen Gründen der Vertrag endet, ist irrelevant.

Anders ist es zu beurteilen, wenn ein **Spruchverfahren** bereits **anhängig** ist.⁵⁸ Es ist von Verfassungs wegen geboten, das Spruchverfahren fortzuführen (→ Rn. 5 und 10). Dies gilt auch für den praktisch wohl eher seltenen Fall, dass das Verfahren noch nicht anhängig, die in § 4 Abs. 1 S. 1 Nr. 1 SpruchG normierte Antragsfrist aber noch nicht abgelaufen ist.⁵⁹ Die Rechtsstellung eines außenstehenden Aktionärs kann nach dem Vertragsende nicht mehr erworben werden. Dies gilt auch im Falle eines sog. vertragsüberdauernden Spruchverfahrens (hierzu → Rn. 5 und 10). Der verfassungsrechtlich gebotene Fortbestand der Abfindungsberechtigung während der Anhängigkeit des Spruchverfahrens gilt nur zu Gunsten der im Zeitpunkt der Beendigung des Vertrags vorhandenen außenstehenden Aktionäre, nicht hingegen für künftige Erwerber von Aktien der ehemals abhängigen Gesellschaft.⁶⁰ Wird während eines laufenden Spruchverfahrens der Unternehmensvertrag beendet und ein neuer Unternehmensvertrag mit einem anderen herrschenden Unternehmen geschlossen, kann der außenstehende Aktionär dieses sowie die bisherige Abfindungsschuldnerin wahlweise in Anspruch nehmen.⁶¹

26

Der **Abfindungsanspruch besteht** auch dann **fort**, wenn während des laufenden Spruchverfahrens das **Insolvenzverfahren** über das **Vermögen** des **herrschenden Unternehmens** eröffnet wird.⁶² Im Konkurs bzw. in der Insolvenz kann der außenstehende Aktionär sein Abfindungsrecht – es zielt auf einen Leistungsaustausch – aber nicht geltend machen. In Betracht kommt, dass der Konkursverwalter die ihm angedienten Aktien erwirbt, etwa wenn er sich davon Vorteile verspricht.⁶³ Der Aktionär hat darauf aber keinen Anspruch. Lehnt der Konkursverwalter ab, hat der Aktionär einen Schadensersatzanspruch, den er – als einen Anspruch wegen Nichterfüllung – zur Tabelle anmelden kann⁶⁴ (vgl. §§ 174 ff. InsO).⁶⁵ Die nach Verfahrenseröffnung anfallenden Abfindungszinsen sind gem. § 39 Abs. 1 Nr. 1 InsO nachrangig.⁶⁶

27

5. Verkehrsfähigkeit des Anspruchs. Die Verkehrsfähigkeit des Abfindungsrechts und -anspruchs bestimmt sich nach den vom BGH in der Jenoptik-Entscheidung entwickelten Grundsätzen: Der Abfindungsanspruch entsteht stets originär in der Person eines jeden außenstehenden Aktionärs (→ Rn. 12). Daher ist das Abfindungsrecht nicht selbständig übertragbar. Der Erwerber der Aktien hat grundsätzlich selbst dann das Recht, sich für Ausgleich oder Abfindung zu entscheiden, wenn der Veräußerer sich bereits entschieden hat (→ Rn. 23).

28

Die **Abfindungsforderung** ist ebenso wie die Ausgleichsforderung **pfändbar.** Die Pfändung muss sich auch auf die Aktien erstrecken. Zu beachten ist, dass alleine die Pfändung der Aktien nicht zwangsläufig die Abfindungsforderung erfasst.⁶⁷

29

III. Arten der Abfindung (§ 305 Abs. 2)

1. Grundlagen. Abs. 2 bestimmt die Art der Abfindung. Das Gesetz unterscheidet zwischen der **Abfindung** in **Aktien** und der **Barabfindung.** Welche Abfindungsart vorzusehen ist, bestimmt sich grundsätzlich danach, welche Rechtsform der andere Vertragsteil hat und ob dieser seinerseits abhängig ist. Ist der andere Vertragsteil eine Aktiengesellschaft, so hat die Abfindung grundsätzlich in Aktien dieser Gesellschaft zu erfolgen (Nr. 1). Der ausscheidende Aktionär soll nach Möglichkeit durch eine Beteiligung an der Aktiengesellschaft abgefunden werden, die seiner bisherigen Gesellschaft wirtschaftlich am nächsten steht.⁶⁸ Eine Ausnahme von dem Grundsatz der Abfindung in Aktien gilt, wenn der andere Vertragsteil selbst eine abhängige Gesellschaft ist. Wenn er von einer Aktiengesellschaft abhängig ist, kann der Vertrag entweder die Gewährung von Aktien jener Gesellschaft oder eine Barabfindung vorsehen (Nr. 2). Sofern er nicht von einer Aktiengesellschaft abhängig ist oder selbst keine Aktiengesellschaft ist, muss eine Barabfindung vorgesehen werden (Nr. 3). Es

30

---

⁵⁷ Emmerich/Habersack/*Emmerich* Rn. 27, 34; MüKoAktG/*Paulsen* Rn. 38.
⁵⁸ Emmerich/Habersack/*Emmerich* Rn. 27, 34; MüKoAktG/*Paulsen* Rn. 38.
⁵⁹ Emmerich/Habersack/*Emmerich* Rn. 34; MüKoAktG/*Paulsen* Rn. 38. AA *Luttermann* JZ 1997, 1183 (1185).
⁶⁰ BGH ZIP 2006, 1392 (1394 ff.); BVerfG ZIP 2007, 1055 (1056).
⁶¹ BGHZ 176, 43 (56 f.) – EKU.
⁶² BGHZ 176, 43 – EKU; dazu *H. F. Müller* ZIP 2008, 1701.
⁶³ BGHZ 176, 43 (52) – EKU.
⁶⁴ BGHZ 176, 43 (53) – EKU.
⁶⁵ *H. F. Müller* ZIP 2008, 1701 (1702 ff.).
⁶⁶ *H. F. Müller* ZIP 2008, 1701 (1705); Hüffer/*Koch* Rn. 8.
⁶⁷ MüKoAktG/*Paulsen* Rn. 31; K. Schmidt/Lutter/*Stephan* Rn. 32.
⁶⁸ RegBegr. *Kropff* S. 397.

ist nicht rechtsmissbräuchlich, wenn die Konzernspitze eine GmbH „zwischenschaltet", um eine Abfindung in eigenen Aktien nach Abs. 2 Nr. 1 zu vermeiden.[69]

31 Die in Abs. 2 bestimmten Arten der Abfindung sind lediglich als **Mindestmaß** eines **Angebots** des **anderen Vertragsteils** zu verstehen.[70] Es ist zulässig, im Vertrag die Abfindungsarten zu kombinieren und zusätzliche Angebote vorzusehen.[71] So bestehen keine Bedenken dagegen, außerdem eine Barabfindung anzubieten. Dazu kann Anlass bestehen, wenn ein bestimmtes Mehrheitsverhältnis in der herrschenden Gesellschaft aufrechterhalten oder wenn vermieden werden soll, dass neue Aktien geschaffen werden müssen.[72] Dem anderen Vertragsteil ist es ferner unbenommen, *neben* einer Barabfindung Aktien anderer Gesellschaften anzubieten.[73]

32 Die Pflicht zum **Tausch** der **Aktien** entsteht mit der **Annahme** des **Angebots** durch den außenstehenden Aktionär (→ Rn. 17). Der andere Vertragsteil schuldet keine Fälligkeitszinsen (→ Rn. 19). Er ist verpflichtet, die für den Umtausch erforderlichen Aktien zu schaffen und bereitzustellen. Dies kann bei einer Abfindung nach Nr. 1 durch den Erwerb eigener Aktien gem. § 71 Abs. 1 Nr. 3 oder durch eine bedingte Kapitalerhöhung gem. § 192 Abs. 2 Nr. 2 geschehen, bei einer Abfindung nach Nr. 2 durch den Erwerb von Aktien der Obergesellschaft (§§ 71d S. 1 und 2, 71 Abs. 1 Nr. 3), die ihrerseits nach Maßgabe von § 71 Abs. 1 Nr. 3 eigene Aktien erwerben oder eine bedingte Kapitalerhöhung (§ 192 Abs. 2 Nr. 2) durchführen kann.[74]

33 Die Barabfindungspflicht entsteht ebenfalls mit der Annahme des Angebots durch den außenstehenden Aktionär. Der andere Vertragsteil hat den Kaufpreis in der vertraglich vereinbarten oder gerichtlich bestimmten Höhe zu entrichten. Er kann außerdem verpflichtet sein, Fälligkeitszinsen zu entrichten (→ Rn. 19, 98 f.). Ein Aktionär, der das Abfindungsangebot des anderen Vertragsteils angenommen hat, hat nach der gerichtlichen Bestimmung der angemessenen Abfindungshöhe einen **Abfindungsergänzungsanspruch** (vgl. § 13 S. 2 SpruchG; s. hierzu die Erläuterung von *Drescher*).

34 **2. Abfindung in Aktien (Nr. 1).** Der **andere Vertragsteil** muss eine Gesellschaft in der Rechtsform der **AG** oder **KGaA** sein. Das Gesetz verlangte früher ferner, dass der andere Vertragsteil seinen Sitz im Inland hat. Grund hierfür war die Sorge, dass ausländische Aktien nicht gleichwertig seien und die Überprüfung der Bewertung des ausländischen Unternehmens im Spruchverfahren Schwierigkeiten bereiten könne. Diese Bedenken vermochten jedoch für Aktiengesellschaften eines Mitgliedstaats der EU nicht mehr zu überzeugen. Mit dem UMAG änderte der Gesetzgeber daher die (Inländer) diskriminierende Vorschrift (→ Rn. 4). Der andere Vertragsteil muss nunmehr seinen **Sitz** in einem **Mitgliedstaat** der **Europäischen Union** oder in einem anderen **Vertragsstaat** des Abkommens über den **Europäischen Wirtschaftsraum** haben. Als Sitz iSd Vorschrift ist der Satzungssitz zu verstehen.[75]

35 Aus § 305 Abs. 2 Nr. 2 folgt, dass eine Aktienabfindung nach Nr. 1 voraussetzt, dass der **andere Vertragsteil nicht abhängig** ist (§ 17) und **nicht** in **Mehrheitsbesitz** steht (§ 16). Welche Rechtsform der beherrschende Gesellschafter des anderen Vertragsteils hat, ist irrelevant. So kommt eine Abfindung in Aktien nach Nr. 1 auch dann nicht in Betracht, wenn der andere Vertragsteil von einer öffentlich-rechtlichen Gebietskörperschaft oder einem ausländischen Unternehmen abhängig ist oder in dessen Mehrheitsbesitz steht.[76]

36 In bestimmten Sondersituationen ist eine **Aktienabfindung nicht statthaft.** Dies ist erstens der Fall, wenn ein **außenstehender Aktionär** vom anderen Vertragsteil faktisch **abhängig** ist[77] (§ 71d S. 1 und 2, § 71 Abs. 1).[78] Stattdessen ist dem Aktionär eine Barabfindung gem. Nr. 3 anzubieten.[79] Bei einer **Mehrmütterherrschaft** ist nach zutreffender hM eine Abfindung in Aktien ebenfalls ausgeschlossen;[80] es ist eine Barabfindung anzubieten.[81] Schließlich kann die Abfindung in Aktien

---

[69] OLG Frankfurt AG 2010, 368 (372).
[70] Zu freiwilligen Substanzkoppelungsverträgen → Rn. 6.
[71] RegBegr. *Kropff* S. 397; Hüffer/Koch/*Koch* Rn. 6.
[72] Emmerich/Habersack/*Emmerich* Rn. 12.
[73] MHdB AG/*Krieger* § 70 Rn. 120; MüKoAktG/*Paulsen* Rn. 44.
[74] MHdB AG/*Krieger* § 70 Rn. 120.
[75] Emmerich/Habersack/*Emmerich* Rn. 12; K. Schmidt/Lutter/*Stephan* Rn. 39.
[76] Hüffer/Koch/*Koch* Rn. 9; MüKoAktG/*Paulsen* Rn. 49.
[77] Zum Begriff des außenstehenden Aktionärs → § 304 Rn. 17 ff.
[78] Großkomm AktG/*Hasselbach/Hirte* Rn. 45; MHdB AG/*Krieger* § 70 Rn. 120.
[79] *Kley*, Die Rechtsstellung der außenstehenden Aktionäre bei der vorzeitigen Beendigung von Unternehmensverträgen, 1986, 42; Kölner Komm AktG/*Koppensteiner* Rn. § 295 Rn. 44. AA Großkomm AktG/*Hasselbach/Hirte* Rn. 45 und MHdB AG/*Krieger* § 70 Rn. 120 (betroffener Aktionär dürfe nur den Ausgleich wählen).
[80] Zum entsprechenden Problem beim Ausgleich → § 304 Rn. 46.
[81] Emmerich/Habersack/*Emmerich* Rn. 17; MüKoAktG/*Paulsen* Rn. 61; Hüffer/Koch/*Koch* Rn. 12; Kölner Komm AktG/*Koppensteiner* Rn. 43; K. Schmidt/Lutter/*Stephan* Rn. 46; jetzt auch MHdB AG/*Krieger* § 70 Rn. 124; aA *Exner*, Beherrschungsvertrag und Vertragsfreiheit, 1984, 290 ff.

auch in einem **mehrstufigen Konzern** ausgeschlossen sein. Wenn zwischen Mutter und Enkelin ein Vertrag geschlossen wurde, ist die von der Mutter faktisch abhängige Tochter am Erwerb der Aktien der Mutter gemäß § 71d S. 2 gehindert.[82] Ebenso ist es zu beurteilen, wenn nur zwischen Enkelin und Tochter ein Vertrag geschlossen wurde und die an der Enkelin beteiligte Mutter als außenstehende Aktionärin zu qualifizieren ist. Die Tochter müsste der Mutter nach der Konzeption des § 305 Abs. 2 Nr. 2 Aktien des herrschenden Unternehmens, also der Mutter, anbieten. Dieser Erwerb eigener Aktien ist der Mutter aber nicht erlaubt, da die in § 71 normierten Voraussetzungen nicht erfüllt sind.[83] In beiden Konstellationen ist folglich eine Barabfindung vorzusehen.[84]

Den außenstehenden Aktionären sind grundsätzlich **Aktien derselben Gattung** (Stammaktien bzw. Vorzugsaktien) anzubieten.[85] Zweifelhaft ist die Rechtslage, wenn der andere Vertragsteil nicht über die betreffende Aktiengattung verfügt.[86] Es fragt sich, ob er verpflichtet ist, eine entsprechende Aktiengattung zu schaffen oder ob es ihm gestattet ist, den außenstehenden Aktionären der abhängigen Gesellschaft Aktien einer anderen Gattung zur Verfügung zu stellen. Vorzugswürdig ist es, dem anderen Vertragsteil das Recht einzuräumen, den Inhabern von Vorzugsaktien Stammaktien anzubieten.[87] Bei der Ermittlung des Umtauschverhältnisses sind dann allerdings etwaige Wertunterschiede zu berücksichtigen.[88] Diese können einerseits aus dem Recht auf Vorzugsdividende resultieren. Andererseits können sie sich aus dem Umstand ergeben, dass Vorzugsaktien wegen ihres fehlenden Stimmrechts mit einem Abschlag bewertet werden.[89] Um sie im Einzelfall zu ermitteln, wird es idR erforderlich sein, ein Sachverständigengutachten einzuholen. Kontrovers diskutiert wird die Frage, ob der andere Vertragsteil, wenn er sowohl Stamm- als auch Vorzugsaktien hat, den außenstehenden Aktionären der abhängigen Gesellschaft Aktien beider Gattungen anbieten darf. Die Frage ist zu bejahen, denn der andere Vertragsteil hat ein legitimes Interesse an einer Aufrechterhaltung des Gattungsverhältnisses.[90]

3. Abfindung in Aktien oder Barabfindung (Nr. 2). Abs. 2 Nr. 2 bestimmt die **Abfindungsart** im **mehrstufigen Konzern.** Die Vorschrift geht von einer dreistufigen Unternehmensverbindung aus, ist allerdings auch auf mehrstufige Verhältnisse anwendbar.[91]

Die Voraussetzungen der in Nr. 2 erfassten Abfindungsart sind zum Teil missverständlich formuliert. So verlangt die Vorschrift, dass der andere Vertragsteil eine „abhängige oder in Mehrheitsbesitz stehende Aktiengesellschaft oder Kommanditgesellschaft auf Aktien" ist und das „herrschende Unternehmen" eine Aktiengesellschaft oder Kommanditgesellschaft auf Aktien ist. Hieraus könnte zu schließen sein, dass eine Abfindung nach Nr. 2 nur in Betracht kommt, wenn der andere Vertragsteil abhängig ist. Die hM nimmt aber zu Recht an, dass ein Mehrheitsbesitz der Konzernspitze genügt.[92] Voraussetzung ist schließlich, dass das **herrschende Unternehmen** seinen **Sitz** in einem **Mitgliedstaat** der **Europäischen Union** oder in einem Vertragsstaat des Abkommens über den **Europäischen Wirtschaftsraum** hat.

Hat der andere Vertragsteil nicht die Rechtsform der AG oder KGaA, ist Abs. 2 Nr. 2 analog anzuwenden, wenn das herrschende Unternehmen die gesetzlichen Anforderungen (AG bzw. KGaA und Sitz in der EU bzw. in einem Staat des EWR) erfüllt.[93]

---

[82] Emmerich/Habersack/*Emmerich* Rn. 80, 13a; *Pentz,* Die Rechtsstellung der Enkel-AG in einer mehrstufigen Unternehmensverbindung, 1994, 95.
[83] Emmerich/Habersack/*Emmerich* Rn. 80, 13a; *Pentz,* Die Rechtsstellung der Enkel-AG in einer mehrstufigen Unternehmensverbindung, 1994, 95.
[84] Emmerich/Habersack/*Emmerich* Rn. 80, 13a; *Pentz,* Die Rechtsstellung der Enkel-AG in einer mehrstufigen Unternehmensverbindung, 1994, 97 ff.
[85] Emmerich/Habersack/*Emmerich* Rn. 13; MüKoAktG/*Paulsen* Rn. 51.
[86] Vgl. *Lutter* FS Mestmäcker, 1996, 943 (949); *Timm/Schöne* FS Kropff, 1997, 314 (322 ff.).
[87] Emmerich/Habersack/*Emmerich* Rn. 13; MüKoAktG/*Paulsen* Rn. 51; MHdB AG/*Krieger* § 71 Rn. 120; zur Eingliederung ebenso OLG Düsseldorf AG 2003, 329 (334).
[88] Emmerich/Habersack/*Emmerich* Rn. 13; Großkomm AktG/*Hasselbach/Hirte* Rn. 44; MHdB AG/*Krieger* § 71 Rn. 120; MüKoAktG/*Paulsen* Rn. 51.
[89] Vgl. OLG Düsseldorf AG 2002, 398 (402) – Kaufhof/Metro (Abschlag von 20 % unter dem Wert der Stammaktien): ferner OLG Düsseldorf AG 2009, 907 (911) (Abwägung der Vor- und Nachteile von Vorzugs- und Stammaktien könne auch dazu führen, dass Vorzugsaktien höher abzufinden seien).
[90] *Lutter* FS Mestmäcker, 1996, 943 (947 ff.); Hüffer/Koch/*Koch* Rn. 11; MHdB AG/*Krieger* § 71 Rn. 120; *Krieger* FS Lutter, 2000, 497 (518 f.). AA Großkomm AktG/*Hasselbach/Hirte* Rn. 43; *Timm/Schöne* FS Kropff, 1997, 314 (322 ff.).
[91] Emmerich/Habersack/*Emmerich* Rn. 14; Hüffer/Koch/*Koch* Rn. 13; MHdB AG/*Krieger* § 71 Rn. 121; MüKoAktG/*Paulsen* Rn. 55; *Pentz,* Die Rechtsstellung der Enkel-AG in einer mehrstufigen Unternehmensverbindung, 1994, 102 ff.
[92] Emmerich/Habersack/*Emmerich* Rn. 14 mit Fn. 42; Hüffer/Koch/*Koch* Rn. 13; MüKoAktG/*Paulsen* Rn. 54.
[93] Emmerich/Habersack/*Emmerich* Rn. 14; MHdB AG/*Krieger* § 71 Rn. 121. AA K. Schmidt/Lutter/*Stephan* Rn. 44 f.

41 In einem **vier-** oder **mehrstufigen Konzernverhältnis** (Mutter; Tochter; Enkelin als anderer Vertragsteil; Urenkelin als abhängige Gesellschaft) bedeutet dies, dass den Aktionären der Urenkelin als Abfindung entweder Aktien der Mutter (vorausgesetzt diese ist eine AG oder KGaA mit Sitz in der EU/EWR) oder eine Barabfindung anzubieten ist.

42 Die Vertragsparteien (nur sie) legen fest, welche der beiden Abfindungsarten sie in einem Gewinnabführungs- oder Beherrschungsvertrag vorsehen.[94] Die außenstehenden Aktionäre haben im Unterschied zur Eingliederung (vgl. § 320 Abs. 5 S. 2) kein Wahlrecht.

43 **4. Barabfindung (Nr. 3).** In allen nicht von Nr. 1 und Nr. 2 erfassten Fällen hat eine Abfindung in bar stattzufinden. Zu beachten ist, dass eine Barabfindung auch in bestimmten Sondersituationen anzubieten sein kann (→ Rn. 36).

IV. Angemessenheit der Abfindung (§ 305 Abs. 1 und 3)

44 **1. Grundlagen.** Die gesetzlichen Aussagen zur Höhe der Abfindung sind karg. Abs. 1 verlangt allgemein, dass im **Vertrag** eine **angemessene Abfindung** anzubieten ist. Abs. 3 konkretisiert dieses Gebot für die verschiedenen Abfindungsarten. So ist in Abs. 3 S. 1 für eine **Abfindung** in **Aktien** bestimmt, dass die Aktien in dem Verhältnis zu gewähren sind, in dem bei einer Verschmelzung auf eine Aktie der Gesellschaft Aktien der anderen Gesellschaft zu gewähren wären (**Verschmelzungswertrelation**). Der außenstehende Aktionär soll folglich so viele Aktien des anderen Vertragsteils erhalten, als würden beide Unternehmen miteinander verschmolzen werden.[95] Dies macht eine Bewertung beider Vertragspartner erforderlich.[96] In Abs. 3 S. 2 ist für die **Barabfindung** festgelegt, dass sie die Verhältnisse der Gesellschaft im Zeitpunkt der Beschlussfassung ihrer Hauptversammlung über den Vertrag berücksichtigen muss. Für diese Art der Abfindung ist daher nur erforderlich, den Wert der abhängigen Gesellschaft zu ermitteln. Im Übrigen kommt den unterschiedlichen Formulierungen keine Bedeutung zu.[97]

45 Es ist daher von Rechtsprechung und Wissenschaft zu klären, wie die Bewertung vorzunehmen ist. Die Frage beschäftigt seit Jahrzehnten die Gemüter. Sie ist heute mit Blick auf das *DAT/Altana*-Urteil des BVerfG und die anschließende Entscheidung des BGH zu beantworten, die für zahlreiche Aspekte eine klare Marschroute vorgeben. Sowohl die Aktienabfindung als auch die Barabfindung sind hiernach dem Zweck verpflichtet, dem außenstehenden Aktionär ein Ausscheiden aus der Gesellschaft ohne wirtschaftliche Nachteile zu ermöglichen.[98] Der außenstehende Aktionär soll keinen Vermögensverlust erleiden.[99] Die Kompensation für den Abschluss des Gewinnabführungs- und Beherrschungsvertrags dient dem Eigentumsschutz des Aktionärs.[100] Es ist verfassungsrechtlich geboten, dass der **volle Wert der Beteiligung** des außenstehenden Aktionärs an der Gesellschaft ersetzt wird.[101]

45a Daneben hat der BGH jüngst (im Kontext des § 327b) festgestellt, dass unabhängig von der Unternehmensbewertung dem ausscheidenden Aktionär stets mindestens der Barwert der Ausgleichszahlungen als Barabfindung zu gewähren ist, sofern von einem Fortbestand des Beherrschungs- oder Gewinnabführungsvertrags auszugehen ist und der Barwert der Ausgleichszahlungen somit dem Verkehrswert entspricht.[102] Nur so fließe dem Aktionär der „wahre Wert" seiner Beteiligung zu.

46 Diese Aussagen münden zunächst in die Forderung, den **Grenzpreis** (nicht den Schiedspreis) zu ermitteln.[103] Dies ist der Preis, zu dem der außenstehende Aktionär ohne Vermögensnachteil

---

[94] OLG Düsseldorf AG 2009, 873 (874); Emmerich/Habersack/*Emmerich* Rn. 15; *Exner*, Beherrschungsvertrag und Vertragsfreiheit, 1984, 238 ff.; Hüffer/Koch/*Koch* Rn. 15; MHdB AG/*Krieger* § 71 Rn. 121; MüKoAktG/*Paulsen* Rn. 58; *Pentz*, Die Rechtsstellung der Enkel-AG in einer mehrstufigen Unternehmensverbindung, 1994, 96. AA *Hüchting*, Abfindung und Ausgleich im aktienrechtlichen Beherrschungsvertrag, 1972, 17 ff.

[95] Hüffer/Koch/*Koch* Rn. 17; MüKoAktG/*Paulsen* Rn. 72; ausf. zur technischen Umsetzung eines angemessenen Umtauschverhältnisses vgl. Großkomm AktG/*Hasselbach/Hirte* Rn. 92 ff.

[96] Hüffer/Koch/*Koch* Rn. 18, 26; vgl. auch RegBegr. *Kropff* S. 398 zur diesbezüglichen Diskussion über die Abfindung in Aktien.

[97] Hüffer/Koch/*Koch* Rn. 18, 26; Emmerich/Habersack/*Emmerich* Rn. 37.

[98] BVerfGE 100, 289 (291) – DAT/Altana; BGHZ 138, 136 (140).

[99] BVerfGE 100, 289 (291) – DAT/Altana.

[100] BVerfGE 100, 289 (301 f.) – DAT/Altana.

[101] BVerfGE 100, 289 (303 ff.) – DAT/Altana bezugnehmend auf BVerfGE 14, 263 (283 f.) – Feldmühle; ferner aus der Zivilrechtsprechung BGHZ 138, 136 (140) – ASEA/BBC; BGHZ 147, 108 (115 f.) – DAT/Altana; MüKoAktG/*Paulsen* Rn. 9; Emmerich/Habersack/*Emmerich* Rn. 37; Hüffer/Koch/*Koch* Rn. 18.

[102] BGH AG 2016, 359. Vgl. auch OLG München ZIP 2007, 375 (376); *Leyendecker* NZG 2010, 927 (929). AA OLG München ZIP 2007, 375 (376); OLG Düsseldorf AG 2012, 716 (718); K. Schmidt/Lutter/*Schnorbus* § 327b Rn. 6; *Popp* AG 2010, 1 (13).

[103] Vgl. BVerfGE 100, 289 (306) – DAT/Altana; BGHZ 138, 136 (140) – ASEA/BBC; BayObLG AG 2002, 392 (393) – Ytong; Hüffer/Koch/*Koch* Rn. 18; MüKoAktG/*Paulsen* Rn. 72.

aus der Gesellschaft ausscheiden kann. Er bemisst sich nach dem Grenznutzen, den der Aktionär aus den erworbenen Aktien ziehen kann.[104] Die Veränderungen des Unternehmenswerts, die sich als Folge des Unternehmensvertrags (möglicherweise) ergeben, können bei diesem Vorgehen keine Berücksichtigung finden.[105] Ferner ist aufgrund des Urteils des BVerfG anzunehmen, dass die Abfindung so bemessen sein muss, dass die Minderheitsaktionäre jedenfalls nicht weniger erhalten, als sie bei einer freien Desinvestitionsentscheidung zum Zeitpunkt des Unternehmensvertragsschlusses erlangt hätten. Eine geringere Abfindung würde der Dispositionsfreiheit über den Eigentumsgegenstand nicht hinreichend Rechnung tragen.[106] Der **Verkehrswert** ist Ausdruck der Verkehrsfähigkeit der Aktie, die besonders bei börsennotierten Aktiengesellschaften das Aktieneigentum prägt.[107]

Die **Bewertungsmethoden** sind so zu wählen, dass sie den beschriebenen Bewertungszweck **47** erfüllen.[108] Sie müssen also geeignet sein, den Grenz- bzw. Verkehrswert zu ermitteln. Bei börsennotierten Aktiengesellschaften kann bezüglich des Verkehrswerts grundsätzlich der Börsenwert nutzbar gemacht werden (→ Rn. 49 ff.). Es ist allerdings zweifelhaft, ob dieser Wert bereits den wahren Wert des Unternehmens widerspiegelt. Es könnte daher – ebenso wie bei nicht börsennotierten Gesellschaften – zusätzlich erforderlich sein, den Grenzpreis anhand bestimmter sachverständiger Bewertungsmethoden zu ermitteln (→ Rn. 70 ff.).

Die Beurteilung der **Angemessenheit** der **Abfindung** ist eine **Rechtsfrage**. Sie wird daher **48** gerichtlich (im Spruchverfahren) überprüft, wobei sich die Gerichte regelmäßig unter Verweis auf § 278 ZPO hinsichtlich der Methodik auf eine Plausibilitätskontrolle beschränken.[109] Die gerichtliche Überprüfung betrifft vor allem die Wahl der **Bewertungsmethode**.[110] An ein bestimmtes, vom Wirtschaftsprüfer angewandtes Verfahren (insbesondere Ertragswertverfahren oder Discounted Cash Flow-Verfahren; → Rn. 70) sind die Gerichte nicht gebunden. Es ist insbesondere nicht von Verfassungs wegen geboten, eine bestimmte Methode der Unternehmensbewertung anzuwenden.[111] Andererseits ist es rechtlich nicht zu beanstanden, wenn die Gerichte zur Überprüfung der Ertragswertberechnung bestimmte Empfehlungen von Sachverständigen, wie beispielsweise die IDW, berücksichtigen (→ Rn. 70 sowie → Rn. 80 zur Frage nachträglicher Berücksichtigung neuer Erkenntnisse). In jedem Fall ginge aber zu weit, wenn die Gerichte im Spruchverfahren jeden einzelnen Aspekt der Unternehmensbewertung eigenständig beurteilen würden. So sind die Planungen der Unternehmen und die auf ihnen beruhenden **Prognosen** der Erträge nur eingeschränkt überprüfbar. Sofern die Geschäftsleitung vernünftigerweise annehmen darf, ihre Planung sei realistisch, darf diese durch die Gerichte nicht durch eine andere Annahme ersetzt werden.[112]

Gerichtlich voll überprüfbar sind die Frage der Berücksichtigungsfähigkeit von Synergieeffekten **48a** (→ Rn. 81), die Ermittlung des Kapitalisierungszinssatzes (→ Rn. 84 ff.), die Relevanz des Börsenkurses (→ Rn. 54 f.) und steuerrechtliche Fragen.[113]

2. Unternehmensbewertung nach dem Börsenkurs. a) Feststellungen des BVerfG. Für **49** börsennotierte Aktiengesellschaften stellt sich die Frage, welche Bedeutung der Börsenkurs für die Bewertung des Unternehmens – der abhängigen und der herrschenden Gesellschaft – hat. Der Gesetzgeber hatte bei der Aktienrechtsnovelle von 1965 noch die Vorstellung gehabt, dass dem Börsenkurs bei der Bestimmung der Abfindungshöhe keine entscheidende Bedeutung zukommt.[114] Dementsprechend ging die Rechtsprechung zunächst davon aus, dass der Börsenkurs bei der Unternehmensbewertung grundsätzlich keine Berücksichtigung finde.[115]

---

[104] BVerfGE 100, 289 (306) – DAT/Altana. Vgl. auch IDW S1 idF 2008 Ziff. 2.4 Tz. 13.
[105] Vgl. Kölner Komm AktG/*Koppensteiner* Rn. 63 ff.
[106] BVerfGE 100, 289 (306) – DAT/Altana.
[107] BVerfGE 100, 289 (305 ff.).
[108] Hüffer/Koch/*Koch* Rn. 17; MüKoAktG/*Paulsen* Rn. 75.
[109] Vgl. OLG Stuttgart AG 2006, 128 (129); OLG Celle AG 1999, 128 (130); BayObLG AG 1996, 176 (178); BayObLG AG 1996, 127 (128); Hüffer/Koch/*Koch* Rn. 17; Emmerich/Habersack/*Emmerich* Rn. 84; MüKoAktG/*Paulsen* Rn. 76; krit. *Forster* FS Claussen, 1997, 91 (100).
[110] Emmerich/Habersack/*Emmerich* Rn. 51; vgl. etwa OLG Düsseldorf AG 2009, 907 (909).
[111] BVerfG ZIP 2007, 1600 (1602); BGH, AG 2016, 135 (Stinnes).
[112] OLG Stuttgart AG 2008, 783 (788); OLG Stuttgart AG 2007, 705 (706) zur Verschmelzung; OLG Stuttgart AG 2007, 596 (597 f.) zum Formwechsel; OLG Stuttgart AG 2006, 420 (425) zur Verschmelzung.
[113] OLG Stuttgart AG 2006, 420 (425).
[114] RegBegr. *Kropff* S. 399.
[115] Besonders deutlich BGHZ 71, 40 (51) – Kali & Salz: „Die Frage ... bestimmt sich ... grds. nicht nach Börsenkursen, sondern nach dem ‚wirklichen' ... Wert." Vgl. ferner Großkomm AktG/*Hasselbach*/*Hirte* Rn. 126 mit umfangreichen Nachweisen.

50 Die Entscheidung des BVerfG vom 27. April 1999[116] hat eine bedeutende Kehrtwende eingeleitet. Das Gericht maß dem Börsenwert erstmals aus verfassungsrechtlicher Sicht eine zentrale Bedeutung für die Frage der Angemessenheit der Abfindung beim Abschluss eines Unternehmensvertrages bei. Dabei hat es vor allem auf die Verkehrsfähigkeit des Aktieneigentums als wesentlicher, wertbildender Faktor Bezug genommen.[117] Die Abfindung dürfe aus verfassungsrechtlicher Sicht nicht ohne Berücksichtigung des Börsenkurses festgesetzt werden.[118] Zwar hat das BVerfG einerseits festgestellt, dass gegen die Unternehmensbewertung nach der bisher üblichen Ertragswertmethode aus verfassungsrechtlicher Sicht nichts einzuwenden sei.[119] Andererseits hat es die Aussage getroffen, dass „der Vermögensverlust, den der Minderheitsaktionär durch den Unternehmensvertrag […] erleidet, sich für ihn als Verlust des Verkehrswerts der Aktie darstellt. Dieser ist mit dem Börsenkurs der Aktie regelmäßig identisch."[120] Im Falle besonderer Marktenge seien aber Unterschreitungen des Börsenkurses zuzulassen.[121] Der Gesichtspunkt des Verkehrswertes führe allerdings nicht dazu, dass bei der Unternehmensbewertung Preise zu berücksichtigen seien, die vom herrschenden Unternehmen tatsächlich für die Aktien gezahlt worden sind.[122]

51 Zusammenfassend ist festzuhalten, dass das **BVerfG** den **Verkehrswert** als die **Untergrenze** der wirtschaftlich vollen Entschädigung begreift. Es steht grundsätzlich nicht mit Art. 14 Abs. 1 GG in Einklang, im aktienrechtlichen Spruchverfahren eine Barabfindung festzusetzen, die niedriger ist als der Börsenkurs.[123] Diese Argumentation basiert im Wesentlichen auf der Überlegung, dass Aktionäre ihre Anteile jederzeit zum aktuellen Kurs veräußern können. Diese Aussagen der Rechtsprechung wurden zwischenzeitlich auch im IDW S1 übernommen.[124] Trotz dieser klar formulierten Grundsätze stellen sich zahlreiche Fragen, die von der zivilgerichtlichen Rechtsprechung zu entscheiden sind. So führt die Feststellung des BVerfG, dass der Vermögensverlust, den der Minderheitsaktionär durch den Unternehmensvertrag erleidet, sich für ihn als Verlust des Verkehrswertes der Aktie darstellt und dieser mit dem Börsenkurs der Aktie regelmäßig identisch ist,[125] zu der Frage, ob der Börsenkurs nicht nur die Untergrenze markiert, sondern auch als Regelwert der Abfindung heranzuziehen ist. Dies hätte zur Konsequenz, dass es bei börsennotierten Gesellschaften grundsätzlich keiner weiteren Unternehmenswertanalyse nach der Ertragswertmethode oder einer anderen anerkannten Bewertungsmethode bedürfte. Das BVerfG musste dieses Problem (aus der Perspektive des Verfassungsrechts) nicht lösen. Es konnte sich mit der Aussage begnügen, dass gegen die Ertragswertmethode keine verfassungsrechtlichen Bedenken bestehen. Ob sie (oder eine andere Methode) vor dem Hintergrund des Art. 14 Abs. 1 GG geboten ist, hat das Gericht nicht gesagt.[126]

52 **b) Konzeptionelle Überlegungen des BGH.** Der BGH hat sich den vom BVerfG getroffenen Feststellungen angeschlossen und geurteilt, dass der außenstehende Aktionär grundsätzlich unter Berücksichtigung der an der Börse gebildeten Verkehrswerte der Aktie abzufinden ist.[127] Aus der Vorgabe der verfassungsgerichtlichen Entscheidung folge, dass bei der Verschmelzungswertrelation die Summe der Verkehrswerte der Aktien der abhängigen Gesellschaft als untere Grenze des Unternehmenswerts maßgebend sei. Da der Verkehrswert in der Regel mit dem Börsenwert identisch sei, ergebe sich daraus, dass **Ausgangspunkt** für die Ermittlung der Verschmelzungswertrelation auf Seiten der beherrschten Gesellschaft grundsätzlich die **Summe** der **Börsenwerte** der **Aktien** dieser **Gesellschaft** sei.[128]

53 Bemerkenswert sind die weiteren Ausführungen des II. Zivilsenats, die Gleichstellung von Börsen- und Verkehrswert beruhe darauf, dass die Börse auf der Grundlage der ihr zur Verfügung gestellten Informationen und Informationsmöglichkeiten die Ertragskraft des Gesellschaftsunternehmens, um dessen Aktien es geht, zutreffend bewerte, der Erwerber von Aktien sich an dieser Einschätzung durch den Markt orientiert habe und sich daher Angebot und Nachfrage danach regulierten, so

---

[116] BVerfGE 100, 289 ff.
[117] BVerfGE 100, 289 (305 f.). Vgl. auch *Adolff* in Fleischer/Hüttemann, Rechtshandbuch Unternehmensbewertung, 2015, § 16 Rn. 25 ff.
[118] BVerfGE 100, 289 (305).
[119] BVerfGE 100, 289 (307); vgl. auch BVerfG ZIP 2007, 1600 (1602).
[120] BVerfGE 100, 289 (308).
[121] BVerfGE 100, 289 (309). Vgl. auch BGH DB 2001, 969 und IDW S1 idF 2008 Ziff. 73 Tz. 16.
[122] BVerfGE 100, 289 (306 f.).
[123] BVerfGE 100, 289 (308).
[124] Vgl. IDW S1 idF 2008 Ziff. 3 Tz. 13 ff.
[125] Vgl. BVerfGE 100, 289 (308).
[126] Vgl. BVerfGE 100, 289 (307); BVerfG ZIP 2007, 1600 (1602).
[127] BGHZ 147, 108 (115 ff.); vgl. aus dem Schrifttum Emmerich/Habersack/*Emmerich* Rn. 43, 44; Hüffer/*Koch*/*Koch* Rn. 24b; MüKoAktG/*Paulsen* Rn. 83.
[128] BGHZ 147, 109 (115 f.).

dass sich die Marktbewertung in dem Börsenkurs der Aktien niederschlage.[129] Ein (herrschendes) Unternehmen müsse bei der Verwirklichung seiner Intentionen diese Wertschätzung des Marktes akzeptieren und daran die Abfindung der außenstehenden Aktionäre ausrichten.[130] Dieses Verständnis bildet die Grundlage für eine Bewältigung der verschiedenen Detailfragen.

c) Börsenkurs als Untergrenze oder Regelwert. Der BGH hat ausgeführt, dass der „Börsenwert der Aktie sowie der daraus gebildete Börsenunternehmenswert [...] mit dem nach § 287 ZPO ermittelten Unternehmenswert sowie der quotal darauf bezogenen Aktie übereinstimmen [kann]. Mit Rücksicht auf die unterschiedlichen Ansätze, die der Bewertung durch den Markt und der Preisbemessung bei der Unternehmensveräußerung [...] sowie der Wertermittlung durch sachverständige Begutachtung [...] zugrunde liegen, können diese Werte differieren [...]. Da nach dem Beschluss des Bundesverfassungsgerichts [...] dem an der Börse gebildeten Verkehrswert aufgrund der Verkehrsfähigkeit der Aktie und der daran zu messenden Entschädigung des Aktionärs der Vorrang gebührt, ist der Minderheitsaktionär unter Berücksichtigung des Verkehrswerts der Aktie abzufinden, wenn dieser Wert höher ist als der Schätzwert. Ist jedoch der Schätzwert höher als der Börsenwert, steht dem Aktionär der höhere Betrag des quotal auf die Aktie bezogenen Schätzwertes zu."[131] **54**

Aus diesen Entscheidungsaussagen folgt, dass der **BGH** den **Börsenwert** lediglich als **Untergrenze** des Wertes versteht.[132] Dies verwundert, da das Gericht die grundsätzliche Relevanz des Börsenkurses mit den Mechanismen der Wertpapierpreisbildung erklärt hat (→ Rn. 54). Im Schrifttum ist daher Kritik geäußert und reklamiert worden, der Börsenwert müsse regelmäßig als allein maßgeblicher Wert herangezogen werden.[133] Auf informationseffizienten Kapitalmärkten bilden sich der Informationslage entsprechende Wertpapierpreise. Angesichts des ausdifferenzierten wertpapierhandelsrechtlichen Publizitätssystems (§§ 33 ff. WpHG, Art. 17, 19 MMVO) kann davon ausgegangen werden, dass auf deutschen Kapitalmärkten preisrelevante Informationen unverzüglich veröffentlicht werden.[134] Die Informationsintermediäre, namentlich die Finanzanalysten (vgl. § 85 WpHG) und Wertpapierdienstleistungsunternehmen (vgl. §§ 63 ff. WpHG), werten die Informationen unverzüglich aus, so dass die Informationen durch die Transaktionen der Anleger in die Wertpapierpreise einfließen. Nur vor diesem Hintergrund werden auch die für die Gegenleistung bei Übernahmeangeboten nach dem WpÜG geltenden kapitalmarktrechtlich konzipierten Bewertungsregeln (§ 31 Abs. 1 S. 2 WpÜG und § 5 WpÜG-AngVO) verständlich. Vorzugswürdig ist es daher, den Unternehmenswert einer börsennotierten Gesellschaft **in der Regel** nach dem **Börsenkurs der Aktien** zu bestimmen.[135] **55**

Davon sind aber **Ausnahmen** zu machen. Der Unternehmenswert ist nach der Ertragswertmethode oder einer anderen anerkannten Bewertungsmethode (→ Rn. 70) zu ermitteln, wenn aufgrund konkreter Anhaltspunkte darauf geschlossen werden kann, dass die Gesellschaft wegen **Kapitalmarktineffizienzen** nicht angemessen bewertet ist, der Börsenkurs durch Manipulationen wesentlich beeinflusst ist bzw. wegen einer verzögerten kursrelevanten Information (vgl. § 15 Abs. 3 WpHG aF bzw. seit Juli 2016: Art. 17 Abs. 1 MAR) nicht Ausdruck aller Informationen ist oder aus sonstigen Gründen anzunehmen ist, dass der Börsenkurs nicht den Unternehmenswert widerspiegelt.[136] **56**

Eine weitere **Ausnahme** kann schließlich auch für Gesellschaften geboten sein, deren **Aktien** nicht auf einem regulierten Markt, sondern im Freiverkehr zum Handel zugelassen sind.[137] Dabei **57**

---

[129] BGHZ 147, 108 (116) unter Bezugnahme auf *Fleischer* ZGR 2001, 1 (27 f.).
[130] BGHZ 147, 109 (116).
[131] BGHZ 147, 108 (117).
[132] BGHZ 147, 108 (115 ff.) – DAT/Altana; zust. OLG Düsseldorf AG 2009, 907 (909); OLG Stuttgart AG 2004, 43 (44); OLG Düsseldorf AG 2003, 329 (332); OLG Frankfurt AG 2003, 581 (582); BayObLG AG 2002, 390 (391); BayObLG 2002, 392 (394); OLG Frankfurt AG 2002, 404 (405); OLG Hamburg AG 2001, 479 (480); OLG Hamburg AG 2001, 479 (480); OLG Stuttgart AG 2000, 428; aus dem reichhaltigen Schrifttum vgl. Hüffer/Koch/*Koch* Rn. 24b; *Hüttemann* ZGR 2001, 454 (458); MüKoAktG/*Paulsen* Rn. 83. Emmerich/Habersack/*Emmerich* Rn. 42 verweist auf empirische Studien, wonach der Ertragswert regelmäßig nur rund 80 % des Börsenkurses betrage (*Hasselbach/Ebbinghaus* Der Konzern 2010, 467 (468)).
[133] *Aha* AG 1997, 26 (27 f.); *Busse v. Colbe* FS Lutter, 2000, 153 (164 f.); *Luttermann* ZIP 1999, 45 (47 f.); MHdB AG/*Krieger* § 71 Rn. 139; *Steinhauer* AG 1999, 299 (306 f.); *Stilz* ZGR 2001, 875 (892 ff.); *M. Weber* ZGR 2004, 280; *Weißhaupt* Der Konzern 2004, 474 (479 ff.); *Zeidler* NZG 1998, 949 f.
[134] Vgl. *Veil* ZHR 167 (2003) 365 (380, 384 f.).
[135] So auch Emmerich/Habersack/*Emmerich* Rn. 46a; MHdB AG/*Krieger* § 71 Rn. 139; im Grundsatz jetzt ebenso Hüffer/Koch/*Koch* Rn. 39.
[136] Ähnlich Emmerich/Habersack/*Emmerich* Rn. 48.
[137] Offen gelassen von OLG München AG 2014, 714 (715).

ist danach zu differenzieren, wo die Aktien notiert sind. Für den **Freiverkehr** fanden die Regeln des WpHG über die Veröffentlichung kursrelevanter Informationen bis Juli 2016 generell keine Anwendung. Mangels dieser Markttransparenz bestanden Zweifel an der Angemessenheit der Börsenpreise in diesem Marktsegment. Für Gesellschaften, deren Aktien im Freiverkehr gehandelt werden, war bisher stets eine Bewertung nach einer der anerkannten Methoden der Betriebswirtschaftslehre erforderlich. Anders verhält es sich für Gesellschaften, deren Aktien auf einem besonderen Segment des Freiverkehrs gehandelt werden, wie beispielsweise in Frankfurt im **Entry Standard (seit März 2017: Scale)**. Die FWB und die Börsenordnungen anderer Börsenbetreiber sehen für den Entry Standard/Scale bzw. entsprechende Segmente vor, dass der Emittent wichtige Informationen auf seiner Internetpräsenz publizieren muss. Diese privatrechtlich begründeten Informationsregime sind mittlerweile mit den gesetzlichen Publizitäts- und Transparenzvorschriften vergleichbar. Seit Juli 2016 gilt zudem, dass auf solchen Märkten die gesetzliche Pflicht zur Veröffentlichung von Insiderinformationen besteht (Art. 17 Abs. 1 Unterabs. 3 MAR).

58   **d) Bestimmung des Kurses.** Klärungsbedürftig ist ferner, wie der relevante Kurs bestimmt wird. Hinsichtlich der Frage, ob auf einen Stichtags- oder einen Durchschnittskurs abzustellen ist, hat das BVerfG festgestellt, Art. 14 Abs. 1 GG gebiete es nicht, den Börsenkurs zum Bewertungsstichtag gem. § 305 Abs. 3 S. 2 AktG heranzuziehen. Da der Unternehmensvertrag den Marktteilnehmern vor diesem Stichtag jedenfalls während der einmonatigen Einberufungsfrist zur Hauptversammlung bekannt ist, hätten Interessenten sonst die Möglichkeit, den Börsenkurs während dieser Zeit auf Kosten des Mehrheitsaktionärs in die Höhe zu treiben.[138] Wie der Stichtag festzusetzen ist, gebe die Verfassung nicht vor. Die Zivilgerichte müssten aber durch die Wahl eines Referenzkurses einem Missbrauch nach beiden Seiten begegnen. Sie könnten insoweit etwa auf einen Durchschnittskurs im Vorfeld der Bekanntgabe des Unternehmensvertrags zurückgreifen.[139]

59   Der BGH hat sich diesen verfassungsgerichtlichen Vorgaben entsprechend für einen auf den **Stichtag** im Sinne des § 305 Abs. 3 S. 2, also auf den **Tag** der **Hauptversammlung** bezogenen **Durchschnittskurs** ausgesprochen.[140] Den vom BVerfG befürchteten Manipulationen könne begegnet werden, wenn ein durchschnittlicher Referenzkurs gewählt werde. Dieser Referenzkurs müsse in größtmöglicher Nähe zu diesem Stichtag liegen. Das Erfordernis der Nähe lasse einen relativ kurzen Zeitraum von drei Monaten geboten erscheinen. Um einen Referenzkurs zu erlangen, müssten außergewöhnliche Tagesausschläge oder sprunghafte Entwicklungen binnen weniger Tage, die sich nicht verfestigen – gleichgültig, ob es sich um steigende oder fallende Kurse handelt – unberücksichtigt bleiben.[141]

60   Die Instanzgerichte folgten zunächst größtenteils den vom BGH entwickelten Grundsätzen.[142] Einige von ihnen distanzierten sich allerdings mit teilweise unterschiedlichen Erwägungen von der höchstrichterlichen Lösung.[143] Auch das Schrifttum wandte sich zunehmend gegen sie.[144] Den vorläufigen Höhepunkt dieser Entwicklung bildete die BGH-Vorlage des OLG Stuttgart vom 18.12.2009, mit der das Gericht erklärte, von der Rechtsauffassung des BGH abweichen zu wollen.[145]

61   Der BGH trug der Kritik mit seinem Beschluss vom 28.6.2011 Rechnung und entschied, dass der einer angemessenen Barabfindung zugrunde zu legende Börsenwert der Aktie grundsätzlich auf Grund eines nach Umsatz gewichteten Durchschnittskurses innerhalb einer **dreimonatigen Referenzperiode vor** der **Bekanntmachung** einer Strukturmaßnahme, wie beispielsweise einem Beherrschungs- und Gewinnabführungsvertrag, zu ermitteln sei. Er ist lediglich dann entsprechend der allgemein oder branchentypischen Wertentwicklung unter Berücksichtigung der bisherigen Kursentwicklung hochzurechnen, wenn zwischen der Bekanntgabe des Unternehmensvertrags und dem Tag der Hauptversammlung ein längerer Zeitraum liege, und die Entwicklung der Börsenkurse eine Anpassung geboten erscheinen lässt.[146]

---

[138] BVerfGE 100, 289 (309).
[139] BVerfGE 100, 289 (310); ebenso nunmehr BVerfG ZIP 2007, 175 (176).
[140] BGHZ 147, 108 (117 f.) – DAT/Altana.
[141] BGHZ 147, 108 (118).
[142] Vgl. OLG Frankfurt AG 2007, 403 (404); OLG München AG 2007, 246; OLG Hamburg AG 2002, 406 (407); OLG Hamburg NZG 2003, 89 (90).
[143] Vgl. OLG Düsseldorf AG 2010, 35 (36 ff.) zum Squeeze-Out; OLG Stuttgart AG 2008, 783 (785 f.); OLG Düsseldorf AG 2008, 498 (502); OLG Stuttgart AG 2007, 705 (710); OLG Stuttgart AG 2007, 209 (210 ff.) (Vorlagebeschluss, der sich aufgrund Rechtsmittelrücknahme erledigt hat); KG ZIP 2007, 75 zum Umwandlungsrecht.
[144] Vgl. Hüffer/Koch/*Koch* Rn. 24e; Emmerich/Habersack/*Emmerich* Rn. 45; MHdB AG/*Krieger* § 71 Rn. 140.
[145] OLG Stuttgart ZIP 2010, 274 (277).
[146] BGHZ 186, 229 (236 ff.) – Stollwerck (zum Squeeze-Out gem. §§ 327a ff.); nach BGH AG 2011, 590 f. gelten diese Grundsätze auch für die Abfindung bei einem Beherrschungs- und Gewinnabführungsvertrag.

Der **Zeitpunkt** der **Bekanntmachung** wird in der Regel derjenige der Ad-hoc-Mitteilung **61a** sein (seit Juli 2016: Art. 17 Abs. 1 MAR; zuvor: § 15 Abs. 1 WpHG).[147] Sollte eine gesetzlich vorgeschriebene Veröffentlichung (Art. 17 Abs. 1 MAR; bis Juli 2016: § 15 Abs. 1 WpHG) ausnahmsweise nicht erfolgen (Art. 17 Abs. 4 MAR; zuvor: § 15 Abs. 3 WpHG), muss auf den Zeitpunkt abgestellt werden, in dem der Vertragsabschluss auf andere Weise bekannt geworden ist;[148] dies kann auch in einer Pressemitteilung geschehen.[149]

Für die Ermittlung des Börsenwerts ist der **Referenzzeitraum** (vor dem Rückrechnungszeit- **62** punkt → Rn. 61a) von zentraler Bedeutung. Die vom BGH favorisierte **Zeitspanne** von **drei Monaten** für die **Bestimmung** des **Börsenkurses**[150] erscheint aber nicht sachgerecht.[151] Vorzugswürdig ist eine Frist von in der Regel grundsätzlich **sechs Monaten**, um Sondereinflüsse und besondere Kursschwankungen ausschließen zu können.[152]

Wenn zwischen der Bekanntgabe des Unternehmensvertrags und dem Tag der Hauptversammlung **62a** ein längerer Zeitraum verstreicht und die Entwicklung der Börsenkurse eine Anpassung geboten erscheinen lässt, ist nach der Rechtsprechung des BGH der Börsenwert entsprechend der allgemeinen oder branchentypischen Wertentwicklung unter Berücksichtigung der seitherigen Kursentwicklung hochzurechnen (→ Rn. 61).[153] Damit will der BGH der Gefahr Rechnung tragen, dass der mit dem Zeitpunkt der Bekanntgabe ermittelte Börsenwert zugunsten des herrschenden Unternehmens fixiert wird, ohne dass die angekündigte Maßnahme umgesetzt wird, und die Minderheitsaktionäre von einer positiven Börsenentwicklung ausgeschlossen werden.[154] Als ein längerer Zeitraum ist die Dauer von 7,5 Monaten anzusehen,[155] nicht aber die Dauer von 3 Monaten zwischen Bekanntgabe und Hauptversammlung,[156] nach hM auch noch nicht die Dauer von 6 Monaten.[157]

Der **Börsenwert**[158] ist gem. § 287 ZPO zu schätzen. Dabei sind die Vorgaben aus § 5 Abs. 1 **63** WpÜG-AngVO zu berücksichtigen.[159] Werden Aktien an verschiedenen Börsen gehandelt, so sollen Durchschnittskurse gebildet werden.[160] Ferner erscheint es vorzugswürdig, nur inländische Börsenkurse zu berücksichtigen.[161] In jedem Fall sind gewichtete Durchschnittskurse zu bilden. Ausschläge nach oben und unten sollten außer Betracht bleiben, Umsatzraten hingegen durch Gewichtung in die Bemessung einfließen.[162] Eine etwaige Illiquidität (zur Bedeutung → Rn. 64) kann nach Maßgabe von § 5 Abs. 4 WpÜG-AngVO beurteilt werden.[163]

e) Ausnahmen. Die Verlässlichkeit von Börsenkursen hängt maßgeblich davon ab, dass ein funkti- **64** onierender Markt vorhanden ist. Das BVerfG hat deshalb angenommen, dass der Börsenkurs nicht stets allein maßgeblich sein müsse. Eine Überschreitung sei verfassungsrechtlich unbedenklich. Es

---

[147] Nach BGHZ 186, 229 (236) muss es sich nicht „notwendig" um eine Bekanntmachung iSd § 15 WpHG aF (heute Art. 17 MAR) handeln. In der Regel wird dies aber der Fall sein.
[148] Vgl. Emmerich/Habersack/*Emmerich* Rn. 46b („in einer Weise verbreitet […] wird, dass in Kürze tatsächlich mit der Maßnahme zu rechnen ist […]"); *Maier-Reimer/Kolb* FS W. Müller, 2001, 93 (102 ff., 106); *M. Weber* ZGR 2004, 280 (284).
[149] Vgl. auch *Hasselbach/Ebbinghaus* Der Konzern 2010, 467 (472): Beiträge in Internetforen und der Wirtschaftspresse; zu Recht restriktiv aber *Bungert/Wettich* ZIP 2012, 449 (451): Aus Gründen der Rechtssicherheit kann nicht jede öffentliche Verlautbarung des Hauptaktionärs als eine Bekanntmachung iSd der BGH-Rechtsprechung anzusehen sein.
[150] BGHZ 186, 229 (236); BGHZ 147, 108 (118); ferner OLG Düsseldorf AG 2003, 329 (330 f.); OLG Karlsruhe AG 2005, 45 (47).
[151] Vgl. Hüffer/Koch/*Koch* Rn. 24 f.; LG Dortmund AG 2001, 544 (546); *Piltz* ZGR 2001, 185 (200).
[152] Hüffer/Koch/*Koch* Rn. 24 f. (Regelfrist von sechs Monaten, die bei Vorliegen besonderer Umstände verlängert oder eingegrenzt werden kann); Kölner Komm AktG/*Koppensteiner* Rn. 105 f.
[153] Dazu näher *Bungert/Wettich* ZIP 2012, 449 (452 f.); *Hasselbach/Ebbinghaus* Der Konzern 2010, 467 (473); *Schilling/Witte* Der Konzern 2010, 477 (481 ff.); *Wasmann* ZGR 2011, 83 (93 ff.).
[154] BGHZ 186, 229 (240).
[155] BGHZ 186, 229 (241) Rn. 30.
[156] OLG Frankfurt AG 2012, 417 (418): „Bei einem derart kurz bemessenen Zeitraum kommt die nur für Ausnahmefälle vom BGH vorgesehene Anpassung des relevanten Durchschnittskurses an die Börsenentwicklung bis zum Tag der Hauptversammlung von vorneherein nicht in Betracht."; OLG Stuttgart AG 2011, 420.
[157] OLG Stuttgart AG 2011, 420 (422); *Bungert* BB 2010, 2227 (2229); *Bücker* NZG 2010, 967 (970).
[158] Vgl. hierzu *Komp*, Zweifelsfragen des aktienrechtlichen Abfindungsanspruchs nach §§ 305, 320b AktG, 2002, 383 ff.; *M. Weber* ZGR 2004, 280 (294 ff.).
[159] OLG Düsseldorf AG 2010, 35 (38); Emmerich/Habersack/*Emmerich* Rn. 46a; *Pluskat* NZG 2008, 365 (367).
[160] BGHZ 147, 108 (124 f.).
[161] So auch Emmerich/Habersack/*Emmerich* Rn. 46a, der allerdings auch die Börsenpreise im Freiverkehr berücksichtigt, sofern sie „verlässliche Hinweise auf die Marktpreise geben und aussagekräftig sind".
[162] Emmerich/Habersack/*Emmerich* Rn. 46a.
[163] OLG Stuttgart ZIP 2010, 274 (277); OLG München AG 2014, 714 (715).

könne aber auch verfassungsrechtlich beachtliche Gründe geben, ihn zu unterschreiten. Dies komme dann in Betracht, wenn der Börsenkurs ausnahmsweise nicht den Verkehrswert der Aktie widerspiegeln würde.[164] Sowohl bei der Barabfindung als auch bei der Abfindung in Aktien soll dies nach Ansicht des BGH grundsätzlich nur dann zu bejahen sein, wenn (1) über einen längeren Zeitraum mit **Aktien** der Gesellschaft **praktisch kein Handel** stattgefunden habe, (2) aufgrund einer **Marktenge** der einzelne außenstehende Aktionär nicht in der Lage sei, seine Aktien zum Börsenpreis zu veräußern oder (3) der Börsenpreis manipuliert worden sei.[165] In diesen Fällen sei der Verkehrswert des Gesellschaftsunternehmens im Wege der Schätzung nach einer der anerkannten betriebswirtschaftlichen Methoden (→ Rn. 70) zu ermitteln. Wann eine Marktenge vorliegt, ist noch nicht abschließend geklärt. Der BGH hat eine Marktenge verneint, wenn 2,5 bis 3,7 % der Aktien gehandelt werden.[166]

65 Es bleibt abzuwarten, ob diese Kriterien geeignet sind, die Fälle zu erfassen, in denen der Börsenkurs als Bemessungsgrundlage auszuscheiden hat. Bedenken bestehen vor allem in Bezug auf die dritte Konstellation. Nicht jede Preismanipulation kann beachtlich sein. Legt man – wie hier vertreten (→ Rn. 62) – einen größeren Zeitraum zugrunde, dürften die meisten manipulativen Verhaltensweisen nicht ins Gewicht fallen.

66 **f) Berücksichtigung von Paketzuschlägen.** Es stellt sich weiter die Frage, wie sich Zuschläge zum Börsenpreis oder außerbörsliche Preise, die der andere Vertragsteil beim Erwerb der Anteile gezahlt hat, auswirken. Solche freiwillige höhere Zahlungen sind in der Regel darauf zurückzuführen, dass der andere Vertragsteil darum bemüht war, die nötige Mehrheit für die Zustimmung zum Unternehmensvertrag nach § 293 Abs. 1 zu erlangen.[167] Das BVerfG hat in seinem *DAT/Altana*-Urteil herausgestellt, dass die gezahlten Preise zu dem wahren Wert des Aktieneigentums regelmäßig keine Beziehung haben.[168] Unter Verkehrswertgesichtspunkten hätten Paketaufschläge nur dann eine Bedeutung, wenn es dem Minderheitsaktionär gelinge, gerade seine Aktien an den Mehrheitsaktionär zu verkaufen, worauf er aber keinen Anspruch habe.[169] Daher sei es von Verfassungs wegen nicht zu beanstanden, wenn solche Paketzuschläge keine Berücksichtigung fänden.[170]

67 Damit ist freilich noch nicht entschieden, ob Paketzuschläge und sonstige freiwillig erbrachte höhere Zahlungen zugunsten der außenstehenden Aktionäre zu berücksichtigen sind. Die hM lehnt eine solche „Gleichbehandlung" der außenstehenden Aktionäre zu Recht ab.[171] Denn die Abfindung im Vertragskonzernrecht bestimmt sich nicht nach dem Schieds- (→ Rn. 46), sondern dem Grenzpreis.[172] Eine Übertragung der im Übernahmerecht anzutreffenden Regelung über die Berücksichtigung von Paketzuschlägen (vgl. § 31 Abs. 6 WpÜG) ist mangels vergleichbarer Interessenlage nicht geboten. Diese Auslegung – keine Berücksichtigung eines Paketzuschlags – scheint auch vom BGH favorisiert zu werden.[173] Vor dem Hintergrund der teleologischen Konzeption des § 305 (→ Rn. 1, 46) erscheint diese Sichtweise zutreffend. Dem außenstehenden Aktionär soll nach Abschluss eines Beherrschungs- oder Gewinnabführungsvertrages ermöglicht werden, denjenigen Preis für seine Aktien zu realisieren, den er bei einem Verkauf der Anteile zum Marktwert im Zeitpunkt der Begründung des Unternehmensvertrages bekäme. Sofern sich die Minderheitsbeteiligung auf Anteile beschränkt, die keine Paketzuschläge einräumen, muss iRd § 305 keine Besserstellung erfolgen.

68 **g) Börsenkurs des anderen Vertragsteils.** Die Frage nach der Bedeutung des Börsenkurses stellt sich bei der Abfindung in Aktien (→ Rn. 94) und beim variablen Ausgleich (→ § 304

---

[164] Vgl. BVerfGE 100, 289 (309) (unter Hinweis auf die Sondersituation einer Marktenge).
[165] BGHZ 147, 108 (116); zust. OLG Düsseldorf AG 2000, 421 (422); OLG Düsseldorf AG 2000, 422 (424); LG Dortmund AG 2001, 544 (546); Emmerich/Habersack/*Emmerich* Rn. 48.
[166] BGHZ 147, 108 (123); vgl. ferner OLG Düsseldorf AG 2003, 329 (331); OLG München AG 2007, 246 (247); OLG Stuttgart AG 2007, 209 (212); nach *Wasmann* FS Beuthien, 2009, 268 (278) soll der Begriff subjektiv zu verstehen sein, so dass eine Marktenge zu bejahen wäre, wenn dem Aktionär die Veräußerung seiner Aktie zum Börsenkurs nicht möglich ist.
[167] Vgl. BVerfGE 100, 289 (306 f.); Emmerich/Habersack/*Emmerich* Rn. 49.
[168] BVerfGE 100, 289 (306).
[169] BVerfGE 100, 289 (306 f.).
[170] BVerfGE 100, 289 (306).
[171] OLG Düsseldorf AG 2003, 329 (332); OLG Düsseldorf AG 1998, 236 (237); OLG Düsseldorf AG 1984, 216; LG Nürnberg-Fürth AG 2000, 89; Hüffer/Koch/*Koch* Rn. 21; MüKoAktG/*Paulsen* Rn. 82; *Seetzen* WM 1999, 565 (571). AA Emmerich/Habersack/*Emmerich* Rn. 50; *Behnke* NZG 1999, 934; *Busse v. Colbe* FS Lutter, 2000, 1053 (1061); *Komp*, Zweifelsfragen des aktienrechtlichen Abfindungsanspruchs nach §§ 305, 320b AktG, 2002, 328–348; *W. Müller* FS Bezzenberger, 2000, 705 (713).
[172] Vgl. Hüffer/Koch/*Koch* Rn. 21; wohl auch MüKoAktG/*Paulsen* Rn. 82.
[173] Vgl. BGHZ 186, 229 (241) zum Squeeze-Out: „Die angemessene Abfindung muss sich nicht an den Preisen orientieren, die vom Antragsgegner anderen Aktionären gezahlt werden". Ebenso die Interpretation durch *Bode* Der Konzern 2010, 529 (530).

Rn. 62 ff.) nicht nur für die abhängige Gesellschaft, sondern auch für den anderen Vertragsteil. Das BVerfG hat lediglich festgestellt, dass es verfassungsrechtlich nicht geboten sei, den Börsenkurs der herrschenden Gesellschaft als deren Obergrenze heranzuziehen. Denn das grundrechtlich geschützte Aktieneigentum des Minderheitsaktionärs würde diesem keinen Anspruch darauf vermitteln, Aktien der herrschenden Gesellschaft zu (höchstens) dem Börsenkurs zu erhalten. Die Gerichte seien daher von Verfassungs wegen frei, dem herrschenden Unternehmen, etwa bei einer schlechten Verfassung der Kapitalmärkte, einen höheren Wert beizumessen als den Börsenwert.[174]

Der BGH hat an diese Ausführungen angeknüpft und im Ausgangspunkt herausgestellt, dass der **Börsenwert des herrschenden Unternehmens** grundsätzlich seinem **Verkehrswert** entsprechen könne und daher – ebenso wie bei der abhängigen Gesellschaft – berücksichtigungsfähig sei.[175] Er ist nach der Rechtsprechung und wohl hL heranzuziehen, wenn die Bewertung der abhängigen Gesellschaft nach dem Börsenkurs erfolgt (sog. **Methodengleichheit**).[176] Ist die beherrschte Gesellschaft nach der Ertragswertmethode bewertet worden, ist dagegen diese Methode für die Bewertung der herrschenden Gesellschaft maßgeblich,[177] wobei auch in diesem Fall der Börsenwert im Regelfall die Untergrenze der Bewertung darstellen sollte.

3. Unternehmensbewertung nach Ertrag und Substanz. a) Überblick. Die Angemessenheit von Ausgleich und Abfindung ist eine Rechtsfrage, die von den Gerichten zu beurteilen ist. Doch müssen die Gerichte letztlich auf die Erkenntnisse zurückgreifen, die in der Betriebswirtschaftslehre und der Bewertungspraxis gewonnen werden. Eine führende Rolle spielen die Wirtschaftsprüfer. Deren Institut entwickelt und veröffentlicht regelmäßig **Grundsätze zur Durchführung von Unternehmensbewertungen,** die eine herausragende Bedeutung in der Praxis haben.[178] Die folgende Darstellung der Grundzüge der Unternehmensbewertung hat daher auch den sog. **IDW S1 Standard,** zuletzt verabschiedet **idF 2008,** zu berücksichtigen (zur Berücksichtigung der aktuellen Fassung → Rn. 48).

Die IDW S1 idF 2008 nennen in Ziff. 7.1 als Verfahren zur Bewertung eines Unternehmens das **Ertragswert-** und das **Discounted Cash Flow-Verfahren** (DCF-Verfahren). Beide Verfahren haben gemein, dass der Barwert zukünftiger finanzieller Überschüsse ermittelt wird.

Grundgedanke des **Ertragswertverfahrens** ist, dass das Vermögensinteresse des Aktionärs auf die Ertragsstärke des Unternehmens gerichtet ist. Es ermittelt deshalb den Unternehmenswert durch Diskontierung der den Unternehmenseignern künftig zufließenden Überschüsse, wobei diese üblicherweise aus den für die Zukunft geplanten Jahresergebnissen abgeleitet werden (vgl. Ziff. 7.2.1 IDW S1 idF 2008). Die zu erwartenden Erträge werden unter Zugrundelegung eines Stichtages prognostiziert und anschließend abgezinst. Diese direkte Ermittlung des Eigenkapitalwerts wird auch als Nettomethode bezeichnet.[179]

Das DCF-Verfahren bestimmt dagegen den Unternehmenswert durch Diskontierung des Free Cashflows, also sämtlicher künftiger Zahlungen an Eigen- und Fremdkapitalgeber (vgl. Ziff. 7.3.1 IDW idF 2008).[180] Die Besonderheit dieser Methode liegt darin, dass sie auf die Perspektive des Kapitalgebers und nicht speziell des Gesellschafters abstellt. Statt der zukünftigen Erträge sind die zukünftigen erwarteten Zahlungen an alle Kapitalgeber zu ermitteln.[181] Dafür stehen mehrere Konzepte zur Verfügung, die aber bei konsistenten Annahmen grundsätzlich zu übereinstimmenden Ergebnissen führen (vgl. Ziff. 7.3.1 IDW idF 2008).

---

[174] BVerfGE 100, 289 (310).
[175] BGHZ 147, 108 (121 f.).
[176] OLG Düsseldorf AG 2003, 507 (508); OLG Düsseldorf AG 2003, 329 (334); *Busse v. Colbe* FS Lutter, 2000, 1053 (1062 f.); *Bungert* BB 2001, 1163; Emmerich/Habersack/*Emmerich* Rn. 48a; *Hüttemann* ZGR 2001, 454 (464); *Stilz* ZGR 2001, 875 (894 f.); *Vetter* DB 2001, 1347 (1352 f.). AA Hüffer/Koch/*Koch* Rn. 24h; MHdB AG/*Krieger* § 71 Rn. 141.
[177] OLG Düsseldorf AG 2009, 873 (875). *Habersack* AG 2016, 691 (693), plädiert dafür, ausschließlich auf aussagekräftige Börsenkurse abzustellen.
[178] Vgl. OLG Stuttgart AG 2014, 291 (292); OLG Stuttgart AG 2012, 839 (841): „Erkenntnisquelle für das methodisch zutreffende Vorgehen bei der fundamentalanalytischen Ermittlung des Unternehmenswerts"; OLG Stuttgart NZG 2013, 897 (898). Kritisch zur „faktischen Interpretationshoheit" der Wirtschaftsprüfer *Habersack* AG 2016, 691 (693) und *Fleischer* AG 2016, 185 (192), der betont, dass die Gebräuchlichkeit einer betriebswirtschaftlichen Bewertungsmethodik für die Rechtsfrage der Wertermittlung gänzlich irrelevant sei und für einen ökonomischen Methodenwettbewerb plädiert.
[179] Vgl. *Jonas* in Fleischer/Hüttemann, Rechtshandbuch Unternehmensbewertung, 2015, § 3 Rn. 34.
[180] Vgl. *Aha* AG 1997, 26 (31); *Heurung* DB 1997, 888 ff.; *Peemöller* DStR 1993, 409 ff.; *Born* DB 1996, 1885 ff.; Großkomm *Hirte/Hasselbach* Rn. 115 f.
[181] Emmerich/Habersack/*Emmerich* Rn. 55; Großkomm AktG/*Hirte/Hasselbach* Rn. 116. Sog. Bruttomethode, vgl. Jonas, in: Fleischer/Hüttemann, Rechtshandbuch Unternehmensbewertung, 2015, § 3 Rn. 35.

74 Die DCF-Methode hat ebenso wie die Ertragswertmethode den Nachteil, dass sie mit juristisch nur schwer fassbaren Prognosen[182] operieren muss.[183] Sie hat gegenüber der Ertragswertmethode bislang eine geringere praktische Bedeutung.[184] Die Rechtsprechung vermeidet es, Aussagen über die Rechtsverbindlichkeit der Verfahren zu treffen. Dennoch kann festgehalten werden, dass das **Ertragswertverfahren**[185] und das **DCF-Verfahren**[186] in der **Gerichtspraxis akzeptiert** werden. Das BVerfG hat die Ertragswertmethode als verfassungsrechtlich unbedenklich eingestuft.[187]

75 Hinzuweisen ist schließlich auf das **Substanzwertverfahren.** Es zeichnet sich dadurch aus, dass das Unternehmen auf seinen Rekonstruktions- oder Wiederbeschaffungspreis (genauer: Nettoteilrekonstruktionszeitwert) hin bewertet wird.[188] Hierbei wird der Gebrauchswert der betrieblichen Substanz für eine gewinnorientierte Verwendung ermittelt.[189] Es spielt keine nennenswerte Rolle mehr, weil es dem Bewertungszweck nicht ausreichend Rechnung trägt. Lediglich bei der Bewertung nicht betriebsnotwendigen Vermögens kann es anzuwenden sein. Ferner kann eine Kombinationen aus Substanz- und Ertragswertmethoden (wie zum Beispiel das Stuttgarter Verfahren) in Sondersituationen geeignet sein.[190] Auch hat das OLG Rostock jüngst bestätigt, dass bei der Bewertung von Unternehmen der öffentlichen Daseinsvorsorge (hier: gemeinnützige Wohnungsbaugesellschaft) nach IDW S1 das Substanzwertverfahren anzuwenden ist.[191] Dasselbe gilt für gemeinnützige Unternehmen und Non-Profit-Gesellschaften. Das Substanzwertverfahren trägt in diesen Fällen dem bewertungsrelevanten Umstand Rechnung, dass der Aktionär wirtschaftlich nicht nur am kumulierten Wert der künftigen Zahlungsströme, sondern auch am gesamten Sachvermögen der Gesellschaft beteiligt ist.

76 Zweifelhaft ist, welche Bedeutung dem **Liquidationswert** zukommt. Darunter ist die Summe der Veräußerungserlöse für die einzelnen Vermögensgegenstände abzüglich der Schulden und Aufwendungen für die Veräußerungen einschließlich Steuern zu verstehen.[192] Nach früherer Rechtsprechung war der Liquidationswert stets als Untergrenze des Unternehmenswerts (und damit der Abfindung) anzusehen, selbst wenn der Liquidationswert den Ertragswert bzw. Verkehrswert des Unternehmens übersteigt.[193] Die jüngere Rechtsprechung differenziert und stellt darauf ab, ob die Absicht besteht, das Unternehmen fortzusetzen und dies nicht als unvertretbar erscheint.[194] Folglich ist der Liquidationswert nur dann anzusetzen, wenn das Unternehmen liquidiert wird[195] oder wenn die Ertragsaussichten auf Dauer negativ sind.[196] Besteht ein rechtlicher oder tatsächlicher Zwang zur Unternehmensfortführung, so scheidet eine Bewertung auf der Grundlage des Liquidationswerts aus.[197]

---

[182] Zu Ansätzen für eine juristische Einordnung und Bewältigung der Prognoseprobleme vgl. Großkomm AktG/*Hirte*/*Hasselbach* Rn. 131 (177 ff.); *Stilz* FS Mailänder, 2006, 423 (433 ff.).

[183] Dennoch ist sie weniger manipulationsanfällig; vgl. Großkomm AktG/*Hirte*/*Hasselbach* Rn. 116.

[184] Emmerich/Habersack/*Emmerich* Rn. 55 („spielen […] keine Rolle (mehr)"]; MHdB AG/*Krieger* § 71 Rn. 133 (zur Ermittlung von Ausgleich und Abfindung nach §§ 304, 305 „weniger gebräuchlich"); *Großfeld*/*Egger*/*Tönnes*, Recht der Unternehmensbewertung, Rn. 303 ff., 1122.

[185] Vgl. BGHZ 156, 57 (63); OLG Düsseldorf AG 2009, 907 (908); OLG Stuttgart AG 2007, 209 (213); OLG Celle AG 1999, 128 (129); OLG Düsseldorf AG 1992, 200 (203); OLG Düsseldorf AG 1991, 106; OLG Frankfurt AG 1989, 442 (444); OLG Karlsruhe WM 1984, 656 (659 ff.); auch für chronisch defizitäre Unternehmen der Daseinsfürsorge OLG Düsseldorf AG 2009, 667 ff.; Emmerich/Habersack/*Emmerich* Rn. 51; Großkomm AktG/*Hirte*/*Hasselbach* Rn. 125; Hüffer/Koch/*Koch* Rn. 19.

[186] Vgl. OLG Stuttgart AG 2007, 209 (213 ff.); OLG Düsseldorf AG 2003, 329 (333); LG München I AG 2002, 562 (566).

[187] BVerfGE 100, 289 (307); BVerfG ZIP 2007, 1600.

[188] Großkomm AktG/*Hirte*/*Hasselbach* Rn. 119; Hüffer/Koch/*Koch* Rn. 20.

[189] Vgl. IDW S1 idF 2008 Ziff. 8.4 Tz. 170.

[190] Vgl. BayObLG AG 1995, 509 (510); OLG Düsseldorf AG 1977, 168; LG München I AG 1990, 404 (405 f.); Großkomm AktG/*Hirte*/*Hasselbach* Rn. 122; Hüffer/Koch/*Koch* Rn. 20; MHdB AG/*Krieger* AG § 71 Rn. 136.

[191] OLG Rostock BB 2017, 306 unter Bestätigung des LG Hamburg NZG 2007, 680. Hintergrund der abweichenden Bewertung ist die fehlende Gewinnerzielungsabsicht. Vielmehr besteht bei Unternehmen der öffentlichen Daseinsfürsorge ein Zwang zur Unternehmensfortführung, auch wenn diese nicht profitabel sind. Vgl. dazu auch IDW S1 idF 2008 Ziff. 8.2.2 Tz. 152 f. und Ziff. 8.4 Tz. 170 ff.

[192] *Großfeld*/*Egger*/*Tönnes,* Recht der Unternehmensbewertung, Rn. 1296.

[193] Vgl. KG WM 1971, 764.

[194] OLG Düsseldorf AG 2009, 207 (209); AG 2008, 408 (500); AG 2004, 324 (327 f.); AG 1988, 275 (276).

[195] Vgl. BGH NJW 1982, 2497 (2498); NJW 1973, 509 (510) (zur Bewertung eines Handelsunternehmens für die Pflichtteilsberechnung).

[196] OLG Düsseldorf AG 2009, 667 f.

[197] OLG Düsseldorf AG 2009, 207 (209); vgl. auch IDW idF 2008 Ziff. 8.2.1 Tz. 150.

Im Folgenden werden die wichtigsten Aspekte der Unternehmensbewertung nach dem Ertrags- 77
wertverfahren erläutert. Auf die Einzelheiten dieses Verfahrens kann nicht vertieft eingegangen werden. Insoweit ist auf die Speziallteratur zu verweisen.[198]

b) Bewertungsstichtag. Aus Abs. 3 S. 2 folgt, dass die Unternehmensbewertung zum Stichtag 78
der Hauptversammlung zum Unternehmensvertrag zu erfolgen hat. Dies bedeutet, dass die zu dem betreffenden Zeitpunkt vorliegenden Verhältnisse maßgeblich sind.[199] Die Regelung stimmt mit derjenigen zum Ausgleich überein (→ § 304 Rn. 53). Das **Stichtagsprinzip** wirft schwierige Fragen auf, wenn – oftmals im Rahmen eines Spruchverfahrens – eine Unternehmensbewertung nachträglich überprüft wird und dabei bewertungsrelevante Umstände nach dem Stichtag festgestellt werden. Nach der **Wurzeltheorie** müssen die Umstände bereits in den Verhältnissen zum Stichtag angelegt gewesen sein. Andernfalls können sie keine Berücksichtigung finden.[200] In dieser Formel artikuliert sich das Anliegen, den Gefahren einer ex-post-Betrachtung bei der Unternehmensbewertung zu begegnen (*hindsight bias*). Schwierigkeiten bereitet die Frage, wann eine Entwicklung bereits angelegt war.[201] Für die Rechtsanwendung ist zugrunde zu legen, dass tatsächliche Umstände und Informationen über die Verhältnisse der Gesellschaft, die zum Stichtag bei Anwendung angemessener Sorgfalt der Wertermittlung hätten zugrunde gelegt werden können, bei einer späteren Überprüfung der Planung und Bewertung zu berücksichtigen sind.[202] Abzustellen ist für die Erkennbarkeit auf die Sicht und Kenntnis eines „sorgfältig arbeitenden" Wirtschaftsprüfers.[203] Insgesamt verhalten sich die Gerichte eher zurückhaltend bei der nachträglichen Korrektur der Unternehmensbewertungen.[204]

Für die Bemessung der Abfindung bleiben nach der Rechtsprechung auch sog. **echte Verbund-** 78a
effekte, die bei der beherrschten Gesellschaft als Folge des Unternehmensvertrags eintreten, außer Betracht.[205] Der BGH begründete diese Auslegung des Stichtagsprinzips damit, dass den außenstehenden Aktionären nur das Ausscheiden ermöglicht werden solle und dass es letztlich von der herrschenden Gesellschaft abhänge, ob sich Verbundeffekte im Vermögen der herrschenden oder der beherrschten Gesellschaft niederschlagen.[206] Anders verhalte es sich für sog. unechte Verbundeffekte, die auch mit anderen Kooperationspartnern erzielt werden können, also nicht ausschließlich mit dem neuen Vertragspartner.[207] Nach Ansicht des BGH können „gegen die Berücksichtigung dieser Effekte keine Einwände erhoben werden", zumal sich diese häufig schon im Börsenpreis

---

[198] *Adolff,* Unternehmensbewertung im Recht der börsennotierten Aktiengesellschaft, 2007 (Habil); *Ballwieser/Hachmeister,* Unternehmensbewertung, 5. Aufl. 2016; *Drukarczyk/Schüler,* Unternehmensbewertung, 7. Aufl. 2016; *IDW,* WP-HdB Bd. II, 14. Aufl. 2014; *Peemöller,* Praxishandbuch der Unternehmensbewertung, 6. Aufl. 2015; *Großfeld/Egger/Tönnes,* Recht der Unternehmensbewertung, 8. Aufl 2016.
[199] BGHZ 156, 57 (63).
[200] BGHZ 138, 136 (140); BGHZ 138, 371 (384) sowie ursprünglich BGH NJW 1973, 509 (511) zur Unternehmensbewertung iRd Pflichtteil und BGH BB 1977, 1168f.; OLG Stuttgart AG 2004, 43 (44); OLG Düsseldorf AG 2003, 329 (332); MüKoAktG/*Paulsen* Rn. 84. AA OLG Karlsruhe AG 2009, 47 (52); Emmerich/Habersack/*Emmerich* Rn. 27a; *Kollrus* MDR 2012, 66; *Meilicke,* Die Barabfindung für den ausgeschlossenen oder ausscheidungsberechtigten Minderheits-Kapitalgesellschafter, 1975, 86 ff. und *Seetzen* WM 1999, 565 (570), die die Informationsabgrenzungsfunktion bestreiten und sich dagegen zur Wehr setzen, Prognosen zugrunde zu legen, die sich im Nachhinein als offenkundig fehlerhaft erwiesen haben. Nur durch die Einbeziehung nachträglicher Tatsachen könne die Ausgleichsfunktion des § 305 für den Aktionär gewährleistet werden. Dieser Ansatz verkennt jedoch das aus dem Wortlaut deutlich hervortretende Stichtagsprinzip (§ 305 Abs. 3 S. 2). Näher dazu *Meyer* AG 2015, 16 (20 ff.) mwN, zu Recht darauf verweist, dass hierdurch Fehlanreize zur Verzögerung von Spruchverfahren sowie Planungsunsicherheit infolge der Durchbrechung der Informationsabgrenzung entstünden.
[201] Hüffer/Koch/*Koch* Rn. 23.
[202] OLG Stuttgart AG 2012, 221 (222); Bürgers/Körber/*de Vargas* Anh. § 305 Rn. 10; *Meyer* AG 2015, 16 (19). Eine besondere Ertragsentwicklung am Stichtag ist somit zu berücksichtigen und entsprechend einzupreisen, vgl. BayObLG AG 2002, 390 (391); nicht jedoch unvorhersehbare Entwicklungen wie die Finanzkrise, vgl. OLG Frankfurt/Main ZIP 2012, 124 (129 f.). Auch kann es mit der Wurzeltheorie vereinbar sein, ein am Bewertungsstichtag besonders unwahrscheinliches Ereignis (hier: Erteilung eines Großauftrages, um den sich das Unternehmen bereits seit drei Jahren bemüht hatte) bei der Unternehmensbewertung gänzlich außer Acht zu lassen, OLG Frankfurt a. M. GWR 2016, 143. Die Unternehmensbewertung dürfe durch die Wurzeltheorie nicht überlastet werden. Vielmehr müsse stets eine subjektive Vorhersehbarkeit bestehen, da anderenfalls jedes denkbare Ereignis Berücksichtigung finden müsse.
[203] OLG Stuttgart AG 2012, 221 (222); OLG Frankfurt a. M. GWR 2016, 143; Bürgers/Körber/*de Vargas* Rn. 10; vgl. auch IDW S1, Rz. 33.
[204] Vgl. auch *Popp/Ruthardt* AG 2015, 857 (861) mwN.
[205] BGHZ 138, 136 (140); OLG Frankfurt AG 2011, 717 (718); OLG Stuttgart AG 2011, 420 (421). AA Emmerich/Habersack/*Emmerich* Rn. 71; *Fleischer* ZGR 2001, 1 (27); *Großfeld/Frantzmann* FS Beuthien, 2009, 155 (161 ff.). Für eine hälftige Berücksichtigung BayObLG DB 1995, 2590 (2591); BayObLG BB 1996, 687 (688).
[206] BGHZ 138, 136 (140).
[207] Zum Begriff Emmerich/Habersack/*Emmerich* Rn. 70.

niederschlagen.[208] Freilich dürfte eine präzise Abgrenzung zwischen echten und unechten Verbundeffekten kaum möglich sein.[209] Die Betriebswirtschaftslehre proklamiert mit starken Argumenten, dass auch echte Verbundvorteile für die Bestimmung der vollen Entschädigung zu berücksichtigen sind.[210] Für die Zukunft kann eine Lösung für die Abfindungsfragen nach § 305 darin bestehen, den „Preis für eine im Unternehmen steckende Chance" zwischen den Parteien zu teilen.[211]

79 Die **Vorverlegung** des **Stichtags** kann ausnahmsweise geboten sein, wenn die Gesellschaft vor Vertragsschluss bereits qualifiziert faktisch beherrscht wurde (→ § 304 Rn. 52).

80 Zweifelhaft ist, ob **Änderungen** der **Bewertungsmethode** nach dem **Stichtag** (beispielsweise neue IDW-Grundsätze zur Ermittlung des Kapitalisierungszinssatzes) berücksichtigt werden dürfen. Der BGH hat das Stichtagsprinzip nicht in Frage gestellt, wenn zur Auslegung des durchschnittlichen Gewinnanteils gem. § 304 Abs. 2 S. 1 nachträgliche Änderungen des Körperschaftsteuersatzes berücksichtigt werden. Denn für den Wert des Unternehmens seien nur die Organisationsverhältnisse und die am Stichtag vorhandenen wirtschaftlichen und rechtlichen Strukturen maßgeblich. Dazu würden als feste Größen die betriebswirtschaftlichen Eckdaten des Unternehmens und der Kapitalisierungszinssatz gehören.[212] Trotz dieser Aussagen bleiben zahlreiche Fragen offen. Die wichtigste ist, welche Fassung der Expertenmeinung die Gerichte zugrunde zu legen haben. Einzelne Obergerichte haben sich bereits für eine nachträgliche Anwendung von geänderten Bewertungsgrundsätzen ausgesprochen, teilweise jedenfalls im Grundsatz, mitunter aber auch ausnahmslos:[213] Nach dieser Ansicht ist der im **Zeitpunkt** der **gerichtlichen Entscheidung aktuelle Stand** der Empfehlungen der Sachverständigen zugrunde zu legen. Soweit die Standards der Sachverständigen die neuesten wissenschaftlichen Erkenntnisse über die Bewertung eines Unternehmens zum Ausdruck bringen, erscheint es vorzugswürdig, sie nachträglich im Spruchverfahren zu berücksichtigen.[214] Denn es handelt sich nicht um Rechtsnormen, sodass Art. 170 EGBGB hier keine Anwendung findet. Vor allem aber entspricht es dem Normzweck, die neuesten Erkenntnisse fruchtbar zu machen.[215] Diese Auffassung wurde nun auch durch den BGH im sog. Stinnes-Beschluss bestätigt.[216] Der BGH betont, dass Aktionäre zwar darauf vertrauen dürften, eine angemessene Abfindung zu erhalten. Kein Vertrauensschutz bestehe aber im Hinblick auf eine bestimmte Bewertungsmethodik. Auch beschränke sich das Stichtagsprinzip allein auf die Situation des Unternehmens und könne nicht auf die Methodik erstreckt werden. Ferner weist der BGH darauf hin, dass die festgelegte Wertermittlung im Spruchverfahren ohnehin nur erhöht und nicht herabgesetzt werden kann.[217] Die Anwendung neuer Methodik sei daher geboten, wenn sie sich besser zur Ermittlung des „wahren Werts" eigne.[218]

81 **c) Ermittlung der Ertragsüberschüsse.** Basis der Ertragswertmethode ist die Prognose der zukünftigen Erträge.[219] Grundlage für den Blick in die Zukunft sind die **Ergebnisse** der **Vergangen-**

---

[208] BGHZ 147, 108 (119).
[209] Emmerich/Habersack/*Emmerich* Rn. 71.
[210] Vgl. *Hachmeister/Ruthardt/Gebhardt* Der Konzern 2011, 600 (602 ff.).
[211] *Großfeld/Egger/Tönnes*, Recht der Unternehmensbewertung, Rn. 399 ff, 404.
[212] BGHZ 156, 57 (63) (Ytong); krit. zur Berücksichtigung geänderter Steuernormen *Baldamus* AG 2005, 77 (82); *Meyer* AG 2015, 16 (22 f.).
[213] Vgl. OLG Stuttgart AG 2012, 839 (841) (anders nur dann, wenn die Expertenauffassung im konkreten Fall zu unangemessenen Ergebnissen führen würde); OLG Celle AG 2007, 865 (866) (es spreche viel dafür, auf die neueste Bewertungsmethode abzustellen); vgl. auch LG Bremen AG 2003, 214 (215) (bezüglich der Nachsteuerbewertung).
[214] OLG Frankfurt v. 28.3.2014 – 21 W 15/11, abrufbar unter www.juris.de, Rn. 38 – (wenn der neue Bewertungsansatz einen in Wissenschaft und Praxis weitgehend anerkannten Erkenntnisfortschritt beinhaltet, die Frage der Anwendung der neuen Methode für das Ergebnis der Bewertung von spürbarer Bedeutung ist und das Gericht von der Überlegenheit des geänderten Ansatzes überzeugt ist); OLG Düsseldorf v. 29.2.2012 – I-26 W 2/10 (AktE), 26 W 2/10 (AktE), abrufbar unter www.juris.de, Rn. 44 ff. (Anwendung des Bewertungsstandards, der am zu prüfenden Stichtag gegolten hat, allerdings Berücksichtigung „besserer Erkenntnisse"); Emmerich/Habersack/*Emmerich* Rn. 52a. AA *Bungert* WPg 2008, 811 (816 ff.); MüKoAktG/*Paulsen* Rn. 94 f. bezüglich Methodenverbesserungen.
[215] Zutr. OLG Celle AG 2007, 865 (866); OLG Karlsruhe AG 2013, 765; OLG Stuttgart AG 2012, 135 (138). Vgl. auch *Hüttemann* WPg 2008, 822 (823 ff.); *Meyer* AG 2015, 16 (23 f. mwN).
[216] S. BGH AG 2016, 135 – Stinnes sowie ausführlich dazu *Fleischer* AG 2016, 185 mit einem Überblick über den bisherigen Meinungsstand.
[217] BGH AG 2016, 135 Rn. 38.
[218] BGH AG 2016, 135 Rn. 42. Vgl. auch *Fleischer* AG 2016, 185 (196–198), zu anderen Bereichen der Rechtsprechung in denen die Gerichte im Entscheidungszeitpunkt die aktuelle Methodik anwenden.
[219] Vgl. OLG Zweibrücken AG 1995, 421; OLG Düsseldorf AG 1991, 106; OLG Düsseldorf AG 1990, 490 (492); AG 1990, 397; OLG Frankfurt AG 1989, 442; OLG Düsseldorf AG 1984, 216; MüKoAktG/*Paulsen* Rn. 96.

heit, die um **außerordentliche Erträge** und **Verluste** zu bereinigen sind (→ § 304 Rn. 56). **Verbundeffekte** werden grundsätzlich nicht berücksichtigt; denn sie sind zum Zeitpunkt des Stichtags nicht „angelegt".[220] Das **nicht betriebsnotwendige Vermögen** (etwa Grundbesitz) ist gesondert zu bewerten und zu berücksichtigen.[221]

Die Ertragswertmethode begegnet in zwei Arten. Die **Pauschalmethode** zeichnet sich dadurch 82 aus, dass sie unter der Annahme gleichmäßiger Weiterentwicklung der Gesellschaft die früheren Erträge (aus drei bis fünf Geschäftsjahren) gleich bleibend in die Zukunft fortschreibt.[222] Die **Phasenmethode** kennzeichnet, dass entsprechend der abnehmenden Genauigkeit der Ertragsprognosen die zukünftige Entwicklung in verschiedene Phasen eingeteilt wird, für die unterschiedliche Planungen und Aussichten zugrunde gelegt und denen schließlich unterschiedliche Wahrscheinlichkeitsfaktoren zugeordnet werden.[223] In der Regel wird heutzutage – entsprechend den IDW 2005 und 2008 – die Phasenmethode herangezogen.[224] Die zentralen Aspekte der Phasenmethode sind bei der Erl. von § 304 aufgeführt (→ Rn. 58).

Bei der Ermittlung der zukünftigen Erträge ging man bislang vom Grundsatz der **Substanzerhal-** 83 **tung** und der **Vollausschüttung** aus. Die IDW 2005 kehrten von der Annahme einer Vollausschüttung aber ab. Denn tatsächlich werden – auch mit Blick auf die steuerrechtlichen Regime – sehr wohl Teile des Überschusses thesauriert. Nunmehr ist nach den IDW S1 idF 2008 von der Ausschüttung derjenigen finanziellen Überschüsse auszugehen, die nach Berücksichtigung des zum Bewertungsstichtag dokumentierten Unternehmenskonzepts und rechtlicher Restriktionen (zB Bilanzgewinn, ausschüttbares Jahresergebnis) zur Ausschüttung zur Verfügung stehen (Tz. 35). Dies wird sodann für die erste und zweite Phase konkretisiert (Tz. 36 f.).

d) Kapitalisierungszins. Die ermittelten zukünftigen **Erträge** sind in einem letzten Schritt auf 84 den **Bewertungsstichtag** (Tag der Hauptversammlung der abhängigen Gesellschaft) **abzuzinsen**.[225] Der Kapitalisierungszinssatz repräsentiert die Rendite aus einer zur Investition in das Unternehmen adäquaten Alternativanlage am Stichtag und muss dem zu kapitalisierenden Zahlungsstrom hinsichtlich Fristigkeit, Risiko und Besteuerung äquivalent sein (vgl. IDW S1 idF 2008 Ziff. 7.2.4.1 Tz. 114 ff.).[226] Bereits kleine Veränderungen des Kapitalisierungszinssatzes haben große Auswirkungen auf den Unternehmenswert. Die Einzelheiten zu seiner Ermittlung können hier nicht abschließend dargestellt werden. Es sind die wesentlichen Punkte zu entfalten.

Der Kapitalisierungszins wird auf der Grundlage des **Basiszinssatzes** unter Einbezug von diver- 85 sen Zu- und Abschlägen ermittelt.[227] So kann zunächst ein **Risikozuschlag** erforderlich sein (→ Rn. 87). Sodann kommt ein Inflations- bzw. Wachstumsabschlag (→ Rn. 89, → 93) in Betracht. Schließlich steht zur Debatte, ob eine Nachsteuerbewertung zu erfolgen hat (→ Rn. 92).

aa) Basiszinssatz. Der Basiszinssatz bezeichnet den **durchschnittlichen Zinssatz** für **öffent-** 86 **liche Anleihen** oder für langfristige, festverzinsliche Wertpapiere **am Stichtag**[228] (vgl. IDW S1 idF 2008 Tz. 116: langfristig erzielbare Rendite öffentlicher Anleihen). Die IDW schlagen bezüg-

---

[220] BGHZ 138, 136 (139 f.); ferner stRspr der Obergerichte, vgl. etwa OLG Düsseldorf AG 2000, 323 f.; BayObLG AG 1996, 176 (177); aus dem Schrifttum Hüffer/Koch/*Koch* Rn. 19; Kölner Komm AktG/*Koppensteiner* Rn. 65. AA *Fleischer* ZGR 1997, 368 (378 ff.), 398 f.) (mit Kriterien für die Aufteilung der Verbundeffekte); Großkomm AktG/*Hirte/Hasselbach* Rn. 87 ff.; aus der Rspr. vgl. BayObLG AG 1996, 127 (128) (Berücksichtigung, wenn Verbundeffekte im beherrschten Unternehmen bereits in der Form vorhanden sind, dass sie sich bei Verbindung mit nahezu jedem anderen Unternehmen der Branche positiv und objektivierbar auswirken werden); dem BayObLG zust. OLG Celle AG 1999, 128 (130); vgl. auch OLG Stuttgart AG 2006, 420 (426 f.) (zur Verschmelzung). Vgl. zur Berücksichtigung sog. unechter Synergieeffekte, die auch ohne eine Veräußerung realisierbar sind IDW S1 idF 2008 Ziff. 4.4.3.2 Tz. 50 f.
[221] Hüffer/Koch/*Koch* Rn. 19. Vgl. auch IDW S1 idF. 2008 Ziff. 4.5 Tz. 59 ff.
[222] Vgl. BGHZ 140, 35 (38); OLG Celle AG 1981, 234; OLG Karlsruhe AG 1998, 96; OLG Düsseldorf AG 2000, 323; AG 2001, 189 (190 f.); MüKoAktG/*Paulsen* Rn. 97.
[223] Vgl. Emmerich/Habersack/*Emmerich* Rn. 62; MüKoAktG/*Paulsen* Rn. 97. So erfolgt die Planung in der absehbaren Phase I anhand detaillierter Prognosen. In der Phase II wird hingegen basiert die Planung auf der Annahme einer ewigen Rente.
[224] Vgl. Emmerich/Habersack/*Emmerich* Rn. 62; MüKoAktG/*Paulsen* Rn. 97.
[225] S. Franken/Schulte in Fleischer/Hüttemann, Rechtshandbuch Unternehmensbewertung, 2015, § 6; *Großfeld/Egger/Tönnes*, Recht der Unternehmensbewertung, Rn. 650 ff.; MüKoAktG/*Paulsen* Rn. 108.
[226] Vgl. Emmerich/Habersack/*Emmerich* Rn. 65; *Meyer* AG 2015, 16 (22); MüKoAktG/*Paulsen* Rn. 108.
[227] MüKoAktG/*Paulsen* Rn. 109; IDW S1 idF 2008 Rn. 115; krit. zu den Zu- und Abschlägen Emmerich/Habersack/*Emmerich* Rn. 68; *Komp*, Zweifelsfragen des aktienrechtlichen Abfindungsanspruchs nach §§ 305, 320b AktG, 2002, 213 ff.
[228] OLG Düsseldorf v. 29.2.2012 – I-26 W 2/10 (AktE), 26 W 2/10 (AktE), abrufbar unter www.juris.de, Rn. 37; OLG Stuttgart AG 2008, 510; OLG Stuttgart AG 2007, 128 (131); BayObLG AG 1996, 127 (129); OLG Düsseldorf AG 1990, 491; AG 1992, 203.

lich Unternehmen mit zeitlich unbegrenzter Lebensdauer vor, als Basiszinssatz die Rendite aus einer Anlage in zeitlich nicht begrenzte Anleihen der öffentlichen Hand heranzuziehen.[229] In Ermangelung solcher Wertpapiere empfehle es sich, den Basiszinssatz ausgehend von aktuellen **Zinsstrukturkurven** und zeitlich darüber hinausgehenden Prognosen abzuleiten. Die Zinsstrukturkurve gibt den Zusammenhang zwischen der Verzinsung einer Anleihe und deren Laufzeit wieder. Die jüngere Gerichtspraxis glättet nach dem sog. *Svenson*-Verfahren kurzfristige Marktschwankungen und mögliche Schätzfehler durch eine durchschnittliche Zinsstrukturkurve.[230] Bei Unternehmen mit einer zeitlich begrenzten Lebensdauer ist nach den IDW Standards ein für diese Frist geltender Zinssatz heranzuziehen (IDW S1 idF 2008 Tz. 117). Mitunter werden für die verschiedenen Planungsphasen (→ Rn. 82) unterschiedliche Basiszinssätze verwendet.[231] Die von den Gerichten gem. § 287 ZPO geschätzten Sätze belaufen sich in den letzten Jahren auf etwa 4,5 % bis 5,5 % vor Steuern.[232]

87 **bb) Risikozuschlag.** Der Risikozuschlag soll dem Umstand Rechnung tragen, dass eine Kapitalanlage in einem Unternehmen in der Regel mit höheren Risiken verbunden ist als eine Anlage in öffentlichen Anleihen. In der Gerichtspraxis werden durchweg Risikozuschläge zugesprochen. Rechtlich umstritten ist in den Spruchverfahren allerdings meist, wie hoch der Risikozuschlag auszufallen hat.[233] Die Zuschläge zum Basiszinssatz werden entweder mithilfe der Risikozuschlagsmethode oder mithilfe des Capital Asset Pricing Modell (CAPM) bestimmt. Das sog. Tax-CAPM ist ein verwandtes Kapitalmarktpreisbildungsmodell, das das CAPM um die explizite Berücksichtigung der Wirkungen persönlicher Ertragsteuern erweitert (IDW S1 idF 2008 Tz. 119).

88 Die Ermittlung des Risikozuschlags unter Heranziehung des CAPM bzw. des Tax-CAPM ist demselben Einwand ausgesetzt wie die Heranziehung von Erfahrungswerten. Denn sie ist von subjektiven Schätzungen des Wirtschaftsprüfers abhängig. Auch aus diesem Grund hat das OLG München das CAPM nicht als durchgreifende methodische Verbesserung für die Bemessung des Risikozuschlags angesehen und ausgeführt, es sei nicht zwingend im Spruchverfahren zugrunde zu legen.[234] Die meisten anderen Obergerichte haben sich freilich schon sehr deutlich zum CAPM bzw. Tax-CAPM bekannt.[235]

89 **(1)** Die **Risikozuschlagsmethode** berücksichtigt zum einen das Inflationsrisiko (Inflationsabschlag) und zum anderen das Unternehmensrisiko (Risikoaufschlag). Das **Unternehmensrisiko** drückt das gegenüber der Anlage in öffentlichen Anleihen höhere Risiko (in Form des Eintritts außergewöhnlicher Ereignisse und des allgemeine Insolvenzrisiko) aus.[236] Dagegen trägt das **Inflationsrisiko** dem Umstand Rechnung, dass die Erträge eines Unternehmens in geringerer Weise der Inflation ausgesetzt sind als Anleihen.[237] Beide Risiken können nur geschätzt werden.[238] Es wurden in der Vergangenheit Zuschläge von 0,5 bis 2 % zugesprochen, so dass sich Kapitalisierungszinssätze zwischen 7,5 und 9,5 % ergaben.[239] Risikozuschläge abweichend von 2 % bedürfen nach der Rechtsprechung einer besonderen Begründung.[240] Die Zuschläge sehen sich dem Einwand einer willkürlichen Benachteiligung der außenstehenden Aktionäre ausgesetzt.[241]

90 **(2)** Eine statt der Risikozuschlagsmethode zunehmend von den Gerichten akzeptierte und auch von den Wirtschaftsprüfern (vgl. IDW S1 idF 2008 Tz. 118) praktizierte Methode ist das **Capital Asset Pricing Modell** (CAPM). Mithilfe dieses Modells werden aus den am Kapitalmarkt empirisch

[229] Vgl. auch BGH NJW 1982, 575 (576); OLG Stuttgart AG 2007, 209 (214).
[230] Vgl. etwa OLG Stuttgart AG 2008, 510 (515); OLG München AG 2008, 28 (30); OLG Stuttgart AG 2007, 128 (132).
[231] OLG München AG 2008, 28 (30); BayObLG AG 2006, 41 (44).
[232] Vgl. OLG Stuttgart AG 2011, 795 (798) (5,0 %); OLG Stuttgart NZG 2014, 1421 (5,0 %); OLG Karlsruhe BeckRS 2013, 13603 (5,0 %); vgl. ferner die Übersicht im Vorlagebeschluss OLG Stuttgart AG 2007, 209 (213); ferner OLG Stuttgart AG 2008, 783 (788); Emmerich/Habersack/*Emmerich* Rn. 66 (zwischen 4,5 und 6 % ungeachtet der aktuellen Niedrigzinsphase); vgl. aber auch MüKoAktG/*Paulsen* Rn. 108 (Basiszinssätze von 7,5 bis 8 %).
[233] Vgl. etwa OLG Karlsruhe AG 2009, 47 (50) („schwer zu bestimmen").
[234] OLG München v. 31.3.2008 – 31 Wx 88/06, BeckRS 2008, 11183 Rn. 31 ff.
[235] Vgl. OLG Stuttgart AG 2014, 291 (294); OLG Karlsruhe AG 2009, 199 (200); OLG Karlsruhe AG 2009, 47 (51); OLG Stuttgart AG 2008, 783 (788); AG 2008, 510 (515); AG 2007, 128 (130 ff.); OLG Düsseldorf AG 2006, 287 (289); OLG Celle AG 2007, 865 (866 f.). Vgl. auch MüKoAktG/*Paulsen* Rn. 69: Risikozuschlagsmethode sei heute überholt.
[236] Vgl. BGH NJW 1982, 575 f.; BayObLG AG 1996, 127 (129); Emmerich/Habersack/*Emmerich* Rn. 68.
[237] Emmerich/Habersack/*Emmerich* Rn. 68.
[238] Instruktiv OLG München v. 31.3.2008 – 31 Wx 88/06, BeckRS 2008, 11183 Rn. 41 ff.
[239] Emmerich/Habersack/*Emmerich* Rn. 68.
[240] OLG München AG 2008, 28 (30); AG 2007, 287 (290); BayObLG AG 2006, 41 (44).
[241] Emmerich/Habersack/*Emmerich* Rn. 54.

festgestellten Aktienrenditen Risikoprämien abgeleitet (vgl. IDW S1 idF 2008 Tz. 119). Im nächsten Schritt muss der Zuschlag an die Verhältnisse der betreffenden Gesellschaft angepasst werden. Dies geschieht durch die Multiplikation der Marktrisikoprämie mit dem sog. „**Beta-Faktor**" (= Risikozuschlag),[242] der die Volatilität und damit die Risikogeneigtheit der Aktie im Vergleich zu einer sicheren Anlage zum Ausdruck bringt. Es handelt sich um einen durch Schätzung zu ermittelnden Zukunftswert.[243] Die Marktrisikoprämie ergibt sich aus der Differenz zwischen der Rendite eines Marktportfolios und einer Staatsanleihe.[244]

Der unternehmensindividuelle **Beta-Faktor** ergibt sich – so die IDW S1 idF 2008 Tz. 121 – als **91** Kovarianz zwischen den Aktienrenditen des zu bewertenden Unternehmens oder vergleichbarer Unternehmen und der Rendite eines Aktienindex, dividiert durch die Varianz der Renditen des Aktienindex. Das operative Geschäftsrisiko wird meist durch Heranziehung einer Gruppe von Vergleichsunternehmen ermittelt.[245] Durch den durchschnittlichen Beta-Faktor der Vergleichsgruppe wird das branchenspezifische Geschäftsrisiko der Alternativrendite erfasst.[246] Auch bei der Ermittlung des Beta-Faktors gibt es beträchtliche Ermessensspielräume.[247] Problematisch ist vor allem die Bestimmung der Vergleichsgruppe (*peer group*).[248] Die Prognoseeignung von Betafaktoren ist nach den IDW S1 idF 2008 Tz. 121 im jeweiligen Einzelfall zu würdigen (Zukunftsausrichtung, Datenqualität, Angemessenheit im Hinblick auf die Kapitalstruktur, Übertragung ausländischer Betafaktoren). Grundsätzlich müssen für die Ermittlung des Betafaktors historische Daten verwandt werden.[249] Doch kommen Kursdaten als Schätzungsgrundlage für das künftige unternehmensspezifische Risiko nicht in Betracht, wenn in der Vergangenheit ein Gewinnabführungsvertrag bestand und die außenstehenden Aktionäre daher nur sehr eingeschränkt am unternehmensindividuellen Risiko der Gesellschaft teilhatten und somit die an der Börse gebildeten Kurse dieses Risiko nicht hinreichend widerspiegeln konnten.[250]

Die für die Zukunft prognostizierten Erträge der Gesellschaft sind Erträge nach Steuern. Zweifel- **92** haft ist, in welcher Weise die Ertragsteuern der Aktionäre zu berücksichtigen sind. Dass sie zu berücksichtigen sind, ist anerkannt (vgl. IDW S1 idF 2008 Ziff. 4.4.1.2 Tz. 28 und Ziff. 4.4.2.5 Tz. 43).[251] In der Praxis herrscht die Ansicht vor, dass eine **Nachsteuerbewertung** zu erfolgen hat.[252] Angesichts der Vielzahl der abfindungsberechtigten außenstehenden Aktionäre wird es als unvermeidlich angesehen, den Ertragsteuersatz zu typisieren. So haben die Gerichte – entsprechend den IDW S 1 idF 2005 – keine Einwände gegen eine pauschalierte, auch aus Vergangenheitswerten abgeleitete Steuerbelastung von 35 % gehabt.[253] Seit dem 1.1.2009 gilt allerdings die – Zinsen, Dividenden und Spekulationsgewinne erfassende – Abgeltungsteuer von 25 % (zuzüglich des Solidaritätszuschlags von 5,5 % der 25 %). Die IDW S1 idF 2008 wollen die Steuerbelastung der Aktionäre im Kapitalisierungszinssatz berücksichtigen (Tz. 118 ff.).

Schließlich kommt noch ein **Inflations-** bzw. **Wachstumsabschlag** in Betracht.[254] Dieser trägt **93** dem Umstand Rechnung, dass die Geldentwertung in einem Unternehmen nicht in gleicher Weise erfolgt wie bei der Kapitalanlage in festverzinslichen Wertpapieren. Denn bei diesen enthält der Zins eine Geldentwertungsprämie.[255] Der vom Kapitalisierungszinssatz vorzunehmende Abschlag bestimmt sich danach, in welchem Umfang erwartet werden kann, dass das Unternehmen fähig sein wird, die laufende Geldentwertung, etwa durch Preiserhöhungen, aufzufangen.[256] Ein Abschlag entfällt nur dann, wenn abzusehen ist, dass der Unternehmer in gleichem Umfang wie der Kapitalan-

---

[242] Ausf. *Großfeld/Egger/Tönnes,* Recht der Unternehmensbewertung, Rn. 800, 873 ff; MüKoAktG/*Paulsen* Rn. 120 ff.
[243] OLG Stuttgart AG 2012, 839 (843).
[244] Vgl. OLG Stuttgart AG 2007, 128 (133); ausf. MüKoAktG/*Paulsen* Rn. 120 ff.; vgl. auch *Großfeld/Egger/ Tönnes,* Recht der Unternehmensbewertung, Rn. 877 ff.
[245] Vgl. etwa OLG Karlsruhe AG 2009, 47 (51).
[246] OLG Karlsruhe AG 2009, 47 (51).
[247] Vgl. OLG München v. 31.3.2008 – 31 Wx 88/06, BeckRS 2008, 11183 Rn. 34 ff.
[248] OLG Karlsruhe AG 2013, 880 (883 f.); *Großfeld/Egger/Tönnes,* Recht der Unternehmensbewertung, Rn. 912 ff.
[249] Nach OLG Karlsruhe AG 2013, 880 (882) sind die historischen Kapitalmarktdaten der Universität Karlsruhe – Institut für Finanzwirtschaft, Banken und Versicherungen – als Grundlage für die Berechnung des Betafaktors zum Zwecke der Unternehmensbewertung im aktienrechtlichen Spruchverfahren grundsätzlich geeignet.
[250] OLG Stuttgart AG 2012, 839 (843).
[251] Kritisch jedoch Emmerich/Habersack/*Emmerich* Rn. 63 ff. mwN.
[252] Vgl. OLG München AG 2008, 28 (31); OLG Stuttgart AG 2008, 510 (513).
[253] Vgl. OLG München AG 2008, 28 (31); OLG Stuttgart AG 2008, 510 (513).
[254] Vgl. BGH AG 2003, 627 (628) (ohne Begr.); OLG Stuttgart AG 2012, 839 (844).
[255] OLG Stuttgart AG 2007, 128 (135); OLG Düsseldorf AG 2003, 329 (333).
[256] OLG Düsseldorf AG 2003, 329 (333).

leger durch die Inflation beeinträchtigt sein wird. In der Gerichtspraxis wurden Abschläge von 1 % bzw. 2 % anerkannt.[257]

93a Die Berechnung des Abfindungsguthabens nach dem Ertragswertverfahren des IDW ist in der Literatur teilweise heftiger Kritik ausgesetzt. So kritisiert vor allem *Emmerich*, dass bereits die Vorgabe der Prüfungsstandards durch das Institut der Wirtschaftsprüfer, einem privatrechtlichen Verein, der maßgeblich aus Wirtschaftsprüfern besteht, und die hiermit einhergehende faktische Normsetzung problematisch sei. Die Anpassungen des IDW S1 mit der Novelle von 2008 (Ersetzung der Alternativanlage in festverzinsliche Wertpapiere durch ein Aktienportfolio, Aufgabe der Vollausschüttung, Übergang zur Nachsteuerbewertung und Berechnung des Kapitalisierungszinssatzes durch CAPM und Tax-CAPM) haben zu einer Reduzierung der Unternehmenswerte von 20–30 % und damit zu geringeren Abfindungen für außenstehende Aktionäre geführt. *Emmerich* vermutet hinter dieser Entwicklung Interessenpolitik der Kunden der Wirtschaftsprüfer.[258] Auch wenn die Annahmen der dem IDW-Standard S1 zugrunde liegenden Portfoliotheorie angreifbar sind, handelt es sich hierbei dennoch um die beste heuristische Methodik für die Ermittlung eines angemessenen Marktwerts. Im Rahmen der richterlichen Überprüfung (§ 287 ZPO) muss somit lediglich gewährleistet sein, dass in denjenigen Fällen, in denen die Ertragswertmethode zu unangemessenen Bewertung führt, Korrekturen erfolgen.[259]

94 **4. Abfindung in Aktien.** Bei der Abfindung in Aktien nach Abs. 2 Nr. 1 oder Abs. 2 Nr. 2 findet ein Umtausch der Aktien der Gesellschaft gegen Aktien des anderen Vertragsteils bzw. des den anderen Vertragsteil beherrschenden Unternehmens statt. Es ist daher erforderlich, den nach den dargestellten Grundsätzen ermittelten **Unternehmenswert** in den **Anteilswert pro Aktie umzurechnen**.[260] Dies bestimmt sich danach, welchen Anteil die Aktie am Grundkapital hat (vgl. § 8 Abs. 4). Bei Nennbetragsaktien ist nach dem Anteil des Nennbetrages am Grundkapitalwert zu fragen, bei Stückaktien nach der Zahl der Stückaktien im Verhältnis zur Gesamtzahl der ausgegebenen Aktien. Allein wegen des Minderheitsbesitzes ist auf den Unternehmenswert kein Abschlag anzusetzen. Auch Minderheitsaufschläge sind nicht zulässig.[261]

95 Dagegen steht es im Einklang mit § 53a, die unterschiedlichen Stimmrechte aus den Aktien zu berücksichtigen. Dies ist vor allem für **Vorzugsaktien ohne Stimmrechte** (§§ 139 ff.) von Bedeutung.[262] Bei ihnen ist die unterschiedliche Ausstattung der Aktien zu berücksichtigen.[263] Das fehlende Stimmrecht muss nicht zwingend dazu führen, dass Vorzugsaktien ein geringerer Wert beizumessen ist (→ Rn. 37).

96 Ergibt sich aus der Bewertung der Aktien kein glattes Umtauschverhältnis, so ist ein **Spitzenbetrag** durch **bare Zuzahlungen auszugleichen** (Abs. 3 S. 1). Ein Spitzenausgleich ist gering zu halten.[264] Der andere Vertragsteil ist auf Grund seiner unternehmensvertraglichen Treuepflicht gehalten, bei der Schaffung von Umtauschaktien durch eine Kapitalerhöhung für eine möglichst günstige Stückelung zu sorgen, so dass Spitzenbeträge möglichst vermieden werden bzw. gering ausfallen.[265]

97 **5. Barabfindung.** Bei der Barabfindung erfolgt eine Leistung durch Zahlung in bar. Eine Verschmelzungsrelation ist nicht zu ermitteln. Der andere Vertragsteil braucht daher nicht bewertet zu werden, sondern lediglich die abhängige Gesellschaft. Auch bei der Barabfindung findet eine **Aufteilung** des **Unternehmenswertes** auf den Anteil statt (→ Rn. 94).

98 Die **Barabfindung** ist ab dem Tag nach der Wirksamwerden des Beherrschungsvertrages nach Abs. 3 S. 3 in der Fassung nach dem ARUG mit **5 Prozentpunkten über** dem **jeweiligen Diskontsatz** der Deutschen Bundesbank zu **verzinsen**. Entscheidend ist somit der **Tag nach** der **Eintra-**

---

[257] Vgl. BGH AG 2003, 627 (628) (1 %); OLG Stuttgart AG 2012, 839 (844) (1 %); OLG Frankfurt AG 2012, 513 (516) (0,9 %); OLG München AG 2008, 28 (31) (1 %); OLG Düsseldorf AG 2003, 329 (333) (2 %).
[258] Vgl. Emmerich/Habersack/*Emmerich* Rn. 52 ff. mwN.
[259] Vgl. jüngst BGH AG 2016, 359.
[260] Näher zu den Anforderungen der Rechtsprechung an die Verschmelzungswertrelation *Adolff* in Fleischer/Hüttemann, Rechtshandbuch Unternehmensbewertung, 2015, § 16 Rn. 49 ff.
[261] Vgl. KG AG 1964, 217 (219); OLG Düsseldorf AG 1973, 282 (284); Emmerich/Habersack/*Emmerich* Rn. 75; Hüffer/Koch/*Koch* Rn. 24.
[262] Vgl. OLG Düsseldorf AG 2002, 398 (402); AG 1973, 282 (284); LG Frankfurt AG 1987, 315 (317); Emmerich/Habersack/*Emmerich* Rn. 75a, b.
[263] OLG Düsseldorf AG 2009, 907 (911); krit. Emmerich/Habersack/*Emmerich* Rn. 75b (grundsätzlich gleiche Behandlung von Vorzugs- und Stammaktien, wenn deutliche Hinweise auf eine unterschiedliche Marktbewertung fehlen würden).
[264] OLG Düsseldorf AG 1995, 85 (88); Hüffer/Koch/*Koch* Rn. 25; MüKoAktG/*Paulsen* Rn. 144.
[265] Vgl. LG Berlin AG 1996, 230 (232); Emmerich/Habersack/*Emmerich* Rn. 77; Hüffer/Koch/*Koch* Rn. 25; MHdB AG/*Krieger* § 71 Rn. 127; MüKoAktG/*Paulsen* Rn. 144. AA Kölner Komm AktG/*Koppensteiner* Rn. 42; *Vetter* AG 2000, 193 (200 f.).

gung des Gewinnabführungs- und Beherrschungsvertrags in das **Handelsregister** (§ 294 Abs. 2). Die Zinspflicht beruht nicht auf einer gerichtlichen Gestaltung, sondern folgt aus dem Gesetz. Der Zinsanspruch setzt aber einen Anspruch auf Barabfindung voraus und kommt deshalb nur in Betracht, wenn der Aktionär den Anspruch auf die Barabfindung durch Abgabe der Annahmeerklärung angenommen hat.[266] Da er kraft Gesetzes besteht, braucht der Zinsanspruch nicht in den Beschluss des Spruchgerichts über die angemessene Abfindung gem. § 11 Abs. 1 SpruchG aufgenommen zu werden.[267] Es verstößt nicht gegen den Grundsatz der vollen Entschädigung, wenn der Unternehmenswert auf den Tag der Beschlussfassung durch die Hauptversammlung abgezinst wird und die Verzinsung der Barabfindung erst ab dem Ablauf des Tages, an dem der Unternehmensvertrag wirksam geworden ist, beginnt.[268] Auch ist unbedenklich, wenn der Zinssatz nach Abs. 3 S. 3 niedriger als der Kapitalisierungszinssatz ist.[269]

Die Zinsregelung beruht auf dem Gesetz zur Bereinigung des Umwandlungsrechts. Sie ist auch auf Verträge, die vor Inkrafttreten der neuen Regelung geschlossen wurden, anwendbar, sofern ein Spruchverfahren noch anhängig ist.[270] Sie bezweckt, gerade auch mit dem nach dem ARUG erhöhten Zinssatz, die Beschleunigung des Spruchverfahrens.[271] Maßgeblich für die Anhebung des Zinssatzes durch das ARUG war die Anpassung an § 288 Abs. 1 S. 2 BGB, § 291 S. 2 BGB, die auch im UmwG, im SEAG und im SCEAG vorgenommen wurde. Für die Zeit vor dem 1.9.2009 bleibt es nach dem durch das ARUG geänderten § 20 Abs. 5 EGAktG bei dem Zinssatz von 2 % über dem jeweiligen Diskontsatz der Deutschen Bundesbank. Die erhöhten Zinspflichten können sich kontraproduktiv auswirken. Denn „räuberische" außenstehende Aktionäre bekommen einen Anreiz, das Verfahren zu verschleppen.[272] Außenstehende Aktionäre können während des Verzinsungszeitraums gleichzeitig Ausgleichszahlungen entgegennehmen. Bis zur Ausübung ihres Wahlrechts haben sie einen Anspruch auf Ausgleich (→ § 304 Rn. 37). **99**

Ein außenstehender Aktionär kann nicht sowohl Ausgleichszahlungen vereinnahmen als auch Abfindungszinsen für denselben Zeitraum (ab dem Wirksamwerden des Vertrags!) beanspruchen.[273] Es muss eine **Anrechnung** stattfinden. Der BGH hat zunächst mit Urteil vom 16.9.2002 entschieden, dass die **empfangenen Ausgleichsleistungen** mit den **Abfindungszinsen** nach § 305 Abs. 3 S. 3, nicht jedoch mit der Barabfindung selbst zu verrechnen sind.[274] Sodann hat er mit Urteil vom 10.12.2007 bestätigt, dass die Anrechnung auf die Abfindungszinsen nach den Referenzzeiträumen der einzelnen Kalender- bzw. Geschäftsjahre vorzunehmen ist, und weiter ausgeführt, dass dem abfindungsberechtigten Aktionär bezogen auf die jeweiligen Referenzzeiträume die Differenz zwischen Ausgleichszahlung und Abfindungszinsen nicht nur dann gebühre, wenn der empfangene Ausgleich niedriger ist, sondern auch im umgekehrten Fall, wenn die gesetzlich vorgegebene Mindestdurchschnittsverzinsung für die Abfindung in jenem Zeitraum hinter dem höheren Ausgleich zurückbleibt.[275] Letzteres kann bei ertragsstarken Unternehmen der Fall sein. Die vom BGH entwickelte Lösung trägt der gesetzlichen Konzeption der Ausgleichszahlung Rechnung. Diese ist das Äquivalent der an sich dem Aktionär zustehenden Dividende.[276] Die früher erwogenen Lösungen – etwa die Anrechnung auf die Abfindung – haben sich erledigt. **100**

V. Veränderungen der vertragswesentlichen Verhältnisse

Es ist noch nicht abschließend geklärt, wie spätere Änderungen der vertragswesentlichen Umstände rechtlich zu bewältigen sind.[277] Im Mittelpunkt der Diskussion steht, ob und in welchem Umfang die **Anpassung** eines festen und variablen **Ausgleichs** geboten ist (→ § 304 Rn. 69–83). Ferner stellt sich die Frage, ob einem außenstehenden Aktionär erneut das Recht einzuräumen ist, aus der Gesellschaft auszuscheiden **(Wiedereröffnung** der **Abfindungsoption)** und ob der andere **101**

---

[266] OLG Hamm AG 2012, 598.
[267] OLG Hamburg AG 2002, 89; Hüffer/Koch/*Koch* Rn. 26a.
[268] OLG Düsseldorf AG 2008, 822 (825).
[269] OLG Düsseldorf AG 2008, 822 (825).
[270] OLG Düsseldorf AG 2003, 507 (509); MüKoAktG/*Paulsen* Rn. 146; Hüffer/Koch/*Koch* Rn. 26a. AA wohl OLG Stuttgart AG 2000, 428 (432).
[271] BegrRegE UmwBerG, BT-Drs. 12/6699, 88; Emmerich/Habersack/*Emmerich* Rn. 31; MüKoAktG/*Paulsen* Rn. 146.
[272] MüKoAktG/*Paulsen* Rn. 146.
[273] AllgM; vgl. Hüffer/Koch/*Koch* Rn. 26b; MüKoAktG/*Paulsen* Rn. 149.
[274] BGHZ 152, 29 (32 ff.); vgl. auch BGHZ 155, 110 (116).
[275] BGHZ 174, 378 (382); zust. Emmerich/Habersack/*Emmerich* Rn. 33, 33a; Hüffer/Koch/*Koch* Rn. 26c (vom Ausgangspunkt des BGH aus konsequent).
[276] Vgl. BGHZ 174, 378 (382 f.).
[277] Zum Erfordernis eines Sonderbeschlusses der außenstehenden Aktionäre → § 297 Rn. 26–28, 45.

Vertragsteil das Abfindungsangebot anzupassen bzw. dieses erneut zu unterbreiten hat. Ein solcher Schutz kommt allerdings nur in Betracht, wenn sich ein außenstehender Aktionär bereits für den Ausgleich entschieden hat und daher nicht mehr berechtigt ist, aus der Gesellschaft auszuscheiden. Sofern ein außenstehender Aktionär für die Abfindung votiert hat, wird er von späteren Änderungen der vertragswesentlichen Umstände nicht betroffen.[278] Dies gilt auch dann, wenn ein Spruchverfahren noch anhängig ist. Es ist schließlich auch irrelevant, ob der Aktionär die Abfindung in Aktien oder in bar gewählt hat. Er hat weder einen Anspruch darauf, in die Gesellschaft wieder einzutreten[279] noch ist er als neuer Aktionär des anderen Vertragsteils in besonderer Weise schutzbedürftig.[280]

102 Als eine Änderung vertragswesentlicher Umstände sind vor allem Änderungen der Vertragsstruktur zu verstehen, die sich möglicherweise nachteilig auswirken.[281] So verbindet sich mit dem **Beitritt** eines weiteren **herrschenden Unternehmens** zu einem Beherrschungs- bzw. Gewinnabführungsvertrag[282] ein Herrschaftswechsel. Es ist zwar nicht erforderlich, den außenstehenden Aktionären aus diesem Grund erneut eine Abfindung anzubieten. Jedoch ist ihnen die Option wieder einzuräumen, zwischen Ausgleich und Abfindung zu wählen (→ § 304 Rn. 76–78). Im Falle der **Übernahme** eines **Gewinnabführungs-** oder **Beherrschungsvertrags durch** ein drittes **Unternehmen**[283] ist den außenstehenden Aktionären das Wahlrecht ebenfalls wieder zu eröffnen.[284] Der Abschluss eines **Beherrschungsvertrags** zwischen dem **anderen Vertragsteil** und seiner **Mutter** hat gleichfalls Auswirkungen auf die Herrschaftsverhältnisse, so dass den außenstehenden Aktionären nochmals die Möglichkeit gegeben werden muss, aus der Gesellschaft auszutreten.[285]

VI. Befristung der Erwerbsverpflichtung (Abs. 4)

103 Die Verpflichtung zum Erwerb der Aktien kann befristet werden (Abs. 4 S. 1). Die **Frist** muss im **Vertragsangebot** zur Abfindung **festgelegt** sein.[286] Nach ihrem Ablauf ist eine Abfindung nicht mehr geschuldet, so dass der außenstehende Aktionär auf die angebotene Ausgleichszahlung verwiesen ist. Der andere Vertragsteil soll einerseits durch die Fristsetzung in die Lage versetzt werden, sich Klarheit über die finanziellen Kompensationslasten zu verschaffen. Andererseits stellt Abs. 4 S. 3 sicher, dass ein außenstehender Aktionär zuverlässig über die Abfindungsoption und den Verbleib in der Gesellschaft entscheiden kann.

104 Abs. 4 S. 2 legt eine **Mindestfrist** fest und bestimmt deren **Beginn.** Die Frist endet frühestens zwei Monate nach dem Tage, an dem die Eintragung des Bestehens des Vertrags nach § 10 HGB im Handelsregister bekannt gemacht worden ist. Der andere Vertragsteil kann folglich eine längere Frist als zwei Monate festsetzen.[287] Setzt er eine kürzere Frist als zwei Monate, so beträgt die Frist dennoch zwei Monate.[288]

105 Ist ein Antrag auf Bestimmung des Ausgleichs oder der Abfindung durch das in § 2 des Spruchverfahrensgesetzes bestimmte Gericht gestellt worden, so endet die Frist frühestens zwei Monate nach dem Tage, an dem die Entscheidung über den zuletzt beschiedenen Antrag im Bundesanzeiger bekannt gemacht worden ist (Abs. 4 S. 3). Ein **Spruchverfahren unterbricht** folglich die vom anderen Vertragsteil **gesetzte Frist.** Diese beginnt erneut mit Bekanntmachung der gerichtlichen Entscheidung im Bundesanzeiger und endet nach Ablauf der vom anderen Vertragsteil bestimmten Dauer, frühestens nach zwei Monaten. Findet ein Spruchverfahren eine Überprüfung von Ausgleich und Abfindung statt, so ist die letzte vom Gericht getroffene Entscheidung für die Berechnung der Frist maßgebend („zuletzt beschiedener Antrag").[289] Als eine Beendigung des Spruchverfahrens ist es auch anzusehen, wenn der Antrag auf gerichtliche Bestimmung des Ausgleichs oder der Abfindung infolge eines Vergleichs zurückgenommen wird.[290]

---

[278] MüKoAktG/*Paulsen* Rn. 65.
[279] *Kort* ZGR 1999, 402 (425); MüKoAktG/*Paulsen* Rn. 65.
[280] *Röhricht* ZHR 162 (1998) 249 (252); MüKoAktG/*Paulsen* Rn. 65.
[281] Zu den Rechtsfolgen einer Umwandlung und einer Eingliederung → § 297 Rn. 41–52.
[282] Zur Konstruktion eines Vertragsbeitritts → § 295 Rn. 6.
[283] Zur Konstruktion der Vertragsübernahme → § 295 Rn. 4 f.
[284] Emmerich/Habersack/*Emmerich* Rn. 35; MHdB AG/*Krieger* AG § 71 Rn. 192; wohl auch MüKoAktG/ *Paulsen* Rn. 64.
[285] *Bayer* FS Ballerstedt, 1975, 157 (179); *Rehbinder* ZGR 1977, 581 (606 f.); *Priester* ZIP 1992, 293 (297 f.); *Röhricht* ZHR 162 (1998) 249 (251 f.); Emmerich/Habersack/*Emmerich* Rn. 81. AA *Pentz*, Die Rechtsstellung der Enkel-AG in einer mehrstufigen Unternehmensverbindung, 1994, 106 f.
[286] MHdB AG/*Krieger* § 71 Rn. 114; Hüffer/Koch/*Koch* Rn. 27.
[287] MHdB AG/*Krieger* § 71 Rn. 114; Hüffer/Koch/*Koch* Rn. 27; Emmerich/Habersack/*Emmerich* Rn. 26.
[288] MHdB AG/*Krieger* § 71 Rn. 114.
[289] Emmerich/Habersack/*Emmerich* Rn. 26a; Hüffer/Koch/*Koch* Rn. 27.
[290] BGHZ 112, 382 (384 f.); Emmerich/Habersack/*Emmerich* Rn. 26a; Hüffer/Koch/*Koch* Rn. 27.

Für die **Einhaltung** der **Frist** kommt es auf die rechtzeitige Erklärung der Angebotsannahme an.[291] Es ist nicht erforderlich, dass der außenstehende Aktionär die Aktien gleichzeitig einreicht.[292] Eine Wiedereinsetzung in den vorherigen Stand kommt nicht in Betracht, da die in Abs. 4 erfasste Frist als eine materiell-rechtliche Ausschlussfrist zu begreifen ist.[293]

VII. Rechtsfolgen vertraglicher Mängel (Abs. 5)

Abs. 5 regelt die Rechtsfolgen, wenn ein Beherrschungs- oder Gewinnabführungsvertrag bzw. eine unter § 295 Abs. 2 fallende Vertragsänderung überhaupt keine oder eine unangemessene Barabfindung vorsieht. So ist zum einen festgelegt, dass in beiden Fällen die Anfechtung des Beschlusses ausgeschlossen ist. Zum anderen wird den außenstehenden Aktionären die Möglichkeit eingeräumt, ein Spruchverfahren einzuleiten, in dem das Gericht die vertraglich zu gewährende Abfindung bestimmt (s. die Erläuterung des SpruchG in diesem Band durch *Drescher*).

VIII. Kündigungsrecht

Abs. 5 S. 4 erklärt die in § 304 Abs. 4 getroffene Regelung für entsprechend anwendbar. Der andere Vertragsteil hat somit das Recht zur fristlosen Kündigung des Vertrags, wenn das Gericht im Spruchverfahren eine höhere Abfindung bestimmt.[294] Die außenstehenden Aktionäre können das Abfindungsangebot nach dem Zugang der Kündigungserklärung nicht mehr annehmen.

§ 306 *(aufgehoben)*

§ 307 Vertragsbeendigung zur Sicherung außenstehender Aktionäre

Hat die Gesellschaft im Zeitpunkt der Beschlußfassung ihrer Hauptversammlung über einen Beherrschungs- oder Gewinnabführungsvertrag keinen außenstehenden Aktionär, so endet der Vertrag spätestens zum Ende des Geschäftsjahrs, in dem ein außenstehender Aktionär beteiligt ist.

I. Normzweck

Beim Abschluss von Beherrschungs- oder Gewinnabführungsverträgen müssen außenstehende Aktionäre nach § 304 Abs. 1 einen angemessenen Ausgleich erhalten; anderenfalls ist der Vertrag nichtig (§ 304 Abs. 3 S. 1). Eine Ausgleichszahlung braucht nur dann nicht versprochen zu werden, wenn die Gesellschaft im Zeitpunkt der Beschlussfassung über den Vertrag keinen außenstehenden Aktionär hat (§ 304 Abs. 1 S. 3). In diesem Fall muss in einem Beherrschungs- oder Gewinnabführungsvertrag auch kein Abfindungsangebot unterbreitet werden. Ist ein außenstehender Aktionär später – nach der Beschlussfassung der Hauptversammlung – an der Gesellschaft beteiligt, so erwirbt er folglich weder einen vertraglichen Ausgleichsanspruch noch einen Anspruch, aus der Gesellschaft gegen eine Abfindung auszuscheiden. § 307 bestimmt, dass der **Vertrag** zum **Ablauf** des **Geschäftsjahres endet**, in welchem der außenstehende Aktionär beteiligt ist und **schützt** somit **zukünftige außenstehende Aktionäre**. Die Vorschrift ist aus diesem Grund **zwingend**.[1]

Die Beendigung des Vertrags kraft Gesetzes können die Parteien nur mit Abschluss eines neuen, den Anforderungen der §§ 304 und 305 entsprechenden Unternehmensvertrags verhindern, so dass die Angemessenheit der angebotenen Sicherungen im Spruchverfahren überprüft werden kann. Die Parteien zum Abschluss eines den neuen Bedingungen entsprechenden Vertrags anzuhalten, stellt nach dem Willen des Gesetzgebers den eigentlichen Regelungszweck der Vorschrift dar.[2] Auf der anderen Seite ermöglicht die Vorschrift dem herrschenden Unternehmen, sich jederzeit durch Veräußerung einer Aktie von einem unliebsamen Beherrschungs- oder Gewinnabführungsvertrag zu lösen, was rechtspolitisch nicht zu überzeugen vermag.[3]

---

[291] Emmerich/Habersack/*Emmerich* Rn. 28; Hüffer/Koch/*Koch* Rn. 28; MHdB AG/*Krieger* § 71 Rn. 114.
[292] Emmerich/Habersack/*Emmerich* Rn. 28; Hüffer/Koch/*Koch* Rn. 28.
[293] Hüffer/Koch/*Koch* Rn. 28; Emmerich/Habersack/*Emmerich* Rn. 28; MHdB AG/*Krieger* § 71 Rn. 114.
[294] Vgl. OLG Zweibrücken AG 1994, 563 (564) – Zu den Einzelheiten → § 304 Rn. 89 f. Krit. zum Kündigungsrecht im Falle einer höheren Abfindungsbelastung *Kübler* FS Goerdeler, 1987, 279 (283 ff.).
[1] Kölner Komm AktG/*Koppensteiner* Rn. 1; MüKoAktG/*Paulsen* Rn. 2.
[2] AusschussB *Kropff* S. 402.
[3] Emmerich/Habersack/*Emmerich* Rn. 2a; Kölner Komm AktG/*Koppensteiner* Rn. 5; MüKoAktG/*Paulsen* Rn. 3.

II. Voraussetzungen

3 Der Anwendungsbereich der Vorschrift beschränkt sich auf einen **Beherrschungs-, Gewinnabführungs-** und ein diesen gleichgestellten **Geschäftsführungsvertrag**. Als Gesellschaft iSd Vorschrift ist eine AG oder KGaA anzusehen.[4] Voraussetzung ist, dass der betreffende Vertrag wirksam und in das Handelsregister eingetragen ist (§ 294 Abs. 2). Beteiligt sich zwischen der Beschlussfassung der Hauptversammlung nach § 293 und der Handelsregistereintragung ein außenstehender Aktionär, so hat das Registergericht die Eintragung abzulehnen.[5] Trägt es den Vertrag (der trotz Fehlens einer Ausgleichsverpflichtung nicht gem. § 304 Abs. 3 S. 1 nichtig ist)[6] dennoch ein, so findet § 307 zum Schutz des außenstehenden Aktionärs Anwendung.[7]

4 § 307 setzt die **Beteiligung** eines **außenstehenden Aktionärs** voraus. Der Begriff des außenstehenden Aktionärs ist derselbe wie in den §§ 304 und 305 (→ § 304 Rn. 17 ff.). Die Vorschrift ist unabhängig davon anwendbar, wie es zur Beteiligung des außenstehenden Aktionärs gekommen ist. So kann ein Dritter durch Erwerb einer Aktie vom herrschenden Unternehmen außenstehender Aktionär der Gesellschaft werden. In Betracht kommt ferner, dass das herrschende Unternehmen einen Unternehmensvertrag beendet, der mit einem an der Gesellschaft bereits beteiligten, wegen der unternehmensvertraglichen Bindung gegenüber dem herrschenden Unternehmen aber bis dato nicht außenstehenden Aktionär geschlossen wurde.[8] Auf die Beteiligungsdauer des außenstehenden Aktionärs kommt es nicht an.[9]

III. Rechtsfolge

5 Der **Beherrschungs-, Gewinnabführungs-** oder **Geschäftsführungsvertrag endet** automatisch **kraft Gesetzes** spätestens **zum Ende des Geschäftsjahres,** in dem der außenstehende Aktionär (erstmals oder erstmals wieder) beteiligt ist. Diese Rechtsfolge tritt auch dann ein, wenn der Vertrag rein vorsorglich Ausgleichs- und Abfindungsleistungen an außenstehende Aktionäre vorsieht, da eine gerichtliche Überprüfung der Angemessenheit des Ausgleichs und der Abfindung nach Vertragsschluss mangels eines Antragsberechtigten nicht erfolgen konnte.[10]

6 Der Vertrag endet gem. § 307 „spätestens" zum Ende des Geschäftsjahres. Es ist daher möglich, den Vertrag vorher aus wichtigem Grund zu kündigen (§ 297) oder aufzuheben (§ 296). Sofern dies nicht geschieht, hat das herrschende Unternehmen bis zum Ende des Geschäftsjahres einen Anspruch auf den Gewinn der Gesellschaft bzw. das Recht, diese zu leiten.[11]

---

[4] Vgl. zur Frage der Anwendung der Norm im GmbH-Vertragskonzern *Katschinski* FS Reuter, 2011, 1043 ff. (mit dem Ergebnis, die Vorschrift sei nicht anzuwenden).
[5] Emmerich/Habersack/*Emmerich* Rn. 5; GroßkommAktG/*Hirte* Rn. 11. AA K. Schmidt/Lutter/*Stephan* Rn. 5; MüKoAktG/*Paulsen* Rn. 5.
[6] → § 304 Rn. 85.
[7] Emmerich/Habersack/*Emmerich* Rn. 5.
[8] Emmerich/Habersack/*Emmerich* Rn. 6; Hüffer/Koch/*Koch* Rn. 2; Kölner Komm AktG/*Koppensteiner* Rn. 2; MüKoAktG/*Paulsen* Rn. 7.
[9] MüKoAktG/*Paulsen* Rn. 8.
[10] RegBegr. *Kropff* S. 402; Emmerich/Habersack/*Emmerich* Rn. 5; Kölner Komm AktG/*Koppensteiner* Rn. 3.
[11] Emmerich/Habersack/*Emmerich* Rn. 7; MüKoAktG/*Paulsen* Rn. 12 f.; zweifelnd bzgl. der Gewinnabführung Großkomm AktG/*Hirte* Rn. 19.

Zweiter Teil. Leitungsmacht und Verantwortlichkeit bei Abhängigkeit von Unternehmen

Erster Abschnitt. Leitungsmacht und Verantwortlichkeit bei Bestehen eines Beherrschungsvertrags

§ 308 Leitungsmacht

(1) ¹Besteht ein Beherrschungsvertrag, so ist das herrschende Unternehmen berechtigt, dem Vorstand der Gesellschaft hinsichtlich der Leitung der Gesellschaft Weisungen zu erteilen. ²Bestimmt der Vertrag nichts anderes, so können auch Weisungen erteilt werden, die für die Gesellschaft nachteilig sind, wenn sie den Belangen des herrschenden Unternehmens oder der mit ihm und der Gesellschaft konzernverbundenen Unternehmen dienen.

(2) ¹Der Vorstand ist verpflichtet, die Weisungen des herrschenden Unternehmens zu befolgen. ²Er ist nicht berechtigt, die Befolgung einer Weisung zu verweigern, weil sie nach seiner Ansicht nicht den Belangen des herrschenden Unternehmens oder der mit ihm und der Gesellschaft konzernverbundenen Unternehmen dient, es sei denn, daß sie offensichtlich nicht diesen Belangen dient.

(3) ¹Wird der Vorstand angewiesen, ein Geschäft vorzunehmen, das nur mit Zustimmung des Aufsichtsrats der Gesellschaft vorgenommen werden darf, und wird diese Zustimmung nicht innerhalb einer angemessenen Frist erteilt, so hat der Vorstand dies dem herrschenden Unternehmen mitzuteilen. ²Wiederholt das herrschende Unternehmen nach dieser Mitteilung die Weisung, so ist die Zustimmung des Aufsichtsrats nicht mehr erforderlich; die Weisung darf, wenn das herrschende Unternehmen einen Aufsichtsrat hat, nur mit dessen Zustimmung wiederholt werden.

Schrifttum: *Altmeppen,* Zur Delegation des Weisungsrechts im mehrstufigen Konzern, FS Lutter 2000, 975; *Bachmann/Veil,* Grenzen atypischer stiller Beteiligung an einer Aktiengesellschaft, ZIP 1999, 348; *Ballerstedt,* Schranken der Weisungsbefugnis aufgrund eines Beherrschungsvertrages, ZHR 137 (1973), 388; *Berkenbrock,* Das herrschende Unternehmen als falsus procurator der abhängigen Gesellschaft, AG 1981, 69; *Cahn,* Zur Anwendbarkeit der §§ 311 ff. AktG im mehrstufigen Vertragskonzern, BB 2000, 1477; *Clemm,* Die Grenzen der Weisungsfolgepflicht des Vorstands der beherrschten AG bei bestehendem Beherrschungsvertrag, ZHR 141 (1977), 197; *Dierdorf,* Herrschaft und Abhängigkeit einer AG auf schuldvertraglicher und tatsächlicher Grundlage, 1978; *Exner,* Vollmacht und Beherrschungsvertrag, AG 1981, 175; *Exner,* Beherrschungsvertrag und Vertragsfreiheit, 1984; *Geßler,* Bestandsschutz der beherrschten Gesellschaft im Vertragskonzern?, ZHR 140 (1976), 433; *Glaser,* Grenzen des Weisungsrechts im Vertragskonzern, 1982; *Hoffmann-Becking,* Gibt es das Konzerninteresse?, FS Hommelhoff, 2012, 433; *Hommelhoff,* Die Konzernleitungspflicht, 1982; *Immenga,* Bestandsschutz der beherrschten Gesellschaft im Vertragskonzern?, ZHR 140 (1976), 301; *Kantzas,* Das Weisungsrecht im Vertragskonzern, 1988; *Kiefner/Schürnbrand,* Beherrschungsverträge unter Beteiligung der öffentlichen Hand, AG 2013, 789; *Krauel/Klie,* Lenkungsmöglichkeiten im Konzern unter besonderer Berücksichtigung des Aufsichtsrechts für Kreditinstitute und Versicherungen, WM 2010, 1735; *Oesterreich,* Die Betriebsüberlassung zwischen Vertragskonzern und faktischem Konzern, 1979; *Pentz,* Mehrstufige Unternehmensverbindungen, NZG 2000, 1103; *Rowedder,* Die Rechte des Aufsichtsrates in der beherrschten Gesellschaft, FS Duden 1977, 501; *v. Schwabe,* Abgrenzung der weisungsfesten Regelungsbereiche im Vertragskonzern, 1986; *Schwark,* Spartenorganisation in Großunternehmen und Unternehmensrecht, ZHR 142 (1978), 203; *Semler,* Leitung und Überwachung der Aktiengesellschaft, 2. Aufl. 1996; *Sina,* Grenzen des Konzern-Weisungsrechts nach § 308 AktG, AG 1991, 1; *Tröger,* Konzernverantwortung in der aufsichtsunterworfenen Finanzbranche, ZHR 177 (2013), 475; *Veelken,* Der Betriebsführungsvertrag im deutschen und amerikanischen Aktien- und Konzernrecht, 1975; *Veil,* Unternehmensverträge, 2003.

Übersicht

	Rn.		Rn.
I. Normzweck	1–4	a) Allgemeines	18–27
II. Weisungsrecht (Abs. 1)	5–33	b) Grenzen	28–31
1. Begriff der Weisung	5–7	c) Zurückbehaltungsrechte der Gesellschaft	32, 33
2. Voraussetzungen	8–17		
a) Beherrschungsvertrag	8, 9	III. Befolgungs- und Kontrollpflicht des Vorstands (Abs. 2)	34–36
b) Weisungsberechtigter	10–14		
c) Adressat der Weisung	15–17	IV. Weisungsrecht bei zustimmungspflichtigen Geschäften (Abs. 3)	37–40
3. Gegenstand der Weisung	18–33		

I. Normzweck

1   § 291 Abs. 1 legt fest, dass eine AG oder KGaA die Leitung ihrer Gesellschaft einem anderen Unternehmen unterstellen kann (Beherrschungsvertrag).[1] § 308 bestimmt, welche Leitungsmacht ein solcher Vertrag dem herrschenden Unternehmen einräumt. So gibt Abs. 1 S. 1 dem **herrschenden Unternehmen** das **Recht**, dem **Vorstand** der beherrschten **Gesellschaft Weisungen** zu **erteilen**. Dieses Recht umfasst den gesamten Bereich, in dem der Vorstand die Gesellschaft nach § 76 Abs. 1 zu leiten hat.[2] Von zentraler Bedeutung ist, dass das herrschende Unternehmen nach Abs. 1 S. 2 auch Weisungen erteilen kann, die für die Gesellschaft nachteilig sind. Erst hierdurch erfährt der Vertragszweck seine organisatorische Ausprägung[3] und wird deutlich, dass das **herrschende Unternehmen** die abhängige **Gesellschaft** in seinen **Unternehmensverbund wirtschaftlich integrieren** kann und darf. Voraussetzung ist lediglich, dass **nachteilige Weisungen** den **Belangen** des **herrschenden Unternehmens** oder der mit ihm und der Gesellschaft **konzernverbundenen Unternehmen dienen** (Abs. 1 S. 2); Weisungen, die nicht unternehmerischen Interessen eines Aktionärs dienen, wollte der Gesetzgeber nicht zulassen.[4] Die Leitungsunterstellung und das aus ihr folgende Weisungsrecht implizieren einen umfassenden Informationsanspruch des herrschenden Unternehmens gegenüber dem abhängigen Unternehmen und dessen Vorstand (→ § 291 Rn. 13a).[5] Es ist daher auch zulässig, ein vertragskonzernweites Informations- und Kontrollsystem einzurichten, soweit dadurch die Kontrollpflichten des Vorstands gem. Abs. 2 nicht beeinträchtigt werden.[6]

2   Abs. 2 S. 1 der Vorschrift verpflichtet den **Vorstand** der abhängigen Gesellschaft, die **Weisungen** des **herrschenden Unternehmens** zu **befolgen**. An sich müsste er nur rechtmäßigen Weisungen nachkommen. Allerdings dürfte er häufig nicht in der Lage sein zu beurteilen, ob Weisungen den Belangen des herrschenden Unternehmens oder der mit ihm und der Gesellschaft konzernverbundenen Unternehmen dienen. Um klare Verantwortlichkeiten zu schaffen, legt daher Abs. 2 S. 2 fest, dass der Vorstand auch Weisungen befolgen muss, die nach seiner Ansicht nicht rechtmäßig sind.[7] Anders darf er nur verfahren, wenn die Weisungen offensichtlich nicht den Belangen des „Konzerns" – im Ergebnis: des herrschenden Unternehmens (→ Rn. 25) – dienen.

3   In Abs. 3 ist dem Umstand Rechnung getragen, dass das **Zustimmungsrecht** des **Aufsichtsrats** in bestimmten **Angelegenheiten** der **Geschäftsführung** (§ 111 Abs. 4 S. 2) durch den Beherrschungsvertrag unberührt bleibt. Der Aufsichtsrat ist nicht verpflichtet, einer vom herrschenden Unternehmen veranlassten Maßnahme zuzustimmen.[8] Sofern er seine Zustimmung nicht innerhalb einer angemessenen Frist erteilt, hat der Vorstand der abhängigen Gesellschaft dies dem herrschenden Unternehmen mitzuteilen. Wiederholt das herrschende Unternehmen daraufhin die Weisung, so ist die Zustimmung des Aufsichtsrats nicht mehr erforderlich. Hat das herrschende Unternehmen einen Aufsichtsrat, darf die Weisung nur mit dessen Zustimmung wiederholt werden.

4   Die **Vorschrift** ist grundsätzlich **zwingend**. Die Parteien können dem herrschenden Unternehmen im Vertrag keine weitergehenden Rechte einräumen.[9] Dagegen ist es zulässig, das Weisungsrecht nach Maßgabe von § 308 Abs. 1 S. 2 oder in anderer Weise zu begrenzen, falls die Interessen der Gläubiger und außenstehenden Aktionäre hierdurch nicht berührt werden (→ § 291 Rn. 23–25). Nicht möglich ist es lediglich, das Weisungsrecht gänzlich auszuschließen (→ § 291 Rn. 25). Die Vorkehrungen des § 308 Abs. 2 und 3 sind aufgrund der Neufassung des § 291 Abs. 3 nicht faktisch außer Kraft gesetzt (→ § 291 Rn. 73).

II. Weisungsrecht (Abs. 1)

5   **1. Begriff der Weisung.** Der Begriff der Weisung ist in § 308 nicht definiert. Grundlage für ein zutreffendes Verständnis muss der Zweck der Vorschrift sein, dem herrschenden Unternehmen ein Instrument zur Durchsetzung seiner Leitungsmacht an die Hand zu geben. Dies spricht für eine weite Interpretation,[10] so dass unter einer Weisung „**jede Willensäußerung des herrschenden Unternehmens**" verstanden werden kann, „die aus der Perspektive des Vorstands der Untergesell-

---

[1] Zur Vertragsdefinition → § 291 Rn. 9.
[2] RegBegr. *Kropff* S. 403. → Rn. 20.
[3] *Oesterreich*, Die Betriebsüberlassung zwischen Vertragskonzern und faktischem Konzern, 1979, 55.
[4] RegBegr. *Kropff* S. 403.
[5] *Fleischer* in Fleischer Vorstands-HdB § 18 Rn. 34; K. Schmidt/Lutter/*Langenbucher* Rn. 21.
[6] *Fleischer* in Fleischer Vorstands-HdB § 18 Rn. 34 mwN.
[7] RegBegr. *Kropff* S. 403.
[8] Von einer solchen im Gesetzgebungsverfahren ursprünglich vorgesehenen Pflicht wurde auf Vorschlag des Deutschen Gewerkschaftsbundes abgesehen. Vgl. RegBegr. *Kropff* S. 404.
[9] RegBegr. *Kropff* S. 403.
[10] *Raiser/Veil* KapGesR § 62 Rn. 35; Großkomm AktG/*Hirte* Rn. 18.

schaft für den **Einzelfall** oder **generell** in der **Erwartung erfolgt**, dass der **Vorstand** sein **Verhalten** danach **ausrichtet.**[11] In welcher Form der Wille geäußert wird, ist unerheblich (Anordnungen, Direktiven oder als verbindlich gedachte Empfehlungen).[12] Eine Weisung kann schriftlich oder mündlich erteilt werden.[13] Sie ist als eine geschäftsähnliche Handlung zu begreifen,[14] die Vorschriften über Willenserklärungen finden somit auf sie entsprechende Anwendung.[15] In der Praxis weit verbreitet sind Vorstandsdoppelmandate. In solchen Fällen kann von einer generellen Weisung des herrschenden Unternehmens ausgegangen werden, den Vorschlägen des Vorstandsmitglieds zu folgen, da das herrschende Unternehmen den Vorstand der abhängigen Gesellschaft installiert hat.[16] Zweifelhaft ist, ob das Weisungsrecht durch eine Bevollmächtigung des herrschenden Unternehmens ersetzt werden kann. Dies ist grundsätzlich nur unter dem Vorbehalt anzuerkennen, dass das Prüfungsrecht des Vorstands der abhängigen Gesellschaft (vgl. Abs. 2 S. 2) weder rechtlich noch faktisch entwertet wird.[17] Ausgeschlossen ist es, ein vollmachtloses Handeln des herrschenden Unternehmens gem. § 177 BGB zu genehmigen.[18]

Zweifelhaft ist, ob die **Ausübung** vertraglich eingeräumter **Zustimmungsrechte** als Weisung 6 iSv § 308 Abs. 1 zu qualifizieren ist. Die Frage wird von einer verbreiteten Ansicht verneint, weil solche Rechte keine initiative Einwirkungsmöglichkeit begründeten.[19] Von einer vor allem im jüngeren Schrifttum vertretenen Auffassung wird sie dagegen mit der Maßgabe bejaht, dass die Zustimmungsvorbehalte eine solche Dichte annehmen müssten, dass der Vorstand der Gesellschaft nicht mehr in der Lage sei, die Gesellschaft eigenverantwortlich zu leiten.[20]

Festzuhalten ist im Ausgangspunkt, dass die Parteien frei darin sind, dem herrschenden Unternehmen zusätzlich zum kraft Gesetzes bestehenden Weisungsrecht bestimmte **Zustimmungsrechte** in **Angelegenheiten** der **Geschäftsführung** einzuräumen. Problematisch ist lediglich, ob im Vertrag das Weisungsrecht ausgeschlossen und stattdessen abstrakt (beispielsweise für die Aufnahme von Darlehen) oder konkret umschriebene (beispielsweise für die Veräußerung eines der Gesellschaft gehörenden Grundstücks) Vetorechte begründet werden können. Ob eine solche Ausgestaltung eines Beherrschungsvertrags zulässig ist, muss sich nach Sinn und Zweck der Vorschriften über Unternehmensverträge bestimmen. Diese begründen einerseits eine weit reichende Organisationsautonomie der Parteien. Andererseits haben sie den Schutz der außenstehenden Aktionäre und Gläubiger im Sinn (→ Vor § 291 Rn. 4 f.). Da auf einen ausschließlich mit Zustimmungsrechten ausgestatteten Beherrschungsvertrag die in den §§ 300 ff. normierten Sicherungen Anwendung finden, ist kein Grund für eine Begrenzung der Vertragsfreiheit ersichtlich. Die Parteien können daher das Weisungsrecht ausschließen und stattdessen abstrakte oder konkrete Zustimmungsrechte etablieren.[21] Sofern der andere Vertragsteil lediglich in die Lage versetzt wird, bestimmte Maßnahmen der Geschäftsführung zu verhindern und im Vertrag sichergestellt ist, dass er seine Rechte nicht zum Nachteil der Gesellschaft ausüben darf, ist sogar ein Bestandsschutz der Gesellschaft und ein besonderer Gläubigerschutz entbehrlich; auf einen solchen atypischen Beherrschungsvertrag sind die §§ 302, 303 nicht anzuwenden (→ § 291 Rn. 27).

2. Voraussetzungen. a) Beherrschungsvertrag. Das in § 308 normierte Weisungsrecht setzt 8 das Bestehen eines Beherrschungsvertrags voraus. Es ist weder erforderlich noch schädlich, dass

---

[11] Hüffer/Koch/*Koch* Rn. 10; ähnlich MüKoAktG/*Altmeppen* Rn. 9; Emmerich/Habersack/*Emmerich* Rn. 23 f. (Maßnahme müsse für Vorstand faktisch in dem Sinne verbindlich sein, dass seine erneute Bestellung gefährdet ist, wenn er der Weisung nicht nachkommt); Kölner Komm AktG/*Koppensteiner* Rn. 22; Bürgers/Körber/*Fett* Rn. 11.
[12] AllgM; vgl. Raiser/*Veil* KapGesR § 62 Rn. 35.
[13] Hüffer/Koch/*Koch* Rn. 10; Kölner Komm AktG/*Koppensteiner* Rn. 22.
[14] MüKoAktG/*Altmeppen* Rn. 9; Emmerich/Habersack/*Emmerich* Rn. 26; Hüffer/Koch/*Koch* Rn. 11; Großkomm AktG/*Hirte* Rn. 17. AA Kölner Komm AktG/*Koppensteiner* Rn. 20 (Willenserklärung).
[15] MüKoAktG/*Altmeppen* Rn. 9; Hüffer/Koch/*Koch* Rn. 11; Kölner Komm AktG/*Koppensteiner* Rn. 20; Emmerich/Habersack/*Emmerich* Rn. 26 f. (allerdings keine Anfechtung nach §§ 119, 123 BGB wegen § 309 Abs. 2).
[16] Emmerich/Habersack/*Emmerich* Rn. 29 f.; Bürgers/Körber/*Fett* Rn. 13. AA K. Schmidt/Lutter/*Langenbucher* Rn. 8.
[17] OLG München AG 1980, 272; Hüffer/Koch/*Koch* Rn. 9; Kölner Komm AktG/*Koppensteiner* Rn. 24; Bürgers/Körber/*Fett* Rn. 14. AA Großkomm AktG/*Hirte* Rn. 28 (Bevollmächtigung sei stets ausgeschlossen).
[18] Kölner Komm AktG/*Koppensteiner* Rn. 25; Bürgers/Körber/*Fett* Rn. 14; Emmerich/Habersack/*Emmerich* Rn. 33. AA K. Schmidt/Lutter/*Langenbucher* Rn. 6.
[19] Hüffer/Koch/*Koch* Rn. 10; Kölner Komm AktG/*Koppensteiner* Rn. 23.
[20] *Bachmann/Veil* ZIP 1999, 348 (354); Emmerich/Habersack/*Emmerich* Rn. 25; großzügiger MüKoAktG/*Altmeppen* Rn. 13; Großkomm AktG/*Hirte* Rn. 18 (Voraussetzung sei, dass der Vorstand Sanktionen befürchten müsse, wenn er die Vorgaben des herrschenden Unternehmens nicht beachte.).
[21] Ebenso MüKoAktG/*Altmeppen* Rn. 12 f.

§ 308   9–12   Drittes Buch. Verbundene Unternehmen

zwischen den Parteien andere Unternehmensverträge bestehen: § 308 Abs. 1 ist auch auf einen isolierten Beherrschungsvertrag anwendbar.[22] Ein Gewinnabführungs- und Geschäftsführungsvertrag sowie die in § 292 erfassten Unternehmensverträge gewähren kein Weisungsrecht. Zulässig ist es allerdings, in einem Gewinnabführungsvertrag dem anderen Vertragsteil das Recht einzuräumen, dem Vorstand der Gesellschaft in finanzverfassungsrechtlichen Angelegenheiten Weisungen zu erteilen (→ § 291 Rn. 39). Dieses vertraglich begründete Weisungsrecht ist analog den in § 308 Abs. 1 getroffenen Regeln auszuüben.[23]

9   Ein Beherrschungsvertrag besteht, wenn er in das Handelsregister eingetragen ist (§ 294 Abs. 2). Das **Weisungsrecht** kann **bis** zur **Beendigung** des **Vertrags** ausgeübt werden.[24] Die Vorschrift findet ferner Anwendung auf einen nach den Grundsätzen der fehlerhaften Gesellschaft vorläufig als wirksam zu behandelnden Beherrschungsvertrag (→ § 291 Rn. 61–68); das herrschende Unternehmen ist folglich berechtigt, bis zur wirksamen Geltendmachung des Mangels Weisungen zu erteilen.

10   b) **Weisungsberechtigter.** § 308 Abs. 1 S. 1 bestimmt, dass das **herrschende Unternehmen** berechtigt ist, **Weisungen** zu **erteilen.** Zuständig ist dessen gesetzlicher Vertreter (→ § 309 Rn. 2). Als herrschendes Unternehmen ist nur der andere Vertragsteil zu verstehen. Dies ist vor allem in mehrstufigen Unternehmensverbindungen von Bedeutung. Besteht zwischen Tochter und Enkelin ein Beherrschungsvertrag, so ist allein die Tochter berechtigt, der Enkelin Weisungen zu geben; die Mutter hat kein Weisungsrecht.[25] Will sie auf die Enkelin verbindlich einwirken, so kann sie entweder mit der Tochter einen Beherrschungsvertrag schließen und diese anweisen, die Enkelin in einer bestimmten Weise zu leiten oder selbst einen Beherrschungsvertrag mit der Enkelin schließen.[26] Im Falle einer Mehrmütterherrschaft sind alle am Vertrag beteiligten Mütter einzeln – nach Maßgabe der im Vertrag getroffenen Koordinierungsbestimmungen (→ § 291 Rn. 31) – weisungsberechtigt.[27]

11   Schwierige Probleme verbinden sich mit der Frage, ob und unter welchen Voraussetzungen **Dritte** berechtigt sind, das **Weisungsrecht auszuüben.** Sie gründen zum einen in der Gefahr, dass in solchen Fällen die in § 309 normierten Verantwortlichkeiten ihre Funktionen nicht mehr erfüllen. Zum anderen ist zu befürchten, dass die Vorschriften über die Mitwirkung der Hauptversammlung (§ 293 Abs. 1) und über den Schutz der außenstehenden Aktionäre (Sonderbeschluss bei Vertragsänderung, § 295 Abs. 2) umgangen werden. Ausgangspunkt für eine zutreffende Beurteilung muss sein, die denkbaren Möglichkeiten, das Weisungsrecht durch einen Dritten wahrnehmen zu lassen, zu analysieren (Konstruktion und Funktionsweise der „Überlassung" des Weisungsrechts). Dies geschieht herkömmlich in der Weise, dass zwischen einer Delegation und einer Übertragung des Weisungsrechts unterschieden wird.

12   In der Kategorie der **Delegation** des **Weisungsrechts** werden die Fälle erfasst, in denen ein Dritter (Delegatar) auf Grund einer Ermächtigung (§ 185 BGB) oder einer Bevollmächtigung (§§ 164 ff. BGB) zur Ausübung des Weisungsrechts hinzugezogen wird,[28] das Weisungsrecht allerdings beim herrschenden Unternehmen verbleibt.[29] In Betracht kommt dies bei Angestellten (Prokuristen, Handlungsbevollmächtigte) des herrschenden Unternehmens,[30] aber auch bei sonstigen Dritten (auch eine Konzernschwester oder die Konzernmutter).[31] Signifikante Haftungsdefizite treten in diesen Fällen nicht auf: Das herrschende Unternehmen ist gem. § 278 BGB für rechtswidrig erteilte

---

[22] AllgM; vgl. MüKoAktG/*Altmeppen* Rn. 7; Hüffer/Koch/*Koch* Rn. 2.
[23] Vgl. *Veil* Unternehmensverträge 263 ff.
[24] Vgl. zum Fortbestand des Weisungsrechts nach Vertragsende *Veil* Unternehmensverträge 265.
[25] BGH AG 1990, 459 (460); *Cahn* BB 2000, 1477 (1478); Hüffer/Koch/*Koch* Rn. 3; Kölner Komm AktG/*Koppensteiner* Rn. 5; *Rehbinder* ZGR 1977, 581 (610). AA Großkomm AktG/*Würdinger*, 3. Aufl. 1971, § 291 Anm. 30.
[26] Vgl. zur Anwendbarkeit der §§ 311 ff. in mehrstufigen Unternehmensverbindungen OLG Frankfurt/Main BB 2000, 1487 (1488); *Cahn* BB 2000, 1477 (1478 ff.).
[27] Emmerich/Habersack/*Emmerich* Rn. 7; Hüffer/Koch/*Koch* Rn. 3; Kölner Komm AktG/*Koppensteiner* Rn. 7.
[28] Es ist noch nicht abschließend geklärt, ob dies durch Ermächtigung (so *Rehbinder* ZGR 1977, 581 (610) Fn. 78; wohl auch Kölner Komm AktG/*Koppensteiner* Rn. 11 f. („Ausübungsermächtigung"), oder durch eine Vollmacht (*Ballerstedt* ZHR 137 (1937) 388 (399) Fn. 23; wohl auch *Exner*, Beherrschungsvertrag und Vertragsfreiheit, 1984, 157 f. (Betrauung rechtsgeschäftlicher Vertreter mit Weisungsfunktion); Emmerich/Habersack/*Emmerich* Rn. 13) geschehen kann (offengelassen von Hüffer/Koch/*Koch* Rn. 5).
[29] Vgl. Hüffer/Koch/*Koch* Rn. 4; Emmerich/Habersack/*Emmerich* Rn. 12.
[30] Kölner Komm AktG/*Koppensteiner* Rn. 11 f.; Emmerich/Habersack/*Emmerich* Rn. 13; Hüffer/Koch/*Koch* Rn. 5.
[31] Hüffer/Koch/*Koch* Rn. 5. Bei der Einschaltung Dritter – vor allem konzernverbundener Unternehmen – dürfte häufig freilich nicht eine Delegation, sondern eine Übertragung des Weisungsrechts gewollt sein; vgl. Hüffer/Koch/*Koch* Rn. 5.

Weisungen des beauftragten Dritten zum Schadensersatz verpflichtet.[32] Der Dritte ist analog § 309 verpflichtet, einen Schaden zu ersetzen (→ § 309 Rn. 42), während der gesetzliche Vertreter des herrschenden Unternehmens jedenfalls für die ordnungsgemäße Auswahl und Überwachung des Delegatars haftungsrechtlich zur Verantwortung gezogen werden kann (→ § 309 Rn. 42). Ferner ist zu berücksichtigen, dass die gesetzlichen Vertreter des herrschenden Unternehmens den Delegatar kontrollieren und auf ihn einwirken können; gegenüber einem Angestellten auf Grund des Direktionsrechts, gegenüber einem anderen Dritten auf Grund des geschäftsbesorgungsvertraglichen Weisungsrechts (§ 665 BGB).[33] Es ist daher zulässig, das Weisungsrecht in der beschriebenen Weise – auch an einen Dritten, der nicht in der Gesellschaft angestellt ist (beauftragtes Unternehmen, Konzernschwester oder Konzernmutter) – zu delegieren.[34]

Anders stellt sich die Rechtslage bei einer **Übertragung** des **Weisungsrechts** dar. Darunter ist **13** zu verstehen, dass sich das herrschende Unternehmen seiner Weisungsbefugnis entäußert.[35] Die hM lehnt einen Wechsel in der Rechtszuständigkeit ab.[36] Dem ist im Ergebnis zuzustimmen. Schwerlich zu überzeugen vermag freilich die Begründung, das Weisungsrecht sei kein selbständig übertragbares Recht.[37] Entscheidend ist allein, dass auf diese Weise die Interessen der außenstehenden Aktionäre beeinträchtigt werden.[38] Das gewünschte Ergebnis kann nur dadurch erreicht werden, dass der Dritte dem Vertrag nach Maßgabe der in § 295 normierten Voraussetzungen beitritt.[39]

Angesichts der unterschiedlichen Behandlung der beiden Fallgruppen kann das herrschende **14** Unternehmen versucht sein, die Übertragung als eine Delegation des Weisungsrechts zu deklarieren. Anzeichen hierfür sind die Dauer der gestatteten Weisungsausübung durch einen Dritten, der Umstand, dass die Ausübung des Weisungsrechts in sachlicher Hinsicht nicht beschränkt ist (beispielsweise Weisungsrecht in allen Leitungsangelegenheiten),[40] oder dass das herrschende Unternehmen seine Anteile an der Gesellschaft einem Dritten übertragen hat.[41] Der Vorgang ist dann wegen Umgehung der zugunsten der außenstehenden Aktionäre vorgesehenen Schutzvorschriften unwirksam.

c) Adressat der Weisung. Das herrschende Unternehmen hat das Recht, dem **Vorstand** der **15** **Gesellschaft** Weisungen zu erteilen (Abs. 1 S. 1). Dieser ist zum einen verpflichtet, die Weisungen zu befolgen (Abs. 2 S. 1). Zum anderen ist es sein Recht und seine Pflicht, offensichtlich rechtswidrige Weisungen nicht zu befolgen (Abs. 2 S. 2). Hieraus gewinnt die hM drei Thesen, die das Verhältnis zwischen dem herrschenden Unternehmen und der Geschäftsleitung der Gesellschaft prägen. Erstens wird angenommen, dass das Weisungsrecht nicht auch unmittelbar gegenüber Angestellten der Gesellschaft besteht.[42] Es soll aber zweitens zulässig sein, dass der Vorstand der Gesellschaft die Angestellten anweist, unmittelbare Weisungen des herrschenden Unternehmens auszuführen. Voraussetzung hierfür sei lediglich, dass der Vorstand weiterhin von seinem Recht Gebrauch machen könne, offensichtlich nicht den Belangen des herrschenden Unternehmens oder der mit ihm und der Gesellschaft konzernverbundenen Unternehmen dienenden Weisungen zurückzuweisen; dies sei organisatorisch sicherzustellen.[43] Drittens wird angenommen, dass dem herrschenden Unternehmen wegen der Prüfungspflicht des Vorstands keine umfassende Vollmacht erteilt werden könne, die

---

[32] Emmerich/Habersack/*Emmerich* Rn. 13; Hüffer/Koch/*Koch* Rn. 5.
[33] Vgl. MüKoAktG/*Altmeppen* Rn. 55 f.
[34] Emmerich/Habersack/*Emmerich* Rn. 13, 15; Hüffer/Koch/*Koch* Rn. 5; *Rehbinder* ZGR 1977, 581 (610); eingehend MüKoAktG/*Altmeppen* Rn. 41 (zur Delegation an einen Angestellten des Unternehmens), Rn. 56 (zur Delegation an einen Dritten auf Grund eines Geschäftsbesorgungsvertrags) und Rn. 57 (zur Delegation an ein mit dem herrschenden Unternehmen verbundenes Unternehmen). AA *Schwark* ZHR 142 (1978) 203 (225); in Bezug auf die Konzernmutter ebenfalls Kölner Komm AktG/*Koppensteiner* Rn. 13 f. (Kontrollierbarkeit sei nicht gewährleistet); in diesem Sinne wohl auch *Cahn* BB 2000, 1477 (1482).
[35] Emmerich/Habersack/*Emmerich* Rn. 16; Hüffer/Koch/*Koch* Rn. 4, 6.
[36] *Exner*, Beherrschungsvertrag und Vertragsfreiheit, 1984, 164; Emmerich/Habersack/*Emmerich* Rn. 16; Hüffer/Koch/*Koch* Rn. 6; *Sina* AG 1991, 1 (4); Großkomm AktG/*Hirte* Rn. 24.
[37] So aber Emmerich/Habersack/*Emmerich* Rn. 16; Hüffer/Koch/*Koch* Rn. 6.
[38] Hüffer/Koch/*Koch* Rn. 6; *Exner*, Beherrschungsvertrag und Vertragsfreiheit, 1984, 164.
[39] *Exner*, Beherrschungsvertrag und Vertragsfreiheit, 1984, 164; Emmerich/Habersack/*Emmerich* Rn. 16; Hüffer/Koch/*Koch* Rn. 6. Zur Notwendigkeit einer Mitwirkung der Hauptversammlung → § 295 Rn. 17 und zum Erfordernis eines Sonderbeschlusses → § 295 Rn. 22.
[40] Emmerich/Habersack/*Emmerich* Rn. 15; Hüffer/Koch/*Koch* Rn. 6.
[41] *Exner*, Beherrschungsvertrag und Vertragsfreiheit, 1984, 164.
[42] RegBegr. *Kropff* S. 403; Hüffer/Koch/*Koch* Rn. 7; einschränkend Emmerich/Habersack/*Emmerich* Rn. 20. AA MüKoAktG/*Altmeppen* Rn. 78 (Zulässigkeit einer entsprechenden Vereinbarung).
[43] Emmerich/Habersack/*Emmerich* Rn. 20; *Exner*, Beherrschungsvertrag und Vertragsfreiheit, 1984, 133 f.; Kölner Komm AktG/*Koppensteiner* Rn. 18; vgl. auch RegBegr. *Kropff* S. 403. AA MüKoAktG/*Altmeppen* Rn. 80.

Gesellschaft zu vertreten.[44] Zulässig sei nur eine Bevollmächtigung für begrenzte und überschaubare Geschäfte.[45] Das Auftreten des herrschenden Unternehmens ohne Vertretungsmacht könne allerdings vom Vorstand gem. § 177 Abs. 1 BGB genehmigt werden.[46]

16   Der hM ist im Grundsatz zuzustimmen. Angesichts des unmissverständlichen Wortlauts des § 308 Abs. 1 kann ein Weisungsrecht gegenüber der zweiten oder dritten Führungsebene nicht anerkannt werden. Es ist ferner kein stichhaltiger Grund ersichtlich, warum der Vorstand der Gesellschaft nicht in der Lage sein sollte, die Mitarbeiter und Angestellten entsprechend anzuweisen. Die **Zulässigkeit** einer **Weisung** des **herrschenden Unternehmens gegenüber** einem **Angestellten** der **abhängigen Gesellschaft** kann allerdings – entgegen der hM – nicht davon abhängen, dass der Vorstand organisatorisch Vorsorge getroffen hat, rechtzeitig über die erteilte Weisung informiert zu werden. Als Sanktion genügt es, dass sich der Vorstand schadensersatzpflichtig macht, wenn er seiner Prüfungspflicht nicht nachkommt.

17   Anders ist es zu beurteilen, wenn das **herrschende Unternehmen** sich eine **Vollmacht einräumen** lässt. Der Vorstand ist in diesem Fall nicht in der Lage, die vom herrschenden Unternehmen verfolgte Geschäftspolitik zu kontrollieren. Dies kann er nur leisten, wenn es sich um ein einzelnes Geschäft handelt.[47] Im Übrigen ist es ausgeschlossen, dem herrschenden Unternehmen eine Vollmacht zu geben, die Gesellschaft zu vertreten. Der Vorstand ist schließlich auch nicht in der Lage, ein ohne Vertretungsmacht geschlossenes Geschäft zu genehmigen.

18   **3. Gegenstand der Weisung. a) Allgemeines.** Das Weisungsrecht gibt dem herrschenden Unternehmen keine Vollmacht, für die Gesellschaft zu handeln (→ Rn. 17). Es ermöglicht ihm aber, seine Vorstellungen über die Unternehmenspolitik gegenüber dem Vorstand der Gesellschaft durchzusetzen. Dieser ist – auch gegenüber seiner Gesellschaft (→ Vor § 291 Rn. 30) – verpflichtet, den Vorgaben des herrschenden Unternehmens Folge zu leisten. Befolgt der Vorstand die Weisungen nicht, kann er gem. § 93 Abs. 2 auf Schadensersatz in Anspruch genommen und seine Bestellung gem. § 84 Abs. 3 widerrufen werden.[48] Das **herrschende Unternehmen** hat gegenüber der Gesellschaft einen **Anspruch,** dass die **Weisung befolgt** wird. Es kann den Erfüllungsanspruch im Klageweg durchsetzen[49] und auch den Vorstand unmittelbar in Anspruch nehmen.[50]

19   Von zentraler Bedeutung für die Funktion eines Beherrschungsvertrags ist, dass das Weisungsrecht sich auf die **Leitungsangelegenheiten** der Gesellschaft erstreckt. Das herrschende Unternehmen kann folglich auf alle relevanten Führungsentscheidungen Einfluss nehmen (→ Rn. 20 f.). Es ist sogar berechtigt, nachteilige Weisungen zu geben, sofern diese den Belangen des herrschenden Unternehmens oder der mit ihm und der Gesellschaft konzernverbundenen Unternehmen dienen (→ Rn. 23–27). Rechtswidrige Weisungen dürfen nicht erteilt werden; sog. existenzgefährdende Weisungen gehören allerdings – entgegen der hM – nicht dazu (→ Rn. 31).

20   **aa) Weisungen hinsichtlich der Leitung der Gesellschaft.** Das **Weisungsrecht** umfasst den gesamten Bereich, in dem der Vorstand die Gesellschaft nach § 76 Abs. 1 zu leiten hat.[51] Dies bedeutet, dass das herrschende Unternehmen die **Unternehmensplanung,** die **unternehmerische Tätigkeit** und **Organisation** der **Gesellschaft,** die **Durchführung** der **Geschäfte** sowie die **Besetzung** der **Führungspositionen** festlegen und im Einzelnen bestimmen kann (→ § 291 Rn. 11). Es darf den Vorstand allerdings zu keinem Verhalten anweisen, das außerhalb des Unternehmensgegenstands liegt.[52] Seinem Einfluss unterliegen sowohl die an sich vom Vorstand der abhängigen Gesellschaft zu treffenden Führungsentscheidungen als auch das normale Tagesgeschäft.[53] Die

---

[44] HM; vgl. BGH AG 1990, 459 (460); Hüffer/Koch/*Koch* Rn. 9. AA MüKoAktG/*Altmeppen* Rn. 21 ff. (eine Bevollmächtigung sei an sich nicht zu beanstanden, sondern nur dann, wenn sie nicht freiwillig erfolgt sei).
[45] Emmerich/Habersack/*Emmerich* Rn. 32; Hüffer/Koch/*Koch* Rn. 9.
[46] OLG München AG 1980, 272 (273); *Exner* AG 1981, 175 (178). AA *Berkenbrock* AG 1981, 69 (70 ff.); Emmerich/Habersack/*Emmerich* Rn. 33; Hüffer/Koch/*Koch* Rn. 9; Kölner Komm AktG/*Koppensteiner* Rn. 25.
[47] Ähnlich Kölner Komm AktG/*Koppensteiner* Rn. 24.
[48] *Bayer,* Der grenzüberschreitende Beherrschungsvertrag, 1988, 18; *Praël,* Eingliederung und Beherrschungsvertrag als körperschaftliche Rechtsgeschäfte, 1978, 73; *Veil* Unternehmensverträge 202.
[49] MüKoAktG/*Altmeppen* Rn. 65; Emmerich/Habersack/*Emmerich* Rn. 67; Kölner Komm AktG/*Koppensteiner* Rn. 62.
[50] Emmerich/Habersack/*Emmerich* Rn. 67; Kölner Komm AktG/*Koppensteiner* Rn. 62. AA MüKoAktG/*Altmeppen* Rn. 67 ff.
[51] RegBegr. *Kropff* S. 403. → Rn. 2.
[52] OLG Nürnberg AG 2000, 228 (229); Emmerich/Habersack/*Emmerich* Rn. 56a f.; *Raiser/Veil* KapGesR § 62 Rn. 40.
[53] Emmerich/Habersack/*Emmerich* Rn. 39.

erforderlichen Informationen kann sich das herrschende Unternehmen auf Grund seines Weisungsrechts vom Vorstand der Gesellschaft beschaffen.[54]

Das herrschende Unternehmen ist außerdem berechtigt, auf bestimmte **innerkorporative Angelegenheiten** der Gesellschaft einzuwirken. Dies wird zu Recht bejaht für die Einberufung der Hauptversammlung[55] und die Vorbereitung von Maßnahmen, die der ausschließlichen Zuständigkeit der Hauptversammlung unterfallen (Satzungsänderungen, Kapitalmaßnahmen, Umwandlungen).[56] Zulässig ist auch die Weisung, ein bestehendes genehmigtes Kapital auszunutzen.[57] Zu Recht abgelehnt wird die Berechtigung bezüglich einer Weisung, die Hauptversammlung nach § 111 Abs. 4 S. 3 bzw. § 119 Abs. 2 einzuberufen, weil sich hiermit ein vom Beherrschungsvertrag nicht legitimierter Eingriff in die Zuständigkeiten der Hauptversammlung verbinden würde.[58] Das herrschende Unternehmen kann außerdem nicht die Weisung erteilen, den Vertrag zu ändern, aufrechtzuerhalten oder zu beenden (§ 299). Zulässig ist es, den Vorstand entsprechend bezüglich Unternehmensverträgen mit einem dritten Unternehmen anzuweisen (→ § 299 Rn. 3) oder ihm die Weisung zu erteilen, einen solchen Vertrag zu schließen.[59] Das **Weisungsrecht** erstreckt sich allerdings – entgegen der hM – **nicht** auf die **finanzverfassungsrechtlichen Angelegenheiten** (bilanzpolitische Entscheidungen, Bildung und Auflösung anderer Gewinnrücklagen).[60] Vorstand und Aufsichtsrat der abhängigen Gesellschaft werden insoweit weiterhin eigenverantwortlich tätig. Eine Abführung des Gewinns kann das herrschende Unternehmen ebenfalls nicht verlangen.[61]

Die **Zuständigkeiten** der **Hauptversammlung** (für Satzungsänderungen, Kapitalmaßnahmen, Umwandlungen, etc.) werden durch einen Beherrschungsvertrag **nicht außer Kraft gesetzt**.[62] Der Aufsichtsrat ist zwar weiterhin berechtigt und verpflichtet, die Geschäftsführung zu überwachen. Er ist jedoch nicht mehr in der Lage, bestimmte Maßnahmen der Geschäftsführung gem. § 114 Abs. 4 S. 2 zu verhindern und auf diese Weise Einfluss auf die Unternehmenspolitik zu nehmen (vgl. § 308 Abs. 3), so dass sein Vetorecht faktisch entwertet ist.[63]

bb) Nachteilige Weisungen im Konzerninteresse. Das herrschende Unternehmen ist berechtigt, Weisungen zu erteilen, die für die Gesellschaft nachteilig sind. Es kann auf diese Weise einen Vermögenstransfer innerhalb des Konzerns durchsetzen (vgl. § 291 Abs. 3).[64] Das herrschende Unternehmen muss auf die Belange der abhängigen Gesellschaft keine Rücksicht nehmen, und auch der Vorstand der Gesellschaft ist nicht mehr verpflichtet, die eigenen Interessen der Gesellschaft zu verfolgen.[65] Erst hierdurch wird die Funktion des Beherrschungsvertrags transparent, eine **wirtschaftliche Fusion** zu ermöglichen.[66] Auf Grund der veränderten Interessenausrichtung unterliegt der **Vorstand** einer **ständigen potentiellen Einflussnahme**. Er kann in Leitungsangelegenheiten nicht mehr initiativ tätig werden und muss, selbst wenn das herrschende Unternehmen ausnahmsweise keine Weisungen erteilt hat, sich mit diesem darüber verständigen, in welcher Weise er die Geschäfte zu führen hat.[67]

Eine **nachteilige Weisung** liegt nicht vor, wenn auch ein ordentlicher und gewissenhafter Geschäftsleiter einer unabhängigen Gesellschaft das Rechtsgeschäft vorgenommen bzw. die Maßnahme getroffen hätte oder das Rechtsgeschäft bzw. die Maßnahme unterlassen hätte (vgl. § 317

---

[54] Vgl. LG München I AG 1999, 138 (139) (Aktionär habe daher keinen Anspruch gem. § 131 Abs. 4 S. 1 auf Auskunft, das zu erfahren, was die Konzernmutter erfahren habe); Emmerich/Habersack/*Emmerich* Rn. 39; *Exner*, Beherrschungsvertrag und Vertragsfreiheit, 1984, 94 bis 96.
[55] Kölner Komm AktG/*Koppensteiner* Rn. 33; Emmerich/Habersack/*Emmerich* Rn. 40.
[56] Kölner Komm AktG/*Koppensteiner* Rn. 33; Emmerich/Habersack/*Emmerich* Rn. 40; Hüffer/Koch/*Koch* Rn. 12; MüKoAktG/*Altmeppen* Rn. 85 f.
[57] K. Schmidt/Lutter/*Langenbucher* § 308 Rn. 22; Bürgers/Körber/*Fett* Rn. 18.
[58] Kölner Komm AktG/*Koppensteiner* Rn. 34; Emmerich/Habersack/*Emmerich* Rn. 41; MüKoAktG/*Altmeppen* Rn. 91.
[59] OLG Karlsruhe AG 1991, 144 (146).
[60] Str.; anders die hM; → § 291 Rn. 18.
[61] HM; → § 291 Rn. 17.
[62] AllgM; vgl. Emmerich/Habersack/*Emmerich* Rn. 42; Hüffer/Koch/*Koch* Rn. 12. Zur Beschlusskompetenz der Hauptversammlung nach Maßgabe der *Holzmüller*- und *Gelatine*-Entscheidung → § 291 Rn. 14.
[63] *Rowedder* FS Duden, 1977, 501 (504 f.).
[64] Zur Zulässigkeit verdeckter Gewinnausschüttungen → § 291 Rn. 15.
[65] Vgl. *Dierdorf*, Herrschaft und Abhängigkeit einer AG auf schuldvertraglicher und tatsächlicher Grundlage, 1978, 110 f.; *Mülbert*, Aktiengesellschaft, Unternehmensgruppe und Kapitalmarkt, 2. unveränderte Aufl. 1996, 163.
[66] *Veil* Unternehmensverträge 110.
[67] Ebenso *Exner*, Beherrschungsvertrag und Vertragsfreiheit, 1984, 98 f.; Kölner Komm AktG/*Koppensteiner* Rn. 71; eingehend *Veil* Unternehmensverträge 110. AA *Hommelhoff*, Die Konzernleitungspflicht, 1982, 218 f.; Hüffer/Koch/*Koch* § 291 Rn. 37; Emmerich/Habersack/*Emmerich* Rn. 54; MüKoAktG/*Altmeppen* Rn. 157.

Abs. 2).⁶⁸ In diesem Fall ist es irrelevant, ob eine Weisung den Belangen des herrschenden Unternehmens oder der mit ihm und der Gesellschaft konzernverbundenen Unternehmen dient. Der Vorstand der Gesellschaft hat ihr Folge zu leisten (→ Rn. 33–35).

25 In allen anderen Fällen kommt es darauf an, dass eine der beiden in Abs. 1 S. 2 genannten Alternativen erfüllt ist. So kann eine Weisung zum einen erteilt werden, wenn sie den **Belangen** des **herrschenden Unternehmens** dient (Alt. 1). Zum anderen kommt in Betracht, dass eine nachteilige Weisung den **Belangen** eines **Unternehmens** dient, das mit dem **herrschenden Unternehmen und** der **Gesellschaft konzernverbunden** ist (Alt. 2). Als ein solches Unternehmen kommen Konzernschwestern oder Enkelgesellschaften in Betracht. Es genügt nach dem eindeutig formulierten Wortlaut, wenn das begünstigte Unternehmen in einer faktischen Konzernverbindung zum herrschenden Unternehmen steht.⁶⁹ Von einem Konzerninteresse ist in § 308 Abs. 1 also nicht die Rede. Maßstab ist vielmehr das Interesse des herrschenden Unternehmens. Denn eine zugunsten eines konzernverbundenen Unternehmens (Konzernschwester oder Enkelgesellschaft) veranlasste Maßnahme wirkt sich immer auch mittelbar zugunsten des herrschenden Unternehmens aus.⁷⁰ Ein korporatives Gesamtinteresse der Konzernglieder wird durch § 308 Abs. 1 nicht anerkannt.⁷¹

26 Eine Weisung dient den Konzernbelangen, wenn das herrschende Unternehmen bzw. ein konzernverbundenes Unternehmen unmittelbar oder mittelbar von der Maßnahme bzw. dem Geschäft profitiert. Dies ist der Fall, wenn sich die Maßnahme bzw. das Geschäft (beispielsweise die Vorgabe von Konzernverrechnungspreisen, eine Konzernumlage oder die Etablierung eines Cash-Management-Systems) auf die Vermögens- oder Ertragslage positiv auswirkt,⁷² was ebenso wie bei § 311 ex ante zu bestimmen ist.⁷³ Der Nachteil für die Gesellschaft darf nicht außer Verhältnis stehen zu den Vorteilen für das herrschende Unternehmen bzw. das konzernverbundene Unternehmen (→ § 291 Rn. 16).

27 In der Regel dürfte eine der in Abs. 1 S. 2 normierten Voraussetzungen erfüllt sein. Es ist schwerlich vorstellbar, dass das herrschende Unternehmen eine nachteilige Maßnahme bzw. ein nachteiliges Geschäft zugunsten eines Dritten durchzusetzen sucht. Sofern dies dennoch der Fall ist (beispielsweise zugunsten des Mehrheitsgesellschafters des herrschenden Unternehmens), liegt keine rechtmäßige Weisung vor.⁷⁴

28 **b) Grenzen. aa) Gesetzliche, statutarische und beherrschungsvertragliche Schranken.** Das Weisungsrecht ist lediglich durch zwingende gesetzliche Vorschriften eingeschränkt.⁷⁵ Zu beachten sind zum einen Normen des AktG (bspw. §§ 66, 71 ff., 89, 113, 300, 302)⁷⁶ sowie – nach der hier vertretenen Ansicht nur bei einem Gewinnabführungsvertrag⁷⁷ – die Ansatz- und Bewertungsvorschriften des Bilanzrechts (§§ 246 ff., 252 ff., 279 ff. HGB).⁷⁸ Das herrschende Unternehmen hat sich zum anderen an die allgemeinen Verbotsgesetze zu halten.⁷⁹ Praktisch von Bedeutung sind vor allem die Wettbewerbsregeln und das Steuerrecht.⁸⁰ Ferner können sich aus dem Bank- und Versicherungsaufsichtsrecht Beschränkungen ergeben (hierzu bereits → § 291 Rn. 5a und 5b).⁸¹

---

⁶⁸ Vgl. Emmerich/Habersack/*Emmerich* Rn. 45; *Eschenbruch*, Konzernhaftung, 1996, Rn. 3025; Hüffer/Koch/ *Koch* Rn. 15; Kölner Komm AktG/*Koppensteiner* Rn. 39.

⁶⁹ HM; vgl. Emmerich/Habersack/*Emmerich* Rn. 47a; *Eschenbruch*, Konzernhaftung, 1996, Rn. 3054; Hüffer/ Koch/*Koch* Rn. 18; restriktiv MüKoAktG/*Altmeppen* Rn. 109 f. (es sei im Einzelfall zu prüfen, ob und weshalb eine Begünstigung der „selbständigen Einheit" zum Nachteil der abhängigen AG im „Konzerninteresse" liege). AA Kölner Komm AktG/*Koppensteiner* Rn. 45 (Gewinnabführungsvertrag erforderlich); *Mestmäcker*, FG Kronstein, 1967, 129 (134 f.) (Beherrschungsvertrag erforderlich).

⁷⁰ Vgl. Kölner Komm AktG/*Koppensteiner* Rn. 37; Hüffer/Koch/*Koch* Rn. 16; *Hoffmann-Becking* FS Hommelhoff, 2012, 433 (441 f.).

⁷¹ AA MüKoAktG/*Altmeppen* Rn. 103; K. Schmidt/Lutter/*Langenbucher* Rn. 27.

⁷² Emmerich/Habersack/*Emmerich* Rn. 49; Hüffer/Koch/*Koch* Rn. 17.

⁷³ Emmerich/Habersack/*Emmerich* Rn. 49; *Immenga* ZHR 140 (1976) 301 (305 f.); Kölner Komm AktG/ *Koppensteiner* Rn. 66; K. Schmidt/Lutter/*Langenbucher* Rn. 29.

⁷⁴ Zur Haftung bei rechtswidrig erteilten Weisungen → § 309 Rn. 20 ff., 39–42.

⁷⁵ OLG Nürnberg AG 2000, 228 (229).

⁷⁶ Hüffer/Koch/*Koch* Rn. 14.

⁷⁷ Das beherrschungsvertragliche Weisungsrecht erstreckt sich nicht auf die finanzverfassungsrechtlichen Angelegenheiten der Gesellschaft; → § 291 Rn. 18. Allerdings kann in einem Gewinnabführungsvertrag ein entsprechendes Weisungsrecht begründet werden; → § 291 Rn. 39.

⁷⁸ Emmerich/Habersack/*Emmerich* Rn. 58; Hüffer/Koch/*Koch* Rn. 14.

⁷⁹ Hüffer/Koch/*Koch* Rn. 14.

⁸⁰ Hüffer/Koch/*Koch* Rn. 14.

⁸¹ Näher *Krauel/Klie* WM 2010, 1735 (1736 ff.); *Tröger* ZHR 177 (2013) 475 (503 ff.); *Wundenberg*, Compliance und die prinzipiengeleitete Aufsicht über Bankengruppen, 2012, 177 ff.; *Schneider*, Möglichkeiten und Grenzen der Umsetzung der gesellschaftsrechtlichen und bankenaufsichtsrechtlichen Anforderungen an Risikomanagement auf Gruppenebene, 2009, 140 ff. Der BGH hat in BGHZ 197, 284 (299) die Grenzen des Weisungsrechts mangels Entscheidungserheblichkeit offen gelassen.

Handelt es sich bei den herrschenden Unternehmen um die **öffentliche Hand,** wie bspw. eine 28a
öffentlich-rechtliche Gebietskörperschaft, so stellt sich die Frage, ob das herrschende Unternehmen
die abhängige Gesellschaft zur Verfolgung eines öffentlichen Interesses durch eine nachteilige Weisung schädigen darf. Dies wird verschiedentlich mit dem Argument verneint, nachteilige Weisungen
zugunsten Dritter seien unzulässig.[82] Vorzugswürdig ist allerdings die Auslegung, dass solche Weisungen grundsätzlich zulässig sind.[83] Der BGH begründet die Unternehmenseigenschaft der öffentlichen
Hand mit dem Argument, im Falle einer unternehmerischen Betätigung der öffentlichen Hand
bestehe die Gefahr einer einseitigen Förderung öffentlicher Aufgaben und politischer Ziele. Bei
öffentlich-rechtlichen Körperschaften sei im Regelfall davon auszugehen, dass sie sich bei der Ausübung ihres Einflusses auf die beherrschte Aktiengesellschaft nicht nur vom typischen Aktionärsinteressen, sondern auch von anderen Interessen leiten lassen, nämlich solchen, die aus ihrer öffentlich-rechtlichen Aufgabenstellung herrühren.[84] Anerkennt man, dass die öffentliche Hand einen Beherrschungsvertrag schließen kann, so ist es konsequent, ihr auch das Recht einzuräumen, nachteilige
Weisungen zugunsten ihrer „typischen" Interessen zu geben.

Schließlich ist zweifelhaft, ob das Weisungsrecht durch die gesetzlichen Vorgaben des für **alterna-** 28b
tive Investmentfonds (AIF) geschaffenen Aufsichtsrechts beschränkt wird. Aus § 20 Abs. 2 Nr. 2
KAGB lässt sich schwerlich ableiten, dass bei Bestehen eines Vertragskonzerns nur Geschäfte zulässig
sind, die einem Drittvergleich standhalten.[85] Dass die abhängige Gesellschaft Genussscheine ausgegeben hat, hat auf das Weisungsrecht keinen Einfluss. Insbesondere kann das Weisungsrecht in einem
solchen Fall nicht teleologisch derart reduziert werden, dass keine nachteiligen Weisungen erteilt
werden dürften. Ebenfalls kann das Weisungsrecht durch eine Vereinbarung der abhängigen Gesellschaft mit ihren Kapitalgebern oder als Folge einer solchen Vereinbarung nicht abgeändert werden.[86]

Weitere Grenzen für die Ausübung des Weisungsrechts resultieren aus der **Satzung** der Gesell- 29
schaft. So ist es dem herrschenden Unternehmen verwehrt, den Vorstand zu Maßnahmen oder
Rechtsgeschäften außerhalb des Unternehmensgegenstands anzuweisen (→ Rn. 20). Im Einzelfall
ist es außerdem möglich, dass der Beherrschungsvertrag Schranken vorsieht. So ist es zulässig, im
Vertrag vorzusehen, dass das herrschende Unternehmen auf bestimmte Geschäfte keinen Einfluss
nehmen oder auf bestimmte Gegenstände des Anlagevermögens nicht zugreifen darf (→ § 291
Rn. 25). Insoweit besteht dann kein Weisungsrecht.

Eine Weisung ist nichtig, wenn sie gegen das Gesetz verstößt (§ 134 BGB[87] iVm dem einschlägigen 30
gesetzlichen Verbot) oder keine Grundlage im Beherrschungsvertrag hat (§ 134 BGB iVm § 76
Abs. 1).

bb) Existenzgefährdende Weisungen. Das Weisungsrecht soll nach hM nicht grenzenlos ausge- 31
übt werden dürfen; existenzgefährdende Weisungen seien unzulässig.[88] Diese Ansicht ist abzulehnen
(→ § 291 Rn. 16). Zum einen ist es bislang nicht gelungen, auf einer abstrakten Ebene zu definieren,
was unter einer existenzgefährdenden Weisung zu verstehen ist. Zum anderen gibt es kein Bedürfnis
für eine solche Schranke des Weisungsrechts. Die abhängige Gesellschaft wird während der Vertragsdauer durch die **Pflicht** des herrschenden Unternehmens, die **Verluste auszugleichen** (§ 302
Abs. 1), **ausreichend geschützt.** Ist sie während eines Geschäftsjahres nicht in der Lage, ihre
Verbindlichkeiten zu erfüllen, hat das herrschende Unternehmen vor dem Stichtag des Abschlusses
die erforderliche Liquidität zur Verfügung zu stellen (→ § 302 Rn. 23). Zudem braucht der Vorstand
der abhängigen Gesellschaft nachteiligen Weisungen nicht Folge zu leisten, wenn sich abzeichnet, dass
das herrschende Unternehmen nicht in der Lage sein wird, die Verluste auszugleichen (→ Rn. 33).
Problematisch kann somit nur sein, dass die Gesellschaft bei Vertragsende nicht überlebensfähig ist.
Zwar ist es nicht möglich, einen generellen Rechtssatz aufzustellen, dass beim letzten Verlustausgleich
Zerschlagungswerte (§ 252 Abs. 1 Nr. 2 HGB) zugrunde zu legen sind.[89] Anders verhält es sich aber,

---

[82] Emmerich/Habersack/*Emmerich* Rn. 50; K. Schmidt/Lutter/*Langenbucher* Rn. 30.
[83] Kölner Komm AktG/*Koppensteiner* Rn. 41; Großkomm AktG/*Hirte* Rn. 51; *Kiefner/Schürnbrand* AG 2013, 789 (793).
[84] BGHZ 135, 107 (114).
[85] Ebenso *Weitmauer* AG 2013, 672 (675); *Stephan* Der Konzern 2014, 1 (25). AA *Zetzsche* NZG 2012, 1164 (1169f.).
[86] BGH v. 28.5.2013 – II ZR 2/12, abrufbar unter www.juris.de, Rn. 26; vgl. ferner *Casper* ZIP 2012, 497 (501).
[87] Zur Anwendbarkeit der Vorschriften über Willenserklärungen auf Weisungen → Rn. 5.
[88] OLG Düsseldorf AG 1990, 490 (492); *Clemm* ZHR 141 (1977) 197 (204 ff.); *Geßler* ZHR 140 (1976) 433 (436 ff.); *Hommelhoff,* Die Konzernleitungspflicht, 1982, 150 f.; Hüffer/Koch/*Koch* Rn. 19; *Immenga* ZHR 140 (1976) 301 (305 ff.); *Köhler* ZGR 1985, 307 (318); Großkomm AktG/*Hirte* Rn. 42; K. Schmidt/Lutter/*Langenbucher* Rn. 31; Bürgers/Körber/*Fett* Rn. 24; iE auch Emmerich/Habersack/*Emmerich* Rn. 61 ff.
[89] Vgl. zu dieser Konzeption MüKoAktG/*Altmeppen* Rn. 125 und eingehend → § 302 Rn. 39–42.

wenn sich die Verluste schon in den Wertansätzen der Bilanz zum Stichtag der Vertragsbeendigung niederschlagen müssen (→ § 302 Rn. 17). Es kann daher davon ausgegangen werden, dass die gesetzlichen Sicherungen einen ausreichenden Schutz der Gesellschaft gewährleisten.

32 **c) Zurückbehaltungsrechte der Gesellschaft.** Das abhängige Unternehmen kann berechtigt sein, eine **Weisung nicht zu befolgen, solange** das herrschende Unternehmen die **Verluste der Gesellschaft nicht ausgeglichen** hat. Rechtsgrundlage hierfür ist die unternehmensvertragliche Treuepflicht:[90] Das herrschende Unternehmen verfügt nur deshalb über ein kapitalschutzrelevantes Weisungsrecht, weil es verpflichtet ist, den Bestand der Gesellschaft zu gewährleisten. Es muss diesen Zusammenhang beachten, so dass es treuwidrig wäre, wenn es das Weisungsrecht ausübte, ohne die Verluste der Gesellschaft auszugleichen.

33 Aus diesem Grund braucht der Vorstand der abhängigen Gesellschaft einer Weisung auch dann nicht nachzukommen, wenn ein **Verlustausgleich** aufgrund der **finanziellen Situation** der **Mutter** zum **Jahresende nicht zu erwarten ist.** In diesem Fall ist er sogar verpflichtet, einer nachteiligen Weisung die Gefolgschaft zu verweigern (zum Kündigungsrecht aus wichtigem Grund → § 297 Rn. 10). Problematisch und noch nicht abschließend geklärt ist, unter welchen konkreten Voraussetzungen der Vorstand einer nachteiligen Weisung mit dieser Begründung die Gefolgschaft verweigern darf. Die Frage wurde erst im Zuge der Diskussion über Cash Management-Systeme aktuell (→ § 291 Rn. 15 und 73). Rechtfertigt bereits eine Herabstufung durch eine Ratingagentur die Annahme, die Verluste würden zum Geschäftsjahr nicht ausgeglichen werden? Vorzugswürdig erscheint, insoweit die Maßstäbe heranzuziehen, die zum außerordentlichen Kündigungsrecht der abhängigen Gesellschaft wegen voraussichtlicher Leistungsunfähigkeit des anderen Vertragsteils entwickelt wurden.

III. Befolgungs- und Kontrollpflicht des Vorstands (Abs. 2)

34 Der Vorstand ist nach Abs. 2 S. 1 verpflichtet, die Weisungen des herrschenden Unternehmens zu befolgen **(Befolgungspflicht).** Dies gilt allerdings nur für zulässige Weisungen.[91] Der Vorstand – auch ein Doppelmandatsträger[92] – hat folglich zu prüfen, ob die erteilte Weisung rechtmäßig[93] ist **(Kontrollpflicht).**[94] Ist dies nicht der Fall, so ist er nicht verpflichtet, der Weisung nachzukommen. Er ist hierzu auch nicht berechtigt. Führt er eine rechtswidrige Weisung aus, kann er gegenüber der Gesellschaft zum Schadensersatz verpflichtet sein.

35 Eine **Befolgungspflicht** besteht auch bei **nachteiligen Weisungen.** Sie reicht aber weiter als bei einer normalen, unter Abs. 2 S. 1 zu subsumierenden Weisung. So bestimmt Abs. 2 S. 2, dass der Vorstand die Befolgung einer Weisung nicht verweigern darf, weil sie nach seiner Ansicht nicht den Belangen des herrschenden Unternehmens oder der mit ihm und der Gesellschaft konzernverbundenen Unternehmen dient. Der Vorstand hat daher auch einer rechtswidrigen Weisung (die den in § 308 Abs. 1 S. 2 normierten Anforderungen nicht gerecht wird) Folge zu leisten. Etwas anderes gilt nur, wenn die **Weisung offensichtlich** („für jeden Sachkenner ohne weitere Nachforschungen erkennbar")[95] **nicht** den **Konzernbelangen dient.** In diesem Fall hat der **Vorstand** das **Recht** und die **Pflicht,**[96] die **Weisung nicht auszuführen.** Der Gesetzgeber hat diese von Abs. 2 S. 1 abweichende Regelung damit gerechtfertigt, dass der Vorstand einer abhängigen Gesellschaft häufig nicht beurteilen könne, ob eine Weisung den Belangen des herrschenden Unternehmens oder Konzernbelangen dient. Ihm ging es darum, dem Weisungsrecht des herrschenden Unternehmens Nachdruck zu geben und klare Verantwortlichkeiten zu schaffen.[97] Dieses braucht daher die Konzernbelange nicht darzulegen.[98] Der Vorstand dürfte somit seine Entscheidung häufig auf einer

---

[90] Vgl. *Veil* Unternehmensverträge 205. IE ebenso (Anwendbarkeit der §§ 273, 320 BGB) MüKoAktG/*Altmeppen* § 291 Rn. 36; Emmerich/Habersack/*Emmerich* Rn. 69; Hüffer/Koch/*Koch* § 291 Rn. 18; Kölner Komm AktG/*Koppensteiner* Vor § 291 Rn. 157. AA *Praël*, Eingliederung und Beherrschungsvertrag als körperschaftliche Rechtsgeschäfte, 1978, 74, 93.
[91] Vgl. RegBegr. *Kropff* S. 403. AllgM im Schrifttum; vgl. MüKoAktG/*Altmeppen* Rn. 144; Emmerich/Habersack/*Emmerich* Rn. 52; Hüffer/Koch/*Koch* Rn. 20.
[92] *Fleischer* in Fleischer Vorstands-HdB § 18 Rn. 132; K. Schmidt/Lutter/*Langenbucher* Rn. 38.
[93] Zu den Grenzen des Weisungsrechts → Rn. 28 f.
[94] Emmerich/Habersack/*Emmerich* Rn. 52, 66; Hüffer/Koch/*Koch* Rn. 20; *Kantzas*, Das Weisungsrecht im Vertragskonzern, 1988, 121 ff.; Kölner Komm AktG/*Koppensteiner* Rn. 61.
[95] So die Formulierung von Hüffer/Koch/*Koch* Rn. 22; ebenso MüKoAktG/*Altmeppen* Rn. 152; Emmerich/Habersack/*Emmerich* Rn. 53.
[96] MüKoAktG/*Altmeppen* Rn. 144; Hüffer/Koch/*Koch* Rn. 22.
[97] RegBegr. *Kropff* S. 403.
[98] MüKoAktG/*Altmeppen* Rn. 151; Hüffer/Koch/*Koch* Rn. 22; im Grundsatz auch Kölner Komm AktG/*Koppensteiner* Rn 66. AA Emmerich/Habersack/*Emmerich* Rn. 53c.

ungesicherten und bruchstückhaften Informationslage treffen. Seine aus § 308 Abs. 2 resultierende Prüfungskompetenz kann schwerlich als ein effektives Schutzinstrument bezeichnet werden. Kommt es zu einem Prozess, trifft die Darlegungs- und Beweislast die abhängige Gesellschaft.[99]

Der Vorstand hat bei einer Weisung des herrschenden Unternehmens somit wie folgt zu verfahren: In einem ersten Schritt muss er prüfen, ob die Weisung gegen die Satzung oder ein allgemeines Verbotsgesetz verstößt. Ist dies der Fall, oder hat die Weisung keine Grundlage im Beherrschungsvertrag, ist der Vorstand berechtigt und verpflichtet, die Weisung nicht zu befolgen. Kommt er zu dem Ergebnis, dass die Weisung rechtmäßig ist, hat er in einem zweiten Schritt zu prüfen, ob es sich um eine nachteilige Weisung handelt. Ist dies nicht der Fall, so muss er die Weisung gem. § 308 Abs. 2 S. 1 befolgen. Kommt er zu der Einschätzung, dass es sich um eine nachteilige Weisung handelt und dass das herrschende Unternehmen dies nicht gesehen haben könnte, so hat er dieses darauf aufmerksam zu machen.[100] Bekräftigt das herrschende Unternehmen daraufhin die Weisung oder ist klar, dass es sich um eine nachteilige Weisung handelt, hat der Vorstand zu prüfen, ob die Weisung offensichtlich nicht den Konzernbelangen dient. Meint er, dass dies der Fall ist, so ist er berechtigt und verpflichtet, die Weisung nicht zu befolgen. Kommt er zu einer anderen Beurteilung (beispielsweise, dass die Weisung nicht den Konzernbelangen dient, dies allerdings nicht offensichtlich ist), so hat er der Weisung nachzukommen. 36

IV. Weisungsrecht bei zustimmungspflichtigen Geschäften (Abs. 3)

Das Zustimmungsrecht des Aufsichtsrats in bestimmten Angelegenheiten der Geschäftsführung (§ 111 Abs. 4 S. 2) wird durch den Beherrschungsvertrag nicht außer Kraft gesetzt. Der **Aufsichtsrat** hat daher das **Recht,** seine **Zustimmung** für ein vom herrschenden Unternehmen **angewiesenes Geschäft zu verweigern.** § 308 Abs. 3 ermöglicht es dem herrschenden Unternehmen, das betreffende Geschäft dennoch durchzusetzen. Die Vorschrift ist missglückt und zu Recht erheblicher rechtspolitischer Kritik ausgesetzt.[101] In der Praxis scheint sie aber keine nennenswerten Schwierigkeiten aufzuwerfen.[102] 37

Wird der Vorstand angewiesen, ein Geschäft vorzunehmen, das nur mit Zustimmung des Aufsichtsrats der Gesellschaft vorgenommen werden darf, und wird diese Zustimmung nicht innerhalb einer angemessenen Frist erteilt, so hat der Vorstand dies gem. Abs. 3 S. 1 dem herrschenden Unternehmen mitzuteilen. Entsprechendes gilt, wenn der Aufsichtsrat seine Zustimmung verweigert hat.[103] 38

Das **herrschende Unternehmen** hat in beiden Fällen die **Möglichkeit,** nach der Mitteilung die **Weisung zu wiederholen.** In diesem Fall ist nach Abs. 3 S. 2 die Zustimmung des Aufsichtsrats nicht mehr erforderlich. Hat das herrschende Unternehmen einen Aufsichtsrat, darf die Weisung allerdings nur mit Zustimmung des Aufsichtsrats wiederholt werden. Grund dieser Regelung ist es, die Mitbestimmung der im Aufsichtsrat repräsentierten Arbeitnehmer zu gewährleisten. Die Zustimmung ermöglicht es dem Vorstand des herrschenden Unternehmens, vom Vorstand der abhängigen Gesellschaft bindend zu verlangen, das betreffende Geschäft vorzunehmen.[104] Nach dem Wortlaut der Vorschrift ist eine Zustimmung aber auch dann erforderlich, wenn das herrschende Unternehmen nicht der Mitbestimmung unterliegt. Aus diesem Grund nimmt die hM an, eine Zustimmung nach Abs. 3 S. 2 Hs. 2 sei auch dann erforderlich, wenn das herrschende Unternehmen seinen Sitz im Ausland hat.[105] Dem ist mit der Maßgabe zuzustimmen, dass das ausländische herrschende Unternehmen einen Aufsichtsrat haben muss. Andernfalls besteht kein Zustimmungserfordernis. 39

Im Schrifttum wird diskutiert, ob die Zustimmung des Aufsichtsrats des herrschenden Unternehmens Außenwirkung hat. Die hM lehnt dies zu Recht ab. Eine andere Auslegung ist schwerlich mit dem klar formulierten Wortlaut der Vorschrift („darf") vereinbar.[106] Fehlt sie, so kann der Vorstand 40

---

[99] MüKoAktG/*Altmeppen* Rn. 155; Hüffer/Koch/*Koch* Rn. 22. AA Emmerich/Habersack/*Emmerich* Rn. 53c.
[100] AllgM; vgl. MüKoAktG/*Altmeppen* Rn. 149; Emmerich/Habersack/*Emmerich* Rn. 53a; Hüffer/Koch/*Koch* Rn. 21.
[101] Vgl. *Rowedder* FS Duden, 1977, 501 (504 f.); Hüffer/Koch/*Koch* Rn. 23; Kölner Komm AktG/*Koppensteiner* Rn. 78.
[102] Vgl. Emmerich/Habersack/*Emmerich* Rn. 70.
[103] MüKoAktG/*Altmeppen* Rn. 162; Emmerich/Habersack/*Emmerich* Rn. 71; Hüffer/Koch/*Koch* Rn. 23; Kölner Komm AktG/*Koppensteiner* Rn. 76.
[104] *Semler,* Leitung und Überwachung der Aktiengesellschaft, 2. Aufl. 1996, 260.
[105] MüKoAktG/*Altmeppen* Rn. 165; Hüffer/Koch/*Koch* Rn. 24; Kölner Komm AktG/*Koppensteiner* Rn. 77; wohl auch Emmerich/Habersack/*Emmerich* Rn. 72.
[106] HM; vgl. MüKoAktG/*Altmeppen* Rn. 166; Emmerich/Habersack/*Emmerich* Rn. 73; Hüffer/Koch/*Koch* Rn. 24; Bürgers/Körber/*Fett* Rn. 29.

der Gesellschaft folglich dennoch verpflichtet sein, der Weisung nachzukommen. Es ist allerdings schwer vorstellbar, dass diese Rechtsfrage in der Praxis einmal relevant wird.

§ 309 Verantwortlichkeit der gesetzlichen Vertreter des herrschenden Unternehmens

(1) Besteht ein Beherrschungsvertrag, so haben die gesetzlichen Vertreter (beim Einzelkaufmann der Inhaber) des herrschenden Unternehmens gegenüber der Gesellschaft bei der Erteilung von Weisungen an diese die Sorgfalt eines ordentlichen und gewissenhaften Geschäftsleiters anzuwenden.

(2) ¹Verletzen sie ihre Pflichten, so sind sie der Gesellschaft zum Ersatz des daraus entstehenden Schadens als Gesamtschuldner verpflichtet. ²Ist streitig, ob sie die Sorgfalt eines ordentlichen und gewissenhaften Geschäftsleiters angewandt haben, so trifft sie die Beweislast.

(3) ¹Die Gesellschaft kann erst drei Jahre nach der Entstehung des Anspruchs und nur dann auf Ersatzansprüche verzichten oder sich über sie vergleichen, wenn die außenstehenden Aktionäre durch Sonderbeschluß zustimmen und nicht eine Minderheit, deren Anteile zusammen den zehnten Teil des bei der Beschlußfassung vertretenen Grundkapitals erreichen, zur Niederschrift Widerspruch erhebt. ²Die zeitliche Beschränkung gilt nicht, wenn der Ersatzpflichtige zahlungsunfähig ist und sich zur Abwendung des Insolvenzverfahrens mit seinen Gläubigern vergleicht oder wenn die Ersatzpflicht in einem Insolvenzplan geregelt wird.

(4) ¹Der Ersatzanspruch der Gesellschaft kann auch von jedem Aktionär geltend gemacht werden. ²Der Aktionär kann jedoch nur Leistung an die Gesellschaft fordern. ³Der Ersatzanspruch kann ferner von den Gläubigern der Gesellschaft geltend gemacht werden, soweit sie von dieser keine Befriedigung erlangen können. ⁴Den Gläubigern gegenüber wird die Ersatzpflicht durch einen Verzicht oder Vergleich der Gesellschaft nicht ausgeschlossen. ⁵Ist über das Vermögen der Gesellschaft das Insolvenzverfahren eröffnet, so übt während dessen Dauer der Insolvenzverwalter oder der Sachwalter das Recht der Aktionäre und Gläubiger, den Ersatzanspruch der Gesellschaft geltend zu machen, aus.

(5) Die Ansprüche aus diesen Vorschriften verjähren in fünf Jahren.

Schrifttum: *Altmeppen*, Die Haftung des Managers im Konzern, 1998; *Bernau*, Konzernrechtliche Ersatzansprüche als Gegenstand des Klageerzwingungsverfahrens nach § 147 Abs. 1 S. 1 AktG, AG 2011, 894; *Beuthien*, Art und Grenzen der aktienrechtlichen Haftung herrschender Unternehmen für Leitungsmißbrauch, DB 1969, 1781; *Brachvogel*, Leitungsmacht und Verantwortlichkeit im Konzern, 1967; *Emmerich*, Zur Organhaftung im Vertragskonzern, GS Sonnenschein 2003, S. 651; *Eschenbruch*, Konzernhaftung, 1996; *Kantzas*, Das Weisungsrecht im Vertragskonzern, 1988; *Kling*, Der besondere Vertreter im Aktienrecht, ZGR 2009, 190; *Kronstein*, Die Anwendbarkeit der §§ 311 ff. AktG über die Verantwortlichkeit im „faktischen Konzern" bei mehrstufigen Unternehmensverbindungen, BB 1967, 637; *Kropff*, Der konzernrechtliche Ersatzanspruch – ein zahnloser Tiger?, FS Bezzenberger, 2000, 233; *H.-J. Mertens*, Die Haftung wegen Mißbrauchs der Leitungsmacht nach § 309 AktG aus schadensrechtlicher Sicht, AcP 168 (1968), 225; *H.-J. Mertens*, Die gesetzlichen Einschränkungen der Disposition über Ersatzansprüche der Gesellschaft durch Verzicht und Vergleich in der aktien- und konzernrechtlichen Organhaftung, FS Fleck, 1988, 209; *Mock*, Die Entdeckung des besonderen Vertreters, DB 2008, 393; *K. Müller*, Die Haftung der Muttergesellschaft für die Verbindlichkeiten der Tochtergesellschaft im Aktienrecht, ZGR 1977, 1; *Pentz*, Die Rechtsstellung der Enkel-AG in einer mehrstufigen Unternehmensverbindung, 1994; *J. Semler*, Doppelmandats-Verbund im Konzern, FS Stiefel, 1987, 719; *Tröger*, Konzernverantwortung in der aufsichtsunterworfenen Finanzbranche, ZHR 177 (2013), 475; *Voigt*, Haftung aus Einfluss auf die Aktiengesellschaft (§§ 117, 309, 317 AktG), 2004; *Wäldle*, Die Anwendbarkeit des § 31 BGB und der Begriff des „gesetzlichen Vertreters" im Rahmen konzernrechtlicher Haftungstatbestände des faktischen Konzerns, DB 1972, 2289; *Westermann*, Der Besondere Vertreter im Aktienrecht, AG 2009, 237.

Übersicht

	Rn.		Rn.
I. Normzweck	1–5	2. Verantwortlichkeit bei Ausübung von Konzernleitungsmacht	16–19
II. Sorgfaltspflichten (Abs. 1)	6–19	III. Schadensersatzpflicht (Abs. 2)	20–30
1. Verpflichtete	6–15	1. Allgemeines	20–23
a) Gesetzliche Vertreter des herrschenden Unternehmens	6–9	2. Voraussetzungen	24–28
b) Sonderfälle	10–15	3. Beweislast	29, 30

	Rn.		Rn.
IV. Verzicht und Vergleich (Abs. 3)	31, 32	VI. Verjährung (Abs. 5)	38
V. Geltendmachung durch Aktionäre und Gläubiger (Abs. 4)	33–37	VII. Verantwortlichkeit des herrschenden Unternehmens	39–42
1. Geltendmachung durch einzelne Aktionäre	34, 35	1. Anspruchsgrundlage und Inhalt der Haftung	39, 40
2. Geltendmachung durch Gläubiger	36	2. Organverflechtung	41
3. Geltendmachung in der Insolvenz der Gesellschaft	37	3. Haftung bei Delegation des Weisungsrechts	42

I. Normzweck

Die Vorschrift hat die Haftung der gesetzlichen Vertreter des herrschenden Unternehmens wegen pflichtwidriger Ausübung des in § 308 normierten Weisungsrechts zum Gegenstand. Sie entspricht in ihrer Struktur der in § 93 vorgesehenen Haftung der Vorstandsmitglieder. So bestimmt Abs. 1, dass die gesetzlichen Vertreter sowie bei einem Einzelkaufmann der Inhaber des Geschäfts bei der Erteilung von Weisungen nach § 308 die Sorgfalt eines ordentlichen und gewissenhaften Geschäftsleiters anzuwenden haben. In Abs. 2 ist normiert, dass die gesetzlichen Vertreter bei Verletzung ihrer Pflichten zum Schadensersatz verpflichtet sind und die Beweislast dafür tragen, dass sie ihrer Sorgfaltspflicht Genüge getan haben. **1**

Die **Haftung** der **gesetzlichen Vertreter** wegen fehlerhafter Ausübung des Weisungsrechts hat ihren **Grund** darin, dass anderenfalls eine Schützlücke bestehen würde. Vertragspartner der abhängigen Gesellschaft und Trägerin des Weisungsrechts ist das herrschende Unternehmen (→ § 308 Rn. 10). Ausgeübt wird das Weisungsrecht durch die gesetzlichen Vertreter des herrschenden Unternehmens. Diese bestimmen einerseits die Unternehmenspolitik der abhängigen Gesellschaft, sind aber andererseits gegenüber der abhängigen Gesellschaft nicht nach § 93 verantwortlich. § 309 hat die Funktion, die durch den **Beherrschungsvertrag** begründete **Leitungsmacht der gesetzlichen Vertreter** des herrschenden Unternehmens mit einer **entsprechenden Verantwortlichkeit** zu **verknüpfen**.[1] Auf diese Weise wird zum einen gewährleistet, dass die der Gesellschaft entstandenen Schäden von den verantwortlichen Personen auszugleichen sind. Zum anderen sollen sie angehalten werden, ihre Sorgfaltspflichten zu beachten (Präventivfunktion). Darin liegt auch bislang die praktische Bedeutung der Vorschrift. **2**

Die Haftung des herrschenden Unternehmens ist in § 309 nicht geregelt. Der Gesetzgeber meinte, dass sich diese nach allgemeinen Rechtsgrundsätzen auf Grund des Beherrschungsvertrags bestimme.[2] Darüber besteht im Ergebnis mittlerweile Einigkeit. Nicht abschließend geklärt ist allerdings die Rechtsgrundlage einer Haftung (→ Rn. 39). **3**

Abs. 3 beschränkt die Möglichkeit, auf Ersatzansprüche zu verzichten oder sich über sie zu vergleichen. Die Vorschrift wurde durch Art. 47 Nr. 18a EGInsO mit Wirkung zum 1.1.1999 geändert. Nach Abs. 4 S. 1 und 2 ist es – abweichend von § 93 auch einem einzelnen – Aktionär möglich, die Schadensersatzansprüche der Gesellschaft geltend zu machen. Der Aktionär kann jedoch nur Leistung an die Gesellschaft verlangen (gesetzlich geregelter Fall der actio pro socio).[3] Abs. 4 S. 3 und 4 räumen dieses Recht auch Gläubigern der Untergesellschaft ein, die allerdings berechtigt sind, Leistung an sich selbst zu verlangen. **4**

Die **Vorschrift** ist **zwingend**. Sie kann weder durch den Beherrschungsvertrag noch durch den Anstellungsvertrag der gesetzlichen Vertreter abbedungen oder modifiziert werden.[4] Ihre praktische Bedeutung ist gering.[5] **5**

II. Sorgfaltspflichten (Abs. 1)

1. Verpflichtete. a) Gesetzliche Vertreter des herrschenden Unternehmens. Die Vorschrift verpflichtet die gesetzlichen Vertreter des herrschenden Unternehmens. Hiermit sind diejenigen Personen gemeint, welche die Geschäftsführungs- und Vertretungsfunktion organschaftlich ausüben.[6] **6**

---

[1] RegBegr. *Kropff* S. 404.
[2] RegBegr. *Kropff* S. 405.
[3] Str.; → Rn. 34.
[4] RegBegr. *Kropff* S. 404; MüKoAktG/*Altmeppen* Rn. 4; Kölner Komm AktG/*Koppensteiner* Rn. 1; Emmerich/Habersack/*Emmerich* Rn. 6.
[5] Vgl. *Müller* Der Konzern 2006, 725 (726) (nur zwei Klagen binnen 40 Jahren); jüngst KG AG 2012, 256 (260).
[6] AllgM; vgl. MüKoAktG/*Altmeppen* Rn. 12; Emmerich/Habersack/*Emmerich* Rn. 14; Hüffer/Koch/*Koch* Rn. 3; Kölner Komm AktG/*Koppensteiner* Rn. 26.

In einer offenen Handelsgesellschaft sind dies gem. § 125 HGB die vertretungsberechtigten Gesellschafter,[7] in einer BGB-Gesellschaft diejenigen Gesellschafter, die nach dem Gesellschaftsvertrag vertretungsberechtigt sind.[8] Wird der Beherrschungsvertrag mit mehreren Müttern geschlossen,[9] so haften folglich die gesetzlichen Vertreter aller Mütter als Gesamtschuldner, sofern sie ihr Weisungsrecht gemeinschaftlich ausüben. Steht das Weisungsrecht nur einer Mutter zu, so ist allein deren gesetzlicher Vertreter zum Schadensersatz verpflichtet. In diesem Fall sind die anderen Mütter allerdings für die ordnungsgemäße Auswahl und Überwachung verantwortlich.[10] Wenn das herrschende Unternehmen von einer juristischen Person vertreten wird (GmbH & Co KG, etc.), findet § 309 auf die Komplementärin (die juristische Person) unmittelbar[11] und auf deren gesetzliche Vertreter analog Anwendung.[12] Letzteres folgt aus dem Zweck der Vorschrift, die von einer natürlichen, zur gesetzlichen Vertretung berechtigten Person ausgeübte Konzernleitungsmacht mit einer entsprechenden Verantwortlichkeit zu verknüpfen (→ Rn. 2).

7   Die **Mitglieder** des **Aufsichtsrats** des herrschenden Unternehmens sind keine gesetzlichen Vertreter iSv § 309. Manche Stimmen sprechen sich allerdings dafür aus, die Vorschrift anzuwenden, sofern der Aufsichtsrat des herrschenden Unternehmens der Weisung nach § 308 Abs. 3 zugestimmt hat.[13] Zur Begründung wird angeführt, dass der Aufsichtsrat einen maßgebenden Einfluss auf die Konzernleitung ausüben würde und daher – schon aus Gründen der Prävention – eine Sanktion geboten sei. Dem ist nicht zu folgen.[14] Die Zustimmung nach § 308 Abs. 3 stellt keine Maßnahme zur Leitung der abhängigen Gesellschaft dar, sondern ermächtigt den Vorstand des herrschenden Unternehmens, eine Weisung durchzusetzen (→ § 308 Rn. 36). Ihr kommt nur eine interne Bedeutung zu, so dass eine erweiterte oder entsprechende Anwendung des § 309 ausscheiden muss.

8   Wird die **Leitungsmacht** von einem **Dritten** ausgeübt, dem das **Weisungsrecht** im Wege der **Delegation** anvertraut wurde (→ § 308 Rn. 12), **haften die gesetzlichen Vertreter** des herrschenden Unternehmens hinsichtlich der **Auswahl** und **Überwachung** der weisungsbefugten Personen nach § 309.[15] Nach wohl überwiegender Ansicht soll der **gesetzliche Vertreter** auch persönlich für die **fehlerhafte Ausübung** der **Leitungsmacht** durch den Dritten (Delegatar) nach § 309 iVm § 278 BGB einstehen müssen.[16] Diese Auslegung kann aber schwerlich mit dem Sinn und Zweck der Vorschrift in Einklang gebracht werden, eine auf Grund des Übergangs der Konzernleitungsmacht auf das herrschende Unternehmen aufgetretene Haftungslücke zu schließen (→ Rn. 2). Sie ist auch in systematischer Hinsicht nicht überzeugend. Die Rechtsfrage ist ebenso wie bei § 93 zu beantworten: Der gesetzliche Vertreter (bei § 93 der Vorstand, bei § 309 der Vorstand, Geschäftsführer etc. des herrschenden Unternehmens) hat nicht für Fremdverschulden nach § 278 BGB einzustehen, denn Geschäftsherr ist nicht das Vorstandsmitglied, sondern die Gesellschaft (→ § 93 Rn. 88 ff.). Es ist nicht ersichtlich, warum der gesetzliche Vertreter im Falle von § 309 strenger haften soll als im Falle von § 93.[17] Der Delegatar selbst haftet freilich – entgegen der hM – analog § 309.[18] Die Vorschrift kann zwar nicht unmittelbar angewandt werden, da der mit der Weisung betraute Dritte nicht gesetzlicher Vertreter des herrschenden Unternehmens ist. Doch sind die Voraussetzungen einer Analogie gegeben. Zum einen besteht eine empfindliche Schutzlücke,[19] weil das Verschulden

---

[7] Vgl. RegBegr. *Kropff* S. 404.
[8] MüKoAktG/*Altmeppen* Rn. 13; Emmerich/Habersack/*Emmerich* Rn. 14; Hüffer/Koch/*Koch* Rn. 3; *Kantzas*, Das Weisungsrecht im Vertragskonzern, 1988, 158; Kölner Komm AktG/*Koppensteiner* Rn. 26. AA nur die ältere Literatur; vgl. GHEK/*Geßler* AktG Rn. 9.
[9] Zur Mehrmütterherrschaft → § 291 Rn. 31; zur steuerrechtlichen Relevanz einer Mehrmütterherrschaft → Vor § 291 Rn. 18.
[10] MüKoAktG/*Altmeppen* Rn. 13; Emmerich/Habersack/*Emmerich* Rn. 12; Hüffer/Koch/*Koch* Rn. 7.
[11] Emmerich/Habersack/*Emmerich* Rn. 14; Hüffer/Koch/*Koch* Rn. 3. Vgl. auch MüKoAktG/*Altmeppen* Rn. 16 mit dem zutreffenden Hinweis, dass die Komplementärin auch gem. § 128 HGB haftet.
[12] Ebenso Hüffer/Koch/*Koch* Rn. 3; iE ebenso (direkte oder analoge Anwendung offengelassen) MüKoAktG/*Altmeppen* Rn. 15 f.; Emmerich/Habersack/*Emmerich* Rn. 14; Kölner Komm AktG/*Koppensteiner* Rn. 28; für eine unmittelbare Anwendung *Kantzas*, Das Weisungsrecht im Vertragskonzern, 1988, 159.
[13] *Wäldle* DB 1972, 2289 (2292) (wegen rechtlich und faktisch maßgeblichen Einflusses auf die Geschäftsleitung); zust. *Kantzas*, Das Weisungsrecht im Vertragskonzern, 1988, 171.
[14] *Semler*, Leitung und Überwachung der Aktiengesellschaft, 2. Aufl. 1996, 259 f.; MüKoAktG/*Altmeppen* Rn. 19; Emmerich/Habersack/*Emmerich* Rn. 17; Hüffer/Koch/*Koch* Rn. 4; ebenso auch Kölner Komm AktG/ *Koppensteiner* Rn. 35 (unter Aufgabe der in der 1. Aufl. vertretenen Ansicht).
[15] MüKoAktG/*Altmeppen* Rn. 152; Emmerich/Habersack/*Emmerich* § 308 Rn. 14.
[16] Emmerich/Habersack/*Emmerich* Rn. 15; Hüffer/Koch/*Koch* Rn. 4; *Mertens* AcP 168 (1968) 225 (227).
[17] MüKoAktG/*Altmeppen* § 308 Rn. 43 f.
[18] MüKoAktG/*Altmeppen* § 308 Rn. 48 f. AA die hM, die eine Haftung lediglich nach § 117, § 823 Abs. 2 BGB iVm § 266 StGB bzw. § 826 BGB bejaht; vgl. Hüffer/Koch/*Koch* Rn. 4; Emmerich/Habersack/*Emmerich* Rn. 26; Kölner Komm AktG/*Koppensteiner* Rn. 36.
[19] MüKoAktG/*Altmeppen* § 308 Rn. 49.

des Delegatars den gesetzlichen Vertretern des herrschenden Unternehmens nicht zugerechnet werden kann. Zum anderen bezweckt § 309, denjenigen persönlich haftbar zu machen, der die Geschäfte der abhängigen Gesellschaft maßgeblich bestimmt (→ Rn. 2, 6); dies ist im Falle einer Delegation der mit der Ausübung des Weisungsrechts betraute Dritte.

Nach Abs. 1 ist beim **Einzelkaufmann** der Inhaber einem gesetzlichen Vertreter gleichgestellt. 9 Diese Bestimmung ist einerseits überflüssig, soweit zur Debatte steht, welche Personen für eine fehlerhafte Ausübung des Weisungsrechts einzustehen haben, da der Inhaber eines einzelkaufmännischen Unternehmens als Vertragspartner der Gesellschaft haftungsrechtlich zur Verantwortung gezogen werden kann.[20] Andererseits ist sie von Bedeutung, weil sie klarstellt, dass der Sorgfaltsmaßstab nach Abs. 1 bestimmt, die Beweislast umgekehrt ist (Abs. 2 S. 2) und die Aktionäre sowie die Gläubiger die Möglichkeit haben, den Anspruch der Gesellschaft geltend zu machen.[21]

b) Sonderfälle. aa) Körperschaft öffentlichen Rechts. Handelt es sich bei dem herrschenden 10 Unternehmen um eine Körperschaft öffentlichen Rechts, ist § 309 nicht anwendbar. Die öffentlichen Bediensteten sind nach den Vorschriften über die Amtshaftung verantwortlich.[22] Die in § 309 Abs. 3–5 getroffenen Regelungen gelten allerdings entsprechend.[23]

bb) Mehrstufige Unternehmensverbindungen. Regelungsmodell des § 309 ist die einstufige 11 Unternehmensverbindung. Fraglich ist, ob und nach welchen Vorschriften eine Haftung in einer mehrstufigen Unternehmensverbindung begründet sein kann. Angesichts der Komplexität der Konzernpraxis ist es erforderlich, die verschiedenen in Betracht kommenden Konzernverhältnisse gesondert zu würdigen. Dies kann hier nicht erschöpfend geschehen. Im Folgenden werden nur die praxisrelevanten Fallgestaltungen analysiert.[24] Grundlage dafür ist (selbstverständlich), dass eine Haftung der gesetzlichen Vertreter nach § 309 nur bei rechtswidrigen, sorgfaltswidrig erteilten Weisungen in Betracht kommt.

Besteht zwischen **Mutter** und **Enkelin** ein **Beherrschungsvertrag**, so ist die Mutter berechtigt, 12 der Enkelin Weisungen zu erteilen (→ § 308 Rn. 10). Die gesetzlichen Vertreter der Mutter haften in diesem Fall gegenüber der Enkelin nach § 309.[25]

Schwieriger sind die Fälle zu beurteilen, in denen die Mutter eine Weisung durch die Tochter 13 erteilen lässt, weil ihr mangels einer unmittelbaren beherrschungsvertraglichen Bindung der Enkelin kein Weisungsrecht gegenüber dieser zusteht (→ § 308 Rn. 10). Dabei sind im Kern zwei Fallkonstellationen auseinanderzuhalten.

So kommt erstens in Betracht, dass mehrere Beherrschungsverträge hintereinandergeschaltet sind 14 (**Beherrschungsvertrag** zwischen **Mutter** und **Tochter** sowie zwischen **Tochter** und **Enkelin**). Weist die Mutter die Tochter an, der Enkelin eine Weisung zu erteilen, so ist die Tochter gem. § 308 Abs. 2 S. 1 verpflichtet, der Weisung nachzukommen. Die Tochter darf die Befolgung der Weisung nur unter den in § 308 Abs. 2 S. 2 normierten Voraussetzungen verweigern. Soweit sie gebunden ist, kommt eine Haftung nach § 309 nicht in Betracht.[26] Allerdings ist nach Sinn und Zweck des § 309 (Verknüpfung der tatsächlich ausgeübten Konzernleitungsmacht mit einer entsprechenden Verantwortlichkeit) eine Haftung der gesetzlichen Vertreter der Muttergesellschaft anzunehmen.[27]

Zweitens ist die Konstellation anzutreffen, dass die **Tochter** von der **Mutter faktisch abhängig** 15 ist, zwischen **Tochter** und **Enkelin** ein **Beherrschungsvertrag** besteht und die Tochter auf Veranlassung der Mutter der Enkelin eine Weisung erteilt. In diesem Fall kann die Tochter sich nicht

---

[20] Zur Haftung des herrschenden Unternehmens → Rn. 39–42.
[21] MüKoAktG/*Altmeppen* Rn. 17; Emmerich/Habersack/*Emmerich* Rn. 19; ähnlich auch Hüffer/Koch/*Koch* Rn. 5.
[22] Hüffer/Koch/*Koch* Rn. 6; Kölner Komm AktG/*Koppensteiner* Rn. 32; zweifelnd MüKoAktG/*Altmeppen* Rn. 21; Emmerich/Habersack/*Emmerich* Rn. 18; Bürgers/Körber/*Fett* Rn. 6.
[23] Zutr. MüKoAktG/*Altmeppen* Rn. 21; Emmerich/Habersack/*Emmerich* Rn. 18.
[24] Vgl. zu anderen, hier nicht diskutierten Konstellationen und Haftungsfragen MüKoAktG/*Altmeppen* Rn. 37 (Haftung der Mutter und ihrer gesetzlichen Vertreter gegenüber der Tochter bei Weisungen in einer Beherrschungsvertragskette), → Rn. 38 ff. (Beherrschungsvertrag zwischen Enkel und Tochter sowie zwischen Enkel und Mutter).
[25] MüKoAktG/*Altmeppen* Rn. 44; Emmerich/Habersack/*Emmerich* Rn. 8.
[26] Kölner Komm AktG/*Koppensteiner* Rn. 30; MüKoAktG/*Altmeppen* Rn. 32 f. (mit der Maßgabe, dass unter bestimmten Voraussetzungen eine Haftung analog § 310 bestehen könne); Hüffer/Koch/*Koch* Rn. 7; iE auch *Pentz*, Die Rechtsstellung der Enkel-AG in einer mehrstufigen Unternehmensverbindung, 1994, 117 f. AA (Haftung auch dann, wenn keine Bindungswirkung besteht) Emmerich/Habersack/*Emmerich* Rn. 9; Rehbinder ZGR 1977, 581 (610).
[27] MüKoAktG/*Altmeppen* Rn. 34 f.; Emmerich/Habersack/*Emmerich* Rn. 9; Hüffer/Koch/*Koch* Rn. 7; Kölner Komm AktG/*Koppensteiner* Rn. 30; *Rehbinder* ZGR 1977, 581 (611); *Pentz*, Die Rechtsstellung der Enkel-AG in einer mehrstufigen Unternehmensverbindung, 1994, 119 f.

darauf berufen, ihre Handlungsautonomie sei gem. § 308 Abs. 2 eingeschränkt. Es ist daher anerkannt, dass die gesetzlichen Vertreter der Tochter gegenüber der Enkelin nach § 309 haften.[28] Dagegen ist es noch ungeklärt, nach welchen Vorschriften die Mutter der Enkelin haftet. Vorzugswürdig ist es, die Verantwortlichkeit der Mutter und ihrer gesetzlichen Vertreter nach §§ 311, 317 zu beurteilen.[29] Diese Vorschriften werden durch den zwischen Tochter und Enkelin bestehenden Beherrschungsvertrag nicht ausgeschlossen.

16   **2. Verantwortlichkeit bei Ausübung von Konzernleitungsmacht.** Eine Schadensersatzpflicht kann nach dem Wortlaut von § 309 Abs. 1 nur begründet sein, wenn die gesetzlichen Vertreter durch die Erteilung von Weisungen in die Leitung der Gesellschaft eingegriffen haben.[30] Da unter dem Begriff der Weisung jede Willensäußerung des herrschenden Unternehmens zu verstehen ist, die der Vorstand der abhängigen Gesellschaft als verbindlich ansehen durfte (→ § 308 Rn. 5), hat § 309 einen weiten Anwendungsbereich. Die Vorschrift ist nach ihrem Sinn und Zweck (→ Rn. 2) entsprechend anwendbar, wenn die gesetzlichen Vertreter auf eine andere als die in § 308 Abs. 1 vorgesehene Weise Konzernleitungsmacht ausgeübt haben. Dies ist beispielsweise denkbar, wenn dem herrschenden Unternehmen im Vertrag Zustimmungsrechte eingeräumt sind (→ § 291 Rn. 26).

17   Wenn ein **gesetzlicher Vertreter** eine **Weisung unterlassen** hat, kommt eine **Haftung** nach § 309 grundsätzlich **nicht** in **Betracht**.[31] Eine andere weitergehende Auslegung wäre nur möglich, wenn es im Vertragskonzern eine Pflicht des herrschenden Unternehmens geben würde, die gesamte unternehmerische Tätigkeit in den abhängigen Gesellschaften im Konzerninteresse zu determinieren. Dies ist aber nicht der Fall. Die im Schrifttum unternommenen Vorstöße, eine Konzernleitungspflicht des herrschenden Unternehmens zu etablieren,[32] haben sich nicht als weiterführend erwiesen.[33] Vor diesem Hintergrund kann nur ausnahmsweise und unter eng umrissenen Voraussetzungen eine Haftung nach § 309 begründet sein. Dies ist anzunehmen, wenn durch eine Weisung der gesetzlichen Vertreter des herrschenden Unternehmens eine Lage geschaffen wurde, die ein erneutes Tätigwerden des herrschenden Unternehmens erfordert. Möglich ist dies beispielsweise, wenn der Vorstand der abhängigen Gesellschaft nur auf Weisung tätig werden darf oder wenn zunächst nicht erkennbare negative Auswirkungen einer bereits erteilten Weisung sichtbar werden und durch Erteilung einer weiteren Weisung behoben oder begrenzt werden können.[34] Schließlich ist es vor allem im Bank- und Versicherungsaufsichtsrecht denkbar, dass der Vorstand eines herrschenden Unternehmens haftungsrechtlich verantwortlich sein kann, weil er die aufsichtsrechtlich geforderten Compliance-Strukturen und Risikomanagementsysteme nicht geschaffen hat.[35]

18   Problematisch sind die Fälle der **Organverflechtung** (→ § 308 Rn. 5): Ist ein gesetzlicher Vertreter des herrschenden Unternehmens auch Mitglied des Vorstands der abhängigen Gesellschaft, so stellt sich die Frage, wie sein Verhalten im Zusammenhang mit Weisungen der Muttergesellschaft einzuordnen ist. Soweit er seinen Vorstandskollegen in seiner Eigenschaft als Vertreter der Obergesellschaft eine Weisung erteilt, ist dies unproblematisch als Weisung iS des § 308 zu qualifizieren, mit der Folge, dass § 309 Anwendung findet.[36] Zweifelhaft ist, ob das betreffende Organmitglied auch dann haftet, wenn es die Handlung selbst vornimmt. In diesem Fall kann schwerlich angenommen werden, dass eine Weisung erteilt worden sei. Eine verbreitete Ansicht lehnt eine Haftung nach § 309 aus diesem Grund ab. Sie argumentiert, dass das Vorstandsmitglied als Organwalter der abhängigen Gesellschaft und nicht als Vertreter des herrschenden Unternehmens handele, so dass nur eine Haf-

---

[28] MüKoAktG/*Altmeppen* Rn. 43; Emmerich/Habersack/*Emmerich* Rn. 11.
[29] Emmerich/Habersack/*Emmerich* Rn. 11; *Kronstein* BB 1967, 637 (641); *Rehbinder* ZGR 1977, 581 (633) (wenn die Mutter auf die Enkelin unmittelbar eingewirkt habe). AA Hüffer/Koch/*Koch* Rn. 7; Kölner Komm AktG/*Koppensteiner* Rn. 31; Bürgers/Körber/*Fett* Rn. 8.
[30] MüKoAktG/*Altmeppen* Rn. 48; Hüffer/Koch/*Koch* Rn. 9; Kölner Komm AktG/*Koppensteiner* Rn. 5. AA *Emmerich* GS Sonnenschein, 2003, 651 (654 f.) (Weiterentwicklung zu einer Haftung für fehlerhafte Konzerngeschäftsführung).
[31] MüKoAktG/*Altmeppen* Rn. 54; Hüffer/Koch/*Koch* Rn. 10; Kölner Komm AktG/*Koppensteiner* Rn. 6; *Kantzas*, Das Weisungsrecht im Vertragskonzern, 1988, 165; Bürgers/Körber/*Fett* Rn. 12.
[32] Vgl. *Hommelhoff*, Die Konzernleitungspflicht, 1982, 165 ff. (305 ff.); *U. H. Schneider* BB 1981, 249 (256).
[33] Vgl. die Besprechungen der *Hommelhoff*'schen Schrift von *Kropff* ZGR 1984, 112 (116 ff.) und *Rehbinder* ZHR 147 (1983) 464 (467 ff.); ferner *Mülbert* Aktiengesellschaft, Unternehmensgruppe und Kapitalmarkt 29 ff. (Konzernleitungspflicht sei kaum mit der lex lata vereinbar).
[34] Hüffer/Koch/*Koch* Rn. 10; Kölner Komm AktG/*Koppensteiner* Rn. 6; MüKoAktG/*Altmeppen* Rn. 58 f.; Bürgers/Körber/*Fett* Rn. 12. AA Emmerich/Habersack/*Emmerich* Rn. 31 (Haftung soweit eine Konzerngeschäftsführungspflicht bestehe); *Emmerich* GS Sonnenschein, 2003, 651 (654 f.).
[35] Vgl. Bürgers/Körber/*Fett* Rn. 12; *Tröger* ZHR 177 (2013) 475 (510 ff.).
[36] Inzwischen allgM; vgl. MüKoAktG/*Altmeppen* Rn. 62; Hüffer/Koch/*Koch* Rn. 29; *Kantzas*, Das Weisungsrecht im Vertragskonzern, 1988, 160; Kölner Komm AktG/*Koppensteiner* Rn. 9.

tung nach § 93 in Betracht komme.[37] Konsequenz dieser Auslegung ist, dass die außenstehenden Aktionäre und Gläubiger der Gesellschaft nicht die Möglichkeit haben, einen Schadensersatzanspruch der Gesellschaft gem. § 309 Abs. 3 und 4 geltend zu machen. Ihre Rechte bestimmen sich nach den in § 93 Abs. 4 und 5 vorgesehenen Regeln. *Koppensteiner* hält dies für wertungswidersprüchlich: Ob den Aktionären ein individuelles Recht auf Klageerhebung gem. § 309 Abs. 4 S. 1 zustehe, könne nicht davon abhängen, ob eine Weisung formell erteilt worden sei. Ferner dürfe nicht ausgeblendet werden, dass das Vorstandsmitglied auch der Geschäftsleitung des herrschenden Unternehmens angehöre.[38] Beide Einwände sind jedoch letztlich nicht stichhaltig. Es besteht kein Bedürfnis, rechtsfortbildend den Anwendungsbereich des § 309 erweiternd auszulegen. Das Vorstandsmitglied ist in der skizzierten Konstellation nach § 93 zum Schadensersatz verpflichtet, so dass es nach Sinn und Zweck des § 309 nicht geboten ist, eine besondere Organverantwortlichkeit zu schaffen.[39]

Anders ist es schließlich zu beurteilen, wenn die gesetzlichen Vertreter des herrschenden Unternehmens die abhängige Gesellschaft anweisen, eine bestimmte Angelegenheit der Geschäftsführung der Hauptversammlung zur Entscheidung vorzulegen (vgl. § 119 Abs. 2). Das herrschende Unternehmen könnte auf diese Weise auf Grund seiner in der Regel vorhandenen Stimmenmehrheit für einen entsprechenden Beschluss der Hauptversammlung sorgen und somit die in § 308 Abs. 2 normierte Kontrollfunktion des Vorstands der abhängigen Gesellschaft umgehen. Eine solche Weisung ist daher unzulässig (→ § 308 Rn. 21). Die gesetzlichen Vertreter des herrschenden Unternehmens haften in diesem Fall analog § 309.[40]

III. Schadensersatzpflicht (Abs. 2)

1. Allgemeines. § 309 Abs. 2 statuiert eine Schadensersatzpflicht, wenn die genannten Personen „ihre Pflichten" verletzen. Angesichts dieses karg formulierten Wortlauts ist es nicht verwunderlich, dass der Anwendungsbereich der Haftungsvorschrift kontrovers diskutiert wird. Ausgangspunkt hierfür ist die bis heute nicht abschließend geklärte Auseinandersetzung über den **Rechtsgrund** und die Funktion der Schadensersatzpflicht. Es stehen sich zwei Positionen gegenüber, die zu unterschiedlichen Ergebnissen hinsichtlich der Anspruchsvoraussetzungen gelangen.

Die wohl hM nimmt an, § 309 sei zum einen Haftungstatbestand (Pflichtverletzungstatbestand) und zum anderen Haftungsmaßstab.[41] Aus dieser **Doppelfunktion** der **Vorschrift** folge, dass jede Sorgfaltspflichtverletzung bei der Erteilung von Weisungen zu einer Schadensersatzpflicht der gesetzlichen Vertreter führe. Selbst eine nach Maßgabe von § 308 Abs. 1 rechtmäßig erteilte Weisung könne eine Haftung begründen. Diese Auslegung wird auf eine systematische (§ 309 stimme zum Teil wörtlich mit § 93 überein) und am Regelungszweck des § 309 orientierte Interpretation gestützt.[42]

Die Gegenposition vertritt, dass Abs. 1 lediglich den Maßstab des Verschuldens festlege. Eine **Haftung** nach Abs. 2 könne nur bei Erfüllung eines besonderen, aus § 308 abzuleitenden Haftungstatbestands begründet sein. Sie setze voraus, dass die **gesetzlichen Vertreter** des **herrschenden Unternehmens** eine **objektiv rechtswidrige Weisung erteilt** haben.[43] § 309 bestimme, dass der Geschäftsleiter hafte, wenn er dabei in subjektiver Hinsicht gegen die Sorgfaltsmaßstäbe eines ordentlichen und gewissenhaften Geschäftsleiters verstoßen hat. Zur Begründung wird der systematische Zusammenhang zwischen § 308 und § 309 angeführt.[44] Ferner wird argumentiert, eine Haftung ohne Unrecht komme nur in den Fällen der Gefährdungshaftung in Betracht.[45] Auch beruft sie sich auf die in den Materialien niedergelegten Vorstellungen des Gesetzgebers. So heißt es in der Begrün-

---

[37] MüKoAktG/*Altmeppen* Rn. 63; Hüffer/Koch/*Koch* Rn. 28.
[38] Kölner Komm AktG/*Koppensteiner* Rn. 9; wohl auch Emmerich/Habersack/*Emmerich* Rn. 30, 31 (Anwendungsbereich des § 309 Abs. 2 sei nicht auf den in § 309 Abs. 1 genannten Fall einer Weisungserteilung beschränkt). Vgl. auch *Kantzas*, Das Weisungsrecht im Vertragskonzern, 1988, 161 (Anwendung des § 309, wenn nicht erkennbar sei, in welcher Eigenschaft das Vorstandsmitglied gehandelt habe).
[39] Ebenso MüKoAktG/*Altmeppen* Rn. 65; ähnlich Hüffer/Koch/*Koch* Rn. 29.
[40] MüKoAktG/*Altmeppen* Rn. 66; Emmerich/Habersack/*Emmerich* Rn. 24; Hüffer/Koch/*Koch* Rn. 12; Kölner Komm AktG/*Koppensteiner* Rn. 10.
[41] *Mertens* AcP 168 (1968) 225 (229 f.); *Emmerich*, GS Sonnenschein, 2003, 651 (656); Emmerich/Habersack/*Emmerich* Rn. 29; *Eschenbruch*, Konzernhaftung, 1996, Rn. 3041; Hüffer/Koch/*Koch* Rn. 14; Großkomm AktG/*Hirte* Rn. 22; *Voigt*, Haftung aus Einfluss auf die Aktiengesellschaft (§§ 117, 309, 317 AktG), 2004, 289 ff.; *Fleischer* in Fleischer Vorstands-HdB § 18 Rn. 55.
[42] *Mertens* AcP 168 (1968) 225 (230) (mit dem weiteren Argument, nur auf dieser Grundlage seien brauchbare Ergebnisse bei der Schadensberechnung zu erzielen); Emmerich/Habersack/*Emmerich* Rn. 29; Hüffer/Koch/*Koch* Rn. 14.
[43] Kölner Komm AktG/*Koppensteiner* Rn. 11; *Koppensteiner* AG 1995, 95 (96); Großkomm AktG/*Würdinger*, 3. Aufl. 1971, Anm. 3; *Müller* ZGR 1977, 1 (3); MüKoAktG/*Altmeppen* Rn. 70 f.
[44] Kölner Komm AktG/*Koppensteiner* Rn. 11.
[45] Kölner Komm AktG/*Koppensteiner* Rn. 11.

dung zu § 309: „Erteilen sie [die gesetzlichen Vertreter] Weisungen, die sie nach § 308 oder auf Grund des Vertrags nicht erteilen dürfen, so sind sie der Gesellschaft zum Ersatz des daraus entstandenen Schadens verpflichtet."[46] Die von den Vertretern der „Doppelfunktionslehre" propagierte Sichtweise vertrage sich nicht damit, dass das herrschende Unternehmen auf Grund des Beherrschungsvertrags eine wirtschaftliche Fusion betreiben dürfe und der Bestand der Gesellschaft durch die in § 302 Abs. 1 normierte Verlustausgleichspflicht effektiv – und damit in ausreichender Weise – gewährleistet sei.[47] Es widerspräche der Funktion des Vertrags, wenn man § 309 als eine Schranke der Konzernleitungsmacht begreifen würde.

23   Trotz dieser gewichtigen Argumente ist der hL zuzustimmen. Sie macht zu Recht geltend, dass sich § 309 auf unternehmerische Entscheidungen erstreckt. Die Vorschrift ist funktional und rechtskonstruktiv der in § 93 normierten allgemeinen Geschäftsleiterhaftung nachgebildet. Es ist daher aus systematischer Sicht gerade geboten, § 309 im Lichte der zu § 93 erzielten Erkenntnisse auszulegen. Dies ermöglicht es auch, die Business Judgment Rule friktionslos in den Tatbestand des § 309 einzubetten;[48] § 93 Abs. 1 S. 2 findet entsprechende Anwendung.[49] Es sind daher auch keine unangemessenen Haftungsfolgen für das herrschende Unternehmen zu befürchten.

24   **2. Voraussetzungen.** Ein Schadensersatzanspruch nach § 309 Abs. 2 setzt erstens voraus, dass der **Anspruchsgegner** eine Pflichtverletzung begangen hat. Ein **objektiver Verstoß** ist (erst dann) begründet, wenn der gesetzliche Vertreter sein Ermessen (analog § 93 Abs. 1 S. 2) überschritten hat. Insbesondere kann er sich bei der Beurteilung, ob die Maßnahme den Belangen des herrschenden Unternehmens oder der mit ihm verbundenen Unternehmen dient (vgl. § 308 Abs. 1 S. 2), auf sein Ermessen berufen.[50] Eine Haftung kann sowohl bei rechtlich zulässigen Weisungen als auch bei rechtswidrigen (nach dem Beherrschungsvertrag, der Satzung oder dem Gesetz unzulässigen) Weisungen begründet sein.[51]

25   Zweitens muss der **gesetzliche Vertreter** bei der Erteilung einer Weisung gegen die **Sorgfalt** eines **ordentlichen** und **gewissenhaften Geschäftsleiters verstoßen** haben (§ 309 Abs. 1). Der Sorgfaltsmaßstab entspricht dem des § 93. Erforderlich ist also mindestens Fahrlässigkeit (Einzelheiten → § 93 Rn. 194).

26   Auszugleichen ist jeder Schaden, den die Gesellschaft auf Grund der rechts- und pflichtwidrigen Weisung erlitten hat. Der **Schaden** ist nach §§ 249 ff. BGB zu bestimmen. Dabei stellt sich die Frage, ob bestimmte Vorteile mit den der Gesellschaft zugefügten Nachteilen zu saldieren sind. Zur Debatte steht zum einen, wie es zu beurteilen ist, wenn zwischen dem herrschenden Unternehmen und der Gesellschaft außer dem Beherrschungsvertrag ein Gewinnabführungsvertrag besteht. Sofern der Gesellschaft ein Nachteil entstanden ist, reduziert sich entweder ihre Verpflichtung, den Gewinn an das herrschende Unternehmen abzuführen, oder ihr Anspruch auf Verlustausgleich fällt entsprechend höher aus. Zweifelhaft ist zum anderen, ob die Vorteile für den Konzern (das herrschende Unternehmen oder ein konzernverbundenes Unternehmen), die aus einer nachteiligen, den Konzerninteressen nicht dienenden Weisung erwachsen, zu berücksichtigen sind.

27   In der letztgenannten Konstellation kommt nach zutreffender hM eine **Anrechnung** der **Konzernvorteile** bei der Schadensermittlung nicht in Betracht.[52] Eine Saldierung sämtlicher Vorteile mit den der Gesellschaft zugefügten Nachteilen dürfte praktisch unmöglich sein und ist mit den Zwecken des § 309 nicht zu vereinbaren.[53] Hinsichtlich der erstgenannten Konstellation wird zum Teil vertreten, dass der Gesellschaft kein Schaden entstanden sei, weil das herrschende Unternehmen entsprechend belastet werde (geringere Gewinnabführung oder höherer Verlustausgleich).[54] Diese Ausle-

---

[46] RegBegr. *Kropff* S. 405.
[47] Vgl. *K. Müller* ZGR 1977, 1 (3) Fn. 2.
[48] Vgl. *Voigt*, Haftung aus Einfluss auf die Aktiengesellschaft (§§ 117, 309, 317 AktG), 2004, 290; iE auch MüKoAktG/*Altmeppen* Rn. 74.
[49] Vgl. Großkomm AktG/*Hirte* Rn. 21; K. Schmidt/Lutter/*Langenbucher* Rn. 22; *Fleischer* in Fleischer Vorstands-HdB § 18 Rn. 56.
[50] Vgl. MüKoAktG/*Altmeppen* Rn. 74; *Voigt*, Haftung aus Einfluss auf die Aktiengesellschaft (§§ 117, 309, 317 AktG), 2004, 293; *Fleischer* in Fleischer Vorstands-HdB § 18 Rn. 56.
[51] Vgl. Großkomm AktG/*Hirte* Rn. 22; *Voigt*, Haftung aus Einfluss auf die Aktiengesellschaft (§§ 117, 309, 317 AktG), 2004, 289 ff.
[52] *Mertens* AcP 168 (1968) 225 (231); zust. Hüffer/Koch/*Koch* Rn. 18; MüKoAktG/*Altmeppen* Rn. 98 ff. (mit der Maßgabe, dass der gesetzliche Vertreter beim Gesamtschuldnerausgleich gegenüber seiner Gesellschaft, dem herrschenden Unternehmen, geltend machen könne, dass die pflichtwidrige Maßnahme auch Vorteile für den Konzern gehabt habe, Rn. 104); Emmerich/Habersack/*Emmerich* Rn. 41. AA Kölner Komm AktG/*Koppensteiner* Rn. 20; Bürgers/Körber/*Fett* Rn. 17.
[53] Vgl. *Mertens* AcP 168 (1968) 225 (231).
[54] Kölner Komm AktG/*Koppensteiner* Rn. 14 ff. (§ 309 sei daher erst nach Vertragsbeendigung praktisch von Bedeutung); *Brachvogel*, Leitungsmacht und Verantwortlichkeit im Konzern, 1967, 124.

gung hätte freilich zur Folge, dass die in § 309 normierte Schadensersatzpflicht der gesetzlichen Vertreter praktisch leer laufen würde und somit keine präventive Wirkung entfaltete.[55] Eine Vorteilsausgleichung findet demnach nicht statt.

Tritt der Schaden erst nach Beendigung des Beherrschungsvertrages ein, so ist er nach § 309 zu ersetzen, sofern und soweit er auf eine pflichtwidrige Konzerngeschäftsführung zurückzuführen ist.[56] 28

3. Beweislast. Die **Gesellschaft** (Anspruchstellerin) hat in einem Prozess darzulegen und zu beweisen, dass das **herrschende Unternehmen** auf Grund eines Beherrschungsvertrags eine **Weisung erteilt** hat und ihr ein **Schaden** entstanden ist. An sich würde es ihr ferner obliegen, den Ursachenzusammenhang zwischen der erteilten Weisung und dem eingetretenen Schaden vorzutragen und zu beweisen. Doch können ihr insoweit Beweiserleichterungen zugestanden werden. So kann nach den Regeln des Anscheinsbeweises davon ausgegangen werden, dass die nachteilige Weisung kausal für den entstandenen Schaden ist, wenn sich dieser typischerweise als Folge weisungsgemäßen Verhaltens darstellt.[57] 29

Unter diesen Voraussetzungen braucht die abhängige Gesellschaft nicht darzulegen, dass die gesetzlichen Vertreter des herrschenden Unternehmens pflichtwidrig gehandelt haben. Vielmehr haben diese nach Abs. 2 S. 2 vorzutragen und zu beweisen, dass ihnen keine Pflichtwidrigkeit vorzuwerfen ist und sie die geschuldete Sorgfalt beachtet haben (**Vermutung** einer **Sorgfaltswidrigkeit**). Der Gesetzgeber hat diese dem § 93 Abs. 2 S. 2 entsprechende Beweislastumkehr damit gerechtfertigt, dass die gesetzlichen Vertreter ebenso wie der Vorstand die Geschicke der Gesellschaft bestimmen würden.[58] Dazu muss der gesetzliche Vertreter vortragen und gegebenenfalls nachweisen, dass er im Rahmen seines Ermessens eine vertretbare, im Konzerninteresse liegende Weisung erteilt hat.[59] 30

IV. Verzicht und Vergleich (Abs. 3)

Abs. 3 nennt die Voraussetzungen, unter denen die abhängige Gesellschaft auf die Ersatzansprüche aus § 309 Abs. 2 verzichten oder sich über sie vergleichen kann. Die Vorschrift verlangt hierfür einen Sonderbeschluss der außenstehenden Aktionäre. Eine Minderheit, deren Anteile zusammen den zehnten Teil des bei der Beschlussfassung erforderlichen Grundkapitals erreichen, kann den Verzicht bzw. Vergleich durch Widerspruch zur Niederschrift verhindern. Auf die Stimmabgabe des herrschenden Unternehmens kommt es folglich – ebenso wie bei § 302 Abs. 3 – nicht an (Einzelheiten → § 302 Rn. 45). Grund hierfür ist, dass diese Stimmen durch die gesetzlichen Vertreter ausgeübt oder beeinflusst werden könnten.[60] 31

Einem **Vergleich** oder **Verzicht** darf erst nach Ablauf von **drei Jahren** ab **Entstehung** des **Anspruchs zugestimmt** werden. Insoweit unterscheidet sich die Regelung von § 302 Abs. 3 S. 1 und stimmt mit § 93 Abs. 4 S. 3 überein. Die Sperrfrist gilt gem. § 309 Abs. 3 S. 2 nicht, wenn der Ersatzpflichtige zahlungsunfähig ist und sich zur Abwendung des Insolvenzverfahrens mit seinen Gläubigern vergleicht oder wenn die Ersatzpflicht in einem Insolvenzplan geregelt wird (Einzelheiten → § 302 Rn. 46). 32

V. Geltendmachung durch Aktionäre und Gläubiger (Abs. 4)

Inhaberin des Anspruchs ist die abhängige Gesellschaft. Zuständig für die Geltendmachung ist ihr Vorstand, der sich nach § 93 Abs. 2 schadensersatzpflichtig macht, wenn er dies pflichtwidrig unterlässt.[61] Dennoch besteht die Gefahr, dass der Vorstand (möglicherweise aus Eigeninteresse) seiner Verpflichtung nicht nachkommt. Aus diesem Grund räumt Abs. 4 einzelnen Aktionären und Gläubigern die Möglichkeit ein, Ersatzansprüche nach § 309 Abs. 2 gerichtlich zu verfolgen. 33

1. Geltendmachung durch einzelne Aktionäre. In Abs. 4 S. 1 und 2 ist geregelt, unter welchen Voraussetzungen ein Aktionär den Anspruch geltend machen kann. Dieser kann im Gegensatz zu § 147 und § 148 von jedem Aktionär und nicht nur von einer Gesellschafterminderheit gerichtlich 34

---

[55] MüKoAktG/*Altmeppen* Rn. 87 f.; Emmerich/Habersack/*Emmerich* Rn. 40; *Emmerich* GS Sonnenschein, 2003, 651 (658); *Eschenbruch,* Konzernhaftung, 1996, Rn. 3043; Hüffer/Koch/*Koch* Rn. 18; *Mertens* AcP 168 (1968) 225 (231 f.).
[56] MüKoAktG/*Altmeppen* Rn. 110 ff.; Kölner Komm AktG/*Koppensteiner* Rn. 17.
[57] *Eschenbruch,* Konzernhaftung, 1996, Rn. 3045; Kölner Komm AktG/*Koppensteiner* Rn. 21; weitergehend (Kausalitätsvermutung) MüKoAktG/*Altmeppen* Rn. 114; Emmerich/Habersack/*Emmerich* Rn. 43.
[58] RegBegr. *Kropff* S. 405.
[59] Vgl. *Voigt,* Haftung aus Einfluss auf die Aktiengesellschaft (§§ 117, 309, 317 AktG), 2004, 296; wohl auch Großkomm AktG/*Hirte* Rn. 24.
[60] RegBegr. *Kropff* S. 405.
[61] MüKoAktG/*Altmeppen* Rn. 123; Emmerich/Habersack/*Emmerich* Rn. 48.

verfolgt werden. Der Gesetzgeber hielt es für erforderlich, das Verfolgungsrecht als ein Individualrecht auszugestalten, weil er befürchtete, dass der Einfluss des herrschenden Unternehmens in der abhängigen Gesellschaft das Zustandekommen der erforderlichen Minderheit verhindern würde.[62] Ein Aktionär kann allerdings nur **Leistung an** die **Gesellschaft** verlangen. Es handelt sich um einen gesetzlich geregelten Fall der actio pro socio.[63] Ein wirksamer Verzicht oder Vergleich der Gesellschaft über den Anspruch sowie ein klageabweisendes Urteil im Prozess der Gesellschaft wirken auch gegen den klagenden Aktionär.[64] Die allgemeinen, in den §§ 147–149 AktG normierten Möglichkeiten einer Geltendmachung von Ersatzansprüchen (**Aktionärsklage**) bleiben unberührt.[65] Folglich kann der besondere Vertreter nach § 147 auch Schadensersatzansprüche gem. § 317 Abs. 1 S. 1, § 318 Abs. 1 und 2 geltend machen.[66]

35 Im Schrifttum wird zum Teil vertreten, dass bei der Geltendmachung von Schadensersatzansprüchen aus § 309 (sowie aus §§ 310, 317, 318, die auf § 309 Abs. 4 verweisen) eine **Streitwertspaltung** nach § 247 Abs. 2 analog möglich sein müsse.[67] Anderenfalls sei die Aktionärsklage wegen des hohen Kostenrisikos praktisch bedeutungslos. Dagegen könnte sprechen,[68] dass der Gesetzgeber das Klagerecht der Aktionäre nur deshalb als ein Individualrecht ausgestaltet hat, weil ein Missbrauch dieses Rechts wegen des Kostenrisikos nicht befürchtet zu werden braucht.[69] Hieraus kann freilich nicht geschlossen werden, dass dem klagenden Aktionär notwendigerweise das volle Kostenrisiko aufgebürdet werden muss. Bei einer Streitwertspaltung analog § 247 Abs. 2 wird der Kläger nicht vollständig vom Kostenrisiko befreit. Diese führt lediglich dazu, dass sich die Prozesskosten nach der wirtschaftlichen Leistungsfähigkeit des Klägers bestimmen. Hinzu kommt, dass ein Antrag auf Streitwertspaltung bei offensichtlicher Aussichtslosigkeit oder Mutwilligkeit der Klage zurückgewiesen werden kann (→ § 247 Rn. 19). Es verbleibt somit zum einen ein nicht zu vernachlässigendes Kostenrisiko, das einer Missbrauchsgefahr in ausreichender Weise begegnet. Zum anderen besteht ein unabweisbares Bedürfnis, die Aktionärsklage attraktiv zu gestalten.[70] Um zu verhindern, dass die Aktionäre von ihrem Klagerecht keinen Gebrauch machen, ist eine analoge Anwendung des § 247 Abs. 2 geboten.

36 **2. Geltendmachung durch Gläubiger.** Gläubiger der abhängigen Gesellschaft können den Ersatzanspruch aus § 309 Abs. 2 ebenfalls geltend machen, soweit sie von der Gesellschaft keine Befriedigung erlangen können. Im Gegensatz zu den Aktionären können sie von den gesetzlichen Vertretern Zahlung an sich selbst verlangen. Ein Verzicht auf oder ein Vergleich über den Ersatzanspruch hindert die Geltendmachung nicht, § 309 Abs. 4 S. 4. Die Vorschrift ist § 93 Abs. 5 nachgebildet, mit der Ausnahme, dass eine gröbliche Pflichtverletzung nicht erforderlich ist (Einzelheiten → § 93 Rn. 246, 250 ff.).

37 **3. Geltendmachung in der Insolvenz der Gesellschaft.** In der Insolvenz der abhängigen Gesellschaft steht allein dem Insolvenzverwalter bzw. (bei Eigenverwaltung, §§ 270 ff. InsO) dem Sachwalter das Recht der Aktionäre und Gläubiger zu, den Ersatzanspruch der Gesellschaft geltend zu machen (§ 309 Abs. 4 S. 5). Die Aktionäre und Gläubiger haben folglich kein Verfolgungsrecht mehr. Ein von ihnen anhängig gemachter Rechtsstreit wird gem. § 240 ZPO unterbrochen.

VI. Verjährung (Abs. 5)

38 Nach Abs. 5 verjähren Ansprüche aus § 309 in fünf Jahren. Konkurrierende Ansprüche aus Vertrag und Delikt verjähren selbstständig nach den für sie einschlägigen Vorschriften.[71] Beginn, Hemmung

---

[62] RegBegr. *Kropff* S. 405.
[63] Str.; ebenso MüKoAktG/*Altmeppen* Rn. 127. AA (gesetzliche Prozessstandschaft) KG AG 2012, 256 (260); Hüffer/Koch/*Koch* Rn. 21a.
[64] MüKoAktG/*Altmeppen* Rn. 128; Emmerich/Habersack/*Emmerich* Rn. 50; Hüffer/Koch/*Koch* Rn. 21a. AA *Mertens* FS Fleck, 1988, 209 (218).
[65] Vgl. *Müller*, Der Konzern 2006, 725 (729); *Mock* DB 2008, 393 ff.; *Westermann* AG 2009, 237 (242 ff.); *Kling* ZGR 2009, 190 (202 f.).
[66] OLG München AG 2008, 92 (96); dazu *Bernau* AG 2011, 894 (897 ff.).
[67] MüKoAktG/*Altmeppen* Rn. 130; Emmerich/Habersack/*Emmerich* Rn. 49a; *Kantzas*, Das Weisungsrecht im Vertragskonzern, 1988, 176; Kölner Komm AktG/*Koppensteiner* Rn. 49; *Kropff* FS Bezzenberger, 2000, 233 (241 f.).
[68] Zweifelnd *Mertens* AcP 168 (1968) 225 (227) (nicht unbedenklich).
[69] RegBegr. *Kropff* S. 405.
[70] Vgl. *Mertens* AcP 168 (1968) 225 (227): Der Aktionär sei als „Funktionär einer sonst kaum erzwingbaren Rechtsordnung, gewissermaßen als letzter Wachturm im Dschungel der Verflechtung eingesetzt."
[71] Emmerich/Habersack/*Emmerich* Rn. 52.

und Unterbrechung der Verjährung eines Anspruchs nach § 309 beurteilen sich nach den allgemeinen Regeln (insbesondere §§ 200, 202–205, 209, 212, 214 f. BGB).

VII. Verantwortlichkeit des herrschenden Unternehmens

1. Anspruchsgrundlage und Inhalt der Haftung. § 309 regelt nur die Haftung der gesetzlichen Vertreter des herrschenden Unternehmens. Dessen eigene Haftung ist zwar nicht gesetzlich erfasst. Der Gesetzgeber meinte aber, dass auch das herrschende Unternehmen – nach allgemeinen Rechtsgrundsätzen auf Grund des Vertrags – hafte.[72] Darüber besteht im Schrifttum im Ergebnis mittlerweile Einigkeit. Kontrovers diskutiert wird nur noch, ob sich die Verantwortlichkeit des herrschenden Unternehmens aus § 309 iVm § 31 BGB bzw. § 278 BGB[73] oder aus § 280 BGB ergibt.[74] Vorzugswürdig ist es, die Haftung aus der durch den Vertrag legitimierten Konzernleitungsmacht abzuleiten.[75] Das herrschende Unternehmen unterliegt einer unternehmensvertraglichen Treuepflicht und muss auf die berechtigten Interessen der abhängigen Gesellschaft Rücksicht nehmen (→ Vor § 291 Rn. 29). So darf es die Gesellschaft nur nach Maßgabe der im Vertrag getroffenen und im Gesetz bestimmten Regeln schädigen. Verletzt ein gesetzlicher Vertreter mittels Erteilung einer unzulässigen Weisung diese Treuepflicht, ist dem herrschenden Unternehmen das Verhalten des Geschäftsleiters analog § 31 BGB zuzurechnen. **39**

Der Inhalt der Haftung bestimmt sich – insoweit besteht ebenfalls Einigkeit – nach den in § 309 getroffenen Grundsätzen. Dabei ist vor allem von Bedeutung, dass die in Abs. 3 bis 5 normierten Durchsetzungsgarantien und Regeln über einen Vergleich sowie Verzicht entsprechende Anwendung finden.[76] Das herrschende Unternehmen und seine gesetzlichen Vertreter haften als Gesamtschuldner (§§ 421 ff. BGB). **40**

2. Organverflechtung. Problematisch ist die Haftung des herrschenden Unternehmens in Fällen der Organverflechtung. Als virulent erweist sich vor allem die Konstellation, dass ein **gesetzlicher Vertreter** des **herrschenden Unternehmens** zugleich **gesetzlicher Vertreter** der **abhängigen Gesellschaft** ist und auch **in dieser Eigenschaft handelt.**[77] Die betreffende Person haftet in einem solchen Fall nicht nach § 309, sondern nach § 93 (→ Rn. 18). Auf dieser Grundlage muss die Verantwortlichkeit des herrschenden Unternehmens bestimmt werden. Mit Blick auf die vom BGH zu § 93 vertretene Linie[78] wird man annehmen müssen, dass das rechts- und sorgfaltswidrige Verhalten des Geschäftsleiters dem herrschenden Unternehmen nicht nach § 31 BGB zugerechnet werden kann, wenn das Vorstandsmitglied nur in seiner Eigenschaft als Organwalter der abhängigen Gesellschaft gehandelt hat.[79] Die Pflichtverletzung begeht der Organwalter nicht in Ausführung der Verrichtungen des herrschenden Unternehmens, sondern in seiner Eigenschaft als Mitglied des Vorstands der abhängigen Gesellschaft. Er handelt demnach nicht in Ausübung der vertraglich eingeräumten Leitungsbefugnis. Das **herrschende Unternehmen** hat seine unternehmensvertraglichen Treuepflichten folglich nicht verletzt und ist **nicht** zum **Schadensersatz verpflichtet.** **41**

3. Haftung bei Delegation des Weisungsrechts. Delegiert das herrschende Unternehmen sein Weisungsrecht (→ § 308 Rn. 12), so haftet es bei einer rechtswidrigen und pflichtwidrigen Weisung des Dritten.[80] Die Erteilung einer unzulässigen Weisung durch den Dritten stellt eine Verletzung der unternehmensvertraglichen Pflichten dar, die dem herrschenden Unternehmen gem. § 278 BGB zugerechnet wird. In diesem Fall ist auch der Dritte analog § 309 verpflichtet, der Gesellschaft den **42**

---

[72] RegBegr. *Kropff* S. 405.
[73] Hüffer/Koch/*Koch* Rn. 27; Mertens AcP 168 (1968) 225 (229); MüKoAktG/*Altmeppen* Rn. 141; Großkomm AktG/*Hirte* Rn. 31.
[74] Emmerich/Habersack/*Emmerich* Rn. 21; Kölner Komm AktG/*Koppensteiner* Rn. 37.
[75] Ähnlich schon *Beuthien* DB 1969, 1781 (1782).
[76] Mertens AcP 168 (1968) 225 (229); MüKoAktG/*Altmeppen* Rn. 140; Emmerich/Habersack/*Emmerich* Rn. 21; Hüffer/Koch/*Koch* Rn. 27; Kölner Komm AktG/*Koppensteiner* Rn. 44, 59.
[77] In Betracht kommt ferner, dass die betreffende Person in seiner Eigenschaft als Vorstandsmitglied des herrschenden Unternehmens die anderen Vorstandsmitglieder der abhängigen Gesellschaft anweist. → hierzu Rn. 18.
[78] Vgl. BGHZ 36, 296 (309 ff.) (keine Anwendung von § 31 BGB, wenn eine juristische Person eine Person in den Aufsichtsrat einer AG entsandt hat); BGHZ 90, 381 (397 f.) (zur Inanspruchnahme einer AG für Pflichtverletzungen eines von der Gesellschaft ernannten Aufsichtsratsmitglieds gem. §§ 116, 93, 117 iVm § 31 BGB).
[79] MüKoAktG/*Altmeppen* Rn. 149 f. (Haftung aber uU aus unerlaubter Handlung iVm § 31 BGB). AA Emmerich/Habersack/*Emmerich* Rn. 23; Hüffer/Koch/*Koch* Rn. 29; Kölner Komm AktG/*Koppensteiner* Rn. 39 f.; Bürgers/Körber/*Fett* Rn. 29. Vgl. zur Informationspflicht des Doppelmandatsträgers gegenüber den anderen Vorstandsmitgliedern der abhängigen Gesellschaft *J. Semler* FS Stiefel, 1987, 719 (750 f.).
[80] MüKoAktG/*Altmeppen* Rn. 152.

Schaden zu ersetzen.[81] Die gesetzlichen Vertreter des herrschenden Unternehmens haben dagegen nur für die sorgfältige Auswahl und Überwachung des Dritten einzustehen.[82]

§ 310 Verantwortlichkeit der Verwaltungsmitglieder der Gesellschaft

(1) ¹Die Mitglieder des Vorstands und des Aufsichtsrats der Gesellschaft haften neben dem Ersatzpflichtigen nach § 309 als Gesamtschuldner, wenn sie unter Verletzung ihrer Pflichten gehandelt haben. ²Ist streitig, ob sie die Sorgfalt eines ordentlichen und gewissenhaften Geschäftsleiters angewandt haben, so trifft sie die Beweislast.

(2) Dadurch, daß der Aufsichtsrat die Handlung gebilligt hat, wird die Ersatzpflicht nicht ausgeschlossen.

(3) Eine Ersatzpflicht der Verwaltungsmitglieder der Gesellschaft besteht nicht, wenn die schädigende Handlung auf einer Weisung beruht, die nach § 308 Abs. 2 zu befolgen war.

(4) § 309 Abs. 3 bis 5 ist anzuwenden.

Schrifttum: *Canaris*, Hauptversammlungsbeschlüsse und Haftung der Verwaltungsmitglieder im Vertragskonzern, ZGR 1978, 207; vgl. ferner die Angaben zu → § 309.

I. Normzweck

1 Die Vorschrift legt fest, dass Mitglieder des Vorstands und Aufsichtsrats der abhängigen Gesellschaft gegenüber dieser schadensersatzpflichtig sind, wenn sie ihre Sorgfaltspflichten verletzt haben. Da die betreffenden Personen bei sorgfaltswidrigem Verhalten bereits nach den §§ 93, 116 zum Schadensersatz verpflichtet sind, liegt die eigentliche Bedeutung der Norm in der **Anordnung** der **gesamtschuldnerischen Haftung** der **Verwaltungsmitglieder** der **abhängigen Gesellschaft** und der **gesetzlichen Vertreter** des **herrschenden Unternehmens** sowie darin, dass gem. Abs. 4 die in § 309 Abs. 3 bis 5 normierten **Durchsetzungsgarantien** und **Regelungen** über einen **Verzicht** und **Vergleich** sowie über eine **Verjährung** der Ansprüche anwendbar sind.[1] Die Vorschrift ist zwingend; sie kann nicht vertraglich abbedungen werden.

2 § 310 verdrängt in seinem Anwendungsbereich eine Haftung nach den §§ 93, 116.[2] § 117 Abs. 2 findet neben § 310 keine Anwendung.[3] Allerdings können Ansprüche aus dem Anstellungsvertrag oder aus unerlaubter Handlung bestehen.[4]

II. Voraussetzungen der Haftung

3 Abs. 1 ordnet die **Haftung** der **Mitglieder** des **Vorstands** der abhängigen Gesellschaft an, wenn diese unter Verletzung ihrer Pflichten gehandelt haben. Aus der systematischen Stellung der Vorschrift folgt, dass eine Haftung nur begründet ist, wenn das Vorstandsmitglied bei der **Entgegennahme** und **Umsetzung** einer **Weisung** des herrschenden Unternehmens **sorgfaltswidrig gehandelt** hat.[5] Der Begriff der Weisung ist – ebenso wie bei § 308 und § 309 – weit zu verstehen.[6] Allerdings vermag nicht jede für die abhängige Gesellschaft nachteilige Weisung eine Haftung gem. § 310 auszulösen. Das herrschende Unternehmen ist gem. § 308 Abs. 1 S. 2 berechtigt, auch nachteilige Weisungen zu erteilen, wenn sie den Belangen des herrschenden Unternehmens oder der mit ihm und der Gesellschaft konzernverbundenen Unternehmen dienen. Der Vorstand der Gesellschaft hat nachteilige Weisungen zu befolgen, selbst wenn sie nach seiner Ansicht nicht den Belangen des Konzerns dienen. Anders darf und muss er nur verfahren, wenn dies offensichtlich nicht der Fall ist (§ 308 Abs. 2 S. 2) (→ § 308 Rn. 34 f.). Abs. 3 stellt daher klar, dass die Verwaltungsmitglieder nicht haften, wenn die schädigende Handlung auf einer Weisung beruht, die nach § 308 Abs. 2 zu befolgen

---

[81] Str.; aA die hM. → Rn. 8.
[82] Str.; aA die hM. → Rn. 8.
[1] MüKoAktG/*Altmeppen* Rn. 1; Emmerich/Habersack/*Emmerich* Rn. 2; Hüffer/Koch/*Koch* Rn. 1; Kölner Komm AktG/*Koppensteiner* Rn. 11.
[2] MüKoAktG/*Altmeppen* Rn. 31, 40; Emmerich/Habersack/*Emmerich* Rn. 3; Hüffer/Koch/*Koch* Rn. 1.
[3] MüKoAktG/*Altmeppen* Rn. 40; Emmerich/Habersack/*Emmerich* Rn. 3; Hüffer/Koch/*Koch* Rn. 1; Kölner Komm AktG/*Koppensteiner* Rn. 10.
[4] Emmerich/Habersack/*Emmerich* Rn. 3.
[5] MüKoAktG/*Altmeppen* Rn. 6; Hüffer/Koch/*Koch* Rn. 3; Kölner Komm AktG/*Koppensteiner* Rn. 5; Emmerich/Habersack/*Emmerich* Rn. 7, 8.
[6] MüKoAktG/*Altmeppen* Rn. 8; Emmerich/Habersack/*Emmerich* Rn. 9. auch → § 308 Rn. 5 und → § 309 Rn. 16.

war. Es kann damit festgehalten werden, dass ein Vorstandsmitglied nur dann zum Schadensersatz verpflichtet ist, wenn es eine nachteilige, offensichtlich nicht den Konzerninteressen dienende Weisung befolgt hat.[7] Dabei ist ferner zu beachten, dass das Vorstandsmitglied sich auf einen weit gesteckten Bereich des Ermessens (§ 93 Abs. 1 S. 2) berufen kann.[8]

§ 310 begründet auch eine Ersatzpflicht der **Mitglieder** des **Aufsichtsrats,** wenn diese gegen ihre Pflichten verstoßen haben. Eine Haftung kann sich realisieren, wenn das herrschende Unternehmen dem Vorstand der abhängigen Gesellschaft eine Weisung zu einer Angelegenheit der Geschäftsführung erteilt hat, die nach § 111 Abs. 4 S. 2 zustimmungspflichtig ist. Der Aufsichtsrat hat dann zu prüfen, ob die Weisung bindend ist und seine Zustimmung zu verweigern, wenn dies nicht der Fall ist.[9] Nach hM kommt ferner ein weiteres Haftungsszenarium in Betracht. Prämisse ist die These, der Aufsichtsrat sei verpflichtet, den Vorstand bei der Ausführung von Weisungen zu überwachen. Sofern er eine unzulässige Weisung nicht verhindere, sei er zum Schadensersatz verpflichtet.[10] Altmeppen hat dagegen eingewandt, § 310 begründe lediglich eine kumulative Haftung für eine Beteiligung an einer den gesetzlichen Vertretern des herrschenden Unternehmens verbotenen Geschäftsführung durch Weisungen. Eine Haftung des Aufsichtsrats komme (praktisch allenfalls in Ausnahmesituationen) nur nach § 116 in Betracht.[11] Diese restriktive Auslegung lässt sich jedoch nicht zwingend aus der Struktur und dem Zweck der Vorschrift ableiten. Der hM ist beizutreten. Sie wird auch dem Umstand gerecht, dass der Aufsichtsrat mittlerweile mehr ist als ein rückblickend überwachendes Organ. Vielmehr berät er auch den Vorstand in Leitungsangelegenheiten.

4

Nach Abs. 2 wird die **Ersatzpflicht nicht** dadurch **ausgeschlossen,** dass der **Aufsichtsrat** die **Handlung gebilligt** hat. Die Mitglieder des Aufsichtsrats können folglich ihrer eigenen Haftung nicht den Boden entziehen, was freilich selbstverständlich ist und daher nicht hätte geregelt werden müssen.[12] Ein billigender Beschluss der Hauptversammlung hat ebenfalls keine haftungsausschließende Wirkung.[13] Der Gesetzgeber hat bewusst die in § 117 Abs. 2 S. 3 getroffene Regelung, dass einer Billigung durch Beschluss der Hauptversammlung entlastende Wirkung zukommt, nicht in § 310 Abs. 2 aufgenommen.[14] Eine andere Auslegung verbietet sich zudem unter Schutzzweckgesichtspunkten. Das herrschende Unternehmen könnte sonst den Vorstand der abhängigen Gesellschaft anweisen, die Angelegenheit der Hauptversammlung gem. § 119 Abs. 2 zur Entscheidung vorzulegen und hätte es dann auf Grund seiner Stimmrechtskraft in der Hand, die letztlich von ihr inthronisierten Verwaltungsratsmitglieder zu entlasten.[15]

5

Soweit der **Vorstand** der abhängigen Gesellschaft die **Zuständigkeit** für den **Empfang** von **Weisungen** auf **Mitarbeiter delegiert** hat, haftet er, wenn er die betreffenden Angestellten nicht ordnungsgemäß ausgesucht und überwacht hat.[16] Der Vorstand haftet dann nicht für fremdes, sondern für eigenes Verschulden:[17] Er darf den Empfang von Weisungen an eine nachgeordnete Stelle im Unternehmen nur delegieren, wenn er organisatorisch sicherstellt, rechtzeitig über nachteilige Weisungen informiert zu werden, so dass er seiner eigenen Prüfungspflicht gerecht werden kann (→ § 308 Rn. 15 f.). Der Vorstand ist daher nach § 310 Abs. 1 verantwortlich, wenn er nicht sorgfältig geprüft hat, ob die Weisung bindend ist.[18] Vor diesem Hintergrund gibt es kein Bedürfnis, eine Haftung des Mitarbeiters analog § 310 zu befürworten.[19]

6

Eine Haftung nach § 310 setzt voraus, dass das **Verwaltungsmitglied** der abhängigen Gesellschaft bei der **Ausführung** der **Weisung pflichtwidrig** gehandelt hat. Dabei ist entscheidend, ob es bei

7

---

[7] MüKoAktG/*Altmeppen* Rn 12; Kölner Komm AktG/*Koppensteiner* Rn. 5; Emmerich/Habersack/*Emmerich* Rn. 10.
[8] Großkomm AktG/*Hirte* Rn. 18.
[9] MüKoAktG/*Altmeppen* Rn. 35; Emmerich/Habersack/*Emmerich* Rn. 21; Hüffer/Koch/*Koch* Rn. 2; Kölner Komm AktG/*Koppensteiner* Rn. 5.
[10] Hüffer/Koch/*Koch* Rn. 2; Emmerich/Habersack/*Emmerich* Rn. 22; Kölner Komm AktG/*Koppensteiner* Rn. 5; Bürgers/Körber/*Fett* Rn. 3; wohl auch *Semler,* Leitung und Überwachung der Aktiengesellschaft, S. 280.
[11] MüKoAktG/*Altmeppen* Rn. 36.
[12] MüKoAktG/*Altmeppen* Rn. 15; Emmerich/Habersack/*Emmerich* Rn. 18; Hüffer/Koch/*Koch* Rn. 5; Kölner Komm AktG/*Koppensteiner* Rn. 8.
[13] MüKoAktG/*Altmeppen* Rn. 16; Hüffer/Koch/*Koch* Rn. 5; Kölner Komm AktG/*Koppensteiner* Rn. 9; MHdB AG/*Krieger* § 70 Rn. 148. AA *Canaris* ZGR 1978, 207 (208 ff.); Großkomm AktG/*Würdinger,* 3. Aufl. 1971, Anm. 3.
[14] RegBegr. *Kropff* S. 406.
[15] Hüffer/Koch/*Koch* Rn. 5; Emmerich/Habersack/*Emmerich* Rn. 19; vgl. auch MüKoAktG/*Altmeppen* Rn. 19.
[16] MüKoAktG/*Altmeppen* Rn. 34; Kölner Komm AktG/*Koppensteiner* Rn. 4; Hüffer/Koch/*Koch* Rn. 2.
[17] AA MüKoAktG/*Altmeppen* Rn. 34 Fn. 26.
[18] Zutr. Emmerich/Habersack/*Emmerich* Rn. 20.
[19] Emmerich/Habersack/*Emmerich* Rn. 20. AA MüKoAktG/*Altmeppen* Rn. 34.

der Prüfung der Weisung (→ § 308 Rn. 33–35) die Sorgfalt eines ordentlichen und gewissenhaften Geschäftsleiters verletzt hat.[20] Es kommt also darauf an, ob der Vorstand bzw. der Aufsichtsrat bei der Entgegennahme der Weisung (Vorstand) bzw. bei Vorlage des angewiesenen, aber zustimmungspflichtigen Geschäfts (Aufsichtsrat) hätte erkennen können und müssen, dass die Weisung offensichtlich rechtswidrig (nicht den Konzernbelangen iSd § 308 Abs. 1 S. 2 dienend) war, so dass er sie nicht hätte befolgen dürfen bzw. seine Zustimmung hätte verweigern müssen.[21]

III. Beweislast

8 Der Kläger (die **Gesellschaft** bzw. ein klagender **Aktionär** oder **Gläubiger**) hat darzulegen und zu beweisen, dass eine **Weisung** erteilt worden ist, die vom **Vorstand nicht hätte befolgt werden müssen** und **dürfen** und dass aufgrund der rechtswidrigen Weisung ein **Schaden** entstanden ist.[22] Eine **Beweislastumkehr** ist lediglich in Abs. 1 S. 2 vorgesehen: Ist streitig, ob das beklagte Mitglied des Vorstands bzw. Aufsichtsrats die Sorgfalt eines ordentlichen und gewissenhaften Geschäftsleiters angewandt hat, so trifft es die Beweislast.

9 Diesen Anforderungen dürften außenstehende Aktionäre und Gläubiger mangels eines Informationszugangs kaum gerecht werden können. Erwägenswert ist es daher, dem Kläger eine Kausalitätsvermutung zugutekommenzulassen. Dieser müsste somit nur den Schaden sowie die Umstände darlegen und beweisen, die auf eine nachteilige Weisung durch das herrschende Unternehmen hindeuten. Den Verwaltungsmitgliedern oblägen es dann darzulegen, dass keine Weisung erteilt worden ist.[23] Diese Rechtsfortbildung hat sich freilich bislang noch nicht durchgesetzt. Der Gesetzgeber hat in § 310 Abs. 1 S. 2 nur hinsichtlich der Pflichtwidrigkeit eine Beweislastumkehr angeordnet, so dass der Schluss naheliegt, dass der Kläger die übrigen Tatbestandvoraussetzungen zu beweisen hat. Allerdings obliegt den beklagten Verwaltungsmitgliedern die Beweislast dafür, dass sie die Weisung zu befolgen hatten bzw. die Zustimmung hatten geben müssen.[24] Damit wird von ihnen nichts Unmögliches verlangt: Auf Grund ihrer Sachnähe sollten sie in der Lage sein, dazu Stellung zu nehmen, warum sie eine nachteilige Weisung nicht als offensichtlich rechtswidrig beurteilt hatten.

IV. Verzicht, Vergleich und Verjährung

10 Abs. 4 verweist auf § 309 Abs. 3–5. Ein Verzicht auf oder ein Vergleich über den Schadensersatzanspruch bedarf demnach eines zustimmenden Sonderbeschlusses der außenstehenden Aktionäre (§ 309 Abs. 3 S. 1).[25] Der Anspruch kann außerdem nach § 309 Abs. 4 neben der Gesellschaft auch von einem Aktionär bzw. einem Gläubiger der abhängigen Gesellschaft geltend gemacht werden.[26] Der Anspruch verjährt in fünf Jahren (§ 309 Abs. 5).

---

[20] Präzise in diesem Sinne MüKoAktG/*Altmeppen* Rn. 20; Kölner Komm AktG/*Koppensteiner* Rn. 5; vgl. auch Emmerich/Habersack/*Emmerich* Rn. 11.
[21] Zum Sorgfaltsmaßstab → § 93 Rn. 10 ff. (37 ff.).
[22] MüKoAktG/*Altmeppen* Rn. 27; Kölner Komm AktG/*Koppensteiner* Rn. 7.
[23] Emmerich/Habersack/*Emmerich* Rn. 16; *Kantzas*, Das Weisungsrecht im Vertragskonzern, S. 205 f. (ohne Begr.).
[24] Hüffer/Koch/*Koch* Rn. 6; Kölner Komm AktG/*Koppensteiner* Rn. 7. AA MüKoAktG/*Altmeppen* Rn. 25 f.
[25] Zu den Einzelheiten → § 309 Rn. 31.
[26] Zu den Einzelheiten → § 309 Rn. 33–36.

Zweiter Abschnitt. Verantwortlichkeit bei Fehlen eines Beherrschungsvertrags

Vorbemerkung zu den §§ 311–318

Schrifttum: 1. Allgemeines *Altmeppen,* Die Haftung des Managers im Konzern, 1998; *Bälz,* Einheit und Vielheit im Konzern, FS Ludwig Raiser, 1974, 287; *Bälz,* Verbundene Unternehmen, AG 1992, 277; *Bayreuther,* Wirtschaftlich-existenziell abhängige Unternehmen im Konzern-, Kartell- und Arbeitsrecht, 2001; *Bunting,* Konzernweite Compliance – Pflicht oder Kür?, ZIP 2012, 152; *Decher,* Das Konzernrecht des Aktiengesetzes: Bestand und Bewährung, ZHR 171 (2007) 126; *Dettling,* Die Entstehungsgeschichte des Konzernrechts im Aktiengesetz 1965, 1997; *Druey,* Empfiehlt es sich, das Recht faktischer Unternehmensverbindungen – auch im Hinblick auf das Recht anderer EG-Staaten – neu zu regeln?, Gutachten H für den 59. Deutschen Juristentag, 1992; *Druey,* Die Zukunft des Konzernrechts, FS Hommelhoff, 2012, 135; *Ehricke,* Gedanken zu einem allgemeinen Konzernorganisationsrecht zwischen Markt und Regulierung, ZGR 1996, 300; *Ehricke,* Das abhängige Konzernunternehmen in der Insolvenz, 1998; *Ekkenga/Weinbrenner/Schütz,* Einflusswege und Einflussfolgen im faktischen Unternehmensverbund – Ergebnisse einer empirischen Untersuchung, Der Konzern 2005, 261; *Elsner,* Die laufende Kontrolle der Tochtergesellschaften durch die Verwaltung der Muttergesellschaft, 2003; *Fleischer,* Konzernleitung und Leitungssorgfalt der Vorstandsmitglieder im Unternehmensverbund, DB 2005, 759; *Flume,* Der Referentenentwurf eines Aktiengesetzes, 1958; *Flume,* Die abhängige Gesellschaft und die Aktienrechtsreform, DB 1959, 190; *Geßler,* Der Schutz der abhängigen Gesellschaft, FS Walter Schmidt, 1959, 247; *Geßler,* Faktische Konzerne?, FS Kunze, 1969, 159; *Geßler,* Leitungsmacht und Verantwortlichkeit im faktischen Konzern, FS Westermann, 1974, 145; *Geßler,* Überlegungen zum faktischen Konzern, FS Flume, Bd. II, 1978, 55; *Grundmeier,* Rechtspflicht zur Compliance im Konzern, 2011; *Habersack,* Alte und neue Ungereimtheiten im Rahmen der §§ 311 ff. AktG, FS Peltzer, 2001, 139; *Harbarth,* Zustimmungsvorbehalt im faktischen Aktienkonzern, FS Hoffmann-Becking, 2013, 465; *Hoffmann-Becking,* Gibt es das Konzerninteresse?, FS Hommelhoff, 2012, 433; *Hommelhoff,* Die Konzernleitungspflicht, 1982; *Hommelhoff,* Erfahrungen mit dem Abhängigkeitsbericht, ZHR 156 (1992), 295; *Hommelhoff,* Empfiehlt es sich, das Recht faktischer Unternehmensverbindungen neu zu regeln?, Gutachten G für den 59. Deutschen Juristentag, 1992; *Hommelhoff,* Aufsichtsrats-Unabhängigkeit in der faktisch konzernierten Börsengesellschaft, ZIP 2013, 1645; *Hüffer,* Die Leitungsverantwortung des Vorstands in der Managementholding, FS Happ, 2006, 93; *Hüffer,* Informationen zwischen Tochtergesellschaft und herrschendem Unternehmen im vertragslosen Konzern, FS Schwark, 2009, 185; *Kallss,* Alternativen zum deutschen Aktienkonzernrecht, ZHR 171 (2007) 146; *Kern,* Die Unbestimmtheit des selbstständigen Konzernhaftungstatbestands, 1998; *Kirchner,* Ökonomische Überlegungen zum Konzernrecht, ZGR 1985, 214; *Köhler,* Der Schutz des abhängigen Unternehmens im Schnittpunkt von Kartell- und Konzernrecht, NJW 1978, 2473; *Koppensteiner,* Abhängige Aktiengesellschaften aus rechtspolitischer Sicht, FS Steindorff, 1990, 79; *Kropff,* Konzernrechtliche Vorschriften im Referentenentwurf eines Aktiengesetzes, NJW 1959, 173; *Kropff,* Zur Konzernleitungsmacht, ZGR 1984, 112; *Kropff,* Benachteiligungsverbot und Nachteilsausgleich im faktischen Konzern, FS Kastner, 1992, 279; *Kuntz,* Zur Frage der Verantwortlichkeit der Geschäftsleiter der abhängigen Gesellschaft gegenüber dem herrschenden Unternehmen, Der Konzern 2007, 802; *Löbbe,* Unternehmenskontrolle im Konzern, 2003; *Lutter,* Organzuständigkeiten im Konzern, FS Stimpel, 1985, 825; *Lutter,* Der Aufsichtsrat im Konzern, AG 2006, 517; *Lutter,* Zustimmungspflichtige Geschäfte im Konzern, FS Happ, 2006, 143; *Lutter,* Konzernphilosophie vs. konzernweite Compliance und konzernweites Risikomanagement, FS Goette, 2011, 289; *Mader,* Der Informationsfluss im Unternehmensverbund, 2016; *Mestmäcker,* Verwaltung, Konzerngewalt und Rechte der Aktionäre, 1958; *Mödl,* Macht, Verantwortlichkeit und Zurechnung im Konzern, 2003; *Mülbert,* Aktiengesellschaft, Unternehmensgruppe und Kapitalmarkt, 2. Aufl. 1995; *Papagiannis,* Der faktische Aktienkonzern, 1993; *Reiner,* Unternehmerisches Gesellschaftsinteresse und Fremdsteuerung, 1995; *Riethmüller,* Minderheitenschutz und allokative Steuerung im System von Konzern- und Übernahmerecht, 2013; *Schlieper,* Leitungsintensität und Mehrfachfunktion im faktischen Aktienkonzern, 1996; *K. Schmidt,* Faktischer Konzern, Nichtaktienkonzern und Divisionalisierung im Bericht der Unternehmensrechtskommission, ZGR 1981, 455; *K. Schmidt,* Konzernunternehmen, Unternehmensgruppe und Konzern-Rechtsverhältnis, FS Lutter, 2000, 1167; *Schmidt-Hern,* Schutz der außenstehenden Aktionäre im faktischen Konzern, 2001; *S. H. Schneider* Informationspflichten und Informationssystemeinrichtungspflichten im Aktienkonzern, 2006; *U. H. Schneider,* Konzernleitung als Rechtsproblem, BB 1981, 249; *U. H. Schneider,* Der Auskunftsanspruch des Aktionärs im Konzern, FS Lutter, 2000, 1193; *U. H. Schneider,* Der Aufsichtsrat des herrschenden Unternehmens im Konzern, FS Hadding, 2004, 621; *U. H. Schneider,* Der Aufsichtsrat des abhängigen Unternehmens im Konzern, FS Raiser, 2005, 341; *U. H. Schneider/S. H. Schneider,* Vorstandshaftung im Konzern, AG 2005, 57; *Schürnbrand,* Wissenszurechnung im Konzern, ZHR 181 (2017), 357; *Semler,* Die Rechte und Pflichten des Vorstands einer Holdinggesellschaft im Lichte der Corporate Governance-Diskussion, ZGR 2004, 631; *Spindler,* Recht und Konzern, 1993; *Strohn,* Die Verfassung der Aktiengesellschaft im faktischen Konzern, 1977; *Timm,* Aktiengesellschaft als Konzernspitze, 1980; *J. Vetter,* 50 Jahre Aktienkonzernrecht, in Fleischer/Koch/Kropff/Lutter, 50 Jahre Aktienrecht, 2015, 231; *Wackerbarth,* Die Abschaffung des Konzernrechts, Der Konzern 2005, 562; *Wiedemann,* Die Unternehmensgruppe im Privatrecht, 1988; *Wiedemann/Hirte,* Konzernrecht, 50 Jahre BGH, Festgabe aus der Wissenschaft, Bd. 2, 2000, 337; *J. Wilhelm,* Rechtsform und Haftung bei der juristischen Person, 1981; *Wimmer-Leonhard,* Konzernhaftungsrecht, 2004; *Winter,* Horizontale Haftung im Konzern, 2005.

2. Europäische und internationale Entwicklungen *Amstutz,* Globale Unternehmensgruppen, 2017; *Bayer/Selentin,* Related Party Transactions: Der neueste EU-Vorschlag im Kontext des deutschen Aktien- und Konzernrechts, NZG 2015, 7; *Blaurock,* Bemerkungen zu einem europäischen Recht der Unternehmensgruppe, FS Sandrock, 2000, 79; *Conac,* Das französische Recht zur Anerkennung des Gruppeninteresses seit der Rozenblum-Entscheidung, ZGR Sonderheft 20 (2017), 89; *Dominke,* Einheitliche Gruppenleitung über die Binnengrenzen in Europa, 2017;

Drygala, Europäisches Konzernrecht: Gruppeninteresse und Related Party Transactions, AG 2013, 198; *Ekkenga,* Neue Pläne der Europäischen Kommission für ein Europäisches Konzernrecht: Erste Eindrücke, AG 2013, 181; *Embid Irujo,* Trends and Realities in the Law of Corporate Groups, EBOR 6 (2005), 65; *Embid Irujo,* Searching for a Law of Groups in Europe, RabelsZ 69 (2005), 723; *Falcke,* Konzernrecht in Frankreich, 1996; *Fleischer,* Related Party Transactions bei börsennotierten Gesellschaften: Deutsches Aktien(konzern)recht und Europäische Reformvorschläge, BB 2014, 2691; *Fleischer,* Europäisches Konzernrecht: Eine akteurszentrierte Annäherung, ZGR 2017, 1; *Forum Europaeum Konzernrecht,* Konzernrecht für Europa, ZGR 1998, 672; Forum Europaeum on Company Groups, Eckpunkte für einen Rechtsrahmen zur einheitlichen Führung von grenzüberschreitenden Unternehmensgruppen in Europa, ZGR 2015, 507; *Gräbener,* Der Schutz außenstehender Gesellschafter im deutschen und französischen Kapitalgesellschaftsrecht, 2010; *Habersack,* Das Konzernrecht der deutschen SE, ZGR 2003, 724; *Hommelhoff,* Zum Konzernrecht in der Europäischen Aktiengesellschaft, AG 2003, 179; *Hommelhoff,* Die Unternehmensgründung im europäischen Binnenmarkt, FS Stilz, 2014, 287; *Hommelhoff/Lächler,* Förder- und Schutzrecht für den SE-Konzern, AG 2014, 257; *Hopt,* Konzernrecht: Die europäische Perspektive, ZHR 171 (2007) 199; *Jung,* Transaktionen mit nahestehenden Unternehmen und Personen (Related Party Transactions), WM 2014, 2351; *P. Kindler,* Hauptfragen des Konzernrechts in der internationalen Diskussion, ZGR 1997, 449; *Lächler,* Das Konzernrecht der Europäischen Gesellschaft (SE), 2007; *Lutter,* Zur Privilegierung einheitlicher Leitung im französischen (Konzern-)recht, FS Kellermann 1991, 257; *Maierhofer,* Der faktische Konzern nach geplantem europäischem Recht, 1996; *Maul,* Die faktisch abhängige SE (Societas Europaea) im Schnittpunkt zwischen deutschem und europäischem Recht, 1997; *Maul,* Haftungsprobleme im Rahmen von deutsch-französischen Unternehmensverbindungen, NZG 1998, 965; *Maul/Muffat-Jeandet,* Die EU-Übernahmerichtlinie – Inhalt und Umsetzung in nationales Recht, AG 2004, 221, 306; *Mülbert,* Auf dem Weg zu einem europäischen Konzernrecht?, ZHR 179 (2015), 645; *Pariente,* The Evolution of the Concept of „Corporate Group" in France, ECFR 2007, 317; *Renner,* Kollisionsrecht und Konzernwirklichkeit in der internationalen Unternehmensgruppe, ZGR 2014, 452; *Riehl,* Related-Party Transactions im deutschen und US-amerikanischen Recht der Aktiengesellschaft, 2015; *Roth,* Related Party Transactions auf dem Prüfstand, 2018; *J. Schmidt,* Europäisches Konzernrecht, Der Konzern 2017, 1; *Spindler/Seidel,* Die Zustimmungspflicht bei Related Party Transactions in der konzernrechtlichen Diskussion, AG 2017, 169; *Tarde,* Die verschleierte Konzernrechtsrichtlinie, ZGR 2017, 360; *Tarde,* Related Party Transaction, 2018; *Teichmann,* Europäisches Konzernrecht: Vom Schutzrecht zum Enabling Law, AG 2013, 184; *Teichmann,* Konzernrecht und Niederlassungsfreiheit, ZGR 2014, 45; *Teichmann,* Die grenzüberschreitende Unternehmensgruppe im Compliance-Zeitalter, ZGR 2017, 485; *Veil,* Transaktionen mit Related Parties im deutschen Aktien- und Konzernrecht, NZG 2017, 521; *J. Vetter,* Regelungsbedarf für Related Party Transactions?, ZHR 179 (2015), 273; *Wackerbarth,* Grenzen der Leitungsmacht in der internationalen Unternehmensgruppe, 2001; *Windbichler,* Die kohärente und auf Dauer angelegte Gruppenpolitik, FS Ulmer, 2003, 583; *Ziegler,* Konzernleitung im Binnenmarkt, 2016.

3. Qualifiziert-faktischer Konzern, GmbH-Konzernrecht und Existenzvernichtungshaftung *Altmeppen,* Abschied vom „qualifiziert faktischen Konzern", 1991; *Altmeppen,* Grundlegend Neues zum qualifiziert faktischen Konzern und zum Gläubigerschutz in der Einmann-GmbH, ZIP 2001, 1837; *Altmeppen,* Gesellschafterhaftung und Konzernhaftung bei der GmbH, NJW 2002, 321; *Altmeppen,* Ausfall- und Verschuldenshaftung des Mitgesellschafters in der GmbH, ZIP 2002, 961; *Altmeppen,* Zur Entwicklung eines neuen Gläubigerschutzkonzeptes in der GmbH, ZIP 2002, 1553; *Balthasar,* Zum Austrittsrecht nach § 305 AktG bei „faktischer Beherrschung", NZG 2008, 858; *Bennecke,* Existenzvernichtender Eingriff statt qualifiziert faktischer Konzern: Die neue Rechtsprechung des BGH zur Haftung von GmbH-Gesellschaftern, BB 2003, 1190; *Bicker,* Offene Fragen der Existenzvernichtungshaftung im Konzern, DZWiR 2007, 284; *Bitter,* Der Anfang vom Ende des „qualifiziert faktischen GmbH-Konzerns" – Ansätze einer allgemeinen Missbrauchshaftung in der Rechtsprechung des BGH, WM 2001, 2133; *Bruns,* Existenz- und Gläubigerschutz in der GmbH – Das Vulkan-Konzept, WM 2003, 815; *Cahn,* Verlustübernahme und Einzelausgleich im qualifizierten faktischen Konzern, ZIP 2001, 2159; *Cahn,* Die Ausfallhaftung des GmbH-Gesellschafters, ZGR 2003, 298; *Calise,* Ist die Haftung wegen existenzvernichtenden Eingriffs auch auf andere juristische Personen als die GmbH anwendbar?, 2006; *Dauner-Lieb,* Die Existenzvernichtungshaftung – Schluss der Debatte?, DStR 2006, 2034; *Deilmann,* Die Entstehung des qualifizierten faktischen Konzerns, 1990; *Döser,* Der faktische Konzern – Ein Nachruf, AG 2003, 406; *Drygala,* Abschied vom qualifizierten faktischen Konzern – oder Konzernrecht für alle?, GmbHR 2003, 729; *Eberl-Borges,* Die Haftung des herrschenden Unternehmens für Schulden einer konzernabhängigen Personengesellschaft, zugleich eine Kritik an der Rechtsprechung des Bundesarbeitsgerichts, WM 2003, 105; *Emmerich,* Anmerkungen zur Vulkan-Doktrin, AG 2004, 423; *Fuchs,* Verlustausgleich bei „qualifizierter Nachteilszufügung? – aktienrechtliche Konsequenzen aus „Trihotel", 2011; *Haas,* Die Gesellschafterhaftung wegen „Existenzvernichtung", WM 2003, 1929; *Habersack,* Trihotel – Das Ende der Debatte?, ZGR 2008, 533; *Henze,* Ausfallhaftung des GmbH-Gesellschafters, BB 2002, 1011; *Henze,* Reichweite und Grenzen des aktienrechtlichen Grundsatzes der Vermögensbindung – Ergänzung durch die Rechtsprechung zum Existenz vernichtenden Eingriff?, AG 2004, 405; *Henzler,* Haftung der GmbH-Gesellschafter wegen Existenzvernichtung, 2008; *Heyder,* Der qualifizierte faktische Aktienkonzern, 1997; *Hommelhoff,* Förder- und Schutzrecht für den faktischen GmbH-Konzern, ZGR 2012, 535; *Hüffer,* Qualifiziert faktisch konzernierte Aktiengesellschaften nach dem Übergang zur Existenzvernichtungshaftung bei der GmbH, FS Goette, 2011, 191; *Kroh,* Der existenzvernichtende Eingriff, 2013; *Kurzwelly,* Die Existenzvernichtungshaftung – Entwicklung und Abschluss einer höchstrichterlichen Rechtsfortbildung, FS Goette, 2011, 277; *Kropff,* Das TBB-Urteil und das Aktienkonzernrecht, AG 1993, 485; *Lieb,* Abfindungsansprüche im (qualifizierten?) faktischen Konzern, FS Lutter, 2000, S. 1151; *Liebscher,* GmbH-Konzernrecht, 2006; *Lutter,* Der qualifizierte faktische Konzern, AG 1990, 179; *Osterloh-Konrad,* Abkehr vom Durchgriff: Die Existenzvernichtungshaftung des GmbH-Gesellschafters nach „Trihotel", ZHR 172 (2008), 274; *Rodewald/Paulat,* Führung von Gruppengesellschaften durch Gesellschafterweisungen im faktischen Konzern; *Röck,* Die Rechtsfolgen der Existenzvernichtungshaftung, 2011; Die GmbH im Spannungsfeld zwischen wirtschaftlicher Dispositionsfreiheit ihrer Gesellschafter und Gläubigerschutz,

FS 50 Jahre BGH, Bundesanwaltschaft und Rechtsanwaltschaft beim BGH, 2000, 83; *Rowedder,* Bestandsschutz im faktischen GmbH-Konzern, Entwicklungen im GmbH-Konzernrecht, ZGR Sonderheft 6 (1986), 20; *Schall,* Durchgriffshaftung im Aktienrecht – haften Aktionäre für existenzvernichtende Eingriffe, qualifiziert faktische Konzernierung oder materielle Unterkapitalisierung?, FS Stilz, 2014, 537; *Schilling,* Grundlagen eines GmbH-Konzernrechts, FS Hefermehl, 1976, 383; *K. Schmidt,* Gesellschafterhaftung und „Konzernhaftung" bei der GmbH, NJW 2001, 3577; *U. H. Schneider,* Konzernleitung durch Weisungen der Gesellschafter der abhängigen GmbH an ihre Geschäftsführer? – Ein Beitrag zur Konzerngründung und zur Konzernleitung im GmbH-Konzern, FS Hoffmann-Becking, 2013, 1071; *M. Schwab,* Die Neuauflage der Existenzvernichtungshaftung: Kein Ende der Debatte!, ZIP 2008, 341; *Schwörer,* Kein Austrittsrecht nach § 305 im qualifizierten faktischen Aktienkonzern, NZG 2001, 550; *Timm,* Grundfragen des „qualifizierten" faktischen Konzerns im Aktienrecht, NJW 1987, 977; *Timm,* Das Recht der faktischen Unternehmensverbindungen im Umbruch, NJW 1992, 2185; *Tröger/Dangelmayer,* Eigenhaftung der Organe für die Veranlassung existenzvernichtender Leistungsmaßnahmen im Konzern, ZGR 2011, 558; *Ulmer,* Der Gläubigerschutz im faktischen GmbH-Konzern beim Fehlen von Minderheitsgesellschaftern, ZHR 148 (1984), 391; *Ulmer,* Von „TBB" zu „Bremer Vulkan" – Revolution oder Evolution? – Zum Bestandsschutz der abhängigen GmbH gegen existenzgefährdende Eingriffe ihres Alleingesellschafters, ZIP 2001, 2021; *Weigl,* Die Haftung im (qualifizierten) faktischen Konzern, 1996; *Westermann,* Haftungsrisiken eines „beherrschenden" GmbH-Gesellschafters, NZG 2002, 1129; *Wiedemann,* Reflexionen zur Durchgriffshaftung, ZGR 2003, 283; *Wiedemann,* Aufstieg und Krise des GmbH-Konzernrechts, GmbHR 2011, 1009; *J. Wilhelm,* Konzernrecht und allgemeines Haftungsrecht, DB 1986, 2113; *J. Wilhelm,* Zurück zur Durchgriffshaftung – das „KBV"-Urteil des II. Zivilsenats des BGH vom 24.6.2002, NJW 2003, 175; *Zöllner,* Qualifizierte Konzernierung im Aktienrecht, GS Knobbe-Keuk, 1997, 369.

4. Konzernbildung *Aschenbeck,* Personenidentität bei Vorständen in Konzerngesellschaften (Doppelmandat im Vorstand), NZG 2000, 1015; *Bayer,* Vorsorge- und präventive Abwehrmaßnahmen gegen feindliche Übernahmen, ZGR 2002, 588; *Binnewies,* Die Konzerneingangskontrolle in der abhängigen Gesellschaft, 1996; *Burgard,* Die Offenlegung von Beteiligungen, Abhängigkeits- und Konzernlagen bei der Aktiengesellschaft, 1990; *Burgard,* Das Wettbewerbsverbot des herrschenden Aktionärs, FS Lutter, 2000, 1033; *Ebenroth,* Konzernbildungs- und Konzernleitungskontrolle – ein Beitrag zu den Kompetenzen von Vorstand und Hauptversammlung, 1987; *Eckert,* Konzerneingangsschutz im Aktienkonzernrecht auf der Ebene der Untergesellschaften, 1998; *Ekkenga/B. Schneider,* „Holzmüller" und seine Geburtsfehler – hier: Die angebliche Schrankenlosigkeit der Vertretungsmacht des Mutter-Vorstands im Konzern, ZIP 2017, 1053; *Geiger,* Wettbewerbsverbote im Konzernrecht, 1996; *Henze,* Holzmüller vollendet das 21. Lebensjahr, FS Ulmer, 2003, 211; *Henze,* Das Wettbewerbsverbot im außervertraglichen Aktienrechtskonzern, FS Hüffer, 2010, 309; *Hirte,* Bezugsrechtsausschluss und Konzernbildung, 1986; *Hopt,* Verhaltenspflichten des Vorstands der Zielgesellschaft bei feindlichen Übernahmen, FS Lutter, 2000, 1361; *Hüffer,* Die Holzmüller-Problematik: Reduktion des Vorstandsermessens oder Grundlagenkompetenz der Hauptversammlung?, FS Ulmer, 2003, 279; *Kort,* Rechte und Pflichten des Vorstands bei Übernahmeversuchen, FS Lutter, 2000, 1421; *Krause,* Prophylaxe gegen feindliche Übernahmeangebote, AG 2002, 133; *Kropff,* Konzerneingangskontrolle bei der qualifiziert konzerngebundenen Aktiengesellschaft, FS Goerdeler, 1987, 259; *Liebscher,* Konzernbildungskontrolle, 1995; *Lutter,* Die Treupflicht des Aktionärs ZHR 153 (1989), 446; *Lutter/Leinekugel,* Der Ermächtigungsbeschluss der Hauptversammlung zu grundlegenden Strukturmaßnahmen – zulässige Kompetenzübertragung oder unzulässige Selbstentmündigung?, ZIP 1998, 805; *Lutter/Timm,* Konzernrechtlicher Präventivschutz im GmbH-Recht, NJW 1982, 409; *Mülbert,* Übernahmerecht zwischen Kapitalmarktrecht und Aktien(konzern)recht – die konzeptionelle Schwachstelle des RegE WpÜG, ZIP 2001, 1221; *Mülbert/Kiem,* Der schädigende Beteiligungserwerb, ZHR 177 (2013), 819; *v. Rechenberg,* Holzmüller – Auslaufmodell oder Grundpfeiler der Kompetenzverteilung in der AG?, FS Bezzenberger, 2000, 359; *J. Schneider,* Wettbewerbsverbot für Aktionäre, 2008; *U.H. Schneider/Burgard,* Übernahmeangebote und Konzerngründung – Zum Verhältnis von Übernahmerecht, Gesellschaftsrecht und Konzernrecht, DB 2001, 963; *Seydel,* Konzernbildungskontrolle bei der Aktiengesellschaft, 1995; *Stukenberg,* Ungeschriebene „Holzmüller"-Zuständigkeiten im Lichte der „Macroton" und „Gelatine"-Entscheidungen des BGH, 2007; *Tieves,* Der Unternehmensgegenstand der Kapitalgesellschaft, 1998; *Timmann,* Die Durchsetzung von Konzerninteressen in der Satzung der abhängigen Aktiengesellschaft, 2001; *Wahlers,* Konzernbildungskontrolle durch die Hauptversammlung der Obergesellschaft, 1995.

Übersicht

	Rn.		Rn.
I. Grundkonzeption der §§ 311–318	1–7	**III. Rechtspolitische Überlegungen**	15–20a
1. Regelungszweck	1, 2	1. Kritik	15
2. Regelungsinhalt im Überblick	3, 4	2. Tendenz zu positiverer Bewertung	16, 17
3. Dogmatische Einordnung	5–7	3. Harmonisierungsbestrebungen auf europäischer Ebene	18–20a
II. Entstehungsgeschichte	8–14	**IV. Der faktische GmbH-Konzern**	21–24
1. Rechtslage nach dem Aktiengesetz 1937	8	1. Keine analoge Anwendung der §§ 311 ff.	21, 22
2. Der Referentenentwurf von 1958	9	2. Qualifiziert faktischer Konzern und Existenzvernichtungshaftung	23, 24
3. Regierungsentwurf und Gesetzgebungsverfahren	10, 11	**V. Der qualifiziert faktische Aktienkonzern**	25–36
4. Änderungen nach 1965	12–14		

	Rn.		Rn.
1. Grundlagen	25–28	2. Schutzmechanismen auf der Ebene der	
2. Die Rechtsfolgen im Einzelnen	29–36	Untergesellschaft	39–56
a) Ansprüche der abhängigen Gesellschaft	29–31	a) Abwehrmaßnahmen	39–51
		b) Treuepflicht	52–56
b) Ansprüche der Gläubiger	32	3. Schutzmechanismen auf der Ebene der	
c) Ansprüche der außenstehenden Gesellschafter	33–36	Obergesellschaft	57–62
		a) Satzung	57
VI. Konzerneingangsschutz	37–62	b) Vermögensveräußerung (§ 179a)	58
1. Überblick	37, 38	c) Ungeschriebene Hauptversammlungszuständigkeiten	59–62

I. Grundkonzeption der §§ 311–318

1. Regelungszweck. Die §§ 311–318 betreffen den Fall der Abhängigkeit einer AG oder KGaA von einem Unternehmen bei Fehlen eines Beherrschungsvertrags oder einer Eingliederung. Schon die bloße Möglichkeit der beherrschenden Einflussnahme (§ 17) begründet die Gefahr, dass das herrschende Unternehmen sein Einwirkungspotential nutzt, um eigene Belange zum Nachteil der Gesellschaft zu verfolgen.[1] Die Gefahr vergrößert sich, wenn das herrschende Unternehmen die abhängige Gesellschaft unter seiner einheitlichen Leitung in einen Konzern iSd § 18 integriert. Hier liegt in der Praxis das Hauptanwendungsgebiet der §§ 311–318, so dass etwas vereinfachend vom **Recht des faktischen Konzerns** gesprochen wird.

Die Vorschriften dienen dem Schutz **der abhängigen Gesellschaft sowie vor allem ihrer Gläubiger und außenstehenden Aktionäre**. Deren Interessen sollen dadurch gewahrt werden, dass der Gesellschaft zugefügte Nachteile im Einzelnen dokumentiert und ausgeglichen werden **(System des Einzelausgleichs)**. Gleichzeitig werden die Bedingungen statuiert, unter denen die konzernmäßige Leitung einer faktischen Unternehmensgruppe möglich ist. Hält sich das herrschende Unternehmen an sie, so treten die allgemeinen Kapitalerhaltungsregeln (→ § 311 Rn. 63) und Haftungstatbestände (→ § 311 Rn. 62, 64, 66) zurück. Insofern kommt den §§ 311 ff. nicht nur eine Schutzfunktion, sondern auch eine **Privilegierungsfunktion** zu.[2]

2. Regelungsinhalt im Überblick. Kern des Systems des Einzelausgleichs ist die Vorschrift des § 311. Danach darf das herrschende Unternehmen die abhängige Gesellschaft nur dann zu für sie nachteiligen Rechtsgeschäften oder Maßnahmen veranlassen, wenn die Nachteile kompensiert werden. Dieser Ausgleich muss der abhängigen Gesellschaft im laufenden Geschäftsjahr **tatsächlich gewährt** oder ihr doch in diesem Zeitraum zumindest ein **Anspruch auf Nachteilsausgleich** eingeräumt werden. Versäumt das herrschende Unternehmen dies, so haften es und seine gesetzlichen Vertreter nach § 317 auf **Schadensersatz**. Die Ersatzpflicht ist allerdings ausgeschlossen, wenn die für den Schaden ursächliche Maßnahme auch von dem Geschäftsleiter einer unabhängigen Gesellschaft ergriffen bzw. unterlassen worden wäre (§ 317 Abs. 2).

Das Schutzsystem wird ergänzt durch die Pflicht des Vorstands der abhängigen Gesellschaft, einen Bericht über die Beziehungen zwischen der Gesellschaft und dem herrschenden Unternehmen zu erstellen (§ 312). Eine Ausnahme ist nur für den Fall vorgesehen, dass ein Gewinnabführungsvertrag besteht (§ 316). Der **Abhängigkeitsbericht** ist durch den Abschlussprüfer (§ 313) und den Aufsichtsrat der abhängigen Gesellschaft (§ 314) zu prüfen. Unter bestimmten Voraussetzungen kann das Gericht auf Antrag einzelner Aktionäre eine Sonderprüfung anordnen (§ 315). Nach § 318 schließlich haften die Mitglieder der Verwaltungsorgane der abhängigen Gesellschaft bei schuldhafter Verletzung ihrer Berichts- und Prüfungspflichten.[3]

3. Dogmatische Einordnung. Die §§ 311 ff. gehen **von der Zulässigkeit der einfachen faktischen Konzernierung** aus (Faktizitätsprinzip).[4] Die Ausübung einheitlicher Leitung iSd § 18 wird

---

[1] RegBegr. *Kropff* S. 408.
[2] BGHZ 179, 71 = NJW 2009, 850 Rn. 12; BGH NZG 2012, 1030 Rn. 19; *Elsner*, Die laufende Kontrolle der Tochtergesellschaften durch die Verwaltung der Muttergesellschaft, 2003, 78 ff.; *Habersack/Schürnbrand* NZG 2004, 689 (692); *Hogh*, Die Nachteilsermittlung im Rahmen des § 311 I AktG, 2004, 12 ff.; *Hommelhoff*, Die Konzernleitungspflicht, 1982, 124 f.; *Mülbert* ZHR 163 (1999) 1 (22 ff.); *Riehl*, Related-Party Transactions im deutschen und US-amerikanischen Recht der Aktiengesellschaft, 2015, 24 f.; *Strohn*, Die Verfassung der Aktiengesellschaft im faktischen Konzern, 1977, 6 ff.; *Wimmer-Leonhard*, Konzernhaftungsrecht, 2004, 70; Emmerich/Habersack/*Habersack* § 311 Rn. 2, 5; krit. MüKoAktG/*Altmeppen* § 311 Rn. 32 ff.
[3] Die zivilrechtliche Haftung des Abschlussprüfers bestimmt sich nach § 323 HGB.
[4] Vgl. BGH NZG 2008, 831 (832); OLG Hamm NJW 1987, 1030; OLG Köln AG 2009, 415 (418); LG Mannheim WM 1990, 760 (764); *Habersack* FS Peltzer, 2001, 139 (140); *Hommelhoff*, Die Konzernleitungspflicht, 1982, 109 ff.; *Luchterhand* ZHR 133 (1970) 1 (5 ff.); *Mülbert*, Aktiengesellschaft, Unternehmensgruppe und Kapitalmarkt, 2. Aufl. 1995, 285 ff.; *Mülbert* ZHR 163 (1999) 1 (22 f.); *Papagiannis*, Der faktische Aktienkonzern,

Vorbemerkung zu den §§ 311–318   6, 7 **Vor § 311**

gebilligt,[5] sofern nur die Vermögensinteressen der abhängigen Gesellschaft gewahrt werden. Dem herrschenden Unternehmen sind nachteilige Einflussnahmen gestattet, wenn ein finanzieller Ausgleich nach Maßgabe des § 311 Abs. 2 erfolgt.

Aus der grundsätzlichen Billigung des faktischen Konzerns durch den Gesetzgeber lässt sich jedoch 6 ein **Weisungsrecht** des herrschenden Unternehmens nicht ableiten.[6] Es bleibt vielmehr dabei, dass der Vorstand der abhängigen Gesellschaft diese in eigener Verantwortung zu leiten hat (§ 76). Er ist daher – sofern etwaige Nachteile ausgeglichen werden – berechtigt, aber nicht verpflichtet, den Vorstellungen des herrschenden Unternehmens zu folgen.[7] Eine rechtlich abgesicherte Konzernleitungsmacht kann mithin nur durch Abschluss eines Beherrschungsvertrages (§§ 293 ff.) oder im Wege der Eingliederung der abhängigen Gesellschaft (§§ 319 ff.) begründet werden (§§ 308, 323). Der Preis hierfür ist jedoch die umfassende Verlustübernahmepflicht (§ 302) bzw. Durchgriffshaftung (§ 322) und ein Abfindungsrecht für die außenstehenden Aktionäre (§§ 305, 320b).

Streitig diskutiert wird, ob und inwieweit eine **Konzernleitungspflicht** besteht. Nach Ansicht von 7 *Hommelhoff* ist der Vorstand der Obergesellschaft verpflichtet, das gesamte Konzerngeschehen einschließlich der Aktivitäten der abhängigen Gesellschaften umfassend zu leiten.[8] Daran ist im Ausgangspunkt richtig, dass sich der Leitungsauftrag des Vorstands nach § 76 auch auf die in den Tochtergesellschaften gebundenen Ressourcen erstreckt.[9] Er ist damit gehalten, den Konzern so zu organisieren, dass die Potentiale der Unternehmensgruppe möglichst optimal genutzt werden und eine effektive Kontrolle der abhängigen Gesellschaft gewährleistet ist.[10] In diesem Sinne ist eine Konzernleitungspflicht des Vorstands gegenüber der Obergesellschaft grundsätzlich zu bejahen.[11] Bei der Wahrnehmung dieser Pflicht muss ihm jedoch ein Ermessen zugestanden werden.[12] Überdies kann sie nicht über den Rahmen des rechtlich Möglichen hinausgehen. Im Falle einer abhängigen AG schließen die §§ 76, 311 ff. eine breitflächige und intensive Einwirkung von vornherein aus, daher kann auch eine darauf gerichtete Verpflichtung nicht bestehen.[13] Nach alledem wird der Vorstand der Obergesellschaft durch eine **stark dezentralisierte Konzernleitung** seiner Verantwortung gerecht.[14] Sie umfasst auch die Einrichtung eines der Organisa-

---

1993, 44 ff.; *Schlieper*, Leitungsintensität und Mehrfachfunktion im faktischen Aktienkonzern, 1996, 79 ff.; *Tröger*, Treupflicht im Konzernrecht, 2000, 166 ff.; *Zöllner* FS Kropff, 1997, 333 (344 f.); Emmerich/Sonnenschein/ *Habersack* § 19 IV 2a; MHdB AG/*Krieger* § 70 Rn. 22; *K. Schmidt* GesR § 31 IV 2b; Emmerich/Habersack/ *Habersack* § 311 Rn. 8; Hüffer/Koch/*Koch* § 311 Rn. 6; MüKoAktG/*Altmeppen* § 311 Rn. 26; NK-AktR/*Schatz*/ *Schödel* § 311 Rn. 6; anders die Anhänger des Vertragsprinzips, wonach deren Auffassung nur der Abschluss eines Beherrschungsvertrages die Ausübung einheitlicher Leitung legitimiert; *Bälz* FS Raiser, 1974, 287 (300 ff.); *Bälz* AG 1992, 277 (303 f.); *Lieb* FS Lutter, 2000, 1156 f. (1163 f.); Großkomm AktG/*Würdinger*, 3. Aufl. 1975, § 311 Rn. 5; zu Faktizitäts- und Vertragsprinzip grundlegend *Schilling* FS Hefermehl, 1976, 383 (391 ff.).

[5] Im Sinne einer Billigung auch *Habersack* FS Peltzer, 2001, 139 (140); *Mülbert* ZHR 163 (1999) 1 (23); Emmerich/Sonnenschein/*Habersack* § 19 IV 2a; Emmerich/Habersack/*Habersack* § 311 Rn. 8; Hüffer/Koch/*Koch* § 311 Rn. 7; für bloße Duldung hingegen *Geßler* FS Westermann, 1974, 145 (150 ff.), *Tröger*, Treupflicht im Konzernrecht, 2000, 170 ff.

[6] OLG Hamm AG 1995, 512; OLG Karlsruhe WM 1987, 533 (534); *Geßler* FS Westermann, 1974, 145 (151); *Kuntz* Der Konzern 2007, 802 (808); *Lutter* FS Peltzer, 2001, 241 (243); Emmerich/Sonnenschein/*Habersack* § 19 IV 3a; MHdB AG/*Krieger* § 70 Rn. 23; Emmerich/Habersack/*Habersack* § 311 Rn. 10; Hüffer/Koch/*Koch* § 311 Rn. 8; MüKoAktG/*Altmeppen* Rn. 4; NK-AktR/*Schatz*/*Schödel* § 311 Rn. 7.

[7] *Geßler* FS Westermann, 1974, 145 (155 ff.); *Lutter* FS Peltzer, 2001, 241 (243); *Schilling* FS Hefermehl, 1976, 383 (395 f.); *Semler* ZGR 2004, 631 (653 f.); MHdB AG/*Krieger* § 70 Rn. 31; Hüffer/Koch/*Koch* § 311 Rn. 48; Kölner Komm AktG/*Koppensteiner* § 311 Rn. 139 ff.; NK-AktR/*Schatz*/*Schödel* § 311 Rn. 14.

[8] *Hommelhoff*, Die Konzernleitungspflicht, 1982, 43 ff., 165 ff.

[9] → § 76 Rn. 71; *K. Schmidt* FS Lutter, 2000, 1167 (1175 f.). Eine gesetzliche Bestätigung für den konzerndimensionalen Bezug der Organpflichten findet sich in dem durch das KonTraG eingeführten § 90 Abs. 1 S. 2, wonach sich die Berichtspflicht des Vorstands eines Mutterunternehmens gegenüber dem Aufsichtsrat auch auf Tochter- und Gemeinschaftsunternehmen erstreckt.

[10] *Götz* ZGR 1998, 524 (530 ff.); *Hüffer* FS Happ, 2006, 93 (101 ff.); *Semler* ZGR 2004, 631 (655 ff.); MHdB AG/*Krieger* § 70 Rn. 27.

[11] Dagegen besteht im Verhältnis zur abhängigen Gesellschaft keine Konzernleitungspflicht, → § 76 Rn. 77; *Fleischer* DB 2005, 759 (761); MHdB AG/*Krieger* § 70 Rn. 27; MüKoAktG/*Altmeppen* § 311 Rn. 391, 400; NK-AktR/*Schatz*/*Schödel* § 311 Rn. 10; aA *U.H. Schneider* BB 1981, 249 ff.; *U.H. Schneider* FS Hadding, 2004, 621 (629 f.); *U.H. Schneider*/*S. H. Schneider* AG 2005, 57 (61).

[12] → § 76 Rn. 75; *Götz* ZGR 1998, 524 (527 ff.); MHdB AG/*Krieger* § 70 Rn. 27; MüKoAktG/*Altmeppen* § 311 Rn. 391.

[13] *Fleischer* DB 2005, 759 (761); Emmerich/Sonnenschein/*Habersack* § 19 IV 3b; Emmerich/Habersack/*Habersack* § 311 Rn. 11.

[14] Unter diesem Vorbehalt eine Konzernleitungspflicht befürwortend → § 76 Rn. 75, 78 ff.; *Fleischer* DB 2005, 759 (760 ff.); *Rittner* AcP 183 (1983) 295 (301 ff.); *Semler* ZGR 2004, 631 (656 ff.); MHdB AG/*Krieger* § 70 Rn. 27; MüKoAktG/*Altmeppen* § 311 Rn. 390 f., 404 f.; NK-AktR/*Schatz*/*Schödel* § 311 Rn. 8 f.; generell abl. *Mülbert*, Aktiengesellschaft, Unternehmensgruppe und Kapitalmarkt, 2. Aufl. 1995, 27 ff.; Hüffer/Koch/*Koch* § 76 Rn. 20 ff.; Kölner Komm AktG/*Mertens*/*Cahn* § 76 Rn. 65; MüKoAktG/*Spindler* § 76 Rn. 42 ff.

tionsstruktur des Unternehmensverbunds angepassten Kontrollsystems, um für ein rechtmäßiges Verhalten aller Verbundmitglieder zu sorgen.[15]

II. Entstehungsgeschichte

8   **1. Rechtslage nach dem Aktiengesetz 1937.** Mit der Regelung des faktischen Konzerns betrat der Gesetzgeber von 1965 Neuland. Das Aktiengesetz von 1937 beantwortete die Kernfrage, ob und gegebenenfalls unter welchen Voraussetzungen das herrschende Unternehmen die abhängige Gesellschaft zu nachteiligen Maßnahmen veranlassen darf, nicht ausdrücklich. Nach Absatz 1 der allgemeinen Vorschrift des § 101 AktG 1937, der Vorläuferin des heutigen § 117, machte sich jedoch schadensersatzpflichtig, wer „zu dem Zwecke, für sich oder einen anderen gesellschaftsfremde Sondervorteile zu erlangen, vorsätzlich unter Ausnutzung seines Einflusses auf die Gesellschaft ein Mitglied des Vorstands oder des Aufsichtsrats dazu bestimmt, zum Schaden der Gesellschaft oder ihrer Aktionäre zu handeln". Nach § 101 Abs. 3 AktG 1937 galt dies jedoch nicht, wenn der Einfluss benutzt wurde, um einen Vorteil zu erlangen, der „schutzwürdigen Belangen" diente. Diese Ausnahmeklausel sollte es nach der amtlichen Begründung der Rechtsprechung insbesondere ermöglichen, Konzerninteressen zu berücksichtigen.[16] Demnach herrschte zunächst eine sehr konzernfreundliche Sichtweise vor. Eine Haftung sollte immer dann ausscheiden, wenn höhere gesamtwirtschaftliche Belange des Konzerns die Zurücksetzung der Interessen des Konzernunternehmens und seiner Aktionäre rechtfertigten.[17] Nach dem Krieg setzte sich jedoch bald die Auffassung durch, dass nachteilige Einflussnahmen grundsätzlich rechtswidrig und nur gegen Gewährung eines finanziellen Ausgleichs zulässig seien.[18]

9   **2. Der Referentenentwurf von 1958.** Nach den 1958 vorgelegten Reformvorstellungen des Bundesjustizministeriums[19] sollte die Ausübung von Leitungsmacht nur durch den Abschluss eines „Weisungsvertrages" legitimiert werden. Einflussnahmen ohne eine solche Grundlage wollte der Referentenentwurf durch **scharfe haftungsrechtliche Sanktionen** unterbinden. Nach § 284 des Entwurfs sollten das herrschende Unternehmen und die für es handelnden Personen für schädliche Folgen jeder Weisung haftbar gemacht werden, selbst wenn diese Nachteile nicht vorhersehbar waren. Insbesondere diese als drakonisch empfundene Erfolgshaftung stieß in der rechtspolitischen Diskussion auf **heftigen Widerstand.** Die ursprünglich angedachte, auf einen Vertragszwang hinauslaufende Konzeption erwies sich als nicht durchsetzbar.[20]

10   **3. Regierungsentwurf und Gesetzgebungsverfahren.** Der Regierungsentwurf trug der Kritik Rechnung, indem er es dem herrschenden Unternehmen erlaubte, die abhängige Gesellschaft zu nachteiligen Maßnahmen zu veranlassen, wenn die Nachteile **ausgeglichen** wurden (§ 300 RegE). Im Hinblick auf die Verantwortlichkeit des herrschenden Unternehmens stellte § 306 RegE nunmehr auf die Sorgfalt eines ordentlichen und gewissenhaften Geschäftsleiters einer unabhängigen Gesellschaft ab. Dadurch sollte eine einheitliche Konzernleitung ermöglicht werden, ohne eine automatische Haftung für fehlgeschlagene Geschäfte oder Maßnahmen auszulösen.[21] Eine Einstandspflicht war zudem nur noch für die herrschende Gesellschaft selbst und ihre gesetzlichen Vertreter vorgesehen. Darin lag eine Absage an die noch im Referentenentwurf vorgeschlagene Erstreckung der persönlichen Verantwortung auch auf die für das herrschende Unternehmen handelnden Personen (insbesondere Angestellte). Einer Anregung *Flumes*[22] folgend sollte die Einhaltung des Schädigungsverbots durch den Abhängigkeitsbericht des Vorstands und die Prüfung durch Aufsichtsrat und Abschlussprüfer (§§ 301–305 RegE) kontrolliert werden.

11   Diese Lösung ist dann im wesentlichen Gesetz geworden. Eine wichtige Änderung ergab sich jedoch im parlamentarischen Verfahren hinsichtlich des Nachteilsausgleichs.[23] Der Regierungsentwurf erkannte ihn nur unter der doppelten Voraussetzung an, dass der Vorteil auf einem Vertrag beruhte und der Vertrag mit dem nachteiligen Rechtsgeschäft oder der nachteiligen Maßnahme so

---

[15] Zur konzernweiten Compliance → § 91 Rn. 59 ff.; ferner *Bicker* AG 2012, 542 ff.; *Bunting* ZIP 2012, 1542 ff.; *Lutter* FS Goette, 2011, 289 ff.

[16] Vgl. Begründung AktG 1937 zu § 101, abgedruckt bei *Klausing* Aktiengesetz S. 87.

[17] Vgl. die Nachweise bei *Dettling,* Die Entstehungsgeschichte des Konzernrechts im Aktiengesetz 1965, 1997, 78.

[18] *Geßler* FS Walter Schmidt, 1959, 247 (257 ff.); *Mestmäcker,* Verwaltung, Konzerngewalt und Rechte der Aktionäre, 1958, 275 ff.

[19] Referentenentwurf eines Aktiengesetzes, veröffentlicht durch das Bundesjustizministerium, 1958.

[20] Zur Diskussion umfassend *Dettling,* Die Entstehungsgeschichte des Konzernrechts im Aktiengesetz 1965, 1997, 244 ff.

[21] RegBegr. *Kropff* S. 419.

[22] *Flume,* Der Referentenentwurf eines Aktiengesetzes, 1958, 19 ff.; *Flume* DB 1959, 190 (191).

[23] Dazu *Dettling,* Die Entstehungsgeschichte des Konzernrechts im Aktiengesetz 1965, 1997, 319 ff.

eng zusammenhing, dass sie wirtschaftlich als ein **einheitliches Geschäft** anzusehen waren. Die Spitzenorganisationen der Wirtschaft hielten diese Ausgleichsregelung für zu unflexibel und nicht praktikabel. Auf ihre Einwände hin wurde nach kontroverser Debatte ein **nachgeschobener Ausgleich** innerhalb der Rechnungsperiode durch tatsächliche Leistung oder vertragliche Zusage zugelassen. Versuche, dem herrschenden Unternehmen noch weitreichendere Ausgleichsmöglichkeiten zu eröffnen, scheiterten jedoch.[24]

4. Änderungen nach 1965. Nach dem Inkrafttreten des Aktiengesetzes wurden die §§ 311–318 ungeachtet der an ihnen geübten rechtspolitischen Kritik (→ Rn. 15) nur in drei wesentlichen Punkten materiell geändert. Zunächst hat der Gesetzgeber durch das **Bilanzrichtliniengesetz 1985** v. 19.12.1985 (BGBl. 1985 I 2355) kleine Kapitalgesellschaften iSd § 267 Abs. 1 HGB von der Pflicht zur Abschlussprüfung befreit (§ 316 Abs. 1 HGB). Damit ist für diese Gesellschaften auch die obligatorische Prüfung des Abhängigkeitsberichts nach § 313 abgeschafft. Dadurch wurde für die abhängige kleine AG ein ganz wesentliches Element des Schutzsystems der §§ 311 ff. herausgebrochen (→ § 313 Rn. 3, 4). **12**

Später sind durch das **KonTraG 1998** (v. 27.4.1998, BGBl. 1998 I 786) die Möglichkeiten zur Einleitung einer Sonderprüfung erweitert worden. Nunmehr kann eine qualifizierte Minderheit von Aktionären über die eng umgrenzten Tatbestände des § 315 S. 1 Nr. 1–3 hinaus eine solche Sonderprüfung beantragen, wenn Tatsachen vorliegen, die den Verdacht einer pflichtwidrigen Nachteilszufügung rechtfertigen (§ 315 S. 2). Dadurch soll die Geltendmachung von Ersatzansprüchen erleichtert werden. Durch das **UMAG 2005** ist das Recht der Sonderprüfung umgestaltet worden, dies hatte auch Auswirkungen auf die konzernrechtliche Sonderprüfung nach § 315.[25] Das **FGG-Reformgesetz 2009** hat verfahrensrechtliche Implikationen für die Sonderprüfung mit sich gebracht.[26] **13**

Art. 3 **KapCoRiLG 2000** (v. 24.2.2000, BGBl. 2000 I 2355) hat dazu geführt, dass der Prüfungsbericht des Abschlussprüfers nun nicht mehr dem Vorstand, sondern vielmehr dem Aufsichtsrat vorzulegen ist (§ 313 Abs. 2 S. 3). Außerdem verpflichtet jetzt § 314 Abs. 4 den Abschlussprüfer an den Verhandlungen des Aufsichtsrats oder eines Ausschusses über den Abhängigkeitsbericht teilzunehmen und dort über seine Prüfung zu berichten.[27] **14**

III. Rechtspolitische Überlegungen

1. Kritik. Gegen die gesetzlichen Regelungen über den faktischen Aktienrechtskonzern richtete sich insbesondere in den ersten Jahren und Jahrzehnten nach dem Inkrafttreten **massive rechtspolitische Kritik**.[28] Das System von Einzelausgleich und Abhängigkeitsbericht sei, so der Vorwurf, nicht in der Lage, den intendierten Außenseiterschutz effektiv zu gewährleisten. Insbesondere sei kaum zuverlässig feststellbar, ob ein bestimmtes Verhalten der abhängigen Gesellschaft auf den Einfluss des herrschenden Unternehmens zurückgehe und ob es sich im Ergebnis nachteilig ausgewirkt habe. Von den gesetzlichen Vertretern der Tochtergesellschaft könne realistischerweise nicht erwartet werden, dass sie in ihrem Abhängigkeitsbericht auf etwaige Pflichtverletzungen der Vertreter der Obergesellschaft hinweisen würden, da sie auf deren Wohlwollen bei ihrer Wiederwahl angewiesen seien. Die Fundamentalkritik mündete in die Forderung, die Schutzvorkehrungen im faktischen Konzern in Anlehnung an die Regelungen im Vertragskonzern grundlegend neu zu gestalten.[29] **15**

2. Tendenz zu positiverer Bewertung. Demgegenüber fällt die rechtspolitische Beurteilung der §§ 311 ff. in neuerer Zeit durchweg **wesentlich positiver** aus.[30] Dies mag mit der generell zu **16**

---

[24] AusschussB *Kropff* S. 410.
[25] Gesetz zur Unternehmensintegrität und Modernisierung des Anfechtungsrechts (UMAG) v. 22.9.2005, BGBl. 2005 I S. 2802.
[26] Gesetz zur Reform des Verfahrens in Familiensachen und in Angelegenheiten der freiwilligen Gerichtsbarkeit v. 17.12.2008, BGBl. 2008 I 2586, in Kraft getreten zum 1.9.2009.
[27] Durch diese Neuregelung wurde lediglich eine durch das KonTraG versehentlich versäumte Anpassung an die §§ 170 f. nachgeholt, vgl. Emmerich/Habersack/*Habersack* § 314 Rn. 3; MüKoAktG/*Altmeppen* § 314 Rn. 6, 16.
[28] Dazu *Dettling*, Die Entstehungsgeschichte des Konzernrechts im Aktiengesetz 1965, 1997, 242 ff.
[29] Vgl. Bericht über die Verhandlungen der Unternehmensrechtskommission, hrsg. vom Bundesministerium der Justiz, 1980, Rn. 1418 ff.; *Geßler* FS Flume II, 1978, 55 ff.; abl. *Hommelhoff* Gutachten S. 28 ff.; aufgeschlossen *K. Schmidt* ZGR 1978, 455 (466 ff.).
[30] Vgl. insbes. *Altmeppen*, Die Haftung des Managers im Konzern, 1998, 60 f.; *Decher* ZHR 171 (2007) 126 (132 ff.); *Döser* AG 2003, 406 (408); *Habersack* FS Peltzer, 2001, 139 (141 f.); *Hommelhoff* Gutachten S. 19 ff.; Lutter/ *Trölitzsch* in Lutter Holding-HdB § 7 Rn. 52; *Mülbert*, Aktiengesellschaft, Unternehmensgruppe und Kapitalmarkt, 2. Aufl. 1995, 472 ff.; *Papagiannis*, Der faktische Aktienkonzern, 1993, 127 ff.; *Rowedder* ZGR Sonderheft 6 1986, 20 (34); *J. Vetter* in Fleischer/Koch/Kropff/Lutter, 50 Jahre Aktienrecht, 2015, 231 (252 f.); *Wimmer-Leonhard*, Konzernhaftungsrecht, 2004, 72 f.; 144 f.; 751 f.; ADS § 311 Rn. 2a; Emmerich/Habersack/*Habersack* § 311

beobachtenden Tendenz zusammenhängen, den in immer schärferem internationalem Wettbewerb stehenden deutschen Unternehmen mehr Freiräume zuzugestehen und sie nicht durch allzu restriktive Regelungen in ihren Gestaltungsmöglichkeiten zu sehr einzuengen. Wirtschaftspolitisch hat die Konzeption eines dezentral geführten faktischen Konzerns, die den §§ 311 ff. zugrunde liegt, einiges für sich.[31] Dies verkennen diejenigen, die vom System des Einzelausgleichs abrücken und für eine generelle Verlustübernahmepflicht plädieren. Die damit verbundenen finanziellen Risiken für das herrschende Unternehmen würde es dessen Geschäftsleitern unmöglich machen, das Management der abhängigen Gesellschaften weitgehend autonom agieren zu lassen.[32] Es hat sich außerdem erwiesen, dass die bestehende gesetzliche Regelung in der Praxis leidlich funktioniert und insbesondere der Abhängigkeitsbericht eine nicht zu unterschätzende präventive Schutzwirkung zugunsten der Außenseiter hat.[33] Von einem breitflächigen Versagen des gesetzlichen Regelungsmodells, das eine radikale Umgestaltung rechtfertigen würde, kann daher keine Rede sein.[34] Dementsprechend hat sich der 59. Deutsche Juristentag 1992 mit überwältigender Mehrheit gegen eine grundlegende Reform ausgesprochen.[35]

17 Diskutiert werden vornehmlich **punktuelle Änderungen** innerhalb des bestehenden Systems, so etwa die Wiedereinführung der obligatorischen Abschlussprüfung für die kleine AG, die Stärkung der Stellung des Aufsichtsrats, Verbesserungen bei der Durchsetzung von Ersatzansprüchen und die Abschaffung der Möglichkeit eines nachgelagerten Ausgleichs in § 311 Abs. 2[36] sowie insbesondere die Offenlegung des Abhängigkeitsberichts.[37]

18 **3. Harmonisierungsbestrebungen auf europäischer Ebene.** In eine andere Richtung weisen die Vorschläge des *Forum Europaeum Konzernrecht*.[38] Danach ist ein Handeln zu Lasten der abhängigen Gesellschaft gerechtfertigt, wenn dies im Gruppeninteresse geschieht und davon auszugehen ist, dass die der Gesellschaft zugefügten Nachteile „in überschaubarer Zeit" ausgeglichen werden. Die Grenze zulässiger Einflussnahme wird allerdings überschritten, wenn die Existenz der Gesellschaft (insbesondere durch Entzug überlebensnotwendiger Liquidität) gefährdet wird. Voraussetzung für eine Legitimation ist ferner, dass die Unternehmensgruppe ausgewogen und verfestigt strukturiert ist und die abhängige Gesellschaft in eine kohärente und auf Dauer angelegte Gruppenpolitik eingefügt ist. Das Forum lehnt sich eng an die vom französischen *Court de Cassation* entwickelte „Rozenblum"-Konzeption an.[39] Damit verbunden ist jedoch der Rückgriff auf eine ganze Reihe von unbestimmten Rechtsbegriffen, so dass sich die Frage stellt, ob die erhöhte Flexibilität, die mit der Übernahme des Vorschlags zweifellos verbunden wäre, nicht allzu teuer erkauft würde mit einem ganz erheblichen Verlust an Rechtssicherheit. Im Ergebnis würde jedenfalls der Nachteilsausgleich gegenüber der bisherigen deutschen Regelung wesentlich erleichtert und damit der Außenseiterschutz beeinträchtigt.[40] Der Vorschlag ist vor dem Hintergrund zu sehen, dass eine europaweite Übernahme der §§ 311 ff. unrealistisch erscheint.[41] Der Preis für eine Konzernrechtsharmonisierung wäre aus deutscher Sicht eine Absenkung des Schutzniveaus.

Rn. 12; Grigoleit/*Grigoleit* § 311 Rn. 7 f.; Hüffer/Koch/*Koch* § 311 Rn. 6; MüKoAktG/*Altmeppen* Rn. 29 f.; K. Schmidt/Lutter/*J. Vetter* § 311 Rn. 8; sehr krit. demgegenüber *Liebscher*, Konzernbildungskontrolle, 1995, 196 f.; *Wackerbarth*, Grenzen der Leitungsmacht in der internationalen Unternehmensgruppe, 2001, 303 ff.; *Wackerbarth* Der Konzern 2005, 562 ff.; Kölner Komm AktG/*Koppensteiner* § 311 Rn. 90, 97.

[31] Vgl. aus betriebswirtschaftlicher Sicht *Schenk* ZfbF 1997, 652 (658 ff.) mwN.
[32] Überzeugend *Hommelhoff* Gutachten S. 31.
[33] *Hommelhoff* ZHR 156 (1992) 295 ff.
[34] Ein differenziertes Bild vermittelt auch die rechtstatsächliche Untersuchung von *Ekkenga/Weinbrenner/Schütz* Der Konzern 2005, 261 (271 ff.).
[35] Vgl. Beschlüsse des 59. DJT, Abteilung Wirtschaftsrecht, wiedergegeben bei *Lutter* DB 1992, 2429.
[36] *Hommelhoff* Gutachten S. 48 ff.; *Papagiannis*, Der faktische Aktienkonzern, 1993, 132 ff.; Grigoleit/*Grigoleit* § 311 Rn. 8; für eine vollständige Abschaffung des Konzernrechts dagegen *Wackerbarth* Der Konzern 2005, 562 ff.
[37] *Riehl*, Related-Party Transactions im deutschen und US-amerikanischen Recht der Aktiengesellschaft, 2015, 82 f.; *Bayer/Selentin* NZG 2015, 7 (11 f.); *Fleischer* BB 2014, 835 (839 ff.); *Kalls* ZHR 171 (2007) 146 (197); *U.H. Schneider* FS Lutter, 2000, 1193 (1198); *E. Vetter* ZHR 171 (2007) 342 (365 ff.); *J Vetter* in Fleischer/Koch/Kropff/Lutter, 50 Jahre Aktienrecht, 2015, 231 (253 ff.); Emmerich/Habersack/*Habersack* Rn. 3; K. Schmidt/Lutter/*J. Vetter* § 311 Rn. 8; dagegen aber *Decher* ZHR 171 (2007) 126 (138); *Hommelhoff* Gutachten S. 59; auch → § 312 Rn. 4.
[38] *Forum Europaeum Konzernrecht* ZGR 1998, 672 (704 ff.).
[39] Grundlegend Cass Crim V 4.2.1985, Rev Soc 1985, 648 (650 f.); zur Entwicklung näher *Falcke*, Konzernrecht in Frankreich, 1996, 41 ff.; *Lutter* FS Kellermann, 1991, 257 ff.; *Maul* NZG 1998, 965 (966 ff.).
[40] Krit. *Blaurock* FS Sandrock, 2000, 79 (85 ff.); *Fleischer* ZGR 2017, 1 (35); *Wackerbarth*, Grenzen der Leitungsmacht in der internationalen Unternehmensgruppe, 2001, 340 ff.; MüKoAktG/*Kropff*, 2. Aufl. 2000, Rn. 38.
[41] Eine nach deutschem Vorbild konzipierte 9. Konzernrechtsrichtlinie (abgedruckt in ZGR 1985, 444 ff.) scheiterte in den 80er Jahren bereits im Entwurfsstadium, vgl. *Maierhofer*, Der faktische Konzern nach geplantem europäischem Recht, 1996, 43 ff.; *Wimmer-Leonhard*, Konzernhaftungsrecht, 2004, 774 (783 f.).

Die **EU-Kommission** hat in ihrem Aktionsplan zur Modernisierung des Gesellschaftsrechts und **19** Verbesserung der Corporate Governance vom 21.5.2003[42] angekündigt, dass sie mittelfristig eine Rahmenbestimmung für Unternehmensgruppen einführen möchte, wonach die Leitung eines Konzernunternehmens eine bestimmte Konzernpolitik festlegen und umsetzen darf, sofern die Interessen der Gläubiger des Unternehmens wirkungsvoll geschützt werden und die Vor- und Nachteile im Lauf der Zeit gerecht auf die Aktionäre des Unternehmens verteilt werden.

In ihrem **Aktionsplan zum Gesellschaftsrecht und zu Corporate Governance vom** **20** **Dezember 2012**[43] hat die Kommission diesen Gedanken wieder aufgegriffen und für eine EU-weite Anerkennung des Gruppeninteresses plädiert. Der Vorschlag bleibt allerdings recht vage und unbestimmt.[44] Im Grundsatz ist es aber zu begrüßen, dass eine grenzüberschreitende, abgestimmten Konzernpolitik ermöglicht werden soll, da dies bisher noch nicht in allen Mitgliedstaaten der Europäischen Union gewährleistet ist und sich deshalb gravierende Probleme bei der Führung internationaler Konzerne ergeben.[45] Der europäische Gesetzgeber sollte sich darauf beschränken, die Mitgliedstaaten zu verpflichten, eine einheitliche Konzernleitung unter Wahrung der Interessen von Minderheitsgesellschaftern und Gläubigern zu ermöglichen, ihnen die Ausgestaltung im Einzelnen aber selbst überlassen.[46] Damit könnte das insgesamt bewährte System der §§ 311 ff. als bestehen bleiben, ohne es den Partnerstaaten in der Europäischen Union aufzuoktroyieren.

Die von der Kommission 2014 vorgeschlagene und 2017 in entschärfter Form verabschiedete **20a** Richtlinie zur **Änderung der Aktionärsrechterichtlinie** enthält in Art. 9c RL 2017/828 Regelungen zu wesentlichen Transaktionen börsennotierter Gesellschaften mit nahestehenden Unternehmen und Personen **(Related Party Transactions)**.[47] Vorgesehen ist sowohl die Offenlegung solcher Geschäfte als auch das Erfordernis der Zustimmung durch Hauptversammlung oder Aufsichtsrat. Art. 9c Abs. 6 lit. a RL 2017/828 erlaubt es den Mitgliedstaaten aber, Transaktionen zwischen Mutter- und Tochtergesellschaften auszunehmen, wenn das nationale Recht für einen angemessenen Schutz der Interessen der beteiligten Gesellschaften und der außenstehenden Aktionäre sorgt. Ob der deutsche Gesetzgeber es in der Hand hat, den faktischen Konzern ganz von dem Regime der Related Party Transactions auszunehmen,[48] ist allerdings sehr umstritten.

IV. Der faktische GmbH-Konzern

1. Keine analoge Anwendung der §§ 311 ff. Das GmbH-Gesetz kennt keine spezifisch kon- **21** zernrechtlichen Bestimmungen. Dies hat zu Überlegungen geführt, die **§§ 311 ff. auf die abhängige GmbH entsprechend anzuwenden**.[49] Dieser Ansatz hat sich jedoch zu Recht nicht durchsetzen können.[50] Die Interessenlage ist nicht vergleichbar, da der Geschäftsführer einer GmbH anders als der Vorstand einer AG an Weisungen der Gesellschafter gebunden ist (§ 37 Abs. 1 GmbHG).

---

[42] Mitteilung der Kommission an den Rat und das Europäische Parlament v. 21.5.2003, Dok.-Nr. Kom (2003) 284 endg.; dazu *Haberer* GesRZ 2003, 211 ff.; *Habersack* NZG 2004, 1 ff.; *Maul/Eggenhofer* BB 2003, 1289 ff.; *Wiesner* ZIP 2003, 977 ff.

[43] Mitteilung der Kommission an das Europäische Parlament, den Rat, den Europäischen Wirtschafts- und Sozialausschuss und den Ausschuss der Regionen v. 12.12.2012, Com (2012), 740; vorbereitet durch *Report of the Reflection Group of EU Company Law* v. 5.4.2011; zum Aktionsplan *Amstutz*, Globale Unternehmensgruppen, 2017, 20 ff.; *Hopt* ZGR 2013, 165 ff.; *Hopt* EuZW 2013, 481 ff.; *Hupka* GWR 2013, 59 ff.; *Verse* EuZW 2013, 336 (342 ff.).

[44] Krit. *Amstutz*, Globale Unternehmensgruppen, 2017, 25; *Drygala* AG 2013, 198 (202 ff.); *Mülbert* ZHR 179 (2015), 645 (658 ff.).

[45] Dazu *Hommelhoff* FS Stilz, 2014, 287 (289 ff.); *Teichmann* AG 2013, 184 (190 ff.); zu den aktuellen Vorschlägen verschiedener Expertengruppen s. *J. Schmidt*, Der Konzern 2017, 5 ff.; *Schüßler* NZG 2017, 1046 ff.

[46] *Amstutz*, Globale Unternehmensgruppen, 2017, 84 ff.; *Habersack* NZG 2004, 1 (8).

[47] RL 2017/828 des EU-Parlaments und des Rates vom 17.5.2017 zur Änderung der RL 2007/36/EG im Hinblick auf die Förderung der langfristigen Mitwirkung der Aktionäre, ABl. EU 2017 Nr. L 132, 1 vom 20.5.2017; s. zuvor den Vorschlag der EU-Kommission zur Änderung der Aktionärsrechterichtlinie, Com (2014), 213; kritisch hierzu *DAV-Handelsrechtsausschuss* NZG 2015, 54 (62 ff.); *Fleischer* BB 2014, 2691 (2698 ff.); *Lanfermann/Maul* BB 2014, 1283 (1287 f.); *Lutter* EuZW 2014, 687 f.; *J Vetter* ZHR 179 (2015), 273 ff.; *U. H. Schneider* EuZW 2014, 641 ff.; *Wiersch* NZG 2014, 1131 (1135 ff.).

[48] So *Bungert* DB 2017, 1190 (1196 f.); anders *Tarde* ZGR 2017, 360 (384); *Veil* NZG 2017, 521 (529 f.); *Spindler/Seidel* AG 2017, 169 (170); auch RefE ARUG II, abrufbar unter www.bmjv.de.

[49] *Bälz* AG 1992, 277 (293 ff.); *Kropff* FS Semler, 1993, 517 (536 ff.); *Rowedder* ZGR Sonderheft 6 (1986) S. 20 (29 ff.); für die Zulässigkeit des Nachteilsausgleichs bei bloßen Abhängigkeitsverhältnissen auch *K. Schmidt* GesR § 39 III 2b.

[50] BGHZ 95, 330 (340) = LM GmbHG § 13 Nr. 15 = NJW 1986, 188; *Bachmann* NZG 2001, 961 (969); *Konzen* NJW 1989, 2977 (2981); *Papagiannis*, Der faktische Aktienkonzern, 1993, 27 f.; *Schilling* FS Hefermehl, 1976, 383 (390); *Ulmer* ZHR 148 (1984) 391 (411 ff.); *Wimmer-Leonhard*, Konzernhaftungsrecht, 2004, 148 f.

Würde man dem herrschenden Unternehmen nachteilige Weisungen nach Maßgabe von § 311 Abs. 2 erlauben, so müsste der Geschäftsführer der abhängigen GmbH ihnen folgen. Dies würde die Möglichkeit zu einer viel intensiveren Konzernherrschaft begründen, als dies in den §§ 311 ff. angelegt ist. Außerdem wäre gar nicht zuverlässig gewährleistet, dass überhaupt ein Nachteilsausgleich erfolgt. Von den weisungsgebundenen und nach § 38 GmbHG jederzeit abberufbaren GmbH-Geschäftsführern kann noch viel weniger als vom Vorstand einer in einen Konzern integrierten AG erwartet werden, dass er tatsächlich solche Kompensationszahlungen durchsetzt. Aus den genannten Gründen käme einem von ihnen erstellten Abhängigkeitsbericht iSd § 312 nur geringe Aussagekraft zu. In Ermangelung eines obligatorischen Aufsichtsrats würde zudem regelmäßig eine Prüfung nach § 314 entfallen. Es zeigt sich, dass das System des Einzelausgleichs auf die Rechtsform der AG zugeschnitten ist und sich nicht auf die GmbH übertragen lässt.

22 Im GmbH-Recht ergeben sich die Schranken der Leitungsmacht des herrschenden Unternehmens vielmehr aus der **mitgliedschaftlichen Treuepflicht**. Sie verbietet grundsätzlich jede nachteilige Einflussnahme auf die abhängige Gesellschaft.[51] Ausnahmen gelten allerdings dann, wenn die übrigen Gesellschafter zustimmen oder keine anderen Gesellschafter vorhanden sind, dies jedoch wiederum unter dem Vorbehalt, dass die Existenz der Gesellschaft nicht gefährdet wird.

23 **2. Qualifiziert faktischer Konzern und Existenzvernichtungshaftung.** Aufgegeben hat der Bundesgerichtshof seine langjährige Rechtsprechung zur **Haftung im qualifiziert faktischen Konzern**.[52] Diese durch die „Autokran"-Entscheidung[53] aus dem Jahr 1985 begründete und insbesondere durch die Urteile „Tiefbau"[54] und „Video"[55] ausgebaute Spruchpraxis stützte sich auf eine entsprechende Anwendung der §§ 302, 303. Der BGH schränkte sie jedoch schon durch das „TBB"-Urteil[56] vom 29.3.1993 wesentlich ein, indem er deutlich machte, dass nicht schon die dauernde und umfassende Leitung der abhängigen Gesellschaft, sondern erst der objektive Missbrauch der beherrschenden Stellung zur Haftung führe. Ein solcher Missbrauch liege vor, wenn das herrschende Unternehmen „die Konzernleitungsmacht in einer Weise ausübt, die keine angemessene Rücksicht auf die eigenen Belange der abhängigen Gesellschaft nimmt, ohne dass sich der ihr insgesamt zugefügte Nachteil durch Einzelausgleichsmaßnahmen kompensieren ließe." Dies lief auf eine reine Verhaltenshaftung hinaus.

24 Im Anschluss an die grundlegenden Ausführungen seines damaligen Vorsitzenden *Röhricht*[57] hat der für das Gesellschaftsrecht zuständige II. Zivilsenat dann in der Entscheidung „Bremer Vulkan"[58] 2001 ganz auf einen konzernrechtlichen Begründungsansatz verzichtet und an dessen Stelle die Rechtsfigur des **„existenzvernichtenden Eingriffs"** gesetzt. Sie war zunächst entsprechend § 128 HGB als Durchgriffshaftung der Gesellschafter unmittelbar gegenüber den Gläubigern wegen Missbrauchs der Rechtsform der GmbH konzipiert.[59] Seit der Trihotel-Entscheidung 2007 ordnet der BGH sie in Gestalt einer **schadensersatzrechtlichen Innenhaftung** gegenüber der Gesellschaft allein in § 826 BGB als besondere Fallgruppe der sittenwidrigen vorsätzlichen Schädigung ein.[60]

Jaeger Aktiengesellschaft § 40 Rn. 15 f.; *Liebscher* GmbH-Konzernrecht Rn. 311 ff.; Emmerich/Habersack/*Habersack* Anh. § 318 Rn. 6; *Grigoleit/Grigoleit* § 311 Rn. 9; Hüffer/Koch/*Koch* § 311 Rn. 51; MüKoAktG/*Altmeppen* Rn. 78 ff.; Baumbach/Hueck/*Beurskens* GmbHG Anh. KonzernR Rn. 46; Rowedder/Schmidt-Leithoff/*Schnorbus* GmbHG Anh. § 52 Rn. 57.

[51] Grundlegend BGHZ 65, 15 (18 ff.) = LM GmbHG § 13 Nr. 8 = NJW 1976, 191.
[52] Zur Entwicklung *Döser* AG 2003, 406 (410 ff.); *Kurzwelly* FS Goette, 2011, 277 ff.; *Wiedemann* GmbHR 2011, 1009 (1010 ff.).
[53] BGHZ 95, 330 ff. = LM GmbHG § 13 Nr. 15 = NJW 1986, 188.
[54] BGHZ 107, 7 (15 ff.) = LM GmbHG § 30 Nr. 27 = NJW 1989, 1800.
[55] BGHZ 115, 187 (189) = LM AktG 1965 § 302 Nr. 4 = NJW 1991, 3142.
[56] BGHZ 122, 123 ff. = LM AktG 1965 § 302 Nr. 6 *(Heidenhain)* = NJW 1993, 1200.
[57] *Röhricht* FS BGH, 2000, 83 ff.
[58] BGHZ 149, 10 ff. = LM AktG 1965 § 309 Nr. 1 *(Schünemann)* = NJW 2001, 3622; dazu etwa *Altmeppen* ZIP 2001, 1837; *Altmeppen* NJW 2002, 321; *Bitter* WM 2001, 2133 ff.; *Cahn* ZIP 2001, 2159 ff.; *K. Schmidt* NJW 2001, 3577 ff.; *Ulmer* ZIP 2001, 2021 ff.; *Wilken* DB 2001, 2383 ff.
[59] BGHZ 151, 181 ff. = LMK 2003, 7 *(Heidenhain)* = NJW 2002, 3024 „KBV"; dazu *Altmeppen* ZIP 2002, 1553 ff.; *Bennecke* BB 2003, 1190 ff.; *Döser* AG 2003, 406 ff.; *Drygala* GmbHR 2003, 729 ff.; *Eberl-Borges* WM 2003, 105 ff.; *Emmerich* AG 2004, 423 ff.; *Haas* WM 2003, 1929 ff.; *Henze* BB 2002, 1011; *Lutter/Banerja* ZGR 2003, 410 ff.; *Ulmer* JZ 2002, 1049 ff.; *H.P. Westermann* NZG 2002, 1129 ff.; nachfolgend dann BGH LMK 2004, 223 *(Roth)* = NJW 2005, 145 = WuB IV A § 826 BGB 1.05 *(H.F. Müller)*; BGH LMK 2005, 56 *(Wilhelm)* = NZI 2005, 237 m. Anm. *Haas* = WuB II C § 13 GmbHG 2.05 *(H.F. Müller)*; BGH LMK 2005, 57 *(Roth)* = NZG 2005, 214; BGH WM 2005, 1843; BAG NJW 2005, 2172.
[60] BGHZ 173, 246 = NJW 2007, 2689 = LMK 2005 II, 50 *(Noack)*; zuvor schon *Dauner-Lieb* DStR 2006, 2034 ff.; zur Kritik an dieser Konzeption s. etwa *Henzler*, Haftung der GmbH-Gesellschafter wegen Existenzvernichtung, 2008, 86 ff.; *Osterloh-Konrad* ZHR 172 (2008) 274 ff.; *Schwab* ZIP 2008, 341 ff.

Entgegen dem ursprünglichen Ansatz besteht auch keine Subsidiarität zu den §§ 30, 31 GmbHG. Im Insolvenzverfahren wird der Anspruch der Gesellschaft, ohne dass es des Rückgriffs auf § 93 InsO bedarf,[61] als Bestandteil der Masse durch den Verwalter geltend gemacht.[62] Bei masseloser Insolvenz können sich die Gläubiger den Anspruch pfänden und überweisen lassen.[63] Sanktioniert wird der gezielte, betriebsfremden Zwecken dienende Entzug von Vermögenswerten, welche die GmbH zur Bedienung ihrer Verbindlichkeiten benötigt, zugunsten eines Gesellschafters oder einer von ihm beherrschten Gesellschaft.[64] Zum geschützten Vermögen gehören auch Geschäftschancen und Personal.[65] Ein Unterlassen genügt nicht. Die Unterkapitalisierung stellt schon begrifflich keinen Eingriff dar.[66] Ebensowenig sind bloße Managementfehler geeignet, die Haftung wegen Existenzvernichtung zu begründen.[67] Eine Existenzvernichtungshaftung kommt auch im Stadium der Liquidation in Betracht.[68] Veräußern die Gesellschafter-Geschäftsführer eine GmbH i.L. das Gesellschaftsvermögen an eine von ihnen abhängige Gesellschaft, so kann darin aber nur dann ein haftungsbegründender Eingriff liegen, wenn die Vermögensgegenstände unter Wert übertragen werden.[69] Der Anspruch aus § 826 BGB verjährt nach allgemeinen Vorschriften (§§ 195, 199 BGB). Die Verjährungsfrist beginnt daher erst zu laufen, wenn dem Gläubiger sowohl die anspruchsbegründenden Umstände als auch die Umstände, aus denen sich ergibt, dass der (mittelbare) Gesellschafter als Schuldner in Betracht kommt, bekannt oder infolge grober Fahrlässigkeit unbekannt sind.[70]

V. Der qualifiziert faktische Aktienkonzern

1. Grundlagen. Bis zur vorstehend dargestellten tiefgreifenden Änderung der Rechtsprechung 2001 wurde überwiegend vertreten, dass sich die im GmbH-Recht entwickelten Grundsätze zur Haftung im qualifiziert faktischen Konzern auch auf das Aktienrecht übertragen lassen.[71] Einzelheiten waren streitig. Nachdem der BGH im GmbH-Recht seine auf eine analoge Anwendung der §§ 302 f. gestützte Rechtsprechung aufgeben hat, soll diese Neuorientierung nach Auffassung mancher[72] auch im Aktienrecht nachvollzogen werden. Dafür besteht jedoch kein Anlass.[73] Die §§ 291 ff., 311 ff. enthalten ein konsistentes System mit einer Zweiteilung in Vertragskonzern und faktischen Konzern. Sich hier auftuende Regelungslücken sind vorrangig innerhalb dieses Systems zu schließen. Eine solche Lücke entsteht immer dann, wenn die Ausübung der Leitungsmacht eine solche Dichte und

---

[61] BGH WM 2005, 1843.
[62] BGHZ 173, 246 (261) = NJW 2007, 2689 = LMK 2005 II, 50 *(Noack)*.
[63] BGHZ 173, 246 (262) = NJW 2007, 2689 = LMK 2005 II, 50 *(Noack);* eine Außenhaftung in diesen Fällen befürwortend *Habersack* ZGR 2008, 533 (548).
[64] BGHZ 173, 246 (263 f.) = NJW 2007, 2689 = LMK 2005 II, 50 *(Noack);* BGH LMK 2004, 223 *(Roth)* = NJW 2005, 145 = ZIP 2004, 2138 = WuB IV A § 826 BGB 1.05 *(H.F. Müller)*.
[65] Zur Einbeziehung nicht bilanziell abbildbarer Vermögenswerte BGHZ 173, 246 (256) = NJW 2007, 2689 = LMK 2005 II, 50 *(Noack)*.
[66] BGHZ 176, 204 ff. = NJW 2008, 2437 – Gamma.
[67] BGH LMK 2005, 57 *(Roth)* = ZIP 2005, 250 = NZG 2005, 214; OLG Köln ZIP 2007, 28 (30 f.).
[68] BGHZ 179, 344 ff. = NJW 2009, 2147 – Sanitary.
[69] BGH NZG 2012, 667.
[70] BGH NZG 2012, 1069.
[71] OLG Stuttgart DB 2000, 709 (710 f.) (obiter dictum); *Decher* AG 1990, 2005 (2007 f.); *Deilmann,* Die Entstehung des qualifizierten faktischen Konzerns, 1990, 125 ff.; *Habersack* DStR 1998, 533 (536); *Hommelhoff* Gutachten S. 32 ff.; *Mülbert,* Aktiengesellschaft, Unternehmensgruppe und Kapitalmarkt, 2. Aufl. 1995, 477 ff.; *Papagiannis,* Der faktische Aktienkonzern, 1993, 39; *Timm* NJW 1987, 977 (981); *Zöllner* GS Knobbe-Keuk, 1997, 369 ff.; *Weigl,* Die Haftung im (qualifizierten) faktischen Konzern, 1996, 179 ff.; MüKoAktG/*Kropff,* 2. Aufl. 2000, Anh. § 317 Rn. 45 ff.; aA OLG Düsseldorf AG 2000, 567 (568 ff.); *Ehricke,* Das abhängige Konzernunternehmen in der Insolvenz, 1998, 436 f.; *ADS* § 311 Rn. 83 ff.
[72] LG Kiel BeckRS 2009, 10 255 = GWR 2009, 92 *(Plückelmann); Bicker* DZWiR 2007, 284 ff.; *Decher* ZHR 171 (2007) 126 (137); *Henze* AG 2004, 405 (415); *Hüffer* FS Goette, 2011, 191 (200 ff.); BeckHdB AG/*Liebscher* § 15 Rn. 90; *Lutter/Trölitzsch* in Lutter Holding-HdB § 7 Rn. 60; *Grigoleit/Grigoleit* § 311 Rn. 9; Henssler/ Strohn/*Bödeker* Rn. 34; Hüffer/Koch/*Koch* § 1 Rn. 29; Kölner Komm AktG/*Koppensteiner* Anh. § 318 Rn. 63 ff.; MüKoAktG/*Altmeppen* Anh. § 317 Rn. 14 ff.; NK-AktR/*Schatz/Schödel* § 311 Rn. 3, 67.
[73] OLG Köln AG 2009, 415 (419 ff.); *Cahn* ZIP 2001, 2159 (2160); *Eberl-Borges* WM 2003, 105; *Ederle,* Verdeckte Beherrschungsverträge, 2010, 67 ff.; *Habersack* ZGR 2008, 533 (537); *Schall* FS Stilz, 2014, 537 (549 ff.); *Schürnbrand* ZHR 169 (2005) 35 (58); *J Vetter* in Fleischer/Koch/Kropff/Lutter, 50 Jahre Aktienrecht, 2015, 231 (256 ff.); *Wimmer-Leonhard,* Konzernhaftungsrecht, 2004, 380 ff.; *Jaeger* Aktiengesellschaft § 41 Rn. 28 ff.; MHdB AG/*Krieger* § 70 Rn. 142; *Raiser/Veil* KapGesR § 61 Rn. 53 ff.; *K. Schmidt* GesR § 31 IV 4a; Bürgers/Körber/*Fett* § 311 Rn. 30 ff.; Emmerich/Habersack/*Habersack* Anh. § 317 Rn. 5 ff.; Großkomm AktG/ *Fleischer* Anh. § 317 Rn. 21 ff.; *K. Schmidt/Lutter/J. Vetter* § 317 Rn. 49 ff.; → Vor § 15 Rn. 14 f. (dort unter Erstreckung auf die Privataktionäre); offen gelassen von BGH NZG 2008, 831 (832); OLG Schleswig NZG 2008, 868 (875 f.); OLG Stuttgart AG 2007, 633 (636 ff.).

Intensität erreicht, dass sich einzelne schädigende Maßnahmen nicht mehr isolieren lassen. Denn dann ist ein Einzelausgleich nach §§ 311, 317 nicht mehr möglich.[74] Will das herrschende Unternehmen seinen Einfluss in dieser Weise ausüben, dann bleibt es ihm unbenommen, einen **Beherrschungsvertrag** abzuschließen. Ansonsten ist der von ihm herbeigeführte Zustand rechtswidrig.[75] Unterlässt es den rechtlich gebotenen Abschluss eines Beherrschungsvertrages, so darf es daraus keinen Vorteil ziehen. Der in §§ 302 f. vorgesehene Globalausgleich muss trotzdem geleistet werden. Die analoge Anwendung dieser Vorschriften rechtfertigt sich mithin aus dem **Gesichtspunkt des Umgehungsschutzes.** Die Rechtsordnung kann es nicht hinnehmen, dass das herrschende Unternehmen die für den faktischen Konzern vorgesehenen Schutzmechanismen unterläuft, ohne sich den für den Vertragskonzern geltenden Regeln zu unterwerfen.

26 Im GmbH-Recht liegt es anders, da hier der Alleingesellschafter bzw. die Gesamtheit der Gesellschafter bis zur Grenze der Existenzvernichtung den Geschäftsführern jederzeit Weisungen erteilen können, ohne dass dazu der Abschluss eines Beherrschungsvertrages erforderlich wäre. Insofern ist hier auch der qualifizierte faktische Konzern nicht per se rechtswidrig. Deshalb ist es durchaus nachvollziehbar, dass der BGH im GmbH-Recht auf ihn als haftungsbegründendes Merkmal gänzlich verzichtet hat.[76] Auf das Aktienrecht lässt sich dies, sieht man die in § 76 garantierte unabhängige Stellung des Vorstands auf der einen Seite und die Systematik der §§ 291 ff., 311 ff. auf der anderen Seite, nicht übertragen. Für die richterrechtlich entwickelte Haftung wegen existenzvernichtendem Eingriff bleibt hier allenfalls beim Entzug von Vermögenswerten durch den Privataktionär Raum.

27 Nicht zutreffend ist der Einwand, der Begriff des qualifiziert faktischen Konzerns lasse sich nicht hinreichend konkretisieren.[77] Die bisherigen Schwierigkeiten beruhten vornehmlich darauf, dass an den Tatbestand unterschiedliche Rechtsfolgen geknüpft wurden.[78] Im hier interessierenden Zusammenhang geht es lediglich um die Frage, ob die Einflussnahme des herrschenden Unternehmens eine solche Dichte erreicht, dass das Ausgleichssystem der §§ 311 ff. versagt. Gleichzustellen sind die Fälle, in denen die Obergesellschaft dafür verantwortlich ist, dass ein Einzelausgleich an der unzureichenden Dokumentation der Geschäftsbeziehungen scheitert (Verschleierung).[79] Bei der Feststellung dieser Tatbestände stößt sich für die Praxis keine unüberwindlichen Hürden auf.

28 Bei den beschriebenen qualifizierten Abhängigkeitsverhältnissen handelt es sich ohnehin um **seltene Ausnahmekonstellationen.**[80] Regelmäßig lässt sich, notfalls mit Hilfe der richterlichen Schadensschätzung nach § 287 ZPO, ein Einzelausgleich durchführen. Hat das herrschende Unternehmen aber pflichtwidrig einen Zustand herbeigeführt, in dem dies nicht mehr möglich ist, so müssen die für den Vertragskonzern vorgesehenen Rechtsfolgen ohne weitere Voraussetzungen zum Tragen kommen. Des Nachweises eines über die Herbeiführung der qualifizierten faktischen Konzernierung hinausgehenden Missbrauchs der Leitungsmacht bedarf es entgegen verbreiteter Ansicht also nicht.[81]

---

[74] Im Ausgangspunkt übereinstimmend *Liebscher,* Konzernbildungskontrolle, 1995, 370; *Jaeger* Aktiengesellschaft § 41 Rn. 28; Emmerich/Habersack/*Habersack* Anh. § 317 Rn. 5; Großkomm AktG/*Fleischer* Anh. § 317 Rn. 26, 31; Kölner Komm AktG/*Koppensteiner* Anh. § 318 Rn. 63; MüKoAktG/*Kropff,* 2. Aufl. 2000, Anh. § 317 Rn. 28; s. auch BVerfG NZG 2011, 1379 Rn. 19, das aber offenlässt, wie im Falle des Versagens des Systems des finanziellen Einzelausgleichs die Lücke zu schließen ist.

[75] OLG Hamm NJW 1987, 1030; *Deilmann,* Die Entstehung des qualifizierten faktischen Konzerns, 1990, 82 ff.; *Liebscher,* Konzernbildungskontrolle, 1995, 370 f.; *Mülbert,* Aktiengesellschaft, Unternehmensgruppe und Kapitalmarkt, 2. Aufl. 1995, 490 ff.; Emmerich/Sonnenschein/*Habersack* KonzernR § 28 II 2; MHdB AG/*Krieger* § 70 Rn. 141, 153; *K. Schmidt* GesR § 31 IV 4a; MüKoAktG/*Kropff,* 2. Aufl. 2000, Anh. § 317 Rn. 23; aA *Decher* AG 1990, 2005 (2007); *Wackerbarth,* Grenzen der Leitungsmacht in der internationalen Unternehmensgruppe, 2001, 332.

[76] Sehr krit. aber *Wazlawik* NZI 2009, 291 ff.; für eine ergänzende konzernspezifische Haftung im GmbH-Recht *Habersack* ZGR 2008, 533 (556 f.); *K. Schmidt* GesR § 39 III 3; MHLS/*Servatius* GmbHG Syst Darst. 4 (KonzernR) Rn. 420 ff.; für eine Beibehaltung im Hinblick auf den Minderheitenschutz Scholz/*Emmerich* GmbHG Anh. Konzernrecht Rn. 125 ff.; ähnlich *Liebscher* GmbH-Konzernrecht Rn. 561 ff.; speziell zum Austritt *H.F. Müller,* Das Austrittsrecht des GmbH-Gesellschafters, 1996, 56 ff.

[77] So aber *Hüffer* FS Goette, 2011, 191 (200, 202); Kölner Komm AktG/*Koppensteiner* Anh. § 318 Rn. 72.

[78] *K. Schmidt* GesR § 39 III 3c aa.

[79] MHdB AG/*Krieger* § 70 Rn. 144; Emmerich/Habersack/*Habersack* Anh. § 317 Rn. 18; Großkomm AktG/*Fleischer* Anh. § 317 Rn. 34; MüKoAktG/*Kropff,* 2. Aufl. 2000, Anh. § 317 Rn. 71 ff.; der zutreffend darauf hinweist, dass die Konzernbeziehungen trotz ordnungsgemäßer Buchführung undurchschaubar sein können, da viele Maßnahmen wie zB das Überlassen einer Geschäftschance oder die Aufgabe von Märkten sich gar nicht in der Buchführung niederschlagen.

[80] Mitunter wird die praktische Relevanz des qualifizierten Konzerns im Aktienrecht ganz geleugnet, vgl. etwa OLG Düsseldorf AG 2000, 567 (569).

[81] Überzeugend *K. Schmidt* GesR § 31 IV 4a; Großkomm AktG/*Fleischer* Anh. § 317 Rn. 30; anders im Sinne des „TBB"-Urteils aber BGH NZG 2008, 831 (832); OLG Köln AG 2009, 416 (419 ff.); OLG Stuttgart AG 2007, 633 (637); MHdB AG/*Krieger* § 70 Rn. 143 f.; Emmerich/Habersack/*Habersack* Anh. § 317 Rn. 9 ff.

2. Die Rechtsfolgen im Einzelnen. a) Ansprüche der abhängigen Gesellschaft. Die wohl 29
wichtigste Rechtsfolge der qualifizierten faktischen Konzernierung ist der bereits erwähnte Anspruch
der abhängigen Gesellschaft auf **Verlustausgleich entsprechend § 302.**[82] Der **Umfang des
Anspruchs** ist nicht auf die durch die Konzernierung bewirkten Verluste beschränkt.[83] Eine solche
Differenzierung ist in § 302 nicht angelegt. Sie kann daher auch bei einer analogen Anwendung der
Vorschrift nicht zum Tragen kommen. Wollte man dem herrschenden Unternehmen die Berufung
darauf gestatten, dass die Verluste nicht auf seine Einflussnahme zurückzuführen sind (zB bei unerwarteten Forderungsausfällen), so würde man es besser stellen als bei Abschluss des rechtlich an sich
gebotenen Beherrschungsvertrages. Der Anspruch richtet sich mithin auf Ersatz des vollen bilanziell
ausgewiesenen Jahresfehlbetrags. Wer eine andere Gesellschaft in qualifizierter Weise von sich abhängig macht, muss für die Dauer dieses Abhängigkeitsverhältnisses auch das volle Unternehmensrisiko
tragen.

In Betracht kommen ferner **Ansprüche der abhängigen Gesellschaft gegen Vorstand und** 30
Aufsichtsrat nach §§ 93, 116, die es zur pflichtwidrigen Verletzung der Autonomie der eigenen
Korporation haben kommen lassen.[84] Außerdem kann sie entsprechend § 309 Abs. 2 auch **die
Organwalter des herrschenden Unternehmens** auf Schadensersatz in Anspruch nehmen.[85]

Der Umstand, dass ein Globalausgleich erfolgt, setzt das **System der §§ 311 ff. im Übrigen** 31
nicht vollständig außer Kraft. Vielmehr gelten die für die Aufstellung des Abhängigkeitsberichts
und seine Prüfung geltenden Vorschriften unverändert weiter,[86] schon allein um die Aufdeckung
und Beendigung des rechtswidrigen Zustands zu ermöglichen. Lassen sich trotz der qualifizierten
Konzernierung bestimmte nachteilige Einzelweisungen isolieren, so sind diese nach §§ 311, 317 auch
einzeln auszugleichen.[87]

b) Ansprüche der Gläubiger. Solange das qualifizierte faktische Konzernverhältnis andauert, 32
sind die Gläubiger mittelbar durch die Ausgleichsansprüche der abhängigen Gesellschaft geschützt.
Endet es, ist das herrschende Unternehmen ihnen gegenüber entsprechend § 303 zur **Sicherheitsleistung** verpflichtet.[88] Anders liegt es, wenn der Zustand faktischer Abhängigkeit durch den
Abschluss eines Beherrschungsvertrags abgelöst wird, weil dann die Verlustausgleichspflicht nach
§ 302 fortbesteht.[89] Da eine Eintragung in das Handelsregister nicht erfolgt, gilt die 6-Monatsfrist
des § 303 Abs. 1 S. 2 nicht. An ihre Stelle treten vielmehr Verwirkungsgrundsätze.[90] Ist die abhängige
Gesellschaft **vermögenslos**, so macht eine Sicherheitsleistung keinen Sinn mehr. Die Gläubiger
können ihre Ansprüche dann unmittelbar gegen das herrschende Unternehmen durchsetzen.[91]

---

[82] → Vor § 15 Rn. 15; OLG Stuttgart DB 2000, 709 (710 f.); *Decher* AG 1990, 2005 (2007); *Habersack* DStR 1998, 533 (536); *Lieb* FS Lutter, 2000, 1151 (1154); *Timm* NJW 1987, 977 (981); *Weigl*, Die Haftung im (qualifizierten) faktischen Konzern, 1996, 204 ff.; *Wimmer-Leonhard*, Konzernhaftungsrecht, 2004, 380 ff.; *Zöllner* GS Knobbe-Keuk, 1997, 369 ff.; MHdB AG/*Krieger* § 70 Rn. 147; *Raiser/Veil* KapGesR § 61 Rn. 62; *K. Schmidt* GesR § 31 IV 4a; Bürgers/Körber/*Fett* § 311 Rn. 31; Emmerich/Habersack/*Habersack* Anh. § 317 Rn. 23; Großkomm AktG/*Fleischer* Anh. § 317 Rn. 26, 45 ff.; mit anderer dogmatischer Begründung, aber in der Sache im Wesentlichen übereinstimmend *Mülbert*, Aktiengesellschaft, Unternehmensgruppe und Kapitalmarkt, 2. Aufl. 1995, 487 ff. (Anspruch aus Treupflichtverletzung); MüKoAktG/*Kropff*, 2. Aufl. 2000, Anh. § 317 Rn. 45 ff.; K. Schmidt/Lutter/*J. Vetter* § 317 Rn. 50 ff. (Schadensersatzanspruch nach § 317 Abs. 1).

[83] *Weigl*, Die Haftung im (qualifizierten) faktischen Konzern, 1996, 211; Emmerich/Habersack/*Habersack* Anh. § 317 Rn. 23; MüKoAktG/*Kropff*, 2. Aufl. 2000, Anh. § 317 Rn. 109; aA *Mülbert*, Aktiengesellschaft, Unternehmensgruppe und Kapitalmarkt, 2. Aufl. 1995, 488; MHdB AG/*Krieger* § 70 Rn. 148; K. Schmidt/Lutter/*J. Vetter* § 317 Rn. 60.

[84] *Liebscher*, Konzernbildungskontrolle, 1995, 371; MHdB AG/*Krieger* § 70 Rn. 152; Emmerich/Habersack/*Habersack* Anh. § 317 Rn. 23.

[85] Emmerich/Habersack/*Habersack* Anh. § 317 Rn. 23; für eine Analogie zu § 317 Abs. 3 *Altmeppen*, Die Haftung des Managers im Konzern, 1998, 71; MüKoAktG/*Kropff*, 2. Aufl. 2000, Anh. § 317 Rn. 130; abl. für den qualifizierten faktischen GmbH-Konzern OLG Bremen NZG 1999, 724 (725).

[86] *Papagiannis*, Der faktische Aktienkonzern, 1993, 40; MHdB AG/*Krieger* § 70 Rn. 152, 154; Großkomm AktG/*Fleischer* Anh. § 317 Rn. 49; MüKoAktG/*Kropff*, 2. Aufl. 2000, Anh. § 317 Rn. 111.

[87] *Wimmer-Leonhard*, Konzernhaftungsrecht, 2004, 385; Großkomm AktG/*Fleischer* Anh. § 317 Rn. 49.

[88] *Weigl*, Die Haftung im (qualifizierten) faktischen Konzern, 1996, 219; MHdB AG/*Krieger* § 70 Rn. 150; Bürgers/Körber/*Fett* § 311 Rn. 31; Emmerich/Habersack/*Habersack* Anh. § 317 Rn. 24; Großkomm AktG/*Fleischer* Anh. § 317 Rn. 51; für das GmbH-Recht BGHZ 95, 330 (347); abl. MüKoAktG/*Kropff*, 2. Aufl. 2000, Anh. § 317 Rn. 119 ff.

[89] MHdB AG/*Krieger* § 70 Rn. 150.

[90] MHdB AG/*Krieger* § 70 Rn. 150; Emmerich/Habersack/*Habersack* Anh. § 317 Rn. 25; Großkomm AktG/ *Fleischer* Anh. § 317 Rn. 51.

[91] *Weigl*, Die Haftung im (qualifizierten) faktischen Konzern, 1996, 219 f.; MHdB AG/*Krieger* § 70 Rn. 150; Bürgers/Körber/*Fett* § 311 Rn. 31; Emmerich/Habersack/*Habersack* Anh. § 317 Rn. 24; Großkomm AktG/*Fleischer* Anh. § 317 Rn. 51; für das GmbH-Recht BGHZ 95, 330 (347); 115, 187 (202 f.).

33 **c) Ansprüche der außenstehenden Gesellschafter.** Die Bildung eines qualifizierten faktischen Konzerns ist unzulässig. Dies gilt selbst dann, wenn die Hauptversammlung zugestimmt hat.[92] Deshalb ist es folgerichtig, jedem einzelnen Aktionär einen **Anspruch auf Unterlassung bzw. Beseitigung** gegen die eigene Gesellschaft zuzubilligen.[93]

34 Aktionäre, die aus der Gesellschaft ausscheiden wollen, haben entsprechend § 305 einen **Abfindungsanspruch** gegen das herrschende Unternehmen.[94] Dass dieser Anspruch an sich vertraglicher Natur ist, steht der Analogie nicht entgegen. Denn die Außenseiter sollen im qualifizierten faktischen Konzern soweit möglich so gestellt werden, als wäre ein Beherrschungsvertrag abgeschlossen worden. Dies schließt eine Analogie zu § 305 ein. Der Anspruch kann sich im Hinblick auf die fehlende Zustimmung der Hauptversammlung gem. § 293 allerdings lediglich auf Barabfindung, nicht auf Gewährung von Anteilen der herrschenden Gesellschaft richten.[95] Keinesfalls enthalten die §§ 29 Abs. 2, 35 Abs. 2 WPüG eine abschließende Regelung.[96] Denn das übernahmerechtliche Pflichtangebot hat nur einen begrenzten Anwendungsbereich, indem es sich ausschließlich an die Gesellschafter börsennotierter Zielgesellschaften richtet. Zudem knüpft es nicht an die Konzernierung, sondern an das Überschreiten einer formalen Beteiligungsschwelle von 30 % der Stimmrechte an. Daher kann auch ein Aktionär, der das Angebot ausgeschlagen hat, später, wenn ein Zustand rechtswidriger qualifizierter Beherrschung entstanden ist, nach § 305 austreten. Das eine hat mit dem anderen nichts zu tun.

35 Alternativ besteht ein **Anspruch auf angemessenen Ausgleich** entsprechend § 304 Abs. 1 S. 2.[97] Denn durch die Verlustausgleichspflicht nach § 302 werden die Gewinnerwartungen der abhängigen Gesellschaft und ihrer Gesellschafter nicht gesichert. Ebenso wie beim Bestehen eines Unternehmensvertrages müssen die außenstehenden Aktionäre wählen können, ob sie gegen Abfindung aus der Gesellschaft ausscheiden oder unter Wahrung ihrer legitimen Ertragserwartungen in der Gesellschaft verbleiben wollen.

36 Zur **Durchsetzung** von Abfindung bzw. Ausgleich muss der Aktionär zunächst auf Feststellung klagen, dass der geltend gemachte Anspruch aufgrund der qualifizierten faktischen Konzernierung dem Grunde nach besteht. Auf dieser Basis ist dann entsprechend § 1 Nr. 1 SpruchG die Höhe der Forderung im Spruchverfahren zu bestimmen.[98]

VI. Konzerneingangsschutz

37 **1. Überblick.** Die §§ 311 ff. akzeptieren faktische Abhängigkeit und Konzernierung als legitimen Ausdruck unternehmerischer Gestaltungsfreiheit und setzen ihr gleichzeitig Grenzen. Einen Schutz gegen die Begründung einer beherrschenden Stellung bieten die §§ 311 ff. nicht. Dieser **Verzicht auf einen allgemeinen Konzerneingangsschutz** ist als bewusste gesetzgeberische Entscheidung

---

[92] *Mülbert*, Aktiengesellschaft, Unternehmensgruppe und Kapitalmarkt, 2. Aufl. 1995, 492 ff.; MüKoAktG/*Kropff*, 2. Aufl. 2000, Anh. § 317 Rn. 106.

[93] *Liebscher*, Konzernbildungskontrolle, 1995, 373; *K. Schmidt* GesR § 31 IV 4a; MHdB AG/*Krieger* § 70 Rn. 153; Emmerich/Habersack/*Habersack* Anh. § 317 Rn. 27 f.; MüKoAktG/*Kropff*, 2. Aufl. 2000, Anh. § 317 Rn. 105 ff.; Großkomm AktG/*Fleischer* Anh. § 317 Rn. 52 f.

[94] → Vor § 15 Rn. 14; *Decher* AG 1990, 2005 (2007); *Lieb* FS Lutter, 2000, 1151 (1154 ff.); *Liebscher*, Konzernbildungskontrolle, 1995, 200 f.; *Timm* NJW 1987, 977 (984); *Weigl*, Die Haftung im (qualifizierten) faktischen Konzern, 1996, 220; MHdB AG/*Krieger* § 70 Rn. 151; *Raiser/Veil* KapGesR § 53 Rn. 61; Bürgers/Körber/*Fett* § 311 Rn. 32; Emmerich/Habersack/*Habersack* Anh. § 317 Rn. 29; Großkomm AktG/*Fleischer* Anh. § 317 Rn. 54; *K. Schmidt/Lutter/J. Vetter* § 317 Rn. 64; im Erg. auch *Mülbert*, Aktiengesellschaft, Unternehmensgruppe und Kapitalmarkt, 2. Aufl. 1995, 494 ff.; Kölner Komm AktG/*Koppensteiner* Anh. § 318 Rn. 105 ff.; MüKoAktG/*Kropff*, 2. Aufl. 2000, Anh. § 317 Rn. 122; aA *Balthasar* NZG 2008, 858 ff.; *Schwörer* NZG 2001, 550 (551 f.).

[95] *Mülbert*, Aktiengesellschaft, Unternehmensgruppe und Kapitalmarkt, 2. Aufl. 1995, 498; MHdB AG/*Krieger* § 70 Rn. 151; Emmerich/Habersack/*Habersack* Anh. § 317 Rn. 29; Großkomm AktG/*Fleischer* Anh. § 317 Rn. 54; MüKoAktG/*Kropff*, 2. Aufl. 2000, Anh. § 317 Rn. 123; *K. Schmidt/Lutter/J. Vetter* § 317 Rn. 64.

[96] So aber *Balthasar* NZG 2008, 858 (859).

[97] → Vor § 15 Rn. 14; *Decher* AG 1990, 2005 (2007); *Lieb* FS Lutter, 2000, 1151 (1161 f.); *Weigl*, Die Haftung im (qualifizierten) faktischen Konzern, 1996, 220 f.; Emmerich/Habersack/*Habersack* Anh. § 317 Rn. 30; aA *Mülbert*, Aktiengesellschaft, Unternehmensgruppe und Kapitalmarkt, 2. Aufl. 1995, 500 f.; MHdB AG/*Krieger* § 70 Rn. 151; *Raiser/Veil* KapGesR § 61 Rn. 47; Bürgers/Körber/*Fett* § 311 Rn. 32; Großkomm AktG/*Fleischer* Anh. § 317 Rn. 56; Kölner Komm AktG/*Koppensteiner* Anh. § 318 Rn. 111; *K. Schmidt/Lutter/J. Vetter* § 317 Rn. 65.

[98] Für ein zweistufiges Verfahren auch OLG Schleswig NZG 2008, 868 (875); OLG Stuttgart DB 2000, 709; *Mülbert*, Aktiengesellschaft, Unternehmensgruppe und Kapitalmarkt, 2. Aufl. 1995, 499 f.; MHdB AG/*Krieger* § 70 Rn. 151; Emmerich/Habersack/*Habersack* Anh. § 317 Rn. 29; Kölner Komm AktG/*Koppensteiner* Anh. § 318 Rn. 110; MüKoAktG/*Kropff*, 2. Aufl. 2000, Anh. § 317 Rn. 129; *K. Schmidt/Lutter/J. Vetter* § 317 Rn. 64; anders (Durchsetzung ausschließlich im Spruchstellenverfahren) *Lieb* FS Lutter, 2000, 1151 (1160 f.).

zu sehen. Die AG ist als konzernoffene Gesellschaftsform konzipiert.[99] Daher müssen die außenstehenden Aktionäre die Einbeziehung ihrer Korporation in einen faktischen Konzern hinnehmen, es bedarf zu seiner Legitimation weder einer „Konzernierungserklärung"[100] des herrschenden Unternehmens noch eines Hauptversammlungsbeschlusses der abhängigen Gesellschaft.[101] Rechtswidrig und damit von jedem Aktionär angreifbar ist nach geltendem Recht erst die qualifizierte faktische Beherrschung, die das Schutzsystem der §§ 311 ff. aushebelt (→ Rn. 25 ff.).

Dieser Befund schließt es nicht aus, dass die Zielgesellschaft Abwehrmaßnahmen zur Verteidigung ihrer Selbstständigkeit trifft (1). Diskutiert wird ferner, ob und inwieweit sich aus der Treuepflicht ein Konzerneingangsschutz entwickeln lässt (2). Auf der Ebene der herrschenden Gesellschaft können sich aus der Satzung Grenzen der Konzernbildung ergeben. Ferner kann gem. § 179a (Verpflichtung zur Übertragung des gesamten Gesellschaftsvermögens) und bei Maßnahmen von herausragender Bedeutung nach der sog. „Holzmüller"-Doktrin eine Mitwirkungsbefugnis der Hauptversammlung begründet sein (3). Diese unterschiedlichen Schutzmechanismen sind im Folgenden näher zu entfalten. **38**

2. Schutzmechanismen auf der Ebene der Untergesellschaft. a) Abwehrmaßnahmen. **39**
Die **Satzung** kann Vorkehrungen zum Schutz vor der Begründung einer beherrschenden Stellung durch ein fremdes Unternehmen enthalten. Der Spielraum ist hierfür aufgrund des Grundsatzes der Satzungsstrenge (§ 23 Abs. 5) beschränkt.[102] Abweichungen von den Vorschriften des AktG sind nur erlaubt, wenn das Gesetz sie ausdrücklich zulässt, Ergänzungen nur, soweit das Gesetz keine abschließende Regelung enthält.

Ein denkbares Mittel zur Sicherung der Unabhängigkeit ist die **Vinkulierung von Namensaktien.** **40**
Nach § 68 Abs. 2 S. 1 kann die Satzung bestimmen, dass die Anteilsübertragung an die Zustimmung der Gesellschaft gebunden ist. Die Entscheidung über die Zustimmung trifft der Vorstand, sofern nicht statutarisch Aufsichtsrat oder Hauptversammlung damit betraut werden (§ 68 Abs. 2 S. 2, 3). Die Satzung kann die Gründe vorgeben, die zur Verweigerung der Zustimmung berechtigen (§ 68 Abs. 2 S. 4). Ohne weiteres zulässig ist daher eine Klausel, wonach das Einverständnis versagt werden *darf*, wenn durch die Übertragung der Anteile die Unabhängigkeit der Gesellschaft gefährdet wird.[103] An diese Vorgabe ist das zur Entscheidung berufene Organ dann gebunden. Abweichungen kommen nur in Ausnahmefällen in Betracht, so etwa, wenn die Gesellschaft zur Sanierung dringend auf einen neuen Mehrheitsaktionär angewiesen ist.[104] Ob allein der Umstand, dass ein Aktionär aus wirtschaftlichen Gründen veräußern muss und andere gleich leistungsbereite Käufer nicht vorhanden sind,[105] ausreicht, erscheint indessen zweifelhaft. Regelmäßig dürfte das durch die Vinkulierungsklausel zum Ausdruck kommende Interesse der Gesellschaft an der Bewahrung ihrer Unabhängigkeit gegenüber dem Interesse des veräußerungswilligen Aktionärs, seine Beteiligung zu Geld zu machen, überwiegen. Zumindest wird man ihm zumuten können, bei Vorliegen eines alternativen, die Gefahr der Abhängigkeit nicht begründenden Erwerbsangebots (zB von Mitgesellschaftern) einen erheblich niedrigeren Preis zu akzeptieren.

Vinkulierungsklauseln erweisen sich somit als grundsätzlich geeignetes Mittel der Konzernbildungskontrolle. Aufgrund der mit ihnen verbundenen Einschränkung der Verkehrsfähigkeit sind **41**

---

[99] BGH NZG 2008, 831 (833); *Liebscher*, Konzernbildungskontrolle, 1995, 349 f.; *Mülbert*, Aktiengesellschaft, Unternehmensgruppe und Kapitalmarkt, 2. Aufl. 1995, 16, 452; *K. Schmidt* GesR § 17 II 1; MüKoAktG/*Altmeppen* Rn. 33.

[100] So aber *Hommelhoff*, Die Konzernleitungspflicht, 1982, 408 ff.; ihm folgend *Forum Europaeum Konzernrecht* ZGR 1998, 672 (740 ff.); *Tröger*, Treupflicht im Konzernrecht, 2000, 314 ff.; *Zöllner* FS Kropff, 333 (340 f.); abl. aber die ganz hM, vgl. nur *Mülbert*, Aktiengesellschaft, Unternehmensgruppe und Kapitalmarkt, 2. Aufl. 1995, 499 f.; Emmerich/Habersack/*Habersack* Rn. 1; Kölner Komm AktG/*Koppensteiner* Anh. § 318 Rn. 36; MüKoAktG/*Altmeppen* Rn. 37, § 311 Rn. 394.

[101] *Kindler* ZGR 1997, 449 (452) (mit rechtsvergleichenden Hinweisen); *Mülbert*, Aktiengesellschaft, Unternehmensgruppe und Kapitalmarkt, 2. Aufl. 1995, 453 ff.; *Zöllner* FS Kropff, 1997, 333 (336); Emmerich/Habersack/*Habersack* Rn. 1; Kölner Komm AktG/*Koppensteiner* Anh. § 318 Rn. 15; MüKoAktG/*Altmeppen* Rn. 37; anders *Binnewies*, Die Konzerneingangskontrolle in der abhängigen Gesellschaft, 1996, 355 ff.; *Liebscher*, Konzernbildungskontrolle, 1995, 388 ff. (jeweils für die personalistische AG); *Emmerich* AG 1991, 303 (305 f.); *Wiedemann*, Die Unternehmensgruppe im Privatrecht, 1988, 64 f.; de lege ferenda auch *U.H. Schneider/Burgard* DB 2001, 963 (969).

[102] Für eine Erweiterung der satzungsrechtlichen Gestaltungsfreiheit für präventive Maßnahmen de lege ferenda *U.H. Schneider/Burgard* DB 2001, 963 (968).

[103] Kölner Komm AktG/*Koppensteiner* Anh. § 318 Rn. 21; MüKoAktG/*Altmeppen* Rn. 72; eine Satzungsklausel, nach der die Zustimmung aus bestimmten Gründen verweigert werden *muss*, wird überwiegend – im Hinblick auf den Wortlaut des § 68 Abs. 2 S. 4 wohl zu Recht – als unzulässig angesehen, → § 68 Rn. 53; MHdB AG/*Wiesner* § 14 Rn. 21; Hüffer/Koch/*Koch* § 68 Rn. 14; MüKoAktG/*Bayer* § 68 Rn. 62.

[104] Kölner Komm AktG/*Koppensteiner* Anh. § 318 Rn. 21; gegen einen Vorrang des Unabhängigkeitsinteresses MüKoAktG/*Altmeppen* Rn. 75.

[105] Kölner Komm AktG/*Koppensteiner* Anh. § 318 Rn. 21.

sie für **Publikumsgesellschaften** problematisch.[106] Außerdem gelten sie nicht für die Fälle des Anteilserwerbs kraft Gesamtrechtsnachfolge (insbesondere Verschmelzung).[107] Die nachträgliche Einführung einer Vinkulierungsklausel ist nur sehr schwer realisierbar, da alle betroffenen Aktionäre einverstanden sein müssen (§ 180 Abs. 2).

42 Ein probates Mittel, die Entstehung einer beherrschenden Stellung zu unterbinden, sind ferner **Höchststimmrechte**. § 134 Abs. 1 S. 2 erlaubt es, das Stimmgewicht durch Festsetzung eines Höchstbetrags oder von Abstufungen zu beschränken. Damit kann verhindert werden, dass die Stimmenmehrheit in einer Hand liegt. Solche Regelungen können durch satzungsändernden Beschluss auch nachträglich eingeführt werden. Selbst wenn die Kapitalbeteiligung einzelner Aktionäre bereits das vorgesehene Quorum übersteigt, bedarf es der Zustimmung der Betroffenen nicht.[108] Für börsennotierte Gesellschaften iSd § 3 Abs. 2 hat der Gesetzgeber durch das KonTraG Höchststimmrechte abgeschafft.

43 Als die Unabhängigkeit der Gesellschaft sichernde Vorkehrungen in der Satzung kommen ferner in Frage: **Erhöhung der Mehrheitserfordernisse** für Hauptversammlungsbeschlüsse, Recht zur **Zwangseinziehung von Aktien** (§ 237), Statuierung **persönlicher Voraussetzungen für Aufsichtsratsmitglieder, Entsendungsrechte** für den Aufsichtsrat (§ 101 Abs. 2).

44 Umstritten ist, ob in der Satzung ein **Wettbewerbsverbot** zu Lasten des beherrschenden Gesellschafters wirksam verankert werden kann. Nach Meinung mancher folgt ein solches Wettbewerbsverbot schon aus der gesellschaftsrechtlichen Treuepflicht.[109] Eine entsprechende statutarische Regelung hätte somit nur klarstellenden Charakter. Die Hauptversammlung soll von dem Wettbewerbsverbot mit ¾-Mehrheit befreien können, das herrschende Unternehmen dabei aber vom Stimmrecht ausgeschlossen sein. Dem ist mit der herrschenden Auffassung nicht zu folgen.[110] Der Gesetzgeber hat die AG bewusst konzernoffen konzipiert und mit den §§ 311 ff. einen wirksamen Kontrollmechanismus geschaffen. Dass er dabei den Fall, dass die Konzernmitglieder auf demselben Markt agieren,[111] außer Acht gelassen hat, lässt sich nicht belegen. Außerdem kann gerade hier eine Kooperation auch aus der Sicht der abhängigen Gesellschaft sinnvoll sein. Schließlich ist auch zu bedenken, dass durch ein Wettbewerbsverbot die Fungibilität der Anteile erheblich eingeschränkt würde. Die allgemeine Treupflicht ist hierfür keine hinreichende Grundlage. Der BGH hat denn auch ein aktienrechtliches Wettbewerbsverbot wenigstens für die Fälle verneint, in denen die Wettbewerbssituation schon bei Begründung der Abhängigkeit bestanden hat.[112]

45 Besteht aber nach der geltenden Gesetzeslage kein Wettbewerbsverbot, so stellt sich eine dahin gehende Satzungsklausel als **unzulässige Abweichung nach § 23 Abs. 5 S. 1** dar.[113] Sie lässt sich auch nicht als Nebenverpflichtung iSd § 55 einordnen, da es sich nicht um eine wiederkehrende Leistung, sondern eine Dauerverpflichtung handelt.[114] Ebenso wenig geht es um eine bloße Ergänzung des Wettbewerbsverbots nach § 88, da der Anwendungsbereich der Vorschrift eindeutig auf Vorstandsmitglieder beschränkt ist.[115] Daher ist ein statutarisches Wettbewerbsverbot de lege lata unzulässig. Eine de lege ferenda durchaus überlegenswerte Öffnungsklausel für ein solches Verbot zu schaffen, wäre Sache des Gesetzgebers. Nach geltendem Recht unzulässig sind schließlich auch **Abhängigkeitsbegründungsverbote** und **Konzernausschlussklauseln** in der Satzung.[116]

---

[106] *Liebscher*, Konzernbildungskontrolle, 1995, 353 f.; zum Börsenhandel mit vinkulierten Namensaktien NK-AktR/*Heinrich* § 68 Rn. 22; MüKoAktG/*Bayer* § 68 Rn. 77 ff.

[107] → § 134 Rn. 3; MHdB AG/*Wiesner* § 14 Rn. 19; NK-AktR/*Heinrich* § 68 Rn. 14; Hüffer/Koch/*Koch* § 68 Rn. 11; differenzierend → § 68 Rn. 32 f.

[108] BGHZ 70, 117 (121 ff.) = LM HGB § 485 Nr. 14 = NJW 1978, 540; OLG Celle AG 1993, 181 (183); NK-AktR/*Semler* § 38 Rn. 16; Hüffer/Koch/*Koch* § 134 Rn. 8; NK-AktR/*Pluta* § 134 Rn. 12.

[109] *Armbrüster* ZIP 1997, 1269 (1271); *Burgard* FS Lutter, 2000, 1033 (1039 ff.); *Geiger*, Wettbewerbsverbote im Konzernrecht, 1996, 146 ff.; *J. Schneider*, Wettbewerbsverbot für Aktionäre, 2008, 85 ff.; *Henze* FS Hüffer, 2010, 309 (313 ff.); Emmerich/Habersack/*Habersack* Rn. 7 (mit Ausnahme für die börsennotierte AG); für die personalistische AG auch *Hennrichs* AcP 195 (1995) 221 (253); *Liebscher*, Konzernbildungskontrolle, 1995, 386 ff.

[110] S. *Reiner*, Unternehmerisches Gesellschaftsinteresse und Fremdsteuerung, 1995, 295; *Tröger*, Treupflicht im Konzernrecht, 2000, 241 ff.; *Wackerbarth*, Grenzen der Leitungsmacht in der internationalen Unternehmensgruppe, 2001, 426 ff.; Kölner Komm AktG/*Koppensteiner* Anh. § 318 Rn. 8 f.; MüKoAktG/*Altmeppen* Rn. 51 ff.

[111] Emmerich/Habersack/*Habersack* Rn. 7.

[112] BGH NZG 2008, 831 (833).

[113] Kölner Komm AktG/*Koppensteiner* Anh. § 318 Rn. 25; MüKoAktG/*Altmeppen* Rn. 77.

[114] → § 55 Rn. 6; *Seydel*, Konzernbildungskontrolle bei der Aktiengesellschaft, 1995, 173; Hüffer/Koch/*Koch* § 55 Rn. 4; NK-AktR/*Janssen* § 55 Rn. 5; MüKoAktG/*Bungeroth* § 55 Rn. 17.

[115] Kölner Komm AktG/*Koppensteiner* Anh. § 318 Rn. 8, 25.

[116] *Krause* AG 2002, 133 (141); *Mülbert*, Aktiengesellschaft, Unternehmensgruppe und Kapitalmarkt, 2. Aufl. 1995, 455; Kölner Komm AktG/*Koppensteiner* Anh. § 318 Rn. 26, 37; für die Zulässigkeit *Binnewies*, Die Konzerneingangskontrolle in der abhängigen Gesellschaft, 1996, 323 ff.; *Seydel*, Konzernbildungskontrolle bei der Aktiengesellschaft, 1995, 312 ff.

Durch eine **Kapitalerhöhung** kann der finanzielle Aufwand zur Kontrollübernahme erhöht **46** werden. Ein besonders flexibles Instrument ist das genehmigte Kapital nach §§ 202 ff. Das Ziel, eine drohende Abhängigkeit zu verhindern, kann einen **Bezugsrechtsausschluss** rechtfertigen.[117] Auch der durch das KonTraG erleichterte Erwerb eigener Aktien nach § 71 Abs. 1 Nr. 8 gehört zu den möglichen Abwehrmaßnahmen, da so die handelbaren Anteile verringert und der Preis in die Höhe getrieben wird. Ob der Vorstand bei einer drohenden Übernahme auch ohne Ermächtigung durch die Hauptversammlung Einfluss auf die Zusammensetzung des Aktionärskreises nehmen darf oder einer strikten **Neutralitätspflicht** unterliegt, wird sehr streitig diskutiert.[118] Für öffentliche Übernahmeangebote billigt ihm § 33 WpÜG einen sehr weiten Handlungsspielraum zu. Danach darf der Vorstand Abwehrmaßnahmen treffen, wenn

1. auch ein ordentlicher und gewissenhafter Geschäftsleiter einer nicht von Übernahmeangebot **47** betroffenen Gesellschaft die Handlung vorgenommen hätte (§ 33 Abs. 1 S. 2 1. Fall WpÜG) oder
2. die Maßnahme darin besteht, dass er sich um ein Konkurrenzangebot bemüht (§ 33 Abs. 1 S. 2 **48** 2. Fall WpÜG) oder (rechtspolitisch besonders umstritten)
3. der Aufsichtsrat der Maßnahme zugestimmt hat (§ 33 Abs. 1 S. 2 3. Fall WpÜG). **49**

Außerdem kann sich der Vorstand von der Hauptversammlung nach § 33 Abs. 2 WpÜG für einen Zeit- **50** raum von bis zu 18 Monaten im Voraus zu Präventivmaßnahmen ermächtigen lassen (Vorratsbeschluss).

Die nach langem Ringen verabschiedete[119] EU-Übernahmerichtlinie[120] sieht zwar eine strikte Neut- **51** ralitätspflicht (Europäisches Verhinderungsverbot, Art. 9 Abs. 2, 3 RL 2004/25/EG) und das Außer-Kraft-Setzen satzungs- und schuldrechtlicher Übernahmehindernisse (Europäische Durchbrechungsregel, Art. 11 RL 2004/25/EG) vor, erlaubt den Mitgliedstaaten aber, hiervon abzuweichen (Art. 12 Abs. 1 RL 2004/25/EG). Allerdings müssen die Gesellschaften die Möglichkeit haben, sich durch einen mit satzungsändernder Mehrheit gefassten Hauptversammlungsbeschluss für Verhinderungsverbot und Durchbrechungsregel nach der Übernahmerichtlinie zu entscheiden (Art. 12 Abs. 2 RL 2004/25).[121] Von dieser Option hat der deutsche Gesetzgeber Gebrauch gemacht (§§ 33a–33c WpÜG).[122]

b) Treuepflicht. In begrenztem Umfang kann die Treuepflicht der Aktionäre gegenüber Gesell- **52** schaft und Mitgesellschaftern als Instrument des Konzerneingangsschutzes eingesetzt werden. Vor einer **Überspannung der Treuepflicht** ist indes zu warnen. Die konzernoffene Ausgestaltung der AG und der Grundsatz der freien, möglichst ungehinderten Übertragbarkeit der Anteilsrechte mahnen hier zur Zurückhaltung.[123]

Bedeutung hat die Treuepflicht vor allem für die **Inhaltskontrolle von Hauptversammlungs-** **53** **beschlüssen.** So fehlt einem **Bezugsrechtsausschluss** grundsätzlich die sachliche Rechtfertigung, wenn durch ihn die Gefahr der Abhängigkeit oder Konzernierung begründet wird.[124] Einer materiellen Beschlusskontrolle unterliegen auch die Zustimmung zur Übertragung vinkulierter Namensaktien, die Aufhebung von Vinkulierungsklauseln oder Stimmrechtsbeschränkungen und die abhängigkeitsbegründende Verschmelzung.[125]

Eindeutig zu weit geht die Auffassung des OLG Hamm, der Mehrheitsgesellschafter sei aufgrund **54** seiner Treuepflicht gehalten, zumindest ein **neutrales Mitglied** in den Aufsichtsrat der abhängigen Gesellschaft zu wählen.[126]

---

[117] → § 186 Rn. 45; *Lutter/Timm* NJW 1982, 409 (415); *Wolf* AG 1998, 212 (215 ff.); MHdB AG/*Scholz* § 57 Rn. 119k; Hüffer/Koch/*Koch* § 186 Rn. 32; aA *Hirte,* Bezugsrechtsausschluss und Konzernbildung, 1986, 50 ff.; MüKoAktG/*Altmeppen* Rn. 57 ff.; NK-AktR/*Rebmann* § 186 Rn. 47.
[118] S. nur *Hopt* FS Lutter, 2000, 1361 ff.; *Kort* FS Lutter, 2000, 1421 ff.; Hüffer/Koch/*Koch* § 76 Rn. 15d ff.
[119] Zur Entstehungsgeschichte *Maul/Muffat-Jeandet* AG 2004, 221 (222 ff.).
[120] Richtlinie 2004/25 des Europäischen Parlaments und des Rates v. 21.4.2004 betreffend Übernahmeangebote, ABl. EG 2004 Nr. L 142, 12.
[121] Vgl. dazu näher *Seilbt/Heison* ZGR 2005, 200 (231 ff.).
[122] Vgl. dazu etwa *Harbarth* ZGR 2007, 37 ff.; *Holzborn/Peschke* BKR 2007, 101 ff.; *van Kann/Just* DStR 2006, 328 (329 ff.).
[123] Emmerich/Habersack/*Habersack* Rn. 5; MüKoAktG/*Altmeppen* Rn. 45 ff.
[124] *Liebscher,* Konzernbildungskontrolle, 1995, 378 ff.; MHdB AG/*Krieger* § 70 Rn. 19; Emmerich/Habersack/*Habersack* Rn. 6; Kölner Komm AktG/*Koppensteiner* Anh. § 318 Rn. 16; Großkomm AktG/*Wiedemann* § 186 Rn. 172 ff.; zu Ausnahmen bei Sanierungen *H.F. Müller,* Der Verband in der Insolvenz, 2002, 327 ff.; generell abl. MüKoAktG/*Altmeppen* Rn. 57 ff.
[125] MHdB AG/*Krieger* § 70 Rn. 19; Emmerich/Habersack/*Habersack* Rn. 6.
[126] OLG Hamm NJW 1987, 1030 (1031 f.); abl. LG Mannheim WM 1990, 760 (764); *Binnewies,* Die Konzerneingangskontrolle in der abhängigen Gesellschaft, 1996, 368 ff.; *Deilmann,* Die Entstehung des qualifizierten faktischen Konzerns, 1990, 100 ff.; *Kropff* FS Goerdeler, 1987, 259 (266 ff.); *Timm* NJW 1987, 977 (984 ff.); MHdB AG/*Hoffmann-Becking* § 30 Rn. 15; Kölner Komm AktG/*Koppensteiner* Anh. § 318 Rn. 18; MüKoAktG/*Habersack* § 101 Rn. 28; de lege ferenda befürwortend *Hommelhoff* Gutachten S. 63 f.; *Wackerbarth,* Grenzen der Leitungsmacht in der internationalen Unternehmensgruppe, 2001, 319 ff.

55 Bereits dargelegt wurde (→ Rn. 44), dass ein Wettbewerbsverbot des herrschenden Unternehmens zu verneinen ist. Daher kann es einem Aktionär auch nicht untersagt sein, seine Beteiligung an ein konkurrierendes Unternehmen zu veräußern.[127] Vielmehr gilt der Grundsatz, dass die Gesellschafter sich bei der Veräußerung ihrer Anteile von eigenen Interessen leiten lassen können. Es gibt daher keine Verpflichtung, auf die **Person des Erwerbers Rücksicht zu nehmen** oder den Anteil zunächst den Mitgesellschaftern anzubieten.[128] Wenn es die Gesellschafter versäumt haben, sich über eine Vinkulierungsklausel in der Satzung oder schuldrechtliche Vorkaufsrechte Einfluss zu sichern, so kann dieses Versäumnis nicht über das Vehikel der Treuepflichten nachträglich korrigiert werden.

56 Auch auf der **Erwerberseite** kann eine Beschränkung des freien Anteilshandels durch (vor-)mitgliedschaftliche Treuepflichten kaum gerechtfertigt werden. So besteht keine über die § 20 und §§ 33 ff. WpHG hinausgehende Pflicht zur Offenlegung von Beteiligungen und Konzernrechtsbeziehungen.[129] Auch haben die außenstehenden Gesellschafter keinen Anspruch darauf, an einer eventuell gezahlten Kontrollprämie beteiligt zu werden.[130] Für börsennotierte Gesellschaften sehen die §§ 35 ff. WpÜG allerdings nunmehr ein **Pflichtangebot** vor, wenn der Bieter unmittelbar oder mittelbar die Kontrolle über die Zielgesellschaft erlangt. Kontrolle wird dabei schon bei einem Stimmrechtsanteil von 30 % angenommen (§ 29 Abs. 2 WpÜG). Doch bleibt es bei Gesellschaften, die nicht dem WpÜG unterliegen, dabei, dass weder die Begründung eines Abhängigkeitsverhältnisses noch die Integration in einen (einfachen) faktischen Konzern ein Abfindungsrecht der außenstehenden Aktionäre begründet.[131] Ebenfalls abzulehnen sind neuere Überlegungen, die Treuepflicht zu instrumentalisieren, um der Zielgesellschaft Schadensersatzansprüche gegen den Erwerber wegen übernahmebedingter Nachteile (Untergang steuerlicher Verlustvorträge, wettbewerbsrechtliche Auflagen, vertragliche Sonderkündigungsrechte) zuzubilligen.[132] Denn auch durch solche Sanktionen würde die konzern- und übernahmefreundliche Ausrichtung des AktG unterlaufen.

57 **3. Schutzmechanismen auf der Ebene der Obergesellschaft. a) Satzung.** Auf der Ebene der Obergesellschaft stellt sich die zentrale Frage, ob die Verbandsmitglieder bei der Begründung der beherrschenden Stellung zu beteiligen sind. Nach dem Organisationsmodell der Aktiengesellschaft fallen unternehmerische Entscheidungen grundsätzlich in die Kompetenz des Vorstands. Dieser ist jedoch an den in der Satzung vorgegebenen **Unternehmensgegenstand** gebunden. Der Vorstand darf ihn einerseits nicht überschreiten, muss ihn andererseits aber auch ausfüllen,[133] und zwar ohne eine entsprechende Ermächtigung unmittelbar. Daraus ergibt sich für die Konzernbildung eine doppelte Voraussetzung: Will der Vorstand Beteiligungen erwerben oder Tochtergesellschaften gründen, so bedarf es hierzu einer entsprechenden Grundlage in der Satzung (sog. **Konzernklausel**).[134] Für Bagatellfälle und reine Finanzbeteiligungen wird man eine Ausnahme machen können.[135] Darü-

---

[127] Kölner Komm AktG/*Koppensteiner* Anh. § 318 Rn. 10.
[128] *Lutter* ZHR 153 (1989) 446 (460 f.); MHdB AG/*Krieger* § 70 Rn. 21; Emmerich/Habersack/*Habersack* Rn. 9; Kölner Komm AktG/*Koppensteiner* Anh. § 318 Rn. 13; MüKoAktG/*Altmeppen* Rn. 45 f., 48.
[129] MHdB AG/*Krieger* § 70 Rn. 21; Emmerich/Habersack/*Habersack* Rn. 9; Kölner Komm AktG/*Koppensteiner* Anh. § 318 Rn. 34; MüKoAktG/*Altmeppen* Rn. 40; aA *Burgard*, Die Offenlegung von Beteiligungen, Abhängigkeits- und Konzernlagen bei der Aktiengesellschaft, 1990, 64 ff.; *Burgard* AG 1992, 41 (48 f.); *Ziemons/Jaeger* AG 1996, 358 (364).
[130] *Lutter* ZHR 153 (1989) 446 (462); MHdB AG/*Krieger* § 70 Rn. 21; Emmerich/Habersack/*Habersack* Rn. 9; Kölner Komm AktG/*Koppensteiner* Anh. § 318 Rn. 11.
[131] *Kleindiek* ZGR 2002, 546 (557 ff.); Emmerich/Habersack/*Habersack* Rn. 26; Kölner Komm AktG/*Koppensteiner* Anh. § 318 Rn. 47; aA *Mülbert* ZIP 2001, 1221 (1228); gegen ein solches Zwangsabfindungsangebot vor Inkrafttreten des WpÜG noch *Mülbert*, Aktiengesellschaft, Unternehmensgruppe und Kapitalmarkt, 2. Aufl. 1995, 458 ff.; für ein Abfindungsrecht in analoger Anwendung des § 305 *Lieb* FS Lutter, 2000, 1151 (1156 ff.); zur Abfindung bei qualifiziert faktischer Konzernierung → Rn. 34.
[132] *Mülbert/Kiem* ZHR 177 (2013) 819 (843 ff.).
[133] OLG Stuttgart AG 2003, 527 (531 f.); *Tröger*, Treupflicht im Konzernrecht, 2000, 226 ff.; MHdB AG/*Krieger* § 70 Rn. 5; Emmerich/Habersack/*Habersack* Rn. 31. Die Auslegung der Satzung kann allerdings ergeben, dass nur eine Obergrenze für die Geschäftsführungsbefugnis des Vorstands festgelegt werden soll, OLG Stuttgart DB 2001, 854 (856 f.); Hüffer/Koch/*Koch* § 179 Rn. 9a.
[134] *Liebscher*, Konzernbildungskontrolle, 1995, 66 ff.; *Lutter* FS Stimpel, 1985, 825 (847); *Tieves*, Der Unternehmensgegenstand der Kapitalgesellschaft, 1998, 479 ff.; *Wackerbarth*, Grenzen der Leitungsmacht in der internationalen Unternehmensgruppe, 2001, 485 ff.; *Wahlers*, Konzernbildungskontrolle durch die Hauptversammlung der Obergesellschaft, 1995, 142 ff.; MHdB AG/*Krieger* § 70 Rn. 7 f.; Emmerich/Habersack/*Habersack* Rn. 31; Großkomm AktG/*Wiedemann* § 179 Rn. 64; aA *Henze* FS Ulmer, 2003, 211 (217); *Mülbert*, Aktiengesellschaft, Unternehmensgruppe und Kapitalmarkt, 2. Aufl. 1995, 374 ff.; für die Ausgliederung auch Hüffer/Koch/*Koch* § 179 Rn. 9a; offen gelassen in BGHZ 83, 122 (130) = LM AktG 1965 § 118 Nr. 1 (*Fleck*) = NJW 1982, 1703.
[135] Dazu näher *Liebscher*, Konzernbildungskontrolle, 67 ff.

ber hinaus müssen aber die Aktivitäten der Unternehmen, an denen die Gesellschaft beteiligt ist, vom **eigenen Unternehmensgegenstand** umfasst sein,[136] wobei allerdings eine Übereinstimmung im Kernbereich genügt.[137] Fehlt es an einer hinreichenden Ermächtigung in der Satzung, so muss der Vorstand die geplante Maßnahme zurückstellen, bis die Hauptversammlung die fehlende statutarische Grundlage geschaffen hat.[138] Verstößt er dagegen, muss er für etwaige Schäden einstehen.[139]

b) Vermögensveräußerung (§ 179a). Auch wenn die statutarischen Voraussetzungen für eine 58 Konzernbildung an sich vorliegen, kann eine gesonderte Mitwirkung der Hauptversammlung notwendig werden. Nach § 179a bedarf es eines Gesellschafterbeschlusses mit satzungsändernder Mehrheit, wenn das ganze Gesellschaftsvermögen übertragen werden soll. Die Vorschrift greift auch, wenn nur unwesentliches Vermögen bei der AG zurückbleibt. Maßgeblich ist, ob die Gesellschaft mit dem verbleibenden Vermögen ihre in der Satzung festgelegten Unternehmensziele, wenn auch in eingeschränktem Umfang, weiter verfolgen kann.[140] Erfasst wird nicht nur der Verkauf an Dritte, sondern auch die konzerninterne Ausgliederung auf Tochtergesellschaften.[141]

c) Ungeschriebene Hauptversammlungszuständigkeiten. Eine Mitwirkungsbefugnis der 59 Hauptversammlung kann schließlich nach der **„Holzmüller"-Doktrin** des BGH[142] begründet sein. Danach muss der Vorstand grundlegende Entscheidungen, die zwar durch seine Geschäftsführungsbefugnis wie auch durch den Wortlaut der Satzung formal noch gedeckt sind, jedoch besonders tief in die Mitgliedschaftsrechte der Aktionäre und deren im Anteilseigentum verkörpertes Vermögensinteresse eingreifen, der Hauptversammlung vorlegen. In dem Urteil aus dem Jahr 1982 ging es um die Ausgliederung des Seehafenbetriebs einer AG auf eine zu diesem Zweck von ihr gegründete 100 %ige Tochtergesellschaft. Die – allerdings nur intern wirkende – Beschränkung der Handlungsmacht des Vorstands folgte nach Auffassung des BGH vorliegend daraus, dass die Ausgliederung sich im Kernbereich der Unternehmenstätigkeit abspielte, den wertvollsten Betriebsteil betraf und die Unternehmensstruktur von Grund auf änderte.

In der **„Gelatine"-Entscheidung**[143] 2004 hat der BGH seine Linie gegen Kritik verteidigt[144] 60 und präzisiert. Allerdings stützt er die Vorlagepflicht nicht mehr wie im „Holzmüller"-Urteil auf § 119 Abs. 2, greift auch nicht auf die im Schrifttum vorgeschlagene Gesamtanalogie zu den gesetzlich festgelegten Hauptversammlungszuständigkeiten[145] zurück, sondern bekennt sich zu einer offenen Rechtsfortbildung. Der BGH stellt gleichzeitig klar, dass es sich bei den ungeschriebenen Mitwirkungsbefugnissen nur um eng umgrenzte Ausnahmefälle handeln kann. Dabei hat er – ohne sich abschließend festzulegen – in erster Linie Konzernbildungssachverhalte im Auge. Neben der Ausgliederung eines bisher von der Gesellschaft selbst betriebenen Geschäftsbereichs kommt wegen der weiteren Mediatisierung des Einflusses der Aktionäre auch die Umstrukturierung einer Tochter- in eine Enkelgesellschaft in Betracht.[146] Voraussetzung ist jedoch stets, dass das Gewicht der Maßnahme in etwa das im „Holzmüller"-Fall erreicht. Dort betrug der Wert des ausgegliederten Seehafenbetriebs ca. 80 % des Gesellschaftsvermögens. Die im Schrifttum und der Rechtsprechung der Instanzgerichte vertretenen, zum Teil wesentlich niedrigeren Schwellenwerte sind damit obsolet.[147] Von vornherein nicht berührt sein kann die Rechtsstellung der Aktionäre der Konzernmutter bei der

---

[136] OLG Stuttgart AG 2003, 527 (532); *Liebscher*, Konzernbildungskontrolle, 1995, 66; *Semler* ZGR 2004, 631 (641 f.); *Wackerbarth*, Grenzen der Leitungsmacht in der internationalen Unternehmensgruppe, 2001, 488; MHdB AG/*Krieger* § 70 Rn. 7; Emmerich/Habersack/*Habersack* Rn. 31.

[137] MHdB AG/*Krieger* § 70 Rn. 7.

[138] MHdB AG/*Krieger* § 70 Rn. 8.

[139] *Semler* ZGR 2004, 631 (641 f.).

[140] → § 179a Rn. 19; ferner BGHZ 83, 122 (128) = LM AktG 1965 § 118 Nr. 1 *(Fleck)* = NJW 1982, 1703; Emmerich/Habersack/*Habersack* Rn. 32; Hüffer/Koch/*Koch* § 179a Rn. 5; NK-AktR/*Wagner* § 179a Rn. 4 ff.

[141] → § 179a Rn. 19; NK-AktR/*Wagner* § 179a Rn. 8; Hüffer/Koch/*Koch* § 179a Rn. 5; aA *Mülbert*, Aktiengesellschaft, Unternehmensgruppe und Kapitalmarkt, 2. Aufl. 1995, 420 f.

[142] BGHZ 83, 122 ff. = LM AktG 1965 § 118 Nr. 1 *(Fleck)* = NJW 1982, 1703; zum folgenden auch → § 119 Rn. 22 ff.

[143] BGHZ 159, 30 ff. = LMK 2004, 162 *(Noack)* = NJW 2004, 1860; Parallelentscheidung BGH LMK 2004, 162 *(Noack)* = NZG 2004, 575.

[144] Zum Meinungsbild im Schrifttum s. *Henze* FS Ulmer, 2003, 211 ff.; *Hüffer* FS Ulmer, 2003, 279 ff.; *v. Rechenberg* FS Bezzenberger, 2000, 359 ff.; MüKoAktG/*Kubis* § 119 Rn. 37.

[145] S. etwa *Fleischer* NJW 2004, 2335 (2337); *Liebscher*, Konzernbildungskontrolle, 1995, 84 f.; *Wahlers*, Konzernbildungskontrolle durch die Hauptversammlung der Obergesellschaft, 1995, 177 ff.

[146] BGHZ 159, 30 (47) = LMK 2004, 162 *(Noack)* = NJW 2004, 1860; krit. insoweit *Götze* NZG 2004, 585 (589).

[147] S. nunmehr OLG Frankfurt/M AG 2008, 862 (864); OLG Hamm NZG 2008, 155 (157); OLG Köln AG 2009, 416 (418); OLG Stuttgart AG 2005, 693 (695); LG Köln AG 2008, 327 (330 f.); LG München BeckRS 2009, 09 412 (unter E II 2a).

Verlagerung von Vermögenswerten von einer Tochtergesellschaft auf die andere.[148] Fällt eine Maßnahme in die Ausnahmezuständigkeit der Hauptversammlung, so bedarf es einer Dreiviertel-Mehrheit. Angesichts der Schwere der möglichen Beeinträchtigung der Mitgliedschaftsrechte der Aktionäre kann die Satzung dieses Quorum nicht absenken.

61 Mit der „Gelatine"-Entscheidung wird die Stellung des Vorstands bei der Konzernbildung und -führung gestärkt.[149] Verfügt er über eine entsprechende grundsätzliche Ermächtigung in der Satzung,[150] so ist er in der Verfolgung des Unternehmensgegenstands durch Beteiligungen weitgehend frei. Dies gibt ihm die Möglichkeit, auf sich verändernde Gegebenheiten flexibel zu reagieren. Die Einschaltung der regelmäßig nur einmal im Jahr tagenden, darüber hinaus nur unter erheblichem Zeit- und Kostenaufwand einberufbaren Hauptversammlung wäre gänzlich unpraktikabel. Ihre Mitwirkung wird daher zutreffend auf *krasse* Fälle beschränkt, die in ihrer Auswirkung § 179a nahe kommen. Die Praxis, die durch die Holzmüller-Entscheidung, vor allem aber durch ihre zum Teil extensive Interpretation im Schrifttum und in der Rechtsprechung der Instanzgerichte verunsichert war, kann mit dieser restriktiven Linie gut leben, zumal der Zustimmungsvorbehalt nur Binnenwirkung entfaltet[151] Auch verfassungsrechtlich ist eine weitergehende Beteiligung der Aktionäre nicht geboten.[152]

62 Umstritten ist, ob die Holzmüller-Grundsätze auch beim **Erwerb einer wesentlichen Beteiligung** greifen. Das ist zu verneinen. Denn während bei der Ausgliederung bereits vorhandene Unternehmensbereiche dem Einflussbereich der Hauptversammlung entzogen werden, kommen beim Beteiligungserwerb unternehmerische Aktivitäten hinzu. Hier genügt der Schutz durch das Erfordernis einer satzungsmäßigen Ermächtigung zum Beteiligungserwerb sowie die Festlegung des Unternehmensgegenstands, den der Vorstand auch den Erwerb nicht überschreiten darf.[153] Keine ungeschriebenen Hauptversammlungskompetenzen sind ferner bei der **Veräußerung von Beteiligungen** anzuerkennen, denn hierdurch wird der Effekt der Mediatisierung gerade rückgängig gemacht.[154] Die Aktionäre müssen allerdings dann mitwirken, wenn durch die Veräußerung der satzungsgemäße Unternehmensgegenstand nicht mehr ausgefüllt wird.[155] Entsprechendes gilt für die Veräußerung von Vermögenswerten der Tochtergesellschaft im Wege des Asset-Deals.[156] Auch eine Kapitalerhöhung in der Tochtergesellschaft kann grundsätzlich ohne Beteiligung der Hauptversammlung der Muttergesellschaft durchgeführt werden,[157] und zwar ohne Rücksicht darauf, ob sie ihr Bezugsrecht ausübt oder nicht.[158] Anders liegt es, wenn wesentliche Unternehmensbestandteile im Wege der Sacheinlage eingebracht werden sollen. Zu Unternehmensverträgen → § 293 Rn. 40 ff.

§ 311 Schranken des Einflusses

(1) Besteht kein Beherrschungsvertrag, so darf ein herrschendes Unternehmen seinen Einfluß nicht dazu benutzen, eine abhängige Aktiengesellschaft oder Kommanditgesellschaft auf Aktien zu veranlassen, ein für sie nachteiliges Rechtsgeschäft vorzunehmen oder

---

[148] BGHZ 159, 30 (47) = LMK 2004, 162 *(Noack)* = NJW 2004, 1860.
[149] Zust. etwa *Adolff* ZHR 169 (2005) 310 ff.; *Altmeppen* ZIP 2004, 999 ff.; *Arnold* ZIP 2005, 1573 ff.; *Bungert* BB 2004, 1345 ff.; *Fleischer* NJW 2004, 2335 ff.; *Fuhrmann* AG 2004, 339 ff.; *Götze* NZG 2004, 585 ff.; *Habersack* AG 2005, 137 ff.; *Liebscher* ZGR 2005, 1 ff.; *Reichert* AG 2005, 150 ff.; Hüffer/Koch/*Koch* § 119 Rn. 18 ff.; sehr krit. dagegen *Koppensteiner* Der Konzern 2004, 381 ff.
[150] Zum Erfordernis einer Konzernöffnungsklausel → Rn. 57, eine solche Klausel enthebt den Vorstand aber nicht davon, einen Hauptversammlungsbeschluss mit qualifizierter Mehrheit einzuholen, BGHZ 159, 30 (47) = LMK 2004, 162 *(Noack)* = NJW 2004, 1860.
[151] Kritisch hierzu allerdings *Ekkenga/B. Schneider* ZIP 2017, 1053 (1054 ff.).
[152] BVerfG NZG 2011, 1379 Rn. 15 ff.
[153] OLG Frankfurt/M AG 2008, 862 (864); MHdB AG/*Krieger* § 70 Rn. 10; aA *Liebscher* ZGR 2005, 1 (23 f.); *Stukenberg*, Ungeschriebene „Holzmüller"-Zuständigkeiten im Lichte der „Macroton" und „Gelatine"-Entscheidungen des BGH, 2007, 198 ff.; Emmerich/Habersack/*Habersack* Rn. 42; K. Schmidt/Lutter/*Spindler* § 119 Rn. 33; → § 119 Rn. 30.
[154] BGH NZG 2007, 234 = ZIP 2007, 24 m. Anm. *von Falkenhausen;* OLG Hamm NZG 2008, 155 (158); *Liebscher* ZGR 2005, 1 (24); MHdB AG/*Krieger* § 70 Rn. 10; Emmerich/Habersack/*Habersack* Rn. 43; K. Schmidt/Lutter/*Spindler* § 119 Rn. 34; anders → § 119 Rn. 30; MüKoAktG/*Kubis* § 119 Rn. 68; differenzierend *Stukenberg*, Ungeschriebene „Holzmüller"-Zuständigkeiten im Lichte der „Macroton" und „Gelatine"-Entscheidungen des BGH, 2007, 184 ff. (nur bei teilweiser Veräußerung).
[155] Emmerich/Habersack/*Habersack* Rn. 43.
[156] Emmerich/Habersack/*Habersack* Rn. 44.
[157] MHdB AG/*Krieger* § 70 Rn. 45 f.; anders BGHZ 83, 122 (140 f.) = LM AktG 1965 § 118 Nr. 1 *(Fleck)* = NJW 1982, 1703.
[158] Danach differenzierend (Mitwirkung nur im Fall der Nichtausübung des Bezugsrechts) Emmerich/Habersack/*Habersack* Rn. 49.

Maßnahmen zu ihrem Nachteil zu treffen oder zu unterlassen, es sei denn, daß die Nachteile ausgeglichen werden.

(2) ¹Ist der Ausgleich nicht während des Geschäftsjahrs tatsächlich erfolgt, so muß spätestens am Ende des Geschäftsjahrs, in dem der abhängigen Gesellschaft der Nachteil zugefügt worden ist, bestimmt werden, wann und durch welche Vorteile der Nachteil ausgeglichen werden soll. ²Auf die zum Ausgleich bestimmten Vorteile ist der abhängigen Gesellschaft ein Rechtsanspruch zu gewähren.

Schrifttum: S. auch die Angaben vor § 311.

Altmeppen, Zur Vermögensbindung in der faktisch abhängigen AG, ZIP 1996, 693; *Altmeppen,* Interessenskonflikte im Konzern, ZHR 171 (2007) 320; *Altmeppen,* Wirklich keine Haftung der Bundesrepublik Deutschland im Fall Telekom?, NJW 2008, 1553; *Altmeppen,* Cash-Pooling und Kapitalerhaltung im faktischen Konzern, NZG 2010, 401; *Altmeppen,* Haftungsrisiken für Organwalter im Vorfeld der Konzerninsolvenz, ZIP 2013, 801; *Altmeppen,* Gestreckter Nachteilsausgleich bei Benachteiligung der faktisch abhängigen AG durch Hauptversammlungsbeschluss nach § 119 Abs. 2 AktG, ZIP 2016, 441; *Altmeppen,* Aufsteigende Sicherheiten im Konzern, ZIP 2017, 1977; *M. Arnold/Aubel,* Einlagenrückgewähr, Prospekthaftung und Konzernrecht bei öffentlichen Angeboten von Aktien, ZGR 2012, 113; *M. Arnold/Gärtner,* Konzerninterne Unternehmensveräußerungen im Spannungsfeld von § 311 Abs. 2 AktG und Beschlussmangelrecht, FS Stilz, 2014, 7; *Bachmann,* Die Einmann-AG, NZG 2001, 961; *Bagei,* Umwandlungen im Konzern, 2009; *J. Bauer/Schmidt-Bendung,* Aktien- und kapitalmarktrechtliche Grenzen des Informationsflusses im faktischen Aktienkonzern, FS Wegen, 2015, 105; *Bayer,* Zentrale Konzernfinanzierung, Cash Management und Kapitalerhaltung, FS Lutter, 2000, 1011; *Beck,* Nachteilszufügung, ihre Wirkung und ihr Ausgleich im faktischen AG-Konzern, BB 2015, 1289; *Beuthien,* Art und Grenzen der aktienrechtlichen Haftung herrschender Unternehmen für Leitungsmissbrauch, DB 1969, 1781; *Bicker,* Gläubigerschutz in der grenzüberschreitenden Konzerngesellschaft, 2007; *Born,* Die abhängige Kommanditgesellschaft auf Aktien, 2004; *Cahn,* Kapitalerhaltung im Konzern, 1998; *Cahn,* Zur Anwendbarkeit der §§ 311 ff. AktG im mehrstufigen Vertragskonzern, BB 2000, 1477; *Ederle,* Verdeckte Beherrschungsverträge, 2010; *Feddersen,* Gewerbesteuerumlage im faktischen Konzern, ZGR 2000, 523; *Fischbach/Lüneborg,* Die Organpflichten bei der Durchsetzung von Organhaftungsansprüchen im Aktienkonzern, NZG 2015, 1142; *Friedl,* Abhängigkeitsbericht und Nachteilsausgleich zwischen erfolgreicher Übernahme und Abschluss eines Beherrschungsvertrages, NZG 2005, 875; *Haar,* Die Personengesellschaft im Konzern, 2006; *Haarmann,* Der Begriff des Nachteils in § 311 AktG, Vierte Max-Hachenburg Gedächtnisvorlesung, 2000, 45; *Habersack,* Die Einbeziehung des Tochtervorstands in das Aktienoptionsprogramm der Muttergesellschaft – ein Problem der §§ 311 ff. AktG?, FS Raiser, 2005, 111; *Habersack,* Die UMTS-Auktion – ein Lehrstück des Aktienkonzernrechts, ZIP 2006, 1327; *Habersack,* Steuerumlagen in faktischen Konzern – konzernrechtlich betrachtet, BB 2007, 1397; *Habersack,* aufsteigende Kredite im Lichte des MoMiG und des „Dezember"-Urteils des BGH, ZGR 2009, 347; *Habersack,* Geschäftschancen im Recht der verbundenen Aktiengesellschaft, FS Hoffmann-Becking, 2013, S. 421; *Habersack/Schürnbrand,* Cash Management und Sicherheitenbestellung bei AG und GmbH im Lichte des richterrechtlichen Verbots der Kreditvergabe an Gesellschafter, NZG 2004, 689; *Heidel,* § 311 Abs. 2 AktG – wider die vollständige Entwertung einer gut gemeinten Norm, FS W. Meilicke, 2010, 125; *Henze,* Konzernfinanzierung und Besicherung – Das Upstreamrisiko aus Gesellschafter- und Bankensicht –, WM 2005, 717; *Hogh,* Die Nachteilsermittlung im Rahmen des § 311 I AktG, 2004; *Hüttemann,* Steuerumlagen im Konzern, ZHR 171 (2007), 451; *Hufnagel,* Dogmatik der Haftung und Grenzen der Leitungsmacht durch unbeziffertem Nachteilsausgleich im faktischen Aktienkonzern, 2016; *Ihrig/Wandt,* Die Stiftung im Konzernverbund, FS Hüffer, 2010, 387; *Jaecks/Schönborn,* Die Europäische Aktiengesellschaft, das Internationale und das deutsche Konzernrecht, RIW 2003, 254; *Kellmann,* Schadensersatz und Ausgleich im faktischen Konzern, BB 1969, 1512; *Kerber,* Cash-Mangement im faktischen Aktienkonzern: Aktienrechtliche Defizite des Liquiditätsschutzes, DB 2005, 1835; *Klein,* Pflichten und Haftungsrisiken der Geschäftsleitung beim Cash Pooling, ZIP 2017, 258; *Kleindiek,* Steuerumlagen in gewerbesteuerlichen Organkreis – Anmerkungen aus aktienrechtlicher Sicht, DStR 2000, 559; *Kronstein,* Die Anwendbarkeit der §§ 311 ff. AktG über die Verantwortlichkeit im „faktischen Konzern" bei mehrstufigen Unternehmensverbindungen, BB 1967, 637; *Lakner,* Der mehrstufige Konzern, 2005; *Leo,* Die Einmann-AG und das neue Konzernrecht, AG 1965, 352; *Leuschner,* Das Konzernrecht des Vereins, 2011; *Linsmann,* Der Ausgleichsanspruch nach § 311 Abs. 2 des Aktiengesetzes, 1970; *Löbbe,* Konzernverantwortung und Umwandlungsrecht, ZHR 177 (2013), 518; *Luchterhand,* Leitungsmacht und Verantwortlichkeit im faktischen Konzern, ZHR 133 (1970), 1; *Lutter,* Grenzen zulässiger Einflussnahme im faktischen Konzern – Nachbetrachtung zum Mannesmann/Vodafone-Takeover, FS Peltzer, 2001, 241; *Maul,* Das Konzernrecht der europäischen Gesellschaft, in Lutter/Hommelhoff, Die Europäische Gesellschaft, 2005, 249; *Meyer,* Nachteil und Einlagenrückgewähr im faktischen Konzern, 2013; *H. F. Müller,* Konzernrechtlicher Nachteilsausgleich bei Beschlüssen der Hauptversammlung, FS Stilz, 2014, 329; *Müller-Eising/Stoll,* Beherrschung von Unternehmen aufgrund faktischer Hauptversammlungsmehrheiten, GWR 2012, 315; *Mylich,* Rückgewähransprüche einer AG nach Ausschüttung oder Abführung von Scheingewinnen, AG 2011, 765; *Neuhaus,* Die Grenzen der Konzernleitungsmacht im faktischen Konzern und der Nachteilsbegriff des § 311 AktG 65, DB 1970, 1913; *Noack,* Haftung bei Vorstandsdoppelmandaten im Konzern, FS Hoffmann-Becking, 2013, 847; *Pentz,* Die Rechtsstellung der Enkel-AG in einer mehrstufigen Unternehmensverbindung, 1994; *Pentz,* Schutz der AG und der außenstehenden Aktionäre in mehrstufigen faktischen und unternehmensvertraglichen Unternehmensverbindungen, NZG 2000, 1103; *Pfeuffer,* Verschmelzungen und Spaltungen als nachteilige Rechtsgeschäfte im Sinne von § 311 Abs. 1 AktG?, 2006; *Philipp,* Die UMTS-Lizenzen der Deutschen Telekom AG – Ein nachteiliges Geschäft mit dem Mehrheitsaktionär?, AG 2001, 463; *Priester,* Abspaltungen im faktischen Konzern – Umwandlungsrechtlicher Schutz und seine Grenzen, FS Goette, 2011, 369; *E. Rehbinder,* Gesellschaftsrechtliche Probleme mehrstufiger Unternehmensverbindungen, ZGR 1977, 581; *Säcker,* Zur Problematik von Mehrfachfunktionen im Konzern, ZHR 151 (1987), 59, 65; *C. Schäfer,* Einlagenrückgewähr und Risikoübernahme im faktischen AG-Konzern – Was folgt aus der Telekom-Entscheidung des BGH?, FS Hoffmann-Becking, 2013, 977; *C. Schäfer/Fischbach,* Vorstandspflichten bei der Vergabe von Krediten an die Muttergesellschaft im faktischen Aktienkonzern nach „MPS", FS Hellwig, 2010, 293; *Schön,* Deutsches Konzernprivileg und europäischer Kapitalschutz – ein Widerspruch?, FS Kropff, 1997, 285; *Schöne/Heurung/Petersen,* Erforderliche Änderungen im Recht des faktischen Konzerns im Zuge der Reform der steuerlichen Organschaft, DStR 2012, 1680; *Simon,* Steuerumlagen im Konzern, ZGR 2007, 71; *Spindler,* Konzernfinanzierung, ZHR 171 (2007), 245; *Stein,* Konzernherrschaft durch EDV?, ZGR 1988, 163; *Stöcklhuber,* Dogmatik der Haftung im faktischen AG-Konzern, Der Konzern 2011, 253; *Tillmann,* Nachteilsausgleichspflicht bei Abspaltungen im faktischen Konzern?, AG 2008, 486; *Tröger,* Treupflicht im Konzernrecht, 2000; *Tröger,* Anreizorientierte Vorstandsvergütung im faktischen Konzern, ZGR 2009, 447; *Ulmer,* Das Sonderrecht der §§ 311 ff. AktG und sein Verhältnis zur allgemeinen aktienrechtlichen Haftung für Schäden der AG, FS Hüffer, 2010, 997; *E. Vetter,* Interessenkonflikte im Konzern – vergleichende Betrachtungen zum faktischen Konzern und zum Vertragskonzern ZHR 171 (2007) 342; *Voigt,* Haftung aus Einfluss auf die Aktiengesellschaft (§§ 117, 309, 317 AktG), 2004; *Wackerbarth,* Der Vorstand der abhängigen Aktiengesellschaft und die §§ 311 ff. AktG in der jüngeren Rechtsprechung des II. Senats, Der Konzern 2010, 261 (Teil 1) und 337 (Teil 2); *Wanner,* Konzernrechtliche Probleme mehrstufiger Unternehmensverbindungen nach Aktienrecht, 1998; *Weinbrenner,* Moderne Kommunikationsmittel und Konzernkontrolling im faktischen Konzern – zugleich ein Beitrag zur Verbesserung des Rechtsschutzes der Außenseiter, Der Konzern 2006, 583; *A. Wilhelm,* Zur Gestaltung des Nachteilsausgleichs bei Unternehmensveräußerungen im faktischen Aktienkonzern, NZG 2012, 1287; *Will,* Nachteilsausgleichsvereinbarungen im faktischen Konzern, 2017; *Wirth,* Unbezifferte Nachteilsausgleichsvereinbarungen im faktischen Konzern, Liber Amicorum M. Winter, 2011, 775; *Zeidler,* Zentrales Cashmanagement im faktischen Aktienkonzern, 1999; *Zöllner,* Schutz der Aktionärsminderheit bei einfacher Konzernierung, FS Kropff, 1997, 333; *Zöllner,* Treupflichtgesteuertes Aktienkonzernrecht, ZHR 162 (1998), 235.

Übersicht

	Rn.		Rn.
I. Bedeutung der Norm	1	a) Grundlagen	30–31a
II. Abhängigkeitsverhältnis	2–7	b) Rechtsgeschäfte	32–37
1. Unternehmen	2	c) Sonstige Maßnahmen	38, 39
2. Abhängige Gesellschaft	3–7	4. Nicht bezifferbare Nachteile	40
		5. Einzelfälle	41–47a
III. Kein Beherrschungsvertrag; keine Eingliederung	8–11	**VI. Nachteilsausgleich**	48–61
1. Allgemeines	8	1. Dogmatische Einordnung	48
2. Mehrstufige Abhängigkeitsverhältnisse	9–11	2. Kein durchsetzbarer Anspruch	49
IV. Veranlassung	12–26	3. Inhalt der Ausgleichsverpflichtung	50, 51
1. Begriff	12–14	a) Ausgleichsfähige Vorteile	50
2. Urheber und Adressat der Veranlassung	15–18	b) Höhe des Ausgleichs	51
a) Urheber	15–17	4. Grenzen	52, 53
b) Adressat	18	5. Erfüllungsmodalitäten (§ 311 Abs. 2)	54–60
3. Besondere Formen der Veranlassung	19–21	a) Allgemeines	54
a) Handeln des herrschenden Unternehmens für die abhängige Gesellschaft	19	b) Tatsächlicher Ausgleich	55, 56
b) Organverflechtung	20	c) Begründung eines Rechtsanspruchs	57–60
c) Hauptversammlungsbeschlüsse	21	6. Leistungsstörungen	61
4. Veranlassungswirkung	22, 23	**VII. Einordnung in das Regelungsgefüge des Aktienrechts**	62–67
5. Darlegungs- und Beweislast	24–26	1. §§ 76, 93, 116	62
V. Nachteil	27–47a	2. §§ 57, 60, 62	63
1. Begriff und Abgrenzung	27, 28	3. § 117	64
2. Stichtag	29	4. § 243 Abs. 2	65
3. Maßstäbe der Nachteilsfeststellung	30–39	5. Gesellschaftsrechtliche Treuepflicht	66, 67

I. Bedeutung der Norm

1   Die Vorschrift trifft in Abs. 1 die für diesen Abschnitt zentrale Aussage, dass ein herrschendes Unternehmen seinen Einfluss nicht dazu benutzen darf, die abhängige Gesellschaft zu einem ihr nachteiligen Verhalten zu veranlassen, es sei denn, die Nachteile werden ausgeglichen. Die Gesellschaft soll zum Schutze ihrer Gläubiger und außenstehenden Gesellschafter wirtschaftlich so gestellt werden, als wäre sie unabhängig.[1] Absatz 2 legt die Ausgleichsmodalitäten fest. Jeder einzelne Nach-

---

[1] *Geßler* FS Kunze, 1969, 159 (165); *Hommelhoff* Gutachten S. 12; *Mülbert,* Aktiengesellschaft, Unternehmensgruppe und Kapitalmarkt, 2. Aufl. 1995, 274 ff.; Kölner Komm AktG/*Koppensteiner* Rn. 1.

Schranken des Einflusses   2, 3   § 311

teil muss durch einen ihm jeweils zugeordneten Vorteil kompensiert werden (**Prinzip des Einzelausgleichs**). Der Nachteilsausgleich muss entweder **tatsächlich geleistet** oder der Gesellschaft ein **Rechtsanspruch** hierauf eingeräumt werden. Und schließlich kann der Ausgleich bis zum Ende des Geschäftsjahres nachgeholt werden (**Möglichkeit des zeitlich gestreckten Ausgleichs**).

II. Abhängigkeitsverhältnis

1. Unternehmen. Normadressaten des § 311 sind ausschließlich Unternehmen. Nicht erfasst wird 2 der Privataktionär, der seinen beherrschenden Einfluss geltend macht, ohne dabei unternehmerische Ziele zu verfolgen.[2] Doch wird der Begriff des Unternehmens vor dem Hintergrund des angestrebten Außenseiterschutzes **weit interpretiert**. Nach zweckbezogener Auslegung fällt darunter jeder Gesellschafter, wenn er neben seiner Beteiligung an der Gesellschaft **anderweitige wirtschaftliche Interessenbindungen** aufweist, die stark genug sind, um die ernsthafte Sorge zu begründen, er könne wegen dieser Bindungen seinen aus der Mitgliedschaft folgenden Einfluss zum Nachteil der Gesellschaft geltend machen. Auf die Rechtsform des Unternehmens kommt es nicht an. Daher kann auch eine natürliche Person als Unternehmen einzuordnen sein oder eine Stiftung,[3] ebenso eine Gebietskörperschaft oder ein anderer öffentlicher Rechtsträger.[4] Die Nationalität des herrschenden Unternehmens ist ohne Belang, da sich faktische Konzernbeziehungen nach dem Gesellschaftsstatut der abhängigen Korporation richten.[5] Die Treuhandanstalt und ihre Nachfolgeorganisationen sind gem. § 28a EGAktG vom Anwendungsbereich der §§ 311 ff. ausgeschlossen.[6] Eine vergleichbare Regelung findet sich in § 7d FMStBG. Danach sind die Vorschriften des Aktiengesetzes über herrschende Unternehmen im Zusammenhang mit Maßnahmen zur Stabilisierung des Finanzsektors auf den Finanzmarktstabilisierungsfonds, den Bund und die von ihnen errichteten Körperschaften, Anstalten und Sondervermögen sowie die ihnen nahe stehenden Personen oder sonstige von ihnen mittelbar oder unmittelbar abhängigen Unternehmen nicht anzuwenden.[7] Sollen Ersatzansprüche gegen ein ausländisches herrschendes Unternehmen eingeklagt werden, so gilt innerhalb der EU der Gerichtsstand der unerlaubten Handlung gem. Art. 5 Nr. 3 Brüssel Ia-VO, der sich idR nach dem Sitz der abhängigen Gesellschaft im Zeitpunkt des schädigenden Ereignisses richtet.[8]

2. Abhängige Gesellschaft. §§ 311 ff. schützt abhängige **Aktiengesellschaften und Kommandit-** 3 **gesellschaften auf Aktien**.[9] Es muss sich dabei um **inländische Gesellschaften** handeln. Nach der früher herrschenden Sitztheorie kam es dabei auf den tatsächlichen Verwaltungssitz an. Nachdem die EuGH-Entscheidungen *Überseering*[10] und *Inspire Art*[11] nunmehr einen Übergang auf die Gründungstheorie notwendig machen,[12] muss künftig wohl auf den Satzungssitz abgestellt werden.[13] Hat eine AG oder KGaA deutschen Rechts von der ihr durch das MoMiG eröffneten Möglichkeit der Verlegung ihres Verwaltungssitzes Gebrauch gemacht (s. § 5 nF), so bleiben die §§ 311 ff. anwendbar.[14]

---

[2] Für eine Aufgabe der Unterscheidung de lege ferenda aber *J Vetter* in Fleischer/Koch/Kropff/Lutter, 50 Jahre Aktienrecht, 2015, 231 (239 f.).
[3] Dazu ausf. *Ihrig/Wandt* FS Hüffer, 2010, 387 ff.
[4] BGHZ 175, 365 = NJW 2008, 1583 Rn. 10; BGHZ 190, 7 = NJW 2011, 2719 Rn. 30; OLG Köln ZIP 2006, 997 (1000); Emmerich/Habersack/*Habersack* Rn. 13; MüKoAktG/*Altmeppen* Rn. 60 f.
[5] BGH NZG 2005, 214 (215); OLG Stuttgart AG 2007, 633 (635 f.); *Bicker*, Gläubigerschutz in der grenzüberschreitenden Konzerngesellschaft, 2007, 71; *Jaecks/Schönborn* RIW 2003, 254 (255); *Papagiannis*, Der faktische Aktienkonzern, 1993, 173; *Wimmer-Leonhard*, Konzernhaftungsrecht, 2004, 668 ff.; MüKoBGB/*Kindler* IntGesR Rn. 681 ff.
[6] Näher dazu *Gratzel*, Die Treuhandanstalt im System des deutschen Gesellschafts- und Konzernrechts, 1999, 293 ff.
[7] Dazu *Ziemons* NZG 2009, 369 (375).
[8] OLG Schleswig NZG 2008, 868 (874); OLG Stuttgart ZIP 2007, 1210 (1212); Grigoleit/*Grigoleit* Rn. 15.
[9] Für eine Beschränkung auf die kommanditaktionärbeherrschte KGaA aber *Born*, Die abhängige Kommanditgesellschaft auf Aktien, 2004, 132 ff. Der Ausschluss fast aller abhängigen Gesellschaften dieser in § 311 Abs. 1 ausdrücklich genannten Rechtsform ist jedoch über die von *Born* befürwortete teleologische Reduktion nicht begründbar, es bedürfte hierzu einer dahin gehenden Entscheidung des Gesetzgebers. Jedenfalls de lege lata ist die vorgeschlagene Differenzierung zwischen kommanditaktionärbeherrschten und komplementärbeherrschten KGaA nicht überzeugend, sympathisierend jedoch Emmerich/Habersack/*Habersack* Rn. 13 (Fn. 37); Kölner Komm AktG/*Koppensteiner* Rn. 8.
[10] EuGH Slg. 2002-I, 9919 = NJW 2002, 3614.
[11] EuGH Slg. 2003-I, 10 155 = NJW 2003, 3331.
[12] So für EU-Auslandsgesellschaften BGHZ 154, 185 (189) f. = LMK 2003, 107 (*Noack*) = NJW 2003, 1461; s. ferner *Eidenmüller* ZIP 2002, 2233 (2241 ff.); *Großerichter* DStR 2003, 159 (167 f.); *Leible/Hoffmann* RIW 2002, 925 (930 ff.); *Paefgen* DB 2003, 487 ff.; *Schanze/Jüttner* AG 2003, 30 (33 ff.); näher → IntGesR Rn. 13 ff.
[13] *Bicker*, Gläubigerschutz in der grenzüberschreitenden Konzerngesellschaft, 2007, 71 ff. (266 ff.); *Wimmer-Leonhard*, Konzernhaftungsrecht, 2004, 726 ff.; Emmerich/Habersack/*Habersack* Rn. 21; zur Bestimmung des Gesellschaftstatuts im Einzelnen → IntGesR Rn. 4 ff.
[14] Emmerich/Habersack/*Habersack* Rn. 21.

4 Auf eine abhängige **SE** mit Sitz in Deutschland kommen die Vorschriften aufgrund der Verweisung des Art. 9 Abs. 1 lit. c ii SE-VO zur Anwendung.[15] Dies gilt ausweislich § 49 Abs. 1 SEAG auch für die monistische SE. Die Erstellung des Abhängigkeitsberichts fällt danach in die Zuständigkeit der geschäftsführenden Direktoren. Die Prüfung des Abhängigkeitsberichts nach § 314 nimmt statt des Aufsichtsrats der Verwaltungsrat vor. Da keine vollständige Funktions- und Personaltrennung zwischen geschäftsführenden Direktoren und Verwaltungsrat gewährleistet ist, erscheint die Regelung rechtspolitisch nicht unproblematisch.[16] Daher ist de lege ferenda vorgeschlagen worden, die Prüfung des Abhängigkeitsberichts einem mehrheitlich mit unabhängigen Mitgliedern besetzten Prüfungsausschuss zuzuweisen.[17]

5 Ob ein Abhängigkeitsverhältnis vorliegt, bestimmt sich nach § 17. Es genügt daher, dass das Unternehmen einen beherrschenden Einfluss ausüben kann. Die §§ 311 ff. bleiben aber auch beim Übergang von einfacher Abhängigkeit zu faktischer Konzernierung iSd § 18 anwendbar.[18]

6 Unerheblich ist es, ob unmittelbare oder mittelbare faktische Abhängigkeit vorliegt. In **mehrstufigen Abhängigkeitsverhältnissen** gilt das Benachteiligungsverbot daher für jedes übergeordnete Unternehmen, es schützt die Enkel-AG sowohl gegenüber der Mutter als auch gegenüber der Tochter und die Tochter gegenüber der Mutter.[19]

7 Eine Abhängigkeit kann auch von **mehreren gleichgeordneten Unternehmen** bestehen.[20] Zu denken ist hier insbesondere an Gemeinschaftsunternehmen. Nachteilsausgleich ist von demjenigen Unternehmen zu leisten, das die Maßnahme veranlasst hat. Bei gemeinsamer Veranlassung haften die Mütter als Gesamtschuldner.[21] Im **Gleichordnungskonzern,** der dadurch gekennzeichnet ist, dass keines der beteiligten Unternehmen von einem anderen abhängig ist, kommen die §§ 311 ff. nicht zum Zuge.[22]

III. Kein Beherrschungsvertrag; keine Eingliederung

8 **1. Allgemeines.** § 311 steht ebenso wie die auf ihr basierenden nachfolgenden Bestimmungen unter der Voraussetzung, dass **kein Beherrschungsvertrag** existiert.[23] Der Grund liegt darin, dass § 308 nachteilige Weisungen ohne Einzelausgleich erlaubt, was mit § 311 unvereinbar ist. Da bei einer **Eingliederung** ebenfalls ein solches Weisungsrecht besteht, ist es folgerichtig, dass § 323 Abs. 1 S. 3 auch für diesen Fall die Anwendbarkeit der §§ 311 ff. ausschließt. Das Vorliegen eines **Gewinnabführungsvertrags** schließt gem. § 316 die Anwendbarkeit nur der §§ 312–315, nicht aber der §§ 311, 317 aus.[24] Andere Unternehmensverträge lassen die §§ 311 ff. gänzlich unberührt.

9 **2. Mehrstufige Abhängigkeitsverhältnisse.** Bei mehrstufigen Abhängigkeitsverhältnissen kommt es darauf an, ob die jeweilige Gesellschaft durch das Sicherungssystem der §§ 300 ff. hinreichend geschützt wird. Ist das der Fall, besteht für die zusätzliche Anwendbarkeit der §§ 311 ff. kein Bedürfnis. Im Einzelnen gilt Folgendes:

---

[15] *Hommelhoff/Lächler* AG 2014, 257 (265); Habersack/Drinhausen/*Schürnbrand* SE-VO Art. 9 Rn. 31; Kölner Komm AktG/*Paefgen* Schlussanh. II Rn. 15 ff.; iE ebenso im Wege einer Anknüpfung über das IPR *Habersack* ZGR 2003, 724 (726 ff.); *Jaecks/Schönborn* RIW 2003, 254 (255); Kölner Komm AktG/*Veil* SE-VO Art. 9 Rn. 22); → SE-VO Art. 9 Rn. 12 (*Casper*); Bedenken noch bei *Hommelhoff* AG 2003, 179 (183).
[16] *Jaecks/Schönborn* RIW 2003, 254 (263); *Maul* ZGR 2003, 743 (754 ff.); Kölner Komm AktG/*Paefgen* Schlussanh. II Rn. 48.
[17] *Jaecks/Schönborn* RIW 2003, 254 (263); *Maul* ZGR 2003, 743 (758 ff.).
[18] *Zöllner* FS Kropff, 1997, 334 (344 f.); Emmerich/Habersack/*Habersack* Rn. 13; Hüffer/Koch/*Koch* Rn. 2.
[19] *Papagiannis*, Der faktische Aktienkonzern, 1993, 76; *Wimmer-Leonhard*, Konzernhaftungsrecht, 2004, 119; MHdB AG/*Krieger* § 70 Rn. 71; *ADS* Rn. 3; Emmerich/Habersack/*Habersack* Rn. 17; Hüffer/Koch/*Koch* Rn. 13; Kölner Komm AktG/*Koppensteiner* Vor § 311 Rn. 25; MüKoAktG/*Altmeppen* Rn. 62 f.; NK-AktR/*Schatz/Schödel* Rn. 30; K. Schmidt/Lutter/*J. Vetter* Rn. 14; zur Beurteilung bei Beherrschungsverträgen sogleich → Rn. 10.
[20] BGHZ 62, 193 (197 ff.) = NJW 1974, 855; MHdB AG/*Krieger* § 70 Rn. 71; *ADS* Rn. 3; Bürgers/Körber/*Fett* Rn. 8; Emmerich/Habersack/*Habersack* Rn. 14; Hüffer/Koch/*Koch* Rn. 13; Kölner Komm AktG/*Koppensteiner* Vor § 311 Rn. 26; MüKoAktG/*Altmeppen* Rn. 64 ff.; NK-AktR/*Schatz/Schödel* Rn. 31; K. Schmidt/Lutter/*J. Vetter* Rn. 15.
[21] Emmerich/Habersack/*Habersack* Rn. 14; MüKoAktG/*Altmeppen* Rn. 143 ff.; K. Schmidt/Lutter/*J. Vetter* Rn. 15, 37.
[22] Bürgers/Körber/*Fett* Rn. 9; Kölner Komm AktG/*Koppensteiner* Vor § 311 Rn. 33; MüKoAktG/*Altmeppen* Vor § 311 Rn. 82 ff.; für eine entsprechende Anwendung noch MüKoAktG/*Kropff*, 2. Aufl. 2000, Vor § 311 Rn. 114.
[23] Die bis zum Wirksamwerden des Beherrschungsvertrages zugefügten Nachteile sind aber auszugleichen, vgl. *Friedl* NZG 2005, 875 (878); zu der davon zu trennenden Frage, ob für das Rumpfgeschäftsjahr noch ein Abhängigkeitsbericht zu erstellen ist, → § 312 Rn. 12.
[24] MHdB AG/*Krieger* § 70 Rn. 72; krit. zu dieser Regelung Kölner Komm AktG/*Koppensteiner* Vor § 311 Rn. 27; § 316 Rn. 1.

Bei einer **durchgehenden Kette von Beherrschungsverträgen** werden die §§ 311 ff. insgesamt 10
ausgeschaltet, und zwar auch im vertragslosen Verhältnis zwischen der Mutter und der Enkel-AG.[25] Ein
Beherrschungsvertrag nur zwischen **Mutter und Tochter** lässt dagegen die Anwendbarkeit der §§ 311 ff.
zugunsten der Enkel-AG sowohl im Verhältnis zur Mutter als auch im Verhältnis zur Tochter unberührt.[26] Wird der Beherrschungsvertrag nur zwischen der **Enkelgesellschaft und der Mutter** abgeschlossen, so kommen die §§ 311 ff. im Verhältnis der Tochter zum Mutter zum Zuge, nicht hingegen im
Verhältnis Tochter-Enkel.[27] Nach überwiegender Auffassung schließt ein Beherrschungsvertrag zwischen **Tochter- und Enkelgesellschaft** die §§ 311 ff. auch im Verhältnis Mutter-Enkelgesellschaft aus.[28]
Dafür spricht, dass die Enkelgesellschaft durch die kumulative Anwendung der §§ 300 ff. (in Relation
zur Tochtergesellschaft) und der §§ 311 ff. (in Relation zur Muttergesellschaft) ein Übermaß an Schutz
genießen würde. Die Bedenken der Gegenauffassung hinsichtlich der faktischen Realisierbarkeit der
Ansprüche gegen die Tochtergesellschaft erscheinen demgegenüber überzogen und vermögen keine
andere Beurteilung zu rechtfertigen. Da es jedoch an einer höchstrichterlichen Stellungnahme zu dieser
Streitfrage fehlt und die Rechtslage mithin ungeklärt ist, empfiehlt es sich aber, dass sich die Enkelgesellschaft die Erfüllung aller aus dem Beherrschungsvertrag resultierenden Verpflichtungen von der Mutter
garantieren lässt.[29] Jedenfalls dadurch lassen sich die §§ 311 ff. rechtssicher ausschalten.

Die vorstehenden Ausführungen gelten entsprechend auch für **Eingliederungen** und **Gewinn-** 11
abführungsverträge. Bei letzteren steht gem. § 316 allerdings nur die Anwendbarkeit der Vorschriften über den Abhängigkeitsbericht in Frage, die §§ 311, 317 sind stets anwendbar (→ Rn. 8).

IV. Veranlassung

1. Begriff. Als Veranlassung iSd des § 311 Abs. 1 ist jede für eine nachteilige Maßnahme der abhängi- 12
gen Gesellschaft **ursächliche** Einflussnahme des herrschenden Unternehmens anzusehen. Es genügt
jede Form der Einwirkung ohne Rücksicht darauf, ob sie sich als Ratschlag, Anregung, Erwartung eines
bestimmten Verhaltens oder Anweisung darstellt.[30] Unerheblich ist auch, ob sie sich auf einen Einzelfall
bezieht oder die Gestalt einer allgemeinen Anordnung oder Richtlinie hat.[31] Nicht erforderlich ist, dass
die Einflussnahme mit einem gewissen Nachdruck erfolgt oder der abhängigen Gesellschaft für den Fall
der Nichtbeachtung gar Sanktionen in Aussicht gestellt werden.[32]

Der Begriff der Veranlassung entspricht nach alledem dem der **Weisung in § 308**.[33] Die unter- 13
schiedliche Terminologie erklärt sich daraus, dass § 308 im Gegensatz zu § 311 ein Weisungsrecht
des herrschenden Unternehmens und eine Folgepflicht der abhängigen Gesellschaft statuiert.

Maßgeblich ist, ob sich das Verhalten des herrschenden Unternehmens aus der **Perspektive der** 14
abhängigen Gesellschaft objektiv als Veranlassung im oben beschriebenen Sinne darstellt. Ein
Veranlassungsbewusstsein der für das herrschende Unternehmen handelnden Personen ist nicht

---

[25] OLG Frankfurt/M AG 2001, 53; *Wimmer-Leonhard*, Konzernhaftungsrecht, 2004, 120 ff.; MHdB AG/*Krieger*
§ 70 Rn. 73; *ADS* Rn. 13; Bürgers/Körber/*Fett* Rn. 6; Emmerich/Habersack/*Habersack* Rn. 18; Hüffer/Koch/
Koch Rn. 15; Kölner Komm AktG/*Koppensteiner* Vor § 311 Rn. 29; MüKoAktG/*Altmeppen* § 311 Anh. Rn. 19 ff.;
K. Schmidt/Lutter/*J. Vetter* § 311 Rn. 20; aA *Cahn* BB 2000, 1477 (1481 ff.); *Kronstein* BB 1967, 637 (640 ff.);
Pentz, Die Rechtsstellung der Enkel-AG in einer mehrstufigen Unternehmensverbindung, 1994, 214 ff.

[26] AllgM, s. MHdB AG/*Krieger* § 70 Rn. 73; Emmerich/Habersack/*Habersack* Rn. 18; Kölner Komm AktG/
Koppensteiner Vor § 311 Rn. 29; K. Schmidt/Lutter/*J. Vetter* Rn. 22.

[27] MHdB AG/*Krieger* § 70 Rn. 73; *ADS* Rn. 14; Emmerich/Habersack/*Habersack* Rn. 18; Hüffer/Koch/*Koch*
Rn. 15; Kölner Komm AktG/*Koppensteiner* Vor § 311 Rn. 30; MüKoAktG/*Altmeppen* Anh. § 311 Rn. 38 ff.;
K. Schmidt/Lutter/*J. Vetter* Rn. 21.

[28] LG Frankfurt/M AG 1999, 238 (239); MHdB AG/*Krieger* § 70 Rn. 73; *ADS* Rn. 15; Bürgers/Körber/*Fett*
Rn. 7; Hüffer/Koch/*Koch* Rn. 15; Kölner Komm AktG/*Koppensteiner* Vor § 311 Rn. 31 f.; MüKoAktG/*Altmeppen*
Anh. § 311 Rn. 46 ff.; K. Schmidt/Lutter/*J. Vetter* Rn. 18 f.; aA *Cahn* BB 2000, 1477 (1478 ff.); *Kronstein* BB 1967,
637 (640 ff.); *Wimmer-Leonhard*, Konzernhaftungsrecht, 2004, 124 ff.; Emmerich/Habersack/*Habersack* Rn. 19;
differenzierend *Pentz*, Die Rechtsstellung der Enkel-AG in einer mehrstufigen Unternehmensverbindung,
1994, 201 ff.; *Rehbinder* ZGR 1977, 581 (633).

[29] MHdB AG/*Krieger* § 70 Rn. 73; *ADS* Rn. 15; Kölner Komm AktG/*Koppensteiner* Vor § 311 Rn. 31.

[30] LG Bonn AG 2005, 542 (543); *Hogh*, Die Nachteilsermittlung im Rahmen des § 311 I AktG, 2004, 23;
BeckHdB/*Liebscher* AG § 15 Rn. 73; MHdB AG/*Krieger* § 70 Rn. 77; *ADS* Rn. 28; Emmerich/Habersack/*Habersack* Rn. 3; MüKoAktG/*Altmeppen*
Rn. 76; NK-AktR/*Schatz/Schödel* Rn. 42.

[31] *Hogh*, Die Nachteilsermittlung im Rahmen des § 311 I AktG, 2004, 24; MHdB AG/*Krieger* § 70 Rn. 77;
ADS Rn. 28; Emmerich/Habersack/*Habersack* Rn. 23; Hüffer/Koch/*Koch* Rn. 16; Kölner Komm AktG/*Koppensteiner* Rn. 16; NK-AktR/*Schatz/Schödel* Rn. 42.

[32] *Hogh*, Die Nachteilsermittlung im Rahmen des § 311 I AktG, 2004, 23 f.; *ADS* Rn. 28; Emmerich/Habersack/*Habersack* Rn. 23; Kölner Komm AktG/*Koppensteiner* Rn. 3; NK-AktR/*Schatz/Schödel* Rn. 42; aA *Leo* AG
1965, 352 (356 f.).

[33] Emmerich/Habersack/*Habersack* Rn. 23; Kölner Komm AktG/*Koppensteiner* Rn. 4.

zu fordern.[34] Da keine rechtliche Bindung der abhängigen Gesellschaft besteht, sind Veranlassungen keine Willenserklärungen.[35]

15 **2. Urheber und Adressat der Veranlassung. a) Urheber.** § 311 Abs. 1 richtet sich an das herrschende Unternehmen. Angesprochen sind damit primär dessen Inhaber bzw. das für die Geschäftsleitung zuständige Organ. Veranlassende können aber auch Angestellte und sogar dritte Personen sein, sofern die Einflussnahme aus Sicht der abhängigen Gesellschaft dem herrschenden Unternehmen zuzurechnen ist.[36] Einer Bevollmächtigung iSd §§ 164 ff. BGB bedarf es schon deshalb nicht, weil die Veranlassung keine Willenserklärung ist.[37] Ist die Bundesrepublik Deutschland oder eine andere Gebietskörperschaft herrschendes Unternehmen, liegt eine Veranlassung nur dann vor, wenn sie von der beteiligungsverwaltenden Stelle oder einer ihr nachgeordneten Behörde ausgeht.[38] Hoheitliche Tätigkeit fällt nicht unter die §§ 311, 317.[39]

16 Bei **mehrstufiger Abhängigkeit** ist darauf abzustellen, von welchem Unternehmen die Veranlassung ausgeht. Einwirkungen seitens der Tochter muss sich die Mutter nicht ohne weiteres zurechnen lassen. Die Konzernvermutung des § 18 Abs. 1 S. 3 bezieht sich nur auf die einheitliche Leitung, nicht jedoch auf Einzelweisungen.[40] Entscheidend ist vielmehr, ob die Enkelgesellschaft aufgrund der Organisationsstruktur in der Unternehmensgruppe davon ausgehen konnte, die Einflussnahme seitens der Tochter sei Ausdruck des Willens der Konzernspitze.[41] Dies ist anhand der konkreten Umstände des Einzelfalls festzustellen. Veranlasst die Mutter selbst unmittelbar eine Maßnahme der Enkelgesellschaft, kommt eine Verantwortlichkeit der Tochter im Allgemeinen nicht in Betracht.[42] Anders kann es liegen, wenn die Tochter an dem Entscheidungsprozess innerhalb des Konzerns, der in die Einwirkung auf die Enkelgesellschaft mündete, mitgewirkt hat.[43]

17 Bei **mehrfacher Abhängigkeit** (Gemeinschaftsunternehmen) kann jedes herrschende Unternehmen Veranlasser sein. Wirken mehrere Unternehmen gemeinschaftlich auf die abhängige Gesellschaft ein, so sind alle daran beteiligten als Urheber anzusehen.[44]

18 **b) Adressat.** Veranlassungsadressat ist die abhängige Gesellschaft. Dabei muss sich die Einwirkung nicht notwendig an den Vorstand der abhängigen Gesellschaft richten. Vielmehr ergibt sich schon aus einem Vergleich mit der Texterung des § 308, dass § 311 auch dann eingreift, wenn das herrschende Unternehmen Einfluss auf Angestellte der abhängigen Gesellschaft nimmt.[45] Eine Einflussnahme kann auch über den Aufsichtsrat der beherrschten Gesellschaft erfolgen.[46]

19 **3. Besondere Formen der Veranlassung. a) Handeln des herrschenden Unternehmens für die abhängige Gesellschaft.** Bevollmächtigt die abhängige Gesellschaft das herrschende Unternehmen, so sind die im Namen der Untergesellschaft abgeschlossenen Rechtsgeschäfte stets als

---

[34] *Altmeppen* NJW 2008, 1553 (1554 f.); Emmerich/Habersack/*Habersack* Rn. 24; Grigoleit/*Grigoleit* Rn. 18; Hüffer/Koch/*Koch* Rn. 16; Kölner Komm AktG/*Koppensteiner* Rn. 5; MüKoAktG/*Altmeppen* Rn. 77 ff.; aA *Leo* AG 1965, 352 (358); *Neuhaus* DB 1970, 1913 (1915); *ADS* Rn. 22.
[35] Emmerich/Habersack/*Habersack* Rn. 24; Kölner Komm AktG/*Koppensteiner* Rn. 8.
[36] *Wimmer-Leonhard*, Konzernhaftungsrecht, 2004, 80; MHdB AG/*Krieger* § 70 Rn. 78; *ADS* Rn. 23; Emmerich/Habersack/*Habersack* Rn. 25; Hüffer/Koch/*Koch* Rn. 17; Kölner Komm AktG/*Koppensteiner* Rn. 17; MüKoAktG/*Altmeppen* Rn. 81.
[37] Emmerich/Habersack/*Habersack* Rn. 25; Kölner Komm AktG/*Koppensteiner* Rn. 17.
[38] OLG Köln ZIP 2006, 997 (1000); *Kropff* ZHR 144 (1980) 74 (90 ff.); *ADS* Rn. 23; Kölner Komm AktG/*Koppensteiner* Rn. 18; MüKoAktG/*Altmeppen* Rn. 1431 f.
[39] BGHZ 175, 365 = NJW 2008, 1583 Rn. 23; OLG Köln ZIP 2006, 997 (1000); LG Bonn AG 2005, 542 (543) (zur Versteigerung von UMTS-Lizenzen); Grigoleit/*Grigoleit* Rn. 18; MüKoAktG/*Altmeppen* Rn. 137; K. Schmidt/Lutter/*J. Vetter* Rn. 39.
[40] *ADS* Rn. 24; Kölner Komm AktG/*Koppensteiner* Rn. 19; aA *Kronstein* BB 1967, 637 (640); MüKoAktG/*Altmeppen* Rn. 149; Großkomm AktG/*Würdinger* Rn. 15.
[41] *ADS* Rn. 24; Emmerich/Habersack/*Habersack* Rn. 26; Hüffer/Koch/*Koch* Rn. 18; Kölner Komm AktG/*Koppensteiner* Rn. 19.
[42] *ADS* Rn. 24; Emmerich/Habersack/*Habersack* Rn. 26; Kölner Komm AktG/*Koppensteiner* Rn. 19; MüKoAktG/*Kropff*, 2. Aufl. 2000, Rn. 135.
[43] Kölner Komm AktG/*Koppensteiner* Rn. 19.
[44] *ADS* Rn. 25; Emmerich/Habersack/*Habersack* Rn. 26; Hüffer/Koch/*Koch* Rn. 18; Kölner Komm AktG/*Koppensteiner* Rn. 20; MüKoAktG/*Kropff*, 2. Aufl. 2000, Rn. 129 ff.; K. Schmidt/Lutter/*J. Vetter* Rn. 38.
[45] *Riehl*, Related-Party Transactions im deutschen und US-amerikanischen Recht der Aktiengesellschaft, 2015, 34; *Wimmer-Leonhard*, Konzernhaftungsrecht, 2004, 80; MHdB AG/*Krieger* § 70 Rn. 78; *ADS* Rn. 26; Emmerich/Habersack/*Habersack* Rn. 27; Hüffer/Koch/*Koch* Rn. 19; Kölner Komm AktG/*Koppensteiner* Rn. 21; MüKoAktG/*Altmeppen* Rn. 83.
[46] LG Bonn AG 2005, 542 (543); *Wimmer-Leonhard*, Konzernhaftungsrecht, 2004, 80; *von Falkenhausen* ZIP 2014, 1205 (1206); NK-AktR/*Schatz*/*Schödel* Rn. 46; K. Schmidt/Lutter/*J. Vetter* Rn. 28.

veranlasst iSd § 311 Abs. 1 anzusehen.[47] Dabei kommt es nicht darauf an, ob die Bevollmächtigung selbst von dem herrschenden Unternehmen veranlasst wurde.[48] Ohne Bedeutung ist auch, ob der Vorstand durch die Vollmachtserteilung gegen seine Pflichten gegenüber der abhängigen Gesellschaft verstoßen hat.[49] Ebenfalls als veranlasst gilt das Handeln des herrschenden Unternehmens als **gesetzlicher Vertreter** der abhängigen Gesellschaft, das insbesondere im Fall einer KGaA vorkommen kann.[50]

b) Organverflechtung. Eine Veranlassung seitens des herrschenden Unternehmens liegt auch 20 dann vor, wenn dessen Organwalter als Mitglied der Geschäftsleitung der abhängigen Gesellschaft Maßnahmen zu deren Nachteil ergreifen.[51] Zwar wird auf das Verhalten der abhängigen Gesellschaft dann nicht von außen eingewirkt. Doch darf § 311 nicht ausgerechnet in dem Fall leer laufen, in dem es aufgrund der intensiven Konzerneinbindung der Untergesellschaft keines Außeneinflusses mehr bedarf.[52] Eine Zurechnung erfolgt auch dann, wenn Geschäftsleiter des herrschenden Unternehmens als Mitglieder des Aufsichtsrats der abhängigen Gesellschaft deren Verhalten beeinflussen.[53] Dagegen muss sich die Obergesellschaft das Verhalten von Mitgliedern ihres Aufsichtsrats, die zugleich organschaftliche Funktionen in der Untergesellschaft wahrnehmen, nicht ohne weiteres zurechnen lassen.[54] Anders liegt es, wenn das betreffende Mitglied faktisch (zB als Großaktionär) die Geschäftspolitik des herrschenden Unternehmens bestimmt.[55]

c) Hauptversammlungsbeschlüsse. Eine Veranlassung kann auch in der Ausübung des Stimm- 21 rechts in der Hauptversammlung der abhängigen Gesellschaft liegen.[56] Dies gilt unstreitig für Beschlüsse über Geschäftsführungsangelegenheiten nach § 119 Abs. 2,[57] die Übertragung des Gesellschaftsvermögens (§ 179a) und sonstige Unternehmensverträge iSd § 292.[58] Soweit die Judikatur praeter legem ungeschriebene Hauptversammlungszuständigkeiten für Maßnahmen der Geschäftsführung von besonderer Bedeutung entwickelt hat (→ Vor § 311 Rn. 59 ff.), sind die §§ 311 ff. ebenfalls einschlägig.[59] Das Gleiche ergibt sich mittelbar aus §§ 27, 125 UmwG auch für Verschmelzungs- und Spaltungsbeschlüsse.[60] Darüber hinaus ist jedoch anzunehmen, dass grundsätzlich jeder Hauptversammlungsbeschluss als Veranlassung iSd § 311 zu qualifizieren sein kann, also entgegen der wohl hM insbesondere auch Beschlüsse über die Gewinnverwendung, Auflösung der Gesellschaft oder Änderung des Unternehmensgegen-

---

[47] AllgM, s. MHdB AG/*Krieger* § 70 Rn. 78; ADS Rn. 29; Emmerich/Habersack/*Habersack* Rn. 31; Grigoleit/ *Grigoleit* Rn. 24; Hüffer/Koch/*Koch* Rn. 17; Kölner Komm AktG/*Koppensteiner* Rn. 23; MüKoAktG/*Altmeppen* Rn. 83, 117; K. Schmidt/Lutter/*J. Vetter* Rn. 26.
[48] Emmerich/Habersack/*Habersack* Rn. 31; Kölner Komm AktG/*Koppensteiner* Rn. 23; NK-AktR/*Schatz/ Schödel* Rn. 48.
[49] Kölner Komm AktG/*Koppensteiner* Rn. 23.
[50] Emmerich/Habersack/*Habersack* Rn. 31; MüKoAktG/*Altmeppen* Rn. 116; NK-AktR/*Schatz/Schödel* Rn. 48.
[51] Zur Zulässigkeit von Vorstandsdoppelmandaten im Konzern BGHZ 180, 105 = NZG 2009, 744 Rn. 14 ff.; → § 76 Rn. 93.
[52] *Pfeuffer*, Verschmelzungen und Spaltungen als nachteilige Rechtsgeschäfte im Sinne von § 311 Abs. 1 AktG?, 2006, 61 f.; *Wimmer-Leonhard*, Konzernhaftungsrecht, 2004, 84; MHdB AG/*Krieger* § 70 Rn. 78; ADS Rn. 32; Emmerich/Habersack/*Habersack* Rn. 28; Hüffer/Koch/*Koch* Rn. 21; Kölner Komm AktG/*Koppensteiner* Rn. 29; MüKoAktG/*Altmeppen* Rn. 104.
[53] ADS Rn. 31; MüKoAktG/*Altmeppen* Rn. 109 f.; K. Schmidt/Lutter/*J. Vetter* Rn. 34.
[54] ADS Rn. 33; Kölner Komm AktG/*Koppensteiner* Rn. 33; MüKoAktG/*Kropff*, 2. Aufl. 2000, Rn. 104.
[55] MüKoAktG/*Kropff*, 2. Aufl. 2000, Rn. 104.
[56] So schon die BegrRegE *Kropff* S. 408.
[57] BGH NZG 2012, 1030 Rn. 18; *Timmann*, Die Durchsetzung von Konzerninteressen in der Satzung der abhängigen Aktiengesellschaft, 2001, 156; *Wimmer-Leonhard*, Konzernhaftungsrecht, 2004, 81; MHdB AG/*Krieger* § 70 Rn. 88; ADS Rn. 30; Grigoleit/*Grigoleit* Rn. 25; Emmerich/Habersack/*Habersack* Rn. 29; Hölters/*Leuering/ Goertz* Rn. 45; Hüffer/Koch/*Koch* Rn. 17; Kölner Komm AktG/*Koppensteiner* Rn. 25; MüKoAktG/*Altmeppen* Rn. 120; Wachter/*Rothley* Rn. 10.
[58] *Timmann*, Die Durchsetzung von Konzerninteressen in der Satzung der abhängigen Aktiengesellschaft, 2001, 156; *Wimmer-Leonhard*, Konzernhaftungsrecht, 2004, 81; MHdB AG/*Krieger* § 70 Rn. 88; ADS Rn. 30; Emmerich/Habersack/*Habersack* Rn. 29; Grigoleit/*Grigoleit* Rn. 25; Hölters/*Leuering/Goertz* Rn. 45; Hüffer/ Koch/*Koch* Rn. 17; Kölner Komm AktG/*Koppensteiner* Rn. 25; MüKoAktG/*Altmeppen* Rn. 120; Wachter/*Rothley* Rn. 10.
[59] *Wimmer-Leonhard*, Konzernhaftungsrecht, 2004, 81 f.; MHdB AG/*Krieger* § 70 Rn. 88; Grigoleit/*Grigoleit* Rn. 25; Hölters/*Leuering/Goertz* Rn. 45; MüKoAktG/*Altmeppen* Rn. 121.
[60] S. zur Verschmelzung BGH NZG 2013, 233 Rn. 31 ff.; *Wimmer-Leonhard*, Konzernhaftungsrecht, 2004, 81; *Pfeuffer*, Verschmelzungen und Spaltungen als nachteilige Rechtsgeschäfte im Sinne von § 311 Abs. 1 AktG?, 2006, 118 ff.; MHdB AG/*Krieger* § 70 Rn. 88; Emmerich/Habersack/*Habersack* Rn. 29; Hüffer/Koch/*Koch* Rn. 17; Kölner Komm AktG/*Koppensteiner* Rn. 25; MüKoAktG/*Altmeppen* Rn. 120; NK-AktR/*Schatz/Schödel* Rn. 51; aA *Tillmann/Rieckhoff* AG 2008, 486 ff.; ADS Rn. 30; Bürgers/Körber/*Fett* Rn. 20; stark einschränkend für die Spaltung *Priester* FS Goette, 2011, 369 (377 ff.) (Anwendbarkeit nur bei Existenzbedrohung).

stands.[61] Bei Zustimmungsbeschlüssen zu Beherrschungs- und Gewinnabführungsverträgen sowie Eingliederungen ist allerdings das jeweilige Schutzsystem zugunsten der Außenseiter vorrangig.[62] Normalerweise ist das herrschende Unternehmen selbst unmittelbar als Vertragspartner bzw. Hauptgesellschaft an dem Vorgang beteiligt und somit selbst Schuldner der Ausgleichsansprüche. In dem Sonderfall, dass das herrschende Unternehmen seinen Einfluss geltend macht, um zugunsten eines nicht leistungsfähigen Dritten die vertragliche Konzernierung bzw. Eingliederung der abhängigen Gesellschaft zu betreiben, schließen die §§ 311 ff. aber eine empfindliche Schutzlücke.[63]

22   **4. Veranlassungswirkung.** Die Veranlassung muss zur Folge haben, dass die abhängige Gesellschaft ein für sie nachteiliges Rechtsgeschäft vornimmt oder Maßnahmen zu ihrem Nachteil trifft oder unterlässt. Eine Abgrenzung zwischen Rechtsgeschäft und Maßnahme bedarf es im Rahmen des § 311 – anders bei § 312 (→ § 312 Rn. 25 ff.) - nicht. Erfasst werden alle **Geschäftsführungshandlungen**, die sich auf Vermögen und Ertrag auswirken können.[64] Das **Unterlassen** vorteilhafter Maßnahmen wird der Vornahme nachteiliger Handlungen gleichgestellt. Dies gilt, obwohl der Wortlaut des § 311 missverständlich ist, auch für unterlassene Rechtsgeschäfte, da der Begriff der Maßnahme hier der Oberbegriff ist.[65]

23   Die Veranlassung muss **kausal** für die Vornahme oder das Unterlassen der Maßnahme bzw. des Rechtsgeschäfts gewesen sein. Mitursächlichkeit genügt. An der Kausalität fehlt es daher nur, wenn die abhängige Gesellschaft sich auch ohne die Einwirkung seitens des herrschenden Unternehmens genauso verhalten hätte.[66]

24   **5. Darlegungs- und Beweislast.** Nach allgemeinen Grundsätzen müssten an sich die abhängige Gesellschaft, Minderheitsgesellschafter und Gläubiger die Tatsachen darlegen und beweisen, aus denen sich die Veranlassung ergibt. Die einschlägigen Ansprüche wären dann praktisch nur sehr schwer durchsetzbar. Es besteht daher weitgehender Konsens darüber, dass hier **Beweiserleichterungen** greifen müssen.[67]

25   Die wohl überwiegende Auffassung geht von einer Veranlassungsvermutung aus, wobei die Voraussetzungen allerdings umstritten sind.[68] Überzeugender erscheint jedoch die Annahme eines **prima facie-Beweises**.[69] Hat die abhängige Gesellschaft eine für sie nachteilige Maßnahme getroffen, so entspricht es dem typischen Geschehensablauf, dass dies auf Veranlassung des herrschenden Unternehmens zurückgeht. Zu verlangen ist allerdings, dass das herrschende oder ein verbundenes Unternehmen **Vorteile** aus der Maßnahme gezogen hat, da „autonome" Pflichtverletzungen des Vorstands der abhängigen Gesellschaft häufig vorkommen.[70] Der Anscheinsbeweis gründet sich auf

---

[61] H.F. Müller FS Stilz, 2014, 329 (332 ff.); Emmerich/Habersack/*Habersack* Rn. 29 f. (allerdings nur bei hinzukommender Treupflichtverletzung); MüKoAktG/*Altmeppen* Rn. 122 ff.; NK-AktG/*Schatz/Schödel* Rn. 51; für generelle Unanwendbarkeit der §§ 311 ff. in diesen Fällen MHdB AG/*Krieger* § 70 Rn. 88; Bürgers/Körber/*Fett* Rn. 20; Kölner Komm AktG/*Koppensteiner* Rn. 26 ff.; K. Schmidt/Lutter/*J. Vetter* Rn. 71; zum Gewinnverwendungsbeschluss OLG Köln BeckRS 2012, 24999; *Mylich* AG 2011, 765 (770).
[62] *Wimmer-Leonhard*, Konzernhaftungsrecht, 2004, 82; Emmerich/Habersack/*Habersack* Rn. 29; MüKoAktG/*Altmeppen* Rn. 129; MHdB AG/*Krieger* § 70 Rn. 88.
[63] MHdB AG/*Krieger* § 70 Rn. 88; H.F. Müller FS Stilz, 2014, 329 (335).
[64] *Hogh*, Die Nachteilsermittlung im Rahmen des § 311 I AktG, 2004, 35; MHdB AG/*Krieger* § 70 Rn. 76; Emmerich/Habersack/*Habersack* Rn. 37; Hüffer/Koch/*Koch* Rn. 24; Kölner Komm AktG/*Koppensteiner* Rn. 14.
[65] ADS Rn. 34; Emmerich/Habersack/*Habersack* Rn. 37; Hüffer/Koch/*Koch* Rn. 24; Kölner Komm AktG/*Koppensteiner* Rn. 14.
[66] LG Bonn AG 2005, 542 (543 f.); *Hogh*, Die Nachteilsermittlung im Rahmen des § 311 I AktG, 2004, 25 ff.; MHdB AG/*Krieger* § 70 Rn. 77; ADS Rn. 35; Emmerich/Habersack/*Habersack* Rn. 38; Hüffer/Koch/*Koch* Rn. 24; Kölner Komm AktG/*Koppensteiner* Rn. 6; MüKoAktG/*Altmeppen* Rn. 84; NK-AktR/*Schatz/Schödel* Rn. 41; den Einwand generell ausschließend Grigoleit/*Grigoleit* Rn. 19.
[67] BGHZ 190, 7 = NJW 2011, 2719 Rn. 40; OLG Jena AG 2007, 785 (787); LG Bonn AG 2005, 542 (543); *Wimmer-Leonhard*, Konzernhaftungsrecht, 2004, 85 f.; BeckHdB/*Liebscher* § 15 Rn. 73; MHdB AG/*Krieger* § 70 Rn. 79; ADS Rn. 36; Emmerich/Habersack/*Habersack* Rn. 32; Hüffer/Koch/*Koch* Rn. 18; Kölner Komm AktG/*Koppensteiner* Rn. 9 f.; MüKoAktG/*Altmeppen* Rn. 87 ff.; K. Schmidt/Lutter/*J. Vetter* Rn. 29; abl. *Haesen*, Der Abhängigkeitsbericht im faktischen Konzern, 1970, 90 f.; *Säcker* ZHR 151 (1987) 59 (62 f.).
[68] *Hogh*, Die Nachteilsermittlung im Rahmen des § 311 I AktG, 2004, 29 f.; *Riehl*, Related-Party Transactions im deutschen und US-amerikanischen Recht der Aktiengesellschaft, 2015, 35 f.; *Wimmer-Leonhard*, Konzernhaftungsrecht, 2004, 85 f.; BeckHdB/*Liebscher* § 15 Rn. 73; MHdB AG/*Krieger* § 70 Rn. 79.
[69] OLG Jena AG 2007, 785 (787); Emmerich/Habersack/*Habersack* Rn. 33; Hüffer/Koch/*Koch* Rn. 20; Kölner Komm AktG/*Koppensteiner* Rn. 10; MüKoAktG/*Altmeppen* Rn. 90 ff.; NK-AktR/*Schatz/Schödel* Rn. 47; K. Schmidt/Lutter/*J. Vetter* Rn. 30; offen gelassen von BGHZ 190, 7 = NJW 2011, 2719 Rn. 40.
[70] *Riehl*, Related-Party Transactions im deutschen und US-amerikanischen Recht der Aktiengesellschaft, 2015, 36; Emmerich/Habersack/*Habersack* Rn. 33; Hüffer/Koch/*Koch* Rn. 20; Kölner Komm AktG/*Koppensteiner* Rn. 13; K. Schmidt/Lutter/*J. Vetter* Rn. 30; aA MHdB AG/*Krieger* § 70 Rn. 79; offengelassen von BGHZ 190, 7 = NJW 2011, 2719 Rn. 40.

den Umstand, dass die Nachteilszufügung im Fremdinteresse erfolgte. Das Vorliegen eines Konzernverhältnisses ist hingegen nicht erforderlich.[71] Ein Beweis des ersten Anscheins besteht auch dafür, dass eine Veranlassung seitens des herrschenden Unternehmens zumindest mitursächlich war für die Vornahme der entsprechenden Maßnahme durch die abhängige Gesellschaft.[72]

Nach verbreiteter Ansicht greift bei **Personalverflechtungen** auf der Ebene der Geschäftsleitung 26 eine unwiderlegbare Vermutung. Jede nachteilige Maßnahme gilt demnach als von dem herrschenden Unternehmen veranlasst.[73] Die Annahme einer Veranlassung liegt hier zwar besonders nahe, so dass eine entsprechende Vermutung durchaus gerechtfertigt erscheint. Dem herrschenden Unternehmen muss es aber gestattet sein, den Gegenbeweis zu führen, dass die nachteilige Maßnahme nicht auf seine Einflussnahme zurückzuführen ist.[74] Denn auch bei der Wahrnehmung von Vorstandsdoppelmandaten kann der erlittene Nachteil schlichtweg auf sorgfaltswidriger Geschäftsführung der abhängigen Gesellschaft beruhen. Etwas anders liegt es, wenn Vertreter des herrschenden Unternehmens im Aufsichtsrat des abhängigen Unternehmens repräsentiert sind, denn dieses Gremium steht der Geschäftsführung eher fern und die Vorgänge sind dort im Allgemeinen gut dokumentiert.[75] Auch dass der Vorstand der Tochter in ein Aktienoptionsprogramm der Mutter eingebunden ist, steht der personellen Verflechtung durch Vorstandsdoppelmandate nicht gleich.[76] Hier genügen die in → Rn. 25 dargestellten Beweiserleichterungen.

V. Nachteil

1. Begriff und Abgrenzung. § 311 Abs. 1 setzt voraus, dass das durch das herrschende Unter- 27 nehmen veranlasste Verhalten nachteilig ist. Der Nachteilsbegriff muss vor dem Hintergrund der auf den Schutz der Vermögensinteressen der abhängigen Gesellschaft und ihrer Minderheitsgesellschafter und Gläubiger gerichteten Zielsetzung der Vorschrift interpretiert werden. Er umfasst jede Minderung oder konkrete Gefährdung der Vermögens- und Ertragslage der Gesellschaft ohne Rücksicht auf Quantifizierbarkeit, soweit sie als **Abhängigkeitsfolge** eintritt.[77]

Nicht ausgleichsfähig sind damit solche finanziellen Einbußen, die sich als Realisierung des allge- 28 meinen und unvermeidlichen unternehmerischen Risikos darstellen. Hätte auch ein ordentlicher und gewissenhafter Geschäftsleiter einer unabhängigen Gesellschaft die in Rede stehende Maßnahme getroffen, so entfällt nicht erst die Ersatzpflicht gem. § 317 Abs. 2, sondern es fehlt bereits an einem Nachteil iSd § 311 Abs. 1. Dieser setzt stets die **Verletzung des Pflichtenstandards nach § 93** voraus.[78] Der Begriff des Nachteils ist folglich auch nicht kongruent mit dem des **Schadens** in

---

[71] Emmerich/Habersack/*Habersack* Rn. 34; Kölner Komm AktG/*Koppensteiner* Rn. 13; K. Schmidt/Lutter/ *J. Vetter* Rn. 30; aA MHdB AG/*Krieger* § 70 Rn. 79; Hüffer/Koch/*Koch* Rn. 22; MüKoAktG/*Altmeppen* Rn. 91.
[72] Kölner Komm AktG/*Koppensteiner* Rn. 6.
[73] *Neuhaus* DB 1970, 1913 (1916); *Säcker* ZHR 151 (1987) 59 (65 ff.); *Ulmer* FS Stimpel, 1985, 705 (712 ff.); MHdB AG/*Krieger* § 70 Rn. 78; Grigoleit/*Grigoleit* Rn. 24.
[74] *Hogh,* Die Nachteilsermittlung im Rahmen des § 311 I AktG, 2004, 31 f.; *Pfeuffer,* Verschmelzungen und Spaltungen als nachteilige Rechtsgeschäfte im Sinne von § 311 Abs. 1 AktG?, 2006, 62; Emmerich/Habersack/ *Habersack* Rn. 35; Hüffer/Koch/*Koch* Rn. 20; MüKoAktG/*Altmeppen* Rn. 107 f.; NK-AktR/*Schatz/Schödel* Rn. 49; K. Schmidt/Lutter/*J. Vetter* Rn. 32.
[75] LG Bonn AG 2005, 542 (544); *Pfeuffer,* Verschmelzungen und Spaltungen als nachteilige Rechtsgeschäfte im Sinne von § 311 Abs. 1 AktG?, 2006, 62 f.; Grigoleit/*Grigoleit* Rn. 24; aA MüKoAktG/*Altmeppen* Rn. 111 ff.
[76] Anders K. Schmidt/Lutter/*Vetter* Rn. 30; gegen die Zulässigkeit OLG München NZG 2008, 631; *Tröger* ZGR 2009, 447 ff.; *Habersack* FS Raiser, 2005, 111 (116 ff.).
[77] BGHZ 141, 79 (84) = LM AktG 1965 § 311 Nr. 1 = NJW 1999, 1706; BGHZ 179, 71 = NJW 2009, 850 Rn. 8; BGHZ 190, 7 = NJW 2011, 2719 Rn. 37; BGH NZG 2013, 233 Rn. 32; OLG Jena AG 2007, 785 (786); *Lutter* FS Peltzer, 2001, 241 (244 f.); *Mülbert/Leuschner* NZG 2009, 281 (284); *H.F. Müller* ZHR 182 (2018), 482 (483); *Wimmer-Leonhard,* Konzernhaftungsrecht, 2004, 87; Emmerich/Habersack/*Habersack* Rn. 39; Henssler/Strohn/*Bödeker* Rn. 16; Hüffer/Koch/*Koch* Rn. 25.
[78] Heute ganz hM BGHZ 141, 79 (89) = LM AktG 1965 § 311 Nr. 1 = NJW 1999, 1706; BGHZ 179, 71 = NJW 2009, 850 Rn. 13; OLG Jena AG 2007, 785 (786); OLG Köln ZIP 2006, 997 (1000 f.); *Hogh,* Die Nachteilsermittlung im Rahmen des § 311 I AktG, 2004, 47 ff.; *Hommelhoff,* Die Konzernleitungspflicht, 1982, 118 f.; *Köhler* NJW 1978, 2473 (2477 f.); *Lutter* FS Peltzer, 2001, 241 (245 f.); *Mülbert/Leuschner* NZG 2009, 281 (284); *H.F. Müller* ZHR 182 (2018), 482 (483); *Neuhaus* DB 1970, 1913 (1916 f.); *Pfeuffer,* Verschmelzungen und Spaltungen als nachteilige Rechtsgeschäfte im Sinne von § 311 Abs. 1 AktG?, 2006, 102 ff.; *E. Vetter* ZHR 171 (2007) 342 (353); *Wimmer-Leonhard,* Konzernhaftungsrecht, 2004, 87; MHdB AG/*Krieger* § 70 Rn. 82; ADS Rn. 38; Bürgers/Körber/*Fett* Rn. 23; Emmerich/Habersack/*Habersack* Rn. 40; Henssler/Strohn/*Bödeker* Rn. 16; Hüffer/Koch/*Koch* Rn. 25; Kölner Komm AktG/*Koppensteiner* Rn. 36 f.; K. Schmidt/Lutter/*J. Vetter* Rn. 40.; aA jedoch *Hufnagel,* Dogmatik der Haftung und Grenzen der Leitungsmacht durch unbezifferten Nachteilsausgleich im faktischen Aktienkonzern, 2016, 87 ff.; *Voigt,* Haftung aus Einfluss auf die Aktiengesellschaft (§§ 117, 309, 317 AktG), 2004, 324 ff.; *Will,* Nachteilsausgleichsvereinbarungen im faktischen Konzern, 2017, 46 ff.; *Stöckelhuber* Der Konzern 2011, 253 ff.; MüKoAktG/*Altmeppen* Rn. 158 f. mwN auch aus dem älteren Schrifttum.

§§ 249 ff. BGB.[79] Nicht erforderlich ist es, dass ein **Verlust** entsteht, denn nachteilig kann auch das Auslassen einer Gewinnchance sein.[80] Keinen Nachteil stellt der sog. passive Konzerneffekt, dh die Eingliederung in den Konzern als solches, dar.[81]

29 2. **Stichtag.** Maßgeblicher Stichtag für die Feststellung eines Nachteils ist der Zeitpunkt der **Vornahme des Rechtsgeschäfts oder der sonstigen Maßnahme.**[82] Das folgt zum einen aus § 312 Abs. 3 S. 1, ergibt sich aber zum anderen auch daraus, dass auch der sorgfältigste Geschäftsleiter einer unabhängigen Gesellschaft bei seiner Entscheidung nur die Umstände berücksichtigen kann, die ihm in diesem Moment bekannt oder doch zumindest erkennbar sind. Sowohl das Vorliegen als auch der Umfang des Nachteils bemisst sich also aufgrund einer ex-ante-Betrachtung. Dies bedeutet, dass unvorhersehbare negative Entwicklungen ebenso außer Betracht zu bleiben haben wie ein nicht zu erwartender günstiger Verlauf.[83]

30 3. **Maßstäbe der Nachteilsfeststellung. a) Grundlagen.** Ob und gegebenenfalls in welchem Umfang eine bestimmte Maßnahme nachteilig ist, muss durch Vergleich mit dem hypothetischen Verhalten des ordentlichen und gewissenhaften Geschäftsleiters einer unabhängigen Gesellschaft ermittelt werden (→ Rn. 28). Abzustellen ist dabei auf eine fiktive Korporation, die – abgesehen von der Abhängigkeit iSd § 17 – unter **gleichen tatsächlichen und rechtlichen Bedingungen agiert** wie die abhängige Gesellschaft.[84] Es kommt also stets auf die konkret-individuellen Verhältnisse im maßgeblichen Beurteilungszeitraum (→ Rn. 29) an. Eine enge wirtschaftliche Abhängigkeit der Gesellschaft von dem herrschenden Unternehmen kann dazu führen, dass bestimmte von diesem veranlasste Maßnahmen nicht als nachteilig angesehen werden können, weil sich die Gesellschaft selbst bei rechtlicher Selbstständigkeit gar nicht anders hätte verhalten können.[85] Auf die Auswirkungen in der Bilanz kann es nicht ankommen, da diese nicht sämtliche Beeinträchtigungen der Interessen der abhängigen Gesellschaft abbildet. Es kann sogar sein, dass sich eine im Ergebnis nachteilige Maßnahme kurzfristig gewinnerhöhend auswirkt, weil etwa durch Aufgabe von Geschäftsfeldern Investitionen eingespart werden.[86]

31 Die eigentlichen Schwierigkeiten der Nachteilsermittlung ergeben sich daraus, dass dem Vorstand **ein unternehmerisches Ermessen** zuzubilligen ist. Die nunmehr in § 93 Abs. 1 S. 2 kodifizierte Business-Judgement-Rule, wonach der Vorstand bei unternehmerischen Entscheidungen nicht gegen seine Sorgfaltspflicht verstößt, wenn er vernünftigerweise annehmen konnte, auf der Grundlage angemessener Information zum Wohle der Gesellschaft zu handeln (näher → § 93 Rn. 55 ff.), findet Anwendung.[87] Dies hat zur Folge, dass in der Regel innerhalb einer bestimmten Bandbreite mehrere

---

[79] OLG Köln ZIP 2006, 997 (998); *Hogh*, Die Nachteilsermittlung im Rahmen des § 311 I AktG, 2004, 57; ADS Rn. 43; Emmerich/Habersack/*Habersack* Rn. 45; Hüffer/Koch/*Koch* Rn. 28; Kölner Komm AktG/*Koppensteiner* Rn. 53; K. Schmidt/Lutter/*J. Vetter* Rn. 45.

[80] LG Bonn AG 2005, 542 (543); *Hogh*, Die Nachteilsermittlung im Rahmen des § 311 I AktG, 2004, 58; ADS Rn. 44; Emmerich/Habersack/*Habersack* Rn. 45; Hüffer/Koch/*Koch* Rn. 26; K. Schmidt/Lutter/*J. Vetter* Rn. 42.

[81] *Hogh*, Die Nachteilsermittlung im Rahmen des § 311 I AktG, 2004, 56; *Kropff* FS Lutter, 2000, 1133 (1141 ff.); *Lutter* FS Peltzer, 2001, 241 (244 f.); *Mülbert/Kiem* ZHR 177 (2013) 819 (842); Bürgers/Körber/*Fett* Rn. 34; Emmerich/Habersack/*Habersack* Rn. 52; Hüffer/Koch/*Koch* Rn. 26; Kölner Komm AktG/*Koppensteiner* Rn. 34.

[82] BGHZ 179, 71 = NJW 2009, 850 Rn. 13; OLG Köln ZIP 2006, 997 (998); LG Bonn AG 2005, 542 (543); *Hogh*, Die Nachteilsermittlung im Rahmen des § 311 I AktG, 2004, 35 ff.; *Lutter* FS Peltzer, 2001, 241 (245); *E. Vetter* ZHR 171 (2007) 342 (353); *Wimmer-Leonhard*, Konzernhaftungsrecht, 2004, 87; MHdB AG/*Krieger* § 70 Rn. 83; *K. Schmidt* GesR § 31 IV 2b; ADS Rn. 38; Bürgers/Körber/*Fett* Rn. 24; Emmerich/Habersack/*Habersack* Rn. 44; Henssler/Strohn/*Bödeker* Rn. 13; Hüffer/Koch/*Koch* Rn. 26; Kölner Komm AktG/*Koppensteiner* Rn. 36 ff.; NK-AktR/*Schatz/Schödel* Rn. 55; aA MüKoAktG/*Altmeppen* Rn. 174 ff.

[83] *Hommelhoff*, Die Konzernleitungspflicht, 1982, 119 f. *Neuhaus* DB 1970, 1913 (1917); *Wimmer-Leonhard*, Konzernhaftungsrecht, 2004, 114; MHdB AG/*Krieger* § 70 Rn. 83; Bürgers/Körber/*Fett* Rn. 24; Emmerich/Habersack/*Habersack* Rn. 44; Hüffer/Koch/*Koch* Rn. 28.

[84] BGHZ 141, 79 (84, 88) = LM AktG 1965 § 311 Nr. 1 = NJW 1999, 1706; Emmerich/Habersack/*Habersack* Rn. 41.

[85] MHdB AG/*Krieger* § 70 Rn. 82; Emmerich/Habersack/*Habersack* Rn. 41; Kölner Komm AktG/*Koppensteiner* Rn. 47.

[86] *Kropff* NJW 2009, 814 (815).

[87] BGHZ 175, 365 = NJW 2008, 1583 Rn. 11; BGHZ 190, 7 = NJW 2011, 2719 Rn. 32; *Fleischer* NZG 2008, 371 (372 f.); *Pfeuffer*, Verschmelzungen und Spaltungen als nachteilige Rechtsgeschäfte im Sinne von § 311 Abs. 1 AktG?, 2006, 108 ff.; Bürgers/Körber/*Fett* Rn. 23; Emmerich/Habersack/*Habersack* Rn. 53; K. Schmidt/Lutter/*J. Vetter* Rn. 40; zweifelnd *Riehl*, Related-Party Transactions im deutschen und US-amerikanischen Recht der Aktiengesellschaft, 2015, 47 f.

Handlungsalternativen pflichtenkonform sind. Aufgabe des Nachteilsbegriffs ist es, die pflichtgemäße von der pflichtwidrigen Ermessensausübung abzugrenzen.[88]

Bezugspunkte für das Vorstandshandeln sind der satzungsmäßige **Unternehmensgegenstand** 31a und der **Gesellschaftszweck**. Der Gesellschaftszweck einer Kapitalgesellschaft ist regelmäßig auf Gewinnerzielung gerichtet. Daran ändert sich durch die faktische Konzernierung nichts, dh auch der Vorstand einer abhängigen Gesellschaft muss auf eine angemessene Rendite achten. Besonderheiten sind bei Unternehmen mit altruistischem Gesellschaftszweck, insbesondere kommunalen Eigenbetrieben, zu beachten. Hier ist ein Nachteil nicht darin zu sehen, dass mit den Entgelten lediglich die Kosten gedeckt werden sollen. Darauf, welche Erlöse am Markt erzielbar wären, kann es hier nicht ankommen. Denn auch der Vorstand einer unabhängigen Gesellschaft mit gleicher Zielsetzung handelt nicht pflichtwidrig, wenn er auf Gewinne verzichtet.[89]

b) Rechtsgeschäfte. aa) Parallelen zur verdeckten Gewinnausschüttung. Zur Feststellung, 32 ob ein Rechtsgeschäft nachteilig für die abhängige Gesellschaft ist, können die im Steuerrecht entwickelten Grundsätze der **verdeckten Gewinnausschüttung** sinngemäß herangezogen werden.[90] Danach ist darauf abzustellen, ob die Korporation ihrem Mitglied einen Vermögensvorteil zugewandt hat, den ein ordentlicher und gewissenhafter Geschäftsleiter einem Nichtgesellschafter nicht gewährt hätte. Das Rechtsgeschäft ist daher einem **Drittvergleich** zu unterziehen.[91] Besteht zwischen Leistung und Gegenleistung ein **objektives Missverhältnis**, so kann unterstellt werden, dass das Rechtsgeschäft durch das Gesellschaftsverhältnis veranlasst wurde.

Gegen die Übertragung dieser Grundsätze lässt sich nicht einwenden, dass es bei der verdeckten 33 Gewinnausschüttung auf die Feststellung eines Vorteils auf Seiten des Gesellschafters ankommt, während es im Rahmen des § 311 um den Ausgleich eines Nachteils der abhängigen Gesellschaft geht.[92] Denn dies ist nur eine Frage der Perspektive, typischerweise korrespondiert der Nachteil der abhängigen Gesellschaft mit einem Vorteil der Obergesellschaft.[93] Der im Steuerrecht entwickelte Vergleichsmaßstab und das dazu vorliegende reichhaltige Fallmaterial kann daher auch im hier interessierenden Zusammenhang herangezogen werden.

bb) Marktpreise. Besteht für die zu beurteilende Lieferung oder Leistung ein Marktpreis, so 34 stellt dieser einen wichtigen Orientierungspunkt dar.[94] Unterschreitet die der abhängigen Gesellschaft gewährte Gegenleistung den Marktpreis bzw. muss sie ein höheres Entgelt entrichten, so ist das Rechtsgeschäft für sie nachteilig. Bei dem Vergleich sind auch die Nebenbedingungen wie etwa Zahlungsziele, Transportkosten und Serviceleistungen zu berücksichtigen. **Preisnachlässe** können durch Umfang und Dauer der Leistungsbeziehungen gerechtfertigt sein (Mengen- und Treuerabatte). Überdies wird auch ein Geschäftsleiter einer unabhängigen Gesellschaft unter besonderen Umständen (Liquiditätsschwierigkeiten, Überkapazitäten) bereit sein, die Produkte des Unternehmens unter Marktpreis anzubieten. Umgekehrt kann im Einzelfall auch der Verkauf zu Marktpreisen nachteilig sein, wenn etwa auf eine lukrative Weiterverarbeitung verzichtet[95] oder betriebsnotwendiges Anlagevermögen veräußert wird.[96] Beim Einkauf von Waren und Dienstleistungen ist die Brauchbarkeit für die abhängige Gesellschaft zu berücksichtigen.[97]

cc) Drittgeschäfte. Liegt der Gesellschaft ein Angebot eines nicht verbundenen Unternehmens 35 vor, so bildet dies den Vergleichsmaßstab, denn der pflichtgemäß handelnde Geschäftsleiter einer

---

[88] *Mülbert/Leuschner* NZG 2009, 281 (284); *ADS* Rn. 45 f.; Emmerich/Habersack/*Habersack* Rn. 53; Hüffer/ Koch/*Koch* Rn. 29; de lege ferenda krit. *Kirchner* ZGR 1985, 214 (230 ff.); *Wackerbarth*, Grenzen der Leitungsmacht in der internationalen Unternehmensgruppe, 2001, 308 ff.; Kölner Komm AktG/*Koppensteiner* Rn. 90 ff.
[89] *Geißelmeier* DStR 2009, 1333 (1334 f.); Emmerich/Habersack/*Habersack* Rn. 41; Kölner Komm AktG/ *Koppensteiner* Rn. 43.
[90] BGHZ 141, 79 (84 ff.) = LM AktG 1965 § 311 Nr. 1 = NJW 1999, 1706; *Hogh*, Die Nachteilsermittlung im Rahmen des § 311 I AktG, 2004, 191 ff.; *Neuhaus* DB 1970, 1913 (1918); MHdB AG/*Krieger* § 70 Rn. 85; Emmerich/Habersack/*Habersack* Rn. 54; Hüffer/Koch/*Koch* Rn. 30; Kölner Komm AktG/*Koppensteiner* Rn. 61; MüKoAktG/*Altmeppen* Rn. 203 ff.; NK-AktR/Schatz/*Schödel* Rn. 57; K. Schmidt/Lutter/*J. Vetter* Rn. 49.
[91] S. a BGHZ 141, 79 (84) = LM AktG 1965 § 311 Nr. 1 = NJW 1999, 1706; BGHZ 179, 71 = NJW 2009, 850 Rn. 9.
[92] So aber *Goerdeler* WPg 1966, 113 (125); *Leo* AG 1965, 352 (358); *ADS* Rn. 47; *v. Godin/Wilhelmi* Rn. 3.
[93] Emmerich/Habersack/*Habersack* Rn. 54.
[94] *Neuhaus* DB 1970, 1913 (1918); MHdB AG/*Krieger* § 70 Rn. 85; *ADS* Rn. 49; Emmerich/Habersack/ *Habersack* Rn. 55; Hüffer/Koch/*Koch* Rn. 31; Kölner Komm AktG/*Koppensteiner* Rn. 62; MüKoAktG/*Altmeppen* Rn. 207 ff.; NK-AktR/Schatz/*Schödel* Rn. 58.
[95] MüKoAktG/*Altmeppen* Rn. 210.
[96] Kölner Komm AktG/*Koppensteiner* Rn. 71.
[97] *ADS* Rn. 49; Kölner Komm AktG/*Koppensteiner* Rn. 63.

unabhängigen Gesellschaft würde nicht zu ungünstigeren Bedingungen abschließen.[98] Der Nachteil ergibt sich dann regelmäßig aus der Differenz zu dem tatsächlich auf Veranlassung des herrschenden Unternehmens gezahlten Preis.

36 **dd) Hilfsrechnungen.** Lässt sich ein Marktpreis nicht ermitteln und liegen auch keine Angebote Dritter vor, so muss auf Hilfsrechnungen zurückgegriffen werden. Hierfür kommen zwei Verfahren in Betracht:

37 Nach der **Kostenaufschlagsmethode** berechnet sich der angemessene Preis nach den Selbstkosten der Gesellschaft zuzüglich einer branchenüblichen Gewinnspanne.[99] Dagegen ist bei der **Absatzpreismethode** der Preis zu Grunde zu legen, der erzielt wird, wenn das Endprodukt den Konzernverbund verlässt.[100] Den zwischengeschalteten Konzernunternehmen werden Anteile zugerechnet und von dem Endpreis abgezogen. Dieses Verfahren empfiehlt sich, wenn die abhängige Gesellschaft nur wenige Stufen von der Endleistung des Unternehmensverbunds entfernt ist.[101] Der **Buchwert** des Vertragsgegenstands ist kein geeigneter Maßstab, da er nicht den realen Wert wiedergibt.[102]

38 **c) Sonstige Maßnahmen.** Besondere Schwierigkeiten bereitet die Nachteilsermittlung bei sonstigen Maßnahmen wie zB Aufgabe eines Marktes, Investitionsentscheidungen, Abordnung von Mitarbeitern, Ausgliederung von Teilfunktionen auf die Muttergesellschaft oder ein anderes Konzernunternehmen, da sie sich in vielfältiger, kaum zuverlässig zu prognostizierender Weise auf die Vermögens- und Ertragslage auswirken. Nach den unter → Rn. 30 dargelegten Grundsätzen kommt es darauf an, ob der sorgfältige Geschäftsleiter einer unabhängigen Gesellschaft unter sonst gleichen Bedingungen die Maßnahme getroffen hätte. Die Grenzen unternehmerischen Ermessens sind zum einen überschritten, wenn er **unvertretbar hohe Risiken** ohne entsprechende Chancen eingeht. Nachteilig sind zum anderen **Maßnahmen der Konzernintegration,** die den Fortbestand der Gesellschaft nach Beendigung des Abhängigkeitsverhältnisses ernsthaft in Frage stellen.[103]

39 Bei der **Quantifizierung des Nachteils** ist die tatsächliche Vermögens- und Ertragslage mit dem Zustand zu vergleichen, in dem sich die abhängige Gesellschaft bei pflichtgemäßem Verhalten ihres Vorstands befinden würde. Zur Überprüfung von Investitionsentscheidungen kommen alternative Wirtschaftlichkeitsrechnungen in Betracht, wobei Einnahmen und Ausgaben auf den maßgeblichen Stichtag hin abzuzinsen sind.[104] Bei der Aufgabe von Geschäftsfeldern kann auf den entgangenen Gewinn abgestellt werden.[105]

40 **4. Nicht bezifferbare Nachteile.** Ist eine Bezifferung der Nachteile bestimmter Geschäftsvorfälle ex ante nicht möglich, wie dies insbesondere bei konzernintegrativen Maßnahmen vorkommt, scheidet ein Einzelausgleich nach § 311 Abs. 2 aus. Eine gleichwohl erfolgende Veranlassung seitens des herrschenden Unternehmens ist per se **rechtswidrig.** Die Rechtsfolgen bestimmen sich danach, ob der entstandene Schaden sich wenigstens nachträglich quantifizieren lässt. Ist dies – gegebenenfalls durch richterliche Schätzung nach § 287 ZPO – möglich, so haften das herrschende Unternehmen und seine gesetzlichen Vertreter gem. § 317, der Vorstand der abhängigen Gesellschaft nach § 93. Soweit eine Quantifizierung nicht möglich ist, kommen die Grundsätze über die qualifizierte Konzernierung zum Tragen.[106]

41 **5. Einzelfälle.** Die Möglichkeiten nachteiliger Rechtsgeschäfte und sonstiger Maßnahmen sind unübersehbar und entziehen sich einer abschließenden Darstellung. Praktisch relevant sind insbesondere die folgenden Fallgestaltungen:

42 Bei **konzerninternen Darlehen** muss der Rückzahlungsanspruch der abhängigen Gesellschaft vollwertig und die Verzinsung angemessen sein. Vollwertigkeit ist bei Stellung einer hinreichenden Kreditsicherheit anzunehmen.[107] Dass das Darlehen **nicht besichert** ist, macht das Geschäft aber

---

[98] OLG Frankfurt/M WM 1973, 348 (350 f.); MHdB AG/*Krieger* § 70 Rn. 85; Emmerich/Habersack/*Habersack* Rn. 55; Kölner Komm AktG/*Koppensteiner* Rn. 63; MüKoAktG/*Altmeppen* Rn. 212.
[99] MHdB AG/*Krieger* § 70 Rn. 85; ADS Rn. 50; Emmerich/Habersack/*Habersack* Rn. 56; Hüffer/Koch/*Koch* Rn. 33; Kölner Komm AktG/*Koppensteiner* Rn. 66; MüKoAktG/*Altmeppen* Rn. 213 ff.
[100] ADS Rn. 51; Emmerich/Habersack/*Habersack* Rn. 56; Hüffer/Koch/*Koch* Rn. 33; Kölner Komm AktG/*Koppensteiner* Rn. 67; MüKoAktG/*Altmeppen* Rn. 217.
[101] Hüffer/Koch/*Koch* Rn. 33; MüKoAktG/*Altmeppen* Rn. 217.
[102] ADS Rn. 53; Emmerich/Habersack/*Habersack* Rn. 56; Hüffer/Koch/*Koch* Rn. 32; Kölner Komm AktG/*Koppensteiner* Rn. 69; K. Schmidt/Lutter/*J. Vetter* Rn. 54.
[103] MHdB AG/*Krieger* § 70 Rn. 87; ADS Rn. 56; Emmerich/Habersack/*Habersack* Rn. 57; Hüffer/Koch/*Koch* Rn. 34; Kölner Komm AktG/*Koppensteiner* Rn. 73 f.
[104] ADS Rn. 56; MüKoAktG/*Altmeppen* Rn. 220.
[105] ADS Rn. 56.
[106] Emmerich/Habersack/*Habersack* Rn. 43.
[107] Zur Vollwertigkeit bei einer Bürgschaft s. OLG Köln BeckRS 2015, 13641.

nicht per se nachteilig. Vielmehr kommt es auf eine konkrete Gefährdung der Vermögens- oder Ertragslage der Gesellschaft an.[108] Dies hat der Vorstand vor Abschluss des Darlehensvertrages sorgfältig zu prüfen. Eine an Sicherheit grenzende Wahrscheinlichkeit der Darlehensrückzahlung ist nicht erforderlich. Ist diese jedoch konkret gefährdend, muss der Vorstand die Kreditgewährung verweigern. Erscheint aus der allein maßgeblichen ex-ante-Perspektive die Forderung als vollwertig und ein Forderungsausfall unwahrscheinlich, ist das Geschäft auch dann nicht nachteilig, wenn es später zu einem Forderungsausfall kommt. Der Vorstand der abhängigen Gesellschaft muss allerdings etwaige Änderungen prüfen und auf eine sich nach der Valutierung des Darlehns andeutende Bonitätsverschlechterung mit einer Kreditkündigung oder der Anforderung von Sicherheiten reagieren. Das Unterlassen solcher Maßnahmen kann ihrerseits nachteilig iSd §§ 311, 317 sein.

Die Zulässigkeit eines **zentralen Cash-Managements**,[109] dh Zusammenfassung und koordinierter Einsatz der im Konzern insgesamt vorhandenen Liquidität, hängt ebenfalls von der marktgerechten Verzinsung und Sicherung der Werthaltigkeit der Rückzahlungsansprüche der abhängigen Gesellschaft ab, ihren Interessen ist durch Einräumung von Informations- und Kündigungsrechten angemessen Rechnung zu tragen. Sie muss überdies ein Anspruch auf die von ihr benötigte Liquidität haben, was das Fortbestehen einer eigenen Bankverbindung voraussetzt. Schließlich sind die einzelnen Geschäftsvorfälle ordnungsgemäß zu dokumentieren. **43**

Bei der **Besicherung von Verbindlichkeiten anderer Konzernunternehmen** kann sich die Nachteilhaftigkeit nicht nur daraus ergeben, dass der Regressanspruch nicht vollwertig ist oder keine angemessene Avalgebühr gezahlt wird.[110] Vielmehr kann schon der Umstand genügen, dass der Gegenstand der abhängigen Gesellschaft nunmehr zur Absicherung eigener Verbindlichkeiten fehlt.[111] Umgekehrt spricht es gegen einen Nachteil iSd § 311, wenn der Kredit an die abhängige Gesellschaft durchgereicht oder zur Finanzierung von Investitionen verwendet wird, von denen sie unmittelbar profitiert.[112] **44**

Umlagen für Leistungen der Konzernspitze sind in der Praxis weit verbreitet. Hilfeleistungen wie Rechts- und Steuerberatung, Ausbildung, Schulung, Marktforschung, EDV-Unterstützung etc. sind umlagefähig, da sie sonst von der Tochtergesellschaft selbst erbracht oder bei Dritten eingekauft werden müssten.[113] Dagegen können die Kosten der Konzernleitung (Konzernleitung und -kontrolle, Konzernabschlüsse, Öffentlichkeitsarbeit) nicht umgelegt werden, da sie typischerweise nicht im Interesse der Tochtergesellschaften erbracht werden.[114] Ausgaben für die betriebliche Kontrolle darf das herrschende Unternehmen den abhängigen Gesellschaften in Rechnung stellen, soweit diese eigene Aufwendungen ersparen. Dies kann zB dann der Fall sein, wenn die konzernweite Revision die interne Revisionsabteilung der Gesellschaft ersetzt.[115] Zur Abgeltung allgemeiner Vorteile aus der Konzernzugehörigkeit (bessere Kreditbedingungen, erleichterter Marktzugang) dürfen die Konzernunternehmen nicht zur Kasse gebeten werden.[116] Die Höhe des Entgelts darf den Betrag nicht übersteigen, den ein Dritter für die gleiche Leistung verlangen würde.[117] Doch müssen die Konzernunternehmen an etwaigen Synergieeffekten partizipieren.[118] **45**

Steuerumlagen werden erhoben, wenn dem herrschenden Unternehmen im Rahmen einer körperschaftsteuerlichen oder gewerbesteuerlichen Organschaft als Organträger die Steuerpflicht für den gesamten Organkreis auferlegt ist. Entsprechend § 426 BGB hat die Obergesellschaft einen Ausgleichsanspruch gegen die abhängige Gesellschaft.[119] Dieser Anspruch berechnet sich nach dem tatsächlichen Steueraufwand. Die Auferlegung eines darüber hinausgehenden, nach der fiktiven Steu- **46**

---

[108] BGHZ 179, 71 ff. = NJW 2009, 850; zust. *Habersack* ZGR 2009, 347 (354 ff.); *Klein* ZIP 2017, 258 (261 f.); *Kropff* NJW 2009, 814 ff.); *Mülbert/Leuschner* NZG 2009, 281 (284 ff.); *Wand/Tillmann/Heckenthaler* AG 2009, 148 (155 ff.); *Wilhelmi* WM 2009, 1917 (1918 f.); aA OLG Jena AG 2007, 785 (786 f.) als Vorinstanz; *Bayer/Lieder* ZGR 2005, 133, (148 f.).
[109] Vgl. dazu umfassend MüKoAktG/*Altmeppen* Rn. 225 ff.; monographisch *Bilek*, Cash-Pooling im Konzern, 2008; *Fassbender*, Cash Pooling und Kapitalersatzrecht im Konzern, 2004; *Makowski*, Cashmanagement in Unternehmensgruppen, 2000; *Zeidler*, Zentrales Cashmanagement im faktischen Aktienkonzern, 1999.
[110] Vgl. *Wand/Tillmann/Heckenthaler* AG 2009, 148 (157); Kölner Komm AktG/*Koppensteiner* Rn. 82.
[111] Bürgers/Körber/*Fett* Rn. 37; Emmerich/Habersack/*Habersack* Rn. 47c; Henssler/Strohn/*Bödeker* Rn. 22; MüKoAktG/*Altmeppen* Rn. 265.
[112] Kölner Komm AktG/*Koppensteiner* Rn. 82; Emmerich/Habersack/*Habersack* Rn. 47c.
[113] MüKoAktG/*Altmeppen* Rn. 278.
[114] MHdB AG/*Krieger* § 70 Rn. 86; MüKoAktG/*Altmeppen* Rn. 278; K. Schmidt/Lutter/*J. Vetter* Rn. 59.
[115] MüKoAktG/*Altmeppen* Rn. 279.
[116] MüKoAktG/*Altmeppen* Rn. 280.
[117] Kölner Komm AktG/*Koppensteiner* Rn. 85; MüKoAktG/*Altmeppen* Rn. 281.
[118] BeckHdB/*Liebscher* AG § 15 Rn. 76; Emmerich/Habersack/*Habersack* Rn. 49; aA MHdB AG/*Krieger* § 70 Rn. 86; MüKoAktG/*Altmeppen* Rn. 281; K. Schmidt/Lutter/*J. Vetter* Rn. 63.
[119] BGHZ 120, 50 (55 ff.) = LM BGB § 421 Nr. 17 = NJW 1993, 585; KG NZG 2001, 1084 (1085).

erschuld einer vergleichbaren unabhängigen Gesellschaft berechneten Betrags („stand alone-Prinzip") hat der BGH zutreffend als Nachteil iSd § 311 bewertet.[120] Zulässig muss es jedoch sein, die Umlage nach dem Durchschnitt mehrerer Geschäftsjahre zu bemessen.[121] Auch der unterbliebene oder unzureichende Ausgleich der Vorsteuerüberschüsse im Rahmen einer umsatzsteuerrechtlichen Organschaft unterfällt § 311.[122]

47 Als **weitere Beispiele** sind nicht marktgerechte Konzernverrechnungspreise,[123] das Absehen von der Verfolgung von Haftungsansprüchen gegen das herrschende Unternehmen und seine Organe,[124] die Abordnung eines Vorstandsmitglieds der abhängigen Gesellschaft zum herrschenden Unternehmen,[125] organisatorische Maßnahmen wie die Übertragung der gesamten EDV,[126] die Veräußerung von Unternehmensbeteiligungen unter ihrem Wert,[127] der Verzicht auf die Wahrnehmung von Geschäftschancen zugunsten des herrschenden Unternehmens[128] zu nennen. Die Weitergabe von vertraulichen **Informationen** ist im Abhängigkeitsbericht zu vermerken. An einem Nachteil fehlt es aber, wenn die Muttergesellschaft sich verpflichtet, die Informationen ausschließlich zum Zwecke konzerninterner Kontrolle oder der Erfüllung konzernbezogener Berichtspflichten, nicht aber für eigene unternehmerische Zwecke zu verwenden.[129]

47a Eine Haftung des Bundes wegen der Teilnahme der damals noch mehrheitlich in seinem Besitz befindlichen Deutschen Telekom AG an dem Versteigerungsverfahren für **UMTS-Lizenzen** nach §§ 311, 317 hat der BGH im Ergebnis zu Recht **verneint.**[130] Zwar hat sich die damalige Investition von umgerechnet rund 8,5 Mrd € für zwei Lizenzpakete im Rückblick nicht rentiert. Aus der ex-ante-Perspektive betrachtet hielt sich der Vorstand jedoch innerhalb des ihm einzuräumenden unternehmerischen Ermessens, denn er wollte sich die Zugangsmöglichkeit zu einer aus damaliger Sicht vielversprechenden Technik erhalten. Für diese Einschätzung spricht, dass sich auch andere führende Unternehmen der Telekommunikationsbranche in ähnlicher Weise bei der Versteigerung, die insgesamt etwa 50 Mrd € erbrachte, engagiert hatten. Angesichts der Prognoseunsicherheiten in diesem sich dynamisch entwickelten Bereich war der von der Telekom gezahlte Preis nicht unvertretbar hoch, ihr ist kein **Nachteil** iSd §§ 311, 317 entstanden. Dagegen hat der BGH die **Übernahme des Prospekthaftungsrisikos** im Zusammenhang mit der Platzierung von Aktien der Telekom AG an der US-amerikanischen Börse als nachteilig eingestuft. Das OLG Köln als Vorinstanz[131] sah das Eingehen dieses Risikos angesichts der enormen Möglichkeiten der Kapitalbeschaffung auf den internationalen Kapitalmärkten noch als gerechtfertigt an. Dem hielt der BGH entgegen, dass von dem Börsengang in erster Linie der Bund als Altaktionär profitiert habe. Der Vorstand einer unabhängigen Gesellschaft hätte die Gefährdung des Gesellschaftsvermögens daher nicht akzeptieren und sich auf die Prospektverantwortung nur auf der Grundlage einer Freistellungsvereinbarung mit dem Altaktionär einlassen dürfen.[132] Nicht nachteilig ist bei einer Verschmelzung auch die Vereinbarung einer Verschiebung des Gewinnbezugsrechts des Anteilsinhabers des übertragenden Rechtsträgers auf den Zeitpunkt der Eintragung, da es sich hierbei um eine interessengerechte Regelung handelt.[133]

---

[120] BGHZ 141, 79 (84 ff.) = LM AktG 1965 § 311 Nr. 1 = NJW 1999, 1706; zust. *Kleindiek* DStR 2000, 559 (561 ff.); *Maul* NZG 1999, 660 f.; *Wiedemann/Fleischer* JZ 2000, 159 f.; Emmerich/Habersack/*Habersack* Rn. 50; Kölner Komm AktG/*Koppensteiner* Rn. 86; MüKoAktG/*Kropff*, 2. Aufl. 2000, Rn. 204; abl. *Feddersen* ZGR 2000, 523 (529 ff.); *Pyszka* GmbHR 1999, 812; offen gelassen von BFH DStR 2005, 592 (593).
[121] *Simon* ZGR 2007, 71 (96); Emmerich/Habersack/*Habersack* Rn. 50; Kölner Komm AktG/*Koppensteiner* Rn. 86; MüKoAktG/*Kropff*, 2. Aufl. 2000, Rn. 205.
[122] BGH NZG 2013, 298 Rn. 19 ff.; abl. *Menkel* NZG 2014, 52 (54 ff.).
[123] Emmerich/Habersack/*Habersack* Rn. 46; näher *Remmen*, Konzernverrechnungspreise und Konzernumlagen im Aktien- und GmbH-Recht, 2002, 165 ff.
[124] *Lüneborg/Fischbach* NZG 2015, 1142 (1143 f.).
[125] OLG Stuttgart AG 1979, 200 (202).
[126] LG Darmstadt AG 1987, 218 (220), das jedoch im konkreten Fall einen Nachteil wegen der mit der Übertragung verbundenen Kostenersparnis verneint; zu Recht krit. dazu *Stein* ZGR 1988, 163 (181 ff.).
[127] BGH NZG 2012, 1030 Rn. 16.
[128] Dazu *Habersack* FS Hoffmann-Becking, 2013, 421 (425 ff.).
[129] *Löbbe*, Unternehmenskontrolle im Konzern, 2003, 112 ff.; *J. Bauer/Schmidt-Bendung* FS Wegen, 2015, 105 (115); *Schürnbrand* ZHR 181 (2017), 357 (368); Emmerich/Habersack/*Habersack* Rn. 51a; auf eine Vertraulichkeitszusage verzichtend *Mader*, Der Informationsfluss im Unternehmensverbund, 2016, 362 ff.; *Mader* WM 2015, 2074 (2076 ff.); Hüffer/Koch/*Koch* Rn. 36c.
[130] BGHZ 175, 365 = NJW 2008, 1583 – UMTS; ebenso die Vorinstanzen OLG Köln ZIP 2006, 997; LG Bonn AG 2005, 542; s. ferner *Fleischer* NZG 2008, 371 ff.; *Habersack* ZIP 2006, 1327 ff.; *Philipp* AG 2001, 463 ff.; krit. *Altmeppen* NJW 2008, 1553 ff.
[131] OLG Köln NZG 2009, 951 ff.
[132] BGHZ 190, 7 = NJW 2011, 2719 – Dritter Börsengang; s. zu der Entscheidung *M. Arnold/Aubel* ZGR 2012, 113 ff.; *Fleischer/Thaten* NZG 2011, 1081 ff.; *Leuschner* NJW 2011, 3275 ff.; *Maaß/Troidl* BB 2011, 2563 ff.; *Wink* AG 2011, 569 ff.
[133] BGH NZG 2013, 233 Rn. 32 ff.

VI. Nachteilsausgleich

1. Dogmatische Einordnung. § 311 Abs. 1 lässt eine Nachteilszufügung nur unter der Voraus- 48
setzung zu, dass die Nachteile ausgeglichen werden. Abs. 2 bestimmt die Modalitäten des Ausgleichs.
Die früher überwiegende Auffassung deutete dies als Form des Schadensersatzes.[134] Das herrschende
Unternehmen handelt jedoch rechtmäßig, sofern es die der abhängigen Gesellschaft entstandenen
Nachteile ausgleicht (→ Vor § 311 Rn. 5). Rechtswidrig verhält es sich nur, wenn es die Nachteile
nicht kompensiert, Sanktion hierfür ist die Schadensersatzpflicht nach § 317. Schon aus diesem
systematischen Zusammenhang ergibt sich, dass es bei § 311 nicht um Schadensersatz gehen kann.
Vielmehr handelt es sich um eine **Ausgleichsverpflichtung eigener Art**.[135]

2. Kein durchsetzbarer Anspruch. Der Verpflichtung des herrschenden Unternehmens steht 49
keine durchsetzbare Forderung der abhängigen Gesellschaft auf Gewährung des Ausgleichs
gegenüber.[136] Das folgt schon aus der in §§ 311, 317 angelegten zeitlichen Abfolge. Es ist ohnehin
ausgeschlossen, den Ausgleich bis zum Ende des Geschäftsjahrs einzufordern, da er nach Abs. 2 bis
zu diesem Zeitpunkt aufgeschoben werden kann. Nach dem Ende des Geschäftsjahres kann die
Ausgleichsverpflichtung jedoch nicht mehr erfüllt werden. Sie erlischt und wandelt sich in den
Schadensersatzanspruch nach § 317 um.[137] Hinzu kommt die Überlegung, dass § 311 eine Privilegierungsfunktion hat, weil bei Einhaltung der dort vorgesehenen Voraussetzungen die allgemeinen
Haftungsregeln zurücktreten (→ Vor § 311 Rn. 2). Einen Anspruch darauf, dass das herrschende
Unternehmen von dieser Privilegierung Gebrauch macht, hat die abhängige Gesellschaft nicht.[138]
Da keine durchsetzbare Ausgleichsforderung besteht, kommt auch eine **Pfändung** nicht in Frage.[139]
Hat sich die abhängige Gesellschaft mit dem herrschenden Unternehmen über die Gewährung
eines bestimmten Ausgleichs geeinigt, so wird durch diese Vereinbarung ein klagbarer Anspruch
begründet.[140]

3. Inhalt der Ausgleichsverpflichtung. a) Ausgleichsfähige Vorteile. Die Ausgleichsver- 50
pflichtung des herrschenden Unternehmens ist darauf gerichtet, dass die abhängige Gesellschaft
einen **konkreten Vermögensvorteil** erhält, durch den der erlittene Nachteil zumindest ausgeglichen wird. Der Vorteil muss keinen inneren Zusammenhang mit dem erlittenen Nachteil haben.[141]
Ob der Ausgleich durch das herrschende Unternehmen selbst oder auf dessen Veranlassung durch
Dritte (etwa ein anderes verbundenes Unternehmen) erfolgt, ist unerheblich.[142] In Betracht kommen in erster Linie Geld, aber auch Lieferungen und sonstige Leistungen. Der gewährte Vorteil
muss **bewertbar** sein.[143] Auf die **Bilanzierungsfähigkeit** kommt es hingegen nur an, wenn
etwaige bilanzielle Auswirkungen von Nachteilen zu kompensieren sind.[144] Der Nachteil ist dabei
bereits in dem Jahresabschluss zu neutralisieren, in dem er sich auswirkt.[145] Passive positive Kon-

---

[134] So mit Unterschieden im Einzelnen *Bälz* FS Raiser, 1974, 287 (308 ff.); *Geßler* FS Westermann, 1974, 145 (160 f.); *Kellmann* BB 1969, 1509 (1512 ff.); Großkomm AktG/*Würdinger*, 3. Aufl. 1975, Rn. 5, 6, 9; nunmehr *Altmeppen* ZIP 2016, 441 (443); MüKoAktG/*Altmeppen* Rn. 312, 318 ff.

[135] *Will*, Nachteilsausgleichsvereinbarungen im faktischen Konzern, 2017, 74 ff.; Bürgers/Körber/*Fett* Rn. 47; Emmerich/Habersack/*Habersack* Rn. 61; Hüffer/Koch/*Koch* Rn. 37; Kölner Komm AktG/*Koppensteiner* Rn. 119; NK-AktR/*Schatz/Schödel* Rn. 64; K. Schmidt/Lutter/*J. Vetter* Rn. 92.

[136] *Kellmann* BB 1969, 1509 (1512); *Luchterhandt* ZHR 133 (1970) 1 (38); MHdB AG/*Krieger* § 70 Rn. 89; ADS Rn. 64; Bürgers/Körber/*Fett* Rn. 47; Emmerich/Habersack/*Habersack* Rn. 75; Hüffer/Koch/*Koch* Rn. 38; Kölner Komm AktG/*Koppensteiner* Rn. 122; MüKoAktG/*Altmeppen* Rn. 374; NK-AktR/*Schatz/Schödel* Rn. 64; K. Schmidt/Lutter/*J. Vetter* Rn. 93; Großkomm AktG/*Würdinger*, 3. Aufl. 1975, Rn. 10.

[137] MHdB AG/*Krieger* § 70 Rn. 89; Bürgers/Körber/*Fett* Rn. 47; Kölner Komm AktG/*Koppensteiner* Rn. 122.

[138] Emmerich/Habersack/*Habersack* Rn. 75; MüKoAktG/*Altmeppen* Rn. 374.

[139] Emmerich/Habersack/*Habersack* Rn. 75; Hüffer/Koch/*Koch* Rn. 38; Kölner Komm AktG/*Koppensteiner* Rn. 122; MüKoAktG/*Altmeppen* Rn. 374; NK-AktR/*Schatz/Schödel* Rn. 64; K. Schmidt/Lutter/*J. Vetter* Rn. 93.

[140] MüKoAktG/*Altmeppen* Rn. 377.

[141] ADS Rn. 62; MüKoAktG/*Altmeppen* Rn. 343; K. Schmidt/Lutter/*J. Vetter* Rn. 77.

[142] MHdB AG/*Krieger* § 70 Rn. 89; ADS Rn. 63; Emmerich/Habersack/*Habersack* Rn. 62; Hüffer/Koch/*Koch* Rn. 39; Kölner Komm AktG/*Koppensteiner* Rn. 120; NK-AktR/*Schatz/Schödel* Rn. 65; K. Schmidt/Lutter/*J. Vetter* Rn. 78.

[143] MHdBAG/*Krieger* § 70 Rn. 90; Emmerich/Habersack/*Habersack* Rn. 63; Hüffer/Koch/*Koch* Rn. 39; Kölner Komm AktG/*Koppensteiner* Rn. 114; MüKoAktG/*Altmeppen* Rn. 347.

[144] BGH NZG 2012, 1030 Rn. 23; MHdB AG/*Krieger* § 70 Rn. 90; ADS Rn. 66 f.; Emmerich/Habersack/*Habersack* Rn. 63; Hüffer/Koch/*Koch* Rn. 39; Kölner Komm AktG/*Koppensteiner* Rn. 109; NK-AktR/*Schatz/Schödel* Rn. 65.

[145] MHdB AG/*Krieger* § 69 Rn. 86; ADS Rn. 67; Emmerich/Habersack/*Habersack* Rn. 63; Hüffer/Koch/*Koch* Rn. 39; eine spätere Neutralisierung lassen genügen MüKoAktG/*Altmeppen* Rn. 347 ff.; K. Schmidt/Lutter/*J. Vetter* Rn. 76.

zerneffekte wie zB die Steigerung der Kreditwürdigkeit sind nicht geeignet, Nachteile auszugleichen.[146]

51 **b) Höhe des Ausgleichs.** Die Höhe des Vorteils muss wenigstens dem Umfang des zugefügten Nachteils entsprechen. Um den Vergleich vornehmen zu können, sind demnach immer zwei Bewertungsvorgänge notwendig. Zunächst ist der Nachteil zu ermitteln, und zwar wie dargelegt bezogen auf den Zeitpunkt der Vornahme des Rechtsgeschäfts bzw. der sonstigen Maßnahme (→ Rn. 29 ff.). Sodann ist der Wert der vorgesehenen Ausgleichsleistung festzustellen. Dabei muss die Verwendbarkeit für die abhängige Gesellschaft berücksichtigt werden. Der Ausgleich ist hinreichend, wenn er auch den ordentlichen und gewissenhaften Geschäftsleiter einer unabhängigen Korporation dazu bewegt hätte, das Rechtsgeschäft oder die sonstige Maßnahme vorzunehmen. Die für die Nachteilsfeststellung geltenden Maßstäbe gelten dabei entsprechend.[147] Allerdings ist bei der Bewertung der Zuwendung auf die Verhältnisse zur **Zeit der Vorteilsgewährung** abzustellen.[148]

52 **4. Grenzen.** Ein Nachteilsausgleich scheidet aus **bei nicht quantifizierbaren Nachteilen.** Vielmehr greifen dann die Schadensersatzhaftung nach § 317 und subsidiär die Grundsätze über die qualifizierte faktische Konzernierung (→ Vor § 311 Rn. 29 ff.). In Ausnahmefällen soll jedoch nach teilweise vertretener Ansicht ein Ausgleich nicht bezifferbarer Nachteile durch nicht bezifferbare Vorteile möglich sein.[149] Doch ist dies mit dem System des Einzelausgleichs nicht zu vereinbaren.[150] In den im vorstehenden Zusammenhang diskutierten Konstellationen muss aber jeweils vorrangig geprüft werden, ob überhaupt ein Nachteil iSd § 311 vorliegt. Daran fehlt es, wenn das herrschende Unternehmen der abhängigen Gesellschaft ein auf seine Veranlassung eingegangenes Risiko in Form einer Garantie vollständig abnimmt oder statt einer bestimmten Geschäftschance eine andere, gleichwertige Chance zuweist.[151] Die Frage des Nachteilsausgleichs stellt sich dann gar nicht erst.

53 Eine weitere Grenze des Nachteilsausgleichs ergibt sich aus Sinn und Zweck des § 311. Dieser soll die Ausübung einheitlicher Leitung ermöglichen, enthält aber kein allgemeines Schädigungsprivileg. Deshalb muss die nachteilige Maßnahme im Interesse des herrschenden oder eines verbundenen Unternehmens liegen. Die **Nachteilszufügung in sonstigem Drittinteresse** ist ungeachtet einer etwaigen Ausgleichsleistung rechtswidrig.[152] Diese Grenze der Einflussnahme ist für den Vertragskonzern in § 308 Abs. 1 S. 2 ausdrücklich angeordnet. Es wäre wertungswidersprüchlich, wenn die Einwirkungsmöglichkeiten bei faktischem Abhängigkeitsverhältnis weiter reichen würden als bei Bestehen eines Beherrschungsvertrages.

54 **5. Erfüllungsmodalitäten (§ 311 Abs. 2). a) Allgemeines.** § 311 Abs. 2 nennt **zwei Kompensationsformen:** Den tatsächlichen Ausgleich (→ Rn. 55 f.) und die Ausgleichsgewährung durch Begründung eines Rechtsanspruchs (→ Rn. 57 ff.). Beides muss **innerhalb des laufenden Geschäftsjahres** erfolgen.[153] Wird die nachteilige Maßnahme durch einen Hauptversammlungsbeschluss veranlasst (→ Rn. 21), muss der Ausgleich bereits in dem Beschluss vorgesehen werden.[154] Das herrschende Unternehmen hat auch die Möglichkeit, früher gewährte Vorteile mit später entstandenen Nachteilen **zu verrechnen,** sofern es sich bei Gewährung des Vorteils die Verrechnung vorbehalten hat.[155]

55 **b) Tatsächlicher Ausgleich.** Tatsächlich ausgeglichen iSd § 311 Abs. 2 S. 1 Alt. 1 ist der Nachteil, wenn der Vorteil spätestens zum Bilanzstichtag dem Vermögen der abhängigen Gesellschaft

---

[146] MHdB AG/*Krieger* § 70 Rn. 90; Emmerich/Habersack/*Habersack* Rn. 62; Hüffer/Koch/*Koch* Rn. 39; Kölner Komm AktG/*Koppensteiner* Rn. 116; MüKoAktG/*Altmeppen* Rn. 340; NK-AktR/*Schatz/Schödel* Rn. 65.
[147] Emmerich/Habersack/*Habersack* Rn. 67; MüKoAktG/*Altmeppen* Rn. 322.
[148] MHdBAG/*Krieger* § 70 Rn. 90; Emmerich/Habersack/*Habersack* Rn. 68; Hüffer/Koch/*Koch* Rn. 40; Kölner Komm AktG/*Koppensteiner* Rn. 107; NK-AktR/*Schatz/Schödel* Rn. 66.
[149] *Strohn*, Die Verfassung der Aktiengesellschaft im faktischen Konzern, 1977, 91 f.; *M. Arnold/Aubel* ZGR 2012, 113 (136 f.); MHdB AG/*Krieger* § 70 Rn. 91; ADS Rn. 59; offen gelassen von BGH NZG 2012, 1030 Rn. 23.
[150] *Lutter* FS Peltzer, 2001, S. 241 (255); NK-AktR/*Schatz/Schödel* Rn. 67.
[151] Emmerich/Habersack/*Habersack* Rn. 64 ff.; K. Schmidt/Lutter/*J. Vetter* Rn. 75.
[152] *Ihrig/Wandt* FS Hüffer, 2009, 387 (401); *Pfeuffer*, Verschmelzungen und Spaltungen als nachteilige Rechtsgeschäfte im Sinne von § 311 Abs. 1 AktG?, 2006, 65 ff.; *K. Schmidt* GesR § 31 IV 2b; ADS Rn. 60; MHdB AG/*Krieger* § 70 Rn. 25; Emmerich/Habersack/*Habersack* Rn. 60; Hüffer/Koch/*Koch* Rn. 43; Kölner Komm AktG/*Koppensteiner* Rn. 102.
[153] Einschränkend *Altmeppen* ZIP 2016, 441 (443 f.); MüKoAktG/*Altmeppen* Rn. 369: stets unverzüglich.
[154] BGH NZG 2012, 1030 Rn. 19 f.; → Rn. 65.
[155] MHdB AG/*Krieger* § 70 Rn. 93; Emmerich/Habersack/*Habersack* Rn. 69; K. Schmidt/Lutter/*J. Vetter* Rn. 78; für das Erfordernis einer Verrechnungsabrede ADS Rn. 68; Hüffer/Koch/*Koch* Rn. 43; Kölner Komm AktG/*Koppensteiner* Rn. 127; MüKoAktG/*Altmeppen* Rn. 370; sogleich → Rn. 56.

zugeführt wird. Dabei muss nicht unbedingt jeder einzelne Nachteil durch einen bestimmten einzelnen Vorteil kompensiert werden. Vielmehr ist es auch zulässig, mehrere Vor- und Nachteile **kontokorrentartig zusammenzufassen und zu saldieren,** sofern nur die Einzelposten identifizierbar bleiben.[156] Bleibt am Ende des Geschäftsjahres ein Saldo zu Lasten der abhängigen Gesellschaft, so kann dieser durch eine Schlusszahlung ausgeglichen werden.[157] Ein etwaiger Überschuss des herrschenden Unternehmens kann stehengelassen und zur Verrechnung künftiger Nachteile verwendet werden.[158]

Umstritten ist, ob das herrschende Unternehmen Inhalt und Höhe der Ausgleichsleistung **einseitig bestimmen kann**[159] oder diese einvernehmlich festgelegt werden muss.[160] Den Vorzug verdient die erstgenannte Position. Selbstverständlich bleibt es der abhängigen Gesellschaft unbenommen, ihre Vorstellungen von einem angemessenen Ausgleich geltend zu machen. Das herrschende Unternehmen ist aber nicht gezwungen, darauf einzugehen. Ob der von ihm gewährte Vorteil nach Art und Umfang ausreichend ist, um die entstandenen Nachteile zu kompensieren, bemisst sich allein nach objektiven Kriterien. Dabei spielt auch die Brauchbarkeit der Leistung eine Rolle (→ Rn. 51), sodass die Befürchtung der Gegenansicht, die abhängige Gesellschaft werde unter Umständen mit einer für sie gar nicht verwendbaren Zuwendung abgefunden, nicht durchgreift. 56

c) Begründung eines Rechtsanspruchs. Wenn der Nachteilsausgleich nicht durch tatsächliche Leistung erfolgt ist, muss bis zum Ende des Geschäftsjahres bestimmt werden, wann und durch welche Vorteile die Kompensation erfolgen soll (§ 311 Abs. 2 S. 1). Auf die Verschaffung des Vorteils ist der abhängigen Gesellschaft ein Rechtsanspruch zu gewähren (§ 311 Abs. 2 S. 2). Dies kann – anders als beim tatsächlichen Ausgleich – nur durch den **Abschluss eines Vertrages** geschehen.[161] Letzter Termin ist der Bilanzstichtag, damit die Vereinbarung noch im Abhängigkeitsbericht Berücksichtigung finden kann.[162] 57

Der Vertrag bedarf keiner bestimmten **Form**.[163] Im Hinblick auf die vorgeschriebene Aufstellung und Prüfung des Abhängigkeitsberichts empfiehlt es sich jedoch, die Ausgleichsregelung schriftlich zu fixieren.[164] 58

Inhaltlich verlangt § 311 zunächst die Angabe der **Leistungszeit**. Sie muss allerdings nicht unbedingt nach dem Kalender bestimmt sein, vielmehr genügt jede Form der Zeitbestimmung.[165] Der hinausgeschobene Fälligkeitstermin ist durch angemessene Verzinsung abzugelten.[166] 59

Die Vereinbarung muss **Art und Umfang** des zugesagten Vorteils genau bestimmen.[167] Die Vereinbarung einer Wahlschuld genügt, sofern sie der abhängigen Gesellschaft das Auswahlrecht 60

---

[156] ADS Rn. 62; Emmerich/Habersack/*Habersack* Rn. 70; Hüffer/Koch/*Koch* Rn. 45; Kölner Komm AktG/ *Koppensteiner* Rn. 128; MüKoAktG/*Kropff*, 2. Aufl. 2000, Rn. 240; NK-AktR/*Schatz/Schödel* Rn. 70; K. Schmidt/Lutter/*J. Vetter* Rn. 77.
[157] Emmerich/Habersack/*Habersack* Rn. 70; Hüffer/Koch/*Koch* Rn. 45; Kölner Komm AktG/*Koppensteiner* Rn. 128.
[158] Emmerich/Habersack/*Habersack* Rn. 70.
[159] *Riehl,* Related-Party Transactions im deutschen und US-amerikanischen Recht der Aktiengesellschaft, 2015, 59 ff.; *Beuthien* DB 1969, 1781 (1783); *Kellmann* BB 1969, 1509 (1512) (Fn. 41); MHdB AG/*Krieger* § 70 Rn. 93; Emmerich/Habersack/*Habersack* Rn. 71; Hüffer/Koch/*Koch* Rn. 41; NK-AktR/*Schatz/Schödel* Rn. 71; K. Schmidt/Lutter/*J. Vetter* Rn. 90; Großkomm AktG/*Würdinger* Rn. 10.
[160] So *Altmeppen* ZIP 1996, 693 (696); *Altmeppen* ZHR 171 (2007) 320 (333 f.); *Geßler* FS Westermann, 1974, 145 (161); ADS Rn. 69; MüKoAktG/*Altmeppen* Rn. 356 ff.; für den Inhalt des Ausgleichs auch *Will*, Nachteilsausgleichsvereinbarungen im faktischen Konzern, 2017, 95 ff.; Kölner Komm AktG/*Koppensteiner* Rn. 123 ff.
[161] ADS Rn. 73; Emmerich/Habersack/*Habersack* Rn. 72; Hüffer/Koch/*Koch* Rn. 46; Kölner Komm AktG/ *Koppensteiner* Rn. 129.
[162] Emmerich/Habersack/*Habersack* Rn. 72; die Ansicht von MüKoAktG/*Altmeppen* Rn. 369, die Vereinbarung müsse stets unverzüglich erfolgen, findet im Gesetz keine Stütze.
[163] OLG Köln AG 1999, 519; LG Köln AG 1999, 282 (283); AG Köln AG 1999, 284 (285); MHdB AG/ *Krieger* § 70 Rn. 94; Emmerich/Habersack/*Habersack* Rn. 72; Kölner Komm AktG/*Koppensteiner* Rn. 130; NK-AktR/*Schatz/Schödel* Rn. 72; K. Schmidt/Lutter/*J. Vetter* Rn. 84.
[164] MHdB AG/*Krieger* § 70 Rn. 94; Emmerich/Habersack/*Habersack* Rn. 72; Kölner Komm AktG/*Koppensteiner* Rn. 130; NK-AktR/*Schatz/Schödel* Rn. 72; K. Schmidt/Lutter/*J. Vetter* Rn. 84.
[165] ADS Rn. 74; Emmerich/Habersack/*Habersack* Rn. 73; Hüffer/Koch/*Koch* Rn. 47; Kölner Komm AktG/ *Koppensteiner* Rn. 131.
[166] ADS Rn. 74; Emmerich/Habersack/*Habersack* Rn. 73; Hüffer/Koch/*Koch* Rn. 47; Kölner Komm AktG/ *Koppensteiner* Rn. 131.
[167] BGH NZG 2012, 1030 Rn. 23; Emmerich/Habersack/*Habersack* Rn. 74; MüKoAktG/*Altmeppen* Rn. 365; für die Zulässigkeit einer unbezifferten Ausgleichsvereinbarung aber *M. Arnold/Gärtner* FS Stilz, 2014, S. 7 (17 ff.); *Wilhelm* NZG 2012, 1287 (1291 f.); *Wirth* Liber Amicorum Martin Winter, 2011, 775 (781 ff.); i.E ähnlich *Will,* Nachteilsausgleichsvereinbarungen im faktischen Konzern, 2017, 268 ff., der für eine auflösend bedingte Ausgleichsvereinbarung plädiert; dazu kritisch *H.F. Müller* ZHR 182 (2018), 482 (487 f.).

einräumt.[168] Zweifelhaft erscheint es demgegenüber, die Wahl dem herrschenden Unternehmen oder einem Dritten zu überlassen.[169] Denn § 311 Abs. 2 bezweckt, der abhängigen Gesellschaft spätestens zum Ende des Geschäftsjahres Planungssicherheit zu geben. Dem wird nicht hinreichend Rechnung getragen, wenn die Festlegung der zu erwartenden Zuwendung von der zukünftigen Entscheidung eines anderen abhängt. Unzulässig ist es auch, den Ausgleich von der späteren gerichtlichen Feststellung eines Nachteils abhängig zu machen.[170]

61   **6. Leistungsstörungen.** Ist der abhängigen Gesellschaft als Ausgleich ein Anspruch auf eine bestimmte Leistung eingeräumt worden, so fragt es sich, was bei Leistungsstörungen zu geschehen hat. Dabei können die für gegenseitige Verträge vorgesehenen Regeln des Allgemeinen Schuldrechts nicht ohne weiteres entsprechend herangezogen werden.[171] Denn die sonst rechtswidrige Einflussnahme wird vom Gesetzgeber allein aufgrund des Umstands privilegiert, dass das herrschende Unternehmen sich innerhalb des laufenden Geschäftsjahres vertraglich verpflichtet, die von ihm veranlassten Nachteile auszugleichen. Dann muss es aber auch das Risiko tragen, dass die von ihm versprochenen Leistungen im Zeitpunkt der Fälligkeit auch tatsächlich erfüllt werden können.[172] Das herrschende Unternehmen unterliegt daher einer verschuldensunabhängigen **Garantiehaftung.**

VII. Einordnung in das Regelungsgefüge des Aktienrechts

62   **1. §§ 76, 93, 116.** Der **Vorstand** der abhängigen Gesellschaft bleibt zur **eigenverantwortlichen Leitung** der Korporation verpflichtet (§ 76), deren Interessen alleiniger Maßstab für sein Handeln sind.[173] Weisungen unterliegt er nicht. Er muss stets eigenständig prüfen, ob eine Maßnahme nachteilig ist, ob und wie viel Ausgleich erfolgen kann und ob das herrschende Unternehmen bereit und in der Lage ist, den Ausgleich zu leisten. Der Vorstand darf einer nachteiligen Veranlassung, bei der ein Nachteilsausgleich iSd § 311 nicht gewährleistet ist, nicht folgen, anderenfalls macht er sich schadensersatzpflichtig nach § 93.[174] Entsprechendes gilt für die Kontrollpflichten des **Aufsichtsrats** und seine Haftung nach § 116.[175]

63   **2. §§ 57, 60, 62.** Die Veranlassung zu einer für die abhängige Gesellschaft nachteiligen Maßnahme führt regelmäßig zu einer Vermögensverlagerung zugunsten des herrschenden Gesellschafters und wäre daher als verdeckte Gewinnausschüttung zu beurteilen. Dadurch würde die von § 311 angestrebte Privilegierung praktisch konterkariert. Die herrschende Meinung geht daher zutreffend davon aus, dass die Vorschrift die §§ 57, 60, 62 als **lex specialis** verdrängt;[176] entsprechendes muss für das

---

[168] MHdB AG/*Krieger* § 70 Rn. 94; *ADS* Rn. 74; Emmerich/Habersack/*Habersack* Rn. 74; Hüffer/Koch/*Koch* Rn. 46; Kölner Komm AktG/*Koppensteiner* Rn. 132; NK-AktR/*Schatz/Schödel* Rn. 73; K. Schmidt/Lutter/ *J. Vetter* Rn. 89.

[169] Hüffer/Koch/*Koch* Rn. 47; aA Emmerich/Habersack/*Habersack* Rn. 74; NK-AktR/*Schatz/Schödel* Rn. 73; K. Schmidt/Lutter/*J. Vetter* Rn. 89.

[170] BGH NZG 2012, 1030 Rn. 24; *Hufnagel*, Dogmatik der Haftung und Grenzen der Leitungsmacht durch unbeziffertes Nachteilsausgleich im faktischen Aktienkonzern, 2016, 235 ff.; *Beck* BB 2015, 1289 (1290 f.); *Heidel* FS W. Meilicke, 2011, 125 (131 ff.); aA OLG München BeckRS 2011, 00297; LG München I AG 2010, 173 (175).

[171] Kölner Komm AktG/*Koppensteiner* Rn. 115; anders aber Emmerich/Habersack/*Habersack* Rn. 76; MüKo-AktG/*Altmeppen* Rn. 378 ff.; K. Schmidt/Lutter/*J. Vetter* Rn. 94.

[172] Kölner Komm AktG/*Koppensteiner* Rn. 115; s. zum Ganzen auch *Linsmann*, Der Ausgleichsanspruch nach § 311 Abs. 2 des Aktiengesetzes, 1970, 105 ff.

[173] KG AG 2003, 500 = ZIP 2003, 1042; *Altmeppen* ZIP 1996, 293 (294); *Elsner*, Die laufende Kontrolle der Tochtergesellschaften durch die Verwaltung der Muttergesellschaft, 2003, 85; MHdB AG/*Krieger* § 70 Rn. 31; Emmerich/Habersack/*Habersack* Rn. 78; Henssler/Strohn/*Bödeker* Rn. 35; Hüffer/Koch/*Koch* Rn. 48; MüKo-AktG/*Altmeppen* Rn. 461 ff.; NK-AktR/*Schatz/Schödel* Rn. 14.

[174] BGHZ 179, 71 = NJW 2009, 850 Rn. 14; KG AG 2003, 500; OLG Hamm AG 1995, 512 (515); *Altmeppen*, Die Haftung des Managers im Konzern, 1998, 68 ff.; *Altmeppen* ZIP 1996, 693 (695); *Elsner*, Die laufende Kontrolle der Tochtergesellschaften durch die Verwaltung der Muttergesellschaft, 2003, 85; *Ulmer* FS Hüffer, 2010, 999 (1012 ff.); MHdB AG/*Krieger* § 70 Rn. 138; Emmerich/Habersack/*Habersack* Rn. 78; Henssler/Strohn/*Bödeker* Rn. 35;Hüffer/Koch/*Koch* Rn. 48; NK-AktR/*Schatz/Schödel* Rn. 15 f.

[175] *Ulmer* FS Hüffer, 2010, 999 (1014 f.); MHdB AG/*Krieger* § 70 Rn. 40, 138; Emmerich/Habersack/*Habersack* Rn. 81; Henssler/Strohn/*Bödeker* Rn. 35.

[176] BGHZ 179, 71 = NJW 2009, 850 Rn. 11; BGHZ 190, 7 = NJW 2011, 2719 Rn. 48; BGH NZG 2012, 1030 Rn. 16; OLG Frankfurt/M AG 1996, 324 (327); OLG München AG 2005, 486; OLG Stuttgart AG 1994, 411 (412); LG Düsseldorf AG 1979, 20 (291 f.); LG München I AG 2010, 173 (175); *Elsner*, Die laufende Kontrolle der Tochtergesellschaften durch die Verwaltung der Muttergesellschaft, 2003, 87 f.; *Bezzenberger* Das Kapital der Aktiengesellschaft, 2005, 326 ff.; *Meyer*, Nachteil und Einlagenrückgewähr im faktischen Konzern, 2013, 296 ff.; *Papagiannis*, Der faktische Aktienkonzern, 1993, 79; *Wimmer-Leonhard*, Konzernhaftungsrecht, 2004, 130 ff.; *Mülbert/Leuschner* NZG 2009, 281 (286); *Tröger* ZGR 2009, 447 (464 f.); *Ulmer* FS Hüffer, 2010, 999 (1005 ff.); *Wand/*

Finanzierungsverbot des § 71a gelten.[177] Da durch die Ausgleichspflicht des herrschenden Unternehmens für einen hinreichenden Vermögensschutz gesorgt ist, bestehen auch im Hinblick auf Art. 56, 57 GesR-RL keine Bedenken.[178] Erst wenn bis zum Ende des Geschäftsjahres die Nachteile nicht nach Maßgabe von § 311 Abs. 2 ausgeglichen worden sind, kommen die allgemeinen Bestimmungen über die Kapitalbindung neben der Haftung nach § 317 zum Zuge.

3. § 117. Ebenfalls im Sinne einer **Spezialität des § 311** ist das Spannungsverhältnis zwischen dieser Norm und § 117 aufzulösen.[179] Denn durchweg dürfte dem herrschenden Unternehmen bewusst sein, dass es die abhängige Gesellschaft zu einer nachteiligen Maßnahme veranlasst, was an sich zu einem sofort fälligen Schadensersatzanspruch führen würde. Das wäre jedoch mit der in § 311 Abs. 2 vorgesehenen Möglichkeit des nachgelagerten Ausgleichs nicht zu vereinbaren. § 117 ist allerdings neben § 317 anwendbar.[180]

4. § 243 Abs. 2. Eine nachteilige Veranlassung kann auch in einem Beschluss der Hauptversammlung liegen (→ Rn. 21). Daher stellt sich das Problem, ob § 311 die Anwendbarkeit des § 243 Abs. 2 (Anfechtung wegen unzulässiger Verfolgung von Sondervorteilen) ausschließt. Praktische Bedeutung hat die Frage vor allem im Hinblick darauf, dass § 243 Abs. 2 S. 2 verlangt, dass der Beschluss selbst eine Ausgleichsregelung vorsehen muss. Ein nachgelagerter Ausgleich wäre damit ausgeschlossen. Die hM nimmt dies trotz der Privilegierungsfunktion des § 311 hin.[181] Für sie spricht, dass der Beschluss bei Ausschluss der Anfechtungsmöglichkeit bestandskräftig würde, auch wenn ein Nachteilsausgleich später nicht erfolgt, und somit auch eine Beseitigung der Maßnahme nicht mehr verlangt werden könnte. § 243 Abs. 2 und § 311 sind daher nebeneinander anwendbar. Wenn das herrschende Unternehmen den Ausgleich im laufenden Verfahren nachholt, tritt dadurch keine Erledigung der Hauptsache im Anfechtungsprozess Beschlussmängelstreit ein, denn dadurch wird der Fehler, dass der Beschluss selbst den Ausgleich nicht regelt, keineswegs geheilt.[182]

5. **Gesellschaftsrechtliche Treuepflicht.** Umstritten ist das Verhältnis zur gesellschaftsrechtlichen Treuepflicht. Nach Ansicht *Zöllners* ist der Rückgriff auf dieses Institut neben § 311 **zulässig.** Die gesetzliche Regelung stelle lediglich eine missglückte Reaktion auf das Verständnis der vor dem AktG geltenden Rechtslage dar, mit der man nicht eigentlich etwas erlauben, sondern ein vorher vermeintlich Erlaubtes einschränken wollte. Wäre die gesellschaftliche Treuepflicht damals schon

---

Tillmann/Heckenthaler AG 2009, 148 (156); MHdB AG/*Krieger* § 70 Rn. 52, 74; *J. Vetter* in Lutter Holding-HdB § 8 Rn. 28; *ADS* Rn. 77; Emmerich/Habersack/*Habersack* Rn. 82; Grigoleit/*Grigoleit* Rn. 55 f.; Henssler/Strohn/*Bödeker* Rn. 37; Hüffer/Koch/*Koch* Rn. 49; Kölner Komm AktG/*Koppensteiner* Rn. 161 f.; MüKoAktG/*Kropff*, 2. Aufl. 2000, Rn. 326 ff.; NK-AktR/*Schatz*/*Schödel* Rn. 12; einschränkend *Bayer* FS Lutter, 2000, 1011 (1030 f.); gänzlich abl. *Altmeppen*, Die Haftung des Managers im Konzern, 1998, 57 ff.; *Altmeppen* ZIP 1996, 693 (697 f.); *Cahn*, Kapitalerhaltung im Konzern, 1998, 64 ff.; *Fassbender*, Cash Pooling und Kapitalersatzrecht im Konzern, 2004, 159 ff.; *Wackerbarth*, Grenzen der Leitungsmacht in der internationalen Unternehmensgruppe, 2001, 125 ff., 305 ff.; *Wilhelmi* WM 2009, 1917 (1918); Großkomm AktG/*Würdinger*, 3. Aufl. 1975, Rn. 5.
[177] *Wand/Tillmann/Heckenthaler* AG 2009, 148 (160 f.); MHdB AG/*Krieger* § 70 Rn. 54, 74; Emmerich/Habersack/*Habersack* Rn. 82.
[178] *Habersack* ZGR 2003, 724 (733 f.); *Wand/Tillmann/Heckenthaler* AG 2009, 148 (156); *Wimmer-Leonhard*, Konzernhaftungsrecht, 2004, 132 f.; Emmerich/Habersack/*Habersack* Rn. 82; Kölner Komm AktG/*Koppensteiner* Vor § 311 Rn. 7; aA *Schön* FS Kropff, 1997, 285 (295 ff.).
[179] *Elsner*, Die laufende Kontrolle der Tochtergesellschaften durch die Verwaltung der Muttergesellschaft, 2003, 81 ff.; *Papagiannis*, Der faktische Aktienkonzern, 1993, 79; *Ulmer* FS Hüffer, 2010, 999 (1009 ff.); *Wimmer-Leonhard*, Konzernhaftungsrecht, 2004, 133 f.; *Lutter/Trölitzsch* in Lutter Holding-HdB § 7 Rn. 84; MHdB AG/*Krieger* § 70 Rn. 74; *ADS* Rn. 78; Emmerich/Habersack/*Habersack* Rn. 88; Grigoleit/*Grigoleit* Rn. 57; Henssler/Strohn/*Bödeker* Rn. 5; Hüffer/Koch/*Koch* Rn. 50; Kölner Komm AktG/*Koppensteiner* Rn. 164.
[180] *Ulmer* FS Hüffer, 2010, 999 (1011 ff.); MHdB AG/*Krieger* § 70 Rn. 137; *Lutter/Trölitzsch* in Lutter Holding-HdB § 7 Rn. 84; Emmerich/Habersack/*Habersack* Rn. 88; Henssler/Strohn/*Bödeker* Rn. 37; Hüffer/Koch/*Koch* Rn. 50.
[181] BGH NZG 2012, 1030 Rn. 20 ff.; OLG Frankfurt/M WM 1973, 348 (350 f.); LG Bonn AG 2001, 201 (204); LG München I NZG 2002, 826 (827); AG 2010, 173 (179); *Papagiannis*, Der faktische Aktienkonzern, 1993, 80 f.; *Timmann*, Die Durchsetzung von Konzerninteressen in der Satzung der abhängigen Aktiengesellschaft, 2001, 212 f.; *ADS* Rn. 79; *Beck* BB 2015, 1289 (1292); *H.F. Müller* FS Stilz, 2014, 329 (336 ff.); Emmerich/Habersack/*Habersack* Rn. 85; Grigoleit/*Grigoleit* Rn. 54; Henssler/Strohn/*Bödeker* Rn. 37; Hüffer/Koch/*Koch* Rn. 48; Kölner Komm AktG/*Koppensteiner* Rn. 166; MüKoAktG/*Altmeppen* Rn. 130 ff.; aA *Altmeppen* ZIP 2016, 441 (445 ff.); *M. Arnold*/Gärtner FS Stilz, 2014, 7 (9 ff.); *Mülbert*, Aktiengesellschaft, Unternehmensgruppe und Kapitalmarkt, 2. Aufl. 1995, 288 f.; *Wimmer-Leonhard*, Konzernhaftungsrecht, 2004, 134 ff.; für Verdrängung der §§ 311 ff. OLG Stuttgart AG 1994, 411 (412).
[182] *H.F. Müller* FS Stilz, 2014, 329 (339); *Wilhelm* NZG 2012, 1287 (1290); MüKoAktG/*Hüffer/Schäfer* § 243 Rn. 105; aA Grigoleit/*Grigoleit* Rn. 54; MüKoAktG/*Altmeppen* Rn. 133; *K. Schmidt/Lutter/J. Vetter* Rn. 123.

anerkannt gewesen, hätte der Gesetzgeber die konzernrechtlichen Regeln vermutlich strenger konzipiert.[183]

67   Zöllner ist zuzugeben, dass die Regelung des § 311 im Vergleich zu den Bindungen, die sich nach dem heutigen Stand der Dogmatik aus der gesellschaftsrechtlichen Treuepflicht ergeben würden, für das herrschende Unternehmen wesentlich günstiger ist. Dieser Befund berechtigt den Rechtsanwender jedoch keinesfalls, eine vom Gesetzgeber nach intensiver Diskussion sorgfältig austarierte Regelung[184] von sich aus zu korrigieren und über das Vehikel der Treuepflicht eigene rechtspolitische Vorstellungen durchzusetzen. Die §§ 311 ff. stellen sich daher in ihrem Anwendungsbereich als **abschließende Sonderregelung** dar.[185] Außerhalb des unmittelbaren Regelungsbereichs der Vorschriften, namentlich auf der vorgelagerten Ebene des Konzernpräventivschutzes, ist der Rückgriff auf die Treuepflicht dagegen grundsätzlich möglich. Allerdings ist auch insoweit vor einer Überspannung dieses Rechtsinstituts zu warnen (näher → Vor § 311 Rn. 52).

§ 312 Bericht des Vorstands über Beziehungen zu verbundenen Unternehmen

(1) ¹Besteht kein Beherrschungsvertrag, so hat der Vorstand einer abhängigen Gesellschaft in den ersten drei Monaten des Geschäftsjahrs einen Bericht über die Beziehungen der Gesellschaft zu verbundenen Unternehmen aufzustellen. ²In dem Bericht sind alle Rechtsgeschäfte, welche die Gesellschaft im vergangenen Geschäftsjahr mit dem herrschenden Unternehmen oder einem mit ihm verbundenen Unternehmen oder auf Veranlassung oder im Interesse dieser Unternehmen vorgenommen hat, und alle anderen Maßnahmen, die sie auf Veranlassung oder im Interesse dieser Unternehmen im vergangenen Geschäftsjahr getroffen oder unterlassen hat, aufzuführen. ³Bei den Rechtsgeschäften sind Leistung und Gegenleistung, bei den Maßnahmen die Gründe der Maßnahme und deren Vorteile und Nachteile für die Gesellschaft anzugeben. ⁴Bei einem Ausgleich von Nachteilen ist im einzelnen anzugeben, wie der Ausgleich während des Geschäftsjahrs tatsächlich erfolgt ist, oder auf welche Vorteile der Gesellschaft ein Rechtsanspruch gewährt worden ist.

(2) Der Bericht hat den Grundsätzen einer gewissenhaften und getreuen Rechenschaft zu entsprechen.

(3) ¹Am Schluß des Berichts hat der Vorstand zu erklären, ob die Gesellschaft nach den Umständen, die ihm in dem Zeitpunkt bekannt waren, in dem das Rechtsgeschäft vorgenommen oder die Maßnahme getroffen oder unterlassen wurde, bei jedem Rechtsgeschäft eine angemessene Gegenleistung erhielt und dadurch, daß die Maßnahme getroffen oder unterlassen wurde, nicht benachteiligt wurde. ²Wurde die Gesellschaft benachteiligt, so hat er außerdem zu erklären, ob die Nachteile ausgeglichen worden sind. ³Die Erklärung ist auch in den Lagebericht aufzunehmen.

Schrifttum: *Bachmann,* Die Einmann-AG, NZG 2001, 961; *Bertram,* Der Abhängigkeitsbericht der KGaA: Wer ist eigentlich abhängig und wer berichtet?, WPg 2009, 411; *Bode,* Abhängigkeitsbericht und Kostenlast im einstufigen faktischen Konzern, AG 1995, 261; *Böttcher,* Der Abhängigkeitsbericht im faktischen Konzern – kostspielig, unpraktikabel und wirkungslos?, FS Maier-Reimer, 2010, 29; *Döllerer,* Der Abhängigkeitsbericht und seine Prüfung bei einem Vorstandswechsel, FS Semler, 1993, 441; *Ensslin,* Bilanzierung von Ausgleichsforderungen und -verbindlichkeiten gem. § 311 AktG – Abhängigkeitsverhältnis –, DB 1968, 1190; *Fleischer,* „Geheime Kommandosache": Ist die Vertraulichkeit des Abhängigkeitsberichts (§ 312 AktG) noch zeitgemäß?, BB 2014, 835; *Friedl,* Abhängigkeitsbericht und Nachteilsausgleich zwischen erfolgreicher Übernahme und Abschluss eines Beherrschungsvertrages, NZG 2005, 875; *Goerdeler,* Geschäftsbericht, Konzerngeschäftsbericht und Abhängigkeitsbericht aus der Sicht des Wirtschaftsprüfers, WPg 1966, 113; *J. Götz,* Der Abhängigkeitsbericht der 100 %igen Tochtergesellschaft, AG 2000, 498; *J. Götz,* Zeitliche Begrenzung der Verpflichtung zur Erstellung eines Abhängigkeitsberichts, NZG 2001, 68; *Habersack/Verse,* Zum Auskunftsrecht des Aktionärs im faktischen Konzern, AG 2003, 300; *Haesen,* Der Abhängigkeitsbericht im faktischen Konzern, 1970; *Hommelhoff,* Praktische Erfahrungen mit dem Abhängigkeitsbericht, ZHR 156 (1992), 295; *Hommelhoff,* Empfiehlt es sich, das Recht faktischer Unternehmensverbindungen neu zu regeln?, Gutachten G für den 59. Deutschen Juristentag, 1992; *IDW,* Zur Aufstellung und Prüfung des Berichts über Beziehungen zu verbundenen Unternehmen (Abhängigkeitsbericht nach § 312 AktG), Stellungnahme HFA 3/1991, WPg 1992, 91; *Klussmann,* Einzelfragen zu Inhalt und Gliederung

---

[183] *Zöllner* ZHR 162 (1998) 235 (241); ihm folgend *Burgard* FS Lutter, 2000, 1033 (1044); *Tröger,* Treuepflicht im Konzernrecht, 2000, 210 ff.; *Voigt,* Haftung aus Einfluss auf die Aktiengesellschaft (§§ 117, 309, 317 AktG), 2004, 317 ff.

[184] Zur Entstehungsgeschichte → Vor § 311 Rn. 8 ff.

[185] *Bachmann* NZG 2001, 961 (971); *Wimmer-Leonhard,* Konzernhaftungsrecht, 2004, 134; Emmerich/Habersack/*Habersack* Rn. 89; Hüffer/Koch/*Koch* Rn. 52; Kölner Komm AktG/*Koppensteiner* Rn. 167 ff.

des Abhängigkeitsberichts nach § 312 AktG, DB 1967, 1487; *Mathern,* Die Beurteilung von Rahmenverträgen zwischen Gesellschaften im Abhängigkeitsverhältnis auf Grund der §§ 311 ff. AktG 1965, AG 1966, 380; *Maul,* Der Abhängigkeitsbericht im künftigen Konzernrecht – ein Vergleich zwischen der Regelung des Vorentwurfs der 9. EG-Richtlinie und des geltenden AktG, DB 1985, 1749; *A. Meier,* Inhalt und Prüfung des Abhängigkeitsberichts, WPg 1968, 64; *Mertens,* Verpflichtung der Volkswagen AG, einen Bericht gemäß § 312 AktG über ihre Beziehungen zum Land Niedersachsen zu erstatten?, AG 1996, 241; *Mertens,* Abhängigkeitsbericht bei „Unternehmenseinheit" in der Handelsgesellschaft KGaA?, FS Claussen, 1997, 297; *Petersen/Zwirner/Busch* Berichterstattungspflichten im Zusammenhang mit natürlichen Personen: nahestehende Personen und Abhängigkeitsbericht, BB 2009, 1854; *Pöppl,* Aktienrechtlicher Minderheitenschutz durch den „Abhängigkeitsbericht", 1972; *Rasner,* Der Abhängigkeitsbericht des § 312 des Aktiengesetzes, BB 1966, 1043; *Schiessl,* Abhängigkeitsbericht bei Beteiligungen der öffentlichen Hand – Besprechung des Beschlusses BGHZ 135, 107 – VW/Niedersachsen –, ZGR 1998, 871; *U. H. Schneider,* Der Auskunftsanspruch des Aktionärs im Konzern, FS Lutter, 2000, 1193; *Strieder,* Der aktienrechtliche Abhängigkeitsbericht bei der kapitalistischen Kommanditgesellschaft auf Aktien, DB 2004, 799; *v. Venrooy,* Erfüllungsgeschäfte im Abhängigkeitsbericht der Aktiengesellschaft, DB 1980, 385; *E. Vetter,* Interessenkonflikte im Konzern – vergleichende Betrachtungen zum faktischen Konzern und zum Vertragskonzern – ZHR 171 (2007) 342; *H. Wieland,* Die Abbildung von Fremdeinfluss im Abhängigkeitsbericht, 1998; *Winkhaus,* Der Bericht des Vorstandes einer Aktiengesellschaft über Beziehungen zu verbundenen Unternehmen, 1967; *Wollert,* Der Abhängigkeitsbericht nach dem neuen Aktiengesetz 1965, DB 1966, 1281.

Übersicht

	Rn.		Rn.
I. Bedeutung der Norm	1–4	2. Berichtspflichtige Vorgänge	25–40
II. Voraussetzungen der Berichtspflicht	5–13	a) Verhältnis zwischen Rechtsgeschäft und anderen Maßnahmen	25, 26
1. Abhängigkeitsverhältnis	5–9	b) Rechtsgeschäfte	27–38
2. Kein Beherrschungs- oder Gewinnabführungsvertrag; keine Eingliederung	10	c) Andere Maßnahmen	39, 40
		3. Einzelangaben	41–44
3. Änderungen während des Geschäftsjahres	11, 12	a) Rechtsgeschäfte	41, 42
4. Negativbericht	13	b) Andere Maßnahmen	43
		c) Nachteilsausgleich	44
III. Verfahren und Kosten	14–18	**VI. Allgemeine Grundsätze der Berichterstattung (Abs. 2)**	45–47
1. Aufstellung durch den Vorstand	14, 15		
2. Frist	16	1. Überblick	45
3. Vorlage	17	2. Wahrheit und Vollständigkeit	46
4. Kosten	18	3. Klarheit und Übersichtlichkeit	47
IV. Sanktionen fehlender oder fehlerhafter Berichterstattung	19–22	**VII. Die Schlusserklärung (Abs. 3)**	48–51
V. Inhalt des Abhängigkeitsberichts	23–44	1. Zweck	48
		2. Inhalt	49, 50
1. Überblick	23, 24	3. Aufnahme in den Lagebericht	51

I. Bedeutung der Norm

Gem. § 312 Abs. 1 hat der Vorstand einer faktisch abhängigen Gesellschaft innerhalb der ersten **1** drei Monate des Geschäftsjahres einen Bericht über Beziehungen zu verbundenen Unternehmen – kurz: **Abhängigkeitsbericht** – aufzustellen, in dem alle „benachteiligungsverdächtigen" Vorgänge und Umstände aufzunehmen sind. Abs. 2 umschreibt generalklauselartig den bei der Erstellung des Berichts anzuwendenden Pflichtenstandard. Nach Abs. 3 muss der Bericht eine Schlusserklärung enthalten, in der der Vorstand mitteilt, ob die Gesellschaft Nachteile erlitten hat und ob diese ausgeglichen wurden. Diese Erklärung ist auch in den Lagebericht aufzunehmen.

Der **Zweck** der Berichtspflicht besteht nach den Materialien darin, den außenstehenden Aktionä- **2** ren und Gesellschaftsgläubigern die **Durchsetzung von Ersatzansprüchen** nach § 317 zu erleichtern.[1] Allerdings hat der Gesetzgeber sich dagegen entschieden, ihnen den Bericht unmittelbar zugänglich zu machen, weil dieser regelmäßig hochsensible Unternehmensinterna enthält.[2] Jedoch müssen die Schlusserklärung des Vorstands und vor allem die Ergebnisse der Prüfung von Aufsichtsrat (§ 313) und Abschlussprüfer offen gelegt werden. Ergeben sich hieraus Anhaltspunkte für nicht ausgeglichene Nachteile, kann jeder Aktionär eine **Sonderprüfung (§ 315)** beantragen, um sich so

---

[1] RegBegr. *Kropff* S. 411; s. ferner Emmerich/Habersack/*Habersack* Rn. 2; Hüffer/Koch/*Koch* Rn. 1; Kölner Komm AktG/*Koppensteiner* Rn. 2 f.; MüKoAktG/*Altmeppen* Rn. 5.
[2] Die Vorlage des Abhängigkeitsberichts kann auch von Aktionären und Gläubigern, die Ansprüche nach § 317 verfolgen, nicht verlangt werden, vgl. OLG Düsseldorf AG 1988, 275 (277); *Schiessl* ZGR 1998, 871 (873); Hüffer/Koch/*Koch* Rn. 38.

die notwendigen Informationen für eine Klage zu beschaffen. Das Ergebnis der Sonderprüfung wird auch den Gläubigern zugänglich gemacht (→ § 145 Abs. 6 S. 3). Ihren Interessen wird zudem dadurch Rechnung getragen, dass im Insolvenzfall der Verwalter den Abhängigkeitsbericht einsehen und Ersatzansprüche geltend machen kann.[3]

3 Noch viel wichtiger ist indes die **präventive Funktion** des Abhängigkeitsberichts. Die Pflicht zu seiner Aufstellung und Prüfung bewirkt, dass die Entscheidungsträger bereits im Vorfeld darauf achten, dass nachteilige Maßnahmen unterbleiben oder kompensiert werden.[4] Unter diesem Gesichtspunkt wird der Abhängigkeitsbericht rechtspolitisch heute durchaus positiv bewertet.[5]

4 § 312 lässt das **allgemeine Auskunftsrecht** des Aktionärs unberührt, sodass dieser sich in den freilich engen Grenzen des § 131 auch über im Abhängigkeitsbericht aufgeführte Vorgänge unterrichten kann.[6] Unberührt bleibt auch die nach IAS 24, § 285 Nr. 21 HGB, § 314 Abs. 1 Nr. 13 HGB bestehende Pflicht zur Offenlegung von wesentlichen Geschäften mit nahestehenden Unternehmen und Personen, die nicht zu marktüblichen Bedingungen zustande gekommen sind. Betrachtet man sich die gegenwärtige Rechtslage insgesamt, so trägt sie den Interessen von außenstehenden Gesellschaftern und Gläubigern hinreichend Rechnung. Die immer wieder geforderte Veröffentlichung des Abhängigkeitsberichts[7] würde mit Blick auf das vom Gesetzgeber 1965 zu Recht betonte Geheimhaltungsinteresse der Gesellschaft zu weit gehen.[8]

II. Voraussetzungen der Berichtspflicht

5 **1. Abhängigkeitsverhältnis.** § 312 knüpft an die Voraussetzungen der Nachteilsausgleichspflicht nach § 311 an. Erforderlich ist zunächst ein Abhängigkeitsverhältnis iSd § 17. Die Pflicht zur Berichterstattung besteht auch dann, wenn das herrschende Unternehmen eine **Gebietskörperschaft** ist.[9] Auf die Treuhandanstalt und ihre Nachfolgeorganisationen ist hingegen nach § 28a EGAktG das Konzernrecht des Aktiengesetzes nicht anwendbar, so dass deren Beteiligung an einer Gesellschaft keine Berichtspflicht auslöst.[10] Eine entsprechende Ausnahme sieht § 7d S. 1 FMStG im Hinblick auf eine Beherrschung durch den Finanzmarktstabilisierungsfonds vor.[11]

6 Die Pflicht zur Berichterstattung entfällt nicht, wenn alle Anteile an der Gesellschaft dem herrschenden Unternehmen gehören (**Ein-Personen-AG**)[12] oder die Gesellschaft **aufgelöst** ist.[13] Auch für den Fall, dass durch die Satzung eine „vollständige Interesseneinheit" zwischen herrschendem Unternehmen und abhängiger Gesellschaft hergestellt wird, kann es keine Ausnahme geben.[14]

---

[3] MüKoAktG/*Altmeppen* Rn. 5, 11.
[4] Vgl. die Untersuchung von *Hommelhoff* ZHR 156 (1992) 295 ff.
[5] *Böttcher* FS Maier-Reimer, 2010, 29 (35 ff.); *Schiessl* ZGR 1998, 871 (873); Emmerich/Habersack/*Habersack* Rn. 3; Henssler/Strohn/*Bödeker* Rn. 1; Hüffer/Koch/*Koch* Rn. 1; MüKoAktG/*Kropff*, 2. Aufl. 2000, Rn. 18 ff.;Wachter/*Rothley* Rn. 1; zurückhaltend Großkomm AktG/*Fleischer* Rn. 33 f.; krit. *J. Götz* AG 2000, 498 (499 f.); Kölner Komm AktG/*Koppensteiner* Rn. 5; → auch Vor § 311 Rn. 16; zur Diskussion um eine verstärkte Publizität s. die Nachw. in den Fn. 8, 9.
[6] OLG Düsseldorf AG 1992, 34 (36); OLG Stuttgart AG 2005, 94 (95); *Habersack/Verse* AG 2003, 300 (303 ff.); MHdB AG/*Krieger* § 70 Rn. 96; Bürgers/Körber/*Fett* Rn. 3; Emmerich/Habersack/*Habersack* Rn. 6; Hüffer/Koch/*Koch* Rn. 39; Kölner Komm AktG/*Koppensteiner* Rn. 6; MüKoAktG/*Altmeppen* Rn. 16; K. Schmidt/Lutter/*J. Vetter* Rn. 8; aA KG NJW 1972, 2307 (2309 f.); OLG Frankfurt/M AG 2003, 335 f.
[7] *Bayer/Selentin* NZG 2015, 7 (11 f.); *Fleischer* BB 2014, 835 (839 ff.); *Kalls* ZHR 171 (2007) 146 (197); *E. Vetter* ZHR 171 (2007) 342 (365 f.); Emmerich/Habersack/*Habersack* Rn. 3; Großkomm AktG/*Fleischer* Rn. 18 ff.; K. Schmidt/Lutter/*J. Vetter* § 311 Rn. 8.
[8] *Hommelhoff* Gutachten S. 59; Hüffer/Koch/*Koch* Rn. 38; für eine Pflicht zur Offenlegung der Abhängigkeits- und Prüfungsberichte der letzten fünf Jahre im Insolvenzfall *Baums* Bericht der Regierungskommission Corporate Governance 2001 Rn. 180; *Decher* ZHR 171 (2007) 126 (138).
[9] Vgl. BGHZ 69, 334 (338 ff.) = LM AktG 1965 § 17 Nr. 2 = NJW 1978, 104; BGHZ 135, 107 (113 f.) = LM AktG 1965 § 17 Nr. 12 = NJW 1997, 1855 mit zustimmender Besprechung von *Schiessl* ZGR 1998, 871 ff.; *Haesen* Der Abhängigkeitsbericht im faktischen Konzern, 1970, 24 ff.; Großkomm AktG/*Fleischer* Rn. 38; Hüffer/Koch/*Koch* Rn. 3; MüKoAktG/*Altmeppen* Rn. 123.
[10] Emmerich/Habersack/*Habersack* Rn. 8; Großkomm AktG/*Fleischer* Rn. 38; Hüffer/Koch/*Koch* Rn. 3.
[11] OLG Frankfurt/M NZG 2015, 1357 (1360 f.); Emmerich/Habersack/*Habersack* Rn. 8; Großkomm AktG/*Fleischer* Rn. 38.
[12] *Bachmann* NZG 2001, 961 (969); MHdB AG/*Krieger* § 70 Rn. 97; ADS Rn. 29; Emmerich/Habersack/*Habersack* Rn. 6; Großkomm AktG/*Fleischer* Rn. 37; Hüffer/Koch/*Koch* Rn. 3; Kölner Komm AktG/*Koppensteiner* Rn. 9; MüKoAktG/*Altmeppen* Rn. 27; K. Schmidt/Lutter/*J. Vetter* Rn. 9; anders de lege ferenda *J. Götz* AG 2000, 498 (500).
[13] ADS Rn. 16; Emmerich/Habersack/*Habersack* Rn. 6; Großkomm AktG/*Fleischer* Rn. 38; Kölner Komm AktG/*Koppensteiner* Rn. 9; MüKoAktG/*Altmeppen* Rn. 27; K. Schmidt/Lutter/*J. Vetter* Rn. 9.
[14] So jedoch *Mertens* FS Claussen, 1997, 297 ff.; gegen ihn namentlich Emmerich/Habersack/*Habersack* Rn. 6; Großkomm AktG/*Fleischer* Rn. 37; MüKoAktG/*Altmeppen* Rn. 27.

Dass neben der AG auch die **KGaA** abhängige Gesellschaft iSd § 312 sein kann, wurde im 7
Hinblick darauf, dass die Vorschrift nur den Vorstand als Träger der Berichtspflicht nennt, vereinzelt
bestritten.[15] Dieses formale Argument kann jedoch im Hinblick auf den Zweck der Berichtspflicht
nicht durchgreifen. Sie soll sicherstellen, dass die Vorgaben des § 311 eingehalten werden. § 311
bezieht jedoch die abhängige KGaA ausdrücklich in seinen Schutzbereich mit ein. Folglich muss
sich die zur effektiven Durchsetzung des Nachteilsausgleichs konzipierte Berichtspflicht ebenfalls auf
Gesellschaften dieser Rechtsform erstrecken.[16] Hier obliegt es nach dem Rechtsgedanken des § 283
den Komplementären bzw. deren Organwaltern[17] den Abhängigkeitsbericht zu erstellen.[18] Schließlich ist auch die abhängige SE zur Berichterstattung verpflichtet.[19]

Bei **mehrstufigen Unternehmensverbindungen** ist für jedes Abhängigkeitsverhältnis ein 8
Bericht zu erstellen. Es genügt jedoch, dass die Enkelgesellschaft einen einheitlichen Bericht aufstellt,
der aber konkret angeben muss, wer die Maßnahme jeweils veranlasst und in welchem Interesse sie
getroffen wurde.[20]

Bei **mehrfacher Abhängigkeit** ist über die Beziehungen zu jedem herrschenden Unternehmen 9
zu berichten. Wird die abhängige Gesellschaft als Gemeinschaftsunternehmen geführt, so reicht es
wiederum aus, dass ein einheitlicher Bericht erstellt wird, wenn aus ihm bei jeder Maßnahme
Veranlassung und Interessenlage hervorgeht.[21]

2. Kein Beherrschungs- oder Gewinnabführungsvertrag; keine Eingliederung. § 312 10
schließt die Berichtspflicht ausdrücklich bei Bestehen eines Beherrschungsvertrages aus. Sie entfällt
außerdem im Fall der Eingliederung (§ 323 Abs. 1 S. 3). Liegt ein Gewinnabführungsvertrag vor,
so sind nach § 316 die §§ 312–315 unanwendbar. Der Gesetzgeber war der Auffassung, dass ein
Abhängigkeitsbericht entbehrlich ist, weil die §§ 300–307 den Schutz der abhängigen Gesellschaft
übernehmen.[22] Zu den Auswirkungen bei mehrstufigen Abhängigkeitsverhältnissen → § 311
Rn. 9 ff.

3. Änderungen während des Geschäftsjahres. Gerät die Gesellschaft im Laufe des Geschäfts- 11
jahres in ein **Abhängigkeitsverhältnis**, so ist ein Abhängigkeitsbericht zu erstellen. Dieser
beschränkt sich allerdings auf die Vorgänge nach Entstehung der Abhängigkeit.[23] In der umgekehrten
Konstellation des Wegfalls der Abhängigkeit ist über den Zeitraum, in dem die Voraussetzungen des
§ 312 noch vorgelegen haben, zu berichten.[24] Entsprechendes gilt für Begründung und Wegfall der
Berichtsvoraussetzungen durch **Rechtsformwechsel**[25] und **Verschmelzung**.[26]

Bei Abschluss eines **Beherrschungs- oder Gewinnabführungsvertrages** sowie im Falle der 12
Eingliederung entfällt die Berichtspflicht für das gesamte Geschäftsjahr, sofern das Rechtsverhältnis
vor dem Bilanzstichtag durch Eintragung in das Handelsregister wirksam geworden ist.[27] Grund

---

[15] *Gail* WPg 1966, 425 (429).
[16] OLG Stuttgart AG 2003, 527 (530); *Bertram* WPg 2009, 411 (412); *Haesen*, Der Abhängigkeitsbericht im faktischen Konzern, 1970, 33 ff.; *Mertens* FS Claussen, 1997, 297 (298); MHdB AG/*Krieger* § 70 Rn. 97; ADS Rn. 15; Emmerich/Habersack/*Habersack* Rn. 10; Großkomm AktG/*Fleischer* Rn. 40; Hüffer/Koch/*Koch* Rn. 5; Kölner Komm AktG/*Koppensteiner* Rn. 10; MüKoAktG/*Altmeppen* Rn. 23.
[17] Zur Komplementärfähigkeit juristischer Personen BGHZ 134, 392 ff. = LM AktG 1965 § 278 Nr. 1 (*H. G. Roth*) = NJW 1997, 1923.
[18] Emmerich/Habersack/*Habersack* Rn. 10; Großkomm AktG/*Fleischer* Rn. 40, 59; Henssler/Strohn/*Bödeker* Rn. 5; Hüffer/Koch/*Koch* Rn. 5.
[19] Großkomm AktG/*Fleischer* Rn. 40.
[20] MHdB AG/*Krieger* § 70 Rn. 98; ADS Rn. 9; Emmerich/Habersack/*Habersack* Rn. 9; Großkomm AktG/*Fleischer* Rn. 43; Kölner Komm AktG/*Koppensteiner* Rn. 11; MüKoAktG/*Altmeppen* Rn. 129.
[21] MHdBAG/*Krieger* § 70 Rn. 99; ADS Rn. 12; Emmerich/Habersack/*Habersack* Rn. 9; Kölner Komm AktG/*Koppensteiner* Rn. 12; MüKoAktG/*Altmeppen* Rn. 127.
[22] RegBegr. *Kropff* S. 418.
[23] MHdB AG/*Krieger* § 70 Rn. 100; ADS Rn. 23; Emmerich/Habersack/*Habersack* Rn. 11; Großkomm AktG/*Fleischer* Rn. 46; Hüffer/Koch/*Koch* Rn. 6; Kölner Komm AktG/*Koppensteiner* Rn. 14; MüKoAktG/*Altmeppen* Rn. 30; K. Schmidt/Lutter/*J. Vetter* Rn. 11.
[24] MHdB AG/*Krieger* § 70 Rn. 100; ADS Rn. 24; Emmerich/Habersack/*Habersack* Rn. 11; Hüffer/Koch/*Koch* Rn. 6; Kölner Komm AktG/*Koppensteiner* Rn. 14 f.; MüKoAktG/*Altmeppen* Rn. 31; K. Schmidt/Lutter/*J. Vetter* Rn. 12.
[25] MHdB AG/*Krieger* § 70 Rn. 100; Emmerich/Habersack/*Habersack* Rn. 11; Hüffer/Koch/*Koch* Rn. 6; Kölner Komm AktG/*Koppensteiner* Rn. 16; aA ADS Rn. 26; MüKoAktG/*Altmeppen* Rn. 43 ff.; K. Schmidt/Lutter/*J. Vetter* Rn. 15.
[26] MHdBAG/*Krieger* § 70 Rn. 100; ADS Rn. 26a; Emmerich/Habersack/*Habersack* Rn. 11; Kölner Komm AktG/*Koppensteiner* Rn. 17; aA MüKoAktG/*Altmeppen* Rn. 46; K. Schmidt/Lutter/*J. Vetter* Rn. 16.
[27] *Friedl* NZG 2005, 875 (877 f.); MHdB AG/*Krieger* § 70 Rn. 100; Emmerich/Habersack/*Habersack* Rn. 12; Hüffer/Koch/*Koch* Rn. 7; Kölner Komm AktG/*Koppensteiner* Rn. 18; MüKoAktG/*Altmeppen* Rn. 47 f.; K. Schmidt/Lutter/*J. Vetter* Rn. 14.

dafür ist, dass das herrschende Unternehmen auch für die zuvor entstandenen Verluste bzw. Verbindlichkeiten gem. §§ 302, 322, 324 Abs. 3 einzustehen hat. Bei Beendigung der genannten Rechtsverhältnisse entsteht die Berichtspflicht ex nunc, beschränkt sich also auf das verbleibende Rumpfgeschäftsjahr.[28]

13 **4. Negativbericht.** Die Pflicht zur Aufstellung des Abhängigkeitsberichts entfällt nicht, wenn keine berichtspflichtigen Vorgänge zu verzeichnen sind. Vielmehr haben dann der Bericht und die Schlusserklärung eine entsprechende Feststellung zu enthalten.[29] Sie ist Gegenstand der Prüfung nach §§ 313, 314 und führt, wenn sie nicht zutrifft, zu Schadensersatzansprüchen nach § 318.

III. Verfahren und Kosten

14 **1. Aufstellung durch den Vorstand.** Nach § 312 Abs. 1 S. 1 hat der Vorstand der abhängigen Gesellschaft den Bericht aufzustellen. Die Verpflichtung trifft den Vorstand in seiner **Gesamtheit**.[30] Der Bericht ist von sämtlichen Vorstandsmitgliedern – auch von den stellvertretenden (§ 94) – zu unterzeichnen (arg §§ 318 Abs. 1, 407 Abs. 1 S. 1).[31] Maßgeblich ist die Zusammensetzung des Vorstands im Zeitpunkt der Berichterstellung.[32] Ausgeschiedene Vorstandsmitglieder sind von der Berichtspflicht befreit. Umgekehrt stehen die neu in den Vorstand eingetretenen Organwalter auch dann in der Verantwortung, wenn sie erst nach Ablauf des Geschäftsjahres ihr Amt angetreten haben. Das gilt auch bei einem vollständigen Vorstandswechsel.[33]

15 In der abhängigen **KGaA** tritt an die Stelle des Vorstands der Komplementär bzw. dessen Vertretungsorgan (→ Rn. 7).

16 **2. Frist.** Der Bericht ist nach § 312 Abs. 1 S. 1 innerhalb der ersten **drei Monate** des Geschäftsjahres aufzustellen. Stichtag ist vorbehaltlich der sich aus den Ausführungen in → Rn. 11 f. ergebenden Besonderheiten derjenige des Jahresabschlusses. Die Drei-Monatsfrist hat der Gesetzgeber dem durch das Bilanzrichtliniengesetz aufgehobenen § 148 aF entnommen.[34] Wenn § 264 Abs. 1 S. 3 HGB nunmehr für kleine Kapitalgesellschaften eine Verlängerung auf bis zu sechs Monate vorsieht, muss dies wegen des aus §§ 313, 314 erkennbaren engen Zusammenhangs zwischen der Aufstellung von Abhängigkeitsbericht und Jahresabschluss auch für die Erfüllung der Berichtspflicht nach § 312 gelten.[35] Für Versicherungsunternehmen ist entsprechend § 341a Abs. 1 HGB eine Frist von vier Monaten einschlägig, Vorständen von Rückversicherern steht wegen § 341a Abs. 5 HGB gar ein Zeitrahmen von zehn Monaten zur Verfügung.[36]

17 **3. Vorlage.** Unmittelbar nach der Aufstellung des Berichts hat der Vorstand ihn dem Aufsichtsrat (§ 314 Abs. 1 S. 1) und, wenn eine Prüfungspflicht besteht, auch dem Abschlussprüfer zuzuleiten (§ 313 Abs. 1 S. 1). Eine Vorlage an die Hauptversammlung oder eine Veröffentlichung erfolgt nicht; abweichende Satzungsregelungen sind unwirksam.[37]

18 **4. Kosten.** Die Kosten der Aufstellung und Prüfung des Berichts fallen der abhängigen Gesellschaft zur Last. Ein Ersatzanspruch gegen das herrschende Unternehmen kommt entgegen teilweise

---

[28] MHdBAG/*Krieger* § 70 Rn. 100; Emmerich/Habersack/*Habersack* Rn. 12; Kölner Komm AktG/*Koppensteiner* Rn. 19; MüKoAktG/*Altmeppen* Rn. 49.
[29] AusschussB *Kropff* S. 415; IDW HFA WPg 1992, 91 (92) (unter I 17); MHdB AG/*Krieger* § 69 Rn. 113; ADS Rn. 63; Emmerich/Habersack/*Habersack* Rn. 13; Großkomm AktG/*Fleischer* Rn. 55; Hüffer/Koch/*Koch* Rn. 8; Kölner Komm AktG/*Koppensteiner* Rn. 13 f.; MüKoAktG/*Altmeppen* Rn. 28.
[30] ADS Rn. 63; Bürgers/Körber/*Fett* Rn. 8; Emmerich/Habersack/*Habersack* Rn. 14; Großkomm AktG/*Fleischer* Rn. 56; Hüffer/Koch/*Koch* Rn. 2; Kölner Komm AktG/*Koppensteiner* Rn. 78; MüKoAktG/*Altmeppen* Rn. 51.
[31] Emmerich/Habersack/*Habersack* Rn. 14; Henssler/Strohn/*Bödeker* Rn. 5; Hüffer/Koch/*Koch* Rn. 2; Wachter/*Rothley* Rn. 5; zum Vorgehen bei Meinungsverschiedenheiten innerhalb des Vorstands Großkomm AktG/*Fleischer* Rn. 113; allgemein → § 76 Rn. 28 ff.
[32] BGHZ 135, 107 (110) = LM AktG 1965 § 17 Nr. 12 = NJW 1997, 1855; ADS Rn. 28; Bürgers/Körber/*Fett* Rn. 8; Emmerich/Habersack/*Habersack* Rn. 14; Hüffer/Koch/*Koch* Rn. 2; Kölner Komm AktG/*Koppensteiner* Rn. 28; MüKoAktG/*Altmeppen* Rn. 51.
[33] Döllerer FS Semler, 1993, 441 (447 ff.).
[34] MüKoAktG/*Altmeppen* Rn. 53; K. Schmidt/Lutter/*J. Vetter* Rn. 19.
[35] ADS Rn. 5; Bürgers/Körber/*Fett* Rn. 9; Emmerich/Habersack/*Habersack* Rn. 15; Hüffer/Koch/*Koch* Rn. 9; MüKoAktG/*Altmeppen* Rn. 54; K. Schmidt/Lutter/*J. Vetter* Rn. 19.
[36] Vgl. Bürgers/Körber/*Fett* Rn. 9; Emmerich/Habersack/*Habersack* Rn. 15; Hüffer/Koch/*Koch* Rn. 9; MüKoAktG/*Altmeppen* Rn. 54; NK-AktR/*Schatz/Schödel* Rn. 19; K. Schmidt/Lutter/*J. Vetter* Rn. 19.
[37] Großkomm AktG/*Fleischer* Rn. 10; MüKoAktG/*Altmeppen* Rn. 11; Wachter/*Rothley* Rn. 2.

vertretener Auffassung[38] nicht in Betracht.[39] Eine unmittelbare Anwendung der §§ 311, 317 scheidet aus, da es an einer Veranlassung durch die Obergesellschaft fehlt. Einer entsprechenden Anwendung dieser Vorschriften[40] steht entgegen, dass es sich bei den Kosten um passive Konzerneffekte handelt, die nach allgemeinen Grundsätzen nicht ausgleichsfähig sind. Ein Ersatz nach den Regeln über die Geschäftsführung ohne Auftrag (§§ 670, 677, 683 BGB) scheitert schließlich daran, dass die Aufwendungen von der abhängigen Gesellschaft zu ihrem eigenen Schutz (und dem ihrer Gläubiger und außenstehenden Aktionäre) getätigt werden.

IV. Sanktionen fehlender oder fehlerhafter Berichterstattung

§ 312 enthält zwingendes Recht. Weder die Satzung noch ein Beschluss der Hauptversammlung (auch wenn er einstimmig gefasst wird) kann sich darüber hinwegsetzen.[41] Der Vorstand verhält sich daher stets pflichtwidrig, wenn er entgegen § 312 nicht oder fehlerhaft berichtet. **19**

Vorstandsmitglieder, die ihrer Berichtspflicht nicht nachkommen, hat das Registergericht nach § 407 Abs. 1 durch **Festsetzung von Zwangsgeld** dazu anzuhalten. Diese Möglichkeit besteht auch dann noch, wenn der Jahresabschluss bereits festgestellt wurde, da die Berichtspflicht hiervon unberührt bleibt.[42] Das Zwangsgeldverfahren kann jedenfalls bis zur Verjährung etwaiger Ansprüche betrieben werden.[43] Aktionäre und Gläubiger haben gem. § 24 FamFG die Möglichkeit, die Einleitung des Verfahrens anzuregen.[44] Gegen eine ablehnende Verfügung kann jeder Aktionär mit der Beschwerde nach §§ 59, 70 FamG vorgehen.[45] Gläubiger sind nur unter den Voraussetzungen der §§ 317 Abs. 4, § 318 Abs. 4 iVm § 309 Abs. 4 S. 3 in eigenen Rechten betroffen und dann ebenfalls beschwerdebefugt.[46] **20**

Unterlässt der Vorstand die Berichterstattung oder ist sein Bericht falsch, so haftet er nach Maßgabe von § 318 Abs. 1, 3, 4 auf **Schadensersatz**. Der **Aufsichtsrat** hat in seinem Bericht nach § 171 Abs. 2 über die Prüfung des Jahresabschlusses auf Verletzungen der Berichtspflicht hinzuweisen. Ergeben sich bei der Prüfung durch den **Abschlussprüfer** nach § 313 Beanstandungen, muss dieser den Bestätigungsvermerk einschränken oder ganz versagen. Da zwar nicht der Abhängigkeitsbericht, wohl aber die Schlusserklärung Bestandteil des Lageberichts sind, können Verstöße gegen die Berichtspflicht auch Folgen für das **Abschlusstestat nach § 322 Abs. 4 HGB** haben. Das ist für den Fall des völligen Fehlens eines Berichts weitgehend anerkannt.[47] Eine Einschränkung des Testats ist aber auch dann geboten, wenn wesentliche Benachteiligungen in dem Bericht verschwiegen werden, so dass die Abschlusserklärung des Vorstands objektiv nicht den Tatsachen entspricht. Denn auch dann vermittelt der Lagebericht kein zutreffendes Bild von den Verhältnissen der Gesellschaft. **21**

Stellt ausnahmsweise die Hauptversammlung den Jahresabschluss fest (§ 173), so ist der Beschluss anfechtbar.[48] Unterlassene oder unrichtige Berichterstattung führen jedoch nicht zur **Nichtigkeit** **22**

---

[38] *Bode* AG 1995, 261 ff.
[39] *Kropff* FS Lutter, 2000, 1133 (1141 ff.); MHdB AG/*Krieger* § 70 Rn. 95; Bürgers/Körber/*Fett* Rn. 10; Emmerich/Habersack/*Habersack* Rn. 17; Grigoleit/*Grigoleit* Rn. 7; Großkomm AktG/*Fleischer* Rn. 63; Hüffer/Koch/*Koch* Rn. 40; Kölner Komm AktG/*Koppensteiner* Rn. 29; MüKoAktG/*Altmeppen* Rn. 56 ff.; K. Schmidt/Lutter/*J. Vetter* Rn. 21; Wachter/*Rothley* Rn. 6.
[40] *Bode* AG 1995, 269 ff.; Hüffer/Koch/*Koch* Rn. 40.
[41] *ADS* Rn. 29; Emmerich/Habersack/*Habersack* Rn. 4; Henssler/Strohn/*Bödeker* Rn. 25; MüKoAktG/*Altmeppen* Rn. 61; NK-AktR/*Schatz/Schödel* Rn. 1.
[42] BGHZ 135, 107 (111 f.) = LM AktG 1965 § 17 Nr. 12 = NJW 1997, 1855; OLG Braunschweig AG 1996, 271 (272); OLG Düsseldorf AG 2000, 365; LG Frankfurt/M ZIP 1994, 784 (785); LG Traunstein AG 1993, 521 = ZIP 1993, 1551 f.; *Schiessl* ZGR 1998, 871 (875 f.); MHdBAG/*Krieger* § 70 Rn. 101; Bürgers/Körber/*Fett* Rn. 11; Emmerich/Habersack/*Habersack* Rn. 18; Hüffer/Koch/*Koch* Rn. 10; Kölner Komm AktG/*Koppensteiner* Rn. 32; MüKoAktG/*Altmeppen* Rn. 62; NK-AktR/*Schatz/Schödel* Rn. 20; aA OLG Köln AG 1978, 171 (172); AG Bremen DB 1976, 1760; *J. Götz* NZG 2001, 68 ff.; *Mertens* AG 1996, 241 (247 ff.); *ADS* Rn. 103.
[43] BGHZ 135, 107 (112 f.) = LM AktG 1965 § 17 Nr. 12 = NJW 1997, 1855; LG Frankfurt/M ZIP 1994, 785; LG Traunstein ZIP 1993, 1551; *Schiessl* ZGR 1998, 871 (876); MHdB AG/*Krieger* § 70 Rn. 101; Bürgers/Körber/*Fett* Rn. 11; Emmerich/Habersack/*Habersack* Rn. 18; Hüffer/Koch/*Koch* Rn. 10; Kölner Komm AktG/*Koppensteiner* Rn. 32; MüKoAktG/*Altmeppen* Rn. 62.
[44] Grigoleit/*Grigoleit* Rn. 8; NK-AktR/*Schatz/Schödel* Rn. 20.
[45] BGHZ 135, 107 (109 f.) = LM AktG 1965 § 17 Nr. 12 = NJW 1997, 1855; Emmerich/Habersack/*Habersack* Rn. 18; Grigoleit/*Grigoleit* Rn. 8.
[46] Grigoleit/*Grigoleit* Rn. 8; zweifelnd NK-AktR/*Schatz/Schödel* Rn. 20; K. Schmidt/Lutter/*J. Vetter* Rn. 23.
[47] *Kupsch* DB 1993, 493 ff. MHdBAG/*Krieger* § 70 Rn. 101; *ADS* Rn. 104; Bürgers/Körber/*Fett* Rn. 12; Emmerich/Habersack/*Habersack* Rn. 19; Hüffer/Koch/*Koch* Rn. 10; Kölner Komm AktG/*Koppensteiner* Rn. 30; MüKoAktG/*Altmeppen* Rn. 65 f.; K. Schmidt/Lutter/*J. Vetter* Rn. 24; aA OLG Köln AG 1993, 86 (87).
[48] So für das Fehlen des Abhängigkeitsberichts Emmerich/Habersack/*Habersack* Rn. 20.

des Jahresabschlusses.⁴⁹ Wohl aber kann die fehlende Aktivierung eines Ersatzanspruchs nach § 317 im Jahresabschluss einen Nichtigkeitsgrund gem. § 256 Abs. 1 Nr. 1 iVm § 256 Abs. 5 Nr. 2 S. 3 darstellen.⁵⁰ Gravierende Verletzungen der Berichtpflicht berechtigen die Hauptversammlung schließlich zur Verweigerung der **Entlastung,** ein dennoch gefasster Entlastungsbeschluss ist anfechtbar.⁵¹

V. Inhalt des Abhängigkeitsberichts

23 **1. Überblick.** Als Gegenstand des Berichts nennt § 312 Abs. 1 S. 1 „die Beziehungen der Gesellschaft zu verbundenen Unternehmen". Welche Vorgänge berichtspflichtig sind, wird dann in § 312 Abs. 1 S. 2 konkretisiert. Die Einzelangaben, die zur Beurteilung der berichtspflichtigen Vorgänge und etwaiger Ausgleichsleistungen notwendig sind, ergeben sich aus § 312 Abs. 1 S. 3, 4.

24 Die der Berichterstattung unterliegenden Geschäftsvorfälle gehen deutlich über die nach § 311 ausgleichspflichtigen Rechtsgeschäfte und sonstigen Maßnahmen hinaus. Insbesondere muss es sich nicht um nachteilige oder durch das herrschende Unternehmen veranlasste Vorgänge handeln. Der weite Umfang der Berichtspflicht soll weitgehende **Transparenz** der Beziehungen der abhängigen Gesellschaft zu den mit ihr verbundenen Unternehmen herstellen. Zugleich soll der latenten Gefährdung der Außenseiterinteressen Rechnung getragen werden. Denn bei Bestehen eines Abhängigkeitsverhältnisses liegt der nur durch sorgfältige Dokumentation und Kontrolle auszuräumende Verdacht nahe, dass das herrschende Unternehmen seine Einflussmöglichkeiten auch ausnutzt.⁵² Daher muss der Vorstand auch über solche Vorgänge berichten, die er zwar selbst nicht für ausgleichspflichtig hält, bei denen aber im Hinblick auf den durch die §§ 311 ff. intendierten Außenseiterschutz eine nähere Überprüfung durch Aufsichtsrat und Abschlussprüfer geboten ist. Dies geht auch weit über die Anforderungen der Anhangberichterstattung nach § 285 Nr. 21, § 314 Abs. 1 Nr. 13 idF des BilMoG⁵³ hinaus, denn danach müssen nur wesentliche und marktunübliche Geschäfte mit nahestehenden Unternehmen und Personen offen gelegt werden.

25 **2. Berichtspflichtige Vorgänge. a) Verhältnis zwischen Rechtsgeschäft und anderen Maßnahmen.** Anders als § 311 unterscheidet § 312 Abs. 1 nicht nur terminologisch, sondern auch der Sache nach zwischen Rechtsgeschäften und anderen Maßnahmen. Beiden gemeinsam ist, dass sie berichtspflichtig sind, wenn sie auf Veranlassung oder im Interesse des herrschenden Unternehmens oder einem mit ihm verbundenen Unternehmen getätigt wurden. Über Rechtsgeschäfte ist jedoch unabhängig von Veranlassung und Interessenlage auch dann zu berichten, wenn die abhängige Gesellschaft sie mit dem herrschenden oder einem mit ihm verbundenen Unternehmen vorgenommen hat. Ferner nennt § 312 Abs. 1 S. 2 nur unterlassene Maßnahmen, nicht aber unterbliebene Rechtsgeschäfte als Gegenstand der Berichtspflicht. Schließlich unterscheidet § 312 Abs. 1 S. 3 hinsichtlich der notwendigen Einzelangaben zwischen Rechtsgeschäft und anderen Maßnahmen. Bei ersteren sind Leistung und Gegenleistung, bei letzteren die Gründe der Maßnahme und deren Vor- und Nachteile für die Gesellschaft anzugeben.

26 Maßnahme ist im Verhältnis zu Rechtsgeschäft als **Oberbegriff** aufzufassen.⁵⁴ Denn nach allgemeinem Sprachgebrauch und dem Wortlaut des Gesetzes (→ § 312 Abs. 1 S. 2: „...Rechtsgeschäfte...und alle anderen Maßnahmen") sind Rechtsgeschäfte Maßnahmen. Aus diesem Befund ergibt sich zunächst die Folgerung, dass auch über **unterlassene Rechtsgeschäfte** zu berichten

---

⁴⁹ BGHZ 124, 111 (121 f.) = LM AktG 1965 § 111 Nr. 4 = NJW 1994, 520; OLG Köln AG 1993, 86 (87); MHdB AG/*Krieger* § 70 Rn. 103; *ADS* Rn. 103a; Emmerich/Habersack/*Habersack* Rn. 20; Grigoleit/*Grigoleit* Rn. 8; K. Schmidt/Lutter/*J. Vetter* Rn. 26.

⁵⁰ BGHZ 124, 111 (119) = LM AktG 1965 § 111 Nr. 4 = NJW 1994, 520; MHdB AG/*Krieger* § 70 Rn. 103; *ADS* Rn. 103a; Emmerich/Habersack/*Habersack* Rn. 20; Grigoleit/*Grigoleit* Rn. 8; K. Schmidt/Lutter/*J. Vetter* Rn. 26.

⁵¹ BGHZ 62, 193 (194 f.) = NJW 1974, 855; OLG Frankfurt/M AG 2001, 53; OLG Karlsruhe AG 2000, 78 (79); LG Bielefeld AG 2000, 232 (233); LG Köln BeckRS 2015, 14959; *Bayer* ZGR 2002, 933 (952 f.); MHdB AG/*Krieger* § 70 Rn. 101; *ADS* Rn. 106; Bürgers/Körber/*Fett* Rn. 19; Emmerich/Habersack/*Habersack* Rn. 20; Grigoleit/*Grigoleit* Rn. 8; Hüffer/Koch/*Koch* Rn. 10 (jeweils für das Fehlen eines Abhängigkeitsberichts); K. Schmidt/Lutter/*J. Vetter* Rn. 25; eine unzureichende Darstellung von Einzelheiten im Abhängigkeitsbericht ist nach OLG München AG 2003, 452 (453) kein Anfechtungsgrund.

⁵² Emmerich/Habersack/*Habersack* Rn. 21; MüKoAktG/*Kropff,* 2. Aufl. 2000, Rn. 78.

⁵³ Zur Neuregelung *Petersen/Zwirner/Busch* BB 2009, 1854 ff.

⁵⁴ *Haesen,* Der Abhängigkeitsbericht im faktischen Konzern, 1970, 80 f.; *ADS* Rn. 41a; Emmerich/Habersack/*Habersack* Rn. 22; Großkomm AktG/*Fleischer* Rn. 66; Kölner Komm AktG/*Koppensteiner* Rn. 37; MüKoAktG/*Altmeppen* Rn. 77.

ist.[55] Ferner sind auch bei Rechtsgeschäften die nach § 312 Abs. 1 S. 2 auf Maßnahmen bezogenen Einzelangaben zu machen, wenn allein das Verhältnis von Leistung und Gegenleistung keinen sicheren Rückschluss auf die Folgen für die abhängige Gesellschaft zulässt.[56]

b) Rechtsgeschäfte. aa) Begriff. Rechtsgeschäft ist der aus einer oder mehreren Willenserklärungen bestehende Tatbestand, an den die Rechtsordnung den Eintritt des gewollten rechtlichen Erfolgs knüpft.[57] Aus dem Wortlaut des § 312 Abs. 1 S. 3, nach dem bei Rechtsgeschäften Leistung und Gegenleistung anzugeben sind, haben einige Autoren früher den Schluss gezogen, gemeint seien nur **gegenseitige Verträge**.[58] Das ist nach mittlerweile einhelliger Ansicht jedoch nicht zutreffend.[59] Die Formulierung trifft den Regelfall, schließt jedoch die Einbeziehung anderer nachteilsverdächtiger Rechtsgeschäfte nicht aus. Nach dem Schutzzweck des § 312 umfasst sind sowohl **einseitige Gestaltungserklärungen**[60] (Anfechtung, Rücktritt, Kündigung, Aufrechnung) als auch **einseitig verpflichtende und unvollkommen zweiseitig verpflichtende Verträge**.[61] Als Rechtsgeschäft ist auch ein vom herrschenden Unternehmen und der abhängigen Gesellschaft gemeinsam gefasster **Beschluss**, zB in der Hauptversammlung einer Enkelgesellschaft, anzusehen.[62] Ein bloßes Angebot zum Vertragsabschluss ist aber noch nicht berichtspflichtig.[63] 27

Bei Verpflichtungsgeschäften kommt es nicht darauf an, ob sie sich auf eine Zuwendung im Sinne einer Vermögensverschiebung oder aber auf eine Tätigkeit oder ein Unterlassen richten.[64] **Rahmenverträge** unterliegen der Berichtspflicht ebenso wie die einzelnen zu ihrer Umsetzung geschlossenen Ausführungsverträge.[65] Über bloße **Erfüllungsgeschäfte** wie die Lieferung von Waren muss dagegen nach ganz hM nicht berichtet werden, da eine etwaige Benachteiligung hier schon in dem zugrundeliegenden Kausalvertrag angelegt ist.[66] Anders ist es bei rechtsgrundlosen Verfügungen.[67] 28

bb) Vornahme durch die abhängige Gesellschaft. Nur über die von der abhängigen Gesellschaft vorgenommenen Rechtsgeschäfte ist zu berichten, dh sie selbst muss eine konstituierende Willenserklärung abgegeben haben. Einseitige Rechtsgeschäfte des herrschenden Unternehmens gegenüber der Gesellschaft (zB die Kündigung eines Vertrages) bleiben daher unberücksichtigt.[68] Ist die abhängige Gesellschaft ihrerseits herrschendes Unternehmen gegenüber einer anderen Gesellschaft (mehrstufige Abhängigkeit), so bleiben die Rechtsgeschäfte der **Enkelgesellschaft** im Grundsatz ebenfalls außerhalb des Anwendungsbereichs des § 312. Eine berichtspflichtige Maßnahme iSd 29

---

[55] *ADS* Rn. 54; Emmerich/Habersack/*Habersack* Rn. 22; Großkomm AktG/*Fleischer* Rn. 84; Kölner Komm AktG/*Koppensteiner* Rn. 38; MüKoAktG/*Altmeppen* Rn. 95.

[56] *ADS* Rn. 68; Emmerich/Habersack/*Habersack* Rn. 22; Kölner Komm AktG/*Koppensteiner* Rn. 39; MüKoAktG/*Altmeppen* Rn. 116.

[57] *ADS* Rn. 41; Emmerich/Habersack/*Habersack* Rn. 23; Hüffer/Koch/*Koch* Rn. 13; Kölner Komm AktG/*Koppensteiner* Rn. 42; MüKoAktG/*Altmeppen* Rn. 81.

[58] *Meier* WPg 1968, 64 (65); *Rasner* BB 1966, 1043 (1044).

[59] *Haesen,* Der Abhängigkeitsbericht im faktischen Konzern, 1970, 72 ff.; IDW HFA WPg 1992, 91 (92) (unter II 3); *ADS* Rn. 41; Emmerich/Habersack/*Habersack* Rn. 23; Grigoleit/*Grigoleit* Rn. 11; Großkomm AktG/*Fleischer* Rn. 68; Hüffer/Koch/*Koch* Rn. 13; Kölner Komm AktG/*Koppensteiner* Rn. 43; MüKoAktG/*Altmeppen* Rn. 82.

[60] MHdB AG/*Krieger* § 70 Rn. 105; *ADS* Rn. 41a; Emmerich/Habersack/*Habersack* Rn. 23; Grigoleit/*Grigoleit* Rn. 11; Großkomm AktG/*Fleischer* Rn. 70; Hüffer/Koch/*Koch* Rn. 13; Kölner Komm AktG/*Koppensteiner* Rn. 45; MüKoAktG/*Altmeppen* Rn. 84.

[61] *ADS* Rn. 41; Emmerich/Habersack/*Habersack* Rn. 25; Grigoleit/*Grigoleit* Rn. 11; Großkomm AktG/*Fleischer* Rn. 68; Hüffer/Koch/*Koch* Rn. 13; Kölner Komm AktG/*Koppensteiner* Rn. 43; MüKoAktG/*Altmeppen* Rn. 83.

[62] Emmerich/Habersack/*Habersack* Rn. 24; Großkomm AktG/*Fleischer* Rn. 71; Kölner Komm AktG/*Koppensteiner* Rn. 46.

[63] Bürgers/Körber/*Fett* Rn. 15; Emmerich/Habersack/*Habersack* Rn. 23; anders Großkomm AktG/*Fleischer* Rn. 74.

[64] *ADS* Rn. 41a; Emmerich/Habersack/*Habersack* Rn. 25; Hüffer/Koch/*Koch* Rn. 13; Großkomm AktG/*Fleischer* Rn. 69; Kölner Komm AktG/*Koppensteiner* Rn. 44; MüKoAktG/*Altmeppen* Rn. 92.

[65] IDW HFA WPg 1992, 91 (92) (unter II 4); *ADS* Rn. 58 ff.; Emmerich/Habersack/*Habersack* Rn. 25; Grigoleit/*Grigoleit* Rn. 11; Hüffer/Koch/*Koch* Rn. 14; Kölner Komm AktG/*Koppensteiner* Rn. 62; MüKoAktG/*Altmeppen* Rn. 88.

[66] IDW HFA WPg 1992, 91 (92) (unter II 4); MHdB AG/*Krieger* § 70 Rn. 105; *ADS* Rn. 58; Emmerich/Habersack/*Habersack* Rn. 26; Grigoleit/*Grigoleit* Rn. 11; Großkomm AktG/*Fleischer* Rn. 73; Hüffer/Koch/*Koch* Rn. 14; Kölner Komm AktG/*Koppensteiner* Rn. 63; MüKoAktG/*Altmeppen* Rn. 86; aA *van Venrooy* DB 1980, 385 ff.

[67] *ADS* Rn. 62; Emmerich/Habersack/*Habersack* Rn. 26; Großkomm AktG/*Fleischer* Rn. 73; Kölner Komm AktG/*Koppensteiner* Rn. 63; MüKoAktG/*Altmeppen* Rn. 88.

[68] Emmerich/Habersack/*Habersack* Rn. 27; Grigoleit/*Grigoleit* Rn. 12; Hüffer/Koch/*Koch* Rn. 15; MüKoAktG/*Altmeppen* Rn. 96.

§ 312 Abs. 1 S. 2 Alt. 2 kann jedoch gegeben sein, wenn die Tochter das Rechtsgeschäft der Enkelgesellschaft aktiv gefördert oder doch zumindest geduldet hat.[69] **Das Unterlassen eines Rechtsgeschäfts** (zB die unterbliebene Kündigung eines nachteiligen Vertrags mit dem herrschenden Unternehmen) kann als unterlassene Maßnahme berichtspflichtig sein (→ Rn. 26).

30 **cc) Bezug zu dem herrschenden Unternehmen oder einem mit ihm verbundenen Unternehmen.** § 312 Abs. 1 S. 2 nennt **drei Kategorien** berichtspflichtiger Rechtsgeschäfte. Sie sind dadurch gekennzeichnet, dass sie einen speziellen Bezug zu dem herrschenden oder einem mit ihm verbundenen Unternehmen aufweisen und daher der Verdacht einer Benachteiligung nach der Lebenserfahrung besonders nahe liegt. Es handelt sich dabei um Rechtsgeschäfte der abhängigen Gesellschaft

31 1. mit dem herrschenden Unternehmen
32 2. mit einem Unternehmen, das mit dem herrschenden Unternehmen verbunden ist
33 3. mit einem Dritten, sofern sie auf Veranlassung oder im Interesse des herrschenden Unternehmens oder einem mit diesem verbundenen Unternehmen vorgenommen werden.

34 Die Aufzählung ist **abschließend.** Eine denkbare 4. Fallgruppe, nämlich Rechtsgeschäfte der abhängigen Gesellschaft mit einem Unternehmen, das nur mit ihr, nicht aber mit dem herrschenden Unternehmen verbunden ist, bleibt außen vor, es sei denn, es liegen in der jeweiligen Konstellation die Voraussetzungen der Fallgruppe 3 vor.[70]

35 Der Kreis der mit dem herrschenden Unternehmen verbundenen Unternehmen bestimmt sich nicht etwa nach der für die Bilanzierung geltenden Begriffsbestimmung des § 271 Abs. 2 HGB, sondern nach § 15.[71] Bei **mehrstufiger Abhängigkeit** (→ § 311 Rn. 9 ff.) ist auch die Enkelgesellschaft mit dem herrschenden Mutterunternehmen verbunden. Das bedeutet, dass vorbehaltlich etwaiger Beherrschungs- oder Gewinnabführungsverträge bzw. Eingliederungen (→ § 311 Rn. 10 f.) auch über Rechtsgeschäfte mit der Enkelgesellschaft (Fallgruppe 2) oder auf Veranlassung oder im Interesse der Enkelgesellschaft vorgenommene Rechtsgeschäfte (Fallgruppe 3) Bericht zu erstatten ist.[72] Bei **mehrfacher Abhängigkeit** (→ § 311 Rn. 17) sind die Beziehungen zu allen herrschenden und den mit ihnen verbundenen Unternehmen von Relevanz.[73] Überlegungen, im Falle der Abhängigkeit von einer juristischen Person des öffentlichen Rechts, den Kreis der mit dieser verbundenen Unternehmen teleologisch einzuschränken,[74] haben sich bislang nicht durchsetzen können.[75]

36 Der Begriff der **Veranlassung** in § 312 Abs. 1 S. 2 Fall 3 entspricht dem in § 311 Abs. 1 (→ § 311 Rn. 17 ff.). Die Einflussnahme kann auch durch Stimmausübung in der Hauptverhandlung erfolgen.[76] Der Veranlassung gleichgestellt wird das **Interesse** des herrschenden oder eines mit ihm verbundenen Unternehmens. Es herrscht Streit darüber, ob dieses Merkmal objektiv[77] oder subjektiv[78] zu verstehen ist. Den Vorzug verdient die im Vordringen befindliche vermittelnde Meinung. Danach ist eine Berichtspflicht anzunehmen, wenn das Rechtsgeschäft objektiv den Interessen des herrschenden oder eines mit diesem verbundenen Unternehmen dient, aber auch immer dann, wenn die Vertreter der abhängigen Gesellschaft subjektiv mit Begünstigungsabsicht handelten.[79] Die Berichtspflicht besteht auch, wenn das Rechtsgeschäft zugleich im objektiv verstandenen Interesse der abhängigen Gesellschaft liegt.[80]

---

[69] MHdBAG/*Krieger* § 70 Rn. 106; *ADS* Rn. 35; Emmerich/Habersack/*Habersack* Rn. 27; Hüffer/Koch/*Koch* Rn. 15; Kölner Komm AktG/*Koppensteiner* Rn. 61; MüKoAktG/*Altmeppen* Rn. 97; K. Schmidt/Lutter/*J. Vetter* Rn. 37; aA *J. Götz* AG 2000, 498 (501) (für den Abhängigkeitsbericht der 100 %igen Tochtergesellschaft).
[70] Emmerich/Habersack/*Habersack* Rn. 29; Hüffer/Koch/*Koch* Rn. 19; MüKoAktG/*Altmeppen* Rn. 101.
[71] Emmerich/Habersack/*Habersack* Rn. 30; Hüffer/Koch/*Koch* Rn. 18; MüKoAktG/*Altmeppen* Rn. 98.
[72] Emmerich/Habersack/*Habersack* Rn. 30; Hüffer/Koch/*Koch* Rn. 19; Kölner Komm AktG/*Koppensteiner* Rn. 56; MüKoAktG/*Altmeppen* Rn. 98 f.; aA *J. Götz* AG 2000, 498 (501 ff.) (für den Abhängigkeitsbericht der 100 %igen Tochtergesellschaft).
[73] Emmerich/Habersack/*Habersack* Rn. 30; Hüffer/Koch/*Koch* Rn. 19; Kölner Komm AktG/*Koppensteiner* Rn. 57.
[74] Kölner Komm AktG/*Koppensteiner* Rn. 58.
[75] MHdBAG/*Krieger* § 70 Rn. 107; Emmerich/Habersack/*Habersack* Rn. 30.
[76] MHdBAG/*Krieger* § 70 Rn. 108; *ADS* Rn. 45; Emmerich/Habersack/*Habersack* Rn. 31; Großkomm AktG/*Fleischer* Rn. 79; Hüffer/Koch/*Koch* Rn. 20; Kölner Komm AktG/*Koppensteiner* Rn. 53; aA MüKoAktG/*Altmeppen* Rn. 111 f.
[77] Kölner Komm AktG/*Koppensteiner* Rn. 50.
[78] *ADS* Rn. 47.
[79] MHdB AG/*Krieger* § 70 Rn. 109; Emmerich/Habersack/*Habersack* Rn. 31; Großkomm AktG/*Fleischer* Rn. 80; Hüffer/Koch/*Koch* Rn. 21; MüKoAktG/*Altmeppen* Rn. 106; nach WP-HdB I Rn. F 884 müssen beide Merkmale vorliegen.
[80] MHdB AG/*Krieger* § 70 Rn. 109; Emmerich/Habersack/*Habersack* Rn. 31; Großkomm AktG/*Fleischer* Rn. 80; Kölner Komm AktG/*Koppensteiner* Rn. 50; anders (Berichtspflicht nur bei überwiegendem Interesse des herrschenden oder einem mit diesem verbundenen Unternehmen) *ADS* Rn. 49; MüKoAktG/*Altmeppen* Rn. 110.

Für **öffentliche Unternehmen** hat der BGH in der Veba/Gelsenberg-Entscheidung Einschrän- 37
kungen der Berichtspflicht angedeutet.[81] Für Drittgeschäfte, sofern sie nicht veranlasst sind, ist dem
zu folgen. Hier kann nicht jedes öffentliche Interesse genügen, weil das Unternehmen sonst eine
Art Sozialbilanz über seine Anstrengungen im Bereich der Arbeitssicherheit, Umweltschutz, Ausbildung etc. aufstellen müsste. Vor dem Hintergrund, dass § 312 nur nachteilsverdächtige Vorgänge
erfassen will, ist vielmehr allein dann zu berichten, wenn begründete Zweifel bestehen, ob die
organschaftlichen Vertreter einer unabhängigen Gesellschaft unter Beachtung des Pflichtenstandards
des § 93 das Geschäft auch vorgenommen hätten.[82]

dd) Zeitliche Abgrenzung. Nur die im **vergangenen Geschäftsjahr** vorgenommenen oder 38
unterlassenen Rechtsgeschäfte sind nach § 312 Abs. 1 S. 2 berichtspflichtig. Das entspricht dem
Prinzip periodengerechter Berichterstattung. Maßgebend ist der **Zeitpunkt des Zustandekommens** des jeweiligen Rechtsgeschäfts. Bei Verträgen ist es daher irrelevant, dass (nur) die abhängige
Gesellschaft ihre Willenserklärung abgegeben hat, vielmehr ist für die zeitliche Abgrenzung darauf
abzustellen, in welchem Geschäftsjahr nach dem Willen der Parteien die Bindungswirkung eingetreten ist.[83] Bei **unterlassenen Rechtsgeschäften** ist auf den Zeitpunkt abzustellen, in dem der
gewissenhafte Geschäftsleiter einer unabhängigen Gesellschaft gehandelt hätte.[84] Nicht entscheidend
ist, ob die Rechte und Pflichten aus dem Geschäft bereits bilanziert werden können.[85] Ergeben sich
aus dem (ordnungsgemäß im Abhängigkeitsbericht aufgeführten) Rechtsgeschäft in den Folgejahren
noch Auswirkungen auf die Vermögens- und Ertragslage der Gesellschaft, so muss darüber gleichwohl
nicht mehr berichtet werden.[86] Hat der Vorstand es versäumt, ein Geschäft im Abhängigkeitsbericht
zu erwähnen, so ist er nach § 76 Abs. 1, § 93 Abs. 1 verpflichtet, dies im Bericht des Folgejahres
nachzuholen.[87]

c) Andere Maßnahmen. Der Vorstand hat nicht nur über Rechtsgeschäfte, sondern auch über 39
„andere Maßnahmen" zu berichten (§ 312 Abs. 1 S. 1 Alt. 2). Unter den **Begriff** fällt jedes Tun
oder Unterlassen, das ohne rechtsgeschäftlichen Charakter zu haben, sich auf die Vermögens- oder
Ertragslage der abhängigen Gesellschaft auswirken kann.[88] Beispiele[89] sind: Änderungen in der Produktion, Investitionsentscheidungen, Stilllegung von Betriebsteilen, Maßnahmen im Bereich Forschung und Entwicklung, Abstimmung im Ein- und Verkauf, Weitergabe von sensiblen Informationen, Unterlassen von Rechtsgeschäften.

Voraussetzung der Berichtspflicht über andere Maßnahmen ist, dass die abhängige Gesellschaft 40
sie auf Veranlassung oder im Interesse des herrschenden Unternehmens oder einem verbundenen
Unternehmen im vergangenen Geschäftsjahr getroffen oder unterlassen hat. Hinsichtlich dieser Tatbestandsmerkmale kann auf die Ausführungen zu den berichtspflichtigen Rechtsgeschäften verwiesen
werden. Die Gleichstellung von positivem Tun und Unterlassen steht bei § 312 Abs. 1 S. 1 Alt. 2
außer Frage, da sie ausdrücklich angeordnet ist. Im vergangenen Geschäftsjahr ist eine Maßnahme
getroffen, wenn über sie abschließend entschieden wurde.[90] Über die Ausführung muss nur berichtet
werden, wenn diese von der Ausgangsentscheidung abweicht.[91] Bei Unterlassungen ist auf den

---

[81] BGHZ 69, 334 (343) = LM AktG 1965 § 17 Nr. 2 = NJW 1978, 104: Abhängigkeitsbericht nach § 312 wohl „auf das nach der Vorschrift tatsächlich Erforderliche zu beschränken".
[82] *Schiessl* ZGR 1998, 871 (880); *ADS* Rn. 51; Emmerich/Habersack/*Habersack* Rn. 32; Hüffer/Koch/*Koch* Rn. 22; Kölner Komm AktG/*Koppensteiner* Rn. 52; K. Schmidt/Lutter/*J. Vetter* Rn. 46; im Ergebnis ähnlich MüKoAktG/*Altmeppen* Rn. 126; abl. Bürgers/Körber/*Fett* Rn. 28.
[83] Emmerich/Habersack/*Habersack* Rn. 33; Hüffer/Koch/*Koch* Rn. 17; Kölner Komm AktG/*Koppensteiner* Rn. 65; NK-AktR/*Schatz/Schödel* Rn. 38; K. Schmidt/Lutter/*J. Vetter* Rn. 41; aA MüKoAktG/*Altmeppen* Rn. 113.
[84] Emmerich/Habersack/*Habersack* Rn. 33; Kölner Komm AktG/*Koppensteiner* Rn. 65; MüKoAktG/*Altmeppen* Rn. 113.
[85] *ADS* Rn. 55; Emmerich/Habersack/*Habersack* Rn. 33; Hüffer/Koch/*Koch* Rn. 17; MüKoAktG/*Altmeppen* Rn. 113.
[86] MHdB AG/*Krieger* § 70 Rn. 110; Emmerich/Habersack/*Habersack* Rn. 33; MüKoAktG/*Altmeppen* Rn. 113.
[87] *ADS* Rn. 57; Emmerich/Habersack/*Habersack* Rn. 33; Hüffer/Koch/*Koch* Rn. 17; Kölner Komm AktG/ *Koppensteiner* Rn. 65; für eine Verortung der Pflicht bei § 312 Großkomm AktG/*Fleischer* Rn. 91; MüKoAktG/ *Altmeppen* Rn. 114.
[88] MHdB AG/*Krieger* § 70 Rn. 105; *ADS* Rn. 42; Emmerich/Habersack/*Habersack* Rn. 34; Großkomm AktG/*Fleischer* Rn. 83; Hüffer/Koch/*Koch* Rn. 23; MüKoAktG/*Altmeppen* Rn. 89; K. Schmidt/Lutter/*J. Vetter* Rn. 35.
[89] Vgl. IDW HFA WPg 1992, 91 (92) (unter II 6).
[90] MHdB AG/*Krieger* § 70 Rn. 110; Emmerich/Habersack/*Habersack* Rn. 36; Hüffer/Koch/*Koch* Rn. 25.
[91] Emmerich/Habersack/*Habersack* Rn. 36; Hüffer/Koch/*Koch* Rn. 25; MüKoAktG/*Altmeppen* Rn. 116.

Zeitpunkt abzustellen, in dem der gesetzliche Vertreter einer unabhängigen Gesellschaft gehandelt hätte.

41 **3. Einzelangaben. a) Rechtsgeschäfte.** Gem. § 312 Abs. 1 S. 3 sind bei Rechtsgeschäften **Leistung** und **Gegenleistung** anzugeben. Dabei geht das Gesetz von dem Vorliegen eines **gegenseitigen Vertrags** aus. Die Angaben in dem Bericht müssen so konkret und umfassend sein, dass Aufsichtsrat und Abschlussprüfer die Angemessenheit des Leistungsaustauschs überprüfen können. Art, Umfang, Menge und Vorkosten der Leistung sind anzugeben; ferner die Höhe des Preises, besondere Zahlungsmodalitäten und unübliche Rabatte. Darüber hinaus hat der Vorstand in **kritischen Fällen** im Einzelnen darzulegen, warum er das Verhältnis von Leistung und Gegenleistung jeweils für angemessen hält.[92] Erachtet er ein bestimmtes Geschäft für nachteilig, so ist auch dies anzugeben und zu erläutern.[93]

42 Bei einseitig verpflichtenden und unvollkommen zweiseitig verpflichtenden Verträgen hat der Vorstand zunächst darauf hinzuweisen, dass es an einer Gegenleistung fehlt; er muss ferner darlegen, ob und warum er die Vornahme des Geschäfts gleichwohl für wirtschaftlich gerechtfertigt hält.[94] Bei **einseitigen Rechtsgeschäften** hat er die Gründe zu erläutern.[95]

43 **b) Andere Maßnahmen.** Für die sonstigen Maßnahmen verlangt § 312 Abs. 1 S. 3, dass der Vorstand über die Gründe sowie die Vor- und Nachteile berichtet. **Gründe** sind die Motive der abhängigen Gesellschaft, die sie zur Vornahme bzw. zum Unterlassen der Maßnahme bewogen haben. **Vorteile und Nachteile** sind jeder für sich, also nicht etwa als bloßer Saldo, zu quantifizieren und in Preisen zu bewerten.[96] Dabei ist die im Zeitpunkt der Entscheidung vom Vorstand erwartete Entwicklung zugrunde zu legen.[97] Erweist sich jedoch die Prognose im Nachhinein als falsch, so ist dies unter Angabe der Gründe offen zu legen.[98]

44 **c) Nachteilsausgleich.** Ist der abhängigen Gesellschaft im vergangenen Geschäftsjahr ein Nachteil iSd § 311 Abs. 1 entstanden, so müssen nach § 312 Abs. 1 S. 4 Angaben zum Nachteilsausgleich gemacht werden. Dabei ist zunächst mitzuteilen, ob der Ausgleich tatsächlich oder durch Begründung eines Rechtsanspruchs durchgeführt worden ist. Die erhaltenen bzw. zugesagten Kompensationsleistungen sind zu bewerten.

VI. Allgemeine Grundsätze der Berichterstattung (Abs. 2)

45 **1. Überblick.** § 312 Abs. 2 postuliert, dass der Bericht den Grundsätzen einer gewissenhaften und getreuen Rechenschaft entsprechen muss. Es handelt sich dabei um eine **Generalklausel**, die im Hinblick auf den Normzweck des § 312 zu konkretisieren ist. Der Bericht muss die Angaben enthalten, die ein zuverlässiges Urteil darüber erlauben, ob die abhängige Gesellschaft geschädigt wurde. Er muss ferner so gestaltet sein, dass dem Empfänger die Informationsgewinnung möglichst erleichtert wird. Daraus lassen sich die Gebote der Wahrheit und Vollständigkeit sowie der Klarheit und Übersichtlichkeit ableiten.[99]

46 **2. Wahrheit und Vollständigkeit.** Der Bericht muss nach bestem Wissen des Vorstands **wahr** sein. **Vollständig** ist der Bericht, wenn er aus sich heraus verständlich ist und eine zutreffende Bewertung sämtlicher berichtspflichtiger Vorgänge ermöglicht. Eine Verweisung auf andere Unterlagen kann ausnahmsweise gestattet sein, wenn sie dem Abschlussprüfer und sämtlichen Aufsichtsratsmitgliedern zur Verfügung stehen.[100] Um dem Gebot der Vollständigkeit nachzukommen, muss

---

[92] MHdB AG/*Krieger* § 70 Rn. 111; Emmerich/Habersack/*Habersack* Rn. 37; MüKoAktG/*Altmeppen* Rn. 116.
[93] Emmerich/Habersack/*Habersack* Rn. 37; Kölner Komm AktG/*Koppensteiner* Rn. 73.
[94] Emmerich/Habersack/*Habersack* Rn. 38; Hüffer/Koch/*Koch* Rn. 27; Kölner Komm AktG/*Koppensteiner* Rn. 73.
[95] Emmerich/Habersack/*Habersack* Rn. 38; Hüffer/Koch/*Koch* Rn. 27; Kölner Komm AktG/*Koppensteiner* Rn. 73.
[96] Emmerich/Habersack/*Habersack* Rn. 39; Großkomm AktG/*Fleischer* Rn. 95; Hüffer/Koch/*Koch* Rn. 29; Kölner Komm AktG/*Koppensteiner* Rn. 76.
[97] Emmerich/Habersack/*Habersack* Rn. 39; Großkomm AktG/*Fleischer* Rn. 95; Hüffer/Koch/*Koch* Rn. 29; MüKoAktG/*Altmeppen* Rn. 119.
[98] Emmerich/Habersack/*Habersack* Rn. 39; Großkomm AktG/*Fleischer* Rn. 95; MüKoAktG/*Altmeppen* Rn. 119.
[99] ADS Rn. 82; Emmerich/Habersack/*Habersack* Rn. 41; Großkomm AktG/*Fleischer* Rn. 98; Hüffer/Koch/*Koch* Rn. 31; Kölner Komm AktG/*Koppensteiner* Rn. 20 ff.; MüKoAktG/*Altmeppen* Rn. 132 ff.
[100] Emmerich/Habersack/*Habersack* Rn. 42; Großkomm AktG/*Fleischer* Rn. 100; Kölner Komm AktG/*Koppensteiner* Rn. 23; MüKoAktG/*Altmeppen* Rn. 134.

der Vorstand geeignete **organisatorische Maßnahmen** treffen.[101] Er hat sicherzustellen, dass die Geschäftsvorgänge mit Bezug zu verbundenen Unternehmen so erfasst werden, dass sich die berichtspflichtigen Tatsachen unschwer ermitteln und nachprüfen lassen. Geheimhaltungsinteressen rechtfertigen ein Verschweigen relevanter Tatsachen nicht. Dem Bedürfnis nach Vertraulichkeit hat der Gesetzgeber schon dadurch Rechnung getragen, dass er den Bericht von der Publizitätspflicht ausgenommen hat.[102]

3. Klarheit und Übersichtlichkeit. Der Bericht muss klar und übersichtlich gegliedert sein, da eine ungeordnete Darstellung dem Leser schwer zugänglich ist. Bei komplizierten Strukturen ist dem Bericht zur Orientierung eine **Verbundübersicht** voranzustellen.[103] Das herrschende Unternehmen und die mit ihm verbundenen Unternehmen sind genau zu bezeichnen. Eine **zusammenfassende Darstellung** gleichartiger Geschäftsvorfälle kann die Berichtsklarheit und Übersichtlichkeit erhöhen, weil sie eine Überfrachtung des Berichts mit zahllosen Einzelangaben verhindert. Sie ist zulässig und geboten, wenn eine weitergehende Aufteilung keinen zusätzlichen Informationswert bringen würde.[104] Auch über Bagatellfälle darf zusammenfassend berichtet werden.[105]

VII. Die Schlusserklärung (Abs. 3)

1. Zweck. Nach § 311 Abs. 3 S. 1 hat der Vorstand am Schluss des Berichts zu erklären, ob die abhängige Gesellschaft bei Rechtsgeschäften stets eine angemessene Gegenleistung erhielt und bei Maßnahmen nicht benachteiligt wurde. Hat die Gesellschaft einen Nachteil erlitten, so ist gem. § 311 Abs. 3 S. 2 zu erklären, ob dieser ausgeglichen wurde. Die Pflicht zur Abgabe der Schlusserklärung soll eine ständige Mahnung an den Vorstand sein, die Interessen seiner Gesellschaft auch gegenüber dem herrschenden Unternehmen zu wahren. Sie erleichtert es ihm, sich einem unangemessenen Verlangen des herrschenden Unternehmens zu widersetzen.[106] Die Schlusserklärung hat damit wesentlichen Anteil an der **präventiven Wirkung** des Abhängigkeitsberichts (→ Rn. 3). Sie soll ferner die Außenseiter über das wesentliche Ergebnis des Abhängigkeitsberichts informieren. Deshalb schreibt § 311 Abs. 3 S. 3 vor, dass die Erklärung auch in den **Lagebericht** aufzunehmen ist. Anders als der Abhängigkeitsbericht selbst wird sie damit der interessierten Öffentlichkeit zugänglich gemacht. Ergibt sich aus der Schlusserklärung eine nicht ausgeglichene Benachteiligung, so kann jeder Aktionär eine Sonderprüfung nach § 315 Nr. 3 beantragen.

2. Inhalt. Der Inhalt der Schlusserklärung ist in § 312 Abs. 1 S. 1, 2 beschrieben. Anders als für den Bestätigungsvermerk des Abschlussprüfers (§ 313 Abs. 3 S. 2) ist die **Erklärungsformel** nicht zwingend vorgegeben. Dies ermöglicht es, der jeweiligen Sachlage angemessen Rechnung zu tragen.[107] Haben sich aus den berichtspflichtigen Rechtsgeschäften und sonstigen Maßnahmen keine Nachteile ergeben, so beschränkt sich die Erklärung des Vorstands auf diese Feststellung. Hat die Gesellschaft Nachteile erlitten, so ist zu erklären, ob sie ausgeglichen wurden. Wenn nicht, muss der Vorstand nach Sinn und Zweck des § 312 auch das Geschäft und den Nachteil angeben.[108] Sind schließlich keine berichtspflichtigen Rechtsgeschäfte oder Maßnahmen vorgekommen, so ist dies zu erklären (Negativattest).[109]

Nach § 312 Abs. 1 S. 1 sind die Umstände maßgeblich, die dem Vorstand in dem **Zeitpunkt** bekannt waren, in dem das Rechtsgeschäft vorgenommen oder die Maßnahme getroffen oder unterlassen wurde. Auf diese Einschränkung ist in der Schlusserklärung hinzuweisen. Dass die Vorgänge bezogen auf den Zeitpunkt der Vornahme bzw. des Unterlassens des Geschäfts zu beurteilen sind, ist durchaus folgerichtig, da es auch bei der Feststellung des Nachteils auf die ex-ante-Perspektive ankommt. Bedenklich ist es jedoch, dass nur die dem Vorstand **bekannten,** nicht aber auch die bei hinreichender Sorgfalt erkennbaren Umstände heranzuziehen sind. Im Hinblick auf den klaren Wort-

---

[101] Emmerich/Habersack/*Habersack* Rn. 42; Großkomm AktG/*Fleischer* Rn. 101; Hüffer/Koch/*Koch* Rn. 32; Kölner Komm AktG/*Koppensteiner* Rn. 22; MüKoAktG/*Altmeppen* Rn. 135; Wachter/*Rothley* Rn. 23.
[102] ADS Rn. 86; MüKoAktG/*Altmeppen* Rn. 133.
[103] Emmerich/Habersack/*Habersack* Rn. 43; Hüffer/Koch/*Koch* Rn. 33; MüKoAktG/*Altmeppen* Rn. 137; NK-AktR/*Schatz/Schödel* Rn. 50; aA *Haesen*, Der Abhängigkeitsbericht im faktischen Konzern, 1970, 68 ff.
[104] OLG München AG 2003, 452 (453); *Böttcher* FS Maier-Reimer, 2010, 29 (32 f.); ADS Rn. 69; Emmerich/Habersack/*Habersack* Rn. 43; Hüffer/Koch/*Koch* Rn. 34; MüKoAktG/*Altmeppen* Rn. 139.
[105] *Böttcher* FS Maier-Reimer, 2010, 29 (33); *Rasner* BB 1966, 1043 (1044 f.); ADS Rn. 70; Emmerich/Habersack/*Habersack* Rn. 43; Hüffer/Koch/*Koch* Rn. 34; MüKoAktG/*Altmeppen* Rn. 139.
[106] RegBegr. *Kropff* S. 412; vgl. schon *Flume* DB 1959, 190 (191): „Griff an das Portepee".
[107] Formulierungsvorschläge bei ADS Rn. 90 ff.
[108] MüKoAktG/*Altmeppen* Rn. 142.
[109] Kölner Komm AktG/*Koppensteiner* Rn. 13; MüKoAktG/*Altmeppen* Rn. 142; Wachter/*Rothley* Rn. 4.

laut der Vorschrift muss der Rechtsanwender dies aber jedenfalls de lege lata hinnehmen.[110] Bei einem Vorstandswechsel ist deutlich zu machen, dass eine Aussage über den Wissensstand des früheren Vorstands gemacht wird.[111]

51 **3. Aufnahme in den Lagebericht.** Die Schlusserklärung wird gem. § 312 Abs. 3 S. 3 auch in den Lagebericht aufgenommen und erlangt demnach **Publizität** nach Maßgabe der §§ 325 ff. HGB. Bei der **kleinen AG** iSd § 267 Abs. 1 HGB, die nach § 264 Abs. 1 S. 3 HGB keinen Lagebericht aufstellen muss, gehört die Erklärung in den Anhang.[112] Braucht nach § 264 Abs. 3 HGB auch kein Anhang aufgestellt zu werden, ist ein Vermerk unter dem Jahresabschluss zu fordern.[113]

§ 313 Prüfung durch den Abschlußprüfer

(1) ¹Ist der Jahresabschluß durch einen Abschlußprüfer zu prüfen, so ist gleichzeitig mit dem Jahresabschluß und dem Lagebericht auch der Bericht über die Beziehungen zu verbundenen Unternehmen dem Abschlußprüfer vorzulegen. ²Er hat zu prüfen, ob
1. die tatsächlichen Angaben des Berichts richtig sind,
2. bei den im Bericht aufgeführten Rechtsgeschäften nach den Umständen, die im Zeitpunkt ihrer Vornahme bekannt waren, die Leistung der Gesellschaft nicht unangemessen hoch war; soweit sie dies war, ob die Nachteile ausgeglichen worden sind,
3. bei den im Bericht aufgeführten Maßnahmen keine Umstände für eine wesentlich andere Beurteilung als die durch den Vorstand sprechen.

³§ 320 Abs. 1 Satz 2 und Abs. 2 Satz 1 und 2 des Handelsgesetzbuchs gilt sinngemäß. ⁴Die Rechte nach dieser Vorschrift hat der Abschlußprüfer auch gegenüber einem Konzernunternehmen sowie gegenüber einem abhängigen oder herrschenden Unternehmen.

(2) ¹Der Abschlußprüfer hat über das Ergebnis der Prüfung schriftlich zu berichten. ²Stellt er bei der Prüfung des Jahresabschlusses, des Lageberichts und des Berichts über die Beziehungen zu verbundenen Unternehmen fest, daß dieser Bericht unvollständig ist, so hat er auch hierüber zu berichten. ³Der Abschlussprüfer hat seinen Bericht zu unterzeichnen und dem Aufsichtsrat vorzulegen; dem Vorstand ist vor der Zuleitung Gelegenheit zur Stellungnahme zu geben.

(3) ¹Sind nach dem abschließenden Ergebnis der Prüfung keine Einwendungen zu erheben, so hat der Abschlußprüfer dies durch folgenden Vermerk zum Bericht über die Beziehungen zu verbundenen Unternehmen zu bestätigen:

Nach meiner/unserer pflichtmäßigen Prüfung und Beurteilung bestätige ich/bestätigen wir, daß
1. die tatsächlichen Angaben des Berichts richtig sind,
2. bei den im Bericht aufgeführten Rechtsgeschäften die Leistung der Gesellschaft nicht unangemessen hoch war oder Nachteile ausgeglichen worden sind,
3. bei den im Bericht aufgeführten Maßnahmen keine Umstände für eine wesentlich andere Beurteilung als die durch den Vorstand sprechen.

²Führt der Bericht kein Rechtsgeschäft auf, so ist Nummer 2, führt er keine Maßnahme auf, so ist Nummer 3 des Vermerks fortzulassen. ³Hat der Abschlußprüfer bei keinem im Bericht aufgeführten Rechtsgeschäft festgestellt, daß die Leistung der Gesellschaft unangemessen hoch war, so ist Nummer 2 des Vermerks auf diese Bestätigung zu beschränken.

(4) ¹Sind Einwendungen zu erheben oder hat der Abschlußprüfer festgestellt, daß der Bericht über die Beziehungen zu verbundenen Unternehmen unvollständig ist, so hat er die Bestätigung einzuschränken oder zu versagen. ²Hat der Vorstand selbst erklärt, daß die Gesellschaft durch bestimmte Rechtsgeschäfte oder Maßnahmen benachteiligt worden ist, ohne daß die Nachteile ausgeglichen worden sind, so ist dies in dem Vermerk anzugeben und der Vermerk auf die übrigen Rechtsgeschäfte oder Maßnahmen zu beschränken.

---

[110] MHdB AG/*Krieger* § 70 Rn. 112; *ADS* Rn. 91; Emmerich/Habersack/*Habersack* Rn. 46; Hensler/Strohn/ *Bödeker* Rn. 20; Hüffer/Koch/*Koch* Rn. 36; aA Kölner Komm AktG/*Koppensteiner* Rn. 80 (bloßes Redaktionsversehen); dagegen MüKoAktG/*Altmeppen* Rn. 146 (→ Fn. 188), der aber den heutigen Rechtsanwender an den damaligen „Irrtum der Ministerialbürokratie" gleichwohl als nicht gebunden ansieht; ferner Grigoleit/*Grigoleit* Rn. 28; NK-AktR/*Schatz*/*Schödel* Rn. 55.
[111] Näher dazu Döllerer FS Semler, 1993, 441 (448 ff.).
[112] *ADS* Rn. 88; Emmerich/Habersack/*Habersack* Rn. 46; Kölner Komm AktG/*Koppensteiner* Rn. 87; MüKo-AktG/*Altmeppen* Rn. 152; aA MHdB AG/*Krieger* § 70 Rn. 112.
[113] Kölner Komm AktG/*Koppensteiner* Rn. 87; MüKoAktG/*Altmeppen* Rn. 152.

(5) ¹Der Abschlußprüfer hat den Bestätigungsvermerk mit Angabe von Ort und Tag zu unterzeichnen. ²Der Bestätigungsvermerk ist auch in den Prüfungsbericht aufzunehmen.

Schrifttum: *Greiffenhagen,* Gefahren für Wirtschaftsprüfer und Aufsichtsräte insbesondere aus dem Risikofeld Abhängigkeitsbericht: Nichtigkeit eines Jahresabschlusses in Verbindung mit Aufsichtsratspflichten anhand des BGH-Urteils vom 15.11.1993 – II ZR 235/92, FS Ludewig, 1996, 303; *Haesen,* Der Abhängigkeitsbericht im faktischen Konzern, 1970; *Hommelhoff,* Empfiehlt es sich, das Recht faktischer Unternehmensverbindungen neu zu regeln?, Gutachten G für den 59. Deutschen Juristentag, 1992; *IDW,* Zur Aufstellung und Prüfung des Berichts über Beziehungen zu verbundenen Unternehmen (Abhängigkeitsbericht nach § 312 AktG), Stellungnahme HFA 3/1991, WPg 1992, 91; *Kakies,* Der Schutz der Minderheitsaktionäre und Gläubiger im faktischen Konzern unter besonderer Berücksichtigung der Sonderprüfung gemäß § 315 AktG, 2003; *Kupsch,* Die Auswirkungen einer fehlenden Schlusserklärung nach § 312 Abs. 3 AktG im Lagebericht auf den Bestätigungsvermerk des Abschlussprüfers, DB 1993, 493; *A. Meier,* Inhalt und Prüfung des Abhängigkeitsberichts, WPg 1968, 64; *Velte,* Die Prüfung des Abhängigkeitsberichts duch Aufsichtsrat und Abschlussprüfer sowie ihre Berichterstattung, Der Konzern 2010, 49.

Übersicht

	Rn.		Rn.
I. Bedeutung der Norm	1–3	c) Sonstige Maßnahmen	12
II. Prüfungspflicht (Abs. 1)	4–18	4. Umfang der Prüfung	13–15
1. Voraussetzungen	4, 5	5. Einsichts- und Auskunftsrecht	16–18
2. Verfahren	6, 7	**III. Berichtspflicht (Abs. 2)**	19, 20
a) Erteilung des Prüfungsauftrags	6	**IV. Bestätigungsvermerk (Abs. 3–5)**	21–27
b) Vorlage des Abhängigkeitsberichts	7	1. Allgemeines	21, 22
3. Gegenstand der Prüfung	8–12	2. Erteilung (Abs. 3)	23, 24
a) Richtigkeit der tatsächlichen Angaben	8	3. Einschränkung oder Versagung (Abs. 4)	25–27
b) Rechtsgeschäfte	9–11		

I. Bedeutung der Norm

Die Vorschrift betrifft die Prüfung des Abhängigkeitsberichts durch den **Abschlussprüfer** der Gesellschaft. Abs. 1 nennt die Voraussetzungen und den Gegenstand der Prüfungspflicht. Abs. 2 ordnet an, dass über das Ergebnis der Prüfung schriftlich zu berichten ist. Abs. 3 und 4 regeln den Inhalt des Prüfungsvermerks. In Abs. 5 geht es schließlich um Formalien. **1**

Die Prüfung nach § 313 soll die in § 314 vorgesehene Prüfung durch den Aufsichtsrat der Gesellschaft vorbereiten und ergänzen. Der Gesetzgeber hielt eine **zusätzliche Überprüfung** des Abhängigkeitsberichts durch sachkundige Dritte aus zwei Gründen für erforderlich: Zum einen hegte er Bedenken hinsichtlich der fachlichen Kompetenz des Aufsichtsrats, zum anderen befürchtete er, dass dessen zumeist von dem herrschenden Unternehmen bestimmten Mitgliedern die notwendige Unabhängigkeit fehlen würde.¹ Da der Aufsichtsrat in seinem Bericht an die Hauptversammlung nach § 314 Abs. 3 S. 2, 3 auch das Ergebnis der Prüfung wiedergeben und dazu Stellung nehmen muss, trägt sie zur **begrenzten Publizität** des Abhängigkeitsberichts bei. Haben die Abschlussprüfer den Bestätigungsvermerk eingeschränkt oder ganz versagt, so kann jeder Aktionär gem. § 315 Nr. 1 eine **Sonderprüfung** beantragen. Die Prüfung soll mithin die Durchsetzung von Ersatzansprüchen erleichtern. Schließlich hat sie maßgeblichen Anteil an der **Präventionswirkung** des Abhängigkeitsberichts. Der Vorstand der abhängigen Gesellschaft wird in der Regel schon im Vorfeld auf die Einhaltung der Grenzen des § 311 achten, um späteren unangenehmen Diskussionen mit dem Abschlussprüfer aus dem Weg zu gehen.² **2**

Der Gesetzgeber hat durchaus gesehen, dass § 313 den Abschlussprüfer in persönlicher wie auch in fachlicher Hinsicht vor **große Herausforderungen** stellt.³ Die Prüfung kann ihn leicht in Gegensatz zum herrschenden Unternehmen bringen, von dem er sich weitere Prüfungsaufträge erhofft.⁴ Fachlich besteht die Schwierigkeit darin, die Angemessenheit von Rechtsgeschäften und Maßnahmen zu beurteilen und damit Geschäftsführungsentscheidungen auf ihre Vertretbarkeit hin zu überprüfen. Trotz dieser Probleme ist die Prüfung des Abhängigkeitsberichts durch den Abschluss- **3**

---

¹ RegBegr. *Kropff* S. 413.
² MüKoAktG/*Altmeppen* Rn. 2; Großkomm AktG/*Fleischer* Rn. 3.
³ RegBegr. *Kropff* S. 413 f.
⁴ Vgl. etwa *Haesen,* Der Abhängigkeitsbericht im faktischen Konzern, 1970, 121 f.; *Kakies,* Der Schutz der Minderheitsaktionäre und Gläubiger im faktischen Konzern unter besonderer Berücksichtigung der Sonderprüfung gemäß § 315 AktG, 2003, 80 f.; Großkomm AktG/*Fleischer* Rn. 10; Kölner Komm AktG/*Koppensteiner* Rn. 4.

prüfer rechtspolitisch positiv zu bewerten.[5] Sie stellt einen **unentbehrlichen Eckpfeiler** des Schutzsystems der §§ 311 ff. dar. Umso bedenklicher ist es, dass mit der Herausnahme der kleinen Kapitalgesellschaften iSd § 267 Abs. 1 HGB aus der Pflicht zur Abschlussprüfung (§ 316 Abs. 1 HGB) durch das Bilanzrichtliniengesetz 1985 (v. 19.12.1985, BGBl. 1985 I 2355) gleichzeitig auch die obligatorische Prüfung des Abhängigkeitsberichts für diese Gesellschaften entfiel.[6]

II. Prüfungspflicht (Abs. 1)

4   1. **Voraussetzungen.** Der Abhängigkeitsbericht ist nach § 313 zu prüfen, wenn der Jahresabschluss prüfungspflichtig ist. Das ist seit Inkrafttreten des Bilanzrichtliniengesetzes 1985 bei der **kleinen AG** nicht mehr der Fall (→ Rn. 3), obwohl das Schutzbedürfnis hier keineswegs geringer ist als bei mittleren und großen Gesellschaften. Es handelt sich hier um eine Fehlleistung des Gesetzgebers, die dieser baldmöglichst durch Einführung einer isolierten Pflicht zur Prüfung des Abhängigkeitsberichts für die kleine AG korrigieren sollte. Ansätze, eine solche Verpflichtung schon de lege lata anzunehmen,[7] unterliegen jedoch erheblichen Bedenken.[8] Der Rechtsanwender ist an den klaren Wortlaut des § 313 gebunden. Der Abhängigkeitsbericht unterliegt aber auch bei der kleinen AG der Prüfung durch den Abschlussprüfer, wenn die Satzung eine Prüfung des Jahresabschlusses vorsieht.[9]

5   Entgegen der ursprünglichen Rechtslage[10] sind die mittlere und die große AG im **Liquidationsstadium** durch das Bilanzrichtliniengesetz grundsätzlich der Prüfungspflicht unterworfen worden (§ 270). Das Gericht kann nach § 270 Abs. 3 von der Prüfungspflicht befreien, wenn die Verhältnisse der Gesellschaft überschaubar sind. Dabei muss es auch prüfen, ob sich aus unübersichtlichen konzernrechtlichen Beziehungen Gefahren für die Außenseiter ergeben können.[11]

6   2. **Verfahren. a) Erteilung des Prüfungsauftrags.** Aus § 313 Abs. 1 ergibt sich, dass der Abhängigkeitsbericht durch den **Prüfer des Jahresabschlusses** zu prüfen ist. Ein gesonderter Prüfungsauftrag wird nicht erteilt. Vielmehr umfasst der durch den Aufsichtsrat (§ 111 Abs. 2 S. 3) erteilte Auftrag zur Prüfung des Jahresabschlusses ohne weiteres auch den Auftrag zur Prüfung nach § 313.[12] Die Zuständigkeit des Abschlussprüfers ist zwingend.[13] Eine andere Person mit der Prüfung des Abhängigkeitsberichts zu betrauen, ist nicht möglich. Mit der Aufstellung des Abhängigkeitsberichts darf der Abschlussprüfer nicht befasst werden, da dies mit seiner Prüfungspflicht unvereinbar wäre.[14]

7   **b) Vorlage des Abhängigkeitsberichts.** Der Abhängigkeitsbericht ist nach § 313 Abs. 1 zusammen mit dem Jahresabschluss und dem Lagebericht den Abschlussprüfern vorzulegen. Die Vorlage erfolgt durch den **Vorstand** der abhängigen Gesellschaft. Dies muss unverzüglich nach der Aufstellung der Unterlagen geschehen (→ § 320 Abs. 1 S. 1 HGB), für die wiederum nach § 312 Abs. 1 iVm § 264 Abs. 1 S. 3 HGB grundsätzlich eine Frist von drei Monaten gilt.[15] Die Durchsetzung zur

---

[5] MüKoAktG/*Altmeppen* Rn. 7 f.
[6] Kritisch *Habersack* FS Peltzer, 2001, 139 (142 f.); *Hommelhoff* Gutachten S. 55 f.; MHdB AG/*Krieger* § 70 Rn. 114; Bürgers/Körber/*Fett* Rn. 2; Emmerich/Habersack/*Habersack* Rn. 6; Grigoleit/*Grigoleit* Rn. 2; Großkomm AktG/*Fleischer* Rn. 14; Hüffer/Koch/*Koch* Rn. 2; MüKoAktG/*Altmeppen* Rn. 9; NK-AktR/*Schatz/Schödel* Rn. 2; K. Schmidt/Lutter/*J. Vetter* Rn. 4.
[7] *Habersack* FS Peltzer, 2001, 139 (143 ff.); Emmerich/Habersack/*Habersack* Rn. 7.
[8] MHdB AG/*Krieger* § 70 Rn. 114; Bürgers/Körber/*Fett* Rn. 2; Grigoleit/*Grigoleit* Rn. 2; Großkomm AktG/*Fleischer* Rn. 16; Kölner Komm AktG/*Koppensteiner* Rn. 9; K. Schmidt/Lutter/*J. Vetter* Rn. 4; für ein Einsichtsrecht des außenstehenden Aktionärs analog § 51a GmbHG aber MüKoAktG/*Altmeppen* Rn. 20 f.; NK-AktR/*Schatz/Schödel* Rn. 2.
[9] Insofern zutr. Emmerich/Habersack/*Habersack* Rn. 7; ferner Grigoleit/*Grigoleit* Rn. 2; Großkomm AktG/*Fleischer* Rn. 17; Kölner Komm AktG/*Koppensteiner* Rn. 9; MüKoAktG/*Altmeppen* Rn. 22; K. Schmidt/Lutter/*J. Vetter* Rn. 5; aA MHdB AG/*Krieger* § 70 Rn. 114 (Prüfung des Abschlussberichts muss ausdrücklich vorgesehen sein).
[10] Dazu GHEK/*Kropff* Rn. 8.
[11] MüKoAktG/*Altmeppen* Rn. 18.
[12] IDW HFA WPg 1992, 91 (93) (unter III 2); ADS Rn. 6; Bürgers/Körber/*Fett* Rn. 9; Emmerich/Habersack/*Habersack* Rn. 9; Hüffer/Koch/*Koch* Rn. 4; MüKoAktG/*Altmeppen* Rn. 29; NK-AktR/*Schatz/Schödel* Rn. 3; K. Schmidt/Lutter/*J. Vetter* Rn. 6.
[13] Bürgers/Körber/*Fett* Rn. 9; Emmerich/Habersack/*Habersack* Rn. 10; Großkomm AktG/*Fleischer* Rn. 29; Hüffer/Koch/*Koch* Rn. 4; anders liegt es im Sonderfall der in der Satzung vorgesehenen freiwilligen Abschlussprüfung MüKoAktG/*Altmeppen* Rn. 28.
[14] IDW HFA WPg 1992, 91 (93) (unter III 2); ADS Rn. 7; Bürgers/Körber/*Fett* Rn. 9; Emmerich/Habersack/*Habersack* Rn. 10; Hüffer/Koch/*Koch* Rn. 4; Großkomm AktG/*Fleischer* Rn. 29; K. Schmidt/Lutter/*J. Vetter* Rn. 7.
[15] → § 312 Rn. 16 (dort auch zu den Ausnahmen).

Vorlage des Abhängigkeitsberichts kann im Zwangsgeldverfahren nach § 407 Abs. 1 erzwungen werden (→ § 312 Rn. 20). Bei Meinungsverschiedenheiten über die Notwendigkeit eines Abhängigkeitsberichts steht zudem das **Verfahren nach § 324 HGB** zur Verfügung,[16] nicht aber zur Beilegung von Streitigkeiten, die Inhalt und Vollständigkeit des Berichts betreffen.[17] Legt der Vorstand einen nach Auffassung des Prüfers notwendigen Abhängigkeitsbericht nicht vor, so ist der Bestätigungsvermerk zum Jahresabschluss entsprechend einzuschränken (→ § 312 Rn. 21).

3. Gegenstand der Prüfung. a) Richtigkeit der tatsächlichen Angaben. Nach § 313 Abs. 1 S. 2 Nr. 1 bezieht sich die Prüfung zunächst darauf, ob die tatsächlichen Angaben des Berichts richtig sind. **Tatsachen** sind Vorgänge der Vergangenheit, die einer objektiven Nachprüfung zugänglich sind. Sie sind abzugrenzen von den im Abhängigkeitsbericht enthaltenen Wertungen und Prognosen, die von Satz 2 Nr. 1 nicht erfasst werden.[18] Zu prüfen ist insbesondere, ob die im Bericht aufgeführten Rechtsgeschäfte wirklich zu den angegebenen Bedingungen vorgenommen und die dort genannten Maßnahmen unter den behaupteten Umständen ergriffen oder unterlassen wurden.[19] Die **Vollständigkeit** gehört nicht zum eigentlichen Prüfungsgegenstand. Festgestellte Lücken im Bericht darf der Abschlussprüfer jedoch nicht übergehen (→ Rn. 13).

b) Rechtsgeschäfte. Nach § 313 Abs. 1 S. 2 Nr. 2 Hs. 1 ist bei den im Bericht aufgeführten Rechtsgeschäften zu prüfen, ob die Leistung der abhängigen Gesellschaft nicht **unangemessen hoch** war. Es kommt darauf an, ob sich Vor- und Nachteile des Rechtsgeschäfts soweit aufheben, dass kein Einzelausgleich erforderlich ist. Dies erfordert von dem Prüfer eine Bewertung, wobei ihm ein **Beurteilungsspielraum** zukommt. Geringfügige Abweichungen zwischen dem vom Abschlussprüfer für angemessen erachteten und den tatsächlich erbrachten Leistungen sind unschädlich. Ausreichend ist, dass das Geschäft bei vernünftiger kaufmännischer Betrachtung als **vertretbar** erscheint.[20] Dabei sind die Umstände maßgeblich, die dem Vorstand im **Zeitpunkt der Vornahme des Rechtsgeschäfts** bekannt waren oder ihm bei pflichtgemäßer Sorgfalt hätten bekannt sein müssen; spätere nicht absehbare Entwicklungen bleiben hingegen unberücksichtigt.[21] Hat der Vorstand selbst in seinem Bericht bekannt, dass die Gesellschaft durch einen Vorgang benachteiligt wurde, so muss der Prüfer sich mit dieser Frage nicht weiter auseinandersetzen (arg. § 313 Abs. 4 S. 2).[22]

Ergibt sich aus der Erklärung des Vorstands oder durch die Prüfung eines Rechtsgeschäfts, dass die abhängige Gesellschaft eine unangemessen hohe Gegenleistung erbracht hat, so muss nach § 313 Abs. 1 S. 2 Nr. 2 Hs. 2 ermittelt werden, ob die Nachteile ausgeglichen wurden. Der **Nachteilsausgleich** kann nach § 311 Abs. 2 sowohl tatsächlich als auch durch Einräumung eines Rechtsanspruchs erfolgen. Erst nach Abschluss des Geschäftsjahres gewährte Vorteile sind nicht zu berücksichtigen. Dies gilt auch für einen auf **Veranlassung des Abschlussprüfers** der abhängigen Gesellschaft zugebilligten Ausgleich. Ebenso wenig reicht es aus, einen Rechtsanspruch auf Kompensation von den Feststellungen des Prüfers abhängig zu machen.[23]

Für die Prüfung, ob der Nachteil ausgeglichen wurde, gilt der gleiche **Beurteilungsmaßstab** wie für die Prüfung der Angemessenheit von Leistung und Gegenleistung. Maßgebend für die Bewertung ist der Zeitpunkt der Vorteilsgewährung.[24] Enthält bereits der Abhängigkeitsbericht die Aussage, dass bestimmte Nachteile nicht kompensiert wurden, so hat der Prüfer dies in seinem Vermerk nach § 313 Abs. 4 S. 2 anzugeben.

c) Sonstige Maßnahmen. Bei Maßnahmen ohne rechtsgeschäftlichen Charakter ist nach § 313 Abs. 1 S. 2 Nr. 3 nur zu prüfen, ob keine Umstände für eine wesentlich andere Beurteilung als die des Vorstands sprechen. Damit trägt der Gesetzgeber der Tatsache Rechnung, dass die Beurteilung

---

[16] ADS Rn. 104; Bürgers/Körber/*Fett* Rn. 11; Emmerich/Habersack/*Habersack* Rn. 13; Hüffer/Koch/*Koch* Rn. 3; MüKoAktG/*Altmeppen* Rn. 105; K. Schmidt/Lutter/*J. Vetter* Rn. 9; für analoge Anwendung Kölner Komm AktG/*Koppensteiner* Rn. 13.

[17] Emmerich/Habersack/*Habersack* Rn. 13; Hüffer/Koch/*Koch* Rn. 3; MüKoAktG/*Altmeppen* Rn. 105; K. Schmidt/Lutter/*J. Vetter* Rn. 9.

[18] Emmerich/Habersack/*Habersack* Rn. 14; Hüffer/Koch/*Koch* Rn. 5; MüKoAktG/*Altmeppen* Rn. 37 f.; K. Schmidt/Lutter/*J. Vetter* Rn. 14.

[19] Kölner Komm AktG/*Koppensteiner* Rn. 17.

[20] RegBegr. *Kropff* S. 414; IDW HFA WPg 1992, 91 (93) (unter III 6); Großkomm AktG/*Fleischer* Rn. 22; Kölner Komm AktG/*Koppensteiner* Rn. 18.

[21] Emmerich/Habersack/*Habersack* Rn. 16; Hüffer/Koch/*Koch* Rn. 7; Kölner Komm AktG/*Koppensteiner* Rn. 18; MüKoAktG/*Altmeppen* Rn. 42.

[22] Bürgers/Körber/*Fett* Rn. 4; Kölner Komm AktG/*Koppensteiner* Rn. 18; MüKoAktG/*Altmeppen* Rn. 40.

[23] Emmerich/Habersack/*Habersack* Rn. 17; Kölner Komm AktG/*Koppensteiner* Rn. 21; MüKoAktG/*Altmeppen* Rn. 54; anders ADS § 311 Rn. 71; zweifelnd Hüffer/Koch/*Koch* Rn. 8.

[24] Emmerich/Habersack/*Habersack* Rn. 17; MüKoAktG/*Altmeppen* Rn. 53.

solcher Maßnahmen besonders schwierig ist. Der Abschlussprüfer soll nicht seine eigene Einschätzung an die Stelle des Ermessens des Vorstands setzen, er muss vielmehr dessen **unternehmerischen Ermessensspielraum** respektieren. Zu prüfen ist lediglich, ob sich die Entscheidung im Bereich des wirtschaftlich Vertretbaren hält.[25] Maßgeblich ist der Zeitpunkt der Vornahme oder der Unterlassung der Maßnahme. Erweist sich eine Maßnahme als nachteilig, so ist analog § 313 Abs. 1 S. 2 Nr. 2 Hs. 2 festzustellen, ob eine hinreichende Kompensation nach Maßgabe von § 311 Abs. 2 gewährt wurde.[26]

13 **4. Umfang der Prüfung.** § 313 Abs. 1 S. 2 verlangt grundsätzlich keine Prüfung der aufgeführten Rechtsgeschäfte und sonstigen Maßnahmen auf **Vollständigkeit**.[27] Dies wäre auch praktisch kaum durchführbar, da der Abschlussprüfer sonst sämtliche Geschäftsvorfälle der Gesellschaft auf ihre Berichtspflichtigkeit hin untersuchen müsste.[28] Stellt der Abschlussprüfer allerdings bei der Wahrnehmung seiner übrigen Aufgaben Unvollständigkeiten fest, so muss er nach § 313 Abs. 2 S. 2 darüber berichten. Weitergehend wird mit Recht angenommen, dass er konkreten Anhaltspunkten, die auf Unvollständigkeiten hindeuten, nachzugehen und den Sachverhalt aufzuklären hat.[29]

14 Die Pflicht zur Überprüfung der Richtigkeit der im Bericht enthaltenen tatsächlichen Angaben nach § 313 Abs. 1 S. 2 Nr. 1 schließt es auch ein, die **Vollständigkeit der Angaben** zu den in dem Bericht aufgeführten Vorgängen zu prüfen.[30] Denn wenn wesentliche Informationen zurückgehalten werden, entsteht ein unrichtiger Gesamteindruck über das in Rede stehende Geschäft, so dass sich die Frage der Nachteilhaftigkeit nicht zuverlässig beurteilen lässt. Unrichtig sind die tatsächlichen Angaben etwa dann, wenn zwar der an die abhängige Gesellschaft zu zahlende Kaufpreis, nicht aber eine vereinbarte Stundung im Bericht aufgeführt wird.

15 Bei umfangreichen Geschäftsverbindungen und sofern keine besonderen Verdachtsmomente vorliegen, kann sich der Prüfer hinsichtlich der tatsächlichen Angaben auf **Stichproben** beschränken. Bei Vorgängen von herausragender Bedeutung muss jedoch stets eine Einzelprüfung vorgenommen werden.[31]

16 **5. Einsichts- und Auskunftsrecht.** § 313 Abs. 1 S. 3 ordnet die **sinngemäße Geltung der § 320 Abs. 1 S. 2 HGB und § 320 Abs. 2 S. 1, 2 HGB** an. Demnach hat der Vorstand der abhängigen Gesellschaft dem Prüfer zu gestatten, die Bücher und Schriften sowie die Vermögensgegenstände und Schulden, namentlich die Kasse und die Bestände an Wertpapieren und Waren, einzusehen (§ 320 Abs. 1 S. 2 HGB). Ferner ist er gehalten, ihm alle für eine sorgfältige Prüfung des Berichts notwendigen Auskünfte und Nachweise zu erteilen (§ 320 Abs. 2 S. 1 HGB). Wie sich aus der Verweisung auf § 320 Abs. 2 S. 2 HGB ergibt, hat der Prüfer die genannten Einsichts- und Auskunftsrechte auch schon vor der Aufstellung des Abhängigkeitsberichts im Rahmen einer sog. Zwischenprüfung. Das Auskunftsrecht beinhaltet auch einen Anspruch des Prüfers darauf, ihm einen Überblick über die verbundenen Unternehmen (sog. Konzernschema) zu geben, sofern eine entsprechende Übersicht nicht ohnehin schon im Abhängigkeitsbericht enthalten ist.[32]

17 § 313 Abs. 1 S. 4 gewährt dem Abschlussprüfer das Auskunfts- und Einsichtsrecht auch gegenüber einem **Konzernunternehmen** sowie gegenüber einem **abhängigen oder herrschenden Unternehmen**. Der Kreis der betroffenen Unternehmen bestimmt sich aus der Sicht der abhängigen Gesellschaft nach §§ 17, 18. Allerdings werden nicht alle verbundenen Unternehmen erfasst, die nach

---

[25] Vgl. RegBegr. *Kropff* S. 414 f.; Emmerich/Habersack/*Habersack* Rn. 18; Großkomm AktG/*Fleischer* Rn. 26; Hüffer/Koch/*Koch* Rn. 79; Kölner Komm AktG/*Koppensteiner* Rn. 22; MüKoAktG/*Altmeppen* Rn. 44; K. Schmidt/Lutter/*J. Vetter* Rn. 12, 17.
[26] Emmerich/Habersack/*Habersack* Rn. 19; Kölner Komm AktG/*Koppensteiner* Rn. 23; MüKoAktG/*Altmeppen* Rn. 49.
[27] RegBegr. *Kropff* S. 414; *Haesen*, Der Abhängigkeitsbericht im faktischen Konzern, 1970, 131 f.; IDW HFA WPg 1992, 91 (93) (unter III 5); MHdB AG/*Krieger* § 70 Rn. 115; Bürgers/Körber/*Fett* Rn. 3; Emmerich/Habersack/*Habersack* Rn. 14, 20; Großkomm AktG/*Fleischer* Rn. 39; Hüffer/Koch/*Koch* Rn. 5; Kölner Komm AktG/*Koppensteiner* Rn. 25; MüKoAktG/*Altmeppen* Rn. 56; K. Schmidt/Lutter/*J. Vetter* Rn. 15, 27.
[28] MüKoAktG/*Altmeppen* Rn. 56.
[29] *Haesen*, Der Abhängigkeitsbericht im faktischen Konzern, 1970, 131 f.; IDW HFA WPg 1992, 91 (93) (unter III 5); MHdB AG/*Krieger* § 70 Rn. 115; Bürgers/Körber/*Fett* Rn. 3; Emmerich/Habersack/*Habersack* Rn. 21; Großkomm AktG/*Fleischer* Rn. 39; Hüffer/Koch/*Koch* Rn. 11; Kölner Komm AktG/*Koppensteiner* Rn. 25; MüKoAktG/*Altmeppen* Rn. 59; K. Schmidt/Lutter/*J. Vetter* Rn. 27.
[30] Emmerich/Habersack/*Habersack* Rn. 21; Hüffer/Koch/*Koch* Rn. 11; Kölner Komm AktG/*Koppensteiner* Rn. 26; MüKoAktG/*Altmeppen* Rn. 62.
[31] Emmerich/Habersack/*Habersack* Rn. 20; Kölner Komm AktG/*Koppensteiner* Rn. 28.
[32] Emmerich/Habersack/*Habersack* Rn. 22; Hüffer/Koch/*Koch* Rn. 12; Großkomm AktG/*Fleischer* Rn. 41; MüKoAktG/*Altmeppen* Rn. 70; NK-AktR/*Schatz/Schödel* Rn. 18.

§ 312 Abs. 1 Partner berichtspflichtiger Geschäftsbeziehungen sind. So hat der Abschlussprüfer keine Informationsrechte gegenüber Unternehmen, die zwar von dem herrschenden Unternehmen abhängig sind, mit diesem aber keinen Konzern iSd § 18 bilden. Gleiches gilt für Konzerngesellschaften des herrschenden Unternehmens, wenn die abhängige Gesellschaft nicht in den Konzern eingebunden ist. Die fehlende Abstimmung mit § 312 Abs. 1 ist zu bedauern, de lege lata aufgrund des eindeutigen Wortlauts des § 313 Abs. 1 S. 4 aber hinzunehmen.[33]

Die Erfüllung der Informationspflicht kann durch **Zwangsgeld** nach § 407 Abs. 1 durchgesetzt werden. Unrichtige oder verschleierte Auskünfte sind nach § 401 Abs. 1 Nr. 2 strafbar. Die Auskunfts- und Einsichtsrechte stehen dem Abschlussprüfer auch gegenüber **ausländischen Unternehmen** zu.[34] Allerdings kann insoweit kein Zwangsgeld festgesetzt werden.[35] Können prüfungsrelevante Tatsachen aufgrund verweigerter Auskünfte nicht zuverlässig festgestellt werden, so hat der Abschlussprüfer sein Testat einzuschränken.[36] Dies kann wiederum die Einleitung einer Sonderprüfung (§ 315 S. 1 Nr. 1) zur Folge haben. Angesichts dieser drohenden Sanktionen, auf die der Prüfer gegebenenfalls nachdrücklich hinweisen sollte, wird sich die Frage einer zwangsweisen Durchsetzung seiner Informationsrechte regelmäßig gar nicht stellen. **18**

III. Berichtspflicht (Abs. 2)

Über das **Ergebnis der Prüfung** hat der Abschlussprüfer nach § 313 Abs. 1 S. 1 zu berichten. **19** Der Bericht ist **schriftlich** abzufassen und gem. § 313 Abs. 2 S. 2 Hs. 1 zu **unterzeichnen.** Er dient in erster Linie der Information des **Aufsichtsrats,** der sich bei seiner Prüfung des Abhängigkeitsberichts auf das Urteil sachverständiger Dritter stützen können soll (→ Rn. 2). Deshalb ist es auch konsequent, dass der Bericht nunmehr[37] unmittelbar dem Aufsichtsrat vorzulegen ist (→ § 313 Abs. 2 S. 3 Hs. 1), und zwar regelmäßig zu Händen des Aufsichtsratsvorsitzenden.[38] Der Vorstand muss vorher Gelegenheit zur Stellungnahme erhalten (§ 313 Abs. 2 S. 3 Hs. 2). Die Stellungnahme ist nicht Bestandteil des Prüfungsberichts. Der Vorstand hat sie vielmehr analog § 314 Abs. 1 dem Aufsichtsrat zuzuleiten.[39]

Inhaltlich muss der Bericht einen zutreffenden Gesamteindruck über Art, Intensität und **20** Ausgestaltung der Beziehungen der Gesellschaft zu den verbundenen Unternehmen vermitteln. Dabei sind zur Vermeidung von unnötigen Wiederholungen Bezugnahmen auf den Abhängigkeitsbericht zulässig. § 313 Abs. 2 S. 2 stellt klar, dass auch vom Prüfer festgestellte **Unvollständigkeit des Berichts** zum Ergebnis der Prüfung gehört. Einzugehen ist auch auf die Abgrenzung des Kreises der in die Berichterstattung einbezogenen Unternehmen. Außerdem muss deutlich werden, worauf sich der Prüfer bei der Beurteilung berichtspflichtiger Rechtsgeschäfte und sonstiger Maßnahmen gestützt hat,[40] und ob ihm die angeforderten Auskünfte und Unterlagen gegeben wurden.[41] Es empfiehlt sich im Übrigen, den Bericht in Anlehnung an die Reihenfolge der Prüfungsgegenstände in § 313 Abs. 1 S. 2 Nr. 1–3 zu untergliedern.[42] Hat der Vorstand keinen Abschlussbericht erstellt, obwohl er nach Ansicht des Abschlussprüfers dazu verpflichtet wäre, so ist auch darüber zu berichten.[43] Der richtige Ort ist der Prüfungsbericht zum Jahresabschluss (§ 321 HGB), ein eigener Prüfungsbericht zu einem gar nicht existierenden Abhängigkeitsbericht erschiene etwas gekünstelt.[44]

---

[33] MHdB AG/*Krieger* § 70 Rn. 116; *ADS* Rn. 54; Emmerich/Habersack/*Habersack* Rn. 23; Großkomm AktG/*Fleischer* Rn. 42; Hüffer/Koch/*Koch* Rn. 13; Kölner Komm AktG/*Koppensteiner* Rn. 14; MüKoAktG/*Altmeppen* Rn. 73; NK-AktR/*Schatz/Schödel* Rn. 19; K. Schmidt/Lutter/*J. Vetter* Rn. 31.

[34] MHdB AG/*Krieger* § 70 Rn. 116; *ADS* Rn. 57; Emmerich/Habersack/*Habersack* Rn. 24; Hüffer/Koch/*Koch* Rn. 13; Kölner Komm AktG/*Koppensteiner* Rn. 16; MüKoAktG/*Altmeppen* Rn. 76; NK-AktR/*Schatz/Schödel* Rn. 19; aA noch Großkomm AktG/*Würdinger* Rn. 14.

[35] Emmerich/Habersack/*Habersack* Rn. 24; Kölner Komm AktG/*Koppensteiner* Rn. 16; MüKoAktG/*Altmeppen* Rn. 77.

[36] MHdB AG/*Krieger* § 70 Rn. 116; *ADS* Rn. 57; Emmerich/Habersack/*Habersack* Rn. 24; Kölner Komm AktG/*Koppensteiner* Rn. 16; MüKoAktG/*Altmeppen* Rn. 79.

[37] Vgl. Art. 3 Nr. 2 KapCoRiLiG v. 24.2.2000, BGBl. 2000 I 154; vgl. auch → Vor § 311 Rn. 14.

[38] Emmerich/Habersack/*Habersack* Rn. 26; Kölner Komm AktG/*Koppensteiner* Rn. 31; MüKoAktG/*Altmeppen* § 314 Rn. 14.

[39] Emmerich/Habersack/*Habersack* Rn. 27; Kölner Komm AktG/*Koppensteiner* Rn. 31; MüKoAktG/*Altmeppen* § 314 Rn. 13.

[40] IDW HFA WPg 1992, 91 (93) (unter III 8).

[41] Hüffer/Koch/*Koch* Rn. 15.

[42] Emmerich/Habersack/*Habersack* Rn. 29.

[43] MüKoAktG/*Altmeppen* Rn. 86.

[44] Für die Zulässigkeit gleichwohl MüKoAktG/*Altmeppen* Rn. 86.

IV. Bestätigungsvermerk (Abs. 3–5)

1. Allgemeines. Prüfung und Bericht müssen zu einem definitiven Ergebnis gelangen. Es kommt nach § 313 Abs. 3, 4 in der Erteilung eines uneingeschränkten oder eingeschränkten Bestätigungsvermerks oder in der Versagung eines solchen Vermerks zum Ausdruck. Der Abschlussprüfer hat den Vermerk nach § 313 Abs. 5 S. 1 mit Angabe von Ort und Tag eigenhändig zu unterzeichnen. Sind mehrere Abschlussprüfer bestellt, so müssen alle unterschreiben. Der Vermerk ist nach § 313 Abs. 5 S. 2 in den Prüfungsbericht aufzunehmen.

Die **Bedeutung** des Vermerks liegt darin, dass er anders als die übrigen Teile des Prüfungsberichts in den Bericht des Aufsichtsrats an die Hauptversammlung aufzunehmen ist (§ 314 Abs. 2 S. 3) und somit **Publizität** erlangt. Wird der Bestätigungsvermerk eingeschränkt oder versagt, ist jeder Aktionär gem. § 315 Nr. 1 befugt, eine Sonderprüfung einzuleiten. Der Abschlussprüfer muss den Bestätigungsvermerk **widerrufen**, wenn ihm im Nachhinein Tatsachen bekannt werden, die dessen Unrichtigkeit belegen.[45]

2. Erteilung (Abs. 3). Die Gesellschaft hat nach § 313 Abs. 3 S. 1 einen Anspruch auf Erteilung eines uneingeschränkten Bestätigungsvermerks, wenn nach dem abschließenden Ergebnis der Prüfung keine Einwendungen zu erheben sind. Der Wortlaut des Testats ist in § 313 Abs. 3 S. 2 vorgeschrieben **(Formaltestat).** Er lehnt sich eng an die Formulierung des Prüfungsgegenstands in § 313 Abs. 3 S. 2 an und soll so das Prüfungsergebnis vollständig zum Ausdruck bringen. In § 313 Abs. 3 S. 3, 4 sind für bestimmte Sachverhalte Modifikationen vorgesehen. Führt der Bericht kein Rechtsgeschäft auf, so ist die entsprechende Feststellung nach § 313 Abs. 3 S. 2 Nr. 2 wegzulassen (§ 313 Abs. 3 S. 3 Fall 1), führt er keine sonstige Maßnahme auf, entfällt die Pflichtfeststellung nach § 313 Abs. 3 S. 2 Nr. 3 (§ 313 Abs. 3 S. 3 Fall 2). Bei Negativberichten (weder berichtspflichtige Rechtsgeschäfte noch Maßnahmen) beschränkt sich der Vermerk darauf, die Richtigkeit der tatsächlichen Angaben gem. § 313 Abs. 3 S. 2 Nr. 1 zu bestätigen.[46] § 313 Abs. 3 S. 4 befasst sich mit dem Fall, dass die abhängige Gesellschaft bei keinem der aufgeführten Rechtsgeschäfte eine unangemessen hohe Gegenleistung erbringen musste. Dann ist lediglich dies im Rahmen § 313 Abs. 3 S. 2 Nr. 2 zu bestätigen, der sich dort anschließende Passus „oder Nachteile ausgeglichen worden sind" entfällt.

Bei dem durch § 313 Abs. 3 S. 2–4 vorgegebenen formalisierten Inhalt des Bestätigungsvermerks sollte es der Prüfer im Regelfall bewenden lassen. Im Einzelfall ist jedoch ein **erläuternder Zusatz** zulässig, wenn auf eine besondere Problematik der Prüfung hinzuweisen ist und der Positivbefund des Vermerks dadurch nicht in Frage gestellt wird.[47]

3. Einschränkung oder Versagung (Abs. 4). Hat der Prüfer **Einwendungen** gegen den Abhängigkeitsbericht oder ist der Bericht **unvollständig**, so ist nach § 313 Abs. 4 S. 1 der Bestätigungsvermerk einzuschränken oder zu versagen. Die Einschränkung genügt, wenn sich die Beanstandungen auf einzelne **abgrenzbare Teilgebiete oder Sachverhalte** beschränken und die Berichterstattung im Übrigen ordnungsgemäß ist. Andernfalls muss der Bestätigungsvermerk versagt werden.[48]

Im Fall der Einschränkung ist die für den Bestätigungsvermerk in § 313 Abs. 3 S. 2–4 vorgesehene Formulierung durch einen den Vorbehalt deutlich zum Ausdruck bringenden Zusatz („Mit der Einschränkung, dass …") zu ergänzen.[49] Auch die Versagung ist in einem Vermerk auszusprechen, es genügt entgegen einer verbreiteten Auffassung[50] nicht, dass sich die Versagung dem Prüfungsbericht entnehmen lässt.[51] Einschränkung und Versagung sind entsprechend § 322 Abs. 4

---

[45] Bürgers/Körber/*Fett* Rn. 17; Emmerich/Habersack/*Habersack* Rn. 30; Kölner Komm AktG/*Koppensteiner* Rn. 41; MüKoAktG/*Altmeppen* Rn. 103; enger noch *Haesen*, Der Abhängigkeitsbericht im faktischen Konzern, 1970, 141 f.: Widerruf nur bei Täuschung durch den Vorstand.
[46] ADS Rn. 84 f.; Emmerich/Habersack/*Habersack* Rn. 33; Hüffer/Koch/*Koch* Rn. 18; Kölner Komm AktG/*Koppensteiner* Rn. 35; MüKoAktG/*Altmeppen* Rn. 91, 95.
[47] OLG Köln AG 1999, 519; IDW HFA WPg 1992, 91 (94) (unter III 10); ADS Rn. 83; Bürgers/Körber/*Fett* Rn. 18; Emmerich/Habersack/*Habersack* Rn. 32; Großkomm AktG/*Fleischer* Rn. 54; Hüffer/Koch/*Koch* Rn. 17; NK-AktR/*Schatz/Schödel* Rn. 29; weitergehend Kölner Komm AktG/*Koppensteiner* Rn. 32.
[48] Vgl. ADS Rn. 88; Emmerich/Habersack/*Habersack* Rn. 35; Großkomm AktG/*Fleischer* Rn. 55; Hüffer/Koch/*Koch* Rn. 19; MüKoAktG/*Altmeppen* Rn. 96; NK-AktR/*Schatz/Schödel* Rn. 31; K. Schmidt/Lutter/*J. Vetter* Rn. 43.
[49] Zur Abgrenzung von bloßen Erläuterungen vgl. OLG Köln AG 1999, 519 sowie als Vorinstanzen LG Köln AG 1999, 282 f. und AG Köln AG 1999, 284 f.
[50] *Kakies*, Der Schutz der Minderheitsaktionäre und Gläubiger im faktischen Konzern unter besonderer Berücksichtigung der Sonderprüfung gemäß § 315 AktG, 2003, 74; ADS Rn. 94; Hüffer/Koch/*Koch* Rn. 21; Kölner Komm AktG/*Koppensteiner* Rn. 39.
[51] Emmerich/Habersack/*Habersack* Rn. 34; Großkomm AktG/*Fleischer* Rn. 57; MüKoAktG/*Altmeppen* Rn. 99; K. Schmidt/Lutter/*J. Vetter* Rn. 45.

S. 3 HGB zu **begründen**.[52] Beides rechtfertigt nach § 315 S. 1 Nr. 1 die Anordnung einer Sonderprüfung.

Eine **Spezialregelung** enthält § 313 Abs. 4 S. 2 für den Fall, dass der Vorstand selbst erklärt hat, die Gesellschaft sei durch bestimmte Rechtsgeschäfte oder Maßnahmen benachteiligt und der Nachteil nicht ausgeglichen worden. Diesen Teil der Schlusserklärung hat der Abschlussprüfer in seinen Vermerk zu übernehmen und den Vermerk auf die übrigen Rechtsgeschäfte und Maßnahmen zu beschränken. Um eine Einschränkung des Testats handelt es sich dabei nicht, denn gegen den Bericht des Vorstands sind keine Einwendungen zu erheben, wenn er von sich aus Verstöße gegen § 311 offen legt. Deshalb hat der Gesetzgeber für den Fall der negativen Schlusserklärung des Vorstands ein eigenes Sonderprüfungsrecht nach § 315 S. 1 Nr. 3 geschaffen, § 315 S. 1 Nr. 1 ist nicht einschlägig.

§ 314 Prüfung durch den Aufsichtsrat

(1) ¹Der Vorstand hat den Bericht über die Beziehungen zu verbundenen Unternehmen unverzüglich nach dessen Aufstellung dem Aufsichtsrat vorzulegen. ²Dieser Bericht und, wenn der Jahresabschluss durch einen Abschlussprüfer zu prüfen ist, der Prüfungsbericht des Abschlussprüfers sind auch jedem Aufsichtsratsmitglied oder, wenn der Aufsichtsrat dies beschlossen hat, den Mitgliedern eines Ausschusses zu übermitteln.

(2) ¹Der Aufsichtsrat hat den Bericht über die Beziehungen zu verbundenen Unternehmen zu prüfen und in seinem Bericht an die Hauptversammlung (§ 171 Abs. 2) über das Ergebnis der Prüfung zu berichten. ²Ist der Jahresabschluß durch einen Abschlußprüfer zu prüfen, so hat der Aufsichtsrat in diesem Bericht ferner zu dem Ergebnis der Prüfung des Berichts über die Beziehungen zu verbundenen Unternehmen durch den Abschlußprüfer Stellung zu nehmen. ³Ein von dem Abschlußprüfer erteilter Bestätigungsvermerk ist in den Bericht aufzunehmen, eine Versagung des Bestätigungsvermerks ausdrücklich mitzuteilen.

(3) Am Schluß des Berichts hat der Aufsichtsrat zu erklären, ob nach dem abschließenden Ergebnis seiner Prüfung Einwendungen gegen die Erklärung des Vorstands am Schluß des Berichts über die Beziehungen zu verbundenen Unternehmen zu erheben sind.

(4) Ist der Jahresabschluss durch einen Abschlussprüfer zu prüfen, so hat dieser an den Verhandlungen des Aufsichtsrats oder eines Ausschusses über den Bericht über die Beziehungen zu verbundenen Unternehmen teilzunehmen und über die wesentlichen Ergebnisse seiner Prüfung zu berichten.

Schrifttum: *Emde*, Das Sonderwissen des Aufsichtsratsmitglieds und die Pflicht zur Informationsweitergabe, DB 1999, 1486; *Forster*, Zur Teilnahme des Abschlussprüfers an der Bilanzsitzung des Aufsichtsrats, FS Sieben, 1998, 75; *Haesen*, Der Abhängigkeitsbericht im faktischen Konzern, 1970; *Kropff*, Die Beschlüsse des Aufsichtsrats zum Jahresabschluss und zum Abhängigkeitsbericht, ZGR 1994, 628.

Übersicht

	Rn.		Rn.
I. Bedeutung der Norm	1, 2	2. Informationsfluss innerhalb des Aufsichtsrats	6
1. Inhalt	1	III. Prüfungspflicht	7–9
2. Zweck	2	IV. Bericht des Aufsichtsrats an die Hauptversammlung	10–13
II. Befassung des Aufsichtsrats	3–6	V. Teilnahme- und Berichtspflicht des Abschlussprüfers (Abs. 4)	14
1. Vorlage der Unterlagen	3–5		

I. Bedeutung der Norm

1. Inhalt. § 314 regelt die Prüfung des Abhängigkeitsberichts durch den Aufsichtsrat und orientiert sich dabei an den Vorschriften zur Prüfung von Jahresabschluss und Lagebericht (§§ 170 f.). § 314 Abs. 1 regelt die Weitergabe des Abhängigkeitsberichts und eines etwaigen Prüfungsberichts des Abschlussprüfers an den Aufsichtsrat. Abs. 2 und 3 behandeln die Prüfungs- und Berichtspflicht des Aufsichtsrats. Abs. 4 schließlich betrifft die Teilnahme des Abschlussprüfers an den Verhandlungen des Aufsichtsrats oder eines Ausschusses über den Abhängigkeitsbericht.

---

[52] Bürgers/Körber/*Fett* Rn. 22 f.; Emmerich/Habersack/*Habersack* Rn. 34; MüKoAktG/*Altmeppen* Rn. 98 f.; K. Schmidt/Lutter/*J. Vetter* Rn. 44 f.

§ 314 2–6   Drittes Buch. Verbundene Unternehmen

2   **2. Zweck.** Die Norm zielt darauf ab, den Aufsichtsrat, namentlich die Repräsentanten des herrschenden Unternehmens, **mit in die Verantwortung für die Richtigkeit des Abhängigkeitsberichts zu nehmen.**[1] Die vorgesehene Berichterstattung an die Hauptversammlung sorgt überdies dafür, dass das Ergebnis seiner Prüfung und der Vermerk des Abschlussprüfers **Publizität** erlangen. Daher besteht auch ein unmittelbarer Zusammenhang zur **Sonderprüfung** nach § 315 S. 1 Nr. 1–3.

II. Befassung des Aufsichtsrats

3   **1. Vorlage der Unterlagen.** Der **Vorstand** hat nach § 314 Abs. 1 S. 1 seinen Bericht über die Beziehungen zu verbundenen Unternehmen dem Aufsichtsrat vorzulegen. Dagegen erhält der Aufsichtsrat den Prüfungsbericht des Abschlussprüfers abweichend von der Rechtslage bei Inkrafttreten des Gesetzes nicht vom Vorstand, sondern unmittelbar von dem Prüfer selbst (§ 313 Abs. 3 S. 3).[2] In zeitlicher Hinsicht ordnet § 314 Abs. 1 S. 1 an, dass die Vorlage des Abhängigkeitsberichts unverzüglich, dh ohne schuldhaftes Zögern (§ 121 Abs. 1 S. 1 BGB), nach dessen Aufstellung erfolgen muss. Daraus folgt, dass damit nicht bis zur Beendigung der Abschlussprüfung gewartet werden darf.[3] Dagegen ist es nicht zu beanstanden, wenn der Vorstand den Abhängigkeitsbericht zusammen mit den in § 170 genannten Unterlagen (Jahresabschluss, Lagebericht, Gewinnverwendungsvorschlag) zuleitet.[4]

4   Zur Vorlage des Abhängigkeitsberichts verpflichtet ist der **Vorstand als Organ.** Erforderlich ist ein Vorstandsbeschluss mit mindestens einfacher Mehrheit.[5] Zur Durchsetzung der Vorlagepflicht steht das Zwangsgeldverfahren nach § 407 zur Verfügung. Hat der Vorstand von seinem Recht Gebrauch gemacht, nach § 313 Abs. 2 S. 3 Hs. 2 zum Prüfungsbericht Stellung zu nehmen, so ist auch die Stellungnahme dem Aufsichtsrat vorzulegen.

5   Für den **Aufsichtsrat** nimmt regelmäßig dessen **Vorsitzender** den Bericht entgegen. Es ist jedoch auch zulässig, dass der Vorstand den einzelnen Aufsichtsratsmitgliedern das Dokument nach Maßgabe von § 314 Abs. 1 S. 2 direkt zukommen lässt.[6]

6   **2. Informationsfluss innerhalb des Aufsichtsrats.** Nach § 314 Abs. 1 S. 2 ist der Abhängigkeitsbericht und, sofern eine Prüfungspflicht besteht, auch der Bericht des Abschlussprüfers jedem Mitglied des Aufsichtsrats zu übermitteln. Es bedarf nicht zwingend der Übergabe in Papierform, vielmehr genügt auch die Weiterleitung in elektronischer Form, insbesondere per E-Mail.[7] Der Aufsichtsrat kann das Recht auf Übermittlung auf die Mitglieder eines Ausschusses beschränken. Diese Möglichkeit der Beschränkung wurde durch Art. 3 KapCoRiLiG 2000 nach dem Vorbild des zuvor bereits durch das KonTraG 1998 neu eingeführten § 170 Abs. 3 S. 2 geschaffen. Der Gesetzgeber hat es allerdings versäumt, jedem Aufsichtsratsmitglied ein § 170 Abs. 3 S. 1 entsprechendes **Einsichtsrecht** zuzubilligen. Dieses ist jedoch unentbehrlich, da ein vom Aufsichtsrat gebildeter Ausschuss nur eine Hilfsfunktion hat (→ § 107 Abs. 3 S. 2) und an der Verantwortlichkeit sämtlicher Aufsichtsratsmitglieder für die ordnungsgemäße Prüfung des Abhängigkeitsberichts nichts ändert. Die offenbar infolge eines Redaktionsversehens entstandene Lücke ist durch entsprechende Anwendung von § 170 Abs. 3 S. 1 zu schließen.[8] Außerdem erstrecken sich die Informationsrechte des Aufsichtsrats auch auf eine etwaige Stellungnahme des Vorstands nach § 313 Abs. 3 S. 3 Hs. 2.[9] Dem Geheimhaltungsinteresse der Gesellschaft wird hinreichend durch die Verschwiegenheitspflicht der Aufsichtsratsmitglieder gem. § 93 Abs. 1 S. 3, § 116 Rechnung getragen.

---

[1] RegBegr. *Kropff* S. 416.
[2] Dazu schon → Vor § 311 Rn. 14; → § 313 Rn. 6.
[3] Emmerich/Habersack/*Habersack* Rn. 4; Hüffer/Koch/*Koch* Rn. 2; MüKoAktG/*Altmeppen* Rn. 12.
[4] Emmerich/Habersack/*Habersack* Rn. 4; Hüffer/Koch/*Koch* Rn. 2; Kölner Komm AktG/*Koppensteiner* Rn. 3; MüKoAktG/*Altmeppen* Rn. 12.
[5] Vgl. zum Vorschlag des Vorstands nach § 124 Abs. 1 S. 3 OLG Dresden AG 1999, 517; ferner Bürgers/Körber/*Fett* Rn. 4; Emmerich/Habersack/*Habersack* Rn. 5 (Fn. 8); Großkomm AktG/*Fleischer* Rn. 9; MüKoAktG/*Altmeppen* Rn. 13.
[6] Emmerich/Habersack/*Habersack* Rn. 5; Großkomm AktG/*Fleischer* Rn. 9; Hüffer/Koch/*Koch* Rn. 2; MüKoAktG/*Altmeppen* Rn. 14.
[7] Art. 1 Nr. 6 TransPuG v. 19.7.2002 (BGBl. 2002 I 2681) hat, um dies klarzustellen, „auszuhändigen" durch „zu übermitteln" ersetzt.
[8] *Habersack* FS Peltzer, 2001, 139 (150 f.); MHdB AG/*Krieger* § 70 Rn. 119; Emmerich/Habersack/*Habersack* Rn. 7; Großkomm AktG/*Fleischer* Rn. 11; Henssler/Strohn/*Bödeker* Rn. 3; Kölner Komm AktG/*Koppensteiner* Rn. 4; MüKoAktG/*Altmeppen* Rn. 16.
[9] Großkomm AktG/*Fleischer* Rn. 11.

III. Prüfungspflicht

Der Aufsichtsrat hat nach § 314 Abs. 2 S. 1 den Abhängigkeitsbericht zu prüfen. Vorbereitende Arbeiten können einem Ausschuss überlassen werden. Die sich aus § 313 für die Prüfung durch den Abschlussprüfer ergebenden Beschränkungen gelten nicht. Vielmehr umfasst die Prüfungspflicht des Aufsichtsrats uneingeschränkt die **Vollständigkeit und Richtigkeit des Berichts**.[10] Der Aufsichtsrat muss jedoch grundsätzlich **keine eigenen Recherchen** anstellen. Er genügt seiner Prüfungspflicht vielmehr dadurch, dass er sich mit dem Abhängigkeitsbericht und dem Bericht des Abschlussprüfers sorgfältig auseinandersetzt. Nur wenn sich daraus oder aufgrund spezieller Kenntnisse des Aufsichtsrats oder einzelner seiner Mitglieder **Anhaltspunkte für Beanstandungen** ergeben, sind weitere Prüfungsmaßnahmen geboten.[11] Schon während des laufenden Geschäftsjahres hat der Aufsichtsrat darauf hinzuwirken, dass der Vorstand seiner Verpflichtung zur sorgfältigen Erfassung und Dokumentation aller berichtspflichtigen Vorgänge nachkommt. Denn ohne entsprechende Vorkehrungen ist die Aufstellung eines ordnungsgemäßen Abhängigkeitsberichts nicht möglich. 7

Besonders kritisch muss der Aufsichtsrat sein, wenn der Abhängigkeitsbericht der Gesellschaft **nicht der Prüfung durch einen Abschlussprüfer unterliegt**. Der Aufsichtsrat sollte dann in jedem Fall einzelne seiner Mitglieder oder Sachverständige mit Prüfungshandlungen nach § 111 Abs. 2 betrauen, um den Vorstand zur Einhaltung der Grenzen des § 311 anzuhalten.[12] 8

Bei der Prüfung des Abhängigkeitsberichts haben sich alle Mitglieder des Aufsichtsrats von den **Interessen der abhängigen Gesellschaft** leiten zu lassen. Das gilt auch für die Repräsentanten des herrschenden Unternehmens.[13] Diese haben auch etwaiges Sonderwissen, das sie aus der Tätigkeit für das herrschende Unternehmen gewonnen haben, zu nutzen.[14] Der Gesetzgeber hat sich gerade davon viel für die Effektivität der Prüfung erhofft.[15] Im Vordergrund steht auch hier der präventive Effekt. Das herrschende Unternehmen wird sich sehr wohl überlegen, ob es die abhängige Gesellschaft zu Maßnahmen veranlasst, die ihre Repräsentanten im Aufsichtsrat später – schon zur Vermeidung einer eigenen Haftung nach §§ 318, 116 – beanstanden müssen. 9

IV. Bericht des Aufsichtsrats an die Hauptversammlung

Nach § 314 Abs. 2 S. 1 ist der Aufsichtsrat verpflichtet, der **Hauptversammlung** über das Ergebnis seiner Prüfung zu berichten, und zwar im Rahmen des schriftlichen Berichts, den er nach **§ 171 Abs. 2** über den Jahresabschluss, den Gewinnverwendungsvorschlag und die Prüfung der Geschäftsführung zu erstatten hat. Es gelten die § 171 Abs. 3, § 175 Abs. 2 und § 176 Abs. 1 S. 2. Folglich ist der Bericht innerhalb einer Frist von einem Monat nach Zugang der Vorlagen dem Vorstand zuzuleiten, der ihn auszulegen und jedem Aktionär auf Verlangen eine Abschrift erteilen muss.[16] Der Vorsitzende des Aufsichtsrats hat den Bericht in der Hauptversammlung zu erläutern.[17] 10

Gegenstand des Berichts sind zunächst die Feststellungen, zu denen der Aufsichtsrat bei seiner eigenen Prüfung[18] des Abhängigkeitsberichts gelangt ist. Haben sich Einwendungen ergeben, so sind diese zu erläutern.[19] Außerdem muss zumindest kurz mitgeteilt werden, **wie** der Aufsichtsrat zu seinen Erkenntnissen gelangt ist.[20] Ferner hat dieser nach § 314 Abs. 2 S. 2 auch zu dem Prüfungsbericht des Abschlussprüfers Stellung zu nehmen. Darüber hinaus ist gem. § 314 Abs. 2 S. 3 ein vom 11

---

[10] LG Berlin DB 2005, 1320; *Haesen*, Der Abhängigkeitsbericht im faktischen Konzern, 1970, 143; MHdB AG/*Krieger* § 70 Rn. 120; Bürgers/Körber/*Fett* Rn. 5; Emmerich/Habersack/*Habersack* Rn. 12; Großkomm AktG/*Fleischer* Rn. 16; Henssler/Strohn/*Bödeker* Rn. 5; Hüffer/Koch/*Koch* Rn. 4; Kölner Komm AktG/*Koppensteiner* Rn. 5; MüKoAktG/*Altmeppen* Rn. 18.

[11] MHdB AG/*Krieger* § 70 Rn. 120; Bürgers/Körber/*Fett* Rn. 5; Emmerich/Habersack/*Habersack* Rn. 12; Großkomm AktG/*Fleischer* Rn. 17; Henssler/Strohn/*Bödeker* Rn. 5; Hüffer/Koch/*Koch* Rn. 4; Kölner Komm AktG/*Koppensteiner* Rn. 5; MüKoAktG/*Altmeppen* Rn. 20 ff.

[12] Großkomm AktG/*Fleischer* Rn. 17; MüKoAktG/*Altmeppen* Rn. 23.

[13] Emmerich/Habersack/*Habersack* Rn. 13; Großkomm AktG/*Fleischer* Rn. 18; MüKoAktG/*Altmeppen* Rn. 3 f.

[14] Emmerich/Habersack/*Habersack* Rn. 13; Großkomm AktG/*Fleischer* Rn. 18; MüKoAktG/*Altmeppen* Rn. 24; K. Schmidt/Lutter/*J. Vetter* Rn. 13.

[15] RegBegr. *Kropff* S. 416; skeptisch Bürgers/Körber/*Fett* Rn. 5; Kölner Komm AktG/*Koppensteiner* Rn. 6.

[16] LG Hamburg AG 2002, 525 (527); Emmerich/Habersack/*Habersack* Rn. 14; Hüffer/Koch/*Koch* Rn. 5.

[17] MüKoAktG/*Altmeppen* Rn. 25.

[18] Dass der Aufsichtsrat den Abhängigkeitsbericht selbst geprüft hat, muss deutlich zum Ausdruck kommen, BGHZ 153, 47 (52 f.) = LMK 2003, 108 (*Marsch-Barner*) = NJW 2003, 1032; OLG Düsseldorf NZG 2013, 178 = BeckRS 2012, 25022.

[19] MüKoAktG/*Altmeppen* Rn. 28.

[20] Einschränkend (nur bei besonderem Anlass) OLG Düsseldorf NZG 2013, 178 = BeckRS 2012, 25022.

Abschlussprüfer erteilter Bestätigungsvermerk **wörtlich**[21] wiederzugeben bzw. eine Versagung mitzuteilen. Auf diesem Wege erhalten die Aktionäre Kenntnis vom Ergebnis der Prüfung des Abschlussprüfers. Hat der Vorstand es aus Sicht des Aufsichtsrats rechtswidrig unterlassen, überhaupt einen Abhängigkeitsbericht zu erstatten, so ist auch hierüber zu berichten.[22]

12   Nach § 314 Abs. 3 hat der Aufsichtsrat am **Schluss seines Berichts** eine Aussage darüber zu treffen, ob nach dem Ergebnis seiner Prüfung gegen die Schlusserklärung des Vorstands Einwendungen zu erheben sind. Ist das nach der Erklärung des Aufsichtsrats der Fall, so wird dadurch nach § 315 S. 1 Nr. 2 ein Sonderprüfungsrecht der Aktionäre eröffnet. Geringfügige Monita sind zwar im Bericht aufzuführen, verpflichten aber nicht zur Erhebung von Beanstandungen iSd § 314 Abs. 3.[23]

13   Aufsichtsratsmitglieder machen sich durch Verletzung ihrer Berichtspflicht nach Maßgabe von § 318 Abs. 2 schadensersatzpflichtig. Berichtsfehler führen ferner zur **Anfechtbarkeit eines Entlastungsbeschlusses der Hauptversammlung**.[24] Es genügt dabei als Anfechtungsgrund bereits, dass das Testat des Abschlussprüfers in dem Bericht des Aufsichtsrats nicht wörtlich wiedergegeben worden ist.[25] Ist der Beschluss des Aufsichtsrats über den Jahresabschluss nichtig, so kann dies gem. § 139 BGB die Unwirksamkeit des Beschlusses über den Abhängigkeitsbericht nach sich ziehen.[26]

V. Teilnahme- und Berichtspflicht des Abschlussprüfers (Abs. 4)

14   § 314 Abs. 4 schreibt bei prüfungspflichtigen Gesellschaften die Teilnahme des Abschlussprüfers an den Verhandlungen des Aufsichtsrats oder eines Ausschusses über den Abhängigkeitsbericht zwingend vor. Er hat dort über die wesentlichen Ergebnisse seiner Prüfung zu berichten. Die frühere Einschränkung, die eine Teilnahme des Abschlussprüfers nur auf Verlangen des Aufsichtsrats vorsah, ist nunmehr weggefallen.[27] Die Regelung entspricht in der vorliegenden Form § 171 Abs. 1.

§ 315 Sonderprüfung

¹Auf Antrag eines Aktionärs hat das Gericht Sonderprüfer zur Prüfung der geschäftlichen Beziehungen der Gesellschaft zu dem herrschenden Unternehmen oder einem mit ihm verbundenen Unternehmen zu bestellen, wenn
1. der Abschlußprüfer den Bestätigungsvermerk zum Bericht über die Beziehungen zu verbundenen Unternehmen eingeschränkt oder versagt hat,
2. der Aufsichtsrat erklärt hat, daß Einwendungen gegen die Erklärung des Vorstands am Schluß des Berichts über die Beziehungen zu verbundenen Unternehmen zu erheben sind,
3. der Vorstand selbst erklärt hat, daß die Gesellschaft durch bestimmte Rechtsgeschäfte oder Maßnahmen benachteiligt worden ist, ohne daß die Nachteile ausgeglichen worden sind.

²Liegen sonstige Tatsachen vor, die den Verdacht einer pflichtwidrigen Nachteilszufügung rechtfertigen, kann der Antrag auch von Aktionären gestellt werden, deren Anteile zusammen den Schwellenwert des § 142 Abs. 2 erreichen, wenn sie glaubhaft machen, dass sie seit mindestens drei Monaten vor dem Tage der Antragstellung Inhaber der Aktien sind. ³Über den Antrag entscheidet das Landgericht, in dessen Bezirk die Gesellschaft ihren Sitz hat. ⁴§ 142 Abs. 8 gilt entsprechend. ⁵Gegen die Entscheidung ist die Beschwerde zulässig. ⁶Hat die Hauptversammlung zur Prüfung derselben Vorgänge Sonderprüfer bestellt, so kann jeder Aktionär den Antrag nach § 142 Abs. 4 stellen.

---

[21] BGHZ 153, 47 (53) = LMK 2003, 108 *(Marsch-Barner)* = NJW 2003, 1032; OLG Dresden AG 2003, 433 (436); OLG München BeckRS 2009, 09 785; LG München BeckRS 2008, 02739; LG München I AG 2006, 170; MüKoAktG/*Altmeppen* Rn. 26; K. Schmidt/Lutter/*J. Vetter* Rn. 16.

[22] Emmerich/Habersack/*Habersack* Rn. 15; K. Schmidt/Lutter/*J. Vetter* Rn. 16.

[23] Emmerich/Habersack/*Habersack* Rn. 16; Hüffer/Koch/*Koch* Rn. 6; Kölner Komm AktG/*Koppensteiner* Rn. 10.

[24] BGHZ 62, 193 (194 f.) = NJW 1974, 855; BGHZ 153, 47 (50 ff.) = LMK 2003, 108 *(Marsch-Barner)* = NJW 2003, 1032; OLG Dresden AG 2003, 433 (435 f.); OLG Düsseldorf NZG 2013, 178 = BeckRS 2012, 25022; OLG Stuttgart AG 2003, 527 (530); OLG München BeckRS 2009, 09 785; LG Berlin DB 2005, 1320 (1321); LG München BeckRS 2008, 02 739; LG München I AG 2002, 302 (303); AG 2006, 170; *Pentz* NZG 2000, 1103 (1104); Emmerich/Habersack/*Habersack* Rn. 17; Hüffer/Koch/*Koch* Rn. 5; Kölner Komm AktG/*Koppensteiner* Rn. 8; K. Schmidt/Lutter/*J. Vetter* Rn. 21.

[25] OLG Dresden AG 2003, 433 (435 f.); OLG München BeckRS 2009, 09 785; LG München BeckRS 2008, 02739; LG München I AG 2006, 170; Hüffer/Koch/*Koch* Rn. 5; Kölner Komm AktG/*Koppensteiner* Rn. 8; krit. *Theusinger*/*Liese* EWiR § 314 AktG 1/06, 357 f.

[26] BGHZ 124, 111 = LM AktG 1965 § 111 Nr. 4 = NJW 1994, 520; Emmerich/Habersack/*Habersack* Rn. 17; K. Schmidt/Lutter/*J. Vetter* Rn. 22; näher *Kropff* NJW 1994, 520; *Kropff* ZGR 1994, 628 (639 ff.).

[27] Art. 3 KapCoRiLG 2000, BGBl. 2000 I 2355.

Schrifttum: *Habersack,* Zweck und Gegenstand der Sonderprüfung nach § 142 AktG, FS Wiedemann, 2002, 889; *Jänig,* Aktienrechtliche Sonderprüfung und UMAG, BB 2005, 949; *Kakies,* Der Schutz der Minderheitsaktionäre und Gläubiger im faktischen Konzern unter besonderer Berücksichtigung der Sonderprüfung gemäß § 315 AktG, 2003; *Krag,* Konzepte für die Durchführung von Sonderprüfungen gem. § 315 AktG, BB 1988, 1850; *Noack,* Die konzernrechtliche Sonderprüfung nach § 315 AktG, WPg 1994, 224; *U. H. Schneider* Die aktienrechtliche Sonderprüfung im Konzern, AG 2008, 305.

Übersicht

	Rn.		Rn.
I. Bedeutung der Norm	1–3	III. Verfahren und Entscheidung des Gerichts	9
II. Voraussetzungen	4–8	IV. Gerichtliche Bestellung eines anderen Sonderprüfers (Satz 6)	10, 11
1. Formalisierte Prüfungsanlässe (S. 1)	4, 5	V. Gegenstand und Durchführung der Sonderprüfung	12, 13
2. Sonstige Verdachtstatsachen (S. 2)	6, 7	VI. Kosten	14
3. Antragsfrist	8		

I. Bedeutung der Norm

§ 315 ermöglicht eine **Sonderprüfung** der geschäftlichen Beziehungen zu dem herrschenden 1 Unternehmen oder einem bestimmten mit ihm verbundenen Unternehmen. Bei Vorliegen der in § 315 S. 1 Nr. 1–3 aufgeführten, sehr restriktiven Voraussetzungen hat jeder Aktionär das Recht, eine solche Prüfung bei Gericht zu beantragen. Dabei wird ganz formal darauf abgestellt, ob der Abschlussprüfer seinen Bestätigungsvermerk verweigert oder eingeschränkt, der Aufsichtsrat Einwendungen erhoben oder der Vorstand selbst Verstöße gegen § 311 eingeräumt hat. **Praktische Bedeutung** hat das Verfahren nach § 315 S. 1 jedoch nicht erlangt.[1] Der Gesetzgeber des KonTraG[2] hat daher in § 315 S. 2 die Antragsvoraussetzungen in Form einer **Generalklausel** dahin erweitert, dass auch das Vorliegen sonstiger Tatsachen, die den Verdacht einer pflichtwidrigen Nachteilszufügung rechtfertigen, zur Einleitung der Sonderprüfung führen kann. Der Antrag kann aber anders als nach § 315 S. 1 nicht ohne weiteres von einem einzelnen Aktionär, sondern vielmehr nur von einer qualifizierten Minderheit gestellt werden. Die Anforderungen an das erforderliche Quorum sind durch das UMAG,[3] das eine grundlegende Reform des Sonderprüfungsrechts gebracht hat, deutlich reduziert worden. Gerichtliche Zuständigkeit und Verfahren ist in Übereinstimmung mit § 142 Abs. 8 geregelt, verwiesen wird nunmehr auf das zum 1.9.2009 in Kraft getretene FamFG,[4] welches das FGG abgelöst hat. Gegen die Entscheidung des Gerichts ist nach § 315 S. 5 die Beschwerde zulässig. § 315 S. 6 trifft eine Aussage zum Antragsrecht der Aktionäre, wenn die Hauptversammlung Sonderprüfer nach § 142 bestellt hat.

Der **Normzweck** des § 315 ist darauf gerichtet, den außenstehenden Aktionären und den Gläubi- 2 gern die Durchsetzung von **Schadensersatzansprüchen nach §§ 317, 318** zu erleichtern.[5] Die zur Erhebung einer Erfolg versprechenden Klage notwendige Information der Außenseiter wird dadurch sichergestellt, dass der Sonderprüfungsbericht offen gelegt wird (→ § 145 Abs. 6 S. 3). Im Übrigen soll schon die abstrakte Möglichkeit einer Sonderprüfung bereits **im Vorfeld** darauf hinwirken, dass die gesetzlichen Vorschriften zum Schutz der abhängigen Gesellschaft penibel eingehalten werden.[6]

Bei dem hier zu erörternden konzernrechtlichen Sonderprüfungstatbestand handelt es sich dog- 3 matisch um einen **Sonderfall des allgemeinen Sonderprüfungsrechts nach § 142**. Daher kön-

---

[1] Vgl. nur *Kakies,* Der Schutz der Minderheitsaktionäre und Gläubiger im faktischen Konzern unter besonderer Berücksichtigung der Sonderprüfung gemäß § 315 AktG, 2003, 112 ff.; *Noack* WPg 1994, 225; Großkomm AktG/ *Fleischer* Rn. 1; MüKoAktG/*Altmeppen* Rn. 1.

[2] Art. 1 Nr. 31 KonTraG v. 27.4.1998, BGBl. 1998 I 786.

[3] Art. 1 Nr. 11, 36 des Gesetzes zur Unternehmensintegrität und Modernisierung des Anfechtungsrechts (UMAG) v. 22.9.2005, BGBl. 2005 I 2802.

[4] Art. 1 des Gesetzes zur Reform des Verfahrens in Familiensachen und in Angelegenheiten der freiwilligen Gerichtsbarkeit (FGG-Reformgesetz – FGG-RG) v. 17.12.2008, BGBl. 2008 I 2586.

[5] RegBegr. *Kropff* S. 417; BVerfG AG 2010, 544 = BeckRS 2010, 49073; BGHZ 135, 107 (109 f.) = LM AktG 1965 § 17 Nr. 12 = NJW 1997, 1855; OLG Frankfurt/M NJW-RR 2009, 1411; OLG Hamm AG 2001, 192 (193); *Kakies,* Der Schutz der Minderheitsaktionäre und Gläubiger im faktischen Konzern unter besonderer Berücksichtigung der Sonderprüfung gemäß § 315 AktG, 2003, 107 f.; *Krag* BB 1988, 1850; *Noack* WPg 1994, 225; *U.H. Schneider* AG 2008, 305 (309); Emmerich/Habersack/*Habersack* Rn. 2; Hüffer/Koch/*Koch* Rn. 1; MüKoAktG/*Altmeppen* Rn. 1.

[6] *Kakies,* Der Schutz der Minderheitsaktionäre und Gläubiger im faktischen Konzern unter besonderer Berücksichtigung der Sonderprüfung gemäß § 315 AktG, 2003, 108; *Noack* WPg 1994, 225 (226); Emmerich/Habersack/ *Habersack* Rn. 2; Hüffer/Koch/*Koch* Rn. 1.

nen die §§ 142 ff. ergänzend herangezogen werden, soweit § 315 keine spezielle Regelung enthält.[7] Die genannten Vorschriften können aber auch nebeneinander zur Anwendung kommen. Aus § 315 S. 6 folgt, dass eine bereits eingeleitete allgemeine Sonderprüfung eine zusätzliche spezielle konzernrechtliche Sonderprüfung nicht ausschließt (→ Rn. 10 f.). Umgekehrt kann eine Sonderprüfung nach § 142 auch noch initiiert werden, wenn eine Prüfung nach § 315 bereits läuft.[8]

II. Voraussetzungen

4 **1. Formalisierte Prüfungsanlässe (S. 1).** Die Sonderprüfung nach § 315 S. 1 wird nur auf **Antrag** eingeleitet. Antragsbefugt ist **jeder Aktionär.** Das Halten einer einzigen Aktie genügt. Eine bestimmte Mindestbesitzzeit wird nicht verlangt.[9] Die Erleichterung im Vergleich zu § 315 S. 2 und § 142 Abs. 2 ist darauf zurückzuführen, dass hier aufgrund der viel engeren tatbestandlichen Voraussetzungen mit einem Missbrauch des Sonderprüfungsrechts nicht zu rechnen ist. Gläubiger haben unbestritten kein Antragsrecht, auch wenn dadurch § 315 in der Ein-Personen-Gesellschaft faktisch leer läuft.[10]

5 Der Antrag ist begründet, wenn einer der in S. 1 Nr. 1–3 aufgeführten Tatbestände vorliegt: Einschränkung oder Versagung des Testats durch den Abschlussprüfer (§ 315 S. 1 Nr. 1, § 313 Abs. 4), negative Schlusserklärung des Aufsichtsrats (§ 315 S. 1 Nr. 2, § 314 Abs. 3) oder des Vorstands selbst (§ 315 S. 1 Nr. 3, § 312 Abs. 3). Das Gericht hat nur zu prüfen, ob mindestens eine der genannten Erklärungen abgegeben worden ist, nicht aber, ob sie zutrifft.[11] § 315 S. 1 Nr. 1 ist entsprechend anzuwenden, wenn der Abschlussprüfer seinen Bestätigungsvermerk zum Jahresabschluss gem. § 322 Abs. 4 HGB eingeschränkt hat, weil der Vorstand sich pflichtwidrig weigerte, überhaupt einen Abhängigkeitsbericht zu erstatten.[12] Ein bloßer Zusatz zum Bestätigungsvermerk (→ § 313 Rn. 23) genügt nicht, um die Möglichkeit der Sonderprüfung zu eröffnen.[13] Dem in Nr. 2 geregelten Fall, dass der Aufsichtsrat Einwendungen erhebt, wird man das Fehlen der Erklärung des Aufsichtsrats nach § 314 Abs. 3 oder die rechtskräftige Vernichtung eines Aufsichtsratsbeschlusses, der keine Einwendungen enthielt, gleichstellen können.[14]

6 **2. Sonstige Verdachtstatsachen (S. 2).** Gem. § 315 S. 2 kann eine **qualifizierte Minderheit** die Sonderprüfung auch dann beantragen, wenn sonstige Tatsachen vorliegen, die den Verdacht pflichtwidriger Nachteilszufügung rechtfertigen. Nach der Reform durch das UMAG müssen die Antragsteller nunmehr zusammen über Anteile verfügen, die mindestens 1 % (vorher: 5 %) des Grundkapitals oder den anteiligen Betrag von 100 000 Euro (vorher: 500 000 Euro) erreichen. Sie müssen ferner eine Mindestbesitzzeit von drei Monaten glaubhaft machen. Entsprechend § 258 Abs. 2 S. 5 genügt zur Glaubhaftmachung eine eidesstattliche Versicherung vor dem Notar.[15] Eine Hinterlegung der Aktien während des Verfahrens ist anders als nach früherem Recht (§ 142 Abs. 2 S. 2 aF)[16] nicht mehr notwendig. Zwar muss auch im Verfahren nach § 315 sichergestellt werden, dass die Antragsbefugnis während des Verfahrens nicht verloren geht, doch kann dieser Nachweis auch durch eine Bestätigung der depotführenden Bank erbracht werden.[17]

7 Die **materiellen Voraussetzungen** sind § 142 Abs. 2 S. 1 nachgebildet, so dass die zu dieser Vorschrift entwickelten Grundsätze entsprechend herangezogen werden können. Die Antragsteller

---

[7] Emmerich/Habersack/*Habersack* Rn. 3; Großkomm AktG/*Fleischer* Rn. 6.
[8] Emmerich/Habersack/*Habersack* Rn. 4; Großkomm AktG/*Fleischer* Rn. 7.
[9] Noack WPg 1994, 225 (234); MHdB AG/*Krieger* § 70 Rn. 123; Emmerich/Habersack/*Habersack* Rn. 7; Hüffer/Koch/*Koch* Rn. 2; Kölner Komm AktG/*Koppensteiner* Rn. 3; MüKoAktG/*Altmeppen* Rn. 9, 16; K. Schmidt/Lutter/*J. Vetter* Rn. 9; aA Großkomm AktG/*Würdinger* Rn. 4.
[10] Bürgers/Körber/*Fett* Rn. 4; MüKoAktG/*Altmeppen* Rn. 10; K. Schmidt/Lutter/*J. Vetter* Rn. 8; rechtspolitische Kritik bei Kölner Komm AktG/*Koppensteiner* Rn. 7; *Weinbrenner* Der Konzern 2006, 591 f.
[11] MHdB AG/*Krieger* § 70 Rn. 123; Bürgers/Körber/*Fett* Rn. 2; Emmerich/Habersack/*Habersack* Rn. 5; Hüffer/Koch/*Koch* Rn. 3; MüKoAktG/*Altmeppen* Rn. 11; K. Schmidt/Lutter/*J. Vetter* Rn. 7.
[12] Großkomm AktG/*Fleischer* Rn. 14; MüKoAktG/*Altmeppen* Rn. 13, 15; K. Schmidt/Lutter/*J. Vetter* Rn. 4.
[13] OLG Köln AG 1999, 519; LG Köln AG 1999, 282 (283); MHdB AG/*Krieger* § 70 Rn. 123; Großkomm AktG/*Fleischer* Rn. 14; MüKoAktG/*Altmeppen* Rn. 11.
[14] Großkomm AktG/*Fleischer* Rn. 15; Kölner Komm AktG/*Koppensteiner* Rn. 3; MüKoAktG/*Altmeppen* Rn. 14; K. Schmidt/Lutter/*J. Vetter* Rn. 6.
[15] Emmerich/Habersack/*Habersack* Rn. 12; Hüffer/Koch/*Koch* Rn. 3b; Kölner Komm AktG/*Koppensteiner* Rn. 5; MüKoAktG/*Altmeppen* Rn. 19; NK-AktR/*Schatz/Schödel* Rn. 8.
[16] Vgl. OLG Hamm AG 2001, 192 (193) LG Münster AG 2001, 54; Kölner Komm AktG/*Koppensteiner* Rn. 5; MüKoAktG/*Kropff*, 2. Aufl. 2000, Rn. 20; aA *Kakies*, Der Schutz der Minderheitsaktionäre und Gläubiger im faktischen Konzern unter besonderer Berücksichtigung der Sonderprüfung gemäß § 315 AktG, 2003, 129 ff.
[17] MHdB AG/*Krieger* § 70 Rn. 124; Emmerich/Habersack/*Habersack* Rn. 12; Großkomm AktG/*Fleischer* Rn. 25; MüKoAktG/*Altmeppen* Rn. 20.

müssen Tatsachen behaupten, die den Verdacht einer pflichtwidrigen Nachteilszufügung iSd § 311 rechtfertigen,[18] es bedarf aber weder eines Beweises noch der Glaubhaftmachung. Vielmehr entscheidet das Gericht nach freier Überzeugung, gegebenenfalls nach vorherigen Ermittlungen gem. § 26 FamFG.[19] „Sonstige" Tatsachen sind solche, die nicht schon unter Satz 1 Nr. 1–3 fallen. Doch schließt ein Antrag nach Satz 2 bei entsprechendem Vorbringen den nach Satz 1 ein.[20]

3. Antragsfrist. In § 315 wird keine Antragsfrist genannt. Im Hinblick auf den Normzweck ist jedoch anerkannt, dass der Antrag nach **Ablauf der Verjährungsfrist für die Ersatzansprüche gem. §§ 317, 318,** bei deren Durchsetzung die Sonderprüfung helfen soll, nicht mehr gestellt werden kann.[21] Bei Anträgen nach § 315 S. 2 kann überdies im Einzelfall der Einwand des Rechtsmissbrauchs gegeben sein.[22] **8**

III. Verfahren und Entscheidung des Gerichts

Der Antrag ist beim Landgericht am Sitz der Gesellschaft zu stellen (§ 315 S. 3). Ist bei diesem Gericht eine Kammer für Handelssachen gebildet, so entscheidet sie an Stelle der Zivilkammer (§ 95 Abs. 2 Nr. 2 GVG, § 315 S. 4 aF). Die Länder haben gem. § 71 Abs. 4 GVG (§ 315 S. 5 iVm § 142 Abs. 5 S. 3, 4 aF) die Möglichkeit der Zuständigkeitskonzentration. Für das Verfahren gilt das FamFG sinngemäß (§ 315 S. 4 iVm § 142 Abs. 8). Die Entscheidung ergeht durch **Beschluss,** der zu begründen ist. Liegen die Voraussetzungen des § 315 S. 1 oder S. 2 vor, muss das Gericht einen oder mehrere namentlich zu bezeichnende Sonderprüfer bestellen. Bei der Auswahl ist § 143 zu beachten, in erster Linie kommen Wirtschaftsprüfer und Prüfungsgesellschaften in Betracht. Vor der Entscheidung sind als Beteiligte die Antragsteller und die Gesellschaft – vertreten durch den Vorstand – sowie der Aufsichtsrat zu hören (§ 142 Abs. 5 S. 1). Gegen die Entscheidung ist die Beschwerde gegeben (§ 315 S. 5). Über sie entscheidet das Oberlandesgericht (§ 119 Abs. 1 Nr. 2 GVG). **9**

IV. Gerichtliche Bestellung eines anderen Sonderprüfers (Satz 6)

Die Sonderregelung des § 315 S. 6 setzt voraus, dass bereits die Hauptversammlung zur Prüfung derselben Vorgänge nach § 142 Abs. 1 Sonderprüfer bestellt hat. **Jeder Aktionär** hat dann das Recht, bei Vorliegen der in § 142 Abs. 4 bezeichneten Gründe die Ablösung des Sonderprüfers zu beantragen. Denn ansonsten stünde zu befürchten, dass die von dem herrschenden Unternehmen dominierte Hauptversammlung durch Bestellung eines ihr genehmen Prüfers eine unvoreingenommene Untersuchung verhindert.[23] **10**

Bei den Vorgängen, zu deren Untersuchung die Hauptversammlung Abschlussprüfer bestellt hat, wird es sich häufig nur um einen Ausschnitt aus den nach § 315 zu prüfenden Geschäftsbeziehungen handeln. Dann muss das Gericht prüfen, ob der Antrag des Aktionärs nur auf die Auswechslung des Sonderprüfers oder auch auf **Erweiterung des Prüfungsgegenstands** gerichtet ist. Eine Ausweitung setzt allerdings in den Fällen des § 315 S. 2 voraus, dass das dort bestimmte Quorum erreicht wird.[24] **11**

V. Gegenstand und Durchführung der Sonderprüfung

Die Prüfung bezieht sich nach § 315 S. 1 auf die Beziehungen der abhängigen Gesellschaft zu dem herrschenden Unternehmen oder einem mit ihm verbundenen Unternehmen. Sie muss nicht notwendigerweise die **gesamten Verbundbeziehungen** erfassen. Vielmehr kann das Gericht den Untersuchungsauftrag auf Geschäfte mit bestimmten Unternehmen **beschränken,** wenn nur inso- **12**

---

[18] Zu den Anforderungen an die Substantiierung des Vortrags OLG Stuttgart NZG 2010, 864 ff. (Verkauf einer Tochtergesellschaft an das herrschende Unternehmen); OLG München AG 2011, 720 ff. mit zustimmender Anmerkung von *Theusinger/Schilba* EWiR § 315 AktG 1/11, 691 f. (Aktienoptionsprogramm für Vorstand der abhängigen Gesellschaft; konzerninterner Strombezug zu überhöhten Preisen).
[19] Emmerich/Habersack/*Habersack* Rn. 10; Hüffer/Koch/*Koch* Rn. 3c; Kölner Komm AktG/*Koppensteiner* Rn. 6; MüKoAktG/*Altmeppen* Rn. 18; NK-AktR/*Schatz/Schödel* Rn. 9.
[20] Emmerich/Habersack/*Habersack* Rn. 10; Hüffer/Koch/*Koch* Rn. 3c.
[21] MHdB AG/*Krieger* § 70 Rn. 122; Bürgers/Körber/*Fett* Rn. 4, 8; Emmerich/Habersack/*Habersack* Rn. 8, 13; Hüffer/Koch/*Koch* Rn. 3c; Kölner Komm AktG/*Koppensteiner* Rn. 8; MüKoAktG/*Altmeppen* Rn. 22; weitergehend *Noack* WPg 1994, 225 (235).
[22] Emmerich/Habersack/*Habersack* Rn. 13.
[23] *Kakies,* Der Schutz der Minderheitsaktionäre und Gläubiger im faktischen Konzern unter besonderer Berücksichtigung der Sonderprüfung gemäß § 315 AktG, 2003, 153; Emmerich/Habersack/*Habersack* Rn. 20; Großkomm AktG/*Fleischer* Rn. 47; MüKoAktG/*Altmeppen* Rn. 35 f.; nur für den Fall des § 315 S. 1 MHdB AG/*Krieger* § 70 Rn. 126.
[24] Emmerich/Habersack/*Habersack* Rn. 22; K. Schmidt/Lutter/*J. Vetter* Rn. 31; aA MüKoAktG/*Altmeppen* Rn. 38.

weit eine Verletzung von § 311 in Rede steht.[25] In diesem Rahmen ist die Prüfung jedoch umfassend, dh sie erstreckt sich auf alle Sachverhalte, aus denen sich Nachteilszufügungen ergeben können.[26] Aufklärungen und Nachweise können nach § 145 Abs. 2, 3 von den Verwaltungsorganen der abhängigen Gesellschaft, Konzernunternehmen sowie abhängigen oder herrschenden Unternehmen verlangt werden. In **zeitlicher Hinsicht** beschränkt sich die Prüfung auf das Geschäftsjahr, auf das sich der nach § 315 S. 1, 2 beanstandete Abhängigkeitsbericht bezieht. Doch sind auch Vorgänge aus früheren Geschäftsjahren einzubeziehen, wenn sie im Prüfungsjahr noch fortwirken oder für die Beurteilung der Geschäftsbeziehungen im Prüfungsjahr relevant sind.[27]

13   Nach § 145 Abs. 6 S. 1 haben die Sonderprüfer über das Ergebnis ihrer Prüfung **schriftlich zu berichten.** Der Bericht muss so ausführlich sein, dass sich die Adressaten ein eigenes Bild über die Erfolgschancen einer Klage nach §§ 317 f. machen können.[28] Auch Tatsachen, deren Bekanntwerden geeignet ist, der abhängigen Gesellschaft oder einem verbundenen Unternehmen einen nicht unerheblichen Nachteil zuzufügen, müssen nach § 145 Abs. 6 S. 2 in den Prüfungsbericht aufgenommen werden, sofern ihre Kenntnis zur Beurteilung des Prüfungsgegenstands notwendig ist. Dies wird eingeschränkt durch die neu eingeführte Schutzklausel des § 145 Abs. 4. Danach hat das Gericht auf Antrag des Vorstands zu gestatten, dass bestimmte Tatsachen nicht in den Bericht aufgenommen werden, wenn überwiegende Belange der Gesellschaft dies gebieten und sie zur Darlegung der pflichtwidrigen Nachteilszufügung nicht unerlässlich sind. Die **Publizität** des Prüfungsberichts wird nach § 145 Abs. 6 S. 3–5 hergestellt. Für die Verantwortlichkeit des Prüfers gilt § 144 iVm § 323 HGB.

VI. Kosten

14   Bestellt das Gericht Sonderprüfer, so trägt die **abhängige Gesellschaft** nach dem entsprechend heranzuziehenden § 146 S. 1 die Gerichtskosten und die Kosten der Prüfung. Sie kann gem. § 146 S. 2 bei den Antragstellern Regress nehmen, wenn diese vorsätzlich oder grob fahrlässig falsche Angaben gemacht haben und dadurch die Bestellung herbeigeführt haben. Unberührt bleiben ferner Ansprüche der Gesellschaft gegen die Mitglieder ihres Vorstands und Aufsichtsrats nach §§ 93, 116, 318 sowie gegen das herrschende Unternehmen gem. § 317.[29] Lehnt das Gericht den Antrag ab, haben die Antragsteller grundsätzlich die Gerichtskosten zu tragen.[30] Das Gericht kann im Wege der Billigkeitsentscheidung nach § 81 FamFG davon abweichen.

§ 316 Kein Bericht über Beziehungen zu verbundenen Unternehmen bei Gewinnabführungsvertrag

§§ 312 bis 315 gelten nicht, wenn zwischen der abhängigen Gesellschaft und dem herrschenden Unternehmen ein Gewinnabführungsvertrag besteht.

Schrifttum: *Altmeppen*, Cash Pooling und Kapitalerhaltung bei bestehendem Beherrschungs- oder Gewinnabführungsvertrag, NZG 2010, 361; *Bachmayr*, Der reine Verlustübernahmevertrag, ein Unternehmensvertrag im Sinne des Aktiengesetzes 1965, BB 1967, 135; *Cahn/Simon*, Isolierte Gewinnabführungsverträge, Der Konzern 2003, 1; *Kronstein*, Die Anwendbarkeit der §§ 311 ff. AktG über die Verantwortlichkeit im „faktischen" Konzern bei mehrstufigen Unternehmensverbindungen, BB 1967, 637; *Priester*, Abhängigkeitsbericht bei isoliertem Verlustdeckungsvertrag?, FS Schaumburg, 2009, 1327.

I. Bedeutung der Norm

1   Die Vorschrift erklärt die §§ 312–315 für unanwendbar, wenn zwischen dem herrschenden Unternehmen und der abhängigen Gesellschaft ein Gewinnabführungsvertrag besteht. Ein solcher Vertrag

---

[25] MHdB AG/*Krieger* § 70 Rn. 127; Emmerich/Habersack/*Habersack* Rn. 16; Hüffer/Koch/*Koch* Rn. 6; Kölner Komm AktG/*Koppensteiner* Rn. 12; K. Schmidt/Lutter/*J. Vetter* Rn. 21; anders MüKoAktG/*Altmeppen* Rn. 31: Prüfungsgegenstand ohne weiteres sämtliche Verbundbeziehungen; so wohl auch *Noack* WPg 1994, 225 (228).

[26] Unstr., siehe nur *Noack* WPg 1994, 225 (227 ff.); MHdB AG/*Krieger* § 70 Rn. 127; Emmerich/Habersack/*Habersack* Rn. 17; Hüffer/Koch/*Koch* Rn. 6; Kölner Komm AktG/*Koppensteiner* Rn. 15; K. Schmidt/Lutter/*J. Vetter* Rn. 21.

[27] Emmerich/Habersack/*Habersack* Rn. 17; MüKoAktG/*Altmeppen* Rn. 32; K. Schmidt/Lutter/*J. Vetter* Rn. 23.

[28] Näher *Kakies*, Der Schutz der Minderheitsaktionäre und Gläubiger im faktischen Konzern unter besonderer Berücksichtigung der Sonderprüfung gemäß § 315 AktG, 2003, 150 f.; *Noack* WPg 1994, 225 (234).

[29] *Bode* AG 1995, 261 (264 f.); *Noack* WPg 1994, 225 (236); Bürgers/Körber/*Fett* Rn. 12; Emmerich/Habersack/*Habersack* Rn. 18; Großkomm AktG/*Fleischer* Rn. 52.

[30] *Kakies*, Der Schutz der Minderheitsaktionäre und Gläubiger im faktischen Konzern unter besonderer Berücksichtigung der Sonderprüfung gemäß § 315 AktG, 2003, 140.

wird allerdings in der Regel zusammen mit einem Beherrschungsvertrag abgeschlossen, der das Eingreifen der Regeln über den faktischen Aktienkonzern ohnehin zur Gänze ausschließt (§ 311 Abs. 1) (näher → § 311 Rn. 8 ff.). Bedeutung hat die Vorschrift daher nur für den praktisch eher seltenen **isolierten Gewinnabführungsvertrag**. Der Gesetzgeber hielt die Aufstellung und Prüfung eines Abhängigkeitsberichts für entbehrlich, da die zur Gewinnabführung verpflichtete Gesellschaft sowie ihre Gesellschafter und Gläubiger durch die §§ 300–307 hinreichend geschützt seien.[1] Folgerichtig wäre es dann allerdings gewesen, die §§ 311 ff. insgesamt auszuschließen. Die Anwendung nur der verbleibenden §§ 311, 317 erscheint wenig sinnvoll.[2]

II. Gewinnabführungsvertrag

1. Allgemeines. § 316 setzt das Bestehen eines (isolierten) Gewinnabführungsvertrags iSd § 291 2 Abs. 1 S. 1 Fall 2 voraus. Der Vertrag muss **wirksam** sein. Jedoch sind die Grundsätze über die **fehlerhafte Gesellschaft** heranzuziehen. Auch ein mit Mängeln behafteter, aber im Handelsregister eingetragener und durchgeführter Gewinnabführungsvertrag genügt deshalb.[3]

Für **andere Unternehmensverträge** iSv § 292, namentlich Gewinngemeinschaft und Teilge- 3 winnabführungsvertrag, gilt § 316 nicht. Auch auf den **Verlustübernahmevertrag** ist die Vorschrift weder unmittelbar noch entsprechend anzuwenden.[4]

2. Mehrstufige Unternehmensverbindung. Bei mehrstufigen Abhängigkeitsverhältnissen ist 4 § 316 schon anwendbar, wenn ein Gewinnabführungsvertrag im Verhältnis **Tochter-/Enkelgesellschaft** besteht, eines zusätzlichen Gewinnabführungsvertrags zwischen der Muttergesellschaft und der Tochter bedarf es nicht.[5] Die intrikaten Fragen können nicht anders beurteilt werden als bei einem Beherrschungsvertrag (dazu → § 311 Rn. 10).

3. Vertragsbeginn oder -ende während des Geschäftsjahres. Bei **Beginn** eines Gewinnab- 5 führungsvertrages während des laufenden Geschäftsjahrs entfällt die Berichtspflicht für die gesamte Rechnungslegungsperiode, weil ein hinreichender Schutz durch die §§ 300 ff. besteht.[6] Dies gilt auch, wenn ein Gewinnabführungsvertrag mit **Rückwirkung** für das bereits abgeschlossene Geschäftsjahr geschlossen wird.[7] Bei **Beendigung** des Vertrages im laufenden Geschäftsjahr muss ein Abhängigkeitsbericht bezogen auf das verbleibende Rumpfgeschäftsjahr erstellt und geprüft werden.[8]

III. Rechtsfolgen

Rechtsfolge des § 316 ist, dass die **§§ 312–315** ausgeschaltet werden. § 318 wird zwar nicht 6 erwähnt, ist aber gegenstandslos, da er die Pflicht zur Aufstellung und Prüfung eines Abhängigkeitsberichts durch die Verwaltungsorgane voraussetzt.[9] Anwendbar bleiben die **§§ 311, 317**. Darüber hinaus ist zu überlegen, auch die Einleitung einer **Sonderprüfung nach § 315 S. 2** zuzulassen, da die Vorschrift – anders als § 315 S. 1 – ohne Rücksicht auf das Vorliegen eines Abhängigkeitsberichts zum Tragen kommt. Dass der § 316 bei Einführung des § 315 S. 2 durch das KonTraG nicht entsprechend geändert wurde, kann wohl nur auf einem Redaktionsversehen beruhen.[10]

---

[1] RegBegr. *Kropff* S. 418.
[2] *Cahn/Simon* Der Konzern 2003, 1 (17 ff.); Emmerich/Habersack/*Habersack* Rn. 10; Großkomm AktG/*Fleischer* Rn. 5; Kölner Komm AktG/*Koppensteiner* Rn. 1; die gesetzliche Regelung verteidigend Altmeppen NZG 2010, 361 (365 f.); MüKoAktG/*Altmeppen* Rn. 4 f.
[3] Emmerich/Habersack/*Habersack* Rn. 2; Großkomm AktG/*Fleischer* Rn. 6; MüKoAktG/*Altmeppen* Rn. 7.
[4] Emmerich/Habersack/*Habersack* Rn. 3; Großkomm AktG/*Fleischer* Rn. 7; Hüffer/Koch/*Koch* Rn. 2; MüKoAktG/*Altmeppen* Rn. 8 ff.; NK-AktR/*Schatz/Schödel* Rn. 4; aA Bachmayr BB 1967, 135 (138); einschränkend *Priester* FS Schaumburg, 2009, 1327 (1333 ff.).
[5] Hüffer/Koch/*Koch* Rn. 3; Kölner Komm AktG/*Koppensteiner* Rn. 3; MüKoAktG/*Altmeppen* Rn. 15; aA Bürgers/Körber/*Fett* Rn. 5; Emmerich/Habersack/*Habersack* Rn. 7.
[6] MHdB AG/*Krieger* § 70 Rn. 100; Bürgers/Körber/*Fett* Rn. 3; Emmerich/Habersack/*Habersack* Rn. 5; Großkomm AktG/*Fleischer* Rn. 8; Hüffer/Koch/*Koch* Rn. 4; NK-AktR/*Schatz/Schödel* Rn. 5.
[7] MHdB AG/*Krieger* § 70 Rn. 100; Bürgers/Körber/*Fett* Rn. 3; Emmerich/Habersack/*Habersack* Rn. 5; Großkomm AktG/*Fleischer* Rn. 8; Hüffer/Koch/*Koch* Rn. 4.
[8] MHdB AG/*Krieger* § 70 Rn. 100; Bürgers/Körber/*Fett* Rn. 4; Emmerich/Habersack/*Habersack* Rn. 6; Hüffer/Koch/*Koch* Rn. 5; gegen die Bildung eines Rumpfgeschäftsjahrs Großkomm AktG/*Fleischer* Rn. 9.
[9] Emmerich/Habersack/*Habersack* Rn. 8; Hüffer/Koch/*Koch* Rn. 6; Kölner Komm AktG/*Koppensteiner* Rn. 1; MüKoAktG/*Altmeppen* Rn. 16; NK-AktR/*Schatz/Schödel* Rn. 10.
[10] *Habersack* FS Peltzer, 2001, 139 (147 ff.); Emmerich/Habersack/*Habersack* Rn. 9; Großkomm AktG/*Fleischer* Rn. 11; Kölner Komm AktG/*Koppensteiner* Rn. 6; MüKoAktG/*Altmeppen* Rn. 17.

§ 317 Verantwortlichkeit des herrschenden Unternehmens und seiner gesetzlichen Vertreter

(1) ¹Veranlaßt ein herrschendes Unternehmen eine abhängige Gesellschaft, mit der kein Beherrschungsvertrag besteht, ein für sie nachteiliges Rechtsgeschäft vorzunehmen oder zu ihrem Nachteil eine Maßnahme zu treffen oder zu unterlassen, ohne daß es den Nachteil bis zum Ende des Geschäftsjahrs tatsächlich ausgleicht oder der abhängigen Gesellschaft einen Rechtsanspruch auf einen zum Ausgleich bestimmten Vorteil gewährt, so ist es der Gesellschaft zum Ersatz des ihr daraus entstehenden Schadens verpflichtet. ²Es ist auch den Aktionären zum Ersatz des ihnen daraus entstehenden Schadens verpflichtet, soweit sie, abgesehen von einem Schaden, der ihnen durch Schädigung der Gesellschaft zugefügt worden ist, geschädigt worden sind.

(2) Die Ersatzpflicht tritt nicht ein, wenn auch ein ordentlicher und gewissenhafter Geschäftsleiter einer unabhängigen Gesellschaft das Rechtsgeschäft vorgenommen oder die Maßnahme getroffen oder unterlassen hätte.

(3) Neben dem herrschenden Unternehmen haften als Gesamtschuldner die gesetzlichen Vertreter des Unternehmens, die die Gesellschaft zu dem Rechtsgeschäft oder der Maßnahme veranlaßt haben.

(4) § 309 Abs. 3 bis 5 gilt sinngemäß.

Schrifttum: *Altmeppen,* Die Haftung des Managers im Konzern, 1998; *Altmeppen,* Interessenkonflikte im Konzern, ZHR 171 (2007) 320; *Baums,* Empfiehlt sich eine Neuregelung des aktienrechtlichen Anfechtungs- und Organhaftungsrechts, insbesondere der Klagemöglichkeiten von Aktionären?, Gutachten F für den 63. Deutschen Juristentag, 2000; *Bernau,* Konzernrechtliche Ersatzansprüche als Gegenstand des Klageerzwingungsrechts nach § 147 Abs. 1 S. 1 AktG, AG 2011, 894; *Beuthien,* Art und Grenzen der aktienrechtlichen Haftung herrschender Unternehmen für Leitungsmissbrauch, DB 1969, 1781; *Bollmann,* Der Schadensersatzanspruch gem. § 317 AktG bei Schädigung der abhängigen Eine-Person-AG, 1995; *Broichmann/Bunmeister,* Konzernvertrauenshaftung – Zahnloser Tiger oder tragfähiges Haftungskonzept?, NZG 2006, 687; *Brüggemeiner,* Die Einflussnahme auf die Verwaltung einer Aktiengesellschaft, AG 1988, 93; *Geßler,* Leitungsmacht und Verantwortlichkeit im faktischen Konzern, FS Westermann, 1974, 145; *Fischbach,* Die Haftung des Vorstands im Aktienkonzern, 2009; *Fleischer,* Haftung des herrschenden Unternehmens im faktischen Konzern und unternehmerisches Ermessen (§ 317 II, 93 I AktG), NZG 2008, 371; *Hommelhoff,* Empfiehlt es sich, das Recht faktischer Unternehmensverbindungen neu zu regeln?, Gutachten G für den 59. Deutschen Juristentag 1992; *Kellmann,* Schadensersatz und Ausgleich im faktischen Konzern, BB 1969, 1512; *Kropff,* Der konzernrechtliche Ersatzanspruch – ein zahnloser Tiger?, FS Bezzenberger, 2000, 233; *Luchterhand,* Leitungsmacht und Verantwortlichkeit im faktischen Konzern, ZHR 133 (1970), 1; *Maul,* Gerichtsstände und Vollstreckungsfragen bei konzernrechtlichen Ansprüchen gegenüber einem herrschenden Unternehmen im EG-Ausland, AG 1998, 404; *Möhring,* Zur Systematik der §§ 311, 317 AktG, FS Schilling, 1973, 253; *G. Müller,* Gesellschafts- und Gesellschafterschaden, FS Kellermann, 1991, 31; *H.F. Müller,* Die Durchsetzung konzernrechtlicher Ersatzansprüche nach dem UMAG, Der Konzern 2006, 725; *Riekers,* Konzernvertrauen und Konzernrecht, 2004; *Riekers,* Werbung mit der Konzernzugehörigkeit als Haftungsrisiko?, BB 2006, 277; *Riekers,* Nochmals: Konzernvertrauenshaftung, NZG 2007, 125; *S. H. Schneider/U. H. Schneider,* Vorstandshaftung im Konzern, AG 2005, 57; *Schürnbrand,* Organschaft im Recht der privaten Verbände, 2007; *Stephan,* Gesellschaftsschaden, 1999; *Stöckhuber,* Dogmatik der Haftung im faktischen AG-Konzern, Der Konzern 2011, 253; *Ulmer,* Das Sonderrecht der §§ 311 ff. AktG und sein Verhältnis zur allgemeinen aktienrechtlichen Haftung für Schädigungen der AG, FS Hüffer, 2010, 999; *Voigt,* Haftung aus Einfluss auf die Aktiengesellschaft (§§ 117, 309, 317 AktG), 2004; *Wälde,* Die Anwendbarkeit des § 31 BGB und der Begriff des „gesetzlichen Vertreters" im Rahmen konzernrechtlicher Haftungstatbestände des faktischen Konzerns, DB 1972, 2289; *Weber,* Die konzernrechtliche abgeleitete Aktionärsklage, 2006; *Wellkamp,* Die Haftung von Geschäftsleitern im Konzern, WM 1993, 2155; *Wimmer-Leonhard,* Konzernhaftungsrecht, 2004.

Übersicht

	Rn.		Rn.
I. Bedeutung der Norm	1–3	4. Darlegungs- und Beweislast	14
II. Haftung des herrschenden Unternehmens (Abs. 1, 2)	4–14	III. Mithaftung der gesetzlichen Vertreter (Abs. 3)	15, 16
1. Voraussetzungen	4, 5	IV. Verweis auf § 309 Abs. 3–5 (Abs. 4)	17–22
2. Gläubiger und Schuldner	6, 7	1. Verzicht und Vergleich; Verjährung	17, 18
3. Rechtsfolgen	8–13	2. Rechte der Aktionäre und Gläubiger	19–22
a) Schadensersatz	8–12	V. Verhältnis zu anderen Vorschriften	23, 24
b) Unterlassung und Beseitigung	13		

I. Bedeutung der Norm

1 § 317 **sanktioniert Verstöße gegen § 311.** Verletzt das herrschende Unternehmen die dort normierten Verhaltenspflichten, so ist es nach Abs. 1 der abhängigen Gesellschaft wie auch den unmittelbar geschädigten Aktionären zum Schadensersatz verpflichtet. Abs. 2 stellt klar, dass die Ersatzpflicht entfällt, wenn sich der Geschäftsleiter einer unabhängigen Gesellschaft nicht anders verhalten hätte. Abs. 3 erstreckt die Verantwortlichkeit auf die gesetzlichen Vertreter des herrschenden Unternehmens. Abs. 4 schließlich erklärt die Regeln der § 309 Abs. 3–5 über Verzicht und Vergleich, Verfolgungsrecht der Gläubiger und Aktionäre sowie Verjährung für entsprechend anwendbar.

§ 317 **bezweckt** im Zusammenspiel mit § 311 den **Schutz der abhängigen Gesellschaft, ihrer außenstehenden Gesellschafter und Gläubiger.** Die Vorschrift soll sicherstellen, dass das herrschende Unternehmen seinen Einfluss nicht missbraucht. Rechtsdogmatisch ordnet sie die herrschende Meinung als einen Sondertatbestand der Organhaftung ein. Das liegt schon deshalb nahe, weil mit dem Abstellen auf den ordentlichen und gewissenhaften Geschäftsleiter erkennbar auf § 93 Abs. 1 rekurriert wird[1] Die Inanspruchnahme nach § 317 ist bislang nur selten praktisch geworden.[2] Doch lässt sich eine verhaltenssteuernde Wirkung kaum leugnen.

De lege ferenda vorgeschlagen wird die Implementierung eines FGG-Verfahrens statt der Einzelklagebefugnis des Aktionärs.[3] Andere Überlegungen gehen dahin, die Kläger von dem Kostenrisiko zu entlasten.[4]

II. Haftung des herrschenden Unternehmens (Abs. 1, 2)

1. Voraussetzungen. Tatbestandsvoraussetzung des § 317 Abs. 1 ist zunächst, dass ein herrschendes Unternehmen eine abhängige Gesellschaft, mit der kein Beherrschungsvertrag besteht, veranlasst, ein für sie nachteiliges Rechtsgeschäft vorzunehmen oder zu ihrem Nachteil eine Maßnahme zu treffen oder zu unterlassen. Damit wird in vollem Umfang an den Tatbestand des § 311 Abs. 1 angeknüpft. Überdies wird verlangt, dass der Nachteil nicht nach Maßgabe von § 311 Abs. 2 ausgeglichen worden ist. Der **unterbliebene Nachteilsausgleich** ist also letztlich das zentrale, die Rechtswidrigkeit der Maßnahme idR (→ Rn. 12) erst begründende Tatbestandsmerkmal.[5] Erwächst der Gesellschaft daraus ein **Schaden**, ist der Anspruch begründet. Ein **Verschulden** auf Seiten des herrschenden Unternehmens ist nicht erforderlich.[6]

Gemäß **§ 317 Abs. 2** tritt die Ersatzpflicht nicht ein, wenn ein ordentlicher und gewissenhafter Geschäftsleiter einer unabhängigen Gesellschaft das Rechtsgeschäft vorgenommen oder die Maßnahme getroffen oder unterlassen hätte. Doch fehlt es dann schon an einem Nachteil iSd §§ 311, 317 (→ § 311 Rn. 18). Bedeutung hat **§ 317 Abs. 2** indes für die Verteilung der Darlegungs- und Beweislast. Es obliegt danach dem herrschenden Unternehmen, den Nachweis zu erbringen, dass eine Maßnahme nicht nachteilig ist (→ Rn. 14).

2. Gläubiger und Schuldner. Gläubiger des Anspruchs nach § 317 Abs. 1 S. 1 ist die **abhängige Gesellschaft.** Diesen Anspruch können nach § 309 Abs. 4 iVm § 317 Abs. 4 auch die Aktionäre und Gläubiger verfolgen. Darüber hinaus billigt § 317 Abs. 1 S. 2 den **Aktionären** einen eigenen Schadensersatzanspruch zu, wenn sie eine von der Schädigung der Gesellschaft unabhängige Vermögenseinbuße erlitten haben.[7] In Betracht kommt etwa, dass auf Grund der Einwirkung des herrschen-

---

[1] *Voigt,* Haftung aus Einfluss auf die Aktiengesellschaft (§§ 117, 309, 317 AktG), 2004, 344 ff.; Großkomm AktG/*Fleischer* Rn. 4 f.; Kölner Komm AktG/*Koppensteiner* Rn. 5; vgl. aber demgegenüber MüKoAktG/*Altmeppen* Rn. 8 ff. (Culpa-Haftung für pflichtwidrige Fremdgeschäftsführung); Grigoleit/*Grigoleit* Rn. 1; Hüffer/Koch/*Koch* Rn. 1 (Treupflichthaftung); für deliktische Einordnung *Schürnbrand,* Organschaft im Recht der privaten Verbände, 2007, 186 ff.; Emmerich/Habersack/*Habersack* Rn. 11 mwN.
[2] *Ekkenga/Weinbrenner/Schütz* Der Konzern 2005, 261 f.; Emmerich/Sonnenschein/*Habersack* KonzernR § 27 I; *Hommelhoff* Gutachten S. 67; *Kropff* FS Bezzenberger, 2000, 233 (234 f.); Henssler/Strohn/*Bödeker* § 317 Rn. 1; Hüffer/Koch/*Koch* Rn. 1; MüKoAktG/*Altmeppen* Rn. 3; NK-AktR/*Schatz/Schödel* Rn. 2; Wachter/*Rothley* Rn. 1.
[3] *Hommelhoff* Gutachten S. 67.
[4] *Kropff* FS Bezzenberger, 2000, 233 (240 ff.); Grigoleit/*Grigoleit* Rn. 1; Großkomm AktG/*Fleischer* Rn. 9; vgl. dazu auch *Baums* Gutachten S. 32.
[5] Emmerich/Habersack/*Habersack* Rn. 9; Großkomm AktG/*Fleischer* Rn. 23 f.; Hüffer/Koch/*Koch* Rn. 6; Wachter/*Rothley* Rn. 4; aA Kölner Komm AktG/*Koppensteiner* Rn. 8: Haftungsgrund besteht in Veranlassung zu nachteiligem Verhalten.
[6] BGHZ 141, 79 (89) = LM AktG 1965 § 311 Nr. 1 = NJW 1999, 1706; Emmerich/Habersack/*Habersack* Rn. 7; Großkomm AktG/*Fleischer* Rn. 22; Henssler/Strohn/*Bödeker* § 317 Rn. 2; Hüffer/Koch/*Koch* Rn. 5; NK-AktR/*Schatz/Schödel* Rn. 5; K. Schmidt/Lutter/*J. Vetter* Rn. 7; Wachter/*Rothley* Rn. 2; aA *Brüggemeier* AG 1988, 93 (100); *Stöckelhuber* Der Konzern 2011, 253 (255 ff.); MüKoAktG/*Altmeppen* Rn. 29 ff.; § 311 Rn. 163 ff., 316 ff.; Großkomm AktG/*Würdinger,* 3. Aufl. 1975, Rn. 5.
[7] Vgl. dazu im Zusammenhang mit § 117 Abs. 1 S. 2 BGHZ 94, 55 (58 f.) = LM AktG 1965 § 117 Nr. 1 = NJW 1985, 1777; BGH LM AktG 1965 § 93 Nr. 5 = AG 1987, 126 (128); BGH LM AktG 1965 § 183 Nr. 4 *(Roth)* = NJW 1992, 3167 (3171 f.).

den Unternehmens auf die abhängige Gesellschaft die Dividende der Aktionäre der abhängigen AG verkürzt wird[8] oder im Rahmen eines genehmigten Kapitals unter Bezugsrechtsausschluss Sacheinlagen überbewertet werden.[9]

7 **Haftungsschuldner** ist das herrschende Unternehmen. Bei **mehrfacher und mehrstufiger Abhängigkeit** kommt es darauf an, welches Unternehmen die in Rede stehende Maßnahme **veranlasst** hat. Maßgeblich ist die Sicht der abhängigen Gesellschaft. Geht die Veranlassung von mehreren Unternehmen aus, so haften diese als Gesamtschuldner (§§ 421 ff. BGB).[10]

8 **3. Rechtsfolgen. a) Schadensersatz.** Der Inhalt des Schadensersatzanspruchs bestimmt sich nach §§ 249 ff. BGB. Grundsätzlich ist dieser in Form der **Naturalrestitution** zu leisten (§ 249 BGB). Dies bedeutet, dass zB nachteilige Verträge rückabgewickelt oder eine sonstige Maßnahme rückgängig gemacht wird.[11] Soweit dies nicht möglich ist, muss **Ausgleich in Geld** geleistet werden (§ 251 Abs. 1).

9 Der entstandene Schaden kann nach § 287 ZPO geschätzt werden. Doch bedarf es für eine solche Schadensschätzung hinreichender tatsächlicher Anhaltspunkte. Erreicht die Einflussnahme des herrschenden Unternehmens eine solche Dichte und Intensität, dass sich einzelne schädigende Verhaltensweisen nicht mehr isolieren lassen, so greifen die Grundsätze über die qualifizierte faktische Konzernierung ein (→ Vor § 311 Rn. 25 ff.).

10 Der Schaden der Gesellschaft ist auch zu ersetzen, soweit er den – ex ante zu ermittelnden – **Nachteil** (→ § 311 Rn. 27 ff.) übersteigt.[12] Bleibt der Vermögensnachteil aufgrund günstiger Entwicklung hinter dem Nachteil zurück, so gilt dieser als Mindestschaden.[13] Das folgt aus dem Schutzzweck des § 317 und dem normativen Schadensbegriff. Denn das herrschende Unternehmen darf nicht dadurch besser gestellt werden, dass es den rechtlich gebotenen Nachteilsausgleich unterlässt. Zwischen Nachteil und Schaden muss ein **Rechtswidrigkeitszusammenhang** bestehen. War bei einem Darlehen der Rückzahlungsanspruch vollwertig und lediglich die Verzinsung unangemessen niedrig, so kann, wenn es wider Erwarten später doch zu einem Kreditausfall kommt, nur der Zinsschaden, nicht aber der Ausfallschaden verlangt werden.[14]

11 Der **Einwand rechtmäßigen Alternativverhaltens** ist ausgeschlossen.[15] So kann sich das herrschende Unternehmen nicht darauf berufen, dass die abhängige Gesellschaft ohne die nachteilige Maßnahme eine höhere Gewinnausschüttung vorgenommen hätte oder dass die benötigten Mittel auch über eine Kapitalherabsetzung zu beschaffen gewesen wären. Denn wenn man diesen Einwand zulassen würde, so bliebe die Missachtung der jeweils einschlägigen (insbesondere gläubigerschützenden) Normen ohne Folgen.

11a Auf ein etwaiges **Mitverschulden** (§ 254 BGB) der abhängigen Gesellschaft und ihrer Organe kann sich das herrschende Unternehmen mit Rücksicht auf den Schutzzweck des § 317 jedenfalls nicht berufen, soweit es um die Veranlassung zu dem nachteiligen Verhalten und den unterbliebenen Nachteilsausgleich geht.[16] Für die Anrechnung eines Mitverschuldens bei der weiteren Schadensentstehung bleibt aber durchaus Raum.[17]

12 Der Anspruch **entsteht** regelmäßig erst mit dem Ablauf des Geschäftsjahrs, denn der fehlende Ausgleich gehört zum Haftungstatbestand und bis zum Bilanzstichtag ist ein Ausgleich noch möglich.[18] Sofern allerdings der zugefügte Nachteil seiner Art nach einem Ausgleich nicht zugänglich

---

[8] BGH NZG 2013, 233 Rn. 33; Großkomm AktG/*Fleischer* Rn. 11; Emmerich/Habersack/*Habersack* Rn. 13a.
[9] Großkomm AktG/*Fleischer* Rn. 11; Emmerich/Habersack/*Habersack* Rn. 13a.
[10] MHdB AG/*Krieger* § 70 Rn. 132; Emmerich/Habersack/*Habersack* Rn. 6; Großkomm AktG/*Fleischer* Rn. 14; Hüffer/Koch/*Koch* Rn. 3; Kölner Komm AktG/*Koppensteiner* Rn. 41.
[11] *Beuthien* DB 1969, 1781 (1784); Emmerich/Habersack/*Habersack* Rn. 15; Kölner Komm AktG/*Koppensteiner* Rn. 20.
[12] Bürgers/Körber/*Fett* Rn. 4; Emmerich/Habersack/*Habersack* Rn. 17; Großkomm AktG/*Fleischer* Rn. 19; Hüffer/Koch/*Koch* Rn. 7; Kölner Komm AktG/*Koppensteiner* Rn. 16; K. Schmidt/Lutter/*J. Vetter* Rn. 8; Wachter/*Rothley* Rn. 7; aA *Möhring* FS Schilling, 1973, 253 (265).
[13] *Beuthien* DB 1969, 1781 (1783 f.); Bürgers/Körber/*Fett* Rn. 4; Emmerich/Habersack/*Habersack* Rn. 17; Henssler/Strohn/*Bödeker* § 317 Rn. 3; Hüffer/Koch/*Koch* Rn. 7; Kölner Komm AktG/*Koppensteiner* Rn. 17; Wachter/*Rothley* Rn. 7; aA Großkomm AktG/*Fleischer* Rn. 21; MüKoAktG/*Altmeppen* Rn. 37 ff.
[14] BGHZ 179, 71 = NJW 2009, 850 Rn. 17; auch → § 311 Rn. 42.
[15] Emmerich/Habersack/*Habersack* Rn. 17; Henssler/Strohn/*Bödeker* § 317 Rn. 3; Kölner Komm AktG/*Koppensteiner* Rn. 18; Wachter/*Rothley* Rn. 7; aA Großkomm AktG/*Fleischer* Rn. 27; MüKoAktG/*Altmeppen* Rn. 42 ff.
[16] Emmerich/Habersack/*Habersack* Rn. 15; Grigoleit/*Grigoleit* Rn. 8; Großkomm AktG/*Fleischer* Rn. 28.
[17] *M. Arnold/Aubel* ZGR 2012, 113 (134); *Leuschner* NJW 2011, 3275 (3276 f.); Großkomm AktG/*Fleischer* Rn. 28; aA Emmerich/Habersack/*Habersack* Rn. 15; Grigoleit/*Grigoleit* Rn. 8 (mit Fn. 20).
[18] *Beuthien* DB 1969, 1781 (1784); Emmerich/Habersack/*Habersack* Rn. 18; Hüffer/Koch/*Koch* Rn. 4; K. Schmidt/Lutter/*J. Vetter* Rn. 6; aA MüKoAktG/*Altmeppen* Rn. 25.

ist (→ § 311 Rn. 52) oder nicht im Konzerninteresse liegt (→ § 311 Rn. 53), kann er ausnahmsweise sofort geltend gemacht werden,[19] denn dann ist die Veranlassung von vornherein rechtswidrig. Die Ansprüche sind zu aktivieren, wenn mit der Durchsetzung gerechnet werden kann. Unterbleibt dies, so kann dies zur Nichtigkeit des Jahresabschlusses nach § 256 Abs. 5 führen.[20]

b) Unterlassung und Beseitigung. Im Ergebnis besteht Konsens darüber, dass **Unterlassung** verlangt werden kann, wenn die nachteilige Einflussnahme per se rechtswidrig (→ Rn. 12) ist.[21] Umstritten ist die dogmatische Herleitung. Genannt werden § 823 Abs. 2 iVm § 311 als Schutzgesetz[22] sowie die gesellschafterliche Treuepflicht.[23] Richtig ist es jedoch, den Anspruch unmittelbar auf § 317 zu stützen.[24] Denn der Zweck der Norm gebietet es, der abhängigen Gesellschaft die Abwehr einer von Anfang an unzulässigen Einwirkung zu ermöglichen. Dass auch **Beseitigung** eines andauernden rechtswidrigen Zustands verlangt werden kann, folgt schon aus dem Charakter des § 317 als Schadensersatzanspruch.[25]

4. Darlegungs- und Beweislast. Der **Kläger** muss das Bestehen eines Abhängigkeitsverhältnisses dartun und gegebenenfalls beweisen, wobei ihm allerdings die Vermutung des § 17 Abs. 2 zugute kommt. Hinsichtlich des Tatbestandsmerkmals der Veranlassung greifen zu seinen Gunsten die bei → § 311 Rn. 24 ff. dargestellten Beweiserleichterungen, im Zusammenhang mit dem Schaden hilft § 287 ZPO. Dem **herrschenden Unternehmen** obliegt es nach § 317 Abs. 2, den nachteiligen Charakter einer Maßnahme zu widerlegen, es kann auch unter Beweis stellen, dass es den Ausgleich nach § 311 Abs. 2 geleistet hat. Klagt ein **außenstehender Aktionär oder Gläubiger,** so wird er in der Regel keinen Einblick in die inneren Angelegenheiten des herrschenden Unternehmens und der übrigen Konzernglieder haben. Hier kommen die vom BGH im TBB-Urteil[26] entwickelten Erleichterungen der Substantiierungslast zum Tragen.[27] Danach genügt es, wenn der Kläger Anhaltspunkte dafür vorträgt, dass die Gesellschaft benachteiligt wurde. Es ist dann Sache des Beklagten, nähere Angaben zu machen, wenn er im Gegensatz zum Kläger die maßgeblichen Tatsachen kennt und ihm die Darlegung des Sachverhalts zuzumuten ist. Unzulässig ist eine bloße Ausforschung ins Blaue hinein. Auch kommt es keineswegs zu einer Umkehr der Beweislast, ein non liquet geht daher stets zu Lasten des Klägers.

III. Mithaftung der gesetzlichen Vertreter (Abs. 3)

Nach Abs. 3 haften neben dem herrschenden Unternehmen und nach den gleichen Grundsätzen diejenigen gesetzlichen Vertreter als Gesamtschuldner (§§ 421 ff. BGB), von denen die Veranlassung ausgegangen ist. Ihre **persönliche Verantwortlichkeit** soll zur Effektivierung des Schutzes der §§ 311 ff. beitragen.[28] Gemeint sind nur die gesetzlichen Vertreter des herrschenden Unternehmens.[29] Dabei handelt es sich um die Mitglieder des **Geschäftsführungsorgans**, also je nach Rechtsform Vorstand, Geschäftsführer oder geschäftsführende Gesellschafter. Die sog. faktischen Organe werden nach allgemeinen Grundsätzen mit erfasst.[30] Ist gesetzlicher Vertreter eine Gesellschaft, so gilt § 317 Abs. 3 auch für deren gesetzliche Vertreter.[31] So haftet bei einer GmbH & Co. KG neben der GmbH auch deren Geschäftsführer. Auf Organe einer Gebietskörperschaft ist § 317 Abs. 3 nicht anwendbar,

---

[19] *Beuthien* DB 1969, 1781 (1784); Emmerich/Habersack/*Habersack* Rn. 18; Henssler/Strohn/*Bödeker* § 317 Rn. 5; Hüffer/Koch/*Koch* Rn. 4; K. Schmidt/Lutter/*J. Vetter* Rn. 6.
[20] BGHZ 124, 110 (119 ff.) = LM AktG 1965 § 111 Nr. 4 = NJW 1994, 520.
[21] LG Düsseldorf AG 2006, 892 (893); *Lutter* FS Peltzer, 2001, 241 (257 f.); Bürgers/Körber/*Fett* Rn. 113; Emmerich/Habersack/*Habersack* Rn. 19; Grigoleit/*Grigoleit* Rn. 8; Großkomm AktG/*Fleischer* Rn. 31; Hüffer/Koch/*Koch* Rn. 10; Kölner Komm AktG/*Koppensteiner* Rn. 26; MüKoAktG/*Altmeppen* Rn. 48; Wachter/*Rothley* Rn. 7.
[22] LG Düsseldorf AG 2006, 892 (893); *Geßler* FS Westermann, 1974, 145 (160); Kölner Komm AktG/*Koppensteiner* Rn. 27.
[23] Hüffer/Koch/*Koch* Rn. 10; ähnlich K. Schmidt/Lutter/*J. Vetter* Rn. 22.
[24] *Lutter* FS Peltzer, 2001, 241 (257 f.); Emmerich/Habersack/*Habersack* Rn. 19.
[25] Emmerich/Habersack/*Habersack* Rn. 19; Grigoleit/*Grigoleit* Rn. 8; Hüffer/Koch/*Koch* Rn. 10.
[26] BGHZ 122, 123 (132 f.) = LM AktG 1965 § 302 Nr. 6 (*Heidenhain*) = NJW 1993, 1200.
[27] *Kropff* FS Bezzenberger, 2000, 233 (238 f.); Emmerich/Habersack/*Habersack* Rn. 21; Großkomm AktG/*Fleischer* Rn. 34; MüKoAktG/*Altmeppen* Rn. 80 f.
[28] RegBegr. *Kropff* S. 418.
[29] RegBegr. *Kropff* S. 419; Emmerich/Habersack/*Habersack* Rn. 22; Großkomm AktG/*Fleischer* Rn. 39; Hüffer/Koch/*Koch* Rn. 13; Kölner Komm AktG/*Koppensteiner* Rn. 42.
[30] Grigoleit/*Grigoleit* Rn. 12.
[31] Emmerich/Habersack/*Habersack* Rn. 23; Grigoleit/*Grigoleit* Rn. 12; Großkomm AktG/*Fleischer* Rn. 40; NK-AktR/*Schatz/Schödel* Rn. 14; K. Schmidt/Lutter/*J. Vetter* Rn. 33.

da hier das Staatshaftungs- und Beamtenrecht vorrangige Regelungen bereit hält.[32] Keine gesetzlichen Vertreter sind die Mitglieder des Aufsichtsrats[33] sowie Prokuristen und Handlungsbevollmächtigte.[34] Sie können jedoch gegebenenfalls nach § 117 haften.[35]

16   Die Einstandspflicht nach § 317 Abs. 3 trifft nur diejenigen gesetzlichen Vertreter, die das Rechtsgeschäft oder die Maßnahme **selbst veranlasst** haben. Mittelbare Veranlassung genügt jedoch.[36] Daher haftet auch der gesetzliche Vertreter, der einen Angestellten anweist, auf die abhängige Gesellschaft schädigend einzuwirken. Es genügt, wenn sie das Verhalten des Angestellten erkennen und ihn gewähren lassen.[37] § 317 Abs. 3 begründet jedoch keine generelle Haftung für eine unzureichende Organisation und Überwachung, denn ein Aufsichtsverschulden erfüllt als solches nicht den Begriff der Veranlassung.[38] Allerdings wird dann regelmäßig eine Binnenhaftung (zB nach § 93) gegenüber dem herrschenden Unternehmen gegeben sein, so dass dieses bei eigener Inanspruchnahme aus § 317 Abs. 1 Regress nehmen kann.

IV. Verweis auf § 309 Abs. 3–5 (Abs. 4)

17   **1. Verzicht und Vergleich; Verjährung.** Verzicht und Vergleich sind nur nach Maßgabe von § 309 Abs. 3, den § 317 Abs. 4 in Bezug nimmt, zulässig. Es müssen mindestens **drei Jahre** nach Entstehung des Anspruchs vergangen sein. Notwendig ist ein **Sonderbeschluss** der außenstehenden Aktionäre der abhängigen Gesellschaft, diesem Beschluss darf nicht eine Minderheit von 10 % des vertretenen Grundkapitals widersprochen haben. Die Dreijahresfrist gilt nicht, wenn der Ersatzpflichtige zahlungsunfähig ist und sich zur Abwendung des Insolvenzverfahrens mit seinen Gläubigern vergleicht oder wenn die Ersatzpflicht in einem Insolvenzplan geregelt wird.

18   Die Ansprüche **verjähren** nach § 309 Abs. 4 S. 1, 2 iVm § 317 Abs. 4 in fünf Jahren.

19   **2. Rechte der Aktionäre und Gläubiger.** Nach § 309 Abs. 4 S. 1, 2 iVm § 317 Abs. 4 kann der Ersatzanspruch der Gesellschaft von jedem **Aktionär** geltend gemacht werden, jedoch nur in der Weise, dass er Leistung an die Gesellschaft verlangt. Es handelt sich um einen Fall der gesetzlichen Prozessstandschaft.[39] Sie bezieht sich auch auf Unterlassungs- und Beseitigungsklagen.[40] Für die Kostenlast des klagenden Gesellschafters gilt § 247 entsprechend.[41] Gleichwohl bleibt das Prozesskostenrisiko hoch.[42] Schon deshalb ist die Annahme verfehlt, das Klageerzwingungsrecht nach **§ 147** werde durch die Einzelklagebefugnis verdrängt.[43] Dem Gesetzgeber kann nicht unterstellt werden, er habe die Möglichkeit, die Gesellschaft selbst zur Klage zu zwingen, insoweit ausschließen wollen. Zwar wird § 317 in § 147 nicht ausdrücklich erwähnt. Doch sind die konzernrechtlichen Ersatzansprüche mit den explizit genannten Ansprüchen durchaus vergleichbar. Daher ist eine teleologische Extension des § 147 über den Wortlaut der Vorschrift

---

[32] Grigoleit/*Grigoleit* Rn. 12; Großkomm AktG/*Fleischer* Rn. 40; Kölner Komm AktG/*Koppensteiner* Rn. 46; MüKoAktG/*Altmeppen* Rn. 102.

[33] MHdB AG/*Krieger* § 70 Rn. 135; Emmerich/Habersack/*Habersack* Rn. 23; Grigoleit/*Grigoleit* Rn. 12; Großkomm AktG/*Fleischer* Rn. 41; Hüffer/Koch/*Koch* Rn. 13; MüKoAktG/*Altmeppen* Rn. 103; aA *Wälde* DB 1972, 2289 (2292); zweifelnd NK-AktR/*Schatz/Schödel* Rn. 14.

[34] MHdB AG/*Krieger* § 70 Rn. 135; Emmerich/Habersack/*Habersack* Rn. 23; Grigoleit/*Grigoleit* Rn. 12; Großkomm AktG/*Fleischer* Rn. 41; Hüffer/Koch/*Koch* Rn. 13; Kölner Komm AktG/*Koppensteiner* Rn. 47; MüKoAktG/*Altmeppen* Rn. 100 f.; NK-AktR/*Schatz/Schödel* Rn. 14; K. Schmidt/Lutter/*J. Vetter* Rn. 33.

[35] RegBegr. *Kropff* S. 419; Grigoleit/*Grigoleit* Rn. 12; Kölner Komm AktG/*Koppensteiner* Rn. 47; MüKoAktG/*Altmeppen* Rn. 101.

[36] MHdB AG/*Krieger* § 70 Rn. 135; Bürgers/Körber/*Fett* Rn. 14; Emmerich/Habersack/*Habersack* Rn. 24; Großkomm AktG/*Fleischer* Rn. 42; Hüffer/Koch/*Koch* Rn. 14; Kölner Komm AktG/*Koppensteiner* Rn. 43; MüKoAktG/*Altmeppen* Rn. 94.

[37] Emmerich/Habersack/*Habersack* Rn. 24; Hüffer/Koch/*Koch* Rn. 14; MüKoAktG/*Altmeppen* Rn. 94; K. Schmidt/Lutter/*J. Vetter* Rn. 34.

[38] MHdB AG/*Krieger* § 70 Rn. 135; Bürgers/Körber/*Fett* Rn. 14; Emmerich/Habersack/*Habersack* Rn. 24; Großkomm AktG/*Fleischer* Rn. 42; Hüffer/Koch/*Koch* Rn. 14; K. Schmidt/Lutter/*J. Vetter* Rn. 34; Wachter/Rothley Rn. 9; aA *Altmeppen*, Die Haftung des Managers im Konzern, 1998, 65; Kölner Komm AktG/*Koppensteiner* Rn. 44.

[39] KG NZG 2011, 1429 (1432); *Weber*, Die konzernrechtliche abgeleitete Aktionärsklage, 2006, 188 ff.; Emmerich/Habersack/*Habersack* Rn. 27; Hüffer/Koch/*Koch* Rn. 16; aA *Mertens* FS Fleck, 1988, 209 (218).

[40] Emmerich/Habersack/*Habersack* Rn. 20; Kölner Komm AktG/*Koppensteiner* Rn. 37.

[41] *Kropff* FS Bezzenberger, 2000, 233 (241 ff.); Emmerich/Habersack/*Habersack* Rn. 27; Kölner Komm AktG/*Koppensteiner* Rn. 37; MüKoAktG/*Altmeppen* Rn. 58 ff.; aA Bürgers/Körber/*Fett* Rn. 16; Hüffer/Koch/*Koch* Rn. 16.

[42] Großkomm AktG/*Fleischer* Rn. 9, 49; MüKoAktG/*Altmeppen* Rn. 61.

[43] So aber Bürgers/Körber/*Fett* Rn. 16; Kölner Komm AktG/*Koppensteiner* Rn. 35.

hinaus geboten.⁴⁴ Aus entsprechenden Gründen steht einer qualifizierten Minderheit auch das durch das UMAG eingeführte Zulassungsverfahren nach § 148 unter den dort genannten Voraussetzungen offen.⁴⁵ Wird der Antrag zugelassen, so kommt den klagenden Aktionären die für sie günstige Kostenregelung des § 148 Abs. 6 zugute. Es steht zu hoffen, dass das neue Verfahren dazu beiträgt, dass konzernrechtliche Ersatzansprüche künftig häufiger durchgesetzt werden als bisher.

Für die Ansprüche des Aktionärs gem. § 317 Abs. 1 S. 2 und § 317 Abs. 3 iVm Abs. 1 S. 2 wegen eines **Eigenschadens** gilt § 309 Abs. 4 nicht, deshalb kann er Leistung an sich selbst fordern.⁴⁶ In diesem Prozess haben andere außenstehende Aktionäre kein Recht auf Nebenintervention. Das erforderliche rechtliche Interesse iSv § 66 ZPO ergibt sich weder aus möglichen eigenen Schadensersatzansprüchen der Aktionäre noch aus deren Sonderklagerecht auf Ersatz des Gesellschaftsschadens.⁴⁷ **20**

Nach § 309 Abs. 4 S. 3 iVm § 317 Abs. 4 können die Ansprüche der Gesellschaft ferner von deren **Gläubigern** geltend gemacht werden, sofern sie von dieser keine Befriedigung zu erlangen vermögen. Anders als der Aktionär klagt der Gläubiger auf Leistung an sich, kann aber nur Schadensersatz in Geld verlangen. Ihm gegenüber wird die Ersatzpflicht durch einen Verzicht oder Vergleich der Gesellschaft nicht ausgeschlossen (§ 309 Abs. 4 S. 4 iVm § 317 Abs. 4). **21**

Die Rechte von Aktionären und Gläubigern auf Geltendmachung des Anspruchs der Gesellschaft gehen in der **Insolvenz** auf den Verwalter über (§ 309 Abs. 4 S. 5 iVm § 317 Abs. 4). **22**

V. Verhältnis zu anderen Vorschriften

Das Verhältnis des § 311 zu den allgemeinen Vorschriften ist von der Privilegierungsfunktion der Norm geprägt (→ § 311 Rn. 62 ff.). Dies gilt für § 317 nicht, da dieser nur eingreift, wenn § 311 missachtet wurde. Daher sind die dort herausgearbeiteten Grundsätze nicht übertragbar.⁴⁸ Im Einzelnen gilt Folgendes: **23**

Die **§§ 76, 93, 116** finden uneingeschränkt Anwendung. Daher haften Vorstand und Aufsichtsrat der abhängigen Gesellschaft neben den nach § 317 Verantwortlichen. Auch die **§§ 57, 60, 62** betreffend die Aktionärshaftung beim Empfang verbotener Leistungen werden nicht verdrängt.⁴⁹ Ebenso kommt § 117⁵⁰ und eine etwaige Haftung wegen **Treuplichtverletzung**⁵¹ zum Tragen. Eine Anfechtung nach **§ 243 Abs. 2** bleibt möglich. Schließlich lässt § 317 auch die Anwendbarkeit **allgemeiner zivilrechtlicher Haftungsnormen** (§§ 280 ff. BGB; 823 ff. BGB) unberührt. Eine generelle „Haftung aus Konzernvertrauen" wegen des einheitlichen Auftretens als Gruppe kennt das deutsche Recht nicht.⁵² **24**

---

⁴⁴ → § 147 Rn. 23; KG NZG 2011, 1429 (1430); OLG Köln ZIP 2017, 1211 (1217 f.); OLG München AG 2008, 172 (173 f.); AG 2008, 864 (866 f.); LG Frankfurt/M NZG 2013, 1181 (1182 f.); LG München ZIP 2007, 2420 (2425 f.); *Bernau* AG 2011, 894 (897 ff.); *Kropff* FS Bezzenberger, 2000, 233 (244 ff.); *H.F. Müller* Der Konzern 2006, 725 (728 ff.); Emmerich/Habersack/*Habersack* Rn. 27; Großkomm AktG/*Fleischer* Rn. 50; Hüffer/Koch/*Koch* Rn. 16; MüKoAktG/*Altmeppen* Rn. 63 ff.; NK-AktR/*Schatz*/*Schödel* Rn. 17; K. Schmidt/Lutter/*J. Vetter* Rn. 26; aA *Kling* ZGR 2009, 190 (202 ff.); Bürgers/Körber/*Fett* Rn. 16; Grigoleit/*Grigoleit* Rn. 10; Kölner Komm AktG/*Koppensteiner* Rn. 35.

⁴⁵ → § 147 Rn. 23; *H.F. Müller* Der Konzern 2006, 725 (728 ff.); *Wackerbarth* Der Konzern 2005, 562 (570); Emmerich/Habersack/*Habersack* Rn. 27; MüKoAktG/*Altmeppen* Rn. 65 ff.; NK-AktR/*Schatz*/*Schödel* Rn. 17; K. Schmidt/Lutter/*J. Vetter* Rn. 26; aA *Weber*, Die konzernrechtliche abgeleitete Aktionärsklage, 2006, 141 ff.; Grigoleit/*Grigoleit* Rn. 10.

⁴⁶ Emmerich/Habersack/*Habersack* Rn. 30; Hüffer/Koch/*Koch* Rn. 16.

⁴⁷ BGH ZIP 2006, 1218; OLG Schleswig ZIP 2005, 1656; *Backhaus* Die Beteiligung Dritter bei aktienrechtlichen Rechtsbehelfen, 2009, 138 f.

⁴⁸ *Wimmer-Leonhard*, Konzernhaftungsrecht, 2004, 137; Emmerich/Habersack/*Habersack* Rn. 33; Grigoleit/*Grigoleit* Rn. 16; Großkomm AktG/*Fleischer* Rn. 54; Hüffer/Koch/*Koch* Rn. 17.

⁴⁹ BGHZ 190, 7 = NJW 2011, 2719 Rn. 48; OLG Frankfurt/M AG 1996, 324 (327); OLG München AG 2005, 181; *Fleischer* NZG 2008, 371 (373); *Ulmer* FS Hüffer, 2010, 999 (1008); *Wimmer-Leonhard*, Konzernhaftungsrecht, 2004, 137; MHdB AG/*Krieger* § 70 Rn. 137; *Mylich* AG 2011, 765 (771); Bürgers/Körber/*Fett* Rn. 20; Emmerich/Habersack/*Habersack* Rn. 34; Grigoleit/*Grigoleit* Rn. 16; Hüffer/Koch/*Koch* Rn. 17; Kölner Komm AktG/*Koppensteiner* Rn. 51; NK-AktR/*Schatz*/*Schödel* Rn. 3; aA *Michalski* AG 1980, 261 (264).

⁵⁰ *Ulmer* FS Hüffer, 2010, 999 (1011); Emmerich/Habersack/*Habersack* Rn. 34; Grigoleit/*Grigoleit* Rn. 16; NK-AktR/*Schatz*/*Schödel* Rn. 3; K. Schmidt/Lutter/*J. Vetter* Rn. 43.

⁵¹ Emmerich/Habersack/*Habersack* Rn. 34; Großkomm AktG/*Fleischer* Rn. 55; NK-AktR/*Schatz*/*Schödel* Rn. 3; abl. MüKoAktG/*Altmeppen* Rn. 121; K. Schmidt/Lutter/*J. Vetter* Rn. 46; für eine Anwendung der besonderen Verjährungsregelung auf den Anspruch aus Treupflichtverletzung Grigoleit/*Grigoleit* Rn. 16.

⁵² OLG Düsseldorf NJOZ 2005, 3431; *Riekers* BB 2006, 277 ff.; *Riekers* NZG 2007, 125; MüKoAktG/*Altmeppen* Rn. 123; anders *Broichmann*/*Burmeister* NZG 2006, 687 ff.

§ 318 Verantwortlichkeit der Verwaltungsmitglieder der Gesellschaft

(1) ¹Die Mitglieder des Vorstands der Gesellschaft haften neben den nach § 317 Ersatzpflichtigen als Gesamtschuldner, wenn sie es unter Verletzung ihrer Pflichten unterlassen haben, das nachteilige Rechtsgeschäft oder die nachteilige Maßnahme in dem Bericht über die Beziehungen der Gesellschaft zu verbundenen Unternehmen aufzuführen oder anzugeben, daß die Gesellschaft durch das Rechtsgeschäft oder die Maßnahme benachteiligt wurde und der Nachteil nicht ausgeglichen worden war. ²Ist streitig, ob sie die Sorgfalt eines ordentlichen und gewissenhaften Geschäftsleiters angewandt haben, so trifft sie die Beweislast.

(2) Die Mitglieder des Aufsichtsrats der Gesellschaft haften neben den nach § 317 Ersatzpflichtigen als Gesamtschuldner, wenn sie hinsichtlich des nachteiligen Rechtsgeschäfts oder der nachteiligen Maßnahme ihre Pflicht, den Bericht über die Beziehungen zu verbundenen Unternehmen zu prüfen und über das Ergebnis der Prüfung an die Hauptversammlung zu berichten (§ 314), verletzt haben; Absatz 1 Satz 2 gilt sinngemäß.

(3) Der Gesellschaft und auch den Aktionären gegenüber tritt die Ersatzpflicht nicht ein, wenn die Handlung auf einem gesetzmäßigen Beschluß der Hauptversammlung beruht.

(4) § 309 Abs. 3 bis 5 gilt sinngemäß.

Schrifttum: *Altmeppen,* Die Haftung des Managers im Konzern, 1998; *Fischbach,* Die Haftung des Vorstands im Aktienkonzern, 2009; *Geßler,* Leitungsmacht und Verantwortlichkeit im faktischen Konzern, FS Westermann, 1974, 145; *Luchterhand,* Leitungsmacht und Verantwortlichkeit im faktischen Konzern, ZHR 133 (1970), 1; *Neuhaus,* Der Schadensersatzanspruch des außenstehenden Aktionärs gegenüber dem Vorstand seiner faktisch beherrschten Aktiengesellschaft nach § 93 AktG 65, DB 1971, 1193 (Teil 1), 1241 (Teil 2); *Pickardt,* Die zivilrechtliche Haftung des Vorstands abhängiger Aktiengesellschaften nach dem Aktiengesetz vom 6.9.1965, Diss. Hamburg 1973; *Schmidt-Hern,* Schutz der außenstehenden Aktionäre im faktischen Konzern, 2001; *Shin,* Die Verantwortlichkeit der Vorstandsmitglieder im Konzernverhältnis, 1989.

Übersicht

	Rn.		Rn.
I. Bedeutung der Norm	1, 2	4. Kein Ausschluss durch Beschluss der Hauptversammlung	9
II. Gläubiger und Schuldner des Anspruchs	3, 4	IV. Rechtsfolgen	10, 11
III. Haftungstatbestand	5–9	V. Verweis auf § 309 Abs. 3 bis 5 (Abs. 4)	12
1. Haftung des herrschenden Unternehmens nach § 317	5	VI. Verhältnis zu §§ 93, 116	13, 14
2. Verletzung von Berichts- oder Prüfungspflichten	6, 7	1. Anwendbarkeit neben § 318	13
3. Verschulden	8	2. Überlagerung durch § 318	14

I. Bedeutung der Norm

1 Die Vorschrift betrifft die **Verantwortlichkeit der Mitglieder der Verwaltungsorgane der abhängigen Gesellschaft** für die Verletzung der Berichts- und Prüfungspflichten nach §§ 312, 314. Damit sollen die Organwalter zur sorgfältigen Erfüllung dieser Pflichten angehalten werden. Die Norm bezweckt den Schutz der abhängigen Gesellschaft, ihrer Gläubiger und außenstehenden Aktionäre.

2 Ursprünglich war die Vorschrift als umfassender Haftungstatbestand konzipiert worden.[1] Die jetzige Fassung ist eine Folge der in den Ausschussberatungen durchgesetzten Möglichkeit des nachträglichen Ausgleichs nach § 311 Abs. 2. Da die abhängige Gesellschaft den Ausgleich nicht erzwingen kann, sah sich der Ausschuss veranlasst, den Haftungstatbestand auf die Sanktionierung von Verletzungen der §§ 312, 314 zu begrenzen.[2] Die Verantwortlichkeit der Mitglieder von Vorstand und Aufsichtsrat für ein solches Fehlverhalten würde sich jedoch ohnehin aus §§ 93, 116 ergeben, die daneben anwendbar bleiben. Die Vorschrift ist deshalb weitgehend **überflüssig**.[3] Eigenständige Bedeutung hat sie nur insoweit, als nach ihr auch eine Haftung gegenüber unmittelbar geschädigten Aktionären besteht, und hinsichtlich der Haftungsmodalitäten in Abs. 4, in dem auf § 309 Abs. 3–5 verwiesen wird.

---

[1] BegrRegE *Kropff* S. 420.
[2] AusschussB *Kropff* S. 420.
[3] Emmerich/Habersack/*Habersack* Rn. 2; Großkomm AktG/*Fleischer* Rn. 2, 4; Hüffer/Koch/*Koch* Rn. 1; Kölner Komm AktG/*Koppensteiner* Rn. 9; MüKoAktG/*Altmeppen* Rn. 1 ff.

II. Gläubiger und Schuldner des Anspruchs

Gläubiger des Anspruchs ist primär die abhängige Gesellschaft. Durch die Verweisung auf 3 § 309 Abs. 4 wird ebenso wie bei § 317 erreicht, dass der Anspruch auch von Gläubigern und Aktionären geltend gemacht werden kann. Letzteren kann zudem entsprechend § 317 Abs. 1 S. 2 ein Anspruch auf Ersatz eines eigenen, nicht lediglich durch die Mitgliedschaft vermittelten Schadens zustehen.[4]

Haftungsschuldner sind nach Maßgabe von Abs. 1 die Vorstandsmitglieder der abhängigen 4 Gesellschaft, unter den Voraussetzungen des Abs. 2 auch die Mitglieder des Aufsichtsrats.

III. Haftungstatbestand

1. Haftung des herrschenden Unternehmens nach § 317. Die Mitglieder des Vorstands und 5 des Aufsichtsrats haften **neben** den nach § 317 Ersatzpflichtigen als Gesamtschuldner. Die Haftung nach § 318 wird also davon abhängig gemacht, dass der Tatbestand des § 317 erfüllt ist.[5] Voraussetzung ist daher, dass die abhängige Gesellschaft von dem herrschenden Unternehmen zu einer für sie nachteiligen Maßnahme veranlasst wurde, ohne dass es zu einem Nachteilsausgleich gem. § 311 Abs. 2 gekommen ist. Das Bestehen des Anspruchs nach § 317 genügt, nicht erforderlich ist, dass er tatsächlich geltend gemacht wird.

2. Verletzung von Berichts- oder Prüfungspflichten. Darüber hinaus wird eine Verletzung 6 von Berichts- oder Prüfungspflichten vorausgesetzt. Die **Mitglieder des Vorstands** haften nach Abs. 1, wenn sie es pflichtwidrig unterlassen haben, die nachteilige Maßnahme im Abhängigkeitsbericht aufzuführen oder ihren nachteiligen Charakter zu kennzeichnen oder offen zu legen, dass kein Nachteilsausgleich erfolgt ist. Der Unvollständigkeit des Berichts wird nach heute allgemeiner Auffassung gleichgesetzt, dass überhaupt kein Abhängigkeitsbericht erstellt wurde und dass der Bericht unrichtige Angaben enthält.[6]

Die **Mitglieder des Aufsichtsrats** haften nach Abs. 2, wenn sie ihre Pflicht, den Abhängigkeits- 7 bericht auf unausgeglichene Nachteile hin zu überprüfen und über das Ergebnis der Prüfung an die Hauptversammlung zu berichten, verletzt haben. Eine Verletzung der Berichtspflicht liegt auch dann vor, wenn der Aufsichtsrat die Hauptversammlung nicht darüber informiert, dass der Vorstand zu Unrecht keinen Abhängigkeitsbericht erstattet hat.[7] Er haftet außerdem, wenn Einwendungen nicht in die Schlusserklärung aufgenommen werden (§ 314 Abs. 3) und so eine an sich mögliche Sonderprüfung (§ 315 S. 1 Nr. 2) vereitelt wird.[8]

3. Verschulden. Aus § 318 Abs. 1 S. 2 bzw. § 318 Abs. 1 S. 2 iVm § 318 Abs. 2 Hs. 2 folgt, dass die 8 Haftung von Vorstand und Aufsichtsrat der abhängigen Gesellschaft anders als die des herrschenden Unternehmens und seiner gesetzlichen Vertreter nach § 317 **verschuldensabhängig** ist. Es gilt derselbe Sorgfaltsmaßstab wie in §§ 93, 116. Die in Anspruch genommenen Organmitglieder trifft die Darlegungs- und Beweislast für fehlendes Verschulden.

4. Kein Ausschluss durch Beschluss der Hauptversammlung. Die Haftung setzt nach Abs. 3 9 ferner voraus, dass die Handlung nicht auf einem gesetzmäßigen Beschluss der Hauptversammlung beruht. Das entspricht § 93 Abs. 4 S. 1, § 117 Abs. 2 S. 3. Die aus dem Regierungsentwurf übernommene Bestimmung ist jedoch **praktisch obsolet,** nachdem in den Ausschussberatungen der Anwendungsbereich des § 318 auf Verletzungen der Berichts- und Prüfpflichten reduziert wurde (→ Rn. 2).[9] Da diese Pflichten nicht zur Disposition der Hauptversammlung stehen, ist ein sie betreffender gesetzmäßiger Beschluss nämlich nicht denkbar. Bei der Schlussredaktion wurde offen-

---

[4] BegrRegE *Kropff* S. 420; Emmerich/Habersack/*Habersack* Rn. 3; Großkomm AktG/*Fleischer* Rn. 8; Hüffer/Koch/*Koch* Rn. 2; MüKoAktG/*Altmeppen* Rn. 20; K. Schmidt/Lutter/*J. Vetter* Rn. 9.

[5] MHdB AG/*Krieger* § 70 Rn. 138; Emmerich/Habersack/*Habersack* Rn. 4; Hüffer/Koch/*Koch* Rn. 3; Kölner Komm AktG/*Koppensteiner* Rn. 4; MüKoAktG/*Altmeppen* Rn. 8.

[6] MHdB AG/*Krieger* § 70 Rn. 138; Bürgers/Körber/*Fett* Rn. 3; Emmerich/Habersack/*Habersack* Rn. 5; Großkomm AktG/*Fleischer* Rn. 11; Hüffer/Koch/*Koch* Rn. 3; Kölner Komm AktG/*Koppensteiner* Rn. 5; MüKoAktG/*Altmeppen* Rn. 9; K. Schmidt/Lutter/*J. Vetter* Rn. 5; aA noch Großkomm AktG/*Würdinger* Rn. 4.

[7] Bürgers/Körber/*Fett* Rn. 9; Emmerich/Habersack/*Habersack* Rn. 14; Hüffer/Koch/*Koch* Rn. 6; Kölner Komm AktG/*Koppensteiner* Rn. 5; MüKoAktG/*Altmeppen* Rn. 10; K. Schmidt/Lutter/*J. Vetter* Rn. 7.

[8] Emmerich/Habersack/*Habersack* Rn. 14; MüKoAktG/*Altmeppen* Rn. 10; K. Schmidt/Lutter/*J. Vetter* Rn. 7.

[9] Bereits auf der Grundlage der Regelung des Regierungsentwurfs war die Berechtigung des Haftungsausschlusses fragwürdig, vgl. Emmerich/Habersack/*Habersack* Rn. 8; Hüffer/Koch/*Koch* Rn. 7; Kölner Komm AktG/*Koppensteiner* Rn. 7.

kundig vergessen, die gegenstandslos gewordene Regelung aus dem Gesetz zu nehmen. Dem Haftungsausschluss nach Abs. 3 kommt keinerlei praktische Bedeutung zu.[10]

IV. Rechtsfolgen

10 Die Mitglieder des Vorstands und des Aufsichtsrats haften unter den vorstehend genannten Voraussetzungen der abhängigen Gesellschaft und gegebenenfalls auch unmittelbar geschädigten Aktionären (→ Rn. 3) auf **Schadensersatz**. Der Inhalt des Anspruchs bestimmt sich nach §§ 249 ff. BGB. Zu ersetzen ist im Rahmen des § 318 nur der Schaden, der gerade durch die Verletzung der Berichts- und Prüfungspflichten hervorgerufen wurde. Hinsichtlich des durch die nachteilige Einflussnahme als solchen verursachten Schadens kommt allerdings eine Haftung nach §§ 93, 116 in Betracht (→ Rn. 13 f.).

11 Die nach § 318 in Anspruch genommenen Personen haften neben den nach § 317 Verantwortlichen, also dem herrschenden Unternehmen und seinen gesetzlichen Vertretern, **als Gesamtschuldner** (§§ 421 ff. BGB) auf Schadensersatz. Für den Ausgleich unter den Gesamtschuldnern gilt § 426 BGB, bei unterschiedlich hohem Verschulden § 254 BGB analog.[11]

V. Verweis auf § 309 Abs. 3 bis 5 (Abs. 4)

12 Ebenso wie § 317 Abs. 4 ordnet § 318 Abs. 4 die entsprechende Geltung von § 309 Abs. 3–5 an. Hinsichtlich der Möglichkeit eines Verzichts oder Vergleichs, der Frage der Verjährung sowie der Geltendmachung des Anspruchs durch Aktionäre und Gläubiger der Gesellschaft kann somit auf die Erläuterungen zu § 317 verwiesen werden (→ § 317 Rn. 17 ff.).

VI. Verhältnis zu §§ 93, 116

13 **1. Anwendbarkeit neben § 318.** § 318 sanktioniert ausschließlich Verletzungen der Berichts- und Prüfungspflichten nach §§ 312, 314. Für die Verletzung **sonstiger Pflichten** bleibt es bei der Haftung nach §§ 93, 116.[12] Dies gilt insbesondere für die Pflicht der Verwaltungsorgane dafür zu sorgen, dass Weisungen des herrschenden Unternehmens nicht befolgt werden, wenn die vorgesehene Maßnahme nicht im Interesse der abhängigen Gesellschaft liegt. Folgt der Vorstand solchen Weisungen gleichwohl, so haftet er nach § 93; bei Vorliegen eines Überwachungsverschuldens kann zusätzlich der Aufsichtsrat nach § 116 in Anspruch genommen werden.

14 **2. Überlagerung durch § 318.** Soweit die Organwalter aus §§ 93, 116 haften, wird die Haftung durch die **Sonderregeln des § 318 modifiziert**.[13] Die entsprechende Anwendung rechtfertigt sich aus der Überlegung, dass die §§ 93, 116 auf die unabhängige Gesellschaft zugeschnitten sind und die spezifische Problemlage bei Bestehen einer Abhängigkeit iSd § 17 nicht hinreichend berücksichtigen. Sie setzt voraus, dass es sich um im Zusammenhang mit dem Abhängigkeitsverhältnis stehende Pflichtverletzungen handelt und das herrschende Unternehmen nach § 317 haftet.[14] Handeln die Organwalter zB ohne Veranlassung seitens der Obergesellschaft, so kommt es nicht zu einer Überlagerung der Haftung durch § 318. Die Heranziehung der konzernspezifischen Sonderregelungen bedeutet im Einzelnen, dass die nach §§ 93, 116 Ersatzpflichtigen gesamtschuldnerisch neben den nach § 317 Verantwortlichen haften, ein etwaiger Eigenschaden der Aktionäre zu ersetzen ist und hinsichtlich weiterer Haftungsmodalitäten die § 309 Abs. 3–5 entsprechend gelten.

---

[10] MHdB AG/*Krieger* § 70 Rn. 139; Bürgers/Körber/*Fett* Rn. 5; Emmerich/Habersack/*Habersack* Rn. 8; Großkomm AktG/*Fleischer* Rn. 23; Hüffer/Koch/*Koch* Rn. 7; Kölner Komm AktG/*Koppensteiner* Rn. 7; MüKo AktG/*Altmeppen* Rn. 21, 26; NK-AktR/*Schatz/Schödel* Rn. 8; Wachter/*Rothley* Rn. 7.
[11] MüKoAktG/*Kropff*, 2. Aufl. 2000, Rn. 12.
[12] OLG Hamm ZIP 1995, 1263 (1271) = AG 1995, 512 (516); *Geßler* FS Westermann, 1974, 145 (158 ff.); MHdB AG/*Krieger* § 70 Rn. 140; Bürgers/Körber/*Fett* Rn. 10; Emmerich/Habersack/*Habersack* Rn. 10; Hüffer/Koch/*Koch* Rn. 9; Kölner Komm AktG/*Koppensteiner* Rn. 10; MüKoAktG/*Altmeppen* Rn. 23; K. Schmidt/Lutter/*J. Vetter* Rn. 13; NK-AktR/*Schatz/Schödel* Rn. 10; aA *Luchterhand* ZHR 133 (1970) 1 (44 ff.).
[13] MHdB AG/*Krieger* § 70 Rn. 140; Bürgers/Körber/*Fett* Rn. 11; Emmerich/Habersack/*Habersack* Rn. 11; Großkomm AktG/*Fleischer* Rn. 32; Henssler/Strohn/*Bödeker* Rn. 35; Hüffer/Koch/*Koch* Rn. 10; Kölner Komm AktG/*Koppensteiner* Rn. 11; MüKoAktG/*Altmeppen* Rn. 24 f.; NK-AktR/*Schatz/Schödel* Rn. 11; K. Schmidt/Lutter/*J. Vetter* Rn. 14; aA *Baumbach/Hueck* Rn. 7.
[14] Emmerich/Habersack/*Habersack* Rn. 11; MüKoAktG/*Altmeppen* Rn. 25.

Dritter Teil. Eingegliederte Gesellschaften

§ 319 Eingliederung

(1) ¹Die Hauptversammlung einer Aktiengesellschaft kann die Eingliederung der Gesellschaft in eine andere Aktiengesellschaft mit Sitz im Inland (Hauptgesellschaft) beschließen, wenn sich alle Aktien der Gesellschaft in der Hand der zukünftigen Hauptgesellschaft befinden. ²Auf den Beschluß sind die Bestimmungen des Gesetzes und der Satzung über Satzungsänderungen nicht anzuwenden.

(2) ¹Der Beschluß über die Eingliederung wird nur wirksam, wenn die Hauptversammlung der zukünftigen Hauptgesellschaft zustimmt. ²Der Beschluß über die Zustimmung bedarf einer Mehrheit, die mindestens drei Viertel des bei der Beschlußfassung vertretenen Grundkapitals umfaßt. ³Die Satzung kann eine größere Kapitalmehrheit und weitere Erfordernisse bestimmen. ⁴Absatz 1 Satz 2 ist anzuwenden.

(3) ¹Von der Einberufung der Hauptversammlung der zukünftigen Hauptgesellschaft an, die über die Zustimmung zur Eingliederung beschließen soll, sind in dem Geschäftsraum dieser Gesellschaft zur Einsicht der Aktionäre auszulegen
1. der Entwurf des Eingliederungsbeschlusses;
2. die Jahresabschlüsse und die Lageberichte der beteiligten Gesellschaften für die letzten drei Geschäftsjahre;
3. ein ausführlicher schriftlicher Bericht des Vorstands der zukünftigen Hauptgesellschaft, in dem die Eingliederung rechtlich und wirtschaftlich erläutert und begründet wird (Eingliederungsbericht).

²Auf Verlangen ist jedem Aktionär der zukünftigen Hauptgesellschaft unverzüglich und kostenlos eine Abschrift der in Satz 1 bezeichneten Unterlagen zu erteilen. ³Die Verpflichtungen nach den Sätzen 1 und 2 entfallen, wenn die in Satz 1 bezeichneten Unterlagen für denselben Zeitraum über die Internetseite der zukünftigen Hauptgesellschaft zugänglich sind. ⁴In der Hauptversammlung sind diese Unterlagen zugänglich zu machen. ⁵Jedem Aktionär ist in der Hauptversammlung auf Verlangen Auskunft auch über alle im Zusammenhang mit der Eingliederung wesentlichen Angelegenheiten der einzugliedernden Gesellschaft zu geben.

(4) ¹Der Vorstand der einzugliedernden Gesellschaft hat die Eingliederung und die Firma der Hauptgesellschaft zur Eintragung in das Handelsregister anzumelden. ²Der Anmeldung sind die Niederschriften der Hauptversammlungsbeschlüsse und ihre Anlagen in Ausfertigung oder öffentlich beglaubigter Abschrift beizufügen.

(5) ¹Bei der Anmeldung nach Absatz 4 hat der Vorstand zu erklären, daß eine Klage gegen die Wirksamkeit eines Hauptversammlungsbeschlusses nicht oder nicht fristgemäß erhoben oder eine solche Klage rechtskräftig abgewiesen oder zurückgenommen worden ist; hierüber hat der Vorstand dem Registergericht auch nach der Anmeldung Mitteilung zu machen. ²Liegt die Erklärung nicht vor, so darf die Eingliederung nicht eingetragen werden, es sei denn, daß die klageberechtigten Aktionäre durch notariell beurkundete Verzichtserklärung auf die Klage gegen die Wirksamkeit des Hauptversammlungsbeschlusses verzichten.

(6) ¹Der Erklärung nach Absatz 5 Satz 1 steht es gleich, wenn nach Erhebung einer Klage gegen die Wirksamkeit eines Hauptversammlungsbeschlusses das Gericht auf Antrag der Gesellschaft, gegen deren Hauptversammlungsbeschluß sich die Klage richtet, durch Beschluß festgestellt hat, daß die Erhebung der Klage der Eintragung nicht entgegensteht. ²Auf das Verfahren sind § 247, die §§ 82, 83 Abs. 1 und § 84 der Zivilprozessordnung sowie die im ersten Rechtszug für das Verfahren vor den Landgerichten geltenden Vorschriften der Zivilprozessordnung entsprechend anzuwenden, soweit nichts Abweichendes bestimmt ist. ³Ein Beschluss nach Satz 1 ergeht, wenn
1. die Klage unzulässig oder offensichtlich unbegründet ist,
2. der Kläger nicht binnen einer Woche nach Zustellung des Antrags durch Urkunden nachgewiesen hat, dass er seit Bekanntmachung der Einberufung einen anteiligen Betrag von mindestens 1000 Euro hält oder
3. das alsbaldige Wirksamwerden des Hauptversammlungsbeschlusses vorrangig erscheint, weil die vom Antragsteller dargelegten wesentlichen Nachteile für die Gesell-

schaft und ihre Aktionäre nach freier Überzeugung des Gerichts die Nachteile für den Antragsgegner überwiegen, es sei denn, es liegt eine besondere Schwere des Rechtsverstoßes vor.
[4]Der Beschluß kann in dringenden Fällen ohne mündliche Verhandlung ergehen. [5]Der Beschluss soll spätestens drei Monate nach Antragstellung ergehen; Verzögerungen der Entscheidung sind durch unanfechtbaren Beschluss zu begründen. [6]Die vorgebrachten Tatsachen, aufgrund derer der Beschluß nach Satz 3 ergehen kann, sind glaubhaft zu machen. [7]Über den Antrag entscheidet ein Senat des Oberlandesgerichts, in dessen Bezirk die Gesellschaft ihren Sitz hat. [8]Eine Übertragung auf den Einzelrichter ist ausgeschlossen; einer Güteverhandlung bedarf es nicht. [9]Der Beschluss ist unanfechtbar. [10]Erweist sich die Klage als begründet, so ist die Gesellschaft, die den Beschluß erwirkt hat, verpflichtet, dem Antragsgegner den Schaden zu ersetzen, der ihm aus einer auf dem Beschluß beruhenden Eintragung der Eingliederung entstanden ist. [11]Nach der Eintragung lassen Mängel des Beschlusses seine Durchführung unberührt; die Beseitigung dieser Wirkung der Eintragung kann auch nicht als Schadenersatz verlangt werden.

(7) Mit der Eintragung der Eingliederung in das Handelsregister des Sitzes der Gesellschaft wird die Gesellschaft in die Hauptgesellschaft eingegliedert.

Schrifttum: *Bayer,* Das Freigabeverfahren gem. § 246a AktG idF des ARUG als Instrument zur Bekämpfung räuberischer Aktionäre – Rechtsdogmatik, Rechtstatsachen, Rechtspolitik, FS Hoffmann-Becking, 2013, 91; *Bokelmann,* Eintragung eines Beschlusses: Prüfungskompetenz des Registerrichters bei Nichtanfechtung, rechtsmißbräuchlicher Anfechtungsklage und bei Verschmelzung, DB 1994, 1341; *Bork,* Beschlußverfahren und Beschlußkontrolle nach dem Referentenentwurf eines Gesetzes zur Bereinigung des Umwandlungsrechts, ZGR 1993, 343; *Bork,* Das Unbedenklichkeitsverfahren nach § 16 Abs. 3 UmwG, in Lutter, Verschmelzung – Spaltung – Formwechsel, Kölner Umwandlungsrechtstage, 1995, 261; *Brandner/Bergmann,* Anfechtungsklage und Registersperre, FS Bezzenberger, 2000, 59; *Büchel,* Vom Unbedenklichkeitsverfahren nach §§ 16 Abs. 3 UmwG, 319 Abs. 6 AktG zum Freigabeverfahren nach UMAG, Liber amicorum Happ, 2006, 1; *Decher,* Die Überwindung der Registersperre nach § 16 Abs. 3 UmwG, AG 1997, 388; *Decher,* Statthaftigkeit der Rechtsbeschwerde im Freigabeverfahren nach § 16 Abs. 3 UmwG, §§ 246a, 319 Abs. 5, 6, § 327e AktG?, ZIP 2006, 746; *Ebenroth,* Die Erweiterung des Auskunftsgegenstands im Recht der verbundenen Unternehmen, AG 1970, 104; *Fuhrmann,* Gesetzliche Formerfordernisse von Vorstandsberichten, AG 2004, 135; *Fuhrmann/Linnerz,* Das überwiegende Vollzugsinteresse im aktien- und umwandlungsrechtlichen Freigabeverfahren, ZIP 2004, 2306; *Heermann,* Auswirkungen einer Behebbarkeit oder nachträglichen Korrektur von gerügten Verfahrensmängeln auf das Unbedenklichkeitsverfahren nach § 16 Abs. 3 UmwG, ZIP 1999, 1861; *Hommelhoff,* Die Konzernleitungspflicht, 1982; *Köhler,* Rückabwicklung fehlerhafter Unternehmenszusammenschlüsse, ZGR 1985, 307; *Kort,* Bestandsschutz fehlerhafter Strukturänderungen im Kapitalgesellschaftsrecht, 1998; *Krieger,* Der Konzern in Fusion und Umwandlung, ZGR 1990, 517; *Krieger,* Fehlerhafte Satzungsänderungen: Fallgruppen und Bestandskraft, ZHR 158 (1994), 35; *Lorenz/Pospiech,* Ein Jahr Freigabeverfahren nach dem ARUG – Zeit für einen Blick auf Entscheidungen, Entwicklungstrends und ungeklärte Rechtsfragen, BB 2010, 2515; *Merkner/Sustmann,* Update: Freigabeverfahren nach gut eineinhalb Jahren ARUG, CFL 2011, 65; *Mertens,* Die Gestaltung von Verschmelzungs- und Verschmelzungsprüfungsberichten, AG 1990, 20; *Noack,* Das Freigabeverfahren bei Umwandlungsbeschlüssen – Bewährung und Modell, ZHR 164 (2000), 274; *Pfeiffer,* Eingegliederte Gesellschaften, DZWir 2005, 452; *Pfeiffer,* Die KGaA im Eingliederungskonzern, Der Konzern 2006, 122; *Praël,* Eingliederungs- und Beherrschungsvertrag als körperschaftliche Rechtsgeschäfte 1978; *Rehbinder,* Gesellschaftsrechtliche Probleme mehrstufiger Unternehmensverbindungen, ZGR 1977, 581; *Riegger/Schockenhoff,* Das Unbedenklichkeitsverfahren zur Eintragung der Umwandlung ins Handelsregister, ZIP 1997, 2105; *C. Schäfer,* Die Lehre vom fehlerhaften Verband, 2002; *Schmid,* Das umwandlungsrechtliche Unbedenklichkeitsverfahren und die Reversibilität registrierter Verschmelzungsbeschlüsse, ZGR 1997, 493; *H. Schmidt,* Zur „räuberischen" Nichtigkeitsklage beim Squeeze-out, FS der Juristenfakultät zum 600jährigen Bestehen der Universität Leipzig, 2009, 469; *K. Schmidt,* Drittbeteiligung und Drittschutz im Freigabeverfahren – Überlegungen zum Verständnis der §§ 16 Abs. 3 UmwG, 246a, 319 Abs. 6 AktG –, Liber amicorum Happ, 2006, 259; *Schubert/Küting,* Aspekte der aktienrechtlichen Eingliederung und Verschmelzung, DB 1978, 121; *Singhof,* Haftung und Rückgriff der Hauptgesellschaft nach Beendigung der Eingliederung, FS Hadding, 2004, 659; *Sonnenschein,* Die Eingliederung im mehrstufigen Konzern, BB 1975, 1088; *Sosnitza,* Das Unbedenklichkeitsverfahren nach § 16 Abs. 3 UmwG, NZG 1999, 965; *Stilz,* Freigabeverfahren und Beschlussmängelrecht, FS Hommelhoff, 2012, 1181; *Timm/Schick,* Zwingende „Verschmelzungssperre" nach § 345 Abs. 2 S. 1 AktG bei anhängigen Anfechtungsverfahren?, DB 1990, 1221; *Verse,* Das Beschlussmängelrecht nach dem ARUG, NZG 2009, 1127; *Verse,* Rechtsfragen des Quorums im Freigabeverfahren, FS Stilz, 2014, 651; *Waclawik,* Zur höchstrichterlichen Freigabe der aktien- und umwandlungsrechtlichen Freigabeverfahren, ZIP 2006, 1428; *Wilde,* Informationsrechte und Informationspflichten im Gefüge der Gesellschaftsorgane, ZGR 1998, 423; *Wilsing/Saß,* Die Rechtsprechung zum Freigabeverfahren seit Inkrafttreten des ARUG, DB 2011, 919.

Eingliederung 1, 2 § 319

Übersicht

	Rn.		Rn.
I. Normzweck	1	**V. Informationspflichten der zukünftigen Hauptgesellschaft**	11–15
II. Allgemeine Eingliederungsvoraussetzungen	2–5	1. Eingliederungsbericht	11, 12
1. Begriff und Rechtsqualität der Eingliederung	2	2. Auszulegende oder zugänglich zu machende Unterlagen	13
2. Rechtsform und Sitz der beteiligten Gesellschaften	3	3. Erläuterung durch den Vorstand	14
3. Eigentum an allen Aktien der einzugliedernden Gesellschaft	4, 5	4. Auskunftsrecht der Aktionäre	15
III. Eingliederungsbeschluss	6, 7	**VI. Anmeldung und Eintragung ins Handelsregister**	16–27
1. Bedeutung des Beschlusses	6	1. Anmeldung	16
2. Beschlusserfordernisse	7	2. Negativerklärung	17–20
IV. Zustimmungsbeschluss	8–10	a) Zweck	17
1. Zustimmung als Wirksamkeitsvoraussetzung der Eingliederung	8	b) Inhalt	18
		c) Registersperre; Klageverzicht	19, 20
2. Beschlusserfordernisse	9	3. Freigabeverfahren	21–26
3. Mehrstufige Eingliederung	10	a) Bedeutung des Beschlusses	21
		b) Voraussetzungen des Beschlusses	22–24
		c) Zuständigkeit; Verfahren	25, 25a
		d) Schadenersatz	26
		4. Eintragung	27

I. Normzweck

Die Vorschrift regelt die Eingliederung einer Aktiengesellschaft, deren sämtliche Aktien bereits im 1
Eigentum einer anderen Aktiengesellschaft (der zukünftigen Hauptgesellschaft) stehen. Die Eingliederung durch einen Alleinaktionär nach § 319 ist auch Grundform für die in §§ 320–320b geregelte Variante der Eingliederung durch Mehrheitsbeschluss; hinsichtlich der Eingliederungsvoraussetzungen wird daher umfänglich auf die hierzu in § 319 getroffenen Regelungen verwiesen (§ 320 Abs. 1 S. 3). Im Einzelnen dient § 319 dazu, die Voraussetzungen und das Verfahren der Eingliederung zu bestimmen. Zu erfüllen sind die Eingliederungserfordernisse bei der einzugliedernden Aktiengesellschaft einschließlich des Hauptversammlungsbeschlusses über die Eingliederung (Abs. 1). Daneben wird eine Zustimmungspflicht der Hauptversammlung der zukünftigen Hauptgesellschaft begründet (Abs. 2). Da die Eingliederung für die Hauptgesellschaft unter Umständen weitreichende Risiken mit sich bringt (vgl. §§ 322, 324 Abs. 3), sind mit Bekanntmachung der Tagesordnung und auf der Hauptversammlung umfangreiche Informationspflichten gegenüber den Aktionären zu erfüllen (Abs. 3). Die Eintragung in das Handelsregister der eingegliederten Gesellschaft ist für das Wirksamwerden konstitutiv (Abs. 7). Das vorgeschaltete Registerverfahren wird ausführlich geregelt (Abs. 4–6). Die darin enthaltene Registersperre bei Fehlen der sog. Negativerklärung durch den Vorstand der einzugliedernden Gesellschaft oder eines stattgebenden Gerichtsbeschlusses im Freigabeverfahren und der Eingliederungsbericht gehen auf Art. 6 Nr. 10–12 Gesetz zur Bereinigung des Umwandlungsrechts zurück.[1] Zuletzt sind die Bestimmungen zum Freigabeverfahren durch das ARUG[2] geändert worden. Dadurch sind insbesondere die Interessenabwägung präzisiert, der Rechtsweg auf die OLG-Instanz beschränkt und die Bestandskraft auf das Freigabeverfahren nach § 319 Abs. 6 ausgedehnt worden (→ Rn. 21 ff.).[3]

II. Allgemeine Eingliederungsvoraussetzungen

1. Begriff und Rechtsqualität der Eingliederung. Die Eingliederung ist ein **organisations-** 2
rechtlicher Vorgang, bei dem die eingegliederte Gesellschaft zwar rechtlich selbständig bleibt, jedoch einem umfassenden Weisungsrecht der Hauptgesellschaft unterstellt wird (§ 323 Abs. 1). Das dadurch begründete Konzernverhältnis (§ 18 Abs. 1 S. 2) steht den Wirkungen einer Verschmelzung (§§ 2 ff. UmwG) nahe;[4] jedenfalls eröffnet es die größtmögliche Intensität der Konzernleitung im

---
[1] Gesetz vom 28.10.1994, BGBl. 1994 I 3210 (3262 f.); s. auch BegrRegE, BT-Drs. 12/6699, 179 f. Näher zur Gesetzesgeschichte Emmerich/Habersack/*Habersack* Rn. 1.
[2] Gesetz zur Umsetzung der Aktionärsrechterichtlinie (ARUG) v. 30.7.2009, BGBl. 2009 I 2479.
[3] Zu den positiven Auswirkungen *Stilz* FS Hommelhoff, 2012, 1181 (1183 ff.).
[4] Vgl. BegrRegE *Kropff* S. 421 (429, 431); *Krieger* ZGR 1990, 517 (525 f.); MüKoAktG/*Grunewald* Vor § 319 Rn. 3; Emmerich/Habersack/*Habersack* Rn. 3; Hüffer/Koch/Kölner Komm AktG/*Koppensteiner* Vor § 319 Rn. 3. Zu den Vorteilen gegenüber einer Verschmelzung *Schubert/Küting* DB 1978, 121 (125); MHdB AG/*Krieger* § 74 Rn. 1.

Aktienrecht und eine vollständige **organisatorische und finanzielle Einordnung** der eingegliederten Gesellschaft in die Hauptgesellschaft („rechtlich selbständige Betriebsabteilung"). Die Eingliederung muss sich zwingend auf die gesamte Gesellschaft beziehen; eine Teileingliederung eines Betriebs oder eines von der Gesellschaft betriebenen Unternehmens sind nicht möglich (allgM). Bewirkt wird die Eingliederung ausschließlich durch die Hauptversammlungsbeschlüsse der beteiligten Gesellschaften und die Eintragung in das Handelsregister der einzugliedernden Gesellschaft. Eines organisationsrechtlich wirkenden Strukturänderungsvertrags (Eingliederungsvertrags) bedarf es nicht.[5] Die beteiligten Gesellschaften sind gleichwohl nicht gehindert, einen rein schuldrechtlichen Vertrag abzuschließen, der bestimmte Aspekte ihres Rechtsverhältnisses regelt.

3   **2. Rechtsform und Sitz der beteiligten Gesellschaften.** Die Eingliederung setzt voraus, dass beide beteiligten Gesellschaften die **Rechtsform einer AG** haben. Damit kann auch die **SE** in jeder Hinsicht beteiligte Gesellschaft sein, da sie gemäß Art. 9 Abs. 1 lit. c ii), Art. 10 SE-VO[6] wie eine nach inländischem Recht gegründete AG zu behandeln ist.[7] Die Eingliederung einer KGaA wäre mit § 278 Abs. 2 und der persönlichen Haftung des Komplementärs nicht zu vereinbaren.[8] Für die künftige Hauptgesellschaft hängt dieses Rechtsformerfordernis mit der Lockerung der aktienrechtlichen Grundsätze über die Kapitalbindung in der einzugliedernden AG zusammen, die unter anderem durch eine gesamtschuldnerische Haftung der Hauptgesellschaft kompensiert werden soll (vgl. § 322).[9] Die Gläubiger der eingegliederten Gesellschaft sollen dann zumindest bei der Hauptgesellschaft auf eben diese strenge aktienrechtliche Sicherung des Gesellschaftsvermögens vertrauen können. Nach dem eindeutigen Wortlaut ist eine **Eingliederung in** eine **KGaA** damit **ausgeschlossen.**[10] Die beiden beteiligten Aktiengesellschaften müssen auch ihren **Sitz im Inland** haben. Gemeint war damit früher auf Grundlage der Sitztheorie[11] der tatsächliche Verwaltungssitz. Vor dem Hintergrund der durch die Rechtsprechung des EuGH[12] eingeleiteten Entwicklung zur europaweiten Gründungstheorie[13] und damit unbeschränkten Mobilität der Rechtsformen unterlag dies erheblichen Zweifeln (vgl. 1. Aufl. Rn. 3). Mit der Änderung des § 5 hat der Gesetzgeber nun klargestellt, dass die Gesellschaft die Möglichkeit hat, sich mit ihrer Hauptverwaltung an einem Ort unabhängig von dem in der Satzung gewählten Sitz niederzulassen, sofern eine Geschäftsanschrift im Inland im Handelsregister eingetragen und aufrecht erhalten wird.[14] Abzustellen ist für beide Gesellschaften daher nunmehr nur noch auf den **satzungsmäßigen Sitz im Inland.** Auch die Eingliederung einer deutschen Aktiengesellschaft, die ihren tatsächlichen Verwaltungssitz in einen anderen EU-Mitgliedstaat hat, ist daher möglich (→ § 327 Rn. 3). Fraglich ist bleibt auch nach dieser Änderung, ob das Sitz- und Rechtsformerfordernis für die künftige Hauptgesellschaft mit der **Niederlassungsfreiheit** zu vereinbaren ist. Angesichts des aufgrund der EU-Kapitalrichtlinie[15] erreichten und weiter fortschreitenden Stands der Rechtsangleichung kann das Rechts- und Sitzformerfordernis im Übrigen kaum mehr mit dem „hohen Standard" des deutschen Aktienrechts für den Gläubigerschutz gerechtfertigt werden.[16]

---

[5] OLG München AG 1993, 430; *Kort,* Bestandsschutz fehlerhafter Strukturänderungen im Kapitalgesellschaftsrecht, 1998, 184; Emmerich/Habersack/*Habersack* Rn. 10; Hüffer/Koch/*Koch* Rn. 3.

[6] Verordnung (EG) Nr. 2157/2001 des Rates vom 8.10.2001 über das Statut der Europäischen Gesellschaft (SE), ABl. EG 2001 Nr. L 294, 1.

[7] Zustimmend Grigoleit/*Grigoleit*/*Rachlitz* Rn. 6; Hüffer/Koch/*Koch* Rn. 4.

[8] Vgl. Kölner Komm AktG/*Koppensteiner* Vor § 319 Rn. 6; K. Schmidt/Lutter/*Ziemons* Rn. 6; aA *Pfeiffer* Der Konzern 2006, 122 (123 ff.); Emmerich/Habersack/*Habersack* Rn. 5 (wenn ausschließlich jur. Personen Komplementäre sind); Großkomm AktG/*Schmolke* Vor § 319 Rn. 10.

[9] BegrRegE *Kropff* S. 422.

[10] HM; MüKoAktG/*Grunewald* Rn. 1; Hüffer/Koch/*Koch* Rn. 4; Kölner Komm AktG/*Koppensteiner* Vor § 319 Rn. 5; *Pfeiffer* Der Konzern 2006, 122 (129); K. Schmidt/Lutter/*Ziemons* Rn. 6; *Veit,* Unternehmensverträge und Eingliederung als aktienrechtliche Instrumente der Unternehmensverbindung, 1974, 54 f.; *Ebenroth* AG 1970, 104 (108); aA Emmerich/Habersack/*Habersack* Rn. 6; wohl auch Großkomm AktG/*Schmolke* Vor § 319 Rn. 11.

[11] Nach dieser früher überwiegenden Auffassung führte der „Wegzug" der Gesellschaft aus ihrem Gründungsstaat zur Auflösung und damit Liquidation der Gesellschaft, was gleichzeitig die Beendigung der Eingliederung zur Folge hätte (§ 327 Abs. 1 Nr. 4); der Meinungsstand zur Sitztheorie ist wiedergegeben bei MüKoBGB/*Kindler* IntGesR Rn. 420 ff.

[12] Ausgehend von EuGH NJW 2002, 3614 = NZG 2002, 1164 – Überseering; EuGH NJW 2003, 3331 – Inspire Art Ltd.

[13] Vgl. MüKoBGB/*Kindler* IntGesR Rn. 361 ff.

[14] Geändert durch das Gesetz zur Modernisierung des GmbH-Rechts und zur Bekämpfung von Missbräuchen (MoMiG) v. 23.10.2008, BGBl. 2008 I 2026.

[15] Richtlinie 77/91/EWG vom 13.12.1976, ABl. EG 1976 Nr. L 26, 1.

[16] So auch Emmerich/Habersack/*Habersack* Rn. 7; MüKoAktG/*Grunewald* Rn. 7; i.E. Hüffer/Koch/*Koch* Rn. 4a; sympathisierend Großkomm AktG/*Schmolke* Vor § 319 Rn. 13.

3. Eigentum an allen Aktien der einzugliedernden Gesellschaft. Eine Eingliederung nach 4
§ 319 kann nur beschlossen und herbeigeführt werden, wenn sich alle Aktien der einzugliedernden
Gesellschaft „in der Hand" der künftigen Hauptgesellschaft befinden. Nach der Formulierung des
Gesetzestexts muss die Gesellschaft **selbst Inhaberin der Aktien** sein; eine Zurechnung nach
§ 16 Abs. 4 ist nicht vorgesehen (allgM).[17] Eine Eingliederung nach § 319 ist danach auch dann
ausgeschlossen, wenn die einzugliedernde Gesellschaft eigene Aktien hält[18] oder der einzige außenstehende Aktionär eine Tochtergesellschaft der künftigen Hauptgesellschaft ist.[19] Im Übrigen stehen
schuldrechtliche Pflichten zur Übertragung oder die treuhänderische Bindung des Eigentums
(Verwaltungs- oder Sicherungstreuhand) der Eingliederung nicht entgegen, solange die künftige
Hauptgesellschaft Eigentümer der Aktien ist.[20] Entsprechendes gilt auch für im Zeitpunkt der Eingliederung noch nicht bediente **Optionen** auf Aktien der einzugliedernden Gesellschaft (→ § 320b
Rn. 6), denn das Gesetz sieht für die Eingliederung keine Mindestdauer vor. **Maßgeblicher Zeitpunkt** für das Alleineigentum der künftigen Hauptgesellschaft ist der Zeitpunkt der Beschlussfassung
der Hauptgesellschaft der einzugliedernden Gesellschaft.[21] Die alleinige Kapitalbeteiligung darf
anschließend nicht mehr unterschritten werden, denn das Alleineigentum ist eine materiell-rechtliche
Voraussetzung für die Durchführung und den Fortbestand der Eingliederung (vgl. § 327 Abs. 1
Nr. 3).

Ein Eingliederungsbeschluss ist **nichtig,** wenn die zukünftige Hauptgesellschaft nicht Alleineigen- 5
tümerin der Aktien ist (§ 241 Nr. 3).[22] Angesichts der Schwere des Mangels kommt ein Freigabebeschluss nach Abs. 6 nicht in Betracht. Bei einer gleichwohl erfolgten Eintragung ist anzunehmen,
dass die vorhandenen Minderheitsaktionäre schon wegen des Fehlens der notwendigen Vorkehrungen
und der gesetzlichen Anordnungen für eine Mehrheitseingliederung (§ 320) ihre Mitgliedschaft nicht
verlieren.[23] Auch eine Heilung der Nichtigkeit nach § 242 Abs. 2 ist abzulehnen.[24] Ebenso sind die
Grundsätze über die fehlerhafte Gesellschaft grds. nicht anzuwenden.[25] Aufgrund Abs. 6 S. 11 ist
eine Rückgängigmachung jedoch ausgeschlossen, wenn ein Freigabeverfahren durchlaufen wurde.
Richtigerweise wird man der Eintragung aber wegen der Wertung des § 327 Abs. 1 Nr. 3 ausnahmsweise eine **für die Zukunft wirkende Bestandsfestigkeit zu versagen** haben.[26] Wegen des oben
schon genannten Fehlens der notwendigen Vorkehrungen und der gesetzlichen Anordnungen für
eine Mehrheitseingliederung (§ 320) erscheint diese Einschränkung geboten. Dies tastet die Eintragungswirkung nicht an und berücksichtigt, dass soweit die Eingliederung bis zur Geltendmachung
der Nichtigkeit vollzogen worden ist, Maßnahmen aufgrund nachteiliger Weisungen der Hauptgesellschaft (§ 323 Abs. 1 S. 1) ohnehin kaum rückgängig zu machen wären. Vertrauensschutz der Gläubiger der abhängigen Gesellschaft ist im Rahmen von § 15 Abs. 3 HGB denkbar (§§ 321, 322, 324
Abs. 3).[27] Den betroffenen Aktionären gegenüber kann sich die Hauptgesellschaft jedoch faktisch
nicht auf deren Ausscheiden aus der Gesellschaft berufen.[28] Dem Minderheitsaktionär wird man
vielmehr Wiedereinräumung der Mitgliedschaft und Ausgleich seines bis zur Feststellung der Nichtigkeit erlittenen Wertverlusts gewähren oder im Rahmen einer „reparierenden" Mehrheitsegliede-

---

[17] So bereits BegrRegE *Kropff* S. 422 f.
[18] MüKoAktG/*Grunewald* Rn. 12; Emmerich/Habersack/*Habersack* Rn. 8; Hüffer/Koch/*Koch* Rn. 4b; Kölner
Komm AktG/*Koppensteiner* Vor § 319 Rn. 11; MHdB AG/*Krieger* § 74 Rn. 7; K. Schmidt/Lutter/*Ziemons* Rn. 9.
[19] Emmerich/Habersack/*Habersack* Rn. 8a; MüKoAktG/*Grunewald* Rn. 12.
[20] MüKoAktG/*Grunewald* Rn. 13; Emmerich/Habersack/*Habersack* Rn. 8; Hüffer/Koch/*Koch* Rn. 4b; MHdB
AG/*Krieger* § 74 Rn. 8; K. Schmidt/Lutter/*Ziemons* Rn. 10; aA Kölner Komm AktG/*Koppensteiner* Vor § 319
Rn. 10.
[21] Näher MüKoAktG/*Grunewald* Rn. 14; aA Emmerich/Habersack/*Habersack* Rn. 8; Hüffer/Koch/*Koch*
Rn. 4b (Fortbestand bis zur Eintragung).
[22] HM; Emmerich/Habersack/*Habersack* Rn. 9; Hüffer/Koch/*Koch* Rn. 4b; *Kort*, Bestandsschutz fehlerhafter
Strukturänderungen im Kapitalgesellschaftsrecht, 1998, 191; aA (nur anfechtbar) OLG Hamm AG 1994, 376
(378); MüKoAktG/*Grunewald* Rn. 14.
[23] Vgl. Emmerich/Habersack/*Habersack* Rn. 9; *Schäfer*, Die Lehre vom fehlerhaften Verband, 2002, 472; aA
MüKoAktG/*Grunewald* Rn. 14 f.
[24] Emmerich/Habersack/*Habersack* Rn. 9; aA MüKoAktG/*Grunewald* Rn. 14.
[25] Emmerich/Habersack/*Habersack* Rn. 9; *Kort*, Bestandsschutz fehlerhafter Strukturänderungen im Kapitalgesellschaftsrecht, 1998, 191 (für die Mehrheitseingliederung); aA *Schäfer*, Die Lehre vom fehlerhaften Verband,
2002, 471 f.; MüKoAktG/*Grunewald* Rn. 15.
[26] So wohl auch MüKoAktG/*Grunewald* Rn. 15a; zur grundsätzlichen Bestandsfestigkeit auch für die Zukunft
vgl. Lutter/*Grunewald* UmwG § 20 Rn. 71; Beck OGK/*Rieckers*/*Cloppenburg* UmwG § 20 Rn. 133 f.
[27] Emmerich/Habersack/*Habersack* Rn. 9; weitergehend MüKoAktG/*Grunewald* Rn. 15.
[28] Vgl. MüKoAktG/*Grunewald* Rn. 15; Emmerich/Habersack/*Habersack* Rn. 9; *Kort*, Bestandsschutz fehlerhafter Strukturänderungen im Kapitalgesellschaftsrecht, 1998, 191; *Krieger* ZHR 158 (1994), 35 (43); aA *Köhler* ZGR
1985, 307 (321 f.).

rung eine auf den Stichtag der ersten – nichtigen – Eingliederung berechnete Abfindung gewähren müssen.

III. Eingliederungsbeschluss

6   1. Bedeutung des Beschlusses. Der Eingliederungsbeschluss ist der notwendige, aber auch hinreichende Akt der Willensbildung der einzugliedernden Gesellschaft über die Eingliederung.[29] Der Rechtsqualität Eingliederung als organisationsrechtlich wirkende Strukturänderungsmaßnahme (**Grundlagengeschäft**) entspricht die alleinige Zuständigkeit der Hauptversammlung und nicht des Vorstands der einzugliedernden Gesellschaft (zur Entbehrlichkeit eines „Eingliederungsvertrags" → Rn. 2). Mit „Formalakt"[30] ist die Bedeutung des Eingliederungsbeschlusses daher kaum treffend zu umschreiben; daran ändert auch der Umstand nichts, dass letztlich der Vorstand der künftigen Hauptgesellschaft den Beschluss durch Ausübung der Stimmrechte herbeiführt.

7   2. Beschlusserfordernisse. Für den Eingliederungsbeschluss gelten die allgemeinen Regeln über Hauptversammlungsbeschlüsse.[31] Bestimmungen des Gesetzes (§§ 179 ff.) oder der Satzung über Satzungsänderungen sind nicht anzuwenden (Abs. 1 S. 2). Dies entspricht dem Regelungsvorbild des § 293 Abs. 1 S. 4. Da Alleineigentum an den Aktien der einzugliedernden Gesellschaft zwingende Voraussetzung der Eingliederung ist, wird der Beschluss immer in einer sog. Vollversammlung iSd § 121 Abs. 6 mit den entsprechenden förmlichen Erleichterungen gefasst. In jedem Fall ist dabei ein Teilnehmerverzeichnis zu erstellen (§ 129) und eine Niederschrift (§ 130 Abs. 1) aufzunehmen. Nach Abs. 4 S. 2 iVm § 130 Abs. 3 ist nicht erforderlich, das Teilnehmerverzeichnis der Niederschrift beizufügen.[32] Der Verzicht auf die notarielle Beurkundung des Eingliederungsbeschlusses ist nach § 130 Abs. 1 S. 3 möglich, zumeist jedoch nicht zweckmäßig.[33] Eine qualifizierte Mehrheit ist für den Beschluss nicht vorgeschrieben (→ § 133 Abs. 1). Auch besondere **inhaltliche Anforderungen** an den Beschlussinhalt ergeben sich aus § 319 Abs. 1 nicht. Es ist daher nicht erforderlich, dass die Organisationsstruktur des Eingliederungskonzerns, die Intensität der Zentralisierung uÄ beschrieben werden.[34] Die durch die Eingliederung eröffneten Möglichkeiten der Konzernierung sind im Gesetz beschreiben. Notwendig, aber auch hinreichend als Beschlussinhalt ist die Eingliederungserklärung der künftigen Hauptgesellschaft.

IV. Zustimmungsbeschluss

8   1. Zustimmung als Wirksamkeitsvoraussetzung der Eingliederung. Der Beschluss über die Eingliederung wird nur wirksam, wenn die Hauptversammlung der zukünftigen Hauptgesellschaft zustimmt (Abs. 2). Die Entscheidung über die Eingliederung soll nicht im alleinigen Zuständigkeitsbereich des Vorstands liegen, weil mit der Eingliederung auch für die zukünftige Hauptgesellschaft weitreichende Folgen (vgl. § 320b Abs. 1 S. 2, §§ 322, 324 Abs. 3) verbunden sind (allgM).[35] Die Reihenfolge der Hauptversammlungsbeschlüsse der künftigen Hauptgesellschaft und der einzugliedernden Gesellschaft ist ohne Bedeutung.[36] Fehlt der Zustimmungsbeschluss, sind die Grundsätze der fehlerhaften Gesellschaft auf eine gleichwohl eingetragene Eingliederung anwendbar, weil es dem Eingliederungsbeschluss an einer Wirksamkeitsvoraussetzung mangelt.

9   2. Beschlusserfordernisse. In Abs. 2 S. 2 bis 4 sind die Beschlusserfordernisse für den Zustimmungsbeschluss geregelt. Erforderlich ist eine Mehrheit von ¾ des bei der Beschlussfassung vertretenen Grundkapitals, wobei die Satzung eine größere Kapitalmehrheit und weitere Erfordernisse bestimmen kann. Die für Satzungsänderungen geltenden Regeln des Gesetzes und der Satzung sind nicht anzuwenden. Dies alles entspricht den Anforderungen an den Beschluss der Hauptversammlung

---

[29] Näher *Praël*, Eingliederungs- und Beherrschungsvertrag als körperschaftliche Rechtsgeschäfte 1978, 96 ff., 104 ff.; Emmerich/Habersack/*Habersack* Rn. 10; Hüffer/Koch/*Koch* Rn. 3; Kölner Komm AktG/*Koppensteiner* Rn. 2; s. auch BGHZ 122, 211 (217) = NJW 1993, 1976 für den Unternehmensvertrag.
[30] So BegrRegE *Kropff* S. 422.
[31] S. das Beispiel für einen Eingliederungsbeschluss von *Groß* in Happ Konzern- und Umwandlungsrecht, Muster 6.03.
[32] Dieses Erfordernis ist durch das Namensaktiengesetz – NaStraG v. 18.1.2001, BGBl. 2001 I 123 entfallen.
[33] Näher MüKoAktG/*Grunewald* Rn. 16.
[34] HM; MüKoAktG/*Grunewald* Rn. 17; Emmerich/Habersack/*Habersack* Rn. 12; Hüffer/Koch/*Koch* Rn. 5; Kölner Komm AktG/*Koppensteiner* Rn. 5, 7; MHdB AG/*Krieger* § 74 Rn. 9; aA nur *Hommelhoff*, Die Konzernleitungspflicht, 1982, 354 ff.
[35] So bereits BegrRegE *Kropff* S. 422; Sonnenschein BB 1975, 1088 (1089).
[36] OLG München AG 1993, 430; MüKoAktG/*Grunewald* Rn. 19; Hüffer/Koch/*Koch* Rn. 6; MHdB AG/*Krieger* § 74 Rn. 11; Großkomm AktG/*Schmolke* Rn. 14.

des anderen Vertragsteils über die Zustimmung zu einem Beherrschungs- und Gewinnabführungsvertrag (§ 293 Abs. 2 S. 2, § 293 Abs. 1 S. 2 bis 4; → § 293 Rn. 37 ff.). Im Übrigen unterliegt der Beschluss – mit Ausnahme der Zustimmung zu Eingliederung und gegebenenfalls Abfindung – keinen besonderen inhaltlichen Anforderungen.[37] Ebenso wenig bedarf er der sachlichen Rechtfertigung. Für die Beschlussmängel gelten die allgemeinen Regeln (§§ 241 ff.). Die Anfechtbarkeit oder Nichtigkeit des Zustimmungsbeschlusses sind getrennt von den Mängeln des Eingliederungsbeschlusses zu beurteilen. Der Zustimmungsbeschluss ist daher nicht anfechtbar, sondern lediglich gegenstandslos, wenn der Eingliederungsbeschluss mangelbehaftet ist oder die allgemeinen Voraussetzungen der Eingliederung fehlen.[38] Grundsätzlich kann die Anfechtung auch noch nach Eintragung der Eingliederung erfolgen, was aber wegen der Registersperre nach Abs. 5 S. 2 allenfalls aufgrund eines Fehlers des Registergerichts vorkommen dürfte.[39] Die Eintragungswirkung kann dann nicht mehr beseitigt,[40] sondern nur noch Schadenersatz verlangt werden (Abs. 6 S. 11), wenn (auch nachträglich) ein Freigabebeschluss ergangen ist. Ist dies nicht der Fall, kommen hilfsweise die Grundsätze über die fehlerhafte Gesellschaft zur Anwendung.

3. Mehrstufige Eingliederung. Ein zusätzlicher Hauptversammlungsbeschluss kommt in Betracht, wenn eine Enkelgesellschaft in eine bereits eingegliederte Tochtergesellschaft eingegliedert werden soll, weil in diesem Fall die Haftungssegmentierung des Konzerns aufgehoben ist und die Muttergesellschaft über § 322 mittelbar auch für die Verbindlichkeiten des Enkelunternehmens einzustehen hat.[41] Allerdings ist ein solcher Hauptversammlungsbeschluss kein Wirksamkeitserfordernis der Eingliederung der Enkel- in die Tochtergesellschaft analog § 319 Abs. 2. Vielmehr handelt es sich um einen Hauptversammlungsbeschluss nach den **„Holzmüller"- und „Gelatine"-Grundsätzen**,[42] der nur intern die Stimmrechtsausübung des Vorstands der Tochtergesellschaft auf der Hauptversammlung der Enkelgesellschaft bindet.[43] Entsprechend muss die Eingliederung der Enkelgesellschaft für den Gesamtkonzern wesentliche Bedeutung haben, um den weiteren Hauptversammlungsbeschluss erforderlich zu machen.[44] Davon ist angesichts des hohen Schwellenwerts nur in ganz seltenen Fällen auszugehen. Der Beschluss ist von vornherein entbehrlich, wenn keine Eingliederung auch der Tochtergesellschaft vorliegt und damit der Muttergesellschaft keine nennenswerten Haftungsrisiken entstehen.

10

V. Informationspflichten der zukünftigen Hauptgesellschaft

1. Eingliederungsbericht. Von wesentlicher Bedeutung für die Informationsbeschaffung der Aktionäre der zukünftigen Hauptgesellschaft ist der Eingliederungsbericht, der nach Abs. 3 Nr. 3 vom Vorstand der zukünftigen Hauptgesellschaft auszulegen und damit folglich auch zu erstellen ist. In diesem ausführlichen Bericht hat der Vorstand die Eingliederung rechtlich und wirtschaftlich zu begründen und zu erläutern. Regelungsvorbilder sind § 293a für Unternehmensverträge (→ § 293a Rn. 4 ff.) und § 8 Abs. 1 S. 1 UmwG für den Verschmelzungsbericht. Das Gesetz schreibt einen ausführlichen **schriftlichen Bericht** (§ 126 BGB) vor.[45] Adressat der Berichtspflicht ist der Vorstand der zukünftigen Hauptgesellschaft als Kollegialorgan. Der Bericht ist damit von sämtlichen Mitgliedern des Vorstands zu unterzeichnen (andererseits → § 293a Rn. 8).[46] Eine Eingliederungsprüfung

11

---

[37] MüKoAktG/*Grunewald* Rn. 19; Emmerich/Habersack/*Habersack* Rn. 14; Hüffer/Koch/*Koch* Rn. 8; Kölner Komm AktG/*Koppensteiner* Rn. 7; aA nur *Hommelhoff*, Die Konzernleitungspflicht, 1982, 354 ff.
[38] OLG München AG 1993, 430; Emmerich/Habersack/*Habersack* Rn. 15; aA *Schäfer*, Die Lehre vom fehlerhaften Verband, 2002, 469.
[39] MüKoAktG/*Grunewald* Rn. 34; aA *Praël*, Eingliederungs- und Beherrschungsvertrag als körperschaftliche Rechtsgeschäfte 1978, 113 f.
[40] Vgl. Semler/Stengel/*Schwanna* UmwG § 16 Rn. 48; Semler/Stengel/*Leonard* UmwG § 20 Rn. 87; Beck OGK/*Rieckers*/*Cloppenburg* UmwG § 16 Rn. 77; aA *Büchel* ZIP 2006, 2289 (2292 f.).
[41] Statt anderer Emmerich/Habersack/*Habersack* Rn. 16; aA MHdB AG/*Krieger* § 74 Rn. 15; K. Schmidt/Lutter/*Ziemons* Rn. 27 f.
[42] BGHZ 83, 122 = NJW 1982, 1703; mit geänderter Begründung fortgebildet durch BGHZ 159, 30 = NJW 2004, 1860 und BGH NZG 2004, 575.
[43] Überwiegende Auffassung; vgl. MüKoAktG/*Grunewald* Rn. 21; Emmerich/Habersack/*Habersack* Rn. 16; Hüffer/Koch/*Koch* Rn. 7; Kölner Komm AktG/*Koppensteiner* Rn. 6; *Rehbinder* ZGR 1977, 581 (617 f.); aA *Sonnenschein* BB 1975, 1088 (1091 f.) Zu den Folgen bei Nichtbeachtung der „Holzmüller"-Grundsätze *Seiler*/*Singhof* Der Konzern 2003, 313.
[44] Auch in diesem Fall Beschlusserfordernis ablehnend MüKoAktG/*Grunewald* Rn. 21; Hüffer/Koch/*Koch* Rn. 7; wie hier Emmerich/Habersack/*Habersack* Rn. 16. Zum Kriterium der Wesentlichkeit klarstellend BGHZ 159, 30 (44 ff.); s. auch *Hüffer* FS Ulmer, 2003, 279 (295 f.); *Henze* FS Ulmer, 2003, 211 (222 f.).
[45] Vgl. das Beispiel bei *Groß* in Happ Konzern- und Umwandlungsrecht, Muster 6.03 lit. b).
[46] Bislang allgM; aA jetzt BGH NZG 2007, 714 (716 f.) (wenngleich nicht abschließend entschieden); ebenso die Vorinstanz KG ZIP 2005, 167 (167 f.) = WM 2005, 41 (für den Verschmelzungsbericht); *Fuhrmann* AG 2004, 135 (138 f.); Hölters/*Leuering*/*Goertz* Rn. 15.

ist im Unterschied zur Mehrheitseingliederung (→ § 320 Rn. 13) nicht vorgesehen. Fehlt der Eingliederungsbericht oder entspricht er nicht den gesetzlichen Anforderungen, ist der Zustimmungsbeschluss – bei Mehrheitseingliederungen ggf. auch der Eingliederungsbeschluss (→ § 320 Rn. 18) – anfechtbar (auch → Rn. 12 aE).[47]

12 **Gegenstand der Berichtspflicht** ist die Eingliederung als solche, bei der Mehrheitseingliederung auch der Abfindungsanspruch der Minderheitsaktionäre, § 320 Abs. 4 S. 2 (→ § 320 Rn. 17). Bezweckt wird, den Aktionären der zukünftigen Hauptgesellschaft die Risiken und Vorteile der Eingliederung darzulegen. Sie sollen die geplante Eingliederung auf ihre Plausibilität hin überprüfen können.[48] Dazu gehört auch eine Darstellung der mit der Maßnahme verfolgten Ziele, der Alternativen sowie der Tätigkeit und Marktstellung der einzugliedernden Gesellschaft. Im Übrigen ist der Berichtsinhalt an den aus Sicht der Aktionäre der zukünftigen Hauptgesellschaft wesentlichen Eingliederungsfolgen auszurichten (gesamtschuldnerische Haftung nach § 322 und Verlustausgleich nach § 324 Abs. 3).[49] Begrenzt wird die Berichtspflicht durch die berechtigten **Geheimhaltungsinteressen** der beiden beteiligten Unternehmen analog § 293a Abs. 2 und § 8 Abs. 2 UmwG. Das Fehlen einer diesen Regelungen entsprechenden Schutzklausel im Gesetz ist ein offenbares Redaktionsversehen, das durch die Analogie zu beheben ist.[50] Eine nicht systemkonforme Regelungslücke enthält das Gesetz auch insoweit, als eine **Möglichkeit des Verzichts** der Aktionäre auf den Bericht nicht vorgesehen ist. Es ist aber nicht einzusehen, weshalb die Schutzbestimmung zur Anwendung kommen soll, wenn die Aktionäre dies nicht wünschen. So sieht auch § 320 Abs. 3 S. 2 ausdrücklich die Möglichkeit des Verzichts auf die Eingliederungsprüfung entsprechend § 293a Abs. 3 vor. Als Rechtsgrundlage für einen Verzicht auch bezüglich der Berichterstattung kann daher § 293a Abs. 3 analog dienen.[51] Für die Verzichtserklärung genügt damit die Form der öffentlichen Beglaubigung. Die strengere Form des § 8 Abs. 2 UmwG ist entbehrlich.[52]

13 **2. Auszulegende oder zugänglich zu machende Unterlagen.** Nach § 319 Abs. 3 S. 1 Nr. 1 bis 3 sind der Eingliederungsbericht, der Entwurf des Eingliederungsbeschlusses und die Jahresabschlüsse und Lageberichte der beteiligten Gesellschaften für die letzten drei Geschäftsjahre von der Einberufung der Hauptversammlung an in den Geschäftsräumen (am Sitz) der zukünftigen Hauptgesellschaft und auszulegen. Einberufen ist die Hauptversammlung mit der Bekanntmachung in den Gesellschaftsblättern (§ 121 Abs. 3 S. 1). Jeder Aktionär hat außerdem einen durchsetzbaren Anspruch auf unverzügliche (§ 121 Abs. 1 S. 1 BGB) und kostenlose Erteilung einer Abschrift der auszulegenden Unterlagen (§ 319 Abs. 3 S. 2). Die Verpflichtung zur Auslegung und Abschrifterteilung entfallen, wenn die bezeichneten Unterlagen für denselben Zeitraum über die Internetseite der zukünftigen Hauptgesellschaft zugänglich sind (§ 319 Abs. 3 S. 3).[53] In der Hauptversammlung sind die Unterlagen nicht mehr „auszulegen", sondern „zugänglich zu machen", was die elektronische Bereitstellung an Terminals ermöglicht.[54] Regelungsvorbild dieser Bestimmungen sind im Wesentlichen §§ 293f, 293g Abs. 1 und 3 (→ § 293f Rn. 4 ff. und → § 293g Rn. 3). Bei einem Verstoß gegen Abs. 3 ist der Zustimmungsbeschluss grds. anfechtbar (§ 243 Abs. 1).[55] Besondere Relevanz hat dies für den Eingliederungsbericht als dem zentralen Dokument zur Erläuterung der Eingliederung. Da der Bericht von der Einberufung der Hauptversammlung an zur Verfügung stehen muss, können etwaige Berichtsmängel nicht durch entsprechende Erläuterungen des Vorstands in der Hauptversammlung geheilt werden.[56]

14 **3. Erläuterung durch den Vorstand.** Der Vorstand ist analog § 293g Abs. 2 S. 1 und § 64 Abs. 1 S. 2 UmwG verpflichtet, den Eingliederungsbericht in der Hauptversammlung zu erläutern.[57] Auch

---

[47] Näher MüKoAktG/*Grunewald* Rn. 25; Emmerich/Habersack/*Habersack* Rn. 15.
[48] MüKoAktG/*Grunewald* Rn. 14; Hüffer/Koch/*Koch* Rn. 11; K. Schmidt/Lutter/*Ziemons* Rn. 18.
[49] Emmerich/Habersack/*Habersack* Rn. 20; Hüffer/Koch/*Koch* Rn. 11.
[50] MüKoAktG/*Grunewald* Rn. 24; Emmerich/Habersack/*Habersack* Rn. 20; MHdB AG/*Krieger* § 74 Rn. 13; aA K. Schmidt/Lutter/*Ziemons* Rn. 20; *Jaursch* in Heidel, Aktienrecht Rn. 12.
[51] MüKoAktG/*Grunewald* Rn. 23; Emmerich/Habersack/*Habersack* Rn. 20; MHdB AG/*Krieger* § 74 Rn. 13; Hüffer/Koch/*Koch* Rn. 11.
[52] Näher MüKoAktG/*Grunewald* Rn. 23; zustimmend Emmerich/Habersack/*Habersack* Rn. 20.
[53] Eingefügt durch das Gesetz zur Umsetzung der Aktionärsrechterichtlinie (ARUG) v. 30.7.2009, BGBl. 2009 I 2479.
[54] Eingefügt durch das Gesetz zur Umsetzung der Aktionärsrechterichtlinie (ARUG) v. 30.7.2009, BGBl. 2009 I 2479.
[55] Emmerich/Habersack/*Habersack* Rn. 17; zu den Ausnahmen näher MüKoAktG/*Grunewald* Rn. 29.
[56] LG Frankfurt a. M. AG 1998, 45 (47); *Wilde* ZGR 1998, 423 (433); MüKoAktG/*Grunewald* Rn. 25; Emmerich/Habersack/*Habersack* Rn. 19; aA *Mertens* AG 1990, 20 (29 f.).
[57] AllgM; s. MüKoAktG/*Grunewald* Rn. 30; Emmerich/Habersack/*Habersack* Rn. 21; Hüffer/Koch/*Koch* Rn. 12; MHdB AG/*Krieger* § 74 Rn. 14; Großkomm AktG/*Schmolke* Rn. 28; K. Schmidt/Lutter/*Ziemons* Rn. 22; zum alten Recht auch Kölner Komm AktG/*Koppensteiner* Rn. 10; *Hommelhoff*, Die Konzernleitungspflicht, 1982, 361 f.

ohne ausdrückliche Regelung kann für die Eingliederung nichts anderes gelten als bei dem Abschluss von Unternehmens- oder Verschmelzungsverträgen. Es geht darum, den Aktionären durch **zusammenfassende** mündliche **Ausführungen** zum Eingliederungsbericht nochmals die rechtliche und wirtschaftliche Tragweite der Eingliederung aufzuzeigen und ggf. notwendige Aktualisierungen vorzunehmen. Entsprechend ist der Zustimmungsbeschluss anfechtbar, wenn gegen die Erläuterungspflicht verstoßen wird.[58]

4. Auskunftsrecht der Aktionäre. Jedem Aktionär ist in der Hauptversammlung auf Verlangen 15 Auskunft auch über alle im Zusammenhang mit der Eingliederung wesentlichen Angelegenheiten der einzugliedernden Gesellschaft zu geben (Abs. 3 S. 5). Regelungsvorbild ist § 293g Abs. 3 bzw. § 293 Abs. 4 aF (auch → § 293g Rn. 8 ff.). Wie diese Bestimmung und § 326 ist auch § 319 Abs. 3 S. 4 eine besondere Ausprägung und Konkretisierung des § 131 Abs. 1 S. 2.[59] Es gelten daher die allgemeinen Regeln über das Auskunftsrecht der Aktionäre (§ 131). Die inhaltliche Erweiterung des Auskunftsrechts über die Angelegenheiten der zukünftigen Hauptgesellschaft auch auf die wesentlichen Angelegenheiten der einzugliedernden Gesellschaft ist schon wegen der Haftung der Hauptgesellschaft nach §§ 322, 324 Abs. 3 unabdingbar. Die Aktionäre sollen sich ein Bild über die Vermögens-, Ertrags- und Liquiditätslage der einzugliedernden Gesellschaft[60] sowie gegebenenfalls der von ihr abhängigen wesentlichen Gesellschaften[61] machen können. Zweifelhaft ist in diesem Zusammenhang, in welchem Maße der Vorstand das Recht zur **Auskunftsverweigerung** nach § 131 Abs. 3 S. 1 Nr. 1 hat. Teilweise wird dies vollständig verneint, weil die weitreichenden (haftungsrechtlichen) Folgen einer Eingliederung für die zukünftige Hauptgesellschaft (§§ 322, 324 Abs. 3) gerade auch die Offenlegung einer schlechten Vermögens-, Ertrags- oder Liquiditätslage erforderlich machten.[62] Dies ist zwar grds. zutreffend. Ein nachvollziehbares Bild von den bis zur Eingliederung begründeten Verbindlichkeiten (Art und Höhe) und der allgemeinen Risikolage der Gesellschaft kann den Aktionären aber auch ohne Mitteilung jeder Einzelheit gegeben werden.[63] Hierfür ist das Recht zur Auskunftsverweigerung erforderlich. Wird das Auskunftsrecht verletzt, ist der Zustimmungsbeschluss grds. anfechtbar (§ 243 Abs. 1 und 4).

VI. Anmeldung und Eintragung ins Handelsregister

1. Anmeldung. Der Vorstand der einzugliedernden Gesellschaft hat die Eingliederung und die 16 Firma der Hauptgesellschaft zur Eintragung in das Handelsregister am Gesellschaftssitz anzumelden (§ 319 Abs. 4 S. 1). Dies ist erforderlich, denn erst mit der Eintragung der Eingliederung in das Handelsregister des Sitzes der einzugliedernden Gesellschaft wird die Gesellschaft in die Hauptgesellschaft eingegliedert (§ 319 Abs. 7; → Rn. 27). Der Anmeldung sind die Niederschriften der Hauptversammlungsbeschlüsse und ihre Anlagen iSd § 130 Abs. 3 in Ausfertigung oder öffentlich beglaubigter Abschrift (§ 319 Abs. 4 S. 2) sowie eine Erklärung des Vorstands nach § 319 Abs. 5 (→ Rn. 17) oder ein gerichtlicher Beschluss nach § 319 Abs. 6 (→ Rn. 21) beizufügen. Zur Herbeiführung der Anmeldung kann kein Zwangsgeld festgesetzt werden (§ 407 Abs. 2 S. 1) (der Verweis erfolgt noch auf § 319 Abs. 3 aF). Allerdings ist der Vorstand seiner Gesellschaft zur Anmeldung verpflichtet (§ 83 Abs. 2). Eine Anmeldung zur Eintragung in das Handelsregister der Hauptgesellschaft ist nicht vorgesehen; entsprechend wird dort auch keine Eintragung vorgenommen.[64] Der Vorstand der Hauptgesellschaft hat hier nur unverzüglich nach der Hauptversammlung die Niederschrift über den Zustimmungsbeschluss einzureichen (§ 130 Abs. 5).

2. Negativerklärung. a) Zweck. Nach § 319 Abs. 5 S. 1 hat der Vorstand der Anmeldung zur 17 Eintragung der Eingliederung seiner Gesellschaft eine sog. Negativerklärung beizufügen. Dieses Erfordernis war bereits in § 319 Abs. 3 S. 2 aF enthalten, entspricht aber in der jetzigen Fassung § 16 Abs. 2 S. 1 UmwG. Damit soll eine vorzeitige Eintragung einer Eingliederung, die auf rechtlich

---

[58] MüKoAktG/*Grunewald* Rn. 31; Emmerich/Habersack/*Habersack* Rn. 21.
[59] So auch Hölters/*Leuering*/*Goertz* Rn. 28; aA K. Schmidt/Lutter/*Ziemons* Rn. 23 (eigenständige Bedeutung fraglich).
[60] Näher *Ebenroth* AG 1970, 104 (108 f.); s. auch MüKoAktG/*Grunewald* Rn. 32 f.; Emmerich/Habersack/*Habersack* Rn. 22; Kölner Komm AktG/*Koppensteiner* Rn. 8.
[61] MüKoAktG/*Grunewald* Rn. 32.
[62] Vgl. nur Kölner Komm AktG/*Koppensteiner* Rn. 8.
[63] MüKoAktG/*Grunewald* Rn. 33; Emmerich/Habersack/*Habersack* Rn. 23; Großkomm AktG/*Schmolke* Rn. 30; iE wohl auch Hüffer/Koch/*Koch* Rn. 12; MHdB AG/*Krieger* § 74 Rn. 14 (keine Beschränkung hinsichtlich bestehender Verbindlichkeiten oder einer negativen wirtschaftlichen Situation der Gesellschaft, soweit für eine Einschätzung der Risiken erforderlich).
[64] MüKoAktG/*Grunewald* Rn. 35; Emmerich/Habersack/*Habersack* Rn. 25; Hüffer/Koch/*Koch* Rn. 13; MHdB AG/*Krieger* § 74 Rn. 16; aA nur *Hommelhoff*,Die Konzernleitungspflicht, 1982, 359.

unsicherer oder anfechtbarer Grundlage beruht, verhindert werden.[65] Wie im Umwandlungsrecht (s. § 20 Abs. 2 UmwG) sind Mängel nach Eintragung gemäß Abs. 6 S. 11 nach Durchführung eines Freigabeverfahrens unbeachtlich. Außerhalb dieser Fälle stehen grds. die Grundsätze über die fehlerhafte Gesellschaft einer Rückabwicklung der vollzogenen Eingliederung entgegen (→ § 320 Rn. 19).

18   b) Inhalt. Der Vorstand hat gegenüber dem Registergericht zu erklären, dass eine Klage gegen die Wirksamkeit des Eingliederungs- oder Zustimmungsbeschlusses nicht oder nicht fristgerecht erhoben oder eine solche Klage rechtskräftig abgewiesen oder zurückgenommen worden ist. Erfasst werden sämtliche Anfechtungs- und Nichtigkeitsklagen (§§ 243, 248, 249) sowie die von einem Aktionär erhobene allgemeine Feststellungsklage (§ 256 ZPO),[66] die auf Feststellung der Unwirksamkeit oder Nichtigkeit eines Hauptversammlungsbeschlusses gerichtet ist. Nicht mehr fristgerecht ist die Anfechtungsklage, wenn sie nach Ablauf der Monatsfrist (§ 246 Abs. 1) erhoben wird (→ § 246 Rn. 12 ff.); für die Nichtigkeitsklage laufen keine besonderen Fristen, weil die Dreijahresfrist des § 242 Abs. 2 ohnehin erst mit Eintragung beginnt (→ § 242 Rn. 7).[67] Der Klagerücknahme steht die Erledigung der Hauptsache gleich.[68] Grundsätzlich empfiehlt es sich, mit der Anmeldung zur Eintragung und der Abgabe der Negativerklärung bis zum Ablauf der Anfechtungsfristen für beide Hauptversammlungsbeschlüsse zu warten, weil der Vorstand erst dann die Negativerklärung endgültig abgeben kann. Gezwungen wird der Vorstand hierzu nicht; er kann die Anmeldung auch vor Fristablauf mit ordnungsgemäßer (auf den Zeitpunkt ihrer Abgabe bezogener) Negativerklärung abgeben.[69] Allerdings folgt aus Abs. 5 S. 1, 2. Hs., dass die Eintragung in diesem Fall vom Registergericht bis zum Fristablauf (und eines Nachlaufs für die „demnächst" erfolgte Zustellung (§ 167 ZPO) von am Fristende erhobenen Klagen[70]) zurückzustellen ist **(Eintragungshindernis).**[71] Das Gesetz berücksichtigt die Anmeldung vor Fristablauf, indem der Vorstand nach der allgemein gehaltenen Regelung des Abs. 5 S. 1, 2. Hs. verpflichtet wird, dem Registergericht auch nach der Anmeldung Mitteilung zu machen, wenn eine Klage nachträglich erhoben wird. Dadurch soll die Stellung des Klägers gestärkt werden, weil die Berichtigung der ursprünglich abgegebenen Negativerklärung unmittelbar zum Eintritt der Registersperre führt.[72]

19   c) Registersperre; Klageverzicht. Fehlt die Negativerklärung oder wird sie vom Vorstand nachträglich wieder eingeschränkt (Abs. 5 S. 1, 2. Hs.), darf die Eingliederung nicht eingetragen werden (Abs. 5 S. 2). Nach § 26 S. 2 HRV wird das Registergericht den Vorstand zunächst durch Zwischenverfügung auffordern, die Negativerklärung innerhalb einer bestimmten Frist nachzureichen. Regelungsvorbild für diese **Registersperre** ist § 16 Abs. 2 S. 2 UmwG, wenngleich eine solche nach altem Recht auch ohne ausdrückliche Anordnung im Grundsatz anerkannt war (§ 319 Abs. 3 S. 2 aF, § 345 Abs. 2 S. 1 aF).[73] Zweifel über den Fortbestand dieses Prinzips sind mit ausdrücklicher Regelung aber ausgeräumt.[74] Das Registergericht kann folglich nicht den Beurteilungsspielraum der

---

[65] Emmerich/Habersack/*Habersack* Rn. 26; zu § 16 UmwG auch *Bork* ZGR 1993, 343 (359 f.); *Hirte* DB 1993, 77.
[66] MüKoAktG/*Grunewald* Rn. 37; Hüffer/Koch/*Koch* Rn. 14; MHdB AG/*Krieger* § 74 Rn. 18; Semler/Stengel/*Schwanna* UmwG § 16 Rn. 15; Kallmeyer/*Marsch-Barner* UmwG § 14 Rn. 6; Emmerich/Habersack/*Habersack* Rn. 27; Beck OGK/*Rieckers*/*Cloppenburg* UmwG § 16 Rn. 30; Lutter/*Decher* UmwG § 16 Rn. 14; Großkomm AktG/*K. Schmidt* § 249 Rn. 34, 44.
[67] Für eine analoge Anwendung des § 14 Abs. 1 UmwG *H. Schmidt* FS Universität Leipzig, 2009, 469 (473 ff.). Die im Rahmen der Aktienrechtsnovelle 2014 geplante „relative Befristung" der Nichtigkeitsklage soll das „Nachschieben von Nichtigkeitsklagen" verhindern. Dazu soll sie in den Fällen, in denen eine Anfechtungsklage erhoben wird, einer Frist von einem Monat nach Veröffentlichung der ursprünglichen Beschlussmängelklage gemäß § 246 Abs. 4 S. 1 unterstellt werden (§ 249 Abs. 3 AktG-E); s. dazu RegE eines Gesetzes zur Änderung des AktG, BT-Drs. 18/4349; *Seibert*/*Böttcher* ZIP 2012, 12 (14 f.); krit. *Handelsrechtsausschuss des DAV* NZG 2012, 380 (382 f.); NZG 2011, 217 (220 f.).
[68] MüKoAktG/*Grunewald* Rn. 37; Emmerich/Habersack/*Habersack* Rn. 27; Hüffer/Koch/*Koch* Rn. 14.
[69] Vgl. OLG Düsseldorf NZG 2004, 824 (826); K. Schmidt/Lutter/*Ziemons* Rn. 32; aA BGH NZG 2006, 956 (957).
[70] Vgl. BGH NZG 2006, 956 (958) (offen gelassen, ob die Nachfrist mindestens 2 Wochen betragen sollte).
[71] OLG Karlsruhe FGPrax 2001, 161 (162) = DB 2001, 1483; Emmerich/Habersack/*Habersack* Rn. 28; Hüffer/Koch/*Koch* Rn. 14; MHdB AG/*Krieger* § 74 Rn. 20. Auf das Eintragungshindernis verlassen kann man sich nicht; vgl. exemplarisch LG Mosbach NZG 2001, 763; OLG Düsseldorf NZG 2004, 824 (zu einem Squeeze-out-Verfahren).
[72] Vgl. auch BegrRegE, BT-Drs. 12/6699, 88.
[73] Vgl. BGHZ 112, 9 (12 ff.) = NJW 1990, 2747; Kölner Komm AktG/*Koppensteiner* Rn. 12; aA *W. Lüke* ZGR 1990, 647 (678). Zur rechtspolitischen Kritik an § 319 Abs. 5 S. 2 *Kort*, Bestandsschutz fehlerhafter Strukturänderungen im Kapitalgesellschaftsrecht, 1998, 78 ff., 186 f.
[74] Vgl. Begr. BT-Drs. 12/6699, 88.

allgemeinen Vorschrift des § 381 FamFG (früher § 127 FGG) für sich in Anspruch nehmen, sondern muss das Eintragungsverfahren bei Fehlen der Negativerklärung in jedem Fall zunächst aussetzen. Eine gleichwohl vorgenommene Eintragung muss allerdings nicht von Amts wegen nach Maßgabe von § 398 FamFG oder § 395 FamFG (früher § 144 Abs. 2 FGG) wieder gelöscht werden (näher → § 327e Rn. 11).[75]

Wenn die klageberechtigten Aktionäre durch **Verzichtserklärung** in notariell beurkundeter **20** Form (§ 128 BGB) auf die Klage gegen die Wirksamkeit des Hauptversammlungsbeschlusses verzichten, kann die Eintragung auch ohne entsprechende Negativerklärung vorgenommen werden (Abs. 5 S. 2, 2. Hs.). Dies entspricht der Regelung in § 16 Abs. 2 S. 2 Hs. 2 UmwG. Der **Klageverzicht** ist eine materiell-rechtliche Erklärung, mögliche Beschlussmängel nicht im Klagewege geltend zu machen.[76] Er ermöglicht in Gesellschaften mit kleinem bzw. geschlossenem Aktionärskreis eine zügige Eintragung auch schon vor dem Ablauf der Anfechtungsfrist (§ 246 Abs. 1). Ein einstimmiger Hauptversammlungsbeschluss sollte dem Verzicht gleich stehen.[77] Erforderlich ist ein Verzicht aller Aktionäre; entgegen dem Wortlaut ist nicht weiter zwischen „klageberechtigten" und „nicht-klageberechtigten" Aktionären zu differenzieren, weil die Klagemöglichkeit nicht in allen Fällen an die vorherige Teilnahme an der Hauptversammlung gebunden ist (s. § 245 Nr. 2 und 3, § 246).[78] Im Fall der **Mehrheitseingliederung** (§ 320) ist Abs. 5 S. 2 Hs. 2, auf **beide Hauptversammlungsbeschlüsse** zu beziehen; folglich müssen auch die Minderheitsaktionäre der einzugliedernden Gesellschaft eine entsprechende Verzichtserklärung abgeben, um die Negativerklärung ersetzen zu können.[79] Nicht gesetzlich gefordert wird auch ein Klageverzicht der klageberechtigten Organmitglieder der beteiligten Gesellschaften (§ 245 Nr. 4 und 5); allerdings kann das Registergericht eine solche Klage berücksichtigen und das Eintragungsverfahren entsprechend §§ 21, 381 FamFG (früher § 127 FGG) aussetzen.[80]

3. Freigabeverfahren. a) Bedeutung des Beschlusses. Abs. 6 ermöglicht die **Überwindung** **21** **der Registersperre** im Rahmen eines besonderen gerichtlichen Freigabeverfahrens, wenn gegen den Eingliederungsbeschluss oder den Zustimmungsbeschluss Klage erhoben worden ist.[81] Erreicht werden soll dadurch ein Ausgleich zwischen dem Vollzugs- und dem Rechtsschutzinteresse.[82] Danach steht einer Negativerklärung die in diesem Verfahren durch gerichtlichen Beschluss ergangene Feststellung gleich, dass die Erhebung der Klage der Eintragung der Eingliederung nicht entgegensteht (zur Reform des Verfahrens durch das ARUG[83] bereits → Rn. 1 und eingehend → § 246a Rn. 3, 20 ff.). Zuständig ist das OLG, in dessen Bezirk die Gesellschaft ihren Sitz hat (Abs. 6 S. 7). Die **Wirkung** des Beschlusses liegt vor allem darin, die fehlende Negativerklärung zu ersetzen. Wegen des nunmehr durch den Beschluss bewirkten Bestandsschutzes (Abs. 6 S. 11) liegt darin nicht mehr nur eine einstweilige Anordnung eigener Art.[84] Die weitere Prüfung der Anmeldung zur Eintragung und die Eintragungsverfügung sind vom Registergericht vorzunehmen. Insofern bleibt die Prüfungsbefugnis des Registergerichts sowohl für die allgemeinen, nicht im Zusammenhang mit der Beschlussfassung stehenden Eintragungsvoraussetzungen als auch für etwaige Beschlussmängel, über die das Prozessgericht in dem Freigabeverfahren nicht entschieden hat, unberührt.[85] Das anhängige Beschlussmängelverfahren wird durch den Beschluss nach Abs. 6 S. 1 nicht berührt. Entsprechend der Rechtslage nach § 16 Abs. 3 UmwG, § 20 Abs. 2 UmwG kann eine Eingliederung, die auf den Beschluss hin eingetragen worden ist, nicht mehr rückgängig gemacht werden (→ Rn. 5, → § 320 Rn. 19).[86]

---

[75] OLG Karlsruhe FGPrax 2001, 161 (162); OLG Hamm ZIP 2001, 569 (571) (zu § 16 Abs. 2 UmwG); Hüffer/Koch/*Koch* Rn. 15; aA Emmerich/Habersack/*Habersack* Rn. 29 (Löschung nach § 395 FamFG).
[76] Eine gleichwohl erhobene Klage wäre wegen missbräuchlicher Rechtsausübung (§ 242 BGB) unbegründet; Hüffer/Koch/*Koch* Rn. 16.
[77] MHdB AG/*Krieger* § 74 Rn. 21.
[78] MHdB AG/*Krieger* § 74 Rn. 21.
[79] Emmerich/Habersack/*Habersack* Rn. 31.
[80] Vgl. Emmerich/Habersack/*Habersack* Rn. 31; MHdB AG/*Krieger* § 74 Rn. 21 mwN; allg. zur Prüfungspflicht des Registergerichts *Bokelmann* DB 1994, 1341.
[81] Eingehend dazu *Bork* in Lutter Verschmelzung – Spaltung – Formwechsel S. 261. Näher zur Rechtslage unter der Geltung des § 319 Abs. 3 S. 2 aF Emmerich/Habersack/*Habersack* Rn. 32.
[82] Großkomm AktG/*Schmolke* Rn. 42.
[83] Gesetz zur Umsetzung der Aktionärsrechterichtlinie (ARUG) v. 30.7.2009, BGBl. 2009 I 2479.
[84] Zutr. Emmerich/Habersack/*Habersack* Rn. 32; zur alten Rechtslage s. 1. Aufl. Rn. 21; Timm/*Schick* DB 1990, 1221 (1223 f.) (einstweilige Verfügung gegen den Registerrichter).
[85] Vgl. Emmerich/Habersack/*Habersack* Rn. 42 mwN; *Bokelmann* DB 1994, 1341 (1345 ff.).
[86] Zur alten Rechtslage 1. Aufl. Rn. 21, 24; krit. zum früheren Fehlen dieser Verbindung *Noack* ZHR 164 (2000), 274 (279 f., 287 ff.); *Kort*, Bestandsschutz fehlerhafter Strukturänderungen im Kapitalgesellschaftsrecht, 1998, 186 f.

22 **b) Voraussetzungen des Beschlusses.** Der Erlass eines Beschlusses nach Abs. 6 setzt die **Rechtshängigkeit einer Klage** gegen die Wirksamkeit des Hauptversammlungsbeschlusses (Eingliederungs- oder Zustimmungsbeschluss)[87] und einen entsprechenden **Antrag** der Gesellschaft, deren Hauptversammlungsbeschluss angegriffen wird, voraus (auch → Rn. 25a). Der Beschluss ergeht, wenn einer der in Abs. 6 S. 2 **abschließend aufgeführten Freigabetatbestände** vorliegt. Bereits sprachlich wird damit gegenüber der früheren Formulierung „darf nur ergehen" deutlich gemacht, dass die Feststellung eines Freigabetatbestands dann auch zwingend die Grundlage für einen stattgebenden Beschluss ist. Dies entspricht dem Wortlaut des § 246a Abs. 2.

22a Das Gericht erteilt die Freigabe unabhängig von einer inhaltlichen Prüfung des Sachvortrags nach Abs. 6 S. 3 Nr. 2 bereits bei **Fehlen eines Mindestanteilsbesitzes,** dh dann, wenn der Kläger nicht binnen einer Woche nach Zustellung des Antrags durch Urkunden nachgewiesen hat, dass er seit Bekanntmachung der Einberufung der Hauptversammlung einen anteiligen Betrag (am Grundkapital) von mindestens 1.000 Euro hält.[88] Den Nachweis hat der Kläger unaufgefordert einzureichen;[89] er ist wegen seines materiell-rechtlichen Charakters auch dann nicht entbehrlich, wenn der erforderliche Aktienbesitz im Freigabeverfahren unstreitig ist.[90] Der Mindestanteilsbesitz muss bis zur Erbringung des Nachweises nach Zustellung des Freigabeantrags fortbestehen.[91] Er führt zu einer Abstufung der Kassationsmacht. Die Klagebefugnis im Hauptsachverfahren bleibt von diesem „Bagatellquorum"[92] zwar unberührt; die Kassation soll aber den Aktionären vorbehalten bleiben, die ein ökonomisch nachvollziehbares Investment in die Gesellschaft getätigt haben und daher ein Interesse an der nachhaltigen Entwicklung des Unternehmens vermuten lassen.[93] Dabei kann der Aktienbesitz mehrerer Kläger nicht zusammengerechnet werden, sondern es ist auf jeden einzelnen abzustellen.[94] Da die Anfechtungsklage eines geringer beteiligten Aktionärs somit nicht mehr genutzt werden kann, um die Eintragung des Beschlusses zu verhindern, ist das Geschäftsmodell der „gewerblichen Anfechtungsklägern" mittelbar erheblich verteuert worden.[95] Unklar ist, weshalb die Beteiligung nach dem Wortlaut erst „seit Bekanntmachung der Einberufung" bestanden haben muss. Damit könnte es anders als nach § 245 Nr. 3 ausreichen, dass die Aktienbeteiligung zeitgleich mit der Bekanntmachung erworben wird. Dies vermag nicht einzuleuchten; die Bestimmung sollte daher einschränkend ausgelegt werden. De lege ferenda sollte bei börsennotierten Gesellschaft noch früher angesetzt und auf den Zeitpunkt der vorausgehenden Ad-hoc-Mitteilung (Art. 17 MAR) abgestellt werden.

23 Die **Unzulässigkeit der Klage** (Abs. 6 S. 3 Nr. 2) ist vom Gericht umfänglich und abschließend zu prüfen.[96] Nach hM darf ein hierauf gestützter Freigabebeschluss nur ergehen, wenn die Klage an einem nicht behebbaren Zulässigkeitsmangel leidet.[97] Uneinheitlich wurde anfangs

---

[87] Die Rechtshängigkeit muss spätestens im Zeitpunkt der Entscheidung über den Freigabeantrag gegeben sein; OLG München ZIP 2013, 931 (931) - Siemens/Osram.
[88] Zu den Voraussetzungen OLG Bamberg ZIP 2014, 77 = AG 2014, 872; OLG München ZIP 2013, 931 (932) (§ 67 Abs. 2 nicht anwendbar); OLG Nürnberg ZIP 2012, 2052; OLG Nürnberg ZIP 2010, 2498; OLG Hamm AG 2011, 826; OLG Frankfurt a. M. AG 2010, 596 (597); OLG Hamburg AG 2010, 214 (214 f.); *Bayer* FS Hoffmann-Becking, 2013, 91 (103 ff.); *Wilsing/Saß* DB 2011, 919 (921 f.); zur Verfassungsmäßigkeit s. auch KG AG 2010, 166 (167); *Lorenz/Pospiech* BB 2010, 2515 (2517) mwN; *Merkner/Sustmann* CFL 2011, 65 (68 f.); *Verse* FS Stilz, 2014, 651 (654 ff.).
[89] *Seibert/Florstedt* ZIP 2008, 2145 (2153).
[90] Vgl. OLG Nürnberg ZIP 2012, 2052 (2053 ff.); OLG Hamm AG 2011, 826 (827 f.); *Bayer* FS Hoffmann-Becking, 2013, 91 (104 f.); *Grigoleit/Ehmann* AktG § 246a Rn. 7; aA OLG Frankfurt a. M. ZIP 2010, 986 (989); diff. *Verse* FS Stilz, 2014, 651, 665 f. (innerhalb der Wochenfrist unstreitig). In der Praxis empfiehlt sich für den Antragsteller vorsorglich Bestreiten mit Nichtwissen, *Wilsing/Saß* DB 2011, 919 (923).
[91] Str., wie hier *Verse* FS Stilz, 2014, 651 (659 f.) mwN zum Meinungsstand.
[92] BegrRegE BT-Drs. 16/11642, 41 f.
[93] Beschlussempfehlung und Bericht des Rechtsausschusses, BT-Drs. 16/13098, 60; zur rechtspolitischen Kritik *Verse* FS Stilz, 2014, 651 (653 f.).
[94] OLG Bremen ZIP 2013, 460 (461); OLG München AG 2012, 45 (46) = ZIP 2011, 2199; OLG Frankfurt a. M. ZIP 2010, 986 (989); OLG Frankfurt a. M. AG 2010, 508 (509); für das Schrifttum *Bayer* FS Hoffmann-Becking, 2013, 91 (103); *Lorenz/Pospiech* BB 2010, 2515 (2518); *Merkner/Sustmann* CFL 2011, 65 (69 f.); *Verse* FS Stilz, 2014, 651 (656 ff.). Zur Möglichkeit, Verfahren nach § 148 ZPO auszusetzen, wenn mehrere Freigabeanträge gestellt wurden und ein Teil der Antragsgegner den Nachweis nicht erbracht hat, s. Beschlussempfehlung und Bericht des Rechtsausschusses, BT-Drs. 16/13 098, 60; Emmerich/Habersack/*Habersack* Rn. 36.
[95] Vgl. BegrRegE BT-Drs. 16/11642, 42; Beschlussempfehlung und Bericht des Rechtsausschusses, BT-Drs. 16/13098, 60; *Seibert/Florstedt* ZIP 2008, 2145 (2153).
[96] Näher Emmerich/Habersack/*Habersack* Rn. 34; BeckOGK/*Rieckers/Cloppenburg* UmwG § 16 Rn. 46; *Lutter/Decher* UmwG § 16 Rn. 42 sowie zu Beispielen unzulässiger Beschlussmängelklagen *Sosnitza* NZG 1999, 965 (968); *Brandner/Bergmann* FS Bezzenberger, 2000, 59 (63).
[97] *Brandner/Bergmann* FS Bezzenberger, 2000, 59 (63); *Fuhrmann/Linnerz* ZIP 2004, 2306 (2306 f.). Zur Hinweispflicht des Gerichts auf die Mangelbehebung (§ 139 ZPO) Großkomm AktG/*Schmolke* Rn. 48.

beurteilt, wann von der **offensichtlichen Unbegründetheit** (Abs. 6 S. 3 Nr. 2) der Klage auszugehen ist. Nach der BegrRegE liegt *offensichtliche* Unbegründetheit vor, wenn sich mit hoher Sicherheit vorhersagen lässt, dass die Klage erfolglos bleiben wird.[98] Teilweise wurde hierzu vertreten, davon müsse dann ausgegangen werden, wenn dies auf der Grundlage einer mehr oder weniger kursorischen Prüfung ohne Klärung streitiger Rechtsfragen leicht erkennbar sei.[99] Die wohl hM lehnt dies ab und verlangt, dass die sichere Feststellung der fehlenden Aussicht auf Erfolg auf einer vollen rechtlichen Würdigung des unstreitigen oder nach Abs. 6 S. 5 hinreichend glaubhaft gemachten Sachverhalts beruht.[100] Eine Beweiserhebung ist hierfür folglich nicht erforderlich. Dem ist schon deshalb zuzustimmen, weil für eine summarische Rechtsprüfung auch im einstweiligen Rechtsschutz kein Raum ist.[101] Entscheidend ist die Sicherheit und Eindeutigkeit des Prüfungsergebnisses der offensichtlichen Unbegründetheit. Jedoch steht der Umstand, dass zu einzelnen Rechtsfragen in Literatur und Rechtsprechung andere Ansichten vertreten werden, der Feststellung der offensichtlichen Unbegründetheit nicht entgegen.[102] Fehlt es an der Sicherheit der Prognose, weil auch ein Erfolg der Klage vertretbar erscheint, darf der Beschluss nicht ergehen.[103] Dies kann sich etwa daraus ergeben, dass sich eine umfangreiche Beweisaufnahme im Hauptsacheverfahren abzeichnet.[104] Ebenso ist wegen der notwendigen Streitgenossenschaft im verbundenen Hauptsacheverfahren dem Freigabeantrag nicht stattzugeben, wenn nur eine von mehreren Anfechtungs- und/oder Nichtigkeitsklagen zum Erfolg führen kann.[105] Die Klage ist offensichtlich unbegründet, wenn nur ein geringer Ermittlungsaufwand erforderlich ist oder in anderen Verfahren bereits entsprechende Sachverhaltsfeststellungen getroffen worden sind.[106] Offensichtlich unbegründet sind außerdem Bewertungsrügen eines Minderheitsaktionärs.[107] Gleiches gilt schließlich für die Fälle des Rechtsmissbrauchs, wenn also zB die Klage zur Verfolgung sachfremder Ziele (zB illoyale oder eigennützige Absichten) instrumentalisiert wird.[108]

Ein **vorrangiges Vollzugsinteresse** der beteiligten Gesellschaften[109] ist nach dem durch das ARUG geänderten Wortlaut anzunehmen, wenn das alsbaldige Wirksamwerden des Hauptversammlungsbeschlusses vorrangig erscheint, weil die vom Antragsteller dargelegten wesentlichen Nachteile für die Gesellschaft und ihre Aktionäre nach freier Überzeugung des Gerichts die Nachteile für den Antragsgegner überwiegen, es sei denn, es liegt eine besondere Schwere des Rechtsverstoßes vor. Mit der Änderung des Wortlauts soll eine Präzisierung und klarere Strukturierung der Interessenabwägung anhand der Grundgedanken erreicht werden, die ausweislich der BegrRegE schon dem alten, durch das UMAG eingeführten Wortlaut zugrunde lagen.[110] Im Rahmen der Prüfung, ob das Interesse der Gesellschaft an der Eintragung höher zu bewerten ist

---

[98] BT-Drs. 15/5092, 29.
[99] Vgl. OLG Stuttgart AG 1997, 138 (139); LG Duisburg NZG 1999, 564 (564 f.); LG Freiburg AG 1998, 536 (537); LG Hanau AG 1996, 90 (91); *Sosnitza* NZG 1999, 965 (968).
[100] Vgl. BVerfG BB 2007, 1515 (1517) m. Anm. *Bungert*; OLG Frankfurt AG 2010, 212 (213); KG ZIP 2009, 1223 (1226); OLG München ZIP 2008, 2117 (2118 ff.); OLG München DB 2005, 2682 (2683); OLG Köln AG 2004, 39; OLG Düsseldorf AG 2007, 363 (364); NZG 2004, 328 (329); ZIP 1999, 793 (797 f.); OLG Frankfurt a. M. AG 1998, 428 (429); NZG 2009, 1183 (1184); OLG Hamm ZIP 1999, 798 (801 f.); OLG Hamburg AG 2003, 441 (444); Emmerich/Habersack/*Habersack* Rn. 35; Großkomm AktG/*Schmolke* Rn. 50 mwN; Beck OGK/*Rieckers*/*Cloppenburg* UmwG § 16 Rn. 47; Lutter/*Decher* UmwG § 16 Rn. 43; Semler/Stengel/*Schwanna* UmwG § 16 Rn. 31; *Bayer* FS Hoffmann-Becking, 2013, 91 (101 f.); *Brandner/Bergmann* FS Bezzenberger, 2000, 59 (66 ff.); Büchel Liber amicorum Happ, 2006, 1 (9 ff.).
[101] Vgl. dazu *Schlitt/Seiler* ZHR 166 (2002), 544 (555 f.) mwN; *Singhof* WuB II A. § 203 AktG 1.01.
[102] OLG Frankfurt a. M. ZIP 2008, 1966 (1966 f.); OLG Frankfurt a. M. ZIP 2008, 1968 = BB 2008, 2540; Lutter/*Decher* UmwG § 16 Rn. 43 mwN.
[103] Vgl. OLG Frankfurt a. M. ZIP 2000, 1928 (1930 ff.); LG München I AG 2000, 87 (88) (beide zu Mängeln des Verschmelzungsberichts). Unzutreffend ist die Ablehnung eines Freigabebeschlusses wegen der vom gerichtlich bestellten Abschlussprüfer gerügten Unangemessenheit der Abfindung; s. auch → § 327e Rn. 7; aA OLG Bremen ZIP 2013, 460 (461 ff.).
[104] OLG Düsseldorf ZIP 1999, 793; Emmerich/Habersack/*Habersack* Rn. 35; *Brandner/Bergmann* FS Bezzenberger, 2000, 59 (67 f.).
[105] OLG Frankfurt a. M. WM 2008, 2169 (2170).
[106] Vgl. BGHZ 112, 9 (24); Hüffer/Koch/*Koch* § 246a Rn. 18.
[107] Vgl. ausf. Beck OGK/*Rieckers*/*Cloppenburg* UmwG § 16 Rn. 49; Lutter/*Decher* UmwG § 16 Rn. 47. Zur Rüge unzureichender Information über die Unternehmensbewertung im Freigabeverfahren eingehend *Decher* FS Hoffmann-Becking, 2013, 295 (308 ff.).
[108] Näher Lutter/*Decher* UmwG § 16 Rn. 48; MüKoAktG/*Grunewald* Rn. 36; *Henze* ZIP 2002, 97 (100 f.).
[109] Vgl. MüKoAktG/*Grunewald* Rn. 42; Emmerich/Habersack/*Habersack* Rn. 37; *Fuhrmann/Linnerz* ZIP 2004, 2306 (2308 ff.). (mit Beispielen aus der Rspr.); *Kort*, Bestandsschutz fehlerhafter Strukturänderungen im Kapitalgesellschaftsrecht, 1998, 88.
[110] BegrRegE, BT-Drs. 16/11642, 41.

als das Interesse des Klägers an einem Aufschub werden die Nachteilsprüfung und die Prüfung des Rechtsverstoßes nunmehr zwei hierarchisch getrennten Prüfungsstufen zugewiesen.[111] Auf der **ersten Prüfungsstufe** der Sache hat das Prozessgericht nach seiner freien Überzeugung zunächst eine **Abwägung** und Gewichtung der sich gegenüberstehenden wirtschaftlichen Interessen vorzunehmen. Dabei wird ihm vom Gesetz größtmögliche Entscheidungsfreiheit gewährt. Die Darlegungs- und Substantiierungslast für die „wesentlichen"[112] (wirtschaftlichen) Nachteile der Gesellschaften und ihrer Aktionäre aufgrund einer weiteren Verzögerung des Wirksamwerdens der Eingliederung liegt bei der antragstellenden Gesellschaft.[113] Nur das wirtschaftliche Interesse des klagenden Aktionärs – nicht das der Gesamtheit der Aktionäre – ist gegen die Unternehmensnachteile abzuwägen.[114] In diese Abwägung sind alle nicht vernachlässigbaren wirtschaftlichen Nachteile der Gesellschaft einzubeziehen.[115] Ein zu langes Abwarten vor der Antragstellung kann im Einzelfall zu berücksichtigen sein und gegen das Eilinteresse der Gesellschaft sprechen. Abzulehnen ist jedoch, über die Interessenabwägung generell eine „faktische Antragsfrist" (von drei Monaten) einzuführen.[116] Die mit der Klage geltend gemachte Rechtsverletzung fließt nicht mehr in die Abwägung ein, sondern ihr ist nun eine **zweite, separate Prüfungsstufe** vorbehalten: Auch auf Grundlage einer zugunsten des Eintragungsinteresses der Gesellschaft(en) vorgenommenen Abwägung darf die Freigabe nicht erfolgen, wenn der mit der Klage geltend gemachte Rechtsverstoß besonders schwer ist. Dies ist vom Kläger (= Antragsgegner) darzulegen und zu beweisen („es sei denn").[117] Der Begriff der **besonderen Schwere der Rechtsverletzung** ist eng und zielt auf „ganz gravierende" Verstöße, bei denen eine Eintragung mit Bestandsschutz ohne vertiefte Prüfung im Hauptsachverfahren „unerträglich" wäre.[118] Daraus und aus den in dem Bericht des Rechtsausschusses angeführten Beispielen geht hervor, dass dies nur in seltenen Ausnahmefällen in Betracht kommt (Missstände, elementare oder vorsätzliche Rechtsverstöße).[119] Abzustellen ist auf die Bedeutung der verletzten Norm und das Ausmaß der Rechtsverletzung.[120] Bei der Beurteilung der **Bedeutung der Norm** kann zwischen Nichtigkeitsgründen iSd § 241, sonstigen anfechtungsbegründenden Inhaltsmängeln und formalen Beschlussmängeln iSd § 243 sowie danach abgestuft werden, ob der Mangel durch Eintragung heilbar (§ 242) oder durch Bestätigung zu beheben ist (§ 244). Für das **Ausmaß des Rechtsverstoßes** ist zu fragen, ob es sich um einen gezielten Verstoß handelt, der den Kläger im Vergleich zur Mehrheit ungleich trifft oder der den Kläger schwer trifft und nicht durch Schadensersatz in Geld zu kompensieren ist.[121] Bei Nichtigkeits- und erheblichen Inhaltsmängeln kommt zwar die Feststellung der Unbedenklichkeit grds. nach wie vor nicht in Betracht.[122] Jedoch ist nicht jeder Nichtigkeitsgrund mit der besonderen Schwere des Mangels gleichzusetzen.[123] Dies anerkennt an, dass die Nichtigkeitsgründe in § 241 nach allgM zu weit gefasst sind. So kann ein formaler Mangel, insbesondere wenn dieser behebbar ist (§ 244) oder gar von professionellen Klägern

---

[111] Vgl. *Bayer* FS Hoffmann-Becking, 2013, 91 (108 ff.); *Florstedt* AG 2009, 465 (469).
[112] MüKoAktG/*Grunewald* Rn. 42.
[113] LG Freiburg AG 1998, 536 (537); Hüffer/Koch/*Koch* § 246a Rn. 21. Erwägenswerte wirtschaftliche Nachteile aus der Praxis: OLG Düsseldorf AG 2009, 538 (540) – Schwarz Pharma; OLG Düsseldorf DB 2003, 1941 (Synergieeffekte); KG AG 2011, 170 (172) – Vanguard III; OLG Nürnberg AG 1996, 229 (Vermeidung der Insolvenz); weitere Bsp. bei *Bayer* FS Hoffmann-Becking, 2013, 91 (109 f.).
[114] BegrRegE BT-Drs. 16/11642, 41; Beschlussempfehlung und Bericht des Rechtsausschusses, BT-Drs. 16/13098, 60; *Seibert* ZIP 2008, 2145 (2152); *Bayer* FS Hoffmann-Becking, 2013, 91 (112); *Verse* NZG 2009, 1127 (1130); krit. Emmerich/Habersack/*Habersack* Rn. 37 („zwei grundverschiedene Positionen gegeneinander abzuwägen").
[115] Vgl. die Bsp. in Beschlussempfehlung und Bericht des Rechtsausschusses, BT-Drs. 16/13098, 60 f.
[116] Wie hier OLG Frankfurt a. M. NZG 2010, 824 (827); Merkner/Sustmann CFL 2011, 65 (71); *Wilsing/Saß* DB 2011, 919 (924).
[117] BegrRegE BT-Drs. 16/11642, 41.
[118] BegrRegE BT-Drs. 16/11642, 41 („krass rechtswidrig"); Beschlussempfehlung und Bericht des Rechtsausschusses, BT-Drs. 16/13098, 61; OLG Köln AG 2015, 39, 40 („elementare Aktionärsrechte [...] massiv verletzt"); *Seibert* ZIP 2008, 2145 (2152); *Seibert* NZG 2007, 841 (844); *Stilz* FS Hommelhoff, 2012, 1181 (1187 f.); *Verse* NZG 2009, 1127 (1130).
[119] Vgl. Beschlussempfehlung und Bericht des Rechtsausschusses, BT-Drs. 16/13098, 61.
[120] BegrRegE BT-Drs. 16/11642, 41; Beschlussempfehlung und Bericht des Rechtsausschusses, BT-Drs. 16/13098, 61.
[121] BegrRegE BT-Drs. 16/11642, 41; OLG Hamm BeckRS 2014, 11989; s. auch *Bayer* FS Hoffmann-Becking, 2013, 91 (115 f.).
[122] Vgl. zum alten Recht *Riegger/Schockenhoff* ZIP 1997, 2105 (2109 f.).
[123] BegrRegE BT-Drs. 16/11642, 41; Beschlussempfehlung und Bericht des Rechtsausschusses, BT-Drs. 16/13098, 61; *Florstedt* AG 2009, 465 (471); Emmerich/Habersack/*Habersack* Rn. 38; *Stilz* FS Hommelhoff, 2012, 1181 (1188).

provoziert wurde, keinesfalls einen schweren Rechtsverstoß im Sinne der Vorschrift darstellen.[124] Gleiches sollte für Verletzungen des Auskunftsrechts (§ 131) gelten, insbesondere wenn die unterlassene Auskunft mit der Eingliederung nicht im Zusammenhang steht oder hierfür nicht von besonderer Relevanz ist. Im Übrigen ist bei (erheblichen) Inhaltsmängeln eine genaue Prüfung des Einzelfalls unerlässlich.

c) Zuständigkeit; Verfahren. Erst- und letztinstanzlich zuständig für den Beschluss ist seit **25** Inkrafttreten des ARUG ein Senat des für den Sitz der Gesellschaft zuständigen **Oberlandesgerichts** (Abs. 6 S. 6), während es für die Unwirksamkeitsklage bei der ausschließlichen Zuständigkeit des Landgerichts bleibt (§ 246 Abs. 3, § 249 Abs. 1 S. 1). Durch die **Unanfechtbarkeit** der gerichtlichen Entscheidung soll das Verfahren, das in der Vergangenheit ohnehin regelmäßig abschließend vom OLG nach Beschwerde des Antragsgegners entschieden wurde, so schnell wie möglich zum Abschluss gebracht und dadurch und der „Lästigkeitswert missbräuchlicher Aktionärsklagen" weiter gesenkt werden.[125] In der Konsequenz ist dann aber eine Übertragung auf den Einzelrichter ausgeschlossen (§ 319 Abs. 6 S. 7). Wegen des vorläufigen und summarischen Charakters des Verfahrens bedarf es abweichend von § 278 Abs. 2 ZPO einer Güteverhandlung nicht (§ 319 Abs. 6 S. 7, 2. Hs.). Hierin liegt kein Entzug des gesetzlichen Richters gemäß Art. 101 Abs. 1 S. 1 2 GG.[126] Ganz unbedenklich ist die Übertragung der Eingangszuständigkeit auf die Rechtsmittelinstanz gleichwohl nicht.[127] Die noch im RegE vorgesehene Zuständigkeit des LG mit einer zulassungsgebundenen Beschwerde zum OLG hätte ein echtes Systemvorbild in § 132 Abs. 3 gehabt.

Verfahrensordnung für das Freigabeverfahren ist grds. die ZPO. Wegen der Änderung der **25a** Zuständigkeit bestimmt Abs. 6 S. 2 ausdrücklich, dass auf das Verfahren die im ersten Rechtszug für das Verfahren vor den Landgerichten geltenden Vorschriften der Zivilprozessordnung entsprechend anzuwenden sind, soweit nichts Abweichendes bestimmt ist. Für die Festsetzung des Regelstreitwerts und die Streitwertspaltung wird nun auch im Freigabeverfahren die entsprechende Anwendung des § 247 ZPO angeordnet (näher → § 246a Rn. 15 ff.). Von Bedeutung sind angesichts der häufigen Versuche der Anfechtungskläger, die Freigabeverfahren in die Länge zu ziehen, die zu deren Verhinderung explizit aufgenommenen zivilprozessualen Änderungen. Zum einen sind die Zustellungsvorschriften der §§ 82, 83 Abs. 1 ZPO und § 84 ZPO entsprechend anzuwenden (Abs. 6 S. 2), was dazu führt, dass die Prozessvollmacht des Klägervertreters auch das Freigabeverfahren umfasst und der Antrag der Gesellschaft im Freigabeverfahren zwingend zugestellt wird. Ausländische Zustelladressen führen dann nicht mehr zu Verzögerungen.[128] Außerdem kann die Gesellschaft unmittelbar nach Ablauf der Monatsfrist des § 246 Abs. 1 eine eingereichte Klage bereits vor Zustellung einsehen und sich von der Geschäftsstelle Auszüge und Abschriften erteilen lassen (§ 246 Abs. 3 S. 4) und somit das Freigabeverfahren bereits vor Zustellung der Klage vorbereiten.[129] Damit werden bewusste Verzögerungen durch verspätete oder unvollständige Einzahlungen des Prozesskostenvorschusses erschwert. Die Entscheidung des Gerichts ergeht durch **Beschluss,** der mit Gründen zu versehen ist.[130] Der Beschluss des Gerichts beruht regelmäßig auf einer mündlichen Verhandlung. Auf die mündliche Verhandlung kann nur in dringenden Fällen verzichtet werden (Abs. 6 S. 4).[131] Der Beschluss soll **spätestens drei Monate** nach Antragstellung ergehen; Verzögerungen sind in einem selbständigen

---

[124] Vgl. Beschlussempfehlung und Bericht des Rechtsausschusses, BT-Drs. 16/13098, 61. Auch nach altem Recht sprachen formale Fehler nicht grundsätzlich gegen den Vollzug; s. OLG Stuttgart AG 1997, 138 (139) = ZIP 1997, 75; *Heermann* ZIP 1999, 1861 (1872); *Schmid* ZGR 1997, 493 (519); zum neuen Recht *Bayer* FS Hoffmann-Becking, 2013, 91 (116); Emmerich/Habersack/*Habersack* Rn. 38.

[125] Vgl. Beschlussempfehlung und Bericht des Rechtsausschusses, BT-Drs. 16/13098, 59 f.

[126] KG NZG 2010, 224; Großkomm AktG/*Schmolke* Rn. 61.

[127] Der Rechtsausschuss hatte das BMJ aufgefordert, bis Ende 2011 eine rechtstatsächliche Untersuchung über die mit dieser Zuständigkeit gemachten Erfahrungen durchzuführen; vgl. Beschlussempfehlung und Bericht des Rechtsausschusses, BT-Drs. 16/13098, 60. Die daraufhin dem Institut für Rechtstatsachenforschung zum Deutschen und Europäischen Unternehmensrecht der Friedrich-Schiller-Universität Jena (Prof. *Bayer*) vergebene Untersuchung über die „Auswirkung der Zuweisung der erstinstanzlichen Zuständigkeit in Freigabeverfahren an die Oberlandesgerichte" ist verfügbar unter www.bmj.de. Siehe auch die Studie von *Baums/Drinhausen/Keinath* ZIP 2011, 2329 (2347 ff.).

[128] Für eine entsprechende Anwendung des § 82 ZPO bereits nach altem Recht LG Münster AG 2007, 377 (378); zum Missstand ausf. BegrRegE BT-Drs. 16/11642, 40 f.

[129] BegrRegE BT-Drs. 16/11642, 41.

[130] Auflagen sind nicht möglich, Emmerich/Habersack/*Habersack* Rn. 41; aA *Heermann* ZIP 1999, 1861 (1870 ff.) Nebenintervenienten, die einer Anfechtungs- oder Nichtigkeitsklage beigetreten sind, sind nicht von Amts wegen an dem Freigabeverfahren zu beteiligen, OLG Düsseldorf AG 2005, 654 (654 f.); *K. Schmidt* Liber amicorum Happ, 2006, 259.

[131] Vgl. dazu OLG München DB 2004, 972 (973) einerseits und OLG Frankfurt a. M. ZIP 2003, 1654 andererseits (jeweils im Zusammenhang mit einem Squeeze-out-Verfahren).

unanfechtbaren Beschluss zu begründen (§ 319 Abs. 6 S. 5). Die vorgebrachten Tatsachen, aus denen sich die Freigabe der sofortigen Eintragung ergeben soll, sind von der antragstellenden Gesellschaft iSd § 294 ZPO glaubhaft zu machen (§ 319 Abs. 6 S. 6). In Betracht kommen danach nur „präsente" Beweismittel; eine nicht unmittelbar durchführbare Beweisaufnahme ist unstatthaft. Der Beschluss ist unanfechtbar (§ 319 Abs. 6 S. 8). Bei einer **Mehrheitseingliederung** sind für die Überwindung der Registersperre zwei Freigabebeschlüsse erforderlich, wenn sowohl der Eingliederungs- als auch der Zustimmungsbeschluss durch Klagen der Aktionäre angegriffen werden.[132]

26 d) Schadenersatz. Nach § 319 Abs. 6 S. 10 ist die Gesellschaft, die den Freigabebeschluss erwirkt hat, verpflichtet, dem Antragsgegner den Schaden zu ersetzen, der ihm aus einer auf dem Beschluss beruhenden Eintragung entstanden ist, wenn sich die Klage im Hauptsacheverfahren als begründet erweist. Ein Verschulden der Gesellschaft ist nicht erforderlich.[133] Für den Inhalt des Schadensersatzanspruchs gelten die grds. allgemeinen Regeln (§§ 249 ff. BGB). Ersatzfähig sind insbesondere die Kosten des Beschlussverfahrens und ein Vermögensschaden, der aufgrund Eintragung und Vollzug der Eingliederung eingetreten ist.[134] Nach der Eintragung lassen Mängel des Beschlusses seine Durchführung unberührt; die Beseitigung dieser Wirkung kann auch nicht als Schadenersatz verlangt werden (Abs. 6 S. 11). Damit steht nun auch für das Eingliederungsverfahren fest, dass nach Eintragung kein Risiko mehr besteht, die Strukturmaßnahme in Zukunft rückgängig machen zu müssen, wenn zuvor das Freigabeverfahren durchlaufen wurde. Zuvor war wegen des Fehlens einer § 20 Abs. 2 UmwG, § 16 Abs. 3 S. 6 UmwG entsprechenden Regelung die Rückabwicklung der Eingliederung für die Zukunft als Teil der Schadensersatzverpflichtung angesehen bzw. diese Verpflichtung bereits aus der rechtskräftigen Feststellung der Beschlussnichtigkeit gefolgert worden.[135]

27 4. Eintragung. Mit der Eintragung in das Handelsregister des Sitzes der einzugliedernden Gesellschaft wird die Eingliederung wirksam (§ 319 Abs. 7). Die Eintragung ist folglich konstitutiv; sie hat auch die Beendigung eines zwischen der Hauptgesellschaft und der eingegliederten Gesellschaft bestehenden Beherrschungsvertrags zur Folge. Das Registergericht hat die Eintragung nach § 10 HGB bekannt zu machen. In der Bekanntmachung sind die Gläubiger auf ihr Recht auf Sicherheitsleistung nach § 321 hinzuweisen (§ 321 Abs. 1 S. 2; → 321 Rn. 5). Kommt es nach der Eintragung der Eingliederung zur rechtskräftigen Feststellung von Beschlussmängeln, ist – wie festgestellt (→ Rn. 26) – eine Heilung der Eingliederungsmängel durch Eintragung entsprechend dem Umwandlungsrecht (§ 20 Abs. 2 UmwG, § 16 Abs. 3 S. 6 UmwG)[136] oder den Fällen des § 246a gesetzlich vorgesehen.

§ 320 Eingliederung durch Mehrheitsbeschluß

(1) ¹Die Hauptversammlung einer Aktiengesellschaft kann die Eingliederung der Gesellschaft in eine andere Aktiengesellschaft mit Sitz im Inland auch dann beschließen, wenn sich Aktien der Gesellschaft, auf die zusammen fünfundneunzig vom Hundert des Grundkapitals entfallen, in der Hand der zukünftigen Hauptgesellschaft befinden. ²Eigene Aktien und Aktien, die einem anderen für Rechnung der Gesellschaft gehören, sind vom Grundkapital abzusetzen. ³Für die Eingliederung gelten außer § 319 Abs. 1 Satz 2, Abs. 2 bis 7 die Absätze 2 bis 4.

(2) ¹Die Bekanntmachung der Eingliederung als Gegenstand der Tagesordnung ist nur ordnungsgemäß, wenn
1. sie die Firma und den Sitz der zukünftigen Hauptgesellschaft enthält,
2. ihr eine Erklärung der zukünftigen Hauptgesellschaft beigefügt ist, in der diese den ausscheidenden Aktionären als Abfindung für ihre Aktien eigene Aktien, im Falle des § 320b Abs. 1 Satz 3 außerdem eine Barabfindung anbietet.
²Satz 1 Nr. 2 gilt auch für die Bekanntmachung der zukünftigen Hauptgesellschaft.

(3) ¹Die Eingliederung ist durch einen oder mehrere sachverständige Prüfer (Eingliederungsprüfer) zu prüfen. ²Diese werden auf Antrag des Vorstands der zukünftigen Hauptgesellschaft vom Gericht ausgewählt und bestellt. ³§ 293a Abs. 3, §§ 293c bis 293e sind sinngemäß anzuwenden.

---

[132] MHdB AG/*Krieger* § 73 Rn. 23; Emmerich/Habersack/*Habersack* Rn. 33.
[133] Hüffer/Koch/*Koch* § 246a Rn. 26; Emmerich/Habersack/*Habersack* Rn. 43. Nicht anspruchsberechtigt sind Streithelfer *K. Schmidt* Liber amicorum Happ, 2006, 259 (272 ff.).
[134] MüKoAktG/*Grunewald* Rn. 46; Emmerich/Habersack/*Habersack* Rn. 43.
[135] Vgl. 1. Aufl. Rn. 26 mwN.
[136] S. dazu BayObLG NZG 2000, 50; OLG Frankfurt a. M. DB 2003, 599; *Heermann* ZIP 1999, 1861 (1868 f.); krit. *H. Schmidt* AG 2004, 299 (302).

(4) ¹Die in § 319 Abs. 3 Satz 1 bezeichneten Unterlagen sowie der Prüfungsbericht nach Absatz 3 sind jeweils von der Einberufung der Hauptversammlung an, die über die Zustimmung zur Eingliederung beschließen soll, in dem Geschäftsraum der einzugliedernden Gesellschaft und der Hauptgesellschaft zur Einsicht der Aktionäre auszulegen. ²In dem Eingliederungsbericht sind auch Art und Höhe der Abfindung nach § 320b rechtlich und wirtschaftlich zu erläutern und zu begründen; auf besondere Schwierigkeiten bei der Bewertung der beteiligten Gesellschaften sowie auf die Folgen für die Beteiligungen der Aktionäre ist hinzuweisen. ³§ 319 Abs. 3 Satz 2 bis 5 gilt sinngemäß für die Aktionäre beider Gesellschaften.

Schrifttum: S. auch § 319; *Hirte*, Bezugsrechtsausschluss und Konzernbildung, 1986; *Lutter*, Zur inhaltlichen Überprüfung von Mehrheitsentscheidungen – Besprechung der Entscheidung BGH WM 1980, 378, ZGR 1981, 171; *Rodloff*, Ungeschriebene sachliche Voraussetzungen der aktienrechtlichen Mehrheitseingliederungen, Diss. Berlin 1991; *Vetter*, Zum Ausgleich von Spitzenbeträgen bei der Abfindung in Aktien, AG 1997, 6; *Vetter*, 50 Jahre Aktienkonzernrecht, in Fleischer/Koch/Kropff/Lutter, 50 Jahre AktG, 2015, 231.

Übersicht

	Rn.		Rn.
I. Normzweck	1–3	2. Hauptversammlung der künftigen Hauptgesellschaft	12
1. Regelungsgegenstand	1, 2		
2. Rechtstatsächliche Bedeutung	3	**IV. Eingliederungsprüfung**	13–15
II. Zulässigkeit und Voraussetzungen der Mehrheitseingliederung	4–10	1. Pflichtprüfung	13
1. Grundlagen und Verhältnis zu § 319	4	2. Auswahl, Bestellung und Verantwortlichkeit der Eingliederungsprüfer	14
2. Beteiligung am Grundkapital	5–7	3. Gegenstand der Prüfung; Prüfungsbericht	15
3. Beschlusserfordernisse, Verfahren	8–10		
a) Eingliederungsbeschluss	8	**V. Informationspflichten**	16–18
b) Zustimmungsbeschluss	9	1. Allgemeines	16
c) Anmeldung und Eintragung	10	2. Erweiterung des Eingliederungsberichts	17
III. Bekanntmachung der Tagesordnung	11, 12	3. Auslegung oder Zugänglichmachung; erweitertes Auskunftsrecht	18
1. Hauptversammlung der einzugliedernden Gesellschaft	11	**VI. Fehlerhafte Eingliederung**	19

I. Normzweck

1. Regelungsgegenstand. Die Vorschrift ermöglicht die Eingliederung durch Mehrheitsbeschluss, wenn sich mindestens 95 % der Aktien in der Hand der zukünftigen Hauptgesellschaft befinden. In diesen Fällen soll die Eingliederung als **konzernrechtliches Gestaltungsmittel** nicht an einer „kleinen Minderheit" von bekannten oder unbekannten Aktionären scheitern.[1] Nach durchgeführter Eingliederung sollen diese Minderheitsaktionäre aber auch nicht darauf verwiesen sein, in einer Gesellschaft zu verbleiben, deren Organisations- und Finanzverfassung weitestgehend dem Fremdeinfluss der Hauptgesellschaft ausgesetzt ist. Als Folge der Mehrheitseingliederung ist daher bestimmt, dass ihre Mitgliedschaft auf die Hauptgesellschaft übergeht (§ 320a) und sie dafür durch eine angemessene Abfindung entschädigt werden (§ 320b). Die verfassungsrechtliche Unbedenklichkeit dieser Regelung ist heute gesicherte Erkenntnis.[2]

§ 320 ist nicht nur Rechtsgrundlage für die Eingliederung durch Mehrheitsbeschluss (Abs. 1), 2 sondern regelt auch die verfahrensrechtlichen Anforderungen und die Geltung von Teilen des § 319 (Abs. 2–4). Die Vorschrift ist insbesondere durch die Reform des Umwandlungsrechts[3] umgestaltet worden. Abgesehen von der redaktionellen Verteilung des Regelungsstoffs auf §§ 320 nF, 320a und 320b ist die Einführung einer obligatorischen Eingliederungsprüfung hervorzuheben.[4] Die Bedeutung der Eingliederungsprüfung ist durch das Gesetz zur Neuordnung des gesellschaftsrechtlichen

---
[1] BegrRegE *Kropff* S. 424.
[2] BVerfGE 14, 263 (273 ff.) = NJW 1962, 1667 – Feldmühle; BGH WM 1974, 713 (716); MüKoAktG/*Grunewald* Rn. 2; Kölner Komm AktG/*Koppensteiner* Vor § 319 Rn. 7; s. ferner BVerfGE 100, 289 (302 ff.) = NJW 1999, 3769 = NZG 1999, 931; BVerfG NJW 2001, 279 (280 f.) = NZG 2000, 1117 = LM GG Art. 14 (A) Nr. 63j.
[3] Vgl. Art. 6 Nr. 11, 12 Gesetz zur Bereinigung des Umwandlungsrechts vom 28.10.1994, BGBl. 1994 I 3210 (3263).
[4] Vgl. BegrRegE BT-Drs. 12/6699, 179.

Spruchverfahrens (SpruchG)[5] weiter gestärkt worden; nunmehr wird der Eingliederungsprüfer auf Antrag des Vorstands der zukünftigen Hauptgesellschaft vom Gericht ausgewählt und bestellt (§ 320 Abs. 3 S. 2).[6]

3 **2. Rechtstatsächliche Bedeutung.** Die Mehrheitseingliederung hat keine dem Beherrschungs- und Gewinnabführungsvertrag vergleichbare Bedeutung erlangt. Insgesamt ist sie allerdings als vorübergehende Maßnahme bei der Konzernumstrukturierung zum Ausschluss von Minderheitsaktionären und auch als dauerhaftes konzernrechtliches Ordnungsprinzip in reinen Aktienkonzernen in der Vergangenheit durchaus vielfältig genutzt worden.[7] Nach Einführung des *Squeeze-out* (§§ 327a ff.) hat sich das erstgenannte Einsatzfeld weitgehend erledigt. Angesichts der Konzernrechtsneutralität dieser Bestimmungen kann die Mehrheitseingliederung relevant bleiben, wenn mit dem Ausscheiden der Minderheitsaktionäre unmittelbar auch eine über §§ 311 ff. hinausgehende Konzernleitungsmacht erreicht werden soll (auch → § 327a Rn. 8). Da einem Konzernleitungsbedürfnis aber idR bereits der Abschluss eines Beherrschungs-(und Gewinnabführungs-)vertrags nach § 291 Abs. 1 Satz 1 genügt, ist die relative Bedeutungslosigkeit der §§ 319 ff. nicht zu Unrecht zum Anlass genommen worden, für deren Streichung zu plädieren.[8]

II. Zulässigkeit und Voraussetzungen der Mehrheitseingliederung

4 **1. Grundlagen und Verhältnis zu § 319.** Strukturell unterscheidet sich die Eingliederung durch Mehrheitsbeschluss von dem in § 319 geregelten Grundtatbestand der Eingliederung nur dadurch, dass die abhängige Gesellschaft über Minderheitsaktionäre verfügt, die im Rahmen der Eingliederung gegen eine angemessene Abfindung ausscheiden. Dies macht die Festlegung und nähere **Präzisierung der Mehrheitsbeteiligung** am Grundkapital, ab der die Mehrheitseingliederung grds. zulässig sein soll, sowie bestimmte Ergänzungen zur Sicherstellung einer ausreichenden Information der **Minderheitsaktionäre** und Bewertung ihrer Aktien erforderlich. Das Verfahren zur Herbeiführung der Mehrheitseingliederung entspricht dem in § 319 beschriebenen; zu fassen ist ein Eingliederungsbeschluss der einzugliedernden Gesellschaft und ein Zustimmungsbeschluss der künftigen Hauptgesellschaft. Abs. 1 S. 3 stellt insoweit klar, dass § 319 Abs. 1 S. 2, § 319 Abs. 2–7 auch für die Mehrheitseingliederung gilt. Die bereits in § 319 enthaltenen Voraussetzungen hinsichtlich Rechtsform und Sitz der beteiligten Gesellschaften werden in Abs. 1 S. 1 wiederholt (→ § 319 Rn. 3).

5 **2. Beteiligung am Grundkapital.** Eine Eingliederung durch Mehrheitsbeschluss kann nur beschlossen und herbeigeführt werden, wenn sich Aktien, die zusammen **95 % des Grundkapitals** der einzugliedernden Gesellschaft entfallen, in der Hand der künftigen Hauptgesellschaft befinden. Bei Nennbetragsaktien (§ 8 Abs. 2) ist folglich der Gesamtnennbetrag, bei Stückaktien (§ 8 Abs. 3) die Anzahl der gehaltenen Aktien für diese **Kapitalmehrheit** entscheidend. Ein zusätzliches ungeschriebenes Erfordernis einer Stimmenmehrheit in Höhe von 95 % ist angesichts des eindeutigen Wortlauts des Abs. 1 S. 1 zu verneinen.[9] Gegen ein Auseinanderfallen von Kapital- und Stimmrechtsmehrheit bei Ausgabe von stimmrechtslosen Vorzugsaktien (§ 139) oder Aktien mit Höchststimmrecht (§ 134 Abs. 1 S. 2) bestehen demnach keine Bedenken. Die Formulierung des Gesetzestexts macht ferner deutlich, dass die Gesellschaft selbst Inhaberin der Aktien sein muss. Schuldrechtliche Bindungen in Bezug auf dieses Eigentum sind unbeachtlich. Entsprechend § 319 können Aktien nicht nach § 16 Abs. 4 zugerechnet werden (allgM). Die Voraussetzungen sind damit strenger als beim *Squeeze-out*, für den die Zurechnung ausdrücklich zugelassen wird (§ 327a Abs. 2; → § 327a Rn. 17).

6 Nach Abs. 1 S. 2 sind **eigene Aktien** und Aktien, die einem anderen für Rechnung der Gesellschaft gehören, vom Grundkapital abzusetzen. Darin liegt eine faktische Reduzierung der erforderlichen Beteiligungshöhe, die aber wegen der fehlenden Betroffenheit Dritter und des Übergangs auch dieser Aktien auf die Hauptgesellschaft (dazu aber → § 320b Rn. 3) sachgerecht ist. Allerdings ist die Nichtberücksichtigung von Aktien insoweit abschließend geregelt; eine weitergehende Erstre-

---

[5] Gesetz v. 12.6.2003, BGBl. 2003 I 838. Dazu *Bungert/Mennicke* BB 2003, 2021; *Büchel* NZG 2003, 793; *Lamb/Schluck-Amend* DB 2003, 1259; zur Entstehung *Neye* NZG 2002, 23; *Neye* ZIP 2002, 2097.

[6] Bei den übrigen Änderungen durch Art. 1 Nr. 38 Gesetz über die Zulassung von Stückaktien v. 25.3.1998, BGBl. 1998 I 590 und Art. 1 Nr. 28a KonTraG v. 27.4.1998, BGBl. 1998 I 786 handelte es sich nur um Klarstellungen.

[7] Vgl. nur BGH WM 1998, 1624 mit Anm. *U. H. Schneider/Singhof* WuB II A. § 320b AktG 1.98 (mehrstufiger Eingliederungskonzern); *Martens* AG 1992, 209.

[8] *Vetter* in Fleischer/Koch/Kropff/Lutter, 50 Jahre AktG, 2015, 231 (259).

[9] HM; MüKoAktG/*Grunewald* Rn. 8; Emmerich/Habersack/*Habersack* Rn. 11; Hüffer/Koch/*Koch* Rn. 4; MHdB AG/*Krieger* § 73 Rn. 31a; aA Kölner Komm AktG/*Koppensteiner* Rn. 6; offen gelassen von OLG Hamm AG 1994, 376 (377).

ckung auf sämtliche in § 71d umschriebenen Fälle ist nicht möglich.[10] Der Gesetzgeber hat – bewusst oder unbewusst – eine Entscheidung für eine bestimmte Festsetzung der Beteiligungsquote getroffen, die wortgetreu auszulegen ist. Ein Zusammenhang der Nichtberücksichtigung bestimmter Aktien mit dem Ruhen der Rechte aus Aktien nach § 71b ist nicht anzunehmen.[11] Ein anderer Fall sind Bezugsrechts auf Aktien, insbesondere **Options- und Wandlungsrechte;** da hieraus noch keine Aktien entstanden sind, spielen sie für die Berechnung der Beteiligungshöhe keine Rolle (→ § 320b Rn. 6).

Der **maßgebliche Zeitpunkt** für das Erreichen der notwendigen Kapitalbeteiligung ist im Gesetz nicht ausdrücklich geregelt. Doch legt der Wortlaut nahe, dass hierfür jedenfalls bei der Mehrheitseingliederung auf den Moment der Beschlussfassung abzustellen ist.[12] Damit bestünde auch inhaltliche Übereinstimmung mit der Rechtslage beim *Squeeze-out* (→ § 327a Rn. 18). Eine Bedingung im Eingliederungsbeschluss, dass die Eintragung der Eingliederung spätestens bis zur nächsten Hauptversammlung und erst dann vorgenommen wird, wenn die erforderliche Beteiligungsquote erreicht ist, bietet aus Sicht der Aktionäre nicht das gleiche Maß an Transparenz, wenngleich das Registergericht zur Überprüfung dieser Voraussetzung verpflichtet ist.[13] Im Übrigen ist der Eingliederungsbeschluss nichtig, wenn die zukünftige Hauptgesellschaft nicht über die erforderliche Kapitalmehrheit verfügt (§ 241 Nr. 3).[14] 7

3. Beschlusserfordernisse, Verfahren. a) Eingliederungsbeschluss. Zur Durchführung einer 8 Mehrheitseingliederung muss ein Hauptversammlungsbeschluss in der einzugliedernden Gesellschaft herbeigeführt werden. Auf diesen Beschluss sind die Bestimmungen des Gesetzes und der Satzung über Satzungsänderungen nicht anzuwenden (§ 320 Abs. 1 S. 3 iVm § 319 Abs. 1 S. 2; → § 319 Rn. 7). Wegen der Minderheitsaktionäre ist eine Vollversammlung (§ 121 Abs. 6) mit den entsprechenden förmlichen Erleichterungen nicht ohne weiteres möglich; §§ 121 ff. sind grds. einzuhalten. Darüber hinaus werden besondere Anforderungen an die Bekanntmachung der Tagesordnung gestellt (Abs. 2) und Informationsmöglichkeiten und Berichtspflichten auf die zu gewährende Abfindung ausgedehnt (Abs. 4). Dies ist wesentlich, weil sich die ausscheidenden Aktionäre nur so über die zukünftige Hauptgesellschaft und die Angemessenheit ihrer Abfindung informieren können. Der Eingliederungsbeschluss bedarf aber keiner sachlichen Rechtfertigung.[15] Für den Eingliederungsbeschluss genügt die **einfache Stimmenmehrheit** (§ 133 Abs. 1). Ein Sonderbeschluss von Vorzugsaktionären, die im Rahmen des Eingliederungsbeschlusses vom Stimmrecht ausgeschlossen sind, ist nicht erforderlich.[16]

b) Zustimmungsbeschluss. Auch bei der Mehrheitseingliederung wird der Eingliederungsbeschluss nur mit Zustimmung der Hauptversammlung der künftigen Hauptgesellschaft wirksam (§ 320 Abs. 1 S. 3 iVm § 319 Abs. 2). Die Zustimmung bedarf der **Mehrheit,** die mindestens ¾ des bei der Beschlussfassung vertretenen Grundkapitals umfasst, wobei die Satzung eine größere Mehrheit und weitere Erfordernisse bestimmen kann. Auch dieser Hauptversammlungsbeschluss bedarf **keiner sachlichen Rechtfertigung.**[17] Allerdings hat der Beschluss als solcher für die zukünftige Hauptgesellschaft entscheidende Bedeutung. Abgesehen von den weitreichenden Folgen, die auch für die Hauptgesellschaft mit der Eingliederung verbunden sind, wird die Rechtsposition der Aktionäre durch das mögliche Absinken ihrer Beteiligungsquote durch die Aufnahme der Aktionäre der einzugliedernden Gesellschaft berührt. Grundsätzlich wird dies zwar vom Gesetz bewusst in Kauf genommen, jedoch darf die Abfindung nicht für die Aktionäre der Hauptgesellschaft nachteilig sein. Sie 9

---

[10] MüKoAktG/*Grunewald* Rn. 3; Hüffer/Koch/*Koch* Rn. 4; Emmerich/Habersack/*Habersack* Rn. 9; K. Schmidt/Lutter/*Ziemons* Rn. 4; aA Kölner Komm AktG/*Koppensteiner* Rn. 4.
[11] Emmerich/Habersack/*Habersack* Rn. 9.
[12] Wie hier wohl MüKoAktG/*Grunewald* § 319 Rn. 14 (für die Eingliederung durch Alleinaktionärin); aA Emmerich/Habersack/*Habersack* Rn. 9; *Bungert* NZG 2000, 167 (168) sowie BayObLG NZG 2000, 166 (zum Zeitpunkt für die Eintragungsvoraussetzungen beim Formwechsel einer GmbH in eine KG).
[13] AA *Bungert* NZG 2000, 167 (168).
[14] *Kort*, Bestandsschutz fehlerhafter Strukturänderungen im Kapitalgesellschaftsrecht, 1998, 190 f.; Emmerich/Habersack/*Habersack* Rn. 10; Kölner Komm AktG/*Koppensteiner* Rn. 7 (ohne rechtliche Wirkungen); NK-AktR/ *Jaursch* Rn. 13; aA OLG Hamm AG 1994, 376 (377 f.).
[15] Kölner Komm AktG/*Koppensteiner* Rn. 9; Kölner Komm AktG/*Koppensteiner* Rn. 13; MHdB AG/*Krieger* § 74 Rn. 39; *Lutter* ZGR 1981, 171 (180); aA *Rodloff*, Ungeschriebene sachliche Voraussetzungen der aktienrechtlichen Mehrheitseingliederungen, 1991, 44 ff. Siehe auch das Beispiel für einen Eingliederungsbeschluss von *Groß* in Happ Konzern- und Umwandlungsrecht, Muster 6.04.
[16] Emmerich/Habersack/*Habersack* Rn. 11.
[17] Vgl. OLG München AG 1993, 430 (431); MüKoAktG/*Grunewald* Rn. 19; Emmerich/Habersack/*Habersack* Rn. 6; aA *Hirte*, Bezugsrechtsausschluss und Konzernbildung, 1986, 149; *Rodloff*, Ungeschriebene sachliche Voraussetzungen der aktienrechtlichen Mehrheitseingliederungen, 1991, 185 ff.

sind entsprechend zu informieren (Informationspflichten nach § 320 Abs. 1 S. 3 iVm § 319 Abs. 3 und erweiterter Eingliederungsbericht nach Abs. 4 S. 2) und können mit der Anfechtungsklage die Unangemessenheit des Abfindungsangebots geltend machen (→ § 320b Rn. 13).[18] Wenn sowohl Ober- als auch Untergesellschaft in den Anwendungsbereich des MitbestG fallen, findet für die Ausübung der Beteiligungsrechte gleichwohl keine Kompetenzverlagerung vom Vorstand auf den Aufsichtsrat der Obergesellschaft statt; die Aufzählung der davon erfassten Beschlussgegenstände in § 32 MitbestG ist abschließend.[19]

10 **c) Anmeldung und Eintragung.** Anmeldung, Registerverfahren und Eintragung der Mehrheitseingliederung unterliegen keinen Besonderheiten (§ 320 Abs. 1 S. 3 iVm § 319 Abs. 4). Insoweit kann auf → § 319 Rn. 16 ff., 27 verwiesen werden. Gleiches gilt für die Negativerklärung iSd § 319 Abs. 5 S. 1, die Registersperre iSd § 319 Abs. 5 S. 2 und deren Überwindung durch das Freigabeverfahren des § 319 Abs. 6 (dazu → § 319 Rn. 21 ff.). Die Mehrheitseingliederung wird erst mit Eintragung in das Handelsregister der einzugliedernden Gesellschaft wirksam (§ 320 Abs. 1 S. 3 iVm § 319 Abs. 7). Dadurch erlangt die Mehrheitseingliederung Bestandsschutz. Ein zwischen der Hauptgesellschaft und der eingegliederten Gesellschaft bestehender Beherrschungsvertrag wird ohne Sonderbeschluss beendet.[20]

III. Bekanntmachung der Tagesordnung

11 **1. Hauptversammlung der einzugliedernden Gesellschaft.** Abs. 2 ergänzt die allgemeinen Anforderungen an die Bekanntmachung der Tagesordnung der einzugliedernden Gesellschaft (§ 124). Zugleich sind die **erweiterten Voraussetzungen** des Abs. 2 auch dann einzuhalten, wenn (ausnahmsweise) eine Vollversammlung nach § 121 Abs. 6 gegeben ist.[21] Neben den Angaben zur Identität der Hauptgesellschaft als zukünftiger Abfindungsschuldnerin (Abs. 2 S. 1 Nr. 1 – Firma und Sitz) kommt es dabei maßgeblich darauf an, dass in der Bekanntmachung eine Erklärung dieser Gesellschaft enthalten ist, in der diese den ausscheidenden Aktionären als **Abfindung** für ihre Aktien eigene Aktien, im Falle des § 320b Abs. 1 S. 3 außerdem eine Barabfindung anbietet. Diese frühzeitige und vollständige Information über das konkrete Abfindungsangebot, einschließlich Umtauschverhältnis, Höhe der Barabfindung[22] sowie Behandlung von Spitzenbeträgen,[23] soll den Aktionären ausreichend Gelegenheit geben zu entscheiden, ob sie die Angemessenheit der Abfindung in einem Spruchverfahren gerichtlich überprüfen lassen wollen.[24] Eine spätere **Erhöhung** des Abfindungsangebots in der Hauptversammlung wegen einer geplanten Kapitalerhöhung oder aus anderen Gründen (zB Kursentwicklung)[25] ist immer möglich und führt auch nicht dazu, dass die Ordnungsmäßigkeit der Bekanntmachung nachträglich in Frage zu stellen ist.[26] Enthält die Bekanntmachung der Tagesordnung die nach Abs. 2 erforderlichen Angaben nicht oder nur unvollständig, darf über die Eingliederung nicht beschlossen werden (§ 124 Abs. 4 S. 1). Ein dennoch gefasster Beschluss ist nach § 243 Abs. 1 anfechtbar.[27]

12 **2. Hauptversammlung der künftigen Hauptgesellschaft.** Die Bekanntmachung der Tagesordnung der Hauptversammlung der zukünftigen Hauptgesellschaft muss die Erklärung über die vorgesehene Abfindung enthalten (Abs. 2 S. 2). Auch die Aktionäre der zukünftigen Hauptgesell-

---

[18] Zur Kritik *Baums* Regierungskommission Corporate Governance Rn. 151 (zu § 14 Abs. 2 UmwG).
[19] UHH/*Ulmer*/*Habersack* MitbestG § 32 Rn. 11; Hölters/*Leuering*/*Goertz* Rn. 10.
[20] Insoweit findet § 295 Abs. 2 eine entsprechende Anwendung; BGH WM 1974, 713 (715); OLG Celle WM 1972, 1004 (1012); aA *Bayer* ZGR 1993, 599 (604 f.). Zu den Auswirkungen auf den Abfindungsanspruch bzw. ein laufendes Spruchverfahren OLG Celle DB 1973, 1118; eingehend *Aubel*/*Weber* WM 2004, 857.
[21] AA K. Schmidt/Lutter/*Ziemons* Rn. 11.
[22] MüKoAktG/*Grunewald* Rn. 6; Emmerich/Habersack/*Habersack* Rn. 13; Hüffer/Koch/*Koch* Rn. 7; Kölner Komm AktG/*Koppensteiner* Rn. 8.
[23] LG Berlin AG 1996, 230 (232); MüKoAktG/*Grunewald* Rn. 6; Hüffer/Koch/*Koch* Rn. 7; aA *Vetter* AG 1997, 6 (16).
[24] BegrRegE *Kropff* S. 424; BGH WM 1974, 713 (714).
[25] Zur Maßgeblichkeit des Börsenkurses und des Stichtags der Bekanntgabe der Maßnahme für die Abfindung BGHZ 186, 229 = NZG 2010, 939 = AG 2010, 629 = ZIP 2010, 1487 = WM 2010, 1472 – Stollwerck unter Aufgabe von BGHZ 147, 108 (118) = NZG 2001, 603 = DAT/Altana. Siehe zur Stollwerck-Entscheidung Bungert/Wettich BB 2010, 2227; *Decher* ZIP 2010, 1673; *Wasmann* ZGR 2011, 83; *Zeeck*/*Reichard* AG 2010, 699.
[26] MüKoAktG/*Grunewald* Rn. 6; Emmerich/Habersack/*Habersack* Rn. 13; MHdB AG/*Krieger* § 74 Rn. 36; K. Schmidt/Lutter/*Ziemons* Rn. 10 (es sei denn, die Hauptversammlung der anderen Gesellschaft hat schon Beschluss gefasst) wohl auch Hüffer/Koch/*Koch* Rn. 7; ausdrücklich für die bevorstehende Kapitalerhöhung BGH AG 1974, 320 (322); OLG Celle WM 1972, 1004 (1009 f.); Kölner Komm AktG/*Koppensteiner* Rn. 8.
[27] Unstr., BegrRegE *Kropff* S. 424; BGH WM 1974, 713 (714); OLG Celle WM 1972, 1004 (1009); LG Mosbach NZG 2001, 763 (766) = AG 2001, 206.

schaft sollen sich frühzeitig über die mögliche Abfindungsbelastung informieren und ihr Abstimmungsverhalten entsprechend vorbereiten können.[28] Ein Verstoß gegen die Bestimmung macht den Zustimmungsbeschluss anfechtbar (§ 243 Abs. 1).

IV. Eingliederungsprüfung

1. Pflichtprüfung. Entsprechend der in §§ 9, 60 Abs. 1 und 2 UmwG sowie § 293b (Unternehmensvertrag) getroffenen Regelung ist auch für Mehrheitseingliederung eine Pflichtprüfung vorgesehen (Abs. 3 S. 1). Diese zusätzliche Voraussetzung ist notwendig, weil hier – anders als bei der Eingliederung durch einen Alleinaktionär – Abfindungsansprüche von Minderheitsaktionären (§ 320b) zu bewerten sind. Nach der Vorstellung des Gesetzgebers sind mit der Pflichtprüfung eine sachliche Entlastung der gerichtlichen Prüfung der Angemessenheit der Abfindung und damit eine zeitliche Verkürzung eines möglichen Spruchverfahrens verbunden. Ein hinreichender **Schutz der Aktionäre** soll möglichst ohne ein solches Spruchverfahren durch die Prüfung der Eingliederung durch einen oder mehrere sachverständige und unabhängige Prüfer erreicht werden. Zugleich macht der Wortlaut des Gesetzes[29] deutlich, dass entsprechend der Rechtslage bei der Verschmelzung (§§ 9, 10 UmwG) und beim Unternehmensvertrag (§ 293b Abs. 1; → § 293b Rn. 10) ein gemeinsamer Eingliederungsprüfer für beide Gesellschaften genügt. Die Akzeptanz der Prüfung soll durch die Einführung der gerichtlichen Bestellung der Eingliederungsprüfer nach dem SpruchG weiter verstärkt werden (auch → Rn. 2).[30] Ein **Verzicht** auf die Eingliederungsprüfung ist nur möglich, wenn sämtliche Aktionäre der einzugliedernden Gesellschaft und der zukünftigen Hauptgesellschaft eine öffentlich beglaubigte Verzichtserklärung abgeben (§ 320 Abs. 3 S. 3 iVm § 293a Abs. 3).

2. Auswahl, Bestellung und Verantwortlichkeit der Eingliederungsprüfer. Der oder die Eingliederungsprüfer werden nach § 320 Abs. 3 S. 2 auf Antrag des Vorstands der zukünftigen Hauptgesellschaft vom Gericht ausgewählt und bestellt. Zuständig ist das Landgericht, in dessen Bezirk die einzugliedernde Gesellschaft ihren Sitz hat (§ 320 Abs. 3 S. 3 iVm § 293c Abs. 1 S. 3 und 4). Bei der Auswahl und Bestellung müssen die Bestellungsverbote (§ 320 Abs. 3 S. 3 iVm § 293d Abs. 1 S. 1 und § 319 Abs. 2 und 3 HGB) ausschließlich in Bezug auf die Hauptgesellschaft berücksichtigt werden. Eine Verfahrenskonzentration durch Rechtsverordnung ist möglich (§ 320 Abs. 3 S. 3 iVm § 293c Abs. 2); allerdings muss aufgrund dieser Verordnungsermächtigung erst eine neue Rechtsverordnung erlassen oder eine bestehende Rechtsverordnung erweitert werden. Das Ziel einer größeren Akzeptanz des Prüfungsergebnisses durch die gerichtliche Bestellungskompetenz wird in vollem Umfang nur zu erreichen sein, wenn die Gerichte künftig bei der Auswahl eigenständig vorgehen und nicht nur routinemäßig dem Vorschlag der Geschäftsführung des Unternehmens folgen.[31] Der Eingliederungsprüfer hat gegenüber den beteiligten Gesellschaften ein Auskunftsrecht (§ 320 Abs. 3 S. 3 iVm § 293d Abs. 1). Die Verantwortlichkeit des Eingliederungsprüfers gegenüber den beteiligten Gesellschaften und deren Aktionären richtet sich nach § 323 HGB (§ 320 Abs. 3 S. 3 iVm § 293d Abs. 2; → § 293d Rn. 8 ff.).

3. Gegenstand der Prüfung; Prüfungsbericht. Gegenstand der Prüfung ist die **gesamte Eingliederung**, insbesondere also die Eingliederungsvoraussetzungen (§§ 319, 320) sowie die Angemessenheit der Abfindung (§ 320 Abs. 3 S. 3 iVm § 293e Abs. 1 S. 2 und 3). Nach zutreffender Auffassung schließt die Prüfung auch den Eingliederungsbericht ein.[32] Dies wird man nicht zuletzt wegen der mit der Prüfung bezweckten Entlastung so zu sehen haben. Zur Zweckmäßigkeit der Mehrheitseingliederung sind dagegen keine Prüfungsaussagen zu treffen.[33] Der Inhalt des schriftlich zu erstattenden **Prüfungsberichts** wird aufgrund des Verweises in Abs. 3 S. 3 durch § 293e vorgegeben (→ § 293e Rn. 5 ff.). Umstritten ist, ob nur über das Ergebnis der Prüfung (sog. Ergebnisbericht) zu berichten ist oder der Bericht aus sich heraus eine Plausibilitätskontrolle ermöglichen soll. Letzteres erscheint vor dem Hintergrund der Bemühungen des Spruchverfahrensgesetzes vorzugswürdig.[34]

---

[28] BegrRegE *Kropff* S. 424 f.
[29] Änderung eingefügt durch Gesetz zur Kontrolle und Transparenz im Unternehmensbereich v. 27.4.1998, BGBl. 1998 I 786.
[30] BegrRegE BT-Drs. 15/371, 14 (18).
[31] Zu Recht krit. auch *Büchel* NZG 2003, 793 (800 f.); *Lamb/Schluck-Amend* DB 2003, 1259 (1262); *van Kann/Hirschmann* DStR 2003, 1488 (1494).
[32] Wie hier LG Berlin AG 1996, 230 (232); Emmerich/Habersack/*Habersack* Rn. 20; Hüffer/Koch/*Koch* Rn. 12; vgl. auch *Hoffmann-Becking* FS Fleck, 1988, 105 (122) (für die Verschmelzung); anders K. Schmidt/Lutter/ *Ziemons* Rn. 14 („zweifelhaft, aber im Ergebnis auch nicht entscheidend").
[33] Emmerich/Habersack/*Habersack* Rn. 20; Hüffer/Koch/*Koch* Rn. 12.
[34] Wie hier MüKoAktG/*Altmeppen* § 293e Rn. 13; Emmerich/Habersack/*Emmerich* § 293e Rn. 16; *Eisolt* DStR 2002, 1145 (1148) (für die Squeeze-out-Prüfung); anders die hM, vgl. statt anderer *Decher* FS Hoffmann-Becking, 2013, 295 (300); Hüffer/Koch/*Koch* § 293e Rn. 6 mwN.

Die Schutzklausel des § 293a Abs. 2 und die Möglichkeit des Verzichts auf den Prüfungsbericht nach § 293a Abs. 3 kommen auch hier zur Anwendung (§ 320 Abs. 3 S. 3 iVm § 293e Abs. 2).

V. Informationspflichten

16 **1. Allgemeines.** § 320 Abs. 4 erweitert die in § 319 Abs. 3 geregelten Informationspflichten, um sie den besonderen Bedürfnissen der Mehrheitseingliederung anzupassen. Dazu gehören die Erstreckung der Pflicht zur Auslegung oder Zugänglichmachung bestimmter Unterlagen nach Einberufung der Hauptversammlung auf beide Gesellschaften, die Ergänzung der auszulegenden oder zugänglich zu machenden Unterlagen um den Prüfungsbericht (Satz 1 und 3), die Erweiterung des notwendigen Inhalts des Eingliederungsberichts (Satz 2) sowie Ausdehnung der weiteren Ansprüche auf Erteilung von Abschriften, Zugänglichmachung und Auskunft in der Hauptversammlung auf die Aktionäre beider Gesellschaften (Satz 3).

17 **2. Erweiterung des Eingliederungsberichts.** § 320 Abs. 4 S. 2 bestimmt, dass in dem vom Vorstand der zukünftigen Hauptgesellschaft zu erstellenden Eingliederungsbericht (§ 319 Abs. 3 Nr. 1; → § 319 Rn. 11) auch Art und Höhe der Abfindung nach § 320b rechtlich und wirtschaftlich zu erläutern und zu begründen sowie auf besonderen Schwierigkeiten bei der Bewertung der beteiligten Gesellschaften und die Folgen für die Beteiligungen der Aktionäre hinzuweisen ist. Regelungsvorbild ist § 293a Abs. 1. Absätze 2 (Schutzklausel) und 3 (Möglichkeit des Verzichts) des § 293a sind entsprechend anwendbar (näher dazu → § 293a Rn. 18 ff. und Rn. 21 ff.). Wesentlich ist, dass den Aktionären durch entsprechende Angaben und Erläuterungen zu den angewandten Bewertungsgrundsätzen (bzw. der Relevanz des Börsenkurses) und dem Bewertungsergebnis die Möglichkeit einer Plausibilitätskontrolle gegeben wird (→ § 293a Rn. 9 ff. zum weiteren Inhalt des Berichts).[35] Damit wird dem besonderen Informationsbedürfnis sowohl der Aktionäre der zukünftigen Hauptgesellschaft als auch der Minderheitsaktionäre der einzugliedernden Gesellschaft über die Abfindungsverpflichtung Rechnung getragen.

18 **3. Auslegung oder Zugänglichmachung; erweitertes Auskunftsrecht.** Damit auch die Minderheitsaktionäre der einzugliedernden Gesellschaft von den die Eingliederung vorbereitenden Unterlagen (§ 319 Abs. 3 S. 1) Kenntnis nehmen können, begründet Abs. 4 S. 1 auch für die einzugliedernde Gesellschaft eine entsprechende Pflicht zur Auslegung in ihrem Geschäftsraum ab der Einberufung ihrer Hauptversammlung. Die Auslegungspflicht wird für beide beteiligten Gesellschaften auf den vom Vorstand der zukünftigen Hauptgesellschaft zu erstellenden Prüfungsbericht erstreckt (§ 320 Abs. 4 S. 1). Außerdem haben die Aktionäre beider Gesellschaften Anspruch auf kostenlose Erteilung von Abschriften der genannten Unterlagen und des Prüfungsberichts (§ 320 Abs. 4 S. 3 iVm § 319 Abs. 3 S. 2). Aufgrund des Verweises auf § 319 Abs. 3 S. 3 entfallen die Verpflichtungen zur Auslegung und Abschrifterteilung auch hier, wenn die bezeichneten Unterlagen für denselben Zeitraum über die Internetseite der zukünftigen Hauptgesellschaft bzw. der einzugliedernden Gesellschaft zugänglich sind. Dies ist für jede Gesellschaft isoliert zu betrachten. In der jeweiligen Hauptversammlung der beteiligten Gesellschaften sind diese Unterlagen wiederum einschließlich des Prüfungsberichts zugänglich zu machen (§ 320 Abs. 4 S. 3 iVm § 319 Abs. 3 S. 4). Den Aktionären der einzugliedernden Gesellschaft steht in der Hauptversammlung ein erweitertes Auskunftsrecht zu, das seinem Umfang nach dem „spiegelbildlichen" Auskunftsrecht der Aktionäre der zukünftigen Hauptgesellschaft entspricht (§ 320 Abs. 4 S. 3 iVm 319 Abs. 3 S. 5). Auf Verlangen ist danach jedem Aktionär Auskunft auch über alle im Zusammenhang mit der Eingliederung wesentlichen Angelegenheiten der zukünftigen Hauptgesellschaft zu geben.[36] Den Vorständen beider Gesellschaften obliegt es, die Eingliederung vorab in der Hauptversammlung zu erläutern und dabei auch auf die Angemessenheit der Abfindung und mögliche Bewertungsschwierigkeiten einzugehen.[37]

VI. Fehlerhafte Eingliederung

19 Die Mehrheitseingliederung unterliegt wegen des Erfordernisses eines Eingliederungsbeschlusses und eines Zustimmungsbeschlusses einem erhöhten Risiko von Beschlussmängeln. Überfällige Rechtssicherheit durch Bestandsschutz hat auch hier das ARUG[38] gebracht: Wird der Eingliede-

---

[35] Hüffer/Koch/*Koch* Rn. 15.
[36] Vgl. Emmerich/Habersack/*Habersack* Rn. 17; Hüffer/Koch/*Koch* Rn. 14; MHdB AG/*Krieger* § 74 Rn. 38. Teilweise wird angenommen, dass dies auf „präsente und ad hoc beschaffbare Informationen beschränkt ist; MüKoAktG/*Grunewald* Rn. 15; aA K. Schmidt/Lutter/*Ziemons* Rn. 18.
[37] Näher MüKoAktG/*Grunewald* Rn. 14; ähnlich K. Schmidt/Lutter/*Ziemons* Rn. 17 (vorrangige Erläuterungspflicht des Vorstands der einzugliedernden Gesellschaft).
[38] Gesetz zur Umsetzung der Aktionärsrechterichtlinie (ARUG) v. 30.7.2009, BGBl. 2009 I 2479.

rungs- oder Zustimmungsbeschluss **wirksam angefochten** (§ 243), so kann die zuvor auf Grundlage eines Freigabebeschlusses ins Handelsregister eingetragene Eingliederung **nicht rückabgewickelt** werden. Nach der Eintragung lassen Mängel des Beschlusses seine Durchführung unberührt; die Beseitigung dieser Wirkung der Eintragung kann auch nicht als Schadenersatz verlangt werden (Abs. 1) S. 3 iVm § 319 Abs. 6 S. 11). Die Aktien der Minderheitsaktionäre sind dauerhaft auf die Hauptgesellschaft übergegangen, und sie können entsprechend auch ihren Abfindungsanspruch nach § 320b geltend machen[39] bzw. in einem Spruchverfahren auf seine Angemessenheit überprüfen lassen. Die Eingliederung kann mit Wirkung für die Zukunft nur durch einen entsprechenden Hauptversammlungsbeschluss beendet werden (§ 327 Abs. 1 Nr. 1). Wurde (ausnahmsweise) kein Freigabeverfahren durchlaufen, schließen grds. ergänzend die Grundsätze der fehlerhaften Gesellschaft die Rückabwicklung der eingetragenen und durchgeführten Eingliederung aus;[40] es besteht dann allerdings ein **Anspruch auf Wiedereinräumung ihrer Mitgliedschaft** in der fehlerhaft eingegliederten Gesellschaft **mit Wirkung für die Zukunft**.[41] Fraglich ist die Rechtslage, wenn die zukünftige Hauptgesellschaft nicht die erforderliche Kapitalmehrheit hatte und der **Eingliederungsbeschluss** deshalb **nichtig** ist (§ 241 Nr. 3; bereits → Rn. 7). Wegen der Schwere des Mangels sind die Grundsätze über die fehlerhafte Gesellschaft nicht entsprechend anzuwenden.[42] Der Bestandsschutz nach § 320 Abs. 1 S. 3 iVm § 319 Abs. 6 S. 11 greift allerdings auch hier ein, sofern – wie üblich ein Freigabeverfahren durchlaufen wurde.[43] Anders als im Rahmen von § 319 (→ § 319 Rn. 5) ist in diesem Fall eine Beschränkung der Wirkungen bei einer Eingliederung trotz Fehlens der erforderlichen Kapitalmehrheit nicht geboten, da es hier nicht an den notwendigen Vorkehrungen für den vollen wirtschaftlichen Ausgleich der ausscheidenden Aktionäre und der gesetzlich angeordneten Beschlüsse für eine Mehrheitseingliederung fehlt.

§ 320a Wirkungen der Eingliederung

¹**Mit der Eintragung der Eingliederung in das Handelsregister gehen alle Aktien, die sich nicht in der Hand der Hauptgesellschaft befinden, auf diese über.** ²**Sind über diese Aktien Aktienurkunden ausgegeben, so verbriefen sie bis zu ihrer Aushändigung an die Hauptgesellschaft nur den Anspruch auf Abfindung.**

Schrifttum: *Habersack/Mayer,* Globalverbriefte Aktien als Gegenstand sachenrechtlicher Verfügungen?, WM 2000, 1678; *Than,* Wertpapierrecht ohne Wertpapiere?, FS Schimansky, 1999, 821; *Timm/Schick,* Die Auswirkungen der routinemäßigen Geltendmachung der Abfindung durch die Depotbanken auf die Rechte der außenstehenden Aktionäre bei der Mehrheitseingliederung, WM 1994, 185.

I. Normzweck

Die Vorschrift regelt die **besonderen Wirkungen der Mehrheitseingliederung** für die Minderheitsaktionäre und die Hauptgesellschaft. Sie legt fest, dass die Hauptgesellschaft mit der konstitutiven Eintragung der Eingliederung die Aktien der außenstehenden Aktionäre kraft Gesetzes erwirbt. Dies entspricht der allgemeinen Konzeption der Eingliederung, wonach die weitreichenden Einwirkungsmöglichkeiten auf die eingegliederte Gesellschaft (§ 323) nur zugelassen werden sollen, wenn nicht mehr auf die Belange von Minderheitsaktionären Rücksicht zu nehmen ist. Zugleich verbriefen etwaige Aktienurkunden bis zu ihrer Aushändigung an die Hauptgesellschaft den gesetzlichen Anspruch auf Abfindung der ausgeschiedenen Aktionäre. Dadurch wird die Legitimation für die Geltendmachung der Abfindungsansprüche sichergestellt, die den erlittenen Rechtsverlust kompensieren sollen (→ § 320b Rn. 1). Die Norm entspricht § 320 Abs. 4 aF (→ § 320 Rn. 2). 1

---

[39] Emmerich/Habersack/*Habersack* § 320b Rn. 22; *Kort,* Bestandsschutz fehlerhafter Strukturänderungen im Kapitalgesellschaftsrecht, 1998, 189 f.; *Schäfer,* Die Lehre vom fehlerhaften Verband, 2002, 473; aA *Köhler* ZGR 1985, 307 (323).

[40] Gegen die Anwendung der Grundsätze der fehlerhaften Gesellschaft OLG Karlsruhe AG 2011, 673 (674 f.).

[41] Vgl. LG Mannheim AG 2002, 104; Emmerich/Habersack/*Habersack* § 320b Rn. 22; *Kort,* Bestandsschutz fehlerhafter Strukturänderungen im Kapitalgesellschaftsrecht, 1998, 190; *Schäfer,* Die Lehre vom fehlerhaften Verband, 2002, 473; *Krieger* ZHR 158 (1994), 35 (44). Eine entsprechende verfassungsrechtliche Vorgabe ablehnend BVerfG AG 2007, 544 (547) = BB 2007, 1515.

[42] *Kort,* Bestandsschutz fehlerhafter Strukturänderungen im Kapitalgesellschaftsrecht, 1998, 190 f.; Emmerich/Habersack/*Habersack* Rn. 10 und 22 mwN; aA *C. Schäfer,* Die Lehre vom fehlerhaften Verband, 2002, 470 ff.; Großkomm AktG/*Schmolke* § 320a Rn. 3.

[43] Emmerich/Habersack/*Habersack* § 320b Rn. 22; Grigoleit/*Grigoleit/Rachlitz* Rn. 3.

II. Übertragung der Mitgliedschaften

2 Mit **Eintragung der Eingliederung** gehen alle Aktien, die sich nicht in der Hand der Hauptgesellschaft befinden, auf diese über. Dies schließt auch eigene Aktien sowie Aktien, die von einem Dritten für Rechnung der eingegliederten Gesellschaft gehalten werden (§§ 71, 71d), ein (allgM). Bewirkt wird damit ein **Übergang** der Mitgliedschaften **kraft Gesetzes,** so dass die Hauptgesellschaft Alleinaktionär der eingegliederten Gesellschaft wird. Eines Übertragungsgeschäfts bedarf es hierfür nicht.[1] Die Mitgliedschaften gehen frei von Belastungen über; eventuelle dingliche Belastungen setzen sich am Abfindungsanspruch des ausgeschiedenen Aktionärs bzw. einer an ihn ausgekehrten Abfindung fort (§ 1287 S. 1 BGB analog).[2] Wie sich S. 2 entnehmen lässt, findet eine Übertragung des Eigentums an etwaigen Aktienurkunden nicht statt; sie sollen bis zu ihrer Aushändigung an die Hauptgesellschaft den gesetzlichen Anspruch auf Abfindung (§ 320b) verbriefen (→ Rn. 5).[3] Die ausgeschiedenen Aktionäre bleiben (natürlich) für ein Spruchverfahren aktivlegitimiert (vgl. § 3 Nr. 2 SpruchG). Der Verlust der Mitgliedschaft bewirkt auch nicht den Wegfall ihrer Sachbefugnis in anhängigen gesellschaftsrechtlichen Spruchverfahren.[4]

3 Zweifelhaft ist der Übergang der Mitgliedschaften, wenn die **sonstigen Voraussetzungen der Eingliederung** fehlen.[5] Ist der Eingliederungs- oder Zustimmungsbeschluss nichtig (§ 241), gehen die Mitgliedschaften nicht oder jedenfalls erst mit Eintritt der Heilung (§ 242 Abs. 2) oder nach vorangegangenem Freigabebeschluss gemäß § 319 Abs. 6 über.[6] Wird die Eingliederung nach Anfechtung des Eingliederungsbeschlusses (§ 243) aufgrund des Freigabeverfahrens nach § 319 Abs. 6 eingetragen (→ § 319 Rn. 21 ff.), können die ausgeschiedenen Aktionäre nicht mehr die Beseitigung der Wirkungen der Eintragung verlangen, wenn die Anfechtungsklage in der Hauptsache Erfolg hat (§ 319 Abs. 6 S. 11; dazu auch → § 320 Rn. 19).[7] Gleiches wird man für den Fall annehmen müssen, in dem der Registerrichter die Eingliederung (versehentlich) vor Ablauf der einmonatigen Anfechtungsfrist (§ 246 Abs. 1) einträgt und anschließend noch fristgerecht eine Anfechtungsklage erhoben und ein Freigabeverfahren durchgeführt wird.[8] Unterbleibt die Anfechtung, erwächst der anfechtbare Beschluss in Bestandskraft, und die Rechtsfolgen des § 320a treten ein.[9]

4 Ist die eingegliederte Gesellschaft **börsennotiert** (§ 3 Abs. 2), wird der **Börsenhandel** in den Aktien der Gesellschaft auf Antrag der eingegliederten Gesellschaft mit Ablauf des Tages, an dem die Eintragung der Eingliederung erfolgt, **eingestellt** (§§ 33 Abs. 4, 25 Abs. 1 Nr. 2 BörsG). Ab diesem Zeitpunkt würden faktisch nur noch Ansprüche auf Abfindung gehandelt (→ Rn. 5). In einem zweiten Schritt ist dann auch die **Zulassung** zum regulierten Markt von der Geschäftsführung zu **widerrufen,** weil ein ordnungsgemäßer Börsenhandel auf Dauer nicht mehr gewährleistet ist und die Geschäftsführung die Notierung eingestellt hat (§ 39 Abs. 1 BörsG).[10] Auch insoweit wird die Zulassungsstelle nur auf Antrag tätig (§ 38 Abs. 4 BörsG). Die Voraussetzungen für ein Tätigwerden von Amts wegen aufgrund dauerhaften Wegfalls des Börsenhandels (§ 38 Abs. 3 BörsG) sind grds. erst nach Leistung der Abfindung gegen Ausbuchung der Aktien aus den Depots der Minderheitsaktionäre erfüllt.[11] Bis dahin könnte aufgrund des erwähnten „Austauschs" des verbrieften Rechts ein Handel weiter fortbestehen.

III. Verbriefung des Abfindungsanspruchs durch Aktienurkunden

5 Nach S. 2 verbriefen etwaige Aktienurkunden bis zu ihrer Aushändigung an die Hauptgesellschaft kraft Gesetzes die jeweiligen Abfindungsansprüche nach § 320b. Abweichend von der Grundregel des § 952 Abs. 2 BGB bewirkt dieser **„Austausch"** des in der ausgegebenen Aktienurkunde **verbrieften Rechts,** dass die Aktienurkunden ihre Eigenschaft als Inhaber- oder Orderpapier behalten und im

---

[1] Vgl. Emmerich/Habersack/*Habersack* Rn. 3; Hüffer/Koch/*Koch* Rn. 2; Großkomm AktG/*Schmolke* Rn. 4.
[2] MüKoAktG/*Grunewald* Rn. 2; Grigoleit/*Grigoleit/Rachlitz* Rn. 4; zwischen dinglichen Rechten an der Aktienurkunde und am verbrieften Recht differenzierend, iE aber übereinstimmen Emmerich/Habersack/*Habersack* Rn. 2; dem zust. Großkomm AktG/*Schmolke* Rn. 5.
[3] Zur Legitimation durch Depotbestätigung der Depotbank *Timm/Schick* WM 1994, 185 (188 f.).
[4] BGHZ 147, 108 (111) = NJW 2001, 2080; Hüffer/Koch/*Koch* Rn. 2; Großkomm AktG/*Schmolke* Rn. 4.
[5] Kölner Komm AktG/*Koppensteiner* § 320 Rn. 16.
[6] Emmerich/Habersack/*Habersack* Rn. 2.
[7] Wie hier Emmerich/Habersack/*Habersack* Rn. 2; Großkomm AktG/*Schmolke* Rn. 3.
[8] So etwa in dem der Entscheidung LG Mosbach AG 2001, 206 zugrunde liegenden Fall.
[9] Emmerich/Habersack/*Habersack* Rn. 2.
[10] Vgl. *Habersack* in Habersack/Mülbert/Schlitt Kapitalmarktinformations-HdB § 40 Rn. 27; für den Squeezeout Großkomm AktG/*Fleischer* § 327e Rn. 60; Hölters/*Müller-Michaels* Vor § 327a Rn. 19; K. Schmidt/Lutter/*Schnorbus* Vor § 327a Rn. 28; aA *Groß* ZHR 165 (2001), 141 (150); *Schlitt* ZIP 2004, 533 (540) (Beendigung der Börsenzulassung *ipso iure,* weil ein Börsenhandel mit den Aktien nicht mehr möglich ist).
[11] Zutr. K. Schmidt/Lutter/*Schnorbus* Vor § 327a Rn. 28.

Eigentum der ausgeschiedenen Aktionäre verbleiben.[12] Verfügt ein ausgeschiedener Aktionär vor Erfüllung seines Abfindungsanspruchs über seine Aktienurkunde, verschafft er dem Erwerber mit dem Eigentum an der Urkunde den darin verbrieften Abfindungsanspruch.[13] Für den Erwerber sind damit unmittelbar keine weitergehenden Gefahren verbunden, zumal die Eingliederung ohnehin bekannt gemacht wird.[14] Nicht in Betracht kommt damit auch eine **Kraftloserklärung** nicht eingereichter Aktienurkunden nach § 73.[15] Das Gesetz geht ersichtlich von einer Auswechslung des in der Aktienurkunde verbrieften Rechts und nicht von der Erforderlichkeit eines neuen Inhaberpapiers aus (§ 73 Abs. 3).

Erreicht wird durch § 320a die **Erfüllung** der Abfindungsansprüche **Zug um Zug** nach Maßgabe 6 der §§ 273, 274 BGB. Die ausgeschiedenen Aktionäre sind verpflichtet, die Aktienurkunden der Hauptgesellschaft gegen Gewährung der Abfindung nach § 320b vorzulegen.[16] Für die Hauptgesellschaft ist dabei entscheidend, dass sie nur an materiell Berechtigte leistet. Insoweit dient die Vorlage der Aktienurkunden einerseits der **Legitimation** der ausgeschiedenen Aktionäre. Andererseits erwirbt die Hauptgesellschaft mit Gewährung der Abfindung, regelmäßig also mit der Aushändigung das Eigentum an den Aktienurkunden analog § 797 S. 2 BGB.[17] Nunmehr verbriefen sie wieder die Mitgliedschaften (der Hauptgesellschaft).[18] Die Hauptgesellschaft ist somit nicht der Gefahr einer erneuten Inanspruchnahme ausgesetzt.

Problematisch ist aus Sicht der Hauptgesellschaft, wenn ausgeschiedene Aktionäre ihrer **Vorlage-** 7 **pflicht** nicht nachkommen und eine zügige Erfüllung der Abfindungsansprüche verschleppt wird (vgl. zur Verzinsung → § 320b Rn. 11). Häufig wird die Hauptgesellschaft die Aktionäre dann auch nicht kennen, um sie auf Aushändigung der Urkunden Zug um Zug gegen Gewährung der Abfindung zu verklagen. Hier ist unter den Voraussetzungen der §§ 372 ff. BGB ggf. Hinterlegung der Abfindung beim Amtsgericht angezeigt. Das Problem ist nun durch die Verkürzung der Regelverjährung des BGB auf drei Jahre (s. §§ 195, 199 BGB) und die abnehmende Einzelverbriefung von Aktien entschärft worden.

Eine wichtige Rolle bei der Erfüllung der Abfindungsansprüche spielen die Depotbanken.[19] Angesichts der **elektronischen Abwicklung** des Effektengeschäfts und des weit überwiegenden Ausschlusses 8 der Einzelverbriefung von Aktien (§ 10 Abs. 5)[20] hat die physische Urkundenvorlage heute für die „technische Abwicklung" der Abfindungsansprüche über das Depotbankensystem eine stark abnehmende Bedeutung. An ihre Stelle sind die Miteigentumsanteile an der oder den girosammelverwahrten Aktien-Globalurkunden getreten. Depotbestätigungen belegen die Buchungsvorgänge bei Verfügungen über die Aktien. Soweit kein Wahlrecht bezüglich der Abfindung besteht (§ 320b Abs. 1 S. 2), sind die ausgeschiedenen Aktionäre auch nicht mehr unmittelbar in die Geltendmachung der Abfindung eingeschaltet, sondern diese wird von den Depotbanken routinemäßig ohne vorherige Rückfrage beim Kunden abgewickelt.[21] Ausschließlich girosammelverwahrte Aktien werden unverzüglich nach dem Eintragung der Eingliederung in das Handelsregister Zug um Zug gegen Übertragung der Abfindung in Aktien oder Zahlung einer Barabfindung aus dem jeweiligen Depot der Aktionäre ausgebucht. Die Interessen der ausgeschiedenen Aktionäre werden dadurch nicht verletzt, denn durch die **Entgegennahme der Abfindung** verlieren sie nicht den Anspruch auf eine mögliche Abfindungsergänzung.[22]

---

[12] Vgl. Hüffer/Koch/*Koch* Rn. 3; Großkomm AktG/*Schmolke* Rn. 7.
[13] Ein gutgläubiger Erwerb der Mitgliedschaft ist wegen des Eigentums an der Urkunde, die nur noch den Abfindungsanspruch verbrieft, ausgeschlossen; Grigoleit/*Grigoleit/Rachlitz* Rn. 4; Emmerich/Habersack/*Habersack* Rn. 4; iE auch Großkomm AktG/*Schmolke* Rn. 10 f.; *Weißhaupt/Özdemir* ZIP 2007, 2110 (2112 ff.).
[14] Ad MüKoAktG/*Grunewald* Rn. 5.
[15] Emmerich/Habersack/*Habersack* Rn. 6; Hüffer/Koch/*Koch* Rn. 3; MHdB AG/*Krieger* § 74 Rn. 43; Großkomm AktG/*Schmolke* Rn. 15 ff.; aA Grigoleit/*Grigoleit/Rachlitz* Rn. 5; MüKoAktG/*Grunewald* Rn. 4; *König* NZG 2006, 606; *Weppner/Groß-Bölting* BB 2012, 2196.
[16] Emmerich/Habersack/*Habersack* Rn. 6; Kölner Komm AktG/*Koppensteiner* § 320 Rn. 17; MHdB AG/*Krieger* § 74 Rn. 35.
[17] *Timm/Schick* WM 1994, 185 (186 f.); Emmerich/Habersack/*Habersack* Rn. 6; MüKoAktG/*Grunewald* Rn. 3; s. auch MüKoBGB/*Habersack* § 797 Rn. 5 ff.; enger (erst mit der Aushändigung) Großkomm AktG/*Fleischer* § 327e Rn. 49; K. Schmidt/Lutter/*Schnorbus* § 327e Rn. 28; offen gelassen von BGH DB 2017, 540 (541) = ZIP 2017, 469 = AG 2017, 231 = BB 2017, 585 = WM 2017, 483.
[18] *Timm/Schick* WM 1994, 185 (186); Emmerich/Habersack/*Habersack* Rn. 6; Kölner Komm AktG/*Koppensteiner* § 320 Rn. 17; MüKoAktG/*Grunewald* Rn. 4; aA (Verlust der Eigenschaft als Wertpapier) K. Schmidt/Lutter/*Ziemons* Rn. 10; MHdB AG/*Austmann* § 75 Rn. 94; offen gelassen von BGH DB 2017, 540 (541) = ZIP 2017, 469 = AG 2017, 231 = BB 2017, 585 = WM 2017, 483.
[19] Eingehend *Timm/Schick* WM 1994, 185.
[20] Zu den Folgen der Globalverbriefung allg. *Habersack/Mayer* WM 2000, 1678, *Than* FS Schimansky, 1999, 821.
[21] *Timm/Schick* WM 1994, 185 (187 ff.).
[22] *Timm/Schick* WM 1994, 185 (192).

§ 320b Abfindung der ausgeschiedenen Aktionäre

(1) ¹Die ausgeschiedenen Aktionäre der eingegliederten Gesellschaft haben Anspruch auf angemessene Abfindung. ²Als Abfindung sind ihnen eigene Aktien der Hauptgesellschaft zu gewähren. ³Ist die Hauptgesellschaft eine abhängige Gesellschaft, so sind den ausgeschiedenen Aktionären nach deren Wahl eigene Aktien der Hauptgesellschaft oder eine angemessene Barabfindung zu gewähren. ⁴Werden als Abfindung Aktien der Hauptgesellschaft gewährt, so ist die Abfindung als angemessen anzusehen, wenn die Aktien in dem Verhältnis gewährt werden, in dem bei einer Verschmelzung auf eine Aktie der Gesellschaft Aktien der Hauptgesellschaft zu gewähren wären, wobei Spitzenbeträge durch bare Zuzahlungen ausgeglichen werden können. ⁵Die Barabfindung muß die Verhältnisse der Gesellschaft im Zeitpunkt der Beschlußfassung ihrer Hauptversammlung über die Eingliederung berücksichtigen. ⁶Die Barabfindung sowie bare Zuzahlungen sind von der Bekanntmachung der Eintragung der Eingliederung an mit jährlich 5 Prozentpunkten über dem jeweiligen Basiszinssatz nach § 247 des Bürgerlichen Gesetzbuchs zu verzinsen; die Geltendmachung eines weiteren Schadens ist nicht ausgeschlossen.

(2) ¹Die Anfechtung des Beschlusses, durch den die Hauptversammlung der eingegliederten Gesellschaft die Eingliederung der Gesellschaft beschlossen hat, kann nicht auf § 243 Abs. 2 oder darauf gestützt werden, daß die von der Hauptgesellschaft nach § 320 Abs. 2 Nr. 2 angebotene Abfindung nicht angemessen ist. ²Ist die angebotene Abfindung nicht angemessen, so hat das in § 2 des Spruchverfahrensgesetzes bestimmte Gericht auf Antrag die angemessene Abfindung zu bestimmen. ³Das gleiche gilt, wenn die Hauptgesellschaft eine Abfindung nicht oder nicht ordnungsgemäß angeboten hat und eine hierauf gestützte Anfechtungsklage innerhalb der Anfechtungsfrist nicht erhoben oder zurückgenommen oder rechtskräftig abgewiesen worden ist.

(3) *(aufgehoben)*

Schrifttum: *Bayer,* Aktionärsklagen de lege lata und de lege ferenda, NJW 2000, 2609; *Bernhardt,* Die Abfindung von Aktionären nach neuem Recht, BB 1966, 257; *Bungert/Wettich,* Die zunehmende Bedeutung des Börsenkurses bei Strukturmaßnahmen im Wandel der Rechtsprechung, FS Hoffmann-Becking, 2013, 157; *Fleischer,* Zur Behandlung des Fungibilitätsrisikos bei der Abfindung außenstehender Aktionäre (§§ 305, 320b AktG) – Aktienkonzernrecht, Betriebswirtschaftslehre, Rechtsvergleichung –, FS Hoffmann-Becking, 2013, 331; *Frisinger,* Wahlrechte bei der Abfindung nach § 320 Abs. 6 Aktiengesetz, § 15 Abs. 1 UmwG und Beendigung des Schwebezustands, BB 1972, 819; *Grunewald,* Die Auswirkungen der Macrotron-Entscheidung auf das kalte Delisting, ZIP 2004, 542; *Henze,* Aspekte und Entwicklungstendenzen der aktienrechtlichen Anfechtungsklage in der Rechtsprechung des BGH, ZIP 2002, 97; *Hirte,* Informationsmängel und Spruchverfahren, ZHR 167 (2003), 8; *Hoffmann-Becking,* Rechtsschutz bei Informationsmängeln im Unternehmensvertrags- und Umwandlungsrecht, in Henze/Hoffmann-Becking, RWS Forum Gesellschaftsrecht 2001; *Kamprad/Römer,* Die Abfindung der außenstehenden Aktionäre bei der Eingliederung, AG 1990, 486; *Kleindiek,* Abfindungsbezogene Informationsmängel und Anfechtungsausschluss, NZG 2001, 552; *Komp,* Zweifelsfragen des aktienrechtlichen Abfindungsanspruchs nach den §§ 305, 320b, 2002; *Kowalski,* Eingliederung: Abfindung durch Ausnutzung genehmigten Kapitals, AG 2000, 555; *Krieger,* Vorzugsaktie und Umstrukturierung, FS Lutter, 2000, 497; *Lutter,* Aktienerwerb von Rechts wegen: Aber welche Aktien?, FS Mestmäcker, 1996, 943; *Martens,* Die rechtliche Behandlung von Options- und Wandlungsrechten anläßlich der Eingliederung der verpflichteten Gesellschaft, AG 1992, 209; *Martens,* Die Unternehmensbewertung nach dem Grundsatz der Methodengleichheit oder dem Grundsatz der Meistbegünstigung, AG 2003, 593; *Merkner/Schmidt-Bendun,* Drum prüfe, wer sich ewig bindet – zur Bindungswirkung einer Wahl zwischen Aktientausch und (erschlichener) Barabfindung, NZG 2011, 10; *Mülbert,* Abschwächungen des mitgliedschaftlichen Bestandsschutzes im Aktienrecht, FS Ulmer, 2003, 433; *Timm/Schöne,* Abfindung in Aktien: Das Gebot der Gattungsgleichheit – Bericht über ein Schiedsverfahren –, FS Kropff, 1997, 315; *Vetter,* Abfindungswertbezogene Informationsmängel und Rechtsschutz, FS Wiedemann, 2002, 1323; *Wilsing/Kruse,* Anfechtbarkeit von Squeeze-out- und Eingliederungsbeschlüssen wegen abfindungswertbezogener Informationsmängel?, DB 2002, 1539; *Ziemons,* Options- und Wandlungsrechte bei Squeeze-out und Eingliederung, FS K. Schmidt, 2009, 1777.

Übersicht

	Rn.		Rn.
I. Normzweck	1, 1a	a) Regelabfindung: Aktien der Hauptgesellschaft	4–6
II. Anspruch auf angemessene Abfindung	2–11	b) Wahlrecht bei Abhängigkeit der Hauptgesellschaft	7, 8
1. Grundlagen	2, 3	3. Vorgaben für die Angemessenheit der Abfindung	9, 10
2. Abfindungsarten	4–8		

	Rn.		Rn.
4. Verzinsung	11	b) Zustimmungsbeschluss	13
III. Unangemessenheit der Abfindung	12–15	2. Spruchverfahren	14, 15
1. Einschränkung der Anfechtung	12, 13	a) Antragsberechtigung	14
a) Eingliederungsbeschluss	12	b) Abfindungsergänzungsanspruch	15

I. Normzweck

Die Vorschrift verwirklicht im Rahmen der Mehrheitseingliederung das verfassungsrechtlich **1** zwingende Prinzip der angemessenen Abfindung der ausscheidenden Aktionäre durch **volle wirtschaftliche Entschädigung** für den Verlust ihrer Mitgliedschaft in der eingegliederten Gesellschaft. Abs. 1 enthält die besondere Anspruchsgrundlage (S. 1) und die inhaltlichen Vorgaben für den Abfindungsanspruch (S. 2–6). Den ausgeschiedenen Aktionären wird in Abs. 2 S. 2 die Möglichkeit eröffnet, die Angemessenheit des Abfindungsangebots der Hauptgesellschaft in einem besonderen Spruchverfahren überprüfen zu lassen. Hieran soll aber die Durchführung der Mehrheitseingliederung nicht scheitern. Abs. 2 S. 1 schränkt deshalb die Anfechtbarkeit des Eingliederungsbeschlusses ein.

§ 320b entspricht im Wesentlichen den vormals in § 320 Abs. 5–7 enthaltenen Regelungen. Eine **1a** nennenswerte sachliche Änderung wurde für die Verzinsung vorgenommen. Anders als früher wird den ausgeschiedenen Aktionären keine Festverzinsung mehr gewährt, sondern eine variable Verzinsung unter Verweis auf den Basiszinssatz (§ 247 BGB).[1] Mit Inkrafttreten des Spruchverfahrensgesetzes (SpruchG)[2] ist Abs. 3 aufgehoben und durch entsprechende Vorschriften in §§ 3, 4 SpruchG ersetzt worden. Auch in Abs. 2 S. 2 wird nicht mehr auf den aufgehobenen § 306, sondern auf § 2 SpruchG verwiesen.

II. Anspruch auf angemessene Abfindung

1. Grundlagen. Der Anspruch der ausgeschiedenen Aktionäre auf angemessene Abfindung nach **2** § 320b Abs. 1 S. 1 entsteht **kraft Gesetzes** mit Wirksamwerden der Eingliederung[3] und ist auch sofort fällig. Die gesetzliche Abfindung ist die zwingende, weil verfassungsmäßig gebotene Kompensation des in dem Verlust der Mitgliedschaft liegenden Rechtsnachteils (vgl. Art. 14 GG). Selbstverständlich wird der Abfindungsanspruch daher nicht erst durch den Abschluss eines Abfindungsvertrags begründet.[4] Zugleich führt die gesetzliche Abfindungsanspruch nicht zu einer Zuzahlungspflicht, wenn der Eingliederung ein höchstens ein Jahr zurückliegendes freiwilliges Übernahmeangebot oder ein Pflichtangebot mit einem niedrigeren Kauf- oder Umtauschangebot vorgeschaltet war (§ 31 Abs. 5 S. 2 WpÜG, § 39 WpÜG).[5]

Schuldner des Abfindungsanspruchs der aus der eingegliederten Gesellschaft ausgeschiedenen **3** Aktionäre ist die Hauptgesellschaft (vgl. zur entsprechenden Antragsgegnerschaft § 5 SpruchG).[6] Dies gilt auch dann, wenn die Abfindung einmal nicht in Aktien der Hauptgesellschaft, sondern in Aktien ihrer Muttergesellschaft bestehen sollte. **Gläubiger** des Abfindungsanspruchs sind die ausgeschiedenen Aktionäre der eingegliederten Gesellschaft. Auch Inhabern von Bezugs- oder Umtauschrechten aus Options- oder Wandelschuldverschreibungen oder sonstigen hybriden Finanzinstrumenten (zB Wandelgenussrechte) steht grds. ein Abfindungsanspruch zu (näher → Rn. 6).[7] Umstritten ist die Frage, ob auch der **eingegliederten Gesellschaft** selbst ein Anspruch auf Abfindung zusteht, wenn sie im Zeitpunkt des Wirksamwerdens der Eingliederung eigene Aktien hält. Zu Recht wird dies teilweise mit der Begründung abgelehnt, die Regelabfindung in Aktien der Hauptgesellschaft verstieße gegen § 71d S. 2.[8] Das Gesetz sieht eine Abfindung der eigenen Aktien der eingegliederten Gesellschaft, die auch bei der Berechnung der 95 %-Beteiligung der Hauptgesellschaft abzusetzen

---

[1] Vgl. Art. 5 Abs. 1 Nr. 1 der Verordnung zur Ersetzung von Zinssätzen v. 5.4.2002, BGBl. 2002 I 1250; näher zur Gesetzesgeschichte Emmerich/Habersack/*Habersack* Rn. 2.
[2] Gesetz zur Neuordnung des gesellschaftsrechtlichen Spruchverfahrens v. 12.6.2003, BGBl. 2003 I 838. Siehe dazu *Bungert/Mennicke* BB 2003, 2021; *Büchel* NZG 2003, 793; *Lamb/Schluck-Amend* DB 2003, 1259; zur Entstehung *Neye* NZG 2002, 23; *Neye* ZIP 2002, 2097.
[3] BGH NZG 2010, 1344 (1346) = AG 2010, 910 = ZIP 2010, 2289.
[4] OLG Düsseldorf AG 2004, 212 (213); Emmerich/Habersack/*Habersack* Rn. 3; Hüffer/Koch/*Koch* Rn. 2.
[5] Vgl. bereits BGH ZIP 2001, 2278; OLG München ZIP 2001, 2135 zu Art. 15 Übernahmekodex; s. auch Baums/Thoma/Verse/*Marsch-Barner* WpÜG § 31 Rn. 116.
[6] AllgM, s. nur OLG Düsseldorf AG 2005, 538 (540).
[7] Vgl. BGH NJW 1998, 2146 (2146 f.) – Siemens/Nixdorf; OLG München ZIP 1993, 1001 (1004) = WM 1993, 1285; *Martens* AG 1992, 209 (211 ff.); MüKoAktG/*Grunewald* Rn. 15; Emmerich/Habersack/*Habersack* Rn. 8; Hüffer/Koch/*Koch* Rn. 4; MHdB AG/*Krieger* § 74 Rn. 35.
[8] MHdB AG/*Krieger* § 74 Rn. 35; Kölner Komm AktG/*Koppensteiner* Rn. 4; Großkomm AktG/*Schmolke* Rn. 11; K. Schmidt/Lutter/*Ziemons* Rn. 4; aA Emmerich/Habersack/*Habersack* Rn. 5a.

sind (§ 320 Abs. 1 S. 2), nicht vor. Eine Abfindung lässt sich auch nicht durch den Übergang auf eine Barabfindung[9] oder eine erweiternde Auslegung des rechtfertigenden Erwerbsanlasses (§ 71 Abs. 1 Nr. 3)[10] erzielen. Ohnehin hätte die Leistung einer Abfindung keinen wirklich dauerhaften Bestand, weil sie nach §§ 323, 324 unmittelbar zur Disposition der Hauptgesellschaft stünde. Das Problem der geeigneten Abfindung mit Blick auf § 71d S. 2 stellt sich auch bei den von der Hauptgesellschaft **abhängigen Unternehmen,** die zugleich Aktionäre der einzugliedernden Gesellschaft sind. Praktische Bedeutung hat dies gleichwohl nicht, weil sich hier vor der Eingliederung in aller Regel eine einvernehmliche Übertragung der Aktien erreichen lässt.

4 **2. Abfindungsarten. a) Regelabfindung: Aktien der Hauptgesellschaft.** § 320b Abs. 1 S. 2 sieht als Regelabfindung Aktien der Hauptgesellschaft vor. Mit Ausnahme der Abhängigkeit der Hauptgesellschaft (§ 17) haben die ausgeschiedenen Aktionäre damit keinen Anspruch auf Barabfindung (Abs. 1 S. 3).[11] Die zur Erfüllung der Abfindungsansprüche erforderlichen eigenen Aktien kann sich die Hauptgesellschaft auf unterschiedliche Weise beschaffen. Ausdrückliche gesetzliche Regelungen enthalten §§ 192 Abs. 2 Nr. 2, 194 (bedingte Kapitalerhöhung gegen Sacheinlagen) und § 71 Abs. 1 Nr. 3 (Erwerb eigener Aktien). Neben § 71 Abs. 1 Nr. 3 ist kein Bedürfnis für den Rückgriff auf § 71 Abs. 1 Nr. 8 erkennbar.[12] In Betracht kommt aber die Ausnutzung genehmigten Kapitals gegen Sacheinlagen (§§ 202 ff.).[13] Hier übernimmt ein Kreditinstitut die neuen Aktien treuhänderisch mit der Verpflichtung, sie an die ausgeschiedenen Aktionäre weiter zu reichen. Praktische Vorteile sind hierbei aber nicht erkennbar, insbesondere dann nicht, wenn die eingegliederte Gesellschaft noch effektive Aktienurkunden ausgegeben hatte. Denn in diesem Fall kann die Sachkapitalerhöhung erst durchgeführt werden, wenn das Kreditinstitut treuhänderisch den Besitz der den Abfindungsanspruch verbriefenden Aktien erlangt hat. Seit Einführung des *Squeeze-out* (§§ 327a ff.) kann die Verpflichtung zur Leistung einer Abfindung in Aktien der Hauptgesellschaft dadurch umgangen werden, dass die Hauptgesellschaft zunächst einen *Squeeze-out* gegen Barabfindung durchführt und anschließend – sofern notwendig nach Zusammenführung der Aktienbestände in ihrer Hand – die Eingliederung nach § 319 beschließt.[14]

5 Grundsätzlich ist auch ohne entsprechende gesetzliche Regelung davon auszugehen, dass die als Abfindung zu gewährenden Aktien der gleichen **Gattung** angehören müssen, wie die auf die Hauptgesellschaft übergangenen Aktien.[15] Die ausgeschiedenen Aktionäre sollen hinsichtlich ihrer mitgliedschaftlichen Vermögens- und Teilhaberechte keinen Rechtsnachteil erleiden. Nicht möglich ist es daher, die ausgeschiedenen Stammaktionäre der eingegliederten Gesellschaft mit Vorzugsaktien der Hauptgesellschaft abzufinden.[16] Eine Verschiebung von Stimmrechtsverhältnissen ist in einer Hauptgesellschaft mit Stamm- und Vorzugsaktien ebenso wenig durch eine anteilige Abfindung in Vorzugsaktien zu berücksichtigen wie in einer Hauptgesellschaft ohne Vorzugsaktien.[17] Eine solche Verschiebung ist zwangsläufige Folge jeder Eingliederung und betrifft nur die Gattung der stimmrechtsberechtigten Stammaktien; insoweit ist die Situation nicht anders als in Hauptgesellschaften, die nur stimmberechtigte Aktien ausgegeben haben. Ein Unterschied ergibt sich nur durch die Veränderung der quotalen Aufteilung der Stamm- und Vorzugsaktien von maximal 50 zu 50 % (§ 139 Abs. 2) des Grundkapitals der Hauptgesellschaft. Welches weitergehende schützenswerte Interesse der Stammaktionäre an deren Erhalt bestehen könnte, ist nicht ersichtlich. Die Interessen der Aktionäre der Hauptgesellschaft werden in beider Hinsicht durch das Erfordernis des Zustimmungsbe-

---

[9] So aber MüKoAktG/*Grunewald* Rn. 2; Großkomm AktG/*Schmolke* Rn. 11.
[10] So aber Hüffer/Koch/*Koch* Rn. 3; zust. Emmerich/Habersack/*Habersack* Rn. 5a; aA MüKoAktG/*Grunewald* Rn. 2; Großkomm AktG/*Schmolke* Rn. 11.
[11] AllgM, s. nur Emmerich/Habersack/*Habersack* Rn. 5; Großkomm AktG/*Schmolke* Rn. 9 jew. mwN. Zur Bindung an eine durch die Stückelung der eingereichten Aktienpakete „erschlichene" Barabfindung BGH NZG 2010, 1344 (1345 ff.) = AG 2010, 910 = ZIP 2010, 2289; Merkner/Schmidt-Bendun NZG 2011, 10.
[12] Anders offenbar Emmerich/Habersack/*Habersack* Rn. 5.
[13] Näher *Kowalski* AG 2000, 555.
[14] Kritisch *Henze* FS Wiedemann, 2002, 935 (945 ff.).
[15] MüKoAktG/*Grunewald* Rn. 4; Kölner Komm AktG/*Koppensteiner* § 320 Rn. 22; *Timm/Schöne* FS Kropff, 1997, 315 (319 ff.); weitergehende Ausnahmen zulassend *Lutter* FS Mestmäcker, 1996, 943 (948 ff.); Emmerich/Habersack/*Habersack* Rn. 6 f.; Hüffer/Koch/*Koch* Rn. 4 iVm § 305 Rn. 15.
[16] MüKoAktG/*Grunewald* Rn. 5; Emmerich/Habersack/*Emmerich* § 305 Rn. 13; *Timm/Schöne* FS Kropff, 1997, 315 (322 ff., 328); aA K. Schmidt/Lutter/*Ziemons* Rn. 13 (allerdings selbst mit dem zutr. Hinweis, dass dies der Zustimmung aller betroffenen Aktionäre bedürfte).
[17] Wie hier MüKoAktG/*Grunewald* Rn. 5; *Timm/Schöne* FS Kropff, 1997, S. 315 (322 ff., 328); aA Emmerich/Habersack/*Habersack* Rn. 7; Hüffer/Koch/*Koch* Rn. 4 iVm § 305 Rn. 15; Grigoleit/*Grigoleit/Zellner* Rn. 5; Großkomm AktG/*Schmolke* Rn. 12 f.; MHdB AG/*Krieger* § 74 Rn. 37 iVm § 71 Rn. 120; *Krieger* FS Lutter, 2000, 497 (516 ff.); *Lutter* FS Mestmäcker, 1996, 943 (950 f.) (anteilige Abfindung in Vorzugsaktien).

schlusses (§ 319 Abs. 2 S. 1) ausreichend gewahrt.[18] Umgekehrt ist eine Hauptgesellschaft mit ausschließlich stimmberechtigten Aktien nicht verpflichtet, die Struktur ihres Grundkapitals zu verändern, sondern kann ausgeschiedenen Vorzugsaktionären der eingegliederten Gesellschaft auch Stammaktien als Abfindung anbieten.[19] Wertunterschiede zwischen den Vorzugs- und Stammaktien sind bei der Bemessung des Umtauschverhältnisses zu berücksichtigen.

Options- oder Wandelungsrechte sowie andere Rechte auf den Bezug von Aktien der eingegliederten Gesellschaft sind analog §§ 320a, 320b durch ein „wertäquivalentes Abfindungsrecht" – entweder auf den Erwerb der Aktien der Hauptgesellschaft sowie ggf. Spitzenausgleich durch bare Zuzahlung oder auf Geld – abzugelten.[20] Options- oder Wandelungsrechte haben somit keinen stärkeren Bestandsschutz als Aktien. Anderenfalls würde die Eingliederung mit Erfüllung der Bezugsrechte alsbald wieder beendet (§ 327 Abs. 1 Nr. 3). Diese „Instabilität" entspräche nicht der grundsätzlichen Entscheidung des Gesetzgebers, eine Mehrheitseingliederung zu ermöglichen. Zudem besteht hierfür kein anerkennenswertes Interesse des Options- oder Wandlungsrechtsinhabers, der durch eine erneute Eingliederung jederzeit wieder seine gerade erworbenen Aktien verlieren könnte.[21] Allerdings wird überwiegend vertreten, dass sich die Options- oder Wandlungsrechte auf nicht mehr als 5 % des Grundkapitals beziehen dürfen.[22] Dagegen lassen sich gute Gründe anführen; praktische Bedeutung dürfte die Frage insgesamt aber nicht haben, da moderne Options- oder Wandelanleihebedingungen schon für den Fall eines Kontrollwechsels Bestimmungen (zB vorzeitige Rückzahlung; Minderung des Wandlungspreises) enthalten. Ist danach die Regelabfindung in Aktien der Hauptgesellschaft zu gewähren (→ Rn. 4), bedeutet dies nicht, dass die Hauptgesellschaft analog §§ 23, 36 Abs. 1 UmwG (neue) gleichwertige Options- oder Wandelanleihen bzw. reine Optionsrechte gewähren muss.[23] Die Abfindung der Inhaber wird vielmehr ex lege durch eine inhaltliche Änderung des Bezugsrechts auf Aktien der Hauptgesellschaft nach dem für die Eingliederung festgelegten Umtauschverhältnis vollzogen. Zugleich endet die Laufzeit einer Options- oder Wandelschuldverschreibung nicht vorzeitig mit Eintragung der Eingliederung, und der Inhaber wird nicht zur Ausübung seines Bezugsrechts gezwungen.[24] Er kann vielmehr die weitere wirtschaftliche Entwicklung der Hauptgesellschaft bis zum Ende der Optionszeit abwarten. Sein Abfindungsanspruch ist erst mit Eintritt der Bezugsvoraussetzungen und Ausübung des Bezugsrechts zu erfüllen.[25] Wird dagegen nach Wahl der Anspruchsberechtigten eine Barabfindung geschuldet (→ Rn. 7), ist Gegenstand des Abfindungsanspruchs das Bezugsrecht selbst, dessen Wert nach anerkannten Bewertungsmethoden (Black Scholes) zum Zeitpunkt der Beschlussfassung der Hauptversammlung zu ermitteln ist. Dieser Anspruch entsteht – unabhängig von der Ausübung des Bezugsrechts – mit Eintragung der Eingliederung (näher → § 320b Rn. 8).

b) Wahlrecht bei Abhängigkeit der Hauptgesellschaft. Ist die Hauptgesellschaft eine abhängige Gesellschaft iSv § 17 (→ § 17 Rn. 8 ff.), so sind den ausgeschiedenen Aktionären nach deren Wahl eigene Aktien der Hauptgesellschaft oder eine angemessene **Barabfindung** zu gewähren (Abs. 1 S. 3). Die ausgeschiedenen Aktionäre sollen nicht gezwungen sein, erneut Mitglieder einer abhängigen Gesellschaft zu werden.[26] Andererseits können sie durchaus auch ein berechtigtes Inter-

---

[18] So zu Recht MüKoAktG/*Grunewald* Rn. 5.
[19] HM; OLG Düsseldorf NZG 2003, 588 (598) = DB 2003, 1941 = AG 2003, 329 – Siemens/SNI; Emmerich/Habersack/*Habersack* Rn. 7; Hüffer/Koch/*Koch* Rn. 4 iVm § 305 Rn. 15; *Lutter* FS Mestmäcker, 1996, 943 (950 f.); *Krieger* FS Lutter, 2000, 497 (513 ff.) (s. dort auch zur Entbehrlichkeit eines zustimmenden Sonderbeschlusses der Vorzugsaktionäre nach § 141 Abs. 1); MüKoAktG/*Grunewald* Rn. 3; aA *Timm/Schöne* FS Kropff, 1997, 315 (328 ff.).
[20] Vgl. BGH NJW 1998, 2146 = NZG 1998, 304 = LM AktG 1965 § 320 Nr. 3 – Siemens/Nixdorf; eingehend *Martens* AG 1992, 209 (211 ff.); s. auch *Schlitt/Seiler/Singhof* AG 2003, 254 (267 f.); einschränkend Großkomm AktG/*Schmolke* § 320a Rn. 6 (ausschließlicher Ersatz durch Einräumung wertäquivalenter Rechte auf Aktien der Hauptgesellschaft); aA K. *Schmidt/Lutter/Ziemons* Rn. 7, § 320a Rn. 6 f.; *Ziemons* FS K. Schmidt, 2009, 1777. Zur Situation bei Genussrechten vgl. Emmerich/Habersack/*Habersack* Rn. 8 (§ 23 UmwG analog) einerseits und Hüffer/Koch/*Koch* § 221 Rn. 68a (§ 320b analog) andererseits.
[21] Vgl. BGH NJW 1998, 2146 (2146 f.); *Martens* AG 1992, 209 (211).
[22] So wohl BGH NJW 1998, 2146; deutlicher noch *Röhricht* in VGR, Gesellschaftsrecht in der Diskussion, 1999, S. 1 (10); zust. MüKoAktG/*Grunewald* Rn. 13; Emmerich/Habersack/*Habersack* Rn. 8; aA *Wilsing/Kruse* ZIP 2002, 1465 (1469) (im Zusammenhang mit dem Squeeze-out).
[23] Zutr. bereits *Martens* AG 1992, 209 (211); unklar Emmerich/Habersack/*Habersack* Rn. 8; Hüffer/Koch/*Koch* Rn. 4.
[24] BGH NJW 1998, 2146 (2147).
[25] Hat die Hauptgesellschaft zu diesem Zweck ein bedingtes Kapital geschaffen, so ist im Hinblick auf § 194 sicherzustellen, dass die Mittel aus der Wandelanleihe bei Ausübung des Wandlungsrechts an die Hauptgesellschaft fließen.
[26] BegrRegE *Kropff* S. 425.

esse haben, Aktien der abhängigen Gesellschaft zu erhalten. Dem trägt das Wahlrecht der ausgeschiedenen Aktionäre Rechnung. Dieses Wahlrecht muss in Anlehnung an § 29 Abs. 1 S. 2 UmwG auch vorgesehen werden, wenn eine börsennotierte in eine **nicht börsennotierte Hauptgesellschaft** eingegliedert wird.[27] Denn anderenfalls würden die früheren Aktionäre der eingegliederten Gesellschaft nicht für den Fungibilitätsverlust ihrer Aktien kompensiert.[28] Die nähere Ausgestaltung des Wahlrechts ist gesetzlich nicht vorgegeben. Die Hauptgesellschaft kann daher in das Abfindungsangebot bestimmte Vorgaben aufnehmen, soweit die ausgeschiedenen Aktionäre hierdurch nicht unangemessen benachteiligt werden. Für die vor allem naheliegende Festsetzung einer Ausübungsfrist ist der in § 305 Abs. 4 S. 2 und 3 bestimmte Zeitraum von zwei Monaten als Mindestfrist anzusehen.[29] Wird ein Spruchverfahren durchgeführt, müssen den ausgeschiedenen Aktionären nach dessen Beendigung noch zwei Monate zur Ausübung des Wahlrechts verbleiben. Im Übrigen geltend die Vorschriften über die Wahlschuld (§§ 262 ff. BGB) entsprechend. Anders als im Rahmen von § 327b ist eine Besicherung des Barabfindungsanspruchs durch eine Garantie eines Kreditinstituts nicht vorgesehen.

8 Nicht nachvollziehbar sind die sachlichen Unterschiede zwischen § 305 Abs. 2 Nr. 2 und § 320b Abs. 1 S. 3 für **mehrstufige Unternehmensverbindungen**.[30] So genügt für das Wahlrecht nach § 320b Abs. 1 S. 3 bloßer Mehrheitsbesitz iSv § 16 nicht; im Übrigen ist nur eine Abfindung in Aktien der abhängigen Hauptgesellschaft, nicht auch der sie beherrschenden Aktiengesellschaft vorgesehen. Dies ist de lege lata grds. hinzunehmen. Jedenfalls bei einer über die einfache Abhängigkeit hinausgehenden **faktischen oder vertraglichen Konzernlage** (§ 18) wird man in Anlehnung an den Rechtsgedanken des § 305 Abs. 2 Nr. 2 der Hauptgesellschaft aber gestatten müssen, neben der Barabfindung auch Aktien der konzernleitenden Gesellschaft anzubieten.[31] Dies gilt insbesondere, wenn die Hauptgesellschaft selbst Gegenstand einer Konzernbereinigung mittels eines *Squeeze-out*-Verfahrens (§§ 327a ff.) gewesen ist. Höchstrichterlich anerkannt ist die rechtliche Zulässigkeit der Abfindung in Aktien der Mutter-AG der Hauptgesellschaft für die **mehrstufige Eingliederung von „oben nach unten"**.[32] Dabei kommt es nicht darauf an, wie viele Konzernebenen zwischen der eingegliederten Gesellschaft und der Konzernspitze liegen. Anderenfalls würde die Eingliederung der Tochtergesellschaft wieder aufgehoben, wenn ein ausgeschiedener Aktionär der Enkelgesellschaft als Abfindung Aktien der Tochtergesellschaft wählen sollte (§ 327 Abs. 1 Nr. 3). An einem so komplizierten und kostenaufwendigen Verfahren der Aus- und Wiedereingliederung zum Aufbau eines durchgängigen Eingliederungskonzerns von oben nach unten hat niemand Interesse, zumal die volle wirtschaftliche Entschädigung der Aktionäre auch auf eine die Konzernstrukturen weniger einschneidende Weise zu erreichen ist.[33] Als unproblematisch erweist sich nur die **mehrstufige Eingliederung „von unten nach oben"**.[34] Dies gilt auch dann, wenn nach der Durchführung der Eingliederung auf einer oberen Konzernebene noch ein Spruchverfahren über die Eingliederung auf einer unteren Konzernebene anhängig ist. Dies wird durch die nachfolgende Eingliederung nicht beendet.[35] Hier wird der ausgeschiedene Aktionär, der noch nicht zwischen Abfindung in Aktien oder Barabfindung gewählt hat, nach Abschluss des Spruchverfahrens allerdings nicht mehr Aktien der nunmehr selbst eingegliederten Hauptgesellschaft, sondern neben der angepassten Barabfindung

---

[27] Emmerich/Habersack/*Habersack* Rn. 5; Grigoleit/*Grigoleit*/*Zellner* Rn. 3; K. Schmidt/Lutter/*Ziemons* Rn. 6; sympathisierend auch Großkomm AktG/*Schmolke* Rn. 9; Dass die insoweit ebenso herangezogene „Macrotron"-Entscheidung des BGH (BGHZ 153, 47 = NZG 2003, 280) (s. etwa *Grunewald* ZIP 2004, 542 (543 f.)) nach der Rspr. des BVerfG nicht mit Art. 14 GG begründet werden kann, ist insoweit unbeachtlich (→ § 327a Rn. 9).

[28] *Grunewald* ZIP 2004, 542 (544).

[29] *Frisinger* BB 1972, 819 (820 f.); MüKoAktG/*Grunewald* Rn. 10; Emmerich/Habersack/*Habersack* Rn. 11; Hüffer/Koch/*Koch* Rn. 5; Kölner Komm AktG/*Koppensteiner* § 320 Rn. 28.

[30] S. bereits *Bernhardt* BB 1966, 257 (259 f.); zust. *Kamprad/Römer* AG 1990, 486 (487); MüKoAktG/*Grunewald* Rn. 6; Emmerich/Habersack/*Habersack* Rn. 9; Hüffer/Koch/*Koch* Rn. 6; Kölner Komm AktG/*Koppensteiner*§ 320 Rn. 10.

[31] *U. H. Schneider/Singhof* WuB II A. § 320b AktG 1.98; weitergehend *Kamprad/Römer* AG 1990, 486 (488 f.); aA MüKoAktG/*Grunewald* Rn. 6; Emmerich/Habersack(*Habersack* Rn. 9; Hüffer/Koch/*Koch* Rn. 6.

[32] BGHZ 138, 224 (225 ff.) = NJW 1998, 3202 = WM 1998, 1624; so auch *U. H. Schneider/Singhof* WuB II A. § 320b AktG 1.98; *Kamprad/Römer* AG 1990, 486 (489); *Rehbinder* ZGR 1977, 581 (614 f.); Emmerich/Habersack/*Habersack* Rn. 10; Hüffer/Koch/*Koch* Rn. 6; MHdB AG/*Krieger* § 74 Rn. 37; Großkomm AktG/*Schmolke* Rn. 17; K. Schmidt/Lutter/*Ziemons* Rn. 11; enger MüKoAktG/*Grunewald* Rn. 7 (nur wenn die Aktionäre der Enkelgesellschaft als Abfindung nicht mehr als 5 % der Aktien der Tochtergesellschaft erhalten würden); aA nur Kölner Komm AktG/*Koppensteiner* § 320 Rn. 20.

[33] Vgl. dazu BGHZ 138, 224; *U. H. Schneider/Singhof* WuB II A. § 320b AktG.

[34] Näher Emmerich/Habersack/*Habersack* Rn. 10.

[35] OLG Celle AG 1973, 405; OLG Düsseldorf AG 1996, 475.

nur noch Aktien der Hauptgesellschaft der nächst höheren Konzernebene verlangen können. Regelmäßig wird die betroffene Hauptgesellschaft das Abfindungsangebot von sich aus entsprechend anpassen.

3. Vorgaben für die Angemessenheit der Abfindung. Für die Angemessenheit der Abfindung 9 kommt es nach Abs. 1 S. 4 auf die sog. **Verschmelzungswertrelation** an, die auch bei einer Verschmelzung der beiden Gesellschaften maßgeblich wäre.[36] Dafür ist eine Bewertung beider Unternehmen erforderlich.[37] Oftmals ist ein glatter Umtausch nicht möglich. Spitzenbeträge können deshalb durch bare Zuzahlungen ausgeglichen werden (Abs. 1 S. 4, 2. Hs.).[38] Für die Angemessenheit der Barabfindung sind die **Verhältnisse der einzugliedernden Gesellschaft** im Zeitpunkt der Beschlussfassung ihrer Hauptversammlung über die Eingliederung entscheidend (Abs 1 S. 5).[39] Dies entspricht § 305 Abs. 3 (näher → § 305 Rn. 44 ff.). Zur Ermittlung des objektivierten Unternehmenswerts dient in der gesellschaftsrechtlichen Praxis nahezu ausschließlich die sog. Ertragswertmethode (auch → § 327b Rn. 4).[40] Das Fungibilitätsrisiko der Aktien „börsenferner Gesellschaften" bleibt dabei unberücksichtigt.[41] Ist die einzugliedernde Gesellschaft börsennotiert (§ 3 Abs. 2), stellt der Börsenwert grds. die **Untergrenze** für eine angemessene Abfindung dar (→ § 327b Rn. 5).[42] Maßgeblicher Börsenwert ist in diesem Zusammenhang ein Referenzkurs, der sich – unter Nichtberücksichtigung außergewöhnlicher Tagesausschläge oder kurzfristig sich verfestigender sprunghafter Entwicklungen – aus dem Durchschnittskurs der letzten drei Monate vor dem Tag der Bekanntgabe der Eingliederung errechnet (zu den Einzelheiten → § 305 Rn. 52 ff. sowie → § 327b Rn. 5).[43]

Die **Verjährung** des Abfindungsanspruchs bestimmt sich nach §§ 195, 199 BGB. Damit ist gegen- 10 über der alten Rechtslage bis zum 31.12.2001 eine erhebliche Verkürzung der Frist auf nunmehr drei Jahre eingetreten (vgl. die Übergangsbestimmungen in Art. 229 § 5 und § 6 EGBGB). Der Lauf der Verjährungsfrist beginnt mit dem Ablauf des Jahres, in dem der Abfindungsanspruch entstanden, also die Eingliederung eingetragen worden ist (§ 199 Abs. 1 Nr. 1 BGB).[44] Angesichts der Publizität des Eingliederungsbeschlusses (§ 125) wird der Beginn der Verjährung regelmäßig auch nicht durch die Voraussetzung der Kenntnis oder grob fahrlässigen Unkenntnis des Gläubigers von den anspruchsbegründenden Umständen (§ 199 Abs. 1 Nr. 2 BGB) relativiert.

4. Verzinsung. Die Barabfindung und bare Zuzahlungen zum Ausgleich von Spitzenbeträgen sind 11 von der Bekanntmachung der Eintragung der Eingliederung (§ 10 HGB) an mit 5 % über dem jeweiligen Basiszinssatz (§ 247 BGB) zu verzinsen (Abs. 1 S. 6) (→ § 327b Rn. 9).[45] Das heißt, die Zinspflicht beginnt mit Ablauf des Tages, an dem die Bekanntmachung vorgenommen wurde. Der Zinsanspruch

---

[36] Eingehend *Bungert* in Fleischer/Hüttemann, Rechts-HdB, Unternehmensbewertung, 2015, § 20 Rn. 5 ff.; *Komp*, Zweifelsfragen des aktienrechtlichen Abfindungsanspruchs nach den §§ 305, 320b, 2002, 31 ff.; 72 ff.; 244 ff. Zu verfassungsrechtlichen Vorgaben iZm der Abfindung BVerfG AG 2012, 674; BVerfG AG 2011, 128 = ZIP 2011, 170; BVerfG AG 2011, 511 = ZIP 2011, 1051; BVerfG AG 2007, 119 = ZIP 2007, 175; BVerfG AG 2007, 697 = ZIP 2007, 1600.
[37] Zur Berücksichtigung des Börsenkurses auch bei der börsennotierten Hauptgesellschaft *Bungert/Wettich* FS Hoffmann-Becking, 2013, 157 (180 f.). Zum Grundsatz der Methodengleichheit s. auch *Martens* AG 2003, 593.
[38] Vgl. BGH NZG 2010, 1344 (1344 ff.) = AG 2010, 910 = ZIP 2010, 2289 = BGHZ 189, 261.
[39] Vgl. dazu OLG Düsseldorf NZG 2004, 622 (623) – Krupp Stahl/Hoesch Krupp.
[40] Vgl. speziell zur Eingliederung OLG Düsseldorf NZG 2004, 622 (623); LG Dortmund NZG 2004, 723 (724) mwN = Der Konzern 2004, 496; LG Bremen AG 2003, 214. Zur Frage der rückwirkenden Berücksichtigung einer Neufassung des IDW Standards S 1 in laufenden Spruchverfahren s. OLG Stuttgart AG 2011, 205 (208 f.); OLG Stuttgart NZG 2007, 116; *Riegger/Wasmann* FS Goette, 2011, 433 (439 f.); *Wasman/Gayk* BB 2005, 955 (956 f.) Vgl. auch *Schiessl* ZGR 2003, 814 (838) zur (zusätzlichen) Einholung einer *fairness opinion* in Ausnahmefällen.
[41] *Fleischer* FS Hoffmann-Becking, 2013, 331 (342 ff.).
[42] Vgl. BVerfGE 100, 289; konkretisierend BVerfG NZG 2011, 869; OLG Düsseldorf NZG 2004, 622 (623); OLG Düsseldorf NZG 2003, 588 (589, 592); LG Dortmund NZG 2001, 1145 mit Anm. *Bauer; Riegger/Wasmann* FS Stilz, 2014, 509 (513 ff.); zusammenfassend zur Rspr. *Bungert/Wettich* ZIP 2012, 449; *Bungert/Wettich* FS Hoffmann-Becking, 2013, 157 (177 ff.) (mit dem Hinweis, dass dieses „Meistbegünstigungsprinzip" nach der Rspr. des BVerfG verfassungsrechtlich nicht zwingend vorgegeben ist).
[43] BGHZ 186, 229 = NZG 2010, 939 = AG 2010, 629 = ZIP 2010, 1487 – Stollwerck – hinsichtlich der Positionierung des Referenzzeitraums unter Aufgabe der bisherigen Praxis nach BGHZ 147, 108 (118) = NZG 2001, 603 – DAT/Altana und für die Eingliederung OLG Düsseldorf NZG 2003, 588 (590 f.). Siehe auch OLG Düsseldorf AG 2005, 538 (541) (zugrunde zu legen sind nicht umsatzgewichtete Referenzkurse).
[44] Zutr. Emmerich/Habersack/*Habersack* Rn. 14; zweifelnd offenbar Kölner Komm AktG/*Koppensteiner* § 320 Rn. 27 (unter Bezug auf den Zeitpunkt der Bekanntmachung).
[45] Zur Verfassungsmäßigkeit der Verzinsungspflicht BVerfG ZIP 2007, 1261 (1263). Der Zinssatz ist durch das Gesetz zur Umsetzung der Aktionärsrechterichtlinie (ARUG) v. 30.7.2009, BGBl. 2009 I 2479 von 2 auf 5 % angehoben worden; zu Recht krit. *Handelsrechtsausschuss des DAV* NZG 2009, 96 (98 f.).

steht im Zusammenhang mit dem im Zeitpunkt der Eintragung der Eingliederung vollzogenen Verlust der Mitgliedschaft. Als Entschädigung für diesen Rechtsverlust setzt er keinen Schuldnerverzug voraus und ist auch für den Zeitraum geschuldet, in dem die Aktionäre ihr Wahlrecht noch nicht ausgeübt haben.[46] Nach Abs. 1 S. 6, 2. Hs. ist die Geltendmachung eines weiteren Schadens nicht ausgeschlossen. Eine eigene Anspruchsgrundlage wird dadurch nicht begründet; vielmehr muss sich der Anspruch aus anderen Bestimmungen ergeben (s. insbesondere § 280 Abs. 1, 2; §§ 286, 288 BGB).[47]

III. Unangemessenheit der Abfindung

1. Einschränkung der Anfechtung. a) Eingliederungsbeschluss. Abs. 2 S. 1 schränkt die Anfechtbarkeit (§ 243 Abs. 1) des **Eingliederungsbeschlusses** der Hauptversammlung der einzugliedernden Gesellschaft ein; die Anfechtung kann nicht auf die unzulässige Verfolgung von Sondervorteilen (§ 243 Abs. 2) oder die **Unangemessenheit der angebotenen Abfindung** gestützt werden. Den ausgeschiedenen Aktionären steht vielmehr das Spruchverfahren zur Verfügung, dessen prozessuale Besonderheiten im SpruchG geregelt werden (Abs. 2 S. 2).[48] Das betrifft die Höhe der Abfindung und entspricht der Regelung in § 304 Abs. 3 S. 2 und § 305 Abs. 5 S. 1 (→ § 304 Rn. 87 f. und → § 305 Rn. 107). Möglich bleibt eine Anfechtungsklage, wenn eine Abfindung **nicht oder nicht ordnungsgemäß angeboten** worden ist.[49] Das Spruchverfahren steht den Aktionären in beiden Fällen subsidiär nach Bestandskraft des Beschlusses zur Verfügung, wenn also eine hierauf gestützte Anfechtungsklage nicht innerhalb der Anfechtungsfrist (§ 246 Abs. 1) erhoben, zurückgenommen oder rechtskräftig abgewiesen worden ist (Abs. 2 S. 3). Fehlt ein Abfindungsangebot völlig, liegt bereits keine ordnungsgemäße Bekanntmachung nach § 320 Abs. 2 S. 1 vor (→ § 320 Rn. 11). Ein nicht ordnungsgemäßes Abfindungsangebot liegt einerseits vor, wenn die Abfindungsart nicht den Vorgaben des Abs. 1 S. 2 und 3 entspricht.[50] Andererseits kann aber auch die Verletzung von abfindungswertbezogenen Informationspflichten im Vorfeld der Hauptversammlung zu einem nicht ordnungsgemäßen Angebot und damit zur Anfechtung führen. Die einschränkende höchstrichterliche Rechtsprechung zu §§ 210, 212 UmwG und § 305[51] strahlt wegen des entgegenstehenden Wortlauts in Abs. 2 S. 3 hierauf nicht aus.[52] Lediglich auf unrichtige, unvollständige oder unzureichende Informationen **in der Hauptversammlung** über die Ermittlung, Höhe oder Angemessenheit der Abfindung kann die Anfechtungsklage nach neuem Recht nicht mehr gestützt werden, weil das Gesetz für Bewertungsrügen ein Spruchverfahren vorsieht (vgl. § 243 Abs. 4 S. 2 nF).[53] Bei anderen als den genannten Mängeln bestimmt sich die Anfechtbarkeit und Nichtigkeit des Eingliederungsbeschlusses nach den allgemeinen Bestimmungen zur Anfechtungsklage (§§ 241 ff.).[54] Nach zutreffender Ansicht bedarf der Beschluss keiner sachlichen Rechtfertigung; mit einer Anfechtungsklage kann also nicht die angebliche Unangemessenheit der Maßnahme als solcher geltend gemacht werden.[55]

---

[46] *Frisinger* BB 1972, 819 (822); MüKoAktG/*Grunewald* Rn. 13; Emmerich/Habersack/*Habersack* Rn. 13; Hüffer/Koch/*Koch* Rn. 7; Kölner Komm AktG/*Koppensteiner* § 320 Rn. 24; s. auch OLG Düsseldorf AG 2005, 538 (541 f.) („kein begründeter Anlass, an der Verfassungsmäßigkeit zu zweifeln").

[47] Vgl. MüKoAktG/*Grunewald* Rn. 14; Emmerich/Habersack/*Habersack* Rn. 13.

[48] Gesetz zur Neuordnung des gesellschaftsrechtlichen Spruchverfahrens v. 12.6.2003, BGBl. 2003 I 838.

[49] Vgl. BGHZ 69, 334 (335); LG Mosbach NZG 2001, 763 (766) (= AG 2001, 206); Emmerich/Habersack/*Habersack* Rn. 19; Hüffer/Koch/*Koch* Rn. 8.

[50] Vgl. LG Mosbach NZG 2001, 763 (766) (Eingliederung in abhängige Gesellschaft ohne Barabfindungsangebot); s. auch OLG Hamm AG 1994, 376 (378) (Gattungsverschiedenheit der Aktien) sowie Emmerich/Habersack/*Habersack* Rn. 19.

[51] BGHZ 146, 179 (182 ff.) = NJW 2001, 1425 – MEZ; BGH NJW 2001, 1428 = ZIP 2001, 412 – Aqua Butzke.

[52] Zutr. *Kleindiek* NZG 2001, 552 (554); *Hoffmann-Becking* RWS Forum Gesellschaftsrecht 2001, 55 (67); *Vetter* FS Wiedemann, 2002, 1323 (1336 f.); Emmerich/Habersack/*Habersack* Rn. 20; Hüffer/Koch/*Koch* Rn. 8 und § 243 Rn. 47b; aA *Henze* ZIP 2002, 97 (107); *Hirte* ZHR 167 (2003), 8 (26 f.); *Mülbert* FS Ulmer, 2003, 433 (446 f.); *H. Schmidt* FS Ulmer, 2003, 543 (555 f.); *Sinewe* DB 2001, 690; *Wilsing/Kruse* DB 2002, 1539 (1540 ff.).

[53] Gesetz zur Unternehmensintegrität und Modernisierung des Anfechtungsrechts (UMAG) v. 22.9.2005, BGBl. 2005 I 2802. Die im Referentenentwurf (NZG 2004, Sonderbeil. zu Heft 4, S. 5 ff.) noch vorgesehene Änderung in § 320b Abs. 2 ist zu Recht abgelehnt und herausgenommen worden (näher → § 327f Rn. 3). Zur vorangegangenen Reformdiskussion *Baums* Gutachten F für den 63. DJT, F 1; *Baums* Regierungskommission Corporate Governance Rn. 134 ff.; *Bayer* NJW 2000, 2609; *Winter* FS Ulmer, 2003, 699.

[54] Näher Emmerich/Habersack/*Habersack* Rn. 20 f.

[55] HM; vgl. OLG Karlsruhe FGPrax 2001, 161 (162) = DB 2001, 1483; Emmerich/Habersack/*Habersack* Rn. 21; Hüffer/Koch/*Koch* Rn. 8; Kölner Komm AktG/*Koppensteiner* § 320 Rn. 13; MHdB AG/*Krieger* § 74 Rn. 32; *Lutter* ZGR 1981, 171 (180); *Timm* ZGR 1987, 403 (436); *Hirte*, Bezugsrechtsausschluss und Konzernbildung, 1986, 142 f. Zur Treuwidrigkeit der Mehrheitseingliederung in Ausnahmefällen Emmerich/Habersack/*Habersack* Rn. 21 (Ausschluss eines Minderheitsaktionärs und unmittelbare Rückgängigmachung der Eingliederung durch Aufnahme neuer Aktionäre).

Die Anfechtung des Beschlusses hat grds. die Registersperre nach § 319 Abs. 5 S. 2 zur Folge (→ § 319 Rn. 19).

b) Zustimmungsbeschluss. Die Anfechtbarkeit des **Zustimmungsbeschlusses** der Hauptversammlung der Hauptgesellschaft wird durch § 320b Abs. 2 nicht eingeschränkt; hier bleibt es bei den allgemeinen Vorschriften (§§ 241 ff.). Insbesondere kann damit von Seiten der Aktionäre geltend gemacht werden, die vorgesehene Abfindung für die Aktionäre der einzugliedernden Gesellschaft sei zu hoch bemessen oder es liege ein sonstiger Verstoß gegen § 320b vor.[56]

2. Spruchverfahren. a) Antragsberechtigung. In den von Abs. 2 S. 2 und 3 bestimmten Fällen hat das in § 2 SpruchG (vormals § 306) bestimmte Gericht auf Antrag die angemessene Abfindung zu bestimmen. Die Einleitung dieses sog. Spruchverfahrens kann nach § 3 S. 1 Nr. 2 SpruchG (vormals § 320b Abs. 3 S. 1 aF) von jedem einzelnen **ausgeschiedenen Aktionär** beantragt werden. Der Antragsteller muss demnach im Zeitpunkt der Eintragung der Eingliederung Aktionär der eingegliederten Gesellschaft gewesen sein. Den Nachweis kann er bei Antragstellung durch Vorlage der effektiven Aktienurkunde oder aber durch eine entsprechende Depotbescheinigung erbringen (vgl. § 3 S. 1 Nr. 1 iVm § 1 Nr. 1 SpruchG).[57] Antragsberechtigt ist auch der Gesamtrechtsnachfolger des ausgeschiedenen Aktionärs.[58] Bei der Einzelrechtsnachfolge kann der Zedent dem Zessionar des Abfindungsanspruchs Vollmacht zur Einleitung eines Spruchverfahrens erteilen.[59] Der Umstand, dass der Antragsteller im Zeitpunkt der Verfahrenseinleitung aus der Gesellschaft ausgeschieden sein muss, zeigt, dass eine Registersperre (§ 319 Abs. 5 S. 2) durch eine Anfechtungsklage das Spruchverfahren hinausschiebt; es kann nur nach Wirksamwerden der Eingliederung eingeleitet werden. Der Antrag ist nach § 5 SpruchG gegen die Hauptgesellschaft zu richten. Die Antragsfrist beträgt drei Monate (§ 4 Abs. 1 Nr. 1 SpruchG; früher zwei Monate nach § 320b Abs. 3 S. 2 aF) seit dem Tag, an dem die Eintragung der Eingliederung bekannt gemacht worden ist (§ 10 HGB). Der Lauf der Frist beginnt auch, wenn die Eingliederung versehentlich trotz eines schwebenden Anfechtungsprozesses in das Handelsregister eingetragen worden ist. Das Spruchverfahren unterliegt dem Regelwerk des SpruchG.

b) Abfindungsergänzungsanspruch. Wenn das Gericht die Abfindung heraufsetzt, haben die ausgeschiedenen Aktionäre einen Abfindungsergänzungsanspruch. Die entsprechende Klarstellung in § 13 S. 2 SpruchG ist für die Eingliederung an sich überflüssig. Die Aktionäre scheiden infolge der Eingliederung ohne eigenes Zutun aus und können sich nicht selbst entscheiden, ihre Mitgliedschaft gegen die ursprünglich vorgesehene Abfindung aufzugeben. Allenfalls können sie bei effektiven Aktienurkunden die Abholung der angebotenen Abfindung hinausschieben, bei Abwicklung girosammelverwahrter Aktien über das Depotbankensystem nicht einmal dies.[60]

§ 321 Gläubigerschutz

(1) ¹Den Gläubigern der eingegliederten Gesellschaft, deren Forderungen begründet worden sind, bevor die Eintragung der Eingliederung in das Handelsregister bekanntgemacht worden ist, ist, wenn sie sich binnen sechs Monaten nach der Bekanntmachung zu diesem Zweck melden, Sicherheit zu leisten, soweit sie nicht Befriedigung verlangen können. ²Die Gläubiger sind in der Bekanntmachung der Eintragung auf dieses Recht hinzuweisen.

(2) Das Recht, Sicherheitsleistung zu verlangen, steht Gläubigern nicht zu, die im Falle des Insolvenzverfahrens ein Recht auf vorzugsweise Befriedigung aus einer Deckungsmasse haben, die nach gesetzlicher Vorschrift zu ihrem Schutz errichtet und staatlich überwacht ist.

---

[56] Vgl. MüKoAktG/*Grunewald* Rn. 21; Emmerich/Habersack/*Habersack* Rn. 16; K. Schmidt/Lutter/*Ziemons* Rn. 21; s. auch LG Berlin AG 1996, 230 (232). Zur Kritik *Baums* Regierungskommission Corporate Governance Rn. 151 (zu § 14 Abs. 2 UmwG).

[57] Näher *Timm/Schick* WM 1994, 185 (188 f.). Dabei handelt es sich nach allgM um eine gesetzlich normierte Zulässigkeitsvoraussetzung unabhängig davon, ob die Aktionärsstellung bestritten wird; LG Frankfurt a. M. AG 2005, 544; LG Frankfurt a. M. ZIP 2005, 859 = DB 2005, 1449 – s. dort auch zur Anwendbarkeit von § 67 Abs. 2; LG Frankfurt a. M. ZIP 2005, 215; aA nur OLG Stuttgart ZIP 2004, 1907.

[58] HM; Emmerich/Habersack/*Habersack* Rn. 17; Hüffer/Koch/*Koch* Anh. § 305 SpruchG § 3 Rn. 3; MHdB AG/*Krieger* § 74 Rn. 42; weitergehend (auch Einzelrechtsnachfolge) *Timm/Schick* WM 1994, 185 (187 f.).

[59] Zust. Emmerich/Habersack/*Habersack* Rn. 17.

[60] Für die Eingliederung war die Anspruchsberechtigung trotz Aushändigung der Aktienurkunden daher auch schon vor Inkrafttreten des SpruchG ganz hM; s. nur Kölner Komm AktG/*Koppensteiner* § 320 Rn. 31.

I. Normzweck

1 Nach dieser Vorschrift[1] haben die Altgläubiger der eingegliederten Gesellschaft innerhalb einer Ausschlussfrist von sechs Monaten nach Bekanntmachung der Eingliederung ein gesetzliches Recht auf Stellung einer Sicherheit im Sinne von § 232 BGB. Der durch § 321 gewährte Gläubigerschutz ist zwingend[2] und ergänzt § 322. Auf die Mithaftung der Hauptgesellschaft nach § 322 sollen sich die Altgläubiger nicht ausschließlich verlassen müssen. Wegen des weitreichenden Zugriffs der Hauptgesellschaft auf das Vermögen der eingegliederten Gesellschaft (§§ 323, 324)[3] und des damit verbundenen Entzugs der Haftungsmasse könnte die Eingliederung für die Altgläubiger ohne Sicherheitsleistung zu einem unfreiwilligen „faktischen Schuldnerwechsel"[4] führen. Ihr Ausfallrisiko ist nur dann gering, wenn die frühere Hauptgesellschaft auch leistungsfähig ist. Als anspruchsbegründende Norm ist § 321 nicht zugleich Schutzgesetz iSd § 823 Abs. 2 BGB zugunsten der Gläubiger.[5] Gläubigerschutz durch Sicherheitsleistung wird auch im Zusammenhang mit anderen gesellschaftsrechtlichen Umstrukturierungsmaßnahmen verwirklicht. § 225 Abs. 1 (Kapitalherabsetzung); § 303 Abs. 1 und 2 (Beendigung des Beherrschungs- und Gewinnabführungsvertrags); §§ 22, 125, 204 UmwG (Verschmelzung, Spaltung, Formwechsel) sind verwandte Vorschriften.

II. Anspruch auf Sicherheitsleistung

2 **1. Gläubiger und Schuldner.** Anspruch auf Leistung einer Sicherheit im Sinne von § 232 BGB haben die **Altgläubiger** der eingegliederten Gesellschaft. Das sind die Gläubiger, deren Forderungen vor der Bekanntmachung der Eintragung der Eingliederung in das Handelsregister begründet worden sind (§ 321 Abs. 1 S. 1). Der Entstehungsgrund für die Forderung ist unerheblich. Maßgeblicher Zeitpunkt für die Begründung der Forderung ist damit die Publizität gemäß § 10 HGB. Das Fehlen des nach (§ 321 Abs. 1 S. 2 erforderlichen Hinweises in der Bekanntmachung auf das Recht auf Sicherheitsleistung hat auf den Kreis der anspruchsberechtigten Gläubiger keinen Einfluss. Von den (vertraglichen) Gläubigern, die danach Forderungen neu begründen, kann erwartet werden, dass sie sich von der besonderen Situation der eingegliederten Gesellschaft ein ausreichendes Bild gemacht haben.

3 Altgläubiger, die in dem maßgeblichen Zeitpunkt bereits **Befriedigung** verlangen können, haben keinen Anspruch auf Sicherheitsleistung (§ 321 Abs. 1 S. 1 Hs. 2). Sie sind nicht sicherungsbedürftig, weil sie ihre Forderung schon zu einem Zeitpunkt durchsetzen können, in dem die Hauptgesellschaft von ihren weitreichenden Zugriffsmöglichkeiten noch keinen Gebrauch gemacht hat. Dies gilt vor allem für die Gläubiger, deren Forderung bereits fällig ist.[6] Auch Gläubiger, die die noch fehlende Durchsetzbarkeit ihrer Forderung selbst beseitigen können (zB Erbringung der Gegenleistung Zug um Zug), können keine Sicherheit verlangen.[7] Der Umstand, dass die (fällige) Forderung zwischen den Parteien streitig ist, ist unerheblich. Mit einem Anspruch auf Sicherheitsleistung wäre dem Gläubiger in diesem Fall auch nicht gedient, da er zu seiner Durchsetzung wiederum zunächst das Bestehen der zugrunde liegenden Forderung beweisen müsste.[8] Dagegen kann dem Recht des Gläubigers auf Sicherheitsleistung nicht die mögliche Befriedigung durch Inanspruchnahme eines mithaftenden Dritten entgegengehalten werden.[9] Nach § 321 Abs. 2 steht auch den Gläubigern das Recht auf Sicherheitsleistung nicht zu, die im Falle eines Insolvenzverfahrens ein Recht auf **vorzugsweise Befriedigung** aus einer Deckungsmasse haben, die nach gesetzlicher Vorschrift zu ihrem Schutz errichtet und staatlich überwacht ist. Dies entspricht nach Wortlaut und Zweck der in § 225 Abs. 1 S. 3; § 303 Abs. 2 getroffenen Regelung. Auf die Erläuterung hierzu wird verwiesen (→ § 225 Rn. 16 ff. und → § 303 Rn. 26 f.).

4 Auch wenn es im Gesetz nicht ausdrücklich erwähnt wird, ist ganz unzweifelhaft, dass nur die eingegliederte Gesellschaft und nicht die Hauptgesellschaft **Schuldnerin** des Anspruchs aus § 321 sein kann (allgM). Nur so kann der bezweckte Schutz der Gläubiger vor Entzug der Haftungsmasse

---

[1] Zur redaktionellen Änderung durch Art. 47 Nr. 19 EGInsO s. BGBl. 1994 I 2911 (2931).
[2] Vgl. Emmerich/Habersack/*Habersack* Rn. 2 (Eine Vereinbarung zwischen Schuldner und Gläubiger ist allerdings möglich).
[3] Vgl. BegrRegE *Kropff* S. 425 f.
[4] *Singhof* FS Hadding, 2004, 655 (659 f.).
[5] Eingehend MüKoAktG/*Grunewald* Rn. 16; s. auch Emmerich/Habersack/*Habersack* Rn. 2.
[6] MüKoAktG/*Grunewald* Rn. 4; Emmerich/Habersack/*Habersack* Rn. 4.
[7] MüKoAktG/*Grunewald* Rn. 4; Emmerich/Habersack/*Habersack* Rn. 4.
[8] Vgl. OLG Celle BB 1989, 868; MüKoAktG/*Grunewald* Rn. 8.
[9] MüKoAktG/*Grunewald* Rn. 4; Emmerich/Habersack/*Habersack* Rn. 4.

erreicht werden. Allerdings haftet die Hauptgesellschaft nach § 322 wiederum auf die Gewährung der Sicherheit mit.[10]

2. Form- und Fristvoraussetzungen. Der Gläubiger, der von seinem gesetzlichen Anspruch auf Sicherheitsleistung Gebrauch machen will, muss sich innerhalb von sechs Monaten nach Bekanntmachung der Eintragung bei der eingegliederten Gesellschaft „zu diesem Zweck" melden. Formvoraussetzungen bestehen für diese Meldung nicht. Zu verlangen ist aber wegen des Zweckbezugs, dass der Gläubiger die zu sichernde Forderung hinreichend präzise benennt. Die Meldung ist rechtzeitig, wenn sie der eingegliederten Gesellschaft vor Fristablauf zugeht (§ 130 Abs. 1 BGB). Die Berechnung der Frist richtet sich nach § 187 Abs. 1 BGB, § 188 Abs. 2 BGB. Da es sich um eine materiell-rechtliche Ausschlussfrist handelt, ist auch bei schuldlosem Fristversäumnis keine „Wiedereinsetzung" möglich.[11] Auf die Ausschlussfrist sind die Gläubiger in der Bekanntmachung hinzuweisen (§ 321 Abs. 1 S. 2). Unterbleibt dieser Hinweis, ändert dies allerdings nichts an dem Fristenlauf; geschädigte Gläubiger, die mangels Hinweises den Anspruch nicht rechtzeitig geltend gemacht haben, können allenfalls Amtshaftungsansprüche erheben (§ 839 BGB iVm Art. 34 GG).[12] Möglich ist eine freiwillige Verlängerung, nicht aber eine Verkürzung der Frist.[13]

III. Inhalt des Anspruchs

1. Bestellung der Sicherheit. Die **Art und Weise** der Sicherheitsleistung bestimmt sich nach §§ 232 ff. BGB. Primär sind danach die in § 232 Abs. 1 BGB genannten Gegenstände taugliche Mittel einer Sicherheitsleistung. Subsidiär kommt nach § 232 Abs. 2 BGB, § 239 BGB auch eine **selbstschuldnerische Bürgschaft** in Betracht. Insoweit kann die Hauptgesellschaft allerdings nicht Bürgin sein. Da sie bereits nach § 322 für die Verbindlichkeit der eingegliederten Gesellschaft haftet, folgt hieraus kein zusätzlicher Schutz für die Altgläubiger, die auf ihre Bonität gerade nicht angewiesen sein sollen (allgM).[14]

Grundsätzlich ist für die **Höhe der Sicherheitsleistung** an den Wert der zu sichernden Forderung anzuknüpfen.[15] In jüngeren Stellungnahmen wird dies im Zusammenhang mit § 321 bezweifelt und eine Korrektur unter Berücksichtigung der mit der Eingliederung verbundenen Risiken befürwortet.[16] Das Anliegen, ein konkret zu bestimmendes Sicherungsinteresse zugrunde zu legen, ist durchaus nachvollziehbar. Der Umstand, dass bei Eintritt der Fälligkeit des gesicherten Anspruchs auch die Hauptgesellschaft nach § 322 haftet, kann aber nur bedingt Berücksichtigung finden, weil die Vorschrift gerade im Hinblick auf das mit § 322 verbundene „unfreiwillige" Ausfallrisiko der Altgläubiger schützen soll.[17] Besonders ist die Situation allerdings bei Dauerschuldverhältnissen zu beurteilen. Um eine Übersicherung der Gläubiger zu vermeiden, muss man hier im Blick auf die insgesamt begründeten,[18] aber erst später fällig werdenden Einzelforderungen eine vernünftige Eingrenzung der Sicherungshöhe finden. Insoweit bietet sich an, in Anlehnung an die in § 327 Abs. 4, § 160 HGB vorgegebene Zeitgrenze eine volumenmäßige Begrenzung auf die innerhalb von fünf Jahren fällig werdenden Ansprüche vorzunehmen.[19]

2. Freigabe der Sicherheit. Wenn die Verbindlichkeit erfüllt wird, ist die nach § 321 gewährte Sicherheit zurück zu gewähren. Dies folgt aus der Annahme einer konkludenten Sicherungsabrede, jedenfalls aber aus § 812 Abs. 1 S. 2 BGB.[20] Davon abgesehen kann die einmal gewährte Sicherheitsleistung auch nach Beendigung der Eingliederung (§ 327) nicht ohne weiteres zurückgefordert werden, wenn die gesicherte Forderung mit einer hinausgeschobenen Fälligkeit oder aus einem Dauerschuldverhältnis in diesem Zeitpunkt noch nicht erfüllt ist. Allerdings ist das besondere Sicherungsbedürfnis in Anlehnung an § 327 Abs. 4, der den Endzeitpunkt für die Rechts- und Haftungsbeziehungen zwischen eingegliederter Gesellschaft und Hauptgesellschaft bestimmt, auch

---

[10] S. MüKoAktG/*Grunewald* Rn. 9; MHdB AG/*Krieger* § 74 Rn. 44.
[11] Vgl. nur Emmerich/Habersack/*Emmerich* § 303 Rn. 16.
[12] MüKoAktG/*Grunewald* Rn. 11; Emmerich/Habersack/*Habersack* Rn. 7; Hüffer/Koch/*Koch* Rn. 2.
[13] MüKoAktG/*Grunewald* Rn. 11.
[14] Vgl. MüKoAktG/*Grunewald* Rn. 12; Kölner Komm AktG/*Koppensteiner* Rn. 4; Hüffer/Koch/*Koch* Rn. 4; K. Schmidt/Lutter/*Ziemons* Rn. 6; MHdB AG/*Krieger* § 74 Rn. 44.
[15] S. nur MüKoBGB/*Grothe* § 232 Rn. 1.
[16] MüKoAktG/*Grunewald* Rn. 13; Emmerich/Habersack/*Habersack* Rn. 9; aA K. Schmidt/Lutter/*Ziemons* Rn. 7.
[17] Wie hier Großkomm AktG/*Schmolke* Rn. 15; Aa MüKoAktG/*Grunewald* Rn. 13; Emmerich/Habersack/*Habersack* Rn. 9.
[18] Vgl. dazu BGH NJW 1996, 1539 (§ 303) und BGH NJW 2000, 208 (209) (§ 160 HGB).
[19] Zust. Großkomm AktG/*Schmolke* Rn. 15; ähnlich auch Emmerich/Habersack/*Habersack* Rn. 9.
[20] Vgl. MüKoAktG/*Grunewald* Rn. 14.

zeitlich zu begrenzen. Denn nun ist die Mithaftung der Hauptgesellschaft, die die Sicherheitenbestellung nach § 321 gerade ergänzen sollte, entfallen. Dies schließt nicht aus, dass die Parteien aufgrund anderer Erwägungen eine Prolongation der Sicherungsabrede vereinbaren.

§ 322 Haftung der Hauptgesellschaft

(1) ¹Von der Eingliederung an haftet die Hauptgesellschaft für die vor diesem Zeitpunkt begründeten Verbindlichkeiten der eingegliederten Gesellschaft den Gläubigern dieser Gesellschaft als Gesamtschuldner. ²Die gleiche Haftung trifft sie für alle Verbindlichkeiten der eingegliederten Gesellschaft, die nach der Eingliederung begründet werden. ³Eine entgegenstehende Vereinbarung ist Dritten gegenüber unwirksam.

(2) Wird die Hauptgesellschaft wegen einer Verbindlichkeit der eingegliederten Gesellschaft in Anspruch genommen, so kann sie Einwendungen, die nicht in ihrer Person begründet sind, nur insoweit geltend machen, als sie von der eingegliederten Gesellschaft erhoben werden können.

(3) ¹Die Hauptgesellschaft kann die Befriedigung des Gläubigers verweigern, solange der eingegliederten Gesellschaft das Recht zusteht, das ihrer Verbindlichkeit zugrunde liegende Rechtsgeschäft anzufechten. ²Die gleiche Befugnis hat die Hauptgesellschaft, solange sich der Gläubiger durch Aufrechnung gegen eine fällige Forderung der eingegliederten Gesellschaft befriedigen kann.

(4) Aus einem gegen die eingegliederte Gesellschaft gerichteten vollstreckbaren Schuldtitel findet die Zwangsvollstreckung gegen die Hauptgesellschaft nicht statt.

Schrifttum: *Bülow,* Einrede der Aufrechenbarkeit für Personengesellschafter, Bürgen und Hauptgesellschaft im Eingliederungskonzern, ZGR 1988, 192; *Geßler,* Die Haftung der Hauptgesellschaft bei der Eingliederung, ZGR 1978, 251; *Habersack,* Grundfragen der Spaltungshaftung nach § 133 Abs. 1 S. 1 UmwG, FS Bezzenberger, 2000, 93; *Kley/Lehmann,* Probleme der Eingliederungshaftung, DB 1972, 1421; *Rehbinder,* Gesellschaftsrechtliche Probleme mehrstufiger Unternehmensverbindungen, ZGR 1977, 581; *Schürnbrand,* Der Schuldbeitritt zwischen Gesamtschuld und Akzessorietät, 2003; *Singhof,* Haftung und Rückgriff der Hauptgesellschaft nach Beendigung der Eingliederung, FS Hadding, 2004, 655; *Würdinger,* Zur Vermögensverfügung bei der Eingliederung und bei Beherrschungsvertrag, DB 1972, 1565.

Übersicht

	Rn.		Rn.
I. Normzweck	1	**III. Einwendungen und Einreden**	11–15
II. Mithaftung der Hauptgesellschaft	2–10	1. Abgeleitete Einwendungen	11
1. Grundlagen	2, 3	2. Persönliche Einwendungen	12
2. Haftungsumfang	4–6	3. Einreden aufgrund von Gestaltungsrechten	13–15
3. Haftungsinhalt	7, 8		
4. Insolvenz der eingegliederten Gesellschaft	9	**IV. Zwangsvollstreckung**	16
5. Ausweis im Jahresabschluss	10	**V. Innenausgleich**	17, 18

I. Normzweck

1   Die Vorschrift dient zusammen mit §§ 321, 324 Abs. 3 dem **Gläubigerschutz,** der wegen des mit der Eingliederung verbundenen umfassenden Weisungsrechts der Hauptgesellschaft (§ 323 Abs. 1), der weitgehenden Aufhebung der Kapitalsicherung (§ 323 Abs. 2; § 324 Abs. 1 und 2) und der fehlenden Anwendbarkeit der §§ 300 ff. in der eingegliederten Gesellschaft erforderlich ist. Nur aufgrund dieses Ausgleichs ist das sachlich gerechtfertigt.¹ Angeordnet wird eine Mithaftung der Hauptgesellschaft für die vor und während der Eingliederung begründeten Verbindlichkeiten der eingegliederten Gesellschaft. § 322 soll dabei präventiv wirken und dazu führen, dass die Hauptgesellschaft die eingegliederte Gesellschaft mit einer ausreichenden Kapitaldecke ausstattet.² Zugleich wird mit Rücksicht auf die Haftung eine solide und verantwortungsvolle Konzernleitung und Geschäftsführung gegenüber der eingegliederten Gesellschaft angestrebt. Im Einzelnen legt Abs. 1 den Umfang der Haftung der Hauptgesellschaft fest. In den Absätzen 2 und 3 werden ihre Verteidigungsmöglich-

¹ Vgl. BegrRegE *Kropff* S. 426; *K. Schmidt* BB 1985, 2074 (2079); *Bülow* ZGR 1988, 192 (206); *Schürnbrand,* Der Schuldbeitritt zwischen Gesamtschuld und Akzessorietät, 2003, 43.
² *K. Schmidt* BB 1985, 2074 (2079).

keiten gegen Inanspruchnahme bestimmt. Abs. 4 enthält die Regelung, dass die Zwangsvollstreckung gegen die Hauptgesellschaft nur aus einem gegen diese gerichteten Titel möglich ist. Die einmal begründete Haftung der Hauptgesellschaft dauert nach Beendigung der Eingliederung mit einer Ausschlussfrist von fünf Jahren fort (vgl. § 327 Abs. 4).

II. Mithaftung der Hauptgesellschaft

1. Grundlagen. Nach der Begründung des Gesetzgebers ist § 322 bewusst der gesetzlichen Regelung vergleichbarer Gesamtschuldverhältnisse, insbesondere den **§§ 128, 129 HGB, nachgebildet** worden,[3] um Rechtsprechung und Lehre zur Haftung des Gesellschafters einer OHG heranziehen zu können. Die Anordnung der Haftung der Hauptgesellschaft als „gesamtschuldnerisch" in Abs. 1 beruht allerdings auf einem dogmatischen Fehlverständnis des Gesetzgebers.[4] Anders als zur Zeit der Entstehung von § 322 Abs. 1 entspricht es heute allgM, dass zwischen der Personengesellschaft und ihren Gesellschaftern gerade keine Gesamtschuld begründet wird.[5] Im Widerspruch steht die Anordnung einer Gesamtschuld in Abs. 1 zudem mit den Absätzen 2 und 3, in denen das Prinzip der akzessorischen Haftung nahezu wortgleich mit § 129 HGB ausgeformt worden ist. Die hier angelegte einseitige rechtliche Abhängigkeit der Haftungsverbindlichkeit der Hauptgesellschaft von der Verbindlichkeit der eingegliederten Gesellschaft ist mit dem die Gesamtschuld bestimmenden Grundsatz der Einzelwirkung (§ 425 BGB) nicht zu vereinbaren. 2

Die überwiegende Meinung sieht über diese missglückte **„Kombination"** von Gesamtschuld und akzessorischer Haftung im Gesetz hinweg. Sie geht davon aus, dass die §§ 421 ff. BGB durch § 322 Abs. 2 und 3 „modifiziert" werden.[6] Von einer Gesamtschuld im eigentlichen Sinne bleibt dann freilich nicht mehr viel übrig. Das bloße Festhalten an der Bezeichnung „Gesamtschuld" trägt inhaltlich nichts zur Haftungsausgestaltung bei. Richtig erscheint es daher, § 322 Abs. 1 korrigierend auszulegen und die Akzessorietät als das die Regelung des § 322 insgesamt zugrundeliegende konstruktive Prinzip anzuerkennen.[7] Durch die einseitige rechtliche Abhängigkeit wird der Haftung der Hauptgesellschaft mit der notwendigen Klarheit ein angemessener Rahmen vorgegeben und die wenig wünschenswerte Vermengung unterschiedlicher Haftungsprinzipien vermieden.[8] 3

2. Haftungsumfang. Ungeachtet der rechtsdogmatischen Grundlagen der Haftung verschafft die Vorschrift den Gläubigern ganz unzweifelhaft einen unmittelbaren, direkten Anspruch gegen die Hauptgesellschaft. Sie haftet für alle vor der Eintragung der Eingliederung begründeten Verbindlichkeiten der eingegliederten Gesellschaft (Abs. 1 S. 1). Die gleiche Haftung trifft die Hauptgesellschaft für alle Verbindlichkeiten der eingegliederten Gesellschaft, die nach der Eingliederung und vor ihrem Ende begründet werden (Abs. 1 S. 2). Von der **Begründung der Forderung** ist auszugehen, wenn der Rechtsgrund für den Anspruch gelegt, bei vertraglichen Schuldverhältnissen also der Vertrag abgeschlossen, ist. Auf die Entstehung und Fälligkeit des Einzelanspruchs kommt es nicht an. Keine Bedeutung für die Haftung der Hauptgesellschaft hat außerdem der **Rechtsgrund der Verbindlichkeit.** § 322 führt dazu, dass die Haftungssegmentierung des Konzerns auch hinsichtlich konzernrechtlicher Verbindlichkeiten aufgehoben wird. Im mehrstufigen Konzern haftet die Hauptgesellschaft als Konzernspitze damit je nach Ausgestaltung des Konzernverhältnisses zwischen dem Tochter- und Enkelunternehmen auch für die Verbindlichkeiten der eingegliederten Tochterunternehmens aus §§ 317, 302 ff. und 322.[9] Davon erfasst ist auch die Verpflichtung aus § 321 (→ § 321 Rn. 4). 4

---

[3] BegrRegE *Kropff* S. 426; *Geßler* ZGR 1978, 251 (252, 255 f.).

[4] Näher Emmerich/Habersack/*Habersack* Rn. 3 f.; s. auch Großkomm AktG/*Schmolke* Rn. 4 („Anschauungsfehler").

[5] Die seinerzeit überwiegend vertretene „Identitätstheorie" nahm für die Gesellschaftsverbindlichkeit und Gesellschafterschuld noch eine „einheitliche Schuld mit verschiedenen Haftungsobjekten" an; so noch BGHZ 34, 293 (297); abl. *Hadding* ZGR 1973, 137 (144 f.); *Hadding* FS Stimpel, 1985, 139 (151); s. auch *Geßler* ZGR 1978, 251 (256 f.).

[6] MüKoAktG/*Grunewald* Rn. 4 f., 12; Kölner Komm AktG/*Koppensteiner* Rn. 5; K. Schmidt/Lutter/*Ziemons* Rn. 5;Hüffer/Koch/Hüffer/Koch/*Koch* Rn. 6; NK-AktR/*Jaursch* Rn. 5; insgesamt widersprüchlich *Geßler* ZGR 1978, 251 (265 f., 267).

[7] Emmerich/Habersack/*Habersack* Rn. 4; Grigoleit/Grigoleit/*Rachlitz* Rn. 2; Großkomm AktG/*Schmolke* Rn. 5; *Schürnbrand,* Der Schuldbeitritt zwischen Gesamtschuld und Akzessorietät, 2003, 124 f.; *Singhof* FS Hadding, 2004, 655 (661 ff.); kritisch dazu Hüffer/Koch/*Koch* Rn. 6.

[8] Vgl. Emmerich/Habersack/*Habersack* Rn. 4; *Habersack* FS Bezzenberger, 2000, 93 (101); grundlegend zum Verhältnis von Gesamtschuld und Akzessorietät auch *Hadding* FS Stimpel, 1985, 139 (152); *Hadding* ZGR 2001, 712 (742); *Schürnbrand,* Der Schuldbeitritt zwischen Gesamtschuld und Akzessorietät, 2003, 27 ff.

[9] Vgl. Emmerich/Habersack/*Habersack* Rn. 2, 5; Kölner Komm AktG/*Koppensteiner* Rn. 6; MüKoAktG/*Grunewald* Rn. 8; *Rehbinder* ZGR 1977, 581 (615 f.); *Sonnenschein* BB 1975, 1088 (1090).

5 Wird die **Eintragung des Endes der Eingliederung** (zunächst) nicht vorgenommen, können die Gläubiger der nach der tatsächlichen Beendigung der Eingliederung begründeten Forderungen die Hauptgesellschaft nach Maßgabe von § 15 Abs. 1 HGB weiterhin aus § 322 in Anspruch nehmen.[10] Trotz Eintragung des Endes der Eingliederung haftet die Hauptgesellschaft für solche Verbindlichkeiten nach § 322, die innerhalb von fünfzehn Tagen nach der Bekanntmachung begründet worden sind, sofern der Gläubiger beweist, dass er die Beendigung der Eingliederung weder kannte noch kennen musste (vgl. § 15 Abs. 2 S. 2 HGB). Wird ein falscher Beendigungszeitpunkt bekannt gemacht, kann sich ein Gläubiger einer nach der tatsächlichen Beendigung der Eingliederung aber vor der veröffentlichten Datum begründeten Forderung ebenfalls auf die fortbestehende Mithaftung der Hauptgesellschaft verlassen, es sei denn, er kannte die Unrichtigkeit (§ 15 Abs. 3 HGB).

6 Ihre Mithaftung kann die Hauptgesellschaft nach Abs. 1 S. 3 nicht durch **anderslautende Vereinbarungen** mit der eingegliederten Gesellschaft gegenüber Dritten wirksam abbedingen. Dies schließt ebenso wie bei der entsprechenden Vorschrift des § 128 S. 2 HGB nicht aus, dass die Hauptgesellschaft unmittelbar mit dem Gläubiger einen Haftungsausschluss oder eine Haftungsbeschränkung vereinbart (allgM). Gleiches gilt für Vereinbarungen zwischen eingegliederter Gesellschaft und Gläubiger zugunsten der Hauptgesellschaft (§ 328 BGB).

7 **3. Haftungsinhalt.** Nach der im Ergebnis übereinstimmenden, ganz überwiegenden Meinung haftet die Hauptgesellschaft grds. auf **Erfüllung** der Verbindlichkeit der eingegliederten Gesellschaft und nicht nur auf das Interesse.[11] Nur ein solcher unmittelbarer Erfüllungsanspruch gegen die Hauptgesellschaft ist mit dem durch die Vorschrift bezweckten Schutz der Gläubiger zu vereinbaren.[12] Dieser ist auch durch den aus dem Bereich der Personengesellschafterhaftung bekannten Einwand der Freihaltung des Privatbereichs nicht eingeschränkt, weil die Hauptgesellschaft einen solchen als juristische Person nicht für sich beanspruchen kann. Unzutreffend ist die vereinzelt gebliebene Meinung, die Hauptgesellschaft könne – außer bei Geldschulden – nur auf Ausübung ihres Weisungsrechts gegenüber der eingegliederten Gesellschaft in Anspruch genommen werden, um die eingegliederte Gesellschaft zur Erfüllung ihrer Verbindlichkeiten zu veranlassen.[13] Hinsichtlich der Primärverbindlichkeit wären die Gläubiger dadurch weitgehend schutzlos gestellt. Zudem wird nicht berücksichtigt, dass mit der Beendigung der Eingliederung trotz Fortbestands der Haftungsschuld die Möglichkeit der Weisungserteilung entfällt.

8 Die weitgehende **Inhaltsgleichheit** von Verbindlichkeit und Haftungsschuld folgt systematisch auch aus der Akzessorietät der Verpflichtung der Hauptgesellschaft nach § 322, die als **gesetzliches Haftungsschuldverhältnis** durch die Eingliederung und das Bestehen einer Verbindlichkeit begründet wird.[14] Der Inhalt dieses Haftungsschuldverhältnisses bestimmt sich nach dem der Verbindlichkeit der eingegliederten Gesellschaft, an die es „angelehnt" ist. Etwas anderes wird man nur dann annehmen können, wenn die eingegliederte Gesellschaft ein Unterlassen oder eine unvertretbare Handlung schuldet.[15] Umgekehrt ist zu berücksichtigen, wenn das Unvermögen der eingegliederten Gesellschaft, ihre Schuld zu erfüllen (§ 275 Abs. 1 BGB), gerade auf die Einflussnahme durch die Hauptgesellschaft zurückgeht. Abweichend von dem Akzessorietätsgrundsatz wird die Hauptgesellschaft hier nach wie vor auf Erfüllung in Anspruch zu nehmen sein.[16] Von der überwiegenden Meinung wird die Bezugnahme auf die Grundsätze zu § 128 HGB kritisch gesehen, weil der Inhalt der Gesellschafterhaftung lange umstritten gewesen und immer noch nicht restlos geklärt sei.[17] Teilweise wird der Inhalt der Haftung aus der Leistungsidentität der Gesamtschuld abgeleitet. Zweifelsfrei ist auch dies nicht, weil heute anerkannt wird, dass im Rahmen einer Gesamtschuld durchaus auch unterschiedliche Leistungen zu erbringen sein können.[18]

9 **4. Insolvenz der eingegliederten Gesellschaft.** In der Insolvenz über das Vermögen der eingegliederten Gesellschaft ist entsprechend dem Regelungsvorbild der Gesellschafterhaftung nach §§ 128,

---

[10] Ausf. *Singhof* FS Hadding, 2004, 655 (658 f.); s. auch MüKoAktG/*Grunewald* Rn. 8; Kölner Komm AktG/*Koppensteiner* Rn. 12; MHdB AG/*Krieger* § 74 Rn. 46; Großkomm AktG/*Schmolke* Rn. 7.
[11] Emmerich/Habersack/*Habersack* Rn. 6; MüKoAktG/*Grunewald* Rn. 3 ff.; Hüffer/Koch/*Koch* Rn. 4; K. Schmidt/Lutter/*Ziemons* Rn. 9; Großkomm AktG/*Schmolke* Rn. 10; aA Kölner Komm AktG/*Koppensteiner* Rn. 10.
[12] Hüffer/Koch/*Koch* Rn. 4; MüKoAktG/*Grunewald* Rn. 5.
[13] *Singhof* FS Hadding, 2004, 655 (665); wie hier auch MüKoAktG/*Grunewald* Rn. 3, 6; MHdB AG/*Krieger* § 74 Rn. 46; K. Schmidt/Lutter/*Ziemons* Rn. 9; aA Kölner Komm AktG/*Koppensteiner* Rn. 10.
[14] Anschaulich *Hadding* ZGR 1973, 137 (146).
[15] Emmerich/Habersack/*Habersack* Rn. 6.
[16] Emmerich/Habersack/*Habersack* Rn. 6.
[17] Hüffer/Koch/*Koch* Rn. 2; MüKoAktG/*Grunewald* Rn. 5.
[18] MüKoAktG/*Grunewald* Rn. 4 mwN; dagegen Hüffer/Koch/*Koch* Rn. 4.

129 HGB eine Modifikation der Anspruchsdurchsetzung gegen die Hauptgesellschaft analog § 93 InsO angezeigt.[19] Diese Vorschrift führt zu einer Konzentration der akzessorischen Mithaftung der Hauptgesellschaft. Während der Dauer des Insolvenzverfahrens kann sie nur noch von dem Insolvenzverwalter aus ihrer Haftungsverbindlichkeit in Anspruch genommen werden. Die Gesellschaftsgläubiger können ihre Ansprüche gegen die Hauptgesellschaft folglich nicht mehr selbst geltend machen; ebenso kann diese nicht mit befreiender Wirkung an einen Gläubiger der eingegliederten Gesellschaft leisten. Die Vorschrift sichert auf diese Weise die gleichmäßige Befriedigung der Gläubiger. Es kommt nicht mehr zu einer Konkurrenz der Gläubiger um volle Befriedigung aus dem Vermögen der (noch) solventen Hauptgesellschaft. Verhindert wird zudem eine Abweisung des Antrags auf Eröffnung des gegen die eingegliederte Gesellschaft eingeleiteten Insolvenzverfahrens wegen Masseamut, obwohl die Hauptgesellschaft über ausreichendes Vermögen verfügt.[20]

5. Ausweis im Jahresabschluss. Eine allgemeine Passivierungspflicht für die Haftungsverbindlichkeiten der Hauptgesellschaft aus § 322 und damit korrespondierende Aktivierung der Ausgleichsansprüche besteht nach allgM nicht. Nur wenn auch tatsächlich eine Inanspruchnahme droht, ist die Verbindlichkeit in der Bilanz zu passivieren.[21] Darüber hinaus müssen die Haftungsverbindlichkeiten auch nicht in einen Vermerk unter der Bilanz gemäß § 251 HGB aufgenommen werden. Nach Inkrafttreten des Bilanzrichtliniengesetzes hat sich der Streit über die Aufnahme in den Geschäftsbericht oder in den Bilanzvermerk erledigt.[22] Heute sind die Haftungsverbindlichkeiten als „sonstige finanzielle Verpflichtungen" nach § 285 Nr. 3 HGB notwendiger Teil des Anhangs.[23]

III. Einwendungen und Einreden

1. Abgeleitete Einwendungen. Nach Abs. 2 kann die Hauptgesellschaft auch die in der eingegliederten Gesellschaft begründeten Einwendungen geltend machen. Voraussetzung ist, dass die Einwendungen von der eingegliederten Gesellschaft noch erhoben werden können. Das ist Ausdruck des akzessorischen Charakters der Mithaftung und § 129 Abs. 1 HGB nachgebildet.[24] Der Begriff der Einwendung ist untechnisch zu verstehen und auch auf Einreden zu erstrecken. Die Hauptgesellschaft soll nur in dem Umfang in Anspruch genommen werden können, wie dies auch gegen die eingegliederte Gesellschaft möglich wäre. Umgekehrt geht der Verlust von **Einwendungen und Einreden** dann auch zu Lasten der Hauptgesellschaft. Dies gilt selbst dann, wenn die eingegliederte Gesellschaft auf die Einwendung verzichtet.[25] Dagegen kann die eingegliederte Gesellschaft mit dem Gläubiger nicht wirksam den Erlass der Verbindlichkeit vereinbaren, wenn gleichzeitig die Haftungsverbindlichkeit aufrechterhalten werden soll (allgM). Eine Ausnahme ist hiervon nur zu machen, wenn die Hauptgesellschaft mit dieser Regelung einverstanden ist.[26] Auch hinsichtlich der **Verjährungseinrede** ist davon auszugehen, dass die Haftung der Hauptgesellschaft weitgehend mit der jeweiligen Verbindlichkeit der eingegliederten Gesellschaft übereinstimmen soll. Die Hauptgesellschaft muss also einerseits eine verjährungshemmende Maßnahme gegen die eingegliederte Gesellschaft gegen sich gelten lassen.[27] Gleiches gilt für den Neubeginn der Verjährung nach § 212 BGB. Andererseits kann die Hauptgesellschaft, wenn gegen sie verjährungshemmende Maßnahmen eingeleitet worden sind, nicht die Einrede die Einrede der Verjährung mit der Begründung erheben, dass die Forderung gegen die eingegliederte Gesellschaft zwischenzeitlich verjährt sei.[28]

---

[19] K. Schmidt GesR § 30 III 2b; Singhof FS Hadding, 2004, 655 (666 f.); zust. Großkomm AktG/Schmolke Rn. 9. Die Analogie bei der „Durchgriffshaftung" bejahend K. Schmidt ZGR 1996, 209 (217).
[20] Zu Vorstehendem Singhof FS Hadding, 2004, 655 (665 ff.) mwN.
[21] MüKoAktG/Grunewald Rn. 19; Emmerich/Habersack/Habersack Rn. 9; Hüffer/Koch/Koch Rn. 7.
[22] MüKoAktG/Grunewald Rn. 19; Hüffer/Koch/Koch Rn. 7 jeweils mwN.
[23] MüKoAktG/Grunewald Rn. 19; Grigoleit/Grigoleit/Rachlitz Rn. 6; Emmerich/Habersack/Habersack Rn. 9; Hüffer/Koch/Koch Rn. 7; Großkomm AktG/Schmolke Rn. 15.
[24] Vgl. BegrRegE Kropff S. 426.
[25] HM, Kölner Komm AktG/Koppensteiner Rn. 17; MüKoAktG/Grunewald Rn. 11; Emmerich/Habersack/Habersack Rn. 11; Hüffer/Koch/Koch Rn. 9; Großkomm AktG/Schmolke Rn. 19; aA Geßler ZGR 1978, 251 (267).
[26] MüKoAktG/Grunewald Rn. 11; Grigoleit/Grigoleit/Rachlitz Rn. 8; Kölner Komm AktG/Koppensteiner Rn. 16; zu § 129 HGB: BGHZ 47, 376 (378 ff.) = NJW 1967, 2155; Großkomm AktG/Schmolke Rn. 20 (mit der Maßgabe einer „rechtsgeschäftlichen Überformung" der gesetzlichen Mithaftung aus Abs. 1) enger Emmerich/Habersack/Habersack Rn. 12 (Unwirksamkeit auch bei Zustimmung der Hauptgesellschaft).
[27] Ganz hM zu § 129 HGB; vgl. BGHZ 73, 217 (222 ff.) = NJW 1979, 1361; MüKoHGB/K. Schmidt HGB § 129 Rn. 8; Hadding ZGR 1981, 577 (588 f.); aA Emmerich/Habersack/Habersack Rn. 12 mwN zu § 129 HGB.
[28] Vgl. BGHZ 104, 76 (80 f.) = NJW 1988, 1976 zu § 129 HGB; MüKoAktG/Grunewald Rn. 11; Hüffer/Koch/Koch Rn. 9; MHdB AG/Krieger § 74 Rn. 47; K. Schmidt/Lutter/Ziemons Rn. 15; aA Emmerich/Habersack/Habersack Rn. 12 mwN zu § 129 HGB.

12 **2. Persönliche Einwendungen.** Dass die Hauptgesellschaft persönliche Einwendungen machen kann, wo solche Einwendungen bestehen, versteht sich von selbst und wird in Abs. 2 deshalb vorausgesetzt. Zu denken ist etwa an den Arglisteinwand, die Kollision, die Aufrechnung mit einer eigenen Forderung (im Unterschied zum Leistungsverweigerungsrecht nach Abs. 3). Zu den persönlichen Einwendungen sind auch Vereinbarung zwischen der Hauptgesellschaft und Gläubiger (zB Erlass, Stundung) oder zwischen eingegliederter Gesellschaft und Gläubiger zugunsten der Hauptgesellschaft (§ 328 BGB) zu zählen (allgM). Eine selbstständige Verjährung der Haftungsschuld mit eigener Frist kann nur unter den Voraussetzungen des § 327 Abs. 4 eintreten, also nur nach Beendigung der Eingliederung.[29] Die Hauptgesellschaft kann einen Gläubiger nicht zunächst auf die eingegliederte Gesellschaft verweisen. Die fehlende Gleichstufigkeit der Forderungen im Akzessorietätsverhältnis führt nicht zu einer Subsidiarität der Haftung.[30] Der Gläubiger der eingegliederten Gesellschaft kann frei entscheiden, welche Gesellschaft er primär in Anspruch nimmt.

13 **3. Einreden aufgrund von Gestaltungsrechten.** Die Hauptgesellschaft hat gemäß Abs. 3 ein Recht zur Leistungsverweigerung, wenn die eingegliederte Gesellschaft noch zur Anfechtung (§§ 119, 123 BGB) oder zur Aufrechnung (§ 387 BGB) befugt ist. Bei Vorliegen einer Eingliederung hat dieses Leistungsverweigerungsrecht indessen nur eingeschränkte Bedeutung, da die Hauptgesellschaft die eingegliederte Gesellschaft während der Eingliederung anweisen kann, die Gestaltungsrechte auszuüben. Unverzichtbar war sie gleichwohl nicht, weil ihre Geltendmachung bei kurzer Eingliederungsdauer im Rahmen von Umstrukturierungsmaßnahmen und allgemein während der Nachhaftung nach Beendigung der Eingliederung mangels entsprechender Weisungsrechts durchaus relevant werden kann.[31] Für aufgrund erklärter Anfechtung entstehende Ansprüche (§§ 122, 812 BGB) muss die Hauptgesellschaft einstehen.[32]

14 Die bis zum Ablauf der Anfechtungsfrist bestehende zeitweilige Einrede aufgrund des Rechts zur **Anfechtung** (Abs. 3 S. 1) bereitet in der Rechtsanwendung keine Probleme. Sie entspricht dem Vorbild des § 129 Abs. 2 HGB. Ein Gläubiger soll nicht aufgrund eines noch „schwebenden" Schuldverhältnisses etwas von der Hauptgesellschaft verlangen können, was er nach Anfechtung durch die eingegliederte Gesellschaft wieder zurückgewähren müsste (§ 812 BGB). Wenig hilfreich ist dagegen die undeutliche Formulierung des Gesetzes beim Bestehen von **Aufrechnungslagen** (Abs. 3 S. 2). Allerdings haben sich zu der Vorbildnorm des § 129 Abs. 3 HGB inzwischen eine gefestigte Grundsätze herausgebildet, auf die zurückgegriffen werden kann.[33] Entscheidend für das Vorliegen des Leistungsverweigerungsrechts der Hauptgesellschaft ist danach, dass die eingegliederte Gesellschaft zur Aufrechnung berechtigt ist, sei es im Rahmen einer beiderseitigen oder einer einseitigen[34] Aufrechnungslage (vgl. §§ 393, 394 BGB). Der Umstand, dass die Hauptgesellschaft auch insoweit Weisung zur Aufrechnung erteilen könnte, spielt keine Rolle. Kann dagegen wegen eines gesetzlichen oder vertraglichen Aufrechnungsverbots nur der Gläubiger aufrechnen, hat die Hauptgesellschaft keine Einrede.[35] Diese einschränkende Auslegung des Gesetzes ist geboten, weil die Hauptgesellschaft eben nur im gleichen Umfang wie die eingegliederte Gesellschaft haften soll.

15 Umstritten ist, ob ein Leistungsverweigerungsrecht entsprechend Abs. 3 HGB auch dann besteht, wenn die eingegliederte Gesellschaft **andere** als die im Gesetz genannten **Gestaltungsrechte** geltend machen kann (zB ein Rücktrittsrecht). Man wird eine Analogie hier abzulehnen haben.[36] Sie würde dem Grundsatz widersprechen, dass die eingegliederte Gesellschaft grds. frei darin ist, den Inhalt des Schuldverhältnisses zu gestalten und dabei zu Lasten der Verteidigungsmöglichkeiten der Hauptgesellschaft auch auf Einwendungen, die Ausübung von Rücktrittsrechten etc. zu verzichten. Während

---

[29] Vgl. *Hadding* ZGR 1981, 577 (590) (zu § 159 HGB aF); aA offenbar Emmerich/Habersack/*Habersack* Rn. 10.
[30] Zutr. *Bülow* ZGR 1988, 192 (207); Emmerich/Habersack/*Habersack* Rn. 10; Kölner Komm AktG/*Koppensteiner* Rn. 10.
[31] Zu eng Kölner Komm AktG/*Koppensteiner* Rn. 19; Emmerich/Habersack/*Habersack* Rn. 13; Hüffer/Koch/*Koch* Rn. 10.
[32] Emmerich/Habersack/*Habersack* Rn. 13.
[33] Vgl. MüKoAktG/*Grunewald* Rn. 15; Emmerich/Habersack/*Habersack* Rn. 14; Hüffer/Koch/*Koch* Rn. 11; Kölner Komm AktG/*Koppensteiner* Rn. 20 f.; *Bülow* ZGR 1988, 192 (208 f.); *Geßler* ZGR 1978, 251 (268).
[34] Hüffer/Koch/*Koch* Rn. 11.
[35] HM; *Bülow* ZGR 1988, 192 (208); *Geßler* ZGR 1978, 251 (268); MüKoAktG/*Grunewald* Rn. 15; Emmerich/Habersack/*Habersack* Rn. 14; Hüffer/Koch/*Koch* Rn. 11; Kölner Komm AktG/*Koppensteiner* Rn. 20; K. Schmidt/Lutter/*Ziemons* Rn. 18; s. auch § 129 Abs. 3 HGB: BGHZ 42, 396 (397) = NJW 1965, 627; MüKoHGB/*K. Schmidt* § 129 Rn. 24.
[36] MüKoAktG/*Grunewald* Rn. 14; aA Emmerich/Habersack/*Habersack* Rn. 15; Grigoleit/*Grigoleit/Rachlitz* Rn. 9; Großkomm AktG/*Schmolke* Rn. 24.

IV. Zwangsvollstreckung

Aus einem gegen die eingegliederte Gesellschaft gerichteten vollstreckbaren Schuldtitel (§§ 704, 794 ZPO) kann eine Zwangsvollstreckung nur gegen sie, nicht aber auch gegen die Hauptgesellschaft betrieben werden. Da die beteiligten Gesellschaften verschiedene juristische Personen (Aktiengesellschaften) sind, ist dies selbstverständlich und hätte der Regelung nicht bedurft. Immerhin wird damit nochmals klargestellt, dass die Akzessorietät nicht so weit reicht, dass die **Titulierung** gegen den einen Schuldner auch gegen den anderen wirkt. Seine persönlichen Einwendungen dürfen ihm nicht abgeschnitten werden. Vollstreckt ein Gläubiger gleichwohl ohne entsprechenden Titel in das Vermögen der Hauptgesellschaft, ist dies unzulässig (§ 766 ZPO). Wenn im Rahmen einer Vollstreckung gegen die eingegliederte Gesellschaft der Hauptgesellschaft ein „die Veräußerung hinderndes Recht" hinsichtlich bestimmter bei der eingegliederten Gesellschaft gepfändeter Vermögensgegenstände zusteht, kann sie grds. **Drittwiderspruchsklage** (§ 771 ZPO) erheben. Der Gläubiger kann im Rahmen dieser Klage allerdings die Haftung der Hauptgesellschaft einwenden.[37] Dieser Einwand führt zur Abwendung der Drittwiderspruchsklage als unbegründet (§ 242 BGB), wenn die Hauptgesellschaft keine persönlichen Einwendungen geltend machen kann. Hierzu gehört vor allem auch der im Vorfeld der Klage fehlgeschlagene Versuch der „Auslösung" der gepfändeten Gegenstände gegen Barzahlung.

V. Innenausgleich

Fragen des Innenausgleichs zwischen den beteiligten Gesellschaften sind **während der Dauer der Eingliederung** von untergeordneter Bedeutung. Da die Hauptgesellschaft über das gesamte Vermögen der Tochtergesellschaft verfügen kann, kann sie innerhalb der von § 324 Abs. 3 gesetzten Grenzen durch Weisung vollen Rückgriff nehmen, ohne dass es auf den Rechtsgrund ankommt.[38] Außerdem kann sie grds. schon vor einer eigenen Leistung auf die Verbindlichkeit die Befriedigung des Gläubigers durch eine entsprechende Weisung an die eingegliederte Gesellschaft bewirken.[39]

Erst **nach Beendigung der Eingliederung** gewinnt der Regress eigenständige Bedeutung, da die Gesellschaften noch bis zur Enthaftung nach § 327 Abs. 4 eine Risikogemeinschaft bilden und die ehemals herrschende Gesellschaft nunmehr nur einen verminderten oder gar keinen Einfluss mehr geltend machen kann.[40] Nach überwiegender Auffassung hat die Hauptgesellschaft nach einer Inanspruchnahme aus § 322 einen Anspruch darauf, bei der eingegliederten Gesellschaft vollen Regress zu nehmen bzw. vor ihrer Inanspruchnahme freigestellt zu werden (§ 257 BGB).[41] Als Rechtsgrundlage wird im Einklang mit der Annahme einer gesamtschuldnerischen Haftung überwiegend § 426 BGB herangezogen,[42] wobei es allerdings nicht zum Ausgleich nach Köpfen, sondern zum vollen Rückgriff komme, weil in § 322 „etwas anderes" bestimmt sei. Nimmt man mit der hier vertretenen Auffassung ein akzessorisches Haftungsverhältnis an, fehlt es für die Anwendung des § 426 Abs. 1 und 2 BGB an einer tatbestandlichen Anknüpfung. Entsprechend kommen die Grundsätze zum Rückgriff des ausgeschiedenen Gesellschafters einer OHG oder KG gegen die Gesellschaft zum Tragen. Insoweit bietet sich an, den Erstattungsanspruch aus § 110 HGB als Sonderbestimmung über den Aufwendungsersatz (§ 670 BGB) im Rahmen mitgliedschaftlicher Rechtsverhältnisse analog oder hilfsweise aus § 683 S. 1 BGB, § 670 BGB herzuleiten.[43] Außerdem kommt ein Übergang der erfüllten Forderung auf die Hauptgesellschaft analog § 774 Abs. 1 S. 1 BGB (§ 1143 Abs. 1 S. 1 BGB; § 1225 S. 1 BGB) in Betracht. Diese Legalzession verschafft der früheren Hauptgesellschaft nach §§ 412, 401 BGB auch die etwa für die Forderung bestehenden Sicherungen, insbesondere also die Sicherheiten nach § 321, § 232 BGB. Nach den allgemeinen Prinzipien des Regresses bei

---

[37] Emmerich/Habersack/*Habersack* Rn. 17 mwN zu § 129 HGB. Zur parallelen Rechtslage bei § 129 Abs. 4 HGB s. auch MüKoHGB/*K. Schmidt* HGB § 129 Rn. 28.
[38] *Würdinger* DB 1972, 1565 (1566); MüKoAktG/*Grunewald* Rn. 18; kritisch offenbar Kölner Komm AktG/*Koppensteiner* Rn. 13.
[39] *Bülow* ZGR 1988, 192 (206).
[40] *Singhof* FS Hadding, 2004, 655 (669).
[41] MüKoAktG/*Grunewald* Rn. 18; Hüffer/Koch/*Koch* Rn. 6; *Kley/Lehmann* DB 1972, 1421; Großkomm AktG/*Schmolke* Rn. 12; Kölner Komm AktG/*Koppensteiner* Rn. 13; offen gelassen von *Bülow* ZGR 1988, 192 (205).
[42] MüKoAktG/*Grunewald* Rn. 18; Hüffer/Koch/*Koch* Rn. 6; K. Schmidt/Lutter/*Ziemons* Rn. 20.
[43] *Singhof* FS Hadding, 2004, 655 (670). Für einen entsprechenden Erstattungsanspruch nach § 683 S. 1 BGB, § 670 BGB Emmerich/Habersack/*Habersack* Rn. 7.

akzessorischer Haftung bestimmt sich der Regress allerdings nach dem zwischen den Regressparteien bestehenden Innenverhältnis (arg. ex § 774 Abs. 1 S. 3 BGB). Die ehemals eingegliederte Gesellschaft kann gegenüber einem Regressanspruch und der übergegangenen Forderung einwenden, dass die vertragliche oder gesetzliche Verbindlichkeit auf Veranlassung der Hauptgesellschaft entstanden ist.[44] Je nachdem, in welchem Maße die Hauptgesellschaft während der Eingliederung von dem ihr zugewiesenen Weisungsrecht zu diesem Zweck Gebrauch macht hat, ist von einer „regresslosen Haftung" auszugehen. Zugleich bedeutet dies, dass eine Inanspruchnahme der Tochtergesellschaft nach Beendigung der Eingliederung aus veranlassten Verbindlichkeiten einen „umgekehrten Regress" auslöst. Auch bei nicht veranlassten Verbindlichkeiten muss die in Anspruch genommene Hauptgesellschaft prüfen, ob sie die Leistung an den Gläubiger für erforderlich halten durfte (vgl. § 110 Abs. 1 HGB; § 670 BGB). Daran kann es fehlen, wenn die Forderung Gesellschaft einwendungs- oder einredebehaftet ist. Die entsprechenden Informationen muss die Hauptgesellschaft sich grds. selbst beschaffen.

§ 323 Leitungsmacht der Hauptgesellschaft und Verantwortlichkeit der Vorstandsmitglieder

(1) ¹Die Hauptgesellschaft ist berechtigt, dem Vorstand der eingegliederten Gesellschaft hinsichtlich der Leitung der Gesellschaft Weisungen zu erteilen. ²§ 308 Abs. 2 Satz 1, Abs. 3, §§ 309, 310 gelten sinngemäß. ³§§ 311 bis 318 sind nicht anzuwenden.

(2) Leistungen der eingegliederten Gesellschaft an die Hauptgesellschaft gelten nicht als Verstoß gegen die §§ 57, 58 und 60.

Schrifttum: *Altmeppen*, Die Haftung des Managers im Konzern, 1998; *Altmeppen*, Zur Delegation des Weisungsrechts im mehrstufigen Konzern, FS Lutter, 2000, 975; *Hoffmann-Becking*, Gibt es das Konzerninteresse?, FS Hommelhoff, 2012, 433; *Schön*, Deutsches Konzernprivileg und europäischer Kapitalschutz – ein Widerspruch?, FS Kropff, 1997, 285; *Veit*, Unternehmensverträge und Eingliederung als aktienrechtliche Instrumente der Unternehmensverbindung, 1974.

I. Normzweck

1   Die Vorschrift konkretisiert Art und Umfang der Leitung der eingegliederten Gesellschaft durch die Hauptgesellschaft sowie die damit korrelierende **Verantwortlichkeit und Haftung** der Vorstandsmitglieder beider Gesellschaften. Die Eingliederung begründet eine besondere konzernrechtliche Beziehung, auf welche die Bestimmungen zum faktischen Konzern nicht anwendbar sind. Eröffnet wird die für den Aktienkonzern größtmögliche Intensität der Konzernleitung durch eine umfassende Weisungsbefugnis gegenüber dem Vorstand der eingegliederten Gesellschaft (Abs. 1). Dies schließt nach Abs. 2 auch einen weitgehenden Zugriff auf das Gesellschaftsvermögen der eingegliederten Gesellschaft ein; die gewöhnlich durch die §§ 57, 58, 60 gesicherte **Kapitalerhaltung** der Aktiengesellschaft ist weitgehend aufgehoben. Ungeachtet ihrer fortbestehenden rechtlichen Selbständigkeit wird die eingegliederte Gesellschaft damit organisatorisch und finanziell in die Hauptgesellschaft eingeordnet, als wäre sie eine einfache „Betriebsabteilung".[1] Legitimationsvoraussetzung ist der durch § 321 Abs. 1, §§ 322 und 324 Abs. 3 gewährte Gläubigerschutz. Interessen von Minderheitsaktionären sind nach Wirksamwerden der Eingliederung ohnehin nicht mehr betroffen. Die durch Verweis auf §§ 309, 310 geregelte Haftung der Vorstandsmitglieder der beteiligten Gesellschaften hat bislang keine nennenswerte Bedeutung erlangt.[2]

II. Konzernleitungsmacht der Hauptgesellschaft

2   **1. Umfang und Ausübung des Weisungsrechts.** Das Weisungsrecht der Hauptgesellschaft ist umfassend und bedarf nicht der Rechtfertigung durch die Belange der Hauptgesellschaft oder ein übergreifendes Konzerninteresse.[3] Es geht damit über die durch den Abschluss eines Beherrschungsvertrags vermittelte Weisungsbefugnis hinaus (dazu → § 308 Rn. 5 ff.). Dies kommt auch dadurch zum Ausdruck, dass auf § 308 Abs. 1 in § 323 Abs. 1 ausdrücklich nicht verwiesen wird. Allerdings wird der Vorstand immer auch zu prüfen haben, ob eine nicht mit den Belangen der Hauptgesellschaft oder anderen mit ihr verbundenen Unternehmen im Zusammenhang stehende nachteilige Weisung

---

[44] Zu vorstehendem Emmerich/Habersack/*Habersack* Rn. 7; *Singhof* FS Hadding, 2004, 655 (670, 673).
[1] Vgl. BegrRegE *Kropff* S. 427.
[2] Zutr. Emmerich/Habersack/*Habersack* Rn. 1.
[3] BegrRegE *Kropff* S. 427; MüKoAktG/*Grunewald* Rn. 2; Emmerich/Habersack/*Habersack* Rn. 2; Hüffer/Koch/*Koch* Rn. 1; Kölner Komm AktG/*Koppensteiner* Rn. 2; zum Konzerninteresse *Hoffmann-Becking* FS Hommelhoff, 2012, 433.

nicht im Verhältnis zur Hauptgesellschaft selbst pflichtwidrig ist.[4] Angesichts der Intensität der Konzernbeziehung und den damit verbundenen Haftungsfolgen ist ein Durchschlagen des Nachteils auf die Hauptgesellschaft nicht auszuschließen. Nicht zweifelsfrei ist auch die Zulässigkeit **existenzgefährdender oder -vernichtender Weisungen**.[5] Nimmt man eine Haftung der Hauptgesellschaft aus ihrer mitgliedschaftlichen Treupflicht wegen Verletzung des fortbestehenden Eigeninteresses der eingegliederten Gesellschaft an (→ Rn. 10), muss man hieraus auch eine Schranke für das Weisungsrecht ableiten. Einigkeit besteht dahin, dass **gesetzes- und sittenwidrige** ebenso wie **satzungswidrige** Weisungen unzulässig sind.[6] Von dem Weisungsrecht unberührt bleiben daher auch § 15a InsO und § 92 Abs. 2.[7] Zu beachten sind aufgrund der Verweisung in Abs. 1 S. 2 auch im Eingliederungskonzern **Zustimmungsvorbehalte** zugunsten des (weisungsfreien) Aufsichtsrats der eingegliederten Gesellschaft (§ 111 Abs. 4 S. 2). Die Vorgehensweise bei Nichterteilung der Zustimmung innerhalb einer angemessenen Frist bestimmt sich nach § 308 Abs. 3 (→ § 308 Rn. 38).

Besondere Bedeutung hat in diesem Zusammenhang die Möglichkeit der Hauptgesellschaft, durch **3** rechtmäßige Ausübung des Weisungsrechts das Vermögen der eingegliederten Gesellschaft an sich zu ziehen. Entsprechende Leistungen an die Hauptgesellschaft gelten gemäß § 323 Abs. 2 nicht als Verstoß gegen die Kapitalerhaltungsregeln der §§ 57, 58, 60.[8] Die weitgehende **Aufhebung der Kapitalbindung** führt allerdings nicht dazu, dass auch die Kapitalaufbringung durchbrochen wird. So ist die Weisung, auf eine noch offene Einlageforderung zu verzichten, nicht zulässig.[9] Gestattet ist es der Hauptgesellschaft dagegen, durch Weisung die Abführung des in der eingegliederten Gesellschaft **erzielten Gewinns** vornehmen zu lassen; § 324 Abs. 2 verlangt hierfür nicht den Abschluss eines Gewinnabführungsvertrags (näher → § 324 Rn. 4).[10] Allerdings muss aufgrund von § 324 Abs. 3 ein eventuell entstandener Bilanzverlust von der Hauptgesellschaft ausgeglichen werden, sofern der Bilanzverlust den Betrag der Kapital- und Gewinnrücklagen übersteigt (→ § 324 Rn. 8).

2. Ausübung des Weisungsrechts. Die Hauptgesellschaft wird bei der Ausübung ihres Weisungsrechts durch ihren Vorstand vertreten (§ 78). Die **Delegation** des Weisungsrechts durch Bevollmächtigung beliebiger Dritter ist möglich,[11] nicht dagegen die Übertragung desselben (näher → § 308 Rn. 12 ff.).[12] Praktisch relevant wird in aller Regel nur die Hinzuziehung einer anderen Konzerngesellschaft oder von Prokuristen (§§ 48, 54 HGB) und sonstiger leitender Angestellter in der Hauptgesellschaft sein. Unter dieser Prämisse steht im mehrstufigen Eingliederungskonzern der Delegation des Weisungsrechts der Tochtergesellschaft auf das Mutterunternehmen grds. nichts entgegen.[13] Allerdings bestehen gewisse sachliche und zeitliche Beschränkungen wegen der Haftung des Vorstands nach § 309.[14] Da der Vorstand der Tochter-AG sich seiner Verantwortung nicht voll-

---

[4] MüKoAktG/*Grunewald* Rn. 2; Emmerich/Habersack/*Habersack* Rn. 6; Hüffer/Koch/*Koch* Rn. 4; Kölner Komm AktG/*Koppensteiner* Rn. 2; *Veit*, Unternehmensverträge und Eingliederung als aktienrechtliche Instrumente der Unternehmensverbindung, 1974, 157.
[5] Abl. K. Schmidt/Lutter/*Ziemons* Rn. 6; anders die ganz hM, s. MüKoAktG/*Grunewald* Rn. 3; Emmerich/ Habersack/*Habersack* Rn. 2; Kölner Komm AktG/*Koppensteiner* Rn. 4; MHdB AG/*Krieger* § 74 Rn. 48; Großkomm AktG/*Schmolke* Rn. 2; auch *Ulmer* ZHR 184 (1984), 391 (408); offen gelassen bei Hüffer/Koch/*Koch* Rn. 3. Ergänzend kommen die Rechtsprechungsregeln zum existenzvernichtenden Eingriff zur Anwendung, BGH NZG 2007, 667.
[6] MüKoAktG/*Grunewald* Rn. 5; Emmerich/Habersack/*Habersack* Rn. 2; Hüffer/Koch/*Koch* Rn. 4; Kölner Komm AktG/*Koppensteiner* Rn. 4; MHdB AG/*Krieger* § 74 Rn. 48; Großkomm AktG/*Schmolke* Rn. 3; NK-AktR/*Jausch* Rn. 2.
[7] Grigoleit/*Rachlitz* Rn. 4; Emmerich/Habersack/*Habersack* Rn. 2; anders bzgl. § 92 Abs. 2 Großkomm AktG/*Schmolke* Rn. 4.
[8] Zur Vereinbarkeit mit Art. 15 und 16 der europäischen Kapitalrichtlinie Emmerich/Habersack/*Habersack* Rn. 3; *Schön* FS Kropff, 1997, 285 (298 ff.) (Vertragskonzern).
[9] MüKoAktG/*Grunewald* Rn. 5; Emmerich/Habersack/*Habersack* Rn. 3 Fn. 6.
[10] HM, MüKoAktG/*Grunewald* Rn. 4; Emmerich/Habersack/*Habersack* Rn. 3; Hüffer/Koch/*Koch* § 324 Rn. 4; Kölner Komm AktG/*Koppensteiner* Rn. 3, § 324 Rn. 8 f.; MHdB AG/*Krieger* § 74 Rn. 57; *Singhof* FS Hadding, 2004, 655 (657); aA *Ballerstedt* ZHR 137 (1973), 388 (401 f.); *Veit*, Unternehmensverträge und Eingliederung als aktienrechtliche Instrumente der Unternehmensverbindung, 1974, 171 und wohl auch BegrRegE Kropff S. 428.
[11] HM, *Altmeppen*, Die Haftung des Managers im Konzern, 1998, 14 ff.; MüKoAktG/*Altmeppen* § 308 Rn. 51 ff.; *Altmeppen* FS Lutter, 2000, 975 (977 ff.); Emmerich/Habersack/*Emmerich* § 308 Rn. 13 ff.; Hüffer/Koch/*Koch* § 308 Rn. 5; MHdB AG/*Krieger* § 74 Rn. 49; anders *Cahn* BB 2000, 1477 (1482 f.); Grigoleit/ *Grigoleit/Rachlitz* Rn. 7; MüKoAktG/*Grunewald* Rn. 7.
[12] Emmerich/Habersack/*Emmerich* § 308 Rn. 16; Hüffer/Koch/*Koch* § 308 Rn. 6; iE auch *Cahn* BB 2000, 1477 (1482 f.).
[13] HM, Kölner Komm AktG/*Koppensteiner* Rn. 9; MHdB AG/*Krieger* § 74 Rn. 49; *Rehbinder* ZGR 1977, 581 (616 f.); aA Hüffer/Koch/*Koch* Rn. 2; MüKoAktG/*Grunewald* Rn. 7; Emmerich/Habersack/*Habersack* Rn. 4.
[14] Vgl. nur Emmerich/Habersack/*Emmerich* § 308 Rn. 15.

kommen entziehen darf, dürfte eine Delegation im mehrstufigen Eingliederungskonzern nur geringe Bedeutung haben. Umgekehrt ist eine generelle (freiwillige oder unfreiwillige) **Bevollmächtigung** der Hauptgesellschaft zur Führung der Geschäfte der eingegliederten Gesellschaft unzulässig, denn dadurch würde sich der Vorstand der eingegliederten Gesellschaft seiner eigenständigen Prüfungspflicht über die Geschäftsführung der Gesellschaft und damit im Regelfall der Befolgung von Weisungen begeben.[15]

5 **Empfänger der Weisungen** ist der Vorstand der eingegliederten Gesellschaft. Ein „Weisungsdurchgriff" auf die Angestellten der eingegliederten Gesellschaft besteht damit nicht, und der Vorstand der Hauptgesellschaft kann dem Vorstand der eingegliederten Gesellschaft auch nicht eine darauf abzielende Weisung erteilen.[16] Der Vorstand der eingegliederten Gesellschaft kann jedoch die Mitarbeiter des Unternehmens anweisen, auf entsprechende Weisungen der Hauptgesellschaft Geschäftsführungsmaßnahmen vorzunehmen.[17] Auch wenn die Pflicht zur Befolgung von Weisungen sehr weitgehend ist, wird er sich wegen seiner eigenen Verantwortlichkeit gleichwohl informiert halten müssen.[18]

6 **3. Folgepflicht.** Der Vorstand der eingegliederten Gesellschaft muss die Weisungen der Hauptgesellschaft befolgen (§ 323 Abs. 1 S. 2 iVm § 308 Abs. 2 S. 1). Betrifft die Weisung ein nach § 111 Abs. 4 S. 2 zustimmungspflichtiges Geschäft, ist nach § 308 Abs. 3 zu verfahren (→ Rn. 2). Der Umfang der Folgepflicht besteht in den beschriebenen Grenzen (→ Rn. 2). Im Wesentlichen sind dies zwingende gesetzliche Bestimmungen und die Satzung der Gesellschaft. Der Vorbehalt nach § 308 Abs. 2 S. 2 besteht nicht. Eine Folgepflicht besteht daher selbst dann, wenn die nachteilige Weisung offensichtlich nicht den Belangen der Hauptgesellschaft oder eines mit ihr verbundenen Unternehmens zu dienen bestimmt ist (zur möglichen Pflichtverletzung des Vorstands der Hauptgesellschaft → Rn. 8). In jedem Fall hat der Vorstand der eingegliederten Gesellschaft nicht nur zu prüfen, ob er eine konkrete Weisung befolgen muss, sondern auch, welche konkreten Auswirkungen eine (zulässige) Weisung auf die eingegliederte Gesellschaft hat. Auf die Nachteiligkeit der angewiesenen Maßnahme ist der Vorstand der Hauptgesellschaft hinzuweisen.[19]

7 **4. Nichterteilung von Weisungen.** In dem Umfang, in dem der Vorstand der Hauptgesellschaft es unterlässt, dem Vorstand der eingegliederten Gesellschaft Weisungen zu erteilen, bleibt dieser zur Unternehmensleitung in eigener Verantwortung verpflichtet (§ 76). Der Streit darüber, ob er seine Geschäftsführung dabei am Interesse der eingegliederten Gesellschaft[20] oder am übergreifenden Konzerninteresse zu orientieren hat, dürfte praktisch kaum relevant werden. Im Ausgangspunkt lässt sich ein Vorrang des Konzerninteresses und eine Rechtspflicht zur Konsultation mit der Hauptgesellschaft vor der Umsetzung von Geschäftsführungsmaßnahmen nicht begründen.[21] Die Hauptgesellschaft muss selbst Sorge dafür tragen, dass sie die durch die Eingliederung geschaffenen Möglichkeiten der Konzernleitung ausschöpft. Andererseits wird der Vorstand der eingegliederten Gesellschaft sich auch ohne entsprechende Pflicht vor wesentlichen Entscheidungen mit der Hauptgesellschaft verständigen. Will die Hauptgesellschaft dem Vorstand der eingegliederten Gesellschaft trotz der zentralistischen Prägung der Eingliederung weitgehenden Spielraum lassen, kann sie durch Weisung zudem jederzeit ein bestimmtes Konzerninteresse als Entscheidungsrahmen vorgeben bzw. eine Konsultationspflicht begründen. Eine Pflicht zur Erteilung von Weisungen im Verhältnis von Hauptgesellschaft und eingegliederter Gesellschaft besteht nicht.[22] Allerdings muss der Vorstand der Hauptgesellschaft nach Maßgabe von §§ 76, 93 prüfen, ob er angesichts der weitreichenden (Haftungs-)Folgen der Eingliederung im Verhältnis zu seiner

---

[15] MüKoAktG/*Grunewald* Rn. 8; Emmerich/Habersack/*Habersack* Rn. 5; Hüffer/Koch/*Koch* Rn. 2; aA Kölner Komm AktG/*Koppensteiner* Rn. 11; MHdB AG/*Krieger* § 74 Rn. 49; Großkomm AktG/*Schmolke* Rn. 11; s. auch Grigoleit/*Grigoleit/Rachlitz* Rn. 11.
[16] *Veit*, Unternehmensverträge und Eingliederung als aktienrechtliche Instrumente der Unternehmensverbindung, 1974, 159; Großkomm AktG/*Schmolke* Rn. 8 mwN.
[17] Emmerich/Habersack/*Habersack* Rn. 5; Hüffer/Koch/*Koch* Rn. 2; Kölner Komm AktG/*Koppensteiner* Rn. 10; MHdB AG/*Krieger* § 74 Rn. 49; aA MüKoAktG/*Grunewald* Rn. 8.
[18] Enger Hüffer/Koch/*Koch* Rn. 2; Großkomm AktG/*Schmolke* Rn. 4.
[19] Emmerich/Habersack/*Habersack* Rn. 6; MHdB AG/*Krieger* § 74 Rn. 48; enger Kölner Komm AktG/*Koppensteiner* Rn. 7; zweifelnd K. Schmidt/Lutter/*Ziemons* Rn. 16.
[20] So MüKoAktG/*Grunewald* Rn. 10; Emmerich/Habersack/*Habersack* Rn. 7; K. Schmidt/Lutter/*Ziemons* Rn. 15; aA Kölner Komm AktG/*Koppensteiner* Rn. 8.
[21] Wie hier Emmerich/Habersack/*Habersack* Rn. 7; Grigoleit/*Grigoleit/Rachlitz* Rn. 2; aA MüKoAktG/*Grunewald* Rn. 10; Kölner Komm AktG/*Koppensteiner* Rn. 8; Großkomm AktG/*Schmolke* Rn. 10.
[22] MüKoAktG/*Grunewald* Rn. 11; Emmerich/Habersack/*Habersack* Rn. 4; Kölner Komm AktG/*Koppensteiner* Rn. 12; MHdB AG/*Krieger* § 74 Rn. 58; Großkomm AktG/*Schmolke* Rn. 10.

eigenen Gesellschaft verpflichtet ist, selbst die Geschäftsführung der eingegliederten Gesellschaft durch die Erteilung von Weisungen zu bestimmen.[23]

III. Verantwortlichkeit und Haftung

1. Vorstandsmitglieder der Hauptgesellschaft. Die Vorstandsmitglieder der Hauptgesellschaft haften der eingegliederten Gesellschaft auf Schadensersatz, wenn sie bei der Erteilung von Weisungen nicht die Sorgfalt eines ordentlichen und gewissenhaften Geschäftsleiters angewandt haben und der eingegliederten Gesellschaft durch diese schuldhafte Pflichtverletzung ein Schaden entstanden ist (§ 323 Abs. 1 S. 2 iVm § 309 Abs. 1, 2).[24] Die sinngemäß geltende Bestimmung des § 309 ist allerdings „eingliederungsspezifisch" auszulegen. Wichtig ist dies angesichts des im Vergleich zum Beherrschungsvertrag weitergehenden Weisungsrechts. Eine **Haftung** nach § 323 Abs. 1 S. 2 kommt somit nur in Betracht, wenn der Vorstand die beschriebenen Grenzen zulässiger Weisungserteilung überschreitet, insbesondere also bei **gesetzes- und satzungswidriger Weisung,** nicht dagegen bei einer nicht durch das Konzerninteresse gedeckten nachteiligen Weisung (→ Rn. 6).[25] Die nicht im Konzerninteresse erteilte schädigende Weisung kann im Verhältnis zur Hauptgesellschaft Haftungsfolgen für deren Vorstand haben (§ 93).[26] Praktische Bedeutung hat die Anordnung der Vorstandshaftung gegenüber der eingegliederten Gesellschaft angesichts des umfassenden Weisungsrechts der Hauptgesellschaft und des Fehlens außenstehender (durchsetzungsbereiter) Aktionäre in der eingegliederten Gesellschaft nicht erlangt.[27] Auch Gläubiger, die von der eingegliederten Gesellschaft keine Befriedigung erlangen können, werden angesichts der Beweisprobleme und des einfacher durchzusetzenden Anspruchs aus § 322 regelmäßig nicht unmittelbar gegen den Vorstand der Hauptgesellschaft vorgehen (vgl. § 323 Abs. 1 S. 2 iVm § 309 Abs. 4 S. 3).[28] Die näheren Einzelheiten zur Geltendmachung sowie zu Verzicht, Vergleich und Verjährung des Anspruchs richten sich nach § 309 Abs. 3–5 (→ § 309 Rn. 31 ff.). Bereits die Verweisung auf § 309 schließt im Übrigen eine parallele Anwendung von § 317 aus.

2. Organmitglieder der eingegliederten Gesellschaft. Die Vorstandsmitglieder der eingegliederten Gesellschaft haften ihrer Gesellschaft, wenn sie bei der Ausführung von Weisungen schuldhaft ihre Pflichten verletzt haben (§ 323 Abs. 1 S. 2 iVm § 310). Diese Haftung betrifft nur unverbindliche, also rechts- und satzungswidrige Weisungen (§ 310 Abs. 3 iVm § 308 Abs. 2). Auch eine Zustimmung des Aufsichtsrats oder ein Hauptversammlungsbeschluss schließt eine Haftung in diesen Fällen nicht aus (vgl. § 310 Abs. 2 und → § 310 Rn. 5). Die Vorstandsmitglieder haften als Gesamtschuldner neben der Hauptgesellschaft und deren Vorstandsmitgliedern. § 310 Abs. 1 ist auch Anspruchsgrundlage für eine Haftung der Aufsichtsratsmitglieder im Zusammenhang mit der pflichtwidrigen Befolgung von Weisungen. Daneben ist § 318 nicht anwendbar (§ 323 Abs. 1 S. 3). Bei einem nicht weisungsgebundenen Fehlverhalten von Vorstand und Aufsichtsrat der eingegliederten Gesellschaft bleibt es bei der Haftung nach §§ 93, 116.[29]

3. Hauptgesellschaft. Die gesetzlich nicht geregelte Haftung der Hauptgesellschaft für das Fehlverhalten ihres Vorstands gegenüber der eingegliederten Gesellschaft ist angesichts § 322 praktisch ohne Bedeutung. Einigkeit besteht gleichwohl, dass die Hauptgesellschaft für das Fehlverhalten ihres Vorstands einzustehen hat.[30] Ohne entsprechenden Eingliederungsvertrag kommt Schadensersatz wegen Pflichtverletzung – pVV – (§ 280 BGB) nicht in Betracht.[31] Nach zutreffender Ansicht ist Grundlage eines Anspruchs die mitgliedschaftliche Treupflicht.[32] Alternativ bietet sich die durch die

---

[23] Vgl. MüKoAktG/*Grunewald* Rn. 11; Emmerich/Habersack/*Habersack* Rn. 4; Kölner Komm AktG/*Koppensteiner* Rn. 12; weitergehend *Hommelhoff,* Die Konzernleitungspflicht, 1982, 352 ff.
[24] Zur Haftungssituation im mehrstufigen Eingliederungskonzern Kölner Komm AktG/*Koppensteiner* Rn. 16; *Rehbinder* ZGR 1977, 581 (616 ff.).
[25] MüKoAktG/*Grunewald* Rn. 12; Emmerich/Habersack/*Habersack* Rn. 8; aA Kölner Komm AktG/*Koppensteiner* Rn. 14; *Veit,* Unternehmensverträge und Eingliederung als aktienrechtliche Instrumente der Unternehmensverbindung, 1974, 165.
[26] Zutr. Emmerich/Habersack/*Habersack* Rn. 8.
[27] MHdB AG/*Krieger* § 74 Rn. 53; MüKoAktG/*Grunewald* Rn. 13 f. (s. dort auch zu der Möglichkeit der Hauptgesellschaft, geleisteten Schadensersatz wieder abzuziehen).
[28] MüKoAktG/*Grunewald* Rn. 15.
[29] Vgl. MüKoAktG/*Grunewald* Rn. 17; Emmerich/Habersack/*Habersack* Rn. 10; Hüffer/Koch/*Koch* Rn. 6.
[30] Im Ergebnis übereinstimmend MüKoAktG/*Grunewald* Rn. 16; Emmerich/Habersack/*Habersack* Rn. 9; Hüffer/Koch/*Koch* Rn. 5; Kölner Komm AktG/*Koppensteiner* Rn. 17.
[31] Zutr. Emmerich/Habersack/*Habersack* Rn. 9; anders Hüffer/Koch/*Koch* Rn. 5.
[32] MüKoAktG/*Grunewald* Rn. 16; Emmerich/Habersack/*Habersack* Rn. 9; jetzt auch Hüffer/Koch/*Koch* Rn. 5.

Eingliederung begründete „korporationsrechtliche Sonderbeziehung"[33] an. Im Ergebnis unterscheidet sich dies nicht: Durch die Überschreitung der Grenzen des zulässigen Weisungsrechts wird das fortbestehende Eigeninteresse der eingegliederten Gesellschaft verletzt. Die Zurechnung des Fehlverhaltens des Vorstands bestimmt sich nach § 31 BGB. Die Haftungsregeln des faktischen Konzerns gemäß §§ 311 ff. sind im Eingliederungskonzern daneben nicht anwendbar. Dies wäre auch ohne die Klarstellung in § 323 Abs. 1 S. 3 selbstverständlich.

§ 324 Gesetzliche Rücklage. Gewinnabführung. Verlustübernahme

(1) Die gesetzlichen Vorschriften über die Bildung einer gesetzlichen Rücklage, über ihre Verwendung und über die Einstellung von Beträgen in die gesetzliche Rücklage sind auf eingegliederte Gesellschaften nicht anzuwenden.

(2) ¹Auf einen Gewinnabführungsvertrag, eine Gewinngemeinschaft oder einen Teilgewinnabführungsvertrag zwischen der eingegliederten Gesellschaft und der Hauptgesellschaft sind die §§ 293 bis 296, 298 bis 303 nicht anzuwenden. ²Der Vertrag, seine Änderung und seine Aufhebung bedürfen der schriftlichen Form. ³Als Gewinn kann höchstens der ohne die Gewinnabführung entstehende Bilanzgewinn abgeführt werden. ⁴Der Vertrag endet spätestens zum Ende des Geschäftsjahrs, in dem die Eingliederung endet.

(3) Die Hauptgesellschaft ist verpflichtet, jeden bei der eingegliederten Gesellschaft sonst entstehenden Bilanzverlust auszugleichen, soweit dieser den Betrag der Kapitalrücklagen und der Gewinnrücklagen übersteigt.

I. Normzweck

1   Die Vorschrift konkretisiert den bereits in § 323 angelegten Grundsatz, dass die Hauptgesellschaft umfassend und grds. frei auf das **Vermögen** und den **Gewinn** der eingegliederten Gesellschaft zugreifen kann (→ § 323 Rn. 2 f.). Der Vermögensentzug ist bis zur Grenze des durch die Grundkapitalziffer gebundenen Vermögens erlaubt. Deutlich wird dies durch die Regelung in Abs. 1, der die eingegliederte Gesellschaft von der Bildung und Verwendung der gesetzlichen Rücklage dispensiert. Entsprechend ist die Hauptgesellschaft nur zum Ausgleich eines entsprechenden Bilanzverlusts verpflichtet, soweit dieser die Beträge der Kapital- und Gewinnrücklagen übersteigt (Abs. 3). Verhindert wird damit, dass eine vermögenslose Gesellschaft am Rechtsverkehr teilnimmt. Als Vorsorge für ein mögliches Ende der Eingliederung ist diese Minimallösung rechtspolitisch nachvollziehbar.[1] Die völlige Umgestaltung auch der Finanzverfassung der eingegliederten Gesellschaft ist insgesamt aber nur hinnehmbar, weil Aktionärsinteressen nicht mehr tangiert werden und die Gläubiger der eingegliederten Gesellschaft durch die Mithaftung der Hauptgesellschaft gemäß § 322 hinreichend geschützt sind.[2] Für den Umfang des Vermögensentzugs hat die Regelung in Abs. 2 keine materielle Bedeutung; sie erleichtert nur in formaler Hinsicht den Abschluss bestimmter Unternehmensverträge, insbesondere zur Begründung einer steuerlichen Organschaft.

II. Fehlende Pflicht zur Bildung der gesetzlichen Rücklage

2   **1. Rücklagen.** Abweichend von der aktienrechtlichen Grundregel des § 150 Abs. 1 und 2 (→ § 150 Rn. 6 ff.) muss die eingegliederte Gesellschaft **keine gesetzliche Rücklage** bilden und dotieren. Sie kann außerdem eine bereits gebildete Rücklage ohne Rücksicht auf die Beschränkungen nach § 150 Abs. 3 und 4 (→ § 150 Rn. 19 ff.) verwenden. Somit ist auch eine Ausschüttung der Rücklage als Gewinn nicht ausgeschlossen (allgM). Fehlt es bereits an dem Grundtatbestand für eine Rücklagenbildung, kommen bei Abschluss eines Gewinnabführungsvertrags die Vorgaben für eine erhöhte Rücklagenzuführung gemäß § 300 Nr. 1 oder Nr. 2 nicht zur Anwendung. Vor einer entsprechenden Satzungsänderung sind Bestimmungen der Satzung über die Verwendung der gesetzlichen Rücklage allerdings zu beachten, sie bleiben von § 324 Abs. 1 unberührt.[3] Keine Anwendung findet Abs. 1 auch auf **Kapitalrücklagen** nach § 272 Abs. 2 HGB, die seit der Änderung durch

---

[33] Siehe dazu Hüffer/Koch/*Koch* Rn. 5.
[1] Wie hier Hüffer/Koch/*Koch* Rn. 1; aA Emmerich/Habersack/*Habersack* Rn. 2; Kölner Komm AktG/*Koppensteiner* Rn. 3; Großkomm AktG/*Schmolke* Rn. 3; *Veit*, Unternehmensverträge und Eingliederung als aktienrechtliche Instrumente der Unternehmensverbindung, 1974, 106 f.; *Praël*, Eingliederungs- und Beherrschungsvertrag als körperschaftliche Rechtsgeschäfte 1978, 99 f.
[2] Vgl. BegrRegE *Kropff* S. 428; mögliche Zweifel offen lassend MüKoAktG/*Grunewald* Rn. 1.
[3] BegrRegE *Kropff* S. 428; MüKoAktG/*Grunewald* Rn. 2; Emmerich/Habersack/*Habersack* Rn. 4; Hüffer/Koch/*Koch* Rn. 2; Kölner Komm AktG/*Koppensteiner* Rn. 4; MHdB AG/*Krieger* § 74 Rn. 57.

das Bilanzrichtliniengesetz nicht mehr Bestandteil der gesetzlichen Rücklage sind.[4] Aufgrund der Regelung in Abs. 3 hat dies aber keine besondere praktische Bedeutung.[5]

2. Gesellschafterdarlehen. In der Gesamtschau mit § 323 Abs. 2 und § 324 Abs. 3 bringt § 324 Abs. 1 zum Ausdruck, dass die aktienrechtlichen Kapitalerhaltungsregeln – mit Ausnahme der Sicherung des ausgewiesenen Grundkapitals – durch die Mithaftung der Hauptgesellschaft (§ 322) substituiert werden. Davon unberührt bleiben die insolvenzrechtlichen Grundsätze über **Gesellschafterdarlehen oder sonstige Finanzierungsmaßnahmen** der Hauptgesellschaft (§ 39 Abs. 1 Nr. 5 InsO, §§ 44a, 135 InsO).[6] Überlassene Mittel können jederzeit abgezogen bzw. Finanzierungszusagen aufgehoben werden.

III. Gewinnabführungs- und sonstige Unternehmensverträge

1. Gewinnabführungsvertrag. Im Eingliederungskonzern kann die Hauptgesellschaft ohne weiteres der eingegliederten Gesellschaft Weisung erteilen, die erzielten Gewinne ganz oder teilweise an sie abzuführen (§ 323 Abs. 1 S. 1). Einer zusätzlichen vertraglichen Grundlage in Form eines Gewinnabführungsvertrags bedarf es hierzu nicht (bereits → § 323 Rn. 3). Abs. 2 enthält entsprechend auch **keine materielle Rechtsgrundlage** für die Gewinnabführung, sondern nur formelle Erleichterungen für den rechtswirksamen Abschluss solcher Verträge. Dies soll die Begründung einer steuerlichen Organschaft erleichtern. Da dem Gewinnabführungsvertrag kein strukturändernder Charakter zukommt, kann auf die Schutzvorschriften der §§ 293–296, §§ 298–303 verzichtet werden (Abs. 2 S. 1). Insbesondere sind Hauptversammlungsbeschlüsse mit den entsprechenden Berichts- und Prüfungspflichten sowie die Eintragung des Vertrags in das Handelsregister nicht erforderlich. Damit verbleibt für die Begründung, Änderung oder Aufhebung des Vertrags nur das **Schriftformerfordernis** (Abs. 2 S. 2). Die gläubigerschützenden Regelungen der §§ 300–303 werden durch das eigene Gläubigerschutzsystem der Eingliederung nach §§ 321, 322 und 324 Abs. 3 ersetzt. Im Übrigen sind auch die in § 324 Abs. 2 S. 1 nicht genannten Bestimmungen über Unternehmensverträge entweder nicht anwendbar (§§ 304–306) oder sie werden durch entsprechende Vorschriften verdrängt (§ 307). Eine Ausnahme stellt § 297 für die Kündigung aus wichtigem Grund dar. Praktische Bedeutung kommt ihr jedoch nicht zu, da eine Kündigung des Vertrags mit Ausnahme der Anerkennung der steuerlichen Organschaft strukturell ebenso wenig ändert wie seine Begründung.[7]

Die **Höhe der vertraglichen Gewinnabführung** wird nur durch den anderenfalls entstehenden Bilanzgewinn iSd § 158 Abs. 1 S. 1 Nr. 5 begrenzt (Abs. 2 S. 3). Damit wird nochmals bestätigt, dass entgegen den von Abs. 1 S. 1 ohnehin für unanwendbar erklärten §§ 300, 301 weder eine erhöhte Rücklage dotiert noch der Jahresüberschuss um den Verlustvortrag aus dem Vorjahr vermindert werden muss.[8] Vielmehr können nach Abs. 1 auch die gesetzlichen Rücklagen aufgelöst und Gewinnvortrag oder freie Rücklagen aus der Zeit vor dem Vertragsabschluss[9] an die Hauptgesellschaft abgeführt werden. Unklar ist, ob wegen des Ausschlusses der Anwendung von § 301 auch die dort eingefügte **Ausschüttungssperre** des § 268 Abs. 8 HGB nicht besteht. Da hierdurch das bisherige Verbot der Aktivierung selbst geschaffener immaterieller Vermögenswerte ersetzt wird, dürfte ein Redaktionsversehen vorliegen; die Anwendung des § 268 Abs. 8 HGB ist daher zu bejahen.[10] Im Übrigen wird die Gewinnverlagerung durch Weisung der Hauptgesellschaft (§ 323 Abs. 1) durch den Abschluss eines Gewinnabführungsvertrags nicht begrenzt, sondern kann noch darüber hinausgehen.[11]

Nach Abs. 2 S. 4 tritt die **Beendigung** des Gewinnabführungsvertrags spätestens zum **Ende des Geschäftsjahrs** ein, in dem die Eingliederung endet (§ 327). Die gesetzliche Regelung ist zwingend

---

[4] MüKoAktG/*Grunewald* Rn. 3; Emmerich/Habersack/*Habersack* Rn. 4; Hüffer/Koch/*Koch* Rn. 3; Kölner Komm AktG/*Koppensteiner* Rn. 5; MHdB AG/*Krieger* § 74 Rn. 56; K. Schmidt/Lutter/*Ziemons* Rn. 6.
[5] MHdB AG/*Krieger* § 74 Rn. 56.
[6] MüKoAktG/*Grunewald* Rn. 13; Emmerich/Habersack/*Habersack* Rn. 4; Großkomm AktG/*Schmolke* § 323 Rn. 16 (s. dort auch zur europarechtlichen Diskussion des Konzernprivilegs). Zur Rechtslage vor Inkrafttreten des MoMiG vgl. die 1. Aufl. Rn. 4.
[7] Vgl. MüKoAktG/*Grunewald* Rn. 5; Emmerich/Habersack/*Habersack* Rn. 5; Kölner Komm AktG/*Koppensteiner* Rn. 10; *Veit*, Unternehmensverträge und Eingliederung als aktienrechtliche Instrumente der Unternehmensverbindung, 1974, 170; aA K. Schmidt/Lutter/*Ziemons* Rn. 12.
[8] HM, s. nur Emmerich/Habersack/*Habersack* Rn. 7; aA K. Schmidt/Lutter/*Ziemons* Rn. 11.
[9] Zutr. *Veit*, Unternehmensverträge und Eingliederung als aktienrechtliche Instrumente der Unternehmensverbindung, 1974, 101.
[10] Vgl. *Kropff* FS Hüffer, 2010, 539 (552); zust. Grigoleit/*Grigoleit/Rachlitz* Rn. 6; Hüffer/Koch/*Koch* Rn. 5; K. Schmidt/Lutter/*Ziemons* Rn. 11; aA Großkomm AktG/*Schmolke* Rn. 10.
[11] MüKoAktG/*Grunewald* Rn. 7; Emmerich/Habersack/*Habersack* Rn. 6; Hüffer/Koch/*Koch* Rn. 5; Kölner Komm AktG/*Koppensteiner* Rn. 9.

und soll sicherstellen, dass nach dem Ende der Eingliederung kein Gewinnabführungsvertrag mehr besteht, der im Umfang der Gewinnabführung über das für nicht eingegliederte Gesellschaften zulässige Maß (§§ 300 ff.) hinausgeht. Da nunmehr insbesondere die Mithaftung der Hauptgesellschaft für neue Verbindlichkeiten der eingegliederten Gesellschaft (§ 322) weggefallen ist, können fortwährende Beschränkungen der Kapitalerhaltung nicht mehr hingenommen werden.[12] Eine zumindest theoretisch denkbare gesetzliche Anpassung des Vertrages auf den gesetzlich erlaubten Umfang wäre grds. unbillig, da der Vertrag unter Nichtgeltung sämtlicher gläubiger- und aktionärsschützender Bestimmungen zustande gekommen ist.[13] Eine Verlängerungsklausel ist aus diesem Grund unwirksam.[14] Vor dem Ende der Eingliederung wird der Gewinnabführungsvertrag in der Regel durch einvernehmliche **Aufhebung** oder durch vertraglich vorbehaltende ordentliche Kündigung der Hauptgesellschaft beendet. Zum Zwecke der Vertragsbeendigung kann die Hauptgesellschaft auch **Weisungen** erteilen; § 299 gilt nicht (Abs. 2 S. 1).

7   **2. Sonstige Unternehmensverträge.** Die Vorschrift des § 324 Abs. 2 ist ausdrücklich auch auf die Gewinngemeinschaft (→ § 292 Rn. 6 ff.) und den Teilgewinnabführungsvertrag (→ § 292 Rn. 12 ff.) anwendbar. Für andere Unternehmensverträge werden mangels praktischen Bedürfnisses keine Regelungen getroffen.[15] Angesichts der durch die Eingliederung vermittelten umfassenden Konzernleitung kann mit ihnen vertraglich nichts gestaltet werden, was nicht schon durch die Eingliederung möglich wäre. Es ist vielmehr so, dass ein schon bestehender Beherrschungsvertrag mit Wirksamwerden der Eingliederung endet.[16]

IV. Ausgleich des Bilanzverlusts

8   Die Hauptgesellschaft ist verpflichtet, jeden bei der eingegliederten Gesellschaft sonst entstehenden Bilanzverlust auszugleichen, soweit dieser den Betrag der Kapitalrücklagen und der Gewinnrücklagen übersteigt (Abs. 3). Im Unterschied zum Verlustausgleich während der Dauer eines Beherrschungs- oder Gewinnabführungsvertrags (§ 302) besteht damit keine Verlustausgleichspflicht, wenn ein Verlust noch durch – auch vor der Eingliederung gebildete – **Kapital- oder Gewinnrücklagen** gedeckt werden kann.[17] Auch hier steht damit allein die Sicherung des Grundkapitals als Minimaldeckung im Vordergrund. Ein Verlustausgleich kann außerdem durch eine **vereinfachte Kapitalherabsetzung** nach § 229 vermieden werden.[18] Es liegt auf der Hand, dass eine Existenzsicherung der Gesellschaft für die Zeit nach Beendigung der Eingliederung damit nicht verbunden ist.[19] Diese bewusste Entscheidung des Gesetzgebers ist hinzunehmen.

§ 325 *(aufgehoben)*

§ 326 Auskunftsrecht der Aktionäre der Hauptgesellschaft

Jedem Aktionär der Hauptgesellschaft ist über Angelegenheiten der eingegliederten Gesellschaft ebenso Auskunft zu erteilen wie über Angelegenheiten der Hauptgesellschaft.

Schrifttum: *Kort,* Das Informationsrecht des Gesellschafters der Konzernobergesellschaft, ZGR 1987, 46; *Spitze/Diekmann,* Verbundene Unternehmen als Gegenstand des Interesses von Aktionären, ZHR 158 (1994), 447; *Vossel,* Auskunftsrechte im Aktienkonzern, 1996.

I. Normzweck

1   Die Vorschrift **erweitert § 131,** indem sie das Auskunftsrecht der Aktionäre der Hauptgesellschaft auch auf die Angelegenheiten der eingegliederten Gesellschaft erstreckt. Sie sollen hierüber so infor-

---

[12] Vgl. bereits BegrRegE *Kropff* S. 428.
[13] S. Kölner Komm AktG/*Koppensteiner* Rn. 10.
[14] MüKoAktG/*Grunewald* Rn. 6; zust. Grigoleit/*Grigoleit/Rachlitz* Rn. 7; Emmerich/Habersack/*Habersack* Rn. 6; Hüffer/Koch/*Koch* Rn. 6; Großkomm AktG/*Schmolke* Rn. 12.
[15] Vgl. OLG Celle WM 1972, 1004 (1011); Emmerich/Habersack/*Habersack* Rn. 8; *Veit,* Unternehmensverträge und Eingliederung als aktienrechtliche Instrumente der Unternehmensverbindung, 1974, 169 f.
[16] BGH WM 1974, 713 (714); OLG Celle WM 1972, 1004 (1011); Emmerich/Habersack/*Habersack* Rn. 8; NK-AktR/*Jaursch* Rn. 3.
[17] Emmerich/Habersack/*Habersack* Rn. 9; MHdB AG/*Krieger* § 74 Rn. 58.
[18] S. bereits BegrRegE *Kropff* S. 429.
[19] MüKoAktG/*Grunewald* Rn. 12; Kölner Komm AktG/*Koppensteiner* Rn. 3; *Singhof* FS Hadding, 2004, 655 (661).

miert werden, als ob sie deren Mitglieder wären.[1] Das entspricht einerseits der (möglichen) Führung der eingegliederten Gesellschaft wie eine „rechtlich selbständige Betriebsabteilung".[2] Vor allem aber ist dies Ausdruck der auch für die Hauptgesellschaft weitreichenden (Haftungs-)Folgen einer Eingliederung. Dem entspricht ein gesteigertes Informationsbedürfnis der Aktionäre. Eine Erweiterung der Berichtspflicht nach § 90 im Verhältnis Vorstand und Aufsichtsrat war dagegen nicht erforderlich, weil eine entsprechende Berichterstattung der wie eine Betriebsabteilung geführten Gesellschaft selbstverständlich ist.[3] Die Klarstellung ist nunmehr gleichwohl für sämtliche Tochter- und Gemeinschaftsunternehmen eines Mutterunternehmens (§ 290 Abs. 1 und 2 HGB) nachgeholt worden (§ 90 Abs. 1 S. 2).[4]

II. Erweitertes Auskunftsrecht

1. Auskunftsberechtigter und -verpflichteter. Inhaber des Auskunftsanspruchs sind die **Akti-** 2 **onäre der Hauptgesellschaft.** Wegen der Spezialität zu § 131 ist davon auszugehen, dass die nach § 326 begehrte Auskunft nur in der Hauptversammlung der Hauptgesellschaft zu erteilen ist. Im Übrigen wäre eine Auskunftserteilung an einzelne Aktionäre außerhalb der Hauptversammlung mit § 53a nicht vereinbar. Auskunftspflichtig ist die **Hauptgesellschaft** selbst, für die jedoch der Vorstand nach § 131 Abs. 1 S. 1 organschaftlich handelt (allgM). Die Einschaltung von Hilfspersonen, insbesondere von Mitgliedern des Vorstands der eingegliederten Gesellschaft, ist mit der Maßgabe zulässig, dass der Vorstand der Hauptgesellschaft sich deren Bekundungen erkennbar als seine Auskunft zu Eigen macht. Die Aktionäre müssen dieser Verfahrensweise nicht zustimmen.

2. Inhalt des Auskunftsrechts. Die Vorschrift erstreckt das Auskunftsrecht der Aktionäre der 3 Hauptgesellschaft auf die Angelegenheiten der eingegliederten Gesellschaft. Damit ist eine Erweiterung der gewöhnlich zur Verfügung zu erteilenden Auskunft verbunden, die nur die rechtlichen und geschäftlichen Beziehungen zu verbundenen Unternehmen umfasst (§ 131 Abs. 1 S. 2). Im mehrstufigen Eingliederungskonzern kann hieraus ein „Informationsdurchgriff" auf die Angelegenheiten der Enkel-AG folgen. Denn nicht nur die „Betriebsabteilung", sondern auch der „Haftungsdurchgriff" nach § 322 wird hier über mehrere Konzernebenen verwirklicht (→ § 322 Rn. 4). In Bezug auf nicht eingegliederte Tochterunternehmen der eingegliederten Gesellschaft bleibt es dagegen bei § 131 Abs. 1 S. 2. Hinsichtlich der Auskunftsmodalitäten sind die Gesamtregeln des § 131 uneingeschränkt maßgeblich. Insbesondere das Recht zur Auskunftsverweigerung orientiert sich damit an § 131 Abs. 3.

§ 327 Ende der Eingliederung

(1) Die Eingliederung endet
1. durch Beschluß der Hauptversammlung der eingegliederten Gesellschaft,
2. wenn die Hauptgesellschaft nicht mehr eine Aktiengesellschaft mit Sitz im Inland ist,
3. wenn sich nicht mehr alle Aktien der eingegliederten Gesellschaft in der Hand der Hauptgesellschaft befinden,
4. durch Auflösung der Hauptgesellschaft.

(2) Befinden sich nicht mehr alle Aktien der eingegliederten Gesellschaft in der Hand der Hauptgesellschaft, so hat die Hauptgesellschaft dies der eingegliederten Gesellschaft unverzüglich schriftlich mitzuteilen.

(3) Der Vorstand der bisher eingegliederten Gesellschaft hat das Ende der Eingliederung, seinen Grund und seinen Zeitpunkt unverzüglich zur Eintragung in das Handelsregister des Sitzes der Gesellschaft anzumelden.

(4) [1]Endet die Eingliederung, so haftet die frühere Hauptgesellschaft für die bis dahin begründeten Verbindlichkeiten der bisher eingegliederten Gesellschaft, wenn sie vor Ablauf von fünf Jahren nach dem Ende der Eingliederung fällig und daraus Ansprüche gegen die frühere Hauptgesellschaft in einer in § 197 Abs. 1 Nr. 3 bis 5 des Bürgerlichen Gesetzbuchs bezeichneten Art festgestellt sind oder eine gerichtliche oder behördliche Vollstreckungshandlung vorgenommen oder beantragt wird; bei öffentlich-rechtlichen Verbindlichkeiten genügt der Erlass eines Verwaltungsakts. [2]Die Frist beginnt mit dem Tag, an dem die Eintragung des Endes der Eingliederung in das Handelsregister nach § 10

---
[1] BegrRegE *Kropff* S. 431.
[2] *Vossel*, Auskunftsrechte im Aktienkonzern, 1996, 136 f.
[3] BegrRegE *Kropff* S. 431; zust. die allgM, s. nur Großkomm AktG/*Schmolke* Rn. 4.
[4] Transparenz- und Publizitätsgesetz (TransPuG) vom 19.7.2002, BGBl. 2002 I 2681.

des Handelsgesetzbuchs bekannt gemacht worden ist. ³Die für die Verjährung geltenden §§ 204, 206, 210, 211 und 212 Abs. 2 und 3 des Bürgerlichen Gesetzbuchs sind entsprechend anzuwenden. ⁴Einer Feststellung in einer in § 197 Abs. 1 Nr. 3 bis 5 des Bürgerlichen Gesetzbuchs bezeichneten Art bedarf es nicht, soweit die frühere Hauptgesellschaft den Anspruch schriftlich anerkannt hat.

I. Normzweck

1 Die Vorschrift regelt das Ende der Eingliederung. Ein Schwerpunkt liegt dabei auf der Nennung der Beendigungstatbestände (Abs. 1), bei deren Vorliegen das Ende des Eingliederungsverhältnisses unmittelbar kraft Gesetzes eintritt. Systematisch ist zwischen der Entscheidung der Hauptgesellschaft aufgrund eines förmlichen Hauptversammlungsbeschlusses der eingegliederten Gesellschaft (Nr. 1) und dem Wegfall der Eingliederungsvoraussetzungen in der Hauptgesellschaft (Nr. 2–4) zu unterscheiden. Eine Mitteilungspflicht der Hauptgesellschaft bei Verlust der Stellung als Alleinaktionär und die Pflicht der eingegliederten Gesellschaft zur (deklaratorischen) Anmeldung der Beendigung zum Handelsregister werden in Abs. 2 und 3 statuiert. Den Gläubigern der bisher eingegliederten Gesellschaft haftet die Hauptgesellschaft auch nach Ende der Eingliederung für die vor oder während der Eingliederung begründeten Verbindlichkeiten weiterhin nach § 322 mit der in Abs. 4 genannten Ausschlussfrist.[1] Darüber hinaus besteht eine Verpflichtung der Hauptgesellschaft zum Ausgleich eines Bilanzverlusts auf den Stichtag der Beendigung der Eingliederung (§ 324 Abs. 3). Auf eine weitergehende Existenzsicherung der bisher eingegliederten Gesellschaft hat der Gesetzgeber bewusst verzichtet.[2]

II. Beendigungstatbestände

2 **1. Beschluss der Hauptversammlung der eingegliederten Gesellschaft.** Die Eingliederung endet nach Abs. 1 Nr. 1, wenn die Hauptgesellschaft dies als Alleinaktionär auf der Hauptversammlung der eingegliederten Gesellschaft beschließt. Angesichts der erheblichen Erleichterung bei Abhaltung einer Vollversammlung iSd § 121 Abs. 6 ist dieser Beschluss jederzeit möglich. Die Eingliederung endet mit der Beschlussfassung, es sei denn der Beschluss bestimmt einen kalendermäßig exakt festzulegenden späteren Zeitpunkt.[3] Eine rückwirkende Beendigung ist nicht möglich (allgM). Der Hauptgesellschaft soll wegen der weitreichenden (Haftungs-)Risiken ermöglicht werden, die Beendigung der Eingliederung nach freiem Belieben herbeizuführen. Die entsprechende Entscheidung trifft der Vorstand der Hauptgesellschaft.[4] Ein zustimmender Beschluss der Hauptversammlung der Hauptgesellschaft ist gesetzlich nicht vorgesehen und mangels erheblicher wirtschaftlicher Risiken auch nicht nach allgemeinen Rechtsprechungsgrundsätzen ("Holzmüller") angezeigt.[5]

3 **2. Rechtsform und Sitz der Hauptgesellschaft.** Die Eingliederung endet nach Abs. 1 Nr. 2, wenn die Hauptgesellschaft nicht mehr eine Aktiengesellschaft mit Sitz im Inland ist. Hintergrund ist offenbar die Vorstellung, dass den Gläubigern der eingegliederten Gesellschaft die weitreichenden Folgen einer Eingliederung nur dann zugemutet werden sollen, wenn die Mithaftung (§ 322) einer den strengen Kapitalsicherungsbestimmungen deutschen Rechts unterliegenden Aktiengesellschaft sichergestellt ist.[6] Unproblematisch sind die Fälle, in denen die Hauptgesellschaft ihre Rechtsform wechselt (§§ 190 ff., 226 ff. UmwG) oder auf einen Rechtsträger anderer Rechtsform verschmolzen (§§ 2 ff., 60 ff., 122a ff. UmwG) wird.[7] Die Verlegung des tatsächlichen Verwaltungssitzes der Hauptgesellschaft ins Ausland führt nach der Änderung des § 5 nicht (mehr) zur Beendigung der Eingliederung (→ § 319 Rn. 3); schädlich ist nur der Verlust des satzungsmäßigen Sitzes im Inland, der

---

[1] Abs. 4 ist durch das Gesetz zur Anpassung von Verjährungsvorschriften an das Gesetz zur Modernisierung des Schuldrechts vom 9.12.2004, BGBl. 2004 I 3214, geändert worden; vgl. dazu *Wagner* ZIP 2005, 558; *Mansel/Budzikiewicz* NJW 2005, 321. Abs. 4 S. 2 ist nachfolgend durch das Gesetz über elektronische Handelsregister und Genossenschaftsregister sowie das Unternehmensregister (EHUG) vom 10.10.2006, BGBl. 2006 I 2553 geändert worden.
[2] MüKoAktG/*Grunewald* Rn. 1; Emmerich/Habersack/*Habersack* Rn. 2; *Singhof* FS Hadding, 2004, 655, 657; s. auch MHdB AG/*Krieger* § 74 Rn. 67; anders K. Schmidt/Lutter/*Ziemons* Rn. 2.
[3] MüKoAktG/*Grunewald* Rn. 3; Emmerich/Habersack/*Habersack* Rn. 4.
[4] Die Zustimmungspflicht des Aufsichtsrats der Hauptgesellschaft kann sich aus § 111 Abs. 4 ergeben; zutr. Emmerich/Habersack/*Habersack* Rn. 4.
[5] Wohl unstreitig BegrRegE *Kropff* S. 432; MüKoAktG/*Grunewald* Rn. 2; Emmerich/Habersack/*Habersack* Rn. 4; Hüffer/Koch/*Koch* Rn. 3; Kölner Komm AktG/*Koppensteiner* Rn. 7; Großkomm AktG/*Schmolke* Rn. 6.
[6] MüKoAktG/*Grunewald* Rn. 4; Emmerich/Habersack/*Habersack* Rn. 5.
[7] Ohne Auswirkungen bleibt die Verschmelzung einer dritten Gesellschaft auf die Hauptgesellschaft; MHdB AG/*Krieger* § 74 Rn. 65.

aber ohne Änderung der Rechtsform nicht in Betracht kommt.[8] Einschränkend auszulegen ist die Bestimmung auch, wenn die Hauptgesellschaft eine „deutsche" SE ist und sie ihren Sitz ins EU-Ausland verlegt. Dies kann nicht zur Beendigung der Eingliederung führen. Auch im Übrigen erscheint das Sitz- und Rechtsformerfordernis mit der Niederlassungsfreiheit in der EU nur schwer vereinbar, als es andere „gleichwertige" Aktiengesellschaften, die in anderen EU-Staaten gegründet wurden, von der Möglichkeit der Eingliederung einer deutschen Tochter-AG ausschließt (auch dazu → § 319 Rn. 3).

3. Aktienübergang. Die Eingliederung endet nach Abs. 1 Nr. 3, wenn sich nicht mehr alle **4** Aktien in der Hand der Hauptgesellschaft befinden. Dies ist logische Folge der bereits in §§ 319, 320a zum Ausdruck kommenden Grundsatzentscheidung, dass die mit der Eingliederung verbundenen tiefgreifenden Änderungen für die Organisations-, Finanz- und Haftungsverfassung der eingegliederten Gesellschaft nur dann umgesetzt werden können, wenn keine Minderheitsaktionäre (mehr) vorhanden sind. Sind dementsprechend keine Schutzvorschriften zugunsten der Aktionäre vorhanden, ist das sofortige Ende der Eingliederung mit der Beteiligung weiterer Aktionäre zwingende Folge. Auf die Höhe der Beteiligung der neuen Aktionäre kommt es dabei nicht an; selbst die Übertragung sämtlicher Aktien auf eine andere Aktiengesellschaft führt zur Beendigung der Eingliederung.[9] Die Beendigung der Eingliederung tritt auch unabhängig von der Art und Weise der Aufnahme des weiteren Aktionärs (zB Aktienerwerb; Kapitalerhöhung; Verschmelzung eines Rechtsträgers mit Drittbeteiligung auf die eingegliederte Gesellschaft) und der Publizität der Eingliederung im Handelsregister der eingegliederten Gesellschaft ein.[10] Selbst eine konzerninterne Aktienübertragung ist ausreichend, weil § 319 die unmittelbare Beteiligung der Hauptgesellschaft verlangt und keine Zurechnung von Aktien zulässt (→ § 319 Rn. 4 und → § 320 Rn. 5). Die Hauptgesellschaft muss der eingegliederten Gesellschaft mitteilen, dass sie nicht mehr Alleinaktionär ist (→ Rn. 7).

4. Auflösung der Hauptgesellschaft. Die Eingliederung endet nach Abs. 1 Nr. 4, wenn die **5** Hauptgesellschaft aufgelöst wird. Eine Liquidationsgesellschaft soll keine Leitungsmacht iSd § 323 über eine eingegliederte Gesellschaft (mehr) haben können.[11] Unmittelbar bezieht sich dies auf die Auflösungsgründe nach §§ 262 Abs. 1, 396. Überholt ist die auf dem alten Umwandlungsrecht beruhende Vorstellung,[12] dass auch eine **Verschmelzung** der Hauptgesellschaft auf eine andere Aktiengesellschaft wegen der damit verbundenen liquidationslosen Vollbeendigung die Eingliederung beendet. Zwar erlischt die übertragende Aktiengesellschaft (§ 20 Abs. 1 Nr. 2 UmwG), jedoch geht nach § 20 Abs. 1 Nr. 1 UmwG das Eingliederungsverhältnis auf die übernehmende Aktiengesellschaft über.[13] Die aufnehmende Gesellschaft wird damit von Rechts wegen Hauptgesellschaft, was auch wegen des Hauptversammlungsbeschlusses über die Verschmelzung nach §§ 13, 65 UmwG nicht zweifelhaft ist. Die Verschmelzung der Hauptgesellschaft auf einen Rechtsträger anderer Rechtsform hat dagegen ebenso wie der **Formwechsel** bereits die Beendigung nach Abs. 1 Nr. 2 zur Folge (→ Rn. 3). **Abspaltung** (§ 123 Abs. 2 UmwG) und **Ausgliederung** (§ 123 Abs. 3) auf der Ebene der Hauptgesellschaft wirken sich auf den Fortbestand der Eingliederung nicht aus.[14] In Rahmen dieser Umwandlungsmaßnahmen ist ebenso wie bei der Aufspaltung der Hauptgesellschaft (§ 123 Abs. 1 UmwG) der Übergang des Eingliederungsverhältnisses auf eine im Spaltungsvertrag/-plan genannte Aktiengesellschaft möglich.[15]

5. Sonstige Beendigungsgründe. § 327 enthält zwingendes Recht; die Beendigungstatbestände **6** können daher nicht in Vertrag oder Satzung abbedungen, modifiziert oder vollkommen neu gestaltet werden (allgM). Auch ohne entsprechende ausdrückliche Regelung ist eine Beendigung kraft Gesetzes allerdings auch beim **Wegfall von Eingliederungsvoraussetzungen** in der eingegliederten

---

[8] Zust. Großkomm AktG/*Schmolke* Rn. 8.
[9] Näher Emmerich/Habersack/*Habersack* Rn. 6. In dem Fall der Übertragung der 100 %-Beteiligung auf eine andere Gesellschaft steht allerdings nicht der Schutz der neuen außenstehender Aktionäre, sondern der Schutz der Aktionäre der erwerbenden Gesellschaft im Vordergrund, die über eine „fortbestehende Eingliederung" in der Hauptversammlung beschließen müssten.
[10] Vgl. MüKoAktG/*Grunewald* Rn. 6; Emmerich/Habersack/*Habersack* Rn. 6; Kölner Komm AktG/*Koppensteiner* Rn. 12.
[11] Unstreitig, s. nur BegrRegE *Kropff* S. 432.
[12] BegrRegE *Kropff* S. 432.
[13] Überzeugend MüKoAktG/*Grunewald* Rn. 8; zust. Emmerich/Habersack/*Habersack* Rn. 8; MHdB AG/ *Krieger* § 74 Rn. 65; Hüffer/Koch/*Koch* Rn. 4; aA K. Schmidt/Lutter/*Ziemons* Rn. 9.
[14] Näher MüKoAktG/*Grunewald* Rn. 8; Emmerich/Habersack/*Habersack* Rn. 9 (s. dort auch zum Gläubigerschutz nach §§ 133 f. UmwG).
[15] Vgl. MüKoAktG/*Grunewald* Rn. 8; Emmerich/Habersack/*Habersack* Rn. 9; Großkomm AktG/*Schmolke* Rn. 14; zweifelnd K. Schmidt/Lutter/*Ziemons* Rn. 9.

Gesellschaft (→ § 319 Rn. 3) anzunehmen.¹⁶ Zu denken ist hier an die **Auflösung** der eingegliederten Gesellschaft.¹⁷ Außerdem führen der **Formwechsel** und aufgrund § 20 Abs. 1 Nr. 2 UmwG auch die **Verschmelzung** der eingegliederten Gesellschaft auf eine andere AG zur Beendigung der Eingliederung.¹⁸ Allenfalls bei konzerninternen Verschmelzungen unter Beteiligung einer anderen 100 %igen Tochter-AG der Hauptgesellschaft wird man dies anders sehen können.¹⁹ Umgekehrt führt idR auch die Verschmelzung einer anderen Gesellschaft auf die eingegliederte Gesellschaft zur Beendigung der Eingliederung, weil sie mit der Ausgabe neuer Aktien an die Anteilseigner der übertragenden Gesellschaft verbunden ist (Abs. 1 Nr. 3).²⁰ **Abspaltung** und **Ausgliederung** auf der Ebene der eingegliederten Gesellschaft führen nur dann zur Beendigung der Eingliederung, wenn damit eine Überleitung der Eingliederung auf einen anderen Rechtsträger versucht wird.²¹ Aus dem gleichen Grund beendet die Aufspaltung der eingegliederten Gesellschaft die Eingliederung.²² Rechte der Hauptgesellschaft werden durch die Beendigung der Eingliederung aufgrund dieser Umwandlungsvorgänge nicht verletzt, weil der Vorstand der Hauptgesellschaft auf der Hauptversammlung der eingegliederten Gesellschaft zustimmen muss (§ 13 Abs. 1 UmwG).²³

III. Mitteilungs- und Anmeldungspflichten der Beteiligten

7 **1. Mitteilung der Hauptgesellschaft.** Nach Abs. 2 muss die Hauptgesellschaft der eingegliederten Gesellschaft unverzüglich (§ 121 Abs. 1 BGB) eine schriftliche Mitteilung machen, wenn sich nicht mehr sämtliche Aktien in ihrer Hand befinden (Abs. 1 Nr. 3). In der Mitteilung ist der hierfür **maßgebliche Zeitpunkt** anzugeben. Dafür kommt es auf den Übergang bzw. Erwerb der ersten Aktie durch einen Dritten an.²⁴ Diese Information wird von der eingegliederten Gesellschaft benötigt, um ihre Pflicht zur Anmeldung des Endes der Eingliederung zum Handelsregister (→ Rn. 8) erfüllen zu können. Für die anderen Beendigungstatbestände besteht keine entsprechende Mitteilungspflicht, weil die eingegliederte Gesellschaft von deren Eintritt entweder unmittelbar (Abs. 1 Nr. 1) oder jedenfalls durch Kenntnisnahme von den Bekanntmachungen des Registergerichts der Hauptgesellschaft (Abs. 1 Nr. 2 und 4) erfährt.²⁵ Für die Fälle der Sitzverlegung und der Auflösung überzeugt dies nicht. Wegen der korporationsrechtlichen Sonderbeziehung sowie dem erkennbaren Bedürfnis für eine unverzügliche Feststellung und Eintragung des Endes der Eingliederung ist es angemessen, auch hier eine Mitteilungspflicht analog Abs. 2 anzunehmen.²⁶ Bei schuldhafter Verletzung der Mitteilungspflicht kann die eingegliederte Gesellschaft einen eventuell hierdurch entstandenen Schaden geltend machen.²⁷

8 **2. Anmeldung zum Handelsregister durch die eingegliederte Gesellschaft.** Der Vorstand der bisher eingegliederten Gesellschaft hat das Ende der Eingliederung, seinen Grund und seinen Zeitpunkt unverzüglich (§ 121 BGB) zur Eintragung in das Handelsregister anzumelden (Abs. 3). Die nach § 10 HGB bekannt zu machende Eintragung selbst hat nur **deklaratorische Bedeutung** für das Ende der Eingliederung, indem sie die Berichtigung des Handelsregisters herbeiführt (allgM). Entsprechend ist in der Anmeldung auch der eigentliche Zeitpunkt der Beendigung anzugeben, der auch für die Beendigung der Mithaftung (§ 322) und den Stichtag des Verlustausgleichs (§ 324 Abs. 3) maßgeblich ist. Die Anmeldung kann gemäß § 14 HGB im Zwangsgeldverfahren durchgesetzt werden. Auch § 15 HGB ist anwendbar. Für die Hauptgesellschaft kann daraus eine Haftung auch für nach dem tatsächlichen Ende der Eingliederung entstandene Verbindlichkeiten und Verluste

---

¹⁶ HM, MüKoAktG/*Grunewald* Rn. 9; Emmerich/Habersack/*Habersack* Rn. 10; Hüffer/Koch/*Koch* Rn. 4; aA Kölner Komm AktG/*Koppensteiner* Rn. 11.
¹⁷ MüKoAktG/*Grunewald* Rn. 12; Emmerich/Habersack/*Habersack* Rn. 11; MHdB AG/*Krieger* § 74 Rn. 66.
¹⁸ MüKoAktG/*Grunewald* Rn. 9 f.; Emmerich/Habersack/*Habersack* Rn. 10; K. Schmidt/Lutter/*Ziemons* Rn. 11.
¹⁹ Vgl. Emmerich/Habersack/*Habersack* Rn. 10; aA MüKoAktG/*Grunewald* Rn. 10.
²⁰ Emmerich/Habersack/*Habersack* Rn. 10; MüKoAktG/*Grunewald* Rn. 10; iE auch K. Schmidt/Lutter/*Ziemons* Rn. 11.
²¹ Emmerich/Habersack/*Habersack* Rn. 11; MHdB AG/*Krieger* § 74 Rn. 66; Großkomm AktG/*Schmolke* Rn. 17.
²² Emmerich/Habersack/*Habersack* Rn. 11; MHdB AG/*Krieger* § 74 Rn. 66.
²³ Hüffer/Koch/*Koch* Rn. 4.
²⁴ MüKoAktG/*Grunewald* Rn. 7; Emmerich/Habersack/*Habersack* Rn. 12; Hüffer/Koch/*Koch* Rn. 5; Kölner Komm AktG/*Koppensteiner* Rn. 13.
²⁵ Vgl. BegrRegE *Kropff* S. 432.
²⁶ MüKoAktG/*Grunewald* Rn. 5, 8; K. Schmidt/Lutter/*Ziemons* Rn. 14; aA Emmerich/Habersack/*Habersack* Rn. 12; offen lassend Hüffer/Koch/*Koch* Rn. 5.
²⁷ MüKoAktG/*Grunewald* Rn. 7.

(§§ 322, 324 Abs. 3) folgen (näher → § 322 Rn. 4). Im Handelsregister des Sitzes der Hauptgesellschaft ist – ebenso wie bei der Begründung der Eingliederung – keine Änderung vorzunehmen.

IV. Nachhaftung

Nach Beendigung der Eingliederung haftet die frühere Hauptgesellschaft nicht mehr für die nach dem maßgeblichen Zeitpunkt (§ 15 Abs. 2 S. 2) begründeten Verbindlichkeiten der bisher eingegliederten Gesellschaft. Die Beendigung der Eingliederung ist indes nicht als gesetzlicher Tatbestand qualifiziert, der zum Erlöschen der einmal entstandenen Haftungsschuld der Hauptgesellschaft führen würde. In § 327 Abs. 4 wird die Fortdauer der Haftung der ehemaligen Hauptgesellschaft vielmehr vorausgesetzt und eine besondere **Enthaftungs- bzw. Ausschlussregel** zugunsten der früheren Hauptgesellschaft nach dem Vorbild von § 160 Abs. 1 und 2 HGB festgelegt.[28] § 327 Abs. 4 nF bestimmt, dass nach dem Ablauf von fünf Jahren nach dem Ende der Eingliederung grds. die Haftung erlischt, sofern die Gläubigerforderung nicht entsprechend geltend gemacht wird. Die Frist beginnt mit dem Tag, an dem die Eintragung des Endes der Eingliederung in das Handelsregister nach § 10 HGB bekannt gemacht worden ist.[29]

Mit dem Gesetz zur Anpassung von Verjährungsvorschriften ist die im Rahmen des Nachhaftungsbegrenzungsgesetzes[30] versäumte Anpassung von § 327 Abs. 4 an § 160 HGB nF nachgeholt worden. Ausgeräumt sind damit vor allem die früher bestehenden Zweifel im Zusammenhang mit der Fortdauer der Haftung der Hauptgesellschaft bei **Dauerschuldverhältnissen.** Der Hauptgesellschaft drohte nach altem Recht unter Umständen eine „Endloshaftung", weil die Verjährungsfrist immer erst mit der Fälligkeit des jeweiligen Anspruchs zu laufen begann und Ansprüche aus einem Dauerschuldverhältnis immer wieder neu fällig wurden. Allerdings wurde nach schon bisher allgM ein angemessenen Endzeitpunkt für sämtliche gegenseitigen Rechtsbeziehungen analog § 160 HGB festgelegt.[31] Im Unterschied dazu kommt es für den Fristbeginn nicht auf die Eintragung des Endes der Eingliederung ins Handelsregister, sondern auf deren Bekanntmachung (§ 10 HGB) an. § 26e EGAktG enthält eine besondere Übergangsregelung. Sie war erforderlich, weil die bisherige Verjährungsfrist durch eine Ausschlussfrist ersetzt wurde.[32]

---

[28] § 327 Abs. 4 nF ist durch das Gesetz zur Anpassung von Verjährungsvorschriften an das Gesetz zur Modernisierung des Schuldrechts vom 9.12.2004, BGBl. 2004 I 3214 eingeführt worden.
[29] Wegen der Parallelität der Regelungen vgl. außerdem MüKoHGB/*K. Schmidt* § 160 Rn. 26 ff.
[30] Nachhaftungsbegrenzungsgesetz vom 18.3.1994, BGBl. 1994 I 560. Ursprünglich war § 327 Abs. 4 aF § 159 Abs. 3 HGB aF nachgebildet worden; s. BegrRegE *Kropff* S. 432.
[31] Wohl inzwischen allgM, MüKoAktG/*Grunewald* Rn. 17; Emmerich/Habersack/*Habersack* Rn. 15; Hüffer/Koch/*Koch* Rn. 7; *Singhof* FS Hadding, 2004, 655 (658).
[32] Näher BT-Drs. 15/3653, 23.

Vierter Teil. Ausschluss von Minderheitsaktionären

§ 327a Übertragung von Aktien gegen Barabfindung

(1) ¹Die Hauptversammlung einer Aktiengesellschaft oder einer Kommanditgesellschaft auf Aktien kann auf Verlangen eines Aktionärs, dem Aktien der Gesellschaft in Höhe von 95 vom Hundert des Grundkapitals gehören (Hauptaktionär), die Übertragung der Aktien der übrigen Aktionäre (Minderheitsaktionäre) auf den Hauptaktionär gegen Gewährung einer angemessenen Barabfindung beschließen. ²§ 285 Abs. 2 Satz 1 findet keine Anwendung.

(2) Für die Feststellung, ob dem Hauptaktionär 95 vom Hundert der Aktien gehören, gilt § 16 Abs. 2 und 4.

Schrifttum: *Angerer*, Der Squeeze-out, BKR 2002, 260; *Austmann*, Integration der Zielgesellschaft nach Übernahme, ZGR 2009, 277; *Austmann*, Der verschmelzungsrechtliche Squeeze-out nach dem 3. UmwÄndG 2011, NZG 2011, 684; *Bachmann*, Rechtsfragen der Wertpapierleihe, ZHR 173 (2009), 596; *P. Baums*, Der Ausschluss von Minderheitsaktionären, 2001; *P. Baums*, Der Ausschluss von Minderheitsaktionären nach §§ 327a ff. AktG nF – Einzelfragen –, WM 2001, 1843; *Bolte*, Squeeze-out – Eröffnung neuer Umgehungstatbestände durch die §§ 327a ff. AktG?, DB 2001, 2587; *Bredow/Liebscher*, Befreiung vom Pflichtangebot nach WpÜG bei Selbstverpflichtung zur Durchführung eines Squeeze-out, DB 2003, 1368; *Buchta/Ott*, Problembereiche des Squeeze-out, DB 2005, 990; *Bungert/Wettich*, Der verschmelzungsspezifische Squeeze-out: Neue Gestaltungsmöglichkeiten für die Praxis, DB 2010, 2545; *Bungert/Wettich*, Der neue verschmelzungsspezifische Squeeze-out nach § 62 Abs. 5 UmwG nF, DB 2011, 1500; *Deilmann*, Aktienrechtlicher versus übernahmerechtlicher Squeeze-out, NZG 2007, 721; *Deutsches Aktieninstitut*, Squeeze Out – Recht und Praxis, 2007; *Drygala/Staake*, Delisting als Strukturmaßnahme, ZIP 2013, 905; *Ehricke/Roth*, Squeeze-out im geplanten deutschen Übernahmerecht, DStR 2001, 1120; *Even/Vera*, Die Techniken des Going Private in Deutschland, DStR 2002, 1315; *Fleischer*, Das neue Recht des Squeeze-out, ZGR 2002, 757; *Fleischer/Schoppe*, Squeeze out und Eigentumsgarantie der europäischen Menschenrechtskonvention, Der Konzern 2006, 329; *Freytag*, Neues zum Recht der Konzernverschmelzung und des Squeeze-out, BB 2010, 1611; *Freytag*, Der Regierungsentwurf zur Änderung des Umwandlungsrechts – Änderungen im Recht der Konzernverschmelzung und des Squeeze-out, BB 2010, 2839; *Freytag/Müller-Etienne*, Das Dritte Gesetz zur Änderung des Umwandlungsgesetzes: Herabsetzung der Squeeze-out-Schwelle auf 90 % kommt, BB 2011, 1731; *Fröde*, Missbräuchlicher Squeeze-out gemäß §§ 327a ff. AktG, NZG 2007, 729; *Fuhrmann/Simon*, Der Ausschluss von Minderheitsaktionären, WM 2002, 1211; *Gampenrieder*, Squeeze-out: Die Verbindung von Trennungseffekt und angemessener Abfindung, WPg 2003, 481; *Gesmann-Nuissl*, Die neuen Squeeze-out-Regeln im Aktiengesetz, WM 2002, 1205; *Göthel*, Der verschmelzungsrechtliche Squeeze out, ZIP 2011, 1541; *Götz*, Der vereinfachte aktienrechtliche Squeeze-out zur Finanzmarktstabilisierung, NZG 2010, 412; *Grunewald*, Die neue Squeeze-out-Regelung, ZIP 2002, 18; *Habersack*, Der Finanzplatz Deutschland und die Rechte der Aktionäre, ZIP 2001, 1230; *Halasz/Kloster*, Nochmals – Squeeze-out – Eröffnung neuer Umgehungstatbestände durch die §§ 327a ff. AktG?, DB 2002, 1253; *Halm*, „Squeeze-Out" heute und morgen – Eine Bestandsaufnahme nach dem künftigen Übernahmerecht, NZG 2000, 116; *H. Hanau*, Der Bestandsschutz der Mitgliedschaft anlässlich der Einführung des „Squeeze Out" im Aktienrecht, NZG 2002, 1040; *Handelsrechtsausschuss des DAV*, Vorschlag zur Ergänzung des Aktiengesetzes durch einen Titel „Aktienerwerb gegen Abfindung", WM 1999, 1536; *Handelsrechtsausschuss des DAV*, Stellungnahme zum Referentenentwurf für ein Drittes Gesetz zur Änderung des Umwandlungsgesetzes, NZG 2010, 614; *Heckschen*, Die Novelle des Umwandlungsgesetzes – Erleichterungen für Verschmelzungen und den Squeeze-out, NJW 2011, 2390; *Heidel/Lochner*, Squeeze-out ohne hinreichenden Eigentumsschutz, DB 2001, 2031; *Helmis*, Der Ausschluss von Minderheitsaktionären, ZBB 2003, 161; *Henze*, Erscheinungsformen des Squeeze-out von Minderheitsaktionären, FS Wiedemann, 2002, 935; *Hofmeister*, Der verschmelzungsrechtliche Squeeze-out: Wichtige Aspekte und Besonderheiten der Verschmelzung, NZG 2012, 688; *Hopt/Mülbert/Kumpan*, Reformbedarf im Übernahmerecht, AG 2005, 109; *Kallmeyer*, Ausschluss von Minderheitsaktionären, AG 2000, 59; *Kalss*, Sell out und Squeeze out, FS Baums, 2017, 641; *Kiefner/Brügel*, Der umwandlungsrechtliche Squeeze-out – Verfahren, Einsatzmöglichkeiten, Rechtsschutzfragen, AG 2011, 525; *Kiem*, Das neue Übernahmegesetz: „Squeeze-out", in Henze/Hoffmann-Becking, Gesellschaftsrecht 2001, RWS-Forum 20, 2001, 329; *Kiesewetter*, Befreiung von Pflichtangebotsverfahren bei anschließendem Squeeze Out?, ZIP 2003, 1638; *Klöhn*, Delisting – Zehn Jahre später, NZG 2012, 1041; *Kocher/Heydel*, Aktienrechtlicher Squeeze out; Zeitpunkt des Anteilsbesitzerfordernisses und Möglichkeit eines Bestätigungsbeschlusses, BB 2012, 401; *Kort*, Hauptaktionär nach § 327a Abs. 1 S. 1 AktG mittels Wertpapierdarlehen, AG 2006, 557; *Kort*, Squeeze-out-Beschlüsse: Kein Erfordernis sachlicher Rechtfertigung und bloß eingeschränkte Rechtsmissbrauchskontrolle, ZIP 2006, 1519; *Kort*, Anwendbarkeit von § 405 AktG auf Wertpapierdarlehen, DB 2006, 1546; *Kossmann*, Ausschluss („Freeze-Out") von Aktionären gegen Barabfindung, NZG 1999, 1198; *Krebs*, Freeze-Out Transactions in Germany and the U.S.: A Comparative Analysis, German Law Journal 2012 (Vol. 13), 941; *Krieger*, Squeeze-out nach neuem Recht – Überblick und Zweifelsfragen, BB 2002, 53; *Küting*, Der Ausschluss von Minderheiten nach altem und neuem Recht – unter besonderer Berücksichtigung des „Squeeze Out", DStR 2003, 838; *Land/Hasselbach*, „Going Private" und „Squeeze-out" nach deutschem Aktien-, Börsen- und Übernahmerecht, DB 2000, 557; *Leitzen*, Die Änderungen des Umwandlungsgesetzes durch das Dritte Gesetz zur Änderung des Umwandlungsrechts, DNotZ 2011, 526; *Lenz/Leinekugel*, Eigentumsschutz beim Squeeze-out, 2004; *Lieder/Stange*, Squeeze-out: Aktuelle Streit- und Zweifelsfragen, Der Konzern 2008, 617; *Markwardt*, Squeeze-out: Anfechtungsrisiken in „Missbrauchsfällen", BB 2004, 277; *Maslo,* Zurechnungstatbestände und Gestaltungsmöglichkeiten zur Bildung eines Hauptaktionärs beim Ausschluss von Minderheitsaktionären (Squeeze-out); *D. Mayer,* Praxisfragen des verschmelzungsrechtlichen Squeeze-out-Verfahrens, NZG 2012, 561; *Meilicke,* Zur Verfassungsmäßigkeit der Squeeze-out-Regelungen – insbesondere in der Insolvenz des Hauptaktionärs, AG 2007, 261; *K. Mertens,* Der Auskauf von Minderheitsaktionären in gemeinschaftlich beherrschten Unternehmen, AG 2002, 377; *v. Morgen,* Das Squeeze-out und seine Folgen für AG und GmbH, WM 2003, 1553; *Mülbert,* Abschwächungen des mitgliedschaftlichen Bestandsschutzes im Aktienrecht, FS Ulmer, 2003, 433; *Neye,* Der Ausschluss von Minderheitsaktionären („Squeeze-out"), in Hirte, WpÜG – Wertpapiererwerbs- und Übernahmegesetz mit Übernahmekodex und City Code, 2002; *Ott,* Der übernahmerechtliche Squeeze-out gemäß §§ 39a f. WpÜG, WM 2008, 384; *Packi,* Inhaltliche Kontrollmöglichkeiten bei Durchführung des umwandlungsrechtlichen Squeeze-out, ZGR 2011, 776; *Paschos/Klaßen,* Offene Fragen nach der Entscheidung des BVerfG zum Delisting und Folgen für die Beratungspraxis, ZIP 2013, 154; *Petersen/Wille,* Zulässigkeit eines Squeeze-out und Stimmrechtszurechnung bei Wertpapierdarlehen, NZG 2009, 841; *Pluskat,* Nicht missbräuchliche Gestaltungen zur Erlangung der Beteiligungshöhe beim Squeeze-out, NZG 2007, 725; *Pluskat,* Squeeze-out nach Wertpapierdarlehen, DB 2009, 1224; *Pötzsch,* Das neue Übernahmerecht, Einführung – Texte – Materialien, 2002; *Pötzsch/Möller,* Das künftige Übernahmerecht – Der Diskussionsentwurf des Bundesministeriums für Finanzen zu einem Gesetz zur Regelung von Unternehmensübernahmen und der Gemeinsame Standpunkt des Rates zur europäischen Übernahmerichtlinie, WM 2000, Sonderbeilage Nr. 2, S. 3; *Report of the High Level Group of Company Law Experts on Issues Related to Takeover Bids,* Chapter III, 2002; *Rieder,* (Kein) Rechtsmissbrauch beim Squeeze-out, ZGR 2009, 981; *Roth,* Die übertragende Auflösung nach Einführung des Squeeze-out, NZG 2003, 998; *Rubner,* Der verschmelzungsrechtliche Squeeze-out, CFL 2011, 274; *Rühland,* Die Abfindung von aus der Aktiengesellschaft ausgeschlossenen Minderheitsaktionären, WM 2000, 1884; *Rühland,* Der squeezeout nach dem RefE zum Wertpapiererwerbs- und Übernahmegesetz vom 12.3.2001, NZG 2001, 448; *Rühland,* Die Zukunft der übertragenden Auflösung (§ 179a AktG), WM 2002, 1957; *Schiessl,* Ist das deutsche Aktienrecht kapitalmarkttauglich?, AG 1999, 442; *Schiessl,* Fairness Opinions im Übernahme- und Gesellschaftsrecht, ZGR 2003, 814; *Schäfer/Dette,* Aktienrechtlicher Squeeze-Out – Beschlussnichtigkeit bei missbräuchlicher Erlangung des Kapitalquorums?, NZG 2009, 1; *Schockenhoff/Lumpp,* Der verschmelzungsrechtliche Squeeze out in der Praxis, ZIP 2013, 749; *Schön,* Der Aktionär im Verfassungsrecht, FS Ulmer, 2003, 1359; *v. Schnurbein,* Anfechtung von Squeeze-out-Beschlüssen und Registersperre, AG 2005, 725; *Schröder/Wirsch,* Formwechsel und anschließender Squeeze-out, ZGR 2012, 660; *Schwichtenberg,* Going Private und Squeezeouts in Deutschland, DStR 2001, 2075; *Sellmann,* Ausgleichs- und Verfahrensregelungen des Squeeze-out auf dem Prüfstand des Verfassungsrechts, WM 2003, 1545; *Sieger/Hasselbach,* Ausschluss von Minderheitsaktionären (Squeeze-out) im ausländischen Recht, NZG 2001, 926; *Sieger/Hasselbach,* Der Ausschluss von Minderheitsaktionären nach den neuen § 327a ff. AktG, ZGR 2002, 120; *Stephanblome,* Gestaltungsmöglichkeiten beim verschmelzungsrechtlichen Squeeze-out, AG 2012, 814; *Stumpf,* Grundrechtsschutz im Aktienrecht, NJW 2003, 9; *Thaeter/Barth,* RefE eines Wertpapiererwerbs- und Übernahmegesetzes, NZG 2001, 545; *Than,* Zwangsweises Ausscheiden von Minderheitsaktionären nach Übernahmeangebot?, FS Claussen, 1997, 405; *Verse,* Aktionärsschutz beim Delisting – Reform und Reformperspektiven, FS Baums, 2017, 1317; *Vetter,* Squeeze-out in Deutschland, ZIP 2000, 1817; *Vetter,* Squeeze-out nur durch Hauptversammlungsbeschluss?, DB 2001, 743; *Vetter,* Squeeze-out – Der Ausschluss der Minderheitsaktionäre aus der Aktiengesellschaft nach den §§ 327a–327 f AktG, AG 2002, 176; *Vossius,* Squeeze-out – Checklisten für Beschlussfassung und Durchführung, ZIP 2002, 511; *Wagner,* Der Regierungsentwurf für ein Drittes Gesetz zur Änderung des Umwandlungsgesetzes, DStR 2010, 1629; *Widmann,* Das Wertpapierdarlehen und der verschmelzungsspezifische Squeeze-out, AG 2014, 189; *Wilhelm/Dreier,* Beseitigung von Minderheitsbeteiligungen auch durch übertragende Auflösung einer AG?, ZIP 2003, 1369; *Wirth/Arnold,* Anfechtungsklagen gegen Squeeze-out-Hauptversammlungsbeschlüsse wegen angeblicher Verfassungswidrigkeit, AG 2002, 503; *Wolf,* Der Minderheitenausschluss qua „übertragender Auflösung" nach Einführung des Squeeze-Out gem. §§ 327a–f AktG, ZIP 2002, 153.

Übersicht

	Rn.
I. Normzweck	1–6
1. Regelungsgegenstand und -zweck	1, 2
2. Entstehungsgeschichte	3, 3a
3. Rechtstatsachen	4
4. Verfassungsrechtliche Aspekte	5
5. Rechtspolitische Würdigung	6
II. Grundlagen	7–12
1. Andere Ausschlusstatbestände	7–9
2. Verhältnis zum Übernahmerecht	10–11
a) Übernahmerechtliches Ausschlussverfahren	10, 10a
b) Kontrollerwerb nach dem WpÜG	11
3. Verschmelzungsrechtliches Ausschlussverfahren	11a, 11b
4. Konzernrecht	12
III. Zulässigkeit und Voraussetzungen des Ausschlussverfahrens	13–28
1. Überblick	13
2. Beteiligte des Ausschlussverfahrens	14–18
a) Betroffene Gesellschaft	14
b) Hauptaktionär	15–18
3. Verlangen des Hauptaktionärs	19
4. Beschluss der Hauptversammlung	20–28
a) Beschlusserfordernis	20, 21
b) Inhalt des Beschlusses	22
c) Beschlussmehrheit	23
d) Keine sachliche Rechtfertigung	24
e) Rechtsmissbräuchlicher Ausschluss	25–28
IV. Reformvorhaben	29, 30
1. Änderungen des Ausschlussverfahrens	29
2. Andienungsrecht der Minderheitsaktionäre	30

I. Normzweck

1. Regelungsgegenstand und -zweck. Die Vorschrift regelt zusammen mit den weiteren Bestimmungen des Vierten Teils des Aktiengesetzes den (unmittelbaren) Ausschluss von Minderheitsaktionären aus einer Aktiengesellschaft gegen Gewährung einer angemessenen Barabfindung (sog. *Squeeze-out*). Im Einzelnen dient § 327a dazu, die allgemeinen Voraussetzungen dieses zwangsweisen Ausscheidens der Minderheitsaktionäre zu bestimmen. Einem mit mindestens 95 % am Grundkapital einer Aktiengesellschaft oder einer Kommanditgesellschaft auf Aktien beteiligten Aktionär (Hauptaktionär) wird die Möglichkeit eröffnet, auf sein Verlangen die Hauptversammlung die Übertragung der Aktien der übrigen Aktionäre (Minderheitsaktionäre) auf ihn beschließen zu lassen. In der Sache ist dies ein **„Zwangsverkauf"**, dessen dinglicher Vollzug (Übertragung der Aktien) ebenso wie die Entstehung des Abfindungsanspruchs durch die Eintragung des Hauptversammlungsbeschlusses in das Handelsregister herbeigeführt wird.[1] Der damit verbundene Verlust der mitgliedschaftlichen Beteiligung gegen vermögensmäßige Entschädigung ist nach der gesetzlichen Wertung von den nicht unternehmerisch beteiligten Minderheitsaktionäre hinzunehmen (→ Rn. 5).

Die Regierungsbegründung führt für den weitgehenden Ausschlusstatbestand mehrere **Motive** an.[2] Durch den Ausschluss der Minderheitsaktionäre soll ua die Entfaltung der unternehmerischen Initiative des Hauptaktionärs gestärkt werden.[3] Als Alleinaktionär (ggf zusammen mit den von ihm abhängigen Gesellschaften) kann er die Gesellschaft unter Einsparung minderheitsschutzbedingter Gesellschaftskosten zukünftig effektiver führen. Dies betrifft vornehmlich die Durchführung der Hauptversammlung als Vollversammlung (§ 121 Abs. 6), den weitgehenden Wegfall der Berichts- und Auskunftspflichten sowie Prüfungserfordernisse im Zusammenhang mit Strukturmaßnahmen.[4] (Missbräuchliche) Anfechtungsklagen kommen nach Durchführung des Ausschlusses nicht mehr vor. Der konzernrechtliche Status der Gesellschaft bleibt allerdings unabhängig von den tatsächlichen Erleichterungen unverändert (→ Rn. 12). In börsennotierten Aktiengesellschaften ist der *Squeeze-out* zu Recht auch als notwendiges Gegenstück zum Pflichtangebot nach §§ 35 ff. WpÜG gesehen worden.[5] Der Bieter muss im Anschluss hieran Restminderheiten (zwangsweise) auskaufen können. Diese Funktion wird nach europäischen Vorgaben auch von einem eigenständigen, zeitlich befristeten übernahmerechtlichen Ausschlussverfahren nach §§ 39a ff. WpÜG übernommen (→ Rn. 3, 10 f.).[6]

2. Entstehungsgeschichte. Die Vorschriften der §§ 327a ff. sind durch das Gesetz zur Regelung von öffentlichen Angeboten zum Erwerb von Wertpapieren und von Unternehmensübernahmen (Art. 7 Nr. 2 WpÜG) in das Aktiengesetz eingefügt worden und am 1.1.2002 in Kraft getreten.[7] Dem waren verschiedene Initiativen vorausgegangen.[8] Außerdem wurde die Schaffung der Bestimmungen von einer Reihe von (unterschiedlichen) Parallelregelungen in anderen europäischen Staaten beeinflusst.[9] Das Grundkonzept des *Squeeze-out* war von einem so breiten Kon-

---

[1] Emmerich/Habersack/*Habersack* Rn. 1. Zum zeitlichen Ablauf s. den Überblick bei K. Schmidt/Lutter/*Schnorbus* Vor § 327a Rn. 4.
[2] Vgl. BegrRegE, BT-Drs. 14/7034, 31 f.; s. auch *Fleischer* ZGR 2002, 757 (760 ff.); Großkomm AktG/*Fleischer* Vor § 327a Rn. 8 ff. sowie im Vorfeld *Kossmann* NZG 1999, 1198 (1199 f.).
[3] BegrRegE, BT-Drs. 14/7034, 32; *Pötzsch/Möller* WM 2000, Sonderbeil. Nr. 2, S. 3 (4, 29 f.).
[4] Vgl. *Handelsrechtsausschuss des DAV* NZG 1999, 850; *Krieger* BB 2002, 53; *Vetter* ZIP 2000, 1817 (1817 f.); weitere Überlegungen bei *Kossmann* NZG 1999, 1198 (1199 f.); empirische Kostenanalyse bei *Gampenrieder* WPg 2003, 481.
[5] Vgl. *Fleischer* ZGR 2002, 757 (760 f.); Emmerich/Habersack/*Habersack* Rn. 4; *Report of the High Level Group* Chapter III, 3.1. a). Für die Beschränkung des Squeeze-out auf börsennotierte Gesellschaften und ein vorangegangenes Übernahme- oder Pflichtangebot *Habersack* ZIP 2001, 1230 (1234 f.); *Fleischer* ZGR 2002, 757 (769 f.); Großkomm AktG/*Fleischer* Vor § 327a Rn. 13; iE auch *Drygala* ZIP AG 2001, 291 (297 f.).
[6] Gesetz zur Umsetzung der Richtlinie 2004/25/EG des Europäischen Parlaments und des Rates vom 21. April 2004 betreffend Übernahmeangebote (Übernahmerichtlinie-Umsetzungsgesetz) vom 8. Juli 2006, BGBl. 2006 I 1426; s. dazu *Austmann/Mennicke* NZG 2004, 846; *Diekmann* NJW 2007, 17 (19 f.); *Johannsen-Roth/Illert* ZIP 2006, 2157; *Merkt/Binder* BB 2006, 1285 (1289 ff.); *Meyer* WM 2006, 1135 (1142 f.); *Ruhland* NZG 2006, 401; *Seibt/Heiser* AG 2006, 301 (316 ff.).
[7] Gesetz v. 20.12.2001, BGBl. 2001 I 3822 (3838). Die BegrRegE ist abgedr. in *Pötzsch,* Das neue Übernahmerecht, Einführung – Texte – Materialien, 2002, 304 ff.
[8] *Forum Europeum Konzernrecht* ZGR 1998, 672 (732 ff.); *Handelsrechtsausschuss des DAV* WM 1999, 1535; *Expertenkommission „Unternehmensübernahmen"* WM 2000, Sonderbeil. Nr. 2, S. 1 (38).
[9] Vgl. BegrRegE, BT-Drs. 14/7034, 32 sowie den Überblick bei *Sieger/Hasselbach* NZG 2001, 926; Großkomm AktG/*Fleischer* Vor § 327a Rn. 60 f.; NK-AktR/*Heidel/Lochner* Vor § 327a Rn. 13; S. auch *Diemer/Hasselbach* NZG 2000, 824 (830) (zum italienischen Recht); *Krebs* German Law Journal 2012 (Vol. 13), 941 (zum US Recht); *Rühland* WM 2000, 1884 (1886 f.) (zum englischen Recht); *Than* FS Claussen, 1997, 405.

sens getragen,[10] dass sich die in dem Diskussionsentwurf[11] vorgeschlagenen Bestimmungen – mit Ausnahme von Details[12] – im Verlauf des Gesetzgebungsverfahrens nicht mehr wesentlich geändert haben. Durch das Spruchverfahrensneuordnungsgesetz[13] sind die Normen erstmals geändert worden, allerdings nur in Bezug auf das für alle gesellschaftsrechtlichen Strukturmaßnahmen vereinheitlichte und neu konzipierte Spruchverfahren. Das UMAG ließ die Bestimmungen unverändert, brachte aber durch die Änderung des Anfechtungsrechts (§ 243 Abs. 4 S. 2 nF) begrüßenswerte Klarheit auch für das *Squeeze-out*-Verfahren (→ § 327f Rn. 3). Weitere Präzisierung hat das Freigabeverfahren durch das ARUG[14] erfahren (→ § 319 Rn. 21 ff. und → § 327e Rn. 6 ff.). Durch das ARUG wurde auch der Zinssatz in § 327b Abs. 2 angehoben und die Informationspflichten nach § 327d S. 1 angepasst. Unberührt sind die Vorschriften der §§ 327a ff. durch das Übernahmerichtlinie-Umsetzungsgesetz geblieben; jedoch legt § 39a Abs. 6 WpÜG jetzt fest, dass die §§ 327a–327f AktG nach Stellung des Antrags bis zum rechtskräftigen Abschluss des übernahmerechtlichen Ausschlussverfahrens keine Anwendung finden (→ Rn. 10 f.). Systematisch kann das Nebeneinander nicht überzeugen; hier wurde die Gelegenheit verpasst, beide Regelungskomplexe im Aktienrecht zusammenzuführen.

3a Als Reaktion auf die **Finanzkrise** hat der Gesetzgeber im Rahmen bestimmte **Sonderregelungen** zu den Vorschriften der §§ 327a ff. erlassen, um der öffentlichen Hand die (erleichterte) Möglichkeit zu geben, uneingeschränkte Kontrolle über systemrelevante Banken zu erlangen, die sich in Insolvenzgefahr befinden.[15] Nach § 12 Abs. 4 FMStBG[16] kann der Sonderfonds Finanzmarktstabilisierung (SoFFin) ein Verlangen nach § 327a Abs. 1 S. 1 bereits stellen, wenn ihm 90 % des Grundkapitals der Bank gehören. Der Gewährleistungserklärung eines Kreditinstituts (§ 327b Abs. 3) bedarf der SoFFin zur Durchführung des Verfahrens nicht (§ 12 Abs. 4 S. 2 FMStBG). Ebenso bedarf es zur Eintragung des Übertragungsbeschlusses in das Handelsregister keiner Negativerklärung des Vorstands bzw. der Durchführung eines Freigabeverfahrens (§ 327e iVm § 319 Abs. 5 und 6); vielmehr ist der Beschluss unverzüglich anzumelden und in das Handelsregister einzutragen, wenn er nicht offensichtlich nichtig ist (§ 12 Abs. 4 S. 3 FMStBG iVm § 7c S. 2–4 FMStBG). Ist eine gegen die Wirksamkeit des Beschlusses gerichtete Klage begründet, hat der Fonds den Aktionären ihre Aktien Zug um Zug gegen Erstattung einer bereits gezahlten Abfindung zurück zu übertragen (§ 12 Abs. 4 S. 4 FMStBG).[17]

4 **3. Rechtstatsachen.** Die Bestimmungen über den Ausschluss von Minderheitsaktionären haben schnell große praktische Bedeutung erlangt.[18] Allein im Jahr 2002 wurden mehr als 100 Ausschlussverfahren in börsennotierten und nicht börsennotierten Aktiengesellschaften angekündigt und durchgeführt; bis Ende 2003 hatte sich diese Zahl bereits auf rund 250 Verfahren erhöht[19] und stand Anfang 2012 bei weit über 400.[20] Bis Anfang 2017 ist diese Zahl nochmals auf 509 angewachsen.[21] Unter den in einer Untersuchung bis Ende Mai 2007 gezählten 289 Verfahren befanden sich 202 Ausschlüsse in börsennotierten Gesellschaften, was einem Anteil von rund 70 % entspricht.[22] Eine

---

[10] Vgl. etwa *Baums* Gutachten F für den 63. DJT, 2000, F 116 ff.; *P. Baums* WM 2001, 1843; *Ehricke/Roth* DStR 2001, 1120; *Halm* NZG 2000, 1162 (1164 f.); *Kallmeyer* AG 2000, 59; *Kiem* RWS Forum Gesellschaftsrecht 2001, 329 (339 f.); *Kossmann* NZG 1999, 1198; *Land/Hasselbach* DB 2000, 557 (562); *Schiessl* AG 1999, 442 (451); *Than* FS Claussen, 1997, 405 (421 f.); *Vetter* DB 2001, 743; einschränkend zur neueren *Habersack* ZIP 2001, 1230.
[11] Abgedr. in NZG 2000, 844; dazu ausführlich *Pötzsch/Möller* WM 2000, Sonderbeil. Nr. 2, S. 3 (29 f.).
[12] RefE abgedr. in *Fleischer/Kalss*, Das neue Wertpapiererwerbs- und Übernahmegesetz, 2002, 374 (401 ff.); dazu *Handelsrechtsausschuss des DAV* NZG 2001, 420 (430 ff.); *Rühland* NZG 2001, 448. RegE abgedr. in ZIP 2001, 1262 und *Fleischer/Kalss*, Das neue Wertpapiererwerbs- und Übernahmegesetz, 2002, 537 ff.
[13] Gesetz zur Neuordnung des gesellschaftsrechtlichen Spruchverfahrens v. 12.6.2003, BGBl. 2003 I 838. Dazu *Bungert/Mennicke* BB 2003, 2021; *Büchel* NZG 2003, 793; *Lamb/Schluck-Amend* DB 2003, 1259; zur Entstehung *Neye* NZG 2002, 23; *Neye* ZIP 2002, 2097.
[14] Gesetz zur Umsetzung der Aktionärsrechterichtlinie (ARUG) v. 30.7.2009, BGBl. 2009 I 2479.
[15] Zum Hintergrund s. nur *Hopt/Fleckner/Kumpan/Steffek* WM 2009, 821.
[16] Gesetz zur weiteren Stabilisierung des Finanzmarktes (Finanzmarktstabilisierungsgesetz – FMStErgG) v. 7.4.2009, BGBl. 2009 I 725; zur Verfassungsmäßigkeit *Götz* NZG 2010, 412; *Gurlit* NZG 2009, 601 (603 ff.).
[17] Zur Verfassungsmäßigkeit dieser Sonderregelungen OLG München AG 2011, 840 (841) = ZIP 2011, 1955 = NZG 2011, 1227; LG München I ZIP 2011, 376 (376 ff.) = NZG 2011, 390.
[18] Bereits vor Inkrafttreten des Wertpapiererwerbs- und Übernahmegesetzes wurden in der Presse Listen mit „*Squeeze-out*-Kandidaten" abgedruckt; Börsen-Zeitung Nr. 129 v. 7.7.2001, S. 10; s. auch FAZ Nr. 80 v. 6.4.2002, S. 25.
[19] Vgl. *Deutsches Aktieninstitut*, Squeeze Out – Recht und Praxis, 2007, 31; *Helmis* ZBB 2003, 161 (163) und Börsen-Zeitung Nr. 8 v. 14.1.2004, S. 8.
[20] Vgl. *D. Mayer* NZG 2012, 561 (562); *Baums/Drinhausen/Keinath* ZIP 2011, 2329 (2338).
[21] Rechtsanwaltssozietät *Cleary Gottlieb*, Public Bids and Squeeze-Outs in Germany, A Statistical Survey (2002–2016), September 2017, S. 222 ff.
[22] *Deutsches Aktieninstitut*, Squeeze Out – Recht und Praxis, 2007, 31.

Übertragung von Aktien gegen Barabfindung 5 § 327a

empirische Untersuchung hat ergeben, dass in der Mehrzahl der Verfahren im Rahmen der Barabfindung zum Teil erhebliche Prämien auf die Börsenkurse vor der Ankündigung des *Squeeze-out* gezahlt wurden.[23] Darunter waren auch Verfahren, die aufgrund vorangegangener Übernahmen und ihres Transaktionsvolumens besondere Aufmerksamkeit erregten. Weit überwiegenden Anteil hatten in den ersten Jahren nach Einführung des Ausschlussverfahrens aber „Altfälle" von meistens noch börsennotierten Konzerngesellschaften mit Kleinstbeteiligungen, die im Zuge einer Bereinigung von Konzernstrukturen ausgeschlossen wurden.[24] Diese Bereinigungen sind inzwischen weitgehend abgeschlossen. Im Anschluss an öffentliche Übernahmen besteht eine Konkurrenz zum übernahmerechtlichen *Squeeze-out,* was sich praktisch aber kaum auswirkt (→ Rn. 10 f.). Größere Bedeutung hat der verschmelzungsrechtliche *Squeeze-out* nach § 62 Abs. 5 UmwG als Kombination von Verschmelzung und aktienrechtlichem *Squeeze-out* erlangt (→ Rn. 11a).

4. Verfassungsrechtliche Aspekte. Auf der Grundlage der einschlägigen Rechtsprechung des 5 Bundesverfassungsgerichts[25] zur Mehrheitseingliederung und „übertragenden Auflösung" bestanden an der Verfassungsmäßigkeit der §§ 327a ff. von vornherein keine Zweifel (→ § 320 Rn. 1).[26] Dies hat das Bundesverfassungsgericht für die Vorschriften zum Ausschluss von Minderheitsaktionären ausdrücklich bestätigt.[27] Danach schließt es der verfassungsrechtliche Schutz des korporativen Eigentums durch Art. 14 Abs. 1 S. 1 GG[28] nicht aus, eine Aktionärsminderheit gegen ihren Willen aus einer Aktiengesellschaft zu drängen, sofern die Minderheitsaktionäre für den Verlust ihrer Mitgliedschaft voll entschädigt werden und die geleistete Entschädigung gerichtlich überprüft werden kann.[29] Hiermit kann der nicht unternehmerisch beteiligte Minderheitsaktionär eine alternative Kapitalanlage in einem Unternehmen gleicher oder ähnlicher Ausrichtung finden.[30] Dem unternehmerischen Gestaltungsinteresse des Großaktionärs und damit verbundenen Bedürfnis nach Transaktionssicherheit in Bezug auf Konzernierungs- und Strukturmaßnahmen kann vor diesem Hintergrund also von Verfassungs wegen Vorrang vor dem Bestandsinteresse des Kleinaktionärs gegeben werden. Die Einführung des gesetzlichen Verfahrens zum unmittelbaren Ausschluss von Minderheitsaktionären ist somit nur eine zulässige Inhalts- und Schrankenbestimmung iSd Art. 14 Abs. 1 S. 2 GG. Die dabei bestehenden Gestaltungsgrenzen hat der Gesetzgeber bei der konkreten Ausgestaltung der *Squeeze-out*-Regelungen eingehalten.[31] Insbesondere wird die unverzichtbare volle wirtschaftliche Entschädigung und gerichtliche Überprüfbarkeit durch die Barabfindungsregelung der § 327a Abs. 1 iVm §§ 327b, 327f gewährleistet.[32] Diese verfassungsrechtliche Bewertung trifft uneingeschränkt auch

---

[23] Ausführlich *Helmis* ZBB 2003, 161 (163 ff.); s. auch *Rathausky* AG Report 2004, R 24 f. zur Häufigkeit von Anfechtungsklagen und Spruchverfahren.
[24] Zwei Drittel der Gesellschaften hatten nicht mehr als 2 % außenstehende Aktionäre, fast die Hälfte nicht mehr als 1 %; vgl. *Deutsches Aktieninstitut,* Squeeze Out – Recht und Praxis, 2007, 43.
[25] BVerfGE 14, 263 – Feldmühle; BVerfG NJW 2001, 279 = ZIP 2000, 1670 – Moto Meter.
[26] Vgl. BGH ZIP 2006, 2080 (2081) = NZG 2006, 905; ZIP 2005, 2107 = BB 2005, 2651 mit Anm. *Bungert;* zu den Nachweisen der vorangegangenen Rechtsprechung der Oberlandesgerichte, die die Verfassungsmäßigkeit ebenfalls durchgängig bejahten, s. 2. Aufl. Rn. 5. Dies entspricht der allgM in der Literatur, s. MHdB AG/ *Austmann* § 75 Rn. 5; Großkomm AktG/*Fleischer* Vor § 327a Rn. 48 ff.; MüKoAktG/*Grunewald* Vor § 327a Rn. 6 ff.; Emmerich/Habersack/*Habersack* Rn. 7; Hüffer/Koch/*Koch* Rn. 6; Kölner Komm WpÜG/*Hasselbach* § 327a Rn. 13 ff.; Angerer/Geibel/Süßmann/*Grzimek* WpÜG § 327a AktG Rn. 19 ff.; Grigoleit/*Rieder* Rn. 3; Kölner Komm AktG/*Koppensteiner* Vor § 327a Rn. 6 ff. und die weiteren Nachweise in der 2. Aufl. Rn. 5 (auch zur vereinzelten Gegenauffassung). Dazu, dass auch nach der EMRK keine grundsätzlichen Bedenken bestehen NK-AktR/*Heidel*/*Lochner* Vor § 327a Rn. 9.
[27] BVerfG BB 2007, 1515 m. Anm. *Bungert* = DB 2007, 1577 = AG 2007, 544; BVerfG WM 2007, 1884 (auch hinsichtlich der fehlenden Stimmberechtigung von Vorzugsaktionären); BVerfG ZIP 2007, 2121 = WM 2007, 2199 = AG 2008, 27 (auch im Abwicklungsstadium). Zur Subsidiarität der Verfassungsbeschwerde eines Minderheitsaktionärs BVerfG NZG 2003, 31.
[28] Allg. dazu *Stumpf* NJW 2003, 9.
[29] BVerfG NJW 2001, 279 (279 f.) = ZIP 2000, 1670. Zum vollen wirtschaftlichen Ausgleich s. auch BVerfGE 1000, 289 (290 f.) – DAT/Altana; BVerfG AG 1999, 217 – Tankett/Pergulan; BVerfG AG 1999, 218 – SEN/KHS. Zur Vereinbarkeit mit der Eigentumsgarantie aus Art. 1 des Zusatzprotokolls Nr. 1 EMRK *Fleischer/Schoppe* Der Konzern 2006, 329.
[30] Vgl. BVerfG NJW 2001, 279 (280).
[31] BVerfG BB 2007, 1515 m. Anm. *Bungert* = DB 2007, 1577 = AG 2007, 544; vgl. auch die ausführliche Begründung in BegrRegE, BT-Drs. 14/7034, 32; KG BB 2004, 2774 (2775 ff.) m. Anm. *Schautes.* Zur verfassungsrechtlichen Diskussion über § 327b Abs. 1 S. 3 idF des RegE *Sellmann* WM 2003, 1545 (1547 f.) mwN; *Habersack* ZIP 2001, 1230 (1238); *Heidel/Lochner* DB 2001, 2031 (2032 ff.); *Rühland* NZG 2001, 448 (450 ff.); *Stumpf* NJW 2003, 9 (12); *Thaeter/Barth* NZG 2001, 545 (550); *Wirth/Arnold* AG 2002, 503 (504 ff.); Emmerich/Habersack/ *Habersack* Rn. 7.
[32] BVerfG BB 2007, 1515 (1516 f.) m. Anm. *Bungert* = DB 2007, 1577 = AG 2007, 544; s. auch *Sellmann* WM 2003, 1545 (1548 ff.); aA *Meilicke* AG 2007, 261 wegen fehlenden Insolvenzschutzes für die ausgeschlossenen Aktionäre.

auf die Modifikationen der §§ 327a ff. im verschmelzungsrechtlichen Ausschlussverfahren nach § 62 Abs. 5 UmwG (→ Rn. 11a) zu.[33]

6 **5. Rechtspolitische Würdigung.** Rechtspolitisch ist das Ausschlussverfahren ganz überwiegend positiv gewürdigt worden.[34] Die teilweise an der rechtstechnischen Umsetzung des *Squeeze-out*, dh dem Übergang der Aktien durch Hauptversammlungsbeschluss und Eintragung anstelle einer einseitigen Übernahmeerklärung, geäußerte Kritik ist im Ergebnis nicht berechtigt (näher → Rn. 20). Dabei wird nicht verkannt, dass dem Vorstand der betroffenen Gesellschaft „auf Verlangen" des Hauptaktionärs durchaus untypische Handlungspflichten auferlegt werden.[35] Schwerer wiegt der grundsätzliche Einwand, die „anlassunabhängige Bestandsvernichtung der Mitgliedschaft" und die damit verbundene Reduktion des Verbandsmitglieds zum Kapitalanleger stelle eine kapitalmarktrechtliche Maßnahme dar, die aktienrechtlich nicht unbedenklich sei.[36] Es ist aber zu bedenken, dass auch außerhalb des Bereichs der börsennotierten Gesellschaften (§ 3 Abs. 2) und des Übernahmerechts ein Regelungsbedarf im Hinblick auf die Behinderung der Unternehmensführung durch Aktionärsminderheiten besteht.[37] Zum Ausdruck kommt damit eine stärker vermögens- und nicht mehr nur verbandsrechtliche Konzeption des Aktienrechts.[38] Mögliche Verwerfungen im Verhältnis zum Ausschlussrecht anderer Gesellschaftsformen lassen sich über die Missbrauchskontrolle des Übertragungsbeschlusses vermeiden (→ Rn. 25). Eine Erweiterung der *Squeeze-out*-Regelung auf andere Gesellschaftsformen ist dagegen weder de lege ferenda notwendig, noch de lege lata durch eine analoge Anwendung zu erreichen.[39]

II. Grundlagen

7 **1. Andere Ausschlusstatbestände.** Im Gegensatz zu den überkommenen Techniken eines unmittelbaren oder mittelbaren Gesellschafterausschlusses, die sich durch enge Tatbestandsvoraussetzungen auszeichnen, stellt der *Squeeze-out* ein breit angelegtes, **anlassunabhängiges Ausschlussverfahren** dar. Damit geht die Betonung einer „hybriden Rechtsstellung des Aktionärs" als Verbandsmitglied und Anleger einher, wobei der Bestandserhalt der Mitgliedschaft bei gleichzeitigem Werterhalt des Investments abgeschwächt wird.[40] Zukünftig sollte der Gestaltungsrahmen durch die Einführung sog. **rückerwerbarer Aktien** *(redeemable shares)* erweitert werden; dadurch könnte eine besondere Kategorie des Eigenkapitals „auf Zeit" geschaffen werden, das auch ohne förmliches Ausschlussverfahren wieder reduziert werden kann.[41]

8 Die herkömmlichen Ausschlusstatbestände bestehen im Grundsatz unverändert fort.[42] Als **unmittelbare Ausschlusstatbestände** hält das Aktiengesetz nur die Kaduzierung säumiger Aktionäre nach § 64 und die Zwangseinziehung von Aktien nach § 237 aufgrund einer entsprechenden Satzungsbestimmung vor. Jedenfalls in Gesellschaften mit einem geschlossenen Aktionärskreis wird zunehmend auch ein Ausschluss aus wichtigem Grund anerkannt.[43] Ein gezielter (grundloser) Ausschluss von Minderheitsaktionären lässt sich damit jedoch nicht bewirken. Nach altem Recht konnte dies nur über die **mittelbaren Ausschlusstatbestände** der Mehrheitseingliederung (§ 320) und der

---

[33] OLG Hamburg NZG 2012, 944 (944 f.) = AG 2012, 639.

[34] Vgl. *P. Baums*, Der Ausschluss von Minderheitsaktionären, 2001, 127 ff.; *Gesmann-Nuissl* WM 2002, 1205; *Halm* NZG 2000, 1162 (1164 f.); *Handelsrechtsausschuss des DAV* NZG 2001, 420 (430 f.); *Kallmeyer* AG 2000, 59 (61); *Kiem* RWS Forum Gesellschaftsrecht 2001, 329; *Krieger* BB 2002, 53 (55); *Mülbert* FS Ulmer, 2003, 433 (438 f. 449 f.); *Sieger/Hasselbach* ZGR 2002, 120 (121); *Vetter* AG 2002, 176; *Hüffer/Koch/Koch* Rn. 7; MüKo AktG/*Grunewald* Vor § 327a Rn. 1; Kölner Komm WpÜG/*Hasselbach* § 327a AktG Rn. 7 ff.

[35] Zu dieser Problematik *Habersack* ZIP 2001, 1230 (1237); *Grunewald* ZIP 2002, 18 (19); *Kiem* RWS Forum Gesellschaftsrecht 2001, 329 (347 ff.).

[36] Emmerich/Habersack/*Habersack* Rn. 5; Hüffer/Koch/*Koch* Rn. 7.

[37] Vgl. BegrRegE, BT-Drs. 14/7034, 32; *Krieger* BB 2002, 53 (55) (v.a. bei ehemals börsennotierten Gesellschaften); MüKoAktG/*Grunewald* Vor § 327a Rn. 5; kritisch *Fleischer* ZGR 2002, 757 (772).

[38] Vgl. Kölner Komm AktG/*Koppensteiner* Vor § 327a Rn. 8 mwN; *Mülbert* FS Ulmer, 2003, 433; dagegen *Hanau* NZG 2002, 1040; *Zöllner* AG 2002, 585.

[39] So auch *Neye* in Hirte, WpÜG – Wertpapiererwerbs- und Übernahmegesetz mit Übernahmekodex und City Code, 2002, 25 (28); Großkomm AktG/*Fleischer* Rn. 8; Kölner Komm AktG/*Koppensteiner* Rn. 2; aA nur *von Morgen* WM 2003, 1553 (1558 ff.).

[40] Instruktiv *Mülbert* FS Ulmer, 2003, 433 (449 f.).

[41] Dafür *Baums* Bericht der Regierungskommission Corporate Governance Rn. 235 f.; *Habersack* FS Lutter, 2000, 1329; *Handelsrechtsausschuss des DAV* NZG 2011, 217 (220) u. Beil. zu NZG 2003, Heft 9, Nr. 25. Zum Zusammenhang mit dem Squeeze-out s. auch *Habersack* ZIP 2001, 1230 (1235); *Fleischer* ZGR 2002, 757 (759, 772 f.).

[42] Überblick bei Großkomm AktG/*Fleischer* Vor § 327a Rn. 34 ff.; *Küting* DStR 2003, 838.

[43] Vgl. MüKoAktG/*Grunewald* Vor § 327a Rn. 13 mwN; Emmerich/Habersack/*Habersack* Rn. 8; Großkomm AktG/*Fleischer* Vor § 327a Rn. 38; s. auch *Becker* ZGR 1986, 386; *Fleischer* ZGR 2002, 757 (759).

sog. übertragenden Auflösung iSd § 179a erreicht werden.⁴⁴ In rechtstechnischer Hinsicht lehnt sich das Ausschlussverfahren nach §§ 327a ff. stark an die Vorschriften über die **Mehrheitseingliederung** an. Sofern mit dem Ausschluss der Minderheitsaktionäre nicht zugleich ein besonders intensives (dauerhaftes) Konzernverhältnis in einem reinen Aktienkonzern begründet werden soll (vgl. § 323), ist sie als Mittel für einen gezielten Aktionärsausschluss im Rahmen einer Konzernumstrukturierung nicht mehr attraktiv. Denn die Beschränkung auf Hauptaktionäre in der Rechtsform der AG mit Sitz im Inland und die mit der Eingliederung verbundenen Haftungsfolgen (§§ 322, 324 Abs. 3) stellen ebenso wie die Regelabfindung in Aktien der Hauptgesellschaft gegenüber dem *Squeeze-out* erhebliche Einschränkungen bzw. Nachteile dar (→ § 320 Rn. 3 sowie → § 320b Rn. 4).⁴⁵ Auch die **übertragende Auflösung** oder auflösungsbedingte Übertragung⁴⁶ wird als wesentlich „schwerfälligere" Alternative für einen gezielten Aktionärsausschluss wahrgenommen.⁴⁷ Erheblichen Zweifeln unterliegt zudem, ob sie als Ausschlussmethode eingesetzt werden kann, um eine Minderheit von über 5 % aus der Gesellschaft zu drängen.⁴⁸ Durch die übertragende Auflösung wird das gesamte Vermögen der Gesellschaft nach Maßgabe von § 179a zunächst auf den Mehrheitsgesellschafter oder eine von ihm kontrollierte Tochtergesellschaft übertragen und anschließend die Auflösung der Gesellschaft beschlossen. Mit der Übertragung der einzelnen Vermögensgegenstände können bereits erhebliche praktische Schwierigkeiten verbunden sein. Auch im Verhältnis zu den Aktionären bietet die übertragende Auflösung keine wirklichen Vorteile. Zum einen ist den Aktionären wohl ein Anspruch auf Barabfindung in Höhe des vollen Anteilswerts zuzusprechen.⁴⁹ Vor allem aber hat das BVerfG die verfassungsrechtliche Zulässigkeit des Verfahrens nur mit der Maßgabe festgestellt, dass der vom Großaktionär gezahlte Kaufpreis entweder im Rahmen einer **Anfechtungsklage** gegen den Auflösungsbeschluss oder in einem Spruchverfahrens gerichtlich überprüft werden kann.⁵⁰ Diese alternativen Rechtsschutzmöglichkeiten schränken die Brauchbarkeit der übertragenden Auflösung nach geltendem Recht erheblich ein. Darüber hinaus ist fraglich, ob sie angesichts der Regelungen der §§ 327a ff. noch zulässig ist; sie wird jedenfalls besonders zu rechtfertigen sein.⁵¹

Nach Einführung des *Squeeze-out* hat der auf Wunsch eines Großaktionärs beantragte **Widerruf** **9** **der Zulassung zur Notierung** der Aktien an der Börse (sog. reguläres *Delisting*) zunächst an Bedeutung verloren. Schon zuvor kam dies grds. nur in Betracht, wenn ein liquider Handel in den Aktien nicht mehr bestand, weil der Widerruf dem Schutz der Anleger nicht widersprechen darf (§ 39 Abs. 2 S. 2 BörsG). Dies dürfte in der Regel nur dann der Fall gewesen sein, wenn der Aktionär auch zum *Squeeze-out* berechtigt war. Auch für das reguläre *Delisting* war nach der „Macrotron"-Entscheidung des BGH lange Zeit ein Hauptversammlungsbeschluss erforderlich.⁵² Zudem hielt der BGH eine reine Fristenlösung bis zur Notierungseinstellung (§ 61 Abs. 2 BörsO Frankfurter

---

⁴⁴ Die Verschmelzung auf eine Gesellschaft gleicher oder anderer Rechtsform bietet ebenso wenig wie der Formwechsel die Möglichkeit des zwangsweisen Ausschlusses von Aktionären. Denn insoweit ist den Aktionären allenfalls ein Barabfindungsgebot zu machen (vgl. §§ 29 und 207 UmwG). Gleichwohl wurden diese Umwandlungsmöglichkeiten von börsennotierten Gesellschaften für ein sog. kaltes Delisting gebraucht; s. dazu *Grunewald* ZIP 2004, 542; *Land/Hasselbach* DB 2000, 558 (559 ff.); *Even/Vera* DStR 2002, 1315 (1317 ff.); *Schwichtenberg* DStR 2001, 2075 (2076 f.); *Vetter* AG 2002, 176 (179).

⁴⁵ Dazu auch *Habersack* ZIP 2001, 1230; *Henze* FS Wiedemann, 2002, 935 (945 ff.); *Krieger* BB 2002, 53 (53 f.); MüKoAktG/*Grunewald* Vor § 327a Rn. 9 f.

⁴⁶ Zu dieser – exakteren – Terminologie *Wiedemann* ZGR 1999, 857.

⁴⁷ Vgl. nur *Henze* FS Wiedemann, 2002, 935 (948 f.); *Krieger* BB 2002, 53 (54); enger *Wilhelm/Dreier* ZIP 2003, 1369 (kein Anwendungsbereich mehr aufgrund Spezialität der §§ 327a ff.); aA *Schwichtenberg* DStR 2001, 2075, 2077. Zu den formalen Voraussetzungen der übertragenden Auflösung analog § 8 UmwG, §§ 293a, 319 Abs. 3 Nr. 3 bzw. § 9 UmwG, §§ 293b, 320 Abs. 3 *Roth* NZG 2003, 998 (1001).

⁴⁸ Dagegen *Henze* FS Peltzer, 2001, 181 (189 f.); *Lutter/Drygala* FS Kropff, 1997, 191 (220 f.); *Rühland* WM 2002, 1957 (1961); offener *Henze* FS Wiedemann, 2002, 935 (952 f.); aA (mit zT unterschiedlichen Ansätzen) *Angerer/Geibel/Süßmann/Grzimek* WpÜG § 327a AktG Rn. 10; *Roth* NZG 2003, 998 (1000); *Schwichtenberg* DStR 2001, 2075 (2082); *Mülbert* FS Ulmer, 2003, 433 (437 f.); *Wolf* ZIP 2002, 153 (156 f.). Fehlgehend *von Morgen* WM 2003, 1553 (1555 f.), der die Beteiligungsschwelle mit der erforderlichen Beschlussmehrheit verwechselt und für die übertragende Auflösung eine Mehrheit von 95 % verlangt.

⁴⁹ So *Henze* FS Wiedemann, 2002, 935 (951 f.); *Wiedemann* ZGR 1999, 857 (860 ff.); *Küting* DStR 2003, 838 (842); wohl auch Emmerich/Habersack/*Habersack* Rn. 10.

⁵⁰ BVerfG NJW 2001, 279 (281) – Moto Meter; s. auch *Krieger* BB 2002, 53 (54). Umstritten ist die Zulässigkeit des Spruchverfahrens; dagegen *Kallmeyer* FS Lutter, 2000, 1245 (1257 f.); *Küting* DStR 2003, 838 (842); *Mülbert* FS Ulmer, 2003, 433 (442); *Roth* NZG 2003, 998 (1001 f.); Hüffer/Koch/*Koch* § 179a Rn. 12a; dafür *Henze* FS Wiedemann, 2002, 935 (951 f.); *Wiedemann* ZGR 1999, 857 (860 ff.).

⁵¹ MüKoAktG/*Grunewald* Vor § 327a Rn. 12 mwN.

⁵² BGH NZG 2003, 280 (282) – Macrotron; zuvor bereits *Kleindiek* FS Bezzenberger, 2000, 653 (655 ff.); *Schwark/Geiser* ZHR 161 (1997), 739 (759 ff.); aA *Mülbert* ZHR 165 (2001), 104 (129 ff.); *Groß* ZHR 165 (2001), 141 (161 ff.); kritisch auch *Schlitt* ZIP 2004, 533 (535).

Wertpapierbörse) für unzureichend und verlangte, dass den Aktionären ein im Spruchverfahren überprüfbares Kaufangebot unterbreitet wird.[53] Nach dieser Maßgabe war der *Squeeze-out* aufgrund der klaren gesetzlichen Vorgaben für einen Hauptaktionär die deutlich attraktivere Alternative, um ein *Delisting* durchzuführen; auch der Schutz der Minderheitsaktionäre war hier effektiver ausgestaltet (vgl. § 327b Abs. 2).[54] Der Fortbestand der „Macrotron"-Grundsätze für das reguläre *Delisting* war jedoch nach einer Entscheidung des BVerfG zweifelhaft.[55] Nach dieser Entscheidung hatte der BGH in der „Macrotron"-Entscheidung zwar nicht die Grenzen richterlicher Rechtsfortbildung überschritten, jedoch sei sie verfassungsrechtlich auch nicht geboten gewesen.[56] Dies zielte darauf ab, dass die Beeinträchtigung der Verkehrsfähigkeit der Aktien durch den Rückzug von der Börse nicht mit dem Eingriff in die Substanz des Eigentumsrechts nach Art. 14 GG vergleichen werden könne. Hieraus zog der BGH im „Frosta"-Beschluss die Konsequenzen: Hauptversammlungsbeschluss und Barabfindungsangebot der Gesellschaft oder des Großaktionärs seien entbehrlich, da sie zum Schutz der Minderheitsaktionäre bei einem *Delisting* nicht erforderlich seien.[57] Dies eröffnete neue Gestaltungsmöglichkeiten, insbesondere der Vorschaltung des *Delistings* vor ein späteres *Squeezeout*.[58] Eine „regelgerechte Delistingwelle"[59] war die Folge, bis das (vollständige) Delisting in § 39 Abs. 2–6 BörsG nF (kapitalmarktrechtlich) neu geregelt wurde.[60] Nunmehr setzt der Antrag auf Widerruf der Börsenzulassung ein Angebot auf Erwerb der Aktien zu dem durchschnittlichen gewichteten Börsenkurs der letzten sechs Monate voraus (§ 31 WpÜG).[61]

10   **2. Verhältnis zum Übernahmerecht. a) Übernahmerechtliches Ausschlussverfahren.** Das aktienrechtliche Ausschlussverfahren ist nicht als rein kapitalmarktrechtliche Maßnahme für börsennotierte Gesellschaften ausgestaltet und seine Durchführung auch nicht von einem zeitnah vorangegangenen Übernahme- oder Pflichtangebot nach dem WpÜG abhängig gemacht worden (→ Rn. 6). Das Verfahren ist mithin **unabhängig** von einem vorausgegangenen Übernahme- oder Pflichtangebot durchführbar. Es kann aber auch als Gestaltungsmittel im unmittelbaren Anschluss an ein Übernahme- oder Pflichtangebot eingesetzt werden (→ Rn. 3). Dadurch wird keine Zuzahlungspflicht nach §§ 31 Abs. 5 S. 2, 39 WpÜG ausgelöst (→ § 320b Rn. 2). Neben den aktienrechtlichen *Squeeze-out* ist für diese Situation das übernahmerechtliche Ausschlussverfahren ohne Hauptversammlung getreten,[62] das bei Vorliegen der gesetzlichen Vermutung der Angemessenheit der Gegenleistung (§ 39a Abs. 3 S. 3 WpÜG) vorzugswürdig ist (näher → Rn. 10a). Entscheidet sich der Hauptaktionär für den übernahmerechtlichen *Squeeze-out*, kann der aktienrechtliche *Squeeze-out* gemäß § 39a Abs. 1 S. 1 WpÜG nach Antragstellung bis zum rechtskräftigen Abschluss des Verfahrens nicht mehr durchgeführt werden (→ Rn. 13). Anschließend kann theoretisch wieder auf den aktienrechtlichen *Squeeze-out* zurückgegriffen werden. Ergänzende Funktion kann ihm insoweit im Zusammenhang mit dem Ausschluss von Vorzugsaktien zukommen, wenn deren Ausschluss aufgrund von § 39a Abs. 1 S. 2 WpÜG zuvor noch nicht möglich war.[63]

10a   Das (gattungsspezifisch ausgestaltete) übernahmerechtliche Ausschlussverfahren kann durchgeführt werden, wenn ein Bieter nach einem **Übernahme- oder Pflichtangebot**[64] mindestens 95 % des

---

[53] BGH NZG 2003, 280 (283); vgl. dazu auch *Schlitt* ZIP 2004, 533 (536).
[54] Vgl. *Grunewald* ZIP 2004, 542 (543).
[55] Dies zu Recht aus BVerfG NZG 2012, 826 = DB 2012, 1618 = AG 2012, 557 folgernd *Bungert/Wettich* DB 2012, 2265 (2268 ff.); *Kiefner/Gillessen* AG 2012, 645 (649 ff.); *Klöhn* NZG 2012, 1041 (1044 ff.); *Thomale* ZGR 2013, 686 (701 ff.).
[56] BVerfG NZG 2012, 826 (828 ff.) = DB 2012, 1618 = AG 2012, 557.
[57] BGH ZIP 2013, 2254 = WM 2013, 2213 = DB 2013, 2672 – Frosta; zuvor bereits *Bungert/Wettich* DB 2012, 2265 (2268 ff.); *Kiefner/Gillessen* AG 2012, 645 (649 ff.); *Thomale* ZGR 2013, 686 (701 ff.); offen gelassen von *Reger/Schilha* NJW 2012, 3066 (3068 f.); vorsichtiger *Paschos/Klaaßen* ZIP 2013, 154 (157 f.); aA *Drygala/Staake* ZIP 2013, 905 (912 ff.) (analoge Anwendung der §§ 190 ff., 207 ff. UmwG).
[58] *Bungert/Leyendecker-Langner* BB 2014, 521 (525). Aus dem umfangreichen Schrifttum zur „Frosta"-Entscheidung s. *Paschos/Klaaßen* AG 2014, 33; *Roßkopf* ZIP 2014, 487; *Schockenhoff* ZIP 2013, 2429.
[59] *Emmerich/Habersack/Emmerich* § 305 Rn. 10d; zu den Zahlen s. *Bayer/Hoffmann* AG 2015, R 55, R 307; *Koch/Harnos* NZG 2015, 729.
[60] Gesetz zur Umsetzung der Transparenzrichtlinie-Änderungsrichtlinie, BGBl. 2015 I 2019.
[61] Zu den Einzelheiten *Bayer* NZG 2015, 1169; *Groß* AG 2015, 812; *Groß* KapitalmarktR BörsG § 39 Rn. 15 ff.; *Harnos* ZHR 179 (2015) 750; *Kocher* DB 2016, 153; *Verse* FS Baums, 2017, 1317; *Wienecke/Schulz* AG 2016, 809.
[62] Vgl. dazu *Deilmann* NZG 2007, 721; *Ott* WM 2008, 384; Großkomm AktG/*Fleischer* Vor § 327a Rn. 26 ff. Zur Verfassungsmäßigkeit BVerfG NZG 2012, 907 = ZIP 2012, 1408 = AG 2012, 625.
[63] Vgl. die Gegenüberstellung von *Deilmann* NZG 2007, 721.
[64] Ein vorangegangenes Aufstockungsgebot berechtigt nicht zum Ausschluss nach §§ 39a, 39b WpÜG; vgl. BegrRegE ÜbernahmeRL-Umsetzungsgesetz, BT-Drs. 16/1003, 21; *Assmann/Pötzsch/Schneider/Seiler* WpÜG § 39a Rn. 38; *Meyer* WM 2006, 1135 (1142).

stimmberechtigten Grundkapitals einer börsennotierten Gesellschaft hält (§ 39a Abs. 1 S. 1 WpÜG).[65] Auf Antrag, der innerhalb von drei Monaten nach Ablauf der Annahmefrist des Angebots beim LG Frankfurt/M gestellt werden muss (§ 39a Abs. 4 WpÜG), gehen die (stimmberechtigten) Aktien der Minderheitsaktionäre mit rechtskräftiger Entscheidung des Gerichts auf den Hauptaktionär über (§ 39a Abs. 5 WpÜG). Vorzugsaktien können einbezogen werden, wenn dem Bieter kumulativ auch 95 % des gesamten Grundkapitals einer börsennotierten Gesellschaft gehören (§ 39a Abs. 1 S. 2 WpÜG). Die Art der Abfindung hat der Gegenleistung des Übernahme- oder Pflichtangebots zu entsprechen; wahlweise ist stets eine Geldleistung anzubieten (§ 39a Abs. 3 S. 1, 2 WpÜG). Den Vorteilen dieses Verfahrens gegenüber dem aktienrechtlichen *Squeeze-out,* insbesondere durch den Verzicht auf den aufwendigen Hauptversammlungsbeschluss, stehen aber auch erhebliche Nachteile gegenüber. Hinzu kommen Rechtsunsicherheiten bei der Anwendung des § 39a WpÜG.[66] Auch im übernahmerechtlichen Ausschlussverfahren sind Verzögerungen möglich, weil gegen die Entscheidung des LG Frankfurt/M die sofortige Beschwerde mit aufschiebender Wirkung zum OLG Frankfurt/M eröffnet ist (§ 39b Abs. 3 S. 2, 3 WpÜG).[67] Da für die Überprüfung der Angemessenheit der Gegenleistung ein Spruchverfahren nicht zugänglich ist, kann in diesem Verfahren grds. auch dies gerügt werden.[68] Dies ist wegen der aufschiebenden Wirkung für die Praxis nicht erträglich.[69] Von Interesse ist der übernahmerechtliche *Squeeze-out* daher nur, wenn der Bieter aufgrund des Angebots mindestens 90 % der von dem Angebot erfassten Aktien erworben hat (Mindestannahmequote) und daher zu seinen Gunsten die (unwiderlegbare)[70] **gesetzliche Vermutung der Angemessenheit** der Gegenleistung greift (§ 39a Abs. 3 S. 3 WpÜG).[71] Da die Schwelle von 95 % des stimmberechtigten Grundkapitals und die Mindestannahmequote (kumulativ) nur sehr schwer erreichbar sind, ist die praktische Bedeutung des übernahmerechtlichen Ausschlussverfahrens gering geblieben.[72] Angesichts der skizzierten faktischen und rechtlichen Unwägbarkeiten wird in der Praxis das Ausschlussverfahren nach §§ 327a ff. ganz überwiegend als rechtssicherer gewählt.[73]

b) Kontrollerwerb nach dem WpÜG. Zweifelsfragen wirft eine gewisse Inkongruenz zwischen Kapitalmarkt- und Aktienrecht auf, die dann zu Tage tritt, wenn ein Erwerber mit einem Paketerwerb unmittelbar eine Beteiligung von 95 % des Grundkapitals einer börsennotierten Aktiengesellschaft erwirbt und beabsichtigt, die Anteile der Minderheitsaktionäre (unverzüglich) im Rahmen eines *Squeeze-out*-Verfahrens zu erwerben. Die **Angebotspflicht nach § 35 WpÜG** erscheint in diesem Fall wirtschaftlich fragwürdig.[74] Die BaFin geht gleichwohl im Grundsatz davon aus, dass beide Verfahren wegen des unterschiedlichen Regelungszwecks und des anders ausgestalteten Aktionärsschutzes unabhängig voneinander durchzuführen sind. Der Hauptaktionär kann ein Pflichtangebot daher nur vermeiden, indem er einen Antrag auf **Befreiung nach § 37 WpÜG** bei der BaFin stellt.[75] In verfahrenstechnischer Hinsicht ist dem angesichts des Umstands, dass das Gesetz keine

---

[65] Der zeitliche Zusammenhang zwischen dem Angebot und dem Erreichen der Kontrollschwelle ist streitig; s. iE OLG Frankfurt a. M. AG 2014, 410 (411 f.); Assmann/Pötzsch/Schneider/*Seiler* WpÜG § 39a Rn. 47 ff. Das Erreichen der 95 %-Schwelle wird zusätzlich erschwert, weil sie nach einem Urteil des BGH entgegen der hM bereits zum Zeitpunkt des Ablaufs der (weiteren) Annahmefrist erreicht sein muss und Nacherwerbe nicht berücksichtigungsfähig sind; BGH AG 2013, 262 = ZIP 2013, 308; krit. dazu ua *Hentzen/Rieckers* DB 2013, 1159; *Merkner/Sustmann* NZG 2013, 374; *Paefgen* ZIP 2013, 1001; *Seiler/Rath* AG 2013, 252.
[66] Vgl. Assmann/Pötzsch/Schneider/*Seiler* WpÜG § 39a Rn. 29 ff.; *Seibt* CFL 2011, 213 (238 f.).
[67] Vgl. OLG Frankfurt a. M. AG 2012, 635.
[68] *Meyer* WM 2006, 1135 (1143); Großkomm AktG/*Fleischer* Vor § 327a Rn. 29.
[69] Zutr. K. Schmidt/Lutter/*Schnorbus* Vor § 327a Rn. 9; s. auch Assmann/Pötzsch/Schneider/*Seiler* WpÜG § 39b Rn. 24 ff.
[70] Str.; wie hier etwa OLG Stuttgart ZIP 2009, 1059 (1061 ff.) = WM 2009, 1416; *Austmann* ZGR 2009, 277 (303 f.); *Grunewald* NZG 2009, 332 (334 f.); *Ott* WM 2008, 384 (390); Hüffer/Koch/*Koch* Rn. 2; Assmann/Pötzsch/Schneider/*Seiler* WpÜG § 39a Rn. 89 f.; K. Schmidt/Lutter/*Schnorbus* Vor § 327a Rn. 9; offen gelassen von OLG Frankfurt a. M. AG 2014, 410 (412 f.); OLG Frankfurt a. M. ZIP 2009, 74 (76 ff.) = WM 2009, 703; aA LG Frankfurt a. M. WM 2008, 2021 (2022 ff.).
[71] Für das Erreichen der 90 %-Schwelle können auch Erwerbe aufgrund von *irrevocable undertakings* einbezogen werden, OLG Frankfurt a. M. AG 2014, 410 (414); OLG Frankfurt a. M. ZIP 2009, 74 (75 f.) = WM 2009, 703; LG Frankfurt a. M. ZIP 2009, 1422 (1423); Assmann/Pötzsch/Schneider/*Seiler* WpÜG § 39a Rn. 77 mwN.
[72] Zur fehlenden praktischen Bedeutung des übernahmerechtlichen Ausschlussverfahrens in Deutschland *Austmann* ZGR 2009, 277 (303); *Hopt,* Europäisches Übernahmerecht, 2013, 67 f.; *D. Mayer* NZG 2012, 561 (562); *Seibt* CFL 2011, 213 (238) (nur vier Verfahren zwischen dem 1.1.2010 und dem 30.6.2011).
[73] *Austmann* NZG 2011, 684 (685); *Hopt,* Europäisches Übernahmerecht, 2013, 68; *Seibt* CFL 2011, 213 (239).
[74] Krit. auch Kölner Komm WpÜG/*Hasselbach* AktG § 327a Rn. 95.
[75] Näher *Behnke/Klepsch* FAZ v. 7.5.2003, Nr. 105, S. 19. So auch in einem von der BaFin stattgegebenen Fall; siehe LG München ZIP 2004, 167 (168).

„pflichtangebotsfreie Obergrenze" kennt, zu folgen. Davon gehen überwiegend auch die Stimmen in der Literatur aus, die sich für die Entbehrlichkeit eines Pflichtangebots aussprechen.[76] Umstritten ist, welche Umstände für die Befreiung von der Abgabe eines Pflichtangebots maßgeblich sind. Im Rahmen der Einzelfallbeurteilung ist neben der beabsichtigten Zielsetzung des Erwerbers (§ 37 Abs. 1 Alt. 2 WpÜG) auf die besonderen Beteiligungsverhältnisse an der Zielgesellschaft (§ 37 Abs. 1 Alt. 4 WpÜG) abzustellen.[77] Nach der sehr restriktiven Praxis der BaFin soll eine Befreiung nur in extremen Ausnahmefällen kommen, wenn sich weniger als 1 % der Aktien in den Händen der Minderheitsaktionäre befinden, kein liquider Handel in den Aktien der Zielgesellschaft mehr stattfindet und daher zur Festlegung der Gegenleistung eine – von der BaFin nicht erschöpfend überprüfbare – Unternehmensbewertung erforderlich ist (§ 5 Abs. 4 WpÜG-AngebotsV). Bei der Ermessensabwägung soll zudem nur eine besonders geringe Anzahl „angebotsresistenter" Aktionäre, die schon vor dem Kontrollwechsel nach Maßgabe der §§ 327a ff. hätten ausgeschlossen werden können, für eine Befreiung sprechen. Diese enge Betrachtung sollte zumindest für die Fälle eines Paketerwerbs iHv mindestens 95 % des Grundkapitals von einem oder mehreren miteinander verbundenen Aktionären erweitert werden.[78] Immerhin könnte der *Squeeze-out* hier auch noch von dem veräußerungsbereiten Hauptaktionär vor der Übertragung der Aktien auf den Erwerber durchgeführt werden, ohne dass die Minderheitsaktionäre einen Anspruch auf Abgabe eines Pflichtangebots hätten. Im Übrigen folgt aus dem Vergleich der beiden Regelwerke keineswegs, dass die Aktionäre nur bei Durchführung eines Pflichtangebotsverfahrens erhebliche Vorteile haben.[79] Entscheidend sollte sein, dass die im Ausschlussverfahren angebotene Gegenleistung nicht hinter der im Rahmen eines Pflichtangebots gesetzlich vorgeschriebenen Gegenleistung zurückbleibt.[80] Jedenfalls kann in **Nebenbestimmungen** (Auflagen, auflösende Bedingung) zur Befreiung ein entsprechender Ausgleich herbeigeführt werden. Dies betrifft vor allem die Verpflichtung zur Durchführung des *Squeeze-out* innerhalb eines angemessenen Zeitraums,[81] die Bewertung auf den Zeitpunkt der Kontrollerlangung, die Berücksichtigung von Vor- oder Parallelwerben (§ 4 WpÜG-AngebotsV, § 31 Abs. 4 WpÜG)[82] sowie den Ausgleich von Zinsnachteilen.[83]

11a **3. Verschmelzungsrechtliches Ausschlussverfahren.** § 62 Abs. 5 UmwG[84] sieht ein verschmelzungsrechtliches Ausschlussverfahren vor, das im sachlichen und zeitlichen Zusammenhang mit einer **Konzernverschmelzung** einer Tochter-AG auf eine Mutter-AG eingesetzt werden kann. Eine Konzernverschmelzung hat insbesondere den Vorteil, dass es weder bei der übertragenden noch – mit Ausnahme eines Einberufungsverlangens nach § 62 Abs. 2 UmwG – bei der übernehmenden Gesellschaft eines Verschmelzungsbeschlusses der Hauptversammlung bedarf. § 62 Abs. 5 UmwG setzt in diesem Zusammenhang Art. 28 Abs. 2 **Verschmelzungsrichtlinie**[85] idF durch Art. 2 Nr. 11 der Änderungsrichtlinie[86] um. Danach sollen die für eine Konzernverschmelzung mit einer Beteiligung von mindestens 90 % an der übertragenden Gesellschaften verbundenen Erleichterungen daran geknüpft sein, dass den Aktionären der übertragenden Gesellschaft entweder ein Andienungsrecht

---

[76] Vgl. Baums/Thoma/Verse/*Hecker* WpÜG § 37 Rn. 41; *Kiesewetter* ZIP 2003, 1638; *Bredow/Liebscher* DB 2003, 1368; weitergehend *Wiesbrock* DB 2003, 2584 (2585 f.).
[77] Str., wie hier *Kiesewetter* ZIP 2003, 1638 (1639 ff.); *Bredow/Liebscher* DB 2003, 1368; offen gelassen von Kölner Komm WpÜG/*Versteegen* WpÜG § 37 Rn. 42; nur Alt. 2 zur Begründung heranziehend Baums/Thoma/Verse/*Hecker* WpÜG § 37 Rn. 41 ff.; nur Alt. 4 zur Begründung heranziehend Assmann/Pötzsch/Schneider/Krause/Pötzsch/*Seiler* WpÜG § 37 Rn. 47, 60 ff.
[78] Tendenziell offenbar auch die BaFin; vgl. LG München ZIP 2004, 167 (168) (Erwerb von 96,91 %).
[79] S. näher *Bredow/Liebscher* DB 2003, 1368 (1369 ff.); *Kiesewetter* ZIP 2003, 1638 (1639 ff.); *Wiesbrock* DB 2003, 2584 (2585 f.).
[80] Assmann/Pötzsch/Schneider/Krause/Pötzsch/*Seiler* WpÜG § 37 Rn. 66; *Bredow/Liebscher* DB 2003, 1368 (1371).
[81] *Bredow/Liebscher* DB 2003, 1368 (1370) (6 Monate); *Kiesewetter* ZIP 2003, 1638 (1640 f.) (18 Monate); Kölner Komm WpÜG/*Hasselbach* AktG § 327a Rn. 97; Baums/Thoma/Verse/*Hecker* WpÜG § 37 Rn. 43.
[82] *Kiesewetter* ZIP 2003, 1638 (1640); *Bredow/Liebscher* DB 2003, 1368 (1369 f.); aA *Wiesbrock* DB 2003, 2584 (2586).
[83] *Bredow/Liebscher* DB 2003, 1368 (1370); *Kiesewetter* ZIP 2003, 1638 (1640); Baums/Thoma/Verse/*Hecker* WpÜG § 37 Rn. 44.
[84] Eingefügt durch das Dritte Gesetz zur Änderung des UmwG vom 11.7.2011, BGBl. 2011 I 1338. Eingehend zu dem Verfahren Beck OGK/*Habersack* UmwG § 62 Rn. 41 ff.
[85] Richtlinie 2011/35/EU des Europäischen Parlaments und des Rates vom 5.4.2011 über die Verschmelzung von Aktiengesellschaften, ABl. EU 2011 Nr. L 110, 1.
[86] Richtlinie 2009/109/EU des Europäischen Parlaments und des Rates vom 16.9.2009 zur Änderung der Richtlinien 77/91/EWG, 78/855/EWG und 82/891/EWG des Rates sowie der Richtlinien 2005/56/EG hinsichtlich der Berichts- und Dokumentationspflicht bei Verschmelzungen und Spaltungen, ABl. EU 2009 Nr. L 259, 14.

eingeräumt oder ein *Squeeze-out* der außenstehenden Aktionäre der übertragenden Gesellschaft durchgeführt wird.[87] Der deutsche Gesetzgeber hat sich zu Recht für den *Squeeze-out* entschieden. Sofern sich nicht ausdrücklich etwas anderes aus den umwandlungsrechtlichen Bestimmungen ergibt, finden hierauf die §§ 327a ff. Anwendung (§ 62 Abs. 5 S. 8 UmwG).

Anders als nach den Regeln des Aktienrechts ist der Ausschluss bereits bei einer **90 %-Beteiligung** der übernehmenden Mutter-AG an der Tochter-AG möglich.[88] Voraussetzung für diese Erleichterung ist, dass der Übertragungsbeschluss innerhalb von drei Monaten nach Abschluss eines Verschmelzungsvertrags gefasst wird. Dabei müssen der Verschmelzungsvertrag oder sein Entwurf bereits auf den *Squeeze-out* hinweisen (§ 62 Abs. 5 S. 2 UmwG). Um Umgehungen zu vermeiden, wird der zum Handelsregister anzumeldende Übertragungsbeschluss außerdem erst wirksam, wenn die vorgesehene anschließende Verschmelzung tatsächlich durchgeführt und im Handelsregister des Sitzes der übernehmenden Gesellschaft eingetragen wird (§ 62 Abs. 5 S. 7 UmwG).[89] Zu diesem Zweck wird die Eintragung des Übertragungsbeschlusses im Handelsregister mit einem entsprechenden Vermerk versehen.[90] Die Abhängigkeit der rechtlichen Wirksamkeit des *Squeeze-out* von der Eintragung der Verschmelzung soll nicht zur Folge haben, dass die faktisch bereits ausgeschlossenen Minderheitsaktionäre noch bei einem Verschmelzungsbeschluss der Hauptversammlung mitwirken. Daher ist nach § 62 Abs. 4 S. 2 UmwG der Verschmelzungsbeschluss bereits dann nicht mehr erforderlich, wenn der Übertragungsbeschluss mit dem Vermerk nach § 62 Abs. 5 S. 7 UmwG im Handelsregister eingetragen wurde.[91] Auch eines Verschmelzungsberichts bedarf es dann konsequenterweise nicht mehr.[92] Die Mutter-AG muss die für die Durchführung des verschmelzungsrechtlichen Ausschlussverfahrens erforderliche 90 %-Beteiligung **unmittelbar halten;** eine Zurechnung gemäß §§ 327a Abs. 2, 16 Abs. 4 ist also ausgeschlossen. Nachvollziehbar ist diese Einschränkung nicht,[93] wobei ein mit einer Tilgungsbestimmung nach § 364 BGB verbundenes (konzerninternes) Wertpapierdarlehen die Hauptaktionärseigenschaft herstellen kann (vgl. auch → Rn. 26).[94] Dagegen stellt es für konzerninterne Umstrukturierungen keinen wesentlichen Nachteil dar, dass die übernehmende Gesellschaft bzw. **Hauptaktionärin** anders als nach § 327a zwingend in der Rechtsform einer **AG, KGaA oder SE** verfasst sein muss (vgl. § 78 UmwG, Art. 9 Abs. 1 lit. c SE-VO). Dies kann im Vorfeld durch einen Formwechsel oder die Einbringung der Anteile in eine (Holding-)Gesellschaft der genannten Rechtsformen bewirkt werden.[95] Auch wenn diese Gesellschaft nach Durchführung der Verschmelzung wieder aufgelöst wird, um die Konzernstruktur im Ergebnis unverändert zu lassen, liegt keine Treuwidrigkeit vor (zu Fragen des Rechtsmissbrauchs allgemein → Rn. 25 ff.).[96]

4. Konzernrecht. Das Ausschlussverfahren nach §§ 327a ff. ist **konzernrechtsneutral,** da es weder eine Unternehmensverbindung iSd § 15 voraussetzt, noch (zusätzliche) konzernrechtliche Leitungsmacht vermittelt. Nach Durchführung des *Squeeze-out* bestimmt sich der Einfluss des Haupt- bzw. Alleinaktionärs nach §§ 311, 317[97] oder – wenn ihm die Unternehmenseigenschaft fehlt – der

---

[87] Näher K. Schmidt/Lutter/*Schnorbus* Vor § 327a Rn. 30 f.
[88] Zur Verfassungsmäßigkeit der 90 %-Schwelle OLG Hamburg NZG 2012, 944 (944 f.) = AG 2012, 639 = WM 2012, 1961; krit. NK-AktR/*Heidel/Lochner* Vor § 327a Rn. 27.
[89] Dazu insbes. *Handelsrechtsausschuss des DAV* NZG 2010, 614 (615), dessen Empfehlung sich der Rechtsausschuss des Bundestags angeschlossen hat; BT-Drs. 17/5930, 7 (12). Zur vorherigen Diskussion s. auch *Bungert/Wettich* DB 2010, 2545 (2547); *Heckschen* NZG 2010, 1041 (1045); *Freytag* BB 2010, 2839 (2841).
[90] Näher zu dessen materiell-rechtlicher Wirkung *Freytag/Müller-Etienne* BB 2011, 1731 (1733); *Mayer* NZG 2012, 561, 571.
[91] Dazu *Handelsrechtsausschuss des DAV* NZG 2010, 614 (615); *Bungert/Wettich* DB 2011, 1500 (1502 f.); *Grigoleit/Rieder* Rn. 11.
[92] *Kiefner/Brügel* AG 2011, 525 (528 f.); *Hofmeister* NZG 2012, 688 (693 f.); *Rubner* CFL 2011, 274 (276); *Grigoleit/Rieder* Rn. 12; aA *Neye/Kraft* NZG 2011, 681 (683).
[93] S. bereits *Handelsrechtsausschuss des DAV* NZG 2000, 802 (803); *Habersack* FS Horn, 2006, 337 (349 f.).
[94] Vgl. *Austmann* NZG 2011, 684 (690); *Rubner* CFL 2011, 274 (276); *Grigoleit/Rieder* Rn. 9; s. auch *Widmann* AG 2014, 189 zur alternativen Vorschaltung einer Sachkapitalerhöhung gegen Einbringung der Aktien.
[95] Vgl. *Bungert/Wettich* DB 2010, 2545 (2550); *Freytag* BB 2010, 2839 (2841); *Freytag/Müller-Etienne* BB 2011, 1731 (1734); *Schockenhoff/Lumpp* ZIP 2013, 749 (750 f.); ebenso, rechtsmissbräuchliche Gestaltungen aber nicht völlig ausschließend OLG Hamburg NZG 2012, 944 (945 f.) = AG 2012, 639; *Austmann* NZG 2011, 684 (690); *Kiefner/Brügel* AG 2011, 525 (534); zum Formwechsel aA *Schröder/Wirsch* ZGR 2012, 660 (676 ff.); NK-AktR/*Heidel/Lochner* Vor § 327a Rn. 30.
[96] *Bungert/Wettich* DB 2010, 2545 (2549 f.) (ebenso bei sofortiger Rückumwandlung); *Semler/Stengel/Diekmann* UmwG § 62 Rn. 32d; K. Schmidt/Lutter/*Schnorbus* Vor § 327a Rn. 34; aA *Wagner* DStR 2010, 1629 (1634). Nach OLG Köln ZIP 2017, 2468 soll Rechtsmissbrauch indessen vorliegen, wenn durch den Squeeze-out zusammen mit der nachfolgenden Verschmelzung maßgeblich (auch) die Verfolgung von Schadensersatzansprüchen nach §§ 311, 317 AktG durch einen besonderen Vertreter nach § 147 AktG vereitelt werden soll.
[97] Zur Anwendbarkeit auf die Ein-Personen-AG Emmerich/Habersack/*Habersack* § 311 Rn. 13.

allgemeinen gesellschaftsrechtlichen Treuepflicht. Der Bestand eines Unternehmensvertrags (§ 291) wird durch das Ausschlussverfahren nicht berührt (→ § 327e Rn. 10). Ebenso steht der Unternehmensvertrag dem *Squeeze-out* nicht entgegen oder erfordert einen Sonderbeschluss der außenstehenden Aktionäre analog § 296 Abs. 2 S. 1.[98] Umgekehrt muss der Hauptaktionär einen Beherrschungs- und Gewinnabführungsvertrag abschließen, wenn er konzernrechtliche Leitungsmacht erreichen will.[99] Aufgrund dieses Befundes ist der rechtssystematische Standort der §§ 327a ff. im dritten Buch des Aktiengesetzes („Verbundene Unternehmen") kritisch gesehen worden.[100] Wesentliche materielle Konsequenzen ergeben sich daraus nicht. Es ist nicht zu verkennen, dass die Belastung durch außenstehende Aktionäre ganz überwiegend (börsennotierte) Konzerngesellschaften und damit die Konzernführung insgesamt betrifft.[101] Das haben auch die Ergebnisse einer empirischen Analyse der durchgeführten Ausschlussverfahren bestätigt.[102] Dies und die enge Anlehnung an die Rechtstechnik des Ausschlusses nach der Mehrheitseingliederung rechtfertigen die Verortung. Zu Recht sind die Bestimmungen gleichwohl als Institut des allgemeinen Aktienrechts ausgestaltet worden, da das Konfliktpotenzial auch dann bestehen kann, wenn einmal keine Unternehmensverbindung vorliegt.

III. Zulässigkeit und Voraussetzungen des Ausschlussverfahrens

13   **1. Überblick.** Nach Abs. 1 S. 1 kann die Hauptversammlung einer AG oder einer KGaA auf Verlangen eines Aktionärs, dem Aktien der Gesellschaft in Höhe von 95 % des Grundkapitals gehören (Hauptaktionär), die Übertragung der Aktien der übrigen Aktionäre (Minderheitsaktionäre) auf den Hauptaktionär gegen Gewährung einer angemessenen Barabfindung beschließen. Die Festlegung der erforderlichen Kapitalmehrheit des Hauptaktionärs bemisst sich nach § 16 Abs. 2 und 4. Gemäß § 39a Abs. 6 WpÜG kann das aktienrechtliche *Squeeze-out*-Verfahren (§§ 327a–327f AktG) nach Stellung des Antrags beim zuständigen LG Frankfurt/M auf Durchführung des übernahmerechtlichen Ausschlussverfahrens bis zu dessen rechtskräftigem Abschluss nicht durchgeführt werden (bereits → Rn. 3, → Rn. 10). Dies gilt auch wenn das aktienrechtliche *Squeeze-out*-Verfahren bei Antragstellung bereits in Gang gesetzt ist.[103]

14   **2. Beteiligte des Ausschlussverfahrens. a) Betroffene Gesellschaft.** Vorgesehen ist die Möglichkeit eines Ausschlussverfahrens für eine AG und eine KGaA sowie eine SE mit Sitz im Inland, da sie wie eine nach inländischem Recht gegründete AG zu behandeln ist (Art. 9 Abs. 1 lit. c ii SE-VO, Art. 10 SE-VO).[104] Anders als bei der Eingliederung ist die KGaA damit ausdrücklich in den Anwendungsbereich einzubezogen. Dieser Unterschied ist gerechtfertigt, weil der Ausschluss der Minderheitsaktionäre dem Hauptaktionär keine konzernrechtliche Leitungsmacht gibt und daher durchaus mit § 278 Abs. 2 und der persönlichen Haftung des Komplementärs zu vereinbaren ist (→ § 319 Rn. 3).[105] Die von dem Ausschlussverfahren betroffene Gesellschaft muss als **AG, SE oder KGaA** bereits entstanden sein (allgM). Hierfür ist die Eintragung in das Handelsregister maßgeblich (§ 41 S. 1; für die KGaA § 278 Abs. 3, § 41 Abs. 1 S. 1). Unabhängig davon, dass eine entsprechende zukünftige Kapitalbeteiligung unter den Gründern kaum jemals relevant werden dürfte, kann der *Squeeze-out* auch nach seiner Zweckausrichtung nicht schon in der Vorgesellschaft möglich sein.[106] Der oder die Minderheitsaktionäre können von der **Entstehung** der Gesellschaft bis zu ihrer **Beendigung** ausgeschlossen werden.[107] Damit ist ein Ausschlussverfahren auch im Abwicklungsstadium

---

[98] S. auch OLG Hamburg NZG 2003, 978 (980 f.); *Fuhrmann* Der Konzern 2004, 1 (4); Kölner Komm AktG/*Koppensteiner* Rn. 17.
[99] Zur Zulässigkeit der Verbindung beider Maßnahmen in einer HV s. OLG Düsseldorf AG 2005, 654 (657).
[100] Großkomm AktG/*Fleischer* Vor § 327a Rn. 24; Hüffer/Koch/*Koch* Rn. 5; Emmerich/Habersack/*Habersack* Rn. 6; s. auch *Habersack* ZIP 2001, 1230 (1236 f.).
[101] So ausdrücklich *Krieger* BB 2002, 53.
[102] Vgl. *Helmis* ZBB 2002, 161.
[103] *Ott* WM 2008, 384 (385); *Seibt/Heiser* AG 2006, 301 (317); Großkomm AktG/*Fleischer* Vor § 327a Rn. 31.
[104] Verordnung (EG) Nr. 2157/2001 des Rates vom 8. Oktober 2001 über das Statut der Europäischen Gesellschaft (SE), ABl. EG 2001 Nr. L 294, 1.
[105] Zutreffend Hüffer/Koch/*Koch* Rn. 9; Emmerich/Habersack/*Habersack* Rn. 13; Kölner Komm AktG/*Koppensteiner* Rn. 3; iE ebenso Handelsrechtsausschuss des DAV NZG 2001, 420 (431) u. MüKoAktG/*Grunewald* Rn. 3, die beide meinen, der Unterschied sei deshalb gerechtfertigt, weil die durch die Eingliederung ausscheidenden Aktionäre grds. in die Hauptgesellschaft gezwungen werden und keine Barabfindung verlangen können. Dies erklärt jedoch nur, weshalb auch eine KGaA Hauptaktionär sein kann, nicht aber weshalb – anders als noch im Diskussionsentwurf vorgesehen – eine Ausschließung der Minderheitsaktionäre auch in einer KGaA möglich ist.
[106] Abl. auch Großkomm AktG/*Fleischer* Rn. 3; MüKoAktG/*Grunewald* Rn. 4; Emmerich/Habersack/*Habersack* Rn. 12; K. Schmidt/Lutter/*Schnorbus* Rn. 2; Hüffer/Koch/*Koch* Rn. 9.
[107] Hüffer/Koch/*Koch* Rn. 9 mwN.

der Gesellschaft noch möglich.[108] Mit Auflösung (§§ 262 ff., 289) der Gesellschaft ändert sich zwar der Gesellschaftszweck, die Gesellschaft bleibt aber – unter Umständen über einen längeren Zeitraum – bis zum Abschluss der Abwicklung (§ 273 Abs. 1) bestehen oder wird durch entsprechenden Hauptversammlungsbeschluss vor Beginn der Vermögensverteilung unter den Aktionären fortgesetzt (§ 274). Selbst die Eröffnung des Insolvenzverfahrens über die Gesellschaft hindert die Durchführung des Ausschlussverfahrens nicht.[109] Die **Börsennotierung** der Gesellschaft iSd § 3 Abs. 2 ist keine Voraussetzung für die Durchführung des Ausschlussverfahrens.[110]

b) Hauptaktionär. aa) Persönliche Eigenschaften. Hauptaktionär kann jeder sein, der Mitglied einer AG, SE oder KGaA sein kann (zur Einschränkung beim verschmelzungsrechtlichen Ausschlussverfahren nach § 62 Abs. 5 UmwG → Rn. 11a).[111] Dies sind alle in- oder ausländischen natürlichen oder juristischen Personen (einschließlich ihrer Vorgesellschaften) sowie sonstigen rechtsfähigen Gesellschaften (Personenhandelsgesellschaften, Außengesellschaft bürgerlichen Rechts).[112] Als möglichen Hauptaktionär wird man aber auch Erben- und Gütergemeinschaften anzusehen haben.[113] Der Anwendungsbereich ist damit **nicht auf Unternehmen beschränkt**, wenngleich dies der Hauptanwendungsfall ist. Nicht nur die Rechtsform des Hauptaktionärs ist unerheblich, sondern auch der Umstand, ob er einen inländischen Wohn- oder Verwaltungssitz hat. Für die ausscheidenden Aktionäre hat dies keine Bedeutung, da sie ausschließlich eine Barabfindung erhalten, die zudem noch durch die Barabfindungsgewährleistung eines im Inland zugelassenen Kreditinstituts gesichert ist (→ § 327b Rn. 10 ff.).[114] Ein höherer Durchsetzungsaufwand fällt gegenüber ausländischen Hauptaktionären daher allenfalls in Höhe eines erst im Rahmen eines Spruchverfahrens erstrittenen Barabfindungsergänzungsanspruchs an, der nicht von der Barabfindungsgewährleistung des Kreditinstituts abgedeckt ist (→ § 327b Rn. 12). In gemeinschaftlich beherrschten Unternehmen können die gemeinsam herrschenden Aktionäre, die zusammen 95 % der Aktien auf sich vereinigen, nicht gemeinsam das Ausschlussverfahren betreiben.[115] Hauptaktionär kann immer nur ein Mitglied der Aktiengesellschaft sein. Voraussetzung für ein „gemeinsam betriebenes" Ausschlussverfahren ist damit die vorherige Übertragung der Aktien auf einen Rechtsträger (dazu auch → Rn. 26).[116] Hauptaktionär kann auch eine Außengesellschaft bürgerlichen Rechts sein, die die Aktien selbst als Teil ihres Gesamthandsvermögens hält.[117] Nicht erfüllt ist dies bei reinen Innengesellschaften (zB Stimmrechtskonsortien, Beteiligungspools), die ausschließlich der Koordinierung des Abstimmungsverhaltens ihrer Mitglieder dienen.[118] Damit kann die Situation eintreten, dass solche „Bieter" iSv § 2 Abs. 4 WpÜG zwar im Anschluss an ein Pflichtangebot (§§ 35, 30 WpÜG) die Möglichkeit haben, ein übernahmerechtliches *Squeeze-out*-Verfahren zu beantragen (§§ 39a ff. WpÜG), später jedoch nicht unmittelbar in der Lage wären, auch ein aktienrechtliches *Squeeze-out*-Verfahren durchzuführen. Dies ist jedoch hinzunehmen.

---

[108] Vgl. BVerfG ZIP 2007, 2121 (2121 f.) = WM 2007, 2199; BGH ZIP 2006, 2080 (2081 f.) = BB 2006, 2543 = DStR 2006, 2090; OLG Köln ZIP 2005, 1179; zust. *Buchta/Ott* DB 2005, 990 (992); K. Schmidt/Lutter/*Schnorbus* Rn. 2; aA Kölner Komm AktG/*Koppensteiner* Rn. 2.
[109] Großkomm AktG/*Fleischer* Rn. 5; K. Schmidt/Lutter/*Schnorbus* Rn. 5; aA Kölner Komm AktG/*Koppensteiner* Rn. 2.
[110] Vgl. BegrRegE, BT-Drs. 14/7034, 32; zust. *Krieger* BB 2002, 53 (55); krit. *Drygala* AG 2001, 291 (297 f.); *Habersack* ZIP 2001, 1230 (1232 ff.); *Fleischer* ZGR 2002, 757 (768 ff.); *Hanau* NZG 2002, 1040 (1043 ff.); *Bolte* DB 2001, 2587 (2590 f.); Hüffer/Koch/*Koch* Rn. 8.
[111] MüKoAktG/*Grunewald* Rn. 5; Emmerich/Habersack/*Habersack* Rn. 14; Hüffer/Koch/*Koch* Rn. 10.
[112] Zu ausländischen Gesellschaften näher Großkomm AktG/*Fleischer* Rn. 11 f. Zweifelnd bzgl. der Rechtsfähigkeit ausländischer Trusts *Drinkuth* in Marsch-Barner/Schäfer Börsennotierte AG-HdB Rn. 62.21.
[113] Großkomm AktG/*Fleischer* Rn. 10; Hüffer/Koch/*Koch* Rn. 10.
[114] MüKoAktG/*Grunewald* Rn. 5; Emmerich/Habersack/*Habersack* Rn. 14; Hüffer/Koch/*Koch* Rn. 10; *Sieger/Hasselbach* ZGR 2002, 120 (133).
[115] Emmerich/Habersack/*Habersack* Rn. 15; Hüffer/Koch/*Koch* Rn. 16; iE auch Kölner Komm AktG/*Koppensteiner* Rn. 4; aA *K. Mertens* AG 2002, 377 (379 f.); unklar *P. Baums*, Der Ausschluss von Minderheitsaktionären, 2001, 143 f.; *P. Baums* WM 2001, 1843 (1846).
[116] *Krieger* BB 2002, 53 (62); *Halasz/Kloster* DB 2002, 1253; *Maslo* NZG 2004, 163 (164 f.); NK-AktR/*Heidel/Lochner* Rn. 9; krit. *Bolte* DB 2001, 2587. Bei Zwischenschaltung einer „Joint Venture"-Gesellschaft ist zu berücksichtigen, dass grds. zunächst ein Pflichtangebot (§ 35 WpÜG) durchgeführt werden muss, wenn die vom Squeeze-out betroffene Gesellschaft börsennotiert ist.
[117] MüKoAktG/*Grunewald* Rn. 5; Emmerich/Habersack/*Habersack* Rn. 15; Hüffer/Koch/*Koch* Rn. 10, 16; s. auch Großkomm AktG/*Fleischer* Rn. 35. Zur Rechtsfähigkeit der GbR BGHZ 146, 341 = NJW 2001, 1056; *Habersack* BB 2001, 477; *Hadding* ZGR 2001, 712; s. auch *Singhof*, Die Außenhaftung von Emissionskonsorten für Aktieneinlagen, 1998, 111 ff. (134 f.).
[118] Großkomm AktG/*Fleischer* Rn. 9; Emmerich/Habersack/*Habersack* Rn. 15; NK-AktR/*Heidel/Lochner* Rn. 30; *Markwardt* BB 2004, 277 (279 f.); *Maslo* NZG 2004, 163 (165 f.).

16   bb) Feststellung der Kapitalmehrheit. Hauptaktionär kann nur ein Aktionär sein, dem Aktien der Gesellschaft in Höhe von 95 % des Grundkapitals gehören (zur niedrigeren Kapitalmehrheit bei einem Ausschluss von Minderheitsaktionären nach § 12 Abs. 4 FMStBG sowie beim verschmelzungsrechtlichen Ausschlussverfahren nach § 62 Abs. 5 UmwG → Rn. 3 und → Rn. 11a).[119] Fehlt es hieran, ist ein gleichwohl gefasster Übertragungsbeschluss nach § 241 Nr. 3 nichtig (auch → § 327f Rn. 4).[120] Für die Festlegung dieser Kapitalmehrheit gilt § 16 Abs. 2 und 4 (Abs. 2). Nach § 16 Abs. 2 ist bei Nennbetragsaktien (§ 8 Abs. 2) das Verhältnis des Gesamtnennbetrags der Aktien zu dem Grundkapital, bei Stückaktien (§ 8 Abs. 3) die Anzahl der Aktien im Verhältnis zur Gesamtzahl der Aktien maßgeblich. Bezugspunkt ist jeweils das im Handelsregister **eingetragene Grundkapital;** ein genehmigtes oder bedingtes Kapital ist nicht zu berücksichtigen. Entsprechend sind auch auf den Aktienerwerb gerichtete Bezugs- oder Optionsrechte Dritter für die Berechnung der Kapitalmehrheit ohne Bedeutung (auch → § 320b Rn. 8).[121] Nach § 16 Abs. 2 S. 2 und 3 sind eigene Aktien (§ 71) und Aktien, die einem anderen für Rechnung der Gesellschaft gehören (§ 71d), vom Grundkapital abzusetzen (auch → § 320 Rn. 6; zur Frage des Übergangs dieser Aktien → § 327e Rn. 8). Zweifelsfrei „gehören" die Aktien in diesem Umfang dem Hauptaktionär, wenn sie in seinem **Eigentum** stehen, er also Inhaber des Vollrechts ist. Bloße schuldrechtliche Ansprüche des (vermeintlichen) Hauptaktionärs auf die Übertragung von Aktien, Bezugsrechte oder Erwerbsoptionen können vor ihrer Erfüllung die notwendige Kapitalmehrheit nicht herbeiführen.[122] An der Vollrechtsinhaberschaft ändert die Verpfändung der Aktien des Hauptaktionärs (§§ 1243, 1274 ff. BGB) nichts.[123] Unbeachtlich ist auch, ob für das Eigentum schuldrechtliche Bindungen bestehen.[124] Der Erwerb des Vollrechts aufgrund eines Wertpapierdarlehens (§ 607 BGB) oder eines Repo-Geschäfts[125] genügt also, obwohl zeitgleich eine Pflicht zur Rückgewähr vergleichbarer Aktien (§ 607 Abs. 1 S. 2 BGB) oder die (Wieder-)Veräußerung der Aktien auf Termin vereinbart wird (auch → Rn. 26).[126] Gleiches gilt für den auflösend bedingten Erwerb oder aufschiebend bedingte Verfügung über die Aktien, solange die Bedingung noch nicht eingetreten ist.[127] Regelmäßig ist in diesen Fällen auch keine Missbräuchlichkeit bzw. Treuwidrigkeit und damit Anfechtbarkeit des Übertragungsbeschlusses anzunehmen (näher → Rn. 25). Selbst wenn eine Anfechtbarkeit des Beschlusses ausnahmsweise gegeben sein sollte, berührt sie den vorgelagerten Erwerb grds. nicht.[128]

17   Aus Abs. 2 iVm § 16 Abs. 4 folgt, dass der **Hauptaktionär nicht Inhaber sämtlicher,** für die Kapitalmehrheit notwendigen **Aktien** sein muss (zur abweichenden Rechtslage beim verschmelzungsrechtlichen Ausschlussverfahren nach § 62 Abs. 5 UmwG → Rn. 11a). Im Unterschied zur Rechtslage bei der Eingliederung (→ § 319 Rn. 4 und → § 320 Rn. 5) können dem Hauptaktionär damit auch **Aktien zugerechnet** werden, die sich im Eigentum von von ihm abhängigen Unternehmen befinden (§ 17),[129] von Dritten für seine Rechnung gehalten werden oder – wenn der Hauptaktionär Einzelkaufmann ist – die Teil seines Privatvermögens sind. Als abhängiges Unternehmen

---

[119] Das ist auch bei der KGaA die maßgebliche Bezugsgröße; Sondereinlagen des Komplementärs, die gerade nicht auf das Grundkapital geleistet werden (§ 281 Abs. 2), bleiben außer Betracht; Großkomm AktG/*Fleischer* Rn. 73.
[120] OLG München AG 2007, 173 (174); Emmerich/Habersack/*Habersack* § 327f Rn. 3; *Fleischer* ZGR 2002, 757 (788); aA MüKoAktG/*Grunewald* Rn. 16.
[121] Ganz hM; aA nur LG Düsseldorf NZG 2004, 1168 (1170) = ZIP 2004, 1755.
[122] Ganz hM; *P. Baums,* Der Ausschluss von Minderheitsaktionären, 2001, 152 ff.; *Ehricke/Roth* DStR 2001, 1120 (1122); *Fleischer* ZGR 2002, 757 (776); Großkomm AktG/*Fleischer* Rn. 31; *Fuhrmann/Simon* WM 2002, 1211 (1212); *Krieger* BB 2002, 53 (61); *Sieger/Hasselbach* ZGR 2002, 120 (138); MüKoAktG/*Grunewald* Rn. 6; Emmerich/Habersack/*Habersack* Rn. 16; einschränkend *Wilsing/Kruse* ZIP 2002, 1465 (1467); *Schiffer/Roßmeier* DB 2002, 1359 (1361).
[123] OLG München ZIP 2009, 416 (419 f.) = NZG 2009, 506 = WM 2009, 553 = AG 2009, 589.
[124] Emmerich/Habersack/*Habersack* Rn. 16; Hüffer/Koch/*Koch* Rn. 15. Ebenso unbeachtlich ist eine „Anfechtungsbefangenheit" wegen angeblicher arglistiger Täuschung beim Erwerb, OLG Düsseldorf AG 2004, 207 (210).
[125] Vgl. zu diesen Geschäften BankR-HdB/*Teuber* § 105.
[126] Zum Wertpapierdarlehen ausdrücklich BGH NZG 2009, 585 = BGHZ 180, 154 = ZIP 2009, 908 = DB 2009, 1004 = BB 2009, 1318; zust. *Rieder* ZGR 2009, 981 (988 ff.); Grigoleit/*Rieder* Rn. 18; Hüffer/Koch/*Koch* Rn. 15; MüKoAktG/*Grunewald* Rn. 8; krit. *Bachmann* ZHR 173 (2009), 596 (622 ff.); NK-AktR/*Heidel/Lochner* Rn. 8.
[127] Emmerich/Habersack/*Habersack* Rn. 16; zust. Großkomm AktG/*Fleischer* Rn. 36; Kölner Komm AktG/*Koppensteiner* Rn. 10.
[128] Vgl. Emmerich/Habersack/*Habersack* Rn. 16; Hüffer/Koch/*Koch* Rn. 15.
[129] Vgl. BGH NZG 2009, 585 (586) = BGHZ 180, 154 = ZIP 2009, 908 = DB 2009, 1004 = BB 2009, 1318; OLG Stuttgart AG 2209, 204 (205 f.); LG Stuttgart DB 2005, 327; LG Dortmund DB 2005, 1449. Zur Widerlegung der Abhängigkeitsvermutung gemäß § 17 Abs. 2 vgl. OLG München NZG 2004, 781 (782) = DB 2004, 1356; *K. Schmidt/Lutter/Schnorbus* Rn. 11.

kommt auch eine GmbH oder Personengesellschaft in Betracht. Der Unterschied zur Eingliederung ist gerechtfertigt, weil der *Squeeze-out* keine Konzernleitungsmacht vermittelt, die nur in Abwesenheit von Minderheitsaktionären zulässig sein soll (vgl. § 327 Abs. 1 Nr. 3). Nachträgliche Verfügungen über die Aktien können daher auch keine vergleichbaren Unklarheiten hervorrufen.[130] Auch bei Aktien, die von einem abhängigen Unternehmen gehalten werden, an dem der Hauptaktionär mit weniger als 100 % der Anteile beteiligt ist, wird eine vollständige und nicht nur verhältnismäßige **Zurechnung** vorgenommen. Dadurch soll das aufwendige Umhängen von Beteiligungen vermieden werden.[131] Die Stellung als „Hauptaktionär" kann auch ausschließlich durch Zurechnung begründet werden; nicht zu verlangen ist, dass der Hauptaktionär eine Aktie unmittelbar selbst halten muss.[132] Der Erwerb einer einzigen Aktie, um die Voraussetzungen für den *Squeeze-out* zu erfüllen, erscheint unnötig formalistisch. Sind aufgrund der Zurechnung über mehrere Konzernebenen grds. mehrere Unternehmen zur Durchführung des Ausschlussverfahrens berechtigt,[133] bedarf es der Abstimmung, die aber in der Unternehmensgruppe oder in einem Auftragsverhältnis keine Probleme bereiten sollte.

Die Kapitalbeteiligung des Hauptaktionärs in Höhe von 95 % muss schon im Zeitpunkt des **18** Verlangens nach Beschlussfassung vorliegen,[134] jedoch kann der Vorstand der betroffenen Gesellschaft dem Begehren auch nachkommen, wenn aufgrund der aktuellen Beteiligung, auf den Aktienerwerb gerichteter Verträge oder ähnlicher Umstände mit baldiger Erfüllung der Voraussetzung zu rechnen ist.[135] Spätestens mit Einberufung der Hauptversammlung und im **Zeitpunkt** der Vornahme des Übertragungsbeschlusses muss die Kapitalbeteiligung erreicht worden sein bzw. fortdauern (→ § 319 Rn. 4 und → § 320 Rn. 7 sowie zu den Folgen des Fehlens der Kapitalbeteiligung → § 327e Rn. 11 und → § 327f Rn. 4).[136] Entgegen anderer Ansicht darf die Kapitalbeteiligung bis zur Eintragung des Übertragungsbeschlusses in das Handelsregister auch nicht mehr unterschritten werden.[137] Denn das Beteiligungserfordernis ist eine materiell-rechtliche Voraussetzung für die Durchführung des Ausschlussverfahrens, die auch noch in dem für den Aktienerwerb maßgeblichen Zeitpunkt vorliegen muss. Dies gilt ungeachtet der nur sehr eingeschränkten Prüfungsmöglichkeiten des Registergerichts (→ § 327e Rn. 4). Allein die „Gefahr" eines Unterschreitens wegen einer beschlossenen, aber nicht durchgeführten Kapitalerhöhung macht den Übertragungsbeschluss aber nicht anfechtbar bzw. steht seiner Eintragung nicht entgegen.[138]

3. Verlangen des Hauptaktionärs. Der Übertragungsbeschluss wird von der Hauptversamm- **19** lung nur gefasst, wenn der Hauptaktionär dies verlangt hat. Ein solches Verlangen kann grds. jederzeit nach Erwerb der erforderlichen Kapitalmehrheit erklärt werden (→ Rn. 18 und → § 327b Rn. 6); eine enge zeitliche Nähe zwischen Erwerb und Verlangen wird nicht vorausgesetzt. Eine besondere

---

[130] MüKoAktG/*Grunewald* Rn. 6; Emmerich/Habersack/*Habersack* Rn. 17; Hüffer/Koch/*Koch* Rn. 18.
[131] BegrRegE BT-Drs. 14/7034, 72.
[132] OLG Stuttgart AG 2209, 204 (207); OLG Köln BB 2003, 2307 (2310); *Fleischer* ZGR 2002, 757 (775); *Maslo* NZG 2004, 163 (167 f.); *v. Schnurbein* AG 2005, 725 (731); *Sieger/Hasselbach* ZGR 2002, 121 (134); Großkomm AktG/*Fleischer* Rn. 51 f.; Hölters/*Müller-Michaels* Rn. 12; Kölner Komm AktG/*Koppensteiner* Rn. 7; K. Schmidt/Lutter/*Schnorbus* Rn. 13; aA MüKoAktG/*Grunewald* Rn. 7; Emmerich/Habersack/*Habersack* Rn. 17; Angerer/Geibel/Süßmann/*Grzimek* WpÜG § 327a AktG Rn. 47.
[133] Näher Kölner Komm WpÜG/*Hasselbach* AktG § 327a Rn. 45; K. Schmidt/Lutter/*Schnorbus* Rn. 12; s. auch Emmerich/Habersack/*Habersack* Rn. 17; Kölner Komm AktG/*Koppensteiner* Rn. 8 („Selektion erforderlich") für Treuhandfälle offen lassend *Halasz/Kloster* DB 2002, 1253 (1254 f.).
[134] BGH BB 2011, 1212 (1215 f.) = AG 2011, 518 = WM 2011, 1032; OLG Düsseldorf NZG 2004, 328 (331); *Sieger/Hasselbach* ZGR 2002, 120 (138); Grigoleit/*Rieder* Rn. 21; Kölner Komm WpÜG/*Hasselbach* AktG § 327a Rn. 58; Emmerich/Habersack/*Habersack* Rn. 18; aA Großkomm AktG/*Fleischer* Rn. 20; Kocher/Heydel BB 2012, 401 (402).
[135] AA BGH BB 2011, 1212 (1216) = AG 2011, 518 = WM 2011, 1032. Dagegen wie hier MüKoAktG/*Grunewald* Rn. 10, die allerdings den möglichen Erwerbszeitraum – anders als hier – bis zur Beschlussfassung ausdehnt. Ähnlich MHdB AG/*Austmann* § 75 Rn. 40, der aber davon ausgeht, dass in diesen Fällen das formale Verlangen erst spät bei tatsächlicher Erlangung der erforderlichen Kapitalmehrheit (uU erst kurz vor der Beschlussfassung) gestellt wird.
[136] Zur (nicht praktikablen) Überprüfbarkeit der Kapitalbeteiligung durch den Versammlungsleiter in der Hauptversammlung und den damit verbundenen Schwierigkeiten bei Zurechnungstatbeständen MHdB AG/*Austmann* § 75 Rn. 32 f.; Kölner Komm WpÜG/*Hasselbach* AktG § 327a Rn. 59 ff.; s. auch *Vetter* ZIP 2000, 1817 (1824).
[137] Wie hier *Fuhrmann/Simon* WM 2002, 1211 (1212); MHdB AG/*Austmann* § 75 Rn. 31; Emmerich/Habersack/*Habersack* Rn. 18; aA OLG München ZIP 2009, 416 (420) = NZG 2009, 506 = WM 2009, 553; *Sieger/Hasselbach* ZGR 2002, 120 (138 f.); Großkomm AktG/*Fleischer* Rn. 21; Grigoleit/*Rieder* Rn. 21; MüKoAktG/*Grunewald* Rn. 9; Kölner Komm WpÜG/*Hasselbach* AktG § 327a Rn. 58; Hölters/*Müller-Michaels* Rn. 13; Kölner Komm AktG/*Koppensteiner* Rn. 11; K. Schmidt/Lutter/*Schnorbus* Rn. 15.
[138] OLG München ZIP 2009, 416 (420) = NZG 2009, 506 = WM 2009, 553.

Form ist für diese einseitige korporationsrechtliche Willenserklärung nicht erforderlich. Regelmäßig wird das Verlangen aber aus Beweisgründen schriftlich abgefasst. Denn das Fehlen oder die Unwirksamkeit des Verlangens macht einen gleichwohl gefassten Übertragungsbeschluss anfechtbar.[139] Das Verlangen kann auch mit einem Widerrufsvorbehalt verbunden werden.[140] Die Erklärung wird analog § 78 Abs. 2 S. 2 wirksam, wenn sie einem Vorstandsmitglied der betroffenen Gesellschaft zugegangen ist.[141] Ein wirksames Verlangen **verpflichtet den Vorstand** der betroffenen Gesellschaft – ganz entgegen seiner grds. aktien- und konzernrechtlichen Weisungsfreiheit (§§ 76, 311) – eine ordentliche oder außerordentliche Hauptversammlung (§ 121 Abs. 1, 2) mit entsprechendem Gegenstand der Tagesordnung (§ 124 Abs. 1) einzuberufen.[142] Den Zeitpunkt der Hauptversammlung legt der Vorstand unter Berücksichtigung der Interessen der Beteiligten und der notwendigen Zeit für die Vorbereitung des *Squeeze-out* und insbesondere die Erstellung der Berichte nach § 327c Abs. 2 fest. Eine **Verpflichtung zur Einberufung** einer außerordentlichen Hauptversammlung wird man regelmäßig an eine Übernahme der Kosten durch den Hauptaktionär knüpfen müssen, da eine sofortige Beschlussfassung nur in Ausnahmefällen auch im Interesse der Gesellschaft erforderlich sein wird.[143] Bevor der Vorstand dem Verlangen nachkommt, muss ihm Gelegenheit gegeben werden, die erforderliche Kapitalbeteiligung bzw. die Umstände, die eine solche Beteiligung im Zeitpunkt der Einberufung der Hauptversammlung sicher erwarten lassen, pflichtgemäß zu **überprüfen**.[144] Gleiches gilt für die weiteren formalen Voraussetzungen der Beschlussfassung, zB das Barabfindungsangebot und die Vorlage der Barabfindungsgewährleistung. Die Höhe der vom Hauptaktionär festzulegenden Barabfindung muss nicht bereits Gegenstand des Verlangens sein.[145] Bleibt der Vorstand trotz Vorliegens der Voraussetzungen untätig, kann der Hauptaktionär die Einberufung der Hauptversammlung auch nach § 122 erreichen.[146] Analog § 124 Abs. 3 S. 2 müssen Vorstand und Aufsichtsrat auch dann, wenn sie dem Verlangen des Hauptaktionärs aufgrund § 327a Abs. 1 S. 1 entsprechen, in der Tagesordnung **keinen Vorschlag zur Beschlussfassung** über den Übertragungsbeschluss machen.[147] Vorstand und Aufsichtsrat können aber durchaus freiwillig einen solchen Beschlussvorschlag unterbreiten; dabei sind sie allein dem Interesse der Gesellschaft verpflichtet.[148] Dem entspricht es, dass sie auch nicht verpflichtet sind, das Verlangen des Hauptaktionärs durch einen entsprechenden Beschlussvorschlag zu unterstützen.[149]

20 4. Beschluss der Hauptversammlung. a) Beschlusserfordernis. Der Ausschluss der Minderheitsaktionäre setzt einen wirksamen Übertragungsbeschluss der Hauptversammlung der betroffenen Gesellschaft voraus. Er bewirkt nicht selbst den Übergang der Aktien, sondern bildet die „**rechtsge-**

---

[139] Wie hier jetzt auch OLG Frankfurt a. M. AG 2010, 368 (369); vgl. auch MüKoAktG/*Grunewald* Rn. 11; Emmerich/Habersack/*Habersack* Rn. 19; aA Kölner Komm AktG/*Koppensteiner* Rn. 14 (Beschluss kommt nicht wirksam zustande).

[140] LG Frankfurt a. M. ZIP 2008, 1183; OLG Frankfurt a. M. AG 2008, 827 = WM 2009, 175 = ZIP 2008, 1968; MüKoAktG/*Grunewald* Rn. 11 (maximal bis zur Bekanntmachung der Tagesordnung); K. Schmidt/Lutter/*Schnorbus* Rn. 16; aA NK-AktR/*Heidel/Lochner* Rn. 11. Zum Widerruf bis zum Übertragungsbeschluss s. auch MHdB AG/*Austmann* § 75 Rn. 41.

[141] Die Rechtswirksamkeit des Verlangens wird durch unterlassene Mitteilungen nach §§ 33 (21 ff. aF) WpHG nicht berührt; OLG Düsseldorf AG 2010, 711 (713).

[142] Hüffer/Koch/*Koch* Rn. 11; MHdB AG/*Austmann* § 75 Rn. 38 (mit Vorlage der Barabfindungsgewährleistung) aA (Verpflichtung der Gesellschaft) Grigoleit/*Rieder* Rn. 25; MüKoAktG/*Grunewald* Rn. 12; Emmerich/Habersack/*Habersack* Rn. 20; krit. zur Rolle des Vorstands *Habersack* ZIP 2001, 1230 (1237).

[143] Vgl. *Krieger* BB 2002, 53 (59); MüKoAktG/*Grunewald* Rn. 12; Emmerich/Habersack/*Habersack* Rn. 20; Kölner Komm AktG/*Koppensteiner* Rn. 16; anders offenbar Kölner Komm WpÜG/*Hasselbach* AktG § 327a Rn. 68 (Berücksichtigung auch der Interessen des Hauptaktionärs).

[144] Wie hier Kölner Komm AktG/*Koppensteiner* Rn. 19; NK-AktR/*Heidel/Lochner* Rn. 11 und wohl auch Kölner Komm WpÜG/*Hasselbach* AktG § 327a Rn. 68.

[145] Ebenso K. Schmidt/Lutter/*Schnorbus* Rn. 16, § 327b Rn. 9; Kölner Komm WpÜG/*Hasselbach* § 327a AktG Rn. 66; NK-AktR/*Heidel/Lochner* Rn. 12; *Drinkuth* in Marsch-Barner/Schäfer Börsennotierte AG-HdB Rn. 62.29; aA Großkomm AktG/*Fleischer* Rn. 57; MüKoAktG/*Grunewald* Rn. 11.

[146] MHdB AG/*Austmann* § 75 Rn. 38; MüKoAktG/*Grunewald* Rn. 12; Emmerich/Habersack/*Habersack* Rn. 20; Hüffer/Koch/*Koch* Rn. 11; Kölner Komm WpÜG/*Hasselbach* AktG § 327c Rn. 5.

[147] *Krieger* BB 2002, 53 (59); *Kiem* RWS Forum Gesellschaftsrecht 2001, 329 (348); Kölner Komm AktG/*Koppensteiner* Rn. 16; K. Schmidt/Lutter/*Schnorbus* § 327c Rn. 3; aA LG Frankfurt a. M. NZG 2004, 672 (673 f.); MHdB AG/*Austmann* § 75 Rn. 67; *Drinkuth* in Marsch-Barner/Schäfer Börsennotierte AG-HdB Rn. 62.57; Großkomm AktG/*Fleischer* Rn. 60; Hüffer/Koch/*Koch* Rn. 11; Emmerich/Habersack/*Habersack* Rn. 20; NK-AktR/*Heidel/Lochner* Rn. 12; *Lieder/Stange* Der Konzern 2008, 617 (618); offen gelassen von *Schiessl* ZGR 2003, 814 (837).

[148] Vgl. Hüffer/Koch/*Koch* Rn. 11; Emmerich/Habersack/*Habersack* Rn. 20.

[149] So ausdrücklich MüKoAktG/*Grunewald* Rn. 12; Hüffer/Koch/*Koch* Rn. 11.

schäftliche Grundlage" für den gesetzlichen Erwerbstatbestand des *Squeeze-out*.[150] Denn erst mit Eintragung des Übertragungsbeschlusses in das Handelsregister wird der Übergang der Aktien der Minderheitsaktionäre auf den Hauptaktionär herbeigeführt (§ 327e Abs. 3; → § 327e Rn. 8). Damit ist – in weitgehender Anlehnung an die Parallelbestimmungen zur Mehrheitseingliederung – ein im Ergebnis sachgerechtes, weil gesellschaftsrechtlich geordnetes Verfahren für den Ausschluss einer Aktionärsminderheit gefunden worden. Daran ändert auch der Umstand nichts, dass der *Squeeze-out* – gleichsam als Zwangsverkauf – keine Form der Konzernierung, sondern ein Institut des allgemeinen Aktienrechts darstellt.[151] Es überwiegen die Vorteile der gleichmäßigen und umfassenden Information der betroffenen Minderheitsaktionäre, der obligatorischen Prüfung der Angemessenheit der Barabfindung, des für alle Minderheitsaktionäre zeitgleichen Übergangs der Aktien sowie der damit verbundenen Beschlusskontrolle und Überprüfung der Abfindung im Spruchverfahren.[152] Die geäußerte **rechtspolitische Kritik**[153] ist deshalb im Ergebnis nicht überzeugend.[154]

Auch in der **KGaA** bedarf es (nur) eines eintragungsbedürftigen Übertragungsbeschlusses der Hauptversammlung der **Kommanditaktionäre** (§ 285 Abs. 1). Gemäß Abs. 1 S. 2 findet § 285 Abs. 2 S. 1 keine Anwendung. Die für Grundlagenbeschlüsse erforderliche Zustimmung der Komplementäre entfällt danach beim *Squeeze-out*. Dies dürfte nur eine klarstellende Bedeutung haben, da die Stellung der Komplementäre durch das Ausschlussverfahren ohnehin nicht berührt wird.[155]

b) Inhalt des Beschlusses. Gegenstand des Hauptversammlungsbeschlusses ist die **Übertragung** der Aktien der Minderheitsaktionäre der Gesellschaft auf den Hauptaktionär gegen Gewährung einer bestimmten (angemessenen) Barabfindung. Der Beschluss bezieht sich zwingend auf **sämtliche Aktien** der Minderheitsaktionäre, kann also nicht in irgendeiner Form beschränkt werden (zur Möglichkeit eines „Teilausschlusses" → Rn. 26).[156] Einbezogen sind damit, ohne dass dies besonderer Erwähnung bedürfte, auch die Aktien, die zur Unterhaltung eines *American Depositary Receipt*-Programms („ADR")[157] bei einer Custodian Bank zugunsten der ADR-Inhaber hinterlegt sind. Ferner ist die **Höhe der Barabfindung** pro Aktie (§ 327c Abs. 1 Nr. 2) in den eigentlichen Beschluss aufzunehmen (auch → § 327c Rn. 4). Weitere Angaben muss der Beschlussantrag im engeren Sinne nicht enthalten.[158] Nur der knappe Entwurf dieses Übertragungsbeschlusses wird nach § 327c Abs. 3 Nr. 1 zusätzlich zur Bekanntmachung in der Tagesordnung vom Zeitpunkt der Einberufung der Hauptversammlung an in den Geschäftsräumen zur Einsichtnahme der Aktionäre ausgelegt oder über die Internetseite der Gesellschaft zugänglich gemacht (→ § 327c Rn. 11). In dem den **Beschluss ergänzenden Text** des Tagesordnungspunktes ist die Individualisierung des Hauptaktionärs durch Firma und Sitz bzw. Name und Adresse in § 327c Abs. 1 Nr. 1 zwingend vorgesehen (näher → § 327c Rn. 3). Auch ohne entsprechende gesetzliche Vorgaben werden regelmäßig auch Angaben zur gegenwärtigen Beteiligungshöhe des Hauptaktionärs, seinem Verlangen nach Durchführung des Ausschlussverfahrens und zur Barabfindungsgewährleistung eines Kreditinstituts bekannt gemacht. Rechtlich erforderlich ist auch der Hinweis auf Auslage und Abschrifterteilung oder Zugänglichmachung bestimmter Unterlagen nach § 327c Abs. 3–5 nicht. In der Praxis wird er jedoch – ebenso wie

---

[150] Hüffer/Koch/*Koch* Rn. 12 f.; zust. Emmerich/Habersack/*Habersack* Rn. 22.
[151] Handelsrechtsausschuss des *DAV* NZG 2001, 420 (431); aA Emmerich/Habersack/*Habersack* Rn. 21 („kaum sachgerecht").
[152] Vgl. MüKoAktG/*Grunewald* Rn. 13; Hüffer/Koch/*Koch* Rn. 12; siehe auch Großkomm AktG/*Fleischer* Rn. 64 f.; krit. zur Anfechtungsmöglichkeit angesichts des reduzierten Beschlussinhalts und der Entbehrlichkeit einer sachlichen Rechtfertigung Emmerich/Habersack/*Habersack* Rn. 21.
[153] *Habersack* ZIP 2001, 1230 (1236 ff.); *Vetter* ZIP 2000, 1817 (1819 ff.); *Vetter* DB 2001, 743 ff.; Grigoleit/*Rieder* Rn. 32 („Übertragung durch Gerichtsbeschluss"); s. auch *Kallmeyer* AG 2000, 59 ff.; *Schiessl* AG 1999, 442 (452).
[154] Vgl. MüKoAktG/*Grunewald* Rn. 13; Hüffer/Koch/*Koch* Rn. 12; Handelsrechtsausschuss des *DAV* NZG 1999, 850 (852); Handelsrechtsausschuss des *DAV* NZG 2001, 420 (431); Ehricke/*Roth* DStR 2001, 1120 (1124 f.); *Kiem* RWS Forum Gesellschaftsrecht 2001, 329 (335 ff.); Sieger/*Hasselbach* ZGR 2002, 120 (132).
[155] BegrRegE BT-Drs. 14/7034, 72; Großkomm AktG/*Fleischer* Rn. 72, 74; Emmerich/Habersack/*Habersack* Rn. 13.
[156] AllgM, Fuhrmann/*Simon* WM 2002, 1211 (1214); Emmerich/Habersack/*Habersack* Rn. 22. Umgekehrt kann die Hauptversammlung den Hauptaktionär auch nicht verpflichten, wie er mit den im Rahmen des Squeeze-out erworbenen Aktien zu verfahren hat; OLG München AG 2011, 840 (842) = ZIP 2011, 1955.
[157] Im Rahmen eines ADR-Programms verbriefen auf den Namen lautende, übertragbare Zertifikate (American Depositary Receipt) Rechte an Aktien der betroffenen Gesellschaft; ausf. Apfelbacher/*Niggemann* in Paschos/Fleischer Übernahmerecht-HdB/§ 19 Rn. 97 ff.; *Hutter* in Semler/Volhard ÜN HdB § 23 Rn. 217 ff. Gegen Notwendigkeit einer ausdrücklichen Aufnahme der Inhaber von Options- oder Bezugsrechten *Süßmann* AG 2013, 158 (162 f.).
[158] S. das Beispiel für einen Übertragungsbeschluss von *Groß* in Happ Konzern- und Umwandlungsrecht Muster 6.01 lit. b).

bei Unternehmensverträgen und Eingliederung – regelmäßig aufgenommen. Weitere Informationen, etwa zur technischen Abwicklung und zur Zahlstelle sind in der Bekanntmachung des Tagesordnungspunktes nicht angebracht und sind ausschließlich in den Bericht des Hauptaktionärs aufzunehmen.[159] Auf den Bericht und seine Funktion sollte in diesem Zusammenhang nochmals ausdrücklich verwiesen werden.[160]

23 c) **Beschlussmehrheit.** Der Übertragungsbeschluss kann mangels abweichender Bestimmungen mit **einfacher Mehrheit** gefasst werden (§ 133 Abs. 1).[161] Eine Stimmenmehrheit von mindestens 95 % ist also nicht erforderlich. Dies ist insbesondere von Bedeutung in Gesellschaften mit Stamm- und Vorzugsaktien, in denen die Stimmkraft des Hauptaktionärs zwangsläufig hinter seiner für die Antragsberechtigung („Verlangen") erforderlichen Kapitalmehrheit zurück bleibt. In nicht börsennotierten Gesellschaften kann der Hauptaktionär aufgrund von Höchststimmrechten (§ 134 Abs. 1 S. 2) sogar auf Unterstützung durch Minderheitsaktionäre zum Erreichen der einfachen Stimmenmehrheit angewiesen sein.[162] Für den Hauptaktionär besteht kein Stimmverbot; § 136 ist nicht anwendbar (allgM).[163] Eines Sonderbeschlusses der **Vorzugsaktionäre** (§ 141), die im Rahmen des Übertragungsbeschlusses vom Stimmrecht ausgeschlossen sind, bedarf es nicht.[164]

24 d) **Keine sachliche Rechtfertigung.** Eine sachliche Rechtfertigung des Übertragungsbeschlusses ist ungeachtet des erheblichen Eingriffs in die Rechtsstellung der Minderheitsaktionäre nicht erforderlich (allgM). Vielmehr hat bereits der Gesetzgeber die erforderliche Abwägung der widerstreitenden Interessen der Minderheitsaktionäre und des Hauptaktionärs nach den Maßstäben der Erforderlichkeit und Verhältnismäßigkeit getroffen und sich für die Ausschlussmöglichkeit gegen Barabfindung bei Erreichen einer bestimmten Kapitalbeteiligung entschieden. Der Übertragungsbeschluss trägt damit seine Rechtfertigung in sich.[165] Dies gilt für börsennotierte und nicht börsennotierte Gesellschaften gleichermaßen.[166]

25 e) **Rechtsmissbräuchlicher Ausschluss.** Eine materielle Kontrolle des Übertragungsbeschlusses ist wegen der fehlenden Notwendigkeit sachlicher Rechtfertigung weitestgehend ausgeschlossen. Eine inhaltliche Beanstandung des Übertragungsbeschlusses kann daher nur dann Erfolg haben, wenn besondere Umstände hinzutreten, die den Ausschluss rechtsmissbräuchlich erscheinen lassen.[167] In Betracht kommt die Anfechtung des Übertragungsbeschlusses wegen **Treuwidrigkeit** (§ 243 Abs. 1).[168] Zu bedenken ist dabei die Grundsatzentscheidung, einen Minderheitsausschluss zur Ver-

---

[159] AA wohl Emmerich/Habersack/*Habersack* Rn. 23.
[160] Der in den ersten Ausschlussverfahren häufig bekannt gemachte Hinweis, dass allen Aktionären, deren Aktien mit Eintragung des Übertragungsbeschlusses auf den Hauptaktionär übergegangen sind, eine gerichtlich festgesetzte oder im Vergleich vereinbarte Ergänzung der Barabfindung gewährt wird, hat sich spätestens seit der gesetzlichen Klarstellung, zu welchem Zeitpunkt der Antragsteller im Spruchverfahren Aktionär der betroffenen Gesellschaft gewesen sein muss (vgl. § 3 Nr. 2 SpruchG), erübrigt. Zum alten Recht *Bungert/Mennicke* BB 2003, 2021 (2025).
[161] OLG Düsseldorf AG 2005, 293 (297 f.) = DB 2005, 713; Großkomm AktG/*Fleischer* Rn. 67; MüKoAktG/*Grunewald* Rn. 15; Emmerich/Habersack/*Habersack* Rn. 24; Hölters/*Müller-Michaels* Rn. 18; Hüffer/Koch/*Koch* Rn. 14; Kölner Komm WpÜG/*Hasselbach* AktG § 327a Rn. 70; *Vetter* AG 2002, 176 (186); aA Kölner Komm AktG/*Koppensteiner* Rn. 12.
[162] Emmerich/Habersack/*Habersack* Rn. 24. Zu den „Altfällen" von Mehrstimmrechten s. § 5 EGAktG.
[163] Zum möglichen Ruhen der Stimmrechte des Hauptaktionärs wegen Verstoßes gegen die Pflichten aus § 35 WpÜG bzw. §§ 33 f. (21, 22 aF) WpHG vgl. LG München ZIP 2004, 167 (168 f.).
[164] OLG Düsseldorf AG 2005, 293 (298); OLG Hamm ZIP 2005, 1457 (1463) = AG 2005, 773; *Fuhrmann/Simon* WM 2002, 1211 (1213); Großkomm AktG/*Fleischer* Rn. 69 f.; Emmerich/Habersack/*Habersack* Rn. 24; K. Schmidt/Lutter/*Schnorbus* Rn. 23.
[165] Vgl. BGH NZG 2009, 585 (587) = BGHZ 180, 154 = ZIP 2009, 908 = DB 2009, 1004 = BB 2009, 1318; BGH ZIP 2006, 2080 (2081) = NZG 2006, 905; OLG Frankfurt a. M. NZG 2010, 389 (389 f.); LG Düsseldorf NZG 2004, 1168 (1170) = ZIP 2004, 1755; *Handelsrechtsausschuss des DAV* NZG 1999, 850 (852); *Kiem* RWS Forum Gesellschaftsrecht 2001, 329 (339 f.); *Kossmann* NZG 1999, 1198 (1201); *Krieger* BB 2002, 53 (55); *Schäfer/Dette* NZG 2009, 1 (4) mwN; Großkomm AktG/*Fleischer* Rn. 75; Hüffer/Koch/*Koch* Rn. 14; Kölner Komm WpÜG/*Hasselbach* § 327a AktG Rn. 75. Zur gleichen Rechtslage beim Liquidationsbeschluss BGHZ 76, 352 (353 ff.); BGHZ 103, 184.
[166] Statt anderer *Krieger* BB 2002, 53 (55); anfangs noch einschränkend für nicht börsennotierte Gesellschaften *Habersack* ZIP 2001, 1230 (1235); s. auch *Fleischer* ZGR 2002, 757 (770 ff.); *Hanau* NZG 2002, 1040 (1042).
[167] Vgl. BGH NZG 2009, 585 (587) = BGHZ 180, 154 – Lindner; OLG Frankfurt a. M. ZIP 2006, 370, (373) – T-Online/Deutsche Telekom; LG Düsseldorf NZG 2004, 1168 (1170); LG Stuttgart DB 2005, 327 (328); *Kiem* RWS Forum Gesellschaftsrecht 2001, 329 (340); Emmerich/Habersack/*Habersack* Rn. 26; *Kort* ZIP 2006, 1519; zur Beweislast des Klagenden *Kort* AG 2006, 557 (562).
[168] S. auch *Schäfer/Dette* NZG 2009, 1 (6 f.), die stattdessen für einen Schadenersatzanspruch gegen den Hauptaktionär plädieren, der auf Rückübertragung der übertragenen Aktien gerichtet ist (Naturalrestitution gemäß § 249 BGB).

einfachung der Führung und internen Organisation der Gesellschaft unabhängig von den weiteren Umständen der AG einzuführen. Die Treuwidrigkeit des Ausschlusses ist daher nur ganz **ausnahmsweise** und nicht schon dann anzunehmen, wenn zuvor eine langjährige Aktionärsstellung[169] bestand oder der Hauptaktionär nicht unverzüglich nach Erwerb der für den *Squeeze-out* erforderlichen Kapitalmehrheit das Ausschlussverfahren betreibt (→ Rn. 10).[170] Auch eine „Bewertung" des (Wohl-)Verhaltens der Minderheitsaktionäre ist nicht vorzunehmen; sie können auch dann ohne weiteres ausgeschlossen werden, wenn eine intensive oder gar rechtsmissbräuchliche Ausübung ihrer Aktionärsrechte nicht bekannt geworden ist.[171] Denn es geht vor allem um abstrakte Missbrauchsgefahren, die sich in der Zukunft immer konkretisieren können. Diese Grundzüge haben unabhängig davon Bestand, ob eine Vielzahl von Kleinaktionären oder der einzige Minderheitsaktionär ausgeschlossen werden soll. Unbeachtlich ist auf Seiten des Hauptaktionärs, dass er die erforderliche Kapitalbeteiligung ausschließlich zur Durchführung des Ausschlussverfahrens aufgebaut hat (→ Rn. 16). Dabei spielt auch die Art und Weise des Erwerbs der Kapitalbeteiligung keine Rolle. Die Kapitalbeteiligung kann somit auch durch eine oder mehrere Kapitalerhöhungen unter Ausschluss des Bezugsrechts der Minderheitsaktionäre erreicht werden.[172] **Sonderregelungen** für eine Kapitalerhöhung zur Rekapitalisierung einer Bank enthält § 7 Abs. 3 S. 4 FMStBG; sie kann auch zur Erreichung der erforderlichen Kapitalbeteiligung eingesetzt werden (→ Rn. 3a).

Lange umstritten war die Zulässigkeit eines *Squeeze-out* zu einer nur **vorübergehenden Erlangung** der Stellung als „Alleinaktionär". Heute besteht weitgehend Einigkeit, dass nachträgliche Veränderungen des Aktionärskreises nicht geeignet sind, die Anfechtbarkeit des Übertragungsbeschlusses begründen. Dabei sind zwei Fälle zu unterscheiden: Zu denken ist zum einen daran, dass der Hauptaktionär kurz nach Ausschluss der Minderheitsaktionäre neue oder einen Teil der früheren Aktionäre wieder in die Gesellschaft aufnimmt und damit die Vorzüge der Leitung einer Einpersonen-AG wieder verliert. Unabhängig davon, dass eine Anfechtung bei Bekanntwerden dieser Veränderung nicht mehr möglich sein dürfte (Anfechtungsfrist nach § 246 Abs. 1), ist dies als zulässig anzusehen.[173] Weder nach Wortlaut noch nach Sinn und Zweck des Gesetzes bestehen Vorgaben für eine bestimmte Dauerhaftigkeit des durch den *Squeeze-out* erreichten Zustands. Die Aufnahme von neuen Investoren durch Veräußerung von Aktien oder im Wege der Kapitalerhöhung kann ebenso vernünftigen wirtschaftlichen Erwägungen entsprechen wie der auf diesem Wege erreichte Teilausschluss bestimmter Aktionäre. Zum anderen kann der Hauptaktionär seine Kapitalbeteiligung (nur) dadurch erlangt haben, dass er sich die Aktien (teilweise) auf dem Wege eines **Wertpapierdarlehens** (§ 607 BGB) beschafft hat. Hier steht die vorübergehende Erlangung der Stellung als „Alleinaktionär" von vornherein fest. Auch zum Zustandekommen der Beteiligungsquote hat der BGH aber klargestellt, dass das Gesetz nicht auf die dauerhafte Verfestigung der Herrschaftsmacht eines Großaktionärs abzielt und daher nur auf die formale Eigentümerposition abzustellen ist.[174] Rechtsmissbräuchlich ist die Erlangung des (vorübergehenden) Eigentums an Aktien zur Erreichung der maßgeblichen Kapitalbeteiligung daher auch dann nicht, wenn der Darlehensnehmer entgegen dem üblichen Zweck eines Wertpapierdarlehens keine Weiterveräußerung der ihm zu Eigentum überlassenen Aktien beabsichtigt und wenn einzelne Vermögensrechte aus den Aktien (Dividende, Bezugsrechte) schuldrechtlich weiterhin dem Darlehensgeber zustehen sol-

---

[169] *Krieger* BB 2002, 53 (55); *Rieder* ZGR 2009, 981 (1001 f.) (keine Verwirkung); wohl aA *Kiem* RWS Forum Gesellschaftsrecht 2001, 329 (340).

[170] MüKoAktG/*Grunewald* Rn. 26; Emmerich/Habersack/*Habersack* Rn. 30; aA *Fleischer* ZGR 2002, 757 (786).

[171] Emmerich/Habersack/*Habersack* Rn. 27; *Grunewald* ZIP 2002, 18 (22); *Gesmann-Nuissl* WM 2002, 1205 (1210) (ebenso zum umgekehrten Fall des Ausschlusses gerade wegen der intensiven Nutzung der Aktionärsrechte).

[172] Emmerich/Habersack/*Habersack* Rn. 27; Kölner Komm WpÜG/*Hasselbach* § 327a AktG Rn. 92; K. Schmidt/Lutter/*Schnorbus* § 327f Rn. 19; s. auch OLG Schleswig NZG 2004, 281 (285); einschränkend MüKoAktG/*Grunewald* Rn. 22; *Rieder* ZGR 2009, 981 (997 f.).

[173] HM; *Krieger* BB 2002, 53 (62); *Kort* AG 2006, 557 (560 f.); *Vetter* AG 2002, 176 (185 f.); *Fleischer* ZGR 2002, 757 (778); *Fuhrmann/Simon* WM 2002, 1211 (1214); *Rieder* ZGR 2009, 981 (1000 f.); MüKoAktG/*Grunewald* Rn. 28; Emmerich/Habersack/*Habersack* Rn. 30; Kölner Komm WpÜG/*Hasselbach* AktG § 327a Rn. 90; K. Schmidt/Lutter/*Schnorbus* Vor § 327a Rn. 28, § 327f Rn. 15; anders *Schäfer/Dette* NZG 2009, 1 (6) (Rechtsmissbrauch kommt in Betracht, wenn die übertragenen Aktien alsbald wieder *in den Markt* abgegeben werden).

[174] BGH NZG 2009, 585 (585 ff.) = BGHZ 180, 154; ZIP 2009, 908 = DB 2009, 1004 = BB 2009, 1318 – Lindner; zust. *Pluskat* DB 2009, 1224; *Petersen/Wille* NZG 2009, 856 (857 f.); *Rieder* ZGR 2009, 981 (988 ff.) – jetzt auch Habersack/Emmerich/*Habersack* Rn. 28; ebenso zuvor bereits *Krieger* BB 2002, 53 (62); *Markwardt* BB 2004, 277 (284 ff.); *Kort* AG 2006, 557; *Kort* WM 2006, 2149; zur Unanwendbarkeit von § 405 AktG *Kort* DB 2006, 1546; *Fröde* NZG 2007, 729 (731); *Pluskat* NZG 2007, 725 (728 f.); *Schäfer/Dette* NZG 2009, 1 (5 f.); dagegen krit. zu dem Urteil des BGH EWiR § 327a AktG 1/09, 327 *(Grunewald)*; MüKoAktG/*Grunewald* Rn. 21; *Lieder/Stange* Der Konzern 2008, 617 (621); *Bachmann* ZHR 173 (2009), 596 (622 ff.); zuvor ähnlich *Baums* Der Ausschluss von Minderheitsaktionären, 2001, S. 145.

len.[175] Diese Entscheidung schränkt die Gefahr, dass ein *Squeeze-out* wegen Rechtsmissbrauchs angefochten werden kann, zu Recht deutlich ein. Nicht anders zu urteilen ist daher in dem Fall, in dem von vornherein mehrere Großaktionäre ihre Beteiligungen in einer **Zweckgesellschaft** oder einem Aktionär als Treuhänder bündeln, damit diese als Hauptaktionär den *Squeeze-out* durchführt, um die Aktien danach wieder pro-ratarisch aufzuteilen. Wohl überwiegend wurde früher an die vorab vereinbarte Rückübertragung der Aktien die Vermutung eines Missbrauchs geknüpft.[176] Man wird es jedoch auch hier genügen lassen müssen, dass die erforderliche Kapitalbeteiligung formal unmittelbar oder zurechenbar bei einer Person konzentriert wird. An den durch Einführung des *Squeeze-out* gesetzlich legitimierten Zielen (→ Rn. 2) kann zudem ein berechtigtes Interesse auch bestehen, wenn ein oder mehrere Aktionäre gemeinsam handeln. Trifft dies zu, sind Anforderungen an eine bestimmte Dauer der Zweckgesellschaft, Missbrauchsvermutungen bzw. allgemein die Untersagung der Rückübertragung der Aktien abzulehnen.[177]

27 In Betracht kommt die Treuwidrigkeit des Übertragungsbeschlusses, wenn ein (mehrheitlich beschlossener) **Formwechsel** in eine AG zum alleinigen Zweck eines sich unmittelbar anschließenden Ausschlussverfahrens durchgeführt wird.[178] Da die Möglichkeit des erleichterten Ausschlusses in anderen Rechtsformen nicht besteht, begründet die Verbindung dieser beiden an sich nicht rechtfertigungsbedürftigen Beschlüsse eine widerlegbare Vermutung für die Treuwidrigkeit.[179] Gleiches gilt, wenn eine Rückumwandlung der Gesellschaft in ihre ursprüngliche Rechtsform bereits geplant ist. Regelmäßig werden die eigentlichen Motive für den Formwechsel erst nach seinem Vollzug (§ 202 Abs. 3 UmwG) und mit Veröffentlichung des *Squeeze-out*-Vorhabens bekannt. Dann ist eine Anfechtung des Übertragungsbeschlusses zuzulassen.[180] Anderenfalls wird schon eine Anfechtung des Umwandlungsbeschlusses angezeigt sein.[181] Für die Praxis empfiehlt sich vor diesem Hintergrund einen *Squeeze-out* erst nach einem angemessenen Zeitraum von ein bis zwei Jahren nach Wirksamwerden des Formwechsels durchzuführen.[182]

28 Eine Treuwidrigkeit des Übertragungsbeschlusses kann außerdem bei einem **widersprüchlichen Verhalten** des Hauptaktionärs anzunehmen ein. Ein solches Verhalten kann vor allem darin begründet sein, dass der Hauptaktionär die Minderheitsaktionäre erst kurz vor dem Ausschlussverfahren zum Erwerb der Aktien oder zur Beteiligung als Gründer veranlasst hatte und sie nun ohne besonderen Grund wieder ausschließen will.[183] Andererseits kann auch bezweifelt werden, ob die Eingehung einer Kapitalbeteiligung in Ansehung der dem Hauptaktionär eingeräumten gesetzlichen Möglichkeiten nicht die Anfechtung aufgrund Treuwidrigkeit ausschließt, wenn hiervon Gebrauch gemacht wird. Dies jedenfalls dann, wenn die angemessene Barabfindung in einem solchen Fall auch Steuernachteile, Reinvestitionskosten, entgangene Erträge bei alternativer Kapitalanlage etc. berücksichtigt. In stärkerem Maße ist daher ein Übertragungsbeschluss der Anfechtung ausgesetzt, der **vertraglichen Absprachen** unter Aktionären, etwa dem Verzicht auf die Ausübung der Rechte nach §§ 327a ff., zuwider läuft.[184]

---

[175] BGH NZG 2009, 585 (587) = ZIP 2009, 908 = DB 2009, 1004 = BB 2009, 1318; anders die Vorinstanz OLG München DB 2005, 2682 (2683) = ZIP 2005, 2259 = NZG 2006, 398; OLG München ZIP 2006, 2370 (2373 ff.) (soweit Darlehensgeber „wirtschaftlicher Eigentümer" bleibt); LG Landshut AG 2006, 513.

[176] MüKoAktG/*Grunewald* Rn. 21 f.; *Fleischer* ZGR 2002 757 (778); Großkomm AktG/*Fleischer* Rn. 79.

[177] Vgl. BGH NZG 2009, 585 (587) = ZIP 2009, 908 = DB 2009, 1004 = BB 2009, 1318; *Krieger* BB 2002, 53 (62); *Pluskat* NZG 2007, 725 (727); *Schäfer/Dette* NZG 2009, 1 (5 f.); K. Schmidt/Lutter/*Schnorbus* § 327f Rn. 16; Kölner Komm WpÜG/*Hasselbach* AktG § 327a Rn. 86; jetzt auch Emmerich/Habersack/*Habersack* Rn. 28.

[178] *Habersack* ZIP 2001, 1230 (1234 f.); *Krieger* BB 2002, 53 (61 f.); *Grunewald* ZIP 2002, 18 (22); *Gesmann-Nuissl* WM 2002, 1205 (1210); *Fleischer* ZGR 2002, 757 (787); Großkomm AktG/*Fleischer* Rn. 78; enger *Schröder/Wirsch* ZGR 2012, 660 (669 ff., 693 ff.) (Differenzierung zwischen einer kapitalistisch oder personalistisch geprägten Minderheitsbeteiligung); aA *Angerer* BKR 2002, 260 (267); *von Morgen* WM 2003, 1553 (1559); *Neye* in Hirte WpÜG – Wertpapiererwerbs- und Übernahmegesetz mit Übernahmekodex und City Code, 2002, 25 (28); *Pluskat* NZG 2007, 725 (725 ff.); *Rieder* ZGR 2009, 981 (995 f.); *Schäfer/Dette* NZG 2009, 1 (6 f.); Kölner Komm WpÜG/*Hasselbach* AktG § 327a Rn. 84 f.; K. Schmidt/Lutter/*Schnorbus* § 327f Rn. 18. Zum parallelen Sachverhalt der „Linotype"-Entscheidung vgl. BGHZ 103, 184 = NJW 1988, 1579.

[179] *Krieger* BB 2002, 53 (62); Emmerich/Habersack/*Habersack* Rn. 29.

[180] MüKoAktG/*Grunewald* Rn. 24; Emmerich/Habersack/*Habersack* Rn. 29; *Fleischer* ZGR 2002, 757 (787); *Krieger* BB 2002, 53 (62); *Gesmann-Nuissl* WM 2002, 1205 (1210); aA *Rieder* ZGR 2009, 981 (996 f.); K. Schmidt/Lutter/*Schnorbus* § 327f Rn. 18 (Anfechtungsgegenstand ausschließlich der vorangegangene Umwandlungsbeschluss).

[181] Zur Rechtsmissbräuchlichkeit der Umwandlung *Grunewald* FS Röhricht, 2005, 129 (135).

[182] *Krieger* BB 2002, 53 (62); zust. Hölters/*Müller-Michaels* Rn. 23.

[183] Bei treuwidrigem Verhalten gegenüber sämtlichen Minderheitsaktionären Großkomm AktG/*Fleischer* Rn. 84; abl. *Markwardt* BB 2004, 277 (286); skeptisch auch Kölner Komm AktG/*Koppensteiner* § 327f Rn. 11.

[184] Vgl. OLG Celle AG 2004, 206 (207); Großkomm AktG/*Fleischer* Rn. 83; Emmerich/Habersack/*Habersack* Rn. 31; *Schäfer/Dette* NZG 2009, 1 (6); enger MüKoAktG/*Grunewald* Rn. 25 (Bindung gegenüber sämtlichen Minderheitsaktionären als Voraussetzung für die Anfechtungsbefugnis); aA Kölner Komm AktG/*Koppensteiner* § 327f Rn. 6 und 11 (grds. gegen die Anerkennung schuldrechtlicher Abreden als Anfechtungsgrund).

IV. Reformvorhaben

1. Änderungen des Ausschlussverfahrens. Die geltende Rechtslage dürfte in absehbarer Zeit keinen wesentlichen Änderungen unterworfen werden. Insbesondere von europäischer Seite besteht kein Änderungsbedarf. Die Richtlinie betreffend öffentliche Übernahmeangebote („Übernahmerichtlinie")[185] wurde umgesetzt, so dass das Übernahmerecht über ein eigenständiges Ausschlussrecht verfügt (→ Rn. 3, 10). Darüber hinaus gehende einzelstaatliche Bestimmungen können bestehen bleiben.[186] Die in der Richtlinie 2006/68/EG ursprünglich vorgesehene allgemeine Regelung für den Ausschluss von Minderheitsaktionären börsennotierter Aktiengesellschaften (vgl. zuvor Art. 39a RL-E) wurde aufgegeben.[187] Der aufgegebene Vorschlag hätte ohnehin nur wenige grundlegende „Eckpunkte" festgehalten, so dass den Mitgliedstaaten auch insoweit weitgehende Gestaltungsfreiheit verblieben wäre. Die nach europäischem Übernahmerecht bestehende Möglichkeit einer *allgemeinen* Absenkung der relevanten *Squeeze-out*-Schwelle auf 90 % wurde im Rahmen der Einführung des verschmelzungsrechtlichen Ausschlussverfahren (→ Rn. 11a) leider (erneut) nicht genutzt.[188] Daran dürfte sich auch zukünftig nichts ändern. 29

2. Andienungsrecht der Minderheitsaktionäre. In Anlehnung an Vorbildregelungen in europäischen Nachbarländern[189] ist die Einführung eines Andienungsrechts *(„sell-out right")* der Restminderheit als notwendiges Gegenstück zum *Squeeze-out* bereits verschiedentlich in der Literatur angeregt worden.[190] Dies geht auf entsprechende Vorschläge auf europäischer Ebene zurück.[191] Rechtspolitisch wird das Bedürfnis für eine entsprechende Regelung vor allem **kapitalmarktrechtlich begründet** (Schaffung einer Veräußerungsmöglichkeit zu einem fairen Preis bei marktengen Papieren; Stärkung der Position der Aktionäre in Übernahmesituationen; allgemeine Wechselwirkung von Minderheitsschutz und Kapitalmarkttiefe).[192] Dies ist nach den Vorgaben der Übernahmerichtlinie Gegenstand des Andienungsrechts gemäß § 39c WpÜG. Vorschläge, dies durch ein allgemeines *Sell-out*-Recht der Minderheitsaktionäre börsennotierter Gesellschaften zu ergänzen, sind aufgegeben worden (Art. 39b RL-E, → Rn. 29). Danach sollten die Minderheitsaktionäre gemeinsam oder einzeln grds. unter den gleichen Bedingungen wie beim *Squeeze-out* vom Mehrheitsaktionär verlangen können, dass er ihre Aktien zu einem angemessenen Preis erwirbt. Hintergrund war der Aspekt des konzernrechtlichen Folgeschutzes für jene Aktionäre, die ein Übernahme- oder Pflichtangebot ausgeschlagen haben.[193] Angesichts der konzernrechtlichen Schutzbestimmungen für bestehende Konzerne (§§ 300 ff., 311 ff.) und der mit einem *Sell-out* verbundenen erheblichen finanziellen Belastung für den Hauptaktionär war ein solches Austritts- oder Andienungsrecht als allgemeines (gesellschaftsrechtliches) Rechtsinstitut indes abzulehnen. Auch im Rahmen der Einführung des verschmelzungsrechtlichen Ausschlussverfahrens (→ Rn. 11a) hat sich der Gesetzgeber zu Recht gegen das (in diesem Fall alternative) Andienungsrecht entschieden. 30

§ 327b Barabfindung

(1) ¹Der Hauptaktionär legt die Höhe der Barabfindung fest; sie muss die Verhältnisse der Gesellschaft im Zeitpunkt der Beschlussfassung ihrer Hauptversammlung berücksichtigen. ²Der Vorstand hat dem Hauptaktionär alle dafür notwendigen Unterlagen zur Verfügung zu stellen und Auskünfte zu erteilen.

(2) Die Barabfindung ist von der Bekanntmachung der Eintragung des Übertragungsbeschlusses in das Handelsregister an mit jährlich 5 Prozentpunkten über dem jeweiligen Basiszinssatz nach § 247 des Bürgerlichen Gesetzbuchs zu verzinsen; die Geltendmachung eines weiteren Schadens ist nicht ausgeschlossen.

---

[185] Richtlinie des Europäischen Parlaments und des Rates vom 21.4.2004 betreffend öffentliche Übernahmeangebote, ABl. EG 2004 Nr. L 142, 12 abgedr. in NZG 2004, 651. Zur zunächst zögerlichen Haltung gegenüber Squeeze-out-Regelungen in der EU-Übernahmerichtlinie Kölner Komm WpÜG/ *Hasselbach* AktG § 327a Rn. 20 ff.
[186] Erwägungsgrund 24, Sätze 3 und 4; s. auch Austmann/Mennicke NZG 2004, 846 (847).
[187] Richtlinie 2006/68/EG des Europäischen Parlaments und des Rates vom 6.9.2006 zur Änderung der Richtlinie 77/91/EWG des Rates in Bezug auf die Gründung von Aktiengesellschaften und die Erhaltung und Änderung ihres Kapitals, ABl. EG 2006 Nr. L 264, 32.
[188] Vgl. nur *Rubner* CFL 2011, 274 (275).
[189] S. etwa *Than* FS Claussen, 1997, 405 (413 f.) zu England.
[190] *Fleischer* ZGR 2002, 757 (773 f.); *Habersack* ZIP 2001, 1230 (1233); Emmerich/Habersack/*Habersack* Rn. 5; *Hanau* NZG 2002, 1040 (1047); s. dazu zuletzt *Kalss* FS Baums, 2017, 641.
[191] *Forum Europeum Konzernrecht* ZGR 1998, 672 (736 f.); *Report of the High Level Group* Chapter III.
[192] Vgl. *Report of the High Level Group* Chapter III, 3.2.; *Fleischer* ZGR 2002, 757 (773).
[193] *Report of the High Level Group* Chapter III, 3.2.; *Fleischer* ZGR 2002, 757 (773) mwN.

§ 327b Drittes Buch. Verbundene Unternehmen

(3) Vor Einberufung der Hauptversammlung hat der Hauptaktionär dem Vorstand die Erklärung eines im Geltungsbereich dieses Gesetzes zum Geschäftsbetrieb befugten Kreditinstituts zu übermitteln, durch die das Kreditinstitut die Gewährleistung für die Erfüllung der Verpflichtung des Hauptaktionärs übernimmt, den Minderheitsaktionären nach Eintragung des Übertragungsbeschlusses unverzüglich die festgelegte Barabfindung für die übergegangenen Aktien zu zahlen.

Schrifttum: S. auch § 327a; *Altmeppen*, Die unzulängliche Abfindungsregelung beim Squeeze out, ZIP 2010, 1773; *Arens*, Die Behandlung von bedingten Aktienbezugsrechten beim verschmelzungsrechtlichen Squeeze-out, WM 2014, 682; *Bödeker/Fink*, Unternehmensvertragliche Ausgleichsansprüche bei Zusammentreffen mit Squeeze-out – Grundsatzentscheidung des BGH, NZG 2011, 816; *Bungert/Janson*, Im Spannungsfeld von Unternehmensvertrag und Squeeze-out: Gibt es einen zeitanteiligen Ausgleichsanspruch nach § 304 AktG?, FS U.H. Schneider, 2011, 159; *Bungert/Leyendecker-Langner*, Börsenkursrechtsprechung beim vorgeschalteten Delisting, BB 2014, 521; *Bungert/Rogier*, Zur Bestimmung der Barabfindung nach Squeeze out bei bestehendem Gewinnabführungsvertrag, EWiR 2016, 293; *Bungert/Wettich*, Vorgaben aus Karlsruhe zum Referenzzeitraum des Börsenwerts für die Abfindung bei Strukturmaßnahmen, BB 2010, 2227; *Bungert/Wettich*, Neues zur Ermittlung des Börsenwerts bei Strukturmaßnahmen, ZIP 2012, 449; *Burger*, Keine angemessene Abfindung durch Börsenkurse bei Squeeze-out, NZG 2012, 281; *Decher*, Die Ermittlung des Börsenkurses für Zwecke der Barabfindung beim Squeeze out, ZIP 2010, 1673; *Dißars/Kocher*, Der Deckungsumfang der Banksicherheit im Squeeze-out-Verfahren, NZG 2004, 857; *Dreier/Riedel*, Der zeitanteilige Ausgleichsanspruch beim Squeeze-out, BB 2009, 1822; *Engelhardt*, Optionen im Squeeze-out: Abfindung der Bezugsrechtsinhaber – aber wie?, BKR 2008, 45; *Fleischer*, Unternehmensbewertung bei aktienrechtlichen Abfindungsansprüchen: Bestandsaufnahme und Reformperspektiven im Lichte der Rechtsvergleichung, AG 2014, 97; *Fleischer*, Unternehmensbewertung zwischen Tat- und Rechtsfrage – Der Stinnes-Beschluss des BGH zur Anwendung neuer Bewertungsstandards auf vergangene Bewertungsstichtage, AG 2016, 185; *Friedl*, Die Rechte von Bezugsrechtsinhabern beim Squeeze-out im Vergleich zu den Rechten der Minderheitsaktionäre, Der Konzern 2004, 309; *Happ/Bednarz*, Aktienrechtliche Abfindungs- und Ausgleichsansprüche – Zu offen Fragestellungen nach den höchstrichterlichen Entscheidungen in Sachen Ytong, DAT/Altana und Stollwerck, FS Stilz, 2014, 219; *Land/Hallermayer*, Grenzen der Bedeutung des Börsenkurses bei der Unternehmensbewertung von Strukturmaßnahmen; AG 2015, 659; *Leyendecker*, Irrelevanz des anteiligen Unternehmenswerts zur Ermittlung der Squeeze-out-Abfindung bei Bestehen eines fortdauernden Beherrschungs- und Gewinnabführungsvertrags, NZG 2010, 927; *Mattes/v. Maldeghem*, Unternehmensbewertung beim Squeeze Out, BKR 2003, 531; *Meilicke*, Gewinnbezugsrecht nach Wirksamwerden des Squeeze-out, AG 2010, 561; *Mennicke*, Squeeze-out: Bestimmung der Barabfindung bei einem gekündigten Beherrschungs- und Gewinnabführungsvertrag, DB 2016, 2047; *Mennicke/Leyendecker*, Kein zeitanteiliger Ausgleichsanspruch beim Squeeze-out, BB 2010, 1426; *Polte/Weber/Kaisershot-Abdmoulah*, Verjährung des Barabfindungs- und Zinsanspruchs beim Squeeze-out, AG 2007, 690; *Pluskat*, Endlich Klärung hinsichtlich der Lage des Referenzzeitraums bei Relevanz des Durchschnittsbörsenkurses für die Abfindungshöhe?, NZG 2008, 365; *Popp*, Squeeze-out-Abfindung bei Beherrschungs- und Gewinnabführungsverträgen, AG 2010, 1; *Popp/Ruthardt*, Das entscheidungsorientierte Stichtagsprinzip bei der Unternehmensbewertung, AG 2015, 857; *Rapp*, Einige kritische Überlegungen zur Praxis der Abfindung von Minderheitsgesellschaftern gemäß §§ 327a ff. AktG, Der Konzern 2012, 8; *Reichert*, Eigentumsschutz und Unternehmensbewertung in der Rechtsprechung des Bundesverfassungsgerichts, FS Stilz, 2014, 479; *Riegger*, Das Schicksal eigener Aktien beim Squeeze-out, DB 2003, 541; *Riegger/Wasmann*, Ausnahmen von der Berücksichtigung des Börsenkurses bei der Ermittlung angemessener geschuldeter Kompensationen im Rahmen von Strukturmaßnahmen, FS Stilz, 2014, 509; *Ruiz de Vargas/Schenk*, Anteilsbewertung im Squeeze-out-Fall bei vorliegendem Beherrschungs- und Gewinnabführungsvertrag: Barwert der Ausgleichszahlungen oder anteiliger Ertragswert? – Kommentar zum BGH v. 12.1.2016 – II ZB 25/14, AG 2016, 359, AG 2016, 354; *Ruthardt*, Squeeze-out: Zur Höhe der Barabfindung eines Minderheitsaktionärs im Fall des Bestehens eines Gewinnabführungsvertrags, DB 2017, 535; *Ruthardt/Hachmeister*, Börsenkurs, Ertragswert, Liquidationswert und fester Ausgleich – Zur methodenbezogenen Meistbegünstigung bei der Ermittlung der angemessenen Barabfindung im Gesellschaftsrecht, WM 2014, 725; *Ruthardt/Hachmeister*, Börsenkurs und/oder Ertragswert in Squeeze Out Fällen – Der Fall Hoechst-AG, NZG 2014, 455; *Schlitt/Seiler/Singhof*, Aktuelle Rechtsprobleme und Gestaltungsmöglichkeiten im Zusammenhang mit Wandelschuldverschreibungen, AG 2003, 254; *H. Schmidt*, Erhöhung der Barabfindung beim Squeeze out nach Einberufung der Hauptversammlung, Liber Amicorum M. Winter, 2011, 583; *Schüppen*, Übernahmegesetz ante portas, WPg 2001, 948; *Schüppen*, Barabfindung gem. § 327b AktG beim Squeeze out im Vertragskonzern – Klärendes, Erhellendes und Verwirrendes, ZIP 2016, 1413; *Schüppen*, Brot, Steine und Glatteis – der „Solange-Beschluss" des BGH zur Unternehmensbewertung unter rückwirkender Anwendung von IDW S 1 (2005), ZIP 2016, 393; *Singhof*, BGH: Squeeze-out – Angemessenheit der Barabfindung bei Bestehen eines Unternehmensvertrags, DB 2016, 1185; *Singhof/Weber*, Bestätigung der Finanzierungsmaßnahmen und Barabfindungsgewährleistung nach dem Wertpapiererwerbs- und Übernahmegesetz, WM 2002, 1158; *Süßmann*, Die Behandlung von Options- und Wandelrechten in den einzelnen Squeeze-out-Verfahren, AG 2013, 158; *Tebben*, Ausgleichszahlungen bei Aktienübergang, AG 2003, 600; *Waclawik*, Ausgeschlossen und dennoch veräußert? – Die einkommensteuerlichen Folgen der „Steuerfalle Squeeze-out" bei Privatanlegern, DStR 2003, 447; *Wasmann*, Endlich Neuigkeiten zum Börsenkurs, ZGR 2011, 83; *Wasmann*, Zur (Un-)Maßgeblichkeit der Ausgleichszahlungen gem. § 304 AktG für die Barabfindung beim Squeeze-out, DB 2017, 1433; *Wenger/Kaserer/Hecker*, Konzernbildung und Ausschluss von Minderheiten im neuen Übernahmerecht: Eine verpasste Chance für einen marktorientierten Minderheitenschutz ZBB 2001, 317; *Wilsing/Kruse*, Zur Behandlung bedingter Aktienbezugsrechte beim Squeeze-out, ZIP 2002, 1465; *Zeeck/Reichard,* Der Referenzzeitraum für die Bestimmung des Börsenwerts eines Unternehmens bei Strukturmaßnahmen, AG 2010, 699; *Ziemons,* Options- und Wandlungsrechte bei Squeeze-out und Eingliederung, FS K. Schmidt, 2009, 1777.

Übersicht

	Rn.		Rn.
I. Normzweck	1, 2	4. Abfindungsberechtigung	7, 8
1. Regelungsgegenstand und -zweck	1	a) Minderheitsaktionäre	7
2. Entstehungsgeschichte	2	b) Inhaber von Bezugs- oder Umtauschrechten	8
II. Festlegung der Barabfindung	3–8	**III. Verzinsung und Verjährung der Barabfindung**	9
1. Festlegung durch den Hauptaktionär	3	**IV. Barabfindungsgewährleistung eines Kreditinstituts**	10–16
2. Grundlagen der Bemessung der Barabfindung	4–5	1. Funktion und Bedeutung	10
a) Bewertungsverfahren; maßgeblicher Zeitpunkt	4	2. Inhalt und Rechtsqualität	11
b) Bedeutung sonstiger Zahlungsansprüche	4a	3. Umfang und Dauer der Gewährleistung	12–14
c) Börsenwert	5	4. Voraussetzungen der Gewährleistungserklärung	15
3. Informationspflichten des Vorstands der betroffenen Gesellschaft	6	5. Rechtzeitige Übermittlung	16

I. Normzweck

1. Regelungsgegenstand und -zweck. Die Vorschrift stellt zusammen mit der Anspruchsgrundlage in § 327a Abs. 1 S. 1 sicher, dass die ausscheidenden Minderheitsaktionäre für den Verlust der Mitgliedschaft eine angemessene Barabfindung erhalten, die dem Wert ihrer gesellschaftsrechtlichen Beteiligung an dem Unternehmen entspricht.[1] Dies ist verfassungsrechtlich zwingend geboten (→ § 327a Rn. 5). § 327b ist damit eine der Kernvorschriften für das Ausschlussverfahren. Abs. 1 bestimmt, dass die Höhe der Barabfindung von dem Hauptaktionär festgelegt wird und regelt die diesbezüglichen Informationspflichten des Vorstands der betroffenen Gesellschaft. Die Pflicht zur Verzinsung der Barabfindung nach Abs. 2 entspricht weitgehend § 305 Abs. 3 S. 3, § 320b Abs. 1 S. 6 sowie § 15 Abs. 2 UmwG, § 30 Abs. 1 S. 2 UmwG. Zur Absicherung der vom Hauptaktionär zu leistenden Barabfindung sieht Abs. 3 eine obligatorische „Gewährleistung" eines Kreditinstituts vor. 1

2. Entstehungsgeschichte. Die Vorschrift beruht auf Art. 7 Nr. 2 WpÜG.[2] Eine noch im Regierungsentwurf enthaltene Vermutungsregelung für die Angemessenheit der Barabfindung bei einem vorangegangenen Angebot nach § 2 Abs. 1 WpÜG ist entfallen (§ 327b Abs. 1 S. 3 RegE).[3] Danach sollte eine im Rahmen eines solchen, nicht länger als sechs Monate zurückliegenden Angebots vorgesehene Geldleistung aufgrund unwiderleglicher Vermutung als angemessene Barabfindung („marktgerechter Preis")[4] anzusehen sein, wenn das Angebot von mindestens 90 % der nach Köpfen gezählten Aktionäre, an die es gerichtet war, angenommen worden ist.[5] Dies ist vor allem unter verfassungsrechtlichen Aspekten nachhaltig kritisiert[6] und schließlich aufgegeben worden.[7] Nach der Gesetz gewordenen Fassung ist die festgelegte Barabfindung in jedem Fall gerichtlich überprüfbar (§ 327f S. 2). Entsprechend ist auch der Vorbehalt in § 327c Abs. 2 S. 2 hinsichtlich der Pflichtprüfung 2

---

[1] Vgl. BegrRegE BT-Drs. 14/7034, 32.
[2] Gesetz zur Regelung von öffentlichen Angeboten zum Erwerb von Wertpapieren und von Unternehmensübernahmen vom 20.12.2001, BGBl. 2001 I 3822 (3839). Zusammen mit der BegrRegE abgedr. in *Pötzsch,* Das neue Übernahmerecht, Einführung – Texte – Materialien, 2002, 304 ff.
[3] BegrRegE BT-Drs. 14/7034, 72. S. dazu auch *Neye* in Hirte, WpÜG – Wertpapiererwerbs- und Übernahmegesetz mit Übernahmekodex und City Code, 2002, 25 (30 f.).
[4] Vgl. BegrRegE BT-Drs. 14/7034, 72.
[5] Zum Regelungsvorbild des § 429 (1) des UK Companies Act 1985 (bzw. § 979 (1) und (2) des UK Companies Act 2006 Kölner Komm *WpÜG/Hasselbach* AktG § 327b Rn. 42.
[6] Vgl. *Rühland* NZG 2001, 448 (454 f.); *Heidel/Lochner* DB 2001, 2031 (2032); *Habersack* ZIP 2001, 1230 (1238); s. auch *Thaeter/Barth* NZG 2001, 545 (550); aA *Handelsrechtsausschuss des DAV* NZG 2001, 420 (434); *Krieger* BB 2002, 53 (57); *Kossmann* NZG 1999, 1198 (1202); *Sieger/Hasselbach* ZGR 2002, 120 (148).
[7] Zusammenfassend *Neye* in Hirte, WpÜG – Wertpapiererwerbs- und Übernahmegesetz mit Übernahmekodex und City Code, 2002, 25 (30 f.); s. auch die Stellungnahme des Bundesrats, BT-Drs. 14/7034, 87 sowie den Bericht des Finanzausschusses, BT-Drs. 14/7477, 54, abgedr. in ZIP 2001, 2102 (2104). Zur Kritik im Übrigen *Ewicke/Roth* DStR 2001, 1120 (1127); *Wenger/Kaserer/Hecker* ZBB 2001, 317 (330 ff.).

durch einen sachverständigen Prüfer gestrichen worden.[8] Die völlige Aufgabe des durchaus berechtigten Regelungsgedankens ist bedauerlich. Jedenfalls im übernahmerechtlichen Ausschlussverfahren ist nun eine ähnliche unwiderlegbare Vermutung der Angemessenheit bei zeitnah vorangegangenem Übernahme- oder Pflichtangebot enthalten[9] (vgl. § 39a Abs. 3 S. 3 WpÜG). Die Barabfindungsgewährleistung nach Abs. 3 ist erst auf erneute Anregung des Handelsrechtsausschusses des DAV[10] in den Regierungsentwurf eingeführt worden.

II. Festlegung der Barabfindung

3 **1. Festlegung durch den Hauptaktionär.** Nach Abs. 1 obliegt dem Hauptaktionär die Festlegung der Höhe der Barabfindung. Das ist sachgerecht, weil von dem Hauptaktionär die Initiative für das Ausschlussverfahren ausgeht, er die Aktien der ausgeschiedenen Minderheitsaktionäre erwirbt und dafür die Abfindung schuldet. Der Anspruch der ausgeschiedenen Aktionäre auf eine angemessene Barabfindung (§ 327a Abs. 1) entsteht kraft Gesetzes mit Wirksamwerden des Ausschlusses (§ 327e Abs. 3 S. 1) und ohne gesonderten „Abfindungsvertrag" (vgl. für die Mehrheitseingliederung → § 320b Rn. 2). Die Festlegung der Höhe der Abfindung durch den Hauptaktionär ist damit nichts anderes als die **inhaltliche Konkretisierung** des gesetzlichen Schuldverhältnisses.[11] Aufgrund der Möglichkeit der gerichtlichen Überprüfung der Angemessenheit der Abfindung (§ 327f S. 2) ist damit nicht die Gefahr der Übervorteilung verbunden. Der **maßgebliche Zeitpunkt** der Festlegung liegt unmittelbar vor der Bekanntmachung der Tagesordnung (§ 327c Abs. 1 Nr. 2, §§ 121, 124), denn hiermit ist das Angebot bindend und kann nicht mehr widerrufen oder herabgesetzt werden, ohne einen gleichwohl gefassten Beschluss anfechtbar zu machen.[12] Die Verbindlichkeit des Angebots darf auch durch Änderungs- oder Widerrufsvorbehalte oder Bedingungen nicht geschmälert sein.[13] Die grds. mögliche Anfechtung nach allgemeinen Vorschriften (§§ 119 ff. BGB) hilft dem Hauptaktionär wenig, weil der Irrtum über bewertungsrelevante Punkte als Motivirrtum unbeachtlich ist.[14] Allerdings ist der Hauptaktionär nicht verpflichtet, für einen auf sein Verlangen auf die Tagesordnung gesetzten Ausschließungsbeschluss zu stimmen.[15] Dadurch kann er den Ausschluss auf Grundlage eines ihm nunmehr ungünstig erscheinenden Abfindungsangebots noch verhindern. Umgekehrt ist auch nach Bekanntmachung der Tagesordnung die **Erhöhung** der Barabfindung zivil- und aktienrechtlich ohne weiteres möglich (allgM; → § 320 Rn. 11 und → § 327c Rn. 4 sowie zur nach § 327d Satz 2 mündlichen Aktualisierung des Übertragungs- und Prüfungsberichts → § 327d Rn. 4).[16] Dies folgt daraus, dass die Verhältnisse der Gesellschaft im Zeitpunkt der Beschlussfassung ihrer Hauptversammlung zu berücksichtigen sind (zB Kursentwicklung) und der Hauptaktionär auch auf aktuelle Entwicklungen reagieren können muss (zur Erweiterung der Barabfindungsgewährleistung → Rn. 12).[17] Die Erhöhung kann zwar auch noch im Rahmen eines Anfechtungs- oder Spruchverfahrens vorgenommen werden;[18] es ist aber nicht einzusehen, weshalb zwingend auf diesen kostenträchtigen und langwierigen Rechtsweg verwiesen werden sollte, wenn sich eine Einigung auch vorher erreichen lässt.[19]

4 **2. Grundlagen der Bemessung der Barabfindung. a) Bewertungsverfahren; maßgeblicher Zeitpunkt.** Aus Abs. 1 S. 1 iVm § 327a Abs. 1 S. 1 ergibt sich, dass es Aufgabe des Hauptaktionärs ist, im Übertragungsbeschluss eine „angemessene" Barabfindung festzulegen, die den Minder-

---

[8] Näher Emmerich/Habersack/*Habersack* § 327c Rn. 2.
[9] Vgl. BegrRegE BT-Drs. 16/1003, 22.
[10] Vgl. *Handelsrechtsausschuss des DAV* NZG 2001, 420 (432); zum früheren Vorschlag *Handelsrechtsausschuss des DAV* WM 1999, 1536 (1538).
[11] OLG München AG 2008, 37 (38); Emmerich/Habersack/*Habersack* Rn. 4; anders K. Schmidt/Lutter/ *Schnorbus* Rn. 10 (bindendes Angebot nach § 145 BGB).
[12] K. Schmidt/Lutter/*Schnorbus* Rn. 9; i. E. übereinstimmend nehmen auch MüKoAktG/*Grunewald* Rn. 6, 8; Emmerich/Habersack/*Habersack* Rn. 4; Hüffer/Koch/*Koch* Rn. 8; Großkomm AktG/*Fleischer* Rn. 4 in diesem Zeitpunkt die Verbindlichkeit des Angebots an, gehen aber davon aus, dass bereits das Verlangen (→ § 327a Rn. 19) ein Abfindungsangebot enthalten muss.
[13] K. Schmidt/Lutter/*Schnorbus* Rn. 10.
[14] Vgl. MüKoAktG/*Grunewald* Rn. 6.
[15] Zutreffend MüKoAktG/*Grunewald* Rn. 8; s. auch Kölner Komm AktG/*Koppensteiner* Rn. 4.
[16] Ausführlich und mwN K. Schmidt/Lutter/*Schnorbus* Rn. 9 ff. Siehe ebenda Rn. 11a mwN zur Frage, ob eine Erhöhung auch dem Gegenantragsrecht der Aktionäre (§§ 126, 124 Abs. 4) zugänglich ist. Dies dürfte zu bejahen, aber aufgrund der Stimmrechtsverhältnisse kaum praktisch relevant sein.
[17] Eingehend *H. Schmidt*, Liber Amicorum M. Winter, 2011, 583.
[18] Vgl. OLG München NZG 2007, 635 (635); Emmerich/Habersack/*Habersack* Rn. 4.
[19] K. Schmidt/Lutter/*Schnorbus* Rn. 11. Verknüpft werden darf die Erhöhung aber mit der Bedingung, kein Spruchverfahren einzuleiten, s. BGH NZG 2010, 939 (943) = BGHZ 186, 229 – Stollwerck.

heitsaktionären „volle wirtschaftliche Kompensation"[20] für ihren Rechtsverlust gewährt. Hierfür sind die Verhältnisse der Gesellschaft im **Zeitpunkt der Beschlussfassung** der Hauptversammlung zu berücksichtigen (Abs. 1 S. 1). Dies entspricht der Rechtslage nach § 305 Abs. 3 S. 2 und § 320b Abs. 1 S. 5 (→ § 305 Rn. 44 ff. und → § 320b Rn. 9).[21] Gleichermaßen kann auf die hierzu entwickelten allgemeinen Bewertungsgrundsätze zurückgegriffen werden (→ § 305 Rn. 70 ff.). Danach ist der volle Wert des Unternehmens grds. unter Anwendung des **Ertragswertverfahrens** auf Grundlage des zum Bewertungsstichtag geltenden IDW-Standards IDW S1 zu ermitteln und durch die Anzahl der von der Gesellschaft ausgegebenen (und nicht selbst gehaltenen) Aktien zu teilen (Barwert der künftigen Erträge).[22] Nach den konkreten Umständen des Einzelfalls kann auch eine **andere Methode** zur Schätzung des Unternehmenswerts angewendet werden, wenn sie in der Wirtschaftswissenschaft und Betriebswirtschaftslehre anerkannt und in der Praxis gebräuchlich ist.[23] Im Spruchverfahren (→ § 327f) können vom Tatrichter allerdings auch neue Berechnungsstandards zugrunde gelegt werden, die erst nach dem Squeeze-out und dem dafür bestimmten Bewertungsstichtag entwickelt wurden.[24] Dies kollidiert nicht mit dem Stichtagsprinzip, solange die neue Berechnungsweise nicht eine Reaktion auf nach dem Stichtag eingetretene und zuvor nicht angelegte wirtschaftliche oder rechtliche Veränderungen, insbesondere in steuerlicher Hinsicht, ist.[25] Denn bewertungsrechtlich geht es darum, den „wahren" Unternehmenswert bestmöglich abzubilden. Optimierung kann daher geboten sein, wenn dies der neuen Bewertungsmethode besser gelingt, oder sie Unzulänglichkeiten der alten Methode behebt. Allerdings kann aus Gründen der Verfahrensökonomie in Einzelfällen hiervon abgesehen werden; insbesondere wenn das Verfahren bereits lange andauert, ist der Gewinn an Genauigkeit gegen den weiteren verfahrensrechtlichen und zeitlichen Aufwand abzuwägen.[26] Eine Differenzierung kann bei der Unternehmenswertermittlung geboten sein, wenn die Gesellschaft Aktien unterschiedlicher Gattung ausgegeben hat (zB bei Kursdifferenzen). **Vorerwerbspreise** sind bei der Festlegung der Barabfindung nicht zu berücksichtigen.[27] Bei einer **faktisch beherrschten Gesellschaft** hängt die Angemessenheit der Barabfindung nicht davon ab, ob das Verfahren nach §§ 311 ff. ordnungsgemäß durchgeführt wurde. Erforderlich ist nur die Einstellung einer etwaigen Ausgleichspflicht in die Unternehmensplanung.[28] Bei einer **aufgelösten Gesellschaft** ohne operatives Geschäft (→ § 327a Rn. 14) ist der Liquidationswert maßgeblich.[29]

b) Bedeutung sonstiger Zahlungsansprüche. Bei Vorliegen eines **(Beherrschungs- und)** 4a **Gewinnabführungsvertrags** mit der Gesellschaft ist der anteilige Unternehmenswert nach Auffassung des BGH jedenfalls dann maßgeblich, wenn er höher ist als der Barwert der aufgrund des (Beherrschungs- und) Gewinnabführungsvertrags dem Minderheitsaktionär zustehenden Ausgleichs-

---

[20] BegrRegE BT-Drs. 14/7034, 72. Individuelle finanzielle Einbußen der Minderheitsaktionäre (Veräußerungsverluste) sind ebenso wenig zu berücksichtigen wie eventuelle Steuerfolgen des Squeeze-out; zu Letzterem OLG Stuttgart BeckRS 2013, 13382; *Fröhlich* GWR 2013, 492. Umgekehrt können sie auch Veräußerungsgewinne realisieren, die ggf. nach dem EStG zu versteuern sind; zur steuerrechtlichen Behandlung der Barabfindung *Waclawik* DStR 2003, 447; K. Schmidt/Lutter/*Schnorbus* Rn. 23.
[21] Krit. zur Übernahme dieses Konzepts *Rühland* WM 2000, 1884.
[22] Vgl. IDW Standard: Grundsätze zur Durchführung von Unternehmensbewertung (IDW S 1) idF 2008; *Mattes von Maldeghem* BKR 2003, 531 (533 f.); BGH NZG 2003, 1017; OLG Frankfurt a. M. NZG 2013, 69 (70); OLG Düsseldorf ZIP 2017, 974 (Leitsatz); krit. *Fleischer* AG 2016, 185 (199); *Rapp* Der Konzern 2012, 8. Zum Stichtagsprinzip bei der Unternehmensbewertung *Popp/Ruthardt* AG 2015, 857.
[23] BGH ZIP 2016, 110, 114 = DB 2016, 160 – *Stinnes;* zust. *Fleischer* AG 2016, 185 (192). Siehe ebenda zum ähnlichen, international verbreiteten Discounted Cash Flow-Verfahren und zur marktorientierten Methode nach dem Börsenwert. Zum Rückgriff auf den Net Asset Value (NAV) als Bewertungsmethode im Einzelfall unter Berücksichtigung des besonderen Geschäftsmodells des zu bewertenden Unternehmens OLG Frankfurt a. M. ZIP 2017, 772. Zur Gleichwertigkeit der Unternehmensbewertung auf Basis eines HGB- oder IFRS-Rechenwerks s. OLG Hamburg NZG 2005, 86 (86 f.) = DB 2004, 2805. Zum Rückgriff auf den Net Asset Value (NAV) als Bewertungsmethode im Einzelfall unter Berücksichtigung des besonderen Geschäftsmodells des zu bewertenden Unternehmens OLG Frankfurt a. M. ZIP 2017, 772.
[24] BGH ZIP 2016, 110 (114 ff.) = DB 2016, 160 – Stinnes; s. zuvor abweichend OLG Frankfurt ZIP 2015, 371 (bejahend bei anerkanntem Erkenntnisfortschritt) und das vorlegende OLG Düsseldorf NZG 2014, 1418 = ZIP 2014, 2388 (ablehnend bei gravierender Abweichung).
[25] BGH ZIP 2016, 110 (114 ff.) = DB 2016, 160 – Stinnes; OLG Düsseldorf ZIP 2017, 1157.
[26] Zu Vorstehendem BGH ZIP 2016, 110 (115 f.) = DB 2016, 160 – Stinnes; OLG Düsseldorf ZIP 2017, 1157 (1159); zust. *Fleischer* AG 2016, 185 (193 ff.); grds. auch *Schüppen* ZIP 2016, 393.
[27] OLG Frankfurt a. M. AG 2012, 513 (514); *Krieger* BB 2002, 53 (57); MHdB AG/*Austmann* § 75 Rn. 102; Großkomm AktG/*Fleischer* Rn. 19; Kölner Komm WpÜG/*Hasselbach* AktG § 327b Rn. 40; Emmerich/Habersack/*Habersack* Rn. 9; K. Schmidt/Lutter/*Schnorbus* Rn. 8 mwN; aA *Schüppen* ZIP 2016, 1413 (1418 f.).
[28] Zu Vorstehendem OLG Stuttgart BeckRS 2013, 18382; dazu *Fröhlich* GWR 2013, 492.
[29] BGH ZIP 2016, 110 (114) = DB 2016, 160; OLG Düsseldorf NZG 2007, 36, (37) = WM 2006, 2219.

zahlungen.³⁰ Dem ist grundsätzlich zuzustimmen. Darüber hinaus sind die Ausgleichszahlungen aber auch nicht als (weitere) Untergrenze für die Abfindung heranzuziehen.³¹ Nur so kann dem **Stichtagsprinzip** (§ 327b Abs. 1 S. 1) Rechnung getragen werden³² und das betriebsnotwendige Vermögen, das bei der (uU lange zurückliegenden) Festsetzung des Ausgleichs iZm dem Abschluss eines Unternehmensvertrags unberücksichtigt bleibt, einbezogen werden.³³ Abgesehen davon käme das Abstellen auf die Ausgleichsbeträge einer Bewertung rentenähnlicher Beträge und nicht des Unternehmens gleich.³⁴ Da der BGH sich insoweit leider nicht festgelegt hat, wird die Praxis allerdings vorsorglich beides – Ertragswert und Barwert der Ausgleichszahlungen – zu ermitteln haben. Nichts anderes sollte gelten, wenn der Unternehmensvertrag gekündigt, also am Bewertungsstichtag absehbar von seiner Beendigung auszugehen ist.³⁵ Ein entstandener (und wegen der noch laufenden Annahmefrist nach § 305 Abs. 4 offener) Anspruch auf **Abfindung** aufgrund eines Beherrschungs- oder Gewinnabführungsvertrags (§ 305) bleibt ebenfalls unberücksichtigt, da er nicht automatisch auf den Erwerber der Aktien übergeht, sondern von den Minderheitsaktionären auch noch nach Eintragung des Übertragungsbeschlusses geltend gemacht werden kann (zu den Auswirkungen des *Squeeze-out* auf ein laufendes Spruchverfahren → § 327e Rn. 10).³⁶ Erst wenn später (nach Abschluss des Spruchverfahrens) der konkurrierende Abfindungsanspruch geltend gemacht wird, ist die Barabfindung anzurechnen, da der Aktionär sonst doppelt entschädigt würde.³⁷ **Ausgleichszahlungen (§ 304) oder Dividenden** werden als Verzinsung des Aktieninvestments auf die Abfindung nicht angerechnet, auch wenn sie nach dem Bewertungsstichtag ausgezahlt werden.³⁸ Insbesondere sollte der Übertragungsbeschluss daher für den Fall der Verzögerung der Eintragung des *Squeeze-out* auch keinen „Anrechnungs- oder Abzugsvorbehalt" hinsichtlich der Ausgleichszahlungen für die Zeit zwischen dem Bewertungsstichtag und dem Aktienübergang enthalten.³⁹ Im Übrigen hat ein Minderheitsaktionär weder ganz noch teilweise einen Anspruch auf Zahlung des festen Ausgleichs für ein Geschäftsjahr, wenn der Übertragungsbeschluss vor dem Entstehen des Anspruchs auf die Ausgleichszahlung in das Handelsregister eingetragen wird.⁴⁰

5   **c) Börsenwert.** Bei einer börsennotierten Aktiengesellschaft bildet der sog. **Börsenwert** auch im Rahmen des *Squeeze-out* grds. die (absolute) **Untergrenze** der anzubietenden Abfindung

---

³⁰ BGH NZG 2016, 461 (463 ff.) = ZIP 2016, 666 = WM 2016, 711 = DB 2016, 883 m. Anm. *Singhof* DB 2016, 1185; s. dazu auch *Bungert/Rogier* EWiR 2016, 293; *Paul* BB 2016, 1073; *Ruiz de Vargas/Schenk* AG 2016, 354. Zuvor war dies in der Rechtsprechung der Oberlandesgerichte streitig. Das vorlegende OLG Frankfurt AG 2015, 205 (207 f.) = ZIP 2014, 2439 sah den Wert der Minderheitsanteile durch die Ausgleichszahlungen zutreffend abgebildet, so auch OLG Frankfurt a.M. NZG 2010, 664 (665 f.); *Austmann* ZGR 2009, 277 (306); MHdB AG/*Austmann* § 75 Rn. 99 („Kapitalisierung der zugesagten Ausgleichszahlungen"); *Leyendecker* NZG 2010, 927 (928 ff.); aA OLG Düsseldorf AG 2012, 716 (718 f.) = NZG 2012, 1181; OLG München ZIP 2007, 375 (376 f.) – N-Ergie; *Popp* AG 2010, 1 (8 ff.); 2. Aufl. Rn. 4.
³¹ OLG Düsseldorf ZIP 2017, 521 (523 ff.) m. Anm. *Ruthardt* DB 2017, 535 und *Slavik* EWiR 2017, 363; *Popp* AG 2010, 1 (8 f.); *Singhof* DB 2016, 1185 (1186 f.); *Bungert/Rogier* EWiR 2016, 293 (294); *Wasmann* DB 2017, 1433 (1437); K. Schmidt/Lutter/*Schnorbus* Rn. 6; offen gelassen von BGH NZG 2016, 461 (465); aA OLG Stuttgart AG 2010, 510 (Untergrenze); *Schüppen* ZIP 2013, 1413 (1418 f.); vermittelnd OLG Frankfurt NZG 2011, 990 (991 f.); *Bödeker/Fink* NZG 2011, 816 (818) (höchster Wert aus allen potentiellen Ansätzen).
³² *Singhof* DB 2016, 1185 (1186 f.); *Wasmann* DB 2017, 1433 (1435 f.); K. Schmidt/Lutter/*Schnorbus* Rn. 6.
³³ OLG München ZIP 2007, 375 (376 f.) – N-Ergie.
³⁴ *Singhof* DB 2016, 1185 (1186 f.); *Wasmann* DB 2017, 1433 (1436 f.); K. Schmidt/Lutter/*Schnorbus* Rn. 6; Hüffer/Koch/*Koch* Rn. 5.
³⁵ Vgl. *Mennicke* DB 2016, 2047 (2048) zu OLG Frankfurt a.M. NZG 2016, 862 (das Urteil konnte die Entscheidung BGH NZG 2016, 461 noch nicht berücksichtigen).
³⁶ Vgl. OLG Düsseldorf NZG 2007, 36 (37 f.); *Bredow/Tribulowsky* NZG 2002, 941 (845); *Aubel/Weber* WM 2004, 857 (864 f.); K. Schmidt/Lutter/*Schnorbus* Rn. 6a; aA *Beier/Bungert* BB 2002, 2627 (2629).
³⁷ OLG Düsseldorf NZG 2007, 36 (39) = WM 2006, 2219; MHdB AG/*Austmann* § 75 Rn. 106; K. Schmidt/Lutter/*Schnorbus* Rn. 6a.
³⁸ OLG Hamburg NZG 2003, 539 (540 f.) = DB 2003, 1499; LG Hamburg NZG 2003, 186 (187 f.) = BB 2002, 2625 = DB 2002, 2478; *Dreier/Riedel* BB 2009, 1822 (1824 ff.); Emmerich/Habersack/*Habersack* Rn. 9; K. Schmidt/Lutter/*Schnorbus* Rn. 7; Kölner Komm WpÜG/*Koppensteiner* Rn. 7 (nachdrücklich sowohl für das abgelaufene als auch zeitanteilig für das Geschäftsjahr, in dem der Ausschluss vorgenommen wird); *Popp* AG 2010, 1 (12 f.); Ausnahmen zulassend MHdB AG/*Austmann* § 75 Rn. 105; aA *Tebben* AG 2003, 600 (605 ff.).
³⁹ *Tebben* AG 2003, 600 (608 f.).
⁴⁰ BGH NZG 2011, 701 (701 f.) = BGHZ 189, 261 = ZIP 2011, 1097 (1100) – Wella I; bestätigt durch BVerfG ZIP 2013, 260; zuvor bereits OLG Frankfurt a. M. AG 2010, 368 (374 ff.); OLG Hamm NZG 2010, 1108 (1109 f.); OLG Köln ZIP 2010, 1797 (1797 f.); OLG München ZIP 2007, 582 (582 f.) (kein Anspruch auf einen erst kurz nach dem Übertragungsbeschluss (aber noch vor Eintragung) fällig werdenden Ausgleich aus einem Gewinnabführungsvertrag; *Bungert/Janson* FS U.H. Schneider, 2011, 159; *Mennicke/Leyendecker* BB 2010, 1426 (1427 ff.); aA *Dreier/Riedel* BB 2009, 1822 (1824 ff.); *Meilicke* AG 2010, 561 (562 ff.).

(→ § 320b Rn. 9 und ausf. → § 305 Rn. 49 ff.), die nicht – auch nicht geringfügig –[41] unterschritten werden darf.[42] Hierzu taugt er grds. nur, wenn die Gesellschaft iSv § 3 Abs. 2 börsennotiert ist, also ihre Aktien im regulierten Markt (§§ 32 ff. BörsG) gehandelt werden (→ § 305 Rn. 57),[43] da nur hier eine ordnungsgemäße Preisbildung und hinreichende Liquidität gewährleistet sind.[44] Wird der Börsenwert zugrunde gelegt, können die Minderheitsaktionäre umgekehrt einwenden, dass der Anteilswert über dem Börsenwert liegt.[45] Dies hat in der Praxis stets eine aufwendige „Doppelbewertung" nach beiden Methoden zur Folge, die verfassungsrechtlich nicht geboten ist.[46] Wegen des geringen Streubesitzes erscheint es häufig (aus Sicht des Hauptaktionärs) zweifelhaft, ob der Börsenkurs den Verkehrswert der Aktie mangels Liquidität zutreffend widerspiegelt.[47] Die Darlegungs- und Beweislast für den Einwand der Unbeachtlichkeit des Börsenkurses trägt der Hauptaktionär. Für einen solchen Ausnahmefall müssen zu dem typischerweise geringen Streubesitz weitere Umstände hinzutreten.[48] In Betracht kommt neben der weniger bedeutsamen Kursmanipulation v.a. die **Marktenge**. Für deren Feststellung können die Kriterien nach § 5 Abs. 4 WpÜG AngebotsV herangezogen werden.[49] Entscheidend ist danach, dass für die betroffenen Aktien während der letzten drei Monate an weniger als einem Drittel der Börsentage Börsenkurse festgestellt wurden oder mehrere nacheinander festgestellte Börsenkurse um mehr als 5 % voneinander abweichen.[50] Dann ist davon auszugehen, dass der einzelne außenstehende Aktionär nicht in der Lage gewesen wäre, seine Aktien zum Börsenkurs zu veräußern. Kommt eine Marktenge nicht in Betracht, ist für den **Börsenwert** analog § 5 Abs. 1 und 3 WpÜG AngebotsV auf den durchschnittlichen gewichteten Börsenkurs (ggf. nach Stamm- und Vorzugsaktien getrennt) in einem dreimonatigen **Referenzzeitraum** abzustellen.[51] Davon ging auch der BGH aus, stellte jedoch für die Positionierung des Dreimonatszeitraums bis 2010 auf den Zeitpunkt der Hauptversammlung zur Beschlussfassung über den *Squeeze-out* ab.[52] Dass

---

[41] OLG Karlsruhe ZIP 2018, 122 (Leitsatz 1) mAnm *Ruthardt* DB 2017, 2405.
[42] Grundlegend BVerfGE 100, 289 (309 f.) = NJW 1999, 3769 = NZG 1999, 931 – DAT/Altana; konkretisierend BVerfG NZG 2011, 869; zur Rechtsprechungsentwicklung BVerfG s. *Bungert/Wettich* ZIP 2012, 449; *Bungert/Wettich* FS Hoffmann-Becking, 2013, 157 (177 ff.); aus ökonom. Sicht *Ruthardt/Hachmeister* WM 2014, 725.
[43] Überwiegende Meinung, s. *Riegger/Wasmann* FS Stilz, 2014, 509 (510 f.); *Hölters/Müller-Michaels* Rn. 8.
[44] Für Einbeziehung von Freiverkehrswerten K. Schmidt/Lutter/*Schnorbus* Rn. 3 unter Verweis auf OLG Düsseldorf AG 2008, 498 (501 f.) (auf Grundlage einer Analyse der Liquidität des Handels); diff. *Bungert/Leyendecker-Langner* BB 2014, 521 (523 ff.) (allenfalls im qualifizierten Freiverkehr (zB Entry Standard); offen lassend OLG München ZIP 2014, 1589 (1590) (jedenfalls nicht, wenn wesentliche wertrelevante Informationen nicht in die Preisbildung einfließen). Zum Ausschluss der Berechnung anhand des Börsenkurses bei Verzögerung des Verfahrens oder fehlender Aussagekraft des Börsenkurses auch OLG Düsseldorf ZIP 2017, 974 (Leitsatz).
[45] BGH NZG 2001, 603 (604 f.) – DAT/Altana; s. auch *Burger* NZG 2012, 281 (281 ff.).
[46] Vgl. BVerfG NZG 2011, 869 (870); NZG 2012, 907 (909). Gegenüber dem „Meistbegünstigungsprinzip" zu Recht krit. *Bungert/Wettich* FS Hoffmann-Becking, 2013, 157 (176 f.); *Reichert* FS Stilz, 2014, 479 (486 ff.); wohl auch *Fleischer* AG 2014, 97 (100 f.).
[47] Vgl. *Austmann* ZGR 2009, 277 (305 f.); *Vetter* AG 2002, 176 (188); *Vetter* ZIP 2000, 1817 (1822); *Pötzsch*, Das neue Übernahmerecht, Einführung – Texte – Materialien, 2002, 55 f.; *Schiessl* AG 1999, 442 (451 f.); *Habersack* ZIP 2001, 1230 (1238); *Grunewald* ZIP 2002, 18 (20); *Mattes/von Maldeghem* BKR 2003, 531 (536); *Ehricke/Roth* DStR 2001, 1120 (1123); *Krieger* BB 2002, 53 (56); *Hüffer/Koch/Koch* Rn. 5; OLG München ZIP 2006, 1722 (1723 f.) (sofern in den drei Monaten vor der Hauptversammlung an vielen Börsentagen die Möglichkeit bestand, die Aktien zu veräußern); anders OLG Frankfurt a.M. AG 2007 403 (403) (insbesondere wenn die Unternehmensbewertung nach dem Ertragswert zu einem viel niedrigeren Wert als dem durchschnittlichen Börsenkurs gelangt); grds. den Börsenkurs beim Squeeze-out als Normwert abl. *Burger* NZG 2012, 281 (281 ff.); ebenso aus ökonom. Sicht *Ruthardt/Hachmeister* NZG 2014, 455; dagegen für eine stärkere Berücksichtigung des Börsenkurses aufgrund der Rechtsprechung des BVerfG *Bungert/Wettich* FS Hoffmann-Becking, 2013, 157.
[48] OLG Stuttgart AG 2011, 560 (561).
[49] OLG Karlsruhe ZIP 2018, 122 (123 ff.) mAnm *Ruthardt* DB 2017, 2405; OLG Karlsruhe ZIP 2015, 1874, 1877 = AG 2015, 789; Großkomm AktG/*Fleischer* Rn. 17; Kölner Komm WpÜG/*Hasselbach* AktG § 327b Rn. 26; *Happ/Bednarz* FS Stilz, 2014, 219 (227 f.); *Land/Hallermayer* AG 2015, 659. Vor Inkrafttreten dieser Regelungen allg. zur Marktenge bereits BGH NZG 2001, 603 (606) („Schematische Betrachtungen, die ein Mindesthandelsvolumen von 3–5 % und einen Handel an mindestens jedem zweiten Tage im Monat fordern, erscheinen dem Senat nicht gerechtfertigt."). Zu weiteren Fällen des „nicht ausreichenden Handels", die trotz Nichtvorliegens der Voraussetzungen des § 5 Abs. 4 WpÜG AngebotsV zur Unbeachtlichkeit der Börsenkurse führen können *Riegger/Wasmann* FS Stilz, 2014, 509 (512).
[50] Zur Unbeachtlichkeit von Geldkursen (= Nachfragekursen) *Land/Hallermayer* AG 2015, 659 (664 ff.).
[51] Vgl. auch OLG München ZIP 2006, 1722 (1724); *Krieger* BB 2002, 53 (56). Datengrundlage sind die der BaFin als börslich gemeldeten Geschäfte, nicht jedoch over-the-counter-Geschäfte; OLG Karlsruhe ZIP 2018, 122, 124 mAnm *Ruthardt* DB 2017, 2405.
[52] Vgl. BGHZ 147, 108 (118) = NZG 2001, 603 – DAT/Altana zum Unternehmensvertrag; OLG München ZIP 2006, 1722 (1724); OLG Düsseldorf NZG 2003, 588 (590 f.) = DB 2003; 1941 zur Mehrheitseingliederung; *Röhricht* in VGR, Gesellschaftsrecht in der Diskussion 2001, 2002, S. 3 (25 ff.); dem für die Squeeze-out folgend *Gesmann-Nuissl* WM 2002, 1205 (1207); *Vetter* AG 2002, 176 (188); ablehnend ua OLG Stuttgart BB 2007, 682 =

dies nicht praktikabel war, lag auf der Hand und wurde ganz überwiegend abgelehnt.[53] Sachlich zutreffend ist es vielmehr, auch bezüglich des maßgeblichen Stichtags auf § 5 Abs. 1 WpÜG AngebotsV zurückzugreifen und den Referenzzeitraum auf den Tag der **Bekanntgabe** des *Squeeze-out* Vorhabens zu beziehen,[54] wobei „in erster Linie", aber nicht ausschließlich an die Ad-hoc-Mitteilung über den Zugang des Übertragungsverlangens (Art. 17 MAR, → § 327 Rn. 14) zu denken ist.[55] Entscheidend nach den Grundsätzen der *Stollwerck*-Rechtsprechung des BGH ist allein das erstmalige Bekanntwerden von belastbaren Informationen über die beabsichtigte Strukturmaßnahme, so dass auch eine belastbare Presseberichterstattung genügen kann.[56] Die Kursentwicklung in dem Zeitraum bis zum Tag der Hauptversammlung kann dann immer noch „berücksichtigt" werden (vgl. Abs. 1 S. 1). Dem hat sich der BGH unter Aufgabe seiner bisherigen Spruchpraxis angeschlossen (auch → § 320b Rn. 9).[57] Ausnahmsweise ist der Börsenwert nach Auffassung des BGH entsprechend der allgemeinen oder branchentypischen Wertentwicklung unter Berücksichtigung der bisherigen Kursentwicklung „hochzurechnen", wenn ein **„längerer Zeitraum"** zwischen der Bekanntgabe der Strukturmaßnahme und der Hauptversammlung der abhängigen Gesellschaft liegt und „die Entwicklung der Börsenkurse eine Anpassung geboten erscheinen" lassen.[58] Die Einzelheiten dieser allgemein als Ausnahmeregelung bewerteten Vorgaben hat der BGH offen gelassen. Ein „längerer Zeitraum" sollte angesichts des notwendigen Vorlaufs und der Komplexität vieler Verfahren nur bei Ablauf von mindestens 7,5 Monaten anzunehmen sein.[59] Auch dann muss eine Anpassung nach dem zusätzlichen qualitativen Kriterium der Gebotenheit nur unter Berücksichtigung der besonderen Umstände im Einzelfall vorgenommen werden.[60] In diesem Zusammenhang kann auch eine Erheblichkeitsschwelle von 5–10 % berücksichtigt werden.[61] Wie die Hochrechnung des Börsenwerts konkret vorzunehmen ist, bedarf noch der näheren Ausformung durch die Rechtsprechung. Primär wird auf Branchenindizes abzustellen sein.[62] Aus praktischen Gründen empfiehlt sich zudem, auf einen Tag kurz vor der Hauptversammlung abzustellen, an dem die Bewertungsarbeiten abgeschlossen sind.[63]

6   3. Informationspflichten des Vorstands der betroffenen Gesellschaft. Trotz der Nähe des Hauptaktionärs zur Gesellschaft kann der Hauptaktionär die Festlegung der Barabfindung und die

---

ZIP 2007 – DaimlerChrysler, *Bungert* BB 2001, 1163 (1164); *Meilicke/Heidel* DB 2001, 973 (974 f.); *Pluskat* NZG 2008, 365; *Wasmann* BB 2007, 680. Vom BVerfG wurde die Rechtsprechung des BGH nicht beanstandet; BVerfG ZIP 2007, 175 = WM 2007, 73, allerdings mit dem Hinweis, dass auch die Gegenansicht keinen verfassungsrechtlichen Bedenken begegnet.
[53] Siehe 2. Aufl. Rn. 5; OLG Stuttgart BB 2007, 682 = ZIP 2007 – DaimlerChrysler; *Bungert* BB 2001, 1163 (1164); *Meilicke/Heidel* DB 2001, 973 (974 f.); *Pluskat* NZG 2008, 365; *Wasmann* BB 2007, 680.
[54] Vgl. *Krieger* BB 2002, 53 (56); Großkomm AktG/*Fleischer* Rn. 18 mwN; Kölner Komm WpÜG/*Hasselbach* Rn. 31; K. Schmidt/Lutter/*Schnorbus* Rn. 5.
[55] BGH NZG 2010, 939 (941 f., 942 f.) = BGHZ 186, 229, = AG 2010, 629 = ZIP 2010, 1487 = WM 2010, 1472 – Stollwerck. Zur Diskussion über die Anforderungen für die Annahme einer „Bekanntgabe" *Bungert/Wettich* ZIP 2012, 449 (450 f.); *Hasselbach/Ebbinghaus* Der Konzern 2010, 467 (471 ff.); *Wasmann* ZGR 2011, 83 (88 ff.).
[56] OLG Karlsruhe ZIP 2015, 1874 (1876).
[57] Vgl. BGHZ 186, 229 = NZG 2010, 939 = AG 2010, 629 = ZIP 2010, 1487 = WM 2010, 1472 – Stollwerck; s. dazu *Bungert/Wettich* BB 2010, 2227; *Decher* ZIP 2010, 1673; *Wasmann* ZGR 2011, 83; *Zeeck/Reichard* AG 2010, 699.
[58] BGH NZG 2010, 939 (942 f.) = BGHZ 186, 229 – Stollwerck; bestätigt durch BGH AG 2011, 590 = ZIP 2011, 1708 – MAN Roland; zusammenfassend Emmerich/Habersack/*Emmerich* § 305 AktG Rn. 47.
[59] Vgl. *Bungert/Wettich* ZIP 2012 449 (451) (mit umfassendem Überblick über den Meinungsstand); *Bücker* NZG 2010, 967 (970); *Decher* ZIP 2010, 1673 (1676); *Goette* in VGR, Gesellschaftsrecht in der Diskussion, 2010, S. 1 (54 f.). Nach der Rechtsprechung des OLG Stuttgart kommt eine Hochrechnung jedenfalls bei einem Zeitraum von bis zu sechs Monaten nicht in Betracht; AG 2011, 205 (207); AG 2011, 420 (422); AG 2011, 560 (562); AG 2011, 795 (800); ebenso *Happ/Bednarz* FS Stilz, 2014, 219 (226); *Wasmann* ZGR 2011, 83 (96). Kürzere Zeiträume wurden bereits verschiedentlich abgelehnt. s. BGH AG 2011, 590 = BGH ZIP 2011, 1708 – MAN Roland (3,5 Monate); OLG Saarbrücken ZIP 2014, 1784 (6,5 Monate); OLG Frankfurt a. M. BeckRS 2012, 02278; OLG Frankfurt a. M. AG 2011, 832 (833) (4,5 Monate); OLG Frankfurt a.M. AG 2012, 41 (418) (3 Monate); aA nur *Zeeck/Reichard* AG 2010, 699 (705).
[60] Überzeugend *Bungert/Wettich* ZIP 2012, 449 (452 f.); *Happ/Bednarz* FS Stilz, 2014, 219 (226 f.); ebenso OLG Stuttgart AG 2011, 560 (562) („gegebenenfalls"). Daran sollte sich auch nichts ändern, wenn vorsorglich ein Bestätigungsbeschluss (§ 244) eingeholt wird; *Happ/Bednarz* FS Stilz, 2014, 219 (227).
[61] Vgl. *Bungert/Wettich* BB 2010, 2227 (2230); *Bungert/Wettich* ZIP 2012, 449 (453) unter Verweis auf OLG Stuttgart ZIP 2008, 883.
[62] Dazu und zu ersten weiteren Leitlinien *Bücker* NZG 2010, 967 (971); *Bungert/Wettich* BB 2010, 2227 (2230 f.); *Decher* ZIP 2010, 1673 (1676); *Wasmann* ZGR 2011, 83 (96 ff., 98).
[63] *Bücker* NZG 2010, 967 (970); Emmerich/Habersack/*Emmerich* § 305 Rn. 47; anders offenbar Hölters/*Müller-Michaels* Rn. 8.

hierzu erforderliche Unternehmensbewertung nicht ohne Mitwirkung der Gesellschaft bzw. ihrer Organe (und Einschaltung eines Bewertungsgutachters) sachgerecht vornehmen. Nach Abs. 1 S. 2 hat er deshalb einen Anspruch auf Vorlage aller dafür notwendigen Unterlagen und Auskunftserteilung. Anspruchsverpflichtet ist der Vorstand der betroffenen Gesellschaft.[64] Der Informationsanspruch ist umfassend und erstreckt sich auf sämtliche **bewertungsrelevanten Aspekte** (zB Rechnungs- und Kostenwesen, Vermögensübersichten, Planungsdaten, Bewertung von Unternehmensrisiken usw).[65] Zur Erfüllung dieses Anspruchs ist der Vorstand von seiner Pflicht zur Verschwiegenheit (§ 93 Abs. 1 S. 2) befreit. Diese weitgehende Öffnung bedingt es, dass der Hauptaktionär seinerseits aufgrund seiner mitgliedschaftlichen Treupflicht zur Verschwiegenheit[66] und zur ausschließlichen Verwendung der Informationen zu Zwecken des *Squeeze-out* verpflichtet ist. Dies kann, muss aber nicht zusätzlich in einer Geheimhaltungsvereinbarung dokumentiert werden. Vorstand bzw. Gesellschaft haben kein Recht zur Verweigerung der Informationen.[67] Zur sachgerechten Verwertung der Informationen für das Ausschlussvorhaben kann sich der Hauptaktionär auch der Unterstützung einer zur Verschwiegenheit verpflichteten Hilfsperson (Wirtschaftsprüfer) versichern. Fälle des Rechtsmissbrauchs durch ein scheinbar gestelltes Verlangen nach § 327 Abs. 1 dürften praktisch kaum relevant sein.[68] Die Auskunft wird dem Hauptaktionär nicht „wegen seiner Eigenschaft als Aktionär", sondern wegen seiner besonderen Stellung und seines Übertragungsverlangens erteilt. Dies schließt die Anwendbarkeit des § 131 Abs. 4 für die Minderheitsaktionäre aus.[69] Grundsätzlich muss die „Eigenschaft" als Hauptaktionär im Zeitpunkt der Auskunftserteilung nach Maßgabe von Abs. 1 S. 2 bereits bestehen (auch → § 327a Rn. 18). Wegen der notwendigen Vorbereitungszeit für einen *Squeeze-out* ist die Gesellschaft aber zumindest berechtigt, auch einem Informationsbegehren eines Großaktionärs nachzukommen, der zB aufgrund bestehender (Termin-)Kaufverträge demnächst die 95 %-Grenze erreichen wird und die Ernsthaftigkeit seines *Squeeze-out* Vorhabens dartun kann.

4. Abfindungsberechtigung. a) Minderheitsaktionäre. Die Gesamthöhe der auszuzahlenden Barabfindung hängt von der Anzahl der abfindungsberechtigten Gläubiger ab. Abfindungsberechtigt sind die Minderheitsaktionäre der Gesellschaft, deren Mitgliedschaft mit Eintragung der Übertragungsbeschlusses in das Handelsregister auf den Hauptaktionär übergehen (§ 327e Abs. 3 S. 1). Dies sind sämtliche Aktien, die nicht dem Hauptaktionär gehören oder ihm nach §§ 327a Abs. 2, 16 Abs. 4 zugerechnet werden (→ § 327e Rn. 8).[70] Des Übergangs der dem Hauptaktionär zuzurechnenden Aktien bedarf es nicht, weil anders als bei der Mehrheitseingliederung gerade nicht alle Aktien „in der Hand" der Hauptgesellschaft zusammengeführt werden sollen, sondern es für die Leitung der Gesellschaft ausreicht, wenn sämtliche Aktien entweder dem Hauptaktionär selbst oder von ihm abhängigen Gesellschaften gehören. Aus diesem Grund gehen auch **eigene Aktien** der Gesellschaft **nicht** auf den Hauptaktionär über und sind nicht abfindungsberechtigt (zur Rechtslage bei der Mehrheitseingliederung → § 320a Rn. 2 und → § 320b Rn. 3).[71] Daran ändert auch der Umstand nichts, dass diese Aktien nach der Berechnungsregel der §§ 327a Abs. 2, 16 Abs. 2 für die Feststellung der maßgeblichen Kapitalbeteiligung des Hauptaktionärs unberücksichtigt bleiben.[72]

7

7

---

[64] Hüffer/Koch/*Koch* Rn. 9; aA (Gesellschaft, die ihre Informationspflichten durch den Vorstand erfüllt) *Gesmann-Nuissl* WM 2002, 1205 (1208); MüKoAktG/*Grunewald* Rn. 4; Emmerich/Habersack/*Habersack* Rn. 5; Hölters/*Müller-Michaels* Rn. 13 Fn. 48; Kölner Komm AktG/*Koppensteiner* Rn. 5.

[65] Vgl. Hüffer/Koch/*Koch* Rn. 9; MüKoAktG/*Grunewald* Rn. 5; weitergehend MHdB AG/*Austmann* § 75 Rn. 46 (alle Bereiche, zu denen der Bericht zweckmäßigerweise Auskunft gibt).

[66] Hüffer/Koch/*Koch* Rn. 9; Emmerich/Habersack/*Habersack* Rn. 5. Zu konzern- und kapitalmarktrechtlichen Besonderheiten der Informationsweitergabe *Singhof* ZGR 2001, 146; *U. H. Schneider* FS Wiedemann, 2002, 1255.

[67] Vgl. Emmerich/Habersack/*Habersack* Rn. 5; K. Schmidt/Lutter/*Schnorbus* Rn. 26 (nur wenn die Voraussetzungen für die Auskunftserteilung nicht vorliegen).

[68] Dazu der MüKoAktG/*Grunewald* Rn. 5 („Einschaltung eines zur Verschwiegenheit verpflichteten Berufsträgers"); Großkomm AktG/*Fleischer* Rn. 8; NK-AktR/*Heidel/Lochner* Rn. 6.

[69] OLG Düsseldorf NZG 2004, 328 (333 f.) = ZIP 2004, 359 = Der Konzern 2004, 278; LG München ZIP 2008, 2124; Hüffer/Koch/*Koch* Rn. 9; MüKoAktG/*Grunewald* Rn. 5; Emmerich/Habersack/*Habersack* Rn. 5; Kölner Komm WpÜG/*Hasselbach* AktG § 327b Rn. 11; Kölner Komm AktG/*Koppensteiner* Rn. 6.

[70] Vgl. BegrRegE, BT-Drs. 14/7034, 72; *Fleischer* ZGR 2002, 757 (775); *Sieger/Hasselbach* ZGR 2002, 120 (135).

[71] *Riegger* DB 2003, 541 (543 f.); Großkomm AktG/*Fleischer* Rn. 25; Hüffer/Koch/*Koch* Rn. 2 u. § 327e Rn. 4; MüKoAktG/*Grunewald* § 327e Rn. 11; *Lieder/Stange* Der Konzern 2008, 617 (623 ff.); dies auch durch ausdrückliche Regelung fordernd *Handelsrechtsausschuss des DAV* WM 1999, 1536 (1540); aA Emmerich/Habersack/*Habersack* Rn. 6 und § 327e Rn. 9; *Drinkuth* in Marsch-Barner/Schäfer Börsennotierte AG-HdB Rn. 62.65. Der Hauptaktionär soll selbst wählen, ob er die eigenen Aktien der Gesellschaft in den Ausschluss der Minderheitsaktionäre einbeziehen will; so aber Kölner Komm WpÜG/*Hasselbach* AktG § 327e Rn. 60.

[72] *Riegger* DB 2003, 541 (543); MüKoAktG/*Grunewald* § 327e Rn. 11.

Etwas anderes ist nur für Aktionäre anzunehmen, deren Anteile nach § 16 Abs. 2 S. 3 eigenen Anteilen gleichstehen, weil sie „für Rechnung" der Gesellschaft gehalten werden und die Interessenlage des Hauptaktionärs wegen der bloßen schuldrechtlichen Abrede eine andere ist.

8 b) Inhaber von Bezugs- oder Umtauschrechten. Nur noch Gläubiger eines Barabfindungsanspruchs werden im Falle eines *Squeeze-out* analog § 327a Abs. 1 auch die Inhaber von Options- oder Wandlungsrechten aus Options- oder Wandelschuldverschreibungen, Optionen oder anderen hybriden Finanzinstrumenten.[73] Denn anderenfalls stünden sie besser als die Minderheitsaktionäre, und nach jeder Ausübung der Bezugsrechte müsste erneut ein Ausschlussverfahren betrieben werden, um den status quo für den Hauptaktionär wiederherzustellen. Dieser Aufwand stünde dem Gesetzeszweck des *Squeeze-out* entgegen. Teilweise wird dies auf die Fälle beschränkt, in denen sich diese Rechte auf nicht mehr als 5 % des Grundkapitals beziehen.[74] Die genannten Gründe sprechen jedoch dafür, § 327a Abs. 1 auch dann analog anzuwenden, wenn die Options- oder Wandlungsrechte sich auf mehr als 5 % des Grundkapitals beziehen, ihre Ausübung aber vor Durchführung des *Squeeze-out* noch nicht möglich ist.[75] Entsprechend der Rechtslage bei der Mehrheitseingliederung (→ § 320b Rn. 6) findet mit dem Wirksamwerden des *Squeeze-out* eine **Umwandlung** des Bezugsrechts statt.[76] Nach der zunächst wohl überwiegenden Ansicht bedeutet dies, dass der Berechtigte ab dem Zeitpunkt des Übergangs der Aktien auf den Hauptaktionär im Falle der Ausübung seines Bezugsrechts nach Maßgabe der zugrundeliegenden Bedingungen – gegebenenfalls unter Verrechnung einer von ihnen zu erbringenden Einlage – die volle Barabfindung für die an sich zu beanspruchenden Aktien erhält.[77] Der Berechtigte habe freilich nur die Möglichkeit, sein Bezugsrecht auszuüben, sei dazu aber nicht verpflichtet.[78] Danach werden die „Stammrechte", also die Rückzahlungsansprüche etwa aus der Options- oder Wandelanleihe, nicht mit der Handelsregistereintragung des Übertragungsbeschlusses fällig gestellt, sondern bestimmen sich nach der vereinbarten Laufzeit. Etwas anderes kann sich auf Grundlage dieser Ansicht nur ergeben, wenn ein Sonderkündigungsrecht wegen des *Squeeze-out* in den Anleihebedingungen enthalten ist. Ein solches hat sich in der Praxis aber nicht etabliert, zumal die Möglichkeit zur vorzeitigen Fälligstellung der Anleihe den Investoren zumeist schon bei einem **Kontrollwechsel** eingeräumt und von diesen auch ausgeübt wird *(change of control put)*. Falls eine autonome Regelung fehlt, soll der Barabfindungsanspruch erst mit Eintritt der Bezugsvoraussetzungen und Ausübung des Bezugsrechts durch den Berechtigten erfüllt werden.[79] Dem wird von einer vordringenden Ansicht entgegen gehalten, dass hierdurch eine für alle Betroffenen zügige und einheitliche Abwicklung vereitelt wird.[80] Außerdem werde verkannt, dass mit Wirksamwerden des *Squeeze-out* und anschließender Einstellung der Notierung die sich am Aktienkurs der Gesellschaft orien-

---

[73] HM, LG Düsseldorf NZG 2004, 1168 (1170) = ZIP 2004, 1755; *Angerer* BKR 2002, 260 (267); *Ehricke/Roth* DStR 2001, 1120 (1122); *Fleischer* ZGR 2002, 757 (776); *Handelsrechtsausschuss des DAV* NZG 2001, 420 (431); *Krieger* BB 2002, 53 (61); *Schlitt/Seiler/Singhof* AG 2003, 254 (267); *Singhof/Weber* WM 2002, 1158 (1169); *Wilsing/Kruse* ZIP 2002, 1465 (1467 ff.); MüKoAktG/*Grunewald* Rn. 12; *Emmerich/Habersack/Habersack* Rn. 7; Hüffer/Koch/*Koch* Rn. 3; K. Schmidt/Lutter/*Schnorbus* Rn. 13; abw. *Sieger/Hasselbach* ZGR 2002, 120 (158); Kölner Komm WpÜG/*Hasselbach* § 327e AktG Rn. 62 (Berechtigung des Hauptaktionärs, die Options- oder Wandlungsrechte zu erwerben oder zum Erlöschen zu bringen); aA *P. Baums* WM 2001, 1843 (1847 ff.); *Friedl* Der Konzern 2004, 309 (314 ff.); *Ziemons* FS K. Schmidt, 2009, 1777 (1779); zur abw Behandlung beim verschmelzungsrechtlichen Squeeze-out *Arens* WM 2014, 682.

[74] Vgl. BGH NJW 1998, 2146 = NZG 1998, 304 – Siemens/Nixdorf; deutlicher noch *Röhricht* in VGR, Gesellschaftsrecht in der Diskussion, 1999, 1 (10) (jeweils für die Mehrheitseingliederung); für den Squeeze-out *Angerer* BKR 2002, 260 (267); *Gesmann-Nuissl* WM 2002, 1205 (1207); MüKoAktG/*Grunewald* Rn. 13; wohl auch *Krieger* BB 2002, 53 (61); enger *Sieger/Hasselbach* ZGR 2002, 120 (158) („Kapitalanteile" der Minderheitsaktionäre und der Inhaber von Options- und Wandlungsrechten sollen zusammengerechnet die Schwelle von 5 % nicht überschreiten).

[75] So auch *Wilsing/Kruse* ZIP 2002, 1465 (1469); MHdB AG/*Austmann* § 75 Rn. 113; K. Schmidt/Lutter/*Schnorbus* Rn. 14; Hüffer/Koch/*Koch* Rn. 3.

[76] LG Düsseldorf NZG 2004, 1168 (1170) und die hM; anders nur *Wilsing/Kruse* ZIP 2002, 1465 (1468 f.) (Übergang auf den Hauptaktionär); *Engelhardt* BKR 2008, 45 (47 ff.) (zwangsweise Fälligstellung der Bezugsrechte).

[77] *Krieger* BB 2002, 53 (61); *Vossius* ZIP 2002, 511 (513); MHdB AG/*Austmann* § 75 Rn. 114.

[78] *Krieger* BB 2002, 53 (61). Dagegen nimmt *Friedl* Der Konzern 2004, 309 (317 f.) an, dass die Bezugsrechtsinhaber nach durchgeführtem Squeeze-out die Wandel- oder Optionsanleihe wegen Wegfalls der Geschäftsgrundlage nach § 313 Abs. 1 BGB oder aus wichtigem Grund nach § 314 Abs. 1 und 3 BGB kündigen und fällig stellen können. Dies ist nicht zuletzt deshalb abzulehnen, weil dadurch der Gesellschaft zusätzliche Kosten auferlegt würden, die der Hauptaktionär veranlasst hat.

[79] Vgl. *Krieger* BB 2002, 53 (61); *Handelsrechtsausschuss des DAV* NZG 2001, 420 (431); s. auch *Schlitt/Seiler/Singhof* AG 2003, 254 (268).

[80] *Emmerich/Habersack/Habersack* Rn. 8.

tierenden Bezugsvoraussetzungen nicht mehr feststellbar sind.[81] Daher müsse das Bezugsrecht selbst, und zwar unabhängig von seiner Ausübung, abgefunden werden.[82] Die Stammrechte blieben hiervon unberührt und liefen bis zur Endfälligkeit weiter. Richtig hieran ist, dass der **Wert des Bezugsrechts** mit Eintragung des Übertragungsbeschlusses gleichsam „eingefroren" wird und eine weiterhin mögliche Ausübung des Bezugsrechts den Berechtigten damit nicht wirtschaftlich besser stellen würde als eine unverzügliche Abfindung. Der Wert des Bezugsrechts ist nach anerkannten Bewertungsmethoden (Black Scholes) unter Berücksichtigung der Verhältnisse im Zeitpunkt der Beschlussfassung der Hauptversammlung zu ermitteln.[83] Für Abtrennbare Bezugs- oder Optionsrechte ist dem ohne weiteres zu folgen. Allerdings wird man für die Wandelanleihe, bei der Stamm- und Wandlungsrecht untrennbar verbunden sind, im Unterschied zu isolierten Bezugsrechten jedenfalls dann eine „Zwangswandlung" anzunehmen haben, wenn die **Wandelanleihe** vor Durchführung des *Squeeze-out* zwar „im Geld", aufgrund der Anleihebedingungen aber noch nicht wandelbar war.[84] Wenn man hier nur das (werthaltige) Wandelungsrecht isoliert abfände und die Anleihe bis zur Endfälligkeit fortlaufen ließe, würde dem Inhaber der Wandelanleihe das Recht genommen, die Bereitstellung von Fremdmitteln durch Wandelung vorzeitig zu beenden. Diese tiefgreifende Änderung der Wandelanleihe erscheint im Zusammenhang mit dem *Squeeze-out* für den Anleiheinhaber nicht hinnehmbar, der nicht vorher bereits wandeln konnte. Auf die höhere Barabfindung unter Verrechnung des Rückzahlungsanspruchs gegen die Gesellschaft muss sich der Hauptaktionär einrichten. Wie der Barabfindungsanspruch der Minderheitsaktionäre entsteht der Barabfindungsanspruch der Bezugsberechtigten mit Eintragung des Übertragungsbeschlusses und ist auch in diesem Zeitpunkt fällig (zur Antragsberechtigung im Spruchverfahren → § 327f Rn. 5).[85]

III. Verzinsung und Verjährung der Barabfindung

Die Barabfindung ist nach Abs. 2 von der Bekanntmachung (§ 10 HGB) der Eintragung des Übertragungsbeschlusses in das Handelsregister (§ 327e) an mit jährlich **5 % über** dem jeweiligen **Basiszinssatz** (§ 247 BGB) zu verzinsen.[86] Hierbei handelt es sich um eine Art Fälligkeitszins, wenngleich die Barabfindung bereits mit Eintragung fällig ist (→ § 327c Rn. 9). Die Verzinsungspflicht ist jedenfalls nicht an den Eintritt des Schuldnerverzugs gebunden. Dadurch soll dem Hauptaktionär der Anreiz genommen werden, zunächst eine unangemessen niedrige Abfindung festzusetzen und dann das Spruchverfahren zu Lasten der Minderheitsaktionäre zu verzögern.[87] Um dem Nachdruck zu verleihen, ist der Zinssatz von 2 auf 5 % angehoben worden.[88] Da der Basiszinssatz seit 2013 negativ ist, liegt die Verzinsung der Barabfindung effektiv niedriger.[89] Die Geltendmachung eines **weiteren Schadens** ist nicht ausgeschlossenen (Abs. 2, 2. HS). Dies setzt voraus, dass die Voraussetzungen einer weiteren Anspruchsgrundlage erfüllt sind (zB § 280 Abs. 1 und 2 BGB, § 286 BGB). Regelungsvorbild des Abs. 2 sind § 305 Abs. 3 S. 3 und § 320b Abs. 1 S. 6; auf die diesbezügli-

---

[81] *Wilsing/Kruse* ZIP 2002, 1465 (1467 f.); Emmerich/Habersack/*Habersack* Rn. 8; aA MHdB AG/*Austmann* § 75 Rn. 114 (ergänzende Vertragsauslegung).
[82] Emmerich/Habersack/*Habersack* Rn. 8; MüKoAktG/*Grunewald* Rn. 13; K. Schmidt/Lutter/*Schnorbus* Rn. 15; iE zustimmend Kölner Komm AktG/*Koppensteiner* § 327e Rn. 18.
[83] Vgl. *Schlitt/Seiler/Singhof* AG 2003, 254 (268); *Wilsing/Kruse* ZIP 2002, 1465 (1470); Emmerich/Habersack/*Habersack* Rn. 8.
[84] Vgl. auch Emmerich/Habersack/*Habersack* Rn. 8, der insoweit nicht differenziert und immer eine „Umwandlung" der Wandelanleihe in eine „normale" Anleihe annimmt. Für eine Abfindung „unter Annahme der Ausübung" für alle Options- oder Wandlungsrechte *Süßmann* AG 2013, 158 (160 ff.).
[85] *Schlitt/Seiler/Singhof* AG 2003, 254 (268); MüKoAktG/*Grunewald* Rn. 12; Emmerich/Habersack/*Habersack* Rn. 8.
[86] Die Verzinsungsregelung entspricht verfassungsrechtlichen Vorgaben; BVerfG ZIP 2007, 1261; BGH NZG 2011, 701 (704) = ZIP 2011, 1097 – Wella I; OLG Stuttgart ZIP 2006, 27 (30 f.); Großkomm AktG/*Fleischer* Rn. 41 f.; krit. dagegen *Altmeppen* ZIP 2010, 1773 (1773); *Lenz/Leinekugel*, Eigentumsschutz beim Squeeze-out, 2004, 54; aA NK-AktR/*Heidel/Lochner* Rn. 11. Beim Zusammentreffen mit einem Beherrschungs- und Gewinnabführungsvertrag ist eine aufgrund der zeitlichen Diskrepanz zwischen Eintragung und Verzinsungsbeginn entstehende „Verzinsungslücke" auch nicht von Verfassungs wegen durch eine anteilige Ausgleichszahlung für den Beherrschungs- und Gewinnabführungsvertrag zu schließen; BVerfG ZIP 2013, 260 (262 f.); K. Schmidt/Lutter/*Schnorbus* § 327e Rn. 22a.
[87] Vgl. BegrRegE UmwG BT-Drs. 12/6699, 88 (179); Emmerich/Habersack/*Emmerich* § 305 Rn. 32.
[88] Vgl. Gesetz zur Umsetzung der Aktionärsrechterichtlinie (ARUG) v. 30.7.2009, BGBl. 2009 I 2479; zuvor bereits eine Erhöhung des Zinssatzes verlangend Großkomm AktG/*Fleischer* Rn. 42 mwN; demgegenüber zu Recht krit. *Handelsrechtsausschuss des DAV* NZG 2009, 96 (98 f.).
[89] Kritisch *Coen* NJW 2012, 3329, der *de lege ferenda* vorschlägt, den Basiszinssatz mit dem Wert „Null" anzusetzen.

chen Erläuterungen ist zu verweisen (→ § 320b Rn. 11). Der Anspruch auf die Zahlung der Barabfindung **verjährt** nach § 195 BGB in drei Jahren, wobei der Fristbeginn sich aus § 199 Abs. 1 BGB ergibt (Schluss des Jahres der Abfindungsbekanntmachung).[90] Während eines Spruchverfahrens ist die Verjährung für alle Minderheitsaktionäre gehemmt (§ 204 Abs. 1 Nr. 1, Abs. 2 BGB). Dabei dürfte die Hemmung nur für den etwaigen Erhöhungsbetrag gelten.[91] Die regelmäßige Verjährungsfrist von 3 Jahren gilt auch für den Verzinsungsanspruch. Wird ein Spruchverfahren durch gerichtlichen Vergleich beendet, unterliegen die Ansprüche aus diesem Prozessvergleich (vgl. § 11 Abs. 2 SpruchG iVm § 794 Abs. 1 Nr. 1 ZPO) der dreißigjährigen Verjährung § 197 Abs. 1 Nr. 4 BGB).

IV. Barabfindungsgewährleistung eines Kreditinstituts

10   **1. Funktion und Bedeutung.** Nach Abs. 3 muss ein in Deutschland zum Geschäftsbetrieb zugelassenes **Kreditinstitut** (§ 1 Abs. 1, § 32 KWG)[92] „die Gewährleistung" für die Erfüllung der Verpflichtung des Hauptaktionärs übernehmen, den Minderheitsaktionären nach Eintragung des Übertragungsbeschlusses unverzüglich (§ 121 Abs. 1 S. 1 BGB) die festgelegte Barabfindung für die übergangenen Aktien zu zahlen. Dadurch soll das **(Insolvenz-)Risiko der Minderheitsaktionäre** entscheidend gemindert werden, denn ihre Mitgliedschaftsrechte werden bereits mit Eintragung des Übertragungsbeschlusses unabhängig von der Erfüllung ihrer schuldrechtlichen Barabfindungsansprüche auf den Hauptaktionär übertragen (§ 327e Abs. 3 S. 1). Den Minderheitsaktionären wird ein **zusätzlicher unmittelbarer Anspruch** gegen das Kreditinstitut eingeräumt und damit die Durchsetzung des Abfindungsanspruchs erleichtert.[93] Dies ist nur bei einem Übertragungsverlangen des SoFFin nicht erforderlich, § 12 Abs. 4 S. 2 FMStBG (→ § 327a Rn. 3a). Aufgrund seiner typischen Geschäftstätigkeit ist ein Kreditinstitut in besonderem Maße berufen, ihnen für die Zahlung der Barabfindung Gewähr zu bieten. Der Unterschied zur Mehrheitseingliederung, bei der eine Sicherung des Abfindungsanspruchs nicht vorgesehen ist, erscheint sachgerecht. Er folgt daraus, dass an die Person des Hauptaktionärs (Rechtsform und Sitz) beim *Squeeze-out* keine besonderen Anforderungen gestellt werden (→ § 327a Rn. 15) und die ausgeschiedenen Minderheitsaktionäre als Regelabfindung nicht Aktien der Hauptgesellschaft, sondern ausschließlich eine Barzahlung erhalten.[94] Nach ihrem zwangsweisen Ausschluss sollen die früheren Minderheitsaktionäre nicht auf die Liquidität „jedes beliebigen" Hauptaktionärs angewiesen sein.[95] Anders als § 13 Abs. 1 S. 2 WpÜG verlangt Abs. 3 nicht ausdrücklich die Unabhängigkeit des Kreditinstituts vom Hauptaktionär. Trotzdem sollte bei Bestehen einer gesellschaftsrechtlichen Verbundenheit mit dem Hauptaktionär von einer Gewährleistungserklärung durch das abhängige Kreditinstitut abgesehen werden.[96]

11   **2. Inhalt und Rechtsqualität.** Das Kreditinstitut muss eine – nicht näher definierte – „Gewährleistung" für die Erfüllung der Verpflichtung des Hauptaktionärs zur Zahlung der festgelegten Barabfindung übernehmen. Mit dieser Formulierung wird der Charakter der Erklärung als Sicherheit klargestellt.[97] Notwendig ist ein eigenes **Zahlungsversprechen**[98] des Kreditinstituts, das dann zum Tragen kommt, wenn der Hauptaktionär seinen Verpflichtungen nicht nachgekommen ist. Es kann vor allem in Form einer Garantie[99] gestellt werden. Dem Zweck des Abs. 3 wird aber gleichermaßen durch eine Bürgschaft

---

[90] *Polte/Weber/Kaisershot-Abdmoulah* AG 2007, 690 (692); Großkomm AktG/*Fleischer* Rn. 23; Kölner Komm AktG/*Koppensteiner* Rn. 14; K. Schmidt/Lutter/*Schnorbus* Rn. 22; NK-AktR/*Heidel/Lochner* Rn. 3.
[91] *Polte/Weber/Kaisershot-Abdmoulah* AG 2007, 690 (694 f.); K. Schmidt/Lutter/*Schnorbus* Rn. 22; aA wohl NK-AktR/*Heidel/Lochner* Rn. 3.
[92] Näher Kölner Komm WpÜG/*Hasselbach* AktG § 327b Rn. 44.
[93] BegrRegE, BT-Drs. 14/7034, 1 (72).
[94] Vgl. *Handelsrechtsausschuss des DAV* NZG 2001, 420 (432); *Singhof/Weber* WM 2002, 1158 (1167).
[95] Vgl. *Handelsrechtsausschuss des DAV* NZG 2001, 420 (432).
[96] Zweifelnd, iE aber offen lassend LG Frankfurt a. M. NZG 2004, 672 (674) für den Fall, dass das Kreditinstitut mit dem Hauptaktionär wirtschaftlich eng verbunden ist. Anders LG München ZIP 2004, 167 (169) für den Fall, dass der Hauptaktionär eine 100 %-Tochtergesellschaft der die Barabfindungsgewährleistung gewährenden Bank ist. Eine geringe (mittelbare) Beteiligung des Kreditinstituts am Hauptaktionär (5,1 %) ist unschädlich; OLG Stuttgart AG 2009, 204 (208).
[97] Vgl. das Beispiel von *Groß* in Happ Konzern- und Umwandlungsrecht, Muster 6.01 lit. c. Zur anders ausgestalteten Bestätigung der Finanzierungsmaßnahmen iSd § 13 Abs. 1 S. 2 WpÜG als einfacher Tatsachenerklärung *Singhof/Weber* WM 2002, 1158; *Berrar* ZBB 2002, 174.
[98] OLG Stuttgart AG 2009, 204 (207 f.); OLG Düsseldorf AG 2005, 654 (655); OLG Hamm ZIP 2005, 1457 (1461); Hüffer/Koch/*Koch* Rn. 10; Emmerich/Habersack/*Habersack* Rn. 12; Hölters/*Müller-Michaels* Rn. 19; K. Schmidt/Lutter/*Schnorbus* Rn. 31; aA MüKoAktG/*Grunewald* Rn. 17 (Stellung einer Sicherheit nach § 232 Abs. 1 BGB möglich).
[99] S. BegrRegE, BT-Drs. 14/7034, 1 (72) – Bankgarantie; dazu auch *Handelsrechtsausschuss des DAV* NZG 2001, 1003 (1008).

(§ 765 BGB), einen Schuldbeitritt (§ 311 Abs. 1 BGB) oder ein abstraktes Schuldversprechen (§ 780 BGB) des Kreditinstituts entsprochen.[100] Unabhängig von § 349 S. 1 HGB muss es sich dabei stets um eine **„selbstschuldnerische" Verpflichtung** handeln, bei der das Kreditinstitut keine Einrede der Vorausklage (§ 771 BGB) oder vergleichbare Leistungsverweigerungsrechte hat.[101] Ebenso wenig darf die Zahlung des Kreditinstituts von weiteren Bedingungen abhängen.[102] Denn es soll gerade die „unverzügliche" Zahlung des Hauptaktionärs nach Eintragung des Übertragungsbeschlusses – und damit Übergang der Mitgliedschaftsrechte – gewährleisten. Dem kann nicht entsprochen werden, wenn die Minderheitsaktionäre zunächst auf die Zwangsvollstreckung gegen den Hauptaktionär oder den Eintritt von weiteren Bedingungen verwiesen werden könnten. Nicht gefordert ist andererseits eine abstrakte Bankgarantie oder Zahlungsverpflichtung „auf erstes Anfordern".[103]

3. Umfang und Dauer der Gewährleistung. Die „Gewährleistung" des Kreditinstituts muss 12 sich auf die vom Hauptaktionär nach Abs. 1 S. 1 **„festgelegte" Barabfindung** beziehen. Damit ist die Gewährleistung für weitergehende Ansprüche nach Abschluss eines gemäß § 327f eingeleiteten Spruchverfahrens ausgeschlossen.[104] Jede andere Wertung wäre mit Blick auf die grds. fehlende Bereitschaft der Kreditinstitute zur Übernahme unlimitierter Avale auch praxisfremd; das Risiko einer abweichenden Bewertung des Anteilswertes nach unter Umständen mehrjähriger Verfahrensdauer ist für sie nicht mehr kalkulierbar.[105] Die Gefahr des Missbrauchs durch eine bewusst niedrige Ansetzung der Barabfindung zur Vermeidung von Avalkosten dürfte wegen der obligatorischen Prüfung durch einen gerichtlich bestellten Prüfer kaum relevant werden, würde aber jedenfalls zur Anfechtbarkeit des Hauptversammlungsbeschlusses führen.[106] Entscheidend ist damit der in dem Übertragungsbeschluss genannte Betrag der Abfindung pro Aktie.[107] Die **Gesamthöhe des Avals** ergibt sich folglich aus dem Produkt dieser Barabfindung und der Anzahl der auszuschließenden Aktien (zu Umtausch- und Bezugsrechten → Rn. 8). Die Festlegung eines entsprechenden Haftungshöchstbetrags in der Gewährleistungserklärung bliebe gleichwohl gegenüber den anspruchsberechtigten Aktionären ohne Wirkung; gegen mögliche Veränderungen des Grundkapitals und eine damit verbundene Erhöhung des Anteils der außenstehenden Minderheitsaktionäre zwischen dem Zeitpunkt der Abgabe der Gewährleistungserklärung und dem Zeitpunkt der Eintragung des Übertragungsbeschlusses muss sich das Kreditinstitut im Innenverhältnis absichern.[108] Wird die ursprüng-

---

[100] Vgl. BGH BB 2011, 1212 (1214) = AG 2011, 518 = WM 2011, 1032; *Krieger* BB 2002, 53 (58); *Singhof/Weber* WM 2002, 1158 (1168); *Vetter* AG 2002, 176 (188 f.); Großkomm AktG/*Fleischer* Rn. 44; MüKoAktG/*Grunewald* Rn. 17; Angerer/Geibel/Süßmann/Grzimek AktG § 327a Rn. 46; Emmerich/Habersack/*Habersack* Rn. 12; Kölner Komm WpÜG/*Hasselbach* AktG § 327b Rn. 46; K. Schmidt/Lutter/*Schnorbus* Rn. 32.

[101] Vgl. *Krieger* BB 2002, 53 (58); *Singhof/Weber* WM 2002, 1158 (1168); MHdB AG/*Austmann* § 75 Rn. 61; Angerer/Geibel/Süßmann/Grzimek AktG § 327b Rn. 46; *Habersack* Rn. 12; K. Schmidt/Lutter/*Schnorbus* Rn. 31 f.; aA *Sieger/Hasselbach* ZGR 2002, 120 (151); *Fuhrmann/Simon* WM 2002, 1211 (1216); MüKoAktG/*Grunewald* Rn. 17.

[102] MüKoAktG/*Grunewald* Rn. 17; Emmerich/Habersack/*Habersack* Rn. 12; Hüffer/Koch/*Koch* Rn. 12. Keine unzulässige Bedingung ist darin zu sehen, dass die Zahlung nur Zug um Zug gegen Aushändigung der Aktienurkunden erfolgen soll; LG Frankfurt a. M. NZG 2004, 672 (675).

[103] BGH BB 2011, 1212 (1214) = AG 2011, 518 = WM 2011, 1032 = BGHZ 189, 32; *Krieger* BB 2002, 53 (58); *Singhof/Weber* WM 2002, 1158 (1168); *Drinkuth* in Marsch-Barner/Schäfer Börsennotierte AG-HdB Rn. 62.49.

[104] Ganz hM; BVerfG BB 2007, 1515 (1517) m. Anm. *Bungert* = DB 2007, 1577 = AG 2007, 544; BGH ZIP 2005, 2107 (2108); BGH DB 2009, 1004 = ZIP 2009, 908; BGH DB 2017, 540, 541 = ZIP 2017, 469 = AG 2017, 231 = BB 2017, 585 = WM 2017, 483; OLG Hamburg NZG 2003, 978 (980) = ZIP 2003, 2076; OLG Düsseldorf AG 2005, 293 (296) = DB 2005, 713; OLG Düsseldorf NZG 2004, 328 (330); *Krieger* BB 2002, 53 (58); *Singhof/Weber* WM 2002, 1158 (1168); *Vetter* AG 2002, 176 (189); *Dißars/Kocher* NZG 2004, 856 (856 f.); Großkomm AktG/*Fleischer* Rn. 50; MüKoAktG/*Grunewald* Rn. 21; Emmerich/Habersack/*Habersack* Rn. 15; Hüffer/Koch/*Koch* Rn. 12; Kölner Komm WpÜG/*Hasselbach* AktG § 327b Rn. 52; Handelsrechtsausschuss des DAV NZG 2001, 1003 (1008); zweifelnd *Sieger/Hasselbach* ZGR 2002, 120 (151); aA NK-AktR/*Heidel/Lochner* Rn. 16 („verfassungsrechtlich unzureichend").

[105] Vgl. *Singhof/Weber* WM 2002, 1158 (1168); dem folgend BGH ZIP 2005, 2107 (2108).

[106] Vgl. BGH ZIP 2005, 2107 (2108); OLG Hamburg NZG 2003, 978 (980); s. dazu auch MüKoAktG/*Grunewald* Rn. 21. Der *Handelsrechtsausschuss des DAV* hatte ursprünglich eine gesamtschuldnerische Verpflichtung der Gesellschaft für eine Nachzahlung vorgeschlagen (WM 1999, 1536 (1539)), die jedoch im Blick auf § 57 AktG als problematisch angesehen wurde; s. Handelsrechtsausschuss des DAV NZG 2001, 1003 (1008).

[107] Vgl. OLG Hamm NZG 2011, 148 (149).

[108] Für Anfechtbarkeit des Übertragungsbeschlusses bei Aufnahme eines Höchstbetrags LG Frankfurt a.M. NZG 2004, 672 (674 f.); dazu näher *Singhof/Weber* WM 2002, 1158 (1168); aA *Dißars/Kocher* NZG 2004, 856 (856 f.); Emmerich/Habersack/*Habersack* Rn. 15; Hüffer/Koch/*Koch* Rn. 12; MüKoAktG/*Grunewald* Rn. 21; K. Schmidt/Lutter/*Schnorbus* Rn. 37; unklar OLG Hamm ZIP 2005, 1457 (1462) = AG 2005, 773. Umgekehrt ist die Gewährleistungserklärung nicht deshalb mangelhaft, weil sie keinen Haftungsbetrag ausweist (weil die tatsächliche Höhe der Barabfindung erst in der HV entschieden werden sollte); OLG Düsseldorf AG 2010, 711 (713).

lich nach § 327c Abs. 1 Nr. 2 bekannt gemachte Barabfindung vor oder in der Hauptversammlung **erhöht** (→ Rn. 3 und → § 327c Rn. 4), muss auch das gestellte Aval betragsmäßig erweitert werden.

13 Die **Zinsen** nach Abs. 2 auf die nach Abs. 1 „festgelegte Barabfindung" werden von dem Aval nicht abgesichert.[109] Dies ist auch verfassungsrechtlich nicht geboten[110] und liefe der allgemeinen Praxis zuwider, dass Avale nicht betragsmäßig unlimitiert vergeben werden. Eines besonderen Schutzes für den Fall, dass das nach dem Ausfall des Hauptaktionärs nach Bekanntmachung der Eintragung des Übertragungsbeschlusses in das Handelsregister nicht seinerseits für die unverzügliche Erfüllung der Abfindungsansprüche sorgt, bedarf es nicht. Denn auch ohne eine (implizite) Erstreckung der Gewährleistung auf die Zinsen nach Abs. 2 kann eine Verzinsungspflicht des säumigen Kreditinstituts aus allgemeinen Grundsätzen (§ 288 Abs. 1 BGB) folgen. Praktisch ist auch eine solche Verzinsung bei girosammelverwahrten Aktien aber nicht relevant. Hier wird die Zahlung von dem Kreditinstitut, das regelmäßig auch die wertpapiertechnische Abwicklung und die Zahlstellenfunktion übernimmt, unmittelbar nach der Eintragung des Übertragungsbeschlusses in das Handelsregister, also vor Beginn der Verzinsungspflicht mit Bekanntmachung der Eintragung nach § 10 HGB, vorgenommen. Hängt die Auskehrung der Barabfindung von der Vorlage der Aktienurkunden, also von einer vom Aktionär zu erbringenden Handlung ab, sollte er jedenfalls gegen das Kreditinstitut keinen Zinsanspruch geltend machen können, wenn er seiner Vorlageobliegenheit verspätet nachkommt. Insoweit ist er mit Veröffentlichung der „**Abfindungsbekanntmachung**" des Hauptaktionärs[111] im Annahmeverzug.

14 Die Zahlungsverpflichtung des Kreditinstituts aus der Gewährleistung ist von Gesetzes wegen unwiderruflich und erlischt erst mit der **Erfüllung** der Barabfindungsansprüche durch den Hauptaktionär (vgl. ua § 362 Abs. 1 BGB, § 422 Abs. 1 S. 1 BGB). Regelmäßig ist das Kreditinstitut zugleich Zahlstelle für die Barabfindung und nimmt die Auszahlungen im Auftrag des Hauptaktionärs selbst vor. Parallel dazu kann die Avalverpflichtung um die ausgezahlten Beträge reduziert werden. Eine **Befristung** der Zahlungsverpflichtung des Kreditinstituts ist jedoch **nicht möglich**.[112] Das „natürliche" Ende der Laufzeit der Gewährleistung stellt der Eintritt der **Verjährung** von Abfindungsanspruch und Zahlungsanspruch gegen das Kreditinstitut dar (§ 195 BGB; s. auch § 768 Abs. 1 S. 1 BGB). Der Erfüllung stehen Erfüllungssurrogate gleich. Praktisch bedeutsam ist die **Hinterlegung** unter Verzicht auf die Rücknahme[113] (§§ 372 ff. BGB), wenn die Auszahlung der Barabfindung wegen der Ausgabe effektiver, nicht depotverwahrter Aktienurkunden von der (ungewissen) Mitwirkung der Aktionäre abhängt. Größte rechtliche Sicherheit bietet insoweit eine Vorgehensweise analog § 214 (nach Ablauf eines Jahres dreimalige Veröffentlichung einer Hinterlegungsandrohung in den Gesellschaftsblättern).[114] Da das Mitgliedschaftsrecht von der Hinterlegung nicht mehr berührt wird und nur die Voraussetzungen des Annahmeverzugs (§§ 293 ff. BGB) ausgelöst werden sollen, erscheint dies zu streng. Ausreichend sollte sein, wenn die Hinterlegungsandrohung in die „Abfindungsbekanntmachung" des Hauptaktionärs oder jedenfalls in eine weitere Bekanntmachung aufgenommen wird, wenn diese analog § 49 Abs. 1 WpHG (§ 30b Abs. 1 WpHG aF) im elektronischen Bundesanzeiger veröffentlicht werden und in den Gesellschaftsblättern der betroffenen Gesellschaft (§ 25) erscheinen.

15 **4. Voraussetzungen der Gewährleistungserklärung.** Grundlage der Gewährleistung des Kreditinstituts ist regelmäßig ein entsprechender **Geschäftsbesorgungsvertrag** zwischen dem Hauptaktionär und dem Kreditinstitut.[115] Der Hauptaktionär hat auch die Avalprovision und sonstigen

---

[109] OLG Frankfurt a. M. AG 2010, 39 (42); OLG Karlsruhe AG 2007, 92; OLG Düsseldorf AG 2005, 293 (296) = DB 2005, 713; OLG Hamm ZIP 2005, 1457 (1462) = AG 2005, 773 (unter Verweis auf die gesetzliche Verzugsverzinsung); MHdB AG/*Austmann* § 75 Rn. 62; Großkomm AktG/*Fleischer* Rn. 51; Grigoleit/*Rieder* Rn. 18; MüKoAktG/*Grunewald* Rn. 21; Emmerich/Habersack/*Habersack* Rn. 15; Kölner Komm WpÜG/*Hasselbach* Rn. 52; *Fuhrmann/Simon* WM 2002, 1211 (1216); offen gelassen von OLG Stuttgart AG 2009, 204 (208) (weil die Gewährleistung die Zinsen einbezog); OLG Hamburg NZG 2003, 978 (980); aA noch 2. Aufl. Rn. 13; *Singhof/Weber* WM 2002, 1158 (1168); *Vossius* ZIP 2002, 511 (512); NK-AktR/*Heidel/Lochner* Rn. 14.

[110] BVerfG BB 2007, 1515 (1517) m. Anm. *Bungert* = DB 2007, 1577 = AG 2007, 544.

[111] Auch ohne gesetzliche Pflicht ist diese Veröffentlichung üblich und zur nochmaligen Information über die Abwicklungsmodalitäten auch sinnvoll (vgl. § 327c Rn. 14); s. das Beispiel bei *Groß* in Happ Konzern- und Umwandlungsrecht Muster 6.01 lit. f.).

[112] HM; *Singhof/Weber* WM 2002, 1158 (1167); *Vossius* ZIP 2002, 511 (512); Großkomm AktG/*Fleischer* Rn. 48; MüKoAktG/*Grunewald* Rn. 17; Emmerich/Habersack/*Habersack* Rn. 12; Kölner Komm WpÜG/*Hasselbach* AktG § 327b Rn. 49; aA *Fuhrmann/Simon* WM 2002, 1211 (1216) (3–6 Monate).

[113] Für die Entbehrlichkeit des Verzichts entgegen der allgM *Schockenhoff/Mann* NZG 2014, 561 (563 f.).

[114] *Vossius* ZIP 2002, 511 (514); zust. Großkomm AktG/*Fleischer* Rn. 53; Emmerich/Habersack/*Habersack* Rn. 16; aA MHdB AG/*Austmann* § 75 Rn. 110; K. Schmidt/Lutter/*Schnorbus* Rn. 42.

[115] Näher *Singhof/Weber* WM 2002, 1158 (1168 f.) (auch zur Kreditentscheidung und Bestellung von Sicherheiten); Kölner Komm WpÜG/*Hasselbach* AktG § 327b Rn. 58 ff. Zum Vertragsschluss mit einem Dritten s. Kölner Komm AktG/*Koppensteiner* Rn. 9.

Vertragskosten zu tragen.[116] Die Gewährleistung richtet sich an sämtliche Minderheitsaktionäre (einschließlich derjenigen, die nach Beschlussfassung aber noch vor Eintragung Aktionär geworden sind) und Bezugsberechtigte.[117] Ihre zutreffende Qualifizierung als **Gewährleistung zugunsten Dritter** (§ 328 BGB)[118] muss in der Erklärung des Kreditinstituts nicht explizit zum Ausdruck kommen; notwendig, aber auch ausreichend ist eine eng am Wortlaut des Gesetzes orientierte Erklärung. Eine besondere **Form** der Gewährleistungserklärung wird in Abs. 3 nicht vorgegeben; sie bestimmt sich nach den jeweiligen zivilrechtlichen Vorschriften (vgl. etwa § 766 S. 1 BGB, § 780 BGB, § 350 HGB).[119] Die Schriftform ist jedoch aus Beweisgründen regelmäßig empfehlenswert.

5. Rechtzeitige Übermittlung. Der Hauptaktionär muss dem Vorstand der Gesellschaft eine ausreichende Barabfindungsgewährleistung eines Kreditinstituts bereits „vor Einberufung der Hauptversammlung" vorlegen. Es genügt aber auch eine Übermittlung unmittelbar an die Gesellschaft, wenn der Sicherungszweck und das Handeln für Rechnung des Hauptaktionärs aus der Erklärung hervorgehen.[120] Der Vorstand der Gesellschaft, der nur „auf Verlangen" des Hauptaktionärs tätig wird (→ § 327a Rn. 19), soll die formalen Voraussetzungen der Beschlussfassung überprüfen können und dadurch eine sichere Handlungsgrundlage für die Einberufung erhalten. Er darf die Hauptversammlung ohne die Erklärung nicht einberufen.[121] Anderenfalls kann er sich der Gesellschaft gegenüber schadenersatzpflichtig machen (§ 93 Abs. 2).[122] Die Minderheitsaktionäre sollen frühzeitig Gewissheit darüber erhalten, dass die Gegenleistung für die Übertragung ihrer Aktien an den Hauptaktionär ab dem Zeitpunkt der Einberufung unbefristet sichergestellt ist. Auch ohne entsprechende gesetzliche Verpflichtung[123] entspricht es inzwischen gängiger Praxis, die schriftliche Gewährleistungserklärung dem Bericht des Hauptaktionärs als Anlage beizufügen, um ihr Vorliegen mit Einberufung der Hauptversammlung für alle Aktionäre zu dokumentieren (zur entsprechenden Berichtspflicht → § 327c Rn. 6). Fehlt die Gewährleistungserklärung, ist ein gleichwohl gefasster Übertragungsbeschluss nach § 243 Abs. 1 anfechtbar (allgM);[124] die **Anfechtbarkeit** des Beschlusses kann selbst dann nicht mehr beseitigt werden, wenn der Hauptaktionär diese noch vor der Handelsregistereintragung übermittelt.[125] Die Kausalität des Mangels für die Beschlussfassung ist nur zu verneinen, wenn die Erklärung noch rechtzeitig vor der betreffenden Hauptversammlung vorgelegt wird.[126] Die Anfechtbarkeit ist von vornherein ausgeschlossen, wenn die Barabfindung in der Hauptversammlung erhöht wird und dabei die notwendige Erweiterung der Gewährleistung erklärt wird.[127]

§ 327c Vorbereitung der Hauptversammlung

(1) Die Bekanntmachung der Übertragung als Gegenstand der Tagesordnung hat folgende Angaben zu enthalten:
1. Firma und Sitz des Hauptaktionärs, bei natürlichen Personen Name und Adresse;
2. die vom Hauptaktionär festgelegte Barabfindung.

---

[116] Die Übernahme dieser Kosten ist allenfalls unter den Voraussetzungen der §§ 311, 317 oder § 308 möglich; zutr. Emmerich/Habersack/*Habersack* Rn. 13; enger Hüffer/Koch/*Koch* Rn. 12, der allein auf §§ 57, 62 abstellt.
[117] *Singhof/Weber* WM 2002, 1158 (1168); MüKoAktG/*Grunewald* Rn. 17; Emmerich/Habersack/*Habersack* Rn. 13.
[118] MüKoAktG/*Grunewald* Rn. 16; Emmerich/Habersack/*Habersack* Rn. 13; Hüffer/Koch/*Koch* Rn. 12; *Vossius* ZIP 2002, 511 (513). Zur Frage der Bekanntmachung der Barabfindungsgewährleistung gegenüber den Begünstigten im Rahmen der Einladungsbekanntmachung *Singhof/Weber* WM 2002, 1158 (1167).
[119] Vgl. MüKoAktG/*Grunewald* Rn. 20; Angerer/Geibel/Süßmann/*Grzimek* AktG § 327b Rn. 48; Emmerich/Habersack/*Habersack* Rn. 14.
[120] Hüffer/Koch/*Koch* Rn. 12.
[121] Hüffer/Koch/*Koch* Rn. 11; s. auch *Singhof/Weber* WM 2002, 1158 (1167); anders MüKoAktG/*Grunewald* Rn. 20 („berechtigt", wenn feststeht, „dass die Erklärung im Zeitpunkt der Hauptversammlung vorliegen wird").
[122] Emmerich/Habersack/*Habersack* Rn. 14; Hüffer/Koch/*Koch* Rn. 11.
[123] LG Bochum AG 2005, 738 (739); OLG Hamm ZIP 2005, 1457 (1459); s. aber *Vossius* ZIP 2002, 511 (513) (Anspruch auf Abschrift der Barabfindungsgewährleistung analog § 327c Abs. 4).
[124] OLG Frankfurt a. M. AG 2005, 657 (657 f.) („nicht nichtig"); *Angerer* BKR 2002, 260 (266); *Gesmann-Nuissl* WM 2002, 1205 (1208); *Krieger* BB 2002, 53 (58); *Schüppen* WPg 2001, 958 (975); *Singhof/Weber* WM 2002, 1158 (1167); *Vetter* AG 2002, 176 (189); MüKoAktG/*Grunewald* Rn. 22; Emmerich/Habersack/*Habersack* Rn. 14; Hüffer/Koch/*Koch* Rn. 9.
[125] *Singhof/Weber* WM 2002, 1158 (1167); *Krieger* BB 2002, 53 (58); *Gesmann-Nuissl* WM 2002, 1205 (1207); Emmerich/Habersack/*Habersack* Rn. 14; Kölner Komm WpÜG/*Hasselbach* AktG § 327b Rn. 57; aA MüKoAktG/*Grunewald* Rn. 22.
[126] *Krieger* BB 2002, 53 (58); *Singhof/Weber* WM 2002, 1158 (1167); Großkomm AktG/*Fleischer* Rn. 52; K. Schmidt/Lutter/*Schnorbus* Rn. 44 (Nachreichung bis zur Beschlussfassung).
[127] Zutr. Emmerich/Habersack/*Habersack* Rn. 14.

(2) ¹Der Hauptaktionär hat der Hauptversammlung einen schriftlichen Bericht zu erstatten, in dem die Voraussetzungen für die Übertragung dargelegt und die Angemessenheit der Barabfindung erläutert und begründet werden. ²Die Angemessenheit der Barabfindung ist durch einen oder mehrere sachverständige Prüfer zu prüfen. ³Diese werden auf Antrag des Hauptaktionärs vom Gericht ausgewählt und bestellt. ⁴§ 293a Abs. 2 und 3, § 293c Abs. 1 Satz 3 bis 5, Abs. 2 sowie die §§ 293d und 293e sind sinngemäß anzuwenden.

(3) Von der Einberufung der Hauptversammlung an sind in dem Geschäftsraum der Gesellschaft zur Einsicht der Aktionäre auszulegen
1. der Entwurf des Übertragungsbeschlusses;
2. die Jahresabschlüsse und Lageberichte für die letzten drei Geschäftsjahre;
3. der nach Absatz 2 Satz 1 erstattete Bericht des Hauptaktionärs;
4. der nach Absatz 2 Satz 2 bis 4 erstattete Prüfungsbericht.

(4) Auf Verlangen ist jedem Aktionär unverzüglich und kostenlos eine Abschrift der in Absatz 3 bezeichneten Unterlagen zu erteilen.

(5) Die Verpflichtungen nach den Absätzen 3 und 4 entfallen, wenn die in Absatz 3 bezeichneten Unterlagen für denselben Zeitraum über die Internetseite der Gesellschaft zugänglich sind.

Schrifttum: *Baßler,* Die Rüge der fehlerhaften Prüferbestellung im Anfechtungsprozess, AG 2006, 487; *Decher,* Die Information der Aktionäre über die Unternehmensbewertung bei Strukturmaßnahmen in der Hauptversammlungs- und Gerichtspraxis, FS Hoffmann-Becking, 2013, 295; *Eisolt,* Die Squeeze-out-Prüfung nach § 327c Abs. 2 AktG, DStR 2002, 1145; *Fehling/Arens,* Informationsrechte und Rechtsschutz von Bezugsrechtsinhabern beim aktienrechtlichen Squeezeout, AG 2010, 735; *Kort,* Kein Erfordernis der Aufstellung und Auslegung eines Konzernabschlusses beim Squeeze-out (§ 327c Abs. 3 Nr. 2 AktG), NZG 2006, 604; *Leuering,* Die parallele Angemessenheitsprüfung durch den gerichtlich bestellten Prüfer, NZG 2004, 606; *Marten/Müller,* Squeeze-out-Prüfung, FS Röhricht, 2005, 963; *Ott,* Reichweite der Angemessenheitsprüfung beim Squeeze-out, DB 2003, 1615; *Veit,* Die Prüfung von Squeeze outs, DB 2005, 1697; *Wartenberg,* Die Auslage von Jahresabschlüssen für das letzte Geschäftsjahr beim Squeeze-out, AG 2004, 539; *Wendt,* Die Auslegung des letzten Jahresabschlusses zur Vorbereitung der Hauptversammlung – Strukturmaßnahmen als „Saisongeschäft"?, DB 2003, 191.

Übersicht

	Rn.		Rn.
I. Normzweck	1	1. Pflichtprüfung	8
II. Bekanntmachung der Tagesordnung	2–4	2. Auswahl, Bestellung und Verantwortlichkeit der Prüfer	9
1. Allgemeines	2		
2. Angaben zum Hauptaktionär	3	3. Gegenstand der Prüfung; Prüfungsbericht	10
3. Festgelegte Barabfindung	4		
III. Bericht des Hauptaktionärs	5–7	V. Informationspflichten	11–14
1. Berichtspflicht	5		
2. Gegenstand des Berichts	6, 7	1. Auslegung; Erteilung von Abschriften; Zugänglichmachen über die Internetseite	11–13
IV. Prüfung der Angemessenheit der Barabfindung	8–10	2. Publizität nach Kapitalmarktrecht	14

I. Normzweck

1 Die Vorschrift dient der Vorbereitung der Hauptversammlung, die über die Übertragung der Aktien der Minderheitsaktionäre beschließt.¹ Sie regelt insbesondere die damit zusammenhängenden umfassenden Informationspflichten gegenüber den Minderheitsaktionären. Die Aktionäre sollen vorab über die Eckpunkte des Ausschlussverfahrens und die Festlegung der Barabfindung informiert werden, um ihre Rechte in der Hauptversammlung sachgerecht wahrnehmen zu können und sich frühzeitig über die Einleitung eines Spruchverfahrens (§ 327f) klar zu werden. Dementsprechend wird der Inhalt der Bekanntmachung der Tagesordnung nach § 124 erweitert (Abs. 1). Nach Abs. 2 besteht in Bezug auf die Angemessenheit der Barabfindung eine Berichtspflicht des Hauptaktionärs und eine Berichts- und Prüfungspflicht eines sachverständigen Prüfers. Außerdem ist zwischen Einberufung und Durchführung der Hauptversammlung die Auslegung bestimmter Unterlagen vorzunehmen und auf Verlangen der Aktionäre Abschriften zu erteilen (Abs. 3 und 4). Die Verpflichtungen entfallen, wenn die Unterlagen für denselben Zeitraum über die Internetseite der Gesellschaft

---

¹ Zur Entstehungsgeschichte Emmerich/Habersack/*Habersack* Rn. 2.

zugänglich sind (Abs. 5).² Regelungsvorbilder für diese Bestimmungen sind § 319 Abs. 3, § 320 Abs. 2 bis 4. Ein Squeeze-out muss sorgfältig vorbereitet werden; der Zeitbedarf für die Durchführung beträgt idR vier bis sechs Monate.³

II. Bekanntmachung der Tagesordnung

1. Allgemeines. Abs. 2 ergänzt die allgemeinen Anforderungen an die Bekanntmachung der Tagesordnung der Gesellschaft (§ 124, zum Beschlussvorschlag von Vorstand und Aufsichtsrat der Gesellschaft → § 327a Rn. 19), in dem sie Angaben zur Person des Hauptaktionärs und zu der von ihm festgelegten Barabfindung verlangt. Enthält die Bekanntmachung der Tagesordnung die nach Abs. 2 erforderlichen Angaben nicht oder nur unvollständig, darf über den Ausschluss der Minderheitsaktionäre nicht beschlossen werden (§ 124 Abs. 4 S. 1). Ein dennoch gefasster Beschluss ist grds. anfechtbar (§ 243 Abs. 1).⁴

2. Angaben zum Hauptaktionär. Die Bekanntmachung muss **Firma** (§ 17 HGB) **und Sitz** (zB § 5, § 4a GmbHG; bei Einzelkaufleuten die Hauptniederlassung) des Hauptaktionärs enthalten. Den Minderheitsaktionären soll dadurch eine Identifizierung des künftigen Schuldners ihrer Abfindungsansprüche ermöglicht werden. In der Praxis werden über die gesetzlichen Anforderungen hinaus regelmäßig auch die Handelsregisterdaten (Handelsregisternummer und zuständiges Amtsgericht) und die vollständige Postanschrift der (Hauptaktionärs-)Gesellschaft angegeben. Bei ausländischen Gesellschaften ist ein Rechtsformzusatz auch dann mitzuteilen, wenn dieser anders als im deutschen Recht (s. § 19 HGB, § 4, § 4 GmbHG, § 3 GenG) nicht Bestandteil der Firma ist.⁵ Natürliche Personen sind mit **Name und Adresse** (Wohnort mit Straße und Hausnummer) zu kennzeichnen. Hierfür genügt auch eine von der Wohnanschrift abweichende Geschäftsadresse am allgemeinen Gerichtsstand (§ 13 ZPO), bei der eine Zustellung vorgenommen werden kann.⁶ Ist der Hauptaktionär eine **Gesellschaft bürgerlichen Rechts,** ist die Angabe eines Gesamtnamens ausreichend, sofern ein solcher geführt wird.⁷ Erben- oder Gütergemeinschaften müssen dagegen alle Namen und Adressen ihrer Mitglieder anführen (zur Frage ihrer Eignung als Hauptaktionär → § 327a Rn. 15).⁸

3. Festgelegte Barabfindung. Außerdem muss die Bekanntmachung die vom Hauptaktionär festgelegte Barabfindung enthalten. Das ist der **Betrag in Euro,** der den Minderheitsaktionären pro Aktie gezahlt werden soll. Liegen verschiedene Aktiengattungen iSd § 11 (Stamm- und Vorzugsaktien) oder Aktien mit unterschiedlichen Nennbeträgen vor oder sind auch Inhaber von Options- oder Wandlungsrechten (→ § 327b Rn. 8) abfindungsberechtigt, müssen die unterschiedlichen Beträge gesondert angegeben werden. Die festgelegte Barabfindung kann in der Hauptversammlung **erhöht** werden, ohne dass dadurch die Ordnungsmäßigkeit der Bekanntmachung in Frage gestellt wird (näher → § 327b Rn. 3). Diese Möglichkeit kann durch das Wort „mindestens" auch schon in der Bekanntmachung des Übertragungsbeschlusses angedeutet werden, ohne dass hierdurch ein Bekanntmachungsfehler begründet wird (Angabe eines Mindestpreises).⁹ Der gesonderte Hinweis in der Bekanntmachung auf die Vorlage der nach § 327b Abs. 3 erforderlichen Barabfindungsgewährleistung eines Kreditinstituts ist nicht erforderlich.

III. Bericht des Hauptaktionärs

1. Berichtspflicht. Von wesentlicher Bedeutung für die Information der Minderheitsaktionäre ist der nach Abs. 2 zu erstattende schriftliche Bericht (§ 126 BGB), in dem die Eckpunkte des Ausschluss-

---

² Eingefügt durch das Gesetz zur Umsetzung der Aktionärsrechterichtlinie (ARUG) v. 30.7.2009, BGBl. 2009 I 2479.
³ Dazu und zu dem instruktiven Ablaufplan *Drinkuth* in Marsch-Barner/Schäfer Börsennotierte AG-HdB Rn. 62.13 und Rn. 62.18.
⁴ Hüffer/Koch/*Koch* Rn. 2; Emmerich/Habersack/*Habersack* Rn. 4 (beide zu Recht auf die notwendige Relevanz des Normverstoßes hinweisend); s. auch MüKoAktG/*Grunewald* Rn. 5.
⁵ Vgl. Großkomm AktG/*Fleischer* Rn. 3; Angerer/Geibel/Süßmann/*Grzimek* AktG § 327c Rn. 3; MüKoAktG/*Grunewald* Rn. 3; Emmerich/Habersack/*Habersack* Rn. 5.
⁶ Hüffer/Koch/*Koch* Rn. 2; Emmerich/Habersack/*Habersack* Rn. 5; s. auch *Fuhrmann/Simon* WM 2002, 1211 (1213); Großkomm AktG/*Fleischer* Rn. 3 (email-Adresse nicht ausreichend).
⁷ Hüffer/Koch/*Koch* Rn. 2; MüKoAktG/*Grunewald* Rn. 3. Die persönliche Haftung der Gesellschafter für die Barabfindung bleibt hiervon natürlich unberührt; zutr. Emmerich/Habersack/*Habersack* Rn. 5.
⁸ Hüffer/Koch/*Koch* Rn. 2; MüKoAktG/*Grunewald* Rn. 3. Zur fehlenden Rechtsfähigkeit der Erbengemeinschaft BGH NJW 2002, 3389.
⁹ LG Berlin DB 2003, 707 (707 f.) mit Anm. *Keul*; zust. Großkomm AktG/*Fleischer* Rn. 4.

verfahrens erläutert werden. **Adressat** der Berichtspflicht ist der Hauptaktionär, der, soweit es sich um eine Gesellschaft handelt, von dem Geschäftsführungsorgan ordnungsgemäß zu vertreten ist. Mangels Verweisung auf § 293a Abs. 1 wird damit nur eine Unterzeichnung der Geschäftsführungsmitglieder in vertretungsberechtigter Zahl verlangt.[10] Gleichwohl unterzeichnen in der Praxis häufig sämtliche Vorstands- oder Geschäftsführungsmitglieder. Regelungsvorbilder für die Berichtspflicht sind §§ 293a, 319 Abs. 3 Nr. 3, § 320 Abs. 4 sowie § 8 Abs. 1 S. 1 UmwG (→ § 319 Rn. 11; → § 320 Rn. 17).[11] Anders als von diesen Bestimmungen wird die **Ausführlichkeit** des Berichts nicht verlangt. Die Berichtspflichten können daher im Einzelfall reduziert sein.[12] Dies ändert aber nichts daran, dass der nach Abs. 2 notwendige Berichtsinhalt schlüssig und plausibel darzulegen ist.[13] Die Praxis hat sich hinsichtlich der Ausführlichkeit bislang weitgehend an den für die anderen gesellschaftsrechtlichen Strukturmaßnahmen entwickelten Standards orientiert.[14] Fehlt der Bericht oder liegen relevante Berichtsmängel vor, ist der Übertragungsbeschluss anfechtbar (§ 243 Abs. 1).[15] Nach dem klaren Gesetzeswortlaut besteht für Informationsmängel *vor der* Hauptversammlung, insbesondere im Übertragungsbeschluss, gerade kein Anfechtungsausschluss (→ § 327f Rn. 3).[16] Nur auf unrichtige, unvollständige oder unzureichende Informationen *in der* Hauptversammlung über die Ermittlung, Höhe oder Angemessenheit der Barabfindung kann die Anfechtungsklage nicht mehr gestützt werden, weil das Gesetz für Bewertungsrügen ein Spruchverfahren vorsieht (vgl. § 243 Abs. 4 S. 2).[17]

6   **2. Gegenstand des Berichts.** Gesetzlich geforderter Gegenstand des Berichts sind die Voraussetzungen der Anteilsübertragung und die Angemessenheit der festgesetzten Barabfindung. Unter den **Voraussetzungen für die Übertragung** ist vor allem das Vorliegen der erforderlichen Kapitalbeteiligung von 95 % des Grundkapitals zu verstehen. Dabei sind die Berechnung der Kapitalbeteiligung unter Berücksichtigung des aktuellen Grundkapitals (§§ 6, 16 Abs. 2 S. 2) und der zukünftigen Veränderungen sowie die Zurechnung von Beteiligungen nach § 16 Abs. 4 unter Angabe des unmittelbaren Aktionärs und des Zurechnungsgrundes nachvollziehbar zu erläutern.[18] Zur Darstellung komplexer Zurechnungsstrukturen sind verschiedentlich Organisationsschaubilder unterstützend in den Bericht aufgenommen worden.[19] Zusätzlich zu der Kapitalbeteiligung ist in dem Bericht das Vorhandensein der Barabfindungsgewährleistung festzustellen (auch → § 327b Rn. 15)[20] und auf die zivilrechtlichen Folgen des Übertragungsbeschlusses für die Aktionäre einzugehen.[21] Herausgebildet hat sich auch die Praxis, den Voraussetzungen für die Übertragung eine Darstellung der Gesellschaft, ihrer Unternehmensbereiche und deren wirtschaftlichen Entwicklung voranzustellen. Dies steht im Zusammenhang mit der Nachvollziehbarkeit der Unternehmensbewertung. **Nicht erforderlich** ist dagegen eine umfassende Beschreibung des Hauptaktionärs, seiner Konzernstruktur und ggf. seiner Geschäftstätigkeit, da die ausscheidenden Minderheitsaktionäre keine Aktien oder anderen Gesellschaftsanteile, sondern ausschließlich eine Barabfindung erhalten.[22] Entbehrlich sind außerdem Ausführungen zu den wirtschaftlichen Gründen und möglichen Alternativen des Ausschlussverfahrens[23] sowie dessen

---

[10] OLG Hamm AG 2005, 773 (774 f.) = ZIP 2005, 1457; OLG Düsseldorf AG 2005, 293 (295 f.) = DB 2005, 713 = NZG 2005, 347; OLG Düsseldorf NZG 2004, 328 (332); OLG Stuttgart NZG 2004, 146 = ZIP 2003, 2363; Grigoleit/*Rieder* Rn. 4; Emmerich/Habersack/*Habersack* Rn. 7; offen gelassen von OLG Stuttgart AG 2009, 204 (208).
[11] RegBegr. BT-Drs. 14/7034, 73; krit. dazu *Kallmeyer* AG 2000, 59 (61).
[12] K. Schmidt/Lutter/*Schnorbus* Rn. 6.
[13] BGH ZIP 2006, 2080 (2082 f.) = NZG 2006, 905; OLG Düsseldorf AG 2009, 40 (42 f.); AG 2009, 535 (537); OLG Stuttgart AG 2009, 204 (208); Emmerich/Habersack/*Habersack* Rn. 7; K. Schmidt/Lutter/*Schnorbus* Rn. 6; MHdB AG/*Austmann* § 75 Rn. 43; Angerer/Geibel/Süßmann/*Grzimek* AktG § 327c Rn. 7; allgemein zu den rechtlichen Anforderungen auch *Decher* FS Hoffmann-Becking, 2013, 295 (298 ff.).
[14] Dafür spricht auch die Obliegenheit der Minderheitsaktionäre, im Spruchverfahren konkrete Einwendungen gegen die Angemessenheit der Abfindung vorzubringen (vgl. § 4 Abs. 2 S. 2 Nr. 4 SpruchG); Großkomm AktG/*Fleischer* Rn. 8; Vgl. auch das Beispiel bei *Groß* in Happ Konzern- und Umwandlungsrecht Muster 6.01 lit. c).
[15] Wie hier Emmerich/Habersack/*Habersack* Rn. 7.
[16] Zur Gerichtspraxis bei (behaupteten) Berichtsmängeln *Decher* FS Hoffmann-Becking, 2013, 295 (303 ff.).
[17] Gesetz zur Unternehmensintegrität und Modernisierung des Anfechtungsrechts (UMAG) v. 22.9.2005, BGBl. 2005 I 2802; dazu ausf. *Noack/Zetzsche* ZHR 170 (2006), 218 (231 ff.).
[18] Vgl. dazu *Vetter* AG 2002, 176 (187); MüKoAktG/*Grunewald* Rn. 7; Angerer/Geibel/Süßmann/*Grzimek* AktG § 327c Rn. 7; Emmerich/Habersack/*Habersack* Rn. 8; Kölner Komm AktG/*Koppensteiner* Rn. 5.
[19] So auch *Vetter* AG 2002, 176 (187).
[20] *Krieger* BB 2002, 53 (59); Grigoleit/*Rieder* Rn. 4; Emmerich/Habersack/*Habersack* Rn. 8.
[21] *Krieger* BB 2002, 53 (59); aA Emmerich/Habersack/*Habersack* Rn. 8.
[22] OLG Düsseldorf AG 2010, 711 (713); Kölner Komm WpÜG/*Hasselbach* AktG § 327c Rn. 24; Kölner Komm AktG/*Koppensteiner* Rn. 10.
[23] Vgl. OLG Stuttgart AG 2009, 204 (209); *Krieger* BB 2002, 53 (59); *Fuhrmann/Simon* WM 2002, 1211 (1216); MüKoAktG/*Grunewald* Rn. 9; Emmerich/Habersack/*Habersack* Rn. 8; Kölner Komm AktG/*Koppensteiner* Rn. 6.

steuerrechtlichen Folgen.[24] Dies ist deshalb sachgerecht, weil der Ausschluss nicht der sachlichen Rechtfertigung bedarf und der Beschluss damit auch nicht der materiellen Beschlusskontrolle unterliegt (dazu → § 327a Rn. 24).

Außerdem muss der Bericht die **Angemessenheit der Barabfindung** erläutern und begründen. Dies entspricht im Grundsatz den §§ 293a, 320 Abs. 4 S. 2. Mit dieser Wertermittlung wird der Hauptaktionär regelmäßig eine Wirtschaftsprüfungsgesellschaft beauftragen. Wesentlich für die Begründung ist, dass den Minderheitsaktionären durch entsprechende Angaben und Erläuterungen zu den angewandten Bewertungsgrundsätzen und zum Ergebnis der Unternehmensbewertung (→ § 327b Rn. 4) die Möglichkeit einer Plausibilitätskontrolle gegeben wird.[25] Dem wird auch entsprochen, wenn bereits in dem Bericht unter Berücksichtigung abweichender Bewertungsfeststellungen des sachverständigen Prüfers ein „Aufschlag" auf den vom Hauptaktionär ermittelten Unternehmenswert vorgenommen wird.[26] Ist die Gesellschaft börsennotiert, muss auch begründet werden, weshalb der Börsenkurs nicht wegen eines höheren Ertragswerts zu überschreiten war. Ist wegen eines längeren Zeitraums von mehr als sechs Monaten zwischen Bekanntgabe des *Squeeze-out* und der Hauptversammlung eine „Hochrechnung" des Börsenwerts erforderlich (→ § 327b Rn. 5), ist auch die ihr zugrunde liegende Methodik darzustellen.[27] Ebenso sind auch die maßgebenden Gründe für eine ausnahmsweise Unterschreitung des Börsenkurses (→ § 327b Rn. 5) anzugeben. Dies entspricht der auch für diesen Bericht anzunehmenden allgemeinen Pflicht, auf besondere Schwierigkeiten bei der für die Festsetzung der angemessenen Barabfindung vorzunehmenden Bewertung hinzuweisen (§ 293a Abs. 1 S. 2).[28] Nach Abs. 2 S. 4 sind § 293a Abs. 2 (Schutzklausel) und Abs. 3 (Möglichkeit des Verzichts) sind entsprechend anwendbar (näher → § 293a Rn. 18 ff. und 21 ff.). Die nach § 293a Abs. 2 schutzwürdigen Geheimhaltungsinteressen beziehen sich dabei sowohl auf den Hauptaktionär als auch die Gesellschaft. Eine Verpflichtung des Vorstands der betroffenen Gesellschaft zur Stellungnahme über die Angemessenheit der vom Hauptaktionär festgelegten Barabfindung ist zu Recht nicht vorgesehen.[29] Nicht erforderlich ist auch ein Nachtragsbericht (analog § 143 UmwG), wenn sich Wertveränderungen zwischen dem Abschluss des Berichts und der Hauptversammlung ergeben haben.[30]

IV. Prüfung der Angemessenheit der Barabfindung

1. Pflichtprüfung. Nach Abs. 2 S. 2 ist die Angemessenheit der Barabfindung durch einen oder mehrere sachverständige Prüfer zu prüfen.[31] Dies entspricht im Grundsatz den § 293b Abs. 1, § 320 Abs. 3 S. 1 sowie den §§ 9, 60 Abs. 1 und 2 UmwG. Von der Pflichtprüfung ist keine Ausnahme vorgesehen. Nach der Vorstellung des Gesetzgebers ist mit ihr eine unverzichtbare sachliche Entlastung der gerichtlichen Prüfung der Angemessenheit der Barabfindung in einem möglichen Spruchverfahren verbunden (→ § 320 Rn. 13). Auf die Prüfung kann daher nur verzichtet werden, wenn sämtliche Aktionäre der betroffenen Gesellschaft eine entsprechende öffentlich beglaubigte Verzichtserklärung abgeben (Abs. 2 S. 4 iVm § 293a Abs. 3).

2. Auswahl, Bestellung und Verantwortlichkeit der Prüfer. Der oder die Prüfer werden nach Abs. 2 S. 3 auf Antrag des Hauptaktionärs vom **Gericht** ausgewählt und bestellt (im Einzelnen → § 320 Rn. 14, → § 293c Rn. 4 ff., → § 293d Rn. 2 ff.).[32] Dadurch soll die Unabhängigkeit der Prüfung und Akzeptanz bei den Minderheitsaktionären sichergestellt werden.[33] Der Antrag kann konkrete

---

[24] MüKoAktG/*Grunewald* Rn. 9; Emmerich/Habersack/*Habersack* Rn. 8; K. Schmidt/Lutter/*Schnorbus* Rn. 6 („freiwillig" − „oftmals zu ausführlich"). Zu den steuerlichen Folgen s. *Waclawik* DStR 2003, 447.
[25] OLG Düsseldorf AG 2009, 535 (537); MüKoAktG/*Grunewald* Rn. 8; Kölner Komm WpÜG/*Hasselbach* § 327c AktG Rn. 23 mwN; *Sieger/Hasselbach* ZGR 2002, 120 (153); Emmerich/Habersack/*Habersack* Rn. 9; Hüffer/Koch/*Koch* Rn. 3; s. auch *Fehling/Arens* AG 2010, 735 (738 ff.) für Inhaber von Bezugs- oder Umtauschrechten.
[26] OLG München AG 2012, 45 (48 f.).
[27] Hölters/*Müller-Michaels* § 327b Rn. 8.
[28] Kölner Komm WpÜG/*Hasselbach* AktG § 327c Rn. 25.
[29] Näher *Krieger* BB 2002, 53 (59).
[30] LG München ZIP 2008, 2124; s. auch MHdB AG/*Austmann* § 75 Rn. 48 (ggf. gleichwohl empfehlenswert).
[31] Eingehend dazu *Eisolt* DStR 2002, 1145; *Marten/Müller* FS Röhricht, 2005, 963; *Veit* DB 2005, 1697.
[32] Vgl. OLG Stuttgart NZG 2004, 146 (148). Zur Eignung des Prüfers ausf. K. Schmidt/Lutter/*Schnorbus* Rn. 15 f. Im Anfechtungsprozess kann eine fehlerhafte Prüferbestellung nicht gerügt werden, *Baßler* AG 2006, 487.
[33] Vgl. BT-Drs. 14/7477, 72; *Gesmann-Nuissl* WM 2002, 1205 (1209); krit. *P. Baums*, Der Ausschluss von Minderheitsaktionären, 2001, 129 f.; *Ehricke/Roth* DStR 2001, 1120 (1125); *Vetter* ZIP 2000, 1817 (1822 f.). Unerheblich ist die Erklärung des Prüfers im Vorfeld, für eine Prüfung zur Verfügung zu stehen; OLG Düsseldorf DB 2004, 590 (591).

Namensvorschläge machen.[34] Bei der Auswahl und Bestellung müssen die Bestellungsverbote (Abs. 2 S. 4 iVm § 293d Abs. 1 S. 1 und § 319 Abs. 2, 3 HGB) auch in Bezug auf den Hauptaktionär berücksichtigt werden.[35] Fragen der Rechtmäßigkeit des Ausschlussverfahrens sind für die Bestellung dagegen irrelevant und vom Gericht nicht zu prüfen.[36] Zuständig ist das Landgericht, in dessen Bezirk die betroffene Gesellschaft ihren Sitz hat (Abs. 2 S. 4 iVm § 293c Abs. 1 S. 3 und 4). Eine Verfahrenskonzentration durch Rechtsverordnung ist möglich (Abs. 2 S. 4 iVm § 293c Abs. 2, § 10 Abs. 4 UmwG); allerdings muss aufgrund dieser Verordnungsermächtigung erst eine neue Rechtsverordnung erlassen oder eine bestehende Rechtsverordnung (zum Unternehmensvertrag) erweitert werden (auch → § 293c Rn. 3).[37] Es besteht ein Beschwerderecht, wenn das zuständige Gericht einen anderen als den vorgeschlagenen Prüfer bestellt (Abs. 2 S. 4 iVm § 293c Abs. 2, § 10 Abs. 5 UmwG). Die mit der Prüfung verbundenen Kosten (s. insbesondere § 293c Abs. 1 S. 5) trägt der Hauptaktionär.[38] Die **Verantwortlichkeit** des Prüfers bestimmt sich nach Abs. 2 S. 4 iVm § 293d Abs. 2 und § 323 HGB); er haftet damit dem Hauptaktionär und den Minderheitsaktionären (s. § 293d Abs. 2 S. 2).[39]

10 3. Gegenstand der Prüfung; Prüfungsbericht. Gegenstand der Prüfung ist nach dem eindeutigen Wortlaut des Gesetzes nur die **Angemessenheit der Barabfindung,** nicht dagegen das Vorliegen der Voraussetzungen für die Übertragung der Aktien oder die allgemeine Rechtmäßigkeit des Berichts des Hauptaktionärs.[40] Insofern ist der Prüfungsauftrag geringer als etwa bei der Mehrheitseingliederung (→ § 320 Rn. 15). Der Prüfungsumfang entspricht nicht dem einer eigenständigen Unternehmensbewertung. Vielmehr beschränkt er sich auf die Überprüfung der methodischen Konsistenz und der inhaltlichen Prämissen der Bewertung des Hauptaktionärs, der angewandten Bewertungsmethoden, der Berücksichtigung des Börsenkurses und der fachgerechten Ableitung zugrunde liegender Daten und Zukunftseinschätzungen.[41] Die Angemessenheit der Barabfindung kann durch den sachverständigen Prüfer zeitgleich mit der Erstellung des Berichts über die Angemessenheit der Abfindung durch den Hauptaktionär geprüft werden (sog. **Parallelprüfung**).[42] Zur Durchführung der Prüfung steht dem Prüfer nach Abs. 2 S. 4 iVm § 293d Abs. 1 S. 1 und § 320 HGB ein **Auskunftsrecht** gegenüber der betroffenen Gesellschaft zu.[43] Über das Ergebnis der Prüfung hat der Prüfer **schriftlich zu berichten** (Abs. 2 S. 4 iVm § 293e).[44] Inhalt und Form dieses Berichts werden im Einzelnen durch § 293e vorgegeben (im Einzelnen → § 293e Rn. 5 ff. sowie → § 320 Rn. 15).[45] Aufgrund der Verweisung in Abs. 2 S. 4 kommen auch die Schutzklausel (§ 293e Abs. 2, § 293a Abs. 2) und die Möglichkeit des Verzichts der Minderheitsaktionäre auf den Bericht (§ 293e Abs. 2, § 293a Abs. 3) zu Anwendung. Fehlt der Bericht des Prüfers oder entspricht er nicht den

---

[34] Kölner Komm AktG/*Koppensteiner* Rn. 11.
[35] Vgl. MHdB AG/*Austmann* § 75 Rn. 53; Emmerich/Habersack/*Habersack* Rn. 12; *Eisolt* DStR 2002, 1145 (1147); MüKoAktG/*Grunewald* Rn. 13; *Veit* DB 2005, 1697 (1699); s. auch OLG Stuttgart ZIP 2003, 2363 (2365) (zu § 319 Abs. 2 Nr. 5 HGB). Prüfer kann sein, wer zuvor als Bewertungs- oder Abschlussprüfer für die Gesellschaft oder den Hauptaktionär tätig war; Kölner Komm WpÜG/*Hasselbach* AktG § 327c Rn. 41 f. mwN; s. aber auch BGH NZG 2003, 216 (218 ff.) zur Anfechtbarkeit wegen Besorgnis der Befangenheit.
[36] MüKoAktG/*Grunewald* Rn. 12; aA *K. Mertens* AG 2002, 120 (154) (erforderliche Beteiligungshöhe).
[37] Hüffer/Koch/*Koch* Rn. 5; K. Schmidt/Lutter/*Schnorbus* Rn. 4.
[38] Näher Kölner Komm WpÜG/*Hasselbach* AktG § 327c Rn. 46; s. auch *Eisolt* DStR 2002, 1145 (1147).
[39] Ausf. *K. Schmidt/Lutter/Schnorbus* Rn. 21 ff.; s. auch Emmerich/Habersack/*Habersack* Rn. 12; Kölner Komm WpÜG/*Hasselbach* AktG § 327c Rn. 59; zweifelnd *Eisolt* DStR 2002, 1145 (1148).
[40] Vgl. LG Bochum AG 2005, 738 (740); *Eisolt* DStR 2002, 1145 (1147); *Sieger/Hasselbach* ZGR 2002, 120 (139); MüKoAktG/*Grunewald* Rn. 11; Emmerich/Habersack/*Habersack* Rn. 10; K. Schmidt/Lutter/*Schnorbus* Rn. 18; teilw. aA *Fuhrmann/Simon* WM 2002, 1211 (1216) (Gewährleistung des Kreditinstituts, die jedoch bei Durchführung der Prüfung noch nicht vorliegen muss).
[41] Ausf. *Marten/Müller* FS Röhricht, 2005, 963 (976); Großkomm AktG/*Fleischer* Rn. 27.
[42] BGH ZIP 2006, 2080 (2082) = NZG 2006, 905; BGH NZG 2009, 585 (589) = BGHZ 180, 154 – Lindner; OLG Frankfurt a. M. AG 2008, 167 (170); NZG 2010, 389 (390); OLG Köln ZIP 2005, 1179; OLG Hamburg NZG 2005, 86 (87) = DB 2004, 2805; LG Mannheim AG 2005, 780 (782); OLG Düsseldorf AG 2007, 363 (367); AG 2005, 293 (296 f.) = NZG 2005, 347; NZG 2004, 328 (332 f.) = DB 2004, 590 mit zust. Anm. *Schautes;* OLG Stuttgart NZG 2007, 112 (114); NZG 2004, 146 (147) = ZIP 2003, 2363; *Leuering* NZG 2004, 606 (608 ff.); MHdB AG/*Austmann* § 75 Rn. 57; Großkomm AktG/*Fleischer* Rn. 38 f.; Emmerich/Habersack/*Habersack* Rn. 11; K. Schmidt/Lutter/*Schnorbus* Rn. 17; zu Unrecht zweifelnd OLG Hamm AG 2005, 773 (775) = ZIP 2005, 1457; LG Wuppertal AG 2004, 161 (162); aA *Puszkajler* ZIP 2003, 518 (521); *Lenz/Leinekugel,* Eigentumsschutz beim Squeeze-out, 2004, 38 f.
[43] Vgl. dazu *Ott* DB 2003, 1615 (1617). Weitergehend nimmt Großkomm AktG/*Fleischer* Rn. 30 auch ein Auskunftsrecht gegenüber dem Hauptaktionär. Dieser ist aber hinsichtlich der allein relevanten Informationen zur Prüfung der Angemessenheit der Barabfindung seinerseits auf die Gesellschaft angewiesen.
[44] OLG Düsseldorf AG 2005, 654 (656 f.); ausf. auch Großkomm AktG/*Fleischer* Rn. 32 ff.
[45] Näher *Eisolt* DStR 2002, 1145 (1148); *Decher* FS Hoffmann-Becking, 2013, 295 (300 f.). Zum abweichenden Ergebnis des Prüfers bzgl. der Angemessenheit der Abfindung *Ott* DB 2003, 1615 (1616 f.).

(formalen) gesetzlichen Vorgaben, so ist der Übertragungsbeschluss nach § 243 Abs. 1 anfechtbar.[46] Inhaltliche Mängel (zB fehlerhafte Darstellung der Transaktion, fehlerhafte Bewertung) müssen im Spruchverfahren geltend gemacht werden (§ 327f S. 1).[47] Eine Anfechtbarkeit ergibt sich auch nicht daraus, dass der Prüfer in seinem Bericht die Angemessenheit der Abfindung nur eingeschränkt testiert oder die Abfindung gänzlich für unangemessen hält.[48]

V. Informationspflichten

1. Auslegung; Erteilung von Abschriften; Zugänglichmachen über die Internetseite.

Nach Abs. 3 sind der (schon nach § 124 Abs. 1 bekannt gemachte) Entwurf des Übertragungsbeschlusses, die Jahresabschlüsse und Lageberichte der betroffenen Gesellschaft für die letzten drei Geschäftsjahre, der Bericht des Hauptaktionärs und der Prüfungsbericht von der Einberufung der Hauptversammlung an (Bekanntmachung in den Gesellschaftsblättern, § 121 Abs. 3 S. 1) in den Geschäftsräumen (am Sitz) der Gesellschaft zur Einsicht der Aktionäre auszulegen. Beim verschmelzungsrechtlichen Ausschlussverfahren (→ § 327a Rn. 11a) kommt der Verschmelzungsvertrag oder sein Entwurf hinzu (§ 62 Abs. 5 S. 5 UmwG). Aus Praktikabilitätsgründen hat sich die Praxis herausgebildet, den Entwurf des Übertragungsbeschlusses (Nr. 1), den Bericht des Hauptaktionärs (Nr. 3), den Prüfungsbericht (Nr. 4) und die Gewährleistungserklärung des Kreditinstituts in einem Druckwerk zusammenzufassen. Die (nochmalige) Auslegung des Entwurfs des Übertragungsbeschlusses erscheint grds. überflüssig, weil er schon nach § 124 Abs. 1 bekannt gemacht worden ist. Die bereit zu haltenden Schriftstücke werden in Abs. 3 abschließend aufgezählt.[49] Dies gilt insbesondere auch für die Jahresabschlüsse und Lageberichte der Gesellschaft (Nr. 4). Eine Auslegung auch der Konzernabschlüsse und Konzernlageberichte kann nicht verlangt werden.[50] Das unklar formulierte Erfordernis der Auslegung der Jahresabschlüsse und Lageberichte bezieht sich im Übrigen nach zutreffender Auslegung auf (testierte und) **„festgestellte"** Jahresabschlüsse iSd § 172 Abs. 1 und nicht auf einen Jahresabschluss und Lagebericht für das letzte vergangene Geschäftsjahr, die nach den maßgeblichen Bestimmungen im Zeitpunkt der Einberufung der Hauptversammlung (§ 264 Abs. 1 HGB; s. auch § 175 Abs. 1, 3) noch nicht vorlagen und auch nicht vorzuliegen brauchten (→ § 293f Rn. 4).[51] Anderenfalls wären Beschlussfassungen über Ausschlussverfahren auf einer (außerordentlichen) Hauptversammlung während der ersten drei Monate eines Geschäftsjahrs der Gesellschaft nicht möglich. Eine solche zeitliche Beschränkung war vom Gesetzgeber ganz offenbar nicht vorgesehen. Wird ein Jahresabschluss nach der Einberufung, aber vor dem Datum der Hauptversammlung festgestellt, wird er zumindest vorsorglich nachträglich auszulegen sein.[52]

Jeder Aktionär hat außerdem nach Abs. 4 einen durchsetzbaren Anspruch auf unverzügliche (§ 121 Abs. 1 S. 1 BGB) und kostenlose **Erteilung einer Abschrift** der auszulegenden Unterlagen. Teilweise wird im Wege der Analogie hieraus auch ein Anspruch auf Abschrift der Barabfindungsgewährleistung

---

[46] OLG Frankfurt a. M. AG 2010, 39 (41); OLG Frankfurt a. M. AG 2010, 368 (371); KG AG 2010, 166 (169) (Ordnungsmäßigkeit der Prüfung nur nach formalen Gesichtspunkten zu überprüfen; *Ott* DB 2003, 1615 (1616); enger OLG Stuttgart AG 2009, 204 (209) (nur bei grober Unvollständigkeit oder gravierenden Mängeln, die den Grad der Nichterfüllung des Prüfungsauftrags erreichen); MüKoAktG/*Grunewald* Rn. 15 (nur bei Fehlen des Prüfungsberichts).

[47] K. Schmidt/Lutter/*Schnorbus* Rn. 20 mwN; kritisch NK-AktR/*Heidel/Lochner* Rn. 6b f.

[48] OLG Hamm NZG 2011, 148 (149); MüKoAktG/*Grunewald* Rn. 15; aA OLG Bremen ZIP 2013, 460 (461 ff.).

[49] Vgl. OLG Düsseldorf AG 2010, 711 (715) (keine Pflicht zur Auslage der Unterlagen, aus denen sich die im Übertragungsbericht verwerteten Informationen ergeben); LG München ZIP 2008, 2124 (keine Pflicht zur Auslage eines mit dem Hauptaktionär zuvor abgeschlossenen Business Combination Agreement).

[50] BGH NZG 2009, 585 (588 f.) = ZIP 2009, 908 = DB 2009, 1004 = BB 2009, 1318; OLG Stuttgart AG 2009, 204 (209); OLG Düsseldorf AG 2005, 293 (296) = DB 2005, 713 = NZG 2005, 347; OLG Hamburg NZG 2003, 978 (980) = ZIP 2003, 2076; LG Hamburg ZIP 2003, 947 (949); LG Regensburg Der Konzern 2005, 811 (813 f.); zust. *Dißars* BKR 2004, 389 (391); *Kort* NZG 2006, 604 (605 f.); MhdB AG/*Austmann* § 75 Rn. 69; Kölner Komm AktG/*Koppensteiner* Rn. 15; K. Schmidt/Lutter/*Schnorbus* Rn. 28; aA OLG Celle DB 2004, 301 = AG 2004, 206; LG Landshut AG 2006, 513 (514) = NZG 2006, 400, jew. für eine Holdinggesellschaft; dies offen lassend OLG München DB 2005, 2682 (2683) = NZG 2006, 398.

[51] OLG Hamburg NZG 2003, 539 (541 f.) = DB 2003, 1499; *Kort* NZG 2006, 604 (605 f.); *Wartenberg* AG 2004, 539 ff.; *Wendt* DB 2003, 191 (192 f.); MhdB AG/*Austmann* § 75 Rn. 69; Großkomm AktG/*Fleischer* Rn. 49 f.; Emmerich/Habersack/*Habersack* Rn. 14; Kölner Komm WpÜG/*Hasselbach* AktG § 327c Rn. 62; s. auch *Beier/Bungert* BB 2002, 2627 (2629) mwN zu der bei vergleichbaren Strukturmaßnahmen ganz hM; aA LG Hamburg NZG 2003, 186 (187) = BB 2002, 2625 = DB 2002, 2478.

[52] Wie hier jetzt auch Großkomm AktG/*Fleischer* Rn. 52; offen gelassen von OLG Hamburg NZG 2003, 539 (542); abl. *Wartenberg* AG 2004, 539 (541 f.).

des Kreditinstituts abgeleitet.[53] Dies geht zu weit, zumal die Abschrifterteilung nicht der späteren Anspruchsdurchsetzung vor Gericht, sondern der Vorabinformation der Aktionäre dient. Die praktische Bedeutung ist gering, da die Hauptaktionäre in nahezu allen Ausschlussverfahren dazu übergegangen sind, die Gewährleistungserklärung auch ohne entsprechende gesetzliche Verpflichtung dem Bericht als Anlage beizufügen (bereits → § 327b Rn. 15). Regelungsvorbilder für beide Vorschriften zur Auslegung und Abschrifterteilung von Unterlagen sind §§ 293f, 319 Abs. 3 (→ § 293f Rn. 4ff. und → § 319 Rn. 13).[54] Nach Abs. 5[55] entfallen diese Pflichten, wenn die Unterlagen für denselben Zeitraum über die Internetseite der Gesellschaft zugänglich sind (näher → § 293f Rn. 8).

13   Bei einem **Verstoß** gegen das Erfordernis der Auslegung, der Erteilung von Abschriften oder der Zugänglichmachung über die Internetseite ist der Übertragungsbeschluss unter den weiteren Voraussetzungen des § 243 Abs. 1 grds. anfechtbar (→ § 293f Rn. 10).[56] Ein Zwangsgeld nach § 407 kann nicht festgesetzt werden.[57]

14   **2. Publizität nach Kapitalmarktrecht.** Unabhängig von den aktienrechtlichen Informationspflichten gegenüber ihren Aktionären kommt eine Ad-hoc-Publizitätspflicht der **betroffenen (börsennotierten) Gesellschaft** nach Art. 17 MAR in Betracht, da hiervon jede Insiderinformation nach Art. 7 MAR erfasst wird, die den Emittenten oder die Aktie („Finanzinstrument") unmittelbar betrifft. Dies ist wegen der Bedeutung eines geplanten Ausschlussverfahrens für die Aktionärsstruktur unzweifelhaft der Fall.[58] Die Gesellschaft muss daher – bei entsprechender Kursrelevanz – bereits das Übertragungsverlangen des Hauptaktionärs (→ § 327a Rn. 19) ad hoc veröffentlichen. Vor dem formalen Zugang eines Übertragungsverlangens ist eine Selbstbefreiung von der Meldepflicht nach Art. 17 Abs. 4 MAR in Erwägung zu ziehen.[59] Entbehrlich kann die Mitteilung sein, wenn sie erst in dem Moment Kenntnis von dem Übertragungsverlangen erlangt, indem bereits der Hauptaktionär eine Ad-hoc-Mitteilung über sein Verlangen veröffentlicht hat, oder die Absicht zur Vornahme des *Squeeze out* anderweitig öffentlich bekannt wurde.[60] Eine weitere Ad-hoc-Mitteilung ist in der Regel erforderlich, wenn der Hauptaktionär sein Übertragungsverlangen nach Durchführung der Unternehmensbewertung unter Mitteilung der Höhe der Abfindung konkretisiert.[61] Entgegen zum Teil anderer Praxis ist die Eintragung des Übertragungsbeschlusses in das Handelsregister nicht ad-hoc-pflichtig. Der **Hauptaktionär,** dessen Wertpapiere im Inland zum Börsenhandel zugelassen sind, muss die Verpflichtung zur Veröffentlichung einer Ad-hoc-Mitteilung nach Art. 17 MAR ebenfalls beachten.[62] Ad-hoc-pflichtig kann die Entscheidung über die Durchführung des Ausschließungsvorhabens und/oder über die Höhe der Barabfindung sein, sofern dieser Umstand jeweils erhebliche Kursrelevanz für die Wertpapiere des Hauptaktionärs hat. Davon wird nur in Ausnahmefällen auszugehen sein.[63]

Der Übertragungsbeschluss ist nach Ansicht der BaFin nicht nach § 50 Abs. 1 S. 1 Nr. 1 WpHG (§ 30e Abs. 1 S. 1 Nr. 1 aF WpHG) zu veröffentlichen.[64] Nachzuvollziehen ist das nicht, denn der

---

[53] *Vossius* ZIP 2002, 511 (513).
[54] Zur Begründung einer vertraglichen Nebenpflicht der Gesellschaft, die Inhaber von Bezugs- oder Umtauschrechten (→ § 327b Rn. 8) über den *Squeeze-out* und seine Rechtsfolgen zu informieren *Friedl* Der Konzern 2004, 309 (311 ff.).
[55] Neu eingefügt durch das Gesetz zur Umsetzung der Aktionärsrechterichtlinie (ARUG) v. 30.7.2009, BGBl. 2009 I 2479.
[56] MüKoAktG/*Grunewald* Rn. 18, 20; Emmerich/Habersack/*Habersack* Rn. 14; zur Auslegung von Unterlagen ausdrücklich auch LG Hamburg DB 2002, 2478.
[57] MüKoAktG/*Grunewald* Rn. 19 f.; Emmerich/Habersack/*Habersack* Rn. 14; aA Großkomm AktG/*Fleischer* Rn. 56; Kölner Komm AktG/*Koppensteiner* Rn. 16.
[58] Vgl. *Bundesanstalt für Finanzdienstleistungsaufsicht,* Emittentenleitfaden (4. Aufl., Stand: 22. Juli 2013), Ziff. IV. 2. 2.2.; Assmann/U. H. Schneider/*Assmann* WpHG § 15 Rn. 84; Frowein in Habersack/Mülbert/Schlitt Kapitalmarktinformation-HdB § 10 Rn. 30, 53; K. Schmidt/Lutter/*Schnorbus* Vor § 327a Rn. 25. Zum alten Recht vgl. 1. Aufl. Rn. 14.
[59] K. Schmidt/Lutter/*Schnorbus* Vor § 327a Rn. 26.
[60] Vgl. *Bundesanstalt für Finanzdienstleistungsaufsicht,* Emittentenleitfaden (4. Aufl. Stand: 22. Juli 2013), Ziff. IV. 2. 2.2.; *Frowein* in Habersack/Mülbert/Schlitt Kapitalmarktinformation-HdB § 10 Rn. 30, 53; K. Schmidt/Lutter/*Schnorbus* Vor § 327a Rn. 25.
[61] *Bungert/Wettich* ZIP 2012, 449 (451).
[62] Vgl. dazu Assmann/Schneider/*Assmann* WpHG § 15 Rn. 84; Emmerich/Habersack/*Habersack* Rn. 3; aA Schwark/Zimmer/*Kruse* WpHG § 15 Rn. 44.
[63] *Bundesaufsichtsamt für den Wertpapierhandel* (jetzt Teil der Bundesanstalt für Finanzdienstleistungsaufsicht), Rundschreiben vom 26.4.2002, NZG 2002, 563; zust. Assmann/Schneider/*Assmann* WpHG § 15 Rn. 84; *Drinkuth* in Marsch-Barner/Schäfer Börsennotierte AG-HdB Rn. 62.31.
[64] *Bundesanstalt für Finanzdienstleistungsaufsicht,* Emittentenleitfaden (4. Aufl. Stand: 22. Juli 2013), Ziff. IX. 6.2. 2.; zu möglichen kapitalmarktrechtlichen Informationspflichten, sofern auch Inhaber von Bezugs- oder Umtauschrechten betroffen sind s. *Fehling/Arens* AG 2010, 735 (736 f.). Vgl. auch das Beispiel bei *Groß* in Happ Konzern- und Umwandlungsrecht Muster 6.01 lit. g.

Austausch des in den Aktien verbrieften Rechts (Barabfindung statt Mitgliedschaft) nach Eintragung des Übertragungsbeschlusses (→ § 327e Rn. 12) stellt durchaus eine Änderung der mit den Aktien verbundenen Rechte dar (zu der in der Praxis üblichen, **freiwilligen Abfindungsbekanntmachung** auch → § 327b Rn. 13).

§ 327d Durchführung der Hauptversammlung

¹In der Hauptversammlung sind die in § 327c Abs. 3 bezeichneten Unterlagen zugänglich zu machen. ²Der Vorstand kann dem Hauptaktionär Gelegenheit geben, den Entwurf des Übertragungsbeschlusses und die Bemessung der Höhe der Barabfindung zu Beginn der Verhandlung mündlich zu erläutern.

I. Normzweck

Die Vorschrift steht im Zusammenhang mit der Durchführung der Hauptversammlung. Sie regelt die Information der Aktionäre während der Hauptversammlung durch Zugänglichmachung der in § 327c Abs. 3 genannten Unterlagen (Satz 1). Außerdem kann dem Hauptaktionär vom Vorstand Gelegenheit zu mündlicher Erläuterung gegeben werden (Satz 2). Die Minderheitsaktionäre sollen sich über die maßgebenden, ggf. aktualisierten Umstände[1] des Ausschlussverfahrens nochmals eingehend unterrichten können. Regelungsvorbilder sind damit § 293g Abs. 1, § 319 Abs. 3 S. 3, § 320 Abs. 1 S. 3 für S. 1 bzw. in modifizierter Form § 293g Abs. 2 für S. 2. Die Verletzung der Informationspflichten führt grds. zur Anfechtbarkeit des Übertragungsbeschlusses (→ § 293g Rn. 14).

II. Zugänglichmachung

Nach S. 1 sind die in § 327c Abs. 3 bezeichneten Unterlagen (also der Entwurf des Übertragungsbeschlusses, die Jahresabschlüsse und Lageberichte für die letzten drei Geschäftsjahre, der Bericht des Hauptaktionärs sowie der Prüfungsbericht) auch in der Hauptversammlung zugänglich zu machen. Dadurch wird die nach § 176 Abs. 1 S. 1 ohnehin bestehende Pflicht zur Zugänglichmachung (früher: Auslegung) von Vorstandsvorlagen um die genannten Dokumente erweitert (zur Art und Weise der Bereithaltung der Unterlagen zur Einsicht der Aktionäre → § 176 Rn. 5 ff.).[2] Eine Verlesung der Dokumente ist nicht gefordert.[3] Dies entspricht den Vorschriften zu Hauptversammlungsbeschlüssen über einen Unternehmensvertrag und eine Eingliederung (→ § 293g Rn. 3, 8).

III. Erläuterungen von Vorstand und Hauptaktionär

Nach S. 2 kann der Vorstand dem Hauptaktionär Gelegenheit geben, den Entwurf des Übertragungsbeschlusses und die Bemessung der Höhe der Barabfindung zu Beginn der Verhandlung mündlich zu erläutern.[4] Aufgrund der gewählten Formulierung steht es im **Ermessen** des Vorstands, dem Hauptaktionär das Wort zu erteilen. Er ist hierzu berechtigt, aber nicht verpflichtet. Dies bedeutet jedoch nicht, dass der Vorstand selbst von der üblichen Pflicht zu mündlicher Erläuterung „seiner Vorlagen" in der Hauptversammlung nach § 176 Abs. 1 S. 2 bzw. § 293g Abs. 2 analog entbunden ist (→ § 319 Rn. 14).[5] Andernfalls könnte es an einer mündlichen Darstellung völlig fehlen, wenn der Vorstand von der Möglichkeit zur Übertragung der Erläuterung keinen Gebrauch machen und sich selbst nicht äußern würde. Das Gesetz geht vielmehr von der grundsätzlichen **Erläuterungspflicht** des Vorstands aus und erlaubt es nur, die erforderliche Auskunft auf den Hauptaktionär, der nicht auskunftsberechtigtes Organ ist, zu delegieren. Da das Ausschlussverfahren ausschließlich dem Interesse des Hauptaktionärs dient und der Vorstand der Gesellschaft nur eine mehr oder weniger

---

[1] Vgl. BegrRegE, BT-Drs. 14/7034, 73.
[2] Die Änderung wurde durch Art. 1 Nr. 50 des Gesetzes zur Umsetzung der Aktionärsrechterichtlinie (ARUG) v. 30.7.2009, BGBl. 2009 I 2479 vorgenommen.
[3] Hüffer/Koch/*Koch* Rn. 2; Emmerich/Habersack/*Habersack* Rn. 2.
[4] Eines ausdrücklichen Hinweises auf diese Übertragung bedarf es auch dann nicht, wenn der Auskunft erteilende Vorstand zugleich Geschäftsführer des Hauptaktionärs ist; vgl. OLG Stuttgart ZIP 2003, 2363 (2364) = NZG 2004, 146. Dem Versammlungsleiter steht insoweit keine Entscheidungskompetenz zu; er nimmt nur die formale Worterteilung vor; näher Großkomm AktG/*Fleischer* Rn. 13.
[5] HM; MHdB AG/*Austmann* § 75 Rn. 74; MüKoAktG/*Grunewald* Rn. 3; Emmerich/Habersack/*Habersack* Rn. 3; Hölters/*Müller-Michaels* Rn. 4; Hüffer/Koch/*Koch* Rn. 4; Großkomm AktG/*Fleischer* Rn. 8 (mit anderer Begründung); aA Angerer/Geibel/Süßmann/*Grzimek* AktG § 327d Rn. 4; Kölner Komm WpÜG/*Hasselbach* AktG § 327d Rn. 8; K. Schmidt/Lutter/*Schnorbus* Rn. 6; s. auch Kölner Komm AktG/*Koppensteiner* Rn. 4 (Erläuterungspflicht nur bei Ablehnung oder Bedenken gegen den Übertragungsbeschluss).

„dienende Funktion" hat, soll er insoweit zurücktreten können.[6] Eigene organschaftliche Befugnisse des Hauptaktionärs sind damit nicht verbunden.

4 Der Vorstand wird sich trotz des ihm eingeräumten Ermessens dem Wunsch des Hauptaktionärs, die mündliche Erläuterung vorzunehmen, nicht entziehen. In der bisherigen Praxis hat der Vorstand in den ganz überwiegenden Fällen die notwendige Erläuterung erbracht. Umgekehrt ist der Hauptaktionär zu einer Stellungnahme nur berechtigt, aber nicht verpflichtet.[7] Auch eine solche Haltung wird jedoch kaum praktisch werden; regelmäßig wird er insbesondere die Gelegenheit nutzen, eine erforderlich gewordene **Aktualisierung** des schriftlichen Berichts darzulegen. Vom Vorstand kann bei entsprechender Weigerung des Hauptaktionärs jedenfalls keine eigene Stellungnahme, sondern nur eine Zusammenfassung verlangt werden.[8] Der Vorstand kann die erforderlichen Erläuterungen entgegen dem missverständlichen Wortlaut der Bestimmung nicht nur teilweise, sondern auch vollkommen auf den Hauptaktionär übertragen.[9] Dies gilt mit der Maßgabe, dass der Vorstand nach den Ausführungen des Hauptaktionärs verbleibende **Informationslücken** selbst schließen muss.[10] Hinsichtlich der vor allem interessierenden Bewertungsfragen sollte ihm dies ohne weiteres möglich sein, da es um Fragen des von ihm geführten Unternehmens geht.[11] Hinsichtlich der Beteiligungshöhe kann er auf die Unterrichtung durch den Hauptaktionär angewiesen sein, zumal deren förmliche Überprüfung nicht vorgesehen ist.[12] Aus eigenem Interesse wird der Hauptaktionär hier entsprechende Nachweise vorhalten.

IV. Auskunftsrecht der Aktionäre

5 Eine besondere Regelung für das Auskunftsrecht der Aktionäre ist in § 327d nicht enthalten. Somit bleibt es dabei, dass die Aktionäre nach § 131 ein **allgemeines Fragerecht** gegen die Gesellschaft haben.[13] Es erstreckt sich recht weitgehend auf alle Angelegenheiten der Gesellschaft, die sich auf den Unternehmenswert auswirken können, sowie alle Umstände, die Voraussetzungen für den Übertragungsbeschluss begründen.[14] Nicht hierzu gehören Fragen zu den möglichen Motiven für den *Squeeze-out* sowie zu beabsichtigten Strukturmaßnahmen nach dem *Squeeze-out* (auch → § 327c Rn. 6).[15] Zu erteilen ist die Auskunft vom Vorstand der Gesellschaft. Ein unmittelbares Auskunftsrecht der Minderheitsaktionäre gegenüber dem Hauptaktionär ist nicht vorgesehen und de lege lata auch nicht begründbar.[16] Diese Rollenverteilung mag man kritisieren.[17] Jedoch gilt auch hier, dass der **Vorstand** zur Beantwortung zu Fragen der Bewertung „seines" Unternehmens in der Lage sein sollte. Die Angelegenheiten des Hauptaktionärs sind dem Auskunftsrecht ohnehin nicht zugänglich.[18] Im Übrigen kann sich der Vorstand auch auf Ausführungen des Hauptaktionärs beziehen oder diesen oder einen Sachverständigen mit der Beantwortung einzelner Fragen beauftragen. Die Verletzung des Auskunftsrechts führt hinsichtlich abfindungswertbezogener Fragen nicht mehr zur Anfechtbarkeit des Übertragungsbeschlusses; die Beantwortung dieser Fragen kann nach geltendem Recht

---

[6] Vgl. Emmerich/Habersack/*Habersack* Rn. 3.
[7] *Gesmann-Nuissl* WM 2002, 1205 (1209); Großkomm AktG/*Fleischer* Rn. 4; Angerer/Geibel/Süßmann/*Grzimek* AktG § 327d Rn. 2; MüKoAktG/*Grunewald* Rn. 3; Emmerich/Habersack/*Habersack* Rn. 4; K. Schmidt/Lutter/*Schnorbus* Rn. 5; krit. Kölner Komm AktG/*Koppensteiner* Rn. 5.
[8] *Kiem* RWS Forum Gesellschaftsrecht 2001, 329 (348 f.); MüKoAktG/*Grunewald* Rn. 3; aA *Schiessl* ZGR 2003, 814 (837) mwN (s. dort auch zur ausnahmsweisen Einholung einer Fairness Opinion durch den Vorstand).
[9] S. auch Großkomm AktG/*Fleischer* Rn. 9; enger Hüffer/Koch/*Koch* Rn. 4 (der annimmt, dass immer der Vorstand zu Beginn der Versammlung mündlich zu erläutern hat) und Emmerich/Habersack/*Habersack* Rn. 3 f.
[10] So auch Hüffer/Koch/*Koch* Rn. 4; Emmerich/Habersack/*Habersack* Rn. 4; enger MüKoAktG/*Grunewald* Rn. 3.
[11] Zutr. *Krieger* BB 2002, 53 (60).
[12] Vgl. OLG Stuttgart AG 2009, 204 (210 f.); Hüffer/Koch/*Koch* Rn. 3; MüKoAktG/*Grunewald* Rn. 4; aA *Sieger/Hasselbach* ZGR 2002, 120 (139).
[13] Emmerich/Habersack/*Habersack* Rn. 5; siehe dazu auch LG Frankfurt a.M. NZG 2003, 1027 = DB 2003, 2590.
[14] MHdB AG/*Austmann* § 75 Rn. 76 mit dem Hinweis, dass die Berufung auf die Auskunftsverweigerungsrechte des § 131 Abs. 3 Nr. 3, 4 und 6 idR nicht möglich ist.
[15] OLG München AG 2011, 840 (844).
[16] Wie hier Emmerich/Habersack/*Habersack* Rn. 5; Kölner Komm WpÜG/*Hasselbach* AktG § 327d Rn. 7; K. Schmidt/Lutter/*Schnorbus* Rn. 7; aA *Gesmann-Nuissl* WM 2002, 1205 (1209); s. auch Großkomm AktG/*Fleischer* Rn. 12; MüKoAktG/*Grunewald* Rn. 6 (nur ausnahmsweise Auskunftspflicht des Hauptaktionärs aufgrund seiner Treupflicht gegenüber den Minderheitsaktionären).
[17] So *Kiem* RWS Forum Gesellschaftsrecht 2001, 329 (342); Grigoleit/*Rieder* Rn. 4; dagegen aber *Krieger* BB 2002, 53 (60).
[18] MHdB AG/*Austmann* § 75 Rn. 76 mwN.

nunmehr pauschal in das Spruchverfahren verwiesen werden (vgl. § 243 Abs. 4 S. 2 nF; näher → § 327f Rn. 3).[19]

§ 327e Eintragung des Übertragungsbeschlusses

(1) [1]Der Vorstand hat den Übertragungsbeschluss zur Eintragung in das Handelsregister anzumelden. [2]Der Anmeldung sind die Niederschrift des Übertragungsbeschlusses und seine Anlagen in Ausfertigung oder öffentlich beglaubigter Abschrift beizufügen.

(2) § 319 Abs. 5 und 6 gilt sinngemäß.

(3) [1]Mit der Eintragung des Übertragungsbeschlusses in das Handelsregister gehen alle Aktien der Minderheitsaktionäre auf den Hauptaktionär über. [2]Sind über diese Aktien Aktienurkunden ausgegeben, so verbriefen sie bis zu ihrer Aushändigung an den Hauptaktionär nur den Anspruch auf Barabfindung.

Schrifttum: *Aubel/Weber*, Ausgewählte Probleme bei Eingliederung und Squeeze Out während eines laufenden Spruchverfahrens WM 2004, 857; *Brandner/Bergmann*, Anfechtungsklage und Registersperre, FS Bezzenberger, 2000, 59; *Bredow/Tribulowsky*, Auswirkungen von Anfechtungsklage und Squeeze-Out auf ein laufendes Spruchstellenverfahren, NZG 2002, 841; *Buchta/Sasse*, Freigabeverfahren bei Anfechtungsklagen gegen Squeeze-out-Beschlüsse, DStR 2004, 958; *Bungert*, Verlust der Klagebefugnis für anhängige Anfechtungsklagen nach Wirksamwerden eines Squeeze Out, BB 2005, 1345; *Bungert*, Fortbestehen der Anfechtungsbefugnis nach wirksam gewordenem Squeeze Out, BB 2007, 57; *Fuhrmann*, Das Freigabeverfahren bei Squeeze out-Beschlüssen, Der Konzern 2004, 1; *Goette*, Zu den Folgen der Eintragung eines Squeeze-out-Beschlusses vor Ablauf der Eintragungsfrist, FS K. Schmidt, 2009, S. 469; *Heise/Dreier*, Wegfall der Anfechtungsbefugnis bei Verlust der Aktionärseigenschaft im Anfechtungsprozess, BB 2004, 1126; *Keul*, Anfechtungsklage und Überwindung der Registersperre im Rahmen des Squeeze-out, ZIP 2003, 566; *König*, Kraftloserklärung nicht eingereichter Aktien von Minderheitsaktionären nach einem Squeeze-out, NZG 2006, 601; *Paschos/Johannsen-Roth*, Freigabeverfahren und Bestandsschutz bei aktien- und umwandlungsrechtlichen Strukturmaßnahmen, NZG 2006, 327; *Petersen/Habbe*, Squeeze-out mit Eintragung im Handelsregister bestandskräftig?, NZG 2010, 1091; *Rieckers*, Einfluss angefochtener Bestätigungsbeschlüsse auf anhängige und abgeschlossene Unbedenklichkeitsverfahren, BB 2005, 1348; *Schiffer/Roßmeier*, Auswirkungen des Squeeze-out auf rechtshängige Spruchverfahren, DB 2002, 1359; *H. Schmidt*, Schadensersatz nach § 327e Abs. 2 iVm § 319 Abs. 6 S. 6 AktG im Wege der Naturalrestitution beim fehlerhaften Squeeze-out?, AG 2004, 299; *Schockenhoff*, Rückabwicklung des Squeeze-out?, AG 2010, 436; *Weißhaupt/Özdemir*, Gutglaubenserwerb von (Inhaber-)Aktien nach Squeeze out?, ZIP 2007, 2110; *Weppner/Groß-Bölting*, Kraftloserklärung nicht eingereichter Aktienurkunden nach Durchführung eines aktienrechtlichen Squeeze out gem. §§ 327a ff. AktG, BB 2012, 2196.

Übersicht

	Rn.		Rn.
I. Normzweck	1	1. Negativerklärung	5
II. Anmeldung	2–4	2. Freigabeverfahren	6, 7
1. Anspruchsverpflichteter; notwendige Unterlagen	2, 3	IV. Wirkungen der Eintragung	8–12
2. Überprüfung des Registergerichts	4	1. Ausschluss durch Übergang der Mitgliedschaften	8–10
III. Negativerklärung und Freigabeverfahren	5–7	2. Folgen fehlerhafter Eintragungen	11
		3. Aktienurkunden	12

I. Normzweck

Die Vorschrift regelt die Anmeldung des Übertragungsbeschlusses zur Eintragung in das Handelsregister (Abs. 1), die Bedeutung der Negativerklärung und des Freigabeverfahrens für das Registerverfahren (Abs. 2) und die besonderen Wirkungen des Ausschlusses für die Minderheitsaktionäre und den Hauptaktionär (Abs. 3). Der Übergang der Mitgliedschaften der Minderheitsaktionäre auf den Hauptaktionär und die gleichzeitige Entstehung ihrer Abfindungsansprüche sollen einheitlich durch einen **konstitutiven Eintragungsakt** und nur nach entsprechender Registerkontrolle erfolgen. Zusammen mit dem Freigabeverfahren werden dadurch Publizität und Rechtsschutz sichergestellt. Abgesehen von § 319 Abs. 5 und 6, auf die in Abs. 2 unmittelbar verweist, waren mit § 319 Abs. 4 und § 320a weitere Eingliederungsbestimmungen Regelungsvorbild für die Norm. Abweichende

---

[19] Gesetz zur Unternehmensintegrität und Modernisierung des Anfechtungsrechts (UMAG) v. 22.9.2005, BGBl. 2005 I 2802; dazu ausf. *Noack/Zetzsche* ZHR 170 (2006), 218 (231 ff.). Zur Anwendbarkeit auf bereits vor dem 1.11.2005 anhängige Verfahren OLG Hamm NZG 2005, 897 = BB 2005, 2259.

Sonderregelungen bestehen für die Anmeldung und Eintragung eines Übertragungsbeschlusses zugunsten des SoFFin, § 12 Abs. 4 S. 3 FMStBG (→ § 327a Rn. 3a).

II. Anmeldung

2 1. Anspruchsverpflichteter; notwendige Unterlagen. Der Vorstand der betroffenen Gesellschaft hat den Übertragungsbeschluss zur Eintragung in das Handelsregister am Sitz der Gesellschaft (§ 14) anzumelden (§ 327e Abs. 1 S. 1). Dies ist erforderlich, weil erst mit der Eintragung die Übertragung der Mitgliedschaften der Minderheitsaktionäre auf den Hauptaktionär wirksam wird (§ 327e Abs. 3 S. 1; → Rn. 8). Nach § 83 Abs. 2 ist der **Vorstand** der Gesellschaft zur Anmeldung verpflichtet. Außerdem wird man eine hiervon zu unterscheidende Verpflichtung der Gesellschaft zur Anmeldung und ggf. zur Einleitung des Freigabeverfahrens (§ 327e Abs. 2 iVm § 319 Abs. 6) anzunehmen haben, die Folge der mitgliedschaftlichen Treupflicht gegenüber dem Hauptaktionär ist.[1] Eine solche Gesellschaftspflicht ist vom Vorstand zu erfüllen. Zur Herbeiführung der Anmeldung kann jedoch **kein Zwangsgeld** festgesetzt werden.[2] Die Nichtaufnahme des Abs. 1 in den Ausnahmenkatalog des § 407 Abs. 2 ist offenbar ein Redaktionsversehen. Vor allem kann es wegen der konstitutiven Wirkung der Eintragung des Übertragungsbeschlusses nicht Aufgabe des Registergerichts sein, die Rechtsverhältnisse der Beteiligten zu gestalten.[3] Daran ändert auch der Umstand nichts, dass das Ausschlussverfahren primär das Rechtsverhältnis der Aktionäre untereinander betrifft.

3 Der Anmeldung sind die **Niederschrift** des Übertragungsbeschlusses und seine Anlagen iSd § 130 Abs. 3 in Ausfertigung oder öffentlich beglaubigter Abschrift beizufügen (§ 327e Abs. 1 S. 2). Bei nicht börsennotierten Gesellschaften (§ 3 Abs. 2) genügt insoweit eine vom Vorsitzenden des Aufsichtsrats unterzeichnete Niederschrift (§ 130 Abs. 1 S. 3), weil der Übertragungsbeschluss mit nur einfacher Mehrheit gefasst wird (§ 327a Abs. 1 S. 1).[4] Im Fall eines verschmelzungsrechtlichen Ausschlussverfahrens (→ § 327a Rn. 11a) ist außerdem der Verschmelzungsvertrag beizufügen. Entgegen des Wortlauts (§ 62 Abs. 5 S. 6 UmwG) kommt die Beifügung eines Entwurfs nicht in Betracht, da der Verschmelzungsvertrag im Zeitpunkt der Beschlussfassung bereits beurkundet sein muss und das Registergericht die Einhaltung der Dreimonatsfrist des § 62 Abs. 5 S. 1 UmwG prüfen können soll.[5] Die **Anlagen** sind immer in Ausfertigung oder öffentlich beglaubigter Abschrift beizufügen. Hierzu zählen nach § 130 Abs. 3 S. 1 allerdings nur die Belege, aus denen sich die Ordnungsmäßigkeit der Einberufung der Hauptversammlung ergibt. Der Bericht des Hauptaktionärs und der Prüfungsbericht sind jedoch ebenso wie die weiteren in § 327c Abs. 3 genannten Unterlagen ausdrücklich nicht der Niederschrift als Anlage und damit auch nicht der Anmeldung beizufügen.[6] Ebenso gehört das Teilnehmerverzeichnis nicht mehr zu den obligatorischen Anlagen der Niederschrift. Die Vorlage dieser Unterlagen kann vom Registergericht daher nicht verlangt werden, aber von der Gesellschaft durchaus freiwillig vorgenommen werden. Dies ist in der Praxis regelmäßig der Fall und empfiehlt sich aus Klarstellungsgründen. Schließlich ist mit der Anmeldung oder später auch die **Erklärung des Vorstands** nach § 327e Abs. 2 iVm § 319 Abs. 5 oder ein gerichtlicher Beschluss nach § 327e Abs. 2 iVm § 319 Abs. 6 vorzulegen.

4 2. Überprüfung des Registergerichts. Zuständig für das Registerverfahren ist grds. der Registerrichter. Die Registergerichte sind jedoch teilweise dazu übergegangen, diese Aufgabe nach § 7 RPflG auf den Rechtspfleger zu übertragen. Das Registergericht ist zur eigenständigen formellen und materiellen Prüfung der Rechtmäßigkeit des Übertragungsbeschlusses berechtigt.[7] Angesichts der nur eingeschränkten Dokumentenvorlage, die insbesondere den Bericht des Hauptaktionärs ausnimmt, und des vom Gesetz nicht vorgesehenen Nachweises der Beteiligungshöhe (§ 327a Abs. 1 S. 1) durch den Hauptaktionär sind die Überprüfungsmöglichkeiten jedoch sehr **eingeschränkt**

---

[1] Emmerich/Habersack/*Habersack* Rn. 2.
[2] Großkomm AktG/*Fleischer* Rn. 4; Hüffer/Koch/*Koch* Rn. 2; Emmerich/Habersack/*Habersack* Rn. 2; K. Schmidt/Lutter/*Schnorbus* Rn. 2; aA MüKoAktG/*Grunewald* Rn. 3; offen gelassen von Angerer/Geibel/Süßmann/*Grzimek* AktG § 327e Rn. 4 f.
[3] Emmerich/Habersack/*Habersack* Rn. 2.
[4] Hüffer/Koch/*Koch* Rn. 2; Emmerich/Habersack/*Habersack* Rn. 3.
[5] Grigoleit/*Rieder* Rn. 10; Klie/Wind/Rödter DStR 2011, 1668 (1669).
[6] Wie hier Kölner Komm WpÜG/*Hasselbach* AktG § 327e Rn. 6 f.; Kölner Komm AktG/*Koppensteiner* Rn. 3; MüKoAktG/*Grunewald* Rn. 2; aA Emmerich/Habersack/*Habersack* Rn. 3; weitergehende Anlagen verlangen Angerer/Geibel/Süßmann/*Grzimek* AktG § 327e Rn. 3 und K. Schmidt/Lutter/*Schnorbus* Rn. 4 (Vorlage auch der Jahresabschlüsse und Lageberichte); vermittelnd Großkomm AktG/*Fleischer* Rn. 3; Grigoleit/*Rieder* Rn. 4 (nicht erforderlich, aber empfehlenswert).
[7] MHdB AG/*Austmann* § 75 Rn. 83; Hüffer/Koch/*Koch* Rn. 2; Emmerich/Habersack/*Habersack* Rn. 4; MüKoAktG/*Grunewald* Rn. 4; eingehend zur Prüfungskompetenz des Registerrichters *Bokelmann* DB 1994, 1341.

(offensichtliche Mängel; auch → § 327a Rn. 18). Die Angemessenheit der Barabfindung wird ausschließlich im Spruchverfahren überprüft; der Registerrichter muss insoweit nur feststellen, ob überhaupt ein ordnungsgemäßes Abfindungsangebot vorliegt. Wegen der erforderlichen technischen Abwicklung des Ausschlussverfahrens und der auf den Tag der Eintragung des Übertragungsbeschlusses vorzunehmenden **Einstellung der Notierung der Aktien** empfiehlt sich bei **börsennotierten Gesellschaften** (§ 3 Abs. 2) eine Abstimmung mit dem Registergericht über den Eintragungszeitpunkt (zur Einstellung der Notierung und zum **Widerruf der Börsenzulassung** näher → § 320a Rn. 4).

III. Negativerklärung und Freigabeverfahren

1. Negativerklärung. Nach § 327e Abs. 2 iVm § 319 Abs. 5 S. 1 hat der Vorstand der Anmeldung 5 zur Eintragung des Übertragungsbeschlusses eine sog. Negativerklärung beizufügen. Zu erklären ist, dass eine Klage gegen die Wirksamkeit des Übertragungsbeschlusses nicht oder nicht fristgerecht erhoben oder eine solche Klage rechtskräftig abgewiesen oder zurückgenommen worden ist (im Einzelnen → § 319 Rn. 17 f.). Ohne Vorlage dieser Erklärung besteht eine **Registersperre**,[8] dh, der Übertragungsbeschluss darf vor Ablauf der Anfechtungsfrist grds. nicht in das Handelsregister eingetragen werden (§ 327e Abs. 2 iVm § 319 Abs. 5 S. 2).[9] Wenn die klageberechtigten Aktionäre durch **Verzichtserklärung** in notariell beurkundeter Form (§ 128 BGB) auf die Klage gegen die Wirksamkeit des Übertragungsbeschlusses verzichten, kann die Eintragung auch ohne entsprechende Negativerklärung vorgenommen werden (§ 327e Abs. 2 iVm § 319 Abs. 5 S. 2, 2. HS).[10] In der Praxis spielt dies keine Rolle. Als klageberechtigt in diesem Sinne sind nur die ausscheidenden Minderheitsaktionäre anzusehen.[11] Eine Verzichtserklärung des Hauptaktionärs erscheint ebenso überflüssig, wie die der Aktionäre, deren Aktien dem Hauptaktionär nach § 327a Abs. 2 iVm § 16 Abs. 4 zugerechnet werden.

2. Freigabeverfahren. Nach § 327e Abs. 2 iVm § 319 Abs. 6 wird die Registersperre auch durch 6 den unanfechtbaren Beschluss des zuständigen OLG überwunden, nach dem die Erhebung der Klage dem *Squeeze-out* nicht entgegensteht (zu den Einzelheiten → § 319 Rn. 21 ff. und → § 246a Rn. 19 ff.). Unabhängig davon, dass es primär um den Aktienerwerb des Hauptaktionärs geht, kann **nur die Gesellschaft**, vertreten durch ihren Vorstand, nicht der Hauptaktionär, den Antrag auf Einleitung des Freigabeverfahrens stellen.[12] Dies ist systematisch durchaus stimmig, zumal die Gesellschaft auch das Registerverfahren betreibt.[13] Der Hauptaktionär hat allerdings einen Anspruch gegen die Gesellschaft auf Betreibung des Verfahrens, soweit er sie von ihrer möglichen Haftung nach § 327e Abs. 2 iVm § 319 Abs. 6 S. 10 freistellt.[14] Denn dieser Schadensersatzanspruch richtet sich unmittelbar gegen die antragstellende Gesellschaft (zum Inhalt des Schadensersatzanspruchs → Rn. 11).[15]

Der Erlass des Beschlusses setzt das Vorliegen eines der in § 327e Abs. 2 iVm § 319 Abs. 6 S. 3 7 Nr. 1–3 abschließend aufgeführten **Freigabetatbestände** voraus.[16] Das sind neben dem Nichterreichen des **Bagatellquorums** von mindestens 1.000 Euro anteiligem Betrag am Grundkapital (Nr. 2)

---

[8] S. näher *Brandner/Bergmann* FS Bezzenberger, 2000, 59.
[9] Wird der Beschluss entgegen der Registersperre verfahrensfehlerhaft (verfrüht) eingetragen, kann die Eintragung nicht von Amts wegen nach § 144 Abs. 2 FGG oder § 142 FGG (vgl. jetzt die Nachfolgebestimmungen §§ 395 (397 f.) FamFG) gelöscht werden; s. OLG Düsseldorf NZG 2004, 824 = Der Konzern 2004, 612; aA *Büchel* ZIP 2006, 2289 (2292 f.) (§ 142 FGG); aA NK-AktR/*Heidel/Lochner* Rn. 5.
[10] MHdB AG/*Austmann* § 75 Rn. 91.
[11] Wie hier Kölner Komm WpÜG/*Hasselbach* AktG § 327e Rn. 15; Angerer/Geibel/Süßmann/*Grzimek* AktG § 327e Rn. 8; aA Großkomm AktG/*Fleischer* Rn. 13; Emmerich/Habersack/*Habersack* Rn. 5 (alle Aktionäre einschließlich des Hauptaktionärs); MüKoAktG/*Grunewald* Rn. 5; Kölner Komm AktG/*Koppensteiner* Rn. 4.
[12] Großkomm AktG/*Fleischer* Rn. 17; Hüffer/Koch/*Koch* Rn. 3; Emmerich/Habersack/*Habersack* Rn. 6; MüKoAktG/*Grunewald* Rn. 6; Kölner Komm WpÜG/*Hasselbach* § 327e AktG Rn. 19; K. Schmidt/Lutter/*Schnorbus* Rn. 8; *Buchta/Sasse* DStR 2004, 958; aA Angerer/Geibel/Süßmann/*Grzimek* AktG § 327e Rn. 12; Kölner Komm AktG/*Koppensteiner* Rn. 5. Dabei wird die Gesellschaft allein durch den Vorstand vertreten; OLG Hamm ZIP 2005, 1457 (1457 f.) = OLG Hamm DB 2005, 1263; LG Frankfurt a. M. AG 2005, 740 (741).
[13] Krit. dagegen *Kiem* RWS Forum Gesellschaftsrecht 2001, 329 (344 ff.); *Krieger* BB 2002, 53 (60).
[14] Vgl. Emmerich/Habersack/*Habersack* Rn. 6; MüKoAktG/*Grunewald* Rn. 8; zur Freistellung auch *Drinkuth* in Marsch-Barner/Schäfer Börsennotierte AG-HdB Rn. 62.70; aA MHdB AG/*Austmann* § 75 Rn. 86.
[15] *Angerer* BKR 2002, 260 (266); *H. Schmidt* AG 2004, 299 (300 f.); Emmerich/Habersack/*Habersack* Rn. 6; MüKoAktG/*Grunewald* Rn. 8; K. Schmidt/Lutter/*Schnorbus* Rn. 9; aA *Krieger* BB 2002, 53 (60); Angerer/Geibel/Süßmann/*Grzimek* AktG § 327e Rn. 21.
[16] Zur grundsätzlichen Entscheidung auf Grundlage einer mündlichen Verhandlung gemäß Abs. 2 iVm § 319 Abs. 6 S. 3 vgl. OLG München DB 2004, 973 einerseits und OLG Frankfurt a. M. ZIP 2003, 1654 andererseits.

insbesondere die **Unzulässigkeit** oder offensichtliche Unbegründetheit[17] der Beschlussmängelklage (Nr. 1) sowie nach Nr. 3 ein vorrangiges Vollzugsinteresse (näher → § 319 Rn. 22 f.).[18] Angesichts der vom Bundesverfassungsgericht bestätigten Verfassungsmäßigkeit der §§ 327a ff. (→ § 327a Rn. 5) ist eine Anfechtungsklage, die ausschließlich die Verfassungswidrigkeit der Regelungen zum Ausschlussverfahren rügt, als **offensichtlich unbegründet** anzusehen.[19] Bei Erhebung mehrerer Anfechtungs- und/oder Nichtigkeitsklagen gegen einen *Squeeze-out*-Beschluss ist ein Freigabeantrag wegen der notwendigen Streitgenossenschaft der Antragsgegner im verbundenen Hauptsacheverfahren nicht schon dann offensichtlich unbegründet, wenn nur eine Klage zum Erfolg führen kann.[20] Der Umstand, dass zu einzelnen Rechtsfragen in Literatur und Rechtsprechung andere Ansichten vertreten werden, steht der Feststellung der offensichtlichen Unbegründetheit nicht entgegen.[21] Sie kann sich auch daraus ergeben, dass nachfolgend ein Bestätigungsbeschluss nach § 244 AktG gefasst wurde.[22] Dagegen ist eine vom gerichtlich bestellten Prüfer gerügte Unangemessenheit der Barabfindung nicht geeignet, die offensichtliche Unbegründetheit der Anfechtungsklage zu verneinen.[23] Denn hierauf kann keine Anfechtungsklage gestützt werden, sondern dieser Umstand ist im Rahmen des Spruchverfahrens geltend zu machen (→ § 327f Rn. 2). Eine im Rahmen der Prüfung einer offensichtlichen Unbegründetheit zu berücksichtigende Rechtsmissbräuchlichkeit ist nur in Ausnahmefällen anzunehmen, wenn der Kläger keine berechtigten Aktionärsinteressen, sondern vielmehr illoyale bzw. eigennützige Absichten verfolgt.[24] Hiervon war nach zutr. Auffassung schon vor der entsprechenden Änderung der Anfechtungsbefugnis (§ 245 Nr. 1 nF)[25] auszugehen, wenn der Kläger seine einzige Aktie erst nach Bekanntmachung der Tagesordnung der Hauptversammlung zu einem Anschaffungspreis erworben hat, der über dem im Rahmen des *Squeeze-out* angebotenen Abfindungswert lag.[26] Dem kommt im Freigabeverfahren keine Bedeutung mehr zu, da – wie oben erwähnt – ein Freigabebeschluss ergeht, wenn der Kläger nicht binnen einer Woche nach Zustellung des Antrags durch Urkunden nachgewiesen hat, dass er seit Bekanntmachung der Einberufung der Hauptversammlung einen anteiligen Betrag von mindestens 1000 Euro hält (§ 319 Abs. 6 S. 3 Nr. 2).[27] Zur Feststellung eines **vorrangigen Vollzugsinteresses** muss das Prozessgericht nach dem Wortlaut des § 319 Abs. 6 S. 3 Nr. 3 das Interesse der betroffenen Gesellschaft und ihrer übrigen Aktionäre gegen die Interessen des klagenden Aktionärs abwägen (auch → § 319 Rn. 24).[28] Entgegen dieser Formulierung kommt es beim *Squeeze-out* vor allem auf das Interesse des Hauptaktionärs und nicht der betroffenen Gesellschaft an.[29] Klargestellt wird in dem Gesetzestext, dass nur auf den klagenden Aktionär und nicht auf die Gesamtheit der übrigen (ausgeschlossenen) Aktionäre abzustellen ist.[30] Dies bedeutet eine Abkehr von der früheren Praxis,[31] ist letztlich aber Konsequenz der

---

[17] S. zur Feststellung der offensichtlichen Unbegründetheit OLG Hamm NZG 2011, 148 (149); OLG Düsseldorf AG 2009, 535 (535 f.); OLG Frankfurt a. M. ZIP 2008, 1968 = BB 2008, 2540; OLG München ZIP 2008, 2117 (2118 f.); OLG Düsseldorf NZG 2004, 328 = DB 2004, 590 = WM 2004, 728; OLG Hamburg NZG 2003, 539 (544); LG Frankfurt a. M. AG 2005, 740 (742); enger LG Regensburg Der Konzern 2004, 811 (813) mit abl. Anm. *Fuhrmann/Linnerz*.
[18] Eingehend iZm dem Squeeze-out *Keul* ZIP 2003, 566; *Fuhrmann* Der Konzern 2004, 1.
[19] OLG Düsseldorf NZG 2004, 328 (329 f.) = DB 2004, 590; OLG Oldenburg ZIP 2003, 1351; LG Osnabrück AG 2002, 527; *Wirth/Arnold* AG 2002, 503 (506 f.); *Keul* ZIP 2003, 566 (567); aA LG Hamburg ZIP 2003, 951 f.; zusammenfassend *Buchta/Sasse* DStR 2004, 958 (960).
[20] OLG Frankfurt a. M. WM 2009, 2169 (2170 f.).
[21] OLG Frankfurt a. M. ZIP 2008, 1966 (1966 f.); OLG Frankfurt a. M. ZIP 2008, 1968 = BB 2008, 2540.
[22] OLG Frankfurt a. M. AG 2008, 167 (168); s. auch *Ihrig/Erwin* BB 2005, 1973 (1977 f.); *Rieckers* BB 2005, 1348.
[23] AA OLG Bremen ZIP 2013, 460 (461 ff.).
[24] *Henze* ZIP 2002, 97 (100 f.); s. auch LG Frankfurt a. M. NZG 2003, 1027 (1028); *Buchta/Sasse* DStR 2004, 958 (960).
[25] Gesetz zur Unternehmensintegrität und Modernisierung des Anfechtungsrechts (UMAG) v. 22.9.2005, BGBl. 2005 I 2802.
[26] AA BGH NZG 2009, 585 (588) = ZIP 2009, 908 = DB 2009, 1004 = BB 2009, 1318; OLG Köln BB 2003, 2307 (2307 f.) mit abl. Besprechung von *Aha* BB 2003, 2310 (2310 f.).
[27] Hierfür ist auf den einzelnen Aktionär und nicht auf eine Addition der Aktien aller Anfechtungskläger abzustellen, OLG Bremen ZIP 2013, 460 (461); OLG München AG 2012, 45 (46) = ZIP 2011, 2199; OLG Frankfurt a. M. AG 2010, 508 (509).
[28] Zur Ausblendung der Erfolgsaussichten der Klage im Rahmen der Interessenabwägung OLG Hamm NZG 2011, 148 (150); *Verse* NZG 2009, 1127 (1128).
[29] So schon früh der zutreffende Hinweis von *Kiem* RWS Forum Gesellschaftsrecht 2001, 329 (345 f.); *Krieger* BB 2002, 53 (60); Großkomm AktG/*Fleischer* Rn. 28; Emmerich/Habersack/*Habersack* Rn. 7 jeweils mwN.
[30] Vgl. BegrRegE, BT-Drs. 16/11 642, 41; Beschlussempfehlung und Bericht des Rechtsausschusses, BT-Drs. 16/13 098, 60; *Seibert* ZIP 2008, 2145 (2152).
[31] *Seibert* ZIP 2008, 2145 (2152) mwN; vgl. zum alten Recht auch die 1. Aufl. aaO; BegrRegE BT-Drs. 14/7034, 73.

Herauslösung der Legalitätskontrolle aus dem Abwägungsvorgang. Stellt man nur auf die Nachteile für den klagenden Aktionär bei Vollzug des Beschlusses ab, wird man diese als marginal ansehen müssen, da sein Vermögen infolge der Barabfindung keine Beeinträchtigung erfährt.[32] Vor der Neufassung der Abwägungsklausel sollte angesichts des für die Minderheitsaktionäre damit verbundenen Rechtsverlusts nicht schon das typische Interesse an einer zügigen Umsetzung der Maßnahme genügen.[33] Ebenso reichte ein allgemeiner Vortrag über die vorgesehene Zusammenfassung der Aktivitäten unter einer Holdinggesellschaft und die damit verbundene Verkürzung von Entscheidungswegen bei der Leitung der Gesellschaft als bloßes Motiv für den *Squeeze-out* nicht aus.[34] In den Entscheidungen einiger Oberlandesgerichte wird dies – unabhängig von den grundsätzlichen Anforderungen an einen substantiierten Vortrag – relativiert und die unterbleibende Vereinfachung von Entscheidungswegen und organisatorischen Vereinfachungen sowie die (finanziellen) Nachteile bei Durchführung einer Publikumshauptversammlung als schwerwiegende Nachteile angesehen.[35] Rein wirtschaftliche, nicht vernachlässigbare Nachteile des Hauptaktionärs bzw. der Gesellschaft und ihrer übrigen Aktionäre könnten bei der Abwägung berücksichtigt werden.[36] Besondere Umstände – etwa die Bedeutung des Ausschlussverfahrens für konkrete („dringende") Umstrukturierungsmaßnahmen in der Gesellschaft – sprächen natürlich für das Vollzugsinteresse,[37] müssten aber nicht in jedem Fall hinzutreten.[38] Mit dieser Maßgabe wird sich das Vollzugsinteresse des Hauptaktionärs regelmäßig als vorrangig erweisen, es sei denn, es liegt eine **besondere Schwere des Rechtsverstoßes** vor (→ § 319 Rn. 24).[39] Das Kriterium des „wesentlichen Nachteils" iSv § 319 Abs. 6 S. 3 droht indessen zur „Leerformel" zu werden, wenn man insoweit auf allgemeine Erwägungen zur Einschränkung der Leitungs- und Gestaltungsmacht des Hauptaktionärs abstellt und nicht zusätzlich den einzelfallbezogenen Vortrag konkret geplanter Umstrukturierungsmaßnahmen verlangt, deren Vorbereitung der *Squeeze-out* dient.[40]

IV. Wirkungen der Eintragung

1. Ausschluss durch Übergang der Mitgliedschaften. Nach Abs. 3 S. 1 gehen mit der Eintragung des Übertragungsbeschlusses in das Handelsregister alle Aktien der Minderheitsaktionäre auf den Hauptaktionär über. Dies stimmt sachlich mit § 320a S. 1 für die Mehrheitseingliederung überein (vgl. zu den Einzelheiten → § 320a Rn. 2 ff.). Bewirkt wird ein Übergang der Mitgliedschaften auf den Hauptaktionär **kraft Gesetzes,** ohne dass es hierfür eines Übertragungsgeschäfts bedürfte. Insoweit ist die Eintragung im Handelsregister konstitutiv. Eine Besonderheit besteht beim verschmelzungsrechtlichen Ausschlussverfahren dahingehend, dass dieser Übergang nicht schon mit der Eintragung des Übertragungsbeschlusses, sondern erst mit der Eintragung der Verschmelzung ins Handelsregister der übernehmenden Gesellschaft bewirkt wird (§ 67 Abs. 5 S. 7 UmwG) (→ § 327a Rn. 11b). Der Hauptaktionär erwirbt die Mitgliedschaften frei von Belastungen; diese setzen sich

---

[32] So schon OLG Frankfurt a. M. ZIP 2008, 1968 (1969) („wenn es überhaupt welche geben sollte").
[33] Vgl. *Krieger* BB 2002, 53 (60); s. auch *Fleischer* ZGR 2002, 757 (787); *Kiem* RWS Forum Gesellschaftsrecht 2001, S. 329, 346; *Keul* ZIP 2003, 566 (568).
[34] LG Frankfurt a. M. NZG 2003, 731 (732) = DB 2003, 1726.
[35] OLG Frankfurt a. M. ZIP 2008, 1968 (1969); OLG Düsseldorf AG 2009, 535 (538) („in wirtschaftlich angespannter Situation besonderes Gewicht"); OLG Köln AG 2015, 39 (nicht nur Nachteile infolge des Aufschubs, sondern auch „Nichteintragungsnachteile"); aA OLG Bremen ZIP 2013, 460 (463 f.). S. auch Beschlussempfehlung und Bericht des Rechtsausschusses, BT-Drs. 16/13 098, 60 f.
[36] Allg. dazu OLG Frankfurt a. M. ZIP 2008, 1968 (1969); OLG Düsseldorf AG 2009, 535 (538); siehe auch Beschlussempfehlung und Bericht des Rechtsausschusses, BT-Drs. 16/13 098, 60 f.; OLG Hamm BeckRS 2014, 11989 (jährliche HV-Kosten iHv € 510.000; Steuerersparnis in Millionenhöhe); OLG Hamm NZG 2011, 148 (150) (Kosten der Wiederholung der Hauptversammlung iHv € 200.000). Auch insoweit bestand vor Inkrafttreten der Änderungen durch das ARUG eine eher restriktive Tendenz LG Frankfurt a. M. NZG 2003, 731 (732) (Synergie- bzw. Steuerersparnis iHv € 1 Mio. gegenüber dem Barabfindungsvolumen iHv € 21,9 Mio. nicht erheblich); LG Frankfurt a. M. AG 2005, 740 (741) (Kosten iHv € 1 Mio. jährlich); LG Saarbrücken NZG 2004, 1012 (1014) (Kosten iHv € 100.000,– gegenüber dem für das Geschäftsjahr zu kapitalisierenden Ertragsüberschuss von knapp € 14,4 Mio.); s. auch LG Regensburg Der Konzern 2004, 811 (817); *Fuhrmann* Der Konzern 2004, 1 (5); *Krieger* BB 2002, 53 (60); *Paschos/Johannsen-Roth* NZG 2006, 327 (329 f.); *Vetter* AG 2002, 176 (190).
[37] OLG Düsseldorf AG 2009, 535 (538) (Sanierung).
[38] Vgl. Beschlussempfehlung und Bericht des Rechtsausschusses, BT-Drs. 16/13 098, 60 f.; OLG Köln AG 2015, 39 (Eilbedürftigkeit des Ausschlusses nicht erforderlich).
[39] Zur Kritik *Decher* FS Hoffmann-Becking, 2013, 295 (310).
[40] OLG Bremen ZIP 2013, 460 (464); ebenfalls restriktiver nach wie vor Emmerich/Habersack/*Habersack* Rn. 7; Hüffer/Koch/*Koch* Rn. 3b; Hölters/*Müller-Michaels* Rn. 12; wohl auch MüKoAktG/*Grunewald* Rn. 7; K. Schmidt/Lutter/*Schnorbus* Rn. 18. S. dazu auch BegrRegE, BT-Drs. 14/7034, 73.

am Abfindungsanspruch des ausgeschiedenen Aktionärs fort (§ 1287 S. 1 BGB analog).[41] Erfasst werden **sämtliche Aktien der Minderheitsaktionäre** sowie die von ihnen oder Dritten gehaltenen Bezugsrechte auf Aktien (→ § 327b Rn. 7 f.). Nicht zu den Minderheitsaktionären zählen die Aktionäre, deren Aktien dem Hauptaktionär zugerechnet werden (§ 327a Abs. 2, § 16 Abs. 4). Ebenso gehen eigene Aktien der betroffenen Gesellschaft nicht auf den Hauptaktionär über,[42] zumal sie auch nicht abfindungsberechtigt sind (näher → § 327b Rn. 7). Denn es macht keinen Unterschied, ob die ebenfalls von dem Hauptaktionär abhängige Gesellschaft selbst oder ein anderes abhängiges Unternehmen die Aktien hält. Das Ausschlussverfahren soll ohne vorheriges Umhängen von Beteiligungen durchgeführt werden können und führt dann auch nicht die Alleinaktionärsstellung herbei.

9 Mit dem Ausscheiden der Minderheitsaktionäre aus der Gesellschaft entsteht ihr **Anspruch auf Barabfindung.** Dieser Anspruch wird mit der Eintragung auch sofort fällig (bereits → § 327b Rn. 9).[43] Der Umstand, dass die ausgeschiedenen Minderheitsaktionäre ihren Anspruch nur gegen Vorlage ihrer Aktienurkunden bei der von dem Hauptaktionär benannten Abwicklungsstelle geltend machen können, betrifft die Durchsetzbarkeit (§ 273 Abs. 1 BGB), nicht die Fälligkeit des Anspruchs. Ohnehin überwiegen die Fälle, in denen die Aktien nicht mehr einzeln verbrieft sind (§ 10 Abs. 5); hier bewirkt die zuständige Clearingstelle durch Umschreibung der Aktienbestände unmittelbar nach Eintragung des *Squeeze-out* im Handelsregister auch die Durchsetzbarkeit der Ansprüche, und die Auskehrung der Barabfindung wird von der Abwicklungsstelle über das Depotbankensystem vorgenommen.

10 Anders als bei der Eingliederung bleibt ein **Unternehmensvertrag** bestehen, denn der *Squeeze-out* lässt den (konzernrechtlichen) Status der Gesellschaft unberührt (dagegen → § 319 Rn. 2).[44] Allerdings entstehen mit Wirksamwerden des Ausschlusses keine Ausgleichsansprüche (§ 304) mehr. Für die Entstehung des Ausgleichsanspruchs gilt nämlich eine strenge Stichtagsregel, dh es kommt darauf an, ob der außenstehende Aktionär in diesem Zeitpunkt noch Anteilsinhaber ist oder diese Stellung bereits verloren hat. Beim Zusammentreffen mit einem Beherrschungs- und Gewinnabführungsvertrag ist eine aufgrund der zeitlichen Diskrepanz zwischen Eintragung und Verzinsungsbeginn entstehende „Verzinsungslücke" auch nicht von Verfassungs wegen durch eine anteilige Ausgleichszahlung für den Beherrschungs- und Gewinnabführungsvertrag zu schließen.[45] Ein zum Zeitpunkt der Eintragung des *Squeeze-out* wegen eines Unternehmensvertrags oder einer früheren Strukturmaßnahme **rechtshängiges Spruchverfahren** über Ausgleich und Abfindung wird fortgeführt.[46] Den durch den *Squeeze-out* ausgeschiedenen Aktionären bleibt also ein noch bestehendes (Wahl-)Recht auf die gerichtlich festgesetzte Abfindung aus der vorangegangenen Strukturmaßnahme erhalten (zur möglichen Frist s. zB § 305 Abs. 4 S. 3).[47] Machen sie hiervon Gebrauch, können sie allerdings nicht mehr an einer höheren, gerichtlich festgesetzten Barabfindung im Rahmen des *Squeeze-out* partizipieren.[48] Umgekehrt ist eine bereits geleistete Barabfindung auf die gewählte Abfindung anzurechnen.[49] Die Aktivlegitimation für eine anhängige **Anfechtungsklage** (auch gegen einen den *Squeeze-out* nicht unmittelbar betreffenden Beschluss) entfällt durch den Übergang der Aktien aufgrund der Eintragung des Übertragungsbeschlusses nicht, soweit der ausgeschiedene Aktionär ein rechtliches Interesse an der Fortsetzung des Verfahrens hat; § 265 Abs. 2 ZPO findet entsprechende Anwendung.[50]

---

[41] Wie hier etwa MHdB AG/*Austmann* § 75 Rn. 93; differenzierend, im Ergebnis aber übereinstimmend Habersack ZIP 2001, 1230 (1236); Hüffer/Koch/*Koch* Rn. 4.

[42] *Riegger* DB 2003, 541 (543 f.); MHdB AG/*Austmann* § 75 Rn. 94; MüKoAktG/*Grunewald* § 327e Rn. 10; Kölner Komm AktG/*Koppensteiner* Rn. 12; K. Schmidt/Lutter/*Schnorbus* Rn. 25; aA Emmerich/Habersack/ *Habersack* Rn. 9; Hüffer/Koch/*Koch* Rn. 4.

[43] Großkomm AktG/*Fleischer* § 327b Rn. 21; MüKoAktG/*Grunewald* Rn. 13; aA Emmerich/Habersack/ *Habersack* Rn. 10 Fn. 29; Kölner Komm WpÜG/*Hasselbach* § 327b AktG Rn. 13 f. (Einreichung der effektiven Aktienurkunden oder Umschreibung der Aktienbestände).

[44] BGH NZG 2011, 780 (782) – Wella II.

[45] BVerfG ZIP 2013, 260 (262 f.); K. Schmidt/Lutter/*Schnorbus* § 327e Rn. 22a.

[46] Vgl. OLG Frankfurt a. M. AG 2007, 403; LG Hamburg ZIP 2003, 947 (950); Grigoleit/*Rieder* Rn. 20. Zu den Einzelheiten *Aubel/Weber* WM 2004, 857; *Bredow/Tribulowsky* NZG 2002, 841 (844 ff.); *Schiffer/Rossmeier* DB 2002, 1359.

[47] *Aubel/Weber* WM 2004, 857 (863 f.); *Bredow/Tribulowsky* NZG 2002, 841 (845); aA OLG Hamburg NZG 2003, 978 (980), das den Verlust des Abfindungsanspruchs der Minderheitsaktionäre (§ 305) mit Eintragung des Übertragungsbeschlusses annimmt.

[48] *Aubel/Weber* WM 2004, 857 (865).

[49] K. Schmidt/Lutter/*Schnorbus* § 327b Rn. 6a mwN.

[50] Vgl. BVerfG NZG 2010, 902 (904 f.); BGH BB 2011, 1212 (1213) = AG 2011, 518 = WM 2011, 1032; BGH WM 2006, 2216 (2217 ff.) – Massa = BB 2006, 2601 = ZIP 2006, 2167; OLG Frankfurt AG 2010, 679; Emmerich/Habersack/*Habersack* Rn. 11; *Heise/Dreier* BB 2004, 1126; ebenso für die Feststellungsklage OLG München AG 2009, 912 (913 ff.); aA OLG Koblenz ZIP 2005, 714 (714 f.) = BB 2005, 1352 = DB 2005, 878; LG Mainz NZG 2004, 1118 (1118 f.) = DB 2004, 807 mit abl. Anm. *Dreier*; *Buchta/Ott* DB 2005, 990 (993); *Bungert* BB 2005, 1345; *Bungert* BB 2007, 57; *Fuhrmann/Simon* WM 2002, 1211 (1217).

Ein Fortführungsinteresse besteht, wenn der Ausgang des Prozesses rechtlich erhebliche Auswirkungen auf die zu gewährende angemessene Barabfindung haben kann.[51] Unerheblich ist insoweit, dass eine Rückübertragung der Aktien aufgrund eines zwischenzeitlichen Formwechsels nicht mehr möglich ist.[52] Gleichermaßen kann ein ausgeschiedener Aktionär innerhalb der Frist des § 246 Abs. 1 noch Anfechtungsklage erheben, wenn der Übertragungsbeschluss trotz der Registersperre bereits eingetragen worden ist (→ Rn. 11).[53] Auch ein Antrag auf gerichtliche Bestellung eines Sonderprüfers (§ 142 Abs. 2) zur Klärung abfindungsrelevanter Pflichtwidrigkeiten oder die Betreibung eines Klagezulassungsverfahrens (§ 148 Abs. 1) sollte ihm noch möglich sein.[54] Dagegen besteht unzweifelhaft keine Anfechtungsbefugnis mehr, wenn sich die Klage des ehemaligen Aktionärs gegen einen Hauptversammlungsbeschluss richtet, der erst nach der Eintragung des Übertragungsbeschlusses in das Handelsregister gemäß § 327e Abs. 3 S. 1 ergangen ist.[55]

2. Folgen fehlerhafter Eintragungen. Zweifelhaft ist der Übergang der Mitgliedschaften, wenn die sonstigen Voraussetzungen des Ausschlussverfahrens nach § 327a Abs. 1 nicht erfüllt sind (zu den Sonderregelungen bei einer gerichtlich festgestellten Fehlerhaftigkeit eines Übertragungsbeschlusses zugunsten des SoFFin, § 12 Abs. 4 S. 4 FMStBG, → § 327a Rn. 3a). Allgemein ist danach zu unterscheiden, ob ein Freigabeverfahren durchlaufen wurde. Ist dies (ausnahmsweise) nicht der Fall, gilt Folgendes: Fehlt es etwa an der erforderlichen Kapitalbeteiligung des Hauptaktionärs (§ 327a Abs. 1), ist der Übertragungsbeschluss nach § 241 Nr. 3 **nichtig** (→ § 327a Rn. 16 ff., → § 327f Rn. 4). Dann finden auch die Grundsätze über die fehlerhafte Gesellschaft, die einer Rückabwicklung entgegenstehen und lediglich mit Wirkung für die Zukunft einen schuldrechtlichen Wiedereinräumungsanspruch gewähren, keine Anwendung.[56] Anders liegt es in den Fällen der **Anfechtbarkeit**. Solange keine hierauf gestützte Anfechtungsklage erhoben wird, ist sie unbeachtlich, und nach Ablauf der Anfechtungsfrist kann auch die Rückgängigmachung eines zwischenzeitlich erfolgten Aktienerwerbs nicht mehr geltend gemacht werden. Nach den Grundsätzen über die fehlerhafte Gesellschaft ist die eingetragene Ausschließung als wirksam anzusehen. Die ausgeschiedenen Minderheitsaktionäre können nach erfolgreicher Anfechtung aber die Wiedereinräumung ihrer Mitgliedschaft durch den Hauptaktionär gegen Rückgewähr einer bereits ausgekehrten Barabfindung verlangen.[57] Ein Minderwert der Aktien nach Rückübereignung ist gemäß § 327e Abs. 2, § 319 Abs. 6 S. 10 auszugleichen.[58] Eine Amtslöschung nach § 398 FamFG kommt daneben nur ganz ausnahmsweise bei schwerwiegenden Inhaltsmängeln in Betracht.[59] Des Rückgriffs auf die Grundsätze über die fehlerhafte Gesellschaft zur Sicherstellung eines gewissen **Bestandsschutzes** bedarf es nicht mehr, wenn sich eine Nichtigkeits- oder Anfechtungsklage gegen den Übertragungsbeschluss nach der Eintragung aufgrund eines **Freigabebeschlusses** als begründet erweist. Gemäß § 319 Abs. 6 S. 11, der § 20 Abs. 2 UmwG entspricht, lassen die festgestellten **Mängel die Eintragungswirkungen auch dauerhaft unberührt** (→ § 319 Rn. 27).[60] Auch eine Amtslöschung nach § 398 FamFG wird dadurch ausgeschlossen.[61] Der Bestandsschutz besteht auch, wenn die Eintragung verfrüht vor Ablauf der Anfechtungsfrist – und damit fehlerhaft – vorgenommen wurde und anschließend nach durchlaufenem Freigabeverfahren erfolgreich auf Anfechtung des Übertragungsbeschlusses geklagt worden ist.[62] Eine Amtslöschung nach § 395

---

[51] So auch iE Emmerich/Habersack/*Habersack* Rn. 11 mwN.
[52] BGH BB 2011, 1212 (1213) =AG 2011, 518 = WM 2011, 1032.
[53] Vgl. BVerfG AG 2010, 160 (162) (neben einer verfassungskonformen Auslegung von § 241 Nr. 1); BGH BB 2011, 1212 (1213) =AG 2011, 518 = WM 2011, 1032; Emmerich/Habersack/*Habersack* Rn. 11; aA OLG Köln NZG 2010, 184 (185) = ZIP 2010, 584; *Goette* FS K. Schmidt, 2009, 469 (476 f.).
[54] Emmerich/Habersack/*Habersack* Rn. 11; aA OLG München ZIP 2010, 1032 (1033).
[55] OLG München AG 2010, 673 (674 f.) = NZG 2010, 503.
[56] *Fleischer* ZGR 2002, 757 (788); *K. Mertens* AG 2002, 377 (383); Emmerich/Habersack/*Habersack* Rn. 8; Kölner Komm AktG/*Koppensteiner* Rn. 13; aA MüKoAktG/*Grunewald* Rn. 15 f.
[57] Emmerich/Habersack/*Habersack* Rn. 8; iE ähnlich (auf Grundlage von Abs. 2 iVm § 319 Abs. 6 S. 6) OLG Düsseldorf NZG 2004, 328 (329); *Fleischer* ZGR 2002, 757 (788); *Krieger* BB 2002, 53 (60); *Keul* ZIP 2003, 566 (569); *Gesmann-Nuissl* WM 2002, 1205 (1211); aA *Paschos/Johannsen-Roth* NZG 2006, 327 (331) (Wertersatz wegen Unmöglichkeit der Naturalrestitution); *H. Schmidt* AG 2004, 299 (303).
[58] *Petersen/Habbe* NZG 2010, 1091 (1092 ff.); Emmerich/Habersack/*Habersack* Rn. 8.
[59] *Petersen/Habbe* NZG 2010, 1091 (1092); Emmerich/Habersack/*Habersack* Rn. 8 und § 319 Rn. 5.
[60] Gesetz zur Umsetzung der Aktionärsrechterichtlinie (ARUG) v. 30.7.2009, BGBl. 2009 I 2479. Dies zuvor bereits fordernd *Handelsrechtsausschuss des DAV* NZG 2001, 1003 (1008); *Krieger* BB 2002, 53 (60). Für Wiedereinräumungsanspruch auch nach neuem Recht dagegen MüKoAktG/*Grunewald* Rn. 16.
[61] Vgl. Lutter/*Grunewald* UmwG § 20 Rn. 73; Emmerich/Habersack/*Habersack* Rn. 8; aA NK-AktR/*Heidel/Lochner* Rn. 5.
[62] Vgl. KG ZIP 2009, 1223 (1224 f.); OLG Düsseldorf ZIP 2009, 518 (519) *Goette* FS K. Schmidt, 2009, 469 (471); K. Schmidt/Lutter/*Schnorbus* Rn. 35.

§ 327f

FamFG ist in diesem Fall nicht zwingend.[63] Auch der Beschluss des BVerfG schreibt das Amtslöschungsverfahren zur Gewährung effektiven Rechtsschutzes nicht verbindlich vor.[64] Effektiver Rechtsschutz kann vielmehr auch dadurch gewährt werden, dass die Aktivlegitimation der Aktionäre für Anfechtungsverfahren auch nach der Eintragung in das Handelsregister bestehen bleibt (s.o.).[65] In Betracht kommen außerdem Amtshaftungsansprüche.[66] Ist der *Squeeze-out* aufgrund eines Freigabebeschlusses wirksam geworden, kann Kläger einen Anspruch auf Ersatz des Schadens geltend machen, der ihm aus einer auf den Beschluss beruhenden Eintragung des Übertragungsbeschlusses entstanden ist (§ 327e Abs. 2 iVm § 319 Abs. 6 S. 10). Auf ein Verschulden der das Freigabeverfahren betreibenden Gesellschaft bzw. ihrer Organe kommt es nicht an.[67] Ausgeschlossen ist, die Beseitigung der Wirkung der Eintragung als Schadensersatz zu verlangen (§ 327e Abs. 2 iVm § 319 Abs. 6 S. 11, 2. Teilsatz). Regelmäßig richtet sich der Schadensersatzanspruch daher auf Geldersatz (§ 250 BGB).

12   **3. Aktienurkunden.** Sind über die Aktien der Minderheitsaktionäre **Aktienurkunden** ausgegeben, so **verbriefen** sie nach Abs. 3 S. 2 bis zu ihrer Aushändigung an den Hauptaktionär zum Zwecke der „Einlösung" bzw. bei Globalurkunden bis zur Umbuchung auf das Wertpapierkonto des Hauptaktionärs durch die Depotbanken (nur) den vollen **Anspruch auf Barabfindung** einschließlich einer etwaigen Differenz zwischen der vom Hauptaktionär festgelegten und in einem nachfolgenden Spruchverfahren ermittelten (höheren) Barabfindung.[68] Bewirkt wird dadurch abweichend von der Grundregel des § 952 Abs. 2 BGB ein vorübergehender „Austausch" des in der Aktienurkunde verbrieften Rechts.[69] Dies entspricht der Rechtslage für die Mehrheitseingliederung nach § 320a. Hierauf kann verwiesen werden (→ § 320a Rn. 5 ff.). Eine Kraftloserklärung nicht eingereichter Aktienurkunden nach § 73 kommt daher nicht in Betracht.[70] Die Verpflichtung zur Besitzübertragung (bzw. Übertragung auf das Wertpapierkonto) besteht nur Zug um Zug gegen Zahlung der Barabfindung (§§ 273, 274 BGB). Eine Aushändigung der Aktienurkunde iSv Abs. 3 S. 2 und damit die Beendigung der Verbriefung des Anspruchs auf Barabfindung kann auch anzunehmen sein, wenn der Hauptaktionär die ihm übergebene Aktie in eindeutig entwerteter Form zurückgibt.[71] Vom Ende der Legitimationswirkung der „ausgehändigten" Aktienurkunden unberührt bleibt der Anspruch auf eine Nachbesserung der Barabfindung. Um sich im Spruchverfahren legitimieren zu können, sollten die ausgehändigten Aktienurkunden daher nur zum Zwecke des Erhalts eines Teilleistung (= der festgelegten Barabfindung) „vorgelegt" und mit einem Teilzahlungsvermerk versehen werden oder die Erteilung einer Quittung verlangt werden, die den Minderheitsaktionär als ehemaligen Inhaber der „ausgehändigten" Aktienurkunden ausweist.[72] Unterhält die Gesellschaft ein „ADR-Programm" (bereits → § 327a Rn. 22), ist dies durch vertragsgemäße Kündigung einzustellen und die Barabfindung den ADR-Inhabern über die Custodian Bank zur Verfügung zu stellen. Hierüber hat die Gesellschaft die ADR-Inhaber zusätzlich zu den aktienrechtlichen Informationspflichten (§ 327c) nach Maßgabe der zugrunde liegenden Verträge gesondert zu informieren. Nach den aktienrechtlichen Vorgaben tritt die Erfüllung bereits mit Überweisung der Barabfindung an die Custodian Bank als einzige unmittelbare Aktionärin ein. Im Rahmen der von der Custodian Bank vorzunehmenden Auskehrung an die ADR-Inhaber dienen die ADR-Zertifikate als Nachweis der Empfangsberechtigung.

§ 327f Gerichtliche Nachprüfung der Abfindung

¹**Die Anfechtung des Übertragungsbeschlusses kann nicht auf § 243 Abs. 2 oder darauf gestützt werden, dass die durch den Hauptaktionär festgelegte Barabfindung nicht ange-**

---

[63] *Schockenhoff* ZIP 2010, 436 (440 ff.); K. Schmidt/Lutter/*Schnorbus* Rn. 35 (nicht geboten, da lediglich Verfahrensfehler); aA Emmerich/Habersack/*Habersack* Rn. 8; Hüffer/Koch/*Koch* Rn. 3; *Drinkuth* in Marsch-Barner/Schäfer Börsennotierte AG-HdB Rn. 62.67.
[64] Vgl. BVerfG NZG 2010, 902 (904 f.) = AG 2010, 160.
[65] BVerfG NZG 2010, 902 (904 f.) = AG 2010, 160; s. auch NK-AktR/*Heidel/Lochner* Rn. 5a; Grigoleit/*Rieder* Rn. 21; *Schockenhoff* ZIP 2010, 436 (441 ff.).
[66] Vgl. BGH ZIP 2006, 2312; *Büchel* ZIP 2006, 2289 (2293 f.); *Goette* FS K. Schmidt, 2009, 469 (472 f.).
[67] Kölner Komm UmwG/*Simon* § 16 Rn. 109 mwN.
[68] So nun auch BGH DB 2017, 540 (541) = ZIP 2017, 469 = AG 2017, 231 = BB 2017, 585 = WM 2017, 483; zur Vorinstanz s. OLG Koblenz ZIP 2015, 2274 = AG 2015, 828.
[69] Auch ein gutgläubiger Erwerb der Mitgliedschaft ist damit ausgeschlossen; näher *Weißhaupt/Özdemir* ZIP 2007, 2110 (2112 ff.).
[70] → § 320a Rn. 5 mwN; *Weißhaupt/Özdemir* ZIP 2007, 2110 (2112) mwN; aA *König* NZG 2006, 606; *Weppner/Groß-Bölting* BB 2012, 2196; MHdB AG/*Austmann* § 75 Rn. 94 (nach Befriedigung der Barabfindungsansprüche).
[71] BGH DB 2017, 540 (542); zust. *Paschos/von der Linden* EWiR 8/2017, 227 (228). In dem entschiedenen Fall trugen die Aktienurkunden auf der Rückseite den vom Hauptaktionär aufgebrachten Stempelaufdruck mit dem Text: „UNGÜLTIG wegen Squeeze-out Barabfindung erhalten".
[72] Darauf hindeutend auch BGH DB 2017, 540 (542).

messen ist. ²Ist die Barabfindung nicht angemessen, so hat das in § 2 des Spruchverfahrensgesetzes bestimmte Gericht auf Antrag die angemessene Barabfindung zu bestimmen. ³Das Gleiche gilt, wenn der Hauptaktionär eine Barabfindung nicht oder nicht ordnungsgemäß angeboten hat und eine hierauf gestützte Anfechtungsklage innerhalb der Anfechtungsfrist nicht erhoben, zurückgenommen oder rechtskräftig abgewiesen worden ist.

Schrifttum: *Dißars,* Antragsbefugnis von Namensaktionären im Spruchverfahren über ein Squeeze-out, BB 2004, 1293; *Dißars,* Anfechtungsrisiken beim Squeeze-out – zugleich eine Analyse der bisherigen Rechtsprechung, BKR 2004, 389; *Handelsrechtsausschuss des DAV,* Stellungnahme zum Referentenentwurf eines Gesetzes zur Unternehmensintegrität und Modernisierung des Anfechtungsrechts (UMAG), NZG 2004, 555; *Henze,* Aspekte und Entwicklungstendenzen der aktienrechtlichen Anfechtungsklage in der Rechtsprechung des BGH, ZIP 2002, 97; *Hirte,* Informationsmängel und Spruchverfahren, ZHR 167 (2003), 8; *Hoffmann-Becking,* Rechtsschutz bei Informationsmängeln im Unternehmensvertrags- und Umwandlungsrecht, in Henze/Hoffmann-Becking, Gesellschaftsrecht 2001, RWS-Forum 20, 2001, 55; *Klöhn,* Der Abfindungsanspruch des Aktionärs als Aufopferungsanspruch AG 2002, 443; *Rathausky,* Squeeze-out in Deutschland: Eine empirische Untersuchung zu Anfechtungsklagen und Spruchverfahren, AG Report 2004, R 24; *Schiessl,* Die Kontrollfunktion der aktienrechtlichen Anfechtungsklage – Erwiderung aus der Sicht der Praxis, in Gesellschaftsrecht in der Diskussion 1999, Schriftenreihe der Gesellschaftsrechtlichen Vereinigung (VGR), 2000, S. 57; *H. Schmidt,* Ausschluss der Anfechtung des Squeeze-out-Beschlusses bei abfindungswertbezogenen Informationsmängeln, FS Ulmer, 2003, 543; *Vetter,* Abfindungswertbezogene Informationsmängel und Rechtsschutz, FS Wiedemann, 2002, 1323; *Wasmann,* Gesellschaftsrechtliches Spruchverfahren: Wann gilt altes, wann neues Recht?, DB 2003, 1559; *Wilsing/Kruse,* Anfechtbarkeit von Squeeze-out- und Eingliederungsbeschlüssen wegen abfindungswertbezogener Informationsmängel?, DB 2002, 1539; *Winter,* Die Anfechtung eintragungsbedürftiger Strukturbeschlüsse de lege lata und de lege ferenda, FS Ulmer, 2003, 699.

I. Normzweck

Die Vorschrift ordnet den **Rechtsschutz** der von dem Ausschlussverfahren betroffenen Minderheitsaktionäre, der durch unterschiedliche Verfahren gewährt wird. Dies macht eine Abgrenzung der Klagegründe und -verfahren erforderlich. Ausgeschlossen ist die Anfechtung nach den allgemeinen Bestimmungen der §§ 243 ff., soweit sie auf § 243 Abs. 2 oder die Unangemessenheit der Barabfindung gestützt wird (Satz 1). Entsprechend der Regelung für Unternehmensverträge und für die Mehrheitseingliederung (§ 305 Abs. 5, § 320b Abs. 2, 3) können die Aktionäre die Angemessenheit des Barabfindungsangebots des Hauptaktionärs ausschließlich in einem besonderen **Spruchverfahren** überprüfen lassen (Satz 2). Subsidiär steht das Spruchverfahren auch bei fehlendem oder nicht ordnungsgemäßem Angebot einer Barabfindung zur Verfügung (Satz 3). Im Gegensatz zur Anfechtung führt die Einleitung des Spruchverfahrens nicht zur Registersperre (§ 327e Abs. 2, § 319 Abs. 5 S. 2). Die Bewertungsrüge soll zwar gerichtlich überprüft werden, jedoch der Durchführung des *Squeeze-out* und damit dem Eintritt der Rechtsfolgen des § 327e nicht entgegenstehen. Die früher in Abs. 2 aF geregelten Einzelheiten des Spruchverfahrens sind mit Inkrafttreten des **Spruchverfahrensneuordnungsgesetzes** (SpruchG)¹ in §§ 3, 4 SpruchG überführt worden. Ebenso wird in S. 2 nicht mehr auf den aufgehobenen § 306, sondern auf § 2 SpruchG verwiesen. In diesem Gesetz werden die prozessualen Besonderheiten des Spruchverfahrens nunmehr für sämtliche Bewertungsrügen im Zusammenhang mit gesellschaftsrechtlichen Strukturmaßnahmen einheitlich geregelt (ausf. dazu SpruchG).

1

II. Verhältnis von Anfechtung und Spruchverfahren

1. Einschränkung der Anfechtung. S. 1 schränkt die Anfechtbarkeit (§ 243 Abs. 1) des Übertragungsbeschlusses der betroffenen Gesellschaft ein. Das entspricht der Regelung in § 304 Abs. 3 S. 2, § 305 Abs. 5 S. 1, § 320 Abs. 2 S. 1. Die Anfechtung kann nicht auf die unzulässige Verfolgung von Sondervorteilen (§ 243 Abs. 2) oder die Unangemessenheit der vom Hauptaktionär angebotenen Barabfindung² gestützt werden. Daran ändert sich auch nichts, wenn der nach § 327c Abs. 2 S. 3 bestellte Prüfer selbst die Angemessenheit verneint.³ Den Aktionären steht vielmehr für die Überprüfung der **Höhe der Barabfindung** ein besonderes Spruchverfahren zur Verfügung. Hierin wird sachlich auch ein Verstoß gegen § 243 Abs. 2 korrigiert. Zwar sieht das Gesetz für diesen Anfechtungstatbestand ausdrücklich keinen Ersatz vor, jedoch ist ein Sondervorteil auch nur in Form einer zu niedrig bemessenen Barabfindung vorstellbar.⁴

2

---

¹ Gesetz zur Neuordnung des gesellschaftsrechtlichen Spruchverfahrens v. 12.6.2003, BGBl. 2003 I 838. Dazu *Bungert/Mennicke* BB 2003, 2021; *Büchel* NZG 2003, 793; *Lamb/Schluck-Amend* DB 2003, 1259; zur Entstehung *Neye* NZG 2002, 23; *Neye* ZIP 2002, 2097.
² Dazu OLG Stuttgart ZIP 2003, 2363 (2367).
³ MüKoAktG/*Grunewald* Rn. 15; aA OLG Bremen ZIP 2013, 460 (461 ff.).
⁴ Zutr. Emmerich/Habersack/*Habersack* Rn. 6.

3 Möglich bleibt eine Anfechtungsklage, wenn der Hauptaktionär eine Barabfindung nicht oder nicht ordnungsgemäß angeboten hat. Das **Spruchverfahren** steht den ausgeschiedenen Minderheitsaktionären in beiden Fällen **subsidiär** nach Bestandskraft des Beschlusses zur Verfügung, wenn also eine hierauf gestützte Anfechtungsklage nicht innerhalb der Anfechtungsfrist (§ 246 Abs. 1) erhoben, zurückgenommen oder rechtskräftig abgewiesen worden ist (Satz 3). Dies entspricht § 320b Abs. 2 S. 3 (→ § 320b Rn. 12). **Fehlt das Barabfindungsangebot** völlig, liegt bereits keine ordnungsgemäße Bekanntmachung nach § 327c Abs. 1 Nr. 2, § 124 vor (→ § 327c Rn. 4).[5] Dies ist auch der Fall, wenn der Hauptaktionär ausschließlich die im Gesetz nicht vorgesehene Abfindung in eigenen Aktien anbietet. Eine solche Abfindung kann allenfalls zusätzlich in der Form vorgesehen werden, dass die Minderheitsaktionäre aufgrund individueller Erklärung mit einer Leistung in Aktien an Erfüllungs statt (§ 364 Abs. 1 BGB) einverstanden sind. Ein **nicht ordnungsgemäßes Barabfindungsangebot** liegt auch vor, wenn die Barabfindungsgewährleistung eines Kreditinstituts nach § 327b Abs. 3 fehlt oder nicht den gesetzlichen Anforderungen entspricht (näher zur fehlenden Gewährleistung → § 327b Rn. 16).[6] Ein nicht ordnungsgemäßes Barabfindungsgebot ist jedoch nicht anzunehmen, wenn der Hauptaktionär von der festgesetzten Barabfindung offene Ausgleichs- oder Dividendenzahlungen einbehält und die Barabfindung dadurch niedriger ausfällt (dazu auch → § 327b Rn. 4).[7] Denn im Ergebnis ist dies eine Frage der Höhe bzw. Angemessenheit der Barabfindung. Anders wird man dann zu befinden haben, wenn kein Rechtsgrund für bereits im Rahmen der Festsetzung der Barabfindung abgezogene Dividenden- oder Ausgleichszahlungen besteht (§ 243 Abs. 2) und die Barabfindung damit von Beginn an erkennbar zu niedrig ist.[8] Umstritten war lange, ob die Verletzung von **abfindungswertbezogenen Informationspflichten** im Zusammenhang mit dem Bericht des Hauptaktionärs (§ 327c Abs. 2) oder der Beantwortung von Aktionärsfragen (§ 131) zu einem nicht ordnungsgemäßen Abfindungsangebot und damit zur Anfechtung führt oder im Spruchverfahren zu klären ist.[9] Dies gewann auch deshalb an Bedeutung, weil der Aktionär im Spruchverfahren mit einer fristgebundenen und präklusionsbedrohten Begründungspflicht für die Unangemessenheit der Höhe der Abfindung belastet wurde (§ 4 Abs. 2 SpruchG, § 10 SpruchG).[10] Die die Anfechtbarkeit bei abfindungswertbezogenen Informationsmängeln einschränkende höchstrichterliche Rechtsprechung zu §§ 210, 212 UmwG und § 305[11] lässt sich jedenfalls wegen des entgegenstehenden Wortlauts des Satzes 3 nicht auf den *Squeeze-out* übertragen.[12] Bei anderer Betrachtung würde die darin angeordnete Subsidiarität des Spruchverfahrens für die nicht oder nicht ordnungsgemäß angebotene Barabfindung schlicht ignoriert. **§ 243 Abs. 4 S. 2**[13] bestimmt als Aus-

---

[5] S. zum Verstoß gegen diese Bestimmung auch BGH WM 1974, 713 (714) (zur Mehrheitseingliederung).
[6] *H. Schmidt* FS Ulmer, 2003, 543 (554 f.); *Singhof/Weber* WM 2002, 1158 (1167); K. Schmidt/Lutter/*Schnorbus* Rn. 8.
[7] Wie hier *Fuhrmann* Der Konzern 2004, 1 (3 f.); MüKoAktG/*Grunewald* Rn. 3; aA OLG Hamburg NZG 2003, 539 (540 f.); LG Hamburg NZG 2003, 186 (187 f.) = BB 2002, 2625 = DB 2002, 2478; Hüffer/Koch/*Koch* Rn. 3; Kölner Komm AktG/*Koppensteiner* Rn. 8; aA K. Schmidt/Lutter/*Schnorbus* Rn. 9.
[8] Vgl. LG Frankfurt a. M. DB 2004, 2742 (2745). Der Beschluss über die in Abzug gebrachte „Sonderdividende" begründete nach Auffassung des Gerichts einen Sondervorteil des Hauptaktionärs (§ 243 Abs. 2) und war damit unwirksam, weil die liquiden Mittel aus dem Vermögen der Gesellschaft nur dem Zweck dienen sollten, den Ausschluss der Minderheitsaktionäre zu finanzieren. Da das Abfindungsangebot erkennbar unter der Bedingung der Beschlussfassung über die Gewinnverwendung gestanden habe, liege mit deren Unwirksamkeit auch kein ordnungsgemäßes Angebot vor; zust. NK-AktR/*Heidel/Lochner* § 327b Rn. 4.
[9] Vgl. LG Frankfurt a. M. NZG 2003, 1027 (1029) = DB 2003, 2590 („Angemessenheit des angebotenen Übernahmepreises [ist] gesetzliches Tatbestandsmerkmal für die Wirksamkeit des Beschlusses"); LG Saarbrücken NZG 2004, 1012 (1013).
[10] Näher LG Frankfurt a. M. NZG 2003, 1027 (1029); aA LG Düsseldorf NZG 2004, 1168 (1169) mit dem durchaus berechtigten Hinweis, das Gericht müsse bei den Anforderungen an die Begründungspflicht Schwierigkeiten der Informationsbeschaffung berücksichtigen und dürfe die Anforderungen nicht überspannen.
[11] BGHZ 146, 179 (182 ff.) = NJW 2001, 1425 – MEZ; BGH NJW 2001, 1428 = ZIP 2001, 412 – Aqua Butzke.
[12] OLG Hamm ZIP 2005, 1457 (1459); LG Frankfurt a. M. NZG 2003, 1027 (1029) = DB 2003, 1726; LG Saarbrücken NZG 2004, 1012 (1013 f.); *Krieger* BB 2002, 53 (60); *Schiessl* ZGR 2003, 814 (837); Großkomm AktG/*Fleischer* Rn. 17; Emmerich/Habersack/*Habersack* Rn. 4; Kölner Komm AktG/*Koppensteiner* Rn. 8; s. auch *Kleindiek* NZG 2001, 552 (554); *Hoffmann-Becking* RWS Forum Gesellschaftsrecht 2001, 55 (67); *Vetter* FS Wiedemann, 2002, 1323 (1336 f.); aA BGH NZG 2009, 585 (589) = BGHZ 180, 154 – Lindner; OLG Frankfurt a. M. AG 2010, 39 (41 f.); OLG Köln BB 2003, 2307 (2308 f.) mit zust. Anm. *Aha*; LG Düsseldorf NZG 2004, 1168 (1169); LG Hamburg NZG 2003, 787 (789) = ZIP 2003, 947; Hüffer/Koch/*Koch* Rn. 2; *H. Schmidt* FS Ulmer, 2003, 543 (548 ff.); *Vetter* AG 2002, 176 (189); *Vetter* FS Wiedemann, 2002, 1323 (1339 f.); *Klöhn* AG 2002, 443 (451 f.); *Wilsing/Kruse* DB 2002, 1539 (1540 ff.); *Henze* ZIP 2002, 97 (107); *Hirte* ZHR 167 (2003), 8 (26 f.); *Mülbert* FS Ulmer, 2003, 433 (448 f.); *Sinewe* DB 2001, 690; Kölner Komm WpÜG/*Hasselbach* AktG § 327f Rn. 8 ff.; *Fuhrmann* Der Konzern 2004, 1 (4); wohl auch *Grunewald* ZIP 2002, 18 (21).
[13] Gesetz zur Unternehmensintegrität und Modernisierung des Anfechtungsrechts (UMAG) v. 22.9.2005, BGBl. 2005 I 2802; s. dazu auch *Weißhaupt* WM 2004, 705 (710 f.).

nahme von diesem Grundsatz nur, dass eine Anfechtungsklage nicht mehr auf unrichtige, unvollständige oder unzureichende **Informationen in der Hauptversammlung** über die Ermittlung, Höhe oder Angemessenheit der Barabfindung gestützt werden kann, wenn das Gesetz für Bewertungsrügen ein Spruchverfahren vorsieht.[14] Damit ist klargestellt, dass die fehlerhafte oder unzureichende Beantwortung von Aktionärsfragen (§ 131), die sich auf Bewertungsthemen beziehen, nicht mehr als Unterfall des nicht ordnungsgemäßen Abfindungsangebots angesehen werden kann. Anders als in dem seinerzeit zu weitgehenden Referentenentwurf vorgesehen (vgl. § 327f RefE-AktG),[15] sind **„Totalverweigerungen"** von Informationen und die Verletzung gesetzlich vorgeschriebener Berichtspflichten, die vor und außerhalb der Hauptversammlung zu erfüllen sind (Unvollständigkeit), aber davon nicht erfasst ($\rightarrow$ § 327c Rn. 5).[16] Den mit Eintragung des Übertragungsbeschlusses ausscheidenden Aktionären kann in diesen Fällen nicht zugemutet werden, auf die Festsetzung der Barabfindung in einem uU mehrjährigen Spruchverfahren zu warten, zumal sie nach dem neu in das Spruchverfahren eingeführten Beibringungsgrundsatz in stärkerem Umfang als bislang zum Vortrag und ggf. Beweis der Einwendungen gegen die für die Festsetzung der Barabfindung maßgeblichen Umstände verpflichtet sind (§ 4 Abs. 2 SpruchG, § 7 Abs. 3 SpruchG).

2. Nichtigkeits- und Anfechtungsgründe. Bei anderen als den genannten Mängeln bestimmt **4** sich die **Anfechtbarkeit und Nichtigkeit** des Übertragungsbeschlusses nach den allgemeinen Bestimmungen (§§ 241 ff.). Nichtigkeit liegt nach § 241 Nr. 3 vor allem vor, wenn der Hauptaktionär im Zeitpunkt der Beschlussfassung nicht die notwendige Kapitalbeteiligung (§ 327a Abs. 1 S. 1) hat ($\rightarrow$ § 327a Rn. 16 ff.; zu den weiteren Folgen $\rightarrow$ § 327e Rn. 11).[17] Dieser Mangel kann damit auch nicht durch einen Bestätigungsbeschluss nach § 244 AktG geheilt werden.[18] Unter den weiteren Voraussetzungen des § 243 ist der Übertragungsbeschluss außerhalb der Einschränkung nach Abs. 1 S. 1 anfechtbar. Nach zutreffender Ansicht bedarf der Beschluss **keiner sachlichen Rechtfertigung,**[19] und auch die Treuwidrigkeit des Übertragungsbeschlusses ist nur in besonderen Ausnahmefällen denkbar ($\rightarrow$ § 327a Rn. 25). Sog. Inhaltsmängel sind daher nicht wirklich praktisch bedeutsam. Auf die Rechtmäßigkeit des Übertragungsbeschlusses haben auch Zahlungen der Gesellschaft beim Ausscheiden ehemaliger Vorstandsmitglieder auf Grund von Abfindungsvereinbarungen und Beraterverträgen ebenso wenig Einfluss wie ein erfolgreicher Sonderprüfungsantrag.[20] Soweit hieraus Auswirkungen auf die Vermögenslage der Gesellschaft und damit auf die Angemessenheit der Barabfindung abgeleitet werden, ist eine diesbezügliche Klärung ohnehin im Spruchverfahren vorzunehmen ($\rightarrow$ Rn. 2). Relevant können allgemeine Form- und Verfahrensfehler sowie insbesondere die Verletzung von Informationspflichten gegenüber den Aktionären werden (§§ 131, 327c, 327d; nicht jedoch bzgl. in der Hauptversammlung verlangter abfindungswertbezogener Informationen, § 243 Abs. 4 S. 2 nF).[21]

III. Grundaspekte des Spruchverfahrens

1. Antragsberechtigung. Nach § 3 SpruchG ist jeder **ausgeschiedene Minderheitsaktionär** **5** für das Spruchverfahren antragsberechtigt.[22] Dies entspricht der Regelung in § 327f Abs. 3 S. 1 aF;

---

[14] Hierzu BegrRegE, BR-Drs. 3/05, 54 f. = ZIP 2004, 2455.
[15] Zur berechtigten Kritik vgl. *Handelsrechtsausschuss des DAV* NZG 2004, 555 (563).
[16] Ebenso Großkomm AktG/*Fleischer* Rn. 18; Emmerich/Habersack/*Habersack* Rn. 4; Hüffer/Koch/*Koch* Rn. 2.
[17] OLG München NZG 2004, 781, OLG München NZG 2007, 192 (193); KG AG 2010, 166 (168); Emmerich/Habersack/*Habersack* Rn. 3; K. Schmidt/Lutter/*Schnorbus* Rn. 4; Grigoleit/*Rieder* Rn. 22; aA (nur Anfechtbarkeit) MüKoAktG/*Grunewald* § 327e Rn. 15; *Kocher/Heydel* BB 2012, 401 (403 f.)
[18] Im Ergebnis ebenso BGH BB 2011, 1212 (1216) = AG 2011, 518 = WM 2011, 1032, der die Nichtigkeit offen lässt, bei fehlender Kapitalmehrheit im Zeitpunkt des Hauptversammlungszeitpunkts aber von einem Inhaltsmangel ausgeht; aA *Kocher/Heydel* BB 2012, 401 (403 ff.).
[19] BGH NZG 2009, 585 (587) – Lindner; OLG Frankfurt a. M. NZG 2010, 389 (389 f.); *Grunewald* ZIP 2002, 18 (21); *Fuhrmann/Simon* WM 2002, 1211 (1214); *Krieger* BB 2002, 53 (55); *Vetter* AG 2002, 176 (186); K. Schmidt/Lutter/*Schnorbus* Rn. 13.
[20] LG Düsseldorf NZG 2004, 1168 (1169 f.).
[21] Allg. dazu BGHZ 122, 211 (238) = NJW 1993, 1976; BGH NJW 1994, 3115. S. auch *Rathausky* AG Report 2004, R 24 f. zur empirischen Häufigkeit von Anfechtungsklagen und ihrer Begründung (in 67,7 % der Squeeze-out-Verfahren wird keine Anfechtungsklage erhoben) und *Dißars* BKR 2004, 389 (390 ff.) zur Analyse der Rechtsprechung.
[22] Zum Nachweis der (Namens-)Aktionärsstellung im Spruchverfahren $\rightarrow$ § 320b Rn. 14 und OLG Hamburg NZG 2004, 45; LG Frankfurt a. M. NZG 2005, 190 = ZIP 2005, 215; LG Frankfurt a. M. DB 2005, 601 mit Anm. *Götz;* LG Frankfurt a. M. DB 2005, 2069; LG Dortmund ZIP 2005, 216; OLG Frankfurt a. M. DB 2005, 2626; zusammenfassend *Lieder* NZG 2005, 159. Zur empirischen Häufigkeit der Spruchverfahren *Rathausky* AG Report 2004, R 24 f. (in 69,2 % der Squeeze-out-Verfahren).

der mit Inkrafttreten des Spruchverfahrensgesetzes aufgehoben worden ist.[23] Voraussetzung für den Antrag auf gerichtliche Entscheidung in einem Spruchverfahren zur Bestimmung der (angemessenen) Barabfindung ist damit die Eintragung des Übertragungsbeschlusses in das Handelsregister, da erst in diesem Zeitpunkt die Aktien der Minderheitsaktionäre auf den Hauptaktionär übergehen (§ 327e Abs. 3 S. 1). Ein vor diesem Zeitpunkt gestellter Antrag ist unzulässig, insbesondere wenn nicht abzusehen ist, ob und ggf. wann ein Eintrag erfolgen wird.[24] Für die Zulässigkeit des Antrags ist ferner erforderlich, dass die Eintragung des Hauptversammlungsbeschlusses gemäß § 10 HGB bekannt gemacht worden ist (vgl. § 4 Abs. 1 S. 1 Nr. 3 SpruchG).[25] Der Antrag eines Inhabers von Namensaktien auf gerichtliche Entscheidung im Spruchverfahren ist nur begründet, wenn dieser zum Zeitpunkt des Wirksamwerdens des Übertragungsbeschlusses im Aktienregister eingetragen war (s. auch § 67 Abs. 2).[26] Analog § 3 SpruchG ist auch der Inhaber eines Options- oder Wandlungsrechts, der im Rahmen des *Squeeze-out* eine Abfindung erhält, als antragsberechtigt anzusehen.[27]

6   **2. Antragsgegner; Verfahren.** Nach § 5 Nr. 3 SpruchG ist der **Hauptaktionär** in dem Spruchverfahren Antragsgegner. Dies war auch ohne entsprechende Regelung schon nach alter Rechtslage anzunehmen[28] und in den vor Inkrafttreten des Spruchverfahrensgesetzes eingeleiteten Verfahren[29] zu berücksichtigen. Denn der Hauptaktionär ist Schuldner der (gegebenenfalls vom Gericht zu erhöhenden) Barabfindung, und das *Squeeze-out*-Verfahren dient ausschließlich seinen Interessen. Der Hauptaktionär hat als Antragsgegner auch die Verfahrenskosten zu tragen (§ 15 Abs. 2 SpruchG). Nach § 4 Abs. 1 S. 1 Nr. 3 SpruchG kann der Antrag binnen drei Monaten seit dem Tag gestellt werden, an dem die Eintragung des Übertragungsbeschlusses im Handelsregister nach § 10 HGB als bekannt gemacht gilt.[30] Mit dieser Verlängerung der früher geltenden Antragsfrist von zwei Monaten (vgl. § 327f Abs. 3 S. 2 aF) geht die Abschaffung des Rechts zur Stellung von Anschlussanträgen binnen weiterer zwei Monate einher. Dies führt im Ergebnis zu einer Verfahrensverkürzung, zumal auch die gerichtliche Bekanntmachung der Anträge entfällt.[31] Zu den weiteren Einzelheiten des Verfahrens s. SpruchG.

---

[23] Zur Frage der Anwendbarkeit neuen oder alten Rechts vgl. die Überleitungsvorschrift des § 17 Abs. 2 SpruchG sowie LG Dortmund DB 2005, 380 mit Anm. *Wasmann;* OLG Düsseldorf ZIP 2006, 2172; OLG Frankfurt a. M. AG 2006, 160.
[24] Vgl. LG Berlin NZG 2003, 930 (930 f.) = ZIP 2003, 1300; LG Dortmund DB 2005, 380 (380 f.); Emmerich/Habersack/*Habersack* Rn. 7; Kölner Komm AktG/*Koppensteiner* Rn. 16; aA LG München DB 2004, 2631. Zur Möglichkeit der Rücknahme eines verfrühten Antrags und zur Festsetzung des Geschäftswerts OLG Stuttgart DB 2003, 2693.
[25] LG Dortmund DB 2005, 380 (380 f.); aA LG Frankfurt a. M. NZG 2004, 425.
[26] OLG Hamburg NZG 2004, 45 (45 f.) = ZIP 2003, 2301 = BB 2004, 1295; LG Frankfurt a. M. ZIP 2005, 859 (860 f.) = DB 2005, 1449; Hüffer/Koch/*Koch* Rn. 4; aA *Dißars* BB 2004, 1293 (1294 f.).
[27] Emmerich/Habersack/*Habersack* § 327b Rn. 8; *Fehling/Arens* AG 2010, 735 (743 f.); wohl auch *Wilsing/Kruse* ZIP 2002, 1465 (1470); aA *Süßmann* AG 2013, 158 (163 f.). Allg. zur Analogiefähigkeit des SpruchG *Bungert/Mennicke* BB 2003, 2021 (2022).
[28] HM, OLG Saarbrücken AG 2004, 217 (218); *Krieger* BB 2002, 53 (57); *Vetter* AG 2002, 176 (190); *Fuhrmann/Simon* WM 2002, 1211 (1215); MüKoAktG/*Grunewald* Rn. 9; wohl auch Emmerich/Habersack/*Habersack* Rn. 7 Fn. 25; offen gelassen von LG Berlin NZG 2003, 930 (931).
[29] Dazu LG Frankfurt a. M. NZG 2004, 425 (425 f.) = ZIP 2004, 808; *Wasmann* DB 2003, 1559; zur Übergangsvorschrift des § 17 Abs. 2 SpruchG auch LG München DB 2004, 2631.
[30] Allerdings ist auch ein nach Eintragung aber vor Bekanntmachung des Übertragungsbeschlusses gestellter Antrag zulässig; LG Frankfurt a. M. NZG 2004, 425.
[31] S. nur *Bungert/Mennicke* BB 2003, 2021 (2026).

Fünfter Teil. Wechselseitig beteiligte Unternehmen

§ 328 Beschränkung der Rechte

(1) ¹Sind eine Aktiengesellschaft oder Kommanditgesellschaft auf Aktien und ein anderes Unternehmen wechselseitig beteiligte Unternehmen, so können, sobald dem einen Unternehmen das Bestehen der wechselseitigen Beteiligung bekannt geworden ist oder ihm das andere Unternehmen eine Mitteilung nach § 20 Abs. 3 oder § 21 Abs. 1 gemacht hat, Rechte aus den Anteilen, die ihm an dem anderen Unternehmen gehören, nur für höchstens den vierten Teil aller Anteile des anderen Unternehmens ausgeübt werden. ²Dies gilt nicht für das Recht auf neue Aktien bei einer Kapitalerhöhung aus Gesellschaftsmitteln. ³§ 16 Abs. 4 ist anzuwenden.

(2) Die Beschränkung des Absatzes 1 gilt nicht, wenn das Unternehmen seinerseits dem anderen Unternehmen eine Mitteilung nach § 20 Abs. 3 oder § 21 Abs. 1 gemacht hatte, bevor es von dem anderen Unternehmen eine solche Mitteilung erhalten hat und bevor ihm das Bestehen der wechselseitigen Beteiligung bekannt geworden ist.

(3) In der Hauptversammlung einer börsennotierten Gesellschaft kann ein Unternehmen, dem die wechselseitige Beteiligung gemäß Absatz 1 bekannt ist, sein Stimmrecht zur Wahl von Mitgliedern in den Aufsichtsrat nicht ausüben.

(4) Sind eine Aktiengesellschaft oder Kommanditgesellschaft auf Aktien und ein anderes Unternehmen wechselseitig beteiligte Unternehmen, so haben die Unternehmen einander unverzüglich die Höhe ihrer Beteiligung und jede Änderung schriftlich mitzuteilen.

Schrifttum: Siehe § 19. *Seibert,* Kontrolle und Transparenz im Unternehmensbereich (KonTraG), WM 1997, 1.

Übersicht

	Rn.		Rn.
I. Systematik und Teleologie	1–8	b) Unverzügliche Absendung der Mitteilung	17, 18
1. Allgemeines	1	2. Unerheblichkeit der Erwerbsreihenfolge	19–23
2. Systematik	2	a) Schutz des Ersterwerbers	20
3. Teleologie	3–5	b) Schutz des Zweiterwerbers	21
4. Anwendungsbereich	6–8	c) Schutz keines Erwerbers	22
II. Die einfache Ausübungssperre (Abs. 1)	9–15	d) Schutz beider Erwerber	23
1. Tatbestand	9–11	3. Rechtsfolge	24
a) Wechselseitige Beteiligung und Kenntnis	9	**IV. Beschränkung in börsennotierten Gesellschaften (Abs. 3)**	25–32
b) Erhalt einer Mitteilung	10, 11	1. Tatbestand	25, 26
2. Unerheblichkeit der Erwerbsreihenfolge	12	2. Rechtsfolge	27, 28
3. Rechtsfolgen	13–15	a) Grundsätzliches	27
a) Grundsatz	13	b) Zurechnung nach § 16 Abs. 4	28
b) Ausnahmen	14	3. Schutz des gutgläubigen Erwerbers?	29–31
c) Zurechnung nach § 16 Abs. 4	15	a) Wortlaut	30
III. Der Schutz des gutgläubigen Anteilserwerbers (Abs. 2)	16–24	b) Teleologie	31
1. Tatbestand	16–18	4. Missbrauchsschutz	32
a) Grundsatz	16	**V. Erweiterte Mitteilungspflichten (Abs. 4)**	33

I. Systematik und Teleologie

1. Allgemeines. Die Vorschrift regelt die Beschränkungen einfacher wechselseitiger Beteiligungen, an denen wenigstens eine Aktiengesellschaft bzw. KGaA beteiligt ist. Eine einfache wechselseitige Beteiligung liegt vor, wenn zwei Unternehmen aneinander mit jeweils über 25 % beteiligt sind, aber keines die Schwelle von Mehrheitsbesitz (§ 16) oder Herrschaft (§ 17) überschreitet (→ § 19 Rn. 1 f.). Der deutsche Gesetzgeber hat von einem pauschalen Verbot solcher Kreuzverflechtungen **1**

abgesehen[1] und stattdessen eine äußerst **komplizierte Beschränkung** geschaffen, die im Ergebnis ebenfalls prohibitive Wirkung zeitigen soll.[2] Die Sinnhaftigkeit seiner Vorgehensweise ist zweifelhaft.[3] Im Endeffekt kommt es vor allem auf die Freigrenze von je 25 % an. Im Übrigen ist die praktische Bedeutung der §§ 19, 328 nicht besonders groß[4] und dürfte durch die Entflechtung der Deutschland-AG (→ § 19 Rn. 1) weiter gesunken sein.[5]

2. Systematik. Der Regelungsmechanismus der §§ 19, 328 ist eng mit den Mitteilungspflichten aus § 20 Abs. 3, § 21 Abs. 1 bzw. § 33 Abs. 1 WpHG verzahnt.[6] Die Quintessenz ist: Ab Kenntnis vom Vorliegen einer einfachen wechselseitigen Beteiligung wird die Ausübung der Gesellschafterrechte im anderen Unternehmen beschränkt. Dabei gilt generell eine Rückführung auf den Umfang von maximal 25 %, also die Freigrenze (Abs. 1), in börsennotierten Unternehmen gilt darüber hinaus der komplette Ausschluss des wechselseitig beteiligten Unternehmens von der Aufsichtsratswahl (Abs. 3). Diesen Beschränkungen lässt sich auf zwei Wegen entgehen. Einmal durch umgehende Erfüllung der Mitteilungspflicht, wenn das Unternehmen beim Anteilserwerb noch nichts von der Entstehung einer wechselseitigen Beteiligung weiß. Auf die Frage, wer seinen Anteil zuerst erworben hat, kommt es dabei nicht entscheidend an. Der Ersterwerber hat zwar faktisch als erster die Möglichkeit, seine Rechte durch die Mitteilung abzusichern und die des anderen Unternehmens als potentiellen Zweiterwerbers über Abs. 1 zu sperren. Versäumt er dies, kann der Zweiterwerber aber über Abs. 2 den Spieß noch umdrehen, solange er in gutem Glauben geblieben ist. Den zweiten Ausweg eröffnet § 19 Abs. 4. Ein bösgläubiges Unternehmen, das von der Entstehung einer wechselseitigen Beteiligung weiß, kann den Beschränkungen des § 328 immer noch durch Erwerb von Mehrheitsbesitz oder Herrschaft im anderen Unternehmen entgehen, da dann eine einfach qualifizierte wechselseitige Beteiligung iSd § 19 Abs. 2 vorliegt, auf die § 328 gemäß § 19 Abs. 4 keine Anwendung findet. Dies wurde kritisiert, weil es zum Ausbau anstatt zum Abbau wechselseitiger Beteiligungen anreize.[7] Dem helfen aber §§ 71c, 71d hinreichend ab.[8] Eine weitergehende Beschränkung über § 328 wäre eine veritable *poison pill,* die dem wachsenden regulatorischen Interesse an Förderung einer Übernahmekultur nach anglo-amerikanischem Vorbild zuwider liefe.[9]

3. Teleologie. § 328 soll in erster Linie die speziellen Gefahren bekämpfen, die von verschränktem Anteilsbesitz ausgehen: **Verwaltungsherrschaft** und **Kapitalverwässerung** (näher → § 19 Rn. 4). Seine Kompliziertheit erklärt sich aus dem Versuch, diesen Schutz exakt bis zum notwendigen Maß reichen zu lassen sowie dem Anliegen, den gutgläubigen Erwerber einer wechselseitigen Beteiligung vor den Beschränkungen zu schützen (Abs. 2).[10] Die schwere Verständlichkeit der Norm ist misslich. Allerdings ist dem Gesetzgeber zuzugestehen, dass pauschale Verbote in anderen Rechtsordnungen entweder nicht alle gefährlichen Konstellationen erfassen oder zu weit gehen. So greift das englische Verbot mittelbarer Beteiligungen nur zwischen *holding company* and *subsidiary,* also zwischen herrschenden und beherrschtem Unternehmen,[11] und lässt geringere Beteiligungen (etwa zu je 40 %) außen vor – was allerdings bei *listed companies* durch die Verpflichtung zu einem Übernahmeangebot nach den *listing rules* kompensiert wird (→ Rn. 6). Andererseits führt das absolute Verbot von *participations croisées* über einer 10 % Schwelle in Frankreich[12] zu einem potentiellen Übernahmehindernis (eben → Rn. 2). Dem deutschen Ansatz relativ ähnlich ist die Regelung in Japan, wo Kreuzverflech-

---

[1] Strenger zB Frankreich, wo Kreuzverflechtungen von beiderseits mehr als 10 % verboten sind, Art. L 233–29 Code de Commerce; in England ist die wechselseitige Beteiligung dagegen nur in Abhängigkeitsverhältnissen verboten, vgl sec 136 iVm sec 1159 Companies Act 2006. Zur dem deutschen Recht vergleichbaren Rechtslage in Japan siehe *Takahashi* ECFR 2006, 287 (292 f.).
[2] BegrRegE *Kropff* S. 434.
[3] Kritisch auch Hüffer/Koch/*Koch* Rn. 1; MüKoAktG/*Grunewald* Rn. 1; K. Schmidt/Lutter/*Vetter* Rn. 4; Emmerich/Habersack/*Emmerich* Rn. 6 ff.; Kölner Komm AktG/*Koppensteiner* Rn. 3. → Rn. 3.
[4] Vgl. Emmerich/Habersack/*Emmerich* Rn. 7; K. Schmidt/Lutter/*Vetter* Rn. 5.
[5] Damit dürften auch Altfälle (→ Rn. 8) seltener werden.
[6] Die Nichtberücksichtigung im Normtext spielt keine Rolle, → Rn. 11.
[7] ZB Kölner Komm AktG/*Koppensteiner* Rn. 3; *Emmerich* FS Westermann, 1974, 55 (71 ff.).
[8] Emmerich/Habersack/*Emmerich* Rn. 7a; MüKoAktG/*Grunewald* Rn. 1; aA Kölner Komm AktG/*Koppensteiner* Rn. 3; K. Schmidt/Lutter/*Vetter* Rn. 4.
[9] Vgl. dazu die Diskussionen um die Übernahmerichtlinie und die „one share – one vote" Regel, zB Erster Bericht der High Level Group of Company Law Experts zu Fragen von Übernahmeangeboten, Brüssel, 10.1.2002; *Coates* in Ferrarini/Hopt/Winter/Wymeersch, Reforming Company and Takeover Law in Europe, 2004, 682 ff.; *Ferrarini* ECFR 2006, 148 ff. (152, 160, 176).
[10] Emmerich/Habersack/*Emmerich* Rn. 6.
[11] Sec 136 iVm sec 1159 Companies Act 2006.
[12] Art. L 233–29 Code de Commerce.

tungen zwischen herrschenden und beherrschtem Unternehmen verboten und im Übrigen die Wahlrechte oberhalb der 25 % Schwelle auf beiden Seiten gesperrt sind.[13]

Um eine Rückführung des Schutzes gegen Kreuzverflechtungen auf das angemessene Maß geht **4** es auch bei der Ausnahmevorschrift des § 328 Abs. 2 zugunsten **gutgläubiger Erwerber**, ohne die jeglicher Anteilserwerb über 25 % mit dem Risiko einer späteren Ausübungssperre behaftet wäre. Das Gesetz kann sich diesen Schutz leisten, da Kreuzverfechtungen regelmäßig nicht ohne Koordination entstehen.[14]

Das Zusammenspiel der Abs. 1 und 2 enthält schließlich einen **Sanktionsmechanismus**,[15] der **5** die Unternehmen zur unverzüglichen Erfüllung der Meldepflichten nach § 20 Abs. 3, § 21 Abs. 1 anhalten soll. Das ist schon deshalb geboten, da § 20 Abs. 7 die Verletzung des § 20 Abs. 3 nicht erfasst (→ Rn. 31).[16]

4. Anwendungsbereich. Der Anwendungsbereich des § 328 folgt grundsätzlich aus § 19 Abs. 1. **6** Danach müssen beide wechselseitig beteiligten Unternehmen ihren (statutarischen) **Sitz im Inland** haben. Jedoch sind Ausnahmen bei grenzüberschreitenden Verflechtungen anzuerkennen (näher → § 19 Rn. 11 f.). Hinsichtlich des Abs. 3 kommt aber eine Qualifikation (auch) als Kapitalmarktrecht in Betracht.[17] Das führt zur Anwendbarkeit auf ausländische Gesellschaften mit Notierung in Deutschland (zB bei der inzwischen insolventen Air Berlin). Dies ist erforderlich, um Schutzlücken zu schließen, die sich ergeben können, wenn Kreuzverflechtungen nicht nach dem ausländischen Gesellschaftsrecht, sondern nach dem Kapitalmarktrecht des Herkunftsstaates pönalisiert werden (zB *listing rules* in England, → Rn. 3).

Über § 19 hinaus verlangt § 328 Abs. 1, dass mindestens eines der beiden Unternehmen eine **AG 7** oder **KGaA** ist. Außerdem gilt der gesamte § 328, nicht nur Abs. 3, für **börsennotierte Gesellschaften**. Das lässt sich nicht mit dem Argument bezweifeln, dass § 328 Abs. 1 nur die Mitteilungspflichten nach dem AktG nennt, die seit dem dritten Finanzmarktförderungsgesetz von 1998 nicht mehr für börsennotierte Gesellschaften gelten (§ 20 Abs. 8, § 21 Abs. 5), sondern durch §§ 21 f. aF und 33 f. nF WpHG ersetzt wurden (→ Rn. 11). Schon der Blick auf Abs. 3, der auf Abs. 1 aufbaut, zeigt die Geltung für börsennotierte Unternehmen. Die ausdrückliche Nennung von § 20 Abs. 3, § 21 Abs. 1 ist lediglich als Hinweis zu verstehen, dass § 20 Abs. 1 zur Kenntniserlangung nicht ausreichen soll.

Altfälle vor 1966 konnten über Art. 6, 7 EGAktG Dispens von der Beschränkung des § 328 **8** erlangen.[18]

II. Die einfache Ausübungssperre (Abs. 1)

1. Tatbestand. a) Wechselseitige Beteiligung und Kenntnis. Abs. 1 regelt die Beschränkung **9** der Aktionärsrechte auf die Freigrenze von höchstens 25 %. Nach dem Wortlaut wird **objektiv** das Bestehen einer einfachen wechselseitigen Beteiligung im Sinn des § 19 Abs. 1 sowie **subjektiv** die Kenntniserlangung des Unternehmens hiervon vorausgesetzt.

b) Erhalt einer Mitteilung. Der Kenntniserlangung wird gleichgesetzt, dass „ihm das andere **10** Unternehmen eine Mitteilung nach § 20 Abs. 3, § 21 Abs. 1 gemacht hat". Damit kann hier also – anders als bei der gleichlautenden Formulierung in Abs. 2 – nur der **Empfang** einer solchen Mitteilung gemeint sein.[19] Fraglich könnte sein, ob es sich dabei – wie vom Wortlaut nahe gelegt – um eine unverzügliche Mitteilung handeln muss. Die Frage spielt aber wegen des allgemeineren Auffangmerkmals der Kenntniserlangung bei Abs. 1 keine Rolle (anders bei Abs. 2, → Rn. 17).

Den § 20 Abs. 3, § 21 Abs. 1 gleichzustellen ist der Empfang einer Mitteilung nach **§ 33 Abs. 1 11 WpHG**,[20] nicht aber einer Mitteilung nach § 20 Abs. 1, da jene auf einer umfassenderen Zurechnung beruht.[21] Daher kann aufgrund einer Mitteilung nach § 20 Abs. 1 auch nicht von Kenntnis des

---

[13] *Takahashi* ECFR 2006, 287 (292 f.).
[14] Vgl. Kölner Komm AktG/*Koppensteiner* Rn. 10 mit Fn. 24; *Kerstin Schmidt* Die wechselseitigen Beteiligungen im Gesellschafts- und Kartellrecht, 1995 S. 77.
[15] Zum Sanktionscharakter der Abs. 1 und 2 (im Gegensatz zu Abs. 3) en passant auch Hüffer/Koch/*Koch* Rn. 7. → Rn. 17.
[16] Siehe auch Kölner Komm AktG/*Koppensteiner* Rn. 9.
[17] Eingehend zu dieser Frage *Hirte* FS Priester, 2007, 221 ff.; *Schall* NZG 2007, 338.
[18] Näher Emmerich/Habersack/*Emmerich* Rn. 2; MüKoAktG/*Grunewald* Rn. 4.
[19] Vgl. implizit Hüffer/Koch/*Koch* in der Überschrift zu Rn. 3: „Kenntnis; Empfang einer Mitteilung".
[20] AllgM, MüKoAktG/*Grunewald* Rn. 5 f.; Emmerich/Habersack/*Emmerich* Rn. 5; Kölner Komm AktG/*Koppensteiner* Rn. 6.
[21] AllgM, Hüffer/Koch/*Koch* Rn. 3 und § 20 Rn. 4; Emmerich/Habersack/*Emmerich* Rn. 14; K. Schmidt/Lutter/*Vetter* Rn. 12; Kölner Komm AktG/*Koppensteiner* Rn. 6 („Redaktionsversehen").

belasteten Unternehmens ausgegangen werden. In dieser Klarstellung dürfte sich übrigens der Sinn der ausdrücklichen Nennung von § 20 Abs. 3, § 21 Abs. 1 neben der Kenntniserlangung erschöpfen,[22] auf die Abs. 3 getrost verzichten konnte (→ Rn. 25).

12 **2. Unerheblichkeit der Erwerbsreihenfolge.** Wie die Kreuzverflechtung zustande gekommen ist, spielt für den Eintritt der Sperre nach Abs. 1 keine Rolle. Entscheidend sind nur ihr Bestehen und die Kenntnis des Unternehmens. Schon daraus ergibt sich, dass § 328 grundsätzlich zu Lasten beider wechselseitig beteiligter Unternehmen wirkt.[23] Allerdings sorgt Abs. 2 für den Schutz desjenigen Unternehmens, das die wechselseitige Schachtelbeteiligung nicht „verschuldet" hat (→ Rn. 16 ff.).

13 **3. Rechtsfolgen. a) Grundsatz.** Abs. 1 hat die Sperre der Anteilsrechte des betroffenen Unternehmens zur Folge, soweit sie über die Freigrenze von 25 % hinausgehen. Die Ausübungssperre betrifft grundsätzlich alle Rechte des Anteilsinhabers (Stimmrechte, Dividenden, Bezugsrechte). Die Sperre setzt mit dem Zeitpunkt der Erfüllung des Abs. 1 ein und endet mit Wegfall seiner Voraussetzungen.[24] Beispielsweise entfällt der Dividendenanspruch nur innerhalb dieses Zeitraums, dann aber auch komplett, nicht etwa nur anteilig für die Zeit des Geschäftsjahres, in welchem die Voraussetzungen des Abs. 1 gegeben waren.[25]

14 **b) Ausnahmen.** Abs. 1 S. 2 nimmt jedoch das Bezugsrecht bei einer Kapitalerhöhung aus Gesellschaftsmitteln ausdrücklich von der Sperre aus. Das soll sicherstellen, dass der bereits vorhandene Beteiligungswert erhalten bleibt.[26] Gleichzustellen ist daher der Anspruch auf den Liquidationserlös.[27] Beide Ausnahmen sind nicht zuletzt durch Art. 14 GG geboten.

15 **c) Zurechnung nach § 16 Abs. 4.** Abs. 1 S. 3 nimmt Bezug auf § 16 Abs. 4. Dieser Verweis ist **überflüssig** (→ Rn. 28). Er soll lediglich klarstellen, dass sich die Sperre für die „Anteile, die dem Unternehmen im anderen Unternehmen gehören", auch auf zugerechnete Anteile bezieht. In solchen Fällen ist die Ausübungssperre grundsätzlich quotal aufzuspalten, sofern sich nicht aus vertraglicher Vereinbarung oder bindender Weisung zwischen den Beteiligten etwas anderes ergibt.[28]

III. Der Schutz des gutgläubigen Anteilserwerbers (Abs. 2)

16 **1. Tatbestand. a) Grundsatz.** Die Beschränkung des Abs. 1 gilt nicht gegenüber einem Unternehmen, das dem anderen Unternehmen bei Überschreiten der neuralgischen Schwelle eine Mitteilung nach § 20 Abs. 3 oder § 21 Abs. 1 gemacht hat, bevor es um die Schachtelbeteiligung wusste. Die Norm bezweckt in erster Linie den Schutz von gutgläubigen Anteilserwerbern (→ Rn. 4). Sie sollen die 25 % Schwelle überschreiten können, ohne die Beschränkung nach Abs. 1 fürchten zu müssen.

17 **b) Unverzügliche Absendung der Mitteilung.** Deshalb kann es hier anders als in Abs. 1 (→ Rn. 7) nicht auf den Empfang, sondern nur auf die **Absendung** der Mitteilung ankommen. Aus dem Verweis auf „eine Mitteilung nach § 20 Abs. 3 oder § 21 Abs. 1" ergibt sich außerdem, dass die Mitteilung **unverzüglich** auf den Weg gebracht werden muss.[29] Das bedeutet, dass auch

---

[22] Vgl Hüffer/Koch/*Koch* Rn. 3; Kölner Komm AktG/*Koppensteiner* Rn. 6 mit dem Hinweis, dass bei Inhaberaktien anderweitige Kenntniserlangung kaum nachweisbar ist. Siehe aber BGHZ 114, 203 = NJW 1991, 2765.
[23] Siehe auch Kölner Komm AktG/*Koppensteiner* Rn. 11 f.; MüKoAktG/*Grunewald* Rn. 8.
[24] MüKoAktG/*Grunewald* Rn. 11; K. Schmidt/Lutter/*Vetter* Rn. 16.
[25] MüKoAktG/*Grunewald* Rn. 11; K. Schmidt/Lutter/*Vetter* Rn. 16.
[26] Hüffer/Koch/*Koch* Rn. 4; MüKoAktG/*Grunewald* Rn. 9; K. Schmidt/Lutter/*Vetter* Rn. 15; Kölner Komm AktG/*Koppensteiner* Rn. 14 mit dem zutreffenden Hinweis, dass es nicht einfach um den Erhalt der Beteiligungsquote geht, dem auch das Bezugsrecht des § 186 dient.
[27] HM, MüKoAktG/*Grunewald* Rn. 9; MHdB AG/*Krieger* § 69 Rn. 100; Emmerich/Habersack/*Emmerich* Rn. 21; jetzt auch Kölner Komm AktG/*Koppensteiner* Rn. 13 (anders noch in der Vorauflage Rn. 13) unter eingehender Begründung auch der abweichenden Lösung in § 20; aA K. Schmidt/Lutter/*Vetter* Rn. 15 (eher dem Dividendenanspruch vergleichbar).
[28] Ganz hM, Hüffer/Koch/*Koch* Rn. 5; Emmerich/Habersack/*Emmerich* Rn. 20; MüKoAktG/*Grunewald* Rn. 13; MHdB AG/*Krieger* § 69 Rn. 101; Kölner Komm AktG/*Koppensteiner* Rn. 15 im Anschluss an *Kropff* DB 1959, 15 (19); *Klix* Wechselseitige Beteiligungen, 1981 S 33; zT abw jetzt K. Schmidt/Lutter/*Vetter* Rn. 17 (bei fehlender Aufteilung im Innenverhältnis soll sich Sperre zunächst auf die Anteile der Gesellschaft erstrecken und erst dann der Dritte beeinträchtigt werden.
[29] So ausdrücklich auch Emmerich/Habersack/*Emmerich* Rn. 11 („rechtzeitige Mitteilung"); implizit wohl auch Hüffer/Koch/*Koch* Rn. 6 („das Unternehmen muss ... seine Mitteilungspflicht erfüllt"); Kölner Komm AktG/*Koppensteiner* Rn. 10 („Ersterwerb risikolos, wenn ... Mitteilung unverzüglich erfolgt" – das kann aber auch bloß faktisch gemeint sein).

ein gutgläubiger Erwerber seinen Schutz verliert, wenn er die Mitteilung schuldhaft verzögert. Der Norm kommt insoweit auch Sanktionswirkung zu (→ Rn. 5). Diese geht über die üblichen Sanktionen bei Verletzung von Mitteilungspflichten hinaus, welche sich durch Nachholung der Mitteilung ex nunc beseitigen lassen (vgl. § 20 Abs. 7 S. 1; § 21 Abs. 4 S. 1). Das ist sachgerecht, da wechselseitige Beteiligungen grundsätzlich unerwünscht sind und die Gefahr ihrer Entstehung steigt, wenn der Ersterwerber seine Meldung verzögert. Die Beseitigung der zumeist bestehenden Ausübungssperre[30] bietet außerdem genug Anreiz für die Nachholung der Meldung.

Im Übrigen steht auch in Abs. 2 eine Mitteilung nach § 33 Abs. 1 WpHG, nicht aber eine nach § 20 Abs. 1 gleich (→ Rn. 11). **18**

2. Unerheblichkeit der Erwerbsreihenfolge. Wie in Abs. 1 (→ Rn. 12) kommt es auch in Abs. 2 nicht darauf an, in welcher Reihenfolge die Kreuzverflechtung zustande gekommen ist. Die Vorschrift kann zugunsten des „Ersterwerbers"[31] ebenso wirken wie zugunsten des „Zweiterwerbers".[32] Sie kann aber auch keinen der beiden Erwerber oder – höchst ausnahmsweise – auch beide zugleich schützen. **19**

a) Schutz des Ersterwerbers. In aller Regel wird Abs. 2 dem Ersterwerber zu Gute kommen. Denn faktisch hat er es zunächst allein in der Hand, durch unverzügliche Mitteilung dafür zu sorgen, dass das andere Unternehmen als potentieller Zweiterwerber nicht mehr über 25 % aufstocken kann, ohne der Begrenzung des Abs. 1 zu unterfallen.[33] Tut es dies dennoch und meldet das dem Ersterwerber, wird dieser über Abs. 2 geschützt, es sei denn, er hatte zu spät gemeldet (dann wird kein Unternehmen geschützt). Der Ersterwerber kann aber auch dann, wenn seine Meldung ohne Verschulden unterblieben ist, etwa weil er keine Kenntnis vom Eintritt eines Zurechnungstatbestandes hatte, durch die Meldung des anderen Teils Opfer der Sperre nach Abs. 1 werden, ohne sich schützen zu können. **20**

b) Schutz des Zweiterwerbers. Wenn der Ersterwerber die Mitteilung solange versäumt hat (auch ohne Verschulden), bis der Zweiterwerber gutgläubig über 25 % hinaus aufstocken konnte, kann letzterer durch seine unverzügliche Mitteilung dafür sorgen, dass die Sperre des Abs. 1 den Ersterwerber trifft.[34] Holt dieser nun die Meldung an den Zweiterwerber nach, wird jener über Abs. 2 geschützt, es sei denn, er hatte zu spät gemeldet (dann wird wie gleich → Rn. 22 kein Unternehmen geschützt). **21**

c) Schutz keines Erwerbers. Im Regelfall planmäßigen Erwerbs der wechselseitigen Beteiligung (→ Rn. 4) wird kein Erwerber geschützt, da beide von der Kreuzverflechtung wissen.[35] Dem lässt sich auch nicht entgehen, wenn beide kollusiv gleichzeitig melden oder die Meldung unterlassen.[36] Auch wenn sich das gutgläubige Unternehmen verzögert meldet, wird kein Unternehmen geschützt. Ab Kenntnis des anderen Unternehmens (zB durch Nachholung der Meldungen) greift die Sperre auf beiden Seiten. **22**

d) Schutz beider Erwerber. Dadurch, dass Abs. 2 an die unverzügliche Absendung der Mitteilung anknüpft (→ Rn. 17), Abs. 1 aber an deren Empfang bzw. Kenntnis (→ Rn. 10), ist es theoretisch sogar möglich, dass Abs. 2 bei einem zufällig unmittelbar aufeinander folgenden Anteilserwerb[37] zugunsten beider Erwerber wirkt. Dies wird zwar von der hM mit Hinweis auf den Umgehungsschutz bestritten.[38] Demgegenüber ist jedoch darauf hinzuweisen, dass sich ein solches Szenario schon wegen des Gutgläubigkeitserfordernisses nicht bewusst inszenieren lässt (→ Rn. 22). Etwaige Nachweisschwierigkeiten im subjektiven Bereich sind bei einer solchen Konstellation kaum zu befürchten und sicherlich kein Grund gutgläubigen Erwerbern den gesetzlich angeordneten Schutz zu versagen. **23**

---

[30] Insolierte Verstöße nur gegen § 20 Abs. 3 wären sanktionsfrei, sind aber kaum denkbar, vgl Kölner Komm AktG/*Koppensteiner* Rn. 9.
[31] Dabei handelt es sich im Anschluss an die Diktion bei Emmerich/Habersack/*Emmerich* Rn. 10 um das erste Unternehmen, das seinen Anteil über die neuralgischen 25 % hinaus aufstockt. In diesem Moment liegt noch gar keine Schachtelbeteiligung vor.
[32] Das ist das zweite Unternehmen, das über die 25 % Grenze hinaus aufstockt und so die wechselseitige Beteiligung erst zur Entstehung bringt.
[33] Vgl. Emmerich/Habersack/*Emmerich* Rn. 11; Kölner Komm AktG/*Koppensteiner* Rn. 10.
[34] Vgl Emmerich/Habersack/*Emmerich* Rn. 12; Kölner Komm AktG/*Koppensteiner* Rn. 10.
[35] Kölner Komm AktG/*Koppensteiner* Rn. 11; MüKoAktG/*Grunewald* Rn. 8; K. Schmidt/Lutter/*Vetter* Rn. 20.
[36] Kölner Komm AktG/*Koppensteiner* Rn. 12; MüKoAktG/*Grunewald* Rn. 8.
[37] Dies zu Recht für möglich haltend zB K. Schmidt/Lutter/*Vetter* Rn. 20; aA Kölner Komm AktG/*Koppensteiner* Rn. 10, der meint, ein zufällig gleichzeitiger Erwerb wird nicht vorkommen. Das ist sicher richtig. Es bedeutet aber nicht, dass auch zufällig knapp aufeinander folgende Erwerbsvorgänge unmöglich sind.
[38] ZB Emmerich/Habersack/*Emmerich* Rn. 18; MüKoAktG/*Grunewald* Rn. 8; K. Schmidt/Lutter/*Vetter* Rn. 20.

24 **3. Rechtsfolge.** Sind die Voraussetzungen des Abs. 2 erfüllt, entgeht das Unternehmen den Beschränkungen des Abs. 1. Zur Anwendung auf Abs. 3 → Rn. 29 ff.

IV. Beschränkung in börsennotierten Gesellschaften (Abs. 3)

25 **1. Tatbestand.** Nach Abs. 3 „kann ein Unternehmen, dem die wechselseitige Beteiligung gemäß Abs. 1 bekannt ist", nicht an der Wahl des Aufsichtsrates einer börsennotierten Gesellschaft teilnehmen. Hintergrund dieser Spezialregelung ist die häufig geringe Hauptversammlungspräsenz, die bei der Personalhoheit eine weitergehende Beschränkung als auf 25 % der Anteilsrechte nötig erscheinen ließ, um die Gefahr von Verwaltungsherrschaft auszuschließen.[39] Der **objektive Tatbestand** setzt das Bestehen einer einfachen wechselseitigen Beteiligung an einer börsennotierten Gesellschaft voraus. Die Reihenfolge ihres Zustandekommens spielt ebenso wenig eine Rolle wie in Abs. 1 (→ Rn. 11). Zu beachten ist die Wertung des § 30 WpHG, wonach in einer börsennotierten Gesellschaft bereits 30 % zu einem Übernahmeangebot verpflichten. Sie führt dort zu Herrschaft nach § 17 Abs. 1 (→ § 17 Rn. 29) und entzieht so diese Fälle dem Anwendungsbereich der §§ 19, 328 (vgl. § 19 Abs. 2).

26 **Subjektiv** ist Kenntnis des anderen Unternehmens „gemäß Abs. 1" erforderlich. Durch den Verweis wird klargestellt, dass sich diese Kenntnis aus dem Empfang einer Mitteilung nach § 20 Abs. 3, § 21 Abs. 1 oder auch § 33 Abs. 1 WpHG ergeben kann, nicht aber aus § 20 Abs. 1 (→ Rn. 11).

27 **2. Rechtsfolge. a) Grundsätzliches.** Rechtsfolge des Abs. 3 ist der komplette Verlust des Stimmrechts aus **allen Anteilen** bei der Aufsichtsratswahl. Diese enge Begrenzung sorgt für Zweifel an der Effektivität der Regelung.[40] Dennoch kommt eine Ausdehnung auf der Sperre andere Gegenstände (zB Entlastung) angesichts der klaren Spezialregelung nicht in Betracht.[41] Allerdings ist dann, wenn es ausnahmsweise zur Anwendung des Abs. 3 auf ausländische Unternehmen kommt, die in Deutschland gelistet sind, die Sperre auf die Wahl des entsprechenden Verwaltungsorgans zu beziehen, zB bei der Plc auf die Wahl zum *board of directors*. Das gilt sowohl für die Wahl der *executive directors* als auch – wegen ihres Einflusses auf die Gesamtgeschäftsleitung – für die der *non-executive directors* (NED).

28 **b) Zurechnung nach § 16 Abs. 4.** Fraglich ist, ob die Sperre des Abs. 3 nur für die eigenen Stimmrechte des Unternehmens oder auch für gemäß § 16 Abs. 4 zugerechnete Stimmrechte eintritt. Abs. 3 enthält keine ausdrückliche Verweisung auf § 16 Abs. 4. Der Bezug auf Abs. 1 deckt nach dem Wortlaut nur den objektiven und subjektiven Tatbestand (wechselseitige Beteiligung, Kenntnis), nicht aber die Rechtsfolgen und geht daher an der Verweisung des Abs. 1 S. 3 vorbei.[42] Daraus darf aber nicht die Unanwendbarkeit von § 16 Abs. 4 gefolgert werden.[43] Denn der Verweis in Abs. 1 S. 3 ist bei näherer Betrachtung überflüssig. Zwar gilt § 16 Abs. 4 nicht allgemein, sondern ist auf § 16 beschränkt und bedarf deshalb besonderer Bezugnahmen. Seine Anwendbarkeit in § 328 ergibt sich aber schon aus dem Begriff des wechselseitig beteiligten Unternehmens in Verbindung mit der Definitionsnorm des § 19 Abs. 1. Dort verweist § 19 Abs. 1 S. 2 zur Berechnung auf § 16 Abs. 4. Daraus folgt, dass auch die zugerechneten Anteile dem anderen Unternehmen „gehören", woran dann die Rechtsfolge des Abs. 1 S. 1 anknüpft.[44] Aber selbst bei abweichendem Wortlautverständnis sollte nicht bezweifelt werden, dass es sich nur um ein Redaktionsversehen handeln kann, das aus Zwecken des Umgehungsschutzes korrigiert werden muss (teleologische Auslegung).[45]

29 **3. Schutz des gutgläubigen Erwerbers?** Sehr umstritten ist, ob auch im Rahmen des Abs. 3 der gutgläubige (Erst- oder Zweit-)Erwerber vor den Beschränkungen geschützt wird.[46] Diese Frage ist wichtig, da die Sperre unabhängig vom Zustandekommen der Kreuzverflechtung greift

---

[39] MüKoAktG/*Grunewald* Rn. 10.
[40] MüKoAktG/*Grunewald* Rn. 10; *Seibert* WM 1997, 1 (7).
[41] MüKoAktG/*Grunewald* Rn. 10.
[42] Insoweit zutr Hüffer/Koch/*Koch* Rn. 7; wenig überzeugend dagegen die Annahme einer „Generalverweisung" auf Abs. 1, so aber Kölner Komm AktG/*Koppensteiner* Rn. 17; Emmerich/Habersack/*Emmerich* Rn. 23.
[43] So aber Hüffer/Koch/*Koch* Rn. 7; iE AA die hM, MüKoAktG/*Grunewald* Rn. 10; K. Schmidt/Lutter/*Vetter* Rn. 23; Emmerich/Habersack/*Emmerich* Rn. 23; Kölner Komm AktG/*Koppensteiner* Rn. 17; Wachter/*Rothley* Rn. 8.
[44] Siehe aber Kölner Komm AktG/*Koppensteiner* Rn. 19 mit Fn 45, der grundsätzlich eine zusätzliche Verweisung für die Rechtsfolgen für erforderlich zu halten scheint.
[45] Zutr Emmerich/Habersack/*Emmerich* Rn. 23.
[46] Dafür die jetzt allgM, MüKoAktG/*Grunewald* Rn. 10; Emmerich/Habersack/*Emmerich* Rn. 23a; K. Schmidt/Lutter/*Vetter* Rn. 24; MHdB AG/*Krieger* § 69 Rn. 103; Kölner Komm AktG/*Koppensteiner* Rn. 17; Wachter/*Rothley* Rn. 8; Hölters/*Leuering/Goertz* Rn. 11; Hüffer/Koch/*Koch* Rn. 10; aA noch *Hüffer*, 10. Aufl. 2012, Rn. 7.

(→ Rn. 22). So könnte beispielsweise der Ersterwerber einer über 25 %igen Beteiligung in einer börsennotierten AG durch deren spätere, bewusste Gegen-Aufstockung seine Wahlrechte zum Aufsichtsrat verlieren, ohne sich dagegen wehren zu können.

a) Wortlaut. Der **Wortlaut** des Abs. 3 spricht auf den ersten Blick gegen die Anwendung des Abs. 2, da er ausdrücklich nur auf Abs. 1 verweist. Allerdings lässt sich auch argumentieren, dass eine wechselseitige Beteiligung im Sinne des Abs. 1 nur eine solche ist, welche die Beschränkungen des Abs. 1 auch tatsächlich auslöst. Die Ausnahmevorschrift des Abs. 2 ließe sich so als „negatives Tatbestandsmerkmal" in den isolierten Verweis auf Abs. 1 hineininterpretieren. 30

b) Teleologie. Entscheiden muss aber auch hier die Teleologie und nicht der unklare und wenig geglückte Wortlaut. Insoweit wurde gegen die Anwendung des Abs. 3 vorgebracht, er solle nicht die Versäumung von Mitteilungspflichten sanktionieren.[47] Dieses Argument überzeugt aber nicht. Denn die Sanktionswirkung gegen verspätete Mitteilungen steht auch bei § 328 Abs. 1 und 2 nicht im Vordergrund. Hauptsächlich will der Gesetzgeber dort nicht Meldeverstöße sanktionieren (dafür sind primär § 20 Abs. 7, § 21 Abs. 4 zuständig), sondern *bewussten* Erwerb wechselseitiger Beteiligungen. Daher der Schutz gutgläubiger Erwerber nach Abs. 2.[48] Gleichwohl ist der Mindermeinung im Ergebnis beizutreten. Man darf nicht übersehen, dass andere Rechtsordnungen Kreuzverflechtungen viel weitgehender beschränken, und zwar gerade im Interesse des Investorenschutzes auf Kapitalmärkten (→ Rn. 3).[49] Die strengere Interpretation des Abs. 3 ohne Gutglaubensprivileg wird nicht nur dem Wortlaut, sondern auch dem besonderen **kapitalmarktrechtlichen Schutzzweck** (zu jenem auch → Rn. 3) besser gerecht. Das gilt umso mehr, als dem belasteten Unternehmen der Rückbau der Beteiligung angesichts des offenen Marktes weniger Probleme als in anderen Fällen bereitet. 31

4. Missbrauchsschutz. Dass Abs. 3 kein Gutglaubensprivileg enthält, eröffnet aber eine gewisse Missbrauchsgefahr. So könnte ein börsennotiertes Unternehmen eine Gesellschaft, die an ihm über 25 % hält, durch gezielten Gegenerwerb von zB 25,1 % um die Stimmrechte für den Aufsichtsrat bringen, ohne selbst einen gravierenden Verlust zu erleiden. Dem wäre jedoch über die allgemeine Treuepflicht der börsennotierten Gesellschaft als Anteilseignerin der Ersterwerberin zu begegnen, aus der sich eine Pflicht zur Entflechtung herleiten lässt. 32

V. Erweiterte Mitteilungspflichten (Abs. 4)

Abs. 4 erweitert die Mitteilungspflichten der §§ 20, 21 dahin, dass sich die wechselseitig beteiligten Unternehmen auch die exakte **Höhe** ihrer Beteiligungsquote sowie **jede Veränderung** derselben mitzuteilen haben. Letzteres geht auch über § 33 Abs. 1 WpHG hinaus. Es soll beständiges *monitoring* der wirtschaftlichen Eigenquote und der Mehrheitsschwelle in den gefährlichen Kreuzverflechtungen ermöglichen.[50] Die Norm wird aber allgemein kritisiert, insbesondere weil sie die erweiterte Mitteilungspflicht nicht mit besonderen Sanktionen flankiert und eine Analogie mangels unbewusster Regelungslücke nicht möglich erscheint.[51] Möglich ist zwar die Einstufung als Schutzgesetz.[52] Doch ein Schaden wird nur schwer nachweisbar sein.[53] 33

Sechster Teil. Rechnungslegung im Konzern

§§ 329–393 *(aufgehoben)*

---

[47] *Hüffer*, 10. Aufl. 2012, Rn. 7.
[48] Diesen Schutzgedanken hält die hM auch bei Abs. 3 für durchschlagend, vgl MüKoAktG/*Grunewald* Rn. 10; Emmerich/Habersack/*Emmerich* Rn. 23a; MHdB AG/*Krieger* § 69 Rn. 103; Kölner Komm AktG/*Koppensteiner* Rn. 17.
[49] Ein ähnliches Ärgernis aus Investorensicht sind die in Deutschland allerdings unüblichen Pyramidenstrukturen, vgl nur *Ferrarini* ECFR 2006, 148 (151 f.).
[50] Vgl. Kölner Komm AktG/*Koppensteiner* Rn. 18.
[51] ZB Hüffer/Koch/*Koch* Rn. 8; MüKoAktG/*Grunewald* Rn. 14; Emmerich/Habersack/*Emmerich* Rn. 25; K. Schmidt/Lutter/*Vetter* Rn. 25; Kölner Komm AktG/*Koppensteiner* Rn. 18.
[52] MüKoAktG/*Grunewald* Rn. 14; zust. Kölner Komm AktG/*Koppensteiner* Rn. 18; wohl auch K. Schmidt/Lutter/*Vetter* Rn. 25.
[53] MüKoAktG/*Grunewald* Rn. 14; Kölner Komm AktG/*Koppensteiner* Rn. 18.

Viertes Buch. Sonder-, Straf- und Schlußvorschriften

Erster Teil. Sondervorschriften bei Beteiligung von Gebietskörperschaften

§ 394 Berichte der Aufsichtsratsmitglieder

[1]Aufsichtsratsmitglieder, die auf Veranlassung einer Gebietskörperschaft in den Aufsichtsrat gewählt oder entsandt worden sind, unterliegen hinsichtlich der Berichte, die sie der Gebietskörperschaft zu erstatten haben, keiner Verschwiegenheitspflicht. [2]Für vertrauliche Angaben und Geheimnisse der Gesellschaft, namentlich Betriebs- oder Geschäftsgeheimnisse, gilt dies nicht, wenn ihre Kenntnis für die Zwecke der Berichte nicht von Bedeutung ist. [3]Die Berichtspflicht nach Satz 1 kann auf Gesetz, auf Satzung oder auf dem Aufsichtsrat in Textform mitgeteiltem Rechtsgeschäft beruhen.

Schrifttum: *Altmeppen,* Zur Rechtsstellung der Aufsichtsratsmitglieder einer kommunalen GmbH, FS Schneider, 2011, 1; *Banspach/Nowak,* Der Aufsichtsrat der GmbH – unter besonderer Berücksichtigung kommunaler Unternehmen und Konzerne, Der Konzern 2008, 195; *Belcke/Mehrhoff,* Aktienrechtsnovelle 2016 – Auswirkungen auf die Verschwiegenheit kommunaler Vertreter in (fakultativen) Aufsichtsräten, GmbHR 2016, 576; *Bormann,* Mehr Transparenz bei Unternehmen mit Beteiligung von Gebietskörperschaften, NZG 2011, 926; *Böttcher/Krömker,* Abschied von der kommunalen AG in NRW?, NZG 2001, 590; *Bracht,* Der Anspruch von Rats- und Kreistagsmitgliedern auf Auskunft über die kommunale GmbH, AG und Sparkasse, NVwZ 2016, 108; *v. Danwitz,* Vom Verwaltungsprivat- zum Verwaltungsgesellschaftsrecht – Zur Begründung und Reichweite öffentlich-rechtlicher Ingerenzen in der mittelbaren Kommunalverwaltung, AöR 120 (1995), 595; *Decher,* Loyalitätskonflikte des Repräsentanten der öffentlichen Hand im Aufsichtsrat, ZIP 1990, 227; *Eibelshäuser,* Anteilseignerinformation und Verschwiegenheitspflicht – ein Beitrag zur Anwendung der §§ 394, 395 AktG, FS Lüder, 2000, 694; *Erichsen,* Die Vertretung der Kommunen in den Mitgliedschaftsorganen von juristischen Personen, 1996; *Früchtl,* Die Aktiengesellschaft in öffentlicher Hand, 2009; *Grünebaum,* Weisungen gegenüber gemeindlichen Aufsichtsratsmitgliedern in kommunalen Beteiligungsgesellschaften und deren Durchsetzung in NRW, VR 2004, 55; *Habersack,* Private public partnership: Gemeinschaftsunternehmen zwischen Privaten und der öffentlichen Hand, ZGR 1996, 544; *Kiefner/Schürnbrand,* Beherrschungsverträge unter Beteiligung der öffentlichen Hand, AG 2013, 789; *Koch,* Die Bestimmung des Gemeindevertreters mit kommunaler Beteiligung am Beispiel der Gemeindeordnung NRW, VerwArch 102 (2011) 1 ff.; *Land/Hallermayer,* Weitergabe von vertraulichen Informationen durch auf Veranlassung von Gebietskörperschaften gewählte Mitglieder des Aufsichtsrats gem. §§ 394, 395 AktG, AG 2011, 114; *Lutter/Grunewald,* Öffentliches Haushaltsrecht und privates Gesellschaftsrecht, WM 1984, 385; *Mann,* Die öffentlich-rechtliche Gesellschaft, 2002; *Mann,* Kritik am Konzept des Verwaltungsgesellschaftsrechts, Die Verwaltung 2002, 463; *Martens,* Privilegiertes Informationsverhalten von Aufsichtsratsmitgliedern einer Gebietskörperschaft nach § 394 AktG, AG 1984, 29; *N. Meier,* Die Überlassung von Stellungnahmen der städtischen Beteiligungsverwaltung an Aufsichtsratsmitglieder städtischer Eigengesellschaften (AG/GmbH), NZG 1998, 170; *N. Meier,* Inkompatibilität und Interessenwiderstreit von Verwaltungsangehörigen in Aufsichtsräten, NZG 2003, 54; *Noack,* Gesellschaftsrechtliche Fragen kommunaler Beteiligung an Gesellschaften des Privatrechts, Städte- und Gemeinderat 1995, 379; *Nowak/Wantischek-Klein,* Die Pflichten des Aufsichtsrats – eine betriebswirtschaftliche Analyse unter besonderer Berücksichtigung öffentlicher Unternehmen, Der Konzern 2007, 665; *Preussner,* Corporate Governance in öffentlichen Unternehmen, NZG 2005, 575; *Raiser,* Konzernverflechtungen unter Einschluss öffentlicher Unternehmen, ZGR 2006, 458; *Schäfer,* Zum Schutz Dritter bei der Rechnungsprüfung und Berichterstattung der Rechnungshöfe, Eine haushaltsrechtliche Betrachtung, FS Geiger, 1974, 623; *R. Schmidt,* Der Übergang öffentlich-rechtlicher Aufgabenerfüllung in private Rechtsformen, ZGR 1996, 345; *Schmidt-Aßmann/Ulmer,* Die Berichterstattung von Aufsichtsratsmitgliedern einer Gebietskörperschaft nach § 394 AktG, BB 1988 Sonderbeilage 13; *Schön,* Der Einfluss öffentlich-rechtlicher Zielsetzung auf das Statut privatrechtlicher Eigengesellschaften in öffentlicher Hand, ZGR 1996, 429; *Schürnbrand,* Verschwiegenheitspflicht vs Informationsprivileg – Bereichspflichten von Aufsichtsratsmitgliedern gegenüber der entsendenden Gebietskörperschaft bei öffentlichen Unternehmen nach dem aktuellen Entwurf der Aktienrechtsnovelle, BOARD 2014, 225; *Schwintowski,* Verschwiegenheitspflicht für politisch legitimierte Mitglieder des Aufsichtsrates, NJW 1990, 1009; *Schwintowski,* Gesellschaftsrechtliche Bindungen für entsandte Aufsichtsratsmitglieder in öffentliche Unternehmen, NJW 1995, 1316; *Stober,* Die privatrechtlich organisierte öffentliche Unternehmung, NJW 1984, 449; *Thormann,* Generelle Nichtöffentlichkeit der Aufsichtsratssitzungen Öffentlicher Unternehmen – warum eigentlich?, DÖV 2016, 991; *Traut,* Die Corporate Governance von Kapitalgesellschaften der öffentlichen Hand, 2013; *Weber-Rey/Buckel,* Corporate Governance in Aufsichtsräten von öffentlichen Unternehmen und die Rolle von Public Corporate Governance Kodices, ZHR 177 (2013), 13; *Wilhelm,* Öffentlichkeit und Haftung bei Aufsichtsräten in einer kommunalen GmbH, DB 2009, 944; *Will,* Informationszugriff auf AG-Aufsichtsratsmitglieder durch Gemeinden, VerwArch 2003, 248; *Wilting,* Weitergabe von vertraulichen Informationen im Rahmen der §§ 394, 395 AktG, AG 2012, 529; *Zavelberg,* Die Prüfung der Betätigung des Bundes bei Unternehmen durch den Bundesrechnungshof, FS Forster, 1992, 723; *Zöllner,* Berichtspflicht beamteter Aufsichtsratsmitglieder nach § 55 BBG?, AG 1984, 147.

Übersicht

	Rn.		Rn.
I. Systematik und Teleologie	1–3	a) Unmittelbare Beteiligung	7
1. Allgemeines	1, 2	b) Mittelbare Beteiligung	8
2. Notwendigkeit eines Verwaltungsgesellschaftsrechts?	3	4. Bestehen einer Berichtspflicht	9–11
II. Die Tatbestandsmerkmale des Satz 1	4–11	III. Die Beschränkung der Berichtspflicht nach Satz 2	12, 13
1. Regelungsadressaten	4	IV. Die Berichterstattung	14, 15
2. Gebietskörperschaft	5	1. Adressaten	14
3. Veranlassung	6–8	2. Inhalt der Berichterstattung	15
		V. Europarechtskonformität	16

I. Systematik und Teleologie

1. Allgemeines. Die §§ 394, 395 stellen Sondervorschriften zur Modifikation des allgemeinen Aktienrechts mit Blick auf Beteiligungen der öffentlichen Hand dar.[1] § 394 begrenzt die Verschwiegenheitspflichten (§ 116 S. 1, § 93 Abs. 1 S. 2 und § 116 S. 2)[2] von Vertretern der öffentlichen Hand im Aufsichtsrat, während § 395 zum Ausgleich ihre Geltung auf andere Verwaltungsmitglieder, die bestimmungsgemäß mit diesen Informationen zusammentreffen, erweitert. Damit wird das Schutzniveau gegenüber außenstehenden Dritten weitgehend gewahrt. Zweck der Vorschriften ist der Ausgleich zwischen der Verschwiegenheitspflicht nach allgemeinem Aktienrecht und der besonderen Binnenstruktur der öffentlichen Hand, deren wirtschaftliche Tätigkeit haushaltsrechtlicher Kontrolle zugeführt werden muss.[3] Das zeigt auch die Ausnahme für Mitteilungen im dienstlichen Verkehr in § 395 Abs. 1 Hs. 2.

Die Regelungen der §§ 394, 395 sind fragmentarisch[4] und erfassen nur einen Bruchteil der rechtlichen Problemstellungen, die sich aus der erwerbswirtschaftlichen Betätigung der öffentlichen Hand in den Formen privater Gesellschaften ergeben.[5] Sie werden ihrerseits durch die Vorschriften des ebenfalls für Bund, Länder und Gemeinden[6] geltenden Haushaltsrechts ergänzt, die eine erweiterte Abschlussprüfung (§ 53 HGrG) und die Unterrichtung des Rechnungsbehörden (§ 54 HGrG) vorsehen.[7] Die Sonderrechte der öffentlichen Hand sind **umstritten**[8] und werfen im Lichte der *Golden-Share*-Urteile des EuGH sogar die (freilich zu bejahende) Frage der Vereinbarkeit mit Europarecht auf (→ Rn. 16). Im Gefolge der Finanzkrise wurde die Problematik noch erheblich verschärft, da sich herausstellte, welch existenzbedrohlichen Folgen aus der privatwirtschaftlichen Tätigkeit von Unternehmen wie etwa Landesbanken erwachsen konnten. Daher war vorgesehen, dem dringlichen Informationsbedürfnis der öffentlichen Hand mit einer **Neuregelung** im Zuge der Aktienrechtsnovelle 2012 (später VorstKoG) Rechnung zu tragen. Nach dem Scheitern des **VorstKoG** zum Ende der Legislaturperiode des 17. Bundestages im September 2013 ist das Vorhaben als Aktienrechtsnovelle 2016 umgesetzt worden, hat aber mit der früher von der hM abgelehnten Anerkennung rechtsgeschäftlich begründeter Berichtspflichten (→ Rn. 9) nur eine, nicht einmal sonderlich wesentliche Neuerung gebracht.

2. Notwendigkeit eines Verwaltungsgesellschaftsrechts? Dieser Zielkonflikt steht im größeren Zusammenhang mit der Frage nach der Entwicklung eines besonderen, im Wege verfassungskon-

---

[1] MüKoAktG/*Schürnbrand* Vor § 394 Rn. 1 f.; Hüffer/Koch/*Koch* Rn. 5; K. Schmidt/Lutter/*Oetker* Vor §§ 394, 395 Rn. 1; demgegenüber enthalten die §§ 65 ff. BHO/LHO lediglich Verwaltungsinnenrecht ohne unmittelbare Außenwirkung, Hüffer/Koch/*Koch* Rn. 22.
[2] Zur Einbeziehung des neuen § 116 S. 2 in die Befreiungswirkung trotz des nur auf § 116 S. 1, § 93 Abs. 1 S. 2 zugeschnittenen Wortlautes MüKoAktG/*Kropff*, 2. Aufl. 2006, §§ 394, 395 Rn. 34.
[3] So auch MüKoAktG/*Schürnbrand* § 395 Rn. 31; Hüffer/Koch/*Koch* Rn. 44; K. Schmidt/Lutter/*Oetker* Vor §§ 394, 395 Rn. 1 sowie § 394 Rn. 1.
[4] Ebenso MüKoAktG/*Schürnbrand* Vor § 394 Rn. 2; K. Schmidt/Lutter/*Oetker* Vor §§ 394, 395 Rn. 1.
[5] MüKoAktG/*Schürnbrand* Vor § 394 Rn. 14 ff.; Hüffer/Koch/*Koch* Rn. 6 ff.; K. Schmidt/Lutter/*Oetker* Vor §§ 394, 395 Rn. 6 ff. Der rechtstatsächliche Schwerpunkt liegt bei der kommunalen Beteiligungsverwaltung, wo hauptsächlich die GmbH zum Zuge kommt, MüKoAktG/*Schürnbrand* Vor § 394 Rn. 4; *Schwintowski* NJW 1995, 1316.
[6] Die Geltung für Gemeinden folgt aus der Einbeziehung der Länder in § 49 HGrG, Hüffer/Koch/*Koch* Rn. 13.
[7] Abgedruckt und kommentiert u. a. bei Hüffer/Koch/*Koch* Rn. 6 ff.; MüKoAktG/*Schürnbrand* Vor § 394 Rn. 57 ff.; K. Schmidt/Lutter/*Oetker* Vor §§ 394, 395 Rn. 17 ff.; NK-AktR/*Breuner*/*Fraune* Anh. §§ 394, 395.
[8] Kritisch etwa *Martens* AG 1984, 209 (213); *Zöllner* AG 1984, 147; Kölner Komm AktG/*Zöllner* §§ 394, 395 Rn. 3; positiver *Lutter*/*Grunewald* WM 1984, 385 (387).

former Auslegung gewonnenen „Verwaltungsgesellschaftsrechts" in Anlehnung an das „Verwaltungsprivatrecht".[9] So wird von öffentlich-rechtlicher Seite teilweise für eine Stärkung der Gesellschafterstellung der öffentlichen Hand plädiert.[10] In jüngerer Zeit setzt sich diese Debatte vor allem anhand des Konflikts zwischen dem öffentlich-rechtlichen Transparenzgebot und den organschaftlichen Verschwiegenheitspflichten fort.[11] Die hM[12] steht den Tendenzen für einen Vorrang des „höherrangigen" öffentlichen Rechts allerdings ablehnend gegenüber, und zwar mit guten Grund: die Formenvielfalt des deutschen Gesellschaftsrechts mit der flexiblen GmbH, gepaart mit den bestehenden Sondervorschriften, sollte im Allgemeinen genügen, um das öffentliche Interesse zu akkommodieren.[13] Für eine generelle Zurückdrängung des Gesellschaftsrechts ist daher auch unter Verweis auf die Normenhierarchie kein Raum. Vielmehr stehen das allgemeine Aktienrecht[14] und das Staats- und Verwaltungsrecht grundsätzlich **gleichberechtigt** nebeneinander.[15] Einzelfragen wie etwa die Weisungsgebundenheit der öffentlichen Repräsentanten im Aufsichtsrat[16] sind daher im Sinn **„praktischer Konkordanz"** zu lösen.[17] Die Gegenansicht ist bereits unter dem Aspekt der Bundeskompetenz für das Gesellschaftsrecht zweifelhaft (Art. 31 GG).[18] Somit gilt für die Leitung der AG auch bei 100 % Beteiligung einer Gebietskörperschaft die allgemeine Pflichtenbindung an das Gesellschaftsinteresse.[19] In diesem Rahmen darf zwar das besondere Interesse der Gebietskörperschaft angemessen berücksichtigt werden.[20] Eine *vorrangige* Berücksichtigung des öffentlichen Interesses ist

---

[9] Dazu eingehend *Traut*, Die Corporate Governance von Kapitalgesellschaften der öffentlichen Hand, 2013, 6 ff. mwN.
[10] *v. Danwitz* AöR 120 (1995), 595 (622); *Ossenbühl* ZGR 1996, 504 (511 ff.); *Stober* NJW 1984, 449 (455); ausf. Darstellung dieser lange währenden Auseinandersetzung MüKoAktG/*Schürnbrand* Vor § 394 Rn. 18 f.
[11] Siehe dazu OVG Berlin-Brandenburg, NVwZ 2015, 1229 = ZIP 2015, 877 (kein Zugang zu den Unterlagen des AR des Flughafens BER); OVG Rheinland-Pfalz, DVBl 2016, 1274 (kein Informationsanspruch gegen die Stadtwerke Mainz AG als hälftigem Anteilseigner des Energieversorgers Mainz-Wiesbaden AG zum gescheiterten Bau Kohlekraftwerk Ingelheimer Aue); aus der Literatur *Thormann* DÖV 2016, 991 (insbes. 997 ff.) (zur besonderen Problematik des Nichtöffentlichkeit von Aufsichtsratssitzungen); *Passarge/Kölln* NVwZ 2014, 982 (zur GmbH), welche den öffentlichen Informationsrechten mehr Geltung verschaffen wollen; restriktiver dagegen *Belcke/Mehrhoff* GmbHR 2016, 576 ff. Zur Sonderproblematik des Auskunftsanspruch einzelner Ratsmitglieder zB OVG Thüringen BeckRS 2015, 45158 und OVG Niedersachsen BeckRS 2009, 34702 (jeweils bejahend bezüglich kommunaler GmbH, da Gemeinde als Gesellschafter einen unbegrenzten Auskunftsanspruch nach § 51a GmbHG hat); demgegenüber VGH Mannheim BeckRS 2001, 21735 sowie VG Stade BeckRS 2011, 49286 (jeweils abl. bezüglich einer Sparkasse, da Bürgermeister als Mitglied von deren Verwaltungsrat der Geheimhaltung unterliegt). Eingehend und mwN zum Ganzen Bracht, NVwZ 2016, 108 ff.
[12] BGHZ 36, 296; 69, 334 – VEBA/Gelsenberg; Hüffer/Koch/*Koch* Rn. 2a; MüKoAktG/*Schürnbrand* Rn. 22 ff.; K. Schmidt/Lutter/*Oetker* Vor § 394, 395 Rn. 9 ff.; NK-AktR/*Stehlin* Vor § 394 Rn. 3; *Schön* ZGR 1996, 429; *Habersack* ZGR 1996, 544 (555 f.); *R. Schmidt* ZGR 1996, 345 (351); *Schwintowski* NJW 1995, 1316 (1318); *Mann*, Die öffentlich-rechtliche Gesellschaft, 2002, 280; *Mann* Die Verwaltung 2002, 463 (473 ff.); s. auch die Darstellung bei *Traut*, Die Corporate Governance von Kapitalgesellschaften der öffentlichen Hand, 2013, 8 ff.; 39 f. Von einem „Vorrang des Gesellschaftsrechts" sprechen gar Hölters/*Müller-Michaels*, Rn 1 ff.; Wachter/*Früchtl* Rn 1. Zur Sonderproblematik des Auskunftsanspruch einzelner Ratsmitglieder zB ThürOVG BeckRS 2015, 45158 und NdsOVG BeckRS 2009, 34702 (jeweils bejahend bezüglich kommunaler GmbH, da Gemeinde als Gesellschafter einen unbegrenzten Auskunftsanspruch nach § 51a GmbHG hat); demgegenüber VGH Mannheim BeckRS 2001, 21735 sowie VG Stade BeckRS 2011, 49286 (jeweils abl. bezüglich einer Sparkasse, da Bürgermeister als Mitglied von deren Verwaltungsrat der Geheimhaltung unterliegt). Eingehend und mwN zum Ganzen *Bracht*, NVwZ 2016, 108 ff. respektiert ebenfalls die Geltung des Zivilrechts.
[13] Konsequent ist daher Subsidiaritätsklauseln der Kommunalrechts zur Verwendung der AG, s. dazu § 108 Abs. 3 GO NRW, *Böttcher/Krömker* NZG 2001, 590 (591 ff.); Hüffer/Koch/*Koch* Rn. 31.
[14] Zur dessen Geltung s. etwa die Unternehmenseigenschaft der öffentlichen Hand iSd Konzernrechts (BGHZ 69, 334 (340); 135, 107 – VW; dazu oben → § 15 Rn. 44; MüKoAktG/*Schürnbrand* Vor § 394 Rn. 50 ff.; K. Schmidt/Lutter/*Oetker* Vor §§ 394, 395 Rn. 11; *Liebscher* GmbH-KonzernR Rn. 64 ff. oder die Mitteilungspflichten nach § 33 WpHG, Hüffer/Koch/*Koch* Rn. 2.
[15] Dies wird freilich von gesellschaftsrechtlicher Seite auch nicht immer hinreichend berücksichtigt, vgl. schon die Zweifel heischende Diktion vom „Vorrang des Gesellschaftsrechts" (zB Hölters/*Müller-Michaels* Rn. 1 ff.; Wachter/*Früchtl* Rn 1), des Weiteren → Rn. 10, 14.
[16] Abl. Hüffer/Koch/*Koch* Rn. 3, 27 ff., eingehend MüKoAktG/*Schürnbrand* Vor § 394 Rn. 43 ff., 46, der jedenfalls Bindung an nachteilige Weisungen ablehnt.
[17] Zustimmend *Traut*, Die Corporate Governance von Kapitalgesellschaften der öffentlichen Hand, 2013, 65 f. (128 f.).
[18] Zutr. K. Schmidt/Lutter/*Oetker* Vor §§ 394, 395 Rn. 10; *Schön* ZGR 1996, 429 (432 f.); *Schwintowski* NJW 1995, 1316 f.; *Belcke/Mehrhoff* GmbHR 2016, 576 (578); grds. auch Hüffer/Koch/*Koch* Rn. 2a; aA *von Danwitz* AöR 120 (1995), 595 (616 f.); insoweit zweifelnd auch *Mann* Die Verwaltung 2002, 463 (466).
[19] MüKoAktG/*Schürnbrand* Vor § 394 Rn. 41 f.; K. Schmidt/Lutter/*Oetker* Vor §§ 394, 395 Rn. 9.
[20] BGHZ 69, 334 (339); Hüffer/Koch/*Koch* Rn. 31 f.; MüKoAktG/*Schürnbrand* Vor § 394 Rn. 26 f.; K. Schmidt/Lutter/*Oetker* Vor §§ 394, 395 Rn. 16.

aber weder geboten noch überhaupt gestattet.[21] Sie würde den gesellschaftsrechtlichen Schutzzwecken nicht gerecht.[22] Es kann somit auch nicht als Rechtfertigungsgrund gegen mögliche Haftung der Organe bzw. der Körperschaft etwa aus §§ 93, 116, 117, 317 angeführt werden.[23] Freilich schließt das eben Gesagte nicht aus, dass es nach allgemeinen Grundsätzen zur Durchbrechung der §§ 394, 395 aufgrund **verfassungskonformer Auslegung** bzw. **Rechtsfortbildung** kommen kann, wenn diese mit einer höherrangigen Verfassungsnorm kollidieren (→ § 395 Rn. 5 zur Berichtspflicht der Rechnungshöfe).

II. Die Tatbestandsmerkmale des Satz 1

4 **1. Regelungsadressaten.** § 394 wendet sich nach dem Wortlaut an AR-Mitglieder, die auf Veranlassung einer Gebietskörperschaft in den AR gewählt (§ 101 Abs. 1) oder entsandt (§ 101 Abs. 2) worden sind, und modifiziert deren allgemeine aktienrechtliche Pflichtenbindung. Er dürfte aber auch auf gerichtlich bestellte AR-Mitglieder Anwendung finden, sofern deren Einsetzung auf die Gemeinde zurückzuführen ist.[24] Die Vorschrift betrifft unmittelbar die Mitglieder von Aufsichtsräten einer deutschen AG oder KGaA. Sie ist aber auch auf **Aufsichtsräte einer GmbH** entsprechend anwendbar. Das gilt nach aktuellem Recht sowohl bei einer GmbH mit **obligatorischem AR** und zwingender Geltung der Verschwiegenheitspflicht (vgl. §§ 1 Abs. 1 Nr. 3 DrittelbG, § 6 Abs. 2 MitbestG, § 25 MitbestG iVm §§ 116, 93 Abs. 1 S. 2 AktG) – was bislang bereits unstreitig war,[25] obwohl sich die Notwendigkeit eines Vorgehens nach §§ 394, 395 AktG wegen § 51a GmbHG nicht automatisch erschließt – als auch bei einer GmbH mit **fakultativen AR**. Das hat der Gesetzgeber jetzt in § 52 Abs. 1 GmbHG im Einklang mit der bislang schon herrschenden Meinung[26] ausdrücklich klargestellt. Damit erscheinen in der GmbH mit fakultativem Aufsichtsrat ausweislich des Gesetzeswortlauts sowohl die Geltung der Verschwiegenheitspflicht nach §§ 116, 93 Abs. 1 S. 2 AktG wie auch die der Ausnahmeregelung in §§ 394, 395 AktG dispositiv.[27] Ob dem tatsächlich so ist, oder ob es insoweit Beschränkungen gibt (zB keine Abdingbarkeit der Verschwiegenheitspflicht oder – plausibler – der §§ 394, 395 AktG bei bestehender Verschwiegenheitspflicht) ist hier nicht zu klären. Ungeachtet dessen wird die praktische Bedeutung der §§ 394, 395 AktG analog bei (obligatorischen wie fakultativen) GmbH-Aufsichtsräten angesichts des unbeschränkten Informationsanspruchs des Gesellschafters aus § 51a GmbHG, der keiner entsprechenden Verschwiegenheitspflicht unterliege, verbreitet gering geschätzt.[28] Das könnte allerdings täuschen, geht doch die zivilrechtliche Rechtsprechung von einem aus der Treuepflicht herzuleitendem Vertraulichkeitsgebot aus, das unter anderem die Weitergabe an gesellschaftsfremde Dritte grundsätzlich verbiete.[29] Schließlich sind die §§ 394, 395 auch auf **ausländische Kapitalgesellschaften mit tatsächlichem Sitz** in Deutschland anzuwenden, wenn deren Organmitglieder einer vergleichbar strengen, zwingenden Verschwiegenheitspflicht unterliegen wie sie in der deutschen AG gilt, und wenn der Entsendungskörperschaft kein direkter Informationsanspruch zusteht. Das ergibt sich bei öffentlich-rechtlicher Qualifikation der Vorschrift aus ihrer grundsätzlichen Anwendbarkeit in Deutschland, der dann durch Substitution bzw. Anpassung auch für solche Auslandsgesellschaften Geltung zu verschaffen ist, die infolge der europarechtlichen Gründungstheorie hierzulande agieren können. Bei gesellschaftsrechtlicher Qualifikation wird man zur Sonderanknüpfung schreiten müssen, um die Lücke zu schließen, die sich aus der Beschränkung der §§ 394, 395 AktG auf die deutsche AG/KGaA ergibt, und die Informationsbedürfnisse der öffentlichen Hand zu befriedigen. Adressaten sind in diesen Fällen die entsandten Organmitglieder, also zB Verwaltungsräte oder *directors* einschließlich *non-executive directors*. Auch wenn die §§ 394, 395 auf das deutsche Corporate Governance System mit dem *dual board* zugeschnitten sind, ist es doch keine Voraussetzung für die Erstreckung,

---

[21] So auch Hüffer/Koch/*Koch* Rn. 3; K. Schmidt/Lutter/*Oetker* Vor §§ 394, 395 Rn. 9. Dementsprechend sieht die Rechtsprechung im öffentlichen Interesse eine typische Konzerngefahr, s. BGHZ 69, 334; 135, 107 (113); → § 15 Rn. 44.

[22] Exemplarisch *Belcke/Mehrmann* GmbHR 2016, 576, 580, die auf „das hohe Gut der Verschwiegenheitspflicht" als Voraussetzung vertrauensvoller Zusammenarbeit hinweisen.

[23] Hüffer/Koch/*Koch* Rn. 3; MüKoAktG/*Schürnbrand* Vor § 394 Rn. 35.

[24] MüKoAktG/*Schürnbrand* § 394 Rn. 14; Hölters/*Müller-Michaels* Rn. 19; Wachter/*Früchtl* Rn 6.

[25] ZB Wachter/*Früchtl* Rn. 4; Hölters/*Müller-Michaels* Rn. 13; *Thode* AG 1997, 547 (553).

[26] MüKoAktG/*Schürnbrand* § 394 Rn. 9 f.; aA noch Wachter/*Früchtl* Rn. 4.

[27] So auch Hölters/*Müller-Michaels* Rn. 15.

[28] ZB Wachter/*Früchtl* Rn. 4; Hölters/*Müller-Michaels* Rn. 13.

[29] BGHZ 152, 339 = NZG 2003, 396 (397): „Die Weitergabe von Informationen zu gesellschaftsfremden Zwecken oder an gesellschaftsfremde Dritte ist grundsätzlich pflichtwidrig, und zwar ohne Rücksicht auf ihren Inhalt und ohne Rücksicht darauf, welche Zwecke mit der Verbreitung der Kenntnisse verfolgt werden."; bestätigt in BGHZ 197, 181 = NZG 2013, 665 (666 Rn. 12). Auf dieser Grundlage einen presserechtlichen Informationsanspruch auf Basis des § 1 Abs. 1 S. 1 IFG ablehnend OVG Berlin-Brandenburg NVwZ 2015, 1229 (1230).

dass die ausländische Kapitalgesellschaft eine vergleichbare *dual board structure* aufweist. Das tertium comparationis, aus welchem sich die für die Rechtsfortbildung erforderliche Vergleichbarkeit des Sachverhalts ergibt, ist allein die Einschränkung der Informationsmöglichkeiten des Gesellschafters durch die Kombination aus fehlendem individuellen Informationsanspruch (jenseits der jährlichen HV) sowie der zwingenden Verschwiegenheitspflicht der Organmitglieder, nicht jedoch die Trennung von Geschäftsführungs- und Aufsichtsorgan.

2. Gebietskörperschaft. Gebietskörperschaft sind Bund, Länder, Kreise, Gemeinden und 5 Gemeindeverbände. Aus der Überschrift („Sonderschriften bei Beteiligung von Gebietskörperschaften") wird hergeleitet, dass die Gebietskörperschaft **an der AG beteiligt** sein muss.[30] Dabei reicht mittelbare Beteiligung aus,[31] wobei sich freilich die Art der Veranlassung ändert (→ Rn. 8). Für weitere Einschränkungen dahin, dass die Beteiligung „zur Veranlassung ausreiche"[32] oder „ins Gewicht fallen"[33] muss, besteht weder Anhalt noch Anlass. Sie ergeben sich in der Sache bereits aus dem Veranlassungserfordernis.[34] Erst recht ist **nicht erforderlich,** dass **die AG** im Sinne des Fraport-Urteils[35] als **hoheitlich „beherrscht"** (und damit grundrechtsgebunden) gilt.

3. Veranlassung. Allgemein bedeutet Veranlassung die Ausübung eines für die Bestellung des 6 Repräsentanten ursächlichen Einflusses.[36] Im Übrigen ist zwischen unmittelbarer und mittelbarer Beteiligung der Gebietskörperschaft zu unterscheiden.

a) Unmittelbare Beteiligung. Ist die Gebietskörperschaft unmittelbar beteiligt, ergibt sich die 7 Veranlassung aus ihrer Stimmabgabe (ggf. im Zusammenwirken mit anderen Aktionären)[37] bzw. aus der Ausübung eines Entsendungsrechts, nicht aber schon aus dem bloßem Wahlvorschlag.[38] Die Motive der Bestellung spielen keine Rolle.[39]

b) Mittelbare Beteiligung. Wenn die Gebietskörperschaft nur über ein weiteres Glied mittelbar 8 beteiligt ist, werden die AR-Mitglieder unter Einfluss der unmittelbaren Beteiligungsgesellschaft bestellt, auf welche wiederum die Gebietskörperschaft einwirkt. Hier kann eine Veranlassung in tatsächlicher Einflussnahme der Gebietskörperschaft auf den Vorstand der unmittelbaren Beteiligungsgesellschaft vorliegen, auch wenn dieser rechtlich nicht gebunden ist (§ 76) und er nur von der Gebietskörperschaft gebeten wird, für die Bestellung zu sorgen.[40] Allerdings bedarf es noch einer (in erster Linie dienstlichen) Bindung der entsandten Person an die Gebietskörperschaft.[41] Im Sonderfall der § 15 MitbestErgG, § 32 MitbestG kann die Gebietskörperschaft die Veranlassung über die Beeinflussung des Abstimmungsverhaltens im Aufsichtsrat herbeiführen, da der Vorstand an den Beschluss der Anteilseigner im AR der Obergesellschaft gebunden ist.[42]

4. Bestehen einer Berichtspflicht. Voraussetzung für die Befreiung von der Verschwiegenheits- 9 pflicht ist eine bestehende Berichtspflicht. Nach allgemeiner Meinung begründet § 394 diese nicht selbst.[43] Die früher hM erkannte ferner nur Berichtspflichten auf gesetzlicher Grundlage an,[44] während eine vor allem im öffentlichen Recht verbreitete Gegenansicht auch vertraglich begründete

---

[30] Heute unstr., Hüffer/Koch/*Koch* Rn. 33; K. Schmidt/Lutter/*Oetker* Rn. 6.
[31] Hüffer/Koch/*Koch* Rn. 2; K. Schmidt/Lutter/*Oetker* Rn. 6.
[32] So etwa Hüffer/Koch/*Koch* Rn. 33 aE; *Schmidt-Assmann/Ulmer* BB-Beil. 13/1988, 4.
[33] *Schmidt-Assmann/Ulmer* BB-Beil. 13/1988, 4.
[34] Ähnlich Hüffer/Koch/*Koch* Rn. 33; K. Schmidt/Lutter/*Oetker* Rn. 6.
[35] BVerfG NJW 2011, 1201 (auf Beherrschung iSd § 17 AktG durch öffentliche Hand abstellend).
[36] Hüffer/Koch/*Koch* Rn. 34; MüKoAktG/*Schürnbrand* § 394 Rn. 14 f.; Kölner Komm AktG/*Zöllner* §§ 394, 395 Rn. 3; Wachter/*Früchtl* Rn 6; Hölters/*Müller-Michaels* Rn 19; aA *Martens* AG 1984, 29 (34).
[37] Hüffer/Koch/*Koch* Rn. 34; MüKoAktG/*Schürnbrand* § 394 Rn. 16.
[38] Hüffer/Koch/*Koch* Rn. 34; Kölner Komm AktG/*Zöllner* §§ 394, 395 Rn. 3; MüKoAktG/*Kropff* 2. Aufl. 2006, §§ 394, 395 Rn. 16(18); MüKoAktG/*Schürnbrand* § 394 Rn. 16.
[39] Hüffer/Koch/*Koch* Rn. 34; MüKoAktG/*Schürnbrand* § 394 Rn. 15; aA *Martens* AG 1984, 29 (36).
[40] MüKoAktG/*Schürnbrand* § 394 Rn. 17; K. Schmidt/Lutter/*Oetker* Rn. 9; *Schmidt-Assmann/Ulmer* BB-Beil. 13/1988, 7; aA *Martens* AG 1984, 29 (36), der Veranlassung enger versteht (Arg. e § 311) und eine solche iE nur bei Mehrheitsbeteiligung an Tochtergesellschaft erkennen will.
[41] Hüffer/Koch/*Koch* Rn. 35.
[42] Hüffer/Koch/*Koch* Rn. 35; MüKoAktG/*Schürnbrand* § 394 Rn. 17; K. Schmidt/Lutter/*Oetker* Rn. 9; aA *Martens* AG 1984, 29 (36). Zu § 32 MitbestG noch → § 78 Rn. 18.
[43] Hüffer/Koch/*Koch* Rn. 1, 36; Kölner Komm AktG/*Zöllner* §§ 394, 395 Rn. 4; MüKoAktG/*Schürnbrand* § 394 Rn. 19; K. Schmidt/Lutter/*Oetker* Rn. 10; Wachter/*Früchtl* Rn. 7; *Land/Hallermayer* AG 2011, 114 ff.; *Wilting* AG 2012, 529 ff.
[44] Hüffer/Koch/*Koch* Rn. 37 ff.; K. Schmidt/Lutter/*Oetker* Rn. 12; NK-AktR/*Stehlin* Rn. 5; Kölner Komm AktG/*Zöllner* §§ 394, 395 Rn. 4; *Zöllner* AG 1984, 147 (148); *Martens* AG 1984, 29 (33); *Lutter/Grunewald* WM 1984, 385 (397); *Mann*, Die öffentlich-rechtliche Gesellschaft, 2002, 242.

Auskunftsansprüche ausreichen lassen wollte (§ 666 BGB).[45] Der Gesetzgeber hat sich nun mit der Aktienrechtsnovelle 2016[46] der Gegenmeinung angeschlossen.[47] Laut dem neugefassten § 394 Abs. 1 S. 3 kann die Berichtspflicht nach Satz 1 „auf Gesetz, auf Satzung oder auf dem Aufsichtsrat in Textform mitgeteiltem Rechtsgeschäft beruhen."[48] Darin liegt angesichts der bis dato hM wohl eher eine Rechtsänderung denn lediglich eine Klarstellung.[49] Der Terminus „Rechtsgeschäft" umfasst Berichtspflichten auf Grundlage einer vertraglichen Vereinbarungen, eines Auftrags oder einer Nebenabrede mit der Gebietskörperschaft.[50] Dabei gilt die allgemeine inhaltliche Beschränkung der Berichtspflicht nach ihrem Zweck gemäß Satz 2 (→ Rn. 12).[51] Die Erfordernisse an die Textform folgen aus § 126b BGB. Ausweislich des Wortlautes verlangt das Gesetz die Textform nicht für das Rechtsgeschäft selbst,[52] sondern nur für die Mitteilung desselben. Im praktischen Ergebnis dürfte sich allerdings kein wesentlicher Unterschied daraus ergeben, ob das Rechtsgeschäft selbst oder nur dessen Mitteilung wegen Formmangels nach § 125 BGB nichtig ist.[53] Denn in beiden Fällen fehlt es an einer wirksamen Grundlage für das Zurücktreten der Verschwiegenheitspflicht. Die Mitteilung ist eine geschäftsähnliche Handlung, da sie auf die Herbeiführung von kraft Gesetz angeordneten Rechtsfolgen gerichtet ist. Sie ist empfangsbedürftig („mitgeteilten").[54] Die Mitteilung kann entweder vom beauftragten AR-Mitglied oder von der Gebietskörperschaft abgegeben werden.[55] Sie ist an den Vorsitzenden des Aufsichtsrats als empfangszuständigem Organvertreter zu richten.[56] Die Empfangszuständigkeit für die Berichte richtet sich nach den allgemeinen Regeln (→ Rn. 14).[57] Als gesetzliche Grundlage reicht im Übrigen jede allgemeine objektiv-rechtliche Pflicht (wie zB § 69 S. 1 Nr. 2 BHO), einer spezial-gesetzlichen Regelung soll es nicht bedürfen.[58]

10 Umstritten ist dagegen nach wie vor, ob die **beamtenrechtliche Weisungsgebundenheit** hinreichende Grundlage einer Berichtspflicht ist. Dies ist gegen eine starke Mindermeinung zu bejahen.[59] Die Weisungsbindung beruht auf einer objektiv-rechtlichen Grundlage.[60] Sie bedingt die Berichtspflicht denklogisch (vgl. auch § 666 BGB). Eine strikte Trennung zwischen Rechten und Pflichten des Amtsinhabers im Amt und außerhalb[61] ist nach dem heutigen Stand des Verwaltungsrechts überholt.[62] Auch der Gesetzgeber von 1965 hat so fein nicht ziseliert.[63] Die Nichtanerkennung der Weisungsbindung ist auch teleologisch nicht überzeugend, da sie Umfang und Durchsetzung

---

[45] Eingehend MüKoAktG/*Kropff*, 2. Aufl. 2006, §§ 394, 395 Rn. 22 ff. (insbes. 27, 29), da er andernfalls Leerlaufen befürchtet; MüKoAktG/*Schürnbrand* § 394 Rn. 20 f., mit anderer Begründung, aber demselben Ergebnis.
[46] Gesetz zur Änderung des Aktiengesetzes (Aktienrechtsnovelle 2016) v. 22.12.2015, BGBl I 2565.
[47] Dies begrüßend Hüffer/Koch/*Koch* Rn. 37; a.A. *Belcke/Mehrmann* GmbHR 2016, 576, 577 ff.
[48] Begründung des Regierungsentwurfs eines Gesetzes zur Änderung des Aktiengesetzes (Aktienrechtsnovelle 2014), BT-Drs. 18/4349, 9; *Belcke/Mehrmann* GmbHR 2016, 576 (578); *Thormann* DÖV 2016, 991 (995).
[49] So *Belcke/Mehrmann* GmbHR 2016, 576 (580) gegen die Sicht der BegrRegE BT-Drs. 18/4349, 9; *Thormann* DÖV 2016, 991 (995).
[50] Hüffer/Koch/*Koch* Rn. 38; Wachter/*Früchtl* Rn. 11; *Thormann* DÖV 2016, 991 (995).
[51] *Belcke/Mehrmann* GmbHR 2016, 576 (578 f.).
[52] So aber wohl *Belcke/Mehrmann* GmbHR 2016, 576 (578).
[53] Zur Nichtigkeitsfolge auch *Belcke/Mehrmann* GmbHR 2016, 576 (578).
[54] Hüffer/Koch/*Koch* Rn. 38; jedenfalls iE übereinstimmend auch *Belcke/Mehrmann* GmbHR 2016, 576 (578) im Anschluss an Schmidt/Lutter/*Oetker* Rn 20: „Mitteilung als Wirksamkeitsvoraussetzung" (aber etwas unklar: des Rechtsgeschäfts?).
[55] *Belcke/Mehrmann* GmbHR 2016, 576 (578).
[56] *Belcke/Mehrmann* GmbHR 2016, 576 (578).
[57] So auch *Belcke/Mehrmann* GmbHR 2016, 576 (578), die freilich aus der von der hM – gegen die hier verfochtene Sicht – vertretenen Beschränkung auf Adressaten, welche Gewähr für Wahrung der Vertraulichkeit bieten, folgern, dass ausschließlich die von § 395 adressierten Bediensteten der Beteiligungsverwaltung bzw. der Rechnungsprüfungsämter als Adressaten in Betracht kommen.
[58] Ganz hM, Wachter/*Früchtl* Rn. 7; Hölters/*Müller-Michaels* Rn. 23; Hüffer/Koch/*Koch*, 11. Aufl. 2014, Rn. 39; *Schmidt-Assmann/Ulmer* BB-Beil. 13/1988, 8; aA – für spezial-gesetzliche Grundlage – noch *Will* VerwArch 2003, 248 (252); Kölner Komm AktG/*Zöllner* §§ 394, 395 Rn. 4.
[59] So auch MüKoAktG/*Schürnbrand* § 394 Rn. 20; NK-AktR/*Stehlin* Rn. 5; Hölters/*Müller-Michaels* Rn. 24; jetzt auch Hüffer/Koch/*Koch* Rn. 40; *Lutter/Grunewald* WM 1984, 385 (394); *Will* VerwArch 2003, 248 (252); *Martens* AG 1984, 29 (33); einschränkend *Schmidt-Assmann/Ulmer* BB-Beil. 13/1988, 19 f.; aA K. Schmidt/Lutter/*Oetker* Rn. 13 ff.; *Zöllner* AG 1984, 147 (148 f.); Kölner Komm AktG/*Zöllner* §§ 394, 395 Rn. 4; zumindest kritisch Wachter/*Früchtl* Rn. 7.
[60] § 37 BRRG, § 55 BBG sowie die landesrechtlichen Entsprechungen.
[61] Darauf abhebend die Gegenmeinung, vgl. K. Schmidt/Lutter/*Oetker* Rn. 15; *Hüffer*, 10. Aufl. 2012, Rn. 41; Wachter/*Früchtl* Rn. 7.
[62] So kann sich der Inhaber auch im Amt auf seine Grundrechte berufen (anders die frühere Sonderrechtstheorie).
[63] Vgl. AusschußBegr. *Kropff* S. 496.

der Berichtspflichten zu sehr beschränkt, während sich im Sinn der eingangs postulierten praktischen Konkordanz eine zu engherzige Gesetzesanwendung verbietet.[64] Das umso mehr, als die Anerkennung der rechtsgeschäftlichen Berichtspflicht in der Aktienrechtsnovelle 2016 teleologisch eher auf eine „weite Berichtspflicht" als gesetzliches Leitbild schließen lässt.[65] Wollte man dem nicht folgen, bestünde nach der Öffnung des Satz 3 für rechtsgeschäftlich begründete Berichtspflichten immerhin noch die alternative, obzwar weit umständlichere Möglichkeit, die jeweiligen Einzelweisungen als „Rechtsgeschäft" (zB Auftrag) einzukleiden, um nach den vorstehend in → Rn. 9 erläuterten Voraussetzungen die Berichtspflicht zu begründen.[66] Weitergehend könnte man allerdings auch vertreten, dass die Erfüllung dieser Voraussetzungen künftig ganz allgemein für die Zulässigkeit einer durch beamtenrechtliche Weisung begründeten Berichtspflicht erforderlich ist.[67] Dagegen spricht aber, dass der Wortlaut „Rechtsgeschäft" nicht für das öffentlich-rechtliche Weisungsrecht im Beamtenverhältnis passt, dass dies eine Beschränkung der bis dato herrschenden Meinung – die dem Gesetzgeber bekannt war – wäre, während das Gesetz auf Erweiterung zielt, schließlich, dass angesichts der allgemein bekannten Weisungsrechte gegenüber Beamten hier keine Intransparenz droht.

Die Berichtspflicht muss **tatsächlich bestehen**. Eine abstrakte Berichtspflicht genügt nicht. Teilweise sehen Gesetze bestimmte Voraussetzungen vor. Diese müssen dann im konkreten Fall erfüllt sein. Ist etwa nur über „Angelegenheiten von besonderer Bedeutung" zu berichten, ist die Verschwiegenheitspflicht nur aufgehoben, soweit es um solche Angelegenheiten geht.[68] Hierzu wird man in Anbetracht der politischen wie juristischen Diskussionen um Corporate Governance im Allgemeinen[69] und den Mannesmann-Fall im Besonderen[70] die Vergütung von Vorstandsmitgliedern rechnen können.[71] **11**

III. Die Beschränkung der Berichtspflicht nach Satz 2

Neben möglichen Schranken aus der spezialgesetzlichen Grundlage (→ Rn. 11) ist zusätzlich **12** noch § 394 S. 2 zu beachten, wonach die Verschwiegenheitspflicht (sowohl aus § 116 S. 1, § 93 Abs. 1 S. 2 als auch aus § 116 S. 2)[72] fortbesteht, soweit die Kenntnis bestimmter „vertraulicher Angaben und Geheimnisse[73] der Gesellschaft, namentlich Betriebs- oder Geschäftsgeheimnisse"[74] für die „Zwecke der Berichte" nicht erforderlich ist. Es geht hier also ausschließlich um das **Unternehmensinteresse**, während sich öffentlich-rechtliche Geheimhaltungsinteressen aus den jeweiligen Normen des öffentlichen Rechts zu ergeben haben.[75] Was die „Zwecke der Berichte" angeht: Im Vordergrund der Berichtspflicht steht typischerweise der Zweck, die wirtschaftliche Betätigung der Gebietskörperschaft haushaltsrechtlich zu überwachen (vgl. § 44 HGrG).[76] In diesem Rahmen müssen vor allem Risiken für die künftige Geschäftsentwicklung sowie Haftungsrisiken offenbart werden. Details über den Geschäftsbetrieb als solchen (etwa Entwicklungen, Produktionsabläufe oder Absatzwege) sind nur soweit aufzudecken, als sie zu solchen Zwecken benötigt werden.

Von einem **Ermessensspielraum** des AR-Mitgliedes, wie er verbreitet angenommen wird,[77] **13** spricht das Gesetz in § 394 S. 2 nicht. Zwar wird faktisch die Einschätzung des jeweiligen Mitgliedes

---

[64] Das räumt auch *Hüffer*, 10. Aufl. 2012, Rn. 41 ein, beschränkt sich aber auf den Ruf nach dem ausgelasteten Gesetzgeber; ebenso K. Schmidt/Lutter/*Oetker* Rn. 16.
[65] Überzeugend Hüffer/Koch/*Koch* Rn. 40; gleichsinnig (in anderem Zusammenhang) auch *Bracht* NVwZ 2016, 108 (111).
[66] So wohl auch Wachter/*Früchtl* Rn. 11 sowie Hölters/*Müller-Michaels* Rn. 24.
[67] Tendenziell wohl so zu verstehen Hölters/*Müller-Michaels* Rn. 24 (noch vor Inkrafttreten der endgültigen Neuregelung).
[68] ZB § 113 Abs. 5 S. 1 GO NRW; Hüffer/Koch/*Koch* Rn. 41.
[69] Dazu *Preussner* NZG 2005, 575.
[70] BGHZ 165, 192 = NZG 2006, 141; dazu etwa *Hoffmann-Becking* NZG 2006, 127; *Kort* NZG 2006, 131.
[71] AA wohl *Hüffer*, 10. Aufl. 2012, Rn. 40.
[72] MüKoAktG/*Schürnbrand* § 394 Rn. 30.
[73] Ein „Geheimnis" wird durch das Bedürfnis nach Geheimhaltung im Interesse des Unternehmens gekennzeichnet, Hölters/*Müller-Michaels* Rn. 30 im Anschluss an BGHZ 64, 325 (329) = NJW 1975, 1412.
[74] Zur Auslegung dieser dem § 93 entstammenden Begriffe → § 93 Rn. 1 ff. Maßgebend ist das Bedürfnis nach Geheimhaltung im Unternehmensinteresse, BGHZ 64, 325; MüKoAktG/*Kropff*, 2. Aufl. 2006, §§ 394, 395 Rn. 42; MüKoAktG/*Schürnbrand* § 394 Rn. 30.
[75] Richtig Wachter/*Früchtl* Rn. 1.
[76] Hüffer/Koch/*Koch* Rn. 44; MüKoAktG/*Schürnbrand* § 394 Rn. 31; K. Schmidt/Lutter/*Oetker* Rn. 18.
[77] K. Schmidt/Lutter/*Oetker* Rn. 18; Kölner Komm AktG/*Zöllner* §§ 394, 395 Rn. 5; Hölters/*Müller-Michaels*, Rn. 50; Wachter/*Früchtl* Rn. 15; Schmidt-Assmann/*Ulmer* BB-Beil. 13/1988, 10; *Nowak/Wantischek-Klein* Der Konzern 2007, 665 (669); so wohl auch MüKoAktG/*Kropff*, 2. Aufl., 2006, §§ 394, 395 Rn. 45 aE (verantwortliche Beurteilung obliegt dem AR-Mitglied) und Rn. 46 („nach pflichtgemäßem Ermessen zu entscheiden"); wie hier die vordringende Ansicht, MüKoAktG/*Schürnbrand* § 394 Rn. 25; Großkomm AktG/*P.H. Huber/Fröhlich* 4. Aufl. 2013, Rn. 52; Hüffer/Koch/*Koch* Rn. 44; Grigoleit/*Rachlitz* Rn. 23.

entscheidend sein. De jure handelt es sich aber um einen voll justitiablen Rechtsbegriff. Die Lage kann nicht anders zu beurteilen sein als bei der Auskunftsverweigerung wegen Eignung zur Nachteilszufügung (§ 131 Abs. 3 Nr. 1).[78] Dementsprechend findet sich für einen eigenständigen Beurteilungsspielraum keine Rechtfertigung. Damit erledigt sich auch die Frage, ob das AR-Mitglied selbst oder sein Vorgesetzter das Ermessen zu betätigen hätte.[79] Sollte der Vorgesetze zu Unrecht vom Bestehen der Berichtspflicht ausgehen, ist das AR-Mitglied nach allgemeinem Verwaltungsrecht zur Gefolgschaft verpflichtet. Selbst unterliegt es keiner Haftung (Rechtfertigung), wohl aber die Anstellungskörperschaft (des Vorgesetzten) nach Art. 34 GG/§ 839 BGB.[80]

IV. Die Berichterstattung

14 **1. Adressaten.** Der Empfänger des Berichts wird durch das Organisationsrecht der Gebietskörperschaft bestimmt.[81] Die ganz hM schränkt dies weiter ein.[82] Empfänger könne nur sein, wer die Gewähr dafür biete, dass die auf ihn erstreckte Verschwiegenheitspflicht tatsächlich eingehalten würde. Damit wird vor allem die Eignung von demokratischen Kollegialorganen (Stadtrat) als Berichtsadressaten bestritten. Dem ist in dieser Pauschalität nicht zuzustimmen, weil es auf einen Vorrang des Gesellschaftsrechts über das öffentliche Recht anstelle „praktischer Konkordanz" (→ Rn. 3) hinaus liefe. Der Hinweis auf die höhere Wahrscheinlichkeit einer Verletzung der Verschwiegenheitspflicht reicht nicht, um eine ausdrückliche gesetzliche Berichtspflicht des öffentlichen Rechts wie etwa in § 113 Abs. 5 S. 1 GO NRW leer laufen zu lassen.[83] Es wird ja auch nicht vertreten, die Informationsrechte mitgliederstarker Aufsichtsräte wegen ihrer notorischen Undichte einzuschränken. Die Möglichkeiten zur Herstellung von Vertraulichkeit (nicht-öffentliche Sitzung) in Verbindung mit den gesetzlichen Sanktionen für Verschwiegenheitsverletzungen (s. § 404 Abs. 1 und 2) müssen genügen. Die hM stellt das öffentliche Recht zu weit zurück. Sie verletzt das Gebot praktischer Konkordanz (→ Rn. 3) und leistet der Gefahr Vorschub, dass sich Kommunen durch die Wahl der Gesellschaftsform ihren öffentlich-rechtlichen Auskunftsansprüchen entziehen.[84] Dass es im System der §§ 394, 395 weder eine allgemein-politische „Öffentlichkeitsarbeit" der AR-Mitglieder noch eine „Sonderberichterstattung" gegenüber bestimmten Fraktionsgemeinschaften geben kann,[85] versteht sich demgegenüber von selbst. Folgt man der hier vertretenen Auffassung, stellen auch die in verschiedenen Landesrechten verankerten, gesetzlichen Auskunftspflichten der AR-Mitglieder (z.B. des Bürgermeisters) gegenüber einzelnen Rats- bzw. Kreistagsmitgliedern (paradigmatisch § 55 Abs. 1 S. 2 NRWGO und § 26 Abs. 4 S. 1 NRWKreisO) eine hinreichende gesetzliche Grundlage dar.[86]

15 **2. Inhalt der Berichterstattung.** Die Befreiung von der Verschwiegenheitspflicht erfasst die gesamte Berichterstattung in ihrem zulässigen (→ Rn. 12 f.) Rahmen. Sie betrifft sowohl die mündliche Weitergabe als auch die Vorlage schriftlicher Unterlagen.[87] Das gilt grundsätzlich auch für den

---

[78] Für volle Justitiabilität die ganz hM, Hüffer/Koch/*Koch* § 131 Rn. 25.
[79] Vgl. *Hüffer*, 10. Aufl. 2012, Rn. 44 für die ganz hM (AR-Mitglied selbst).
[80] Allg. zur Amtshaftung bei Verletzungen der Verschwiegenheitspflicht → § 395 Rn. 6; MüKoAktG/*Schürnbrand* § 395 Rn. 15.
[81] Hüffer/Koch/*Koch* Rn. 42.
[82] MüKoAktG/*Schürnbrand* § 394 Rn. 38 ff., 42 (der allerdings aufzeigt, dass die erforderliche Verschwiegenheit durch verfahrenstechnische Maßnahmen häufig gewährleistet werden kann); Hüffer/Koch/*Koch* Rn. 42; K. Schmidt/Lutter/*Oetker* Rn. 20 f.; Wachter/*Früchtl* Rn. 12 (aber in Rn. 13 anders für Parlamentsausschüsse, bei denen Verschwiegenheit hergestellt werden kann); Hölters/*Müller-Michaels* Rn. 26; *Belcke/Mehrmann* GmbHR 2016, 576 (578); *Bracht* NVwZ 2016, 108 (111); *Eibelshäuser* FS Lüders, 2000, 694 (708); *Banspach/Nowak* Der Konzern 2008, 195 (200 f.); *Nowak/Wantischek-Klein* Der Konzern 2007, 665 (669); *R. Schmid* ZGR 1996, 345 (352); *Schmidt-Aßmann/Ulmer* BB-Beil. 13/1988, 9; *Schwintowski* NJW 1990, 1009 (1014); *Martens* AG 1984, 29 (31); *Will* VerwArch 2003, 248 (253 ff.); offenlassend VG Oldenburg NdsVBl. 2008, 140 = KommJur 2008, 214.
[83] Das wäre die Konsequenz, falls man nicht eine Ersatzzuständigkeit des Bürgermeisters annehmen möchte, vgl. Hüffer/Koch/*Koch* Rn. 43 aE; *Noack*, Gesellschaftsrechtliche Fragen kommunaler Beteiligung an Gesellschaften des Privatrechts, Städte- und Gemeinderat 1995, 379 (385 f.) zu § 113 Abs. 5 GO NRW. Überblick über weitere entsprechende Regelungen in den Landesrechten bei *Will* VerwArch 2003, 248 (253 ff.). Gar von Nichtigkeit solcher Regelungen wegen Art. 31 GG geht K. Schmidt/Lutter/*Oetker* Rn. 21 aus.
[84] S. zu diesem Aspekt VG Oldenburg NdsVBl. 2008, 140 = KommJur 2008, 214.
[85] AllgM, Hüffer/Koch/*Koch* Rn. 42; *R. Schmidt* ZGR 1996, 345 (352 f.); *Schwintowski* NJW 1990, 1009 f.
[86] Vgl dazu *Bracht* NVwZ 2016, 108 (111), der durch die Aktienrechtsnovelle die Bahn für ein „weites Verständnis der Berichtspflichten" geebnet sieht; insoweit dezidiert aA *Belcke/Mehrmann* GmbHR 2016, 576 (578) („nichts geändert").
[87] HM, MüKoAktG/*Schürnbrand* § 394 Rn. 33; Hüffer/Koch/*Koch* Rn. 45; K. Schmidt/Lutter/*Oetker* Rn. 19; Hölters/*Müller-Michaels* Rn. 28; *Zavelberg* FS Forster, 1992, 732; für schriftliche Unterlagen einschränkend *Martens* AG 1984, 29 (36 ff.).

Verschwiegenheitspflicht 1 § 395

Prüfungsbericht der Abschlussprüfer (§§ 321, 313 Abs. 2).[88] Der Gegenschluss aus § 53 Abs. 1 Nr. 3 HGrG überzeugt nicht. In § 53 HGrG werden einer Gebietskörperschaft mit qualifizierter Beteiligung bestimmte Sonderrechte in der AG eingeräumt, mit denen sie eine erweiterte Abschlussprüfung verlangen kann. Dazu gehört konsequenterweise auch das (akzessorische) Recht, den abschließenden Prüfungsbericht anzufordern.[89] Aus dieser in sich einleuchtenden Regelungssystematik lässt sich aber nicht folgern, dass die bloße Einsicht in den Prüfungsbericht unter Einschränkung des § 394 generell nur bei qualifizierter Beteiligung erlaubt sein soll.[90] Allerdings entfällt die Weitergabe, wenn der Abschlussbericht auch den AR-Mitgliedern nicht zur Verfügung steht, weil der AR beschlossen hat, diesen nach der HV umgehend der Gesellschaft zurückzugeben.[91]

V. Europarechtskonformität

Die *Golden-Share*-Rechtsprechung des EuGH[92] hat zu Zweifeln geführt, ob die Sonderrechte der 16 öffentlichen Hand nach den §§ 394, 395 wie auch nach den §§ 53, 54 HGrG mit dem Europarecht vereinbar sind.[93] In Frage steht eine Beschränkung der Kapitalverkehrsfreiheit. Allerdings ist die denkbare Eingriffsintensität (Benachteiligung privater gegenüber öffentlichen Anlegern, Schädigung durch Preisgabe von Interna), falls sie überhaupt die Eingriffsschwelle erreicht,[94] wesentlich geringer als bei den gravierenden Übernahmehindernissen in den *Golden-Share*-Urteilen. Und selbst diese waren einer Rechtfertigung unter dem Aspekt des öffentlichen Interesses nicht a limine entzogen, sondern gingen nur in den meisten Fällen in ihrer Pauschalität über das erforderliche Maß hinaus.[95] Vor diesem Hintergrund ist, zumal angesichts der Absicherung in § 395, jedenfalls von einer Rechtfertigung der entsprechenden Sonderrechte als proportionales Mittel zur Erreichung der öffentlichen Haushaltskontrolle auszugehen.[96]

§ 395 Verschwiegenheitspflicht

(1) Personen, die damit betraut sind, die Beteiligungen einer Gebietskörperschaft zu verwalten oder für eine Gebietskörperschaft die Gesellschaft, die Betätigung der Gebietskörperschaft als Aktionär oder die Tätigkeit der auf Veranlassung der Gebietskörperschaft gewählten oder entsandten Aufsichtsratsmitglieder zu prüfen, haben über vertrauliche Angaben und Geheimnisse der Gesellschaft, namentlich Betriebs- oder Geschäftsgeheimnisse, die ihnen aus Berichten nach § 394 bekannt geworden sind, Stillschweigen zu bewahren; dies gilt nicht für Mitteilungen im dienstlichen Verkehr.

(2) Bei der Veröffentlichung von Prüfungsergebnissen dürfen vertrauliche Angaben und Geheimnisse der Gesellschaft, namentlich Betriebs- oder Geschäftsgeheimnisse, nicht veröffentlicht werden.

Schrifttum: S. Vor § 394.

I. Allgemeines

§ 395 begründet eine erweiterte Verschwiegenheitspflicht für Personen, die nicht selbst Organmit- 1 glieder sind, aber mit deren Kenntnissen nach § 394 bestimmungsgemäß in Berührung kommen.

---

[88] Wie hier mittlerweile ebenfalls hM MüKoAktG/*Schürnbrand* § 394 Rn. 35; Großkomm AktG/*P. H. Huber/ Fröhlich*, 4. Aufl. 2013 Rn. 54; Hüffer/Koch/*Koch* Rn. 45; Bürgers/Körber/*Pelz* Rn. 10; Grigoleit/*Rachlitz* Rn. 22; aA K. Schmidt/Lutter/*Oetker* Rn. 19; NK-AktR/*Stehlin* Rn. 10; *Schmidt-Assmann/Ulmer* BB-Beil. 13/ 1988, 12; *Martens* AG 1984, 29 (37) mit Argument aus den einschränkenden Voraussetzungen des § 53 Abs. 1 Nr. 3 HGrG.
[89] Hüffer/Koch/*Koch* Rn. 12.
[90] Ähnlicher Argumentationsansatz bei MüKoAktG/*Schürnbrand* § 394 Rn. 35.
[91] MüKoAktG/*Schürnbrand* § 394 Rn. 27; *Martens* AG 1984, 29 (37).
[92] ZB EuGH Rs C-98/01 *Kommission gegen Großbritannien (British Airport Authority)*, BB 2003, 1524; Rs C-483/99 *Kommission gegen Frankreich (Elf-Aquitaine)*, NJW 2002, 2305; dazu eingehend *Klinke* ECFR 2005, 270 (304 ff.); MüKoAktG/*Schürnbrand* Vor § 394 Rn. 15 f.
[93] MüKoAktG/*Schürnbrand* Rn. 11; Hölters/*Müller-Michaels* Rn. 7 ff; Wachter/*Früchtl* Rn. 3.
[94] Zweifelnd auch MüKoAktG/*Kropff*, 2. Aufl. 2006, Vor § 394 Rn. 20; MüKoAktG/*Schürnbrand* Vor § 394 Rn. 10 f. und § 394 Rn. 5 hält Beschränkung auf börsennotierte Unternehmen für konstruierbar.
[95] *Klinke* ECFR 2005, 270 (270, 306 ff.); s. auch *Storck* ECFR 2004, 36 (56 f.).
[96] So iE auch MüKoAktG/*Schürnbrand* Vor § 394 Rn. 57 ff. und § 394 Rn. 5; Hölters/*Müller-Michaels* Rn. 10; Grigoleit/*Rachlitz* §§ 394, 395 Rn. 5; Wachter/*Früchtl* Rn. 3; *Traut*, Die Corporate Governance von Kapitalgesellschaften der öffentlichen Hand, 2013, 133 und 279 ff. Zu den Rechtfertigungskriterien allg. auch *Klinke* ECFR 2005, 270 (306 ff.).

§ 395 2–4   Viertes Buch. Sonder-, Straf- und Schlußvorschriften

Die Vorschrift ist das notwendige und nicht zuletzt europarechtlich gebotene (→ § 394 Rn. 16) Korrelat zur Befreiung der AR-Mitglieder von ihrer Verschwiegenheitspflicht. Sie stellt sicher, dass die Befreiung nach § 394 nicht in eine endgültige Lücke des Geheimnisschutzes gegenüber Dritten mündet. Für interne Mitteilungen im Dienstweg gilt sie dementsprechend nicht (Abs. 1 Hs. 2).

II. Verpflichtete

2   Die Norm wendet sich an jegliche Personen, die mit der Beteiligungsverwaltung oder mit Prüfungsaufgaben betraut sind. Die Grundlage ihres Tätigwerdens (Vertrag, Beamtenverhältnis, Mandat) ist unerheblich. Neben den Dienstvorgesetzten des Beamten rechnen hierher etwa auch die Rechnungsprüfungsbehörden (zB Bundesrechnungshof) oder die Mitglieder von **parlamentarischen Gremien**[1] oder anderen Ausschüssen (Gemeinderäte), sofern man diese entgegen der hM (→ § 394 Rn. 14) als mögliche Berichtsempfänger akzeptiert.[2]

III. Umfang der erstreckten Verschwiegenheitspflicht

3   Die Liste der vertraulichen Interna, welche der Verschwiegenheitspflicht unterfallen, entspricht der in § 394 S. 2 und ist dem § 93 Abs. 1 S. 2 nachgebildet (→ § 93 Rn. 160). Nach der Einfügung des § 116 S. 2 sind die dort genannten vertraulichen Berichte und Beratungen ebenfalls mit hineinzulesen.[3] Nach dem Wortlaut des § 394 Abs. 1 Hs. 1 gilt die Verschwiegenheitspflicht nur für Geheimnisse, welche den betrauten Personen aus Berichten nach § 394 bekannt geworden sind. Dazu zählen auch vorgelegte schriftliche Unterlagen.[4] Zweifelhaft ist aber, ob die Verschwiegenheitspflicht auch auf Erkenntnisse zu beziehen ist, welche von Gebietskörperschaften nach § 53 HGrG (Prüfungsberichte) oder nach § 54 HGrG (Rechnungsprüfungsbehörden) gewonnen werden.[5] Doch der Sachzusammenhang der beiden Regelungen reicht nicht, um die erweiterte Schweigepflicht des § 395 analog in das später geschaffene Haushaltsrecht zu exportieren. Dies ist auch nicht notwendig, da bei den §§ 53, 54 HGrG sichergestellt ist, dass nur solche Repräsentanten der Gebietskörperschaft mit den Informationen in Berührung kommen, die beamtenrechtlich zum Schweigen verpflichtet sind.[6] Das gilt nicht nur für die Mitglieder der Rechnungsprüfungsbehörden (§ 54 HGrG), sondern auch für die Ausübung der Informationsrechte nach § 53 HGrG, die der laufenden Verwaltung angehören, für welche die Exekutive, nicht das Parlament der Gebietskörperschaft zuständig ist. So versteht sich auch, dass der Gesetzgeber auf eine dem § 395 entsprechende Anordnung, die er unschwer hätte treffen können, verzichtet hat.

IV. Ausnahme für dienstlichen Verkehr

4   Mitteilungen erfolgen nur dann im dienstlichen Verkehr, wenn sie gegenüber den konkret zuständigen Dienststellen gemacht werden.[7] Die Auskünfte dürfen nur innerhalb des mit der Angelegenheit befassten Personenkreises erfolgen. Die Auskünfte werden idR **behördenintern** erfolgen, können aber auf Anfrage auch an **andere Behörden** gegeben werden, sofern diese mit der Angelegenheit (= Prüfung bzw. Verwaltung der Beteiligung) **unmittelbar befasst** sind,[8] da der beamtenrechtliche

---

[1] MüKoAktG/*Schürnbrand* § 395 Rn. 4; Hölters/*Müller-Michaels* Rn. 3; Wachter/*Früchtl* Rn. 4; *Wilting* AG 2012, 529 (533 ff.); insoweit auch Hüffer/Koch/*Koch* Rn. 5, allerdings aufgrund des abw. Grundansatzes, solche Gremien nicht als Berichtsadressaten anzusehen, nur in „erweiterter Auslegung". Zum Streit um solche Gremien als mögliche Adressaten der Berichtspflicht s. → § 394 Rn. 14.
[2] Wie hier Hölters/*Müller-Michaels* Rn. 5a; aA Schmidt/Lutter/*Oetker* § 394 Rn. 22.
[3] Ebenso MüKoAktG/*Schürnbrand* § 395 Rn. 5. Vgl. schon → § 394 Rn. 1, 12.
[4] Hüffer/Koch/*Koch* Rn. 4; MüKoAktG/*Schürnbrand* § 395 Rn. 7; K. Schmidt/Lutter/*Oetker* Rn. 5; zur Einbeziehung schriftlicher Unterlagen in die Berichtspflicht → § 394 Rn. 15.
[5] Dafür MüKoAktG/*Schürnbrand* § 395 Rn. 7; Hüffer/Koch/*Koch* Rn. 4; K. Schmidt/Lutter/*Oetker* Rn. 5; NK-AktR/*Stehlin* Rn. 3; Wachter/*Früchtl* Rn. 2; Hölters/*Müller-Michaels* Rn. 8; aA Kölner Komm AktG/*Zöllner* §§ 394, 395 Rn. 9 (für § 54 HGrG).
[6] Für Ausreichen dieser Schweigepflicht (in anderem Zusammenhang, dazu Hüffer/*Koch* Rn. 7; MüKoAktG/ *Schürnbrand* § 395 Rn. 8 aE) mit Recht auch Kölner Komm AktG/*Zöllner* §§ 394, 395 Rn. 8; insoweit übereinstimmend Wachter/*Früchtl* Rn. 3; Hölters/*Müller-Michaels* Rn. 9.
[7] Das entspricht dem beamtenrechtlichen Verständnis (zB § 61 Abs. 1 S. 2 BBG), Hüffer/Koch/*Koch* Rn. 7; K. Schmidt/Lutter/*Oetker* Rn. 7.
[8] Letztlich wohl weitgehend übereinstimmend Hüffer/Koch/*Koch* Rn. 7; Wachter/*Früchtl* Rn. 3; Kölner Komm AktG/*Zöllner* §§ 394, 395 Rn. 8, Hölters/*Müller-Michaels* Rn. 10; K. Schmidt/Lutter/*Oetker* Rn. 7; aber auch MüKoAktG/*Schürnbrand* § 395 Rn. 8 f.; Unzulässig ist zum einen eine Weitergabe an *andere*, nicht mit der Aufgabe der Prüfung oder der Verwaltung der Beteiligung betraute *Stellen* innerhalb der öffentlichen Verwaltung." (also entgegen Hölters/*Müller-Michaels* Rn. 10 keine generelle Beschränkung auf behördeninternen Verkehr vertretend).

V. Verschwiegenheitspflicht bei Veröffentlichung von Prüfungsergebnissen (Abs. 2)

Die Schweigepflicht für Gesellschaftsgeheimnisse gilt auch, wenn diese in zu veröffentlichende 5 Prüfungsergebnisse Eingang gefunden haben. Paradigma sind die als Parlamentsdrucksachen erscheinenden Berichte der Rechnungshöfe gegenüber dem Landes- bzw. dem Bundesparlament.[11] Um § 395 Abs. 2 zu genügen, werden Prüfungsbemerkungen regelmäßig anonymisiert.[12] Problematisch ist es, wenn sich gleichwohl auf die zu verschweigenden Sachverhalte schließen lässt. Der Konflikt zwischen § 395 Abs. 2 und der jeweiligen Berichtspflicht ist grds. nicht durch Vorrang der einen oder der anderen Norm, sondern durch konkrete Abwägung der betroffenen Interessen im Sinne „praktischer Konkordanz" (→ § 394 Rn. 3, 10, 14) zu lösen.[13] Notfalls hat die Veröffentlichung ganz zu unterbleiben.[14] Etwas Anderes kann allerdings im Rahmen der verfassungsrechtlich fundierten Berichtspflicht des Bundesrechnungshofs gelten (Art. 114 Abs. 2 S. 2 GG). Hier gibt es eine konkrete, höherrangige Norm, der nach allgemeinen methodischen Grundsätzen im Wege der **verfassungskonformen Auslegung** bzw. **Rechtfortbildung** Geltung zu verschaffen ist.[15] Die Berichtspflicht nach Art. 114 Abs. 2 S. 2 GG bezweckt die Unterrichtung der politisch verantwortlichen Verfassungsorgane.[16] Dafür müssen Ross und Reiter genannt werden können. Die Geheimhaltungsinteressen des Unternehmens können dem nicht so pauschal entgegengehalten werden wie § 395 Abs. 2 das vorsieht. Erst bei besonders schwerwiegenden Gefährdungen des Unternehmenswohls kann wiederum anderes gelten. Für entsprechende Regelungen zu Berichten der Landesrechnungshöfe in Landesverfassungen ist diese methodische Argumentation infolge des Vorrangs des Bundesrechts nach Art. 31 GG indes nicht möglich.[17]

VI. Rechtfolgen von Verstößen

Verletzungen des § 395 führen zu Amtshaftung der Gebietskörperschaft nach Art. 34 GG/§ 839 6 BGB.[18] Im Übrigen können die jeweiligen Personen disziplinar- bzw. arbeitsrechtlich belangt werden.[19] Für Beamten kommt eine Strafbarkeit nach § 203 Abs. 2 StGB, § 353b StGB in Betracht.[20] § 404 ist aber nicht anwendbar.[21]

---

[9] Vgl. BeckOK BeamtenR Bund/*Leppek*, 7. Ed. 1.3.2016, BBG § 67 Rn. 12.
[10] Hüffer/Koch/*Koch* Rn. 7; MüKoAktG/*Schürnbrand* § 395 Rn. 8 aE.
[11] Hüffer/Koch/*Koch* Rn. 8; MüKoAktG/*Schürnbrand* § 395 Rn. 11 ff.; *Zavelberg* FS Forster, 1992, 723 (732 f.).
[12] MüKoAktG/*Schürnbrand* § 395 Rn. 12; K. Schmidt/Lutter/*Oetker* Rn. 8; Wachter/*Früchtl* Rn. 5; Hölters/*Müller-Michaels* Rn. 12.
[13] So auch MüKoAktG/*Schürnbrand* § 395 Rn. 11 ff. mit ausführlichen Nachweisen aus der Entstehungsgeschichte; Hüffer/Koch/*Koch* Rn. 8; K. Schmidt/Lutter/*Oetker* Rn. 8; für noch weitergehendes Veröffentlichungsverbot Kölner Komm AktG/*Zöllner* §§ 394, 395 Rn. 7; für Vorrang des verfassungsrechtlichen Interesses an Berichterstattung (Art. 114 Abs. 2 S. 2 GG) dagegen zB *Schäfer* FS Geiger, 1974, 623.
[14] MüKoAktG/*Schürnbrand* § 395 Rn. 12; Hüffer/Koch/*Koch* Rn. 8.
[15] Insofern nicht überzeugend Hüffer/Koch/*Koch* Rn. 8; MüKoAktG/*Schürnbrand* § 395 Rn. 13; Wachter/*Früchtl* Rn. 5; Hölters/*Müller-Michaels* Rn. 12a.
[16] Maunz/Dürig/*Kube*, 79. EL, GG Art. 114 Rn. 116.
[17] Insofern überzeugend Hüffer/Koch/*Koch* Rn. 8; MüKoAktG/*Schürnbrand* § 395 Rn. 13; Wachter/*Früchtl* Rn. 5; Hölters/*Müller-Michaels* Rn. 12a.
[18] Hüffer/Koch/*Koch* Rn. 9; MüKoAktG/*Schürnbrand* § 395 Rn. 15; K. Schmidt/Lutter/*Oetker* Rn. 9; Wachter/*Früchtl* Rn. 6; Hölters/*Müller-Michaels* Rn. 13.
[19] Hüffer/Koch/*Koch* Rn. 9; MüKoAktG/*Schürnbrand* § 395 Rn. 15; K. Schmidt/Lutter/*Oetker* Rn. 9; Wachter/*Früchtl* Rn. 6; Hölters/*Müller-Michaels* Rn. 13.
[20] Hüffer/Koch/*Koch* Rn. 9; MüKoAktG/*Schürnbrand* § 395 Rn. 15; K. Schmidt/Lutter/*Oetker* Rn. 9; Wachter/*Früchtl* Rn. 6; Hölters/*Müller-Michaels* Rn. 13.
[21] Hüffer/Koch/*Koch* Rn. 9; MüKoAktG/*Schürnbrand* § 395 Rn. 15; K. Schmidt/Lutter/*Oetker* Rn. 9.

Zweiter Teil. Gerichtliche Auflösung

§ 396 Voraussetzungen

(1) ¹Gefährdet eine Aktiengesellschaft oder Kommanditgesellschaft auf Aktien durch gesetzwidriges Verhalten ihrer Verwaltungsträger das Gemeinwohl und sorgen der Aufsichtsrat und die Hauptversammlung nicht für eine Abberufung der Verwaltungsträger, so kann die Gesellschaft auf Antrag der zuständigen obersten Landesbehörde des Landes, in dem die Gesellschaft ihren Sitz hat, durch Urteil aufgelöst werden. ²Ausschließlich zuständig für die Klage ist das Landgericht, in dessen Bezirk die Gesellschaft ihren Sitz hat.

(2) ¹Nach der Auflösung findet die Abwicklung nach den §§ 264 bis 273 statt. ²Den Antrag auf Abberufung oder Bestellung der Abwickler aus einem wichtigen Grund kann auch die in Absatz 1 Satz 1 bestimmte Behörde stellen.

Schrifttum: *Baas*, Leitungsmacht und Gemeinwohlbindung der AG, 1976; *Balser*, Der Doppelsitz von Kapitalgesellschaften, DB 1972, 2049; *Becker*, Zur Auflösung juristischer Personen wegen widerrechtlicher oder gemeinwohlgefährdender Zweckverfolgung nach schweizerischem und deutschem Recht, ZSR 1988, 613; *Bork*, Doppelsitz und Zuständigkeit im aktienrechtlichen Anfechtungsprozess, ZIP 1995, 609; *Henn*, Erhebung der Anfechtungsklage vor dem unzuständigen Gericht, AG 1989, 230; *Hofmann*, Zur Auflösung einer GmbH, GmbHR 1975, 217; *Kohlmann*, Nulla poena – nullum crimen sine lege, Art. 103 Abs. 2 GG und das Aktienrecht, AG 1961, 309; *König*, Doppelsitz einer Kapitalgesellschaft – Gesetzliches Verbot oder zulässiges Mittel der Gestaltung einer Fusion?, AG 2000, 18; *Konow*, Die gerichtliche Auflösung der GmbH, GmbHR 1973, 217; *Reinhardt*, Privates Unternehmen und öffentliches Interesse, FS Hueck, 1959, 439; *K. Schmidt*, Wettbewerbsrechtliche und vereinsrechtliche Instrumente gegen die Tätigkeit der Abmahnvereine, NJW 1983, 1520.

Übersicht

	Rn.		Rn.
I. Zweck der Norm	1, 2	3. Unterbleiben der Abberufung der Verwaltungsträger	12
II. Entstehungsgeschichte	3	4. Verhältnismäßigkeit der Auflösung	13, 14
III. Voraussetzungen	4–14	IV. Auflösungsverfahren	15, 16
1. Gefährdung des Gemeinwohls	4–6	V. Folgen der Auflösung	17, 18
2. Gesetzwidriges Verhalten der Verwaltungsträger	7–11	VI. Staatshaftungsrechtliche Aspekte	19

I. Zweck der Norm

Die Norm des § 396 regelt die **Auflösung der Aktiengesellschaft im Falle der Gemeinwohlgefährdung** bei gleichzeitiger Untätigkeit von Aufsichtsrat und Hauptversammlung im Hinblick auf die Abberufung der Verwaltungsträger. In derartigen Fällen sichert sich der Staat über diese Norm die Möglichkeit des Eingreifens unter Wahrung eines rechtsstaatlichen Verfahrens.[1] Die Vorschrift ist weitgehend **ohne Bedeutung in der Praxis** geblieben; bislang sind keine Verfahren dieser Art bekannt geworden.[2] Die Gründe hierfür dürften vorwiegend in den verschiedenen zahlreichen anderen Sanktionsmechanismen liegen, seien sie zivil-, straf- oder öffentlich-rechtlicher Natur, die bei gesetzwidrigem Verhalten der Verwaltungsträger eingreifen können.[3] So kann etwa gerade gegenüber Organmitgliedern der Tatbestand der Untreue nach § 266 StGB vorliegen;[4] darüber hinaus ist aber auch an die drohende zivilrechtliche Haftung des Verwaltungsträgers zu denken, sei es als Binnenhaftung aus § 93 Abs. 2,[5] eventuell aber auch im Sinne einer Außenhaftung, beispielsweise aufgrund der Verletzung eines Schutzgesetzes.[6] Schließlich können zahlreiche öffentlich-rechtliche Regulierungen

1

---

[1] S. Hüffer/Koch/*Koch* Rn. 1; Kölner Komm AktG/*Kersting* Rn. 1; vgl. auch BegrRegE *Kropff* S. 497; K. Schmidt/Lutter/*Oetker* §§ 396–398 Rn. 1.
[2] Großkomm AktG/*K. Schmidt* §§ 396–398 Rn. 3; MüKoAktG/*Schürnband* Rn. 2; Kölner Komm AktG/*Kersting* Rn. 2; Hüffer/Koch/*Koch* Rn. 1; K. Schmidt/Lutter/*Oetker* §§ 396–398 Rn. 1; NK-AktR/*Wermeckes* §§ 396–398 Rn. 1.
[3] Ebenso Kölner Komm AktG/*Kersting* Rn. 2.
[4] Siehe *Spindler* in Fleischer VorstandsR-HdB § 15 Rn. 13 ff.
[5] Statt vieler → § 93 Rn. 176 ff.; MüKoAktG/*Spindler* § 93 Rn. 143 ff.
[6] *Spindler* in Fleischer Vorstands-HdB § 13 Rn. 39 ff.

eingreifen, die der Gesellschaft ein bestimmtes Verhalten oder gar eine bestimmte Organisationsstruktur vorschreiben, etwa im KWG oder im VAG.[7]

2 Ansichten, die gegen § 396 **verfassungsrechtliche Bedenken** erheben, sind als überholt anzusehen.[8] Der bereits zu § 288 AktG 1937 vorgetragene Vorwurf der Unbestimmtheit des Tatbestandsmerkmals der Gemeinwohlgefährdung gestützt auf das Fehlen des Erfordernisses des gesetzwidrigen Verhaltens ist durch Einführung des § 396 obsolet geworden.[9] Vor dem Hintergrund der Konkretisierung des Tatbestandes durch die Voraussetzung des gesetzwidrigen Verhaltens, konnte und kann die generelle Ablehnung des Begriffes des Gemeinwohls[10] nicht überzeugen.[11] Immerhin gilt aufgrund der grundsätzlichen Teilhabe juristischer Personen am Schutz der Grundrechte nach Art. 19 Abs. 3 GG und aufgrund des Grundsatzes der Verhältnismäßigkeit bei der Anwendung des § 396, dass eine Auflösung regelmäßig nur bei erheblicher Gefährdung des Gemeinwohls bei zusätzlichem Fehlen milderer Mittel zulässig und verfassungsrechtlich haltbar ist.[12] Ob die Norm rechtspolitisch allerdings gelungen ist, kann mit Fug und Recht bezweifelt werden;[13] da sie aber nur in extrem gelagerten Fällen, etwa bei der Unterwanderung der Organe durch kriminelle Organisationen, zur Anwendung gelangen wird, besteht nach wie vor ein – bislang eher theoretisches – Bedürfnis.

II. Entstehungsgeschichte

3 Die Norm des § 396 hat im Zuge der umfangreichen Änderungen des Aktiengesetzes im Jahre 1965 Eingang in das Aktienrecht gefunden und seitdem keine Änderungen erfahren. Ihre **Vorgängervorschrift** ist § 288 AktG 1937, aus dem der wesentliche Grundsatz übernommen wurde, dass eine Aktiengesellschaft, deren Verwaltungsträger durch gesetzwidriges Verhalten das Gemeinwohl gefährden, nur durch Richterspruch aufgelöst werden kann.[14] Die Möglichkeit zur Auflösung durch staatlichen Eingriff war indes zeitlich gesehen weit vor diesen Vorschriften bekannt. Bereits die §§ 6, 7 des Preuß AktG von 1843 führten aus, eine Aktiengesellschaft könne aufgelöst werden, wenn sie Handlungen oder Unterlassungen beging, durch die das Gemeinwohl gefährdet wurde,[15] allerdings noch beeinflusst durch das alte Octroi-System. Die Parallelvorschriften zu § 396, namentlich § 43 BGB, § 62 GmbHG, § 81 GenG, enthalten zwar Abweichungen im Detail, finden in den aktienrechtlichen Bestimmungen des Preuß AktG jedoch aufgrund ähnlicher Ausrichtung ihr gemeinsames Vorbild.[16]

III. Voraussetzungen

4 **1. Gefährdung des Gemeinwohls.** Eine generelle Aussage, in welchen Fällen das Gemeinwohl gefährdet ist, wird sich nicht treffen lassen.[17] Einigkeit dürfte jedenfalls insoweit bestehen, dass partielle Interessen von Aktionären oder Gesellschaftsgläubigern nicht ausreichen, sollte die Gefährdung auch von erheblicher Natur sein.[18] Vielmehr umfasst der Begriff des Gemeinwohls ähnlich wie im allgemeinen Polizeirecht die Interessen der Öffentlichkeit insgesamt oder jedenfalls breiter Verkehrskreise.[19] Zu denken ist hier beispielsweise an den fortgesetzten Verstoß gegen wettbewerbsrechtliche Vorschriften trotz Untersagung durch die Kartellbehörde.[20]

---

[7] Überblick bei *Spindler*, Unternehmensorganisationspflichten, 2001, 15 ff. (insbes. S. 196 ff., 233 ff.); s. auch Großkomm AktG/*K. Schmidt* §§ 396–398 Rn. 26 ff.

[8] Hüffer/Koch/*Koch* Rn. 1; MüKoAktG/*Schürnbrand* Rn. 4; Kölner Komm AktG/*Kersting* Rn. 4, 6 ff.; K. Schmidt/Lutter/*Oetker* §§ 396–398 Rn. 2; Hölters/*Müller-Michaels* Rn. 2.

[9] Hüffer/Koch/*Koch* Rn. 1; Großkomm AktG/*K. Schmidt* §§ 396–398 Rn. 8 f.

[10] So aber *Kohlmann* AG 1961, 309 (312 f.); *Konow* GmbHR 1973, 217 (219).

[11] Ebenso Kölner Komm AktG/*Kersting* Rn. 4; Großkomm AktG/*K. Schmidt* §§ 396–398 Rn. 9; s. auch MüKoAktG/*Schürnbrand* Rn. 4.

[12] S. MüKoAktG/*Schürnbrand* Rn. 4; Hüffer/Koch/*Koch* Rn. 1, 5; K. Schmidt/Lutter/*Oetker* §§ 396–398 Rn. 2; s. auch Kölner Komm AktG/*Kersting* Rn. 4, 10.

[13] Krit. daher Großkomm AktG/*K. Schmidt* §§ 396–398 Rn. 4.

[14] BegrRegE *Kropff* S. 517; zu den einzelnen Voraussetzungen des § 396 sogleich näher.

[15] Kölner Komm AktG/*Kersting* Rn. 3.

[16] Zu den Parallelvorschriften s. auch Hüffer/Koch/*Koch* Rn. 1; MüKoAktG/*Schürnbrand* Rn. 2 ff.; *K. Schmidt* NJW 1983, 1520 (1522 ff.).

[17] *Hofmann* GmbHR 1975, 217 (221); den Begriff daher in Frage stellend *Kohlmann* AG 1961, 309 (312), dazu aber bereits oben I; zu den Schwierigkeiten bei der Bestimmung des Gemeinwohls siehe *Reinhardt* FS Hueck, 1959, 439 (441 ff.); *Baas*, Leitungsmacht und Gemeinwohlbindung der AG, 1976.

[18] Hüffer/Koch/*Koch* Rn. 2; Großkomm AktG/*K. Schmidt* §§ 396–398 Rn. 12; NK-AktR/*Wermeckes* §§ 396–398 Rn. 2; ähnlich Scholz/*K. Schmidt* GmbHG § 62 Rn. 3; Baumbach/Hueck/*Haas* GmbHG § 62 Rn. 9; HK-GmbHG/*Frank* GmbHG § 62 Rn. 5.

[19] Wiederum Hüffer/Koch/*Koch* Rn. 2; MüKoAktG/*Schürnbrand* Rn. 8; Großkomm AktG/*K. Schmidt* §§ 396–398 Rn. 12; K. Schmidt/Lutter/*Oetker* §§ 396–398 Rn. 7; Bürgers/Körber/*Pelz* Rn. 2; NK-AktR/*Wermeckes* §§ 396–398 Rn. 2; zur GmbH ebenso *Hofmann* GmbHR 1975, 217 (221).

[20] S. auch Kölner Komm AktG/*Kersting* Rn. 30.

Selbstverständlich kann eine Gemeinwohlgefährdung nicht vorliegen, wenn sich eine Gesellschaft **5** innerhalb **bestehender Genehmigungen** hält, auch wenn diese rechtswidrig, aber bestandskräftig sind. In diesem Fall muss die jeweils zuständige Behörde zunächst die Genehmigung aufheben; erst dann ist eine Auflösungsklage wegen Verletzung entsprechender Bestimmungen möglich.

Der Begriff der Gefährdung des Gemeinwohls beinhaltet richtigerweise ein **prognostisches** **6** **Element,** nämlich in der Art und Weise, dass auf der Grundlage einer solchen vernünftigen Prognose die vorliegenden konkreten Umstände ohne Eingriff zu einer nachteiligen Beeinträchtigung der von § 396 geschützten Interessen führen würden.[21] Für eine Gefährdung ist indes kein Raum, sollte in dem Zeitpunkt, in dem das zuständige Gericht über die Auflösung entscheidet, der § 396 zuwiderlaufende Zustand beseitigt worden sein; die Norm will schließlich nicht Gemeinwohl gefährdendes Verhalten bestrafen, sondern ist wiederum dem Polizeirecht vergleichbar auf Beseitigung dieser Gefährdung gerichtet.[22]

2. Gesetzwidriges Verhalten der Verwaltungsträger. Voraussetzung des § 396 ist weiterhin, **7** dass die Gemeinwohlgefährdung durch gesetzwidriges Verhalten der Verwaltungsträger eintritt, was eine Verengung des Wortlauts der Norm im Gegensatz zu § 288 AktG 1937 bedeutet.[23] Eine vorrangige Gemeinwohlbindung der Aktiengesellschaft existiert somit im heutigen Recht nicht.[24]

§ 396 erfasst Verstöße gegen **Gesetze jeder Art,** im Ergebnis also sowohl gegen strafbewehrte **8** als auch gegen rein zivilrechtliche oder verwaltungsrechtliche Normen.[25] Der Gesetzesbegriff ist daher im Sinne von Art. 2 EGBGB iVm Art. 2 EGHGB, wonach **jede Rechtsnorm** einbegriffen ist, zu verstehen.[26] Daraus ergibt sich, dass es sich nicht um geschriebenes Recht handeln muss, es genügt ein Verstoß gegen gewohnheitsrechtliche Bestimmungen oder Verstöße gegen § 138 BGB.[27] Verletzung völkervertraglicher Pflichten werden daher nur bei entsprechender Transformation in nationales Recht erfasst, etwa durch Art. 25 GG oder Gesetze. Infolgedessen kann die Satzung nicht für die Begründung der Einschlägigkeit des § 396 herangezogen werden,[28] aber auch ausländische Normen, die nicht den inländischen Gesetzen gleichzustellen sind. Verstöße gegen den **Corporate Governance Kodex** können nur als Verstoß gegen das Gesetz gewertet werden, wenn die Organe eine falsche oder unvollständige Entsprechenserklärung abgegeben haben; allein dies wird aber in aller Regel nicht genügen, da zwar der Kapitalmarkt und die Aktionäre getäuscht werden, aber noch keine Gefährdung des Gemeinwohls vorliegt.[29]

Anders als noch in § 288 AktG 1937 muss kein „gröblicher" Verstoß vorliegen, jedoch lässt der **9** Verzicht auf dieses Merkmal nicht den Schluss zu, dass auch Bagatellverstöße zur Einschlägigkeit der Vorschrift ausreichen können.[30] Dies ergibt sich aus dem Zusammenspiel mit der erforderlichen Gefährdung des Gemeinwohls, welche regelmäßig nur bei **schwerwiegenden Verstößen** eingreifen kann.[31] Eine restriktive Auslegung ist ferner schon aus verfassungsrechtlichen Gründen des Eingriffs in die Mitgliedschaftsrechte der Aktionäre nach Art. 14 Abs. 1 GG geboten, da die Auflösung der Gesellschaft auch ihre Rechte beendet.

Das gesetzwidrige Verhalten muss von **Verwaltungsträgern** der Aktiengesellschaft ausgehen. Als **10** solche sind die Mitglieder des Vorstands und des Aufsichtsrats, gerade auch als einzelne Person, von § 396 erfasst.[32] Die Anwendung auf Aufsichtsratsmitglieder ist rechtlich aufgrund der Regelung des

---

[21] Hüffer/Koch/*Koch* Rn. 2.
[22] Zu Recht Großkomm AktG/*K. Schmidt* §§ 396–398 Rn. 13.
[23] → Rn. 2; Hüffer/Koch/*Koch* Rn. 3.
[24] Hüffer/Koch/*Koch* Rn. 3.
[25] MüKoAktG/*Schürnbrand* Rn. 7; Kölner Komm AktG/*Kersting* Rn. 20; ebenso bereits Großkomm AktG/ *K. Schmidt* §§ 396–398 Rn. 11; K. Schmidt/Lutter/*Oetker* §§ 396–398 Rn. 8; NK-AktR/*Wermeckes* §§ 396–398 Rn. 2; ebenso zur GmbH: *Hofmann* GmbHR 1975, 217 (221); Scholz/*K. Schmidt* GmbHG § 62 Rn. 2.
[26] Hüffer/Koch/*Koch* Rn. 3; Bürgers/Körber/*Pelz* Rn. 3; NK-AktR/*Wermeckes* §§ 396–398 Rn. 2; s. vertiefend zu Art. 2 EGBGB Staudinger/*Merten* BGB Art. 2 EGBGB Rn. 2 ff.
[27] So für die GmbH: Scholz/*K. Schmidt* GmbHG § 62 Rn. 2; MHLS/*Nerlich* GmbHG § 62 Rn. 6; UHL/ *Casper* GmbHG § 62 Rn. 15; HK-GmbHG/*Frank* GmbHG § 62 Rn. 4; aA Großkomm AktG/*K. Schmidt* §§ 396– 398 Rn. 11.
[28] Zu Recht Großkomm AktG/*K. Schmidt* §§ 396–398 Rn. 11; Hüffer/Koch/*Koch* Rn. 3; Bürgers/Körber/ *Pelz* Rn. 3; Wachter/*Wachter* Rn. 3.
[29] Offen Großkomm AktG/*K. Schmidt* §§ 396–398 Rn. 11; enger Wachter/*Wachter* Rn. 3: Falsche Entsprechenserklärungen schon kein gesetzeswidriges Verhalten.
[30] Kölner Komm AktG/*Kersting* Rn. 4, 10.
[31] Ebenso Kölner Komm AktG/*Kersting* Rn. 4, 10; MüKoAktG/*Schürnbrand* Rn. 9; Hüffer/Koch/*Koch* Rn. 3.
[32] HM, s. Hüffer/Koch/*Koch* Rn. 3; MüKoAktG/*Schürnbrand* Rn. 7; Bürgers/Körber/*Pelz* Rn. 3; Großkomm AktG/*K. Schmidt* §§ 396–398 Rn. 10; differenzierend Kölner Komm AktG/*Kersting* Rn. 26; K. Schmidt/Lutter/ *Oetker* §§ 396–398 Rn. 9 stellt klar, dass ein Zusammenwirken von AR und Vorstand gerade nicht Voraussetzung ist.

§ 111 Abs. 4 bereits erheblich eingeschränkt und höchstens denkbar, wenn gegen gesetzwidriges Handeln der Vorstandsmitglieder trotz Überwachungspflicht aus § 111 Abs. 1 nicht eingeschritten wird[33] oder gesetzwidrig Zustimmungen zu Maßnahmen der Geschäftsführung erteilt werden. Über den Wortlaut „Verwaltungsträger" sind etwaige Beiräte, Verwaltungsräte und andere Nebenorgane per se auszuscheiden.[34] Ebenfalls nicht ausreichend ist ein gesetzwidriges Verhalten der Hauptversammlung, weil dieses mangels Außenwirkung das Gemeinwohl gar nicht unmittelbar gefährden, geschweige denn tatsächlich in Mitleidenschaft ziehen kann.[35] Infolge dessen kann erst recht nicht ein Großaktionär als Verwaltungsträger angesehen werden.[36]

11 Während grundsätzlich § 396 aufgrund der Zielsetzung der Beseitigung einer Gefährdung des Gemeinwohls kein Verschulden voraussetzt,[37] kann durch das Erfordernis des gesetzwidrigen Verhaltens doch eine **schuldhafte Handlung** nötig sein, soweit die jeweilig verletzte Norm Verschulden voraussetzt; denn in diesen Fällen liegt ein gesetzwidriges Verhalten eben erst bei Fahrlässigkeit oder Vorsatz vor.[38]

12 **3. Unterbleiben der Abberufung der Verwaltungsträger.** Eine Auflösung nach § 396 kommt erst dann in Betracht, wenn der Aufsichtsrat oder die Hauptversammlung im Hinblick auf die Abberufung der das Gemeinwohl gefährdenden Verwaltungsträger untätig bleiben. Die Abberufung von Vorstandsmitgliedern nach § 84 Abs. 3 bzw. von Aufsichtsratsmitgliedern nach § 103 Abs. 1, 3–5 muss mithin unterbleiben. Allerdings kann die **Abberufung bis zur letzten mündlichen Verhandlung** über die Auflösungsklage erfolgen, was sich aus der damit entfallenden Gemeinwohlgefährdung durch den entsprechenden Verwaltungsträger ergibt.[39] Die gegenteilige Auffassung sieht die Regelung als verfehlt an, da einerseits nicht in jedem Falle die Gemeinwohlgefährdung durch Abberufung der Organmitglieder beseitigt werden könne und andererseits jede andere Maßnahme, die zur Beseitigung der Gemeinwohlgefährdung führt, vor dem Hintergrund des Normzwecks ausreichen müsse. Dies ist jedoch schwerlich mit dem Wortlaut der Norm vereinbar.[40]

13 **4. Verhältnismäßigkeit der Auflösung.** Zwar stellt sich die Möglichkeit zur Auflösung tatsächlich als „stumpfes Schwert" dar,[41] jedoch ist die staatliche Eingriffsmöglichkeit rechtlich durchaus ein scharfes Sanktionsmittel. Als hoheitliche Maßnahme muss daher der **Verhältnismäßigkeitsgrundsatz** in dem Sinne eingehalten werden, dass die Auflösung für die Abwehr der Gemeinwohlgefährdung geeignet ist, im Sinne der Erforderlichkeit den geringsten Eingriff darstellt und überdies als Ergebnis einer Abwägung zwischen konkreter Gefahr und den Folgen der Auflösung auch als angemessen erscheint.[42]

14 Aus dem Grundsatz der Verhältnismäßigkeit ist insbesondere auch zu folgern, dass ohne unzweideutige **Aufforderung** an die Gesellschaft, das näher zu bezeichnende gesetzwidrige Verhalten abzustellen, dessen Vorgaben selten erfüllt sein werden.[43]

IV. Auflösungsverfahren

15 Sowohl die in § 396 benannte Behörde als auch das Gericht können die Auflösung nicht unabhängig voneinander betreiben, es ist vielmehr ein **„Antrag"** der obersten Landesbehörde desjenigen

---

[33] S. Hüffer/Koch/*Koch* Rn. 3; MüKoAktG/*Schürnbrand* Rn. 7.
[34] Kölner Komm AktG/*Kersting* Rn. 25; so auch schon Großkomm AktG/*Klug*, 3. Aufl. 1975, Anm. 7.
[35] Ebenso Kölner Komm AktG/*Kersting* Rn. 25; im Erg. ebenso: Hüffer/Koch/*Koch* Rn. 3; Großkomm AktG/*K. Schmidt* §§ 396–398 Rn. 10.
[36] MüKoAktG/*Schürnbrand* Rn. 7; Großkomm AktG/*K. Schmidt* §§ 396–398 Rn. 10; Hüffer/Koch/*Koch* Rn. 3; Bürgers/Körber/*Pelz* Rn. 3; aA *Becker* ZSR 1988, 613 (629), der die mittelbare Einflussmöglichkeit des Großaktionärs als ausreichend erachtet.
[37] Hüffer/Koch/*Koch* Rn. 3; K. Schmidt/Lutter/*Oetker* §§ 396–398 Rn. 1, 8; so grundsätzlich auch Großkomm AktG/*K. Schmidt* §§ 396–308 Rn. 2, 11.
[38] A.A. Kölner Komm AktG/*Kersting* Rn. 21; ebenso; Hüffer/Koch/*Koch* Rn. 3; Bürgers/Körber/*Pelz* Rn. 3; K. Schmidt/Lutter/*Oetker* §§ 396–398 Rn. 8; NK-AktR/*Wermeckes* §§ 396–398 Rn. 2; MüKoAktG/*Kropff*, 2. Aufl. 2006, Rn. 9; aA; MüKoAktG/*Schürnbrand* Rn. 7. Grigoleit/*Rachlitz* §§ 396–398 Rn. 4 wegen der Einordnung als Gefahrenabwehrrecht; ohne Begründung Großkomm AktG/*K. Schmidt* §§ 396–398 Rn. 11.
[39] → Rn. 6; so auch MüKoAktG/*Schürnbrand* Rn. 9; so im Erg. auch K. Schmidt/Lutter/*Oetker* §§ 396–398 Rn. 9; sowie Bürgers/Körber/*Pelz* Rn. 4.
[40] Krit. zu § 396 auch Großkomm AktG/*K. Schmidt* §§ 396–398 Rn. 14; MüKoAktG/*Schürnbrand* Rn. 9.
[41] → Rn. 1; vgl. auch MüKoAktG/*Schürnbrand* Rn. 2.
[42] Deutlich insoweit Hüffer/Koch/*Koch* Rn. 5; K. Schmidt/Lutter/*Oetker* §§ 396–398 Rn. 11; vgl. aber auch MüKoAktG/*Schürnbrand* Rn. 9, 8; Kölner Komm AktG/*Kersting* Rn. 37 ff.; Großkomm AktG/*K. Schmidt* §§ 396–398 Rn. 16; ebenso *Becker* ZSR 1988, 613 (628).
[43] Hüffer/Koch/*Koch* Rn. 5; Kölner Komm AktG/*Kersting* Rn. 41; Großkomm AktG/*K. Schmidt* §§ 396–398 Rn. 16; Bürgers/Körber/*Pelz* Rn. 5; NK-AktR/*Wermeckes* §§ 396–398 Rn. 2.

Landes, in dem die Gesellschaft ihren Sitz hat, nötig, der das gerichtliche Verfahren einleitet.[44] Der gegenteiligen Auffassung, die § 396 iSe Verwaltungsermächtigung in Anlehnung an die zu § 62 GmbHG überwiegend vertretene Ansicht fortentwickeln will, wonach allein die Behörde durch Verwaltungsakt über die Auflösung entscheidet und gegen diesen der Verwaltungsrechtsweg gem. §§ 40 ff. VwGO offen steht,[45] ist der im Gegensatz zu § 62 Abs. 2 S. 1 GmbHG insofern eindeutige Wortlaut des § 396 Abs. 1 sowie die größere Sachnähe der Zivilgerichte (→ Rn. 16) entgegenzuhalten. Wie sich aus § 396 Abs. 1 S. 2 ergibt, ist dieser Antrag in der Form einer zivilprozessualen Klage zu stellen.[46] Die Frage, welche Behörde in concreto zuständig ist, bestimmt sich nach Landesrecht; in der Regel ist das Wirtschaftsministerium hierfür zuständig.[47] Problematisch ist die Bestimmung der zuständigen Landesbehörde allenfalls bei einem Doppelsitz der Gesellschaft, der in Ausnahmefällen zulässig sein kann.[48] Hier hat das Schlechterstellungsprinzip mit der Folge der Zuständigkeit der obersten Behörde beider Sitzländer zu gelten.[49]

16 Im Gleichlauf mit der Zuständigkeit der obersten Landesbehörde ist gem. § 396 Abs. 1 S. 2 das Landgericht des Sitzes der Gesellschaft ausschließlich zuständig, genauer die Kammer für Handelssachen, § 95 Abs. 2 GVG. Damit wird deutlich, dass es sich bei dem Verfahren um einen gewöhnlichen **Zivilprozess** in Form eines Gestaltungsverfahrens handelt, was teilweise deshalb bemängelt wird, weil es sich rechtssystematisch um einen Verwaltungsprozess handele.[50] Dem kann jedoch entgegen gehalten werden, dass die Zivilgerichte mit den Normen des Aktienrechts auf einen größeren Erfahrungsschatz zurückgreifen können. Die Revision zum BGH ist nach den in §§ 542 ff. ZPO geregelten allgemeinen Grundsätzen möglich. Besonderheiten entstehen wiederum bei einem Doppelsitz der Gesellschaft, der der grundsätzlichen „Antragsbefugnis" der beiden obersten Landesbehörden nicht im Wege steht (→ Rn. 15). Zur Vermeidung einer daraus resultierenden Doppelzuständigkeit der Gerichte wird man ähnlich wie bei § 246 den tatsächlichen inländischen Verwaltungssitz als entscheidendes Kriterium ansehen müssen.

V. Folgen der Auflösung

17 Die Auflösungsklage ist eine **Gestaltungsklage**, was zur Folge hat, dass das der Klage stattgebende Urteil ohne weiteres die Auflösung ausspricht, § 396 Abs. 1 S. 1. Die Auflösung tritt allerdings erst mit Rechtskraft des Gestaltungsurteils ein. Gem. § 396 Abs. 2 wird die Gesellschaft zur Abwicklungsgesellschaft, auf die die §§ 264–273 Anwendung finden. Aufgrund der Ausklammerung der Regelung des § 274 kann die Gesellschaft nicht in eine werbende Gesellschaft rückumgewandelt werden, selbst bei entsprechendem Willen der obersten Landesbehörde, da diese das rechtskräftige Urteil ebenfalls nicht rückgängig machen kann.

18 Die **Abwicklung** erfolgt für den Regelfall gem. § 265 Abs. 1 durch die Vorstandsmitglieder. Da das gesetzwidrige Verhalten dieser Vorstandsmitglieder aber Anlass zur Auflösung gewesen sein kann, wird der obersten Landesbehörde nach § 396 Abs. 2 S. 2 die Befugnis zugesprochen, den Antrag auf Abberufung oder Bestellung von Abwicklern nach § 265 Abs. 3 zu stellen.

VI. Staatshaftungsrechtliche Aspekte

19 Entgegen § 291 AktG 1937 sind **Entschädigungsansprüche** aufgrund von Maßnahmen nach §§ 396, 397 nicht per se ausgeschlossen, da für eine derartige Regelung kein Grund bestünde. Dies bedeutet im Umkehrschluss aber nicht, dass der Gesellschaft oder den Aktionären automatisch ein Entschädigungsanspruch gegen den Staat zustehe; hierfür hätte es vielmehr einer ausdrücklichen Regelung bedurft. Insbesondere ist in der Auflösung keine entschädigungspflichtige Enteignung zu

---

[44] S. nur Kölner Komm AktG/*Kersting* Rn. 43; Hüffer/Koch/*Koch* Rn. 6; Bürgers/Körber/*Pelz* Rn. 6; K. Schmidt/Lutter/*Oetker* §§ 396–398 Rn. 12; NK-AktR/*Wermeckes* §§ 396–398 Rn. 3; so auch unter Zugrundelegung der hM Großkomm AktG/*K. Schmidt* §§ 396–398 Rn. 17.
[45] So Großkomm AktG/*K. Schmidt* §§ 396–398 Rn. 5 ff., 18 der zur Klarstellung entsprechenden Reformvorschlag anführt; s. für die GmbH: Scholz/*K. Schmidt* GmbHG § 62 Rn. 8; UHL/*Casper* GmbHG § 62 Rn. 26; Lutter/Hommelhoff/*Kleindiek* GmbHG § 62 Rn. 2; Baumbach/Hueck/*Haas* GmbHG § 62 Rn. 11; MHLS/*Nerlich* GmbHG § 62 Rn. 20 ff.; HK-GmbHG/*Frank* GmbHG § 62 Rn. 14 ff.
[46] Statt vieler wiederum Kölner Komm AktG/*Kersting* Rn. 46.
[47] Ebenso Kölner Komm AktG/*Kersting* Rn. 45; Hüffer/Koch/*Koch* Rn. 6.
[48] Zur Zulässigkeit des Doppelsitzes einer Gesellschaft bereits BayObLG NJW 1962, 1014; KG NJW 1973, 1201; LG Essen AG 2001, 429 (430); MüKoAktG/*Heider* § 5 Rn. 32 f.; *Balser* DB 1972, 2049; *König* AG 2000, 18 (21 ff.).
[49] S. Hüffer/Koch/*Koch* Rn. 6, zum Schlechterstellungsprinzip § 14 Rn. 4; MüKoAktG/*Heider* § 5 Rn. 36 ff.
[50] Kölner Komm AktG/*Kersting* Rn. 44; K. Schmidt/Lutter/*Oetker* §§ 396–398 Rn. 12; s. auch Scholz/*K. Schmidt* GmbHG § 62 Rn. 8; *Konow* GmbHR 1973, 217 (219).

sehen, vielmehr ist der Regelungsbereich von Art. 14 Abs. 1 S. 2 und Abs. 2 GG eröffnet. Bei **Amtspflichtverletzungen** hinsichtlich einer pflichtwidrig erhobenen Auflösungsklage kann allerdings unter den Voraussetzungen des § 839 BGB iVm Art. 34 GG sehr wohl ein entsprechender Anspruch entstehen.

§ 397 Anordnungen bei der Auflösung

Ist die Auflösungsklage erhoben, so kann das Gericht auf Antrag der in § 396 Abs. 1 Satz 1 bestimmten Behörde durch einstweilige Verfügung die nötigen Anordnungen treffen.

Übersicht

	Rn.		Rn.
I. Überblick	1	3. Notwendigkeit der Anordnung	5, 6
II. Voraussetzungen der Anordnung	2–6	III. Inhalt der Anordnung	7–13
1. Auflösungsklage nach § 396	3	IV. Verfahren	14, 15
2. Antrag	4		

I. Überblick

1 Die Vorschrift **bezweckt die Sicherung der mit § 396 verfolgten Ziele,** bis über die Auflösungsklage entschieden wurde, und ermöglicht es hierfür dem mit der Auflösungsklage befassten Gericht, während des Verfahrens auf Antrag vorläufige Maßnahmen zur Sicherung des Gemeinwohls zu treffen.[1] Eine entsprechende Regelung enthielt bereits § 289 AktG 1937,[2] der im Kern übernommen, aber an das Verfahren vor der ordentlichen Gerichtsbarkeit angepasst wurde.[3] Geändert wurde ferner die Antragsberechtigung, die nunmehr der in § 396 Abs. 1 S. 1 bestimmten Behörde zusteht.[4] Außerdem hat der Gesetzgeber klargestellt, dass die Anordnungen durch einstweilige Verfügung (§ 940 ZPO) zu treffen sind.[5]

II. Voraussetzungen der Anordnung

2 Der Erlass der gerichtlichen Anordnung setzt voraus, dass **Auflösungsklage** nach § 396 erhoben ist und ein **Antrag** der zuständigen obersten Landesbehörde vorliegt; des Weiteren muss die Anordnung **nötig** sein. Die Voraussetzungen einer einstweiligen Verfügung (§ 940 ZPO), insbesondere Verfügungsanspruch und Verfügungsgrund, sind daneben nicht gesondert zu prüfen;[6] gleichwohl wird das Gericht im Rahmen der Notwendigkeitsprüfung ohnehin entsprechende Überlegungen vornehmen.[7]

3 **1. Auflösungsklage nach § 396.** Voraussetzung des Erlasses einer Anordnung ist also zunächst, dass zuvor oder spätestens gleichzeitig Auflösungsklage nach § 396 erhoben wurde.[8] Dies ist mit Zustellung der Klageschrift der Fall, § 253 Abs. 1 ZPO. Der Erlass der einstweiligen Verfügung ist also nicht schon mit Anhängigkeit, sondern erst mit Rechtshängigkeit der Auflösungsklage (§ 261

---

[1] MüKoAktG/*Schürnbrand* Rn. 1; Hüffer/Koch/*Koch* Rn. 1; Bürgers/Körber/*Pelz* Rn. 1; *Becker* ZSR 1988, 613 (626); aA Großkomm AktG/*K. Schmidt* §§ 396–398 Rn. 23, der in Rechtsfortbildung zu §§ 396, 397 eine Zuständigkeit der Verwaltungsbehörde für die einstweilige Anordnung empfiehlt, → § 396 Rn. 15.
[2] BegrRegE *Kropff* S. 498; MüKoAktG/*Schürnbrand* Rn. 1; Kölner Komm AktG/*Kersting* Rn. 3; Hüffer/Koch/ *Koch* Rn. 1.
[3] BegrRegE *Kropff* S. 498.
[4] MüKoAktG/*Schürnbrand* Rn. 2; Kölner Komm AktG/*Kersting* Rn. 3; im Rahmen von § 289 AktG 1937 war der Reichswirtschaftsminister im Einvernehmen mit anderen Reichsministern zuständig.
[5] BegrRegE *Kropff* S. 498; Kölner Komm AktG/*Kersting* Rn. 3; Hüffer/Koch/*Koch* Rn. 1; so schon zur alten Rechtslage Großkomm AktG/*Klug* 2. Aufl. 1965, § 289 Anm. 1.
[6] MüKoAktG/*Schürnbrand* Rn. 5; Kölner Komm AktG/*Kersting* Rn. 8, 18; im Erg. auch Hüffer/Koch/*Koch* Rn. 2, der aber anführt, dass Klageerhebung und Antrag das von § 940 ZPO vorausgesetzte streitige Rechtsverhältnis ersetzen und der Verfügungsgrund sich aus der Notwendigkeit der Maßnahme ergibt, mithin wohl grundsätzlich von einer Prüfung der Voraussetzungen ausgeht.
[7] Kölner Komm AktG/*Kersting* Rn. 8; ähnlich Hüffer/Koch/*Koch* Rn. 2, der aber davon ausgeht, dass sich der Verfügungsgrund aus der Notwendigkeit der Anordnung ergibt.
[8] Kölner Komm AktG/*Kersting* Rn. 6; Hüffer/Koch/*Koch* Rn. 2; so unter Zugrundelegung der hM auch Großkomm AktG/*K. Schmidt* §§ 396–398 Rn. 22.

ZPO) möglich,[9] obwohl schon während des Zustellungsverfahrens Regelungsbedarf bestehen kann.[10] Unabhängig von einer Auflösungsklage kann das Gericht keine nötigen Anordnungen nach § 397 treffen.[11]

2. Antrag. Des Weiteren dürfen Maßnahmen nach § 397 **nicht von Amts wegen,** sondern nur auf Antrag der in § 396 Abs. 1 S. 1 bestimmten Behörde ergehen.[12] Bei der dort genannten zuständigen obersten Landesbehörde wird es sich in der Regel um den Wirtschaftsminister des Landes handeln, in dem die Gesellschaft ihren Sitz hat.[13] Der Antrag kann bereits in der Klageschrift bzw. gleichzeitig mit Erhebung der Auflösungsklage nach § 396 AktG, aber auch später gestellt werden.[14] Das Gericht ist an den Antrag nur insoweit gebunden, als dass es nicht über dessen Ziel hinausgehen darf (§ 308 ZPO);[15] es entscheidet im Übrigen aber nach freiem Ermessen (§ 938 Abs. 1 ZPO).[16]

3. Notwendigkeit der Anordnung. Die Anordnung muss schließlich (zum Schutz des Gemeinwohls)[17] nötig sein. Dafür genügt es nicht, wenn sich die Anordnung lediglich als zweckmäßig darstellt,[18] vielmehr ist die Notwendigkeit der Anordnung nach dem **Verhältnismäßigkeitsgrundsatz** zu bestimmen.[19] Die Maßnahme muss also dazu bestimmt, geeignet und erforderlich sein, eine anderenfalls drohende Gemeinwohlgefährdung vorläufig zu mindern oder abzuwenden.[20] Dabei ist unter mehreren gleich geeigneten Maßnahmen diejenige zu wählen, welche die Gesellschaft, deren Gläubiger sowie die Aktionäre am wenigsten schädigt.[21] Außerdem muss sich die Anordnung unter Abwägung der widerstreitenden Interessen als angemessen darstellen.[22]

Gegen den Begriff der „nötigen" Anordnung wurden teilweise vor dem Hintergrund des Bestimmtheitsgebotes **verfassungsrechtliche Bedenken** geäußert, da aus der Vorschrift nicht ersichtlich werde, unter welchen Voraussetzungen der Gesetzgeber eine Anordnung als notwendig ansehe.[23] Dem ist jedoch entgegenzuhalten, dass auslegungsbedürftige Generalklauseln oder unbestimmte Rechtsbegriffe grundsätzlich verwendet werden dürfen, um der Vielgestaltigkeit der Sachverhalte Herr zu werden.[24] Außerdem würde eine genauere und damit kasuistische Regelung ebenfalls kaum alle denkbaren Einzelfälle erfassen.[25]

III. Inhalt der Anordnung

Die Anordnung im Rahmen des § 397 darf die Entscheidung des Gerichts über die Auflösungsklage nach § 396 nicht vorwegnehmen und muss grundsätzlich **vorläufiger Natur**[26] bzw. jedenfalls durch die Gesellschaftsorgane rückgängig zu machen sein.[27] Bei der angeordneten Maßnahme darf es sich also keinesfalls um die Auflösung der Gesellschaft handeln.[28]

---

[9] Hüffer/Koch/*Koch* Rn. 2; Kölner Komm AktG/*Kersting* Rn. 6.
[10] Aus diesem Grund würde Hüffer/Koch/*Koch* Rn. 2 es für sinnvoll halten, wenn das Gesetz auf die Anhängigkeit der Auflösungsklage abstellen würde.
[11] So auch schon Großkomm AktG/*Klug* 3. Aufl. 1975 Anm. 3.
[12] MüKoAktG/*Schürnbrand* Rn. 2; Kölner Komm AktG/*Kersting* Rn. 5, 16; Hüffer/Koch/*Koch* Rn. 2; so auch unter Zugrundelegung der hM Großkomm AktG/*K. Schmidt* §§ 396–398 Rn. 17.
[13] K. Schmidt/Lutter/*Oetker* §§ 396–398 Rn. 12; Großkomm AktG/*K. Schmidt* §§ 396–398 Rn. 17; ausf. § 396 Rn. 15 f. mwN.
[14] Hüffer/Koch/*Koch* Rn. 2; Kölner Komm AktG/*Kersting* Rn. 6.
[15] Kölner Komm AktG/*Kersting* Rn. 5 16; MüKoAktG/*Schürnbrand* Rn. 2; Hüffer/Koch/*Koch* Rn. 2.
[16] Kölner Komm AktG/*Kersting* Rn. 9; Hüffer/Koch/*Koch* Rn. 3; MüKoAktG/*Schürnbrand* Rn. 2; → Rn. 13; NK-AktR/*Wermeckes* §§ 396–398 Rn. 5.
[17] Kölner Komm AktG/*Kersting* Rn. 7; Hüffer/Koch/*Koch* Rn. 2; MüKoAktG/*Schürnbrand* Rn. 3; K. Schmidt/Lutter/*Oetker* §§ 396–398 Rn. 14.
[18] MüKoAktG/*Schürnbrand* Rn. 3; Kölner Komm AktG/*Kersting* Rn. 7.
[19] Hüffer/Koch/*Koch* Rn. 2; Bürgers/Körber/*Pelz* Rn. 2; vgl. auch MüKoAktG/*Schürnbrand* Rn. 3; Kölner Komm AktG/*Kersting* Rn. 7; zum Grundsatz der Verhältnismäßigkeit → § 396 Rn. 13.
[20] Hüffer/Koch/*Koch* Rn. 2; MüKoAktG/*Schürnbrand* Rn. 3; Kölner Komm AktG/*Kersting* Rn. 7; Bürgers/Körber/*Pelz* Rn. 2.
[21] MüKoAktG/*Schürnbrand* Rn. 3; K. Schmidt/Lutter/*Oetker* §§ 396–398 Rn. 14.
[22] Hüffer/Koch/*Koch* Rn. 2.
[23] *Kohlmann* AG 1961, 309 (314); zweifelnd auch schon Großkomm AktG/*Klug*, 3. Aufl. 1975, Anm. 4.
[24] Dazu allgemein BVerfGE 4, 352 (357 f.); Schmidt-Bleibtreu/Hofmann/Henneke/*Hofmann*, Grundgesetz: GG, Art. 20 Rn. 85; Dreier/*Schulze-Fielitz* Grundgesetz Kommentar: GG, Art. 20 Rn. 125; v. Münch/Kunig/*Schnapp*, Grundgesetz-Kommentar: GG, Art. 20 Rn. 39.
[25] Dies räumt auch schon Großkomm AktG/*Klug*, 3. Aufl. 1975, Anm. 3 ein.
[26] MüKoAktG/*Schürnbrand* Rn. 3; Kölner Komm AktG/*Kersting* Rn. 10; Hüffer/Koch/*Koch* Rn. 3.
[27] MüKoAktG/*Schürnbrand* Rn. 3; Bürgers/Körber/*Pelz* Rn. 2.
[28] Kölner Komm AktG/*Kersting* Rn. 10.

8 Des Weiteren muss die Regelung **mit dem Aktienrecht vereinbar** sein.[29] Dies gilt allerdings nicht bezüglich der Herbeiführung des angeordneten Zustands, da das Gericht insoweit nicht an die Zuständigkeiten und Verfahrensweisen des AktG gebunden ist.[30] Nicht möglich ist es etwa, die Zahl der Aufsichtsratsmandate entgegen § 95 festzusetzen,[31] die Vertretungsmacht des Vorstands im Außenverhältnis zu beschränken (§ 82 Abs. 1 AktG)[32] oder den Vorstand entgegen seiner eigenverantwortlichen Leitungsmacht (§ 76 Abs. 1 AktG) ähnlich der Regelung in § 38 Abs. 2 S. 1 KWG, § 304 Abs. 4 S. 2 und 3 VAG (§ 87 Abs. 4 VAG aF) einem Zustimmungsvorbehalt oder Weisungsrecht der antragstellenden Behörde zu unterwerfen.[33] Die Anordnung selbst hingegen darf jedoch in die Geschäftsführung eingreifen.[34]

9 **Im Einzelfall** kann deshalb auch die Herstellung oder der Vertrieb bestimmter Produkte vorübergehend untersagt oder an bestimmte Herstellungsverfahren gebunden werden und auf diesem Wege in die Geschäftsführung eingegriffen werden.[35] Auch Satzungsänderungen sind möglich.[36] In Betracht kommen aber auch den Personalbestand betreffende Maßnahmen,[37] wie die Einstellung oder Entlassung bestimmter Arbeitnehmer[38] oder gegebenenfalls die Bestellung eines Umweltschutzbeauftragten.[39]

10 Unabhängig von § 397 gelangen natürlich alle **sonstigen öffentlich-rechtlichen Regulierungen** zur Anwendung, die Eingriffe in die Geschäftsführung oder das Organisationsgefüge der Gesellschaft erlauben, etwa nach KWG oder VAG, aber auch umwelt-, produktsicherheits- oder gewerberechtlichen Vorschriften. Die Gesellschaft darf allerdings nicht zu widersprechenden Verhalten gezwungen werden, so dass andere öffentlich-rechtliche Anordnungen präjudiziellen Charakter haben können (→ § 396 Rn. 5).

11 Ob darüber hinaus auch die **Abberufung oder Bestellung von Verwaltungsträgern (Organmitgliedern)** verfügt werden kann, wird unterschiedlich beurteilt. Entsprechende Maßnahmen werden insbesondere deshalb oftmals in Erwägung zu ziehen sein, weil die Gemeinwohlgefährdung gerade vom Verhalten der Verwaltungsträger ausgehen muss (§ 396 Abs. 1 S. 2 AktG).[40] Gegen die Möglichkeit der **Abberufung eines Vorstandsmitglieds** spricht zwar auf den ersten Blick, dass materielle Voraussetzung der Auflösungsklage die Nichtabberufung der Verwaltungsträger ist. Doch ist hiermit nur die Nichtabberufung durch die eigenen Gesellschaftsorgane gemeint,[41] so dass eine entsprechende Anordnung des Gerichts nicht die Gegenstandslosigkeit des Auflösungsantrags zur Folge hätte.[42] Denn der Gesetzgeber ging im Rahmen des § 396 offenbar davon aus, dass in der Untätigkeit der für die Abberufung zuständigen Organe ebenfalls eine Gemeinwohl schädigende Grundhaltung zum Ausdruck komme,[43] so dass eine behördliche Abberufung der Verwaltungsträger nicht ausreichend wäre, da anderenfalls in § 396 nicht die Auflösung, sondern eben das mildere Mittel der Abberufung hätte geregelt werden müssen. Nach der Wertung des Gesetzes kann daher folgerichtig auch nur die selbständige Abberufung zur Gegenstandslosigkeit des Antrags führen. Freilich muss den zuständigen Gesellschaftsorganen aber auch nach einer entsprechenden gerichtlichen Maßnahme weiterhin die Möglichkeit offen stehen, durch eine eigenständige Abberufung einen negativen Ausgang des Auflösungsverfahrens abzuwenden,[44] obwohl die gerichtlichen Anordnungen keiner Umsetzung durch die Gesellschaftsorgane bedürfen[45] und es sich infolgedessen eigentlich nur um eine Bestätigung der bereits wirksamen gerichtlichen Abberufung handelt.

---

[29] Hüffer/Koch/*Koch* Rn. 3; MüKoAktG/*Schürnbrand* Rn. 3; K. Schmidt/Lutter/*Oetker* §§ 396–398 Rn. 14; a.A. Kölner Komm AktG/*Kersting* Rn. 12, auch aktienrechtlich unzulässige Regelungsergebnisse können als mildestes Mittel zur Gefahrenabwehr in Betracht kommen.
[30] Hüffer/Koch/*Koch* Rn. 3; a.A. Kölner Komm AktG/*Kersting* Rn. 12.
[31] MüKoAktG/*Schürnbrand* Rn. 3; a.A. Kölner Komm AktG/*Kersting* Rn. 11 f.
[32] So noch Kölner Komm AktG/*Zöllner*, 1. Aufl. 1971, Rn. 4.
[33] Hüffer/Koch/*Koch* Rn. 3; MüKoAktG/*Schürnbrand* Rn. 3; Bürgers/Körber/*Pelz* Rn. 2.
[34] Hüffer/Koch/*Koch* Rn. 3.
[35] AA Kölner Komm AktG/*Kersting* Rn. 11; MüKoAktG/*Schürnbrand* Rn. 4; Hüffer/Koch/*Koch* Rn. 3.
[36] AA Kölner Komm AktG/*Kersting* Rn. 11.
[37] AA Kölner Komm AktG/*Kersting* Rn. 11.
[38] AA Kölner Komm AktG/*Kersting* Rn. 11.
[39] MüKoAktG/*Schürnbrand* Rn. 4.
[40] So auch MüKoAktG/*Schürnbrand* Rn. 4; iE auch Hüffer/Koch/*Koch* Rn. 3; Bürgers/Körber/*Pelz* Rn. 2.
[41] Vgl. MüKoAktG/*Schürnbrand* Rn. 4.
[42] Hüffer/Koch/*Koch* Rn. 3; MüKoAktG/*Schürnbrand* Rn. 4; Kölner Komm AktG/*Kersting* Rn. 13, der sich nur für eine Suspendierung des Vorstands ausspricht.
[43] Kölner Komm AktG/*Kersting* § 396 Rn. 33; MüKoAktG/*Schürnbrand* Rn. 4.
[44] MüKoAktG/*Schürnbrand* Rn. 4; Kölner Komm AktG/*Kersting* Rn. 13.
[45] MüKoAktG/*Schürnbrand* Rn. 5.

Ist eine Abberufung also zwar grundsätzlich möglich, wird sie gleichwohl in der Regel deshalb **12** ausscheiden, weil die Anordnungen nach § 397 vorläufigen Charakters sein müssen (→ Rn. 7) und die **Suspendierung** demzufolge regelmäßig vorzuziehen sein wird.[46]

Wenn das Gericht aber zur Suspendierung bzw. ausnahmsweise sogar zur Abberufung von Verwal- **13** tungsträgern in der Lage ist, so muss dies auch für deren **Bestellung** gelten.[47] Dem steht nicht entgegen, dass das Aktienrecht die entsprechende Kompetenz (im Fall der Vorstandsbestellung) grundsätzlich dem Aufsichtsrat bzw. in dringenden Fällen dem Gericht des § 85 zuweist.[48] Denn das Prozessgericht ist im Rahmen des § 397 hinsichtlich der Herbeiführung des angeordneten Zustands nicht an die aktienrechtliche Kompetenzverteilung gebunden.[49] Vielmehr würde eine Anwendung des § 85 AktG, in dessen Rahmen das Amtsgericht zuständig ist,[50] zu der misslichen Situation führen, dass in das Auflösungsverfahren vor dem Landgericht eine Entscheidung des Amtsgerichts hineinwirken würde.[51] Und außerdem kann auch § 85 Abs. 2 AktG, wonach das Amt des gerichtlich bestellten Vorstandsmitglieds in jedem Fall erlischt, sobald der Aufsichtsrat ein fehlendes Vorstandsmitglied bestellt und dieser seine Bestellung angenommen hat, im Rahmen des dem Schutz des Gemeinwohls dienenden Verfahrens nach § 397 keine Anwendung finden.[52] Festzuhalten ist mithin, dass das Gericht auch die Bestellung fehlender bzw. gegebenenfalls auch zusätzlicher[53] Vorstandsmitglieder anordnen kann.[54]

IV. Verfahren

Die Anordnung der Maßnahme erfolgt im Wege der **einstweiligen Verfügung nach § 940** **14** **ZPO;**[55] die §§ 935 ff. ZPO sind anwendbar.[56] Zuständig ist das Gericht der Hauptsache (§ 937 Abs. 1 ZPO),[57] das **nicht von Amts wegen,** sondern nur auf Antrag entscheidet.[58] An den Antrag ist das Gericht nur insoweit gebunden, als dass es nicht über dessen Ziel hinausgehen darf (§ 308 Abs. 1 ZPO),[59] entscheidet im Übrigen aber **nach freiem Ermessen,** welche Anordnungen zur Erreichung des Zweckes erforderlich sind (§ 938 Abs. 1 ZPO).[60] Die Anordnungsbefugnis besteht dabei nur im Zeitraum zwischen der Erhebung der Auflösungsklage nach § 396 und der rechtskräftigen Entscheidung über dieselbe.[61] Mit Eintritt der Rechtskraft im Hauptprozess tritt die einstweilige Verfügung aber **nicht automatisch außer Kraft,** sondern wirkt fort, sofern sie nicht befristet[62] oder auf Antrag aufgehoben wurde.[63] Ebenso wie die Aufhebung kann auch eine Änderung der getroffenen Anordnung nur auf Antrag erfolgen.[64] Die Gesellschaftsorgane können aber nach Verfahrensbeendigung den geschaffenen Rechtszustand aufgrund ihrer allgemeinen Kompetenzen bzw. im Falle der Auflösung ihrer Kompetenzen nach § 264 Abs. 2, §§ 266–273 wieder verändern.[65]

Erweist sich die einstweilige Verfügung als von Anfang an ungerechtfertigt, ist das Bundesland, **15** dessen Behörde den Antrag gestellt hat, nach § 945 ZPO verschuldensunabhängig für den aus der

---

[46] MüKoAktG/*Schürnbrand* Rn. 4; Hüffer/Koch/*Koch* Rn. 3; Hölters/*Müller-Michaels* Rn. 4; Kölner Komm AktG/*Kersting* Rn. 13; Grigoleit/*Rachlitz* §§ 396–398 Rn. 9.
[47] So schon MüKoAktG/*Schürnbrand* Rn. 4; Kölner Komm AktG/*Kersting* Rn. 14; Hüffer/Koch/*Koch* Rn. 3.
[48] So aber noch *v. Godin/Wilhelmi* Anm. 3.
[49] → Rn. 8 sowie Hüffer/Koch/*Koch* Rn. 3; Kölner Komm AktG/*Zöllner* Rn. 14.
[50] Hüffer/Koch/*Koch* § 85 Rn. 4.
[51] Darauf hinweisend schon Großkomm AktG/*Klug*, 3. Aufl. 1975, Anm. 6.
[52] Kölner Komm AktG/*Zöllner* Rn. 14.
[53] Kölner Komm AktG/*Zöllner* Rn. 14.
[54] Hüffer/Koch/*Koch* Rn. 3; MüKoAktG/*Schürnbrand* Rn. 4; Kölner Komm AktG/*Kersting* Rn. 14.
[55] BegrRegE *Kropff* S. 498; Bürgers/Körber/*Pelz* Rn. 3; MüKoAktG/*Schürnbrand* Rn. 5.
[56] Hüffer/Koch/*Koch* Rn. 4.
[57] Hüffer/Koch/*Koch* Rn. 4; Bürgers/Körber/*Pelz* Rn. 3; Kölner Komm AktG/*Kersting* Rn. 15; K. Schmidt/Lutter/*Oetker* §§ 396–398 Rn. 14; MüKoAktG/*Schürnbrand* Rn. 5; zur Zuständigkeit in der Hauptsache → § 396 Rn. 16.
[58] Kölner Komm AktG/*Kersting* Rn. 5, 16; Hüffer/Koch/*Koch* Rn. 4.
[59] Kölner Komm AktG/*Kersting* Rn. 5, 9, 16; MüKoAktG/*Schürnbrand* Rn. 2; Hüffer/Koch/*Koch* Rn. 2; Bürgers/Körber/*Pelz* Rn. 3.
[60] Kölner Komm AktG/*Kersting* Rn. 9; Hüffer/Koch/*Koch* Rn. 3; MüKoAktG/*Schürnbrand* Rn. 2.
[61] Kölner Komm AktG/*Kersting* Rn. 6, 15, 17; Hüffer/Koch/*Koch* Rn. 4.
[62] Zur Möglichkeit der Befristung MüKoAktG/*Schürnbrand* Rn. 5; Kölner Komm AktG/*Kersting* Rn. 17; Bürgers/Körber/*Pelz* Rn. 4.
[63] MüKoAktG/*Schürnbrand* Rn. 5; Kölner Komm AktG/*Kersting* Rn. 17; Hüffer/Koch/*Koch* Rn. 4; allgemein zur fortdauernden Wirkung der einstweiligen Verfügung trotz Abweisung der Hauptsacheklage BGH NJW-RR 1987, 288 (289); BGH NJW 1993, 2685 (2687); *Schuschke* in Schuschke/Walker Vollstreckung und vorläufiger Rechtsschutz, 2008, ZPO § 938 Rn. 13.
[64] Kölner Komm AktG/*Kersting* Rn. 16 f.
[65] MüKoAktG/*Schürnbrand* Rn. 5.

Vollziehung der einstweiligen Verfügung entstandenen **Schaden ersatzpflichtig**.[66] Anspruchsberechtigt ist grundsätzlich nur der geschädigte Antragsgegner selbst,[67] also die Gesellschaft. Wird der Vorstand durch die Maßnahme mittelbar geschädigt – richtet sich die Maßnahme also gegen die Gesellschaft (vertreten durch den Vorstand) und nicht fälschlicherweise direkt gegen den Vorstand – kommt ein Ersatz seines Schadens über § 945 ZPO allenfalls im Wege der Drittschadensliquidation in Betracht.[68]

§ 398 Eintragung

[1]Die Entscheidungen des Gerichts sind dem Registergericht mitzuteilen. [2]Dieses trägt sie, soweit sie eintragungspflichtige Rechtsverhältnisse betreffen, in das Handelsregister ein.

I. Überblick

1 § 398 S. 1 regelt die Mitteilungspflicht des Prozessgerichts, § 398 S. 2 befasst sich mit dem Verfahren vor dem Registergericht. Sinn und Zweck der Vorschrift ist zunächst die Sicherstellung des Verfahrens und die Publizität der gerichtlichen Entscheidungen, nach § 9 Abs. 1 und 2 HGB auch dann, wenn sie nicht eingetragen werden.[1] Bei konstitutiven Eintragungen tritt das Wirksamwerden der angeordneten Maßnahme hinzu, bei deklaratorischen die Vollständigkeit des Handelsregisters (→ Rn. 6).

2 Vorgängernorm ist § 290 AktG 1937, welche der heutigen Fassung weitgehend entspricht;[2] lediglich an Stelle des Gerichts in S. 1 der heutigen Fassung war früher das Reichswirtschaftsgericht genannt.

II. Mitteilungspflicht (S. 1)

3 **1. Gegenstand.** Gegenstand der Mitteilungspflicht sind die **Entscheidungen**. Mitzuteilen sind nicht nur die stattgebende Endentscheidung oder Abweisung der Klage zur Auflösung der Gesellschaft, sondern auch die Anordnungen, welche im Verfügungsverfahren nach § 397 getroffen werden, letzteres auch bei Abweisung als unzulässig.[3] Prozessleitende Entscheidungen wie zB Terminbestimmung sind unstrittig nicht mitzuteilen. Hingegen ist die Tatsache der Klageerhebung selbst nach hM mitteilungspflichtig.[4] Das ergibt sich zwar nicht direkt aus dem Wortlaut, aber zum einen aus dem dringenden Bedürfnis für eine solche Mitteilungspflicht und zum anderen daraus, dass ansonsten eine Mitteilung abweisender Entscheidungen nicht sinnvoll wäre, wenn nicht bereits die Initiierung des Verfahrens mitgeteilt werden müsste.

4 **2. Mitteilungspflicht des Prozessgerichts.** Auch wenn es sich nicht unmittelbar aus dem Wortlaut des § 398 S. 1 ableiten lässt, obliegt nach allgM die Mitteilungspflicht dem Prozessgericht.[5] Das Gericht, das über die Auflösungsklage gem. § 396 Abs. 1 S. 2 entscheidet, teilt somit aufgrund seiner verfahrensmäßig beherrschenden Stellung seine Entscheidungen dem Registergericht von

---

[66] Hüffer/Koch/*Koch* Rn. 4; Kölner Komm AktG/*Kersting* Rn. 19.
[67] BGH NJW 1994, 1413 (1416); MüKoZPO/*Drescher* ZPO § 945 Rn. 20; *Thomas/Putzo* ZPO § 945 Rn. 13; Musielak/Voit/*Huber* ZPO § 945 Rn. 8; Schuschke/Walker/*Schuschke*, Vollstreckung und vorläufiger Rechtsschutz, 2008, ZPO § 945 Rn. 28.
[68] Vgl. zur strittigen Anwendung der Drittschadensliquidation im Rahmen von § 945 ZPO bei mittelbarer Schädigung Dritter befürwortend *Thomas/Putzo* ZPO § 945 Rn. 13; MüKoZPO/*Heinze*, 2. Aufl 2002, ZPO § 945 Rn. 15; abl. Schuschke/Walker/*Schuschke*, Vollstreckung und vorläufiger Rechtsschutz, 2008, ZPO § 945 Rn. 29; Stein/Jonas/*Grunsky* ZPO § 945 Rn. 13; Zöller/*Vollkommer* ZPO § 945 Rn. 13a; MüKoZPO/*Drescher* ZPO § 945 Rn. 20.
[1] Hüffer/Koch/*Koch* Rn. 1.
[2] BegrRegE *Kropff* S. 498; Kölner Komm AktG/*Kersting* Rn. 3; MüKoAktG/*Schürnbrand* Rn. 1; Baumbach/Hueck AktG Rn. 1.
[3] Hüffer/Koch/*Koch* Rn. 2; Kölner Komm AktG/*Kersting* Rn. 6; Bürgers/Körber/*Pelz* Rn. 1; MüKoAktG/*Schürnbrand* Rn. 1.
[4] Hüffer/Koch/*Koch* Rn. 2; Bürgers/Körber/*Pelz* Rn. 1; MüKoAktG/*Schürnbrand* Rn. 2; Kölner Komm AktG/*Kersting* Rn. 8; Grigoleit/*Rachlitz* AktG §§ 396–398 Rn. 11; NK-AktR/*Werneckes* §§ 396–398 Rn. 6; Henssler/Strohn/*Strohn* Rn. 1; aA *Baumbach/Hueck* AktG Rn. 2, der sie nur als „zweckmäßig" ansieht; für K. Schmidt/Lutter/*Oetker* §§ 396–398 Rn. 15 sprechen der Wortlaut und ein systematischer Vergleich mit § 275 Abs. 4 S. 2 gegen die Mitteilungspflicht.
[5] Kölner Komm AktG/*Kersting* Rn. 5; Hüffer/Koch/*Koch* Rn. 2; MüKoAktG/*Schürnbrand* Rn. 1; Großkomm AktG/*K. Schmidt* §§ 396–398 Rn. 24.

Amts wegen mit. Dafür sprechen sowohl systematische Überlegungen aufgrund der Stellung der Norm bei §§ 396, 397 als auch ein Vergleich mit § 275 Abs. 4.

III. Eintragung (S. 2)

1. Eintragung mitgeteilter Entscheidungen. Das Registergericht trägt mitgeteilte Entscheidungen des Prozessgerichts in das Handelsregister ein, soweit Entscheidungen eintragungspflichtige Rechtsverhältnisse betreffen. Ein Antrag auf Eintrag ist nicht erforderlich. Eintragungspflichtige Rechtsverhältnisse werden von Amts wegen eingetragen; wenn ein eintragungspflichtiges Rechtsverhältnis nicht betroffen ist, nimmt das Registergericht die Mitteilungen lediglich zu den Registerakten, wo sie jedermann einsehen kann, § 9 Abs. 1 HGB.[6] 5

2. Rechtliche Bedeutung. Die rechtliche Bedeutung der Registereintragung ist umstritten. Nach hM ist hierbei zwischen deklaratorischer und konstitutiver Bedeutung zu differenzieren, wobei die Eintragung in der Regel nur der Kundmachung dient und somit deklaratorische Wirkung hat (zB Entscheidung über die Auflösung nach § 263 oder Bestellung und Abberufung von Vorstandsmitgliedern nach § 81).[7] Ob sie nur kundmachende Tatsache ist oder ihr rechtsbegründende Wirkung zukommt, hängt folglich davon ab, ob die jeweilige Maßnahme zu ihrer Wirksamkeit der Eintragung bedarf oder nicht. Die Gegenmeinung, nach der die Eintragung stets nur deklaratorisch wirkt,[8] geht unzutreffend davon aus, die Wirksamkeit der Entscheidung entspreche der Wirksamkeit der von der Entscheidung angeordneten Maßnahme und ist insbesondere nicht mit § 181 Abs. 3 vereinbar. 6

---

[6] Kölner Komm AktG/*Kersting* Rn. 2; Hüffer/Koch/*Koch* Rn. 3; MüKoAktG/*Schürnbrand* Rn. 3.
[7] Hüffer/Koch/*Koch* Rn. 3; MüKoAktG/*Schürnbrand* Rn. 3; Kölner Komm AktG/*Kersting* Rn. 14 f.; Grigoleit/*Rachlitz* §§ 396–398 Rn. 12.
[8] *Baumbach/Hueck* AktG Rn. 3; Großkomm AktG/*Klug*, 3. Aufl. 1975, Anm. 4.

# Dritter Teil. Straf- und Bußgeldvorschriften. Schlußvorschriften

§ 399 Falsche Angaben

(1) Mit Freiheitsstrafe bis zu drei Jahren oder mit Geldstrafe wird bestraft, wer
1. als Gründer oder als Mitglied des Vorstands oder des Aufsichtsrats zum Zweck der Eintragung der Gesellschaft oder eines Vertrags nach § 52 Absatz 1 Satz 1 über die Übernahme der Aktien, die Einzahlung auf Aktien, die Verwendung eingezahlter Beträge, den Ausgabebetrag der Aktien, über Sondervorteile, Gründungsaufwand, Sacheinlagen und Sachübernahmen oder in der nach § 37a Absatz 2, auch in Verbindung mit § 52 Absatz 6 Satz 3, abzugebenden Versicherung,
2. als Gründer oder als Mitglied des Vorstands oder des Aufsichtsrats im Gründungsbericht, im Nachgründungsbericht oder im Prüfungsbericht,
3. in der öffentlichen Ankündigung nach § 47 Nr. 3,
4. als Mitglied des Vorstands oder des Aufsichtsrats zum Zweck der Eintragung einer Erhöhung des Grundkapitals (§§ 182 bis 206) über die Einbringung des bisherigen, die Zeichnung oder Einbringung des neuen Kapitals, den Ausgabebetrag der Aktien, die Ausgabe der Bezugsaktien, über Sacheinlagen, in der Bekanntmachung nach § 183a Abs. 2 Satz 1 in Verbindung mit § 37a Abs. 2 oder in der nach § 184 Abs. 1 Satz 3 abzugebenden Versicherung,
5. als Abwickler zum Zweck der Eintragung der Fortsetzung der Gesellschaft in dem nach § 274 Abs. 3 zu führenden Nachweis oder
6. als Mitglied des Vorstands einer Aktiengesellschaft oder des Leitungsorgans einer ausländischen juristischen Person in der nach § 37 Abs. 2 Satz 1 oder § 81 Abs. 3 Satz 1 abzugebenden Versicherung oder als Abwickler in der nach § 266 Abs. 3 Satz 1 abzugebenden Versicherung

falsche Angaben macht oder erhebliche Umstände verschweigt.

(2) Ebenso wird bestraft, wer als Mitglied des Vorstands oder des Aufsichtsrats zum Zweck der Eintragung einer Erhöhung des Grundkapitals die in § 210 Abs. 1 Satz 2 vorgeschriebene Erklärung der Wahrheit zuwider abgibt.

Schrifttum: *Altmeppen,* Zur Mantelverwendung in der GmbH, NZG 2003, 145; *Altmeppen,* Schutz vor „europäischen" Kapitalgesellschaften, NJW 2004, 97; *Altmeppen,* Cash-Pool, Kapitalaufbringungshaftung und Strafbarkeit der Geschäftsleiter wegen falscher Versicherung, ZIP 2009, 1545; *Altmeppen,* Cash Pooling und Kapitalaufbringung, NZG 2010, 441; *Ambos,* Internationales Strafrecht, 5. Aufl. 2018; *Avvento,* Hin- und Herzahlen: Offenlegung als konstitutive Voraussetzung des Eintritts der Erfüllungswirkung?, BB 2010, 202; *Bayer/Lieder,* Moderne Kapitalaufbringung nach ARUG, GWR 2010, 3; *Beukelmann,* Europäisches Strafrecht, NJW-Spezial 2006, 183; *Beukelmann,* Strafbarkeit des Aufsichtsrates, NJW-Spezial 2009, 152; *Bittmann,* Strafrechtliche Folgen des MoMiG, NStZ 2009, 113; *Blasche,* Verdeckte Sacheinlage und Hin- und Herzahlen – Abgrenzung, Unterschiede sowie Einordnung wichtiger Praxisfälle, GmbHR 2010, 288; *Blasche,* Zweigniederlassungen in- und ausländischer Kapitalgesellschaften, GWR 2012, 169; *Böttcher,* Die kapitalschutzrechtlichen Aspekte der Aktionärsrechterichtlinie (ARUG), NZG 2008, 481; *Bohrer,* Kann eine GmbH wirtschaftlich neu gegründet werden? – Von Mänteln, Mimikry-Gesellschaften und Vertrauenshaftung, DNotZ 2003, 888; *Bormann,* Die Kapitalaufbringung nach dem Regierungsentwurf des MoMiG, GmbHR 2007, 897; *Bormann,* Kapitalerhöhungen im Cash Pooling – welche Erleichterungen bringt das MoMiG tatsächlich?, DStR 2009, 641; *Bosse,* Grünes Licht für das ARUG: das Aktienrecht geht online, NZG 2009, 807; *Brand,* Abschied von der Interessentheorie – und was nun? – Besprechung von BGH, Beschl. v. 10.2.2009 – 3 StR 372/08, NStZ 2010, 9; *Brand,* Anm. zur Entscheidung des BGH vom 15.5.2012 (3 StR 118/11, NJW 2012, 2366) – zur Frage der Bankrottstrafbarkeit eines GmbH-Geschäftsführers – Aufgabe der „Interessentheorie", NJW 2012, 2370; *Brettner,* Die Strafbarkeit wegen Insolvenzverschleppung gemäß § 15a InsO, 2013; *Brodowski,* Strafrechtsrelevante Entwicklungen in der Europäischen Union – ein Überblick, ZIS 2012, 558; *Bruns,* Faktische Betrachtungsweise und Organhaftung, JZ 1958, 461; *Bülte,* Der Irrtum über das Verbot im Wirtschaftsstrafrecht, NStZ 2013, 65; *Calliess/Ruffert,* EUV, AEUV, 5. Aufl. 2016; *Caspari,* Anlegerschutz in Deutschland im Lichte der Brüsseler Richtlinien, NZG 2005, 98; *Ceffinato,* Die verdeckte Sacheinlage nach der Reform des GmbHG aus strafrechtlicher Sicht, wistra 2010, 171; *Cerny,* § 264a StGB – Kapitalanlagebetrug, Gesetzlicher Anlegerschutz mit Lücken, MDR 1987, 271; *Crezelius,* Kurzkommentar zu OLG Köln v. 22.5.1990 – 22 U 272/89, EWiR 1990, 693; *Crezelius,* Zivilrechtliche Aspekte des Schütt-aus-hol-zurück-Verfahrens, ZIP 1991, 499; *Diekmann/Nolting,* Aktienrechtsnovelle 2011, NZG 2011, 6; *Dierlamm,* Der faktische Geschäftsführer im Strafrecht – ein Phantom?, NStZ 1996, 153; *Döser,* Erweiterte Bankenhaftung aus der Einzahlungsbestätigung bei gesellschaftsrechtlichen Kapitalmaßnahmen, NJW 2006, 881; *Drinhausen/Keinath,* Referentenentwurf eines Gesetzes zur Umsetzung der Aktionärsrichtlinie (ARUG) – Weitere Schritte zur Modernisierung des Aktienrechts, BB 2008, 2078; *Drinhausen/Keinath,* Referentenentwurf einer „kleinen Aktienrechtsnovelle", BB 2011, 11; *Drinhausen/Keinath,* Regierungsentwurf zur Aktienrechtsnovelle

2012, BB 2012, 395; *Drygala,* Zur Neuregelung der Tätigkeitsverbote für Geschäftsleiter von Kapitalgesellschaften, ZIP 2005, 423; *Drygala,* Europäische Niederlassungsfreiheit vor der Rolle rückwärts?, EuZW 2013, 569; *Eisele,* Oberste Rechtsprechung zum Tätigwerden der Gemeinschaftsgesetzgeber auf dem Gebiet des Strafrechts, JZ 2008, 251; *Erdmann,* Ausländische Staatsangehörige in Geschäftsführungen und Vorständen deutscher GmbHs und AGs, NZG 2002, 503; *Escher-Weingart,* Aktienrecht und Differenzhaftung, AG 1987, 310; *Farrenkopf/Cahn,* Differenzhaftung im Aktienrecht?, AG 1985, 209; *Fromm,* Zur Nichtigerklärung des Rahmenbeschlusses 2005/667/JI des Rates vom 12.7.2005, ZIS 2008, 168; *Fuhrmann,* Die Bedeutung des „faktischen Organs" in der strafrechtlichen Rechtsprechung des Bundesgerichtshofs, FS Tröndle, 1989, 139; *Geerds,* Wirtschaftsstrafrecht und Vermögensschutz, 1990; *Gernoth,* Das deutsche Handelsregister – telekommunikative Steinzeit im Zeichen des europäischen Wettbewerbs, BB 2004, 837; *Goette,* Aktuelle Rechtsprechung zur GmbH – Kapitalschutz und Organhaftung, DStR 2003, 887; *Goette,* Haftungsfragen bei der Verwendung von Vorratsgesellschaften und „leeren" GmbH-Mänteln, DStR 2004, 461; *Goette,* Zu den Folgen der Anerkennung ausländischer Gesellschaften mit tatsächlichem Sitz im Inland für die Haftung ihrer Gesellschafter und Organe, ZIP 2006, 541; *Grabitz/Hilf/Nettesheim,* Das Recht der Europäischen Union, 64. EL 2018; *Gross/Schork,* Strafbarkeit des directors einer Private Company Limited by Shares wegen verspäteter Insolvenzantragstellung, NZI 2006, 10; *Gsell/Krüger/Lorenz/Reymann,* beck-online.Großkommentar zum Zivilrecht, Stand: 1.3.2018; *Habersack,* Verdeckte Sacheinlage, nicht ordnungsgemäß offengelegte Sacheinlage und Hin- und Herzahlen – Geklärte und ungeklärte Fragen nach „Eurobike", GWR 2010, 107; *Habetha,* Bankrott und Untreue in der Unternehmenskrise, NZG 2012, 1134; *Hallweger,* Die freie Verfügbarkeit von Bareinlagen aus Kapitalerhöhungen in der Aktiengesellschaft, DStR 2002, 2131; *Hefendehl,* Der missbrauchte Farbkopierer (Fallbesprechung), Jura 1992, 374; *Hefendehl,* Vermögensgefährdung und Expektanzen, 1994; *Hefendehl,* Die Popularklage als Alternative zum Strafrecht bei Delikten gegen die Gemeinschaft, GA 1997, 119; *Hefendehl,* Kollektive Rechtsgüter im Strafrecht, 2002; *Hefendehl,* Das Rechtsgut als materialer Angelpunkt einer Strafnorm, in Hefendehl/von Hirsch/Wohlers (Hrsg.), Die Rechtsgutstheorie, 2003, 119; *Hefendehl,* Kriminalitätstheorien und empirisch nachweisbare Funktionen der Strafe: Argumente für und wider die Etablierung einer Unternehmensstrafbarkeit, MschrKrim 86 (2003), 27; *Hefendehl,* Tatherrschaft in Unternehmen vor kriminologischer Perspektive, GA 2004, 575; *Hefendehl,* Kriminologie, Dogmatik, Kriminalpolitik: ein Leben in friedlicher Koexistenz?, in Hefendehl (Hrsg.), Empirische und dogmatische Fundamente, kriminalpolitischer Impetus, 2005, 3; *Hefendehl,* Europäischer Umweltschutz: Demokratiespritze für Europa oder Brüsseler Putsch?, ZIS 2006, 161; *Hefendehl,* Der Straftatbestand der Insolvenzverschleppung und die unstete Wirtschaft – Ausländische Gesellschaftsformen – faktische Organe – Führungslosigkeit, ZIP 2011, 601; *Hefendehl,* Ein Wolf im Schafspelz? Ein ganzes Wolfsrudel! Herrschaftsstabilisierung über Strafrecht und juristische Ausbildung, KJ 2016, 577; *Heger,* Perspektiven des Europäischen Strafrechts nach dem Vertrag von Lissabon, ZIS 2009, 406; *Heidenhain,* Anwendung der Gründungsvorschriften des GmbH-Gesetzes auf die wirtschaftliche Neugründung einer Gesellschaft, NZG 2003, 1051; *Heidinger/Meyding,* Der Gläubigerschutz bei der „wirtschaftlichen Neugründung" von Kapitalgesellschaften, NZG 2003, 1129; *v. Heintschel-Heinegg,* Beck'scher Online-Kommentar StGB, 39. Ed. 2018; *Helmrich,* Zur Abkehr von der Interessentheorie bei Insolvenzstraftaten (§§ 283–283c StGB), ZInsO 2009, 1475; *Henkel,* Kapitalaufbringung bei der GmbH nach dem MoMiG – Hin- und Herzahlen, NZI 2010, 84; *Hentzen,* Die Abgrenzung von Kapitalaufbringung und Kapitalerhaltung im Cash-Pool, DStR 2006, 948; *Henze,* Zur Problematik der „verdeckten (verschleierten) Sacheinlage" im Aktien- und GmbH-Recht, ZHR 154 (1990), 105; *Hermanns,* Grauzonen im Kapitalaufbringungsrecht der GmbH – die Abgrenzung der verdeckten Sacheinlage vom Hin- und Herzahlen – Zugleich Anmerkungen zum Urt. des OLG Köln v. 20.5.2010 – 18 U 122/09, DNotZ 2011, 325; *Heßeler,* Amtsunfähigkeit von GmbH-Geschäftsführern gemäß § 6 Abs. 2 GmbHG, 2009; *Heyer/Reichert-Clauß,* Sichere Verwendung von Vorratsgesellschaften – die Änderungen der Rechtsprechung, NZG 2005, 193; *Hinghaus/Höll/Hüls/Ransiek,* Inhabilität nach § 6 Abs. 2 Nr. 3 GmbHG und Rückwirkungsverbot, wistra 2010, 291; *Hippeli,* Verfassungsmäßigkeit der Amtsunfähigkeit eines AG-Vorstands im Zusammenhang mit einer Verurteilung wegen vor Erweiterung des § 76 Abs. 3 AktG begangener Fälle von Marktmanipulation, jurisPR-HaGesR 9/2016 Anm. 4; *Jacobi,* Der Straftatbestand des Kapitalanlagebetrugs (§ 264a StGB), 2000; *Jäger,* Kapitalaufbringung und Haftungsrisiken in Cash-Management-Systemen von GmbH-Konzernen, DStR 2000, 1653; *Jescheck/Weigend,* Lehrbuch des Strafrechts Allgemeiner Teil, 5. Aufl. 1996; *Jeßberger,* Der transnationale Geltungsbereich des deutschen Strafrechts, 2011; *Joecks,* Anleger- und Verbraucherschutz durch das 2. WiKG, wistra 1986, 142; *Kau/Kukat,* Haftung von Vorstands- und Aufsichtsratsmitgliedern bei Pflichtverletzungen nach dem Aktiengesetz, BB 2000, 1045; *Kersting,* Verdeckte Sacheinlage in die Aktiengesellschaft: Erleichterungen durch das MoMiG, AG 2008, 883; *Kert,* Vorschläge für neue EU-Instrumente zur (strafrechtlichen) Bekämpfung von Insiderhandel und Marktmanipulation, NZWiSt 2013, 252; *Kiethe,* Abwehrfunktion des nationalen Deliktsrechts im Internationalen Gesellschaftsrecht?, RIW 2005, 649; *Kiethe,* Die Unangemessenheit des Honorars – Haftungs„falle" für Unternehmensberater und -sanierer?, BB 2005, 1801; *Kiethe,* Gesellschaftsstrafrecht – Zivilrechtliche Haftungsgefahren für Gesellschaften und ihre Organmitglieder, WM 2007, 722; *Kindler,* Auf dem Weg zur Europäischen Briefkastengesellschaft? – Die „Überseering"-Entscheidung des EuGH und das internationale Privatrecht, NJW 2003, 1073; *Kindler,* Der reale Niederlassungsbegriff nach dem VALE-Urteil des EuGH, EuZW 2012, 888; *Klein,* Pflichten und Haftungsrisiken der Geschäftsleitung beim Cash Pooling, ZIP 2017, 258; *Klein,* Die Rechtsstellung der Emissionsbank bei der Aktien- und Wandelanleiheemission und ihre Auswirkung auf die Unterpariemission nach § 199 Abs. 2 Satz 1 AktG, AG 2017, 415; *Klöhn/Schaper,* Grenzüberschreitende Kombination von Gesellschaftsformen und Niederlassungsfreiheit, ZIP 2013, 49; *Krack,* Tätige Reue im Wirtschaftsstrafrecht, NStZ 2001, 505; *Krack,* Sportwettbetrug und Manipulation von berufssportlichen Wettbewerben, ZIS 2016, 540; *Krause,* Strafrechtliche Haftung des Aufsichtsrates, NStZ 2011, 57; *Leipold,* Auswirkungen des MoMiG auf das Strafrecht, NJW-Spezial 2008, 472; *Liebl,* Die bundesweite Erfassung von Wirtschaftsstraftaten nach einheitlichen Gesichtspunkten, 1984; *Lieder,* Rechtsfragen der aktienrechtlichen Nachgründung nach ARUG, ZIP 2010, 964; *Link,* Zur Frage der Bankrott-Strafbarkeit eines GmbH-Geschäftsführers, NJW 2009, 2228; *Lorenz,* Die Versicherungen neu bestellter GmbH-Geschäftsführer bei der Handelsregisteranmeldung (insbesondere Sportwettbetrug), AnwZert HaGesR 9/2018 Anm. 1; *Lutter,* Das überholte Thesaurierungsgebot bei Eintragung einer Kapitalgesellschaft im Handelsregister, NJW 1989, 2649; *Lutter/Leinekugel,* Fehlerhaft angemeldete Kapitalerhöhungen, ZIP 2000, 1225; *Lutter/Zöllner,* Zur Anwendung der Regeln über die Sachkapitalerhöhung auf das Ausschüttungs-Rückhol-Verfahren, ZGR 1996, 164; *Mankowski/Bock,* Fremdrechtsanwendung im Strafrecht durch Zivilrechtsakzessorietät bei Sachverhalten mit Auslandsbezug für Blanketttatbestände und Tatbestände mit normativem Tatbestandsmerkmal, ZStW 120 (2008), 704; *Mansdörfer,* Das europäische Strafrecht nach dem Vertrag von Lissabon – oder: Europäisierung des Strafrechts unter nationalstaatlicher Mitverantwortung, HRRS 2010, 11; *Marsch-Barner,* Anm. zu BGH v. 26.9.2005 – II ZR 380/03, WM 2005, 2095; *Melchior,* Ausschluss vom Amt als Geschäftsführer wegen Sportwettbetruges (?), GmbHR 2017, R193; *Merkner/Decker,* Vereinfachte Sachkapitalerhöhung nach dem ARUG – Wertvolle Deregulierung oder Regelung auf dem Papier?, NZG 2009, 887; *Meyer,* Die Strafvorschriften des neuen Aktiengesetzes, AG 1966, 109; *Mitsch,* Strafrecht Besonderer Teil 2, Vermögensdelikte, 3. Aufl. 2015; *Morsch,* Probleme der Kapitalaufbringung und der Kapitalerhaltung im Cash-Pool, NZG 2003, 97; *Mühlbauer,* Ablisten und Verwenden von Geldautomatenkarten als Betrug und Computerbetrug, NStZ 2003, 650; *Müller-Eising,* Aktienrechtsnovelle 2012 – Was bringt sie Neues?, GWR 2012, 77; *Müller-Gugenberger,* Glanz und Elend der GmbH-Strafrechts, FS Tiedemann, 2008, 1003; *Nack,* Der Indizienbeweis, MDR 1986, 366; *Niedernhuber,* Strafrechtliche Risiken des konzernweiten Cash Pooling, 2016; *Oppenländer,* Anmerkung zum Beschluss des OLG Stuttgart vom 10.10.2012 (8 W 241/11, GmbHR 2013, 91) – Zur Frage des Erfordernisses an die Versicherung des Geschäftsführers hinsichtlich Straftatbeständen als Bestellungshindernisse, GmbHR 2013, 92; *Petig,* Verdeckte Sacheinlagen im GmbH- und Aktienrecht, 2012; *Pohl,* Bankrott durch faktisches Vertreterhandeln, wistra 2013, 329; *Protzen,* Prozessbetrug durch Behaupten abstrakter Rechtssätze, wistra 2003, 208; *Radtke,* Zur Strafbarkeit wegen Beihilfe zum Bankrott, GmbHR 2009, 875; *Radtke,* Die strafrechtliche Organ- und Vertreterhaftung (§ 14 StGB) vor der Neuausrichtung?, JR 2010, 233; *Radtke,* Organ- und Vertreterhaftung aus strafrechtlicher Sicht, ZIP 2016, 1993; *Reichard,* Gerichtliche Aufsichtsratsergänzung bei Beschlussboykott, AG 2012, 359; *Richter,* „Scheinauslandsgesellschaften" in der deutschen Strafverfolgungspraxis, FS Tiedemann, 2008, 1023; *Ries,* Das deutsche HR – ein Relikt aus der Steinzeit?, BB 2004, 2145; *Roth,* Die Haftung des faktischen Geschäftsführers im Konkurs der GmbH, ZGR 1989, 421; *Rübenstahl,* §§ 265c und 265d StGB – (Para-)Korruptionsstrafrecht zur Bekämpfung des Sportwettbetrugs und der Manipulation von Berufssportwettbewerben? (Teil 1), JR 2017, 264; *Satzger,* Internationales und Europäisches Strafrecht, 8. Aufl. 2018; *Satzger/Schluckebier/Widmaier,* Strafgesetzbuch, 3. Aufl. 2017; *Schaller,* Kurzkommentar zu BGH v. 17.5.2010 – II ZB 5/10, EWiR 2010, 533; *Schlösser,* Europäische Aktiengesellschaft und deutsches Strafrecht, NZG 2008, 126; *Schön,* Das System der gesellschaftsrechtlichen Niederlassungsfreiheit nach VALE, ZGR 2013, 333; *Schork/Reichling,* Neues Strafrecht aus Brüssel? – Europäische Kommission forciert Verschärfung des Kapitalmarktstrafrechts und Einführung eines Unternehmensstrafrechts, StraFo 2012, 125; *Schröder,* Aktienhandel und Strafrecht, 1994; *Schubert/Hommelhoff,* Hundert Jahre modernes Aktienrecht, Zeitschrift für Unternehmens- und Gesellschaftsrecht, Sonderheft 4, 1985; *Schünemann,* Spät kommt ihr, doch ihr kommt: Glosse mit Bedenken zur Lissabon-Entscheidung des BVerfG, ZIS 2009, 393; *Schüppen,* Systematik und Auslegung des Bilanzstrafrechts, 1993; *Schumacher,* Verwendung „gebrauchter" GmbH-Mäntel, DStR 2003, 1884; *Schuster,* Anm. zu BGH v. 14.6.2016 – 3 StR 128/16, NStZ 2016, 676; *Schwintowski,* Zum Gründungsschwindel nach AktG § 399 Abs. 1 Nr. 1, EWiR 2004, 627; *Seibert,* Aktienrechtsnovelle 2011, DB 2010, M01; *Seibert/Böttcher,* Der Regierungsentwurf der Aktienrechtsnovelle 2012, ZIP 2012, 12; *Seier,* Prozessbetrug durch Rechts- und ungenügende Tatsachenbehauptung, ZStW 102 (1990), 563; *Servatius,* Die besondere Zweckbindung des Stammkapitals bei Drittgeschäften mit Gesellschaftern, DStR 2004, 1176; *Sick,* Unternehmensmitbestimmung für ausländische Gesellschaften – Inkonsistenzen beheben!, GmbHR 2011, 1196; *Sieber/Satzger/von Heintschel-Heinegg,* Europäisches Strafrecht, 2. Aufl. 2014; *Sieger/Wirtz,* Cash-Pool: Fehlgeschlagene Kapitalmaßnahmen und Heilung im Recht der GmbH, ZIP 2005, 2277; *Spatscheck/Wulf,* Straftatbestände der Bilanzfälschung nach dem HGB – ein Überblick, DStR 2003, 173; *Spindler/Berner,* Der Gläubigerschutz im Gesellschaftsrecht nach Inspire Art, RIW 2004, 7; *Sporré,* Verdeckte Sacheinlagen und (unzulässiges) Hin- und Herzahlen einer Einlage nach dem MoMiG – ein Überblick, DZWIR 2010, 184; *Stein,* § 6 Abs. 2 Satz 2 GmbHG, § 76 Abs. 3 Satz 2 AktG: Verfassungswidrige Berufsverbote?, AG 1987, 165; *Steinmetz,* Die verschleierte Sacheinlage im Aktienrecht aus zivil- und strafrechtlicher Sicht, 1990; *Stratenwerth/Kuhlen,* Strafrecht AT I, 6. Aufl. 2011; *Tebben,* Die Reform der GmbH – das MoMiG in der notariellen Praxis, RNotZ 2008, 441; *Tiedemann,* Gründungs- und Sanierungsschwindel durch verschleierte Sacheinlagen, FS Lackner, 1987, 737; *Traugott/Groß,* Leistungsbeziehungen zwischen Aktionär und Aktiengesellschaft: Wie lässt sich das Risiko einer verdeckten Sacheinlage verringern?, BB 2003, 481; *Tzouma,* Die Strafbarkeit des „faktischen Organs" im Unternehmensstrafrecht de lege lata et ferenda, 2017; *Valerius,* Anm. zu BGH, Beschluss vom 15.9.2011 – 3 StR 118/11, NZWiSt 2012, 65; *Voerste,* Nochmals: § 6 Abs 2 Satz 2 GmbHG, § 76 Abs 3 Satz 2 AktG: Verfassungswidrige Berufsverbote?, AG 1987, 376; *Volk,* Zur Strafbarkeit des Rechtsanwaltes bei Rechtsrat und Vertragsgestaltung, BB 1987, 139; *Wachter,* Anm. zu BGH v. 17.5.2010 – II ZB 5/10, ZIP 2010, 1339; *Wastl/Pusch,* Haftungsrechtliche Verantwortung des kontoführenden Kreditinstituts für die effektive Kapitalaufbringung unter Berücksichtigung strafrechtlicher Aspekte, WM 2007, 1403; *Wegner,* Anmerkung zum Beschluss des BGH vom 29.9.2004 (5 StR 357/04, wistra 2005, 68), wistra 2005, 150; *Weiß,* Ausschluss vom Geschäftsführeramt bei strafgerichtlichen Verurteilungen nach § 6 Abs. 2 GmbHG nF, wistra 2009, 209; *Weiß,* Die Versicherung des GmbH-Geschäftsführers über das Nichtvorliegen strafrechtlicher Verurteilungen (§ 8 Abs. 3 S. 1 GmbHG), GmbHR 2013, 1076; *Weiß,* Die Strafbarkeit falscher „überschießender" Angaben des Geschäftsführers nach § 82 Abs. 1 Nr. 5 GmbHG, wistra 2016, 9; *Weller,* Anmerkung zum Urteil des EuGH vom 12.7.2012 (C-378/10, NZG 2012, 871) – Zur

Frage der grenzüberschreitenden Umwandlung einer Gesellschaft, LMK 2012, 336113; *Werner*, Aktiengesellschaften von der Stange?, NZG 2001, 397; *Werner*, Aktuelle Probleme beim Einsatz von Vorratsgesellschaften, DStR 2005, 525; *Weyand*, Strafrechtliche Aspekte des MoMiG im Zusammenhang mit juristischen Personen, ZInsO 2008, 702; *Zimmer*, Nach „Inspire Art": Grenzenlose Gestaltungsfreiheit für deutsche Unternehmen?, NJW 2003, 3585; *Zimmermann*, Mehr Fragen als Antworten: Die 2. EuGH-Entscheidung zur Strafrechtsharmonisierung mittels EG-Richtlinien (Rs. C-440/05), NStZ 2008, 662; *Zimmermann*, Die Auslegung künftiger EU-Strafrechtsnormen nach dem Lissabon-Urteil des Bundesverfassungsgerichts, Jura 2009, 844.

Übersicht

	Rn.		Rn.
I. Rechtsgut und Deliktsstruktur	1–15	c) Tatgegenstände	172–178
1. Rechtsgut	1–5	3. Die Tatvariante des Ankündigungsschwindels, Abs. 1 Nr. 3	179–189
a) Vertrauensrechtsgut	3, 4	a) Täterkreis	181–183
b) Individualvermögen	5	b) Tatbestandliche Einschränkung	184, 185
2. Haftungsrechtliche Bedeutung	6–8	c) Tatgegenstand	186–189
3. Deliktsstruktur	9–14	4. Die Tatvariante des Kapitalerhöhungsschwindels (mit Mittelzufluss), Abs. 1 Nr. 4	190–214
4. Empirische und kriminalpolitische Bedeutung	15	a) Täterkreis	192
II. Entstehung, Entwicklung und (europäische) Perspektiven	16–22	b) Tatbestandliche Einschränkung	193
III. Allgemeines zu Täterschaft und Teilnahme	23–49	c) Tatgegenstände	194–214
1. Sonderdelikt	23–26	5. Die Tatvariante des Abwicklungsschwindels, Abs. 1 Nr. 5	215–222
2. Die strafrechtliche Organ- und Vertreterhaftung (§ 14 StGB)	27–30	a) Täterkreis	218
3. Faktisches Organ; faktische Betrachtungsweise	31–36	b) Tatbestandliche Einschränkung	219
		c) Tatobjekt	220–222
4. Organmitglieder ausländischer Gesellschaften	37–49	6. Die Tatvariante des Eignungsschwindels, Abs. 1 Nr. 6	223–251
IV. Objektiver Tatbestand: Die Tathandlungen	50–65	a) Täterkreis	224, 225
		b) Tatbestandliche Einschränkung	226
1. Machen falscher Angaben	51–58	c) Tatobjekt	227–251
2. Verschweigen erheblicher Umstände	59–64	7. Die Tatvariante des Kapitalerhöhungsschwindels (ohne Mittelzufluss), Abs. 2	252–258
3. Wahrheitswidrige Abgabe einer Erklärung	65	a) Täterkreis	253
		b) Tatbestandliche Einschränkung	254
V. Objektiver Tatbestand: Die einzelnen Tatvarianten	66–258	c) Tatobjekt	255–258
		VI. Subjektiver Tatbestand	259–261
1. Die Tatvariante des Gründungsschwindels durch unrichtige Anmeldung, Abs. 1 Nr. 1	66–164	**VII. Rechtswidrigkeit und Schuld**	262, 263
		VIII. Irrtum	264–272
a) Täterkreis	67–86	1. Tatbestandsirrtum	265–268
b) Tatbestandliche Einschränkung	87–102	2. Verbotsirrtum	269–272
c) Tatgegenstände	103–164	**IX. Vollendung und Beendigung**	273–280
2. Die Tatvariante des Gründungsschwindels durch unrichtige Berichte, Abs. 1 Nr. 2	165–178	1. Vollendung	273–275
		2. Teleologische Tatbestandsreduktion	276–278
		3. Beendigung	279, 280
a) Täterkreis	165–170	**X. Konkurrenzen**	281, 282
b) Tatbestandliche Einschränkung	171	**XI. Strafverfolgung und Rechtsfolgen**	283–289

I. Rechtsgut und Deliktsstruktur

1 **1. Rechtsgut.** Die Vorschrift soll falschen Angaben gegenüber dem Registergericht bei bestimmten, eintragungspflichtigen Rechtsgeschäften sowie in öffentlichen Ankündigungen vorbeugen und somit vor allem die **Korrektheit des Handels- und Unternehmensregisters** und das diesbezügliche Vertrauen von Personen schützen (vgl. bzgl. des Handelsregisters ferner den Gutglaubensschutz des § 15 HGB), die zu der AG wirtschaftliche Beziehungen unterhalten oder aufnehmen wollen.[1] Durch das Handels- und Unternehmensregister soll die an der Gesellschaft interessierte Öffentlichkeit

---

[1] Vgl. GHEK/*Fuhrmann* Rn. 2; MüKoAktG/*Schaal* Rn. 3 f.; MüKoStGB/*Kiethe* Rn. 1 f.; Park/*Südbeck/Eidam* Teil 3 Kap. 8.1. § 399 Rn. 3; K. Schmidt/Lutter/*Oetker* Rn. 1.

in die Lage versetzt werden, sich ein zutreffendes Bild von der wirtschaftlichen Situation der Gesellschaft zu machen.[2]

§ 399 schützt das Vertrauen des Rechtsverkehrs in die Vollständigkeit und Richtigkeit der mitgeteilten Tatsachen ebenso wie das Individualvermögen. Es findet also eine Doppelung des Rechtsguts statt.

a) Vertrauensrechtsgut. Nach überwiegender Auffassung ist Schutzgut der Norm mit ihren einzelnen Tatbeständen insgesamt das Vertrauen der (ggf. erst potenziellen) Vertragspartner der Gesellschaft und sonstiger an ihr interessierter Personen in die Vollständigkeit und Richtigkeit der die Gesellschaft betreffenden Handelsregistereintragungen sowie deren Grundlagen und die Wahrhaftigkeit der Angaben in öffentlichen Ankündigungen.[3] Ein „Vertrauen" ist allerdings nur insoweit ein schützenswertes Rechtsgut, als es tatsächlich existent ist[4] und – in Bezug auf den Tatbestand – sich konkret auf im HR bzw. Unternehmensregister zu findende Eintragungen bezieht.[5] Eine unbestimmte Vorstellung, zukünftige Handlungen, auf die § 399 Bezug nimmt (etwa eine Kapitalerhöhung), würden ordnungsgemäß erfolgen, mit der Gesellschaft oder dem HR sei „alles in Ordnung" usw, sind ebenso wenig geschützt[6] wie generell ein Vertrauen in die Geltung der Rechtsordnung (→ § 400 Rn. 4).[7]

Bezüglich der von § 399 in Bezug genommenen mitgeteilten Tatsachen ist näher zu differenzieren: Mit Ausnahme von § 399 Abs. 1 Nr. 3 erfolgen diese Erklärungen gegenüber dem Registergericht; sie werden ggf. sodann entweder (regelmäßig) ins HR oder ins Unternehmensregister eingetragen. Die Bedeutsamkeit des Unternehmensregisters beruht insbes. darauf, dass durch das EHUG[8] § 40 aufgehoben worden ist. Diese Norm legte bis zum 31.12.2006 fest, dass bestimmte Angaben, die bei der Anmeldung der Gesellschaft anzugeben sind, zwar nicht nach § 39 eingetragen, wohl aber in der Bekanntmachung der Eintragung publiziert werden. Der Gesetzgeber des EHUG wollte den Grundsatz umsetzen, dass die Bekanntmachung nur das Spiegelbild der Eintragung ist, das Unternehmensregister aber nicht – wie von § 40 aF bezweckt – weitergehende Inhalte aufweisen solle. Über die weiteren Einzelheiten könne sich der Rechtsverkehr in Zukunft jederzeit online unterrichten.[9] Nunmehr sind die zum Zwecke der Anmeldung eingereichten Dokumente nach § 8b Abs. 2 Nr. 1 HGB im Unternehmensregister einsehbar. Nach § 9 Abs. 1 S. 1 HGB ist die Einsichtnahme in das HR und in die zum HR eingereichten Dokumente jedem zu Informationszwecken gestattet. Hieraus ergibt sich der für das Vertrauensrechtsgut unerlässliche Vertrauensgegenstand. Bei § 399 Abs. 1 Nr. 3 bezieht sich das Vertrauen hingegen auf die Wahrhaftigkeit der Angaben in öffentlichen Ankündigungen, ohne dass damit für diese Tatvariante ein gesondertes Rechtsgut geschaffen wäre. Es wird zwar teilweise der Versuch unternommen, das Rechtsgut für die einzelnen Tatvarianten jeweils gesondert zu bestimmen.[10] Dies führt allerdings im Ergebnis, schon aufgrund des engen Sachzusammenhanges der Tatbestände und der einheitlichen Tathandlung, zu keinen inhaltlichen Abweichungen.[11]

---

[2] RGSt 40, 285 (286); MüKoAktG/*Schaal* Rn. 4.
[3] BGHZ 105, 121 (124) = NJW 1988, 2794 (2795); BGH NJW 2005, 3721 (3722 f.); RGSt 38, 195 (198); 40, 285 (286); 43, 407 (415); OLG Koblenz NJW 1988, 3275 (3277 f.); OLG München NZG 2004, 230 (232); OLG Hamm v. 3.2.2014 – 8 U 47/10, BeckRS 2015, 00257; GHEK/*Fuhrmann* Rn. 2; *Kiethe* WM 2007, 722 (725); MüKoAktG/*Schaal* Rn. 4; MüKoStGB/*Kiethe* Rn. 1; K. Schmidt/Lutter/*Oetker* Rn. 1: guter Glaube; Großkomm AktG/*Otto* Rn. 4; Park/*Südbeck/Eidam* Teil 3 Kap. 8.1. § 399 Rn. 3; *Steinmetz*, Die verschleierte Sacheinlage im Aktienrecht aus zivil- und strafrechtlicher Sicht, 1990, 101; GJW/*Temming* Rn. 2; ERST/*Brand* GmbHG § 82, AktG § 399 Rn. 10; *Wachter/Wachter*, 3. Aufl. 2018, Rn. 1; NK-WSS/*Krause/Twele* Rn. 1; Hölters/*Müller-Michaels* Rn. 1: allerdings ohne personelle Beschränkung (Vertrauen der Allgemeinheit); vgl. auch Kölner Komm AktG/*Geilen*, 1. Aufl. 1984, Rn. 15; krit. Kölner Komm AktG/*Altenhain* Rn. 11.
[4] Ausf. *Hefendehl*, Kollektive Rechtsgüter im Strafrecht, 2002, 124 ff., 255 ff.
[5] BGH NJW 2005, 3721 (3723); MüKoStGB/*Kiethe* Rn. 3; weitergehend OLG München ZIP 2004, 462: Ordnungsgemäßheit einer beabsichtigten zukünftigen Kapitalerhöhung ohne konkrete Kenntnis von der Handelsregistereintragung und ihren näheren Umständen.
[6] BGH NJW 2005, 3721 (3723); *Kiethe* WM 2007, 722 (725); MüKoStGB/*Kiethe* Rn. 3; K. Schmidt/Lutter/*Oetker* Rn. 2; *Wastl/Pusch* WM 2007, 1403 (1409); aA OLG München ZIP 2004, 462 (469).
[7] Über diese einschränkenden Kautelen geht auch die Kritik von Kölner Komm AktG/*Altenhain* Rn. 11 ins Leere.
[8] Gesetz über elektronische Handelsregister und Genossenschaftsregister sowie das Unternehmensregister v. 10.11.2006, BGBl. 2006 I 2553 mit Wirkung v. 1.1.2007.
[9] So BT-Drs. 16/960, 65; krit. Hüffer/Koch/*Koch*, 13. Aufl. 2018, § 40 Rn. 1: Elektronische Bekanntmachung hätte unschwer auch bisherigen erweiterten Inhalt haben können.
[10] Kölner Komm AktG/*Geilen*, 1. Aufl. 1984, Rn. 14; vgl. auch MüKoStGB/*Kiethe* Rn. 4 ff. mit spezifischer Beschreibung des Schutzgegenstandes.
[11] So iErg auch GHEK/*Fuhrmann* Rn. 2; MüKoAktG/*Kropff*, 2. Aufl. 2006, Rn. 4.

5 **b) Individualvermögen.** Der Schutz des Vertrauens in die Korrektheit des HR (bzw. des Unternehmensregisters) ist aber nicht Selbstzweck, sondern soll die an der Gesellschaft interessierten Personen vor schädlichen Vermögensdispositionen bewahren. Das Individualvermögen ist deswegen – anders wäre die allgemeine Anerkennung als Schutzgesetz iSd § 823 Abs. 2 BGB (→ Rn. 6) nicht möglich – ein von § 399 geschütztes Rechtsgut.[12] In den Schutzbereich sind nicht nur die Gläubiger der Gesellschaft sowie bestehende und zukünftige Aktionäre[13] (etwa beim derivativen Aktienerwerb),[14] sondern ist insgesamt die als Adressat der Angaben in Frage kommende Öffentlichkeit einbezogen, daneben auch die AG selbst als juristische Person.[15] Denn ihre Finanz- und Bestandsinteressen sind, etwa durch falsche Angaben über die Kapitalaufbringung ohne wirklichen Mittelzufluss, bei zahlreichen Tatvarianten ebenfalls unmittelbar betroffen.

6 **2. Haftungsrechtliche Bedeutung.** Sämtliche Tatvarianten des § 399 sind Schutzgesetze iSd § 823 Abs. 2 BGB (auch → Rn. 5, 11).[16] Dabei können sowohl die **Gesellschaft**[17] als auch die **Aktionäre** Ansprüche gegen den Täter geltend machen, und zwar auch (bzw. gerade) solche, die erst nach dem Tatzeitpunkt Aktien der Gesellschaft erwerben.[18] Der Gesellschaft selbst schreibt das AktG allerdings bei der Nichterfüllung von Einlageverpflichtungen oder bei unrichtigen oder unvollständigen Angaben im Zusammenhang mit der Gründung und Kapitalaufbringung bereits eigene umfangreiche Ansprüche zu, vor allem gegen die Gründer (vgl. § 46), so dass es des Umweges über § 823 Abs. 2 BGB nicht bedarf.[19] Dies gilt seit Inkrafttreten des MoMiG auch bei falschen Angaben über die Werthaltigkeit einer Sicherung für nicht voll einbezahlte Geldeinlagen. Für den Fall einer Bankenhaftung bei Ausstellung unrichtiger Bestätigungen iSd § 37 Abs. 1 S. 3 hält die Vorschrift in S. 4 eine eigene Anspruchsgrundlage bereit.[20] Vom Gesetzgeber nicht gesehene Schutzlücken können jedoch weiterhin über § 399 iVm § 823 Abs. 2 BGB geschlossen werden. ZT reicht die Haftung, da auf Schadensersatz gerichtet, (betragsmäßig) auch weiter als bei den Anspruchsgrundlagen des AktG, die – wie etwa § 37 Abs. 1 S. 4 – lediglich bis zur Höhe nicht eingebrachter Einlagen reichen.[21]

7 Ebenso sind (potenzielle) **Gläubiger** und sonstige Vertragspartner der Gesellschaft geschützt, nicht aber die innerhalb der einzelnen Tatvariante gemeinschaftlich anmeldungspflichtigen oder kontrollpflichtigen Personen wechselseitig, etwa beim Gründungsschwindel iSd § 399 Abs. 1 Nr. 1 die Gründer untereinander.[22] Alle Gründer sind persönlich für den gesetzlichen Ablauf der Gründung

---

[12] Achenbach/Ransiek/Rönnau/*Ransiek* 8. Teil 3. Kap. Rn. 17; *Kiethe* WM 2007, 722 (725); *Krack* NStZ 2001, 505 (506); *Steinmetz*, Die verschleierte Sacheinlage im Aktienrecht aus zivil- und strafrechtlicher Sicht, 1990, 101 f.; ERST/*Brand* GmbHG § 82, AktG § 399 Rn. 10; MHLS/*Dannecker* GmbHG § 82 Rn. 13; *Tzouma*, Die Strafbarkeit des „faktischen Organs" im Unternehmensstrafrecht de lege lata et ferenda, 2017, 232; für ausschließlichen Vermögensschutz Kölner Komm AktG/*Altenhain* Rn. 11; vgl. auch Scholz/Tiedemann/*Rönnau* GmbHG § 82 Rn. 10; UHL/*Ransiek* GmbHG § 82 Rn. 4 mit Kritik an der Annahme eines über den Vermögensschutz hinausgehenden Interesses an der Richtigkeit von Erklärungen über die GmbH.

[13] Hierzu etwa BGH NJW 1973, 1547 (1549).

[14] *Wastl*/*Pusch* WM 2007, 1403 (1408): Norm soll auch verhindern, dass Aktien in Umlauf gebracht werden, die nur Scheinwerte darstellen.

[15] BGHZ 105, 121 (125) = NJW 1988, 2794 (2795); GHEK/*Fuhrmann* Rn. 3; MüKoAktG/*Schaal* Rn. 5; MüKoStGB/*Kiethe* Rn. 2; Großkomm AktG/*Otto* Rn. 4 f.; *Steinmetz*, Die verschleierte Sacheinlage im Aktienrecht aus zivil- und strafrechtlicher Sicht, 1990, 101 ff.; aA Großkomm AktG/*Klug*, 3. Aufl. 1975, Anm. 3: Gesellschaft nicht einbezogen.

[16] *Bayer* NJW 2000, 2609 (2610 Fn. 13); *Holzborn/Foelsch* NJW 2003, 932 (938); *Kau/Kukat* BB 2000, 1045 (1047); MüKoAktG/*Schaal* Rn. 5; MüKoStGB/*Kiethe* Rn. 12; Großkomm AktG/*Otto* Rn. 5; NK-WSS/*Krause*/*Twele* Rn. 2; iErg auch Kölner Komm AktG/*Geilen*, 1. Aufl. 1984, Rn. 14 (je nach Tatbestand zu bestimmen), 15, 95, 110, 130, 143, 165; zu Abs. 1 Nr. 1 BGH NJW 1973, 1547 (1549); NJW 2005, 3721 (3723 f.); OLG München NZG 2004, 230 (231 f.); zu Abs. 1 Nr. 4 BGHZ 96, 231 (243) = NJW 1986, 837 (840); BGHZ 105, 121 (125) = NJW 1988, 2794 (2795); BGH NJW 2005, 3721 (3722); OLG München ZIP 2004, 462 (464); NJW-RR 2000, 1130; OLG Hamm v. 3.2.2014 – 8 U 47/10, BeckRS 2015, 00257; GJW/*Temming* Rn. 2; Henssler/Strohn/*Raum* Rn. 1; Hölters/*Müller-Michaels* Rn.; zT abw. Achenbach/Ransiek/Rönnau/*Ransiek* 8. Teil 3. Kap. Rn. 82: Abs. 1 Nr. 6 kein Schutzgesetz.

[17] BGHZ 105, 121 (125) = NJW 1988, 2794 (2795); OLG Hamburg NJOZ 2006, 3513 (3522); Achenbach/Ransiek/Rönnau/*Ransiek* 8. Teil 3. Kap. Rn. 19; *Kiethe* WM 2007, 722 (725); *Steinmetz*, Die verschleierte Sacheinlage im Aktienrecht aus zivil- und strafrechtlicher Sicht, 1990, 105 f.; GJW/*Temming* Rn. 2.

[18] BGHZ 105, 121 (125) = NJW 1988, 2794 (2795); BGH NJW 2005, 3721 (3723); OLG München NJW-RR 2000, 1130; OLG Koblenz NJW 1988, 3275 (3277 f.); GHEK/*Fuhrmann* Rn. 3; vgl. auch UHL/*Ransiek* GmbHG § 82 Rn. 7; offen BGH NJW 1986, 837 (840).

[19] Vgl. auch UHL/*Ransiek* GmbHG § 82 Rn. 8 unter Hinweis auf § 9a GmbHG.

[20] Hierzu BGHZ 175, 86 ff.; *Döser* NJW 2006, 881 f.; *Wastl*/*Pusch* WM 2007, 1403 ff.

[21] So der richtige Hinweis von *Döser* NJW 2006, 881.

[22] UHL/*Ransiek* GmbHG § 82 Rn. 7.

verantwortlich und müssen hier größtmögliche Sorgfalt walten lassen. Umgekehrt kann die Gesellschaft über § 31 BGB (Verantwortung für Organhandeln) für Dritte zum Anspruchsgegner werden.[23] Für einen solchen Schadensersatzanspruch erforderlich – aber auch ausreichend – ist, dass gerade aufgrund des Vertrauens in die Richtigkeit der zum HR oder in der öffentlichen Ankündigung gemachten Angaben ein **Schaden** erlitten wurde.[24] Die Ansprüche können im **Adhäsionsverfahren** gem. § 403 StPO verfolgt werden. Dies kann infolge des Akteneinsichtsrechtes nach § 406e StPO einen prozessualen Vorteil darstellen. Kein „Verletzter" iSd Vorschriften soll allerdings der Insolvenzverwalter sein, wenn er Schadensersatzansprüche der AG geltend macht, die in die Insolvenzmasse übergegangen sind. Die strafprozessuale Verletzteneigenschaft gehöre nicht zum „Vermögen des Gemeinschuldners", sondern sei an die (natürliche oder juristische) Person des Verletzten gebunden und gehe daher weder auf die Insolvenzmasse noch auf den Verwalter über.[25]

Die Haftungsvoraussetzungen können auch gegenüber einem **stillen Gesellschafter** (§§ 230 ff. HGB) vorliegen, der an der Gesellschaft zwar keinen mitgliedschaftlichen Anteil erwirbt, aber schuldrechtlich an Gewinn und ggf. auch Verlust beteiligt ist und als Gegenleistung eine in das Vermögen der Gesellschaft übergehende Einlage leistet.[26] Insofern ist der stille Gesellschafter nicht anders zu behandeln als jeder andere Vertragspartner der Gesellschaft. Die zur Begründung der Gegenauffassung vom OLG München – wörtlich – aufgestellte Prämisse, § 399 stelle mit seinen Verweisungsvorschriften „speziell für den Inhaber des Handelsgewerbes Schutzvorschriften auf",[27] steht nicht nur im Widerspruch zu den eigenen Feststellungen des Gerichtes über die vom BGH und von der allgemeinen Meinung definierte Schutzreichweite. Sie übersieht auch, dass die Aktionäre als Betriebsinhaber selbst (auch in der Eigenschaft als Gründer) zum Teil gerade Adressaten der Strafnorm sind.[28]

3. Deliktsstruktur. Auch wenn es – wie etwa bei § 82 GmbHG – das Ziel der Norm ist, arglistige 9 Täuschungen der Öffentlichkeit über die wesentlichen (vor allem: finanziellen) Grundlagen der AG zu verhindern,[29] ist ein dahingehender deliktischer (Zwischen-)Erfolg nicht erforderlich. Die Tatalternativen enthalten reine **Äußerungsdelikte** (auch → Rn. 273).[30] Einer Täuschung, einer Vermögensverfügung oder gar eines Schadens bedarf es nicht. Im Hinblick auf die Vermögensinteressen des geschützten Personenkreises (hierzu → Rn. 12) handelt es sich – nach herkömmlicher Interpretation – um ein **abstraktes Gefährdungsdelikt**.[31]

Richtigerweise genügt indes bei sog. **kollektiven (Vertrauens-)Rechtsgütern** wie demjenigen 10 bei § 403 (→ § 403 Rn. 7 ff.) die klassische Deliktsstrukturtrias – Verletzungsdelikt, konkretes Gefährdungsdelikt, abstraktes Gefährdungsdelikt – nicht.[32] Denn selbst für das abstrakte Gefährdungsdelikt bedarf es grundsätzlich einer tatbestandsmäßigen Handlung, die das Rechtsgut zu zerstören geeignet ist. Dies ist bei kollektiven Rechtsgütern wie dem Vertrauen in bestimmte für das Wirtschaftsleben essenzielle Institutionen (glücklicherweise) in aller Regel nicht der Fall. Vielmehr ist etwa über das sog. **materielle Äquivalent der Kumulation** der Rechtsgutsbezug der Tatbestandshandlung herzustellen.[33] Hieraus folgt: Bei allen kollektiven Rechtsgütern, solchen also, die nicht unmittelbar einem Individuum zuzuordnen sind,[34] verfügt der Verweis auf die Rechtsfigur des

---

[23] *Kiethe* WM 2007, 722 (725); vgl. auch BGHZ 150, 197 ff. mAnm *Marsch-Barner* WM 2005, 2095 ff.
[24] Kölner Komm AktG/*Altenhain* Rn. 12 mwN; MHLS/*Dannecker* GmbHG § 82 Rn. 17a.
[25] Vgl. insges. OLG Koblenz NJW 1988, 3275 (3277 f.).
[26] Wie hier Baumbach/Hueck/*Haas* GmbHG § 82 Rn. 9; *Kiethe* WM 2007, 722 (725); MüKoStGB/*Kiethe* Rn. 12; MüKoAktG/*Schaal* Rn. 5; Kölner Komm AktG/*Altenhain* Rn. 12; aA OLG München NZG 2004, 230 (232); Bürgers/Körber/*Pelz* Rn. 1; *Wastl/Pusch* WM 2007, 1403 (1409).
[27] OLG München NZG 2004, 230 (232); *Wastl/Pusch* WM 2007, 1403 (1409); zust. Bürgers/Körber/*Pelz*, 2. Aufl. 2011, Rn. 1.
[28] Das Urteil abl. *Schwintowski* EWiR 2004, 627 (628); MüKoStGB/*Kiethe* Rn. 12; Kölner Komm AktG/*Altenhain* Rn. 12.
[29] BGH GA 1959, 87 (88); RGSt 38, 128 (129); 43, 323 (325); 48, 153 (159); 73, 232; GHEK/*Fuhrmann* Rn. 2.
[30] GHEK/*Fuhrmann* Rn. 4; Erbs/Kohlhaas/*Schaal* Rn. 4; Kölner Komm AktG/*Geilen*, 1. Aufl. 1984, Rn. 8, 83; MüKoAktG/*Schaal* Rn. 6.
[31] Achenbach/Ransiek/*Rönnau* 8. Teil 3. Kap. Rn. 1, 17; GHEK/*Fuhrmann* Rn. 2, 4; Kölner Komm AktG/*Geilen*, 1. Aufl. 1984, Rn. 9; MüKoAktG/*Schaal* Rn. 4, 7; MüKoStGB/*Kiethe* Rn. 13; Großkomm AktG/ *Otto* Rn. 12; Park/*Südbeck/Eidam* Teil 3 Kap. 8.1. § 399 Rn. 4; K. Schmidt/Lutter/*Oetker* Rn. 2; Erbs/Kohlhaas/ *Schaal* Rn. 5; GJW/*Temming* Rn. 3; ERST/*Brand* GmbHG § 82, AktG § 399 Rn. 7; NK-WSS/*Krause/Twele* Rn. 2; Hölters/*Müller-Michaels* Rn. 4.
[32] *Hefendehl*, Kollektive Rechtsgüter im Strafrecht, 2002, 147 ff., 182 ff.
[33] Zu den materiellen Äquivalenten im Einzelnen vgl. *Hefendehl*, Kollektive Rechtsgüter im Strafrecht, 2002, 182 ff.
[34] Vgl. die präzisierten Definitionen zum kollektiven Rechtsgut bei *Hefendehl*, Kollektive Rechtsgüter im Strafrecht, 2002, 111 f.; *Hefendehl* in Hefendehl/von Hirsch/Wohlers, Die Rechtsgutstheorie, 2003, 119 (126).

abstrakten Gefährdungsdelikts über keine legitimatorische Kraft. Vielmehr ist jeweils zu prüfen, ob *erstens* das überindividuelle Rechtsgut eines besonderen Schutzes bedarf und *zweitens* dieses Rechtsgut einem plausiblen Risiko nicht nur durch die eine Tathandlung ausgesetzt ist. Ansonsten würde lediglich ein Ideal geschützt.

11 In den Konstellationen, in denen wie bei §§ 399, 400 verschiedene unterschiedliche Rechtsgüter geschützt werden, also neben einem überindividuellen Rechtsgut auch noch das individuelle Rechtsgut des Vermögens, stellt sich die Problematik der Deliktsstruktur nicht in gleicher Schärfe wie bei solchen Straftatbeständen, die ausschließlich ein überindividuelles Rechtsgut zum Gegenstand haben. Denn das Rechtsgut des Vermögens kann über das „klassische" abstrakte Gefährdungsdelikt erfasst werden. Kriminalpolitisch liegt zwar ein **additiver Vermögensschutz** gerade im AktG nahe, um den Normen der §§ 399 ff. über § 823 Abs. 2 BGB zumindest ein wenig praktische Relevanz zu verschaffen. Auf der anderen Seite ist die schlichte Hinzufügung des Vermögens als Rechtsgut im Bereich des Wirtschaftsstrafrechts jeweils besonders kritisch zu analysieren: Denn natürlich ist der Schutz kollektiver Rechtsgüter richtigerweise kein Selbstzweck, sondern auf personale Interessen bezogen,[35] so dass sich der Schutz des Vermögens im Wirtschaftsstrafrecht zwar anbieten mag, aber nicht automatisch zu bejahen ist. Allerdings ist auch umgekehrt häufig die Frage zu stellen, ob die Konstruktion eines kollektiven Rechtsguts nicht eine abzulehnende **Scheinkonstruktion** ist und es allein beim individuellen Rechtsgüterschutz bleiben sollte. Für den Bereich des Aktienstrafrechts ist dies aber auszuschließen. Hier geht es – wie etwa beim Kapitalanlagebetrug (§ 264a StGB)[36] – um das Vertrauensverhältnis von Anlegern zu solide strukturierten Institutionen und damit um den legitimen Schutz von Vertrauensrechtsgütern (→ Rn. 3).

12 In denjenigen Fällen, in denen wie bei §§ 399, 400 nach ganz herrschender Auffassung zusätzlich das Vermögen und damit ein individuelles Rechtsgut geschützt wird, kommt es also zu einem **vorverlagerten Rechtsgutsschutz**. Ein solcher ist auch vor dem Hintergrund der Verfassungswidrigkeit der **Gesinnungsstrafbarkeit** und des Verhältnismäßigkeitsgrundsatzes nicht grenzenlos zulässig. Vielmehr müssen die folgenden beiden Bedingungen eingehalten werden, was in aller Regel übersehen wird: *Erstens* kann mit einem sozial indifferenten Verhalten kein tatbestandsmäßiges Verhalten umschrieben werden. Und *zweitens* muss mit einer Vorverlagerung des Rechtsgutsschutzes dieser effizienter ausgestaltet werden, als er ohne eine derartige Vorverlagerung wäre.[37]

13 Bereits aus den zahlreichen Querverweisen zu anderen Normen des AktG ergibt sich, dass die inhaltlichen Anforderungen an ein pflichtgemäßes Verhalten bei den gesetzlich vorgeschriebenen Anmeldungen und in öffentlichen Ankündigungen aus anderen Vorschriften hervorgehen. § 399 ist in diesem Umfang ausfüllungsbedürftig,[38] wobei ein Streit um die Einstufung als **Blankettnorm** und deren begriffliche Voraussetzungen keine Auslegungshilfe bietet und deswegen dahinstehen kann.[39] Aus der Bezugnahme auf andere aktienrechtliche Normen ergibt sich zugleich auch die Notwendigkeit einer **aktienrechtsakzessorischen Auslegung** des § 399.[40] Diese findet allerdings dort ihre Schranken, wo strafrechtliche Grundsätze (insbes. Art. 103 Abs. 2 GG) entgegenstehen.[41]

14 Infolge der Konkretisierungen durch die weiteren Normen des Aktienrechtes wird man von einer **hinreichenden verfassungsmäßigen Bestimmtheit** des § 399 ausgehen können.[42] Aus den in Bezug genommenen Normen sowie einer gefestigten Rechtsprechung ist auch hinreichend vorhersehbar, welche Umstände bei den jeweils zwingenden Angaben erheblich sind. Ein Verschweigen solcher Umstände ist, wie das Machen falscher Angaben, von zahlreichen Delikten insbesondere des Wirtschaftsstrafrechts erfasst und eine Pönalisierung für verfassungsge-

---

[35] *Hefendehl,* Kollektive Rechtsgüter im Strafrecht, 2002, 59 ff.
[36] Vgl. die Analyse im Einzelnen bei *Hefendehl,* Kollektive Rechtsgüter im Strafrecht, 2002, 260 ff. sowie Hefendehl in Hefendehl/von Hirsch/Wohlers, Die Rechtsgutstheorie, 2003, 119 (121 ff.).
[37] *Hefendehl,* Kollektive Rechtsgüter im Strafrecht, 2002, 105 ff.
[38] Vgl. Kölner Komm AktG/*Geilen,* 1. Aufl. 1984, Rn. 12: optimale Synthese zwischen Straf- und Zivilrecht.
[39] Zust. Kölner Komm AktG/*Altenhain* Rn. 15, der von einer blankettartigen Norm spricht; so auch GJW/*Temming* Rn. 4; die Bedeutung der Abgrenzung stark relativierend (im Ergebnis aber für die Einordnung als normatives Tatbestandsmerkmal plädierend) weiterhin auch ERST/*Brand* GmbHG § 82, AktG § 399 Rn. 6; vgl. ferner GHEK/*Fuhrmann* Rn. 5; MüKoAktG/*Schaal* Rn. 9; NK-WSS/*Krause/Tiwele* Rn. 2; MHLS/*Dannecker* GmbHG § 82 Rn. 23; zur Einordnung etwa MüKoStGB/*Kiethe* Rn. 16; Park/*Südbeck/Eidam* Teil 3 Kap. 8.1. § 399 Rn. 6.
[40] ERST/*Brand* GmbHG § 82, AktG § 399 Rn. 5; vgl. MüKoStGB/*Kiethe* Rn. 17.
[41] MüKoStGB/*Kiethe* Rn. 17.
[42] IErg auch GHEK/*Fuhrmann* Rn. 6; MüKoAktG/*Schaal* Rn. 10; *Steinmetz,* Die verschleierte Sacheinlage im Aktienrecht aus zivil- und strafrechtlicher Sicht, 1990, 94 ff.; GJW/*Temming* Rn. 4; Kölner Komm AktG/*Altenhain* Rn. 16 mit Hinweis auf die Relevanz der vom Verfassungsrecht gezogenen, spezifisch strafrechtlichen Grenzen in Rn. 17.

mäß erklärt worden.⁴³ Im Aktienstrafrecht streitet für die Legitimität erhöhter Wahrheitsanforderungen, dass sich die Tatbestände überwiegend an einen bereichsspezifisch versierten Täterkreis richten.⁴⁴

4. Empirische und kriminalpolitische Bedeutung. Über die (empirische) Bedeutung des 15 § 399 lässt sich im Wesentlichen nur **spekulieren**.⁴⁵ Die von *Liebl* erstellte „bundesweite Erfassung von Wirtschaftsstraftaten nach einheitlichen Gesichtspunkten" betrifft die Jahre 1974 bis 1981 und benennt für die Strafvorschriften nach dem AktG jeweils Zahlen im niedrigen einstelligen Bereich.⁴⁶ Hier wurde jedoch nur die mittlere und schwere Wirtschaftskriminalität erfasst.⁴⁷ In der Polizeilichen Kriminalstatistik 2017 sind nur 9 Fälle für alle Strafvorschriften des AktG erfasst.⁴⁸ Wie bei den meisten Wirtschaftsstraftaten aus dem Unternehmen heraus sind zudem erhebliche Ermittlungsprobleme zu konstatieren.⁴⁹ Unter anderem auch dieses **geringe Aufdeckungsrisiko** lässt die These nicht als tragfähig erscheinen, allein die Existenz der Strafnormen führe wegen deren abschreckender Wirkung zu den geringen Zahlen.⁵⁰ Zwar ist es nicht plausibler, dass etwa ein Betrug oder eine Untreue, die jeweils den Eintritt des Vermögensschadens als Erfolg voraussetzen, leichter nachgewiesen werden können. Möglich erscheint es aber, dass anlässlich eines Tatverdachts wegen falscher Angaben gem. § 399 auch die Kernstraftatbestände näher in den Blick genommen werden.⁵¹ Sollte sich dann ein Betrug nachweisen lassen, werden die in § 399 enthaltenen abstrakten Gefährdungsdelikte meist über die Opportunitätsvorschriften der **§§ 154, 154a StPO** eingestellt.⁵² Wie bei den anderen Straftatbeständen des Aktienstrafrechts scheint daher die eigentliche Bedeutung des § 399 in seinem angenommenen Schutzgesetzcharakter (→ Rn. 6) und damit in der Schaffung einer Basis für einen Schadensersatzanspruch nach § 823 BGB zu liegen.

II. Entstehung, Entwicklung und (europäische) Perspektiven

Einige der heute in § 399 enthaltenen Tatbestände waren mit ähnlichem Inhalt erstmals in § 313 16 HGB aF normiert, der sich auf den Gründungsschwindel (heute § 399 Abs. 1 Nr. 1) konzentrierte. Eine Übernahme in das Aktienrecht erfolgte im Wege der Gesamtreform zum AktG 1937 in § 295 aF.⁵³ Die Erkenntnis, dass Gefahren für den geschützten Personenkreis nicht nur von registerrelevanten Fehlinformationen über die Gesellschaft im Gründungsstadium ausgehen, führte zu fortlaufenden Ergänzungen des § 399.⁵⁴

Die umfangreichsten Änderungen in neuerer Zeit brachten das MoMiG,⁵⁵ das ARUG⁵⁶ sowie 17 das EHUG⁵⁷ mit sich. Dabei wurden § 399 (Nr. 1, 4 und 6) jeweils lediglich redaktionell angepasst – die inhaltlichen Änderungen vollzogen sich in den in Bezug genommenen zivilrechtlichen Vorschriften des AktG.

---

⁴³ Vgl. etwa BGHSt 30, 285 ff. = NJW 1982, 775 f. zu § 265b StGB; *Cerny* MDR 1987, 271 (275) zu § 264a StGB; iErg auch MüKoAktG/*Schaal* Rn. 10; MüKoStGB/*Kiethe* Rn. 17, eine streng zivilrechtsakzessorische Auslegung ablehnend.
⁴⁴ Vgl. hierzu BVerfGE 48, 48 (57) = NJW 1978, 1423; BGH NJW 2005, 445 (449) (zu § 400); GHEK/*Fuhrmann* Rn. 6; MüKoAktG/*Schaal* Rn. 10; Schönke/Schröder/*Eser/Hecker* StGB § 1 Rn. 21; *Steinmetz*, Die verschleierte Sacheinlage im Aktienrecht aus zivil- und strafrechtlicher Sicht, 1990, 195.
⁴⁵ Achenbach/Ransiek/Rönnau/*Ransiek* 8. Teil 1. Kap. Rn. 27, 3. Kap. Rn. 15; MüKoStGB/*Kiethe* Rn. 18; Großkomm AktG/*Otto* Vor § 399 Rn. 11 f.; Park/Südbeck/Eidam Teil 3 Kap. 8.1. § 399 Rn. 8.
⁴⁶ *Liebl*, Die bundesweite Erfassung von Wirtschaftsstraftaten nach einheitlichen Gesichtspunkten, 1984, 257.
⁴⁷ *Liebl*, Die bundesweite Erfassung von Wirtschaftsstraftaten nach einheitlichen Gesichtspunkten, 1984, XLV, 75 ff. (insbes. 77 f.).
⁴⁸ Polizeiliche Kriminalstatistik 2017, Grundtabelle „Wirtschaftskriminalität", Schlüssel 712010.
⁴⁹ *Hefendehl* MschrKrim 86 (2003), 27 (29).
⁵⁰ Zu der meist bei weitem überschätzten präventiven Wirksamkeit des Strafrechts *Hefendehl* in Hefendehl, Empirische und dogmatische Fundamente, kriminalpolitischer Impetus, 2005, 3 sowie *Hefendehl* KJ 2016, 577 (579 ff.) mwN.
⁵¹ Großkomm AktG/*Otto* Vor § 399 Rn. 12.
⁵² Großkomm AktG/*Otto* Vor § 399 Rn. 12; MüKoStGB/*Kiethe* Rn. 19 mwN.
⁵³ Vgl. *Meyer* AG 1966, 109 (110); *v. Godin/Wilhelmi* Anm. 1; Kölner Komm AktG/*Geilen*, 1. Aufl. 1984, Rn. 2 f.; MüKoAktG/*Schaal* Rn. 1; zur historischen Entwicklung s. ausf. Kölner Komm AktG/*Altenhain* Rn. 1 f.
⁵⁴ Zur immer weiteren Entfernung vom Ausgangspunkt des Gründungsschwindels Kölner Komm AktG/*Altenhain* Rn. 2 mN in Fn. 5.
⁵⁵ Gesetz zur Modernisierung des GmbH-Rechts und zur Bekämpfung von Missbräuchen v. 23.10.2008, BGBl. 2008 I 2026.
⁵⁶ Gesetz zur Umsetzung der Aktionärsrechterichtlinie v. 30.7.2009, BGBl. 2009 I 2479.
⁵⁷ Gesetz über elektronische Handelsregister und Genossenschaftsregister sowie das Unternehmensregister v. 10.11.2006, BGBl. 2006 I 2553.

18 Die wegen des Diskontinuitätsgrundsatzes mit der Bundestagswahl 2013 gescheiterte Aktienrechtsnovelle 2012[58] hätte durch eine Ergänzung des § 399 Abs. 1 Nr. 1 falsche Versicherungen, die im Zuge der Nachgründung ohne externe Gründungsprüfung gem. § 37a Abs. 2 iVm § 52 Abs. 6 S. 2 bei der Anmeldung abzugeben sind, sanktioniert und somit ein Redaktionsversehen des ARUG behoben.[59] Im Referentenentwurf[60] noch vorgesehen war zudem, die Ausgabe der „Kombinationsaktie" vor voller Leistung des Ausgabebetrags (§ 24 Abs. 2 S. 2 AktG-E) über § 405 Abs. 1 Nr. 1a als Ordnungswidrigkeit zu erfassen.[61] Der Regierungsentwurf dagegen sah die Aufhebung des § 24 AktG vor,[62] so dass auch die Erweiterung des § 405 AktG obsolet wurde. Im Zuge der Aktienrechtsnovelle 2016[63] wurde das bereits erwähnte Redaktionsversehen (in Bezug auf die Nachgründung ohne externe Gründungsprüfung) nunmehr behoben: § 399 Abs. 1 Nr. 1 erfasst in der geltenden Fassung also explizit falsche Angaben bzw. Nichtangaben zum Zweck „eines Vertrags nach § 52 Absatz 1 Satz 1" und somit insbesondere auch falsche Angaben im Kontext der Versicherung gemäß § 37a Abs. 2 iVm § 52 Abs. 6 S. 3.

19 Die Inhalte der §§ 399 ff. unterliegen zudem **europäischen Einflüssen.** Zwar sieht das Primärrecht nach dem Vertrag von Lissabon[64] wohl auch eine Kompetenz zur Setzung supranationalen Strafrechts gem. ua Art. 325 AEUV vor.[65] Relevant für das Aktienstrafrecht wird aber lediglich die der bereits im Jahre 2005 zum Bereich der Umweltkriminalität vom EuGH entwickelten Annexkompetenz[66] folgende Möglichkeit des Erlasses von Richtlinien in Art. 83 Abs. 2 AEUV, sofern „sich die Angleichung der strafrechtlichen Rechtsvorschriften der Mitgliedstaaten als unerlässlich für die wirksame Durchführung der Politik der Union auf einem Gebiet, auf dem Harmonisierungsmaßnahmen erfolgt sind", erweist.[67] Diese **Strafrechtsanweisungskompetenz** bezieht sich auch auf die Rechtsfolgenseite und geht damit über die Rechtsprechung des EuGH hinaus.[68] Einfallstor für eine vom BVerfG geforderte restriktive Vertragsauslegung[69] ist das Tatbestandsmerkmal „unerlässlich". So muss nachweisbar feststehen, dass ein gravierendes Vollzugsdefizit tatsächlich besteht und nur durch Strafandrohung beseitigt werden kann.[70] Ein derartiger Nachweis wird jedoch zumeist nicht geführt werden können und gerade deshalb behauptet werden, sofern Bedarf besteht.

20 Der europäische Gesetzgeber hatte bereits vor **Lissabon** eine solche Annexkompetenz im Bereich der Kernpolitiken und -kompetenzen des „Binnenmarktes" aufgegriffen und genutzt. Zunächst beschränkte er sich bei der „Marktmissbrauchs-RL" und der „Transparenz-RL" „auf den Wink mit dem Zaunpfahl", unbeschadet des Rechts der Mitgliedstaaten, zur Durchsetzung unionsrechtlicher Vorgaben das Strafrecht einzusetzen, müssten auf Verstöße mindestens wirksame und abschreckende

---

[58] Der Regierungsentwurf wurde am 20.12.2011 als BR-Drs. 852/11 verabschiedet und als BT-Drs. 17/8989 am 14.3.2012 dem Bundestagspräsidenten übersendet; zur Aktienrechtsnovelle s. bspw. *Müller-Eising* GWR 2012, 77; *Seibert/Böttcher* ZIP 2012, 12; *Drinhausen/Keinath* BB 2012, 395.
[59] BT-Drs. 17/8989, 21 (Begr. zu Art. 1 Nr. 22). Dies hatte *Lieder* bereits in ZIP 2010, 964 (967) gefordert; Kölner Komm AktG/*Altenhain* Rn. 90 gibt zu bedenken, dass eine strafrechtliche Erfassung bereits über § 399 Abs. 1 Nr. 2 erfolge.
[60] RefE AktG-E v. 2.11.2010; s. hierzu bspw. die Stellungnahme des Handelsrechtsausschusses des DAV, abgedr. NZG 2011, 217 ff.; *Diekmann/Nolting* NZG 2011, 6; *Drinhausen/Keinath* BB 2011, 11; *Seibert* DB 2011, M 01.
[61] RefE AktG-E v. 2.11.2010 S. 5.
[62] BT-Drs. 17/8989, 7 (Art. 1 Nr. 2).
[63] Gesetz zur Änderung des Aktiengesetzes (Aktienrechtsnovelle 2016) v. 22.12.2015, BGBl. 2015 I 2565 (2567).
[64] Vertrag von Lissabon zur Änderung des Vertrags über die Europäische Union und des Vertrags zur Gründung der Europäischen Gemeinschaft, unterzeichnet in Lissabon am 13.12.2007, ABl. 2007 Nr. C 306, 1 ff.
[65] S. nur *Vogel/Brodowski* in Sieber/Satzger/von Heintschel-Heinegg, Europäisches Strafrecht, 2. Aufl. 2014, § 5 Rn. 5 ff.; *Hecker* in Sieber/Satzger/von Heintschel-Heinegg, Europäisches Strafrecht, 2. Aufl. 2014, § 10 Rn. 26; *Ambos*, Internationales Strafrecht, 5. Aufl. 2018, § 9 Rn. 22; *Satzger*, Internationales und Europäisches Strafrecht, 8. Aufl. 2018, § 8 Rn. 24.
[66] EuGH NVwZ 2005, 1289 ff. mBspr *Beukelmann* NJW-Spezial 2006, 183; *Hefendehl* ZIS 2006, 161 ff. Einschränkend EuGH NStZ 2008, 703 ff. mAnm *Eisele* JZ 2008, 251 ff.; *Fromm* ZIS 2008, 168 ff.
[67] S. zur historischen Entwicklung näher die 2. Aufl. (Rn. 34 ff.); *Ambos*, Internationales Strafrecht, 5. Aufl. 2018, § 11 Rn. 35 f.; *Satzger*, Internationales und Europäisches Strafrecht, 8. Aufl. 2018, § 9 Rn. 39 f. Eine restriktive Auslegung fordert das BVerfG NJW 2009, 2267 (2288); vgl. auch *Schünemann* ZIS 2009, 393 ff.; *Zimmermann* Jura 2009, 844 (847).
[68] *Zimmermann* NStZ 2008, 662 (665); *Mansdörfer* HRRS 2010, 11 (17); *Heger* ZIS 2009, 406 (413); *Hecker* in Sieber/Satzger/von Heintschel-Heinegg, Europäisches Strafrecht, 2. Aufl. 2014, § 10 Rn. 17; aA Grabitz/Hilf/Nettesheim/*Vogel/Eisele*, Das Recht der Europäischen Union, 64. EL 2018, AEUV Art. 83 Rn. 74.
[69] BVerfG NJW 2009, 2267 (2288); vgl. *Schünemann* ZIS 2009, 393 ff.; *Zimmermann* Jura 2009, 844 (847).
[70] BVerfG NJW 2009, 2267 (2288 Rn. 362); vgl. Calliess/Ruffert/*Suhr* EUV/AEUV, 5. Aufl. 2016, AEUV Art. 83 Rn. 24.

Verwaltungssanktionen folgen.[71] Ohne eine solche terminologische Selbstbescheidung bewirkte dann Art. 1 Nr. 10 RL 2006/46/EG[72] über einen in die RL 78/660/EWG (über den Jahresabschluss von Gesellschaften bestimmter Rechtsformen) neu eingefügten Art. 60a RL 78/660/EWG die Notwendigkeit von wirksamen, verhältnismäßigen und abschreckenden Sanktionen. Zum ersten Mal auf **Art. 83 Abs. 2 AEUV** gestützt, hat die Kommission nun flankierend zum Vorschlag für eine Verordnung über Insider-Geschäfte und Marktmanipulation (Marktmissbrauch)[73] einen Vorschlag für eine Richtlinie über strafrechtliche Sanktionen für Insider-Geschäfte und Marktmanipulation vorgelegt,[74] der mit der Marktmissbrauchs-RL umgesetzt wurde.

Die Inhalte der §§ 399, 400, 401, 403, 404 könnten also ebenfalls in den neuen Fokus des 21 Europäischen Gesetzgebers geraten. Auch wenn bisherige Vorgaben im Bereich des Finanzverkehrs durch den deutschen Gesetzgeber in vorauseilendem Gehorsam unter der Fahne des Anlegerschutzes und der Transparenz[75] umgesetzt wurden und man kaum Alternativen zum Strafrecht sah,[76] äußerte sich der Bundestag kritisch zur strafrechtlichen Flankierung der geplanten Marktmissbrauchsverordnung und erhob sogar die Subsidiaritätsrüge.[77] Dieses Bemühen konnte indes die neue unionsrechtliche Marktmissbrauchsregulierung (mit Vorgaben zum Strafrecht)[78] nicht verhindern, siehe insoweit die VO (EU) Nr. 596/2014 vom 16.4.2014 (MAR) sowie die RL 2014/57/EU (Marktmissbrauchs-RL), ebenfalls vom 16.4.2014.[79]

Die noch in der ersten Auflage dieses Kommentars geäußerte Befürchtung, aufgrund der Entwick- 22 lung in der Rechtsprechung des EuGH könnten in dem von §§ 399 ff. betroffenen Bereich – Außendarstellung des Unternehmens, Schutz von Gläubigern und Geschäftsgeheimnissen – weitere Harmonisierungsbestrebungen Platz greifen,[80] hat sich im Bereich des Strafrechts bisher nicht bewahrheitet. Das Bestreben, länderübergreifend agierende Kapitalgesellschaften unter dem Gebot der „vollen Wirksamkeit" des Unionsrechts einheitlich zu führen, hat eher im Bereich der zivilrechtlichen Vorschriften zu Erleichterungen in der Gründungs- und Eintragungsphase geführt, die §§ 399 ff. erfuhren daraufhin lediglich redaktionelle Anpassungen an die geänderten Bestimmungen. Möglicherweise hat der Gesetzgeber wegen der bereits bestehenden Weite (Allgemeinheit) von § 399 und der Akzessorietät der Auslegung zu den zT ihrerseits erweiterten zivilrechtlichen Normen (etwa § 76 Abs. 3) keinen Bedarf für weitere Verschärfungen des Strafrechtsschutzes gesehen (vgl. aber etwa zur Erweiterung des Insolvenzverschleppungstatbestandes → § 401 Rn. 7 ff.).

III. Allgemeines zu Täterschaft und Teilnahme

1. Sonderdelikt. § 399 Abs. 1 richtet sich in sechs verschiedenen Varianten an jeweils verschie- 23 dene Adressatenkreise. Die tauglichen Täter sind stets Personen mit besonderer Affinität zur Gesellschaft, denen beim jeweiligen Vorgang eine tragende Bedeutung zukommt bzw. die nach den in Bezug genommenen aktienrechtlichen Vorschriften bestimmte Erklärungen abzugeben haben und mit der Strafnorm auf deren Wahrhaftigkeit verpflichtet werden sollen. Dies gilt zwar auch für Nr. 3,

---

[71] Art. 14 Abs. 1 RL 2003/6/EG (Richtlinie 2003/6/EG des Europäischen Parlamentes und des Rates v. 28.1.2003 über Insidergeschäfte und Marktmanipulation, ABl. EG 2003 Nr. L 96, 16 ff.); Art. 23 Abs. 1 Transparenz-RL (Richtlinie 2004/109/EG des Europäischen Parlaments und des Rates vom 15. Dezember 2004 zur Harmonisierung der Transparenzanforderungen in Bezug auf Informationen über Emittenten, deren Wertpapiere zum Handel auf einem geregelten Markt zugelassen sind, und zur Änderung der Richtlinie 2001/34/EG, ABl. EG 2004 Nr. L 390, 38 ff.).
[72] V. 14.6.2006, ABl. EG Nr. L 224 v. 16.8.2006, 1 ff.
[73] KOM (2011) 651 endg., geändert durch KOM (2012) 421 endg.
[74] KOM (2011) 654 endg., geändert durch KOM (2012) 422 endg. Dazu *Brodowski* ZIS 2012, 558 (562 f.); *Kert* NZWiSt 2013, 252; *Schork/Reichling* StraFo 2012, 125.
[75] Anlegerschutz durch Transparenz und Fairness propagiert im hiesigen Zusammenhang etwa *Caspari* NZG 2005, 98 f.
[76] Das 4. Finanzmarktförderungsgesetz aus dem Jahre 2002 (BGBl. 2002 I 2010) wurde noch vor der RL 2003/6/EG (Marktmissbrauchsrichtlinie) erlassen, überführte den früheren Tatbestand des sog. Kursbetruges aus § 88 BörsG aF in §§ 20a, 38 WpHG aF (= § 119 Abs. 1 WpHG nF, § 120 Abs. 15 Nr. 2 WpHG nF iVm Art. 15 MAR) und weitete ihn zu einem umfassenden „Verbot der Kurs- und Marktpreismanipulation" aus. Auch die Vorgaben der RL 89/529/EG v. 13.11.1989, ABl. EG Nr. L 334 v. 18.11.1989, 30 ff. (Verbot des Insiderhandels) wurden strafrechtlich flankiert (§§ 12 f., 38 WpHG aF = § 119 Abs. 3 WpHG nF iVm Art. 14 MAR).
[77] BT-Drs. 17/9770, 4 f.; Plenarprot. 17/181, 21504A.
[78] Siehe insbesondere Art. 3 ff. Marktmissbrauchs-RL.
[79] Vgl. dazu auch Park/*Park* Teil 1 Rn. 20.
[80] Vgl. nur den Aktionsplan der Kommission für Gesellschaftsrecht und Corporate Governance, Pkt 2.1 – Mitteilung der Kommission an den Rat und das Europäische Parlament v. 21.5.2003, KOM (2003) 284, 9 f. und die sog. Transparenz-RL (RL 2004/109/EG v. 15.12.2004, ABl. EG 2004 Nr. L 390, 38 ff.); hierzu auch *Caspari* NZG 2005, 98 (103).

der Täterkreis ist hier jedoch nicht beschränkt, Nr. 3 stellt somit ein **Allgemeindelikt** dar.[81] Vor allem Geschäftsführer und Vorstandsmitglieder von Emissionsbanken kommen als Täter dieser Nr. in Betracht.[82] Bei Abs. 1 Nr. 1 und 2, Nr. 4 bis 6 und Abs. 2 dagegen handelt es sich um **echte Sonderdelikte**.[83] Für Personen ohne die jeweils genannte Sondereigenschaft kommt also Täterschaft auch nicht in mittelbarer Form (§ 25 Abs. 1 Alt. 2 StGB) oder als Mittäterschaft (§ 25 Abs. 2 StGB) in Frage. Es bleibt die Möglichkeit einer Teilnahme (Anstiftung, § 26 StGB; Beihilfe, § 27 StGB).[84] Diesbezüglich gelten die allgemeinen Regeln, wobei als Tatteilnehmer etwa (dort, wo sie nicht selbst Täter sein können) gewillkürte Vertreter (→ Rn. 67), Aktionäre und Angestellte in Frage kommen, aber auch Angehörige der rechts- und steuerberatenden Berufe, Wirtschaftsprüfer usw.[85] Organmitglieder oder Mitglieder von – ggf. durch Satzung oder Geschäftsordnung etablierten – Prüfungsgremien können, auch wenn sie vom jeweiligen Tatbestand mangels gesetzlicher Mitwirkungspflicht bei bestimmten Anmeldevorgängen nicht als Täter erfasst werden, als Gehilfen strafbar sein, sofern sie einem Anmeldevorgang entgegen gesellschaftsinternen Interventionspflichten freien Lauf lassen.[86]

24 In Konflikte kann ein Rechtsanwalt oder ein Notar geraten, der mit der Erstellung oder Beurkundung von Verträgen über die Gründung einer AG, über Sacheinlagen oder Sachübernahmen, über eine Kapitalerhöhung usw oder mit der Anmeldung dieser Vorgänge zum HR beauftragt ist, wenn er erkennt, dass der Mandant in einer nach § 399 strafbaren Weise vorgehen will. Unterstützende Tätigkeiten oder die Beratung eines solchen Mandanten können eine strafbare Beihilfe darstellen, sofern der Mandant auf das Risiko hingewiesen wurde, er aber eine entsprechende Tätigkeit ausdrücklich wünscht und dadurch sicher erscheint, dass sein Verhalten auf die Verwirklichung eines Tatbestandes abzielt.[87] Weil es sich bei den Sondereigenschaften um besondere **persönliche Merkmale** handelt, kommen in einem solchen Fall die § 28 Abs. 1 StGB, § 49 Abs. 1 StGB zur Anwendung.[88]

25 Zum Teil wird angenommen, die AG könne als (regelmäßig) wirtschaftliche Unternehmung Organisationsstrukturen aufweisen, in denen ein (die Sondereigenschaft erfüllender) Hintermann trotz voller strafrechtlicher Haftung eines anderen tauglichen Täters als **mittelbarer Täter** angesehen werden könne.[89] Auch die Rechtsprechung sieht diese Möglichkeit bei unternehmerischen oder geschäftlichen Verbindungen.[90] Der Hintermann muss hierfür aber bestimmte Rahmenbedingungen ausnutzen, innerhalb derer sein Tatbeitrag regelhafte Abläufe auslöst. Dies kann der Fall sein, wenn er eine von vornherein unbedingte oder – zB durch Weisungsabhängigkeit – herbeigeführte Bereitschaft des unmittelbar Handelnden, den Tatbestand zu erfüllen, instrumentalisiert und den Erfolg als Ergebnis seines eigenen Handelns will.[91] Hier geht es jedoch um Fälle jenseits von Täuschung und Nötigung. Angesichts dessen erscheint es zweifelhaft, ob zwischen den tauglichen Tätergruppen und im Rahmen der Tathandlungen des § 399 Abhängigkeiten bestehen können, die den „Veranlasser" falscher Angaben quasi als Zentralgestalt der Erklärungen gegenüber den bestimmungsgemäßen Adressaten (meist dem Registergericht) erscheinen lassen.

26 Vor allem in der Phase bis zur Erstanmeldung der – meist ja eben erst gegründeten – Gesellschaft[92] erscheinen solche strukturellen Abhängigkeiten kaum denkbar. Denn in die Gesellschaft muss sich

---

[81] Vgl. Achenbach/Ransiek/Rönnau/*Ransiek* 8. Teil 3. Kap. Rn. 17; MüKoStGB/*Kiethe* Rn. 15; Park/*Südbeck*/*Eidam* Teil 3 Kap. 8.1. § 399 Rn. 5; Kölner Komm AktG/*Altenhain* Rn. 14; NK-WSS/*Krause*/*Twele* Rn. 2; insoweit missverständlich Hölters/*Müller-Michaels* Rn. 3 („handelt es sich in allen seinen Begehungsformen um ein *echtes Sonderdelikt*"), wie hier hingegen in Rn. 68.
[82] MüKoStGB/*Kiethe* Rn. 15; NK-WSS/*Krause*/*Twele* Rn. 25.
[83] Vgl. BGHZ 105, 121 (133) = NJW 1988, 2794 (2797); GHEK/*Fuhrmann* Rn. 7; Kölner Komm AktG/*Geilen*, 1. Aufl. 1984, Rn. 10; MüKoAktG/*Schaal* Rn. 12; MüKoStGB/*Kiethe* Rn. 14; Park/*Südbeck*/*Eidam* Teil 3 Kap. 8.1. § 399 Rn. 5; GJW/*Temming* Rn. 3.
[84] Vgl. BGHSt 14, 280 (281 f.) = NJW 1960, 1677 f.; BGHZ 105, 121 (133 f.) = NJW 1988, 2794 (2797); Achenbach/Ransiek/Rönnau/*Ransiek* 8. Teil 3. Kap. Rn. 13; Kölner Komm AktG/*Geilen*, 1. Aufl. 1984, Rn. 90; MüKoAktG/*Schaal* Rn. 12; Hölters/*Müller-Michaels* Rn. 3; ERST/*Brand* GmbHG § 82, AktG § 399 Rn. 55; zu § 82 GmbHG auch UHL/*Ransiek* GmbHG § 82 Rn. 2; MHLS/*Dannecker* GmbHG § 82 Rn. 21.
[85] GHEK/*Fuhrmann* Rn. 14; MüKoAktG/*Schaal* Rn. 38.
[86] Ähnlich Kölner Komm AktG/*Geilen*, 1. Aufl. 1984, Rn. 90; vgl. auch *Kiethe* WM 2007, 722 (724).
[87] *Volk* BB 1987, 139 (145); zur Grenze bei neutralen bzw. berufstypischen Handlungen vgl. auch BGH NStZ 2000, 34 ff. mBspr *Wohlers* NStZ 2000, 169 ff.; *Hefendehl* Jura 1992, 374 (376 f.); Schönke/Schröder/*Heine*/*Weißer* StGB § 27 Rn. 9 ff.; Scholz/Tiedemann/*Rönnau* GmbHG § 82 Rn. 27.
[88] BGHZ 105, 121 (133) = NJW 1988, 2794 (2797); GHEK/*Fuhrmann* Rn. 7; Kölner Komm AktG/*Geilen*, 1. Aufl. 1984, Rn. 90; MüKoAktG/*Schaal* Rn. 12; MüKoStGB/*Kiethe* Rn. 136; GJW/*Temming* Rn. 3.
[89] MüKoAktG/*Schaal* Rn. 36.
[90] BGHSt 40, 218 (236) = NJW 1994, 2703 (2706); vgl. hierzu auch *Hefendehl* GA 2004, 575 ff.
[91] BGHSt 40, 218 (236) = NJW 1994, 2703 (2706).
[92] Vgl. das Bsp. bei MüKoAktG/*Schaal* Rn. 36 mit Verweis auf RGSt 18, 105 (110). Inkonsequent erscheint dort jedoch, in Rn. 37 eine wirtschaftliche Machtstellung als Bestandteil einer (bloßen) Anstiftung anzunehmen; vgl. auch BayObLG NStZ 1994, 548 (549) zu § 82 Abs. 1 Nr. 1 GmbHG.

eine Person, die etwa mit einer Organstellung betraut werden soll, kaum aus äußeren Zwängen einbringen, die durch regelmäßige Abläufe innerhalb der Gesellschaft begründet sind. Die gesetzlich vorgeschriebenen umfassenden Prüfungs-, Überwachungs- und Wahrheitspflichten jener Funktionsinhaber, die letztlich Erklärungen gegenüber dem Registergericht oder der Allgemeinheit abgeben und für sie einzustehen haben, sprechen dagegen, die Weisung eines Hintermanns als Auslöser eines Automatismus zu akzeptieren. Liegt eine Weitergabe oder Verbreitung bewusst unwahrer Informationen vor, die vom Hintermann stammen, dürfte allenfalls das allerdings bedenkliche Institut der **sukzessiven Mittäterschaft**[93] anzunehmen sein.

2. Die strafrechtliche Organ- und Vertreterhaftung (§ 14 StGB). Die Vertretungsregelung des § 14 StGB kann bei Personen, die nicht in der von Abs. 1 Nr. 1–6 geforderten Rechtsstellung stehen, keine Strafbarkeit begründen. Grund hierfür ist allerdings nicht das teilweise vorgebrachte Argument, § 399 beschränke die Verantwortlichkeit auf eine bestimmte Personengruppe.[94] § 14 StGB dient gerade der Überwindung einer solchen Restriktion.[95] Vielmehr erweist sich § 14 StGB tatbestandlich nicht als einschlägig: Die in Abs. 1 genannten strafbarkeitsbegründenden besonderen persönlichen Merkmale (Organeigenschaften usw) kommen nämlich weder der juristischen Person (als „dem Vertretenen") noch irgendeinem (meist mit ihr identischen) Betriebsinhaber zu.[96] Zwar werden Aufträge iSd § 14 Abs. 2 StGB von den Organen der juristischen Person erteilt, wenn diese Inhaberin eines Unternehmens ist.[97] Nicht ausreichend für § 14 Abs. 2 StGB ist es aber, dass die strafbarkeitsbegründenden Merkmale bei den „sonst" zur Erteilung eines Leitungsauftrages „Befugten" – hier den Organmitgliedern – vorliegen. Diese treten nicht an die Stelle der juristischen Person.[98] Vielmehr muss der **Unternehmensinhaber** selbst Normadressat sein, also Träger der besonderen persönlichen Merkmale. Dies ist bei der Gesellschaft als Inhaberin gerade nicht der Fall. Auch § 14 Abs. 2 StGB ist somit für diese Fälle unanwendbar.[99]

Allerdings erlangt § 14 StGB dann Bedeutung, wenn eine **juristische Person** oder eine rechtsfähige Personengesellschaft als Gründer oder Abwickler der AG auftritt.[100] Die für die juristische Person oder rechtsfähige Personengesellschaft agierenden natürlichen Personen müssen dies in ihrer Eigenschaft als gesetzliche Vertreter derselben tun. Ein solcher die Strafbarkeit der vertretenden natürlichen Personen bedingender „Vertretungsbezug der Handlung"[101] wurde nach der von der Rechtsprechung entwickelten **Interessentheorie** dann bejaht, sofern die Tathandlung für die Gesellschaft (also in der spezifischen Organeigenschaft – „aufgrund des ihm erteilten Auftrages") und (wenigstens auch) in deren Interesse – also nicht rein eigennützig – begangen wurde. Die Interessentheorie ist allerdings in der Literatur vielfach auf Kritik[102] gestoßen. Auch die Rechtsprechung hat sie nach einer ersten Distanzierung im Rahmen eines obiter dictums[103] inzwischen endgültig aufgegeben.[104] Die diesbezüglichen Judikate erfolgten zwar jeweils im Kontext der §§ 283 ff. StGB. Den allgemeingültigen Ausführungen des BGH lässt sich indes keine Beschränkung auf die Bankrottdelikte entnehmen,[105] es kann also insgesamt eine Aufgabe der Interessentheorie konstatiert werden.

Ein Handeln „als" Organ oder Vertreter iSd § 14 StGB soll nach der jüngeren Rechtsprechung vielmehr dann vorliegen, sofern das Tätigwerden auf den Geschäftskreis des Vertretenen bezogen

---

[93] Zu deren Voraussetzungen BGH JZ 1981, 596; BGH NStZ 1996, 227 f.; BGH NStZ-RR 1999, 208 f.; *Fischer* StGB § 25 Rn. 39.
[94] So aber für § 400 Kölner Komm AktG/*Geilen*, 1. Aufl. 1984, Rn. 14; Großkomm AktG/*Otto* Rn. 11; vgl. auch die parallele Argumentation bei § 400 Rn. 27.
[95] MüKoStGB/*Radtke* StGB § 14 Rn. 1; NK-StGB/*Böse* StGB § 14 Rn. 2; Lackner/Kühl/*Kühl* StGB § 14 Rn. 1.
[96] Vgl. BGHSt 31, 118 (122 f.) = NJW 1983, 240 (241); *Bruns* JZ 1958, 461 (463); GHEK/*Fuhrmann* Rn. 7; MüKoAktG/*Schaal* Rn. 12; vgl. Hölters/*Müller-Michaels* Rn. 130.
[97] LK-StGB/*Schünemann* StGB § 14 Rn. 60.
[98] So aber eine Formulierung bei Schönke/Schröder/*Perron* StGB § 14 Rn. 38.
[99] Vgl. insges. auch BGHSt 31, 118 (122 f.) = NJW 1983, 240 (241).
[100] Vertiefend Kölner Komm AktG/*Altenhain* Rn. 164 (im Hinblick auf Abwickler); unklar Kölner Komm AktG/*Geilen*, 1. Aufl. 1984, Rn. 115 und missverständlich weitgehend auch die Formulierung bei MüKoAktG/*Schaal* Rn. 12.
[101] NK-StGB/*Böse* StGB § 14 Rn. 16 f.
[102] Vgl. bspw. die Zusammenschau bei *Valerius* NZWiSt 2012, 65; *Radtke* JR 2010, 233 (237).
[103] BGH NJW 2009, 2225 (2227 f.) mAnm *Link*; *Helmrich* ZInsO 2009, 1475 ff.; *Radtke* GmbHR 2009, 875 f.; *Brand* NStZ 2010, 9.
[104] BGH NJW 2012, 2366 (2367) mAnm *Brand* NJW 2012, 2370; vgl. auch *Habetha* NZG 2012, 1134; siehe insbesondere auch den diesbezüglichen Anfragebeschluss des 3. Strafsenats (BGH NStZ 2012, 89) sowie die daraufhin ergangenen Beschlüsse der anderen Senate: BGH wistra 2012, 13 (1. Senat); BGH HRRS 2012 Nr. 240 (2. Senat); HRRS 2012 Nr. 246 (4. Senat); HRRS 2012 Nr. 223 (5. Senat).
[105] Vgl. BGH NJW 2012, 2366 (2368 Rn. 22).

ist, also gerade in der Eigenschaft als vertretungsberechtigtes Organ gehandelt wird.[106] Bei rechtsgeschäftlichem Handeln soll dies jedenfalls dann der Fall sein, wenn im Namen des Vertretenen gehandelt wird oder das Handeln aufgrund einer vorhandenen Vertretungsmacht den Vertretenen zumindest im Außenverhältnis bindet.[107] Wann eine Zurechnung bei faktischem Handeln vorliegen soll, ließ der Senat dagegen offen.[108] Ob der BGH mit seiner neuen Rechtsprechung nun der Funktionstheorie oder dem (ggf. modifizierten) Zurechnungsmodell zuneigt, ist bisher unklar.[109]

30   Unabhängig von den vorstehend skizzierten Ausführungen zu § 14 StGB wird das Erfordernis eines **funktionellen Handelns** entsprechend den Befugnissen und dem Aufgabenkreis des jeweiligen Organs – vergleichbar wie bei § 14 StGB – auch in verschiedenen Tatvarianten des **§ 399** aus der Vorschaltung des Wortes „als" (Mitglied des Vorstandes usw) hergeleitet.[110] Da die jeweils direkt oder thematisch in Bezug genommenen Zivilnormen konkrete Handlungspflichten der Organmitglieder aufstellen (Durchführung bestimmter Anmeldungen usw nebst Einreichen bestimmter Berichte und Erklärungen), liegt dieser Zusammenhang regelmäßig vor, wenn die übrigen Tatbestandsmerkmale erfüllt sind.[111]

31   **3. Faktisches Organ; faktische Betrachtungsweise.** Streitig ist, ob die Grundsätze des tatsächlichen bzw. **faktischen Organs,** wie sie von der Rechtsprechung des BGH vor allem für den GmbH-Geschäftsführer (zu den § 6 Abs. 1 GmbHG aF, § 84 Abs. 1 Nr. 2 GmbHG aF, § 64 Abs. 1 GmbHG aF) entwickelt wurden, übertragen werden können. Danach wäre in die strafrechtliche Verantwortlichkeit mit einbezogen, wer zwar nicht formeller Inhaber der geforderten Rechtsposition ist, aber aufgrund von Vereinbarungen mit den Gesellschaftern, Mitgliedern überwachender Organe usw oder infolge deren Duldung faktisch die Rechtsstellung bekleidet.[112] Die Lehre vom „faktischen Organ" wird von beachtlichen Stimmen[113] mit folgendem Argument abgelehnt: Bei den in Frage kommenden Personen handele es sich nicht um die vom Gesetz verlangten „Mitglieder" der Organe usw. Dieser den Wortlaut betreffende, streng formelle und auf das strafrechtliche Analogieverbot (Art. 103 Abs. 2 GG) abstellende Einwand[114] wird von der Rechtsprechung nicht gehört.[115] Dies verwundert im Ergebnis nicht. Denn gerade aus der kriminalpolitischen Notwendigkeit heraus, die formelle Unverantwortlichkeit von Hintermännern zu überwinden, hat die Rechtsprechung eine erweiternde Interpretation der Strafvorschriften entwickelt,[116] die inzwischen in vielen Bereichen

---

[106] BGH NJW 2012, 2366 (2368 Rn. 22 und 23); vgl. dazu auch *Radtke* ZIP 2016, 1993 (1997); krit. Satzger/Schluckebier/Widmaier/*Bosch,* StGB, 3. Aufl. 2017, StGB § 14 Rn. 10.
[107] BGH NJW 2012, 2366 (2368 Rn. 22 und 23).
[108] BGH NJW 2010, 2366 (2369 Rn. 26); zuvor hatte er die Zustimmung des Vertretenen noch als Zurechnungsgrund benannt (vgl. BGH NJW 2009, 2225 (2227 Rn. 23); BGH NStZ 2012, 89 (91)). S. hierzu *Habetha* NZG 2012, 1134 (1137); *Pohl* wistra 2013, 329.
[109] Vgl. BeckOK StGB/*Momsen/Laudien,* 39. Ed. 2018, StGB § 14 Rn. 22; *Brand* NStZ 2010, 9 (10); Scholz/Tiedemann/*Rönnau* GmbHG Vor § 82 Rn. 25.
[110] *Meyer* AG 1966, 109 (110); vgl. auch *Bruns* JZ 1958, 461 (463) sowie Scholz/Tiedemann/*Rönnau* GmbHG § 82 Rn. 46.
[111] Ähnlich Achenbach/Ransiek/*Rönnau/Ransiek* 8. Teil 1. Kap. Rn. 89, 8. Teil 3. Kap. Rn. 22; Kölner Komm AktG/*Geilen,* 1. Aufl. 1984, Rn. 17; Scholz/Tiedemann/*Rönnau* GmbHG § 82 Rn. 49; allgemein auch Schönke/Schröder/*Perron* StGB § 14 Rn. 26 mwN: objektiver Bezug des tatbestandlichen Handelns zum übertragenen Aufgabenkreis.
[112] Vgl. BGHSt 6, 314 (315 f.) = NJW 1954, 1854; BGHSt 21, 101 ff. = NJW 1966, 2225 f. (zur AG); BGHSt 31, 118 ff. = NJW 1983, 240 f.; BGHSt 34, 379 (384) = NJW 1988, 1397 (1398); BGHSt 46, 62 (64) = NJW 2000, 2285; BGHZ 150, 61 ff. = NJW 2002, 1803 ff.; BGHZ 104, 44 ff. = NJW 1988, 1789 f. mBspr *Roth* ZGR 1989, 420 ff.; BGHSt 3, 32 (37 f.); BGH NJW 2013, 624 (625); → § 92 Rn. 30; *Lutter/Leinekugel* ZIP 2000, 1225 (1229) mwN; ausf. zur strafrechtlichen Rechtsprechung *Tzouma,* Die Strafbarkeit des „faktischen Organs" im Unternehmensstrafrecht de lege lata et ferenda, 2017, 50 ff.
[113] Vgl. jüngst wieder Kölner Komm AktG/*Altenhain* Rn. 27 ff; die Strafbarkeit des faktischen Organs de lege lata ebenso ablehnend *Tzouma,* Die Strafbarkeit des „faktischen Organs" im Unternehmensstrafrecht de lege lata et ferenda, 2017, 164 ff., die darin jedoch ein kriminalpolitisch unbefriedigendes Ergebnis sieht und für eine Normierung de lege ferenda plädiert (S. 234 ff.).
[114] Vgl. *Hoyer* NStZ 1988, 369 f. (Anm. zu OLG Düsseldorf NStZ 1988, 368 ff.); *Kiethe* BB 2005, 1801 (1803); *Kiethe* WM 2007, 722 (724); *Spatscheck/Wulf* DStR 2003, 173 (174); Achenbach/Ransiek/*Rönnau/Ransiek* 8. Teil 1. Kap. Rn. 36, 8. Teil 3. Kap. Rn. 22; MüKoStGB/*Kiethe* Rn. 26; *Tzouma,* Die Strafbarkeit des „faktischen Organs" im Unternehmensstrafrecht de lege lata et ferenda, 2017, 179 f.
[115] Einen Verstoß gegen das Analogieverbot verneinen etwa explizit BGHSt 31, 118 (122) = NJW 1983, 240 (241); BGHSt 46, 62 (63 f.) = NJW 2000, 2285 (2286); GHEK/*Fuhrmann* Rn. 10; vgl. auch *Schüppen,* Systematik und Auslegung des Bilanzstrafrechts, 1993, 146 f.; ERST/*Brand* GmbHG § 82, AktG § 399 Rn. 33.
[116] Vgl. auch *Fuhrmann* FS Tröndle, 1989, 139 (149); BGHSt 21, 101 (105) = NJW 1966, 2225 f. und MüKoAktG/*Schaal* Rn. 39 sehen die Aufgabe darin, dem Missbrauch von wirtschaftlicher Macht und von Gestaltungsmöglichkeiten im Gesellschaftsrecht entgegenzuwirken.

des Gesellschafts- und Wirtschaftsverwaltungsrechts Geltung beansprucht.[117] Den Bedenken hiergegen ist lediglich in begrifflicher Hinsicht zuzugeben, dass die Kreation eines „tatsächlichen" bzw. „faktischen" Organs eine Gleichstellung schafft, welche die gesetzlich streng formalisierten Bestellungsvoraussetzungen konterkariert.

In sachlicher Hinsicht erscheint es aber zutreffend, bei den jeweiligen besonderen persönlichen **32** Merkmalen genau zu prüfen, ob die Stellung nach Sinn und Zweck der aktienrechtlichen Vorschriften auch „tatsächlich" ausgeübt werden kann und sich eine Erweiterung der strafrechtlichen Schutznorm gebietet.[118] Dies dürfte aufgrund der engen Verbindung des § 399 und der zivilrechtlichen Ausfüllungsvorschriften dann nicht der Fall sein, sofern diese konkret beschriebene Handlungen bzw. einen (sachlich oder zeitlich) engen Funktionsrahmen vorsehen und darum eine „faktische" Wahrnehmung der Rechtsposition eher fernliegt.[119] Beim **Gründer** ist daher eine faktische Betrachtungsweise abzulehnen (→ Rn. 70).

Demgegenüber ist es bei Tatbeständen, die die Tätigkeit von Organmitgliedern direkt begrenzen **33** und steuern sollen, zulässig, gebräuchlich und terminologisch vorzugswürdig, auf eine **faktische Betrachtungsweise** abzustellen, so bei Mitgliedern des **Vorstands** (bei → Rn. 74 ff.) und des **Aufsichtsrates** (→ Rn. 86).[120] Auch dieser Begriff darf allerdings nicht darüber hinwegtäuschen, dass es im Ergebnis um eine juristische, normative Betrachtung geht,[121] der Begriff des Faktischen also zu relativieren ist. Eine gewisse **Normativierung** ist auch bereits zivilrechtlich angelegt. So ist etwa im Fall einer formal unwirksamen Bestellung zum Vorstandsmitglied bei tatsächlicher Invollzugsetzung von einer vorläufig wirksamen Organstellung auszugehen, die nur durch Widerruf (§ 84 Abs. 3) oder Amtsniederlegung enden kann.[122] Diese weitreichenden zivilrechtlichen Folgen begründen schließlich eine **Herrschaftsposition,** die aufgrund der mit der exponierten Stellung verbundenen weitreichenden Handlungsmöglichkeiten den Bezug zum geschützten Rechtsgut vermittelt und somit auch als strafrechtsdogmatische Untermauerung für die Lehre vom faktischen Organ herangezogen werden kann.[123]

Ein kriminalpolitisches Bedürfnis für die Anwendung der Lehre vom faktischen Organ wird etwa **34** in den Fällen gesehen, in denen die maßgeblichen Gesellschaftsorgane durch Täuschung zu (unerkannt) falschen Angaben verleitet werden. Aufgrund des von den §§ 26 f. StGB verlangten doppelten Vorsatzes (keine Anstiftung oder Beihilfe zu unvorsätzlichen Taten) kommt hier für den Täuschenden keine Strafbarkeit in Betracht, wenn ihm das besondere persönliche Merkmal der jeweiligen Tätereigenschaft fehlt.[124] Für die Erfassung dieser Fälle spricht, dass der Wissensvorsprung durchaus als Element der Tatherrschaft angesehen werden kann, die sonst im Hinblick auf die hier interessierenden Tatbestände mit der Organstellung typischerweise verknüpft ist. Allerdings würden durch diese Konstruktion die Beschränkungen aus dem Sonderdeliktscharakter praktisch umgangen und eine Art mittelbare Täterschaft für nicht Sonderpflichtige etabliert. Mit der faktischen Betrachtungsweise darf nicht leichtfertig operiert werden. Daher darf die Wahrnehmung der Organfunktionen nicht nur vorübergehend und punktuell erfolgt sein, sondern muss über einen gewissen Zeitraum dem üblichen Tätigkeitsbild eines Organmitgliedes unter Berücksichtigung der konkreten Gesellschaftsverhältnisse entsprechen (näher → Rn. 76 ff.).

Ein anderes Korrektiv wird dahingehend vorgeschlagen, die Strafbarkeit einer Beihilfe durch **35** Unterlassen (§§ 27, 13 StGB) über **zivilrechtlich hergeleitete Garantenpflichten** auszudehnen, etwa auch auf Fälle, in denen der wirtschaftlich Berechtigte gegen eigenmächtige Täuschungen des

---

[117] Vgl. etwa *Gundlach* in Gottwald InsR-HdB § 7 Rn. 14; *Koenig* AO § 10 Rn. 6.
[118] So iErg auch Kölner Komm AktG/*Geilen*, 1. Aufl. 1984, Rn. 19, 31; zu § 82 GmbHG MHLS/*Dannecker* GmbHG § 82 Rn. 47.
[119] Vgl. Kölner Komm AktG/*Geilen*, 1. Aufl. 1984, Rn. 19; *Schüppen*, Systematik und Auslegung des Bilanzstrafrechts, 1993, 148 f. zur Insolvenzantragstellung als formelle Organpflicht.
[120] Vgl. *Bruns* JZ 1958, 461 ff.; *Otto* StV 1984, 462 (463); *Schüppen*, Systematik und Auslegung des Bilanzstrafrechts, 1993, 146 ff.
[121] Vgl. den Hinweis zur „wirtschaftlichen Betrachtungsweise" bei *Schüppen*, Systematik und Auslegung des Bilanzstrafrechts, 1993, 133, 146 mwN; *Otto* StV 1984, 462 f.: teleologische Auslegung; so auch *Steinmetz*, Die verschleierte Sacheinlage im Aktienrecht aus zivil- und strafrechtlicher Sicht, 1990, 131; ferner *Tiedemann* Wirtschaftsstrafrecht Rn. 267: Strafrechtliche Auslegung darf nicht über den Anwendungsbereich der wirtschaftsrechtlichen (oder zivilrechtlichen) Regelung hinausgehen.
[122] Hüffer/Koch/*Koch*, 13. Aufl. 2018, § 84 Rn. 12 mwN.
[123] Vgl. *Hefendehl* ZIP 2011, 601 (604); *Tzouma*, Die Strafbarkeit des „faktischen Organs" im Unternehmensstrafrecht de lege lata et ferenda, 2017, 225 ff. sieht die Herrschaftsposition als Grundlage für die Gleichstellung des faktischen mit dem bestellten Organ de lege ferenda.
[124] Vgl. GHEK/*Fuhrmann* Rn. 15; Kölner Komm AktG/*Geilen*, 1. Aufl. 1984, Rn. 19, 91; MüKoAktG/*Schaal* Rn. 39.

für ihn handelnden formellen Amtsinhabers nicht einschreitet.[125] Im Ergebnis könnte diese Lösung weit exzessiver als eine faktische Betrachtungsweise ausfallen, da nicht vorhersehbar ist, aus welchem Rechtsgrund welche Garantenpflicht abgeleitet werden soll. Der gegen eine faktische Betrachtungsweise vorgebrachte Kritikpunkt gilt auch hier. Denn soweit das AktG bestimmte Pflichtenkataloge gerade auf Personen mit Sondereigenschaften beschränkt, ist auch die Herleitung von zivilrechtlichen Garantenpflichten mit ähnlichem Inhalt für andere Personen ein Kunstgriff, der mit keinem Vorzug verbunden ist.

36 Bei genauer Analyse spricht für eine faktische Betrachtungsweise im Rahmen des § 399 auch, dass die von der Norm erfassten Verhaltensweisen gar nicht auf die zivilrechtlich typische Funktion der Organmitglieder, nämlich die Vertretung der Gesellschaft oder die Überwachung ihrer Geschäftsführung, hinauslaufen. Die in Bezug genommenen Versicherungen, Erklärungen und Nachweise verlangen keine rechtsgeschäftlichen Willenserklärungen, sondern **Wissenserklärungen,** die – so entspricht es jedenfalls der normativen Erwartung – unabhängig vom Willen der Gesellschaft autonom abzugeben und hinsichtlich ihres Wahrheitsgehaltes zu vertreten sind.[126] Ein weiteres Problem ergibt sich allerdings daraus, dass eine nicht urkundlich nachgewiesene Organbestellung vom Registergericht nicht eingetragen wird. Die von § 399 erfassten Anmeldevorgänge dürften ohne entsprechende Erklärungen der sich aus Beschlussprotokollen als zuständig ergebenden Organmitglieder nicht angenommen werden (zum Problem im Rahmen der Insolvenz- bzw. Eröffnungsantragspflicht vgl. 1. Aufl. zu § 401 aF, dort § 401 Rn. 14 ff. – jetzt § 15a Abs. 4 InsO nF, dazu → § 401 Rn. 7 ff.).

37 **4. Organmitglieder ausländischer Gesellschaften.** Die Frage der Strafbarkeit von Organmitgliedern **ausländischer Gesellschaften** stellt sich zumindest dann, falls diese eine inländische **Zweigniederlassung** (§§ 13d ff. HGB) unterhalten.[127] Sofern eine Strafbarkeit pauschal mit der Begründung abgelehnt wird, §§ 399 ff. sanktionierten Verstöße gegen das deutsche Aktienrecht, dem aber nur hier ansässige Gesellschaften unterlägen,[128] erscheint dies nur dann zwingend, wenn keine Zweigniederlassung und kein effektiver Verwaltungssitz im Inland bestehen.[129] Unter Anwendung der *Sitztheorie* würde zumindest bei effektiven Verwaltungssitz in der Bundesrepublik ohnehin deutsches Recht Anwendung finden.[130] Die Sitztheorie kann für sich insbesondere in Anspruch nehmen, dass nationale Schutzvorschriften des Gesellschaftsrechts nicht durch eine Gründung der Gesellschaft im Ausland unterlaufen werden.[131] Aus diesem Grund wird sie von der hM nach wie vor für Drittstaatenfälle, also für Länder außerhalb der EU oder des EWR, befürwortet.[132] Anders ist die Rechtslage indes für Gesellschaften, die innerhalb eines Mitgliedstaates der EU oder des EWR gegründet wurden. Nach der Rechtsprechung des EuGH gilt für diese – als Ausfluss der Niederlassungsfreiheit – die sog. *Gründungstheorie*. Auf diese Gesellschaften findet also grundsätzlich das Recht ihres satzungsmäßigen Sitzes und nicht dasjenige des effektiven Verwaltungssitzes Anwendung.[133]

38 Auf der Basis dieser Ausgangslage können somit zwei Fragenkreise unterschieden werden: *Erstens* bedarf es näherer Überlegungen, ob die Gründungstheorie tatsächlich einer Anwendbarkeit sämtlicher Tatbestände der §§ 399 ff. auf Organe ausländischer Gesellschaften entgegensteht (→ Rn. 40 ff.). *Zweitens* stellt sich – unabhängig von der Unionsrechtslage – die Frage, ob *Wortlaut* oder *Systematik* der §§ 399 ff. eine Anwendung auf derartige Organe verbieten (→ Rn. 44 ff.).

39 Ob die **Rechtsprechung des EuGH zur Niederlassungsfreiheit** der Anwendbarkeit deutschen Strafrechts auf Organmitglieder von ausländischen Gesellschaften mit satzungsmäßigem Sitz innerhalb der EU und Zweigniederlassungen oder effektivem Verwaltungssitz in Deutschland entgegensteht,

---

[125] Kölner Komm AktG/*Geilen,* 1. Aufl. 1984, Rn. 20.
[126] Ähnlich *Lutter/Leinekugel* ZIP 2000, 1225 (1229 f.).
[127] Zu ausländischen Zweigniederlassungen s. *Blasche* GWR 2012, 169.
[128] Hierzu schon RGSt 68, 210 (211); RGZ 159, 33 (42); vgl. BGHSt 42, 243 (248) = NJW 1997, 533 (534); Achenbach/Ransiek/Rönnau/*Ransiek* 8. Teil 3. Kap. Rn. 10; Großkomm AktG/*Otto* Vor § 399 Rn. 10; Hölters/*Müller-Michaels* Vor § 399 Rn. 4; GJW/*Temming* Vor § 399 Rn. 5.
[129] Vgl. BGHSt 42, 243 (248 f.) = NJW 1997, 533 (534) (zu § 404). Zur Gleichbehandlung von Zweigniederlassung und effektivem Verwaltungssitz Grabitz/Hilf/Nettesheim/*Forsthoff,* Das Recht der Europäischen Union, 64. EL 2018, AEUV Art. 54 Rn. 26 f. mwN.
[130] Baumbach/Hueck/*Fastrich* GmbHG Einl. Rn. 63.
[131] Baumbach/Hueck/*Fastrich* GmbHG Einl. Rn. 63.
[132] Baumbach/Hueck/*Fastrich* GmbHG Einl. Rn. 63 mwN; Hüffer/Koch/*Koch,* 13. Aufl. 2018, § 1 Rn. 36 mwN.
[133] BGHZ 164, 148 (151); die Gründungstheorie findet auch im Strafrecht Anwendung, BGH NStZ 2010, 632 (633); die Anwendung des Rechts des Gründungsstaates trotz Verlegung des satzungsmäßigen Sitzes ist nach hM nicht von der Niederlassungsfreiheit geschützt, s. Grabitz/Hilf/Nettesheim/*Forsthoff,* Das Recht der Europäischen Union, 64. EL 2018, AEUV Art. 54 Rn. 37; *Schön* ZGR 2013, 333 (355 f.); *Weller* LMK 2012, 336113. Zur (strafrechtlich problematischen) Unterscheidung EU-Staat/Drittstaat *Richter* FS Tiedemann, 2008, 1023 (1027 ff.).

ist umstritten. Unter Verweis auf die Gründungstheorie wird jedenfalls teilweise eine Anwendbarkeit der §§ 399 ff. pauschal verneint.[134] Die hierfür vorgebrachten Argumente verweisen teilweise auf die Rechtsprechung des EuGH. Diese wird in der Weise interpretiert, dass das gesamte Gesellschaftsstatut (von der Gründung bis zur Auflösung der Gesellschaft) nach dem Recht des Gründungsstaates zu beurteilen sei. Aus diesem Grund seien § 399, aber auch die §§ 400 ff. nicht auf Auslandsgesellschaften anwendbar.[135]

Dem kann jedenfalls in dieser *Pauschalität* nicht gefolgt werden. Nach der Rechtsprechung des EuGH sind Gesellschaften mit Sitz in einem anderen Mitgliedstaat lediglich dann ausschließlich nach dem Recht des Gründungsstaats zu beurteilen, soweit es um Fragen der *Etablierung der Gesellschaft* (Gründung, Kapitalaufbringung, Verschmelzung, Formwechsel)[136] oder ihre *Auflösung* geht, also um die Existenz als Rechtspersönlichkeit.[137] **40**

Aus der Rechtsprechung *folgt indes nicht*, dass derartige Gesellschaften von allen Rechtsordnungen, in denen sie Geschäfte vornehmen, insgesamt nach dem Recht des Gründungsstaats behandelt werden müssen. Die Entscheidungen des EuGH verbieten es (lediglich), einer innerhalb der EU wirksam gegründeten Kapitalgesellschaft Beschränkungen hinsichtlich der Möglichkeit aufzuerlegen, ihre tatsächliche Verwaltung und den Schwerpunkt ihrer Geschäftstätigkeit in einen anderen Mitgliedstaat zu legen, indem die Rechtsfähigkeit (insbesondere die Partei- und Prozessfähigkeit) aberkannt wird oder Anforderungen an die Begründung einer Zweigniederlassung gestellt werden, die in Richtung einer Neugründung nach den Vorschriften des Zuzugsstaates laufen.[138] Eine weitergehende Interpretation würde den Schluss nahelegen, der EuGH habe alle weiteren mittelbar hinderlichen Vorschriften der nationalen Rechtsordnungen für eine bestimmte wirtschaftliche Betätigung als hinfällig erklären wollen, wenn sie im Gründungsstaat nicht bestehen, etwa Anmelde- und Genehmigungspflichten nach der GewO, dem KWG, dem VAG oder dem BImSchG. Eine solche Sichtweise wäre verfehlt. So wird auch eine Anwendung des deutschen Delikts- oder Insolvenzrechts auf ausländische Gesellschaften diskutiert[139] und ist die Anwendbarkeit der durch das MoMiG geänderten und sprachlich bereinigten Fassung des § 15a Abs. 4 und 5 InsO auch auf ausländische Gesellschaften überwiegend anerkannt.[140] **41**

Selbst wenn man aber die Niederlassungsfreiheit durch die §§ 399 ff. grundsätzlich berührt sieht, hat der EuGH in all seinen Entscheidungen klargestellt, dass **nationale Maßnahmen zulässig** seien, die die Ausübung der Grundfreiheiten behindern oder weniger attraktiv machen könnten, wenn sie in *nicht diskriminierender Weise* angewandt würden, *zwingenden Gründen des Allgemeininteresses* entsprächen und zur Erreichung des verfolgten Zieles *geeignet und erforderlich* seien.[141] Die Behörden des **42**

---

[134] MüKoStGB/*Kiethe* Rn. 10; Achenbach/Ransiek/Rönnau/*Ransiek* 8. Teil 3. Kap. Rn. 11; GHEK/*Fuhrmann* Vor § 399 Rn. 3. MüKoAktG/*Ego* B. Europäische Niederlassungsfreiheit Rn. 344 will hingegen nach dem Günstigkeitsprinzip verfahren.

[135] MüKoStGB/*Kiethe* Rn. 10.

[136] Zugleich betont der EuGH, es sei nicht missbräuchlich, eine Kapitalgesellschaft mit beschränkter Haftung gezielt in einem Mitgliedstaat mit geringeren rechtlichen Anforderungen an die Gründung, auch an das Mindesthaftungskapital, zu errichten. Ursprünglich war er der Auffassung, dies gelte selbst dann, wenn im betreffenden Staat keinerlei Geschäftstätigkeit entfaltet werden solle, diese vielmehr vollständig in einem anderen Mitgliedstaat vorgenommen werde, EuGH NJW 1999, 2027 (2028) – Centros; NJW 2003, 3331 (3333) – Inspire Art; vgl. auch BGH NZG 2005, 508 (509); *Heidinger/Meyding* NZG 2003, 1129; *Kiethe* RIW 2005, 649 (651 f.); *Spindler/Berner* RIW 2004, 7 (8 f.). Diese Ansicht hat er im Folgenden richtigerweise – allerdings nur im Hinblick auf die Pflichten des Registerstaats – eingeschränkt, EuGH NZG 2006, 835 ff. – Cadburry-Schweppes; EuGH NJW 2012, 2715 ff. – VALE Építési kft, dazu *Kindler* EuZW 2012, 888 (891 f.); *Drygala* EuZW 2013, 569; Baumbach/Hueck/*Fastrich* GmbHG Einl. Rn. 65.

[137] EuGH NJW 1999, 2027 ff. – Centros; NJW 2002, 3614 ff. – Überseering; NJW 2003, 3331 ff. – Inspire Art; NJW 2006, 425 – SEVIC Systems AG; NJW 2012, 2715 ff. – VALE Építési kft; vgl. auch BGH NZG 2005, 508 (509); *Kiethe* RIW 2005, 649 (650); *Spindler/Berner* RIW 2004, 7 (8); *Zimmer* NJW 2003, 3585 (3591); *Schön* ZGR 2013, 333 ff.; krit. *Altmeppen* NJW 2004, 97 (99); *Kindler* NJW 2003, 1073 (1077).

[138] Vgl. die zutreffenden Deutungen von *Altmeppen* NJW 2004, 97 ff.; *Kindler* NJW 2003, 1073 ff.

[139] *Kiethe* RIW 2005, 649; Dauses/Ludwigs/*Ludwig*, Handbuch des EU-Wirtschaftsrechts, 44. EL 2018, E. I. Grundregeln Rn. 127; BeckOGK BGB/*Spindler* BGB § 823 Rn. 362; vgl. hinsichtlich des Gerichtsstands am effektiven Verwaltungssitz bei der Durchgriffshaftung auch EuGH EuZW 2013, 703 – ÖFAB mAnm *Landbrecht*.

[140] Sofern deren Tätigkeitsschwerpunkt in Deutschland angesiedelt ist, Braun/*Bußhardt* InsO § 15a Rn. 4; *Müller-Gugenberger* in Müller-Gugenberger/Bieneck WirtschaftsStrafR-HdB § 23 Rn. 127; MüKoStGB/*Hohmann* InsO § 15a Rn. 21; Nerlich/Römermann/*Mönning* InsO § 15a Rn. 22; *Hefendehl* ZIP 2011, 601 (603); ausf. auch zum Europarecht *Brettner*, Die Strafbarkeit wegen Insolvenzverschleppung gemäß § 15a InsO, 2013, 35 ff. Vgl. auch LG Kiel NZI 2006, 482. Ausf. auch im Hinblick auf kombinierte Gesellschaftsformen *Klöhn/Schaper* ZIP 2013, 49 (50 f.). AA MüKoInsO/*Klöhn* InsO § 15a Rn. 56 mwN zu allen Ansichten.

[141] EuGH NJW 1999, 2027 (2029) mwN; NJW 2002, 3614 (3617); NJW 2003, 3331 (3334); vgl. auch BGH NZG 2005, 508 (509); *Kindler* NJW 2003, 1073 (1079); *Spindler/Berner* RIW 2004, 7 (13); *Zimmer* NJW 2003, 3585 (3586, 3591 f.).

§ 399   43–46   Viertes Buch. Sonder-, Straf- und Schlußvorschriften

Mitgliedstaats, in dem die Geschäftstätigkeit tatsächlich entfaltet wird, sind hiernach nicht gehindert, alle geeigneten Maßnahmen zu treffen, um „Betrügereien" zu verhindern oder zu verfolgen. Das gilt sowohl gegenüber der Gesellschaft selbst als auch gegenüber den Gesellschaftern, falls sich diese mittels der Errichtung der Gesellschaft im Ausland ihren Verpflichtungen gegenüber inländischen privaten oder öffentlichen Gläubigern entziehen möchten.[142]

43   Aus dem Vorgenannten folgt, dass die §§ 399 ff. aus **unionsrechtlicher** Sicht nur insoweit **von vornherein unanwendbar** sind, als sie die fehlende Einhaltung einer zivilrechtlichen Norm des AktG voraussetzen, die inhaltlich dem Bereich **Gründung, Kapitalaufbringung, Anmeldung oder Auflösung** zuzuordnen sind. Soweit aber einzelne Strafnormen des AktG an eine Handlung bei **bestehender Gesellschaft** anknüpfen, das pönalisierte Verhalten selbst abschließend beschreiben bzw. durch spezifisch strafrechtliche Wertungen auszulegen sind (etwa § 400 Abs. 1 Nr. 1, § 404), ist ihre Nichtanwendung auf Funktionsträger ausländischer Gesellschaften jedenfalls aus *unionsrechtlicher* Sicht nicht zu erklären.[143]

44   Wie gesehen, gilt es aber auch unabhängig von den unionsrechtlichen Folgerungen aus der Niederlassungsfreiheit zu klären, ob **Wortlaut** bzw. **Systematik** der §§ 399 ff. eine Unanwendbarkeit auf Organe ausländischer Gesellschaften bedingen. Soweit die Nichtanwendbarkeit der §§ 399 ff. teilweise an einem in den Tatbeständen ausdrücklich (so bei § 399 Abs. 1 Nr. 1, § 400 Abs. 1 Nr. 1 und 2, §§ 404, 405 Abs. 1 Nr. 2 und 3) oder konkludent enthaltenen Merkmal „**Gesellschaft**" festgemacht wird, das nur eine inländische AG meinen könne,[144] erscheint dies allerdings noch nicht durchgreifend: Das Wort „Gesellschaft" an sich ist nämlich rechtsformneutral und steht daher einer Anwendung auf ausländische Gesellschaften nicht zwingend im Wege. Ein entsprechender Umkehrschluss kann auch nicht daraus gezogen werden, dass „Leitungsorgane einer ausländischen juristischen Person" lediglich in Nr. 6 für eine bestimmte Tatform verantwortlich gemacht werden.[145] Hier wurde lediglich konkret die Konsequenz für die nunmehr bestehende Pflicht zur Abgabe einer Versicherung gem. § 37 Abs. 2 bei Anmeldung der inländischen Zweigniederlassung einer ausländischen AG nach § 13f Abs. 2 HGB gezogen, ohne von einem Ausnahmetatbestand zu reden.[146]

45   Anders sieht es allerdings im Hinblick auf die in den §§ 399 ff. regelmäßig enthaltenen spezifischen **Täterqualitäten** aus. Die Vorschriften können grundsätzlich[147] jedenfalls dann nicht auf Organmitglieder ausländischer Gesellschaften Anwendung finden, sofern es sich um **Sonderdelikte** handelt.[148] Im Unterschied zum rechtsformneutralen Begriff der „Gesellschaft" (→ Rn. 44) geht es hier nämlich um konkrete und *rechtsformspezifische* Täterchakterisierungen (etwa „Mitglied des Vorstands oder des Aufsichtsrats"). Diese spezifischen Täterbeschreibungen der §§ 399 ff. begrenzen den Anwendungsbereich auf Aktiengesellschaften iSd AktG. Sie sind schon innerhalb des nationalen Rechts nicht beliebig mit anderen Gesellschaften kompatibel. So gibt es etwa bei der GmbH im Unterschied zur Aktiengesellschaft einen Geschäftsführer, aber keine Vorstandsmitglieder. Erst recht können diese Täterchakterisierungen nicht auf Organmitglieder ausländischer Gesellschaften angewendet werden. Hierin läge ein Verstoß gegen Art. 103 Abs. 2 GG.[149] Das Gleiche gilt, sofern der Tatbestand *anderweitige Spezifika einer Aktiengesellschaft* voraussetzt.[150] Wegen dieser umfassenden Einschränkungen sind die §§ 399 ff. daher auf ausländische Gesellschaften weitgehend nicht anwendbar.

46   Die Diskussion um die Anwendbarkeit der §§ 399 ff. auf Organe ausländischer Gesellschaften sollte – jedenfalls in Bezug auf § 399 – vor dem Hintergrund des Strafanwendungsrechts ohnehin nicht überbewertet werden. Denn auch die Organmitglieder ausländischer Gesellschaften können

---

[142] EuGH NJW 1999, 2027 (2029); NJW 2003, 3331 (3334).
[143] Ähnlich die Argumentation bei *Gross/Schork* NZI 2006, 10 (15) zu § 266 StGB; hierzu auch *Schlösser* NZG 2008, 126 (131) für die SE mit Sitz im Ausland und Tätigkeit in der Bundesrepublik, der die Anwendbarkeit inländischen Strafrechts bejaht, aber meint, die Auslegung der Tatbestandsmerkmale – etwa der Pflichtwidrigkeit – müsse sich nach dem Gesellschaftsrecht des Sitzstaates richten. *Goette* ZIP 2006, 541 will Haftungsfragen nach dem Recht des Gründungsstaates beantworten; vgl. auch *Sick* GmbHR 2011, 1196 (1197 f.) hinsichtlich der Arbeitnehmermitbestimmung.
[144] MüKoStGB/*Kiethe* Rn. 8; *Mankowski/Bock* ZStW 120 (2008), 704 (753 f.); MüKoAktG/*Schaal* Vor § 399 Rn. 17.
[145] Vgl. zur Argumentation über die tatbestandlichen Täterqualitäten des § 399 (etwa „Mitglieder des Vorstands") auch ERST/*Brand* GmbHG § 82, AktG § 399 Rn. 17.
[146] Vgl. etwa Stellungnahme des Bundesrates zum RegE MoMiG v. 25.5.2007, BR-Drs. 354/07, 120.
[147] Aufgrund der expliziten gesetzlichen Verweisung in § 13f Abs. 2 S. 2 HGB auf § 37 Abs. 2 AktG gilt etwas anderes allerdings für § 399 Abs. 1 Nr. 6 (→ Rn. 237). Die §§ 399 ff. gelten zudem kraft gesetzlicher Anordnung für die Europäische Gesellschaft (SE), → Rn. 48.
[148] *Müller-Gugenberger* FS Tiedemann, 2008, 1003 (1013 f.); ERST/*Brand* GmbHG § 82, AktG § 399 Rn. 17 mwN; anders, differenzierend noch die Vorauflage Rn. 40 ff.).
[149] Vgl. ERST/*Brand* GmbHG § 82, AktG § 399 Rn. 17 mwN.
[150] Vgl. zB § 399 Abs. 1 Nr. 3 iVm § 47 Nr. 3 oder § 405 Abs. 2a iVm § 67 Abs. 4 S. 2.

nur dann nach den §§ 399 ff. strafbar sein, sofern nach den §§ 3 ff. StGB überhaupt deutsches Strafrecht Anwendung findet.[151] § 399 nimmt in fast allen Varianten Ausfüllungsvorschriften des AktG in Bezug, die die Etablierung der Rechtspersönlichkeit oder die Veränderung des Mindesthaftungskapitals betreffen. Insofern dürfte gerade bei ausländischen Gesellschaften relevant werden, dass die inhaltlich evtl. tatbestandsmäßigen Handlungen *nicht im Inland stattfinden* und ein weiterer strafanwendungsrechtlicher Anknüpfungspunkt ebenso wenig ersichtlich ist. Eine Eintragung im Inland kann bei ausländischen Gesellschaften nach § 13f HGB nämlich nur für eine inländische Zweigniederlassung vorgenommen werden, und die handelsrechtliche Norm legt abschließend fest, welche Erklärungen und Nachweise bei einer Anmeldung abzugeben sind.[152] § 14 HGB bestimmt die mögliche Sanktion. Die Eintragung einer Zweigniederlassung ist – ob für ausländische oder inländische Gesellschaften – außerdem tatbestandlich nicht mit der (konstituierenden) „Eintragung der Gesellschaft" gleichzusetzen, so dass § 399 diesbezüglich keine Anwendung finden kann (hierzu → Rn. 87 ff.).

Einzig bezüglich des Jedermannsdelikts[153] des § 399 Abs. 1 Nr. 3, dessen Normbefehl von den **47** gesellschaftsrechtlichen Regeln zur Konstituierung der Rechtspersönlichkeit unabhängig – nach Gründung (und meist auch Eintragung) geht es um eine zusätzliche Maßnahme der Kapitalbeschaffung – und bereits dann einschlägig ist, wenn Aktien ausländischer Gesellschaften öffentlich angekündigt werden, dürfte deutsches Strafrecht in der Regel anwendbar sein.

Für die **Europäische Gesellschaft** (SE – societas europaea) ordnet § 53 des SE-Ausführungsge- **48** setzes die entsprechende Geltung der §§ 399 ff. an bzw. schafft, zB für die nach diesem Gesetz abzugebenden Versicherungen, eigene Straftatbestände.[154]

Aufgrund der bereits geschilderten dogmatischen Hürden bezüglich einer Anwendung der **49** §§ 399 ff. auf Organe ausländischer Gesellschaften (→ Rn. 45) plädiert insbesondere *Müller-Gugenberger de lege ferenda* für eine rechtsformneutrale Fassung von Strafbestimmungen für inländische und ausländische Gesellschaften sowie für eine Implementierung dieser Vorschriften in das StGB.[155] Dem kann allerdings nur teilweise beigepflichtet werden. Aufgrund der unionsrechtlichen Vorgaben kommt eine rechtsformneutrale Regelung nämlich jedenfalls nicht für die Bereiche der Gründung, Kapitalaufbringung, Anmeldung und Auflösung in Betracht (→ Rn. 43).[156] Anderes gilt allerdings für Verhaltensweisen bei bestehender Gesellschaft: So bietet sich eine gesellschaftsformübergreifende Regelung etwa für die Verhaltensweisen an, die gegenwärtig von § 404 pönalisiert werden.

IV. Objektiver Tatbestand: Die Tathandlungen

Die **tatbestandsmäßige Handlung** besteht für sämtliche Varianten des Abs. 1 im Machen fal- **50** scher Angaben bzw. Verschweigen erheblicher Umstände. Abs. 2 hingegen verlangt die Wahrheitswidrigkeit einer bestimmten, gesetzlich vorgeschriebenen Erklärung (nach § 210 Abs. 1 S. 2).

1. Machen falscher Angaben. Der Begriff der **Angaben**, wie er auch in zahlreichen Tatbe- **51** ständen des sog. Wirtschaftsstrafrechts verwendet wird (§ 264 Abs. 1 Nr. 1 StGB, § 264a Abs. 1 StGB, § 265b Abs. 1 Nr. 1b StGB), umfasst alle ausdrücklichen oder konkludenten Aussagen über das Vorliegen oder Nichtvorliegen eines bestimmten Sachverhaltes.[157] Als ein solcher Sachverhalt kommen zunächst **Tatsachen** iSd § 263 StGB in Betracht, worunter gemeinhin objektiv feststehende (dem Beweis zugängliche) Zustände oder Geschehnisse der Vergangenheit oder Gegenwart verstanden werden.[158] Nach verbreiteter Auffassung sind darüber hinaus aber auch **(Wert-)Urteile, Meinungsäußerungen und Prognosen** unter das Tatbestandsmerkmal zu subsumieren.[159] Erfasst

---

[151] Dazu MüKoStGB/*Ambos* StGB §§ 3 ff.; *Jeßberger*, Der transnationale Geltungsbereich des deutschen Strafrechts, 2011, 19 ff.
[152] § 13f HGB erfuhr dabei eine Änderung durch das EHUG, zu diesem → Rn. 17.
[153] Zu dessen Bedeutung im vorliegenden Problemkreis *Spindler/Berner* RIW 2004, 7 (10 f., 15).
[154] Gesetz zur Ausführung der EG-Verordnung über das Statut der Europäischen Gesellschaft (SE) v. 28.12.2004, BGBl. 2004 I 3675; ausf. *Schlösser* NZG 2008, 126 (127); vgl. auch MüKoStGB/*Kiethe* Rn. 7.
[155] *Müller-Gugenberger* FS Tiedemann, 2008, 1003 (1018 ff.).
[156] Siehe insofern auch die Bedenken von ERST/*Brand* GmbHG § 82, AktG § 399 Rn. 2.
[157] *Cerny* MDR 1987, 271 (276); Kölner Komm AktG/*Altenhain* Rn. 49.
[158] Vgl. *Cerny* MDR 1987, 271 (276); MüKoStGB/*Kiethe* Rn. 34; Großkomm AktG/*Otto* Rn. 36; *Fischer* StGB § 263 Rn. 6; vgl. mwN insbes. MüKoStGB/*Hefendehl* StGB § 263 Rn. 75 ff.
[159] GHEK/*Fuhrmann* Rn. 21; Henssler/Strohn/*Raum* Rn. 3; Hachenburg/*Kohlmann* GmbHG § 82 Rn. 25; MHLS/*Dannecker* GmbHG § 82 Rn. 85; MüKoAktG/*Schaal* Rn. 56; ERST/*Brand* GmbHG § 82, AktG § 399 Rn. 66; Großkomm AktG/*Otto* Rn. 35 f.; *Niederhuber*, Strafrechtliche Risiken des konzernweiten Cash Pooling, 2016, 358; zu § 263 StGB MüKoStGB/*Hefendehl* StGB § 263 Rn. 89 ff.; zu § 264a StGB *Cerny* MDR 1987, 271 (276); Schönke/Schröder/*Perron* StGB § 264a Rn. 24; einschränkend MüKoStGB/*Kiethe* Rn. 34: nur bei Anknüpfungstatsachen; Bürgers/Körber/*Pelz* Rn. 4: nur wenn auf Tatsachengrundlage basierend.

sind demnach wertende Aussagen über die wirtschaftliche Lage eines Unternehmens oder seine voraussichtliche künftige Entwicklung, Liquiditätsprognosen usw.[160] Auszuscheiden sind allein reine Werturteile, die erkennbar ohne Anspruch auf spezifische Sachkunde abgegeben werden,[161] sowie Angaben ohne jeden Tatsachenkern,[162] die auf keinen verifizierbaren Inhalt zurückgeführt werden können.[163] Den hier vorstellbaren phrasenhaften Äußerungen wird auch der von den weiteren Tatbestandsmerkmalen geforderte Bezug zu den Gesellschaftsverhältnissen sowie der sich stets wandelnden Verkehrsauffassung fehlen.[164] Soweit hierdurch Einschränkungen erfolgen, resultieren sie freilich eher aus normativen Gesichtspunkten als aus dem umfassenden Begriff der Angaben.[165]

52   Die Angaben müssen **eigene** sein, also eine eigene Wahrnehmung oder Ansicht (→ Rn. 51) wiedergeben.[166] Bei Weitergabe fremder Angaben genügt allerdings eine erkennbare Identifizierung mit diesen.[167] Sie kann auch konkludent erfolgen, etwa wenn der Gesamtkontext der Angaben als überprüft bezeichnet wird bzw. dies vom Gesetz oder der Satzung vorgeschrieben ist oder mit ihnen ein bestimmter Nachweis, etwa für eintragungsrelevante Umstände, geführt werden soll.[168] Gleiches gilt bei Angaben, die in bestimmten, ohnehin kollektiv abzugebenden Tatgegenständen enthalten sind, etwa in den Berichten iSd Abs. 1 Nr. 2. Hier wird eine inhaltliche Identifizierung mit sämtlichen enthaltenen Aussagen durch alle Beteiligten anzunehmen sein.[169]

53   Die Angaben müssen **gemacht** werden, also Gegenstand einer Äußerung sein. Schriftform ist nicht erforderlich;[170] Näheres bei der Frage der Deliktsvollendung (→ Rn. 273 ff.).

54   Angaben sind **falsch**, sofern ein vorhandener Sachverhalt als nicht vorhanden oder ein nicht vorhandener Sachverhalt als vorhanden dargestellt wird.[171] Bei **Tatsachenangaben** ist dies durch einen Vergleich zwischen Äußerung und Wirklichkeit anhand eines objektiven Maßstabes zu prüfen.[172] Besonderer Begründung bedarf die Annahme einer – von § 399 Abs. 1 erfassbaren – Fehlerhaftigkeit von (etwa bilanzrechtlichen)[173] **Wertungen**. Nach überwiegender Auffassung können Urteile „falsch" sein, wenn sie von einer unzutreffenden Tatsachengrundlage ausgehen,[174] wenn sie relevante Prognosefaktoren nicht berücksichtigen[175] oder Schlussfolgerungen anstellen, die nach dem einheitli-

---

[160] BGH NJW 1982, 2823 (2827) (zu § 45 Abs. 1 BörsG aF); OLG Düsseldorf WM 1984, 587 (592); NK-WSS/*Krause/Tiwele* Rn. 7.
[161] MüKoStGB/*Hefendehl* StGB § 263 Rn. 89; Schönke/Schröder/*Perron* StGB § 264a Rn. 24; Hölters/*Müller-Michaels* Rn. 7; aA LK-StGB/*Tiedemann/Vogel* StGB § 264a Rn. 79.
[162] Großkomm AktG/*Otto* Rn. 37; vgl. noch Cerny MDR 1987, 271 (276); *Geerds*, Wirtschaftsstrafrecht und Vermögensschutz, 1990, 215; LK-StGB/*Tiedemann/Vogel* StGB § 264a Rn. 79.
[163] Ähnlich MüKoStGB/*Kiethe* Rn. 34: ohne Anknüpfungstatsachen; Park/*Südbeck/Eidam* Teil 3 Kap. 8.1. § 399 Rn. 27: objektivierbarer Inhalt; Kölner Komm AktG/*Altenhain* Rn. 49: hinreichende Substantiierung und objektivierbarer Kern.
[164] Vgl. – im Rahmen des Betrugstatbestandes – MüKoStGB/*Hefendehl* StGB § 263 Rn. 89 ff.
[165] Was sich etwa in der kontextual zutreffenden, aber die anderen Tatbestandsmerkmale vorwegnehmenden „Definition" von UHL/*Ransiek* GmbHG § 82 Rn. 16 zeigt: alle Informationen, die gegenüber dem Registergericht gemacht werden, um die Eintragung zu erreichen.
[166] Kölner Komm AktG/*Geilen*, 1. Aufl. 1984, Rn. 49; Hölters/*Müller-Michaels* Rn. 8.
[167] Kölner Komm AktG/*Altenhain* Rn. 50: Identifizierung liegt beim Einstehen für Richtigkeit und Vollständigkeit der getätigten Angaben vor, was bspw. durch die Abgabe der Erklärung vor dem Registergericht geschehe.
[168] Vgl. Kölner Komm AktG/*Geilen*, 1. Aufl. 1984, Rn. 49; Großkomm AktG/*Otto* Rn. 37.
[169] Ähnlich Kölner Komm AktG/*Geilen*, 1. Aufl. 1984, Rn. 49.
[170] GHEK/*Fuhrmann* Rn. 21; MüKoAktG/*Schaal* Rn. 55; Hölters/*Müller-Michaels* Rn. 9.
[171] Achenbach/Ransiek/Rönnau/*Ransiek* 8. Teil 3. Kap. Rn. 23; zu § 264a StGB BT-Drs. 10/381, 24; *Cerny* MDR 1987, 272 (276); *Geerds*, Wirtschaftsstrafrecht und Vermögensschutz, 1990, 215; *Schröder*, Aktienhandel und Strafrecht, 1994, 7; LK-StGB/*Tiedemann/Vogel* StGB § 264a Rn. 78. Weitergehend und aussagenlogisch unglücklich erscheint die von Großkomm AktG/*Otto* Rn. 38 gebrauchte und von MüKoStGB/*Kiethe* Rn. 35 bzw. Park/*Südbeck/Eidam* Teil 3 Kap. 8.1. § 399 Rn. 27 übernommene Formulierung, Falschheit liege bei irreführenden Angaben vor, also wenn diese den Adressaten veranlassen können, sie für wahr zu halten und dadurch getäuscht zu werden.
[172] Vgl. Kölner Komm AktG/*Geilen*, 1. Aufl. 1984, Rn. 50; Bürgers/Körber/*Pelz* Rn. 5; MüKoAktG/*Schaal* Rn. 55; zu § 264a StGB *Joecks* wistra 1986, 142 (145); *Geerds*, Wirtschaftsstrafrecht und Vermögensschutz, 1990, 215; *Jacobi*, Der Straftatbestand des Kapitalanlagebetrugs (§ 264a StGB), 2000, 66; *Schröder*, Aktienhandel und Strafrecht, 1994, 7; abw. UHL/*Ransiek* GmbHG § 82 Rn. 16: Sicht des Erklärungsempfängers = bei Nr. 1 also des Registergerichts.
[173] Vgl. BGHSt 30, 285 (287 ff.) = NJW 1982, 775 f.
[174] Kölner Komm AktG/*Geilen*, 1. Aufl. 1984, Rn. 51; Großkomm AktG/*Otto* Rn. 39; Park/*Südbeck/Eidam* Teil 3 Kap. 8.1. § 399 Rn. 27; vgl. auch *Geerds*, Wirtschaftsstrafrecht und Vermögensschutz, 1990, 215; *Schröder*, Aktienhandel und Strafrecht, 1994, 8; Hölters/*Müller-Michaels* Rn. 10; vgl. ERST/*Brand* GmbHG § 82, AktG § 399 Rn. 67; MHLS/*Dannecker* GmbHG § 82 Rn. 87.
[175] Vgl. hierzu *Schröder*, Aktienhandel und Strafrecht, 1994, 8 f.; *Worms* in Assmann/Schütze KapitalanlageR-HdB § 10 Rn. 86, 93; LK-StGB/*Tiedemann/Vogel* StGB § 264a Rn. 80.

chen Konsens der einschlägigen Fachleute oder nach logischen Denkgesetzen schlichtweg unhaltbar („unvertretbar") sind.[176] So kann etwa neben der rechnerischen Höhe einer Forderung auch deren Realisierbarkeit die Werthaltigkeit beeinträchtigen. Ein zukünftig erwartetes Ereignis darf nicht als sicher hingestellt werden, falls sein Eintritt doch noch unsicher ist.[177] Der von § 399 geschützte Personenkreis darf sich darauf verlassen, dass Prognosen und Berechnungen nicht reine Mutmaßungen darstellen, sondern Schlussfolgerungen aus nachprüfbaren Tatsachen und Feststellungen sind, die auf einer sorgfältigen Analyse aller hierfür maßgebenden Voraussetzungen beruhen.[178]

Eine Verletzung dieses Anspruches ist freilich nicht schon dann anzunehmen, wenn sich eine 55 Prognose nicht erfüllt.[179] Für die Beurteilung der Richtigkeit ist grds. der **Zeitpunkt** der Äußerung, also der Zugang der Erklärung beim bestimmungsgemäßen Adressaten (hierzu → Rn. 273), maßgeblich.[180]

Im Rahmen der verschiedenen Tatbestände kann sich aber, vor allem wegen der Erfassung des 56 Verschweigens erheblicher Umstände, aus dem jeweiligen Schutzzweck auch die Pflicht ergeben, später erkannte Falschangaben zu korrigieren, etwa wenn zum Zwecke der Eintragung **Nachmeldungen** notwendig werden. Auch wenn die von einem Organmitglied vorgenommene Information an das Registergericht nicht von vornherein falsch war, sondern von der tatsächlichen Entwicklung (etwa bezüglich des Wertes einer Sacheinlage) überholt wird, ist eine **Berichtigungspflicht** anzunehmen.[181] So muss dem Registergericht in allen Fällen, in denen es die Rechtmäßigkeit eines Vorganges prüft und daraufhin Entscheidungen über Eintragungen erlässt, bis zu diesem Zeitpunkt eine wahrhafte Tatsachengrundlage vermittelt werden (beachte auch → Rn. 277 f.).[182] Falls etwa das im Moment einer ersten Anmeldung eingezahlte Grundkapital zwischenzeitlich verwendet wurde und nicht mehr zur freien Verfügung des Vorstands steht, müssen vor der Entscheidung über die Eintragung entsprechende Angaben über die Verwendung gemacht werden.[183]

Nach zutreffender Auffassung muss hierfür nicht auf **§ 13 StGB** abgestellt werden. Ein strafbares 57 Unterlassen ist zwar nach überwiegender Auffassung auch bei Tätigkeitsdelikten möglich.[184] Problematisch ist allerdings bereits der Ansatz, eine Garantenstellung aus vorangegangenem pflichtwidrigem Tun (Ingerenz) herzuleiten,[185] wenn der zunächst gutgläubige Täter nach der Anmeldung bemerkt,

---

[176] BGHSt 30, 285 (288) = NJW 1982, 775; Kölner Komm AktG/*Geilen*, 1. Aufl. 1984, Rn. 51; Bürgers/Körber/*Pelz* Rn. 5; MüKoAktG/*Schaal* Rn. 57; Hachenburg/*Kohlmann* GmbHG § 82 Rn. 22; MHLS/*Dannecker* GmbHG § 82 Rn. 87; Großkomm AktG/*Otto* Rn. 39; Park/*Südbeck/Eidam* Teil 3 Kap. 8.1. § 399 Rn. 27; NK-WSS/*Krause/Twele* Rn. 7; *Tiedemann* FS Lackner, 1987, 737 (746); vgl. auch *Cerny* MDR 1987, 271 (276); *Geerds*, Wirtschaftsstrafrecht und Vermögensschutz, 1990, 215; *Schröder*, Aktienhandel und Strafrecht, 1994, 8; *Niedernhuber*, Strafrechtliche Risiken des konzernweiten Cash Pooling, 2016, 358; LK-StGB/*Tiedemann/Vogel* StGB § 264a Rn. 78; gegen die Möglichkeit unrichtiger Werturteile *Mitsch* Strafrecht BT 2, 3. Aufl. 2015, 260 f.; krit. und exzessiver MüKoStGB/*Kiethe* Rn. 35, allerdings mit einem Zirkelschluss, weil ohne Erklärung, wann Unrichtigkeit bei einem Werturteil anzunehmen ist; auch Kölner Komm AktG/*Altenhain* Rn. 52 Fn. 118 lehnt die Ansicht von *Kiethe/Hohmann* [Bearbeiter der 1. Aufl.] ab, da es an Abgrenzungskriterien mangele.
[177] *Geerds*, Wirtschaftsstrafrecht und Vermögensschutz, 1990, 215.
[178] Vgl. BGH NJW 1982, 2823 ff. (Prospekthaftung, § 45 Abs. 1 BörsG aF); *Schröder*, Aktienhandel und Strafrecht, 1994, 8.
[179] Vgl. *Schröder*, Aktienhandel und Strafrecht, 1994, 8; UHL/*Ransiek* GmbHG § 82 Rn. 16.
[180] Vgl. aber auch → Rn. 56 ff. sowie → Rn. 278; Bürgers/Körber/*Pelz* Rn. 6 (in Bezug auf das Verschweigen erheblicher Umstände); MüKoAktG/*Schaal* Rn. 58; Großkomm AktG/*Otto* Rn. 40; Hölters/*Müller-Michaels* Rn. 11; NK-WSS/*Krause/Twele* Rn. 7.
[181] Achenbach/Ransiek/Rönnau/*Ransiek* 8. Teil 3. Kap. Rn. 49; Bürgers/Körber/*Pelz* Rn. 6; MüKoStGB/*Kiethe* Rn. 39, 144; ERST/*Brand* GmbHG § 82, AktG § 399 Rn. 71; NK-WSS/*Krause/Twele* Rn. 10; UHL/*Ransiek* GmbHG § 82 Rn. 51 f., 54 trotz Anregung in Rn. 53, aus Praktikabilitätsgründen auf eine Berichtigungspflicht zu verzichten, damit das Anmeldeverfahren nicht von immer neuen Änderungsmitteilungen belastet wird; aA insges. noch Hachenburg/*Kohlmann* GmbHG § 82 Rn. 57 (in Konsequenz zu § 82 Rn. 24: Beurteilung der Richtigkeit nach Zeitpunkt des Einreichens).
[182] Ähnlich BGH NStZ 1993, 442; GHEK/*Fuhrmann* Rn. 21; Kölner Komm AktG/*Geilen*, 1. Aufl. 1984, Rn. 56; MüKoAktG/*Schaal* Rn. 58; MüKoAktG/*Pentz* § 37 Rn. 14; Großkomm AktG/*Otto* Rn. 40; UHL/*Ransiek* GmbHG § 82 Rn. 16, 51 f., 54; abw. Hachenburg/*Kohlmann* GmbHG § 82 Rn. 24.
[183] BGH NStZ 1993, 442; Achenbach/Ransiek/Rönnau/*Ransiek* 8. Teil 3. Kap. Rn. 49, 56; GHEK/*Fuhrmann* Rn. 21; MüKoAktG/*Schaal* Rn. 58; vgl. auch KG BB 1972, 10; GHEK/*Eckardt* § 36 Rn. 28, § 37 Rn. 14: auch bei zwischenzeitlich – nach § 36 Abs. 2 zulässigerweise – gezahlten Steuern und Gebühren; Kölner Komm AktG/*Arnold* § 37 Rn. 12.
[184] GHEK/*Fuhrmann* Rn. 22; Kölner Komm AktG/*Geilen*, 1. Aufl. 1984, Rn. 56; MüKoAktG/*Schaal* Rn. 61; Schönke/Schröder/*Stree/Bosch* StGB § 13 Rn. 3; vgl. Fischer StGB § 13 Rn. 2; *Stratenwerth/Kuhlen* Strafrecht AT I, 6. Aufl. 2011, § 13 Rn. 65; teilw. aA LK-StGB/*Weigend* StGB § 13 Rn. 15: auf Tätigkeitsdelikte nur anwendbar, wenn sie ein über den Handlungsvollzug hinausreichendes Erfolgselement in sich tragen.
[185] So aber MüKoAktG/*Schaal* Rn. 61; ERST/*Brand* GmbHG § 82, AktG § 399 Rn. 70; nach aA folgt die Garantenstellung dagegen aus der besonderen Stellung des Täters als Gründer oder Organmitglied, Kölner Komm AktG/*Altenhain* Rn. 62.

dass seine Angaben unvollständig oder falsch sind. Denn allein aus dieser Verursachung kann nicht auf eine – für eine Garantenstellung notwendige – **Herrschaftsposition** geschlossen werden.[186] Aber auch unabhängig vom Problem der Garantenstellung besteht kein Bedürfnis dafür, im Falle des Ausbleibens einer Korrektur ein Machen falscher Angaben durch unechtes Unterlassen anzunehmen,[187] es ist vielmehr bereits die Alternative des Verschweigens erheblicher Umstände einschlägig, sofern diese Erheblichkeit bejaht werden kann. Nach dem Schutzgedanken der Norm ist hier auf die Notwendigkeit einer zutreffenden Beurteilungsgrundlage des Registergerichtes im Zeitpunkt der Entscheidung über die Eintragung abzustellen. Eine Berichtigungspflicht obliegt dem Organmitglied damit schon kraft Wertung des § 399 Abs. 1.[188]

58 Fälle, in denen eine Garantenstellung begründet werden kann, die über die schon in den besonderen persönlichen Merkmalen genannte Sondereigenschaft hinausgeht, erscheinen kaum denkbar. Ferner wäre es schwierig und ist es nicht notwendig, die von § 13 Abs. 1 StGB geforderte „Modalitätenäquivalenz" zu begründen, anstatt von einem Verschweigen erheblicher Umstände auszugehen. Denn die jeweils genannten Tätergruppen sind nach den Vorschriften des AktG für die Vollständigkeit und Richtigkeit des jeweiligen Tatgegenstandes verantwortlich. Sie haben sicherzustellen, dass die im HR (bzw. Unternehmensregister) festgehaltenen Informationen auch dem Inhalt nach wahr sind, der ihnen durch die Erklärungs- und Versicherungspflichten des AktG indirekt gegeben wird. Dementsprechend müssen die Sonderpflichtigen ggf. auch initiativ dafür sorgen, dem Registergericht für die Entscheidung über die Eintragung richtige und vollständige Angaben zur Verfügung zu stellen und hierfür Korrekturen anzubringen. Ist die Eintragung erfolgt, kann ein Unterlassen jedenfalls objektiv nicht mehr dem Zweck der Eintragung dienen. Die Berichtigungspflicht endet somit, wenn ein Sonderpflichtiger eine Falschangabe erst nach Eintragung erkennt.[189]

59 **2. Verschweigen erheblicher Umstände.** Neben positiv unwahren Äußerungen erfasst die Norm das Verschweigen erheblicher Umstände. Zum Teil wird hierin eine Art Tautologie gesehen: § 399 Abs. 1 verlange jeweils bestimmte Äußerungszusammenhänge, gehe also von Situationen aus, in denen gem. anderer Vorschriften stets ergendwelche Angaben zu machen seien. Werde dabei ein Sachverhalt erwähnt, der – etwa für eine registergerichtliche Entscheidung über die Eintragung – im Hinblick auf den Schutzzweck der jeweiligen Tatvariante erheblich sei, so vermittelten die Angaben einen **falschen Gesamteindruck**, seien also nicht nur unvollständig, sondern in der Gesamtschau auch falsch.[190]

60 Mit dieser Tatalternative sollte sicher **kein** eigenständiges, über die jeweiligen Angabepflichten hinausgehendes **echtes Unterlassungsdelikt** etabliert werden,[191] das etwa auch Fälle erfasst, in denen zu den fraglichen Sachverhalten keinerlei Angaben gemacht werden. Denn es gibt zum einen keine Rechtspflicht, überhaupt eine AG zu gründen und anzumelden,[192] zum anderen ist auf dem Weg zur vorteilhaften Wirkweise der Kapitalgesellschaft (Haftungsbeschränkung) mit dem Registergericht ein staatliches Kontrollorgan zwischengeschaltet, das die Verfügbarkeit der essenziellen Haftungsgrundlagen und die personelle Verantwortung der Organmitglieder sicherstellen soll. Die in Bezug genommenen Eintragungs- und Genehmigungsvorgänge vollziehen sich nicht, bevor die gesetzlich notwendigen Angaben formell unterbreitet wurden.[193] Dennoch ist angesichts des Bestimmtheitsgrundsatzes fraglich, ob sich eine Subsumtion von Fällen unter die Alternative der

---

[186] Vgl. die Kritik an der Garantenstellung aus Ingerenz von *Schünemann* ZStW 96 (1984), 287 (308 f.) sowie GA 1974, 231 (232).
[187] So *Steinmetz*, Die verschleierte Sacheinlage im Aktienrecht aus zivil- und strafrechtlicher Sicht, 1990, 142; GHEK/*Fuhrmann* Rn. 22; MüKoAktG/*Schaal* Rn. 61; Park/*Südbeck/Eidam* Teil 3 Kap. 8.1. § 399 Rn. 28; GJW/ *Temming* Rn. 12; Kölner Komm AktG/*Altenhain* Rn. 62; vgl. auch Scholz/*Tiedemann/Rönnau* GmbHG § 82 Rn. 117 f.
[188] IErg wie hier Achenbach/Ransiek/*Rönnau/Ransiek* 8. Teil 3. Kap. Rn. 49; Kölner Komm AktG/*Geilen*, 1. Aufl. 1984, Rn. 57; MüKoStG/*Kiethe* Rn. 39 und wohl auch Großkomm AktG/*Otto* Rn. 49; vgl. auch Scholz/*Tiedemann/Rönnau* GmbHG § 82 Rn. 116; UHL/*Ransiek* GmbHG § 82 Rn. 52.
[189] So auch Kölner Komm AktG/*Geilen*, 1. Aufl. 1984, Rn. 57; NK-WSS/*Krause/Twele* Rn. 10; UHL/*Ransiek* GmbHG § 82 Rn. 51.
[190] So GHEK/*Fuhrmann* Rn. 22; Kölner Komm AktG/*Geilen*, 1. Aufl. 1984, Rn. 54; MüKoStGB/*Kiethe* Rn. 37; vgl. auch ERST/*Brand* GmbHG § 82, AktG § 399 Rn. 72; zu § 264a StGB auch OLG Köln NZG 2000, 89 (90); LK-StGB/*Tiedemann/Vogel* StGB § 264a Rn. 80.
[191] Vgl. Kölner Komm AktG/*Geilen*, 1. Aufl. 1984, Rn. 53; ERST/*Brand* GmbHG § 82, AktG § 399 Rn. 72; zur vergleichbaren Diskussion im Rahmen des § 264a StGB vgl. MüKoStGB/*Ceffinato* StGB § 264a Rn. 47; SK-StGB/*Hoyer* StGB § 264a Rn. 14; *Mitsch* Strafrecht BT 2, 3. Aufl. 2015, 422 f.; tendenziell auch OLG Köln NJW 2000, 598 (600).
[192] So auch Kölner Komm AktG/*Altenhain* Rn. 54; vgl. zur GmbH die Argumentation bei Hachenburg/ *Kohlmann* GmbHG § 82 Rn. 56.
[193] Vgl. auch Kölner Komm AktG/*Geilen*, 1. Aufl. 1984, Rn. 53.

falschen Angaben gebietet, in denen tatsächlich keine Einzelumstände unrichtig wiedergegeben wurden. Der Verweis auf eine entsprechende Vorgehensweise bei Tatbeständen ohne Verschweigensalternative (zB § 16 UWG, § 82 GmbHG)[194] überzeugt jedenfalls nicht, weil sie gerade bei Delikten mit einer solchen Alternative weder kriminalpolitisch notwendig noch hilfreich ist.[195] Sie führt ferner zu weiteren Zurechnungsproblemen, falls etwa unwahre oder unvollständige Angaben von einem anderen Organmitglied gemacht wurden (hierzu auch → Rn. 80 f.) und nun vom Sonderpflichtigen (etwa zwischen Anmeldung und Eintragung) eine pflichtgemäße Korrektur unterlassen wird. Hier empfiehlt es sich, auf die Alternative des Verschweigens erheblicher Umstände abzustellen, der somit ein eigener Anwendungsbereich verbleibt.[196]

Das Gesamtbild aller positiv getätigten Angaben, die im Rahmen jener Vorgänge gemacht werden, die § 399 Abs. 1 erfasst, ist Maßstab für die Beurteilung der **Erheblichkeit** ggf. verschwiegener Umstände. Zwar wird teilweise darauf hingewiesen, in Sonderfällen könne auch eine unterlassene Mitteilung ohne Auswirkung auf den Gesamteindruck der Aussagen ein erhebliches Verschweigen sein, zB wenn ein bestimmter, von Gesetzes wegen offenbarungspflichtiger Einzelpunkt, etwa ein Sondervorteil, schlicht übergangen werde, ohne dass bei den übrigen Angaben Fehler vorlägen.[197] Es handelt sich hierbei aber lediglich um eine Definitionsfrage. Bei genügend weiter Bestimmung dessen, was das „Gesamtbild" positiv getätigter Aussagen prägt, kann bei erheblichen Auslassungen stets auch vertreten werden, die Angaben seien falsch. Zu fragen ist, ob im Hinblick auf den jeweiligen Schutzumfang derjenigen Vorschriften, die bestimmte (wahrhafte) Erklärungen, Versicherungen und Nachweise verlangen, durch das Weglassen bestimmter Mitteilungen ein Bild von dem betreffenden Vorgang entsteht, das den Schutzgedanken untergräbt.[198]

Maßstab ist das objektivierte Interesse des von § 399 Abs. 1 geschützten Personenkreises (hierzu → Rn. 3 f.), also der **„interessierten" Öffentlichkeit**.[199] Die daraufhin verbreitet gebrauchte Formel, es seien diejenigen Umstände erheblich, die das Gesetz vorschreibe oder deren Kenntnis für die Entschließung des Gerichtes (die Eintragung vorzunehmen) oder eines interessierten Beteiligten (eine Beziehung zur Gesellschaft einzugehen) von Bedeutung sein könnten,[200] trifft wegen des Charakters der Norm als (abstraktes) Gefährdungsdelikt zu: Im Interesse eines möglichst großen Schutzumfanges sollte den Strafverfolgungsbehörden nach dem gesetzgeberischen Willen ein (hypothetischer) Nachweis konkreter Ursächlichkeit für bestimmte gerichtliche oder investive Entscheidungen nicht auferlegt werden.[201]

Damit ist auf die wenn auch nur abstrakte und potenzielle **Eignung zur Irreführung** im jeweils thematisch einschlägigen Punkt abzustellen.[202] Beim Betrugstatbestand (§ 263 StGB) ist umstritten, ob den gängigen Definitionen für das Merkmal der Täuschung ein solches, letztlich viktimodogmatisches Korrektiv beizulegen ist.[203] Zumindest im Rahmen des § 399 dürfte hierfür sprechen, dass zwischen dem weiten Begriff der „falschen Angaben" und dem bereits eingeschränkten Merkmal der „erheblichen Umstände" eine Synchronisierung vorgenommen werden sollte, die am Schutzzweck

---

[194] So GHEK/*Fuhrmann* Rn. 22; Kölner Komm AktG/*Geilen*, 1. Aufl. 1984, Rn. 54.
[195] Ähnlich im Rahmen des § 264a StGB MüKoStGB/*Ceffinato* StGB § 264a Rn. 39; iErg auch BT-Drs. 10/318, 4; *Cerny* MDR 1987, 276 (276); Schönke/Schröder/*Perron* StGB § 264a Rn. 24; *Fischer* StGB § 264a Rn. 15.
[196] So etwa UHL/*Ransiek* GmbHG § 82 Rn. 52; Kölner Komm AktG/*Altenhain* Rn. 56.
[197] So Kölner Komm AktG/*Geilen*, 1. Aufl. 1984, Rn. 54; vgl. auch *Steinmetz*, Die verschleierte Sacheinlage im Aktienrecht aus zivil- und strafrechtlicher Sicht, 1990, 137.
[198] Ähnlich GHEK/*Fuhrmann* Rn. 22; MüKoStGB/*Kiethe* Rn. 37; ERST/*Brand* GmbHG § 82, AktG § 399 Rn. 69; Kölner Komm AktG/*Altenhain* Rn. 58, allerdings vom allein geschützten Rechtsgut des Vertrauens ausgehend; abw. wohl noch Kölner Komm AktG/*Geilen*, 1. Aufl. 1984, Rn. 48, der mit dem Argument, der Tatbestand erfasse falsche „Angaben", nicht eine falsche „(Gesamt-)Darstellung" des Bezugsrahmens, das Merkmal der Erheblichkeit zu weitgehend ausblendet.
[199] Vgl. BGH NJW 1982, 775 f.; RGSt 40, 285 (287); GHEK/*Fuhrmann* Rn. 22; MüKoAktG/*Schaal* Rn. 60; iErg auch Großkomm AktG/*Otto* Rn. 45 sowie Park/*Südbeck/Eidam* Teil 3 Kap. 8.1. § 399 Rn. 28, die auf den Vertrauensschutz abstellen.
[200] RG JW 1931, 203 (204); GHEK/*Fuhrmann* Rn. 22; Kölner Komm AktG/*Geilen*, 1. Aufl. 1984, Rn. 55; MüKoAktG/*Schaal* Rn. 60; UHL/*Ransiek* GmbHG § 82 Rn. 18; Hölters/*Müller-Michaels* Rn. 12; NK-WSS/*Krause/Twele* Rn. 8.
[201] Vgl. BGHSt 30, 285 (290 ff.) = NJW 1982, 775 (776); *Schröder*, Aktienhandel und Strafrecht, 1994, 10; MüKoStGB/*Ceffinato* StGB § 264a Rn. 52.
[202] So auch noch Kölner Komm AktG/*Geilen*, 1. Aufl. 1984, Rn. 9, 48, 53 f.; vgl. auch Kölner Komm AktG/*Altenhain* Rn. 59.
[203] Bejahend OLG Koblenz NJW 2001, 1364; im Ansatz auch BGHSt 47, 1 (5) = NJW 2001, 2187 (2189) mBspr *Pawlik* StV 2003, 297 f.; Überblick bei *Mühlbauer* NStZ 2003, 650 (651); vgl. zum Aspekt der Viktimodogmatik MüKoStGB/*Hefendehl* StGB § 263 Rn. 27 ff. (insbes. Rn. 29), sowie die Diskussion im Rahmen des § 263 StGB als zu erwägendem Ausschlussgrund für einen Irrtum des Getäuschten MüKoStGB/*Hefendehl* StGB § 263 Rn. 271 ff.

ausgerichtet ist. Denn dieser umfasst weder die Pönalisierung jeder schriftlichen Lüge im Zusammenhang mit der Gründung und Anmeldung einer AG, noch will er die Eigenverantwortung des Erklärungsadressaten beseitigen. In den Fällen, in denen dieser – hauptsächlich das Registergericht – gesetzlich zur Nachprüfung verpflichtet ist oder eine solche aufgrund ständiger Praxis vorhersehbar erfolgt, liegt die Eignung zur Irreführung kaum vor, falls sich Angaben ohne Weiteres als schlechterdings nicht haltbar herausstellen müssen,[204] also bei pflichtgemäßer Prüfung keinen Niederschlag im Register finden können. Gleiches gilt etwa für die Schilderung logisch gänzlich unwahrscheinlicher Sachverhalte im Rahmen des Abs. 1 Nr. 3.

64 Aus dem Verweis auf die gesetzliche Notwendigkeit entsprechender Angaben folgt nicht, es werde stets der Tatbestand des § 399 Abs. 1 verwirklicht, wenn Pflichtangaben fehlen. Vielmehr folgt hier aus der Kontrollfunktion des Registergerichtes, das notwendige Angaben ggf. nachzufordern hat, sowie aus dem mangelnden Charakter eines echten Unterlassungsdeliktes (vgl. schon → Rn. 57, 60), dass bei **offensichtlich unvollständigen Angaben** auch die Verschweigensalternative nicht eingreift.[205]

65 **3. Wahrheitswidrige Abgabe einer Erklärung.** Die Tathandlung des Abs. 2 weicht im Wortlaut von den Tatvarianten des Abs. 1 ab. Diese formale Diskrepanz zieht allerdings keine materiellen Unterschiede zwischen den beiden Absätzen in Ansehung der Tathandlungen nach sich. In der Erklärung müssen folglich falsche Angaben enthalten sein oder erhebliche Umstände verschwiegen werden.[206] Hieraus folgt, dass die Aufspaltung des § 399 in zwei Absätze gesetzessystematisch nicht indiziert ist.

V. Objektiver Tatbestand: Die einzelnen Tatvarianten

66 **1. Die Tatvariante des Gründungsschwindels durch unrichtige Anmeldung, Abs. 1 Nr. 1.** Die Eintragung der Gesellschaft erfolgt aufgrund Anmeldung zum HR gem. §§ 36 ff. Diese ist gem. § 36 Abs. 1 von allen Gründern und Mitgliedern des Vorstands und des Aufsichtsrats vorzunehmen; zur Tathandlung → Rn. 50 ff.

67 **a) Täterkreis. aa) Gründer.** Der Begriff des Gründers ist in § 28 legaldefiniert und meint alle **Aktionäre, die die Satzung** iSd §§ 2, 23 **festgestellt haben.** Die Satzung der AG ist der Gesellschaftsvertrag iSd § 2. Aktionär ist dabei jeder, der mindestens eine Aktie übernahm.[207] Ebenso kann eine Aktie von mehreren Personen übernommen werden, die alle bei der Satzungsfeststellung teilnehmen müssen.[208] Unerheblich ist, ob es zu einer den §§ 2, 23, 28 f. genügenden Feststellung der Satzung und Eintragung der Gesellschaft gekommen ist.[209] Gründer ist dabei auch, wer sich bei der Satzungsfeststellung in der nach § 23 Abs. 1 S. 2 zulässigen, offenen Weise **vertreten ließ**.[210] Der Vertreter selbst ist nicht Gründer;[211] zu seiner Haftung → Rn. 23.

68 Aktionäre können neben natürlichen Personen auch alle juristischen Personen sowie rechtsfähigen Personenmehrheiten sein.[212] Gründer sind weiterhin die Gesellschafter der **Kommanditgesellschaft auf Aktien** (§ 280 Abs. 3). Entgegen verbreiteter Ansicht[213] ist der Tatbestand in diesem Fall direkt anwendbar, ein Rückgriff auf § 408 ist also nicht erforderlich.[214] Die Strafnorm des § 399 Abs. 1 Nr. 1 flankiert für den genannten Personenkreis die Verantwortlichkeit für die Richtigkeit der Darstellung essenzieller Gründungsvorgänge gegenüber dem Registergericht (und daraufhin gegenüber der an den Eintragungen im HR interessierten Öffentlichkeit, → Rn. 3 f.), wie sie – mit denselben Modalitäten – zivilrechtlich über die Pflichtenbeschreibung (und Schadensersatznorm) des

---

[204] Für eine einschränkende Auslegung im Rahmen des § 263 StGB *Mühlbauer* NStZ 2003, 650 (651 f.) mwN.
[205] Vgl. zu § 264a StGB MüKoStGB/*Ceffinato* StGB § 264a Rn. 61, 67 mwN; Kölner Komm AktG/*Geilen*, 1. Aufl. 1984, Rn. 53; aA Kölner Komm AktG/*Altenhain* Rn. 59.
[206] GHEK/*Fuhrmann* Rn. 89; Kölner Komm AktG/*Geilen*, 1. Aufl. 1984, Rn. 166; MüKoAktG/*Schaal* Rn. 222; MüKoStGB/*Kiethe* Rn. 130.
[207] → § 28 Rn. 2; Kölner Komm AktG/*Geilen*, 1. Aufl. 1984, Rn. 18; MüKoAktG/*Schaal* Rn. 13; MüKoStGB/*Kiethe* Rn. 22; Park/*Südbeck/Eidam* Teil 3 Kap. 8.1. § 399 Rn. 12; NK-WSS/*Krause/Twele* Rn. 4.
[208] MüKoAktG/*Pentz* § 28 Rn. 5.
[209] RGSt 43, 407 (414); GHEK/*Fuhrmann* Rn. 8; Kölner Komm AktG/*Geilen*, 1. Aufl. 1984, Rn. 25; MüKoAktG/*Schaal* Rn. 14.
[210] → § 28 Rn. 2; MüKoAktG/*Pentz* § 28 Rn. 5; MüKoStGB/*Kiethe* Rn. 22; Großkomm AktG/*Otto* Rn. 14; Park/*Südbeck/Eidam* Teil 3 Kap. 8.1. § 399 Rn. 13; NK-WSS/*Krause/Twele* Rn. 4.
[211] → § 28 Rn. 2; MüKoAktG/*Pentz* § 28 Rn. 7; Park/*Südbeck/Eidam* Teil 3 Kap. 8.1. § 399 Rn. 13.
[212] GHEK/*Fuhrmann* Rn. 8; MüKoAktG/*Schaal* Rn. 13.
[213] GHEK/*Fuhrmann* Rn. 8; Kölner Komm AktG/*Geilen*, 1. Aufl. 1984, Rn. 26; MüKoAktG/*Schaal* Rn. 15; GJW/*Temming* Rn. 6.
[214] → § 408 Rn. 2, 7; offengelassen von Kölner Komm AktG/*Altenhain* Rn. 24.

§ 46 Abs. 1 gegenüber der Gesellschaft festgelegt wird. Der Schutzgesetzcharakter (→ Rn. 6) führt damit zu einer auch zivilrechtlichen Haftungserweiterung.

§ 399 Abs. 1 erfasst auch in weitem Umfang den sog. **„Umwandlungsschwindel"**:[215] So sind im Falle der vom **Umwandlungsgesetz** erfassten gesellschaftsrechtlichen Strukturmaßnahmen per gesetzlicher Gleichstellung ebenso als Gründer anzusehen: die übertragenden Rechtsträger bei einer Verschmelzung durch Neugründung (§ 36 Abs. 2 S. 2 UmwG) oder bei einer Spaltung zur Neugründung (§ 135 Abs. 2 S. 2 UmwG); beim Formwechsel von einer GmbH zur AG oder zur Kommanditgesellschaft auf Aktien die Gesellschafter der formwechselnden Gesellschaft, die dem Formwechsel zugestimmt haben; beim Formwechsel in eine KGaA zusätzlich die beitretenden persönlich haftenden Gesellschafter (§ 245 Abs. 1 S. 1 UmwG); beim Formwechsel von einer AG in eine KGaA die persönlich haftenden Gesellschafter der Gesellschaft neuer Rechtsform (§ 245 Abs. 2 S. 1 UmwG); beim Formwechsel einer KGaA zu einer AG die persönlich haftenden Gesellschafter der formwechselnden Gesellschaft (§ 245 Abs. 3 S. 1 UmwG; früher: Gründereigenschaft der persönlich haftenden Gesellschafter nach § 362 Abs. 4 AktG aF, § 378 Abs. 1 AktG aF, vgl. weiterhin § 385 Abs. 1 AktG aF, § 385a Abs. 3 AktG aF; § 389 Abs. 4 AktG aF). **69**

Unerheblich ist, ob die Mitwirkung bei der Gründung für eigene oder fremde Rechnung erfolgt. Auch vorgeschobene **Treuhänder** oder **Strohmänner** sind nach der gebotenen formellen Betrachtungsweise somit Gründer,[216] während für die Hintermänner nur eine Teilnahmestrafbarkeit in Betracht kommt (→ Rn. 23). Die Bestimmung der Gründereigenschaft nach „faktischer" oder „tatsächlicher" Betrachtungsweise (→ Rn. 31 ff.) wird zutreffend verneint, weil ein Gründer nur bestimmte, vom Gesetz eng festgelegte und kurzfristige Aufgaben zu erfüllen hat.[217] Es erscheint ausgeschlossen, dass durch eine bzw. für eine solche Funktion hinreichende Anknüpfungstatsachen für einen Rechtsschein geschaffen werden können. Im Falle eines gutgläubigen Strohmannes, der von einem Hintermann zu einem nach § 399 Abs. 1 Nr. 1 tatbestandlichen Verhalten gesteuert wird, besteht somit tatsächlich eine Strafbarkeitslücke, die aufgrund des Analogieverbotes im Strafrecht auch nicht durch eine im Zivilrecht wurzelnde Garantenhaftung des Hintermannes (§ 46 Abs. 5) geschlossen werden kann.[218] **70**

Ist eine **juristische Person** Gründer, verlagert sich die strafrechtliche Verantwortlichkeit auf die für sie handelnden Organmitglieder (§ 14 Abs. 1 Nr. 1 StGB).[219] Gleiches gilt für die vertretungsberechtigte natürliche Person bei einer **rechtsfähigen Personengesellschaft** (§ 14 Abs. 1 Nr. 2 StGB, jedenfalls aber § 14 Abs. 1 Nr. 3 StGB), wozu auch der Geschäftsführer einer Komplementär-GmbH bei der GmbH & Co. KG zählt (§ 125 Abs. 1 HGB, § 170 HGB, § 35 Abs. 1 GmbHG). Fälle gewillkürter Vertretung außerhalb der Regelungen des § 14 StGB vermögen eine strafrechtliche Verantwortung des Vertreters, etwa eines **Bevollmächtigten** iSd § 23 Abs. 1 S. 2, nicht zu begründen (vgl. schon → Rn. 67, 23).[220] Demgegenüber ist der **gesetzliche Vertreter** von § 14 Abs. 1 Nr. 3 StGB erfasst.[221] Dies betrifft etwa Eltern im Verhältnis zu ihren Kindern (§§ 1626 ff. BGB) oder **71**

---

[215] Vgl. Achenbach/Ransiek/Rönnau/*Ransiek* 8. Teil 3. Kap. Rn. 22, 129 ff.; zur Auswirkung der alten aktienrechtlichen Gleichstellungsklauseln auf die Strafbarkeit beim sog. „Umwandlungsschwindel" vgl. GHEK/*Fuhrmann* Rn. 1, 8; überholt wohl damit die kriminalpolitische Kritik von Kölner Komm AktG/*Geilen*, 1. Aufl. 1984, Rn. 13; pauschal der Hinweis bei MüKoAktG/*Schaal* Rn. 16.

[216] → § 28 Rn. 2; Achenbach/Ransiek/Rönnau/*Ransiek* 8. Teil 3. Kap. Rn. 21; GHEK/*Fuhrmann* Rn. 8; Großkomm AktG/*Röhricht/Schall* § 28 Rn. 3; Hüffer/Koch/*Koch*, 13. Aufl. 2018, § 28 Rn. 2; Kölner Komm AktG/*Altenhain* Rn. 20; Kölner Komm AktG/*Geilen*, 1. Aufl. 1984, Rn. 19, 21; Bürgers/Körber/*Pelz* Rn. 3; MüKoAktG/*Pentz* § 28 Rn. 5; MüKoStGB/*Kiethe* Rn. 23; Park/*Südbeck/Eidam* Teil 3 Kap. 8.1. § 399 Rn. 14; vgl. auch BayObLG NStZ 1994, 548 (549); UHL/*Ransiek* GmbHG § 82 Rn. 12; *Kohlmann* GmbHG § 82 Rn. 14; GJW/*Temming* Rn. 6; NK-WSS/*Krause/Tiwele* Rn. 4.

[217] NK-AktR/*Bernsmann* Rn. 2; GHEK/*Fuhrmann* Rn. 8; Kölner Komm AktG/*Altenhain* Rn. 20; Kölner Komm AktG/*Geilen*, 1. Aufl. 1984, Rn. 19; vgl. auch MüKoStGB/*Kiethe* Rn. 25; MüKoAktG/*Schaal* Rn. 17 mit kriminalpolitischem Bedauern; vgl. auch UHL/*Ransiek* GmbHG § 82 Rn. 11, widersprüchlich zu Rn. 12 ff.; aA wohl Henssler/Strohn/*Raum* Rn. 5.

[218] Großkomm AktG/*Otto* Rn. 10, 12; Park/*Südbeck/Eidam* Teil 3 Kap. 8.1. § 399 Rn. 14; aA (§ 46 Abs. 5 begründe eine Garantenstellung) Kölner Komm AktG/*Altenhain* Rn. 20, der allerdings im Fall des gutgläubigen Vordermannes ebenfalls zur Straflosigkeit des Hintermannes gelangt.

[219] Kölner Komm AktG/*Geilen*, 1. Aufl. 1984, Rn. 23 f.; MüKoStGB/*Kiethe* Rn. 22; Großkomm AktG/*Otto* Rn. 15; Park/*Südbeck/Eidam* Teil 3 Kap. 8.1. § 399 Rn. 13; Hölters/*Müller-Michaels* Rn. 18; zur möglichen Gründereigenschaft auch UHL/*Ransiek* GmbHG § 82 Rn. 15: Außen-GbR ja, Vor-GmbH und nicht-rechtsfähiger Verein nein, weil noch keine juristische Person.

[220] Vgl. → § 28 Rn. 2; Kölner Komm AktG/*Geilen*, 1. Aufl. 1984, Rn. 22; vgl. auch MüKoStGB/*Kiethe* Rn. 22; Park/*Südbeck/Eidam* Teil 3 Kap. 8.1. § 399 Rn. 13.

[221] MüKoStGB/*Kiethe* Rn. 22: Vertreter ist haftbar, wenn der vertretene „Gründer" geschäftsunfähig oder beschränkt geschäftsfähig ist; Kölner Komm AktG/*Geilen*, 1. Aufl. 1984, Rn. 22; Großkomm AktG/*Otto* Rn. 13; Park/*Südbeck/Eidam* Teil 3 Kap. 8.1. § 399 Rn. 13.

Vormünder (§ 1793 BGB), aber auch die sog. Parteien kraft Amtes, also etwa den Insolvenzverwalter (§§ 56 ff. InsO).[222] Gründer kann, allerdings nur bei ordnungsgemäßer Vertretung, auch sein, wer geschäftsunfähig oder in der Geschäftsfähigkeit beschränkt ist. Die strafrechtlichen Haftungsfolgen treten nicht bei ihm ein, sondern nach dem eben Gesagten ggf. beim Vertreter.[223] Der **Erbe** eines Gründers, der iSd § 399 Abs. 1 tatbestandlich gehandelt hat, ist strafrechtlich nicht verantwortlich, auch wenn er aufgrund der Gesamtrechtsnachfolge (§ 1922 BGB) in die Position des Gründers eintritt und somit verpflichtet sein kann, weiterhin bei der Etablierung der Gesellschaft und bei der Bewirkung ihrer Eintragung mitzuwirken (→ § 28 Rn. 4). Eine solche Mitwirkung kann nicht als sukzessive Mittäterschaft oder nachträgliche Beihilfe gewertet werden. Allerdings wird man eine Verantwortung für nachfolgendes eigenes tatbestandliches Handeln in der übernommenen Gründerposition nicht deshalb ablehnen können, weil eine persönliche Mitwirkung bei der Satzungsfeststellung nicht vorlag.

72 **bb) Mitglieder des Vorstands und ihr Pflichtenkreis.** Der **Vorstand** führt unter eigener Verantwortung die Gesellschaft, leitet ihre Geschäfte und vertritt sie gerichtlich und außergerichtlich nach außen (§§ 76 ff.). Die Mitglieder des Vorstands werden gem. § 84 (ausschließlich) vom Aufsichtsrat,[224] in dringenden Fällen gem. § 85 auf Antrag eine Beteiligten vom Gericht bestellt. Die Bestellung ist vom regelmäßig abgeschlossenen Anstellungsvertrag des Vorstandsmitgliedes (Festsetzung der Bezüge, § 87) zu unterscheiden (vgl. § 84 Abs. 1 S. 5, Abs. 3 S. 5).[225] Die Bestellung ist annahmebedürftig, wobei die Annahme auch konkludent – etwa durch Aufnahme der Tätigkeit – erfolgen kann (→ § 84 Rn. 5). Vorstandsmitglied kann nur eine natürliche, unbeschränkt geschäftsfähige Person sein (§ 76 Abs. 3 S. 1, → § 76 Rn. 119 ff.), die keinem betreuungsrechtlichen Einwilligungsvorbehalt und keinem gerichtlichen oder behördlichen Berufsverbot unterliegt (§ 76 Abs. 3 S. 2 Nr. 1 und 2) und in den letzten fünf Jahren nicht nach einer der in § 76 Abs. 3 S. 2 Nr. 3, S. 3 genannten Strafnormen verurteilt wurde (auch → Rn. 223 ff.).

73 Nach § 94 gelten Vorschriften für Vorstandsmitglieder auch für ihre **Stellvertreter**. Dies gilt auch in strafrechtlicher Hinsicht, da die Beschränkung auf die Stellvertretung nur im Innenverhältnis Bedeutung erlangt (auch → § 94 Rn. 1 f.).[226] Ferner sind durch § 408 S. 2 die persönlich haftenden Gesellschafter einer Kommanditgesellschaft auf Aktien den Vorstandsmitgliedern gleichgestellt.[227]

74 **Faktisches Vorstandsmitglied.** Unerheblich ist, ob die AG überhaupt rechtswirksam errichtet wurde.[228] Ebenso wenig kommt es auf die (formelle) Rechtswirksamkeit des Bestellungsaktes an (auch → § 84 Rn. 20 ff.).[229] Entscheidend ist vielmehr die Aufnahme und Ausübung der Leitungs- und Geschäftsführungstätigkeit.[230] Dies gilt auch bei stellvertretenden Vorstandsmitgliedern.[231] Somit ist im Bereich der Vorstandsmitgliedschaft bei der AG von einer vollen strafrechtlichen Verantwortlichkeit nach **faktischer Betrachtungsweise** (→ Rn. 31 ff.) auszugehen: Selbst ohne förmliche Bestellung[232] und Eintragung im HR kann sich strafbar machen, wer mit Einverständnis oder unter

---

[222] Fischer StGB § 14 Rn. 3.
[223] Park/*Südbeck/Eidam* Teil 3 Kap. 8.1. § 399 Rn. 13; vgl. auch MüKoAktG/*Pentz* § 28 Rn. 12.
[224] BGHZ 12, 327 (333); 41, 282 (285) = NJW 1964, 1367 f.: keine Vertretung der AG durch Prokuristen oder Handlungsbevollmächtigte bei der Entscheidung über Anstellung eines Vorstandsmitgliedes und Vertretung der Gesellschaft.
[225] → § 84 Rn. 7 f.; Kölner Komm AktG/*Altenhain* Rn. 26; Kölner Komm AktG/*Geilen*, 1. Aufl. 1984, Rn. 28; MüKoAktG/*Schaal* Rn. 20; Großkomm AktG/*Otto* Rn. 19.
[226] GHEK/*Fuhrmann* Rn. 9; Kölner Komm AktG/*Geilen*, 1. Aufl. 1984, Rn. 34; MüKoAktG/*Schaal* Rn. 21; MüKoStGB/*Kiethe* Rn. 24; Park/*Südbeck/Eidam* Teil 3 Kap. 8.1. § 399 Rn. 20; Großkomm AktG/*Otto* Rn. 28; Kölner Komm AktG/*Altenhain* Rn. 33.
[227] MüKoAktG/*Schaal* Rn. 22; MüKoStGB/*Kiethe* Rn. 29; Großkomm AktG/*Otto* Rn. 30; Park/*Südbeck/ Eidam* Teil 3 Kap. 8.1. § 399 Rn. 21.
[228] RGSt 43, 407 (413 ff.); GHEK/*Fuhrmann* Rn. 10; Kölner Komm AktG/*Geilen*, 1. Aufl. 1984, Rn. 31; MüKoAktG/*Schaal* Rn. 23.
[229] RGSt 16, 269 (271); 64, 81 (84); GHEK/*Fuhrmann* Rn. 10; MüKoAktG/*Schaal* Rn. 23; zu möglichen Unwirksamkeitsgründen → § 84 Rn. 20; Hölters/*Müller-Michaels* Rn. 23; GJW/*Temming* Rn. 8; so auch Kölner Komm AktG/*Altenhain* Rn. 28.
[230] GHEK/*Fuhrmann* Rn. 10; Kölner Komm AktG/*Geilen*, 1. Aufl. 1984, Rn. 30 f.; aA Kölner Komm AktG/ *Altenhain* Rn. 31, der aufgrund einer formellen Betrachtungsweise auf einen ordnungsgemäßen Beschluss des Aufsichtsrats und die Zustimmung des Betroffenen abstellt.
[231] GHEK/*Fuhrmann* Rn. 10 mit Verweis auf BGHSt 6, 314 (315 f.) = NJW 1954, 1854 (betrifft einen stellvertretenden GmbH-Geschäftsführer); Großkomm AktG/*Otto* Rn. 29; aA Kölner Komm AktG/*Altenhain* Rn. 33.
[232] Insoweit aA ERST/*Brand* GmbHG § 82, AktG § 399 Rn. 34 mwN: (unwirksamer) Bestellungsakt sei unabdingbare Voraussetzung für die Anerkennung eines faktischen Organs.

der Duldung des Aufsichtsrats (als des überwachenden Gesellschaftsorgans) die Aufgaben des Vorstandes (→ Rn. 72) wahrnimmt.[233]

Zwar wird vorgetragen, in der Duldung durch das zuständige Gesellschaftsorgan sei schon eine (konkludente) Bestellung zu erblicken.[234] Die zivilrechtliche Rechtsprechung widerspricht dieser Möglichkeit allerdings, weil die Bestellung als Entscheidung des Aufsichtsrates stets durch Beschluss zu fassen ist (§ 108 Abs. 1; vgl. auch → § 84 Rn. 11) und sich aus der Notwendigkeit einer Protokollierung von Sitzungen und Beschlüssen des Aufsichtsrats (§ 107 Abs. 2) und aus der lediglich offengehaltenen Möglichkeit „schriftlicher, fernmündlicher oder anderer vergleichbarer Formen der Beschlussfassung" (§ 108 Abs. 4) ergibt, dass die Bestellung ausdrücklich erfolgen muss.[235] Im Strafrecht ist der „Kunstgriff" über eine konkludente Bestellung bei konsequenter Handhabung der faktischen Betrachtungsweise obsolet. Die Mitglieder des Aufsichtsrates werden allerdings nicht schon selbst zu „faktischen Vorstandsmitgliedern", wenn sie eine gegen § 399 verstoßende Handlung dulden – etwa die Registeranmeldung einer nach § 76 Abs. 3 amtsunfähigen Person unter Abgabe einer falschen Versicherung gem. § 37 Abs. 2 (= Verwirklichung des § 399 Abs. 1 Nr. 6, hierzu → Rn. 223 ff.) –, allerdings kann die Verletzung von Pflichten bei der dem Aufsichtsrat vorbehaltenen Bestellung des Vorstandes Schadensersatzpflichten gegenüber der Gesellschaft begründen (§§ 116, 93), etwa wenn die zur Amtsführung ungeeignete Person ungünstige Geschäfte abschließt.[236]

Umstritten ist, wie stark der Einfluss der zu beurteilenden Person bei den typischen Funktionen des Organs sein muss, vor allem, wenn weitere förmlich und rechtswirksam bestellte Organmitglieder vorhanden sind, die ihrerseits Weisungs- und Geschäftsführungsaufgaben wahrnehmen. Während ältere Entscheidungen des BGH eine **überragende Stellung** voraussetzen bzw. in den entschiedenen Fällen betonten,[237] wurde später das Übergewicht für ausreichend gehalten bzw. eine gewichtige Stellung auch in der Wahrnehmung von Einzelaufgaben gesehen, obwohl ein formelles Organmitglied vorhanden war und Geschäftsführungsaufgaben in Eigenregie wahrgenommen hat.[238]

Gegen diese geänderte Rechtsprechung wird im Ansatz zutreffend eingewandt, es gebe kein Bedürfnis für die Ausdehnung des strafrechtlichen Pflichtenkreises, solange ein voll verantwortlicher Normadressat vorhanden sei, sich dieser seiner Stellung und Pflichten bewusst sei und durch Ausübung der gesetzlich eingeräumten Kompetenzen die Fähigkeit zu eigenverantwortlichem Handeln und zur Wahrnehmung der Belange der Gesellschaft demonstriere. Eine solche Person muss ggf. für geduldete Handlungen anderer, die sich ähnliche Kompetenzen anmaßen, wie für eigenes Verschulden haften.[239] Auf das Erfordernis einer die formellen Organmitglieder tatsächlich **beherrschenden Stellung** kann nicht verzichtet werden, sofern überhaupt Organmitglieder bestellt sind.[240] Reine **Strohmannqualität** muss das (funktional ersetzte) formelle Organmitglied allerdings nicht haben.[241] Das bestellte Organ kann eine

---

[233] Vgl. BGHSt 21, 101 (103 ff.) = NJW 1966, 2225 f. mit Verweis auf BGHSt 3, 32 (37 f.); Lutter/Leinekugel ZIP 2000, 1225 (1229 f.); GHEK/Fuhrmann Rn. 10; Bürgers/Körber/Pelz Rn. 23; Roth ZGR 1989, 421 (423 f.); MüKoAktG/Schaal Rn. 23; Großkomm AktG/Otto Rn. 20 ff.; Park/Südbeck/Eidam Teil 3 Kap. 8.1. § 399 Rn. 8; NK-WSS/Krause/Twele Rn. 5; iErg auch Kölner Komm AktG/Geilen, 1. Aufl. 1984, Rn. 32; für das Zivilrecht etwa BGHZ 41, 282 (285 ff.) (auf S. 287 explizit eine strafrechtliche Verantwortlichkeit annehmend) = NJW 1964, 1367 f.; BGHZ 47, 341 (343) = NJW 1967, 1711 (1712); BGHZ 65, 190 (192 f.) = NJW 1976, 145 (146); BGHZ 75, 96 (106) = NJW 1979, 1823 (1826) (Haftbarmachung unter Zitierung von BGHSt 21, 101 (103 f.) = NJW 1966, 2225); BGHZ 104, 44 (48) = NJW 1988, 1789 (1790); → § 92 Rn. 62 f.; aA Kölner Komm AktG/Altenhain Rn. 28; Kiethe BB 2005, 1801 (1803); Achenbach/Ransiek/Rönnau/Ransiek 8. Teil 1. Kap. Rn. 36; NK-AktR/Bernsmann Rn. 3; MüKoStGB/Kiethe Rn. 25; teilw. abw. früher RGSt 72, 187; 71, 112.

[234] Vgl. BGHSt 3, 32 (38); 46, 62 (63 f.) = NJW 2000, 2285; GHEK/Fuhrmann Rn. 10; Kölner Komm AktG/Geilen, 1. Aufl. 1984, Rn. 32; Scholz/Tiedemann GmbHG, 10. Aufl. 2010, § 82 Rn. 42; Großkomm AktG/Otto Rn. 23.

[235] Vgl. BGHZ 10, 187 (194) = NJW 1953, 1465 (1466); BGHZ 41, 282 (285 f.) = NJW 1964, 1367; BGHZ 47, 341 (343) = NJW 1967, 1711 (1712). Terminologisch vertretbar erscheint es allenfalls, von einer „Bestellungsfiktion" zu sprechen, so Roth ZGR 1989, 421 (424).

[236] Vgl. BR-Drs. 354/07, 75.

[237] Vgl. BGHSt 3, 32 (37); 31, 118 ff. = NJW 1983, 240 f.

[238] BGH StV 1984, 461 f. m. abl. Anm. Otto; vgl. auch BGHZ 104, 44 ff. = NJW 1988, 1789 f.: keine völlige Verdrängung der gesetzlichen Geschäftsführer notwendig; MüKoAktG/Schaal Rn. 24; GJW/Temming Rn. 8: Übergewicht ist ausreichend; vgl. auch → § 92 Rn. 62; BGHSt 46, 62 (63 f.) = NJW 2000, 2285: deutliches Übergewicht; einschränkend Hölters/Müller-Michaels Rn. 24: Einfluss des faktisch bestellten Organs muss über jenen des formell Bestellten hinausgehen.

[239] Ähnlich OLG Düsseldorf NStZ 1988, 368 f. mit zT krit. Anm. Hoyer; Roth ZGR 1989, 421 (424); Otto StV 1984, 462 (463).

[240] Vgl. auch OLG Düsseldorf NStZ 1988, 368 (369); Gundlach in Gottwald InsR-HdB § 7 Rn. 14; Koenig AO § 10 Rn. 6: dauerhafte Bestimmung der Tagespolitik; Roth ZGR 1989, 421 (424 f.); Großkomm AktG/Otto Rn. 25; Tiedemann Wirtschaftsstrafrecht Rn. 281 (siehe aber auch Rn. 282); siehe schließlich auch die Kriterien zur Präzisierung der faktischen Geschäftsführung bei Dierlamm NStZ 1996, 153 (156 f.).

[241] IErg auch GHEK/Fuhrmann Rn. 11; Bürgers/Körber/Pelz Rn. 3; MüKoAktG/Schaal Rn. 24.

solche Rolle demgegenüber auch nicht vor strafrechtlicher Verantwortung schützen.[242] Sind die genannten Voraussetzungen erfüllt, liegt eine (faktische) Verantwortlichkeit also auch dann vor, wenn die Mitgliedschaft im Vorstand zwar rechtlich beendet ist (etwa infolge eines mangelnden erneuernden Aufsichtsratsbeschlusses), aber immer noch wichtige Aufgaben des früheren Geschäftskreises wahrgenommen werden.[243] Die Täterstellung iSd § 399 Abs. 1 Nr. 1 **endet** nicht schon mit dem Wegfall der Bestellung (zB durch Abberufung), sondern erst nach tatsächlicher Amtsaufgabe.[244]

78 Der Vorschlag, den von der hM angeblich vollzogenen Verstoß gegen das Bestimmtheitsgebot dadurch zum Teil zu kompensieren, dass wenigstens irgendein (wenn auch fehlerhafter) Bestellungsakt und die Annahme der Bestellung verlangt werden solle,[245] überzeugt nicht. Damit würde die faktische Betrachtungsweise praktisch auf Irrtumsfälle reduziert und der bewussten, missbräuchlichen Anmaßung der Funktion – etwa in den zahlreichen Fällen des Einsetzung von Strohmännern als Gesellschafter und Organmitglieder – der Weg geebnet.[246] Die beabsichtigte Einschränkung entspringt im Grunde dem Gedanken der früher von der Rechtsprechung im Kontext des § 14 StGB vertretenen Interessentheorie (→ Rn. 28): Nur sofern das deliktische Verhalten quasi – wenn auch ohne wirksam zugewiesene Vertretungsmacht – in Vertretung der Gesellschaft, weil zu ihren Gunsten erfolge, werde die typische Funktion des Organs wahrgenommen. Sich eine solche zu Unrecht anmaßen könne dagegen jeder, auch ein Außenstehender, so dass eine Person, die nicht (Interessen-)Vertreter sei, auch der Organhaftung nicht unterliegen könne.[247]

79 Diese zu § 14 StGB entwickelte Dogmatik passt schon im Ansatz nicht auf Organsonderdelikte (→ Rn. 23 ff.), und erst recht nicht auf solche, die – wie die §§ 399 ff. – auch dem Schutz der Gesellschaft selbst dienen (→ Rn. 3). Entscheidendes Kriterium ist allein das **nach außen wahrnehmbare Auftreten** in der entsprechenden Funktion,[248] das bei Vorstandsmitgliedern vor allem in der Führung ihrer Geschäfte (Vertragsverhandlungen und -abschlüsse) liegen wird und zu dem auch die Vertretung der Gesellschaft gegenüber Angestellten (= Außenvertretung) gehört.[249] Die genannten Voraussetzungen werden in der Praxis häufig bei den Vertretern von beherrschenden Unternehmen in einem Konzernverbund vorliegen, wenn diese zu Steuerungszwecken, etwa bei Meinungsverschiedenheiten, die Geschäftsführung übernehmen. Zum Teil entsenden Kreditinstitute als Großgläubiger in Krisensituationen eigene Mitarbeiter in die Geschäftsführungs- und Aufsichtsorgane von Gesellschaften, die dann an der Sanierung mitwirken bzw. sie überwachen. Auch diese Personen können nach faktischer Betrachtungsweise Organmitglieder sein.[250] Hintermänner, die für ein formell bestelltes Organmitglied – etwa über einen Treuhandvertrag – tätig werden, die in Person aber nicht als Organmitglied in Erscheinung treten, sind selbst bei überragendem Einfluss auf den Vordermann keine tauglichen Täter. Eine vollumfängliche Organisationsgewalt im Innenverhältnis genügt nicht.[251]

---

[242] Vgl. BGHSt 21, 101 (105) = NJW 1966, 2225 (2226): Verantwortlichkeit der förmlich bestellten Vorstandsmitglieder; Kölner Komm AktG/*Geilen*, 1. Aufl. 1984, Rn. 33; allgemein formelle Betrachtungsweise bei Kölner Komm AktG/*Altenhain* Rn. 28 ff.; vgl. aber auch BGH NJW 1959, 491 ff.; BGHSt 13, 330 (331) = NJW 1960, 158: Pflichtenstellung (dort: Treueverhältnis iSd § 266 StGB) nicht beim bestellten vertretungsberechtigten Organ (dort: Geschäftsführer), sondern beim „wahren Firmeninhaber".

[243] Vgl. etwa BGHZ 47, 341 (343) = NJW 1967, 1711 (1712); GHEK/*Fuhrmann* Rn. 11.

[244] MüKoAktG/*Schaal* Rn. 24; Großkomm AktG/*Otto* Rn. 26; Park/*Südbeck/Eidam* Teil 3 Kap. 8.1. § 399 Rn. 18; Kölner Komm AktG/*Geilen*, 1. Aufl. 1984, Rn. 30; aA Kölner Komm AktG/*Altenhain* Rn. 31.

[245] So MüKoStGB/*Kiethe* Rn. 28; vgl. auch Achenbach/Ransiek/Rönnau/*Ransiek* 8. Teil 1. Kap. Rn. 36; NK-AktR/*Bernsmann* Rn. 3; *Kiethe* BB 2005, 1801 (1803); Großkomm AktG/*Klug*, 3. Aufl. 1975, Anm. 5; Großkomm AktG/*Otto* Rn. 21; Scholz/*Tiedemann* GmbHG, 10. Aufl. 2010, § 82 Rn. 42; *Fischer* StGB Vor § 283 Rn. 23.

[246] Offengelassen wurde die Notwendigkeit eines Bestellungsaktes in BGHSt 3, 37 (38); 21, 101 (107 f.) = NJW 1966, 2225. – Die strafrechtliche Rechtsprechung behilft sich oft mit dem Kunstgriff, im Einverständnis der Gesellschafter oder der förmlichen Organmitglieder eine konkludente Bestellung zu sehen; zuletzt wieder BGHSt 46, 62 (63 f.) = NJW 2000, 2285 f. (zur Kritik hieran → Rn. 75).

[247] Vgl. – mit deutlich werdenden Zusammenhängen – *Bruns* JZ 1958, 461 (463).

[248] → § 92 Rn. 63; BGHSt 150, 61 = NJW 2002, 1803; BGHSt 104, 44 (48) = NJW 1988, 1789; *Buchalik/Rinker* in Buth/Hermanns, Insolvenz, 3. Aufl. 2009, § 4 Rn. 80; GHEK/*Fuhrmann* Rn. 10; Kölner Komm AktG/*Geilen*, 1. Aufl. 1984, Rn. 32: Usurpierung von Leitungsmacht; *Lutter/Leinekugel* ZIP 2000, 1225 (1230, 1232); MüKoAktG/*Schaal* Rn. 23; *Schüppen*, Systematik und Auslegung des Bilanzstrafrechts, 1993, 147; vgl. auch *Roth* ZGR 1989, 421 (424): Beziehungen im Innenverhältnis zu Gesellschaftern aus Sicht der Rechtsverkehrs von sekundärer Bedeutung.

[249] Ähnlich MüKoAktG/*Schaal* Rn. 25 mwN und Bsp.; *Schüppen*, Systematik und Auslegung des Bilanzstrafrechts, 1993, 147; vgl. auch BGHZ 150, 61 ff. = NJW 2002, 1803 ff.; BGHZ 104, 44 (48) = NJW 1988, 1789; *Roth* ZGR 1989, 421 (426 f.).

[250] Hierzu → § 92 Rn. 63; *Buchalik/Rinker* in Buth/Hermanns, Insolvenz, 3. Aufl. 2009, § 4 Rn. 80 f.

[251] Vgl. (explizit) BGHZ 150, 61 ff. = NJW 2002, 1803 ff.; BGHZ 104, 44 (48) = NJW 1988, 1789 (1790); BGHSt 46, 62 (63 f.) = NJW 2000, 2285 f.; Kölner Komm AktG/*Geilen*, 1. Aufl. 1984, Rn. 89; *Roth* ZGR 1989, 421 (426 f.) mwN; aA wohl → § 92 Rn. 63.

Verantwortlichkeit in Kollegialorganen. Allenfalls als Indiz für die Verantwortlichkeit von 80 Bedeutung sind **Geschäftsverteilungspläne** und -ordnungen bzw. Kompetenzzuweisungen an einzelne Vorstandsmitglieder in der Satzung (§ 77 Abs. 1 S. 2, Abs. 2).[252] Hier gilt infolge der – auf europäischer Ebene verankerten[253] – grundsätzlichen **Allgemeinzuständigkeit** für die (innere) Unternehmensleitung, Geschäftsführung und Außenvertretung (§ 76 Abs. 1, § 77 Abs. 1 S. 1, § 78 Abs. 1 und Abs. 2 S. 1) eine Art Gesamtorganhaftung (auch → § 76 Rn. 8), die freilich durch die Erfordernisse eines persönlichen Verschuldens und des vorsätzlichen Handelns begrenzt ist.[254] Soweit teilweise im Zusammenhang mit der Geschäftsverteilung zur Begrenzung der Verantwortlichkeit auch der **Vertrauensgrundsatz** herangezogen wird,[255] klingt dies zwar zunächst plausibel, ist allerdings im Ergebnis nicht hilfreich: Zu bedenken ist nämlich, dass jedenfalls § 399 nur vorsätzlich verwirklicht werden kann. Sobald aber ein Vorstandsmitglied Kenntnis oder konkrete Anhaltspunkte für eine Pflichtverletzung eines anderen Vorstandsmitglieds hat – also, wenn eine vorsätzliche Verwirklichung in Betracht kommt –, bleibt für den Vertrauensgrundsatz ohnehin kein Raum.[256]

Beruhen strafbare Handlungen auf einer gemeinsamen Beschlussfassung, so entfällt die Verantwor- 81 tung nicht allein aufgrund einer **Majorisierung,** also einer Überstimmung durch die Mehrzahl der anderen Mitglieder. Ein Schuldvorwurf für das Ergebnis und die Umsetzung eines rechtswidrigen Beschlusses oder für ein rechtswidriges Unterlassen entfällt nur dann, wenn sich das Mitglied jedes möglichen und rechtlich zulässigen Mittels bedient hat, das Zustandekommen des Beschlusses und auch danach dessen Umsetzung zu verhindern bzw. einen gebotenen rechtmäßigen Beschluss herbeizuführen.[257] Hierfür ist, vor allem wenn ein gefahrträchtiges Verhalten droht, zu fordern, (ggf. auch schon vor einer Beschlussfassung) über Verfahren des einstweiligen Rechtsschutzes zu agieren, etwa mit dem Ziel, eine gerichtliche Verpflichtungsverfügung gegen andere Vorstandsmitglieder im Hinblick auf ein bestimmtes Abstimmungsverhalten herbeizuführen.[258] Nach einer Beschlussfassung ist eine Klage mit dem Ziel der auf Beschlussanfechtung oder Nichtigkeitsfeststellung (analog §§ 241, 243), ggf. iVm einem Rechtsschutzbegehren gegen die Beschlussumsetzung (Unterlassungsverfügung, § 938 Abs. 2 ZPO, § 940 ZPO), zu erwägen. Im Rahmen des § 399 dürfte in den meisten Fällen freilich die Informierung anderer Gesellschaftsorgane, notfalls des Registergerichtes, genügen.[259]

Jedes einzelne Mitglied des Vorstandes trifft ferner die **Pflicht, die Geschäftsführung der** 82 **anderen Mitglieder zu überwachen und einzugreifen,** wenn sich Anhaltspunkte für eine nicht

---

[252] Vgl. BGHSt 31, 264 (277) = NJW 1983, 2509 (2512); BGHZ 133, 370 ff. = NJW 1997, 130 f.; GHEK/ *Fuhrman* Rn. 11, 16; MüKoAktG/*Schaal* Rn. 24, 26, 42; Großkomm AktG/*Otto* Rn. 19; zT abw. GHEK/ *Hefermehl* § 93 Rn. 26: weitgehende Entlastung.

[253] Vgl. Erwägungsgrund 2 RL 2006/46/EG sowie Art. 1 Nr. 7 RL 2006/46/EG – in RL 78/660/EWG neu eingefügter Art. 46a RL 78/660/EWG, dort Art. 46a Abs. 3 RL 78/660/EWG (= Art. 20 Abs. 4 RL 2013/34/ EU); vgl. auch den Aktionsplan der Kommission v. 21.5.2003, KOM (2003) 284, Pkt. 3.1.3 Abs. 8.

[254] Ausf. hierzu MüKoStGB/*Kiethe* Rn. 137 ff.; vgl. auch Kölner Komm AktG/*Geilen*, 1. Aufl. 1984, Rn. 40; MüKoAktG/*Schaal* Rn. 24, 26, 40 ff.; offen dagegen BGHSt 37, 106 (123) = NJW 1990, 2560 (2564 f.).

[255] Kölner Komm AktG/*Altenhain* Rn. 41.

[256] So auch Kölner Komm AktG/*Altenhain* Rn. 42.

[257] BGHSt 9, 203 (215 f.); 37, 106 (126) (zur Handlungspflicht) sowie (131) (zur Ursächlichkeit) = NJW 1990, 2560 (2565 f.); *Beukelmann* NJW-Spezial 2009, 152; GHEK/*Fuhrmann* Rn. 12, 18; Kölner Komm AktG/ *Geilen*, 1. Aufl. 1984, Rn. 40 ff., 87; GHEK/*Hefermehl* § 93 Rn. 27; MüKoAktG/*Schaal* Rn. 47; Scholz/*Tiedemann/Rönnau* GmbHG § 82 Rn. 37 (bei offensichtlicher Rechtswidrigkeit des Beschlusses); MüKoStGB/*Kiethe* Rn. 143; Großkomm AktG/*Otto* Rn. 19, 112 ff., 115; Park/*Südbeck/Eidam* Teil 3 Kap. 8.1. § 399 Rn. 25; GJW/ *Temming* Rn. 9.

[258] Zur Möglichkeit einer solchen Verpflichtungsverfügung und dem Anspruch der Gesellschaft auf ein bestimmtes Abstimmungsverhalten aufgrund der gesellschaftsrechtlichen Treuepflicht im Recht der GmbH vgl. BGHZ 88, 320 (329) = NJW 1984, 489 (491); BGHZ 98, 276 (279 f.) = NJW 1987, 189 (190); OLG Hamburg NJW 1992, 186 ff.; OLG München NZG 1999, 407 f.; Scholz/*Schmidt* GmbHG § 47 Rn. 31; Scholz/*Westermann* GmbHG Einl. Rn. 8; im Aktienrecht wird die präventive Einwirkung auf eine Beschlussfassung durch einstweiligen Rechtsschutz aufgrund der beschränkten Nichtigkeitsgründe des § 243 (Vorwegnahme der Hauptsache) unter Zulassung von Ausnahmen grundsätzlich verneint (MüKoAktG/*Hüffer/Schäfer* § 243 Rn. 153). Dem folgen hM und Rspr. nicht, → § 243 Rn. 78, 257 ff. mwN); OLG Frankfurt a. M. FGPrax 2002, 35 f.: im Vorfeld gegen einen auf Ermächtigung der HV beruhenden Vorstandsbeschluss zur Kapitalerhöhung wehren; LG München I BKR 2003, 810 (811): keine Beteiligung unwirksam gewählter Aufsichtsratsmitglieder an Beschlussfassung; LG Düsseldorf NJW-RR 1993, 415 (422) mwN: Eine auf Ausschluss von der Abstimmung bzw. Unterlassung einer Stimmabgabe gerichtete einstweilige Verfügung ist im Aktienrecht zulässig. Als allgemein zulässig wird das Verbot des Vollzuges rechtswidriger Beschlüsse erachtet (vgl. etwa LG München I BKR 2003, 810 (811)), insbes. wenn es darum geht, eine Eintragung in das Handelsregister zu verhindern (→ § 243 Rn. 261 f.); MüKoAktG/*Hüffer/Schäfer* § 243 Rn. 154, 156; Bedenken im Hinblick auf die Zumutbarkeit wohl bei Kölner Komm AktG/*Geilen*, 1. Aufl. 1984, Rn. 40.

[259] Vgl. *Beukelmann* NJW-Spezial 2009, 152; MüKoStGB/*Kiethe* Rn. 140; Kölner Komm AktG/*Geilen*, 1. Aufl. 1984, Rn. 40, 46; MüKoAktG/*Schaal* Rn. 47.

ordnungsgemäße Geschäftsführung ergeben.[260] Dieser Pflicht wird nicht schon dadurch hinreichend Rechnung getragen, dass sich ein Vorstandsmitglied ausschließlich in den Sitzungen des Gesamtorgans über die Tätigkeit der anderen Mitglieder berichten lässt.[261] Besonderer Aufmerksamkeit bedürfen stets jene Vorstandsmitglieder, die mit der Geschäftsführung in Bereichen betraut sind, die eine starke und risikoreiche Außenwirkung entfalten oder das Gesellschaftskapital besonders beanspruchen.[262] Werden Aufgaben von verschiedenen Vorstandsmitgliedern tatsächlich in strikter Arbeitsteilung wahrgenommen, dürften freilich höhere Anforderungen an den Nachweis der inneren Tatseite (keine Fahrlässigkeitsstrafbarkeit!) zu stellen sein, sofern eine Pflichtverletzung in den Geschäftsbereich eines anderen Mitglieds fällt.[263]

83 Zahlreiche Vorgänge im Bereich der Geschäftsleitung oder Außenvertretung sind ohnehin kraft Gesetzes oder ihrer besonderen Bedeutung wegen dem **Vorstand in seiner Gesamtheit vorbehalten.** So hat etwa – für den Gründungsschwindel des § 399 Abs. 1 Nr. 1 einschlägig – die Anmeldung der Gesellschaft von allen Gründern, Mitgliedern des Vorstandes und des Aufsichtsrats zu erfolgen (§ 36 Abs. 1). Ebenso muss die Versicherung nach § 37 Abs. 2 von allen Mitgliedern abgegeben werden (weitere Einzelpflichten ergeben sich etwa aus Haftungsbestimmungen, § 56 Abs. 4). Werden in diesen Fällen falsche Angaben gemacht oder durch die eigene Namenszeichnung vorsätzlich mitgetragen, folgt eine Verantwortlichkeit jedes einzelnen Mitgliedes unabhängig davon, ob der Geschäftsverteilungsplan einem anderen Mitglied besondere Aufgaben bezüglich des Geschäftes zuweist.[264] Auch die Pflicht zur Gründungsprüfung obliegt jedem einzelnen Vorstandsmitglied (§ 33 Abs. 1). Dies ist für eine Unterlassungsstrafbarkeit (§ 13 StGB) relevant, wenn ein Vorstandsmitglied bei sorgfältiger Prüfung Falschangaben hätte erkennen und Berichtigungen der Angaben gegenüber dem Gericht hätte herbeiführen können.

84 **cc) Mitglieder des Aufsichtsrats.** Der Aufsichtsrat überwacht die Geschäftsführung der Gesellschaft (§ 111 Abs. 1). Seine Mitglieder werden von der **Hauptversammlung** gewählt, soweit sie nicht in den Aufsichtsrat zu entsenden (hierzu § 101 Abs. 2) oder als Aufsichtsratsmitglieder der Arbeitnehmer nach dem Mitbestimmungsgesetz, dem Mitbestimmungsergänzungsgesetz, dem Drittelbeteiligungsgesetz oder dem Gesetz über die Mitbestimmung der Arbeitnehmer bei einer grenzüberschreitenden Verschmelzung zu wählen sind (§ 101 Abs. 1 S. 1). Strafrechtlich sind beide Konstellationen gleichzubehandeln.[265] Unterschreitet die Anzahl an Aufsichtsratsmitgliedern die Beschlussfähigkeit, können nach Antrag des Vorstands, eines Aufsichtsratsmitgliedes, Aktionärs oder bestimmter Personenmehrheiten der betrieblichen Mitbestimmung Aufsichtsratsmitglieder gerichtlich bestellt werden (§ 104).[266] Die Bestellung des ersten Aufsichtsrates obliegt den Gründern (§ 30 Abs. 1). Der erste Aufsichtsrat ist längstens tätig bis zum Ende der Hauptversammlung, die über die Entlastung für das erste Voll- oder Rumpfgeschäftsjahr beschließt (§ 30 Abs. 3 S. 1). Die Bestellung zum Aufsichtsratsmitglied kann demnach in verschiedenen Formen erfolgen. Sie ist stets annahmebedürftig.[267]

85 Für Aufsichtsratsmitglieder können **keine Stellvertreter,** sondern allenfalls **Ersatzmitglieder** bestellt werden, die bei (zB vorzeitigem) Ausscheiden anderer Aufsichtsratsmitglieder eintreten (§ 101 Abs. 3). Letzteres ist aufschiebende Bedingung ihrer Mitgliedschaft im Aufsichtsrat und somit auch einer tauglichen Täterrolle im Rahmen des § 399.[268] Mitglied des Aufsichtsrates kann nur eine natürliche, unbeschränkt geschäftsfähige, nicht unter einem betreuungsrechtlichen Einwilligungsvorbehalt stehende Person sein (§ 100 Abs. 1, zu weiteren Einschränkungen s. Abs. 2). § 399 erfasst, ohne dass es eines Rückgriffes auf die Klarstellung in § 408 bedarf, auch **Aufsichtsratsmitglieder einer KGaA,** denn auch hier wird der Aufsichtsrat nach aktienrechtlichen Vorschriften gebildet.[269]

---

[260] Vgl. BGHZ 133, 370 (377 f.) = NJW 1997, 130 (132); BGH NJW 1986, 54 (55); GHEK/*Fuhrmann* Rn. 16; Kölner Komm AktG/*Mertens/Cahn* § 93 Rn. 92; MüKoAktG/*Schaal* Rn. 43; MüKoStGB/*Kiethe* Rn. 139 f.; GJW/*Temming* Rn. 9.
[261] GHEK/*Fuhrmann* Rn. 16; Kölner Komm AktG/*Mertens/Cahn* § 93 Rn. 92; MüKoAktG/*Schaal* Rn. 44; aA GHEK/*Hefermehl* § 93 Rn. 26.
[262] Ähnlich GHEK/*Fuhrmann* Rn. 16; MüKoAktG/*Schaal* Rn. 44.
[263] Vgl. GHEK/*Fuhrmann* Rn. 11; Kölner Komm AktG/*Geilen*, 1. Aufl. 1984, Rn. 39: Vertrauensgrundsatz; MüKoAktG/*Schaal* Rn. 45.
[264] So auch die Schlussfolgerung in BGHZ 117, 323 (327 f.) = NJW 1992, 1824 (1825); vgl. ferner BGHSt 37, 106 (124 f.) = NJW 1990, 2560 (2564 f.); MüKoAktG/*Schaal* Rn. 46; MüKoStGB/*Kiethe* Rn. 139.
[265] NK-AktR/*Bernsmann* Rn. 5; MüKoStGB/*Kiethe* Rn. 30; Großkomm AktG/*Otto* Rn. 32.
[266] Zur Frage, ob auch im Falle eines dauerhaften Beschlussboykotts eine gerichtliche Ergänzung des Aufsichtsrats nach § 104 Abs. 1 S. 1 möglich ist, *Reichard* AG 2012, 359 ff.
[267] MüKoAktG/*Schaal* Rn. 28.
[268] Großkomm AktG/*Otto* Rn. 33; Park/*Südbeck/Eidam* Teil 3 Kap. 8.1. § 399 Rn. 24; NK-WSS/*Krause/Tivele* Rn. 6.
[269] IErg auch GHEK/*Fuhrmann* Rn. 13; Kölner Komm AktG/*Geilen*, 1. Aufl. 1984, Rn. 38; MüKoAktG/*Schaal* Rn. 33; Großkomm AktG/*Otto* Rn. 34; Kölner Komm AktG/*Altenhain* Rn. 39; den Rückgriff auf § 408 S. 1 erforderlich haltend Park/*Südbeck/Eidam* Teil 3 Kap. 8.1. § 399 Rn. 24; wohl ebenso GJW/*Temming* Rn. 10.

Hinsichtlich der Notwendigkeit einer rechtswirksamen Etablierung der AG, einer rechtswirksa- 86
men Bestellung zum Organmitglied und hinsichtlich der **faktischen Bestimmung** der Organstellung gilt das zu den Vorstandsmitgliedern Gesagte entsprechend (→ Rn. 31 ff., 74 ff.).[270] Sofern Einzelaufgaben an **Ausschüsse** delegiert werden (§ 107 Abs. 3), wird man allerdings eine Verringerung der Gesamtverantwortung der übrigen Aufsichtsratsmitglieder annehmen müssen.[271] Dies gilt etwa dann, wenn der jeweilige Ausschuss, ohne selbst abschließende Entscheidungen zu treffen, Beschlüsse des Aufsichtsrats vorbereitet, Empfehlungen abgibt und die nicht in den Ausschuss entsandten Mitglieder dann vor der Beschlussfassung nicht vollumfänglich unterrichtet werden.[272] Fällt ein Ausschuss demgegenüber abschließende Entscheidungen,[273] sind nur seine Mitglieder mittäterschaftlich verantwortlich (zum Problem der Majorisierung vgl. → Rn. 81).[274] Im Rahmen von § 399 Abs. 1 Nr. 1 müssen die Angaben bei der Gesellschaftsgründung nach § 36 Abs. 1 ua von allen Mitgliedern des Aufsichtsrats getragen werden. Eine Reduktion der Mitverantwortung scheidet aus (auch → Rn. 80 ff.).

b) Tatbestandliche Einschränkung. aa) Eintragungszweck. § 399 Abs. 1 Nr. 1 erfasst das 87
Machen falscher Angaben oder das Verschweigen erheblicher Umstände (hierzu → Rn. 50 ff.) im Zusammenhang mit bestimmten Pflichtangaben „zum Zweck der Eintragung der Gesellschaft" (zu falschen Angaben bzgl. eines Vertrages nach § 52 Abs. 1 S. 1 → Rn. 102). Es muss also, im Sinne eines subjektiven, besonderen Absichtserfordernisses (dazu → Rn. 260), darum gehen, im Rahmen des **Anmeldeverfahrens** gem. §§ 36 ff. die Eintragung der Errichtung einer neu gegründeten AG in das HR zu erreichen.[275] Zum Teil wird – zumindest für solche Angaben, die zusätzlich zu den Pflichtinhalten der Anmeldung gemacht werden – einschränkend gefordert, die gemachten Angaben müssten hierzu auch objektiv **geeignet** sein.[276] Eine solche Tatbestandsergänzung bietet sich insgesamt strafbarkeitsreduzierend an, weil in einem gesetzlich geordneten Verfahren mit konkreten richterlichen Prüfungspflichten kein Bedürfnis für eine uferlose Pönalisierung evtl. arglistiger, aber objektiv erkennbarer bzw. normativ untauglicher Versuche der Erschleichung vorteilhafter Rechtspositionen besteht (auch → Rn. 63).[277] Damit stellt das Erfordernis des Eintragungszwecks sowohl ein objektives als auch ein subjektives Tatbestandsmerkmal dar.

Die Anmeldung ist eine höchstpersönliche Pflicht der Organmitglieder. (Rechtsgeschäftliche) 88
Stellvertretung durch Dritte ist nicht statthaft, was vor allem gerade aus der zivil- und strafrechtlichen Haftung für falsche Angaben gefolgert wird.[278]

---

[270] Vgl. auch MüKoAktG/*Schaal* Rn. 31; Großkomm AktG/*Otto* Rn. 32; Hölters/*Müller-Michaels* Rn. 31; Park/*Südbeck/Eidam* Teil 3 Kap. 8.1. § 399 Rn. 23; NK-WSS/*Krause/Twele* Rn. 6; Kölner Komm AktG/*Geilen*, 1. Aufl. 1984, Rn. 35; für die Möglichkeit eines „faktischen Aufsichtsratsvorsitzenden" *Lutter/Leinekugel* ZIP 2000, 1225 (1229); aA Kölner Komm AktG/*Altenhain* Rn. 36.

[271] GHEK/*Fuhrmann* Rn. 12; Kölner Komm AktG/*Geilen*, 1. Aufl. 1984, Rn. 35: Milderung der Überwachungspflichten; MüKoAktG/*Schaal* Rn. 32, 48 ff.; weitergehend GJW/*Temming* Rn. 11: Nicht nur Verringerung, sondern auch Aufhebung der Verantwortung komme in Betracht; insoweit explizit aA (Aufhebung der Verantwortung komme nicht in Betracht) Kölner Komm AktG/*Altenhain* Rn. 40; nach *Krause* NStZ 2011, 57 (65) verbleibt dem Aufsichtsrat stets eine Überwachungs- und Kontrollaufgabe, an die aber keine überspannten Anforderungen gestellt werden dürften.

[272] Vgl. *Beukelmann* NJW-Spezial 2009, 152; MüKoAktG/*Schaal* Rn. 49.

[273] Zur Zulässigkeit MüKoAktG/*Habersack* § 107 Rn. 154 ff.

[274] GHEK/*Fuhrmann* Rn. 19; MüKoAktG/*Schaal* Rn. 32, 50.

[275] Kölner Komm AktG/*Geilen*, 1. Aufl. 1984, Rn. 73 ff.; MüKoStGB/*Kiethe* Rn. 40; Großkomm AktG/*Otto* Rn. 47 f.

[276] GHEK/*Fuhrmann* Rn. 23; Hachenburg/*Kohlmann* GmbHG § 82 Rn. 25; MüKoAktG/*Schaal* Rn. 63; MüKoStGB/*Kiethe* Rn. 41; Großkomm AktG/*Otto* Rn. 45, 47; Park/*Südbeck/Eidam* Teil 3 Kap. 8.1. § 399 Rn. 28; NK-WSS/*Krause/Twele* Rn. 10; UHL/*Ransiek* GmbHG § 82 Rn. 18; MHLS/*Dannecker* GmbHG § 82 Rn. 80; Kölner Komm AktG/*Altenhain* Rn. 64; abl. noch Kölner Komm AktG/*Geilen*, 1. Aufl. 1984, Rn. 75; GJW/*Temming* Rn. 13; ERST/*Brand* GmbHG § 82, AktG § 399 Rn. 68; Hölters/*Müller-Michaels* Rn. 36.

[277] Vgl. zur entsprechenden Diskussion über die Möglichkeit eines Prozessbetruges (§ 263 StGB) durch Behauptung unwahrer Rechtssätze und Rechtsquellen bzw. allgemein zur objektiven Eignung einer Täuschung OLG Koblenz NJW 2001, 1364; *Mühlbauer* NStZ 2003, 650 (651); *Seier* ZStW 102 (1990), 563 (571 ff.); abw. *Protzen* wistra 2003, 208 ff.

[278] BayObLGZ 1986, 203 (205) = NJW 1987, 136; BayObLGZ 1986, 454 (457) = DB 1987, 215, jew. mwN; GHEK/*Eckardt* § 37 Rn. 15; MüKoAktG/*Pentz* § 36 Rn. 26 und § 37 Rn. 10. Auch die Vollmachtsvermutung für Notare nach § 378 Abs. 2 FamFG findet daher keine Anwendung. Im Übrigen könnte die Zurechnung einer von einem Notar beurkundeten und eingereichten Erklärung ohnehin nicht ohne weitere Feststellungen erfolgen, da im Strafrecht wegen des verfassungsrechtlich abgesicherten Schuldprinzips bzw. des hieraus abgeleiteten in dubio pro reo-Grundsatzes zulasten eines Beschuldigten keine Vermutung aufgestellt werden darf (*Hefendehl* ZIP 2011, 601 (607)). Der Notar kann nach § 53 BeurkG allenfalls, wie auch ein anderer Dritter, als Bote mit der Übermittlung einer Erklärung an das Registergericht (dh dem Einreichen der Anmeldung als rein tatsächlichem Akt) betraut werden (MüKoAktG/*Pentz* § 36 Rn. 26 f. mwN).

89 **bb) Erfasste Erklärungen.** Aus dem Tatbestandsmerkmal des Eintragungszwecks folgt, dass die Gründer der Gesellschaft die Satzung festgestellt haben (§ 23) und mit der Übernahme der Aktien die Errichtung bereits erfolgt ist (§ 29). Damit ist die sog. Vor-AG als notwendiges Durchgangsstadium zur AG entstanden. Welche Angaben und Erklärungen **zwingend** Gegenstand des zur Gründung der AG erforderlichen Anmeldevorgangs sein müssen und damit auch im eben genannten Sinne geeignet sind, die Eintragung herbeizuführen, bestimmen die §§ 37 und 37a. Die gegenüber dem Registergericht gemachten Angaben müssen aber nicht solche sein, die für eine Eintragung zwingend erforderlich sind[279] oder gar an sich im Register festgehalten werden. Sofern **freiwillig** weitere Erklärungen abgegeben werden, kann grds. auch ihr Inhalt von Abs. 1 Nr. 1 erfasst sein, wenn er sich auf die dort genannten Umstände bezieht („über ..."); aber auch → Rn. 110.

90 Das **Schutzinteresse** der Norm erfasst auch solche Angaben, die im HR Niederschlag finden und Grundlage der Entscheidung des Registergerichtes über die Eintragung oder Grundlage der Entscheidung Dritter über den Aufbau von Beziehungen zur Gesellschaft werden können.[280] Sofern also auch hier die objektive Eignung der Angaben zur Eintragung gefordert wird (→ Rn. 87), bezieht sich dies auf die Gesamtheit der positiv dem Registergericht gemachten Angaben, nicht aber darauf, ob die ggf. einzelne unrichtige Angabe oder ein verschwiegener Umstand eintragungsfähig ist. Im Hinblick auf die einzelne unrichtige oder unterlassene Angabe ist zu fragen, ob sie die Eintragung bei pflichtgemäßer Prüfung des Registergerichtes zumindest gefördert hat.

91 Eine Grenze ist dort zu ziehen, wo hinsichtlich eines angabepflichtigen Punktes eine Tatsachenlage gegeben ist, die eine Eintragung schon erlaubt bzw. ihre Ablehnung unstatthaft sein ließe (etwa ein nach § 36a hinreichender Mindestbetrag auf die Aktien eingezahlt ist), aber – aus welchen Gründen auch immer – die Angaben hierüber weiter als notwendig beschönigt sind. Würde auch die wahrheitsgemäße Angabe die Eintragung nicht gefährden, kann der „übertriebene" Teil, der zur Fehlerhaftigkeit führt, nicht zum Zwecke der Eintragung gemacht sein. Eine Versuchsstrafbarkeit ist in § 399 gerade nicht vorgesehen.[281] Es geht deswegen zu weit anzunehmen, auch die Vortäuschung einer übertriebenen Solidität der Gesellschaft sei tatbestandsmäßig, selbst wenn wahrheitsgemäße Angaben die Eintragung nicht gefährdet hätten.[282] Das wäre nur richtig, sofern § 399 Abs. 1 Nr. 1 nicht nur die Eintragung der Gesellschaft als solche, also den die Rechtspersönlichkeit konstituierenden hoheitlichen Akt, meinen würde, sondern alle gesetzlich vorgesehenen Eintragungen und Bekanntmachungen in ihrer konkreten Form. Das ist aber mit dem Wortlaut nicht zu vereinbaren; zu elektronischen Erklärungen und Dokumenten → Rn. 274.

92 Das Erfordernis des Eintragungszwecks wirkt sich im Verein mit dem geschützten Rechtsgut auch auf den notwendigen Erklärungsadressaten aus: **Empfänger** der Angaben muss das **Registergericht** und kann nicht ein beliebiger Dritter sein.[283] Nicht erfasst sind somit zum Zwecke der Gründungsprüfung erfolgende Angaben zwischen Gründern und/oder Organmitgliedern bzw. gegenüber Gründungsprüfern (§ 33 Abs. 2),[284] die etwa die Werthaltigkeit einer Sacheinlage feststellen sollen (vgl. § 33 Abs. 2 Nr. 4, § 34 Abs. 1 Nr. 2, § 35 Abs. 1, § 183 Abs. 3). Zwar sind bei Anmeldung der Gesellschaft nach § 37 Abs. 4 Nr. 4 auch die Prüfungsberichte der Organmitglieder und Gründungsprüfer nebst ihren urkundlichen Unterlagen einzureichen, die vom Gericht geprüft werden (§ 38 Abs. 1) und bei Unrichtigkeit oder Unvollständigkeit zur Ablehnung der Eintragung führen können (§ 38 Abs. 2). Die Schaffung einer Sondervorschrift für Falschangaben im Gründungsbericht, Nachgründungsbericht und Prüfungsbericht (§ 399 Abs. 1 Nr. 2) sowie der dezidiert beschriebene Umfang der Erklärung nach § 37 Abs. 4 S. 1 verbieten es aber, vor dem eigentlichen Anmeldevorgang liegende Falschangaben, die die Eintragung lediglich mittelbar beeinflussen, in den Schutzbereich von § 399 Abs. 1 Nr. 1 einzubeziehen.

93 **cc) Zweigniederlassungen.** Nicht vom Tatbestand erfasst sind Eintragungen von Zweigniederlassungen bereits bestehender ausländischer oder inländischer Aktiengesellschaften nach §§ 13, 13d ff.

---

[279] RGSt 43, 323 (325); BGH NJW 1955, 678 (679) (insoweit in BGHSt 7, 157 ff. nicht abgedr.); GHEK/ *Fuhrmann* Rn. 28; MüKoAktG/*Schaal* Rn. 64; MüKoStGB/*Kiethe* Rn. 40; GJW/*Temming* Rn. 13.

[280] RGSt 43, 323 (325); 49, 340 (341 f.); BGH NJW 1955, 678 (679): Erklärungen über das Stammkapital müssen immer wahr sein (insoweit in BGHSt 7, 157 ff. nicht abgedr.); BGH GA 1959, 87 f.; GHEK/*Fuhrmann* Rn. 20, 24; MüKoAktG/*Schaal* Rn. 53, 64, 76; weitergehend wohl Großkomm AktG/*Otto* Rn. 47, der auf einen Einfluss auf die Entschließung des Gerichtes verzichtet.

[281] Ähnlich insges. Kölner Komm AktG/*Geilen*, 1. Aufl. 1984, Rn. 63, 73; Großkomm AktG/*Otto* Rn. 45, 47; vgl. auch MüKoStGB/*Kiethe* Rn. 41.

[282] UHL/*Ransiek* GmbHG § 82 Rn. 18.

[283] GHEK/*Fuhrmann* Rn. 24; Kölner Komm AktG/*Geilen*, 1. Aufl. 1984, Rn. 73, 83; MüKoAktG/*Schaal* Rn. 65; MüKoStGB/*Kiethe* Rn. 40; Großkomm AktG/*Otto* Rn. 46.

[284] Kölner Komm AktG/*Geilen*, 1. Aufl. 1984, Rn. 83; MüKoStGB/*Kiethe* Rn. 40; Großkomm AktG/*Otto* Rn. 46.

HGB (schon → Rn. 37 ff.). Zwar können Zweigniederlassungen selbstständige Unternehmen darstellen und mit einer ggf. unabhängigen gesellschaftsrechtlichen (Betriebsmittel- und Personal-) Struktur arbeiten, sie stellen jedoch keine Gesellschaften iSd AktG dar, für die die Gründungsvorschriften anwendbar wären.

dd) Mantel- und Vorratsgesellschaften. Bei Mantel- und Vorratsgesellschaften ist zwischen 94 der Mantel- bzw. Vorrats*gründung* und der Mantel- bzw. Vorrats*verwendung* zu unterscheiden.

(1) Gründung. § 399 Abs. 1 findet auch im Falle einer sog. **Vorratsgründung** Anwendung. 95 Hierbei handelt es sich um die Gründung einer Gesellschaft, die vorerst keinen Geschäftsbetrieb entfalten, die aber evtl. später, ggf. nach Eintritt neuer oder nach kompletter Übernahme durch andere Gesellschafter, nach Umfirmierung, Verlegung des Geschäftssitzes usw im Wirtschaftsverkehr tätig sein soll. Für die Gründung einer solchen Kapitalgesellschaft gelten hinsichtlich der Anforderungen an eine reale Kapitalaufbringung und des diesbezüglichen registergerichtlichen Kontrollverfahrens grundsätzlich weder Privilegierungen noch Erschwerungen.[285]

Problembehaftet ist die spätere **Aktivierung** einer solchen Gesellschaft durch (erstmalige) Auf- 96 nahme des Geschäftsbetriebes oder die hiervon zum Teil terminologisch getrennte sog. **Mantelverwertung** einer Gesellschaft, die früher einen Geschäftsbetrieb besaß, ihn aber eingestellt hat und nunmehr wieder aufnehmen soll,[286] was nicht selten mit den genannten Veränderungen in den statutarischen Essentialia (andere Gesellschafter, anderer Unternehmensgegenstand, anderer Sitz) einhergeht. Die Praxis bedient sich eines solchen Vorgehens, um bei Bedarf sofort eine haftungsprivilegierte Kapitalgesellschaft einsetzen zu können, ohne die zum Teil langen Wartezeiten des Eintragungsverfahrens abwarten zu müssen, aber auch, um die mit der Gründung einer Kapitalgesellschaft verbundenen und bis zu ihrer Eintragung bestehenden Haftungsrisiken nicht selbst tragen zu müssen.[287] Vor diesem Hintergrund haben sich professionelle Dienstleister auf die Gründung und den „Vertrieb" von Vorratsgesellschaften spezialisiert. Ebenfalls nicht selten wird dabei aber das Grundkapital der Gesellschaft sofort nach ihrer Eintragung – etwa über die Gewährung eines Darlehens an den Gesellschafter – wieder abgezogen und vom Gesellschafter für andere Zwecke verwendet, etwa um neue Vorratsgesellschaften zu gründen.[288]

Die Bevorratung mit „Mänteln" von Kapitalgesellschaften wurde deshalb nach einer früher ver- 97 breiteten Auffassung wegen der damit verbundenen Umgehung der Vorschriften über die Kapitalaufbringung bei der Gründung[289] (dazu nachfolgend) als unzulässig angesehen.[290] Der BGH hat demgegenüber das Interesse an Vorratsgesellschaften als nachvollziehbar anerkannt und lediglich gefordert, der nach § 23 Abs. 3 Nr. 2 anzugebende Unternehmensgegenstand müsse zutreffend benannt werden. Die Bestimmung der Gesellschaft, als „Mantel" für die spätere Aufnahme eines Geschäftsbetriebs zu dienen, muss bei der Bezeichnung des Unternehmensgegenstandes deutlich klargestellt werden **(sog. offene Vorratsgründung).** Ausreichend hierfür ist die Angabe, der Unternehmensgegenstand bestehe in der Verwaltung des eigenen Vermögens. Eine verdeckte Vorratsgründung liegt demgegenüber vor, wenn ein Unternehmensgegenstand angegeben wird, der nicht in absehbarer Zeit verwirklicht werden soll. Dies ist (nach § 117 Abs. 1 BGB oder § 134 BGB) unwirksam – sprich: Das Registergericht darf, sollte es die Divergenz bemerken, eine solche (mit einem Nichtigkeitsgrund nach § 275 Abs. 1 behaftete) Gesellschaft nicht eintragen (arg. § 397 FamFG).[291] Im Rahmen des

---

[285] BGHZ 117, 323 (331 und 333) = NJW 1992, 1824 (1826); *Werner* DStR 2005, 525 ff.; MüKoAktG/*Pentz* § 23 Rn. 90.
[286] Zur Differenzierung von Vorrats- und Mantelgesellschaft *Heidinger/Meyding* NZG 2003, 1129 f.; *Heyer/Reichert-Clauß* NZG 2005, 193 ff.; *Schmidt* NJW 2004, 1345 (1346); der BGH spricht in BGHZ 155, 318 ff. = NJW 2003, 3198 ff. von einem typischerweise verbrauchten Stammkapital bei der Mantelverwendung; krit. hierzu *Heidenhain* NZG 2003, 1051 und auf S. 1054 zur Gleichsetzung; ebenso *Altmeppen* NZG 2003, 145 (146 f.); *Goette* DStR 2004, 461.
[287] Vgl. insges. BGHZ 117, 323 (330) = NJW 1992, 1824 (1825); *Altmeppen* NZG 2003, 145 (146); *Goette* DStR 2003, 887 (890); *Heidinger/Meyding* NZG 2003, 1129 f.; *Werner* NZG 2001, 397 (398); *Werner* DStR 2005, 525 ff.; Hüffer/Koch/*Koch*, 13. Aufl. 2018, § 23 Rn. 26 ff.; Großkomm AktG/*Röhricht/Schall* § 23 Rn. 344 f. Die Verwertung des Verlustvortrages eines Gesellschaftsmantels als ein früher tragendes Motiv ist mit der Neufassung von § 8 Abs. 4 KStG 1990 weggefallen. Gleiches gilt seit der Änderung von § 2 für die früher unzulässige Einmanngründung; vgl. MüKoAktG/*Pentz* § 23 Rn. 88.
[288] Vgl. OLG Schleswig NJW-RR 2001, 175 f.; *Werner* DStR 2005, 525 ff.
[289] Krit. hierzu *Schmidt* NJW 2004, 1345 (1351).
[290] KG JW 1924, 1535; JW 1925, 635; KG DNotZ 1933, 66; OLG Köln GmbHR 1988, 25 f.
[291] So insges. BGHZ 117, 323 (2. LS) = NJW 1992, 1824; vgl. auch *Goette* DStR 2003, 887 (890); *Heidinger/Meyding* NZG 2003, 1129 (1130 f.); *Werner* NZG 2001, 397 (398); MüKoAktG/*Pentz* § 23 Rn. 91; Großkomm AktG/*Röhricht/Schall* § 23 Rn. 356; zur Zulässigkeit eines „Unternehmens"-Gegenstandes der „Verwaltung eigenen Vermögens" bei der Kapitalgesellschaft *Schmidt* NJW 2004, 1345 (1347).

98 Bei einer **„verdeckten Vorratsgründung"** per se einen Verstoß gegen § 399 Abs. 1 anzunehmen, scheitert aus zwei Gründen: Erstens ist der Schutzzweck nicht konkret berührt. Zweitens schützt § 399 Abs. 1 Nr. 1 nicht vor Falschangaben hinsichtlich des **Unternehmensgegenstandes.** Die entsprechende Angabe hat zur Sicherung der Kapitalaufbringung nur einen losen Bezug. Allenfalls können Interessenten durch die weitere Angabe der Höhe des Grundkapitals (§ 23 Abs. 3 Nr. 3) einschätzen, ob ein hinreichender Haftungsfonds gerade für die speziell geplante Art von Geschäften der Gesellschaft bereitsteht, sie also kreditwürdig ist usw.[293] Vorrangig geht es jedoch um die durch die Publizität des Handelsregisters (§ 9 HGB) zu gewährleistende Möglichkeit für die interessierte Öffentlichkeit, sich über die Ziele der Gesellschaft (meist: Gewinnerzielung) und die hierfür eingesetzten Mittel (Handel, Produktion usw) zu informieren. Dem Registergericht wird die Prüfung der Zulässigkeit des Unternehmensgegenstandes und der Genehmigungsbedürftigkeit erleichtert, gesellschaftsintern wird die Geschäftsführungsbefugnis des Vorstandes begrenzt.[294]

99 **(2) Verwendung.** Auch auf die Mantelverwendung ist § 399 Abs. 1 Nr. 1 nicht anwendbar. Zwar sieht der BGH in der (Re-)Aktivierung einer „schlummernden" Kapitalgesellschaft, die bisher über gar keinen Geschäftsbetrieb verfügt oder diesen zwischenzeitlich eingestellt hatte, eine **wirtschaftliche Neugründung.**[295] Es finden somit die Vorschriften zur Gründung entsprechende Anwendung, was für die Anwendbarkeit des § 399 Abs. 1 Nr. 1 sprechen könnte: Das zur (Erst- und nunmehr auch Neu-)Anmeldung verpflichtete Organ muss wie bei der Gründung das Vorhandensein des Grundkapitals prüfen und gegenüber dem Registergericht versichern, bevor eine Geschäftsaufnahme erfolgt. Das zur Vertretung befugte Organ hat also zu versichern, dass die Gesellschaft im Zeitpunkt der Offenlegung noch ein Mindestvermögen in Höhe der statutarischen Grundkapitalziffer besitzt, von dem sich ein Viertel (§ 36a Abs. 1) – wenigstens aber 12.500 Euro – wertmäßig in der freien Verfügung der Geschäftsführung zu befinden hat.[296] Bei der AG ist dies in § 36 Abs. 1, § 37 Abs. 1 S. 1 und 2 vorgesehen, die Wahrhaftigkeit der Angaben wird durch § 399 Abs. 1 Nr. 1 Var. 2 geschützt (näher hierzu → Rn. 107 ff.).

100 Dies darf aber nicht darüber hinwegtäuschen, dass die Offenbarungspflichten bei der Mantelverwertung auf einer richterlichen Rechtsfortbildung beruhen und gerade nicht gesetzlich statuiert sind.[297] Ein eindeutiger Bezug auf sie aus § 399 Abs. 1 Nr. 1 heraus kann deswegen schon historisch nicht bestehen. Eine belastende **Analogie** ist im Strafrecht unzulässig und kommt auch für den vorliegenden Problemkreis nicht in Frage.[298] Eine mögliche teleologische Interpretation unter der

---

[292] Vgl. AG Duisburg NZG 1998, 194 (195).
[293] Vgl. MüKoAktG/*Pentz* § 23 Rn. 78.
[294] Vgl. insges. MüKoAktG/*Pentz* § 23 Rn. 78, zum Verhältnis von Unternehmensgegenstand, Gesellschaftszweck und -ziel MüKoAktG/*Pentz* § 23 Rn. 70 ff.
[295] Vgl. schon BGHZ 117, 323 (331) = NJW 1992, 1824 (1826); Großkomm AktG/*Röhricht/Schall* § 23 Rn. 361, 365.
[296] BGHZ 153, 158 ff. = NJW 2003, 892 ff. mit für die Vorratsgesellschaft zust. Bespr. *Altmeppen* NZG 2003, 145 ff.; BGHZ 155, 318 ff. = NJW 2003, 3198 ff. mit zust. Bespr. *Goette* DStR 2004, 461 ff. (Mitglied des II. Zivilsenats des BGH); *Gronstedt* BB 2003, 2082 f.; *Kiethe* WM 2007, 722 (726); *Schumacher* DStR 2003, 1884 (1885); vgl. Großkomm AktG/*Röhricht/Schall* § 23 Rn. 369; vgl. auch OLG Hamburg DStR 2005, 801; Baumbach/Hueck/*Fastrich* GmbHG § 3 Rn. 12; krit. zu dieser Dogmatik *Bohrer* DNotZ 2003, 888 (898 ff.): gesetzlich nicht vorgesehene Regulierung einer Unternehmensgründung oder -änderung (ebenso *Schmidt* NJW 2004, 1345 (1347 ff.)); *Heidenhain* NZG 2003, 1051 (1052): gesetzlich nicht vorgesehene laufende Überwachung der Kapitalverhältnisse; *Heidinger/Meyding* NZG 2003, 1129 (1131): Definition unbestimmter Rechtsbegriffe („wirtschaftliche Neugründung") mit weiteren unbestimmten Rechtsbegriffen („unternehmensloser Rechtsträger"); *Heyer/Reichert-Clauß* NZG 2005, 193 (195): keine Schutzlücke; aA hinsichtlich registergerichtlicher Kontrollbefugnis auch BayObLG NZG 1999, 666 ff. mit zust. Bespr. *Banerjea* NZG 1999, 817 f.
[297] *Schmidt* NJW 2004, 1345 (1348).
[298] Vgl. OLG Frankfurt a. M. Rpfleger 1992, 27 (28); Baumbach/Hueck/*Haas* GmbHG § 82 Rn. 10a: Falschangaben aber hinsichtlich einer anlässlich der Mantelverwendung durchgeführten Kapitalerhöhung möglich; *Bohrer* DNotZ 2003, 888 (897); *Heidenhain* NZG 2003, 1052 f.; *Heidinger/Meyding* NZG 2003, 1129 (1132): mangelnde Strafbewehrung macht die vom BGH verlangte Versicherung wertlos; vgl. auch BGHSt 7, 157 (160) = NJW 1955, 678 f.; aA wohl AG Duisburg NZG 1998, 194 (195), wo dem Registergericht beim Verdacht einer Mantelverwendung geraten wird, mit dem Mittel der förmlichen eidesstattlichen Versicherung die Beteiligten ggf. „durch Rückgriff auf andere Regelungen des Strafrechts zu wahrheitsgemäßen Angaben" anzuhalten; *Altmeppen* NZG 2003, 145 (146); ERST/*Brand* GmbHG § 82, AktG § 399 Rn. 58 (in Bezug auf die Vorratsgründung, da diese zuvor noch nicht werbend am Rechtsverkehr teilgenommen habe).

im Wirtschafts(straf)recht üblichen, letztlich auch aus beschriebener BGH-Rechtsprechung reflektierenden faktischen Betrachtungsweise[299] (hierzu näher → Rn. 31 ff.) kann aber ebenso wenig zur Anwendung der Strafnorm bei Angaben im Zusammenhang mit einer Mantelverwendung führen.

Eine Unterlassungsstrafbarkeit (§ 13 StGB) für die komplette Nichtanzeige der Aktivierung einer **101** Vorratsgesellschaft usw scheidet schon deshalb aus, weil § 399 insgesamt nie das reine Verschweigen erfasst, sondern nur positive Falschangaben oder das Verschweigen wesentlicher Umstände im Rahmen anderer Äußerungszusammenhänge (auch → Rn. 57, 64). Aber auch dann, wenn dem Registergericht die Mantelverwendung oder wenn ohne Offenlegung eine Änderung der Gesellschafter, des Unternehmensgegenstandes, des Gesellschaftssitzes usw angezeigt wird, sind weder die unterlassene Versicherung mit dem vom BGH verlangten Inhalt noch eine falsche Versicherung strafbar. Hier wirkt zusätzlich einschränkend, dass die allein in Frage kommende Nr. 1 des § 399 Abs. 1 ein Handeln „zum Zwecke der Eintragung der Gesellschaft" verlangt (hierzu → Rn. 87). Ein solches liegt im Falle der Mantelverwendung nicht vor, denn eingetragen ist die Gesellschaft hier bereits.

ee) Falsche Angaben in Bezug auf Verträge nach § 52 Abs. 1 S. 1. Im Zuge der Aktien- **102** rechtsnovelle 2016[300] wurde der Wortlaut des § 399 Abs. 1 Nr. 1 erweitert. Die Vorschrift erfasst nunmehr nicht allein falsche Angaben bzw. Nichtangaben „zum Zweck der Eintragung der Gesellschaft", sondern auch solche bzgl. „eines Vertrages nach § 52 Absatz 1 Satz 1". Der Gesetzgeber beabsichtigte damit ein Redaktionsversehen zu beheben:[301] Denn Angaben im Rahmen der Versicherung gem. § 37a Abs. 2 iVm § 52 Abs. 6 S. 3 erfolgen gerade *nicht zur Eintragung der Gesellschaft* und wurden daher zuvor nicht von § 399 Abs. 1 Nr. 1 erfasst (siehe ergänzend → Rn. 150).

c) Tatgegenstände. Strafbar ist das Machen falscher Angaben oder das Verschweigen erheblicher **103** Umstände (hierzu → Rn. 50 ff.) nur, sofern sich diese auf die konkreten, vom Gesetz genannten typischen Vorgänge bei der Gründung einer AG beziehen. Es geht somit um den Schutz der Wahrhaftigkeit von Aussagen über die wesentlichen Konstituierungsbedingungen der Kapitalgesellschaft.[302] Eine AG entsteht in der Regel durch Neugründung nach Maßgabe der §§ 23 ff. Dabei kann zwischen einer einfachen und einer qualifizierten Gründung unterschieden werden. Eine qualifizierte Gründung liegt vor, wenn bestimmte Vereinbarungen getroffen werden, die in die Satzung aufgenommen werden müssen. Dies ist in den Fällen der §§ 26, 27 gegeben. Die in § 399 Abs. 1 Nr. 1 genannten Bezugspunkte „Sondervorteile", „Gründungsaufwand", „Sacheinlagen", „Sachübernahmen" und die „nach § 37a Abs. 2 abzugebende […] Versicherung" sind dabei der qualifizierten Gründung zuzuordnen. Die insoweit zu erstellenden Dokumente sind gem. § 37 Abs. 4 Nr. 2 Bestandteil der Anmeldung.

aa) Einfache Gründung. Die Bezugspunkte „Übernahme der Aktien", „Einzahlung auf **104** Aktien", „Verwendung eingezahlter Beträge" und „Ausgabebetrag der Aktien" beziehen sich auf die in § 37 Abs. 1 und Abs. 4 Nr. 1 normierten Anforderungen an den Inhalt der Anmeldung zur Handelsregistereintragung. Es handelt sich um Angaben, die aufgrund der sachlich-rechtlichen Prüfungspflichten des Gerichtes entscheidend für die Bewilligung der Eintragung sind, vgl. § 38 Abs. 1 S. 1.[303] Die unrichtige Versicherung nach § 37 Abs. 2 S. 1 wird von § 399 Abs. 1 Nr. 6 erfasst (→ Rn. 227).

(1) Übernahme der Aktien. Die Übernahme aller Aktien durch die Gründer ist gem. § 29 seit **105** Abschaffung der Möglichkeit einer sog. Stufengründung (§ 22 Abs. 2 AktG 1937 – Übernahme der Aktien infolge Zeichnung nach Satzungsfeststellung) der letzte konstituierende Akt bei der Errichtung der Gesellschaft. Nunmehr müssen die Gründer, in Person oder durch einen (mit notarieller Urkunde) Bevollmächtigten, eine auf die Übernahme von Aktien gerichtete Willenserklärung abgeben, die gem. § 23 Abs. 2 Nr. 2 in die Urkunde über die Feststellung der Satzung Eingang findet. Dabei ist bei Nennbetragsaktien der Nennbetrag, bei Stückaktien die Stückzahl, der Ausgabebetrag und, wenn mehrere Gattungen bestehen, die Gattung der Aktien anzugeben, die jeder Gründer

---

[299] Die Konstruktion der „wirtschaftlichen Neugründung" bezieht sich gedanklich nicht auf die Gesellschaft als Rechtsträger, sondern auf das tatsächliche Vorhandensein eines „Unternehmens"; vgl. mit krit. Wertung *Schmidt* NJW 2004, 1345 (1350 f.); krit. diesbezüglich auch *Heyer/Reichert-Clauß* NZG 2005, 193 (195).
[300] Gesetz zur Änderung des Aktiengesetzes (Aktienrechtsnovelle 2016) v. 22.12.2015, BGBl. 2015 I 2565 (2567).
[301] BT-Drs. 18/4349, 33; MüKoAktG/*Schaal* Rn. 2, 53.
[302] Vgl. auch Kölner Komm AktG/*Geilen*, 1. Aufl. 1984, Rn. 47; MüKoStGB/*Kiethe* Rn. 42.
[303] GHEK/*Eckardt* § 38 Rn. 3 ff.; GHEK/*Fuhrmann* Rn. 26; Kölner Komm AktG/*Geilen*, 1. Aufl. 1984, Rn. 59; MüKoAktG/*Schaal* Rn. 67 f.

übernimmt. Die Urkunde, aus der sich klar ergeben muss, dass die Gründer alle Aktien übernommen haben,[304] ist nach § 37 Abs. 4 Nr. 1 der Anmeldung beizufügen.

106 § 399 Abs. 1 Nr. 1 erfasst somit etwa falsche Angaben über den Nenn- oder Ausgabebetrag, über die übernommene Stückzahl der Aktien oder die **Identität der Gründer**. Über diese Identität wird allerdings infolge der bei den Gründern gebotenen formellen Betrachtungsweise (→ Rn. 70 ff.) nicht getäuscht, wenn ein Strohmann, der vom Hintermann lediglich das Geld empfangen hat, zur Gründung vorgeschoben und als Gründer angegeben wird, solange er die Person ist, die die Aktien iSd § 28 (ggf. auch als Treuhänder) übernimmt.[305] Gleiches wird angenommen, falls die Übernahme durch ein Scheingeschäft erfolgt, weil auch dies einen die Tatsache der Übernahme hinreichend begründenden Rechtsschein hervorrufe.[306] Ebenso liegt nach § 110a Abs. 2 S. 2 StPO keine Täuschung über die Identität des Gründers vor, wenn sich ein verdeckter Ermittler unter veränderter Identität ins HR eintragen lässt.[307]

107 **(2) Einzahlung auf Aktien.** Bei der Gründung der AG haben die Gründer als (erste) Aktionäre für die Übernahme der Aktien Einlagen in die Gesellschaft zu leisten. Dabei ist zwischen Bareinlagen und Sacheinlagen (bzw. Sachübernahmen) zu differenzieren. Diese Unterscheidung ist insoweit bedeutend, als Sacheinlagen im Hinblick auf mögliche Wertschwankungen einer Bewertung unterzogen werden. In der Praxis wird versucht, die strengen Bewertungsvorschriften durch die Verbindung einer Bareinlage mit einem Verkehrsgeschäft zu umgehen. Diese Rechtsfigur wird als verdeckte Sacheinlage bezeichnet und ist wiederum von der – ebenfalls pathologischen – Fallgruppe des sog. Hin- und Herzahlens abzugrenzen. Für die in § 399 Abs. 1 Nr. 1 aufgeführten Bezugsobjekte gilt Folgendes: Sacheinlagen und Sachübernahmen werden von § 399 Abs. 1 Nr. 1 gesondert erfasst und sind systematisch der qualifizierten Gründung zuzuordnen. Im Umkehrschluss ergibt sich, dass die Tatmodalität der Einzahlung auf Aktien nur Bareinlagen betreffen kann.[308] Auch die beiden angesprochenen praxisrelevanten Fallgruppen sind hier zu verorten.

108 **(a) Bareinzahlung.** Im Falle der Bareinzahlung ist gem. **§ 37 Abs. 1 S. 1 2. Hs.** in der Anmeldung der Betrag, zu dem die Aktien ausgegeben werden (Ausgabebetrag), und der darauf eingezahlte Betrag (Einzahlungsbetrag) anzugeben. Der Ausgabebetrag ist in § 399 Abs. 1 Nr. 1 eigens genannt (→ Rn. 142). Unter dem Bezugspunkt „Einzahlung auf Aktien" ist damit **nur der Einzahlungsbetrag** zu verstehen. Falschangaben kommen etwa in Betracht, wenn die Einzahlung überhaupt nicht erfolgt ist bzw. die Voraussetzungen für eine angegebene Bareinzahlung nicht vorliegen, sondern eine andere Art der Einlage erfolgte.[309] Die Behauptung einer Einzahlung ist ebenso falsch, sofern an einen Dritten geleistet wurde.[310] Auch die Hingabe von Wechseln oder eine Hypothekenabtretung genügt den Anforderungen an eine Bareinzahlung nicht.[311]

109 Die Regelungen zur Bareinzahlung werden durch **§ 36 Abs. 2, § 36a** konkretisiert. Dass die Voraussetzungen von § 36 Abs. 2, § 36a erfüllt sind, ist in der Anmeldung zu erklären. Vor der ordnungsgemäßen Einzahlung des eingeforderten Betrages darf keine Anmeldung erfolgen (§ 36 Abs. 2 1. Hs.). Mit der Anmeldung wird also erklärt, der eingezahlte Betrag, soweit er nicht schon zur Bezahlung der bei der Gründung angefallenen Steuern und Gebühren verwandt wurde, sei ordnungsgemäß eingezahlt worden und stehe endgültig zur freien Verfügung des Vorstandes (§ 36 Abs. 2 Hs. 2). Die früher in § 36 Abs. 2 S. 2 vorgesehene besondere Sicherung im Falle der Ein-Personen-Gründung (mit entsprechender Versicherung bei der Anmeldung) ist durch das MoMiG entfallen, weil ein entsprechendes Bedürfnis in der Praxis nicht bestehen würde.[312] Infolgedessen ist die Tatvariante des Nr. 1 Var. 9 in ihrer damaligen Gestalt aufgehoben worden. Nach § 36a Abs. 1

---

[304] GHEK/*Fuhrmann* Rn. 26; MüKoAktG/*Schaal* Rn. 67; Hölters/*Müller-Michaels* Rn. 38.
[305] Achenbach/Ransiek/Rönnau/*Ransiek* 8. Teil 3. Kap. Rn. 24 f.; GHEK/*Fuhrmann* Rn. 26; Kölner Komm AktG/*Geilen*, 1. Aufl. 1984, Rn. 59; Hachenburg/*Kohlmann* GmbHG § 82 Rn. 27, 30; MüKoAktG/*Schaal* Rn. 69; UHL/*Ransiek* GmbHG § 82 Rn. 22 f., 11 f.; MHLS/*Dannecker* GmbHG § 82 Rn. 95; ERST/*Brand* GmbHG § 82, AktG § 399 Rn. 77; *Wegner* wistra 2005, 150 (151); wohl auch MüKoStGB/*Kiethe* Rn. 44; Kölner Komm AktG/*Altenhain* Rn. 68.
[306] RGSt 30, 302 (312); Kölner Komm AktG/*Geilen*, 1. Aufl. 1984, Rn. 59; wohl auch UHL/*Ransiek* GmbHG § 82 Rn. 22 f.
[307] MüKoAktG/*Schaal* Rn. 54.
[308] So auch GHEK/*Fuhrmann* Rn. 27; MüKoAktG/*Schaal* Rn. 70; Kölner Komm AktG/*Altenhain* Rn. 69.
[309] Vgl. GHEK/*Fuhrmann* Rn. 28; Kölner Komm AktG/*Geilen*, 1. Aufl. 1984, Rn. 62; MüKoStGB/*Kiethe* Rn. 49.
[310] RGZ 144, 138 (151); BGHZ 122, 180 (184 f.); BGH ZIP 1986, 161 (162); OLG Hamburg GmbHR 1982, 157 (158); GHEK/*Fuhrmann* Rn. 28; MüKoAktG/*Schaal* Rn. 75.
[311] RGSt 36, 185 (187); GHEK/*Fuhrmann* Rn. 28; Kölner Komm AktG/*Geilen*, 1. Aufl. 1984, Rn. 61; MüKoAktG/*Schaal* Rn. 77.
[312] Vgl. RegE MoMiG v. 23.5.2007, BR-Drs. 354/07, 76.

muss der eingeforderte Betrag (§ 26 Abs. 2) bei Bareinlagen mindestens ein Viertel des geringsten Ausgabebetrags betragen. Bei Ausgabe der Aktien für einen höheren als den geringsten Ausgabebetrag muss dieser Mehrbetrag umfasst sein.

Nach zum Teil vertretener Auffassung soll jede Angabe eines höheren Betrages als des tatsächlich eingezahlten tatbestandsmäßig sein. Unerheblich sei deswegen, ob auch nach der falschen Angabe der Mindestbetrag nicht erreicht wird, also eine Eintragung zu unterbleiben hat, oder ob die tatsächliche Einzahlung den Mindestbetrag erreicht, so dass eine Eintragung ohnehin hätte vorgenommen werden müssen.[313] Hiergegen wird zutreffend eingewandt, Falschangaben ohne Relevanz für die Eintragung könnten nicht zu deren Zwecke gemacht sein, womit regelmäßig kein tatbestandlicher Vorsatz vorliege.[314] Der Tatbestand verlangt nämlich gerade, dass die Angabe „zum Zweck der Eintragung der Gesellschaft" erfolgt (→ Rn. 87 ff.) und nicht etwa „zum Zwecke der Eintragung eines bestimmten Grundkapitals".[315] Zum gleichen Ergebnis gelangt man, wenn man der Angabe bereits in objektiver Hinsicht die *Eignung* zur Eintragung der Gesellschaft abspricht (dazu → Rn. 87). 110

Für eine ordnungsgemäße Einzahlung muss der vor der Anmeldung der Gesellschaft eingeforderte Betrag nach § 54 Abs. 3 in gesetzlichen Zahlungsmitteln oder durch Gutschrift auf ein Konto bei einem Kreditinstitut bzw. einem nach § 53 Abs. 1 S. 1 KWG oder § 53b Abs. 1 S. 1 KWG oder Abs. 7 KWG tätigen Unternehmen der Gesellschaft oder des Vorstands zu seiner freien Verfügung eingezahlt werden. Es handelt sich hierbei um eine zwingende Vorschrift.[316] 111

(b) Verdeckte Sacheinlagen. Den Hauptanwendungsfall der Tatvariante des Gründungsschwindels iSd § 399 Abs. 1 Nr. 1 stellen die sog. verdeckten Sacheinlagen dar.[317] Derartige Konstruktionen werden oft verwendet, um die strengeren Offenbarungs- und Prüfungspflichten bei Sacheinlagen (→ Rn. 155 ff.) zu umgehen.[318] Die verdeckte Sacheinlage ist seit dem Inkrafttreten des ARUG[319] erstmals gesetzlich geregelt. Gesetzgeberisches Ziel war es insoweit – in Umsetzung europäischer Richtlinien[320] – die Gesellschaft vor allem im Bereich der Kapitalaufbringung zu entlasten.[321] So wurde die Sachgründung insbes. durch § 33a vereinfacht, wonach bei der Einbringung bestimmter Gegenstände (zB börsengehandelter Wertpapiere oder solcher Vermögensgegenstände, deren Zeitwert von einem ausreichend vorgebildeten und erfahrenen Sachverständigen nach allgemein anerkannten Bewertungsgrundsätzen ermittelt wurde) auf eine externe Werthaltigkeitsprüfung verzichtet werden kann.[322] Der Regierungsentwurf zum ARUG enthielt bewusst noch keine Regelung der 112

---

[313] RGSt 33, 252 ff.; 43, 323 ff.; BGH NJW 1955, 678 (679): Angaben über den Mindestgarantiefonds für die Gläubiger müssen immer im vollen Umfang wahr sein; GHEK/*Fuhrmann* Rn. 28; Großkomm AktG/*Klug*, 3. Aufl. 1975, Anm. 15; Kölner Komm AktG/*Altenhain* Rn. 72; ERST/*Brand* GmbHG § 82, AktG § 399 Rn. 65.

[314] So noch Kölner Komm AktG/*Geilen*, 1. Aufl. 1984, Rn. 63.

[315] Hierin liegt eine Einschränkung des in → Rn. 89 umschriebenen Regelfalls; gegen eine solche Einschränkung Kölner Komm AktG/*Altenhain* Rn. 72; im Ergebnis wie hier (es werde kein tatbestandlich relevantes Risiko für das geschützte Rechtsgut geschaffen) ERST/*Brand* GmbHG § 82, AktG § 399 Rn. 82.

[316] BGHZ 119, 177 (188 f.) = NJW 1992, 3300 (3303); GHEK/*Fuhrmann* Rn. 27; MüKoAktG/*Schaal* Rn. 72; ERST/*Brand* GmbHG § 82, AktG § 399 Rn. 85; NK-WSS/*Krause*/*Twele* Rn. 13.

[317] Vgl. allg. zur verdeckten Sacheinlage → § 27 Rn. 103 ff., in → § 27 Rn. 106 zu europarechtlichen Implikationen; GHEK/*Fuhrmann* Rn. 27 aE, 30; MüKoAktG/*Schaal* Rn. 82 ff. Beide Autoren ordnen diese Fälle allerdings in die Tatvariante der Verwendung eingezahlter Beträge ein; wie hier BGHZ 28, 314 (317 f.) = NJW 1959, 383 (384); BGHZ 96, 231 (241 f.) = NJW 1986, 837 (839 f.); Großkomm AktG/*Otto* Rn. 58 ff.; Kölner Komm AktG/*Altenhain* Rn. 74 ff.; Hölters/*Müller-Michaels* Rn. 41; GJW/*Temming* Rn. 15; *Henze* ZHR 154 (1990), 105 (115 ff.), wo auch die Überschneidung von „Verwendung eingezahlter Beträge" mit der „endgültigen freien Verfügbarkeit" ersichtlich wird; eingehend zum Problemkreis *Steinmetz*, Die verschleierte Sacheinlage im Aktienrecht aus zivil- und strafrechtlicher Sicht, 1990 (zur Einordnung als Falschangabe über Bareinlagen S. 132 f.); *Tiedemann* FS Lackner, 1987, 737 ff. (Einordnung S. 742); UHL/*Ransiek* GmbHG § 82 Rn. 30 ff.

[318] → § 27 Rn. 104; BGHZ 110, 47 (57 f.) = NJW 1990, 982 (984); BGHZ 118, 83 (93 ff.) = NJW 1992, 2222 (2224 f.); BGH WM 1982, 660 (662); *Henze* ZHR 154 (1990), 105 (106 ff.); *Servatius* DStR 2004, 1176 (1177); MüKoAktG/*Schaal* Rn. 82; Großkomm AktG/*Otto* Rn. 58.

[319] Gesetz zur Umsetzung der Aktionärsrechterichtlinie v. 29.5.2009, BR-Drs. 512/09, zum RegE BT-Drs. 16/11642, zum Bericht des Rechtsausschusses und der Beschlussempfehlung BT-Drs. 16/13089.

[320] Richtlinie 2007/36/EG des Europäischen Parlaments und des Rates v. 11.7.2007 über die Ausübung bestimmter Rechte von Aktionären in börsennotierten Gesellschaften (ABl. EU 2007 Nr. L 184, 17; sog. Aktionärsrechterichtlinie); Richtlinie 2006/68/EG des Europäischen Parlaments und des Rates v. 6.9.2006 zur Änderung der Richtlinie 77/91/EWG des Rates in Bezug auf Gründung von Aktiengesellschaften und die Erhaltung und Änderung ihres Kapitals (ABl. EU 2006 Nr. L 264, 32).

[321] So der RegE ARUG v. 5.11.2008, 1.

[322] Hierzu *Böttcher* NZG 2008, 481 f.; *Drinhausen/Keinath* BB 2008, 2078 f.; *Bayer/Lieder* GWR 2010, 3 f.; ferner Park/*Südbeck/Eidam* Teil 3 Kap. 8.1. § 399 Rn. 93.

verdeckten Sacheinlage, weil zunächst die Akzeptanz der für die GmbH im MoMiG gefundenen Regelung (§ 19 Abs. 4 GmbHG) abgewartet werden sollte.[323]

113 Der Bericht des Rechtsausschusses schlug demgegenüber die Übernahme dieser Regelungen in das Aktienrecht vor, weil sie von Wissenschaft und Praxis überwiegend gut aufgenommen worden seien, und schuf die ergänzte Überschrift des § 27 sowie dessen Abs. 3 (und 4) in der dann Gesetz gewordenen Form.[324] Die für verdeckte Sacheinlagen maßgebliche Vorschrift des **§ 27 Abs. 3 S. 1** lautet nun: „Ist eine Geldeinlage eines Aktionärs bei wirtschaftlicher Betrachtung und aufgrund einer im Zusammenhang mit der Übernahme der Geldeinlage getroffenen Abrede vollständig oder teilweise als Sacheinlage zu bewerten (verdeckte Sacheinlage), so befreit dies den Aktionär nicht von seiner Einlageverpflichtung."

114 Diese Legaldefinition enthält zwei Tatbestandsmerkmale: *Erstens* muss eine Geldeinlage bei wirtschaftlicher Betrachtung als Sacheinlage zu bewerten sein – was gegeben ist, wenn dieser im Zusammenhang mit der Geldeinlage stehende Vorgang zu demselben Ergebnis führt, wie dies bei einer offene Sacheinlage der Fall wäre.[325] *Zweitens* ist eine Abrede der Parteien dahingehend erforderlich, dass die Gesellschaft anstelle der vereinbarten Geldeinlage wirtschaftlich einen Sachwert erhalten soll. Für eine solche Absprache streitet im Zivilrecht eine (widerlegliche) Vermutung, sofern zwischen der vermeintlichen Tilgungsleistung und dem „Verkehrsgeschäft" ein **enger zeitlicher und sachlicher Zusammenhang** besteht (vgl. auch → § 27 Rn. 170 ff.).[326]

115 Für das **Strafrecht** wird zum Teil angenommen, diese aufgestellte Vermutung könne für den Nachweis einer gewollten Verknüpfung der Bareinlage mit der Sachleistung nicht übertragen werden.[327] Der Ansicht ist im Ergebnis nicht zu folgen. Sie beruht wohl auf der Annahme, es würde aus einer im Einzelfall möglicherweise losen Verknüpfung von zwei Rechtsgeschäften auf ein doloses Verhalten geschlossen, die Bareinzahlungsverpflichtung oder die Sachgründungsvoraussetzungen zu umgehen. Für individuelle Willensentschlüsse wird aber auch im Zivilrecht kein Anscheinsbeweis zugelassen.[328] Die vom BGH in Zivilsachen etablierte „tatsächliche Vermutung" ist, entgegen diesem missverständlichen Begriff, in Wahrheit keine Beweiserleichterung oder Beweislastumkehr. Es handelt sich vielmehr um die Bekräftigung, dass die richterliche Überzeugung von einer Verrechnungsabsprache durch zulässige Elemente der freien Beweiswürdigung aus objektiv festgestellten Indizien, nämlich dem engen zeitlichen und sachlichen Zusammenhang zwischen (Verpflichtung zur) Einlageleistung und „Verkehrsgeschäft", gebildet wurde.[329]

116 Ein Indizienbeweis aber ist im Rahmen der freien Beweiswürdigung (§ 261 StPO) auch im Strafrecht (sogar für die innere Tatseite) zulässig und unverzichtbar.[330] Er kann in diesem Problemfeld mit den von der hM im Zivilrecht herangezogenen Anzeichen geführt werden. Fließen die als Einlage geleisteten Mittel alsbald in entsprechender Höhe wieder ab oder gleichen sie nur einen unlängst vorher eingetretenen Verlust einer Forderung oder einer Sicherheit in gleicher Höhe aus, so ist es nach dem allgemeinen Erfahrungswissen wahrscheinlich, dass die Beteiligten einen in zeitlicher Hinsicht festgestellten Zusammenhang zwischen diesen Vorgängen koordiniert haben. Die richterliche Überzeugung von einer verdeckten Sacheinlage kann wesentlich hierauf gestützt werden, wenn keine anderen Tatsachen entgegenstehen.

---

[323] RegE ARUG v. 5.11.2008, 28; s. zu den Motiven auch *Kersting* AG 2008, 883 (884 f.) sowie *Altmeppen* NZG 2010, 441.

[324] Beschlussempfehlung und Bericht des Rechtsausschusses v. 20.5.2009, BT-Drs. 16/13089, 2, 5 f., 53.

[325] *Sporré* DZWIR 2010, 184.

[326] Vgl. insges. BGHZ 125, 141 (143 f.) = NJW 1994, 1477; BGHZ 132, 133 (138 f.) = NJW 1996, 1286 (1287); BGH NJW 2002, 3774; BGHZ 153, 107 = NJW 2003, 825; BGH NJW 2012, 3035 (3036); OLG Schleswig NJW-RR 2001, 175 (176): jedenfalls bei 14 Tagen, möglicherweise auch bei sechs Monaten bis einem Jahr; *Henze* ZHR 154 (1990), 105 (114); *Servatius* DStR 2004, 1176 (1177); *Sieger/Wirtz* ZIP 2005, 2277 (2278); ERST/*Brand* GmbHG § 82, AktG § 399 Rn. 96; zu einem Fall, in dem eine „Verknüpfungsabrede" aufgrund Zeitablaufes verneint wurde, OLG Hamburg GmbHR 1997, 70; vgl. eingehend auch *Tiedemann* FS Lackner, 1987, 737 (740), auf S. 750 f. zum Verhältnis von Umgehung(sverbot) und Analogie; hierzu auch *Steinmetz*, Die verschleierte Sacheinlage im Aktienrecht aus zivil- und strafrechtlicher Sicht, 1990, 106 ff.

[327] *Tiedemann* FS Lackner, 1987, 737 (748 f.); Großkomm AktG/*Otto* Rn. 67; wohl auch UHL/*Ransiek* GmbHG § 82 Rn. 34.

[328] Vgl. BGHZ 31, 351 (357) = NJW 1960, 818 (819); Zöller/*Greger* ZPO Vor § 284 Rn. 31 mwN.

[329] So eindeutig BGHZ 125, 141 (143 f.) = NJW 1994, 1477; BGHZ 132, 133 (139) = NJW 1996, 1286 (1287); krit. zur Figur der „tatsächlichen Vermutung" (eine zivilprozessuale Wirkung entfaltet nach § 292 ZPO nur die gesetzlich angeordnete Vermutung) und zur Interpretation als Verwertung von Erfahrungswissen oder als richterrechtliche Auslegung von Tatbestandsmerkmalen des materiellen Rechts Zöller/*Greger* ZPO Vor § 284 Rn. 33.

[330] Vgl. nur BGHSt 36, 286 (290) = NJW 1990, 778 (779); (eingehend) *Nack* MDR 1986, 366 ff. – fast jeder Beweis ist ein Indizienbeweis; Meyer-Goßner/Schmitt/*Meyer-Goßner* StPO § 261 Rn. 25 mwN; grundlegend zu § 261 StPO (freie Beweiswürdigung) BGHSt 10, 208 (209 ff.) = NJW 1957, 1039 f.

Missverständlich hierzu äußert sich *Altenhain*, der dem Indizienbeweis kritisch gegenübersteht und verlangt, „der zweifelsfreie Nachweis einer entsprechenden Verknüpfungsabsicht" müsse vorliegen.[331] Dies ist indes selbstverständlich, denn der Maßstab für die richterliche Überzeugungsbildung gem. § 261 StPO ist bei einem Indizienbeweis nicht abgesenkt. Sofern *Altenhain* damit aber auch zum Ausdruck bringen will, dass bei Vorliegen der oben genannten Indizien nicht zwingend und ohne kritische Würdigung auf eine entsprechende Abrede geschlossen werden darf, ist dem zuzustimmen.

Verdeckte Sacheinlagen befreien den Aktionär nicht von seiner Einlageverpflichtung. Insofern stimmen die zivilrechtliche Rechtsprechung bis zum Inkrafttreten des ARUG und die Rechtsfolge des **§ 27 Abs. 3 S. 1** überein. Die Geldleistungspflicht des Einlegers besteht hinsichtlich der (vorgeschobenen) Bareinlage also fort.[332] Hinsichtlich der weiteren Konsequenzen kann zwischen der Rechtslage vor und nach Inkrafttreten des ARUG unterschieden werden. Nach alter Rechtslage war sowohl das schuldrechtliche als auch das sachenrechtliche Rechtsgeschäft der Gesellschaft gegenüber unwirksam.[333] Dies führte dazu, dass der Inferent den Einlagebetrag auch dann erbringen musste, wenn der als verdeckte Sacheinlage geleistete Gegenstand wertmäßig der Einlageschuld entsprach. Die Rechtsfolge traf den Inferenten insbes. in der Insolvenz der Gesellschaft besonders hart, sofern das Aussonderungsrecht des Inferenten ins Leere lief, weil der geleistete Gegenstand nicht mehr vorhanden oder wertlos war.

Diese zivilrechtliche Sanktionierung einer doppelten Einlagepflicht trotz anfänglicher Werthaltigkeit der Sacheinlage erachtete der Gesetzgeber des ARUG für übertrieben. Nunmehr soll lediglich sichergestellt werden, dass der Gesellschaft die geschuldete Einlage **wertmäßig** voll zugeführt wird.[334] Dies liegt auf der Linie der jüngeren Rechtsprechung des BGH zur realen Kapitalaufbringung bei der Kapitalerhöhung (→ Rn. 139, 199). **§ 27 Abs. 3 S. 2** stellt daher klar, dass die schuldrechtlichen Kausalverhältnisse („Verträge über die Sacheinlage") und die dinglichen Erfüllungsgeschäfte („Rechtshandlungen zu ihrer Ausführung") *nicht* unwirksam sind. **§ 27 Abs. 3 S. 3** enthält die sog. Anrechnungslösung: Auf die fortbestehende Geldeinlagepflicht des Aktionärs wird der Wert des Vermögensgegenstandes im Zeitpunkt der Anmeldung der Gesellschaft zur Eintragung in das HR oder im Zeitpunkt seiner Überlassung an die Gesellschaft, falls diese später erfolgt, angerechnet. Die zivilrechtliche Sanktionswirkung wird folglich auf eine Differenzhaftung verkürzt.

Für das **Strafrecht** galt in Ansehung der Rechtslage **vor** dem ARUG Folgendes: Mangels zivilrechtlicher Erfüllungswirkung wurde die Bareinlage nicht bewirkt. Eine „Einzahlung auf Aktien" hat nicht stattgefunden. Gegenteilige Behauptungen waren falsch iSd § 399 Abs. 1 Nr. 1.[335] Gegen dieses Ergebnis hatte das LG Koblenz, gestützt auf das Analogieverbot, Bedenken geäußert. So sei die Angabe über eine Einzahlung nicht falsch, wenn diese wirklich geleistet wurde. Ihre Erfüllungswirkung hinsichtlich der Einlageschuld ergebe sich erst aufgrund rechtlicher Wertungen und könne nicht Gegenstand einer Tatsachenangabe sein.[336] Die Auffassung des LG Koblenz wurde vor dem Hintergrund der im Wirtschafts(straf)recht gebräuchlichen wirtschaftlichen (faktischen) Betrachtungsweise zu Recht abgelehnt.[337]

Auf der Basis der aktuellen Rechtslage geht die hM – in Übereinstimmung mit dem Willen des Gesetzgebers[338] – ebenfalls von einer Strafbarkeit aus.[339] Denn der Gesetzgeber des ARUG hat in § 27 Abs. 3 S. 4 eine wichtige Einschränkung vorgenommen: Die Anrechnung erfolgt nicht vor Eintragung der Gesellschaft in das HR. Damit soll die „verdeckte Sacheinlage einer ordnungsgemäß festgesetzten nicht in jeder Hinsicht gleichgestellt" werden, nämlich vor allem nicht bei der Anmeldung zur Eintragung. Die Tatvariante des § 399 Abs. 1 Nr. 1 ist vollendet, da die Erklärung dem Registergericht bereits zugegangen ist (→ Rn. 273). In zivilrechtlicher Hinsicht trägt der Aktionär

---

[331] Kölner Komm AktG/*Altenhain* Rn. 78.
[332] → § 27 Rn. 175; BGHZ 96, 231 (242 f.) = NJW 1986, 837 (840); BGHZ 153, 107 ff. = NJW 2003, 825 ff. mBspr *Servatius* DStR 2004, 1176 (1177); BGH NZG 2006, 24 ff.; MüKoAktG/*Pentz* § 27 Rn. 111.
[333] Vgl. etwa BGHZ 155, 329 (338) = NJW 2003, 3127 ff.
[334] BT-Drs. 16/13098, 53.
[335] Vgl. *Steinmetz*, Die verschleierte Sacheinlage im Aktienrecht aus zivil- und strafrechtlicher Sicht, 1990, 144; MüKoStGB/*Kiethe* Rn. 53; Großkomm AktG/*Otto* Rn. 58 ff., 66.
[336] LG Koblenz ZIP 1991, 1284 (1287); vgl. dagegen noch LG Koblenz WM 1988, 1630 (1634).
[337] GHEK/*Fuhrmann* Rn. 30; MüKoAktG/*Schaal* Rn. 83 ff.; MüKoStGB/*Kiethe* Rn. 53; Großkomm AktG/*Otto* Rn. 66 f.; *Steinmetz*, Die verschleierte Sacheinlage im Aktienrecht aus zivil- und strafrechtlicher Sicht, 1990, 113, 122 f.: Auslegung; zust., wenn aber eher nur zitierend, dagegen *Traugott/Gross* BB 2003, 481 (487); ebenfalls eine wirtschaftliche Betrachtung befürwortend GJW/*Temming* Rn. 16; Hölters/*Müller-Michaels* Rn. 41.
[338] BT-Drs. 16/13098, 36.
[339] *Ceffinato* wistra 2010, 171 (173 f.); Kölner Komm AktG/*Altenhain* Rn. 75 mwN; ERST/*Brand* GmbHG § 82, AktG § 399 Rn. 106; NK-WSS/*Krause*/*Twele* Rn. 14; *Klein* AG 2017, 415 (418); wohl auch *Petig*, Verdeckte Sacheinlagen im GmbH- und Aktienrecht, 2012, 146; nach *Bittmann* NStZ 2009, 113 (119) liegt aber im Falle feststehender Werthaltigkeit eine Einstellung gem. § 153 Abs. 1 StPO nahe.

nach § 27 Abs. 3 S. 5 hingegen nur die Beweislast für die Werthaltigkeit der verdeckten Sacheinlage. Dies ist gegenüber einer offenen Sacheinlage zwar eine Abweichung vor allem bei der Geltendmachung einer Differenzhaftung durch Gläubiger. Diese Diskrepanz ist aber konsequent, da die (zivilrechtliche) Sanktionierung der Umgehung von Publizität und Werthaltigkeitsprüfung folgt. Es ergibt sich resümierend, dass durch das ARUG einerseits die zivilrechtliche Sanktionswirkung abgemildert, andererseits aber die strafrechtliche Sanktionierung aufrechterhalten bzw. bestätigt wurde.

122 Diese Argumentation der hM ist allerdings **aus zwei Gründen bedenklich:** *Erstens* tangiert das Verschweigen einer Sacheinlage, die anstelle einer angegebenen Bareinlage eingebracht wurde, den Schutz der realen Kapitalaufbringung und die Gläubigerinteressen nicht, wenn der ohne Weiteres liquidierbare Wert der Sacheinlage dem Ausgabebetrag der Aktien entspricht oder diesen gar übertrifft. Dabei kann es dahingestellt bleiben, ob diese Bewertung offenkundig[340] ist oder sich erst nach eingehender Prüfung ergibt. Jede andere Wertung würde dazu führen, doch allein schon das Verschweigen einer Sacheinlage für strafbar zu halten, was aber mit der vermögensschützenden Komponente des Rechtsguts (→ Rn. 5) nicht zu vereinbaren ist.[341]

123 Der Zweck der Vorschrift des § 27 Abs. 3 S. 4 scheint sich *zweitens* allein darin zu erschöpfen, die Rechtsfigur der verdeckten Sacheinlagen strafrechtlich zu pönalisieren, und steht im Konflikt mit dem Ultima-Ratio-Grundsatz.[342] Diese Einschätzung deckt sich mit dem Regierungsentwurf zur Parallelnorm im GmbHG. Zu diesem Zeitpunkt wurde noch die sog. Erfüllungslösung favorisiert – sprich: verdeckte Sacheinlagen sollten befreiend wirken. Die Bundesregierung führte in ihrem Entwurf zu § 19 Abs. 4 GmbHG aus, dass „eine Ausnahme von der grundsätzlichen Erfüllungswirkung einer verdeckten Sacheinlage für den Fall der vorsätzlichen Umgehung der gesetzlichen Formvorschriften nicht vorgesehen" sei. Sie entschied sodann konsequent: „Auch das Strafrecht erscheint als Sanktion unangemessen, § 82 GmbHG greift den Fall der Versicherung bei verdeckter Sacheinlage daher nicht auf."[343]

124 Auf Betreiben des Rechtsausschusses wurde diese Erfüllungslösung zwar in der Gesetz gewordenen Fassung des § 19 Abs. 4 GmbHG durch eine „Anrechnungslösung" ersetzt, wie sie dann auch in § 27 Abs. 3 übernommen wurde.[344] Allerdings finden sich auch in der hierzu gegebenen Begründung nicht nur keine überzeugenden, sondern gar keine sachlichen Erwägungen. – Die verdeckte Sacheinlage sollte nur irgendwie stärker sanktioniert werden. Erkennbar wollte man durch die Maßgabe, dass die Anrechnung nicht vor Eintragung in das HR erfolgen soll (§ 19 Abs. 4 S. 4 GmbHG), dem Registergericht die Möglichkeit erhalten, die Eintragung beim Erkennen einer verdeckten Sacheinlage abzulehnen.[345] Schon das ist nicht konsequent: Wenn die Erfüllungswirkung im Nachhinein anerkannt wird, also „der Wert einer verdeckt eingebrachten Sacheinlage per Gesetz auf die Geldeinlageverpflichtung des Gesellschafters angerechnet wird", und zwar „ohne dass eine Willenserklärung einer Partei erforderlich wäre",[346] ist nicht einzusehen, warum im Strafrecht andere Maßstäbe gelten sollen.

125 Trotz der genannten Kritikpunkte (→ Rn. 122 ff.) ist allerdings das Ergebnis der hM im Hinblick auf die derzeitige gesetzgeberische Entscheidung hinzunehmen.[347] **De lege ferenda** ist freilich zu fordern, eine Anrechnung bereits vor Eintragung in das Handelsregister zu berücksichtigen. Auf diese Weise ließe sich auch ein Wertungswiderspruch zur Fallgruppe des Hin- und Herzahlens vermeiden: Es gibt nämlich – auch unter Berücksichtigung des geschützten Rechtsguts – keinen sachlichen Grund, wieso die Strafbarkeit lediglich dann verneint werden soll, wenn die Gesellschaft einen vollwertigen, jederzeit fälligen (bzw. fristlos kündbaren) Rückgewähranspruch gegen den Gesellschafter erhält (→ Rn. 131), und nicht auch dann, wenn ihr vom Inferenten eine gleichermaßen werthaltige sacheinlagefähige Leistung zugewendet wird. Die Ungleichbehandlung beider Fallgruppen ist auch deswegen erstaunlich, da im Falle einer verdeckten Sacheinlage der Wert der

---

[340] AA Achenbach/Ransiek/Rönnau/*Ransiek* 8. Teil 3. Kap. Rn. 41, der zwar eine Tatbestandsrestriktion befürwortet, allerdings nur dann, wenn sich Leistung und Gegenleistung offenkundig entsprechen, etwa bei feststehenden Listenpreisen. Siehe auch UHL/*Ransiek* GmbHG § 82 Rn. 35; dagegen *Niedernhuber*, Strafrechtliche Risiken im konzernweiten Cash Pooling, 2016, 371.

[341] Vgl. auch UHL/*Ransiek* GmbHG § 82 Rn. 102, wo in anderem Zusammenhang der vom Gesetzgeber angegebene Zweck der Strafnorm, nämlich die Entlastung des Registergerichtes von weiteren Prüfungen, als Missbrauch des Strafrechts behandelt wird.

[342] Abl. Kölner Komm AktG/*Altenhain* Rn. 77, allerdings wohl nur im Hinblick auf hieraus uU abzuleitende weitreichende Konsequenzen der Verfassungswidrigkeit der Norm.

[343] BR-Drs. 354/07, 91 f.

[344] Zutr. krit. in sprachlicher und dogmatischer Hinsicht zur Formulierung, die Sachleistung werde „auf die fortbestehende Geldeinlagepflicht des Gesellschafters" angerechnet, *Altmeppen* ZIP 2009, 1545 (1546).

[345] Vgl. Beschlussempfehlung und Bericht des Rechtsausschusses v. 24.6.2008, BT-Drs. 16/9737, 97.

[346] Vgl. Beschlussempfehlung und Bericht des Rechtsausschusses v. 24.6.2008, BT-Drs. 16/9737, 97.

[347] So auch Kölner Komm AktG/*Altenhain* Rn. 77.

Leistung bereits *real* im Gesellschaftsvermögen vorhanden ist, während dies bei besagtem Rückgewähranspruch („nur") bilanziell der Fall ist. Problematisch wäre bei der hier de lege ferenda geforderten Regelung allerdings noch der Fall, dass die geleistete Sacheinlage wertmäßig hinter der geschuldeten Einlageverpflichtung zurückbleibt. Dies würde virulent, falls der Aktionär finanziell nicht in der Lage wäre, die insoweit fortbestehende Einlageverpflichtung zu erfüllen.[348] Aufgrund der Rechtsgutsrelevanz dieser Konstellation (die mangelnde Werthaftigkeit der Sacheinlage wirkt sich negativ auf das Gesellschaftsvermögen aus) wäre hier von einer Verwirklichung des objektiven Tatbestandes auszugehen. Der Einlageschuldner hat in der Anmeldungserklärung nach § 37 nämlich die Erfüllung seiner Einlageverpflichtung angegeben, obwohl dies – auch bei der geforderten Berücksichtigung der Anrechnung – nicht der Fall ist. Letztlich dürfte die Strafbarkeit aber auch in den Fällen, in denen der Wert der Sacheinlage hinter der Einlageverpflichtung zurückbleibt, oftmals zu verneinen sein: Geht der Einlageschuldner nämlich davon aus, dass der tatsächliche Wert der Sacheinlage die Höhe der Einlageverpflichtung erreicht, handelt er jedenfalls unvorsätzlich.

(c) Hin- und Herzahlen. Einzug in das AktG hat auch das sog. Hin- und Herzahlen gefunden. **126** § 27 Abs. 4 S. 1 definiert das Hin- und Herzahlen wie folgt: Vor der Einlage muss eine Leistung an den Aktionär vereinbart worden sein, die wirtschaftlich einer Rückzahlung der Einlage entspricht. Wie bei der verdeckten Sacheinlage resultiert auch hier aus dem engen zeitlichen und sachlichen Zusammenhang zwischen Einlageleistung und Rückgewähr die Vermutung für eine entsprechende Abrede.[349]

Abgrenzung zur verdeckten Sacheinlage. Da § 27 Abs. 4 S. 1 allerdings ausdrücklich die **127** Subsidiarität des Hin- und Herzahlens anordnet und da sich die Rechtsfolgen unterscheiden können (liegen die Voraussetzungen des § 27 Abs. 4 S. 1 vor, führt dies zu einer *Befreiung* von der Einlageverbindlichkeit), bedarf es einer **Abgrenzung zur Rechtsfigur der verdeckten Sacheinlage.** Entscheidendes Kriterium ist dabei die Sacheinlagefähigkeit der Leistung des Aktionärs.[350] Bei der verdeckten Sacheinlage erfolgt der Zahlungsrückfluss als Entgelt für eine sacheinlagefähige Leistung, während die Rückzahlung beim Hin- und Herzahlen keinen Zusammenhang mit einer Sachleistung aufweist.[351] Ansonsten greift der mit den verdeckten Sacheinlagen verbundene Vorwurf, die strengen Sacheinlagenvorschriften seien umgangen worden, ins Leere. So hat bereits der BGH in Zivilsachen zur Kapitalaufbringung bei der GmbH entschieden („Quivive"), dass etwa eine Dienstleistung kein tauglicher Gegenstand einer verdeckten Sacheinlage sei, weil sie nach § 27 Abs. 2 auch nicht Gegenstand einer offenen Sacheinlage sein könne.[352] Die Grundsätze des „Quivive"-Urteils übertrug der BGH nun auch auf das Aktienrecht („Eurobike").[353] Nicht um einen Fall der verdeckten Sacheinlage handelt es sich auch, wenn die Gesellschaft die als Einlage erhaltenen Mittel dem Inferenten wieder als Darlehen zur Verfügung stellt.[354] Hier ist schon kein Gegenstand ersichtlich, der als Sacheinlage eingebracht worden sein könnte.[355] Ebenso wenig ist der künftige Regressanspruch eines Bürgen gegen die Gesellschaft vor Zahlung des Bürgen an den Gläubiger sacheinlagefähig, da es sich um eine aufschiebend bedingte Forderung handelt, deren Entstehung vor Bedingungseintritt noch ungewiss ist und der daher (zunächst) kein wirtschaftlicher Wert zukommt.[356]

Tauglicher Gegenstand einer Sacheinlage ist dagegen etwa eine Bereicherungsforderung.[357] Daher **128** liegt ein Fall der verdeckten Sacheinlage vor, wenn der Inferent ein zweites Mal den aus der Einlageverpflichtung geschuldeten Betrag zahlt (die erste Einzahlung hat als Voreinzahlung vor Fassung des Kapitalerhöhungsbeschlusses keine Erfüllungswirkung) und diesen am gleichen Tag zurückerstattet bekommt.[358] Die Einlageverpflichtung soll hier durch die Bereicherungsforderung erfüllt werden,

---

[348] Kölner Komm AktG/*Altenhain* Rn. 77.
[349] Lutter/Hommelhoff/*Bayer* GmbHG § 19 Rn. 108.
[350] *Bayer/Lieder* GWR 2010, 3 (5); *Blasche* GmbHR 2010, 288 (289) (bezogen auf die GmbH).
[351] *Hermanns* DNotZ 2011, 325 (326).
[352] BGHZ 180, 38 ff. = NJW 2009, 2375 ff.; siehe auch ERST/*Brand* GmbHG § 82, § 399 AktG Rn. 98.
[353] BGH GmbHR 2010, 421 (423); s. dazu *Habersack* GWR 2010, 107 ff.
[354] *Bormann* GmbHR 2007, 897 (902).
[355] BGH NJW 2006, 509.
[356] BGH NZG 2011, 667 (668). Anders kann dies nach Auffassung des BGH (NZG 2011, 667) wohl dann sein, wenn der Bedingungseintritt „überwiegend wahrscheinlich" ist. Der BGH hat zugleich klargestellt, dass die Verwendung einer Bareinlage durch die Gesellschaft zur Tilgung eines vom Ehegatten des Inferenten gewährten Darlehens nur dann eine verdeckte Sacheinlage (Einbringung der Darlehensforderung) darstellt, wenn das Darlehen wirtschaftlich vom Inferenten gewährt wurde oder die Einlage mit Mitteln bewirkt wird, die dem Inferenten vom Ehegatten zur Verfügung gestellt wurden.
[357] BGH NJW 2012, 3035 (3036).
[358] BGH NJW 2012, 3035 (3036); es lagen in diesem Fall nicht die Voraussetzungen vor, unter denen einer Voreinzahlung (ausnahmsweise) Tilgungswirkung zukommt, vgl. dazu BGH NJW 2007, 515 ff.

die aus der erfolglosen ersten Zahlung des Einlagebetrages resultiert. Irreführend und missglückt ist es aber, dass der BGH in dem gerade geschilderten Fall von einer „verdeckte[n] Sacheinlage in der Form des Hin- und Herzahlens" spricht.[359] Es handelt sich vielmehr schlicht um eine verdeckte Sacheinlage.

129 **Rechtsfolgen des Hin- und Herzahlens.** Die Fallgruppen der verdeckten Sacheinlage und des Hin- und Herzahlens gleichen sich grds. (aber → Rn. 131) ebenfalls auf **Rechtsfolgenseite:** Der Aktionär wird von seiner Einlageverpflichtung nicht befreit – im ersten Fall, weil die strengen Sacheinlagevorschriften umgangen werden, im zweiten, weil die Gesellschaft im Ergebnis keinen Vermögenswert erhalten hat.

130 Wertungsmäßig liegt eine vergleichbare Situation auch beim sog. **Her- und Hinzahlen** vor, bei dem die Gesellschaft die Einlagemittel nicht an den Gesellschafter zurückfließen lässt, sondern diesem die Einlagemittel bereits vor Zahlung der Einlage zur Verfügung stellt.[360] Da die Reihenfolge der Leistungen irrelevant ist, steht das Her- und Hinzahlen auch einer entsprechenden gesetzliche Regelung dem Hin- und Herzahlen gleich.[361] Um einen Fall des Her- und Hinzahlens handelt es sich nach Ansicht des BGH („Eurobike") allerdings dann nicht, wenn durch die Zahlung der Gesellschaft an den Inferenten eine „tatsächlich erbrachte Leistung entgolten wird, die dafür gezahlte Vergütung einem Drittvergleich standhält und die objektiv werthaltige Leistung nicht aus der Sicht der Gesellschaft für sie unbrauchbar und damit wertlos ist".[362] In diesem Fall steht der Zahlung durch die Gesellschaft also eine vollwertige Gegenleistung gegenüber, so dass die Einlage wirtschaftlich nicht aus dem Gesellschaftsvermögen erbracht wird.[363]

131 Bereits aus der Perspektive des geschützten Rechtsguts muss eine Ausnahme von der oben geschilderten Rechtsfolge gemacht werden, sofern die Gesellschaft trotz Hin- und Herzahlens quasi eine vermögenswerte Expektanz erwirbt. So sieht der neue § 27 Abs. 4 S. 1 auch ausdrücklich eine **Erfüllungswirkung** vor, wenn die Leistung durch einen vollwertigen Rückgewähranspruch gedeckt ist, der jederzeit fällig ist oder durch fristlose Kündigung durch die Gesellschaft fällig werden kann. Als Konsequenz scheidet in diesem Fall – da die Voraussetzungen gem. § 36 Abs. 2 erfüllt wurden – eine Tatbestandsverwirklichung aus.[364] Der Gesetzgeber des ARUG hat somit eine bilanzielle Betrachtungsweise eingeführt. Eine solche Leistung oder die Vereinbarung einer solchen Leistung ist nach § 27 Abs. 4 S. 2 in der Anmeldung anzugeben. Hierdurch soll dem Registergericht die Prüfung ermöglicht werden, ob die Eintragungsvoraussetzungen erfüllt sind.[365] Zweifelhaft ist indes, ob das Unterlassen dieser Angabe zur Strafbarkeit führt. Der BGH geht davon aus, dass die Offenlegung eine Voraussetzung für die Erfüllungswirkung darstellt.[366] Dies kann allerdings nicht überzeugen: Während der Wortlaut der Vorschrift offen ist, sprechen die Gesetzesmaterialien gegen eine konstitutive Bedeutung der Offenlegungspflicht: Dort heißt es nämlich, das „Hin- und Herzahlen in der Anmeldung der Gesellschaft [sei] offenzulegen, damit der Registerrichter prüfen kann, ob die Voraussetzungen einer Erfüllungswirkung trotzdem gegeben sind".[367] Dies spricht dafür, dass die Erfüllungswirkung nach der Auffassung des Gesetzgebers unabhängig von der Offenlegung eintreten soll.[368] Es handelt sich also um eine rein verfahrensbezogene Pflicht, die dem Registergericht die Überprüfung ermöglichen soll, ob Erfüllung eingetreten ist.[369] Hieraus folgt und entspricht auch einer rechtsgutsorientierten Auslegung, dass die unterlassene Offenlegung mangels Vermögensrelevanz nicht zu einer Strafbarkeit nach § 399 Abs. 1 Nr. 1 führt.[370]

132 **(d) Cash-Pool.** Schwierigkeiten bei der gesetzlich gebotenen Abgrenzung zwischen verdeckten Sacheinlagen und dem Hin- und Herzahlen ergeben sich beim sog. Cash-Pool. Hierbei handelt es sich um eine in der Praxis übliche Bündelung der Liquidität von Konzerngesellschaften

---

[359] BGH NJW 2012, 3035 (3036).
[360] BGH GmbHR 2010, 421 (424).
[361] BGH GmbHR 2010, 421 (424).
[362] BGH GmbHR 2010, 421 (424).
[363] BGH GmbHR 2010, 421 (424).
[364] Kölner Komm AktG/*Altenhain* Rn. 73.
[365] Beschlussempfehlung und Bericht des Rechtsausschusses zum RegE ARUG v. 20.5.2009, BT-Drs. 16/13098, 55.
[366] BGH NJW 2009, 2375 (2377) (zu § 19 Abs. 5 S. 2 GmbHG); ebenso *Blasche* GmbHR 2010, 288 (293); ERST/*Brand* GmbHG § 82, AktG § 399 Rn. 91 mwN; Scholz/*Tiedemann/Rönnau* GmbHG § 82 Rn. 86.
[367] BT-Drs. 16/9737, 56 (zu § 19 Abs. 5 GmbHG).
[368] *Avvento* BB 2010, 202 (203 f.) (bezogen auf § 19 Abs. 5 GmbHG).
[369] *Henkel* NZI 2010, 84 (86) (bezogen auf § 19 Abs. 5 GmbHG).
[370] Die bereits in der 2. Aufl. (Rn. 104) im Hinblick auf das Rechtsgut geäußerten Bedenken an einer Strafbarkeit werden nunmehr als durchschlagend erachtet. AA Kölner Komm AktG/*Altenhain* Rn. 73, der allerdings der Offenbarung auch konstitutive Bedeutung für die Erfüllungswirkung beimisst.

auf einem einzigen Konto mit bestimmten Zugriffs- und Verteilungsabreden, die dazu führen können, dass die für eine Bargründung verwendeten Mittel nicht auf dem Konto der Gesellschaft verbleiben, sondern abfließen, mit einer Forderung des Cash-Pools gegen die Gesellschaft verrechnet werden usw.[371]

Der BGH differenziert in seiner ersten Entscheidung zum neuen Recht („Cash-Pool II") danach, **133** ob im Zeitpunkt der Weiterleitung des Einlagebetrags in den Cash-Pool der Saldo auf dem Zentralkonto zulasten der Gesellschaft, der die Einlage zufließen müsste, negativ ist oder ob er ausgeglichen bzw. positiv ist. Im ersten Fall wird eine verdeckte Sacheinlage angenommen, weil der Gesellschaft im wirtschaftlichen Ergebnis infolge der Weiterleitung der Bareinlage auf das Zentralkonto nicht der vereinbarte Barbetrag, sondern die Befreiung von der Verbindlichkeit aus der Cash-Pool-Verbindung zufließe. Sie erhalte damit nicht den Barbetrag, sondern mit dem Verzicht des Inferenten auf die Darlehensrückzahlung einen Sachwert. Im zweiten Fall dagegen handele es sich um ein (bloßes) Hin- und Herzahlen. Mit der Weiterleitung auf das Zentralkonto gewähre die Gesellschaft dem Inferenten ein Darlehen (nur in dem umgekehrten Fall – der Aktionär gewährt der Gesellschaft ein Darlehen – sei eine verdeckte Sacheinlage anzunehmen).[372]

Unklar ist, wann die Cash-Pool-Abrede getroffen bzw. umgesetzt sein muss, um im Sinne der **134** bisherigen Rechtsprechung noch von einem engen zeitlichen und sachlichen Zusammenhang zwischen der Einlageleistung und der Rückgewähr zu sprechen (→ Rn. 114 ff.).[373] Klar ist, dass eine bei Anmeldung zur Eintragung noch nicht bestehende Vereinbarung nicht offengelegt werden kann. Ob sich allerdings die in der Literatur vertretene Auffassung durchsetzt, ein Zusammenhang könne nicht mehr angenommen werden, wenn die Abrede mit dem Gründungsstadium nichts mehr zu tun habe, weil sie erst nach Eintragung erfolge,[374] wird sich zeigen müssen. Damit wäre der Praxis jedenfalls eine Möglichkeit anheimgegeben, mit dem Hinausschieben formeller Verträge und einem Rückfluss der Einlage in den Cash-Pool bis in die Phase nach der Eintragung dem strengen Haftungsregime zu entgehen.

Im Ergebnis macht sich die Unterscheidung angesichts der weiteren strengen Anforderungen, die **135** der BGH an eine Erfüllungswirkung hinsichtlich der Einlageschuld stellt, aber kaum bemerkbar. So werde auch beim bloßen Hin- und Herzahlen die fortbestehende Einlageschuld nicht durch spätere Leistungen über den Cash-Pool an Gläubiger der Gesellschaft getilgt. Es stelle etwa keine erneute Leistung der Bareinlage zur freien Verfügung der Geschäftsführer dar, wenn Zahlungen des Cash-Pool-Managers an Gläubiger für Rechnung der Gesellschaft erfolgten. Im Rahmen eines **Zero-Balancing** lassen sich nach Ansicht des BGH die einzelnen Leistungen nicht wie im Falle der vermeintlichen Darlehensrückzahlung zweifelsfrei der noch offenen Einlage zuordnen. Es genüge nicht, dass das Zielkonto des Cash-Pools übersichtlich sei, wenn vom Cash-Pool weitere Leistungen an die Schuldnerin geflossen und zur Rechnungsregulierung verwendet worden seien, sofern es dadurch nicht möglich sei, Zahlungen an Gläubiger der Gesellschaft gerade der konkreten Einlageforderung bzw. der Rückzahlung des der Cash-Pool-Managerin gewährten Darlehens zuzuweisen. Darüber hinaus bleibe die Einlageschuld immer bestehen, sofern die Absprachen zum Cash-Pool nicht in der Anmeldung offengelegt würden.[375] Im Ergebnis befinden sich damit die Verantwortlichen einer Gesellschaft, die einer Einlage verpflichtet sind, aber auch den Cash-Pool verwalten, oder die eine Cash-Pool-Abrede nicht bei der Anmeldung offenbaren, nach wie vor insbes. in der strafrechtlichen Haftungsfalle. Man wird bezweifeln können, ob eine solche Situation mit dem gesetzgeberischen Willen vereinbar ist.[376]

(3) Verwendung eingezahlter Beträge. Nach § 37 Abs. 1 S. 2 hat die Anmeldung den Nach- **136** weis zu beinhalten, dass der eingezahlte Betrag **endgültig zur freien Verfügung des Vorstands** steht. Wurde der Betrag nach § 54 Abs. 3 durch Gutschrift auf ein Konto eingezahlt, muss eine Bestätigung des kontoführenden Instituts beigefügt werden (**§ 37 Abs. 1 S. 3**). Die Bareinlage steht dann endgültig zur freien Verfügung des Vorstandes, wenn dieser weder rechtlich noch tatsächlich gehindert ist, über den eingezahlten Betrag für die wirtschaftlichen Zwecke der Gesellschaft zu

---

[371] Eingehend *Niedernhuber*, Strafrechtliche Risiken des konzernweiten Cash Pooling, 2016, 28 ff., 360 ff.; *Altmeppen* ZIP 2009, 1545 ff.; *Bormann* DStR 2009, 641 ff.; *Hentzen* DStR 2006, 948 (951): Verwendungsabsprachen belasten auch endgültige freie Verfügbarkeit; *Jäger* DStR 2000, 1653 (1655); *Kiethe* WM 2007, 722 (726); *Morsch* NZG 2003, 97 (100 ff.); *Sieger/Wirtz* ZIP 2005, 2277 ff.: Das in der Praxis überwiegend anzutreffende physische Cash-Pooling ist im Hinblick auf die Grundsätze der Kapitalaufbringung besonders problematisch.
[372] BGH ZIP 2009, 1561 (1562 f.).
[373] Hierzu *Niedernhuber*, Strafrechtliche Risiken des konzernweiten Cash Pooling, 2016, 363 ff.
[374] *Altmeppen* ZIP 2009, 1545 (1547).
[375] BGH ZIP 2009, 1561 (1562 f.); siehe auch *Klein* ZIP 2017, 258 (insbes. 263); vgl. dazu auch → Rn. 131.
[376] Ähnlich *Altmeppen* ZIP 2009, 1545 (1546 und 1548 f.).

verfügen.³⁷⁷ Dementsprechend ist in der Bestätigung des kontoführenden Kreditinstituts iSd § 37 Abs. 1 S. 3 – sofern diese als Grundlage für die Eintragung tauglich sein soll – zu erklären, dass eine vorbehaltlose Gutschrift erfolgt ist und der Bank weder die Anweisung vorliegt, das Guthaben an die Einzahler zurückzugewähren, noch ihr verfügungsschädliche Rechte Dritter bekannt sind; mehr kann die Bank nicht leisten, sie kann zum eigentlichen Rechtsgrund der Zahlung (Einlageleistung) keine objektive Aussage treffen.³⁷⁸ Freie Verfügbarkeit zu Händen des Vorstandes liegt jedenfalls nicht vor, sofern diesem nicht wenigstens der mittelbare Besitz am eingezahlten Geld eingeräumt wurde.³⁷⁹ Sind von dem eingezahlten Betrag Steuern und Gebühren bezahlt worden, so ist dies nach Art und Höhe der Beträge darzutun (§ 37 Abs. 1 S. 5).

137 Der Vorstand muss somit zum einen nachweisen, in welchem Umfang und auf welche Weise von den Einzahlungen Steuern und Gebühren entrichtet wurden (§ 36 Abs. 2 S. 1, § 37 Abs. 1 S. 5). Zum anderen muss erklärt werden, in welcher Höhe und auf welche Einlagearten verteilt das Einlagekapital noch vorhanden ist.³⁸⁰ Vorhandensein meint dabei die freie Verfügbarkeit im Zeitpunkt der Anmeldung zu Zwecken der Gesellschaft. Es reicht nicht aus, dass die Barmittel dem Vorstand irgendwann einmal zur Verfügung gestanden haben.³⁸¹ Wird zum Zwecke der Eintragung der Gesellschaft eine Nachmeldung erforderlich, darf der Vorstand bei dieser nicht verschweigen, dass inzwischen erhebliche Verfügungen zulasten des Grundkapitals vorgenommen wurden.³⁸² Auch diese Tatvariante sichert also das **Gebot der realen Kapitalaufbringung**.³⁸³ Erfasst sind Falsch- und Nichtangaben darüber, wie und wozu bisher geleistete Bareinlagen verbraucht wurden. Zu weit geht es deswegen, wenn teilweise alle verdeckten Sacheinlagen als Unterfall dieser Tatvariante behandelt werden.³⁸⁴ Hier mangelt es entweder schon an einer Bareinlage überhaupt, so dass bei deren Angabe bereits die vorherige Variante Anwendung findet (→ Rn. 136),³⁸⁵ oder es liegen Falsch- bzw. Nichtangaben betreffend Sacheinlagen vor (Var. 7, → Rn. 155 ff.). Dagegen stellen Abreden über eine ggf. erst geplante Verwendung noch keine tatsächliche Verwendung dar, die Gegenstand einer Falschangabe iSd Var. 3 sein kann.³⁸⁶

138 Die frühere Diskussion, ob die Bareinlage zum Zeitpunkt der Anmeldung noch vollständig unversehrt vorhanden sein muss oder es genügt, wenn durch ihren Verbrauch dem Gesellschaftskapital ein entsprechender Gegenwert zugeflossen ist bzw. mit ihr im Gründungsstadium wirtschaftlich notwendiges Geschäft getätigt wurde,³⁸⁷ ist vom BGH durch die Klarstellung beendet worden, dass ein **Vorbelastungsverbot** für die AG nicht besteht. Der Vorstand darf unter gewissen Voraussetzungen schon vor der Anmeldung über eingezahlte Beträge verfügen.³⁸⁸ Die dem Registergericht gegenüber abzugebende Erklärung enthält die Versicherung, der eingezahlte Betrag stehe **wertmäßig** zur freien Verfügung des Vorstandes, mit ausgegebenen Barmitteln seien also gleichwertige Sachen (Gegenstände, Immobilien) oder Forderungen erworben worden. Ist dies der Fall, wird der Gläubigerschutz nicht berührt. Der Vorstand hat dann aber im Ergebnis unter Vorlage der einschlägigen Unterlagen darzulegen, für welche geschäftlichen Maßnahmen der Einlagebetrag verwendet worden ist.³⁸⁹ Geschieht dies wahrheitsgemäß, liegt – was sich schon aus dem Wortlaut ergibt – auch keine Falsch- oder Nichtangabe betreffend die Verwendung iSd Strafnorm vor.³⁹⁰

---

³⁷⁷ Vgl. BGHZ 119, 177 (189) = NJW 1992, 3300 (3303); GHEK/*Eckardt* § 36 Rn. 27; *Hentzen* DStR 2006, 948 (951); *Henze* ZHR 154 (1990), 105 (116 ff.); *Sieger/Wirtz* ZIP 2005, 2277 (2278); MüKoAktG/*Schaal* Rn. 73; MüKoStGB/*Kiethe* Rn. 46, 48; NK-WSS/*Krause/Tewele* Rn. 13.
³⁷⁸ So zutr. *Wastl/Pusch* WM 2007, 1403 (1405).
³⁷⁹ RGSt 24, 286 (292); 43, 182 (186); Großkomm AktG/*Klug*, 3. Aufl. 1975, Anm. 16; Kölner Komm AktG/*Geilen*, 1. Aufl. 1984, Rn. 62 mit Verweis auf § 195 Abs. 3 HGB aF.
³⁸⁰ BGHZ 119, 177 (188) = NJW 1992, 3300 (3303); GHEK/*Eckardt* § 37 Rn. 10 ff.; GHEK/*Fuhrmann* Rn. 29; MüKoAktG/*Schaal* Rn. 78.
³⁸¹ Vgl. GHEK/*Fuhrmann* Rn. 29; Kölner Komm AktG/*Geilen*, 1. Aufl. 1984, Rn. 62, 64.
³⁸² BGH NStZ 1993, 442; GHEK/*Fuhrmann* Rn. 29; MüKoStGB/*Kiethe* Rn. 56.
³⁸³ GHEK/*Fuhrmann* Rn. 29; MüKoAktG/*Schaal* Rn. 78 f., die allerdings einige der bereits von § 399 Abs. 1 Nr. 1 Var. 2 erfassten Bsp. hier wiederholen; ähnlich auch Kölner Komm AktG/*Geilen*, 1. Aufl. 1984, Rn. 64: enge Berührungspunkte.
³⁸⁴ So – widersprüchlich – GHEK/*Fuhrmann* Rn. 30.
³⁸⁵ Ähnlich krit. Kölner Komm AktG/*Geilen*, 1. Aufl. 1984, Rn. 64.
³⁸⁶ AA wohl MüKoAktG/*Schaal* Rn. 78.
³⁸⁷ Hierzu BGHZ 53, 210 (212) = NJW 1970, 806 (807); *Lutter* NJW 1989, 2649 (2653 f.); *Escher-Weingart* AG 1987, 310 ff.; *Farrenkopf/Cahn* AG 1985, 209 (211 f.); UHL/*Ransiek* GmbHG § 82 Rn. 41.
³⁸⁸ BGHZ 80, 129 ff. = NJW 1981, 1373 ff. – Ausgleich durch Unterbilanzhaftung der Gründer; zur Übertragbarkeit auf die AG vgl. *Escher-Weingart* AG 1987, 310 ff.; *Farrenkopf/Cahn* AG 1985, 209; Kölner Komm AktG/*Arnold* § 41 Rn. 44 ff. mwN; *Schmidt* NJW 2004, 1345 (1348 f.); Großkomm AktG/*Otto* Rn. 71; Hölters/*Müller-Michaelis* Rn. 42; NK-WSS/*Krause/Tewele* Rn. 15.
³⁸⁹ BGHZ 119, 177 (187 f.) = NJW 1992, 3300 (3303); MüKoAktG/*Pentz* § 36 Rn. 80 f.; aA Lutter/Hommelhoff/*Kleindiek* GmbHG § 82 Rn. 13 für § 82 GmbHG.
³⁹⁰ IErg für eine Übernahme der zivilrechtlichen Wertung auch MüKoStGB/*Kiethe* Rn. 55; MüKoAktG/*Schaal* Rn. 80; Großkomm AktG/*Otto* Rn. 71 f.; UHL/*Ransiek* GmbHG § 82 Rn. 41 f.

In Ansehung des **Gebots wertgleicher Deckung** ist zu differenzieren: Der BGH in Zivilsachen 139 hat dieses Gebot für die **Kapitalerhöhung** ausdrücklich aufgegeben (→ Rn. 199),[391] dabei aber vor allem auf die Unterschiede zur erstmaligen Kapitalaufbringung abgestellt und in einer späteren Entscheidung wiederum betont, die daraufhin formulierten – entschärften – Grundsätze zum Inhalt der gegenüber dem Registergericht abzugebenden Versicherung würden jedenfalls unmittelbar nur für die Kapitalerhöhung gelten.[392] Während der Gründungsphase findet das Gebot wertgleicher Deckung somit Anwendung. Fehlen jegliche Angaben über eine tatsächlich erfolgte Verwendung von Beträgen und wird lediglich Bareinzahlung behauptet, wird teilweise eine unvollständige Erklärung über die Verwendung eingezahlter Beträge auch dann angenommen, wenn der volle Gegenwert erlangt wurde.[393] Hierdurch soll eine Umgehung der Prüfungs- und Beurteilungskompetenzen des Registergerichtes verhindert werden. Eine Beeinträchtigung des geschützten Rechtsguts liegt aber nicht vor, sofern dem Gebot wertgleicher Deckung genügt wird, jedenfalls dann, wenn man den Vermögensschutz in den Vordergrund schiebt.[394] Damit ist auch das Verschweigen einer Mittelverwendung zum Erwerb bestimmter Vermögensgegenstände nicht als strafbar zu betrachten, sofern die erworbenen Gegenstände den Verlust wertmäßig ausgleichen.[395] Die weitergehende Ansicht erscheint allenfalls vor dem Hintergrund des kollektiven Vertrauensrechtsguts (→ Rn. 3) und der Kontrollfunktion des Registergerichts[396] legitimierbar.

Für sog. **Verwendungsabsprachen**, die nicht – auch nicht mittelbar – dazu führen, dass die 140 Einlage an den Aktionär zurückfließt,[397] ist zwischen den Bezugspunkten „Einzahlung auf Aktien" und „Verwendung eingezahlter Beträge" zu unterscheiden: So soll es grundsätzlich zulässig sein, die Geschäftsführung der Gesellschaft zu verpflichten, mit den einzuzahlenden Einlagemitteln in bestimmter Weise zu verfahren, sofern dies der Umsetzung von Investitionsentscheidungen der Gesellschafter oder sonstigen ihrer Weisung unterliegenden geschäftspolitischen Zwecken dient. Derartige Bindungen der Einlagemittel stehen nach dem BGH in Zivilsachen einer Erfüllungswirkung hinsichtlich der Einlageverbindlichkeit nicht entgegen.[398] So ist es etwa keine verdeckte Sacheinlage, wenn die Barkapitalerhöhung von vornherein zum Erwerb einer Beteiligung an einer anderen Gesellschaft bestimmt ist, an der der Übernehmer des neuen Geschäftsanteils nicht anderweitig beteiligt ist, da der Übernehmer einer zur Anschaffung bestimmter Wirtschaftsgüter gedachten neuen Einlage nicht gezwungen ist, jene Vermögensgegenstände zunächst selbst zu erwerben und sie dann als Sacheinlage in die Gesellschaft einzubringen.[399] Da der Cash-Pool (→ Rn. 132 ff.) üblicherweise zwischen Konzerngesellschaften praktiziert wird, kann es künftig auch für die Annahme einer unzulässigen verdeckten Sacheinlage bei Verwendung der eingezahlten Gelder für einen Unternehmenskauf nicht mehr darauf ankommen, ob dies „wirtschaftlich unter einem Konzern-

---

[391] BGHZ 150, 197 (201) = NJW 2002, 1716 (1717).
[392] BGH NJW 2005, 3721 (3722 und 3724); vgl. auch *Goette* DStR 2003, 887 (891); *Hallweger* DStR 2002, 2131 (2132 f.); *Schmidt* NJW 2004, 1345 (1348); Hüffer/Koch/*Koch*, 13. Aufl. 2018, § 36 Rn. 11; MüKoStGB/*Kiethe* Rn. 55; ERST/*Brand* GmbHG § 82, AktG § 399 Rn. 110.
[393] GHEK/*Fuhrmann* Rn. 29; Kölner Komm AktG/*Altenhain* Rn. 82; Kölner Komm AktG/*Geilen*, 1. Aufl. 1984, Rn. 64; MüKoAktG/*Schaal* Rn. 81: Offenbarungspflicht gegenüber Registergericht.
[394] IErg auch Achenbach/Ransiek/*Rönnau/Ransiek* 8. Teil 3. Kap. Rn. 34: keine Erheblichkeit; Großkomm AktG/*Otto* Rn. 71 f. (widersprüchlich die von ihm geforderte Erklärung, „dass keine Vorbelastungen bestehen, die die Deckung des Kapitals tangieren können"; sie kann nur richtig sein, wenn überhaupt keine Vorbelastung besteht, da eine solche die Kapitaldeckung immer tangiert kann); *Tiedemann* FS Lackner, 1987, 737 (753 ff., 756 f.); zu § 82 GmbHG auch Hachenburg/*Kohlmann* GmbHG § 82 Rn. 41; Lutter/Hommelhoff/*Kleindiek* GmbHG § 82 Rn. 13; gerade vor dem Hintergrund des von Kölner Komm AktG/*Altenhain* Rn. 11 behaupteten alleinigen Rechtsguts des Vermögens wäre der hier vertretene Ansatz konsequent; anders aber Kölner Komm AktG/*Altenhain* Rn. 82.
[395] Vgl. UHL/*Ransiek* GmbHG § 82 Rn. 41 f.; aA *Bittmann* NStZ 2009, 113 (119) – entgegen der dortigen Darstellung hat der Gesetzgeber bei § 27 Abs. 4 Offenbarung der Verwendungsabsprache bei der Anmeldung nicht als weitere Voraussetzung der Tilgungswirkung behandelt, vgl. BT-Drs. 16/13089, 55, sondern diese Verpflichtung sollte die Strafbarkeit der unterlassenen Offenbarung separat begründen; unzutreffend verkürzend Bürgers/Körber/*Pelz* Rn. 10: Betrag muss bei Eintragung nicht mehr vorhanden sein, darf nur nicht an den „Anleger" zurückgeflossen sein.
[396] Vgl. Kölner Komm AktG/*Altenhain* Rn. 82.
[397] BGH NStZ 1996, 238; BGH NZG 2011, 667 (668); *Sieger/Wirtz* ZIP 2005, 2277 (2278); Achenbach/Ransiek/*Rönnau/Ransiek* 8. Teil 3. Kap. Rn. 31; Großkomm AktG/*Otto* Rn. 56; MüKoStGB/*Kiethe* Rn. 48; Park/*Südbeck/Eidam* Teil 3 Kap. 8.1. § 399 Rn. 32; Baumbach/Hueck/*Zöllner/Fastrich* GmbHG § 57 Rn. 11 f.
[398] BGH NJW 1991, 226 ff.; NJW 1992, 2698 ff.; NJW 2003, 825; NStZ 1996, 238; vgl. etwa OLG München v. 31.1.2006 – 5 U 4983/03, BeckRS 2006, 19961: Bestätigung einer Einzahlung zu einem bestimmten Stichtag ist auch dann richtig, wenn das Geld am nächsten Tag abverfügt wird; vgl. auch UHL/*Ransiek* GmbHG § 82 Rn. 29.
[399] BGH NJW 1992, 2698 ff.; OLG München ZIP 2005, 1923 (1924).

dach abgewickelt wurde", bei dem die zur Einlageleistung verpflichtete Konzerngesellschaft „unmittelbar oder mittelbar zu 100 % beteiligt war, so dass Abhängigkeitsverhältnisse mindestens nach § 17 Abs. 1 AktG bestanden."[400]

141 Etwas anderes gilt aber für den **Bezugspunkt der Verwendung eingezahlter Beträge.** Hier ist nicht zu verkennen, dass Verwendungsabreden das Interesse an einer realen Kapitalaufbringung durchaus berühren können. Wenn beispielsweise erhebliche Teile des gerade erst erworbenen Grundkapitals aufgrund bindender Abreden in absehbarer Zeit verwendet werden müssen, um Verbindlichkeiten zu tilgen, die (etwa infolge vorzeitiger Geschäftsaufnahme im Einverständnis mit den Gesellschaftern) die Vorgesellschaft belastet haben, ist das Ausfallrisiko anderer Gläubiger stark erhöht. Deswegen mag zwar die Einlageschuld getilgt sein, freie und endgültige Verfügbarkeit zu Händen des Vorstandes liegt aber an sich nur vor, wenn er nicht durch irgendwelche Abreden in zeitlicher oder betragsmäßiger Hinsicht an der Verwendung des Kapitals gehindert ist. So ist auch angenommen worden, es dürfe bei Anmeldung der Gesellschaft nicht verschwiegen werden, dass Ansprüche aus einem Kontoguthaben, das die Einlagehöhe widerspiegeln soll, zur Sicherung von Darlehensforderungen verpfändet wurden.[401] Dass es sich hierbei um eine dingliche Belastung (einer Forderung, §§ 1204 ff., 1273 ff. BGB) handelt, kann eine unterschiedliche Wertung kaum begründen, da der tatsächliche Kontrollverlust für die Geschäftsführung bei einer schuldrechtlichen Bindung der Mittel ähnlich ausgestaltet sein kann und die wirkliche Verfügbarkeit des Grundkapitals bei einem Sicherungsmittel, das nur evtl. zukünftig in Anspruch genommen wird, eher vorliegt als bei absprachegemäß in naher Zukunft auf jeden Fall abfließenden Geldern.

142 **(4) Ausgabebetrag der Aktien.** Nach § 37 Abs. 1 S. 1 Hs. 2 ist bei der Anmeldung der Gesellschaft (ua) der Ausgabebetrag anzugeben. Gem. § 9 Abs. 1 dürfen Aktien nicht für einen geringeren Betrag als den Nennbetrag (bei Nennbetragsaktien, § 8 Abs. 2 S. 1 und Abs. 4) oder den auf die einzelne Stückaktie entfallenden anteiligen Betrag des Grundkapitals (bei Stückaktien, § 8 Abs. 3 und Abs. 4) ausgegeben werden. Damit soll sichergestellt sein, dass der Gesellschaft ein dem Nennbetrag der Aktien bzw. dem Anteil am Grundkapital entsprechender Betrag – insgesamt also das festgelegte Grundkapital – auch tatsächlich zugeflossen ist (Verbot der Unterpari-Emission, → § 27 Rn. 42).[402]

143 Das Gesetz spricht an verschiedenen Stellen vom „geringsten Ausgabebetrag" (vgl. etwa § 9 Abs. 1, § 36a). Das festgelegte Grundkapital unterschreitet allerdings den „tatsächlichen" Wert des Unternehmens, der zum Teil durch feststehende Größen wie das Anlage- und Umlaufvermögen (Substanzwertberechnung), aber auch durch die erwartete wirtschaftliche Entwicklung (Ertragswertberechnung) bestimmt werden kann, oft beträchtlich. Der **tatsächliche Ausgabebetrag** der Aktien soll idR diesen Unternehmenswert widerspiegeln. Deswegen ist es zulässig, die Aktien zu einem höheren als dem geringsten Ausgabebetrag auszugeben (§ 9 Abs. 2). Welchen Wert ein Anteilsschein nun tatsächlich aufweist und inwiefern dieser vom gewählten Ausgabebetrag abweicht, kann nach mehreren betriebswirtschaftlichen Methoden und kaum konsensual bestimmt werden. Es ist deswegen zwar richtig, dass der Ausgabebetrag quasi den ersten „Kurswert"[403] der Aktien darstellt. Allerdings erscheint diese terminologische Gleichsetzung unglücklich, weil es sich nicht um einen am Markt gebildeten Preis handelt. § 399 Abs. 1 Nr. 1 Var. 4 soll (nur) die Erkennbarkeit des gewählten Ausgabebetrages schützen,[404] nicht etwa die Korrektheit oder Vertretbarkeit von dessen Höhe, also seine Kongruenz mit dem „wahren" wirtschaftlichen Anteilswert.[405]

144 Angaben über den Ausgabebetrag sind **immer dann falsch,** wenn nicht der wahre Preis angegeben wird, zu dem die Aktien von den Gründern übernommen wurden, wenn also der gemeldete Ausgabewert nicht den tatsächlich vereinbarten Mittelzufluss wiedergibt.[406] Zum Zwecke der Eintragung wird dies allerdings angesichts der eben geschilderten Vorschriften nur dann geschehen, sofern der wirkliche Ausgabebetrag hinter dem angegebenen zurückbleibt, insbesondere den Nennbetrag

---

[400] So OLG München ZIP 2005, 1923 (1924).
[401] BGH GA 1977, 340 (341); GHEK/*Fuhrmann* Rn. 29; Kölner Komm AktG/*Geilen*, 1. Aufl. 1984, Rn. 64.
[402] MüKoAktG/*Schaal* Rn. 87; MüKoStGB/*Kiethe* Rn. 57; Großkomm AktG/*Otto* Rn. 73 f.; GJW/*Temming* Rn. 17; NK-WSS/*Krause*/*Twele* Rn. 16.
[403] Vgl. etwa die Gleichsetzung bei Kölner Komm AktG/*Geilen*, 1. Aufl. 1984, Rn. 67 f.; MüKoAktG/*Schaal* Rn. 86.
[404] Vgl. Achenbach/Ransiek/Rönnau/*Ransiek* 8. Teil 3. Kap. Rn. 23, 35; Kölner Komm AktG/*Geilen*, 1. Aufl. 1984, Rn. 67 f.; MüKoAktG/*Schaal* Rn. 86; GJW/*Temming* Rn. 17; Hölters/*Müller-Michaels* Rn. 44.
[405] Ebenso Kölner Komm AktG/*Altenhain* Rn. 83.
[406] Ähnlich Achenbach/Ransiek/Rönnau/*Ransiek* 8. Teil 3. Kap. Rn. 35; GHEK/*Fuhrmann* Rn. 31; Kölner Komm AktG/*Geilen*, 1. Aufl. 1984, Rn. 67 f.; MüKoAktG/*Schaal* Rn. 88; MüKoStGB/*Kiethe* Rn. 58; Großkomm AktG/*Otto* Rn. 76.

bzw. den anteiligen Betrag am Grundkapital nicht erreicht.[407] Zwar liegt an sich eine Falschangabe auch vor, wenn der angegebene Wert geringer als der tatsächliche Ausgabebetrag ist. Den Tatbestand deswegen aber aufgrund der Möglichkeit eines Verstoßes gegen § 36a Abs. 1 zu bejahen,[408] übersieht, dass Überpari-Emissionen nach § 9 Abs. 2 zulässig sind und die reale Kapitalaufbringung nicht gefährden (→ § 27 Rn. 43). Es dürfte somit bereits eine **teleologische Begrenzung** des Tatbestandes der Strafnorm angezeigt sein.[409]

Abs. 1 Nr. 1 Var. 4 erfasst damit ein breiteres Spektrum an Fällen als die an sich nur recht offensichtlich begehbare Ordnungswidrigkeit des § 405 Abs. 1 Nr. 3 (Ausgabe unter Mindestnennbetrag oder Mindestanteilsbetrag von derzeit einem Euro; vgl. hierzu → § 405 Rn. 17 ff.).[410] **145**

bb) Qualifizierte Gründung. Sofern in der Satzung Sondervorteile (§ 26 Abs. 1), Gründungsaufwand (§ 26 Abs. 2), Sacheinlagen (§ 27 Abs. 1 S. 1) oder Sachübernahmen (§ 27 Abs. 1 S. 1) festgesetzt sind, liegt eine sog. qualifizierte Gründung vor. In diesem Fall verlangt **§ 37 Abs. 4 Nr. 2**, dass der Anmeldung alle Verträge, die den Festsetzungen zugrunde liegen oder zu ihrer Ausführung geschlossen worden sind, sowie die Berechnung des der Gesellschaft zur Last fallenden Gründungsaufwands mit Angabe der Art und Höhe der Vergütung sowie der Empfänger der jeweiligen Leistungen beizufügen sind. Auch die Versicherung nach § 37a Abs. 2 steht im Kontext der qualifizierten Gründung. **146**

(1) Sondervorteile. Sondervorteile sind nach § 26 Abs. 1 die an einen Aktionär oder an einen Dritten bei der Gründung bzw. aus ihrem Anlass – also in sachlichem Zusammenhang mit ihr – gewährten besonderen Vorteile.[411] Sie müssen in der Satzung unter unmissverständlicher Bezeichnung des Vorteils und Benennung des Berechtigten festgesetzt werden.[412] „Besonders" iSd § 26 Abs. 1 sind Rechte, die nicht schon aus der Mitgliedschaft an sich hervorgehen (vgl. § 11).[413] Dies trifft etwa zu für Optionen auf Warenbezug oder Warenlieferung, Umsatzprovisionen, Wiederkaufsrechte hinsichtlich eingebrachter Sachen, Vorrechte am Gewinn oder am Abwicklungserlös, das Recht auf begünstigten bzw. freien Zutritt zu Veranstaltungen oder Anlagen der Gesellschaft usw.[414] **147**

Werden der Gesellschaft schon bei Gründung derartige Verbindlichkeiten auferlegt, kann der wahre Wert des Grundkapitals beeinflusst sein. Man spricht beim Vorliegen solcher Abreden insgesamt von einer qualifizierten Gründung. Ihre Zulässigkeit ist in den §§ 26, 27 abschließend festgelegt.[415] Mit der gesetzlich geforderten Offenlegung und der Kontrolle des Registergerichtes wird die zivilrechtlich bereits doppelte Prävention hinsichtlich des Grundsatzes der wahren Kapitalaufbringung[416] auch in diesem Bereich zusätzlich strafrechtlich flankiert. Angesichts dieses Schutzzweckes dürfte bereits die Zivilrechtsnorm nur solche Ansprüche als Sondervorteile erfassen, die sich zumindest auch gegen die Gesellschaft richten.[417] Für § 399 Abs. 1 Nr. 1 gilt dies in jedem Fall. So können Sondervorteile iSd zivilrechtlichen Vorschriften auch **Nichtvermögensrechte** sein, etwa Informationsrechte (über § 131 hinaus), Büchereinsichtsrechte oder Herrschaftsrechte (zB die Entsendung von Aufsichtsratsmitgliedern).[418] Dies kann in das Strafrecht nur in Ausnahmefällen übernommen werden. Der Schutzzweck des § 399 Abs. 1 Nr. 1 wird nur tangiert, wenn sich aus dem Vorteil eine Belastung des Gesellschaftsvermögens ergibt und die nicht ganz entfernt liegende Gefahr besteht, **148**

---

[407] GHEK/*Fuhrmann* Rn. 31; Kölner Komm AktG/*Geilen*, 1. Aufl. 1984, Rn. 68; MüKoAktG/*Schaal* Rn. 88; aA wohl MüKoStGB/*Kiethe* Rn. 59; Hölters/*Müller-Michaels* Rn. 46; Kölner Komm AktG/*Altenhain* Rn. 87: Vertrauensschutz Dritter kann tangiert sein.
[408] Achenbach/Ransiek/Rönnau/*Ransiek* 8. Teil 3. Kap. Rn. 35; Großkomm AktG/*Otto* Rn. 76; NK-WSS/*Krause*/*Tiwele* Rn. 16; *Wegner* wistra 2005, 150 (151); wie hier Kölner Komm AktG/*Geilen*, 1. Aufl. 1984, Rn. 68.
[409] So iErg auch ERST/*Brand* GmbHG § 82, AktG § 399 Rn. 112.
[410] Unklar Kölner Komm AktG/*Geilen*, 1. Aufl. 1984, Rn. 66: § 405 Abs. 1 Nr. 3 flankiere das Verbot des § 9 Abs. 1 – dies wird vielmehr nur von § 399 Abs. 1 Nr. 1 geleistet.
[411] Vgl. Großkomm AktG/*Röhricht*/*Schall* § 26 Rn. 3; Hüffer/Koch/*Koch*, 13. Aufl. 2018, § 26 Rn. 2; MHLS/*Dannecker* GmbHG § 82 Rn. 110; MüKoAktG/*Pentz* § 26 Rn. 8, in Rn. 19 zur Abgrenzung von nachträglichen Vorteilen.
[412] RGZ 81, 404 (409 f.); 113, 241 (244); MüKoAktG/*Pentz* § 26 Rn. 17.
[413] MüKoAktG/*Pentz* § 26 Rn. 8; vgl. auch MüKoAktG/*Schaal* Rn. 90: Vorteile, die mit der Mitgliedschaft nichts zu tun haben; dies erscheint zu weit, denn oftmals handelt es sich der Art nach durchaus um typische Rechte eines Teilhabers, die nur dem Umfang nach über das gesetzliche Maß erweitert werden.
[414] Vgl. RGZ 81, 404 (409 f.); 113, 241 (244 f.); KG JW 1938, 2754; GHEK/*Fuhrmann* Rn. 32; Großkomm AktG/*Röhricht*/*Schall* § 26 Rn. 10 f.; Kölner Komm AktG/*Geilen*, 1. Aufl. 1984, Rn. 70; MüKoAktG/*Pentz* § 26 Rn. 11; MüKoAktG/*Schaal* Rn. 90; MüKoStGB/*Kiethe* Rn. 61; Großkomm AktG/*Otto* Rn. 78.
[415] Vgl. MüKoAktG/*Pentz* § 26 Rn. 3; Großkomm AktG/*Otto* Rn. 78.
[416] So MüKoAktG/*Pentz* § 26 Rn. 3.
[417] Großkomm AktG/*Röhricht*/*Schall* § 26 Rn. 6; Kölner Komm AktG/*Arnold* § 26 Rn. 6; MüKoAktG/*Pentz* § 26 Rn. 9; Hüffer/Koch/*Koch*, 13. Aufl. 2018, § 26 Rn. 2; weitergehend GHEK/*Eckardt* § 26 Rn. 9.
[418] MüKoAktG/*Pentz* § 26 Rn. 12 mwN, teilw. str.

dass der Gesellschaft das Mindesthaftungskapital nicht in der im Register verzeichneten Höhe zur Geschäftsaufnahme bzw. zur Befriedigung der Gläubiger zur Verfügung steht.[419]

149 Nicht erforderlich ist allerdings, dass es sich um einen Sondervorteil iSd § 243 Abs. 2 handelt, der bei Gesamtwürdigung der Umstände eine **sachwidrige Bevorzugung** eines Aktionärs oder Dritten darstellt.[420] Ein Sondervorteil kann deswegen auch vorliegen, sollte er sämtlichen Aktionären gewährt werden.[421] Auch wenn es sich um dem Wesen nach mitgliedschaftliche Rechte handelt, können diese „besonders" sein, falls sie einem Aktionär etwa auch für die Zeit nach dem Ausscheiden aus der Gesellschaft zugewiesen werden.[422]

150 Vor Inkrafttreten der Aktienrechtsnovelle 2016 war umstritten, ob auch Falsch- oder Nichtangaben über Sondervorteile erfasst waren, die bei einer **Nachgründung** (§ 52) gewährt wurden. Dies wurde zum Teil unter teleologischen Gesichtspunkten bejaht: Auch die Nachgründung falle unter jene Schutzvorschriften, die eine effektive Kapitalaufbringung sicherstellen sollten.[423] Es könne keine Rolle spielen, ob eine Gefährdung des Grundkapitals verschleiert werde, die schon bei der Gründung oder alsbald danach durch wirtschaftlich nicht gerechtfertigte, weil nicht durch einen adäquaten Zugewinn ausgeglichene Mittelabflüsse aus der Gesellschaft herbeigeführt werde. Auch die nach § 52 zu tätigende Eintragung in das HR betreffe das Existenzbild der Gesellschaft.[424] Dagegen wurde aber letztlich zu Recht eingewandt, dass nicht mehr „zum Zwecke der Eintragung der Gesellschaft" gehandelt werden kann, wenn diese Eintragung – wovon § 52 Abs. 1 ausgeht – bereits erfolgt ist.[425] Zwar hängt auch die Wirksamkeit einer Nachgründung von der Eintragung ins HR ab (§ 52 Abs. 1 S. 1 aE). Hierzu muss eine Anmeldung des Vorstandes mit sämtlichen Unterlagen erfolgen (§ 52 Abs. 6). Allerdings geht es hierbei nicht um eine Eintragung der *Gesellschaft,* was aber § 399 Abs. 1 Nr. 1 aF ausdrücklich verlangte.[426]

151 Bei aller Plausibilität der angeführten teleologischen Gesichtspunkte scheiterte eine weitergehende Auslegung daher bislang am Analogieverbot (Art. 103 Abs. 2 GG). Der Streit wurde in seiner praktischen Bedeutung allerdings schon bisher dadurch relativiert, dass **§ 399 Abs. 1 Nr. 2** ohnehin explizit auch Nachgründungsberichte und damit wesentliche Bestandteile der Registeranmeldung erfasst (hierzu → Rn. 174).[427] Durch die nunmehrige Fassung des § 399 Abs. 1 Nr. 1 ist die Streitfrage *obsolet* geworden. Seit der **Aktienrechtsnovelle 2016** erwähnt der Wortlaut des § 399 Abs. 1 Nr. 1 nämlich ausdrücklich auch Angaben zum Zweck „eines Vertrages nach § 52 Absatz 1 Satz 1". Der Gesetzgeber wollte dadurch gerade ein Redaktionsversehen beseitigen, wonach falsche Angaben im Kontext der Nachgründung nach früherer Rechtslage nicht von § 399 Abs. 1 Nr. 1 erfasst wurden, da diese nicht „zum Zweck der Eintragung der Gesellschaft" erfolgten.[428] Nach geltender Rechtslage werden diesbezügliche falsche Angaben bzw. Nichtangaben also (ohne Verstoß gegen das Analogieverbot) von § 399 Abs. 1 Nr. 1 erfasst.[429]

152 **(2) Gründungsaufwand.** Gem. § 26 Abs. 2 ist Gründungsaufwand der Aufwand, der zulasten der Gesellschaft an Aktionäre oder an andere Personen als Entschädigung oder als Belohnung für die Gründung und deren Vorbereitung gewährt wird. Auch dies muss in der Satzung gesondert festgesetzt werden. Im Unterschied zu Sondervorteilen iSd § 26 Abs. 1 (→ Rn. 147 ff.), die lediglich aus Anlass der Gründung gewährt werden, handelt es sich hier um den Ersatz bzw. die Vergütung damit zusammenhängender Aufwendungen oder Tätigkeiten.[430] Darüber hinaus wird § 26 Abs. 2 so gelesen, dass die bei Gründung und Anmeldung anfallenden Steuern und Gebühren, für die die AG im Außenverhältnis allein haftet (vgl. § 36 Abs. 2, § 37 Abs. 1 S. 5), im Innenverhältnis (durch

---

[419] Diesbezüglich aA ERST/*Brand* GmbHG § 82, AktG § 399 Rn. 116 unter Verweis auf das „umfassende Rechtsgut" des § 399.
[420] MüKoAktG/*Pentz* § 26 Rn. 10.
[421] MüKoAktG/*Pentz* § 26 Rn. 8; unklar deswegen Kölner Komm AktG/*Geilen*, 1. Aufl. 1984, Rn. 70: Abweichung vom Gleichbehandlungsgrundsatz, Privilegierung.
[422] GHEK/*Fuhrmann* Rn. 32; MüKoAktG/*Pentz* § 26 Rn. 8: regelmäßiges Kennzeichen des Sondervorteils; zu pauschal aber MüKoAktG/*Schaal* Rn. 90, nach dessen Formulierung es insoweit um eine Voraussetzung des Sondervorteils gehen würde.
[423] GHEK/*Fuhrmann* Rn. 33; MüKoAktG/*Schaal* Rn. 92; vgl. auch Hölters/*Müller-Michaels* Rn. 50.
[424] Diese Erwägungen standen noch in der 2. Aufl. (Rn. 125) im Mittelpunkt.
[425] MüKoStGB/*Kiethe* Rn. 64; Kölner Komm AktG/*Geilen*, 1. Aufl. 1984, Rn. 71; Großkomm AktG/*Klug*, 3. Aufl. 1975, Anm. 18; Großkomm AktG/*Otto* Rn. 83; abl. auch Bürgers/Körber/*Pelz* Rn. 3.
[426] Kölner Komm AktG/*Altenhain* Rn. 90.
[427] So iErg auch Kölner Komm AktG/*Geilen*, 1. Aufl. 1984, Rn. 71; vgl. auch *Meyer* AG 1966, 109 (110).
[428] BT-Drs. 18/4349, 33; vgl. auch zuvor schon die Begründung zum Gesetzentwurf der Aktienrechtsnovelle 2012, BT-Drs. 17/8989, 8, 21.
[429] Siehe auch ERST/*Brand* GmbHG § 82, AktG § 399 Rn. 117.
[430] MüKoAktG/*Pentz* § 26 Rn. 26.

Bestimmung eines „anderen" iSd § 426 Abs. 1 BGB) den Gründern zugewiesen werden. Es bedarf somit einer satzungsmäßigen Regelung, falls dieser Aufwand im Ergebnis ausnahmsweise von der AG getragen werden soll.[431] Danach sind Gründungsaufwand im allgemeineren Sinne diejenigen Kosten, die im Zusammenhang mit der Errichtung der Gesellschaft und der Erbringung der Einlagen entstehen, also etwa Notar- und Gerichtsgebühren, Veröffentlichungskosten (zB für gesetzlich notwendige Bekanntmachungen), Aufwendungen für die Gründungsprüfer, Auslagen für den Druck der Aktien, Gesellschaftsteuer, Verkehrsteuern bei Einbringung von Sacheinlagen („Gründungsentschädigung") sowie Vergütungen („Gründerlohn"), zB für beratende Tätigkeiten aus Anlass der Gründung.[432] Wenn diese Kosten mangels satzungsmäßiger Vereinbarung bei den Gründern verbleiben und damit die Gesellschaft nicht belasten, können nicht schon schlichte Falschangaben über sie strafbar sein. Der Wert des Grundkapitals der Gesellschaft wird nur insoweit beeinträchtigt, als gem. § 26 Abs. 2 eine Erstattung durch die Gesellschaft trotz fehlender Verpflichtung erfolgt. Allerdings dürfte dies auch als Untreue gem. § 266 StGB strafbar sein.[433]

§ 26 Abs. 2 erfordert lediglich die **Festsetzung des gesamten Gründungsaufwandes** (als Endbetrag) in der Satzung. Einzelangaben genügen nicht, sind aber auch nicht notwendig.[434] Die strengere Vorschrift des § 26 Abs. 1 darf nicht umgangen werden, indem Sondervorteile für einzelne Aktionäre unter dem Deckmantel des Gründungsaufwands ausgewiesen werden. Auch der Gründungsaufwand schmälert – auf zulässige Weise – das Mindesthaftungskapital. Eine durch ihn verursachte Unterbilanz steht der Eintragung nicht entgegen und verursacht keine Unterbilanzhaftung. Dadurch gebietet sich doch die Pflicht zur Beachtung der Kapitalerhaltungsregeln. Insbesondere muss eine (nicht im bloßen Auslagenersatz bestehende) Entlohnung für Tätigkeiten im Zusammenhang mit der Gründung (Vergütung) angemessen sein.[435] Es wäre deswegen kaum sinnvoll, die Bedeutung der Strafvorschrift auf Fälle zu beschränken, in denen ein höherer Betrag an Gründungsaufwand an das Registergericht gemeldet wird, als er in der Satzung ausgewiesen ist oder tatsächlich für Gründungsaufwand iSd Satzung ausgegeben wurde. Vielmehr soll die Strafvorschrift auch davor schützen, dass in der Satzung eine Höhe an Gründungsaufwand ausgewiesen und zum HR gemeldet wird, die Beträge umfasst, welche nicht als Gründungsaufwand iSd § 26 Abs. 2 erstattungsfähig sind, sondern uU einen Sondervorteil darstellen.[436]

Kein Fall dieser Variante ist an sich der sog. **verschleierte Gründungsaufwand.** Hierunter versteht man eine Zuwendung, die durch eine Überbewertung von Sacheinlagen oder Sachübernahmen dem Einbringenden gewährt werden soll.[437] Falschangaben bezüglich der Bewertung dieser Vermögensgegenstände werden von Abs. 1 Nr. 1 gesondert erfasst (→ Rn. 155 ff.).[438] Streitig und für die Variante von Falschangaben über den Gründungsaufwand interessant ist aber die Frage, inwiefern eine offengelegte Überbewertung von Sacheinlagen oder Sachübernahmen zulässig sein kann, wenn die Differenz gleichzeitig als Gründungsaufwand ausgewiesen wird. Im aktuellen Schrifttum wird dies für Sacheinlagen zutreffend generell verneint.[439] Da die Sacheinlage die Einlagepflicht betrifft und damit das – die Rechtspersönlichkeit der AG konstituierende – Mindesthaftungskapital, kann auch die Erkennbarkeit der „Verschonung" eines Aktionärs den Verstoß gegen die Kapitalaufbringung nicht rechtfertigen; zur Erfassung unwahrer Angaben über den Nachgründungsaufwand gilt → Rn. 150 entsprechend.

(3) Sacheinlagen. Sacheinlagen sind gem. § 27 Abs. 1 S. 1 Einlagen der Aktionäre, die nicht durch Einzahlung des Ausgabebetrages der Aktien geleistet werden. Hierzu zählen alle übertragbaren Sachen und Rechte („Vermögensgegenstände") mit bilanzierungsfähigem („feststellbaren wirtschaft-

---

[431] BGHZ 107, 1 (3) = NJW 1989, 1610 (1611); OLG Hamm MDR 1984, 319; MüKoAktG/*Pentz* § 26 Rn. 27; MHLS/*Dannecker* GmbHG § 82 Rn. 113.
[432] OLG Hamm MDR 1984, 319; Hachenburg/*Kohlmann* GmbHG § 82 Rn. 43; MüKoAktG/*Pentz* § 26 Rn. 30 ff.; UHL/*Ransiek* GmbHG § 82 Rn. 43; MHLS/*Dannecker* GmbHG § 82 Rn. 113.
[433] Vgl. UHL/*Ransiek* GmbHG § 82 Rn. 44: nur bei faktisch trotz rechtlicher Unwirksamkeit der Verpflichtung aus dem Gesellschaftsvermögen gewährten Zahlungen.
[434] MüKoAktG/*Pentz* § 26 Rn. 34.
[435] Vgl. Hüffer/Koch/*Koch*, 13. Aufl. 2018, § 26 Rn. 6; MüKoAktG/*Pentz* § 26 Rn. 33, 36; zutr. freilich der Hinweis von Hachenburg/*Kohlmann* GmbHG § 82 Rn. 44: Strafvorschrift soll nicht die sachliche Rechtfertigung des Gründungsaufwandes sichern.
[436] AA wohl ERST/*Brand* GmbHG § 82, AktG § 399 Rn. 119. Zu betonen ist allerdings erneut, dass nach der hier vertretenen Ansicht die Angemessenheit des Gründungslohnes nur insofern relevant ist, als dieser eine Höhe erreicht, die ihn nicht mehr als Gründungsaufwand, sondern vielmehr als Sondervorteil erscheinen lässt.
[437] Vgl. RGSt 18, 105 (110 f.); MüKoAktG/*Pentz* § 26 Rn. 37.
[438] In Var. 6 einordnend allerdings MüKoAktG/*Schaal* Rn. 92.
[439] Kölner Komm AktG/*Arnold* § 26 Rn. 26; MüKoAktG/*Pentz* § 26 Rn. 37; zur aA im älteren Schrifttum Großkomm AktG/*Barz*, 3. Aufl. 1973, § 26 Rn. 14; *v. Godin/Wilhelmi* § 26 Anm. 9.

lichen") Vermögenswert (§ 27 Abs. 2 Hs. 1), also etwa bewegliche Gegenstände, Immobilien, Erfinder-, Urheber-, Lizenzrechte, Beteiligungen, dingliche Rechte und Forderungen (→ § 27 Rn. 15 ff.).[440] Soll eine Einlagepflicht durch Übertragung einer solchen „Sache" auf die Gesellschaft erfüllt werden, muss die Satzung den Gegenstand, die veräußernde Person und den Nennbetrag, bei Stückaktien die Zahl der zu gewährenden Aktien bezeichnen (§ 27 Abs. 1 S. 1). Im Falle einer Gründung mit Sacheinlagen ist nach § 33 Abs. 2 Nr. 4 eine Gründungsprüfung durch Gründungsprüfer obligatorisch (zu Falschangaben im Gründungsbericht → Rn. 171 ff.).[441] Der durch das ARUG eingefügte § 33a sieht hiervon Ausnahmen bei bestimmten Vermögensgegenständen vor (vgl. schon → Rn. 112). Sacheinlagen sind in der Regel vor der Anmeldung vollständig zu leisten (§ 36a Abs. 2 S. 1), bei Verpflichtung zur Übertragung eines Vermögensgegenstandes auf die Gesellschaft innerhalb von fünf Jahren (§ 36a Abs. 2 S. 2). Mit der Anmeldung muss eine entsprechende Versicherung abgegeben werden (§ 37 Abs. 1 S. 1), deren Inhalt sich bei Verzichtbarkeit der externen Gründungsprüfung weiterhin nach § 37a Abs. 1 richtet (zur darüber hinaus erforderlichen Versicherung nach § 37a Abs. 2 → Rn. 160).[442]

156 Für die Erkennbarkeit des wahren Wertes der Gesellschaft im Gründungszeitpunkt ist bei einer Sachgründung vor allem der **Wert der Sacheinlagen** wichtig. § 399 Abs. 1 Nr. 1 Var. 7 will deswegen in erster Linie Falschangaben über die Bewertung der Sacheinlagen in der Satzung oder den zugrunde liegenden Verträgen verhindern (zu Bewertungsfragen → § 27 Rn. 34 ff.).[443] Ein erheblicher Umstand wird etwa verschwiegen, wenn ein Unternehmen (zB ein Handelsgeschäft) eingebracht wird, seit dessen zugrunde gelegter Wertbestimmung aber große Teile des Inventars verkauft wurden.[444] Gleiches gilt, wenn die rechtliche Situation des eingebrachten Wertes nicht vollständig angegeben wird, etwa ein Patent noch gar nicht angemeldet wurde, eine Lizenz ausläuft,[445] ein Grundstück mit dinglichen Rechten Dritter belastet ist[446] oder gegen eine Marke Widerspruch erhoben wurde. Weiterhin könnten die Fälle der sog. verdeckten Sacheinlage, bei denen eine in Wahrheit nicht vorhandene Bareinlage behauptet wird, um die strengeren Sachgründungsvorschriften zu umgehen (→ Rn. 112 ff.), auch als Verschweigen erheblicher Umstände über Sacheinlagen bewertet werden.[447]

157 Ferner müssen die Sacheinlagen auch **vollständig** geleistet worden sein, § 36a Abs. 2 S. 1. § 37 Abs. 1 S. 1 sieht eine entsprechende Erklärung bei der Anmeldung vor. Ihr Wert muss (zu lesen: mindestens) dem geringsten Ausgabebetrag (→ Rn. 109, 114), bei einem höher gewählten Ausgabebetrag auch dem Mehrbetrag entsprechen, § 36a Abs. 2 S. 3. Dies folgt zum Teil bereits aus dem Verbot der Unterpari-Emission und führt – weil die Ausgabe von Aktien unter dem geringsten Ausgabebetrag schlichtweg unzulässig ist – ggf. zu einer Nachschusspflicht des Gründers in bar.[448] Die darüber hinausgehende Verpflichtung zur wahrheitsgemäßen Angabe des Wertes der Sacheinlagen und deren Strafbewehrung begründet für den Adressaten des § 399 Abs. 1 Nr. 1 hohe Sorgfaltsanforderungen. Eine Exkulpation kann sicher nicht allein mit dem Verweis auf die Prüfungen der Werthaltigkeit der Sacheinlagen durch andere Organmitglieder oder Gründungsprüfer (§ 33 Abs. 1 und Abs. 2 Nr. 4) erfolgen. Allerdings kann die Eintragung nach § 38 Abs. 2 S. 2 nur dann abgelehnt werden, wenn die Gründungsprüfer erklären oder das Gericht der Auffassung ist, der Wert der Sacheinlagen oder Sachübernahmen bleibe nicht unwesentlich hinter dem geringsten Ausgabebetrag der dafür zu gewährenden Aktien oder dem Wert der dafür zu gewährenden Leistungen zurück.

---

[440] MüKoAktG/*Schaal* Rn. 94; MüKoStGB/*Kiethe* Rn. 63; Großkomm AktG/*Otto* Rn. 81; GJW/*Temming* Rn. 19; NK-WSS/*Krause/Tivele* Rn. 18.
[441] Vgl. auch *Traugott/Gross* BB 2003, 481.
[442] Hierzu *Drinhausen/Keinath* BB 2008, 2078 (2079), die annehmen, die strafbewehrte Versicherungspflicht könne in der Praxis dazu führen, dass von der Erleichterung des § 33a kein Gebrauch gemacht werde, wenn die Einschränkungen des § 33a Abs. 2 nicht zweifelsfrei ausgeschlossen werden könnten. Siehe zur Erklärung nach § 37a Abs. 1 auch Kölner Komm AktG/*Altenhain* Rn. 93, der die von ihm selbst vorgetragenen Bedenken (die erforderlichen Angaben könnten sich nicht auf die Sacheinlagen selbst, sondern nur auf deren Prüfung beziehen) letztlich zu Recht nicht als durchgreifend erachtet. Die von § 37a Abs. 1 S. 2 f. geforderten Angaben beziehen sich nämlich auf die Sacheinlage als solche.
[443] Vgl. etwa RGSt 49, 340 (341): völlig überbewertete Patentrechte; Achenbach/Ransiek/Rönnau/*Ransiek* 8. Teil 3. Kap. Rn. 38; MüKoAktG/*Schaal* Rn. 97; Großkomm AktG/*Otto* Rn. 81.
[444] Vgl. RGSt 40, 285 (287); Achenbach/Ransiek/Rönnau/*Ransiek* 8. Teil 3. Kap. Rn. 38; GHEK/*Fuhrmann* Rn. 34; MüKoAktG/*Schaal* Rn. 97; Großkomm AktG/*Otto* Rn. 81; UHL/*Ransiek* GmbHG § 82 Rn. 47.
[445] Vgl. Lutter/Hommelhoff/*Kleindiek* GmbHG § 82 Rn. 15.
[446] UHL/*Ransiek* GmbHG § 82 Rn. 47.
[447] So wohl MüKoAktG/*Schaal* Rn. 97; Großkomm AktG/*Otto* Rn. 81; vgl. auch UHL/*Ransiek* GmbHG § 82 Rn. 46; aA wohl ERST/*Brand* GmbHG § 82, AktG § 399 Rn. 121.
[448] Vgl. BGHZ 64, 52 (62) = NJW 1975, 974 (977): Sacheinlageversprechen = Kapitaldeckungszusage; BGHZ 29, 300 (306 f.) = NJW 1959, 934 (935 f.); BGHZ 68, 191 (195) = NJW 1977, 1196.

Zur Vermeidung einer Strafbarkeitsausweitung wird man also auch hier von vornherein annehmen müssen, dass geringfügig überhöhte Wertangaben, vor allem wenn der wirkliche Wert der Sacheinlage noch mindestens dem geringsten Ausgabewert entspricht, nicht „zum Zwecke der Eintragung" erfolgen.

(4) Sachübernahmen. Eine Sachübernahme liegt nach § 27 Abs. 1 S. 1 vor, wenn die Gesellschaft bei Gründung vorhandene oder herzustellende Anlagen oder sonstige Vermögensgegenstände übernehmen soll. Der Sinn von Sachübernahmen gleicht dem der Sacheinlagen, nämlich der **Ersetzung der Bareinlagepflicht** bei Gesellschaftsgründung (→ Rn. 155) durch Einbringung eines Vermögensgegenstandes. Die Vorschriften entsprechen sich. Bei der Sachübernahme kann der Vermögensgegenstand allerdings nicht nur von einem Gründer, sondern auch **von einem Dritten** herrühren, mit dem die Gründer einen schuldrechtlichen Vertrag für die zukünftige Gesellschaft eingehen (→ § 27 Rn. 57). Rührt er vom Gründer her, darf dieser nicht – etwa zur Befreiung von der Einlagepflicht – Aktien als Entgelt erhalten.[449] Denn dann läge wiederum eine Sacheinlage vor, wie § 27 Abs. 1 S. 2 explizit klarstellt. 158

Es ist allerdings irreführend zu behaupten, in der Möglichkeit der Übernahme des Vermögensgegenstandes nur von einem Gründer oder auch von einem Dritten liege der (einzige) Unterschied zwischen Sacheinlage und Sachübernahme.[450] Ein Dritter hat zunächst überhaupt keine Verpflichtungen gegenüber der Gesellschaft, insbesondere keine Einlage zu erbringen. Vielmehr geht es hier um zwei zu trennende Schutzaspekte: Mit der Sacheinlage wird die Einlageverpflichtung erfüllt, so dass dem Gebot der realen Kapitalaufbringung Rechnung getragen werden muss. Eine Sachübernahme setzt denklogisch später an, betrifft nämlich einen Vertrag, mit dem die Gesellschaft bereits bei ihrer Entstehung verpflichtet ist, (später) Vermögen zum Erwerb eines Vermögensgegenstandes aufzubringen. Das einmal eingebrachte Kapital soll aber bei Eintragung der Gesellschaft auch effektiv noch erhalten sein, weshalb die Gesellschaft keinen unwirtschaftlichen schuldrechtlichen Verpflichtungen ausgesetzt sein darf. Zur Erfassung von Vorgängen im Zusammenhang mit einer **Nachgründung** gilt das in → Rn. 150 Gesagte entsprechend. Zu den im Falle der Sachgründung ohne externe Gründungsprüfung erforderlichen Angaben nach § 37a Abs. 1 vgl. → Rn. 155. 159

(5) Versicherung nach § 37a Abs. 2. Mit dem ARUG (→ Rn. 17) wurde die Versicherung nach § 37a Abs. 2 als weitere Tatbestandsvariante in Nr. 1 aufgenommen. Nach § 33a ist im Falle der Einbringung bestimmter Vermögensgegenstände eine **Sachgründung ohne externe Gründungsprüfung** möglich. Als Ausgleich haben die Anmeldenden zu versichern, dass ihnen keine außergewöhnlichen Umstände bekannt sind, die den gewichteten Durchschnittspreis der einzubringenden Wertpapiere oder Geldmarktinstrumente während der letzten drei Monate vor dem Tag ihrer tatsächlichen Einbringung erheblich beeinflusst haben könnten, ebenso wenig Umstände, die darauf hindeuten, dass der beizulegende Zeitwert der Vermögensgegenstände am Tag ihrer tatsächlichen Einbringung aufgrund neuer oder neu bekannt gewordener Umstände erheblich niedriger ist als der von dem Sachverständigen angenommene Wert. 160

Obwohl damit auf den ersten Blick für die an einem geregelten Markt gehandelten Wertpapiere ein strengerer Maßstab hinsichtlich der Bekanntgabepflicht wertbeeinflussender Umstände als für sonstige Vermögensgegenstände iSv § 33a Abs. 1 Nr. 2 gilt, nämlich jede diesbezügliche Wahrscheinlichkeit („… beeinflusst haben *könnten* …"), ebnet die Begründung zum Regierungsentwurf dies ein. Danach müssen auch Umstände angegeben werden, die darauf hindeuten, dass die Bewertung durch den Sachverständigen erheblich zu hoch ausgefallen sein könnte. Unerheblich soll es sein, ob infolge der Überbewertung die reale Kapitalaufbringung gefährdet ist.[451] Da der Bewertungsstichtag bei den sonstigen Vermögensgegenständen gem. § 33a Abs. 1 Nr. 2 bis zu sechs Monate vor dem Tag der tatsächlichen Einbringung liegen kann und der Gesetzgeber Kriterien dafür, wann von einer wesentlichen Überbewertung auszugehen ist bzw. welchen Grad von Wahrscheinlichkeit die Möglichkeit einer Überbewertung annehmen muss, nicht nennt, bleibt der Gebrauch der neuen Möglichkeiten jedoch mit Unwägbarkeiten behaftet.[452] 161

Außergewöhnliche Umstände hinsichtlich des Durchschnittspreises von Wertpapieren können nach der Gesetzesbegründung zB vorliegen, falls der Handel mit den betreffenden Papieren über einen längeren Zeitraum völlig zum Erliegen gekommen ist bzw. ausgesetzt war, oder wenn der Markt zB durch informations- oder handelsgestützte Manipulation künstlich beeinflusst worden ist (vgl. Art. 15, 12 Abs. 1 MAR[453]), sofern dadurch eine erhebliche Änderung des Börsenwerts bewirkt 162

---

[449] MüKoAktG/*Schaal* Rn. 95.
[450] So MüKoAktG/*Schaal* Rn. 96; Hölters/*Müller-Michaels* Rn. 54.
[451] RegE ARUG v. 5.12.2008, 32.
[452] Hierzu auch *Böttcher* NZG 2008, 481 (483).
[453] EU-Marktmissbrauchsverordnung (VO (EU) Nr. 596/2014).

wurde. Dagegen resultieren aus Kursschwankungen, die einer zulässigen Marktpraxis iSv Art. 13 MAR oder erlaubten Rückkaufprogrammen eigener Aktien und Maßnahmen zur Kursstabilisierung folgen, keine außergewöhnlichen Umstände.[454]

163 Nach § 38 Abs. 2 S. 2 kann das Registergericht die Eintragung ablehnen, wenn es der Auffassung ist, dass der Wert der Sacheinlagen nicht unwesentlich hinter dem geringsten Ausgabebetrag der dafür zu gewährenden Aktien oder dem Wert der dafür zu gewährenden Leistungen zurückbleibt. Im Falle der Verzichtbarkeit einer externen Gründungsprüfung soll das Gericht nach § 38 Abs. 3 sogar ausschließlich prüfen, ob die Voraussetzungen des § 37a eingehalten wurden, lediglich bei einer offenkundigen und erheblichen Überbewertung kann die Eintragung abgelehnt werden. Die damit potenziell verbundene Einschränkung reicht weiter als der allgemeine Hinweis, dass ohnehin nur erhebliche Falsch- oder Nichtangaben tatbestandsmäßig sind.[455] Da es nicht nur auf die Eignung zur Herbeiführung der Eintragung der Gesellschaft überhaupt ankommt, sondern auf alle ins HR (bzw. Unternehmensregister) aufgenommenen und der Öffentlichkeit zugänglichen Informationen (→ Rn. 89 ff.), ist jede im Rahmen der Versicherung nach § 37a Abs. 2 abzugebende und zu einer Überbewertung einer Sacheinlage führende Falschangabe bzw. das Verschweigen entsprechender Umstände tatbestandsmäßig, sollte der dargestellte Wert den tatsächlichen nicht nur geringfügig überschreiten, selbst wenn die eingebrachten Einlagen den Wert des angegebenen Grundkapitals erreichen. Dies entspricht dem Schutzzweck der Vorschrift (→ Rn. 1 ff.). Denn auch mit falschen Informationen über nur einen Vermögensgegenstand kann das Interesse eines Gläubigers beeinträchtigt sein, falls er sich zB entscheidet, mit einem Titel gegen die Gesellschaft genau in diesen Gegenstand zu vollstrecken.

164 Der im Zuge der Aktienrechtsnovelle 2016[456] erweiterte Wortlaut des § 399 Abs. 1 Nr. 1 erfasst nunmehr explizit auch falsche Angaben in der Versicherung gem. § 37a Abs. 2 in Bezug auf die **Nachgründung ohne externe Gründungsprüfung** (§ 37a Abs. 2 iVm § 52 Abs. 6 S. 3). Der Gesetzgeber wollte mit dieser Ergänzung ein Redaktionsversehen des ARUG beheben.[457]

165 **2. Die Tatvariante des Gründungsschwindels durch unrichtige Berichte, Abs. 1 Nr. 2. a) Täterkreis.** § 399 Abs. 1 Nr. 2 spricht die Gründer, die Mitglieder des Vorstands und die Mitglieder des Aufsichtsrats an (→ Rn. 67 ff., 72 ff., 84 ff.). Wie sich aus dem AktG ergibt, sind die Adressatenkreise aber nicht jeweils für alle in Nr. 2 erwähnten Tatgegenstände verantwortlich.

166 Der **Gründungsbericht** (hierzu → Rn. 173) wird von den Gründern erstattet (§ 32 Abs. 1) und begründet bei Falschangaben ihre Täterschaft. Auf den Inhalt der weiteren Berichte (Prüfungsbericht, Nachgründungsbericht, vgl. nachfolgend) haben sie keinen direkten Einfluss. Sie werden auch nicht von ihnen geprüft. Hier kommt lediglich eine Teilnahme, vor allem in Form der Anstiftung (§ 26 StGB), in Frage.[458]

167 Nach § 33 Abs. 1 haben die Mitglieder des Vorstandes und des Aufsichtsrats die Gründung zu prüfen. Dabei ist nach § 34 Abs. 1 die Einhaltung der Vorschriften über die Kapitalaufbringung sicherzustellen und nach § 34 Abs. 2 ein Bericht, der sog. **Prüfungsbericht** (hierzu → Rn. 177), zu erstatten, für den dementsprechend strafrechtliche, und zwar täterschaftliche, Verantwortlichkeit besteht. Sie soll sich nach teilweise vertretener Ansicht für die genannten Organmitglieder wegen ihrer Prüfungspflicht auch auf den Gründungsbericht erstrecken.[459] Hiergegen wird zu bedenken gegeben, aktienrechtlich sei die Verfälschung des Gründungsberichtes nur als Tathandlung der Gründer denkbar und bereits vollendet, wenn der verfälschte Bericht einem Mitglied des Vorstandes oder Aufsichtsrats oder einem Gründungsprüfer zugehe. Das gleiche Ergebnis sei aber über die Regeln der (sukzessiven) Mittäterschaft (§ 25 Abs. 2 StGB) oder Beihilfe (§ 27 StGB) zu erreichen: Die Fehlerhaftigkeit des Gründungsberichtes könne diesen Personen zugerechnet werden, wenn sie ihn unwidersprochen weiterleiteten. Denn insoweit läge eine Identifizierung mit den getroffenen Aussagen vor. Die Tat der Gründer sei erst nach dem Zugang beim Gericht mit der erfolgten Eintragung beendet und bis dahin beteiligungsfähig.[460]

---

[454] RegE ARUG v. 5.12.2008, 31, sog. „safe harbours"; vgl. insges. auch *Böttcher* NZG 2008, 481 (482 f.): Außergewöhnliche Umstände liegen vor, wenn die aufgrund der eingeschränkten Informationseffizienz des Kapitalmarktes bestehende Richtigkeitsvermutung durch exogene oder endogene Störungen der Marktpreisbildung nicht nur unerheblich beeinträchtigt ist; zust. *Merkner/Denker* NZG 2009, 887 (890).
[455] So UHL/*Ransiek* GmbHG § 82 Rn. 47.
[456] Gesetz zur Änderung des Aktiengesetzes (Aktienrechtsnovelle 2016) v. 22.12.2015, BGBl. 2015 I 2565 (2567).
[457] BT-Drs. 18/4349, 33.
[458] GHEK/*Fuhrmann* Rn. 42.
[459] Großkomm AktG/*Klug*, 3. Aufl. 1975, Anm. 35.
[460] So GHEK/*Fuhrmann* Rn. 40.

Der Kritik ist im Ergebnis zu folgen: Für die Organmitglieder sind eigene Prüfungs- und Berichts- **168** pflichten gesetzlich konkretisiert, der Tatgegenstand (Prüfungsbericht) wird ebenfalls von Nr. 2 erfasst. Die Annahme einer eo ipso bestehenden Täterschaft wegen Falschangaben im Gründungsbericht erscheint überflüssig. Denn die von den Organmitgliedern abzuliefernden Berichte müssen die Falschangaben aufdecken, um nicht selbst fehlerhaft zu sein. Abgesehen davon erfasst auch der Wortlaut nur jeweils unwahre Angaben „im" jeweiligen Bericht, der eine formalisierte Schilderung der Gründung und ihrer Prüfung darstellt, weshalb ein Zu-eigen-Machen ohnehin nicht genügt.[461] Entsprechendes gilt angesichts des § 403 für die Gründungsprüfer.[462]

Der **Nachgründungsbericht** (→ Rn. 174) wird von den Mitgliedern des Aufsichtsrats erstattet **169** (§ 52 Abs. 3). Er ist jedoch bei der Anmeldung der für die Nachgründung maßgeblichen Verträge (§ 52 Abs. 1) vom Vorstand beim HR einzureichen (§ 52 Abs. 6). Der eben geschilderten – abzulehnenden – Ansicht gem. wird deswegen auch bei Weiterleitung erkannter Falschangaben usw die Möglichkeit einer (sukzessiven) Mittäterschaft gesehen.[463] Eine auf diese Weise konstruierte Verantwortlichkeit des Vorstandes für den Nachgründungsbericht ist jedoch nach der Gesetzessystematik nicht zu erkennen und wäre ein sinnwidriges „Aufzäumen des Pferdes von hinten". Der Vorstand schließt als vertretungsberechtigtes Organ der Gesellschaft (§ 78 Abs. 1) für diese bereits die die Nachgründung darstellenden Verträge mit Dritten, die mit dem Nachgründungsbericht geprüft werden.[464] § 399 Abs. 1 Nr. 2 hätte deswegen für eine Strafbarkeit des Vorstandes direkt auf Falschangaben in den Verträgen abstellen können und müssen. Anders als bei der Gründung richtet sich bei der Nachgründung die Prüfungspflicht an das Kollektivorgan und nicht ausdrücklich an die einzelnen Mitglieder. Dies ist auch für die Zuweisung strafrechtlicher Verantwortung beachtlich. Denn sie hängt vom tatsächlichen Einfluss auf die Falsch- bzw. Nichtangaben ab.

Die Strafbarkeit der Gründungsprüfer (§ 33 Abs. 2) für Falschangaben in den nach § 33 Abs. 2, **170** § 52 Abs. 4 S. 1 vorgesehenen Berichten ergibt sich nicht aus Abs. 1 Nr. 2. Hier kommt § 403 in Betracht. Zusammenfassend ergeben sich folgende **Täterkreis-Tatgegenstand-Paare:** Für den Gründungsbericht (allein) die Gründer, für den Nachgründungsbericht die Mitglieder des Aufsichtsrats und für den Prüfungsbericht sowohl die Mitglieder des Vorstands als auch die des Aufsichtsrats.

b) Tatbestandliche Einschränkung. Obwohl auch Abs. 1 Nr. 2 zum Deliktsbereich des sog. **171** Gründungsschwindels gehört, muss das Machen falscher Angaben bzw. das Verschweigen erheblicher Umstände in den genannten Tatgegenständen nicht zum Zwecke der Eintragung erfolgen. Unter diese Tatvariante fallen damit grundsätzlich auch Falschangaben, die für die Eintragung unerheblich sind.[465] Damit geht nach teilweise vertretener Ansicht eine Änderung des Schutzzweckes bzw. des Rechtsgutes gegenüber Abs. 1 Nr. 1 einher.[466] Dies wird zu Recht abgelehnt. Allen Varianten des abstrakten Gefährdungsdeliktes des § 399 ist ein sehr umfassender Schutzzweck gemein (hierzu → Rn. 1 ff.).[467] Zwar erregt tatsächlich der Umstand Bedenken, dass die Strafbarkeit in Abs. 1 Nr. 2 zusätzlich nicht wie in Nr. 1 (mit Ausnahme der Var. 9) auf bestimmte engere Themenbereiche der Falsch- bzw. Nichtangaben (Einzahlung auf Aktien usw) beschränkt ist.[468] Der notwendige Inhalt von Gründungsbericht, Nachgründungsbericht und Prüfbericht ist im Gesetz allerdings dezidiert geregelt[469] (vgl. nachfolgend) und entspricht wichtigen Eintragungsvoraussetzungen. Auch hier soll die Wahrhaftigkeit des Handelsregisters als grundlegende Informationsquelle über die Gesellschaft geschützt und eine Eintragung vermieden werden, wenn die Gesellschaft nicht die Gläubigerschutzvorschriften über die gesetzliche Mindestkapitalaufbringung bei Gründung erfüllt. Der Tatbestand muss deswegen auch bei Falsch- oder Nichtangaben in den erwähnten Berichten seine immanente Grenze dort finden, wo es an einer Auswirkung auf die Eintragungsfähigkeit oder einer die (Vermögens-)Verhältnisse der Gesellschaft

---

[461] Vgl. insges. Kölner Komm AktG/*Geilen*, 1. Aufl. 1984, Rn. 97; Großkomm AktG/*Otto* Rn. 124 f.; iErg wie hier auch (indes ohne weitergehende Begründung) Bürgers/Körber/*Pelz* Rn. 15; MüKoStGB/*Kiethe* Rn. 74; MüKoAktG/*Schaal* Rn. 115; GJW/*Temming* Rn. 22.
[462] Vgl. auch MüKoStGB/*Kiethe* Rn. 74.
[463] GHEK/*Fuhrmann* Rn. 40 f.; aA Kölner Komm AktG/*Geilen*, 1. Aufl. 1984, Rn. 97 f.; MüKoAktG/*Schaal* Rn. 116; Großkomm AktG/*Otto* Rn. 124, 127; Hölters/*Müller-Michaels* Rn. 62; GJW/*Temming* Rn. 22.
[464] Ähnlich Kölner Komm AktG/*Geilen*, 1. Aufl. 1984, Rn. 98; iErg abl. auch MüKoAktG/*Schaal* Rn. 116; MüKoStGB/*Kiethe* Rn. 75; Großkomm AktG/*Otto* Rn. 127; Park/*Südbeck/Eidam* Teil 3 Kap. 8.1. § 399 Rn. 65.
[465] GHEK/*Fuhrmann* Rn. 44; Kölner Komm AktG/*Geilen*, 1. Aufl. 1984, Rn. 93, 103; Bürgers/Körber/*Pelz* Rn. 15; MüKoAktG/*Schaal* Rn. 120; Großkomm AktG/*Otto* Rn. 130; GJW/*Temming* Rn. 23.
[466] Vgl. Kölner Komm AktG/*Geilen*, 1. Aufl. 1984, Rn. 93; MüKoStGB/*Kiethe* Rn. 78; zu § 82 GmbHG MHLS/*Dannecker* GmbHG § 82 Rn. 144.
[467] Wie hier GHEK/*Fuhrmann* Rn. 38; MüKoAktG/*Schaal* Rn. 113.
[468] Vgl. GHEK/*Fuhrmann* Rn. 45; Kölner Komm AktG/*Geilen*, 1. Aufl. 1984, Rn. 93, 104 f.; MüKoAktG/*Schaal* Rn. 113.
[469] So auch der Hinweis bei MüKoAktG/*Schaal* Rn. 113; Kölner Komm AktG/*Altenhain* Rn. 120.

wenigstens geringfügig verzerrenden Darstellung gänzlich fehlt.[470] Aus der Perspektive des geschützten Rechtsguts ist somit eine **Eintragungserheblichkeit** erforderlich.

172 **c) Tatgegenstände.** Im Gründungsbericht, im Nachgründungsbericht oder im Prüfungsbericht müssen falsche Angaben gemacht oder erhebliche Umstände verschwiegen worden sein; vgl. zu den jeweils tauglichen Tätern → Rn. 67 ff.

173 **aa) Gründungsbericht.** Die Gründer haben nach § 32 Abs. 1 einen schriftlichen Bericht über den Hergang der Gründung zu erstatten. Dabei sind, mit gewissen konkretisierten Mindestangaben, ua die wesentlichen Umstände darzulegen, von denen die Angemessenheit der Leistungen für Sacheinlagen abhängt (§ 32 Abs. 2). Ferner ist anzugeben, ob und in welchem Umfang bei der Gründung für Rechnung eines Mitglieds des Vorstands oder des Aufsichtsrats Aktien übernommen worden sind und ob und in welcher Weise ein Mitglied des Vorstands oder des Aufsichtsrats sich einen besonderen Vorteil oder für die Gründung oder ihre Vorbereitung eine Entschädigung oder Belohnung ausbedungen hat (§ 32 Abs. 3, vgl. auch → § 32 Rn. 8). Der Gründungsbericht ist nach **§ 37 Abs. 4 Nr. 4** der Anmeldung beizufügen. Nach § 38 Abs. 2 S. 1 kann die Eintragung abgelehnt werden, wenn der Gründungsbericht offensichtlich unrichtig oder unvollständig ist. Strafbarkeit kommt aber insbes. auch unterhalb dieser Schwelle in Betracht, zumal § 399 Abs. 1 Nr. 2 keine besondere, auf Eintragung gerichtete Absicht verlangt (→ Rn. 260).

174 **bb) Nachgründungsbericht.** Die Nachgründung betrifft Verträge der Gesellschaft mit Gründern oder mit mehr als zu 10 % am Grundkapital beteiligten Aktionären, nach denen diese vorhandene oder herzustellende Anlagen oder andere Vermögensgegenstände für eine 10 % des Grundkapitals übersteigende Vergütung erwerben sollen, soweit die Verträge innerhalb der ersten zwei Jahre seit der Eintragung der Gesellschaft in das HR geschlossen werden. Die Wirksamkeit hängt dann von der Zustimmung der Hauptversammlung und der Eintragung in das HR ab (§ 52 Abs. 1). Diese Verträge sind vor der Beschlussfassung in der Hauptversammlung vom Aufsichtsrat zu prüfen. Es ist ein schriftlicher Bericht zu erstatten, wobei die Vorschriften des § 32 Abs. 2 und 3 über den Gründungsbericht (vgl. vorherige → Rn. 173) sinngemäß gelten (§ 52 Abs. 3). Der Nachgründungsbericht wird nach **§ 52 Abs. 6 S. 1** vom Vorstand bei Anmeldung der Nachgründung zum HR eingereicht (zur daraus folgenden Verantwortlichkeit → Rn. 169).

175 Geht das Gericht von der Unrichtigkeit des Nachgründungsberichts oder der Verletzung gesetzlicher Vorschriften oder von einer unangemessenen Höhe der ausgereichten Vergütung aus, kann die Eintragung der Nachgründung **abgelehnt** werden (§ 52 Abs. 7). Auch wenn § 399 Abs. 1 Nr. 2 dieses Merkmal nicht in Bezug nimmt, wird durch den letztgenannten Gesichtspunkt der hauptsächliche Sicherungszweck der Vorschriften über die Nachgründung deutlich: Es soll eine Umgehung der strengeren Sachgründungsvoraussetzungen durch lediglich zeitlich nachgeschobene Verträge mit Gründern oder Großaktionären verhindert werden, um die reale Kapitalaufbringung der jungen Gesellschaft zu sichern (vgl. schon → Rn. 150). Falschangaben im Nachgründungsbericht kommen somit vor allem bezüglich der wirtschaftlichen Angemessenheit der Vergütung für die zu erwerbenden Vermögenswerte in Betracht. Auch bewusst wahrheitswidrige Angaben mit prognostischem oder wertendem Charakter über den der Gesellschaft zufließenden Gegenwert (etwa ein vom Gründer „einzubringendes" Unternehmen) können tatbestandsmäßig sein (→ Rn. 51 ff.).

176 Kein Teil des Nachgründungsberichtes ist der nach § 52 Abs. 4 von den Gründungsprüfern zu erstellende Prüfungsbericht über die Nachgründung. Hier findet § 403 Anwendung.

177 **cc) Prüfungsbericht.** Nach § 33 Abs. 1 haben die Mitglieder des Vorstandes und des Aufsichtsrats die Gründung zu prüfen. Dabei muss nach § 34 Abs. 1 namentlich kontrolliert werden, ob die Angaben der Gründer über die Übernahme der Aktien, über die Einlagen auf das Grundkapital und über die Festsetzungen nach §§ 26 f. richtig und vollständig sind und ob der Wert der Sacheinlagen oder Sachübernahmen den geringsten Ausgabebetrag der dafür zu gewährenden Aktien oder den Wert der dafür zu gewährenden Leistungen erreicht. Hierüber ist nach § 34 Abs. 2 ein schriftlicher Bericht zu verfassen, der ggf. den Gegenstand jeder Sacheinlage oder Sachübernahme beschreibt

---

[470] Ähnlich iS einer rechtsgutorientierten Auslegung GHEK/*Fuhrmann* Rn. 45; Kölner Komm AktG/*Geilen*, 1. Aufl. 1984, Rn. 103 ff.; Kölner Komm AktG/*Altenhain* Rn. 121; Bürgers/Körber/*Pelz* Rn. 15; MüKoAktG/ *Schaal* Rn. 121; MüKoStGB/*Kiethe* Rn. 78; Großkomm AktG/*Otto* Rn. 131; Park/*Südbeck/Eidam* Teil 3 Kap. 8.1. § 399 Rn. 67; NK-WSS/*Krause/Twele* Rn. 23; ERST/*Brand* GmbHG § 82, AktG § 399 Rn. 129; iErg auch Großkomm AktG/*Klug*, 3. Aufl. 1975, Anm. 20, 40 unter Berufung auf „Sozialkongruenz"; mit systematischen Argumenten *Meyer* AG 1966, 109 (110); iErg ebenso Hölters/*Müller-Michaels* Rn. 65: Restriktive Auslegung sei erforderlich, um einer „uferlosen Anwendung zu begegnen und dem Strafnormcharakter des § 399 Abs. 1 auch gerecht zu werden"; aA GJW/*Temming* Rn. 23: Einschränkende Auslegung sei weder nach Wortlaut noch nach Normzweck geboten.

und angibt, welche Bewertungsmethoden bei der Ermittlung des Wertes angewandt wurden. Auch diese Prüfberichte sind nach **§ 37 Abs. 4 Nr. 4** der Anmeldung beizufügen.

Fraglich ist, ob eine strafrechtsrelevante Falschangabe auch schlicht darin liegen kann, dass in einem Prüfungsbericht vermerkt wird, er sei (von einem bestimmten Mitglied des Vorstandes oder Aufsichtsrats, vgl. → Rn. 167 f., 177) geprüft worden, obwohl dies nicht der Fall ist. Falls bisher überhaupt keine Prüfung der Gründung stattgefunden hat, wird dies selbst dann bejaht, wenn der Bericht an sich keine unwahren Angaben enthält. Als Argument wird angeführt, auch das Vorspiegeln einer tatsächlich nicht vorgenommenen Prüfung konterkariere die wesentlichen Schutzvorschriften bei Gründung einer AG. Diese hätten auch insoweit große Bedeutung für die an der Gesellschaft interessierten Personen, als sie das Verfahren beträfen. Ohne Prüfung könne es kein inhaltlich richtiges Prüfungsergebnis geben.[471] Anders soll es dann sein, wenn eine Prüfung (durch andere Organmitglieder) stattgefunden hat und der Täter einen inhaltlich richtigen Bericht unterzeichnet, ohne – wie mit der Unterschrift vorgegeben – diesen selbst kontrolliert zu haben. Hier könne sich die mangelnde Prüfung nicht zum Nachteil der Vermögensverhältnisse der Gesellschaft auswirken.[472] Diese Differenzierung beruht zwar auf sachlichen Gründen, erscheint aber theoretisch. Ein völlig ins Blaue hinein abgegebener und trotzdem inhaltlich richtiger Prüfungsbericht, wie ihn die erste Fallkonstellation voraussetzt, dürfte kaum möglich sein. Denn auch wenn die Prüfung vorrangig Entscheidungsfragen über die Wahrhaftigkeit der Angaben im Gründungsbericht zu beantworten hat (vgl. § 34 Abs. 1 Nr. 1), sind die zugrunde liegenden Umstände doch darzustellen (§ 34 Abs. 2). Der Prüfungsbericht kann sich deswegen nicht auf eine indifferente Reflektierung des Gründungsberichtes beschränken, sondern muss eigene Wahrnehmungen der prüfenden Organmitglieder angeben. Liegt ein inhaltlich vollständig wahrer Prüfungsbericht vor, dürfte der Tatbestand des § 399 Abs. 1 Nr. 2 in keinem Fall verwirklicht sein.[473]

3. Die Tatvariante des Ankündigungsschwindels, Abs. 1 Nr. 3. Der teilweise **blankettartig** gehaltene § 399 Abs. 1 Nr. 3 verwendet zur Beschreibung des Tatbestandes lediglich einen Verweis auf die Schadensersatznorm des § 47 Nr. 3. Danach sind Personen, die vor Eintragung der Gesellschaft in das HR oder in den ersten zwei Jahren nach der Eintragung die Aktien öffentlich ankündigen, um sie in den Verkehr einzuführen, (neben den Gründern) der Gesellschaft als Gesamtschuldner zum Schadensersatz verpflichtet, wenn sie die Unrichtigkeit oder Unvollständigkeit jener Angaben kennen, die zum Zwecke der Gründung der Gesellschaft gemacht worden sind (§ 46 Abs. 1), oder wenn sie die Schädigung der Gesellschaft durch Einlagen oder Sachübernahmen kennen oder bei Anwendung der Sorgfalt eines ordentlichen Geschäftsmanns kennen müssten. Diese Norm ist, was der Verweis auf § 46 Abs. 1 deutlich macht, im Zusammenhang mit der Verantwortlichkeit der Gründer für die Richtigkeit und Vollständigkeit der Angaben zu sehen, die zum Zwecke der Gründung der Gesellschaft über die Übernahme der Aktien, die Einzahlung auf die Aktien, die Verwendung eingezahlter Beträge, Sondervorteile, Gründungsaufwand, Sacheinlagen und Sachübernahmen gemacht worden sind (§ 46 Abs. 1 S. 1).

Die Gründer sind ferner dafür verantwortlich, dass eine zur Annahme von Einzahlungen auf das Grundkapital bestimmte Stelle (§ 54 Abs. 3) hierzu geeignet ist und dass die eingezahlten Beträge zur freien Verfügung des Vorstands stehen (§ 46 Abs. 1 S. 2). § 47 Nr. 3 erweitert die Haftung gegenüber der Gesellschaft nun auf Personen, die in Kenntnis oder fahrlässiger Unkenntnis diesbezüglicher Falschangaben durch die Gründer die Aktien zum Zwecke der Veräußerung öffentlich bewerben. Es geht somit um eine eigene Verantwortlichkeit für Lügen oder Verschleierungen **beim öffentlichen Ankündigen** (bzw. „Anpreisen") von Aktien junger Gesellschaften mit dem Ziel, diese Aktien in Verkehr zu bringen, sprich, Käufer für sie zu finden (→ Rn. 187). Auch wenn die aktienrechtliche Schadensersatznorm vordergründig Vermögensinteressen der Gesellschaft schützt, ist bereits bei dieser über die haftungsrechtliche Absicherung der Kapitalaufbringung ein Schutzreflex hinsichtlich späterer Aktionäre erkennbar.[474] Der Straftatbestand zielt sodann deutlich auf den Schutz der am Erwerb der Aktien interessierten Personen.[475]

a) Täterkreis. Anders als die anderen Tatvarianten des § 399 grenzt Abs. 1 Nr. 3 den Täterkreis nicht ein. Es handelt sich somit **nicht** um ein **Sonderdelikt**.[476] Vielmehr können alle Personen

---

[471] GHEK/*Fuhrmann* Rn. 45; ähnlich MüKoAktG/*Schaal* Rn. 122; vgl. auch GJW/*Temming* Rn. 27.
[472] GHEK/*Fuhrmann* Rn. 46; MüKoAktG/*Schaal* Rn. 123; Großkomm AktG/*Otto* Rn. 132.
[473] IErg so wohl auch MüKoStGB/*Kiethe* Rn. 83; Großkomm AktG/*Otto* Rn. 132; Kölner Komm AktG/ *Altenhain* Rn. 122.
[474] MüKoAktG/*Pentz* § 47 Rn. 23.
[475] IErg auch GHEK/*Fuhrmann* Rn. 47; Kölner Komm AktG/*Geilen*, 1. Aufl. 1984, Rn. 109; MüKoAktG/ *Schaal* Rn. 127; GJW/*Temming* Rn. 28.
[476] Achenbach/Ransiek/*Rönnau/Ransiek* 8. Teil 3. Kap. Rn. 58; Erbs/Kohlhaas/*Schaal* Rn. 60; GHEK/*Fuhrmann* Rn. 48; Bürgers/Körber/*Pelz* Rn. 16; MüKoAktG/*Schaal* Rn. 129; MüKoStGB/*Kiethe* Rn. 86; Hölters/ *Müller-Michaels* Rn. 68; GJW/*Temming* Rn. 29; Kölner Komm AktG/*Altenhain* Rn. 125; ERST/*Brand* GmbHG § 82, AktG § 399 Rn. 137; NK-WSS/*Krause/Twele* Rn. 25.

strafrechtlich belangt werden, die **in der genannten öffentlichen Ankündigung** Falschangaben machen oder erhebliche Umstände verschweigen.

182 Adressat der Norm sind vorrangig **Emittenten**,[477] **IPO-Führer** („Initial Public Offering"), **Konsortialbanken** usw. Hierbei handelt es sich regelmäßig um juristische Personen. Die strafrechtliche Verantwortlichkeit für Organe, Geschäftsleiter oder mit der Wahrnehmung entsprechender Aufgaben betraute natürliche Personen bestimmt sich hierbei nicht nach § 14 Abs. 1 Nr. 2 oder Abs. 2 StGB.[478] Bei einem Jedermanndelikt müssen keine besonderen persönlichen Merkmale zugerechnet werden. Vielmehr geht es allein um die Frage, wer gehandelt hat, also wem die in der Ankündigung gemachten Angaben zuzurechnen sind.[479] Deshalb sind Organmitglieder der jungen Gesellschaft **direkt taugliche Täter,** auch wenn die Gesellschaft nicht Adressat der Schadensersatznorm des § 47 Nr. 3 ist, da sie nicht selbst haften kann.[480] Dabei dürfte hinter der Strafvorschrift dasselbe gesetzgeberische Motiv wie hinter der Schadensersatznorm stehen: Die Öffentlichkeit bringt den mit der Emission der Aktien betrauten Stellen im Regelfall ein erheblich höheres Vertrauen entgegen als Gründern der Gesellschaft, die meist unbekannt sind. Man erwartet etwa, dass die mit dem IPO betraute(n) Bank(en) eine Prüfung der angebotenen Aktien durchgeführt und die Gründung ohnehin begleitet hat (haben).[481]

183 Vor diesem Hintergrund der Norm ist der Hinweis zwar richtig, Personen würden als Täter selbst bei Bösgläubigkeit ausscheiden, die keine für die Ankündigung maßgebliche, richtungsweisende Funktion hätten (Büropersonal, Mitarbeiter beim Werbeentwurf),[482] aber auch entbehrlich, weil die Betroffenen in der Praxis kaum in einer öffentlichen Ankündigung zu Aussagen herangezogen werden. Dieses einschränkende Tatbestandsmerkmal wird übersehen, wenn aus dem fehlenden Sonderdeliktscharakter darauf geschlossen wird, Täter könne jeder sein, der für Falschangaben in der öffentlichen Ankündigung verantwortlich sei bzw. bewirke, dass solche Angaben an die Öffentlichkeit gelangten.[483] Diese Ansicht wäre nur haltbar, falls Dokumente, die den späteren Akt der „öffentlichen Ankündigung" vorbereiten (dort etwa verlesen werden sollen), begrifflich bereits mit ihr gleichgesetzt oder zumindest in sie einbezogen werden. Dagegen spricht das durch den Verweis auf § 47 Nr. 3 formalisierte Verständnis vom Tatrahmen (hierzu sogleich → Rn. 187 ff.). Allgemein ist allerdings für eine mögliche Täterstellung keine besonders wichtige Rolle bei der Ankündigung erforderlich.[484] Die Beteiligungsform (Täterschaft oder Teilnahme iSd §§ 25 ff. StGB) wird gem. allgemeinen Regeln nach der Schwere des Tatbeitrages und der Willensrichtung des Täters bestimmt. Mittelbare Täterschaft (§ 25 Abs. 1 Alt. 2 StGB) kommt etwa in Frage, wenn einem Gutgläubigen, der eine öffentliche Ankündigung vornimmt, Falschangaben untergeschoben werden.[485]

184 **b) Tatbestandliche Einschränkung.** Der Tatbestand des Ankündigungsschwindels sieht selbst keine Einschränkung der Tathandlungen vor. Diese erfolgt allerdings in der Ausfüllungsnorm des § 47 Nr. 3. Danach muss der Zweck der öffentlichen Ankündigung in der **Einführung der Aktien in den Verkehr** liegen. Ein Angebot auf Erwerb von Aktien kann objektiv und subjektiv dann nicht mehr der Einführung in den Verkehr iSd § 47 Nr. 3 dienen, wenn die Aktien bereits eingeführt sind, etwa öffentlich gehandelt werden. § 399 Abs. 1 Nr. 3 erfasst also nur das erste Inverkehrbringen[486] durch jenen Emittenten, der selbst als Gründer Aktien übernommen oder die Aktien direkt von (mindestens) einem Gründer erworben hat.

---

[477] Vgl. Achenbach/Ransiek/Rönnau/*Ransiek* 8. Teil 3. Kap. Rn. 58; GHEK/*Fuhrmann* Rn. 48; *Kiethe* WM 2007, 722 (724); vgl. MüKoStGB/*Kiethe* Rn. 89; MüKoAktG/*Pentz* § 47 Rn. 22.
[478] So aber GHEK/*Fuhrmann* Rn. 48; wie hier Achenbach/Ransiek/Rönnau/*Ransiek* 8. Teil 3. Kap. Rn. 58; Großkomm AktG/*Otto* Rn. 141; Kölner Komm AktG/*Altenhain* Rn. 126.
[479] Kölner Komm AktG/*Geilen*, 1. Aufl. 1984, Rn. 115; MüKoStGB/*Kiethe* Rn. 83; Großkomm AktG/*Otto* Rn. 141; Park/*Südbeck/Eidam* Teil 3 Kap. 8.1. § 399 Rn. 77; vgl. auch *Kiethe* WM 2007, 722 (724).
[480] Hierzu MüKoAktG/*Pentz* § 47 Rn. 22.
[481] MüKoAktG/*Pentz* § 47 Rn. 23.
[482] Achenbach/Ransiek/Rönnau/*Ransiek* 8. Teil 3. Kap. Rn. 58; Kölner Komm AktG/*Geilen*, 1. Aufl. 1984, Rn. 114; MüKoStGB/*Kiethe* Rn. 86.
[483] So MüKoAktG/*Schaal* Rn. 129; vgl. auch Achenbach/Ransiek/Rönnau/*Ransiek* 8. Teil 3. Kap. Rn. 58: jeder, der über den Inhalt der Ankündigung (mit)entscheidet; Kölner Komm AktG/*Altenhain* Rn. 126: geistiger Urheber der Ankündigung.
[484] GHEK/*Fuhrmann* Rn. 48; MüKoAktG/*Schaal* Rn. 130; aA Kölner Komm AktG/*Geilen*, 1. Aufl. 1984, Rn. 114.
[485] GHEK/*Fuhrmann* Rn. 48; Kölner Komm AktG/*Geilen*, 1. Aufl. 1984, Rn. 126; MüKoAktG/*Schaal* Rn. 131; MüKoStGB/*Kiethe* Rn. 145.
[486] GHEK/*Fuhrmann* Rn. 52; Kölner Komm AktG/*Geilen*, 1. Aufl. 1984, Rn. 123; Bürgers/Körber/*Pelz* Rn. 16; MüKoAktG/*Schaal* Rn. 137, 139; Kölner Komm AktG/*Altenhain* Rn. 132; ERST/*Brand* GmbHG § 82, AktG § 399 Rn. 142.

Eine weitere Eingrenzung des Tatbestandes ergibt sich aus dem Verweis auf § 47 Nr. 3 und der 185
dort enthaltenen Weiterverweisung auf § 46 Abs. 1. So müssen die Falsch- oder Nichtangaben nach
überwiegender Ansicht **zum Zwecke der Gründung** gemacht worden sein oder sich auf Einlagen
oder Sachübernahmen beziehen, die zu einer Schädigung der Gesellschaft geführt haben. Es geht
also um die gleichen Angaben, die der Handelsregistereintragung zugrunde liegen.[487] Diese Gleichsetzung erscheint zwar sehr problematisch:[488] Die Angaben in der öffentlichen Ankündigung selbst
werden sicher nicht zum Zwecke der Gründung gemacht. Die Ansicht lässt sich deswegen nur dann
halten, wenn man die Ankündigung nach § 47 Nr. 3 mit einer wohl als überkommen zu bezeichnenden Sichtweise der Gesetzgebungsmaterialien von 1884[489] als Bestandteil ("Akt") der Gründung
betrachtet.[490] Trotz dieser Bedenken[491] kommt eine erweiterte Auslegung nicht in Betracht, da
eine solche mit dem Analogieverbot nicht zu vereinbaren ist[492] und im Übrigen auch eine Konturlosigkeit des pönalisierten Verhaltens droht.

c) **Tatgegenstand.** Das Machen falscher Angaben bzw. das Verschweigen erheblicher Umstände 186
muss sich gem. § 399 Abs. 1 Nr. 3 auf eine öffentliche Ankündigung nach § 47 Nr. 3 beziehen.

aa) **Öffentliche Ankündigung.** Eine öffentliche Ankündigung iSd § 47 Nr. 3 ist jede Informa- 187
tion gegenüber einem **nicht enger begrenzten Personenkreis,** sofern mit ihr das Angebot verbunden wird, die von den Gründern übernommenen Aktien zu erwerben.[493] Typischerweise geschieht
dies in **Zeitungsanzeigen.** Aufgrund der mittlerweile allgemein etablierten Verwendung digitaler
Medien ist aber auch eine Ankündigung über entsprechende Informationsportale im Internet vorstellbar. Auf Schriftform oder eine Unterschrift bei schriftlichen Ankündigungen kommt es nicht
an,[494] wohl aber muss der Urheber erkennbar bleiben.[495] Als öffentliche Ankündigung kommen,
solange diese ihrer Bestimmung nach nicht unternehmensintern bleiben, auch Mitteilungen in Frage,
die sich nur an einen bestimmten Teil der Öffentlichkeit richten, etwa in Rundschreiben an den
Kundenkreis einer Bank (auch per E-Mail), Aushängen in Schalterräumen, Postwurfsendungen,
Vorträgen, im Börsenzulassungsprospekt[496] usw.[497] Eine besondere Bewerbung der Übernahmeofferte ist nicht erforderlich.[498]

Die im Zivilrecht zum Teil vollzogene **analoge Anwendung** des § 47 Nr. 3 auf Aktien, die nicht 188
aus der Gründung, sondern einer **Kapitalerhöhung** herrühren, scheitert am Analogieverbot.[499]
§ 47 Nr. 3 bezieht sich auf „die Aktien", also die bei Gründung übernommenen. In der Vornahme
einer öffentlichen Ankündigung der Aktien kann nicht die schlüssige Behauptung erblickt werden,
die Gründung sei ordnungsgemäß durchgeführt worden. Weiß der Ankündigende allerdings, dass
die Eintragung durch Falschangaben, etwa über die Einzahlung der Bareinlagen oder den Wert
von Sacheinlagen, erschlichen wurde, verschweigt er erhebliche Umstände, wenn er dies bei der
Ankündigung nicht offenlegt.[500] Die so am Schutzzweck orientierte Auslegung findet ihre Stütze
in der Zweijahresfrist nach der Eintragung gem. § 47 Nr. 3. Sie ist vor dem Hintergrund zu sehen,

---

[487] So Achenbach/Ransiek/Rönnau/*Ransiek* 8. Teil 3. Kap. Rn. 60; GHEK/*Fuhrmann* Rn. 47, 51; MüKoAktG/*Schaal* Rn. 127, 138; MüKoStGB/*Kiethe* Rn. 93; Großkomm AktG/*Otto* Rn. 145; Kölner Komm AktG/*Geilen*, 1. Aufl. 1984, Rn. 120; Park/*Südbeck/Eidam* Teil 3 Kap. 8.1. § 399 Rn. 78; vgl. auch GJW/*Temming* Rn. 32; Hölters/*Müller-Michaels* Rn. 72.
[488] Diesen Bedenken wurde in der 2. Aufl. (Rn. 155) durch eine extensive Auslegung Rechnung getragen.
[489] Vgl. Allgemeine Begründung zum Entwurf eines Gesetzes betreffend die KGaA und AG, abgedr. bei *Schubert*/*Hommelhoff* ZGR 1985, Sonderheft 4, S. 404 (451 f.).
[490] Abl. auch MüKoAktG/*Pentz* § 47 Rn. 26.
[491] Zu weiteren Bedenken vgl. die 2. Aufl. Rn. 155.
[492] MüKoAktG/*Schaal* Rn. 138; vgl. auch Kölner Komm AktG/*Altenhain* Rn. 129.
[493] *Schröder*, Aktienhandel und Strafrecht, 1994, 41 f.; GHEK/*Fuhrmann* Rn. 50; Kölner Komm AktG/*Geilen*, 1. Aufl. 1984, Rn. 122 f.; Bürgers/Körber/*Pelz* Rn. 17; MüKoAktG/*Schaal* Rn. 134; MüKoStGB/*Kiethe* Rn. 89; GJW/*Temming* Rn. 30; etwas enger MüKoAktG/*Pentz* § 47 Rn. 25: Aufforderung.
[494] Vgl. GHEK/*Fuhrmann* Rn. 50; MüKoAktG/*Schaal* Rn. 134, 136; MüKoStGB/*Kiethe* Rn. 89.
[495] MüKoAktG/*Pentz* § 47 Rn. 25.
[496] *Schröder*, Aktienhandel und Strafrecht, 1994, 42.
[497] Zur Aufzählung GHEK/*Fuhrmann* Rn. 50; Kölner Komm AktG/*Geilen*, 1. Aufl. 1984, Rn. 122; MüKoAktG/*Schaal* Rn. 135 f.; MüKoStGB/*Kiethe* Rn. 89; MüKoAktG/*Pentz* § 47 Rn. 25; GJW/*Temming* Rn. 30; aA wohl Achenbach/Ransiek/Rönnau/*Ransiek* 8. Teil 3. Kap. Rn. 59: Adressatenkreis muss potenziell unbegrenzt sein.
[498] GHEK/*Fuhrmann* Rn. 50; Kölner Komm AktG/*Geilen*, 1. Aufl. 1984, Rn. 122; MüKoAktG/*Schaal* Rn. 135; Kölner Komm AktG/*Altenhain* Rn. 128.
[499] Achenbach/Ransiek/Rönnau/*Ransiek* 8. Teil 3. Kap. Rn. 61; GHEK/*Fuhrmann* Rn. 51; MüKoStGB/*Kiethe* Rn. 92; GJW/*Temming* Rn. 31; Hölters/*Müller-Michaels* Rn. 72; Kölner Komm AktG/*Altenhain* Rn. 130; NK-WSS/*Krause/Twele* Rn. 28.
[500] Achenbach/Ransiek/Rönnau/*Ransiek* 8. Teil 3. Kap. Rn. 60.

dass nach Ablauf dieser Zeit kein besonderes Schutzbedürfnis mehr vorliegt, da der Wert des Unternehmens bekannt oder zumindest erkennbar geworden sein dürfte.[501] Mit dem Analogieverbot ebenfalls unvereinbar ist eine analoge Anwendung auf **Wandelschuldverschreibungen**.[502]

189   **bb) Konkretisierungen durch § 47 Nr. 3.** § 47 Nr. 3 erfasst nur solche Ankündigungen, die vor der Eintragung der Gesellschaft in das Handelsregister oder in den ersten zwei Jahren nach der Eintragung gemacht werden. *Vor* der Eintragung gemachte Angaben unterfallen stets dem § 399 Abs. 1 Nr. 3. Diese rein am Ereigniseintritt und dem nachfolgenden Fristenlauf orientierte zeitliche Wertung ist aufgrund des klaren Verweises und des damit verbundenen Analogieverbotes für die Anwendung der Strafvorschrift zu übernehmen.[503] Damit kommt es nicht darauf an, ob die Unrichtigkeit der Angaben im Einzelfall von den Adressaten erkennbar war, etwa weil bereits hinreichend Informationen über die Gesellschaft verfügbar sind. Bei Angaben, die *nach* der Eintragung gemacht werden, gilt: Werden die Falschangaben später als zwei Jahre nach der Eintragung oder bei speziellen Einzelangeboten gemacht, kommt eine Strafbarkeit nur nach anderen Normen in Frage, etwa nach § 264a oder § 263 StGB. Das Vorliegen der allgemeinen Voraussetzungen der Ausfüllungsnorm, insbesondere der Eintritt eines Schadens (ob für die Gesellschaft oder die Empfänger der Falschangaben), ist somit nicht erforderlich (→ Rn. 9).

190   **4. Die Tatvariante des Kapitalerhöhungsschwindels (mit Mittelzufluss), Abs. 1 Nr. 4.**
Hinsichtlich der Kapitaleinbringung ist zwischen der ersten Einbringung des Grundkapitals der Gesellschaft bei ihrer Gründung (§§ 23 ff.), der (späteren) Erhöhung des Grundkapitals (§§ 182 ff.) und der Herabsetzung des Grundkapitals (§§ 222 ff.) zu unterscheiden.[504] Für § 399 gilt: Angaben im Zusammenhang mit der Herabsetzung des Grundkapitals, wie sie bei der GmbH nach § 82 Abs. 2 Nr. 1 GmbHG im Falle einer falschen Versicherung über die Befriedigung oder Sicherstellung der Gläubiger strafbar sein können, erfasst § 399 nicht.[505] Angaben im Zusammenhang mit der ersten Einbringung des Grundkapitals erfasst § 399 durch die Tatvarianten der Nr. 1. § 399 Abs. 1 Nr. 4, Abs. 2 schließlich sanktionieren Falschangaben bei der Kapitalerhöhung. Die Kapitalerhöhung kann bei der AG *mit* oder *ohne* Mittelzufluss erfolgen. Die Form der Kapitalerhöhung ohne Mittelzufluss ist die Kapitalerhöhung aus Gesellschaftsmitteln (§§ 207 ff.). Falschangaben bei der Kapitalerhöhung aus Gesellschaftsmitteln sind separat in § 399 Abs. 2 geregelt.[506] Die Kapitalerhöhung mit Mittelzufluss wird durch § 399 Abs. 1 Nr. 4 erfasst.

191   Dabei legt Abs. 1 Nr. 4 durch Verweis auf weitere Vorschriften des AktG einen bestimmten **Handlungsrahmen** für die strafbaren Falschangaben fest. Diese müssen ähnliche Bezugsgrößen wie beim Gründungsschwindel gem. Abs. 1 Nr. 1 haben, an dessen Schutzzweck und Situation Abs. 1 Nr. 4 anknüpft. Dementsprechend sind die Schutzbereiche (→ Rn. 1 ff., 103) kongruent. Das Handeln muss sich nunmehr nicht auf die Eintragung der Gesellschaft, sondern auf die der Erhöhung des Grundkapitals richten.

192   **a) Täterkreis.** Mögliche Täter des **Sonderdeliktes** sind die Mitglieder des Vorstandes (→ Rn. 72 ff.) oder des Aufsichtsrats (→ Rn. 84 ff.). Sowohl bei der ordentlichen Kapitalerhöhung (gegen Einlagen) als auch bei der bedingten Kapitalerhöhung wird der Beschluss zur Erhöhung des Grundkapitals vom Vorstand und dem Vorsitzenden des Aufsichtsrats zur Eintragung in das HR angemeldet (§ 184 Abs. 1 S. 1, § 195 Abs. 1 S. 1). Gleiches gilt für die Durchführung der Kapitalerhöhung (insbes. die Ausgabe der neuen Aktien) durch Einlagen oder mittels genehmigten Kapitals (§ 188 Abs. 1, § 203 Abs. 1). Die Anmeldungen von Beschluss und Durchführung können verbunden werden (§ 188 Abs. 4). Die Ausgabe von Bezugsaktien bei einer bedingten Kapitalerhöhung ist dagegen allein vom Vorstand vorzunehmen (§ 201 Abs. 1). Die genannten Personen sind bei den jeweils gegenüber dem Registergericht vorzunehmenden Handlungen in der Praxis die Hauptadres-

---

[501] Allgemeine Begr. zum Entwurf eines Gesetzes betreffend die KGaA und AG, abgedr. bei *Schubert/Hommelhoff* ZGR 1985, Sonderheft 4, S. 404 (452); MüKoAktG/*Pentz* § 47 Rn. 27; abw. GHEK/*Fuhrmann* Rn. 53: kriminalpolitische Gründe.
[502] GJW/*Temming* Rn. 31; Hölters/*Müller-Michaels* Rn. 72.
[503] IErg auch GHEK/*Fuhrmann* Rn. 53; Großkomm AktG/*Klug*, 3. Aufl. 1975, Anm. 46: objektive Strafbarkeitsbedingung; so wohl auch MüKoStGB/*Schaal* Rn. 143; aA diesbezüglich Kölner Komm AktG/*Geilen*, 1. Aufl. 1984, Rn. 124; MüKoStGB/*Kiethe* Rn. 90; Großkomm AktG/*Otto* Rn. 144; NK-WSS/*Krause* Rn. 28: Tatbestandsmerkmal. Letztgenannte Auffassung entspricht der hier vertretenen, so dass auch der Vorsatz des Täters ein Handeln innerhalb der Frist umfassen muss.
[504] Ähnlich OLG Stuttgart GmbHR 1982, 109 (112); GHEK/*Fuhrmann* Rn. 55; Kölner Komm AktG/*Geilen*, 1. Aufl. 1984, Rn. 129; MüKoAktG/*Schaal* Rn. 151.
[505] Krit. hierzu noch Großkomm AktG/*Klug*, 2. Aufl. 1964, § 295 Anm. 2; erklärend *Meyer* AG 1966, 109 (110).
[506] MüKoStGB/*Kiethe* Rn. 103; Kölner Komm AktG/*Altenhain* Rn. 142; NK-WSS/*Krause/Twele* Rn. 42.

saten der Norm. Andere Mitglieder des Aufsichtsrats können nach den allgemeinen Regeln (§ 25 StGB) Mittäter oder mittelbare Täter (auch in Form der Unterlassungstäterschaft) sein.[507] Obwohl auch ein Abwickler (im Liquidationsstadium) eine Kapitalerhöhung bewirken kann, kommt er nicht als Täter des Abs. 1 Nr. 4 in Betracht.[508] Die nicht vom Gesetz zur jeweiligen Anmeldung verpflichteten Personen können, sofern zum Adressatenkreis gehörend, allenfalls in einer Vertreterposition taugliche Täter sein, oder wenn sie eigenmächtig ergänzende eigene Angaben gegenüber dem Registergericht vornehmen. Bei entsprechendem Tatbeitrag kommt freilich auch im Vorbereitungsstadium Mittäterschaft oder bei Täuschung bzw. Drohung gegenüber den zuständigen Organmitgliedern mittelbare Täterschaft in Frage (vgl. schon → Rn. 23 ff.).[509]

b) Tatbestandliche Einschränkung. Wie beim Gründungsschwindel iSd § 399 Abs. 1 Nr. 1 (→ Rn. 87 ff.) müssen die Falschangaben **zum Zweck der Eintragung** der Kapitalerhöhung in das HR, also gegenüber dem Registergericht, gemacht werden.[510] Erfasst sind neben Pflichtangaben auch eintragungsrelevante freiwillige Angaben.[511] **193**

c) Tatgegenstände. Die falschen Angaben oder das Verschweigen erheblicher Umstände müssen sich auf die in § 399 Abs. 1 Nr. 4 (abschließend) aufgezählten Kapitalerhöhungsvorgänge beziehen. Es handelt sich um Angaben mit besonderer Wichtigkeit für den Schutzzweck und somit die Eintragung der Kapitalerhöhung im HR. Für die AG lassen sich vier Formen der Kapitalerhöhung unterscheiden, die sich wie folgt einteilen lassen: Die Kapitalerhöhung aus Gesellschaftsmitteln ist Gegenstand des Abs. 2 (→ Rn. 252 ff.). Falschangaben bei der ordentlichen (§§ 182 ff.), bedingten (§§ 192 ff.) und genehmigten Kapitalerhöhung (§§ 202 ff.) werden von Abs. 1 Nr. 4 erfasst. **194**

aa) Ordentliche Kapitalerhöhung. Bei einer ordentlichen Kapitalerhöhung werden junge Aktien gegen Bezahlung oder gegen Sacheinlagen ausgegeben. Die **§§ 184, 188** sehen bestimmte Anmeldungspflichten vor. **195**

(1) Einbringung des bisherigen Kapitals. Die Einbringung des bisherigen Kapitals bezieht sich auf die satzungsmäßig bestimmte Höhe des Grundkapitals **vor dem Beschluss** über eine Erhöhung. Nach **§ 184 Abs. 1 S. 2** ist in der Anmeldung des Beschlusses über die Erhöhung des Grundkapitals anzugeben, welche Einlagen auf das bisherige Grundkapital evtl. noch nicht geleistet worden sind und warum sie nicht erlangt werden können. Nach der Grundregel des § 182 Abs. 4 S. 1 soll nämlich das Grundkapital nicht erhöht werden, solange ausstehende Einlagen auf das bisherige Grundkapital noch erlangt werden können. **196**

(2) Zeichnung des neuen Kapitals. Die Zeichnung des neuen Kapitals geschieht durch Zeichnung neuer Aktien, diese gem. § 185 Abs. 1 durch **Ausstellung eines Zeichnungsscheins,** eine schriftliche Erklärung, aus der bei Stückaktien die Zahl oder bei Nennbetragsaktien der Nennbetrag der neu zu übernehmenden Aktien hervorgehen muss. Die genannte Vorschrift macht weitere Angaben in den Zeichnungsscheinen notwendig. Von diesen sind Zweitschriften der Anmeldung der Durchführung der Kapitalerhöhung hinzuzufügen sowie ein vom Vorstand unterschriebenes Verzeichnis der Zeichner, das die auf jeden entfallenden Aktien und die auf sie geleisteten Einzahlungen angibt **(§ 188 Abs. 3 Nr. 1).** **197**

(3) Einbringung des neuen Kapitals. Bei der Anmeldung der Kapitalerhöhung müssen infolge des Verweises in **§ 188 Abs. 2** Angaben über die Einbringung des neuen Kapitals nach den § 36 Abs. 2, §§ 36a, 37 Abs. 1 enthalten sein. Auch hier gilt, dass die Einbringung neuen Kapitals durch Bar- und Sacheinlagen erfolgen kann. Da Sacheinlagen, ebenso wie bei Nr. 1, einen eigenständigen Bezugspunkt des § 399 Abs. 1 Nr. 4 darstellen (Var. 6), werden von Var. 3 hauptsächlich Bareinlagen erfasst. Bei der Kapitalerhöhung durch Bareinlagen ist somit *erstens* der Einzahlungsbetrag anzugeben (§ 37 Abs. 1 S. 1 2. Hs.). Der Ausgabebetrag wird von § 399 Abs. 1 Nr. 4 Var. 4 explizit erfasst. *Zweitens* ist die Erklärung abzugeben, der auf die Einlage zu leistende Betrag sei ordnungsgemäß eingezahlt und stehe endgültig zur freien Verfügung des Vorstandes (§ 36 Abs. 2, § 37 Abs. 1 S. 2, **198**

---

[507] Achenbach/Ransiek/Rönnau/*Ransiek* 8. Teil 3. Kap. Rn. 65; Kölner Komm AktG/*Altenhain* Rn. 141; GHEK/*Fuhrmann* Rn. 57; MüKoAktG/*Schaal* Rn. 158; Park/*Südbeck/Eidam* Teil 3 Kap. 8.1. § 399 Rn. 89; wohl auch GJW/*Temming* Rn. 34; aA BGHZ 105, 121 (133 f.) = NJW 1988, 2794 (2797); Kölner Komm AktG/ *Geilen,* 1. Aufl. 1984, Rn. 133; MüKoStGB/*Kiethe* Rn. 99; Großkomm AktG/*Otto* Rn. 165.
[508] Meyer AG 1966, 109 (110); GHEK/*Fuhrmann* Rn. 57; Kölner Komm AktG/*Altenhain* Rn. 139; Kölner Komm AktG/*Geilen,* 1. Aufl. 1984, Rn. 132; MüKoAktG/*Schaal* Rn. 159; Hölters/*Müller-Michaels* Rn. 76.
[509] Vgl. auch MüKoAktG/*Schaal* Rn. 155, 158.
[510] Kölner Komm AktG/*Altenhain* Rn. 142; Kölner Komm AktG/*Geilen,* 1. Aufl. 1984, Rn. 139; vgl. auch GJW/*Temming* Rn. 35; NK-WSS/*Krause/Twele* Rn. 34; MHLS/*Dannecker* GmbHG § 82 Rn. 160.
[511] GHEK/*Fuhrmann* Rn. 67; wohl auch Kölner Komm AktG/*Geilen,* 1. Aufl. 1984, Rn. 135.

§ 54 Abs. 3).⁵¹² Es gelten somit die Ausführungen zu „Einzahlung auf Aktien" und „Verwendung eingezahlter Beträge", die im Rahmen des Gründungsschwindels (§ 399 Abs. 1 Nr. 1) gemacht wurden, entsprechend (→ Rn. 107 ff., 136 ff.).

199 Bedeutsam ist aber der folgende Unterschied: So hat der BGH das Erfordernis der **wertgleichen Deckung** bei der Kapitalerhöhung ausdrücklich aufgegeben.⁵¹³ Ursprünglich wurde im Hinblick auf die Einlagenleistung bei Gründung und Kapitalerhöhung einheitlich vertreten, die Geschäftsführung einer Kapitalgesellschaft dürfe über den Einlagebetrag vor dem Zeitpunkt des Eintragungsantrags nur unter dem Vorbehalt wertgleicher Deckung verfügen (schon → Rn. 139). Die Mittel mussten so eingesetzt werden, dass der Gesellschaft ein dem aufgewandten Betrag entsprechendes Aktivum zufloss.⁵¹⁴ Der BGH folgte dabei weitreichenden Einwänden des Schrifttums:⁵¹⁵ Verfügungen über Einlagen zwischen einem Kapitalerhöhungsbeschluss und dem Antrag auf Eintragung der Kapitalerhöhung lösen nicht in ähnlicher Weise das Erfordernis eines besonderen Gläubigerschutzes aus wie Verfügungen über Einlagen, die bei der Gründung zwischen der Errichtung der Gesellschaft und dem Antrag auf deren Eintragung geleistet werden. Denn bei der Kapitalerhöhung wird die Einlage – anders als bei der Gründung – an die bereits bestehende Gesellschaft geleistet. Betroffen ist nicht das Wesen der juristischen Person als eine solche mit beschränktem Haftungspotenzial, sondern lediglich die Höhe der Kapitalziffer.

200 Eine andere, strikt am Wortlaut orientierte Ansicht hängt überkommenen Vorstellungen des historischen Gesetzgebers an, der die Kapitalerhöhung als (erweiternde) Teilneugründung verstanden hatte.⁵¹⁶ Gegen diese Auffassung führt der BGH überzeugend an, dass, sofern das Vermögen, das der Deckung der erhöhten Kapitalziffer dient, bei der Kapitalerhöhung in den Entscheidungs- und Handlungsbereich des geschäftsführenden Organs gelange, dieses Organ berechtigt und verpflichtet sei, im Rahmen seiner unternehmerischen Entscheidungsfreiheit im Interesse der Gesellschaft über das eingebrachte Vermögen zu verfügen. Deshalb liege im Rahmen einer Kapitalerhöhung zB eine wirksame Einzahlung vor, wenn durch die Leistung einer Bareinlage der Debetsaldo (zB Kontokorrentkredit) eines Bankkontos zurückgeführt werde, soweit das Kreditinstitut der Gesellschaft deshalb mit Rücksicht auf die Kapitalerhöhung auf einem anderen Konto einen Kredit zur Verfügung stellt, der den Einlagebetrag erreicht oder übersteigt.⁵¹⁷ Denn auch dadurch kann der mit der Kapitalerhöhung verfolgte Liquiditätszufluss eintreten, ohne dass es auf die Zunahme tatsächlich frei verfügbarer Haftungsmittel gegenüber anderen Gläubigern ankommt.

201 Bislang hat der BGH den Verzicht auf das Erfordernis wertgleicher Deckung im Zeitpunkt der Anmeldung nur für die Zahlungen geäußert, die auf eine **bestehende** Einlageschuld geleistet wurden. Eine Kapitalerhöhung kann aber auch mit Mitteln durchgeführt werden, die – etwa in Erwartung eines entsprechenden Hauptversammlungsbeschlusses – auf eine **künftige** Einlageschuld geleistet wurden. Ein praktisches Bedürfnis hierfür könnte in Krisensituationen bestehen, in denen der Gesellschaft schnellstmöglich Kapital zugeführt werden soll, der Geldgeber aber im Gegenzug eine mitgliedschaftliche Erweiterung seiner Rechtsstellung verlangt oder die Aufnahme von Fremdkapital nicht mehr möglich ist. Aus § 235 Abs. 1 S. 2 ist erkennbar, dass zumindest bei der rückwirkenden Kapitalerhöhung Vorauszahlungen auf die Einlageschuld möglich und sogar notwendig sind. In diesem Fall müssen die Geldmittel bei Durchführung der Kapitalerhöhung jedenfalls in dem Zeitpunkt, in dem der Zeichnungsvertrag zustande kommt (nach Kapitalerhöhungsbeschluss und Akzeptanz des Zeichnungsscheines durch die Gesellschaft), noch unverbraucht wenigstens im Sinne wertgleicher Deckung vorhanden sein.⁵¹⁸

202 Im Gegensatz zu den Anforderungen bei der Gründung ist bei einer Kapitalerhöhung die Leistung der Einlage dann zur freien Verfügung der Geschäftsführung erbracht, wenn sie – **nach Abfassung**

---

⁵¹² Vgl. auch MüKoAktG/*Schaal* Rn. 162, 167 f.; MHLS/*Dannecker* GmbHG § 82 Rn. 163 f.

⁵¹³ BGHZ 150, 197 (201) = NJW 2002, 1716 (1717 f.) mAnm *Marsch-Barner* WM 2005, 2095; ferner BGH NJW 2005, 372; entgegen BGHZ 119, 177 = NJW 1992, 3300.

⁵¹⁴ BGHZ 119, 177 (187 f.) = NJW 1992, 3300 (3303); *Hallweger* DStR 2002, 2131 ff.; MüKoAktG/*Pentz* § 36 Rn. 79 f.

⁵¹⁵ S. etwa *Priester* ZIP 1994, 599 (602 f.); *Klevemann* AG 1993, 273 (277); *Hommelhoff/Kleindiek* ZIP 1987, 477.

⁵¹⁶ Vgl. *Hüffer* ZGR 1993, 474 (482); *Ulmer* GmbHR 1993, 185 (189).

⁵¹⁷ Vgl. insges. nochmals BGHZ 150, 197 (201) = NJW 2002, 1716 (1717 f.); *Goette* DStR 2003, 887 (891); *Hallweger* DStR 2002, 2131 (2132 f.); Kölner Komm AktG/*Altenhain* Rn. 148 f.; MüKoStGB/*Kiethe* Rn. 107; Baumbach/Hueck/*Zöllner/Fastrich* GmbHG § 57 Rn. 11 ff.; nur teilw. zutr. somit GHEK/*Fuhrmann* Rn. 66. Freilich kann der Argumentation des BGH und einer Herabsetzung der Schutzanforderungen entgegengehalten werden, dass die Kapitalerhöhung überwiegend Mittel der Sanierung in Krisensituationen ist, vgl. *Hallweger* DStR 2002, 2131 ff.

⁵¹⁸ Vgl. BGH NJW 2002, 3774 ff.; *Hallweger* DStR 2002, 2131 (2132); *Henze* ZHR 154 (1990), 105 (124 f.); näher Roth/Altmeppen/*Roth* GmbHG § 56a Rn. 18 ff.

des Kapitalerhöhungsbeschlusses – in den **uneingeschränkten Verfügungsbereich** des zuständigen Organs gelangt ist. Die Versicherung der anmeldenden Organe hat dahin zu lauten, dass der Betrag zur freien Verfügung der Geschäftsführung für die Zwecke der Gesellschaft eingezahlt und in der Folge nicht an den Einleger zurückgezahlt worden ist.[519] Der BGH hat seine dahingehende Rechtsprechung inzwischen bestätigt, aber betont, sie gelte jedenfalls unmittelbar nur für die Kapitalerhöhung. Im Rahmen dessen betrifft die Angabe, der Leistungsgegenstand befinde sich endgültig zur freien Verfügung der Geschäftsleitung, allein die Erfüllungswirkung der fraglichen Leistung in Bezug auf die Einlageschuld, sagt jedoch nichts darüber aus, ob die Einlage bei der Registeranmeldung noch unverändert, dh gegenständlich oder wertmäßig im Gesellschaftsvermögen oder gar unangetastet, auf dem Einlagenkonto vorhanden ist.[520]

Für die Bestätigung des kontoführenden Kreditinstitutes gem. § 37 Abs. 1 S. 3 hat der BGH **203** klargestellt: Die Gewähr für die inhaltliche Richtigkeit einer zur Vorlage beim HR bestimmten Erklärung erstreckt nicht nur darauf, dass in Bezug auf die Einlageleistung keine Gegenrechte der Bank und auch keine ihr aus der Kontoführung bekannten Rechte Dritter, zB aus Pfändung, bestehen, sondern umfasst auch die Angabe von Tatsachen, die dem Kreditinstitut aufgrund seiner Funktion innerhalb des konkreten Kapitalaufbringungsvorgangs bekannt sind. Das Kreditinstitut ist insoweit Auskunftsstelle, nicht aber Garant für die ordnungsgemäße Erbringung der Bareinlage. Soweit eine Bank eine Einlageleistung zu freier Verfügung des Vorstands bestätigt, bezieht sich dies inhaltlich darauf, dass nach ihrer Kenntnis keiner der freien Verfügungsmacht des Vorstands entgegenstehenden Umstände vorliegen, was dann aber alle derartigen ihr bekannten Umstände umfasst, so dass ihre Bestätigung je nach ihrem Kenntnisstand die gleiche oder auch eine geringere inhaltliche Tragweite als die Erklärungen der Anmelder haben kann.[521]

Beihilfe zu Falschangaben über die Einbringung des neuen Kapitals liegt etwa vor, wenn **Mitar- 204 beiter eines Kreditinstitutes** gegenüber dem Vorstand der AG einen in Wahrheit nicht vorhandenen Zahlungseingang schriftlich bestätigen und somit die vom Vorstand vollzogene Verwendung der Bestätigung gegenüber dem Registergericht ermöglichen. Dies gilt in objektiver Hinsicht selbst dann, wenn intern die Abrede getroffen wurde, von der Bestätigung solle erst nach dem tatsächlichen Zahlungseingang Gebrauch gemacht werden. Allerdings kann dies den Beihilfevorsatz entfallen lassen.[522] Die Ausstellung einer unwahren Bankbestätigung iSd § 37 Abs. 1 S. 3 (zum Inhalt → Rn. 136) ist wegen des sog. Doppelvorsatzerfordernisses (genauer und schlichter: wegen des Erfordernisses des Vorsatzes hinsichtlich des gesamten objektiven Tatbestandes, zu dem Haupttat und Beihilfeleistung gehören) allerdings nur dann als Beihilfe zu werten, sofern der erklärende Bankmitarbeiter den Verwendungszweck der von ihm geforderten Erklärung zur Vorlage beim Registergericht kennt und weiß, dass die Einlageleistung in Wahrheit nicht zur endgültigen freien Verfügung des Vorstandes steht, etwa weil sie an den Inferenten zurückfließen soll.[523] Diese Wertung wird bereits zivilrechtlich für die Anspruchsgrundlage des § 37 Abs. 1 S. 4 gezogen: Die Bankbestätigung ist haftungsbegründend „unrichtig", wenn bzw. soweit der bestätigte Einlagebetrag nach den der Bank bekannten Umständen nicht oder nicht wirksam zu endgültig freier Verfügung des Vorstandes geleistet worden und die Einlageschuld des oder der betreffenden Inferenten daher nicht erfüllt ist. Das Gleiche gilt, wenn die Bank „Geldeingänge" aus nicht genannten Quellen als zu freier Verfügung des Vorstandes stehend in dem Bewusstsein bestätigt, dass damit dem Registergericht der Nachweis einer ordnungsgemäßen Kapitalaufbringung vorgespiegelt werden soll.[524]

(4) Ausgabebetrag der Aktien. Nach **§ 188 Abs. 1 und 2, § 37 Abs. 1** ist bei Anmeldung **205** einer (Durchführung der) Kapitalerhöhung gegen Einlagen oder mittels genehmigten Kapitals auch

---

[519] BGHZ 150, 197 (201) = NJW 2002, 1716 (1717 f.); bestätigt in BGHZ 175, 86 (98 f.); *Morsch* NZG 2003, 97 (99); MüKoAktG/*Schaal* Rn. 162; Baumbach/Hueck/*Zöllner/Fastrich* GmbHG § 57 Rn. 13; vgl. Kölner Komm AktG/*Altenhain* Rn. 150; hierzu vgl. die Möglichkeit, einer Bankbestätigung iSd § 37 Abs. 1 S. 3 einen entsprechenden Erklärungsinhalt beizulegen, *Wastl/Pusch* WM 2007, 1403 (1404 f.).

[520] BGH NJW 2005, 3721 (3722, 3724).

[521] BGHZ 175, 86 (98 f.); vgl. auch *Wastl/Pusch* WM 2007, 1403 (1404 f.); vorausschauend richtig war somit die Anm. von *Marsch-Barner* WM 2005, 2095 ff. zu BGHZ 150, 197 ff.: Die Bank könne und müsse zwar zu den Absichten des Einlegers nichts sagen, aber wohl auch auf etwaige Abverfügungen hinweisen.

[522] Vgl. insges. BGH GA 1977, 340 f. (Kontoguthaben war bereits verpfändet); BGHZ 105, 121 (133 f.) = NJW 1988, 2794 (2797); vgl. auch MüKoAktG/*Schaal* Rn. 160 und zur Auslegung und Reichweite einer Bankbestätigung iSd § 37 Abs. 1 S. 3 *Wastl/Pusch* WM 2007, 1403 (1407).

[523] *Wastl/Pusch* WM 2007, 1403 (1408).

[524] BGHZ 175, 86 f.; vgl. auch OLG München v. 31.1.2006 – 5 U 4983/03 BeckRS 2006, 19961, wo ein Schadensersatzanspruch gegen die Bank verneint wurde, weil am Tag der Ausstellung der Bestätigung ein entsprechendes Guthaben vorhanden war und erst am nächsten Tag wieder abgezogen wurde.

der Betrag anzugeben, zu dem die Aktien ausgegeben werden bzw. ausgegeben worden sind. Der Ausgabebetrag muss außerdem im Zeichnungsschein (→ Rn. 197) zutreffend angegeben werden.

206 **(5) Sacheinlagen.** Soweit unrichtige oder unvollständige Angaben über Sacheinlagen, insbes. deren Verschweigen, bei einer (Bar-)Kapitalerhöhung bereits unter dem Gesichtspunkt der Einbringung des neuen Kapitals erfasst sind (→ Rn. 198 ff.), bezieht sich Abs. 1 Nr. 4 letzte Variante auf die als solche bezeichneten Sacheinlagen iSd § 27 Abs. 1 und 2, § 36a Abs. 2. Der anzugebende Inhalt ist in § 183 festgelegt. Der Anmeldung des Kapitalerhöhungsbeschlusses sind der Bericht über die Prüfung der Sacheinlagen (§ 183 Abs. 3) bzw. die in § 37a Abs. 3 bezeichneten Anlagen beizulegen (**§ 184 Abs. 2**). Bei der Anmeldung der Durchführung der Kapitalerhöhung gegen Einlagen müssen die Zeichnungsscheine die für die Sacheinlagen vorgesehenen Festsetzungen enthalten und ebenso wie die Verträge, die den Festsetzungen nach § 183 zugrunde liegen oder zu ihrer Ausführung geschlossen worden sind, beigefügt werden, § 185 Abs. 1 Nr. 3, § 188 Abs. 3 Nr. 1 und 2. Die nach § 188 Abs. 2 notwendige Erklärung über die vollständige Leistung der Einlagen bezieht sich auch auf die Sacheinlagen, § 36a Abs. 2, § 37 Abs. 1.

207 In Bezug auf **verdeckte Sacheinlagen** gelten die gleichen Grundsätze wie beim Gründungsschwindel iSv § 399 Abs. 1 Nr. 1 (→ Rn. 112 ff.). Besondere Erwähnung verdient an dieser Stelle das sog. **Schütt-aus-hol-zurück-Verfahren**, das nämlich typischerweise Relevanz für Kapitalerhöhungen erlangt.[525] In dieser Konstellation erfüllen die Aktionäre die aus einer beschlossenen Barkapitalerhöhung resultierende Verpflichtung zur Einlageleistung durch eine *Verrechnung mit ihrem Gewinnanspruch gegenüber der Gesellschaft* bzw. sie lassen sich diesen Gewinn zuvor auszahlen und bewirken unmittelbar danach mit diesen Mitteln die Bareinlage.[526] In diesen Fällen wird letztlich keine Bareinlage geleistet, sondern es wird die *Gewinnforderung* der Aktionäre in das Gesellschaftsvermögen eingebracht.[527] Das Schütt-aus-hol-zurück-Verfahren weist somit eine strukturelle Parallelität mit der verdeckten Sacheinlage auf,[528] es tritt somit insbesondere bzgl. der Bareinlageverpflichtung *grundsätzlich* keine Erfüllungswirkung ein.[529] Bezüglich der strafrechtlichen Folgen kann insofern auf die Ausführungen zur verdeckten Sacheinlage im Kontext des § 399 Abs. 1 Nr. 1 verwiesen werden (→ Rn. 112 ff.).

208 Der BGH hat allerdings die Einbringung einer Gewinnforderung *ausnahmsweise* auch ohne Beachtung der Sacheinlagevorschriften für zulässig gehalten: Aufgrund der Ähnlichkeit des sog. Schütt-aus-hol-zurück-Verfahrens mit der *Kapitalerhöhung aus Gesellschaftsmitteln* könne die Kapitalerbringung durch eine sinngemäße Anwendung der Voraussetzungen für letzteres Verfahren sichergestellt werden.[530] Dem ist beizupflichten, denn durch die danach erforderliche *Offenlegung* des Schütt-aus-hol-zurück-Verfahrens gegenüber dem Registergericht sowie die Beachtung der Vorgaben des § 210 AktG[531] wird dem Registergericht eine präventive Werthaltigkeitskontrolle ermöglicht und es wird somit auch den Interessen der Gesellschaftsgläubiger hinreichend Rechnung getragen.[532] Werden also sinngemäß die Voraussetzungen der Kapitalerhöhung aus Gesellschaftsmitteln gewahrt, ist die Einbringung der Gewinnforderung im Wege des sog. Schütt-aus-hol-zurück-Verfahrens zulässig und nicht als verdeckte Sacheinlage zu werten.

209 **(6) Sachkapitalerhöhung ohne externe Gründungsprüfung.** Die Bekanntmachung nach § 183a Abs. 2 S. 1 iVm § 37a Abs. 2 und die nach § 184 Abs. 1 S. 3 abzugebende Versicherung betreffen die durch das ARUG (→ Rn. 17) eröffnete Möglichkeit der Sachkapitalerhöhung ohne externe Gründungsprüfung bei Einbringung bestimmter Vermögenswerte (Verweis auf § 33a, § 37a).[533] Die Bekanntmachung und die Versicherung gehören zum Inhalt der Anmeldung des Beschlusses über die Erhöhung des Grundkapitals gem. **§ 184 Abs. 1 S. 3**. Es gilt das in → Rn. 160 Gesagte entsprechend.

---

[525] → § 27 Rn. 153; ERST/*Brand* GmbHG § 82, AktG § 399 Rn. 159. Zum steuerrechtlichen Hintergrund dieses Verfahrens siehe *Crezelius* ZIP 1991, 499 f.; *Crezelius* EWiR 1990, 693; *Lutter/Zöllner* ZGR 1996, 164 (165 f.).
[526] ERST/*Brand* GmbHG § 82, AktG § 399 Rn. 159; → § 27 Rn. 153.
[527] BGHZ 113, 335 (347 f.) = NJW 1991, 1754 (1757).
[528] ERST/*Brand* GmbHG § 82, AktG § 399 Rn. 159 mwN.
[529] BGHZ 113, 335 (340 ff.) = NJW 1991, 1754 (1755 ff.).
[530] BGH NJW 1997, 2516; zustimmend und eine Übertragung dieser – auf das Recht der GmbH bezogenen – Entscheidung auf die Aktiengesellschaft befürwortend → § 27 Rn. 154 f.; MüKoAktG/*Pentz* § 27 Rn. 195.
[531] Näher dazu MüKoAktG/*Pentz* § 27 Rn. 195; vgl. weiterhin *Lutter/Zöllner* ZGR 1996, 164 (178 ff.).
[532] → § 27 Rn. 154 f.; MüKoAktG/*Pentz* § 27 Rn. 195; ERST/*Brand* GmbHG § 82, AktG § 399 Rn. 159.
[533] Hierzu *Bosse* NZG 2009, 807 (808): Umständliche Veröffentlichungspflicht und Eintragungssperre von vier Wochen (§ 183a Abs. 2 S. 2) reduzieren den praktischen Anwendungsbereich der gedachten Erleichterung; *Böttcher* NZG 2008, 481 (484); *Merkner/Denker* NZG 2009, 887 ff.

bb) Bedingte Kapitalerhöhung. Bei der bedingten Kapitalerhöhung wird die Erhöhung des 210 Grundkapitals nur so weit durchgeführt, als von einem Umtausch- oder Bezugsrecht Gebrauch gemacht wird, das die Gesellschaft auf neue Aktien, sog. Bezugsaktien, einräumt. § 399 Abs. 1 Nr. 4 enthält hierfür die Tatvariante der **Ausgabe der Bezugsaktien.** Unklar ist, ob mit dieser Variante Angaben über sämtliche Umstände einer bedingten Kapitalerhöhung erfasst werden sollen. Unbestritten gilt dies jedenfalls für die gem. **§ 201** bei der Anmeldung der Ausgabe von Bezugsaktien abzugebenden Erklärungen. Darüber hinaus wird man strafrechtsrelevante Falschangaben dann für möglich halten müssen, sofern diese in Bezug zu den Gegenständen der anderen Tatvarianten stehen. So sind etwa Angaben über Sacheinlagen notwendig (§§ 194, 195 Abs. 1), hier sind die diesbezüglichen Verträge und Prüfberichte beizufügen (§ 195 Abs. 2 Nr. 1).

Bei der bedingten Kapitalerhöhung sind allerdings keine Angaben über die Einbringung des 211 bisherigen Kapitals oder die Zeichnung neuen Kapitals erforderlich. Der in § 195 Abs. 1 S. 2 aF noch enthaltene Verweis auf § 184 Abs. 1 S. 2 stellte ein redaktionelles Versehen dar (gemeint war § 184 Abs. 1 S. 3),[534] das im Zuge der Aktienrechtsnovelle 2016[535] nunmehr auch behoben wurde. Im Falle der vereinfachten Sachkapitalerhöhung müssen die Anmeldenden aber nach der geltenden Fassung gem. § 195 Abs. 1 S. 2 iVm § 184 Abs. 1 S. 3 versichern, dass ihnen seit der Bekanntmachung des Kapitalerhöhungsbeschlusses keine Umstände im Sinne von § 37a Abs. 2 bekannt geworden sind (vgl. bezüglich § 37a Abs. 2 bereits → Rn. 160). Unzutreffende Angaben in dieser Versicherung fallen nunmehr[536] also in den Anwendungsbereich des § 399 Abs. 1 Nr. 4.

Falschangaben dürften weiterhin dort in Betracht kommen, wo der Gesetzeswortlaut außerhalb 212 des § 201 noch direkt auf Angaben im Zusammenhang mit der Ausgabe der Bezugsaktien abstellt. Dies ist bei der Berechnung der Kosten der Fall, die für die Gesellschaft durch die Ausgabe der Bezugsaktien im Zeitpunkt der Ausgabe entstehen werden (§ 195 Abs. 2 Nr. 2). Dieser Zeitpunkt darf gem. § 197 nicht vor Eintragung des Beschlusses über die bedingte Kapitalerhöhung liegen. Wie bei anderen Tatvarianten sind somit alle für die Eintragungsfähigkeit des Beschlusses relevanten Angaben (§§ 193, 195 Abs. 2) der Strafdrohung zu unterstellen.

cc) Genehmigte Kapitalerhöhung. Für die Ausgabe der neuen Aktien gilt gem. **§ 203 Abs. 1** 213 **S. 1** ua § 188, also die Vorschrift über die Anmeldung der Durchführung der ordentlichen Kapitalerhöhung, sinngemäß. Hieraus folgt, dass die Bezugsobjekte „Zeichnung des neuen Kapitals", „Einbringung des neuen Kapitals", „Ausgabebetrag der Aktien" und „Sacheinlagen" zugleich als Tatvarianten der genehmigten Kapitalerhöhung in Betracht kommen.

Der Bezugspunkt „Einbringung des bisherigen Kapitals" findet sich sowohl in § 184 Abs. 1 S. 2 214 (ordentliche Kapitalerhöhung) als auch in **§ 203 Abs. 3 S. 4** in inhaltsgleicher Form wieder. Auch bei der genehmigten Kapitalerhöhung soll nach den Grundregeln des § 203 Abs. 3 S. 1 bis 3 das Grundkapital nicht erhöht werden, solange ausstehende Einlagen auf das bisherige Grundkapital noch erlangt werden können. Nach **§ 205 Abs. 6** gelten für die Anmeldung der Durchführung der Kapitalerhöhung zur Eintragung in das Handelsregister auch § 184 Abs. 1 S. 3 und Abs. 2 entsprechend, soweit eine Prüfung der Sacheinlage nicht stattfindet. Damit finden auch die Tatvarianten Anwendung, die in Zusammenhang mit der Sachkapitalerhöhung ohne externe Gründungsprüfung stehen.

5. Die Tatvariante des Abwicklungsschwindels, Abs. 1 Nr. 5. Sofern die in § 262 genannten 215 Gründe eingetreten sind, wird die Gesellschaft aufgelöst. Nach der Auflösung der Gesellschaft findet gem. § 264 die sog. Abwicklung statt, es sei denn, es liegt ein Ausnahmetatbestand nach § 264 Abs. 1 Hs. 2 oder Abs. 2 vor. Mit dem Schluss der Abwicklung stellt die Gesellschaft ihren Geschäftsbetrieb endgültig ein und wird im HR gelöscht, § 273 Abs. 1. Dies stellt den gesetzlichen Regelfall dar. Eine Ausnahme hiervon statuiert **§ 274,** der die **Fortsetzung der Gesellschaft** durch Hauptversammlungsbeschluss zulässt. Diese Rechtsfolge greift im Wesentlichen nur unter zwei Voraussetzungen ein: *Erstens* muss die Auflösung auf bestimmten Auflösungsgründen beruhen, die später weggefallen oder geheilt worden sind (betrifft § 262 Abs. 1 Nr. 3 und 5, § 274 Abs. 2), bzw. auf Zeitablauf oder einem Beschluss der Hauptversammlung (§ 262 Abs. 1 Nr. 1 und 2, § 274 Abs. 1 S. 1). *Zweitens* darf noch nicht mit der Verteilung des Vermögens unter die Aktionäre begonnen worden sein. Dies haben die Abwickler bei der von ihnen zu betreibenden Anmeldung der Fortsetzung der Gesellschaft zum HR (§ 274 Abs. 3 S. 1) nachzuweisen (§ 274 Abs. 3 S. 2). Eine Schutzbedürftigkeit ergibt sich insoweit für die Gesellschaftsgläubiger und die Aktionäre, als durch den Wiedereintritt der Gesell-

---

[534] Vgl. RegE ARUG BT-Drs. 16/11642, 38; Kölner Komm AktG/*Altenhain* Rn. 155; ERST/*Brand* GmbHG § 82, AktG § 399 Rn. 165.
[535] Gesetz zur Änderung des Aktiengesetzes (Aktienrechtsnovelle 2016) v. 22.12.2015, BGBl. 2015 I 2565 (2566).
[536] Zur vorigen Rechtslage siehe etwa ERST/*Brand* GmbHG § 82, AktG § 399 Rn. 166.

§ 399 216–218   Viertes Buch. Sonder-, Straf- und Schlußvorschriften

schaft in den Geschäftsbetrieb (Rückkehr ins werbende Stadium) evtl. das (verteilungsfähige) Gesellschaftsvermögen/Haftungskapital geschmälert wird. Die Gesellschaft lebt quasi wieder auf, ohne erneut den registergerichtlichen Prüfungsanforderungen bei einer Gründung standhalten zu müssen.[537]

216 § 399 Abs. 1 Nr. 5 soll deswegen die **Wahrhaftigkeit** einer für die Gültigkeit des Fortsetzungsbeschlusses konstitutiven **Handelsregistereintragung** (§ 274 Abs. 4) schützen, welche die Zuordnung des Gesellschaftsvermögens, insbes. des Mindesthaftungskapitals, zur juristischen Person der AG voraussetzt.[538] Aus der Perspektive des geschützten Rechtsguts (→ Rn. 2 ff.) wäre statt der Wahrhaftigkeit besser das Vertrauen in die Korrektheit der entsprechenden Eintragung zu nennen. Hierzu nennt Abs. 1 Nr. 5 nur einen Tatgegenstand, der die strafbaren unrichtigen oder unvollständigen Angaben enthalten muss, nämlich den vom Abwickler nach § 274 Abs. 3 S. 2 zu führenden Nachweis. Im Gegensatz zu den vorherigen Tatbeständen zielt Nr. 5 durch den Verweis auf § 274 Abs. 3 auf eine ganz bestimmte Aussage des Abwicklers gegenüber dem Registergericht.

217 Die Abwicklung der AG folgt ihrer Auflösung (§§ 262 ff.), es sei denn, es liegt ein Ausnahmetatbestand nach § 264 Abs. 1 Hs. 2 (Eröffnung des Insolvenzverfahrens über das Vermögen der Gesellschaft) oder nach Abs. 2 vor. Die Abwicklung wird im Regelfall von den Vorstandsmitgliedern als (sog. „geborenen") Abwicklern besorgt (§ 265 Abs. 1). Durch Satzung oder Hauptversammlungsbeschluss kann eine andere, auch juristische Person als (sog. **„gekorener"**) Abwickler bestellt werden, nach hM ebenso eine rechtsfähige Personengesellschaft. In diesen Fällen richtet sich die Organverantwortlichkeit nach § 14 StGB.[539] Ist die Gesellschaft durch Löschung wegen Vermögenslosigkeit aufgelöst, so findet eine Abwicklung nur bei verteilungsfähigem Vermögen statt. Die Abwickler werden dann auf Antrag eines Beteiligten durch das Gericht ernannt (§ 264 Abs. 2 S. 2). Gleiches kann bei Vorliegen eines wichtigen Grundes auf Antrag des Aufsichtsrats oder eines bestimmten Aktionärsquorums geschehen (§ 265 Abs. 3, sog. **„befohlene** Abwickler"). Aufgabe der Abwickler ist die Beendigung der laufenden Geschäfte, die Einziehung offener Forderungen, die Liquidation des Vermögens und die Befriedigung der Gläubiger. Soweit es die Abwicklung erfordert, dürfen sie auch neue Geschäfte eingehen (§ 268 Abs. 1 S. 2). Sie haben im Innenverhältnis zur Gesellschaft innerhalb ihres Geschäftskreises grundsätzlich die Geschäftsführungsbefugnis des Vorstandes (§ 268 Abs. 2) und vertreten die Gesellschaft im Außenverhältnis sowohl gerichtlich als auch außergerichtlich (§ 269 Abs. 1).

218 **a) Täterkreis.** Nur die **Abwickler** können taugliche Täter des § 399 Abs. 1 Nr. 5 sein. Es handelt sich um ein **Sonderdelikt**.[540] Das kraft Gesetzes oder gerichtlicher Bestellung verliehene Amt besteht bis zur Löschung der Gesellschaft im HR (§ 273 Abs. 1 S. 2) oder – bei nicht gerichtlich bestellten Abwicklern – bis zum jederzeit möglichen Beschluss der Hauptversammlung über eine Abberufung (§ 265 Abs. 5 S. 1, gerichtliche Abberufung nach § 265 Abs. 3). In Ausnahmefällen kann eine gerichtliche Neubestellung auch nachträglich erfolgen (§ 273 Abs. 4). Darüber hinaus ist für die Strafbarkeit den Grundsätzen zum „faktischen Organ" gemäß (→ Rn. 31 ff.) nicht auf die formelle Amtsinhaberschaft oder deren formelle zeitliche Begrenzung, sondern die Wahrnehmung der Aufgaben abzustellen.[541] Deswegen sind Abwickler iSd Abs. 1 Nr. 5a auch deren Stellvertreter, sofern sie sich geschäftlich mit der Abwicklung befassen.[542] Die nach § 266 erforderliche Anmeldung der Abwickler hat ohnehin nur deklaratorische Wirkung, so dass die Anmeldung der Fortsetzung der Gesellschaft (§ 274 Abs. 3 S. 1) auch von (noch) nicht eingetragenen Abwicklern besorgt werden kann.[543] Das Handeln im Rahmen dieser Verpflichtung bestimmt darüber, welche von evtl. mehreren bestellten Abwicklern strafrechtlich verantwortlich sind. „Die Abwickler" iSd § 274 Abs. 3 meint

---

[537] Vgl. → § 274 Rn. 1; MüKoAktG/*Koch* § 274 Rn. 2 - richtig ist freilich der in Rn. 3 gegebene Hinweis, dass die juristische Person durch die Auflösung nicht endet, sondern lediglich der Zweck von Gewinnerzielung auf Vermögensverteilung geändert wird und in der Fortsetzung eine abermalige Zweckänderung liegt; MüKoAktG/*Schaal* Rn. 178.
[538] Ähnlich GHEK/*Fuhrmann* Rn. 70; Kölner Komm AktG/*Geilen*, 1. Aufl. 1984, Rn. 142; MüKoAktG/*Schaal* Rn. 179; aA Kölner Komm AktG/*Altenhain* Rn. 11.
[539] Vgl. Achenbach/Ransiek/Rönnau/*Ransiek* 8. Teil 3. Kap. Rn. 78; Kölner Komm AktG/*Geilen*, 1. Aufl. 1984, Rn. 145; MüKoAktG/*Schaal* Rn. 184; MüKoStGB/*Kiethe* Rn. 114; Großkomm AktG/*Otto* Rn. 186; NK-WSS/*Krause*/*Twele* Rn. 35.
[540] GHEK/*Fuhrmann* Rn. 71; Kölner Komm AktG/*Altenhain* Rn. 163; Kölner Komm AktG/*Geilen*, 1. Aufl. 1984, Rn. 144, 150; GJW/*Temming* Rn. 43; NK-WSS/*Krause*/*Twele* Rn. 35.
[541] Ähnlich GHEK/*Fuhrmann* Rn. 72; Kölner Komm AktG/*Geilen*, 1. Aufl. 1984, Rn. 144; MüKoAktG/*Schaal* Rn. 186; aA Achenbach/Ransiek/Rönnau/*Ransiek* 8. Teil 3. Kap. Rn. 78; MüKoStGB/*Kiethe* Rn. 116.
[542] GHEK/*Fuhrmann* Rn. 71; MüKoAktG/*Schaal* Rn. 182; Kölner Komm AktG/*Altenhain* Rn. 163.
[543] MüKoAktG/*Koch* § 274 Rn. 28.

nicht notwendig alle, sondern die vertretungsberechtigten Abwickler (§ 269 Abs. 2–5).[544] Sofern eine juristische Person oder eine rechtsfähige Personengesellschaft als Abwickler bestellt wurde, richtet sich die Organverantwortlichkeit nach § 14 StGB (→ Rn. 28 ff.).

b) Tatbestandliche Einschränkung. Wie bei Abs. 1 Nr. 1 und 4 muss die Falschangabe gerade 219 mit dem Ziel geschehen, eine **Handelsregistereintragung** zu bewirken, hier die Fortsetzung der Gesellschaft betreffend. Zu den Voraussetzungen gelten die Ausführungen unter → Rn. 87 ff. sinngemäß. Bereits aus Gesetzeswortlaut und -systematik geht hervor, dass die fehlerhaften Angaben im Nachweis bestimmungsgemäß zur Kenntnis des Gerichtes gelangt sein müssen.[545]

c) Tatobjekt. Die falschen oder unvollständigen Angaben müssen sich auf den nach § 274 **Abs. 3** 220 für die beantragte Eintragung der Fortsetzung der Gesellschaft vorgeschriebenen Nachweis beziehen. Der Fortsetzungsbeschluss der Hauptversammlung ist nur dann zulässig, eintragungsfähig und kann somit zur Wirksamkeit gelangen, wenn noch nicht mit der **Verteilung des Gesellschaftsvermögens** begonnen worden ist. Im Regelfall wird, quasi als letzter Akt der Abwicklung nach Erledigung der sonstigen Pflichten (§ 268 Abs. 1), das nach der Berichtigung der Verbindlichkeiten verbleibende Vermögen der Gesellschaft unter die Aktionäre verteilt (§ 271 Abs. 1). Damit ist iSd § 399 Abs. 1 Nr. 5, § 274 Abs. 1 S. 1, Abs. 3 S. 2 begonnen worden, wenn auch nur ein einziger Aktionär einen Vermögensbestandteil im Rahmen der Verteilung – also ohne anderen Rechtsgrund gerade wegen der Auflösung der Gesellschaft zum endgültigen Verbleib bei ihm – erhalten hat. Unerheblich ist, ob verteiltes Vermögen von den Aktionären wieder zurückgegeben werden kann und würde.[546] Diesbezüglich ist das AktG 1937 gerade von der früheren Rechtsprechung[547] abgerückt.[548] Ebenso ist unerheblich, ob die der Gesellschaft verbleibenden Vermögenswerte noch mindestens dem eingetragenen Grundkapital entsprechen.[549]

§ 274 Abs. 3 S. 2 verlangt die Führung eines **Nachweises** hinsichtlich der Negativtatsache des 221 Nichtbeginns der Vermögensverteilung. Eine schlichte Aussage oder Versicherung genügt somit nicht. Es besteht damit kein Bedarf, die Erfüllung des Straftatbestandes durch solche Versicherungen gegenüber dem Registergericht anzunehmen.[550] Denn dies allein kann nicht zur Eintragung des Fortsetzungsbeschlusses führen. Allenfalls wenn keinerlei sonstige Erkenntnismittel zur Verfügung stehen, kann die Glaubhaftmachung (§ 31 Abs. 1 FamFG[551]) durch eine eidesstattliche Versicherung (§ 294 Abs. 1 ZPO) der Abwickler in Frage kommen,[552] die man, sofern gesondert vom Registergericht eingefordert, der Strafdrohung unterstellen könnte, wenn der den Nachweis ersetzende Charakter klar hervortritt. Der Wortlaut verlangt außerdem, dass die Falschangaben „in dem [...] Nachweis" enthalten sind, was (nur) für solche Angaben gilt, die zum Zwecke der Nachweisführung unmittelbar bei der Anmeldung oder auf Anfordern des Registergerichtes klarstellend oder ergänzend gemacht werden.[553]

Deshalb kann auch nicht schon die Vornahme einer Anmeldung gem. § 274 Abs. 3 S. 1 als solche 222 zum Anknüpfungspunkt der Strafbarkeit gemacht werden, was darauf hinausliefe, mit ihr stets die konkludente Behauptung zu verbinden, die Zulässigkeits- und Eintragungsvoraussetzung des Nicht-

---

[544] → § 274 Rn. 17; MüKoAktG/*Koch* § 274 Rn. 28.
[545] Vgl. auch Kölner Komm AktG/*Geilen*, 1. Aufl. 1984, Rn. 149; MüKoAktG/*Schaal* Rn. 191; ferner Kölner Komm AktG/*Altenhain* Rn. 171 sowie NK-WSS/*Krause/Twele* Rn. 36: Die Handlung muss objektiv geeignet sein, die Eintragung herbeizuführen.
[546] So insges. auch GHEK/*Fuhrmann* Rn. 74; Kölner Komm AktG/*Altenhain* Rn. 167; Kölner Komm AktG/ *Geilen*, 1. Aufl. 1984, Rn. 146, allerdings mit Kritik hinsichtlich der schematischen Regelung; MüKoAktG/*Schaal* Rn. 189; MüKoStGB/*Kiethe* Rn. 118; Großkomm AktG/*Otto* Rn. 192; Park/*Südbeck/Eidam* Teil 3 Kap. 8.1. § 399 Rn. 106.
[547] Vgl. etwa RGZ 118, 337 (340).
[548] → § 274 Rn. 6; MüKoAktG/*Koch* § 274 Rn. 2.
[549] Vgl. → § 274 Rn. 7; Achenbach/Ransiek/Rönnau/*Ransiek* 8. Kap. Rn. 79; GHEK/*Fuhrmann* Rn. 74; Kölner Komm AktG/*Geilen*, 1. Aufl. 1984, Rn. 146; MüKoAktG/*Schaal* Rn. 189; Großkomm AktG/ *Otto* Rn. 192; vgl. auch Kölner Komm AktG/*Altenhain* Rn. 167: Tatbestandsverwirklichung auch dann, wenn nur ein geringfügiger Betrag ausgeschüttet wurde.
[550] So aber GHEK/*Fuhrmann* Rn. 74; Kölner Komm AktG/*Geilen*, 1. Aufl. 1984, Rn. 147; MüKoStGB/ *Kiethe* Rn. 119; Großkomm AktG/*Otto* Rn. 191; wie hier iErg Achenbach/Ransiek/Rönnau/*Ransiek* 8. Teil 3. Kap. Rn. 79; für restriktive Auslegung auch Kölner Komm AktG/*Altenhain* Rn. 169; ERST/*Brand* GmbHG § 82, AktG § 399 Rn. 173.
[551] Das FGG ist infolge des Gesetzes v. 17.12.2008 ersetzt worden durch das Gesetz über das Verfahren in Familiensachen und in den Angelegenheiten der freiwilligen Gerichtsbarkeit, vgl. BGBl. 2008 I 2586 ff.
[552] Vgl. → § 274 Rn. 18; aA MüKoAktG/*Koch* § 274 Rn. 29: Gesetz erfordert Nachweis, eidesstattliche Versicherung genügt nicht; auch insoweit abl. Kölner Komm AktG/*Altenhain* Rn. 169.
[553] Auf den Wortlaut rekurrierend auch Kölner Komm AktG/*Altenhain* Rn. 169; ERST/*Brand* GmbHG § 82, AktG § 399 Rn. 173.

beginns der Vermögensverteilung sei gegeben.[554] Denn dies würde verkennen, dass die Anmeldung der Fortsetzung, die auf dem Willen der Aktionäre (Hauptversammlung) und nicht dem der Abwickler beruht, deren gesetzliche Pflicht ist. Die Erfüllung des Straftatbestandes kommt vielmehr etwa dadurch in Betracht, dass eine im Rahmen des § 274 Abs. 3 S. 2 regelmäßig vom Registergericht verlangte Bescheinigung von Wirtschaftsprüfern[555] ihrerseits durch unrichtige oder unvollständige Angaben gegenüber den Prüfern erlangt und sich nunmehr von den Abwicklern gegenüber dem Registergericht zu eigen gemacht wird.[556] Wird zum Nachweis auf die im Rahmen der Abwicklung zum HR einzureichenden Buchhaltungsunterlagen (Eröffnungsbilanz, erläuternder Bericht, Jahresabschluss, vgl. § 270) Bezug genommen, kann darin eine Falschangabe liegen, wenn die Unterlagen selbst bekannterweise unrichtig sind oder ein der Eintragung hinderlicher Inhalt durch zusätzliche falsche Tatsachenbehauptungen relativiert wird.

223   **6. Die Tatvariante des Eignungsschwindels, Abs. 1 Nr. 6.** Abs. 1 Nr. 6 ist 1980 neu geschaffen worden.[557] Die Norm ist, wie § 399 insgesamt, blankettartig. Die Strafdrohung soll sicherstellen, dass die Mitglieder der geschäftsführungs- und vertretungsberechtigten Organe einer (beschränkt haftenden) Kapitalgesellschaft die hierfür erforderliche Eignung aufweisen und entsprechende Bestätigungen gegenüber dem Registergericht wahr sind.[558] Eine Parallelvorschrift findet sich im zeitgleich eingeführten § 82 Abs. 1 Nr. 5 GmbHG, § 6 Abs. 2 S. 2 Nr. 2 und 3, S. 3 GmbHG, § 8 Abs. 3 GmbHG für Geschäftsführer und Liquidatoren einer GmbH. Eine Strafbarkeitslücke ergibt sich, wenn eine juristische Person oder Personenhandelsgesellschaft zum Abwickler bestellt wurde. Sie kann de lege lata nicht wegen einer Straftat verurteilt worden sein, so dass auch über § 14 StGB keine Zurechnung an die für sie handelnden Personen erfolgen und damit nicht auf deren eventuelle Verurteilungen abgestellt werden kann.[559]

224   **a) Täterkreis.** Als taugliche Täter des **Sonderdeliktes** kommen die Mitglieder des Vorstands einer Aktiengesellschaft, die Mitglieder des Leitungsorgans einer ausländischen juristischen Person (dazu → Rn. 37 ff., 237) und die Abwickler in Betracht.

225   Umstritten ist, ob der Straftatbestand nur durch eine falsche Versicherung über fehlende Hinderungsgründe **in der eigenen Person** erfüllt werden kann.[560] Anknüpfungspunkt dieser Annahme könnte der Grundsatz sein, dass das Gesetz dort, wo es explizit die Mitglieder der Organe als Adressaten anspricht, keine Organverantwortlichkeit im Ganzen begründet. Dies ist bei den genannten Vorschriften der Fall, bei denen von den (einzelnen) Mitgliedern Versicherungen lediglich hinsichtlich ihrer selbst verlangt werden und inhaltlich aufgrund fehlender Erkundungspflichten auch nur verlangt werden können.[561] Insoweit handelt es sich bei Abs. 1 Nr. 6 auch um ein **eigenhändiges Delikt**.[562] Unzutreffend ist daher die Ansicht, die Abgabe einer falschen Versicherung anderer Vorstandsmitglieder über sich selbst müsse mit allen zulässigen Mitteln verhindert werden.[563] Dies liefe nämlich auf eine Unterlassungsstrafbarkeit ohne Garantenpflicht hinaus.

226   **b) Tatbestandliche Einschränkung.** Obwohl auch die nach § 37 Abs. 2 S. 1 und nach § 266 Abs. 3 S. 1 abzugebenden Versicherungen Teil der Anmeldungen zum HR sind und damit bestimmten Eintragungen dienen, ist ein entsprechender Zweck des Handelns in Abs. 1 Nr. 6, anders als bei Nr. 1, 4 und 5 (dort: Tatbestandsmerkmal) bzw. bei Nr. 3 (dort über die Ausfüllungsnorm), nicht

---

[554] So aber wohl Kölner Komm AktG/*Geilen,* 1. Aufl. 1984, Rn. 147; wie hier grds. auch Kölner Komm AktG/*Altenhain* Rn. 169, siehe aber auch Rn. 221 Fn. 552.
[555] → § 274 Rn. 18; MüKoAktG/*Koch* § 274 Rn. 29; Großkomm AktG/*Otto* Rn. 193.
[556] IErg auch Kölner Komm AktG/*Geilen,* 1. Aufl. 1984, Rn. 147, der allerdings nicht auf ein „Zu-eigen-Machen" abstellt, sondern meint, das Ergebnis sei nur durch berichtigende, von der sonstigen Behandlung eines Äußerungsdeliktes abweichende Auslegung unter Konzentration auf die Vorfeldverantwortlichkeit erreichbar; wie hier Kölner Komm AktG/*Altenhain* Rn. 170.
[557] Gesetz zur Änderung des GmbHG v. 4.7.1980, BGBl. 1980 I 836 (842).
[558] Achenbach/Ransiek/Rönnau/*Ransiek* 8. Teil 3. Kap. Rn. 82; GHEK/*Fuhrmann* Rn. 77; MüKoAktG/ *Schaal* Rn. 197; krit. hierzu *Hinghaus/Höll/Hüls/Ransiek* wistra 2010, 291.
[559] Achenbach/Ransiek/Rönnau/*Ransiek* 8. Teil 3. Kap. Rn. 83; Kölner Komm AktG/*Altenhain* Rn. 177. Das Problem wird vielfach ohne nähere Erörterung übergangen; vgl. etwa → § 266 Rn. 10; Baumbach/Hueck/ *Haas* GmbHG § 67 Rn. 11 f.
[560] So Kölner Komm AktG/*Geilen,* 1. Aufl. 1984, Rn. 155; MüKoAktG/*Schaal* Rn. 201; MüKoStGB/*Kiethe* Rn. 123, 134; aA GHEK/*Fuhrmann* Rn. 79.
[561] Vgl. etwa MüKoAktG/*Pentz* § 37 Rn. 45 f.: Versicherung ist höchstpersönlicher Natur; wohl auch Hüffer/ Koch/*Koch,* 13. Aufl. 2018, § 37 Rn. 6.
[562] Kölner Komm AktG/*Altenhain* Rn. 190; MüKoAktG/*Schaal* Rn. 201; Großkomm AktG/*Otto* Rn. 219; Park/*Südbeck/Eidam* Teil 3 Kap. 8.1. § 399 Rn. 126.
[563] So GHEK/*Fuhrmann* Rn. 79.

Tatbestandsmerkmal. Es bedarf also diesbezüglich keines Vorsatzes.[564] Allerdings gilt hier in besonderem Maße, dass ein „Vertrauen" nur insoweit ein geschütztes Rechtsgut sein kann, als es tatsächlich existent ist (→ Rn. 3).

c) Tatobjekt. Die Tathandlungsalternativen müssen sich gem. § 399 Abs. 1 Nr. 6 auf eine Versicherung nach § 37 Abs. 2 S. 1, § 81 Abs. 3 S. 1 oder nach § 266 Abs. 3 S. 1 beziehen. Die Versicherung hat den folgenden Inhalt: Es ist *erstens* zu erklären, dass keine Umstände vorliegen, die einer Bestellung nach § 76 Abs. 3 S. 2 Nr. 2 und 3 sowie S. 3 entgegenstehen; *zweitens,* dass über die unbeschränkte Auskunftspflicht gegenüber dem Registergericht belehrt worden ist; vgl. § 37 Abs. 2 S. 1, § 81 Abs. 3 S. 1, § 266 Abs. 3 S. 1 iVm § 265 Abs. 2 S. 2. Erfasst sind dabei nicht nur Falschangaben in der (ursprünglich eingereichten) Versicherung selbst, sondern auch solche, die ergänzend bzw. klarstellend bei evtl. Nachfragen des Registergerichtes, die ihrerseits bei Zweifeln in Wahrnehmung der Ermittlungspflicht (§ 26 FamFG) zulässig sind,[565] gemacht werden.[566]

aa) Keine Bestellungshindernisse. Inhalt und Zweck der Versicherung. Die Umstände, die einer Bestellung als Vorstandsmitglied entgegenstehen, ergeben sich aus § 76 Abs. 3 S. 2 Nr. 2 und 3 sowie S. 3. Die dem Registergericht gegenüber abzugebende Versicherung über das Fehlen von Bestellungshindernissen (§ 37 Abs. 2 S. 1, § 76 Abs. 3 S. 2 Nr. 2 und 3, S. 3) soll laut Gesetzesbegründung dem Gericht die für die Eintragungsentscheidung notwendigen Informationen zuführen und damit aufwendige Auskunftseinholungen seitens des Gerichts überflüssig machen.[567]

Weder der Gesetzeszweck noch der Wortlaut rechtfertigen es daher, das Aufführen und Verneinen der *einzelnen* Bestellungshindernisse zu verlangen. Die Versicherung „noch nie, weder im Inland noch im Ausland, wegen einer Straftat verurteilt worden" zu sein, ist daher ausreichend.[568] Ebenso genügt die pauschale, am Gesetzeswortlaut orientierte Versicherung der Betroffenen, „dass keine Umstände vorliegen, die ihrer Bestellung nach § 76 Abs. 3 S. 2 Nr. 2 und 3 sowie S. 3 entgegenstehen, und dass sie über ihre unbeschränkte Auskunftspflicht gegenüber dem Gericht belehrt worden sind";[569] zur hiervon zu trennenden Versicherung über die Belehrung (§ 37 Abs. 2 S. 1 Hs. 2) → Rn. 250.[570]

Problematisch ist, ob auch solche **„überschießenden" Angaben** von § 399 Abs. 1 Nr. 6 erfasst werden, die zwar inhaltlich unzutreffend sind, aber letztlich *keine Inhabilität* begründen: Dies ist etwa der Fall, wenn der Betroffene versichert, während der letzten fünf Jahre nicht wegen Untreue (§ 266 StGB) verurteilt worden zu sein, wobei er aber tatsächlich innerhalb dieses Zeitraumes wegen Untreue zu einer Geldstrafe von 70 Tagessätzen verurteilt wurde.[571] Insofern liegt zwar eine falsche Angabe vor, die aber zugleich keine Inhabilität begründet, da dies in Bezug auf die Untreue erst bei einer Verurteilung ab einer Freiheitsstrafe von mindestens einem Jahr der Fall wäre (§ 76 Abs. 3 S. 2 Nr. 3e). Dies ist indes zu verneinen:[572] Das Vertrauen in die Korrektheit bzw. Vollständigkeit des Handelsregisters (→ Rn. 1 ff.) wird durch derartige Angaben nicht tangiert. Befürwortet man hingegen eine strafrechtliche Relevanz von Angaben, die keinen Einfluss auf die Inhabilität haben, vertauscht man in nicht überzeugender Weise das tatbestandliche Rechtsgut und erblickt dieses im Vertrauen des Registergerichts in die Korrektheit der Angaben und somit letztlich in der staatlichen

---

[564] Vgl. GHEK/*Fuhrmann* Rn. 78; MüKoAktG/*Schaal* Rn. 199.
[565] Vgl. OLG Stuttgart GmbHR 1982, 109 (111 f.); MüKoAktG/*Pentz* § 37 Rn. 48.
[566] GHEK/*Fuhrmann* Rn. 81; MüKoAktG/*Schaal* Rn. 205; MüKoStGB/*Kiethe* Rn. 123; Großkomm AktG/*Otto* Rn. 207; Park/*Südbeck/Eidam* Teil 3 Kap. 8.1. § 399 Rn. 119; NK-WSS/*Krause/Twele* Rn. 39; Scholz/*Tiedemann/Rönnau* GmbHG § 82 Rn. 149; MHLS/*Dannecker* GmbHG § 82 Rn. 196.
[567] Für die Parallelnorm des § 8 GmbHG: BGH GmbHR 2010, 812 (813); BT-Drs. 8/1347, 34.
[568] BGH GmbHR 2010, 812 (813). Der BGH entschied damit den nach Erlass des MoMiG und des ARUG wiedergekehrten alten Streit um den notwendigen Erklärungsinhalt. Er erteilt der Ansicht des OLG München (GmbHR 2009, 831) eine Absage, dass die Versicherungspflicht neben der eintragungsnotwendigen Information für das Gericht auch die Funktion erfülle, erkennen zu lassen, dass der Erklärende sich über Umfang und Inhalt seiner Erklärungspflicht klar sei (vgl. zu dieser bislang herrschenden Ansicht die Nachweise in BGH GmbHR 2010, 812 (813 Rn. 10); wie der BGH bereits *Tebben* RNotZ 2008, 441 (449); OLG Karlsruhe ZIP 2010, 928; zust. *Wachter* ZIP 2010, 1337 (1341); *Schaller* EWiR 2010, 533 (534)).
[569] Für § 8 GmbHG: OLG Stuttgart GmbHR 2013, 91 ff. m. zust. Anm. *Oppenländer*; *Wachter* ZIP 2010, 1339 (1341).
[570] Ungenau bzw. inkonsequent daher MüKoAktG/*Schaal* Rn. 204, der einerseits angibt, dass die Versicherung so konkret sein müsse, dass das Gericht erkennen könne, ob die Bestellungshindernisse dem Erklärenden im Einzelnen bekannt seien (also weiterhin wie das OLG München von der Doppelfunktion der Versicherung ausgeht), andererseits aber den Inhalt, „keine strafrechtliche Verurteilung sei erfolgt", für ausreichend erachtet.
[571] Siehe etwa KG wistra 2015, 401.
[572] So im Ergebnis auch KG wistra 2015, 401 (402 f.); ERST/*Brand* GmbHG § 82, AktG § 399 Rn. 180.

Rechtspflege.⁵⁷³ Die inhaltliche Korrektheit der Versicherung gem. § 37 Abs. 2 iVm § 76 Abs. 3 S. 2 Nr. 3 wird aber nicht als „Selbstzweck" geschützt, sondern dadurch soll allein sichergestellt werden, dass inhabile Personen nicht als Mitglied des Vorstands einer Aktiengesellschaft am Rechtsverkehr teilnehmen.⁵⁷⁴

231 **Die Bestellungshindernisse im Einzelnen. § 37 Abs. 2 iVm § 76 Abs. 3 S. 2 Nr. 3.** Nach § 76 Abs. 3 S. 2 Nr. 3 kann für die Dauer von fünf Jahren nicht Mitglied des Vorstandes sein, wer rechtskräftig wegen einer vorsätzlich begangenen Tat der Insolvenzverschleppung nach § 15a Abs. 4 InsO, Insolvenzstraftaten nach den §§ 283–283d StGB, falscher Angaben nach § 399 oder § 82 GmbHG, unrichtiger Darstellung nach § 400, § 331 HGB, § 313 UmwG oder § 17 PublG oder nach den §§ 263–264a StGB bzw. §§ 265b–266a StGB zu einer Freiheitsstrafe von mindestens einem Jahr (diese Einschränkung gilt nur für die in § 76 Abs. 3 S. 2 Nr. 3e genannten Tatbestände) verurteilt worden ist (auch → § 76 Rn. 134 ff.). Damit hat der vormals auf Straftaten nach §§ 283–283d StGB (sog. Insolvenz-, früher Konkursdelikte) beschränkte Katalog eine erhebliche Ausweitung erfahren. In die ab Rechtskraft des Urteils laufende Frist wird die Zeit nicht eingerechnet, in der der Täter auf behördliche Anordnung in einer Anstalt verwahrt worden ist (§ 76 Abs. 3 S. 2 Nr. 3 aE). Der Unternehmensgegenstand spielt bei dieser Tatvariante keine Rolle. Das Tatbestandsmerkmal „Verurteilung" umfasst sowohl Urteile als auch Strafbefehle iSd § 407 StPO.⁵⁷⁵

232 Der Gesetzgeber hat damit auf breite Kritik aus dem Schrifttum reagiert, die für alle vor dem Wirksamwerden der Änderungen begangenen Tathandlungen noch Bedeutung hat: Auf **andere Delikte**, insbes. des sog. **Wirtschaftsstrafrechts** (etwa §§ 263, 263a, 264, 264a, 265, 265b, 266 StGB, § 82 GmbHG, aber auch die §§ 399 ff. selbst), war weder die zivilrechtliche⁵⁷⁶ noch die strafrechtliche Norm entsprechend anwendbar.⁵⁷⁷ Letzteres ergibt sich zwingend aus dem Bestimmtheitsgrundsatz (Art. 103 Abs. 2 GG) in Gestalt des Analogieverbotes. Zwar wurde es aus kriminalpolitischen Gesichtspunkten beispielsweise bedauert, dass derjenige nicht daran gehindert war, eine vertretungsberechtigte Funktion in einer Kapitalgesellschaft zu übernehmen, der als (persönlicher) Schuldner bzw. als Organmitglied einer Gesellschaft, die Schuldnerin ist, Vermögenswerte im Eigeninteresse beiseitegeschafft hatte. Auch eine solche Person habe sich als unzuverlässig, ungeeignet und unwürdig zum Führen einer Kapitalgesellschaft erwiesen.⁵⁷⁸ Ob der in die Aufzählung des § 76 Abs. 3 aufgenommene Untreuetatbestand oder aber ein Bankrottdelikt einschlägig ist, folgt nunmehr aus der Anwendung der **Funktionentheorie**.⁵⁷⁹

233 Mit der neuen Fassung hat der Gesetzgeber des MoMiG eine bereits in Art. 9 des Entwurfes eines „Gesetzes zur Sicherung von Werkunternehmeransprüchen und zur verbesserten Durchsetzung von Forderungen (**Forderungssicherungsgesetz** – FoSiG)"⁵⁸⁰ vorgesehene Erweiterung des § 76 Abs. 3 realisiert.⁵⁸¹ Dem Vertrauensschutz trägt in zivilrechtlicher Hinsicht Art. 6 Nr. 2 MoMiG mit der Einfügung der Übergangsvorschrift des § 19 Einführungsgesetz zum AktG Rechnung. Danach soll § 76 Abs. 3 S. 2 Nr. 3a, c, d und e in der ab dem 1.11.2008 geltenden Fassung auf Personen, die vor diesem Tag zum Vorstandsmitglied bestellt worden sind, nicht angewandt werden, wenn die Verurteilung vor diesem Tag rechtskräftig geworden ist. Das heißt: Bei Personen, die bereits vor Inkrafttreten des MoMiG zum Vorstandsmitglied bestellt worden sind, führt eine Verurteilung nach den neu aufgenommenen Straftaten nicht zum Verlust der Befähigung zur Organschaft, sollte die Verurteilung bereits vor Inkrafttreten des MoMiG rechtskräftig geworden sein.⁵⁸²

---

⁵⁷³ So explizit *Weiß* wistra 2016, 9 (11) in Bezug auf § 82 Abs. 1 Nr. 5 GmbHG.
⁵⁷⁴ ERST/*Brand* GmbHG § 82, AktG § 399 Rn. 180.
⁵⁷⁵ *Weiß* GmbHR 2013, 1076 (1077) unter Verweis auf OLG Hamm GmbHR 2011, 307 (308).
⁵⁷⁶ Vgl. – jeweils zu § 6 Abs. 2 S. 3 GmbHG aF – BayObLG BB 1991, 1729 (1730); LG Köln NJW-RR 1995, 553 f.; Scholz/*Schneider* GmbHG, 10. Aufl. 2010, § 6 Rn. 24.
⁵⁷⁷ MüKoAktG/*Kropff*, 2. Aufl. 2006, Rn. 207; Großkomm AktG/*Otto* Rn. 210; MHLS/*Dannecker* GmbHG § 82 Rn. 200a; die nunmehrige Erweiterung erstreckt sich nach dem Gesetzgeber auf „zentrale Bestimmungen des Wirtschaftsstrafrechts"; vgl. BR-Drs. 354/07, 73.
⁵⁷⁸ Vgl. BR-Drs. 354/07, 74; GHEK/*Fuhrmann* Rn. 82; MüKoAktG/*Kropff*, 2. Aufl. 2006, Rn. 207.
⁵⁷⁹ Zur Abkehr von der Interessentheorie → Rn. 28 mwN.
⁵⁸⁰ BT-Drs. 16/511; hierzu *Drygala* ZIP 2005, 423 (424 f.): Verdreifachung des betroffenen Personenkreises.
⁵⁸¹ BR-Drs. 354/07, 73.
⁵⁸² Vgl. BR-Drs. 354/07, 111, 121; unklar *Bittmann* NStZ 2009, 113 (119), der eine Verfassungswidrigkeit der Übergangsregelung annimmt, weil „die erweiterten Inhabilitätsbestimmungen mit Inkrafttreten des MoMiG Anwendung finden", obwohl unmittelbar davor festgestellt wird, dass dies aufgrund der Übergangsbestimmungen nicht der Fall ist; von der Verfassungsmäßigkeit der Übergangsregelung – bezogen auf § 3 Abs. 2 S. 1 EGGmbHG – ausgehend *Hinghaus/Höll/Hüls/Ransiek* wistra 2010, 291 ff.

Da es hier nach dem Wortlaut des Gesetzes auf die Bestellung, nicht aber die Anmeldung zur **234** Eintragung ankommt, bestand im Vorfeld des Inkrafttretens ein gewisser Handlungsspielraum, eine wegen einer Katalogtat verurteilte Person noch in die Organstellung zu bringen. In strafrechtlicher Hinsicht ist aufgrund des aus Art. 103 Abs. 2 GG hervorgehenden Rückwirkungsverbotes eine Anwendung des § 399 Nr. 6 nF auf vor dem 1.11.2008 vorgenommene Anmeldungen bzw. Versicherungen ohnehin ausgeschlossen. **Strafbarkeit** liegt jedoch zum einen vor, wenn nach diesem Tag eine Anmeldung erfolgt, obwohl bereits zuvor eine rechtskräftige Verurteilung wegen der bis dahin geltenden inhaltsgleichen Straftatbestände (§ 84 Abs. 1 Nr. 2 GmbHG aF, § 401 Abs. 1 Nr. 2 AktG aF oder § 130b HGB aF, ggf. iVm § 177a HGB aF) erfolgt ist. Denn um diese Fälle zu erfassen, verweist der Gesetzgeber in § 76 Abs. 3 S. 2 Nr. 3a nicht auf bestimmte Normen, sondern allgemein auf das Delikt der Insolvenzverschleppung.[583] Zum anderen ist eine Strafbarkeit anzunehmen, wenn eine der in § 76 Abs. 3 Nr. 3 durch das MoMiG neu hinzugefügten Straftaten bereits vor dem 1.11.2008 begangen wurde, eine diesbezügliche *Verurteilung* und Abgabe der Versicherung allerdings erst nach diesem Zeitpunkt erfolgte.[584]

Umgekehrt trat die vergünstigende Wirkung des Gesetzes für solche Personen sofort ein, die **235** wegen Delikten bestraft wurden, die nach früherem, aber nicht nach neuem Recht zur Inhabilität führen, wobei hier praktisch vor allem der fahrlässige Bankrott (§ 283 Abs. 5 StGB) und die fahrlässige Verletzung der Buchführungspflicht (§ 283b Abs. 2 StGB) in Frage kommen.[585]

Ebenso nur noch für „Altdelikte" Bedeutung hat der Streit, ob sich die Versicherung der Organ- **236** mitglieder auf **Verurteilungen durch ausländische Gerichte** wegen Insolvenzstraftaten erstreckt, wenn diese im Unrechtsgehalt den §§ 283–283d StGB gleichkommen.[586] Dies entspricht zwar dem Schutzzweck der Norm, Personen, die gegen wesentliche Gläubigerschutzbestimmungen verstoßen haben, nicht ein weiteres Geschäftstreiben unter dem Deckmantel einer Kapitalgesellschaft zu gestatten. Angesichts des klaren Verweises auf die Normen des (deutschen) StGB[587] scheitern strafrechtliche Weiterungen aber auch hier am Analogieverbot. Nunmehr bestimmt § 76 Abs. 3 S. 3 die entsprechende Geltung des Satzes 2 Nr. 3 bei einer Verurteilung im Ausland wegen einer Tat, die mit den in S. 2 Nr. 3 genannten Taten vergleichbar ist. Liegt im wirtschaftsstrafrechtlichen Bereich eine ausländische Verurteilung vor, so birgt die Bestellung einer betroffenen Person für die Gesellschaft erhebliche Risiken, da die Unfähigkeit zur Organstellung von Gesetzes wegen eintritt. Obwohl hier gesetzessystematisch aufgrund der Vielzahl möglicherweise „vergleichbarer" ausländischer Strafnormen wohl keine andere Lösung als die Nutzung dieser Generalklausel in Frage kam, ist der Konflikt mit den Grundrechten – im Strafrecht mit dem Bestimmtheitsgebot – vorprogrammiert.[588] Vergleichbarkeit liegt vor, wenn nach sinngemäßer Umstellung des Sachverhaltes (Begehung im Inland, Beteiligung von Gesellschaften inländischer Rechtsform) der Tatbestand eines der genannten deutschen Strafgesetze (vorsätzlich) verwirklicht ist.[589] Ferner erscheint es aus verfassungsrechtlichen Gründen zutreffend, die §§ 48 ff. IRG entsprechend anzuwenden.[590]

Gem. § 13f Abs. 2 S. 2 HGB ist § 37 Abs. 2 auch bei der Anmeldung einer **Zweigniederlassung** **237** **einer ausländischen AG** in Deutschland anzuwenden, es ist also eine dem § 37 Abs. 2 entsprechende Versicherung abzugeben. Im Falle des Wechsels eines Vorstandsmitglieds ist gem. § 13f Abs. 5 HGB eine Versicherung nach § 81 Abs. 3 erforderlich. Aus diesem Grund kommen auch Mitglieder des Leitungsorgans einer ausländischen juristischen Person als Täter in Betracht (→ Rn. 224).[591] Obwohl die Regelungen nicht bedeuten, dass die Fähigkeit, Organ einer ausländischen Gesellschaft zu sein, an den deutschen Inhabilitätsvorschriften gemessen wird[592] – dies bestimmt sich vielmehr nach der Rechtsordnung, der die Gesellschaft unterliegt –, ist die Anmeldung einer ausländischen

---

[583] Vgl. BR-Drs. 354/07, 73; *Weiß* wistra 2009, 209 (210 und 215).
[584] Vgl. hierzu auch OLG München AG 2016, 794 mAnm *Hippeli* jurisPR-HaGesR 9/2016 Anm. 4.
[585] Vgl. *Weyand* ZInsO 2008, 702 (705), der allerdings das Gesetz insoweit unzutreffend liest, als er annimmt, nach neuem Recht gelte das Verbot insges. nur bei Verurteilungen zu mindestens einem Jahr Freiheitsstrafe; *Weiß* wistra 2009, 209 (214 f.): Amt lebt jedoch nicht automatisch wieder auf, es ist Neubestellung erforderlich.
[586] Abl. Kölner Komm AktG/*Mertens*, 1. Aufl. 1984, § 76 Rn. 103; Großkomm AktG/*Kort* § 76 Rn. 257; MüKoAktG/*Spindler*, 3. Aufl. 2008, § 76 Rn. 111; MüKoAktG/*Schaal* Rn. 207 und, jeweils zu § 6 Abs. 2 S. 3 GmbHG, LG Köln NJW-RR 1995, 553 f.; Scholz/*Tiedemann/Rönnau* GmbHG § 82 Rn. 147; bejahend hier OLG Naumburg ZIP 2000, 622 (624); *Bittmann* NStZ 2009, 113 (119), auch zur Übergangsregelung; *Erdmann* NZG 2002, 503 (508); Scholz/*Schneider/Schneider* GmbHG § 6 Rn. 32.
[587] Unklar diesbezüglich *Erdmann* NZG 2002, 503 (508): Wortlaut stelle nicht auf deutsche materielle Vorschriften als Verbotsgrundlage ab.
[588] Krit. auch *Bittmann* NStZ 2009, 113 (119); Kölner Komm AktG/*Altenhain* Rn. 183.
[589] *Weiß* wistra 2009, 209 (213); Kölner Komm AktG/*Altenhain* Rn. 183.
[590] Hierzu *Weiß* wistra 2009, 209 (213).
[591] GJW/*Temming* Rn. 47; Hölters/*Müller-Michaels* Rn. 99; Kölner Komm AktG/*Altenhain* Rn. 176, 180.
[592] Vgl. BT-Drs. 16/6140, 50; MüKoStGB/*Kiethe* Rn. 121; Kölner Komm AktG/*Altenhain* Rn. 176.

Zweigniederlassung gleichwohl insoweit einer Beschränkung unterworfen. Die Vorschriften verstoßen aber nicht gegen Europarecht, da die Beschränkungen inländische Gesellschaften in gleicher Weise treffen (allgemein → Rn. 37 ff.).[593]

238 Die strafrechtliche Absicherung des § 76 Abs. 3 führt in verstärktem Maße zu **verfassungsrechtlichen Bedenken,** die schon gegen die Norm selbst bestehen. In Verbindung mit der Pflicht zur Versicherung im Sinne von § 37 Abs. 2 S. 1 bzw. den weiteren genannten Vorschriften und der Strafbewehrung durch § 399 Abs. 1 Nr. 6 entsteht ein absolutes fünfjähriges Betätigungsverbot (oft – nicht ganz korrekt – auch als „Berufsverbot" bezeichnet), dessen Voraussetzungen der Betroffene selbst offenbaren muss. Diese einschneidende Rechtsfolge jeder Verurteilung wegen eines Insolvenzdeliktes oder der anderen genannten Straftaten und die fehlende Möglichkeit von Einzelfallprüfungen anhand der Schwere der Pflichtverletzung erscheint vor Art. 12 Abs. 1, 2 GG als kaum verhältnismäßig.[594] Zwar wurde mit der nun generellen Anforderung vorsätzlichen Verhaltens der Kritik an der Einbeziehung der auch fahrlässig möglichen Begehung von Insolvenzdelikten (§ 283 Abs. 5 StGB, § 283b Abs. 2 StGB) Rechnung getragen.[595] Ferner wurden im Hinblick auf Art. 3 Abs. 1 GG bedenkliche Wertungswidersprüche relativiert, soweit nunmehr auch die Verurteilung wegen Delikten mit ähnlichem Unrechtsgehalt und typischem Umfeld – zB Insolvenzverschleppung (§ 15a InsO nF), Eingehungsbetrug (§ 263 StGB) – die Einschränkung der beruflichen bzw. wirtschaftlichen Betätigungsfreiheit nach sich zieht.[596] Es bleibt aber bei der Feststellung, dass das Kernstrafrecht selbst mit § 70 StGB eine hinreichende, die Ermessensausübung ermöglichende Ermächtigung zur Verhängung von Berufsverboten durch das mit Tat und Täter (Maßregel!) betraute Gericht enthält.[597]

239 **§ 37 Abs. 2 iVm § 76 Abs. 3 S. 2 Nr. 3e.** Maßgeblich auf die Initiative des Bundesrates geht § 76 Abs. 3 S. 2 Nr. 3e zurück, also die Einbeziehung von Verurteilungen nach den §§ 263–264a StGB oder den §§ 265b–266a StGB. Wer wegen solcher Delikte mindestens ein Jahr Freiheitsstrafe auferlegt erhält, habe deutlich zum Ausdruck gebracht, dass er eine zweifelhafte Einstellung zu fremden Vermögensmassen habe. Da die Kapitalgesellschaft über eine eigene – auch vor dem vertretungsberechtigten Organ zu schützende – Vermögensmasse verfüge, komme es nicht darauf an, ob eine Verurteilung nach diesen Vorschriften im Zusammenhang mit der Tätigkeit als Organ bzw. einer sonstigen wirtschaftlichen Tätigkeit stehe oder nicht. Personen, die wegen Vermögensdelikten zu hohen Strafen verurteilt worden sind, seien per se nicht geeignet, den Aufgabenbereich eines Geschäftsführers auszuüben. Bei derartigen Verurteilungen bestehe regelmäßig keine Vertrauensbasis für eine ordnungsgemäße und entsprechend den Regeln des Wirtschaftslebens ausgerichtete Geschäftsführung.[598] Die Bundesregierung stimmte dem ohne nähere Kommentar zu,[599] was verwundert: Die vom Bundesrat vorgeschlagene weitere Einbeziehung einer entsprechenden Verurteilung nach dem Gesetz über die Sicherung der Bauforderungen[600] wurde abgelehnt, weil diese Straftat einen zu geringen Zusammenhang zur Organstellung im Allgemeinen habe und nicht ausreichend die generelle Unfähigkeit einer Person begründe, Geschäftsführer oder Vorstandsmitglied zu sein. Und genau mit dieser Begründung wurde noch im Regierungsentwurf darauf verzichtet, das Bestellungsverbot an weitere Verurteilungen wegen Bestimmungen des allgemeinen Strafrechts zu knüpfen.[601]

240 Hiervon abzurücken erscheint aus mehreren Gründen widersprüchlich: Zum einen wurde seitens der Bundesregierung bei den einbezogenen Normen der §§ 263 ff. StGB der Zusammenhang mit

---

[593] Vgl. BT-Drs. 16/6140, 50.
[594] Vgl. *Drygala* ZIP 2005, 423 (425 f.) und, jeweils zu § 6 Abs. 2 S. 3 GmbHG aF, *Stein* AG 1987, 165 ff. (176); *Voerste* AG 1987, 376 f.; *Heßeler,* Amtsunfähigkeit von GmbH-Geschäftsführern gemäß § 6 Abs. 2 GmbHG, 2009, 167 ff.; UHL/*Ransiek* GmbHG § 82 Rn. 102: Verwässerung der Bedeutung des strafrechtlichen Unrechtsvorwurfs, wenn in BT-Drs. 8/1347, 34 als erster Zweck der Strafnorm eine Entlastung der Registergerichte (Handelsregister) von Prüfungen des Bundeszentralregisters genannt wird; kriminalpolitische Bedenken auch bei Kölner Komm AktG/*Geilen,* 1. Aufl. 1984, Rn. 6; aA (kein Verstoß gegen Art. 12 GG) OLG Naumburg ZIP 2000, 622 (624) zu § 6 Abs. 2 S. 3 GmbHG aF.
[595] BR-Drs. 354/07, 74.
[596] Die Verletzung von Art. 3 Abs. 1 GG vor der Erweiterung der Ausschlusstatbestände gestand der Gesetzgeber ein, wenn es im MoMiG heißt, eine Einbeziehung der Strafbarkeit wegen vorsätzlicher Insolvenzverschleppung stärke den Gleichbehandlungsgrundsatz, vgl. BT-Drs. 16/6140, 33 (zu § 6 Abs. 2 GmbHG).
[597] Zust. Kölner Komm AktG/*Altenhain* Rn. 184; ähnlich insges. Großkomm AktG/*Kort* § 76 Rn. 262; Kölner Komm AktG/*Mertens*/*Cahn* § 76 Rn. 123; MüKoAktG/*Spindler* § 76 Rn. 119.
[598] S. BR-Drs. 354/07, 9 f.
[599] Vgl. BT-Drs. 16/6140, 75.
[600] Der Bundesrat nahm auf § 5 BauFordSiG aF Bezug, es wurde durch Art. 3 Gesetz v. 23.10.2008, BGBl. 2008 I 2022 wesentlich geändert und enthält nun in § 2 nF eine Strafvorschrift; die weitere Änderung durch Gesetz v. 29.7.2009, BGBl. 2009 I 2436 hat diese nicht berührt.
[601] RegE MoMiG v. 23.5.2007 S. 74.

der Organstellung gerade für entbehrlich gehalten. Zum anderen dürfte die durch § 1 BauFordSiG begründete Quasi-Treuhänderschaft von Generalunternehmern gegenüber ihren Subunternehmern bei Baugeldzahlungen des Hauptauftraggebers bzw. Bauherrn vor allem von den Organen der regelmäßig als Kapitalgesellschaft geführten Firmen wahrzunehmen sein. Auch geht es bei Baugeld regelmäßig um erhebliche Vermögenswerte. Ein Zusammenhang mit der Organstellung und die Ungeeignetheit zur ordnungsgemäßen Betreuung anvertrauter Vermögensmassen gehen also aus der Verwirklichung des § 2 BauFordSiG noch am ehesten hervor. Weiterhin hat der Gesetzgeber wohl übersehen, dass bei Versicherungsunternehmen und Kredit- bzw. Finanzdienstleistungsinstituten keine direkte Pflicht zur Stellung des Insolvenzantrages besteht, sondern ein Eröffnungsgrund für die Bundesanstalt für Finanzdienstleistungsaufsicht ist. Nur diese ist berechtigt, den Eröffnungsantrag zu stellen. Die Verletzung der Antragspflicht ist zwar nach § 331 Abs. 2 Nr. 3 VAG bzw. § 55 KWG strafbar. Die Verurteilung nach diesen Vorschriften wird jedoch vom Wortlaut des § 76 Abs. 3 nicht erfasst.[602] In § 76 Abs. 3 S. 2 Nr. 3c fehlt ferner die Verurteilung nach § 147 GenG für Organe von Genossenschaften – ein Grund für die Besserstellung solcher Personen ist nicht erkennbar.[603]

241 Allerdings soll hier nicht für eine noch weitere Fassung des § 76 Abs. 3 plädiert werden. Denn erkennbar ist, dass sich der Gesetzgeber in bedenklicher Weise vom ursprünglichen Schutzanliegen wegbewegt hat. Die ursprüngliche Beschränkung auf Konkursdelikte beruhte auf dem Misstrauen gegenüber Personen, die keine zur Befriedigung ihrer Gläubiger ausreichende Haftungsmasse mehr vorweisen konnten. Auch bei der in der Literatur vorrangig diskutierten Ausweitung auf einen Verstoß gegen die Pflicht zur (rechtzeitigen) Stellung des Insolvenzantrages ging es um den direkten Gläubigerschutz. Dieser Aspekt kann nunmehr nur noch eine mittelbare Rolle spielen, wenn die Gesellschaft selbst etwa vor „zur Veruntreuung" neigenden Personen geschützt werden soll.[604] Muss die Bundesregierung Schlagwörter wie „Vertrauensbasis" oder „zweifelhafte Einstellung" heranziehen, führt das über § 399 Abs. 1 Nr. 6 nahe an ein Gesinnungsstrafrecht, wobei die schlechte Gesinnung unter Rückgriff auf vage Begriffe wie ein „ordnungsgemäßes Wirtschaftsleben" schlichtweg vermutet wird.[605] Umgekehrt fehlen wichtige Tatbestände aus dem Bereich des Wirtschaftslebens, etwa nach dem WpHG, BörsG, KWG und dem UWG.[606] Von wirklicher Systemgerechtigkeit ist der Katalog demnach – auch wegen der zu oberflächlichen Begründung – deutlich entfernt.[607] Verschärft wird die Problematik dadurch, dass nach dem Wortlaut von § 76 Abs. 3 S. 2 Nr. 3e nunmehr auch die neuen Tatbestände des § 265c StGB (Sportwettbetrug) und des § 265d StGB (Manipulation von berufssportlichen Wettbewerben) erfasst sind. Bei diesen Tatbeständen ist äußerst fraglich, ob die gesetzgeberische Intention, Personen wegen ihrer „zweifelhaften Einstellung zu fremden Vermögensmassen" von der Mitwirkung im Vorstand auszuschließen, greift. Denn diese Tatbestände haben den Vermögensschaden aus dem Auge verloren und sollen vorgeblich dem Schutz überindividueller Rechtsgüter dienen.[608] Ebenso bestehen keine Anhaltspunkte, dass der Gesetzgeber in § 76 Abs. 3 S. 2 Nr. 3e eine dynamische Verweisung schaffen wollte. Daher wäre eine Konkretisierung durch den Gesetzgeber erforderlich, um die §§ 265c, 265d StGB als Ausschlusstatbestände zu erfassen.[609]

242 Betrachtet man die Grundsätze der Strafzumessung, so wird schnell erkennbar, dass – etwa mit den persönlichen und wirtschaftlichen Verhältnissen (vgl. § 46 Abs. 2 StGB) – auch Zumessungskriterien die Verhängung einer mehr als einjährigen Freiheitsstrafe nach sich ziehen können, die mit der Eignung zur Organinhaberschaft in keiner Weise etwas zu tun haben. Ebenso könnte die Strafzumessung selbst beeinflusst werden, weil nach § 46 Abs. 1 S. 2 StGB auch die Wirkungen, die von der Strafe für das künftige Leben des Täters in der Gesellschaft zu erwarten sind, zu berücksichtigen sind. Gerade bei den genannten Tatbeständen besteht die nicht fernliegende Gefahr, dass ein Gericht bei bekannter Organinhaberschaft des Angeklagten die Schwelle zur Freiheitsstrafe von mindestens einem Jahr (ggf. mit Strafaussetzung zur Bewährung) auch mit Blick auf die „Nebenfolge" über-

---

[602] *Weiß* wistra 2009, 209 (210).
[603] *Weiß* wistra 2009, 209 (210).
[604] Krit. zur Einbeziehung des § 266 StGB *Leipold* NJW-Spezial 2008, 472 (473): Die (geschädigten) Gesellschafter hätten es selbst in der Hand, das Organ zu kontrollieren; *Weiß* wistra 2009, 209 (211).
[605] Vgl. auch die Kritik von *Weiß* wistra 2009, 209 (211): Mit dieser Begründung hätten auch Diebstahl, Unterschlagung und Steuerstraftaten aufgenommen werden müssen.
[606] So der Hinweis von *Weiß* wistra 2009, 209 (211).
[607] Krit. hinsichtlich der Pauschalierung auch *Leipold* NJW-Spezial 2008, 472 f.
[608] In diesem Sinne krit. *Krack* ZIS 2016, 540 ff.; *Rübenstahl* JR 2017, 264 (266 ff.).
[609] Ebenso Deutsches Notarinstitut DNotI-Report 10/2017, 73 ff.; krit. auch *Melchior* GmbHR 2017, R193; aA OLG Oldenburg NJW-RR 2018, 484 (485 f.) mAnm *Lorenz* AnwZert HaGesR 9/2018 Anm. 1; Scholz/Schneider/*Schneider* GmbHG § 6 Rn. 35a.

schreitet, ohne dies in einer § 70 StGB genügenden Weise abgewogen zu haben und begründen zu müssen, und mit der Folge, dass ohne Weiteres dessen Höchstrahmen eines fünfjährigen Berufsverbotes ausgelöst wird.[610] Dass Angehörige der Strafverfolgungsbehörden umgekehrt ein „verstärktes Vorbringen vorgeblich schuld- und strafmildernder Aspekte" der „Rechtsbeistände" befürchten, um die Verurteilung wegen einer Vorsatztat oder eine Freiheitsstrafe von einem Jahr zu verhindern,[611] lässt zumindest eine starke Sensibilisierung für das Thema erkennen und eher befürchten, dass solche Aspekte in Zukunft ausgeblendet werden, um die für willkommen geheißene gesellschaftsrechtliche Rechtsfolge auszulösen. In der Praxis werden allerdings zahlreiche der genannten Tatbestände selbst in Schadensbereichen noch mit Geldstrafe geahndet, bei denen man von mindestens mittlerer Kriminalität sprechen muss.[612]

243 Erschwerend wirkt der Umstand, dass die Art der Tatbeteiligung unerheblich ist. Die Verurteilung muss nicht als (Mit-)Täter, sondern kann auch als Anstifter oder Gehilfe erfolgt sein, wodurch die Fähigkeit zur Erlangung einer Organstellung auch für relativ Außenstehende wie Berater oder Geschäftspartner hinfällig werden kann.[613]

244 Zusätzlich wird die Frage gestellt, ob die Verurteilung nach einer der Katalogtaten des § 76 Abs. 3 S. 2 Nr. 3e zu einer Einzelstrafe von mindestens einem Jahr erforderlich ist oder ob auch eine Gesamtstrafe in dieser Höhe ausreicht.[614] In der Tat schweigen die Gesetzesmaterialien hierzu. Einigkeit dürfte darüber bestehen, dass eine Gesamtstrafe jedenfalls bei Einbeziehung von Einzelstrafen wegen Nicht-Katalogtaten nicht ausreicht.[615] Die am Anfang des § 76 Abs. 3 S. 2 Nr. 3 gebrauchte Formulierung „wegen einer oder mehrerer vorsätzlich begangener Straftaten" könnte dafür sprechen, dass der Gesetzgeber die Inhabilität auch bei Überschreitung der Jahresschwelle durch eine aus Einzelstrafen wegen der genannten Taten gebildeten Gesamtstrafe auslösen wollte. Dementsprechend wird vertreten, die Verurteilungen wegen Katalogtaten bei einer Gesamtstrafenbildung müssten die Jahresgrenze „sicher erreichen", auch wenn ggf. weitere Einzelstrafen wegen anderer Tatbestände einbezogen werden.[616] Mit dem Bestimmtheitsgebot dürfte das allerdings nicht vereinbar sein. Die Formulierung des Gesetzes könnte immerhin (nämlich genau aus Bestimmtheitsgründen) auch nur klarstellen wollen, dass „wegen einer" nicht als „wegen genau einer" zu deuten ist. Von Verfassungs wegen kann die Versagung der Organstellung nur bei der engsten Auslegung des Gesetzes vertretbar sein. Es ist also zu fordern, dass mindestens wegen einer der genannten Tatbestände eine Verurteilung zu mindestens einem Jahr Freiheitsstrafe als Einzelstrafe vorliegt oder wegen Verwirklichung von Tatbeständen ausschließlich aus dem Katalog des § 76 Abs. 3 S. 2 Nr. 3e eine Gesamtstrafe von mindestens einem Jahr gebildet wird.[617]

245 **§ 37 Abs. 2 iVm § 76 Abs. 3 S. 2 Nr. 2.** § 76 Abs. 3 S. 2 Nr. 2 ordnet die gleiche Rechtsfolge an, wenn die **Ausübung eines Berufs,** Berufszweigs, Gewerbes oder Gewerbezweigs durch gerichtliches Urteil oder durch vollziehbare Entscheidung einer Verwaltungsbehörde untersagt worden ist. Die betroffene Person kann für die Zeit, für die das **Verbot** wirksam ist, bei einer Gesellschaft, deren **Unternehmensgegenstand** ganz oder teilweise mit dem Gegenstand des Verbots übereinstimmt, nicht Mitglied des Vorstands sein. Ein gerichtliches Berufsverbot kann im Urteil in Gestalt einer Maßregel der Besserung und Sicherung als Folge einer rechtswidrigen (nicht notwendig schuldhaften) Tat unter den Voraussetzungen des § 70 Abs. 1 StGB für die Dauer von einem bis fünf Jahren oder für immer verhängt werden. Liegt ein Verbot hinsichtlich bestimmter wirtschaftlicher Betätigungen vor, ist in der Versicherung der satzungsmäßig zwingend festzuhaltende Gegenstand des Unternehmens iSd § 3 Abs. 1, § 23 Abs. 3 Nr. 2, § 275 Abs. 1 S. 1, nicht dessen evtl. davon abweichende tatsächliche Tätigkeit anzugeben.[618]

246 Eine pauschale Versicherung, es liege „auf dem Gebiet der Gesellschaft" kein Tätigkeitsverbot vor, genügt nicht. Die Formulierung legt nämlich nahe, dass grds. Tätigkeitsverbote bestehen, die

---

[610] Vgl. auch die Kritik von *Weiß* wistra 2009, 209 (211): Neuregelung beschränke sich darauf, den Gerichten den Ermessensspielraum zu nehmen.

[611] *Weyand* ZInsO 2008, 702 (704); zum Problem der Konkurrenz zwischen fahrlässigem Bankrott (§ 283 Abs. 1, 4 StGB) und vorsätzlicher Verletzung der Buchführungspflicht (§ 283b Abs. 1 StGB) *Weiß* wistra 2009, 209 (210).

[612] So *Weyand* ZInsO 2008, 702 (704).

[613] *Weiß* wistra 2009, 209 (210).

[614] Hierzu *Bittmann* NStZ 2009, 113 (118); *Weiß* wistra 2009, 209 (211 f.).

[615] So auch *Bittmann* NStZ 2009, 113 (118); *Weyand* ZInsO 2008, 702 (704).

[616] So *Bittmann* NStZ 2009, 113 (118), der sofort im Anschluss selbst bemerkt, dass sich dies wohl nicht immer sicher erkennen lasse.

[617] *Weiß* wistra 2009, 209 (211 f.): Gesetz geht hinsichtlich des Tätigkeitsverbotes von Gleichwertigkeit der Normen aus.

[618] Vgl. MüKoAktG/*Pentz* § 37 Rn. 48.

sich lediglich nach Auffassung des Betroffenen nicht auf den Tätigkeitsbereich der Gesellschaft beziehen. Die Beurteilung der Frage, ob etwaige vorhandene Verbote **ganz oder teilweise** mit dem Unternehmensgegenstand der Gesellschaft übereinstimmen, obliegt indes dem Registergericht, dem daher auch sämtliche vorhandene Verbote bekannt zu geben sind.[619] Insoweit unterscheidet sich die vorstehende Versicherung auch von den unter → Rn. 229 thematisierten Pauschalversicherungen. Ein Verbot ist auch dann anzugeben, wenn es im Urteil selbst unkonkret und damit nicht gesetzeskonform[620] ausgesprochen wurde.[621] Zumindest im Rahmen der Strafvorschrift können dagegen aufgrund des Analogieverbotes **Unvereinbarkeiten bestimmter Berufe** mit einer Vorstandsmitgliedschaft kraft Gesetzes (etwa bei Steuerberatern, § 57 StBerG,[622] vgl. auch → § 76 Rn. 139) keine Bedeutung erlangen, insbesondere nicht den gerichtlichen Verboten gleichgestellt werden.[623]

Die Stellungnahme des Bundesrates zum Gesetzentwurf der Bundesregierung schlug vor, in Verbindung mit der Erfassung ausländischer Entscheidungen auch die behördliche oder gerichtliche Untersagung einer Geschäftsführungstätigkeit als solche aufzunehmen. Vom derzeitigen Wortlaut ist dies nicht erfasst, weil „Geschäftsführer" oder „Vorstandsmitglied" als Organstellungen bei Kapitalgesellschaften an sich keinen Beruf darstellen; insbesondere das englische Recht kennt aber mit dem „Company Directors Disqualification Act" diese Möglichkeit.[624] Die Bundesregierung lehnte dies als zu weitgehend ab, da sonst sämtliche ausländischen Entscheidungen, die zu einer Untersagung der Organstellung führen, als Bestellungshindernis ins deutsche Recht inkorporiert würden, ohne Prüfung, ob dieses eine gleichlautende Wertung anstellt. Es erscheine vorzugswürdig, auf die ausländische Verurteilung wegen einer unternehmensbezogenen Straftat als auf die Rechtsfolge des Berufsverbotes abzustellen.[625]

Umstritten ist, ob ein gem. § 70a StGB zur **Bewährung** ausgesetztes Berufsverbot anzugeben ist.[626] Dies wurde zu Recht mit dem Argument abgelehnt, es sei nicht iSd § 76 Abs. 3 S. 4 aF „wirksam".[627] § 76 Abs. 3 S. 2 Nr. 2 in der Fassung des MoMiG stellt zwar nicht mehr explizit auf die Zeit der Wirksamkeit ab. Allerdings sollte die Übernahme in die nummerierte Aufzählung insoweit lediglich eine formale Änderung sein,[628] so dass inhaltlich nichts anderes als zuvor geregelt wurde. Auch § 145c StGB hindert nicht die Ausübung eines Berufes, wenn das Verbot zur Bewährung ausgesetzt wurde.[629] Jede andere Wertung würde schon dem wörtlichen Sinn der Aussetzung zur Bewährung zuwiderlaufen, deren Voraussetzung gerade eine positive Prognose im Hinblick auf die Rechtstreue des Täters ist. Nicht angegeben werden muss auch ein **vorläufiges Verbot** gem. § 132a StPO. Die zugrunde liegende Entscheidung ist hier ein Beschluss, nicht ein von § 76 Abs. 3 S. 2 Nr. 2 gefordertes gerichtliches Urteil.[630] Soweit Letzteres mit dem Argument als unbefriedigend bezeichnet wird, bei beidem liege die gleiche Wirksamkeit des Verbotes vor,[631] wird übersehen, dass der Beschluss nach § 132a StPO nicht auf einem abgeschlossenen gerichtsförmigen Hauptverfahren beruht. Damit streitet die Unschuldsvermutung (Art. 6 EMRK) zugunsten des Betroffenen. Für den nicht unerheblichen Eingriff in die Berufsfreiheit (vgl. schon → Rn. 238) liegt keine Rechtfertigung vor. Anzugeben ist dagegen eine anwaltsgerichtliche Maßnahme gem. § 114 Abs. 1 Nr. 4 oder 5 BRAO bzw. eine solche, die in einem verwaltungsgerichtlichen Urteil enthalten ist.[632]

Den maßgeblichen Verboten ist gemein, dass sie auf der charakterlichen Unzuverlässigkeit der Person, ihrer Ungeeignetheit oder Unwürdigkeit gerade in Bezug auf die Lauterkeit bei einer

---

[619] OLG Düsseldorf GmbHR 1997, 71 f.; Hüffer/Koch/*Koch*, 13. Aufl. 2018, § 37 Rn. 6; dies verkennt Kölner Komm AktG/*Altenhain* Rn. 186.
[620] Hierzu OLG Karlsruhe NStZ 1995, 446: Objektiver Tatbestand des § 145c StGB wird nicht erfüllt; Schönke/Schröder/*Stree*/*Kinzig* StGB § 70 Rn. 21.
[621] GHEK/*Fuhrmann* Rn. 83; MüKoAktG/*Schaal* Rn. 208, die dann allerdings etwas widersprüchlich die Möglichkeit eines unvermeidbaren Subsumtionsirrtums sehen.
[622] BGH AG 1996, 366 f.
[623] Scholz/Schneider/*Schneider* GmbHG § 6 Rn. 13: keine Auswirkung auf Bestellung; aA im Rahmen von § 76 MüKoAktG/*Spindler* § 76 Rn. 114.
[624] Vgl. BR-Drs. 354/07, 9 f.
[625] BT-Drs. 16/6140, 75.
[626] Bejahend GHEK/*Fuhrmann* Rn. 83; Kölner Komm AktG/*Geilen*, 1. Aufl. 1984, Rn. 156.
[627] Achenbach/Ransiek/*Rönnau/Ransiek* 8. Teil 3. Kap. Rn. 84; MüKoAktG/*Schaal* Rn. 209; MüKoStGB/ *Kiethe* Rn. 127; Großkomm AktG/*Otto* Rn. 210; NK-WSS/*Krause/Twele* Rn. 40; Scholz/Tiedemann/*Rönnau* GmbHG § 82 Rn. 147.
[628] RegE MoMiG v. 23.5.2007, BR-Drs. 354/07, 72.
[629] So der richtige Hinweis von MüKoAktG/*Schaal* Rn. 209; vgl. auch *Fischer* StGB § 145c Rn. 3.
[630] MüKoAktG/*Schaal* Rn. 209; Scholz/Tiedemann/*Rönnau* GmbHG § 82 Rn. 147.
[631] So MüKoAktG/*Schaal* Rn. 209.
[632] Vgl. auch GHEK/*Fuhrmann* Rn. 83; Kölner Komm AktG/*Geilen*, 1. Aufl. 1984, Rn. 158; MüKoAktG/ *Schaal* Rn. 209; MüKoStGB/*Kiethe* Rn. 127; Großkomm AktG/*Otto* Rn. 209; Park/*Südbeck/Eidam* Teil 3 Kap. 8.1. § 399 Rn. 120.

bestimmten, besonderen Anforderungen unterliegenden Berufsausübung beruhen. Dies muss auch Maßstab bei den **behördlichen Verboten** sein, so dass zwar etwa die Gewerbeuntersagung gem. § 35 GewO (→ § 76 Rn. 133), nicht aber die (auf einem Fehlen der Erlaubnis beruhende) Untersagung der Betriebsfortführung gem. § 16 Abs. 3 HandwerksO anzugeben ist.[633] Die behördliche Entscheidung braucht nicht unanfechtbar, sondern lediglich vollziehbar zu sein, etwa durch unaufschiebbare Anordnung iSd § 80 Abs. 1 S. 1 Nr. 2 VwGO. Zu Berufsverboten ausländischer Behörden gelten die Ausführungen in → Rn. 236 in gleicher Weise. Die Gewerbeuntersagung gegenüber einer juristischen Person führt nicht zu entsprechenden Verboten gegenüber ihren Organen.[634]

250 **bb) Belehrung.** Die Vertretungsberechtigten haben nach § 37 Abs. 2 S. 1, § 81 Abs. 3 S. 1 und § 266 Abs. 3 S. 1 zu versichern, dass sie über ihre **unbeschränkte Auskunftspflicht** gegenüber dem Registergericht **belehrt** worden sind. Wie sich aus § 37 Abs. 2 S. 2 (ggf. iVm § 81 Abs. 3 S. 2 bzw. § 266 Abs. 3 S. 2) ergibt, meint dies die Belehrung iSd § 53 Abs. 2 BZRG.[635] Nach § 53 Abs. 1 BZRG kann sich ein Verurteilter als unbestraft bezeichnen und muss den der Verurteilung zugrunde liegenden Sachverhalt nicht offenbaren, wenn die Verurteilung nicht in das Führungszeugnis bzw. nur in ein solches nach § 32 Abs. 3 und 4 BZRG aufzunehmen oder zu tilgen ist. Dies gilt nach § 53 Abs. 2 BZRG aber dann nicht gegenüber Gerichten und Behörden, sofern diese gegenüber dem Verurteilten ein Recht auf unbeschränkte Auskunft haben und er hierüber belehrt worden ist. Obwohl die genannten Normen des AktG ein solches Recht des Registergerichtes systematisch eher voraussetzen, wird allgemein angenommen, dass sie es begründen.[636] Weil die ordnungsgemäße Belehrung tatbestandliche Voraussetzung der unbeschränkten Auskunftspflicht ist, muss eine Versicherung hierüber separat angeordnet und strafrechtlich abgesichert werden. Das Zurückhalten von Informationen über frühere Bestrafungen oder Berufsverbote bliebe sonst – ohne Belehrung – nach § 53 Abs. 1 BZRG erlaubt und könnte nicht als unwahre oder unvollständige Angabe über diese Vorgänge selbst erfasst werden.[637] Der Kreis der Personen, die die Belehrung nach § 37 Abs. 2 S. 2 vornehmen können, wurde durch dessen Neufassung erheblich erweitert.

251 **cc) Unterlassen der Versicherung.** Straflos ist dagegen das Unterlassen der Versicherung. Denn hier obliegt es dem Registergericht, diese Eintragungsvoraussetzung ggf. anzufordern oder eine Eintragung abzulehnen.[638] Tritt einer der aufgeführten Umstände später ein, endet zwar die Funktion automatisch[639] und es muss gem. § 395 Abs. 1 FamFG von Amts wegen ein registergerichtliches Löschungsverfahren der Vertretungsberechtigung der Person eingeleitet werden.[640] Eine strafbewehrte Anzeigepflicht gegenüber dem Registergericht besteht jedoch nicht, auch nicht unter den Gesichtspunkten, dass die formelle Organinhaberschaft nunmehr ggf. „faktisch" fortgesetzt wird oder dass ein neu bestellter Vorstand keine Ummeldung vornimmt.[641]

252 **7. Die Tatvariante des Kapitalerhöhungsschwindels (ohne Mittelzufluss), Abs. 2.** § 399 Abs. 2 ist im Wege der Konzentration von Vorschriften zur Umwandlung von Handelsgesellschaften im Umwandlungsgesetz durch das UmwBerG[642] verkürzt worden. Der heutige Tatbestand geht damit wieder zurück auf das Gesetz über die Kapitalerhöhung aus Gesellschaftsmitteln[643] und erfasst (nunmehr nur noch) die nach § 210 Abs. 1 S. 2 abzugebende Erklärung. Systematisch hätte § 399 Abs. 2 der Vorschrift des § 399 Abs. 1 Nr. 4 angegliedert werden können. Die Strafnorm schützt neben dem kollektiven Vertrauen in die Korrektheit von Handelsregistereintragungen die Vermö-

---

[633] Vgl. BayObLG DB 1986, 1768; teilw. abw. und zu pauschal GHEK/*Fuhrmann* Rn. 83; Kölner Komm AktG/*Geilen*, 1. Aufl. 1984, Rn. 158; MüKoStGB/*Kiethe* Rn. 127.
[634] BayObLG DB 1986, 1768 (1769).
[635] IdF der Bekanntmachung v. 21.9.1984, BGBl. 1984 I 1229, Berichtigung BGBl. 1985 I 195.
[636] Vgl. MüKoAktG/*Pentz* § 37 Rn. 49.
[637] Abw. Kölner Komm AktG/*Geilen*, 1. Aufl. 1984, Rn. 157, 160, der offenbar einen allgemein auf die Auskunftspflicht des § 76 gerichteten Gegenstand der Belehrung annimmt und mit ihr lediglich den Verbotsirrtum als vermeidbar ansieht; wie hier Kölner Komm AktG/*Altenhain* Rn. 181.
[638] Vgl. auch GHEK/*Fuhrmann* Rn. 81; Kölner Komm AktG/*Geilen*, 1. Aufl. 1984, Rn. 156; MüKoAktG/ *Schaal* Rn. 205; MüKoStGB/*Kiethe* Rn. 123; NK-WSS/*Krause*/*Twele* Rn. 39; MHLS/*Dannecker* GmbHG § 82 Rn. 202a.
[639] Vgl. MüKoAktG/*Spindler* § 76 Rn. 120; Scholz/*Tiedemann*/*Rönnau* GmbHG § 82 Rn. 152.
[640] Vgl. OLG Naumburg ZIP 2000, 622 f.: Reduzierung des Ermessens („kann") auf Null wegen Vorliegens des öffentlichen Interesses; BayObLG NJW-RR 1989, 934 f.; zur Gesetzesänderung vgl. RegE FGG-RG, BT-Drs. 16/6308, 649, umgesetzt in BGBl. 2008 I 2654.
[641] Vgl. Kölner Komm AktG/*Geilen*, 1. Aufl. 1984, Rn. 156; MüKoStGB/*Kiethe* Rn. 123; Großkomm AktG/ *Otto* Rn. 207; Scholz/*Tiedemann*/*Rönnau* GmbHG § 82 Rn. 152.
[642] Gesetz zur Bereinigung des Umwandlungsrechts v. 28.10.1994, BGBl. 1994 I 3210.
[643] Gesetz über die Kapitalerhöhung aus Gesellschaftsmitteln und über die Gewinn- und Verlustrechnung v. 23.12.1959, BGBl. 1959 I 789.

gensinteressen der Gesellschaftsgläubiger am Vorhandensein des eingetragenen Haftungskapitals. Wie sämtliche Varianten des Abs. 1 ist § 399 Abs. 2 **Schutzgesetz** iSd § 823 Abs. 2 BGB zugunsten der Gesellschaftsgläubiger.[644]

a) Täterkreis. Die Pflicht zur Anmeldung ergibt sich aus § 207 Abs. 2 iVm § 184 Abs. 1 und trifft den Vorstand sowie den Vorsitzenden des Aufsichtsrats. Demgegenüber richtet sich § 399 Abs. 2 als **Sonderdelikt** an sämtliche Mitglieder des Vorstandes (→ Rn. 72), die bei der Anmeldung insges. zu handeln haben, und des Aufsichtsrats (→ Rn. 84),[645] was wohl den Einbezug eines etwaigen Vertreters des Vorsitzenden klarstellen soll. 253

b) Tatbestandliche Einschränkung. Wie § 399 Abs. 1 Nr. 1, 4 und 5 erfordert Abs. 2 ein auf Eintragung, hier der Erhöhung des Grundkapitals, gerichtetes Handeln („zum Zweck"). Zur Tathandlung (wahrheitswidrige Abgabe der Erklärung) siehe bereits → Rn. 65. 254

c) Tatobjekt. Nach § 210 Abs. 1 S. 2 haben Personen, die den Beschluss einer Kapitalerhöhung aus Gesellschaftsmitteln (§§ 207 ff.) zum HR anmelden, dem Gericht gegenüber zu **versichern,** dass nach ihrer Kenntnis seit dem Stichtag der zugrunde gelegten Bilanz bis zum Tag der Anmeldung **keine Vermögensminderung** eingetreten ist, die der Kapitalerhöhung entgegenstünde, wenn sie am Tag der Anmeldung beschlossen worden wäre. Dies steht im Einklang mit § 208 Abs. 2 S. 1, der eine Umwandlung von Rücklagen in Grundkapital ausschließt, soweit die zugrunde gelegte Bilanz einen Verlust oder Verlustvortrag ausweist.[646] Die Erklärung kann in der Anmeldung oder in einem gesonderten Schriftstück abgegeben werden und bedarf der öffentlichen Beglaubigung.[647] Sie soll gewährleisten, dass das neu zu schaffende Grundkapital bei der Anmeldung tatsächlich noch durch Gesellschaftsvermögen gedeckt ist.[648] Grundlage einer Kapitalerhöhung aus Gesellschaftsmitteln iSd § 207 Abs. 1 ist die Umwandlung von Kapital- oder Gewinnrücklagen in Grundkapital. Diese Posten ergeben sich gem. §§ 208, 209 aus einer zugrunde zu legenden Bilanz, die gem. § 209 Abs. 1 regelmäßig die letzte Jahresbilanz oder gem. § 209 Abs. 2 eine andere, den handelsrechtlichen Vorschriften genügende Bilanz ist. In jedem Fall darf ihr Stichtag höchstens acht Monate vor der Anmeldung des Beschlusses zum HR liegen. 255

Der Umwandlungsbeschluss bezieht sich stets auf eine Bilanz, die zu einem bestimmten Stichtag gefertigt wurde, nicht auf die tatsächlichen Verhältnisse der Gesellschaft im Zeitpunkt des Beschlusses. Deswegen kann dem Beschluss an sich eine zwischen dem Bilanzstichtag und dem Beschluss liegende Verschlechterung der Vermögenslage auch nicht entgegenstehen, so dass § 210 Abs. 1 S. 2 leerliefe. Die Norm ist somit so zu lesen, als würde sie sich auf Vermögensminderungen beziehen, die der Kapitalerhöhung entgegenstünden, wenn der Tag der Anmeldung der Stichtag der zugrunde gelegten Bilanz wäre.[649] 256

Da die in Bezug genommene Vorschrift eine ganz bestimmte Erklärung mit bestimmtem Inhalt verlangt, wird man als strafrelevant nur Falschangaben ansehen können, die die Versicherung der Unkenntnis einer eintragungshinderlichen Vermögensminderung als falsch erscheinen lassen. Dies wird im Regelfall nur durch sachverständige betriebswirtschaftliche Bewertung der Geschäftsunterlagen festzustellen sein. 257

Die Anmeldenden haben zwar nach dem Wortlaut **ihre Unkenntnis** einer solchen Vermögensminderung zu versichern. Sie können sich aber nicht auf schlichtes Unwissen zurückziehen, also die geforderte Erklärung ggf. straflos ins Blaue hinein abgeben, sondern sind vielmehr verpflichtet, sich im Rahmen des Möglichen Gewissheit darüber zu verschaffen, dass die materielle Zulässigkeit des Erhöhungsbeschlusses auch bei Anmeldung vorgelegen hätte.[650] Der Vorstand hat somit für eine bis kurz vor der Anmeldung lückenlose Buchführung Sorge zu tragen und sie zu überprüfen bzw. 258

---

[644] GHEK/*Fuhrmann* Rn. 85; Kölner Komm AktG/*Geilen*, 1. Aufl. 1984, Rn. 165; MüKoAktG/*Schaal* Rn. 217; MüKoAktG/*Arnold* § 210 Rn. 10; GJW/*Temming* Rn. 52.
[645] Wie hier MüKoAktG/*Schaal* Rn. 221; GJW/*Temming* Rn. 54; aA Kölner Komm AktG/*Geilen*, 1. Aufl. 1984, Rn. 167; MüKoStGB/*Kiethe* Rn. 129; Großkomm AktG/*Otto* Rn. 224; Hölters/*Müller-Michaels* Rn. 106; Park/*Südbeck/Eidam* Teil 3 Kap. 8.1. § 399 Rn. 132: nur die nach Zivilrecht zur Anmeldung Verpflichteten.
[646] MüKoAktG/*Arnold* § 210 Rn. 8.
[647] MüKoAktG/*Arnold* § 210 Rn. 6.
[648] MüKoAktG/*Arnold* § 210 Rn. 7.
[649] Vgl. insges. überzeugend MüKoAktG/*Arnold* § 210 Rn. 8 mwN; Kölner Komm AktG/*Altenhain* Rn. 195; NK-WSS/*Krause/Twele* Rn. 44.
[650] MüKoAktG/*Arnold* § 210 Rn. 9; aA wohl GHEK/*Fuhrmann* Rn. 91; MüKoStGB/*Kiethe* Rn. 131: Widerspruch zwischen Wort und Wissen; Kölner Komm AktG/*Altenhain* Rn. 195; Kölner Komm AktG/*Geilen*, 1. Aufl. 1984, Rn. 168; MüKoAktG/*Schaal* Rn. 228; Scholz/*Tiedemann/Rönnau* GmbHG § 82 Rn. 141; MHLS/*Dannecker* GmbHG § 82 Rn. 183.

überprüfen zu lassen, ob sich aus ihr Vermögensminderungen ergeben.[651] Der Aufsichtsratsvorsitzende hat sich die Belege vorlegen zu lassen und selbstständig auszuwerten.

VI. Subjektiver Tatbestand

259 Nach der allgemeinen Regel des § 15 StGB kann der Tatbestand mangels einer festgelegten Fahrlässigkeitsstrafbarkeit nur vorsätzlich verwirklicht werden. **Bedingter Vorsatz** genügt,[652] so dass es ausreicht, wenn der Täter die Möglichkeit einer Tatbestandsverwirklichung kennt und diese billigend in Kauf nimmt.[653] Der Täter muss die Umstände kennen, die dazu führen, dass er zum Adressatenkreis der jeweiligen Tatvariante gehört und dass sich sein Handeln auf die jeweils erfassten Vorgänge (zB Gründung und Anmeldung der Gesellschaft zur Eintragung in Abs. 1 Nr. 1) bezieht.[654] Hierzu gehört auch die Kenntnis, sich innerhalb der Fristen des Abs. 1 Nr. 3 oder Nr. 6 iVm den dort genannten Vorschriften zu bewegen.[655]

260 § 399 verlangt keine besondere, auf Täuschung gerichtete **Absicht**.[656] Dennoch wird man bei Tatvarianten, denen ein bestimmtes, zweckgerichtetes Handeln zugrunde liegt, die Absicht der Zweckerreichung fordern müssen. Dementsprechend muss der Täter bei Abs. 1 Nr. 1 die Absicht aufweisen, gerade infolge der falschen oder unvollständigen Angaben die Eintragung zu bewirken.[657] Dies bedeutet aber nicht, dass sich der Täter einer erfolgreichen Eintragung sicher sein muss. Zielgerichtetes Handeln kommt auch in Betracht, wenn er nur mit der Möglichkeit rechnet, die Falschangaben würden zur Eintragung führen. Nicht überzeugend ist dagegen die Ansicht, welche bei Abs. 1 Nr. 1 unter Verweis auf den Gesetzeswortlaut auf das Erfordernis der Absicht verzichtet und neben dem objektiven Tatbestandsmerkmal der Eignung zur Eintragung (dazu → Rn. 87) einen bedingten Vorsatz ausreichen lässt.[658] So wird zu Recht darauf hingewiesen, dass die Annahme eines dolus directus 1. Grades nicht von der Verwendung des Begriffs „Absicht" abhängt, sondern voraussetzt, dass sich dem Wortlaut das Erfordernis eines finalen Handelns entnehmen lässt.[659]

261 Gleiches gilt – dolus directus 1. Grades ist also erforderlich – bzgl. des Ziels, ein Inverkehrbringen der Aktien zu erreichen, bei Abs. 1 Nr. 3.[660]

VII. Rechtswidrigkeit und Schuld

262 Für die Rechtswidrigkeit gelten die allgemeinen Grundsätze, wobei eine Rechtfertigung praktisch kaum vorstellbar erscheint.[661] Eine **rechtfertigende Einwilligung** durch die Hauptversammlung, den Vorstand oder den Aufsichtsrat scheidet von vornherein aus, da die besagten Organe im Hinblick auf das – wegen der Vertrauenskomponente (→ Rn. 2f.) auch überindividuelle – Rechtsgut nicht dispositionsbefugt sind.[662] Ein **rechtfertigender Notstand** nach § 34 StGB kommt allenfalls in –

---

[651] MüKoAktG/*Arnold* § 210 Rn. 9.
[652] BGH GA 1977, 340 (342); GHEK/*Fuhrmann* Rn. 35; Kölner Komm AktG/*Geilen*, 1. Aufl. 1984, Rn. 77; Großkomm AktG/*Otto* Rn. 86, 88; K. Schmidt/Lutter/*Oetker* Rn. 20; ERST/*Brand* GmbHG § 82, AktG § 399 Rn. 193; vgl. auch UHL/*Ransiek* GmbHG § 82 Rn. 55.
[653] BGHSt 7, 363 = NJW 1955, 1688; BGHSt 21, 283 (285) = NJW 1967, 2319f.; BGHSt 36, 1 (9) = NJW 1989, 781 (783); BGH NStZ 1981, 22 (23); 1994, 584; Hachenburg/*Kohlmann* GmbHG § 82 Rn. 61; Großkomm AktG/*Otto* Rn. 88; NK-WSS/*Krause*/*Twele* Rn. 21; *Fischer* StGB § 15 Rn. 9 ff.; offen hinsichtlich des voluntativen Vorsatzelementes, aber gegen die Tragfähigkeit diesbezüglicher Schutzbehauptungen UHL/*Ransiek* GmbHG § 82 Rn. 55.
[654] Enger GHEK/*Fuhrmann* Rn. 35: Täter muss dies wissen; ausf. hierzu Kölner Komm AktG/*Altenhain* Rn. 98ff.
[655] Vgl. GHEK/*Fuhrmann* Rn. 84; Kölner Komm AktG/*Geilen*, 1. Aufl. 1984, Rn. 124; zT abw. MüKoAktG/*Schaal* Rn. 143, 145.
[656] RGSt 64, 422 (423); GHEK/*Fuhrmann* Rn. 35; Großkomm AktG/*Otto* Rn. 88; *Traugott*/*Groß* BB 2003, 481 (487); vgl. auch Hachenburg/*Kohlmann* GmbHG § 82 Rn. 61; UHL/*Ransiek* GmbHG § 82 Rn. 55.
[657] GHEK/*Fuhrmann* Rn. 35; Kölner Komm AktG/*Geilen*, 1. Aufl. 1984, Rn. 75; UHL/*Ransiek* GmbHG § 82 Rn. 56; Hachenburg/*Kohlmann* GmbHG § 82 Rn. 61; MüKoAktG/*Schaal* Rn. 102; Großkomm AktG/*Otto* Rn. 89; Kölner Komm AktG/*Altenhain* Rn. 100; NK-WSS/*Krause*/*Twele* Rn. 21.
[658] So aber GJW/*Temming* Rn. 58.
[659] Kölner Komm AktG/*Altenhain* Rn. 101.
[660] Vgl. GHEK/*Fuhrmann* Rn. 54; MüKoAktG/*Schaal* Rn. 146; Großkomm AktG/*Otto* Rn. 89; Kölner Komm AktG/*Altenhain* Rn. 134.
[661] MüKoStGB/*Kiethe* Rn. 156; Kölner Komm AktG/*Altenhain* Rn. 102; Hölters/*Müller-Michaels* Rn. 116.
[662] IErg ebenso Kölner Komm AktG/*Altenhain* Rn. 102; MüKoAktG/*Kiethe* Rn. 156; MüKoAktG/*Schaal* Rn. 234; Hölters/*Müller-Michaels* Rn. 118; NK-WSS/*Krause*/*Twele* Rn. 46; MHLS/*Dannecker* GmbHG § 82 Rn. 258.

kaum vorstellbaren – Ausnahmefällen in Betracht.[663] Insbesondere scheidet eine Rechtfertigung auch bei einer gegenwärtigen Gefahr des Verlusts von Arbeitsplätzen regelmäßig aus.[664]

Auch bzgl. der **Schuld** gelten die allgemeinen Regeln, so dass die Strafbarkeit insbesondere in den Fällen eines unvermeidbaren Verbotsirrtums iSv § 17 S. 1 StGB ausscheidet. Im Bereich sozialethisch kaum fundierter Normen sollte der von der Rspr. an die Unvermeidbarkeit angelegte sehr strenge Maßstab richtigerweise etwas gelockert werden. Der von der Rspr. gelegentlich eingeschlagene Weg, Fälle des Verbotsirrtums als Tatumstandsirrtum iSv § 16 StGB zu qualifizieren, um eine als unbillig empfundene Bestrafung zu vermeiden, ist jedenfalls abzulehnen (→ Rn. 269, 272). 263

VIII. Irrtum

Irrtümer sind nach den allgemeinen Regeln über den (vorsatzausschließenden) Tatbestandsirrtum (§ 16 StGB) und den bei Unvermeidbarkeit schuldausschließenden Verbotsirrtum (§ 17 StGB) zu behandeln. 264

1. Tatbestandsirrtum. Ein Tatbestandsirrtum liegt vor, wenn Angaben über Einzahlungen (→ Rn. 107 ff.) wegen Kalkulationsfehlern zu hoch ausfallen.[665] Angesichts des blankettartigen Charakters sämtlicher Tatvarianten (→ Rn. 13) gehören auch die zivilrechtlichen Ausfüllungsnormen des AktG zum Tatbestand.[666] Sie entscheiden häufig darüber, wann „falsche Angaben" vorliegen. Hierbei handelt es sich um normative Tatbestandsmerkmale. 265

Ein Irrtum über den Umfang der Angabeverpflichtungen soll ebenfalls Tatbestandsirrtum sein und den Vorsatz gem. § 16 Abs. 1 StGB entfallen lassen.[667] Dies gilt etwa, wenn ein Vorstandsmitglied bei der Erstanmeldung versäumt hat, die nach § 37 Abs. 1 erforderliche Aufschlüsselung der Gründungskosten einzureichen, und, nachdem ihn das Gericht zur Nachmeldung aufforderte, glaubt, hierbei nicht über inzwischen getätigte erhebliche Verfügungen zulasten des Grundkapitals informieren zu müssen;[668] weiterhin, wenn der Täter irrig glaubt, freiwillige Angaben über den von § 37 Abs. 1 geforderten Inhalt hinaus seien nicht vom Straftatbestand erfasst.[669] Die Annahme eines Tatbestandsirrtums ist indes in beiden Fällen verfehlt, da der Täter nicht über tatsächliche Umstände irrt. Im ersten Fall hat der Täter eine falsche Vorstellung vom Umfang seiner Pflichten, was als Gebotsirrtum iSv § 17 StGB einzustufen ist. Insbesondere darf aus dem **Blankettcharakter** von § 399 nichts anderes gefolgert werden. Denn Bezugspunkt des Vorsatzes ist auch bei einem Blanketttatbestand nicht die Kenntnis von der Ausfüllungsnorm als solcher, sondern die Kenntnis der Tatumstände der ausfüllenden Norm.[670] Im zweiten Fall geht der Täter davon aus, dass über die Verpflichtung aus § 37 hinausgehende freiwillige Angaben nicht unter den Begriff der falschen Angaben fallen, was zunächst einen Subsumtionsirrtum darstellt. Sofern der Täter der Ansicht ist, das Machen falscher freiwilliger Angaben sei daher erlaubt, liegt ebenfalls ein Verbotsirrtum iSv § 17 StGB vor; zur problematischen Tendenz, zunehmend auf § 16 StGB zurückzugreifen, um eine als unangemessen empfundene Strafbarkeit zu vermeiden, auch → Rn. 272. 266

Als Tatbestandsirrtum wird auch die Fehleinschätzung erachtet, dass das eingezahlte Kapital endgültig zur freien Verfügung des Vorstandes steht,[671] sollte der Täter etwa meinen, die Gutschrift auf dem persönlichen Konto eines Vorstandsmitgliedes sei ausreichend.[672] Auch wenn der Täter die nach § 37 Abs. 1 S. 1 vorgesehene Erklärung in dem Wissen abgibt (zB gegenzeichnet und weiterreicht), dass eine vorgeschriebene Einzahlung noch nicht erfolgt ist, aber damit rechnet, dies werde 267

---

[663] MüKoStGB/*Kiethe* Rn. 156; Kölner Komm AktG/*Altenhain* Rn. 103; MüKoAktG/*Schaal* Rn. 234; Hölters/*Müller-Michaels* Rn. 117; MHLS/*Dannecker* GmbHG § 82 Rn. 258.
[664] Vertiefend dazu Kölner Komm AktG/*Altenhain* Rn. 103.
[665] Vgl. GHEK/*Fuhrmann* Rn. 37; Kölner Komm AktG/*Geilen*, 1. Aufl. 1984, Rn. 80; MüKoAktG/*Schaal* Rn. 108; GJW/*Temming* Rn. 59.
[666] Vgl. Baumbach/Hueck/*Haas* GmbHG § 82 Rn. 21; GHEK/*Fuhrmann* Rn. 37; Hachenburg/*Kohlmann* GmbHG § 82 Rn. 62; *Volk* BB 1987, 139 (142); MHLS/*Dannecker* GmbHG § 82 Rn. 29; UHL/*Ransiek* GmbHG § 82 Rn. 59; Hölters/*Müller-Michaels* Rn. 114.
[667] BGH NStZ 1993, 442.
[668] BGH NStZ 1993, 442.
[669] GHEK/*Fuhrmann* Rn. 37; MüKoAktG/*Schaal* Rn. 108.
[670] *Roxin* Strafrecht AT/I § 12 Rn. 111; vgl. ausf. dazu auch Kölner Komm AktG/*Altenhain* Rn. 105; aA etwa *Bülte* NStZ 2013, 65 (67 ff.) mwN.
[671] BGH GA 1977, 340 (341); BGH NJW 2005, 3721 (3723); Bürgers/Körber/*Pelz* Rn. 23; vgl. auch Kölner Komm AktG/*Geilen*, 1. Aufl. 1984, Rn. 80; Hachenburg/*Kohlmann* GmbHG § 82 Rn. 62; MüKoAktG/*Schaal* Rn. 108; Hölters/*Müller-Michaels* Rn. 113; ERST/*Brand* GmbHG § 82, AktG § 399 Rn. 195.
[672] Vgl. UHL/*Ransiek* GmbHG § 82 Rn. 59; MHLS/*Dannecker* GmbHG § 82 Rn. 29.

bis zum Einreichen der Unterlagen beim Registergericht geschehen, liegt kein Vorsatz vor.[673] Weiterhin liegt ein Tatbestandsirrtum vor, wenn der Täter im Rahmen der dem Registergericht abzugebenden Versicherung über das Fehlen von Bestellungshindernissen (→ Rn. 228 ff.) die Frist für das Bestellungshindernis falsch berechnet und deshalb glaubt, ein solches bestehe nicht mehr.[674]

268 Bei normativen Tatbestandsmerkmalen, deren Reichweite sich erst nach zum Teil komplizierten rechtlichen Wertungen ergibt, muss im Einzelfall geprüft werden, ob der Täter (im Wege einer „Parallelwertung in der Laiensphäre") noch das Wesen des Merkmals und die Subsumierbarkeit seiner Handlung erkannt hat.[675]

269 **2. Verbotsirrtum.** Nach teilweise vertretener Auffassung soll ein Tatbestandsirrtum auch dann vorliegen, wenn der Täter annimmt, die Hingabe von Wechseln oder eine Kreditzusage erfülle die Voraussetzung der Barzahlung.[676] Die Rechtsprechung und der überwiegende Teil des Schrifttums gehen insoweit von einem Verbotsirrtum aus.[677] Gleiches gilt, wenn der Täter meint, eine noch ausstehende Einzahlung sei so geringfügig oder in nächster Zeit zu erwarten, dass Angaben hierzu nicht notwendig seien.[678] Ein Verbotsirrtum liegt auch vor, wenn der Täter die Voraussetzungen der verdeckten Sacheinlage (→ Rn. 112 ff.) verkennt und irrig an die angegebene Bareinlage glaubt[679] bzw. nicht weiß, dass ihm eine faktische Organstellung zukommt und ihn entsprechende Pflichten treffen.[680] Nicht im tatsächlichen Bereich liegt ferner die Fehlvorstellung, die Erklärung über die Einzahlung von mindestens einem Viertel des geringsten Ausgabebetrages bei der Anmeldung der Gesellschaft gem. § 36a Abs. 1, § 37 beziehe sich auf das Grundkapital insgesamt und nicht auf die vom einzelnen Gründer übernommenen Aktien.[681]

270 Ein Verbotsirrtum liegt vor, wenn ein Berufsverbot entgegen Abs. 1 Nr. 6 verschwiegen wird, weil der Täter glaubt, es sei aufgrund fehlenden Bezugs zum Unternehmensgegenstand nicht offenbarungspflichtig. In diesem Fall ist ein Verbotsirrtum nicht aufgrund dieser Fehlvorstellung zu begründen,[682] sondern allenfalls infolge der Verkennung der Pflicht, sämtliche (wirksamen) Berufsverbote zu offenbaren (hierzu → Rn. 245 ff.).

271 Allein aus der **Einschaltung eines Notars oder Rechtsanwaltes,** der über die Form der gewählten Einlage (Bar- oder Sacheinlage) beraten soll, auf einen Tatbestandsirrtum zu schließen,[683] überzeugt nicht, weil es hier auch um die Frage der Vermeidbarkeit eines Verbotsirrtums gehen könnte. So ist etwa dann, wenn ein Vorstandsmitglied seine Verfügungsbeschränkung über eine Einlage kennt und darum weiß, dass die Versicherung der „freien Verfügbarkeit" falsch ist, aus der beanstandungslosen Mitwirkung eines eingeweihten Notars weder ein Tatbestandsirrtum noch die Unvermeidbarkeit eines Verbotsirrtums zu folgern. Entscheidend ist, ob das Unrechtsbewusstsein bei aller zumutbaren Gewissensanspannung hätte vorhanden sein müssen.[684] Bei Zugrundelegung dieses Maßstabs wird man aber jedenfalls dann von der **Unvermeidbarkeit** des Verbotsirrtums ausgehen können, wenn der Betroffene zuvor bei einer über alle relevanten Sachverhaltsumstände informierten Person einen sachkundigen und unabhängigen (also nicht interessengeleiteten) Rechtsrat eingeholt und diesen zudem einer Plausibilitätskontrolle unterzogen hat.[685]

272 Folgende Konsequenz gilt es im Auge zu behalten: Immer dann, wenn man flächendeckend einen Tatbestandsirrtum forciert, propagiert man zumindest im Ergebnis die sog. Vorsatztheorie, nach der bei fehlendem Unrechtsbewusstsein der Vorsatz entfällt: Niemand könne sich in diesem unübersehbaren, ständiger Veränderung unterliegenden und sozialethisch wenig fundierten Bereich auskennen,

---

[673] GHEK/*Fuhrmann* Rn. 37; Hachenburg/*Kohlmann* GmbHG § 82 Rn. 55: Zusicherung eines solventen Gesellschafters, die Einzahlung noch am selben Tag vorzunehmen; MüKoAktG/*Schaal* Rn. 108.
[674] Kölner Komm AktG/*Altenhain* Rn. 189; MüKoAktG/*Schaal* Rn. 214.
[675] Vgl. (mit subtilen Hinweisen) BGH GA 1977, 340 (341 f.); auch Kölner Komm AktG/*Geilen,* 1. Aufl. 1984, Rn. 79; MüKoAktG/*Schaal* Rn. 104 ff.
[676] Baumbach/Hueck/*Haas* GmbHG § 82 Rn. 21; UHL/*Ransiek* GmbHG § 82 Rn. 59.
[677] RGSt 36, 185 (187); BGHSt 3, 23 f.; Hachenburg/*Kohlmann* GmbHG § 82 Rn. 63; tendenziell auch BGH NStZ 1993, 442; GHEK/*Fuhrmann* Rn. 37; MüKoAktG/*Schaal* Rn. 109; Hölters/*Müller-Michaels* Rn. 115.
[678] RGSt 14, 36 (45); Kölner Komm AktG/*Geilen,* 1. Aufl. 1984, Rn. 80; Hachenburg/*Kohlmann* GmbHG § 82 Rn. 63; MüKoAktG/*Schaal* Rn. 109.
[679] GHEK/*Fuhrmann* Rn. 37; MüKoAktG/*Schaal* Rn. 109.
[680] Vgl. BGH StV 1984, 461 f.; GHEK/*Fuhrmann* Rn. 37; MüKoAktG/*Schaal* Rn. 109; anders wohl UHL/*Ransiek* GmbHG § 82 Rn. 59, der meint, die rechtliche Bedeutung der Gesellschafterstellung müsse erfasst werden, in Rn. 61 aber wie hier: Täter muss Elemente kennen, mit denen rechtlich die Organstellung definiert ist.
[681] Bsp. bei UHL/*Ransiek* GmbHG § 82 Rn. 59, der allerdings einen Tatbestandsirrtum annimmt.
[682] So aber etwas unklar GHEK/*Fuhrmann* Rn. 84.
[683] So *Volk* BB 1987, 139 (142).
[684] Vgl. BGH GA 1959, 87 (88); BGH StV 1984, 461; vgl. auch Hachenburg/*Kohlmann* GmbHG § 82 Rn. 64: Informationspflicht; UHL/*Ransiek* GmbHG § 82 Rn. 64.
[685] Näher ERST/*Brand* GmbHG § 82, AktG § 399 Rn. 197 mwN.

so dass bei einem Irrtum keine Ahndung notwendig sei. Die Vorsatztheorie ist mit § 17 StGB jedoch nicht in Einklang zu bringen.[686] Sie überzeugt auch vom Ergebnis her nicht. Die kritiklose Einordnung als Tatbestandsirrtum würde den Weg für unhaltbare, aber nicht widerlegbare Schutzbehauptungen öffnen. Daher führt kein Weg daran vorbei, auf der Basis der Schuldtheorie über die Auslegung der einschlägigen Vorschriften nach gerechten Ergebnissen zu suchen.[687] Im Übrigen kann man unbillige Ergebnisse in diesem sozialethisch wenig vorgeprägten Bereich auch durch einen großzügigeren Maßstab bei der Frage der Unvermeidbarkeit gem. § 17 S. 1 StGB vermeiden.[688]

IX. Vollendung und Beendigung

1. Vollendung. Für den gesamten § 399 gilt: Ist das Stadium der Vollendung nicht erreicht, bleibt 273 der Täter mangels **Versuchsstrafbarkeit** straflos (§ 12 Abs. 2 StGB, § 23 Abs. 1 StGB). Dies hat auch Auswirkungen für die Konstellationen des untauglichen Versuchs. Sämtliche Varianten des § 399 sind **Äußerungsdelikte** (vgl. schon → Rn. 9). Sie sind vollendet, wenn die jeweilige Erklärung dem bzw. den Adressaten zugegangen ist. Mit Ausnahme von § 399 Abs. 1 Nr. 2 und Nr. 3 ist der für die Vollendung maßgebliche Adressat das **Registergericht**.[689] Vollendung tritt unabhängig von einer Kenntnisnahme zuständiger Mitarbeiter ein, sobald die Erklärung, die regelmäßig in bestimmten Urkunden enthalten ist, in den Machtbereich des (zuständigen) Registergerichts gelangt ist (vgl. schon → Rn. 92), sofern sie zu diesem Zwecke in den Verkehr gegeben wurde;[690] beachte aber sogleich → Rn. 277. Ist die Erklärung gegenüber einem unzuständigen Registergericht abgegeben worden, tritt gleichwohl Vollendung ein, leitet dieses die Anmeldung an die zuständige Stelle weiter,[691] zum Schutz des Täters aber nur dann, wenn eine solche Weiterleitung üblichen Gepflogenheiten entspricht. Werden die falschen Angaben mündlich abgegeben (etwa bei einer Rückfrage des Registergerichts), müssen sie vom zuständigen Sachbearbeiter des Gerichts zur Kenntnis genommen werden.[692]

Unerheblich ist die Methode der Übermittlung. Aufgrund des EHUG[693] sind seit dem 1.1.2007 274 alle deutschen Handels-, Genossenschafts- und Partnerschaftsregister über Internet einsehbar. Anmeldungen zur Eintragung in das Handelsregister sowie Dokumente müssen **elektronisch** in öffentlich beglaubigter Form beim zuständigen Amtsgericht eingereicht werden (§ 12 Abs. 1 S. 1, Abs. 2 S. 1 HGB). Erforderlich ist eine Wahrung des § 126a BGB; die Beglaubigung kann als einfaches elektronisches Zeugnis gem. § 39a BeurkG erfolgen.[694] Die **Führung des Handelsregisters** bleibt nach § 8 Abs. 1 HGB den Gerichten vorbehalten. Der zum Teil geforderten Übertragung dieser Aufgabe an beliehene Unternehmen oder die Industrie- und Handelskammern[695] erteilte das EHUG eine Absage.[696] Sollte es, was derzeit nicht zu erwarten ist, zu Änderungen in diese Richtung kommen, ist für eine Vollendung des § 399 der Zugang beim gesetzlich bestimmten Adressaten notwendig. Die **Führung des Unternehmensregisters** obliegt vorbehaltlich einer Regelung nach § 9a Abs. 1 HGB dem Bundesministerium der Justiz und für Verbraucherschutz.[697] Das Unternehmensregister bündelt für Unternehmen verschiedener Formen die bisher auf verschiedene Register verstreuten Daten sowie weitere Angaben und ermöglicht einen zentralen elektronischen Abruf.

Bei den anderen Tatvarianten genügt, dass die unwahren Angaben **Dritten** zugänglich gemacht 275 wurden, die den Gesamtgegenstand der Erklärung bestimmungsgemäß eigenen Erklärungen oder Entscheidungen zugrunde legen, also etwa Berichte iSd Abs. 1 Nr. 2 prüfen, als richtig weiterleiten

---

[686] Kölner Komm AktG/*Altenhain* Rn. 105.
[687] *Jescheck/Weigend* Strafrecht AT, 5. Aufl. 1996, 459 f.
[688] *Roxin* Strafrecht AT/I § 21 Rn. 38 ff., 41 ff.
[689] BGH wistra 2016, 404 (406) bzgl. § 399 Abs. 1 Nr. 4; Kölner Komm AktG/*Altenhain* Rn. 109, 160, 173, 191, 199; Großkomm AktG/*Otto* Rn. 103, 179, 200, 218, 232; Hölters/*Müller-Michaels* Rn. 121.
[690] GHEK/*Fuhrmann* Rn. 99; Kölner Komm AktG/*Geilen*, 1. Aufl. 1984, Rn. 83, 162; Hachenburg/*Kohlmann* GmbHG § 82 Rn. 55; MüKoAktG/*Schaal* Rn. 236 ff.; MüKoStGB/*Kiethe* Rn. 150; Großkomm AktG/*Otto* Rn. 103, 179, 200, 218, 232; NK-WSS/*Krause/Twele* Rn. 47; K. Schmidt/Lutter/*Oetker* Rn. 21; UHL/*Ransiek* GmbHG § 82 Rn. 67; *Niedernhuber*, Strafrechtliche Risiken des konzernweiten Cash Pooling, 2016, 357.
[691] Kölner Komm AktG/*Altenhain* Rn. 109.
[692] GJW/*Temming* Rn. 60.
[693] Gesetz über elektronische Handelsregister und Genossenschaftsregister sowie das Unternehmensregister v. 10.11.2006, BGBl. 2006 I 2553; vgl. RegE v. 15.12.2005, BT-Drs. 16/960, 1 ff. Das Gesetz beruht auf der sog. Transparenz-RL (RL 2004/109/EG).
[694] Vgl. RegE EHUG v. 15.3.2006, BT-Drs. 16/960, 45.
[695] Hierzu *Gernoth* BB 2004, 837 (838 ff.); krit. *Ries* BB 2004, 2145 ff.
[696] Vorgesehen ist lediglich die Verlagerung der Zuständigkeit für die Entgegennahme von Jahresabschlüssen auf den Betreiber des elektronischen Bundesanzeigers.
[697] Die Delegation an die „Bundesanzeiger Verlag GmbH" wurde bis zum 31.12.2026 ausgesprochen, vgl. MüKoHGB/*Krafka* HGB § 9a Rn. 5.

und letztlich als Bedingung einer Eintragung behandeln (selbst wenn sie die Unrichtigkeit kennen[698]) oder aufgrund einer öffentlichen Ankündigung gem. Abs. 1 Nr. 3 eine Beteiligung an der Gesellschaft vornehmen könnten. Unerheblich ist in denjenigen Fällen, in denen nicht das Registergericht angesprochen wird, auch, ob der Dritte zum typischen bzw. obligatorischen Adressatenkreis gehört.[699] Bei der öffentlichen Ankündigung genügt deshalb bereits die Veröffentlichung (in Zeitungen, Prospekten usw).

276   **2. Teleologische Tatbestandsreduktion.** Die Tatvarianten des Gründungsschwindels (Abs. 1 Nr. 1 und 2), des Kapitalerhöhungsschwindels (Abs. 1 Nr. 4 und Abs. 2), des Abwicklungs- (Abs. 1 Nr. 5) und des Eignungsschwindels (Abs. 1 Nr. 6) haben gemein, dass die Beeinträchtigung des geschützten Vertrauensrechtsguts in zwei Schritten erfolgt: Zunächst müssen die falschen Angaben dem Registergericht zugegangen sein; damit ist regelmäßig Vollendung eingetreten. Die Angaben müssen dann im HR (bzw. Unternehmensregister) publiziert werden. Hiermit wird das geschützte Rechtsgut beeinträchtigt. Es lassen sich somit die folgenden drei Situationen unterscheiden: (1) Es werden falsche Angaben gemacht, diese finden Einzug in das HR. (2) Es werden falsche Angaben gemacht, das Registergericht bemerkt dies aber, weist den Eintragungsantrag ab, es kommt nicht zur Eintragung. (3) Es werden falsche Angaben gemacht, diese werden jedoch durch den Täter korrigiert, bevor es zur Eintragung bzw. zur Abweisung der Eintragung kommt.

277   In den Situationen (1) und (2) wird das geschützte Vertrauensrechtsgut beeinträchtigt. Denn auch wenn das Registergericht die Falschangaben erkennt, bestand zumindest zum Zeitpunkt der Prüfung des Eintragungsantrags eine abstrakte Gefahr für das geschützte Vertrauensrechtsgut.[700] Dies bedeutet auch, dass in den Fällen, in denen der Eintragungsantrag noch nicht entscheidungsreif ist (vgl. auch schon → Rn. 56), die Entstehung einer abstrakten Gefahr ausgeschlossen ist.[701] Vor Entscheidungsreife kann eine Eintragung bei pflichtgemäßem Handeln des Registergerichtes nicht bewirkt werden. Die schlichte Möglichkeit einer Vernachlässigung von Prüfungspflichten durch die hierzu gesetzlich berufene hoheitliche Stelle im Einzelfall kann eine zu frühzeitige Tatvollendung oder Gefahrzurechnung an den Erklärenden nicht rechtfertigen. Der Antrag, die notwendigerweise abzugebenden Versicherungen, Nachweise usw müssen deswegen vollständig sein.[702] Das Gericht fordert sie ggf. durch Zwischenverfügungen (§ 382 Abs. 4 S. 1 FamFG) an. Bis zur Entscheidungsreife, die freilich auch durch nicht fristgemäß behobene Mängel eintreten kann, sind Falschangaben somit auch stets korrigierbar (Situation 3).

278   Überwiegend wird der Fall der Korrektur nach Entscheidungsreife (Situation 2) als ein solcher betrachtet, bei dem eine analoge Anwendung der Regeln zum Rücktritt (§ 24 StGB), zur tätigen Reue (§ 261 Abs. 9 StGB, § 264 Abs. 5 StGB, § 264a Abs. 3 StGB, § 265b Abs. 2 StGB, § 306e StGB)[703] oder des § 158 StGB aufgrund der gesetzgeberischen Entscheidung und trotz des bei einem abstrakten Gefährdungsdelikt weit vorgelagerten Vollendungszeitpunktes ausscheidet.[704] Berichtigungen sollen insoweit lediglich im Rahmen der Strafzumessung zu berücksichtigen sein.[705] Die Ungleichbehandlung insbes. mit den §§ 264, 264a und 265b StGB ist lediglich in den Fällen nicht zu rechtfertigen, in denen eine Korrektur von Falschangaben vor der Rechtsgutsbeeinträchtigung noch verlässlich möglich ist, weil es sich um einen jederzeit erreichbaren individuellen Erklärungsadressaten handelt.[706] Derartige Ausnahmefälle, in denen der Empfängerkreis vor einer Rechtsgutsbe-

---

[698] Vgl. Kölner Komm AktG/*Geilen*, 1. Aufl. 1984, Rn. 86, 106; Großkomm AktG/*Klug*, 3. Aufl. 1975, Anm. 37.
[699] Kölner Komm AktG/*Geilen*, 1. Aufl. 1984, Rn. 106.
[700] Siehe auch BGH wistra 2016, 404 (406).
[701] AA Kölner Komm AktG/*Altenhain* Rn. 110 iVm Fn. 240, der explizit keine Entscheidungsreife verlangt, aber davon ausgeht, dass eine Tatbestandsverwirklichung nur dann vorliege, wenn auf Grundlage der bereits (ggf. teilweise) gemachten Angaben eine Eintragung in das Handelsregister abstrakt möglich sei. Man kann sich freilich fragen, wie eine Eintragung bei fehlender Entscheidungsreife abstrakt möglich sein soll.
[702] Wie hier MüKoAktG/*Pentz* § 37 Rn. 14; aA wohl Hachenburg/*Kohlmann* GmbHG § 82 Rn. 52: Bei sukzessiver Einreichung mehrerer Urkunden genügt bereits eine mit Falschangaben.
[703] Kölner Komm AktG/*Altenhain* Rn. 111.
[704] Kölner Komm AktG/*Geilen*, 1. Aufl. 1984, Rn. 84; MüKoStGB/*Kiethe* Rn. 157; vgl. auch RGSt 37, 25 (27); GHEK/*Fuhrmann* Rn. 99; teilw. abw. *Schröder*, Aktienhandel und Strafrecht, 1994, 43 ff.: analoge Anwendung des § 264a Abs. 3 StGB bei § 399 Abs. 1 Nr. 3; ähnlich UHL/*Ransiek* GmbHG § 82 Rn. 69; hiergegen MüKoAktG/*Schaal* Rn. 148 f.
[705] Park/*Südbeck*/*Eidam* Teil 3 Kap. 8.1. § 399 Rn. 52.
[706] Näher *Krack* NStZ 2001, 505 (506 f.); iErg auch Achenbach/Ransiek/Rönnau/*Ransiek* 8. Teil 3. Kap. Rn. 48; Großkomm AktG/*Otto* Rn. 105: Erwägung der Strafbefreiung analog § 158 StGB. Deswegen überzeugt es nicht, wie *Schröder* (Aktienhandel und Strafrecht, 1994, 43 ff.) die analoge Anwendung des § 264a Abs. 3 StGB bei gleichzeitiger Verwirklichung des § 264 StGB auf § 399 Abs. 1 Nr. 3 wegen des angeblich eingeschränkten Schutzbereiches dieser Variante (Anlegerschutz) zu beschränken.

einträchtigung noch zuverlässig über die Korrektur informiert werden kann, sind schwer vorstellbar. Denkbar erscheint dies etwa dann, wenn die Ankündigung per Rundschreiben an einen bestimmten Kundenkreis erfolgte (→ Rn. 187) und rechtzeitig auf entsprechendem Wege korrigiert wurde. In diesen allerdings eher seltenen Ausnahmefällen dürfte eine teleologische Reduktion des § 399 angezeigt sein. In allen übrigen Konstellationen kann die **Berichtigung einer öffentlichen Ankündigung** nach § 47 Nr. 3 (iVm § 399 Abs. 1 Nr. 3) allein bei der Strafzumessung berücksichtigt werden.

3. Beendigung. Der Zeitpunkt der Beendigung ist vor allem für die Möglichkeit von (sukzessiver) 279 Mittäterschaft und Teilnahme (vor allem Beihilfe) beachtlich, sofern man diese bedenkliche Ausweitung der Teilnahme anerkennt, ferner für den **Verjährungsbeginn** (§ 78a StGB). Soweit die Tatbestände auf eine Eintragung im HR abstellen, finden mit ihr oder der rechtskräftigen Abweisung des Eintragungsantrags die Delikte ihren Abschluss.[707] Der BGH hat dagegen in einer Einzelentscheidung auf den Eingang beim Registergericht abgestellt,[708] was nicht überzeugt, weil eine Rechtsgutsverletzung zu diesem Zeitpunkt noch nicht endgültig eingetreten ist[709] und eine Intensivierung der Gefährdung durch weitere wahrheitswidrige Angaben, auch Dritter, eintreten kann.[710] Gleiches gilt für die nach Abs. 1 Nr. 2 abzugebenden Berichte und die nach Abs. 1 Nr. 6 oder Abs. 2 abzugebenden Versicherungen und Erklärungen. Auch sie werden letztlich einer Entscheidung des Registerrichters über die Vornahme einer Eintragung zugrunde gelegt. Bei Abs. 1 Nr. 3 fallen aufgrund der Tatbestandsstruktur Vollendung und Beendigung zusammen.[711] Es kommt also auf die Möglichkeit der Kenntnisnahme durch die Allgemeinheit an.[712]

Da sämtliche Delikte keine Erhöhung des Mindeststrafmaßes vorsehen, sind sie als **Vergehen** 280 (§ 12 Abs. 2 StGB) einzustufen. Somit ist der **Versuch** mangels ausdrücklicher gesetzlicher Anordnung nicht strafbar (§ 23 Abs. 1 StGB).

X. Konkurrenzen

Zwischen den **einzelnen Tatbeständen des § 399** kann, etwa wenn dasselbe Organmitglied 281 unwahre Angaben in verschiedenen Tatgegenständen zeitgleich einreicht, Tateinheit (§ 52 StGB) bestehen.[713] Ist eine frühere Falschangabe inzwischen Tatbeendigung eingetreten, kann eine nachfolgende Deliktsverwirklichung auch in Tatmehrheit (§ 53 StGB) zur ersten stehen, selbst wenn dieselben Falschangaben verwendet werden.[714] Dagegen ist das Verhalten desselben Täters, das zwar einen neuen Tatbestand erfüllt, aber einer früheren Deliktsverwirklichung vor Tatbeendigung nachfolgt und deren Fehlinformation lediglich perpetuiert, als straflose Nachtat zu werten, so etwa, wenn ein Gründer im Gründungsbericht unrichtige Angaben macht und diese als nunmehriges Aufsichtsratsmitglied im Prüfbericht übernimmt.[715]

Tateinheit kann zB vorliegen mit **§ 263 StGB,** etwa wenn eine unrichtige Angabe von einer 282 anderen Person zur Grundlage einer Vermögensverfügung gemacht wird;[716] mit **§ 264a StGB** (ins-

---

[707] Vgl. BGH wistra 1987, 212 (zur GmbH); GHEK/*Fuhrmann* Rn. 100; MüKoAktG/*Schaal* Rn. 241; MüKoStGB/*Kiethe* Rn. 154 f.; Großkomm AktG/*Otto* Rn. 106; UHL/*Ransiek* GmbHG § 82 Rn. 68; Kölner Komm AktG/*Altenhain* Rn. 112; NK-WSS/*Krause/Tiwele* Rn. 48; tendenziell auch OLG München NZG 2004, 230 (233).
[708] BGH NJW 2000, 2285.
[709] So zu Recht MüKoAktG/*Schaal* Rn. 241; Hölters/*Müller-Michaels* Rn. 124.
[710] Zust. NK-WSS/*Krause/Tiwele* Rn. 48.
[711] Vgl. Achenbach/Ransiek/Rönnau/*Ransiek* 8. Teil 3. Kap. Rn. 62; MüKoStGB/*Kiethe* Rn. 155; NK-WSS/ *Krause/Tiwele* Rn. 48.
[712] MüKoAktG/*Schaal* Rn. 241 verlangt, dass ein großer Teil der bestimmungsmäßigen Adressaten Kenntnis nahm, was nicht zu operationalisieren ist; eine andere Lösung geht dahin, Beendigung nicht vor Übernahme sämtlicher in der Ankündigung angebotener Aktien durch neue Aktionäre anzunehmen; vgl. Kölner Komm AktG/*Geilen*, 1. Aufl. 1984, Rn. 180.
[713] Vgl. MüKoStGB/*Kiethe* Rn. 158; MüKoAktG/*Schaal* Rn. 243; Großkomm AktG/*Otto* Rn. 118; Park/ *Südbeck/Eidam* Teil 3 Kap. 8.1. § 399 Rn. 53; Hölters/*Müller-Michaels* Rn. 135; NK-WSS/*Krause/Tiwele* Rn. 49; Kölner Komm AktG/*Geilen*, 1. Aufl. 1984, Rn. 182, der jedoch zT für Konsumtion eintritt; vgl. auch Hachenburg/*Kohlmann* GmbHG § 82 Rn. 21: Handlungseinheit.
[714] Vgl. auch GHEK/*Fuhrmann* Rn. 102 sowie MüKoAktG/*Schaal* Rn. 243, die hier aber auf Tatvollendung abstellen, was nicht nachvollzogen werden kann und dazu führen würde, dass auch auf ein und dieselbe Eintragung abzielende Falschangaben ggf. jeweils selbstständige Delikte begründen und zur Straferhöhung führen (wird aaO etwa für Gründungsschwindel durch unrichtige Anmeldung nach Nr. 1 und durch unrichtige Berichte nach Nr. 2 angenommen).
[715] GHEK/*Fuhrmann* Rn. 102; Kölner Komm AktG/*Geilen*, 1. Aufl. 1984, Rn. 182; MüKoAktG/*Schaal* Rn. 245; MüKoStGB/*Kiethe* Rn. 160; vgl. auch GJW/*Temming* Rn. 63.
[716] Vgl. auch MüKoStGB/*Kiethe* Rn. 161; Erbs/Kohlhaas/*Schaal* Rn. 112; Kölner Komm AktG/*Geilen*, 1. Aufl. 1984, Rn. 182: kein Zurücktreten des Gefährdungsdeliktes hinter dem Erfolgsdelikt; MüKoAktG/*Schaal* Rn. 243; GJW/*Temming* Rn. 63.

bes. bei § 399 Abs. 1 Nr. 3), etwa durch Falschangaben in einem Börsenzulassungsprospekt;[717] mit **§ 266 StGB,** etwa, wenn eigene Bereicherungen zulasten der Gesellschaft verdeckt oder ermöglicht werden und der Gesellschaft ein Schaden entsteht; mit **§ 267 StGB,** etwa wenn zur Untermauerung unwahrer Angaben der Inhalt fremder Erklärungen mit Beweiswirkung (etwa von Prüfberichten) verfälscht wird; mit **§ 16 UWG** oder **§ 119 Abs. 1 WpHG, § 120 Abs. 15 Nr. 2 WpHG,** falls etwa die falschen Angaben in der öffentlichen Ankündigung gem. § 399 Abs. 1 Nr. 3 zugleich die Voraussetzungen einer strafbaren Werbung oder einer informationsgestützten Marktmanipulation erfüllen. Sofern der Nachweis nach § 274 Abs. 3 durch eine eidesstattliche Versicherung erbracht wird, kann § 399 Abs. 1 Nr. 5 tateinheitlich mit **§ 156 StGB** verwirklicht sein.[718] **§ 271 StGB** wird dagegen nicht allein durch die von § 399 erfassten Verhaltensweisen verwirklicht. Wahrheitsschutz genießen öffentliche Urkunden (und Registereintragungen) nur, soweit die in Bezug auf die jeweilige Erklärung für und gegen jedermann Beweiskraft haben. Dies gilt bei Handelsregistereintragungen zwar hinsichtlich der Person, welche die jeweilige Erklärung abgegeben hat, aber nicht für deren inhaltliche Richtigkeit.[719]

XI. Strafverfolgung und Rechtsfolgen

283 Aus der Bestimmung des **Rechtsguts** (→ Rn. 1 ff.) ergeben sich nicht nur Hilfestellungen für materielle Fragen. Auch prozessual ist eine solche in vielen Fällen präjudiziell: So führt der Schutz eines überindividuellen Vertrauensrechtsguts über § 399 dazu, dass – anders als etwa beim Geheimnisschutz des § 404 – die Strafverfolgung nicht in der Disposition des Einzelnen liegt, sondern von Amts wegen erfolgt.[720]

284 Für das **Klageerzwingungsverfahren** ist wiederum von Bedeutung, dass über § 399 auch das Vermögen als individuelles Rechtsgut geschützt wird (→ Rn. 5). Dies ist deshalb relevant, weil das deutsche Strafrecht **keine sog. Popularklage** kennt.[721] Verletzte iSd § 172 Abs. 1 StPO sind also lediglich diejenigen, die durch die Tat in ihren Vermögensinteressen tangiert sein können.[722]

285 Nach § 74c Abs. 1 Nr. 1 GVG ist für Straftaten nach dem AktG die Wirtschaftsstrafkammer zuständig, sofern sie erstinstanzlich beim Landgericht oder in der Berufungsinstanz anhängig sind. Über § 143 Abs. 4 GVG ist die Einrichtung von Schwerpunktstaatsanwaltschaften mit spezifischen Kenntnissen möglich, die sich der Wirtschaftsstrafsachen annehmen können. Diese erfordern regelmäßig dezidierte Kenntnisse in der jeweiligen akzessorischen Materie des Wirtschaftsrechts.

286 Straftaten der §§ 399 ff. sind aufgrund der Strafdrohung **Vergehen,** § 12 Abs. 2 StGB. Der **Strafrahmen** des § 399 umfasst Freiheitsstrafe bis zu drei Jahren[723] oder Geldstrafe. Beide Strafarten können nach § 41 StGB auch kumulativ verhängt werden, wenn sich der Täter durch die Tat bereichert oder zu bereichern versucht hat.

287 Daneben kommt eine Einziehung (§§ 73 ff. StGB) in Betracht und es ist die Verhängung eines Berufsverbots gem. § 70 StGB in Erwägung zu ziehen.[724] Eine Unternehmensgeldbuße kann verhängt werden, etwa wenn als Abwickler eine juristische Person oder Personengesellschaft agiert (§ 30 Abs. 1 Nr. 1, 3 OWiG).

288 Die Deliktsstruktur als abstraktes Gefährdungsdelikt (→ Rn. 9) beeinflusst die fünfjährige **Verjährungsfrist** für die Strafverfolgung (§ 78 Abs. 3 Nr. 4 StGB). Denn diese beginnt nach § 78a S. 1 StGB mit der Beendigung der Ausführungshandlung. Der Erfolg ist mit der abstrakten Gefährdung gleichzusetzen.[725]

289 § 399 fasst technisch verschiedene Straftaten zusammen. Daher muss bereits der **Urteilstenor** und dürfen nicht erst die Urteilsgründe hinreichend klar erkennen lassen, welche Tatbestandsvariante des § 399 ein Täter verwirklicht hat.[726]

---

[717] Schröder, Aktienhandel und Strafrecht, 1994, 43.
[718] Kölner Komm AktG/*Altenhain* Rn. 202.
[719] Vgl. RGSt 66, 356 ff.; 18, 150 ff.; BGH NStZ 2016, 675 (676) mAnm *Schuster; Fischer* StGB § 271 Rn. 5, 9; GHEK/*Fuhrmann* Rn. 102; MüKoStGB/*Kiethe* Rn. 161; Kölner Komm AktG/*Geilen*, 1. Aufl. 1984, Rn. 184; Park/*Südbeck/Eidam* Teil 3 Kap. 8.1. § 399 Rn. 56; Kölner Komm AktG/*Altenhain* Rn. 203.
[720] Großkomm AktG/*Otto* § 399 Rn. 236: Offizialdelikt; NK-WSS/*Krause/Twele* Rn. 50; ebenso Kölner Komm AktG/*Altenhain* Rn. 204, der darauf hinweist, dass das Registergericht keine Anzeigepflicht trifft.
[721] *Hefendehl* GA 1997, 119 ff.
[722] MüKoAktG/*Schaal* Rn. 247; Kölner Komm AktG/*Altenhain* Rn. 204.
[723] Krit. zur Herabsetzung gegenüber dem früheren Gründungsschwindel Kölner Komm AktG/*Geilen*, 1. Aufl. 1984, Rn. 7.
[724] Kölner Komm AktG/*Altenhain* Rn. 208.
[725] Großkomm AktG/*Otto* § 399 Rn. 238 mwN.
[726] MüKoAktG/*Schaal* Rn. 249; MüKoStGB/*Kiethe* Rn. 169; Kölner Komm AktG/*Altenhain* Rn. 206; MHLS/*Dannecker* GmbHG § 82 Rn. 264.

§ 400 Unrichte Darstellung

(1) Mit Freiheitsstrafe bis zu drei Jahren oder mit Geldstrafe wird bestraft, wer als Mitglied des Vorstands oder des Aufsichtsrats oder als Abwickler
1. die Verhältnisse der Gesellschaft einschließlich ihrer Beziehungen zu verbundenen Unternehmen in Darstellungen oder Übersichten über den Vermögensstand, in Vorträgen oder Auskünften in der Hauptversammlung unrichtig wiedergibt oder verschleiert, wenn die Tat nicht in § 331 Nr. 1 oder 1a des Handelsgesetzbuchs mit Strafe bedroht ist, oder
2. in Aufklärungen oder Nachweisen, die nach den Vorschriften dieses Gesetzes einem Prüfer der Gesellschaft oder eines verbundenen Unternehmens zu geben sind, falsche Angaben macht oder die Verhältnisse der Gesellschaft unrichtig wiedergibt oder verschleiert, wenn die Tat nicht in § 331 Nr. 4 des Handelsgesetzbuchs mit Strafe bedroht ist.

(2) Ebenso wird bestraft, wer als Gründer oder Aktionär in Aufklärungen oder Nachweisen, die nach den Vorschriften dieses Gesetzes einem Gründungsprüfer oder sonstigen Prüfer zu geben sind, falsche Angaben macht oder erhebliche Umstände verschweigt.

Schrifttum: *Abram,* Ansprüche von Anlegern wegen Verstoßes gegen Publizitätspflichten oder den Deutschen Corporate Governance Kodex?, NZG 2003, 307; *Arnhold,* Auslegungshilfen zur Bestimmung einer Geschäftslagentäuschung im Rahmen der §§ 331 Nr. 1 HGB, 400 Abs. 1 Nr. 1 AktG, 82 Abs. 2 Nr. 2 GmbHG, 1993; *Bachmann,* Anmerkung zum Urteil des BGH vom 13.12.2011 über die Haftung wegen fehlerhafter Kapitalmarktinformation (XI ZR 51/10), JZ 2012, 578; *Bayer,* Aktionärsklagen de lege lata und de lege ferenda, NJW 2000, 2609; *Bayer,* Grundsatzfragen der Regulierung der aktienrechtlichen Corporate Governance, NZG 2013, 1; *Beckemper,* Das Rechtsgut „Vertrauen in die Funktionsfähigkeit der Märkte", ZIS 2011, 318; *Becker,* Anmerkung zum Urteil des BGH vom 12.10.2016 (5 StR 134/15), NJW 2017, 232; *Becker/Endert,* Außerbilanzielle Geschäfte, Zweckgesellschaften und Strafrecht, ZGR 2012, 699; *Braun/Rotter,* Können Ad-hoc-Mitteilungen Schadensersatzansprüche im Sinne der allgemeinen zivilrechtlichen Prospekthaftung auslösen?, BKR 2003, 918; *Buchta,* Die Haftung des Vorstands einer Aktiengesellschaft, DStR 2003, 694 und 740; *Burkhardt,* Rechtsirrtum und Wahndelikt, JZ 1981, 681; *Casper,* Persönliche Außenhaftung der Organe bei fehlerhafter Information des Kapitalmarkts?, BKR 2005, 83; *Cobet,* Fehlerhafte Rechnungslegung, 1991; *Demuth,* Anm. zu BGH v. 18.6.2001 – II ZR 212/99, BB 2001, 1758; *Deuss,* Das Auskunftsrecht des Aktionärs in der Hauptversammlung der Aktiengesellschaft nach § 112 AktG und als Problem der Aktienrechtsreform, 1962; *Duve/Basak,* Welche Zukunft hat die Organaußenhaftung für Kapitalmarktinformationen?, BB 2005, 2645; *Ederle,* Die jährliche Entsprechenserklärung und die Mär von der Selbstbindung, NZG 2010, 655; *Eisenschmidt,* Quartalsberichterstattung im Spannungsverhältnis zwischen Pflicht und Kür: Eine empirische Analyse zur praktischen Umsetzung im Prime Standard nach Änderung der Börsenordnung, IRZ 2016, 419; *Findeisen,* Die Bedeutung der haftungsbegründenden Kausalität einer fehlerhaften Ad-hoc-Mitteilung für die Anlageentscheidung des Schadensersatzklägers, NZG 2007, 692; *Fleischer,* Die persönliche Haftung der Organmitglieder für kapitalmarktbezogene Falschinformationen, BKR 2003, 608; *Fleischer,* Das Haffa-Urteil: Kapitalmarktstrafrecht auf dem Prüfstand, NJW 2003, 2584; *Fleischer,* Zur deliktsrechtlichen Haftung der Vorstandsmitglieder für falsche Ad-hoc-Mitteilungen, DB 2004, 2031; *Friedl,* Die Haftung des Vorstands und Aufsichtsrats für eine fehlerhafte Stellungnahme gemäß § 27 I WpÜG, NZG 2004, 448; *Fuchs/Dühn,* Deliktische Schadensersatzhaftung für falsche Ad-hoc-Mitteilungen, BKR 2002, 1063; *Gäbhard,* Das Tatbestandsmerkmal der „wesentlichen Umstände" beim Kapitalanlagebetrug § 264a StGB, 1993; *Gaede/Mühlbauer,* Wirtschaftsstrafrecht zwischen europäischem Primärrecht, Verfassungsrecht und der richtlinienkonformen Auslegung am Beispiel des Scalping, wistra 2005, 9; *Gaßmann,* Abschöpfung illegitimer Tatvorteile und Ansprüche geschädigter Aktionäre, wistra 2004, 41; *Geerds,* Wirtschaftsstrafrecht und Vermögensschutz, 1990; *Gerber,* Die Haftung für unrichtige Kapitalmarktinformationen, DStR 2004, 1793; *Goette,* Aktuelle Rechtsprechung des Bundesgerichtshofs zum Aktienrecht, DStR 2005, 561; *Götz,* Rechte und Pflichten des Aufsichtsrats nach dem Transparenz- und Publizitätsgesetz, NZG 2000, 599; *Gottschalk,* Die deliktische Haftung für fehlerhafte Ad-hoc-Mitteilungen – Zugleich eine Besprechung der BGH-Entscheidung vom 9.5.2005 – EM.TV, DStR 2005, 1648; *Gramich,* Die Strafvorschriften des Bilanzrichtliniengesetzes, wistra 1987, 157; *Groß,* Haftung für fehlerhafte oder fehlende Regel- oder ad-hoc-Publizität, WM 2002, 477; *Hannich,* Quo vadis, Kapitalmarktinformationshaftung? Folgt aufgrund des IKB-Urteils nun doch die Implementierung des KapInHaG?, WM 2013, 449; *Harbeck,* Schadensersatzansprüche wegen Beratungsfehlern aufgrund von Prospektfehlern, jurisPR-InsR 1/2014 Anm. 6; *Hefendehl,* Kollektive Rechtsgüter im Strafrecht, 2002; *Hefendehl,* Enron, Worldcom und die Folgen: Das Wirtschaftsstrafrecht zwischen kriminalpolitischen Erwartungen und dogmatischen Erfordernissen, JZ 2004, 18; *Hellgardt,* Fehlerhafte Ad-hoc-Publizität als strafbare Marktmanipulation, ZIP 2005, 2000; *Hellgardt,* Europarechtliche Vorgaben für die Kapitalmarktinformationshaftung de lege lata und nach Inkrafttreten der Marktmissbrauchsverordnung, AG 2012, 154; *Hellgardt,* Praxis- und Grundsatzprobleme der BGH-Rechtsprechung zur Kapitalmarktinformationshaftung, DB 2012, 673; *Holzborn/Foelsch,* Schadensersatzpflichten von Aktiengesellschaften und deren Management bei Anlegerverlusten – Ein Überblick, NJW 2003, 932; *Hutter/Leppert,* Das 4. Finanzmarktförderungsgesetz aus Unternehmenssicht, NZG 2002, 649; *Hutter/Stürwald,* EM.TV und die Haftung für fehlerhafte Ad-hoc-Mitteilungen, NJW 2005, 2428; *Jacobi,* Der Straftatbestand des Kapitalanlagebetrugs (§ 264a StGB), 2000; *J. Jahn,* Mehr Schutz vor Bilanzskandalen, ZRP 2003, 121; *M. Jahn,* Moralunternehmergewinne und Gewissheitsverluste, JZ 2011, 340; *Joecks,* Anleger- und Verbraucherschutz durch das 2. WiKG, wistra 1986, 142; *Joecks,* Praxis der steuerbegünstigten Kapitalanlagen Band XVII – Der Kapitalanlagebetrug, 1987; *Kann/Eigler,* Aktuelle Neuerungen des Corporate Governance Kodex, DStR 2007, 1730; *Keusch/Wankerl,* Die Haftung der Aktiengesellschaft für fehlerhafte Kapitalmarktinformationen im Spannungsfeld zum Gebot der Kapitalerhaltung, BKR 2003, 744; *Kiethe,* Persönliche Organhaftung für Falschinformation des Kapitalmarkts – Anlegerschutz durch Systembruch?, DStR 2003, 1982; *Kiethe,* Falsche Erklärung nach § 161 AktG – Haftungsverschärfung für Vorstand und Aufsichtsrat?, NZG 2003, 559; *Kiethe,* Strafrechtlicher Anlegerschutz durch § 400 I Nr. 1 AktG, NStZ 2004, 73; *Kindler,* Gesellschaftsrechtliche Grenzen der Emittentenhaftung am Kapitalmarkt – Eine Nachlese zum Fall „EM.TV" vor dem Hintergrund zwischenzeitlicher Entwicklungen, FS Hüffer, 2010, 417; *Klöhn,* Die Haftung wegen fehlerhafter Ad-hoc-Publizität gem. §§ 37b, 37c WpHG nach dem IKB-Urteil des BGH, AG 2012, 345; *Klöhn,* Ad-hoc-Publizität und Insiderverbot im neuen Marktmissbrauchsrecht, AG 2016, 423; *Klussmann,* Geschäftslagetäuschungen nach § 400 AktG, 1975; *Körner,* Infomatec und die Haftung von Vorstandsmitgliedern für falsche ad hoc-Mitteilungen, NJW 2004, 3386; *Kort,* Die Haftung von Vorstandsmitgliedern für falsche Ad-hoc-Mitteilungen, AG 2005, 21; *Krause,* Strafrechtliche Haftung des Aufsichtsrates, NStZ 2011, 57; *Langer,* Die Strafbestimmungen im Aktiengesetz und GmbH-Gesetz, 1994; *Lüdenbach/Janssen,* Internationale Rechnungslegung im Brennpunkt – Realisierung von Erlösen aus Verkäufen nach HGB und IAS 18, BC 2003, 137; *Meilicke/Heidel,* Das Auskunftsrecht des Aktionärs in der Hauptversammlung, DStR 1992, 72; *Meschede,* Dieselgate: Denkbare Anspruchsgrundlagen für Schadensersatzansprüche, ZIP 2017, 215; *Meyer,* Die Strafvorschriften des neuen Aktiengesetzes, AG 1966, 109; *Moser,* Verantwortlichkeit von Vorstandsmitgliedern bei Verletzung des Auskunftsrechts nach § 131 AktG, NZG 2017, 1419; *Mühlbauer,* Zur Einordnung des „Scalping" durch Anlageberater als Insiderhandel nach dem WpHG, wistra 2003, 169; *Mülbert/Leuschner,* Haftung organschaftlicher Vertreter für fehlerhafte Informationsangaben, JZ 2009, 158; *Mülbert/Steup,* Emittentenhaftung für fehlerhafte Kapitalmarktinformation am Beispiel der fehlerhaften Regelpublizität – das System der Kapitalmarktinformationshaftung nach AnSVG und WpHG mit Ausblick auf die Transparenzrichtlinie, WM 2005, 1633; *Müller-Michaels,* BGH: Haftung für unterbliebene Ad-hoc-Mitteilungen aus § 37b WpHG, BB 2012, 530; *Müller-Michaels,* BGH verschärft Strafbarkeit für Vorstände wegen Untreue und unrichtiger Darstellung der Verhältnisse der Gesellschaft, BB 2017, 81; *Nieding,* Haftung für fehlerhafte Sekundärmarktpublizität und Umfang der Haftung des Emittenten aus §§ 37b, 37c WpHG, jurisPR-BKR 9/2012 Anm. 2; *Olbrich/Fuhrmann,* DAX 30-Geschäftsberichte im Lichte von § 244 HGB und § 400 AktG, AG 2011, 326; *Park,* Schwerpunktbereich – Einführung in das Kapitalmarktstrafrecht, JuS 2007, 712; *Pitsch/Roskothen,* Strafbare Marktmanipulation impliziert nicht zwingend eine schadensersatzpflichtige sittenwidrige Schädigung („IKB"), jurisPR-BKR 12/2011 Anm. 3; *Poseck,* Die strafrechtliche Haftung der Mitglieder des Aufsichtsrats einer Aktiengesellschaft, 1997; *Radtke,* Organ- und Vertreterhaftung aus strafrechtlicher Sicht, ZIP 2016, 1993; *Ransiek,* Unrichtige Darstellung vom Vermögensstand einer Aktiengesellschaft – Anm. zu BGH 1 StR 420/03, JR 2005, 165; *Ransiek,* Aussteller einer Urkunde und Täter der Falschangabedelikte, FS Puppe, 2011, 1269; *Regelin/Fischer,* Zum Stand der Umsetzung des Sarbanes-Oxley Act aus deutscher Sicht, IStR 2003, 276; *Reichert/Weller,* Haftung von Kontrollorganen – Die Reform der aktienrechtlichen und kapitalmarktrechtlichen Haftung, ZRP 2002, 49; *Renzenbrink/Holzner,* Das Verhältnis von Kapitalerhaltung und Ad-hoc-Haftung, BKR 2002, 434; *Rieckers,* Haftung des Vorstands für fehlerhafte Ad-hoc-Meldungen de lege lata und de lege ferenda, BB 2002, 1213; *Rönnau,* Globale Finanzkrise – Quellen möglicher Strafbarkeitsrisiken, in Schünemann (Hrsg.), Die sogenannte Finanzkrise – Systemversagen oder global organisierte Kriminalität?, 2010, 43; *Rützel,* Der aktuelle Stand der Rechtsprechung zur Haftung bei Ad-hoc-Mitteilungen, AG 2003, 69; *Schimansky/Bunte/Lwowski,* Bankrechts-Handbuch, 5. Aufl. 2017; *Schlitt,* Die strafrechtliche Relevanz des Corporate Governance Kodexes, DB 2007, 326; *Schmitz,* Anm. zu BGH v. 6.11.2003 – 1 StR 24/03, JZ 2004, 526; *Schmolke,* Die Haftung für fehlerhafte Sekundärinformation nach dem „IKB"-Urteil des BGH, ZBB 2012, 165; *Schröder,* Aktienhandel und Strafrecht, 1994; *Schünemann,* Die Unterlassungsdelikte und die strafrechtliche Verantwortlichkeit für Unterlassungen, ZStW 96 (1984), 287; *Schüppen,* Systematik und Auslegung des Bilanzstrafrechts, 1993; *Schulte,* Anm. zu OLG München v. 6.11.2003 – 2 Ws 583–592/03, BKR 2004, 33; *Schweiger,* Anm. zu BGH v. 12.10.2016 – 5 StR 134/15, WuB 2017, 294; *Schwerdtfeger,* Strafrechtliche Pflicht der Mitglieder des Aufsichtsrats einer Aktiengesellschaft zur Verhinderung von Vorstandsstraftaten, 2016; *Schwerdtfeger,* Gesellschaftsrechtliche Ausgestaltung der Rechte und Pflichten des GmbH-Aufsichtsrats als Grundentscheidung für die strafrechtliche Risikoexposition seiner Mitglieder, NZG 2017, 455; *Seibert,* Das 10-Punkte-Programm „Unternehmensintegrität und Anlegerschutz", BB 2003, 693; *Spatscheck/Wulf,* Straftatbestände der Bilanzfälschung nach dem HGB – ein Überblick, DStR 2003, 173; *Spindler,* Neuregelungen des Kapitalmarkt- und Börsenrechts zum Anlegerschutz?, DStR 2002, 1576; *Spindler,* Haftung für fehlerhafte und unterlassene Kapitalmarktinformationen – ein (weiterer) Meilenstein, NZG 2012, 575; *Thümmel,* Haftung für geschönte Ad-hoc-Meldungen: Neues Risikofeld für Vorstände oder ergebnisorientierte Einzelfallrechtsprechung?, DB 2001, 2331; *Tödtmann/Schauer,* Der Corporate Governance Kodex zieht scharf, ZIP 2009, 995; *Trescher,* Strafrechtliche Aspekte der Berichterstattung des Aufsichtsrates, DB 1998, 1016; *Unzicker,* Haftung für fehlerhafte Kapitalmarktinformationen, WM 2007, 1596; *Wallau,* Anm. zu LG München v. 8.4.2003 – 4 KLs 305 Js 53 373/00, NStZ 2004, 290; *Weber,* Die Entwicklung des Kapitalmarktrechts im Jahre 2003, NJW 2004, 28; *Weber,* Die Entwicklung des Kapitalmarktrechts im Jahre 2008, NJW 2009, 33; *Weitnauer,* Haftung für die Außendarstellung des Unternehmens, DB 2003, 1719; *Wernsmann/Gatzka,* Der Deutsche Corporate Governance Kodex und die Entsprechenserklärung nach § 161 AktG – Anforderungen des Verfassungsrechts, NZG 2011, 1001; *Worms,* § 264a StGB – ein wirksames Remedium gegen den Anlageschwindel? (2. Teil), wistra 1987, 271; *Zeidler,* Die Hauptversammlung der Konzernmutter – ungeschriebene Zuständigkeiten und Information der Aktionäre, NZG 1998, 91; *Zielinski,* Zur Verletzteneigenschaft des einzelnen Aktionärs im Klageerzwingungsverfahren bei Straftaten zum Nachteil der Aktiengesellschaft, wistra 1993, 6.

Übersicht

	Rn.		Rn.
I. Rechtsgut und Deliktsstruktur	1–21	5. Subjektiver Tatbestand	99
1. Rechtsgut	1–6	**IV. Falschangaben gegenüber Prüfern**	100–119
a) Vertrauensrechtsgut	4	1. Täterkreis	101
b) Individualvermögen	5, 6	2. Tatmittel: Aufklärungen oder Nachweise gegenüber Prüfern	102–112
2. Haftungsmäßige Bedeutung	7–16		
a) § 400 als Schutzgesetz	7–11	a) Aufklärungen und Nachweise	102
b) Weitere Haftungstatbestände	12–16	b) Tatbestandliche Beschränkungen	103–112
3. Deliktsstruktur	17, 18	3. Tathandlung	113–118
4. Empirische und kriminalpolitische Bedeutung	19–21	a) Machen falscher Angaben	113
		b) Tun und Unterlassen	114–117
II. Entstehung und Entwicklung	22–25	c) Verschweigen erheblicher Umstände	118
III. Unrichtige Wiedergabe und Verschleierung von Gesellschaftsverhältnissen	26–99	4. Subjektiver Tatbestand	119
		V. Rechtswidrigkeit und Schuld	120–123
1. Täterkreis	27–30	**VI. Irrtum**	124–126
2. Tathandlung	31–55	1. Tatbestandsirrtum	124
a) Unrichtige Wiedergabe	32–47	2. Verbotsirrtum	125, 126
b) Verschleierung	48–52	**VII. Vollendung; Beendigung; Tätige Reue**	127–131
c) Funktionaler Zusammenhang zwischen der Schilderung und der Organstellung	53–55	1. Vollendung	127–129
		a) § 400 Abs. 1 Nr. 1	128
3. Tatgegenstand	56	b) § 400 Abs. 1 Nr. 2, Abs. 2	129
4. Tatmittel	57–98	2. Beendigung	130
a) Vorträge oder Auskünfte in der Hauptversammlung	58–64	3. Tätige Reue	131
		VIII. Konkurrenzen	132–134
b) Darstellungen oder Übersichten über den Vermögensstand	65–98	**IX. Strafverfolgung und Rechtsfolgen**	135, 136

I. Rechtsgut und Deliktsstruktur

1. Rechtsgut. § 400 will mit einer Strafdrohung an die Mitglieder von Kollegialorganen, Abwickler, Gründer und Aktionäre der Aktiengesellschaft die Richtigkeit und Vollständigkeit jeweils bestimmter Aussagen dieser Personen gewährleisten. Damit soll eine der **Wirklichkeit** entsprechende Beurteilung der Situation der Gesellschaft durch die an ihr interessierten Personen ermöglicht werden.[1] Dies dient der internen Überwachung der Geschäftsführung,[2] der Kontrolle der Ertrags- und Vermögenslage und damit insgesamt der Transparenz der Unternehmensvorgänge im gesetzlich vorgesehenen Rahmen,[3] was letztlich aufgrund der beschränkten (zivilrechtlichen) Haftung der Gesellschaft notwendig ist.[4]

Wegen dieses komplexen Interessenspektrums[5] sind in den **Schutzbereich** neben der Gesellschaft selbst[6] ihre – auch potenziellen – Vertragspartner (insbes. Gläubiger,[7] aber auch Bietergesellschaften im

---

[1] *Trescher* DB 1998, 1016; GHEK/*Fuhrmann* Rn. 2; MüKoAktG/*Schaal* Rn. 2; Achenbach/Ransiek/Rönnau/*Ransiek* 8. Teil 1. Kap. Rn. 28; vgl. auch LG München I NJW 2003, 2328 (2331).
[2] GHEK/*Fuhrmann* Rn. 2; Kölner Komm AktG/*Geilen*, 1. Aufl. 1984, Rn. 2; MüKoStGB/*Kiethe* Rn. 3: gesellschaftsinterne Kontrolle; Kölner Komm AktG/*Altenhain* Rn. 6: Überwachung der verantwortlichen Personen.
[3] Kölner Komm AktG/*Geilen*, 1. Aufl. 1984, Rn. 2 spricht von einem „(relativ!) transparenten Einblick".
[4] MüKoStGB/*Kiethe* Rn. 1.
[5] Kölner Komm AktG/*Geilen*, 1. Aufl. 1984, Rn. 3.
[6] AA diesbezüglich *Kiethe* NZG 2003, 559 (565); *Schüppen*, Systematik und Auslegung des Bilanzstrafrechts, 1993, 114 in Bezug auf den untersuchten Tatgegenstand („Jahresabschluss-Strafrecht"): Gesellschaft ist Geber, nicht Empfänger der Information; ebenso Kölner Komm AktG/*Altenhain* Rn. 7; auch erwähnt Großkomm AktG/ *Klug*, 3. Aufl. 1975, Rn. 2 die Gesellschaft nicht als Schutzadressaten. Die Ansicht überzeugt angesichts der in → Rn. 1 angesprochenen Tatsache, dass die von § 400 erfassten Informationen auch der internen Überwachung der Geschäftsführung dienen, nicht. Empfänger sind insofern auch weitere Organmitglieder (insbes. Aufsichtsrat) und Kontrollpersonen, die Interessen der Gesellschaft wahrnehmen.
[7] BGH NJW 2001, 3622 (3624).

Rahmen von Übernahmeangeboten nach dem WpÜG[8]), Anteilseigner (Aktionäre[9]) und Arbeitnehmer einbezogen.[10] Eine direkte Beziehung zur Gesellschaft ist nicht erforderlich. Geschützt ist jeder, der Dispositionen im Vertrauen auf tatbestandliche Informationen trifft, also etwa auch, wer Anteilsscheine oder Vermögenswerte der Gesellschaft von Dritten als Pfand annimmt.[11] Der Kreis geschützter Personen ist somit nicht von vornherein bestimmbar. Vielmehr betrifft der Schutz insgesamt die (an der Gesellschaft interessierte) Allgemeinheit bzw. Öffentlichkeit in Gestalt jedes Einzelnen.

3   § 400 schützt somit, wie auch § 399, sowohl ein Vertrauens- als auch ein Individualrechtsgut. Es findet eine Doppelung des Rechtsguts statt.

4   **a) Vertrauensrechtsgut.** Das geschützte Rechtsgut dient dem Vertrauen der aufgezählten Personen in die Richtigkeit und Vollständigkeit der in Abs. 1 Nr. 1, 2 sowie Abs. 2 genannten Informationen.[12] Mit diesem Vertrauen ist nicht etwa das rechtsgutsirrelevante Vertrauen in die Geltung der Rechtsordnung gemeint.[13] Vielmehr handelt es sich um ein sog. **Vertrauensrechtsgut,** das einen hinreichend präzisen Vertrauensgegenstand als Bedingung des Handelns oder Verhaltens voraussetzt.[14] Gerade im Wirtschaftsverkehr ist dieses Vertrauen – nur auf den ersten Anschein überraschend – unabdingbar, um die Komplexität wirtschaftlicher Vorgänge zu reduzieren und der Allgemeinheit zu ermöglichen, an ihr teilzunehmen. Motiv des Vertrauens ist es also, dass jene – durch den Strafschutz auf Richtigkeit und Vollständigkeit abgesicherten – Angaben als Grundlage für mit Bezug auf die Gesellschaft zu treffende Entscheidungen verschiedenster Personen und deren Ansprüche dienen können. Damit werden zugleich – wie etwa beim Straftatbestand des Kapitalanlagebetrugs[15] – im Vorfeld Vermögensdispositionen geschützt (→ Rn. 5).

5   **b) Individualvermögen.** Zusätzlich ist, wie bei § 399, auch das Vermögen selbst geschützt. Die Feststellung eines derartigen **vorverlagerten Individualrechtsgutsschutzes** in Gestalt des **Vermögens** dient dabei nicht nur der analytischen Präzisierung,[16] sondern auch der Eignung der Norm zur Verknüpfung mit zivilrechtlichen Anspruchsgrundlagen und der Erklärung ihrer Deliktsstruktur.

6   Die Organuntreue, zuletzt in § 294 AktG 1937 geregelt, geht heute in § 266 StGB auf.[17] Die jüngere BGH-Rechtsprechung hat allerdings – nach hier vertretener Ansicht zutreffend – durch die

---

[8] Hierzu *Friedl* NZG 2004, 448 (453).
[9] BGH NJW 2001, 2973 (2975) mAnm *Demuth* BB 2001, 1758 f.; NJW 2004, 2664 (2665); NJW 2005, 445 (447); NJW 2005, 2450 (2451); NJW 2017, 578 (581); OLG München NJW 2003, 144 (146); LG Marburg NJOZ 2003, 3441 (3442); *Friedl* NZG 2004, 448 (451 und 453); *Reichert/Weller* ZRP 2002, 49 (52); *Schüppen*, Systematik und Auslegung des Bilanzstrafrechts, 1993, 114: Auch Gesellschafter sind Empfänger von Informationen der Geschäftsführung; *Thümmel* DB 2001, 2331 (2332).
[10] Zur allgemeinen Aufzählung vgl. noch *Gramich* wistra 1987, 157 (158); *Kiethe* NStZ 2004, 73; *Kort* AG 2005, 21 (24); *Trescher* DB 1998, 1016; Kölner Komm AktG/*Altenhain* Rn. 7; Kölner Komm AktG/*Geilen*, 1. Aufl. 1984, Rn. 2; Großkomm AktG/*Klug*, 3. Aufl. 1975, Rn. 2; MüKoAktG/*Schaal* Rn. 2; MüKoStGB/*Kiethe* Rn. 2; Großkomm AktG/*Otto* Rn. 2; Park/*Südbeck/Eidam* Teil 3 Kap. 8.1. § 399 Rn. 2; Park/*Südbeck/Eidam* Teil 3 Kap. 8.2. § 400 Abs. 1 Nr. 2 Alt. 1, Abs. 2 Rn. 2; GJW/*Temming* Rn. 3 (allerdings ohne Erwähnung der Gesellschaft); Hölters/*Müller-Michaels* Rn. 1; *Schüppen*, Systematik und Auslegung des Bilanzstrafrechts, 1993, 114, der allerdings – wenig überzeugend – auf S. 115 Kreditinstitute aus dem Schutzbereich herausnehmen will, weil sie (wohl aufgrund besserer Informationsmöglichkeit) kein Interesse an veröffentlichten Informationen haben dürften; Kreditgeber stellt dagegen *Tiedemann* Wirtschaftsstrafrecht Rn. 1070 als Täuschungsadressaten heraus.
[11] Bsp. bei Großkomm AktG/*Klug*, 3. Aufl. 1975, Rn. 2.
[12] BVerfG BKR 2006, 38 (39); BGH NJW 2005, 445 (447); NJW 2005, 2450 (2451); NJW 2017, 578 (581); OLG Frankfurt a. M. NStZ-RR 2002, 275 (276); OLG Braunschweig wistra 1993, 31 (33); *Gramich* wistra 1987, 157 (158); *Kiethe* NStZ 2004, 73; *Schröder*, Aktienhandel und Strafrecht, 1994, 49; Bürgers/Körber/*Pelz* Rn. 1; Erbs/Kohlhaas/*Schaal* Rn. 2; GHEK/*Fuhrmann* Rn. 2; Kölner Komm AktG/*Geilen*, 1. Aufl. 1984, Rn. 2; K. Schmidt/Lutter/*Oetker* Rn. 2; MüKoAktG/*Schaal* Rn. 2; MüKoStGB/*Kiethe* Rn. 2; Großkomm AktG/*Otto* Rn. 3; Park/*Südbeck/Eidam* Teil 3 Kap. 8.2. § 400 Abs. 1 Nr. 2 Alt. 1, Abs. 2 Rn. 2; Hölters/*Müller-Michaels* Rn. 1; NK-WSS/*Krause/Twele* Rn. 1; *Schüppen*, Systematik und Auslegung des Bilanzstrafrechts, 1993, 113 in Bezug auf den untersuchten Tatgegenstand („Jahresabschluss-Strafrecht"); aA abweichend von der Vorauflage, Kölner Komm AktG/*Altenhain* Rn. 6: „Vertrauen um seiner selbst willen nicht schutzwürdig"; abl. (bzgl. § 331 HGB) auch *Becker/Endert* ZGR 2012, 699 (713): Das Maß der (Nicht-)Erkennbarkeit der tatsächlichen Verhältnisse werde – im Rahmen der vom Bilanzrecht gezogenen Spielräume und Grenzen – im Wettbewerb zwischen Bilanzpolitik und Bilanzanalyse ermittelt. In diesem Spannungsfeld sei strafrechtlich geschütztes Vertrauen ein Fremdkörper. Dies verkennt jedoch, dass jedenfalls ein dahingehendes Vertrauen besteht, die bilanzrechtlichen *Grenzen* würden nicht überschritten; es bedarf also immer einer kontextbezogenen Bestimmung des Vertrauens bzw. des Vertrauensgegenstandes; krit. zu Vertrauensgütern weiterhin *Beckemper* ZIS 2011, 318 ff.
[13] Zu diesem etwa *Roxin* Strafrecht AT/I § 3 Rn. 26 ff.
[14] Im Einzelnen *Hefendehl*, Kollektive Rechtsgüter im Strafrecht, 2002, 255 ff.
[15] *Hefendehl*, Kollektive Rechtsgüter im Strafrecht, 2002, 267 ff.
[16] *Hefendehl*, Kollektive Rechtsgüter im Strafrecht, 2002, 147 ff.
[17] Kölner Komm AktG/*Geilen*, 1. Aufl. 1984, Vor § 399 Rn. 5; vgl. *Tiedemann* Wirtschaftsstrafrecht Rn. 1081, 1083.

Anwendung des § 400 Abs. 1 Nr. 1 auf sog. Ad-hoc-Mitteilungen (→ Rn. 81 ff.) eine bisher nicht klar realisierte weitere Bedeutung der Norm aufgezeigt. Nicht nur die gesetzlich vorgeschriebenen Pflichtmitteilungen (etwa Art. 17 MAR[18]), sondern alle gebräuchlichen Instrumente der Kapitalmarktinformation sind am Maßstab zumindest der Tatbestandsvariante der unrichtigen Wiedergabe der Verhältnisse der Gesellschaft in Darstellungen oder Übersichten über den Vermögensstand zu messen. In diesem Kontext bedeutet der Schutz des Vertrauens der interessierten Öffentlichkeit in die Richtigkeit und Vollständigkeit der Aussagen der Gesellschaftsorgane und der daraus folgende Schutz des Privatvermögens angesichts möglicher Masseneffekte letztlich auch einen Schutz der **Funktionsfähigkeit der Kapitalmärkte.**[19] Auch diese Wertung steht freilich, wie die Einordnung der Norm als Schutzgesetz iSd § 823 Abs. 2 BGB (hierzu sogleich → Rn. 7), unter der Prämisse „informationseffizienter" Anlegerentscheidungen und Kapitalmärkte (zur Bedeutung der Äußerungen von Organmitgliedern für die Begründung von Beziehungen zu einer Kapitalgesellschaft näher → Rn. 76 ff.), ohne die auch die kapitalmarktrechtlichen Spezialdelikte (§ 119 WpHG) nicht zu legitimieren wären.[20]

2. Haftungsmäßige Bedeutung. a) § 400 als Schutzgesetz. § 400 ist (in allen Varianten) 7 Schutzgesetz iSd **§ 823 Abs. 2 BGB** (allgM).[21] Die Geltendmachung von Schadensersatzansprüchen nach § 823 Abs. 2 BGB aufgrund einer Verletzung von § 400 ist aber nur denkbar, wenn diese Norm zumindest auch zum Schutz des betroffenen Individualrechtsgutes bestimmt ist. Dies ist aufgrund des zusätzlichen Rechtsguts des Vermögens gegeben (→ Rn. 5). Bei einem Verstoß gegen § 400 ist jeder Aktionär zur klageweisen Geltendmachung der Haftungsansprüche im eigenen Namen berechtigt.[22] Dies gilt sowohl für den unmittelbaren Schaden, der (nur) ihm entstanden ist, als auch bei mittelbaren Schäden wegen Schmälerung des Gesellschaftsvermögens. Im letzteren Fall kann aufgrund der Vermeidung einer Doppelhaftung jedoch nur Leistung an die Gesellschaft gefordert werden, durch die der mittelbare Nachteil des Aktionärs entsprechend seinem Anteilswert zugleich ausgeglichen wird (vgl. auch § 117 Abs. 1[23]).[24] Über **§ 31 BGB** haftet den Geschädigten neben den Handelnden auch die Gesellschaft.[25]

Die Haftung aus § 823 Abs. 2 BGB iVm § 400 setzt voraus, dass der Geschädigte durch Handlun- 8 gen, die er im Vertrauen auf die Richtigkeit der getätigten Angaben gemacht hat, einen kausalen Schaden erlitten hat.[26] Der Geschädigte muss die **Ursächlichkeit der Fehlinformation** für seine schädigende Vermögensverfügung oder das Unterlassen einer vorteilhaften Vermögensverfügung[27] darlegen und beweisen.[28] Nach dem BGH[29] bedarf es eines konkreten Kausalitätsnachweises auch

---

[18] EU-Marktmissbrauchsverordnung (VO (EU) Nr. 596/2014).
[19] So deutlich *Schüppen,* Systematik und Auslegung des Bilanzstrafrechts, 1993, 114 f.
[20] Zum überindividuellen Schutzgut dieser Delikte BT-Drs. 14/8017, 89; *Weitnauer* DB 2003, 1719 (1722); Schwark/*Schwark* KMR WpHG § 20a Rn. 7.
[21] S. nur BGH NJW 2001, 3622 (3624); NJW 2001, 2973 (2975); OLG Bremen ZIP 1999, 1671 (1676); OLG München NJW 2003, 144 (146); OLG München ZIP 2006, 1247; LG Marburg NJOZ 2003, 3441 (3442); LG Hamburg GWR 2013, 341 mAnm *Harbeck* jurisPR-InsR 1/2014 Anm. 6; Regierungskommission „Corporate Governance" BT-Drs. 14/7515, 86 (dort Rn. 184); *Bayer* NJW 2000, 2609 (2610 Fn. 13); *Friedl* NZG 2004, 448 (451); *Kiethe* DStR 2003, 1982 (1984); *Kiethe* NStZ 2004, 73 (74); *Mescheder* ZIP 2017, 215 (220); *Ransiek* JR 2005, 165 (166); GHEK/*Fuhrmann* Rn. 3; Großkomm AktG/*Klug,* 3. Aufl. 1975, Rn. 2; MüKoAktG/*Schaal* Rn. 3; MüKoStGB/*Kiethe* Rn. 5; Achenbach/Ransiek/*Rönnau* 8. Teil 1. Kap. Rn. 87; Kölner Komm AktG/*Altenhain* Rn. 8; GJW/*Temming* Rn. 4.
[22] Zur Konkurrenz dieses Anspruchs mit dem strafrechtlichen Institut des Verfalls (§§ 73 ff. StGB) vgl. *Gaßmann* wistra 2004, 41 (42 ff.).
[23] Hierzu auch *Friedl* NZG 2004, 448 (450).
[24] Vgl. insges. *Bayer* NJW 2000, 2609 (2610).
[25] Hierzu und zu sich ergebenden aktienrechtlichen Problemen (Kollision mit Kapitalerhaltungsgrundsatz, Verbot der Einlagenrückgewähr, Verbot des Erwerbs eigener Aktien aufgrund Übereignung der Aktien Zug-um-Zug) BGH NJW 2005, 2450 (2451 f.); NJW 2008, 76 ff.; OLG München NZG 2005, 518 ff.; OLG Frankfurt a. M. NZG 2005, 516; *Hutter/Stürwald* NJW 2005, 2428 (2431).
[26] BGH NJW 2001, 3622 (3624); OLG München GWR 2009, 202; OLG Stuttgart NJOZ 2006, 1592 ff.; MüKoStGB/*Kiethe* Rn. 5; Großkomm AktG/*Otto* Rn. 4; Park/*Südbeck/Eidam* Teil 3 Kap. 8.2. § 400 Abs. 1 Nr. 2 Alt. 1, Abs. 2 Rn. 4; Kölner Komm AktG/*Altenhain* Rn. 8; *Moser* NZG 2017, 1419 (1426).
[27] Vgl. BGH NJW 2005, 2450 (2453): Unterlassen eines fest beabsichtigten Verkaufs infolge positiver Aussagen – diese Variante mit Anspruch auf Schadensersatz weist freilich noch größere Beweisprobleme hinsichtlich der Kausalität auf; vgl. OLG Stuttgart NJOZ 2006, 1592 (1595); *Hutter/Stürwald* NJW 2005, 2428 (2431).
[28] Vgl. BGH NJW 2001, 3622 (3624); OLG München GWR 2009, 202; LG Marburg NJOZ 2003, 3441 (3442 f.); *Fleischer* NJW 2003, 2584 (2586); *Friedl* NZG 2004, 448 (452); *Gerber* DStR 2004, 1793 (1796); *Gottschalk* DStR 2005, 1648 (1649); *Kiethe* DStR 2003, 1982 (1984 f.); *Kiethe* NStZ 2004, 73 (74); *Rützel* AG 2003, 69 (73 f.); Kölner Komm AktG/*Altenhain* Rn. 8; die große Bedeutung dieser Hürde bei der Rechtsverfolgung betont *J. Jahn* ZRP 2003, 121 (122 f.).
[29] BGH NZG 2013, 992 (995).

in Fällen extrem unseriöser Kapitalmarktinformationen, da der Schutz eines bloß allgemeinen Anlegervertrauens eine unvertretbare Haftungsausdehnung zur Folge hätte. Der Nachweis der Kausalität erfordert zunächst die Darlegung und im Falle des Bestreitens den Beweis, dass der Verfügende überhaupt Kenntnis von der Äußerung erlangt hat. Ein Erfahrungssatz dahingehend, eine in der Öffentlichkeit, gegenüber der Öffentlichkeit oder einem größeren Publikum abgegebene Erklärung sei zur Kenntnis einer ganz bestimmten Person (außerhalb des Publikums) gelangt, besteht nicht.[30] Ebenso wenig kann die Möglichkeit eines Anscheinsbeweises aufgrund einer sog. Anlagestimmung[31] aus dem Recht der Prospekthaftung ohne Weiteres auf die Deliktshaftung übertragen werden.[32] Die entsprechenden Nachweise werden in der Praxis wohl nur durch die Abtretung des Schadensersatzanspruches und die Einvernahme des Zedenten als Zeugen zu führen sein,[33] was allerdings nicht immer zum Ziel führt, sollten die Aussagen erkennbar eigenmotiviert und widersprüchlich bleiben.[34]

9 Für eine Parteivernehmung von Amts wegen (§ 448 ZPO) besteht jedenfalls dann kein Raum, wenn zwischen der Äußerung (zB der Publikation einer Ad-hoc-Mitteilung, → Rn. 81 ff.) und der Verfügung (zB Erwerb von Anteilsscheinen) ein erheblicher Zeitraum (von sechs bis neun Monaten) liegt, so dass aufgrund der vielfältig möglichen anderweitigen Faktoren für die vermögensrelevante Entscheidung schon keine hinreichende Anfangswahrscheinlichkeit (Anbeweis) für die Kausalität besteht.[35] Eine solche ist allerdings gegeben, wenn die Anlageentscheidung noch am selben Tag getroffen bzw. wenig später umgesetzt wird.[36] Auch ein Zeitraum von zwei Monaten führt nicht per se zu einer Unterbrechung des Kausalzusammenhanges.[37] Nach der überzeugenden Auffassung des OLG München bedarf die Ursächlichkeit durchgängig verbreiteter, ganz überwiegend frei erfundener Unternehmenskennzahlen in Prospekten oder Ad-hoc-Mitteilungen für die Anlegerentscheidung grundsätzlich keines weiteren Beweises.[38] Demgegenüber hat der BGH im Rahmen der Delikthaftung nach § 826 BGB entschieden, dass auf den konkreten Kausalitätsnachweis für die Kaufentscheidung selbst bei extrem unseriöser Kapitalmarktinformation nicht verzichtet werden kann, was auch für die Haftung im Zusammenhang mit der Verwirklichung des § 400 Abs. 1 gelte.[39]

10 Die **Schadenshöhe** ist in den Fällen, in denen der Fehlinformation eine bestimmte Anlageentscheidung (Erwerb von Anteilsscheinen der Gesellschaft) folgt, trotz der Möglichkeit einer Schätzung nach § 287 ZPO regelmäßig schwierig zu messen. Hier ist ein substantiierter Vortrag über das mutmaßliche Anlageverhalten erforderlich.[40] Gelingt der Nachweis, dass bei wahrheitsgemäßen Angaben eine bestimmte Anlageentscheidung anders ausgefallen wäre (→ Rn. 8), ist nicht etwa (nur) ein Differenzschaden in Höhe des Unterschiedsbetrags zwischen dem tatsächlichen Transaktionspreis und dem Preis, der sich bei pflichtgemäßem Publizitätsverhalten gebildet hätte, zu ersetzen, sondern grundsätzlich Naturalrestitution (§ 249 BGB) in Form der Erstattung des gezahlten Kaufprei-

---

[30] BGH NJW 2001, 3622 (3624 f.).
[31] Hierzu BGHZ 139, 225 (233) = NJW 1998, 3345 (3347): Vermutung der Kausalität eines Emissionsprospektes für die Anlageentscheidung, weil der Prospekt die Einschätzung in Fachkreisen und beim Publikum zumindest eine Zeit lang wesentlich mitbestimmt.
[32] BGH NJW 2004, 2664 (2666 f.); NJW 2004, 2668 (2671); OLG Frankfurt a. M. NZG 2005, 516 (517); OLG Stuttgart NJOZ 2006, 1592 (1595 f.); OLG München GWR 2009, 202; *Duve/Basak* BB 2005, 2645 (2649); *Rützel* AG 2003, 69 (74); *Unzicker* WM 2007, 1596 (1598 f.); *Gerber* DStR 2004, 1793 (1797), der eine kurzfristige Anlagestimmung im Einzelfall allerdings für möglich hält; einzelfallorientiert auch *Fleischer* DB 2004, 2031 (2034).
[33] So in einer der Infomatec-Entscheidungen, vgl. BGH NJW 2004, 2971 ff., zur Beweiswürdigung in 1. Instanz LG Augsburg NJW-RR 2001, 1705 (1706).
[34] So wohl in der Entscheidung OLG München GWR 2009, 202, die zeigt, dass der Nachweis umso schwerer zu führen ist, je länger der Kauf einer angeblich kaufursächlichen Ad-hoc-Mitteilung nachfolgt, je stärker der Kurs seitdem geschwankt hat und je mehr weitere vermögensrelevante Unternehmensmeldungen seitdem veröffentlicht wurden.
[35] So der BGH in einer anderen Infomatec-Entscheidung, vgl. BGH NJW 2004, 2664 (2667); zust. *Gerber* DStR 2004, 1793 (1797); für eine Begrenzung der Anspruchsberechtigung auf einen bestimmten Zeitraum auch *Duve/Basak* BB 2005, 2645 (2649): Nachweis, dass Fehlinformation im Transaktionszeitpunkt noch kursrelevant war. Ansonsten ist freilich der Beweis der Kausalität durch Parteivernehmung des Anlegers möglich; vgl. OLG München ZIP 2006, 1247.
[36] BGH NJW 2005, 2450 (2453).
[37] LG Augsburg NJW-RR 2001, 1705 (1706).
[38] NZG 2005, 679 f. (Fall „ComROAD" – Umsätze waren zu 98 % erfunden); zust. *Findeisen* NZG 2007, 692 (694); vgl. auch *Fleischer* DB 2004, 2031 (2034) unter Hinweis auf die fraud-on-the-market-theory.
[39] BGH NZG 2007, 708 – ComROAD; krit. hierzu *Findeisen* NZG 2007, 692 (693 f.); *Meschede* ZIP 2017, 215 (217 f.).
[40] *Holzborn/Foelsch* NJW 2003, 932 (939).

ses gegen Übertragung der erworbenen Anteile zu gewähren.[41] Alternativ kann der Geschädigte allerdings den Differenzschaden geltend machen. Sofern ein (geregelter) Markt für den erworbenen Titel besteht, ist die Wertdifferenz trotz der multikausalen Einflüsse auf die Kursentwicklungen durch hypothetische Betrachtung ihres Verlaufes – etwa durch Interpolation von Kursschwankungen nach Bekanntwerden der wahren Tatsachen – grundsätzlich ermittelbar.[42]

„Altanleger", die durch eine unerlaubte Handlung nachweisbar von dem zu einem bestimmten 11 Zeitpunkt fest beabsichtigten Verkauf der Aktien Abstand genommen haben, können nicht den Erwerbspreis als Schadensersatz beanspruchen, sondern (gegen Überlassung der etwa noch vorhandenen Aktien oder unter Anrechnung des zwischenzeitlich etwa tatsächlich erzielten Verkaufserlöses) den hypothetischen Verkaufspreis zum Kurs an dem ursprünglich geplanten Verkaufstermin.[43] Ein Verschulden ist durch die (notwendige) vorsätzliche Verwirklichung des Straftatbestandes vorgezeichnet. Der Täter muss nicht wissen, welche oder wie viele Personen durch sein Verhalten geschädigt werden könnten.[44] Ein Mitverschulden iSd § 254 Abs. 2 BGB kann die von § 400 geschützten Personen weder in dem Sinne treffen, dass sie eine spekulative Anlage getätigt haben, noch durch eine – nicht zu begründende – (Schadensminderungs-)Pflicht, Kursentwicklungen zu beobachten und bei sich abzeichnenden Verlusten gegenläufige Transaktionen vorzunehmen (zB Verkauf von Anteilen).[45] Wird ein strafgerichtliches Hauptverfahren eröffnet und dies bekannt gemacht, so beginnt nach Ansicht des OLG München mit diesem Zeitpunkt die Verjährung der deliktischen Schadensersatzansprüche nach § 823 Abs. 2 BGB iVm § 400 Abs. 1.[46]

b) Weitere Haftungstatbestände. Bei iSd § 400 Abs. 1 Nr. 1 unrichtigen Darstellungen kommt 12 ferner eine Schadensersatzhaftung der verantwortlichen Personen gegenüber der Gesellschaft nach **§ 93 Abs. 2 S. 1, § 117 Abs. 1 S. 1** sowie gegenüber den Aktionären nach **§ 117 Abs. 1 S. 2** in Betracht,[47] während die Gesellschaft nicht als Schutzbegünstigte des § 400 Abs. 1 gesehen wird.[48] Über § 31 BGB haftet den Geschädigten neben den Handelnden wiederum die Gesellschaft.

Die Regierungskommission **„Corporate Governance"** schlug angesichts der zutage getretenen 13 unzureichenden Absicherung der Anleger gegenüber einer missbräuchlichen Informationspolitik zahlreicher Unternehmen im Jahre 2001 unter Orientierung an § 400 Abs. 1 Nr. 1 eine Neufassung der §§ 79–84 BörsG vor. Nach § 79 Abs. 1 BörsG-E sollte eine Schadensersatzhaftung des Verwaltungsorganmitglieds eingreifen, wenn dieses vorsätzlich oder grob fahrlässig die Verhältnisse der Gesellschaft in Darstellungen oder Übersichten über deren Vermögensstand oder in Vorträgen bzw. Auskünften in der Hauptversammlung falsch wiedergegeben hat und die falsche Darstellung geeignet ist, den Börsen- oder Marktpreis der Aktien der Gesellschaft erheblich zu beeinflussen.[49] Der Gesetzgeber hat sich mit dem 4. Finanzmarktförderungsgesetz[50] demgegenüber vor allem im umstrittenen

---

[41] BGH NJW 2005, 2450 mBspr *Hutter/Stürwald* NJW 2005, 2428 (2429) sowie *Gottschalk* DStR 2005, 1648 (1650 f.); NJW 2004, 2668 (2669); NJW 2004, 2971 (2972); *Duve/Basak* BB 2005, 2645 (2647): wenn Anleger beweisen kann, dass er gar nicht und nicht nur zu günstigeren Bedingungen gekauft hätte; krit. aber auf S. 2648 f.: Rückabwicklung wälzt allgemeines Anlagerisiko ab – dies muss § 826 BGB vorbehalten bleiben; so auch *Hutter/Stürwald* NJW 2005, 2428 (2430); *Fleischer* DB 2004, 2031 (2035): pönales Element im Schadensrecht; *Rützel* AG 2003, 69 (76): Verletzung der Dispositionsfreiheit wird als Schaden behandelt.

[42] BGH NJW 2005, 2450 (2453 f.); vgl. auch *Duve/Basak* BB 2005, 2645 (2648); *Friedl* NZG 2004, 448 (452); *Hellgardt* ZIP 2005, 2000 (2002 f.) mit dem Hinweis, dass eine „Einwirkung" auf den Kurs (dort: iSd § 20a Abs. 1 Nr. 1 WpHG aF; § 38 Abs. 1 WpHG aF = Art. 15 MAR, § 119 Abs. 1 WpHG) auch in einer künstlichen Stabilisierung liegen kann; zur Abwicklung des Ausgleichs und der Berechnung des Schadens unter Berücksichtigung der kapitalmarktrechtlichen Risikoverteilung *Fuchs/Dühn* BKR 2002, 1063 (1068 f.); *Gottschalk* DStR 2005, 1648 (1651); *Hutter/Stürwald* NJW 2005, 2428 (2431, Capital Asset Pricing Model); vgl. auch *Holzborn/Foelsch* NJW 2003, 932 (939); *Kiethe* NStZ 2004, 73 f.

[43] BGH NJW 2005, 2450 (2453).

[44] Vgl. BGH NJW 2004, 2971 (2973). Bei § 400 gehört eine Schädigung ohnehin nicht zum Tatbestand, so dass sich der Vorsatz hierauf überhaupt nicht erstrecken muss.

[45] Vgl. BGH NJW 2004, 2971 (2972 und 2974); OLG Frankfurt a. M. NZG 2005, 516 ff.; s. auch OLG München NZG 2005, 679: keine Anwendung des § 254 BGB bei vorsätzlichem Handeln des Schädigers; *Fleischer* DB 2004, 2031 (2035); teilw. abw. *Rützel* AG 2003, 69 (78).

[46] OLG München v. 12.2.2008 – 5 U 3576/07, BeckRS 2008, 06658 mit ausf. Begr.; zuvor bereits OLG München NJW-RR 2008, 947 ff.

[47] *Holzborn/Foelsch* NJW 2003, 932 (935); *Moser* NZG 2017, 1419 (1420 ff.).

[48] *Kiethe* NZG 2003, 559 (565).

[49] BT-Drs. 14/7515, 86 ff. (dort Rn. 186); hierzu *Abram* NZG 2003, 307 (310); *Hutter/Leppert* NZG 2002, 649 (654); *Reichert/Weller* ZRP 2002, 49 (55); gegen entsprechende Erweiterungen *Kiethe* DStR 2003, 1982 (1983 ff.).

[50] Gesetz zur weiteren Fortentwicklung des Finanzplatzes Deutschland v. 21.6.2002, BGBl. 2002 I 2010.

Bereich der fehlerhaften Ad-hoc-Mitteilungen iSd Art. 17 MAR (→ Rn. 81 ff.) für eine Ersatzpflicht des Emittenten der betroffenen Wertpapiere entschieden (jetzige §§ 97, 98 WpHG).[51]

14 Der vom Bundesfinanzministerium 2004 vorgelegte Diskussionsentwurf für ein **Kapitalmarktinformationshaftungsgesetz** (KapInHaG)[52] wurde aufgrund anhaltender Proteste von Wirtschaftsverbänden nicht weiter verfolgt.[53] Nach diesen Plänen sollten die verantwortlichen Vorstands- und Aufsichtsratsmitglieder für fehlerhafte oder unterlassene Informationen des Kapitalmarkts persönlich einstehen müssen, sofern sie vorsätzlich oder grob fahrlässig handelten (§ 37a Abs. 5 KapInHaG-E).[54] Die Außenhaftung sollte auf das Vierfache des letzten Jahresgehalts begrenzt sein, der ersatzfähige Schaden pauschaliert werden. Geblieben ist das Vorhaben einer Erweiterung der Haftung der Organe gegenüber der Gesellschaft und den Anlegern bei fehlerhafter Berichterstattung im Maßnahmenkatalog der Bundesregierung vom 25.2.2003 (→ Rn. 23). Auf dem 69. Deutschen Juristentag wurde der Vorschlag eingebracht, jeden einzelnen Aktionär zur Erhebung von Schadensersatzklagen gegen Vorstandsmitglieder zu legitimieren, um eine effektivere Durchsetzung von Schadensersatzansprüchen zu ermöglichen.[55] Die Reform der Haftung des Vorstands war auch Thema beim 70. Deutschen Juristentag 2014.[56] Spätestens seit den Grundsatzentscheidungen des BGH in Strafsachen über die Anwendbarkeit des § 400 Abs. 1 Nr. 1 auf Ad-hoc-Mitteilungen (→ Rn. 82) können Schadensersatzklagen von Aktionären gegen Vorstandsmitglieder aufgrund falscher Pflichtmitteilungen und anderer irreführender Publikationen nicht mehr als aussichtslos bezeichnet werden.[57]

15 In der Sonderkonstellation, dass organschaftliche Vertreter einer kapitalsuchenden Gesellschaft Anlageinteressenten persönlich gegenübertreten, hat der BGH 2008 auf **§ 280 Abs. 1 BGB, § 311 Abs. 2, 3 BGB (cic)** als Haftungsgrundlage zurückgegriffen.[58] Damit wird sowohl auf Tatbestandsseite wie auf Rechtsfolgenseite der Diskussionsentwurf des KapInHaG überschritten.[59] Es findet etwa weder eine summenmäßige Haftungsbegrenzung statt, noch beschränkt sich die Haftung der Leitungsorgane auf grobe Fahrlässigkeit. Zum Teil wird die Existenz des § 400 sogar als Argument gegen die Erforderlichkeit spezialgesetzlicher Ausweitungen einer Organaußenhaftung für fehlerhafte Kapitalmarktinformationen verwendet.[60]

16 Die **Entwicklung** im Bereich der Haftung für fehlerhafte Kapitalmarktinformationen ist, auch durch ständige Veränderungen des **EU-Sekundärrechts** bedingt, nicht abgeschlossen.[61] So enthält beispielsweise Art. 7 Transparenz-RL[62] Vorgaben für die vom nationalen Recht vorzusehende Haftung für falsche Jahres- und Halbjahresfinanzberichte, Zwischenmitteilungen der Geschäftsführung sowie fehlerhafte Angaben bei Veröffentlichungen im Rahmen von Zulassungsfolgepflichten. Der Gesetzgeber des Transparenzrichtlinie-Umsetzungsgesetzes (TUG)[63] hat sich jedoch auf den Standpunkt gestellt, die bestehenden Haftungsvorschriften reichten aus, um Art. 7 Transparenz-RL umzusetzen. Dieses Schweigen des Gesetzgebers des TUG wird Rechtsprechung und Literatur nicht

---

[51] Hierzu *Buchta* DStR 2003, 740 f.; *Hutter/Leppert* NZG 2002, 649 (652 ff.); *J. Jahn* ZRP 2003, 121 (122); *Reichert/Weller* ZRP 2002, 49 (54 f.); *Weitnauer* DB 2003, 1719 (1721 ff.); zum Verhältnis der Schadensersatzhaftung der Gesellschaft (Vorrang) und dem Grundsatz der Kapitalerhaltung nach § 57 *Keusch/Wankert* BKR 2003, 744; krit. hierzu *Kindler* FS Hüffer, 2010, 417 (428); *Renzenbrink/Holzner* BKR 2002, 434 ff.; *Spindler* DStR 2002, 1576 (1579).

[52] Abgedruckt zB in NZG 2004, 1042.

[53] MüKoAktG/*Spindler* § 93 Rn. 3.

[54] Vgl. insges. *Casper* BKR 2005, 83 ff.; *Duve/Basak* BB 2005, 2645 ff.

[55] MüKoAktG/*Spindler* § 93 Rn. 3.

[56] MüKoAktG/*Spindler* § 93 Rn. 3.

[57] So aber noch *Buchta* DStR 2003, 694 (696).

[58] BGHZ 177, 25 (28).

[59] *Mülbert/Leuschner* JZ 2009, 158.

[60] Vgl. etwa *Casper* BKR 2005, 83 ff. (insbes. 88 und 90).

[61] Vgl. *Spindler* DStR 2002, 1576 (1579 f.); *Weber* NJW 2004, 28 (35 ff.); zu neueren Entwicklungen auf dem Gebiet des Kapitalmarktrechts vgl. insbes. die Folgeaufsätze des Letztgenannten, zuletzt NJW 2009, 33 ff. S. auch die Vorschläge für eine Verordnung über Insider-Geschäfte und Marktmanipulation (Marktmissbrauch) (KOM (2011) 651 endg.) und eine Richtlinie über strafrechtliche Sanktionen für Insider-Geschäfte und Marktmanipulation (KOM (2011) 654 endg.).

[62] Richtlinie 2004/109/EG des Europäischen Parlaments und des Rates v. 15.12.2004 zur Harmonisierung der Transparenzanforderungen in Bezug auf Informationen über Emittenten, deren Wertpapiere zum Handel auf einem geregelten Markt zugelassen sind, und zur Änderung der Richtlinie 2001/34/EG, ABl. EG 2004 Nr. L 390, 38 ff. – vgl. dort Art. 7 Transparenz-RL (S. 46).

[63] Gesetz zur Umsetzung der Richtlinie 2004/109/EG des Europäischen Parlaments und des Rates v. 15.12.2004 zur Harmonisierung der Transparenzanforderungen in Bezug auf Informationen über Emittenten, deren Wertpapiere zum Handel auf einem geregelten Markt zugelassen sind, und zur Änderung der Richtlinie 2001/34/EG v. 5.1.2007, BGBl. 2007 I 10.

hindern, für den jeweiligen Einzelfall entsprechende Haftungsregeln zu entwickeln. So kommen neben deliktsrechtlichen Instituten (§ 826 BGB nach Maßgabe der infomatec-Rechtsprechung; § 823 Abs. 2 BGB) auch Tatbestände der Vertrauenshaftung (cic, → Rn. 15; §§ 97, 98 WpHG analog[64]) in Betracht.

3. Deliktsstruktur. Das Tatverhalten erschöpft sich bei allen Alternativen in der bloßen Äußerung.[65] Täuschung und Schaden brauchen dadurch nicht bewirkt zu werden.[66] Jedenfalls wegen des mitgeschützten Individualrechtsguts handelt es sich um ein **abstraktes Gefährdungsdelikt** (allgM).[67] Im Hinblick auf das Vertrauensrechtsgut bedürfte es richtigerweise einer weiteren Präzisierung der Deliktsstruktur (im Einzelnen → § 399 Rn. 10). Die schlichte tatbestandliche Tätigkeit muss von keinerlei weitergehenden – etwa auf Täuschung gerichteten – Intentionen getragen sein.[68] Mit diesen Formulierungen zeigt sich ein hoher Grad an Abstraktion und damit die Weite der Vorverlagerung auch bezüglich des Vermögensschutzes, die der Gesetzgeber wegen der umfangreichen Gefahren bei den tatbestandlichen Pflichtverletzungen für gerechtfertigt hält.

Nach allgemeiner Auffassung stellt auch § 400 einen (unechten) **Blankettstraftatbestand** dar, dessen verschiedene Varianten durch andere Vorschriften des Aktiengesetzes oder des Bilanzrechts ausfüllungsbedürftig sind.[69] Dies gilt jedoch nicht generell. Es trifft zu, dass dort, wo der Tatgegenstand aktienrechtlich bestimmt wird (Vorträge oder Auskünfte in der Hauptversammlung gem. Abs. 1 Nr. 1 Alt. 2; Aufklärungen oder Nachweise gegenüber Prüfern gem. Abs. 1 Nr. 2 bzw. gegenüber Gründungsprüfern oder sonstigen Prüfern gem. Abs. 1), auch die in Bezug genommenen aktienrechtlichen Vorschriften Auskunft darüber geben, wie der Tatgegenstand regelmäßig beschaffen ist. Die Tätereigenschaft (Aktionär, Gründer, Mitglied des Vorstandes oder des Aufsichtsrates) wird durch zivilrechtliche Normen des AktG abschließend bestimmt. Das Gleiche gilt für die Frage, was ein verbundenes Unternehmen ist. Und wenn die Unrichtigkeit eines Tatgegenstandes – etwa einer Zwischenbilanz – mit formellen Bezügen zu inhaltlich ausfüllenden handelsrechtlichen Normen zu prüfen ist, bestimmt das in Bezug genommene Rechtsgebiet die Bewertung ganz wesentlich mit. Im Übrigen sind aber Merkmale wie die Verhältnisse der Gesellschaft, Darstellungen und Übersichten, Vermögensstand, unrichtige Wiedergabe, Verschleierung oder falsche Angaben entweder deskriptiv, durch die Dogmatik zu gleichlautenden Begriffen in anderen Normen geprägt oder am konkreten Zweck des § 400 orientiert in strafrechtsspezifischer Weise auszulegen.[70]

4. Empirische und kriminalpolitische Bedeutung. Abgesehen von vereinzelter Judikatur des Reichsgerichts hat der 1965 neu gefasste Tatbestand bis zur Jahrtausendwende **kaum eine praktische Rolle** gespielt.[71] Zwar sind unrichtige Darstellungen der Gesellschaftsverhältnisse in der Öffentlichkeit und auch in handelsrechtlichen Unterlagen immer wieder Gegenstand von Erörterungen. Verurteilungen nach § 400 hat es aber kaum gegeben, wobei – wie bei § 399 (→ § 399 Rn. 15) – als Grund ua die häufige Einstellung der Verfolgung nach §§ 154, 154a StPO wegen gleichzeitiger Verwirklichung der §§ 263, 266 oder 283 StGB gesehen wird.[72] In der Praxis wurde zum Teil auch die Verfolgung von Delikten nach dem Börsengesetz aF oder nach dem **WpHG** in den Vordergrund

---

[64] Vgl. Mülbert/Steup WM 2005, 1633 (1651 f.) zu §§ 37b, 37c WpHG aF.
[65] Ebenso Kölner Komm AktG/Altenhain Rn. 9; vgl. auch Kölner Komm AktG/Geilen, 1. Aufl. 1984, Rn. 5; MüKoAktG/Schaal Rn. 4; Hölters/Müller-Michaels Rn. 3.
[66] OLG Frankfurt a. M. NStZ-RR 2002, 275 (276); Kiethe NStZ 2004, 73; Kölner Komm AktG/Altenhain Rn. 9; MüKoStGB/Kiethe Rn. 6; Großkomm AktG/Otto Rn. 5; Achenbach/Ransiek/Rönnau/Ransiek 8. Teil 1. Kap. Rn. 29.
[67] OLG Frankfurt a. M. NStZ-RR 2002, 275 (276); Kiethe NStZ 2004, 73; GHEK/Fuhrmann Rn. 2; Bürgers/Körber/Pelz Rn. 1; Kölner Komm AktG/Altenhain Rn. 9; Kölner Komm AktG/Geilen, 1. Aufl. 1984, Rn. 5; MüKoAktG/Schaal Rn. 4; MüKoStGB/Kiethe Rn. 6; Park/Südbeck/Eidam Teil 3 Kap. 8.2. § 400 Abs. 1 Nr. 2 Alt. 1, Abs. 2 Rn. 3; GJW/Temming Rn. 4.
[68] Vgl. Kölner Komm AktG/Geilen, 1. Aufl. 1984, Rn. 5.
[69] GHEK/Fuhrmann Rn. 4; MüKoAktG/Schaal Rn. 5; MüKoStGB/Kiethe Rn. 8; Großkomm AktG/Otto Rn. 6; Erbs/Kohlhaas/Schaal Rn. 5; Park/Südbeck/Eidam Teil 3 Kap. 8.2. § 400 Abs. 1 Nr. 2 Alt. 1, Abs. 2 Rn. 3; vgl. Hölters/Müller-Michaels Rn. 4; Spatscheck/Wulf DStR 2003, 173 (176) (zu § 331 HGB); ähnlich Kölner Komm AktG/Altenhain Rn. 10: „blankettartige Norm".
[70] Kölner Komm AktG/Altenhain Rn. 12, der zutr. darauf hinweist, eine strafrechtsspezifische Auslegung müsse insbesondere dem Analogieverbot (Art. 103 Abs. 2 GG) gerecht werden, so dass im strafrechtlichen Kontext auch ein anderes Auslegungsergebnis denkbar sei als bei zivilrechtlichen Fragestellungen („Normspaltung").
[71] Vgl. auch Gramich wistra 1987, 157 (158); MüKoAktG/Schaal Rn. 7; Großkomm AktG/Otto Rn. 7; Park/Südbeck/Eidam Teil 3 Kap. 8.2 § 400 Abs. 1 Nr. 2 Alt. 1, Abs. 2 Rn. 5.
[72] MüKoStGB/Kiethe Rn. 12; Großkomm AktG/Otto Rn. 7; Park/Südbeck/Eidam Teil 3 Kap. 8.2. § 400 Abs. 1 Nr. 2 Alt. 1, Abs. 2 Rn. 5.

gestellt,[73] was an sich verwundert, weil der im Bereich von Kurs- oder Marktpreismanipulationen relevante § 400 Abs. 1 Nr. 1 anders als die einschlägigen Spezialtatbestände **keine Erfolgskomponente** hat, also im Strafprozess regelmäßig schwierige Kausalitätsnachweise zwischen Falschmeldungen und „Börsenreaktionen" entfallen.[74] Mit den aufsehenerregenden Verfahren betreffend die (Verwaltungsmitglieder der) Bremer Vulkan AG,[75] vor allem aber bezüglich einer Vielzahl von Unternehmen am früheren „Neuen Markt" (Fall „ComROAD",[76] „EM.TV",[77] „Infomatec",[78] „met@box"[79]), deren Wertpapiere nach den – oftmals auf fehlerhafte Berichterstattung der Organmitglieder zurückgeführten – zT bis zum Frühjahr 2000 anhaltenden Höchstständen erhebliche Kursverluste hinnehmen mussten, ist der Tatbestand (hauptsächlich Abs. 1 Nr. 1) etwas aus seinem Schattendasein[80] getreten und zumindest neben anderen Delikten in Betracht gezogen worden.[81]

20   Auch im Zusammenhang mit der sog. **Finanzkrise** (Subprime-Krise) ist die Vorschrift wieder vermehrt in die Diskussion geraten. In den bisher von der Rspr. entschiedenen Fällen wurden die Tatbestandsvoraussetzungen zwar durchgängig verneint (es ging dabei um Schadensersatzansprüche gem. § 823 Abs. 2 BGB iVm mit dieser Vorschrift).[82] Richtigerweise stellt der Tatbestand indes eines von mehreren geeigneten Instrumenten zur Aufarbeitung der Krise dar (→ Rn. 89). Aufgrund seiner Eignung als Schutzgesetz iSd § 823 Abs. 2 BGB (→ Rn. 7 ff.) dürfte auch zukünftig die Verwendung als Anspruchsgrundlage für Schadensersatz in der Praxis weitaus häufiger anzutreffen sein als eine strafgerichtliche Verurteilung. Im Bereich der Ad-hoc-Publizität hat die Norm ihre frühere Bedeutung, die aus der Verneinung einer Schutzgesetzqualität des § 15 WpHG aF resultierte, weitestgehend verloren, da bei unrichtigen oder unterlassenen Veröffentlichungen bzw. Mitteilungen nunmehr im WpHG eigene Anspruchsgrundlagen geschaffen wurden (§§ 97, 98 WpHG, vgl. schon → Rn. 11).

21   Zum Teil wird in § 400 Abs. 1 Nr. 1 aufgrund der Weite seines Wortlautes das **Potenzial einer Generalnorm** gegen unrichtige Informationen des Kapitalmarktes durch die Mitglieder von Vorstand und Aufsichtsrat gesehen und ein entsprechender Anwendungsappell damit verbunden.[83] Da es sich um ein abstraktes Gefährdungsdelikt handelt (→ Rn. 17), sind die tatbestandlichen Anforderungen gegenüber bestimmten (Erfolgs-)Delikten, die mit § 400 Schnittmengen haben – etwa bei Kursmanipulationen am Wertpapiermarkt (§ 119 Abs. 1 WpHG) – herabgesetzt, so dass die bei Anwendung dieser Tatbestände regelmäßig auftretenden Nachweisprobleme durch einen Rückgriff auf § 400 umgangen werden könnten.[84] Daran ist richtig, dass § 400 eine beachtliche Reichweite gegeben werden kann. Der BGH hat etwa durch eine **extensive Auslegung** des Merkmals der „Darstellungen und Übersichten über den Vermögensstand" die Norm auf fehlerhafte Ad-hoc-Mitteilungen gem. § 15 WpHG aF (nunmehr Art. 17 MAR) angewendet (näher → Rn. 82), also auf ein wichtiges und gesetzlich vorgeschriebenes Instrument der Information des sog. **Bereichspublikums** über Entwicklungen börsennotierter Gesellschaften. Die Anwendung von Straftatbeständen mit einer Vielzahl offener Rechtsbegriffe ist aber in besonderem Maße an Art. 103 Abs. 2 GG zu messen, und zwar auch in systematischer Hinsicht. Es ist nicht statthaft, auf eine abstrakte(re) Norm zurückzugreifen, um ein spezielles Verhalten zu pönalisieren, das bereits in einem sachnäheren Gesetz

---

[73] Vgl. OLG München NJW 2004, 1119 ff. (Fall „ComROAD") = BKR 2004, 29 ff. mAnm *Schulte* S. 33 (34) zur Einstellung der Ermittlungen betreffend § 400 Abs. 1 Nr. 1. Dem entgegengesetzt sieht *Hellgardt* ZIP 2005, 2000 (2001) in § 400 Abs. 1 Nr. 1 wohl einen Auffangtatbestand für § 38 Abs. 2 WpHG aF (= § 119 Abs. 2 WpHG nF).
[74] So der Hinweis von *Hellgardt* ZIP 2005, 2000 (2001).
[75] Vgl. BGH NJW 2001, 3622 (3624); OLG Bremen NZG 1999, 724 (726).
[76] Hierzu BGH NZG 2007, 708 ff.; OLG München NJW 2004, 1119 ff.; OLG München NZG 2005, 679 ff.; OLG Frankfurt a. M. NZG 2005, 516 ff.; LG München I NStZ 2004, 291 ff.; LG Frankfurt a. M. NZG 2003, 786; *Braun/Rotter* BKR 2003, 918 (920); *Duve/Basak* BB 2005, 2645 (2649).
[77] BGH NJW 2005, 445 ff. – Strafsachen; NJW 2005, 2450 ff. – Schadensersatz; LG München I NJW 2003, 2328 ff.; *Duve/Basak* BB 2005, 2645 ff.; *Hutter/Stürwald* NJW 2005, 2428 ff.; *Weitnauer* DB 2003, 1719 (1721, 1724 f.); vgl. krit. dazu *Kindler* FS Hüffer, 2010, 417 ff.
[78] BGH NJW 2004, 2664 ff.; NJW 2004, 2668 ff.; NJW 2004, 2971 ff.; OLG München NJW 2003, 144 ff.; LG Augsburg NJW-RR 2001, 1705 ff. und – konträr hierzu – NZG 2002, 428 (429); *Braun/Rotter* BKR 2003, 918 (919); *Fleischer* DB 2004, 2031 (2033); *Gerber* DStR 2004, 1793 ff.; *Goette* DStR 2005, 561 (562); *Kort* AG 2005, 21 ff.; *Rieckers* BB 2002, 1213 ff.; *Thümmel* DB 2001, 2331 ff.
[79] Vgl. auch Primary Markets Arbitration Panel, Schiedsspruch v. 20.2.2002, BKR 2002, 468 zu Auseinandersetzungen zwischen dem Konzern und der Deutschen Börse AG wegen regelwidriger Unterlassung der rechtzeitigen Übermittlung von Unternehmenskennzahlen.
[80] *Kiethe* NStZ 2004, 73 ff.; vgl. auch MüKoStGB/*Kiethe* Rn. 11.
[81] Vgl. die Aufzählung der Fälle und den Rekurs auf § 400 bei *Casper* BKR 2005, 83 (88).
[82] S. der Nachweise bzgl. der IKB in → Rn. 85 f.
[83] *Kiethe* NStZ 2004, 74 (77); MüKoStGB/*Kiethe* Rn. 11.
[84] MüKoStGB/*Kiethe* Rn. 10 f.

Unrichtige Darstellung 22–24 § 400

dezidiert beschrieben und mit bestimmten Rechtsfolgen versehen wird (näher mit Nachweisen → Rn. 46), wenn nicht spezielle zusätzliche Unrechtselemente verwirklicht werden. Die Strafnorm als solche ist jedoch noch **hinreichend bestimmt**.[85]

II. Entstehung und Entwicklung

Eine dem § 400 entsprechende Strafvorschrift war erstmals in Art. 249 Abs. 1 Nr. 3 des Gesetzes 22 des Norddeutschen Bundes betreffend die Kommanditgesellschaft auf Aktien und die Aktiengesellschaft von 1870 enthalten.[86] In ihrer heutigen Fassung geht die Vorschrift auf § 296 Abs. 1 Nr. 1 AktG 1937 zurück, der wiederum in § 314 Abs. 1 Nr. 1 HGB (idF v. 10.5.1897) ein Vorbild hatte.[87] Abs. 2 ist 1980 angefügt worden.[88] Als die Voraussetzungen und näheren Inhalte der Pflicht zur handelsrechtlichen Buchführung für alle Kapitalgesellschaften durch das BiRiLiG[89] im HGB geregelt wurden, sind konsequenterweise auch die sog. Bilanzdelikte in die §§ 331 ff. HGB überführt worden, was mit einer Streichung von Nr. 2 und 4 in Abs. 1 des § 400 einherging.[90]

Im US-amerikanischen Kapitalmarktrecht wird durch sec. 24 Securities Act 1933 und sec. 32 (a) 23 Securities Exchange Act 1934 jede willentliche und wissentliche Verletzung der Kapitalmarktgesetze zum Straftatbestand erklärt.[91] In den USA trat außerdem, als Reaktion auf öffentlich bekannt gewordene und folgenschwere Bilanzskandale (Fall „Enron", „WorldCom") am 30.7.2002 der **Sarbanes-Oxley-Act** in Kraft.[92] Das Gesetz sieht – auch für ausländische Unternehmen, die Berichte bei der SEC einreichen müssen – ua umfangreiche Melde- und Bestätigungspflichten der Chief Executive Officers und Chief Financial Officers im Zusammenhang mit der Finanzberichterstattung, bei Zuwiderhandlung Haft- und Geldstrafen vor.[93] Die Bundesregierung veröffentlichte, ua als Reaktion auf den Erlass des Sarbanes-Oxley-Act in den USA, am 25.2.2003 ein 10-Punkte-Programm zum Anlegerschutz, das als letzten Punkt auch eine Prüfung und evtl. Verschärfung des § 400 sowie anderer Delikte im Kapitalmarktbereich vorsieht. Dabei sollen bestehende Lücken in den Tatbeständen geschlossen und eine Anhebung der Strafrahmen erwogen werden, vor allem bei Gewinnerzielungsabsicht. Außerdem wird im subjektiven Tatbestand für bestimmte Fälle eine Absenkung des Verschuldensmaßstabes auf **Leichtfertigkeit** angedacht.[94]

Solchen Bestrebungen ist indes eine **Absage zu erteilen**.[95] Den auch über § 400 zu bewerkstelli- 24 genden Vermögensschutz bereits bei Leichtfertigkeit eingreifen zu lassen, würde den Fehler wiederholen, den der Gesetzgeber beim fahrlässigen Subventionsbetrug (§ 264 Abs. 4 StGB) gemacht hat.[96] Zu Recht hatte daher bereits im Jahre 2001 die Regierungskommission „Corporate Governance" in ihrem Kommissionbericht eine Ausdehnung der Strafbarkeit auf fahrlässiges Verhalten abgelehnt: Zum einen wurde darauf hingewiesen, dass die Organmitglieder bei ihrer Berichterstattung oftmals auf die Übernahme von Informationen von Dritten (etwa den Organmitgliedern verbundener Unternehmen) angewiesen sind. Zum anderen wurde eine erhebliche Ausweitung von Strafanzeigen und Strafverfahren und eine Instrumentalisierung des § 400 zur Verfolgung von Schadensersatzansprüchen (iVm § 823 Abs. 2 BGB, → Rn. 7) befürchtet.[97] Schließlich wird die Gefahr der Unterproduktion von Aussagen am Kapitalmarkt gesehen.[98]

---

[85] BVerfG BKR 2007, 38 ff.; Hölters/*Müller-Michaels* Rn. 4; Kölner Komm AktG/*Altenhain* Rn. 11.
[86] Vgl. *Fleischer* BKR 2003, 608 (611).
[87] LG München I NJW 2003, 2328 (2331); *Meyer* AG 1966, 109 (111).
[88] Gesetz zur Änderung des GmbHG v. 4.7.1980, BGBl. 1980 I 836.
[89] Bilanzrichtlinengesetz v. 19.12.1985, BGBl. 1985 I 2355.
[90] Hierzu BT-Drs. 10/317, 100; BT-Drs. 10/3440, 46.
[91] Hierzu *Fleischer* NJW 2003, 2584 (2585).
[92] Zur krit. Einschätzung dieses Gesetzeswerkes *Hefendehl* JZ 2004, 18 ff.
[93] Eingehend *Regelin/Fischer* IStR 2003, 276 ff.; zu Fragen der Organaußenhaftung gegenüber Anlegern nach SEC-Rule 10 b-5, sec. 10(b) Securities Exchange Act 1934 s. *Casper* BKR 2005, 83 (84).
[94] Abgedruckt in wistra 2003 Heft 4 S. V ff. und bei *Seibert* BB 2003, 693 ff. (insbes. 698) mit Erläuterungen; vgl. auch *J. Jahn* ZRP 2003, 121 ff., auf S. 124 für eine Verschärfung von Strafnormen; *Weber* NJW 2004, 28 (38 f.); krit. *Kiethe* DStR 2003, 1982 (1986). Bei § 405 wurde durch das ARUG bereits Abs. 3a ergänzt, der auch leichtfertige Pflichtverletzungen im Zusammenhang mit Veröffentlichungsobliegenheiten der AG sanktioniert, vgl. dazu → § 405 Rn. 82 ff.
[95] Für § 405 Abs. 3a vgl. → § 405 Rn. 86.
[96] Hierzu *Hefendehl*, Kollektive Rechtsgüter im Strafrecht, 2002, 376 f.
[97] Vgl. BT-Drs. 14/7515, 86 (dort Rn. 185); gegen eine (schadensersatz-)haftungsrechtliche Ausdehnung der Organverantwortlichkeit *Fuchs/Dühn* BKR 2002, 1063 (1070): Informationspflichten betreffen in erster Linie die Gesellschaft an sich; hiergegen *Holzborn/Foelsch* NJW 2003, 932 (937): häufige Unternehmensinsolvenzen, wobei die Krise gerade durch irreführende Ad-hoc-Mitteilungen verschleiert wurde; für einen stärkeren Einbezug des § 400 Abs. 1 Nr. 1 in Schadensersatzklagen de lege lata *Kiethe* DStR 2003, 1982 (1984).
[98] *Spindler* DStR 2002, 1576 (1580).

25 Das **Transparenzrichtlinie-Umsetzungsgesetz** hat die Strafvorschriften des AktG nicht geändert. Durch das MoMiG und ARUG waren zwar andere Tatbestände der §§ 399 ff. betroffen, vor allem § 399 Abs. 1 (→ § 399 Rn. 17) und § 401 (→ § 401 Rn. 7), nicht aber § 400.

III. Unrichtige Wiedergabe und Verschleierung von Gesellschaftsverhältnissen

26 § 400 Abs. 1 befasst sich zum einen mit der unrichtigen Wiedergabe von Gesellschaftsverhältnissen (Nr. 1) und zum anderen mit Falschangaben gegenüber Prüfern (Nr. 2). Dabei handelt es sich um thematisch zu unterscheidende Bereiche, die nur aufgrund des identischen Täterkreises in einem Absatz zusammengefasst sind. Der Schutzgegenstand des § 400 Abs. 2 wiederum deckt sich mit dem des § 400 Abs. 1 Nr. 2. Dies rechtfertigt seine zusammenhängende Darstellung → Rn. 100 ff.

27 **1. Täterkreis.** Täter des § 400 Nr. 1 können Mitglieder des Vorstands sowie deren Stellvertreter (§§ 84 ff., 94, genauer → § 399 Rn. 72 ff.), Mitglieder des Aufsichtsrats (§§ 30, 95 ff. – hier nach § 101 Abs. 3 S. 1 keine Stellvertretung, allenfalls Bestellung von Ersatzmitgliedern, genauer → § 399 Rn. 84 ff.) und Abwickler sowie deren Stellvertreter (§§ 262, 265, genauer → § 399 Rn. 218) sein. Bei einer juristischen Person als Abwickler kommen die Mitglieder des vertretungsberechtigten Organs als Täter in Betracht, § 14 Abs. 1 S. 1 StGB.[99] Auf eine zivilrechtliche Wirksamkeit des Bestellungsaktes kommt es nicht an (vgl. auch → § 399 Rn. 31 ff., 74 ff.). Die Geschäftsverteilung innerhalb mehrgliedriger Organe, Ressortverteilungen etc. sind regelmäßig ohne Bedeutung (→ § 399 Rn. 80).[100]

28 Bei § 400 handelt sich somit um ein **echtes Sonderdelikt**.[101] Auch ein überragender Einfluss auf den Inhalt der maßgeblichen Erklärung, zB über die Position als leitender Angestellter, kann die Tätereigenschaft nicht begründen. Weiterhin scheidet mittelbare Täterschaft auch dann aus, wenn die Unrichtigkeit der Darstellung auf Täuschung eines tauglichen Täters durch einen untauglichen beruht.[102] Handelt der Vordermann jedoch wissentlich oder mindestens mit dolus eventualis, kommt Teilnahmestrafbarkeit des Hintermannes in Betracht.[103] Eine die Täterschaft begründende Stellung muss zum Zeitpunkt der (fehlerhaften) Mitteilung vorliegen;[104] zur Täterschaft durch unterlassene Berichtigung von Falschmeldungen → Rn. 44 ff.

29 Auch bei den Delikten des § 400 ist die Organmitgliedschaft nach einer **faktischen Betrachtungsweise** zu bestimmen (vgl. schon → § 399 Rn. 31 ff., 74 ff.).[105] Allerdings hat die faktische Betrachtungsweise bei § 400 nur eine geringe Bedeutung.[106] Während die Tatbestände des § 399 überwiegend in der Anfangsphase der Aktiengesellschaft begangen werden können, in der die Organbestellungen oder die davon abweichende tatsächliche Ausübung von Geschäftsführungs- und Vertretungsbefugnissen nach außen kaum in Erscheinung treten, betrifft § 400 jedenfalls dort, wo er wie bei Abs. 1 Nr. 1 praktische Bedeutung erlangt hat (→ Rn. 19), oft medienwirksame Erklärungen von Organmitgliedern größerer Aktiengesellschaften mit weitem Adressatenkreis. Hier wird in aller Regel in der jeweils angegebenen Funktion auch eine formell bestellte Person auftreten.

30 Eine **Erweiterung des Täterkreises** über § 14 StGB kann nicht erfolgen.[107] Dies wird teilweise – nicht überzeugend – damit begründet, § 400 Abs. 1 beschränke die Verantwortlichkeit auf eine geschlossene Personengruppe.[108] § 14 StGB dient gerade der Beseitigung solcher Beschränkungen. Allerdings sind bereits die Tatbestandsvoraussetzungen der Vorschrift nicht erfüllt, so dass eine

---

[99] MüKoAktG/*Schaal* Rn. 13; Achenbach/Ransiek/Rönnau/*Ransiek* 8. Teil 1. Kap. Rn. 88.
[100] *Kiethe* NStZ 2004, 73 (76); GHEK/*Fuhrmann* Rn. 10; MüKoAktG/*Schaal* Rn. 98; *Spatscheck/Wulf* DStR 2003, 173 (174) (zu § 331 HGB).
[101] BGH NZG 2005, 132 (136); OLG Frankfurt a. M. NStZ-RR 2002, 275 (276); *Kiethe* NStZ 2004, 73 (75); GHEK/*Fuhrmann* Rn. 6; K. Schmidt/Lutter/*Oetker* Rn. 3, 4, 20; Kölner Komm AktG/*Altenhain* Rn. 13; Kölner Komm AktG/*Geilen*, 1. Aufl. 1984, Rn. 42; MüKoAktG/*Schaal* Rn. 9; Großkomm AktG/*Otto* Rn. 9; Hölters/*Müller-Michaels* Rn. 7.
[102] Kölner Komm AktG/*Altenhain* Rn. 14; Kölner Komm AktG/*Geilen*, 1. Aufl. 1984, Rn. 12; zur kriminalpolitischen Kritik an der fehlenden Erfassung dieser Fälle aufgrund des Erfordernisses eines Doppelvorsatzes → § 399 Rn. 34; Großkomm AktG/*Otto* Rn. 10.
[103] Vgl. OLG Frankfurt a. M. NStZ-RR 2002, 275 (276): Beihilfe durch Verfassen eines Entwurfes für einen Aktionärsbrief.
[104] Vgl. LG Marburg NJOZ 2003, 3441 (3442).
[105] AA Kölner Komm AktG/*Altenhain* Rn. 18, der für eine formelle Betrachtungsweise plädiert.
[106] So MüKoAktG/*Schaal* Rn. 14.
[107] IErg ebenso Kölner Komm AktG/*Altenhain* Rn. 19. Anders ist dies in der oben (→ Rn. 27) geschilderten Konstellation, in der eine *andere* juristische Person als Abwickler bestellt wird.
[108] So Kölner Komm AktG/*Geilen*, 1. Aufl. 1984, Rn. 14; Großkomm AktG/*Otto* Rn. 11; vgl. auch *Radtke* ZIP 2016, 1993 (1996): 400 Abs. 1 statuiere Mitglieder des Vorstands und des Aufsichtsrats unmittelbar als Täter, so dass § 14 StGB keine Anwendung finde.

„Überwälzung" der Tätermerkmale aus diesem Grund ausscheidet (auch → § 399 Rn. 27):[109] Als die Strafbarkeit begründende besondere persönliche Merkmale iSd § 14 StGB kommen nur die Eigenschaften als Organmitglied (Mitglied des Vorstands oder des Aufsichtsrats) oder Abwickler in Betracht. Die Anwendung von **§ 14 Abs. 1 Nr. 1 StGB** scheitert daran, dass die genannten Eigenschaften nicht der *Gesellschaft als solcher* (also dem „Vertretenen" iSv § 14 Abs. 1 StGB) zukommen. Diese ist nämlich weder Organmitglied noch Abwicklerin.[110] Weiterhin scheidet auch eine Anwendung von **§ 14 Abs. 2 StGB** aus:[111] Diese Vorschrift setzt nämlich voraus, dass bestimmte besondere persönliche Merkmale beim Inhaber des Betriebs (bzw. Unternehmens, § 14 Abs. 2 S. 2) vorliegen. *Inhaberin des Betriebs* (*Unternehmens*) ist allerdings die *Gesellschaft*,[112] die als solche nicht Trägerin der besonderen persönlichen Merkmale ist. Sie ist – wie ausgeführt – weder Organmitglied noch Abwicklerin.

2. Tathandlung. Abs. 1 Nr. 1 enthält zwei Tathandlungsalternativen, die unrichtige Wiedergabe und die Verschleierung. 31

a) Unrichtige Wiedergabe. Eine Wiedergabe ist unrichtig, wenn die Äußerung des Täters nach objektivem Sinngehalt eine der Wirklichkeit nicht entsprechende Situation der Gesellschaft schildert.[113] 32

aa) Gegenstand der Äußerung. Eine Beschränkung auf **Tatsachen** findet schon wegen der Umstellung im Gesetzeswortlaut von *unwahr* auf *unrichtig* nicht statt. Erfasst werden ebenso sachlich falsche Schlussfolgerungen, Prognosen und **Beurteilungen** (auch → § 399 Rn. 51).[114] 33

Ein derart weit von Einschätzungsaspekten abhängiger Tatbestand bedarf im Hinblick auf **Art. 103 Abs. 2 GG** jedoch der Einschränkung auf evidente Verstöße, also auf schlechthin unvertretbare Bewertungsfehler[115] oder greifbare (konkludent) miterklärte unrichtige Tatsachenbehauptungen.[116] Bei den durch das Bilanzrecht geprägten Bewertungen von Vermögensbestandteilen ist ein Ansatz unrichtig, falls die eingeräumten Spielräume über- oder unterschritten werden,[117] etwa hinsichtlich der Bewertung von Grundstücken, sonstigem Anlagevermögen oder von Abschreibungen.[118] Als **Auslegungshilfe** kann die zu Nichtigkeitsgründen beim Jahresabschluss (§ 256 Abs. 5)[119] entwickelte Dogmatik herangezogen werden. Wird ein Nichtigkeitsgrund wegen der Geringfügigkeit des Bilanzierungsfehlers zivilrechtlich verneint, verbietet sich auch die Annahme einer strafbaren Unrichtigkeit. So ist ein Jahresabschluss dann nicht unrichtig, wenn ihm zwar fehlerhaft ermittelte Tatsachen zugrunde gelegt sind, diese fehlerhafte Tatsachengrundlage aber richtig wiedergegeben ist.[120] Ausreichend ist also nicht schon die schlichte Überbewertung, sondern nur eine solche, die den Grundsätzen ordnungsmäßiger Bilanzierung widerspricht und in ihrem Umfang nicht bedeutungslos ist, wobei die Bedeutsamkeit relativ/prozentual zum Bilanzposten zu bestimmen ist.[121] 34

---

[109] Was auch übersehen wird, wenn die Anwendung auf Organsonderdelikte als nicht erforderlich abgelehnt wird oder weil sie zur Ungleichbehandlung führen könne; so Schönke/Schröder/*Perron* StGB § 14 Rn. 4.
[110] Vgl. BGHSt 31, 118 (122 f.) = NJW 1983, 240 (241). Davon zu unterscheiden ist aber der Fall, dass eine andere juristische Person als Abwicklerin bestellt wird: Eine Gesellschaft kann nicht Abwicklerin ihrer selbst sein, sie kann aber zur Abwicklerin einer anderen Gesellschaft bestellt werden.
[111] Vgl. insges. auch BGHSt 31, 118 (122 f.) = NJW 1983, 240 (241).
[112] Vgl. LK-StGB/*Schünemann* StGB § 14 Rn. 60.
[113] Vgl. statt vieler LG München I NJW 2003, 2328 (2331); *Kiethe* NStZ 2004, 73 (74); MüKoAktG/*Schaal* Rn. 34; MüKoStGB/*Kiethe* Rn. 16; Kölner Komm AktG/*Altenhain* Rn. 22; Großkomm AktG/*Otto* Rn. 13; *Braun/Rotter* BKR 2003, 918 (926) (zu § 37b WpHG aF = § 97 WpHG nF).
[114] BGH AG 2018, 82 (84) (zu § 331 HGB); LG München I NJW 2003, 2328 (2331); *Kiethe* NStZ 2004, 73 (74); Kölner Komm AktG/*Altenhain* Rn. 22; Kölner Komm AktG/*Geilen*, 1. Aufl. 1984, Rn. 26; MüKoAktG/*Schaal* Rn. 35; MüKoStGB/*Kiethe* Rn. 17; Großkomm AktG/*Otto* Rn. 14; *Spatscheck/Wulf* DStR 2003, 173 (174) (zu § 331 HGB).
[115] LG München I NJW 2003, 2328 (2331); Kölner Komm AktG/*Geilen*, 1. Aufl. 1984, Rn. 27; MüKoAktG/*Schaal* Rn. 35; Großkomm AktG/*Otto* Rn. 14 iVm § 399 Rn. 39; *Spatscheck/Wulf* DStR 2003, 173 (175) (zu § 331 HGB); vgl. auch *Spindler* DStR 2002, 1576 (1580); Kölner Komm AktG/*Altenhain* Rn. 23; aA MüKoStGB/*Kiethe* Rn. 17.
[116] LG München I NJW 2003, 2328 (2331); *Fleischer* NJW 2003, 2584; Großkomm AktG/*Otto* Rn. 13 f.; *Friedl* NZG 2004, 448 f. (zu § 12 Abs. 1 WpÜG, § 27 WpÜG); Kölner Komm AktG/*Altenhain* Rn. 23.
[117] *Spatscheck/Wulf* DStR 2003, 173 (174 f.) (zu § 331 HGB); vgl. auch MüKoAktG/*Schaal* Rn. 35; Großkomm AktG/*Otto* Rn. 21; Achenbach/Ransiek/*Rönnau/Ransiek* 8. Teil 1. Kap. Rn. 51, 91.
[118] Vgl. BGHSt 13, 382 (383) = NJW 1960, 444 (445); *v. Godin/Wilhelmi* Anm. 3b; MüKoAktG/*Schaal* Rn. 44; MüKoStGB/*Kiethe* Rn. 47; Großkomm AktG/*Otto* Rn. 45, jeweils m. weiteren Bsp.
[119] Hierzu BGHZ 83, 341 (347) = NJW 1983, 42 (44 f.); MüKoAktG/*Koch* § 256 Rn. 55 ff.
[120] OLG Düsseldorf AG 2011, 706 ff.
[121] Vgl. BGHZ 83, 341 (347) = NJW 1983, 42 (44 f.); BGH NJW 2001, 2973 (2975) mit diesbezüglicher Anm. *Demuth* BB 2001, 1758 (1759): Überschreitung der Schwelle bei 1 %; MüKoAktG/*Koch* § 256 Rn. 59; vgl. auch schon *v. Godin/Wilhelmi* Anm. 3b: in die Augen springende Fehleinschätzungen.

35 Gegen die hM wird vereinzelt die Ansicht vertreten, unrichtige Werturteile und subjektive Einschätzungen könnten nur dann aus dem Tatbestand herausfallen, wenn sie **ohne jede Relevanz** für das von der Vorschrift geschützte Rechtsgut sind, weil andernfalls eine Vielzahl in krimineller Absicht getätigter Aussagen ohne Berücksichtigung der Motive des Täters straffrei bliebe.[122] Schädigende Ereignisse durch fehlerhafte Kapitalmarktinformationen allein reichen aber nicht aus, um eine an sich schwer beweisbare – und nach den geltenden Regeln im Strafprozess erst zu beweisende – innere Tatsache (Manipulationsabsicht) als Prämisse potenziell tatbestandlicher Handlungen anzunehmen.[123] Die Pönalisierung vertretbarer Meinungsäußerungen steht in Konflikt zu Art. 10 EMRK sowie Art. 5 Abs. 1 GG und tendiert zu einem verfassungswidrigen Gesinnungsstrafrecht.[124]

36 **bb) Diskrepanz zwischen Äußerung und Wirklichkeit.** Die Äußerung des Täters, unter Berücksichtigung der aus Art. 103 Abs. 2 GG resultierenden Einschränkung, muss eine der Wirklichkeit nicht entsprechende Situation der Gesellschaft schildern. Erfasst sind Abweichungen in die eine wie in die andere Richtung. Auch eine **unzutreffend pessimistische Wiedergabe** ist somit einschlägig,[125] etwa durch Unterbewertung von Vermögensgegenständen, Einstellung nicht vorhandener Verbindlichkeiten usw.[126] Denn auch dies führt zu einem falschen Bild über die Gesellschaft und kann Vermögensinteressen Einzelner tangieren, die sich etwa von einem Anteilserwerb oder von einem Rechtsgeschäft mit der Gesellschaft abschrecken lassen. So geht auch § 256 Abs. 5 S. 1 Nr. 2, S. 3 davon aus, dass eine Unterbewertung von Bilanzposten zu einer unrichtigen Wiedergabe oder Verschleierung der Vermögens- oder Ertragslage der Gesellschaft führen kann und erklärt einen unter diesen Bedingungen vorsätzlich aufgestellten Jahresabschluss für nichtig.[127] Ein solches Verhalten wird strafrechtlich allerdings aufgrund der Subsidiaritätsklausel in § 400 allein durch § 331 S. 1 Nr. 1 HGB geahndet.

37 **cc) Objektiver Sinngehalt.** Die Unrichtigkeit beurteilt sich nach dem **Empfängerhorizont**.[128] Dieser soll sich aus der Sicht eines bilanzkundigen Lesers erschließen (vgl. § 238 Abs. 1 S. 2 HGB).[129] Könnten Personen eine fehlende Klarheit der Meldung erkennen, die mit den zT erheblichen Spielräumen des Bilanzrechts vertraut sind,[130] ändert dies an der Unrichtigkeit einer Meldung nach dem maßgeblichen objektiven Maßstab[131] nichts. Unrichtigkeit kann auch dann vorliegen, wenn Geschäftsvorfälle nicht dem zutreffenden Zeitraum zugeordnet, etwa in Aussicht stehende, aber erst noch zu tätigende Umsätze bereits in einer Aufstellung für zurückliegende Monate gebucht werden.[132]

38 Entscheidend ist – auch unter Beachtung der anderen Tatbestandsalternative der Verschleierung – der durch den Tatgegenstand vermittelte **Gesamteindruck** (näher → § 399 Rn. 59 ff.). Der Thematisierung einer „Grundsatzfrage" (Geht es bergauf oder bergab mit der Gesellschaft? Birgt ein Anteilserwerb mehr Chancen oder mehr Risiken?) bedarf es für ein tatbestandsmäßiges Verhalten allerdings nicht. Die Verhältnisse der Gesellschaft, insbes. ihre Vermögenslage, müssen vielmehr im Hinblick auf die jeweils interessierende Einzelfrage zutreffend wiedergegeben werden. Deswegen ist die – bei

---

[122] So *Kiethe* NStZ 2004, 73 (74); MüKoStGB/*Kiethe* Rn. 17; abl. Kölner Komm AktG/*Altenhain* Rn. 23.
[123] Krit. hierzu schon *Mühlbauer* wistra 2003, 169 (172 f.); *Reichert/Weller* ZRP 2002, 49 (53).
[124] Eingehend zu den letztgenannten Aspekten *Gaede/Mühlbauer* wistra 2005, 9 (16).
[125] Kölner Komm AktG/*Altenhain* Rn. 25; vgl. *Langer*, Die Strafbestimmungen im Aktiengesetz und GmbH-Gesetz, 1994, 63; MüKoAktG/*Schaal* Rn. 35; MüKoStGB/*Kiethe* Rn. 21; Großkomm AktG/*Otto* Rn. 23; zu § 12 Abs. 1 WpÜG, § 27 WpÜG auch *Friedl* NZG 2004, 448; *Spatscheck/Wulf* DStR 2003, 173 (174 f.) (zu § 331 HGB).
[126] *v. Godin/Wilhelmi* Anm. 3b.
[127] MüKoAktG/*Koch* § 256 Rn. 60 ff.
[128] LG München I NJW 2003, 2328 (2331); Kölner Komm AktG/*Altenhain* Rn. 24; MüKoStGB/*Kiethe* Rn. 16; Großkomm AktG/*Otto* Rn. 13; *Tiedemann* Wirtschaftsstrafrecht Rn. 1077; *Braun/Rotter* BKR 2003, 918 (925) (zu § 37b WpHG aF = § 97 WpHG nF); Hölters/*Müller-Michaels* Rn. 9; *Becker/Endert* ZGR 2012, 699 (718).
[129] BGH NJW 2005, 445 (449); *Demuth* BB 2001, 1758 (1759) in Anm. zu BGH NJW 2001, 2973 ff.; *Kiethe* NStZ 2004, 73 (74); *Klussmann*, Geschäftslagetäuschungen nach § 400 AktG, 1975, 52; Kölner Komm AktG/*Altenhain* Rn. 24; Kölner Komm AktG/*Geilen*, 1. Aufl. 1984, Rn. 30, 40; MüKoAktG/*Schaal* Rn. 34, 44; MüKoStGB/*Kiethe* Rn. 16; Großkomm AktG/*Otto* Rn. 14; vgl. aber auch OLG Frankfurt a. M. NStZ-RR 2002, 275 (276), wo auf den „verständigen Aktionär" abgestellt wird.
[130] Vgl. OLG München NJW 2003, 144 entgegen LG München I NJW-RR 2001, 1701 (1703) zum ähnlichen Problem der „Bereichsöffentlichkeit" gegenüber dem „breiten Anlegerpublikum" bei Ad-hoc-Mitteilungen nach § 15 WpHG aF; vgl. auch *Braun/Rotter* BKR 2003, 918 (926); *Rieckers* BB 2002, 1213 (1214).
[131] LG München I NJW 2003, 2328 (2331); MüKoStGB/*Kiethe* Rn. 16; Großkomm AktG/*Otto* Rn. 13; *Tiedemann* Wirtschaftsstrafrecht Rn. 1077 spricht vom „objektiv denkenden Aktionär"; vgl. auch BGH AG 2018, 82 (84) (zu § 331 HGB).
[132] Vgl. LG München I NJW 2003, 2328 ff.

§ 400 kaum problematisierte, aber zu anderen Tatbeständen geäußerte – Ansicht richtig, dass eine **Kompensation von Falschangaben** durch andere (Falsch- oder Nicht-)Angaben, etwa durch das Weglassen vorteilhafter Umstände, grundsätzlich nicht zum Wegfall der Strafbarkeit führt,[133] auch wenn dadurch in der Gesamttendenz ein zutreffendes Bild von der Gesellschaft erzeugt wird. Hierdurch werden vielmehr die Verhältnisse in allen thematisierten Punkten jeweils unrichtig wiedergegeben. Im Rahmen von bilanziellen Aktiv- und Passivposten ist die Gliederung des § 266 HGB ein Ausgangspunkt. Für die Frage von Überbewertungen etwa kommt es nicht auf den einzelnen Vermögensgegenstand, aber auch nicht auf eine über den Einzelposten hinausgehende Betrachtung an. Innerhalb der Einzelposten können Bewertungsfehler ausgeglichen werden, zwischen Einzelposten nicht.[134]

Eine hiervon zu trennende Frage ist, ob die Strafbarkeit entfallen kann, wenn Unrichtigkeiten **39** oder Verschleierungen gleichzeitig in einem anderen Bericht oder einer anderen Darstellung berichtigt werden, etwa eine in der Bilanz vorgenommene unzulässige Unterbewertung im Lagebericht besprochen wird.[135] Dagegen spricht, dass die Vollständigkeit und Richtigkeit von Angaben immer nur auf einen typischerweise zusammenhängenden Komplex bezogen werden können, aber keine Verpflichtung der Erklärungsadressaten besteht, sämtliche vorgelegten möglichen Tatgegenstände von Anfang bis Ende zur Kenntnis zu nehmen und ihren Inhalt zu vergleichen.

dd) Tun und Unterlassen. Im Gegensatz zu Abs. 2 („oder erhebliche Umstände verschweigt") **40** enthält Abs. 1 keine ausdrückliche Unterlassungsalternative. Eine Unrichtigkeit durch **Auslassungen** kann vorliegen, wenn für sich richtige, jedoch unvollständige Angaben den Eindruck von Vollständigkeit vermitteln und der fehlende Teil für die sachgerechte Beurteilung der Gesellschaftsverhältnisse notwendig ist. Unrichtig ist dann schon der durch die unvollständige positive Äußerung gewonnene Eindruck. Einer Anwendung von § 13 StGB bedarf es diesbezüglich nicht.[136]

Dagegen soll die offene **Verweigerung von Angaben** § 400 nicht verletzen, da eine erkennbare **41** Unvollständigkeit oder Nicht-Information keine Täuschungsgefahr in sich berge.[137] In einer Auskunftsverweigerung kann tatsächlich keine unrichtige Wiedergabe liegen. Der Begriff der Wiedergabe impliziert vielmehr ein aktives Verhalten. In Betracht zu ziehen ist jedoch eine Unterlassungsvariante: das Hervorrufen oder Aufrechterhalten einer Unrichtigkeit – im Hinblick auf die Gesellschaftsverhältnisse – durch Passivität. Über § 13 StGB kann eine Strafbarkeit durch Unterlassen aber wiederum allenfalls vorliegen, sofern der Täter aufgrund einer Garantenstellung zur Offenbarung bestimmter Umstände verpflichtet ist (→ Rn. 44).[138] § 13 StGB ist dabei prinzipiell auch auf reine Tätigkeitsdelikte anwendbar, die – wie § 400 – abstrakte Gefährdungsdelikte darstellen.[139]

Ein gewichtiges Argument gegen diese Auffassung ist freilich, dass sich der Gesetzgeber zur **42** Durchsetzung bestimmter Publizitätspflichten lediglich für ein Zwangsgeld (§ 407) entschieden hat.[140] Der Katalog dieser Norm ist umfangreich, erfasst indes ausschließlich gesellschaftsinterne oder registergerichtliche Vorgänge. Nicht selten gibt es jedoch für die Beurteilung der Gesellschaftsverhältnisse ganz wesentliche Informationen, die nicht – jedenfalls nicht rechtzeitig – über § 407 verfügbar gemacht werden könnten.[141] Es kann Fragen nach dem Gelingen einer operativen Aufgabe der Unternehmensführung geben, die durch § 407 nicht erfasst oder möglicherweise gar nicht im

---

[133] Vgl. zu § 264a StGB *Joecks* wistra 1986, 142 (147); *Worms* wistra 1987, 271 (273); *Gäbhard*, Das Tatbestandsmerkmal der „wesentlichen Umstände" beim Kapitalanlagebetrug § 264a StGB, 1993, 172; *Geerds*, Wirtschaftsstrafrecht und Vermögensschutz, 1990, 230 f.; *Joecks*, Praxis der steuerbegünstigten Kapitalanlagen Band XVII – Der Kapitalanlagebetrug, 1987, 72; Lackner/Kühl/*Heger* StGB § 264a Rn. 14; vgl. auch *Jacobi*, Der Straftatbestand des Kapitalanlagebetrugs (§ 264a StGB), 2000, 149 ff., 164.
[134] MüKoAktG/*Koch* § 256 Rn. 57.
[135] Bejahend *v. Godin/Wilhelmi* Anm. 6 aE mit Verweis auf RGZ 115, 332 (336 f.).
[136] *Arnhold*, Auslegungshilfen zur Bestimmung einer Geschäftslagentäuschung im Rahmen der §§ 331 Nr. 1 HGB, 400 Abs. 1 Nr. 1 AktG, 82 Abs. 2 Nr. 2 GmbHG, 1993, 49 f.; Kölner Komm AktG/*Altenhain* Rn. 26; Kölner Komm AktG/*Geilen*, 1. Aufl. 1984, Rn. 31; MüKoStGB/*Schaal* Rn. 37; MüKoStGB/*Kiethe* Rn. 19; Großkomm AktG/*Otto* Rn. 15, 46, § 399 Rn. 41; Achenbach/Ransiek/*Rönnau/Ransiek* 8. Teil 1. Kap. Rn. 91; *Spatscheck/Wulf* DStR 2003, 173 (175) (zu § 331 HGB); Hölters/*Müller-Michaels* Rn. 10; GJW/*Temming* Rn. 11; *Tiedemann* Wirtschaftsstrafrecht Rn. 1074: Verschweigen von Veruntreuungen eines Vorstandsmitglieds.
[137] Kölner Komm AktG/*Altenhain* Rn. 27; Kölner Komm AktG/*Geilen*, 1. Aufl. 1984, Rn. 33; MüKoStGB/*Schaal* Rn. 39; MüKoStGB/*Kiethe* Rn. 19; Großkomm AktG/*Otto* Rn. 16; Achenbach/Ransiek/*Rönnau/Ransiek* 8. Teil 1. Kap. Rn. 91; Hölters/*Müller-Michaels* Rn. 12.
[138] Kölner Komm AktG/*Altenhain* Rn. 28.
[139] Vgl. insges. GHEK/*Fuhrmann* Rn. 21 mwN; MüKoAktG/*Schaal* Rn. 38 mwN; aA *Spatscheck/Wulf* DStR 2003, 173 (176) (zu § 331 HGB).
[140] So noch Kölner Komm AktG/*Geilen*, 1. Aufl. 1984, Rn. 33.
[141] S. den Fall infomatec; hierzu → Rn. 19, 83.

AktG erwähnt sind, die aber eine Entscheidungsfrage bezüglich des Bestehens der Gesellschaft darstellen.

43 Unabdingbare Voraussetzung für die Anwendbarkeit von § 400 bleibt, dass dessen Adressatenkreis nicht lediglich spekulativ tätig wird. Das Vermögen ist über die Vorverlagerung nur bei berechtigtem Vertrauen in die Richtigkeit und Vollständigkeit der Informationen über die Gesellschaft geschützt. Es ist also die Frage zu stellen, ob die von § 400 geschützten Personen durch unklare Informationen über die Gesellschaftslage Vertrauen entwickelten und zu objektiv kontraindizierten Vermögensdispositionen veranlasst wurden. Erst eine solche Situation kann eine solche sein, in der an eine Unterlassungskonstellation wegen einer gebotenen Klarstellung zu denken ist.

44 Ein berechtigtes Vertrauen kann sich zum Beispiel einstellen, wenn ein Mitglied eines Gesellschaftsorgans selbst in der Vergangenheit maßgebliche Informationen verbreitet hat und ein anderes Mitglied hiervon Kenntnis erlangt. Erweisen sich frühere Informationen (etwa Umsatz- und Gewinnprognosen in Ad-hoc-Mitteilungen, → Rn. 81 ff.) – vielleicht erst aufgrund unvorhergesehener Entwicklungen[142] – als falsch, kann das überlegene Wissen der Organmitglieder eine **garantenartige Pflicht zur Aufklärung** entstehen lassen.[143] Dies gilt immer dann, wenn aufgrund der Falschmeldungen nachteilige Folgen für die von § 400 geschützten Personen eingetreten oder zu erwarten sind.[144] Eine Sonderpflicht iSd § 13 StGB ergibt sich aus der Herrschaft über den Grund des Erfolgs (vgl. dazu auch → Rn. 116), die aus der Organstellung und den durch sie begründeten gesetzlichen Pflichten resultiert.[145] Es kommt nicht darauf an, ob ein sorgfaltswidriges Vorverhalten desselben Organmitglieds vorlag.[146] Die offene Verweigerung (→ Rn. 41) reicht aber deshalb nicht aus, weil sie zwar zu Informationsdefiziten führen kann, aber keine Vertrauenssituation in die unvollkommene Lage auszuprägen vermag. Im Gegensatz zu § 399 (→ § 399 Rn. 57 f.) kann im Bereich des reinen Unterlassens nicht auf eine Anwendung des § 13 StGB verzichtet werden. Bei den von § 399 erfassten Anmeldevorgängen hat jedes einzelne Organmitglied kraft Gesetzes dafür Sorge zu tragen, dass dem Registergericht eine zutreffende Beurteilungsgrundlage im Zeitpunkt der Entscheidung über die Eintragung zur Verfügung steht. Daraus ergeben sich unmittelbar Berichtigungspflichten. § 400 etabliert dagegen keine Gesamtorganpflichten, nach denen der Vorstand oder der Aufsichtsrat als gesellschaftsrechtliches Institut für eine vollständige Informierung der Öffentlichkeit Sorge zu tragen hätte.

45 **Offenbarungspflichten** hinsichtlich existenzieller Umstände sind im Rahmen des § 400 Abs. 1 Nr. 1 gesetzlich nur bei Auskünften in der Hauptversammlung vorgesehen (→ Rn. 59) und haben eine formelle Ausgestaltung erfahren. Außerhalb dieses „Auskunftsverfahrens" sieht das AktG selbst gewisse kanalisierte Wege für bedeutsame Informationen vor. Sie limitieren zugleich die Anforderungen an Organmitglieder. So hat der Vorstand etwa nach § 90 Abs. 1 S. 3 den Aufsichtsratsvorsitzenden über wichtige Anlässe zu informieren.[147] Die nachgeschobene Erläuterung, dies umfasse auch geschäftliche Vorgänge bei verbundenen Unternehmen, die auf die Lage der Gesellschaft von erheblichem Einfluss sein können, stellt klar, dass hierunter alle Begebenheiten fallen, die für den wirtschaftlichen Zustand oder die Entwicklungschancen der Gesellschaft von nicht untergeordneter Bedeutung sind. Dementsprechend können Vorstandsmitglieder nach § 400 iVm § 13 StGB strafbar sein, wenn sie eine Information über erhebliche Verluste, gefährdete größere Außenstände oder größere Betriebsstörungen nicht unverzüglich an den Aufsichtsratsvorsitzenden weiterleiten.[148]

46 Eine Strafdrohung besteht jedoch nicht per se, wenn Informationen nicht der Öffentlichkeit zugänglich gemacht werden. Denn eine solche Pflicht ist nach Art. 17 MAR in Bezug auf Insiderinformationen[149] für bestimmte Emittenten[150] vorgesehen, konkret ausgestaltet und nach **§ 120 Abs. 15 Nr. 6 bis Nr. 11 WpHG** als Ordnungswidrigkeit sanktioniert. Zwar ergibt sich schon aus § 21 Abs. 1 S. 1 OWiG, dass ein und dieselbe Handlung zugleich Ordnungswidrigkeit und Straftat

---

[142] S. den Fall met@box (→ Rn. 19 Fn. 79): Besonders anfällig dafür sind Umsatz- oder Gewinnprognosen.
[143] Vgl. Kölner Komm AktG/*Altenhain* Rn. 28; vgl. auch OLG München GWR 2009, 202; aA *Spatscheck/Wulf* DStR 2003, 173 (176) (zu § 331 HGB): keine Modalitätenäquivalenz iSd § 13 Abs. 1 StGB, weil das Unterlassen der Aufklärung nicht mit dem tatbestandlichen Äußerungsverhalten gleichgesetzt werden könne.
[144] S. den Fall infomatec; hierzu → Rn. 19, 83; vgl. auch OLG München GWR 2009, 202.
[145] Vgl. *Arnhold,* Auslegungshilfen zur Bestimmung einer Geschäftslagentäuschung im Rahmen der §§ 331 Nr. 1 HGB, 400 Abs. 1 Nr. 1 AktG, 82 Abs. 2 Nr. 2 GmbHG, 1993, 50 f. sowie Kölner Komm AktG/*Altenhain* Rn. 28.
[146] Kölner Komm AktG/*Altenhain* Rn. 28; allein auf die Rechtspflicht abstellend und damit formaljuristisch argumentierend RGSt 49, 239 (241); MüKoAktG/*Schaal* Rn. 38.
[147] Zu den Berichtspflichten *Buchta* DStR 2003, 694 (698).
[148] MüKoAktG/*Schaal* Rn. 38.
[149] Die Insiderinformationen müssen den Emittenten zudem unmittelbar betreffen, näher dazu etwa *Hopt/Kumpan* in Schimansky/Bunte/Lwowski BankR-HdB, 5. Aufl. 2017, § 107 Rn. 140 ff.
[150] Siehe dazu Art. 17 Abs. 1 UAbs. 3 MAR.

sein kann und sodann Erstere zurücktritt.[151] Vor allem im Bereich des Wirtschafts- und insbes. Kapitalmarktrechts mit seiner dezidierten Ausgestaltung kann sich aber der Normadressat darauf verlassen, dass ein spezielles Gesetz, das bestimmte Tatbestandsvoraussetzungen hat, eine konkrete Pflicht beschreibt und an einen Verstoß bestimmte Folgen knüpft, **abschließend** ist. Daher kann eine wesentlich abstraktere Strafnorm mit zahlreichen unbestimmten Rechtsbegriffen nicht angewendet werden, wenn das spezielle Gesetz erfüllt ist oder ein einzelnes Tatbestandsmerkmal nicht erfüllt ist, das erst die besondere Schutzbedürftigkeit begründet (bei Art. 17 MAR die Beschränkung auf bestimmte Emittenten[152]).[153] Das durch **Art. 103 Abs. 2 GG** aufgestellte Bestimmtheitsgebot verbietet derartige Konfusionen durch die Gebote von Normenklarheit und Widerspruchsfreiheit, wonach sich eine Vorhersehbarkeit auch hinsichtlich der Rechtsfolgen eines Verhaltens ergeben muss.[154] Im Übrigen sind zahlreiche spezialgesetzlich vorgeschriebenen kapitalmarktrechtlichen Informationen nach § 8b HGB (→ § 399 Rn. 4, 274) auch an das Unternehmensregister zu melden.

Die ausgebliebene Intervention eines Sonderpflichtigen, in dessen Gegenwart eine (den Anforderungen an die Tatmittel genügende) unrichtige Erklärung abgegeben wird, erfüllt den Tatbestand durch Unterlassen iSd § 13 StGB, wenn dieser **nicht pflichtgemäß widerspricht** (allgM).[155] Zum Teil wird angenommen, mit dem Ausbleiben einer Richtigstellung verbinde sich bereits die stillschweigende Zustimmung zu den Ausführungen des bzw. der Organkollegen,[156] womit auf eine (aktive) konkludente Täuschung abgestellt wird. Eine stillschweigende Zustimmung soll auch vorliegen, wenn ein Aufsichtsratsmitglied einen als unrichtig erkannten Bericht des Vorstandes ohne Kommentar der Hauptversammlung vorlegt.[157] Beruht die Auskunft auf einem vorher gefassten einstimmigen Beschluss des Organs, liegt sogar Täterschaft wegen positiven Handelns vor,[158] vorausgesetzt, das jeweilige Organmitglied hatte von der Unrichtigkeit Kenntnis. Eine Wissenszurechnung findet im Rahmen strafrechtlicher Verantwortlichkeit nicht statt.[159] Durch den **organschaftlichen Sonderstatus** und der damit einhergehenden – aus den entsprechenden Handlungsbefugnissen resultierenden – Herrschaftsposition wird jedoch per se eine Garantenstellung begründet, womit eine umfassende Pflicht zur Abwehr von Gefahren iSd Tatbestandes besteht. Solche Gefahren werden durch alle tatbestandlichen Äußerungen anderer Organmitglieder geschaffen. Daher müssen sämtliche Sonderpflichtigen eine **Berichtigung** in wenigstens demselben Umfang (über das gleiche Medium, gegenüber demselben Adressatenkreis) vornehmen, wenn sie von solchen Äußerungen Kenntnis nehmen, unabhängig davon, ob die frühere Äußerung vorsätzlich falsch war oder die Unrichtigkeit überhaupt allgemein erkennbar ist.[160]

b) Verschleierung. Eine Verschleierung liegt bei einer objektiv richtigen Schilderung der Gesellschaftsverhältnisse vor, sofern die Erkennbarkeit derart erschwert ist, dass die Gefahr einer unzutreffenden Beurteilung begründet wird.[161] Die Erklärung kann in ihrem tatsächlichen Kern richtig und muss ihrem äußeren Anschein nach geeignet sein, die Verhältnisse inhaltlich anders darzustellen.[162]

---

[151] Vgl. in diesem Zusammenhang auch LG München I NJW 2003, 2328 (2331).
[152] Siehe Art. 17 Abs. 1 UAbs. 3 MAR.
[153] Vgl. auch LG Frankfurt a. M. NJW 2000, 301 (303); *Gaede/Mühlbauer* wistra 2005, 9 (14 f.); *Mühlbauer* wistra 2003, 169 (172); Anm. *Schmitz* JZ 2004, 526 (527).
[154] Vgl. BVerfGE 45, 363 (371 ff.) = NJW 1977, 1815 f.; BVerfGE 75, 329 (342) = NJW 1987, 3175 f.; BVerfGE 86, 288 (311) = NJW 1992, 2947 (2948); BVerfGE 105, 135 (153 ff.) = NJW 2002, 1779 f.; *Gaede/Mühlbauer* wistra 2005, 9 (15).
[155] BGH NJW 2001, 3622 (3624); OLG Bremen ZIP 1999, 1671 ff.; OLG Bremen NZG 1999, 724 (726); *Fleischer* BKR 2003, 608 (611, 615); *Fleischer* NJW 2003, 2584 (2585); *Kiethe* NStZ 2004, 73 (76); MüKoAktG/*Schaal* Rn. 45; MüKoStGB/*Kiethe* Rn. 81, 83; Großkomm AktG/*Otto* Rn. 17; Kölner Komm AktG/*Altenhain* Rn. 28; GJW/*Temming* Rn. 13; Hölters/*Müller-Michaels* Rn. 11.
[156] OLG Bremen NZG 1999, 724 (726); *Kiethe* NStZ 2004, 73 (76); MüKoStGB/*Kiethe* Rn. 81; Großkomm AktG/*Otto* Rn. 17; vgl. auch GHEK/*Fuhrmann* Rn. 10.
[157] RGSt 14, 80 (83); 37, 433 (435); 38, 195 (200); MüKoAktG/*Schaal* Rn. 45.
[158] Kölner Komm AktG/*Geilen*, 1. Aufl. 1984, Rn. 55.
[159] *Kiethe* NStZ 2004, 73 (76).
[160] *Kiethe* NStZ 2004, 73 (76); MüKoStGB/*Kiethe* Rn. 82 f.; Achenbach/Ransiek/Rönnau/*Ransiek* 8. Teil 1. Kap. Rn. 66; eine Berichtigungspflicht im Rahmen der deliktsrechtlichen Haftung nimmt auch *Fleischer* DB 2004, 2031 (2035) an.
[161] MüKoStGB/*Kiethe* Rn. 20; MüKoAktG/*Schaal* Rn. 40; MüKoAktG/*Koch* § 256 Rn. 61; Großkomm AktG/*Otto* Rn. 18; Kölner Komm AktG/*Altenhain* Rn. 30; *Spatscheck/Wulf* DStR 2003, 173 (175) (zu § 331 HGB). *Becker/Endert* ZGR 2012, 699 (715, 719) gehen zwar bzgl. § 331 HGB davon aus, dass eine „richtige", also bilanzrechtskonforme Darstellung der Verhältnisse zwingend tatbestandslos sein müsse (die Verschleierungsvariante hat danach somit letztlich keine Bedeutung). Bei § 400 gestehen sie jedoch der Verschleierungsvariante einen eigenen Anwendungsbereich zu.
[162] GHEK/*Fuhrmann* Rn. 22; MüKoAktG/*Schaal* Rn. 40; GJW/*Temming* Rn. 12; Hölters/*Müller-Michaels* Rn. 13.

49 Die **Abgrenzung** zur unrichtigen Wiedergabe ist **fließend**. Bei greifbarer Unrichtigkeit wird eher die erste Alternative, bei Undeutlichkeit und Undurchsichtigkeit der Erklärung eher die Verschleierungsalternative einschlägig sein.[163] Führt die Unklarheit der Darstellung zur Unerkennbarkeit der Gesellschaftsverhältnisse, liegt jedenfalls schon Unrichtigkeit vor.[164] Aus der Verschleierungsalternative folgt auch eine gewisse **verfahrenserleichternde Funktion**.[165] Die Berufung des Täters auf fehlende Unrichtigkeit wegen seines Geschicks bei der Beeinflussung muss nicht zur Straffreiheit führen.[166] Eine Verschleierung kann zB bei einem Verstoß gegen die Vorschriften zur Gliederung einer Bilanz (§ 266 HGB) oder der Gewinn- und Verlustrechnung (§ 275 HGB) vorliegen.[167] Zumindest eine Verschleierung liegt auch vor, wenn ein Vorstandsvorsitzender auf die Frage eines Aktionärs in der Hauptversammlung, die erkennbar auf mögliche Hinderungsgründe für die Entlastung des Vorstandes abzielt, angibt, weder das Unternehmen noch er selbst habe eine Klage auf Schadensersatz oder eine Strafanzeige in einer bestimmten Angelegenheit erhalten bzw. gesehen, er aber nicht erwähnt, dass eine mit später möglichen Schadensersatzforderungen zusammenhängende Feststellungsklage gegen die Gesellschaft anhängig ist und ein Vorermittlungsverfahren der Staatsanwaltschaft läuft. Durch solche bewusst unklaren Äußerungen werden zivil- oder strafprozessuale Nuancen ausgenutzt, um das eigentliche Informationsinteresse zu umgehen.[168]

50 Die häufige Verwendung **englischsprachiger Begriffe** stellt nicht von vornherein eine Verschleierung dar, mag es sich auch um nicht feststehende Fachbegriffe handeln und die Formulierungen nicht in einem angefügten Glossar übersetzt worden sein.[169] Möglicherweise leidet darunter die Präzision.[170] Allerdings ist die inflationäre Verwendung englischsprachiger Bezeichnungen mittlerweile bei den „Dax 30"-Unternehmen weit verbreitet[171] und häufig eher eine Marketing- denn eine Verschleierungsstrategie.[172] Letztlich handelt es sich hier – bedingt durch den unscharfen Begriff der Verschleierung – um eine Frage des Einzelfalls.

51 Zwar ist die **praktische Bedeutung** der Differenzierung zwischen den Alternativen wegen der identischen Strafbarkeit als gering anzusehen.[173] Die Feststellung der Ergänzungswirkung und eine über die positive irreführende Wiedergabe hinausgehende Tatbestandsweite durch den Begriff der Verschleierung sind dennoch bemerkenswert. Denn er ist plausibler omissiv zu deuten.[174] Ein „Verschleiern" kann dem möglichen Wortsinn nach auch ohne Informationstransport,[175] insbes. Informationsunterdrückung, stattfinden. Eine Verschleierung durch Unterlassen (ohne Notwendigkeit, auf § 13 StGB abzustellen) erscheint in den Fällen **unterlassener Richtigstellungen** möglich, wenn unerträgliche Verwirrung über existenzielle Umstände der Gesellschaft besteht. Das folgt abermals aus dem Verständnis von § 400 als abstraktes Gefährdungsdelikt und daraus, dass der Falschbeurteilung in beiden Richtungen vorgebeugt werden soll (→ Rn. 36): Die Gefahr der Falschbeurteilung der Gesellschaftsverhältnisse aufgrund einer Informationslücke besteht unabhängig vom Wissen um diese Lücke. Die im Unklaren Gelassenen können zu unberechtigt guten wie schlechten Aussichten für die

---

[163] Kölner Komm AktG/*Geilen*, 1. Aufl. 1984, Rn. 37; vgl. auch *Trescher* DB 1998, 1016 (1017); MüKoStGB/*Kiethe* Rn. 22; Großkomm AktG/*Otto* Rn. 19 f.
[164] Großkomm AktG/*Otto* Rn. 19; vgl. auch *Spatscheck*/*Wulf* DStR 2003, 173 (175) (zu § 331 HGB).
[165] Kölner Komm AktG/*Altenhain* Rn. 31.
[166] Großkomm AktG/*Otto* Rn. 20; Kölner Komm AktG/*Geilen*, 1. Aufl. 1984, Rn. 35; Kölner Komm AktG/*Altenhain* Rn. 30; MüKoAktG/*Schaal* Rn. 40; MüKoStGB/*Kiethe* Rn. 22.
[167] *v. Godin*/*Wilhelmi* Anm. 3b.
[168] Fall „Breuer"/Leo Kirch (Hauptversammlung der Deutschen Bank AG v. 22.5.2002), hierzu *Tiedemann* Wirtschaftsstrafrecht Rn. 1076 f.
[169] Tendenziell bejahend („drängt sich daher der Verdacht einer Verschleierung auf") *Olbrich*/*Fuhrmann* AG 2011, 326 (330).
[170] *Olbrich*/*Fuhrmann* (AG 2011, 326 (329)) nennen das folgende Beispiel: Die Formulierung „fair value" suggeriere dem Leser, es gehe um objektiven, „gerechten" Wert. Tatsächlich bedeute die Formulierung im Deutschen aber schlicht „Zeitwert" und stehe daher für eine temporäre, flüchtige Größe.
[171] Vgl. die Tabelle bei *Olbrich*/*Fuhrmann* AG 2011, 326 (328).
[172] *Olbrich*/*Fuhrmann* AG 2011, 326 (328) zitieren etwa einen Ausschnitt aus einem Geschäftsbericht von T-Mobile mit folgendem Inhalt: „T-Mobile Deutschland ist Vorreiter bei der Double-Play-Strategie: Complete- und Combi-Tarife bieten Flatrates für Telefonie und mobiles Highspeed-Surfen." Hier mögen die englischsprachigen Begriffe tatsächlich nicht die Intention haben, die Unternehmenssituation falsch darzustellen, sondern der Anpreisung einer besonderen Verkaufsstrategie dienen. Das Beispiel demonstriert darüber hinaus, wie viele englische Begriffe mittlerweile schon in unsere Alltagssprache „gesickert" sind („Flatrate").
[173] MüKoStGB/*Kiethe* Rn. 22; Großkomm AktG/*Otto* Rn. 20; Park/*Südbeck*/*Eidam* Teil 3 Kap. 9.2 § 400 Abs. 1 Rn. 28; Kölner Komm AktG/*Altenhain* Rn. 31; Hölters/*Müller-Michaels* Rn. 13.
[174] Kölner Komm AktG/*Geilen*, 1. Aufl. 1984, Rn. 31.
[175] Begriff bei *Langer*, Die Strafbestimmungen im Aktiengesetz und GmbH-Gesetz, 1994, 70, dort aber im Rahmen der unrichtigen Wiedergabe mit Ablehnung der Strafbarkeit.

Gesellschaft gelangen. Nur wenn beide Möglichkeiten vernünftigerweise (→ Rn. 37) ausgeschlossen erscheinen, liegt auch keine Verschleierung vor.

Eine **offene Auskunftsverweigerung** hingegen reicht auch im Kontext der Verschleierung (vgl. bereits → Rn. 41 ff.) nicht aus, weil sie kein Vertrauen auszuprägen vermag. Eine Verweigerung ist bei schwieriger Gesellschaftslage möglicherweise geeignet, zur Zerstörung bisher bestehenden Vertrauens und in Folge dieses Vertrauensverlusts zur Aufgabe der Beziehungen zur Gesellschaft zu führen. Dies wiederum kann für die Gesellschaft negative wirtschaftliche Konsequenzen haben. Hier geht es aber um anderweitig ausgeprägtes Vertrauen, dessen Zerstörung nicht von § 400 erfasst ist. **52**

c) Funktionaler Zusammenhang zwischen der Schilderung und der Organstellung. **53**
Nach verbreiteter Auffassung muss der Funktionsträger gerade in Wahrnehmung seiner ihm obliegenden Aufgabe gehandelt haben. Die Erklärung müsse in funktionalem Zusammenhang zu seiner Position stehen.[176] Hierfür wird das Wortlautargument angeführt, nach dem der Täter *als* Mitglied des Vorstandes etc. handeln müsse.[177] Praktisch relevant soll dies vor allem bei Aufsichtsratsmitgliedern sein, die als Persönlichkeiten des Wirtschaftslebens neben ihrer Funktion in der Gesellschaft oftmals auch andere bedeutende Stellungen innehaben, die etwa zu Erklärungen in den Medien führen können.[178] Nach der genannten Ansicht wäre zu untersuchen, welche Funktionen dem Mitglied des jeweiligen Organs oblagen, also wer sich (*als* was) wozu in welchem Zusammenhang zu äußern hat. Feste und vor allem für die Allgemeinheit evidente Regeln dazu gibt es aber nicht. Das von *Geilen*[179] offensichtlich präferierte Kriterium des „Rahmens einer Veranstaltung" wirft schon deshalb Zweifel auf, weil sich innerhalb einer solchen Veranstaltung der Schwerpunkt an Aussagen zu verschiedenen Gesellschaften ständig verschieben kann. Der allein interessierende, auf **Wahrheit und Vollständigkeit überprüfbare Inhalt** einer Aussage ist vom Umfeld des Erklärenden unabhängig (vgl. auch → Rn. 74 ff.), solange nur zugeordnet werden kann, zu welcher Gesellschaft eine gewisse Aussage gemacht wird und ob die Person bei dieser Gesellschaft eine Organstellung innehat.

Die abstrakte Gefahr der Äußerung ergibt sich gerade aus der durch die bloße **Inhaberschaft** **54** **einer Organstellung** zugeschriebenen Kompetenz: Ist jemand Mitglied eines der maßgeblichen Organe einer Gesellschaft und äußert sich (tatbestandlich relevant) zu dieser Gesellschaft, wird ein Erklärungsempfänger der Aussage nicht deswegen eine andere Bedeutung zumessen, weil der Täter nicht ausschließlich zu dieser Gesellschaft oder unter dem formalen Deckmantel einer weiteren Organstellung (zB unter dem Briefkopf einer anderen Gesellschaft) Angaben macht.[180]

Fraglich kann allenfalls sein, ob auch eine **private Äußerung** tatbestandlich relevant werden **55** kann.[181] Dagegen spricht der Gesichtspunkt, auch dem potenziell geeigneten Täterkreis eine Sphäre der Privatheit zu gewähren.[182] Vor dem Hintergrund des Charakters von § 400 als abstraktes Gefährdungsdelikt ist aber das Risiko im Blick zu halten, dass tatbestandliche Äußerungen im privaten Bereich möglicherweise an Dritte weitergeleitet werden. Empfänger „aus zweiter Hand" dürften sich dann allein für den Inhalt und für das aus der Autorität als Organmitglied anzunehmende Fachwissen interessieren, aber kaum für ein „Wann?" oder „Wobei?" der Aussage. Richtigerweise können daher auch Äußerungen im privaten Rahmen den Tatbestand verwirklichen. In den Schutzbereich des Tatbestandes sind insgesamt nicht nur Personen einbezogen, die eine Information direkt vom tauglichen Täter erhalten. Deswegen geht auch die Forderung ins Leere, der Empfänger müsse die Funktionsträgerschaft des Erklärenden erkennen oder sie müsse ihm zumindest erkennbar sein.[183] Risikoträchtig ist auch das anonyme Handeln oder das Einschalten eines Strohmannes.[184] Als echtes

---

[176] RGSt 5, 146 (149); 45, 210 (211 f.); Kiethe NStZ 2004, 73 (75); GHEK/*Fuhrmann* Rn. 8; Kölner Komm AktG/*Geilen*, 1. Aufl. 1984, Rn. 16; MüKoAktG/*Schaal* Rn. 12, 29; Großkomm AktG/*Otto* Rn. 26; einschränkend Kölner Komm AktG/*Altenhain* Rn. 20; vgl. hierzu die Nachweise in Rn. 54 f.
[177] *Langer*, Die Strafbestimmungen im Aktiengesetz und GmbH-Gesetz, 1994, 43.
[178] Vgl. MüKoAktG/*Schaal* Rn. 12.
[179] Kölner Komm AktG/*Geilen*, 1. Aufl. 1984, Rn. 16.
[180] In diesem Sinne auch Kölner Komm AktG/*Altenhain* Rn. 20; aA *Kiethe* NStZ 2004, 73 (75); MüKoAktG/ *Schaal* Rn. 12; Großkomm AktG/*Otto* Rn. 26.
[181] Abl. RGSt 45, 210 (211); *v. Godin/Wilhelmi* Anm. 3a; MüKoStGB/*Kiethe* Rn. 23; Großkomm AktG/*Otto* Rn. 26; Kölner Komm AktG/*Altenhain* Rn. 20; *Langer*, Die Strafbestimmungen im Aktiengesetz und GmbH-Gesetz, 1994, 44 bzgl. „völlig" privater Äußerungen.
[182] Kölner Komm AktG/*Altenhain* Rn. 20; Achenbach/Ransiek/*Rönnau/Ransiek* 8. Teil 1. Kap. Rn. 89 geht sehr weitgehend davon aus, dass ein tatbestandliches Handeln immer dem Funktionsbereich eines Organs und nicht seiner Privatsphäre zufällt.
[183] In diesem Sinne aber *Ransiek* FS Puppe, 2011, 1269 (1275).
[184] Zust. und mBspr Kölner Komm AktG/*Geilen*, 1. Aufl. 1984, Rn. 17; aA Achenbach/Ransiek/*Rönnau/ Ransiek* 8. Teil 1. Kap. Rn. 89.

Sonderdelikt knüpft der Tatbestand gerade objektiv an die jeweilige Stellung des Sonderpflichtigen an.

56 **3. Tatgegenstand.** Die unrichtige Wiedergabe bzw. Verschleierung muss sich auf die **Verhältnisse der Gesellschaft** einschließlich ihrer Beziehungen zu verbundenen Unternehmen beziehen. Die Verhältnisse der Gesellschaft umfassen ihr Erscheinungsbild im weitesten Sinne. Hierunter fallen nicht nur die **wirtschaftlichen,** sondern auch alle die Gesellschaft betreffenden **sozialen, kulturellen und politischen Umstände.**[185] Der verbreitet gebrauchte Zusatz, es müsse sich um Umstände handeln, die für die Einschätzung der Lage, der Funktion, des Erscheinungsbildes oder der Entwicklung der Gesellschaft erheblich sind,[186] lässt aufgrund der möglichen Ausdehnung der verwendeten Begriffe keine Einschränkungswirkung erkennen. Angaben können dabei – wie sich schon aus den Ausführungen zur „Unrichtigkeit" ergibt (→ Rn. 32 ff.) – die Gesellschaftsverhältnisse in der **Vergangenheit, Gegenwart** oder **Zukunft** betreffen.[187] Die im Tatbestand noch einmal explizit erwähnten Beziehungen zu verbundenen Unternehmen sind davon inhaltlich miterfasst,[188] s. hierzu §§ 15 ff., 291 f. Die Verhältnisse der Gesellschaft werden insbes. durch Umstände geprägt, die hoheitliche Veröffentlichungs- und Mitteilungspflichten auslösen (vgl. Art. 17 MAR in Bezug auf Insiderinformationen iSd Art. 7 MAR). Wie durch das **Transparenz-RL** (→ Rn. 16) und das Umsetzungsgesetz **(TUG)** (→ Rn. 16) abermals klar wird, hat die „interessierte Öffentlichkeit" insbes. ein berechtigtes Interesse, über eigene Geschäfte der Führungsmitglieder einer Gesellschaft mit deren Anteilen oder die Überschreitung bestimmter Beteiligungs- und Stimmrechtsschwellen an anderen Unternehmen wahrheitsgemäß informiert zu werden (vgl. nunmehr[189] insbes. Art. 19 MAR). Für die Beurteilung der Lage des Unternehmens relevant kann auch das Überwachungsverhalten des Aufsichtsrates hinsichtlich der Geschäftsführung (durch den Vorstand) sein.[190] Der Aufsichtsrat hat hierüber nach § 171 Abs. 2 S. 1 und 2 der Hauptversammlung schriftlich zu berichten.

57 **4. Tatmittel.** Abs. 1 Nr. 1 pönalisiert die unrichtige Schilderung der Verhältnisse der Gesellschaft nicht pauschal, sondern verlangt einschränkend, dass die Tathandlung entweder in Vorträgen bzw. Auskünften in der Hauptversammlung (a) oder in Darstellungen oder Übersichten über den Vermögensstand (b) stattgefunden haben muss.

58 **a) Vorträge oder Auskünfte in der Hauptversammlung. aa) Vorträge.** Vorträge sind alle (regelmäßig **mündlich** gemachten) **Äußerungen.** Eine längere Dauer, Referatscharakter oder Vorbereitung für den Vortrag sind nicht notwendig.[191] In Frage kommen etwa Ausführungen von Vorstands- oder Aufsichtsratsmitgliedern zu Übernahmeangeboten, auch wenn diese nicht den gesamten, von § 27 Abs. 1 WpÜG verlangten Inhalt aufweisen. In Vortragsmanier wird auch die vom Vorstand gem. § 176 Abs. 1 S. 2 zu Beginn der Hauptversammlung verlangte Erläuterung der Vorlagen nach § 175 Abs. 2 (ua Jahresabschluss, Lagebericht, Bericht des Aufsichtsrates, Vorschlag zur Verwendung des Bilanzgewinns) oder die vom Aufsichtsratsvorsitzenden verlangte Erläuterung des **Berichtes des Aufsichtsrates** durchgeführt.[192] Letztere beruht auf dem bereits schriftlich an die Hauptversammlung abzuliefernden Bericht über die Prüfung des Jahresabschlusses usw gem. § 171 Abs. 2 (hierzu schon → Rn. 56). In die Gefahr eines Konfliktes mit § 400 kann der Vorsitzende des Aufsichtsrates dabei zB kommen, wenn er in seinem Vortrag – wie verbreitet – zur Erfüllung der Berichtspflicht nach § 171 Abs. 2 S. 2 lediglich phrasenhaft behauptet, die Geschäftsführung sei anhand laufender Berichte des Vorstandes überwacht worden und man habe mit dem Vorstand in mehreren Sitzungen über wichtige Fragen der Geschäftsführung gesprochen. Denn daraus resultiert die berechtigte Erwartung der Aktionäre, es seien alle aktienrechtlichen und handelsrechtlichen

---

[185] Vgl. BVerfG BKR 2006, 38 (39); RGSt 21, 172 ff.; 38, 195 (196 ff.); 41, 293 (297 f.); 66, 425 (426); LG München I NJW 2003, 2328 (2331); *Friedl* NZG 2004, 448 (451 f.); *Kiethe* NStZ 2004, 73 (75); *Kort* AG 2005, 21 (24); MüKoAktG/*Schaal* Rn. 16 f.; Kölner Komm AktG/*Altenhain* Rn. 32; Großkomm AktG/*Otto* Rn. 28; Hölters/*Müller-Michaels* Rn. 14; NK-WSS/*Krause*/*Twele* Rn. 3; *Schlitt* DB 2007, 326 (329); *Spatscheck*/*Wulf* DStR 2003, 173 (174) (zu § 331 HGB); abw. *Meyer* AG 1966, 109 (111).

[186] Vgl. *Weitnauer* DB 2003, 1719 (1721) sowie die Nachweise in der vorherigen Fn.

[187] MüKoStGB/*Kiethe* Rn. 28; Park/*Südbeck*/*Eidam* Teil 3 Kap. 9.2 § 400 Abs. 1 Rn. 12; Kölner Komm AktG/*Altenhain* Rn. 32.

[188] Vgl. etwa BGH NJW 2001, 3622 (3624); Regierungskommission „Corporate Governance", BT-Drs. 14/7515, 86 (dort Rn. 185); MüKoStGB/*Kiethe* Rn. 29; Großkomm AktG/*Otto* Rn. 30; vgl. auch Hölters/*Müller-Michaels* Rn. 14.

[189] Die frühere Regelung in § 15a WpHG aF wurde im Zuge des Ersten Finanzmarktnovellierungsgesetzes v. 30.6.2016, BGBl. 2016 I 1518 aufgehoben.

[190] *Trescher* DB 1998, 1016.

[191] MüKoStGB/*Kiethe* Rn. 49; Kölner Komm AktG/*Altenhain* Rn. 42; NK-WSS/*Krause*/*Twele* Rn. 4.

[192] Vgl. *Trescher* DB 1998, 1016; MüKoAktG/*Schaal* Rn. 30; GJW/*Temming* Rn. 10.

Vorschriften[193] und Standards der Überwachung eingehalten und bei größtmöglicher Sorgfalt keine Auffälligkeiten festgestellt worden. Trifft dies nicht zu, liegt ein unrichtiger oder verschleiernder Vortrag vor.[194] Weitere aktive Erläuterungspflichten ergeben sich aus Einzelvorschriften, etwa bzgl. Unternehmensverträgen (zB Beherrschungs- oder Gewinnabführungsvertrag, vgl. § 293 Abs. 2), denen die Hauptversammlung zuzustimmen hat, § 293g Abs. 2 S. 1. Einer vollständigen Darstellung bedarf es bei dieser Tatvariante nicht.[195]

bb) Auskünfte. Auskünfte innerhalb der Hauptversammlung sind aktienrechtlich spezifischer ausgestaltet.[196] Es sind jedenfalls die dem **Fragerecht des Aktionärs** genügenden Antworten.[197] Auskunftsrechte, die den Aktionären explizit in der Hauptversammlung eingeräumt sind (allgemein nach § 131 oder § 138 S. 2, hinsichtlich spezieller Angelegenheiten nach § 293g Abs. 3, § 295 Abs. 2 S. 3, § 319 Abs. 3 S. 5, § 320 Abs. 4 S. 3, § 326),[198] haben regelmäßig erhebliche Bedeutung für die wirtschaftliche Lage oder zukünftige Chancen und Risiken,[199] also einen Bezug zum Vermögensstand (vgl. demgegenüber etwa das allgemeine Auskunftsrecht gegen die Gesellschaft nach § 67 Abs. 6 S. 1 hinsichtlich persönlicher Daten, die in das Aktienregister eingetragen wurden). Das Gesetz hält aber auch fest, dass bestimmte Auskunftspflichten nicht bestehen, etwa im Verhältnis eines Abschlussprüfers zu einzelnen Aktionären (§ 176 Abs. 2 S. 3). § 131 Abs. 1 S. 1 gewährt keinen Anspruch auf Vorlage von Unterlagen.[200] Ebenso wenig erwächst aus § 131 Abs. 3 S. 1 eine Pflicht des Vorstandes, auf eine in der Hauptversammlung gestellte Frage hin anzugeben, ob bestimmte Informationen außerhalb der Hauptversammlung anderen Aktionären zugänglich gemacht wurden.[201] **59**

Unerheblich ist, ob die Antwort über die Frage inhaltlich hinausgeht, ob die Auskunft überhaupt etwas mit der Frage zu tun hatte oder ob das Recht auf Auskunftsverweigerung (§ 131 Abs. 3) bestanden hätte.[202] Tatbestandsmäßig sind auch Falschangaben über die Vergütungshöhe oder die Bemessungsgrundlagen. In das Interesse der Öffentlichkeit gerückt sind Bezüge der Vorstandsmitglieder einschließlich Provisionen und Ruhegehälter insbes. mit der im Herbst 2008 ausgebrochenen Finanzkrise. Hier hat der Gesetzgeber die Anforderungen an die Abwägung des Aufsichtsrates hinsichtlich der Angemessenheit der Vergütungen mit dem VorstAG[203] verschärft. Jene Umstände, die nach § 87 diese Abwägung beeinflussen und ggf. Abänderungsobliegenheiten gegenüber dem Aufsichtsrat nach sich ziehen, gehören zweifelsfrei zu den Verhältnissen der Gesellschaft. Da die Gesamtvergütung zumindest bei den großen (börsennotierten) Konzernen, die der Gesetzgeber im Auge hatte, oft beträchtliche Größenordnungen erreicht, wird man auch eine Auswirkung auf den Vermögensstand nicht verneinen können.[204] **60**

cc) Täterschaft von Vorstands- und Aufsichtsratsmitgliedern. Gem. § 77 Abs. 1 hat der **Vorstand** über die Auskunftserteilung einstimmig zu entscheiden. Seine Mitglieder sollen gem. § 118 Abs. 3 S. 1 an der Hauptversammlung teilnehmen. Dementsprechend können bei einer unrichtigen Auskunft durch ein Mitglied des Kollegialorgans alle anderen mittäterschaftlich verantwortlich sein. Sie sind es zwingend, wenn die Auskunft auf einem vorangegangenen einstimmigen Beschluss beruht, unabhängig davon, ob man dann das Abstimmungsverhalten zur Grundlage einer direkten (mit-)täterschaftlichen Zurechnung macht oder eine verschärfte (Ingerenz-)Garantenpflicht im Rahmen der Unterlassung annimmt.[205] Ein bei der Beschlussfassung zur Herausgabe **61**

---

[193] ZB die des § 110 Abs. 3 über die Mindestsitzungsfrequenz.
[194] *Trescher* DB 1998, 1016 (1017).
[195] Vgl. *Friedl* NZG 2004, 448 (451 f.); MüKoAktG/*Schaal* Rn. 27 f.
[196] Vgl. Kölner Komm AktG/*Geilen*, 1. Aufl. 1984, Rn. 49, 51 ff.; MüKoAktG/*Schaal* Rn. 30.
[197] MüKoStGB/*Kiethe* Rn. 50; Großkomm AktG/*Otto* Rn. 39; Kölner Komm AktG/*Altenhain* Rn. 43; vgl. auch schon *v. Godin/Wilhelmi* Anm. 3c.
[198] Vgl. MüKoAktG/*Schaal* Rn. 30; MüKoStGB/*Kiethe* Rn. 50; Großkomm AktG/*Otto* Rn. 39; Hölters/Müller-Michaels Rn. 20; GJW/*Temming* Rn. 10.
[199] *Meilicke/Heidel* DStR 1992, 72.
[200] BGHZ 122, 211 (236 f.) = NJW 1993, 1976 (1982); OLG Dresden AG 1999, 274 (276).
[201] OLG Dresden AG 1999, 274 (275 f.); zur Auskunftspflicht bei Fragen, die auf eine Vielzahl von Informationen gerichtet sind, die in Teilen nicht für die Beurteilung eines Tagesordnungspunktes relevant sind, vgl. BGH NZG 2014, 27 (31).
[202] Kölner Komm AktG/*Altenhain* Rn. 43; Kölner Komm AktG/*Geilen*, 1. Aufl. 1984, Rn. 52; MüKoAktG/*Schaal* Rn. 31; MüKoStGB/*Kiethe* Rn. 51; Großkomm AktG/*Otto* Rn. 40; *Moser* NZG 2017, 1419 (1426); aA *Deuss*, Das Auskunftsrecht des Aktionärs in der Hauptversammlung der Aktiengesellschaft nach § 112 AktG und als Problem der Aktienrechtsreform, 1962, 140.
[203] Gesetz zur Angemessenheit der Vorstandsvergütung v. 31.7.2009, BGBl. 2009 I 2509.
[204] Vgl. auch Kölner Komm AktG/*Altenhain* Rn. 39.
[205] Vgl. *Kiethe* NStZ 2004, 73 (76); Großkomm AktG/*Otto* Rn. 44; vgl. auch BGHSt 9, 203 (215 f.) = NJW 1956, 1326 (1328); BGHSt 37, 106 (126) = NJW 1990, 2560 (2565).

unrichtiger Meldungen überstimmtes oder durch eine unrichtige Auskunft eines Kollegen überraschtes Organmitglied hat unverzüglich zu widersprechen (vgl. zum Problem der Majorisierung auch → § 399 Rn. 81).[206]

62   Zwar hat gem. § 131 Abs. 1 S. 1 der Vorstand die verlangten Auskünfte zu erteilen, dennoch sind auch **Aufsichtsratsmitglieder** (unabhängig vom Streit über die Zulässigkeit solcher Auskünfte) taugliche Täter.[207] Keine Rolle spielt es dabei, dass das Auskunftsrecht der Aktionäre den Vorstand in seiner Gesamtheit verpflichtet, die Erklärung eines einzelnen Vorstandsmitglieds oder anderer Organmitglieder (aus dem Aufsichtsrat) also die Auskunftspflicht nicht erfüllen kann.[208] Ein gesetzlich nicht geregelter, aber praktisch häufiger Fall ist die Leitung der Hauptversammlung durch den Aufsichtsratsvorsitzenden. Eine Täterschaft durch Unterlassen gem. § 13 StGB kommt auch für das einzelne Aufsichtsratsmitglied in Betracht. Der Aufsichtsrat als Kontrollorgan hat gegenüber dem Vorstand eine Überwachergarantenstellung und gegenüber der Gesellschaft eine (beschränkte) Beschützerstellung inne, die ihn innerhalb des auch zum Gesellschaftsschutz bestimmten § 400 zu einem Garanten macht.[209] Hinsichtlich des Gesellschaftsvermögens soll die Tätigkeit des Aufsichtsrates in ihrer gesetzlichen Ausgestaltung ein wesentlicher Bestandsfaktor der Kapitalgesellschaft sein, was sich auch in der Pflicht zeigt, gegenüber der Gesellschaft bei Pflichtverletzungen Schadensersatz zu leisten (§§ 93, 116).[210] Die Überwachungspflicht betrifft jedoch das Organ in seiner Gesamtheit. Aufgabe des einzelnen in der Hauptversammlung anwesenden Mitgliedes des Aufsichtsrates ist es deswegen nicht, sich dem – gegebenenfalls über ein Mitglied – fehlerhaft äußernden Vorstand entgegenzustellen.[211]

63   **dd) Unrichtige Begründung der Auskunftsverweigerung.** Die unzutreffende Begründung einer Auskunftsverweigerung ist nicht als inhaltlicher Bestandteil der Auskunft anzusehen. Wird sie mit Bezug auf die Gesellschaftsverhältnisse abgegeben, kann sie dennoch als Vortrag tatbestandlich werden.[212]

64   **ee) Auskünfte außerhalb der HV.** Außerhalb der Hauptversammlung gegebene Auskünfte sind nicht tatbestandsmäßig, sofern sie nicht als Darstellungen oder Übersichten über den Vermögensstand aufgefasst werden können (hierzu → Rn. 65 ff.).[213]

65   **b) Darstellungen oder Übersichten über den Vermögensstand. aa) Übersichten.** Als Übersicht ist jede einen **Überblick ermöglichende Zusammenstellung** (von Daten) anzusehen.[214] Dazu zählen insbes. Bilanzen (§ 242 Abs. 1 HGB), Gewinn- und Verlustrechnungen[215] (§ 242 Abs. 2 HGB), der Lagebericht (§ 264 Abs. 1 HGB, § 289 HGB) etc., also jeder Status, der eine – auch (nur) durch die Ertragslage und Prognosefaktoren zu bildende – „Vermögensübersicht" enthält.[216]

---

[206] BGH NJW 2001, 3622 (3624); OLG Bremen ZIP 1999, 1671 (1676); *Fleischer* NJW 2003, 2584 (2585); *Kiethe* NStZ 2004, 73 (76); *Trescher* DB 1998, 1016 (1018); MüKoAktG/*Schaal* Rn. 31; Großkomm AktG/*Otto* Rn. 17, 44.
[207] MüKoStGB/*Kiethe* Rn. 52; Großkomm AktG/*Otto* Rn. 43; Kölner Komm AktG/*Altenhain* Rn. 43; *Schwerdtfeger*, Strafrechtliche Pflicht der Mitglieder des Aufsichtsrats einer Aktiengesellschaft zur Verhinderung von Vorstandsstraftaten, 2016, 231 f.
[208] *Meilicke/Heidel* DStR 1992, 72 (74).
[209] → § 116 Rn. 232; GJW/*Merz* StGB § 13 Rn. 40; *Tiedemann* Wirtschaftsstrafrecht Rn. 359; die Überwachergarantenstellung mangels Weisungsrecht des Aufsichtsrates gegenüber dem Vorstand ablehnend *Poseck*, Die strafrechtliche Haftung der Mitglieder des Aufsichtsrats einer Aktiengesellschaft, 1997, 120 f., 124 ff.; *Schwerdtfeger*, Strafrechtliche Pflicht der Mitglieder des Aufsichtsrats einer Aktiengesellschaft zur Verhinderung von Vorstandsstraftaten, 2016, 198 ff.; *Schwerdtfeger* NZG 2017, 455 (456). Freilich hat die Kategorisierung in Beschützer- und Überwachungsgaranten nur beschreibenden Charakter und kann nicht als Legitimationsgrundlage für die Garantenstellung herangezogen werden. Inhaltlich beruht die Garantenpflicht auf der Herrschaftsposition, die aus den mit der Stellung als Aufsichtsratsmitglied verbundenen Handlungsmöglichkeiten und -pflichten resultiert.
[210] Hierzu *Reichert/Weller* ZRP 2002, 49 (50).
[211] Ausf. *Poseck*, Die strafrechtliche Haftung der Mitglieder des Aufsichtsrats einer Aktiengesellschaft, 1997, 183; aA wohl *Kiethe* NStZ 2004, 73 (76).
[212] GHEK/*Fuhrmann* Rn. 18; Kölner Komm AktG/*Altenhain* Rn. 43; Kölner Komm AktG/*Geilen*, 1. Aufl. 1984, Rn. 56; MüKoStGB/*Kiethe* Rn. 51; Großkomm AktG/*Otto* Rn. 41; *Moser* NZG 2017, 1419 (1426).
[213] MüKoStGB/*Kiethe* Rn. 48; Großkomm AktG/*Otto* Rn. 37, 42; Hölters/*Müller-Michaels* Rn. 21.
[214] BGH NJW 2004, 2664 (2665); Kölner Komm AktG/*Altenhain* Rn. 36; Kölner Komm AktG/*Geilen*, 1. Aufl. 1984, Rn. 42; MüKoAktG/*Schaal* Rn. 19; MüKoStGB/*Kiethe* Rn. 35; Großkomm AktG/*Otto* Rn. 33; GJW/*Temming* Rn. 8; Hölters/*Müller-Michaels* Rn. 16.
[215] Hierzu LG München I NJW 2003, 2328 (2331) m. insoweit abl. Anm. *Wallau* NStZ 2004, 290 f. und zust. Bespr. *Fleischer* NJW 2003, 2584 f.; *Friedl* NZG 2004, 448 (451).
[216] BGH NJW 2005, 445 (448); LG Marburg NJOZ 2003, 3441 (3442); MüKoAktG/*Schaal* Rn. 19 f.; MüKoStGB/*Kiethe* Rn. 36. Nicht darunter fallen aber Ad-hoc-Mitteilungen, die nur jeweils einzelne Geschäftsaussagen bekanntgeben, s. OLG München v. 18.5.2011 – 20 U 4879/10, BeckRS 2011, 13734.

Unrichtige Darstellung 66–69 § 400

Wegen der **Subsidiaritätsklausel** unterfallen bestimmte publizitätspflichtige Übersichten (Eröff- 66
nungsbilanz, § 242 Abs. 1 HGB; Jahresabschluss = Bilanz und Gewinn- und Verlustrechnung, § 242
Abs. 3 HGB, einschließlich Anhang, § 264 Abs. 1 S. 1 HGB; Lagebericht, § 264 Abs. 1 S. 1 HGB,
§§ 289 ff. HGB, einschließlich der „Erklärung zur Unternehmensführung" gem. § 289f HGB; Zwischenabschluss, § 340a Abs. 3 HGB) jedoch ausschließlich dem § 331 Nr. 1 HGB.[217] § 400 Abs. 1
Nr. 1 erfasst daher vor allem die innerhalb des Jahresverlaufs aufgestellten **Zwischenbilanzen und
-berichte** (auch sog. Quartalsberichte),[218] Halbjahreszahlen usw.[219] Nicht notwendigerweise, aber
im praktischen Regelfall, werden vom Begriff „Übersichten" vornehmlich die schriftlichen Erklärungen erfasst,[220] insbes. Zahlenmaterial in Tabellenform.[221] Die Erklärung zur Unternehmensführung, wie sie **§ 289f HGB** für bestimmte (vor allem börsennotierte) Aktiengesellschaften verlangt,
kann (als eigener Abschnitt) Teil des Lageberichts sein und wäre insofern von der Subsidiaritätsklausel
erfasst, sie kann aber nach § 289f Abs. 1 S. 2 HGB auch auf der Internetseite der Gesellschaft veröffentlicht werden.

bb) Darstellungen. Das Merkmal der Darstellung hat gegenüber der ohnehin erforderlichen 67
Wiedergabe von vermögensrelevanten Kennzahlen keine den Tatbestandsumfang definierende
Bedeutung.[222] Darstellungen sind **Berichte jeder Art**.[223] Schriftlichkeit ist nicht erforderlich.[224]
Ein größerer Personenkreis muss nicht Adressat sein, insbes. kommen auch gesellschaftsinterne Vorgänge in Betracht. Erfasst sind, sofern sie den erforderlichen Inhaltsumfang erreichen (→ Rn. 68 ff.),
etwa die – ggf. unter Zuhilfenahme moderner Kommunikationsmittel – regelmäßig „in Textform"
abzufassenden Berichte des Vorstandes an den Aufsichtsrat (§ 90, insbes. Abs. 4 S. 2)[225] oder die
Berichte des Aufsichtsrates an die Hauptversammlung gem. § 171 Abs. 2 (hierzu auch → Rn. 70).[226]

cc) Vermögensstand. Nach der redaktionellen Beseitigung des Kommas zwischen den beiden 68
Erklärungsformen – Darstellungen und Übersichten – müssen sich dem Wortlaut nach nunmehr auch
Darstellungen auf den Vermögensstand beziehen.[227] Damit ist der Vermögensstand gemeinsamer
Bezugspunkt der beiden Äußerungsmittel. Mit dem erforderlichen Bezug der Äußerung auf das
Vermögen soll ausgedrückt werden, dass in besonderer Weise das Vertrauen in die wirtschaftlichen
Verhältnisse der Gesellschaft geschützt werden soll.[228]

Unerheblich ist der **Rahmen**: Öffentliche, sitzungsinterne oder unter vier Augen abgegebene 69
Erklärungen werden in gleicher Weise erfasst,[229] ebenso Berichte der Organe oder Organmitglieder
untereinander, etwa des Vorstandes gegenüber dem Aufsichtsrat[230] (§ 90) im Rahmen der Überwa-

---

[217] Hierzu näher *Spatscheck/Wulf* DStR 2003, 173 ff.; ebenso Kölner Komm AktG/*Altenhain* Rn. 37, der davon ausgeht, dass § 400 Abs. 1 Nr. 1 nicht erst auf Konkurrenzebene, sondern bereits tatbestandlich zurücktritt.
[218] Nach der Streichung von § 37x WpHG aF im Zuge des Gesetzes zur Umsetzung der Transparenzrichtlinie-Änderungsrichtlinie vom 20.11.2015 besteht zwar keine gesetzliche Verpflichtung mehr zur Quartalsberichterstattung. Diese hat in modifizierter Form indes weiterhin praktische Relevanz: So verlangt etwa die Frankfurter Wertpapierbörse statt einer Quartalsberichterstattung nunmehr immerhin noch sog. Quartalsmitteilungen (mit einem reduziertem Informationsniveau), § 50 BörsO FWB; siehe dazu etwa *Eisenschmidt* IRZ 2016, 419.
[219] Vgl. BGH NJW 2005, 445 (448); LG Marburg NJOZ 2003, 3441 (3442); LG München I NJW 2003, 2328 (2331); *Kiethe* NStZ 2004, 73 (75); GHEK/*Fuhrmann* Rn. 15; *Park* JuS 2007, 712 (715); MüKoAktG/*Schaal* Rn. 20; MüKoStGB/*Kiethe* Rn. 36; vgl. auch OLG München NJW 2003, 144 (146).
[220] Kölner Komm AktG/*Altenhain* Rn. 36; Kölner Komm AktG/*Geilen*, 1. Aufl. 1984, Rn. 43; MüKoAktG/ *Schaal* Rn. 19; MüKoStGB/*Kiethe* Rn. 35; Großkomm AktG/*Otto* Rn. 33.
[221] BGH NJW 2005, 445 (447).
[222] Es trägt daher tatsächlich „pleonastische Züge" (Kölner Komm AktG/*Geilen*, 1. Aufl. 1984, Rn. 44; Kölner Komm AktG/*Altenhain* Rn. 38; MüKoAktG/*Schaal* Rn. 21; in § 296 aF, der Vorgängernorm zu § 400, war formuliert: „... in Darstellungen ... darstellt", vgl. *Meyer* AG 1966, 109 (111)).
[223] Vgl. BGH NJW 2005, 445 (447); GHEK/*Fuhrmann* Rn. 14; MüKoAktG/*Schaal* Rn. 21; MüKoStGB/ *Kiethe* Rn. 37; Hölters/*Müller-Michaels* Rn. 17.
[224] Großkomm AktG/*Otto* Rn. 35; MüKoStGB/*Kiethe* Rn. 37; Kölner Komm AktG/*Altenhain* Rn. 38; aA wohl *Friedl* NZG 2004, 448 (451).
[225] RGSt 5, 146 ff.; 64, 422 (424); *v. Godin/Wilhelmi* Anm. 3a; MüKoAktG/*Schaal* Rn. 22; zu den Berichten *Götz* NZG 2002, 599 (600 f.).
[226] *Trescher* DB 1998, 1016 f.; MüKoAktG/*Schaal* Rn. 23; MüKoStGB/*Kiethe* Rn. 37.
[227] BGH NJW 2004, 2664 (2665 f.); LG München I NJW 2003, 144 (146); LG München I NJW 2003, 2328 (2331); *Fleischer* NJW 2003, 2584 f.; *Goette* DStR 2005, 561 (562); MüKoStGB/*Kiethe* Rn. 32; Kölner Komm AktG/*Altenhain* Rn. 39; aA offenbar die Regierungskommission „Corporate Governance", vgl. BT-Drs. 14/ 7515, 86 (dort Rn. 184); *Groß* WM 2002, 477 (483 f.); *Weitnauer* DB 2003, 1719 (1721).
[228] Großkomm AktG/*Otto* Rn. 36.
[229] *Langer*, Die Strafbestimmungen im Aktiengesetz und GmbH-Gesetz, 1994, 73; vgl. auch MüKoAktG/ *Schaal* Rn. 33.
[230] OLG München NJW 2003, 144 (146); MüKoAktG/*Schaal* Rn. 33; Großkomm AktG/*Otto* Rn. 35.

chung der Geschäftsführung (§ 111 Abs. 1),[231] vor allem zur Vorbereitung zustimmungsbedürftiger Rechtsgeschäfte (§ 111 Abs. 4 S. 2), oder von Aufsichtsratsausschüssen gegenüber dem Aufsichtsrat (vgl. § 107 Abs. 3).[232] Unerheblich ist auch, ob eine (gesetzliche) **Pflicht zur Veröffentlichung** bestand oder die Angaben freiwillig, etwa als Presseerklärung oder in so genannten Aktionärsbriefen, erfolgten.[233]

70 Besondere Beachtung verdient der **Bericht des Aufsichtsrates an die Hauptversammlung** gem. § 171 Abs. 2. Er ist schriftlich zu erbringen und enthält nach § 171 Abs. 1 notwendigerweise das Ergebnis der Prüfung ua des Jahresabschlusses und des Lageberichtes. Der Bericht des Aufsichtsrates ist nach § 325 Abs. 1 S. 1 Nr. 2 HGB offenzulegen. § 331 Nr. 1 HGB ist hier nicht einschlägig, da Angaben im Prüfungsbericht gem. § 171 Abs. 2 nicht in den von § 331 Nr. 1 genannten Tatgegenständen selbst enthalten sind. Die Bedeutung des § 400 für die Sicherung der Vollständigkeit und Richtigkeit des Aufsichtsratsberichtes dürfte bisher unterschätzt worden sein (vgl. auch → Rn. 58). Da der Bericht erst nach einer ordnungsgemäßen Prüfung ergehen kann, ist er immer unrichtig, falls eine sorgfältige Prüfung nicht erfolgt ist.[234] Nach § 107 Abs. 3 S. 4 kann diese Aufgabe nicht abschließend auf einen Ausschuss übertragen werden, so dass jedes Aufsichtsratsmitglied die Richtigkeit und Vollständigkeit der Prüfungsgegenstände reflektiert haben muss. Die Stellungnahme zum Ergebnis der Prüfung durch den Abschlussprüfer gem. § 171 Abs. 2 S. 3 oder die Erklärung zu Einwendungen und zur Billigung des Jahresabschlusses nach § 171 Abs. 2 S. 4 hat auf einer ausdrücklichen Beschlussfassung zu beruhen.[235] Sie ist per se falsch, wenn eine derartige ordnungsmäßige Beschlussfassung nicht erfolgt ist.[236]

71 **dd) Eindruck der Vollständigkeit. (1) Auffassung der hM.** Aufgrund des tatbestandlichen Abstellens auf den Stand des Vermögens fordert die hM in Anlehnung an die Interpretation der insoweit ähnlichen Merkmale des § 264a StGB,[237] es müsse dem Gehalt nach durch beide Äußerungsmittel der Eindruck der Vollständigkeit entstehen.[238] Erforderlich sei die Vermittlung eines **Gesamtbildes** der wirtschaftlichen Lage der Gesellschaft,[239] was von vornherein einen nicht unerheblichen Umfang der Äußerung notwendig mache. Hierfür wird weiterhin angeführt, das Handelsrecht unterscheide prinzipiell zwischen Darstellungen der Vermögenslage (§ 266 HGB) und solchen der Ertragslage (§ 275 HGB).[240]

72 Nach einer hiervon teilweise abweichenden Ansicht soll – zumindest bei den Darstellungen – ein **loserer Bezug** zum Vermögensstand genügen, so dass alle auf die Gesellschaftsverhältnisse bezogenen und die wirtschaftliche Situation oder Entwicklung berührenden „offiziösen" Erklärungen erfasst wären.[241] Der Wortlaut lässt indes nicht lediglich einen Bezug der jeweiligen Äußerung zum Vermögensstand genügen, sondern verlangt eine Darstellung oder Übersicht hierüber.[242] So erscheint zweifelhaft, ob zB Aussagen über bestimmte Vorgänge innerhalb des Vorstandes, des Aufsichtsrates oder der Verwaltung der Gesellschaft sowie über das Verhalten einzelner Mitglieder des Vorstandes oder des Aufsichtsrates vor dem Hintergrund, dass die hM die

---

[231] Zu den Berichtspflichten *Buchta* DStR 2003, 694 (698).
[232] Hierzu *Götz* NZG 2000, 599 (601); *Reichert/Weller* ZRP 2002, 49 f.
[233] Vgl. *Fleischer* BKR 2003, 608 (613); MüKoAktG/*Schaal* Rn. 31, 33.
[234] *Trescher* DB 1998, 1016 (1018).
[235] BGH DB 1989, 472 (473).
[236] *Trescher* DB 1998, 1016 (1018).
[237] Hierzu MüKoStGB/*Ceffinato* StGB § 264a Rn. 63 ff. mwN.
[238] BGH NJW 2005, 2450 (2451); NJW 2005, 445 (447); NJW 2004, 2664 (2665); OLG München NJW 2003, 144 (146); LG München I NJW 2003, 2328 (2331); LG Düsseldorf v. 4.8.2009 – 7 O 272/08 ua, BeckRS 2009, 23807; v. 7.1.2009 – 5 O 382/07 und 5 O 383/07, BeckRS 2009, 04411; v. 12.6.2008 – 3 O 273/07 und 3 O 274/07, BeckRS 2008, 12760; *Fleischer* NJW 2003, 2584 f.; *Fleischer* DB 2004, 2031 (2033); *Friedl* NZG 2004, 448 (451); *Park* JuS 2007, 712 (715); *Reichert/Weller* ZRP 2002, 49 (54); *Rieckers* BB 2002, 1213 (1215 f.); MüKoStGB/*Kiethe* Rn. 31; Großkomm AktG/*Otto* Rn. 32; Hölters/*Müller-Michaels* Rn. 17; NK-WSS/*Krause/Tiwele* Rn. 4; ähnlich Kölner Komm AktG/*Altenhain* Rn. 38: Solche Darstellungen werden erfasst, die für die Bewertung der wirtschaftlichen Situation von zentraler Bedeutung sind.
[239] OLG München v. 18.5.2011 – 20 U 4879/10, BeckRS 2011, 13734; BGH NJW 2005, 2450 (2451); NJW 2005, 445 (447); NJW 2004, 2664 (2665); OLGR Stuttgart 1998, 143 (2. LS); LG Düsseldorf v. 4.8.2009 – 7 O 272/08 ua, BeckRS 2009, 23807; v. 7.1.2009 – 5 O 382/07 und 5 O 383/07, BeckRS 2009, 04411; v. 12.6.2008 – 3 O 273/07 und 3 O 274/07, BeckRS 2008, 12760; vgl. auch LG München I NJW-RR 2001, 1701 (1705) zu § 264a; *Park* JuS 2007, 712 (715); Hölters/*Müller-Michaels* Rn. 17; aA *Weitnauer* DB 2003, 1719 (1721).
[240] Anm. *Wallau* NStZ 2004, 290 (291).
[241] Vgl. Kölner Komm AktG/*Geilen*, 1. Aufl. 1984, Rn. 45; iErg auch *Kiethe* NStZ 2004, 73 (75); MüKoAktG/*Schaal* Rn. 26.
[242] BGH NJW 2004, 2664 (2666); Großkomm AktG/*Otto* Rn. 34.

Vollständigkeit des Überblicks verlangt, eine Darstellung oder Übersicht „über den Vermögensstand" ergeben können.[243]

Anwendungsunterschiede dürften sich allerdings idR trotzdem nicht ergeben: Denn der Begriff 73 des Vermögensstandes wird nach der hM nicht statisch beurteilt,[244] sondern beinhaltet alle Umstände, die für die **Beurteilung der Ertragslage** und die **künftige wirtschaftliche Entwicklung** maßgeblich sein können.[245] Derartige Faktoren finden sich auch in Erklärungen, die die Verhältnisse der Gesellschaft im weitesten Sinne berühren. Sie werden zumindest mittelbar wirtschaftlich relevant, erlangen also Bezug zum Vermögensstand. Im Handels- und Gesellschaftsrecht ist weiterhin anerkannt, dass die wirtschaftliche Situation einer Gesellschaft nicht ohne Berücksichtigung künftiger Risiken und Entwicklungschancen beurteilt werden kann (vgl. etwa zum „Lagebericht" § 289 HGB). Sollen allerdings auch Mitteilungen genügen, die nur Teilausschnitte der gegenwärtigen Vermögenslage widerspiegeln, kann der nach der hM zu verlangende Eindruck der Vollständigkeit (→ Rn. 71), den auch der Wortlaut nahelegt, nur noch auf Teilausschnitte bezogen werden.

(2) Bewertung. Eine **vollständige** Widerspiegelung der (wirtschaftlichen) Lage der Gesellschaft 74 ist nicht zu fordern.[246] Dies belegt allein die Aufzählung der einzelnen Tatmittel beim Tatbestandsmerkmal „Übersichten". Denn auch die dort genannten handelsrechtlichen Kennzahlensammlungen beinhalten den Vermögensstand nicht vollständig im engeren Sinne. Eine Bilanz etwa sagt – bedauerlicherweise – nichts oder nur wenig über stille Reserven aus und ist stichtagsbezogen, also – ohne weitergehende bilanzkundige Interpretation unter Vergleich mit vorherigen Bilanzen – nicht auf die gerade wichtigen Entwicklungschancen ausgerichtet.[247] Die Begriffe Gesamtüberblick und Vollständigkeit können sich auch auf Ausschnitte aus dem Bereich anerkannter Unternehmenskennzahlen (Umsatz, Ertrag, Anlagevermögen usw) beziehen, die nach den konkreten Umständen des Einzelfalles eine entscheidende Beurteilungsgröße für die Lage einschließlich ihrer Entwicklungschancen darstellen. Einzelangaben aus diesen jeweiligen Bereichen (zB über einen einzelnen Geschäftsabschluss) genügen nicht,[248] es sei denn, sie haben innerhalb eines Postens ein so bedeutendes Gewicht, dass sie ihn in einem ganz anderen Licht erscheinen lassen (näher noch → Rn. 77, 80 ff.). Symptomatisch, wenn auch nicht für die Auslegung konstitutiv, erscheint zuletzt die dem § 400 und vergleichbaren Normen traditionell beigegebene Bezeichnung „Geschäftslagetäuschung".[249]

Die Einschränkung, die die hM über den „Eindruck der Vollständigkeit" vornimmt, beruht auf 75 der Weite des Begriffs der Gesellschaftsverhältnisse, der als Tatgegenstand fungiert (hierzu → Rn. 56). Hieraus ergeben sich Schwierigkeiten für die Auslegung. Diese betreffen aber weder – wie *Geilen*[250] meint – die verfassungsmäßige Bestimmtheit der Tatbestandsseite[251] noch – wie *Otto* und *Kiethe* argumentieren[252] – die hinreichende Konkretisierung unter dem Gesichtspunkt der Strafwürdigkeit und -bedürftigkeit. Die hinreichend präzise Bestimmung von Grund und Grenzen der strafrechtlichen Verantwortlichkeit kann und muss vielmehr am Maßstab des geschützten kollektiven Vertrauensrechtsguts erfolgen. Hierüber verhindert werden soll in jedem Falle, dass eine banale – nicht einmal schriftliche – Lüge, zB über das Ansehen der Gesellschaft bei der Belegschaft,[253] die bei irgendeiner für das Merkmal ausreichenden Präsentation nebenbei abgegeben wird, tatbestandlich relevant ist, nicht aber eine folgenschwere Irreführung („eine Milliarde Barreserven"), nur weil sie nicht in einem Gesamtrahmen erfolgt, der für eine „Darstellung oder Übersicht über den Vermögensstand" umfangreich genug ist.

---

[243] So MüKoAktG/*Schaal* Rn. 26.
[244] So auch LG München I NJW 2003, 2328 (2331) m. insoweit abl. Anm. *Wallau* NStZ 2004, 290 f.; GHEK/*Fuhrmann* Rn. 16.
[245] BVerfG BKR 2006, 38 (39); BGH NJW 2005, 445 (447 ff.); LG München I NJW 2003, 2328 (2331); GHEK/*Fuhrmann* Rn. 16; *Kiethe* NStZ 2004, 73 (75); MüKoAktG/*Schaal* Rn. 26; MüKoStGB/*Kiethe* Rn. 32; Großkomm AktG/*Otto* Rn. 36; *Trescher* DB 1998, 1016; GJW/*Temming* Rn. 7; vgl. auch *Spatscheck/Wulf* DStR 2003, 173 (174) (zu § 331 HGB).
[246] Vgl. auch Kölner Komm AktG/*Altenhain* Rn. 38.
[247] BGH NJW 2005, 445 (447).
[248] Vgl. BGH NJW 2004, 2664 (2665 f.); MüKoStGB/*Kiethe* Rn. 46.
[249] Vgl. etwa den Titel von *Klussmann*, Geschäftslagetäuschungen nach § 400 AktG, 1975; *Schüppen*, Systematik und Auslegung des Bilanzstrafrechts, 1993, 112; *Tiedemann* Wirtschaftsstrafrecht Rn. 1070 ff.
[250] Kölner Komm AktG/*Geilen*, 1. Aufl. 1984, Rn. 18; so auch OLG Frankfurt a. M. NStZ-RR 2002, 275 (276).
[251] Großkomm AktG/*Otto* Rn. 29. Nach Ansicht von BVerfG ZIP 2006, 1096 genügt § 400 Abs. 1 Nr. 1 hingegen dem Bestimmtheitserfordernis, so auch OLG München v. 12.2.2008 – 5 U 3576/07, BeckRS 2008, 06658; offengelassen von BGHSt 49, 381 (388 f.) = NJW 2005, 445 (449).
[252] Großkomm AktG/*Otto* Rn. 29; MüKoStGB/*Kiethe* Rn. 27; so auch OLG Frankfurt a. M. NStZ-RR 2002, 275 (276).
[253] Großkomm AktG/*Otto* Rn. 29.

76 Nach dem Modell der hM soll letztlich der Begriff des Vermögensstands den der „Verhältnisse der Gesellschaft" verdrängen und zum allein relevanten Tatgegenstand der ersten Tatmittelvariante („in Darstellungen oder Übersichten") werden, weil der Vermögensstand begriffsnotwendig die Verhältnisse der Gesellschaft betrifft.[254] § 400 Abs. 1 (Nr. 1) soll also lauten: „den Vermögensstand in Darstellungen oder Übersichten, die Verhältnisse der Gesellschaft […] in Vorträgen oder Auskünften in der Hauptversammlung unrichtig wiedergibt oder verschleiert".[255] Hierfür spricht, dass ein Komplex von Äußerungen gegenüber der breiten Öffentlichkeit erst dann eine verlässliche Grundlage für die Entscheidung ist, mit der Gesellschaft in Beziehung zu treten, wenn er einen Gesamtüberblick über ihre Vermögenslage ermöglicht. In der Hauptverhandlung wiederum konzentrieren sich Personen mit größerer Verantwortung und umfangreichen Rechenschaftspflichten. Die daran punktuell regelmäßig stärker beteiligte Öffentlichkeit vertraut darauf, dass der Gesellschaftsvorgang HV rechtmäßig und wahr abläuft. Daraus könnte sich eine thematisch weitergehende Strafbarkeit (Bezugspunkt der Gesellschaftsverhältnisse) rechtfertigen.[256]

77 Wenn aber eine anzunehmende Ernsthaftigkeit und die Möglichkeit der Anlassnahme zu Vermögensdispositionen aufgrund einer Aussage Kriterien für eine abstrakte Gefährlichkeit sind, dann spricht gerade die Schutzintention gegen eine an Rahmen, Umfang und Form der Äußerung verhaftete Lösung. Mögen diese Faktoren auch tendenziell relevant erscheinen, so kommt doch (wie schon in → Rn. 54 beschrieben) der dem Funktionsträger einer Gesellschaft zugeschriebenen **Kompetenz** für eine Vertrauensbildung der Öffentlichkeit größere Bedeutung zu.[257] Gerade wenn und weil er sich zu den Verhältnissen des Unternehmens außerhalb der HV oder knapper als in einem Gesamtüberblick über den Vermögensstand äußert – obwohl er dies doch nicht gesetzlich muss –, sollte in seine (nicht erzwungene) Aussage vertraut werden dürfen. Selbst auf die Beantwortung einer Entscheidungsfrage reduzierte Einzelaussagen können essenzielle Bedeutung haben. In dieser Interpretation findet also **keine thematische Begrenzung der Strafbarkeit auf Äußerungen statt, die den Eindruck der Vollständigkeit vermitteln,** sondern das Tatmittel „Darstellungen oder Übersichten über den Vermögensstand" wird in seiner Auslegung an die Weite des Tatgegenstands „Gesellschaftsverhältnisse" angepasst.

78 Damit ist grundsätzlich der **Inhalt einer Äußerung** unter Abwägung seines potenziellen Einflusses auf die Gesamtsicht der Gesellschaft entscheidend.[258] Als unerheblich muss dann grds. eingeschätzt werden, worin dieser Inhalt gebettet, in welche Form er eingekleidet ist.[259] Lediglich diejenigen Erklärungen sind als nicht tatbestandlich anzusehen, die selbst bei **abstrakter Betrachtungsweise** für eine Entscheidung der geschützten Personen **nicht relevant sind,** mit der Gesellschaft in rechtliche oder wirtschaftliche Beziehungen zu treten.[260] Für die Beurteilung, ob dies der Fall ist, können auch Umstände *außerhalb des Unternehmens* eine Rolle spielen: Besteht beispielsweise insgesamt eine angespannte Kapitalmarktlage (Subprime-Krise, dazu auch → Rn. 20) und ein grundsätzliches Misstrauen gegenüber Finanzinstituten, kann der Umstand, ob ein (kleiner) Quartalsgewinn erzielt werden konnte oder ob stattdessen ein Verlust hinzunehmen war, für den geschützten Personenkreis durchaus von Bedeutung sein.[261] Mindestanforderungen an die **Form** ergeben sich beim Begriff der Übersicht nur insoweit, als überhaupt eine einen Überblick ermöglichende Zusammenstellung (von Daten) vorhanden sein muss (→ Rn. 65, der Begriff der Darstellung ist dagegen so weit gefasst, dass sich hier keine Probleme stellen). Anderenfalls hätte es der Täter in der Hand, durch die Wahl

---

[254] Unergiebig deshalb der Einschränkungsversuch bei *Kiethe* NStZ 2004, 73 (74).
[255] So wohl auch die Interpretation bei Großkomm AktG/*Otto* Rn. 36.
[256] So auch in der Praxis: Trotz oftmals schon im Vorfeld sehr sicherer Schätzungen über die Lage (Umsatz, Ertrag) eines Unternehmens beeinflussen Bilanzkonferenzen oder Hauptversammlungsreden die Marktkapitalisierung.
[257] Gegen einen Regelsatz des besonderen Anlegervertrauens in Aussagen sämtlicher Organmitglieder *Fuchs/Dühn* BKR 2002, 1063 (1070): allenfalls auf den Vorstandsvorsitzenden zu beziehen; zur Bindung des Vertrauens an die Person (Initiatoren einer Publikums-KG) im Rahmen der Prospekthaftung vgl. auch BGHZ 71, 284 (287 ff., insbes. 289) = NJW 1978, 1625 f.
[258] So iErg auch Anm. *Wallau* NStZ 2004, 290 (291 Fn. 13): Entscheidungsrelevanz der Information; Großkomm AktG/*Otto* Rn. 29, der aber die Möglichkeit der interpretativen Erweiterung des Merkmales Vermögensstand nicht in Betracht zieht und vielmehr innerhalb der engeren Tatbestandsauffassung von vornherein sozial unschädliche und ungefährliche Verhaltensweisen ausklammern will; ähnlich MüKoAktG/*Schaal* Rn. 17; vgl. auch *Braun/Rotter* BKR 2003, 918 (921 ff.) zur Tarnung von „Marketingmaßnahmen" als Ad-hoc-Mitteilungen nach § 15 WpHG aF (nunmehr Art. 17 MAR).
[259] So insges. auch *Fleischer* NJW 2003, 2584 (2585); vgl. auch OLG München ZIP 2006, 1274 f.
[260] Hierzu BGH NJW 2017, 578 (581) mAnm *Müller-Michaels* BB 2017, 81, *Becker* NJW 2017, 232 und *Schweiger* WuB 2017, 294; LG Hamburg AG 2015, 368 (370); OLG Frankfurt a. M. NStZ-RR 2002, 275 (276); MüKoStGB/*Kiethe* Rn. 27; MüKoAktG/*Schaal* Rn. 17; Großkomm AktG/*Otto* Rn. 29; Kölner Komm AktG/*Altenhain* Rn. 33.
[261] Vgl. BGH NJW 2017, 578 (581).

der Form einer Äußerung die Pflicht zur vollständigen und richtigen Information über die Verhältnisse der Gesellschaft zu unterlaufen.[262]

Vereinzelt wird vorgetragen, der Tatbestand dürfe nicht dadurch weit interpretiert werden, dass er 79 die Normadressaten auf Wahrheit und Klarheit bezüglich jeglicher Aussagen über die Verhältnisse der Gesellschaft gegenüber einer unbestimmten Öffentlichkeit verpflichte, ohne dass ersichtlich sei, wieso die Erklärungsempfänger ein **subjektives Recht** darauf geltend machen könnten.[263] Sicherlich ist es übertrieben, aus § 400 Abs. 1 Nr. 1 eine allgemeine Wahrheitspflicht des Vorstandes zur Absicherung der korrespondierenden Pflicht der Aktionäre auf Vertrauen in die Geschäftsführung abzuleiten (vgl. schon → Rn. 45 f.).[264] Es gibt allerdings auch im Handelsrecht eine Reihe von Vorschriften, die die gesetzlichen Vertreter einer Kapitalgesellschaft und ihre Kontrollorgane auf **wahre und vollständige Berichterstattung** über die Lage des Unternehmens einschließlich ihrer Entwicklungschancen verpflichten (vgl. etwa § 264 Abs. 1 S. 1 HGB; § 289 HGB) und unrichtige oder verschleiernde Aussagen über die im weitesten Sinne zu verstehenden Verhältnisse der Gesellschaft einer Strafdrohung unterwerfen.

Das **Recht** der interessierten Öffentlichkeit auf Wahrheit publizierter **Unternehmenskennzah-** 80 **len** dürfte sich durchaus so weit erstrecken, wie die Kennzahlen nach der Verkehrsanschauung im gesamten, aktuell herrschenden Marktumfeld essenzielle Beurteilungsgrößen sind. So gab es etwa mit dem Boom in der IT-Branche seit den 90er Jahren einen Verdrängungswettbewerb zwischen zahlreichen jungen Unternehmen mit kongruenten oder ähnlichen Geschäftsfeldern. Diese so genannten „start ups" waren infolge der für den Geschäftsbeginn notwendigen Aufnahme von Fremdkapital oft verschuldet und haben die Eroberung von Marktanteilen in den Vordergrund gestellt, auch wenn dafür erhebliche Expansionskosten vorfinanziert werden mussten. Hohe, oft sogar zunehmende Verluste in den ersten Geschäftsjahren wurden in Kauf genommen, solange es gelang, ein exponentielles Umsatzwachstum zu generieren. Hieran hat der Markt die Gesellschaften gemessen – Umsatz und Umsatzwachstum sind in der Anfangsphase Kennzahlen des Unternehmenserfolges.[265] Publizieren Verwaltungsmitglieder eines solchen Unternehmens systematisch frei erfundene Umsatzzahlen (im Fall „ComROAD" waren 98 % fiktiv[266]), ist eine realistische Bewertung der Gesellschaft schon allein aufgrund dieses Umstandes nicht möglich und liegt ein wesentlicher Verstoß gegen kapitalmarkt- und gesellschaftsrechtliche Wahrheitspflichten vor, unabhängig von allen sonstigen bilanzbuchhalterischen Größen des Unternehmens. Die Bewertung muss deswegen jeweils unter Berücksichtigung sämtlicher Umstände des Einzelfalls erfolgen.[267]

ee) **Ad-hoc-Mitteilungen.** Nach der früheren Rechtsprechung und hM unterfielen vor allem 81 sog. Ad-hoc-Mitteilungen (Pflichtmitteilungen nach § 15 WpHG aF bzw. nunmehr Art. 17 MAR) regelmäßig nicht dem Merkmal der Darstellungen über den Vermögensstand, weil sie nicht auf Vollständigkeit angelegt sind und den Vermögensstand nur punktuell betreffen.[268] Auch wenn der Gesetzgeber in Bezug auf § 15 WpHG aF die Vorstellung gehabt haben mag, die Pflicht zur Ad-hoc-Publizität sei gegenüber der Information einer sog. Bereichsöffentlichkeit vorrangig, diene also einem professionellen Anlegerpublikum,[269] kann daran nicht festgehalten werden. Spätestens seit der

---

[262] BGH NJW 2005, 445 (448 f.), allerdings im Widerspruch zu der unbedachten Behauptung, es würde sich nach der Form der Bekanntgabe richten, ob Quartalsberichte zu den Darstellungen und Übersichten über den Vermögensstand zählen; MüKoStGB/*Kiethe* Rn. 42.

[263] Anm. *Wallau* NStZ 2004, 290 (291).

[264] So aber *Zeidler* NZG 1998, 91 (93).

[265] Vgl. *Lüdenbach/Janssen* BC 2003, 137.

[266] Vgl. BGH NZG 2007, 708 mAnm *Findeisen* NZG 2007, 692 ff.; OLG München NZG 2005, 679 ff.; LG Frankfurt a. M. NZG 2003, 786 ff.; *Weitnauer* DB 2003, 1719 (1721).

[267] Folgerichtig hat das OLG München NZG 2005, 679 (680) deswegen im Fall „ComROAD" eine Täuschung der gesamten interessierten Öffentlichkeit festgestellt, was einem Verstoß gegen § 400 Abs. 1 Nr. 1 „zumindest nahekomme"; vgl. auch LG Frankfurt a. M. NZG 2003, 786: Unternehmen, das es so nicht gibt.

[268] BGH NJW 2004, 2664 (2665); NJW 2004, 2668 ff.; NJW 2004, 2971 ff.; OLG München NJW 2003, 144 (146); LG Augsburg NZG 2002, 428 (429) (mit äußerst oberflächlicher Begründung); LG Düsseldorf v. 7.1.2009 – 5 O 383/07, BeckRS 2009, 04412; v. 12.6.2008 – 3 O 274/07, BeckRS 2008, 12761; *Abram* NZG 2003, 307 (310 f.); *Duve/Basak* BB 2005, 2645 (2650); *Fleischer* NJW 2003, 2584 f.; *Fleischer* DB 2004, 2031 (2033); *Körner* NJW 2004, 3386 (3387); *Gerber* DStR 2004, 1793 (1795); *Goette* DStR 2005, 561 (562); *Kort* AG 2005, 21 (24); *Fuchs/Dühn* BKR 2002, 1063 Fn. 6; *Reichert/Weller* ZRP 2002, 49 (54); *Thümmel* DB 2001, 2331 (2332); *Unzicker* WM 2007, 1596 (1597 f.); MüKoAktG/*Schaal* Rn. 25; wohl auch *Buchta* NZG 2003, 740 (741), der § 400 nicht in Betracht zieht; aA Regierungskommission „Corporate Governance", vgl. BT-Drs. 14/7515, 86 (dort Rn. 184); *Weitnauer* DB 2003, 1719 (1721); gegen Verallgemeinerung *Kiethe* DStR 2003, 1982 (1984); vgl. auch *Braun/Rotter* BKR 2003, 918 (921 ff., insbes. 925): Prospekteigenschaft.

[269] Vgl. die Begründung zum RegE des 2. Finanzmarktförderungsgesetzes, BT-Drs. 12/6679, 48, ferner Beschlussempfehlung und Bericht des Finanzausschusses, BT-Drs. 12/7918, 101; vgl. auch LG München I NJW-RR 2001, 1701; *Rieckers* BB 2002, 1213 (1214); *Assmann/Schneider* WpHG § 15 Rn. 2, 27.

Hausse der Jahre 1998/99 kann keine Rede davon sein, dass der Handel am Kapitalmarkt, dessen Funktionstüchtigkeit die Bestimmungen des Marktmissbrauchsrechts vorrangig gewährleisten sollen, allein von bilanz- und fachkundigen Teilnehmern bestimmt wird. Ad-hoc-Mitteilungen richten sich an alle tatsächlichen oder potenziellen Anleger und sind wegen der zukünftigen Entwicklung der Anlageentscheidung von besonderer Bedeutung, da zum Zeitpunkt der Veröffentlichung der Mitteilung allein die Verfasser die betreffenden Unternehmensvorgänge kennen.[270] Ein solches Verständnis entspricht auch der aktuellen Rechtslage gem. der EU-Marktmissbrauchsverordnung (MAR[271]): Die Herstellung einer Bereichsöffentlichkeit ist danach gerade nicht mehr ausreichend.[272] Der Schutzbereich des § 400 ist somit von solchen Meldungen grundsätzlich berührt.

82 Der auch hier vertretenen Meinung gemäß hat der 1. Strafsenat des BGH im Fall **„EM.TV"** klargestellt, dass die von § 400 verlangte Vollständigkeit im Hinblick auf den Vermögensstand bedeute (lediglich), dass ein wesentlicher Eindruck über den Vermögensstand vermittelt werden müsse und sich dies nach den Umständen des Einzelfalls aus dem Inhalt, nicht der Form einer Mitteilung ergebe (vgl. schon → Rn. 77 f.). Es kann auch die in sich abgeschlossene Wiedergabe von Teilausschnitten der gesamten Vermögenslage genügen, etwa eine Darstellung der gegenwärtigen Umsatz- oder Ertragslage (→ Rn. 65) bei einem Unternehmen, dessen Vermögensstand infolge nur geringen Anlagevermögens wesentlich durch den Umsatz oder den Ertrag bestimmt wird.[273] Deshalb können auch Ad-hoc-Mitteilungen erfasst sein, wenn sie die genannten typischen Zusammenstellungen von Kennzahlen (→ Rn. 67, 74, 80) enthalten, etwa eine Gewinn- und Verlustrechnung für einen eben abgelaufenen Halbjahreszeitraum.[274]

83 Aus diesen Erwägungen heraus waren die Entscheidungen des 2. Zivilsenats des BGH im Fall **„Infomatec"** zu oberflächlich.[275] Dort wurde die Einschlägigkeit des § 400 im Rahmen der Prüfung von Schadensersatzansprüchen iVm § 823 Abs. 2 BGB (→ Rn. 7) verneint, weil in verschiedenen Ad-hoc-Mitteilungen „nur" über jeweils einzelne Geschäftsabschlüsse berichtet worden war.[276] Dabei erkennt der 2. Zivilsenat, dass derartige Äußerungen mit „momentan bedeutsamen Angaben […] zumeist für eine aktuelle, zeitnahe Entscheidung zum Kauf oder Verkauf der Aktie relevant" sind und es denkbar ist, „dass sich im Einzelfall – je nach Tragweite der Information – […] auch eine regelrechte Anlagestimmung […] entwickeln kann."[277] Diese Ausführungen sind nicht nur für die vom BGH behandelte Frage einer Kausalität von Fehlinformationen und Anlageentscheidungen erheblich (hierzu → Rn. 5), sondern beschreiben einen Teil der abstrakten Gefahr, der § 400 vorbeugen soll. Sie können deswegen nicht ohne Einfluss auf die teleologische Auslegung der Strafnorm bleiben. Die im Fall Infomatec 1999 angeblich erteilten zwei Aufträge, die Gegenstand von Ad-hoc-Mitteilungen waren, hatten ein Volumen in Höhe von jeweils 250 % des gesamten Vorjahresumsatzes.[278] Dies ist als Darstellung des Vermögensstandes zu werten (→ Rn. 67), da es um den wesent-

---

[270] OLG München NJW 2003, 144; LG Augsburg NJW-RR 2001, 1705 f.; für Einschlägigkeit des § 400 Abs. 1 auch OLG München v. 12.2.2008 – 5 U 3576/07, BeckRS 2008, 06658; allgemein zur Bedeutung von Ad-hoc-Mitteilungen und der Theorie „informationseffizienter Kapitalmärkte" *Hellgardt* ZIP 2005, 2000 (2004 ff.); *Fleischer* DB 2004, 2031 (2034); vgl. auch *Findeisen* NZG 2007, 692 (694).
[271] VO (EU) Nr. 596/2014.
[272] Siehe etwa *Klöhn* AG 2016, 423 (426 f.).
[273] BGH NJW 2005, 445 (447 f.); MüKoStGB/*Kiethe* Rn. 33; im Anschluss zur zivilrechtlichen Haftung BGH NJW 2005, 2450 (2451); OLG München ZIP 2006, 1247.
[274] Vgl. BVerfG BKR 2006, 38 (39); BGH NJW 2005, 445 (448 f.); OLG München NZG 2005, 679 (680); OLG München v. 12.2.2008 – 5 U 3576/07, BeckRS 2008, 06658; LG München I NJW 2003, 2328 (2331) mit insoweit abl. Anm. *Wallau* NStZ 2004, 290 f. und zust. Bespr. *Fleischer* NJW 2003, 2584 (2585); zust. auch *Duve/Basak* BB 2005, 2645 (2650); *Gottschalk* DStR 2005, 1648 (1649); *Hellgardt* ZIP 2005, 2000 (2001); *Kiethe* DStR 2003, 1982 (1984); *Kiethe* NStZ 2004, 73 (75); *Ransiek* JR 2005, 165 (166); MüKoAktG/*Schaal* Rn. 25; MüKoStGB/*Kiethe* Rn. 38 und 42; noch genereller *Weitnauer* DB 2003, 1719 (1721).
[275] Zust. Kölner Komm AktG/*Altenhain* Rn. 40.
[276] BGH NJW 2004, 2664 (2665); NJW 2004, 2668 ff.; NJW 2004, 2971 ff.; zust. insoweit *Duve/Basak* BB 2005, 2645 (2650); *Fleischer* DB 2004, 2031 (2033); *Gerber* DStR 2004, 1793 (1795); *Goette* DStR 2005, 561 (562); *Kort* AG 2005, 21 (24); *Park* JuS 2007, 712 (715); *Hölters/Müller-Michaels* Rn. 18; vgl. auch den Hinweis in BVerfG BKR 2006, 38 (39 f.). Die Behauptung, die Entscheidungen stünden der Wertung des 1. Strafsenats nicht entgegen und seien überinterpretiert worden (so BGH NJW 2005, 445 (448); MüKoStGB/*Kiethe* Rn. 43), blendet wesentliche Aspekte aus.
[277] BGH NJW 2004, 2664 (2667); vgl. auch BGH NJW 2014, 383 (386); OLG München NZG 2005, 679 (680); *Findeisen* NZG 2007, 692 (694); aA *Rützel* AG 2003, 69 (74) mit der These, ein Kleinanleger würde „nahezu nie die Ad-hoc-Mitteilungen eines Unternehmens verfolgen und darauf seine Kauf- und Verkaufsentscheidungen stützen."
[278] Zum Sachverhalt BGH NJW 2004, 2664: Aufträge von jeweils 55 Mio. DM. Wie in LG Augsburg NJW-RR 2001, 1705 (1706) festgehalten, betrug der Umsatz im Jahr 1998 22 Mio. DM; die Vervielfachung erkennt auch *Thümmel* DB 2001, 2331, nimmt aber auf S. 2332 dennoch an, es gehe um „Einzelereignisse"; vgl. auch *Weitnauer* DB 2003, 1719 (1721) zu einer vergleichbar übertriebenen Meldung der BioData AG im August 2000.

lichen Faktor ging (Umsatzwachstum), nach dem die Lage und die Entwicklungschancen der konkreten Gesellschaft beurteilt wurden.

Gleiches gilt für eine Pressemitteilung anlässlich des bevorstehenden Quartalsberichtes, wenn darin **84** ein konkreter Gewinnbetrag für den Zeitraum mit einem die positive Entwicklung verdeutlichenden prozentualen Anstiegssatz beziffert, eine gute Entwicklung für die nächsten Quartale prognostiziert und angegeben wird, die Gesellschaft erwarte keine praktischen Auswirkungen von branchentypischen Gefahren (hier: von Kreditinstituten), die bereits in der Öffentlichkeit diskutiert wurden (hier: des amerikanischen Immobilien-/Hypothekenmarktes), auf ihr Geschäft (**„IKB"-Fall**). Auch hier wird zu Umständen Stellung bezogen, die in der Bewertung der Marktteilnehmer erhebliches Gewicht haben und das Gesamtbild nicht nur der Gesellschaft im Allgemeinen, sondern ihres Vermögensstandes (ihrer Liquiditätssicherheit) ausmachen.

Anders sah dies allerdings der 11. Zivilsenat des BGH, der sich im „IKB"-Fall der Vorinstanz **85** anschloss und gegen eine Anwendung von § 400 (iVm § 823 Abs. 2 BGB) entschied.[279] Zur Begründung führt der Senat aus, die Verhältnisse der Beklagten seien nicht, wie § 400 voraussetze, in „Darstellungen oder Übersichten über den Vermögensstand" unrichtig wiedergegeben worden.[280] Die in Frage stehende Pressemitteilung sei weder geeignet, ein Gesamtbild über die wirtschaftliche Lage der Aktiengesellschaft zu ermöglichen und den Eindruck der Vollständigkeit zu erwecken, was Var. 1 voraussetze, noch handele es sich um eine Zusammenstellung von Zahlenmaterialien entsprechend einer Bilanz, die einen Gesamtüberblick über die wirtschaftliche Situation des Unternehmens ermögliche, was Var. 2 verlange. Vielmehr erlaubten die Angaben in der Pressemitteilung wegen ihres ersichtlich überschlägigen, isolierten und unvollständigen Charakters keine genauere und umfassende Prüfung und ließen sich schon deshalb nicht erfolgreich unter § 400 subsumieren; gegen eine solche Subsumierbarkeit spräche auch der in der Pressemitteilung enthaltene Verweis auf den kurz darauf erscheinenden vollständigen Quartalsbericht.[281] Stattdessen wählt der BGH im Hinblick auf die unrichtige Pressemitteilung einen anderen Weg, indem er nicht auf die irreführende Pressemitteilung, sondern gem. § 37b Abs. 1 Nr. 1 WpHG aF (= § 97 Abs. 1 Nr. 1 WpHG nF), § 13 Abs. 1 S. 1 WpHG aF (= Art. 7 MAR), § 15 Abs. 1 WpHG aF (= Art. 17 MAR) auf eine erforderliche und somit rechtswidrig unterlassene Ad-hoc-Mitteilung konträren Inhalts abstellt.[282]

Der Senat knüpft zwar an die schon lange vor der Pressemitteilung bekannte Subprime-Beteili- **86** gung der IKB an[283] und bejaht auch deren Kursrelevanz gem. § 13 Abs. 1 WpHG aF (nunmehr Art. 7 MAR) im Hinblick auf die Subprime-Krise und die entsprechenden negativen Marktreaktionen.[284] Im Rahmen der Frage, ob die Prüffrist im Sinn des § 15 Abs. 1 WpHG aF (nunmehr Art. 17 Abs. 1 UAbs. 1 MAR) abgelaufen sei, bezieht er sich jedoch *indirekt* wieder auf die Pressemitteilung.[285] Ein Ablaufen sei spätestens am Tag der Veröffentlichung der Pressemitteilung zu bejahen. Der Beklagten sei „die Bedeutung der Höhe ihres Subprime-Engagements für das bereits sensibilisierte Marktpublikum sehr wohl bewusst" gewesen, hätte sie doch sonst keine Veranlassung gehabt, in der Pressemitteilung hervorzuheben, „den Investitionsschwerpunkt in anderen Portfolien gesetzt zu haben".[286]

Ob dieser Umweg des 11. Senats erforderlich war, ist zu bezweifeln.[287] In dieser Sichtweise läge **87** in jeder Falschmeldung, auch wenn diese den Kriterien des BGH entsprechend die Voraussetzungen des § 400 nicht erfüllt, auch immer die unterlassene Meldung der gegenteiligen Wahrheit,[288] entsteht

---

[279] BGH NJW 2012, 1800 ff.; das OLG Düsseldorf verneint ebenfalls einen Anspruch aus § 823 Abs. 2 BGB iVm § 400 Abs. 1: OLG Düsseldorf AG 2011, 706 (711 ff.); AG 2011, 31 (32 ff.); Kölner Komm AktG/*Altenhain* Rn. 40 hebt eher auf den subjektiven Tatbestand ab; vgl. auch die Entscheidungsbesprechung von *Nieding* jurisPR-BKR 9/2012 Anm. 2; zur Frage nach den zivilrechtlichen Auswirkungen der strafrechtlichen Verurteilung der ehemaligen Vorstandsvorsitzenden der IKB s. OLG Düsseldorf AG 2011, 706 ff. sowie die Anm. von *Pitsch/Roskothen* jurisPR-BKR 12/2011 Anm. 3.
[280] Vgl. BGH NJW 2012, 1800 Rn. 14.
[281] BGH NJW 2012, 1800 Rn. 18.
[282] Vgl. BGH NJW 2012, 1800 Rn. 30 ff.
[283] Krit. zu diesem Anknüpfungspunkt *Spindler* NZG 2012, 575 (577), der auf den kartellrechtlich geschützten Geheimwettbewerb und die daraus resultierende weitgehende Unzulässigkeit von Marktinformationssystemen abstellt.
[284] BGH NJW 2012, 1800 Rn. 35 ff.
[285] Vgl. BGH NJW 2012, 1800 Rn. 45 f.
[286] Vgl. BGH NJW 2012, 1800 Rn. 33; näher hierzu Anm. *Bachmann* JZ 2012, 578 (580).
[287] So etwa *Hellgardt* DB 2012, 673 (678): Diese Handhabe des Senats ziehe unnötigerweise dogmatische Verwerfungen nach sich. *Hellgardt* selbst schlägt eine Anwendung des § 20a WpHG aF (iVm § 823 Abs. 2 BGB) vor; *Müller-Michaels* BB 2012, 530 (538) vergleicht das Vorgehen des BGH mit der strafrechtlichen Rechtsfigur der Ingerenz und sieht darin die Einführung einer Haftung aufgrund von Marktmanipulation „durch die Hintertür".
[288] *Hannich* WM 2013, 449 (450); Anm. *Bachmann* JZ 2012, 578 (580).

doch mit jeder Veröffentlichung einer kursrelevanten Falschinformation eine nach § 15 Abs. 1 WpHG aF (Art. 17 MAR) zu veröffentlichende Information mit dem Inhalt, die Falschinformation treffe nicht zu.[289] Damit droht die Aushebelung der vom Gesetzgeber bewusst auf Ad-hoc-Mitteilungen begrenzten Haftung für falsche Informationen gem. § 98 WpHG.[290] Die derzeitige Situation, dass je nach Publikationsform mal keine, mal unterschiedliche Normen mit unterschiedlichen Voraussetzungen einschlägig sind, erscheint inkonsistent,[291] ist es doch für den Anleger weitgehend ein Produkt des Zufalls, ob eine Information aus einer Bilanz, einer Ad-hoc-Mitteilung oder einer anderen Quelle fließt.[292] Der Senat selbst hat in seinem Urteil erkannt, dass sich der Gesetzgeber mit dem Zurückziehen des Entwurfs eines KapInHaG 2004 gegen einen umfassenden Anlegerschutz entschieden hat[293] (→ Rn. 14),[294] zieht hierfür aber überraschend weitreichende Konsequenzen.[295]

88 Ein direktes Anknüpfen an die unrichtige Pressemitteilung und eine Lösung über § 400 iVm § 823 Abs. 2 BGB hätte somit nähergelegen[296] als der nicht überzeugende Umweg über § 97 WpHG. Damit hätte man auch die durch das Urteil in der jetzigen Form verursachte allgemeine Verunsicherung bezüglich des Umfangs der Ad-hoc-Publizitätspflichten vermeiden können.[297] Man mag auch der Anwendung von § 400 entgegnen, dass ein allgemeiner Auffangtatbestand der Kapitalmarktinformationshaftung vom Gesetzgeber nicht gewollt sei. Möglicherweise ist jedoch eine Lösung über § 400 ehrlicher und konsequenter, als die Schaffung einer Generalnorm hinter einem rechtlich fragwürdigen Konstrukt zu verbergen.

89 Mit Blick auf die **Finanzkrise,** in der sich die gravierenden Folgen von Falschinformationen gezeigt haben, ist § 400 somit eines von mehreren Werkzeugen, die in ihrer Gesamtheit geeignet sind, auf derartige Praktiken zu reagieren. Die im Zuge der Krise erfolgten öffentlichen Äußerungen einiger Bankmanager, man sei von den Entwicklungen am US-Hypothekenmarkt nicht bzw. kaum betroffen, stellen Darstellungen mit Bezug zum Vermögensstand der Gesellschaft dar.[298] Solche Erklärungen beeinflussten die geschützten Personen derart, dass rechtliche oder wirtschaftliche Beziehungen mit entsprechenden Banken aufgenommen, weitergeführt bzw. nicht beendet wurden. Ermittlungsverfahren ua wegen Verstoßes gegen § 400 Abs. 1 Nr. 1 wurden auch eingeleitet.[299] Ob derartige Lagebeurteilungen als schlechthin unvertretbare Bewertungsfehler anzusehen sind (→ Rn. 34), wird von den Sachverhaltsfeststellungen im Detail abhängen.[300] Die Argumentation, man habe die fiskalischen Interessen der Bank schützen wollen, geht jedenfalls mit Blick auf das auch geschützte Vertrauensrechtsgut fehl.

90 **ff) Internetseiten einer Gesellschaft.** Enthalten die Internetseiten einer Gesellschaft unter einer einheitlichen Ausgangsdomäne insgesamt einen aussagekräftigen Überblick über die wirtschaftlichen Verhältnisse der Gesellschaft (→ Rn. 65 ff.), wird man sie als einheitliche Darstellung über den Vermögensstand aufzufassen haben.[301] Werden hingegen lediglich werbeartig die Größe und Zahl

---

[289] *Klöhn* AG 2012, 345 (347).
[290] → Rn. 12; außerdem *Hellgardt* DB 2012, 673 (678); ähnlich auch Anm. *Bachmann* JZ 2012, 578 (580).
[291] Vgl. auch *Spindler* NZG 2012, 575; *Klöhn* AG 2012, 345 (347 f.); Argumente für und gegen ein geschlossenes Haftungssystem nennt *Hannich* WM 2013, 449 (451), der sich iErg ebenfalls für die Einführung eines solchen Systems ausspricht.
[292] *Spindler* NZG 2012, 575 (576); *Klöhn* AG 2012, 345 (348).
[293] Vgl. BGH NJW 2012, 1800 Rn. 17.
[294] Ein europarechtliches Gebot zur Schließung einer Regelungslücke besteht allerdings entgegen vereinzelten Stimmen in der Literatur nicht; vgl. *Schmolke* ZBB 2012, 165 (169) und *Spindler* NZG 2012, 575 (576); aA *Hellgardt* AG 2012, 154, der aus dem Äquivalenz- und Effektivitätsgebot des Art. 4 Abs. 3 UAbs. 2 EUV iVm der Marktmissbrauchs-RL eine Pflicht der Mitgliedstaaten ableitet, ein effektives Haftungsregime zu implementieren.
[295] Auch *Schmolke* ZBB 2012, 165 (168) will die Auslegung einer Norm auf deren Wortlaut reduzieren und hat der Vorgehensweise des BGH daher keinerlei Bedenken entgegenzubringen.
[296] So etwa *Spindler* NZG 2012, 575 (579).
[297] Dazu *Hellgardt* DB 2012, 673 (675) sowie auch *Klöhn* AG 2012, 345 (346), der im IKB-Urteil zutr. nicht nur eine zeitliche Vorverlagerung von Themen der Regelpublizität, sondern vielmehr auch eine inhaltliche Anreicherung der Regelpublizität im Wege der Ad-hoc-Mitteilung sieht.
[298] *Rönnau* in Schünemann, Die sogenannte Finanzkrise – Systemversagen oder global organisierte Kriminalität?, 2010, 43 (57).
[299] Vgl. die Übersicht bei *M. Jahn* JZ 2011, 340 (343 f.).
[300] So auch *Rönnau* in Schünemann, Die sogenannte Finanzkrise – Systemversagen oder global organisierte Kriminalität?, 2010, 43 (57); zur Frage, ob in diesem Zusammenhang auch eine Strafbarkeit von Aufsichtsräten denkbar erscheint, s. – bezogen auf § 331 HGB – *Krause* NStZ 2011, 57 (63) (an Strafbarkeit zweifelnd).
[301] Zu pauschal deswegen die Annahme von *Kann/Eigler* DStR 2007, 1730 (1735), die Homepage eines Unternehmens erfülle nicht die Voraussetzungen von Darstellungen über den Vermögensstand – die Aussage ist in der genannten Quelle *Schlitt* DB 2007, 326 (329), die sich auf die Entsprechenserklärung auf einer Homepage bezieht, so nicht enthalten.

der Mitarbeiter und Vertragskunden aufgezählt und Umsatzzahlen genannt, so sind hieraus noch keine hinreichenden Schlüsse auf die wirtschaftliche Situation des Unternehmens zu ziehen.[302] Das Gleiche gilt für die Umstände eines Unternehmenskaufes.[303]

gg) Erklärung zur Unternehmensführung nach § 289f HGB. Nach § 289f Abs. 1 S. 1 HGB sind bestimmte, insbes. börsennotierte Aktiengesellschaften verpflichtet, eine Erklärung zur Unternehmensführung in den Lagebericht aufzunehmen. Dabei kann diese Erklärung entweder einen eigenen Bestandteil des Lageberichts bilden oder auf der Internetseite der Gesellschaft öffentlich zugänglich gemacht werden, wobei dann ein entsprechender Hinweis in den Lagebericht einzufügen ist. Nach § 289f Abs. 2 HGB muss diese Erklärung unter anderem den folgenden Inhalt haben: (1) die Erklärung zum Corporate Governance Kodex (§ 161), (2) relevante Angaben zu Unternehmensführungspraktiken, die über die gesetzlichen Anforderungen hinaus angewandt werden, nebst Hinweis, wo sie öffentlich zugänglich sind, und (3) eine Beschreibung der Arbeitsweise von Vorstand und Aufsichtsrat sowie der Zusammensetzung und Arbeitsweise von deren Ausschüssen. 91

(1) In der **Erklärung zum Corporate Governance Kodex**[304] ist anzugeben, inwieweit den vom Bundesministerium der Justiz und für Verbraucherschutz im amtlichen Teil des Bundesanzeigers bekannt gemachten Empfehlungen der „Regierungskommission Deutscher Corporate Governance Kodex" entsprochen wurde und wird, welche Empfehlungen nicht angewandt wurden oder werden und warum nicht. Die Veröffentlichungspflicht wurde durch das TransPuG[305] eingefügt und durch das BilMoG (→ § 161 Rn. 8) neu gefasst. Sie kann ganz unterschiedliche, auch in die Zukunft gerichtete Verhaltenserwartungen betreffen (zT Absichtserklärung). Regelmäßig wird der nötige Gesamtüberblick iSd hM nicht gegeben sein, so dass Erklärungen zum Corporate Governance Kodex von § 400 Abs. 1 Nr. 1 nicht erfasst sind.[306] Da Erklärungen zu § 161 aber die Verhältnisse der Gesellschaft betreffen, kommt eine Anwendung des § 400 Abs. 1 Nr. 1 in Betracht, wenn thematisch einschlägige Aussagen in Vorträgen oder Auskünften in der Hauptversammlung gemacht werden.[307] 92

(2) Nach der Vorstellung des Gesetzgebers sind die **Unternehmensführungspraktiken** lediglich zu benennen (also wohl nicht zu beschreiben bzw. zu erläutern). „Relevant" sollen lediglich solche Angaben mit einer gewissen Bedeutung für das gesamte Unternehmen sein, wodurch die Angabepflicht in erheblichem Umfang eingeschränkt würde. Die Unternehmensführungspraktiken sollen außerdem nur benennungspflichtig sein, wenn sie im Zusammenhang mit einem angewandten Unternehmensführungskodex stehen oder stehen könnten. Gedacht wurde hierbei etwa an unternehmensweit gültige ethische Standards, Arbeits- und Sozialstandards usw. Keinesfalls soll ein Unternehmen über alle im Unternehmen vorhandenen organisatorischen Regelungen oder Vorschriften berichten.[308] Als Darstellung oder Übersicht über den Vermögensstand wird man diese Informationen wohl kaum qualifizieren können. 93

(3) Die (in den wichtigsten Pflichtenbereichen durch das Aktiengesetz geregelte) **Arbeitsweise** von Vorstand und Aufsichtsrat dürfte wohl weniger einen Vertrauenstatbestand setzen, sondern eher die **Zusammensetzung von Ausschüssen,** wenn hier bestimmten Personen „vom Markt" besondere Fachkunde zugesprochen wird. So bestimmt etwa § 100 Abs. 5, dass bei (kapitalmarktorientierten) Gesellschaften iSd § 264d HGB mindestens ein unabhängiges Mitglied des Aufsichtsrats über Sachverstand auf den Gebieten Rechnungslegung oder Abschlussprüfung verfügen muss. Falls der Aufsichtsrat einer solchen Gesellschaft einen Prüfungsausschuss iSd § 107 Abs. 3 S. 2 einrichtet, muss mindestens ein Mitglied diese Voraussetzung erfüllen (§ 107 Abs. 4). Die Verschleierung dieser Anforderungen kann das Vertrauen in eine ordnungsgemäße Überwachung der wichtigen Vorgänge erschüttern, die in § 107 Abs. 3 S. 2 genannt sind und sich regelmäßig auf die wirtschaftliche Erscheinung der Gesellschaft auswirken. 94

Hieraus folgt, dass die Erklärung zur Unternehmensführung selbst kaum als Darstellung oder Übersicht über den Vermögensstand in Betracht kommt. Sofern die Erklärungen aber das Potenzial haben, die Beurteilung der wirtschaftlichen Lage einschließlich der Entwicklungsaussichten zu beeinflussen, können Falschangaben über die von § 289f Abs. 2 HGB veröffentlichungspflichtigen 95

---
[302] LG Marburg NJOZ 2003, 3441 (3442).
[303] AA wohl *Zeidler* NZG 1998, 91 (93).
[304] Hierzu *Buchta* DStR 2003, 740 (741); *Holzborn/Foelsch* NJW 2003, 932 (936); *Kann/Eigler* DStR 2007, 1730 ff.; *Kiethe* NZG 2003, 559; *Schlitt* DB 2007, 326 ff.; *Tödtmann/Schauer* ZIP 2009, 995 ff.; *Weitnauer* DB 2003, 1719 f.; *Ederle* NZG 2010, 655 ff.; *Wernsmann/Gatzka* NZG 2011, 1001 ff.; *Bayer* NZG 2013, 1 ff.
[305] Transparenz- und Publizitätsgesetz v. 19.7.2002, BGBl. 2002 I 2681 ff.
[306] *Kiethe* NZG 2003, 559 (566); Kölner Komm AktG/*Altenhain* Rn. 39; wohl auch *Kann/Eigler* DStR 2007, 1730 (1735); *Schlitt* DB 2007, 326 (329); aA wohl *Abram* NZG 2003, 307 f.: möglicher Verstoß gegen § 400 Abs. 1 Nr. 1 bei inhaltlich falschen Entsprechenserklärungen; *Weitnauer* DB 2003, 1719 (1721).
[307] *Kiethe* NZG 2003, 559 (566); *Kann/Eigler* DStR 2007, 1730 (1735); *Schlitt* DB 2007, 326 (329).
[308] Vgl. insges. BT-Drs. 16/10 067, 78.

Umstände durchaus tatbestandsrelevant sein, da sowohl der **Lagebericht** (→ Rn. 65 ff.) als auch die **Internetseiten** (→ Rn. 90) als Darstellung oder Übersicht über den Vermögensstand zu qualifizieren sind.

96 Nach **§ 317 Abs. 2 S. 6 HGB** beschränkt sich die Prüfung in Bezug auf die Angaben nach § 289f HGB darauf, *ob* diese gemacht wurden. Nur in diesem Umfang sind die von § 403 betroffenen Abschlussprüfer einem Strafbarkeitsrisiko ausgesetzt. Der Aufsichtsrat hat allerdings nach § 171 Abs. 1 ua den Lagebericht zu prüfen. Eine dem § 317 Abs. 2 S. 6 HGB entsprechende Einschränkung enthält die Vorschrift nicht. Damit erstreckt sich die Prüfungs- und Berichtspflicht (§ 171 Abs. 2, vgl. schon → Rn. 70) auch auf die Erklärung zur Unternehmensführung, und zwar nach dem Zweck einer umfassenden Kontrolle der Vorstandsaktivitäten unabhängig davon, ob sie als Abschnitt in den Lagebericht oder ob gem. § 289f Abs. 1 S. 3 HGB ein Verweis auf die Veröffentlichung im Internet aufgenommen wurde.

97 **hh) Stellungnahme nach Übernahmeangebot.** Tatbestandliche Relevanz entfalten auch (fehlerhafte) Stellungnahmen des Vorstands oder Aufsichtsrats nach einem Übernahmeangebot, wie sie gem. **§ 27 Abs. 1 WpÜG** abzugeben sind. Eine solche Stellungnahme muss sich vor allem mit der Art und Höhe der angebotenen Gegenleistung befassen,[309] also auch darstellen, inwiefern diese angemessen erscheint und etwa der nach dem Übernahmeangebot vorgesehene Umtausch von Aktien der Zielgesellschaft in solche der Bietergesellschaft oder die Barabfindung für die Aktionäre zu einem wirtschaftlich ausgeglichenen Geschäft führt. Dies ist ohne dezidierte Zusammenstellung des Gesamtwertes der Zielgesellschaft – also ihrer Vermögens- und Ertragslage – kaum denkbar. Deshalb ist nicht ausgeschlossen, dass eine Stellungnahme nach § 27 Abs. 1 WpÜG die erforderliche partielle Vollständigkeit erreicht.[310]

98 **ii) Schweigepflichten und -rechte.** Im Aktiengesetz normierte Schweigepflichten (§ 160 Abs. 2) oder Schweigerechte (§ 131 Abs. 3) entfalten keine große Bedeutung. Die Verweigerung einer Äußerung ist nicht tatbestandlich (→ Rn. 41 ff.). Im Falle einer darüber hinausgehenden positiven Falschaussage kommt eine Tatbestandsbegrenzung nicht in Betracht. Denn Diskretionspflichten (s. auch § 93 Abs. 1 S. 3) können nur zur Zurückhaltung, nicht aber zur Lüge berechtigen.[311]

99 **5. Subjektiver Tatbestand.** In subjektiver Hinsicht genügt **bedingter Vorsatz**. Dieser ist auch gegeben, wenn der Täter aufgrund konkreter Anhaltspunkte die Gefahr von Unrichtigkeit oder Unklarheit der Äußerung erkennt, also mit dieser Möglichkeit rechnet und sich abfindet.[312] Bei der Erstellung von Vermögensübersichten liegt kein Vorsatz vor, wenn nach den zum Zeitpunkt der Erstellung geltenden Grundsätzen bilanziert wurde, und zwar auch dann, sollte sich die Rechtsprechung später ändern.[313] Ein Grenzfall ist die ungeprüfte Weitergabe von Vorstandsberichten durch Aufsichtsratsmitglieder. Eine strafrechtliche Unterlassungshaftung[314] wird hier so lange ausscheiden, wie konkrete Zweifel an der Richtigkeit des Berichtes nicht bestanden haben.[315] Ist eine Prüfung allerdings gesetzlich vorgeschrieben und hierüber sogar zwangsweise zu berichten, wie etwa hinsichtlich des Jahresabschlusses und anderer Fragen gem. § 171 Abs. 2 an die Hauptversammlung (hierzu → Rn. 70, 58), dann muss der Bericht immer die Aussage enthalten, dass geprüft wurde, und zwar ordnungsgemäß, nämlich von einem bestellten und benannten Ausschuss des Aufsichtsrates oder durch alle Aufsichtsratsmitglieder. Ist dies nicht der Fall, etwa weil einzelne Aufsichtsratsmitglieder die erforderlichen Unterlagen gar nicht erhalten haben, liegt ein vorsätzlich unrichtiger Bericht vor.[316] Ein intentionales, etwa auf Täuschung gerichtetes Vorgehen ist nicht erforderlich.[317] Selbst

---

[309] *Friedl* NZG 2004, 448 ff.
[310] AA wohl *Friedl* NZG 2004, 448 (451).
[311] Vgl. *Meilicke/Heidel* DStR 1992, 72 (75); Kölner Komm AktG/*Altenhain* Rn. 29; Kölner Komm AktG/*Geilen*, 1. Aufl. 1984, Rn. 64; Großkomm AktG/*Otto* Rn. 22.
[312] Kölner Komm AktG/*Altenhain* Rn. 44; Kölner Komm AktG/*Geilen*, 1. Aufl. 1984, Rn. 62; MüKoAktG/*Schaal* Rn. 46; MüKoStGB/*Kiethe* Rn. 53; Großkomm AktG/*Otto* Rn. 48; GJW/*Temming* Rn. 22; vgl. auch *Spatscheck/Wulf* DStR 2003, 173 (176) (zu § 331 HGB); *Moser* NZG 2017, 1419 (1427); *Trescher* DB 1998, 1016 (1018). Das Vorliegen eines Vorsatzes wird insbesondere nicht pauschal dadurch ausgeschlossen, dass die Übersicht von einem Wirtschaftsprüfer mit einen Bestätigungsvermerk versehen wurde, OLG Düsseldorf AG 2011, 706 ff.; vgl. auch OLG Karlsruhe v. 16.11.2012 – 17 Kap. 1/09, BeckRS 2012, 23479.
[313] MüKoAktG/*Koch* § 256 Rn. 62.
[314] Zur zivilrechtlichen Schadensersatzpflicht s. §§ 116, 93 Abs. 2.
[315] IErg auch Kölner Komm AktG/*Geilen*, 1. Aufl. 1984, Rn. 62; MüKoAktG/*Schaal* Rn. 46; MüKoStGB/*Kiethe* Rn. 53; Großkomm AktG/*Otto* Rn. 48; Kölner Komm AktG/*Altenhain* Rn. 44; vgl. auch *Cobet*, Fehlerhafte Rechnungslegung, 1991, 75 f.
[316] *Trescher* DB 1998, 1016 (1018).
[317] RGSt 64, 422 (423 f.); *Trescher* DB 1998, 1016 (1018); Kölner Komm AktG/*Altenhain* Rn. 44; Kölner Komm AktG/*Geilen*, 1. Aufl. 1984, Rn. 63; MüKoAktG/*Schaal* Rn. 46; Großkomm AktG/*Otto* Rn. 48.

bei einer im Wesentlichen auf die kognitive Komponente beschränkten Sichtweise des bedingten Vorsatzes dürfte der Nachweis des subjektiven Tatbestandes in der Praxis schwerfallen.[318]

IV. Falschangaben gegenüber Prüfern

Die Tatbestände der § 400 Abs. 1 Nr. 2 und § 400 Abs. 2 pönalisieren gemeinsam die **fehlerhafte Informierung von Prüfern**.[319] Sie unterscheiden sich durch die Person sowohl des tauglichen Täters als auch des Prüfers. Die Beziehung, die zwischen dem Täter und dem Prüfer besteht, bestimmt, welcher Tatbestand Anwendung findet. **100**

1. Täterkreis. Sowohl § 400 Abs. 1 Nr. 2 als auch § 400 Abs. 2 sind **Sonderdelikte**.[320] Taugliche Täter des § 400 Abs. 1 Nr. 2 können wie bei § 400 Abs. 1 Nr. 1 Vorstandsmitglieder, Aufsichtsratsmitglieder und Abwickler sein. Abwickler sind gem. § 265 Abs. 1 als Vorstandsmitglieder oder über § 268 Abs. 2 S. 2 in die Mitwirkungspflicht einbezogen. Hingegen adressiert § 400 Abs. 2 Gründer oder Aktionäre. Ehemalige Organmitglieder sind demgegenüber regelmäßig nicht zu Auskünften über ihre frühere Tätigkeit verpflichtet.[321] **101**

2. Tatmittel: Aufklärungen oder Nachweise gegenüber Prüfern. a) Aufklärungen und Nachweise. Unter Übernahme von Begriffen des Aktienrechts sind Gegenstand der Tathandlung Aufklärungen oder Nachweise. **Aufklärungen** sind – idR mündliche – Auskünfte, Erklärungen oder Begründungen zur Beseitigung von Zweifeln und Widersprüchen.[322] **Nachweise** sind alle Unterlagen (Belege, Bücher, Schriften, Urkunden, Datenträger), die einen Bezug zu dem maßgeblichen Bereich haben, vor allem, wenn sie für die Untermauerung der Aufklärungen von Bedeutung sind.[323] Beide Tatbestände (Abs. 1 Nr. 1 und Abs. 2) sollen die Richtigkeit, Vollständigkeit und Klarheit aller für die Ermittlung eines sachgerechten Prüfungsergebnisses notwendigen Angaben sicherstellen.[324] Die Auslegung der Begriffe hat somit dergestalt zu erfolgen, dass eine umfassende Unterrichtung des Prüfers forciert wird.[325] Gesellschaftsrechtlich unterfällt es dem Beurteilungsspielraum des Prüfers, welche Aufklärungen und Nachweise er für die Erfüllung seines Auftrages benötigt.[326] Im Strafverfahren unterliegt diese Frage jedoch der tatrichterlichen Nachprüfung. So sieht etwa § 145 Abs. 2 (im Anwendungsbereich des § 400 Abs. 1 Nr. 2) vor, dass die Aufklärungen und Nachweise nur erteilt werden müssen, soweit sie für eine sorgfältige Prüfung notwendig sind.[327] **102**

b) Tatbestandliche Beschränkungen. Die Tatbestände des § 400 Abs. 1 Nr. 2 und des § 400 Abs. 2 beschränken den Anwendungsbereich der Strafnorm in dreifacher Hinsicht: *Erstens* müssen die Aufklärungen und Nachweise nach den **Vorschriften des Aktiengesetzes** einem Prüfer der Gesellschaft zu geben sein. Damit korrespondiert die Tatbestandsmäßigkeit mit den durch das Aktiengesetz vorgesehenen Auskunftsrechten von Prüfern. Diese Rechte formen und begrenzen die Pflichten des Täters.[328] **103**

Zweitens erfolgt eine Einschränkung aufgrund des **Sonderdeliktscharakters**. Die im AktG geregelten Auskunftspflichten müssen sich an den jeweils tauglichen Täter richten. Entscheidend ist also, ob der Prüfer gegenüber dem in Betracht kommenden Tatsubjekt im Hinblick auf die maßgebliche Information ein **Recht auf Auskunft** hatte.[329] Dies bedeutet für § 400 Abs. 1 Nr. 2 exemplarisch, **104**

---

[318] Fleischer BKR 2003, 608 (611); Großkomm AktG/*Otto* Rn. 48.
[319] Vgl. Kölner Komm AktG/*Geilen*, 1. Aufl. 1984, Rn. 120; MüKoAktG/*Schaal* Rn. 74; Großkomm AktG/ *Otto* Rn. 81.
[320] Kölner Komm AktG/*Altenhain* Rn. 54, 71; Hölters/*Müller-Michaels* Rn. 23, 35; NK-WSS/*Krause/Twele* Rn. 6, 10.
[321] MüKoAktG/*Schaal* Rn. 56.
[322] MüKoAktG/*Arnold* § 145 Rn. 19; MüKoAktG/*Schaal* Rn. 62; Park/*Südbeck/Eidam* Teil 3 Kap. 8.2. § 400 Abs. 1 Nr. 2 Alt. 1, Abs. 2 Rn. 13; EBJS/*Böcking/Gros/Rabenhorst* HGB § 320 Rn. 8.
[323] Vgl. Großkomm AktG/*Otto* Rn. 64; MüKoAktG/*Schaal* Rn. 63; MüKoStGB/*Kiethe* Rn. 62; EBJS/ *Böcking/Gros/Rabenhorst* HGB § 320 Rn. 8; Kölner Komm AktG/*Altenhain* Rn. 62.
[324] Kölner Komm AktG/*Geilen*, 1. Aufl. 1984, Rn. 103; Hölters/*Müller-Michaels* Rn. 32.
[325] Vgl. GHEK/*Fuhrmann* Rn. 31; MüKoAktG/*Schaal* Rn. 64; MüKoStGB/*Kiethe* Rn. 75; Hölters/*Müller-Michaels* Rn. 32.
[326] GHEK/*Hefermehl* § 145 Rn. 2; MüKoAktG/*Schaal* Rn. 57.
[327] Vgl. GHEK/*Fuhrmann* Rn. 32; MüKoAktG/*Schaal* Rn. 57; Kölner Komm AktG/*Altenhain* Rn. 65.
[328] MüKoAktG/*Schaal* Rn. 78; MüKoStGB/*Kiethe* Rn. 72, 74; Großkomm AktG/*Otto* Rn. 84, 87; Park/ *Südbeck/Eidam* Teil 3 Kap. 8.2. § 400 Abs. 1 Nr. Alt. 1, Abs. 2 Rn. 30; Kölner Komm AktG/*Altenhain* Rn. 63 f.; vgl. NK-WSS/*Krause/Twele* Rn. 8.
[329] MüKoStGB/*Kiethe* Rn. 56; Großkomm AktG/*Otto* Rn. 64; Park/*Südbeck/Eidam* Teil 3 Kap. 8.2. § 400 Abs. 1 Nr. 2 Alt. 1, Abs. 2 Rn. 9, 12; aA wohl Achenbach/Ransiek/Rönnau/*Ransiek* 8. Teil 1. Kap. Rn. 110, der Aufsichtsratsmitglieder pauschal als taugliche Täter ansieht.

dass Auskunftspflichten, die sich (nur) an die Gründer oder Aktionäre richten (Täterkreis des Abs. 2), wie die gegenüber den Gründungsprüfern (§ 35 Abs. 1), den Nachgründungsprüfern (§ 52 Abs. 4 iVm § 35 Abs. 1) und den Prüfern einer Kapitalerhöhung (§ 183 Abs. 3, § 194 Abs. 4, § 205 Abs. 5, jeweils iVm § 35 Abs. 1), nicht erfasst sind.[330]

105 *Drittens* ist der **Begriff des Prüfers** technisch zu verstehen. Der Gesetzeswortlaut erlaubt es nicht, auf eine materielle Funktion als Prüfer abzustellen. Dies bedeutet etwa für § 400 Abs. 1 Nr. 2, dass die Mitglieder des Aufsichtsrats, nur weil auch sie Prüfungen bezüglich des Jahresabschlusses nach § 171 wahrnehmen, noch nicht zu Prüfern iSd § 400 Abs. 1 Nr. 1 werden.[331] Dasselbe gilt entsprechend für § 400 Abs. 2: Nach § 33 Abs. 1 tätige Mitglieder des Vorstandes oder Aufsichtsrats sind keine Gründungsprüfer iSd § 33 Abs. 2, § 400 Abs. 2.[332]

106 Dem Gesetzeswortlaut gemäß muss der Prüfer allerdings nicht selbst Adressat der Mitteilung sein. Ein dem Prüfer zu gebender Beleg kann an diesen auch über dessen **Gehilfen** oder sonstige Personen gelangen. Ein Umkehrschluss aus § 403, wo der Prüfergehilfe ausdrücklich genannt ist, gebietet sich nicht.[333] Ebenso wenig steht der Tatbestandsverwirklichung mittels Äußerung gegenüber Prüfergehilfen entgegen, dass sie Aufklärungen oder Nachweise nicht verlangen können,[334] solange es sich um eine im thematischen Rahmen der Prüfung einforderbare Auskunft handelt. Der Tatbestand ist dann bereits mit der Äußerung gegenüber dem Gehilfen vollendet.[335] Der Erklärungsempfänger oder -bote muss mit seiner Aufgabe jedoch rechtmäßig betraut sein und in Durchführung der Prüfung handeln. Aus diesen Einschränkungen folgt für die in Betracht kommenden Prüfungen:

107 **aa) Prüfer iSd § 400 Abs. 1 Nr. 2.** Nach teilweise vertretener Ansicht beschränkt sich die Wirkung des § 400 Abs. 1 Nr. 2 damit praktisch auf Falschangaben gegenüber **Sonderprüfern**,[336] die unstreitig schon unter § 400 Abs. 1 Nr. 3 aF den Hauptanwendungsfall der „sonstigen Prüfer" ausgemacht haben.[337] Sonderprüfer werden nach § 142 Abs. 1 durch die Hauptversammlung bestellt, um Vorgänge bei der Gründung oder der Geschäftsführung, insbes. auch Maßnahmen der Kapitalbeschaffung oder -herabsetzung, zu überprüfen. Sie stellen also ein weiteres Kontrollmittel über die Gründung und Geschäftsführung, aber auch über die Aufsichtstätigkeit des Aufsichtsrates dar. Nach § 142 Abs. 2 ist auf Antrag von Aktionären, die allein oder zusammen ein Prozent oder 100 000 EUR des Grundkapitals halten, eine Bestellung durch das Gericht möglich, sofern bestimmte Tatsachen den Verdacht von Unredlichkeiten, Gesetzes- oder Satzungsverstößen rechtfertigen. Gleiches gilt gem. § 258 Abs. 1 ua, wenn Anlass für die Annahme besteht, dass bestimmte Posten in einem festgestellten Jahresabschluss nicht unwesentlich unterbewertet sind. Die Sonderprüfer können von den Mitgliedern des Vorstands und des Aufsichtsrats nach § 145 Abs. 2 (Verweis hierauf auch aus § 258 Abs. 5) alle Aufklärungen und Nachweise verlangen, die die sorgfältige Prüfung der Vorgänge notwendig macht.

108 Dabei bleibt unbeachtet, dass daneben die Prüfung weiterer Vorgänge möglich ist, für die das Gericht sachverständige Prüfer bestellen kann. Dies gilt für Unternehmensverträge nach §§ 293 ff. (insbes. Beherrschungs- und Gewinnabführungsverträge), die von **Vertragsprüfern** gem. § 293b Abs. 1 geprüft werden müssen, sofern das abhängige Unternehmen nicht vollständig in der Hand des beherrschenden Unternehmens ist oder sämtliche Anteilsinhaber aller beteiligten Unternehmen verzichten (§ 293b Abs. 2 iVm § 293a Abs. 3). Nach § 293d Abs. 1 ist den Vertragsprüfern ein Auskunftsrecht entsprechend § 320 Abs. 2 S. 1 und 2 HGB eingeräumt, das gegenüber den vertragsschließenden Unternehmen und gegenüber einem Konzernunternehmen sowie einem abhängigen und einem herrschenden Unternehmen besteht. Die handelsrechtliche Vorschrift ermächtigt die Prüfer, von den gesetzlichen Vertretern eines Unternehmens alle Aufklärungen und Nachweise einzufordern, die für eine sorgfältige Prüfung notwendig sind. Dies beinhaltet das Recht, Einsicht in die

---

[330] MüKoStGB/*Kiethe* Rn. 65; vgl. auch Großkomm AktG/*Otto* Rn. 73; Park/*Südbeck/Eidam* Teil 3 Kap. 8.2 § 400 Abs. 1 Nr. 2 Alt. 1, Abs. 2 Rn. 15.
[331] Kölner Komm AktG/*Altenhain* Rn. 65.
[332] Vgl. Kölner Komm AktG/*Geilen*, 1. Aufl. 1984, Rn. 121; Kölner Komm AktG/*Altenhain* Rn. 74; MüKo-AktG/*Schaal* Rn. 79; MüKoStGB/*Kiethe* Rn. 76; Großkomm AktG/*Otto* Rn. 86; Park/*Südbeck/Eidam* Teil 3 Kap. 8.2 § 400 Abs. 1 Nr. 2 Alt. 1, Abs. 2 Rn. 31.
[333] Ebenso Kölner Komm AktG/*Altenhain* Rn. 66 mit weiterer Begründung; Hölters/*Müller-Michaels* Rn. 33.
[334] So aber GHEK/*Fuhrmann* Rn. 32; abl. auch NK-AktR/*Bernsmann* Rn. 6.
[335] Kölner Komm AktG/*Geilen*, 1. Aufl. 1984, Rn. 104; MüKoStGB/*Kiethe* Rn. 63 f.; Großkomm AktG/ *Otto* Rn. 72; Park/*Südbeck/Eidam* Teil 3 Kap. 8.2 § 400 Abs. 1 Nr. 2 Alt. 1, Abs. 2 Rn. 15; Hölters/*Müller-Michaels* Rn. 33; teilw. abw. MüKoAktG/*Schaal* Rn. 60: Vollendung erst mit Zugang beim Prüfer; ebenso Kölner Komm AktG/*Altenhain* Rn. 66 iVm 49.
[336] So Großkomm AktG/*Otto* Rn. 73; Park/*Südbeck/Eidam* Teil 3 Kap. 8.2 § 400 Abs. 1 Nr. 2 Alt. 1, Abs. 2 Rn. 15.
[337] Vgl. *v. Godin/Wilhelmi* Anm. 5; Großkomm AktG/*Klug*, 3. Aufl. 1975, Rn. 26.

Unrichtige Darstellung 109–112 § 400

Bücher und Schriften zu nehmen sowie Vermögensgegenstände und Schulden zu prüfen (§ 320 Abs. 1 S. 2 HGB).
Aufgrund zielgleicher Verweise gilt dies ebenso für **Eingliederungsprüfer** (§ 320 Abs. 3) sowie 109 **Barabfindungsprüfer** (§ 327c Abs. 2).[338] Gesetzliche Vertreter sind dabei die Mitglieder des Vorstandes, nicht aber die des Aufsichtsrates.[339] Obwohl in den genannten Bereichen eine Prüfung nicht zwingend gesetzlich angeordnet wird und die Vorstandsmitglieder die zu bestellenden Prüfer zT selbst vorschlagen (§ 293c Abs. 1 S. 1, § 320 Abs. 3 S. 2 – anders bei der Barabfindungsprüfung: Vorschlag des Hauptaktionärs, § 327c Abs. 2 S. 3), handelt es sich um Prüfer iSd § 400 Abs. 1 Nr. 2, denen „nach den Vorschriften dieses Gesetzes" Aufklärungen und Nachweise zu geben sind.[340]
Nach vereinzelter Ansicht ist darüber hinaus auch das Auskunftsrecht der **Abschluss- und Kon-** 110 **zernabschlussprüfer** erfasst, das in § 313 Abs. 1 S. 3 iVm § 320 Abs. 2 S. 1 HGB verankert sein soll.[341] § 313 Abs. 1 betrifft aber nicht die Abschlussprüfung, also die Prüfung des Jahresabschlusses einschließlich Lagebericht. Sie ist seit dem Bilanzrichtliniengesetz[342] einheitlich für alle Kapitalgesellschaften in §§ 316 ff. HGB geregelt. Das Auskunftsrecht nebst seiner strafrechtlichen Flankierung ist aus dem Aktiengesetz (§ 400 Nr. 3 aF) durch Aufhebung des § 165 Abs. 2 gestrichen worden.[343] § 313 Abs. 1 behandelt vielmehr die Prüfung des Berichtes über die Beziehungen zu verbundenen Unternehmen (sog. Abhängigkeitsbericht), der in dem Fall, dass bei der Gesellschaft eine Prüfungspflicht für den Jahresabschluss besteht,[344] zusammen mit diesem und dem Lagebericht zwingend dem Abschlussprüfer der Gesellschaft vorzulegen ist. Zwar kann für den Abhängigkeitsbericht weder ein anderer Prüfer bestellt werden noch ist ein gesonderter Prüfungsauftrag notwendig.[345] Deswegen kann aber die Abhängigkeitsprüfung nicht begrifflich mit der Abschlussprüfung gleichgesetzt werden.
Nur das in § 313 Abs. 1 S. 3 (iVm § 320 Abs. 2 S. 1 HGB) dem **Abhängigkeitsprüfer** einge- 111 räumte Auskunftsrecht ist ein solches iSd § 400 Abs. 1 Nr. 2.[346] Vor dem Hintergrund der engen Verknüpfung von Abhängigkeits- und Abschlussprüfung dürfte auch die in § 400 Abs. 1 Nr. 2 angeordnete Subsidiarität zu § 331 Nr. 4 HGB zu sehen sein, in dem Falschangaben gegenüber Abschlussprüfern unter Strafe gestellt werden. Die zum Teil für überflüssig angesehene Subsidiaritätsklausel[347] greift ein, wenn bestimmte Aufklärungen oder Nachweise für beide Bereiche von Bedeutung sind, so dass tatsächlich durch ein und dieselbe Handlung beide Tatbestände erfüllt sind.

bb) Prüfer iSd § 400 Abs. 2. Der Tatbestand unterscheidet zwischen Gründungsprüfern und 112 sonstigen Prüfern. Die **Gründungsprüfer** werden bei der Gründung (§ 33 Abs. 2) und Nachgründung (§ 52 Abs. 4) tätig. Die Gründungsprüfer können gem. § 35 Abs. 1 (ggf. iVm § 52 Abs. 4 S. 2) von den Gründern alle Aufklärungen und Nachweise verlangen, die für eine sorgfältige Prüfung notwendig sind. Im Falle der Kapitalerhöhung durch Sacheinlagen nimmt der **sonstige Prüfer** die Aufgabe der Prüfung wahr; vgl. § 183 Abs. 3 (ordentliche Kapitalerhöhung), § 194 Abs. 4 (bedingte Kapitalerhöhung), § 205 Abs. 5 (genehmigte Kapitalerhöhung).[348] In diesen genannten Normen wird das Informationsrecht der sonstigen Prüfer durch einen Verweis auf § 35 begründet, der seinem Wortlaut nach nur Gründer anspricht. Allerdings ist jeweils die „sinngemäße" Geltung angeordnet, was dem Umstand Rechnung trägt, dass für die genannten Vorgänge die Aktionäre (über die Willensbildung in der Hauptversammlung) verantwortlich sind, während sich die formelle Funktion der Gründer in einem früheren Stadium der Gesellschaft erschöpft hat. Damit können die tauglichen Tatsubjekte exakt einem Prüfertypus zugeordnet werden: der Gründer dem Gründungsprüfer, der Aktionär dem sonstigen Prüfer. So können sich beispielsweise Aktionäre nicht nach § 400 Abs. 2 strafbar machen, sofern sie gegenüber Gründungsprüfern falsche Angaben gemacht haben.[349]

---

[338] MüKoStGB/*Kiethe* Rn. 67; Kölner Komm AktG/*Altenhain* Rn. 67.
[339] MüKoAktG/*Altmeppen* § 293d Rn. 12; vgl. → § 293d Rn. 6.
[340] So zutr. MüKoStGB/*Kiethe* Rn. 68 sowie Kölner Komm AktG/*Altenhain* Rn. 67.
[341] MüKoStGB/*Kiethe* Rn. 67, 69; wie hier abl. Kölner Komm AktG/*Altenhain* Rn. 68, der auch darauf hinweist, dass aber eine Strafbarkeit nach § 331 Nr. 4 HGB in Betracht kommen kann; GJW/*Temming* Rn. 16; Hölters/*Müller-Michaels* Rn. 33.
[342] Vom 19.12.1998, BGBl. 1998 I 2355.
[343] Vgl. auch MüKoAktG/*Schaal* Rn. 59; übersehen von Park/*Südbeck/Eidam* Teil 3 Kap. 8.2 § 400 Abs. 1 Nr. 2 Alt. 1, Abs. 2 Rn. 9, richtig wiederum in Rn. 15.
[344] Was für kleine Kapitalgesellschaften iSd § 267 Abs. 1 HGB gem. § 316 Abs. 1 nicht der Fall ist; krit. hierzu → § 313 Rn. 3.
[345] Hüffer/Koch/*Koch*, 13. Aufl. 2018, § 313 Rn. 4; → § 313 Rn. 6 mwN.
[346] Ebenso Kölner Komm AktG/*Altenhain* Rn. 68; iErg auch Achenbach/Ransiek/Rönnau/*Ransiek* 8. Teil 1. Kap. Rn. 110; → § 313 Rn. 16 ff.
[347] So Achenbach/Ransiek/Rönnau/*Ransiek* 8. Teil 1. Kap. Rn. 110.
[348] Zur Zusammenstellung MüKoStGB/*Kiethe* Rn. 76; Kölner Komm AktG/*Altenhain* Rn. 75.
[349] MüKoStGB/*Kiethe* Rn. 72, 77.

113 3. **Tathandlung. a) Machen falscher Angaben.** Sowohl § 400 Abs. 1 Nr. 2 als auch § 400 Abs. 2 sehen das Machen falscher Angaben als Tathandlung vor. Angaben sind falsch, wenn sie objektiv nicht zutreffen. Es kann sich um eine nachprüfbare Aussage über Tatsachen handeln, aber auch um Werturteile, soweit sich diese erkennbar auf eine Tatsachengrundlage beziehen oder wenigstens im Kern eine dem Beweis zugängliche Tatsachenbehauptung enthalten;[350] vgl. hierzu im Einzelnen → § 399 Rn. 51 ff. Die zweite Tathandlungsalternative des § 400 Abs. 1 Nr. 2, **unrichtige Wiedergabe oder Verschleierung der Gesellschaftsverhältnisse,** wird teleologisch schon von der ersten Alternative, dem Machen falscher Angaben, erfasst. Denn werden falsche Angaben im Rahmen von Prüfungen gemacht, beziehen sich diese denknotwendig auf die Gesellschaftsverhältnisse. Und in der unrichtigen Wiedergabe oder Verschleierung der Gesellschaftsverhältnisse liegt eben stets eine falsche Angabe;[351] zu den Begriffen → Rn. 32 ff., 48 ff., 56 ff.

114 b) **Tun und Unterlassen.** Die beiden Tatbestände unterscheiden sich darin, dass der Tatbestand des § 400 Abs. 1 Nr. 2 keine dem Verschweigen erheblicher Umstände in § 400 Abs. 2 entsprechende eindeutige Variante des Unterlassens enthält.[352]

115 Durch die gesetzliche Präzisierung der Auskunftspflicht wird eine lückenhafte Auskunft dennoch in der Regel als unrichtige Auskunft anzusehen sein,[353] da die **Gesamtbetrachtung** eine im Ergebnis falsche Aussage liefert. Ist dies nicht der Fall, kann die Angabe nur derart unerheblich sein, dass sie schon der Auskunftspflicht nicht mehr unterfällt, der Tatbestand also nicht gegeben ist. Werden Aussagen zu prüfungsrelevanten Punkten ohne Gefahr einer Ergebnisverfälschung weggelassen, kommt dennoch eine Verantwortlichkeit über § 13 StGB in Betracht.

116 Die erforderliche Garantenstellung ergibt sich – entgegen *Otto*[354] und *Geilen*[355] – jedoch nicht allein aus der gesetzlichen Verpflichtung des Täters. Denn eine Garantenstellung aus Gesetz vermag die Begründung von Erfolgsabwendungspflichten nicht zu rechtfertigen. Erforderlich ist vielmehr ein materiales Kriterium, das eine Erfolgsabwendungspflicht rechtfertigt. Legitimierend ist danach allein die **Herrschaft über den Grund des Erfolgs.**[356] Das Fehlen prüfungsrelevanter Angaben bedingt die Unvollständigkeit des Berichts und beeinträchtigt damit das geschützte Rechtsgut (→ Rn. 3 ff.). Indem der jeweilige Sonderpflichtige die Aussagen weglässt, hat er die Herrschaft über den Grund des Erfolgs. Es steht in der Kompetenz des Prüfers, nicht des Auskunftspflichtigen, ob eine bestimmte Information Relevanz hat und das Prüfungsergebnis beeinflusst. Der Tatbestand will insofern auch der abstrakten Gefahr einer Falschbeurteilung vorbeugen. In der Praxis wird der Abschlussprüfer gehalten, von den Auskunftspflichtigen eine institutionell ausgearbeitete Vollständigkeitserklärung abzuverlangen,[357] die selbst als (abschließender) Teil der vorgebrachten Aufklärungen und Nachweise anzusehen ist, also keine falsche Versicherung enthalten darf; zu weiteren Unterlassungsfällen → Rn. 47.

117 Im Falle einer **offenen Verweigerung** einer Auskunft (vgl. bereits → Rn. 41 ff.) handelt der Täter direkt gegen seine gesetzliche Auskunftspflicht. Zwar mag ohne die vom Täter zurückgehaltenen Informationen ein sachgerechter Prüfungsabschluss nicht möglich sein. Auch ist er grundsätzlich als Garant anzusehen.[358] Aber die Situationen einer schlicht unterlassenen und einer verweigerten Richtigstellung sind doch zu unterscheiden, weil im letzteren Fall anders als bei einer positiven Falschinformation oder einer nicht beseitigten Fehlinformation der Adressat positiv um eine unsichere Lage weiß und Anlass hat, sie auf andere Art und Weise aufzuklären. Eine offene Verweigerung ist also auch hier nicht tatbestandsmäßig.[359]

---

[350] MüKoAktG/*Schaal* Rn. 66; MüKoStGB/*Kiethe* Rn. 58; Großkomm AktG/*Otto* Rn. 66; Hölters/*Müller-Michaels* Rn. 25.

[351] Vgl. zur Tautologie auch Kölner Komm AktG/*Geilen*, 1. Aufl. 1984, Rn. 99; MüKoAktG/*Schaal* Rn. 67, 70; MüKoStGB/*Kiethe* Rn. 57; Großkomm AktG/*Otto* Rn. 62; ähnlich, aber unpräzise, Hölters/*Müller-Michaels* Rn. 28 (zweite Begehungsform erfasse „im Wesentlichen" die gleichen Tathandlungen wie die erste Variante); bzgl. Verschleierungsvariante aA Kölner Komm AktG/*Altenhain* Rn. 61: Nicht jede Verschleierung stelle eine falsche Angabe dar, so dass diese Variante den Tatbestand „äußerst geringfügig" erweitere.

[352] GHEK/*Fuhrmann* Rn. 34 vermutet deshalb ein redaktionelles Versehen des Gesetzgebers.

[353] MüKoAktG/*Schaal* Rn. 68; MüKoStGB/*Kiethe* Rn. 58; Großkomm AktG/*Otto* Rn. 67; Park/*Südbeck/Eidam* Teil 3 Kap. 8.2 § 400 Abs. 1 Nr. 2 Alt. 1, Abs. 2 Rn. 11.

[354] Großkomm AktG/*Otto* Rn. 67.

[355] Kölner Komm AktG/*Geilen*, 1. Aufl. 1984, Rn. 107.

[356] *Schünemann* ZStW 96 (1984), 287 (293 f.).

[357] EBJS/*Böcking/Gros/Rabenhorst* HGB § 320 Rn. 8.

[358] → Rn. 116; ferner etwa Großkomm AktG/*Otto* Rn. 67; Kölner Komm AktG/*Geilen*, 1. Aufl. 1984, Rn. 107.

[359] So auch Kölner Komm AktG/*Geilen*, 1. Aufl. 1984, Rn. 107; MüKoAktG/*Schaal* Rn. 69; MüKoStGB/*Kiethe* Rn. 58; Großkomm AktG/*Otto* Rn. 67; Kölner Komm AktG/*Altenhain* Rn. 59.

c) **Verschweigen erheblicher Umstände. § 400 Abs. 2** enthält die Tatbestandsvariante des **118 Verschweigens erheblicher Umstände.** Tatbestandliches Verschweigen liegt in gänzlich fehlenden Angaben zu selbstständigen, dem Gesetz nach zu offenbarenden Gegenständen. Es müssen bestimmte Punkte völlig ausgeklammert sein (vgl. auch → § 399 Rn. 59 f.). Die Aufklärungen oder Nachweise müssen im thematischen Zusammenhang mit einer der Informationspflicht unterfallenden Angabe lückenhaft sein.[360] Die Erheblichkeit des verschwiegenen Umstandes beurteilt sich nach seiner Bedeutung für ein sachgerechtes Prüfungsergebnis.

4. Subjektiver Tatbestand. Es genügt der bedingte Vorsatz. Der Täter muss mindestens mit der **119** Möglichkeit rechnen, dass seine Erklärung vom Prüfungsthema umfasst wird.[361]

V. Rechtswidrigkeit und Schuld

Eine Rechtfertigung des Handelns iS einer **Einwilligung** etwa bei § 400 Abs. 1 Nr. 1 durch **120** Wissen und Einverständnis anderer Gesellschaftsorgane oder deren Mitglieder kommt nicht in Frage. Über das – wegen der Vertrauenskomponente auch überindividuelle – Rechtsgut kann nicht verfügt werden.[362] Eine Situation, in der alle Rechtsgutsträger informiert und einverstanden sind, erscheint in den Regelfällen des § 400 – Äußerungen gegenüber der Öffentlichkeit – auch nicht denkbar. Etwas anderes könnte für die ebenfalls tatbestandlichen Berichte gegenüber anderen Organen und Organmitgliedern (→ Rn. 70, 58) gelten. Nehmen solche Personen bewusst Falschinformationen entgegen, etwa um sie später ihrerseits gegenüber Dritten zu verwenden, hat der Übergebende auf jeden Fall den Tatbestand verwirklicht. Auch ein Ausschluss der Rechtswidrigkeit kommt angesichts des Charakters der Norm als abstraktes Gefährdungsdelikt (→ Rn. 17) nicht in Betracht. Denn unabhängig von einer späteren Weitergabe der Information durch das andere Organmitglied und die eventuelle Zurechenbarkeit einer solchen Handlung (etwa aufgrund eines gemeinsamen Tatplanes) wird eine abstrakte Gefahr für das korrekte Erscheinungsbild der Gesellschaft schon durch die Entäußerung fehlerhafter Informationen begründet, von denen Dritte auch zufällig Kenntnis nehmen können.

Auslassungen in solchen Äußerungen, die den Eindruck von Vollständigkeit erwecken und damit **121** über ein Unterlassen hinausgehen, sollen durch **Schweigerechte** gerechtfertigt sein können.[363] Hierbei wird verkannt, dass der Vorwurf nicht die Auslassung trifft, sondern die übrige und aufgrund der Auslassung unrichtige Erklärung. Auf eine solche hat der Täter zu verzichten, um nicht das Risiko einer Falschbeurteilung der Gesellschaft herbeizuführen (vgl. schon → Rn. 98). Macht er dennoch Ausführungen, so weiß er von vornherein, dass er aufgrund des Zwangs einer Schweigepflicht oder des Gebrauchs eines Schweigerechts eine reale Präsentation der Gesellschaftsverhältnisse nicht herbeiführen wird. Genau damit verstößt er gegen die Verbotsnorm des Tatbestandes. Im Zusammenhang mit Falschangaben gegenüber Prüfern kommt hingegen ein Schweigerecht nach § 131 Abs. 3 bereits schon tatbestandlich nicht in Betracht.

§ 34 StGB kann nur ganz ausnahmsweise zur Anwendung kommen.[364] Mit der durch § 400 **122** getroffenen Entscheidung des Gesetzgebers für den grundsätzlichen Vorrang von Publizitätsinteressen gegenüber Informationsvorbehalten ist das Abwägungsergebnis bei § 34 StGB präjudiziert.[365] Diese Norm dient der Bereinigung gerade nicht vom Gesetzgeber antizipierter Güterkollisionen,[366] so dass eine Rechtfertigung aus ihr nur bei unerträglichen Folgen einer wahrheitsgemäß und vollständigen Erklärung möglich ist.[367] Das allgemeine Bestreben, einen Produktionsstillstand (Gefahr von Streik), den Verlust von Arbeitsplätzen oder einen Ansehensverlust zu verhindern, genügt nicht.[368]

---

[360] Vgl. Kölner Komm AktG/*Geilen*, 1. Aufl. 1984, Rn. 115.
[361] GHEK/*Fuhrmann* Rn. 36; MüKoAktG/*Schaal* Rn. 71; vgl. Hölters/*Müller-Michaels* Rn. 41.
[362] Großkomm AktG/*Otto* Rn. 51; MüKoAktG/*Schaal* Rn. 47; Kölner Komm AktG/*Altenhain* Rn. 46; Hölters/*Müller-Michaels* Rn. 43.
[363] So, allerdings ohne Bsp., Großkomm AktG/*Otto* Rn. 50; MüKoStGB/*Kiethe* Rn. 89; wie hier Kölner Komm AktG/*Altenhain* Rn. 45.
[364] Vgl. Bsp. bei Kölner Komm AktG/*Geilen*, 1. Aufl. 1984, Rn. 65. Nach Hölters/*Müller-Michaels* Rn. 43 soll im Einzelfall weiterhin eine rechtfertigende Pflichtenkollision in Betracht kommen. Insoweit ist indes kein praktischer Anwendungsfall ersichtlich.
[365] Vgl. auch MüKoStGB/*Kiethe* Rn. 91; MüKoAktG/*Schaal* Rn. 47; Großkomm AktG/*Otto* Rn. 51; Kölner Komm AktG/*Altenhain* Rn. 47.
[366] Kölner Komm AktG/*Geilen*, 1. Aufl. 1984, Rn. 66.
[367] In diesem Sinne auch Großkomm AktG/*Otto* Rn. 51.
[368] RGSt 49, 358 (363 f.); Kölner Komm AktG/*Geilen*, 1. Aufl. 1984, Rn. 65; MüKoStGB/*Kiethe* Rn. 91; Großkomm AktG/*Otto* Rn. 51; vgl. auch Achenbach/Ransiek/Rönnau/*Ransiek* 8. Teil 1. Kap. Rn. 65: Falschangaben kein angemessenes Mittel der Gefahrenabwehr.

123 Für die **Schuld** gelten die allgemeinen Grundsätze, die Strafbarkeit scheidet also insbesondere in den Fällen eines unvermeidbaren Verbotsirrtums iSv § 17 S. 1 StGB aus. Aufgrund der diesbezüglich sehr strengen Anforderungen der Rspr. ist die praktische Relevanz dieses Schuldausschließungsgrundes äußerst gering.[369] Ebenso erscheint es allenfalls in extremen Ausnahmesituationen denkbar, dass die Voraussetzungen eines entschuldigenden Notstands vorliegen.

VI. Irrtum

124 **1. Tatbestandsirrtum.** Unvorsätzlich handelt der Täter, wenn er bei Begehung der Tat einen zum Tatbestand gehörenden Umstand nicht kennt (§ 16 Abs. 1 S. 1 StGB). Eine solche Situation liegt bei § 400 Abs. 1 Nr. 1 vor, sofern unrichtige Tatsachen im Glauben an ihre Richtigkeit wiedergegeben werden oder der Täter die möglichen falschen Schlussfolgerungen aus seinen unklaren Ausführungen nicht erkennt. Dasselbe gilt bei Falschangaben gegenüber Prüfern, sofern der Täter irrtümlich annimmt, seine unrichtige Äußerung unterfalle nicht der Auskunftspflicht oder ein verschwiegener Umstand sei unerheblich.[370] Die eine Auskunftspflicht normierenden zivilrechtlichen Vorschriften sind nicht nur das Ziel blankettartiger Verweisung, sie füllen auch den Tatbestand aus. Der Weg ist abzulehnen, diese Normen für die objektive Tatbestandsauslegung – namentlich den Umfang der Auskunftspflicht – heranzuziehen, für den Vorsatz aber dagegen verstoßendes, bewusst pflichtwidriges Handeln nicht zu fordern.[371] Ob ein Merkmal wörtlich oder per Verweisung in den Tatbestand aufgenommen wurde, ist unerheblich.[372] Die Gesetzestechnik kann nicht entscheiden, was Gegenstand des Vorsatzes sein muss.

125 **2. Verbotsirrtum.** Ein Verbotsirrtum iSd § 17 S. 1 StGB ist gegeben, wenn der Täter sein Verhalten nicht für rechtswidrig hält, so zB, sollte er glauben, durch ein Schweigerecht oder durch die sonstige Gefährdung eines Sanierungsversuches sei er etwa zu unrichtigen Äußerungen berechtigt, ein Mehrheitsbeschluss im Organ zur Abgabe von Falscherklärungen binde auch ihn etc.[373] Der Verbotsirrtum führt gem. § 17 S. 2 StGB nur im Falle seiner (regelmäßig nicht vorliegenden) Unvermeidbarkeit zur Schuld- und damit Straflosigkeit. Hierzu muss der Täter alle ihm erkennbaren und erreichbaren Auskunftsquellen genutzt haben.[374]

126 Im **Grenzbereich** zwischen Tatbestands- und Verbotsirrtum (§ 17 StGB) liegen die Fälle, in denen der Täter über die Reichweite der den Tatbestand ausfüllenden Vorfeldnormen, etwa des Aktiengesetzes, irrt, welche die Maßstäbe für die Richtigkeit der Angaben bilden.[375]

VII. Vollendung; Beendigung; Tätige Reue

127 **1. Vollendung.** Für den gesamten § 400 gilt: Ist das Stadium der Vollendung nicht erreicht, bleibt der Täter mangels **Versuchsstrafbarkeit** straflos (§ 12 Abs. 2 StGB, § 23 Abs. 1 StGB). Dies hat auch Auswirkungen für die Konstellationen des untauglichen Versuchs.

128 **a) § 400 Abs. 1 Nr. 1.** Für die Vollendung des als Äußerungsdelikt qualifizierten Tatbestandes[376] genügt je nach Form das Erstellen, Abgeben, Aussprechen – somit eine wahrnehmbare Verlautbarung – jener Erklärung, die eine unrichtige Wiedergabe oder Verschleierung darstellt. Die Voraussetzungen des Zugangs müssen also erfüllt sein, ohne dass die Erklärung inhaltlich zutreffend verstanden worden sein muss.[377]

---

[369] Vgl. zur Kritik an diesen strengen Anforderungen im Bereich des Nebenstrafrechts → § 399 Rn. 272.

[370] Großkomm AktG/*Otto* Rn. 76 mit passendem Vergleich zur Verkennung der Steuerpflicht; GHEK/*Fuhrmann* Rn. 36; MüKoAktG/*Schaal* Rn. 73; Park/*Südbeck/Eidam* Teil 3 Kap. 8.2 § 400 Abs. 1 Nr. 2 Alt. 1, Abs. 2 Rn. 18.

[371] So aber Kölner Komm AktG/*Geilen*, 1. Aufl. 1984, Rn. 108, der nur einen Verbotsirrtum annimmt; ebenso Kölner Komm AktG/*Altenhain* Rn. 48 iVm § 399 Rn. 105.

[372] Es ist dies das „Argument der prinzipiellen Substituierbarkeit", vgl. *Burkhardt* JZ 1981, 681 (687); vgl. auch MüKoAktG/*Schaal* Rn. 73.

[373] Bsp. bei Großkomm AktG/*Otto* Rn. 54; Kölner Komm AktG/*Geilen*, 1. Aufl. 1984, Rn. 69; MüKoAktG/*Schaal* Rn. 50; Hölters/*Müller-Michaels* Rn. 42.

[374] Großkomm AktG/*Otto* Rn. 54; vgl. allg. auch BGHSt 2, 194 = NJW 1952, 593: Anspannung des Gewissens; BGHSt 4, 1 (5) = NJW 1953, 431 (432); BayObLGSt NJW 1989, 1745 f.; OLG Köln NJW 1996, 472 (473); *Fischer* StGB § 17 Rn. 7 ff.

[375] Dem Tatbestandsirrtum zuordnend Großkomm AktG/*Otto* Rn. 53 mwN, auch für engere Auffassungen.

[376] *Trescher* DB 1998, 1016.

[377] Kölner Komm AktG/*Geilen*, 1. Aufl. 1984, Rn. 71; Kölner Komm AktG/*Altenhain* Rn. 49.

b) § 400 Abs. 1 Nr. 2, Abs. 2. Die Tat ist mit **Zugang** der für die Prüfung bestimmten Aufklärungen oder Nachweise beim Prüfer oder einer für ihn tätigen Person vollendet.[378] Soll die Kenntnisnahme durch den Prüfer an einem bestimmten Ort erfolgen, genügt es, wenn der Täter das Material in einer Weise zusammenstellt und präsentiert, die als Überlassung an den Prüfer anzusehen ist.[379] Unerheblich ist, ob der Prüfer die Erklärung tatsächlich inhaltlich aufnimmt. Ein Erfolg, etwa die Irreführung des Prüfers, braucht nicht einzutreten.[380]

2. Beendigung. Der Zeitpunkt der Beendigung ist vor allem für die Möglichkeit von (sukzessiver) Mittäterschaft und Teilnahme (vor allem Beihilfe) beachtlich, sofern man diese bedenkliche Ausweitung der Teilnahme anerkennt, ferner für den **Verjährungsbeginn** (§ 78a StGB). Die schlichten Tätigkeitsdelikte des § 400 sind mit dem Abschluss der Ausführungshandlung zugleich vollendet (→ Rn. 128 f.) und **beendet**.[381] Einer Berücksichtigung der Angaben bei der Prüfung bedarf es aufgrund der Tatbestandsstruktur für eine Beendigung nicht.[382] Dies würde zu einer nicht mehr angemessen erscheinenden Unverjährbarkeit führen, wenn die Äußerung nicht für einen geschlossenen Adressatenkreis bestimmt war. So kann etwa von einem Druckwerk (zB einem Zeitungsbericht) auch Jahre später noch Kenntnis genommen werden. Einen zum Tatbestand gehörenden Erfolg iSd § 78a S. 2 StGB gibt es also nicht.

3. Tätige Reue. Nach teilweise vertretener Ansicht ist dem Täter aufgrund des frühen Vollendungszeitpunktes die Möglichkeit eines strafaufhebenden Rücktrittes in Anlehnung an die Regeln der **tätigen Reue** (§§ 158, 314a StGB bzw. § 261 Abs. 9 Nr. 1 StGB) bzw. des persönlichen Strafaufhebungsgrundes gem. § 371 Abs. 1 AO zu ermöglichen, wenn der Täter seine Erklärung freiwillig richtigstellt. Sie soll so lange bestehen, wie ein über den bloßen Empfang der Erklärung hinausgehender Erfolg noch nicht bewirkt wurde. Hierzu muss es ihm möglich sein, noch auf die ursprünglichen Adressaten der falschen Erklärung kommunikativ einzuwirken.[383] Selbst wenn man dieser Ansicht folgen würde, um Ungleichbehandlungen mit den §§ 264, 264a und 265b StGB zu verhindern, wäre Voraussetzung allerdings, dass die Korrektur der Falschangaben noch verlässlich möglich ist, bevor sich die schon durch die fehlerhafte Äußerung geschaffene abstrakte Gefahr weiter konkretisiert oder gar realisiert hat. Im Gegensatz zu § 399, bei dem mit dem Registergericht in zahlreichen Tatvarianten ein jederzeit erreichbarer, individuell bestimmter Erklärungsadressat vorhanden ist, erfasst § 400 vor allem Fälle, in denen sich Erklärungen an einen unbestimmten Personenkreis richten. Hier wird es in der Praxis für den Täter kaum möglich sein, alle Empfänger seiner originären Äußerung nochmals zu erreichen. Erst recht nicht dürfte sichergestellt sein, dass die Information noch nicht an Dritte weitergegeben wurde. Auch diese praktischen Probleme zeigen: Bei Delikten mit kollektiven Vertrauensrechtsgütern (auch solchen mit zusätzlichen individuellen Komponenten wie dem Vermögen) ist für die Vorschrift der tätigen Reue jedenfalls dann kein Raum, wenn der fälschliche Vertrauensgegenstand kommuniziert und damit nicht mehr beherrschbar ist (→ § 399 Rn. 278). Der Grundgedanke des Rücktritts bzw. der tätigen Reue ist dann nicht mehr zu erreichen.

VIII. Konkurrenzen

Aufgrund gesetzlicher Anordnung (**„formelle Subsidiarität"**) tritt § 400 Abs. 1 Nr. 1 hinter § 331 Nr. 1 oder Nr. 1a HGB zurück, soweit dieser zur Anwendung kommt.[384] Die Strafvorschrift des HGB gilt für sämtliche Kapitalgesellschaften. Sie erfasst die Eröffnungsbilanz, den Jahresabschluss, den Lagebericht sowie Zwischenabschlüsse. Die Tatbestandsformulierung „Darstellungen und Über-

---

[378] MüKoAktG/*Schaal* Rn. 90; MüKoStGB/*Kiethe* Rn. 86; Großkomm AktG/*Otto* Rn. 78; Park/*Südbeck/Eidam* Teil 3 Kap. 8.2 § 400 Abs. 1 Nr. 2 Alt. 1, Abs. 2 Rn. 34; Achenbach/Ransiek/Rönnau/*Ransiek* 8. Teil 1. Kap. Rn. 92; Hölters/*Müller-Michaels* Rn. 47.
[379] Kölner Komm AktG/*Geilen*, 1. Aufl. 1984, Rn. 109.
[380] GHEK/*Fuhrmann* Rn. 42; Kölner Komm AktG/*Geilen*, 1. Aufl. 1984, Rn. 109; Großkomm AktG/*Otto* Rn. 78; Park/*Südbeck/Eidam* Teil 3 Kap. 8.2 § 400 Abs. 1 Nr. 2 Alt. 1, Abs. 2 Rn. 34.
[381] Wie hier Kölner Komm AktG/*Altenhain* Rn. 50; Kölner Komm AktG/*Geilen*, 1. Aufl. 1984, Rn. 2; Park/*Südbeck/Eidam* Teil 3 Kap. 8.2 § 400 Abs. 1 Nr. 2 Alt. 1, Abs. 2 Rn. 39; vgl. aber Achenbach/Ransiek/Rönnau/*Ransiek* 8. Teil 1. Kap. Rn. 92; MüKoStGB/*Kiethe* Rn. 88.
[382] AA MüKoStGB/*Kiethe* Rn. 88; Achenbach/Ransiek/Rönnau/*Ransiek* 8. Teil 1. Kap. Rn. 108.
[383] Vgl. insges. *Klussmann*, Geschäftslagetäuschungen nach § 400 AktG, 1975, 69; Kölner Komm AktG/*Geilen*, 1. Aufl. 1984, Rn. 74; Kölner Komm AktG/*Altenhain* Rn. 52 iVm § 399 Rn. 111; Großkomm AktG/*Otto* Rn. 58; Achenbach/Ransiek/Rönnau/*Ransiek* 8. Teil 1. Kap. Rn. 64; *Schüppen*, Systematik und Auslegung des Bilanzstrafrechts, 1993, 177 (zu § 331 HGB): wenn Information noch keinem unüberschaubaren Personenkreis zugänglich gemacht; aA MüKoStGB/*Kiethe* Rn. 92: tätige Reue nicht möglich.
[384] Eine ausschließliche Lösung auf Tatbestandsebene sieht hierin Kölner Komm AktG/*Altenhain* Rn. 79 iVm 37.

sichten" des § 400 Abs. 1 Nr. 1 ist demgegenüber weiter, integriert jede Bilanz und auch mündliche Äußerungen.[385] In gleicher Weise geht § 331 Nr. 4 HGB dem § 400 Abs. 1 Nr. 2 vor. Die Abschlussprüfung ist jedoch nunmehr komplett im HGB geregelt (§§ 316 ff.). Das AktG enthält dementsprechend auch kein Auskunftsrecht der Abschlussprüfer mehr, das zur Tatbestandsmäßigkeit gem. § 400 Abs. 1 Nr. 2 führen könnte (→ Rn. 110). Der Subsidiaritätsklausel hätte es hier insoweit nicht bedurft.[386] Anders ist dies freilich im Hinblick auf die Abhängigkeitsprüfung (→ Rn. 111). Frage des Einzelfalles wird jeweils sein, ob die Tat von § 331 HGB voll erfasst ist oder § 400 Abs. 1 eigenständige Bedeutung hat. Sie kann insbes. auch daraus folgen, dass eine Angabe mehreren Adressaten zugänglich wird. Mit wie vielen Handlungen des Täters dies geschieht, wird dann darüber entscheiden, ob Tateinheit (§ 52 StGB) oder Tatmehrheit (§ 53 StGB) vorliegt.[387]

133 **Innerhalb des § 400** verdrängen die spezielleren Regelungen die allgemeineren. Abs. 1 Nr. 1 enthält den weitesten Tatbestand. Er wird von Nr. 2 verdrängt.[388] Tatmehrheit wird in der Regel zwischen Abs. 1 Nr. 2 und Abs. 2 bestehen. Diese Tatbestände haben unterschiedliche Tätergruppen als jeweilige Zielgruppe. Um verschiedene Handlungen wird es auch in dem Fall gehen, in dem ein Gründer später Organmitglied wird.[389] Die mehrfache Verwendung ein und desselben Tatgegenstandes (zB einer Übersicht) gegenüber mehreren Personen stellt eine einheitliche Tat dar.[390] Eine einheitliche Tat liegt auch vor, wenn ursprünglich unrichtige Angaben später ergänzt werden, aber immer noch eine insgesamt unrichtige Erklärung vorliegt.[391]

134 Tateinheit ist möglich mit Betrug (**§ 263 StGB**), Kapitalanlagebetrug (**§ 264a StGB**),[392] Kreditbetrug (**§ 265b StGB**), Untreue (**§ 266 StGB**), Urkundenfälschung (**§ 267 StGB**) und strafbarer Werbung (**§ 16 UWG**).[393] Nach empirisch abgesicherter Beobachtung sind Informationspflichtverletzungen bei krisenbehafteten Unternehmen besonders häufig („Last Period-Phänomen"), falsche Angaben über die Gesellschaftsverhältnisse werden quasi als Mittel der Insolvenzverschleppung eingesetzt.[394] Mit **§ 15a Abs. 4, 5 InsO** kann danach Tatmehrheit bestehen.

IX. Strafverfolgung und Rechtsfolgen

135 Zum Charakter des § 400 als Offizialdelikt, zur Zuständigkeit der Wirtschaftsstrafkammer, zum (zu § 399 identischen) Strafrahmen, zu den weiteren Rechtsfolgen der Tat und zur Tenorierung vgl. → § 399 Rn. 283 ff.

136 Verletzt und damit zu einem **Klageerzwingungsverfahren** legitimiert (§ 172 Abs. 1 StPO) sind die in den Schutzbereich des § 400 einbezogenen Personen (→ Rn. 2). Sie können in ihren Informationsrechten oder Vermögensinteressen betroffen sein. Die Verletzteneigenschaft wird dadurch nicht tangiert, dass der Aktionär (zufällig) trotz falscher Auskunft im Besitz der korrekten Information ist.[395] Denn er hat ein Recht darauf, die korrekten Auskünfte auf gesetzlich vorgesehenem Wege zu erhalten, um darauf wieder im Einklang mit dem AktG reagieren zu können.[396] Sind die Fehlinformationen „bei abstrakter Betrachtungsweise aus der Sicht eines verständigen Aktionärs für seine Vermögensdispositionen irrelevant", so kann die Verletzteneigenschaft nicht auf Risiken für das Vermögen gestützt werden,[397] wohl aber uU wieder auf einen Verstoß gegen die Informationspflichten. Nicht ausreichend zur Begründung der Verletzteneigenschaft ist indes ein der mutmaßlich strafbaren Handlung zeitlich nachfolgender Aktienerwerb.[398]

---

[385] Für eine Verdrängung des § 400 Abs. 1 Nr. 1 durch § 331 Abs. 1 Nr. 2 MüKoAktG/*Schaal* Rn. 20. Offenlassend OLG Düsseldorf AG 2011, 706 ff.
[386] Wie hier GHEK/*Fuhrmann* Rn. 33; MüKoAktG/*Schaal* Rn. 59.
[387] Vgl. auch MüKoAktG/*Schaal* Rn. 104; Großkomm AktG/*Otto* Rn. 94.
[388] MüKoAktG/*Schaal* Rn. 104; Großkomm AktG/*Otto* Rn. 93; GJW/*Temming* Rn. 24; Kölner Komm AktG/*Altenhain* Rn. 78; NK-WSS/*Krause*/*Twele* Rn. 15.
[389] GHEK/*Fuhrmann* Rn. 45; MüKoAktG/*Schaal* Rn. 105; Großkomm AktG/*Otto* Rn. 93; Park/*Südbeck*/*Eidam* Teil 3 Kap. 8.2 § 400 Abs. 1 Nr. 2 Alt. 1, Abs. 2 Rn. 21.
[390] MüKoAktG/*Schaal* Rn. 102; Kölner Komm AktG/*Altenhain* Rn. 78.
[391] BGH wistra 1996, 348; MüKoAktG/*Schaal* Rn. 102; MüKoStGB/*Kiethe* Rn. 93; Großkomm AktG/*Otto* Rn. 93; Hölters/*Müller-Michaels* Rn. 52.
[392] Hierzu *Schröder*, Aktienhandel und Strafrecht, 1994, 49.
[393] Vgl. näher MüKoAktG/*Schaal* Rn. 103; Erbs/Kohlhaas/*Schaal* Rn. 78; Großkomm AktG/*Otto* Rn. 95; MüKoStGB/*Kiethe* Rn. 94; Kölner Komm AktG/*Altenhain* Rn. 80.
[394] *Casper* BKR 2005, 83 (87 f.).
[395] Anders OLG Braunschweig wistra 1993, 31 (33); LR-StPO/*Graalmann-Scheerer* § 172 Rn. 100; Kölner Komm AktG/*Altenhain* Rn. 81.
[396] *Zielinski* wistra 1993, 6 (8) mwN.
[397] Vgl. OLG Frankfurt a. M. NStZ-RR 2002, 275 (276).
[398] OLG Frankfurt a. M. NZG 2010, 786 (789).

§ 401 Pflichtverletzung bei Verlust, Überschuldung oder Zahlungsunfähigkeit[1]

(1) Mit Freiheitsstrafe bis zu drei Jahren oder mit Geldstrafe wird bestraft, wer es als Mitglied des Vorstands entgegen § 92 Abs. 1 unterläßt, bei einem Verlust in Höhe der Hälfte des Grundkapitals die Hauptversammlung einzuberufen und ihr dies anzuzeigen.

(2) Handelt der Täter fahrlässig, so ist die Strafe Freiheitsstrafe bis zu einem Jahr oder Geldstrafe.

Schrifttum: *Bittmann,* Strafrechtliche Folgen des MoMiG, NStZ 2009, 113; *Brand/Reschke,* Insolvenzverschleppung – künftig auch im eingetragenen Verein strafbar?, NJW 2009, 2343; *Brettner,* Die Strafbarkeit wegen Insolvenzverschleppung gemäß § 15a InsO, 2013; *Eidenmüller,* Geschäftsleiter- und Gesellschafterhaftung bei europäischen Auslandsgesellschaften mit tatsächlichem Inlandssitz, NJW 2005, 1618; *Göcke,* Die Absage einer zur Anzeige eines Verlusts der Hälfte des Grundkapitals einberufenen Hauptversammlung, AG 2014, 119; *Hefendehl,* Der Straftatbestand der Insolvenzverschleppung und die unstete Wirtschaft: Ausländische Gesellschaftsformen – faktische Organe – Führungslosigkeit, ZIP 2011, 601; *Horn,* Deutsches und europäisches Gesellschaftsrecht und die EuGH-Rechtsprechung zur Niederlassungsfreiheit – Inspire Art, NJW 2004, 893; *Ihrig/Schäfer,* Rechte und Pflichten des Vorstands, 1. Aufl. 2014; *Joerden,* Anm. zum Urteil des BGH v. 10.5.2000 – 3 StR 101/00, JZ 2001, 310; *Kiethe,* Die Unangemessenheit des Honorars – Haftungs'falle' für Unternehmensberater und -sanierer?, BB 2005, 1801; *Kühnberger,* Verlustanzeigebilanz – zu Recht kaum beachteter Schutz für Eigentümer, DB 2000, 2077; *Lang/Eichhorn,* Regelbeispiel für besonders schweren Fall des Betrugs bzw. der Untreue – Vermögensverlust großen Ausmaßes, NStZ 2004, 528; *Lindemann,* Die strafrechtliche Verantwortlichkeit des „faktischen Geschäftsführers", Jura 2005, 305; *Martens,* Die Anzeigepflicht des Verlustes des Garantiekapitals nach dem AktG und dem GmbHG, ZGR 1972, 254; *Müller,* Der Verlust der Hälfte des Grund- oder Stammkapitals, ZGR 1985, 191; *Pfeiffer,* Unterlassen der Verlustanzeige und des Konkurs- und Vergleichsantrags nach § 84 GmbHG, FS Rowedder, 1994, 347; *Plagemann,* Beseitigung des Verlusts gem. § 92 I AktG vor Durchführung der Hauptversammlung, NZG 2014, 207; *Schlösser,* Europäische Aktiengesellschaft und deutsches Strafrecht, NZG 2008, 126; *Weyand,* Strafrechtliche Aspekte des MoMiG im Zusammenhang mit juristischen Personen, ZInsO 2008, 702.

Übersicht

	Rn.		Rn.
I. Normzweck und Deliktsstruktur	1–6	IV. Subjektiver Tatbestand	27
1. Normzweck	1, 2	V. Fahrlässigkeit nach § 401 Abs. 2	28
2. Geschütztes Rechtsgut	3	VI. Täterschaft und Teilnahme, Vollendung und Beendigung, Rechtfertigungsgründe, Irrtum, Konkurrenzen, Strafverfolgung und Rechtsfolgen	29–39
3. Haftungsmäßige Bedeutung	4		
4. Deliktsstruktur und Anwendungsbereich	5, 6		
II. Entstehung und Entwicklung	7–13		
III. Objektiver Tatbestand	14–26	1. Täterschaft und Teilnahme	29
1. Täterkreis	14–20	2. Versuch, Vollendung und Beendigung	30–32
a) Vorstandsmitglied	14–16	3. Rechtfertigungsgründe	33, 34
b) Ausscheiden	17–20	4. Irrtum	35, 36
2. Tatsituation	21, 22	5. Konkurrenzen	37
3. Handlungspflicht	23–25	6. Strafverfolgung und Rechtsfolgen	38, 39
4. Frist	26		

I. Normzweck und Deliktsstruktur

1. Normzweck. Die AG haftet als eigene Rechtspersönlichkeit nur mit ihrem Gesellschaftsvermögen. Erleidet die Gesellschaft starke Verluste, schmälert dies die Haftungsmasse für die Gesellschaftsgläubiger. § 92 Abs. 1 bürdet dem Vorstand daher die Pflicht auf, einen Verlust in Höhe der Hälfte des Grundkapitals der Hauptversammlung anzuzeigen, um der AG Reaktionsmöglichkeiten zu eröffnen. Auf diese Weise wird das Gläubigerrisiko (teilweise) kompensiert.[2] § 401 soll mit seiner Strafdrohung die Einhaltung dieser für das Aktienrecht wichtigen Schutzvorschrift sicherstellen. **1**

---

[1] Durch das MoMiG ist die Variante des Insolvenzverschleppungstatbestands in § 15a Abs. 4 InsO aufgegangen. Konsistenterweise wäre daher die amtliche Überschrift des § 401 entsprechend der Neufassung des § 84 GmbHG zu ändern gewesen in: „Verletzung der Verlustanzeigepflicht".

[2] Ebenso bereits Großkomm AktG/*Klug,* 3. Aufl. 1975, Anm. 2; *Richter* in Müller-Gugenberger/Bieneck WirtschaftsStrafR-HdB § 75 Rn. 1; MüKoAktG/*Schaal* Rn. 3; MüKoStGB/*Kiethe* Rn. 1; Großkomm AktG/*Otto* Rn. 4; für die GmbH *Pfeiffer* FS Rowedder, 1994, 347 (349).

Gerät die Gesellschaft später immer stärker in die Krise, kann zu § 401 eine Insolvenzstraftat (§§ 283–283d StGB, § 15a Abs. 4 InsO) hinzutreten.[3]

2 Die **Verlustanzeigepflicht** als Frühsignal einer Unternehmenskrise hat bislang allerdings keine nennenswerte Rolle gespielt.[4] Spezifische Daten für § 401 liegen nicht vor.[5]

3 **2. Geschütztes Rechtsgut.** Das geschützte Rechtsgut hat nicht nur Auslegungsrelevanz, sondern definiert auch die in den Schutzbereich der Norm Einbezogenen. Die ernsthafte Krisensituation des § 401 ist zwar noch nicht existenzbedrohlich, erfordert aber unverzügliche Sanierungsmaßnahmen der AG, um den Zustand einer materiellen Insolvenzreife zu vermeiden und das **Vermögen** als geschütztes Rechtsgut zu bewahren. Die Rechtsgutsträger dieses Rechtsguts sind konsequenterweise die Gesellschaft sowie deren Aktionäre.[6] Mangels externer Auswirkungen der Krisensituation zu diesem Zeitpunkt gehören die Gesellschaftsgläubiger (noch) nicht dazu.[7]

4 **3. Haftungsmäßige Bedeutung.** § 401 ist Schutzgesetz zugunsten der **Gesellschaft**. Ihr steht ein Schadensersatz zu, sofern ihr wegen der verzögerten Einberufung der Hauptverhandlung kausal und objektiv zurechenbar ein Schaden erwachsen ist.[8] Ob § 401 auch für die **Aktionäre** ein Schutzgesetz darstellt, wird unterschiedlich beurteilt. So wird teilweise die Einberufungs- und Anzeigepflicht „lediglich" in dem Sinne interpretiert, dass hierdurch Information und Handlungsfähigkeit der Hauptversammlung hergestellt würden, ein Individualschutz für die Aktionäre hingegen nicht intendiert sei.[9] Unterlässt es der Vorstand allerdings, die Aktionäre rechtzeitig zu unterrichten, so wird in einer für die Gesellschaft und damit auch für die Aktionäre wichtigen Situation einer krisenhaften Zuspitzung ein zentrales materielles Mitwirkungsrecht unmöglich gemacht.[10] Daher lässt sich auch für die Aktionäre die Schutzgesetzeigenschaft begründen.[11] Damit ist auch eine Parallelität zwischen Rechtsgutsträgern und Schutzgesetz hergestellt.

5 **4. Deliktsstruktur und Anwendungsbereich.** Auch für § 401 wird zwar die Technik der Blankettverweisung auf § 92 Abs. 1 AktG betont,[12] sie ist jedoch nicht überzubewerten. In der aktienrechtlichen Bezugsnorm befinden sich nur wenige nicht ausdrücklich in § 401 enthaltene Voraussetzungen: So wird bestimmt, bei welcher Gelegenheit sich der Verlust ergeben kann (vgl. im Einzelnen → Rn. 22). § 401 ist ein sog. echtes **Unterlassungsdelikt**[13] in der Form des **abstrakten Gefähr-**

---

[3] Heybrock/*Neurath* GmbHG § 84 Rn. 1.
[4] Ebenso bereits → § 92 Rn. 3; *Kühnberger* DB 2000, 2077; *Ihrig/Schäfer*, Rechte und Pflichten des Vorstands, 2014, Rn. 1433; siehe auch ERST/*Brand* GmbHG § 84, AktG § 401 Rn. 2.
[5] Polizeiliche Kriminalstatistik 2017, Grundtabelle „Wirtschaftskriminalität".
[6] Vgl. auch → § 92 Rn. 16 f.; K. Schmidt/Lutter/*Oetker* Rn. 2; *Martens* ZGR 1972, 254 (269 ff., 282); NK-AktR/*Bernsmann* Rn. 1; Erbs/Kohlhaas/*Schaal* Rn. 3; Kölner Komm AktG/*Geilen*, 1. Aufl. 1984, Rn. 3; MüKo-AktG/*Schaal* Rn. 6; MüKoStGB/*Kiethe* Rn. 3; Großkomm AktG/*Otto* Rn. 3; Hölters/*Müller-Michaels* Rn. 2; NK-WSS/*Krause/Tewele* Rn. 1; MHLS/*Dannecker* GmbHG § 84 Rn. 4; einschränkend (nur das Vermögen der Aktionäre werde geschützt) Kölner Komm AktG/*Altenhain* Rn. 2; ERST/*Brand* GmbHG § 84, AktG § 401 Rn. 5; tendenziell auch GJW/*Temming* Rn. 3 (Regelung schütze „vorrangig" die Anteilseigner).
[7] So auch MüKoStGB/*Kiethe* Rn. 3; Kölner Komm AktG/*Geilen*, 1. Aufl. 1984, Rn. 3; MüKoAktG/*Schaal* Rn. 5 f.; Großkomm AktG/*Otto* Rn. 3; Kölner Komm AktG/*Altenhain* Rn. 2; vgl. auch GJW/*Temming* Rn. 3; Scholz/Tiedemann/*Rönnau* GmbHG § 84 Rn. 6; MHLS/*Dannecker* GmbHG § 84 Rn. 5; aA *Lang/Eichhorn* NStZ 2004, 528 (530).
[8] Abl. Kölner Komm AktG/*Altenhain* Rn. 2.
[9] Hüffer/Koch/*Koch*, 13. Aufl. 2018, § 92 Rn. 7.
[10] Ebenso bereits → § 92 Rn. 17; MüKoAktG/*Spindler* § 92 Rn. 20; krit. zu den Mitwirkungsmöglichkeiten der Aktionäre *Martens* ZGR 1972, 270 ff.
[11] In diesem Sinne auch → § 92 Rn. 17; *Martens* ZGR 1972, 254 (269 ff., 282); Großkomm AktG/*Klug*, 3. Aufl. 1975, Anm. 2; Kölner Komm AktG/*Geilen*, 1. Aufl. 1984, Rn. 3, 5; MüKoAktG/*Spindler* § 92 Rn. 20; MüKoAktG/*Schaal* Rn. 7; MüKoStGB/*Kiethe* Rn. 6; Großkomm AktG/*Otto* Rn. 5; NK-WSS/*Krause/Tewele* Rn. 1; die Schutzgesetzeigenschaft ausschließlich zugunsten der Aktionäre bejahend GJW/*Temming* Rn. 3; Kölner Komm AktG/*Altenhain* Rn. 2; aA Hüffer/Koch/*Koch*, 13. Aufl. 2018, § 92 Rn. 26.
[12] Erbs/Kohlhaas/*Schaal* Rn. 4; Großkomm AktG/*Klug*, 3. Aufl. 1975, Anm. 4; Kölner Komm AktG/*Altenhain* Rn. 4; Kölner Komm AktG/*Geilen*, 1. Aufl. 1984, Rn. 4; MüKoAktG/*Schaal* Rn. 9; MüKoStGB/*Kiethe* Rn. 7; Großkomm AktG/*Otto* Rn. 8; Hölters/*Müller-Michaels* Rn. 4; GJW/*Temming* Rn. 2; ERST/*Brand* GmbHG § 84, AktG § 401 Rn. 4.
[13] Erbs/Kohlhaas/*Schaal* Rn. 4; K. Schmidt/Lutter/*Oetker* Rn. 3; Großkomm AktG/*Klug*, 3. Aufl. 1975, Anm. 1; Kölner Komm AktG/*Altenhain* Rn. 4; Kölner Komm AktG/*Geilen*, 1. Aufl. 1984, Rn. 7; MüKoAktG/*Schaal* Rn. 8; MüKoStGB/*Kiethe* Rn. 7; Großkomm AktG/*Otto* Rn. 7; vgl. zu § 84 GmbHG *Pfeiffer* FS Rowedder, 1994, 347 (349 f.); Scholz/Tiedemann/*Rönnau* GmbHG § 84 Rn. 7; Hölters/*Müller-Michaels* Rn. 4; ERST/*Brand* GmbHG § 84, AktG § 401 Rn. 6.

dungsdelikts.[14] Es bedarf also weder des Eintritts eines Vermögensschadens noch einer konkreten Gefahr dahingehend.

§ 401 ist auf die inländische AG anwendbar,[15] wozu aufgrund des Verweises in § 53 Abs. 2 SE-Ausführungsgesetz auch die **Europäische Aktiengesellschaft** zählt.[16] Der Tatbestand des § 401 betrifft das Mindesthaftungskapital als Basis der Rechtspersönlichkeit der Gesellschaft, weshalb eine Anwendung auf Sonderpflichtige **ausländischer Gesellschaften** schon aus unionsrechtlichen Gründen nicht in Betracht kommt (→ § 399 Rn. 43.). Davon abgesehen wäre die rechtzeitige Verlustanzeige, die § 401 erzwingen will, bei einem Sitz im Ausland auch dort vorzunehmen. Aufgrund des Analogieverbots nicht umfasst ist die **Vor-AG**, die mit der Errichtung der Gesellschaft begründet wird und bis zur Vollentstehung fortbesteht.[17] 6

II. Entstehung und Entwicklung

Die heutige Fassung des § 401 beruht im Wesentlichen auf dem EGStGB von 1974.[18] Durch das Gesetz zur Modernisierung des GmbH-Rechts und zur Bekämpfung von Missbräuchen (MoMiG)[19] ist der in § 401 Abs. 1 Nr. 2, Abs. 2 aF enthaltene Tatbestand der Insolvenzverschleppung in der Vorschrift des **§ 15a Abs. 4, 5 InsO** aufgegangen.[20] Durch das ESUG (BGBl. 2011 I 2582) ist aus dem Begriff des Insolvenzantrags nun der Eröffnungsantrag geworden. Nach bisher geltendem Recht war die Insolvenzantragspflicht rechtsformabhängig in den Gesellschaftsgesetzen (vgl. § 92 Abs. 2 aF) gesondert geregelt. Auch die Strafnormen fanden sich in gleicher Weise verstreut. Diese Zersplitterung war historisch bedingt.[21] 7

Neben der rechtsformneutralen Zusammenfassung der Strafnormen hat der Anwendungsbereich des Insolvenzverschleppungstatbestands durch das MoMiG auch eine Erweiterung erfahren. Die Vorschrift des § 15a Abs. 4 InsO soll nun, anders als § 401 Abs. 1 nF (→ Rn. 6), auch **ausländische Gesellschaften** erfassen, sofern der Mittelpunkt ihrer wirtschaftlichen Interessen in Deutschland liegt (vgl. Art. 3 EuInsVO: centre of main interests).[22] § 401 Abs. 1 Nr. 2 aF erfasste (Schein-)Auslandsgesellschaften aufgrund des Analogieverbotes hingegen nicht.[23] 8

Die verbreitete Befürchtung, Insolvenzen gingen häufig mit Insolvenzstraftaten einher,[24] beansprucht Geltung für inländische wie ausländische Gesellschaften. Der Niederlassungsfreiheit entnahm der EuGH, dass innerhalb der EU gegründete Gesellschaften EU-weit Anerkennung zu finden hätten.[25] In der Folge stieg die Anzahl europäischer Auslandsgesellschaften und damit auch die Zahl insolventer Auslandsgesellschaften.[26] Mit Einführung der Unternehmergesellschaft ist diese Entwicklung, jedenfalls in Hinblick auf die englische Limited, jedoch wieder rückläufig.[27] Je nach „Konjunktur" einer bestimmten Gesellschaftsform wird es hier immer wieder Schwankungen geben. Mit der rechtsformunabhängigen Fassung der Insolvenzantragspflicht allein ist die Anwendbarkeit des § 15a InsO auf Auslandsgesellschaften indes nicht abschließend geklärt. Maßgeblich ist insofern, ob § 15a InsO dem Gesellschaftsrecht zuzuordnen ist und damit nach Rechtsprechung des EuGH grundsätzlich das Gesellschaftsrecht des Gründungslandes zur Anwendung kommt oder ob insofern eine insolvenzrechtliche Norm vorliegt, so dass nach Art. 3 EuInsVO 2017 und Art. 4 EuInsVO 9

---

[14] GHEK/*Fuhrmann* Rn. 4; Kölner Komm AktG/*Altenhain* Rn. 4; Kölner Komm AktG/*Geilen*, 1. Aufl. 1984, Rn. 9; MüKoAktG/*Schaal* Rn. 10; MüKoStGB/*Kiethe* Rn. 7; K. Schmidt/Lutter/*Oetker* Rn. 3; Großkomm AktG/*Otto* Rn. 6; NK-WSS/*Krause/Twele* Rn. 1; *Pelz* in Wabnitz/Janovsky WirtschaftsStrafR/SteuerStrafR-HdB 9. Kap. Rn. 17; vgl. zu § 84 GmbHG *Pfeiffer* FS Rowedder, 1994, 347 (349); Lutter/Hommelhoff/*Kleindiek* GmbHG § 84 Rn. 1; Scholz/Tiedemann/*Rönnau* GmbHG § 84 Rn. 9; MHLS/*Dannecker* GmbHG § 84 Rn. 7 f.; Hölters/*Müller-Michaels* Rn. 4.
[15] *Horn* NJW 2004, 893 (899); MüKoStGB/*Kiethe* Rn. 4.
[16] Vgl. → § 399 Rn. 48; MüKoStGB/*Kiethe* Rn. 4; *Schlösser* NZG 2008, 126 (127 f.).
[17] MüKoStGB/*Kiethe* Rn. 5; ERST/*Brand* GmbHG § 84, AktG § 401 Rn. 3.
[18] MüKoStGB/*Kiethe* Rn. 9; MüKoAktG/*Schaal* Rn. 1; Kölner Komm AktG/*Altenhain* Rn. 1.
[19] Gesetz zur Modernisierung des GmbH-Rechts und zur Bekämpfung von Missbräuchen v. 23.10.2008, BGBl. 2008 I 2026.
[20] Vgl. zu § 401 Abs. 1 Nr. 2 aF 1. Aufl. 2007, insbes. Rn. 26 ff.
[21] RegE MoMiG BT-Drs. 16/6140, 126.
[22] Vgl. Begr RegE BT-Drs. 16/6140, 55; auf die „Umgehbarkeit" durch Verlegung des Verwaltungssitzes ins Ausland weist Uhlenbruck/*Hirte* InsO § 15a Rn. 4 hin; zur Verlegung auch *Brettner*, Die Strafbarkeit wegen Insolvenzverschleppung gemäß § 15a InsO, 2013, 63 ff.
[23] *Bittmann* NStZ 2009, 113 (114).
[24] K. Schmidt/Uhlenbruck/*Uhlenbruck* Rn. 11.81 mwN.
[25] EuGH NJW 1999, 2027 ff. – Centros; NJW 2002, 3614 ff. – Überseering; NJW 2003, 3331 ff. – Inspire Art.
[26] *Eidenmüller* NJW 2005, 1618.
[27] *Hefendehl* ZIP 2011, 601 (602).

2017 der reale Hauptsitz entscheidend wäre.[28] Aufgrund der unmittelbaren Verknüpfung mit insolvenzrechtlichen Fragestellungen und Schutzzwecken liegt es näher, die nunmehr gesellschaftsübergreifende Regelung dem Insolvenzstatut zuzurechnen.[29]

10 Das MoMiG brachte in insolvenzstrafrechtlicher Hinsicht technische wie inhaltliche Änderungen mit sich. So erleichtern die Konzentration der (zivilrechtlichen) Insolvenzantragspflicht sowie des (strafrechtlichen) Insolvenzverschleppungstatbestands und die rechtsformübergreifende Zusammenfassung dieser Vorschriften die Rechtsanwendung.[30] Die rechtsformneutrale Fassung des § 15a InsO schafft hingegen auch Probleme. So war beispielsweise zunächst fraglich, ob die für den eingetragenen Idealverein in § 42 Abs. 2 S. 1 BGB statuierte Insolvenzantragspflicht gem. § 15a Abs. 4 InsO strafbewehrt ist.[31] Indes bezieht sich § 15a Abs. 4 InsO nur auf die Antragspflichten nach Abs. 1 und 2, so dass viel dafür spricht, außerhalb geregelte Antragspflichten nur bei ausdrücklichem Verweis auf die Strafnorm als strafbewehrt anzusehen (so zB § 36 Abs. 1 SCE-AusfG).[32] In diesem Sinne hat der Gesetzgeber im Zuge des RestSchBefrVerfG[33] mittlerweile ausdrücklich klargestellt, dass § 15a InsO nicht auf von § 42 Abs. 2 BGB erfasste Vereine und Stiftungen anzuwenden ist (§ 15a Abs. 6 InsO). Zudem bestehen bezüglich des Merkmals der Insolvenzreife Bedenken hinsichtlich des **Bestimmtheitsgrundsatzes**.[34]

11 Antragspflichtig sind nach § 15a Abs. 3 InsO im Falle der **Führungslosigkeit** (vgl. § 10 Abs. 2 S. 2 InsO) ebenfalls Mitglieder des Aufsichtsrates. Voraussetzung ist allerdings, dass die Gesellschaft vorstandslos ist (§ 78 Abs. 1 S. 2 AktG) und der Aufsichtsrat positive Kenntnis von der Insolvenzreife und der Führungslosigkeit hat.

12 Die Bedeutung des § 15a Abs. 4 InsO für den Aufsichtsrat ist gering. Dies liegt zum einen an den engen Voraussetzungen des § 15a Abs. 3 InsO, zum anderen am schwierigen Nachweis der positiven Kenntnis. Die Beweislastumkehr des § 15a Abs. 3 InsO findet im Strafrecht keine Anwendung.[35] Bei der neu eingefügten Variante eines nicht richtig gestellten Insolvenzantrags schließlich wird im Einzelfall zu klären sein, ob der jeweilige Verstoß das durch den Insolvenzverschleppungstatbestand geschützte Rechtsgut des Gläubigervermögens[36] tatsächlich tangiert. Rechtsgutsirrelevante Verhaltensweisen sind vom Strafrecht als ultima ratio nicht erfasst und scheiden aus.

13 Nach § 401 Abs. 1 Nr. 2 aF war die Strafbarkeit des Vorstands davon abhängig, ob die Eröffnung des Insolvenzverfahrens rechtzeitig beantragt wurde oder nicht. Die Einhaltung insolvenzrechtlicher Formalien[37] war für die strafrechtliche Beurteilung ohne Belang.[38] Nach § 15a Abs. 4 InsO macht sich nunmehr auch strafbar, wer einen Insolvenzantrag „**nicht richtig**" stellt. Problematisch ist indes, wann „Unrichtigkeit" vorliegt. Eine solche ist nicht bereits dann zu bejahen, wenn allein gegen gesetzliche Formvorschriften verstoßen wurde oder der Antrag (bewusst) unvollständig bleibt. Vielmehr muss hinzukommen, dass dem Gericht die Amtsermittlung zur Insolvenzreife dadurch unmöglich ist.[39]

III. Objektiver Tatbestand

14 **1. Täterkreis. a) Vorstandsmitglied.** Bei § 401 handelt es sich um ein echtes **Sonderdelikt** mit einem genau definierten Täterkreis:[40] Täter kann nur ein Mitglied des Vorstands oder dessen

---

[28] Vgl. dazu Braun/*Tashiro/Delzant* EuInsVO 2017 Art. 3 Rn. 7 ff.; siehe zur früheren Fassung der Europäischen Insolvenzverordnung auch bereits *Bittmann* NStZ 2009, 113 (114); *Hefendehl* ZIP 2011, 601 (602 f.).
[29] *Hefendehl* ZIP 2011, 601 (603) mN auch der Gegenansicht.
[30] Ebenso *Weyand* ZInsO 2008, 702 (705); für die Einfügung des Insolvenzverschleppungstatbestands in das Kernstrafrecht des StGB *Bittmann* NStZ 2009, 113 ff.
[31] Abl. *Brand/Reschke* NJW 2009, 2343 (2347).
[32] *Pelz* in Wabnitz/Janovsky WirtschaftsStrafR/SteuerStrafR-HdB 9. Kap. Rn. 22.
[33] Gesetz v. 15.7.2013, BGBl. 2013 I 2379.
[34] Henssler/Strohn/*Arnold* InsO § 15a Rn. 11.
[35] *Hefendehl* ZIP 2011, 601 (606 f.); *Beck* in Wabnitz/Janovsky WirtschaftsStrafR/SteuerStrafR-HdB 9. Kap. Rn. 151.
[36] BGH wistra 1982, 189 (191); Großkomm AktG/*Otto* Rn. 3; MüKoAktG/*Schaal*, 2. Aufl. 2006, Rn. 6.
[37] Vgl. *Vuia* in Gottwald InsR-HdB § 9 Rn. 1 ff.
[38] *Weyand* ZInsO 2008, 702 (705).
[39] Roth/Altmeppen/*Altmeppen* GmbHG Vor § 64 Rn. 101; *Bittmann* NStZ 2009, 113 (115 f.); aA *Beck* in Wabnitz/Janovsky WirtschaftsStrafR/SteuerStrafR-HdB 8. Kap. Rn. 153.
[40] Erbs/Kohlhaas/*Schaal* Rn. 6; Großkomm AktG/*Klug*, 3. Aufl. 1975, Anm. 1, 11; Kölner Komm AktG/*Altenhain* Rn. 4; Kölner Komm AktG/*Geilen*, 1. Aufl. 1984, Rn. 7, 51; MüKoAktG/*Schaal* Rn. 11; Großkomm AktG/*Otto* Rn. 4; NK-WSS/*Krause/Twele* Rn. 8; ERST/*Brand* GmbHG § 84, AktG § 401 Rn. 8; für die GmbH *Pfeiffer* FS Rowedder, 1994, 347 (351); Roth/Altmeppen/*Altmeppen* GmbHG § 84 Rn. 3; MHLS/*Dannecker* GmbHG § 84 Rn. 20 ff.; *Pelz* in Wabnitz/Janovsky WirtschaftsStrafR/SteuerStrafR-HdB 9. Kap. Rn. 41; Bürgers/Körber/*Pelz* Rn. 4; K. Schmidt/Lutter/*Oetker* Rn. 3.

Stellvertreter sein.⁴¹ Ferner sind durch § 408 S. 2 die persönlich haftenden Gesellschafter einer Kommanditgesellschaft auf Aktien den Vorstandsmitgliedern gleichgestellt.⁴² Für alle sonstigen Personen wie Aktionäre oder Aufsichtsratsmitglieder kommt nur eine Teilnahme in Betracht, etwa dann, wenn sie ein Vorstandsmitglied zur Unterlassung drängen.⁴³ Dies gilt selbst dann, sollte diese eine organschaftliche Überwachungspflicht treffen, die Handlungspflichtigen zu einem normgemäßen Verhalten anzuhalten. Eine andere Auslegung würde die Grenze zwischen Vorstand und allen sonstigen Personen verwischen.

Als Adressat des § 92 Abs. 1 wird der Vorstand genannt, Adressat der Verhaltensnorm des § 401 **15** ist hingegen das einzelne Vorstandsmitglied.⁴⁴ Auf die interne Geschäftsverteilung unter den Vorstandsmitgliedern kommt es zur Beurteilung der Verantwortlichkeit nicht an, sie kann allerdings im Einzelfall den Vorsatz ausschließen.⁴⁵

Die Täterrolle ist nach der gemäßigten **faktischen Betrachtungsweise** zu bestimmen.⁴⁶ Mitglied **16** des Vorstands iSd § 401 ist somit auch, wer zwar nicht oder nicht wirksam zum Vorstand bestellt wurde, eine entsprechende Stellung aber durch ein nach außen wahrnehmbares regelmäßiges Auftreten in der Funktion unter typischer Inanspruchnahme damit verbundener Kompetenzen tatsächlich ausübt und dadurch eine herausragende Position in der Geschäftsleitung innehat.⁴⁷ Nur eine solche Position versetzt eine Person überhaupt in die Lage, einer Verlustanzeigepflicht nachzukommen, die eine profunde Kenntnis der Finanzlage erfordert. Ob andere wirksam bestellte Vorstandsmitglieder vorhanden sind, ist unerheblich.

b) Ausscheiden. Scheidet ein Vorstandsmitglied wirksam (freiwillig⁴⁸ oder unfreiwillig) aus sei- **17** nem Amt aus, kommt es darauf an, ob die Pflicht zur Einberufung der Hauptversammlung zu diesem Zeitpunkt bereits bestand oder nicht. Eine über das Organverhältnis zeitlich hinausreichende Pflicht statuiert § 401 nicht.⁴⁹ So fehlt es bei einem vorherigen wirksamen Rücktritt schon an der tatsächlichen Möglichkeit einer Einberufung.

Bei einem Ausscheiden des Vorstandsmitglieds nach Feststellung des Verlusts ist zunächst die Frage **18** zu beantworten, ob das Unterlassen der Einberufung der Hauptverhandlung bis zu diesem Zeitpunkt ein schuldhaftes Zögern darstellte. Liegt ein solches vor, ändert das Ausscheiden an der zum Zeitpunkt der erforderlichen Handlung tauglichen Sonderpflicht nichts mehr. Scheidet das Vorstandsmitglied hingegen aus, noch bevor ein schuldhaftes Zögern anzunehmen ist, ist das Untätigbleiben bis zum Ausscheiden tatbestandlich irrelevant.⁵⁰

Schließlich wird die Konstellation diskutiert, dass ein Vorstandsmitglied nach Feststellung des **19** Verlusts, aber vor Beginn eines schuldhaften Zögerns ausscheidet, um dadurch die Einberufung einer Hauptversammlung zu verhindern.⁵¹ Hierin kann ein rechtsmissbräuchliches Verhalten gesehen werden. Der Austritt wäre zivilrechtlich unwirksam und damit die Möglichkeit eröffnet, das Vorstandsmitglied – wie in der ersten Konstellation – strafrechtlich zur Verantwortung zu ziehen. Praktisch denkbar erscheint diese Situation allerdings nicht.⁵² Ein Vorstandsmitglied zögert bereits schuldhaft, wenn es die Verschuldenssituation erkennt und im Folgenden seine Anstrengungen nicht der Einberufung der Hauptversammlung widmet, sondern austritt, um sich seiner organschaftlichen Pflicht zu entziehen.

---

⁴¹ Vgl. hierzu auch → Rn. 15 sowie → § 399 Rn. 73.
⁴² MüKoStGB/*Kiethe* Rn. 10; Großkomm AktG/*Otto* Rn. 10; Park/*Südbeck/Eidam* Teil 3 Kap. 8.1 § 399 Rn. 21; Erbs/Kohlhaas/*Schaal* Rn. 6; GJW/*Temming* Rn. 4; Kölner Komm AktG/*Altenhain* Rn. 5.
⁴³ MüKoAktG/*Schaal* Rn. 11; Großkomm AktG/*Otto* Rn. 10.
⁴⁴ Zu den Einzelheiten → § 399 Rn. 72 ff.
⁴⁵ Vgl. hierzu und allgemein zu Fragen der Verantwortlichkeit in Kollegialorganen → § 399 Rn. 80 ff. sowie Kölner Komm AktG/*Altenhain* Rn. 7 iVm § 399 Rn. 40 ff.
⁴⁶ Näher → § 399 Rn. 74 ff.; aA Kölner Komm AktG/*Altenhain* Rn. 6 iVm § 399 Rn. 27 ff.; *Joerden* JZ 2001, 310 ff.; *Kiethe* BB 2005, 1801 (1803); *Lindemann* Jura 2005, 305 ff.; MüKoStGB/*Kiethe* Rn. 10.
⁴⁷ Vgl. zu § 401 Abs. 1 Nr. 2 aF MüKoAktG/*Schaal* Rn. 14; Hölters/*Müller-Michaels* Rn. 9; zu § 84 GmbHG MHLS/*Dannecker* GmbHG § 84 Rn. 20; ausf. Scholz/*Tiedemann/Rönnau* GmbHG § 84 Rn. 17 ff.; Pelz in Wabnitz/Janovsky WirtschaftsStrafR/SteuerStrafR-HdB 9. Kap. Rn. 36, 331 ff.
⁴⁸ Eine Amtsniederlegung ist auch ohne Vorliegen eines wichtigen Grundes wirksam, BGH NJW 1993, 1198 ff.; Hölters/*Müller-Michaels* Rn. 7.
⁴⁹ MüKoAktG/*Schaal* Rn. 17; MüKoStGB/*Kiethe* Rn. 11; Großkomm AktG/*Otto* Rn. 12 f.; Scholz/*Tiedemann/Rönnau* GmbHG § 84 Rn. 30; Hölters/*Müller-Michaels* Rn. 7; Kölner Komm AktG/*Altenhain* Rn. 8; vgl. ERST/*Brand* GmbHG § 84, AktG § 401 Rn. 11; NK-WSS/*Krause/Twele* Rn. 2.
⁵⁰ MüKoStGB/*Kiethe* Rn. 12; Großkomm AktG/*Otto* Rn. 13; Scholz/*Tiedemann/Rönnau* GmbHG § 84 Rn. 30; NK-WSS/*Krause/Twele* Rn. 2; Henssler/Strohn/*Raum* Rn. 3; Kölner Komm AktG/*Altenhain* Rn. 9.
⁵¹ MüKoStGB/*Kiethe* Rn. 13; Großkomm AktG/*Otto* Rn. 13.
⁵² Großkomm AktG/*Otto* Rn. 13.

20 Mögliche organisatorische Probleme für die verbliebenen Vorstandsmitglieder, die Hauptversammlung einzuberufen, fallen nicht in den Zuständigkeitsbereich des Ausgeschiedenen. Verschleiert er die Risikosituation etwa dadurch, dass er Nachweise des Verlustes verschwinden lässt, kann er sich ggf. wegen einer Urkundenunterdrückung strafbar machen.

21 **2. Tatsituation.** Die Erfüllung der Unterrichtungspflicht der Hauptversammlung soll den verantwortlichen Gesellschaftsorganen, insbes. den Aktionären, eine grundsätzliche Diskussion und Entscheidung über die weitere Geschäftspolitik ermöglichen.[53] Tatbestandsvoraussetzung ist, dass die AG einen Verlust in Höhe von mindestens der Hälfte ihres Grundkapitals erlitten hat. Nach dem Wortlaut würde für die Einberufungs- und Anzeigepflicht also schon ein Verlust in der Größenordnung des halben Grundkapitals genügen. Ein solches frühes Tätigwerden könnte aber eher kontraproduktiv im Sinne der Verfestigung negativer Bilder wirken.[54] Deshalb ist nach der ratio legis des § 401 erforderlich, dass das tatsächlich noch vorhandene Eigenkapital durch den Verlust mindestens auf die Hälfte des satzungsmäßigen Grundkapitals abgesunken sein muss.[55] Erst dadurch tritt eine hinreichende Gefährdungslage für das geschützte Rechtsgut ein.

22 § 92 Abs. 1 definiert, bei welcher Gelegenheit sich der Verlust ergeben kann, so insbes. bei Aufstellung einer Jahres- (§§ 242, 264 Abs. 1 HGB) oder einer Zwischenbilanz. Hinsichtlich des Bilanzansatzes und der Bewertung sind die für den Jahresabschluss geltenden Bewertungsvorschriften der §§ 252 ff. HGB maßgeblich.[56] Als Erkenntnismittel für den eingetretenen Verlust kommt jedoch nicht nur die Bilanz in Betracht. § 92 Abs. 1 spricht im Verein mit § 93 Abs. 1, der auf die Sorgfaltspflichten eines ordentlichen und gewissenhaften Geschäftsleiters rekurriert, davon, dass die Handlungspflicht des Vorstands auch dann besteht, wenn er bei Ausübung seines pflichtgemäßen Ermessens sonst annehmen muss, die Hälfte des Grundkapitals sei verloren. So reicht es aus, wenn der Täter den Vermögensverlust aus Geschäftsunterlagen oder aufgrund anderer Umstände festgestellt hat oder mindestens hätte feststellen können.[57] Die Überwachungspflichten des Vorstands sind notwendigerweise objektiviert[58] und kreieren im Interesse der Gesellschaft wie der Aktionäre einen professionellen Maßstab.[59] Der Verweis auf das pflichtgemäße Ermessen hat in erster Linie für die Fahrlässigkeitsstrafe nach § 401 Abs. 2 Relevanz.[60] Werden pflichtwidrig Erkenntnismöglichkeiten[61] nicht genutzt, fehlt es am Vorsatz, umgekehrt ist das pflichtgemäße Ermessen irrelevant, sofern der Vorstand positive Kenntnis vom Verlust hat.[62]

23 **3. Handlungspflicht.** Die Erfüllung der Handlungspflicht des Abs. 1 setzt kumulativ die **Einberufung** wie die **Unterrichtung** voraus. § 401 verlangt damit von den Vorstandsmitgliedern einer AG mehr als die Parallelvorschrift im GmbHG von den Geschäftsführern einer GmbH. § 84 GmbHG fordert die Anzeige an alle Gesellschafter in beliebiger Form.[63] Die unterschiedlichen Regelungen erklären sich mit Blick auf die Struktur der beiden Kapitalgesellschaften. Die AG hat regelmäßig eine große Anzahl von Aktionären, die nicht, wie die Gesellschafter einer GmbH, auf andere Weise von dem eingetretenen Verlust der Gesellschaft unterrichtet werden können.[64] Nur durch die Erfüllung beider Handlungspflichten wird die Hauptversammlung in die Lage versetzt, sich mit der

---

[53] Vgl. hierzu auch → § 92 Rn. 4; Kölner Komm AktG/*Altenhain* Rn. 2; *Müller* ZGR 1985, 191 (194 f.); MüKoStGB/*Kiethe* Rn. 1, 16; MüKoAktG/*Schaal* Rn. 4, 18; Großkomm AktG/*Otto* Rn. 15; krit. zu den Möglichkeiten der Aktionäre und iErg aA *Martens* ZGR 1972, 254 (270 ff., 286 ff.).
[54] MüKoStGB/*Kiethe* Rn. 15; Großkomm AktG/*Otto* Rn. 15.
[55] Vgl. hierzu auch → § 92 Rn. 7; BGH BB 1958, 1181 f.; *Pfeiffer* FS Rowedder, 1994, 347 (353); Erbs/Kohlhaas/*Schaal* Rn. 10; Kölner Komm AktG/*Altenhain* Rn. 11; Kölner Komm AktG/*Geilen*, 1. Aufl. 1984, Rn. 13; MüKoAktG/*Schaal* Rn. 19; MüKoStGB/*Kiethe* Rn. 15 f.; Großkomm AktG/*Otto* Rn. 15; Hölters/*Müller-Michaels* Rn. 14; NK-WSS/*Krause/Tiwele* Rn. 3.
[56] *Lang/Eichhorn* NStZ 2004, 528 (530); Hüffer/Koch/*Koch*, 13. Aufl. 2018, § 92 Rn. 3 f.; MüKoStGB/*Kiethe* Rn. 17; ERST/*Brand* AktG § 401 Rn. 17; MHLS/*Dannecker* GmbHG § 84 Rn. 28; ausf. zum Streitstand Kölner Komm AktG/*Altenhain* Rn. 13.
[57] AA Scholz/*Tiedemann/Rönnau* GmbHG § 84 Rn. 38.
[58] *Müller* ZGR 1985, 191 (195); MüKoAktG/*Schaal* Rn. 21; Kölner Komm AktG/*Altenhain* Rn. 13; NK-WSS/*Krause/Tiwele* Rn. 3.
[59] MüKoAktG/*Schaal* Rn. 21.
[60] Kölner Komm AktG/*Geilen*, 1. Aufl. 1984, Rn. 15; Großkomm AktG/*Otto* Rn. 17; MüKoStGB/*Kiethe* Rn. 18.
[61] Vgl. hierzu Kölner Komm AktG/*Geilen*, 1. Aufl. 1984, Rn. 15.
[62] Großkomm AktG/*Otto* Rn. 17.
[63] Scholz/*Tiedemann/Rönnau* GmbHG § 84 Rn. 35; MHLS/*Dannecker* GmbHG § 84 Rn. 40 f.; Rowedder/Schmidt-Leithoff/*Schaal* GmbHG § 84 Rn. 21; MHLS/*Dannecker* GmbHG § 84 Rn. 41; Baumbach/Hueck/*Haas* GmbHG § 84 Rn. 15.
[64] MüKoAktG/*Schaal* Rn. 24.

Verlustsituation auseinanderzusetzen.[65] Ein Vorstandsmitglied handelt daher bereits dann tatbestandsmäßig, wenn es nur einer der beiden Pflichten nicht nachgekommen ist.[66]

Jedes Mitglied des Vorstands muss im Rahmen seiner rechtlichen und tatsächlichen Möglichkeiten die Alarmierung der Aktionäre bewirken (im Einzelnen → § 399 Rn. 80 ff.).[67] Die Anforderungen sind im Hinblick auf die Bedeutung der Pflicht extrem hoch, so dass über eine fehlende hypothetische Kausalität der Pflichtverletzung nicht argumentiert werden kann:[68] Lehnen die anderen Vorstandsmitglieder die Einberufung der Hauptversammlung und Verlustanzeige etwa ab, ist über das **Verfahren des einstweiligen Rechtsschutzes** zu agieren (→ § 399 Rn. 81). Damit scheidet die Argumentation aus, man habe wegen der ablehnenden Haltung der anderen Vorstandsmitglieder keine Möglichkeit gehabt, die Hauptversammlung einzuberufen. Mit Blick auf die Rechtsnatur des § 401 als echtes Unterlassungsdelikt entfällt die Anzeigepflicht nicht deshalb, weil sie dem Vorstandsmitglied unzumutbar ist.[69] So spielt es im Rahmen des § 401 keine Rolle, ob das Vorstandsmitglied den Verlust selbst verschuldet hat und eine zivilrechtliche Haftung oder eine Strafverfolgung befürchtet.[70]

24

§ 401 Abs. 1 setzt zunächst eine **ordnungsgemäße Einberufung** der Hauptversammlung (§§ 121 ff.) und **Bekanntmachung** der Tagesordnung (§ 124) voraus. Das Vorstandsmitglied erfüllt somit auch dann den Tatbestand des § 401, wenn zwar die Einberufung der Hauptversammlung erfolgt, dabei aber über den Zweck der Einberufung geschwiegen wird oder irreführende Angaben gemacht werden. Dies gebietet der Schutzzweck der Norm.[71] Ist allerdings zu einer ordnungsgemäß einberufenen Hauptversammlung kein Aktionär erschienen, ist der Vorstand nicht verpflichtet, den Verlust anzuzeigen oder eine weitere Hauptversammlung einzuberufen.[72] Denn die Aktionäre haben ihr fehlendes Interesse manifestiert, an den zu treffenden notwendigen Entscheidungen mitzuwirken.[73] Das kann aber nur dann gelten, sofern in der Ladung bzw. Einberufung schon die Verlustanzeige enthalten ist oder wenigstens in einer vorab bekannt gegebenen Tagesordnung eine Krisendiskussion angekündigt wird. Bei weiteren, neuen Verlusten entstehen die Handlungspflichten jedoch erneut. Ist die Verlustanzeige nicht ordnungsgemäß als Gegenstand der Tagesordnung bekannt gemacht worden, darf hierüber nach § 124 Abs. 4 S. 1 kein Beschluss gefasst werden.[74]

25

4. Frist. Der Vorstand hat die Handlungen **unverzüglich** (§ 121 BGB) nach Eintritt der in § 401 Abs. 1 beschriebenen Tatsituation einzuleiten (§ 92 Abs. 1). Die Anzeigepflicht ist in dem Moment begründet, in dem ein objektiver Betrachter zu dem Ergebnis gelangt, dass das noch vorhandene Eigenkapital mindestens auf die Hälfte des satzungsmäßigen Grundkapitals abgeschmolzen ist. Es reicht aus, wenn der pflichtenbegründende Umstand für möglich gehalten wird oder dieser bei Anwendung der Sorgfalt eines ordentlichen und gewissenhaften Geschäftsleiters (§ 93 Abs. 1 S. 1) erkennbar war.[75] Eine **Kenntnis** des Vorstands von dem Verlust setzt der objektive Tatbestand demnach nicht voraus.[76] Die Unverzüglichkeit bezieht sich nicht nur auf die Einberufung, sondern auch auf die Wahl des Termins, die zu keinen unnötigen Verzögerungen führen darf.[77] Ein schuldhaftes Zögern liegt nicht vor, wenn Anzeige und Einberufung aufgrund hinreichend konkreter und

26

---

[65] Kölner Komm AktG/*Geilen*, 1. Aufl. 1984, Rn. 16; MüKoAktG/*Schaal* Rn. 24; Großkomm AktG/*Otto* Rn. 18.
[66] Kölner Komm AktG/*Altenhain* Rn. 15; Kölner Komm AktG/*Geilen*, 1. Aufl. 1984, Rn. 21; MüKoAktG/*Schaal* Rn. 18; MüKoStGB/*Kiethe* Rn. 21.
[67] Großkomm AktG/*Klug*, 3. Aufl. 1975, Anm. 4; Kölner Komm AktG/*Geilen*, 1. Aufl. 1984, Rn. 19.
[68] Kölner Komm AktG/*Geilen*, 1. Aufl. 1984, Rn. 20; Kölner Komm AktG/*Altenhain* Rn. 16; Großkomm AktG/*Otto* Rn. 20.
[69] Kölner Komm AktG/*Altenhain* Rn. 23.
[70] Großkomm AktG/*Otto* Rn. 13; Rowedder/Schmidt-Leithoff/*Schaal* GmbHG § 84 Rn. 22; MHLS/*Dannecker* GmbHG § 84 Rn. 46.
[71] MüKoStGB/*Kiethe* Rn. 19; Großkomm AktG/*Otto* Rn. 18; Kölner Komm AktG/*Altenhain* Rn. 14; vgl. ERST/*Brand* GmbHG § 84, AktG § 401 Rn. 19; zu Einwilligungskonstellationen in Ausnahmefällen → Rn. 34.
[72] Kölner Komm AktG/*Altenhain* Rn. 15; Kölner Komm AktG/*Geilen*, 1. Aufl. 1984, Rn. 17 f.; MüKoStGB/*Kiethe* Rn. 20; Großkomm AktG/*Otto* Rn. 19; GJW/*Temming* Rn. 10.
[73] Kölner Komm AktG/*Schaal* Rn. 25; ähnlich Großkomm AktG/*Otto* Rn. 55.
[74] Vgl. hierzu auch → § 92 Rn. 15 mwN; Großkomm AktG/*Klug*, 3. Aufl. 1975, Anm. 4; Kölner Komm AktG/*Altenhain* Rn. 14; Kölner Komm AktG/*Geilen*, 1. Aufl. 1984, Rn. 16; MüKoStGB/*Kiethe* Rn. 19; Großkomm AktG/*Otto* Rn. 18.
[75] → Rn. 22; MüKoAktG/*Schaal* Rn. 23; Großkomm AktG/*Otto* Rn. 17; etwas großzügiger Kölner Komm AktG/*Altenhain* Rn. 18, der unter Hinweis auf die negative Publizität der Verlustanzeige ein übereiltes Handeln für nicht geboten hält und je nach Einzelfall eine Wartefrist einräumen will.
[76] ERST/*Brand* GmbHG § 84, AktG § 401 Rn. 22 mwN.
[77] *Göcke* AG 2014, 119.

erfolgversprechender Sanierungsverhandlungen kurzfristig hinausgezögert werden.[78] Die verspätete Anzeige beseitigt die bereits eingetretene Strafbarkeit nicht, kann aber für die Strafzumessung bedeutsam sein.[79]

IV. Subjektiver Tatbestand

27 Der Tatbestand des § 401 Abs. 1 setzt zumindest bedingten Vorsatz voraus und ist verwirklicht, wenn der Täter Kenntnis von den Tatumständen hat, aus denen sich seine Handlungspflicht ergibt, der er keine Folge leistet.[80] Der Sonderpflichtige handelt bereits dann bedingt vorsätzlich, wenn sich ihm konkrete Gefahrenmomente hinsichtlich des Verlusts aufdrängen, er diesen aber nicht nachgeht.[81]

V. Fahrlässigkeit nach § 401 Abs. 2

28 Über § 401 Abs. 2 kann der Tatbestand der unterlassenen Verlustanzeige auch fahrlässig begangen werden. Damit hat der Gesetzgeber die zumeist schwierige Nachweissituation beim Vorsatz hinsichtlich des Verlusts der Hälfte des Grundkapitals entschärft. Fahrlässig handelt der Täter, wenn er unter Verletzung seiner Sorgfaltspflicht nicht erkennt oder vorhersieht, eine Hauptversammlung einberufen und dieser den Verlust anzeigen zu müssen. In gleicher Weise agiert derjenige fahrlässig, der zwar den Verlust in Höhe der Hälfte des Grundkapitals erkennt, es dann aber versäumt, die Hauptversammlung einzuberufen.

VI. Täterschaft und Teilnahme, Vollendung und Beendigung, Rechtfertigungsgründe, Irrtum, Konkurrenzen, Strafverfolgung und Rechtsfolgen

29 **1. Täterschaft und Teilnahme.** Da es sich bei § 401 um ein Sonderdelikt handelt, ergeben sich bei § 401 die in → § 399 Rn. 23 ff. geschilderten Besonderheiten für Täterschaft und Teilnahme; zur Besonderheit mehrerer parallel Handlungspflichtiger → Rn. 23 f.

30 **2. Versuch, Vollendung und Beendigung.** Der **Versuch** des Tatbestandes des § 401 Abs. 1 ist nicht mit Strafe bedroht (vgl. § 12 Abs. 1 StGB, § 23 Abs. 1 StGB). Nimmt das Vorstandsmitglied etwa irrigerweise Umstände an, die die Tatsituation des Verlusts der Hälfte des Grundkapitals begründen, und entschließt sich, die Hauptversammlung nicht einzuberufen, bleibt es straffrei. Dies scheint im Hinblick auf das geschützte Rechtsgut vertretbar (→ Rn. 3). Neben dieser Konstellation des untauglichen Versuchs hat die Straflosigkeit des Versuchs keine praktischen Auswirkungen.

31 Der Tatbestand des § 401 ist als echtes Unterlassungsdelikt[82] bereits in dem Moment **vollendet**, in dem die gebotene Handlung spätestens hätte erfolgen müssen.[83] Nach § 92 Abs. 1, auf den § 401 Abs. 1 verweist, bedarf es einer unverzüglichen Einberufung der Hauptversammlung und Verlustanzeige. Hier ist diejenige Frist maßgeblich, die auch sonst für die Einberufung einer Hauptversammlung benötigt wird. Sie variiert und hängt vom Einzelfall und den Umständen wie der Größe der AG oder Anzahl und Struktur der Aktionäre ab.[84]

32 **Beendet** ist das Unterlassungsdelikt des § 401, sofern die Handlungspflicht endgültig nicht mehr besteht.[85] Dies ist der Fall, sofern die Hauptversammlung einberufen sowie die Verlustanzeige erstattet wurde oder die Vermögenslage sich so gebessert hat, dass der Verlust nicht mehr die Hälfte des Grundkapitals erreicht.[86]

---

[78] GJW/*Temming* Rn. 7; Hüffer/Koch/*Koch*, 13. Aufl. 2018, § 92 Rn. 6; *Göcke* AG 2014, 119 (120 f.); aA wohl MüKoAktG/*Schaal* Rn. 23; krit. hierzu auch NK-WSS/*Krause/Twele* Rn. 3; *Plagemann* NZG 2014, 207 (209).

[79] Rowedder/Schmidt-Leithoff/*Schaal* GmbHG § 84 Rn. 18.

[80] → § 399 Rn. 259; Schönke/Schröder/*Sternberg-Lieben/Schuster* StGB § 15 Rn. 94; ERST/*Brand* GmbHG § 84, AktG § 401 Rn. 25; MHLS/*Dannecker* GmbHG § 84 Rn. 14.

[81] MüKoStGB/*Kiethe* Rn. 22.

[82] → Rn. 5; Erbs/Kohlhaas/*Schaal* Rn. 4; Großkomm AktG/*Klug*, 3. Aufl. 1975, Anm. 1.

[83] *Pfeiffer* FS Rowedder, 1994, 347 (356); Erbs/Kohlhaas/*Schaal* Rn. 21; Großkomm AktG/*Klug*, 3. Aufl. 1975, Anm. 7; MüKoAktG/*Schaal* Rn. 32; Hölters/*Müller-Michaels* Rn. 21; Schönke/Schröder/*Eser/Bosch* StGB Vor § 22 Rn. 2; Kölner Komm AktG/*Altenhain* Rn. 19; ERST/*Brand* GmbHG § 84, AktG § 401 Rn. 28; NK-WSS/*Krause/Twele* Rn. 6; MHLS/*Dannecker* GmbHG § 84 Rn. 51.

[84] MüKoAktG/*Schaal* Rn. 33; Großkomm AktG/*Otto* Rn. 21; vgl. auch Kölner Komm AktG/*Altenhain* Rn. 18.

[85] *Pfeiffer* FS Rowedder, 1994, 347 (358); Großkomm AktG/*Otto* Rn. 22; Kölner Komm AktG/*Altenhain* Rn. 19.

[86] Erbs/Kohlhaas/*Schaal* Rn. 22; GHEK/*Fuhrmann* Rn. 26; MüKoAktG/*Schaal* Rn. 35; Großkomm AktG/*Otto* Rn. 22; Hölters/*Müller-Michaels* Rn. 22; NK-WSS/*Krause/Twele* Rn. 6.

3. Rechtfertigungsgründe. Der Anwendungsbereich für Rechtfertigungsgründe ist **verschwindend gering:**[87] Denn der Gesetzgeber hat sich in einem differenzierten Regelungssystem der Frage des Ausgleichs der Interessen der Beteiligten angenommen.[88] Dieses Regelungssystem kann nicht über § 34 StGB konterkariert werden. 33

Eine **rechtfertigende Einwilligung** ist zulässig, da § 401 nur die Gesellschaft und deren Aktionäre schützt (→ Rn. 4). Erforderlich ist allerdings, dass sämtliche Aktionäre in Kenntnis der Verlustsituation auf die Einberufung einer Hauptversammlung verzichten. Praktisch möglich ist dies allenfalls bei kleinen Gesellschaften mit konstantem Aktionärskreis.[89] Die Einwilligung einzelner Aktionäre ist unerheblich.[90] 34

4. Irrtum. Irrtümer sind nach den allgemeinen Regeln der §§ 16, 17 StGB zu behandeln.[91] Wegen der Blanketttechnik stellen sich im Einzelfall schwierige Abgrenzungsfragen zwischen einem Tatbestands- und einem Verbotsirrtum.[92] Da in Abs. 2 die Fahrlässigkeit ebenfalls unter Strafe gestellt ist, werden Tatbestandsirrtümer häufig die Prüfung einer Fahrlässigkeitsstrafbarkeit zur Folge haben.[93] Ein Tatbestandsirrtum liegt etwa dann vor, wenn die Größenordnung des Verlusts verkannt wird.[94] 35

Unrichtige Bewertungen der Aktiva oder Passiva sollen den Vorsatz ausschließen. Dies gelte für schwerwiegende Rechtsfragen wie die richtige Behandlung von Pensionsverpflichtungen, kapitalersetzenden Gesellschafterdarlehen oder immateriellen Gütern.[95] Bei einer derartigen Auslegung besteht jedoch das Risiko, im Ergebnis eine mit dem Gesetz nicht vereinbare Vorsatztheorie zu vertreten, sofern der Gegenstandsbereich der Bewertungsfragen – also etwa ein immaterielles Gut – erkannt wird.[96] 36

5. Konkurrenzen. Tateinheit zwischen § 401 Abs. 1 und § 15a Abs. 4 InsO ist nicht möglich, weil die Anzeigepflicht nach § 401 Abs. 1 und die Antragspflicht nach § 15a Abs. 4 InsO zeitlich regelmäßig nicht zusammenfallen. Daher liegt hier Tatmehrheit vor.[97] Eine solche wird auch zu anderen Eigentums- und Vermögensdelikten wie §§ 246, 263, 283 ff. StGB in Betracht zu ziehen sein.[98] Tateinheit ist mit Untreue möglich, sofern das Unterlassen der Anzeige zur Verhinderung einer erfolgreichen Sanierung der Gesellschaft und damit deren Schädigung führt.[99] Verwirklicht ein Vorstandsmitglied → § 401 Abs. 1 einberufenen Hauptversammlung den Tatbestand des § 400 Abs. 1 Nr. 1, indem er eine falsche Verlustanzeige macht, so scheidet § 401 aus. Denn hierfür muss eine Verlustanzeige unterbleiben.[100] 37

6. Strafverfolgung und Rechtsfolgen.[101] Im **Klageerzwingungsverfahren** sind **Verletzte** im Sinne des § 172 Abs. 1 StPO der Aufsichtsrat als zuständiges Organ der AG sowie die Aktionäre.[102] 38

Der **Strafrahmen** umfasst Freiheitsstrafe bis zu drei Jahren oder Geldstrafe. Die **Verjährungsfrist** für die Strafverfolgung beginnt mit der Beendigung und damit dem endgültigen Entfallen der Handlungspflicht zu laufen.[103] Sie beträgt gem. § 78 Abs. 3 Nr. 4 StGB fünf Jahre für die vorsätzlich begangenen Straftaten und drei Jahre gem. § 78 Abs. 3 Nr. 5 für die fahrlässigen Straftaten.[104] 39

---

[87] Kölner Komm AktG/*Geilen*, 1. Aufl. 1984, Rn. 45; Großkomm AktG/*Otto* Rn. 57, bezogen auf § 34 StGB.
[88] Kölner Komm AktG/*Geilen*, 1. Aufl. 1984, Rn. 45; Kölner Komm AktG/*Altenhain* Rn. 23; Großkomm AktG/*Otto* Rn. 57; Scholz/*Tiedemann/Rönnau* GmbHG § 84 Rn. 48.
[89] MüKoStGB/*Kiethe* Rn. 33; Kölner Komm AktG/*Altenhain* Rn. 22; NK-WSS/*Krause/Twele* Rn. 5.
[90] Vgl. hierzu Großkomm AktG/*Otto* Rn. 55.
[91] Vgl. ebenfalls → § 399 Rn. 264; Erbs/Kohlhaas/*Schaal* Rn. 19; Großkomm AktG/*Otto* Rn. 60.
[92] *Roxin* Strafrecht AT/I § 12 Rn. 110 ff.; *Tiedemann* Wirtschaftsstrafrecht Rn. 402 ff.
[93] Erbs/Kohlhaas/*Schaal* Rn. 19; Kölner Komm AktG/*Geilen*, 1. Aufl. 1984, Rn. 40 ff.; Kölner Komm AktG/*Altenhain* Rn. 21; MHLS/*Dannecker* GmbHG § 84 Rn. 16.
[94] MüKoStGB/*Kiethe* Rn. 23; Kölner Komm AktG/*Altenhain* Rn. 21; NK-WSS/*Krause/Twele* Rn. 4; MHLS/*Dannecker* GmbHG § 84 Rn. 16.
[95] Scholz/*Tiedemann/Rönnau* GmbHG § 84 Rn. 49.
[96] Zur Abgrenzung von Tatbestands- und Verbotsirrtum vgl. bereits → § 399 Rn. 265 ff.
[97] MüKoStGB/*Kiethe* Rn. 35; ebenso Kölner Komm AktG/*Altenhain* Rn. 26; NK-WSS/*Krause/Twele* Rn. 7.
[98] MüKoAktG/*Schaal* Rn. 44; MüKoStGB/*Kiethe* Rn. 35.
[99] MüKoAktG/*Schaal* Rn. 44; Großkomm AktG/*Otto* Rn. 68.
[100] MüKoAktG/*Schaal* Rn. 44; abw. Kölner Komm AktG/*Altenhain* Rn. 26.
[101] → § 399 Rn. 283 ff.; zum Urteilstenor → § 399 Rn. 289 entsprechend sowie MüKoAktG/*Schaal* Rn. 48; Großkomm AktG/*Otto* Rn. 75.
[102] MüKoAktG/*Schaal* Rn. 46 iVm Rn. 7.
[103] Vgl. zur Frage der Beendigung → Rn. 32; *Pfeiffer* FS Rowedder, 1994, 347 (368); vgl. auch MüKoAktG/*Schaal* Rn. 47.
[104] Großkomm AktG/*Klug*, 3. Aufl. 1975, Anm. 13; Kölner Komm AktG/*Geilen*, 1. Aufl. 1984, Rn. 55; MüKoStGB/*Kiethe* Rn. 36; NK-WSS/*Krause/Twele* Rn. 8.

§ 402 Falsche Ausstellung von Berechtigungsnachweisen

(1) Wer Bescheinigungen, die zum Nachweis des Stimmrechts in einer Hauptversammlung oder in einer gesonderten Versammlung dienen sollen, falsch ausstellt oder verfälscht, wird mit Freiheitsstrafe bis zu drei Jahren oder mit Geldstrafe bestraft, wenn die Tat nicht in anderen Vorschriften über Urkundenstraftaten mit schwererer Strafe bedroht ist.

(2) Ebenso wird bestraft, wer von einer falschen oder verfälschten Bescheinigung der in Absatz 1 bezeichneten Art zur Ausübung des Stimmrechts Gebrauch macht.

(3) Der Versuch ist strafbar.

Schrifttum: *Dölling,* Grundlagen der Korruptionsprävention, in Dölling (Hrsg.), Handbuch der Korruptionsprävention, 2007; *Drinhausen/Keinath,* Referentenentwurf eines Gesetzes zur Umsetzung der Aktionärsrichtlinie (ARUG) – Weitere Schritte zur Modernisierung des Aktienrechts, BB 2009, 65; *Gantenberg,* Die Reform der Hauptversammlung durch den Regierungsentwurf eines Gesetzes zur Unternehmensintegrität und Modernisierung des Anfechtungsrechts – UMAG, DB 2005, 207; *Götze/Nartowska,* Der Regierungsentwurf der Aktienrechtsnovelle 2014 – Anmerkungen aus der Praxis, NZG 2015, 298; *Grumann/Soehlke,* Namensaktie und Hauptversammlung – Die Änderungen des Aktiengesetzes durch das NaStraG im Zusammenhang mit der Vorbereitung und Durchführung von Hauptversammlungen, DB 2001, 576; *Hefendehl,* Kollektive Rechtsgüter im Strafrecht, 2002; *Holzborn/Bunnemann,* Änderungen im AktG durch den Regierungsentwurf für das UMAG, BKR 2005, 51; *Kölling,* Namensaktien im Wandel der Zeit – „NaStraG", NZG 2000, 631; *Meyer,* Die Strafvorschriften des neuen Aktiengesetzes, AG 1966, 109; *Noack,* Die Namensaktie – Dornröschen erwacht, DB 1999, 1306; *Noack,* Neues Recht für die Namensaktie – Zum Referentenentwurf eines NaStrG, ZIP 1999, 1993; *Noack,* Die Umstellung von Inhaber- auf Namensaktien, FS Bezzenberger, 2000, 29; *Mohamed,* Der Berechtigungsnachweis für die Hauptversammlung in neuem Gewande – von der Legitimationsmethodik 2.0 über die Aktienrechtsnovelle 2016, ZIP 2016, 1100; *v. Nussbaum,* Zu Nachweisstichtag (record date) und Eintragungssperre bei Namensaktien, NZG 2009, 456; *Paschos/Goslar,* Der Regierungsentwurf des Gesetzes zur Umsetzung der Aktionärsrechterichtlinie (ARUG), AG 2009, 14; *Schwerdtfeger,* Strafrechtliche Pflicht der Mitglieder des Aufsichtsrats einer Aktiengesellschaft zur Verhinderung von Vorstandsstraftaten, 2016; *Seibert,* Aus dem Gesetzgebungsverfahren zur Änderung des § 67 AktG – Entwurf eines Gesetzes zur Namensaktie und zur Erleichterung der Stimmrechtsausübung (Namensaktiengesetz – NaStraG), FS Peltzer, 2001, 469; *Seibert,* UMAG und Hauptversammlung – Der Regierungsentwurf eines Gesetzes zur Unternehmensintegrität und Modernisierung des Anfechtungsrechts (UMAG), WM 2005, 157; *Simon/Zetzsche,* Aktionärslegitimation und Satzungsgestaltung, NZG 2005, 369; *Simons,* Die Online-Abstimmung in der Hauptversammlung, NZG 2017, 567; *Spindler,* Die Reform der Hauptversammlung und der Anfechtungsklage durch das UMAG, NZG 2005, 825; *Spindler,* Haftung und Aktionärsklage nach dem neuen UMAG, NZG 2005, 865; *Wilsing,* Neuerungen des UMAG für die aktienrechtliche Beratungspraxis, ZIP 2004, 1082; *Zetzsche,* Die Aktionärslegitimation durch Berechtigungsnachweis – von der Verkörperungs- zur Registertheorie (Teil 1), Der Konzern 2007, 180; vgl. auch die Literaturhinweise zu → § 123.

Übersicht

	Rn.		Rn.
I. Normzweck und Deliktsstruktur	1–9	a) Falschheitsbegriff	32
1. Bedeutung	1, 2	b) Abs. 1 Alt. 1: Falsches Ausstellen einer Bescheinigung	33–36
2. Geschütztes Rechtsgut	3–5	c) Abs. 1 Alt. 2: Verfälschen einer Bescheinigung	37–39
3. Deliktsstruktur	6		
4. Entstehung und Entwicklung	7–9	d) Abs. 2: Gebrauchmachen von einer falschen oder verfälschten Bescheinigung	40–43
II. Objektiver Tatbestand	10–43	III. Subjektiver Tatbestand	44
1. Täterkreis	10	IV. Täterschaft und Teilnahme, Versuch, Vollendung und Beendigung, Konkurrenzen	45–53
2. Tatobjekt	11–30		
a) Bescheinigungen	11–13		
b) Hauptversammlungspraxis	14–19	1. Täterschaft und Teilnahme	45
c) Anmeldung	20	2. Versuch	46, 47
d) Legitimationsnachweis	21–29	3. Vollendung und Beendigung	48, 49
e) Eintritts- und Stimmkarte	30	4. Konkurrenzen	50–53
3. Tathandlungen	31–43		

I. Normzweck und Deliktsstruktur

1. Bedeutung. Die Bedeutung von § 402 war und ist aus faktischen wie normativen Gründen erheblich **limitiert**.[1] Bis zum Gesetz zur Unternehmensintegrität und Modernisierung des

---

[1] Erbs/Kohlhaas/*Schaal* Rn. 2; MüKoStGB/*Kiethe* Rn. 5.

Anfechtungsrechts (UMAG)[2] hob § 402 auf die Hinterlegung von Aktien ab, die zunehmend aber überhaupt nicht mehr praktiziert wurde. Schon aus diesem Grunde ging die Norm ins Leere. Auch nach dieser Anpassung ist der Anwendungsbereich allerdings gering,[3] die Tatbestandsgestaltung verfehlt. *Geilen* hat bereits vor 30 Jahren gefordert, die formelle Subsidiaritätsklausel gegenüber den Urkundenstraftaten aufzugeben und den Tatbestand sogleich auf inhaltlich unrichtige Bescheinigungen zu reduzieren. Diese Subsidiaritätsklausel beruhe auf einem undifferenzierten Falschheitsbegriff und sei irreführend.[4] In der Tat sind inhaltlich richtige, aber unechte Bescheinigungen, bei denen scheinbarer und tatsächlicher Aussteller auseinanderfallen, rechtsgutsirrelevant (zum geschützten Rechtsgut → Rn. 3).

Der für § 402 allein relevanten Sonderkonstellation inhaltlich unrichtiger Urkunden nimmt sich das StGB gleichfalls an, etwa bei der Fälschung von Gesundheitszeugnissen (§ 277 StGB) oder der Falschbeurkundung im Amt (§ 348 StGB). Bei § 402 handelt es sich strukturell um korruptionsähnliche Konstellationen, die für das Feld inhaltlich unrichtiger Hauptversammlungsbescheinigungen extrem unwahrscheinlich erscheinen. Regelmäßig wird Korruption verdeckt begangen.[5] Eine Außenwirkung ist unerwünscht. Eine solche läge aber vor, wenn die Manipulation auf die Abstimmungsergebnisse der Hauptversammlung tatsächlich Einfluss nähme. Was von § 402 bleibt, ist also ein „aufgeblähter Papiertiger", der rechtsgutsirrelevante Verhaltensweisen tatbestandlich erfasst und bei dem für den legitimen Kern der Norm faktisch kaum ein Anwendungsfeld verbleibt. **2**

2. Geschütztes Rechtsgut. Das geschützte Rechtsgut hat nicht nur Auslegungsrelevanz, sondern auch limitierende Funktion.[6] Wenn § 402 vom Tatbestand her auf den Nachweis des Stimmrechts abstellt, folgt hieraus, nicht die Unverfälschtheit der Willensbildung,[7] sondern lediglich die **Unverfälschtheit des Abstimmungsergebnisses**[8] als das geschützte Rechtsgut anzusehen. Es weist damit eine Nähe zu den §§ 107 ff. StGB auf. Es kann also nur um solche Nachweise gehen, die ohne weitere Zwischenschritte zur Abstimmung berechtigen. Anders als teilweise behauptet,[9] wirkt hier somit nicht der Schutzzweck auf die Auslegung ein, sondern der Wortlaut schränkt den Schutzzweck ein. Ein sonst ordnungsgemäßer Verlauf der Hauptversammlung hat keine Rechtsgutqualität und würde über Bescheinigungen zum Nachweis des Stimmrechts auch nicht geschützt werden. **3**

Teilweise wird die Sicherheit und Zuverlässigkeit des Beweisverkehrs mit einer bestimmten Urkunde als Rechtsgut bezeichnet und damit an die Rechtsgutsbestimmung in den §§ 267 ff. StGB angeknüpft.[10] Mit der Sicherheit und Zuverlässigkeit des Beweisverkehrs mit Berechtigungsnachweisen bzw. dem Vertrauen in diese soll jedoch gerade ein inhaltlich richtiges Abstimmungsergebnis bewirkt werden. Es handelt sich also um kein eigenständiges, überindividuelles Rechtsgut, sondern um ein funktionales Hilfsmittel zu dessen Schutz. **4**

Der Legitimationsschutz des § 402 dient, dem geschützten Rechtsgut entsprechend (→ Rn. 3), unmittelbar dem Interesse der AG und ihrer Aktionäre an einem ordnungsgemäßen Abstimmungsergebnis. Im Einzelfall können auch Dritt-, insbes. Gläubigerinteressen von Abstimmungsergebnissen betroffen sein. Auch für sie kann daher § 402 ein Schutzgesetz iSd § 823 Abs. 2 BGB sein.[11] Die notwendige Beschränkung ergibt sich aus den deliktsrechtlichen Haftungsvoraussetzungen, die für einen Schadensersatzanspruch erfüllt sein müssen. **5**

---

[2] → Rn. 7; insges. zum UMAG *Seibert* WM 2005, 157 ff.; *Spindler* NZG 2005, 825 ff.; *Spindler* NZG 2005, 865 ff.
[3] Für eine gestiegene empirische Bedeutung MüKoStGB/*Kiethe* Rn. 6.
[4] Kölner Komm AktG/*Geilen*, 1. Aufl. 1984, Rn. 2.
[5] *Dölling* in Dölling Korruptionsprävention-HdB Kap. 1 Rn. 2.
[6] Vgl. *Hefendehl*, Kollektive Rechtsgüter im Strafrecht, 2002, 209 ff.
[7] So aber NK-AktR/*Bernsmann* Rn. 1; Großkomm AktG/*Otto* Rn. 2; auch MüKoStGB/*Kiethe* Rn. 1 f., der mittelbar ebenfalls die Abstimmungsergebnisse anspricht.
[8] MüKoAktG/*Schaal* Rn. 4; Kölner Komm AktG/*Geilen*, 1. Aufl. 1984, Rn. 6; *Schwerdtfeger*, Strafrechtliche Pflicht der Mitglieder des Aufsichtsrats einer Aktiengesellschaft zur Verhinderung von Vorstandsstraftaten, 2016, 232; ähnlich Kölner Komm AktG/*Altenhain* Rn. 3 sowie *Mohamed* ZIP 2016, 1100 (1106), die auf das Stimmrecht des Aktionärs abstellen.
[9] Kölner Komm AktG/*Geilen*, 1. Aufl. 1984, Rn. 6; MüKoStGB/*Kiethe* Rn. 2.
[10] Großkomm AktG/*Otto* Rn. 2; Hölters/*Müller-Michaels* Rn. 2; NK-WSS/*Krause/Twele* Rn. 1; beschränkend auf die Sicherheit und Zuverlässigkeit des Beweisverkehrs zugunsten der Gesellschaft und der Aktionäre GJW/*Temming* Rn. 4.
[11] Kölner Komm AktG/*Geilen*, 1. Aufl. 1984, Rn. 2; einschränkend Kölner Komm AktG/*Altenhain* Rn. 3; MüKoAktG/*Schaal* Rn. 5; MüKoStGB/*Kiethe* Rn. 3; Großkomm AktG/*Otto* Rn. 2; vgl. auch einschränkend NK-AktR/*Bernsmann* Rn. 1 sowie Hölters/*Müller-Michaels* Rn. 3 und Großkomm AktG/*Klug*, 3. Aufl. 1975, Anm. 1: Schutzgesetz nur für Gesellschaft und Aktionäre; unklar, aber wohl ebenfalls den Schutzgesetzcharakter nur zugunsten der Gesellschaft und Aktionäre bejahend GJW/*Temming* Rn. 4.

6 **3. Deliktsstruktur.** Bei § 402 handelt es sich um ein **abstraktes Gefährdungsdelikt**.[12] Es kommt weder auf eine Stimmrechtsausübung durch den materiell Nichtberechtigten an noch gar auf das konkrete Risiko, eine Abstimmung aufgrund der Mehrheitsverhältnisse konkret manipulieren zu können. Durch das Erlangen einer inhaltlich unrichtigen Bescheinigung hat der Täter ein in aller Regel nicht mehr abschirmbares Risikopotenzial geschaffen. Dies reicht insbes. auch deshalb für ein abstraktes Gefährdungsdelikt, weil die tatbestandliche Handlung keinen anderen Interpretationsraum zulässt, als die inhaltlich unrichtige Bescheinigung auch einzusetzen, wenn es sich „rentiert".

7 **4. Entstehung und Entwicklung.** § 402 beruht auf dem EGStGB vom 2.3.1974 (BGBl. 1974 I 469 (470)). Durch das **UMAG** vom 22.9.2005[13] sind § 123 und § 402 modifiziert worden. So war in § 123 Abs. 2 S. 1 aF (allein) vorgesehen, dass die Satzung die Teilnahme an der Hauptversammlung oder die Ausübung des Stimmrechts davon abhängig machen konnte, dass die Aktien bis zu einem bestimmten Zeitpunkt vor der Versammlung hinterlegt wurden und sich die Aktionäre zur Versammlung anmeldeten. Dementsprechend war auch § 402 auf Bescheinigungen über die Hinterlegung von Aktien oder Zwischenscheinen reduziert.

8 Seit 2005 ist **§ 123 flexibler gestaltet** worden, indem das Hinterlegungserfordernis als Grundform der Legitimation zur Hauptversammlung beseitigt wurde.[14] Damit kam man den Forderungen nach einer verbesserten Stimmrechtspräsenz vor allem ausländischer Investoren in der Hauptversammlung nach[15] und trat der häufig existierenden Fehlvorstellung entgegen, eine Hinterlegung bedinge materiell-rechtlich eine Verfügungssperre über die Aktien zwischen dem Tag der Anmeldung und dem der Hauptversammlung.[16] § 123 Abs. 2 S. 1 sieht seitdem die Möglichkeit vor, in der Satzung das Erfordernis einer Anmeldung als Voraussetzung für die Teilnahme an der Hauptversammlung oder die Ausübung des Stimmrechts zu statuieren, wobei diese Regelung sowohl für Namensaktien als auch für Inhaberaktien gilt.[17] Bei dieser formlosen Anmeldung handelt es sich dabei nicht um eine Bescheinigung gem. § 402.[18] Die Möglichkeit der satzungsmäßigen Bestimmung eines Berechtigungsnachweises gem. § 123 Abs. 3 S. 1 aF zunächst auf Inhaberaktien beschränkt.

9 § 123 wurde zuletzt im Zuge der **Aktienrechtsnovelle 2016**[19] sowie zuvor durch das **ARUG**[20] geändert. Das aktienrechtliche Fristensystem wurde durch das ARUG in § 121 Abs. 7 neu geordnet, um existierende Rechtsunsicherheiten zu beseitigen.[21] Dies zog eine (partielle) Neufassung auch des § 123 nach sich. Im Zuge der Aktienrechtsnovelle 2016 wurde die Möglichkeit der satzungsmäßigen Bestimmung eines Berechtigungsnachweises gem. § 123 Abs. 3 auf Namensaktien nicht börsennotierter Unternehmen erweitert (näher → Rn. 28) und die Berechnung der Fristverlängerung gem. § 123 Abs. 2 S. 5 präzisiert. Im Übrigen wurde die Norm redaktionell leicht verändert. Der Wortlaut der Strafnorm des § 402 selbst wurde durch die Aktienrechtsnovelle 2016 sowie das ARUG allerdings nicht modifiziert.

II. Objektiver Tatbestand

10 **1. Täterkreis.** Den Tatbestand kann im Gegensatz zu den meisten Straftatbeständen des AktG jeder erfüllen.[22] § 402 ist ein **Allgemein-** und kein Sonderdelikt.[23] Damit kommt insbes. auch eine mittelbare Täterschaft durch Externe in Betracht.[24]

---

[12] Erbs/Kohlhaas/*Schaal* Rn. 5; Kölner Komm AktG/*Geilen*, 1. Aufl. 1984, Rn. 2; MüKoAktG/*Schaal* Rn. 8; MüKoStGB/*Kiethe* Rn. 4; Großkomm AktG/*Otto* Rn. 4; K. Schmidt/Lutter/*Oetker* Rn. 1; NK-WSS/*Krause*/*Twele* Rn. 1; zur Problematik vgl. im Einzelnen → § 399 Rn. 9 ff.
[13] BGBl. I 2802; vgl. zum UMAG *Seibert* WM 2005, 157 (158); *Spindler* NZG 2005, 825 ff. sowie *Spindler* NZG 2005, 865 ff.
[14] MüKoStGB/*Kiethe* Rn. 16.
[15] *Spindler* NZG 2005, 825 (826 f.).
[16] RegE BT-Drs. 15/5092, 13; *Simon*/*Zetzsche* NZG 2005, 369 (370 f.); vgl. hierzu auch *Holzborn*/*Bunnemann* BKR 2005, 51 (52 f.); *Spindler* NZG 2005, 825 (826 f.); *Wilsing* ZIP 2004, 1082 (1085).
[17] MüKoStGB/*Kiethe* Rn. 17; *Bärwaldt* in Semler/Volhard/Reichert HV-HdB § 8 Rn. 60 f.
[18] MüKoStGB/*Kiethe* Rn. 17.
[19] Gesetz zur Änderung des Aktiengesetzes (Aktienrechtsnovelle 2016) v. 22.12.2015, BGBl. 2015 I 2565 f.
[20] Gesetz zur Umsetzung der Aktionärsrechterichtlinie (ARUG) v. 30.7.2009, BGBl. 2009 I 2479.
[21] → § 121 Rn. 91 ff.; vgl. *Drinhausen*/*Keinath* BB 2009, 64 (65); *Paschos*/*Goslar* AG 2009, 14 (15).
[22] NK-AktR/*Bernsmann* Rn. 1; Großkomm AktG/*Klug*, 3. Aufl. 1975, Anm. 1, 6; Kölner Komm AktG/*Geilen*, 1. Aufl. 1984, Rn. 2, 24; Kölner Komm AktG/*Altenhain* Rn. 5, 20; MüKoAktG/*Schaal* Rn. 7; NK-WSS/*Krause*/*Twele* Rn. 1; *Schwerdtfeger*, Strafrechtliche Pflicht der Mitglieder des Aufsichtsrats einer Aktiengesellschaft zur Verhinderung von Vorstandsstraftaten, 2016, 232.
[23] Erbs/Kohlhaas/*Schaal* Rn. 5; K. Schmidt/Lutter/*Oetker* Rn. 1; Großkomm AktG/*Klug*, 3. Aufl. 1975, Anm. 1; MüKoAktG/*Schaal* Rn. 7; MüKoStGB/*Kiethe* Rn. 4, 10, 47; Großkomm AktG/*Otto* Rn. 6; Hölters/*Müller-Michaels* Rn. 5.
[24] Kölner Komm AktG/*Geilen*, 1. Aufl. 1984, Rn. 25; Kölner Komm AktG/*Altenhain* Rn. 20; MüKoAktG/*Schaal* Rn. 36; MüKoStGB/*Kiethe* Rn. 10; Großkomm AktG/*Otto* Rn. 39.

2. Tatobjekt. a) Bescheinigungen. Taugliche Tatobjekte sind diejenigen Bescheinigungen, die 11
zum Nachweis des Stimmrechts in einer Hauptversammlung oder gesonderten Versammlung dienen
sollen. Mit Blick auf das geschützte Rechtsgut lässt sich folgern, dass § 402 allein das **mitgliedschaftliche Stimmrecht** schützt und damit Stammaktien erfasst.[25] Bescheinigungen für Vorzugsaktien
oder sonstige stimmrechtslose Aktien kommen als Tatobjekte nicht in Betracht.[26]

Die **Zwecksetzung** der Bescheinigung zum Nachweis des Stimmrechts gehört bereits zum objek- 12
tiven Tatbestand[27] und stellt keine objektive Bedingung der Strafbarkeit dar.[28] Bescheinigungen, die
einen anderen Zweck verfolgen, als den Nachweis des Stimmrechts zu erbringen, scheiden für eine
Strafbarkeit nach § 402 von vornherein aus.[29]

Je nach Satzungsbestimmung gelten für Bescheinigungen folgende **Grundsätze:** Sie müssen den 13
Aktionär benennen und Angaben über Stückzahl, Art und Nennbetrag der Aktien machen. Fehlt
eine dieser Informationen, kann die Legitimationskontrolle nicht erfolgen. Dann liegt kein taugliches
Tatobjekt iSd § 402 vor. Andere inhaltliche Mängel der Bescheinigung sind demgegenüber für die
Anwendung von § 402 irrelevant, sofern sie sich nicht auf die Kontrollfunktion auswirken. Dies gilt
selbst dann, wenn in diesem Mangel ein Satzungsverstoß liegt. So ist die Nichtangabe der Aktiennum-
mer vor dem Schutzzweck des § 402 ohne Relevanz,[30] wohl aber ein zur Nichtigkeit der Bescheinigung führender inhaltlicher Mangel.[31]

b) Hauptversammlungspraxis. Zur Stimmrechtsausübung in einer Hauptversammlung kommt 14
es in der durch die Gesellschaftssatzung geprägten Praxis üblicherweise wie folgt: Stimmberechtigte
Aktionäre dürfen an der Hauptversammlung teilnehmen, sofern sie sich bei der Anmeldestelle der
Gesellschaft fristgerecht angemeldet haben (§ 123 Abs. 2 S. 1) und entweder einen von ihrem depotführenden Kredit- oder Finanzinstitut erstellten besonderen Nachweis ihres Anteilsbesitzes
(→ Rn. 22 ff.), ebenfalls fristgemäß, übermitteln (Inhaberaktien, § 10 Abs. 1 S. 2) oder im Aktienregister als Aktionäre eingetragen sind (Namensaktien, § 10 Abs. 1 S. 1, Abs. 3). Nach Zugang der
Anmeldung (und des Nachweises des Anteilsbesitzes) werden den teilnahmeberechtigten Aktionären
nummerierte Eintrittskarten für die Hauptversammlung übersandt. Zum Teil können die Aktionäre
ihre Eintrittskarten über einen Online-Service selbst ausdrucken[32] oder sie erhalten ein mobiles
Ticket, das auf einem Smartphone oder Tablet angezeigt werden kann.[33]

In der herrschenden Praxis[34] werden die Eintrittskarten am Eingang der Hauptversammlung 15
gegen einen Stimmkartenblock eingetauscht. Auf der Stimmkarte ist ein Barcode, Magnetstreifen
oder elektronischer Chip angebracht, mit dem die Stimmanzahl des jeweiligen Inhabers ausgelesen
werden kann.[35] Unterschieden werden Stimmkarten mit festem Abstimmverhalten von neutralen
Stimmkarten, die kein Votum enthalten.[36] Bei der Verwendung von ersteren sind im Stimmkartenblock für jeden Tagesordnungspunkt drei Stimmkarten („Ja", „Nein", „Enthaltung") vorgesehen. Der
Aktionär wählt die seinem Stimmverhalten entsprechende Karte und wirft sie in einen gemeinsamen

---

[25] MüKoStGB/*Kiethe* Rn. 12; Großkomm AktG/*Klug*, 3. Aufl. 1975, Anm. 5; vgl. MüKoAktG/*Kubis* § 123 Rn. 1, 8 ff.
[26] NK-AktR/*Bernsmann* Rn. 2; Großkomm AktG/*Klug*, 3. Aufl. 1975, Anm. 5; Kölner Komm AktG/*Geilen*, 1. Aufl. 1984, Rn. 6; Kölner Komm AktG/*Altenhain* Rn. 6; Großkomm AktG/*Otto* Rn. 11.
[27] NK-AktR/*Bernsmann* Rn. 2; MüKoStGB/*Kiethe* Rn. 30; Großkomm AktG/*Otto* Rn. 8, 15, 29; Hölters/*Müller-Michaels* Rn. 15; Henssler/Strohn/*Raum* Rn. 1; Kölner Komm AktG/*Altenhain* Rn. 9 (19).
[28] So jedoch GHEK/*Fuhrmann* Rn. 2, 14; MüKoAktG/*Schaal* Rn. 3; Großkomm AktG/*Klug*, 3. Aufl. 1975, Anm. 1; wieder anders Kölner Komm AktG/*Geilen*, 1. Aufl. 1984, Rn. 7, 16: rein subjektives Absichtsmerkmal.
[29] MüKoAktG/*Schaal* Rn. 9; NK-WSS/*Krause*/*Twele* Rn. 2.
[30] Kölner Komm AktG/*Geilen*, 1. Aufl. 1984, Rn. 5; Kölner Komm AktG/*Altenhain* Rn. 9; MüKoAktG/*Schaal* Rn. 14; MüKoStGB/*Kiethe* Rn. 27; Großkomm AktG/*Otto* Rn. 13.
[31] Großkomm AktG/*Otto* Rn. 13.
[32] https://www.basf.com/de/company/investor-relations/calendar-and-publications/annual-shareholders-meet ing/online-service-for-shareholders/terms-and-conditions.html [letzter Abruf: 20.6.2018].
[33] http://www.daimler.com/investoren/services/fragen-antworten.html [letzter Abruf: 20.6.2018].
[34] So bspw. bei der Daimler AG (→ Fn. 33), der TUI AG (https://www.tuigroup.com/de-de/investoren/hauptversammlungen/hauptversammlung-2016/leitfaden-fuer-die-hv [letzter Abruf: 20.6.2018]), der ADIDAS AG (https://www.adidas-group.com/media/filer_public/c1/00/c100e90e-7ef8-4644-82e7-e268d9448479/hin weisblatt_2017_de.pdf [letzter Abruf: 20.6.2018]), der Diebold Nixdorf AG (https://www.dieboldnixdorf ag.com/-/media/diebold/diebold-asset-library/ag-ir/general-meeting/2017/de/informationen_hv_2017_de.pdf [letzter Abruf: 20.6.2018]), der Henkel AG & Co. KGaA (http://www.henkel.de/blob/648276/eaf615 d5cb48157136897df9ad7c1f05/data/informationen-zum-ablauf-der-hauptversammlung.pdf [letzter Abruf: 20.6. 2018] oder der Volkswagen AG (https://www.volkswagenag.com/presence/investorrelation/publications/share holder-meetings/2017/faq/deutsch/ir_internet_faq_hv2017.pdf [letzter Abruf: 20.6.2018]).
[35] *Pickert* in Semler/Volhard/Reichert HV-HdB § 9 Rn. 268.
[36] *Pickert* in Semler/Volhard/Reichert HV-HdB § 9 Rn. 381 ff., 386 ff.

Sammelbehälter. Bei der Verwendung von neutralen Stimmkarten stehen drei mit den jeweiligen Abstimmungsoptionen beschriftete Boxen zur Auswahl und der Aktionär wirft die Karte in einen der drei Behälter. Schließlich kommen sog. „Markierungskarten" zum Einsatz, auf denen der Inhaber mittels eines Kreuzes sein Stimmverhalten kenntlich macht. Diese haben deshalb eine große Verbreitung, weil mit ihrer Hilfe mehrere Tagesordnungspunkte zu einer Blockabstimmung zusammengefasst werden können („Mehrfachstimmkarte").[37] Der Nachteil dieses Abstimmungsmediums liegt in dem Risiko ungültiger Stimmen, etwa durch Doppelmarkierungen.

16　Die drei in → Rn. 15 genannten Formen der Stimmkarten[38] werden nach Abstimmungsende maschinell ausgewertet. Bei der Auswertung kommen unterschiedliche Auszählverfahren zur Anwendung. Teilweise werden alle Stimmen ausgezählt (Additionsverfahren),[39] teilweise wird das Subtraktionsverfahren angewandt, nach dem nur die Gegenstimmen und Enthaltungen gezählt und von der Gesamtzahl der Stimmen abgezogen werden.[40]

17　Während von der in § 118 Abs. 1 S. 2 vorgesehenen Möglichkeit der Online-Teilnahme an einer Hauptversammlung in Deutschland bislang kaum Gebrauch gemacht wird,[41] entspricht die **Online-Abstimmung,** bei der sich die abstimmenden Aktionäre weiterhin im Versammlungsraum befinden, bereits einer gängigen Praxis.[42] Oftmals kommen dabei Tablets oder mobile Datenerfassungsterminals zum Einsatz.[43] Bei der „echten" Online-Abstimmung ist das Gerät unmittelbar mit dem Rechenzentrum verbunden, in dem die Abstimmungsergebnisse zeitgleich ausgelesen werden. Bei der „unechten" Online-Abstimmung werden die Ergebnisse zunächst auf dem Gerät gesammelt und erst anschließend im Rechenzentrum zusammengeführt.[44] Zuvor erhalten die Aktionäre eine kombinierte Eintritts-/Hauptversammlungskarte.[45] Ein Teil dieser kombinierten Karte fungiert als Eintrittskarte, wird am Eingang der Hauptversammlung abgetrennt und verbleibt bei der Gesellschaft. Der andere Teil dient als Stimmkarte. Ein auf dieser Karte befindlicher Barcode dient der Identifikation des Aktionärs. Mittels Touchscreen gibt er selbst oder mithilfe assistierender Abstimmungshelfer seine Stimmen ab und bestätigt sein Stimmverhalten anschließend.[46] Der Vorteil dieser Methode liegt darin, dass das Abstimmungsergebnis bereits im unmittelbaren Anschluss an die Stimmerhebung vorliegt.[47] Jedoch ist die Online-Abstimmung aufgrund der Verwendung technischer Hilfsmittel fehleranfälliger als das papiergebundene Verfahren, weshalb oftmals noch immer das klassische Verfahren mit Stimmboxen verwendet wird.

18　In kleineren Unternehmen kommt auch eine Abstimmung durch Handheben, Aufstehen oder Zuruf in Betracht.[48] Häufig werden dort anstelle der Stimmkartenblöcke aus Kostengründen sog. Abreißzettel verwendet, deren Abschnitte ebenfalls in Boxen geworfen und anschließend per Hand ausgezählt werden.[49] Ebenfalls gebräuchlich sind sogenannte „Kupons", einzelne Abschnitte einer DIN A4-Seite, die mit einem Barcode ausgestattet sind und der Entscheidung einer bestimmten Abstimmungsfrage dienen. Zur Auszählung werden hier vergleichsweise günstige Handlaserscanner bzw. Lesestifte eingesetzt.[50]

19　Möglich, wenn auch bisher nur vereinzelt angeboten, ist eine „Funkabstimmung", bei der jeder im Saal Anwesende mit einem speziellen, ihm ausgehändigten elektronischen Abstimmungsgerät seine Stimme(n) vom Platz aus abgeben kann.[51] Dieses Verfahren erfordert eine vergleichsweise

---

[37] *Pickert* in Semler/Volhard/Reichert HV-HdB § 9 Rn. 389.
[38] Stimmkarten mit festem Abstimmverhalten (1), neutrale Stimmkarten (2) und „Markierungskarten" (3).
[39] So etwa bei der ADIDAS AG oder der Diebold Nixdorf AG.
[40] So etwa bei der Bilfinger SE (http://www.bilfinger.com/fileadmin/corporate_webseite/investor_relations/hauptversammlung/2015/Abstimmung_2015.pdf [letzter Abruf: 20.6.2018]) oder der Henkel AG (→ Fn. 34); vgl. zu den Auszählverfahren → § 133 Rn. 24 ff. sowie *Pickert* in Semler/Volhard/Reichert HV-HdB § 9 Rn. 402 ff.
[41] *Simons* NZG 2017, 567; vgl. auch → § 118 Rn. 35 ff.
[42] *Pickert* in Semler/Volhard/Reichert HV-HdB § 9 Rn. 365.
[43] *Simons* NZG 2017, 567 (569); *Pickert* in Semler/Volhard/Reichert HV-HdB § 9 Rn. 366.
[44] Vgl. zu diesen beiden Varianten *Simons* NZG 2017, 567.
[45] So etwa bei der Linde AG (http://www.the-linde-group.com/internet.global.thelindegroup.global/de/images/Linde_HV-Einladung_de_2018-03-2116_465269.pdf?v=3.0 [letzter Abruf: 20.6.2018]), der Lufthansa Group (https://investor-relations.lufthansagroup.com/fileadmin/downloads/de/hauptversammlung/2017/LH-HV-2017-A-Z.pdf [letzter Abruf: 20.6.2018]) und der Bilfinger SE (→ Fn. 40).
[46] So etwa bei der Bilfinger SE (→ Fn. 40); zur Überprüfung der Eingaben werden teilweise auch Quittungsbelege ausgegeben, vgl. http://www.hvbest.de/html/hv_123.php [letzter Abruf: 20.6.2018].
[47] *Marsch-Barner* in Marsch-Barner/Schäfer Börsennotierte AG-HdB § 34 Rn. 138; *Pickert* in Semler/Volhard/Reichert HV-HdB § 9 Rn. 370.
[48] *Pickert* in Semler/Volhard/Reichert HV-HdB § 9 Rn. 267.
[49] *Pickert* in Semler/Volhard/Reichert HV-HdB § 9 Rn. 346 f.
[50] *Pickert* in Semler/Volhard/Reichert HV-HdB § 9 Rn. 358, 398.
[51] *Marsch-Barner* in Marsch-Barner/Schäfer Börsennotierte AG-HdB § 34 Rn. 138; *Pickert* in Semler/Volhard/Reichert HV-HdB § 9 Rn. 366, 372 ff.

aufwendige Logistik und ist deshalb relativ teuer.[52] Auch ist die Bedienung der Abstimmungsgeräte für viele ungewohnt, was die Gefahr von Abstimmungsfehlern mit sich bringt. Wie bei der Online-Abstimmung ist hier ebenso Personal erforderlich, um bei der Bedienung der Geräte zu assistieren. Logistisch weniger aufwendig und kostengünstiger ist dagegen die Möglichkeit, eine „mobile App" zur Stimmabgabe zu nutzen, die die Aktionäre zuvor auf ihrem Smartphone installieren.[53] Diese Abstimmtechnik wird erst seit Kurzem von Hauptversammlungsdienstleistern angeboten und hat daher noch keine große Verbreitung gefunden.[54]

c) Anmeldung. § 123 Abs. 2 S. 1 bestimmt, dass die Satzung die Ausübung des Stimmrechts von einer Anmeldung abhängig machen kann. Für gesonderte Versammlungen verweist § 138 S. 2 auf die Bestimmungen über die Hauptversammlung. Ohne eine entsprechende Satzungsbestimmung wäre jeder Aktionär zur Stimmrechtsausübung zugelassen, der über stimmberechtigte Aktien verfügt.[55] Das Anmeldeerfordernis ist zwar nicht gesetzlich zwingend. Es ist allerdings keine Satzung bekannt, die von diesem Anmeldeerfordernis absieht,[56] was bereits organisatorische Gründe nahelegen. Die schlichte Anmeldung kann dabei noch kein taugliches Tatobjekt iSv § 402 sein.[57] Denn mit Blick auf das geschützte Rechtsgut kommen nur solche Bescheinigungen in Betracht, die ohne weitere Zwischenschritte zur Abstimmung berechtigen (→ Rn. 3).

d) Legitimationsnachweis. aa) Inhaberaktien. Für Inhaberaktien gelten **§ 123 Abs. 3 und 4**. § 123 Abs. 3 enthält keine eigene Legitimationsregelung, sondern verweist auf die Satzung. Diese kann somit grds. (siehe aber auch → Rn. 22) bestimmen, wie die Berechtigung zur Ausübung des Stimmrechts nachzuweisen ist. Ohne Satzungsklausel verbleibt es bei den Grundsätzen des § 123 Abs. 2 (→ Rn. 20). Mit Satzungsklausel ist im Verhältnis zur AG nur derjenige stimmberechtigt, der den satzungsmäßigen Nachweis erbracht hat, § 123 Abs. 4 S. 5. Dabei handelt es sich um eine (unwiderlegliche) Fiktion.[58] Der Berechtigungsnachweis kann Tatobjekt iSv § 402 sein.

Für **börsennotierte Gesellschaften** (§ 3 Abs. 2) ist diese Satzungsautonomie gem. § 123 Abs. 4 S. 1 bis 4 eingeschränkt. Ein Nachweis des Anteilsbesitzes durch das depotführende Institut genügt. Depotführende Institute sind (auch ausländische) Kreditinstitute oder Finanzdienstleistungsinstitute (hierzu § 1 Abs. 1 und Abs. 1a KWG). In § 123 Abs. 4 S. 2 hat der Gesetzgeber einen verbindlichen Termin iSd § 121 Abs. 7 S. 1 **(„Record Date")** eingeführt. Hieraus folgt konkret, dass ein Aktienerwerb nach dem Beginn des Stichtages aus Gründen der Rechtssicherheit einen Stimmrechtsausschluss für den Erwerber nach sich zieht.[59] Umgekehrt ändert eine Veräußerung der Aktien nach dem Record Date und vor der Hauptversammlung nichts daran, dass die auf die Versammlung bezogenen Rechte bestehen bleiben.[60] Ein derartiges Auseinanderfallen von Inhaberschaft und Stimmrecht wird für diesen überschaubaren Zeitraum von 21 Tagen zur Vereinfachung der Verfahrensabläufe vor der Hauptversammlung hingenommen.[61] Für eine mögliche Strafbarkeit aus § 402 bedeutet die Einführung des Record Date: Immer dann, wenn eine Bescheinigung diejenige Person ausweist, die vor dem Stichtag Berechtigte war, kann sie nicht inhaltlich unrichtig sein und damit nicht § 402 unterfallen.

Der Aktionär einer börsennotierten AG erhält den zur Ausübung des Stimmrechts erforderlichen **Berechtigungsnachweis** faktisch wie folgt: Depotführende Institute werden über die Hauptversammlung einer AG in Kenntnis gesetzt. Befinden sich in den durch das Institut verwalteten Depots Aktien der einberufenden AG, fordert das betreffende Institut Einladungen zur Hauptversammlung für die von ihm betreuten Aktionäre bei der Gesellschaft oder von sog. Anmeldestellen an. In der Praxis wird die Rolle der Anmeldestellen in der Regel von Agenturen, die sich auf diese Aufgabe spezialisiert haben (sog. HV-Dienstleister), nur noch vereinzelt von Banken, die den Börsengang der AG betreut haben, übernommen. Die Aktionäre (Inhaberaktien) melden sich auf die Einladung zur Hauptversammlung hin bei den Depotbanken an. Die Depotbanken wiederum bestellen für die

---

[52] *Pickert* in Semler/Volhard/Reichert HV-HdB § 9 Rn. 377.
[53] *Pickert* in Semler/Volhard/Reichert HV-HdB § 9 Rn. 377.
[54] Einer der weltweiten Marktführer für Hauptversammlungsdienstleistungen, Computershare, bietet in Deutschland seit 2016 eine „Smart Voting App" an, vgl. https://www.computershare.com/News/CPU_Annual_Report_FY16.pdf [letzter Abruf: 20.6.2018], S. 9.
[55] MüKoAktG/*Kubis* § 123 Rn. 8; MüKoStGB/*Kiethe* Rn. 12, 30.
[56] NK-AktR/*Pluta* § 123 Rn. 13.
[57] MüKoStGB/*Kiethe* Rn. 17.
[58] RegE BT-Drs. 15/5092, 14; *Gantenberg* DB 2005, 207 (208); *Seibert* WM 2005, 157 (158); vgl. hierzu auch *Spindler* NZG 2005, 825 (827).
[59] RegE BT-Drs. 15/5092, 14; *Gantenberg* DB 2005, 207 (208); *Spindler* NZG 2005, 825 (827); *Wilsing* ZIP 2004, 1082 (1085).
[60] RegE BT-Drs. 15/5092, 14; *Spindler* NZG 2005, 825 (827); MüKoStGB/*Kiethe* Rn. 44.
[61] RegE BT-Drs. 15/5092, 14; *Simon/Zetzsche* NZG 2005, 369 (372 f.); *Spindler* NZG 2005, 825 (827); MüKoStGB/*Kiethe* Rn. 22.

Aktionäre der Gesellschaft die Eintrittskarten bei der jeweiligen Anmeldestelle. Diese stellen nunmehr die Eintrittskarten aus und fertigen zugleich eine Liste an, die den Namen, Wohnort und die Stückzahl der vom einzelnen Aktionär gehaltenen Aktien umfasst. Die Eintrittskarte wird beim Eingang zur Hauptversammlung gegen einen Stimmkartenblock ausgetauscht (vgl. bereits → Rn. 15), sofern man zum Record Date Berechtigter war.

24   Einige Unternehmen bieten einen Onlineservice für Aktionäre an, mithilfe dessen sich Aktionäre etwa online zur Hauptversammlung anmelden, Eintrittskarten bestellen und ausdrucken oder als mobiles Ticket an ihr Smartphone senden lassen, im Rahmen der Eintrittskartenbestellung einen Dritten bevollmächtigen, ihre Stimme per Briefwahl abgeben, Vollmacht und Weisungen an die Stimmrechtsvertreter der Gesellschaft erteilen und zuvor über den e-service für Aktionäre erteilte Vollmachten und Weisungen ändern oder widerrufen können.[62] Ferner besteht dort auch die Möglichkeit, Einladungen zur Hauptversammlung per E-Mail zu erhalten. Weiterhin stellen einige Unternehmen den Aktionären die Option der Briefwahl zur Verfügung.[63]

25   Für nicht börsennotierte Aktiengesellschaften bleibt es bei der Regelung des § 123 Abs. 3. Daher kann die Satzung eine Legitimationsregelung einführen, die nicht an den bloßen Nachweis des Anteilsbesitzes anknüpft. So kann sie etwa die **Hinterlegung** der Aktien vorschreiben.[64] Auch börsennotierte Aktiengesellschaften können die Hinterlegung als alternative Form der Legitimation normieren.[65] Unabhängig vom Satzungsinhalt reicht aber der Nachweis des depotführenden Instituts über den Anteilsbesitz aus.

26   **bb) Namensaktien.** Hinsichtlich der in der Praxis immer beliebter werdenden[66] Namensaktien gilt es zwischen börsennotierten und sonstigen Gesellschaften (dazu → Rn. 28) zu unterscheiden. Bei **börsennotierten Unternehmen** folgt die Legitimation des Aktionärs aus einem Abgleich der Anmeldung mit dem Aktienregister (vgl. § 123 Abs. 5, § 67).[67] Im Verhältnis zur Gesellschaft ist gem. § 67 Abs. 2 Aktionär nur derjenige, der als solcher im Aktienregister eingetragen ist. Dies gilt in gleicher Weise für die Zwischenscheine, die nach § 10 Abs. 3 ebenfalls auf Namen lauten müssen (§ 67 Abs. 7). Im Ergebnis gibt es auch bei der Namensaktie ein **Record Date,** ohne dass dieses positivrechtlich[68] geregelt ist: Das Teilnahmeverzeichnis (§ 129 Abs. 1 S. 2) muss mit dem Aktienregister übereinstimmen. Dies kann bei fortdauerndem Aktienhandel häufig nur durch einen Eintragungsstopp erreicht werden. Die zulässige Höchstdauer eines solchen Umschreibestopps orientiert sich nach überwiegender Auffassung an der Frist des § 123 Abs. 2 S. 2.[69] Danach muss die Anmeldung mindestens sechs Tage vor der Versammlung der Gesellschaft zugehen. Der Erwerber muss also nach dieser Frist nicht mehr ins Aktienregister aufgenommen werden, umgekehrt gilt der Veräußerer gegenüber der Gesellschaft nach wie vor als legitimiert.[70]

27   Bei Namensaktien börsennotierter Unternehmen bedarf es also keines Legitimationsnachweises, so dass auf den ersten Blick kein taugliches Tatobjekt vorhanden ist. Wenn hieraus der Schluss gezogen wird, bei Namensaktien und Zwischenscheinen scheide § 402 nunmehr aus,[71] so wird verkannt, dass auch in dieser Konstellation auf die Anmeldung hin *Stimmkarten* ausgegeben werden (dazu → Rn. 30).

28   Anders stellt sich die Rechtslage bei **nicht börsennotierten** Gesellschaften dar. Durch die Erweiterung von § 123 Abs. 3 im Zuge der Aktienrechtsnovelle 2016 (→ Rn. 9) eröffnet die Norm ihrem

---

[62] Im Einzelnen: Daimler AG (→ Fn. 33); siehe auch den Onlineservice der Lufthansa Group (→ Fn. 45).
[63] So etwa die Linde AG (→ Fn. 45) oder die Lufthansa Group (→ Fn. 45).
[64] RegE BT-Drs. 15/5092, 14; *Spindler* NZG 2005, 825 (827); *Simon/Zetzsche* NZG 2005, 369 (371); Hüffer/Koch/*Koch*, 13. Aufl. 2018, § 123 Rn. 10.
[65] Hüffer/Koch/*Koch*, 13. Aufl. 2018, § 123 Rn. 11.
[66] *Grumann/Soehlke* DB 2001, 576 ff.; *Kölling* NZG 2000, 631 f.; *Noack* DB 1999, 1306 ff.; *Noack* FS Bezzenberger, 2000, 291 ff.; *Seibert* FS Peltzer, 2001, 469 (470 f.); Hüffer/Koch/*Koch*, 13. Aufl. 2018, § 67 Rn. 2 f.
[67] RegE BT-Drs. 15/5092, 13; Kölner Komm AktG/*Geilen,* 1. Aufl. 1984, Rn. 3; Kölner Komm AktG/*Altenhain* Rn. 8; MüKoStGB/*Kiethe* Rn. 19; vgl. MüKoAktG/*Kubis* § 123 Rn. 18.
[68] Der ursprüngliche Entwurf der Bundesregierung zur Aktienrechtsnovelle 2014 enthielt eine entsprechende Regelung bzgl. eines Record Date (gedacht als § 123 Abs. 6 AktG), BT-Drs. 18/4349, 8. Dieses Vorhaben wurde letztlich nicht umgesetzt, siehe dazu BT-Drs. 18/6681, 11 f.
[69] → § 67 Rn. 81; vgl. OLG Stuttgart AG 2009, 204 ff.; OLG Köln AG 2009, 448 ff.; MüKoAktG/*Bayer* § 67 Rn. 112; Hüffer/Koch/*Koch*, 13. Aufl. 2018, § 67 Rn. 20; aA *Grumann/Soehlke* DB 2001, 576 (579) (24 Stunden); Großkomm AktG/*Merkt* § 67 Rn. 105 (48 Stunden); *Noack* ZIP 1999, 1993 (1997) (72 Stunden); insges. zum Record Date bei Namensaktien *von Nussbaum* NZG 2009, 456 ff. – In der Praxis der DAX-Unternehmen ist die Bestimmung eines Umschreibestopps üblich, der meist nur wenige Tage vor der Hauptversammlung beginnt, vgl. Großkomm AktG/*Butzke* § 123 Rn. 63; so werden etwa bei der Daimler AG vier Tage im Vorfeld keine Umschreibungen mehr vorgenommen (→ Fn. 33).
[70] RegE BT-Drs. 15/5092, 14.
[71] MüKoStGB/*Kiethe* Rn. 18 f.; GJW/*Temming* Rn. 2.

Wortlaut nach nunmehr auch bei Namensaktien nicht börsennotierter Unternehmen hinsichtlich der Legitimation der Aktionäre *Satzungsfreiheit*.[72] Ebenso wie bei Inhaberaktien nicht börsennotierter Unternehmen (→ Rn. 25) kann die Satzung somit theoretisch einen Berechtigungsnachweis zur Teilnahme an der Hauptversammlung oder zur Ausübung des Stimmrechts erfordern. Zweifelhaft ist indes, ob dies auch praktisch relevant werden wird: Denn Namensaktien sind gem. § 67 Abs. 1 S. 1 ohnehin zwingend im Aktienregister einzutragen und nach § 67 Abs. 2 S. 1 gilt im Verhältnis zur Gesellschaft nur derjenige als Aktionär, der als solcher im Aktienregister eingetragen ist. Für einen weitergehenden Berechtigungsnachweis besteht daher an sich kein Bedürfnis. In der Gesetzesbegründung wird daher auch die Möglichkeit eines zusätzlichen Berechtigungsnachweises überhaupt nicht erwähnt.[73] Dem Gesetzgeber ging es bei der Gewährung der Satzungsfreiheit vielmehr darum, den nicht börsennotierten Unternehmen die Regelung eines *Nachweisstichtages* zu ermöglichen.[74]

cc) Unverbriefte Aktien. Auch bei unverbrieften Aktien (§ 10 Abs. 5), bei denen regelmäßig 29 seitens der Kreditinstitute keine Bestandsnachweise ausgegeben werden, muss sich der Aktionär zur Ausübung des Stimmrechts legitimieren.[75] Ein solcher Nachweis kann etwa durch Vorlage einer **Abtretungsurkunde** oder eines **Erbscheins** erbracht werden.[76] Über die Satzung sind andere bzw. ergänzende Regelungen möglich.

e) Eintritts- und Stimmkarte. Die **Eintrittskarte** stellt keinen Berechtigungsnachweis dar. 30 Diejenige Ansicht geht fehl, die einer Bescheinigung zur Teilnahme an der Hauptversammlung bereits die erforderliche Qualität als Tatobjekt zuspricht, weil sie mittelbar auch die Zulassung zur Abstimmung enthalte.[77] Denn aus dem Recht zur Teilnahme lässt sich kein Schluss auf das Recht zur Stimmrechtsausübung ableiten. Die Eintrittskarte wird beim Eintritt eingesammelt und hat auf die Legitimation beim Abstimmungsvorgang keinen Einfluss. Hingegen stellt die **Stimmkarte** ein taugliches Tatobjekt dar,[78] sei es, dass die Stimmkarte unmittelbar das Stimmverhalten wiedergibt, sei es, dass sich die Stimmkarte auf die Legitimation des Aktionärs beschränkt und die Stimmabgabe durch einen mündlichen Bestätigungsakt erfolgt.

3. Tathandlungen. Die Tathandlungen sind entsprechend denjenigen bei der **Urkundenfäl-** 31 **schung** (§ 267 StGB) konstruiert. Wegen des unterschiedlichen Schutzzwecks ergeben sich allerdings Unterschiede.

a) Falschheitsbegriff. Der Tatbestand des § 402 basiert auf dem Falschheitsbegriff: Der Täter 32 muss die Bescheinigung falsch ausgestellt bzw. verfälscht haben (Abs. 1) oder von einer falschen oder verfälschten Bescheinigung Gebrauch gemacht haben (Abs. 2). *Geilen* versteht unter „falsch" zum einen die Unechtheit der Urkunde, zum anderen die inhaltliche Unrichtigkeit der Urkundenaussage.[79] Der Begriff der Unechtheit ist aus § 267 StGB bekannt und bezeichnet den Fall, dass scheinbarer und tatsächlicher Aussteller auseinanderfallen. Rechtsgutsrelevanz besitzt der Angriff auf die Echtheit der Bescheinigung allerdings nicht, es sei denn, der Täter wirkt durch sein Handeln zugleich auf die materielle Richtigkeit der Bescheinigung ein. Der Tatbestand des § 402 umfasst auch und gerade die **schriftliche Lüge**.[80] Dies folgt erstens aus dem Wortlaut („falsch" statt „unecht"), zweitens aus dem Rechtsgut, für das es auf die materielle Richtigkeit der Bescheinigung ankommt, und drittens aus einer historischen Auslegung: Die Interpretation der Vorgängerregelung des § 316 HGB aF erfolgte bereits auf diese Weise,[81] wobei der Gesetzgeber mit der Schaffung des § 402 an dieser Auslegung nichts ändern wollte.[82]

---

[72] Hüffer/Koch/*Koch*, 13. Aufl. 2018, § 123 Rn. 10; Henssler/Strohn/*Liebscher* § 123 Rn. 7 f.; *Götze/Nartowska* NZG 2015, 298 (301).
[73] Vgl. BT-Drs. 18/4349, 23.
[74] BT-Drs. 18/4349, 23; vgl. auch *Götze/Nartowska* NZG 2015, 298 (301).
[75] Vgl. hierzu auch *Simon/Zetzsche* NZG 2005, 369 (374); MüKoAktG/*Kubis* § 123 Rn. 24; MüKoStGB/*Kiethe* Rn. 29.
[76] MüKoAktG/*Kubis* § 123 Rn. 20; MüKoStGB/*Kiethe* Rn. 29.
[77] So aber Kölner Komm AktG/*Geilen*, 1. Aufl. 1984, Rn. 6; MüKoStGB/*Kiethe* Rn. 28; Großkomm AktG/*Otto* Rn. 11; NK-WSS/*Krause/Twele* Rn. 3; wie hier NK-AktR/*Bernsmann* Rn. 2; ebenso nunmehr Kölner Komm AktG/*Altenhain* Rn. 6.
[78] Abl. Kölner Komm AktG/*Altenhain* Rn. 6.
[79] Kölner Komm AktG/*Geilen*, 1. Aufl. 1984, Rn. 9.
[80] Großkomm AktG/*Klug*, 3. Aufl. 1975, Anm. 2 f.; Kölner Komm AktG/*Geilen*, 1. Aufl. 1984, Rn. 2; MüKoStGB/*Kiethe* Rn. 32 f.; GJW/*Temming* Rn. 5; Hölters/*Müller-Michaels* Rn. 6; NK-WSS/*Krause/Twele* Rn. 4; *Mohamed* ZIP 2016, 1100 (1106).
[81] Erbs/Kohlhaas/*Schaal* Rn. 11; MüKoStGB/*Kiethe* Rn. 32; MüKoAktG/*Schaal* Rn. 15.
[82] *Meyer* AG 1966, 109 (112); Erbs/Kohlhaas/*Schaal* Rn. 11; MüKoAktG/*Schaal* Rn. 15.

33 **b) Abs. 1 Alt. 1: Falsches Ausstellen einer Bescheinigung.** Stellt ein nicht zur Ausstellung Legitimierter eine materiell richtige, aber eben unechte Bescheinigung her, ist sein Verhalten rechtsgutsirrelevant. Es erscheint konsequent, ein derartiges Vorgehen daher im Wege der **teleologischen Reduktion** aus dem Anwendungsbereich des § 402 zu eliminieren.[83] § 267 StGB ist auf diese Konstellation zugeschnitten. Es bleiben also zwei mögliche Fälle der ersten Alternative: Der zur Ausstellung Legitimierte stellt eine inhaltlich unrichtige Bescheinigung aus (1). Ein nicht zur Ausstellung Legitimierter stellt eine inhaltlich unrichtige Bescheinigung aus (2). Die beiden Varianten werden im Folgenden getrennt dargestellt, da sie sich phänomenologisch unterscheiden. In der Sache kommt der Differenzierung der Fallgruppen allerdings keine Bedeutung zu, da aufgrund der hier befürworteten teleologischen Reduktion allein das Ausstellen einer inhaltlichen unrichtigen Bescheinigung – egal durch wen – ausschlaggebend ist. In beiden Fällen ist unter **Ausstellen** das originäre Anfertigen einer solchen Bescheinigung zu verstehen.[84]

34 In Variante (1) stellt sich zunächst die Frage, wer **zur Ausstellung legitimiert** ist. Dies ist in Ansehung des konkreten Tatobjekts zu bestimmen. Maßgebend ist insoweit nicht, wer den Anfertigungsakt vollzogen hat, sondern wer bei wertender Betrachtung die unmittelbare Verantwortung für die Erklärung trägt.[85] Der Berechtigungsnachweis gilt nur für eine bestimmte Gesellschaft und Hauptversammlung und enthält die für das Teilnahmeverzeichnis gem. § 129 Abs. 1 S. 2 erforderlichen Daten.[86] Diese Informationen sind nur dem depotführenden Institut bekannt. Der Inhalt des Nachweises ist diesem daher zuzurechnen, so dass Aussteller des Nachweises das depotführende Institut ist.[87] Stimmkarten dürften, unabhängig davon, wie sie in die Hände des Aktionärs bzw. seines Stellvertreters gelangen, von der Gesellschaft selbst ausgestellt worden sein. Mitglieder des depotführenden Instituts bzw. der AG müssten also zum Schaden der Gesellschaft inhaltlich unrichtige Bescheinigungen ausstellen, die bei Abstimmungsrelevanz in hohem Maße aufdeckungsgefährdet wären. Häufig vorkommen wird diese Konstellation nicht.

35 Am ehesten denkbar erscheint noch Variante (2), auch wenn sie entgegen *Kiethe*[88] in gleicher Weise nicht „praxisrelevant" sein dürfte. Denn Manipulationen sind über technische Erfordernisse und damit Maßnahmen der sog. technischen Prävention erheblich erschwert. Variante (2) läge vor, wenn eine Bescheinigung durch einen Nichtberechtigten hergestellt würde, in der essentielle Bestandteile der Richtigkeit zuwider angegeben wären. So müssen in das Teilnahmeverzeichnis die Aktionäre unter Angabe ihres Namens und Wohnorts, bei Nennbetragsaktien des Betrags, bei Stückaktien der Zahl der Aktien einschließlich ihrer Gattung aufgenommen werden (→ § 129 Rn. 25). Entsprechende Angaben haben sich auf dem Berechtigungsnachweis zu befinden. Beim Tatobjekt der Stimmkarte dürfte die Stimmenanzahl des betreffenden Aktionärs Anreiz für Manipulationen bieten. Der sich auf der Stimmkarte befindende Aufkleber, der die Stimmenanzahl des Aktionärs dokumentiert, taugt dazu indes nicht. Dieser dient regelmäßig nur Informationszwecken zugunsten des Aktionärs. Der maßgebende Barcode wiederum dürfte im Hinblick auf den Prüfalgorithmus manipulationsungeeignet sein.

36 Die Regelung des **Record Date** (§ 123 Abs. 4 S. 2) macht den Berechtigungsnachweis auch dann inhaltlich unrichtig, wenn durch Aktienkäufe bis zum Zeitpunkt der Hauptversammlung materiell der Zustand erreicht würde, der in der Bescheinigung (zu diesem Zeitpunkt unrichtig) zum Ausdruck kommt. Denn die inhaltliche Unrichtigkeit ist allein zum Zeitpunkt des Record Date zu bestimmen.[89]

37 **c) Abs. 1 Alt. 2: Verfälschen einer Bescheinigung.** Die zweite Alternative setzt eine schon vorliegende Bescheinigung voraus. Anders als § 267 Abs. 1 Var. 2 StGB, der eine echte Urkunde als Ausgangsmaterial verlangt, umfasst § 402 Abs. 1 Alt. 2 sowohl echte als auch unechte Bescheinigungen.[90] Verfälscht wird die Bescheinigung, indem der Täter an dieser unbefugterweise eine nachträgliche Änderung ihres gedanklichen Inhalts vornimmt und dabei den Anschein erweckt, der neue Erklärungsgehalt habe von Anfang an in dieser Form vorgelegen.[91] In **rechtsgutskon-**

---

[83] So auch Kölner Komm AktG/*Altenhain* Rn. 12; aA Erbs/Kohlhaas/*Schaal* Rn. 11; Großkomm AktG/*Otto* Rn. 21; MüKoStGB/*Kiethe* Rn. 32; GJW/*Temming* Rn. 5; Hölters/*Müller-Michaels* Rn. 6.
[84] Kölner Komm AktG/*Geilen*, 1. Aufl. 1984, Rn. 10; Kölner Komm AktG/*Altenhain* Rn. 12; MüKoStGB/*Kiethe* Rn. 33.
[85] Schönke/Schröder/*Heine/Schuster* StGB § 267 Rn. 55; MüKoStGB/*Erb* StGB § 267 Rn. 125.
[86] Zetzsche Der Konzern 2007, 180 (184).
[87] Zetzsche Der Konzern 2007, 180 (183).
[88] MüKoStGB/*Kiethe* Rn. 34.
[89] MüKoStGB/*Kiethe* Rn. 35; GJW/*Temming* Rn. 5.
[90] AA MüKoAktG/*Schaal* Rn. 19.
[91] MüKoAktG/*Schaal* Rn. 19; MüKoStGB/*Erb* StGB § 267 Rn. 180; MüKoStGB/*Kiethe* Rn. 38; Großkomm AktG/*Otto* Rn. 22; NK-WSS/*Krause/Twele* Rn. 5.

former Auslegung verfälscht der Täter nicht, sofern die Bescheinigung zwar unecht wird, aber materiell richtig bleibt.[92] Dieser teleologische Aspekt nimmt auch auf die Sonderkonstellation Einfluss, in der eine inhaltlich unrichtige Gedankenerklärung eigenmächtig berichtigt wird. Hier sprechen Rechtsgutsgesichtspunkte für eine tatbestandliche Reduktion,[93] was entgegen *Kiethe*[94] und *Otto*[95] nicht nur für die Berichtigung durch den ursprünglichen Aussteller, sondern auch für diejenige durch Dritte gilt.

Es verbleiben zwei mögliche rechtsgutsrelevante Konstellationen: Der ursprüngliche Aussteller **38** verändert unbefugt den Inhalt der Bescheinigung mit der Folge, dass diese materiell unrichtig wird (1). Ein Dritter verändert unbefugt den Inhalt der Bescheinigung mit dem Ergebnis, dass diese materiell unrichtig wird (2). Beide Fälle dürften mit entsprechenden Erwägungen wie bei Alt. 1 von geringer Praxisrelevanz sein.

Ob ein Verfälschen im Urkundenstrafrecht auch **durch den Aussteller** selbst erfolgen kann, **39** sofern er seine Dispositionsbefugnis über die Urkunde verloren hat, ist umstritten.[96] Im Rahmen des § 402 bedarf diese Kontroverse keiner Entscheidung. Denn der Schutzbereich ist gegenüber der Urkundenfälschung um den Aspekt der inhaltlichen Richtigkeit ergänzt. Zu diesem gehört auch die Täuschung über den Zeitpunkt, zu dem sich der Bescheinigende erklärt hat.[97]

d) Abs. 2: Gebrauchmachen von einer falschen oder verfälschten Bescheinigung. Der **40** Begriff des Gebrauchmachens stimmt mit dem des § 267 StGB überein.[98] Von der falschen oder verfälschten Bescheinigung muss Gebrauch gemacht werden, und zwar „zur Ausübung des Stimmrechts".[99]

Die zu täuschende, für diese Aufgabe „auf Posten" gestellte Kontrollperson muss die Bescheinigung **sinnlich wahrnehmen** und damit auch kontrollieren können.[100] Ob sie dies dann auch **41** tatsächlich macht, ist für die Tatbestandsverwirklichung, weil nicht im Einflussbereich des Täters liegend, irrelevant.[101] In der Praxis dürften dies im Falle des Berechtigungsnachweises Mitarbeiter der Anmeldestelle bzw. der Gesellschaft, im Falle der Stimmkarte Abstimmungshelfer sein.

Unabhängig davon, ob die Bescheinigung einer gut- oder bösgläubigen Mittelsperson überlassen **42** wird, bedarf es für ein Gebrauchmachen eines **Zugänglichmachens** der Bescheinigung.[102] Jede extensivere Auslegung würde die Grenzen zulässiger Auslegung überschreiten. Das Gebrauchmachen bezieht sich auf das Tatobjekt einer falschen oder verfälschten Bescheinigung, nach dem Wortlaut aber nicht zwingend auf den in § 402 Abs. 1 umschriebenen tatbestandlichen Herstellungsprozess. Auch aus dem Gesichtspunkt des Rechtsgutsschutzes heraus ist es daher möglich, dass von einer nicht strafbar (etwa irrtümlich oder fahrlässig) zustande gekommenen Bescheinigung nach § 402 Abs. 2 Gebrauch gemacht wird.[103]

Die Regelung des **Record Date** (→ Rn. 22, 26, 36) wirkt sich auch auf § 402 Abs. 2 aus. Denn **43** es fehlt an einer falschen oder verfälschten Bescheinigung, sofern diese zum Stichtag materiell richtig ausgestellt war. Es würde einen Systembruch bedeuten, für die Tatvariante des Gebrauchmachens plötzlich darauf abzuheben, dass zwischenzeitlich Aktien veräußert worden sind. Die für das Strafrecht relevante relative Berechtigung wirkt sich bis hin zur tatsächlichen Stimmrechtsausübung aus. Der wegen der Vermutung des § 123 Abs. 4 S. 5 legitimierte Aktionär begeht in gleicher Weise keine Ordnungswidrigkeit nach § 405 Abs. 3 Nr. 1.[104]

---

[92] AA MüKoStGB/*Kiethe* Rn. 38, Großkomm AktG/*Otto* Rn. 23; Hölters/*Müller-Michaels* Rn. 8.
[93] Ausf. Großkomm AktG/*Otto* Rn. 23.
[94] MüKoStGB/*Kiethe* Rn. 39.
[95] Großkomm AktG/*Otto* Rn. 23.
[96] Vgl. MüKoStGB/*Erb* StGB § 267 Rn. 189 ff. mit Darstellung des Meinungsstandes.
[97] Kölner Komm AktG/*Geilen*, 1. Aufl. 1984, Rn. 11; Kölner Komm AktG/*Altenhain* Rn. 11; MüKoStGB/ *Kiethe* Rn. 38; Großkomm AktG/*Otto* Rn. 23; vgl. MüKoStGB/*Erb* StGB § 267 Rn. 192.
[98] Erbs/Kohlhaas/*Schaal* Rn. 15; Großkomm AktG/*Klug*, 3. Aufl. 1975, Anm. 4; Kölner Komm AktG/*Geilen*, 1. Aufl. 1984, Rn. 12; Kölner Komm AktG/*Altenhain* Rn. 14; MüKoStGB/*Schaal* Rn. 21; Großkomm AktG/ *Otto* Rn. 24; GJW/*Temming* Rn. 7; Hölters/*Müller-Michaels* Rn. 10; NK-WSS/*Krause/Twele* Rn. 6.
[99] Großkomm AktG/*Klug*, 3. Aufl. 1975, Anm. 4; MüKoAktG/*Schaal* Rn. 22.
[100] BGHSt 1, 117 (120); 2, 50 (52) = NJW 1952, 231 f.; Kölner Komm AktG/*Geilen*, 1. Aufl. 1984, Rn. 12; Kölner Komm AktG/*Altenhain* Rn. 14; MüKoStGB/*Schaal* Rn. 22; MüKoStGB/*Kiethe* Rn. 40.
[101] Großkomm AktG/*Klug*, 3. Aufl. 1975, Anm. 4; Kölner Komm AktG/*Geilen*, 1. Aufl. 1984, Rn. 12; Kölner Komm AktG/*Altenhain* Rn. 14; MüKoStGB/*Kiethe* Rn. 40; Großkomm AktG/*Otto* Rn. 24; NK-WSS/*Krause/ Twele* Rn. 6.
[102] Vgl. MüKoStGB/*Erb* StGB § 267 Rn. 196.
[103] In diesem Sinn Kölner Komm AktG/*Geilen*, 1. Aufl. 1984, Rn. 13; Kölner Komm AktG/*Altenhain* Rn. 15; MüKoStGB/*Kiethe* Rn. 42; Großkomm AktG/*Otto* Rn. 26 f.; GJW/*Temming* Rn. 7.
[104] → § 405 Rn. 43; MüKoStGB/*Kiethe* Rn. 43 f.

III. Subjektiver Tatbestand

44 § 402 setzt (zumindest bedingten) Vorsatz voraus,[105] der auch die Funktion der Bescheinigung zum Nachweis des Stimmrechts umfassen muss.[106] Das Absichtserfordernis „zur Täuschung im Rechtsverkehr", das in § 267 StGB enthalten ist, fehlt. Bei derart spezifischen Urkunden wie den Bescheinigungen des § 402 ist eine Tathandlung ohne Täuschungsintention indes kaum denkbar.[107] Für das Gebrauchmachen präzisiert der Tatbestand des § 402 Abs. 2, es müsse sich um ein Gebrauchmachen „zur Ausübung des Stimmrechts" handeln. Damit ist in dieser Variante überraschenderweise durch das Absichtserfordernis der Rechtsgutsbezug zum Ausdruck gebracht, auf deren ausdrückliche Festlegung der Gesetzgeber für die ersten beiden Varianten verzichtet hat. Unterschiede im Ergebnis werden sich trotz dieser sachwidrigen Differenzierung[108] nicht einstellen.

IV. Täterschaft und Teilnahme, Versuch, Vollendung und Beendigung, Konkurrenzen

45 1. **Täterschaft und Teilnahme.** Da es sich bei § 402 um ein sog. Allgemeindelikt handelt, kommt insbes. eine **mittelbare Täterschaft** in Betracht, wenn sich der Täter unter Ausnutzung der Gutgläubigkeit des Ausstellers eine inhaltlich unrichtige Bescheinigung verschafft.

46 2. **Versuch.** Der Versuch ist nach Abs. 3 wie bei den allgemeinen Urkundendelikten[109] für alle Tatbestandsvarianten strafbar. Ein unmittelbares Ansetzen ist allein im Hinblick auf das geschützte **Rechtsgut** zu interpretieren.[110] Zur Verwirklichung der beiden Varianten des Abs. 1 hat der Täter angesetzt, wenn er nach der Zwischenaktstheorie[111] im Begriff ist, eine geeignete Bescheinigung herzustellen oder zu verfälschen. Ein unmittelbares Ansetzen zum Gebrauchmachen nach Abs. 2 ist erst dann gegeben, wenn der Täter dazu übergeht, dem hierfür zuständigen Adressaten die falsch ausgestellte oder verfälschte Bescheinigung zugänglich zu machen.[112] Das bloße Beisichführen der Bescheinigung etwa reicht hierfür mangels einer unmittelbaren Gefährdung noch nicht.[113] Dies gilt auch dann, sofern der Täter die Bescheinigung einer gutgläubigen Mittelsperson überlassen hat, die sich mit der Bescheinigung legitimieren soll. Hier muss – entsprechend der neueren Dogmatik zum unmittelbaren Ansetzen bei der mittelbaren Täterschaft – das Zugänglichmachen der Bescheinigung durch die Mittelsperson unmittelbar bevorstehen.[114] Die ursprünglich teilweise vorgenommene Differenzierung danach, ob die Mittelsperson gutgläubig ist (dann Ansetzen bereits mit Übergabe an dieses Werkzeug) oder nicht, genügt einer rechtsgutsorientierten Auslegung des § 22 StGB nicht.[115]

47 Irrt der Täter über die Eignung der Bescheinigung bzw. über die Person des Kontrollierenden bei einer Hauptversammlung oder einer gesonderten Versammlung, so kommt ein nach allgemeinen Regeln strafbarer untauglicher Versuch in Betracht, gegebenenfalls ein strafloses Wahndelikt.[116] Die Abgrenzung von **untauglichem Versuch** und **Wahndelikt** ist vom Grundgedanken her einfach, hat aber weite und schwierige Grenzbereiche. Den Ausgangspunkt beschreibt *Roxin* wie folgt: „Wer bei seiner Handlung irrig von Umständen ausgeht, bei deren Gegebensein er einen Tatbestand erfüllen würde, begeht einen untauglichen Versuch. Wer dagegen alle äußeren Umstände zutreffend übersieht, aber fälschlich annimmt, sein Verhalten verstoße gegen ein strafrechtliches Verbot, verübt ein strafloses Wahndelikt."[117] Wer also eine Bescheinigung herstellt, um in der Hauptversammlung abstimmen zu können, macht sich eines untauglichen Versuchs strafbar, wenn er die satzungsmäßigen Voraussetzungen an die Ausgestaltung dieser Bescheinigung verkennt.[118]

---

[105] Erbs/Kohlhaas/*Schaal* Rn. 17; MüKoStGB/*Kiethe* Rn. 45; MüKoAktG/*Schaal* Rn. 24; Großkomm AktG/*Otto* Rn. 28; K. Schmidt/Lutter/*Oetker* Rn. 4; NK-WSS/*Krause/Tiwele* Rn. 7.
[106] NK-AktR/*Bernsmann* Rn. 4; MüKoAktG/*Schaal* Rn. 25; Großkomm AktG/*Otto* Rn. 28; vgl. dazu auch → Rn. 12.
[107] Geht es dem Täter lediglich um die Teilnahme an der Hauptversammlung, so scheidet § 402 richtigerweise aus; anders MüKoStGB/*Kiethe* Rn. 45.
[108] Vgl. auch die Kritik von Kölner Komm AktG/*Geilen*, 1. Aufl. 1984, Rn. 16, 7.
[109] Kölner Komm AktG/*Geilen*, 1. Aufl. 1984, Rn. 1.
[110] Erbs/Kohlhaas/*Schaal* Rn. 20; MüKoAktG/*Schaal* Rn. 33; Großkomm AktG/*Otto* Rn. 36.
[111] *Roxin* Strafrecht AT/II § 29 Rn. 126; Schönke/Schröder/*Eser/Bosch* StGB § 22 Rn. 42.
[112] Erbs/Kohlhaas/*Schaal* Rn. 20.
[113] MüKoStGB/*Kiethe* Rn. 51; Hölters/*Müller-Michaels* Rn. 18.
[114] MüKoStGB/*Kiethe* Rn. 51.
[115] *Roxin* Strafrecht AT/II § 29 Rn. 258; Schönke/Schröder/*Eser/Bosch* StGB § 22 Rn. 54a.
[116] Erbs/Kohlhaas/*Schaal* Rn. 21; vgl. MüKoStGB/*Kiethe* Rn. 50; Großkomm AktG/*Otto* Rn. 38.
[117] *Roxin* Strafrecht AT/II § 29 Rn. 378 ff., auch mit einer Erörterung des hier nicht darzustellenden umstrittenen Grenzbereichs, Rn. 388 ff.
[118] MüKoStGB/*Kiethe* Rn. 50.

3. Vollendung und Beendigung. Das falsche Ausstellen ist mit dem Ausstellen der Bescheinigung,[119] das Verfälschen mit dem Abschluss der Veränderung vollendet.[120] Das Gebrauchmachen ist vollendet, wenn der maßgeblichen Kontrollperson die Möglichkeit gegeben wird, die Bescheinigung sinnlich wahrzunehmen.[121]   48

Überwiegend wird angenommen, außer beim Gebrauchmachen falle die Beendigung mit der Vollendung zusammen. Ein Gebrauchmachen sei hingegen erst mit dem Abschluss des Gebrauchs, also der Abstimmung, beendet.[122] Auch beim Herstellen sowie beim Verfälschen spricht aber vor dem Hintergrund des geschützten Rechtsguts mehr dafür, den (in aller Regel sehr kurzen) Zeitraum bis zur Abstimmung für den Zeitpunkt der Beendigung abzuwarten.[123] Die Beendigung ist für die Berechnung der **Verjährungsfrist** für die Strafverfolgung von Bedeutung. Sie beträgt gem. § 78 Abs. 3 Nr. 4 StGB fünf Jahre und beginnt nach § 78a S. 1 StGB, sobald die Tat beendet ist. Richtigerweise besteht bei einer sachstrukturell gebotenen Verschiebung des Beendigungszeitraums nach hinten kein Anlass, das Feld von **Täterschaft** und **Teilnahme** zu erweitern, wie dies von der Rechtsprechung für den Zeitraum zwischen Vollendung und Beendigung über die Rechtsfigur der sukzessiven Mittäterschaft bzw. sukzessiven Beihilfe vertreten wird.[124] Täterschaft und Teilnahme sind vielmehr auf den Zeitraum bis zur Vollendung zu begrenzen.[125]   49

4. Konkurrenzen. § 402 ist **formell subsidiär** zu denjenigen **Urkundendelikten,** die eine höhere Strafandrohung aufweisen. Relevanz besitzt diese Subsidiaritätsklausel nach der hier vertretenen Auffassung (→ Rn. 31 f., 37) nur für materiell unrichtige und zugleich unechte Bescheinigungen.[126] Im Hinblick auf die nicht deckungsgleichen Rechtsgüter (→ Rn. 4) ist die Subsidiaritätsklausel zwar systematisch nicht überzeugend, schafft aber zumindest pragmatisch[127] Klarheit, indem sie den Bereich unechter Urkunden den §§ 267 ff. StGB und den Bereich materiell unrichtiger Urkunden dem § 402 zuordnet.   50

Die regelmäßig aufgeführten Urkundenstraftaten, die dem § 402 vorgehen sollen, nämlich §§ 267, 348 StGB und trotz des identischen Strafrahmens auch § 271 StGB,[128] haben bis auf § 267 StGB praktisch keine Bedeutung.   51

Ist der Vorsatz auf eine Tat nach Abs. 1 und nach Abs. 2 gerichtet, was dem praktischen Regelfall entsprechen wird, ist nur eine einheitliche Tat („einheitliches Delikt") anzunehmen.[129] Erstreckt sich der Vorsatz zB beim Herstellen noch nicht auf das nachfolgende Gebrauchmachen bzw. trat der entsprechende Vorsatz erst später hinzu, so ist Tatmehrheit gegeben.[130]   52

Zu anderen Straftatbeständen als den Urkundendelikten – beispielsweise § 263 StGB – gelten die allgemeinen Konkurrenzregeln, so dass es hier nicht zur Gesetzeskonkurrenz, sondern zur Tateinheit oder Tatmehrheit kommt.   53

§ 403 Verletzung der Berichtspflicht

(1) Mit Freiheitsstrafe bis zu drei Jahren oder mit Geldstrafe wird bestraft, wer als Prüfer oder als Gehilfe eines Prüfers über das Ergebnis der Prüfung falsch berichtet oder erhebliche Umstände im Bericht verschweigt.

---

[119] Erbs/Kohlhaas/*Schaal* Rn. 22; Großkomm AktG/*Klug*, 3. Aufl. 1975, Anm. 2; Kölner Komm AktG/*Geilen*, 1. Aufl. 1984, Rn. 21; Kölner Komm AktG/*Altenhain* Rn. 18; MüKoStGB/*Kiethe* Rn. 52; Großkomm AktG/*Otto* Rn. 21.

[120] Erbs/Kohlhaas/*Schaal* Rn. 22; MüKoStGB/*Kiethe* Rn. 52; Großkomm AktG/*Otto* Rn. 23.

[121] Großkomm AktG/*Otto* Rn. 24; Erbs/Kohlhaas/*Schaal* Rn. 22; Kölner Komm AktG/*Geilen*, 1. Aufl. 1984, Rn. 21; MüKoStGB/*Kiethe* Rn. 52.

[122] MüKoStGB/*Kiethe* Rn. 53; NK-WSS/*Krause/Tiwele* Rn. 9.

[123] AA Kölner Komm AktG/*Altenhain* Rn. 24: Abschluss der Prüfung der Stimmberechtigung als Beendigungszeitpunkt.

[124] Vgl. für die sukzessive Mittäterschaft zuletzt BGH HRRS 2018 Nr. 440; für die sukzessive Beihilfe BGH NStZ 2013, 463; insges. MüKoStGB/*Joecks* StGB § 25 Rn. 204 ff., StGB § 27 Rn. 18 ff.

[125] So auch MüKoStGB/*Joecks* StGB § 25 Rn. 210 f. mwN zur sukzessiven Mittäterschaft, § 27 Rn. 20 mwN zur sukzessiven Beihilfe.

[126] Weiter die wohl herrschende Auffassung, vgl. die Nachweise in → Rn. 33, 37.

[127] Kölner Komm AktG/*Geilen*, 1. Aufl. 1984, Rn. 27.

[128] MüKoStGB/*Kiethe* Rn. 58; MüKoAktG/*Schaal* Rn. 37; Bürgers/Körber/*Pelz* Rn. 8; Großkomm AktG/*Otto* Rn. 41.

[129] NK-AktR/*Bernsmann* Rn. 7; Kölner Komm AktG/*Geilen*, 1. Aufl. 1984, Rn. 30 mwN auch für die Gegenmeinung; ebenso Kölner Komm AktG/*Altenhain* Rn. 23; MüKoStGB/*Kiethe* Rn. 59; Großkomm AktG/*Otto* Rn. 42; *Fischer* StGB § 267 Rn. 58; für Realkonkurrenz Großkomm AktG/*Klug*, 3. Aufl. 1975, Anm. 10.

[130] MüKoStGB/*Kiethe* Rn. 59; Großkomm AktG/*Otto* Rn. 42; *Fischer* StGB § 267 Rn. 58; NK-WSS/*Krause/Tiwele* Rn. 10.

§ 403 1 Viertes Buch. Sonder-, Straf- und Schlußvorschriften

(2) **Handelt der Täter gegen Entgelt oder in der Absicht, sich oder einen anderen zu bereichern oder einen anderen zu schädigen, so ist die Strafe Freiheitsstrafe bis zu fünf Jahren oder Geldstrafe.**

Schrifttum: *Bauer,* Die Neuregelung der Strafbarkeit des Jahresabschlussprüfers, 2017; *Beiersdorf/Buchheim,* Entwurf des Gesetzes zur Umsetzung der EU-Transparenzrichtlinie: Ausweitung der Publizitätspflichten, BB 2006, 1674; *Bittmann,* BilMoG: Bilanzrechtsmodernisierung oder Gesetz zur Erleichterung von Bilanzmanipulationen?, wistra 2008, 441; *Brandes,* Die Rechtsprechung des Bundesgerichtshofs auf dem Gebiet des Aktienrechts, WM 1992, 465; *Dierlamm,* Verletzung der Berichtspflicht gem. § 332 HGB – eine Analyse des gesetzlichen Tatbestandes, NStZ 2000, 130; *Fleischer,* Der deutsche „Bilanzeid" nach § 264 II S. 3 HGB, ZIP 2007, 97; *Graf,* Neue Strafbarkeitsrisiken für den Wirtschaftsprüfer durch das KonTraG, BB 2001, 562; *Hefendehl,* Kollektive Rechtsgüter im Strafrecht, 2002; *Hefendehl,* Enron, Worldcom und die Folgen: Das Wirtschaftsstrafrecht zwischen kriminalpolitischen Erwartungen und dogmatischen Erfordernissen, JZ 2004, 18; *Hefendehl,* Der Bilanzeid: Erst empört zurückgewiesen, dann bereitwillig aus den USA importiert, FS Tiedemann, 2008, 1065; *Heldt/Ziemann,* Sarbanes-Oxley in Deutschland?, NZG 2006, 652; *Hirte,* Die Nichtbestellung von Sonderprüfern im Feldmühle-Verfahren, ZIP 1988, 953; *Kersting,* Auswirkungen des Sarbanes-Oxley-Gesetzes in Deutschland: Können deutsche Unternehmen das Gesetz befolgen?, ZIP 2003, 233; *Klussmann,* Strafbarkeit sog. Geschäftslagetäuschungen nach § 400 AktG 65, AG 1973, 221; *Lanfermann/Maul,* Auswirkungen des Sarbanes Oxley Acts in Deutschland, DB 2002, 1725; *Lenz,* Sarbanes-Oxley Act of 2002 – Abschied von der Selbstregulierung der Wirtschaftsprüfer in den USA, BB 2002, 2270; *Lutz,* Die Strafbarkeit des Abschlussprüfers nach Section 507 Companies Act 2006 und nach § 332 HGB, 2017; *Marschdorf,* Möglichkeiten, Aufgaben und Grenzen des Jahresabschlußprüfers zur Aufdeckung von Wirtschaftsstraftaten im Rahmen der Jahresabschlußprüfung (Teil I), DStR 1995, 111; *Medicus,* Anm. zu OLG Karlsruhe v. 7.2.1985 – 12 U 132/82, EWiR 1985, 291; *Mohr,* Die Bewertung der Beteiligungen als Problem der aktienrechtlichen Gründungsprüfung, WPg 1960, 573; *Niewerth,* Die strafrechtliche Verantwortlichkeit des Wirtschaftsprüfers, 2004; *Poll,* Die Verantwortlichkeit des Abschlussprüfers nach § 323 HGB, DZWIR 1995, 95; *Prinz,* Grundfragen der Strafbarkeit des Abschlussprüfers bei der Jahresabschlussprüfung einer Kapitalgesellschaft, 2013; *Saage,* Zum Umfang der Gründungsprüfung – Besprechung der Entscheidung BGHZ 64, 52, ZGR 1977, 683; *Schwarz/Holland,* Enron, WorldCom … und die Corporate-Governance-Diskussion, ZIP 2002, 1661; *Spatschek/Wulf,* Straftatbestände der Bilanzfälschung nach dem HGB – ein Überblick, DStR 2003, 173; *Tiedemann,* Stichwort Bilanzstrafrecht, in Krekeler/Tiedemann/Ulsenheimer/Weinmann (Hrsg.), Handwörterbuch des Wirtschafts- und Steuerstrafrechts (HWiStR), Stand: Mai 1990; *Wimmer,* Die zivil- und strafrechtlichen Folgen mangelhafter Jahresabschlüsse bei GmbH und KG, DStR 1997, 1931; *Zielinski,* Zur Verletzteneigenschaft des einzelnen Aktionärs im Klageerzwingungsverfahren bei Straftaten zum Nachteil des Aktionärs, wistra 1993, 6.

Übersicht

	Rn.		Rn.
I. Ausgangspunkt: Bilanzen	1–6	b) Relevante Prüfungsberichte	27–31
1. Bilanzen und Risiken	1	3. Tathandlung: Falsches Berichten oder Verschweigen erheblicher Umstände	32–38
2. Bilanzskandale, Reaktionen und Empirie	2–6	a) Unrichtiges Berichten	34–37
II. Rechtsgut und Deliktsstruktur	7–17	b) Verschweigen erheblicher Umstände im Bericht	38
1. Geschütztes Rechtsgut	7–13		
a) Allgemeine Auffassung	7–11	**IV. Subjektiver Tatbestand**	39, 40
b) Vertrauen in die Unbestechlichkeit der Prüfer	12, 13	**V. Qualifikation des Abs. 2**	41–44
2. Aufgaben der Gesellschaftsorgane	14, 15	1. Handeln gegen Entgelt	42
3. Schutzgesetzcharakter von § 403	16	2. Handeln in Bereicherungsabsicht	43
4. Deliktsstruktur	17	3. Handeln in Schädigungsabsicht	44
III. Objektiver Tatbestand	18–38	**VI. Täterschaft und Teilnahme, Vollendung und Beendigung, Konkurrenzen**	45–49
1. Täterkreis: Prüfer und Prüfungsgehilfen	18–25	1. Täterschaft und Teilnahme	45, 46
a) Prüfer	19	2. Vollendung und Beendigung	47, 48
b) Prüfungsgehilfe	20–25	3. Konkurrenzen	49
2. Tatobjekt: Prüfungsbericht	26–31	**VII. Strafverfolgung und Rechtsfolgen**	50, 51
a) Prüfungsumfang	26		

I. Ausgangspunkt: Bilanzen

1   **1. Bilanzen und Risiken.** Betriebswirtschaftlich gesehen handelt es sich bei einer Bilanz um einen Bestandteil des Jahresabschlusses (vgl. § 242 Abs. 3 HGB, § 264 Abs. 1 S. 1 HGB). Sie gibt das Verhältnis von Vermögen und Schulden wieder (§ 242 Abs. 1 S. 1 HGB). Bilanzen haben gemeinhin zwei **Adressaten:** man unterscheidet interne (zB Vorstand) und externe Adressaten (zB Gläubiger, Finanzverwaltung, Arbeitnehmer, Öffentlichkeit). Beiden Adressaten dient sie einerseits zur Informa-

Verletzung der Berichtspflicht 2–6 § 403

tion, andererseits zur Kontrolle. Durch Selbstkontrolle kann die wirtschaftliche Gesamtsituation der Unternehmung regelmäßig überprüft, unternehmerisches Fehlverhalten kann beseitigt und Kosten können gesenkt werden. In Konstellationen, in denen es um mehr als persönliche Interessen geht, ist das System der Bilanzierung durchnormiert und wird vom Zivil- und Strafrecht flankiert. Prüfungen von Externen sollen die Risiken von **Bilanzmanipulationen** weiter verringern. Dabei stehen Externe vor dem Problem, nicht nur den einer Bilanzierung immanenten Unschärfen ausgesetzt zu sein, sondern möglicherweise auch nicht über alle maßgeblichen Informationen zu verfügen, um die Bilanzierung auf ihre Richtigkeit überprüfen zu können. Schließlich besteht das Risiko der **Korrumpierung** der Prüfer.

2. Bilanzskandale, Reaktionen und Empirie. Jüngere Bilanzskandale in den USA wie in 2 Europa haben gezeigt, dass diese Kontrollfunktion unvollständig erfolgt bzw. fehlerhaft ausgeübt wird. Hierfür stehen der auch über Bilanzmanipulationen bewirkte Aufstieg und Fall von Enron und Worldcom ebenso wie auf europäischer Ebene die Fälle Parmalat, Flowtex und ComROAD.

In den USA haben diese Bilanzskandale eine intensive zivil- und strafrechtliche Aufarbeitung bei 3 den involvierten Prüfungsgesellschaften zur Folge gehabt. Des Weiteren hat der US-amerikanische Gesetzgeber zusätzlich mit dem sog. **„Sarbanes-Oxley Act"** reagiert, der insbes. die Haftung der Wirtschaftsprüfer weiter verschärft.[1]

In Deutschland hingegen sind bei Flowtex[2] und ComROAD[3] die Ermittlungen gegen die Wirt- 4 schaftsprüfer eingestellt worden.[4] Dennoch hat sich die Erkenntnis durchgesetzt, dass nachlässige Prüfungen zu einem nicht unerheblichen Teil für die Bilanzskandale der Vergangenheit verantwortlich sind.[5] Ein Grund für das mangelnde Interesse der Prüfer könnte darin liegen, dass in vielen Fällen die Prüfer für die zu prüfenden Unternehmen auch beratend tätig gewesen sind.[6] Dies hat den Gesetzgeber dazu veranlasst, die bereits in Sec. 201 des Sarbanes-Oxley Act geregelte **Unabhängigkeit von Prüfungs- und Beratungsgesellschaften** auch im deutschen Rechtsraum zu etablieren.[7] Zu den §§ 319, 319a HGB ist in Umsetzung der Abschlussprüfer-Richtlinie vom 17.5.2006 § 319b HGB durch das Bilanzrechtsmodernisierungsgesetz (BilMoG)[8] hinzugetreten: Prüfungsgesellschaften sollen von der Abschlussprüfung ausgeschlossen sein, sofern zwischen einem Mitglied ihres Netzwerks und dem zu prüfenden Unternehmen ein Rechtsverhältnis besteht, das bei einem objektiven Dritten den Anschein der Befangenheit erwecken kann.

Der Gedanke der Unabhängigkeit hat des Weiteren seinen Niederschlag in Punkt 7.2.1 des 5 Deutschen Corporate Governance Kodex gefunden: Danach hat der vorgesehene Prüfer zu erklären, in welchem Umfang „Leistungen für das Unternehmen [...] auf dem Beratungssektor erbracht wurden" bzw. zu erbringen sind. Der Kodex besitzt über die Entsprechenserklärung gem. § 161 eine gesetzliche Grundlage. Aufgrund der Erfahrungen aus der sog. Finanzkrise[9] (2007–2009) wurden im Zuge des **AReG**[10] im nationalen[11] Recht weitere Vorschriften eingefügt, die die Sicherung der Unabhängigkeit von Abschlussprüfern bzw. Prüfgesellschaften partiell ordnungs- und strafrechtlich flankieren sollen (→ § 404a Rn. 1 ff.; → § 405 Rn. 87 ff.).

In den polizeilichen **Kriminalstatistiken** werden Ermittlungsverfahren wegen § 403 nicht geson- 6 dert ausgewiesen, sondern lediglich Tatverdachtsfälle gegen das AktG zusammengefasst. 2017 waren dies lediglich 9 Verdachtsfälle.[12] Bislang ist eine kriminalpolitische Bedeutung der Vorschrift nicht messbar, da keine Anklagen gegen Prüfer auf Grundlage des § 403 bekannt geworden sind.[13]

---

[1] Vgl. allgemein zum Sarbanes-Oxley Act *Kersting* ZIP 2003, 233 ff.; *Lanfermann/Maul* DB 2002, 1725 ff.; *Lenz* BB 2002, 2270 ff.; *Schwarz/Holland* ZIP 2002, 1661 ff.; krit. hierzu *Hefendehl* JZ 2004, 18 ff.
[2] BGHZ 161, 90 ff. = NJW 2005, 359 ff.
[3] BGH NJW-RR 2008, 1004 ff. – ComROAD VIII; BGH NZG 2008, 385 ff. – ComROAD VII; NZG 2008, 382 ff. – ComROAD VI; NZG 2007, 711 ff. – ComROAD V; NZG 2007, 708 ff. – ComROAD IV; NZG 2007, 269 ff. – ComROAD III; NZG 2007, 346 ff. – ComROAD II; BGH ZIP 2007, 681 ff. – ComROAD I.
[4] MüKoStGB/*Kiethe* Rn. 6.
[5] *Benner* in Wabnitz/Janovsky WirtschaftsStrafR/SteuerStrafR-HdB, 2. Aufl. 2004, 9. Kap. Rn. 216.
[6] *Benner* in Wabnitz/Janovsky WirtschaftsStrafR/SteuerStrafR-HdB, 2. Aufl. 2004, 9. Kap. Rn. 216.
[7] Vgl. zur Amerikanisierung der Kriminalpolitik *Hefendehl* FS Tiedemann, 2008, 1065 (1083).
[8] Gesetz zur Modernisierung des Bilanzrechts v. 25.5.2009, BGBl. I 1102; vgl. *Bittmann* wistra 2008, 441 ff.
[9] Vgl. dazu → § 404a Rn. 1 mwN.
[10] Gesetz zur Umsetzung der prüfungsbezogenen Regelungen der Richtlinie 2014/56/EU sowie zur Ausführung der entsprechenden Vorgaben der Verordnung (EU) Nr. 537/2014 im Hinblick auf die Abschlussprüfung bei Unternehmen von öffentlichem Interesse (Abschlussprüfungsreformgesetz – AReG) v. 10.5.2016, BGBl. 2016 I 1142.
[11] Vgl. zum unionsrechtlichen Hintergrund der Regelungen → § 404a Rn. 1.
[12] Polizeiliche Kriminalstatistik 2017, Grundtabelle „Wirtschaftskriminalität", Schlüssel 712010.
[13] So auch *Benner* in Wabnitz/Janovsky WirtschaftsStrafR/SteuerStrafR-HdB, 2. Aufl. 2004, 9. Kap. Rn. 210; vgl. auch *Bauer*, Die Neuregelung der Strafbarkeit des Jahresabschlussprüfers, 2017, 131 ff.

II. Rechtsgut und Deliktsstruktur

7 **1. Geschütztes Rechtsgut. a) Allgemeine Auffassung.** Als geschütztes Rechtsgut wird gemeinhin das **Vertrauen in die Richtigkeit und Vollständigkeit** des pflichtgemäß erstellten Prüfungsberichts durch einen unabhängigen Prüfer genannt.[14] Teilweise wird auch – wolkig – das Vertrauen in die Wahrhaftigkeit der Prüfungsberichte als geschützt angesehen.[15] Dabei wird verkannt, dass es für ein Vertrauensrechtsgut gerade des Vertrauens in einen hinreichend konkreten Vertrauensgegenstand bedarf.[16] Die Richtigkeit dieser Sichtweise unterstellt, würde es sich somit um ein sog. gesellschaftsrelevantes kollektives Vertrauensrechtsgut handeln.

8 Von einem solchem Rechtsgut ausgehend, müsste das Tatbestandsmerkmal „falsch" als Widerspruch zwischen Bericht und Wirklichkeit auszulegen sein. Bei § 153 StGB, der die Falschaussage von Zeugen und Sachverständigen betrifft, wird herkömmlicherweise dieser sog. objektive Falschheitsbegriff zugrunde gelegt.[17] Während man beim Zeugen noch von den Sachstrukturen her einen subjektiven Falschheitsbegriff, einen Widerspruch zwischen Wort und Wissen, aus dem Grunde legitimieren könnte, dass es Konstellationen geben mag, in denen der Zeuge aus einer Begünstigungstendenz heraus seine Wahrnehmungen in anderer Weise wiedergibt, erscheint sowohl beim Sachverständigen als auch beim Prüfer der objektive Falschheitsbegriff als der allein überzeugende. Denn nach ihrer Profession kommt ihnen eine unabhängige Stellung zu, die gerade Begünstigungstendenzen ausschließen sollte.

9 *Prinz* mag zuzugestehen sein, dass es gerade bei der Bilanzierung Schwierigkeiten bei der Ermittlung einer objektiven Wirklichkeit geben wird und die normativen Vorgaben Bewertungsspielräume lassen.[18] *Bauer* wiederum verweist darauf, selbst eine ordnungsgemäße Prüfung vermöge nicht zwingend das Vorliegen objektiv falscher Prüfungsberichte zu verhindern.[19] Soweit sie daraus aber den Schluss zieht, auf einen der objektiven Wirklichkeit entsprechenden Prüfungsbericht könne nicht vertraut werden, weil damit das Vertrauen in die Erbringung einer unmöglichen Leistung unter Schutz gestellt würde,[20] ist dem nicht zu folgen. Denn diese Probleme sind zum einen grundsätzlicher Natur, sofern man mit guten Gründen die Denkweise des Konstruktivismus zulässt. Zum anderen lassen sie sich gerade bei der sich hier stellenden Frage in den Griff bekommen, indem man nach *zweifelsfreier* Falschheit eines Berichts fragt.

10 Trotz dieser Bedenken, bei einem unabhängigen Dritten auf den objektiven Falschheitsbegriff zu verzichten und sich stattdessen auf den subjektiven Falschheitsbegriff zu kaprizieren, legt § 403 gerade diesen zugrunde: Der Täter muss über das Ergebnis der Prüfung falsch berichten bzw. erhebliche Umstände im Bericht verschweigen. Es kommt also nicht darauf an, dass falsch oder unvollständig geprüft worden ist.[21] Für die Tatbestandserfüllung ist allein erheblich, dass die Erkenntnisse des Täters und die Manifestation nicht deckungsgleich sind.

11 Das Bekenntnis zum subjektiven Falschheitsbegriff wirft ein bezeichnendes Licht auf das Ansehen der externen Prüfer. Ihnen wird offensichtlich kein Vertrauen geschenkt, so dass es umso verwunderlicher erscheint, dass das Rechtsgut als Vertrauen in Prüfer bzw. Prüfertätigkeit definiert wird.[22]

---

[14] MüKoHGB/*Quedenfeld* HGB § 332 Rn. 1; Großkomm AktG/*Otto* Rn. 2; Heymann/*Otto* HGB § 332 Rn. 2; *Raum* in Wabnitz/Janovsky WirtschaftsStrafR/SteuerStrafR-HdB 11. Kap. Rn. 57; *Lutz*, Die Strafbarkeit des Abschlussprüfers nach Section 507 Companies Act 2006 und nach § 332 HGB, 2017, 233 f. zu § 332 HGB; Hölters/*Müller-Michaels* Rn. 1; NK-WSS/*Krause*/*Twele* Rn. 1; ebenso noch Kölner Komm AktG/*Geilen*, 1. Aufl. 1984, Rn. 15; aA jetzt Kölner Komm AktG/*Altenhain* Rn. 2: Schutz des Vermögens.

[15] MüKoAktG/*Schaal* Rn. 2; vgl. auch Park/*Janssen*/*Gercke* Teil 3 Kap. 10.2 § 403 Rn. 4 sowie GJW/*Temming* Rn. 2: Geschütztes Rechtsgut sei das aktienrechtlich vorgesehene Prüfungssystem. Mit einer solchen Argumentation hätte sich jede weitere kritische Suche nach einem geschützten Rechtsgut erledigt.

[16] *Hefendehl*, Kollektive Rechtsgüter im Strafrecht, 2002, 255 ff.

[17] BGHSt 7, 147 (148) f. = NJW 1955, 430; Lackner/Kühl/*Heger* StGB Vor § 153 Rn. 3; LK-StGB/*Ruß* StGB Vor § 153 Rn. 13; Schönke/Schröder/*Lenckner*/*Bosch* StGB Vor § 153 Rn. 6; *Fischer* StGB § 153 Rn. 4.

[18] *Prinz*, Grundfragen der Strafbarkeit der Abschlussprüfer bei der Jahresabschlussprüfung einer Kapitalgesellschaft, 2013, 432 ff.

[19] *Bauer*, Die Neuregelung der Strafbarkeit des Jahresabschlussprüfers, 2017, 173.

[20] *Bauer*, Die Neuregelung der Strafbarkeit des Jahresabschlussprüfers, 2017, 173.

[21] Vgl. *Bauer*, Die Neuregelung der Strafbarkeit des Jahresabschlussprüfers, 2017, 108 f. zu § 332 HGB, die jedoch vorschlägt, die Norm de lege ferenda auf die (vorsätzlich und leichtfertig) falsche Prüfungsdurchführung auszuweiten (S. 235 ff.); *Lutz*, Die Strafbarkeit des Abschlussprüfers nach Section 507 Companies Act 2006 und nach § 332 HGB, 2017, 234, 263.

[22] So aber *Bauer*, Die Neuregelung der Strafbarkeit des Jahresabschlussprüfers, 2017, 105 f., 171 ff., die die einschränkenden Anforderungen an ein Vertrauensrechtsgut – insbes. den hinreichend konkreten Vertrauensgegenstand – zwar erkennt, diese aber gerade bei Zugrundelegung eines subjektiven Falschheitsbegriffs als erfüllt ansieht. Die an der hier vorgenommenen Analyse von *Prinz*, Grundfragen der Strafbarkeit der Abschlussprüfer bei der Jahresabschlussprüfung einer Kapitalgesellschaft, 2013, 428 ff. geübte Kritik bleibt dunkel: Natürlich werden Straf-

Wenn der Prüfer allein dann einem Strafbarkeitsrisiko ausgesetzt wird, sofern er bewusst von seinen Erkenntnissen abweicht, bleibt immer noch das weite Feld nicht professioneller Arbeit am Prüfungsbericht, das nicht von § 403 erfasst werden kann und zu einer **Strafbarkeitslücke** führt. Der Prüfer hat zwar umfassende Möglichkeiten, notwendige Informationen einzufordern. Unterlässt er dies aber, entgeht er einem Strafbarkeitsrisiko. Die Kritik, der Abschlussprüfer sei dann strafrechtlich unantastbar, solange er auch nur halbwegs ordentlich arbeite,[23] trifft daher nicht den Punkt: Gerade auch der schlampige, unachtsame Abschlussprüfer hat nichts zu befürchten.

b) Vertrauen in die Unbestechlichkeit der Prüfer. Auf Grundlage der subjektiven Theorie ist das Rechtsgut vielmehr vergleichbar den **Bestechungsdelikten** zu interpretieren. Denn wenn man ein Prüfungsergebnis erlangt hat und dieses dann in anderer Weise mitteilt, liegen hierfür sachwidrige Gründe nahe.[24] Es geht bei § 403 richtigerweise gerade darum, sachwidrige Absprachen zwischen Prüfer und zu prüfender Gesellschaft zu unterbinden. Unter diesen Prämissen kann durch die Norm kein Vertrauen in die Richtigkeit bzw. Vollständigkeit des Prüfungsberichts geschützt werden. § 403 möchte vielmehr das Vertrauen in die Unbestechlichkeit der Prüfer als unabhängiges Organ schützen.

Das Vermögen kann zwar durch diese Manipulationen im Einzelfall gefährdet werden. Zum geschützten Rechtsgut wird es damit aber nicht.[25] Denn aufgrund des korruptionsähnlichen Charakters des § 403 muss die Bilanzmanipulation nicht zwingend Auswirkungen auf das Vermögen haben.

2. Aufgaben der Gesellschaftsorgane. Im Gegensatz zu den Wirtschaftsprüfern haben die Gesellschaftsorgane die Übereinstimmung der Bilanzen mit der **objektiven Wirklichkeit** sicherzustellen.[26] Sie haben dafür zu sorgen, dass dem Wirtschaftsprüfer auch ohne dessen besondere Aufforderung alle für die Ausführung des Auftrages notwendigen Unterlagen rechtzeitig vorgelegt werden. Ihm muss von allen Vorgängen und Umständen Kenntnis verschafft werden, die für die Ausführung des Auftrages von Bedeutung sein können.[27] In Aufklärungen oder Nachweisen, die dem Prüfer zu geben sind, dürfen sie keine falschen Angaben machen, die Verhältnisse der Gesellschaft nicht unrichtig wiedergeben oder verschleiern (§ 400 Abs. 1 Nr. 2, § 331 Nr. 4 HGB). Durch die eigenständige Strafbarkeit einer Übermittlung falscher Daten soll sich der Prüfer auf deren Richtigkeit verlassen können.[28] Auf Verlangen des Wirtschaftsprüfers hat der Auftraggeber zudem die Vollständigkeit der vorgelegten Unterlagen und der gegebenen Auskünfte und Erklärungen in einer vom Wirtschaftsprüfer formulierten schriftlichen Erklärung zu bestätigen.[29]

In Umsetzung der Transparenz-RL wird von den Vorstandsmitgliedern einer AG zudem ein sog. „**Bilanzeid**"[30] in Anlehnung an den Sarbanes-Oxley Act[31] verlangt.[32] Die gesetzlichen Vertreter einer Kapitalgesellschaft haben gem. § 264 Abs. 2 S. 3 HGB im Jahresabschluss, gem. § 289 Abs. 1 S. 5 HGB im Lagebericht, gem. § 297 Abs. 2 S. 4 HGB im Konzernabschluss bzw. gem. § 315 Abs. 1

---

normen, von denen man sich nach wie vor eine präventive Wirkung verspricht, für die Bereiche geschaffen, bei denen man den Rechtsgüterschutz in Gefahr sieht (vgl. *Prinz*, Grundfragen der Strafbarkeit der Abschlussprüfer bei der Jahresabschlussprüfung einer Kapitalgesellschaft, 2013, 430), und natürlich spielt bei der Gestaltung eines Sonderdelikts auch der angesprochene Adressatenkreis und seine mögliche Motivation zu einem Verhaltensnormverstoß eine Rolle (vgl. *Prinz*, Grundfragen der Strafbarkeit der Abschlussprüfer bei der Jahresabschlussprüfung einer Kapitalgesellschaft, 2013, 429).

[23] *Niewerth*, Die strafrechtliche Verantwortlichkeit des Wirtschaftsprüfers, 2004, 120.
[24] Vgl. auch den symptomatischen Fall von *Hellmann/Beckemper* Wirtschaftsstrafrecht Rn. 407, bei dem eine Nähe des Abschlussprüfers zur zu prüfenden Gesellschaft existiert.
[25] AA Kölner Komm AktG/*Altenhain* Rn. 2.
[26] *Raum* in Wabnitz/Janovsky WirtschaftsStrafR/SteuerStrafR-HdB 11. Kap. Rn. 57.
[27] *Benner* in Wabnitz/Janovsky WirtschaftsStrafR/SteuerStrafR-HdB, 2. Aufl. 2004, 9. Kap. Rn. 213.
[28] *Benner* in Wabnitz/Janovsky WirtschaftsStrafR/SteuerStrafR-HdB, 2. Aufl. 2004, 9. Kap. Rn. 213; vgl. auch Achenbach/Ransiek/Rönnau/*Ransiek* 8. Teil 1. Kap. Rn. 100 f.
[29] Vgl. § 3 der AGB für Wirtschaftsprüfer, nachzulesen bei Baumbach/Hopt HGB 2. Teil – Handelsrechtliche Nebengesetze II Handelsbücher und Bilanzen, (2b) Allgemeine Auftragsbedingungen für Wirtschaftsprüfer und Wirtschaftsprüfungsgesellschaften (AGB-WP).
[30] Zur Kritik vgl. *Fleischer* ZIP 2007, 97 (103 ff.) mwN; *Heldt/Ziemann* NZG 2006, 652 ff.; Stellungnahme des Deutschen Aktieninstituts (DAI) zum Regierungsentwurf eines TUG v. 16.8.2006, S. 11 ff., abgedr. in NZG 2006, 696 (699 ff.).
[31] Vgl. *Hefendehl* JZ 2004, 18 (22).
[32] Gesetz zur Umsetzung der Richtlinie 2004/109/EG des Europäischen Parlaments und des Rates v. 15.12.2004 zur Harmonisierung der Transparenzanforderungen in Bezug auf Informationen über Emittenten, deren Wertpapiere zum Handel auf einem geregelten Markt zugelassen sind, und zur Änderung der Richtlinie 2001/34/EG (Transparenzrichtlinie-Umsetzungsgesetz – TUG), BGBl. 2007 I 10; vgl. BT-Drs. 16/2498, BR-Drs. 579/06 sowie die Stellungnahme des Handelsrechtsausschusses des DAV (NZG 2006, 655 ff.); hierzu auch *Beiersdorf/Buchheim* BB 2006, 1674 ff.; *Heldt/Ziemann* NZG 2006, 652 ff.

S. 5 HGB im Konzernlagebericht zu versichern, dass nach ihrem besten Wissen der jeweilige Bericht ein den tatsächlichen Verhältnissen entsprechendes Bild vermittelt.³³ Falschangaben in den Berichten sind gem. § 331 Nr. 3a HGB mit Strafe bedroht. Die Nichtabgabe des Eides wird als Ordnungswidrigkeit gem. § 120 Abs. 2 Nr. 2 lit. k, l WpHG geahndet.³⁴

16   **3. Schutzgesetzcharakter von § 403.** Die Bilanzmanipulation kann Einfluss auf den Kurs,³⁵ auf unternehmensbezogene Entscheidungen, das Verhalten der Gläubiger³⁶ sowie dritter Personen nehmen, die aktuell oder potenziell rechtliche oder wirtschaftliche Beziehungen zu der AG unterhalten³⁷ oder aufnehmen wollen. Für diesen Personenkreis ist § 403 somit **Schutzgesetz** iSv § 823 Abs. 2 BGB.³⁸ Sollten beispielsweise Gesellschaftsmitglieder in die Manipulationen involviert sein, so scheiden sie aus dem Kreis der zivilrechtlich Anspruchsberechtigten aus.

17   **4. Deliktsstruktur.** Bei § 403 handelt es sich um einen **Blanketttatbestand**.³⁹ Art und Umfang der Prüfung werden in § 403 selbst nicht definiert. Unabhängig davon, ob man das Rechtsgut mit der herrschenden Meinung beschreibt oder als das Vertrauen in die Unabhängigkeit der Prüfer interpretiert, kommt für § 403 nur – in herkömmlicher Terminologie (→ § 399 Rn. 9 f.) – die Interpretation als **abstraktes Gefährdungsdelikt** in Betracht.⁴⁰ Richtigerweise müsste man bei diesem Vertrauensrechtsgut von einem **Kumulationsdelikt** sprechen (→ § 399 Rn. 10). Denn erst über kumulierte einzelne Tathandlungen kann das Rechtsgut beeinträchtigt werden.

III. Objektiver Tatbestand

18   **1. Täterkreis: Prüfer und Prüfungsgehilfen.** Als Täter dieses **echten Sonderdelikts** werden Prüfer und Gehilfen des Prüfers genannt.⁴¹ Andere Personen können allenfalls Anstifter oder Gehilfen sein.⁴² Da die Straftat nur von einer natürlichen Person begangen werden kann, aber auch Prüfungsgesellschaften den Prüfungsauftrag erhalten können (vgl. § 319 HGB),⁴³ kommt je nach Konstellation eine der Varianten des § 14 StGB zur Anwendung.⁴⁴ Auch können die vertretungsberechtigten Organe bzw. Gesellschafter über § 14 Abs. 1 StGB sowie ein tatsächlich beauftragter Angestellter nebeneinander Täter sein.⁴⁵ Verletzen gesetzliche Vertreter der Prüfungsgesellschaft die Pflichten, die ihrer Gesellschaft obliegen, kann nach § 30 OWiG auch eine Geldbuße gegen die Gesellschaft selbst verhängt werden.⁴⁶

---

³³ Vgl. *Hefendehl* FS Tiedemann, 2008, 1065 (1067 f.).
³⁴ Vgl. *Hefendehl* FS Tiedemann, 2008, 1065 (1067 f.).
³⁵ MüKoStGB/*Kiethe* Rn. 3; Großkomm AktG/*Otto* Rn. 3.
³⁶ MüKoStGB/*Kiethe* Rn. 3; Großkomm AktG/*Otto* Rn. 3.
³⁷ OLG Karlsruhe WM 1985, 940 (944); NK-AktR/*Bernsmann* Rn. 1; Erbs/Kohlhaas/*Schaal* Rn. 2; Kölner Komm AktG/*Geilen*, 1. Aufl. 1984, Rn. 5; MüKoStGB/*Schaal* Rn. 3; MüKoStGB/*Kiethe* Rn. 1; Großkomm AktG/*Otto* Rn. 2; *Tiedemann* HWiStR Bilanzstrafrecht Anm. II; *Graf* BB 2001, 562 (563) für § 332 HGB.
³⁸ In diese Richtung auch OLG Karlsruhe WM 1985, 940 (944) mAnm *Medicus* EWiR 1985, 291 f.; *Brandes* WM 1992, 465 (477); NK-AktR/*Bernsmann* Rn. 1; Kölner Komm AktG/*Geilen*, 1. Aufl. 1984, Rn. 2, 5; *Häcker* in Müller-Gugenberger/Bieneck WirtschaftsStrafR-HdB § 94 Rn. 10; MüKoStGB/*Schaal* Rn. 3; MüKoStGB/*Kiethe* Rn. 3; Großkomm AktG/*Otto* Rn. 3; NK-WSS/*Krause/Twele* Rn. 1; *Hellmann/Beckemper* Wirtschaftsstrafrecht Rn. 420; GJW/*Temming* Rn. 2.
³⁹ Kölner Komm AktG/*Geilen*, 1. Aufl. 1984, Rn. 1; MüKoStGB/*Schaal* Rn. 7; für das Merkmal „Erheblichkeit" vgl. MüKoStGB/*Kiethe* Rn. 41; für § 332 HGB *Bauer*, Die Neuregelung der Strafbarkeit des Jahresabschlussprüfers, 2017, 102 ff.
⁴⁰ Kölner Komm AktG/*Geilen*, 1. Aufl. 1984, Rn. 36; K. Schmidt/Lutter/*Oetker* Rn. 2; MüKoAktG/*Schaal* Rn. 5; MüKoStGB/*Kiethe* Rn. 4; Großkomm AktG/*Otto* Rn. 6; *Tiedemann* HWiStR Bilanzstrafrecht Anm. III; *Hellmann/Beckemper* Wirtschaftsstrafrecht Rn. 406; *Hölters/Müller-Michaels* Rn. 3; NK-WSS/*Krause/Twele* Rn. 1; *Lutz*, Die Strafbarkeit des Abschlussprüfers nach Section 507 Companies Act 2006 und nach § 332 HGB, 2017, 235; zur Problematik vgl. im Einzelnen → § 399 Rn. 9 ff.
⁴¹ *Dierlamm* NStZ 2000, 130 (131); Bürgers/Körber/*Pelz* Rn. 2; *Poll* DZWIR 1995, 95 (zu § 323 HGB); Großkomm AktG/*Klug*, 3. Aufl. 1975, Anm. 1, 3; MüKoStGB/*Schaal* Rn. 4 und 8; K. Schmidt/Lutter/*Oetker* Rn. 2; MüKoStGB/*Kiethe* Rn. 4, 8, 49; Großkomm AktG/*Otto* Rn. 4, 7; *Tiedemann* HWiStR Bilanzstrafrecht Anm. IV 1; *Hellmann/Beckemper* Wirtschaftsstrafrecht Rn. 405; *Hölters/Müller-Michaels* Rn. 4.
⁴² *v. Godin/Wilhelmi* Anm. 2; MüKoAktG/*Schaal* Rn. 44; Großkomm AktG/*Otto* Rn. 40.
⁴³ Zur Zulässigkeit Großkomm AktG/*Otto* Rn. 11.
⁴⁴ *Dierlamm* NStZ 2000, 130 (131); NK-AktR/*Bernsmann* Rn. 3; *v. Godin/Wilhelmi* Anm. 2; Großkomm AktG/*Klug*, 3. Aufl. 1975, Anm. 3; Kölner Komm AktG/*Geilen*, 1. Aufl. 1984, Rn. 20 f.; MüKoAktG/*Schaal* Rn. 13; MüKoStGB/*Kiethe* Rn. 25; Großkomm AktG/*Otto* Rn. 11.
⁴⁵ MüKoAktG/*Schaal* Rn. 13, 45; MüKoStGB/*Kiethe* Rn. 25; Großkomm AktG/*Otto* Rn. 11.
⁴⁶ Kölner Komm AktG/*Geilen*, 1. Aufl. 1984, Rn. 22; Großkomm AktG/*Otto* Rn. 12.

Verletzung der Berichtspflicht 19–23 § 403

a) Prüfer. Prüfer im Sinne von § 403 ist derjenige, der eine vom AktG **vorgeschriebene Prü-** 19
fung vornimmt (vgl. im Einzelnen → Rn. 27 ff.).[47] Die für die Prüfung jeweils erforderliche Bestellung muss nicht rechtswirksam erfolgt sein. Selbst aufgrund von § 143 Abs. 2 nichtige Bestellungen können in den Anwendungsbereich von § 403 fallen.[48] Die Grundsätze für die Haftung als **faktisches Organ** finden entsprechende Anwendung.[49] Es bedarf also lediglich der Aufnahme der Prüfungstätigkeit. Auch die Frage der tatsächlichen Eignung der handelnden Personen als Prüfer (oder Prüfergehilfe) spielt für das geschützte kollektive Rechtsgut keine Rolle,[50] sondern kann allenfalls Schadensersatzansprüche des Bestellers begründen. Dies verdeutlicht gerade die hier vertretene Parallelität zum Vertrauensrechtsgut der §§ 331 ff. StGB: Für die Tatbestandsmäßigkeit ist selbst die absolute Unfähigkeit des Prüfers für seinen Beruf irrelevant, da es um dessen davon unabhängige abgeschlossene Unrechtsvereinbarung geht. Die Qualität des Prüfers wie des Beamten wäre nur dann relevant, wenn es um die Strafbarkeit ihrer fehlerhaften Arbeit ginge. Das aber ist gerade nicht der Fall.

b) Prüfungsgehilfe. Neben dem Prüfer soll auch der Prüfungsgehilfe **Täter** des § 403 sein 20
können, sofern er die Tathandlung begeht. Diese Gesetzesformulierung ist wenig durchdacht und hat zu modifizierenden Beschreibungen der Tathandlung geführt, die die Grenzen des verfassungsrechtlich Zulässigen **überschritten** haben. Denn es ist nicht lediglich eine Beihilfehandlung zur Täterschaft aufgewertet worden, wie man dies an etlichen Stellen im Gesetz findet, sondern festgelegt worden, dass der Gehilfe **täterschaftlich** handeln muss.

Nur für den Fall, dass eine strukturelle Beihilfehandlung durch den Gesetzgeber als Täterschaft 21
interpretiert worden wäre, käme es auf den Streit an, welche Anforderungen an den Prüfungsgehilfen im Einzelnen zu stellen wären. Da der Prüfungsgehilfe jedoch in keinem Fall selbst berichtet und deshalb auch keinen Bericht vorlegt, in dem er erhebliche Umstände verschweigen kann (vgl. auch → Rn. 25),[51] ist im Ergebnis jede weitere Diskussion über den **Status des Prüfungsgehilfen** hinfällig. Sie sei gleichwohl der Vollständigkeit halber im Folgenden dargestellt:

So wird gemeinhin in Erkenntnis der oben explizierten gesetzgeberischen Fehlkonstruktion ein- 22
schränkend für den Prüfungsgehilfen verlangt, dass er den Prüfer bei den einzelnen Prüfungsabschnitten unterstützen müsse.[52] Es bedürfe einer **prüfungsspezifischen Unterstützung**[53] mit potenzieller Auswirkung auf den Prüfungsbericht. Bei § 403 sei eine solche prüfungstypische Unterstützung nur denkbar, wenn der Prüfungsgehilfe auch an der Erstellung des Prüfungsberichts beteiligt sei.[54] Der Täterkreis sei auf diese Personengruppe zu beschränken.[55] Der Gehilfe müsse ähnlich dem Prüfer selbst zur gewissenhaften und unparteiischen Prüfung sowie zur Verschwiegenheit gem. § 323 Abs. 1 HGB verpflichtet sein.[56] Nur diese einschränkende Auslegung berücksichtige, dass das Vertrauen in die Kompetenz des Prüfenden deshalb bestehe, weil er inhaltlich am Prüfungsbericht mitwirke.[57]

Die gegenteilige Ansicht lässt wegen des offenen Wortlauts keine Einschränkung zu und verweist 23
auf die scheinbar vergleichbaren Fälle der § 203 Abs. 3 StGB, § 53a StPO.[58] Prüfungsgehilfen sollen

---

[47] Achenbach/Ransiek/Rönnau/*Ransiek* 8. Teil 1. Kap. Rn. 127; NK-AktR/*Bernsmann* Rn. 2; Kölner Komm AktG/*Geilen*, 1. Aufl. 1984, Rn. 11 ff.; MüKoStGB/*Kiethe* Rn. 8, 26 ff.
[48] Kölner Komm AktG/*Geilen*, 1. Aufl. 1984, Rn. 15; vgl. zu § 332 HGB *Lutz*, Die Strafbarkeit des Abschlussprüfers nach Section 507 Companies Act 2006 und nach § 332 HGB, 2017, 238 f.
[49] Vgl. für die Grundsätze zum faktischen Organ → § 399 Rn. 31 ff., 74 ff.; NK-AktR/*Bernsmann* Rn. 3; Großkomm AktG/*Otto* Rn. 10; Hölters/*Müller-Michaels* Rn. 6; ebenso noch Kölner Komm AktG/*Geilen*, 1. Aufl. 1984, Rn. 15; aA MüKoStGB/*Kiethe* Rn. 20; abl. nun auch Kölner Komm AktG/*Altenhain* Rn. 7 iVm § 399 Rn. 27 ff.
[50] *Klussmann* AG 1973, 221 (224); Großkomm AktG/*Klug*, 3. Aufl. 1975, Anm. 3.
[51] Kölner Komm AktG/*Geilen*, 1. Aufl. 1984, Rn. 16; MüKoStGB/*Kiethe* Rn. 21; Großkomm AktG/*Otto* Rn. 9; *Lutz*, Die Strafbarkeit des Abschlussprüfers nach Section 507 Companies Act 2006 und nach § 332 HGB, 2017, 244.
[52] Großkomm AktG/*Otto* Rn. 8; *v. Godin/Wilhelmi* Anm. 2.
[53] *Dierlamm* NStZ 2000, 130 (131); *Poll* DZWIR 1995, 95 f.: „unmittelbar bei der Prüfung tätige Person"; NK-AktR/*Bernsmann* Rn. 2; Kölner Komm AktG/*Geilen*, 1. Aufl. 1984, Rn. 18; MüKoStGB/*Kiethe* Rn. 21, 23; Großkomm AktG/*Otto* Rn. 8; NK-WSS/*Krause/Tiwele* Rn. 3; *Hellmann/Beckemper* Wirtschaftsstrafrecht Rn. 409; aA GHEK/*Fuhrmann* Rn. 4 mit Verweis auf die weitergehende Auslegung des Begriffes in § 203 StGB; ebenso MüKoAktG/*Schaal* Rn. 14; Erbs/Kohlhaas/*Schaal* Rn. 7.
[54] Kölner Komm AktG/*Geilen*, 1. Aufl. 1984, Rn. 17 f.; MüKoStGB/*Kiethe* Rn. 22.
[55] Kölner Komm AktG/*Geilen*, 1. Aufl. 1984, Rn. 18; Großkomm AktG/*Otto* Rn. 8; ebenso *Klussmann* AG 1973, 221 (224), der aber die Prüfungsgehilfen insgesamt nicht erfassen will.
[56] Großkomm AktG/*Klug*, 3. Aufl. 1975, Anm. 3; Großkomm AktG/*Otto* Rn. 8; zum Pflichtenumfang vgl. *Poll* DZWIR 1995, 95 ff.
[57] Großkomm AktG/*Otto* Rn. 8; Staub/*Dannecker* HGB § 332 Rn. 22; Heymann/*Otto* HGB § 332 Rn. 7.
[58] § 203 StGB wird aber wiederum umgekehrt auch für den restriktiven Ansatz argumentativ verwendet. Für ganz untergeordnete Hilfstätigkeiten biete diese Norm einen einschränkenden Strafrechtsschutz; vgl. NK-AktR/*Bernsmann* Rn. 2; Kölner Komm AktG/*Geilen*, 1. Aufl. 1984, Rn. 18; krit. hierzu MüKoStGB/*Kiethe* Rn. 23.

hiernach auch diejenigen sein können, die untergeordnete Tätigkeiten wie zB die Niederschrift des Prüfungsberichts als Büro- oder Schreibkräfte vornehmen.[59] Allerdings konstatiert diese Meinung, diesem Personenkreis werde es kaum möglich sein, die Berichtspflicht zu verletzen oder einen entscheidenden Tatbeitrag zu leisten.[60]

24 Lediglich *Janssen* zog aus der Ablehnung der einschränkenden Interpretation beim Prüfungsgehilfen die Konsequenz, auch eine Sekretärin oder ein Praktikant könne sich nach § 332 HGB, § 403 AktG strafbar machen. Nach dem Zweck der Vorschrift, die die Sicherung der Richtigkeit und Vollständigkeit der Darstellung der Ergebnisse einer Prüfung oder das Vertrauen in die entsprechende Richtigkeit verfolge, sei eine Ungleichbehandlung nicht zu rechtfertigen.[61]

25 Wie ausgeführt, geht es aber um das Vertrauen in die Integrität unabhängiger Prüferorgane als das geschützte Rechtsgut. Dieses Vertrauen würde nicht erschüttert werden, wenn die Sekretärin aus Bösartigkeit den Prüfungsbericht verfälschen würde. Wie bei den §§ 331 ff. HGB bedarf es also einer exponierten Stellung des Handelnden. Dies spricht für die hier vertretene Lösung, die Prüfungsgehilfen aus dem Anwendungsbereich des § 403 gänzlich zu **eliminieren,** weil sie keine tatbestandliche Handlung begehen können.[62] Eine Strafbarkeit des Gehilfen des Prüfers gem. § 403 Abs. 1, § 27 Abs. 1 StGB bleibt unberührt. Konsequenz ist eine doppelte Strafrahmenverschiebung (§ 27 Abs. 2 S. 2 StGB und § 403 Abs. 1, § 28 Abs. 1 StGB, → Rn. 45).

26 **2. Tatobjekt: Prüfungsbericht. a) Prüfungsumfang.** Gegenstand der Tathandlung ist der Prüfungsbericht. Umfang und Inhalt folgen aus der jeweils zugrunde liegenden Prüfung.[63] Die Prüfungsaufgabe wird durch den Prüfungsauftrag maßgeblich mitbestimmt.[64] Dieser definiert – vergleichbar mit § 317 HGB, der kein Pendant im AktG hat – Gegenstand und Umfang der Prüfung. Die genaue Spezifizierung des Prüfungsumfangs erweist sich deshalb als notwendig, weil keine allumfassende, lückenlose Prüfung stattfinden kann.[65] Sie muss sich vielmehr auf **Stichproben** beschränken. Damit reduziert sich der Prüfungsauftrag der Wirtschaftsprüfer entsprechend.[66]

27 **b) Relevante Prüfungsberichte.** Die Verletzung der Berichtspflicht muss bei einer vom AktG vorgesehenen obligatorischen Prüfung erfolgen.[67] Prüfungen iSd § 403 sind nur diejenigen Untersuchungen, die das AktG als Prüfungen bezeichnet.[68]

28 Im Zentrum stehen der **Gründungsbericht** gem. § 32 Abs. 1, der **Nachgründungsbericht** nach § 52 Abs. 3 S. 1 und der **Sonderprüfungsbericht** nach § 145 Abs. 6 S. 1, § 259 Abs. 1 S. 1 (Sonderprüfung wegen unzulässiger Unterbewertung).[69] Für eine Sonderprüfung nach dem AktG ist der Erwartungshorizont an den Sonderprüfungsbericht sehr viel höher, so dass hier am ehesten qualitätsähnliche Merkmale (im Sinne einer objektiven Betrachtungsweise) berücksichtigt werden können und müssen. Denn die Sonderprüfung ist spezifischer, damit enger und hat einen geringeren Umfang. So stellte sich die Prüfung des gesamten Telekom-Börsengangs als eine viel größere und damit nur noch stichprobenartig zu leistende Aufgabe im Vergleich zur Sonderprüfung der Bewertung einiger Telekom-Immobilien dar.

29 Auch bei der Kapitalerhöhung mit Sacheinlagen (vgl. § 184 Abs. 2 bzw. § 195 Abs. 2 Nr. 1), der Ausgabe von Aktien gegen Sacheinlagen (vgl. § 205 Abs. 5), Unternehmensverträgen (vgl. § 293e Abs. 1 S. 1), der Eingliederung durch Mehrheitsbeschluss (vgl. § 320 Abs. 4) und der Barabfindung

---

[59] Zum weiten Begriff des Gehilfen bei § 332 HGB vgl. *Poll* DZWIR 1995, 95 mwN.
[60] Erbs/Kohlhaas/*Schaal* Rn. 7; GHEK/*Fuhrmann* Rn. 4; MüKoAktG/*Schaal* Rn. 14; GJW/*Temming* Rn. 8.
[61] Park/*Janssen*, 3. Aufl. 2013, Teil 3 Kap. 8 § 403 Rn. 69 iVm Teil 3 Kap. 8 HGB § 332 Rn. 23.
[62] Krit. Kölner Komm AktG/*Altenhain* Rn. 16, der für mildere Wege plädiert, um dem gesetzgeberischen Willen zur Durchsetzung zu verhelfen.
[63] *Raum* in Wabnitz/Janovsky WirtschaftsStrafR/SteuerStrafR-HdB 11. Kap. Rn. 61; speziell für die Gründungsprüfung und die Sonderprüfung vgl. Großkomm AktG/*Otto* Rn. 14 f.; MüKoStGB/*Kiethe* Rn. 30 f.
[64] Kölner Komm AktG/*Geilen*, 1. Aufl. 1984, Rn. 4.
[65] Baumbach/Hopt/*Merkt* HGB § 317 Rn. 4; zu den Erwartungslücken am Bsp. der Jahresabschlussprüfung vgl. *Marschdorf* DStR 1995, 111; *Spatschek/Wulf* DStR 2003, 173 (178).
[66] *Benner* in Wabnitz/Janovsky WirtschaftsStrafR/SteuerStrafR-HdB, 2. Aufl. 2004, 9. Kap. Rn. 212.
[67] *Dierlamm* NStZ 2000, 130 (131); Großkomm AktG/*Klug*, 3. Aufl. 1975, Anm. 4; MüKoAktG/*Schaal* Rn. 7, 15; Großkomm AktG/*Otto* Rn. 13; ebenso Kölner Komm AktG/*Altenhain* Rn. 17, der allerdings in Fn. 22 einen nicht existierenden Widerspruch zu dieser Kommentierung ausmacht; vgl. allerdings die Abweichung bei der Tathandlung des Berichtens; hierzu → Rn. 37; grds. auch Kölner Komm AktG/*Geilen*, 1. Aufl. 1984, Rn. 11, zu weit aber in Rn. 10.
[68] Großkomm AktG/*Otto* Rn. 13; Kölner Komm AktG/*Geilen*, 1. Aufl. 1984, Rn. 17; Erbs/Kohlhaas/*Schaal* Rn. 8; Bürgers/Körber/*Pelz* Rn. 3; GJW/*Temming* Rn. 9.
[69] Vgl. zu den möglichen Prüfungen ausf. MüKoStGB/*Kiethe* Rn. 9 ff.; zur Gründungsprüfung vgl. *Mohr* WPg 1960, 573 ff. (zu Bewertungsproblemen) und *Saage* ZGR 1977, 683 (685 ff.).

(vgl. § 327c Abs. 2 S. 4, § 293e Abs. 1 S. 1) ist die Erstellung eines Prüfungsberichts, der taugliches Tatobjekt des § 403 sein kann, gesetzlich normiert.

Andere Prüfungen wie der Jahresabschluss, über den nach § 321 HGB zu berichten ist, sind keine Prüfungsvorgänge, die durch das AktG vorgeschrieben sind.[70] Diese Prüfungsberichte fallen deshalb nicht mehr unter den Straftatbestand des § 403. Eine falsche oder unvollständige Berichterstattung durch den Abschlussprüfer ist insoweit allein durch § 332 HGB mit Strafe bedroht. Dies gilt auch für die Abschlussprüfung über die Beziehungen zu verbundenen Unternehmen (vgl. § 313 Abs. 2 S. 1).

Eine weitergehende Darstellung der jeweiligen Prüfung und der Prüfungsaufgabe erübrigt sich im Kontext des § 403 allerdings. Denn hier ist nicht einmal die vorsätzliche fehlerhafte Prüfung unter Strafe gestellt, wenn nur das Ergebnis und der Bericht identisch sind (vgl. im Einzelnen → Rn. 8 ff.). Eine Ausnahme ist nur für die Fälle zu machen, in denen der Prüfungspflichtige bewusst „auf Lücke" setzt und in seinem Bericht Tatsachen „ins Blaue hinein" behauptet, obwohl er Zweifel hat.

3. Tathandlung: Falsches Berichten oder Verschweigen erheblicher Umstände. § 403 Abs. 1 enthält zwei verschiedene Tatbestände,[71] die beide im Sinne eines Tuns interpretiert werden können.[72] Einer genaueren Abgrenzung bedarf es daher nicht.[73] Die Tatbestandsmerkmale entsprechen sinngemäß denjenigen bei § 399.[74] Anders als der vergleichbare Tatbestand des § 399 Abs. 1 Nr. 2 stellt § 403 jedoch darauf ab, dass der Prüfer **über das Ergebnis seiner Prüfung** falsch berichtet oder erhebliche Umstände verschweigt.[75]

Der Tatbestand des § 403 ist im Sinne des sog. subjektiven Falschheitsbegriffs formuliert (vgl. bereits → Rn. 8 ff.). Maßstab für die Richtigkeit ist also nur eine Diskrepanz zwischen dem vom Täter ermittelten und dem mitgeteilten Befund.[76] Die objektive Wirklichkeit spielt keine Rolle.

a) Unrichtiges Berichten. Ein falscher Bericht liegt lediglich in den Fällen vor, in denen die im Bericht tatsächlich enthaltenen Angaben mit den vom Prüfer im Zeitpunkt der Berichterstattung bis zum Zeitpunkt der Berichterstellung[77] tatsächlich festgestellten Wahrnehmungen oder Bewertungen[78] nicht übereinstimmen.[79] Auch wenn der Prüfungsbericht der objektiven Sach- und Rechtslage entsprechen sollte, kann ein unrichtiges Berichten vorliegen.[80] So kann der Täter von seinen Feststellungen abweichen, durch diese Abweichung aber gerade die objektive Wirklichkeit treffen. Vom Standpunkt der hier vertretenen Rechtsgutskonstruktion erscheint dieses Ergebnis konsequent, wohingegen sie nach der herrschenden Auffassung, die eine diffuse Vertrauenslage schützen möchte, nicht überzeugt.

Bei Unterlassungen ist beim unrichtigen Berichten zu unterscheiden: Schöpft der Prüfer unvorsätzlich den Prüfungsauftrag nicht aus und macht aufgrund dieses Versäumnisses eine inhaltlich unrichtige Aussage, so ist dies von § 403 nicht umfasst.[81] Erst recht straflos ist das **gänzliche Nichterstatten** des Berichts, das überhaupt keinen Vergleich zulassen würde.[82] Erstattet der Prüfer einen Prüfungsbericht, weil er sich auf die mitgeteilten Tatsachen verlassen hat, ohne diese auch nur stichprobenartig zu überprüfen, hat er – um ein Bild aus der Diskussion zum bedingten Vorsatz zu

---

[70] MüKoAktG/*Schaal* Rn. 16; Wachter/*Wachter*, 3. Aufl. 2018, Rn. 6.
[71] Großkomm AktG/*Klug*, 3. Aufl. 1975, Anm. 1.
[72] Erbs/Kohlhaas/*Fuhrmann*, 80. EL 1987, Anm. 1 Abs. 3; vgl. auch Kölner Komm AktG/*Altenhain* Rn. 19.
[73] Kölner Komm AktG/*Geilen*, 1. Aufl. 1984, Rn. 7, 23; Unterlassungskonstellationen nennt Kölner Komm AktG/*Altenhain* Rn. 29, denen allerdings nur insoweit zuzustimmen ist, als keine Gehilfen beteiligt sind; zu diesen → Rn. 20 ff.
[74] → § 399 Rn. 50 ff.; Erbs/Kohlhaas/*Schaal* Rn. 13; GJW/*Temming* Rn. 14.
[75] *Graf* BB 2001, 562 (563, 565); Erbs/Kohlhaas/*Schaal* Rn. 13; *Tiedemann* HWiStR Bilanzstrafrecht Anm. VII; GJW/*Temming* Rn. 14.
[76] *Bauer*, Die Neuregelung der Strafbarkeit des Jahresabschlussprüfers, 2017, 105 ff. zu § 332 HGB; *Graf* BB 2001, 562 (563); Erbs/Kohlhaas/*Schaal* Rn. 13; v. Godin/*Wilhelmi* Anm. 3; Großkomm AktG/*Otto* Rn. 18; Hölters/*Müller-Michaels* Rn. 9.
[77] MüKoStGB/*Kiethe* Rn. 37.
[78] MüKoStGB/*Kiethe* Rn. 36, 39; Großkomm AktG/*Otto* Rn. 18 f.
[79] *Graf* BB 2001, 562 (563) zu § 332 HGB; NK-AktR/*Bernsmann* Rn. 4; Großkomm AktG/*Klug*, 3. Aufl. 1975, Anm. 5; MüKoAktG/*Schaal* Rn. 25; MüKoStGB/*Kiethe* Rn. 36; Großkomm AktG/*Klug*, 3. Aufl. 1975, Anm. 5; *Raum* in Wabnitz/Janovsky WirtschaftsStrafR/SteuerStrafR-HdB 11. Kap. Rn. 61; NK-WSS/*Krause*/*Twele* Rn. 4.
[80] MüKoAktG/*Schaal* Rn. 26; MüKoStGB/*Kiethe* Rn. 36; Großkomm AktG/*Otto* Rn. 18; zu § 332 HGB *Lutz*, Die Strafbarkeit des Abschlussprüfers nach Section 507 Companies Act 2006 und nach § 332 HGB, 2017, 264 f.; aA *Dierlamm* NStZ 2000, 130 (131 f.).
[81] MüKoAktG/*Schaal* Rn. 26 mwN.
[82] NK-AktR/*Bernsmann* Rn. 4; Erbs/Kohlhaas/*Schaal* Rn. 15; Großkomm AktG/*Klug*, 3. Aufl. 1975, Anm. 5; MüKoAktG/*Schaal* Rn. 27; Großkomm AktG/*Otto* Rn. 22; NK-WSS/*Krause*/*Twele* Rn. 4.

verwenden – ein **unabgeschirmtes Risiko** geschaffen. Er handelt damit bedingt vorsätzlich hinsichtlich der Falschheit seines Kenntnisstandes, so dass ein unrichtiges Berichten gegeben ist.[83]

36 Der Begriff der **Erheblichkeit** bezieht sich zwar nach dem Wortlaut auf die Variante des Verschweigens. Auch bei inhaltlich unrichtigen Angaben reicht aber nicht jede Diskrepanz zwischen den Feststellungen und dem Erklärten.[84] Vielmehr muss es sich um solche Angaben handeln, die nach dem Prüfungsauftrag einen materiell vorgesehenen Prüfungspunkt betreffen. An dieser Stelle gewinnt also der jeweilige Prüfungsumfang seine tatbestandliche Relevanz (→ Rn. 26 ff.).

37 Der Wortlaut des § 403 verlangt das falsche Berichten über das Ergebnis der Prüfung. Hieraus ist nicht zwingend abzuleiten, dass der Bericht nur in Schriftform erfolgen kann. So können Äußerungen des Prüfers in der **Hauptversammlung,** die etwa zur Erläuterung des schriftlichen Berichts oder auf Nachfragen von Organen oder Aktionären gemacht werden, in gleicher Weise den Tatbestand erfüllen, wenn sie von den Feststellungen des Prüfers abweichen.[85] Ein Verstoß gegen Art. 103 Abs. 2 GG liegt hierin nicht.[86]

38 **b) Verschweigen erheblicher Umstände im Bericht.** Durch das Verschweigen erheblicher Umstände, die dem Täter aufgrund der Prüfung bekannt waren, kommt es wie beim falschen Berichten zu einer Diskrepanz zwischen der Wissensbasis und dem explizit Gemachten.[87] Diese Diskrepanz erfüllt den Tatbestand wie im Falle der ersten Tatvariante dann, wenn sie für den Adressaten des Prüfungsberichtes materiell von Bedeutung sein kann.[88] Die Vorschriften des AktG geben Hinweise, welche Umstände entscheidend sind, weil sie sich zB für den Gegenstand der konkreten Prüfung als notwendig erweisen.[89] Sofern diese Umstände bewusst nicht mitgeteilt werden, wird ein erheblicher Umstand verschwiegen.[90] Ferner vermag der Charakter der Prüfung bzw. der Prüfungsauftrag Aufschluss darüber zu geben, welcher Angaben es im Einzelfall bedarf.[91] Wird beispielsweise eine Sonderprüfung wegen einer vermuteten unzureichenden Bewertung von Immobilienvermögen der AG veranlasst, muss der Prüfer in seinem Bericht im Detail auf Grund und Art einer evtl. Unterbewertung sowie Korrekturmethoden eingehen.[92] Verwendet der Prüfer bewusst Formulierungen, die zu Fehleinschätzungen Anlass geben können, muss er damit rechnen, dass seine Erkenntnisse nicht 1 : 1 vom Adressatenkreis aufgenommen werden.[93]

IV. Subjektiver Tatbestand

39 § 403 setzt zumindest **bedingten Vorsatz** voraus.[94] Erstattet der Täter einen Prüfungsbericht trotz bestehender erheblicher Zweifel an seinem Wahrheitsgehalt und ohne weitere Absicherung, so liegt bedingter Vorsatz hinsichtlich des falschen Berichts vor.[95] Diese Zweifel werden sich bei einem professionell mit der Materie vertrauten Akteur eher als bei einem „schlichten" Aktionär aufdrängen.

---

[83] OLG Karlsruhe WM 1985, 940 (944) zu § 332 HGB; *Graf* BB 2001, 562 (565); MüKoAktG/*Schaal* Rn. 27; GJW/*Temming* Rn. 16.

[84] Kölner Komm AktG/*Altenhain* Rn. 26; Kölner Komm AktG/*Geilen*, 1. Aufl. 1984, Rn. 25; MüKoStGB/*Kiethe* Rn. 38; Großkomm AktG/*Otto* Rn. 20; NK-WSS/*Krause*/*Twele* Rn. 4; *Bauer*, Die Neuregelung der Strafbarkeit des Jahresabschlussprüfers, 2017, 110.

[85] Kölner Komm AktG/*Geilen*, 1. Aufl. 1984, Rn. 10, 28; MüKoAktG/*Schaal* Rn. 28; Hölters/*Müller-Michaels* Rn. 12; NK-WSS/*Krause*/*Twele* Rn. 4; gegen den Einschluss des mündlichen Berichts, aber für die Einbeziehung mündlicher Erläuterungen *Tiedemann* HWiStR Bilanzstrafrecht Anm. V; abl. Kölner Komm AktG/*Altenhain* Rn. 17; MüKoStGB/*Kiethe* Rn. 34; Park/*Janssen*/*Gercke* Teil 3 Kap. 10.2 § 403 Rn. 28.

[86] AA MüKoStGB/*Kiethe* Rn. 34; Großkomm AktG/*Otto* Rn. 21; BeBiKo/*Grottel*/*H. Hoffmann* HGB § 332 Rn. 8 f.

[87] MüKoStGB/*Kiethe* Rn. 40; zu § 332 HGB vgl. *Graf* BB 2001, 562 (563 ff.).

[88] *Dierlamm* NStZ 2000, 130 (132); Kölner Komm AktG/*Geilen*, 1. Aufl. 1984, Rn. 32; MüKoAktG/*Schaal* Rn. 29; MüKoStGB/*Kiethe* Rn. 41; Großkomm AktG/*Otto* Rn. 25; NK-WSS/*Krause*/*Twele* Rn. 5.

[89] In diesem Sinn *Hirte* ZIP 1988, 953 (957) für den Fall einer Sonderprüfung; Erbs/Kohlhaas/*Schaal* Rn. 17; MüKoAktG/*Schaal* Rn. 15 ff. und 29; MüKoStGB/*Kiethe* Rn. 41.

[90] MüKoAktG/*Schaal* Rn. 29.

[91] *Häcker* in Müller-Gugenberger/Bieneck WirtschaftsStrafR-HdB § 94 Rn. 11 f.

[92] In diesem Sinne auch MüKoStGB/*Kiethe* Rn. 31, 40 f.

[93] Vgl. auch *Häcker* in Müller-Gugenberger/Bieneck WirtschaftsStrafR-HdB § 94 Rn. 11a (Bericht dürfe auf keinen Fall irreführend sein); ähnlich MüKoStGB/*Kiethe* Rn. 41.

[94] Kölner Komm AktG/*Altenhain* Rn. 26; Kölner Komm AktG/*Geilen*, 1. Aufl. 1984, Rn. 39; *v. Godin*/*Wilhelmi* Anm. 3; MüKoStGB/*Kiethe* Rn. 42; Großkomm AktG/*Otto* Rn. 26; *Tiedemann* HWiStR Bilanzstrafrecht Anm. VII; vgl. auch *Bauer*, Die Neuregelung der Strafbarkeit des Jahresabschlussprüfers, 2017, 235 ff., die vorschlägt, die Norm des § 332 HGB de lege ferenda (neben einer Ausweitung des objektiven Tatbestands auf falsche Prüfungsdurchführungen) in subjektiver Hinsicht auf leichtfertiges Handeln zu erstrecken.

[95] Kölner Komm AktG/*Geilen*, 1. Aufl. 1984, Rn. 42; MüKoAktG/*Schaal* Rn. 30; Großkomm AktG/*Otto* Rn. 27; vgl. auch Henssler/Strohn/*Raum* Rn. 5; Kölner Komm AktG/*Altenhain* Rn. 30; NK-WSS/*Krause*/*Twele* Rn. 8.

Der Vorsatz muss sich auch auf die Erheblichkeit der Feststellungen für den Prüfungsbericht als ein normatives Tatbestandsmerkmal erstrecken.[96] Der Täter muss zumindest erkennen, dass das nicht korrekt wiedergegebene Detail für den Prüfungsbericht von inhaltlicher Relevanz sein könnte.

Irrt der Täter, finden die allgemeinen Grundsätze der §§ 16, 17 StGB Anwendung. Stuft er einen **40** unrichtig dargestellten Aspekt irrtümlich als unerheblich ein oder irrt er darüber, dass ein solcher Aspekt der Prüfungs- und Berichtspflicht unterfällt, liegt ein **Tatbestandsirrtum** nach § 16 StGB vor.[97] Dabei kommt es nicht darauf an, ob dem Täter der für die Beurteilung der Erheblichkeit maßgebliche Sachverhalt nicht bekannt war oder er die Beurteilungsfaktoren irrtümlich falsch gewertet hat. Denn diese Differenzierung ist auf Tatbestandsebene irrelevant.[98] Ein Verbotsirrtum nach § 17 StGB liegt hingegen bei einem Irrtum des Täters über die Rechtswidrigkeit seines Verhaltens vor. Das ist etwa dann der Fall, wenn er überzeugt ist, ein bestimmtes Prüfungsergebnis sei das richtige, und darüber sodann berichtet, ohne selbst geprüft zu haben.[99]

V. Qualifikation des Abs. 2

Mit der Qualifikation hat der Gesetzgeber auf ähnliche Merkmale wie bei § 404 Abs. 2, § 203 **41** Abs. 5 StGB, § 85 Abs. 2 GmbHG für die erhöhte Strafe abgestellt.

1. Handeln gegen Entgelt. Gegen Entgelt iSv § 11 Abs. 1 Nr. 9 StGB handelt ein Täter, der **42** sich bei seinem Tun von einer Gegenleistung bestimmen lässt, die in einem **Vermögensvorteil** besteht. Die Gegenleistung kann sowohl in Geld als auch in einer Gegenleistung mit geldwertem Charakter bestehen.[100] Immaterielle Vorteile reichen somit nicht aus.[101] Es muss sich um die Vereinbarung einer Gegenleistung für die strafbare Handlung, nicht für die eigentliche Prüfungstätigkeit, handeln.[102] Für die Qualifikation bedarf es der vorherigen Vereinbarung einer Gegenleistung. Deren Erlangung muss das Ziel des Täters sein. Ob sie später tatsächlich gewährt wird, ist für die Strafbarkeit unerheblich.[103] Eine erst nach der Tathandlung getroffene Zahlungsvereinbarung – als überraschender Bonus – reicht für dieses Qualifikationsmerkmal nicht aus. Konnte der Täter allerdings bereits bei Tatausführung das Entgelt erwarten, so war dieses im Vorhinein konkludent vereinbart.[104]

2. Handeln in Bereicherungsabsicht. Der Täter handelt in Bereicherungsabsicht, wenn er **43** bestrebt ist, sich oder einem anderen durch seine Handlungsweise einen Vermögensvorteil zu verschaffen. Bei teleologischer Auslegung muss dieser Vermögensvorteil etwas anderes als das Entgelt für die Prüfung darstellen. Absicht ist das zielgerichtete Handeln des Täters im Sinne von dolus directus 1. Grades.[105] Dies braucht nicht das ausschließliche Motiv des Täters zu sein.[106] Irrelevant ist, ob der für sich oder einen Dritten angestrebte Vermögensvorteil tatsächlich erlangt wird. Es bedarf lediglich des darauf gerichteten finalen Willens.[107] Die Bereicherungsabsicht muss **nicht** auf die Erlangung eines **rechtswidrigen Vorteils** abzielen.[108] Sie ist beispielsweise auch dann zu beja-

---

[96] Großkomm AktG/*Klug*, 3. Aufl. 1975, Anm. 11; MüKoAktG/*Schaal* Rn. 30, 34; Großkomm AktG/*Otto* Rn. 26, 38.
[97] Großkomm AktG/*Otto* Rn. 38; MüKoAktG/*Schaal* Rn. 34.
[98] Hölters/*Müller-Michaels* Rn. 17; Großkomm AktG/*Otto* Rn. 38; MüKoAktG/*Schaal* Rn. 34; aA Kölner Komm AktG/*Geilen*, 1. Aufl. 1984, Rn. 40; Kölner Komm AktG/*Altenhain* Rn. 31; MüKoStGB/*Kiethe* Rn. 44.
[99] Großkomm AktG/*Otto* Rn. 39; Kölner Komm AktG/*Altenhain* Rn. 31.
[100] MüKoAktG/*Schaal* Rn. 36; MüKoStGB/*Kiethe* Rn. 46; Großkomm AktG/*Otto* Rn. 31; vgl. hierzu auch Ulmer/*Dannecker* HGB-Bilanzrecht HGB § 333 Rn. 56 ff.
[101] Dierlamm NStZ 2000, 130 (133); Kölner Komm AktG/*Altenhain* Rn. 33; Kölner Komm AktG/*Geilen*, 1. Aufl. 1984, Rn. 50; MüKoStGB/*Kiethe* Rn. 46; Großkomm AktG/*Otto* Rn. 31.
[102] Kölner Komm AktG/*Altenhain* Rn. 33; Kölner Komm AktG/*Geilen*, 1. Aufl. 1984, Rn. 50; Scholz/*Tiedemann*/*Rönnau* GmbHG § 85 Rn. 50; Hölters/*Müller-Michaels* Rn. 21; extrem weit *v. Godin*/*Wilhelmi* Anm. 7.
[103] Dierlamm NStZ 2000, 130 (133); MüKoAktG/*Schaal* Rn. 36; MüKoStGB/*Kiethe* Rn. 46; Großkomm AktG/*Otto* Rn. 31; NK-WSS/*Krause*/*Twele* Rn. 7; zu § 332 HGB *Lutz*, Die Strafbarkeit des Abschlussprüfers nach Section 507 Companies Act 2006 und nach § 332 HGB, 2017, 274.
[104] Großkomm AktG/*Otto* Rn. 31; in diesem Sinn auch Scholz/*Tiedemann*/*Rönnau* GmbHG § 85 Rn. 50.
[105] Kölner Komm AktG/*Geilen*, 1. Aufl. 1984, Rn. 51; Kölner Komm AktG/*Altenhain* Rn. 34; MüKoAktG/*Schaal* Rn. 37; MüKoStGB/*Kiethe* Rn. 47; Großkomm AktG/*Otto* Rn. 33; NK-WSS/*Krause*/*Twele* Rn. 7.
[106] Kölner Komm AktG/*Geilen*, 1. Aufl. 1984, Rn. 51; Kölner Komm AktG/*Altenhain* Rn. 34; Großkomm AktG/*Otto* Rn. 33; im Einzelnen MüKoStGB/*Hefendehl* StGB § 263 Rn. 913 ff.
[107] MüKoAktG/*Schaal* Rn. 37; Großkomm AktG/*Otto* Rn. 33 f.
[108] BGH NStZ 1993, 538 f. zu § 203 Abs. 5 StGB; Kölner Komm AktG/*Geilen*, 1. Aufl. 1984, Rn. 51; Kölner Komm AktG/*Altenhain* Rn. 35; LK-StGB/*Schünemann* StGB § 203 Rn. 163; MüKoAktG/*Schaal* Rn. 38; MüKoStGB/*Kiethe* Rn. 47; Schönke/Schröder/*Lenckner*/*Eisele* StGB § 203 Rn. 74; NK-WSS/*Krause*/*Twele* Rn. 7; Scholz/*Tiedemann*/*Rönnau* GmbHG § 85 Rn. 51; aA GHEK/*Fuhrmann* Rn. 16; Großkomm AktG/*Otto* Rn. 32; Scholz/*Tiedemann*, 10. Aufl. 2010, GmbHG § 85 Rn. 34; MHLS/*Dannecker* GmbHG § 85 Rn. 68; *Lutz*, Die Strafbarkeit des Abschlussprüfers nach Section 507 Companies Act 2006 und nach § 332 HGB, 2017, 275.

hen, wenn sich der Täter zukünftige Prüfungsaufträge sichern möchte. Die Gegenansicht sieht nur beim Begehren eines Vorteils, auf den ein Täter keinen Anspruch hat, die höhere Strafe als gerechtfertigt an.[109] Eine solche Auslegung ist weder mit dem Wortlaut noch mit dem Motiv der Qualifizierung vereinbar. Die Korrumpierbarkeit bzw. die Verletzung der Berichtspflicht aus wirtschaftlichen Motiven heraus soll strafschärfend berücksichtigt werden.[110]

44 **3. Handeln in Schädigungsabsicht.** Schädigungsabsicht setzt ebenfalls das zielgerichtete Handeln des Täters im Sinne von dolus directus 1. Grades voraus.[111] Auch in dieser Variante bedarf es des Eintritts der Schädigung nicht, sie muss nur das angestrebte Ziel des Handelns des Täters gewesen sein.[112] Systematische Gründe sprechen dafür, nicht zwingend einen materiellen Schaden zu fordern.[113] Ansonsten käme dem Merkmal nur dann eine eigenständige Bedeutung zu, wenn der Täter ausnahmsweise damit nicht auch eine eigen- oder fremdnützige Bereicherung anstreben würde.[114] Immaterielle Schäden sind aber im vorliegenden Kontext kaum vorstellbar. Nahezu jede falsche Feststellung im Prüfungsbericht einer AG kann Einfluss auf deren geschäftliche Position oder Stellung im Markt haben und ist damit auch kommerzialisierbar.[115]

VI. Täterschaft und Teilnahme, Vollendung und Beendigung, Konkurrenzen

45 **1. Täterschaft und Teilnahme.** Da § 403 richtigerweise nur von Prüfern begangen werden kann (→ Rn. 18 ff.), handelt es sich um ein **Sonderdelikt**. Außenstehende können daher allenfalls Teilnehmer sein, deren Strafe über § 28 Abs. 1 StGB obligatorisch zu mildern ist.[116] Bei den Qualifikationsmerkmalen handelt es sich nicht um täterbezogene, nach § 28 Abs. 2 StGB zu beurteilende Merkmale, weil sie **keine besondere Pflichtenposition** des Täters beschreiben.[117] Es reicht also ein dahingehender Vorsatz aus.

46 Eine **mittelbare Täterschaft** durch das Bewirken einer falschen oder unvollständigen Berichterstattung ist nur dann denkbar, wenn der als Werkzeug Handelnde den Bericht tatsächlich rechtswirksam abgeben[118] kann und der Hintermann gleichfalls die Täterqualifikation aufweist. Handeln Mitglieder des Vorstands oder des Aufsichtsrats bzw. ein Abwickler auf diese Weise, kommt aber eine Strafbarkeit nach § 400 Abs. 1 Nr. 2 in Betracht.[119]

47 **2. Vollendung und Beendigung.** Der **Versuch** ist nicht strafbar. **Vollendet** ist der Tatbestand des § 403 als Kundgabedelikt, sobald der Täter den Prüfungsbericht erstattet hat und für die vorgesehenen Adressaten die Möglichkeit der Kenntnisnahme besteht.[120] Es darf also keine „**Vermeidemacht**" des Berichterstatters in dem Sinne mehr existieren, dass er die Kenntnisnahme anderer verhindern kann.[121] Einer positiven Kenntnisnahme bedarf es hingegen nicht.[122]

48 **Beendet** ist die Tat dann, wenn der Bericht sämtliche bestimmungsgemäßen Adressaten erreicht hat[123] oder der Bericht widerrufen bzw. korrigiert wurde. Beendigung tritt weiterhin ein, wenn kein Vertrauen mehr für den Bericht in Anspruch genommen wird.

---

[109] Großkomm AktG/*Otto* Rn. 32.
[110] MüKoAktG/*Schaal* Rn. 38; MüKoStGB/*Kiethe* Rn. 47.
[111] MüKoAktG/*Schaal* Rn. 39; vgl. auch Ulmer/*Dannecker* HGB-Bilanzrecht HGB § 333 Rn. 59.
[112] *v. Godin/Wilhelmi* Anm. 7; MüKoAktG/*Schaal* Rn. 39; Scholz/*Tiedemann/Rönnau* GmbHG § 85 Rn. 52.
[113] Wie hier Kölner Komm AktG/*Geilen*, 1. Aufl. 1984, Rn. 52; MüKoAktG/*Schaal* Rn. 40; MüKoStGB/*Kiethe* Rn. 48; Scholz/*Tiedemann/Rönnau* GmbHG § 85 Rn. 52; MHLS/*Dannecker* GmbHG § 85 Rn. 69; NK-WSS/*Krause/Twele* Rn. 7; nur materielle Schäden: Kölner Komm AktG/*Altenhain* Rn. 36; *Dierlamm* NStZ 2000, 130 (133); NK-AktR/*Bernsmann* Rn. 7; Großkomm AktG/*Klug*, 3. Aufl. 1975, Anm. 17; Großkomm AktG/*Otto* Rn. 35; Hölters/*Müller-Michaels* Rn. 24.
[114] Erbs/Kohlhaas/*Fuhrmann*, 80. EL 1987, Anm. 6 Abs. 4.
[115] In diesem Sinn auch Scholz/*Tiedemann/Rönnau* GmbHG § 85 Rn. 52; vgl. auch Kölner Komm AktG/*Altenhain* Rn. 36.
[116] MüKoStGB/*Kiethe* Rn. 49; Kölner Komm AktG/*Altenhain* Rn. 38.
[117] MüKoStGB/*Kiethe* Rn. 50; Großkomm AktG/*Otto* Rn. 41; ebenso wohl auch Kölner Komm AktG/*Altenhain* Rn. 38; aA noch Kölner Komm AktG/*Geilen*, 1. Aufl. 1984, Rn. 53.
[118] In diesem Sinn auch *Dierlamm* NStZ 2000, 130 (131); Großkomm AktG/*Otto* Rn. 9.
[119] MüKoStGB/*Kiethe* Rn. 51.
[120] Erbs/Kohlhaas/*Schaal* Rn. 26; Großkomm AktG/*Klug*, 3. Aufl. 1975, Anm. 6; MüKoAktG/*Schaal* Rn. 42; MüKoStGB/*Kiethe* Rn. 52; Großkomm AktG/*Otto* Rn. 28.
[121] In diesem Sinne MüKoStGB/*Kiethe* Rn. 52.
[122] Kölner Komm AktG/*Altenhain* Rn. 20; Kölner Komm AktG/*Geilen*, 1. Aufl. 1984, Rn. 36; *v. Godin/Wilhelmi* Anm. 2.
[123] MüKoStGB/*Kiethe* Rn. 53; MüKoAktG/*Schaal* Rn. 43; NK-WSS/*Krause/Twele* Rn. 10; für § 332 HGB Achenbach/Ransiek/*Rönnau/Ransiek* 8. Teil 1. Kap. Rn. 121; vgl. hierzu auch BGH NStZ 1993, 538 f. zu § 203 Abs. 5 StGB, wonach Vollendung und Beendigung zusammenfallen.

3. Konkurrenzen. Ist die Berichterstattung zugleich unrichtig und lückenhaft, bleibt es bei 49 der einmaligen Verwirklichung des Tatbestandes.[124] Aufgrund dieser **„Einheitslösung"**[125] sind Kollisionen innerhalb von § 403 ausgeschlossen. Mit anderen Taten kommt Tateinheit nach § 52 StGB insbes. in Fällen kollusiven Zusammenwirkens mit Organen der AG in Betracht:[126] so mit einer Beihilfe zum Gründungsschwindel nach § 399 Abs. 1 Nr. 2 durch einen unrichtigen Bericht, mit Beihilfe zu § 263 StGB,[127] zur Untreue nach § 266 StGB oder zu Insolvenzstraftaten nach §§ 283 ff. StGB, § 15a Abs. 4, 5 InsO.[128] Bzgl. der Berichte selbst ist § 332 HGB lex specialis.[129] Gegenüber den Strafvorschriften zur Ahndung von Verletzungen der Berichtspflicht in den § 18 PublG, § 314 UmwG und § 150 GenG tritt § 403 im Wege der Gesetzeskonkurrenz zurück.[130]

VII. Strafverfolgung und Rechtsfolgen[131]

Im **Klageerzwingungsverfahren** sind neben dem Vorstand für die AG auch die übrigen durch 50 § 403 geschützten Personen (→ Rn. 16) **Verletzte** nach Maßgabe von § 172 Abs. 1 StPO.[132]

Der **Strafrahmen** umfasst Freiheitsstrafe bis zu drei Jahren für den Grundtatbestand und bis zu 51 fünf Jahren bei der Qualifikation des Abs. 2 oder Geldstrafe. Die **Verjährungsfrist** für die Strafverfolgung beträgt gem. § 78 Abs. 3 Nr. 4 StGB fünf Jahre, was auch für die Qualifikation des Abs. 2 nach § 78 Abs. 4 StGB maßgeblich ist.[133] Sie beginnt nach § 78a S. 1 StGB mit Beendigung der Tat (zur Frage der Beendigung → Rn. 48).

§ 404 Verletzung der Geheimhaltungspflicht

(1) Mit Freiheitsstrafe bis zu einem Jahr, bei börsennotierten Gesellschaften bis zu zwei Jahren, oder mit Geldstrafe wird bestraft, wer ein Geheimnis der Gesellschaft, namentlich ein Betriebs- oder Geschäftsgeheimnis, das ihm in seiner Eigenschaft als
1. Mitglied des Vorstands oder des Aufsichtsrats oder Abwickler,
2. Prüfer oder Gehilfe eines Prüfers
bekanntgeworden ist, unbefugt offenbart; im Falle der Nummer 2 jedoch nur, wenn die Tat nicht in § 333 des Handelsgesetzbuchs mit Strafe bedroht ist.

(2) ¹Handelt der Täter gegen Entgelt oder in der Absicht, sich oder einen anderen zu bereichern oder einen anderen zu schädigen, so ist die Strafe Freiheitsstrafe bis zu zwei Jahren, bei börsennotierten Gesellschaften bis zu drei Jahren, oder Geldstrafe. ²Ebenso wird bestraft, wer ein Geheimnis der in Absatz 1 bezeichneten Art, namentlich ein Betriebs- oder Geschäftsgeheimnis, das ihm unter den Voraussetzungen des Absatzes 1 bekanntgeworden ist, unbefugt verwertet.

(3) ¹Die Tat wird nur auf Antrag der Gesellschaft verfolgt. ²Hat ein Mitglied des Vorstands oder ein Abwickler die Tat begangen, so ist der Aufsichtsrat, hat ein Mitglied des Aufsichtsrats die Tat begangen, so sind der Vorstand oder die Abwickler antragsberechtigt.

Schrifttum: *Albrecht*, Kriminologie – Eine Grundlegung zum Strafrecht, 4. Aufl. 2010; *Aldoney Ramírez*, Kritische Überlegungen zur Deutung des strafrechtlichen Unternehmensgeheimnisschutzes als Vermögensschutz, FS Tiedemann, 2008, 1141; *Aldoney Ramírez*, Der strafrechtliche Schutz von Geschäfts- und Betriebsgeheimnissen, 2009; *Amelunxen*, Spionage und Sabotage im Betrieb, 1977; *Arians*, Der strafrechtliche Schutz des Geschäfts-

---

[124] NK-AktR/*Bernsmann* Rn. 8; Kölner Komm AktG/*Altenhain* Rn. 39; Kölner Komm AktG/*Geilen*, 1. Aufl. 1984, Rn. 48; MüKoStGB/*Kiethe* Rn. 56; Großkomm AktG/*Otto* Rn. 42; GJW/*Temming* Rn. 21; NK-WSS/*Krause*/*Twele* Rn. 11.
[125] Kölner Komm AktG/*Geilen*, 1. Aufl. 1984, Rn. 48.
[126] MüKoAktG/*Schaal* Rn. 46; Großkomm AktG/*Otto* Rn. 44.
[127] Vgl. hierzu auch MüKoStGB/*Hefendehl* StGB § 263 Rn. 959.
[128] *Wimmer* DStR 1997, 1931 (1935); NK-AktR/*Bernsmann* Rn. 8; vgl. auch MüKoStGB/*Kiethe* Rn. 56; zu weiteren Konkurrenzen zu Vermögensdelikten (im weiteren Sinne) Kölner Komm AktG/*Altenhain* Rn. 40.
[129] *Bauer*, Die Neuregelung der Strafbarkeit des Jahresabschlussprüfers, 2017, 99; *Lutz*, Die Strafbarkeit des Abschlussprüfers nach Section 507 Companies Act 2006 und nach § 332 HGB, 2017, 281; *Dierlamm* NStZ 2000, 130 (131); *Graf* BB 2001, 562; MüKoAktG/*Schaal* Rn. 48; MüKoStGB/*Kiethe* Rn. 56; Großkomm AktG/*Otto* Rn. 43; BeBiKo/*Grottel*/H. *Hoffmann* HGB § 332 Rn. 50.
[130] GJW/*Temming* Rn. 21, MüKoAktG/*Schaal* Rn. 47 und Park/*Janssen*/*Gercke* Teil 3 Kap. 10.2 § 403 Rn. 36 sprechen von „Gesetzeseinheit".
[131] → § 399 Rn. 283 ff.; zum Urteilstenor → § 399 Rn. 289 entsprechend sowie MüKoStGB/*Kiethe* Rn. 62.
[132] In diesem Sinne ausf. *Zielinski* wistra 1993, 6 (8); MüKoAktG/*Schaal* Rn. 50; dagegen OLG Braunschweig wistra 1993, 31 (32 f.).
[133] MüKoAktG/*Schaal* Rn. 51; MüKoStGB/*Kiethe* Rn. 59; Großkomm AktG/*Otto* Rn. 47.

und Betriebsgeheimnisses in der Bundesrepublik Deutschland, in Oehler (Hrsg.), Der strafrechtliche Schutz des Geschäfts- und Betriebsgeheimnisses in den Ländern der Europäischen Gemeinschaft sowie in Österreich und der Schweiz, Band 1, 1978, 307; *Armbrüster,* Verschwiegenheitspflicht des GmbH-Geschäftsführers und Abtretung von Vergütungsansprüchen, GmbHR 1997, 56; *Arzt,* Willensmängel bei der Einwilligung, 1970; *Buck-Heeb,* Wissenszurechnung, Informationsorganisation und Ad-hoc-Mitteilungspflicht bei Kenntnis eines Aufsichtsratsmitglieds, AG 2015, 801; *Bullinger,* Wettbewerbsgefährdung durch präventive Wirtschaftsaufsicht – Gefährdung des Entwicklungsvorsprungs zulassungspflichtiger neuer Industrieprodukte, NJW 1978, 2121; *Dannecker,* Der Schutz von Geschäfts- und Betriebsgeheimnissen, BB 1987, 1614; *Dittmar,* Weitergabe von Informationen im faktischen Aktienkonzern, AG 2013, 498; *Elster,* Zum Begriff des Geschäfts- und Betriebsgeheimnisses, GRUR 1932, 32; *Engländer/Zimmermann,* Whistleblowing als strafbarer Verrat von Geschäfts- und Betriebsgeheimnissen?, NZWiSt 2012, 328; *Erb,* Inwieweit schützt § 17 UWG ein ausländisches „Bankgeheimnis"?, FS Roxin, 2011, 1103; *Fleck,* Eigengeschäfte eines Aufsichtsratsmitglieds, FS Heinsius, 1991, 89; *Fuhrmann,* Rechte und Pflichten des Aufsichtsrats beim Verdacht von Compliance-Verstößen, AG 2015, R328; *Gaul,* Information und Vertraulichkeit der Aufsichtsratsmitglieder einer GmbH, GmbHR 1986, 296; *Harte-Bavendamm,* Wettbewerbsrechtliche Aspekte des Reverse Engineering von Computerprogrammen, GRUR 1990, 657; Harte-Bavendamm/Henning-Bodewig, Gesetz gegen den unlauteren Wettbewerb: UWG – Kommentar, 4. Aufl. 2016; *Hefendehl,* Vermögensgefährdung und Exspektanzen, 1994; *Hefendehl,* Kriminalitätstheorien und empirisch nachweisbare Funktionen der Strafe: Argumente für und wider die Etablierung einer Unternehmensstrafbarkeit, MschrKrim 86 (2003), 27; *Hefendehl,* Kriminologie, Dogmatik, Kriminalpolitik: ein Leben in friedlicher Koexistenz?, in Hefendehl (Hrsg.), Empirische und dogmatische Fundamente, kriminalpolitischer Impetus, 2005, 3; *Hefendehl,* Corporate Governance und Business Ethics: Scheinberuhigung oder Alternativen bei der Bekämpfung der Wirtschaftskriminalität?, JZ 2006, 119; *Heldmann,* Das deutsche Insider-Gesetz ad portas, ZRP 1990, 393; *Hemeling,* Gesellschaftsrechtliche Fragen der Due Diligence beim Unternehmenskauf, ZHR 169 (2005), 274; *Hilber/Hartung,* Auswirkungen des Sarbanes-Oxley Act auf deutsche WP-Gesellschaften: Konflikte mit der Verschwiegenheitspflicht der Wirtschaftsprüfer und dem Datenschutzrecht, BB 2003, 1054; *Holzborn/Foelsch,* Schadensersatzpflichten von Aktiengesellschaften und deren Management bei Anlegerverlusten – Ein Überblick, NJW 2003, 932; *Hommelhoff,* Zeugnisverweigerungsrecht früherer Geschäftsführer in der GmbH – zugleich eine Anmerkung zum OLG Koblenz v. 5.3.1987 – 6 W 38/87, WM 1987, 480, EWiR 1987, 513; *Hueck,* Zur Verschwiegenheitspflicht der Arbeitnehmervertreter im Aufsichtsrat, RdA 1975, 35; *Junker,* Wettbewerblicher Schutz für Computerprogramme, BB 1988, 1334; *Keilich/Brummer,* Reden ist Silber, Schweigen ist Gold – Geheimhaltungspflichten auch für die Arbeitnehmervertreter im Aufsichtsrat, BB 2012, 897; *Kiethe,* Die Abgrenzung von zulässigem Sachvortrag und strafbewehrtem Geheimnisschutz im Zivilprozess, JZ 2005, 1034; *Kiethe/Groeschke,* Die Durchsetzung von Schadensersatzansprüchen in Fällen der Betriebs- und Wirtschaftsspionage, WRP 2005, 1358; *Kiethe/Hohmann,* Der strafrechtliche Schutz von Geschäfts- und Betriebsgeheimnissen, NStZ 2006, 185; *Kittner,* Unternehmensverfassung und Information – Die Schweigepflicht von Aufsichtsratsmitgliedern, ZHR 136 (1972), 208; *Koch,* Korruptionsbekämpfung durch Geheimnisverrat? Strafrechtliche Aspekte des Whistleblowing, ZIS 2008, 500; *Körber,* Geschäftsleitung der Zielgesellschaft und due diligence beim Paketerwerb und Unternehmenskauf, NZG 2002, 263; *Kolle,* Der Rechtsschutz der Computersoftware in der Bundesrepublik Deutschland, GRUR 1982, 443; *Kunz,* Betriebs- und Geschäftsgeheimnisse und Wettbewerbsverbot während der Dauer und nach Beendigung des Anstellungsverhältnisses, DB 1993, 2482; *Lamb/Schluck-Amend,* Die Neuregelung des Spruchverfahrens durch das Spruchverfahrensneuordnungsgesetz, DB 2003, 1259; *Land/Hallermeyer,* Weitergabe von vertraulichen Informationen durch auf Veranlassung von Gebietskörperschaften gewählte Mitglieder des Aufsichtsrats gem. §§ 394, 395 AktG, AG 2011, 114; *Leuering/Keßler,* Die Informationsweitergabe im faktischen Konzern, NJW-Spezial 2015, 399; *Linker/Zinger,* Rechte und Pflichten der Organe einer Aktiengesellschaft bei der Weitergabe vertraulicher Unternehmensinformationen, NZG 2002, 497; *Maume,* Know-how-Schutz – Abschied vom Geheimhaltungswillen?, WRP 2008, 1275; *Meincke,* Geheimhaltungspflichten im Wirtschaftsrecht, WM 1998, 749; *K. Müller,* Gestattung der Due Diligence durch den Vorstand der Aktiengesellschaft, NJW 2000, 3452; *R. Müller/Wabnitz,* Die Rechtslage in der Bundesrepublik Deutschland, in Liebl (Hrsg.), Betriebs-Spionage: Begehungsformen – Schutzmaßnahmen – Rechtsfragen, 1987, 235; *Nastelski,* Der Schutz des Betriebsgeheimnisses, GRUR 1957, 1; *Ohly/Sosnitza,* Gesetz gegen den unlauteren Wettbewerb, Kommentar, 7. Aufl. 2016; *Otto,* Verrat von Betriebs- und Geschäftsgeheimnissen, § 17 UWG, wistra 1988, 125; *Passarge,* Anforderungen an die Satzung einer Rechtsanwalts-AG, NJW 2005, 1835; *Passarge,* Zur Entbindung der Berufsgeheimnisträger von Zeugnisverweigerungsrechten durch juristische Personen, BB 2010, 591; *Pfeiffer,* Der strafrechtliche Verrat von Betriebs- und Geschäftsgeheimnissen nach § 17 UWG, FS Nirk, 1992, 861; *Pfeiffer,* Verletzungen von Geheimhaltungspflichten nach §§ 85 GmbHG, FS Raisch, 1995, 255; *Quick,* Geheimhaltungspflicht des Abschlussprüfers: Strafrechtliche Konsequenzen bei Verletzung, BB 2004, 1490; *Ransiek,* Unternehmensstrafrecht, 1996; *Reichard,* Die Verschwiegenheitspflicht von Aufsichtsratsmitgliedern, GWR 2017, 72; *Rittmeister,* Due Diligence und Geheimhaltungspflichten beim Unternehmenskauf – Die Zulässigkeit der Gestattung einer Due Diligence durch den Vorstand oder die Geschäftsführer der Zielgesellschaft, NZG 2004, 1032; *Rittner,* Die Verschwiegenheitspflicht der Aufsichtsratsmitglieder nach BGHZ 64, 325, FS Hefermehl, 1976, 365; *Rogall,* Die Verletzung von Privatgeheimnissen (§ 203 StGB) – Aktuelle Probleme und ungelöste Fragen, NStZ 1983, 1; *Roschmann/Frey,* Geheimhaltungsverpflichtungen der Vorstandsmitglieder von Aktiengesellschaften bei Unternehmenskäufen, AG 1996, 449; *Roxin/Schünemann,* Strafverfahrensrecht, 29. Aufl. 2017; *Rützel,* Illegale Unternehmensgeheimnisse?, GRUR 1995, 557; *Rupp,* Strafrechtlicher Schutz von Computersoft- und Orgware nach §§ 17 ff. UWG unter Berücksichtigung der Reformentwürfe zum UWG, WRP 1985, 676; *Säcker,* Aktuelle Probleme der Verschwiegenheitspflicht der Aufsichtsratsmitglieder, NJW 1986, 803; *Schaper,* Unternehmenskommunikation und Vertraulichkeit in der Europäischen Aktiengesellschaft (SE) im Vergleich zur AG, AG 2018, 356; *Schmidt-Aßmann/Ulmer,* Die Berichterstattung von Aufsichtsratsmitgliedern einer Gebietskörperschaft nach § 394 AktG, BB 1988, Beil. 13, 1; *Schroeder,* Darf der Vorstand der Aktiengesellschaft dem Aktienkäufer eine Due Diligence gestatten?, DB 1997, 2161; *Schünemann,* Der strafrechtliche Schutz von Privatgeheimnissen, ZStW 90 (1978), 11; *Schumann,* Prozessuale Verteidigung durch Geheimnisverrat, 2016; *Schwab,* Die Freigabe der angefochtenen Aufsichtsratswahl analog § 104 Abs. 2 AktG, AG 2015, 195; *Schwerdtfeger,* Strafrechtliche Pflicht der Mitglieder des Aufsichtsrats einer Aktiengesellschaft zur Verhinderung von Vorstandsstraftaten, 2016; *Schwintowski,* Verschwiegenheitspflicht für politisch legitimierte Mitglieder des Aufsichtsrats, NJW 1990, 1009; *Seibert,* Das „TransPuG" – Gesetz zur weiteren Reform des Aktien- und Bilanzrechts, zu Transparenz und Publizität (Transparenz- und Publizitätsgesetz) – Diskussion im Gesetzgebungsverfahren und endgültige Fassung, NZG 2002, 608; *v. Stebut,* Geheimnisschutz und Verschwiegenheitspflicht im Aktienrecht, 1972; *v. Stebut,* Gesetzliche Vorschriften gegen den Missbrauch von Insiderinformationen, DB 1974, 613; *Stegmaier,* Geheimhaltung bei wissenschaftlichen oder statistischen Studien über Corporate-Governance-Strukturen, AG 2017, 336; *Stoffels,* Grenzen der Informationsweitergabe durch den Vorstand einer Aktiengesellschaft im Rahmen einer „Due Diligence", ZHR 165 (2001), 362; *Streng,* Strafrechtliche Sanktionen – Die Strafzumessung und ihre Grundlagen, 3. Aufl. 2012; *Sturm,* Änderungen des Besonderen Teils des Strafgesetzbuches durch das Einführungsgesetz zum Strafgesetzbuch, JZ 1975, 6; *Temming,* Der Geheimnisverrat eines Gesellschaftsorgans, FS Achenbach, 2011, 545; *Thum/Klofat,* Der ungetreue Aufsichtsrat – Handlungsmöglichkeiten des Vorstands bei Pflichtverletzungen des Aufsichtsrats, NZG 2010, 1087; *Többens,* Wirtschaftsspionage und Konkurrenzausspähung in Deutschland, NStZ 2000, 505; *Ulsenheimer,* Zur Strafbarkeit des Missbrauchs von Insider-Informationen, NJW 1975, 1999; *Velten,* Individuelle Rechte und Pflichten der Arbeitnehmervertreter im Aufsichtsrat, FA 2014, 328; *Verse,* Doppelmandate und Wissenszurechnung im Konzern, AG 2015, 413; *Wittkämper,* Das Geschäfts- und Betriebsgeheimnis des Zeugen im Strafprozess, BB 1963, 1160; *Ziegler,* „Due Diligence" im Spannungsfeld zur Geheimhaltungspflicht von Geschäftsführern und Gesellschaftern, DStR 2000, 249; *Ziemons,* Die Weitergabe von Unternehmensinterna an Dritte durch den Vorstand einer Aktiengesellschaft, AG 1999, 492.

Übersicht

	Rn.
I. System des Geheimnisschutzes	1–12
1. Praktische Relevanz	1–3
2. Geschütztes Rechtsgut	4–8
3. Deliktsstruktur	9
4. Schutzgesetz	10
5. Das Verhältnis von § 404 zu anderen Geheimnisschutzdelikten	11, 12
II. Objektiver Tatbestand	13–40
1. Täterkreis	14–18
2. Tatobjekt: Geheimnis	19–32
a) Abgrenzungen	19
b) Begriffskomponenten	20–31
c) Einzelne Unternehmensgeheimnisse	32
3. Tathandlungen	33–40
a) Abs. 1: Geheimnisoffenbarung	33–35
b) Abs. 2 S. 2: Geheimnisverwertung	36–40
III. Subjektiver Tatbestand	41
IV. Qualifikationen	42–44
1. Geheimnisoffenbarung	42, 43
a) § 404 Abs. 1	42
b) § 404 Abs. 2 S. 1	43
2. Geheimnisverwertung	44
V. Rechtswidrigkeit	45–57
1. Das Merkmal der Unbefugtheit	45, 46
2. Rechtfertigungsgründe	47–57
a) Einwilligung	48–50
b) Gesetzliche Auskunfts- und Aussagepflichten	51–54
c) § 34 StGB	55–57
VI. Irrtum, Täterschaft und Teilnahme, Vollendung und Beendigung, Konkurrenzen, Strafverfolgung	58–70
1. Irrtum	58
2. Täterschaft und Teilnahme	59, 60
3. Vollendung und Beendigung	61, 62
4. Konkurrenzen	63–65
5. Strafverfolgung	66–70

I. System des Geheimnisschutzes

1. Praktische Relevanz. § 404 ist Teil eines Geflechtes von Strafvorschriften, die mit unter- 1 schiedlichen Nuancen die Unternehmen vor der Preisgabe von betrieblich wichtigen Geheimnissen durch Interne schützen wollen. So bestehen inhaltliche und strukturelle Ähnlichkeiten zu §§ 203, 204 StGB, § 17 UWG, § 85 GmbHG sowie § 333 HGB.[1]

Der Umfang und die Detailreiche des strafrechtlichen Schutzes korrespondieren hingegen nicht 2 mit der **praktischen Bedeutung** der Vorschrift.[2] Dies könnte man zwar theoretisch mit einer funktionierenden negativ-generalpräventiven Wirkung[3] der Strafvorschriften begründen – was das überzeugendste Argument für deren Existenz wäre. Aber diese Wirkung von Strafnormen wird

---

[1] MüKoAktG/*Schaal* Rn. 7; weitere Vertreter finden sich bei MüKoStGB/*Kiethe* Rn. 1, 98 und *Möhrenschlager* in Wabnitz/Janovsky WirtschaftsStrafR/SteuerStrafR-HdB 15. Kap. Rn. 43, 45.

[2] So auch Scholz/*Tiedemann/Rönnau* GmbHG § 85 Rn. 7 mwN bzgl. der Parallelnorm des § 85 GmbHG.

[3] So MüKoStGB/*Kiethe* Rn. 10; zu § 17 UWG vgl. *Dannecker* BB 1987, 1614; Fezer/Büscher/Obergfell/*Rengier* UWG § 17 Rn. 6; zu § 403 AktG vgl. Park/*Janssen,* 3. Aufl. 2013, Teil 3 Kap. 8 § 403 AktG Rn. 58 iVm Teil 3 Kap. 8 HGB § 332 Rn. 12 ff.

gemeinhin bei weitem überschätzt.[4] Dies gilt insbes. in der vorliegenden Konstellation, in der potenzielle Täter innerhalb des Unternehmens über Neutralisierungstechniken[5] ihr auch delinquentes Verhalten rechtfertigen und sich damit eine sog. kriminelle Verbandsattitüde entwickeln kann.

3 Der Strafrechtsschutz vor dem Geheimnisverrat von innen heraus hat keine praktische Bedeutung. Dies liegt daran, dass der Rechtsgutsträger im Vorhinein über eine geeignete Auswahl der Geheimnisträger sowie Maßnahmen der technischen Prävention alles daransetzen wird, die Geheimhaltungspflicht zu wahren. Kommt es dann aber doch zu einem strafbaren Verhalten, so sprechen effizienztheoretische sowie ökonomische Erwägungen gegen die Einleitung einer Strafverfolgung. Die **Anzeigebereitschaft** ist daher extrem niedrig,[6] ein Phänomen, das bei etlichen Tatbeständen des Wirtschaftsstrafrechts auszumachen ist. Sie wurden ursprünglich eingeführt, um die Unternehmen zu stärken, von diesen aber nicht „angenommen".

4 **2. Geschütztes Rechtsgut.** Wenn als das geschützte Rechtsgut das Interesse der AG und damit das ihrer Aktionäre an der Wahrung des Geheimnisses bezeichnet wird,[7] so werden Handlungsobjekt und Rechtsgut verwechselt. Rechtsgut ist vielmehr das **Vermögen** der AG in einem extensiven Umfang.[8] Damit besteht weitgehende Deckungsgleichheit zum des Weiteren propagierten Rechtsgut der wettbewerblichen Entfaltungsfreiheit.[9] Denn diese Entfaltung bedeutet im Wettbewerb eine ökonomische, so dass der Bezug zum Vermögen wiederhergestellt ist. Der Vermögensschutz erfolgt aber weitergehender als bei den klassischen Vermögensschutzdelikten. So muss sich die Vermögensrelevanz des Geheimnisses noch nicht manifestiert haben, auch die Voraussetzungen einer vermögenswerten Exspektanz[10] müssen noch nicht vorliegen. Der Vermögensbezug wäre lediglich bei eindeutig für das Vermögen irrelevanten Geheimnissen nicht gegeben.

5 Kein Argument gegen eine derartige Rechtsgutsinterpretation wäre der Verweis darauf, dass neben den Betriebs- oder Geschäftsgeheimnissen nach dem Gesetzeswortlaut noch weitere Gesellschaftsgeheimnisse geschützt werden sollen, die damit auch immaterieller Art sein könnten.[11] Denn ein relevanter Anwendungsbereich für diese Obergruppe hat sich jenseits der beiden Konkretisierungen jedenfalls dann nicht herausgestellt,[12] wenn man im Rahmen von § 404 die extensive Vermögensschutzinterpretation vertritt.

6 Damit wird das „bloße" Geheimnis der Gesellschaft in der Praxis nur eine geringe Bedeutung haben. Es ist eher als eine Art **Zweifelsregelung** zu verstehen. Wenn nicht evidentermaßen ein Betriebs- oder Geschäftsgeheimnis besteht, kann gleichwohl ein Gesellschaftsgeheimnis angenommen werden. Der Gegensatzbegriff hierzu wäre ein Privatgeheimnis.

7 § 404 regelt nach hergebrachter Ansicht den Geheimnisbereich **von inländischen Gesellschaften**, dh solchen, die ihren Sitz im Inland haben.[13] Dem ist beizupflichten (eingehend → § 399 Rn. 37 ff.): Die Norm richtet sich nämlich als Sonderdelikt an einen näher konkretisierten

---

[4] Vgl. etwa *Hefendehl* in Hefendehl, Empirische und dogmatische Fundamente, kriminalpolitischer Impetus, 2005, 3 mwN; ebenso *Seibert* NZG 2002, 608 (612); vgl. aber den Regierungsentwurf eines Gesetzes zur weiteren Reform des Aktien- und Bilanzrechts, zu Transparenz und Publizität (Transparenz- und Publizitätsgesetz), RegE BT-Drs. 14/8769, 24 f., der nach wie vor auf die Abschreckungswirkung setzt.

[5] *Hefendehl* MschrKrim 86 (2003), 27 (31 ff.).

[6] *Dannecker* BB 1987, 1614 (1621); *Fezer/Büscher/Obergfell/Rengier* UWG § 17 Rn. 5 f.; MüKoStGB/*Kiethe* Rn. 8; *Möhrenschlager* in Wabnitz/Janovsky WirtschaftsStrafR/SteuerStrafR-HdB 15. Kap. Rn. 2; Scholz/*Tiedemann/Rönnau* GmbHG § 85 Rn. 7; zur aus diesem Grunde vermuteten hohen Dunkelziffer vgl. *Kiethe/Groeschke* WRP 2005, 1358 (1359); *Fezer/Büscher/Obergfell/Rengier* UWG § 17 Rn. 5; MüKoStGB/*Kiethe* Rn. 8; *Möhrenschlager* in Wabnitz/Janovsky WirtschaftsStrafR/SteuerStrafR-HdB 15. Kap. Rn. 2.

[7] Erbs/Kohlhaas/*Schaal* Rn. 2; MüKoAktG/*Schaal* Rn. 3; Großkomm AktG/*Otto* Rn. 2; Scholz/*Tiedemann* GmbHG, 10. Aufl. 2010, § 85 Rn. 2; vgl. auch NK-WSS/*Krause/Twele* Rn. 1; MHLS/*Dannecker* GmbHG § 85 Rn. 8f.; allein auf das Schutzinteresse der Gesellschaft abstellend Hölters/*Müller-Michaels* Rn. 2; Kölner Komm AktG/*Altenhain* Rn. 3; *Schwerdtfeger*, Strafrechtliche Pflicht der Mitglieder des Aufsichtsrats einer Aktiengesellschaft zur Verhinderung von Vorstandsstraftaten, 2016, 37 f., 228.

[8] So auch Kölner Komm AktG/*Geilen*, 1. Aufl. 1984, Rn. 10; Scholz/*Tiedemann/Rönnau* GmbHG § 85 Rn. 3.

[9] Vgl. hierzu umfassend *Aldoney Ramírez*, Der strafrechtliche Schutz von Geschäfts- und Betriebsgeheimnissen, 2009, 252 ff.; *Aldoney Ramírez* FS Tiedemann, 2008, 1141 (1160 ff.).

[10] Zu diesen *Hefendehl*, Vermögensgefährdung und Exspektanzen, 1994, 115 f., 199 ff.

[11] Für die Einbeziehung immaterieller Schäden *v. Stebut*, Geheimnisschutz und Verschwiegenheitspflicht im Aktienrecht, 1972, 39 ff., 43 f.; Kölner Komm AktG/*Geilen*, 1. Aufl. 1984, Rn. 9 f., 20; Kölner Komm AktG/*Altenhain* Rn. 9; Lutter/Hommelhoff/*Kleindiek* GmbHG § 85 Rn. 3; MüKoStGB/*Kiethe* Rn. 24 f.; Großkomm AktG/*Otto* Rn. 15; Scholz/*Tiedemann/Rönnau* GmbHG § 85 Rn. 3, 13.

[12] Vgl. aber die Beispiele von *v. Stebut*, Geheimnisschutz und Verschwiegenheitspflicht im Aktienrecht, 1972, 40 ff.

[13] BGHSt 42, 243 (248) = NJW 1997, 533 (534); MüKoAktG/*Schaal* Rn. 3; MüKoStGB/*Kiethe* Rn. 2 mwN; Scholz/*Tiedemann/Rönnau* GmbHG § 85 Rn. 62.

(→ Rn. 14 ff.), aktienrechtsspezifischen Täterkreis. Eine Anwendung dieser Norm auf Organe ausländischer Gesellschaften würde insofern gegen das Analogieverbot (Art. 103 Abs. 2 GG) verstoßen. Kraft gesetzlicher Anordnung (§ 53 SE-AG) erfolgt allerdings eine Ausweitung auf die Europäische Aktiengesellschaft (SE).[14]

8 Der Gesetzgeber hat durch das Externe ausnehmende Antragserfordernis des Abs. 3 deutlich gemacht, den Schutzbereich der Tatbestände des § 404 lediglich auf die **Gesellschaft** erstrecken zu wollen.[15] Die Aktionäre als Anteilseigner gehören damit allerdings dazu.[16] Die Interessen der AG und ihrer Aktionäre lassen sich nicht unabhängig voneinander bestimmen.[17] Gesellschaftsgläubiger und Arbeitnehmer gehören indes nicht zum geschützten Personenkreis.[18] Sie sind keine Rechtsgutsträger, sondern haben nur ein allgemeines wirtschaftliches Interesse am Wohlergehen der AG. Unmittelbar betroffen sind sie durch einen Geheimnisverrat nicht.[19]

9 **3. Deliktsstruktur.** Von der Deliktsstruktur her handelt es sich um ein **abstraktes Gefährdungsdelikt**, was im Hinblick auf den individuellen Rechtsgutscharakter der Vermögensinteressen nicht dieselben Probleme aufweist wie bei einem überindividuellen Rechtsgut (→ § 399 Rn. 9 ff.).[20] Zu einem Vermögensschaden braucht es durch die Offenbarung des Geheimnisses noch nicht gekommen zu sein.[21]

10 **4. Schutzgesetz.** Für den geschützten Personenkreis (→ Rn. 8) ist § 404 Schutzgesetz im Sinne von § 823 Abs. 2 BGB.[22] Hat der Straftatbestand für sich genommen auch keine praktische Bedeutung (→ Rn. 2), so können über ihn doch zumindest zivilrechtliche Schadensersatzansprüche über § 823 Abs. 2 BGB geltend gemacht werden.[23] Ferner kann eine Beweisnot im zivilrechtlichen Haftungsprozess über die „Krücke" des strafprozessualen Ermittlungsverfahrens mit seinem umfangreichen Arsenal von Ermittlungsmaßnahmen verhindert werden.[24] Beide Funktionen gehen freilich an der eigentlichen Funktion des Strafrechts als ultima ratio zum Rechtsgüterschutz[25] vorbei.

11 **5. Das Verhältnis von § 404 zu anderen Geheimnisschutzdelikten.** Das oben in → Rn. 1 beschriebene Geflecht von Strafvorschriften kann zu Überschneidungen im Detail führen. § 333 HGB, der eine Verletzung der Geheimhaltungspflicht für den Abschlussprüfer oder dessen Gehilfen unter Strafe stellt, geht § 404 für seinen Gegenstandsbereich vor (§ 404 Abs. 1 Hs. 2). Die Anwendungsfelder von § 17 UWG und § 404 decken sich nur zu einem Teil. § 17 Abs. 1 UWG ist vom Täterkreis her wesentlich weiter gefasst als § 404[26] und stellt für die Täter auf den schlichten Anstellungsvertrag ab,[27] wohingegen § 404 auf die hiervon zu unterscheidende **Organstellung** rekurriert. Die bei § 404 genannten Normadressaten sind auch von § 17 UWG umfasst.[28] § 17 Abs. 2 UWG ist als Allgemeindelikt formuliert. Die höhere Strafandrohung des § 17 UWG gegenüber § 404 ist gleichwohl gerechtfertigt. Denn § 17 UWG stellt engere Anforderungen an die Strafbarkeit als § 404 (→ Rn. 14 ff.): So kommt es für das UWG darauf an, ob der Täter das Geheimnis während der

---

[14] MüKoStGB/*Kiethe* Rn. 1 f.
[15] v. *Stebut* DB 1974, 613 (616); Achenbach/Ransiek/*Rönnau*/*Ransiek* 8. Teil 2. Kap. Rn. 8; Baumbach/Hueck/*Haas* GmbHG § 85 Rn. 1; Lutter/Hommelhoff/*Kleindiek* GmbHG § 85 Rn. 1.
[16] Erbs/Kohlhaas/*Schaal* Rn. 2; aA K. Schmidt/Lutter/*Oetker* Rn. 1; Kölner Komm AktG/*Altenhain* Rn. 3.
[17] MüKoStGB/*Kiethe* Rn. 3; Großkomm AktG/*Otto* Rn. 2; Scholz/Tiedemann/*Rönnau* GmbHG § 85 Rn. 4.
[18] MüKoAktG/*Schaal* Rn. 3; Großkomm AktG/*Otto* Rn. 2; aA *Heldmann* ZRP 1990, 393 (395); für die Einbeziehung der Arbeitnehmer Kölner Komm AktG/*Geilen*, 1. Aufl. 1984, Rn. 11; für die Einbeziehung der Gesellschaftsgläubiger Großkomm AktG/*Klug*, 3. Aufl. 1975, Anm. 2.
[19] Großkomm AktG/*Otto* Rn. 2; MüKoStGB/*Kiethe* Rn. 4; so auch Kölner Komm AktG/*Altenhain* Rn. 3: „Schutzreflex".
[20] MüKoAktG/*Schaal* Rn. 6; MüKoStGB/*Kiethe* Rn. 6; Großkomm AktG/*Otto* Rn. 5; zum vergleichbaren § 203 *Rogall* NStZ 1983, 1 (5).
[21] Großkomm AktG/*Otto* Rn. 5; GJW/*Temming* Rn. 4.
[22] OLG Koblenz DB 1987, 1036; MüKoAktG/*Schaal* Rn. 4; MüKoStGB/*Kiethe* Rn. 5; Großkomm AktG/*Otto* Rn. 3; Bürgers/Körber/*Pelz* Rn. 1; NK-WSS/*Krause*/*Twele* Rn. 1; NK-AktR/*Bernsmann* Rn. 1; *Stegmaier* AG 2017, 336 (337); MHLS/*Dannecker* GmbHG § 85 Rn. 12.
[23] MüKoStGB/*Kiethe* Rn. 10.
[24] *Dannecker* BB 1987, 1614 (1621); *Kiethe*/*Groeschke* WRP 2005, 1358 (1359); Fezer/Büscher/Obergfell/*Rengier* UWG § 17 Rn. 6; MüKoStGB/*Kiethe* Rn. 10.
[25] BVerfGE 39, 1 (47) = NJW 1975, 573 (576); BVerfGE 88, 203 (258) = NJW 1993, 1751 (1754); BVerfGE 90, 145 (213) = NJW 1994, 1577 (1588) (abw. Meinung *Sommer*).
[26] Fezer/Büscher/Obergfell/*Rengier* UWG § 17 Rn. 26 ff.; Harte-Bavendamm/Henning-Bodewig/*Harte-Bavendamm*, UWG, 4. Aufl. 2016, UWG § 17 Rn. 8; vgl. Ohly/Sosnitza/*Ohly* UWG, 7. Aufl. 2016, UWG § 17 Rn. 13.
[27] *Kiethe*/*Groeschke* WRP 2005, 1358 (1363).
[28] AA *Temming* FS Achenbach, 2011, 545 (546), der den Täterkreis des § 17 UWG auf Weisungsabhängige teleologisch reduziert.

Geltungsdauer des Dienstverhältnisses offenbart – maßgeblich ist also der Zeitpunkt der Tathandlung –, während sich der Täter gem. § 404 Abs. 1 auch nach Ablauf des Anstellungsverhältnisses strafbar machen kann, da es allein auf die Organstellung zum Zeitpunkt der Kenntnisnahme des Geheimnisses ankommt (→ Rn. 63).²⁹ Überdies genügt bereits bedingter Vorsatz, um den subjektiven Tatbestand des § 404 Abs. 1 zu verwirklichen. § 17 UWG hingegen enthält weitergehende subjektive Erfordernisse. Diesem erhöhten Strafbarkeitsrisiko wird aus Verhältnismäßigkeitsgründen auf Rechtsfolgenseite durch den niedrigeren Strafrahmen von § 404 Rechnung getragen.

12 Die praktische Relevanz beider Normen ist indes marginal: Die Polizeiliche Kriminalstatistik (PKS) verzeichnet regelmäßig nur etwa 200 bis 300 Ermittlungsverfahren pro Jahr wegen Verfahren in Zusammenhang mit § 17 Abs. 1 UWG,³⁰ und von einem Tatverdacht bis zur Verurteilung ist gerade im Bereich des Wirtschaftsstrafrechts meist ein erheblicher Schwund auszumachen; dies insbes. auch deshalb, weil das Strafverfahren, wie oben (→ Rn. 10) beschrieben, häufig nur als Steigbügelhalter für den Zivilprozess „missbraucht" wird. Die etwas größere Bedeutung von § 17 UWG im Vergleich zu § 404 rührt auch daher, dass bei letzterem das **absolute Strafantragserfordernis** die Strafverfolgung weiter erschwert.³¹

II. Objektiver Tatbestand

13 § 404 enthält zwei Tatbestände, nämlich das unbefugte Offenbaren eines Geheimnisses (Abs. 1) sowie dessen unbefugte Verwertung (Abs. 2 S. 2). Täterkreis und Tatobjekt sind identisch.

14 **1. Täterkreis.** Bei § 404 handelt es sich um ein **Sonderdelikt**.³² Der Täterkreis ist auf **exponierte** Personen beschränkt, die aufgrund ihres Aufgabenbereichs mit Geheimnissen der Gesellschaft in Kontakt kommen und die zugleich eine Schweigepflicht³³ trifft. Im Einzelnen sind dies Mitglieder des Vorstandes (→ § 399 Rn. 72 ff.), Mitglieder des Aufsichtsrates³⁴ (→ § 399 Rn. 84 ff.), Abwickler (→ § 399 Rn. 217 f.), Prüfer sowie deren Gehilfen (→ § 403 Rn. 19 ff.). Aufgrund der unterschiedlichen geschützten Rechtsgüter bei § 403 und bei § 404 müssen die Prüfungen bei § 404 nicht solche nach dem AktG sein.³⁵ Erfährt der Prüfer anlässlich irgendeiner Prüfung von einem Geheimnis, so erfüllt er die Täterqualifikation. Ferner gelten die bei § 403 Rn. 20 ff. formulierten Einschränkungen für den Prüfergehilfen nicht. Es muss sich für § 404 lediglich um eine solche Person handeln, die aufgrund ihres regulären Tätigkeitsbereichs (→ Rn. 16) von einer Geheimnistatsache Kenntnis erlangt. Für den Fall, dass juristische Personen zum Abwickler oder Prüfer bestellt werden, kann sich die Strafbarkeit bestimmter natürlicher Personen über § 14 StGB ergeben.³⁶

15 Die Schweigepflicht folgt im Einzelnen aus folgenden Vorschriften: für Vorstandsmitglieder aus § 93 Abs. 1 S. 3;³⁷ für Aufsichtsratsmitglieder aus §§ 116, 93 Abs. 1 S. 3 und § 394; für Abwickler aus § 268 Abs. 2 S. 1, § 93 Abs. 1 S. 3; für Abschlussprüfer sowie deren Gehilfen aus § 323 Abs. 1 HGB,³⁸ der auch für Gründungsprüfer (§ 49) und Sonderprüfer (§§ 144, 258 Abs. 5) gilt.

---

²⁹ Vgl. auch MHLS/*Dannecker* GmbHG § 85 Rn. 5.
³⁰ Für das Jahr 2017 verzeichnet die Polizeiliche Kriminalstatistik 200 Ermittlungsverfahren im Zusammenhang mit § 17 Abs. 1 und 4 UWG sowie 122 Ermittlungsverfahren im Zusammenhang mit § 17 Abs. 2 und 4 UWG, Polizeiliche Kriminalstatistik 2017, Grundtabelle „Wirtschaftskriminalität", Schlüssel 715300 und 715400; *Kiethe/Groeschke* WRP 2005, 1358 (1359); Fezer/Büscher/Obergfell/*Rengier* UWG § 17 Rn. 5.; *Möhrenschlager* in Wabnitz/Janovsky WirtschaftsStrafR/SteuerStrafR-HdB 15. Kap. Rn. 2.
³¹ Vgl. hierzu MüKoStGB/*Kiethe* Rn. 8; *Möhrenschlager* in Wabnitz/Janovsky WirtschaftsStrafR/SteuerStrafR-HdB 15. Kap. Rn. 44.
³² *Pfeiffer* FS Raisch, 1995, 255 (258); Erbs/Kohlhaas/*Schaal* Rn. 3; Kölner Komm AktG/*Geilen*, 1. Aufl. 1984, Rn. 7, 12; Kölner Komm AktG/*Altenhain* Rn. 7; Großkomm AktG/*Klug*, 3. Aufl. 1975, Anm. 1; MüKoAktG/*Schaal* Rn. 5; MüKoStGB/*Kiethe* Rn. 6, 13, 67; Großkomm AktG/*Otto* Rn. 4; Scholz/Tiedemann/*Rönnau* GmbHG § 85 Rn. 5; K. Schmidt/Lutter/*Oetker* Rn. 2, 5; Hölters/*Müller-Michaels* Rn. 7.
³³ Kölner Komm AktG/*Geilen*, 1. Aufl. 1984, Rn. 12; MüKoStGB/*Kiethe* Rn. 16; Großkomm AktG/*Otto* Rn. 9; exemplarisch für den Vorstand *Meincke* WM 1998, 749 (750 f.).
³⁴ Tatbestandlich irrelevant ist, ob es sich um einen Arbeitgeber- oder Arbeitnehmervertreter im Aufsichtsrat handelt. Insbesondere ändern etwaige Interessenskonflikte von Arbeitnehmervertretern, die zugleich Gewerkschaftsmitglied sind, nichts an der Tatbestandsmäßigkeit, vgl. dazu *Keilich/Brummer* BB 2012, 897 ff.; *Velten* FA 2014, 328 (329).
³⁵ MüKoStGB/*Kiethe* Rn. 18; aA GJW/*Temming* Rn. 5.
³⁶ Kölner Komm AktG/*Geilen*, 1. Aufl. 1984, Rn. 14; Kölner Komm AktG/*Altenhain* Rn. 8 iVm § 399 Rn. 164; MüKoAktG/*Schaal* Rn. 12; MüKoStGB/*Kiethe* Rn. 15, 20; Großkomm AktG/*Otto* Rn. 7.
³⁷ Vgl. hierzu auch MüKoAktG/*Schaal* Rn. 15; MüKoStGB/*Kiethe* Rn. 16.
³⁸ Erbs/Kohlhaas/*Schaal* Rn. 6; MüKoAktG/*Schaal* Rn. 15; MüKoStGB/*Kiethe* Rn. 22; zu Konkurrenzen wegen Informationspflichten an das US Public Company Accounting Oversight Board nach dem Sarbanes-Oxley Act siehe *Hilber/Hartung* BB 2003, 1054 (1056).

Dem Täter muss das Geheimnis in seiner **Eigenschaft als Funktionsträger** bekannt geworden 16 sein.[39] Denn nur in dieser Konstellation würde die besondere Nähe zum Unternehmen ausgenutzt werden. „Mischfälle", in denen der potenzielle Geheimnisträger in einem Umfeld agiert, in dem auch Externe tätig werden können, sind danach zu entscheiden, ob er noch immer von seinem Amt profitiert. Dies ist bei einem Mittagessen in der Werkskantine der Fall, wenn ein Vorstandsmitglied von einem Kollegen vertrauliche Informationen erhält,[40] nicht aber dann, wenn er bei einem Abendessen zufällig und unbemerkt ein Geheimnis von einem Arbeitsessen am Nachbartisch erfährt. Sofern die Quelle der Geheimnisse von außerhalb des Unternehmens stammt, liegt in jedem Fall eine außerdienstlich erlangte Erkenntnis vor.

Wer die mit der Organstellung verknüpften Aufgaben tatsächlich erfüllt, kann sich nach den 17 Grundsätzen über das **faktische Organ** wegen der Verletzung der Geheimhaltungspflicht strafbar machen (→ § 399 Rn. 31 ff.). Ob der Bestellungsakt zivilrechtlich wirksam oder unwirksam ist, spielt für diesen Fall keine Rolle.[41] Entsprechendes gilt, wenn die AG selbst nichtig sein sollte bzw. eine Nichtigkeitsklage in Betracht käme.[42] In diesem Fall greift die Lehre von der fehlerhaften Gesellschaft ein. Gerade am Beispiel des geschützten Rechtsguts des § 404 (→ Rn. 4) zeigt sich, dass die Ablehnung der Lehre vom faktischen Organ[43] zu sachlich nicht gerechtfertigten Strafbarkeitslücken führen würde. Der funktionale Bezug von Täterposition und Erlangung des Geheimnisses (→ Rn. 16) kann auch bei unwirksamer Bestellung gegeben sein. Auch für diesen Fall besteht ein Interesse am Geheimnisschutz.

Täter kann derjenige sein, der **während** seiner regelmäßig durch Bestellung[44] begründeten Amts- 18 zeit von einem Geheimnis Kenntnis erlangt und mit diesem in der in § 404 beschriebenen Art und Weise verfährt. Wer ein Geheimnis gleichsam in das Unternehmen „mitnimmt", kann es nicht in der Eigenschaft als Funktionsträger erfahren und scheidet als Täter aus.[45] Erfährt die Person das Geheimnis unabhängig von ihrem vorherigen Wissen noch einmal nach ihrer Bestellung, so rückt sie allerdings in eine taugliche Täterstellung auf.[46] Irrelevant hingegen ist der Umstand, ob der Funktionsträger noch zum Zeitpunkt der Tathandlung eine in § 404 Abs. 1 genannte Position innehat.[47] Wie bei §§ 203 ff. StGB[48] und im Unterschied zu § 17 UWG[49] kommt es also zu einer auch **nachlaufenden** Verpflichtung, ein Geheimnis, sollte es nach wie vor bestehen,[50] nicht zu offenbaren.[51] Ein Ausscheiden aus der Funktionsstellung macht ein gerade von dieser unabhängiges Geheimnis im Unternehmensinteresse nicht disponibel.

2. Tatobjekt: Geheimnis. a) Abgrenzungen. § 404 verwendet den Begriff des Gesellschaftsge- 19 heimnisses als Oberbegriff.[52] Durch den Anschluss mit „namentlich" wird deutlich, dass es sich beim

---

[39] Kölner Komm AktG/*Geilen*, 1. Aufl. 1984, Rn. 13, 17 f.; Kölner Komm AktG/*Altenhain* Rn. 17 ff.; MüKo-AktG/*Schaal* Rn. 16; NK-WSS/*Krause/Twele* Rn. 4; Großkomm AktG/*Klug*, 3. Aufl. 1975, Anm. 6; Großkomm AktG/*Otto* Rn. 10; Scholz/*Tiedemann/Rönnau* GmbHG § 85 Rn. 9; MHLS/*Dannecker* GmbHG § 85 Rn. 20; vgl. hierzu ausf. MüKoStGB/*Kiethe* Rn. 42 f.

[40] *Amelunxen*, Spionage und Sabotage im Betrieb, 1977, 71 f. für § 17 UWG; MüKoAktG/*Schaal* Rn. 19; Kölner Komm AktG/*Geilen*, 1. Aufl. 1984, Rn. 18; in diese Richtung auch *Kiethe/Hohmann* NStZ 2006, 185 (186).

[41] Großkomm AktG/*Otto* Rn. 7; aA Kölner Komm AktG/*Altenhain* Rn. 8 iVm § 399 Rn. 27 ff., 165.

[42] Kölner Komm AktG/*Geilen*, 1. Aufl. 1984, Rn. 13; in dieser Konstellation übereinstimmend – faktische Betrachtungsweise nicht erforderlich – Kölner Komm AktG/*Altenhain* Rn. 8 iVm § 399 Rn. 32.

[43] MüKoStGB/*Kiethe* Rn. 14, 19 mwN.

[44] Zur Ausnahme beim faktischen Organ vgl. → Rn. 17.

[45] *Kiethe/Hohmann* NStZ 2006, 185 (188); Kölner Komm AktG/*Geilen*, 1. Aufl. 1984, Rn. 17 f.; Kölner Komm AktG/*Altenhain* Rn. 18; MüKoAktG/*Schaal* Rn. 17; Großkomm AktG/*Otto* Rn. 8; GJW/*Temming* Rn. 6.

[46] Insoweit aA NK-WSS/*Krause/Twele* Rn. 4.

[47] Kölner Komm AktG/*Geilen*, 1. Aufl. 1984, Rn. 16; Kölner Komm AktG/*Altenhain* Rn. 18; MüKoAktG/*Schaal* Rn. 18; MüKoStGB/*Kiethe* Rn. 17, 21; K. Schmidt/Lutter/*Oetker* Rn. 6; Bürgers/Körber/*Pelz* Rn. 2; GJW/*Temming* Rn. 6.

[48] Lackner/Kühl/*Heger* StGB § 203 Rn. 16; LK-StGB/*Schünemann* StGB § 203 Rn. 60; MüKoStGB/*Cierniak/Niehaus* StGB § 203 Rn. 33; NK-StGB/*Kargl* StGB § 203 Rn. 28; SK-StGB/*Hoyer* StGB § 203 Rn. 38.

[49] Vgl. hierzu *Kiethe/Groeschke* WRP 2005, 1358 (1359 f., 1363); Ohly/Sosnitza/*Ohly*, UWG, 7. Aufl. 2016, UWG § 17 Rn. 16; Harte-Bavendamm/Henning-Bodewig/*Harte-Bavendamm*, UWG, 4. Aufl. 2016, UWG § 17 Rn. 12.

[50] Großkomm AktG/*Otto* Rn. 11.

[51] Kölner Komm AktG/*Geilen*, 1. Aufl. 1984, Rn. 16; Kölner Komm AktG/*Altenhain* Rn. 18; MüKoStGB/*Kiethe* Rn. 17; *Dittrich* in Müller-Gugenberger/Bieneck WirtschaftsStrafR-HdB § 33 Rn. 99; Großkomm AktG/*Otto* Rn. 11; MHLS/*Dannecker* GmbHG § 85 Rn. 21 f.; Scholz/*Tiedemann/Rönnau* GmbHG § 85 Rn. 9, 12.

[52] Kölner Komm AktG/*Geilen*, 1. Aufl. 1984, Rn. 20; Kölner Komm AktG/*Altenhain* Rn. 9; Scholz/*Tiedemann/Rönnau* GmbHG § 85 Rn. 13; MHLS/*Dannecker* GmbHG § 85 Rn. 26.

Betriebs- und beim Geschäftsgeheimnis um Unterbegriffe handeln soll.[53] Es zeigt sich indes, dass diese Unterbegriffe kaum einen eigenen Anwendungsbereich für das Gesellschaftsgeheimnis mehr offenlassen (vgl. bereits → Rn. 5). So belässt es § 17 UWG auch beim Schutz von „Betriebs- und Geschäftsgeheimnissen", ohne durch den Verzicht auf das Gesellschaftsgeheimnis Strafbarkeitslücken zu eröffnen. Somit kann für die Auslegung des Geheimnisbegriffs im Rahmen von § 404 der für die Merkmale des Betriebs- und Geschäftsgeheimnisses bei § 17 UWG entwickelte **funktionale Geheimnisbegriff**[54] verwendet werden.[55] Aus der Formulierung des § 93 Abs. 1 S. 3 („vertrauliche Angaben und Geheimnisse der Gesellschaft") ergibt sich wiederum, dass eine vertrauliche Angabe nicht mit dem Geheimnis deckungsgleich sein muss. Allerdings kann eine solche Angabe unter den Begriff des Gesellschaftsgeheimnisses fallen, wenn dessen Voraussetzungen (→ Rn. 20 ff.) vorliegen.[56] Betriebs- und Geschäftsgeheimnis zu unterscheiden, erscheint kaum möglich, ist aber auch nicht nötig.[57] Möchte man eine Abgrenzung vornehmen, so hat sich diejenige verfestigt, das Geschäftsgeheimnis dem kaufmännischen und das Betriebsgeheimnis dem technischen Bereich zuzuordnen.[58]

20   b) **Begriffskomponenten.** Unter den Begriff des Gesellschaftsgeheimnisses fallen alle **Tatsachen,** die im Zusammenhang[59] mit dem Betrieb und den Geschäften des Unternehmens stehen. Der Begriff ist *dreigliedrig:* Von einem Geheimnis kann man denklogisch nur sprechen, sofern die Tatsache, die das Geheimnis ausmachen soll, nicht offenkundig ist (aa). Daneben werden die beiden weiteren Komponenten des subjektiven Geheimhaltungswillens (bb) und des objektiven Geheimhaltungsinteresses (cc) mit teilweise unterschiedlicher Prioritätenfolge genannt. Überwiegend wird eine Kombinationslösung der objektiven und subjektiven Komponente vertreten,[60] teilweise wird aber auch ein objektiv zu bestimmendes Geheimhaltungsinteresse als ausreichend erachtet.[61] Im Hinblick auf den Rechtsgutsträger und die Wirtschaftsordnung, in der er agiert, muss aber der **subjektive Geheimhaltungswille** die zentrale Position einnehmen. Dem Rechtsgutsträger ist nicht zu oktroyieren, was er geheim zu halten hat, nur in Ausnahmefällen kann eine **objektive Korrektur** dahingehend erfolgen, dass der Bereich des als Geheimnis zu Interpretierenden zu extensiv gefasst wird.

21   aa) **Mangelnde Offenkundigkeit.** Die Tatsache darf nur einem eng begrenzten Personenkreis bekannt, objektiv also nicht offenkundig sein. Offenkundig geworden ist eine Geheimnistatsache dann, wenn sie ohne **Vermeidemacht**[62] des Geheimnisträgers von Nicht-Geheimnisträgern zur Kenntnis genommen werden kann.[63] Diese Vermeidemacht muss ebenso rechtlich fundiert sein wie

---

[53] BGH NJW 1996, 2576 zu § 85 GmbHG; *v. Stebut,* Geheimnisschutz und Verschwiegenheitspflicht im Aktienrecht, 1972, 53 ff.; *Pfeiffer* FS Raisch, 1995, 255 (260); Erbs/Kohlhaas/*Schaal* Rn. 8; MüKoAktG/*Schaal* Rn. 22 mwN; MüKoStGB/*Kiethe* Rn. 23 ff.; *Temming* FS Achenbach, 2011, 545 (547 f.).
[54] Hierzu BGHSt 41, 140 (142) = NJW 1995, 2301 f.; BGH LM UWG § 17 Nr. 2 Bl. 2; *v. Godin/Wilhelmi* Anm. 3.
[55] *Gaul* GmbHR 1986, 296 (297); Erbs/Kohlhaas/*Schaal* Rn. 8; Kölner Komm AktG/*Geilen,* 1. Aufl. 1984, Rn. 20 ff.; Kölner Komm AktG/*Altenhain* Rn. 9; Großkomm AktG/*Otto* Rn. 12; MüKoAktG/*Schaal* Rn. 21; MüKoStGB/*Kiethe* Rn. 25; Bürgers/Körber/*Pelz* Rn. 2; GJW/*Temming* Rn. 8.
[56] MüKoStGB/*Kiethe* Rn. 36.
[57] Kölner Komm AktG/*Geilen,* 1. Aufl. 1984, Rn. 20; Kölner Komm AktG/*Altenhain* Rn. 9; MüKoStGB/*Kiethe* Rn. 25; für § 17 UWG *Kiethe* JZ 2005, 1034 (1037); *Dittrich* in Müller-Gugenberger/Bieneck WirtschaftsStrafR-HdB § 33 Rn. 46; für § 203 StGB LK-StGB/*Schünemann* StGB § 203 Rn. 21; Schönke/Schröder/*Lenckner/Eisele* StGB § 203 Rn. 11 mwN.
[58] Kölner Komm AktG/*Geilen,* 1. Aufl. 1984, Rn. 21; MüKoStGB/*Kiethe* Rn. 25; Großkomm AktG/*Otto* Rn. 22; Ohly/Sosnitza/*Ohly,* UWG, 7. Aufl. 2016, UWG § 17 Rn. 5; LK-StGB/*Schünemann* StGB § 203 Rn. 21; K. Schmidt/Lutter/*Krieger/Sailer-Coceani* § 93 Rn. 23; Köhler/Bornkamm/Feddersen/*Köhler* UWG § 17 Rn. 4a.
[59] *Dittrich* in Müller-Gugenberger/Bieneck WirtschaftsStrafR-HdB § 33 Rn. 49; *Maume* WRP 2008, 1275 (1276, 1280).
[60] Hierfür *Dannecker* BB 1987, 1614 (1615); *Többens* NStZ 2000, 505 (506) (zu § 17 UWG); Achenbach/Ransiek/*Rönnau* 8. Teil 2. Kap. Rn. 16; UHL/*Ransiek* GmbHG § 85 Rn. 18 ff.; Scholz/Tiedemann/*Rönnau* GmbHG § 85 Rn. 14; Kölner Komm AktG/*Geilen,* 1. Aufl. 1984, Rn. 26; Kölner Komm AktG/*Altenhain* Rn. 9; MüKoAktG/*Schaal* Rn. 27; MüKoStGB/*Kiethe* Rn. 26 ff.; NK-WSS/*Krause/Twele* Rn. 8; Großkomm AktG/*Otto* Rn. 17; Köhler/Bornkamm/Feddersen/*Köhler* UWG § 17 Rn. 4.
[61] So Baumbach/Hueck/*Haas* GmbHG § 85 Rn. 10; MHLS/*Dannecker* GmbHG § 85 Rn. 33; Lutter/Hommelhoff/*Kleindiek* GmbHG § 85 Rn. 3 f.; Meyer-Landrut/Miller/Niehus/*Meyer-Landrut* GmbHG § 85 Rn. 4; wohl auch *Stegmaier* AG 2017, 336 (337).
[62] Zum auf die vorliegende Konstellation übertragbaren Kriterium der Vermeidemacht beim Vermögensbegriff MüKoStGB/*Hefendehl* StGB § 263 Rn. 724; *Hefendehl,* Vermögensgefährdung und Expektanzen, 1994, 117 f.
[63] *Dannecker* BB 1987, 1614 (1615); *Harte-Bavendamm* GRUR 1990, 657 (660); *Többens* NStZ 2000, 505 (506) (zu § 17 UWG); *Quick* BB 2004, 1490 (1491); Kölner Komm AktG/*Geilen,* 1. Aufl. 1984, 28 f.; Kölner Komm AktG/*Altenhain* Rn. 11; *Dittrich* in Müller-Gugenberger/Bieneck WirtschaftsStrafR-HdB § 33 Rn. 47 f.; MüKoStGB/*Kiethe* Rn. 27 f.; Großkomm AktG/*Otto* Rn. 14.

die etwaige Möglichkeit, sich Zugang zur Geheimnistatsache zu verschaffen, nicht auf rechtswidrigen Methoden beruhen darf. Kann also der Kreis der Mitwisser rechtlich zulässig – etwa über entsprechende Schweigepflichten – beschränkt werden, liegt ein Geheimnis vor.[64] Beim „reverse engineering",[65] also der Rekonstruktion der ursprünglichen planerischen Konzeption, kommt es darauf an, ob in dieser Vorgehensweise ein Rechtsverstoß liegt oder nicht.[66] Wenn das angebliche „Geheimnis" von Dritten durch rechtmäßige Methoden ermittelt werden kann, so ist die Tatsache als offenkundig anzusehen. Keine Rolle spielt es dabei, dass nicht für jeden diese Tatsache ersichtlich ist.[67]

Ist eine Geheimnistatsache unbefugt offenbart worden, kommt es auf den Einzelfall an, ob der 22 Schaden noch eliminiert werden kann oder die Tatsache schon solchen Personen zugänglich wurde, die ihrerseits einen Risikofaktor für die Weiterverbreitung darstellen.[68]

bb) Subjektiver Geheimhaltungswille. Die Rechtsprechung sieht in den Fällen von § 17 UWG[69] 23 und § 85 GmbHG[70] den Geheimhaltungswillen als unverzichtbares Element des Geheimnisses an. Nichts anderes kann für § 404 gelten.[71] Allerdings wird der Geheimhaltungswille häufig schlicht aus dem Geheimhaltungsinteresse abgeleitet[72] und verliert auf diese Weise seine eigenständige Funktion.[73] Damit wird das **Rangverhältnis** von subjektiver und objektiver Komponente verkannt. Nach diesem ist innerhalb einer objektiv zu bestimmenden Marge die subjektive Geheimniskomponente maßgeblich. Es kann nicht gleichsam einen oktroyierten Geheimnisschutz geben, weil er wirtschaftlich sinnvoll erscheint. Dabei ist allerdings zu konstatieren: In aller Regel werden objektive und subjektive Sichtweise zu identischen Ergebnissen kommen, weil die maßgeblichen Unternehmensträger meist nach wirtschaftlichen Gesichtspunkten entscheiden werden. Und selbst für den Fall etwa altruistischen Handelns käme die objektive Interpretation zu keinen anderen Ergebnissen, weil es an einem unbefugten Offenbaren fehlen würde.[74] Überzeugender ist es hier aber, ein Geheimnis zu verneinen (→ Rn. 48).

Für den Geheimhaltungswillen maßgeblich sind die **dispositionsbefugten Rechtsgutsträ-** 24 **ger.**[75] Regelmäßig ist dies der (gegenwärtige[76]) Vorstand, teilweise aber auch der Aufsichtsrat (sofern es sich etwa um einen in einer Beratung des Aufsichtsrats bekannt gewordenen Umstand handelt)[77] oder der Insolvenzverwalter, sofern die Insolvenzmasse betroffen ist.[78] In der Regel wird sich der Geheimhaltungswille im Wege der Auslegung aus dem Verhalten der Rechtsgutsträger ergeben. Einer auch nur konkludenten Äußerung bedarf es nicht.[79] Der Geheimhaltungswille ist im allgemeinen Willen der Organe zur Wahrung der Unternehmensinteressen enthalten,[80] es

---

[64] *Quick* BB 2004, 1490 (1491); ähnlich *Otto* wistra 1988, 125 (126); Kölner Komm AktG/*Geilen,* 1. Aufl. 1984, Rn. 27; vgl. auch Scholz/*Tiedemann/Rönnau* GmbHG § 85 Rn. 16; in diesem Sinne wohl auch MüKoStGB/*Kiethe* Rn. 27.
[65] Vgl. hierzu *Kiethe/Hohmann* NStZ 2006, 185 (187); MüKoStGB/*Kiethe* Rn. 28.
[66] Auf den wirtschaftlichen und technischen Aufwand abstellend Kölner Komm AktG/*Geilen,* 1. Aufl. 1984, Rn. 29; MüKoStGB/*Kiethe* Rn. 28.
[67] AA BGH NJW-RR 2008, 1214 (1215), wonach es darauf ankommt, ob die Information ohne großen Zeit- und Kostenaufwand zugänglich ist, so dass auch Informationen, die zum Stand der Technik gehören, erfasst werden.
[68] Großkomm AktG/*Klug,* 3. Aufl. 1975, Anm. 5; Großkomm AktG/*Otto* Rn. 20.
[69] BGH NJW 2009, 1420; NJW 2006, 3424 (3425 f.); BGHSt 41, 140 (142) = NJW 1995, 2301 ff.; BGH NJW 1960, 1999 (2000).
[70] OLG München NJW-RR 1998, 1495 (1496); OLG Stuttgart NZG 1998, 994 (996); offengelassen in BGH NJW 1996, 2576.
[71] AA Kölner Komm AktG/*Altenhain* Rn. 15, der lediglich dem generellen Offenbarungswillen eigenständige Bedeutung beimisst; wie dort auch *Temming* FS Achenbach, 2011, 545 (551 f.).
[72] So MüKoStGB/*Kiethe* Rn. 32; Großkomm AktG/*Otto* Rn. 18.
[73] Vgl. die Kritik bei Baumbach/Hueck/*Haas* GmbHG § 85 Rn. 10; Scholz/*Tiedemann/Rönnau* GmbHG § 85 Rn. 21 f.; *Maume* WRP 2008, 1275 (1278).
[74] Vgl. auch Baumbach/Hueck/*Haas* GmbHG § 85 Rn. 10; Scholz/*Tiedemann/Rönnau* GmbHG § 85 Rn. 22.
[75] MüKoAktG/*Schaal* Rn. 24 f.; MüKoStGB/*Kiethe* Rn. 32 f.
[76] Ausf. *Passarge* BB 2010, 591 ff.
[77] *Gaul* GmbHR 1986, 296 (299 f.); MüKoAktG/*Schaal* Rn. 24; *Schaper* AG 2018, 356 (359 f.); *Temming* FS Achenbach, 2011, 545 (554 f.).
[78] BGH NJW 1994, 2220 (2225); BGHZ 109, 260 (270) = NJW 1990, 510 (512); LG Hamburg wistra 2002, 77 f. mwN auch für die Gegenmeinung; KK-StPO/*Greven* StPO § 97 Rn. 6; MüKoAktG/*Schaal* Rn. 24 f.; ebenso für die GmbH Scholz/*Tiedemann/Rönnau* GmbHG § 85 Rn. 26 aE.
[79] Anders: „erkennbar gemachter Wille", der sich aber auch aus den Umständen ergeben kann, BGH NJW 1969, 463 (464) und OLG Stuttgart wistra 1990, 277 (278), jeweils zu § 17 UWG; *Pfeiffer* FS Nirk, 1992, 861 (867); MüKoStGB/*Kiethe* Rn. 34; darüber hinaus soll der geäußerte Wille nach *Dannecker* BB 1987, 1614 (1615) nachweisbar sein.
[80] *Otto* wistra 1988, 125 (126 f.); *v. Stebut* DB 1974, 613 f.; *v. Stebut,* Geheimnisschutz und Verschwiegenheitspflicht im Aktienrecht, 1972, 23 ff.; Kölner Komm AktG/*Geilen,* 1. Aufl. 1984, Rn. 34; Großkomm AktG/*Otto* Rn. 18.

sei denn, deren Verhalten ist so zu interpretieren, dass kein Interesse an einer Geheimhaltung besteht. Dies ist nicht im Sinne der oben kritisierten Sichtweise zu verstehen, aus dem objektiven Interesse sei das subjektive abzuleiten. Ein gegenlaufendes subjektives Interesse muss manifest werden.

25 **cc) Objektives Geheimhaltungsinteresse.** Ferner ist erforderlich, dass die Tatsachen nach dem bekundeten oder mutmaßlichen Interesse der AG geheim gehalten werden sollen,[81] weil sie im Interesse der Wettbewerbsfähigkeit der AG und deren Ansehen nicht bekannt werden dürfen.[82] Über das Kriterium der **sachgemäßen Unternehmensführung**[83] soll der Geheimhaltungswille „im Zaum" gehalten werden. Willkürliche oder pauschale Einordnungen als Geheimnis sind damit ausgeschlossen.[84] Ansonsten stünde das Strafbarkeitsrisiko im Belieben des Rechtsgutsträgers, es wäre für die potenziellen Normadressaten nicht mehr kalkulierbar. Umstände, die nichts mehr mit wettbewerblicher Entfaltungsfreiheit zu tun haben, können selbst bei einem entsprechenden Willen kein Geheimnis sein. Da diese Vermögensrelevanz jedoch weit zu definieren ist (→ Rn. 4), sind nur die evidenten Fälle der Irrelevanz auszusondern.

26 Ohne das Erfordernis der sachgemäßen Unternehmensführung wären weite Teile des betrieblichen Geschehens von einer für die Gesellschaft selbst „uninteressanten strafrechtlichen Mauer" umgeben.[85] Maßgeblich sollen Umstände sein, die der Gesellschaft eigentümlich sind und ihre Wettbewerbsfähigkeit prägen. Droht bei Preisgabe ein regelmäßig materieller Schaden, liegt ein objektives Geheimhaltungsinteresse nahe.[86]

27 Überwiegend wird das Bestehen eines Geheimhaltungsinteresses von dessen rechtlicher Schutzwürdigkeit entkoppelt. Das Interesse könne sich gleichermaßen auf rechtswidrige Geheimnisse beziehen.[87] Der Wortlaut sei für eine derartige Auslegung offen.[88] Die Rechtsordnung begebe sich zudem nicht in einen Wertungswiderspruch, wenn sie der Gesellschaft eine Strafnorm zur Verdeckung strafbarer Handlungen zur Verfügung stelle. Denn § 404 diene dem individuellen Rechtsgüterschutz.[89]

28 Ob bestimmte Angaben ein vom Tatbestand erfasstes Geheimnis darstellen, lässt sich nur unter Rückgriff auf das geschützte Rechtsgut (Vermögen in extensiver Interpretation, → Rn. 4) beantworten. Gemäß dem normativ-ökonomischen Vermögensbegriff ist das Vermögen als Herrschaftsform zu interpretieren, die normativ durch die rechtlichen Durchsetzungspotenziale der Zivilrechtsordnung charakterisiert ist.[90] Demnach lässt sich die Frage, ob strafrechtlich relevante Vorgänge dem Geheimnisbegriff unterfallen (und somit einen Vermögenswert darstellen), nur unter Berücksichtigung der normativen Wertungen der Rechtsordnung beantworten.[91]

---

[81] BGHZ 135, 48 (57) = NJW 1997, 1985 (1987); BGHZ 64, 325 (329) = NJW 1975, 1412 (1413); bereits RG GRUR 1939, 308 (311 f.); *Meincke* WM 1998, 749 (750); Großkomm AktG/*Klug*, 3. Aufl. 1975, Anm. 5; MüKoAktG/*Schaal* Rn. 21; MüKoStGB/*Kiethe* Rn. 24; Hölters/*Müller-Michaels* Rn. 21; vgl. auch *Kiethe/Hohmann* NStZ 2006, 185 f.; Köhler/Bornkamm/Feddersen/*Köhler* UWG § 17 Rn. 4.

[82] Erbs/Kohlhaas/*Schaal* Rn. 8; Großkomm AktG/*Klug*, 3. Aufl. 1975, Anm. 4; Großkomm AktG/*Otto* Rn. 12.

[83] Kölner Komm AktG/*Altenhain* Rn. 12; *Müller* NJW 2000, 3452 (3453 f.); *Otto* wistra 1988, 125 (126); Achenbach/Ransiek/Rönnau/*Ransiek* 8. Teil 2. Kap. Rn. 14; MüKoStGB/*Kiethe* Rn. 29; Großkomm AktG/*Otto* Rn. 15; Scholz/Tiedemann/*Rönnau* GmbHG § 85 Rn. 18; MHLS/*Dannecker* GmbHG § 85 Rn. 34; Lutter/Hommelhoff/*Kleindiek* GmbHG § 85 Rn. 3: „sachlich begründetes Interesse".

[84] *Kiethe/Hohmann* NStZ 2006, 185 (187); *Flore* BB 1993, 133 f.

[85] Lutter/Hommelhoff/*Kleindiek* GmbHG § 85 Rn. 3.

[86] *v. Stebut* DB 1974, 613 (614); *Lutter* Information und Vertraulichkeit Rn. 417 f.; Achenbach/Ransiek/Rönnau/*Ransiek* 8. Teil 2. Kap. Rn. 14; MüKoStGB/*Kiethe* Rn. 29; Scholz/Tiedemann/*Rönnau* GmbHG § 85 Rn. 18; MHLS/*Dannecker* GmbHG § 85 Rn. 34.

[87] Kölner Komm AktG/*Geilen*, 1. Aufl. 1984, Rn. 41 ff.; Kölner Komm AktG/*Altenhain* Rn. 13 mwN; MüKoStGB/*Kiethe* Rn. 30; Großkomm AktG/*Otto* Rn. 16 mwN; Achenbach/Ransiek/Rönnau/*Ransiek* 8. Teil 2. Kap. Rn. 14; NK-WSS/*Krause/Twele* Rn. 8; Park/Janssen/*Gercke* Teil 3 Kap. 11.2 § 404 Rn. 7 iVm Teil 3 Kap. 11.1 HGB § 333 Rn. 17; Scholz/Tiedemann/*Rönnau* GmbHG § 85 Rn. 20; MHLS/*Dannecker* GmbHG § 85 Rn. 42; *Koch* ZIS 2008, 500 (503); *Többens* NStZ 2000, 505 (506); wohl auch *Fuhrmann* AG 2015, R328 (R329) unter Verweis auf den „eindeutigen Wortlaut".

[88] Vgl. Kölner Komm AktG/*Geilen*, 1. Aufl. 1984, Rn. 41 ff. mwN, insbes. zur Argumentation zu § 93 Abs. 2 StGB, wonach „illegale Staatsgeheimnisse" ausdrücklich nicht unter den Strafrechtsschutz fallen – die dogmatische Einordnung (negatives Tatbestandsmerkmal oder spezieller Rechtfertigungsgrund) hingegen ist umstritten, vgl. MüKoStGB/*Lampe/Hegmann* StGB § 93 Rn. 29, 34; NK-StGB/*Paeffgen* § 93 Rn. 34.

[89] MüKoStGB/*Kiethe* Rn. 30; *Kiethe* JZ 2005, 1034 (1037) für § 17 UWG.

[90] MüKoStGB/*Hefendehl* StGB § 263 Rn. 405 ff.

[91] So auch *Engländer/Zimmermann* NZWiSt 2012, 328 (333) unter Rekurs auf den juristisch-ökonomischen Vermögensbegriff; vgl. auch Scholz/Tiedemann/*Rönnau* GmbHG § 85 Rn. 20.

Verletzung der Geheimhaltungspflicht   29–32 § 404

Die Kenntnis von strafbaren Vorgängen innerhalb des Unternehmens wird man grundsätzlich 29
nicht als einen von § 404[92] geschützten Vermögensgegenstand einstufen können.[93] Diese Vorgänge
widersprechen nämlich der Rechtsordnung, die diese als Straftaten einstuft. Die Geheimhaltung
dieser Vorgänge steht nun ihrerseits gleichfalls nicht unter dem Schutz der Rechtsordnung: Vielmehr
erfolgt die Strafverfolgung grundsätzlich[94] von Amts wegen und im öffentlichen Interesse. Insbesondere verfügen die Unternehmensorgane somit über keine normativ fundierten Potenziale, mit denen
sie eine Offenbarung strafbarer Vorgänge unterbinden könnten. Auf § 404 oder etwa auf § 17 UWG
kann jedenfalls nicht abgestellt werden, da diese erst dann eingreifen, wenn man überhaupt den
Geheimnischarakter strafrechtlich relevanter Angaben bejaht hat.

In gleicher Weise besteht hinsichtlich der Kenntnis rechtswidriger Zustände, die nicht strafbewehrt 30
sind, kein objektives Geheimhaltungsinteresse.[95] Auch vermag allein die Tatsache, dass sich die Rechtswidrigkeit in der Zukunft beseitigen lässt, daran nichts zu ändern. Herrschen etwa in einem Betrieb
gesundheitsgefährdende Arbeitsbedingungen, stellt die Kenntnis hiervon auch dann kein von § 404
geschütztes Geheimnis dar, wenn sich die Arbeitsbedingungen alsbald gesundheitskonform ausgestalten
lassen.[96]

Etwas anderes wird man allerdings dann annehmen können, wenn es um absolute Antragsdelikte geht, 31
bei denen das Unternehmen selbst als Geschädigter anzusehen ist. In diesem Fall erfolgt nämlich
(zunächst) keine Strafverfolgung von Amts wegen,[97] sondern die Einleitung von Strafverfolgungsmaßnahmen wird von der Rechtsordnung dem Geschädigten anheimgestellt. Das geschädigte Unternehmen
hat hier also die Möglichkeit, durch Nichtstellung des Strafantrags eine öffentliche Strafverfolgung zu
verhindern, so dass man ein objektives Geheimhaltungsinteresse bejahen kann. Somit besteht hinsichtlich
des Umstands, dass innerhalb des Unternehmens der Tatbestand des § 404 verwirklicht wurde (etwa,
indem Unbefugten Kundendaten zugänglich gemacht wurden; zum Charakter als absolutes Antragsdelikt → Rn. 66), ein objektives Geheimhaltungsinteresse. Dieser Vorgang stellt daher einen geeigneten
Anknüpfungspunkt für eine – davon unabhängige – erneute Verwirklichung des § 404 dar, sofern die
anderen Voraussetzungen des Geheimnisses (→ Rn. 21 f., 23 f.)[98] gegeben sind.

c) Einzelne Unternehmensgeheimnisse. Beispiele für Unternehmensgeheimnisse[99] sind Pro- 32
jekte einer AG, namentlich geschäftliche Vorhaben[100] und strategische Ziele,[101] Verlauf und Ergebnis
der Beratungen des Vorstandes bzw. Aufsichtsrates,[102] finanzielle Kenndaten[103] einschließlich Gewinn

---

[92] Aufgrund des unterschiedlichen Rechtsguts lassen sich die nachfolgenden Überlegungen nicht ohne Weiteres auf den Geheimnisbegriff des § 203 StGB übertragen, vgl. auch *Engländer/Zimmermann* NZWiSt 2012, 328 (333); ausführlich zum Rechtsgut des § 203 StGB *Schumann*, Prozessuale Verteidigung durch Geheimnisverrat, 2016, 143 ff.
[93] Ähnlich (aber den Geheimnischarakter ausnahmslos verneinend) *Engländer/Zimmermann* NZWiSt 2012, 328 (333); vgl. auch NK-AktR/*Bernsmann* Rn. 3; *Möhrenschlager* in Wabnitz/Janovsky WirtschaftsStrafR/SteuerStrafR-HdB 15. Kap. Rn. 10; *Hölters/Müller-Michaels* Rn. 31 iVm 21; Henssler/Strohn/*Raum* Rn. 3; GJW/*Temming* Rn. 10; *Elster* GRUR 1932, 32 (34); *Rützel* GRUR 1995, 557 ff.; *Temming* FS Achenbach, 2011, 545 (549 f.). *Erb* FS Roxin, 2011, 1103 (1107 ff.) bejaht eine den Tatbestand des § 17 UWG ausschließende Befugnis, strafrechtlich relevante Informationen an Strafverfolgungsorgane übermitteln zu dürfen.
[94] Zu Einschränkungen sowie zu einer Ausnahme vom Offizialprinzip siehe etwa *Roxin/Schünemann*, Strafverfahrensrecht, 29. Aufl. 2017, § 12 Rn. 8 ff.
[95] NK-AktR/*Bernsmann* Rn. 3; Henssler/Strohn/*Raum* Rn. 3.
[96] *Möhrenschlager* in Wabnitz/Janovsky WirtschaftsStrafR/SteuerStrafR-HdB 15. Kap. Rn. 10; aA (objektives Interesse an der Geheimhaltung gesundheitsgefährdender Arbeitsbedingungen unabhängig von der Frage der Beseitigung) MüKoStGB/*Kiethe* Rn. 31.
[97] Vgl. zu dieser Einschränkung des Offizialprinzips *Roxin/Schünemann*, Strafverfahrensrecht, 29. Aufl. 2017, § 12 Rn. 8 ff.
[98] Zu problematisieren ist bei Straftaten gegen das Unternehmen, die von Unternehmensexternen begangen werden, insbesondere die fehlende Offenkundigkeit.
[99] Vgl. auch die Beispiele bei R. *Müller/Wabnitz* in Liebl, Betriebs-Spionage: Begehungsformen – Schutzmaßnahmen – Rechtsfragen, 1987, 235 (252 ff.); *Lutter* Information und Vertraulichkeit Rn. 422, 515 ff.; MüKoAktG/*Schaal* Rn. 28; MüKoStGB/*Kiethe* Rn. 39 ff.; Großkomm AktG/*Otto* Rn. 23; *Möhrenschlager* in Wabnitz/Janovsky WirtschaftsStrafR/SteuerStrafR-HdB 15. Kap. Rn. 6 ff.; Hölters/*Müller-Michaels* Rn. 22; Scholz/*Tiedemann*/*Rönnau* GmbHG § 85 Rn. 27; MHLS/*Dannecker* GmbHG § 85 Rn. 41; Harte-Bavendamm/Henning-Bodewig/*Harte-Bavendamm* UWG, 4. Aufl. 2016, UWG § 17 Rn. 7 mwN.
[100] *Kunz* DB 1993, 2482 (2483); GHEK/*Fuhrmann* Rn. 7; MüKoAktG/*Schaal* Rn. 28; MüKoStGB/*Kiethe* Rn. 39.
[101] GHEK/*Fuhrmann* Rn. 7; MüKoAktG/*Schaal* Rn. 28; MüKoStGB/*Kiethe* Rn. 39; Großkomm AktG/*Otto* Rn. 23.
[102] BGHZ 64, 325 (330) = NJW 1975, 1412 (1413 f.); *Gaul* GmbHR 1986, 296 (299 f.); *Säcker* NJW 1986, 803 (807 ff.); *Stegmaier* AG 2017, 336 (341); *Lutter* Information und Vertraulichkeit Rn. 495 ff.; *Lutter/Krieger/Verse* Rn. 265 f.; *Rittner* FS Hefermehl, 1976, 365 (371); GHEK/*Fuhrmann* Rn. 7; Kölner Komm AktG/*Mertens/Cahn* § 116 Rn. 47 f.; MüKoAktG/*Schaal* Rn. 28; MüKoStGB/*Kiethe* Rn. 39; Großkomm AktG/*Otto* Rn. 23.
[103] Kölner Komm AktG/*Mertens/Cahn* § 116 Rn. 48.

§ 404   33   Viertes Buch. Sonder-, Straf- und Schlußvorschriften

und Umsatz der Gesellschaft[104] oder die steuerlichen Verhältnisse,[105] Kunden-[106] und Lieferantenlisten[107] einschließlich der Mandantendaten einer Rechtsanwalts-AG,[108] Personaldaten,[109] Unterlagen bzgl. erbrachter Service- bzw. Wartungsarbeiten,[110] Ausformungen des Bankgeheimnisses einschließlich der Kreditwürdigkeit,[111] Kredite bei Banken,[112] interne Preiskalkulationen,[113] Jahresabschlüsse vor deren Veröffentlichung,[114] getätigte oder abgeschlossene Verträge,[115] durch eine öffentliche Ausschreibung erlangte Angebote und deren Anbieter,[116] stille Beteiligungen,[117] Software,[118] Produktionsmethoden,[119] Konstruktionszeichnungen[120] oder Produktentwicklungen und -erfindungen,[121] beabsichtigte Fusionen.[122] Ebenso zählen hierzu Übernahmeangebote, vorgesehene Umtauschangebote, geplante Kapitalerhöhungen oder andere Tatsachen, die zu möglichem Insiderwissen des WpHG gehören.[123] Solches Insiderwissen ist speziell bei Ad-hoc-Mitteilungspflichten der MAR gegeben, da diese gerade dazu dienen, den das Geheimnis ausmachenden Informationsvorsprung der Wissensträger zu kompensieren.[124]

33   **3. Tathandlungen. a) Abs. 1: Geheimnisoffenbarung.** Offenbart wird ein Geheimnis, wenn es jemandem, der dieses Wissen noch nicht hat (Unbefugter), mitgeteilt oder sonst in einer Weise zugänglich gemacht wird und er somit die Möglichkeit der Kenntnisnahme erhält.[125] Die Art

---

[104] GHEK/*Fuhrmann* Rn. 7; MüKoAktG/*Schaal* Rn. 28; MüKoStGB/*Kiethe* Rn. 39.
[105] LG Konstanz NJW 1992, 1241 f.; Schönke/Schröder/*Lenckner*/*Eisele* StGB § 203 Rn. 11.
[106] BGH NJW 2009, 1420 f.; BGH NJW-RR 1999, 1131 (1132); *Dannecker* BB 1987, 1614 (1615); *Kunz* DB 1993, 2482 (2483); *Lutter* Information und Vertraulichkeit Rn. 517; *Nastelski* GRUR 1957, 1; GHEK/*Fuhrmann* Rn. 7; LK-StGB/*Schünemann* StGB § 203 Rn. 29; MüKoStGB/*Kiethe* Rn. 39, 41; MüKoAktG/*Schaal* Rn. 28; Großkomm AktG/*Otto* Rn. 23; Scholz/*Tiedemann*/*Rönnau* GmbHG § 85 Rn. 27; Schönke/Schröder/*Lenckner*/*Eisele* StGB § 203 Rn. 11.
[107] *Dannecker* BB 1987, 1614 (1615); MüKoStGB/*Kiethe* Rn. 39; Großkomm AktG/*Otto* Rn. 23.
[108] MüKoStGB/*Kiethe* Rn. 40.
[109] GHEK/*Fuhrmann* Rn. 7; MüKoAktG/*Schaal* Rn. 28; MüKoStGB/*Kiethe* Rn. 39; Großkomm AktG/*Otto* Rn. 23.
[110] Scholz/*Tiedemann*/*Rönnau* GmbHG § 85 Rn. 27.
[111] *Dannecker* BB 1987, 1614 (1615); MüKoStGB/*Kiethe* Rn. 40.
[112] GHEK/*Fuhrmann* Rn. 7; MüKoAktG/*Schaal* Rn. 28; MüKoStGB/*Kiethe* Rn. 39.
[113] OLG Düsseldorf GRUR 1954, 74; *Holzborn*/*Foelsch* NJW 2003, 932 (936); *Kunz* DB 1993, 2482 (2483); *Lutter* Information und Vertraulichkeit Rn. 517; *Nastelski* GRUR 1957, 1; GHEK/*Fuhrmann* Rn. 7; MüKoAktG/*Schaal* Rn. 28; Großkomm AktG/*Otto* Rn. 23; Schönke/Schröder/*Lenckner*/*Eisele* StGB § 203 Rn. 11.
[114] BGH NJW 2000, 1329 (1330); *Lutter* Information und Vertraulichkeit Rn. 517; GHEK/*Fuhrmann* Rn. 7; MüKoAktG/*Schaal* Rn. 28; LK-StGB/*Schünemann* StGB § 203 Rn. 29.
[115] GHEK/*Fuhrmann* Rn. 7; MüKoAktG/*Schaal* Rn. 28.
[116] BGHSt 41, 140 (142 f.) = NJW 1995, 2301 f.; BayObLG NJW 1996, 268 (272); LK-StGB/*Schünemann* StGB § 203 Rn. 29; MüKoAktG/*Schaal* Rn. 28; *Möhrenschlager* in Wabnitz/Janovsky WirtschaftsStrafR/SteuerStrafR-HdB 15. Kap. Rn. 6; Köhler/Bornkamm/Feddersen/*Köhler* UWG § 17 Rn. 12.
[117] GHEK/*Fuhrmann* Rn. 7; MüKoAktG/*Schaal* Rn. 28; Großkomm AktG/*Otto* Rn. 23.
[118] BGHSt 40, 331 (335) = NJW 1995, 669 (670) (zu § 17 Abs. 2 UWG); BayObLG wistra 1994, 149 (150); *Harte-Bavendamm* GRUR 1990, 657 ff.; *Junker* BB 1988, 1334 (1340 f.); *Kolle* GRUR 1982, 443 (456 f.); *Kunz* DB 1993, 2482 (2483); *Rupp* WRP 1985, 676; GHEK/*Fuhrmann* Rn. 7; MüKoAktG/*Schaal* Rn. 28; MüKoStGB/*Kiethe* Rn. 39, 41; Großkomm AktG/*Otto* Rn. 23; NK-WSS/*Krause*/*Twele* Rn. 9.
[119] BGH GRUR 1955, 424 (425 f.); GRUR 1961, 40 (43) m. zust. Anm. *Heydt;* MüKoStGB/*Kiethe* Rn. 39; Großkomm AktG/*Otto* Rn. 23; Schönke/Schröder/*Lenckner*/*Eisele* StGB § 203 Rn. 11.
[120] BGH NJW-RR 2008, 1214 (1215); BGH WRP 2008, 938; Köhler/Bornkamm/Feddersen/*Köhler* UWG § 17 Rn. 12a.
[121] *Bullinger* NJW 1978, 2121 ff.; *Dannecker* BB 1987, 1614 (1615); *Lutter*/*Krieger*/*Verse* Rn. 271; *Müller* NJW 2000, 3452 (3453); Kölner Komm AktG/*Mertens*/*Cahn* § 116 Rn. 47 f.; LK-StGB/*Schünemann* StGB § 203 Rn. 29; zur Grundlagenforschung vgl. *Kunz* DB 1993, 2482 (2483).
[122] GHEK/*Fuhrmann* Rn. 7; MüKoAktG/*Schaal* Rn. 28; MüKoStGB/*Kiethe* Rn. 39; Großkomm AktG/*Otto* Rn. 23.
[123] GHEK/*Fuhrmann* Rn. 7; MüKoAktG/*Schaal* Rn. 28; MüKoStGB/*Kiethe* Rn. 40; Großkomm AktG/*Otto* Rn. 23; vgl. auch ausf. zu Insidertatsachen *Heldmann* ZRP 1990, 393 (394); *v. Stebut* DB 1974, 613 ff.; *Ulsenheimer* NJW 1975, 1999 (2001); *Ransiek,* Unternehmensstrafrecht, 1996, 165 ff.; allg. zur Interessenkollision vgl. *Gaul* GmbHR 1986, 296 ff.; *Fleck* FS Heinsius, 1991, 89 ff.
[124] Assmann/Schneider/*Assmann* WpHG § 15 Rn. 2, 7 und 32; Schwark/*Zimmer*/*Kruse* KMR § 15 WpHG Rn. 8.
[125] Erbs/Kohlhaas/*Schaal* Rn. 11; Kölner Komm AktG/*Geilen,* 1. Aufl. 1984, Rn. 52; Kölner Komm AktG/*Altenhain* Rn. 21; Lutter/Hommelhoff/*Kleindiek* GmbHG § 85 Rn. 6; MHLS/*Dannecker* GmbHG § 85 Rn. 46; MüKoStGB/*Kiethe* Rn. 45; Großkomm AktG/*Otto* Rn. 25; Scholz/*Tiedemann*/*Rönnau* GmbHG § 85 Rn. 28; für § 17 UWG Ohly/Sosnitza/*Ohly,* UWG, 7. Aufl. 2016, UWG § 17 Rn. 15; K. Schmidt/Lutter/*Oetker* Rn. 8; Bürgers/Körber/*Pelz* Rn. 3.

und Weise der Preisgabe ist irrelevant.[126] Es kommt allein darauf an, dass der Adressat die nicht mehr **abschirmbare Möglichkeit** der Kenntnisnahme hat.[127] So kann das Geheimnis ausdrücklich etwa durch Mitteilung oder Zusendung, konkludent durch das Deponieren eines ein Geheimnis enthaltenden Schriftstücks auf dem Tisch des Adressaten[128] oder auch durch ein Unterlassen[129] – ein Vorstandsmitglied nimmt die Geheimnisunterlagen nicht aus dem Beratungszimmer mit, obwohl er weiß, dass Dritte danach in dem Raum tagen – offenbart werden. Der Unbefugte muss nicht stets ein Außenstehender sein, es kann sich auch um einen nicht befugten Mitarbeiter der betroffenen AG handeln.[130] Irrelevant ist weiter, ob der Adressat der Mitteilung – wie etwa ein Rechtsanwalt oder Steuerberater – selbst einer Schweigepflicht unterliegt.[131] Es kommt nur darauf an, ob der Empfänger nach dem Willen des jeweils zuständigen Organs[132] der AG zum Kreis derjenigen Personen gehört, denen das betreffende Geheimnis nicht zugänglich gemacht werden durfte.[133]

Gegenüber anderen Mitgliedern des Vorstandes, Mitgliedern des Aufsichtsrates oder solchen Unternehmensangehörigen, die das Geheimnis zweckentsprechend einsetzen, liegt kein tatbestandsmäßiges Handeln vor. Denn eine **teleologische Auslegung** des Tatbestandsmerkmals des Offenbarens setzt die Möglichkeit des für die Gesellschaft nachteiligen Einsatzes der Kenntnis um das Geheimnis voraus.[134] Dies ist bei den genannten Personengruppen gerade nicht der Fall. Daher bedarf es weder der Argumentation über die Sozialadäquanz[135] noch derjenigen über das Merkmal der Unbefugtheit.[136] Maßgeblich ist die Stellung des Adressaten zum Zeitpunkt der Tathandlung. So ist es beispielsweise strafrechtlich irrelevant, wenn die Aufsichtsratswahl nachträglich angefochten wird.[137]

Eine Verschwiegenheitspflicht besteht allerdings innerhalb eines Konzerns für Aufsichtsratsmitglieder des abhängigen Unternehmens gegenüber dem herrschenden Unternehmen, auch wenn diese vom herrschenden Unternehmen in den Aufsichtsrat gewählt wurden.[138] Selbst im Vertragskonzern, bei dem die abhängige Gesellschaft zur Weitergabe von Informationen an das herrschende Unternehmen berechtigt oder sogar verpflichtet ist, richtet sich das Weisungsrecht des herrschenden Unternehmens allein an den Vorstand, nicht aber an den Aufsichtsrat.[139] Geben Aufsichtsratsmitglieder der abhängigen Gesellschaft vertrauliche Informationen, die sie in dieser Funktion erhalten haben, an andere Organe der herrschenden Gesellschaft weiter, handeln sie also tatbestandsmäßig. Dies gilt umso mehr im faktischen Konzern, in dem das herrschende Unternehmen selbst gegenüber dem Vorstand des abhängigen Unternehmens kein Weisungsrecht und damit keine Pflicht zur Informationsweitergabe hat.[140]

---

[126] Kölner Komm AktG/*Geilen,* 1. Aufl. 1984, Rn. 53; MüKoStGB/*Kiethe* Rn. 45; Großkomm AktG/*Otto* Rn. 25; zur Bestätigung zum Streuen eines Gerüchts vgl. weiterhin RGSt 26, 5 (7); 38, 62 (65), jeweils zum Privatgeheimnis; *Quick* BB 2004, 1490 (1492); Erbs/Kohlhaas/*Schaal* Rn. 11; Großkomm AktG/*Otto* Rn. 25.
[127] Kölner Komm AktG/*Geilen,* 1. Aufl. 1984, Rn. 66; Kölner Komm AktG/*Altenhain* Rn. 21.
[128] OLG Hamm GA 1959, 288; *Quick* BB 2004, 1490 (1491); *Többens* NStZ 2000, 505 (507) (zu § 17 UWG); Erbs/Kohlhaas/*Schaal* Rn. 11; MüKoAktG/*Schaal* Rn. 31.
[129] *Kiethe/Hohmann* NStZ 2006, 185 (188) für § 17 UWG; zur Garantenstellung vgl. Achenbach/Ransiek/ Rönnau/*Ransiek* 8. Teil 2. Kap. Rn. 19; Erbs/Kohlhaas/*Schaal* Rn. 11; Kölner Komm AktG/*Geilen,* 1. Aufl. 1984, Rn. 53; Kölner Komm AktG/*Altenhain* Rn. 24; MüKoAktG/*Schaal* Rn. 31; Großkomm AktG/*Otto* Rn. 26.
[130] BAG NZG 2009, 669 (671); Erbs/Kohlhaas/*Schaal* Rn. 11; Großkomm AktG/*Klug,* 3. Aufl. 1975, Anm. 11; MüKoAktG/*Schaal* Rn. 32; für § 17 UWG Ohly/Sosnitza/*Sosnitza,* UWG, 7. Aufl. 2016, UWG § 17 Rn. 15; GJW/*Temming* Rn. 14.
[131] BGHZ 116, 268 (272) = NJW 1992, 737 (739); BayObLG NJW 1995, 1623 f.; MüKoAktG/*Schaal* Rn. 32; MüKoStGB/*Kiethe* Rn. 46; Großkomm AktG/*Otto* Rn. 25; MHLS/*Dannecker* GmbHG § 85 Rn. 48; Scholz/ Tiedemann/Rönnau GmbHG § 85 Rn. 28.
[132] Hierzu *Roschmann/Frey* AG 1996, 449 (450 f.).
[133] Erbs/Kohlhaas/*Schaal* Rn. 11; Kölner Komm AktG/*Geilen,* 1. Aufl. 1984, Rn. 53; Kölner Komm AktG/ *Altenhain* Rn. 22; Großkomm AktG/*Otto* Rn. 25.
[134] Zustimmend NK-WSS/*Krause/Tiwele* Rn. 6.
[135] Für eine Lösung über die Sozialadäquanz Kölner Komm AktG/*Geilen,* 1. Aufl. 1984, Rn. 53, 75; nicht mehr vertreten von Kölner Komm AktG/*Altenhain* Rn. 21 ff.
[136] So aber MüKoStGB/*Kiethe* Rn. 48.
[137] *Schwab* AG 2015, 195 (196).
[138] → § 116 Rn. 121 ff.; MüKoAktG/*Habersack* § 116 Rn. 57; Hölters/*Hambloch-Gesinn/Gesinn* § 116 Rn. 66; Schmidt-Aßmann/*Ulmer* BB 1988, Beil. 13, 1 (4 f.); *Verse* AG 2015, 413 (414 f.); aA Kölner Komm AktG/*Mertens/ Cahn* § 116 Rn. 42; K. Schmidt/Lutter/*Drygala* § 116 Rn. 37; Henssler/Strohn/*Raum* Rn. 8; *Dittmar* AG 2013, 498 ff.; *Leuering/Keßler* NJW-Spezial 2015, 399 f.; wohl auch Achenbach/Ransiek/Rönnau/*Ransiek* 8. Teil 2. Kap. Rn. 20.
[139] → § 116 Rn. 121; MüKoAktG/*Habersack* § 116 Rn. 57.
[140] → § 116 Rn. 122.

§ 404   36–39   Viertes Buch. Sonder-, Straf- und Schlußvorschriften

36   **b) Abs. 2 S. 2: Geheimnisverwertung.** Im Fall von Abs. 2 S. 2 nutzt der Täter ein ihm unter den Voraussetzungen des Abs. 1 bekannt gewordenes Geheimnis für eigene oder fremde Zwecke aus. Es handelt sich hierbei trotz der systematischen Anordnung um eine **eigenständige** zweite Tathandlungsalternative.[141]

37   Das Merkmal des Verwertens ist als **wirtschaftliches Ausnutzen** des Geheimnisses zum Zweck der Gewinnerzielung zu interpretieren.[142] Hierunter fällt jede Tätigkeit, die darauf abzielt, einen wirtschaftlichen Wert aus dem Geheimnis zu ziehen.[143] Ob auch tatsächlich ein Gewinn erzielt wird, bleibt tatbestandlich irrelevant.[144] Die Begrenzung auf erstrebte wirtschaftliche Vorteile lässt sich zwar nicht unmittelbar aus dem Wortlaut ableiten (obwohl ein Verwerten eher für die wirtschaftliche Intention als ein Verwenden spricht),[145] ergibt sich jedoch aus einer historischen,[146] teleologischen (also rechtsgutsorientierten) und systematischen[147] Auslegung. Der identische Strafrahmen zur Qualifikation des § 404 Abs. 2 S. 1, der ein Handeln gegen Entgelt (→ Rn. 43) oder in Bereicherungsabsicht (→ Rn. 43) voraussetzt, legt auch bei der zweiten Handlungsalternative ein Handeln aus ökonomischem Interesse nahe.[148] Eine solche Auslegung entspricht ferner derjenigen des Verwertens in § 204 StGB.[149]

38   Wenn sich die Verwertung auf eine Offenbarung gegen Entgelt beschränkt (**„Geheimnisverkauf"**[150]), greift die Qualifikation des Abs. 2 S. 1 als vorrangige lex specialis ein.[151] Der Anwendungsbereich der Verwertung nach Abs. 2 S. 2 ist somit auf die Fälle einer wirtschaftlichen Ausnutzung des Geheimnisses beschränkt, die in anderer Weise als durch Offenbarung erfolgt.[152]

39   Ob der Tatbestand des Verwertens eines Geheimnisses auch dann gegeben ist, wenn die Tathandlung zwar im Sinne eines wirtschaftlichen Ausnutzens, nicht aber einer wirtschaftlichen Schädigung der Gesellschaft zu interpretieren ist, wird unterschiedlich beurteilt. Teilweise verneint man ein einschränkendes Unrechtsmerkmal.[153] Eine beabsichtigte pflichtwidrige wirtschaftliche Nutzung fremder Geheimnisse durch Missbrauch der Vertrauensposition reiche aus.[154] Demgegenüber wird unter Hinweis auf das geschützte Rechtsgut ein tatbestandliches Handeln verneint, sofern für die Gesellschaft durch die Verwertung keine Nachteile absehbar seien. Der Schaden müsse als zumindest mittelbare Folge konkret drohen.[155] Letzterer Ansicht ist bei teleologischer Auslegung mit der Korrektur zuzustimmen, dass die Kombination einer mittelbaren Folge mit dem Topos der konkreten Gefahr als untauglich abzulehnen ist. Vielmehr bedarf das Ausnutzen der oben beim Rechtsgut beschriebenen (→ Rn. 4) **vermögensrechtlichen Relevanz im weiteren Sinne.** Sie wird in aller Regel gegeben sein, womit eine Diskrepanz bei den Ergebnissen kaum denkbar erscheint. Auch die

---

[141] MüKoStGB/*Kiethe* Rn. 49.
[142] RGSt 63, 205 (207) zu § 17 Abs. 2 UWG; BayObLG NStZ 1984, 169 zu § 355 StGB; *Pfeiffer* FS Raisch, 1995, 255 (264 f.); Erbs/Kohlhaas/*Schaal* Rn. 19; Kölner Komm AktG/*Geilen*, 1. Aufl. 1984, Rn. 55 f.; Lutter/Hommelhoff/*Kleindiek* GmbHG § 85 Rn. 7; MHLS/*Dannecker* GmbHG § 85 Rn. 51; *Dittrich* in Müller-Gugenberger/Bieneck WirtschaftsStrafR-HdB § 33 Rn. 101; MüKoAktG/*Schaal* Rn. 47 f.; MüKoStGB/*Kiethe* Rn. 50; Großkomm AktG/*Otto* Rn. 27; Scholz/*Tiedemann*/*Rönnau* GmbHG § 85 Rn. 29; K. Schmidt/Lutter/*Oetker* Rn. 9; Bürgers/Körber/*Pelz* Rn. 4; Hölters/*Müller-Michaels* Rn. 15; GJW/*Temming* Rn. 16; aA Ulsenheimer NJW 1975, 1999 (2001); Großkomm AktG/*Klug*, 3. Aufl. 1975, Anm. 10: Verwertung sei jede Nutzung, gleichgültig zu welchen Zwecken; ebenso, abweichend von der Vorauflage, Kölner Komm AktG/*Altenhain* Rn. 25 f.
[143] RGSt 63, 205 (207) (zu § 17 Abs. 2 UWG); *Pfeiffer* FS Raisch, 1995, 255 (264) (zu § 85 GmbHG); Kölner Komm AktG/*Geilen*, 1. Aufl. 1984, Rn. 56; MüKoAktG/*Schaal* Rn. 47; NK-WSS/*Krause*/*Twele* Rn. 11.
[144] Erbs/Kohlhaas/*Schaal* Rn. 19; Lutter/Hommelhoff/*Kleindiek* GmbHG § 85 Rn. 7; MHLS/*Dannecker* GmbHG § 85 Rn. 51; MüKoAktG/*Schaal* Rn. 47; MüKoStGB/*Kiethe* Rn. 50; Großkomm AktG/*Otto* Rn. 28.
[145] Erbs/Kohlhaas/*Schaal* Rn. 19; Kölner Komm AktG/*Geilen*, 1. Aufl. 1984, Rn. 56; MüKoAktG/*Schaal* Rn. 48.
[146] Kölner Komm AktG/*Geilen*, 1. Aufl. 1984, Rn. 56.
[147] MüKoAktG/*Schaal* Rn. 48.
[148] MüKoAktG/*Schaal* Rn. 48.
[149] *Sturm* JZ 1975, 6 (10) zu § 204 StGB; Erbs/Kohlhaas/*Schaal* Rn. 19; Schönke/Schröder/*Lenckner*/*Eisele* StGB § 204 Rn. 5; *Fischer* StGB § 204 Rn. 3.
[150] Kölner Komm AktG/*Geilen*, 1. Aufl. 1984, Rn. 59.
[151] Kölner Komm AktG/*Geilen*, 1. Aufl. 1984, Rn. 59; Großkomm AktG/*Otto* Rn. 28; aA Großkomm AktG/*Klug*, 3. Aufl. 1975, Anm. 10; differenzierend Kölner Komm AktG/*Altenhain* Rn. 26.
[152] Großkomm AktG/*Otto* Rn. 28; vgl. auch BT-Drs. 7/550, 244; Kölner Komm AktG/*Geilen*, 1. Aufl. 1984, Rn. 59; Scholz/*Tiedemann*/*Rönnau* GmbHG § 85 Rn. 33; K. Schmidt/Lutter/*Oetker* Rn. 9; aA Kölner Komm AktG/*Altenhain* Rn. 26.
[153] *Pfeiffer* FS Raisch, 1995, 255 (265); MüKoAktG/*Schaal* Rn. 50 mwN; Ulsenheimer NJW 1975, 1999 (2001); Henssler/Strohn/*Raum* Rn. 14; Scholz/*Tiedemann*/*Rönnau* GmbHG § 85 Rn. 31; Großkomm AktG/*Otto* Rn. 29 mwN.
[154] Ulsenheimer NJW 1975, 1999 (2001); Großkomm AktG/*Otto* Rn. 29; MüKoAktG/*Schaal* Rn. 48, 50.
[155] Achenbach/Ransiek/*Rönnau*/*Ransiek* 8. Teil 2. Kap. Rn. 22.

Ausnutzung von Insiderinformationen[156] wird selbst bei der restriktiven Tatbestandsinterpretation unter § 404 Abs. 2 S. 2 fallen.[157] Denn eine solche ist mit nicht nur theoretischen wirtschaftlichen Risiken für das Unternehmen verbunden.

Für das Merkmal des unbefugten Verwertens gelten die gleichen Auslegungsgrundsätze wie bei **40** dem des unbefugten Offenbarens.[158]

III. Subjektiver Tatbestand

Anders als weitere strafrechtliche Geheimnisschutzvorschriften (→ Rn. 1, 11) verlangt § 404 **41** lediglich (auch bedingten) Vorsatz hinsichtlich der Merkmale des objektiven Tatbestandes, der insbes. zumindest in untechnischer Weise die Komponenten des Gesellschaftsgeheimnisses umfassen muss.[159]

IV. Qualifikationen

1. Geheimnisoffenbarung. a) § 404 Abs. 1. § 404 Abs. 1 sieht für die Offenbarung eines **42** Geheimnisses einer **börsennotierten** (vgl. § 3 Abs. 2) AG eine erhöhte Freiheitsstrafe von zwei Jahren vor. Die hierfür angeführten gesetzgeberischen Gründe (Notwendigkeit einer erhöhten abschreckenden Wirkung; größere wirtschaftliche Tragweite bei börsennotierten Gesellschaften; Gefährdung des Corporate-Governance-Systems als Ganzes)[160] überzeugen nur zu einem kleinen Teil: Denn nach kriminologischen Erkenntnissen korreliert ein erhöhter Strafrahmen nicht mit einer größeren Abschreckungswirkung,[161] und das Corporate-Governance-System wird nur insoweit tangiert, als die Verschwiegenheitspflicht hierzu gehört,[162] bietet also kein weiteres Argument über den eigentlichen Rechtsgutsschutz hinaus. Als legitimer gesetzgeberischer Grund bleiben die regelmäßig größere wirtschaftliche Bedeutung und die erheblicheren Auswirkungen einer Verletzung der Geheimhaltungspflicht bei den Kapitalanlegern.[163]

b) § 404 Abs. 2 S. 1. Die Qualifikation des Abs. 2 S. 1 mit identischem Strafrahmen ist erfüllt, **43** wenn der Täter aufgrund einer Vereinbarung gegen **Entgelt** oder in **Bereicherungs- oder Schädigungsabsicht** handelt. Diese Qualifikationsmerkmale entsprechen denen des § 403 Abs. 2 (→ § 403 Rn. 42 ff.). Handelt es sich kumulativ um eine börsennotierte AG, ist der Strafrahmen bis auf drei Jahre erhöht.

2. Geheimnisverwertung. Die Tathandlungsalternative des Abs. 2 S. 2 ist „ebenso" zu bestrafen **44** wie § 404 Abs. 2 S. 1. Damit ist der Grundtatbestand bereits mit Freiheitsstrafe bis zu zwei Jahren bewehrt. Erfüllt der Täter gleichzeitig die Qualifikationsmerkmale des Abs. 2 S. 1, ändert dies am Strafrahmen nichts. Als einziges mögliches Qualifikationsmerkmal bleibt dasjenige der Verwertung des Geheimnisses einer **börsennotierten** Gesellschaft. Hier ist eine Freiheitsstrafe bis zu drei Jahren möglich.

V. Rechtswidrigkeit

1. Das Merkmal der Unbefugtheit. Sowohl die Geheimnisoffenbarung als auch die Geheimnis- **45** verwertung müssen unbefugt erfolgt sein. Ob dieses Merkmal Tatbestandsrelevanz hat oder „lediglich" auf häufig vorkommende und daher im Auge zu behaltende Rechtfertigungsgründe hindeutet, wird nicht einheitlich beurteilt. Diese Einordnungsproblematik stellt indes kein Spezifikum des § 404 dar. Die Diskussion um das Merkmal „unbefugt" findet sich bei den anderen Geheimnisschutzdelikten ebenfalls wieder. Letztlich ist die Differenz nicht überzubewerten, führt sie doch zu keinen unterschiedlichen Ergebnissen.[164]

---

[156] Vgl. *v. Stebut*, Geheimnisschutz und Verschwiegenheitspflicht im Aktienrecht, 1972, 77 ff.; Kölner Komm AktG/*Geilen*, 1. Aufl. 1984, Rn. 61 ff.; Großkomm AktG/*Otto* Rn. 29.
[157] Zustimmend Scholz/*Tiedemann/Rönnau* GmbHG § 85 Rn. 32; daneben wird regelmäßig einer der Tatbestände des § 119 Abs. 3 WpHG erfüllt sein; vgl. MüKoStGB/*Kiethe* Rn. 52.
[158] Erbs/Kohlhaas/*Schaal* Rn. 21.
[159] Vgl. hierzu auch die Ausführungen zu → § 399 Rn. 259 ff.; MüKoStGB/*Kiethe* Rn. 61 f.; Großkomm AktG/*Otto* Rn. 31; MHLS/*Dannecker* GmbHG § 85 Rn. 59; differenzierend Scholz/*Tiedemann/Rönnau* GmbHG § 85 Rn. 46 f., die für die Verwertungsvariante dolus directus 1. Grades verlangen.
[160] Vgl. RegE BT-Drs. 14/8769, 24 f.; MüKoAktG/*Schaal* Rn. 72.
[161] *Albrecht* Kriminologie, 4. Aufl. 2010, 59 ff.; *Streng*, Strafrechtliche Sanktionen, 3. Aufl. 2012, Rn. 58 ff.
[162] MüKoStGB/*Kiethe* Rn. 63; *Stegmaier* AG 2007, 336 (337 ff.).
[163] Vgl. RegE BT-Drs. 14/8769, 24 f.; MüKoAktG/*Schaal* Rn. 72.
[164] Eine minimale Bedeutung kommt der unterschiedlichen Einordnung nur in dem sehr theoretischen Fall zu, dass ein Teilnehmer dem Haupttäter das Vorliegen eines Einvernehmens vorgespiegelt hat (vgl. Hölters/*Müller-Michaels* Rn. 27). Misst man diesem bereits tatbestandsausschließenden Charakter bei (tatbestandsausschließendes Einverständnis), wäre der Teilnehmer mangels vorsätzlicher Haupttat straflos (der Haupttäter handelt dann im Tatumstandsirrtum gem. § 16 Abs. 1 StGB). Geht man dagegen davon aus, dass das Einvernehmen rechtfertigenden

46 Die Differenzierung zwischen dem tatbestandsausschließenden Einverständnis[165] und der rechtfertigenden Einwilligung[166] mit angeblich unterschiedlichen Prüfungsvoraussetzungen fällt bei einer genaueren Prüfung in sich zusammen, ist also nach identischen Kriterien vorzunehmen.[167] Bei Willensmängeln ist danach die Rechtsgutsbezogenheit das maßgebliche Kriterium für die Frage der Wirksamkeit der Einwilligung.[168] In der Praxis dürften Willensmängel meist das Vermögen (im weiteren Sinne) der AG als geschütztes Rechtsgut (→ Rn. 4) betreffen und damit die Unwirksamkeit der Einwilligung zur Folge haben.

47 **2. Rechtfertigungsgründe.** Das Offenbaren bzw. das Verwerten eines Geheimnisses ist nur dann strafbar, wenn es unbefugt erfolgt, dh nicht von einem Rechtfertigungsgrund gedeckt ist.[169]

48 **a) Einwilligung.** Nach teilweise vertretener Auffassung soll ein genereller Offenbarungswille der Rechtsgutsträger im Sinne eines **Totalverzichts** auf das Geheimnis das Merkmal der Unbefugtheit entfallen lassen.[170] Hier fehlt es aber bereits im Moment des Offenbarens am Vorliegen eines Geheimnisses, was vielleicht zu diesem Zeitpunkt nur nicht hinreichend explizit war.

49 In den Fällen des **partiellen Verzichts,** in denen also das zuständige Organ nicht den Geheimnischarakter einer Tatsache aufgeben will, aber den Kreis der Geheimnisträger erweitern möchte, fehlt es hingegen an einem unbefugten Handeln.[171] Die Zustimmung des zuständigen berechtigten Organs kann auch stillschweigend erteilt werden.[172] Ein praktisch wichtiger Anwendungsfall der Zustimmung zur Weitergabe von Geheimnissen ist die *„due diligence"*[173] im Vorfeld eines Unternehmenskaufs. Zudem liegt in der Einrichtung eines Compliance-Systems mit einer institutionellen Beschwerdestelle für interne Hinweisgeber die Zustimmung zur Geheimnisoffenbarung gegenüber dieser Stelle.[174]

50 In den – praktisch kaum vorstellbaren – **Notfällen,** in denen eine Einwilligung der zuständigen Organe nicht rechtzeitig eingeholt werden kann, kommt eine Rechtfertigung nach den Grundsätzen der mutmaßlichen Einwilligung in Betracht. Ein Rückgriff auf den „Grundsatz der Wahrung höherrangiger Interessen" ist also nicht erforderlich.[175]

51 **b) Gesetzliche Auskunfts- und Aussagepflichten.** In Abwägung widerstreitender Interessen hat der Gesetzgeber bestimmte **Offenbarungspflichten** statuiert, die den Geheimnisschutz des

---

Charakter hat (Einwilligung), handelt der Haupttäter im sog. Erlaubnistatbestandsirrtum. Nach der wohl herrschenden sog. rechtsfolgenverweisenden eingeschränkten Schuldtheorie kommt dann gleichwohl eine Strafbarkeit des Teilnehmers in Betracht, da eine vorsätzliche rechtswidrige Haupttat vorliegt. Dass im Fall der Annahme einer tatbestandsausschließenden Wirkung des Einverständnisses eine Strafbarkeitslücke beim Teilnehmer droht, ist allerdings nur in dem speziellen Fall eines Sonderdelikts gegeben. Bei Allgemeindelikten begründet das Vorspiegeln eines Einvernehmens nämlich eine mittelbare Täterschaft.

[165] Achenbach/Ransiek/Rönnau/*Ransiek* 8. Teil 2. Kap. Rn. 17; Kölner Komm AktG/*Altenhain* Rn. 28: Doppelfunktion des Merkmals „unbefugt" als Hinweis auf fehlenden speziellen Offenbarungswillen sowie Rechtfertigungsgründe; eine Doppelfunktion annehmen auch Scholz/*Tiedemann*/*Rönnau* GmbHG § 85 Rn. 34 (bzgl. § 85 GmbHG); zu § 203 StGB vgl. OLG Köln NJW 1962, 686 (687 f.); MüKoStGB/*Cierniak*/*Niehaus* StGB § 203 Rn. 58 ff.; Schönke/Schröder/*Lenckner*/*Eisele* StGB § 203 Rn. 22 mwN; differenzierend Ulmer/*Dannecker* HGB-Bilanzrecht § 333 Rn. 61.

[166] Kölner Komm AktG/*Geilen*, 1. Aufl. 1984, Rn. 76; MüKoAktG/*Schaal* Rn. 33 f.; Großkomm AktG/*Otto* Rn. 30, 37 f.; Erbs/Kohlhaas/*Schaal* Rn. 15 iVm 12 f.; zu § 203 StGB vgl. LK-StGB/*Schünemann* StGB § 203 Rn. 93; NK-StGB/*Kargl* StGB § 203 Rn. 50, 52 ff.; differenzierend *Fischer* StGB § 203 Rn. 60 ff. mwN.

[167] *Roxin* Strafrecht AT/I § 13 Rn. 4 ff., 11 aE.

[168] *Arzt*, Willensmängel bei der Einwilligung, 1970, 15 ff.; *Wessels*/*Beulke*/*Satzger* StrafR AT Rn. 572; *Fischer* StGB § 228 Rn. 7.

[169] OLG Schleswig NJW 1985, 1090 (1092) zu § 203 StGB; *Pfeiffer* FS Raisch, 1995, 255 (261); MüKoAktG/*Schaal* Rn. 33; MüKoStGB/*Kiethe* Rn. 54 und 75 ff.; Großkomm AktG/*Otto* Rn. 37; Bürgers/Körber/*Pelz* Rn. 5.

[170] *Otto* wistra 1988, 125 (128); *Roschmann*/*Frey* AG 1996, 449 (450); *Arians* in Oehler, Der strafrechtliche Schutz des Geschäfts- und Betriebsgeheimnisses in den Ländern der Europäischen Gemeinschaft sowie in Österreich und der Schweiz, Band 1, 1978, 307 (358, 367); Kölner Komm AktG/*Geilen*, 1. Aufl. 1984, Rn. 76; MüKoAktG/*Schaal* Rn. 33; Großkomm AktG/*Otto* Rn. 38, 30; Scholz/*Tiedemann*/*Rönnau* GmbHG § 85 Rn. 35; ähnlich Kölner Komm AktG/*Altenhain* Rn. 15, der schon die Tatbestandsmäßigkeit verneint; vgl. schließlich auch NK-WSS/*Krause*/*Twele* Rn. 8, die mangels Geheimhaltungswillens bereits den Geheimnischarakter verneinen.

[171] *Otto* wistra 1988, 125 (128); *Roschmann*/*Frey* AG 1996, 449 (450); Großkomm AktG/*Otto* Rn. 39.

[172] MüKoAktG/*Schaal* Rn. 34; Scholz/*Tiedemann*/*Rönnau* GmbHG § 85 Rn. 35; vgl. in diesem Zusammenhang auch Lutter/Hommelhoff/*Kleindiek* GmbHG § 85 Rn. 4.

[173] Hierzu umfassend aus zivilrechtlicher Sicht *Hemeling* ZHR 169 (2005), 274 ff.; *Körber* NZG 2002, 263 ff.; *Linker*/*Zinger* NZG 2002, 497 ff.; *Rittmeister* NZG 2004, 1032 ff.; *Schroeder* DB 1997, 2161 ff.; *Stoffels* ZHR 165 (2001), 362 ff.; *Ziegler* DStR 2000, 249 ff.; *Ziemons* AG 1999, 492 ff.; siehe weiterhin Scholz/*Tiedemann*/*Rönnau* GmbHG § 85 Rn. 36.

[174] MüKoAktG/*Wißmann* § 85 Rn. 82; Scholz/*Tiedemann*/*Rönnau* GmbHG § 85 Rn. 43; Lutter/Hommelhoff/*Kleindiek* GmbHG § 85 Rn. 8; MüKoAktG/*Schaal* Rn. 34.

[175] So aber Hölters/*Müller-Michaels* Rn. 32.

§ 404 betreffen können.[176] Existiert eine solche Pflicht, handelt der das Geheimnis Offenbarende befugt; Beispiele: Offenlegungspflicht des Jahresabschlusses (§ 325 HGB); Aussagepflicht eines Zeugen vor Gericht[177] oder einem parlamentarischen Untersuchungsausschuss;[178] Offenbarungspflicht im Spruchverfahren (§ 7 Abs. 7 SpruchG);[179] Auskunftspflicht in der Hauptversammlung (§ 131);[180] Veröffentlichungspflicht nach Art. 17 MAR (Ad-hoc-Publizität);[181] Anzeigepflicht von geplanten schweren Straftaten (§ 138 StGB), die gegenüber der Schweigepflicht Vorrang genießt, wie sich aus dem Umkehrschluss zu § 139 Abs. 2 und 3 StGB ergibt;[182] begrenzte Auskunftspflicht von Aufsichtsratsmitgliedern und Prüfern (§§ 394, 395).[183]

Teilweise hat der Gesetzgeber in diesen Fällen einen auf die Gesellschaft bezogenen Schutzmechanismus geregelt. So können dem Antragsteller im gesellschaftsrechtlichen Spruchverfahren die angeforderten Unterlagen vorenthalten werden, wenn die Offenbarung des Geheimnisses der Gesellschaft einen **erheblichen** (wirtschaftlichen) **Nachteil** zufügen könnte.[184] Der Vorstand wiederum darf gem. **§ 131 Abs. 3 S. 1 Nr. 1** in der Hauptversammlung die Auskunft verweigern, soweit die Erteilung der Auskunft nach vernünftiger kaufmännischer Beurteilung geeignet ist, der Gesellschaft oder einem verbundenen Unternehmen einen nicht unerheblichen Nachteil zuzufügen. 52

Der Deutsche Corporate Governance Kodex (DCGK) empfiehlt dem Aufsichtsrat in Ziff. 5.5.3 DCGK, in seinem Bericht an die Hauptversammlung über aufgetretene Interessenskonflikte und deren Behandlung zu informieren.[185] Geht es dabei um Interessenskonflikte beispielsweise um die Übernahme einer anderen Gesellschaft[186] und damit um ein Geheimnis der Gesellschaft, so kollidieren zwei Handlungspflichten: die Informationsempfehlung des DCGK und das Verbot, Geschäftsgeheimnisse zu offenbaren. Hier kann über das in Ziff. 5.5.3 DCGK enthaltene Wort „soll" agiert werden. Der Empfehlung des DCGK ist dann nicht zu folgen, wenn dessen Beachtung strafrechtliche Sanktionen nach sich ziehen würde. 53

Schließlich kann im Einzelfall der grundsätzlich Auskunftspflichtige besondere Rechte geltend machen, die den gesetzlichen Abwägungsvorgang wiederum zu seinen Gunsten verschieben, so wenn spezielle Zeugnisverweigerungsrechte der StPO, zB für den Wirtschaftsprüfer, bestehen[187] oder sich im Zivilprozess aus § 383 Abs. 1 Nr. 6 ZPO sowie § 384 Nr. 3 ZPO Zeugnisverweigerungsrechte ergeben.[188] Der Vorstand kann die Auskunft gem. § 131 Abs. 3 S. 1 Nr. 5 dann verweigern, soweit er sich durch die Erteilung der Auskunft strafbar machen würde. Eine Berufung auf § 404 scheidet allerdings aus, um das Auskunftsrecht der Aktionäre aus § 131 Abs. 1 bei wichtigen, aber den Geheimnisbereich betreffenden Fragen nicht zu entwerten.[189] Besteht also kein Auskunftsverweigerungsrecht nach § 131 Abs. 3, so hat der Vorstand die Information zu liefern. Die Auskunft ist gerechtfertigt und nicht nach § 404 strafbar.[190] 54

---

[176] NK-AktR/*Bernsmann* Rn. 10; *v. Stebut*, Geheimnisschutz und Verschwiegenheitspflicht im Aktienrecht, 1972, 112 ff.; MüKoAktG/*Schaal* Rn. 35; ausf. MüKoStGB/*Kiethe* Rn. 77 ff.; Scholz/*Tiedemann*/*Rönnau* GmbHG § 85 Rn. 37 f.; MHLS/*Dannecker* GmbHG § 85 Rn. 73.
[177] *Pfeiffer* FS Raisch, 1995, 255 (261); Großkomm AktG/*Klug*, 3. Aufl. 1975, Anm. 7; MHLS/*Dannecker* GmbHG § 85 Rn. 74; *Dittrich* in Müller-Gugenberger/Bieneck WirtschaftsStrafR-HdB § 33 Rn. 103.
[178] BVerfGE 76, 363 = NJW 1988, 897 (899); *Pfeiffer* FS Raisch, 1995, 255 (261 f.); MüKoAktG/*Schaal* Rn. 35; MüKoStGB/*Kiethe* Rn. 80; Großkomm AktG/*Otto* Rn. 41.
[179] Vgl. hierzu SpruchG → SpruchG § 7 Rn. 9 ff.
[180] MüKoStGB/*Kiethe* Rn. 79.
[181] Vgl. noch zu § 15 Abs. 1 WpHG aF MüKoAktG/*Schaal* Rn. 36; MüKoStGB/*Kiethe* Rn. 77; diff. *Buck-Heeb* AG 2015, 801 (811).
[182] Kölner Komm AktG/*Geilen*, 1. Aufl. 1984, Rn. 78; Scholz/*Tiedemann*/*Rönnau* GmbHG § 85 Rn. 37.
[183] *Kittner* ZHR 136 (1972), 208 (234 f.); *Schwintowski* NJW 1990, 1009 (1014); Erbs/Kohlhaas/*Schaal* Rn. 13; MüKoStGB/*Kiethe* Rn. 78; Großkomm AktG/*Otto* Rn. 40; zur Reichweite der §§ 394 f. *Land*/*Hallermayer* AG 2011, 114 ff.
[184] Kölner Komm SpruchG/*Puszkajler* SpruchG § 7 Rn. 66; MüKoStGB/*Kiethe* Rn. 83; die Unterlagen gelangen dann aber zu den Spruchakten; vgl. hierzu auch → SpruchG § 7 Rn. 11 f.; *Lamb*/*Schluck-Amend* DB 2003, 1259 (1263).
[185] Krit. zu Corporate Governance und Business Ethics *Hefendehl* JZ 2006, 119 ff.
[186] So der Sachverhalt bei BGH NZG 2009, 1270.
[187] Erbs/Kohlhaas/*Schaal* Rn. 13; *Dittrich* in Müller-Gugenberger/Bieneck WirtschaftsStrafR-HdB § 33 Rn. 103; MüKoStGB/*Kiethe* Rn. 81; Großkomm AktG/*Otto* Rn. 41; Scholz/*Tiedemann*/*Rönnau* GmbHG § 85 Rn. 39; ausf. und krit. zur Gesetzeslage im Hinblick auf Zeugnisverweigerungsrechte und Einschränkungen der Öffentlichkeit im Strafprozess *Wittkämper* BB 1963, 1160 ff. Für die Vorstandsmitglieder einer Rechtsanwalts-AG schlägt *Passarge* NJW 2005, 1835 (1837 f.) die Anwendung von § 53a StPO vor; hinsichtlich der Aufsichtsratsmitglieder will er § 55 StPO anwenden; dagegen aber OLG Düsseldorf NStZ 1982, 257 f.
[188] Vgl. hierzu auch OLG Koblenz DB 1987, 1036 mAnm *Hommelhoff* EWiR 1987, 513; MüKoStGB/*Kiethe* Rn. 82.
[189] Hüffer/*Koch*/*Koch*, 13. Aufl. 2018, § 131 Rn. 62; MüKoStGB/*Kiethe* Rn. 79.
[190] MüKoStGB/*Kiethe* Rn. 79.

55 **c) § 34 StGB.** Ferner kann die Offenbarung auch wegen **rechtfertigenden Notstandes** (§ 34 StGB) gerechtfertigt sein.[191] Dies setzt freilich eine zugunsten des Täters ausfallende eindeutige Interessen- und Güterabwägung voraus, zB wenn der Täter seinerseits bedeutsame, rechtlich schutzwürdige Interessen gegenüber der AG hat und die Offenbarung ein notwendiges und angemessenes Mittel zu deren Wahrung ist.[192] Diskutiert werden in diesem Zusammenhang Fälle der **Verfolgung eigener Interessen,** in denen der Täter sich in einem Strafverfahren nur durch die Offenbarung des Geheimnisses sachgerecht verteidigen kann, zB zur Entkräftung von Insider- oder Untreuevorwürfen gegen ein Vorstandsmitglied,[193] oder im Fall eines zivilrechtlichen Rechtsstreits mit der AG,[194] insbes. bei Auseinandersetzungen über Vergütungsansprüche.[195] Die Weitergabe von Insiderinformationen durch Personen, die bei der AG zB ein Aufsichtsratsmandat wahrnehmen und zugleich für ein anderes Unternehmen Verantwortung zB als Vorstand tragen oder als Arbeitnehmervertreter im Aufsichtsrat fungieren, ist regelmäßig nicht gerechtfertigt.[196] Die zusätzliche Aufgabe als Vorstandsmitglied steht in keinem inneren Zusammenhang mit dem Geheimnis der AG. Jede Pflichtenkollision muss daher im Sinne von § 404 zugunsten des Geheimnisschutzes der betroffenen AG ausfallen.[197]

56 Nach überwiegender Ansicht unterfällt auch die Erstattung von **Strafanzeigen** dem Anwendungsbereich von § 34 StGB, soweit nicht bereits § 138 StGB eingreift. Teilweise wird grundsätzlich von einer Rechtfertigung nach § 34 StGB mit dem Argument ausgegangen, dass der Täter auch eine pauschale Anzeige erstatten könne, um dann im Strafverfahren berechtigterweise als Zeuge auszusagen. Nur bei Bagatelldelikten und Ordnungswidrigkeiten sei keine Rechtfertigung möglich.[198] Andere betrachten den potenziellen Täter nicht als Wahrer von Strafverfolgungsinteressen und sehen ihn daher erst bei weitreichenden Straftaten oder Verbrechen als gerechtfertigt an, wenn diese bevorstehen, eine Wiederholung droht oder sie die Rechtssicherheit wesentlich beeinträchtigen.[199]

57 Die genannten Auffassungen basieren jeweils auf der Prämisse, dass auch in Bezug auf Straftaten ein *objektives Geheimhaltungsinteresse* bejaht werden kann[200] und somit überhaupt ein schutzwürdiges Unternehmensgeheimnis vorliegt. Dies ist aber regelmäßig nicht der Fall (→ Rn. 29), weshalb die Erstattung von Strafanzeigen grds. tatbestandslos ist. Lediglich in Bezug auf absolute Antragsdelikte, die gegen das Unternehmen begangen werden, kann ein objektives Geheimhaltungsinteresse bejaht werden (vgl. zu dieser Ausnahme → Rn. 31). In diesem Fall scheidet jedoch eine Rechtfertigung gem. § 34 StGB aus. Denn aufgrund der gesetzgeberischen Vorentscheidung (Einstufung als absolutes Antragsdelikt) kann die Interessenabwägung nicht zugunsten des Täters ausfallen.

VI. Irrtum, Täterschaft und Teilnahme, Vollendung und Beendigung, Konkurrenzen, Strafverfolgung

58 **1. Irrtum.** Die auf tatsächlichen Umständen beruhende Fehlvorstellung hinsichtlich einer befugten Offenbarung (Bsp.: Ein Vorstandsmitglied hält den Adressaten der ein Geheimnis enthaltenden

---

[191] *Quick* BB 2004, 1490 (1494); Erbs/Kohlhaas/*Schaal* Rn. 13; Kölner Komm AktG/*Geilen,* 1. Aufl. 1984, Rn. 78; Kölner Komm AktG/*Altenhain* Rn. 34 f.; *Dittrich* in Müller-Gugenberger/Bieneck WirtschaftsStrafR-HdB § 33 Rn. 104; MüKoStGB/*Kiethe* Rn. 84; Großkomm AktG/*Otto* Rn. 43 ff.; GJW/*Temming* Rn. 20; NK-WSS/*Krause/Twele* Rn. 16; Köhler/Bornkamm/Feddersen/*Köhler* UWG § 17 Rn. 21a.
[192] *Dittrich* in Müller-Gugenberger/Bieneck WirtschaftsStrafR-HdB § 33 Rn. 105; MüKoAktG/*Schaal* Rn. 37; Großkomm AktG/*Otto* Rn. 44, 46; MHLS/*Dannecker* GmbHG § 85 Rn. 75.
[193] BGHSt 1, 366 (368) = NJW 1952, 151; *Gaul* GmbHR 1986, 296 (299); *Schünemann* ZStW 90 (1978), 11 (61); MüKoAktG/*Schaal* Rn. 37.
[194] BGHZ 122, 115 (120) = NJW 1993, 1638 (1640); MüKoAktG/*Schaal* Rn. 37; Scholz/*Tiedemann/Rönnau* GmbHG § 85 Rn. 41.
[195] *Armbrüster* GmbHR 1997, 56 (60); MüKoAktG/*Schaal* Rn. 37; Scholz/*Tiedemann/Rönnau* GmbHG § 85 Rn. 41.
[196] *Ulsenheimer* NJW 1975, 1999 (2002); MüKoAktG/*Schaal* Rn. 38; zu den Arbeitnehmervertretern im Aufsichtsrat vgl. *Hueck* RdA 1975, 35 (36 ff.); *Meincke* WM 1998, 749 (752); zu weitgehend für eine Unbefugtheit wegen Sozialinadäquanz MüKoStGB/*Kiethe* Rn. 53.
[197] In diesem Sinne auch BGH AG 2016, 493 (495); *Reichard* GWR 2017, 72 (73).
[198] RAG JW 1931, 490 zu § 17 UWG; *v. Stebut,* Geheimnisschutz und Verschwiegenheitspflicht im Aktienrecht, 1972, 125 f.; MüKoAktG/*Schaal* Rn. 38; Kölner Komm AktG/*Altenhain* Rn. 35; MHLS/*Dannecker* GmbHG § 85 Rn. 76; vgl. auch Scholz/*Tiedemann/Rönnau* GmbHG § 85 Rn. 42, die eine Rechtfertigung – umgekehrt – auf Fälle schwerer Straftaten oder bei Wiederholungsgefahr beschränken; *Engländer/Zimmermann* NZWiSt 2012, 328 (331); differenzierend *Thum/Klofat* NZG 2010, 1087 (1088): Die Rechtfertigung einer Strafanzeige scheide in Bagatellfällen zwar grds. aus, komme aber gleichwohl im Einzelfall in Betracht, sofern die Anzeige das äußerste Mittel ist, um weitere Vermögensschäden von der Gesellschaft abzuwenden.
[199] Kölner Komm AktG/*Geilen,* 1. Aufl. 1984, Rn. 83; Großkomm AktG/*Otto* Rn. 45. *Fuhrmann* AG 2015, R328 (R329) scheint grundsätzlich keine Rechtfertigungsgründe anzuerkennen.
[200] So auch noch die Vorauflage (Rn. 48).

E-Mail irrtümlich für ein Unternehmensmitglied, dem nach einem Vorstandsbeschluss das Geheimnis für die weitere Produktion mitgeteilt werden sollte.) lässt den Vorsatz entfallen, sofern man der Lehre von den negativen Tatbestandsmerkmalen[201] folgt, die die Tatbestands- und die Rechtfertigungsebene verschmilzt. Im Ergebnis nichts anderes ergibt sich, wenn man einen Erlaubnistatbestandsirrtum annimmt und diesen – mit der herrschenden Auffassung[202] – über § 16 StGB analog behandelt.[203] Zieht der Täter trotz Kenntnis der wahren Umstände den falschen Schluss, er sei zum Offenbaren rechtlich befugt, handelt es sich um einen (in aller Regel vermeidbaren) Verbotsirrtum nach § 17 StGB.[204] Ein solcher Verbotsirrtum liegt beispielsweise vor, wenn der Täter glaubt, er könne einem seinerseits Schweigepflichtigen gegenüber in jedem Fall das Geheimnis offenbaren.[205]

2. Täterschaft und Teilnahme. Da es sich bei § 404 um ein Sonderdelikt handelt (→ Rn. 14), 59 können diejenigen, die die Täterqualifikation nicht aufweisen, allenfalls Teilnehmer sein.[206] Ihnen kommt **§ 28 Abs. 1 StGB** zugute. Denn die Eigenschaft als tauglicher Täter ist ein strafbegründendes besonderes persönliches Merkmal.

Die Qualifikationsmerkmale des § 404 Abs. 2 S. 1 einschließlich demjenigen der Börsennotierung 60 sind keine besonderen persönlichen Merkmale strafschärfender Art, da sie sich **nicht** auf die Pflichtenstellung des Täters beziehen (→ § 403 Rn. 45). § 28 Abs. 2 StGB scheidet daher aus.[207] Die Teilnehmer sind aus dem Qualifikationstatbestand bereits bei einem dahingehenden (bedingten) Vorsatz zu bestrafen.

3. Vollendung und Beendigung. Vollendet ist der Tatbestand des unbefugten Offenbarens, 61 wenn das Geheimnis mindestens einem Unbefugten **zugegangen** ist,[208] was die Möglichkeit der Kenntnisnahme, nicht aber zwingend die tatsächliche Kenntnisnahme voraussetzt.[209] Sofern das Geheimnis tatsächlich zur Kenntnis genommen wurde, ist die Variante des Offenbarens auch beendet.

Der Täter vollendet die Variante des Verwertens mit einer Handlung, die auf einen vermögens- 62 rechtlichen Gewinn gerichtet ist.[210] Die bloße auf die Verwertung abzielende Absicht reicht ebenso wenig wie lediglich eine vorbereitende Maßnahme in diese Richtung. Vielmehr muss – vergleichbar mit dem Problem der Zueignung bei der Unterschlagung[211] – die Verwertungshandlung mit Außenwirkung manifestiert sein. Der häufig gezogene Vergleich zum unmittelbaren Ansetzen[212] verlegt den Vollendungszeitpunkt unzulässig nach vorn. Für die Vollendung bedarf es nicht der tatsächlichen Gewinnerzielung, wohl aber für die Beendigung.[213]

4. Konkurrenzen. Zwischen den Tatbeständen des Abs. 1 und Abs. 2 besteht keine Gesetzeskon- 63 kurrenz im Sinne einer Spezialität von Abs. 2.[214] Das Verwerten setzt kein Offenbaren voraus. Der Täter kann das Geheimnis auch ohne Offenbarung für sich verwerten, so zB beim Ausnutzen einer Insidertatsache. Es ist daher sowohl Tateinheit als auch Tatmehrheit möglich.[215] Tateinheit kommt ferner mit § 17 UWG in Betracht,[216] weil letzterer im Gegensatz zu § 404 auf den Anstellungsvertrag

---

[201] Vgl. nur *Roxin* Strafrecht AT/I § 10 Rn. 13 ff. mwN.
[202] BGHSt 45, 219 (225) = NJW 2000, 885 (887); Schönke/Schröder/*Sternberg-Lieben/Schuster* StGB § 16 Rn. 17 f. mwN; *Fischer* StGB § 16 Rn. 22d mwN.
[203] Vgl. zu verbleibenden kleinen Differenzen bei Teilnahmekonstellationen Hölters/*Müller-Michaels* Rn. 27.
[204] *Pfeiffer* FS Raisch, 1995, 255 (262).
[205] BayObLG NJW 1995, 1623; weitere Beispiele zu Verbots- und Tatbestandsirrtum bei Kölner Komm AktG/*Geilen*, 1. Aufl. 1984, Rn. 70 ff.; MüKoAktG/*Schaal* Rn. 42.
[206] MüKoStGB/*Kiethe* Rn. 67.
[207] MüKoStGB/*Kiethe* Rn. 68; Großkomm AktG/*Otto* Rn. 51; aA Kölner Komm AktG/*Geilen*, 1. Aufl. 1984, Rn. 89 mit Verweis auf § 403 Rn. 53; Scholz/*Tiedemann/Rönnau* GmbHG § 85 Rn. 49.
[208] MüKoStGB/*Kiethe* Rn. 70; Großkomm AktG/*Otto* Rn. 32; vgl. auch Erbs/Kohlhaas/*Schaal* Rn. 24.
[209] Vgl. → Rn. 33; Kölner Komm AktG/*Geilen*, 1. Aufl. 1984, Rn. 66; Kölner Komm AktG/*Altenhain* Rn. 36; MüKoAktG/*Schaal* Rn. 57; MüKoStGB/*Kiethe* Rn. 70; Großkomm AktG/*Otto* Rn. 32; K. Schmidt/Lutter/*Oetker* Rn. 12.
[210] Erbs/Kohlhaas/*Schaal* Rn. 26; MüKoAktG/*Schaal* Rn. 60; MüKoStGB/*Kiethe* Rn. 71; Großkomm AktG/*Otto* Rn. 34.
[211] Schönke/Schröder/*Eser/Bosch* StGB § 246 Rn. 10 f.; *Fischer* StGB § 246 Rn. 6.
[212] Großkomm AktG/*Otto* Rn. 34.
[213] *Pfeiffer* FS Raisch, 1995, 255 (266); aA Kölner Komm AktG/*Altenhain* Rn. 38: Gleichlauf von Vollendung und Beendigung.
[214] *Pfeiffer* FS Raisch, 1995, 255 (267); Großkomm AktG/*Otto* Rn. 52; Scholz/*Tiedemann/Rönnau* GmbHG § 85 Rn. 33, 53.
[215] Großkomm AktG/*Klug*, 3. Aufl. 1975, Anm. 14; MüKoAktG/*Schaal* Rn. 63; Großkomm AktG/*Otto* Rn. 52; Kölner Komm AktG/*Altenhain* Rn. 40.
[216] Kölner Komm AktG/*Geilen*, 1. Aufl. 1984, Rn. 90; Kölner Komm AktG/*Altenhain* Rn. 42; Großkomm AktG/*Otto* Rn. 53; *Dittrich* in Müller-Gugenberger/Bieneck WirtschaftsStrafR-HdB § 33 Rn. 108; Hölters/*Müller-Michaels* Rn. 42.

rekurriert. Die Strafe ist dann wegen § 52 Abs. 2 StGB der Strafdrohung aus § 17 UWG zu entnehmen.[217] Selbstständige Bedeutung gegenüber § 17 UWG kommt § 404 in Fällen zu, in denen der Täter nach dem Ausscheiden aus dem Dienstverhältnis handelt.[218] § 119 WpHG geht § 404 als Spezialnorm vor.[219] Dies erlangt Bedeutung wegen des fehlenden Strafantragserfordernisses im WpHG.[220]

64 Denkbar ist weiterhin zB eine tateinheitliche Untreue nach § 266 StGB.[221] Gegenüber § 203 StGB und § 204 StGB ist § 404 lex specialis,[222] weil sich die Geheimnisbegriffe decken.[223] Offenbart oder verwertet ein Abschlussprüfer oder sein Gehilfe ein Geheimnis unbefugt, tritt § 404 Abs. 1 Nr. 2 nach § 404 Abs. 1 Hs. 2 hinter § 333 HGB zurück. Dies gilt wegen des eindeutigen Wortlauts[224] auch dann, wenn der Strafrahmen des § 404 bei einer börsennotierten Gesellschaft höher als derjenige von § 333 HGB ist. Ging der Verwertung eine rechtswidrige Zueignungshandlung der Sache voraus, in der das Geheimnis verkörpert ist, handelt es sich bei § 404 wegen der vergleichbaren Rechtsgutsstruktur um eine straflose Nachtat gegenüber dem Zueignungsdelikt.[225]

65 Für Hilfspersonen der Prüfer, die nicht als Prüfungsgehilfen anzusehen sind (zu den Voraussetzungen → § 403 Rn. 20 ff.), kommt eine Strafbarkeit nach § 203 Abs. 3 S. 2 iVm § 203 Abs. 1 Nr. 3 StGB in Betracht, für sonstige Bedienstete eine solche nach § 17 UWG.[226] Eine Strafbarkeit nach § 404 scheidet aus.

66 **5. Strafverfolgung.** § 404 ist nach Abs. 3 S. 1 ein sog. **absolutes Antragsdelikt.**[227] Ein Strafantrag ist also zwingende Voraussetzung für die Strafverfolgung[228] und kann nicht (wie zB bei § 17 UWG) durch das besondere öffentliche Interesse ersetzt werden.[229] Allein die AG soll über ihre Geheimnisse disponieren. § 404 gehört im Unterschied zu § 17 UWG nicht zu den in § 374 StPO abschließend aufgeführten Privatklagedelikten. Die Staatsanwaltschaft muss die Tat verfolgen, wenn ein rechtsgültiger Strafantrag vorliegt. Fehlt ein Strafantrag oder ist er nicht rechtzeitig oder richtig gestellt oder zurückgenommen worden, so liegt ein Verfahrenshindernis vor, das die Einstellung des Strafverfahrens zur Folge hat.

67 **Strafantragsberechtigt** bei Geheimnisdelikten ist grundsätzlich der geschützte Geheimnisinhaber. Dies ist die AG nach Abs. 3 S. 1, auch wenn nach der Tat das Geheimnis veräußert worden sein sollte.[230] Für die AG handelt idR der Vorstand oder der Abwickler, folglich sind diese auch berechtigt, den Strafantrag zu stellen.[231] Hat ein Organ mehrere Mitglieder, so gelten für den Strafantrag die gesetzlichen Vertretungsregeln. Der Antrag ist (nach allgemeinen Strafantragsregeln) auch dann wirksam gestellt, wenn ihn zunächst nur ein Mitglied des antragsberechtigten Organs gestellt hat und die für die Zustimmung notwendigen Mitglieder ihm innerhalb der Frist zugestimmt haben.[232] Gehört der Täter selbst zu den berechtigten Organen der Gesellschaft, greift die Sonderregelung des Abs. 3

---

[217] Großkomm AktG/*Otto* Rn. 53; Kölner Komm AktG/*Geilen*, 1. Aufl. 1984, Rn. 90.
[218] *Dittrich* in Müller-Gugenberger/Bieneck WirtschaftsStrafR-HdB § 33 Rn. 108; Scholz/*Tiedemann*/*Rönnau* GmbHG § 85 Rn. 54.
[219] *Dittrich* in Müller-Gugenberger/Bieneck WirtschaftsStrafR-HdB § 33 Rn. 102; für Tateinheit im Fall von § 38 Abs. 1 Nr. 2 WpHG aF (= § 119 Abs. 3 Nr. 2, Nr. 3 WpHG nF) hingegen MüKoAktG/*Schaal* Rn. 64; K. Schmidt/Lutter/*Oetker* Rn. 16; für Tateinheit mit § 38 Abs. 1 WpHG aF (= § 119 Abs. 3 WpHG nF) auch Achenbach/Ransiek/*Rönnau*/*Ransiek* 8. Teil 2. Kap. Rn. 9; MüKoStGB/*Kiethe* Rn. 86; Scholz/*Tiedemann*/*Rönnau* GmbHG § 85 Rn. 55; Kölner Komm AktG/*Altenhain* Rn. 41.
[220] MüKoStGB/*Kiethe* Rn. 52, 87.
[221] MüKoStGB/*Kiethe* Rn. 86.
[222] Achenbach/Ransiek/*Rönnau*/*Ransiek* 8. Teil 2. Kap. Rn. 9; Kölner Komm AktG/*Geilen*, 1. Aufl. 1984, Rn. 90; Kölner Komm AktG/*Altenhain* Rn. 42; *Dittrich* in Müller-Gugenberger/Bieneck WirtschaftsStrafR-HdB § 33 Rn. 108; MüKoStGB/*Kiethe* Rn. 86; Großkomm AktG/*Otto* Rn. 52; Scholz/*Tiedemann*/*Rönnau* GmbHG § 85 Rn. 53; MüKoAktG/*Schaal* Rn. 64; aA MüKoAktG/*Schaal*, 2. Aufl. 2006, Rn. 64.
[223] Zu entsprechenden Bedenken MüKoAktG/*Schaal* Rn. 64.
[224] Achenbach/Ransiek/*Rönnau*/*Ransiek* 8. Teil 2. Kap. Rn. 36.
[225] *Pfeiffer* FS Raisch, 1995, 255 (267); Großkomm AktG/*Otto* Rn. 54; Scholz/*Tiedemann*/*Rönnau* GmbHG § 85 Rn. 55; aA Kölner Komm AktG/*Geilen*, 1. Aufl. 1984, Rn. 90; ebenso Kölner Komm AktG/*Altenhain* Rn. 41.
[226] Kölner Komm AktG/*Geilen*, 1. Aufl. 1984, Rn. 15; Scholz/*Tiedemann*/*Rönnau* GmbHG § 85 Rn. 8.
[227] *v. Godin/Wilhelmi* Anm. 9; Kölner Komm AktG/*Geilen*, 1. Aufl. 1984, Rn. 91; Kölner Komm AktG/*Altenhain* Rn. 43; MüKoStGB/*Kiethe* Rn. 87; NK-WSS/*Krause/Tiwele* Rn. 19.
[228] Erbs/Kohlhaas/*Schaal* Rn. 30; MüKoAktG/*Schaal* Rn. 66.
[229] Kölner Komm AktG/*Geilen*, 1. Aufl. 1984, Rn. 91; Kölner Komm AktG/*Altenhain* Rn. 43.
[230] *Dittrich* in Müller-Gugenberger/Bieneck WirtschaftsStrafR-HdB § 33 Rn. 109; MüKoStGB/*Kiethe* Rn. 87.
[231] Erbs/Kohlhaas/*Schaal* Rn. 30; ähnlich für die GmbH Scholz/*Tiedemann*/*Rönnau* GmbHG § 85 Rn. 58; MHLS/*Dannecker* GmbHG § 85 Rn. 89.
[232] MüKoAktG/*Schaal* Rn. 67; Kölner Komm AktG/*Geilen*, 1. Aufl. 1984, Rn. 94; Scholz/*Tiedemann*/*Rönnau* GmbHG § 85 Rn. 59.

S. 2, die einen Interessenwiderstreit vermeiden soll.[233] Der Aufsichtsrat ist als „Ganzes"[234] strafantragsberechtigt, sofern Vorstand oder Abwickler die Tat begangen haben. Kommt ein Aufsichtsratsmitglied als Täter in Betracht, können der Vorstand bzw. das Abwicklergremium den Strafantrag stellen.

Die **Strafantragsfrist** beträgt drei Monate, § 77b Abs. 1 StGB. Die **Ausschlussfrist** beginnt mit **68** dem Zeitpunkt, zu dem der Antragsberechtigte Kenntnis von der Tat erlangt hat, § 77b Abs. 2 S. 1 StGB. Bei einer Gesamtvertretung ist Kenntnis aller Organmitglieder Voraussetzung für den Lauf der Frist.[235] Kommt derjenige, der Kenntnis von der Tat erlangt hat, seiner Verpflichtung zur umgehenden Unterrichtung aller Organmitglieder nicht nach, so reicht seine Kenntnis für den Beginn des Fristlaufs aus.[236] Der Strafantrag kann gem. § 77d Abs. 1 S. 2 StGB bis zum Ende des rechtskräftigen Verfahrens zurückgenommen werden. Er kann dann nicht noch einmal gestellt werden (§ 77d Abs. 1 S. 3 StGB). Zu beachten ist, dass in solchen Fällen nach § 470 S. 1 StPO grundsätzlich der Antragsteller – also die AG – die teilweise erheblichen Verfahrenskosten zu tragen hat.[237]

Beim Offenbaren eines Geheimnisses der AG kommen der Ort der Offenbarungshandlung sowie **69** der Ort, an dem der Zugang der Offenbarung erfolgte, als Tatorte in Betracht.[238] Gem. § 5 Nr. 7 StGB gilt deutsches Strafrecht unabhängig vom Recht des Tatorts auch für die im Ausland begangene Verletzung von Betriebs- oder Geschäftsgeheimnissen eines im räumlichen Geltungsbereich des StGB liegenden Betriebes, eines Unternehmens, das im Geltungsbereich des StGB seinen Sitz hat, oder eines Unternehmens mit Sitz im Ausland, das von einem Unternehmen mit Sitz im räumlichen Geltungsbereich des StGB abhängig ist und mit diesem einen Konzern bildet. § 404 ist somit erfasst;[239] vgl. im Übrigen die Ausführungen zu den Organmitgliedern ausländischer Gesellschaften bei → § 399 Rn. 37 ff.

Die **Verjährungsfrist** für die Strafverfolgung beträgt gem. § 78 Abs. 3 Nr. 5 StGB grundsätzlich **70** drei Jahre. Bei einer börsennotierten AG sowie im Falle des Abs. 2 verjährt die Tat jedoch erst nach fünf Jahren (§ 78 Abs. 3 Nr. 4 StGB).[240] Die Verjährungsfrist beginnt nach § 78a S. 1 StGB, sobald die Tat beendet ist.[241]

§ 404a Verletzung der Pflichten bei Abschlussprüfungen

(1) Mit Freiheitsstrafe bis zu einem Jahr oder mit Geldstrafe wird bestraft, wer als Mitglied des Aufsichtsrats oder als Mitglied eines Prüfungsausschusses einer Gesellschaft, die kapitalmarktorientiert im Sinne des § 264d des Handelsgesetzbuchs, die CRR-Kreditinstitut im Sinne des § 1 Absatz 3d Satz 1 des Kreditwesengesetzes, mit Ausnahme der in § 2 Absatz 1 Nummer 1 und 2 des Kreditwesengesetzes genannten Institute, oder die Versicherungsunternehmen ist im Sinne des Artikels 2 Absatz 1 der Richtlinie 91/674/EWG des Rates vom 19. Dezember 1991 über den Jahresabschluß und den konsolidierten Abschluß von Versicherungsunternehmen (ABl. L 374 vom 31.12.1991, S. 7), die zuletzt durch die Richtlinie 2006/46/EG (ABl. L 224 vom 16.8.2006, S. 1) geändert worden ist,
1. eine in § 405 Absatz 3b bezeichnete Handlung begeht und dafür einen Vermögensvorteil erhält oder sich versprechen lässt oder
2. eine in § 405 Absatz 3b bezeichnete Handlung beharrlich wiederholt.

(2) Ebenso wird bestraft, wer als Mitglied des Aufsichtsrats oder als Mitglied eines Prüfungsausschusses einer Gesellschaft, die kapitalmarktorientiert im Sinne des § 264d des Handelsgesetzbuchs oder die CRR-Kreditinstitut im Sinne des § 1 Absatz 3d Satz 1 des Kreditwesengesetzes, mit Ausnahme der in § 2 Absatz 1 Nummer 1 und 2 des Kreditwesengesetzes genannten Institute,

---

[233] Erbs/Kohlhaas/*Schaal* Rn. 30; Kölner Komm AktG/*Geilen*, 1. Aufl. 1984, Rn. 93; Kölner Komm AktG/*Altenhain* Rn. 43; Großkomm AktG/*Otto* Rn. 56; Bürgers/Körber/*Pelz* Rn. 7.
[234] *Dittrich* in Müller-Gugenberger/Bieneck WirtschaftsStrafR-HdB § 33 Rn. 110; Großkomm AktG/*Otto* Rn. 56.
[235] RGSt 47, 338 (339); 68, 263 (265); Achenbach/Ransiek/*Rönnau* 8. Teil 2. Kap. Rn. 11; Baumbach/Hueck/*Haas* GmbHG § 85 Rn. 53; MüKoAktG/*Schaal* Rn. 68; Roth/Altmeppen/*Altmeppen* GmbHG § 85 Rn. 25.
[236] Vgl. auch MüKoStGB/*Kiethe* Rn. 89, der in jedem Fall die Kenntnis eines Mitglieds ausreichen lässt.
[237] MüKoAktG/*Schaal* Rn. 69.
[238] MüKoStGB/*Kiethe* Rn. 93.
[239] Unklare Einschränkung bei MüKoStGB/*Kiethe* Rn. 94: „[…] als es um die Verletzung von Betriebs- und Geschäftsgeheimnissen geht."
[240] Erbs/Kohlhaas/*Schaal* Rn. 31; MüKoAktG/*Schaal* Rn. 70; Großkomm AktG/*Otto* Rn. 62.
[241] Vgl. hierzu → Rn. 61 f.; zum Urteilstenor → § 399 Rn. 289 entsprechend sowie MüKoStGB/*Kiethe* Rn. 91; Großkomm AktG/*Otto* Rn. 62.

1. eine in § 405 Absatz 3c oder 3d bezeichnete Handlung begeht und dafür einen Vermögensvorteil erhält oder sich versprechen lässt oder
2. eine in § 405 Absatz 3c oder 3d bezeichnete Handlung beharrlich wiederholt.

Schrifttum: *Blöink/Woodtli,* Reform der Abschlussprüfung: Die Umsetzung der prüfungsbezogenen Vorgaben im RegE eines Abschlussprüfungsreformgesetzes (AReG), Der Konzern 2016, 75; *Bohnert/Bülte,* Ordnungswidrigkeitenrecht, 5. Aufl. 2016; *Boos/Fischer/Schulte-Mattler,* KWG, CRR-VO, Kommentar, Bd. 1, 5. Aufl. 2016; *Buhleier/Niehues/Splinter,* Praktische Herausforderungen bei der Umsetzung der neuen Anforderungen an den Prüfungsausschuss des Aufsichtsrats, DB 2016, 1885; *Hefendehl,* Der fragmentarische Charakter des Strafrechts, JA 2011, 401; *Hefendehl,* Ordnungswidrigkeiten: Legitimation und Grenzen – Ein vergleichender Blick auf Deutschland und Chile, ZIS 2016, 636; *Lanfermann/Maul,* Sanktionierung von Verstößen gegen prüfungsbezogene Aufsichtsratspflichten nach dem AReG-RegE, BB 2016, 363; *Merkt,* Geschäftsleiter zwischen Zivil- und Strafrecht: Die Perspektive des Gesellschafts- und Kapitalmarktrechts, ZGR 2016, 201; *Müller-Gugenberger,* Neue Sanktionen im Abschlussprüferrecht – Die neuen wirtschaftsstrafrechtlichen Normen im Abschlussprüfungsreformgesetz (AReG), ZWH 2016, 181; *Nodoushani,* Das neue Anforderungsprofil für Aufsichtsräte von Unternehmen von öffentlichem Interesse, AG 2016, 381; *Quick,* Abschlussprüfungsreformgesetz (AReG) – Kritische Würdigung zentraler Neuregelungen, DB 2016, 1205; *Schilha,* Neues Anforderungsprofil, mehr Aufgaben und erweiterte Haftung für den Aufsichtsrat nach Inkrafttreten der Abschlussprüfungsreform, ZIP 2016, 1316; *Schmidt,* EU-Verordnung zur Abschlussprüfung und Abschlussprüfungsreformgesetz (AReG), DB 2016, 1945; *Schüppen,* Die europäische Abschlussprüfungsreform und ihre Implementierung in Deutschland – vom Löwen zum Bettvorleger?, NZG 2016, 247; *Velte,* Der Referentenentwurf für ein Abschlussprüfungsreformgesetz – Wie wirken sich die geplanten Änderungen auf das Verhältnis zwischen Aufsichtsrat bzw. Prüfungsausschuss und Abschlussprüfer aus?, WPg 2015, 482; *Ziemons/Jaeger,* Beck'scher Online-Kommentar GmbHG, 36. Ed. 2018.

Übersicht

	Rn.		Rn.
I. Entstehung und kriminalpolitischer Hintergrund	1, 2	2. § 404a Abs. 1 Nr. 1 und § 404a Abs. 2 Nr. 1	25–28
II. Rechtsgut und Deliktsstruktur	3–18	3. § 404a Abs. 1 Nr. 2 und § 404a Abs. 2 Nr. 2	29–31
1. Rechtsgut	3, 4		
2. Deliktsstruktur	5	IV. Subjektiver Tatbestand	32
3. Einstufung als Straftatbestand	6–18	V. Versuch, Vollendung und Beendigung	33
III. Objektiver Tatbestand	19–31		
1. Täterkreis	19–24	VI. Strafverfolgung und Rechtsfolgen	34, 35

I. Entstehung und kriminalpolitischer Hintergrund

1 § 404a wurde mit Inkrafttreten vom 17.6.2016 durch das Abschlussprüfungsreformgesetz (AReG) in das AktG eingefügt. Die Regelung geht auf die RL 2014/56/EU vom 16.4.2014 zur Änderung der Richtlinie 2006/43/EG über Abschlussprüfungen von Jahresabschlüssen und konsolidierten Abschlüssen und die VO (EU) Nr. 537/2014 gleichen Datums über spezifische Anforderungen an die Abschlussprüfung bei Unternehmen von öffentlichem Interesse (sog. PIEs) zurück.[1] Während die Verordnung unmittelbar anwendbar ist, bedurfte die Richtlinie bis zum 17.6.2016 der Umsetzung in nationales Recht.[2] Beide Rechtsakte sollen das Vertrauen in die Jahresabschlüsse und konsolidierten Abschlüsse von Unternehmen von öffentlichem Interesse erhöhen (zum Rechtsgut → Rn. 3).[3] Hintergrund sind dabei die Erfahrungen aus der sog. Finanzkrise der Jahre 2007–2009,[4] im Zuge derer Unternehmen in Schieflage gerieten, denen zuvor über Jahre hinweg größte finanzielle Solidarität attestiert worden war.[5] § 404a wurde zuletzt durch das Gesetz zur Umsetzung der Zweiten Zahlungsdiensterichtlinie vom 17.7.2017 geändert:[6] Im neu geschaffenen Abs. 2 wurde klargestellt, dass Versicherungsunternehmen aufgrund ihres alternativen Systems der Abschlussprüferbestellung von der Strafbarkeit bei bestimmten Verstößen ausgenommen sind (→ Rn. 20).[7]

---

[1] Siehe zum europarechtlichen Hintergrund *Schüppen* NZG 2016, 247 (248 f.); zu vorhergehenden Rechtsakten *Müller-Gugenberger* ZWH 2016, 181 (182 f.). Zum Begriff der PIEs siehe *Velte* WPg 2015, 482 (483); *Schmidt* DB 2016, 1945; *Nodoushani* AG 2016, 381 (382 f.); MüKoAktG/*Schaal* § 405 Rn. 177 ff.
[2] Art. 2 Abs. 1 RL 2014/56/EU.
[3] Erwägungsgrund 1 VO (EU) Nr. 537/2014; Erwägungsgrund 2 RL 2014/56/EU.
[4] Vgl. zur Finanzkrise auch → § 400 Rn. 89.
[5] *Müller-Gugenberger* ZWH 2016, 181 f.; *Velte* WPg 2015, 482 f.
[6] Gesetz zur Umsetzung der Zweiten Zahlungsdiensterichtlinie v. 17.7.2017, BGBl. 2017 I 2446 (2491).
[7] Vgl. auch Hölters/*Müller-Michaels* Rn. 1.

Verletzung der Pflichten bei Abschlussprüfungen   2–6   § 404a

Parallelnormen zu § 404a sind § 333a HGB, § 19a PublG, § 86 GmbHG, § 151a GenG und § 331   2
VAG. Auf Aktiengesellschaften findet § 333a HGB keine Anwendung, da dieser ebenso wie § 334
Abs. 2a HGB einen nach § 324 Abs. 1 S. 1 HGB eingerichteten Prüfungsausschuss voraussetzt. § 324
HGB verlangt die Einrichtung eines Prüfungsausschusses indes nur bei solchen kapitalmarktorientierten Unternehmen, die nicht bereits über einen Aufsichts- oder Verwaltungsrat verfügen. In diesem
Fall existiert für die Gesellschaft nämlich ohnehin schon ein sachverständig besetztes Aufsichtsgremium (vgl. zum Aufsichtsrat bei der Aktiengesellschaft §§ 95 ff., 100 Abs. 5), so dass es keines weiteren
Prüfungsausschusses iSv § 324 HGB bedarf.[8]

II. Rechtsgut und Deliktsstruktur

1. Rechtsgut. Das Rechtsgut von § 404a wird – wie bei den in Bezug genommenen Bußgeldtat-   3
beständen gem. § 405 Abs. 3b bis 3d[9] – regelmäßig im Vertrauen der Öffentlichkeit in die Qualität
und Ordnungsgemäßheit von Jahresabschlüssen und konsolidierten Abschlüssen von Unternehmen
von öffentlichem Interesse (PIEs) gesehen.[10] Das tatbestandliche Schutzgut bedarf indes einer weiteren Präzisierung: Die tatbestandlichen Handlungen (im Einzelnen → § 405 Rn. 95 ff.) erfassen
zunächst solche Pflichtverstöße, die primär die *Unabhängigkeit* des Abschlussprüfers bzw. der Prüfgesellschaft in Frage stellen können. Eine Verbesserung der *Qualität* bzw. Ordnungsmäßigkeit der
Abschlüsse kann aber durch die vom Gesetzgeber intendierte Forcierung der Unabhängigkeit allenfalls *mittelbar* eintreten. Vor diesem Hintergrund ist das Rechtsgut vielmehr im **Vertrauen in die
Unabhängigkeit des Abschlussprüfers bzw. der Prüfgesellschaft** zu sehen. Allein dieses kann
über die in § 405 formulierten Verhaltensnormen geschützt werden.[11]

Das Vertrauen in einen (konkreten) Bezugsgegenstand stellt nur dann ein taugliches Rechtsgut   4
dar, wenn es tatsächlich existent ist (→ § 399 Rn. 3). Eben dies lässt sich hier bejahen, wobei
das Vertrauen auch durch den normativen Regelungsrahmen der Abschlussprüfung vorgeprägt und
mitkonstituiert wird. Denn bei der Abschlussprüfung handelt es sich – im Unterschied etwa zur
internen Prüfung durch den Aufsichtsrat gem. § 171 Abs. 1 – um eine *externe* Prüfung,[12] so dass
eine *unabhängige* Aufgabenwahrnehmung zur Erfüllung der Kontrollfunktion[13] bereits strukturell
notwendig ist.[14]

2. Deliktsstruktur. § 404a sieht strafrechtliche Sanktionen für „besonders gravierende"[15] Ver-   5
stöße gegen sich aus der VO (EU) Nr. 537/2014 ergebende Pflichten vor. Einfache Verstöße werden
als Ordnungswidrigkeiten sanktioniert (siehe § 405 Abs. 3b bis 3d). § 404a Abs. 1 verweist insofern
auf den Ordnungswidrigkeitentatbestand des § 405 Abs. 3b, § 404a Abs. 2 auf die Vorschriften des
§ 405 Abs. 3c und 3d. Der Gesetzgeber geht davon aus, die „höhere kriminelle Energie" beharrlicher
bzw. für einen (zumindest versprochenen) Vermögensvorteil erfolgender Verstöße gegen die in § 405
Abs. 3b bis 3d in Bezug genommenen Pflichten erfordere die Verhängung von Strafe.[16] Da das
pönalisierte Verhalten – vermittelt über eine Verweisungskette – auch durch Vorgaben einer anderen
Gesetzgebungsinstanz konkretisiert wird (VO (EU) Nr. 537/2014), handelt es sich bei § 404a um
einen Blanketttatbestand im engeren[17] Sinne.

3. Einstufung als Straftatbestand. § 404a knüpft an die Ordnungswidrigkeitentatbestände des   6
§ 405 Abs. 3b bis 3d an und stuft diese unter weiteren Voraussetzungen als Straftaten ein (→ Rn. 5).
Ob diese Vorgehensweise des Gesetzgebers legitimatorischen Bedenken ausgesetzt ist, lässt sich nur

---

[8] MüKoBilR/*Bormann/Greulich* HGB § 324 Rn. 18; vgl. auch Henssler/Strohn/*Raum* § 405 Rn. 6; NK-WSS/*Knierim/Kessler* HGB § 333a Rn. 4, § 334 HGB Rn. 7.
[9] Siehe diesbezüglich → § 405 Rn. 92.
[10] Vgl. Erwägungsgrund 1 VO (EU) Nr. 537/2014; BeckOK GmbHG/*Müller*, 36. Ed. 2018, GmbHG § 86 Rn. 26; MüKoAktG/*Schaal* Rn. 3; Erbs/Kohlhaas/*Schaal* Rn. 3.
[11] Einzig bzgl. § 405 Abs. 3c und 3d erscheint der Bezug zum Rechtsgut des Vertrauens in die Unabhängigkeit des Abschlussprüfers eher vage: Die Bußgeldtatbestände flankieren nämlich die korrekte Übermittlung des Wahlvorschlags bzgl. des Abschlussprüfers vom Aufsichtsrat an die Hauptversammlung, siehe etwa Lanfermann/*Maul* BB 2016, 363 (366). Die Tatbestände sichern hier also primär einen technischen Verfahrensablauf. Keinesfalls lässt sich den genannten Vorschriften indes ein unmittelbarer Schutz der Qualität bzw. Ordnungsmäßigkeit der Abschlüsse zugrunde legen.
[12] *Velte* WPg 2015, 482 (484).
[13] Dazu MüKoBilR/*Bormann* HGB § 316 Rn. 1.
[14] Vgl. dazu auch die Ausschlussgründe für Abschlussprüfer in § 319 Abs. 2–5, §§ 319a, 319b HGB. Hierzu etwa MüKoBilR/*Bormann* HGB § 319 Rn. 32 ff.
[15] Siehe BT-Drs. 18/7219, 57; ausf. zum Hintergrund auch *Quick* DB 2016, 1205.
[16] BT-Drs. 18/7219, 48.
[17] Zum Begriff *Tiedemann* Wirtschaftsstrafrecht Rn. 238.

§ 404a   7–10   Viertes Buch. Sonder-, Straf- und Schlußvorschriften

unter Berücksichtigung der grundlegenden **Abgrenzungsfrage zwischen Straftaten und Ordnungswidrigkeiten**[18] beantworten.

7   Analysiert man als Ausgangspunkt dieser Abgrenzung das geltende Recht, so lassen sich neben Straftatbeständen – denen ausschließlich die Aufgabe des subsidiären Rechtsgüterschutzes zukommt[19] – sowohl rechtsgutsschützende[20] als auch rechtsgutslose[21] Ordnungswidrigkeitentatbestände ausmachen. Im Kontext des § 404a interessiert dabei allein die Abgrenzung zwischen Straftaten und rechtsgüterschützenden Ordnungswidrigkeiten, die einer vertiefenden Betrachtung bedarf. Aus der Legitimationsperspektive können insofern nochmals zwei Aspekte differenziert werden. *Zum einen* stellt sich die Frage, in welchen Fällen das Strafrecht und in welchen das Ordnungswidrigkeitenrecht seinen legitimen Anwendungsbereich hat. *Zum anderen* sind die weiteren anerkannten verfassungsrechtlichen und dogmatischen Prinzipien zu beachten. So kann etwa der Schutz eines bestimmten Rechtsguts zwar grundsätzlich dem Strafrecht überantwortet sein, ein konkret erlassener Straftatbestand aber gleichwohl beispielsweise gegen das Subsidiaritätsprinzip[22] oder den Bestimmtheitsgrundsatz (Art. 103 Abs. 2 GG) verstoßen.

8   Die überwiegende Ansicht[23] unterscheidet bei der materiellen Abgrenzung zwischen Straftaten und Ordnungswidrigkeiten einen sog. Kern- und einen Randbereich (sog. qualitativ-quantitativer Ansatz):[24] Der Kernbereich des Strafrechts sei durch ein besonderes „sozialethisches Unwerturteil" charakterisiert, das die Ahndung mit einer Geldbuße als unerträglich erscheinen lasse.[25] Demgegenüber sei das Ordnungswidrigkeitenrecht in seinem Kern durch einen bloßen Ungehorsam gegenüber der staatlichen Verwaltung gekennzeichnet, dem der „Ernst der staatlichen Strafe" fehle.[26] Jenseits dieser Kernbereiche versage indes eine eindeutige Zuordnung. In diesem Graubereich bestünden nur „graduelle Unterschiede" und es obliege dem gesetzgeberischen Ermessen, den Tatbestand einer der Kategorien zuzuordnen.[27]

9   Problematisch an dieser herrschenden Konzeption ist indes, dass bereits die Zuordnung zu den sog. Kernbereichen nur selten zweifelsfrei möglich sein dürfte. Deutlich wird dies exemplarisch bei Betrachtung des Rechtsguts der körperlichen Integrität: Die grundsätzliche Bedeutung und Schutzwürdigkeit dieses Gutes steht außer Frage. Gleichwohl wird mit guten Gründen etwa für eine Entkriminalisierung fahrlässiger Körperverletzungen insbesondere im Bereich des Straßenverkehrs plädiert.[28] Unbefriedigend erscheint zudem der sehr weitgehende, *pauschale* Verweis auf ein Ermessen des Gesetzgebers in Bezug auf den „Graubereich", der letztlich das Gros der Fälle ausmachen dürfte. Vor diesem Hintergrund erscheint es vorzugswürdig, die Abgrenzung zwischen Straftaten und rechtsgutsschützenden Ordnungswidrigkeiten weitergehend zu präzisieren und dabei maßgeblich auf die Art der *geschützten Rechtsgüter* sowie auf die Verbindung zwischen *tatbestandlicher Handlung und geschütztem Rechtsgut* zu rekurrieren.

10   Danach gilt Folgendes:[29] Der Schutz *kollektiver* Rechtsgüter ist dem Strafrecht überantwortet. Grundlage hierfür ist allerdings ein *einschränkendes* Verständnis dieses Rechtsgutstypus, das an gewisse Mindestvoraussetzungen[30] geknüpft ist und dadurch insbesondere sog. Scheinrechtsgütern die Legitimation versagt. Sind nun diese Voraussetzungen erfüllt, würde die Einstufung als Ordnungswidrigkeit der Bedeutung der Rechtsgüter nicht hinreichend Rechnung tragen.[31] Mit anderen Worten wird über hohe Anforderungen an ein legitimes kollektives Rechtsgut der Weg zu einem Einsatz des Strafrechts eröffnet. Hinsichtlich der *Individualrechtsgüter* gilt es hingegen zu differenzieren: *Unmittelbare* Verletzungen eines solchen Rechtsguts sollten über das Strafrecht erfolgen. Sofern eine Verhal-

---

[18] Ausführlich *Hefendehl* ZIS 2016, 636 (638 ff.).
[19] *Roxin* Strafrecht AT/I § 2 Rn. 97.
[20] Man denke exemplarisch nur an Ordnungswidrigkeiten aus dem Straßenverkehrsrecht. So enthält etwa § 24 StVG iVm § 49 Abs. 3 Nr. 4 StVO, § 41 Abs. 1 iVm Anlage 2, Zeichen 274 Sp. 3 StVO einen Bußgeldtatbestand für Geschwindigkeitsüberschreitungen. Ein Rechtsgüterschutz lässt sich diesbezüglich ohne Weiteres bejahen, da ein zu schnelles Fahren Verkehrsunfälle und somit auch Leibes- und Lebensgefahren wahrscheinlicher macht.
[21] Zu denken ist etwa an Ordnungswidrigkeiten, die an unterlassene Mitwirkungspflichten von Bürgern bei der öffentlichen Verwaltung anknüpfen und somit einen ordnungsgemäßen Gesetzesvollzug sicherstellen sollen, beispielsweise § 145 Abs. 3 Nr. 1 GewO iVm § 55c GewO.
[22] Näher dazu etwa *Hefendehl* JA 2011, 401.
[23] Zusammenfassend zu weiteren Ansätzen siehe *Hefendehl* ZIS 2016, 636 (640 f.).
[24] Siehe dazu etwa *Bohnert/Bülte* OWiR, 5. Aufl. 2016, § 1 Rn. 37 f.
[25] BVerfGE 27, 18 (29); vgl. auch BVerfGE 22, 49 (79 f.).
[26] BVerfGE 45, 272 (289).
[27] Vgl. BVerfGE 45, 272 (289); BVerfGE 27, 18 (30).
[28] Vgl. dazu KK-OWiG/*Mitsch* Einleitung Rn. 118.
[29] Ausführlich *Hefendehl* ZIS 2016, 636 (641 ff.).
[30] *Hefendehl*, Kollektive Rechtsgüter im Strafrecht, 2002, 237 ff. sowie passim.
[31] *Hefendehl* ZIS 2016, 636 (642).

tensweise nicht den dafür erforderlichen Unrechtsgehalt aufweist, ist eine Entkriminalisierung angebracht und es sollte nicht auf das Ordnungswidrigkeitenrecht als scheinbar goldenem Mittelweg ausgewichen werden. Bußgeldtatbestände haben ihren legitimen Anwendungsbereich wiederum bei der *abstrakten Gefährdung* von Individualrechtsgütern.[32]

Auf der Basis der vorstehenden Abgrenzungsüberlegungen (→ Rn. 10) ist der Schutz des Vertrauens in die Unabhängigkeit der Abschlussprüfer bzw. Prüfgesellschaften grundsätzlich dem Strafrecht überantwortet. Daraus kann zunächst gefolgert werden, dass die von § 404a in Bezug genommenen und das gleiche Rechtsgut schützenden Bußgeldtatbestände gem. § 405 Abs. 3b bis 3d systemwidrig als Ordnungswidrigkeiten eingestuft wurden (ergänzend → Rn. 16f.). Noch nicht beantwortet ist allerdings die sich aus der Zuordnung zum Strafrecht ergebende Folgefrage, ob der Tatbestand auch den weiteren Legitimationsvoraussetzungen für Straftatbestände gerecht wird (→ Rn. 12ff.). **11**

Betrachtet man zunächst § 404a Abs. 1 Nr. 1 sowie § 404a Abs. 2 Nr. 1, so liegt nach Ansicht des Gesetzgebers der erhöhte, eine Strafbarkeit rechtfertigende Unrechtsgehalt darin, dass der Täter für die Tathandlung einen Vermögensvorteil erhält bzw. sich einen solchen versprechen lässt. Es ist indes Bedenken ausgesetzt, gerade über diesen Umstand die Strafbarkeit zu legitimieren. Der Unrechtsgehalt tatbestandlicher Handlungen ergibt sich nämlich primär aus der Beziehung der Tathandlung zum *tatbestandlich geschützten Rechtsgut*. Handeln die Täter, die *keine Abschlussprüfer* sind (näher zum Täterkreis → Rn. 19ff.), für einen Vermögensvorteil, so spricht dies zwar auch nach allgemeinen *Strafzumessungs*gesichtspunkten[33] für einen erhöhten Unrechtsgehalt der Tathandlung. Allerdings weist ein solcher Umstand einen zu vagen Bezug zum Rechtsgut des Vertrauens in die Unabhängigkeit der Abschlussprüfer bzw. der Prüfgesellschaft auf, als dass hiermit – im Verhältnis zu § 405 Abs. 3b bis 3d – die *Strafbarkeit* begründet werden könnte. **12**

Vor diesem Hintergrund ist zu fragen, ob die Einstufung als Straftatbestand auch *unabhängig* von der Entgeltlichkeit legitimiert werden kann. Dies ist indes nicht der Fall: Zwar ist der Schutz des § 404a zugrunde liegenden Vertrauensrechtsguts – wie gesehen – grundsätzlich dem Strafrecht überantwortet (→ Rn. 10). Allerdings handelt es sich bei den von § 404a in Bezug genommenen bußgeldbewehrten Handlungen um Rechtsverstöße, die nur einen geringen Unrechtsgehalt aufweisen. Die gesetzgeberische Einstufung als Ordnungswidrigkeiten bringt dies ebenso zum Ausdruck[34] wie der Umstand, dass man den Verstößen auch mit außerstrafrechtlichen Instrumentarien[35] hätte begegnen können. Eine Kriminalisierung dieser Verhaltensweisen würde daher einen Verstoß gegen das Subsidiaritätsprinzip[36] bedeuten.[37] **13**

Auch die Varianten der § 404a Abs. 1 Nr. 2 sowie § 404a Abs. 2 Nr. 2 bedürfen einer kritischen Betrachtung: Das strafbarkeitsbegründende Moment erblickt der Gesetzgeber hier in der *beharrlichen Wiederholung* der vom Tatbestand in Bezug genommenen bußgeldbewehrten Handlungen. Bedenken ergeben sich insofern insbesondere aus zwei Blickwinkeln (→ Rn. 15ff.): **14**

Zum einen ist die hinreichende tatbestandliche *Bestimmtheit* (Art. 103 Abs. 2 GG) zu bezweifeln. Der Begriff „beharrlich" wird in der Gesetzesbegründung nicht näher konkretisiert. Orientiert man sich an der Auslegung dieses Tatbestandsmerkmals bei § 238 StGB, so wird darunter gewöhnlich eine wiederholte Tatbegehung verstanden, die aus bewusster Missachtung des entgegenstehenden Willens des Opfers oder aus Gleichgültigkeit gegenüber dessen Wünschen und Belangen erfolgt.[38] Weiterhin greift auch § 148 Nr. 1 GewO auf das Merkmal der beharrlichen Wiederholung einer zunächst *bußgeldbewehrten* Handlung zurück und weist dabei eine strukturelle Parallelität zu § 404a Abs. 1 Nr. 2 und § 404a Abs. 2 Nr. 2 auf. Ein beharrliches Wiederholen iSv § 148 Nr. 1 GewO wird angenommen, wenn der Handelnde gegen das Verbot aus Missachtung oder Gleichgültigkeit wiederholt verstößt und dadurch zugleich eine rechtsfeindliche Einstellung zum Ausdruck bringt.[39] Selbst derartige Konkretisierungen weisen allerdings eine *Unschärfe* auf, die dem Bestimmtheitsgrund- **15**

---

[32] Näher (auch zur Abgrenzung zum Strafrecht in diesen Fällen) *Hefendehl* ZIS 2016, 636 (642).
[33] Siehe etwa Schönke/Schröder/*Stree/Kinzig* StGB § 46 Rn. 53 („Handeln gg Entgelt").
[34] Siehe zur Einstufung von § 405 Abs. 3b bis 3d als Ordnungswidrigkeiten ergänzend → Rn. 18.
[35] Denkbar wäre etwa eine behördliche Mitteilung, die Verhaltensweise einzustellen und von einer Wiederholung abzusehen (vgl. insofern auch Art. 30a Abs. 1 lit. a RL 2014/56/EU), und bei Nichtbeachtung dieses Hinweises ein an den Abschlussprüfer bzw. die Prüfgesellschaft adressiertes vorübergehendes Verbot der Durchführung von Abschlussprüfungen (vgl. auch Art. 30a Abs. 1 lit. c RL 2014/56/EU).
[36] Dazu etwa *Hefendehl* JA 2011, 401.
[37] Krit. zu den durch das AReG neu eingefügten Straftatbeständen auch *Merkt* ZGR 2016, 201 (212), der darauf hinweist, die Verletzung prüfungsbezogener Pflichten durch den *Abschlussprüfer* werde derzeit ohnehin schon als Ordnungswidrigkeit erfasst (§ 334 Abs. 2 HGB) und stelle zudem eine Berufspflichtverletzung im Sinne der WPO dar.
[38] *Fischer* StGB § 238 Rn. 18f.
[39] Vgl. GJW/*Papathanasiou* GewO § 148 Rn. 3f.; Erbs/Kohlhaas/*Ambs* GewO § 148 Rn. 1; vgl. auch NK-WSS/*Krause/Twele* Rn. 6.

satz (Art. 103 Abs. 2 GG) kaum noch Rechnung trägt (ergänzend zum Begriff der Beharrlichkeit → Rn. 29 ff.). Für den Betroffenen ist es nämlich letztlich nahezu unmöglich vorauszusehen, durch welche *konkrete Handlung* die Schwelle der „Beharrlichkeit" überschritten wird.

16   Zum anderen ist zu problematisieren, ob der „beharrliche" Verstoß gegen bestimmte Bußgeldtatbestände für sich gesehen gerade die *Strafbarkeit* des Verhaltens zu legitimieren vermag. Legt man die obigen Ausführungen zur Abgrenzung von Straftaten und Ordnungswidrigkeiten zugrunde (→ Rn. 9 f.), ist dies zu verneinen: Maßgeblich ist danach nämlich primär die Art des geschützten Rechtsguts sowie die Beziehung zwischen Schutzgut und tatbestandlicher Handlung. Mit dem letzteren Aspekt ist insbesondere die Qualität der Gefährdung bzw. Verletzung des Rechtsguts gemeint, die je nach Struktur des Tatbestandes unterschiedlich ausgestaltet sein kann (abstrakte Gefährdung; konkrete Gefährdung; Verletzung). Der „beharrliche" Verstoß gegen die der Norm zugrunde liegenden Bußgeldtatbestände tangiert allerdings weder das geschützte Rechtsgut noch wandelt er den Deliktscharakter.

17   Man könnte zwar geneigt sein, zur Legitimation der Strafbarkeit vorzubringen, eine *wiederholte* Tatbegehung erschüttere in besonderer Weise das *Vertrauen* in die Unabhängigkeit der Prüfer bzw. der Prüfgesellschaften. Eine solche Argumentation basiert indes auf einem Fehlverständnis des Kumulationsgedankens und vermengt die Ebene der Kriminalisierung mit derjenigen des Tatbestands:[40] Ein singulärer Verstoß gegen eine Norm vermag selbstverständlich nicht in relevanter Weise das Vertrauen des betroffenen Verkehrskreises zu beeinträchtigen. Aus diesem Grund setzt eine *Kriminalisierung* die realistische Prognose des Gesetzgebers voraus, wonach Kumulationseffekte zu erwarten sind.[41] Dies ändert allerdings nichts daran, dass ein konkreter Straftatbestand nur für sich gesehen strafwürdige Verhaltensweisen erfassen darf.[42] Bloße Bagatellhandlungen stellen auch in ihrer gedachten Summe (Kumulation) kein *strafrechtliches* Unrecht dar. Insofern ist die bloße „Beharrlichkeit" des Verstoßes gegen eine Ordnungswidrigkeit als solche ungeeignet, die Strafbarkeit zu legitimieren.

18   Zusammenfassend ergibt sich aus den vorstehenden Ausführungen Folgendes: Aus dogmatischer Perspektive ist der Schutz des § 404a zugrundeliegenden Vertrauensrechtsguts zwar grundsätzlich dem Strafrecht überantwortet. Indes vermögen die tatbestandlichen Voraussetzungen des § 404a nicht die Strafbarkeit zu legitimieren. § 405 Abs. 3b bis 3d wiederum übertragen den Schutz kollektiver Rechtsgüter in problematischer Weise auf das Ordnungswidrigkeitenrecht. Die daraus vor dem Hintergrund der Abgrenzungskriterien zwischen Straftaten und Bußgeldtatbeständen (→ Rn. 9 f.) resultierenden Bedenken werden in diesem Fall indes *unionsrechtlich* überlagert. Denn die RL 2014/56/EU verlangt im Falle von Pflichtverstößen verwaltungsrechtliche Sanktionen,[43] so dass die besagten Bußgeldtatbestände hinzunehmen sind. Es läge allerdings an den deutschen Vertretern im Rat der EU, auf eine stimmige Lösung des Verhältnisses von Straftat- und Ordnungswidrigkeitentatbeständen hinzuwirken.

III. Objektiver Tatbestand

19   **1. Täterkreis.** Täter des § 404a können lediglich Mitglieder des **Aufsichtsrats** oder des **Prüfungsausschusses** von Gesellschaften sein, die die genannten Merkmale erfüllen. Mit dem Ausscheiden aus dem jeweiligen Organ endet die Täterqualität. Entsprechend der Reichweite der zugrunde liegenden EU-Rechtsakte sind als *Gesellschaften* nur **sog. Public Interest Entities (PIEs)** erfasst.[44] Die Erwägungsgründe der RL 2014/56/EU führen insofern aus, Unternehmen von öffentlichem Interesse (PIEs) komme wegen des Umfangs, der Komplexität und der Art der Geschäftstätigkeit eine erhebliche öffentliche Bedeutung zu, weswegen die Glaubwürdigkeit der diesbezüglichen geprüften Abschlüsse erhöht werden müsse.[45] Welche Unternehmen konkret davon betroffen sind, wird unionsrechtlich in Art. 2 Nr. 13 RL 2014/56/EU definiert.

20   Daran anknüpfend nennt § 404a Abs. 1, der beharrliche bzw. für einen (zumindest versprochenen) Vermögensvorteil erfolgende Verstöße gegen die in § 405 Abs. 3b in Bezug genommenen Pflichten erfasst, folgende Unternehmen von öffentlichem Interesse: kapitalmarktorientierte Unternehmen iSd § 264d HGB (→ Rn. 22), CRR-Kreditinstitute (→ Rn. 23) sowie näher konkretisierte Versicherungsinstitute (→ Rn. 24). Für Verstöße gegen § 405 Abs. 3c und 3d, die unter den Voraussetzungen des § 404a (→ Rn. 25 ff., 29 ff.) begangen werden, nimmt § 404a Abs. 2 seit dem 17.7.2017

---

[40] Ausführlich *Hefendehl*, Kollektive Rechtsgüter im Strafrecht, 2002, 182 ff.
[41] *Hefendehl*, Kollektive Rechtsgüter im Strafrecht, 2002, 184 ff.
[42] *Hefendehl*, Kollektive Rechtsgüter im Strafrecht, 2002, 187 f.
[43] Vgl. Art. 30a RL 2014/56/EU.
[44] Dazu eingehend *Schilha* ZIP 2016, 1316 (1317); *Blöink/Woodtli* Der Konzern 2016, 75 (77); siehe auch *Buhleier/Niehues/Splinter* DB 2016, 1885.
[45] Erwägungsgrund 2 RL 2014/56/EU.

(→ Rn. 1) Versicherungsunternehmen aus dem Kreis der öffentlichen Unternehmen aus, da bei diesen die Hauptversammlung keine Kompetenz zur Abschlussprüferbestellung hat und ein Verstoß gegen § 405 Abs. 3c und 3d damit bereits vor der Gesetzesänderung unmöglich war.[46] Die Änderung hat insofern lediglich klarstellenden Charakter.

Aufgrund der Beschränkung des Täterkreises handelt es sich bei § 404a um ein echtes **Sonderdelikt**.[47] Für Beteiligte, die die Sondereigenschaft nicht aufweisen, kommt lediglich eine Teilnahmestrafbarkeit in Betracht.[48] Der Dritte, der bei Abs. 1 Nr. 1 bzw. bei Abs. 2 Nr. 1 einen Vermögensvorteil gewährt oder anbietet, kann somit nur als Teilnehmer bestraft werden.[49] 21

§ 404a Abs. 1 sowie § 404a Abs. 2 erfassen zunächst Mitglieder des Aufsichtsrats bzw. des Prüfungsausschusses von **kapitalmarktorientierten Gesellschaften iSd § 264d HGB**. Eine Kapitalmarktorientierung liegt gem. § 264d HGB vor, wenn eine Kapitalgesellschaft einen organisierten Markt iSv § 2 Abs. 11 WpHG durch Ausgabe von Wertpapieren in Anspruch nimmt oder die Zulassung von Wertpapieren zum Handel an einem organisierten Markt beantragt hat. Der organisierte Markt iSv § 2 Abs. 11 WpHG meint den regulierten Markt an den deutschen Wertpapierbörsen (zB der Börse in Frankfurt)[50] sowie die Terminbörse EUREX.[51] Nicht zum organisierten Markt zählt hingegen der sog. Freiverkehr.[52] Für den Antrag auf *Zulassung* zum organisierten Markt gilt ein strenger Stichtagsbezug: Die Kapitalmarktorientierung ist nur dann zu bejahen, wenn der Zulassungsantrag vor dem Bilanzstichtag gestellt wurde.[53] 22

Der Begriff der **CRR-Kreditinstitute** wird in § 1 Abs. 3d S. 1 KWG definiert, wobei diese Vorschrift wiederum auf Art. 4 Abs. 1 Nr. 1 VO (EU) Nr. 575/2013 verweist. Erfasst werden danach Unternehmen, deren „Tätigkeit darin besteht, Einlagen oder andere rückzahlbare Gelder des Publikums entgegenzunehmen und Kredite für eigene Rechnung zu gewähren". In Deutschland stellen alle Kreditinstitute, die eine Volllizenz besitzen, CRR-Kreditinstitute in diesem Sinne dar.[54] Explizit vom Anwendungsbereich ausgenommen werden die Deutsche Bundesbank sowie die Kreditanstalt für Wiederaufbau (§ 404a AktG iVm § 2 Abs. 1 Nr. 1 und Nr. 2 KWG). 23

Lediglich von § 404a Abs. 1 erfasst werden schließlich **Versicherungsunternehmen** iSd Art. 2 Abs. 1 RL 91/674/EWG. Darunter fallen sowohl Erst- als auch Rückversicherungsunternehmen, die den Vertrieb bestimmter[55] Versicherungsgeschäfte zum Gegenstand haben.[56] Einzelheiten lassen sich Art. 2 Abs. 1 RL 91/674/EWG iVm den dort in Bezug genommenen Art. 1–4 RL 79/267/EWG entnehmen. 24

2. § 404a Abs. 1 Nr. 1 und § 404a Abs. 2 Nr. 1. § 404a Abs. 1 Nr. 1 sowie § 404a Abs. 2 Nr. 1 sanktionieren Verstöße, die gegen den Erhalt oder das Versprechen eines Vermögensvorteils begangen werden. Diese Tatbestandsalternativen weisen demnach eine Ähnlichkeit zu den Korruptionsdelikten auf (zu den Abweichungen → Rn. 27). Sie sind allerdings wegen der Beschränkung auf *Vermögensvorteile* enger als die §§ 299, 331 ff. StGB,[57] die nach überwiegender Ansicht auch immaterielle Vorteile erfassen.[58] 25

Der Sache nach entspricht der Begriff des **Vermögensvorteils** der in § 403 Abs. 2 sowie § 404 Abs. 2 verwendeten Formulierung „gegen Entgelt" (→ § 403 Rn. 42), da unter einem Entgelt gemäß der Legaldefinition des § 11 Abs. 1 Nr. 9 StGB „jede in einem Vermögensvorteil bestehende Gegenleistung" zu verstehen ist.[59] Vor diesem Hintergrund erscheint es gesetzgebungstechnisch 26

---

[46] Vgl. BT-Drs. 18/12568, 167.
[47] Müller-Gugenberger ZWH 2016, 181 (187); Hölters/Müller-Michaels Rn. 3.
[48] NK-WSS/Krause/Twele Rn. 3. Zu mit der persönlichen Haftung verbundenen Versicherungsfragen Schilha ZIP 2016, 1316 (1328).
[49] Bürgers/Körber/Pelz Rn. 7.
[50] BeBiKo/Schmidt/K. Hoffmann HGB § 264d Rn. 2 (mit weiteren Beispielen).
[51] Baumbach/Hopt/Kumpan BörsG § 2 Rn. 2; Schilha ZIP 2016, 1316 (1317).
[52] Baumbach/Hopt/Merkt HGB § 264d Rn. 1; Baumbach/Hopt/Kumpan BörsG § 48 Rn. 1; vgl. Schilha ZIP 2016, 1316 (1317); MüKoAktG/Schaal § 405 Rn. 178.
[53] Näher dazu BeBiKo/Schmidt/K. Hoffmann HGB § 264d Rn. 1; siehe auch BeckOK GmbHG/Müller, 36. Ed. 2018, GmbHG § 86 Rn. 47.
[54] Boos/Fischer/Schulte-Mattler/Schäfer, KWG, CRR-VO, Kommentar, Bd. 1, 5. Aufl. 2016, KWG § 1 Rn. 245.
[55] Etwa Lebens-, Rentenversicherungen, Art. 2 Abs. 1 RL 91/674/EWG iVm Art. 1 RL 79/267/EWG.
[56] MüKoAktG/Schaal § 405 Rn. 180; Erbs/Kohlhaas/Schaal § 405 Rn. 69.
[57] Müller-Gugenberger ZWH 2016, 181 (188); aA wohl NK-WSS/Knierim/Kessler HGB § 333a Rn. 18: Ein Vermögensvorteil könne auch in einer immateriellen Leistung bestehen. Dies steht aber letztlich in Widerspruch zu der von Knierim/Kessler an gleicher Stelle zu findenden Aussage, ein Vermögensvorteil setze eine „in Geld messbare" Besserstellung voraus.
[58] NK-StGB/Dannecker StGB § 299 Rn. 57; Schönke/Schröder/Heine/Eisele StGB § 331 Rn. 18 mwN.
[59] Vgl. Henssler/Strohn/Raum § 405 Rn. 9; MüKoAktG/Schaal Rn. 10; Erbs/Kohlhaas/Schaal Rn. 7.

missglückt, bei § 404a Abs. 1 Nr. 1 sowie § 404a Abs. 2 Nr. 1 eine abweichende Formulierung zu gebrauchen, ohne dass damit ein anderer Bedeutungsgehalt verbunden wäre.[60] Im Unterschied zu den §§ 299, 331 ff. StGB muss der Täter den Vermögensvorteil *selbst* erhalten oder sich versprechen lassen, Dritte werden vom Wortlaut des § 404a nicht erfasst. Nicht ausreichend ist es also, wenn der Vermögensvorteil beispielsweise an Angehörige des Täters gewährt wird, selbst wenn dies mit seiner Billigung erfolgt.[61]

27 Abweichend von den §§ 299, 331 f., 265c f. StGB verwendet der Gesetzgeber nicht die Formulierung „annehmen". Der Betroffene muss den Vermögensvorteil **erhalten** haben. Dies ist dann der Fall, wenn der Täter den Vermögensvorteil entgegennimmt bzw. die tatsächliche Verfügungsgewalt über diesen erhält.[62] Die für eine Annahme iSv §§ 299, 331 f., 265c f. StGB verlangte nach außen gerichtete *Willensbekundung*, über den Vorteil zu eigenen Zwecken zu verfügen,[63] wird man für den Erhalt hingegen nicht voraussetzen müssen. Das Tatbestandsmerkmal „erhält" beschreibt also allein eine rein *tatsächliche* Entgegennahme.[64] Wieso der Gesetzgeber von dieser abweichenden Formulierung Gebrauch macht, lässt sich den Gesetzesmaterialien nicht entnehmen. Im Zuge der durch das AReG neu eingefügten Straftatbestände wird die Formulierung < einen Vermögensvorteil „erhält" > allerdings nicht das erste Mal verwendet. Zuvor griff der Gesetzgeber bereits in den Straftatbeständen des § 96 Abs. 1 Nr. 2 AufenthG sowie des § 84 Abs. 2 S. 2 Nr. 1 AsylG (hier in Form eines Regelbeispiels) darauf zurück. Möglicherweise orientierte sich der Gesetzgeber auch an diesen Vorschriften. Die reduzierte Formulierung erweitert zudem den tatbestandlichen Anwendungsbereich der Norm. Das **Sich-Versprechen-Lassen** entspricht hingegen dem gleichlautenden Merkmal der Korruptionsdelikte des StGB. Der Täter muss demnach ausdrücklich oder konkludent ein Angebot annehmen, wonach ihm künftig ein Vermögensvorteil zukommen soll.[65] Ob die Vermögensleistung später tatsächlich gewährt wird, ist insoweit unerheblich.[66]

28 Der Täter muss den Vermögensvorteil schließlich *für* den Verstoß gegen die in Bezug genommenen Bußgeldtatbestände erhalten (vgl. den Gesetzeswortlaut „und dafür"). Erforderlich ist demnach eine – von den Korruptionsdelikten des StGB bekannte – sog. **Unrechtsvereinbarung.** In Bezug auf § 404a Abs. 1 Nr. 1 sowie § 404a Abs. 2 Nr. 1 bedeutet dies, dass der Vermögensvorteil *als Gegenleistung* für den Verstoß gegen die Ordnungswidrigkeit gewährt werden muss.[67] Dies setzt eine (zumindest stillschweigende) Übereinkunft voraus, wonach die Zuwendung zumindest auch für eine der in § 405 Abs. 3b–3d erfassten Handlungen erfolgt.[68]

29 **3. § 404a Abs. 1 Nr. 2 und § 404a Abs. 2 Nr. 2.** § 404a Abs. 1 Nr. 2 sowie § 404a Abs. 2 Nr. 2 setzen das **beharrliche Verstoßen** gegen einen der in Bezug genommenen Ordnungswidrigkeitentatbestände voraus. Orientiert man sich diesbezüglich an dem strukturell vergleichbaren § 148 Nr. 1 GewO (vgl. bereits → Rn. 15), so setzt dies einen aus Missachtung oder Gleichgültigkeit erfolgenden wiederholten Verstoß gegen das Verbot voraus, wodurch zugleich eine rechtsfeindliche Einstellung zum Ausdruck gebracht werden muss.[69] Auch mit Hilfe dieser Definition lässt sich das pönalisierte Verhalten allerdings nicht trennscharf charakterisieren, die Subsumtion im konkreten Einzelfall wird mit Schwierigkeiten behaftet sein (siehe zu den legitimatorischen Bedenken bereits → Rn. 14 ff.). Es dürfte jedenfalls noch Einigkeit darüber bestehen, dass ein *einmaliger* Verstoß gegen das Verbot nicht als „beharrlich" anzusehen ist.[70] Im Übrigen lassen sich aber kaum allgemeingültige Grundsätze statuieren. Der BGH hat jedenfalls bezüglich des gleichlautenden Merkmals in § 238 StGB entschieden, eine absolute Mindestanzahl von notwendigen Verstößen könne nicht festgelegt werden.[71] Ausgehend vom allgemeinen Sprachgebrauch wird man indes mindestens einen *dreimaligen* Verstoß

---

[60] So zutreffend Henssler/Strohn/*Raum* § 405 Rn. 9.
[61] Bürgers/Körber/*Pelz* Rn. 3.
[62] BeckOK GmbHG/*Müller*, 36. Ed. 2018, GmbHG § 86 Rn. 61, 75.
[63] Siehe etwa Schönke/Schröder/*Heine/Eisele* StGB § 331 Rn. 27; NK-StGB/*Dannecker* StGB § 299 Rn. 53.
[64] Vgl. auch BeckOK GmbHG/*Müller*, 36. Ed. 2018, GmbHG § 86 Rn. 61, 75.
[65] Vgl. MüKoStGB/*Krick* StGB § 299 Rn. 21; NK-StGB/*Dannecker* StGB § 299 Rn. 52; Bürgers/Körber/*Pelz* Rn. 4; BeckOK GmbHG/*Müller*, 36. Ed. 2018, GmbHG § 86 Rn. 62, 75.
[66] MHLS/*Sigloch/Keller/Meffert* GmbHG § 86 Rn. 11; MüKoStGB/*Krick* StGB § 299 Rn. 21; NK-StGB/*Dannecker* StGB § 299 Rn. 52.
[67] Hölters/*Müller-Michaels* Rn. 4; BeckOK GmbHG/*Müller*, 36. Ed. 2018, GmbHG § 86 Rn. 60, 75.
[68] Vgl. MüKoStGB/*Krick* StGB § 299 Rn. 24; Schönke/Schröder/*Heine/Eisele* StGB § 299 Rn. 16.
[69] Vgl. GJW/*Papathanasiou* GewO § 148 Rn. 3 f.; Erbs/Kohlhaas/*Ambs* GewO § 148 Rn. 1; vgl. auch NK-WSS/*Krause/Twele* Rn. 6; Bürgers/Körber/*Pelz* Rn. 5; Hölters/*Müller-Michaels* Rn. 4; MüKoAktG/*Schaal* Rn. 11; Erbs/Kohlhaas/*Schaal* Rn. 8; MHLS/*Sigloch/Keller/Meffert* GmbHG § 86 Rn. 14.
[70] Vgl. BGH NJW 2010, 1680 (1683); *Fischer* StGB § 238 Rn. 18; Erbs/Kohlhaas/*Ambs* GewO § 148 Rn. 1; vgl. auch Schönke/Schröder/*Eisele* StGB § 238 Rn. 25.
[71] BGH NJW 2010, 1680 (1683).

gegen einen der in Bezug genommenen Ordnungswidrigkeitentatbestände verlangen müssen. Denn die bloß zweifache Vornahme einer (nicht gestatteten) Handlung lässt sich nach dem Alltagssprachverständnis kaum als „beharrlich" charakterisieren.

Noch größere Schwierigkeiten als die erforderliche Mindestanzahl von Rechtsverstößen (dazu → Rn. 29) bereitet die Konkretisierung der **subjektiven Beharrlichkeitskomponente** (bewusste Missachtung der rechtlichen Vorgaben[72] bzw. die rechtsfeindliche Gesinnung[73] des Täters). Es erscheint jedenfalls nicht gewinnbringend darauf abzustellen, dass die Verstöße gegen § 405 Abs. 3b–3d „nachweislich vorsätzlich"[74] begangen worden sein müssen. Denn die besagten Bußgeldtatbestände können ohnehin nur vorsätzlich verwirklicht werden. Der teilweise propagierte Rekurs auf eine rechtsfeindliche Gesinnung verlässt den Boden des Tatstrafrechts[75] und ist daher abzulehnen. Es sollte daher auf die besagten subjektiven Momente verzichtet werden und eine Konkretisierung der Beharrlichkeit durch objektive Parameter erfolgen. 30

Es wäre allerdings verkürzend, insofern allein auf die bereits genannte Mindestzahl von drei Pflichtverstößen (→ Rn. 29) abzustellen. Im Rahmen einer *Gesamtwürdigung*[76] ist vielmehr insbesondere das *zeitliche Verhältnis*[77] der Verstöße gegen die Ordnungswidrigkeitentatbestände zu berücksichtigen. Erfolgen diese beispielsweise mit vielen Jahren Abstand, wird man das Verhalten auch nach dem allgemeinen Sprachgebrauch nicht als „beharrlich" bezeichnen. Weiterhin kann im Rahmen der Gesamtwürdigung auch von Relevanz sein, ob der Täter bereits *verwarnt* wurde (vgl. § 56 OWiG) oder ob gegen diesen ein *Bußgeld* verhängt wurde.[78] Erfolgt nämlich ein erneuter Verstoß gegen einen Ordnungswidrigkeitentatbestand, obwohl wegen eines solchen erst kurz zuvor ein Bußgeld verhängt wurde, spricht dies schon nach dem gewöhnlichen Sprachverständnis indiziell für ein „beharrliches" Verhalten. 31

IV. Subjektiver Tatbestand

Nach allgemeinen Grundsätzen (§ 15 StGB) ist nur vorsätzliches Verhalten strafbar, wobei bedingter Vorsatz[79] ausreichend ist. Aufgrund der Blankettstruktur muss sich der Vorsatz auch auf die *Tatumstände* der ausfüllenden Norm beziehen. Eine Kenntnis der Ausfüllungsnormen als solcher – und somit insbesondere auch der von den Ordnungswidrigkeitentatbeständen des § 405 Abs. 3b bis 3d in Bezug genommenen Vorschriften der VO (EU) Nr. 537/2014 – ist hingegen nicht erforderlich (vgl. auch → § 399 Rn. 266). 32

V. Versuch, Vollendung und Beendigung

Mangels ausdrücklicher gesetzlicher Bestimmung (vgl. § 23 Abs. 1 StGB) ist der Versuch nicht strafbar. § 404a Abs. 1 Nr. 1 und § 404a Abs. 2 Nr. 1 sind **vollendet,** wenn der Täter die tatsächliche Verfügungsgewalt über den Vermögensvorteil erlangt hat („erhält") oder wenn eine Einigung über die künftige Gewährung eines solchen Vorteils zustande gekommen ist („sich versprechen lässt").[80] Bezüglich § 404a Abs. 1 Nr. 2 und § 404a Abs. 2 Nr. 2 liegt Vollendung vor, sobald die wiederholte Verwirklichung des Bußgeldtatbestandes erstmals die Schwelle der Beharrlichkeit überschreitet (dazu → Rn. 29 ff.). Der Zeitpunkt der **Beendigung** hat Relevanz für den Beginn der *Verfolgungsverjährung* (vgl. § 78a StGB) sowie für die Möglichkeit einer sog. sukzessiven Mittäterschaft bzw. Teilnahme, sofern man eine solche problematische Ausdehnung der Beteiligung überhaupt anerkennt (vgl. auch → § 399 Rn. 279). Die Beendigung tritt bei § 404a Abs. 1 Nr. 1 und § 404a Abs. 2 Nr. 1 ein, wenn der Täter den Vermögensvorteil als Gegenleistung für die Verwirklichung des Ordnungswidrigkeitentatbestandes tatsächlich erlangt hat. Eine Abweichung vom Vollendungszeitpunkt ergibt sich daher für die Fälle des Sich-Versprechen-Lassens, da diese Tatvariante bereits mit dem Erzielen der Einigung vollendet ist (→ Rn. 27). § 404a Abs. 1 Nr. 2 sowie § 404a Abs. 2 Nr. 2 sind erst dann beendet, wenn der Täter seit der Deliktsvollendung das erste Mal die Vorgaben der in Bezug genommenen 33

---

[72] Vgl. BGH NJW 2010, 1680 (1682); *Lanfermann/Maul* BB 2016, 363 (367); vgl. auch Henssler/Strohn/*Raum* § 405 Rn. 9.
[73] Vgl. dazu *Müller-Gugenberger* ZWH 2016, 181 (188); BGH NJW 2010, 1680 (1682 f.).
[74] So NK-WSS/*Krause*/*Twele* Rn. 6.
[75] Vgl. auch die diesbezügliche andeutungsweise Kritik bei Schönke/Schröder/*Eisele* StGB § 238 Rn. 24.
[76] BGH NJW 2010, 1680 (1682); *Fischer* StGB § 238 Rn. 19; NK-WSS/*Knierim*/*Kessler* HGB § 333a Rn. 21.
[77] BGH NJW 2010, 1680 (1682); Henssler/Strohn/*Raum* § 405 Rn. 9; *Fischer* StGB § 238 Rn. 19 mwN; MüKoAktG/*Schaal* Rn. 11; Erbs/Kohlhaas/*Schaal* Rn. 8, der ergänzend den Schweregrad heranziehen will.
[78] Vgl. NK-WSS/*Krause*/*Twele* Rn. 6 mwN.
[79] NK-WSS/*Krause*/*Twele* Rn. 7.
[80] Vgl. auch NK-WSS/*Knierim*/*Kessler* HGB § 333a Rn. 25; zu den Tathandlungen des § 404a Abs. 1 Nr. 1 und des § 404a Abs. 2 Nr. 1 siehe bereits → Rn. 25.

VO (EU) Nr. 537/2014 einhält oder seine Täterqualität verliert (durch Ausscheiden aus dem Prüfungsausschuss bzw. Aufsichtsrat).[81]

VI. Strafverfolgung und Rechtsfolgen

34 Der **Strafrahmen** sieht Freiheitsstrafe bis zu einem Jahr oder Geldstrafe vor und entspricht somit demjenigen des bereits erwähnten § 148 GewO. Unter den Voraussetzungen des § 70 StGB kann das Gericht zudem ein Berufsverbot für die Dauer von einem bis zu fünf Jahren verhängen.[82]

35 Die **Verjährungsfrist** für die Strafverfolgung beträgt drei Jahre (§ 78 Abs. 3 Nr. 5 StGB). Sie beginnt gem. § 78a StGB mit der Beendigung der Tat (→ Rn. 33). Erstinstanzlich **zuständig** für die gerichtliche Aburteilung ist regelmäßig das Amtsgericht (vgl. §§ 24, 74 Abs. 2 GVG). Erhebt die Staatsanwaltschaft ausnahmsweise aufgrund der besonderen Bedeutung des Falles Anklage beim Landgericht (§ 24 Abs. 1 S. 1 Nr. 3 GVG), ist die funktionelle Zuständigkeit der Wirtschaftsstrafkammer zu beachten (§ 74c Abs. 1 S. 1 Nr. 1 GVG).[83] Kommt es in einem Strafverfahren zur Erhebung der öffentlichen Klage, so hat die Staatsanwaltschaft der Abschlussprüferaufsichtsstelle gem. § 407a Abs. 2 nach dem Gesetzeswortlaut die das Verfahren abschließende Entscheidung, richtigerweise aber lediglich Verurteilungen zu übermitteln (→ § 407a Rn. 3).

§ 405 Ordnungswidrigkeiten

(1) Ordnungswidrig handelt, wer als Mitglied des Vorstands oder des Aufsichtsrats oder als Abwickler
1. Namensaktien ausgibt, in denen der Betrag der Teilleistung nicht angegeben ist, oder Inhaberaktien ausgibt, bevor auf sie der Ausgabebetrag voll geleistet ist,
2. Aktien oder Zwischenscheine ausgibt, bevor die Gesellschaft oder im Fall einer Kapitalerhöhung die Durchführung der Erhöhung des Grundkapitals oder im Fall einer bedingten Kapitalerhöhung oder einer Kapitalerhöhung aus Gesellschaftsmitteln der Beschluß über die bedingte Kapitalerhöhung oder die Kapitalerhöhung aus Gesellschaftsmitteln eingetragen ist,
3. Aktien oder Zwischenscheine ausgibt, die auf einen geringeren als den nach § 8 Abs. 2 Satz 1 zulässigen Mindestnennbetrag lauten oder auf die bei einer Gesellschaft mit Stückaktien ein geringerer anteiliger Betrag des Grundkapitals als der nach § 8 Abs. 3 Satz 3 zulässige Mindestbetrag entfällt, oder
4. a) entgegen § 71 Abs. 1 Nr. 1 bis 4 oder Abs. 2 eigene Aktien der Gesellschaft erwirbt oder, in Verbindung mit § 71e Abs. 1, als Pfand nimmt,
   b) zu veräußernde eigene Aktien (§ 71c Abs. 1 und 2) nicht anbietet oder
   c) die zur Vorbereitung der Beschlußfassung über die Einziehung eigener Aktien (§ 71c Abs. 3) erforderlichen Maßnahmen nicht trifft.

(2) Ordnungswidrig handelt auch, wer als Aktionär oder als Vertreter eines Aktionärs die nach § 129 in das Verzeichnis aufzunehmenden Angaben nicht oder nicht richtig macht.

(2a) Ordnungswidrig handelt, wer entgegen § 67 Abs. 4 Satz 2, auch in Verbindung mit Satz 3, eine Mitteilung nicht oder nicht richtig macht.

(3) Ordnungswidrig handelt ferner, wer
1. Aktien eines anderen, zu dessen Vertretung er nicht befugt ist, ohne dessen Einwilligung zur Ausübung von Rechten in der Hauptversammlung oder in einer gesonderten Versammlung benutzt,
2. zur Ausübung von Rechten in der Hauptversammlung oder in einer gesonderten Versammlung Aktien eines anderen benutzt, die er sich zu diesem Zweck durch Gewähren oder Versprechen besonderer Vorteile verschafft hat,
3. Aktien zu dem in Nummer 2 bezeichneten Zweck gegen Gewähren oder Versprechen besonderer Vorteile einem anderen überläßt,
4. Aktien eines anderen, für die er oder der von ihm Vertretene das Stimmrecht nach § 135 nicht ausüben darf, zur Ausübung des Stimmrechts benutzt,
5. Aktien, für die er oder der von ihm Vertretene das Stimmrecht nach § 20 Abs. 7, § 21 Abs. 4, §§ 71b, 71d Satz 4, § 134 Abs. 1, §§ 135, 136, 142 Abs. 1 Satz 2, § 285 Abs. 1 nicht

---

[81] Vgl. NK-WSS/*Knierim*/*Kessler* HGB § 333a Rn. 25.
[82] Siehe dazu auch *Schüppen* NZG 2016, 247 (254); BeckOK GmbHG/*Müller*, 36. Ed. 2018, GmbHG § 86 Rn. 79; Hölters/*Müller-Michaels* Rn. 5; näher zum unionsrechtlichen Hintergrund des Berufsverbots BT-Drs. 18/7219, 48.
[83] Vgl. auch NK-WSS/*Knierim*/*Kessler* HGB § 333a Rn. 48.

ausüben darf, einem anderen zum Zweck der Ausübung des Stimmrechts überläßt oder solche ihm überlassene Aktien zur Ausübung des Stimmrechts benutzt,
6. besondere Vorteile als Gegenleistung dafür fordert, sich versprechen läßt oder annimmt, daß er bei einer Abstimmung in der Hauptversammlung oder in einer gesonderten Versammlung nicht oder in einem bestimmten Sinne stimme oder
7. besondere Vorteile als Gegenleistung dafür anbietet, verspricht oder gewährt, daß jemand bei einer Abstimmung in der Hauptversammlung oder in einer gesonderten Versammlung nicht oder in einem bestimmten Sinne stimme.

(3a) Ordnungswidrig handelt, wer vorsätzlich oder leichtfertig
1. entgegen § 121 Abs. 4a Satz 1, auch in Verbindung mit § 124 Abs. 1 Satz 3, die Einberufung nicht, nicht richtig, nicht vollständig oder nicht rechtzeitig zuleitet oder
2. entgegen § 124a Angaben nicht, nicht richtig oder nicht vollständig zugänglich macht.

(3b) Ordnungswidrig handelt, wer als Mitglied des Aufsichtsrats oder als Mitglied eines Prüfungsausschusses einer Gesellschaft, die kapitalmarktorientiert im Sinne des § 264d des Handelsgesetzbuchs, die CRR-Kreditinstitut im Sinne des § 1 Absatz 3d Satz 1 des Kreditwesengesetzes, mit Ausnahme der in § 2 Absatz 1 Nummer 1 und 2 des Kreditwesengesetzes genannten Institute, oder die Versicherungsunternehmen ist im Sinne des Artikels 2 Absatz 1 der Richtlinie 91/674/EWG des Rates vom 19. Dezember 1991 über den Jahresabschluß und den konsolidierten Abschluß von Versicherungsunternehmen (ABl. L 374 vom 31.12.1991, S. 7), die zuletzt durch die Richtlinie 2006/46/EG (ABl. L 224 vom 16.8.2006, S. 1) geändert worden ist,
1. die Unabhängigkeit des Abschlussprüfers oder der Prüfungsgesellschaft nicht nach Maßgabe des Artikels 4 Absatz 3 Unterabsatz 2, des Artikels 5 Absatz 4 Unterabsatz 1 Satz 1 oder des Artikels 6 Absatz 2 der Verordnung (EU) Nr. 537/2014 des Europäischen Parlaments und des Rates vom 16. April 2014 über spezifische Anforderungen an die Abschlussprüfung bei Unternehmen von öffentlichem Interesse und zur Aufhebung des Beschlusses 2005/909/EG der Kommission (ABl. L 158 vom 27.5.2014, S. 77, L 170 vom 11.6.2014, S. 66) überwacht oder
2. eine Empfehlung für die Bestellung eines Abschlussprüfers oder einer Prüfungsgesellschaft vorlegt, die nicht auf einem Verlangen der Aufsichtsbehörde nach § 36 Absatz 1 Satz 2 des Versicherungsaufsichtsgesetzes beruht und
   a) die den Anforderungen nach Artikel 16 Absatz 2 Unterabsatz 2 oder 3 der Verordnung (EU) Nr. 537/2014 nicht entspricht oder
   b) der ein Auswahlverfahren nach Artikel 16 Absatz 3 Unterabsatz 1 der Verordnung (EU) Nr. 537/2014 nicht vorangegangen ist.

(3c) Ordnungswidrig handelt, wer als Mitglied eines Aufsichtsrats, der einen Prüfungsausschuss nicht bestellt hat, einer Gesellschaft, die kapitalmarktorientiert im Sinne des § 264d des Handelsgesetzbuchs oder die CRR-Kreditinstitut ist im Sinne des § 1 Absatz 3d Satz 1 des Kreditwesengesetzes, mit Ausnahme der in § 2 Absatz 1 Nummer 1 und 2 des Kreditwesengesetzes genannten Institute, der Hauptversammlung einen Vorschlag für die Bestellung eines Abschlussprüfers oder einer Prüfungsgesellschaft vorlegt, der den Anforderungen nach Artikel 16 Absatz 5 Unterabsatz 1 der Verordnung (EU) Nr. 537/2014 nicht entspricht.

(3d) Ordnungswidrig handelt, wer als Mitglied eines Aufsichtsrats, der einen Prüfungsausschuss bestellt hat, einer in Absatz 3c genannten Gesellschaft der Hauptversammlung einen Vorschlag für die Bestellung eines Abschlussprüfers oder einer Prüfungsgesellschaft vorlegt, der den Anforderungen nach Artikel 16 Absatz 5 Unterabsatz 1 oder Unterabsatz 2 Satz 1 oder Satz 2 der Verordnung (EU) Nr. 537/2014 nicht entspricht.

(4) Die Ordnungswidrigkeit kann in den Fällen der Absätze 3b bis 3d mit einer Geldbuße bis zu fünfzigtausend Euro, in den übrigen Fällen mit einer Geldbuße bis zu fünfundzwanzigtausend Euro geahndet werden.

(5) Verwaltungsbehörde im Sinne des § 36 Absatz 1 Nummer 1 des Gesetzes über Ordnungswidrigkeiten ist in den Fällen der Absätze 3b bis 3d bei CRR-Kreditinstituten im Sinne des § 1 Absatz 3d Satz 1 des Kreditwesengesetzes, mit Ausnahme der in § 2 Absatz 1 Nummer 1 und 2 des Kreditwesengesetzes genannten Institute, und bei Versicherungsunternehmen im Sinne des Artikels 2 Absatz 1 der Richtlinie 91/674/EWG die Bundesanstalt für Finanzdienstleistungsaufsicht, im Übrigen das Bundesamt für Justiz.

§ 405

Schrifttum: *Aha,* Verbot des Erwerbs eigener Aktien nach §§ 71 ff. AktG und eigener Genußscheine nach § 10 Abs. 5 Satz 5 KWG, AG 1992, 218; *Ambos,* Internationales Strafrecht, 5. Aufl. 2018; *Ambos/König/Rackow,* Rechtshilferecht in Strafsachen, 2015; *Blöink/Woodtli,* Reform der Abschlussprüfung: Die Umsetzung der prüfungsbezogenen Vorgaben im RegE eines Abschlussprüfungsreformgesetzes (AReG), Der Konzern 2016, 75; *Bode,* Überwachung und Billigung von Nichtprüfungsleistungen im PIE-Konzern, BB 2017, 491; *Boesebeck,* Geschäftemacherei von „Berichtsopponenten", AG 1963, 203; *Bohnert/Bülte,* Ordnungswidrigkeitenrecht, 5. Aufl. 2016; *Bosse,* Grünes Licht für das ARUG – Das Aktienrecht geht online, NZG 2009, 807; *Brandes,* Die Rechtsprechung des Bundesgerichtshofs auf dem Gebiet des Aktienrechts, WM 1992, 465; *Buhleier/Niehues/Splinter,* Praktische Herausforderungen bei der Umsetzung der neuen Anforderungen an den Prüfungsausschuss des Aufsichtsrats, DB 2016, 1885; *Diekmann,* Mitteilungspflichten nach §§ 20 ff. AktG und dem Diskussionsentwurf des Wertpapierhandelsgesetzes, DZWIR 1994, 13; *Dörge,* Wertpapierleih- und Wertpapierpensionsgeschäfte, AG 1997, 396; *Drinhausen/Keinath,* Auswirkungen des ARUG auf die künftige Hauptversammlungs-Praxis, BB 2009, 2322; *Eckardt,* Ausübung des Stimmrechts durch einen anderen, insbesondere ein Kreditinstitut, DB 1967, 191; *Ernst,* Blankettstrafgesetze und ihre verfassungsrechtlichen Grenzen, 2017; *Grabowski/Harrer,* Abwehrtechniken bei feindlichen Übernahmeversuchen, DStR 1992, 1326; *Habersack,* Grenzen der Mehrheitsherrschaft in Stimmrechtskonsortien, ZHR 164 (2000), 1; *Hecker,* Anm. zu BVerfG 21.9.2016 – 2 BvL 1/15, NJW 2016, 3653; *Hefendehl,* Kollektive Rechtsgüter im Strafrecht, 2002; *Hirte,* Der Nennwert der Aktie – EG-Vorgaben und Situation in anderen Ländern, WM 1991, 753; *Hoffmann,* Europarechtliche Umsetzungsdefizite bei der fakultativen Ausgestaltung des Prüfungsausschusses nach § 107 III 2 AktG, NZG 2016, 441; *Honstetter,* Anm. zu LG Stade 15.3.2017 – 600 KLs 1100 Js 7647/10 (1/15), NZWiSt 2017, 325; *Hugger,* Zur strafbarkeitserweiternden richtlinienkonformen Auslegung deutscher Strafvorschriften, NStZ 1993, 421; *Kort,* Anwendbarkeit von § 405 AktG auf Wertpapierdarlehen?, DB 2006, 1546; *Krenberger/Krumm,* Kommentar zum Ordnungswidrigkeitenrecht, 5. Aufl. 2018; *Kümpel/Peters,* Aktuelle Rechtsfragen der Wertpapierleihe, AG 1994, 525; *Lanfermann,* Staatliche Aufsicht über die Tätigkeit von Prüfungsausschüssen als Folge der EU-Abschlussprüferreform, BB 2015, 2027; *Lanfermann/Maul,* Sanktionierung von Verstößen gegen die prüfungsbezogene Unabhängigkeit von Abschlussprüfern unter dem AReG, BB 2016, 363; *Lemke/Mosbacher,* Ordnungswidrigkeitengesetz – Kommentar, 2. Aufl. 2005; *Maul,* Probleme im Rahmen von grenzüberschreitenden Unternehmensverbindungen, NZG 1999, 741; *Meyer,* Die Strafvorschriften des neuen Aktiengesetzes, AG 1966, 109; *Meyer/Mattheus,* Das Abschlussprüfungsreformgesetz (AReG) – Neuerungen für Prüfungsausschüsse, DB 2016, 695; *Osterloh-Konrad,* Gefährdet „Empty Voting" die Willensbildung in der Aktiengesellschaft?, ZGR 2012, 35; *Overrath,* Die Stimmrechtsbindung, 1973; *Petersen/Zwirner/Boecker,* Das AReG wurde verabschiedet, DStR 2016, 984; *Raiser,* Paritätische Mitbestimmung der Arbeitnehmer in wirtschaftlichen Unternehmen der Gemeinden, RdA 1972, 65; *Schilha,* Neues Anforderungsprofil, mehr Aufgaben und erweiterte Haftung für den Aufsichtsrat nach Inkrafttreten der Abschlussprüfungsreform, ZIP 2016, 1316; *Schmitz,* Anm. zu LG Stade 15.3.2017 – 600 KLs 1100 Js 7647/10 (1/15), wistra 2017, 455; *Schneider,* Gesetzliches Verbot für Stimmrechtsbeschränkungen bei der Aktiengesellschaft?, AG 1990, 56; *Schnellenbach,* Die vorgesehenen Änderungen des Aktienstrafrechts im Regierungsentwurf zum Aktiengesetz 1960, Diss. Köln 1963; *Schockenhoff,* Die Haftung für die Ausgabe neuer Aktien bei Nichtigerklärung des Kapitalerhöhungsbeschlusses, DB 1994, 2327; *Schürnbrand,* Rechtsfolgen von Verstößen gegen die EU-Verordnung zur Abschlussprüfung, AG 2016, 70; *Seibert,* UMAG und Hauptversammlung – Der Regierungsentwurf eines Gesetzes zur Unternehmensintegrität und Modernisierung des Anfechtungsrechts (UMAG), WM 2005, 157; *Singhof,* Die Beauftragung eines „Treuhänders" durch eine AG zwecks kostenloser Stimmrechtsvertretung für einzelne Aktionäre, NZG 1998, 670.

Übersicht

	Rn.		Rn.
I. § 405 als Bestimmung des Ordnungswidrigkeitenrechts	1–8	e) Abs. 1 Nr. 4: Zuwiderhandlung bei Erwerb und Veräußerung eigener Aktien	20–24
1. Bußgeldtatbestände im AktG	1, 2		
2. Entstehung des § 405	3, 4	2. § 405 Abs. 2: Unterlassene oder unrichtige Angaben zum Teilnehmerverzeichnis	25–30
3. Besonderheiten des Ordnungswidrigkeitenrechts	5–8		
II. Normzweck und Tatbestandsstruktur	9	3. § 405 Abs. 2a: Keine oder unrichtige Mitteilung zur Eigentumslage	31–36
III. Die Tatbestände im Einzelnen	10–119	4. § 405 Abs. 3: Meinungsbildung in Hauptversammlung oder gesonderter Versammlung	37–81
1. § 405 Abs. 1	10–24		
a) Täterkreis	10	a) Abs. 3 Nr. 1: Aktienbenutzung ohne Vertretungsbefugnis oder Einwilligung	38–44
b) Abs. 1 Nr. 1: Ausgabe von Namens- oder Inhaberaktien	11–14		
c) Abs. 1 Nr. 2: Ausgabe von Aktien und Zwischenscheinen vor Eintragung	15, 16	b) Abs. 3 Nr. 2: Aktienbenutzung nach Gewähren oder Versprechen eines besonderen Vorteils	45–51
d) Abs. 1 Nr. 3: Ausgabe von Aktien oder Zwischenscheinen, die den Mindestnennbetrag nicht erreichen	17–19	c) Abs. 3 Nr. 3: Aktienüberlassung nach Gewähren oder Versprechen eines besonderen Vorteils	52

	Rn.		Rn.
d) Abs. 3 Nr. 4: Aktienbenutzung zur Ausübung des Stimmrechts unter Verletzung von § 135	53–56	a) Überwachung (Abs. 3b Nr. 1)	95–108
		b) Auswahl (Abs. 3b Nr. 2)	109–114
		c) Weiterleitung des Bestellungsvorschlags (Abs. 3c und 3d)	115–119
e) Abs. 3 Nr. 5: Aktienmissbrauch durch Überlassen oder Benutzen von Aktien, die einem Stimmrechtsverbot unterliegen	57–62	**IV. Konkurrenzen**	120, 121
		V. Verfolgung; Rechtsfolgen; Verjährung	122–127
f) Abs. 3 Nr. 6: Stimmenverkauf	63–74	1. Verfahren	123
g) Abs. 3 Nr. 7: Stimmenkauf	75–81	2. Rechtsfolgen	124–126
5. § 405 Abs. 3a: Unvollständige Informationen bei der Einberufung	82–86	a) Geldbuße	124, 125
		b) Unternehmensgeldbuße	126
6. § 405 Abs. 3b–3d: Abschlussprüfer	87–119	3. Verjährung	127

I. § 405 als Bestimmung des Ordnungswidrigkeitenrechts

1. Bußgeldtatbestände im AktG. Bei § 405 handelt es sich um Vorschriften des **Ordnungswidrigkeiten**- und nicht des Strafrechts, die nur einen **geringen Unrechtsgehalt** aufweisen.[1] Neben § 405 war auch § 406 dem Ordnungswidrigkeitenrecht zuzuordnen. Bis zum Erlass des EGOWiG[2] im Jahre 1968 regelte die Norm die Verjährung aktienrechtlicher Ordnungswidrigkeiten. Durch Einführung des § 27 Abs. 2 Nr. 1 OWiG wurde sie obsolet.[3] § 406 wurde erst 2002 revitalisiert: Das Vierte Finanzmarktförderungsgesetz[4] sollte der Bundesanstalt für Finanzdienstleistungsaufsicht (BaFin) die Möglichkeit geben, vorsätzliche oder leichtfertige Verstöße gegen § 71 Abs. 3 S. 3 (aF) zu ahnden.[5] Dieser ergänzte die Ad-hoc-Publizität und sah eine Berichtspflicht an die BaFin im Vorfeld der Ad-hoc-Mitteilungen nach § 15 WpHG aF vor.[6] § 71 Abs. 1 Nr. 8, auf den § 71 Abs. 3 S. 3 (aF) verwies, erlaubt den Rückerwerb eigener Aktien, ohne dass es einer der speziellen Zwecke nach § 71 Abs. 1 Nr. 1 bis 6 bedarf oder eine branchenbezogene Beschränkung nach § 71 Abs. 1 Nr. 7 zu beachten ist. Durch das ARUG[7] wurde § 71 Abs. 3 S. 3 ersatzlos gestrichen. 1

Mangels Ausfüllungsnorm ist auch die Blankettnorm des § 406 weggefallen. Über die Mitteilungspflicht des § 71 Abs. 3 S. 3 (aF) sollte die BaFin in die Lage versetzt werden, die **Kursentwicklung** ab Ermächtigungsbeschluss zu analysieren und etwaige Insidergeschäfte aufzudecken.[8] Nach nunmehriger Auffassung der Bundesregierung hat die bloße Ermächtigung keine erhebliche Kursrelevanz, es bestehe kein entsprechendes Informationsbedürfnis der BaFin. Die – mit Blick auf Finanzkrise und geringe Kostenbelastung für die BaFin – geäußerte Kritik des Bundesrates[9] an dem Rückzug staatlicher Kontrolle blieb unberücksichtigt. In der Tat ist der Aspekt der Kostenbelastung bzw. -entlastung kein maßgebliches Argument für die Etablierung von Strafrecht oder Ordnungswidrigkeitenrecht. Wenn als Argument für die Beibehaltung der Norm angeführt wird, es sei „nicht ausgeschlossen", dass „eine engmaschigere Überwachung" angezeigt sei,[10] dann ist dies für die Legitimation einer Norm deutlich zu wenig. 2

2. Entstehung des § 405. § 405 ist das Ergebnis von Entpönalisierungsbemühungen des Gesetzgebers: Zuvor im HGB geregelte Vergehen wurden teilweise in modifizierter oder gänzlich neuer Form zu Ordnungswidrigkeiten herabgestuft.[11] Diese Entkriminalisierung wird wegen des großen Schadenspotenzials[12] oder im Fall des Abs. 3 Nr. 2 und 3 wegen vorgeblich zu geringer Abschreckungswirkung für den Täter[13] in Frage gestellt. Hierbei scheint aber erstens die Abschreckungswirkung von Strafnormen überschätzt zu werden, zweitens würde der rein funktionale Einsatz von 3

---

[1] Erbs/Kohlhaas/*Schaal* Rn. 1; Großkomm AktG/*Klug*, 3. Aufl. 1975, Anm. 1; MüKoAktG/*Schaal* Rn. 1; Großkomm AktG/*Otto* Rn. 1.
[2] Einführungsgesetz zum Gesetz über Ordnungswidrigkeiten v. 24.5.1968, BGBl. 1968 I 503.
[3] Großkomm AktG/*Otto* § 406 Rn. 1.
[4] Gesetz zur weiteren Fortentwicklung des Finanzplatzes Deutschland (Viertes Finanzmarktförderungsgesetz) v. 21.6.2002, BGBl. 2002 I 2010.
[5] RegE BT-Drs. 14/8017, 130.
[6] MüKoAktG/*Oechsler* § 71 Rn. 337.
[7] Gesetz zur Umsetzung der Aktionärsrichtlinie (ARUG) v. 30.7.2009, BGBl. 2009 I 2479.
[8] RegE BT-Drs. 14/8017, 130; MüKoAktG/*Oechsler* § 71 Rn. 337.
[9] Stellungnahme des Bundesrats BR-Drs. 847/08, 2.
[10] Stellungnahme des Bundesrats BR-Drs. 847/08, 2.
[11] *Meyer* AG 1966, 109 (116); Erbs/Kohlhaas/*Schaal* Rn. 1; Großkomm AktG/*Klug*, 3. Aufl. 1975, Anm. 2; Kölner Komm AktG/*Geilen*, 1. Aufl. 1984, Rn. 1; MüKoAktG/*Schaal* Rn. 1; Großkomm AktG/*Otto* Rn. 12.
[12] Kölner Komm AktG/*Geilen*, 1. Aufl. 1984, Rn. 1 und 13.
[13] *Dörge* AG 1997, 396 (401); *Kümpel/Peters* AG 1994, 525 (531).

Strafrecht fehlgehen und drittens ist der Umfang des Schadens allein nicht präjudiziell für den Einsatz des Strafrechts. Die praktische Relevanz ist – auch wegen der grundsätzlichen Subsidiarität gem. § 21 OWiG (→ Rn. 121) – eher gering.[14]

4 Abs. 3b bis 3d wurden durch das AReG in Umsetzung europäischer Rechtsakte eingefügt (siehe näher → § 404a Rn. 1). Die neueingefügten Tatbestände nehmen auf prüfungsbezogene Pflichten von Mitgliedern eines Prüfungsausschusses iSv § 107 Abs. 3 S. 2[15] bzw. des Aufsichtsrats Bezug, die in der VO (EU) Nr. 537/2014 geregelt sind. Gegenstand der Pflichten sind die Auswahl und Überwachung der Unabhängigkeit des Abschlussprüfers.[16] Im Zuge des Gesetzes zur Umsetzung der Zweiten Zahlungsdiensterichtlinie vom 17.7.2017 wurden die Abs. 3b bis 3d mit Blick auf Versicherungsunternehmen leicht modifiziert (→ Rn. 87, 110).[17]

5 **3. Besonderheiten des Ordnungswidrigkeitenrechts.** Anders als im Strafrecht gilt zwar lediglich der **Gebietsgrundsatz** des § 5 OWiG.[18] Durch ausdrücklichen Verweis auf die §§ 399–405 in § 53 SEAG[19] nimmt jedoch die **Europäische Aktiengesellschaft** (Societas Europaea, kurz SE) am ordnungswidrigkeitenrechtlichen Schutz teil.[20] An die Stelle des Legalitätsprinzips (§ 152 Abs. 2 StPO) tritt im Ordnungswidrigkeitenbereich das **Opportunitätsprinzip** (§ 47 Abs. 1 OWiG, § 53 Abs. 1 S. 1 OWiG).[21]

6 Im Gegensatz zum Strafrecht (§§ 25 ff. StGB) gilt bei Ordnungswidrigkeiten bzgl. der Beteiligung der sog. **Einheitstäterbegriff** (§ 14 OWiG).[22] Insbes. die Probleme, die mit der Beteiligung an echten Sonderdelikten verbunden sind, stellen sich in dieser Form also nicht.[23] Liegen besondere persönliche Merkmale des Ordnungswidrigkeitentatbestandes nur bei einem Tatbeteiligten vor, so wird die Bebußung aller Tatbeteiligten ermöglicht. Eine Ahndung setzt in den Fällen, in denen mehrere Personen an der Tatbestandsverwirklichung beteiligt waren, die aber nicht alle zugleich den Tatbestand vollumfänglich verwirklichten, voraus, dass der Haupttäter und die beteiligten Personen vorsätzlich handelten (gilt insbesondere für Abs. 3a).[24] Auf diese Weise werden Wertungswidersprüche zwischen dem Strafrecht und dem Ordnungswidrigkeitenrecht vermieden: Da eine fahrlässige Teilnahme an einer vorsätzlichen Haupttat sowie eine vorsätzliche Teilnahme an einer fahrlässigen Haupttat gem. §§ 26, 27 StGB straflos sind, kann nichts anderes im Bereich des Ordnungswidrigkeitenrechts gelten.[25] Da nur bei einer ausdrücklichen gesetzlichen Regelung der **Versuch** einer Ordnungswidrigkeit geahndet werden kann (§ 13 Abs. 2 OWiG), sind mangels einer entsprechenden Regelung bei § 405 lediglich **vollendete Taten zu ahnden**.[26]

7 Mit Ausnahme des Abs. 3a (Leichtfertigkeit genügt, → Rn. 86) können alle Tatbestandsvarianten nur durch **vorsätzliches** Handeln begangen werden (§ 10 OWiG). Der Täter handelt vorsätzlich, wenn er in Kenntnis aller Tatbestandsmerkmale des Bußgeldtatbestands die Tat begeht.[27] Bei blankettartigen Vorschriften wie § 405 muss der Täter auch die tatsächlichen Umstände der jeweils in Bezug genommenen Norm erkennen, da diese Teil der Verbotsnorm sind.[28] Bedingt vorsätzlich handelt der Täter, der das Risiko sieht und sich gleichwohl nicht abhalten lässt. Bei den Tatbeständen

---

[14] Vgl. Großkomm AktG/*Otto* Rn. 13, der darin die Bestätigung für die Entpönalisierung sieht.
[15] Dieser ist im deutschen Aktienrecht fakultativ ausgestaltet; krit. hierzu *Hoffmann* NZG 2016, 441.
[16] Vgl. auch NK-WSS/*Krause/Twele* Rn. 2.
[17] Gesetz zur Umsetzung der Zweiten Zahlungsdiensterichtlinie v. 17.7.2017, BGBl. 2017 I 2446 (2491 f.).
[18] Kölner Komm AktG/*Geilen*, 1. Aufl. 1984, Rn. 5; Großkomm AktG/*Otto* Rn. 4; Kölner Komm AktG/*Altenhain* Rn. 78: §§ 5 und 7 OWiG.
[19] Gesetz zur Einführung der Europäischen Gesellschaft (SEEG) v. 22.12.2004, BGBl. 2004 I 3675 ff.
[20] Vgl. zur SE → § 399 Rn. 48; ausf. *Müller-Gugenberger* in Müller-Gugenberger/Bieneck WirtschaftsStrafR-HdB § 23 Rn. 83 ff.
[21] KK-OWiG/*Mitsch*, Einl. Rn. 152 ff., § 47 Rn. 1 ff.; Großkomm AktG/*Otto* Rn. 164; vgl. auch → Rn. 123.
[22] NK-AktR/*Bernsmann* Rn. 1; Erbs/Kohlhaas/*Schaal* Rn. 6; Großkomm AktG/*Klug*, 3. Aufl. 1975, Anm. 1; Kölner Komm AktG/*Geilen*, 1. Aufl. 1984, Rn. 8; MüKoAktG/*Schaal* Rn. 15; Großkomm AktG/*Otto* Rn. 7 f.; Kölner Komm AktG/*Altenhain* Rn. 79 f.
[23] MüKoAktG/*Schaal* Rn. 15.
[24] Vgl. GJW/*Temming* Rn. 3, der allerdings – zu weitgehend – nur verlangt, dass der Handelnde, der alle Tatbestandsmerkmale täterschaftlich verwirklicht, vorsätzlich gehandelt hat. Danach wäre – entgegen der Wertung der §§ 26, 27 StGB – bei Abs. 3a immer noch eine fahrlässige Teilnahme an einer vorsätzlichen Haupttat denkbar.
[25] KK-OWiG/*Rengier* OWiG § 14 Rn. 5 ff.; BGHSt 31, 309 (311 ff.) = NJW 1983, 2272.
[26] Erbs/Kohlhaas/*Schaal* Rn. 4; Großkomm AktG/*Klug*, 3. Aufl. 1975, Anm. 1; Kölner Komm AktG/*Geilen*, 1. Aufl. 1984, Rn. 7; Kölner Komm AktG/*Altenhain* Rn. 84; Großkomm AktG/*Otto* Rn. 6, 16; Bürgers/Körber/*Pelz* Rn. 1; GJW/*Temming* Rn. 2.
[27] Erbs/Kohlhaas/*Schaal* Rn. 80; Göhler/*Gürtler* OWiG § 10 Rn. 2; KK-OWiG/*Rengier* OWiG § 10 Rn. 3; *Lemke/Mosbacher*, Ordnungswidrigkeitengesetz – Kommentar, 2. Aufl. 2005, OWiG § 10 Rn. 3; MüKoAktG/*Schaal* Rn. 200.
[28] Göhler/*Gürtler* OWiG § 11 Rn. 3; KK-OWiG/*Rengier* OWiG § 11 Rn. 25.

des Abs. 3 Nr. 2, 3, 5, 6 Var. 1 und 7 bedarf es zusätzlich der **Absicht** im Sinne von **dolus directus 1. Grades.**

§ 11 OWiG enthält eine **Irrtumsregelung** entsprechend den im Strafrecht bekannten Tatbestands- und Verbotsirrtümern.[29] Aufgrund der Blankettstruktur und der unterschiedlichen zum Ausdruck kommenden Wertungen des Gesetzgebers ist wie bei § 399 stets zu fragen, ob der Täter gerade bei Wertungsfragen der Blankettnorm einem tatsächlichen, § 16 StGB entsprechenden, oder einem normativen, § 17 StGB entsprechenden, Irrtum erlegen ist.[30]

II. Normzweck und Tatbestandsstruktur

Bei § 405 handelt es sich um eine Blankettnorm, so dass sich der Tatbestand aus der jeweiligen Blankettausfüllungsnorm ergibt.[31] Da § 405 kein einheitliches Rechtsgut schützt und keinen einheitlichen Täterkreis kennt,[32] wird beides von der jeweiligen Ausfüllungsnorm mitbestimmt. Ausgehend von den bisherigen Anforderungen der Rechtsprechung entspricht eine derartige „Tatbestandsarchitektur" noch den Anforderungen des **Bestimmtheitsgrundsatzes (Art. 103 Abs. 2 GG)**,[33] der auch für Ordnungswidrigkeiten gilt;[34] vgl. §§ 3, 4 Abs. 1 OWiG.

III. Die Tatbestände im Einzelnen

1. § 405 Abs. 1. a) Täterkreis. Täter des gesamten Abs. 1 als eines **echten Sonderdelikts**[35] können nach dem Wortlaut nur Abwickler und Mitglieder des Vorstandes sowie des Aufsichtsrates sein. Der Bestellungsakt hierfür muss nicht wirksam sein;[36] es gilt das zu den faktischen Organen Gesagte (→ § 399 Rn. 31 ff. und 74 ff.). Dabei gilt der Einheitstäterbegriff des § 14 OWiG (→ Rn. 6). Soweit ein Abwickler eine juristische Person ist, greift § 9 OWiG mit der Folge, dass die verantwortlichen Organe der juristischen Person haften.[37] Bei der KGaA ist uU die Gleichstellungsklausel des § 408 zu beachten.[38]

b) Abs. 1 Nr. 1: Ausgabe von Namens- oder Inhaberaktien. Rechtsgut ist das **Vermögensinteresse** (also das Vermögen) der AG sowie der (potenziellen) Aktionäre,[39] das durch die nicht den gesetzlichen Bestimmungen entsprechende Ausgabe der Aktien beeinträchtigt wird.[40] In diesem Umfang ist Abs. 1 Nr. 1 **Schutzgesetz** iSv § 823 Abs. 2 BGB.[41] Die in der Literatur befürwortete Erstreckung des Schutzbereichs auch auf Gläubiger der AG oder Arbeitnehmer[42] findet weder in der Systematik von § 10 noch von § 405 eine Stütze und ist daher abzulehnen.[43] Hierbei handelt es sich um einen bloßen **Rechtsreflex,** der den Schutzbereich nicht zu erweitern vermag. Geschützt wird das Emissionsverbot des § 10 Abs. 2 S. 1 sowie teilweise der Teilzahlungsvermerk nach § 10 Abs. 2 S. 2.[44]

---

[29] Vgl. → § 399 Rn. 264 ff.; Kölner Komm AktG/*Geilen,* 1. Aufl. 1984, Rn. 10; KK-OWiG/*Rengier* OWiG § 11 Rn. 1; Großkomm AktG/*Otto* Rn. 10; Kölner Komm AktG/*Altenhain* Rn. 21, 83 iVm § 399 Rn. 104 ff.

[30] Vgl. hierzu → § 399 Rn. 266; Kölner Komm AktG/*Geilen,* 1. Aufl. 1984, Rn. 51; ausf. zur Problematik KK-OWiG/*Rengier* OWiG § 11 Rn. 24 ff.

[31] Erbs/Kohlhaas/*Schaal* Rn. 3; Großkomm AktG/*Otto* Rn. 15; K. Schmidt/Lutter/*Oetker* Rn. 1; GJW/*Temming* Rn. 2; NK-WSS/*Krause/Twele* Rn. 1.

[32] K. Schmidt/Lutter/*Oetker* Rn. 1; Großkomm AktG/*Klug,* 3. Aufl. 1975, Anm. 3; Großkomm AktG/*Otto* Rn. 14.

[33] Erbs/Kohlhaas/*Schaal* Rn. 3; Göhler/*Gürtler* OWiG Vor § 1 Rn. 19.

[34] BVerfGE 41, 314 (319 f.); 38, 348 (371) = NJW 1975, 727 (730 f.) mwN; Göhler/*Gürtler* OWiG § 3 Rn. 1; KK-OWiG/*Rogall* OWiG § 3 Rn. 16; Lemke/Mosbacher, Ordnungswidrigkeitengesetz – Kommentar, 2. Aufl. 2005, OWiG § 3 Rn. 1.

[35] Erbs/Kohlhaas/*Schaal* Rn. 5; MüKoAktG/*Schaal* Rn. 9; Großkomm AktG/*Otto* Rn. 18, 20; Bürgers/Körber/*Pelz* Rn. 2; Hölters/*Müller-Michaels* Rn. 5.

[36] MüKoAktG/*Schaal* Rn. 11; Großkomm AktG/*Otto* Rn. 18.

[37] MüKoAktG/*Schaal* Rn. 16; Großkomm AktG/*Otto* Rn. 18; Bürgers/Körber/*Pelz* Rn. 3.

[38] Kölner Komm AktG/*Geilen,* 1. Aufl. 1984, Rn. 14; Großkomm AktG/*Otto* Rn. 18.

[39] Großkomm AktG/*Otto* Rn. 21; Hölters/*Müller-Michaels* Rn. 7; NK-WSS/*Krause/Twele* Rn. 3; anders MüKoAktG/*Schaal* Rn. 18 und Erbs/Kohlhaas/*Schaal* Rn. 7, der auf das Interesse an der gesetzmäßigen Ausgabe der Aktien abstellt.

[40] Wenn Kölner Komm AktG/*Altenhain* Rn. 3 davon spricht, dass das Emissionsverbot des § 10 Abs. 2 geschützt sei, dann wird hiermit kein Rechtsgut benannt, sondern die Modalität des Schutzes.

[41] Großkomm AktG/*Klug,* 3. Aufl. 1975, Anm. 10; Kölner Komm AktG/*Geilen,* 1. Aufl. 1984, Rn. 24; Kölner Komm AktG/*Altenhain* Rn. 3; MüKoAktG/*Schaal* Rn. 19; Großkomm AktG/*Otto* Rn. 21.

[42] Kölner Komm AktG/*Geilen,* 1. Aufl. 1984, Rn. 24.

[43] GHEK/*Fuhrmann* Rn. 4; MüKoAktG/*Schaal* Rn. 18 f.; Großkomm AktG/*Otto* Rn. 21.

[44] Kölner Komm AktG/*Altenhain* Rn. 3; MüKoAktG/*Schaal* Rn. 18; Großkomm AktG/*Otto* Rn. 21; zur Kritik, dass die Verletzung von § 55 nicht erfasst ist, vgl. Kölner Komm AktG/*Geilen,* 1. Aufl. 1984, Rn. 23.

12   **Tatobjekte** sind Namens- oder Inhaberaktien, die entgegen der Vorschrift des § 10 Abs. 2 ausgegeben werden, unabhängig davon, ob sie rechtswirksam ausgegeben wurden oder es sich um nichtige Aktien handelt;[45] vgl. § 41 Abs. 4 S. 2 (→ § 41 Rn. 67). Bei **Namensaktien** ist gem. § 10 Abs. 2 S. 2 die Angabe des Betrages der Teilleistung Voraussetzung, bei **Inhaberaktien** entsprechend § 10 Abs. 2 S. 1 – wegen der Anonymität der Aktionäre – die voll geleistete Erfüllung zum Nennbetrag oder zum höheren Ausgabepreis.[46] Der geschuldete Betrag bestimmt sich nach Gesetz und Satzung[47] und muss dem Vorstand zur freien Verfügung stehen, vgl. § 36 Abs. 2, § 54 Abs. 3.[48] Die Leistung kann auch in einer Sacheinlage bestehen.[49] Die Beschränkung auf Bareinlagen aufgrund des Begriffes des „Betrages"[50] verengt den Tatbestand zu sehr, zumal auf den in der Aktie genannten Betrag und nicht auf den Betrag einer Barleistung abzustellen ist.[51] Ob dieser in Form einer Bar- oder Sachleistung erbracht wird, ist irrelevant. Bei Sacheinlagen kommt allerdings keine Teilleistung in Betracht.[52]

13   Entgegen einer früheren Ansicht sind Zwischenscheine (§ 8 Abs. 6)[53] vom Tatbestand ausgenommen, wie sich aus einem Umkehrschluss zu Nr. 2 ergibt.[54] Nr. 1 enthält Schutzvorschriften zugunsten einer vorzeitigen oder aus anderen Gründen unzulässigen Ausgabe von das Mitgliedschaftsrecht verbriefenden Urkunden. Nicht erfasst ist das Mitgliedschaftsrecht der Aktionäre an sich.[55]

14   Die Tathandlung – und damit auch die Vollendung[56] – liegt in der **Ausgabe** der Aktien, die vorliegt, wenn mindestens eine Aktie durch Emission in den Rechtsverkehr gebracht wurde, der Täter jegliche Verfügungsgewalt an zumindest einer Aktie aufgegeben hat und damit den Umlauf der Aktie erst ermöglicht.[57] Der Erwerbsvorgang muss hierfür nicht abgeschlossen sein.[58] Nicht ausreichend – mangels Rechtsgutsrelevanz – ist die Übergabe an Dritte zum Zweck der Ausgabe oder Emission, da diese nicht als Repräsentanten des Publikums, sondern im Lager des Täters agieren.[59]

15   **c) Abs. 1 Nr. 2: Ausgabe von Aktien und Zwischenscheinen vor Eintragung.** Abs. 1 Nr. 2 schützt ausschließlich die **Vermögensinteressen** (also das Rechtsgut des **Vermögens**) der durch die vorzeitige Emission betroffenen Erwerber sowie etwaiger nachfolgender Erwerber.[60] Diese sind etwa gefährdet, wenn sie Aktien erwerben, die vor der Eintragung der AG in das Handelsregister ausgegeben wurden, da erst die Eintragung konstitutive Wirkung hat.[61] § 405 Abs. 1 Nr. 2 ist ein

---

[45] Großkomm AktG/*Klug*, 3. Aufl. 1975, Anm. 9; Kölner Komm AktG/*Geilen*, 1. Aufl. 1984, Rn. 17; Großkomm AktG/*Otto* Rn. 24; vgl. auch Kölner Komm AktG/*Altenhain* Rn. 5; NK-WSS/*Krause*/*Twele* Rn. 4.
[46] Vgl. → § 10 Rn. 72 ff.; *v. Godin*/*Wilhelmi* Anm. 4; Kölner Komm AktG/*Geilen*, 1. Aufl. 1984, Rn. 25 f.; Großkomm AktG/*Otto* Rn. 21 f.
[47] Erbs/Kohlhaas/*Schaal* Rn. 8; MüKoAktG/*Schaal* Rn. 23.
[48] Vgl. → § 36 Rn. 18 ff.; → § 54 Rn. 70 ff.; *Brandes* WM 1992, 465 (466 f.); Erbs/Kohlhaas/*Schaal* Rn. 8; Hüffer/Koch/*Koch*, 13. Aufl. 2018, § 36 Rn. 7 ff., § 54 Rn. 18; Kölner Komm AktG/*Geilen*, 1. Aufl. 1984, Rn. 27; MüKoAktG/*Schaal* Rn. 23; Großkomm AktG/*Otto* Rn. 23.
[49] Erbs/Kohlhaas/*Schaal* Rn. 8; MüKoAktG/*Schaal* Rn. 23; Großkomm AktG/*Otto* Rn. 23.
[50] So Kölner Komm AktG/*Geilen*, 1. Aufl. 1984, Rn. 28.
[51] GHEK/*Fuhrmann* Rn. 5; Großkomm AktG/*Otto* Rn. 23.
[52] Großkomm AktG/*Otto* Rn. 23; Kölner Komm AktG/*Altenhain* Rn. 4.
[53] Zum Begriff → § 8 Rn. 63 und → § 10 Rn. 85 ff.
[54] Großkomm AktG/*Klug*, 3. Aufl. 1975, Anm. 8; Kölner Komm AktG/*Geilen*, 1. Aufl. 1984, Rn. 16; MüKoAktG/*Schaal* Rn. 20; Kölner Komm AktG/*Altenhain* Rn. 4, Fn. 7.
[55] Kölner Komm AktG/*Geilen*, 1. Aufl. 1984, Rn. 16; MüKoAktG/*Schaal* Rn. 20.
[56] Vgl. Kölner Komm AktG/*Geilen*, 1. Aufl. 1984, Rn. 20; Großkomm AktG/*Otto* Rn. 27; NK-WSS/*Krause*/*Twele* Rn. 4.
[57] Erbs/Kohlhaas/*Schaal* Rn. 9; GHEK/*Fuhrmann* Rn. 5; *v. Godin*/*Wilhelmi* Anm. 4; Großkomm AktG/*Klug*, 3. Aufl. 1975, Anm. 7, 10; Kölner Komm AktG/*Geilen*, 1. Aufl. 1984, Rn. 20; Kölner Komm AktG/*Altenhain* Rn. 5; MüKoAktG/*Schaal* Rn. 25; Großkomm AktG/*Otto* Rn. 25; Bürgers/Körber/*Pelz* Rn. 4; GJW/*Temming* Rn. 7.
[58] Erbs/Kohlhaas/*Schaal* Rn. 9; GHEK/*Fuhrmann* Rn. 5; Kölner Komm AktG/*Geilen*, 1. Aufl. 1984, Rn. 18; Kölner Komm AktG/*Altenhain* Rn. 5; MüKoAktG/*Schaal* Rn. 25; Großkomm AktG/*Otto* Rn. 25.
[59] Großkomm AktG/*Otto* Rn. 27; Erbs/Kohlhaas/*Schaal* Rn. 9; GHEK/*Fuhrmann* Rn. 5; *v. Godin*/*Wilhelmi* Anm. 4; Großkomm AktG/*Klug*, 3. Aufl. 1975, Anm. 7; Kölner Komm AktG/*Geilen*, 1. Aufl. 1984, Rn. 20; Kölner Komm AktG/*Altenhain* Rn. 5; MüKoAktG/*Schaal* Rn. 26; zum Versuch vgl. → Rn. 6.
[60] BGH WM 1987, 1455 (1457); Großkomm AktG/*Otto* Rn. 28; Hölters/*Müller-Michaels* Rn. 11; NK-WSS/*Krause*/*Twele* Rn. 4; vgl. auch *Schnellenbach*, Die vorgesehenen Änderungen des Aktienstrafrechts im Regierungsentwurf zum Aktiengesetz 1960, 1963, 56 ff.; unspezifisch Erbs/Kohlhaas/*Schaal* Rn. 10, der allgemein von Interessen spricht.
[61] BGH WM 1987, 1455 (1457); *Brandes* WM 1992, 465 (477); *Schockenhoff* DB 1994, 2327; *Schnellenbach*, Die vorgesehenen Änderungen des Aktienstrafrechts im Regierungsentwurf zum Aktiengesetz 1960, 1963, 56 ff.; Großkomm AktG/*Klug*, 3. Aufl. 1975, Anm. 11; MüKoAktG/*Schaal* Rn. 29; Großkomm AktG/*Otto* Rn. 28; NK-WSS/*Krause*/*Twele* Rn. 5.

Schutzgesetz iSv § 823 Abs. 2 BGB für die Erwerber oder die nachfolgenden Erwerber der verbotswidrig ausgegebenen Aktien oder Zwischenscheine.[62]

Zur **Tathandlung** – der Ausgabe – und Vollendung vgl. Nr. 1 (→ Rn. 14). § 405 Abs. 1 Nr. 2 iVm § 41 Abs. 4 S. 1 erfasst ausschließlich die verbotswidrige Ausgabe von Aktien gem. § 10 oder Zwischenscheinen gem. § 8 bis zum Zeitpunkt der Eintragung der AG.[63] Die (zivilrechtlich unwirksame)[64] Übertragung von Anteilsrechten vor der Eintragung der AG entgegen § 41 Abs. 4, § 191 ist somit nicht erfasst.[65] Eine Zuwiderhandlung gegen Nr. 2 soll auch dann gegeben sein, wenn zB die zugrunde liegende Kapitalerhöhung auf einem nicht wirksamen Beschluss der HV basiert.[66] Jedoch wird eine Strafbarkeit hier regelmäßig aufgrund fehlender Kenntnis der Unwirksamkeit am Vorsatz scheitern. Der Verstoß gegen ein Emissionsverbot im Rahmen einer Kapitalerhöhung kann sich grundsätzlich aus § 41 Abs. 4, §§ 191, 197, 203 Abs. 1, § 219 ergeben. 16

d) Abs. 1 Nr. 3: Ausgabe von Aktien oder Zwischenscheinen, die den Mindestnennbetrag nicht erreichen. Geschütztes Rechtsgut ist – ähnlich wie bei Nr. 1 und 2 – das **Vermögensinteresse** der AG, ihrer Aktionäre sowie etwaiger (Zwischen-)Erwerber nichtiger Aktien oder Zwischenscheine,[67] das durch eine nicht ordnungsgemäß durchgeführte Emission (abstrakt) gefährdet wird. Nr. 3 stellt für diesen Personenkreis ein **Schutzgesetz** gem. § 823 Abs. 2 BGB dar.[68] 17

Tatobjekte sind Aktien oder Zwischenscheine, die den nach § 8 Abs. 2 S. 1 zulässigen Mindestbetrag nicht erreichen, sowie Stückaktien,[69] deren anteiliger Betrag am Grundkapital entgegen § 8 Abs. 3 S. 3 einen Euro unterschreitet. 18

Zur **Tathandlung** und Vollendung vgl. Nr. 1 und 2 (→ Rn. 14 und 16). 19

e) Abs. 1 Nr. 4: Zuwiderhandlung bei Erwerb und Veräußerung eigener Aktien. Diese Variante erfasst – allerdings unvollständig[70] – Verstöße gegen den Erwerb und die Veräußerung eigener Aktien entgegen den §§ 71–71e.[71] Die Relevanz der Vorschrift hat seit dem durch das KonTraG[72] in das AktG eingeführten § 71 Abs. 1 Nr. 8 vermutlich weiter abgenommen.[73] Geschütztes **Rechtsgut** sind die Vermögensinteressen der AG, ihrer Aktionäre, ihrer Gläubiger und sämtlicher Personen, die in rechtlicher oder tatsächlicher Beziehung zur AG stehen.[74] Nr. 4 trägt dem Umstand Rechnung, dass durch die Aktienverteilung die innere Willensbildung für die betroffenen Aktionäre erheblich beeinflusst werden kann. Für die verbliebenen Aktionäre besteht 20

---

[62] *Schockenhoff* DB 1994, 2327 (2329); Großkomm AktG/*Klug*, 3. Aufl. 1975, Anm. 11; Kölner Komm AktG/ *Geilen*, 1. Aufl. 1984, Rn. 32; Kölner Komm AktG/*Altenhain* Rn. 3; MüKoAktG/*Schaal* Rn. 30 mwN; Großkomm AktG/*Otto* Rn. 28.

[63] Hüffer/Koch/*Koch*, 13. Aufl. 2018, § 41 Rn. 31.

[64] Vgl. → § 41 Rn. 65 und → § 191 Rn. 4 f., 8 ff.

[65] Erbs/Kohlhaas/*Schaal* Rn. 14; Kölner Komm AktG/*Geilen*, 1. Aufl. 1984, Rn. 33; Großkomm AktG/*Klug*, 3. Aufl. 1975, Anm. 11; MüKoAktG/*Schaal* Rn. 40; Großkomm AktG/*Otto* Rn. 31.

[66] RGSt 30, 354 (355) (zu der früher strafrechtlichen Regelung); Großkomm AktG/*Klug*, 3. Aufl. 1975, Anm. 11, 9; Kölner Komm AktG/*Geilen*, 1. Aufl. 1984, Rn. 34; Kölner Komm AktG/*Altenhain* Rn. 8; MüKoAktG/*Schaal* Rn. 40; Erbs/Kohlhaas/*Schaal* Rn. 14; Bürgers/Körber/*Pelz* Rn. 6; GJW/*Temming* Rn. 10.

[67] Großkomm AktG/*Otto* Rn. 35; vgl. auch Großkomm AktG/*Klug*, 3. Aufl. 1975, Anm. 12; Kölner Komm AktG/*Geilen*, 1. Aufl. 1984, Rn. 39; Kölner Komm AktG/*Altenhain* Rn. 9; Hölters/*Müller-Michaels* Rn. 20; nach GJW/*Temming* Rn. 11 und Erbs/Kohlhaas/*Schaal* Rn. 15 ist das geschützte Rechtsgut dagegen das Interesse an einer ordnungsgemäß durchgeführten Emission.

[68] Kölner Komm AktG/*Geilen*, 1. Aufl. 1984, Rn. 39; Kölner Komm AktG/*Altenhain* Rn. 9; Großkomm AktG/*Klug*, 3. Aufl. 1975, Anm. 12; MüKoAktG/*Schaal* Rn. 43; Großkomm AktG/*Otto* Rn. 35; NK-WSS/ *Krause*/*Twele* Rn. 8.

[69] RegE v. 7.1.1998 zum Gesetz über die Zulassung von Stückaktien (Stückaktiengesetz – StückAG), BT-Drs. 13/9573, 19; vgl. zur Einführung der Stückaktie *Hirte* WM 1991, 753 (756).

[70] NK-AktR/*Bernsmann* Rn. 6; Kölner Komm AktG/*Geilen*, 1. Aufl. 1984, Rn. 41; Kölner Komm AktG/ *Altenhain* Rn. 11.

[71] *Aha* AG 1992, 218 (219); Erbs/Kohlhaas/*Schaal* Rn. 18; Kölner Komm AktG/*Geilen*, 1. Aufl. 1984, Rn. 42; Kölner Komm AktG/*Altenhain* Rn. 11; MüKoAktG/*Schaal* Rn. 48; Großkomm AktG/*Otto* Rn. 39; vgl. zur Abwehr feindlicher Übernahmen *Grabowski*/*Harrer* DStR 1992, 1326 (1329); *Schneider* AG 1990, 56 ff.

[72] Gesetz zur Kontrolle und Transparenz im Unternehmensbereich v. 27.4.1998, BGBl. 1998 I 786.

[73] So NK-AktR/*Bernsmann* Rn. 6.

[74] Großkomm AktG/*Otto* Rn. 39; Kölner Komm AktG/*Geilen*, 1. Aufl. 1984, Rn. 42; Kölner Komm AktG/ *Altenhain* Rn. 11; Hölters/*Müller-Michaels* Rn. 24; aA Großkomm AktG/*Klug*, 3. Aufl. 1975, Anm. 13, der das Vertrauen der Allgemeinheit in die Erfüllung von Publizitätspflichten und die Zuverlässigkeit von für die Öffentlichkeit bestimmten Erklärungen und Angaben geschützt sieht; MüKoAktG/*Schaal* Rn. 48; Erbs/Kohlhaas/*Schaal* Rn. 18 hält das Interesse an einer wirtschaftlich gesunden Gesellschaft für das geschützte Rechtsgut; nach GJW/ *Temming* Rn. 13 dient die Vorschrift in erster Linie der Kapitalerhaltung und damit dem Gläubigerschutz.

§ 405 21–24   Viertes Buch. Sonder-, Straf- und Schlußvorschriften

die Gefahr, durch den Ankauf der Aktien gegenüber den ausscheidenden Aktionären benachteiligt zu werden. Die Verwaltung könnte durch Verschiebung der Stimmgewichte die HV beherrschen oder zumindest maßgeblich beeinflussen.[75] Es entsteht ein erhebliches Gefälle, das sich bei der Wertbildung für AG und Aktionäre ergeben kann, wenn der AG Finanzierungsmittel verloren gehen, ohne dass ein wirklicher Gegenwert in das Vermögen der AG gelangt.[76] Deshalb handelt es sich bei den Tatbeständen des Abs. 1 Nr. 4 auch um **Schutzgesetze** iSv § 823 Abs. 2 BGB für den genannten Personenkreis.[77]

21   Der Begriff **„eigene Aktien"** ist streng zivilrechtlich zu interpretieren, wobei Aktionär und Gesellschaft identisch sein müssen.[78] Das Mitgliedschaftsrecht muss nicht verbrieft sein.[79]

22   Im Einzelnen enthält Nr. 4 **vier separate Tatbestände. (1)** Dies sind nach § **405 Abs. 1 Nr. 4a Var. 1** der Erwerb[80] eigener Aktien trotz Nichtvorliegens der Verbotsausnahmen, die § 71 Abs. 1 Nr. 1–4 oder Abs. 2 zulassen. **(2)** Um Umgehungen vorzubeugen, steht dem gem. **Nr. 4a Var. 2** eine Inpfandnahme eigener Aktien gleich (vgl. § 71e Abs. 1 S. 1), wobei § 71a und § 71d S. 3 zu beachten sind. Beiden Varianten ist gemein, dass es sich um eine **rechtsgeschäftliche Erlangung**, also keinen originären Erwerb,[81] der Aktien handeln muss.[82] So können die Aktien einerseits durch schuldrechtliche Verträge, zB durch Kauf, Tausch, Verwahrung, Wertpapierdarlehen oder Tauschverwahrung,[83] andererseits durch dingliche Rechtsgeschäfte wie die Sicherungsübereignung[84] oder – im Fall der Inpfandnahme – die Legitimationsübertragung[85] erlangt werden.[86] **Vollendet** ist die Tat mit dem Erwerb bzw. der Inpfandnahme der eigenen Aktien.[87]

23   **(3)** Das Nichtanbieten unzulässig gehaltener eigener Aktien gem. § 405 Abs. 1 **Nr. 4b** entgegen § 71c Abs. 1 und 2 innerhalb der normierten Fristen[88] stellt ein echtes Unterlassungsdelikt dar.[89] Ein Anbieten liegt vor, wenn ein ernsthaftes Angebot der Aktien vor Fristablauf abgegeben wurde; Verkauf oder sogar dingliche Übereignung müssen nicht stattgefunden haben.[90] Vollendung ist mit Ablauf der Fristen gegeben.[91]

24   **(4)** Nr. 4b wird durch § 405 Abs. 1 **Nr. 4c** erweitert, der das Nichttreffen von Maßnahmen, die zur Vorbereitung der Beschlussfassung über die Einziehung eigener Aktien nach § 71c Abs. 3 (vgl. hierzu → § 71c Rn. 14 f.) erforderlich sind, als echtes Unterlassen[92] erfasst.[93] Die erforderlichen

---

[75] Aha AG 1992, 218 (219).
[76] Aha AG 1992, 218 (219); Großkomm AktG/*Otto* Rn. 39.
[77] Kölner Komm AktG/*Geilen*, 1. Aufl. 1984, Rn. 44; Kölner Komm AktG/*Altenhain* Rn. 11; MüKoAktG/*Schaal* Rn. 49; Großkomm AktG/*Otto* Rn. 39; Hölters/*Müller-Michaels* Rn. 24; zweifelnd hinsichtlich Nr. 4a MüKoAktG/*Schaal* Rn. 49.
[78] Kölner Komm AktG/*Geilen*, 1. Aufl. 1984, Rn. 46; etwas weiteres Verständnis bei Kölner Komm AktG/*Altenhain* Rn. 13; vgl. weiterhin Großkomm AktG/*Otto* Rn. 40.
[79] Erbs/Kohlhaas/*Schaal* Rn. 19; Kölner Komm AktG/*Geilen*, 1. Aufl. 1984, Rn. 44; Kölner Komm AktG/*Altenhain* Rn. 12; MüKoAktG/*Schaal* Rn. 51; Großkomm AktG/*Otto* Rn. 40; NK-WSS/*Krause/Twele* Rn. 11.
[80] Zum umstrittenen Erwerbsbegriff (Beschränkung auf dingliche Übertragung oder Einbeziehung des zugrunde liegenden schuldrechtlichen Geschäfts) → § 71 Rn. 35; Hüffer/Koch/*Koch*, 13. Aufl. 2018, § 71 Rn. 4; MüKoAktG/*Oechsler* § 71 Rn. 73; vgl. zu den weiteren Tatbestandsvoraussetzungen von § 71 auch GJW/*Temming* Rn. 15.
[81] → § 71 Rn. 36; → § 71e Rn. 3.
[82] Kölner Komm AktG/*Geilen*, 1. Aufl. 1984, Rn. 53; MüKoAktG/*Schaal* Rn. 55; Großkomm AktG/*Otto* Rn. 41; vgl. auch BGH StV 1981, 625 zu § 11 Abs. 1 Nr. 1 BtMG.
[83] Vgl. hierzu im Einzelnen und zur Kritik des Begriffs des Wertpapierdarlehens *Dörge* AG 1997, 396 ff.
[84] Kölner Komm AktG/*Geilen*, 1. Aufl. 1984, Rn. 53; Großkomm AktG/*Otto* Rn. 41 f. mit weiteren Bsp.; vgl. auch MüKoAktG/*Schaal* Rn. 58, der die Sicherungsübereignung der Inpfandnahme zuordnet.
[85] MüKoAktG/*Schaal* Rn. 57 f.; Großkomm AktG/*Otto* Rn. 42.
[86] Vgl. im Einzelnen → § 71 Rn. 35 ff., 41 und → § 71e Rn. 3.
[87] Kölner Komm AktG/*Geilen*, 1. Aufl. 1984, Rn. 52; Kölner Komm AktG/*Altenhain* Rn. 16; Großkomm AktG/*Otto* Rn. 41 bzw. 42; NK-WSS/*Krause/Twele* Rn. 12.
[88] Zu den Fristen → § 71c Rn. 6, 10; weiterhin Hüffer/Koch/*Koch*, 13. Aufl. 2018, § 71c Rn. 5; MüKoAktG/*Oechsler* § 71c Rn. 11 f.
[89] Erbs/Kohlhaas/*Schaal* Rn. 23; MüKoAktG/*Schaal* Rn. 61; Großkomm AktG/*Otto* Rn. 43; Kölner Komm AktG/*Altenhain* Rn. 17; in der Vorauflage wohl noch für unechtes Unterlassen (vgl. insoweit Kölner Komm AktG/*Geilen*, 1. Aufl. 1984, Rn. 49).
[90] Kölner Komm AktG/*Geilen*, 1. Aufl. 1984, Rn. 55; MüKoAktG/*Schaal* Rn. 60; Großkomm AktG/*Otto* Rn. 44.
[91] Kölner Komm AktG/*Geilen*, 1. Aufl. 1984, Rn. 52; Kölner Komm AktG/*Altenhain* Rn. 18; Großkomm AktG/*Otto* Rn. 44; NK-WSS/*Krause/Twele* Rn. 13.
[92] Erbs/Kohlhaas/*Schaal* Rn. 24; MüKoAktG/*Schaal* Rn. 63; Großkomm AktG/*Otto* Rn. 45; Kölner Komm AktG/*Altenhain* Rn. 19.
[93] Zu den Fristen → § 71c Rn. 6, 10; Hüffer/Koch/*Koch*, 13. Aufl. 2018, § 71c Rn. 5; MüKoAktG/*Oechsler* § 71c Rn. 11 f.

Maßnahmen ergeben sich aus § 237.[94] Die Vollendung tritt mit Ablauf der einschlägigen Fristen, hier § 71c Abs. 3 iVm § 71c Abs. 1 und 2, ein.[95]

2. § 405 Abs. 2: Unterlassene oder unrichtige Angaben zum Teilnehmerverzeichnis. 25
Geschützt wird die Richtigkeit und Vollständigkeit des Teilnehmerverzeichnisses (§ 129 Abs. 1 S. 2) vor unrichtigen Angaben,[96] also das **Vertrauen** der Beteiligten – auch der AG selbst[97] – in die **Echtheit** und **Unverfälschtheit der aktienrechtlichen Meinungsbildung in der HV.**[98] Insoweit ist der Tatbestand **Schutzgesetz** iSv § 823 Abs. 2 BGB.[99] § 129 stellt indes ebenfalls ein solches Schutzgesetz dar und ist in der Praxis weit bedeutender als § 405 Abs. 2.[100]

Tauglicher Täter des **echten Sonderdelikts**[101] kann sowohl der **Aktionär**, also jeder mit mindestens einer Aktie an der Gesellschaft Beteiligte,[102] als auch der ermächtigte Aktionärsvertreter sein. 26
Der Begriff des Vertreters ist – entsprechend dem geschützten Rechtsgut – weit auszulegen und erfasst auch Fälle der verdeckten Stellvertretung und des Legitimationsaktionärs.[103] Für die HV notwendige Personen (wie zB der Notar, Organe der AG oder der Versammlungsleiter nach § 129 Abs. 4 S. 2, § 130 Abs. 2) können aufgrund des Einheitstäterprinzips, § 14 OWiG, bei kollusivem Handeln ebenfalls Täter sein.[104]

Tatobjekt ist das **Teilnahmeverzeichnis** nach § 129 Abs. 1 S. 2 und die darin zu machenden 27
Angaben,[105] die für die HV von Belang sind. Nach dem Wortlaut kommt eine Erstreckung der Norm auf das Teilnehmerverzeichnis der gesonderten Versammlung gem. § 138 und etwaige weitere Teilnehmerverzeichnisse oder andere Versammlungen nicht in Betracht.[106] Ob das Teilnehmerverzeichnis selbst den gesetzlichen Anforderungen entspricht, ist irrelevant.[107]

Der Bußgeldtatbestand zerfällt in **drei Begehungsformen.** Der Täter macht gar **keine, unvoll-** 28
ständige[108] oder **unrichtige Angaben.** Das Unterlassen jeglicher Angaben stellt ein **echtes Unterlassungsdelikt** dar,[109] wird aber praktisch nur selten vorkommen;[110] zu unvollständigen und unrichtigen Angaben → § 399 Rn. 59 ff.

---

[94] Erbs/Kohlhaas/*Schaal* Rn. 24; Kölner Komm AktG/*Geilen*, 1. Aufl. 1984, Rn. 56; Kölner Komm AktG/*Altenhain* Rn. 19; MüKoAktG/*Schaal* Rn. 62; Großkomm AktG/*Otto* Rn. 45; NK-WSS/*Krause/Twele* Rn. 14.

[95] Großkomm AktG/*Otto* Rn. 46; vgl. auch Kölner Komm AktG/*Geilen*, 1. Aufl. 1984, Rn. 52; aA (Vollendung nicht automatisch mit Ablauf der genannten Fristen, sondern erst dann, wenn der Vorschlag für den Einziehungsbeschluss nicht spätestens der nächsten Hauptversammlung vorgelegt wird) Kölner Komm AktG/*Altenhain* Rn. 19.

[96] NK-AktR/*Bernsmann* Rn. 7; Kölner Komm AktG/*Geilen*, 1. Aufl. 1984, Rn. 66 f.

[97] Großkomm AktG/*Klug*, 3. Aufl. 1975, Anm. 19; Kölner Komm AktG/*Geilen*, 1. Aufl. 1984, Rn. 68; Großkomm AktG/*Otto* Rn. 49; aA MüKoAktG/*Schaal* Rn. 65 mwN, der den ordnungsgemäßen Ablauf der HV geschützt sieht.

[98] Erbs/Kohlhaas/*Schaal* Rn. 25; Großkomm AktG/*Klug*, 3. Aufl. 1975, Anm. 19; MüKoAktG/*Schaal* Rn. 65; Großkomm AktG/*Otto* Rn. 49; GJW/*Temming* Rn. 19; Kölner Komm AktG/*Altenhain* Rn. 22 sowie NK-WSS/*Krause/Twele* Rn. 15 sehen darin auch den Schutz des Mitwirkungs- und Stimmrechts der Aktionäre.

[99] Großkomm AktG/*Klug*, 3. Aufl. 1975, Anm. 19; Kölner Komm AktG/*Geilen*, 1. Aufl. 1984, Rn. 68; MüKoAktG/*Schaal* Rn. 66; Großkomm AktG/*Otto* Rn. 49; Kölner Komm AktG/*Altenhain* Rn. 22: Schutzgesetz für Aktionäre.

[100] Kölner Komm AktG/*Altenhain* Rn. 22; Kölner Komm AktG/*Geilen*, 1. Aufl. 1984, Rn. 68; MüKoAktG/*Schaal* Rn. 66.

[101] Erbs/Kohlhaas/*Schaal* Rn. 5; Kölner Komm AktG/*Geilen*, 1. Aufl. 1984, Rn. 66; MüKoAktG/*Schaal* Rn. 12; Großkomm AktG/*Otto* Rn. 19, 48.

[102] → § 399 Rn. 67 ff.; Kölner Komm AktG/*Geilen*, 1. Aufl. 1984, Rn. 69; MüKoAktG/*Schaal* Rn. 13.

[103] Kölner Komm AktG/*Geilen*, 1. Aufl. 1984, Rn. 66.

[104] Vgl. auch → Rn. 29; Großkomm AktG/*Otto* Rn. 55 f.; aA Großkomm AktG/*Klug*, 3. Aufl. 1975, Anm. 20; MüKoAktG/*Schaal* Rn. 64; Kölner Komm AktG/*Altenhain* Rn. 23, 27; anders noch Kölner Komm AktG/*Geilen*, 1. Aufl. 1984, Rn. 66, der in der Irreführung des Erklärungsadressaten die tatbestandstypische Gefahr sieht und deshalb den kollusiv mit dem Täter handelnden Adressaten nicht als tauglichen Täter betrachtet, auf eine Täuschung aber zu Recht in Rn. 74 verzichtet.

[105] Zu den einzelnen Angaben vgl. Kölner Komm AktG/*Geilen*, 1. Aufl. 1984, Rn. 71; Kölner Komm AktG/*Altenhain* Rn. 24; Hüffer/Koch/*Koch*, 13. Aufl. 2018, § 129 Rn. 2 ff.; MüKoAktG/*Kubis* § 129 Rn. 24 ff.; Großkomm AktG/*Otto* Rn. 50.

[106] Kölner Komm AktG/*Geilen*, 1. Aufl. 1984, Rn. 70; Kölner Komm AktG/*Altenhain* Rn. 24; MüKoAktG/*Schaal* Rn. 67.

[107] Großkomm AktG/*Otto* Rn. 50.

[108] Kölner Komm AktG/*Altenhain* Rn. 25 hält die Tatvariante der unvollständigen Angabe analytisch für entbehrlich.

[109] Erbs/Kohlhaas/*Schaal* Rn. 27; Kölner Komm AktG/*Geilen*, 1. Aufl. 1984, Rn. 72; Kölner Komm AktG/*Altenhain* Rn. 25; MüKoAktG/*Schaal* Rn. 69; Großkomm AktG/*Otto* Rn. 52; Hölters/*Müller-Michaels* Rn. 34; NK-WSS/*Krause/Twele* Rn. 16.

[110] Ebenso Erbs/Kohlhaas/*Schaal* Rn. 27; MüKoAktG/*Schaal* Rn. 69.

29 Die **mangelhafte Angabe als Taterfolg** bestimmt sich nach den Vorgaben aus § 129 Abs. 1–3.[111] Pflichten des § 129, die die Angaben des Aktionärs bzw. des Aktionärsvertreters nicht betreffen, gehören auch nicht zum Ordnungswidrigkeitentatbestand.[112] Es bedarf eines Handelns im Rahmen der Anmeldepflichten.[113] Jegliches nachträgliche oder nicht im Zusammenhang mit der Anmeldung erfolgende Unrichtigwerden der Teilnehmerliste ist daher nicht tatbestandsmäßig.[114] Die Täuschung des Erklärungsadressaten gehört nicht zum tatbestandlichen Erfolg, was gerade bei kollusivem Zusammenwirken zwischen dem Täter und dem das Teilnehmerverzeichnis aufstellenden Adressaten Bedeutung erlangt.[115] Aufgrund der tatbestandlichen Ausgestaltung ist darüber hinaus nicht erforderlich, dass infolge der Angaben ein unrichtiges oder unvollständiges Teilnehmerverzeichnis erstellt wird.[116]

30 Die **Vollendung** geht mit der positiven Tathandlung einer bzw. ist in dem Moment gegeben, in dem die Angabe dadurch unvollständig wird, dass der Täter aufhört, die erforderlichen Angaben zu machen.[117] Beim Unterlassen liegt Vollendung dann vor, wenn die erste Angabe spätestens hätte gemacht werden müssen.[118]

31 **3. § 405 Abs. 2a: Keine oder unrichtige Mitteilung zur Eigentumslage.** Die Regelungen des § 67 Abs. 4 S. 2 und 3 sollen es der AG ermöglichen, die Person des tatsächlich Berechtigten zu ermitteln und damit die Aussagekraft[119] und Transparenz[120] des Aktienregisters zu steigern. Das mag im grundsätzlichen Interesse der AG liegen,[121] wird damit aber noch nicht eo ipso zu einem über das Ordnungswidrigkeitenrecht zu schützenden Rechtsgut.[122] Dieses ist vielmehr enger zu formulieren und auf das Interesse der Gesellschaft zu beschränken, Übernahmeaktivitäten[123] als essenzielle Veränderungen für die Struktur der AG zu antizipieren. In diesem Umfang ist Abs. 2a auch Schutzgesetz iSv § 823 Abs. 2 BGB.

32 Tauglicher **Täter** des Abs. 2a kann nur derjenige sein, den die Pflicht aus § 67 Abs. 4 S. 2 bzw. S. 3 trifft, es handelt sich daher um ein **echtes Sonderdelikt**.[124] Die Gegenansicht (Allgemeindelikt)[125] lässt offen, wie es möglich sein soll, dass auch nicht von der Verweisung auf § 67 Abs. 4 erfasste Personen den Tatbestand täterschaftlich verwirklichen können. Nach § 67 Abs. 4 S. 2 ist der im Aktienregister Eingetragene verpflichtet, auf Verlangen der Gesellschaft zu erklären, inwieweit ihm die Aktien, für die er eingetragen ist, auch gehören. § 67 Abs. 4 S. 3 enthält eine Regelung zur Aufdeckung von Verwahrketten.[126] Sie hat ihren Ursprung darin, dass der Eingetragene nicht verpflichtet ist, den wahren Eigentümer zu benennen, sondern nur diejenige Person, für die er die Aktien hält. Dies kann nur die Person sein, die ihn zur Eintragung ermächtigt hat. § 67 Abs. 4 S. 3

---

[111] Vgl. hierzu → § 129 Rn. 25 ff.; Hüffer/Koch/*Koch*, 13. Aufl. 2018, § 129 Rn. 2 ff.; MüKoAktG/*Kubis* § 129 Rn. 24 ff.; Kölner Komm AktG/*Altenhain* Rn. 25; vgl. auch Kölner Komm AktG/*Geilen*, 1. Aufl. 1984, Rn. 73, der die Norm in Fällen eindeutiger Identität trotz einer unvollständigen oder einer Falschangabe teleologisch reduzieren möchte.
[112] Kölner Komm AktG/*Geilen*, 1. Aufl. 1984, Rn. 73; Großkomm AktG/*Otto* Rn. 57.
[113] Kölner Komm AktG/*Geilen*, 1. Aufl. 1984, Rn. 73.
[114] Kölner Komm AktG/*Altenhain* Rn. 25; Kölner Komm AktG/*Geilen*, 1. Aufl. 1984, Rn. 73; Großkomm AktG/*Otto* Rn. 57.
[115] Vgl. schon → Rn. 26; Kölner Komm AktG/*Altenhain* Rn. 27; Großkomm AktG/*Otto* Rn. 56; widersprüchlich Kölner Komm AktG/*Geilen*, 1. Aufl. 1984, Rn. 74, der zwar auf eine Täuschung verzichtet, aber in Rn. 66 eine Strafbarkeit des Erklärungsadressaten mit der Begründung verneint, dass gerade bei kollusivem Zusammenwirken kein auf einer Irreführung beruhendes unrichtiges oder unvollständiges Teilnehmerverzeichnis bewirkt werden könne.
[116] Kölner Komm AktG/*Geilen*, 1. Aufl. 1984, Rn. 74; Kölner Komm AktG/*Altenhain* Rn. 27; NK-WSS/*Krause/Twele* Rn. 16.
[117] Erbs/Kohlhaas/*Schaal* Rn. 27; Kölner Komm AktG/*Altenhain* Rn. 25; Kölner Komm AktG/*Geilen*, 1. Aufl. 1984, Rn. 74; Großkomm AktG/*Klug*, 3. Aufl. 1975, Anm. 21; MüKoAktG/*Schaal* Rn. 72; Großkomm AktG/*Otto* Rn. 53 f.
[118] Kölner Komm AktG/*Altenhain* Rn. 25; Erbs/Kohlhaas/*Schaal* Rn. 27; Großkomm AktG/*Klug*, 3. Aufl. 1975, Anm. 21; Kölner Komm AktG/*Geilen*, 1. Aufl. 1984, Rn. 74; MüKoAktG/*Schaal* Rn. 72.
[119] Kölner Komm AktG/*Lutter/Drygala* § 67 Rn. 119.
[120] BT-Drs. 16/7438, 14.
[121] Kölner Komm AktG/*Lutter/Drygala* § 67 Rn. 122.
[122] So aber Kölner Komm AktG/*Altenhain* Rn. 29.
[123] Kölner Komm AktG/*Lutter/Drygala* § 67 Rn. 119.
[124] So auch Hölters/*Müller-Michaels* Rn. 37; Henssler/Strohn/*Raum* Rn. 2; aA Kölner Komm AktG/*Altenhain* Rn. 30 unter Hinweis auf die Sonderkonstellation einer Beteiligung mehrerer Personen, bei der nur ein Tatbeteiligter die Täterqualität aufweist.
[125] MüKoAktG/*Schaal* Rn. 14 mwN; NK-WSS/*Krause/Twele* Rn. 17.
[126] Kölner Komm AktG/*Lutter/Drygala* § 67 Rn. 121.

erstreckt die Auskunftspflicht auf diese in der Verwahrkette höher stehende Person.[127] Wenn sie vom Eingetragenen benannt wird, ist sie zur Auskunft verpflichtet.[128] Weiter wird die Auskunftspflicht auf diejenige Person ausgeweitet, die wiederum von der nunmehr auskunftspflichtigen Person benannt wird. Auf diese Weise erstreckt sich die Mitteilungspflicht über die gesamte Verwahrkette bis hin zum eigentlichen Aktieninhaber.[129]

Die **Unrichtigkeit einer Mitteilung** bestimmt sich nach den Vorgaben des § 67 Abs. 4 S. 2. **33** Der Tatbestand des § 67 Abs. 4 S. 2 setzt ein **Auskunftsverlangen der Gesellschaft** voraus. Dieses steht im Ermessen des Vorstands und ist an keine materielle Voraussetzung geknüpft.[130] Die Auskunft ist darauf gerichtet, zu erfahren, wem die Aktien gehören.[131] Hingegen ist für § 405 Abs. 2a im Hinblick auf das geschützte Rechtsgut das Auskunftsverlangen nur dann zu rechtfertigen, wenn ein entsprechendes Bedürfnis der Gesellschaft besteht. Existieren keine Anhaltspunkte für essenzielle Veränderungen, so ist der Eingetragene zwar zivilrechtlich zur Mitteilung verpflichtet, was bei einem Verstoß Schadensersatzansprüche nach sich ziehen kann. Ordnungswidrig handelt der Eingetragene in dieser rechtsgutsirrelevanten Konstellation jedoch nicht.[132]

Die geforderte Auskunft besteht darin, anzugeben, ob der Eingetragene auch der **dinglich** **34 Berechtigte** ist.[133] Damit liegt dem Begriff der Mitteilung ein sachenrechtliches Verständnis zugrunde. Die Mitteilung erstreckt sich nicht darauf, ob die Aktien nur treuhänderisch gehalten werden oder ob der Eingetragene zB durch Derivatgeschäfte mit einem Dritten schuldrechtlich gebunden ist.[134] Der Eingetragene ist daher nicht verpflichtet, solche Verhältnisse offenzulegen.[135] Dies entbindet ihn dennoch nicht von seiner Mitteilungspflicht. Ist der Eingetragene nicht Eigentümer, muss er angeben, für wen er die Aktien hält. Das kann nur derjenige sein, von dem er das Recht ableitet, im Aktienregister eingetragen zu sein.[136] Es genügt die Benennung desjenigen, für den der Eingetragene tätig wird. Erwägungen zur materiellen Eigentumslage braucht der Eingetragene nicht anzustellen.[137] Insbes. bei Verwahrketten ist zu beachten, dass die Auskunftspflicht endet, sobald sich einer der Beteiligten als Eigentümer der Aktie zu erkennen gibt.[138]

Der Bußgeldtatbestand zerfällt in **drei Begehungsformen.** Das Unterlassen jeglicher Mitteilung **35** stellt ein echtes Unterlassungsdelikt dar. Hierunter fällt auch der Fall, dass die Mitteilung nicht innerhalb einer angemessenen **Frist** abgegeben wurde. Diese dürfte bei mindestens 14 Tagen je Auskunftsgesuch liegen.[139] Durch Begehen wird der Tatbestand erfüllt, sofern eine **unvollständige** oder eine **unrichtige Mitteilung** vorliegt. Auch die unvollständige Mitteilung ist nicht richtig, sofern sich die Unvollständigkeit auf den Schutzzweck des § 67 bezieht.

Die **Vollendung** liegt mit der positiven Tathandlung vor bzw. ist gegeben, wenn die Mitteilung **36** dadurch unvollständig wird, dass der Täter aufhört, die erforderlichen Angaben zu machen. Beim Unterlassen tritt Vollendung ein, sobald die erste Angabe spätestens hätte gemacht werden müssen.

4. § 405 Abs. 3: Meinungsbildung in Hauptversammlung oder gesonderter Versamm- 37 lung. Ebenso wie bei Abs. 2a (und 3a) kann **Täter** des Abs. 3 grundsätzlich jeder sein, da der Blanketttatbestand selbst hier keine entsprechende Einschränkung enthält **(Allgemeindelikt)**.[140] Eine **Verengung** des Täterkreises kann sich aber insbes. aufgrund der Ausfüllungsnorm des § 135, auf den § 405 Abs. 3 Nr. 4 Bezug nimmt (→ Rn. 54), und der besonderen Tatbestandsstruktur des § 405 Abs. 3 Nr. 6 und 7 (→ Rn. 63 f. und 75 f.) ergeben. Geschützt wird im gesamten Abs. 3 die **Unverfälschtheit der aktienrechtlichen Meinungs- und Willensbildung**,[141] deren Beeinträchtigung negative vermögensrechtliche Dispositionen für AG oder Aktionäre nach sich ziehen kann.

---

[127] Kölner Komm AktG/*Lutter/Drygala* § 67 Rn. 122.
[128] Kölner Komm AktG/*Lutter/Drygala* § 67 Rn. 122.
[129] BT-Drs. 16/7438, 14.
[130] Kölner Komm AktG/*Lutter/Drygala* § 67 Rn. 123; NK-WSS/*Krause/Twele* Rn. 18.
[131] Kölner Komm AktG/*Lutter/Drygala* § 67 Rn. 120.
[132] AA Kölner Komm AktG/*Altenhain* Rn. 31.
[133] Kölner Komm AktG/*Lutter/Drygala* § 67 Rn. 120.
[134] Kölner Komm AktG/*Lutter/Drygala* § 67 Rn. 120.
[135] Kölner Komm AktG/*Lutter/Drygala* § 67 Rn. 120.
[136] Kölner Komm AktG/*Lutter/Drygala* § 67 Rn. 120.
[137] Kölner Komm AktG/*Lutter/Drygala* § 67 Rn. 120.
[138] Kölner Komm AktG/*Lutter/Drygala* § 67 Rn. 120.
[139] BT-Drs. 16/7438, 14; Kölner Komm AktG/*Altenhain* Rn. 31; NK-WSS/*Krause/Twele* Rn. 19.
[140] Großkomm AktG/*Klug*, 3. Aufl. 1975, Anm. 24; K. Schmidt/Lutter/*Oetker* Rn. 2; Kölner Komm AktG/*Geilen*, 1. Aufl. 1984, Rn. 78; MüKoAktG/*Schaal* Rn. 14 und 74; Großkomm AktG/*Otto* Rn. 17, 61; Bürgers/Körber/*Pelz* Rn. 2; Hölters/*Müller-Michaels* Rn. 41; GJW/*Temming* Rn. 22; Kölner Komm AktG/*Altenhain* Rn. 34.
[141] Großkomm AktG/*Klug*, 3. Aufl. 1975, Anm. 23; Kölner Komm AktG/*Geilen*, 1. Aufl. 1984, Rn. 77; Kölner Komm AktG/*Altenhain* Rn. 33; MüKoAktG/*Schaal* Rn. 75; Hölters/*Müller-Michaels* Rn. 40.

In Abs. 3 Nr. 6 und 7 rücken diese Vermögensinteressen zum geschützten Rechtsgut auf (→ Rn. 63 und 75).

38 a) **Abs. 3 Nr. 1: Aktienbenutzung ohne Vertretungsbefugnis oder Einwilligung.** Bei Abs. 3 Nr. 1 greift der Täter in die Verfügungsbefugnis des betroffenen Berechtigten, idR eines Aktionärs, ein.[142] Für die Gesellschaft selbst und die Aktionäre handelt es sich um ein **Schutzgesetz** iSv § 823 Abs. 2 BGB.[143]

39 **Tatobjekte** sind **Aktien** und – vor dem Hintergrund des geschützten Rechtsguts der Unverfälschtheit der Meinungsbildung – auch andere **Stimmrechte** für den Fall, dass die AG keine Aktien ausgegeben hat.[144] Es kommt auf die Rechtsmacht zur aktienrechtlichen Mitbestimmung an,[145] die nach bürgerlichem Recht einem **anderen** zustehen muss.[146] Die Grenzen einer unzulässigen Analogie sind damit nicht überschritten, da der Begriff der Aktie im AktG uneinheitlich verwendet wird und sowohl die Aktie als solche als auch die darin verkörperten Rechte bezeichnen kann. Zwischenscheine sind hingegen nicht erfasst, was sich aus einem unmittelbaren Umkehrschluss aus § 405 Abs. 1 Nr. 2 ergibt.[147]

40 Die Tathandlung liegt in einem unbefugten **Benutzen**, also dem Gebrauchmachen von Mitgliedsrechten eines Aktionärs in den genannten Versammlungen (§§ 118 ff. oder § 138).[148] Das bloße Anmelden nach § 123 Abs. 2 oder etwa das Einreichen des Berechtigungsnachweises (bei der Anmeldestelle) nach § 123 Abs. 3 S. 2 reichen für ein Gebrauchmachen noch nicht aus, sondern stellen – mit Blick auf das geschützte Rechtsgut (→ Rn. 37) – straflose Vorbereitungshandlungen dar.[149] **Vollendet** ist das Benutzen, wenn mit der Anmaßung des konkret in Rede stehenden Rechts begonnen wird.[150] In subjektiver Hinsicht muss der Täter Vorsatz aufweisen, wobei **bedingter Vorsatz** genügt und bereits gegeben ist, wenn der Täter sich des konkreten Risikos bewusst ist, Aktien eines anderen, zu dessen Vertretung er nicht befugt ist, ohne dessen Einwilligung in entsprechender Weise zu benutzen.[151]

41 Bezugpunkt des Benutzens muss die **Ausübung von Rechten** in der Hauptversammlung (§§ 118 ff.) oder in einer gesonderten Versammlung (§ 138) sein. Hierunter fallen alle Versammlungsrechte eines Aktionärs, also insbes. sein Stimmrecht gem. §§ 134 ff., sein Auskunftsrecht gem. § 131 oder etwaige andere ihm zustehende Minderheitenrechte nach §§ 50, 93 Abs. 4, §§ 116, 117 Abs. 4, § 302 Abs. 3 oder § 309 Abs. 3.

42 Besondere Bedeutung in diesem Zusammenhang erlangt das Problem, inwieweit das **Rede- und Teilnahmerecht** von den Mitbestimmungsrechten erfasst ist. Dies wird teilweise generell verneint.[152] Nach differenzierender Auffassung sollen diese Rechte nur dann erfasst sein, wenn sie potenziell für die Meinungsbildung in einer der genannten Versammlungen ursächlich sein können. Dies gilt insbes. für das Rederecht als dem vornehmsten Minderheitenrecht.[153] Theoretisch denkbar, aber praktisch wohl eher selten, sind Auswirkungen auf die Meinungsbildung durch Wahrnehmung des Teilnahmerechts.[154] Die Willensbildung kann aber gerade bei großen Publikumsgesellschaften

---

[142] Kölner Komm AktG/*Geilen*, 1. Aufl. 1984, Rn. 77.
[143] Vgl. hierzu OLG Kiel HESt 2, 88 (89); Großkomm AktG/*Klug*, 3. Aufl. 1975, Anm. 23; Kölner Komm AktG/*Geilen*, 1. Aufl. 1984, Rn. 77; Kölner Komm AktG/*Altenhain* Rn. 25; MüKoAktG/*Schaal* Rn. 76; Großkomm AktG/*Otto* Rn. 60; NK-WSS/*Krause*/*Twele* Rn. 20.
[144] Erbs/Kohlhaas/*Schaal* Rn. 32; Großkomm AktG/*Klug*, 3. Aufl. 1975, Anm. 23; Kölner Komm AktG/*Geilen*, 1. Aufl. 1984, Rn. 80; Kölner Komm AktG/*Altenhain* Rn. 37; MüKoAktG/*Schaal* Rn. 77; Großkomm AktG/*Otto* Rn. 63; NK-WSS/*Krause*/*Twele* Rn. 21; GJW/*Temming* Rn. 23.
[145] Kölner Komm AktG/*Geilen*, 1. Aufl. 1984, Rn. 80; Kölner Komm AktG/*Altenhain* Rn. 37; Großkomm AktG/*Otto* Rn. 63.
[146] NK-AktR/*Bernsmann* Rn. 9; Großkomm AktG/*Klug*, 3. Aufl. 1975, Anm. 23; Kölner Komm AktG/*Geilen*, 1. Aufl. 1984, Rn. 80; Kölner Komm AktG/*Altenhain* Rn. 36; MüKoAktG/*Schaal* Rn. 78; Großkomm AktG/*Otto* Rn. 64; vgl. auch *v. Godin/Wilhelmi* Anm. 9.
[147] AA GJW/*Temming* Rn. 23; Hölters/*Müller-Michaels* Rn. 42: Auch Zwischenscheine werden erfasst.
[148] Erbs/Kohlhaas/*Schaal* Rn. 33; Kölner Komm AktG/*Geilen*, 1. Aufl. 1984, Rn. 87; Kölner Komm AktG/*Altenhain* Rn. 37; MüKoAktG/*Schaal* Rn. 79 ff.; Großkomm AktG/*Otto* Rn. 65; NK-WSS/*Krause*/*Twele* Rn. 23.
[149] Kölner Komm AktG/*Geilen*, 1. Aufl. 1984, Rn. 89; Kölner Komm AktG/*Altenhain* Rn. 37; MüKoAktG/*Schaal* Rn. 81; Großkomm AktG/*Otto* Rn. 65.
[150] Großkomm AktG/*Klug*, 3. Aufl. 1975, Anm. 26; Kölner Komm AktG/*Geilen*, 1. Aufl. 1984, Rn. 90; Kölner Komm AktG/*Altenhain* Rn. 41; MüKoAktG/*Schaal* Rn. 91; Großkomm AktG/*Otto* Rn. 75.
[151] Großkomm AktG/*Otto* Rn. 74.
[152] Baumbach/Hueck Rn. 12; aA Erbs/Kohlhaas/*Schaal* Rn. 33 sowie Kölner Komm AktG/*Altenhain* Rn. 37, die diese Rechte als geschützt ansehen.
[153] Kölner Komm AktG/*Geilen*, 1. Aufl. 1984, Rn. 88; Großkomm AktG/*Klug*, 3. Aufl. 1975, Anm. 26; MüKoAktG/*Schaal* Rn. 84; Großkomm AktG/*Otto* Rn. 67.
[154] MüKoAktG/*Schaal* Rn. 84; aA Kölner Komm AktG/*Geilen*, 1. Aufl. 1984, Rn. 88; Großkomm AktG/*Otto* Rn. 67.

auch durch die Anzahl der anwesenden Aktionäre beeinflusst werden. Die Norm muss daher in diesem Punkt unter Rechtsgutsgesichtspunkten extensiv ausgelegt werden, so dass auch das Teilnahmerecht erfasst wird. Eine solche Auslegung ist systematisch vorzugswürdig, da nach allgM der Stimmenverkauf auch durch ein Fernbleiben des Aktionärs erreicht werden kann (→ Rn. 71).

Die Benutzung ist **unbefugt,** wenn sie nicht von einer Vertretungsbefugnis oder einer Einwilligung gedeckt ist.[155] Liegt eine Befugnis vor, so ist der Tatbestand ausgeschlossen.[156] Eine tatbestandsausschließende Vertretungsbefugnis kann sich nach allgemeinen Regeln aus Rechtsgeschäft oder Gesetz ergeben.[157] Notwendig ist diese, da der angemeldete Aktionär trotz zwischenzeitlicher Veräußerung weiterhin (relativ zur Gesellschaft) als Aktionär gilt (vgl. § 67 Abs. 2 S. 1 für Namens- und § 123 Abs. 4 S. 5 für Inhaberaktien), so dass keine unbefugte Stimmrechtsausübung vorliegt.[158] Insbes. bei Veräußerung größerer Aktienpakete nach ordnungsgemäßer Erbringung eines statutarischen Berechtigungsnachweises wird regelmäßig eine Vertretungsregelung im Kaufvertrag enthalten sein, so dass die Ausübung des Mitgliedsrechts auch insoweit unbefugt ist.[159] Selbst die Verletzung von Formvorschriften bei der Vertretungsbefugnis ist unbeachtlich, falls dadurch die Meinungsbildung nicht gefährdet werden kann. Ausnahme hiervon ist die Verletzung der Formvorschrift des § 135 Abs. 6.[160] Ziel von § 135 ist es, die Kontrollfunktion der Aktionäre auch in der HV zu bekräftigen.[161] § 135 Abs. 6 kommt systematisch somit auch die Funktion zu, bereits eine abstrakte Gefährdung der Meinungsbildung zu verhindern und im Rahmen der „Diskussion über die Macht der Banken"[162] diese Macht jedenfalls zT einzudämmen. Bei der Wahrnehmung des Stimmrechts durch Banken gilt es zudem, die besonderen Regelungen des § 135 Abs. 1 S. 1 und Abs. 3 S. 3, 4 zu beachten. In solchen Fällen geht die Spezialregelung des § 405 Abs. 3 Nr. 4 dem allgemeinen Tatbestand des § 405 Abs. 3 Nr. 1 vor.[163]

Die ausdrücklich oder konkludent erklärte vorherige Zustimmung zur Aktienbenutzung lässt den Tatbestand entfallen.[164] Die (nachträglich erfolgende) Genehmigung hat allerdings auf die Ordnungswidrigkeit keinen Einfluss.[165] In Betracht zu ziehen ist in einer solchen Konstellation aber eine rechtzeitige (mutmaßliche) Einwilligung.[166] Die verspätete Genehmigung kann darüber hinaus bei der Entscheidung über die Verfolgung (Opportunitätsprinzip) sowie der Bemessung der Geldbuße Berücksichtigung finden.[167]

b) Abs. 3 Nr. 2: Aktienbenutzung nach Gewähren oder Versprechen eines besonderen Vorteils. Auch bei Abs. 3 Nr. 2 handelt es sich um ein **Schutzgesetz** nach § 823 Abs. 2 BGB zugunsten der Gesellschaft und ihrer Aktionäre.[168] Es geht bei diesem Tatbestand um das entgeltliche Ausleihen[169] der Mitgliedsrechte eines Aktionärs zu dem angegebenen Zweck, wodurch sich der Täter einen besonderen Vorteil verschafft. Diese Art der Wertpapierleihe ist ordnungspolitisch uner-

---

[155] Erbs/Kohlhaas/*Schaal* Rn. 34; Kölner Komm AktG/*Altenhain* Rn. 38 f.; Kölner Komm AktG/*Geilen*, 1. Aufl. 1984, Rn. 84 ff.; MüKoAktG/*Schaal* Rn. 85 ff.; Großkomm AktG/*Otto* Rn. 68 ff.; GJW/*Temming* Rn. 25.
[156] *v. Godin/Wilhelmi* Anm. 9; Großkomm AktG/*Klug*, 3. Aufl. 1975, Anm. 25; Kölner Komm AktG/*Geilen*, 1. Aufl. 1984, Rn. 83 f.; NK-WSS/*Krause/Twele* Rn. 24.
[157] Vgl. hierzu Kölner Komm AktG/*Geilen*, 1. Aufl. 1984, Rn. 84; Kölner Komm AktG/*Altenhain* Rn. 38; MüKoAktG/*Schaal* Rn. 86; Großkomm AktG/*Otto* Rn. 68.
[158] Vgl. bereits → § 402 Rn. 21 ff., 26 f.; → § 123 Rn. 18 ff.; RegE zum Gesetz zur Unternehmensintegrität und Modernisierung des Anfechtungsrechts (UMAG) v. 14.3.2005, BT-Drs. 15/5092, 14; *Seibert* WM 2005, 157 (158); MüKoStGB/*Kiethe* § 402 Rn. 43 f.; MüKoAktG/*Kubis* § 123 Rn. 37 f.
[159] RegE zum Gesetz zur Unternehmensintegrität und Modernisierung des Anfechtungsrechts (UMAG) v. 14.3.2005, BT-Drs. 15/5092, 14; *Seibert* WM 2005, 157 (158).
[160] Vgl. hierzu *Eckardt* DB 1967, 191 (192); Kölner Komm AktG/*Geilen*, 1. Aufl. 1984, Rn. 84 f.; MüKoAktG/*Schaal* Rn. 89; Großkomm AktG/*Otto* Rn. 70.
[161] Vgl. → § 135 Rn. 1; Hüffer/Koch/*Koch*, 13. Aufl. 2018, § 135 Rn. 1; MüKoAktG/*Arnold* § 135 Rn. 5.
[162] MüKoAktG/*Arnold* § 135 Rn. 18 ff.
[163] Erbs/Kohlhaas/*Schaal* Rn. 34; Kölner Komm AktG/*Geilen*, 1. Aufl. 1984, Rn. 84, 94; MüKoAktG/*Schaal* Rn. 87; Großkomm AktG/*Otto* Rn. 69; Kölner Komm AktG/*Altenhain* Rn. 38.
[164] Erbs/Kohlhaas/*Schaal* Rn. 34; Kölner Komm AktG/*Geilen*, 1. Aufl. 1984, Rn. 85; Großkomm AktG/*Klug*, 3. Aufl. 1975, Anm. 25; MüKoAktG/*Schaal* Rn. 88 f.; Großkomm AktG/*Otto* Rn. 70; Kölner Komm AktG/*Altenhain* Rn. 31.
[165] Erbs/Kohlhaas/*Schaal* Rn. 35; Kölner Komm AktG/*Geilen*, 1. Aufl. 1984, Rn. 85; Großkomm AktG/*Klug*, 3. Aufl. 1975, Anm. 25; Großkomm AktG/*Otto* Rn. 73.
[166] Kölner Komm AktG/*Geilen*, 1. Aufl. 1984, Rn. 85, 92; MüKoAktG/*Schaal* Rn. 89; Großkomm AktG/*Otto* Rn. 73, 76.
[167] Erbs/Kohlhaas/*Schaal* Rn. 35; Kölner Komm AktG/*Geilen*, 1. Aufl. 1984, Rn. 85; Großkomm AktG/*Klug*, 3. Aufl. 1975, Anm. 25; MüKoAktG/*Schaal* Rn. 91; Großkomm AktG/*Otto* Rn. 73.
[168] Großkomm AktG/*Otto* Rn. 60; Kölner Komm AktG/*Altenhain* Rn. 33.
[169] Vgl. hierzu sowie zum ungenauen Sprachgebrauch der Wertpapierleihe *Dörge* AG 1997, 396 (397) und *Kümpel/Peters* AG 1994, 525 ff.

wünscht.[170] Der Gesetzgeber verlangt für die Übertragung des Stimmrechts auch die Übertragung der gesamten Aktie. Das für den Tatbestand entscheidende Merkmal ist das der **Entgeltlichkeit**.[171] Der Kreis der tauglichen Tatobjekte (Aktien eines anderen) und die Tathandlung des Benutzens (einschließlich Bezugspunkt) decken sich mit **Abs. 3 Nr. 1**.

46 Während Nr. 1 eine Anmaßung darstellt, geht es in Nr. 2 um eine kollusive Tatbegehung. Beide Varianten hängen eng mit den Nummern 6 und 7 zusammen, die den aktiven und passiven Stimmenkauf betreffen. Sie verhindern Umgehungsmöglichkeiten in Gestalt der Aktienleihe.[172]

47 Erfasst ist das Benutzen der Aktien eines anderen zur Ausübung von Rechten, die sich der Täter zum Zwecke der Ausübung durch Gewähren oder Versprechen besonderer Vorteile verschafft hat. Der Tatbestand ist somit mehraktig:[173] Der Täter muss erst die Aktien an sich bringen, um sie dann in einem zweiten Schritt zweckbestimmt einsetzen zu können.

48 Der **Vorteilsbegriff** entspricht dem der §§ 331 ff. StGB. Vorteil ist damit jede Leistung, auf die der Täter keinen Anspruch hat und die die wirtschaftliche, rechtliche oder persönliche, auch immaterielle,[174] Lage des Täters oder eines Dritten verbessert.[175] Der Tatbestand setzt somit eine quasi-synallagmatische Verknüpfung von Vorteil und Aktienhergabe voraus,[176] wobei auch mittelbare Verknüpfungen erfasst werden.[177] Der materielle Wert der Gegenleistung ist grundsätzlich unbeachtlich.[178] Das Merkmal ist jedoch nicht erfüllt, wenn der materielle Wert des Vorteils so gering ist, dass er als sozialadäquat, mithin nicht mehr als Gegenleistung angesehen wird. Dies ist bei absolut geringwertigen Gütern der Fall.[179]

49 Aus der **Zweckbindung**[180] der Handlung im Hinblick auch auf die Erlangung des besonderen Vorteils als Gegenleistung lässt sich ableiten, dass der Vorteil über die reine Ausübung der Rechte hinausgehen muss. Der Vorteil ist ein **besonderer,** wenn er nur einem Teil der Aktionäre zugutekommt,[181] so dass es sich um eine Sondervergünstigung handelt.[182] Werden hingegen alle Aktionäre unmittelbar oder mittelbar über die AG beteiligt, so liegt kein besonderer Vorteil vor.[183] Hebt sich der Verleiher von seinen Mitaktionären entgegen dem Gleichbehandlungsgrundsatz des AktG ab, indem er zB als Einziger eine Dividendengarantie oder einen Aufsichtsratsposten erhält, ist das Merkmal erfüllt.[184] Auch die Einräumung einer Verkaufsoption (Put-Option) und die Garantie einer Mindestdividende stellen einen solchen Vorteil dar.[185]

50 Der besondere Vorteil muss gewährt oder versprochen worden sein. Ein **Gewähren** liegt, der Auslegung zu §§ 331 ff. StGB folgend, in jeder tatsächlichen Übergabe bzw. Hingabe des Vorteils mit dem Willen, die Verfügungsgewalt auf den Vorteilsnehmer übergehen zu lassen.[186] Der Vorteil

---

[170] Vgl. nur *Kümpel/Peters* AG 1994, 525 (529).
[171] Kölner Komm AktG/*Geilen*, 1. Aufl. 1984, Rn. 100; MüKoAktG/*Schaal* Rn. 94; Großkomm AktG/*Otto* Rn. 78; weiterhin Großkomm AktG/*Klug*, 3. Aufl. 1975, Anm. 27.
[172] Kölner Komm AktG/*Geilen*, 1. Aufl. 1984, Rn. 96; Kölner Komm AktG/*Altenhain* Rn. 43.
[173] MüKoAktG/*Schaal* Rn. 102.
[174] Großkomm AktG/*Otto* Rn. 79 mBspr in Rn. 83; GJW/*Temming* Rn. 27; Kölner Komm AktG/*Altenhain* Rn. 47.
[175] Vgl. BGHSt 35, 128 (133) = NJW 1988, 2547 (2548); BGHSt 31, 264 (279) = NJW 1983, 2509 (2512); NK-AktR/*Bernsmann* Rn. 10; MüKoAktG/*Schaal* Rn. 95 ff.; Großkomm AktG/*Otto* Rn. 79; NK-WSS/*Krause/Twele* Rn. 26; MüKoStGB/*Korte* StGB § 331 Rn. 60 mwN; zur Rspr.: Schönke/Schröder/*Heine/Eisele* StGB § 331 Rn. 14; *Fischer* StGB § 331 Rn. 11.
[176] Kölner Komm AktG/*Geilen*, 1. Aufl. 1984, Rn. 103; Großkomm AktG/*Otto* Rn. 80.
[177] BGH GA 1981, 572; Erbs/Kohlhaas/*Schaal* Rn. 38; MüKoAktG/*Schaal* Rn. 96; Großkomm AktG/*Otto* Rn. 79; Kölner Komm AktG/*Altenhain* Rn. 47.
[178] Großkomm AktG/*Otto* Rn. 80; zu §§ 331 ff. StGB vgl. BGH NStZ 2000, 596 (599); MüKoStGB/*Korte* StGB § 331 Rn. 62; NK-StGB/*Kuhlen* StGB § 331 Rn. 40 ff., Schönke/Schröder/*Heine/Eisele* StGB § 331 Rn. 15; *Fischer* StGB § 331 Rn. 11c; Kölner Komm AktG/*Altenhain* Rn. 47.
[179] Großkomm AktG/*Otto* Rn. 80; MüKoStGB/*Korte* StGB § 331 Rn. 110 ff. mwN zur umstrittenen dogmatischen Einordnung der Sozialadäquanz; NK-StGB/*Kuhlen* StGB § 331 Rn. 63, 98 ff.; Schönke/Schröder/*Heine/Eisele* StGB § 331 Rn. 40; *Fischer* StGB § 331 Rn. 25 ff.; abl. insoweit Kölner Komm AktG/*Altenhain* Rn. 47.
[180] Erbs/Kohlhaas/*Schaal* Rn. 38; Großkomm AktG/*Klug*, 3. Aufl. 1975, Anm. 27; MüKoAktG/*Schaal* Rn. 97; Großkomm AktG/*Otto* Rn. 81.
[181] OLG Bamberg LZ 1919, 612 Nr. 10; *Boesebeck* AG 1963, 203; *Overrath*, Die Stimmrechtsbindung, 1973, 26 ff.; NK-AktR/*Bernsmann* Rn. 10; Großkomm AktG/*Klug*, 3. Aufl. 1975, Anm. 27; Großkomm AktG/*Otto* Rn. 82; Bürgers/Körber/*Pelz* Rn. 12; Kölner Komm AktG/*Altenhain* Rn. 47.
[182] Erbs/Kohlhaas/*Schaal* Rn. 38; MüKoAktG/*Schaal* Rn. 98; Großkomm AktG/*Otto* Rn. 82; NK-WSS/*Krause/Twele* Rn. 26.
[183] *Overrath*, Die Stimmrechtsbindung, 1973, 26; MüKoAktG/*Schaal* Rn. 99; Großkomm AktG/*Otto* Rn. 82.
[184] *Boesebeck* AG 1963, 203; Erbs/Kohlhaas/*Schaal* Rn. 38; Großkomm AktG/*Klug*, 3. Aufl. 1975, Anm. 27; MüKoAktG/*Schaal* Rn. 100 f., jeweils mw Bsp.; Großkomm AktG/*Otto* Rn. 82.
[185] OLG Hamm v. 3.2.2014 – 8 U 47/10, BeckRS 2015, 00257.
[186] Erbs/Kohlhaas/*Schaal* Rn. 39; MüKoAktG/*Schaal* Rn. 103; MüKoStGB/*Korte* StGB § 333 Rn. 13; Großkomm AktG/*Otto* Rn. 84; *Fischer* StGB § 333 Rn. 4.

kann vom Vorteilsnehmer auch stillschweigend angenommen werden.[187] **Versprechen** von Vorteilen ist die (einseitige) Zusage eines künftigen Vorteils, die dem Vorteilsnehmer lediglich zur Kenntnis gebracht werden muss.[188] Beide Alternativen müssen zielgerichtet (im Sinne eines finalen Zusammenhangs) eingesetzt worden sein, um sich die Aktien eines anderen zu verschaffen.[189] Der Täter hat sich die Aktien **verschafft**, wenn er über sie tatsächlich verfügen und die mit ihr verbundenen Mitgliedschaftsrechte ausüben kann.[190] Tatbestandlich erfasst ist dabei freilich nur die leihweise Erlangung der Verfügungsgewalt. Ein etwaiger entgeltlicher Vollrechtserwerb ist rechtlich nicht zu beanstanden.[191] Aus dem gleichen Grund scheidet der Tatbestand auch dann aus, wenn sich ein Aktionär durch ein Sachdarlehen iSv § 607 BGB mit dem Ziel Aktien verschafft, eine Aktienmehrheit von 95 % zu erreichen, was gem. § 327a den Ausschluss von Minderheitsaktionären ermöglicht **(Squeeze-out)**.[192] Denn auch im Fall eines Sachdarlehens wird der Darlehensnehmer formal Volleigentümer, und allein auf dieses sachenrechtliche Eigentum an der Aktienmehrheit kommt es im Fall des § 327a Abs. 1 S. 1 an.[193] Demgemäß scheidet der Tatbestand auch in den Fällen des sog. **Empty Voting** aus, in denen die Aktien aufgrund eines Wertpapierdarlehens an den Darlehensnehmer übertragen werden.[194]

Bzgl. des Verschaffens muss der Täter mit der **Absicht** (dolus directus 1. Grades) handeln, die **51** Aktien gerade zur Ausübung der mit ihr verbundenen Rechte zu benutzen.[195] **Vollendet** ist die Tat erst mit Ausführungsbeginn des zweiten Teilaktes, also der konkreten Benutzung der Aktienrechte in der HV oder der gesonderten Versammlung.[196]

c) Abs. 3 Nr. 3: Aktienüberlassung nach Gewähren oder Versprechen eines besonderen **52** **Vorteils.** Die Nr. 3, die den Vorteilsnehmer erfasst und **Schutzgesetz** iSv § 823 Abs. 2 BGB ist,[197] bildet das **komplementäre Gegenstück zur Nr. 2**, ähnlich der Struktur der Bestechungsdelikte der §§ 331 ff. StGB. Tathandlung ist das Überlassen der Aktien an einen anderen gegen das Gewähren oder Versprechen besonderer Vorteile, also das Ermöglichen, die tatsächliche Verfügungsgewalt an den Aktien zu erlangen und die verbundenen Rechte auszuüben.[198] Da die mit der Aktie verbundenen Rechte nicht ausgeübt worden sein müssen,[199] handelt es sich anders als bei der Nr. 2 um keinen mehraktigen Tatbestand.[200] **Vollendet** ist der Tatbestand mit dem Überlassungsakt als solchem und damit früher als die Parallelvorschrift der Nr. 2.[201] Die Aktie muss dem Vorteilsgeber vom Täter gerade in der **Absicht**[202] (dolus directus 1. Grades) dazu überlassen worden sein, dass er sie zur Ausübung seiner Rechte auch verwendet.[203] Für die übrigen Merkmale genügt bedingter Vorsatz.[204]

d) Abs. 3 Nr. 4: Aktienbenutzung zur Ausübung des Stimmrechts unter Verletzung von **53** **§ 135.** Nr. 4 erfasst die nicht nach § 135 legitimierte Benutzung von Aktien zur Ausübung des

---

[187] BGHSt 15, 184 (185) = NJW 1961, 468; Erbs/Kohlhaas/*Schaal* Rn. 39; MüKoAktG/*Schaal* Rn. 103; Großkomm AktG/*Otto* Rn. 84.
[188] Erbs/Kohlhaas/*Schaal* Rn. 39; MüKoAktG/*Schaal* Rn. 104; Großkomm AktG/*Otto* Rn. 85; MüKoStGB/*Korte* StGB § 333 Rn. 12.
[189] MüKoAktG/*Schaal* Rn. 105; Großkomm AktG/*Otto* Rn. 86; NK-WSS/*Krause/Tiwele* Rn. 26.
[190] Erbs/Kohlhaas/*Schaal* Rn. 39; MüKoAktG/*Schaal* Rn. 105; Großkomm AktG/*Otto* Rn. 87.
[191] GJW/*Temming* Rn. 28.
[192] GJW/*Temming* Rn. 28; Kölner Komm AktG/*Altenhain* Rn. 44 mwN; Hölters/*Müller-Michaels* Rn. 53; *Kort* DB 2006, 1546.
[193] BGH NJW-RR 2009, 828 (829).
[194] Vertiefend zum Empty Voting *Osterloh-Konrad* ZGR 2012, 35 (46).
[195] Erbs/Kohlhaas/*Schaal* Rn. 39; MüKoAktG/*Schaal* Rn. 105 f.; Großkomm AktG/*Otto* Rn. 89; vgl. auch Großkomm AktG/*Klug*, 3. Aufl. 1975, Anm. 27; Kölner Komm AktG/*Altenhain* Rn. 49.
[196] Erbs/Kohlhaas/*Schaal* Rn. 40; Großkomm AktG/*Klug*, 3. Aufl. 1975, Anm. 27; Kölner Komm AktG/*Geilen*, 1. Aufl. 1984, Rn. 104; Kölner Komm AktG/*Altenhain* Rn. 48; MüKoAktG/*Schaal* Rn. 107; Großkomm AktG/*Otto* Rn. 90; Hölters/*Müller-Michaels* Rn. 54; NK-WSS/*Krause/Tiwele* Rn. 26.
[197] Großkomm AktG/*Otto* Rn. 60; Kölner Komm AktG/*Altenhain* Rn. 33.
[198] NK-AktR/*Bernsmann* Rn. 11; Erbs/Kohlhaas/*Schaal* Rn. 43; MüKoAktG/*Schaal* Rn. 111; Großkomm AktG/*Otto* Rn. 93; NK-WSS/*Krause/Tiwele* Rn. 27.
[199] Großkomm AktG/*Klug*, 3. Aufl. 1975, Anm. 28; Kölner Komm AktG/*Geilen*, 1. Aufl. 1984, Rn. 104; Großkomm AktG/*Otto* Rn. 92.
[200] MüKoAktG/*Schaal* Rn. 110; vgl. auch Großkomm AktG/*Otto* Rn. 92; GJW/*Temming* Rn. 30.
[201] Erbs/Kohlhaas/*Schaal* Rn. 44; Großkomm AktG/*Klug*, 3. Aufl. 1975, Anm. 28; Kölner Komm AktG/*Geilen*, 1. Aufl. 1984, Rn. 104; Kölner Komm AktG/*Altenhain* Rn. 48; MüKoAktG/*Schaal* Rn. 113; Großkomm AktG/*Otto* Rn. 96; Hölters/*Müller-Michaels* Rn. 57.
[202] Erbs/Kohlhaas/*Schaal* Rn. 43; MüKoAktG/*Schaal* Rn. 112; Großkomm AktG/*Otto* Rn. 95.
[203] AA, wonach es nicht erforderlich sei, dass es dem Täter gerade auf die Ausübung des Mitgliedschaftsrechts ankomme (also wohl bedingter Vorsatz ausreichend), GJW/*Temming* Rn. 31.
[204] Großkomm AktG/*Klug*, 3. Aufl. 1975, Anm. 28; Großkomm AktG/*Otto* Rn. 95.

(Depot-)Stimmrechts. Auch bei Nr. 4 handelt es sich um ein **Schutzgesetz** iSv § 823 Abs. 2 BGB für die Gesellschaft und ihre Aktionäre.[205] Die Nr. 4 ist eine die Nr. 1 verdrängende **lex specialis-Regelung**,[206] die festlegt, nach welchen Grundsätzen Kreditinstitute ihnen überlassene Stimmrechte ausüben dürfen. Erfasst wird nur die Benutzung der Aktien zur Ausübung des Stimmrechts, nicht zur Ausübung anderer Rechte, wie zB des Auskunfts-, Teilnahme- oder Rederechts.[207]

54 **Verengung des Täterkreises.** Eine besondere Täterqualifikation fordert Nr. 4 von seinem Wortlaut her nicht. Jedoch ergibt sich aus § 135 eine praktische Verengung des Täterkreises. Vom Tatbestand erfasst ist insbes. aufgrund von § 135 Abs. 8 Hs. 1 Var. 2 jeder zuständige Vertreter eines Kreditinstituts. Damit ist der Tatbestand trotz der über § 135 fast auf die Einordnung als Sonderdelikt hinauslaufenden Formulierung[208] weiter gefasst, als es die allgemeine Vertreterregelung des § 9 OWiG vermuten ließe.[209] § 135 stellt insges. eine äußerst formalisierte Ordnungsvorschrift hinsichtlich Form und Frist dar, die im Einzelfall zu unbilligen Ergebnissen führen kann.[210] Dies wurde vom Gesetzgeber aber bewusst so in Kauf genommen und gewollt, weil man die besonderen Gefahren einer Stimmrechtsbündelung durch Kreditinstitute erkannt hat. Aufgrund einer vergleichbaren Gefahr gilt das Verbot gem. § 135 Abs. 8 auch für geschäftsmäßige Vertreter von Aktionären wie Vereinigungen von solchen.[211]

55 Die Tathandlung des **Benutzens** der Aktien eines anderen ist wie im Rahmen von § 405 Abs. 3 Nr. 1 zu verstehen (→ Rn. 40); zur Ausübung des Stimmrechts vgl. §§ 134 ff. Die Tathandlung kann sich nur auf Aktien eines anderen beziehen, für die das Stimmrecht entsprechend § 135 nicht ausgeübt werden darf.[212] Bereits mit der ersten Stimmabgabe liegt **Vollendung** der Tat vor.[213]

56 In subjektiver Hinsicht muss der Täter Vorsatz aufweisen, wobei **bedingter Vorsatz** genügt und bereits gegeben ist, wenn der Täter sich des konkreten Risikos bewusst ist, Aktien eines anderen unter Verletzung des § 135 zur Ausübung des Stimmrechts zu benutzen.[214]

57 **e) Abs. 3 Nr. 5: Aktienmissbrauch durch Überlassen oder Benutzen von Aktien, die einem Stimmrechtsverbot unterliegen.** Nr. 5 sanktioniert eine Umgehung der in Bezug genommenen Stimmrechtsverbote und ist **Schutzgesetz** iSv § 823 Abs. 2 BGB für die Gesellschaft und ihre Aktionäre.[215] Ob dies auch für Konzerngesellschaften gilt, deren Muttergesellschaft nicht in Deutschland ansässig ist, richtet sich nach § 5 OWiG.[216]

58 Der Tatbestand ahndet **zwei Formen der Umgehung von Stimmrechtsverboten**: einerseits das **Überlassen** von Aktien, für die der Täter oder der von ihm Vertretene das Stimmrecht aufgrund eines Stimmrechtsverbots nicht ausüben darf, an einen anderen zum Zwecke der Ausübung des Stimmrechts; andererseits das **Benutzen** der Aktien zur Ausübung des Stimmrechts, die dem Täter von dem Stimmrechtsbeschränkten oder dessen Vertreter überlassen worden sind. Somit sind sowohl der Überlassende (Var. 1) als auch der Benutzende (Var. 2) vom Tatbestand erfasst, sofern über die gewählte Begehungsform kollusiv Stimmrechtsverbote umgangen werden sollen. Beim Überlassen gehört im Gegensatz zum Benutzen die Ausübung des Stimmrechts nicht zum objektiven, sondern subjektiven Tatbestand (→ Rn. 62).[217]

---

[205] Großkomm AktG/*Klug*, 3. Aufl. 1975, Anm. 29; Kölner Komm AktG/*Geilen*, 1. Aufl. 1984, Rn. 108; MüKoAktG/*Schaal* Rn. 116; Kölner Komm AktG/*Altenhain* Rn. 33.
[206] Erbs/Kohlhaas/*Schaal* Rn. 47, 82; Kölner Komm AktG/*Geilen*, 1. Aufl. 1984, Rn. 111; MüKoAktG/*Schaal* Rn. 120; Großkomm AktG/*Otto* Rn. 97; Kölner Komm AktG/*Altenhain* Rn. 50; NK-WSS/*Krause/Twele* Rn. 28.
[207] Kölner Komm AktG/*Altenhain* Rn. 50; Kölner Komm AktG/*Geilen*, 1. Aufl. 1984, Rn. 111 f.; Großkomm AktG/*Otto* Rn. 97.
[208] Kölner Komm AktG/*Geilen*, 1. Aufl. 1984, Rn. 113.
[209] In diesem Sinne auch Großkomm AktG/*Klug*, 3. Aufl. 1975, Anm. 30; Kölner Komm AktG/*Geilen*, 1. Aufl. 1984, Rn. 113; Kölner Komm AktG/*Altenhain* Rn. 51.
[210] Vgl. zu den genauen formalen Anforderungen § 135.
[211] Erbs/Kohlhaas/*Schaal* Rn. 46; Großkomm AktG/*Klug*, 3. Aufl. 1975, Anm. 30; MüKoAktG/*Schaal* Rn. 119; Großkomm AktG/*Otto* Rn. 98.
[212] MüKoAktG/*Schaal* Rn. 117.
[213] Erbs/Kohlhaas/*Schaal* Rn. 48; Großkomm AktG/*Klug*, 3. Aufl. 1975, Anm. 31; MüKoAktG/*Schaal* Rn. 121; Großkomm AktG/*Otto* Rn. 103; GJW/*Temming* Rn. 34; Kölner Komm AktG/*Altenhain* Rn. 52; NK-WSS/*Krause/Twele* Rn. 29.
[214] Großkomm AktG/*Klug*, 3. Aufl. 1975, Anm. 31; Kölner Komm AktG/*Geilen*, 1. Aufl. 1984, Rn. 114; Großkomm AktG/*Otto* Rn. 102; Kölner Komm AktG/*Altenhain* Rn. 52.
[215] Großkomm AktG/*Klug*, 3. Aufl. 1975, Anm. 29; Kölner Komm AktG/*Geilen*, 1. Aufl. 1984, Rn. 117; MüKoAktG/*Schaal* Rn. 126; Kölner Komm AktG/*Altenhain* Rn. 33.
[216] Hierzu *Maul* NZG 1999, 741 (746), die auf § 3 StGB abstellt.
[217] Erbs/Kohlhaas/*Schaal* Rn. 51; Kölner Komm AktG/*Geilen*, 1. Aufl. 1984, Rn. 125; Kölner Komm AktG/*Altenhain* Rn. 53; Großkomm AktG/*Klug*, 3. Aufl. 1975, Anm. 33; MüKoAktG/*Schaal* Rn. 138; Großkomm AktG/*Otto* Rn. 116 f.

Die einzelnen verbotenen Stimmrechtsausübungen sind die in der Nr. 5 aufgeführten Stimm- 59
rechtsverbote.[218] Entgeltliches Handeln braucht nicht vorzuliegen. Für den Fall des Versprechens
oder Gewährens besonderer Vorteile kommt es zu einem jeweils tateinheitlichen Zusammentreffen
mit Nr. 2 und 3.[219] Eines der wichtigsten Stimmrechtsverbote stellt neben § 20 Abs. 7[220] die Blankett-
regelung des § 135 dar.[221] Erfasst werden durch § 135 die Umgehungsversuche sowohl durch den
vom Stimmrecht Ausgeschlossenen als auch durch den das Stimmrecht Ausübenden.[222] Eine solche
Umgehung ist bei einer Selbstbenutzung[223] durch die Verwaltung insbes. beim sog. Treuhänder-
Modell[224] für Stimmrechte denkbar, wenn der von der AG, meist der Publikums-AG, bezahlte
Treuhänder ohne weitere Weisung pauschal im Sinne der Verwaltung abstimmen soll.[225]

Das **Überlassen** eines Stimmrechts muss es dem Täter ermöglichen, das Stimmrecht auszuüben 60
(→ Rn. 52), während ein **Benutzen** voraussetzt, dass der Täter das verbotene Stimmrecht gebraucht
(→ Rn. 40).[226] Die weitere Auslegung ist wie bei Nr. 3 und 4 vorzunehmen.

Vollendet ist die Tat in der ersten Variante mit der Überlassung mindestens einer Aktie zum 61
Zweck der Stimmrechtsausübung und bei der zweiten Variante, dem Entgegennehmen, mit der
ersten Stimmrechtsausübung.[227]

Die erste Begehungsform – das Überlassen – weist eine überschießende Innentendenz auf. Der 62
Täter muss mit der **Absicht (dolus directus 1. Grades)** gehandelt haben, dass das Stimmrecht
ausgeübt wird. Einer tatsächlichen Ausübung des Stimmrechts bedarf es im Gegensatz zur zweiten
Alternative folglich nicht. Im Übrigen genügt **bedingter Vorsatz**.[228]

f) Abs. 3 Nr. 6: Stimmenverkauf. Die Tatbestände des Stimmenverkaufs (Nr. 6) bzw. des Stim- 63
menkaufs (Nr. 7) ähneln strukturell den Bestechungsdelikten, schützen aber nicht ein kollektives
Vertrauensrechtsgut wie diese.[229] Denn dafür ist die Position der Beteiligten (→ Rn. 64 f.) nicht
spezifisch genug ausgestaltet. Geschützt werden vielmehr **Vermögensinteressen** von Gesellschaft
und Aktionären bereits in ihrem Vorfeld.[230] Durch Stimmenverkauf oder Stimmenkauf lässt sich der
Aktionär nicht mehr von den Interessen der Gesellschaft, sondern allein von seinen eigenen leiten
und schafft dadurch Vermögensrisiken für diese.[231] Als **Schutzgesetz** iSv § 823 Abs. 2 BGB gilt die
Norm damit sowohl für die Gesellschaft als auch für ihre Aktionäre.[232]

Täter der Zuwiderhandlung kann jeder sein (Allgemeindelikt), sofern er die Möglichkeit hat, 64
ein Stimmrecht auszuüben.[233] Durch diese faktische Einschränkung hat die Norm im Ergebnis den
Charakter eines **Sonderdelikts**.[234] Täter kann neben dem Aktionär regelmäßig ein Aktionärsvertreter, ein Bevollmächtigter nach § 134 Abs. 3 S. 1 sowie – diesem gleichstehend – ein
Legitimationsaktionär[235] bzw. ein gesetzlicher Vertreter sein.[236] Da der Tatbestand die Aktionärsei-

---

[218] Vgl. zu den einzelnen Verboten Kölner Komm AktG/*Geilen*, 1. Aufl. 1984, Rn. 119; MüKoAktG/*Schaal* Rn. 128 ff.; Großkomm AktG/*Otto* Rn. 107 ff.
[219] Kölner Komm AktG/*Geilen*, 1. Aufl. 1984, Rn. 123; Kölner Komm AktG/*Altenhain* Rn. 53, 45.
[220] Vgl. hierzu *Diekmann* DZWIR 1994, 13 (16); MüKoAktG/*Schaal* Rn. 128.
[221] Näher hierzu MüKoAktG/*Schaal* Rn. 132; Großkomm AktG/*Otto* Rn. 111.
[222] Vgl. zu den möglichen Umgehungen *Schneider* AG 1990, 56 (59 ff.).
[223] Vgl. Kölner Komm AktG/*Geilen*, 1. Aufl. 1984, Rn. 125.
[224] Zur sprachlichen Ungenauigkeit *Singhof* NZG 1998, 670 (671).
[225] Vgl. auch → Rn. 80; zur Telekom-Entscheidung im Einzelnen LG Baden-Baden NZG 1998, 685 ff.; krit. *Singhof* NZG 1998, 670 ff.; vgl. auch zur gleichen Problemlage bei § 405 Abs. 3 Nr. 5 *Eckardt* DB 1967, 191 (192).
[226] MüKoAktG/*Schaal* Rn. 137.
[227] Erbs/Kohlhaas/*Schaal* Rn. 52; Großkomm AktG/*Klug*, 3. Aufl. 1975, Anm. 33; MüKoAktG/*Schaal* Rn. 139; Großkomm AktG/*Otto* Rn. 119; Hölters/*Müller-Michaels* Rn. 63; NK-WSS/*Krause*/*Twele* Rn. 30.
[228] Großkomm AktG/*Klug*, 3. Aufl. 1975, Anm. 33; Kölner Komm AktG/*Geilen*, 1. Aufl. 1984, Rn. 125; Kölner Komm AktG/*Altenhain* Rn. 53; MüKoAktG/*Schaal* Rn. 138; Großkomm AktG/*Otto* Rn. 117 f.
[229] Vgl. etwa *Hefendehl*, Kollektive Rechtsgüter im Strafrecht, 2002, 321 ff.
[230] *Meyer* AG 1966, 109 (113); Kölner Komm AktG/*Geilen*, 1. Aufl. 1984, Rn. 129; Kölner Komm AktG/*Altenhain* Rn. 54, der ansonsten den Vermögensschutz bei den §§ 399 ff. in den Vordergrund stellt, sieht in diesem Fall die Meinungsbildung innerhalb der Hauptversammlung als geschützt an.
[231] Kölner Komm AktG/*Geilen*, 1. Aufl. 1984, Rn. 129.
[232] Großkomm AktG/*Klug*, 3. Aufl. 1975, Anm. 34; MüKoAktG/*Schaal* Rn. 147; Kölner Komm AktG/*Altenhain* Rn. 33; OLG Hamm v. 3.2.2014 – 8 U 47/10, BeckRS 2015, 00257.
[233] Erbs/Kohlhaas/*Schaal* Rn. 53; Großkomm AktG/*Klug*, 3. Aufl. 1975, Anm. 35; Kölner Komm AktG/*Altenhain* Rn. 55; Kölner Komm AktG/*Geilen*, 1. Aufl. 1984, Rn. 130; MüKoAktG/*Schaal* Rn. 142; Großkomm AktG/*Otto* Rn. 121; NK-WSS/*Krause*/*Twele* Rn. 31; OLG Hamm v. 3.2.2014 – 8 U 47/10, BeckRS 2015, 00257.
[234] Großkomm AktG/*Klug*, 3. Aufl. 1975, Anm. 35.
[235] Vgl. Erbs/Kohlhaas/*Schaal* Rn. 53; *v. Godin*/*Wilhelmi* Anm. 14; Großkomm AktG/*Klug*, 3. Aufl. 1975, Anm. 36; MüKoAktG/*Schaal* Rn. 145; Großkomm AktG/*Otto* Rn. 125; Kölner Komm AktG/*Altenhain* Rn. 55.
[236] *v. Godin*/*Wilhelmi* Anm. 14; Großkomm AktG/*Otto* Rn. 123; Kölner Komm AktG/*Altenhain* Rn. 55.

genschaft nicht im Tatzeitpunkt voraussetzt, sondern lediglich auf eine Vereinbarung bzgl. der Ausübung der Stimmrechte abstellt, kann sich der Stimmenverkauf auch auf künftig zu erwerbende Aktien erstrecken.[237] Hierfür muss der Täter allerdings die Möglichkeit haben, bis zur HV Aktionär oder Aktionärsvertreter zu werden,[238] ansonsten läge ein untauglicher und nicht bußgeldbewehrter Versuch vor. Insbes. dem „Record Date" dürfte dabei praxisrelevante Bedeutung zukommen (vgl. zum Record Date bei Inhaberaktien → § 402 Rn. 22, bei Namensaktien → § 402 Rn. 26).

65 Der grundsätzlich Bevollmächtigte kommt nur dann als Täter in Betracht, wenn er sich außerhalb seiner ihm kraft Gesetzes oder kraft Rechtsgeschäfts zustehenden Vertretungsmacht bewegt. Im Verhältnis zu seinem Auftraggeber ist der gemäß dem Auftrag abstimmende Geschäftsbesorgende kein tauglicher Täter,[239] da in diesem Fall die aktienrechtliche Meinungsbildung nicht verfälscht sein kann. Ebenso ist beim Einsatz von verdeckten Stellvertretern als **Strohmänner** die aktienrechtliche Meinungsbildung nicht verfälscht, so dass diese keine tauglichen Täter sind.[240]

66 Nr. 6 und 7 enthalten für den jeweiligen Täterkreis eine ausschließliche und für diesen exklusive Regelung. Eine zusätzliche **Teilnahmestrafbarkeit** aus der jeweils anderen Norm scheidet – vergleichbar den Bestechungsdelikten – aus.[241]

67 Die **Tathandlungen** entsprechen denen der strafrechtlichen Norm der Vorteilsannahme (§ 331 StGB).[242] **Fordern** ist die ausdrückliche oder stillschweigende einseitige Erklärung des Täters, wonach er den besonderen Vorteil als Gegenleistung für sein Stimmrechtsverhalten verlangt.[243] Ausreichend ist die Vorstellung des Täters, der Erklärungsempfänger werde die Bedeutung seines auf eine Unrechtsvereinbarung zielenden Ansinnens verstehen.[244] **Sichversprechenlassen** ist die Annahme eines Angebots zur Gewährung eines auch nur bedingten, zukünftig zu erbringenden besonderen Vorteils als Gegenleistung für ein bestimmtes Abstimmungsverhalten,[245] unabhängig davon, ob die Zuwendung tatsächlich erfolgt.[246] Letzteres kann allenfalls für die Bemessung der Geldbuße Bedeutung haben. Die Annahmeerklärung kann ausdrücklich oder konkludent erfolgen.[247]

68 **Annehmen** ist die tatsächliche Entgegennahme der Gegenleistung mit dem Willen, den Gegenstand des Vorteils zu behalten oder über ihn sonst als eigenen für eigene Zwecke zu verfügen.[248] An einer Annahme fehlt es – anders als bei den Bestechungsdelikten[249] –, wenn der Vorteil einem Dritten zugutekommt.[250] Verfügt der Vorteilsnehmer hingegen mit eigenem Interesse zugunsten

---

[237] *Boesebeck* AG 1963, 203; *v. Godin/Wilhelmi* Anm. 14; Kölner Komm AktG/*Geilen*, 1. Aufl. 1984, Rn. 131; Großkomm AktG/*Otto* Rn. 121, 126.
[238] *v. Godin/Wilhelmi* Anm. 14.
[239] Kölner Komm AktG/*Geilen*, 1. Aufl. 1984, Rn. 132; MüKoAktG/*Schaal* Rn. 144; Großkomm AktG/*Otto* Rn. 122; Kölner Komm AktG/*Altenhain* Rn. 55.
[240] Kölner Komm AktG/*Geilen*, 1. Aufl. 1984, Rn. 132; Großkomm AktG/*Otto* Rn. 124; vgl. auch Kölner Komm AktG/*Altenhain* Rn. 55.
[241] Großkomm AktG/*Otto* Rn. 120.
[242] NK-AktR/*Bernsmann* Rn. 14; Erbs/Kohlhaas/*Schaal* Rn. 53; Großkomm AktG/*Klug*, 3. Aufl. 1975, Anm. 34; Kölner Komm AktG/*Geilen*, 1. Aufl. 1984, Rn. 128; MüKoAktG/*Schaal* Rn. 141; krit. zu diesen Formen der Tathandlung *Schnellenbach*, Die vorgesehenen Änderungen des Aktienstrafrechts im Regierungsentwurf zum Aktiengesetz 1960, 1963, 99 f. (zur damaligen Strafnorm), da der Bezug zum Rechtsgut der Vermögensinteressen der Gesellschaft verloren ginge.
[243] BGHSt 15, 88 (98) = NJW 1960, 2154 (2155); BGHSt 10, 237 (241) = NJW 1957, 1078 (1079); *Schnellenbach*, Die vorgesehenen Änderungen des Aktienstrafrechts im Regierungsentwurf zum Aktiengesetz 1960, 1963, 99; Erbs/Kohlhaas/*Schaal* Rn. 55; Großkomm AktG/*Klug*, 3. Aufl. 1975, Anm. 39; Kölner Komm AktG/*Geilen*, 1. Aufl. 1984, Rn. 134; MüKoAktG/*Schaal* Rn. 154; MüKoStGB/*Korte* StGB § 331 Rn. 50; Großkomm AktG/*Otto* Rn. 132; Schönke/Schröder/*Heine/Eisele* StGB § 331 Rn. 25; *Fischer* StGB § 331 Rn. 18; Kölner Komm AktG/*Altenhain* Rn. 57; NK-WSS/*Krause/Tiwele* Rn. 32.
[244] BGHSt 15, 88 (98) = NJW 1960, 2154 (2155); BGHSt 10, 237 (241) = NJW 1957, 1078 (1079); Kölner Komm AktG/*Geilen*, 1. Aufl. 1984, Rn. 136; Großkomm AktG/*Otto* Rn. 132.
[245] Erbs/Kohlhaas/*Schaal* Rn. 55; Großkomm AktG/*Klug*, 3. Aufl. 1975, Anm. 40; Kölner Komm AktG/*Geilen*, 1. Aufl. 1984, Rn. 137; Kölner Komm AktG/*Altenhain* Rn. 58; MüKoAktG/*Schaal* Rn. 155; MüKoStGB/*Korte* StGB § 331 Rn. 53 f.; Großkomm AktG/*Otto* Rn. 133; Schönke/Schröder/*Heine/Eisele* StGB § 331 Rn. 26; *Fischer* StGB § 331 Rn. 19.
[246] Großkomm AktG/*Otto* Rn. 133.
[247] BGHSt 15, 88 (97) = NJW 1960, 2154 (2155); MüKoAktG/*Schaal* Rn. 155; Großkomm AktG/*Otto* Rn. 133.
[248] BGHSt 14, 123 (127) = NJW 1960, 971 (973); Erbs/Kohlhaas/*Schaal* Rn. 55; Großkomm AktG/*Klug*, 3. Aufl. 1975, Anm. 41; Kölner Komm AktG/*Geilen*, 1. Aufl. 1984, Rn. 138; MüKoAktG/*Schaal* Rn. 156; MüKoStGB/*Korte* StGB § 331 Rn. 55; Großkomm AktG/*Otto* Rn. 134; Schönke/Schröder/*Heine/Eisele* StGB § 331 Rn. 27; *Fischer* StGB § 331 Rn. 20.
[249] OLG Karlsruhe NStZ 2001, 654 f.; LG Wuppertal NJW 2003, 1405 f.; *Fischer* StGB § 331 Rn. 20.
[250] Kölner Komm AktG/*Altenhain* Rn. 58.

eines Dritten, liegt also keine bloße Weiterleitung des empfangenen Vorteils an diesen vor,[251] so ist auch hier eine Annahme gegeben.[252] Ein Vorbehalt des Annehmenden, die Sache später eventuell zurückzugeben, steht einer Annahme nicht entgegen.[253] Erlangt der Täter die Sache zunächst ohne Kenntnis des damit angestrebten Zwecks, so liegt eine Annahme dann vor, wenn er ausdrücklich oder konkludent zu erkennen gibt, die Sache behalten zu wollen.[254] Erst in diesem Moment liegt die taugliche Tathandlung vor, auf die sich der Vorsatz nach dem Koinzidenzprinzip erstrecken muss. Einen tatbestandsrelevanten dolus subsequens gibt es nicht.

Notwendig ist ein **besonderer Vorteil** für denjenigen, der abstimmt. Ein solcher ist wie bei Nr. 2 **69** (→ Rn. 48 f.) zu verstehen[255] und umfasst nach zutreffender weiter Auslegung auch **immaterielle** Vorteile.[256] Er muss über eine Vergünstigung für das Abstimmungsverhalten als solches hinausgehen. Es bedarf also eines exklusiven, ihn von den übrigen Aktionären abhebenden Vorteils.[257] Ferner soll bereits **aus formellen Gründen** ein besonderer Vorteil dann vorliegen, wenn er sich nicht schon aus der Abstimmung ergibt.[258]

Bei **Stimmrechtsverträgen** bereitet die Anwendung dieser „Regeln" Probleme: Das Aufsichtsrats- **70** mandat, das einer bestimmten Aktionärsgruppe aufgrund eines durch einen Stimmrechtsvertrag zustande gekommenen Abstimmungsergebnisses zusteht, ist kein allen Aktionären zugutekommender besonderer Vorteil. Letzterer ergibt sich zudem nicht unmittelbar aus der Abstimmung.[259] Teilweise werden diese Stimmrechtsverträge daher auch kritisiert, weil über sie zB qualifizierte Mehrheitserfordernisse und Treuepflichten innerhalb der AG durch Abrede im Stimmrechtskonsortium ausgehebelt werden können.[260] Grundsätzlich sieht man hingegen Stimmrechtsverträge als zulässig an,[261] jedenfalls bei offenen, bei Konsortial-, Pool- oder Schutzgemeinschaftsverträgen. Die gesellschaftsrechtlichen Treuepflichten vermögen hier begrenzend zu wirken.[262] Ihre Zulässigkeit kann hingegen nicht damit erklärt werden, dass es sich um bloße schuldrechtliche Vereinbarungen handelt,[263] die das konkrete Abstimmungsverhalten nicht beeinflussen und nur im „Vorhof der Willensbildung" liegen.[264] Wäre dies richtig, liefe der Tatbestand stets leer, weil der Verkauf und die Gegenleistung gerade hierauf abzielen.

Das Verhalten muss auf eine **Unrechtsvereinbarung,** mithin auf die Vereinbarung über die **71** Käuflichkeit des Abstimmungsverhaltens, gerichtet sein.[265] Der Täter muss den **besonderen Vorteil als Gegenleistung** für das in Aussicht genommene Abstimmungsverhalten in einem Austauschgeschäft **final anstreben.**[266] Die dadurch zustande gekommene Unrechtsvereinbarung macht – entsprechend den Bestechungsdelikten der §§ 331 ff. StGB – den inneren Kern aus. Gegenstand der Unrechtsvereinbarung ist der „Stimmenkauf" als Angriff auf die Entschließungsfreiheit des Abstimmungsberechtigten,[267] die nach dem Willen des Gesetzgebers nicht in der Art disponibel sein soll,

---

[251] BGHSt 14, 123 (127) = NJW 1960, 971 (973); NK-StGB/*Kuhlen* StGB § 331 Rn. 29; Großkomm AktG/ *Otto* Rn. 134.
[252] Vgl. zur alten Rechtslage bei Drittvorteilen LK-StGB/*Sowada* StGB § 331 Rn. 41.
[253] BGH GA 1963, 147 (148); Großkomm AktG/*Otto* Rn. 134.
[254] BGHSt 49, 275 (298) = NJW 2004, 3569 (3576); BGHSt 15, 88 (103); OLG Köln MDR 1960, 156 f.; MüKoStGB/*Korte* StGB § 331 Rn. 56; NK-StGB/*Kuhlen* StGB § 331 Rn. 28; Großkomm AktG/*Otto* Rn. 134; *Fischer* StGB § 331 Rn. 20.
[255] Kölner Komm AktG/*Geilen*, 1. Aufl. 1984, Rn. 14; MüKoAktG/*Schaal* Rn. 148; Großkomm AktG/*Otto* Rn. 129, 78 ff.; Kölner Komm AktG/*Altenhain* Rn. 56; NK-WSS/*Krause/Twele* Rn. 33.
[256] RGSt 9, 166 (167) zu § 332 StGB; *Boesebeck* AG 1963, 203; *v. Godin/Wilhelmi* Anm. 14; MüKoAktG/ *Schaal* Rn. 149; Großkomm AktG/*Otto* Rn. 79, 129 ff.; Kölner Komm AktG/*Altenhain* Rn. 56, 47; aA noch Kölner Komm AktG/*Geilen*, 1. Aufl. 1984, Rn. 143.
[257] *Boesebeck* AG 1963, 203; Großkomm AktG/*Klug*, 3. Aufl. 1975, Anm. 40; Kölner Komm AktG/*Geilen*, 1. Aufl. 1984, Rn. 144 f.; Kölner Komm AktG/*Altenhain* Rn. 56; MüKoAktG/*Schaal* Rn. 150.
[258] Vgl. Kölner Komm AktG/*Geilen*, 1. Aufl. 1984, Rn. 144.
[259] Großkomm AktG/*Otto* Rn. 130; Kölner Komm AktG/*Geilen*, 1. Aufl. 1984, Rn. 145; Kölner Komm AktG/*Altenhain* Rn. 59.
[260] Zur Kritik ausf. *Habersack* ZHR 164 (2000), 1 ff.
[261] RGZ 119, 386 (388); für eine GmbH RGZ 131, 179 (182 f.); *Raiser* RdA 1972, 65 (68); *Schneider* AG 1990, 56 ff.; *Overrath*, Die Stimmrechtsbindung, 1973, 10 ff.; *v. Godin/Wilhelmi* Anm. 14; Großkomm AktG/*Klug*, 3. Aufl. 1975, Anm. 35, 37; Kölner Komm AktG/*Altenhain* Rn. 59; Kölner Komm AktG/*Geilen*, 1. Aufl. 1984, Rn. 145; MüKoAktG/*Schaal* Rn. 150; Großkomm AktG/*Otto* Rn. 130 f.
[262] *Schneider* AG 1990, 56 (60).
[263] *Habersack* ZHR 164 (2000), 1 ff.; *Raiser* RdA 1972, 65 (68 ff.).
[264] So aber Großkomm AktG/*Otto* Rn. 131.
[265] Erbs/Kohlhaas/*Schaal* Rn. 57; Großkomm AktG/*Klug*, 3. Aufl. 1975, Anm. 42; Kölner Komm AktG/ *Altenhain* Rn. 57; Kölner Komm AktG/*Geilen*, 1. Aufl. 1984, Rn. 140; MüKoAktG/*Schaal* Rn. 158 f.; Großkomm AktG/*Otto* Rn. 128; NK-WSS/*Krause/Twele* Rn. 32; GJW/*Temming* Rn. 40.
[266] Erbs/Kohlhaas/*Schaal* Rn. 57; MüKoAktG/*Schaal* Rn. 158.
[267] Erbs/Kohlhaas/*Schaal* Rn. 57; Großkomm AktG/*Klug*, 3. Aufl. 1975, Anm. 42; MüKoAktG/*Schaal* Rn. 160; Großkomm AktG/*Otto* Rn. 136; weiter Kölner Komm AktG/*Altenhain* Rn. 58.

dass der Berechtigte sein **Abstimmungsverhalten dem Willen eines Dritten unterwirft**. Der Täter muss sich verpflichten, sein Abstimmungsverhalten „im Interesse einer bestimmten Person", „mit einer bestimmten Person(-engruppe)" oder „bedingungslos für alle Vorschläge des Vorstandes oder des Aufsichtsrates" vorzunehmen.[268] Eine Unterordnung der eigenen Entschließungsfreiheit ist selbst dann gegeben, wenn vereinbart wird, sich der Stimme zu enthalten oder der Versammlung fernzubleiben,[269] weil auch in einem solchen Fall die kollektive Meinungsbildung durch Unterordnung der eigenen unter einen fremden Entschluss verletzt wird. Ebenso ist nicht erforderlich, dass der Täter die anderen Aktionäre über den Stimmenverkauf täuscht, da die offene Fremdbestimmung seines Abstimmungsverhaltens gleichermaßen die kollektive Willensbildung verfälscht.[270] Behält sich der Täter seine Entschließungsfreiheit hingegen vor, so wird die Nr. 6 nicht verwirklicht.[271] Eine solche sog. Mentalreservation[272] ist im Gegensatz zu den Bestechungsdelikten hier aufgrund des anders gelagerten Rechtsguts (→ Rn. 63) in dem Sinne beachtlich, dass der Tatbestand nicht gegeben ist.

72 Als vom Tatbestand erfasste Abstimmungen kommen **solche in der HV** oder der **gesonderten Versammlung** in Betracht, nicht hingegen Abstimmungen im Vorstand oder Aufsichtsrat.[273]

73 Wie bei der Nr. 3 gehört es nicht zur **Vollendung** des Tatbestandes, dass es zur Abstimmung oder Ausübung der Rechte kommt.[274] Beim Sichversprechenlassen ist es also für die Vollendung ausreichend, wenn der Täter durch sein Verhalten seine Bestechlichkeit nach außen zu erkennen gibt; bei der Annahme genügt die Entgegennahme des Vorteils.[275] Beim Fordern reicht die Kenntnisnahme der ausdrücklichen oder auch schlüssigen Erklärung, ohne dass der Erklärungsempfänger diese auch verstanden haben muss.[276] Bei den Tatmodalitäten des Sichversprechenlassens und des Annehmens hingegen muss eine Unrechtsvereinbarung vorher bzw. zugleich geschlossen werden und muss es konkret zur Annahmehandlung des besonderen Vorteils gekommen sein.[277] Es handelt sich insges. um ein kupiertes Erfolgs- und damit ein Vorfelddelikt.[278] Wie später tatsächlich abgestimmt wird, ist irrelevant.[279]

74 Es genügt **grundsätzlich bedingter Vorsatz**,[280] wobei bei der **Variante** des **Forderns** die **Absicht** (dolus directus 1. Grades) bzgl. des konkreten Abschlusses einer Unrechtsvereinbarung hinzukommen muss.[281]

75 **g) Abs. 3 Nr. 7: Stimmenkauf.** Als Gegenstück zu § 405 Abs. 3 Nr. 6 entsprechen die Tathandlungen der Nr. 7 denen des § 333 StGB. Geschützt werden wie beim Stimmenverkauf die Vermögensinteressen der AG und ihrer Aktionäre (→ Rn. 63).[282] § 405 Abs. 3 Nr. 7 ist **Schutzgesetz** iSv § 823 Abs. 2 BGB.[283]

---

[268] MüKoAktG/*Schaal* Rn. 161; Großkomm AktG/*Otto* Rn. 136.
[269] *Boesebeck* AG 1963, 203; Erbs/Kohlhaas/*Schaal* Rn. 57; Kölner Komm AktG/*Geilen*, 1. Aufl. 1984, Rn. 141; MüKoAktG/*Schaal* Rn. 161; Großkomm AktG/*Otto* Rn. 136.
[270] OLG Hamm v. 3.2.2014 – 8 U 47/10, BeckRS 2015, 00257; MüKoAktG/*Schaal* Rn. 146.
[271] Erbs/Kohlhaas/*Schaal* Rn. 57; Kölner Komm AktG/*Geilen*, 1. Aufl. 1984, Rn. 142; MüKoAktG/*Schaal* Rn. 160; jedoch kommt eine Strafbarkeit wegen Betrugs gem. § 263 StGB in Betracht; aA (Mentalreservation ist unerheblich) GJW/*Temming* Rn. 40; ebenso Kölner Komm AktG/*Altenhain* Rn. 58.
[272] Vgl. zu diesem Problem bei den Bestechungsdelikten BGHSt 15, 88 ff. = NJW 1960, 2154 ff.; Schönke/Schröder/*Heine/Eisele* StGB § 332 Rn. 14.
[273] Erbs/Kohlhaas/*Schaal* Rn. 53; Großkomm AktG/*Klug*, 3. Aufl. 1975, Anm. 43; Kölner Komm AktG/*Altenhain* Rn. 60; Kölner Komm AktG/*Geilen*, 1. Aufl. 1984, Rn. 141; MüKoAktG/*Schaal* Rn. 151; Großkomm AktG/*Otto* Rn. 138.
[274] Kölner Komm AktG/*Geilen*, 1. Aufl. 1984, Rn. 134 f.; MüKoAktG/*Schaal* Rn. 157; vgl. auch Kölner Komm AktG/*Altenhain* Rn. 62.
[275] BGHSt 47, 22 (29) = NJW 2001, 2560 (2561); MüKoAktG/*Schaal* Rn. 157; Schönke/Schröder/*Heine/Bosch* StGB § 331 Rn. 68.
[276] BGHSt 47, 22 (29) = NJW 2001, 2560 (2561); BGHSt 10, 237 (243) = NJW 1957, 1078 (1079); Kölner Komm AktG/*Geilen*, 1. Aufl. 1984, Rn. 136; Kölner Komm AktG/*Altenhain* Rn. 62; MüKoAktG/*Schaal* Rn. 157; NK-WSS/*Krause/Tiwele* Rn. 34.
[277] Großkomm AktG/*Otto* Rn. 135, 142.
[278] Großkomm AktG/*Klug*, 3. Aufl. 1975, Anm. 44; zum kupierten Erfolgsdelikt MüKoStGB/*Hefendehl* StGB § 263 Rn. 890 ff.
[279] Großkomm AktG/*Otto* Rn. 142; GJW/*Temming* Rn. 40.
[280] Großkomm AktG/*Klug*, 3. Aufl. 1975, Anm. 44; MüKoAktG/*Schaal* Rn. 201; Großkomm AktG/*Otto* Rn. 139.
[281] Großkomm AktG/*Otto* Rn. 140.
[282] *Schnellenbach*, Die vorgesehenen Änderungen des Aktienstrafrechts im Regierungsentwurf zum Aktiengesetz 1960, 1963, 99 zur damaligen strafrechtlichen Regelung; hingegen stellt Erbs/Kohlhaas/*Schaal* Rn. 58 auf die Interessen an der Unverfälschtheit der Willensbildung ab.
[283] Großkomm AktG/*Klug*, 3. Aufl. 1975, Anm. 34; MüKoAktG/*Schaal* Rn. 167; Großkomm AktG/*Otto* Rn. 60; Kölner Komm AktG/*Altenhain* Rn. 33; OLG Hamm v. 3.2.2014 – 8 U 47/10, BeckRS 2015, 00257.

Nr. 7 ist **Allgemeindelikt,** so dass jeder Täter sein kann.[284] Faktisch wird es sich jedoch regelmä- 76
ßig nur um solche Personen handeln, die ein (un)mittelbares Interesse an der Meinungsbildung der
Gesellschaft haben, so zB Aktionäre, satzungsmäßige Gremien, insbes. die obligatorischen Gremien
Vorstand und Aufsichtsrat, sowie Arbeitnehmer und Gläubiger der AG, ferner sonstige Personen,
die rechtliche oder tatsächliche Beziehungen zu der AG unterhalten oder diese von einer bestimmten
Abstimmung abhängig machen.[285]

Wie bei § 333 StGB sind **Tathandlungen** das Anbieten, Versprechen oder Gewähren eines 77
besonderen Vorteils, und zwar als Gegenleistung für ein bestimmtes künftiges Abstimmungsverhalten
in der HV oder der gesonderten Versammlung. Der besondere Vorteil und das Abstimmungsverhalten
sind wie bei Nr. 2 zu bestimmen (→ Rn. 48 f.). Danach ist das Vorliegen eines besonderen Vorteils
insbesondere in folgender Fallgestaltung zu verneinen: Ein Aktionär möchte eine für die Gesellschaft
nachteilige Entscheidung herbeiführen und verspricht anderen Aktionären, dass er den dadurch
entstehenden wirtschaftlichen Schaden ausgleichen werde, wenn sie in seinem Sinne abstimmen
werden.[286] Hier kommt die versprochene Ausgleichsleistung nämlich nicht nur denjenigen Aktionären zugute, die in seinem Sinne entscheiden, sondern auch allen anderen. Es handelt sich daher
nicht um einen **besonderen** Vorteil.[287]

Das **Anbieten** ist die gegenwärtige Offerte,[288] das **Versprechen** bedeutet die Zusage einer 78
zukünftigen Gewährung eines besonderen Vorteils. Sie stellen somit das jeweilige Gegenstück zum
Fordern bzw. Sichversprechenlassen beim Stimmenverkauf der Nr. 6 dar.[289] Beide Handlungsvarian-
ten sind auf der Täterseite auf den Abschluss einer **Unrechtsvereinbarung** gerichtet und bezwecken
den Kauf des Abstimmungsverhaltens.[290] Für die **Absicht,** zu einer Unrechtsvereinbarung zu gelangen, ist dolus directus 1. Grades erforderlich.[291] Hingegen muss der Stimmenverkäufer dies weder
erkannt haben noch muss es zum Abschluss einer solchen Unrechtsvereinbarung gekommen sein.[292]
Sowohl das Angebot als auch das Versprechen müssen als ausdrückliche oder schlüssige einseitige
Willenserklärungen der Gegenseite zwar zur Kenntnis gebracht werden,[293] der Stimmenverkäufer
muss den Sinn der Erklärung selbst aber nicht erkannt haben.[294]

Ein **Gewähren** liegt in jeder tatsächlichen Übergabe bzw. Hingabe des Vorteils mit dem Willen, 79
dass die Verfügungsgewalt auf den Vorteilsnehmer übergehen soll.[295] Die Tatform des Gewährens
entspricht der Annahme durch den Vorteilsnehmer beim Stimmenverkauf und setzt eine zweiseitige
Vereinbarung voraus.[296] Zwar ist eine zumindest konkludente Annahmeerklärung des Vorteilsneh-
mers bzgl. der Annahme des Vorteils erforderlich, nicht jedoch, dass der Empfänger den Sinngehalt
als Unrechtsvereinbarung nachvollzieht; ausreichend ist die Einigung darüber, dass der Vorteil solle
der Gegenseite zufließen.[297] Gegenstand der angebotenen oder abgeschlossenen **Unrechtsvereinbarung** ist auch hier die Unterordnung der eigenen Entschließungsfreiheit unter einen fremden Willen.[298]

In der **Praxis** kommt für das Gewähren der folgenden Konstellation zunehmend Bedeutung zu: 80
Im Auftrag des Vorstandes einer AG bieten sich Personen gegenüber Publikumsaktionären an, für die

---

[284] Erbs/Kohlhaas/*Schaal* Rn. 58; *v. Godin/Wilhelmi* Anm. 15; Großkomm AktG/*Klug,* 3. Aufl. 1975,
Anm. 45; MüKoAktG/*Schaal* Rn. 164; Großkomm AktG/*Otto* Rn. 145; NK-WSS/*Krause/Twele* Rn. 35.
[285] Erbs/Kohlhaas/*Schaal* Rn. 58; Großkomm AktG/*Klug,* 3. Aufl. 1975, Anm. 45; MüKoAktG/*Schaal*
Rn. 165; Großkomm AktG/*Otto* Rn. 145.
[286] Kölner Komm AktG/*Altenhain* Rn. 56.
[287] Kölner Komm AktG/*Altenhain* Rn. 56.
[288] Die noch in der 2. Aufl. vertretene, von *Altenhain* als „enger" bezeichnete Auffassung (Kölner Komm
AktG/*Altenhain* Fn. 170) habe ich aufgegeben.
[289] MüKoAktG/*Schaal* Rn. 170 f.; Großkomm AktG/*Otto* Rn. 147.
[290] Erbs/Kohlhaas/*Schaal* Rn. 61; Großkomm AktG/*Klug,* 3. Aufl. 1975, Anm. 46 f.; Großkomm AktG/*Otto*
Rn. 147; NK-WSS/*Krause/Twele* Rn. 36.
[291] Großkomm AktG/*Otto* Rn. 153.
[292] Großkomm AktG/*Otto* Rn. 148 f.
[293] BGHSt 16, 40 (46) = NJW 1961, 1483; BGHSt 15, 88 (97) = NJW 1960, 2154 (2155); MüKoAktG/
Schaal Rn. 171; Großkomm AktG/*Otto* Rn. 147.
[294] BGHSt 15, 184 = NJW 1961, 468; BGHSt 15, 88 (102) = NJW 1960, 2154 (2155); Großkomm AktG/
Otto Rn. 147.
[295] Großkomm AktG/*Klug,* 3. Aufl. 1975, Anm. 47; MüKoAktG/*Schaal* Rn. 172; MüKoStGB/*Korte* StGB
§ 333 Rn. 13 f.; Großkomm AktG/*Otto* Rn. 148; Kölner Komm AktG/*Altenhain* Rn. 58; NK-WSS/*Krause/Twele*
Rn. 36.
[296] BGHSt 15, 184 (185) = NJW 1961, 468; RGSt 29, 413 f.; MüKoAktG/*Schaal* Rn. 173; Großkomm AktG/
Otto Rn. 148.
[297] BGHSt 15, 184 (185) = NJW 1961, 468; Großkomm AktG/*Otto* Rn. 148.
[298] Vgl. bereits zum Stimmenverkauf → Rn. 63 ff.; MüKoAktG/*Schaal* Rn. 175; weiter Kölner Komm AktG/
Altenhain Rn. 58.

Aktionäre kostenlos das Stimmrecht in der HV oder der gesonderten Versammlung treuhänderisch auszuüben. Ein Verstoß liegt dann vor, wenn sich die für die AG entgeltliche und für den Aktionär kostenlose Beauftragung aus dem Gesamtzusammenhang als Gegenleistung für ein bestimmtes Abstimmungsverhalten erweist.[299] Dies kann schon dann der Fall sein, wenn der Treuhänder formularmäßig ermächtigt werden soll, „im Sinne der Verwaltung" abzustimmen, ohne dass ausdrückliche Weisungen entsprechend § 135 Abs. 3 S. 3 vorgesehen sind.[300] Hingegen muss der Zusammenhang, dass das durch die Gesellschaft gewährte Entgelt auch tatsächlich für die entsprechende Stimmrechtsausübung geflossen ist, hier nicht unbedingt vorliegen, da der Treuhänder nach Prüfung der Vorschläge der Gesellschaft eine eigene formularmäßige Empfehlung an die Aktionäre abgegeben haben kann.[301]

81   Die Tatvarianten des Anbietens und Versprechens sind bereits dann **vollendet,** wenn der Täter dem potenziellen Vorteilnehmer die auf die Unrechtsvereinbarung abzielende Erklärung zur Kenntnis gebracht hat.[302] In der Tatvariante des Gewährens hingegen muss der Vorteilnehmer den Vorteil auch tatsächlich angenommen haben.[303] Nicht erforderlich ist, dass der Adressat die Erklärung ihrem sozialen Sinngehalt entsprechend verstanden hat; ausreichend ist, dass das Täterverhalten darauf gerichtet war.[304] Gleiches gilt hinsichtlich der Bedeutung des Gewährens des besonderen Vorteils.[305] Erst recht muss der Vorteilnehmer nicht der Erwartung des Stimmenkäufers entsprechend abstimmen oder dies wollen.[306]

82   **5. § 405 Abs. 3a: Unvollständige Informationen bei der Einberufung.** Durch das ARUG neu eingefügt, soll über diesen Ordnungswidrigkeitentatbestand die Verwendung verbesserter Verbreitungs- und Informationsmöglichkeiten zugunsten der Aktionäre forciert werden. Dies soll die Aktionäre in die Lage versetzen, unabhängig vom Ort ihres Wohnsitzes in der Hauptversammlung selbst oder davor in Kenntnis der Sachlage ihr Stimmrecht auszuüben.[307] Geschütztes Rechtsgut ist also das **Interesse der Aktionäre an der informierten Wahrnehmung ihres Stimmrechts.**[308] § 405 Abs. 3a ist ein **Schutzgesetz** iSv § 823 Abs. 2 BGB für die betreffenden Aktionäre gegenüber der AG.[309] **Täter** der Zuwiderhandlung kann jeder sein (Allgemeindelikt), sofern er die Möglichkeit hat, den durch die Ausfüllungsnormen spezifizierten Pflichten nachzukommen. Durch diese faktische Limitierung hat die Norm im Ergebnis den Charakter eines Sonderdelikts.[310]

83   § 405 Abs. 3a Nr. 1 wird durch die Verhaltensnorm des **§ 121 Abs. 4a** ausgefüllt und bezieht sich auf solche börsennotierten Gesellschaften, bei denen die Einladung zur Hauptversammlung – jedenfalls teilweise – nicht personalisiert ist (vgl. § 121 Abs. 4a, § 121 Abs. 4 S. 2). Hier sind zur Einberufung solche Medien zu nutzen, die für eine Verbreitung innerhalb der gesamten Europäischen Union geeignet sind. So bietet etwa der Bundesanzeiger Verlag eine entsprechende Verbreitung an.[311] Verletzungen der Verbreitungspflicht können gem. § 243 Abs. 3 Nr. 2 nicht die Anfechtbarkeit von Hauptversammlungsbeschlüssen begründen.[312]

84   **§ 124a,** auf den § 405 Abs. 3a Nr. 2 Bezug nimmt, legt fest, welche Informationen „alsbald" nach der Einberufung der Hauptversammlung über die Internetseite der Gesellschaft zugänglich gemacht werden müssen, um den Informationsstand der Aktionäre im Hinblick auf die anstehende Hauptversammlung und damit auch deren Aktionsradius zu verbessern. Damit wird die Internetseite börsenno-

---

[299] *Singhof* NZG 1998, 670 (672); MüKoAktG/*Schaal* Rn. 176.
[300] LG Baden-Baden NZG 1998, 685 (686 f.); MüKoAktG/*Schaal* Rn. 176.
[301] *Singhof* NZG 1998, 670 (672); MüKoAktG/*Schaal* Rn. 176.
[302] BGHSt 15, 88 (97) = NJW 1960, 2154 (2155); RGSt 26, 424 (425 f.); MüKoAktG/*Schaal* Rn. 174; Großkomm AktG/*Otto* Rn. 152; Hölters/*Müller-Michaels* Rn. 71; NK-WSS/*Krause/Twele* Rn. 38.
[303] MüKoStGB/*Korte* StGB § 333 Rn. 13; Großkomm AktG/*Otto* Rn. 152; Hölters/*Müller-Michaels* Rn. 71; ähnlich Kölner Komm AktG/*Altenhain* Rn. 62.
[304] BGHSt 15, 88 (97) = NJW 1960, 2154 (2155); Großkomm AktG/*Otto* Rn. 152.
[305] LK-StGB/*Sowada* StGB § 333 Rn. 19; Großkomm AktG/*Otto* Rn. 152.
[306] Großkomm AktG/*Otto* Rn. 152; in diesem Sinne zu § 332 StGB BGHSt 15, 88 (97) = NJW 1960, 2154 (2155).
[307] Richtlinie 2007/36/EG des Europäischen Parlaments und des Rates v. 11.7.2007 über die Ausübung bestimmter Rechte von Aktionären in börsennotierten Gesellschaften (ABl. EG 2007 Nr. L 184, 17).
[308] Ähnlich Kölner Komm AktG/*Altenhain* Rn. 64, 71.
[309] Kölner Komm AktG/*Altenhain* Rn. 64.
[310] Vgl. auch Kölner Komm AktG/*Altenhain* Rn. 65; NK-WSS/*Krause/Twele* Rn. 40.
[311] Vgl. www.bundesanzeiger.de [letzter Abruf: 20.6.2018]; vgl. zur Problematik der Veröffentlichung auch Kölner Komm AktG/*Altenhain* Rn. 67 f. mwN; nur scheinbar aA ist *Bosse* NZG 2009, 807 (810): Dieser ist der Auffassung, dass eine Veröffentlichung im Bundesanzeiger im Jahr 2009 (er schreibt in NZG 2009, 807 „derzeit") nicht den Anforderungen des § 124 Abs. 4a genügt habe. Dieser Standpunkt ist mittlerweile überholt, da der Bundesanzeiger jedenfalls inzwischen einen entsprechenden Verbreitungsdienst anbietet.
[312] *Drinhausen/Keinath* BB 2009, 2322 (2323).

tierter Gesellschaften zeitgemäß zum zentralen Medium des Informationsaustauschs zwischen Gesellschaft und Aktionär.[313] Sie ist es bereits heute im Hinblick auf marktrelevante Werbeeffekte, so dass es nur folgerichtig ist, sie auch als Informationsportal für interessierte Aktionäre auszugestalten. Die zeitliche Dimension („alsbald") ist im Hinblick auf diese Schutzinteressenten zu definieren. Lediglich eine auf dem Stand der Zeit befindliche Organisation und Technik eröffnet überhaupt die Möglichkeit für ein Verstreichen von Zeit. Wird diese Informationspflicht verletzt, folgt daraus indes nicht die Anfechtbarkeit eines Hauptversammlungsbeschlusses, vgl. § 243 Abs. 3 Nr. 2 und bereits → Rn. 83.

Die **Tathandlungen** liegen bei § 405 Abs. 3a Nr. 1 in einer unterlassenen, nicht richtigen, nicht 85 vollständigen oder nicht rechtzeitigen Zuleitung. Bei § 405 Abs. 3a Nr. 2 wird hingegen auf den Zeitaspekt verzichtet (Nr. 1 Var. 4), was aber im Ergebnis keinen Unterschied macht, weil in der Ausfüllungsnorm des § 124a der Zeitaspekt („alsbald")[314] enthalten ist.

Die **Leichtfertigkeit** im Straf- wie im Ordnungswidrigkeitenrecht kann mit der groben Fahrläs- 86 sigkeit im Zivilrecht verglichen werden,[315] wobei aber aufgrund des Schuldprinzips für das erhöhte Maß an Vorwerfbarkeit auf die persönlichen Fähigkeiten und nicht auf einen objektiven Standard abzustellen ist. Die Diskrepanz zum Zivilrecht wird aber bei Vorstandsmitgliedern in diesem Bereich gering sein. Auch der Raum für den nicht zu ahndenden einfachen Fahrlässigkeitsbereich ist stark limitiert. Bei Fehlvorstellungen über die Notwendigkeit einer Veröffentlichung wird bei zutreffender Erfassung der pflichtenbegründenden Umstände in aller Regel ein vermeidbarer Verbotsirrtum nach § 11 Abs. 2 OWiG vorliegen (vgl. bereits → Rn. 8). Warum aber allein bei diesem Abs. auch das leichtfertige Handeln (→ Rn. 7) bußgeldbewehrt ist, erscheint nicht sonderlich einleuchtend, weil das verlangte Handeln in die Routine einer AG problemlos eingebunden werden kann und bei professionell geführten Gesellschaften auch wird. Fahrlässiges Handeln wird selten vorkommen.

6. § 405 Abs. 3b–3d: Abschlussprüfer. § 405 Abs. 3b bis 3d wurden durch das AReG in 87 Umsetzung europäischer Rechtsakte eingeführt (→ Rn. 4, → § 404a Rn. 1). § 405 Abs. 3b kann nur von Mitgliedern des Aufsichtsrats oder des Prüfungsausschusses der dort genannten **Unternehmen von öffentlichem Interesse** begangen werden. Darunter fallen kapitalmarktorientierte Unternehmen iSd § 264d HGB (→ § 404a Rn. 22), CRR-Kreditinstitute (→ § 404a Rn. 23) sowie näher konkretisierte Versicherungsinstitute (→ § 404a Rn. 24). Die Tatbestände des § 405 Abs. 3c, Abs. 3d können hingegen ausschließlich von Aufsichtsratsmitgliedern begangen werden (→ Rn. 89). Zudem sind seit dem 17.7.2017 Versicherungsunternehmen aus dem Kreis der Unternehmen von öffentlichem Interesse in Abs. 3c und Abs. 3d aufgrund ihres alternativen Systems der Abschlussprüferbestellung (→ § 404a Rn. 20) ausgeschlossen.

Es handelt sich bei § 405 Abs. 3b bis 3d daher um echte **Sonderdelikte**,[316] die wegen des Prinzips 88 der Einheitstäterschaft im Ordnungswidrigkeitenrecht aber auch von anderen verwirklicht werden können, sofern die besondere Täterqualität mindestens bei einem der Tatbeteiligten vorliegt (→ Rn. 6). Um umgekehrt eine Beteiligung zu vermeiden, sollte das einzelne Prüfungsausschussbeziehungsweise Aufsichtsratsmitglied (dazu → Rn. 89 ff.) die ihm zukommenden Möglichkeiten der Verhinderung von Pflichtverstößen nutzen, wie insbesondere die Unterrichtung des Vorsitzenden, die Einberufung von Sitzungen und Herbeiführung von Beschlüssen.[317] Die Absätze flankieren das Auswahlverfahren des Abschlussprüfers und dessen Überwachung ordnungswidrigkeitenrechtlich. Parallelvorschriften zu § 405 Abs. 3b–3d finden sich in § 87 GmbHG, § 152 GenG, § 334 HGB, § 332 VAG und § 20 PublG.

Die Tatbestände der Abs. 3b–3d richten sich – wie gesehen – teilweise alternativ an **Mitglieder** 89 **des Aufsichtsrats** und solche des **Prüfungsausschusses** (Abs. 3b), zum Teil aber auch ausschließlich an Mitglieder des Aufsichtsrats (Abs. 3c und 3d). Hintergrund dieser Differenzierung ist folgender: Die Pflicht zur Überwachung der Unabhängigkeit des Abschlussprüfers (bzw. der Prüfgesellschaft) obliegt nach deutscher Rechtslage im Ausgangspunkt dem Aufsichtsrat. Dieser hat allerdings die Möglichkeit, aus seiner Mitte heraus Ausschüsse zu bilden (§ 107 Abs. 3 S. 1). Er kann somit fakultativ[318] insbesondere auch einen sog. *Prüfungsausschuss* bestellen, der dann nur für die Überwachung der Unabhängigkeit des Abschlussprüfers zuständig ist (so ausdrücklich § 107 Abs. 3 S. 2). Jedenfalls bei börsennotierten Gesellschaften ist die Einrichtung eines solchen Ausschusses üblich.[319] Richtet ein Unternehmen von öffentlichem Interesse (→ § 404a Rn. 19 ff.) einen Prüfungsausschuss ein,

---

[313] BR-Drs. 847/08, 50.
[314] Erläuterung des Begriffs bei Kölner Komm AktG/*Altenhain* Rn. 73.
[315] So bereits BGHSt 14, 240 (255) = NJW 1960, 1678 (1680); GJW/*Temming* Rn. 46.
[316] Hölters/*Müller-Michaels* Rn. 74a, 74g; NK-WSS/*Krause/Tiwele* Rn. 45.
[317] Siehe Lanfermann/*Maul* BB 2016, 363 (364).
[318] Hüffer/Koch/*Koch*, 13. Aufl. 2018, § 107 Rn. 22; MüKoAktG/*Schaal* Rn. 189.
[319] Hüffer/Koch/*Koch*, 13. Aufl. 2018, § 107 Rn. 22.

90 § 405 Abs. 3c ist allein an Mitglieder des *Aufsichtsrats* adressiert, da er Fälle betrifft, in denen gerade kein Prüfungsausschuss bestellt wurde. § 405 Abs. 3d richtet sich erneut ausschließlich an Mitglieder des Aufsichtsrats, obwohl er – anders als Abs. 3c – von der Bestellung eines Prüfungsausschusses ausgeht. Dies rührt daher, dass hier spezifische Pflichten des Aufsichtsrats angesprochen sind. Dieser muss nämlich die Empfehlung des Prüfungsausschusses zur Bestellung eines Abschlussprüfers ordnungsgemäß an die Hauptversammlung weiterleiten bzw. bei einer Abweichung davon bestimmte Vorgaben beachten (dazu → Rn. 118).

muss mindestens ein Mitglied dieses Ausschusses über Sachverstand auf den Gebieten der Rechnungslegung oder Abschlussprüfung verfügen und die Mitglieder des Gremiums müssen in ihrer Gesamtheit mit der Unternehmensbranche vertraut sein (§ 107 Abs. 4 iVm § 100 Abs. 5).

91 In **terminologischer** Hinsicht ist noch darauf hinzuweisen, dass der *unionsrechtliche* Begriff des Prüfungsausschusses nicht mit demjenigen des AktG *deckungsgleich* ist: Die RL 2014/56/EU (Abschlussprüferrichtlinie) versteht unter dem Prüfungsausschuss im Ausgangspunkt nämlich entweder einen *eigenständigen Ausschuss* oder einen *Unterausschuss des Aufsichtsorgans* (also etwa einen Ausschuss des Aufsichtsrats). Die besagte Richtlinie gestattet den Mitgliedstaaten aber auch eine Regelung, wonach die dem Prüfungsausschuss überantworteten Aufgaben auch vom *Aufsichtsorgan als Ganzem* (bei der AG also dem Aufsichtsrat) wahrgenommen werden können.[320] Eben dies ist – wie gesehen – in Deutschland der Fall. Die Funktion des Prüfungsausschusses im unionsrechtlichen Sinne wird (bezogen auf die Aktiengesellschaft) also zunächst vom Aufsichtsrat wahrgenommen, der allerdings wiederum „aus seiner Mitte" einen Prüfungsausschuss iSv § 107 Abs. 3 S. 2 bestellen kann.

92 Das **Rechtsgut** wurde bereits im Kontext der Strafrechtsnorm des § 404a entwickelt: Entgegen teilweise vertretener Ansicht schützen § 405 Abs. 3b–3d nicht das Vertrauen der Öffentlichkeit in die Qualität und Ordnungsgemäßheit von Jahresabschlüssen und konsolidierten Abschlüssen von Unternehmen von öffentlichem Interesse,[321] sondern vielmehr einschränkend das **Vertrauen in die Unabhängigkeit des Abschlussprüfers bzw. der Prüfgesellschaft** (näher → § 404a Rn. 3). Wird beharrlich oder gegen Entgelt gegen § 405 Abs. 3b–3d verstoßen, kommt eine Strafbarkeit nach § 404a in Betracht (zur Abgrenzung von Straf- und Ordnungswidrigkeitenrecht → § 404a Rn. 6 ff.).

93 Die Abs. 3b bis 3d betreffen Verstöße gegen Überwachungs- und Bestellungsvorschriften nach der VO (EU) Nr. 537/2014, auf die der Tatbestand jeweils verweist. Der Gesetzgeber bedient sich damit der bereits von den Straftatbeständen der §§ 399 ff. her bekannten Blankettverweisungstechnik auf an anderer Stelle geregelte Ausfüllungsnormen (→ § 399 Rn. 13 f.). Die grundsätzliche Zulässigkeit von Blankettnormen gilt auch bei Verweisungen auf EU-Rechtsakte.[322] Bei diesen stellt sich aber in besonderer Weise die Frage, ob die Norm noch den verfassungsrechtlichen Bestimmtheitsanforderungen (Art. 103 Abs. 2 GG)[323] Rechnung trägt.[324] Dies betrifft insbesondere die Vorhersehbarkeit der Strafandrohung für den Bürger. Zwar verwenden sowohl die in Bezug genommene Verordnung als auch das deutsche Gesetz teilweise unbestimmte Begriffe, etwa die „objektiven Gründe" (Art. 4 Abs. 3 UAbs. 2 VO (EU) Nr. 537/2014).[325] Diese dürften aber noch ausreichend bestimmbar sein (vgl. die Erwägungen → Rn. 98 f., 107). Auch im Übrigen bleibt die Vorhersehbarkeit durch die verwendete Verweistechnik trotz existierender Bedenken noch gewahrt.[326] Zum einen handelt es sich lediglich um *statische* Verweise, die eine Anwendung von späteren Versionen der VO (EU)

---

[320] Siehe Art. 39 Abs. 2 RL 2014/56/EU.
[321] In diesem Sinne etwa Erwägungsgrund 1 VO (EU) Nr. 537/2014: „Abschlussprüfer und Prüfungsgesellschaften sind gesetzlich mit der Durchführung der Abschlussprüfung bei Unternehmen von öffentlichem Interesse betraut, um das Vertrauen der Öffentlichkeit in die Jahresabschlüsse und konsolidierten Abschlüsse dieser Unternehmen zu stärken. Die Funktion der Abschlussprüfung für das öffentliche Interesse erwächst aus der Tatsache, dass sich ein breiter Kreis von Personen und Einrichtungen auf die Qualität der Arbeit des Abschlussprüfers oder der Prüfungsgesellschaft verlässt. Eine gute Prüfungsqualität trägt zum ordnungsgemäßen Funktionieren der Märkte bei, indem die Integrität und Wirksamkeit der Abschlüsse erhöht wird. Abschlussprüfer erfüllen damit eine besonders wichtige gesellschaftliche Funktion."
[322] BVerfG NJW 2016, 3648 (3650); LG Stade NZWiSt 2017, 320 (323) m. zust. Anm. *Honstetter* und *Schmitz* wistra 2017, 455 f.; ausf. zur Zulässigkeit unionsrechtlicher Ausfüllungsnormen *Ernst*, Blankettstrafgesetze und ihre verfassungsrechtlichen Grenzen, 2017, 190 ff.; vgl. *Tiedemann* Wirtschaftsstrafrecht Rn. 252.
[323] Art. 103 Abs. 2 GG findet anerkanntermaßen auch auf die Bußgeldtatbestände des Ordnungswidrigkeitenrechts Anwendung, siehe etwa Maunz/Dürig/*Remmert* GG, 83. EL 2018, GG Art. 103 Abs. 2 Rn. 56.
[324] Vgl. zu diesen Bestimmtheitsanforderungen etwa BVerfG NJW 2016, 3648 (3650 f.) m. zust. Anm. *Hecker*; LG Stade NZWiSt 2017, 320 (323 ff.); *Ernst*, Blankettstrafgesetze und ihre verfassungsrechtlichen Grenzen, 2017, 63 ff., 207 ff.
[325] Krit. auch Park/*Bottmann* Teil 4 Kap. 17.11. HGB § 334 Abs. 2a Nr. 1 Rn. 8 ff.; *Schürnbrand* AG 2016, 70 (71).
[326] So auch MüKoAktG/*Schaal* Rn. 6.

Nr. 537/2014 ohne vorherige Gesetzesänderung ausschließen. Zum anderen nimmt der Gesetzgeber explizit einzelne Absätze der Verordnung in Bezug und erleichtert damit das Auffinden der Verhaltensnorm für den Rechtsanwender.

Auch wenn die Straf- und Ordnungswidrigkeitsvorschriften deutsches Recht darstellen und damit den Auslegungsmethoden deutschen Strafrechts unterliegen, gilt für die zugrunde liegende VO (EU) Nr. 537/2014, dass diese als EU-Rechtsakt **autonom auszulegen** ist. Die Rechtsprechung des EuGH und die Fassungen in anderen Amtssprachen der EU sind dabei zu berücksichtigen.[327] Gegebenenfalls ist das gerichtliche Verfahren auszusetzen und die Rechtsfrage dem EuGH vorzulegen.[328]

a) Überwachung (Abs. 3b Nr. 1). Nach Abs. 3b Nr. 1 ist der Verstoß gegen verschiedene Überwachungspflichten, die die Unabhängigkeit des Abschlussprüfers garantieren sollen, bußgeldbewehrt.

Abs. 3b Nr. 1 Var. 1. Nach Art. 4 Abs. 3 UAbs. 1 VO (EU) Nr. 537/2014 muss der Abschlussprüfer den Prüfungsausschuss bzw. den Aufsichtsrat informieren, sofern die gezahlten Honorare in den letzten drei Jahren mehr als 15 % der insgesamt vom Prüfer vereinnahmten Honorare ausmachen. In diesen Fällen befürchtet der europäische Gesetzgeber eine Gefahr für die Unabhängigkeit des Abschlussprüfers vom Unternehmen.[329] Der Aufsichtsrat bzw. Prüfungsausschuss muss sodann über die möglicherweise beeinträchtigte Unabhängigkeit des Abschlussprüfers und geeignete Schutzmaßnahmen beraten.[330] Sofern eine über den Dreijahreszeitraum hinausgehende Überschreitung der 15 %-Grenze besteht, hat der Prüfungsausschuss bzw. Aufsichtsrat „anhand objektiver Gründe" zu entscheiden, ob eine Weitermandatierung erfolgt.

Dies ergibt sich aus **Art. 4 Abs. 3 UAbs. 2** VO (EU) Nr. 537/2014. Es besteht daher kein „Tätigkeitsverbot", sondern lediglich eine bußgeld- bzw. im Falle des § 404a strafbewehrte Beurteilungspflicht.[331]

Art. 4 Abs. 3 UAbs. 2:
„Wenn die von einem solchen Unternehmen von öffentlichem Interesse gezahlten Honorare weiterhin über 15 % der insgesamt von dem Abschlussprüfer oder der Prüfungsgesellschaft oder gegebenenfalls dem Konzernabschlussprüfer vereinnahmten Honorare hinausgehen, entscheidet der Prüfungsausschuss anhand objektiver Gründe darüber, ob der Abschlussprüfer, die Prüfungsgesellschaft oder der Konzernabschlussprüfer bei diesem Unternehmen oder dieser Unternehmensgruppe die Abschlussprüfung für einen weiteren Zeitraum, der in jedem Fall zwei Jahre nicht überschreiten darf, durchführen darf."

Was unter **„objektiven Gründen"** zu verstehen sein soll, bleibt indes unklar.[332] Die subjektive Überzeugung des jeweiligen Mitglieds von der Unabhängigkeit des Abschlussprüfers soll jedenfalls nicht ausreichen. Vielmehr müsse eine für Dritte nachvollziehbare Begründung vorliegen.[333] Die in Bezug genommene Verordnung selbst spezifiziert die objektiven Gründe nicht. In den Erwägungsgründen wiederum heißt es hierzu: „Aus diesem Grund ist es wichtig sicherzustellen, dass Prüfungshonorare in keiner Weise ergebnisabhängig sind und dass für den Fall, dass die von einem Mandanten einschließlich seiner Tochterunternehmen gezahlten Prüfungshonorare sehr hoch sind, ein *spezielles Verfahren zur Gewährleistung der Prüfungsqualität* eingerichtet wird, an dem der *Prüfungsausschuss beteiligt* wird. Wird ein Abschlussprüfer oder eine Prüfungsgesellschaft übermäßig abhängig von einem Mandanten, so sollte der Prüfungsausschuss anhand *triftiger Gründe* entscheiden, ob der Abschlussprüfer oder die Prüfungsgesellschaft die Abschlussprüfung weiterhin durchführen kann. Bei dieser Entscheidung sollte der Prüfungsausschuss unter anderem die *Gefährdung der Unabhängigkeit und die Folgen seiner Entscheidung* berücksichtigen."[334]

Wesentliche Erkenntnisse lassen sich auch hieraus aber deshalb nicht ableiten, weil sich die potenzielle Schädlichkeit einer engen finanziellen Verflechtung zwischen Unternehmen und Prüfer für das geschützte Rechtsgut des Vertrauens in die Unabhängigkeit der Letzteren bereits unmittelbar aus der Verordnung ergibt. Nur ausnahmsweise wird diese Regelvermutung entkräftet werden können, etwa wenn die 15 %-Marke nur unwesentlich überschritten wird und es sich bei der Prüfungsgesellschaft um eine spezialisierte überschaubare Boutique handelt, bei der Sachgründe für deren Mandatie-

---

[327] Ambos/König/Rackow/*Ambos/Poschadel*, Rechtshilferecht in Strafsachen, 2015, 1. Hauptteil Rn. 32 mwN.
[328] Art. 267 AEUV.
[329] Erwägungsgrund 7 VO (EU) Nr. 537/2014.
[330] NK-WSS/*Krause/Twele* Rn. 46; Hölters/*Müller-Michaels* Rn. 74c; *Schilha* ZIP 2016, 1316 (1326).
[331] Bürgers/Körber/*Pelz* Rn. 20a.
[332] So auch NK-WSS/*Krause/Twele* Rn. 46; ebenfalls sehr krit. Park/*Bottmann* Teil 4 Kap. 17.11. HGB § 334 Abs. 2a Nr. 1 Rn. 8 ff.
[333] NK-WSS/*Knierim/Kessler* HGB § 334 Rn. 14.
[334] Erwägungsgrund 7 VO (EU) Nr. 537/2014, Hervorhebung des Verf.

rung sprechen.³³⁵ In jedem Falle sind derartige Erwägungen bei der Entscheidung umfassend zu dokumentieren.³³⁶

100 **Abs. 3b Nr. 1 Var. 2.** Daneben hat das zuständige Gremium *billigungspflichtige Nichtprüfungsleistungen* des Abschlussprüfers nach **Art. 5 Abs. 4 UAbs. 1 S. 1 VO (EU) Nr. 537/2014** vorab zu genehmigen. Die Verordnung differenziert insofern also zwischen *drei* Arten von Leistungen, die vom Abschlussprüfer bzw. der Prüfgesellschaft erbracht werden können: Erstens Prüfungsleistungen (also die Vornahme der Abschlussprüfung), zweitens *verbotene* Nichtprüfungsleistungen und drittens zulässige (nicht verbotene), aber *billigungspflichtige* Nichtprüfungsleistungen. Der Begriff „Nichtprüfungsleistungen" wird in der VO nicht definiert. Nach hM sind darunter negativ alle Leistungen zu verstehen, die nicht Prüfungsleistungen sind.³³⁷ Darunter fallen also beispielsweise die Mitwirkung an der Unternehmensführung, die Buchhaltung oder die Lohn- und Gehaltsabrechnung.³³⁸

101 Der von § 405 Abs. 3b in Bezug genommene Art. 5 Abs. 4 UAbs. 1 S. 1 VO (EU) Nr. 537/2014 bezieht sich dabei allein auf die *billigungspflichtigen* Nichtprüfungsleistungen: Gemäß letzterer Vorschrift (vgl. den nachstehenden Wortlaut) sind diese Leistungen nicht eo ipso zulässig, sondern erst nach „gebührender Beurteilung der Gefährdung der Unabhängigkeit".

Art. 5 Abs. 4 UAbs. 1 S. 1 VO (EU) Nr. 537/2014:

„Ein Abschlussprüfer oder eine Prüfungsgesellschaft, der bzw. die eine Abschlussprüfung bei einem Unternehmen von öffentlichem Interesse durchführt, und – sofern der Abschlussprüfer bzw. die Prüfungsgesellschaft einem Netzwerk angehört – jedes Mitglied dieses Netzwerks darf für das geprüfte Unternehmen, dessen Muttergesellschaft oder die von diesem beherrschten Unternehmen andere als die verbotenen Nichtprüfungsleistungen nach den Absätzen 1 und 2 erbringen, wenn der Prüfungsausschuss dies nach gebührender Beurteilung der Gefährdung der Unabhängigkeit und der angewendeten Schutzmaßnahmen gemäß Artikel 22b der Richtlinie 2006/43/EG billigt."

102 Das Gremium hat somit einen ordnungsgemäßen Prozess sicherzustellen, bei dem die billigungspflichtige Tätigkeit im Hinblick auf die daraus potenziell resultierende Gefährdung für die Unabhängigkeit der Abschlussprüfer (bzw. der Prüfgesellschaft) sowie die diesbezüglich ergriffenen Schutzmaßnahmen zu würdigen ist.³³⁹ Die dabei ausweislich des Wortlautes von Art. 5 Abs. 4 UAbs. 1 S. 1 VO (EU) Nr. 537/2014 vorzunehmende „gebührende Beurteilung" kann wiederum nur durch ausreichende Dokumentation rechtssicher gewährleistet werden.³⁴⁰ In Konzernverbünden muss die Billigung gegebenenfalls durch die Gremien mehrerer Unternehmen erfolgen.³⁴¹ Ein Verstoß gegen den Ordnungswidrigkeitentatbestand liegt konkret vor, wenn die Vergabe von billigungspflichtigen Nichtprüfungsleistungen an den Abschlussprüfer ohne hinreichend sorgfältige Abwägung hinsichtlich der Auswirkungen auf dessen Unabhängigkeit erfolgt.³⁴² Allerdings werden an dieser Stelle wiederum die bereits geäußerten Bedenken an der tatbestandlichen Unbestimmtheit (→ Rn. 93) virulent: Denn wann die Voraussetzungen einer „gebührenden Beurteilung" gewahrt wurden bzw. wann eine relevante Gefährdung der Unabhängigkeit des Abschlussprüfers vorliegt, lässt sich abstrakt letztlich nicht befriedigend konkretisieren.³⁴³

103 Ob auch bestimmte **Steuerberatungs- sowie Bewertungsleistungen** tatbestandlich von § 405 Abs. 3b Nr. 1 erfasst werden, erscheint zweifelhaft. Hintergrund dieser Einordnungsfrage ist Folgendes: Art. 5 Abs. 1 UAbs. 2 VO (EU) Nr. 537/2014 zählt Steuerberatungs- und Bewertungsleistungen zu den *verbotenen* Nichtprüfungsleistungen, gewährt in Art. 5 Abs. 3 VO (EU) Nr. 537/2014 den Mitgliedstaaten aber die Möglichkeit, diese Leistungen in gewissem Umfang für zulässig zu erklären. *Verbotene* Nichtprüfungsleistungen werden vom hier in Rede stehenden Ordnungswidrigkeitentatbestand des § 405 Abs. 3b Nr. 1 nicht erfasst (→ Rn. 100 f.), sondern allein *billigungspflichtige*. Deutschland hat allerdings von dem genannten Mitgliedstaatenwahlrecht Gebrauch gemacht, so dass

---

³³⁵ Vgl. auch BeckOK HGB/*Regierer*, 21. Ed. 2018, HGB § 334 Rn. 5; NK-WSS/*Knierim/Kessler* HGB § 334 Rn. 15.
³³⁶ NK-WSS/*Krause/Tiwele* Rn. 46; NK-WSS/*Knierim/Kessler* HGB § 334 Rn. 15; *Lanfermann/Maul* BB 2016, 363 (365).
³³⁷ BeBiKo/*Schmidt/Nagel* HGB § 319a Rn. 71.
³³⁸ Siehe insofern den Katalog in Art. 5 Abs. 1 UAbs. 2 VO (EU) Nr. 537/2014.
³³⁹ *Lanfermann/Maul* BB 2016, 363 (364).
³⁴⁰ NK-WSS/*Knierim/Kessler* HGB § 334 Rn. 18. *Lanfermann/Maul* BB 2016, 363 (365) sprechen sich *de lege ferenda* für eine Beschränkung auf „offenkundige inhaltliche Verstöße im Rahmen des Billigungsprozesses aus"; krit. zur Unbestimmtheit auch Park/*Bottmann* Teil 4 Kap. 17.11. HGB § 334 Abs. 2a Nr. 1 Rn. 11.
³⁴¹ Siehe eingehend *Bode* BB 2017, 491 ff.
³⁴² Vgl. NK-WSS/*Knierim/Kessler* HGB § 334 Rn. 18.
³⁴³ Vgl. Park/*Bottmann* Teil 4 Kap. 17.11. HGB § 334 Abs. 2a Nr. 1 Rn. 11.

Abschlussprüfer bzw. Prüfgesellschaften hiernach grundsätzlich bestimmte Steuerberatungs- und Bewertungsleistungen erbringen dürfen.³⁴⁴

Auf den ersten Blick liegt es nahe, diese *nationalstaatlich zugelassenen* Steuerberatungs- und Bewertungsleistungen zu den tatbestandlich von § 405 Abs. 3b Nr. 1 erfassten *billigungspflichtigen* Nichtprüfungsleistungen zu zählen. Dafür dürfte jedenfalls der Zweck des von § 405 Abs. 3b Nr. 1 iVm Art. 5 Abs. 4 UAbs. 1 S. 1 VO (EU) Nr. 537/2014 geschützten *Abwägungsvorgangs* sprechen. Denn die Unabhängigkeit des Abschlussprüfers wird durch die Erbringung ursprünglich verbotener Nichtprüfungsleistungen in gleicher Weise, wenn nicht sogar mehr, gefährdet, als dies bei den per se billigungspflichtigen Leistungen der Fall ist. **104**

Die Annahme einer bußgeldbewehrten Billigungspflicht für von den Mitgliedstaaten für zulässig erklärte Steuerberatungs- und Bewertungsleistungen überschreitet jedoch die Wortlautgrenze der Blankettnorm.³⁴⁵ Denn Art. 5 Abs. 4 UAbs. 1 S. 1 VO (EU) Nr. 537/2014, auf den § 405 Abs. 3b Nr. 1 verweist, verpflichtet den Prüfungsausschuss zu einer Billigung „andere[r] als [der] verbotenen Nichtprüfungsleistungen nach den Absätzen 1 und 2". In der Logik der Verordnung sind Steuerberatungs- und Bewertungsleistungen aber „verboten" (fallen also unter Abs. 1 des vorstehenden Zitats) und sind somit keine „anderen" Leistungen, die einer Billigung bedürfen. Das bereits erwähnte mitgliedstaatliche Wahlrecht hat also in dem Ordnungswidrigkeitenblankett keinen hinreichenden Niederschlag gefunden. **105**

Abs. 3b Nr. 1 Var. 3. Zu den weiteren Pflichten gehören die Einholung einer jährlichen Unabhängigkeitserklärung sowie die Erörterung von Risiken für die Unabhängigkeit und entsprechenden Schutzmaßnahmen mit dem Abschlussprüfer.³⁴⁶ Auch diese Blankettvorschrift ist sprachlich unklar gefasst, da die zugrunde liegende Ausfüllungsnorm in der Verordnung unmittelbar nur eine Pflicht des *Abschlussprüfers* bzw. der *Prüfungsgesellschaft* beschreibt. Diese gehören jedoch wiederum nicht zum Täterkreis des § 405 Abs. 3b Nr. 1. **106**

Art. 6 Abs. 2 VO (EU) Nr. 537/2014:

„Ein Abschlussprüfer oder eine Prüfungsgesellschaft a) erklärt gegenüber dem Prüfungsausschuss jährlich schriftlich, dass der Abschlussprüfer bzw. die Prüfungsgesellschaft, Prüfungspartner und Mitglieder der höheren Führungsebene und das Leitungspersonal, die die Abschlussprüfung durchführen, unabhängig vom geprüften Unternehmen sind, b) erörtert mit dem Prüfungsausschuss die Gefahren für seine bzw. ihre Unabhängigkeit sowie die von ihm bzw. ihr gemäß Absatz 1 dokumentierten zur Verminderung dieser Gefahren angewendeten Schutzmaßnahmen."

Das Gesetz wäre damit auf den ersten Blick inhaltslos. Die Auslegung kann daher nur ergeben, dass auch für den *Aufsichtsrat* oder *Prüfungsausschuss* eine **Pflicht zur Einholung** der entsprechenden Unabhängigkeitserklärung und zur **Erörterung** der Gefährdungen für die Unabhängigkeit besteht.³⁴⁷ Eine solche Auslegung ist auch noch vom Wortlaut erfasst. Insofern darf die unionsrechtliche Ausfüllungsnorm nicht isoliert von der Sanktionsnorm des § 405 Abs. 3b Nr. 1 gesehen werden. Letztere Vorschrift verlangt eine **Überwachung** nach Maßgabe des Art. 6 Abs. 2 VO (EU) Nr. 537/2014. Diese *Überwachungspflicht* wird man in Verbindung mit Art. 6 Abs. 2 VO (EU) Nr. 537/2014 durchaus als Pflicht zur Einholung einer (abzugebenden) Erklärung bzw. als Erörterungspflicht interpretieren können. Dabei ist auch zu berücksichtigen, dass die in Art. 6 Abs. 2 VO (EU) Nr. 537/2014 genannten Handlungen des Abschlussprüfers bzw. der Prüfungsgesellschaft notwendigerweise eine *Mitwirkung* des Aufsichtsrats bzw. des Prüfungsausschusses voraussetzen. **107**

Nach teilweise vertretener Auffassung kann auch die „unvertretbar falsche Würdigung" der Erklärungen des Abschlussprüfers mit dem Ziel, ihn erneut zu bestellen, einen Pflichtverstoß begründen.³⁴⁸ Dies ist jedenfalls missverständlich: Denn § 405 Abs. 3b Nr. 1 iVm Art. 6 Abs. 2 VO (EU) Nr. 537/2014 verlangt im engeren Sinne keine „Würdigung", sondern das Einholen einer Unabhängigkeitserklärung sowie die Erörterung von Gefährdungslagen für die Unabhängigkeit. Werden allerdings Gefährdungslagen bewusst ausgeblendet, um auf diese Weise eine erneute Bestellung des Abschlussprüfers bzw. der Prüfungsgesellschaft zu ermöglichen, kann dies einen Verstoß gegen die *Erörterungs*pflicht darstellen. **108**

---

³⁴⁴ Art. 5 Abs. 3 VO (EU) Nr. 537/2014; vgl. § 319a Abs. 1, Abs. 3 HGB; dazu *Petersen/Zwirner/Boecker* DStR 2016, 984 (986).

³⁴⁵ NK-WSS/*Knierim/Kessler* HGB § 334 Rn. 20; iErg gegen eine sanktionierte Beurteilungspflicht auch *Lanfermann/Maul* BB 2016, 363 (364 f.).

³⁴⁶ *Schilha* ZIP 2016, 1316 (1328).

³⁴⁷ IErg so auch NK-WSS/*Krause/Twele* Rn. 48.

³⁴⁸ NK-WSS/*Knierim/Kessler* HGB § 334 Rn. 22; zu praktischen Erwägungen bzgl. Umfang und Zeitpunkt der Einholung von Unabhängigkeitserklärungen weiterführend *Lanfermann/Maul* BB 2016, 363 (365).

109 **b) Auswahl (Abs. 3b Nr. 2).** Im Zuge der erstmaligen Bestellung von Abschlussprüfern oder Prüfgesellschaften bzw. im Falle eines Prüferwechsels ist ein **Auswahlverfahren** zu durchlaufen. Eines solchen bedarf es allerdings nicht in den Fällen der Erneuerung (also Verlängerung) eines bereits bestehenden Prüfungsmandates iSv Art. 17 Abs. 1, 2 VO (EU) Nr. 537/2014.[349] Der Auswahlprozess ist in Art. 16 VO (EU) Nr. 537/2014 als formalisierter Ausschreibungsprozess gestaltet. Trotz der Verwendung des Begriffs der „Ausschreibung" ist aber keine öffentliche Ausschreibung gemeint,[350] sondern ein Auswahlverfahren, das in fünf Phasen (Ausschreibung, Auswahlverfahren, Empfehlung des Prüfungsausschusses, Wahlvorschlag des Aufsichtsrats und Wahl) unterteilt werden kann.[351]

110 Durch das Gesetz zur Umsetzung der Zweiten Zahlungsdiensterichtlinie vom 17.7.2017 berücksichtigt § 405 Abs. 3b Nr. 2 nunmehr die Besonderheiten der Versicherungsaufsicht und hat zunächst zur Voraussetzung, dass die Empfehlung für die Bestellung eines Abschlussprüfers oder einer Prüfungsgesellschaft nicht auf einem Verlangen der Aufsichtsbehörde nach § 36 Abs. 1 S. 2 VAG beruht. Der Tatbestand stellt damit sicher, dass keine besondere Eilbedürftigkeit bei der Prüferbestellung bestand.[352]

111 Bußgeldbewehrt ist sodann, wenn die Empfehlung des Prüfungsausschusses über die Bestellung eines Abschlussprüfers abgegeben wurde, ohne dass das in Art. 16 Abs. 3 UAbs. 1 VO (EU) Nr. 537/2014 bestimmte *Verfahren überhaupt durchgeführt wurde* (§ 405 Abs. 3b Nr. 2b). Es empfiehlt sich, den Auswahlprozess zu Beweiszwecken umfassend zu dokumentieren.[353]

Art. 16 Abs. 3 UAbs. 1 VO (EU) Nr. 537/2014:

„Außer im Fall der Erneuerung eines Prüfungsmandats gemäß Artikel 17 Absätze 1 und 2 wird die in Absatz 2 des vorliegenden Artikels genannte Empfehlung des Prüfungsausschusses im Anschluss an ein Auswahlverfahren erstellt, das das geprüfte Unternehmen unter Berücksichtigung folgender Kriterien durchführt:
a) Dem geprüften Unternehmen steht es frei, beliebige Abschlussprüfer oder Prüfungsgesellschaften zur Unterbreitung von Vorschlägen für die Erbringung von Abschlussprüfungsleistungen aufzufordern, sofern die Bedingungen des Artikels 17 Absatz 3 erfüllt sind und die Teilnahme von Unternehmen, die im vorausgegangenen Kalenderjahr in dem betreffenden Mitgliedstaat weniger als 15 % der von Unternehmen von öffentlichem Interesse gezahlten Gesamthonorare erhalten haben, an dem Ausschreibungsverfahren in keiner Weise ausgeschlossen wird.
b) Das geprüfte Unternehmen erstellt für den aufgeforderten Abschlussprüfer bzw. die Prüfungsgesellschaften Ausschreibungsunterlagen. Diese Ausschreibungsunterlagen müssen es ermöglichen, die Geschäftstätigkeit des geprüften Unternehmens und die Art der durchzuführenden Abschlussprüfung zu erfassen. Die Ausschreibungsunterlagen enthalten transparente, diskriminierungsfreie Auswahlkriterien für die Bewertung der Vorschläge der Abschlussprüfer oder Prüfungsgesellschaften durch das geprüfte Unternehmen.
c) Das geprüfte Unternehmen kann das Auswahlverfahren frei gestalten und im Laufe des Verfahrens direkte Verhandlungen mit interessierten Bietern führen.
d) Falls die in Artikel 20 genannten zuständigen Behörden im Einklang mit Unionsrecht oder nationalem Recht von den Abschlussprüfern und Prüfungsgesellschaften die Erfüllung bestimmter Qualitätsstandards verlangen, so sind diese Standards in die Ausschreibungsunterlagen aufzunehmen.
e) Das geprüfte Unternehmen beurteilt die Vorschläge der Abschlussprüfer oder Prüfungsgesellschaften anhand der in den Ausschreibungsunterlagen festgelegten Auswahlkriterien. Das geprüfte Unternehmen erstellt einen Bericht über die im Auswahlverfahren gezogenen Schlussfolgerungen, der vom Prüfungsausschuss validiert wird. Das geprüfte Unternehmen und der Prüfungsausschuss berücksichtigen alle Erkenntnisse oder Schlussfolgerungen der in Artikel 26 Absatz 8 genannten und von der zuständigen Behörde gemäß Artikel 28 Buchstabe d veröffentlichten Kontrollberichte über bietende Abschlussprüfer oder Prüfungsgesellschaften.
f) Das geprüfte Unternehmen muss auf Verlangen in der Lage sein, gegenüber der in Artikel 20 genannten zuständigen Behörde darzulegen, dass das Auswahlverfahren auf faire Weise durchgeführt wurde."

112 Die auf der Grundlage des Auswahlverfahrens abzugebende **Empfehlung** über die Bestellung eines Abschlussprüfers muss des Weiteren den Anforderungen des Art. 16 Abs. 2 UAbs. 2, 3 VO (EU) Nr. 537/2014 genügen. § 405 Abs. 3b Nr. 2a flankiert diese Verpflichtung ordnungswidrigkeitenrechtlich.

---

[349] Siehe insofern den Wortlaut von Art. 16 Abs. 3 VO (EU) Nr. 537/2014.
[350] *Blöink/Woodtli* Der Konzern 2016, 75 (81).
[351] Siehe dazu näher *Meyer/Mattheus* DB 2016, 695 (697); vgl. auch *Schilha* ZIP 2016, 1316 (1327).
[352] Vgl. BT-Drs. 18/12568, 167.
[353] *Buhleier/Niehues/Splinter* DB 2016, 1885 (1889).

Art. 16 Abs. 2 UAbs. 2, 3 VO (EU) Nr. 537/2014:

„Abgesehen vom Fall der Erneuerung eines Prüfungsmandats gemäß Artikel 17 Absätze 1 und 2 muss die Empfehlung begründet werden und mindestens zwei Vorschläge für das Prüfungsmandat enthalten, und der Prüfungsausschuss teilt unter Angabe der Gründe seine Präferenz für einen der beiden Vorschläge mit.

Der Prüfungsausschuss erklärt in seiner Empfehlung, dass diese frei von ungebührlicher Einflussnahme durch Dritte ist und ihm keine Klausel der in Absatz 6 genannten Art auferlegt wurde."

Der Begriff der „ungebührlichen Einflussnahme" im Sinne des vorstehenden Art. 16 Abs. 2 UAbs. 3 VO (EU) Nr. 537/2014 wird in der besagten Verordnung nicht näher konkretisiert. Eine solche ist noch nicht anzunehmen, wenn Dritte Argumente für oder gegen eine Bestellung des Abschlussprüfers bzw. der Prüfgesellschaft vorbringen.[354] Anders liegt der Fall, wenn Dritte auf eine bestimmte Empfehlung hindrängen oder die Entscheidung darüber faktisch anstelle des zuständigen Organs übernehmen.[355]

Unklar ist, ob der Ordnungswidrigkeitentatbestand des § 405 Abs. 3b Nr. 2 auch dann anwendbar ist, wenn die Erklärung gem. Art. 16 Abs. 2 UAbs. 3 VO (EU) Nr. 537/2014 über eine *nicht gegebene Einflussnahme* zwar abgegeben wird, diese aber *sachlich falsch* ist, weil es tatsächlich zu einer ungebührlichen Einflussnahme kam. Hierfür spricht der Zweck der Vorschrift. Die Unabhängigkeit der Prüfung wird nicht durch eine *fehlende* Erklärung gefährdet, sondern durch die tatsächlich erfolgte ungebührliche Einflussnahme und deren anschließende Verschleierung durch eine *falsche* Erklärung.[356] 113

Das *völlige Fehlen der Empfehlung* ist hingegen nach dem insoweit eindeutigen Wortlaut des § 405 Abs. 3b Nr. 2 („eine Empfehlung [...] vorlegt, [...] a) die den Anforderungen [...] nicht entspricht oder b) der ein Auswahlverfahren [...] nicht vorangegangen ist") nicht sanktionsbewehrt.[357] Art. 30 Abs. 2 RL 2006/43/EG (in der Änderungsfassung) erfordert zwar, dass „die Mitgliedstaaten wirksame, verhältnismäßige und abschreckende Sanktionen für Abschlussprüfer und Prüfungsgesellschaften vor[sehen], die sich bei der Durchführung von Abschlussprüfungen nicht an die Vorschriften halten, die zur Umsetzung dieser Richtlinie und gegebenenfalls der Verordnung (EU) Nr. 537/2014 angenommen wurden." Dies würde auch die in Art. 16 Abs. 2 UAbs. 1 VO (EU) Nr. 537/2014 enthaltene Pflicht zur Abgabe der Empfehlung erfassen. Eine aus dem Anwendungsvorrang des Unionsrechts grundsätzlich resultierende Pflicht zur europarechtsfreundlichen Auslegung der Umsetzungsakte von Richtlinien endet jedoch spätestens an der Wortlautgrenze.[358] 114

c) Weiterleitung des Bestellungsvorschlags (Abs. 3c und 3d). Im Anschluss an die Empfehlung erfolgt als letzte Phase des Auswahlprozesses des Abschlussprüfers die Bestellung, der ein **Vorschlag** an die Hauptversammlung vorausgeht. Zuständig für den Vorschlag ist das Aufsichtsratsplenum (§ 107 Abs. 3 S. 3, § 124 Abs. 3).[359] Das Gesetz differenziert hier zwischen Mitgliedern von Aufsichtsräten mit und ohne Prüfungsausschuss. Während Täter einer Ordnungswidrigkeit nach Abs. 3c nur sein kann, wer Mitglied eines Aufsichtsrats ist, der einen Prüfungsausschuss nicht bestellt hat, setzt Abs. 3d eine solche Bestellung gerade voraus (siehe dazu auch bereits → Rn. 90). Damit schließen sich die Tatbestände des Abs. 3c und des Abs. 3d aus. Sie enthalten jedoch nahezu identische Anforderungen an das Bestellverfahren. In beiden Fällen muss der Vorschlag die Anforderungen des Art. 16 Abs. 5 UAbs. 1 VO (EU) Nr. 537/2014 erfüllen. 115

Art. 16 Abs. 5 UAbs. 1 VO (EU) Nr. 537/2014:

„Der an die Gesellschafterversammlung oder Aktionärshauptversammlung des geprüften Unternehmens gerichtete Vorschlag für die Bestellung von Abschlussprüfern oder Prüfungsgesellschaften enthält die Empfehlung und Präferenz gemäß Absatz 2, die der Prüfungsausschuss oder das Gremium mit vergleichbarer Funktion ausgesprochen bzw. angegeben hat."

---

[354] NK-WSS/*Knierim/Kessler* HGB § 334 Rn. 25.
[355] Vgl. NK-WSS/*Knierim/Kessler* HGB § 334 Rn. 25.
[356] Daher für eine Anwendung NK-WSS/*Knierim/Kessler* HGB § 334 Rn. 25.
[357] Vgl. MüKoAktG/*Schaal* Rn. 185; Erbs/Kohlhaas/*Schaal* Rn. 71. So wohl auch Bürgers/Körber/*Pelz* Rn. 20b („Abs. 3b Nr. 2 ahndet die Abgabe einer Empfehlung, ohne dass zumindest zwei Vorschläge gemacht oder ein begründeter Präferenzvorschlag gegeben oder kein den Anforderungen entspr. Auswahlverfahren durchgeführt wurde."), der allerdings für den quasi gleichlautenden Abs. 3c zum gegenteiligen Ergebnis kommt „Bei Gesellschaften nach Abs. 3b [...] muss der AR der HV nach Art. 16 Abs. 5 Unterabs. 1 VO (EU) Nr. 537/2014 mind. zwei Abschlussprüfer oder Prüfungsgesellschaften vorschlagen und eine begründete Präferenzentscheidung treffen. Abs. 3c ahndet Zuwiderhandlungen gegen diese Pflicht zur Abgabe einer Empfehlung." (Rn. 20c).
[358] *Ambos*, Internationales Strafrecht, 5. Aufl. 2018, § 11 Rn. 54; Bohnert/Bülte OWiR, 5. Aufl. 2016, § 1 Rn. 20; *Hugger* NStZ 1993, 421 (423).
[359] *Meyer/Mattheus* DB 2016, 695 (697).

116 Aus dem von Art. 16 Abs. 5 UAbs. 1 VO (EU) Nr. 537/2014 in Bezug genommenen Art. 16 Abs. 2 VO (EU) Nr. 537/2014 ergibt sich, dass die Empfehlung des Aufsichtsrats an die Hauptversammlung **begründet** werden und mindestens **zwei Vorschläge für das Prüfungsmandat** (mit Angabe einer Präferenz) enthalten muss. Teilweise wird allerdings einschränkend vertreten, die Abgabe einer Empfehlung mit (mindestens) zwei alternativen Prüfgesellschaften sowie einer begründeten Präferenz gelte nicht für die Fälle, in denen das Unternehmen über *keinen Prüfungsausschuss* verfüge, sondern bei denen dessen Aufgaben vom Aufsichtsrat als Ganzem wahrgenommen würden (Konstellation des § 405 Abs. 3c).[360] Diese Ansicht[361] rekurriert letztlich auf den Wortlaut des Art. 16 Abs. 2 (iVm Abs. 5) VO (EU) Nr. 537/2014, in dem davon die Rede ist, der „Prüfungsausschuss" lege dem „Verwaltungs- oder Aufsichtsorgan" den entsprechenden Vorschlag vor.

117 Dahinter steht das bereits geschilderte Verständnis des Unionsrechts, wonach der Prüfungsausschuss nicht mit dem Aufsichtsorgan (im deutschen Aktienrecht also dem Aufsichtsrat) *deckungsgleich* ist, sondern einen *eigenständigen* Ausschuss oder einen *Unterausschuss* des Aufsichtsrats darstellt (→ Rn. 91). Allerdings wurde bereits darauf hingewiesen, dass Deutschland von der im Unionsrecht vorgesehenen Möglichkeit Gebrauch gemacht hat, die Aufgaben des Prüfungsausschusses auch dem Aufsichtsorgan (Aufsichtsrat) als Ganzem zu überantworten. Ist dies der Fall – da der Aufsichtsrat auf die Bestellung eines Prüfungsausschusses aus „seiner Mitte" verzichtet hat – liegt es nahe, dass die Pflicht zur Abgabe einer Empfehlung mit Alternativvorschlägen und einer begründeten Präferenz nunmehr unmittelbar dem Aufsichtsrat obliegt. Dafür spricht jedenfalls der Zweck der Verordnung, wonach der *Hauptversammlung* eine echte Auswahlentscheidung ermöglicht werden soll.[362] Der Wortlaut von Art. 16 Abs. 5 iVm Abs. 2 VO (EU) Nr. 537/2014 steht einer derartigen Auslegung nicht zwingend entgegen.[363] Dabei ist nämlich zu berücksichtigen, dass § 405 Abs. 3c gerade die Fälle betrifft, in denen ein Prüfungsausschuss nicht bestellt wurde, die Norm aber gleichwohl auf Art. 16 Abs. 5 VO (EU) Nr. 537/2014 verweist.

118 § 405 Abs. 3d geht davon aus, dass der Aufsichtsrat einen Prüfungsausschuss bestellt hat (vgl. § 107 Abs. 3 S. 2). In diesem Fall hat der Aufsichtsrat grundsätzlich die Möglichkeit, von der **Empfehlung des Prüfungsausschusses abzuweichen.** Dann sind aber zwingend die in Art. 16 Abs. 5 UAbs. 2 VO (EU) Nr. 537/2014 enthaltenen Vorgaben zu berücksichtigen, die neben den bereits erwähnten Pflichten aus Art. 16 Abs. 5 UAbs. 1 VO (EU) Nr. 537/2014 (→ Rn. 115) über § 405 Abs. 3d ordnungswidrigkeitenrechtlich flankiert werden.

Art. 16 Abs. 5 UAbs. 2 VO (EU) Nr. 537/2014:

„Falls der Vorschlag von der Präferenz des Prüfungsausschusses abweicht, sind im Vorschlag die Gründe zu nennen, weshalb der Empfehlung nicht gefolgt wird. Der oder die vom Verwaltungs- oder Aufsichtsorgan empfohlenen Prüfer oder Prüfungsgesellschaften müssen jedoch an dem in Absatz 3 beschriebenen Auswahlverfahren teilgenommen haben. Dieser Unterabsatz findet keine Anwendung, wenn das Verwaltungs- oder Aufsichtsorgan die Funktionen des Prüfungsausschusses wahrnimmt."

119 Wiederum ist unklar, ob bereits das völlige Unterlassen der Abgabe einer Empfehlung sanktionsbewehrt ist.[364] Gegen eine solche Auslegung spricht der Wortlaut des § 405 Abs. 3c bzw. 3d, der jeweils davon ausgeht, dass ein Vorschlag vorgelegt wurde („vorlegt").[365]

IV. Konkurrenzen

120 Da § 405 einen umfassenden Katalog von Ordnungswidrigkeiten enthält, schützen die einzelnen Absätze häufig unterschiedliche Rechtsgüter[366] und erfassen jeweils spezifische Pflichtverstöße, so dass auch zwischen den einzelnen Tatbeständen des § 405 (grundsätzlich) **Tateinheit** gem. § 19 OWiG bestehen kann. Zu beachten ist allerdings, dass § 405 Abs. 3 Nr. 4 als lex specialis § 405 Abs. 3 Nr. 1 verdrängt.[367] Verwirklicht der Täter mehrere Begehungsvarianten eines Tatbestandes (etwa bei

---

[360] *Buhleier/Niehues/Splinter* DB 2016, 1885 (1889 f.).
[361] *Buhleier/Niehues/Splinter* DB 2016, 1885 (1889 f.).
[362] *Schüppen* NZG 2016, 247 (251 f.).
[363] IErg so auch MüKoAktG/*Schaal* Rn. 190; Erbs/Kohlhaas/*Schaal* Rn. 73.
[364] Dafür wohl Bürgers/Körber/*Pelz* Rn. 20c.
[365] So wohl auch *Schmidt* DB 2016, 1945 (1947); MüKoAktG/*Schaal* Rn. 187, 191.
[366] → Rn. 9; Großkomm AktG/*Otto* Rn. 14.
[367] Kölner Komm AktG/*Geilen*, 1. Aufl. 1984, Rn. 146, 94; MüKoAktG/*Schaal* Rn. 206; Großkomm AktG/ *Otto* Rn. 157; Hölters/*Müller-Michaels* Rn. 79; Kölner Komm AktG/*Altenhain* Rn. 91; NK-WSS/*Krause/Twele* Rn. 53.

Abs. 1 Nr. 1), ist – vergleichbar etwa mit der Urkundenfälschung gem. § 267 StGB – von einer einheitlichen Tatbestandsverwirklichung auszugehen, es liegt also keine Tateinheit im technischen Sinne vor.[368]

Bei der gleichfalls in Betracht kommenden **Tatmehrheit** von Bußgeldtatbeständen findet § 20 OWiG Anwendung. Im Verhältnis zu tateinheitlich verwirklichten Straftaten, namentlich §§ 263, 266, 267 StGB, tritt eine Ordnungswidrigkeit nach der allgemeinen Regel des § 21 OWiG zurück.[369] Werden jedoch einzelne tatbestandliche Ausgestaltungen einer Ordnungswidrigkeit durch eine Straftat vollständig überlagert, wie zB durch die weit gefassten §§ 263, 266 StGB, so kann im Einzelfall die tatbestandlich speziellere Ordnungswidrigkeit vorgehen.[370] Wird eine Strafe nicht verhängt, kommt wiederum eine Verhängung von Bußgeld in Betracht, vgl. § 21 Abs. 2 OWiG.[371] **121**

V. Verfolgung; Rechtsfolgen; Verjährung

Auf die Ordnungswidrigkeiten nach § 405 sind mangels anderweitiger Bestimmung im AktG die allgemeinen Vorschriften des OWiG anwendbar.[372] **122**

1. Verfahren. § 36 OWiG regelt, wer sachlich **zuständig** ist, § 37 OWiG regelt die örtliche Zuständigkeit. Eine Besonderheit gilt für die Tatbestände in Abs. 3b bis 3d: Für diese enthält § 405 Abs. 5 nämlich eine gesonderte gesetzliche Zuständigkeitsbestimmung iSv § 36 Abs. 1 Nr. 1 OWiG. Die für die Verfolgung und Ahndung der Ordnungswidrigkeiten sachlich zuständige Verwaltungsbehörde ist in diesen Fällen für PIEs, die CRR-Kreditinstitute oder Versicherungsunternehmen sind, die BaFin; im Übrigen ist dies das Bundesamt für Justiz.[373] Für Einleitung und Durchführung der Verfolgung gilt nach § 47 OWiG das **Opportunitätsprinzip**.[374] Die Verfolgung setzt von Amts wegen ein.[375] Eine Ordnungswidrigkeit wird durch Bußgeldbescheid festgestellt, wobei sich die formalen und inhaltlich notwendigen Anforderungen aus §§ 65, 66 OWiG ergeben, falls nicht ein selbstständiger Einziehungsbescheid (§ 87 Abs. 3 S. 1 OWiG) oder ein selbstständiger Bußgeldbescheid gegen eine juristische Person oder Personenvereinigung (§ 88 Abs. 2 OWiG) vorliegt. **Rechtsbehelf** für eine Überprüfung im gerichtlichen Verfahren ist der **Einspruch** gem. §§ 67 ff. OWiG. **123**

2. Rechtsfolgen. a) Geldbuße. Zuwiderhandlungen nach § 405 können gem. Abs. 4 mit einer Geldbuße in Höhe von maximal 25 000 Euro, in den Fällen der Abs. 3b bis 3d maximal 50 000 Euro, geahndet werden. Das Mindestmaß der Geldbuße ergibt sich aus der allgemeinen Regelung des § 17 Abs. 1 OWiG und beträgt fünf Euro. Bei der Bemessung der Geldbuße nach Ermessen der Behörde können nach § 17 Abs. 3 S. 2 OWiG die wirtschaftlichen Verhältnisse des Täters berücksichtigt werden.[376] **124**

---

[368] AA Großkomm AktG/*Otto* Rn. 156; Hölters/*Müller-Michaels* Rn. 79: Tateinheit.
[369] Großkomm AktG/*Klug*, 3. Aufl. 1975, Anm. 49; Kölner Komm AktG/*Geilen*, 1. Aufl. 1984, Rn. 146; MüKoAktG/*Schaal* Rn. 207; Großkomm AktG/*Otto* Rn. 159; NK-WSS/*Krause/Twele* Rn. 53.
[370] NK-AktR/*Bernsmann* Rn. 17; vgl. auch MüKoStGB/*Hefendehl* StGB § 263 Rn. 1007 mwN zum Verhältnis von § 263 StGB und § 58 BAföG, bei dem ausnahmsweise die Ordnungswidrigkeitsvorschrift Vorrang haben muss; vgl. weiterhin *Krenberger/Krumm*, Kommentar zum Ordnungswidrigkeitenrecht, 5. Aufl. 2018, OWiG § 21 Rn. 6; Göhler/*Gürtler* OWiG § 21 Rn. 7; KK-OWiG/*Mitsch* OWiG § 21 Rn. 7 ff.; Lemke/*Mosbacher*, Ordnungswidrigkeitengesetz – Kommentar, 2. Aufl. 2005, OWiG § 21 Rn. 4.
[371] Göhler/*Gürtler* OWiG § 21 Rn. 24 ff.; KK-OWiG/*Mitsch* OWiG § 21 Rn. 19 ff.; Großkomm AktG/*Klug*, 3. Aufl. 1975, Anm. 49; Lemke/*Mosbacher*, Ordnungswidrigkeitengesetz – Kommentar, 2. Aufl. 2005, OWiG § 21 Rn. 14 ff.; Kölner Komm AktG/*Altenhain* Rn. 92.
[372] Erbs/Kohlhaas/*Schaal* Rn. 83; MüKoAktG/*Schaal* Rn. 208; Kölner Komm AktG/*Altenhain* Rn. 78.
[373] *Schilha* ZIP 2016, 1316 (1328); NK-WSS/*Krause/Twele* Rn. 54; MHLS/*Sigloch/Keller/Meffert* GmbHG § 87 Rn. 5; MüKoAktG/*Schaal* Rn. 198, 210; Erbs/Kohlhaas/*Schaal* Rn. 79; zur Aufsichtstätigkeit der Behörden *Lanfermann* BB 2015, 2027.
[374] *Schilha* ZIP 2016, 1316 (1328); NK-WSS/*Krause/Twele* Rn. 54; MüKoAktG/*Schaal* Rn. 198, 210; Erbs/Kohlhaas/*Schaal* Rn. 83; zur Aufsichtstätigkeit der Behörden *Lanfermann* BB 2015, 2027. → Rn. 5; NK-AktR/*Bernsmann* Rn. 1; Göhler/*Seitz/Bauer* OWiG § 47 Rn. 30; Großkomm AktG/*Klug*, 3. Aufl. 1975, Anm. 5; Lemke/*Mosbacher*, Ordnungswidrigkeitengesetz – Kommentar, 2. Aufl. 2005, OWiG § 47 Rn. 3; Großkomm AktG/*Otto* Rn. 164; NK-WSS/*Krause/Twele* Rn. 54.
[375] Erbs/Kohlhaas/*Schaal* Rn. 83; Kölner Komm AktG/*Geilen*, 1. Aufl. 1984, Rn. 149; Großkomm AktG/*Otto* Rn. 164.
[376] Erbs/Kohlhaas/*Schaal* Rn. 84; MHLS/*Sigloch/Keller/Meffert* GmbHG § 87 Rn. 4; Göhler/*Gürtler* OWiG § 17 Rn. 21 ff.; KK-OWiG/*Mitsch* OWiG § 17 Rn. 84 ff.; Lemke/*Mosbacher*, Ordnungswidrigkeitengesetz – Kommentar, 2. Aufl. 2005, OWiG § 17 Rn. 26; MüKoAktG/*Schaal* Rn. 196; Großkomm AktG/*Otto* Rn. 161.

§ 407   Viertes Buch. Sonder-, Straf- und Schlußvorschriften

125   Bei der Bemessung der Geldbuße kann die zuständige **Behörde** im Einzelfall das **gesetzlich angedrohte Höchstmaß nach ihrem Ermessen**[377] **überschreiten (§ 17 Abs. 4 OWiG)**,[378] um einen etwaigen über das Höchstmaß hinausgehenden Vorteil abzuschöpfen, den der Täter aus der Tat gezogen hat.[379] Über die Höhe der Geldbuße soll zusammen mit den parallel dazu anwendbaren Verfalls- und Einziehungsvorschriften sichergestellt werden, dass diese in einem angemessenen Verhältnis zu der Bedeutung der Tat und zu dem erzielten Gewinn des Täters steht.[380]

126   **b) Unternehmensgeldbuße.** Nach § 30 OWiG ist unter den dort genannten Voraussetzungen auch gegen juristische Personen oder teilrechtsfähige Personengesellschaften eine Geldbuße möglich. Die Festsetzung kann auch in einem gesonderten Verfahren entsprechend § 30 Abs. 4 OWiG erfolgen.[381]

127   **3. Verjährung.** Für die Verjährung gelten die Vorschriften der §§ 31 ff. OWiG. Danach hängt der Zeitraum bis zum Eintritt der Verjährung vom gesetzlich geregelten Höchstmaß der für die Ordnungswidrigkeit angedrohten Geldbuße ab. Die Verjährung beginnt gem. § 31 Abs. 3 S. 1 OWiG grundsätzlich mit Beendigung der Handlung. Tritt entsprechend § 31 Abs. 3 S. 2 OWiG ein Tatererfolg später ein, so beginnt die Verfolgungsverjährung auch erst mit diesem Zeitpunkt. Aufgrund des gesetzlich geregelten Höchstmaßes von 25 000 Euro bei vorsätzlicher Begehung verjähren solche Ordnungswidrigkeiten innerhalb von drei Jahren gem. § 31 Abs. 2 Nr. 1 OWiG. Die Vollstreckungsverjährung ist in § 34 OWiG geregelt und beträgt entweder drei oder fünf Jahre ab Rechtskraft der der Geldbuße zugrunde liegenden Entscheidung. Die Verjährungsfrist beträgt fünf Jahre ab einer Geldbuße von über 1000 Euro, ansonsten drei Jahre.

§ 406 *(aufgehoben)*

§ 407 Zwangsgelder

(1) ¹Vorstandsmitglieder oder Abwickler, die § 52 Abs. 2 Satz 2 bis 4, § 71c, § 73 Abs. 3 Satz 2, §§ 80, 90, 104 Abs. 1, § 111 Abs. 2, § 145, §§ 170, 171 Abs. 3 oder Abs. 4 Satz 1 in Verbindung mit Abs. 3, §§ 175, 179a Abs. 2 Satz 1 bis 3, 214 Abs. 1, § 246 Abs. 4, §§ 248a, 259 Abs. 5, § 268 Abs. 4, § 270 Abs. 1, § 273 Abs. 2, §§ 293f, 293g Abs. 1, § 312 Abs. 1, § 313 Abs. 1, § 314 Abs. 1 nicht befolgen, sind hierzu vom Registergericht durch Festsetzung von Zwangsgeld anzuhalten; § 14 des Handelsgesetzbuchs bleibt unberührt. ²Das einzelne Zwangsgeld darf den Betrag von fünftausend Euro nicht übersteigen.

(2) Die Anmeldungen zum Handelsregister nach den §§ 36, 45, 52, 181 Abs. 1, §§ 184, 188, 195, 210, 223, 237 Abs. 4, §§ 274, 294 Abs. 1, § 319 Abs. 3 werden durch Festsetzung von Zwangsgeld nicht erzwungen.

Schrifttum: *Bassenge*, Tatsachenermittlung, Rechtsprüfung und Ermessensausübung in den registergerichtlichen Verfahren nach §§ 132–144 FGG, Rpfleger 1974, 173; *Bassenge/Roth*, Gesetz über das Verfahren in Familiensachen und in den Angelegenheiten der freiwilligen Gerichtsbarkeit. Rechtspflegergesetz – Kommentar, 12. Aufl. 2009; *Bumiller/Harders/Schwamb*, Gesetz über das Verfahren in Familiensachen und in den Angelegenheiten der freiwilligen Gerichtsbarkeit (FamFG) – Kommentar, 11. Aufl. 2015; *Göhler*, Das Einführungsgesetz zum Strafgesetzbuch, NJW 1974, 825; *Hofmann*, Zwangsgeldverfahren in der freiwilligen Gerichtsbarkeit, Rpfleger 1991, 283; *Maul*, Probleme im Rahmen von grenzüberschreitenden Unternehmensverbindungen, NZG 1999, 741; *Mertens*, Verpflichtung der Volkswagen AG, einen Bericht gemäß § 312 AktG über ihre Beziehungen zum Land Niedersachsen zu erstatten?, AG 1996, 241; *Nedden-Boeger*, Die Anwendung des Allgemeinen Teils des FamFG in Registersachen und in unternehmensrechtlichen Verfahren, FGPrax 2010, 1; *Schulte-Bunert/Weinreich*, Kommentar zum FamFG, 5. Aufl. 2016.

---

[377] *Krenberger/Krumm*, Kommentar zum Ordnungswidrigkeitenrecht, 5. Aufl. 2018, OWiG § 17 Rn. 28 ff.; *Lemke/Mosbacher*, Ordnungswidrigkeitengesetz – Kommentar, 2. Aufl. 2005, OWiG § 17 Rn. 39.
[378] Vgl. zum dann geltenden absoluten Höchstmaß der Geldbuße KK-OWiG/*Mitsch* OWiG § 17 Rn. 140.
[379] *Krenberger/Krumm*, Kommentar zum Ordnungswidrigkeitenrecht, 5. Aufl. 2018, OWiG § 17 Rn. 25; Erbs/Kohlhaas/*Schaal* Rn. 84; Großkomm AktG/*Klug*, 3. Aufl. 1975, Anm. 50; Kölner Komm AktG/*Geilen*, 1. Aufl. 1984, Rn. 147; Kölner Komm AktG/*Altenhain* Rn. 86; *Lemke/Mosbacher*, Ordnungswidrigkeitengesetz – Kommentar, 2. Aufl. 2005, OWiG § 17 Rn. 32; Großkomm AktG/*Otto* Rn. 162; NK-WSS/*Krause/Tivele* Rn. 55; vgl. zum wirtschaftlichen Vorteil KK-OWiG/*Mitsch* OWiG § 17 Rn. 112 ff.
[380] *Lemke/Mosbacher*, Ordnungswidrigkeitengesetz – Kommentar, 2. Aufl. 2005, OWiG § 17 Rn. 32.
[381] MüKoAktG/*Schaal* Rn. 219; zu den weiteren Voraussetzungen *Krenberger/Krumm*, Kommentar zum Ordnungswidrigkeitenrecht, 5. Aufl. 2018, OWiG § 30 Rn. 60 ff.; KK-OWiG/*Rogall* OWiG § 30 Rn. 162 ff.; *Lemke/Mosbacher*, Ordnungswidrigkeitengesetz – Kommentar, 2. Aufl. 2005, OWiG § 30 Rn. 68 ff.

Übersicht

	Rn.		Rn.
I. Regelungsgefüge von §§ 14 HGB, 407 AktG	1, 2	1. Ergänzungsfunktion nach § 407 Abs. 1 S. 1 Hs. 2	11, 12
II. Charakter des Zwangsgeldes	3	2. Ausnahmen des Abs. 2, die nicht durch Zwangsgeld erzwungen werden dürfen	13
III. Tatbestand	4–10	**V. Zwangsgeld als Rechtsfolge, § 407 Abs. 1 S. 2**	14, 15
1. Handlungen, die durch Zwangsgeld erzwungen werden können, Abs. 1 S. 1 Hs. 1	4	**VI. Zwangsgeldverfahren**	16–25
2. Adressatenkreis	5–10	1. Verfahrenspraxis	16
a) Zwangsgeld als persönliches Beugemittel	6	2. Einleitung des Zwangsgeldverfahrens	17–21
		a) Androhung	17–19
b) Juristische Personen	7, 8	b) Aufhebung der Androhung	20
c) Stellvertretende Vorstandsmitglieder	9, 10	c) Rechtsbehelf gegen die Androhung	21
IV. Registerzwang nach § 14 HGB	11–13	3. Festsetzung des Zwangsgeldes	22–24
		4. Stellung der AG	25

I. Regelungsgefüge von §§ 14 HGB, 407 AktG

§ 14 HGB regelt diejenigen Fälle, in denen ein Zwangsgeld zu verhängen ist, weil einer Pflicht **1** gegenüber dem Registergericht nicht nachgekommen wird. § 407 Abs. 1 S. 1 Hs. 1 führt diejenigen Fälle auf, die der Gesetzgeber im AktG zusätzlich (vgl. § 407 Abs. 1 S. 1 Hs. 2) zu § 14 HGB durch die Beugemaßnahme des Zwangsgeldes erzwingen lassen will.[1] Bei § 407 Abs. 2 geht es wie bei § 14 HGB um gegenüber dem Registergericht zu erfüllende Pflichten. Hier kann die Anmeldung zum HR aber nicht erzwungen werden.[2] Der Nichteintritt der gewünschten Rechtsfolge – etwa das Entstehen der AG als juristische Person – reicht als Sanktion aus. Auch wenn also die Anmeldung zum HR nicht erzwingbar ist, weil hierin ein Verstoß gegen die Privatautonomie der Beteiligten läge, muss eine eingeleitete Anmeldung ordnungsgemäß durchgeführt werden. Dies kann durch eine Zwischenverfügung sichergestellt werden (→ Rn. 12).

Dieses detaillierte Regelungssystem macht systematisch explizit, dass es **abschließenden Charakter 2** hat.[3] Andere Konstellationen, in denen zusätzlich ein Zwangsgeld verhängt werden kann, existieren nicht.

II. Charakter des Zwangsgeldes

Entgegen der Einordnung bei den Straf- und Bußgeldvorschriften der §§ 399 ff.[4] handelt es sich beim **3** Zwangsgeld um eine **Beugemaßnahme,** die weder Strafe noch Bußgeld ist.[5] Mit seiner Festsetzung ist kein Unwerturteil verbunden. Wegen seines objektiven Lenkungscharakters bedarf es somit zwar des rechtswidrigen, **nicht** aber des **schuldhaften** Verhaltens der Adressaten.[6] Rechtfertigungsgründe erscheinen aber kaum denkbar,[7] auch werden die Adressaten (→ Rn. 5 ff.) in nahezu allen Fällen schuldhaft handeln. Das Zwangsgeld als „andersartiger Rechtsnachteil" iSv Art. 5 EGStGB[8] fällt unter die Verfahrensvorschriften der §§ 388 ff. FamFG, nicht unter die StPO bzw. das OWiG.[9]

III. Tatbestand

1. Handlungen, die durch Zwangsgeld erzwungen werden können, Abs. 1 S. 1 Hs. 1. **4**

§ 407 Abs. 1 S. 1 Hs. 1 führt enumerativ diejenigen im AktG geregelten Pflichten auf, bei denen

---

[1] NK-AktR/*Ammon* Rn. 2; GHEK/*Hüffer* Rn. 1 f.; Großkomm AktG/*Klug*, 3. Aufl. 1975, Anm. 1; MüKoAktG/*Wendt* Rn. 2; Bürgers/Körber/*Pelz* Rn. 1.
[2] Großkomm AktG/*Otto* Rn. 1.
[3] NK-AktR/*Ammon* Rn. 3; K. Schmidt/Lutter/*Oetker* Rn. 1; v. Godin/Wilhelmi Anm. 2; Hüffer/Koch/*Koch*, 13. Aufl. 2018, Rn. 1; Großkomm AktG/*Klug*, 3. Aufl. 1975, Anm. 1; MüKoAktG/*Wendt* Rn. 2; Großkomm AktG/*Otto* Rn. 3; Kölner Komm AktG/*Altenhain* Rn. 5; Bürgers/Körber/*Pelz* Rn. 1, 3.
[4] MüKoAktG/*Wendt* Rn. 3.
[5] Vgl. BayObLGZ 1976, 112 (113) sowie OLG München OLGZ 1982, 101 (102) für Maßnahmen bei § 888 ZPO; *Göhler* NJW 1974, 825 (826); *Maul* NZG 1999, 741 (745); NK-AktR/*Ammon* Rn. 4; Großkomm AktG/*Klug*, 3. Aufl. 1975, Anm. 1; Kölner Komm AktG/*Altenhain* Rn. 2; MüKoAktG/*Wendt* Rn. 3; Großkomm AktG/*Otto* Rn. 4; Bürgers/Körber/*Pelz* Rn. 5; Hölters/*Müller-Michaels* Rn. 8; Grigoleit/*Rachlitz* Rn. 1.
[6] NK-AktR/*Ammon* Rn. 6; Hüffer/Koch/*Koch*, 13. Aufl. 2018, Rn. 13; Großkomm AktG/*Otto* Rn. 4; Henssler/Strohn/*Raum* Rn. 5; Kölner Komm AktG/*Altenhain* Rn. 4.
[7] Großkomm AktG/*Klug*, 3. Aufl. 1975, Anm. 7 f.; MüKoAktG/*Wendt* Rn. 13.
[8] *Geßler* Rn. 8.
[9] NK-AktR/*Ammon* Rn. 4; MüKoAktG/*Wendt* Rn. 3; Henssler/Strohn/*Raum* Rn. 6.

§ 407 5–9   Viertes Buch. Sonder-, Straf- und Schlußvorschriften

das Registergericht für den Fall ihrer Nichterfüllung ein Zwangsgeld verhängen kann.[10] Der Katalog ist im Laufe der Zeit erheblich modifiziert worden.[11]

5 **2. Adressatenkreis.** Adressaten des Zwangsgeldes sind die in § 407 aufgeführten **Vorstandsmitglieder** oder **Abwickler** der AG,[12] ergänzt um die persönlich haftenden Gesellschafter einer KGaA (§ 408 S. 2).[13]

6 **a) Zwangsgeld als persönliches Beugemittel.** Der Gesetzgeber hat das Zwangsgeld somit als persönliches Beugemittel ausgestaltet. Nicht abschließend geklärt ist, ob Vorstandsmitglieder bzw. Abwickler bei der Erfüllung der ihnen auferlegten Pflichten organschaftlich oder als Schuldner[14] einer ihnen auferlegten öffentlich-rechtlichen Verpflichtung handeln. Bei den für das Zwangsgeld gerade nicht einschlägigen Fällen der Anmeldungen mit konstitutiver Wirkung hat der BGH ein organschaftliches Handeln bejaht,[15] bei den deklaratorischen Anmeldungen dies hingegen offengelassen. Auch in diesem Fall wird hingegen ein Handeln aufgrund der Organstellung angenommen,[16] da den Geschäftsführer einer GmbH bzw. die Vorstandsmitglieder die öffentlich-rechtliche Pflicht zur Anmeldung lediglich aufgrund seiner/ihrer Organstellung treffe.[17] Entfalle diese, so entfalle auch die Pflicht zur Anmeldung.[18] Bei den einzutragenden Tatsachen handele es sich stets um Angelegenheiten der Gesellschaft,[19] nicht (nur) um solche der (natürlichen) Person. Ob man nun aber im Handeln der Vorstandsmitglieder die Erfüllung einer organschaftlichen oder einer schuldrechtlichen Verpflichtung sieht, bedeutet in ihren praktischen Auswirkungen keinen Unterschied. Es handelt sich um eine „höchstpersönliche öffentliche Pflicht".[20]

7 **b) Juristische Personen.** Ist eine juristische Person Abwickler oder bei der KGaA eine juristische Person oder Personenhandelsgesellschaft persönlich haftender Gesellschafter (→ § 408 Rn. 4), wird erwogen, das Zwangsgeldverfahren auch gegen die juristische Person bzw. die Personengesellschaft zu führen.[21] Dies würde dazu führen, dass auch bei einem Wechsel in der organschaftlichen Vertretung kein neues Zwangsgeldverfahren gegen die juristische Person eingeleitet werden müsste.[22] Die Bedenken hiergegen rührten möglicherweise aus dem ehemaligen Begriff der Ordnungsstrafe, die sich gegen eine natürliche Person richten müsse und nicht gegen einen Verband richten könne.[23]

8 Da es sich indes beim Zwangsgeld nicht um eine Strafe handelt (→ Rn. 3), ist diesen Bedenken nur im Ergebnis zuzustimmen. Sie werden vom Gesetzeswortlaut des § 407 getragen, der eine **persönliche Verantwortlichkeit** statuiert. Eine solche ist über den Rechtsgedanken der § 14 StGB, § 9 OWiG zu konkretisieren: Das Zwangsgeld richtet sich also gegen diejenigen natürlichen Personen,[24] die ihre Pflichten vernachlässigt haben.[25]

9 **c) Stellvertretende Vorstandsmitglieder.** Zu den Vorstandsmitgliedern als Adressaten können auch stellvertretende Vorstandsmitglieder gehören, soweit sie eine Satzung als für die Vornahme der

---

[10] Auf eine Nennung der jeweiligen Überschriften wird an dieser Stelle verzichtet.
[11] Vgl. MüKoAktG/*Wendt* Rn. 8 f.
[12] BayObLGR GmbHR 1994, 331 (332); ebenso BayObLGZ 2000, 11 (14) = NZG 2000, 424 f. zu § 21 Abs. 1 S. 1 Nr. 1 PublG; NK-AktR/*Ammon* Rn. 9 f.; *v. Godin/Wilhelmi* Anm. 2; Großkomm AktG/*Klug*, 3. Aufl. 1975, Anm. 6; MüKoAktG/*Wendt* Rn. 10; Großkomm AktG/*Otto* Rn. 2, 6 f.; Bürgers/Körber/*Pelz* Rn. 2; Kölner Komm AktG/*Altenhain* Rn. 3.
[13] Großkomm AktG/*Klug*, 3. Aufl. 1975, Anm. 6; MüKoAktG/*Wendt* Rn. 12; Großkomm AktG/*Otto* Rn. 7; Kölner Komm AktG/*Altenhain* Rn. 3.
[14] So ausdrücklich Hüffer/Koch/*Koch*, 13. Aufl. 2018, Rn. 2; MüKoAktG/*Wendt* Rn. 28 mwN.
[15] BGHZ 105, 324 (327 f.) = NJW 1989, 295 f. (GmbH) mwN zum Meinungsstand; BGHZ 117, 323 = NJW 1992, 1824 (Vor-AG); UHL/*Casper* GmbHG § 78 Rn. 6 iVm Rn. 11; Lutter/Hommelhoff/*Kleindiek* GmbHG § 78 Rn. 8.
[16] Lutter/Hommelhoff/*Kleindiek* GmbHG § 78 Rn. 8.
[17] BayObLGZ 1991, 52 (56) (zum Vorverein); vgl. weiterhin Scholz/*Veil* GmbHG § 9c Rn. 41 zur Beschwerdeberechtigung der Vorgesellschaft mwN; aA noch BayObLGZ 1954, 203 (204); BayObLG GmbHR 1988, 71; GmbHR 1987, 267 f.; BayObLGZ 1985, 189 (190); 1972, 277 (279).
[18] Vgl. zB für den Liquidator einer GmbH BayObLG GmbHR 1994, 331 (332).
[19] UHL/*Casper* GmbHG § 78 Rn. 12.
[20] Lutter/Hommelhoff/*Kleindiek* GmbHG § 78 Rn. 8.
[21] NK-AktR/*Ammon* Rn. 14.
[22] NK-AktR/*Ammon* Rn. 14.
[23] NK-AktR/*Ammon* Rn. 14 Fn. 27.
[24] NK-AktR/*Ammon* Rn. 9; Grigoleit/*Rachlitz* Rn. 2; Bumiller/Harders/*Schwamb*, FamFG – Kommentar, 11. Aufl. 2015, FamFG § 388 Rn. 14; MüKoAktG/*Wendt* Rn. 12.
[25] *v. Godin/Wilhelmi* Anm. 5; Hüffer/Koch/*Koch*, 13. Aufl. 2018, Rn. 3; Großkomm AktG/*Klug*, 3. Aufl. 1975, Anm. 6; MüKoAktG/*Wendt* Rn. 10; Großkomm AktG/*Otto* Rn. 2, 6; Kölner Komm AktG/*Altenhain* Rn. 4.

Handlung zuständig erklärt.²⁶ Kann die Pflicht durch die Handlung eines einzelnen Adressaten erfüllt werden und geschieht dies, so bedarf es keines Zwangsgeldes mehr. Sind mehrere Vorstandsmitglieder zuständig, so richtet sich das Zwangsgeld gegen die nicht pflichtgemäß handelnden Vorstandsmitglieder.²⁷ Ist nach außen lediglich ersichtlich, dass die Pflicht nicht erfüllt wurde, so kann das Zwangsgeld gegen jedes Vorstandsmitglied gerichtet werden.

Mitglieder des Aufsichtsrats können nur dann erfasst werden, wenn sie gem. § 105 Abs. 2 zugleich **10** stellvertretende Vorstandsmitglieder sind und in dieser Position eine Pflicht verletzen.²⁸ Zwar sind Aufsichtsratsmitglieder bei der Anmeldung von Kapitalmaßnahmen nach §§ 184, 188, 195, 223, 237 Abs. 4 S. 5 mitwirkungspflichtig. Diese sind jedoch nach § 407 Abs. 2 aus dem in → Rn. 1, 11 erwähnten Grund gerade vom Registerzwang ausgeschlossen,²⁹ weil es sich um konstitutive Akte handelt.

IV. Registerzwang nach § 14 HGB

1. Ergänzungsfunktion nach § 407 Abs. 1 S. 1 Hs. 2. § 407 Abs. 1 S. 1 Hs. 1 benennt die **11** aktienrechtlichen Spezialkonstellationen, in denen ein Zwangsgeld verhängt werden kann. Im Übrigen verbleibt es bei der allgemeinen Ergänzungsvorschrift des § 14 HGB (vgl. § 407 Abs. 1 S. 1 Hs. 2). Sie erfasst diejenigen nicht spezialgesetzlich geregelten Anmelde-, Zeichnungs- und Einreichungspflichten, die keinen konstitutiven Charakter haben. Denn Pflichten mit konstitutivem Charakter können nach § 407 Abs. 2 nicht erzwungen werden (vgl. bereits → Rn. 1). Für § 14 HGB bleiben damit bei den Anmeldungen die in §§ 81, 94, 201, 298 genannten Pflichten. Was die Zeichnung von Unterschriften sowie die Einreichung von Schriftstücken anbelangt, so scheiden wiederum solche aus, die im Zusammenhang mit einer nicht erzwingbaren Anmeldung stehen. Damit bleibt etwa als Anwendungsfall eines möglichen Zwangsgeldes die Verpflichtung des Sonderprüfers, seinen Bericht nach § 145 Abs. 6 S. 3, § 259 Abs. 1 S. 3, § 315 zum HR einzureichen.³⁰

Ist eine (nicht erzwingbare) Anmeldung erfolgt, hat das Registergericht also eingetragen, fehlen hier- **12** für aber noch Unterlagen, können diese über § 14 HGB **nachgefordert** werden.³¹ Dies sind die Fälle der § 37 Abs. 4, § 37a Abs. 3, § 52 Abs. 6 S. 2, § 181 Abs. 1 S. 2, § 184 Abs. 2, § 188 Abs. 3, § 195 Abs. 2, § 210 Abs. 1, § 294 Abs. 1 S. 2, § 319 Abs. 4 S. 2.³² Denn hier ist die „Sanktion" der Nichteintragung bei nicht ordnungsgemäßer Erfüllung der Eintragungsvoraussetzungen obsolet geworden.³³ Da die konstitutiven Wirkungen eingetreten sind, bedeutet ein Zwangsgeld auch keinen unzulässigen Eingriff in die Dispositionsfreiheit der Anmeldenden mehr. Es geht „lediglich" noch um eine Nachbesserung, damit eine Eintragung im Nachhinein ordnungsgemäß wird. Vor Eintragung ist im Wege der Zwischenverfügung auf den entsprechenden Mangel hinzuweisen und so seine Beseitigung zu ermöglichen, vgl. § 382 Abs. 4 S. 1 FamFG. Ohne eine korrigierende Abhilfe entspricht die Anmeldung nicht den gesetzlichen Vorschriften und ist – wieder dem Regelfall entsprechend – ohne ein Zwangsgeld zurückzuweisen.³⁴

2. Ausnahmen des Abs. 2, die nicht durch Zwangsgeld erzwungen werden dürfen. **13** Abs. 2 nennt die Ausnahmen der nicht erzwingbaren Anmeldungen, die bei Nichteinhaltung der Voraussetzungen schlicht unterbleiben. § 319 Abs. 4 ist ebenfalls ausgenommen. § 407 Abs. 2 spricht noch von § 319 Abs. 3, hat also die Textanpassung in § 319 nicht nachvollzogen.³⁵

V. Zwangsgeld als Rechtsfolge, § 407 Abs. 1 S. 2

§ 407 berechtigt zum Verhängen eines Zwangsgeldes, das gem. Art. 6 Abs. 1 S. 1 EGStGB³⁶ fünf Euro **14** nicht unterschreiten und nach Art. 6 Abs. 1 S. 2 EGStGB 5000 Euro nicht überschreiten darf. Die Zwangsgeldbemessung hat sich zunächst an der Androhung auszurichten. Aus dem Wortlaut „das einzelne Zwangsgeld" ist ersichtlich, dass dieses auch wiederholt angedroht und festgesetzt werden kann, bis

---

²⁶ Großkomm AktG/*Otto* Rn. 6; Grigoleit/*Rachlitz* Rn. 2.
²⁷ *Bumiller/Harders/Schwamb,* FamFG – Kommentar, 11. Aufl. 2015, FamFG § 388 Rn. 14; MüKoAktG/*Wendt* Rn. 10; Großkomm AktG/*Otto* Rn. 6.
²⁸ NK-AktR/*Ammon* Rn. 13; Hüffer/Koch/*Koch*, 13. Aufl. 2018, Rn. 3; MüKoAktG/*Wendt* Rn. 10; K. Schmidt/Lutter/*Oetker* Rn. 1; Großkomm AktG/*Otto* Rn. 6; Hölters/*Müller-Michaels* Rn. 2; Grigoleit/*Rachlitz* Rn. 2.
²⁹ NK-AktR/*Ammon* Rn. 12; Hüffer/Koch/*Koch*, 13. Aufl. 2018, Rn. 2.
³⁰ Hüffer/Koch/*Koch*, 13. Aufl. 2018, Rn. 9.
³¹ RGZ 130, 248 (256); MüKoAktG/*Wendt* Rn. 20 mwN; Kölner Komm AktG/*Altenhain* Rn. 7.
³² Vgl. auch Hüffer/Koch/*Koch*, 13. Aufl. 2018, Rn. 9.
³³ NK-AktR/*Ammon* Rn. 19; Hüffer/Koch/*Koch*, 13. Aufl. 2018, Rn. 9; Großkomm AktG/*Otto* Rn. 56.
³⁴ NK-AktR/*Ammon* Rn. 18; GHEK/*Hüffer* Rn. 20; Hüffer/Koch/*Koch*, 13. Aufl. 2018, Rn. 9; MüKoAktG/*Wendt* Rn. 20; Großkomm AktG/*Otto* Rn. 56; Kölner Komm AktG/*Altenhain* Rn. 7.
³⁵ NK-AktR/*Ammon* Rn. 20; MüKoAktG/*Wendt* Rn. 17, Rn. 1 Fn. 3.
³⁶ Großkomm AktG/*Otto* Rn. 61; Kölner Komm AktG/*Altenhain* Rn. 8.

die Verpflichtung erfüllt worden ist.[37] Die Bemessung des Zwangsgelds orientiert sich ua an den folgenden **Faktoren:**[38] Das Registergericht hat unter Berücksichtigung des Einzelfalls[39] zunächst das öffentliche Interesse an der (möglichst umgehenden) Pflichterfüllung zu taxieren. In einem zweiten Schritt hat es abzuschätzen, ab welchem Zwangsgeld der oder die Verpflichteten tätig werden. Hierbei können deren **wirtschaftliche Verhältnisse** und damit ihre finanzielle „Schmerzgrenze" eine Rolle spielen.[40] Teilweise wird erwogen, das Verschulden zwar nicht beim „Ob" des Zwangsgelds, wohl aber beim „Wie" und damit ua bei der Bemessung der Höhe des Zwangsgelds zu berücksichtigen.[41] Auch die Ausgestaltung des Zwangsgeldes darf aber allein von der Intention der effizienten Durchsetzung eines öffentlichen Interesses getragen sein, womit für das Verschulden kein Raum bleibt.[42]

15   Ob die Pflichtverletzung versehentlich oder willentlich begangen wurde, kann sich freilich auf die Höhe des Zwangsgelds auswirken.[43] Dies ist **kein Schuldelement,** sondern ein Indiz für gute oder schlechte Chancen, dass die Pflicht erfüllt wird. Zuvor bereits fruchtlos angeordnete Zwangsgelder lassen auf höhere als erwartete Beharrungskräfte schließen. Sie werden in aller Regel zu Zwangsgelderhöhungen führen.[44] Bei erneuter Zwangsgeldfestsetzung kann notfalls bis an die Höchstgrenze gegangen werden, eine Summation erfolgt also nicht.[45] Eine Festsetzung des Zwangsgeldes erfolgt auch dann, wenn es voraussichtlich nicht beigetrieben werden kann.[46] Eine Umwandlung in eine Ersatz-Beugehaft ist nicht möglich. Dem steht Art. 104 Abs. 1 GG entgegen.[47]

VI. Zwangsgeldverfahren[48]

16   **1. Verfahrenspraxis.** Die Durchsetzung der in § 14 HGB, § 407 geregelten gesellschaftsrechtlichen Pflichten verläuft in der Praxis der Registergerichte üblicherweise wie folgt: Das Registergericht konfrontiert den Pflichtigen zunächst mit dem entsprechenden Sachverhalt und fordert ihn formlos zur Erfüllung seiner Verpflichtungen auf.[49] Erst wenn diese informelle Vorgehensweise erfolglos bleibt, schließt sich das formelle Zwangsgeldverfahren an. Damit trägt die Praxis dem Verhältnismäßigkeitsprinzip Rechnung. Regelungen zum Zwangsgeldverfahren finden sich seit 1.9.2009 in den **§§ 388–391 FamFG.**[50] Sie gehen dem Verfahren nach § 35 FamFG vor.[51]

17   **2. Einleitung des Zwangsgeldverfahrens. a) Androhung.** Das Zwangsgeldverfahren selbst wird eingeleitet, indem das Registergericht den Pflichtigen unter Androhung eines Zwangsgeldes auffordert, innerhalb einer bestimmten Frist den aktienrechtlichen Pflichten nachzukommen oder die Unterlassung mittels Einspruchs zu rechtfertigen, § 388 Abs. 1 FamFG. Das Registergericht wird **von Amts wegen** tätig.[52]

---

[37] BayObLGZ 1976, 112 = Rpfleger 1976, 250; *Hofmann* Rpfleger 1991, 283; Großkomm AktG/*Klug*, 3. Aufl. 1975, Anm. 10; Großkomm AktG/*Otto* Rn. 59.
[38] Vgl. Hüffer/Koch/*Koch*, 13. Aufl. 2018, Rn. 16.
[39] NK-AktR/*Ammon* Rn. 8.
[40] BayObLGZ 1974, 351 (354); *Hofmann* Rpfleger 1991, 283; GHEK/*Hüffer* Rn. 16; MüKoAktG/*Wendt* Rn. 15; Großkomm AktG/*Otto* Rn. 62; Bürgers/Körber/*Pelz* Rn. 6; Henssler/Strohn/*Raum* Rn. 5.
[41] *Hofmann* Rpfleger 1991, 283; vgl. zur GmbH Baumbach/Hueck/*Haas* GmbHG § 79 Rn. 5; Scholz/*Wicke* GmbHG § 79 Rn. 13; wohl eher auf Verhältnismäßigkeit als auf Schuld abstellend UHL/*Ransiek* GmbHG § 79 Rn. 12.
[42] NK-AktR/*Ammon* Rn. 8; Hüffer/Koch/*Koch*, 13. Aufl. 2018, Rn. 16; MüKoAktG/*Wendt* Rn. 14; vgl. zur GmbH Lutter/Hommelhoff/*Kleindiek* GmbHG § 79 Rn. 2.
[43] NK-AktR/*Ammon* Rn. 8; Hüffer/Koch/*Koch*, 13. Aufl. 2018, Rn. 16; MüKoAktG/*Wendt* Rn. 14.
[44] In diesem Sinne auch *Hofmann* Rpfleger 1991, 283 f.; MüKoAktG/*Wendt* Rn. 15; Großkomm AktG/*Otto* Rn. 62.
[45] *Hofmann* Rpfleger 1991, 283 f.; Großkomm AktG/*Klug*, 3. Aufl. 1975, Anm. 10; MüKoAktG/*Wendt* Rn. 15; Großkomm AktG/*Otto* Rn. 61.
[46] Vgl. LG Limburg BB 1963, 324 f.; NK-AktR/*Ammon* Rn. 7; MüKoAktG/*Wendt* Rn. 15; Scholz/*Wicke* GmbHG § 79 Rn. 32.
[47] NK-AktR/*Ammon* Rn. 7; MüKoAktG/*Wendt* Rn. 15 mwN; Scholz/*Wicke* GmbHG § 79 Rn. 32.
[48] Die folgenden Nachweise zum Zwangsgeldverfahren können sich teilweise noch auf das außer Kraft getretene Gesetz über die Angelegenheiten der freiwilligen Gerichtsbarkeit (FGG) beziehen, falls es sich um ältere Bearbeitungen handelt.
[49] Schulte-Bunert/Weinreich/*Nedden-Boeger*, Kommentar zum FamFG, 5. Aufl. 2016, FamFG § 388 Rn. 37.
[50] Gesetz über das Verfahren in Familiensachen und in den Angelegenheiten der freiwilligen Gerichtsbarkeit (FamFG) v. 17.12.2008, BGBl. 2008 I 2586.
[51] BT-Drs. 16/6308, 287; Bassenge/Roth/*Walter*, FamFG – Kommentar, 12. Aufl. 2009, FamFG § 388 Rn. 1; Keidel/*Heinemann* FamFG § 388 Rn. 5; *Nedden-Boeger* FGPrax 2010, 1 (5).
[52] *Bassenge* Rpfleger 1974, 173 (174); NK-AktR/*Ammon* Rn. 24; Bumiller/Harders/*Schwamb*, FamFG – Kommentar, 11. Aufl. 2015, FamFG § 388 Rn. 15; Hüffer/Koch/*Koch*, 13. Aufl. 2018, Rn. 17; MüKoAktG/*Wendt* Rn. 22; Großkomm AktG/*Otto* Rn. 58; Schulte-Bunert/Weinreich/*Nedden-Boeger*, Kommentar zum FamFG, 5. Aufl. 2016, FamFG § 388 Rn. 35; Henssler/Strohn/*Raum* Rn. 6.

Zuständig ist das Amtsgericht am Sitz der Gesellschaft, vgl. § 23a Abs. 1 Nr. 2, Abs. 2 Nr. 3 GVG **18** iVm §§ 374, 388 Abs. 1 FamFG für die **sachliche**[53] und § 377 Abs. 1 FamFG iVm § 14 (für die KGaA über § 278 Abs. 3) für die **örtliche** Zuständigkeit.[54] Der Rechtspfleger ist funktionell zuständig (§ 3 Nr. 1a, Nr. 2d RPflG).[55] Eine bestimmte **Form** der Aufforderung ist nicht erforderlich.[56] Der Inhalt der Aufforderung ist allerdings durch den Gesetzeswortlaut festgelegt: genaue Bezeichnung der zu erfüllenden Pflicht;[57] Bestimmung einer angemessenen Frist;[58] Androhung eines exakt bezifferten[59] Zwangsgeldes, wenn innerhalb der Frist die Pflicht nicht erfüllt oder kein Einspruch eingelegt wird;[60] Bekanntgabe der Androhungsverfügung durch Zustellung oder Aufgabe zur Post (§ 15 Abs. 2 S. 1 FamFG).[61]

Materielle Voraussetzung ist die glaubhafte Kenntnis von Tatsachen, die ein Einschreiten nach **19** § 407 oder nach § 14 HGB gebieten, vgl. § 388 Abs. 1 FamFG.[62] Die Kenntnis geht häufig auf Anzeigen Dritter,[63] regelmäßig von Aktionären,[64] zurück. Glaubhaftmachung meint einen hinreichenden Grad an Wahrscheinlichkeit, wobei dem Gericht ein Beurteilungsspielraum zusteht. Verfügt das Gericht noch nicht über ausreichende Tatsachenkenntnis, um endgültig über die Einleitung eines Zwangsgeldverfahrens zu entscheiden, sind zunächst Ermittlungen aufzunehmen (vgl. § 26 FamFG).[65] Auf Rechtsfolgenseite besteht kein (Entschließungs-)Ermessen des Gerichts.[66] Beteiligter ist derjenige, den die Anmeldepflicht trifft.[67]

b) Aufhebung der Androhung. Das Gericht kann die nach § 388 FamFG ergangene Androhung **20** durch Beschluss (§ 38 FamFG) aufheben oder abändern. Dies wird es etwa dann tun, wenn das Gericht zu der Anschauung kommt, dass die nach § 388 FamFG ergangene Anordnung ungerechtfertigt war.[68]

---

[53] Keidel/*Heinemann* FamFG § 388 Rn. 24; Schulte-Bunert/Weinreich/*Nedden-Boeger,* Kommentar zum FamFG, 5. Aufl. 2016, FamFG § 376 Rn. 13; *Bumiller/Harders/Schwamb,* FamFG – Kommentar, 11. Aufl. 2015, FamFG § 376 Rn. 2.

[54] *Bumiller/Harders/Schwamb,* FamFG – Kommentar, 11. Aufl. 2015, FamFG § 377 Rn. 2; MüKoAktG/*Wendt* Rn. 21; NK-AktG/*Ammon* Rn. 23.

[55] Schulte-Bunert/Weinreich/*Nedden-Boeger,* Kommentar zum FamFG, 5. Aufl. 2016, FamFG § 388 Rn. 34; Keidel/*Heinemann* FamFG § 388 Rn. 24.

[56] Schulte-Bunert/Weinreich/*Nedden-Boeger,* Kommentar zum FamFG, 5. Aufl. 2016, FamFG § 388 Rn. 39.

[57] OLG Stuttgart GmbHR 2001, 301 (302 f.); BayObLGZ 1978, 319 (322); 1967, 458 (463); NK-AktR/*Ammon* Rn. 25; Bassenge/Roth/*Walter,* FamFG – Kommentar, 12. Aufl. 2009, FamFG § 388 Rn. 2; *Bumiller/Harders/Schwamb,* FamFG – Kommentar, 11. Aufl. 2015, FamFG § 388 Rn. 17; MüKoAktG/*Wendt* Rn. 24; Keidel/*Heinemann* FamFG § 388 Rn. 36; Schulte-Bunert/Weinreich/*Nedden-Boeger,* Kommentar zum FamFG, 5. Aufl. 2016, FamFG § 388 Rn. 39.

[58] BGHZ 135, 107 (115) = NJW 1997, 1855 (1857); NK-AktR/*Ammon* Rn. 25; Bassenge/Roth/*Walter,* FamFG – Kommentar, 12. Aufl. 2009, FamFG § 388 Rn. 8; *Bumiller/Harders/Schwamb,* FamFG – Kommentar, 11. Aufl. 2015, FamFG § 388 Rn. 18; Keidel/*Heinemann* FamFG § 388 Rn. 37; Schulte-Bunert/Weinreich/*Nedden-Boeger,* Kommentar zum FamFG, 5. Aufl. 2016, FamFG § 388 Rn. 41 f.

[59] Keidel/*Heinemann* FamFG § 388 Rn. 38; Bassenge/Roth/*Walter,* FamFG – Kommentar, 12. Aufl. 2009, FamFG § 388 Rn. 9; Schulte-Bunert/Weinreich/*Nedden-Boeger,* Kommentar zum FamFG, 5. Aufl. 2016, FamFG § 388 Rn. 44; Hofmann Rpfleger 1991, 283; Bürgers/Körber/*Pelz* Rn. 7; NK-AktR/*Ammon* Rn. 25; Grigoleit/*Rachlitz* Rn. 3; *Bumiller/Harders/Schwamb,* FamFG – Kommentar, 11. Aufl. 2015, FamFG § 388 Rn. 19; laut Staub/*Koch* HGB § 14 Rn. 18 mwN kann die Angabe eines Höchstbetrags genügen.

[60] NK-AktR/*Ammon* Rn. 25; Bassenge/Roth/*Walter,* FamFG – Kommentar, 12. Aufl. 2009, FamFG § 388 Rn. 7; Schulte-Bunert/Weinreich/*Nedden-Boeger,* Kommentar zum FamFG, 5. Aufl. 2016, FamFG § 388 Rn. 39.

[61] Keidel/*Heinemann* FamFG § 388 Rn. 39; *Bumiller/Harders/Schwamb,* FamFG – Kommentar, 11. Aufl. 2015, FamFG § 15 Rn. 4; Schulte-Bunert/Weinreich/*Nedden-Boeger,* Kommentar zum FamFG, 5. Aufl. 2016, FamFG § 388 Rn. 47; vgl. zur Bekanntgabe durch Zustellung Schulte-Bunert/Weinreich/*Brinkmann,* Kommentar zum FamFG, 5. Aufl. 2016, FamFG § 15 Rn. 20 ff.; zur Bekanntgabe durch Aufgabe zur Post Schulte-Bunert/Weinreich/*Brinkmann,* Kommentar zum FamFG, 5. Aufl. 2016, FamFG § 15 Rn. 37 ff.

[62] *Bassenge* Rpfleger 1974, 173 (174); *Bumiller/Harders/Schwamb,* FamFG – Kommentar, 11. Aufl. 2015, § 388 Rn. 15; Großkomm AktG/*Klug,* 3. Aufl. 1975, Anm. 9; Großkomm AktG/*Otto* Rn. 58; Schulte-Bunert/Weinreich/*Nedden-Boeger,* Kommentar zum FamFG, 5. Aufl. 2016, FamFG § 388 Rn. 1.

[63] MüKoAktG/*Wendt* Rn. 22.

[64] Vgl. *Mertens* AG 1996, 241 (242).

[65] Bassenge/Roth/*Walter,* FamFG – Kommentar, 12. Aufl. 2009, FamFG § 388 Rn. 4; Schulte-Bunert/Weinreich/*Nedden-Boeger,* Kommentar zum FamFG, 5. Aufl. 2016, FamFG § 388 Rn. 26; Keidel/*Heinemann* FamFG § 388 Rn. 26.

[66] Keidel/*Heinemann* FamFG § 388 Rn. 27; Schulte-Bunert/Weinreich/*Nedden-Boeger,* Kommentar zum FamFG, 5. Aufl. 2016, FamFG § 388 Rn. 38.

[67] Bassenge/Roth/*Walter,* FamFG – Kommentar, 12. Aufl. 2009, FamFG § 388 Rn. 6; Keidel/*Heinemann* FamFG § 388 Rn. 28 ff.; Schulte-Bunert/Weinreich/*Nedden-Boeger,* Kommentar zum FamFG, 5. Aufl. 2016, FamFG § 388 Rn. 25.

[68] Keidel/*Heinemann* FamFG § 389 Rn. 8.

§ 407   21–24   Viertes Buch. Sonder-, Straf- und Schlußvorschriften

Die Grundlage für das gesamte weitere Verfahren entfällt.[69] Der schlichte Verzicht auf die Fortsetzung des Verfahrens (Festsetzung) genügt nicht.

21   **c) Rechtsbehelf gegen die Androhung.** Zulässiger Rechtsbehelf gegen die Androhung ist gem. § 388 Abs. 1 FamFG, § 390 FamFG der **Einspruch**, über den der Rechtspfleger entscheidet.[70] Im Falle der Versäumung der Einspruchsfrist kommt – obwohl es sich dabei um eine richterliche Frist handelt – eine Wiedereinsetzung in den vorigen Stand entsprechend §§ 17 ff. FamFG in Betracht.[71] Der begründete Einspruch führt zur Aufhebung der Anordnung gem. § 390 Abs. 1 und 3 FamFG. Eine Beschwerde gegen die Androhung iSd § 388 FamFG ist unzulässig.[72] In der Praxis wird eine unzulässig eingelegte Beschwerde gegen die Zwangsgeldandrohung aber als Einspruch ausgelegt.[73] Eine Rechtspfleger-Erinnerung (§ 11 RPflG) kommt nur in Betracht, soweit die Unzulässigkeit des Verfahrens gerügt wird.[74] Wird der Einspruch gem. § 390 Abs. 4 FamFG verworfen, ist die **Beschwerde** gem. § 391 Abs. 1 FamFG statthafter Rechtsbehelf. Es findet eine vollständige (vgl. aber → Rn. 23) Nachprüfung der Einspruchsentscheidung statt.[75]

22   **3. Festsetzung des Zwangsgeldes.** Wird innerhalb der festgelegten Frist die Verpflichtung nicht (vollständig[76]) erfüllt, ein Einspruch nicht bzw. verspätet eingelegt oder wird ein Einspruch für unbegründet erachtet, setzt das zuständige Registergericht (→ Rn. 18) das Zwangsgeld durch Beschluss (§ 38 FamFG) fest, § 389 Abs. 1 FamFG. Eine verspätete, aber vor Zwangsgeldfestsetzung eingetretene Erfüllung ist wie der Fall rechtzeitiger Erfüllung zu behandeln. Das Zwangsgeldverfahren ist beendet.[77] Erfolgt die erzwungene Handlung zwischen Festsetzungsbeschluss und Beitreibung, so ist die Festsetzung aufzuheben, weil das Beugemittel erfolgreich war und keinem Zweck mehr dient.[78] Dies gilt auch für den Fall einer bereits rechtskräftigen Zwangsgeldfestsetzung.[79]

23   Rechtsbehelf gegen den Festsetzungsbeschluss ist – wie bei der Verwerfung des Einspruchs (→ Rn. 21) – die Beschwerde gem. § 391 Abs. 1 FamFG. Divergenzen ergeben sich im Hinblick auf den Prüfungsumfang. So sind die materiellen Voraussetzungen des Zwangsgeldanspruchs nicht Gegenstand der „Festsetzungsbeschwerde", vgl. § 391 Abs. 2 FamFG.[80] Die Rüge kann sich also nicht darauf beziehen, die in der Androhung bezeichnete Verpflichtung bestehe in Wahrheit nicht,[81] wohl aber auf Verfahrensmängel wie beispielsweise zu kurze Fristen[82] oder die Festsetzung eines überhöhten Zwangsgelds.[83]

24   Zugleich ist eine **erneute Androhungsverfügung** zu erlassen, bis der gesetzlichen Verpflichtung genügt oder ein Einspruch erhoben wird, vgl. § 389 Abs. 1 und 3 FamFG.[84] Jede erneute Andro-

---

[69] Großkomm AktG/*Klug*, 3. Aufl. 1975, Anm. 9; vgl. Keidel/*Heinemann* FamFG § 389 Rn. 8.
[70] KG NJW 1959, 1829 (1830); Keidel/*Heinemann* FamFG § 388 Rn. 43; MüKoAktG/*Wendt* Rn. 25; Großkomm AktG/*Otto* Rn. 59; Schulte-Bunert/Weinreich/*Nedden-Boeger*, Kommentar zum FamFG, 5. Aufl. 2016, FamFG § 388 Rn. 49.
[71] Vertiefend *Nedden-Boeger* FGPrax 2010, 1 (4); Keidel/*Heinemann* FamFG § 390 Rn. 12 mwN.
[72] BT-Drs. 16/6308, 287; Keidel/*Heinemann* FamFG § 388 Rn. 40; Schulte-Bunert/Weinreich/*Nedden-Boeger*, Kommentar zum FamFG, 5. Aufl. 2016, FamFG § 388 Rn. 50; *Bumiller/Harders/Schwamb*, FamFG – Kommentar, 11. Aufl. 2015, FamFG § 388 Rn. 23.
[73] BayObLG FGPrax 2005, 36 (37); vgl. auch Keidel/*Heinemann* FamFG § 388 Rn. 40; Schulte-Bunert/Weinreich/*Nedden-Boeger*, Kommentar zum FamFG, 5. Aufl. 2016, FamFG § 388 Rn. 51.
[74] Bürgers/Körber/*Pelz* Rn. 8; MüKoAktG/*Wendt* Rn. 25 mwN.
[75] Bassenge/Roth/*Walter*, FamFG – Kommentar, 12. Aufl. 2009, FamFG § 391 Rn. 4.
[76] Schulte-Bunert/Weinreich/*Nedden-Boeger*, Kommentar zum FamFG, 5. Aufl. 2016, FamFG § 389 Rn. 6.
[77] Bassenge/Roth/*Walter*, FamFG – Kommentar, 12. Aufl. 2009, FamFG § 389 Rn. 9; Keidel/*Heinemann* FamFG § 389 Rn. 3.
[78] BayObLG DB 1979, 1981; Keidel/*Heinemann* FamFG § 389 Rn. 4; Schulte-Bunert/Weinreich/*Nedden-Boeger*, Kommentar zum FamFG, 5. Aufl. 2016, FamFG § 389 Rn. 25; NK-AktR/*Ammon* Rn. 27; Baumbach/Hopt/*Hopt* HGB § 14 Rn. 5; *v. Godin/Wilhelmi* Anm. 5; Großkomm AktG/*Klug*, 3. Aufl. 1975, Anm. 9; MüKoAktG/*Wendt* Rn. 26 mwN sowie Rn. 29; Scholz/*Wicke* GmbHG § 79 Rn. 25; aA *Bumiller/Harders/Schwamb*, FamFG – Kommentar, 11. Aufl. 2015, FamFG § 389 Rn. 2.
[79] BayObLGZ 1955, 124 (129 f.); Keidel/*Heinemann* FamFG § 389 Rn. 5; NK-AktR/*Ammon* Rn. 27; Grigoleit/*Rachlitz* Rn. 5; MüKoAktG/*Wendt* Rn. 26 Fn. 69; Scholz/*Wicke* GmbHG § 79 Rn. 25; aA *Bumiller/Harders/Schwamb*, FamFG – Kommentar, 11. Aufl. 2015, FamFG § 389 Rn. 2.
[80] Schulte-Bunert/Weinreich/*Nedden-Boeger*, Kommentar zum FamFG, 5. Aufl. 2016, FamFG § 391 Rn. 16 ff.; Bassenge/Roth/*Walter*, FamFG – Kommentar, 12. Aufl. 2009, FamFG § 389 Rn. 3.
[81] LG Landau Rpfleger 1970, 244; MüKoAktG/*Wendt* Rn. 27; Großkomm AktG/*Otto* Rn. 60.
[82] BayObLGZ 1978, 54.
[83] BayObLG FGPrax 2004, 301; zu weiteren Beispielen Bassenge/Roth/*Walter*, FamFG – Kommentar, 12. Aufl. 2009, FamFG § 389 Rn. 3.
[84] *Bassenge* Rpfleger 1974, 173 (174); Bassenge/Roth/*Walter*, FamFG – Kommentar, 12. Aufl. 2009, FamFG § 389 Rn. 5; Großkomm AktG/*Klug*, 3. Aufl. 1975, Anm. 9; Großkomm AktG/*Otto* Rn. 59; *Bumiller/Harders/Schwamb*,

hungsverfügung ist wieder mit dem Rechtsbehelf des Einspruchs angreifbar. Ist ein solcher Einspruch erfolgreich, so kann das Registergericht auch das früher festgesetzte Zwangsgeld aufheben oder herabsetzen, § 390 Abs. 6 FamFG.[85]

4. Stellung der AG. Auch wenn sich das Zwangsgeldverfahren gegen Vorstandsmitglieder und Abwickler persönlich richtet (→ Rn. 6 ff.), ist die AG selbst **Beteiligte** im Einspruchs- oder Beschwerdeverfahren gem. § 7 Abs. 2 Nr. 1 FamFG. Dies gilt nicht nur bei konstitutiv wirkenden Eintragungen, sondern auch bei deklaratorischen Pflichten. Denn in beiden Fällen ist die juristische Person von den Pflichten materiell betroffen.[86] 25

§ 407a Mitteilungen an die Abschlussprüferaufsichtsstelle

(1) Die nach § 405 Absatz 5 zuständige Verwaltungsbehörde übermittelt der Abschlussprüferaufsichtsstelle beim Bundesamt für Wirtschaft und Ausfuhrkontrolle alle Bußgeldentscheidungen nach § 405 Absatz 3b bis 3d.

(2) In Strafverfahren, die eine Straftat nach § 404a zum Gegenstand haben, übermittelt die Staatsanwaltschaft im Falle der Erhebung der öffentlichen Klage der Abschlussprüferaufsichtsstelle die das Verfahren abschließende Entscheidung. Ist gegen die Entscheidung ein Rechtsmittel eingelegt worden, ist die Entscheidung unter Hinweis auf das eingelegte Rechtsmittel zu übermitteln.

Schrifttum: *Blöink/Woodtli*, Reform der Abschlussprüfung: Die Umsetzung der prüfungsbezogenen Vorgaben im RegE eines Abschlussprüfungsreformgesetzes (AReG), Der Konzern 2016, 75; *Schilha*, Neues Anforderungsprofil, mehr Aufgaben und erweiterte Haftung für den Aufsichtsrat nach Inkrafttreten der Abschlussprüfungsreform, ZIP 2016, 1316.

§ 407a betrifft Mitteilungspflichten der Verwaltungs- und Strafverfolgungsbehörden und wurde durch das AReG eingefügt (→ § 404a Rn. 1). 1

Abs. 1 sieht eine Pflicht zur Übermittlung von Bußgeldentscheidungen nach § 405 Abs. 3b bis 3d durch die zuständige Verwaltungsbehörde vor, gem. § 405 Abs. 5 also die BaFin bzw. das Bundesamt für Justiz an die Abschlussprüferstelle. Die sich anschließende Veröffentlichung durch die zentrale Stelle soll zu höherer Transparenz im Vergleich zur Veröffentlichung durch die Verwaltungsbehörde bzw. die Staatsanwaltschaft führen.[1] Das Gesetz lässt offen, welche Entscheidungen als „Bußgeldentscheidungen" zu qualifizieren sind. Die Entwurfsbegründung geht offenbar nur von einer Übermittlungspflicht der „verhängten Bußgeldentscheidungen sowie etwaiger strafrechtlicher Verurteilungen" aus.[2] Daher sind als Bußgeldentscheidungen iSd § 407a nur Bußgeldbescheide gemäß § 65 OWiG zu verstehen, nicht aber etwa Einstellungsentscheidungen nach § 47 OWiG.[3] 2

Abs. 2 bestimmt eine Übermittlungspflicht der Staatsanwaltschaft in strafrechtlichen Verfahren nach § 404a. Auch hier bleibt unklar, welche Entscheidungen erfasst sein sollen. Nach dem Wortlaut wären auch Freisprüche sowie Einstellungen nach §§ 153 ff. StPO mitzuteilen. Der Gesetzgeber hatte aber offenbar lediglich strafrechtliche Verurteilungen im Blick.[4] Dies entspricht auch der korrespondierenden Norm des § 69 Abs. 1a WPO. Eine rechtskräftige Verurteilung nach § 404a bzw. eine rechtskräftige Bußgeldentscheidung nach § 405 Abs. 3b bis 3d wird auf der Internetseite der Abschlussprüferaufsichtsstelle bekanntgemacht (§ 69 Abs. 1a WPO).[5] Auch aus den europarechtlichen Vorgaben ergibt sich nichts Gegenteiliges. Der umgesetzte Art. 30 Abs. 3 RL 2014/56/EU sieht eine Bekanntmachungspflicht für „Maßnahmen und Sanktionen" vor. Zwar definieren weder die RL 2014/56/EU noch die Ursprungsfassung der RL 2006/43/EG die beiden Begriffe. Aus 3

FamFG – Kommentar, 11. Aufl. 2015, FamFG § 389 Rn. 9, § 390 Rn. 6; Schulte-Bunert/Weinreich/*Nedden-Boeger*, Kommentar zum FamFG, 5. Aufl. 2016, FamFG § 389 Rn. 20; Keidel/*Heinemann* FamFG § 389 Rn. 7.
[85] MüKoAktG/*Wendt* Rn. 26; Bumiller/Harders/Schwamb, FamFG – Kommentar, 11. Aufl. 2015, FamFG § 390 Rn. 8 ff.; Schulte-Bunert/Weinreich/*Nedden-Boeger*, Kommentar zum FamFG, 5. Aufl. 2016, FamFG § 390 Rn. 32.
[86] BGHZ 25, 154 (156 f.) = NJW 1957, 1558 f. zur eG; BGHZ 117, 323 (325 ff.) = NJW 1992, 1822 (1824 f.) zur Vor-AG; BGHZ 105, 324 (327 f.) = NJW 1989, 295 f. zur GmbH; BayObLGZ 1987, 399 (402); NK-AktR/*Ammon* Rn. 27; Hüffer/Koch/*Koch*, 13. Aufl. 2018, Rn. 18; MüKoAktG/*Wendt* Rn. 28 mwN.
[1] Hölters/*Müller-Michaels* Rn. 2.
[2] BT-Drs. 18/7219, 58.
[3] So auch Bürgers/Körber/*Pelz* Rn. 2; MüKoAktG/*Schaal* Rn. 5; unklar Hölters/*Müller-Michaels* Rn. 1 („Mitteilung und Veröffentlichung von Ordnungswidrigkeiten […] sowie von Straftaten").
[4] BT-Drs. 18/7219, 58.
[5] Dazu Blöink/Woodtli Der Konzern 2016, 75 (85).

Gründen der Unschuldsvermutung und der Verhältnismäßigkeit ist eine Auslegung jedoch vorzugswürdig, die sich lediglich auf erfolgte Verurteilungen und damit einen hinreichenden Schuldnachweis beschränkt.[6] Zu den zu übermittelnden Verurteilungen zählen auch Strafbefehle.[7] Angesichts der Grundrechtsintensivität eines solchen „Naming and Shaming"[8] erscheint die nach dem Gesetzeswortlaut bereits vor Rechtskraft erfolgende Übermittlung von Verurteilungen unverhältnismäßig.

4   Die Bußgeldentscheidungen und Verurteilungen werden von der Abschlussprüferaufsichtsstelle auf ihrer Internetseite bekannt gemacht (§ 69 Abs. 1a WPO) und an den Ausschuss der Aufsichtsstellen jährlich aggregiert übermittelt (§ 69 Abs. 4 S. 2 Nr. 2, 3 WPO). Der Ausschuss der Aufsichtsstellen ist ein Europäischer Ausschuss der Aufsichtsstellen für Abschlussprüfer und besteht aus einem Mitglied je Mitgliedstaat, bei dem es sich um einen hochrangigen Vertreter der zuständigen öffentlichen Aufsichtsbehörde iSd Art. 32 Abs. 1 RL 2006/43/EG handelt, und aus einem von der Europäischen Wertpapier- und Marktaufsichtsbehörde (ESMA) benannten Mitglied.[9]

§ 408 Strafbarkeit persönlich haftender Gesellschafter einer Kommanditgesellschaft auf Aktien

[1]**Die §§ 399 bis 407 gelten sinngemäß für die Kommanditgesellschaft auf Aktien.** [2]**Soweit sie Vorstandsmitglieder betreffen, gelten sie bei der Kommanditgesellschaft auf Aktien für die persönlich haftenden Gesellschafter.**

I. Bedeutung

1   Die KGaA setzt sich gem. § 278 Abs. 1 zusammen aus einem Gesellschafter, der den Gesellschaftsgläubigern unbeschränkt haftet (persönlich haftender Gesellschafter bzw. Komplementär), und aus übrigen Gesellschaftern, die an dem in Aktien zerlegten Grundkapital beteiligt sind, ohne persönlich für Verbindlichkeiten der Gesellschaft zu haften (Kommanditaktionäre).

2   Die materielle Bedeutung des § 408 ist **differenziert zu beurteilen:** Während § 408 S. 2 einen eigenen Anwendungsbereich besitzt (→ Rn. 3), beschränkt sich § 408 S. 1 auf eine klarstellende Funktion und ist im Grunde überflüssig. Denn aus der Fassung der Tatbestände der §§ 399–407 sowie deren systematischer Stellung im vierten Buch folgt unmittelbar, dass die Straftatbestände der §§ 399–404, der Ordnungswidrigkeitstatbestand des § 405 und die Zwangsgeldregelung des § 407[1] auch auf delinquentes Verhalten aus einer KGaA heraus anwendbar sind.[2]

II. Adressaten im Einzelnen

3   **1. Komplementäre. a) § 408 S. 2.** Die §§ 399–407 stellen teilweise Anforderungen an die Täterqualität. So bestimmen die § 399 Abs. 1 Nr. 1, 2, 4 und 6, Abs. 2, § 400 Abs. 1, § 401 Abs. 1 und 2, § 404 Abs. 1 Nr. 1, Abs. 2, § 405 Abs. 1, § 407 Abs. 1 Nr. 1, dass taugliche Täter nur Vorstandsmitglieder sein können. Dies meint die Leitung einer AG gem. §§ 76 ff. Auf die Komplementäre einer KGaA sind die §§ 399 ff. direkt nicht anwendbar. Über § 408 S. 2 treten die persönlich haftenden Gesellschafter der KGaA aber an die Stelle der in §§ 399–407 genannten Vorstandsmitglieder.[3] Deren identische, in §§ 282, 283 geregelte (Aufgaben-)Stellung spricht auch inhaltlich für diese Gleichstellung.[4]

4   **b) Juristische Person und Personenhandelsgesellschaft als Komplementär.** Als persönlich haftende Gesellschafter kommen natürliche und juristische Personen in Betracht. Dies zeigen § 281 Abs. 1 auf der einen und § 279 Abs. 2 auf der anderen Seite. Nach Ansicht des historischen Gesetzgebers konnte nur eine natürliche Person persönlich haftender Gesellschafter einer KGaA sein.[5] Der BGH hat allerdings 1997 **GmbH** sowie **GmbH & Co KG** als Komplementärin anerkannt, sofern die atypische Gestaltung firmenrechtlich zum Ausdruck gebracht wird. Keine Rolle spielt es, ob

---
[6] AA Bürgers/Körber/*Pelz* Rn. 3, der offenbar auch Freisprüche und Einstellungen im Hauptverfahren als übermittlungsrelevant betrachtet; ebenso im Anschluss daran MüKoAktG/*Schaal* Rn. 4.
[7] Bürgers/Körber/*Pelz* Rn. 3.
[8] Vgl. *Schilha* ZIP 2016, 1316 (1328).
[9] Art. 30 Abs. 2 VO (EU) Nr. 537/2014.
[1] Die Überschrift „Strafbarkeit" ist daher ungenau; ebenso K. Schmidt/Lutter/*Oetker* Rn. 2; ähnlich Kölner Komm AktG/*Altenhain* Rn. 1: „zu eng".
[2] Großkomm AktG/*Klug*, 3. Aufl. 1975, Anm. 2; MüKoStGB/*Kiethe* Rn. 3; Kölner Komm AktG/*Altenhain* Rn. 2 f.; aA Henssler/Strohn/*Raum* Rn. 1 (unmittelbare Anwendung der Vorschriften scheide wegen der strukturellen Besonderheiten der KGaA aus); wohl auch GJW/*Temming* Rn. 1.
[3] Erbs/Kohlhaas/*Schaal* Rn. 4; MüKoStGB/*Kiethe* Rn. 4; Kölner Komm AktG/*Altenhain* Rn. 3.
[4] Erbs/Kohlhaas/*Schaal* Rn. 4; MüKoAktG/*Schaal* Rn. 7; Hölters/*Müller-Michaels* Rn. 1.
[5] MüKoStGB/*Kiethe* Rn. 5.

noch eine natürliche Person Komplementärin ist.[6] Diese Rechtsprechung ist mittlerweile auch auf weitere **juristische Personen und Personenhandelsgesellschaften** ausgedehnt worden. Dies gilt trotz der fehlenden handelsregisterrechtlichen Publizität auch für die **rechtsfähige BGB-Gesellschaft** und trotz eines unhandlichen „Normenmix" auch für ausländische Rechtsträger.[7] Eine solche erweiternde Auslegung ist auch deswegen vorzugswürdig, weil Satz 1 auch Abwickler erfasst und es sich bei diesen anerkanntermaßen nicht notwendigerweise um eine natürliche Person handeln muss (→ § 399 Rn. 217).

Übernimmt eine juristische Person oder Personenhandelsgesellschaft die Funktion der Komplementärin, erfolgt die strafrechtliche Zurechnung über § 14 StGB, die bußgeldrechtliche Zurechnung über § 9 OWiG.[8] Die Zwangsgeldregelung des § 407 statuiert eine persönliche Verantwortlichkeit. Eine solche ist über den Rechtsgedanken der § 14 StGB, § 9 OWiG zu konkretisieren: Das Zwangsgeld richtet sich also gegen diejenigen natürlichen Personen, die ihre Pflichten vernachlässigt haben (→ § 407 Rn. 8).

2. Kommanditaktionäre. *Kiethe*[9] sieht die Bedeutung des § 408 S. 1 darin, die Strafbarkeit nach § 400 Abs. 2 (und wohl auch die Ordnungswidrigkeit nach § 405 Abs. 2) auf Kommanditaktionäre zu erstrecken. Tatsächlich stehen Kommanditaktionäre bereits kraft Wortlautsauslegung Aktionären einer „gewöhnlichen" Aktiengesellschaft gleich[10] (zur Bedeutung des § 408 S. 1 → Rn. 2).

3. Gründer, Aufsichtsratsmitglieder, Abwickler, Prüfer, Jedermann. Taugliche Täter der §§ 399–404 können neben dem in Satz 2 explizit genannten persönlich haftenden Gesellschafter anstelle des Vorstandes sämtliche auch bei den §§ 399–404 tauglichen Täter der jeweiligen **Sonderdelikte** sein. Für den Ordnungswidrigkeitstatbestand des § 405 und die Zwangsgeldregelung des § 407 gilt dies entsprechend. Im Rahmen von § 399 Abs. 1 Nr. 3 und § 402 – den **Allgemeindelikten** also – kommt auch bei einer KGaA jeder, auch der Komplementär oder der Kommanditaktionär, als Täter in Betracht.[11] Die §§ 399 ff. finden bereits direkte Anwendung. Eines Rückgriffs auf § 408 S. 1 bedarf es ebenfalls nicht.[12]

§ 409 *(gegenstandslos)*

§ 410 Inkrafttreten

Dieses Gesetz tritt am 1. Januar 1966 in Kraft.

---

[6] BGHZ 134, 392 = NJW 1997, 1923.
[7] MüKoStGB/*Kiethe* Rn. 5 ff.; vgl. → § 278 Rn. 40.
[8] Vgl. hierzu auch BGHSt 19, 174 = NJW 1964, 505; Kölner Komm AktG/*Altenhain* Rn. 3; NK-AktR/*Ammon* Rn. 2; MüKoAktG/*Schaal* Rn. 8; Bürgers/Körber/*Pelz* Rn. 1; Großkomm AktG/*Otto* Rn. 5; NK-WSS/*Krause*/*Twele* Rn. 1.
[9] MüKoStGB/*Kiethe* Rn. 3.
[10] So auch Kölner Komm AktG/*Altenhain* Rn. 2.
[11] MüKoAktG/*Schaal* Rn. 11; MüKoStGB/*Kiethe* Rn. 3; Großkomm AktG/*Otto* Rn. 2.
[12] Großkomm AktG/*Klug*, 3. Aufl. 1975, Anm. 2 f.; MüKoStGB/*Kiethe* Rn. 4.

Gesetz über das gesellschaftsrechtliche Spruchverfahren (Spruchverfahrensgesetz – SpruchG)

Vom 12. Juni 2003 (BGBl. 2003 I 838)
Zuletzt geändert durch Artikel 16 des 2. KostRMoG vom 23. Juli 2013 (BGBl. 2013 I 2586)

§ 1 Anwendungsbereich

Dieses Gesetz ist anzuwenden auf das gerichtliche Verfahren für die Bestimmung
1. des Ausgleichs für außenstehende Aktionäre und der Abfindung solcher Aktionäre bei Beherrschungs- und Gewinnabführungsverträgen (§§ 304 und 305 des Aktiengesetzes);
2. der Abfindung von ausgeschiedenen Aktionären bei der Eingliederung von Aktiengesellschaften (§ 320b des Aktiengesetzes);
3. der Barabfindung von Minderheitsaktionären, deren Aktien durch Beschluss der Hauptversammlung auf den Hauptaktionär übertragen worden sind (§§ 327a bis 327f des Aktiengesetzes);
4. der Zuzahlung an Anteilsinhaber oder der Barabfindung von Anteilsinhabern anlässlich der Umwandlung von Rechtsträgern (§§ 15, 34, 122h, 122i, 176 bis 181, 184, 186, 196 oder § 212 des Umwandlungsgesetzes);
5. der Zuzahlung an Anteilsinhaber oder der Barabfindung von Anteilsinhabern bei der Gründung oder Sitzverlegung einer SE (§§ 6, 7, 9, 11 und 12 des SE-Ausführungsgesetzes);
6. der Zuzahlung an Mitglieder bei der Gründung einer Europäischen Genossenschaft (§ 7 des SCE-Ausführungsgesetzes).

Schrifttum: *Adolff/Tieves,* Über den rechten Umgang mit einem entschlusslosen Gesetzgeber: Die aktienrechtliche Lösung des BGH für den Rückzug von der Börse, BB 2003, 797; *Ammon,* Rechtsprechungsübersicht zum aktienrechtlichen Spruchstellenverfahren, FGPrax 1998, 121; *Backhaus,* Die Beteiligung Dritter bei aktienrechtlichen Rechtsbehelfen, 2009; *Bayer,* Aktionärsklagen de lege lata und de lege ferenda, NJW 2000, 2609; *Bayer,* Herrschaftsveränderungen im Vertragskonzern, ZGR 1993, 599; *Behnke,* Das Spruchverfahren nach §§ 306 AktG, 305 ff. UmwG, Diss. Bayreuth 2001; *Bilda,* Zur Dauer der Spruchstellenverfahren, NZG 2000, 296; *Büchel,* Neuordnung des Spruchverfahrens, NZG 2003, 793; *Bungert/Mennicke,* Das Spruchverfahrensneuordnungsgesetz, BB 2003, 2021; *Diekgräf,* Sonderzahlungen an opponierende Kleinaktionäre im Rahmen von Anfechtungs- und Spruchstellenverfahren, Diss. Hamburg 1990; *Dörfler/Gahler/Unterstraßer,* Probleme bei der Wertermittlung von Abfindungsangeboten, BB 1994, 156; *Dreier/Fritzsche/Verfürth,* SpruchG, 2. Aufl. 2016; *Emmerich,* Das neue Spruchverfahrensgesetz, FS Tilmann, 2003, 925; *Glienke/Röder,* „FROSTA ist für alle da" – Praxisfolgen der BGH-Rechtsprechungsänderung insbesondere für anhängige Delisting-Spruchverfahren, BB 2014, 899; *Grunewald,* Die Auswirkungen der Macrotron-Entscheidung auf das kalte Delisting, ZIP 2004, 542; *Hirte,* Informationsmängel und Spruchverfahren, ZHR 167 (2003), 8; *Hoffmann,* Möglichkeiten und Grenzen einer analogen Anwendung des Spruchverfahrens, FS Stilz, 2014, 267; *Huesmann,* Entschädigung und Spruchverfahren im GmbH-Vertragskonzern, Diss. Kiel 2007; *Jänig/Leißring,* FamFG: Neues Verfahrensrecht für Streitigkeiten in AG und GmbH ZIP 2010, 110; *van Kann/Hirschmann,* Das neue Spruchverfahrensgesetz – Konzentration und Beschleunigung einer bewährten Institution, DStR 2003, 1488; *Klöcker/Frowein,* Spruchverfahrensgesetz, 2004; *Koch/Widder,* Delisting ohne Hauptversammlungsbeschluss und Abfindungsangebot, NJW 2014, 127; *Kocher/Bedkowski,* Berichts- und Prüfungserfordernisse beim Delisting?, NZG 2008, 135; *Komp,* Zweifelsfragen des aktienrechtlichen Abfindungsanspruchs nach §§ 305, 320b AktG, Diss. Köln 2002; *Krämer/Theiß,* Delisting nach der Macrotron-Entscheidung des BGH, AG 2003, 225; *Kruse,* Fungibilitätsausgleichspflicht beim Börsenrückzug?, WM 2003, 1843; *Kubis,* Verfahrensgegenstand und Amtsermittlung im Spruchverfahren, FS Hüffer, 2010, 567; *Lamb/Schluck-Amend,* Die Neuregelung des Spruchverfahrens durch das Spruchverfahrensneuordnungsgesetz, DB 2003, 1259; *Lochner/Schmitz,* Rückwirkung der „Frosta"-Entscheidung für laufende Spruchverfahren?, AG 2014, 489; *Lorenz,* Das Spruchverfahren – dickes Ende oder nur viel Lärm um nichts?, AG 2012, 283; *Lutter/Bezzenberger,* Für eine Reform des Spruchverfahrens im Aktien- und Umwandlungsrecht, AG 2000, 433; *Lutter/Drygala,* Die übertragende Auflösung: Liquidation der Aktiengesellschaft oder Liquidation des Minderheitenschutzes, FS Kropff, 1997, 191; *Lutter/Leinekugel,* Planmäßige Unterschiede im umwandlungsrechtlichen Minderheitenschutz?, ZIP 1999, 261; *Maier-Reimer,* Erweiterung des Spruchverfahrens und Ausgleich in Aktien, FS K. Schmidt, 2009, 1077; *Meilicke/Heidel,* Das neue Spruchverfahren in der gerichtlichen Praxis, DB 2003, 2267; *Mülbert/Schneider,* Der außervertragliche Abfindungsanspruch im Recht der Pflichtangebote, WM 2003, 2301; *Neye,* Die Reform des Spruchverfahrens, DStR 2002, 178; *Neye,* Die Reform des Spruchverfahrens, NZG 2002, 23; *Neye,* Spruchverfahrensneuordnungsgesetz, ZIP 2002, 2097; *Neye/Teichmann,* Der Entwurf für das Ausführungsgesetz zur Europäischen Aktiengesellschaft, AG 2003, 169; *Noack,* Das Spruchverfahren nach dem Spruchverfahrensgesetz, 2014; *Preuß,* Auswirkungen der FGG-Reform auf das Spruchverfahren, NZG 2009, 961; *Puszkajler,* Diagnose und Therapie von aktienrechtlichen Spruchverfahren, ZIP 2003, 518; *Puszkajler/Sekera-Terplan,* Reform des Spruchverfahrens?, NZG 2015, 1055; *Riegger/Wasmann*, Kölner Kommentar zum Spruchverfahrensgesetz, 2005; *Roth*, Die übertragende Auflösung nach Einführung des Squeeze-out, NZG 2003, 998; *Rühland*, Die Abfindung von aus der AG ausgeschlossenen Minderheitsaktionären WM 2000, 1884; *Rühland*, Die Zukunft der übertragenden Auflösung, WM 2002, 1957; *Schiffer/Goetz*, Umsetzung des Macroton-Urteils: Spruchverfahren nach regulärem Delisting, BB 2005, 453; *Schiffer/Rossmeier*, Auswirkungen des Squeeze-out auf rechtshängige Spruchverfahren, DB 2002, 1359; *Schlitt*, Die gesellschaftsrechtlichen Voraussetzungen des regulären Delisting – Macrotron und die Folgen, ZIP 2004, 533; *Simon*, Spruchverfahrensgesetz, 2007; *Simon/Burg*, Zum Anwendungsbereich des § 29 Abs. 1 Satz 1 UmwG beim „kalten Delisting", Der Konzern 2009, 214; *Stilz*, Börsenkurs und Verkehrswert, ZGR 2001, 875; *Teichmann*, Minderheitenschutz bei Gründung und Sitzverlegung der SE, ZGR 2003, 367; *Tomson/Hammerschmitt*, Aus alt mach neu? Betrachtungen zum Spruchverfahrensneuordnungsgesetz, NJW 2003, 2572; *Vetter*, Ausweitung des Spruchverfahrens, ZHR 168 (2004), 8; *Wasmann*, Anforderungen an die Zulässigkeit eines Antrags nach dem Spruchverfahrensgesetz und Auswirkungen der (Un-)Zulässigkeit, WM 2004, 819; *Wasmann*, Erlöschen und Beseitigung von Mehrstimmrechten nach § 5 EGAktG – Gerichtliche Prüfung des Ausgleichs im Spruchverfahren BB 2003, 57; *Wasmann*, Gesellschaftsrechtliches Spruchverfahren – Wann gilt altes, wann neues Recht?, DB 2003, 1559; *Wittgens*, Das Spruchverfahrensgesetz, Diss. Hamburg 2005; *Wolf*, Der Minderheitenausschluss qua „übertragender Auflösung" nach Einführung des Squeeze-Out gemäß §§ 327a–f AktG, ZIP 2002, 153.

Übersicht

	Rn.		Rn.
I. Überblick und Regelungszweck	1, 2	2. Entsprechende Anwendung	16–29
1. Regelungsgegenstand	1	a) Delisting	17
2. Normzweck	2	b) Kaltes Delisting	18
		c) Übertragende Auflösung	19
II. Entstehungsgeschichte und praktische Bedeutung	3–6	d) Einzelrechtsübertragung	20
		e) Teilgewinnabführungsvertrag	21
1. Entwicklung des Spruchverfahrens	3	f) Faktische Beherrschung	22
2. Einführung des SpruchG	4	g) Kapitalerhöhung/Kapitalherabsetzung	23
3. Weitere Entwicklung	5	h) Übernehmender Rechtsträger	24
4. Praktische Bedeutung	6	i) Zu hohe Abfindung	25
		j) WpÜG	26
III. Sachlicher Anwendungsbereich des Spruchverfahrensgesetzes	7–31	k) Formwechsel AG in SE	27
		l) GmbH	28
1. Gesetzlich bestimmter Anwendungsbereich	8–15	m) Änderungen beim Unternehmensvertrag	29
a) Beherrschungs- und Gewinnabführungsverträge	9	3. Spruchverfahren aufgrund Vereinbarung	30
b) Eingliederung	10	4. Entscheidung	31
c) Squeeze-out	11	**IV. Zeitlicher Anwendungsbereich**	32
d) Umwandlungsrecht	12	**V. Verhältnis zu anderen Verfahren**	33, 34
e) SE-Gründung und Sitzverlegung	13	1. Zahlungsklage	33
f) SCE-Gründung	14	2. Anfechtungs- und Nichtigkeitsklage	34
g) Mehr- oder Höchststimmrechte	15	**VI. Schiedsverfahren**	35, 36

I. Überblick und Regelungszweck

1 **1. Regelungsgegenstand.** Das Aktiengesetz und das Umwandlungsgesetz erlauben Kapitalgesellschaften Strukturmaßnahmen wie die Verschmelzung mit anderen Gesellschaften, Abspaltungen, Aufspaltungen, die Eingliederung in andere Unternehmen, den Wechsel der Rechtsform, den Abschluss von Beherrschungs- oder Gewinnabführungsverträgen und den Ausschluss der Minderheitsaktionäre gegen den Willen der Minderheitsgesellschafter. Durch solche Maßnahmen wird der Wert des Gesellschaftsanteils beeinträchtigt oder der Anteil geht sogar unter. Dafür sieht das Gesetz einen Ausgleich oder eine Abfindung (Kompensation) vor. Im Spruchverfahren wird überprüft, ob die einem Anteilsinhaber angebotene Kompensation angemessen ist.[1] Gegenstand des Verfahrens ist nicht der Anspruch des einzelnen Anteilsinhabers auf die Kompensation, sondern die Überprüfung der Angemessenheit der angebotenen Kompensation aus einer bestimmten Strukturmaßnahme. Verfahrensgegenstand sind aber nicht darüber hinaus nur die erhobenen Einwendungen gegen die Berechnung.[2]

2 **2. Normzweck.** Die Konzentration der Verfahrensvorschriften in einem eigenen Gesetz soll die Übersichtlichkeit vergrößern und die Rechtsanwendung erleichtern.[3] Die Bündelung aller Einwendungen gegen die Höhe der Kompensation auf ein Verfahren wahrt die Interessen des Schuldners

---
[1] BT-Drs. 15/371, 11.
[2] AA *Kubis* FS Hüffer, 2010, 567 (570).
[3] BT-Drs. 15/371, 11.

der Kompensation und bietet Kostenvorteile gegenüber einer Vielzahl von Verfahren. Bei Streitigkeiten über die Höhe der Kompensation ist eine Klage auf Zahlung der Differenz im Zivilprozess unzweckmäßig, weil das Urteil nur zwischen den jeweiligen Parteien wirkt, bei Publikumsgesellschaften aber mehrere Minderheitsgesellschafter betroffen sind und alle gleich behandelt werden sollen. Verfahren mit unterschiedlichen Ergebnissen zur Kompensation sind schwer erträglich. Sie belasten zudem die Rechtsprechung. Diese Probleme bestehen bei einer Anfechtungsklage gegen den für die Strukturmaßnahme erforderlichen Beschluss, der eine Aussage zur Kompensation enthält, zwar nicht. Der Verweis des enttäuschten Minderheitsgesellschafters auf die Anfechtungsklage gegen den Beschluss belastet aber die Umsetzung der Strukturmaßnahme mit dem Streit über die Höhe der Kompensation. Das soll im Interesse der Gesellschaft oder des Mehrheitsgesellschafters verhindert werden. Daher ist die Bestimmung des angemessenen Ausgleichs oder der angemessenen Abfindung mit dem Spruchverfahrensgesetz einem Verfahren der freiwilligen Gerichtsbarkeit zugewiesen. Es behandelt alle Minderheitsgesellschafter gleich und ermöglicht eine Verbesserung des Umtausch- oder Beteiligungsverhältnisses oder der Gegenleistung. Es wehrt Beeinträchtigungen des Anteilseigentums ab und gleicht aus, wo abfindungswertbezogene Rügen gegen eine Strukturmaßname nicht eingewandt werden können.

II. Entstehungsgeschichte und praktische Bedeutung

1. Entwicklung des Spruchverfahrens. Der Anwendungsbereich des Spruchverfahrens hat sich ständig erweitert.[4] Es wurde 1936 zur Regelung der Abfindung bei der Umwandlung einer Kapitalgesellschaft in eine Personengesellschaft durch Vermögensübertragung eingerichtet.[5] 1956 wurden neben der Personengesellschaft die Anteilsinhaber antragsberechtigt.[6] 1965 wurde das Spruchverfahren im Aktienrecht zur Überprüfung von Abfindungsansprüchen und Ausgleichsansprüchen bei Beherrschungs- und Gewinnabführungsverträgen (§§ 304, 305 AktG), von Abfindungen bei der Eingliederung durch Mehrheitsbeschluss (§ 320b AktG) und der formwechselnden Umwandlung (§§ 375, 388, 392 AktG 1965) eingeführt.[7] 1983 wurde es auch zur Nachprüfung des Umtauschverhältnisses bei der Verschmelzung herangezogen.[8] Die Umwandlungsvorschriften des AktG wurden 1994 in das UmwG überführt und dort das Spruchverfahren in einem eigenen Buch in den §§ 305 ff. UmwG weitgehend parallel zu § 306 AktG geregelt.[9] Mit der Einführung des Squeeze-out 2000 wurde der Anwendungsbereich des Spruchverfahrens erneut erweitert.[10]

2. Einführung des SpruchG. Das Spruchverfahren geriet wegen seiner langen Dauer[11] in die Kritik.[12] Die wirtschaftsrechtliche Abteilung des 63. Deutschen Juristentags forderte im Jahr 2000 eine Überprüfung der Regelungen.[13] Die Regierungskommission „Corporate Governance" empfahl in ihrem Abschlussbericht 2001 eine Überarbeitung und eine einheitliche (Neu-)Regelung.[14] Die Bundesregierung griff diese Anregungen auf und legte Ende 2002 einen Entwurf eines Gesetzes zur Neuordnung des gesellschaftsrechtlichen Spruchstellenverfahrens vor,[15] um durch verbesserte Verfahrensstrukturen die Verfahrensdauer zu verkürzen. Die Beschleunigung sollte durch eine Konzentration des Spruchverfahrens auf streitige Punkte statt einer erneuten vollständigen Unternehmensbewertung, durch stärkere Einbeziehung des Berichts des sachverständigen Prüfers und durch eine Abkehr vom umfassenden Amtsermittlungsgrundsatz des § 12 FGG erreicht werden. Das Verfahren blieb dennoch im Grundsatz ein Verfahren der freiwilligen Gerichtsbarkeit.[16] Zur Verbesserung der Übersichtlichkeit und leichteren Anwendbarkeit wurden die Vorschriften in einem gesonderten

---

[4] Zur Geschichte Kölner Komm SpruchG/*Riegger* Einl. Rn. 4 ff.; Simon/*Simon* Einf. Rn. 17 ff.; Widmann/Mayer/*Vollrath/Wälzholz* Vor § 1 Rn. 26; Klöcker/*Frowein* Einl. Rn. 1; Dreier/Fritzsche/Verfürth/*Dreier* Einl. Rn. 12 ff.
[5] 3. DVO v. 2.12.1936 zum Gesetz über die Umwandlung von Kapitalgesellschaften v. 5.7.1934, RGBl. 1934 I 1003.
[6] § 32 Abs. 2 UmwG v. 12.11.1956, BGBl. 1956 I 844.
[7] § 306 AktG v. 6.9.1965, BGBl. 1965 I 1089.
[8] § 352c AktG, eingefügt durch Art. 1 Nr. 16 Gesetz v. 25.10.1982, BGBl. 1982 I 1425 mWv. 1.1.1983.
[9] UmwG v. 28.10.1994, BGBl. 1994 I 3210.
[10] § 327f AktG, Art. 7 Nr. 2 WpÜG v. 20.12.2001, BGBl. 2001 I 3822.
[11] Vgl. BVerfG NJW 1999, 2582: über 7 Jahre; EGMR EuGRZ 2003, 228: 16 Jahre; Übersicht bei *Komp*, Zweifelsfragen des aktienrechtlichen Abfindungsanspruchs nach §§ 305, 320b AktG, 2002, 472; zu den Ursachen *Meilicke/Heidel* DB 2003, 2267; *Tomson/Hammerschmitt* NJW 2003, 2572.
[12] *Bilda* NZG 2000, 296.
[13] Beschluss des 63. DJT, DB 2000, 2108; vgl. auch Lutter/*Bezzenberger* AG 2000, 218.
[14] Bericht der Regierungskommission „Corporate Governance" BT-Drs. 14/7515, 82.
[15] BT-Drs. 15/371; der RefE ist in NZG 2002, 25 abgedr.; dazu *Neye* NZG 2002, 23 und ZIP 2002, 2097.
[16] Hüffer/Koch/*Koch* Rn. 3.

Verfahrensgesetz zusammengefasst.[17] An der Konzeption regte sich kaum Kritik.[18] Der Rechtsausschuss des Bundestags empfahl nur Änderungen bei einzelnen Vorschriften.[19] Das Gesetz trat am 1.9.2003 in Kraft.[20] Es ist damit aber zunächst nicht gelungen, die Ursachen der langen Verfahrensdauer zu beseitigen.[21] Inzwischen ist die Verfahrensdauer deutlich gesunken,[22] wobei unklar ist, ob dies am Spruchverfahrensgesetz, einer Professionalisierung der Verfahrensbeteiligten oder einer Vereinheitlichung der Bewertung auf den IDW S1 liegt.

5 **3. Weitere Entwicklung.** Mit der Einführung der SE wurde der Anwendungsbereich des SpruchG auf die Überprüfung der Zuzahlung bzw. der Abfindung bei der Gründung einer SE durch Verschmelzung, Gründung einer Holding-SE und die Sitzverlegung erweitert.[23] Zugleich wurden redaktionelle Fehler in § 4 Abs. 2 S. 2 Nr. 4 und § 6 Abs. 1 S. 5 beseitigt. Schließlich wurde mit der Einführung der Europäischen Genossenschaft auch für die bare Zuzahlung bei der Gründung einer solchen Genossenschaft durch Verschmelzung das Spruchverfahren eröffnet[24] und durch das 2. UmwG-ÄndG der Anwendungsbereich des Gesetzes auf die grenzüberschreitende Verschmelzung erweitert.[25] Mit dem FamFG[26] sind im SpruchG selbst nur wenige Veränderungen in §§ 2, 10, 12 und 17 verbunden, doch wiegen die allgemeinen Änderungen des Verfahrens schwerer. Mit dem 2. KostRMoG wurden die Kostenvorschriften in das GNotKG integriert.[27] Für eine Reihe von Fallgestaltungen wird eine Erweiterung des Anwendungsbereichs de lege ferenda diskutiert,[28] wobei teilweise bereits de lege lata von einer entsprechenden Anwendung ausgegangen wird (dazu → Rn. 16 ff.).

6 **4. Praktische Bedeutung.** Nach nicht gesicherten Daten soll in bis zu 90 % der in Betracht kommenden Fälle ein Spruchverfahren eingeleitet werden.[29] Es führte nicht selten zu einer Erhöhung der Kompensation.[30] Die Datenbasis[31] für eine generelle Aussage ist aber zu schmal. Statistische Angaben, wonach die Spruchverfahren durchschnittlich zu einer Erhöhung führen, lassen nicht den Schluss zu, dass die Kompensation stets zu niedrig angeboten wird. Eine Verschlechterung für die Antragsteller ist im Spruchverfahren ausgeschlossen, so dass im Schnitt immer eine Verbesserung zu erwarten ist. Nach wie vor weisen die Verfahren eine erhebliche Dauer auf, allerdings mit gegenüber früher abnehmender Tendenz.[32]

III. Sachlicher Anwendungsbereich des Spruchverfahrensgesetzes

7 In § 1 ist der Anwendungsbereich beschrieben. Die Vorschrift ohne Vorbilder im UmwG oder AktG hat nur klarstellende Funktion, weil sich die Anwendbarkeit des SpruchG bereits aus den angeführten Bestimmungen ergibt.[33] Sie wurde vom Referentenentwurf unverändert in den Regie-

---

[17] RegE BT-Drs. 15/371, 12, entgegen der Anregung der Corporate-Governance-Kommission, sie im AktG zu vereinheitlichen, BT-Drs. 14/7515, 82.
[18] Vgl. etwa die Stellungnahme des Handelsrechtsausschusses des DAV ZIP 2003, 152. Zur Entstehungsgeschichte *Tomson/Hammerschmitt* NJW 2003, 2572; Kölner Komm SpruchG/*Riegger* Einl. Rn. 40 ff.
[19] RAusschuss BT-Drs. 15/838.
[20] Art. 7 des G v. 12.6.2003, BGBl. 2003 I 838.
[21] *Meilicke/Heidel* DB 2003, 2267; *Puszkajler* ZIP 2003, 518; Lutter/*Mennicke* UmwG Einl SpruchG Rn. 4; *Noack,* Das Spruchverfahren nach dem Spruchverfahrensgesetz, 2014, 40.
[22] Dazu *Puszkajler/Sekera-Terplan* NZG 2015, 1055 (1056).
[23] Art. 5 des G zur Einführung der Europäischen Gesellschaft (SEEG) v. 22.12.2004, BGBl. 2004 I 3675; dazu *Neye/Teichmann* AG 2003, 169 (172); *Teichmann* ZGR 2003, 367.
[24] Art. 7 des G v. 14.8.2006, BGBl. 2006 I 1911 und Art. 1 § 7 des G zur Ausführung der Verordnung (EG) Nr. 1435/2003 des Rates v. 22. Juli 2003 über das Statut der Europäischen Genossenschaft (SCE) SCE-Ausführungsgesetz (SCEAG).
[25] Art. 2 Nr. 1 des G vom 19.4.2007, BGBl. 2007 I 542.
[26] Art. 42 des G v. 17.12.2008, BGBl. 2008 I 2586.
[27] Art. 16 des 2. Kostenrechtsmodernisierungsgesetzes vom 23. Juli 2013, BGBl. 2013 I 2586.
[28] Ausf. *Vetter* ZHR 168 (2004) 8.
[29] Kölner Komm SpruchG/*Riegger* Einl. Rn. 55; Dreier/Fritzsche/Verfürth/*Dreier* Einl. Rn. 50; anders – 40 % – *Tomson/Hammerschmitt* NJW 2003, 2572.
[30] *Meilicke/Heidel* DB 2003, 2267 (2270); *Tomson/Hammerschmitt* NJW 2003, 2572.; allerdings mit rückläufiger Tendenz, *Lorenz* AG 2012, 284 (287); *Puszkajler/Sekera-Terplan* NZG 2015, 1055 (1057); Dreier/Fritzsche/Verfürth/*Dreier* Einl. Rn. 63.
[31] Auswertungen bei *Dörfler/Gahler/Unterstraßer* BB 1994, 156; *Rühland* WM 2000, 1884 (1885); *Lorenz* AG 2012, 284; *Puszkajler/Sekera-Terplan* NZG 2015, 1055 (1057).
[32] *Noack,* Das Spruchverfahren nach dem Spruchverfahrensgesetz, 2014, 40; *Lorenz* AG 2012, 284 (286); *Puszkajler/Sekera-Terplan* NZG 2015, 1055 (1056 f.).
[33] BT-Drs. 15/371, 12; Hüffer/Koch/*Koch* Rn. 1; *Klöcker/Frowein* Rn. 2; MüKoAktG/*Kubis* Rn. 1.

rungsentwurf übernommen und auch vom Rechtsausschuss nicht geändert,[34] obwohl die Befürchtung geäußert worden war, dass die enumerative Auflistung als abschließende Regelung verstanden werden könnte.[35]

1. Gesetzlich bestimmter Anwendungsbereich. § 1 hat deklaratorische Bedeutung,[36] da die einzelnen Vorschriften des SE-AG, des UmwG, des AktG und des EGAktG auf das SpruchG verweisen. Anknüpfungspunkt für ein Spruchverfahren ist stets eine Strukturmaßnahme, nicht ein Hauptversammlungsbeschluss. Daher ist ein Spruchverfahren auch ohne Hauptversammlungsbeschluss über eine Abfindung oder einen Ausgleich möglich.[37] Ein Bestätigungsbeschluss führt nicht zu einem neuen Spruchverfahren.[38]

a) Beherrschungs- und Gewinnabführungsverträge. Im Spruchverfahren sind nach § 304 Abs. 3 S. 3 AktG **Ausgleichsansprüche** und nach § 305 Abs. 5 S. 2 AktG **Abfindungsansprüche** bei geltend zu machen, die ein außenstehender Aktionär wegen einer zu geringen Bemessung erhalten möchte. Ein Spruchverfahren ist selbst bei Fehlen eines Angebots zulässig, § 305 Abs. 5 S. 2 AktG. Unzulässig ist es nur bei Fehlen einer Ausgleichsregelung im Beherrschungs- oder Gewinnabführungsvertrag, § 304 Abs. 1 S. 1 AktG (→ Rn. 34). Zum Spruchverfahren bei Änderung eines Beherrschungs- und Gewinnabführungsvertrags → § 13 Rn. 5 ff.

b) Eingliederung. Für die Bestimmung der **Abfindung** ausgeschiedener Aktionäre nach einer Eingliederung verweist § 320b Abs. 2 S. 2 AktG auf das SpruchG.

c) Squeeze-out. Für die Bestimmung der **Barabfindung** beim Squeeze-out verweist § 327f AktG auf das SpruchG, ebenso für den verschmelzungsrechtlichen Squeeze-out § 62 Abs. 5 Satz 8 UmwG.

d) Umwandlungsrecht. Die Verweisung auf das gesamte Spruchverfahrensgesetz findet sich in § 15 Abs. 1 UmwG für die Verbesserung des Umtauschverhältnisses und in § 34 Abs. 1 UmwG für die gerichtliche Nachprüfung der Abfindung bei der **Verschmelzung durch Aufnahme,** auf die § 36 Abs. 1 UmwG für die **Verschmelzung durch Neugründung** und §§ 122h, 122i UmwG für die **grenzüberschreitende Verschmelzung** verweisen, in § 196 S. 2 UmwG für die Verbesserung des Beteiligungsverhältnisses und in § 212 S. 1 UmwG für die Abfindung bei **Formwechsel.** Für die **Spaltung** verweist § 125 UmwG auf § 15 Abs. 1 UmwG und § 34 Abs. 1 UmwG und damit auch auf das Spruchverfahren,[39] außer für die Ausgliederung, bei der daher kein Spruchverfahren stattfindet. Schließlich ist das SpruchG aufgrund von Verweisungen auf § 34 Abs. 1 UmwG für die Abfindung bei vollständigen oder teilweisen Vermögensübertragung von Kapitalgesellschaften auf die öffentliche Hand nach § 176 Abs. 2 UmwG und § 177 Abs. 2 UmwG, von Aktiengesellschaften auf Versicherungsunternehmen nach § 178 Abs. 2 und § 179 Abs. 2 UmwG bzw. von Versicherungsvereinen auf Gegenseitigkeit auf Aktiengesellschaften oder öffentlich-rechtliche Versicherungsträger nach § 180 Abs. 2 UmwG, § 181 Abs. 4 UmwG, § 184 Abs. 2 UmwG, § 186 UmwG anwendbar. Bei der **grenzüberschreitenden Verschmelzung** ist bei der Hinausverschmelzung ein Spruchverfahren nur statthaft, wenn bei der anderen, ausländischem Recht unterliegenden Gesellschaft das ausländische Recht ein Verfahren zur Kontrolle und Änderung des Umtauschverhältnisses vorsieht oder die Anteilsinhaber einem Spruchverfahen zustimmen, § 122h Abs. 1 UmwG, § 122i Abs. 2 S. 1 UmwG. Bei der Hereinverschmelzung findet ein Spruchverfahen unter den Voraussetzungen von § 122h Abs. 2 UmwG, § 122 Abs. 2 S. 2 UmwG statt. Bei der Verschmelzung einer börsennotierten Aktiengesellschaft oder KGaA auf eine nicht börsennotierte Gesellschaft findet nach § 29 Abs. 1 S. 1 UmwG ebenfalls ein Spruchverfahren statt **(kaltes Delisting).**

e) SE-Gründung und Sitzverlegung. Das SpruchG ist auch für die Überprüfung der baren Zuzahlung nach § 6 Abs. 4 SEAG und der Abfindung nach § 7 Abs. 7 SEAG bei der **Gründung einer SE durch Verschmelzung** anwendbar, außerdem für die Überprüfung der baren Zuzahlung und der Abfindung bei **Gründung einer Holding-SE** nach § 9 Abs. 2 SEAG und § 11 Abs. 2 SEAG sowie der Abfindung bei der **Sitzverlegung** nach § 12 Abs. 2 SEAG.[40] Voraussetzung für ein Spruchverfahren bei der Gründung einer SE durch Verschmelzung ist, dass die Voraussetzungen des

---

[34] BT-Drs. 15/838, 16.
[35] Stellungnahme des Handelsrechtsausschusses des DAV ZIP 2003, 152.
[36] RegE BT-Drs. 15/371, 12.
[37] → Rn. 34; zu den Folgen bei erfolgreicher Anfechtung → § 3 Rn. 29.
[38] LG München I AG 2000, 330; Widmann/Mayer/*Wälzholz* § 1 Rn. 6.
[39] Kölner Komm SpruchG/*Wasmann* Rn. 7.
[40] *Neye/Teichmann* AG 2003, 169 (172); *Teichmann* ZGR 2003, 367.

Art. 25 Abs. 3 S. 1 SE-VO[41] erfüllt sind, also die anderen sich verschmelzenden Gesellschaften aus Mitgliedsstaaten, in denen kein Verfahren zur Kontrolle und Abänderung des Umtauschverhältnisses der Aktien oder zur Abfindung von Minderheitsaktionären vorgesehen ist, bei der Zustimmung zum Verschmelzungsplan ein solches Verfahren akzeptiert haben und damit nach § 6 Abs. 1 SEAG bzw. § 7 Abs. 5 SEAG eine Anfechtungsklage ausgeschlossen ist. Eine Abfindung und ihre Überprüfung kommen außerdem nur in Betracht, wenn der Sitz der SE im Ausland liegen soll. Bei der Gründung einer Holding-SE findet nach § 11 Abs. 2 iVm § 6 Abs. 4 SEAG und § 9 Abs. 2 iVm § 7 Abs. 7 SEAG ein Spruchverfahren nur statt, wenn die die Gründung anstrebende Gesellschaft eine AG ist. Ist diese Gesellschaft eine GmbH, findet kein Spruchverfahren statt.[42] Eine Überprüfung des Umtauschverhältnisses oder der Abfindung im Spruchverfahren setzt weiter voraus, dass die anderen beteiligten Gesellschaften in Mitgliedsstaaten, die kein Verfahren zur Kontrolle und Abänderung des Umtauschverhältnisses der Aktien kennen, dem Verfahren zugestimmt haben. Für die Überprüfung der Abfindung muss die Holding-SE ihren Sitz im Ausland haben oder nach § 17 AktG abhängig sein. Andernfalls ist ein Ausscheiden gegen Abfindung nicht vorgesehen und daher auch kein Spruchverfahren möglich. Für die Überprüfung der Angemessenheit des Umtauschverhältnisses bestehen keine derartigen Beschränkungen. § 6 Abs. 4 S. 2 SEAG und § 7 Abs. 7 S. 3 SEAG ermöglichen auch ein Spruchverfahren nach dem SpruchG für die Anteilsinhaber einer Gesellschaft mit Sitz im Ausland, wenn nach dem Recht dieses Staates ein Verfahren zur Kontrolle und Änderung des Umtauschverhältnisses der Aktien oder zur Abfindung von Minderheitsaktionären vorgesehen ist und international deutsche Gerichte für die Durchführung des Verfahrens zuständig sind. Unter einem Verfahren zur Kontrolle und Änderung des Umtauschverhältnisses oder zur Abfindung von Minderheitsaktionären ist jedes Verfahren zu verstehen, in dem ein Minderheitsaktionär geltend machen kann, dass ein anderes Umtauschverhältnis oder eine andere Abfindungshöhe geschuldet werden, also auch ein in dem Sitzstaat vorgesehenes streitiges Zivilverfahren. Der Gesetzgeber dachte dabei an Österreich.[43] Dabei dürften für die Überprüfung der Abfindung nach § 21 des österreichischen SEG[44] für die Gründung einer SE durch Verschmelzung und § 12 Abs. 1 des österreichischen SEG für die Gründung durch Sitzverlegung sowie die Überprüfung des Umtauschverhältnisses bei der Gründung einer Holding-SE aber österreichische Gerichte international zuständig sein (→ § 2 Rn. 7).

14 **f) SCE-Gründung.** Nach § 7 Abs. 4 S. 1 SCEAG[45] ist das Spruchgesetz anwendbar für die Überprüfung des Ausgleichs durch eine bare Zuzahlung, wenn das Geschäftsguthaben des Genossen in der deutschen übertragenden Gesellschaft geringer ist als in der Europäischen Gesellschaft. Voraussetzung für das Spruchverfahren ist weiter, dass die Voraussetzungen des Art. 29 Abs. 3 S. 1 Verordnung (EG) Nr. 1435/2003 über das Statut der Europäischen Genossenschaft (SCE)[46] erfüllt sind, also die anderen verschmelzenden Genossenschaften, in ihren Staaten kein Spruchverfahren vorgesehen ist, sich mit dem Spruchverfahren ausdrücklich einverstanden erklärt haben. Wenn in dem oder den anderen Staaten ein Spruchverfahren vorgesehen ist, findet es auch in Deutschland statt, zudem können nach § 7 Abs. 4 S. 2 SCEAG auch die Mitglieder dieser ausländischen Genossenschaften in Deutschland ein Spruchverfahren einleiten, wenn die deutschen Gerichte international zuständig sind.

15 **g) Mehr- oder Höchststimmrechte.** Anwendbar ist das SpruchG auch auf den Ausgleich nach § 5 Abs. 3 S. 2 und Abs. 4 S. 2 EGAktG bei der **Abschaffung** von Mehrstimmrechten.[47] § 5 Abs. 5 EGAktG verweist auf das SpruchG. Wegen des Erlöschens der Mehrstimmrechte nach § 5 Abs. 1 EGAktG zum 1.6.2003 und des Inkrafttretens des SpruchG zum 1.9.2003 wurde § 5 EGAktG nicht in § 1 SpruchG aufgenommen.[48] Bei Höchststimmrechten ist kein Ausgleich vorgesehen, § 5 Abs. 7 EGAktG, so dass ein Spruchverfahren ausscheidet.[49]

---

[41] ABl. EG 2001 Nr. L 294, 1.
[42] RegE BT-Drs. 15/3405, 34.
[43] RegE BT-Drs. 15/3405, 32.
[44] Österreichisches Gesetz über das Statut der Europäischen Gesellschaft (Societas Europea – SE) v. 24. Juni 2004, öBGBl. 2004 I 67.
[45] G zur Ausführung der Verordnung (EG) Nr. 1435/2003 des Rates v. 22. Juli 2003 über das Statut der Europäischen Genossenschaft (SCE) SCE-Ausführungsgesetz (SCEAG) v. 14.8.2006, BGBl. 2006 I 1911.
[46] ABl. EG 2003 Nr. L 207, 1–24.
[47] *Bungert/Mennicke* BB 2003, 2021 (2022); Hüffer/Koch/*Koch* Rn. 6; Widmann/Mayer/*Wälzholz* Rn. 74; Dreier/Fritzsche/*Verfürth/Dreier* Rn. 40.
[48] RegE BT-Drs. 15/371, 12; zum Verfahren *Wasmann* BB 2003, 57.
[49] Kölner Komm SpruchG/*Wasmann* Rn. 14.

Anwendungsbereich　　　　　　　　　　　　　　　　　　　　　　　　16, 17　§ 1 SpruchG

2. Entsprechende Anwendung. Da § 1 nur eine klarstellende Auflistung der Fälle enthält, in **16** denen ein Spruchverfahren stattfindet,[50] ist seine Anwendung in anderen Fällen nicht ausgeschlossen.[51] Das ergibt sich schon daraus, dass mit § 5 Abs. 5 EGAktG eine gesetzliche Regelung existiert, die auf das Spruchverfahren verweist und in § 1 nicht erwähnt ist. Auch Verfahrensvorschriften sind einer analogen Anwendung zugänglich.[52] Die entsprechende Anwendung setzt aber neben einer planwidrigen Regelungslücke voraus, dass das Spruchverfahren am besten geeignet ist, die Lücke zu schließen. Daher muss ein **ähnlicher Sachverhalt** zu beurteilen sein, wie er den aufgelisteten Fällen zugrunde liegt, also wie bei den in § 1 genannten Strukturmaßnahmen eine Beeinträchtigung des Anteilseigentums durch Fehler im Preisbildungsprozess ausgeglichen werden soll,[53] und zwar durch Anteile an einem anderen Unternehmen oder durch eine Abfindung für den Rechtsverlust.[54] Wenn keine derartige Kompensation geschuldet wird, sondern nur Nachteile für (Minderheits)-Aktionäre zur Diskussion stehen, ist ein Spruchverfahren nicht der geeignete Rechtsbehelf. Die Art der Kompensation oder der Antragsgegner sind nicht entscheidend.[55] Kennzeichnend für das Spruchverfahren ist darüber hinaus, dass der Anteilsinhaber nicht durch einen **Rechtsbehelf** gegen die Verwirklichung der Strukturmaßnahme einwenden kann, dass die Kompensation unangemessen ist.[56] Wenn ein anderer Rechtsbehelf, insbesondere die Anfechtungsklage, zur Verfügung steht, fehlt eine Regelungslücke. Der Ausschluss der Anfechtungsklage kann nicht nur mit der Zweckmäßigkeit des Spruchverfahrens begründet werden. Die Wahl zwischen Anfechtungsklage und Spruchverfahren nach Zweckmäßigkeit ist dem Gesetzgeber vorbehalten.[57] Zu berücksichtigen ist dabei auch, dass der Mehrheitsaktionär oder die Gesellschaft begünstigt werden, wenn der Anfechtungsprozess nicht mit der Diskussion über die Angemessenheit der Kompensation belastet wird. Sollen gerade die Voraussetzungen für eine Strukturmaßnahme umgangen werden, etwa durch die übertragende Auflösung, sollte dies nicht noch durch einen Verweis von der Anfechtungsklage auf das Spruchverfahren belohnt werden. Dass die Maßnahme nicht (auch) wegen Informationsmängeln angefochten werden kann, ist dagegen keine Voraussetzung einer analogen Anwendung. Der „Verweis" von Informationsstreitigkeiten in das Spruchverfahren ist eine Rechtsfolge des Ausschlusses der Anfechtungsklage für Informationsstreitigkeiten, nicht Voraussetzung des Spruchverfahrens, das in diesen Fällen[58] bereits aufgrund gesetzlicher Anordnung stattfindet. Das SpruchG setzt vielmehr grundsätzlich voraus, dass die Aktionäre informiert sind, § 4 Abs. 2 Nr. 4 SpruchG. Daher ist es zumindest missverständlich, wenn Informationsstreitigkeiten in das Spruchverfahren verwiesen werden[59] oder es als Vehikel der Informationsbeschaffung angesehen wird,[60] zumal im Spruchverfahren keine spezifischen Sanktionen oder Rechtsfolgen für unterlassene Informationen vorgesehen sind.

a) Delisting. Beim **regulären Delisting** (Widerruf der Börsennotierung) oder beim Downlisting **17** (Wechsel in den Freiverkehr) auf Antrag des Emittenten ist das SpruchG nicht entsprechend anzuwenden.[61] Nach § 39 Abs. 2 Satz 3 Nr. 1, Abs. 3 BörsG ist vielmehr ein Übernahmeangebot zu machen. Die Unangemessenheit der Gegenleistung kann in einem zivilprozessualen Klageverfahren mit einem Zahlungsantrag geltend gemacht werden.[62] Für diese Klagen kann ein Musterverfahren durchgeführt werden, § 1 Abs. 1 Nr. 3 KapMuG. Der Aktionär kann dagegen keine Barabfindung verlangen, so dass es auch keiner Überprüfung eines Barabfindungsangebots bedarf.[63] Das gilt auch für Verfahren,

---

[50] RegE BT-Drs. 15/371, 12.
[51] OLG Zweibrücken ZIP 2005, 948; RAusschuss BT-Drs. 15/838, 16; *Büchel* NZG 2003, 793 (794); *Lamb/Schluck-Amend* DB 2003, 1259 (1260); *Wasmann* WM 2004, 819 (820); Kölner Komm AktG/*Wasmann* Rn. 18; *Klöcker/Frowein* Rn. 15; *Dreier/Fritzsche/Verfürth/Dreier* Rn. 35; *Hüffer/Koch/Koch* Rn. 6; Kölner Komm AktG/*Koppensteiner* Anh. § 327f Rn. 7; *Hoffmann* FS Stilz, 2014, 267 (271); aA für eine bei Inkrafttreten erörterte analoge Anwendung *Rühland* WM 2002, 1957 (1966); unentschieden *Bungert/Mennicke* BB 2003, 2021 (2022).
[52] BVerfG NJW 2001, 279; BGHZ 153, 47 = NJW 2003, 1032; BayObLGZ 1998, 211 = NZG 1998, 1001; aA OLG Stuttgart AG 1997, 136.
[53] Lutter/*Lutter/Bayer* UmwG Einl. Rn. 61 mwN.
[54] *Vetter* ZHR 168 (2004) 8 (10); ähnlich Simon/*Simon* Rn. 37.
[55] *Vetter* ZHR 168 (2004) 8 (11).
[56] *Vetter* ZHR 168 (2004) 8 (12).
[57] Anders BGHZ 153, 47 = NJW 2003, 1032.
[58] BGHZ 146, 179 = NJW 2001, 1425; BGH NJW 2001, 1428.
[59] So Hüffer/*Koch* 11. Aufl. 2014 Rn. 7; wie hier MüKoAktG/*Kubis* Rn. 17; Hüffer/Koch/*Koch* Rn. 6.
[60] Simon/*Simon* Rn. 9; Bürgers/Körber/*Ederle/Theusinger* Rn. 8.
[61] BGH NJW 2014, 146 Rn. 2.
[62] Vgl. BT-Drs. 8/6220, 86 und zur Klagemöglichkeit BGH NZG 2014, 985 Rn. 22; ZIP 2017, 2459 Rn. 11.
[63] Zu der Behandlung des Downlisting und des partiellen Delisting vor der Entscheidung BGH NJW 2014, 146 siehe → 2. Aufl. 2010, Rn. 17.

die vor Aufgabe der Macrotron-Rechtsprechung eingeleitet wurden. Bereits gestellte Anträge sind unzulässig geworden.[64] Eine unzulässige Rückwirkung liegt darin nicht.[65]

18 **b) Kaltes Delisting.** Darunter versteht man Maßnahmen, die auf indirektem Weg zur Beendigung der Zulassung zum Börsenhandel führen. Die Eingliederung nach § 320 AktG und Ausschließung nach § 327a AktG führen ebenso wie die Umwandlung oder die Verschmelzung auf eine nicht börsenfähige Gesellschaftsform bereits wegen dieser Strukturmaßnahmen zu einem Spruchverfahren und einer Abfindung. Zusätzlich kann für den Verlust der Börsennotierung kein isolierter Ausgleich verlangt werden[66] Nach § 29 Abs. 1 S. 1 UmwG findet auch bei der Verschmelzung einer börsennotierten Aktiengesellschaft auf eine nicht börsennotierte Aktiengesellschaft oder nach § 125 S. 1 UmwG, § 29 Abs. 1 S. 1 UmwG bei der Aufspaltung einer börsennotierten Aktiengesellschaft auf nicht börsennotierte Aktiengesellschaften ein Spruchverfahren kraft Gesetzes statt,[67] außer wenn die Aktien nur vorübergehend nicht an der Börse gehandelt werden.[68] Auch wenn die übernehmende Gesellschaft in einem Segment des Freiverkehrs gehandelt wird, das die Fungibilität der Aktie nicht wesentlich beeinträchtigt, findet ein Spruchverfahren statt.[69] § 29 Abs. 1 S. 1 kann insoweit teleologisch nicht mehr reduziert werden, nachdem in § 39 Abs. 2 BörsG das Downlisting nicht ausgenommen ist. In anderen Fällen des kalten Delisting findet kein Spruchverfahren statt.[70]

19 **c) Übertragende Auflösung.** Auf die Vermögensübertragung nach § 179a AktG auf den Mehrheitsaktionär und anschließende Auflösung ist das SpruchG nicht anwendbar,[71] auch nicht auf ähnliche Fallgestaltungen mit einer Auflösung.[72] Der Minderheitsaktionär hat keinen Anspruch auf Ausgleich oder Abfindung.[73] § 179a AktG betrifft darüber hinaus keine Maßnahme, die das Anteilseigentum beeinträchtigt. Der Aktionär bleibt auch nach Veräußerung Aktionär. Es findet lediglich ein Aktiventausch mit dem Veräußerungserlös statt. Gegen eine unterwertige Veräußerung an den Hauptaktionär schützt jedenfalls die Anfechtungsmöglichkeit nach § 243 Abs. 2 AktG,[74] so dass auch eine Regelungslücke fehlt. Richtigerweise ist der Beschluss, mit dem Vermögen unter Wert auf den Mehrheitsaktionär (oder ein von ihm abhängiges Unternehmen) übertragen wird, schon wegen Verstoßes gegen die gläubigerschützende Vorschrift von § 57 Abs. 1 AktG nach § 241 Nr. 3 AktG nichtig.[75] Nur wenn bei einer übertragenden Auflösung eine Anfechtungsklage ohne Prüfung der Angemessenheit des Kaufpreises abgewiesen wurde, muss eine Überprüfung aus verfassungsrechtlichen Gründen entsprechend dem SpruchG erfolgen.[76]

20 **d) Einzelrechtsübertragung.** Entsprechendes gilt für Einzelrechtsübertragungen anstelle einer Aufspaltung und ähnliche Maßnahmen, die wirtschaftlich den Strukturmaßnahmen des UmwG

---

[64] OLG Stuttgart AG 2015, 321; OLG Stuttgart ZIP 2015, 681; OLG München ZIP 2015, 270; OLG Düsseldorf ZIP 2015, 123; OLG Karlsruhe NZG 2015, 516; LG München I AG 2014, 790; *Glienke/Röder* BB 2014, 899 (904); *Koch/Widder* NJW 2014, 127 (130); aA *Lochner/Schmitz* AG 2014, 489 (491 ff.); Dreier/Fritzsche/Verfürth/*Dreier* Rn. 56.
[65] BVerfG AG 2016, 85 Rn. 13 ff.
[66] OLG Stuttgart WM 2010, 173; für Spruchverfahren wegen der Abfindung nur in Aktien MüKoAktG/*Kubis* Rn. 22.
[67] Vor dem 2. UmwÄndG für entsprechende Anwendung OLG Düsseldorf ZIP 2005, 300; LG Köln ZIP 2004, 220; *Adolff/Tieves* BB 2003, 797 (805); *Grunewald* ZIP 2004, 542 (544); *Schlitt* ZIP 2004, 533 (539); *v. Kann/Hirschmann* DStR 2003, 1488 (1490); NK-AktR/*Weingärtner* Rn. 8; dagegen Kölner Komm SpruchG/*Wasmann* Rn. 42.
[68] OLG Stuttgart AG 2006, 421.
[69] AA Simon/*Burg* Der Konzern 2009, 214; 3. Aufl. 2015.
[70] BGH NJW 2014, 146 Rn. 8.
[71] OLG Stuttgart AG 1997, 136; BayObLGZ 1998, 211 = NZG 1998, 1001; OLG Zweibrücken AG 2005, 778; *Roth* NZG 2003, 998; *Lutter/Drygala* FS Kropff, 1997, 191 (215); *Rühland* WM 2002, 1957 (1966); *Bauer* NZG 2000, 1214 (1215); Kölner Komm SpruchG/*Wasmann* Rn. 40; Simon/*Simon* Rn. 51; Bürgers/Körber/Ederle/*Theusinger* Rn. 7; MüKoAktG/*Kubis* Rn. 28; offen *Bungert/Mennicke* BB 2003, 2021 (2023); Lutter/Mennicke UmwG Rn. 15; aA → AktG § 179a Rn. 44; *Hoffmann* FS Stilz 2014, 267 (280); Emmerich/Habersack/*Emmerich* Rn. 6; *Lutter/Leinekugel* ZIP 1999, 261 (266); *Wolf* ZIP 2000, 153 (158); Widmann/Mayer/*Wälzholz* Rn. 80; *Klöcker/Frowein* Rn. 17; Dreier/Fritzsche/Verfürth/*Dreier* Rn. 70 ff.; NK-AktR/*Weingärtner* Rn. 10; Hüffer/Koch/*Koch* Rn. 6. Zur Einführung de lege ferenda *Vetter* ZHR 168 (2004) 8 (38).
[72] OLG Düsseldorf AG 2005, 771.
[73] *Roth* NZG 2003, 998; Simon/*Simon* Rn. 50; → § 179a Rn. 45.
[74] Vgl. BVerfG NJW 2001, 279; Kölner Komm SpruchG/*Wasmann* Rn. 40; Simon/*Simon* Rn. 51.
[75] Vgl. BGH NZG 2012, 1030 Rn. 13.
[76] Vgl. BVerfG NJW 2001, 279.

gleichkommen. Es fehlt eine Regelungslücke für die entsprechende Anwendung umwandlungsrechtlicher Vorschriften[77] und damit auch des Spruchverfahrens.[78]

e) Teilgewinnabführungsvertrag. Eine dem Gewinnabführungsvertrag nach den §§ 304, 305 AktG vergleichbare Lage fehlt.[79] Eine unangemessene Gegenleistung führt zur Nichtigkeit des Unternehmensvertrags nach § 134 BGB bzw. zur Anfechtbarkeit des Zustimmungsbeschlusses der Hauptversammlung nach § 57 AktG.[80] 21

f) Faktische Beherrschung. Die faktische Beherrschung führt weder mit noch ohne vertragliche Vereinbarungen zu einer Ausgleichsverpflichtung nach §§ 304, 305 AktG, sondern allenfalls neben dem Ausgleichsanspruch nach § 317 AktG zu einem Unterlassungsanspruch.[81] Daher ist auch kein Spruchverfahren statthaft, wenn eine (verdeckte) faktische Beherrschung vorliegen soll.[82] Der nicht existente Beherrschungsvertrag führt auch nicht zu einer Abwicklung nach den Grundsätzen der fehlerhaften Gesellschaft. 22

g) Kapitalerhöhung/Kapitalherabsetzung. Die Kapitalerhöhung mit Bezugsrechtsausschluss ist trotz des Verwässerungscharakters keine Strukturmaßnahme, so dass eine entsprechende Anwendung des SpruchG nicht in Betracht kommt.[83] Das gilt umgekehrt auch für die Kapitalherabsetzung, auch soweit sie nach § 237 AktG durch Zwangseinziehung erfolgt.[84] 23

h) Übernehmender Rechtsträger. Nicht entsprechend anwendbar ist das SpruchG bei der Verschmelzung für Einwendungen der Anteilsinhaber des übernehmenden Rechtsträgers.[85] Diese Anteilsinhaber sind in § 3 als Antragsberechtigte ausgeschlossen, so dass eine Regelungslücke fehlt.[86] 24

i) Zu hohe Abfindung. Wenn Anteilsinhaber einer herrschenden Gesellschaft beim Unternehmensvertrag[87] oder die verbleibenden Anteilsinhaber bei der Verschmelzung oder bei der formwandelnden Umwandlung[88] eine Abfindung für zu hoch erachten oder das Ergebnis eines Spruchverfahren überprüfen möchten, sind die Vorschriften des SpruchG ebenfalls nicht entsprechend anzuwenden, selbst wenn eine Anfechtung des Hauptversammlungsbeschlusses ausgeschlossen ist. Es fehlt eine planwidrige Regelungslücke, weil diese Anteilsinhaber in § 3 als Antragsberechtigte ausgeschlossen sind. Zum Beitritt als Streithelfer bzw. zur Hinzuziehung als Beteiligte → § 5 Rn. 11. 25

j) WpÜG. Ein **Übernahmeangebot** nach § 29 WpÜG, ein **Pflichtangebot** nach § 35 WpÜG oder ein **Kaufangebot** nach § 10 WpÜG können nicht in entsprechender Anwendung im Spruchverfahren überprüft werden.[89] Das beruht zwar nicht darauf, dass die Aktionäre frei über die Annahme entscheiden können.[90] Bei Strukturmaßnahmen wie dem Beherrschungs- und Gewinnabführungsvertrag oder umwandlungsrechtlichen Maßnahmen können die Aktionäre auch frei entscheiden, ob sie ein Abfindungsangebot annehmen. Das Angebot selbst ist jedoch keine Strukturmaßnahme und die Kontrollerlangung allein beeinträchtigt noch nicht das Anteilseigentum. 26

---

[77] Schmitt/Hörtnagl/Stratz/*Hörtnagl* UmwG § 1 Rn. 58; aA LG Karlsruhe AG 1998, 99; Lutter/*Lutter/Bayer* UmwG Einl. Rn. 60.
[78] AA Lutter/*Lutter* UmwG Einl. Rn. 61.
[79] Dreier/Fritzsche/Verfürth/*Dreier* Rn. 6; *Behnke*, Das Spruchverfahren nach §§ 306 AktG, 305 ff. UmwG, 2001, 40.
[80] → AktG § 292 Rn. 20; OLG Düsseldorf AG 1996, 473; *Klöcker/Frowein* Rn. 9.
[81] AA → AktG Vor § 311 Rn. 34 mwN.
[82] OLG München NZG 2008, 753; Simon/*Simon* Rn. 53; MüKoAktG/*Kubis* Rn. 19; Hüffer/Koch/*Koch* Rn. 6.; im Erg. auch OLG Schleswig NZG 2008, 868.
[83] LG Mannheim NZG 2007, 639; → AktG § 255 Rn. 2; MüKoAktG/*Kubis* Rn. 30; *Hoffmann* FS Stilz 2014, 267 (278); für Einführung de lege ferenda NK-AktR/*Weingärtner* Rn. 16; Handelsrechtsausschuss des DAV NZG 2007, 497; Dreier/Fritzsche/Verfürth/*Dreier* Rn. 97; dazu *Maier-Reimer* FS K. Schmidt, 2009, 1077.
[84] De lege ferenda Hüffer/Koch/*Koch* § 237 Rn. 18.
[85] *Vetter* ZHR 168 (2004) 8 (29); *Hoffmann* FS Stilz, 2014, 267 (277); aA *Hirte* ZHR 167 (2003) 8 (32); für Einführung de lege ferenda Handelsrechtsausschuss des DAV NZG 2007, 497; dazu *Maier-Reimer* FS K. Schmidt, 2009, 1077.
[86] AA Dreier/Fritzsche/Verfürth/*Dreier* Rn. 92; zur rechtspolitischen Diskussion *Vetter* ZHR 168 (2004) 8 (24) mwN.
[87] *Emmerich* FS Tilmann, 2003, 925 (926); *Hoffmann* FS Stilz, 2014, 267 (278); Emmerich/Habersack/*Emmerich* Rn. 7; Kölner Komm SpruchG/*Wasmann* Rn. 43; Dreier/Fritzsche/Verfürth/*Dreier* Rn. 101; aA *Hirte* ZHR 167 (2003) 8 (32).
[88] *Vetter* ZHR 168 (2004) 8 (35); Kölner Komm SpruchG/*Wasmann* Rn. 44; MüKoAktG/*Kubis* Rn. 29; *Hoffmann* FS Stilz, 2014, 267 (278); erwogen bei BGHZ 146, 179 = NJW 2001, 1425; NJW 2001, 1428.
[89] *Krämer/Theiß* AG 2003, 225 (239); Dreier/Fritzsche/Verfürth/*Dreier* Rn. 55; *Wittgens*, Das Spruchverfahrensgesetz, 2005, 45; NK-AktR/*Weingärtner* Rn. 14; *Hoffmann* FS Stilz, 2014, 267 (285).
[90] So *Krämer/Theiß* AG 2003, 225 (239).

Wenn Anteilsinhaber die Gegenleistung für unzureichend halten, können sie allenfalls nach Annahme des Angebots die Differenz mit der Leistungsklage verlangen.[91] Außerdem hat der Gesetzgeber bei Inkrafttreten des WpÜG ein Spruchverfahren nur für den Squeeze-out eingeführt, so dass eine planwidrige Regelungslücke fehlt.[92] Aus diesem Grund scheidet auch eine entsprechende Anwendung bei einem fehlenden Pflichtangebot aus.[93] Auch beim **übernahmerechtlichen Squeeze-out** nach § 39a WpÜG gibt es keine Überprüfung im Spruchverfahren.[94] Die Angemessenheitsvermutung nach § 39a Abs. 3 S. 3 WpÜG ist nicht widerleglich, so dass für eine Überprüfung im Spruchverfahren kein Raum ist. Erst recht können Kaufangebote, die im Vorfeld von anderen Maßnahmen – etwa einer Verschmelzung – gemacht werden, nicht mittels des Spruchverfahrens erhöht werden.[95]

27   k) **Formwechsel AG in SE.** Beim Formwechsel von einer AG in eine SE (Art. 37 SE-VO) besteht kein Anspruch auf eine Verbesserung der Beteiligungsverhältnisse nach § 196 UmwG,[96] so dass auch kein Spruchverfahren stattfindet.[97]

28   l) **GmbH.** Auf die Abfindung des Gesellschafters bei einer GmbH nach **Ausschluss** oder Einziehung ist das SpruchG nicht anwendbar. Da in der Regel nur ein einzelner Gesellschafter betroffen ist, bedarf es keines Verfahrens, das wie das Spruchverfahren auf eine Entscheidungswirkung über die Parteien eines Zivilprozesses hinaus wirkt. Die Abfindung hat der ausgeschiedene GmbH-Gesellschafter durch Zahlungsklage zu verfolgen. Auf **Gewinnabführungs- und Beherrschungsverträge** einer GmbH sind die §§ 304 ff. AktG nicht entsprechend anwendbar, so dass weder Ausgleich noch Abfindung geschuldet werden und ein Spruchverfahren ausscheidet.[98]

29   m) **Änderungen beim Unternehmensvertrag.** Zu einem (erneuten) Spruchverfahren bei Änderungen eines Gewinnabführungs- oder Beherrschungsvertrags → § 13 Rn. 6 ff.

30   **3. Spruchverfahren aufgrund Vereinbarung.** Ein Spruchverfahren kann nicht vereinbart werden, auch nicht durch ein freiwilliges Angebot.[99] Die Verfahren vor staatlichen Gerichten stehen nicht zur beliebigen Disposition der Beteiligten, die stattdessen ein Schiedsgerichtsverfahren vereinbaren können.

31   **4. Entscheidung.** Bei Streit darüber, ob gegen eine Strukturmaßnahme ein Spruchverfahren stattfindet, kann das Gericht eine Zwischenentscheidung erlassen, in der festgestellt wird, dass das Verfahren stattfindet und der Antrag zulässig ist.[100] Gegen die Entscheidung findet in seit dem 1. September 2009 eingeleiteten Verfahren die Beschwerde entsprechend § 58 Abs. 1 FamFG, §§ 280, 302 ZPO, in Altverfahren die einfache Beschwerde statt.[101] Wenn das Gericht ein Spruchverfahren für unzulässig hält, hat es den Antrag als unzulässig abzuweisen.[102] Dagegen findet die Beschwerde nach § 12 statt.

IV. Zeitlicher Anwendungsbereich

32   Der zeitliche Anwendungsbereich ist in § 17 Abs. 2 gesetzlich geregelt (näher → § 17 Rn. 4).

---

[91] BGH NZG 2014, 985 Rn. 22; BGH ZIP 2017, 2459 Rn. 11; OLG Frankfurt AG 2003, 515; für Spruchverfahren de lege ferenda Widmann/Mayer/*Wälzholz* Rn. 82; Dreier/Fritzsche/Verfürth/*Dreier* Rn. 57 ff.
[92] Dreier/Fritzsche/Verfürth/*Dreier* Rn. 55.
[93] AA *Mülbert/Schneider* WM 2003, 2301 (2303).
[94] Vgl. BVerfG NZG 2012, 907 Rn. 36; OLG Stuttgart ZIP 2009, 1059; OLG Celle ZIP 2010, 830; Bürgers/Körber/*Ederle/Theusinger* Rn. 2; Hüffer/Koch/*Koch* Rn. 6; Dreier/Fritzsche/Verfürth/*Dreier* Rn. 42; aA *Hoffmann* FS Stilz, 2014, 267 (284 f.).
[95] Zweifelnd OLG Frankfurt NZG 2007, 758.
[96] → SE-VO Art. 37 Rn. 21; aA MüKoAktG/*C. Schäfer* SE-VO Art. 37 Rn. 38.
[97] Offen Simon/*Leuering* § 3 Rn. 52.
[98] Kölner Komm SpruchG/*Wasmann* Rn. 46; *Wittgens*, Das Spruchverfahrensgesetz, 2005, 47; aA Emmerich/Habersack/*Emmerich* Rn. 8; NK-AktR/*Weingärtner* Rn. 19; Simon/*Simon* Rn. 40; MüKoAktG/*Kubis* Rn. 18; Dreier/Fritzsche/Verfürth/*Dreier* Rn. 103; *Hoffmann* FS Stilz, 2014, 267 (282); *Huesmann*, Entschädigung und Spruchverfahren im GmbH-Vertragskonzern, 2007, 110 ff.
[99] OLG Stuttgart ZIP 2015, 681; OLG München ZIP 2015, 270; OLG Jena AG 2015, 350 (455); Dreier/Fritzsche/Verfürth/*Dreier* Rn. 104; aA *Hirte* ZHR 167 (2003) 8 (33); GroßkommAktG/*Hirte* AktG § 203 Rn. 131.
[100] BayObLGZ 2001, 339 = NZG 2002, 133; OLG Düsseldorf ZIP 2005, 300; OLG Düsseldorf AG 1997, 522; LG München I AG 2001, 318; LG München I NZG 2004, 193; LG Köln ZIP 2004, 220.
[101] OLG Stuttgart ZIP 2015, 681; OLG Düsseldorf AG 1997, 522; offen gelassen bei BayObLGZ 2001, 339 = NZG 2002, 133; aA OLG Düsseldorf ZIP 2005, 300.
[102] OLG Stuttgart AG 1997, 136.

V. Verhältnis zu anderen Verfahren

1. Zahlungsklage. Da die Angemessenheit von Abfindung oder Ausgleich in den in § 1 genannten Fällen sowie dann, wenn das SpruchG entsprechend anwendbar ist, ausschließlich im Spruchverfahren überprüft wird, ist eine Leistungsklage auf Zahlung einer höheren als der beschlossenen Abfindung oder eines höheren Ausgleichs ausgeschlossen,[103] ebenso eine Feststellungsklage mit einem entsprechenden Antrag. Wird dennoch eine Zahlungsklage eingereicht, ist nachzufragen, ob nicht in Wirklichkeit ein Antrag nach dem SpruchG gestellt werden soll, und der Rechtsstreit gegebenenfalls an das zuständige Landgericht zu verweisen (→ § 2 Rn. 17). Eine Zahlungsklage, mit der die beschlossene Abfindung oder der beschlossene Ausgleich verlangt wird, ist begründet. Ein Zurückbehaltungsrecht wegen des offenen Ergebnisses des Spruchverfahrens besteht nicht.[104] Da noch nicht feststeht, ob nach dem Ende des Spruchverfahrens ein weitergehender Anspruch entsteht, ist er, solange ein Spruchverfahren möglich ist oder läuft, auch nicht als derzeit unbegründet abzuweisen, sondern die Zahlungsklage für den überschießenden Teil nach § 148 ZPO auszusetzen. Wenn ein Spruchverfahren nicht eingeleitet und nicht mehr möglich ist, ist der überschießende Teil abzuweisen. Nach dem Ende des Spruchverfahrens ist eine Zahlungsklage selbstverständlich möglich (§ 16).

2. Anfechtungs- und Nichtigkeitsklage. Die Anfechtungs- und Nichtigkeitsklage gegen den Beschluss, in dem einer Strukturmaßnahme zugestimmt wird, ist neben dem Spruchverfahren zulässig.[105] Mit den Verfahren werden verschiedene Rechtsschutzziele verfolgt. Mit der Anfechtungs- oder Nichtigkeitsklage wendet sich der Gesellschafter gegen den Beschluss über die Strukturmaßnahme, mit dem Antrag auf gerichtliche Bestimmung einer anderen Abfindung oder eines anderen Ausgleichs wird ihre Existenz vorausgesetzt. Dass der Antragsteller die Strukturmaßnahme nicht billigt, muss sein Begehren, wenigstens nicht widersprüchlich und seinen Antrag im Spruchverfahren nicht treuwidrig. Das für das Spruchverfahren zuständige Gericht hat – sofern das Spruchverfahren nach Eintragung trotz der Beschlussmängelklage zulässig ist (→ § 4 Rn. 6) – von der Wirksamkeit der Maßnahme auszugehen, selbst wenn der zugrunde liegende Beschluss fehlt,[106] angefochten[107] oder nach § 241 AktG nichtig ist, zumal eine Heilung nach § 242 AktG möglich ist. Anders ist dies nur bei Vorliegen eines allgemeinen Nichtigkeitsgrundes für die Strukturmaßnahme, etwa der Nichtigkeit eines Gewinnabführungs- oder Beherrschungsvertrags nach § 134 BGB oder nach § 304 Abs. 3 S. 1 AktG, weil der Vertrag keine Regelung zum Ausgleich enthält. Ein Spruchverfahren ist in derartigen Fällen sinnlos[108] und ein Antrag im Spruchverfahren als unzulässig abzuweisen. Wenn ein Nullausgleich vorgesehen ist, fehlt die Ausgleichsregelung dagegen nicht und ist der Vertrag nicht nichtig.[109]

VI. Schiedsverfahren

Möglich ist ein schiedsgerichtliches Verfahren **als freiwilliges Verfahren,** wenn kein Spruchverfahren durchzuführen ist, etwa bei der übertragenden Auflösung, dem Teilgewinnabführungsvertrag oder der Kapitalerhöhung mit Bezugsrechtsausschluss.[110]

Für die Zulässigkeit eines schiedsgerichtlichen Verfahren **anstelle des Spruchverfahrens** ergeben sich hinsichtlich der Drittwirkung, der Beteiligung aller Antragsteller und der Verfahrenskonzentration dieselben Probleme wie bei der aktienrechtlichen Anfechtungsklage (→ AktG § 246 Rn. 8 ff.). Hält man sie für überwindbar,[111] gibt es keine spezifischen Einwände aus dem SpruchG. Soweit die Bestimmung des angemessenen Ausgleichs für nicht schiedsfähig gehalten wurde, weil die Beteiligten auch nicht über den Verfahrensgegenstand verfügen durften, hat sich dies mit der Vergleichsmöglichkeit nach § 11 geändert. Für andere Verfahren der freiwilligen Gerichtsbarkeit ist anerkannt, dass dann, wenn der Verfahrensgegenstand der materiellrechtlichen Verfügungsbefugnis der Beteiligten

---

[103] Lutter/*Mennicke* UmwG Rn. 18; Simon/*Simon* Rn. 2; Dreier/Fritzsche/Verfürth/*Dreier* Rn. 104.
[104] LG Stuttgart AG 1998, 103; LG München AG 2006, 551.
[105] AA Simon/*Simon* Rn. 2.
[106] LG München I NZG 2004, 193.
[107] Zu den Folgen bei erfolgreicher Anfechtung → § 3 Rn. 31.
[108] Kölner Komm SpruchG/*Wasmann* Rn. 3; *Behnke,* Das Spruchverfahren nach §§ 306 AktG, 305 ff. UmwG, 2001, 36.
[109] BGHZ 166, 195 = NJW 2006, 1663; OLGR Düsseldorf 2009, 438.
[110] *Klöcker/Frowein* § 2 Rn. 1; Simon/*Simon* Rn. 63.
[111] Für Zulässigkeit Zöller/*Geimer* ZPO § 1066 Rn. 5; Dreier/Fritzsche/Verfürth/*Dreier* Rn. 105 und § 11 Rn. 78; Lutter/*Mennicke* UmwG Rn. 19; *Wittgens,* Das Spruchverfahrensgesetz, 2005, 47; dagegen *Klöcker/Frowein* Rn. 14 und § 2 Rn. 1.

unterliegt, auch eine Schiedsvereinbarung zulässig ist.[112] Um Sondervorteile zu vermeiden, muss vertraglich zwischen den Schiedsparteien festgelegt sein, dass auch den nicht beteiligten Anteilsinhabern, entsprechend einem echten Vertrag zugunsten Dritter, die Ergebnisse des Schiedsverfahrens zugute kommen.[113] Dazu muss auch die Bekanntgabe an diese Anteilsinhaber geregelt sein,[114] für die auch andere Wege als die öffentliche Bekanntmachung in Betracht kommen. Auch ein gemeinsamer Vertreter der nicht antragstellenden Antragsberechtigten ist nicht erforderlich,[115] wenn gesichert ist, dass Sondervorteile der Antragsteller vermieden werden.

§ 2 Zuständigkeit

(1) ¹Zuständig ist das Landgericht, in dessen Bezirk der Rechtsträger, dessen Anteilsinhaber antragsberechtigt sind, seinen Sitz hat. ²Sind nach Satz 1 mehrere Landgerichte zuständig oder sind bei verschiedenen Landgerichten Spruchverfahren nach Satz 1 anhängig, die in einem sachlichen Zusammenhang stehen, so ist § 2 Abs. 1 des Gesetzes über das Verfahren in Familiensachen und in den Angelegenheiten der freiwilligen Gerichtsbarkeit entsprechend anzuwenden. ³Besteht Streit oder Ungewissheit über das zuständige Gericht nach Satz 2, so ist § 5 des Gesetzes über das Verfahren in Familiensachen und in den Angelegenheiten der freiwilligen Gerichtsbarkeit entsprechend anzuwenden.

(2) ¹Der Vorsitzende einer Kammer für Handelssachen entscheidet
1. über die Abgabe von Verfahren;
2. im Zusammenhang mit öffentlichen Bekanntmachungen;
3. über Fragen, welche die Zulässigkeit des Antrags betreffen;
4. über alle vorbereitenden Maßnahmen für die Beweisaufnahme und in den Fällen des § 7;
5. in den Fällen des § 6;
6. über Geschäftswert, Kosten, Gebühren und Auslagen;
7. über die einstweilige Einstellung der Zwangsvollstreckung;
8. über die Verbindung von Verfahren.

²Im Einverständnis der Beteiligten kann der Vorsitzende auch im Übrigen an Stelle der Kammer entscheiden.

Schrifttum: S. § 1, außerdem: *Bork*, Gerichtszuständigkeit für Spruchverfahren bei Verschmelzung, NZG 2002, 163; *Bork*, Zuständigkeitsprobleme im Spruchverfahren, ZIP 1998, 550; *Bungert*, Behebung der doppelten gerichtlichen Zuständigkeit bei Spruchverfahren wegen Doppelverschmelzung, DB 2000, 2051; *Katschinski*, Die Begründung eines Doppelsitzes bei Verschmelzung, ZIP 1997, 620; *Kiefner/Kersjes*, Spruchverfahren und die Fortgeltung der ausschließlichen funktionellen Zuständigkeit der KfH unter dem FGG-Reformgesetz, NZG 2012, 244; *König*, Doppelsitz einer Kapitalgesellschaft – Gesetzliches Verbot oder zulässiges Mittel der Gestaltung einer Fusion?, AG 2000, 18; *Maul*, Gerichtsstände und Vollstreckungsfragen bei konzernrechtlichen Ansprüchen gegenüber einem herrschenden Unternehmen im EG-Ausland, AG 1998, 404; *Meilicke/Lochner*, Zuständigkeit der Spruchgerichte nach EuGVVO, AG 2010, 23; *Mock*, Spruchverfahren im europäischen Zivilverfahrensrecht, IPRax 2009, 271; *Neye*, Konkurrierende gerichtliche Zuständigkeit für Spruchverfahren bei „überregionalen" Umwandlungsvorgängen, FS Widmann, 2000, 87; *Nießen*, Die internationale Zuständigkeit im Spruchverfahren, NZG 2006, 441; *Simons*, Ungeklärte Zuständigkeitsfragen bei gesellschaftsrechtlichen Auseinandersetzungen, NZG 2012, 609.

Übersicht

	Rn.		Rn.
I. Normzweck	1, 2	1. Zuständigkeit mehrerer Landgerichte	9
II. Zuständigkeit	3–8	2. Sachlicher Zusammenhang	10–13
1. Grundsatz	3, 4	a) Verschmelzung mehrerer übertragender Unternehmen	11
2. Einzelheiten	5	b) Beherrschungs- oder Gewinnabführungsvertrag	12
3. Zuständigkeitskonzentration	6	c) Aufeinanderfolgende Bewertungsanlässe	13
4. Internationale Zuständigkeit	7	3. Zuerst befasstes Gericht	14
5. Schiedsgericht	8	4. Verbindung mehrerer Anträge	15
III. Zuständigkeitskonkurrenzen	9–15		

---

[112] Zöller/*Geimer* ZPO § 1030 Rn. 6.
[113] MüKoAktG/*Bilda*, 2. Aufl. 2000, § 306 Rn. 102.
[114] MüKoAktG/*Bilda*, 2. Aufl. 2000, § 306 Rn. 102.
[115] AA MüKoAktG/*Bilda*, 2. Aufl. 2000, § 306 Rn. 103.

	Rn.		Rn.
IV. Zuständigkeitskonflikte	16–19	4. Zivilkammer – KfH	19
1. Rechtswegzuständigkeit	16	**V. Entscheidung des Vorsitzenden**	20, 21
2. Sachliche Zuständigkeit	17	1. Grundsatz	20
3. Örtliche Zuständigkeit	18	2. Einzelfragen	21

I. Normzweck

Die Vorschrift bestimmt die örtliche Zuständigkeit für alle Spruchverfahren. Die Zuständigkeit 1
des Landgerichts, die aus aus § 306 AktG aF und § 305 UmwG aF übernommen wurde, entspricht der Bedeutung der Sache für den Antragsgegner. Der Gesetzgeber konnte sich weder zur Eingangszuständigkeit des Oberlandesgerichts noch zur Zuständigkeit einer mit Berufsrichtern besetzten Zivilkammer entschließen, die nach verbreiteter Ansicht das Verfahren beschleunigt hätte.[1]

Die früher in Abs. 4 vorgesehene Ermächtigung zur Zuständigkeitskonzentration findet sich nach 2
dem FGG-RG in § 71 Abs. 4 GVG (→ Rn. 6). Mit dem FGG-RG wurde – neben der redaktionellen Anpassung von Abs. 1 S. 2 und 3 – auch Abs. 2 gestrichen, der die ausschließliche Zuständigkeit der Kammer für Handelssachen anordnete. Das stellt – vom Gesetzgeber offensichtlich übersehen – nach dem Gesetzeswortlaut ihre ausschließliche Zuständigkeit in Frage (→ Rn. 19).

II. Zuständigkeit

1. Grundsatz. Das Landgericht, in dessen Bezirk der Rechtsträger, dessen Anteilsinhaber antrags- 3
berechtigt sind, seinen Sitz hat, ist **örtlich** ausschließlich zuständig.[2] Die ausschließliche **sachliche Zuständigkeit** des Landgerichts wird in § 71 Abs. 2 Nr. 4e GVG bestimmt. Die Ausschließlichkeit folgt aus dem Wortlaut und dem Zweck des Gesetzes, die Einwendungen aller Anteilsinhaber zu bündeln. Da die Zuständigkeit ausschließlich ist, scheidet eine Vereinbarung der Beteiligten[3] oder die Begründung der Zuständigkeit durch das Unterlassen einer Zuständigkeitsrüge aus. **Funktionell** ist nach §§ 94, 95 Abs. 2 Nr. 2 GVG, § 71 Abs. 2 Nr. 4e GVG die Kammer für Handelssachen zuständig.

Maßgebend ist der **Satzungssitz** der Gesellschaft,[4] nicht ein abweichender tatsächlicher Verwaltungssitz 4
oder der Ort einer Niederlassung. Bei einem Doppelsitz ist § 2 FamFG anzuwenden (→ Rn. 9). Abzustellen ist auf den Sitz zum Zeitpunkt des ersten eingegangenen Antrags, eine spätere Sitzverlegung ist ohne Bedeutung.[5] Auf den Gerichtsstand des Antragsgegners kommt es nicht an.

2. Einzelheiten. Bei **Beherrschungs- oder Gewinnabführungsverträgen** (§ 1 Nr. 1) ist das 5
Landgericht am Sitz der Aktiengesellschaft zuständig, deren Gewinne abgeführt werden oder die nach dem Beherrschungsvertrag beherrscht wird. Den Ausgleich können die Aktionäre dieser Gesellschaft verlangen. Bei der **Eingliederung** nach § 320b AktG ist das Landgericht am Sitz der eingegliederten Aktiengesellschaft zuständig. Der Anteilsinhaber ist mit Eintragung der Eingliederung im Handelsregister nicht mehr Aktionär, § 320a AktG. Der Bezug auf den Sitz der Gesellschaft kann sich daher nur auf seine frühere Anteilsinhaberschaft beziehen. Beim **Squeeze-out** nach § 327f AktG ist ebenfalls das Landgericht am Sitz der Aktiengesellschaft zuständig, obwohl auch hier der Aktionär ausgeschieden und nicht mehr Anteilsinhaber ist. In **Umwandlungsfällen** kommt es auf den Sitz der umgewandelten Gesellschaft an:[6] Bei der Verschmelzung durch Aufnahme sind die Anteilsinhaber der übertragenden Gesellschaft antragsberechtigt; zuständig ist damit das Landgericht am Sitz der übertragenden Gesellschaft, obwohl die Antragsteller inzwischen Anteilsinhaber der aufnehmenden Gesellschaft sind (→ 3 Rn. 10). Dasselbe gilt für die Verschmelzung durch Neugründung nach § 36 UmwG. Bei der Aufspaltung und der Abspaltung nach § 123 UmwG ist ebenfalls das Gericht am Sitz des übertragenden Rechtsträgers zuständig. Auch bei der Vermögensübertragung ist der Sitz des übertragenden Rechtsträgers maßgebend. Beim Formwechsel nach §§ 190 ff. UmwG kommt es

---

[1] Gefordert vom DAV ZIP 2003, 552; krit. zur Regelung *Bungert/Mennicke* BB 2003, 2021 (2023); Hüffer/Koch/*Koch* Rn. 2 und 5.
[2] Hüffer/Koch/*Koch* Rn. 2 und 3; Kölner Komm SpruchG/*Wasmann* Rn. 7; Lutter/*Mennicke* UmwG Rn. 3; *Klöcker/Frowein* Rn. 1; Dreier/Fritzsche/Verfürth/*Antczak/Fritzsche* Rn. 7.
[3] Dreier/Fritzsche/Verfürth/*Antczak/Fritzsche* Rn. 7; Lutter/*Mennicke* UmwG Rn. 3; Widmann/Mayer/*Wälzholz* Rn. 21.
[4] Hüffer/Koch/*Koch* Rn. 3; *Klöcker/Frowein* Rn. 2; Widmann/Mayer/*Wälzholz* Rn. 7; Lutter/*Mennicke* Rn. 3.
[5] Dreier/Fritzsche/Verfürth/*Antczak/Fritzsche* Rn. 6; MüKoAktG/*Kubis* Rn. 3.
[6] *Klöcker/Frowein* Rn. 2; Kölner Komm SpruchG/*Wasmann* Rn. 6; Widmann/Mayer/*Wälzholz* Rn. 6.

auf den Sitz der formwechselnden seitherigen Gesellschaft an.[7] Wenn die formwechselnde Gesellschaft eine Personengesellschaft ohne in der Satzung festgelegten Sitz ist, ist der tatsächliche Verwaltungssitz maßgebend. Bei der **Gründung einer SE oder einer SCE** durch Verschmelzung ist das Landgericht am Sitz der deutschen sich verschmelzenden Gesellschaft/Genossenschaft zuständig. Das gilt auch für die Gründung einer Holding-SE. In beiden Fällen sind die Antragsteller zwar inzwischen Gesellschafter der SE, die ihren Sitz nicht in Deutschland haben muss. Insoweit gilt aber wie in den Umwandlungsfällen, dass die Antragsberechtigung sich aus der ursprünglichen Gesellschaft ableitet und daher deren früherer Sitz maßgebend ist. Entsprechend ist auch bei der Abfindung für eine Sitzverlegung der bisherige Gesellschaftssitz maßgebend. Wenn für die Überprüfung des Umtauschverhältnisses für eine ausländische Gesellschaft oder Genossenschaft das SpruchG anwendbar ist[8] und nach der EuGVVO ein Gerichtsstand in Deutschland begründet ist, bleibt als Anknüpfungspunkt nur der Sitz der aufnehmenden bzw. der neugegründeten SE bzw. SCE.

6   **3. Zuständigkeitskonzentration.** § 71 Abs. 4 GVG erlaubt die Übertragung der Zuständigkeit auf ein Landgericht durch die Landesregierung bzw. die Landesjustizverwaltung. Soweit die Ländervorschriften zur Zuständigkeitskonzentration konkret an bei der Einführung des SpruchG aufgehobene Normen anknüpfen, waren Neuregelungen erforderlich.[9] Soweit die Konzentrationsregelungen die Ermächtigungsgrundlage § 71 Abs. 4 GVG nF noch nicht zitieren, müssen sie angepasst werden.[10] Die Zuständigkeitskonzentration erfasst, obwohl die Länderverordnungen meist eine enumerative Aufzählung wie § 1 enthalten, auch die analoge Anwendung des SpruchG,[11] bei enumerativen Listen ohne dynamische Verweisung aber nicht gesetzlich neu eingeführte Anwendungsfälle. Von der Konzentrationsregelung haben folgende Länder Gebrauch gemacht:
   Baden-Württemberg: LG Mannheim für den Bezirk des OLG Karlsruhe und LG Stuttgart für den Bezirk des OLG Stuttgart.[12]
   Bayern: LG München I für den Bezirk des OLG München und LG Nürnberg-Fürth für den Bezirk des OLG Nürnberg und des OLG Bamberg.[13]
   Hessen: LG Frankfurt.[14]
   Mecklenburg-Vorpommern: LG Rostock.[15]
   Niedersachsen: LG Hannover.[16]
   Nordrhein-Westfalen: LG Köln für die Bezirke der Landgerichte Aachen, Bonn und Köln, LG Düsseldorf für die Bezirke der Landgerichte Düsseldorf, Duisburg, Kleve, Krefeld, Mönchengladbach und Wuppertal und LG Dortmund für die Bezirke der Landgerichte Arnsberg, Bielefeld, Bochum, Detmold, Dortmund, Essen, Hagen, Münster, Paderborn und Siegen.[17]
   Rheinland-Pfalz: LG Koblenz für den Bezirk des Oberlandesgerichts Koblenz, LG Frankenthal für den Bezirk des Pfälzischen Oberlandesgerichts Zweibrücken.[18]
   Sachsen: LG Leipzig.[19]

7   **4. Internationale Zuständigkeit.** Auch die internationale Zuständigkeit bestimmt sich nach § 2 SpruchG, § 105 FamFG.[20] Regelungen in der EuGVVO stehen der internationalen Zuständigkeit deutscher Gerichte nicht entgegen. Die internationale Zuständigkeit deutscher Gerichte ist wegen

---

[7] Offengelassen bei OLG Hamburg ZIP 2018, 200.
[8] § 6 Abs. 4 SE-AG und § 7 Abs. 4 S. 2 SCEAG, → § 3 Rn. 12.
[9] Wittgens, Das Spruchverfahrensgesetz, 2005, 53; offen Kölner Komm SpruchG/Wasmann Rn. 20; aA Bungert/Mennicke BB 2003, 2021 (2024); Dreier/Fritzsche/Verfürth/Antczak/Fritzsche Rn. 8; Lutter/Mennicke UmwG Rn. 16; Emmerich/Habersack/Emmerich Rn. 11; Simon/Simon Rn. 5.
[10] MüKoAktG/Kubis Rn. 11.
[11] Kölner Komm SpruchG/Wasmann Rn. 20; Simon/Simon Rn. 5; ebenso OLG Koblenz NZG 2007, 720 zu § 12 Abs. 2 SpruchG.
[12] § 13 Abs. 2 Nr. 8 ZuVOJu v. 20.11.1998 (GBl. 1998, 680) in der Fassung vom 23.11.2015.
[13] § 26 Abs. 1 GZVJu v. 11.6.2012 (GVBl. 2012, 295).
[14] § 38 Nr. 5 Justizzuständigkeitsverordnung (JuZuV) v. 3.6.2013 (GVBl. 2013, 386).
[15] § 4 Abs. 1 Nr. 5 der Verordnung über die Konzentration von Zuständigkeiten der Gerichte (Konzentrationsverordnung – KonzVO) v. 28.3.1994, GVOBl. 1994, 514, zuletzt geändert durch Siebente ÄndVO v. 16.1.2008 (GVOBl. M-V 2008, 18).
[16] § 2 Nr. 10, 11, 17 ZustVO-Justiz v. 18.12.2009 (Nds. GVBl. 2009, 506) in der Fassung vom 1.2.2010.
[17] § 1 Nr. 1 der VO über die gerichtliche Zuständigkeit zur Entscheidung in gesellschaftsrechtlichen Angelegenheiten und in Angelegenheiten der Versicherungsvereine auf Gegenseitigkeit (KonzentrationsVO Gesellschaftsrecht) v. 8.6.2010 (GV NRW 2010, 350), zuletzt geändert durch VO v. 11.4.2011 (GV. NRW 2011, 230).
[18] § 10 Abs. 1 ZivilZustV (VO über die gerichtliche Zuständigkeit in Zivilsachen v. 22.11.1985, GVBl. 1985, 267) in der Fassung vom 22.12.2009.
[19] § 10 Nr. 8 SächsJOrgVO v. 14.12.2007 (GVBl. 2007, 600), zuletzt geändert durch durch Art. 1, 2 und 3 ÄndVO v. 13.12.2012 (SächsGVBl. 2012, 782).
[20] LG München I NZG 2009, 143 (148).

Art. 5 Abs. 1 EuGVVO problematisch, wenn der Antragsgegner seinen Sitz oder Wohnsitz im europäischen Ausland hat. Teilweise wird eine Zuständigkeit nach Art. 7 Nr. 1a EuGVVO angenommen,[21] teilweise nach Art. 24 Nr. 2 EuGVVO,[22] teilweise verneint.[23] Da das Verfahren nicht unmittelbar den Zahlungsanspruch zum Gegenstand hat, sondern eine Gestaltungsklage betrifft, scheidet der Gerichtsstand des Erfüllungsorts für gesellschaftsvertragliche Verpflichtungen nach Art. 7 Nr. 1a EuGVVO aus.[24] Eine Zuständigkeit lässt sich nur in extensiver Auslegung aus Art. 24 Nr. 2 EuGVVO ableiten, wonach für Klagen, die die Gültigkeit von Beschlüssen zum Gegenstand haben, die Gerichte des Staates am Sitz der Gesellschaft international zuständig sind. An die Stelle der Beschlussanfechtungsklage tritt bei allen Strukturmaßnahmen hinsichtlich der Kompensation das Spruchverfahren. Der Antrag nach dem Spruchverfahren hat insoweit auch die Gültigkeit des Ausschließungsbeschlusses zum Gegenstand, auch wenn er nicht unmittelbar an den Hauptversammlungsbeschluss anknüpft. Aus § 7 Abs. 7 S. 3 SE-AG, § 122h Abs. 2 UmwG und § 122i Abs. 2 S. 2 UmwG, nach denen eine deutsche internationale Zuständigkeit für ein Spruchverfahren für Anteilsinhaber einer ausländischen Gesellschaft möglich ist, kann zur internationalen Zuständigkeit nichts hergeleitet werden. Der Anwendungsbereich der Vorschriften ist unklar, weil sie in den vorangehenden Sätzen oder Absätzen von der internationalen Zuständigkeit der deutschen Gerichte für die Anteilsinhaber einer inländischen Gesellschaft ausgehen und gleichzeitig eine internationale Zuständigkeit für ein Spruchverfahren der Anteilsinhaber einer ausländischen Gesellschaft für möglich halten. Das gilt auch für Beherrschungs- und Gewinnabführungsverträge. Da kollisionsrechtlich bei einer inländischen abhängigen Gesellschaft deutsches Recht zur Anwendung kommt (→ AktG Vor § 291 Rn. 47f.), ist zur Überprüfung von Ausgleich oder Abfindung das Spruchverfahren anwendbar.[25] Ähnliches gilt für die Gründung einer SE, wenn die Antragsgegnerin ihren Sitz im Ausland hat.[26] Die Anfechtungsklage ist in diesen Fällen nach § 6 Abs. 1 SE-AG, § 7 Abs. 5 SE-AG, § 9 Abs. 2 SE-AG, § 11 Abs. 2 SE-AG und § 12 Abs. 2 SE-AG ausgeschlossen. In den Fällen der Sitzverlegung fingiert Art. 8 Abs. 16 SE-VO für Forderungen, die vor der Sitzverlegung entstanden, einen Sitz und damit einen Gerichtsstand in Deutschland. Art. 25 Abs. 3 SE-VO enthält keine Zuständigkeitsvorschriften und eignet sich daher auch nicht zur Begründung einer internationalen Zuständigkeit deutscher Gerichte. Ähnliches wie bei der Gründung einer SE durch Verschmelzung gilt für die Gründung einer SCE, bei der die Anfechtungsklage nach § 7 Abs. 1 SCEAG ausgeschlossen ist. Auch hier eignet sich Art. 29 Abs. 3 SCE-VO nicht zur Zuständigkeitsbegründung. Aus diesem Grund sind schließlich auch bei der grenzüberschreitenden Verschmelzung nach §§ 122h und 122i UmwG die deutschen Gerichte zuständig.

5. Schiedsgericht. Zur Schiedsfähigkeit des Anspruchs → § 1 Rn. 35.

III. Zuständigkeitskonkurrenzen

1. Zuständigkeit mehrerer Landgerichte. Die örtliche Zuständigkeit mehrerer Landgerichte für ein Spruchverfahren führt nach Abs. 1 S. 2 1. Alt. zur Zuständigkeit des ersten angerufenen Landgerichts. Sie kommt nur bei einem Doppelsitz in Betracht,[27] da sie voraussetzt, dass der Verfahrensgegenstand identisch ist und dieselbe Strukturmaßnahme desselben Rechtsträgers, dessen Anteilsinhaber die Antragsteller sind, zu beurteilen ist. Die Zulässigkeit des Antrags ist für die Konzentration nicht notwendig.[28] Ist nicht derselbe Rechtsträger betroffen, greift § 2 Abs. 1 S. 1 1. Alt. nicht ein.[29] Wenn mehrere Gesellschaften auf eine Gesellschaft verschmolzen werden oder mit einer herrschenden Gesellschaft einen einheitlichen Unternehmensvertrag abschließen, liegen bei jeder übertragenden Gesellschaft bzw. jeder beherrschten Gesellschaft eigene Strukturmaßnahmen vor,

---

[21] *Nießen* NZG 2006, 441 (442); Simon/*Simon* Rn. 26; MüKoAktG/*Kubis* Rn. 3.
[22] EuGH ZIP 2018, 683; öOGH BeckRS 2010, 09128; Kölner Komm SpruchG/*Wasmann* Rn. 21; Hüffer/Koch/*Koch* Rn. 3; Dreier/Fritzsche/Verfürth/*Antczak/Fritzsche* Rn. 23; Meilicke/Lochner AG 2010, 23 (30 ff.); dagegen *Mock* IPRax 2009, 271 (273); Simon/*Simon* Rn. 25.
[23] *Mock* IPRax 2009, 271 (273); *Wittgens*, Das Spruchverfahrensgesetz, 2005, 65.
[24] Ähnlich *Mock* IPRax 2009, 271 (276) (aber Erfüllungsort am Sitz des Antragsgegners); erst recht scheidet der Gerichtsstand der unerlaubten Handlung nach Art. 7 Nr. 2 EuGVVO aus, so aber *Maul* AG 1998, 404 (410).
[25] *Bayer* ZGR 1993, 599 (612); MüKoAktG/*Altmeppen* Einl. §§ 291 ff. Rn. 50.
[26] Anders – Zuständigkeit nur nach Art. 25 Abs. 3 S. 4 SE-VO – Art. 24 SE-VO Rn. 12; Meilicke/*Lochner* AG 2010, 23 (32 f.).
[27] Lutter/*Mennicke* UmwG Rn. 4; Widmann/Mayer/*Wälzholz* Rn. 12; König AG 2000, 18 (26); *Bungert* DB 2000, 2051; Katschinski ZIP 1997, 620.
[28] AA *Wittgens*, Das Spruchverfahrensgesetz, 2005, 59.
[29] BR BT-Drs. 15/371, 21; Stellungnahme des DAV ZIP 2003, 552; Widmann/Mayer/*Wälzholz* Rn. 12; *Wittgens*, Das Spruchverfahrensgesetz, 2005, 56; aA BReg BT-Drs. 15/371, 27, *Bungert/Mennicke* BB 2003, 2021 (2023).

so dass grundsätzlich verschiedene Spruchverfahren mit unterschiedlichen Verfahrensgegenständen durchzuführen sind,[30] die nur nach Abs. 1 S. 2, 2. Alt. zusammengeführt werden können.[31]

10   **2. Sachlicher Zusammenhang.** Ein einziges Spruchverfahren ist nach Abs. 1 S. 2, 2. Alt. auch durchzuführen, wenn bei verschiedenen Landgerichten Spruchverfahren anhängig sind, die in einem sachlichen Zusammenhang stehen. Das erfasst die Fälle, in denen Antragsteller wie auch Antragsgegner des zweiten Verfahrens andere als im ersten Verfahren sind. Die Absicht des Gesetzgebers war, Doppelarbeit und inhaltlich widersprechende Entscheidungen zu vermeiden.[32] Der sachliche Zusammenhang ist zu bejahen, wenn zur Vermeidung von Widersprüchen bei verschiedenen rechtlichen Bewertungsanlässen eine einheitliche tatsächliche Bewertung angezeigt ist. Ein sachlicher Zusammenhang besteht nicht aufgrund einer personellen Identität der Beteiligten, sondern aufgrund der Notwendigkeit einer einheitlichen Bewertung der Kompensation.[33]

11   **a) Verschmelzung mehrerer übertragender Unternehmen.** Sie führt zur Zuständigkeit des ersten angerufenen Gerichts.[34] Entsprechend zu behandeln ist die Verschmelzung mehrerer inländischer Gesellschaften auf eine SE oder die Bildung einer Holding-SE unter Beteiligung mehrerer inländischer Gesellschaften oder die grenzüberschreitende Verschmelzung mehrerer Gesellschaften. Auch wenn nach § 6 Abs. 4 SEAG oder nach § 122h Abs. 2 UmwG, § 122i Abs. 2 S. 2 UmwG der Anteilsinhaber einer ausländischen, an der Gründung beteiligten bzw. übertragenden Gesellschaft ein Spruchverfahren in Deutschland einleiten kann, besteht ein sachlicher Zusammenhang. In allen diesen Fällen muss der Wert aller übertragenden Unternehmen in ein Verhältnis gesetzt werden und besteht bei verschiedenen Spruchverfahren die Gefahr eines Widerspruchs. Auch die **Eingliederung mehrerer Unternehmen** in dieselbe Hauptgesellschaft führt zu einer Verbindung.[35]

12   **b) Beherrschungs- oder Gewinnabführungsvertrag.** Ein sachlicher Zusammenhang beim Unternehmensvertrag mit mehreren beherrschten Gesellschaften besteht nur, wenn als Abfindung statt einer Barzahlung Aktien des herrschenden Unternehmens angeboten werden oder sich die Ausgleichszahlung nach dem Gewinnanteil auf Aktien des herrschenden Unternehmens richtet. In einem solchen Fall muss das herrschende Unternehmen wie bei der Verschmelzung einheitlich bewertet werden,[36] so dass zur Vermeidung widersprüchlicher Entscheidungen ein einheitliches Spruchverfahren durchzuführen ist. Dagegen ist beim festen Ausgleich oder einer Abfindungszahlung der Wert des herrschenden Unternehmens ohne Bedeutung, so dass die Bewertungen für verschiedene beherrschte Unternehmen unabhängig voneinander erfolgen können.

13   **c) Aufeinanderfolgende Bewertungsanlässe.** Ein Sachzusammenhang fehlt bei aufeinanderfolgenden Bewertungsanlässen,[37] etwa aufeinanderfolgenden Unternehmensverträgen, seiner Änderung, einer Ausschließung nach einem Beherrschungsvertrag,[38] einer Verschmelzung oder Abspaltung nach einer Verschmelzung. Die frühere Bewertung ist für die neuerliche Bewertung hilfreich, wegen des unterschiedlichen maßgeblichen Zeitpunkts aber keine einheitliche widerspruchsfreie Entscheidung geboten.

14   **3. Zuerst befasstes Gericht.** Nach § 2 Abs. 1 FamFG ist das Landgericht zuständig, das als erstes mit der Sache befasst ist. Das Gericht ist mit der Sache befasst, wenn der Antrag eingeht. Im Ergebnis ist daher unter mehreren zuständigen Landgerichten das Gericht zuständig, bei dem der erste Antrag einging.[39] Entgegen dem Wortlaut muss der zweite Antrag auch nicht bereits bei einem anderen Landgericht anhängig gemacht sein. Ein zweiter Antragsteller kann bei einem sachlichen Zusammen-

---

[30] BayObLGZ 2001, 285 = NZG 2002, 96; NZG 2002, 840; OLG Frankfurt NZG 2002, 1074; *Klöcker/Frowein* Rn. 4; Widmann/Mayer/*Wälzholz* Rn. 12; Lutter/*Mennicke* UmwG Rn. 6; *Bork* ZIP 1998, 550 (552).
[31] Hüffer/Koch/*Koch* Rn. 4; *Klöcker/Frowein* Rn. 4; Widmann/Mayer/*Wälzholz* Rn. 12.
[32] RAusschuss BT-Drs. 15/838, 16.
[33] Auf die Unternehmensbewertung abstellend Dreier/Fritzsche/*Verfürth/Dreier* Rn. 15.
[34] RAusschuss BT-Drs. 15/838, 16, der damit auf BR BT-Drs. 15/371, 21 und die BReg BT-Drs. 15/371, 27 Bezug und die Kritik des DAV aufnimmt; Hüffer/Koch/*Koch* Rn. 4; Lutter/*Mennicke* UmwG Rn. 5; *Klöcker/Frowein* Rn. 5; Widmann/Mayer/*Vollrath* Rn. 14; Simon/*Simon* Rn. 9; aA *Bungert/Mennicke* BB 2003, 2021 (2023); *Wittgens,* Das Spruchverfahrensgesetz, 2005, 56. Zur Verschmelzung durch Aufnahme im früheren Recht s. BayObLG NZG 2002, 981.
[35] Lutter/*Mennicke* UmwG Rn. 6.
[36] *Bungert/Mennicke* BB 2003, 2021 (2024); Lutter/*Mennicke* UmwG Rn. 6; Widmann/Mayer/*Wälzholz* Rn. 16.
[37] *Wittgens,* Das Spruchverfahrensgesetz, 2005, 56.
[38] OLG Frankfurt AG 2013, 566.
[39] Lutter/*Mennicke* UmwG Rn. 7; Dreier/Fritzsche/*Verfürth/Antczak/Fritzsche* Rn. 13; aA NK-AktR/*Weingärtner* Rn. 9.

hang auch ohne die Anrufung eines anderen Landgerichts seinen Antrag dort einreichen, wo bereits ein in sachlichem Zusammenhang stehendes Spruchverfahren anhängig ist, um unnötige Verfahrensumwege zu vermeiden.

4. Verbindung mehrerer Anträge. Anträge, die dieselbe Strukturmaßnahme desselben Rechtsträgers betreffen, sind nach § 20 FamFG zu einem Verfahren zu verbinden,[40] obwohl eine § 246 Abs. 3 S. 3 AktG entsprechende Vorschrift fehlt. Es ist gerade der Zweck des SpruchG, nur ein Spruchverfahren für alle Anteilsinhaber statt zahlreicher Einzelprozesse durchzuführen. Der erkennbar unzulässige Antrag muss aber nicht mit zulässigen Anträgen verbunden werden.[41] Ein Rechtsmittel ist weder gegen eine Verbindung noch gegen eine Trennung der Verfahren gegeben.[42]

IV. Zuständigkeitskonflikte

1. Rechtswegzuständigkeit. Wird ein Spruchverfahren vor dem Gericht eines anderen Rechtswegs anhängig gemacht, hat dieses nach § 17a Abs. 2 GVG den beschrittenen Rechtsweg für unzulässig zu erklären und den Rechtsstreit an das für das Spruchverfahren nach § 2 SpruchG zuständige Landgericht zu verweisen. Gegen den Verweisungsbeschluss ist die sofortige Beschwerde nach § 17a Abs. 2 GVG zulässig. Entsprechend hat auch das Gericht des Spruchstellenverfahrens im umgekehrten Fall zu verfahren. § 17a GVG betrifft auch die Konkurrenz zwischen dem ordentlichen Zivilprozess und dem Spruchverfahren.[43] Wird daher im Zivilprozess eine angemessene Abfindung eingeklagt, ist, wenn der Antragsteller nach Hinweis erklärt, dass er die Abfindung festgesetzt haben will und nicht nur Zahlung der festgesetzten Abfindung begehrt, der Rechtsstreit an das nach dem SpruchG zuständige Gericht zu verweisen.[44]

2. Sachliche Zuständigkeit. Wird das Spruchverfahren beim AG oder beim OLG anhängig gemacht, ist nach § 3 Abs. 1 FamFG an das zuständige Landgericht zu verweisen. § 2 Abs. 1 S. 3 ist in einem solchen Fall nicht anwendbar, weil er sich nur auf S. 2 bezieht und damit Streit oder Unklarheit über die Zuständigkeit verschiedener Landgerichte voraussetzt.

3. Örtliche Zuständigkeit. Das örtlich unzuständige Landgericht hat das Verfahren nach § 3 Abs. 1 FamFG an das zuständige Gericht zu verweisen (zur Fristwahrung → § 4 Rn. 8). Wenn das Landgericht, an das abgegeben wird, damit nicht einverstanden ist, hat es nach § 5 FamFG eine Entscheidung des Oberlandesgerichts herbeizuführen.[45] Zuständig ist das Oberlandesgericht, in dessen Bezirk der erste Antrag eingegangen ist.[46] § 5 FamFG ist auch in den Fällen anwendbar, in denen sich bei der Zuständigkeit mehrerer Landgerichte (→ Rn. 9) oder der Zuständigkeit kraft Sachzusammenhangs (→ Rn. 10) das Landgericht, an das das Verfahren abgegeben wird, für unzuständig hält. Ein Antrag auf Bestimmung des zuständigen Gerichts nach § 5 FamFG durch einen Antragsteller beim Oberlandesgericht ist nicht möglich. Für einen eigenen Antrag fehlt auch in Fällen der Unklarheit ein Rechtsschutzinteresse, weil das angerufene Gericht bei Zweifeln von Amts wegen verweisen muss. Der Antragsteller kann bei dem vermeintlich zuständigen Gericht fristwahrend einen Antrag einreichen (→ § 4 Rn. 8) und den Streit der Gerichte, die zur Vorlage verpflichtet sind, abwarten.[47]

4. Zivilkammer – KfH. Wird der Antrag bei der Zivilkammer als Antrag nach dem SpruchG eingereicht, hat diese von Amts wegen an eine bei dem Landgericht bestehende Kammer für Handelssachen abzugeben.[48] § 98 Abs. 3 GVG ist nicht anwendbar, weil es sich nicht um eine Klage handelt

---

[40] Dreier/Fritzsche/Verfürth/*Antczak/Fritzsche* Rn. 17; Kölner Komm SpruchG/*Puszkajler* § 7 Rn. 11; Widmann/Mayer/*Wälzholz* Rn. 17.
[41] OLG Stuttgart NZG 2004, 625.
[42] → § 12 Rn. 23 und 25; OLG Frankfurt AG 1991, 358.
[43] BGHZ 153, 47 = NJW 2003, 1032.
[44] BGHZ 153, 47 = NJW 2003, 1032.
[45] OLG Hamburg ZIP 2018, 200.
[46] OLG Hamburg ZIP 2018, 200.
[47] Vgl. OLG Hamburg ZIP 2018, 200.
[48] *Kiefner/Kersjes* NZG 2012, 244 (245); Bürgers/Körber/*Ederle/Theusinger* Rn. 7; MüKoAktG/*Kubis* Rn. 6; Dreier/Fritzsche/Verfürth/*Antczak/Fritzsche* Rn. 26; Emmerich/Habersack/*Emmerich* Rn. 9; Lutter/*Mennicke* UmwG Rn. 10; Widmann/Mayer/*Wälzholz* Rn. 22; MüKoZPO/*Zimmermann* GVG § 95 Rn. 23; aA (§ 98 Abs. 3 GVG, Verweisungsantrag des Antragsgegners erforderlich) LG München I NZG 2010, 520; Kölner Komm SpruchG/*Wasmann* Rn. 5; *Simons* NZG 2012, 609 (611); Hüffer/Koch/*Koch* Rn. 5; *Noack*, Das Spruchverfahren nach dem Spruchverfahrensgesetz, 2014, 155; ebenso die Gegenäußerung der BReg zum Entwurf eines Gesetzes zur Änderung des Aktiengesetzes (Aktienrechtsnovelle 2012) BT-Drs. 17/8989, 28; (Aktienrechtsnovelle 2014) BT-Drs. 18/4349, 46.

und § 95 Abs. 2 Nr. 2 GVG – im Gegensatz zu den Klagen nach § 95 Abs. 1 GVG – die Kammer für Handelssachen unmittelbar und ausschließlich wie in anderen Streitigkeiten der freiwilligen Gerichtsbarkeit für zuständig erklärt, wenn es sich nicht um eine Klage handelt (§§ 95 Abs. 1 GVG, § 96 GVG). Eine gespaltene Zuständigkeit nach Antrag würde dazu führen, dass vor einer Zivilkammer und einer KfH parallel Spruchverfahren betrieben werden müssten, was schon wegen der Entscheidungswirkung der zufälligen ersten Entscheidung nach § 13 SpruchG, aber auch wegen der Verdoppelung des Aufwands (gemeinsamer Vertreter, Sachverständigengutachten) weder für Antragsteller noch Antragsgegner hinnehmbar ist. Sie widerspricht damit dem Zweck der Verortung des Verfahrens in der freiwilligen Gerichtsbarkeit, statt in einem Einzelklageverfahren in einem Sammelverfahren entscheiden zu können.

V. Entscheidung des Vorsitzenden

20   **1. Grundsatz.** Die Kammer für Handelssachen beim Landgericht hat grundsätzlich in der Besetzung nach § 105 GVG mit einem Vorsitzenden und zwei Handelsrichtern zu entscheiden. Davon macht Abs. 2 zur Beschleunigung eine Ausnahme in Fällen, die nicht die Begründetheit der Hauptsache betreffen. Da sämtliche vorbereitenden Tätigkeiten dem Vorsitzenden zugewiesen sind, muss die Kammer nur zu einer mündlichen Verhandlung zur Entscheidung über die Begründetheit des Antrags zusammentreten. Soweit die Beteiligten – alle Antragsteller, Antragsgegner und gemeinsamer Vertreter – sich ausdrücklich einverstanden erklären (die Erklärung kann wie in § 349 ZPO lauten), darf der Vorsitzende auch im Übrigen entscheiden. Auf die Zuständigkeit der Zivilkammer, wenn keine Kammer für Handelssachen eingerichtet ist, ist die Vorschrift nicht entsprechend anwendbar.[49] Auch eine Übertragung auf den Einzelrichter scheidet aus.[50]

21   **2. Einzelfragen.** Der Vorsitzende entscheidet allein über die **Abgabe** von Verfahren, folgerichtig auch über die Annahme und die **Verbindung** von Verfahren (Abs. 2 Nr. 8). Damit fällt auch die Vorlage nach § 5 FamFG allein in seinen Entscheidungsbereich. Der Vorsitzende entscheidet über alle Fragen im Zusammenhang mit der **öffentlichen Bekanntmachung.** Öffentlich bekannt zu machen ist durch das Gericht nur die Bestellung des gemeinsamen Vertreters (§ 6 Abs. 1 S. 4), dagegen nicht mehr der Antrag. Da Nr. 5 pauschal auf § 6 verweist, ist Nr. 2 überflüssig. Der Vorsitzende entscheidet Fragen, die die **Zulässigkeit des Antrags** betreffen. Er kann den Antrag daher durch Beschluss ohne Mitwirkung der ehrenamtlichen Richter zurückweisen, wenn die Antragsbefugnis fehlt[51] oder der Antrag verspätet gestellt ist. Die Befugnis zur Entscheidung über **vorbereitende Maßnahmen** in der Beweisaufnahme umfasst auch die Anordnung der Beweisaufnahme außerhalb der mündlichen Verhandlung,[52] insbesondere die Einholung eines Sachverständigengutachtens, nicht jedoch die Durchführung der Beweisaufnahme, also eine mündliche Befragung des Sachverständigen oder eine Zeugenvernehmung. Dazu kann die Kammer den Vorsitzenden beauftragen.[53] Zwar sieht das FamFG den beauftragten oder ersuchten Richter außer in § 68 Abs. 4 FamFG nicht vor, doch kann nicht davon ausgegangen werden, dass von dieser in allen Verfahrensordnungen anzutreffenden Möglichkeit kein Gebrauch gemacht werden darf. Außerdem hat der Vorsitzende die vorbereitenden Maßnahmen nach § 7 zu treffen. Dem Vorsitzenden obliegt nach Nr. 5 **Auswahl und Bestellung des gemeinsamen Vertreters,** die Festsetzung seiner Auslagen und seiner Vergütung sowie die Entscheidung über die Leistung von Vorschüssen. Erfasst ist auch der gemeinsame Vertreter nach § 6a SpruchG, weil seine Funktion und seine Vergütung dem gemeinsamen Vertreter nach § 6 nachgebildet sind und daher die fehlende Ergänzung in § 2 Abs. 2 Nr. 5 auf einem Redaktionsversehen beruht.[54] Nach Nr. 6 entscheidet der Vorsitzende über **Geschäftswert, Kosten, Gebühren und Auslagen des Verfahrens.** Nach Nr. 7 entscheidet er über die einstweilige Einstellung der Zwangsvollstreckung. Da die Entscheidung in der Hauptsache keinen vollstreckungsfähigen Inhalt hat, bezieht sich dies auf die Kostenentscheidung oder die Festsetzung nach § 6 Abs. 2 für den gemeinsamen Vertreter.

---

[49] Hüffer/Koch/*Koch* Rn. 6; *Klöcker/Frowein* Rn. 16; Dreier/Fritzsche/Verfürth/*Antczak/Fritzsche* Rn. 39; Lutter/*Mennicke* UmwG Rn. 11.
[50] AA Semler/Stengel/*Volhard* UmwG, 3. Aufl. 2012, Rn. 7 unter Bezug auf § 30 Abs. 1 S. 3 FGG, der jedoch nur das Beschwerdeverfahren vor dem Landgericht betrifft.
[51] OLG Schleswig ZIP 2004, 2433.
[52] Dreier/Fritzsche/Verfürth/*Antczak/Fritzsche* Rn. 33; Widmann/Mayer/*Wälzholz* Rn. 26; Simon/*Simon* Rn. 18; Bürgers/Körber/*Ederle/Theusinger* Rn. 8; Kölner Komm SpruchG/*Wasmann* Rn. 12; aA *Klöcker/Frowein* Rn. 15; Lutter/*Mennicke* UmwG Rn. 13.
[53] Lutter/*Mennicke* UmwG Rn. 12; zum früheren Recht *Klöcker/Frowein* Rn. 17.
[54] → § 6a SpruchG Rn. 5; Kölner Komm SpruchG/*Wasmann* Rn. 18; Lutter/*Mennicke* UmwG Rn. 14; Dreier/Fritzsche/Verfürth/*Antczak/Fritzsche* Rn. 34.

§ 3 Antragsberechtigung

¹Antragsberechtigt für Verfahren nach § 1 ist in den Fällen
1. der Nummer 1 jeder außenstehende Aktionär;
2. der Nummern 2 und 3 jeder ausgeschiedene Aktionär;
3. der Nummer 4 jeder in den dort angeführten Vorschriften des Umwandlungsgesetzes bezeichnete Anteilsinhaber;
4. der Nummer 5 jeder in den dort angeführten Vorschriften des SE-Ausführungsgesetzes bezeichnete Anteilsinhaber;
5. der Nummer 6 jedes in der dort angeführten Vorschrift des SCE-Ausführungsgesetzes bezeichnete Mitglied.

²In den Fällen der Nummern 1, 3, 4 und 5 ist die Antragsberechtigung nur gegeben, wenn der Antragsteller zum Zeitpunkt der Antragstellung Anteilsinhaber ist. ³Die Stellung als Aktionär ist dem Gericht ausschließlich durch Urkunden nachzuweisen.

Schrifttum: Wie § 1 SpruchG, außerdem: *van Aerssen*, Die Antragsbefugnis im Spruchstellenverfahren des Aktiengesetzes und im Spruchstellenverfahren des Umwandlungsgesetzes, AG 1999, 249; *Altmeppen*, Zeitliche und sachliche Begrenzung von Abfindungsansprüchen gegen das herrschende Unternehmen im Spruchstellenverfahren, FS P. Ulmer, 2003, 3; *Aubel/Weber*, Ausgewählte Probleme bei Eingliederung und Squeeze Out während eines laufenden Spruchverfahrens, WM 2004, 857; *Bayer/Schmidt*, Wer ist mit welchen Anteilen bei Strukturveränderungen abfindungsberechtigt?, ZHR 178 (2014), 150; *Bilda*, Abfindungsansprüche bei vertragsüberlebenden Spruchverfahren, NZG 2005, 375; *Bredow/Tribulowsky*, Auswirkungen von Anfechtungsklage und Squeeze-Out auf ein laufendes Spruchstellenverfahren, NZG 2002, 841; *Dißars*, Antragsbefugnis von Namensaktionären im Spruchverfahren über ein Squeeze-out, BB 2004, 1293; *Fehling/Arens*, Informationsrechte und Rechtsschutz von Bezugsrechtsinhabern beim aktienrechtlichen Squeeze-out, AG 2010, 734; *Lieder*, Der Namensaktionär im gesellschaftsrechtlichen Spruchverfahren, NZG 2005, 159; *Luttermann*, Zum Schicksal der Abfindungsansprüche außenstehender Aktionäre bei Beendigung eines Unternehmensvertrages während eines Spruchstellenverfahrens, JZ 1997, 1183; *Meilicke*, Beendigung des Spruchstellenverfahrens durch Beendigung des Unternehmensvertrages?, AG 1995, 181; *Naraschewski*, Verschmelzung im Konzern – Ausgleichs- und Abfindungsansprüche außenstehender Aktionäre bei Erlöschen eines Unternehmensvertrages, DB 1997, 1653; *Schneider*, Antragsberechtigung des außenstehenden Aktionärs nach den §§ 304, 305 AktG, NJW 1971, 1109; *Schubert*, Verschmelzung: Ausgleichs- und Abfindungsansprüche außenstehender Aktionäre bei vorhergehendem Unternehmensvertrag, DB 1998, 761; *Schulenberg*, Die Antragsberechtigung gem. §§ 15, 305 ff. UmwG und die „Informationslast" des Antragstellers im Spruchverfahren, AG 1998, 74; *Süßmann*, Die Behandlung von Options- und Wandelrechten in den einzelnen Squeeze-out-Verfahren, AG 2013, 158; *Timm/Schick*, Die Auswirkungen der routinemäßigen Geltendmachung der Abfindung durch die Depotbanken auf die Rechte der außenstehenden Aktionäre bei der Mehrheitseingliederung, WM 1994, 185; *Wasmann/Gayk*, SEEG und IDW ES 1 nF: Neues im Spruchverfahren, BB 2005, 955.

Übersicht

	Rn.		Rn.
I. Normzweck	1, 2	III. Missbrauch	21
II. Antragsberechtigung	3–20	IV. Veränderungen während des Verfahrens	22–31
1. Berechtigung	3, 4	1. Einzelrechtsnachfolge	22, 23
2. Maßgebender Zeitpunkt	5	2. Gesamtrechtsnachfolge	24
3. Einzelne Maßnahmen	6–17	3. Insolvenzeröffnung	25
a) Beherrschungs- oder Gewinnabführungsvertrag	6, 7	4. Entfallen der Strukturmaßnahme	26–31
b) Eingliederung und Übertragung	8, 9	a) Beendigung eines Unternehmensvertrags	27
c) Umwandlung	10, 11	b) Rückgängigmachung	28
d) SE-Gründung und Sitzverlegung	12–15	c) Anfechtung	29
e) SCE-Gründung	16, 17	d) Nachfolgende Strukturmaßnahmen	30, 31
4. Nachweis	18		
5. Entscheidung	19, 20		

I. Normzweck

Die Vorschrift fasst die Antragsbefugnis in einer eigenen Vorschrift zusammen und dient der Übersichtlichkeit. Zugleich grenzt sie ein, wer von den materiell durch eine Strukturmaßnahme Betroffenen ein Verfahren zur Überprüfung der Kompensation einleiten kann. **1**

Mit S. 2 soll klargestellt werden, dass es bei Beherrschungs- und Gewinnabführungsverträgen und Umwandlungssachverhalten ausreicht, wenn der Antragsteller im Zeitpunkt der Antragstellung **2**

Anteilsinhaber ist.[1] Dem Hinweis, dass in manchen Umwandlungsfällen, etwa bei der Verschmelzung, der übertragende Rechtsträger untergeht und die Voraussetzung von S. 2 daher gar nicht erfüllt werden kann,[2] hat der Gesetzgeber keine Beachtung geschenkt.[3] Die Beweisregel des S. 3 soll das Beweisverfahren erleichtern. Nr. 4 wurde mit dem SEEG eingefügt und S. 2 ergänzt.[4] Nr. 5 wurde mit dem SCEAG eingefügt.[5]

II. Antragsberechtigung

3   **1. Berechtigung.** Die Antragsbefugnis knüpft an die **formale Stellung** als Anteilsinhaber und nicht an die Eigenschaft als Gläubiger des Kompensationsanspruchs an. Bei einer Erbengemeinschaft sind die einzelnen Miterben Antragsteller.[6] Die **Abtretung** nur des Anspruchs auf die Kompensation führt daher im Gegensatz zur Übertragung des Anteils selbst nicht zur eigenen Antragsbefugnis des Zessionars,[7] auch wenn wie beim Squeeze-out und der Eingliederung nach der Eintragung kein Anteil mehr übertragen werden kann. Beim (Pfändungs-)**Pfandrecht** und beim Nießbrauch bleibt die Antragsbefugnis beim Anteilsinhaber. Bei der **Treuhand** ist der Treuhänder als Anteilsinhaber antragsbefugt.[8] **Genussscheininhaber** und Inhaber eines Options- oder Wandlungsrecht, sind keine Anteilsinhaber und daher nicht antragsbefugt.[9] Gegen eine Beeinträchtigung ihrer Rechte schützt auch ohne Antragsberechtigung im Spruchverfahren eine Anpassung des Vertrags durch ergänzende Vertragsauslegung und die Leistungsklage.[10] **Verfahrensstandschaft** ist nach allgemeinen Grundsätzen möglich, also bei Bestehen eines eigenen Interesses des Ermächtigten.[11] Die Ermächtigung kann auch konkludent erfolgen. Mit der Abtretung des Kompensationsanspruchs ist sie nicht stets verbunden, da diese auch sicherheitshalber und verdeckt erfolgen kann.

4   Die Antragsberechtigung fehlt dem Antragsteller nach einem **Antragsverzicht**.[12] Sein Verzicht beseitigt die Antragsberechtigung der übrigen Anteilsinhaber nicht. Die Antragsberechtigung entfällt aber nicht durch eine Erhöhung der Kompensation durch einen etwa im Anfechtungsprozess geschlossenen, auch den Antragsteller begünstigenden Vergleich, auch wenn andere Antragsberechtigte auf ihren Antrag verzichtet haben.[13] Der Vergleich führt lediglich dazu, dass die dort angebotene Kompensation zu überprüfen ist, nicht mehr die ursprünglich angebotene.[14] Die Antragsberechtigung fehlt auch einem Antragsteller, der den Anteil durch eine neue Strukturmaßnahme in der **Ausschließung** vor Antragstellung verloren hat.[15] Die Verletzung der **Mitteilungspflichten** nach **§ 33 WpHG** führt zum Verlust der Antragsbefugnis, § 44 Abs. 1 S. 1 WpHG, für die Ausgleichszahlung, dagegen wegen des endgültigen Rechtsverlusts nicht für die Abfindung bei Nachholung. § 44 Abs. 1 S. 2 WpHG nimmt § 271 AktG aus, entsprechend darf der Anteilsinhaber auch nicht von seinen Rechten bei der Abfindung ausgeschlossen sein.[16]

5   **2. Maßgebender Zeitpunkt.** Nach S. 2 kommt es beim Beherrschungs- und Gewinnabführungsvertrag und in den umwandlungsrechtlichen Fällen für die Antragsberechtigung auf den Zeit-

---

[1] RegE BT-Drs. 15/371, 13.
[2] DAV-Stellungnahme ZIP 2003, 552 (553).
[3] RAusschuss BT-Drs. 15/838, 16, wonach Einigkeit bestehe, dass in den in Nr. 3 genannten Fällen die Personen antragsberechtigt seien, die nach Wirksamwerden der Umwandlung an dem übernehmenden oder neuen Rechtsträger oder an dem Rechtsträger neuer Rechtsform als Anteilsinhaber beteiligt sind.
[4] Art. 5 des G zur Einführung der Europäischen Gesellschaft (SEEG) v. 22.12.2004, BGBl. 2004 I 3675.
[5] Art. 7 Nr. 2 Buchst B des G v. 14.8.2006, BGBl. 2006 I 1911.
[6] OLG Karlsruhe ZIP 2018, 122 (123).
[7] Kölner Komm SpruchG/*Wasmann* Rn. 12; Lutter/*Mennicke* UmwG Rn. 5; aA *v. Aerssen* AG 1999, 249 (256); Kölner Komm AktG/*Koppensteiner* AktG § 304 Rn. 109 zum Ausgleichsanspruch; zu Nr. 2 Semler/Stengel/ *Volhard* UmwG, 3. Aufl. 2012, Rn. 9.
[8] KG AG 2000, 364.
[9] Kölner Komm SpruchG/*Wasmann* Rn. 10; Dreier/Fritzsche/Verfürth/*Antczak*/Fritzsche Rn. 3; *Süßmann* AG 2013, 158 (163 f.); aA zum Squeeze-out → AktG § 327f Rn. 5; MüKoAktG/*Grunewald* AktG § 327f Rn. 4; Emmerich/Habersack/*Habersack* AktG § 327b Rn. 8; *Fehling/Arens* AG 2010, 734 (743); *Wittgens*, Das Spruchverfahrensgesetz, 2005, 74.
[10] Vgl. zum Beherrschungs- und Gewinabführungsvertrag BGHZ 197, 284 = NZG 2013, 987.
[11] OLG Stuttgart NZG 2001, 854; *Büchel* NZG 2003, 793 (795); Hüffer/Koch/*Koch* Rn. 6; *Klöcker/Frowein* Rn. 30; Kölner Komm SpruchG/*Wasmann* Rn. 25; Dreier/Fritzsche/Verfürth/*Antczak*/Fritzsche Rn. 7; MüKoAktG/*Kubis* Rn. 4.
[12] Simon/*Leuering* § 4 Rn. 62; aA Widmann/Mayer/*Wälzholz* Rn. 57.
[13] BGHZ 186, 229 Rn. 8; OLG Düsseldorf AG 2011, 828.
[14] BGHZ 186, 229 Rn. 32; OLG Frankfurt AG 2017, 626 (627); AG 2013, 647; OLG München NZG 2007, 635.
[15] LG München I AG 2004, 393.
[16] AA – Ausschluss – Simon/*Leuering* Rn. 12.

punkt der Antragstellung, den Eingang des Antrags bei Gericht, an. Bei der Eingliederung und beim Squeeze-out kann darauf nicht abgestellt werden, weil der Antragsteller mit der Eintragung der Eingliederung oder des Squeeze-out im Handelsregister seinen Anteil verloren hat und nicht mehr Anteilsinhaber ist. Wenn bereits ein Antrag gestellt ist, kann derjenige, der vom Antragsteller Anteile erwirbt, nicht nochmals einen eigenen Antrag stellen, vielmehr gelten die Regeln der Einzelrechtsnachfolge (→ Rn. 22). Wenn noch kein Antrag gestellt ist, kann der **Erwerber** den Antrag stellen.[17] Deshalb muss es auch ausreichen, wenn derjenige, der zum Zeitpunkt der Antragstellung noch nicht antragsberechtigt war, innerhalb der Antragsfrist noch einen Anteil erwirbt, obwohl der Anteilserwerb nach Antragstellung nach dem Gesetzeswortlaut nicht genügt.[18] Der **Namensaktionär** muss zum maßgebenden Zeitpunkt, also nach S. 2 bei Antragstellung,[19] bei der Eingliederung und dem Squeeze-out bei Eintragung des Hauptversammlungsbeschlusses[20] nach § 67 Abs. 2 AktG eingetragen sein. Das Spruchverfahren betrifft immer die Mitgliedschaft und damit das Verhältnis zur Gesellschaft, so dass – unabhängig davon, wer Antragsgegner ist – eine Legitimation nur durch Eintragung im Aktienregister möglich ist. Der materiell anstelle des Eingetragenen Berechtigte kann daher nur als Verfahrensstandschafter auftreten.

3. Einzelne Maßnahmen. a) Beherrschungs- oder Gewinnabführungsvertrag. Jeder **6** außenstehende Aktionär[21] ist antragsberechtigt, also auch ein Aktionär, der dem Vertrag zugestimmt hat oder keinen Widerspruch erhoben hat.[22] Er kann sowohl eine Verbesserung des Ausgleichs als auch der Abfindung verlangen.[23] Nicht antragsberechtigt sind die abhängige Gesellschaft und ihre Organe, bei der KGaA auch nicht ein persönlich haftender Gesellschafter, wenn er nicht zugleich Aktionär ist. Ebenso wenig antragsberechtigt sind die Aktionäre der herrschenden Gesellschaft,[24] die herrschende Gesellschaft und ihre Organe[25] oder mit ihr verbundene Unternehmen.[26]

Die Antragsberechtigung muss im **Zeitpunkt** der Antragstellung vorliegen.[27] Ob der Antragsteller **7** bereits zum Zeitpunkt des Beschlusses über den Gewinnabführungs- oder Beherrschungsvertrag oder seiner Eintragung im Handelsregister Aktionär war, ist ohne Bedeutung. Bei der Veräußerung von Aktien bis zur Antragstellung ist daher nur der neue Aktionär antragsbefugt.[28] Die Entgegennahme der Ausgleichszahlung schließt das Antragsrecht für die Abfindung nicht aus,[29] dagegen die Wahl der Abfindung das Antragsrecht für den Ausgleich. Ist die Abfindung gewählt, verliert der Antragsteller seinen Anteil und mit der Übertragung das Antragsrecht.[30] Die Antragsbefugnis fehlt auch, wenn die Aktien des Antragstellers vor der Eintragung des Beherrschungs- und Gewinnabführungsvertrags auf den Hauptaktionär übertragen worden sind.[31] Für die Bemessung des Ausgleichs fehlt bzw.

---

[17] Lutter/*Mennicke* UmwG Rn. 3; Widmann/Mayer/*Wälzholz* Rn. 28; NK-AktR/*Weingärtner* Rn. 6 ff.; Bürgers/Körber/*Ederle/Theusinger* Rn. 4; aA LG Dortmund AG 2004, 623; Simon/*Leuering* Rn. 34; *Wasmann* WM 2004, 819 (822); *Büchel* NZG 2003, 793 (795); *Bungert/Mennicke* BB 2003, 2021 (2025).

[18] AA *Büchel* NZG 2003, 793 (794); Dreier/Fritzsche/Verfürth/*Antczak/Fritzsche* Rn. 18; *Klöcker/Frowein* Rn. 8; Kölner Komm SpruchG/*Wasmann* Rn. 12; Emmerich/Habersack/*Emmerich* Rn. 9; zur Rechtslage vor dem SpruchG offengelassen BayObLGZ 2002, 56 = NZG 2002, 877.

[19] OLG Frankfurt NZG 2006, 297; *Klöcker/Frowein* Rn. 34; *Lieder* NZG 2005, 159 (1) 4; *Wittgens*, Das Spruchverfahrensgesetz, 2005, 88; Simon/*Leuering* Rn. 13; *Schmidt/Bayer* ZHR 178 (2014), 150 (170); aA *Wasmann* WM 2004, 819 (822); Kölner Komm AktG/*Koppensteiner* AktG § 304 Rn. 109; → AktG § 67 Rn. 37 *(Cahn);* MüKoAktG/*Kubis* Rn. 3; zur Rechtslage vor dem Inkrafttreten des SpruchG KG AG 2000, 364; LG Köln AG 1998, 537.

[20] OLG Frankfurt AG 2008, 550; OLG Hamburg AG 2003, 694; LG Frankfurt AG 2005, 666; *Lieder* NZG 2005, 159 (163); Kölner Komm SpruchG/*Wasmann* Rn. 24; Simon/*Leuering* Rn. 13; aA *Dißars* BB 2004, 1293 (1294); MüKoAktG/*Kubis* Rn. 3.

[21] Zum Begriff des außenstehenden Aktionärs → AktG § 304 Rn. 17 ff.

[22] Hüffer/Koch/*Koch* Rn. 2; Dreier/Fritzsche/Verfürth/*Antczak/Fritzsche* Rn. 13; *Klöcker/Frowein* Rn. 6; Widmann/Mayer/*Wälzholz* Rn. 4; Lutter/*Mennicke* UmwG Rn. 2.

[23] KG OLGZ 1971, 260 = AG 1971, 158.

[24] Hüffer/Koch/*Koch* Rn. 2.

[25] Hüffer/Koch/*Koch* Rn. 2; Kölner Komm AktG/*Koppensteiner* AktG § 304 Rn. 109.

[26] Dreier/Fritzsche/Verfürth/*Antczak/Fritzsche* Rn. 37.

[27] Hüffer/Koch/*Koch* Rn. 5; Widmann/Mayer/*Wälzholz* Rn. 5; Simon/*Leuering* Rn. 17; Lutter/*Mennicke* UmwG Rn. 3.

[28] Lutter/*Mennicke* UmwG Rn. 3; Dreier/Fritzsche/Verfürth/*Antczak/Fritzsche* Rn. 16; MüKoAktG/*Kubis* Rn. 9; zur Rechtslage vor dem SpruchG BayObLGZ 2002, 56 = NZG 2002, 877; *v. Aerssen* AG 1999, 249 (253); *Schulenburg* AG 1998, 74 (80); *Schneider* NJW 1971, 1109 (1110 ff.).

[29] Emmerich/Habersack/*Emmerich* Rn. 3; Kölner Komm AktG/*Koppensteiner* AktG § 304 Rn. 109.

[30] OLG Stuttgart AG 2008, 783; Dreier/Fritzsche/Verfürth/*Antczak/Fritzsche* Rn. 19; Lutter/*Mennicke* UmwG Rn. 4; Kölner Komm SpruchG/*Wasmann* Rn. 7; aA *Klöcker/Frowein* Rn. 7; zur Rechtslage vor dem SpruchG wie hier LG Dortmund ZIP 2000, 1110.

[31] OLG München AG 2012, 603; Dreier/Fritzsche/Verfürth/*Antczak/Fritzsche* Rn. 20.

entfällt das Rechtsschutzbedürfnis für den Antrag, wenn die Aktien vor der ersten Fälligkeit des jährlichen Ausgleichs auf den Hauptaktionär übertragen worden sind.[32]

8 b) **Eingliederung und Übertragung.** Nach § 320 AktG und nach § 327a AktG ist jeder ausgeschiedene Aktionär antragsberechtigt. Der Antrag kann auch von einem Aktionär gestellt werden, der der Maßnahme zugestimmt hat.[33] Nicht antragsberechtigt sind nach Sinn und Zweck der Abfindungsregelung die AG bzw. KGaA selbst, auch wenn sie eigene Aktien hält,[34] ihre Organe, soweit sie nicht selbst ausscheidende Aktionäre sind, der Hauptaktionär und von ihm abhängige Aktionäre, deren Aktien ihm zugerechnet werden.[35] Auch der persönlich haftende Gesellschafter einer KGaA ist nicht antragsberechtigt.

9 Der maßgebliche **Zeitpunkt** ist in S. 2 nicht geregelt. Da der Abfindungsanspruch mit der Eingliederung bzw. der Übertragung auf den Hauptaktionär entsteht und diese mit der Eintragung im Handelsregister des zugrunde liegenden Beschlusses wirksam werden, ist auf diesen Zeitpunkt abzustellen.[36] Eine Abtretung des Abfindungsanspruchs bis zur Antragstellung bleibt ohne Auswirkung.[37] Der Zahlungsanspruch ist gerade nicht Gegenstand des Spruchverfahrens. Dagegen geht bei Gesamtrechtsnachfolge die Antragsbefugnis über.[38] Dasselbe gilt beim Verlust der Vermögensverfügungsbefugnis, beispielsweise durch Insolvenzeröffnung oder Anordnung eines Einwilligungsvorbehalts.

10 c) **Umwandlung.** Bei der **Verschmelzung** ist nach § 15 Abs. 1 UmwG jeder Anteilsinhaber eines übertragenden Rechtsträgers antragsberechtigt, bei der grenzüberschreitenden Verschmelzung nur, wenn die Anteilsinhaber der ausländischen Gesellschaft, deren Recht ein Verfahren zur Kontrolle und Änderung des Umtauschverhältnisses nichts vorsieht, im Verschmelzungsbeschluss dem Verfahren zugestimmt haben. Nicht antragsberechtigt sind die Gesellschafter des aufnehmenden oder neu gegründeten Rechtsträgers und die Organe der beteiligten Gesellschaften.[39] Bei der **Auf- oder Abspaltung** sind die Anteilsinhaber der übertragenden Rechtsträger antragberechtigt. Sie können wegen § 15 Abs. 1 UmwG aber nur einen Antrag auf Verbesserung des Umtauschverhältnisses für den Rechtsträger stellen, dem sie früher angehörten, nicht etwa eine Verschlechterung bei der neuen Gesellschaft beantragen. Die Abfindung nach § 29 UmwG bei einer Verschmelzung im Wege der Aufnahme oder der Neugründung nach § 36 UmwG kann nur der Anteilsinhaber verlangen, der gegen den Verschmelzungsbeschluss des übertragenden Rechtsträgers Widerspruch erklärt hat oder daran nach § 29 Abs. 2 UmwG gehindert war.[40] Dabei setzt die Antragsberechtigung in diesem Fall außer dem erklärten Widerspruch nicht auch eine im Streitfall unter Umständen nur schwer nachweisbare Stimmabgabe gegen den Beschluss voraus.[41] Vor der Gefahr schwer überschaubarer

---

[32] OLG München AG 2012, 603; OLG Stuttgart AG 2012, 839.
[33] Widmann/Mayer/*Wälzholz* Rn. 15.
[34] Dreier/Fritzsche/Verfürth/*Antczak/Fritzsche* Rn. 9 und 52; *Wittgens,* Das Spruchverfahrensgesetz, 2005, 73; aA Kölner Komm SpruchG/*Wasmann* Rn. 11; MüKoAktG/*Grunewald* AktG § 320b Rn. 2; Hüffer/Koch/*Koch* AktG § 320b Rn. 2; Emmerich/Habersack/*Emmerich* Rn 10.
[35] Kölner Komm SpruchG/*Wasmann* Rn. 40; aA zur Eingliederung Simon/*Leuering* Rn. 30; Dreier/Fritzsche/Verfürth/*Antczak/Fritzsche* Rn. 10 und 47.
[36] OLG Frankfurt AG 2013, 566; NZG 2006, 151; BayObLG NZG 2006, 33; OLG Düsseldorf ZIP 2005, 1369; OLG Hamburg AG 2004, 622; OLG Hamburg AG 2005, 853; LG Frankfurt DB 2005, 601; *Bungert/Mennicke* BB 2003, 2021 (2025); *Büchel* NZG 2003, 793 (794); *Wasmann* WM 2004, 819 (822); Hüffer/Koch/*Koch* Rn. 3; Lutter/*Mennicke* UmwG Rn. 5; *Klöcker/Frowein* Rn. 10; Emmerich/Habersack/*Emmerich* Rn. 11; Simon/*Leuering* Rn. 27; aA LG Dortmund DB 2004, 2685, das einen nachträglichen Erwerb der Aktie für möglich hält; *Wittgens,* Das Spruchverfahrensgesetz, 2005, 75.
[37] Zur Begründung → Rn. 3; OLG Frankfurt NZG 2006, 151 und 153; OLG Hamburg AG 2004, 622; Hüffer/Koch/*Koch* Rn. 3; *Klöcker/Frowein* Rn. 10 und 13; Kölner Komm SpruchG/*Wasmann* Rn. 10; Widmann/Mayer/*Wälzholz* Rn. 17; Emmerich/Habersack/*Habersack* AktG § 320b Rn. 17; Emmerich/Habersack/*Emmerich* Rn. 11; *Steinmeyer/Häger* WpÜG AktG § 327f Rn. 13; Simon/*Leuering* Rn. 28; MüKoAktG/*Kubis* Rn. 12; Lutter/*Mennicke* UmwG Rn. 5; Dreier/Fritzsche/Verfürth/*Antczak/Fritzsche* Rn. 23; aA *Wittgens,* Das Spruchverfahrensgesetz, 2005, 75; *Timm/Schick* WM 1994, 185 (187).
[38] Hüffer/Koch/*Koch* Rn. 3; Emmerich/Habersack/*Emmerich* Rn. 11; Kölner Komm SpruchG/*Wasmann* Rn. 9; Dreier/Fritzsche/Verfürth/*Antczak/Fritzsche* Rn. 23.
[39] AA Dreier/Fritzsche/Verfürth/*Dreier* § 1 Rn. 92.
[40] OLG Stuttgart ZIP 2004, 1907; Hüffer/Koch/*Koch* Rn. 4; Dreier/Fritzsche/Verfürth/*Antczak/Fritzsche* Rn. 60 f.; Simon/*Leuering* Rn. 32; Lutter/*Mennicke* UmwG Rn. 6.
[41] Dreier/Fritzsche/Verfürth/*Antczak/Fritzsche* Rn. 13 und 58; Lutter/*Decher* UmwG § 207 Rn. 8; Kölner Komm SpruchG/*Wasmann* Rn. 14; *v. Aerssen* AG 1999, 243 (255); *Wittgens,* Das Spruchverfahrensgesetz, 2005, 76; aA OLG München NZG 2010, 397 (398); Hüffer/Koch/*Koch* Rn. 4; Simon/*Leuering* Rn. 32; Widmann/Mayer/*Wälzholz* Rn. 34; Lutter/*Grunewald* UmwG § 29 Rn. 11; Semler/Stengel/*Kalss* UmwG § 29 Rn. 22; Bürgers/Körber/*Ederle/Theusinger* Rn. 7; Schmitt/Hörtnagl/Stratz UmwG § 29 Rn. 15; MüKoAktG/*Kubis* Rn. 6; *Bayer/Schmidt* ZHR 178 (2014), 150 (168); offen Lutter/*Decher/Hoger* UmwG § 207 Rn. 8.

Abfindungsforderungen schützt bereits die notwendige Niederschrift der Widersprüche vor dem Ende der Versammlung. Vielmehr ist der Widerspruch rechtsmissbräuchlich und daher als nicht erklärt zu werten, wenn der Antragsteller nachweislich zugestimmt hat.[42] Beim **Formwechsel** gilt ebenfalls, dass jeder Anteilsinhaber an dem bisherigen Rechtsträger für die Verbesserung des Umtauschverhältnisses antragsbefugt ist, § 196 UmwG, für die Barabfindung nur der, der Widerspruch eingelegt hat,[43] §§ 212, 207 UmwG, aber nicht für eine Verschlechterung.[44] Anteilsinhaber ist jeder Gesellschafter, bei der KGaA oder KG auch der Komplementär. Ein besseres Umtauschverhältnis oder eine höhere Abfindung kann nur verlangen, wer Anteilsinhaber geblieben ist und ein Abfindungsangebot nicht angenommen hat (→ Rn. 11). Ein solcher Anteilsinhaber kann die Überprüfung beider Kompensationen verlangen.[45]

Für umwandlungsrechtliche Sachverhalte bestimmt Satz 2 die Antragstellung als maßgeblichen **Zeitpunkt.** Der ursprüngliche Rechtsträger, aus dessen Anteilen sich die Antragsberechtigung ableitet, existiert nicht mehr. Sowohl bei der Verschmelzung als auch beim Formwechsel ist der Gesellschafter des alten Rechtsträgers aber auch Gesellschafter und Anteilsinhaber der neuen Gesellschaft. Satz 2 erweitert die Antragsbefugnis nicht auf alle Anteilsinhaber der neuen Gesellschaft, sondern verlangt nur, dass der Gläubiger des Kompensationsanspruchs auch im Zeitpunkt der Antragstellung noch Gesellschafter des neuen Rechtsträgers ist, also eine Barabfindung nicht angenommen hat.[46] Wenn ein Anteilsinhaber seine Anteile bis zur Antragstellung veräußert, ist der Erwerber antragsbefugt (→ Rn. 5).[47] Wo ein Widerspruch gegen die Umwandlungsmaßnahme notwendig ist, muss ihn der Veräußerer erklärt haben.[48] Eine Trennung von Zuzahlungsanspruch und Anteilsinhaberschaft ist nicht vorgesehen, so dass eine gesonderte Abtretung des Zuzahlungsanspruchs nicht zur Antragsbefugnis des Zessionars führt.[49] 11

d) **SE-Gründung und Sitzverlegung.** Bei der **Gründung durch Verschmelzung** sind nach § 6 Abs. 2 SEAG die Aktionäre jeder übertragenden deutschen Gesellschaft für eine **Verbesserung des Umtauschverhältnisses** und damit eine bare Zuzahlung antragsbefugt, nicht aber die Anteilsinhaber einer aufnehmenden Gesellschaft. Ein Widerspruch gegen den Verschmelzungsbeschluss ist nicht erforderlich, obwohl Art. 24 Abs. 2 SE-VO nur Vorschriften zum Schutz von Minderheitsaktionären vorsieht, die sich gegen die Verschmelzung ausgesprochen haben.[50] Für die **Verbesserung der Abfindung** sind bei der Gründung einer SE durch Verschmelzung ebenfalls nur die Aktionäre der übertragenden Gesellschaft antragsbefugt, allerdings nur, wenn sie dem Verschmelzungsbeschluss widersprochen haben, § 7 Abs. 1 SEAG,[51] und der Sitz der SE im Ausland liegen soll. 12

Bei der **Gründung einer Holding-SE** ist für eine **Verbesserung des Umtauschverhältnisses** jeder Anteilsinhaber der deutschen, die Gründung anstrebenden Gesellschaft antragsberechtigt, § 11 Abs. 2 iVm § 6 Abs. 4 SEAG. Ein Widerspruch ist nicht erforderlich.[52] Ob der Aktionär seine Aktien getauscht hat, ist ohne Bedeutung.[53] Für die **Verbesserung der Abfindung** bei der Gründung einer Holding-SE, die ihren Sitz im Ausland haben soll oder die nach § 17 AktG abhängig ist, ist ebenfalls jeder Aktionär der die Gründung anstrebenden deutschen Gesellschaft antragsberechtigt. Auch hier ist aber ein Widerspruch gegen den Gründungsbeschluss erforderlich.[54] 13

---

[42] Vgl. BGH NZG 2010, 943 Rn. 37.
[43] LG Düsseldorf AG 2001, 373.
[44] Verfassungsrechtliche Bedenken dagegen bei BGHZ 146, 179 = NJW 2001, 1425.
[45] OLG Schleswig ZIP 2004, 2433.
[46] OLG München AG 2012, 749; OLG Stuttgart ZIP 2004, 1907; *Bungert/Mennicke* BB 2003, 2021 (2025); Hüffer/Koch/*Koch* Rn. 6; Lutter/*Mennicke* UmwG Rn. 6; *Klöcker/Frowein* Rn. 18; Widmann/Mayer/*Wälzholz* Rn. 36; Emmerich/Habersack/*Emmerich* Rn. 12; Simon/*Leuering* Rn. 34; *Bayer/Schmidt* ZHR 178 (2014), 150 (168). Zur Rechtslage vor dem SpruchG OLG Düsseldorf AG 2001, 596; LG Dortmund ZIP 2000, 1110; *v. Aerssen* AG 1999, 243 (255).
[47] AA Simon/*Leuering* Rn. 34.
[48] AA – für Ausschluss des Erwerbers in diesen Fällen – LG Dortmund AG 2004, 623; *Wasmann* WM 2004, 819 (822); Kölner Komm SpruchG/*Wasmann* Rn. 16; Simon/*Leuering* Rn. 34; MüKoAktG/*Kubis* Rn. 16; *Bayer/Schmidt* ZHR 178 (2014), 150 (169).
[49] *Wasmann* WM 2004, 819 (822); Semler/Stengel/*Gehling* UmwG § 15 Rn. 10; zur Rechtslage vor dem SpruchG *Schulenberg* AG 1998, 74 (78).
[50] RegE BT-Drs. 15/3405, 32; Art. 24 SE-VO Rn. 3; Simon/*Leuering* Rn. 42; Bürgers/Körber/*Ederle/Theusinger* Rn. 11; aA *Wittgens*, Das Spruchverfahrensgesetz, 2005, 81.
[51] Weitergehend auch Stimmabgabe gegen die Verschmelzung verlangend Simon/*Leuering* Rn. 44; Lutter/*Mennicke* UmwG. Rn. 7; Bürgers/Körber/*Ederle/Theusinger* Rn. 11.
[52] Simon/*Leuering* Rn. 47.
[53] RegE BT-Drs. 15/3405, 34.
[54] Dreier/Fritzsche/Verfürth/*Antczak/Fritzsche* Rn. 66; weitergehend auch Stimmabgabe gegen die Verschmelzung verlangend Simon/*Leuering* Rn. 46; Bürgers/Körber/*Ederle/Theusinger* Rn. 12.

14 Bei der **Sitzverlegung der SE** ins Ausland sind alle Aktionäre antragsberechtigt, die Widerspruch gegen den Sitzverlegungsbeschluss erklärt haben.[55] Antragsberechtigt sind nach § 6 Abs. 4 S. 2 SEAG und § 7 Abs. 7 S. 3 SEAG auch Gesellschafter einer sich verschmelzenden Gesellschaft mit Sitz im Ausland und einer die Gründung einer Holding-SE anstrebenden Gesellschaft mit Sitz im Ausland, wenn dort ein Verfahren zur Kontrolle und Änderung des Umtauschverhältnisses vorgesehen ist und deutsche Gerichte international für ein solches Verfahren international zuständig sind. Soweit nach dem materiellen Recht des ausländischen, ursprünglichen Sitzstaates die Antragsberechtigung von weiteren Voraussetzungen abhängig ist, etwa einer Mindestbeteiligungsquote, sind diese Voraussetzungen auch für die Antragsberechtigung nach § 3 zu berücksichtigen.

15 Der Antragsteller muss im **Zeitpunkt** der Antragstellung noch Anteilsinhaber sein. Wer bei der Gründung einer SE durch Verschmelzung bereits gegen die Abfindung ausgeschieden ist, kann den Antrag daher nicht mehr stellen. Bei der Gründung einer Holding-SE kann eine bare Zuzahlung sowohl von einem Anteilsinhaber verlangt werden, der bei der Gesellschaft verbleibt, als auch von dem, der Gesellschafter der Holding-SE wird.[56] Da Satz 2 nicht sagt, bei welcher Gesellschaft der Antragsteller Anteilsinhaber sein muss, liegt die Antragsberechtigung in beiden Fällen vor. Auch bei der Sitzverlegung ist der Anteilsinhaber, der sich abfinden ließ, nicht mehr antragsberechtigt.

16 **e) SCE-Gründung.** Bei der Gründung einer SCE durch **Verschmelzung** ist nach § 7 Abs. 4 S. 1 SCEAG jedes Mitglied der deutschen Genossenschaft antragsberechtigt, wenn zudem die Voraussetzungen von Art. 29 Abs. 3 S. 1 der Verordnung über das Statut der SCE (SCE-VO)[57] vorliegen, also wenn die anderen sich verschmelzenden Genossenschaften in Mitgliedstaaten, in denen kein Spruchverfahren besteht, bei der Zustimmung zu dem Verschmelzungsplan gem. Art. 27 Abs. 1 der Verordnung ausdrücklich akzeptieren, dass die Mitglieder der betreffenden sich verschmelzenden Genossenschaft auf ein solches Verfahren zurückgreifen können. Die Antragsberechtigung hängt nicht davon ab, dass das Mitglied gegen die Verschmelzung gestimmt oder Widerspruch angemeldet hat.[58] Antragsberechtigt ist nach § 7 Abs. 4 S. 2 SCEAG außerdem jedes Mitglied einer übertragenden Genossenschaft mit Sitz in einem anderen Mitgliedstaat der Europäischen Union oder in einem anderen Vertragsstaat des Abkommens über den Europäischen Wirtschaftsraum, wenn nach dem Recht dieses Staates ein Verfahren zur Kontrolle und Änderung des Umtauschverhältnisses der Anteile vorgesehen ist und deutsche Gerichte für die Durchführung eines solchen Verfahrens international zuständig sind. Ob in diesen Fällen die Antragsberechtigung weitere Voraussetzungen hat, etwa einen Widerspruch, hängt nach Art. 29 Abs. 1 SCE-VO vom Recht des Herkunftsstaates ab.[59]

17 Der Antragsteller muss im **Zeitpunkt** der Antragstellung noch Mitglied der SCE sein und muss bei einem Antrag nach § 7 Abs. 4 S. 1 SCEAG Mitglied der sich verschmelzenden deutschen, bei einem Antrag nach § 7 Abs. 4 S. 2 SCEAG Mitglied der sich verschmelzenden ausländischen Genossenschaft gewesen sein.

18 **4. Nachweis.** Das Gericht muss die Antragsberechtigung von Amts wegen ermitteln. Für Ermittlungen besteht aber kein Anlass, wenn der Antragsteller seine Antragsberechtigung nach Satz 1 entsprechend § 4 Abs. 2 Nr. 3 in der Anspruchsbegründung darlegt und daran keine Zweifel geweckt werden. Ein Nachweis muss **bis zur Entscheidung des Gerichts** erbracht sein, nicht schon bei Antragstellung oder bis zum Ende der Antragsfrist.[60] Eine mündliche Verhandlung ist nicht erforderlich (→ § 8 Rn. 21). Jedenfalls dann, wenn das Landgericht keinen Nachweis eingefordert hat, kann er nach Zurückweisung des Antrags auch noch im Beschwerdeverfahren beigebracht werden.[61] Der Antragsteller kann seine Antragsberechtigung grundsätzlich mit allen Mitteln, auch durch Zeugenbeweis, nachweisen. Satz 3 enthält für Aktionäre eine Einschränkung: sie können ihre Antragsberechti-

---

[55] Weitergehend Stimmabgabe gegen die Sitzverlegung verlangend Bürgers/Körber/*Ederle/Theusinger* Rn. 13; Simon/*Leuering* Rn. 50.
[56] RegE BT-Drs. 15/3405, 34.
[57] Verordnung (EG) Nr. 1435/2003 des Rates vom 22. Juli 2003 ABl. EG 2003 Nr. L 207, 1–24.
[58] Simon/*Leuering* Rn. 54; Dreier/Fritzsche/Verfürth/*Antczak/Fritzsche* Rn. 67.
[59] Offen Bürgers/Körber/*Ederle/Theusinger* Rn. 14.
[60] BGHZ 177, 131 = NJW-RR 2008, 1355 m. Anm. *Rezori* NZG 2008, 660; OLG Stuttgart NZG 2004, 1162; OLG Düsseldorf ZIP 2005, 1369; OLG Frankfurt NZG 2006, 151 und 153; Emmerich/Habersack/*Emmerich* Rn. 14; NK-AktR/*Weingärtner* Rn. 16; Bürgers/Körber/*Ederle/Theusinger* Rn. 17; MüKoAktG/*Kubis* § 4 Rn. 15; Dreier/Fritzsche/Verfürth/*Antczak/Fritzsche* Rn. 52; offen OLG Hamburg AG 2005, 853; aA als obiter dictum OLG Hamburg AG 2004, 622; LG Dortmund DB 2004, 2685; LG Frankfurt NZG 2005, 190; DB 2005, 601; AG 2005, 544 und 545; *Bungert/Mennicke* BB 2003, 2021 (2025); *Wasmann* WM 2004, 819 (822); *Wasmann/Gayk* BB 2005, 955 (956); Kölner Komm SpruchG/*Wasmann* Rn. 22; Lutter/*Mennicke* UmwG Rn. 9; *Klöcker/Frowein* Rn. 32; Kölner Komm AktG/*Koppensteiner* AktG Anh. § 327f Rn. 10 und 15; *Wittgens*, Das Spruchverfahrensgesetz, 2005, 85.
[61] OLG Frankfurt NZG 2008, 435; → § 12 Rn. 13.

gung nur durch **Urkunden** nachweisen. Urkunden nach Satz 3 sind entgegen dem üblichen Verständnis, dem nur die Aktie selbst oder ein Depotauszug[62] entspräche, auch schriftliche Bankbescheinigungen.[63] Bei Namensaktien ist der Nachweis durch einen Auszug aus dem Aktienregister zu führen, auch wenn es sich dabei nicht um eine Urkunde handelt.[64] Alle diese Urkunden müssen sich auf den jeweils maßgebenden Zeitpunkt beziehen.[65] Wenn der Aktionär die Aktie bereits dem Hauptaktionär oder der Gesellschaft ausgehändigt hat, genügt die Quittung, auch über den Erhalt der Abfindung. Die Bescheinigung über die Ausbuchung beim Squeeze-out und der Eingliederung genügt nicht, weil die Ausbuchung banktechnisch erst nach der Eintragung ins Handelsregister geschieht und ein Handel danach möglich ist.[66] Solange die Echtheit nicht bezweifelt wird, genügt auch die Vorlage nicht geschwärzter Kopien.[67] Bei Vorliegen besonderer Umstände ist im Einzelfall der Nachweis auch mit anderen Beweismitteln als Urkunden möglich,[68] insbesondere wenn nur unverbriefte Inhaberaktien vorhanden sind.[69]

5. Entscheidung. Ist der Antragsteller aus Rechtsgründen **nicht antragsberechtigt** oder hat er seine Antragsberechtigung nicht nachgewiesen, so ist der Antrag durch begründeten Beschluss als unzulässig abzuweisen.[70] § 3 regelt nicht, wer Gläubiger eines Anspruchs auf Ausgleich oder Abfindung ist, sondern setzt die materielle Berechtigung voraus und bestimmt, wessen materielle Berechtigung die gerichtliche Überprüfung der Kompensation rechtfertigt.[71] § 3 ist keine materiellrechtliche, sondern eine verfahrensrechtliche Vorschrift. Die zur Anfechtungsbefugnis nach § 245 AktG gefundenen Ergebnisse können daher nicht übertragen werden. Der Antrag im Spruchverfahren ist kein Sachantrag, da keine bestimmte Kompensation verlangt werden muss, sondern ein Verfahrensantrag.[72] Die Entscheidung trifft nach § 2 Abs. 2 Nr. 3 der Vorsitzende der KfH. Der Beschluss ist mit einer Kostenentscheidung zu versehen. Gegen die Entscheidung findet die sofortige Beschwerde nach § 12 statt.

Wird die **Antragsbefugnis** bejaht, muss keine gesonderte Entscheidung getroffen werden. Gegen eine in Streitfällen sinnvolle bejahende Zwischenentscheidung findet die Beschwerde des Antragsgegners statt,[73] für seit dem 1. September 2009 beantragte Verfahren nach § 58 Abs. 1 FamFG.

III. Missbrauch

Das **Rechtsschutzbedürfnis** für den Antrag ergibt sich bereits aus der Eigenschaft als Anteilsinhaber. Grundsätzlich sind Fälle denkbar, in denen es fehlt, weil der Antrag rechtsmissbräuchlich ist.[74] Da es sich bei der Antragsberechtigung um eine Verfahrensvoraussetzung handelt, ist der Antrag in einem solchen Fall als unzulässig abzuweisen.[75] Auf das wirtschaftliche Gewicht oder ein Missverhältnis zwischen Verfahrensaufwand und zu erwartendem Ergebnis kann es nicht ankommen, so dass

---

[62] *Büchel* NZG 2003, 793 (795); Emmerich/Habersack/*Emmerich* Rn. 13; Widmann/Mayer/*Wälzholz* Rn. 12.
[63] OLG Frankfurt NZG 2006, 151; LG Dortmund DB 2004, 2685; Lutter/*Mennicke* UmwG Rn. 11; NK-AktR/*Weingärtner* Rn. 10; Bürgers/Körber/*Ederle/Theusinger* Rn. 17a; MüKoAktG/*Kubis* Rn. 23.
[64] LG Frankfurt AG 2005, 666; NK-AktR/*Weingärtner* Rn. 10; Lutter/*Mennicke* UmwG Rn. 10; Simon/*Leuering* Rn. 63; Bürgers/Körber/*Ederle/Theusinger* Rn. 17a.
[65] OLG Frankfurt NZG 2006, 151; OLG Hamburg AG 2005, 853; LG Frankfurt DB 2005, 601 m. abl. Anm. *Götz;* Simon/*Leuering* Rn. 63.
[66] Simon/*Leuering* Rn. 65; Lutter/*Mennicke* Rn. 9.
[67] Lutter/*Mennicke* Rn. 11; Simon/*Leuering* Rn. 62; MüKoAktG/*Kubis* Rn. 23.
[68] Lutter/*Mennicke* Rn. 12.
[69] MüKoAktG/*Kubis* Rn. 24; Dreier/Fritzsche/Verfürth/*Antczak/Fritzsche* Rn. 29.
[70] OLG Stuttgart NZG 2004, 1162; *Klöcker/Frowein* Rn. 2; Dreier/Fritzsche/Verfürth/*Antczak/Fritzsche* Rn. 6; Kölner Komm SpruchG/*Wasmann* Rn. 21; Emmerich/Habersack/*Emmerich* Rn. 9; NK-AktR/*Weingärtner* Rn. 17; *Wittgens,* Das Spruchverfahrensgesetz, 2005, 94; zur Rechtslage vor dem SpruchG ebenso OLG Düsseldorf AG 2001, 596; KG AG 2000, 364; BayObLGZ 2002, 56 = NZG 2002, 877; KG OLGZ 1971, 260 = AG 1971, 158; OLG Frankfurt NJW 1972, 641; MüKoAktG/*Bilda,* 2. Aufl. 2000, AktG § 306 Rn. 109; *Schulenberg* AG 1998, 74 (76); aA OLG Hamburg AG 2003, 694; AG 2004, 622; OLG Stuttgart NZG 2001, 854.
[71] *Timm/Schick* WM 1994, 185 (188).
[72] *Schulenberg* AG 1998, 74 (76).
[73] OLG Stuttgart ZIP 2004, 1907; BayObLGZ 2002, 56 = NZG 2002, 877; → § 12 Rn. 24.
[74] BayObLGZ 2002, 56 = NZG 2002, 877; Hüffer/Koch/*Koch* Rn. 8; Emmerich/Habersack/*Emmerich* Rn. 15; aA AnwK-AktR/*Meilicke,* 1. Aufl. 2003, AktG § 306 Rn. 6.
[75] KG OLGZ 1971, 260 = AG 1971, 158; Emmerich/Habersack/*Emmerich* Rn. 15; Kölner Komm AktG/*Koppensteiner* AktG § 306 Rn. 7; Bürgers/Körber/*Ederle/Theusinger* Rn. 18; aA Hüffer/Koch/*Koch* Rn. 9; *Diekgräf,* Sonderzahlungen an opponierende Kleinaktionäre im Rahmen von Anfechtungs- und Spruchstellenverfahren, 1990, 304.

auch der Aktionär mit nur einer Aktie antragsberechtigt ist.[76] Rechtsmissbrauch liegt vor, wenn der Antrag nur gestellt wird, um gegen Antragsrücknahme eine Sonderzahlung zu erhalten.[77] Da auch nach Rücknahme des Antrags das Verfahren mit dem gemeinsamen Vertreter fortgesetzt wird, ist das Erpressungspotential gering, sobald der gemeinsame Vertreter bestellt ist oder Anträge anderer Aktionäre eingegangen sind.[78] Auch ist der Lästigkeitswert des Spruchverfahrens geringer als der einer Anfechtungsklage, die die Umsetzung von Strukturmaßnahmen behindert.

IV. Veränderungen während des Verfahrens

22   **1. Einzelrechtsnachfolge.** Die Veräußerung des Anteils nach Antragstellung hat grundsätzlich keinen Einfluss auf das Verfahren, § 265 Abs. 2 ZPO.[79] Das Spruchverfahren ist ein streitiges Verfahren der freiwilligen Gerichtsbarkeit, so dass auf Veränderungen der Antragsbefugnis grundsätzlich § 265 ZPO anzuwenden ist.[80] § 3 regelt nur die Antragsberechtigung bei Antragstellung und trifft keine Aussage zu einer Einzelrechtsnachfolge während des Verfahrens.[81] Da der Antragsgegner vor einem Beteiligtenwechsel nicht schutzbedürftig ist, ist der Erwerber berechtigt, entsprechend § 265 Abs. 2 ZPO ohne dessen Zustimmung anstelle des Veräußerers in das Verfahren einzutreten.[82] Weil kein bestimmter Antrag gestellt werden muss, ist auch keine Antragsänderung notwendig.[83] Daher ist ein neuer Antrag nach Veräußerung der Anteile nach Antragstellung nichts anderes als ein zulässiger Beteiligtenwechsel.[84] Beim Beherrschungs- und Gewinnabführungsvertrag führt auch die **Abfindung während des Verfahrens** nicht zu einer Beendigung des Verfahrens.[85] Zwar kann der Antragsgegner als Erwerber nicht selbst antragsbefugt sein, so dass eine Beendigung des Verfahrens nahe liegt. Das Rechtsschutzinteresse des Antragstellers ist wegen des Abfindungsergänzungsanspruchs aber nicht entfallen. Beim Formwechsel lässt die Annahme der Abfindung aber die Berechtigung für eine Änderung der baren Zuzahlung entfallen.[86] Bei aufeinanderfolgenden Spruchverfahren wegen verschiedener Bewertungsanlässe – etwa eines Beherrschungs- oder Gewinnabführungsvertrags und einer nachfolgenden Übertragung der Aktien auf den Hauptaktionär – endet die Antragsbefugnis für das zweite Verfahren, wenn sich der Aktionär für die erste Strukturmaßnahme abfinden lässt.[87] Das Rechtsschutzbedürfnis für die Bestimmung des Ausgleichs entfällt, wenn vor der ersten Fälligkeit des Ausgleichs die Übertragung der Aktien auf den Hauptaktionär eingetragen wird.[88] Zwar ist auch denkbar, dass Hauptaktionär und herrschendes Unternehmen verschieden sind; es gibt aber keine außenstehenden Aktionäre mehr.

23   Die **Abtretung** des Abfindungs-, Zuzahlungs- oder Ausgleichsanspruchs hat keinen Einfluss, weil der Anspruch nicht Gegenstand des Spruchverfahrens ist und die Antragsbefugnis nicht unmittelbar berührt.[89]

---

[76] OLG Stuttgart AG 2010, 758 (15 Aktien); KG OLGZ 1971, 260 = AG 1971, 158; OLG Düsseldorf AG 1998, 39; OLG Zweibrücken AG 1995, 41.
[77] Hüffer/Koch/*Koch* Rn. 8.
[78] v. Kann/*Hirschmann* DStR 2003, 1488 (1489); Hüffer/Koch/*Koch* Rn. 8.
[79] *Tomson/Hammerschmitt* NJW 2003, 2572; *Büchel* NZG 2003, 793 (795); *Wasmann* WM 2004, 819 (822); Dreier/Fritzsche/Verfürth/*Antczak/Fritzsche* Rn. 25; Klöcker/Frowein Rn. 27; Emmerich/Habersack/*Emmerich* Rn. 8; Widmann/Mayer/*Wälzholz* Rn. 8 und 28; NK-AktR/*Weingärtner* Rn. 6 ff.; Bürgers/Körber/*Ederle/Theusinger* Rn. 16; MüKoAktG/*Kubis* Rn. 10; *Wittgens*, Das Spruchverfahrensgesetz, 2005, 91; zur Rechtslage vor dem SpruchG OLG Stuttgart ZIP 2008, 2020; OLG Hamburg NZG 2002, 189; OLG Düsseldorf AG 1999, 321; *Schulenberg* AG 1998, 74 (81); *Schneider* NJW 1971, 1109 (1111); aA KG OLGZ 1971, 260 = AG 1971, 158; differenzierend Simon/*Simon* Einf. Rn. 71 und *Leuering* Rn. 22.
[80] *Büchel* NZG 2003, 793 (795); Lutter/*Bork* UmwG § 15 Rn. 2; Simon/*Leuering* Rn. 22; vgl. BGH RdL 1952, 321; BayObLGZ 1975, 53 zum WEG; OLG Hamm NJW-RR 1991, 20 zur ErbbauVO.
[81] AA Kölner Komm SpruchG/*Wasmann* Rn. 6.
[82] Lutter/*Mennicke* Rn. 4; aA – nur mit Zustimmung des Antragsgegners – *Bilda* NZG 2005, 375 (378); Klöcker/Frowein Rn. 27; Bürgers/Körber/*Ederle/Theusinger* Rn. 16; *Wittgens*, Das Spruchverfahrensgesetz, 2005, 91; für automatischen Beteiligtenwechsel Hüffer/Koch/*Koch* Rn. 5a; Kölner Komm AktG/*Koppensteiner* § 304 Rn. 111; *Schulenberg* AG 1998, 74 (81); aA – nur Verfahrensstandschaft – Emmerich/Habersack/*Emmerich* Rn. 8; Dreier/Fritzsche/Verfürth/*Antczak/Fritzsche* Rn. 26.
[83] OLG Stuttgart ZIP 2008, 2020.
[84] AA LG Dortmund DB 2004, 1355.
[85] Kölner Komm AktG/*Koppensteiner* AktG § 304 Rn. 111; zur Rechtslage vor dem SpruchG ebenso AnwK-AktR/*Meilicke*, 1. Aufl. 2003, AktG § 306 Rn. 4; MüKoAktG/*Bilda*, 2. Aufl. 2000, AktG, § 304 Rn. 221; LG Köln AG 1998, 538; aA OLG Düsseldorf AG 2001, 596; OLG Hamburg NZG 2002, 189.
[86] OLG Stuttgart ZIP 2008, 2020; Kölner Komm SpruchG/*Wasmann* Rn. 16.
[87] *Schiffer/Rossmeier* DB 2002, 1359 (1360); *Aubel/Weber* WM 2004, 857 (862).
[88] OLG Stuttgart AG 2012, 839.
[89] Ebenso mit anderer Begründung OLG Düsseldorf AG 1999, 321; Lutter/*Mennicke* Rn. 5; aA Simon/*Leuering* Rn. 28; *Bilda* NZG 2005, 375 (379) bei Beendigung des Unternehmensvertrags.

2. Gesamtrechtsnachfolge. Sie führt zum Beteiligtenwechsel.[90] Da das Verfahren von Amts 24 wegen betrieben wird, besteht kein Bedürfnis für eine Verfahrensunterbrechung bei Tod des Antragstellers entsprechend § 239 ZPO.[91]

3. Insolvenzeröffnung. Der Insolvenzverwalter tritt an die Stelle des Anteilsinhabers. Das Verfahren wird ebenfalls nicht entsprechend § 240 ZPO unterbrochen. 25

4. Entfallen der Strukturmaßnahme. Da Satz 2 den Zeitpunkt der Antragsberechtigung festlegt, kann sie durch ein nachträgliches Ereignis nicht entfallen. Allerdings kann das Rechtsschutzbedürfnis an der Durchführung des Spruchverfahrens wegfallen, wenn der Anspruch auf die Kompensation rückwirkend entfällt und damit auch keine Erhöhung mehr möglich ist. 26

a) Beendigung eines Unternehmensvertrags. Dass eine Strukturmaßnahme entfällt oder rückgängig gemacht wird, hat grundsätzlich keine Auswirkung auf bereits entstandene Kompensationsansprüche und ein eingeleitetes Spruchverfahren. Es führt daher auch nicht zu einem – nach Satz 2 sowieso unerheblichen – Wegfall der Antragsberechtigung. Die **Kündigung des Unternehmensvertrages** hat keine Auswirkung auf entstandene Ausgleichsansprüche[92] oder, jedenfalls wegen des Abfindungsergänzungsanspruchs, auf die Abfindung[93] und damit auch nicht auf ein eingeleitetes Spruchverfahren, ebenso wenig seine **Beendigung** durch Verschmelzung,[94] Eingliederung[95] oder eine Ausschließung.[96] Dadurch wird aber ggf. der neue Rechtsträger Antragsgegner.[97] Die Verbindung eines wegen einer Eingliederung oder Verschmelzung beantragten neuen Spruchverfahrens zum bereits wegen des Unternehmensvertrags anhängigen Verfahren ist außer bei engem zeitlichem Zusammenhang nicht sinnvoll, weil es sich um verschiedene Bewertungsanlässe handelt.[98] 27

b) Rückgängigmachung. Die Rückverlegung des Sitzes einer SE ins Inland führt nicht zur Erledigung des Spruchverfahrens, weil die mit dem Statutenwechsel verbunden Benachteiligungen verblieben sind. 28

c) Anfechtung. Die erfolgreiche Anfechtung des Beschlusses über eine Strukturmaßnahme beendet das Verfahren nicht, soweit der Beschluss wegen der Freigabe (§ 246a AktG) wirksam bleibt[99] oder die Anteilsinhaber materiell zwischen Rückgängigmachung und Kompensation wählen können.[100] Die Nichtigerklärung eines Unternehmensvertrags führt zur Anwendung der Regeln über die fehlerhafte Gesellschaft, damit zu einer Rückabwicklung ex nunc und nicht zu einer Beendigung des Spruchverfahrens.[101] Anders ist dies, wenn der Vertrag noch nicht vollzogen wurde und daher die Regeln über die fehlerhafte Gesellschaft nicht anwendbar sind.[102] 29

---

[90] BayObLG NZG 2002, 830; OLG Düsseldorf AG 1999, 321.
[91] Kölner Komm SpruchG/*Puszkajler* § 11 Rn. 58.
[92] OLG Hamburg NZG 2002, 189; OLG Hamburg NZG 2001, 471; BayObLG NZG 2001, 1033; Widmann/Mayer/*Wälzholz* Rn. 11; MüKoAktG/*Paulsen* AktG § 304 Rn. 132; *Meilicke* AG 1995, 181 (188); Kölner Komm AktG/*Koppensteiner* AktG § 304 Rn. 112; *Altmeppen* FS Ulmer, 2003, 7; Simon/*Simon* Einf. Rn. 67; Simon/*Leuering* Rn. 24; differenzierend Bredow/Tribulowsky NZG 2002, 841 (843).
[93] BVerfG NJW 1999, 1701; BGHZ 135, 374 = NJW 1997, 2242; OLG Hamburg NZG 2002, 189; NZG 2001, 471; BayObLG NZG 2001, 1033; Dreier/Fritzsche/Verfürth/*Antczak*/*Fritzsche* Rn. 42; Widmann/Mayer/*Wälzholz* Rn. 11; MüKoAktG/*Paulsen* AktG § 305 Rn. 38; Emmerich/Habersack/*Emmerich* § 11 Rn. 14; Simon/*Leuering* Rn. 24; *Meilicke* AG 1995, 181 (188); Bredow/Tribulowsky NZG 2002, 841 (843); *Schubert* DB 1998, 761 (762); *Altmeppen* FS Ulmer, 7; Kölner Komm AktG/*Koppensteiner* AktG § 305 Rn. 22 und 142 sowie AktG § 306 Rn. 30; aA OLG Zweibrücken AG 1994, 563; *Naraschewski* DB 1997, 1653 (1657); DB 1998, 762 (764).
[94] BVerfG NJW 1999, 1699; BGHZ 135, 374 = NJW 1997, 2242; OLG Düsseldorf AG 1996, 475; AG 1990, 490; OLG Celle DB 1973, 1118; OLG Karlsruhe AG 2005, 45; Widmann/Mayer/*Vollrath* Rn. 11; Simon/*Leuering* Rn. 24; aA OLG Karlsruhe AG 1995, 139.
[95] BGHZ 147, 108 = NJW 2001, 2080; OLG Hamburg NZG 2002, 189; Widmann/Mayer/*Wälzholz* Rn. 11; Simon/*Leuering* Rn. 24; Kölner Komm AktG/*Koppensteiner* AktG § 320 Rn. 112.
[96] Bredow/Tribulowsky NZG 2002, 841 (845); Schiffer/Rossmeier DB 2002, 1359 (1360); Aubel/Weber WM 2004, 857 (864); Widmann/Mayer/*Wälzholz* Rn. 11; Kölner Komm SpruchG/*Puszkajler* § 11 Rn. 46; Simon/*Leuering* Rn. 24; Emmerich/Habersack/*Emmerich* § 11 Rn. 14; Lutter/*Mennicke* Rn. 4; aA OLG Celle AG 2004, 206.
[97] Widmann/Mayer/*Wälzholz* § 5 Rn. 13; zur Verbriefung Aubel/Weber WM 2004, 857 (859).
[98] Emmerich/Habersack/*Emmerich* § 11 Rn. 15; generell für Verbindung *Naraschewski* DB 1997, 1653 (1657); DB 1998, 762 (764).
[99] Simon/*Simon* Einf. Rn. 74.
[100] LG Mannheim AG 2002, 104; Widmann/Mayer/*Wälzholz* Rn. 19.
[101] Bredow/Tribulowsky NZG 2002, 841 (842); Kölner Komm SpruchG/*Puszkajler* § 11 Rn. 52; MüKoAktG/*Altmeppen* AktG § 291 Rn. 202; Simon/*Leuering* Rn. 25 (im Einzelfall); → AktG § 295 Rn. 63 ff.; wohl auch Emmerich/Habersack/*Emmerich* § 11 Rn. 11a; aA OLG Zweibrücken NZG 2004, 382; Hüffer/Koch/*Koch* § 291 Rn. 21; Widmann/Mayer/*Wälzholz* Rn. 10.
[102] OLG Hamburg ZIP 2005, 437.

30   **d) Nachfolgende Strukturmaßnahmen.** Neue Strukturmaßnahmen haben grundsätzlich keinen Einfluss auf die wegen einer früheren Maßnahme geschuldete Kompensation und das danach eingeleitete Spruchverfahren. Ein Spruchverfahren nach Maßnahmen nach dem Umwandlungsgesetz, nach der Gründung einer SE durch Verschmelzung oder der Gründung einer Holding-SE wird daher durch eine nachfolgende Eingliederung oder Ausschließung nicht erledigt,[103] ebenso wenig ein Spruchverfahren nach einem Unternehmensvertrag (→ Rn. 27). Der Anteilsinhaber kann auch nach Abschluss der Spruchverfahren wählen, ob er gegen die Abfindung für die erste oder die zweite Strukturmaßnahme ausscheidet (→ § 13 Rn. 4).

31   Werden gleichzeitig Beschlüsse über zwei Strukturmaßnahmen gefasst, finden grundsätzlich zu beiden Strukturmaßnahmen Spruchverfahren statt. Insbesondere wird ein Spruchverfahren über eine Abfindung nach einer Übertragung der Aktien auf den Hauptaktionär nicht durch das Spruchverfahren über die Abfindung nach einem Beherrschungs- und Gewinnabführungsvertrag, der gleichzeitig beschlossen worden war, obsolet.[104] Umgekehrt entfällt auch für das Spruchverfahren über die Abfindung nach dem Beherrschungs- und Gewinnabführungsvertrag das Rechtsschutzbedürfnis nicht durch das Spruchverfahren über die Abfindung für die Übertragung.[105] Denn der Antragsteller kann wählen, für welche Maßnahme er sich abfinden lassen will, und das Verfahrensergebnis kann jedenfalls theoretisch in den Verfahren anders ausfallen. Wenn der Übertragungsbeschluss vor dem Beherrschungs- und Gewinnabführungsvertrag eingetragen wird, fehlt allerdings schon die Antragsbefugnis.[106] Für die gerichtliche Bestimmung des Ausgleichs kann das Rechtsschutzbedürfnis auch danach noch entfallen, wenn der Übertragungsbeschluss vor dem erstmaligen Fälligwerden des jährlichen Ausgleichs eingetragen wird.[107]

§ 4 Antragsfrist und Antragsbegründung

(1) ¹Der Antrag auf gerichtliche Entscheidung in einem Verfahren nach § 1 kann nur binnen drei Monaten seit dem Tag gestellt werden, an dem in den Fällen
1. der Nummer 1 die Eintragung des Bestehens oder einer unter § 295 Abs. 2 des Aktiengesetzes fallenden Änderung des Unternehmensvertrags im Handelsregister nach § 10 des Handelsgesetzbuchs;
2. der Nummer 2 die Eintragung der Eingliederung im Handelsregister nach § 10 des Handelsgesetzbuchs;
3. der Nummer 3 die Eintragung des Übertragungsbeschlusses im Handelsregister nach § 10 des Handelsgesetzbuchs;
4. der in Nummer 4 genannten §§ 15, 34, 176 bis 181, 184, 186, 196 und 212 des Umwandlungsgesetzes die Eintragung der Umwandlung im Handelsregister nach den Vorschriften des Umwandlungsgesetzes;
5. der in Nummer 4 genannten §§ 122h und 122i des Umwandlungsgesetzes die Eintragung der grenzüberschreitenden Verschmelzung nach den Vorschriften des Staates, dessen Recht die übertragende oder neue Gesellschaft unterliegt;
6. der Nummer 5 die Eintragung der SE nach den Vorschriften des Sitzstaates;
7. der Nummer 6 die Eintragung der Europäischen Genossenschaft nach den Vorschriften des Sitzstaates
bekannt gemacht worden ist. ²Die Frist wird in den Fällen des § 2 Abs. 1 Satz 2 und 3 durch Einreichung bei jedem zunächst zuständigen Gericht gewahrt.

(2) ¹Der Antragsteller muss den Antrag innerhalb der Frist nach Absatz 1 begründen. ²Die Antragsbegründung hat zu enthalten:
1. die Bezeichnung des Antragsgegners;
2. die Darlegung der Antragsberechtigung nach § 3;
3. Angaben zur Art der Strukturmaßnahme und der vom Gericht zu bestimmenden Kompensation nach § 1;
4. konkrete Einwendungen gegen die Angemessenheit der Kompensation nach § 1 oder gegebenenfalls gegen den als Grundlage für die Kompensation ermittelten Unternehmenswert, soweit hierzu Angaben in den in § 7 Abs. 3 genannten Unterlagen enthalten

---

[103] LG München I AG 2004, 393; *Schiffer/Rossmeier* DB 2002, 1359 (1361); Widmann/Mayer/*Wälzholz* Rn. 55; Simon/*Simon* Einf. Rn. 69; MüKoAktG/*Kubis* Rn. 13.
[104] OLG Frankfurt AG 2013, 566.
[105] Jedenfalls bei Verschiedenheit des Antragstellerkreises OLG Stuttgart AG 2012, 839; aA bei identischen Beteiligten OLG Stuttgart AG 2011, 601.
[106] OLG München AG 2012, 603; → Rn. 7.
[107] Vgl. OLG München AG 2012, 603; OLG Stuttgart AG 2012, 839; → Rn. 7.

sind. Macht der Antragsteller glaubhaft, dass er im Zeitpunkt der Antragstellung aus Gründen, die er nicht zu vertreten hat, über diese Unterlagen nicht verfügt, so kann auf Antrag die Frist zur Begründung angemessen verlängert werden, wenn er gleichzeitig Abschrifterteilung gemäß § 7 Abs. 3 verlangt.
³Aus der Antragsbegründung soll sich außerdem die Zahl der von dem Antragsteller gehaltenen Anteile ergeben.

Schrifttum: S. § 1 SpruchG, außerdem: *Kollrus*, Analoge Anwendung des § 281 ZPO auf die Antragstellung beim sachlich oder örtlich unzuständigen Gericht in Squeeze-Out-Verfahren, MDR 2009, 607; *Land/Behnke*, Die praktische Durchführung eines Delisting nach der Macrotron-Entscheidung des BGH, DB 2003, 2531; *Land/Hennings*, Aktuelle Probleme von Spruchverfahren nach gesellschaftsrechtlichen Strukturmaßnahmen, AG 2005, 380; *Wittgens*, Begründung des Antrags auf Einleitung eines Spruchverfahrens, NZG 2007, 853.

Übersicht

	Rn.		Rn.
I. Normzweck	1, 2	III. Antragsbegründung	12–24
II. Antragsfrist	3–11	1. Frist und Fristverlängerung	13–15
1. Fristbeginn	3–5	2. Form	16
2. Fristende	6	3. Inhalt der Begründung	17–23
3. Antrag	7, 8	a) Bezeichnung des Antragsgegners	17
4. Entscheidung und Rechtsbehelfe	9–11	b) Darlegung der Antragsberechtigung	18
a) Zulässigkeitsfrage	9	c) Angabe der Strukturmaßnahme	19
b) Rechtsmittel	10	d) Bewertungsrüge	20–22
c) Wiedereinsetzung	11	e) Zahl der gehaltenen Anteile	23
		4. Entscheidung und Rechtsmittel	24

I. Normzweck

Die **Befristung** des Antrags soll rasche **Klarheit** schaffen, ob die angebotene Kompensation in 1 Zweifel gezogen wird. Sie grenzt außerdem den Kreis der Anteilsinhaber ein, die formell am Verfahren beteiligt sind. Früher war eine Antragsfrist von 2 Monaten vorgesehen,[1] darüber hinaus konnten Antragsberechtigte binnen 2 Monaten ab der öffentlichen Bekanntmachung des Erstantrags Anschlussanträge stellen. Das SpruchG hat die Antragsfrist auf 3 Monate verlängert, dafür die Anschlussanträge und die öffentliche Bekanntmachung des Erstantrags zur Beschleunigung des Verfahrens abgeschafft.[2] In den Fällen des § 5 Abs. 3 S. 2 EGAktG blieb es bei der Frist von 2 Monaten.

Mit der **Bezeichnung des Antragsgegners**, der Art der Strukturmaßnahme und der zu bestim- 2 menden Kompensation wird der **Verfahrensgegenstand** bestimmt. Dem dient auch die **Begründungspflicht,** die die Beschränkung des Verfahrens auf einzelne Fragen ermöglichen und eine umfassende Neubewertung des Unternehmenswertes verhindern soll.[3] Das soll die Verfahren beschleunigen.[4] Die Darlegung der Antragsberechtigung war ursprünglich nur für die Kompensation bei Beherrschungs- und Gewinnverträgen und in Umwandlungssachverhalten vorgesehen.[5] Auf Vorschlag des Bundesrats[6] wurde sie auch für die Eingliederung und die Ausschließung übernommen.[7] Ebenfalls auf Vorschlag des Bundesrats[8] wurde für den Fall eines unverschuldeten Informationsdefizits in Abs. 2 Nr. 4 eine Möglichkeit zur Verlängerung der Frist geschaffen.[9] Bedenken, dass Nr. 4 zu eng formuliert sei,[10] wurden nicht aufgegriffen. Abs. 1 Nr. 6 wurde durch das SEEG eingeführt und gleichzeitig ein Fehler in Abs. 2 S. 2 Nr. 4 behoben,[11] Abs. 1 Nr. 7 durch das SCEAG[12] eingeführt, Abs. 1 Nr. 5 und 6 besser gefasst durch das EHUG[13] und Abs. 1 Nr. 5 durch das zweite UmwG-ÄndG eingefügt.[14]

---
[1] § 304 Abs. 4 S. 2 AktG aF; § 320b Abs. 3 S. 2 AktG aF; § 320f Abs. 2 S. 2 AktG aF; § 305 UmwG aF.
[2] RegE BT-Drs. 15/371, 13.
[3] *Büchel* NZG 2003, 793 (796).
[4] Kritisch *Puszkajler* ZIP 2003, 518 (520).
[5] RegE BT-Drs. 15/371, 13.
[6] BR BT-Drs. 14/371, 22.
[7] BReg BT-Drs. 14/371, 27 und RAusschuss BT-Drs. 15/838, 16.
[8] BR BT-Drs. 15/371, 22.
[9] BReg BT-Drs. 15/371, 27 und RAusschuss BT-Drs. 15/838, 16.
[10] DAV-Stellungnahme ZIP 2003, 552 (554).
[11] Art. 5 G zur Einführung der Europäischen Gesellschaft (SEEG) v. 22.12.2004, BGBl. 2004 I 3675.
[12] Art. 7 G vom 14.8.2006, BGBl. 2006 I 1911.
[13] Art. 12 Abs. 4 des Gesetz über elektronische Handelsregister und Genossenschaftsregister sowie das Unternehmensregister (EHUG) v. 10.11.2006, BGBl. 2006 I 2580.
[14] Art. 2 Zweiten G zur Änderung des Umwandlungsgesetzes v. 19.4.2007, BGBl. 2007 I 542.

II. Antragsfrist

3 1. Fristbeginn. Die Antragsfrist beginnt mit der Bekanntmachung der Eintragung der Strukturmaßnahme im Handelsregister[15] bzw. bei der SE des Registers, das der Sitzstaat bestimmt. Das ist beim **Beherrschungs- und Gewinnabführungsvertrag** die Bekanntmachung des Bestehens in das Handelsregister,[16] bei der **Eingliederung** die Bekanntmachung der Eingliederung und bei der **Ausschließung** die Bekanntmachung der Eintragung des Übertragungsbeschlusses. Bei der **Umwandlung** beginnt die Frist mit der Bekanntmachung der Eintragung der Umwandlung (Verschmelzung, Abspaltung, Aufspaltung, Formwechsel oder Vermögensübertragung) nach § 19 Abs. 3 UmwG, § 201 S. 1 UmwG, § 10 HGB. Dabei ist bei der Verschmelzung und der Vermögensübertragung, die sowohl am Sitz des übertragenden als auch am Sitz des aufnehmenden Rechtsträgers eingetragen werden müssen, auf die Bekanntmachung der Eintragung am Sitz des aufnehmenden Rechtsträgers abzustellen, da erst mit der Eintragung beim aufnehmenden Rechtsträger die Umwandlung vollzogen wird, § 20 Abs. 1 UmwG, § 202 Abs. 1 UmwG.[17] Bei der **grenzüberschreitenden Verschmelzung** durch Neugründung beginnt die Frist mit der Bekanntmachung der Eintragung nach dem Recht der neu gegründeten Gesellschaft. Wenn die neue Gesellschaft deutschem Recht unterliegt, wird die Verschmelzung nach § 122a Abs. 2 UmwG, §§ 20, 36 UmwG mit der Eintragung in das Register am Sitz der Gesellschaft wirksam. Mit deren Bekanntmachung beginnt dann die Antragsfrist für ein Spruchverfahren, wenn die sich verschmelzende Gesellschaft ausländischem Recht unterliegt und ihre Anteilsinhaber ein Spruchverfahren in Deutschland anstrengen können (§ 122h Abs. 2 UmwG, § 122i Abs. 2 S. 2 UmwG). Wenn die neue Gesellschaft, wie bei der Hinausverschmelzung, ausländischem Recht unterliegt, richtet sich die Wirksamkeit der Verschmelzung nach § 122k Abs. 2 UmwG und die Bekanntmachung einer Eintragung nach dem ausländischen Recht. Bei der Verschmelzung durch Aufnahme beginnt die Antragsfrist sowohl bei der Herein- als auch bei der Hinausverschmelzung mit der Offenlegung der Verschmelzung nach den Vorschriften des Rechts, dem die übertragende Gesellschaft unterliegt. Dass nicht auch hier das Recht der aus dem Zusammenschluss hervorgehenden Gesellschaft maßgeblich ist, ist inkonsequent, weil nach Art. 12 der internationalen Verschmelzungsrichtlinie[18] wie bei der Verschmelzung durch Neugründung auch bei der Verschmelzung durch Aufnahme immer das Recht der übernehmenden (neuen) Gesellschaft über den Wirksamkeitszeitpunkt entscheidet. Wenn die übertragende Gesellschaft deutschem Recht unterliegt, ist mit der Bekanntmachung der Eintragung nicht die unter dem Vorbehalt der Wirksamkeit der Verschmelzung stehende erste Eintragung im Register der übertragenden Gesellschaft nach § 122k Abs. 2 S. 2 UmwG zu verstehen, sondern die Eintragung bei der übernehmendem Gesellschaft, spätestens die Eintragung bei der übertragenden Gesellschaft nach § 122k Abs. 4 UmwG.[19] Wenn sie dem Recht eines anderen Staates unterliegt, beginnt die Frist mit der Offenlegung des Abschlusses der grenzüberschreitenden Verschmelzung gem. Art. 13 der Verschmelzungsrichtlinie nach dem jeweiligen nationalen Recht. Bei der **Gründung einer SE durch Verschmelzung** beginnt die Frist mit der Eintragung der SE im Register ihres Sitzstaates nach Art. 27 Abs. 1 SE-VO, Art. 12 Abs. 1 SE-VO und der Bekanntmachung oder der Fiktion der Bekanntmachung dieser Eintragung. Die Bekanntmachung im Amtsblatt der Europäischen Gemeinschaft nach Art. 14 Abs. 1 SE-VO zu Informationszwecken ist für die Frist ohne Bedeutung. Bei der **Gründung einer Holding-SE** gilt Entsprechendes. Bei der **Sitzverlegung** kommt es auf die Eintragung und Bekanntmachung des neuen Sitzes an, Art. 8 Abs. 10 und 13 SE-VO. Bei der **Gründung einer SCE** beginnt die Frist ebenfalls mit der nach Art. 32 SCE-VO vorgeschriebenen Bekanntmachung der Eintragung nach den in den Rechtsvorschriften des jeweiligen Mitgliedstaats vorgesehenen Verfahren gemäß den für Aktiengesellschaften geltenden Rechtsvorschriften, nicht etwa nach der Bekanntmachung des Verschmelzungsplans nach Art. 24 SCE-VO und § 5 SCEAG.

4 Die Frist beginnt bei der Eingliederung, der Ausschließung und in den Fällen des UmwG auch dann mit der Bekanntmachung der Eintragung, wenn sie nur aufgrund des **Unbedenklichkeitsverfahrens** erfolgt und noch eine Anfechtungsklage anhängig ist. Angesichts der eindeutigen gesetzli-

---

[15] *Büchel* NZG 2003, 793 (795).
[16] § 294 Abs. 1 AktG, § 295 Abs. 2 AktG, § 10 HGB.
[17] *v. Kann/Hirschmann* DStR 2003, 1488 (1490); Hüffer/Koch/*Koch* Rn. 4; MüKoAktG/*Kubis* Rn. 7; Dreier/Fritzsche/Verfürth/*Antczak/Fritzsche* Rn. 9.
[18] Richtlinie 2005/56/EG des Europäischen Parlaments und des Rates v. 26. Oktober 2005 über die Verschmelzung von Kapitalgesellschaften aus verschiedenen Mitgliedstaaten, ABl. EG 2005 Nr. L 310, 1.
[19] Widmann/Mayer/*Wälzholz* Rn. 60; Dreier/Fritzsche/Verfürth/*Antczak/Fritzsche* Rn. 10; aA MüKoAktG/*Kubis* Rn. 8.

chen Regelung über den Beginn der Frist muss die Frist selbst bei einer **fehlerhaften Bekanntmachung** der Eintragung ins Handelsregister beginnen, wenn die Anfechtungsfrist noch nicht abgelaufen oder noch eine Anfechtungsklage anhängig ist und ein Unbedenklichkeitsbeschluss fehlt.[20] Ein Grund zur Aussetzung besteht in diesen Fällen in der Regel nicht, weil aufgrund des Freigabeverfahrens Bestandsschutz besteht bzw. nach den Grundsätzen der fehlerhaften Gesellschaft die Rückabwicklung nicht zurück wirkt.[21]

Die Bekanntmachung erfolgt nach § 10 HGB im elektronischen Informations- und Kommunikationssystem nach Tagen geordnet. Über § 16 Abs. 2 FamFG, § 222 Abs. 1 ZPO gelten für die Fristberechnung §§ 187 ff. BGB.[22] Die Frist beginnt nach § 187 Abs. 1 BGB damit am Tag nach der letzten Bekanntmachung der Eintragung nach § 10 HGB. Ein **vor der Eintragung gestellter Antrag** ist unzulässig, da noch gar nicht feststeht, ob die Strukturmaßnahme wirksam wird.[23] Solange fehlt das Rechtsschutzbedürfnis. Da bereits mit Eintragung feststeht, dass die Strukturmaßnahme wirksam werden wird, ist ein nach Eintragung, aber vor Bekanntmachung gestellter Antrag zulässig.[24] Ein vorzeitiger, unzulässiger Antrag, der nicht abgewiesen wird, wird mit Fristbeginn wirksam.[25] Das Gericht kann daher auch abwarten, ob die Strukturmaßnahme wirksam wird. Einer ausdrücklichen Aussetzung bedarf es nicht.

2. Fristende. Das Fristende wird nach § 188 Abs. 2 und Abs. 3 BGB errechnet. Wenn die Bekanntmachung beispielsweise an einem 18. erfolgt, endet die Frist am 18. des 3. Monats. Fällt der letzte Tag der Frist auf einen Sonnabend, einen Sonntag oder einen gesetzlichen Feiertag, so endet die Frist mit dem folgenden Werktag, § 16 Abs. 2 FamFG, § 222 Abs. 2 ZPO.[26] Die gesetzliche Frist kann nicht verlängert werden, weder durch das Gericht noch durch die Beteiligten.

3. Antrag. Die Frist wird durch den Eingang des Antrags beim Gericht gewahrt. Für die **Form** gilt § 23 Abs. 1 FamFG. Der Antrag kann zu Protokoll der Geschäftsstelle des zuständigen, aber auch jedes Amtsgerichts in Deutschland erklärt werden, § 25 Abs. 1 und 2 FamFG. Er wird in der Regel schriftlich gestellt (§ 25 Abs. 1 FamFG) und soll dann nach allgemeinen Grundsätzen unterschrieben sein (§ 23 Abs. 1 S. 2 FamFG).[27] Er kann auch durch Telefax eingelegt werden. Durch E-Mail (als elektronisches Dokument) kann der Antrag nur eingelegt werden, wo dies nach § 14 Abs. 3 FamFG zugelassen ist. § 130a Abs. 1 und 3 ZPO gelten dann entsprechend, § 14 Abs. 2 und 3 FamFG. Der Antragsteller kann sich nach § 10 Abs. 2 FamFG vertreten lassen, Anwaltszwang besteht aber nicht.[28] Inhaltlich muss sich aus dem Antrag nur ergeben, wer Antragsteller ist, und dass für eine Strukturmaßnahme die Kompensation durch das Gericht bestimmt werden soll.[29] Ein bestimmter oder bezifferter Antrag muss nicht gestellt werden.[30] Wenn der Antrag auf eine Herabsetzung der Kompensation gerichtet ist, ist er – mit Ausnahme der Fälle der Abschaffung der Mehrstimmrechte nach Art. 5 EGAktG – unzulässig, weil eine Herabsetzung der Kompensation nicht vorgesehen ist.[31] Unklarheiten sind durch das Gericht aufzuklären und zu beheben, § 28 Abs. 2 FamFG.[32] Mehrere Antragsschriften desselben Antragstellers sind nur ein Antrag und führen nicht zu einer Mehrzahl von Spruchverfahren.

---

[20] Dreier/Fritzsche/Verfürth/*Antczak*/*Fritzsche* Rn. 12; *Klöcker*/*Frowein* Rn. 12; *Lutter*/*Mennicke* Rn. 6.
[21] → § 3 Rn. 29; aA Lutter/*Mennicke* Rn. 6; Simon/*Leuering* Rn. 23.
[22] AllgM Hüffer/Koch/*Koch* Rn. 4.
[23] LG Berlin AG 2003, 647; Geibel/Süßmann/*Geibel*,2002, AktG § 327f Rn. 16; *Wasmann* DB 2003, 1559; *Wasmann* WM 2004, 819 (822); *Bungert*/*Mennicke* BB 2003, 2021 (2022) Fn. 18; Hüffer/Koch/*Koch* Rn. 5; Kölner Komm AktG/*Koppensteiner* AktG § 327f Rn. 16; Dreier/Fritzsche/Verfürth/*Antczak*/*Fritzsche* Rn. 7; Emmerich/Habersack/*Emmerich* § 3 Rn. 11a; Lutter/*Mennicke* Rn. 7; Simon/*Leuering* Rn. 33; MüKoAktG/*Kubis* Rn. 7; aA BayObLG NZG 2006, 33; LG München I NZG 2005, 91; Hüffer/Koch/*Koch* Rn. 5.
[24] OLG Frankfurt NZG 2006, 153; LG Frankfurt NZG 2004, 425; NK-AktR/*Weingärtner* Rn. 7; MüKoAktG/*Kubis* Rn. 7; aA *Wasmann* DB 2003, 1559; Kölner Komm SpruchG/*Wasmann* Rn. 7; *Wittgens*, Das Spruchverfahrensgesetz, 2005, 140; Lutter/*Mennicke* Rn. 7.
[25] BayObLG DB 2005, 214; BayObLGZ 2002, 56 = NZG 2002, 877; OLG Stuttgart DB 1992, 1470; Dreier/Fritzsche/Verfürth/*Antczak*/*Fritzsche* Rn. 7; Lutter/*Mennicke* Rn. 7; Widmann/Mayer/*Wälzholz* Rn. 23; Kölner Komm SpruchG/*Wasmann* Rn. 7; Emmerich/Habersack/*Emmerich* § 3 Rn. 11a; Hüffer/Koch/*Koch* Rn. 5; Simon/*Leuering* Rn. 33.
[26] Lutter/*Mennicke* Rn. 5.
[27] AA OLG Frankfurt AnwBl. 1985, 327 zum WEG
[28] Hüffer/Koch/*Koch* Rn. 5; Simon/*Leuering* Rn. 13.
[29] LG Köln ZIP 2004, 220.
[30] BGH NZG 2012, 191 Rn. 23.
[31] MüKoAktG/*Kubis* Rn. 3; Simon/*Leuering* Rn. 9 f.; aA Dreier/Fritzsche/Verfürth/*Antczak*/*Fritzsche* § 3 Rn. 32.
[32] LG Düsseldorf AG 2001, 373; Simon/*Leuering* Rn. 8.

8   Die Einreichung des Antrags **beim örtlich unzuständigen Gericht** wahrt die Frist.[33] Dass die Einreichung bei jedem „zunächst" zuständigen Gericht im Fall des § 2 Abs. 1 S. 3 die Antragsfrist wahren soll (§ 4 Abs. 1 S. 2), könnte man zwar dahin verstehen, dass die Einreichung bei einem unzuständigen Gericht die Antragsfrist nicht wahrt.[34] Der Umkehrschluss ist aber nicht zwingend. § 4 Abs. 1 S. 2 lautet nicht dahin, dass „nur" der Antrag bei jedem zunächst zuständigen Gericht die Frist wahrt.[35] Nach der Gesetzesbegründung sollte nur klargestellt werden, dass in den Fällen des § 2 Abs. 1 S. 3 jedes Gericht zuständig ist.[36] Der Gesetzgeber sah sich zu dieser Klarstellung veranlasst, weil aufgrund der später vom Bundesgerichtshof abgelehnten[37] unzutreffenden Rechtsprechung des Kammergerichts[38] die Besorgnis bestand, dass in diesen Fällen eine Abweisung des Antrags wegen der fehlenden Zuständigkeit erfolgen könnte. Das unzuständige Gericht hat das Verfahren vielmehr wie in § 281 ZPO zu verweisen, § 3 Abs. 1 FamFG. In allen Verfahren der freiwilligen Gerichtsbarkeit wahrt die Einreichung eines schriftlichen Antrags beim unzuständigen Gericht grundsätzlich eine Antragsfrist,[39] weil das Verfahren vor dem zuständigen und unzuständigen Gericht einheitlich ist (vgl. § 3 Abs. 3 und 4 FamFG).[40] Im Spruchverfahren ist sogar die Rechtswegverweisung aus einem normalen Zivilprozess fristwahrend, § 17a Abs. 2 GVG.[41] Es gibt keinen Grund, diese Rechtswegverweisung fristwahrend zuzulassen, aber bei der Anrufung eines örtlich unzuständigen Gerichts die Antragsfrist für versäumt zu erachten. Da auch das unzuständige Gericht den Antragsgegner über den Eingang des Antrags informieren muss, ist sein Interesse, innerhalb eines angemessenen Zeitraums Klarheit darüber zu erhalten, ob die Kompensation unverändert bleibt, gewahrt. Zu berücksichtigen ist auch, dass der Zugang zu den Gerichten gerade in aktienrechtlichen Verfahren nicht unzumutbar und ohne sachlich rechtfertigenden Grund erschwert werden darf[42] und kein sachlicher Grund erkennbar ist, warum in Spruchverfahren die Anrufung des unzuständigen Gerichts in Gegensatz zu allen anderen Verfahren zum endgültigen Rechtsverlust führen soll. Als Beschränkung ist Abs. 1 S. 2 auch nicht eingeführt worden; vielmehr musste vor dem Hintergrund der – verfehlten[43] – Rechtsprechung des Kammergerichts zur Fristwahrung nur durch Antragseingang beim zuständigen Gericht[44] klargestellt werden, dass jedenfalls in den genannten Fällen der Antragseingang beim zunächst zuständigen Gericht genügt.[45] Die Bestimmung des zuständigen Gerichts ist in den Ländern, in denen eine Konzentrationszuständigkeit besteht, schließlich auch nicht immer einfach. Versäumt ist die Frist nur dann, wenn sich der Antragsteller der Geschäftsstelle eines Amtsgerichts nach § 25 Abs. 3 FamFG zur Aufnahme seines Antrags und Weiterleitung an das zuständige Gericht bedient, er dort aber verspätet ankommt.[46]

9   **4. Entscheidung und Rechtsbehelfe. a) Zulässigkeitsfrage.** Ein verfristeter Antrag ist als **unzulässig** abzuweisen.[47] Die Antragsfrist wurde bisher meist in der Folge der Formulierung in

---

[33] LG Stuttgart BeckRS 2013, 02124; Emmerich/Habersack/*Emmerich* Rn. 5; Widmann/Mayer/*Wälzholz* Rn. 20; *Kollrus* MDR 2009, 607 (608); aA OLG München ZIP 2010, 369; OLG Frankfurt NZG 2009, 1225; OLG Düsseldorf AG 2016, 504 (505); NZG 2005, 719; LG Dortmund NZG 2005, 129; *Wasmann* WM 2004, 819 (823); Kölner Komm SpruchG/*Wasmann* Rn. 6; Hüffer/Koch/*Koch* Rn. 5; Bürgers/Körber/*Ederle/Theusinger* Rn. 5; Lutter/*Mennicke* Rn. 8; Dreier/Fritzsche/Verfürth/*Antczak/Fritzsche* Rn. 14 f.; *Klöcker/Frowein* Rn. 13; Simon/*Leuering* Rn. 32; MüKoAktG/*Kubis* Rn. 11; NK-Aktr/*Weingärtner* Rn. 12; *Wittgens*, Das Spruchverfahrensgesetz, 2005, 138; zur Rechtslage vor dem SpruchG wie hier BGHZ 166, 329 = NZG 2006, 426 Rn. 12 mAnm *Meinicke* BB 2006, 1242 und abl. Anm. *Hirte/Wittgens* EWiR 2006, 355; OLG Karlsruhe NZG 2005, 84; OLG Stuttgart ZIP 2008, 2020; aA OLG Frankfurt NZG 2006, 272; BayObLG DB 2005, 214; KG AG 2000, 364; LG Dortmund AG 1995, 468; offengelassen bei OLG Düsseldorf BeckRS 1995, 12482.
[34] *Lamb/Schluck-Amend* DB 2003, 1259 (1261); Hüffer/Koch/*Koch* Rn. 5.
[35] Widmann/Mayer/*Wälzholz* Rn. 20; *Kollrus* MDR 2009, 607 (609); aA Simon/*Leuering* Rn. 32.
[36] BT-Drs. 15/371, 13.
[37] BGHZ 166, 329 = NZG 2006, 426 Rn. 12.
[38] KG ZIP 2000, 498, 500.
[39] BGHZ 166, 329 = NZG 2006, 426 Rn. 12; zum WEG BGHZ 139, 305 = NJW 1998, 3648.
[40] MüKoFamFG/*Pabst* § 3 Rn. 18.
[41] Vgl. BGHZ 153, 47 = NJW 2003, 1032; LG München I AG 2004, 393.
[42] BVerfG WM 2010, 170.
[43] BGHZ 166, 329 = NZG 2006, 426.
[44] KG AG 2000, 364.
[45] BT-Drs. 15/371, 13.
[46] OLG Düsseldorf BeckRS 1995, 12482.
[47] OLG Stuttgart NZG 2004, 1162 zu Abs. 2; *Bungert/Mennicke* BB 2003, 2021 (2026); *Lamb/Schluck-Amend* DB 2003, 1259 (1261); *Wasmann* WM 2004, 819 (822); Kölner Komm SpruchG/*Wasmann* Vor § 1 Rn. 4; Dreier/Fritzsche/Verfürth/*Antczak/Fritzsche* Rn. 6; *Klöcker/Frowein* Rn. 7; Widmann/Mayer/*Wälzholz* Rn. 22; Kölner Komm AktG/*Koppensteiner* AktG Anh. § 327f Rn. 25; Simon/*Leuering* Rn. 20; *Wittgens*, Das Spruchverfahrensgesetz, 2005, 141; zum Erstantrag im früheren Recht BayObLGZ 2002, 56 = NZG 2002, 877; aA OLG Stuttgart NZG 2001, 854.

§ 304 Abs. 4 S. 2 AktG aF als materiellrechtliche Ausschlussfrist verstanden.[48] Nach § 13 S. 2 hat der einzelne Anteilsinhaber trotz Versäumung der Antragsfrist einen Abfindungsergänzungsanspruch, wenn mindestens ein zulässiger Antrag gestellt wurde, kann also nur nicht mehr selbst die Angemessenheit der Kompensation überprüfen lassen. Der Antrag hat daher als Voraussetzung für die Durchführung des Spruchverfahrens auch und vor allem verfahrensrechtliche Bedeutung,[49] weil er bestimmt, wer von den außenstehenden Anteilsinhabern am Verfahren beteiligt ist. Nur ohne Antrag irgendeines Anteilinhabers behält er mit dem Verlust des Anspruchs auf Anpassung der Kompensation weiterhin materiellrechlichen Charakter. Er unterscheidet sich insoweit von der aktienrechtlichen Anfechtungsklage. Daher ist weniger nach der begrifflichen Einordnung als nach dem Zweck der Frist zu entscheiden. Die Behandlung des verfristeten Antrags als unbegründet hätte die Einleitung einer materiellen Prüfung mit allen Konsequenzen – Bestellung eines gemeinsamen Vertreters, Amtsermittlung – und trotz Verfristung die Beteiligung des Antragstellers am Verfahren zusammen mit anderen Antragstellern, deren Antrag fristgerecht einging, zur Folge. Das widerspräche dem Zweck der Reform, die Effizienz des Verfahrens durch Abschaffung des Folgeantrags zu steigern. Schließlich sollen nach § 2 Abs. 2 alle Entscheidungen, die nicht die Hauptsache betreffen, durch den Vorsitzenden getroffen werden. Da § 2 Abs. 2 Nr. 3 eine Entscheidung des Vorsitzenden nur zu Fragen der Zulässigkeit des Antrags zulässt, könnte eine Entscheidung über einen verfristeten Antrag nur durch die Kammer in der Besetzung nach § 105 GVG getroffen werden. Ist die Versäumung der Antragsfrist eine Frage der Zulässigkeit, kann der Vorsitzende der KfH allein entscheiden, so dass gerade dann, wenn auch fristgerechte Anträge eingingen, rechtzeitig geklärt ist, wer am Verfahren formell beteiligt ist. Der unzulässige Antrag kann auch dann zurückgewiesen werden, wenn andere, zulässige Anträge gestellt sind.[50] Wenn die Verspätung zur Unbegründetheit führte, müsste der Antrag mit den anderen Anträgen in der Sache beschieden werden.

b) Rechtsmittel. Gegen die **Abweisung** des Antrags findet die **Beschwerde** nach § 12 statt, gegen eine die Zulässigkeit bejahende, nicht notwendige **Zwischenentscheidung** bis zum FamFG-RG die einfache Beschwerde.[51] Nach § 58 Abs. 1 FamFG findet gegen solche Zwischenentscheidungen ein Rechtsmittel nur noch statt, wenn es ausdrücklich zugelassen ist. Zwischenentscheidungen, die die Zulässigkeit eines Antrags aussprechen, sind davon abweichend entsprechend § 280 Abs. 2 ZPO, § 303 ZPO einer Endentscheidung gleichzustellen, so dass die Beschwerde gem. § 12 SpruchG, § 58 Abs. 1 FamFG stattfindet (→ § 12 Rn. 25). Ist die Antragsfrist versäumt, kann sich der Antragsteller anderen Anträgen nicht anschließen. Folgeanträge sind nicht mehr vorgesehen, eine Haupt- oder Nebenintervention zu anderen Anträgen scheidet aus (→ § 5 Rn. 10). 10

c) Wiedereinsetzung. Eine Wiedereinsetzung in die versäumte Antragsfrist ist auch nach dem mit dem FGG-RG eingeführten § 17 Abs. 1 FamFG nicht möglich.[52] Die Wiedereinsetzung nach § 17 Abs. 1 FamFG sollte zwar ausdrücklich nicht auf die Versäumung von Rechtsmittelfristen beschränkt bleiben.[53] Die Antragsfrist ist aber eine Ausschlussfrist. Die Möglichkeit einer Wiedereinsetzung nach § 17 Abs. 1 FamFG bezieht sich nicht auf Ausschlußfristen.[54] Ohne ausdrückliche Zulassung wie bei der Ausschlussfrist in § 46 Abs. 1 Satz 3 WEG durch den Gesetzgeber ist daher keine Wiedereinsetzung möglich. 11

III. Antragsbegründung

Der Antrag muss nach Abs. 2 begründet werden. Die **Begründung** muss nicht in der Antragsschrift selbst enthalten sein, sondern kann **innerhalb der Antragsfrist** nachgereicht werden. Entscheidend ist, dass alle geforderten Angaben bis zum Ende der Antragsfrist bei Gericht eingegangen 12

---

[48] BayObLGZ 2002, 56 = NZG 2002, 877; OLG Düsseldorf AG 1993, 39; Emmerich/Habersack/*Emmerich* Rn. 3; Kölner Komm AktG/*Koppensteiner* AktG § 304 Rn. 109; Bürgers/Körber/*Ederle*/*Theusinger* Rn. 3; aA Widmann/Mayer/*Wälzholz* Rn. 7.

[49] LG Dortmund NZG 2005, 129; Widmann/Mayer/*Wälzholz* Rn. 7; zum früheren Recht BayObLGZ 2002, 56 = NZG 2002, 877.

[50] OLG Stuttgart NZG 2004, 1162.

[51] OLG Stuttgart NZG 2004, 1162; → § 12 Rn. 23.

[52] Lutter/*Mennicke* Rn. 9; Preuß NZG 2009, 961 (963); MüKoAktG/*Kubis* Rn. 6; Hüffer/Koch/*Koch* Rn. 2; Kölner Komm SpruchG/*Wasmann* Rn. 4; Emmerich/Habersack/*Emmerich* Rn. 3; Dreier/Fritzsche/Verfürth/ *Antczak/Fritzsche* Rn. 5; aA Widmann/Mayer/*Wälzholz* Rn. 17; zur Rechtslage vor dem FGG-RG vgl. OLG Frankfurt NZG 2009, 1225; OLG Düsseldorf NZG 2005, 719; *Klöcker/Frowein* Rn. 15; Wittgens, Das Spruchverfahrensgesetz, 2005, 141.

[53] BT-Drs. 16/6308, 405.

[54] Keidel/*Sternal* FamFG § 17 Rn. 7; Prütting/Helms/*Ahn-Roth* FamFG § 17 Rn. 9a; MüKoFamFG/*Pabst* FamFG § 17 Rn. 4.

sind.⁵⁵ Eine nachgereichte Begründung muss keine Angaben nach Abs. 2 mehr enthalten, die bereits im Antrag enthalten waren, und kann auch in mehreren Teilen eingereicht werden.

13   **1. Frist und Fristverlängerung.** Für die Begründungsfrist verweist Abs. 2 auf die Frist nach Abs. 1. Zum Fristbeginn und Fristende gelten daher → Rn. 3 ff. entsprechend. Die Antragsbegründungsfrist für die Einwendungen nach Abs. 2 Nr. 4 kann verlängert werden. Für die Angaben nach Abs. 2 Nr. 1 bis 3 besteht keine Verlängerungsmöglichkeit, auch nicht durch Vereinbarung der Beteiligten (→ Rn. 6).

14   Die **Verlängerung** setzt einen **Antrag** innerhalb der Antragsfrist voraus,⁵⁶ der schriftlich oder durch Erklärung zu Protokoll der Geschäftsstelle gestellt werden kann (→ Rn. 16). Voraussetzung ist, dass der Antragsteller nicht über den Bericht über den Unternehmensvertrag, den Eingliederungsbericht, den Bericht über die Übertragung der Aktien auf den Hauptaktionär oder den Umwandlungsbericht, oder, soweit ein solcher erforderlich war, über den Prüfbericht des sachverständigen Prüfers verfügt. Es genügt, wenn der Antragsteller über eine dieser Unterlagen nicht verfügt. Andere erhebliche Gründe als das Fehlen der Unterlagen rechtfertigen eine Verlängerung nicht.⁵⁷ Die Verlängerung setzt weiter voraus, dass der Antragsteller das **Fehlen** der **Unterlagen nicht zu vertreten** hat. Da die Unterlagen vor einer Hauptversammlung zur Einsicht der Aktionäre auszulegen sind und auf Verlangen eine Abschrift zu erteilen ist, kommt dies nur in Betracht, wenn der Antragsteller aus nicht von ihm zu vertretenden Gründen, etwa infolge einer schweren Erkrankung, die auch keine Vertretung erlaubte, an einer Kenntnisnahme anlässlich der Hauptversammlung verhindert war⁵⁸ oder die Anteile erst nach einer Hauptversammlung erworben hat.⁵⁹ Der Antragsteller muss auch darlegen, dass er die Unterlagen vergeblich bei der Gesellschaft angefordert hat.⁶⁰ Allein die mangels Pflicht⁶¹ berechtigte Weigerung der Gesellschaft, sie ihm zu übersenden, führt nur zur Verlängerung, wenn der Antragsteller nicht schon zuvor das Fehlen der Unterlagen zu vertreten hat.⁶² Das Fehlen der Unterlagen und das fehlende Verschulden sind innerhalb der Antragsfrist **glaubhaft zu machen**. Die Verlängerung setzt weiter voraus, dass innerhalb der Antragsfrist ein **Antrag** nach § 7 Abs. 3 **auf Abschrifterteilung** gestellt wird.

15   Der **Verlängerungsbeschluss** kann mit dem Beschluss über die Erteilung von Abschriften verbunden werden. Die Dauer der Verlängerung hängt davon ab, wann die noch verlangten Unterlagen nach § 7 Abs. 3 vorgelegt werden. Da dies weder der Antragsteller noch das Gericht im Voraus bestimmen können, ist auch eine mehrfache Verlängerung möglich, wenn die Abschriften bis zum Fristende nicht oder erst knapp davor erteilt werden. Dem Antragsteller muss ausreichend Zeit zur Beurteilung bleiben. Eine Wiedereinsetzung ist auch hier nicht möglich.⁶³ Über die Verlängerung entscheidet nach § 2 Abs. 2 Nr. 3 der Vorsitzende der KfH.

16   **2. Form.** Wie der Antrag kann auch die Begründung zu Protokoll der Geschäftsstelle oder schriftlich eingereicht werden. Soweit der Antrag unterschrieben ist, genügt es für die Begründung, dass sie mit ausreichender Sicherheit den Antragsteller als Urheber erkennen lässt. Antragsschrift und Antragsbegründung sind insoweit als Einheit zu betrachten, auch wenn sie in verschiedenen Schriftsätzen verkörpert sind.

17   **3. Inhalt der Begründung. a) Bezeichnung des Antragsgegners.** Gefordert wird damit eine konkrete Bezeichnung mit Name und Anschrift, bei Gesellschaften mit Vertretungsverhältnissen entsprechend den Anforderungen des § 253 Abs. 2 Nr. 1 ZPO.⁶⁴ Bei der BGB-Außengesellschaft genügt die Gesellschaft.⁶⁵ Eine unzureichende Angabe kann auch nach Ablauf der Antragsfrist berichtigt oder ergänzt werden. Die Angabe dient nur der Erleichterung der Verfahrensgestaltung und bestimmt nicht den Antragsgegner, der sich aus § 5 ergibt. Eine inhaltlich falsche Angabe schadet nicht, solange die Strukturmaßnahme sowie die Kompensation und damit der Verfahrensgegenstand

---

⁵⁵ Hüffer/Koch/*Koch* Rn. 9; Simon/*Leuering* Rn. 17.
⁵⁶ OLG Frankfurt NZG 2006, 674; LG Dortmund DB 2004, 2685.
⁵⁷ Lutter/*Mennicke* Rn. 22; MüKoAktG/*Kubis* Rn. 23; offen *Büchel* NZG 2003, 793 (795), der auch eine Wiedereinsetzung ermöglichen will.
⁵⁸ Vgl. BReg BT-Drs. 15/371, 27; *Wasmann* WM 2004, 819 (824); MüKoAktG/*Kubis* Rn. 23.
⁵⁹ Kölner Komm AktG/*Koppensteiner* AktG Anh. § 327f Rn. 21; MüKoAktG/*Kubis* Rn. 23; Simon/*Leuering* Rn. 54.
⁶⁰ OLG München NZG 2009, 190; *Bungert/Mennicke* BB 2003, 2021 (2026); Lutter/*Mennicke* Rn. 21; Dreier/Fritzsche/Verfürth/*Antczak/Fritzsche* Rn. 32; *Klöcker/Frowein* Rn. 33; Bürgers/Körber/*Ederle/Theusinger* Rn. 10.
⁶¹ LG Dortmund DB 2004, 2685; *Meilicke/Heidel* DB 2003, 2267 (2270).
⁶² LG Dortmund DB 2004, 2685.
⁶³ → Rn. 11; aA *Büchel* NZG 2003, 793 (795); einschränkend *Klöcker/Frowein* Rn. 34.
⁶⁴ OLG Hamburg AG 2005, 927 zur Angabe des organschaftlichen Vertreters.
⁶⁵ AA Kölner Komm AktG/*Koppensteiner* AktG Anh. § 327f Rn. 14.

davon unberührt bleiben.[66] Der falsch benannte Antragsgegner wird jedoch bis zu einer Berichtigung neben dem richtigen Antragsgegner formell Beteiligter, wenn er vom Verfahren benachrichtigt wird, und hat unter Umständen nach den allgemeinen Grundsätzen wie ein anderer fälschlich in ein Verfahren gezogener Beteiligter einen Kostenerstattungsanspruch gegen den Verursacher (zu den Gerichtskosten → § 15 Rn. 21). Den richtigen Antragsgegner hat das Gericht nach § 7 Abs. 2 Nr. 1 FamFG von Amts wegen zu beteiligen. Der Antrag gegen den „falschen" Antragsgegner ist ggf. als unzulässig abzuweisen.[67]

b) Darlegung der Antragsberechtigung. Dazu genügt in der Regel die Angabe, dass der 18 Antragsteller zum nach § 3 maßgebenden Zeitpunkt[68] Aktionär oder Gesellschafter ist bzw. bei der Eingliederung und beim Squeeze-out war. Bei manchen Maßnahmen nach dem UmwG oder bei der SE-Gründung gehört dazu, dass der Antragsteller der Maßnahme widersprochen hat.[69] Der Namensaktionär muss nicht auch darlegen, dass er im Aktienregister eingetragen ist, weil – wenn man schon § 67 Abs. 2 AktG auf die Antragsberechtigung anwendet – die Darlegung, Aktionär zu sein, die Behauptung der Eintragung im Aktienregister impliziert.[70] Darlegung bedeutet noch nicht Nachweis, so dass der Nachweis auch noch nach Ablauf der Antragsfrist nachgereicht werden kann (→ § 3 Rn. 18 mwN).

c) Angabe der Strukturmaßnahme. Der Antragsteller hat weiter Angaben zur Art der Struk- 19 turmaßnahme und der vom Gericht zu bestimmenden Kompensation zu machen. Er muss die Strukturmaßnahme – Beherrschungs- oder Gewinnabführungsvertrag, Eingliederung, Squeeze-out, Verschmelzung, Formwechsel – möglichst konkret unter Angabe der beteiligten Gesellschaften, Nennung des Vertrags usw benennen und die Art der Kompensation bezeichnen, die bestimmt werden soll – Ausgleich oder Abfindung oder beides.[71] Ein Antrag, die Kompensation auf eine bestimmte Höhe zu ändern, wird nicht verlangt.[72] Wenn bei einer Strukturmaßnahme sowohl Ausgleich als auch Abfindung oder sowohl Barabfindung als auch Abfindung in Aktien möglich sind, wird mit der Antragsbegründung der Verfahrensgegenstand festgelegt. Ein späterer Wechsel ist dann nicht mehr möglich. Der Antragsteller kann aber, sofern die Voraussetzungen vorliegen, angeben, dass er beides überprüft haben will.[73] Wird dagegen die Strukturmaßnahme fehlerhaft bezeichnet, schadet dies nicht, solange der Verfahrensgegenstand bestimmt bleibt.[74]

d) Bewertungsrüge. Konkrete Einwendungen gegen die Angemessenheit der Kompensa- 20 tion nach § 1 oder den als Grundlage für die Kompensation ermittelten Unternehmenswert, soweit er sich aus den Unterlagen nach § 7 Abs. 3 ergibt, sind die eigentliche Antragsbegründung. Die genannten Unterlagen (Bericht über den Unternehmensvertrag, den Eingliederungsbericht, den Bericht über die Übertragung der Aktien auf den Hauptaktionär oder den Umwandlungsbericht, und, soweit ein solcher erforderlich war, über den Prüfbericht des sachverständigen Prüfers) haben für die möglichen Einwendungen entscheidende Bedeutung, weil sich die Kompensation am Unternehmenswert bemisst und die Antragsteller in der Regel nicht über weitere Kenntnisse des Unternehmenswertes verfügen. Einwendungen sind daher entbehrlich, wenn diese Unterlagen keine Angaben zu den maßgeblichen Unternehmenswerten enthalten oder nicht vorhanden sind.[75] Umgekehrt sind die Einwendungen nicht darauf beschränkt, dass sie sich aus den Unterlagen ergeben oder sich gegen Aussagen in diesen Unterlagen richten.[76]

---

[66] OLG Stuttgart NZG 2004, 1162; Lutter/*Mennicke* Rn. 11; *Wittgens*, Das Spruchverfahrensgesetz, 2005, 146; enger NK-AktR/*Weingärtner* § 5 Rn. 3; differenzierend Simon/*Leuering* Rn. 37; ähnlich MüKoAktG/*Kubis* Rn. 13; aA OLG Düsseldorf NZG 2012, 1181 (1192); LG München I ZIP 2010, 1995 (1996); AG 2017, 501 (502); *Wasmann* WM 2004, 819 (825); Emmerich/Habersack/*Emmerich* Rn. 7 und § 5 Rn. 4; *Klöcker/Frowein* § 5 Rn. 1; Kölner Komm SpruchG/*Wasmann* § 5 Rn. 2; zur Rechtslage vor dem SpruchG LG Düsseldorf AG 2001, 373.
[67] OLG Stuttgart AG 2010, 758.
[68] OLG Stuttgart AG 2008, 783; OLG Frankfurt NZG 2006, 151 und 153; OLG Düsseldorf NZG 2005, 895.
[69] OLG Stuttgart NZG 2004, 1162; → § 3 Rn. 10 und 14.
[70] Im Erg. OLG Frankfurt NZG 2006, 297; aA Simon/*Leuering* Rn. 41.
[71] OLG Schleswig ZIP 2004, 2433; OLG Düsseldorf ZIP 2005, 300.
[72] Hüffer/Koch/*Koch* Rn. 7; Dreier/Fritzsche/Verfürth/*Antczak/Fritzsche* Rn. 24; *Klöcker/Frowein* Rn. 17; Emmerich/Habersack/*Emmerich* Rn. 11.
[73] Kölner Komm AktG/*Koppensteiner* AktG Anh. § 327f Rn. 16.
[74] OLG Stuttgart NZG 2004, 1162; *Wittgens*, Das Spruchverfahrensgesetz, 2005, 145; Kölner Komm SpruchG/*Wasmann* Rn. 13; differenzierend Lutter/*Mennicke* Rn. 14.
[75] Land/Hennings AG 2005, 380 (382); Meilicke/Heidel DB 2003, 2267 (2270); Lamb/Schluck-Amend DB 2003, 1259 (1264).
[76] Lutter/*Mennicke* Rn. 18.

21 Welche **Einzelheiten in der Begründung** gefordert werden können, hängt wesentlich davon ab, wie konkret die in § 7 Abs. 3 genannten Unterlagen Aussagen zur Unternehmensbewertung enthalten. Der Anspruch auf eine angemessene Kompensation und ihre Festsetzung durch ein unabhängiges Gericht sind ein Ausgleich dafür, dass der Anteilsinhaber den Eingriff in sein Anteilsrecht verfassungsrechtlich dulden muss. Seine Rechte dürfen nicht zu weitgehend beschränkt werden. Zweck der Angabe von konkreten Einwendungen ist, zu bestimmen, welche Bewertungsrügen Gegenstand des Verfahrens sind,[77] aber nicht aber der Ausschluss von Antragsberechtigten. Die Angaben müssen daher **weder richtig noch schlüssig** sein, um den Antrag zulässig zu machen,[78] erst recht gibt es keinen Grund zu verlangen, dass aus den Einwendungen auch noch eine erhebliche Erhöhung der Kompensation folgt.[79] Erforderlich ist aber, dass sie konkret sind.[80] **Allgemeine Wendungen** wie die, die gesamte oder eine einzelne Bewertung seien falsch, angesetzte Zahlen oder Zinssätze zu hoch oder zu niedrig, das Umtauschverhältnis sei unangemessen, **genügen nicht**.[81] Andererseits muss es ausreichen, wenn konkrete Gründe dafür genannt werden, warum der Basiszins, der Börsenkurs, die Planungsrechnung o. ä. anders anzunehmen sei,[82] zumal wenn der Prüfbericht die Zukunftserträge nur allgemein wiedergibt. Zu konkreteren Angaben ist der Antragsteller aufgrund der allgemeinen Ausführungen in den Berichten oft nicht in der Lage.[83] Die Begründungstiefe hängt insoweit durchaus davon ab, wie tief die Begründung der Berichte ist.[84] Sie muss sich aber darauf beziehen, der Bezug auf frühere Strukturmaßnahmen oder frühere Kurse genügt nicht.[85] Zu fordern ist auch, dass dargestellt wird, welche Auswirkungen die Kritik auf die Kompensation hat.[86] Nach einer bereits im Vergleichsweg, in der Regel im Rahmen einer Anfechtungsklage, erhöhten Kompensation muss der Antragsteller darlegen, warum nicht einmal die erhöhte Kompensation genügt.[87] Für das Anlegen „strenger Maßstäbe"[88] statt der gesetzlichen Maßstäbe gibt es keine Rechtfertigung.[89] Auch an die Vertretung durch spezialisierte Anwälte, die nicht vorgeschrieben ist, kann nicht angeknüpft werden.[90]

22 Konkrete **Verweise** auf bereits vorliegende Begründungen anderer Antragsteller sind zulässig, schon um unnötige Schreib- und Lesearbeit zu vermeiden,[91] nicht dagegen eine Begründung mit dem pauschalen Hinweis auf andere, nicht konkret genannte Anträge.[92] Der Zweck des Begründungserfordernisses, den Streitstoff festzulegen, ist mit der Bezugnahme auf einen konkreten anderen – ausreichend begründeten – Antrag erfüllt. Die Antragsteller können auch in der Replik nach § 7 Abs. 4 noch weitere Tatsachen vortragen, die nur bei Fristversäumnis nach § 10 zurückgewiesen werden können.[93] Macht der Antragsteller glaubhaft, dass er über die Unterlagen schuldlos nicht verfügt, so kann das Gericht unter den Voraussetzungen von Nr. 4 S. 2 eine Fristverlängerung bewilligen (→ Rn. 14).

---

[77] *Emmerich* FS Tilmann, 2003, 925 (929).
[78] KG AG 2012, 795; aA Simon/*Leuering* Rn. 56; *Wittgens* NZG 2007, 853 (854); MüKoAktG/*Kubis* Rn. 18; offenbar auch KG NZG 2008, 469; zur Folge von unschlüssigen Angaben → § 8 Rn. 3.
[79] AA *Wittgens* NZG 2007, 853 (855).
[80] *Wasmann* WM 2004, 819 (823).
[81] BGH NZG 2012, 191 Rn. 24; OLG München NZG 2009, 190; OLG Frankfurt NZG 2007, 873; KG NZG 2008, 469; AG 2012, 795; Hüffer/Koch/*Koch* Rn. 8; Dreier/Fritzsche/Verfürth/*Antczak*/*Fritzsche* Rn. 24 ff.; *Klöcker*/*Frowein* Rn. 29; *Noack,* Das Spruchverfahren nach dem Spruchverfahrensgesetz, 2014, 98.
[82] OLG Frankfurt NZG 2006, 674; Bürgers/Körber/*Ederle*/*Theusinger* Rn. 9; Dreier/Fritzsche/Verfürth/*Antczak*/*Fritzsche* Rn. 28; aA *Wittgens* NZG 2007, 853 (855).
[83] OLG Frankfurt NZG 2007, 875; Kölner Komm AktG/*Koppensteiner* AktG Anh. § 327f Rn. 13: Emmerich/Habersack/*Emmerich* Rn. 9.
[84] OLG Frankfurt NZG 2007, 875; KG AG 2012, 795; MüKoAktG/*Kubis* Rn. 19.
[85] LG München I ZIP 2010, 1995.
[86] *Simon*/*Leuering* Rn. 50.
[87] KG ZIP 2009, 1714.
[88] So KG NZG 2008, 469; *Lamb*/*Schluck-Amend* DB 2003, 1259 (1262); *Wittgens* NZG 2007, 853 (854); Bürgers/Körber/*Ederle*/*Theusinger* Rn. 9; ähnlich *Bungert*/*Mennicke* BB 2003, 2021 (2026).
[89] BGH NZG 2012, 191 Rn. 23.
[90] *Meilicke*/*Heidel* DB 2003, 2267 (2269); MüKoAktG/*Kubis* Rn. 21; aA *Büchel* NZG 2003, 793 (796); *Klöcker*/*Frowein* Rn. 29; Simon/*Leuering* Rn. 48.
[91] *Meilicke*/*Heidel* DB 2003, 2267 (2270); Dreier/Fritzsche/Verfürth/*Antczak*/*Fritzsche* Rn. 29.
[92] KG NZG 2008, 469; AG 2012, 795; Lutter/*Mennicke* Rn. 19; Dreier/Fritzsche/Verfürth/*Antczak*/*Fritzsche* Rn. 29; *Noack,* Das Spruchverfahren nach dem Spruchverfahrensgesetz, 2014, 99 f.
[93] *Büchel* NZG 2003, 793 (796); Kölner Komm SpruchG/*Wasmann* Rn. 19; Kölner Komm SpruchG/*Puszkajler* § 7 Rn. 30; Emmerich/Habersack/*Emmerich* Rn. 12; Hüffer/Koch/*Koch* Rn. 9; *Noack,* Das Spruchverfahren nach dem Spruchverfahrensgesetz, 2014, 104 ff.; aA NK-AktR/*Weingärtner* Rn. 17; NK-AktR/*Krenek* § 7 Rn. 15; Dreier/Fritzsche/Verfürth/*Verfürth*/*Schulenburg* § 7 Rn. 43; Lutter/*Mennicke* Rn. 16; Kubis FS Hüffer, 2010, 567 (571).

e) Zahl der gehaltenen Anteile. Der Antragsteller soll sie mitteilen, um die Bestimmung der 23
Gegenstandswerte für die Gebühren der Verfahrensbevollmächtigten zu erleichtern.[94] Ihr Fehlen hat
keine Folgen für den Antrag,[95] sondern nur für die Bemessung des Gegenstandswerts der Gebühren
seines Prozessbevollmächtigten (→ § 15 Rn. 29).

4. Entscheidung und Rechtsmittel. Fehlende oder fehlerhafte Angaben zum Antragsgegner 24
(→ Rn. 17) oder zur Art der Strukturmaßnahme haben keine Konsequenzen, solange der Verfahrensgegenstand bestimmbar bleibt.[96] Das gilt auch für Angaben zur Art der Kompensation. Hier ist der Verfahrensgegenstand aber unbestimmt, wenn bei mehreren angebotenen Kompensationen (wie Abfindung und Ausgleich) nicht bis zum Ablauf der Frist geklärt ist, welche Kompensation der Antragsteller bestimmt haben will. Dann fehlt ebenso wie bei einem nicht begründeten Antrag eine Zulässigkeitsvoraussetzung. Das gleiche gilt, wenn der Antragsteller für einen nicht maßgebenden Zeitpunkt seine Aktionärseigenschaft behauptet[97] oder in den Fällen, in denen ein Widerspruch notwendig ist, keinen Widerspruch behauptet. Der Antrag ist dann durch den Vorsitzenden der KfH als **unzulässig** abzuweisen.[98] Gegen die abweisende Entscheidung findet die Beschwerde nach § 12 statt, gegen eine die Zulässigkeit bejahende, nicht erforderliche Zwischenentscheidung eine Beschwerde nach § 12 SpruchG, § 58 Abs. 1 FamFG. Die Entscheidung über die Fristverlängerung nach Nr. 4 S. 2 ist nicht gesondert anfechtbar.

§ 5 Antragsgegner

Der Antrag auf gerichtliche Entscheidung in einem Verfahren nach § 1 ist in den Fällen
1. der Nummer 1 gegen den anderen Vertragsteil des Unternehmensvertrags;
2. der Nummer 2 gegen die Hauptgesellschaft;
3. der Nummer 3 gegen den Hauptaktionär;
4. der Nummer 4 gegen die übernehmenden oder neuen Rechtsträger oder gegen den Rechtsträger neuer Rechtsform;
5. der Nummer 5 gegen die SE, aber im Fall des § 9 des SE-Ausführungsgesetzes gegen die die Gründung anstrebende Gesellschaft;
6. der Nummer 6 gegen die Europäische Genossenschaft
zu richten.

Schrifttum: S. § 1 SpruchG, außerdem: *Beyerle*, Der Konkurs der Antragsgegner während des aktienrechtlichen Spruchstellenverfahrens, AG 1979, 306.

Übersicht

	Rn.		Rn.
I. Normzweck	1	4. Verschmelzung und Formwechsel	5
		5. SE-Gründung und Sitzverlegung	6
II. Antragsgegner	2–7	6. SCE-Gründung	7
1. Gewinnabführungs- oder Beherrschungsvertrag	2	**III. Veränderungen während des Verfahrens**	8
2. Eingliederung	3	**IV. Sonstige Beteiligte und Nebenintervention**	9–11
3. Übertragung	4		

I. Normzweck

Die Vorschrift bestimmt mit dem Antragsgegner entsprechend der bisher hM[1] den formell Verfah- 1
rensbeteiligten, der den Antragstellern gegenübersteht. Die Benennung eines Antragsgegners durch

---

[94] RegE BT-Drs. 15/371, 13.
[95] *Wasmann* WM 2004, 819 (824); MüKoAktG/*Kubis* Rn. 24; Dreier/Fritzsche/Verfürth/*Antczak*/*Fritzsche* Rn. 35.
[96] OLG Stuttgart NZG 2004, 1162; Widmann/Mayer/*Wälzholz* Rn. 27; aA LG München I ZIP 2010, 1995; Kölner Komm AktG/*Koppensteiner* AktG Anh. § 327f Rn. 25; Kölner Komm SpruchG/*Wasmann* § 5 Rn. 4; vgl. OLG Düsseldorf ZIP 2005, 300.
[97] OLG Stuttgart AG 2008, 783.
[98] → Rn. 19; OLG München NZG 2009, 190; OLG Stuttgart NZG 2004, 1162; Hüffer/Koch/*Koch* Rn. 9; Dreier/Fritzsche/Verfürth/*Antczak*/*Fritzsche* Rn. 18; Klöcker/Frowein Rn. 18; Emmerich/Habersack/*Emmerich* Rn. 13; Kölner Komm SpruchG/*Wasmann* Vor § 1 Rn. 5; Lutter/*Mennicke* Rn. 10; Simon/*Leuering* Rn. 46; Büchel NZG 2003, 793 (795); *Wittgens*, Das Spruchverfahrensgesetz, 2005, 160; Widmann/Mayer/*Wälzholz* Rn. 12.

[1] RegE BT-Drs. 15/371, 13. Tatsächlich war aber bislang der Antragsgegner nicht immer eindeutig, *Büchel* NZG 2003, 793 (796).

den Antragsteller ist für die Frage, wer Antragsgegner ist, ohne Bedeutung.[2] Das Gericht hat nach § 7 Abs. 2 FamFG den (richtigen) Antragsgegner als Beteiligten von Amts wegen zuzuziehen. Auch der Schuldner der Kompensation wird durch die Norm nicht bestimmt. Andere am Verfahrensausgang Interessierte, etwa das abhängige Unternehmen im Fall der Abfindung beim Beherrschungsvertrag, werden gleichzeitig als formell Beteiligte ausgeschlossen. Dem Antragsgegner sind in §§ 6 und 15 Zahlungspflichten auferlegt, in §§ 7–10 auch Verfahrensförderungspflichten. Als formell Beteiligter hat er einen Anspruch auf rechtliches Gehör und ist er beschwerdebefugt. Nr. 5 wurde durch das SEEG hinzugefügt,[3] Nr. 6 durch das Gesetz zur Einführung der Europäischen Genossenschaft.[4]

II. Antragsgegner

1. Gewinnabführungs- oder Beherrschungsvertrag. In den Fällen des Gewinn- und Beherrschungsvertrags ist Antragsgegner der andere Vertragsteil, die herrschende Gesellschaft.[5]

2. Eingliederung. Bei der Eingliederung ist die Hauptgesellschaft Antragsgegnerin,[6] auch wenn sie ihrerseits eine abhängige Gesellschaft ist.

3. Übertragung. Bei der zwangsweisen Übertragung ist der Hauptaktionär Antragsgegner.[7] Die Zurechnung von Aktien nach § 16 Abs. 4 AktG führt nicht zu einer Mehrheit von Antragsgegnern.

4. Verschmelzung und Formwechsel. Antragsgegner ist in den umwandlungsrechtlichen Sachverhalten jeweils der übernehmende oder neue Rechtsträger oder der Rechtsträger neuer Rechtsform,[8] bei der BGB-Gesellschaft daher die Gesellschaft.[9] Wenn mehrere neue Rechtsträger entstanden sind (etwa bei der Aufspaltung), sind alle neuen Rechtsträger Antragsgegner.[10]

5. SE-Gründung und Sitzverlegung. Wenn die Verbesserung des Umtauschverhältnisses oder der Abfindung bei der Gründung einer SE durch Verschmelzung begehrt wird, ist die neu gegründete SE Antragsgegnerin, ebenso bei der Sitzverlegung. Nach der ausdrücklichen Anordnung in Nr. 5 richtet sich dagegen der Antrag auf Erhöhung der Barabfindung bei der Gründung einer Holding-SE, der Fall von § 9 SEAG, gegen die deutsche, die Gründung anstrebende Gesellschaft. Wird nach der Gründung einer Holding-SE dagegen eine höhere bare Zuzahlung zur Verbesserung des Umtauschverhältnisses begehrt, ist nach dem Wortlaut von Nr. 5 die SE Antragsgegnerin.[11]

6. SCE-Gründung. Antragsgegnerin ist die neu entstandene Europäische Genossenschaft, sowohl in den Fällen des § 7 Abs. 4 S. 1 SCEAG als auch des § 7 Abs. 4 S. 2 SCEAG.

III. Veränderungen während des Verfahrens

Die **Eröffnung des Insolvenzverfahrens** über das Vermögen des Antragsgegners führt nicht entsprechend § 240 ZPO zur Unterbrechung oder gar Beendigung des Verfahrens.[12] Verfahrensgegenstand ist nicht unmittelbar der Zahlungsanspruch, der die Insolvenzmasse betrifft. Das Spruchverfahren dient nur der Bestimmung seiner Höhe. Mit der Eröffnung des Insolvenzverfahrens wird der Insolvenzverwal-

---

[2] → § 4 Rn. 18; aA Hüffer/Koch/*Koch* Rn. 2.
[3] Art. 5 G zur Einführung der Europäischen Gesellschaft (SEEG) v. 22.12.2004, BGBl. 2004 I 3675.
[4] Art. 7 Nr. 4 G v. 14.8.2006, BGBl. 2006 I 1911.
[5] OLG München NZG 2008, 753; Hüffer/Koch/*Koch* Rn. 2; zum früheren Recht hält OLG Düsseldorf AG 2008, 822 auch das abhängige Unternehmen für den Antragsgegner.
[6] Hüffer/Koch/*Koch* Rn. 2; zum früheren Recht OLG Düsseldorf AG 2005, 538; OLG Düsseldorf AG 2004, 212; LG Dortmund NZG 2004, 723.
[7] Hüffer/Koch/*Koch* Rn. 2; Widmann/Mayer/*Wälzholz* § 4 Rn. 4. Auch vor Inkrafttreten des SpruchG war Antragsgegner der Hauptaktionär und die Gesellschaft nicht zu beteiligen, BGHZ 207, 114 Rn. 25; OLG Saarbrücken AG 2004, 217 (218); OLG Hamburg AG 2004, 622 (623); OLG Düsseldorf NZG 2004, 622; OLG Stuttgart AG 2010, 758; OLG Düsseldorf AG 2012, 716 (717); OLG Frankfurt Der Konzern 2011, 59; aA OLG Düsseldorf AG 2009, 907 (908).
[8] Hüffer/Koch/*Koch* Rn. 3.
[9] Büchel NZG 2003, 793 (796); Hüffer/Koch/*Koch* Rn. 3; Widmann/Mayer/*Wälzholz* Rn. 5; aA Kölner Komm AktG/*Koppensteiner* AktG § 327f Rn. 14: auch die Gesellschafter.
[10] Hüffer/Koch/*Koch* Rn. 3; MüKoAktG/*Kubis* Rn. 3; Widmann/Mayer/*Wälzholz* § 4 Rn. 9.
[11] Möglicherweise anders gewollt nach RegEntwurf BT-Drs. 15/3405, 28.
[12] OLG Frankfurt AG 2016, 667 (668); OLG Düsseldorf AG 2016, 663 (665); OLG Düsseldorf AG 2012, 797; OLG Stuttgart AG 2010, 758; OLG Schleswig AG 2008, 828; OLG Frankfurt AG 2006, 206; OLG Hamburg NZG 2002, 189; BayObLGZ 1978, 209 = AG 1980, 76; MüKoAktG/*Kubis* Rn. 1; Kölner Komm AktG/*Koppensteiner* AktG § 306 Rn. 22; *Beyerle* AG 1979, 306; zweifelnd Emmerich/Habersack/*Emmerich* § 11 Rn. 17; aA Kölner Komm SpruchG/*Puszkajler* § 11 Rn. 57; Dreier/Fritzsche/Verfürth/*Antczak/Fritzsche* Rn. 11; *Wittgens*, Das Spruchverfahrensgesetz, 2005, 235.

ter aber als Partei kraft Amtes Beteiligter an Stelle des Antragsgegners.[13] Der **Tod** des Antragsgegners ist entsprechend zu behandeln. Zu Veränderungen durch Strukturmaßnahmen → § 3 Rn. 26 ff.

IV. Sonstige Beteiligte und Nebenintervention

Ein weiterer Verfahrensbeteiligter neben Antragstellern und Antragsgegnern ist der gemeinsame 9
Vertreter nach § 6. Dagegen ist die **abhängige Gesellschaft** beim Gewinnabführungs- und Beherrschungsvertrag kein Beteiligter. Im Gegensatz zur Zeit vor Inkrafttreten des SpruchG (§ 306 Abs. 4 S. 1 AktG aF) wird sie nicht mehr gehört. Auch nach § 7 Abs. 2 Nr. 1 FamFG ist sie nicht als Beteiligte hinzuziehen, weil ihre Rechte vom Verfahren nicht unmittelbar betroffen sind. Keine Beteiligten sind Muttergesellschaften, selbst wenn sie Zahlungen garantiert haben,[14] oder das Kreditinstitut, das nach § 327b Abs. 3 AktG Gewähr leisten muss.

Nebenintervention und Streitverkündung waren dem Verfahren nach dem FGG nicht grund- 10
sätzlich fremd.[15] Darum war die Streithilfe grundsätzlich zulässig.[16] Jetzt regelt § 7 FamFG, wer als Beteiligter hinzuziehen ist oder hinzugezogen werden kann. Unterschieden wird zwischen Muss- und Kann-Beteiligten (§ 7 Abs. 2 und 3 FamFG). Fakultativ sind Beteiligte nur hinzuziehen, wenn dies im FamFG oder einem anderen Gesetz vorgesehen ist. Das SpruchG enthält keine solchen Anordnungen.[17] Zwingend hinzuziehen sind diejenigen, deren Recht durch das Verfahren unmittelbar betroffen wird und diejenigen, die aufgrund einer gesetzlichen Regelung von Amts wegen oder auf Antrag zu beteiligen sind. Neben Antragstellern und Antragsgegnern sind daher gemeinsame Vertreter zu beteiligen, sofern sie bestellt sind. Im Übrigen ändert sich gegenüber dem bisherigen Beitritt nichts, weil alle, deren Recht unmittelbar betroffen ist, selbst oder über gemeinsame Vertreter beteiligt sind, und andere in ihrem Recht nicht unmittelbar betroffen sind.

Bei der Verschmelzung zweier Gesellschaften auf eine Dritte besteht wegen der Verbindungsmöglich- 11
keit beider Spruchverfahren (§ 2 Abs. 1 S. 2 2. Alt.) kein Bedürfnis für einen Beitritt der Anteilsinhaber der zweiten Gesellschaft; die Voraussetzungen einer Beteiligung nach § 7 Abs. 2 oder 3 FamFG bei den Anteilsinhabern liegen nicht vor, weil ihr Recht nicht unmittelbar betroffen wird (§ 7 Abs. 2 Nr. 1 FamFG). Für die Gründung einer SE durch Verschmelzung oder die Gründung einer Holding-SE sieht § 6a einen gemeinsamen Vertreter vor, so dass auch hier ein Beitritt oder eine Beteiligung der Anteilsinhaber ausgeschlossen ist. Kein Beitritt und keine Beteiligung nach § 7 FamFG ist den – durch den gemeinsamen Vertreter beteiligten – Antragsberechtigten möglich, die innerhalb der Antragsfrist keinen Antrag gestellt haben,[18] ebenso – mangels rechtlichem Interesse bzw. unmittelbarer Betroffenheit nach § 7 Abs. 2 Nr. 1 FamFG – Gesellschaftern eines Anteilsinhabers.[19] Die Organe des Antragsgegners oder, bei der Übertragung, der Aktiengesellschaft haben ebenfalls kein Beteiligungsrecht.[20] Eine **Beteiligung der verbleibenden Anteilsinhaber** bei der formwandelnden Umwandlung zum Schutz gegen eine zu hohe Abfindung ist nicht erforderlich, weil die Gesellschaft ihre Interessen vertritt.[21] Da sie nicht selbst zahlungspflichtig sind, wird ihr Recht auch nicht unmittelbar betroffen, § 7 Abs. 2 Nr. 1 FamFG. Auch die Interessen der Anteilsinhaber der herrschenden Gesellschaft beim Unternehmensvertrag werden durch die Gesellschaft als Antragsgegnerin selbst gewahrt, so dass kein unmittelbares rechtliches Interesse ihrer Anteilsinhaber an einer Streithilfe besteht.[22] Über die Zulässigkeit eines Beitritts hatte das Gericht

---

[13] OLG Schleswig AG 2008, 828; BayObLG AG 2001, 594; BayObLGZ 1978, 209 = AG 1980, 76; Widmann/Mayer/*Wälzholz* Rn. 12; MüKoAktG/*Kubis* Rn. 1.

[14] AA Kölner Komm SpruchG/*Wasmann* Vor § 1 Rn. 13; Emmerich/Habersack/*Emmerich* Rn. 6; zur Rechtslage vor dem SpruchG OLG Düsseldorf AG 1992, 200; MüKoAktG/*Bilda*, 2. Aufl. 2000, AktG § 306 Rn. 74.

[15] BayObLGZ 2001, 339 = NZG 2002, 133; Simon/*Leuering* § 3 Rn. 8.

[16] LG Lübeck AG 1999, 575; *Klöcker*/*Frowein* Rn. 29; offen OLG Schleswig NZG 2000, 48.

[17] *Preuß* NZG 2009, 961 (962).

[18] OLG Stuttgart ZIP 2007, 250; OLG Frankfurt AG 2006, 295; BayObLGZ 2001, 339 = NZG 2002, 133; OLG Schleswig NZG 2000, 48; LG Frankfurt AG 2005, 544; *Preuß* NZG 2009, 961 (962); Lutter/*Mennicke* § 3 Rn. 1; *Klöcker*/*Frowein* Rn. 29; *Backhaus*, Die Beteiligung Dritter bei aktienrechtlichen Rechtsbehelfen, 2009, 131; differenzierend Simon/*Leuering* § 3 Rn. 5: nur, wenn ein gemeinsamer Vertreter bestellt ist.

[19] OLG Schleswig NZG 2000, 48; *Klöcker*/*Frowein* Rn. 29; Widmann/Mayer/*Wälzholz* § 17 Rn. 20.1; aA Kölner Komm SpruchG/*Wasmann* Vor § 1 Rn. 14.

[20] Weitergehend *Backhaus*, Die Beteiligung Dritter bei aktienrechtlichen Rechtsbehelfen, 2009, 135: bei rechtlichem Interesse.

[21] *Backhaus*, Die Beteiligung Dritter bei aktienrechtlichen Rechtsbehelfen, 2009, 132; aA *Vetter* ZHR 168 (2004) 8 (35); *Wittgens*, Das Spruchverfahrensgesetz, 2005, 132; erwogen von BGHZ 146, 179 = NJW 2001, 1425.

[22] *Backhaus*, Die Beteiligung Dritter bei aktienrechtlichen Rechtsbehelfen, 2009, 132; aA *Preuß* NZG 2009, 961 (962); *Vetter* ZHR 168 (2004) 8 (35); *Wittgens*, Das Spruchverfahrensgesetz, 2005, 132; Emmerich/Habersack/*Emmerich* § 3 Rn. 1; für Nebenintervention bei einer herrschenden Personengesellschaft wegen der persönlichen Haftung Simon/*Leuering* § 3 Rn. 10.

nach dem FGG nur zu entscheiden, wenn der Beitritt nicht von den Beteiligten hingenommen wird.[23] Für Verfahren, die seit 1. September 2009 beantragt wurden, hat das Gericht dagegen von Amts wegen zu entscheiden, ob es einem Antrag auf Hinzuziehung entspricht, § 7 Abs. 5 S. 1 FamFG. Gegen den ablehnenden Beschluss findet die sofortige Beschwerde nach §§ 567 ff. ZPO statt, § 7 Abs. 5 S. 2 FamFG.

§ 6 Gemeinsamer Vertreter

(1) ¹Das Gericht hat den Antragsberechtigten, die nicht selbst Antragsteller sind, zur Wahrung ihrer Rechte frühzeitig einen gemeinsamen Vertreter zu bestellen; dieser hat die Stellung eines gesetzlichen Vertreters. ²Werden die Festsetzung des angemessenen Ausgleichs und die Festsetzung der angemessenen Abfindung beantragt, so hat es für jeden Antrag einen gemeinsamen Vertreter zu bestellen, wenn aufgrund der konkreten Umstände davon auszugehen ist, dass die Wahrung der Rechte aller betroffenen Antragsberechtigten durch einen einzigen gemeinsamen Vertreter nicht sichergestellt ist. ³Die Bestellung eines gemeinsamen Vertreters kann vollständig unterbleiben, wenn die Wahrung der Rechte der Antragsberechtigten auf andere Weise sichergestellt ist. ⁴Das Gericht hat die Bestellung des gemeinsamen Vertreters im Bundesanzeiger bekannt zu machen. ⁵Wenn in den Fällen des § 1 Nr. 1 bis 3 die Satzung der Gesellschaft, deren außenstehende oder ausgeschiedene Aktionäre antragsberechtigt sind, oder in den Fällen des § 1 Nr. 4 der Gesellschaftsvertrag, der Partnerschaftsvertrag, die Satzung oder das Statut des übertragenden oder formwechselnden Rechtsträgers noch andere Blätter oder elektronische Informationsmedien für die öffentlichen Bekanntmachungen bestimmt hatte, so hat es die Bestellung auch dort bekannt zu machen.

(2) ¹Der gemeinsame Vertreter kann von dem Antragsgegner in entsprechender Anwendung des Rechtsanwaltsvergütungsgesetzes den Ersatz seiner Auslagen und eine Vergütung für seine Tätigkeit verlangen; mehrere Antragsgegner haften als Gesamtschuldner. ²Die Auslagen und die Vergütung setzt das Gericht fest. ³Gegenstandswert ist der für die Gerichtsgebühren maßgebliche Geschäftswert. ⁴Das Gericht kann den Zahlungsverpflichteten auf Verlangen des Vertreters die Leistung von Vorschüssen aufgeben. ⁵Aus der Festsetzung findet die Zwangsvollstreckung nach der Zivilprozessordnung statt.

(3) ¹Der gemeinsame Vertreter kann das Verfahren auch nach Rücknahme eines Antrags fortführen. ²Er steht in diesem Falle einem Antragsteller gleich.

Schrifttum: S. § 1 SpruchG, außerdem: *Ackermann,* Zur Vergütung des Gemeinsamen Vertreters im Spruchstellenverfahren, AG 2001, 409; *App,* Das Spruchstellenverfahren bei der Abfindung von Gesellschaftern nach einer Umwandlung, BB 1995, 267; *Deiß,* Die Vergütung der Verfahrensbevollmächtigten und des gemeinsamen Vertreters im Spruchverfahren, NZG 2013, 248; *Geßler,* Zur Stellung des gemeinsamen Vertreters im Verfahren nach §§ 304 AktG, 30 UmwG, BB 1975, 289; *Günal/Kemmerer,* Die Vergütung des gemeinsamen Vertreters der Minderheitsaktionäre, NZG 2013, 16; *Heß,* Sammelklagen im Kapitalmarktrecht, AG 2003, 113; *Kley/Lehmann,* Zur Stellung des gemeinsamen Vertreters nach §§ 304 ff. AktG, 30 ff. UmwG, BB 1973, 1096; *Lentfer,* Die Vergütung der gemeinsamen Vertreter gem. § 306 Abs. 4 AktG, BB 1998, 655; *Meilicke,* Ende des Spruchstellenverfahrens nach §§ 306 AktG, 30 UmwG durch Auskaufen der Antragsbefugnis außenstehender Aktionäre, DB 1972, 663; *Meilicke/Meilicke,* Die Rechtsstellung der nichtantragstellenden Aktionäre im Verfahren nach §§ 306 AktG, 30 UmwG, ZGR 1974, 296; *Pentz,* Geschäftswert, Gegenstandswert und Rechtsstellung des gemeinsamen Vertreters im Spruchstellenverfahren nach § 306 AktG, DB 1993, 621; *Rowedder,* Der gemeinsame Vertreter gem. § 306 Abs. 4 AktG – Rechtsstellung, Vertretungsmacht und Aufgabe, FS Rittner, 1991, 509; *Wasmann/Mielke,* Der gemeinsame Vertreter nach § 6 SpruchG, WM 2005, 822.

Übersicht

	Rn.		Rn.
I. Normzweck	1, 2	e) Bestellungsbeschluss	9
II. Aufgaben und Bestellung des gemeinsamen Vertreters	3–14	f) Bekanntmachung	10
		g) Wirksamwerden	11
1. Rechtsstellung und Aufgaben	3	h) Rechtsmittel	12
2. Bestellung	4–12		
a) Zeitpunkt	4	3. Abberufung	13, 14
b) Unterbleiben	5, 6	III. Fortsetzung des Verfahrens	15
c) Zahl	7	IV. Vergütung des gemeinsamen Vertreters	16–21
d) Auswahl	8		

---
[23] BayObLGZ 2001, 339 = NZG 2002, 133.

	Rn.		Rn.
1. Grundlagen	16	b) Vergütung	18, 19
2. Umfang und Höhe	17–19	3. Festsetzung	20
a) Auslagen	17	4. Vorschuss	21

I. Normzweck

Der gemeinsame Vertreter soll die **Interessen der Anteilsinhaber** zu schützen, die nicht selbst einen Antrag gestellt haben.[1] Im Spruchverfahren wird auch über die Höhe der Kompensation der Anteilsinhaber entschieden, die keinen Antrag gestellt haben. Die Entscheidung wirkt für und gegen alle Anteilsinhaber. Die Anteilsinhaber, die selbst keine Anträge stellen, sind daher materiell, aber nicht formell am Verfahren beteiligt.[2] Da sie meist unbekannt sind, wird ihnen zur Wahrung ihrer Interessen ein gemeinsamer Vertreter bestellt, der auch formell Beteiligter ist. Er kann Einwendungen gegen die Unternehmensbewertung erheben, die die Antragsteller nach § 4 Abs. 2 Nr. 4 und § 7 Abs. 4 versäumt haben (→ § 7 Rn. 5). Er kompensiert damit in gewisser Weise die Nachteile, die mit der Aufgabe der Amtsermittlungspflicht für eine gerechte Unternehmensbewertung verbunden sind.[3] Seine Aufgabe ist es aber auch, Sondervorteile der Antragsteller zu verhindern. 1

Die Bestellung eines gemeinsamen Vertreters zur Wahrung der Rechte der außenstehenden Anteilsinhaber durch das Gericht war sowohl im Spruchverfahren nach dem UmwG als auch nach dem AktG vorgesehen.[4] Das SpruchG hat lediglich hinzugefügt, dass er frühzeitig bestellt werden solle.[5] Neu ist, dass nicht mehr in jedem Fall, in dem sowohl die Festsetzung des angemessenen Ausgleichs als auch die Festsetzung der angemessenen Abfindung beantragt werden, für jeden Antrag ein gemeinsamer Vertreter bestellt werden muss.[6] Die Anlehnung der Vergütung an die Rechtsanwaltsvergütung entspricht einer früher verbreiteten, aber nicht einheitlichen Praxis.[7] Neu ist die Regelung des Gegenstandswertes. Dabei wurde durch den Rechtsausschuss die Bemessungsgrundlage von der Hälfte des für die Gerichtsgebühren maßgeblichen Geschäftswerts auf den für die Gerichtsgebühren maßgeblichen Geschäftswert verdoppelt.[8] Durch das SEEG wurde in Abs. 1 die Bekanntmachung der Bestellung statt des Antrags vorgeschrieben und damit ein Fehler beseitigt, gleichzeitig der Verweis auf das Rechtsanwaltsvergütungsgesetz aufgenommen.[9] 2

II. Aufgaben und Bestellung des gemeinsamen Vertreters

1. Rechtsstellung und Aufgaben. Als Vertreter der Anteilsinhaber, die keinen Antrag gestellt haben, hat der gemeinsame Vertreter die Stellung eines gesetzlichen Vertreters, Abs. 1 S. 2.[10] Er ist formell am Verfahren **Beteiligter** und kann Anträge stellen, Schriftsätze einreichen und an der mündlichen Verhandlung teilnehmen. Ob er in der Hauptsache auch Beschwerde einlegen kann, ist streitig (→ § 12 Rn. 8). Bei einem Vergleichsschluss disponiert er für die keinen Antrag stellenden Anteilsinhaber über die Höhe der Kompensation. Dabei hat er einen Ermessensspielraum.[11] Wenn Antragsteller das Verfahren fortsetzen, wirkt die Vereinbarung für die Anteilsinhaber, die keinen Antrag gestellt haben, wegen der Wirkung der gerichtlichen Entscheidung für und gegen alle Anteilsinhaber nach § 13 S. 2 nur, soweit in der endgültigen gerichtlichen Entscheidung keine höhere Kompensation festgesetzt wird. Der gemeinsame Vertreter kann daher auch nicht in einem Vergleich wirksam auf eine (weitere) Erhöhung der Kompensation für die Anteilsinhaber, die keinen Antrag gestellt haben, verzichten. Er kann schließlich, wenn alle anderen Anträge zurückgenommen worden sind, durch Rücknahmeerklärung auch über 3

---

[1] BayObLGZ 1991, 358 = AG 1992, 59; krit. *Büchel* NZG 2003, 793 (796).
[2] BayObLGZ 1973, 106; Kölner Komm AktG/*Koppensteiner* AktG § 306 Rn. 23; *Pentz* DB 1993, 621 (622); *Geßler* BB 1975, 289 (291).
[3] *Büchel* NZG 2003, 793 (797).
[4] § 308 Abs. 1 UmwG aF und § 306 Abs. 4 S. 2 AktG aF; zur Entwicklung *Wasmann/Mielke* WM 2005, 822.
[5] RegE BT-Drs. 15/371, 13.
[6] Anders § 308 Abs. 1 S. 3 UmwG aF, § 306 Abs. 4 S. 3 AktG aF.
[7] Vgl. BayObLG NZG 2002, 733; OLG Frankfurt AG 2003, 581; KG AG 2001, 590; BayObLG BB 1996, 974; BayObLGZ 1992, 91 = AG 1992, 266; OLG Düsseldorf DB 1984, 2188; dagegen *Ackermann* AG 2001, 409.
[8] BT-Drs. 15/838, 7 und 17 auf Vorschlag des DAV, Stellungnahme ZIP 2003, 552 (554).
[9] Art. 5 G zur Einführung der Europäischen Gesellschaft (SEEG) v. 22.12.2004, BGBl. 2004 I 3675.
[10] Vgl. BVerfG NJW 1992, 2076; BGH NZG 2014, 33 Rn. 18; *Büchel* NZG 2003, 793 (796); Hüffer/Koch/*Koch* Rn. 6; Lutter/*Mennicke* Rn. 10; Dreier/Fritzsche/Verfürth/*Dreier* Rn. 10; Emmerich/Habersack/*Emmerich* Rn. 12; Kölner Komm AktG/*Koppensteiner* § 306 Rn. 23 und Anh. § 327f Rn. 30; für Partei kraft Amtes *Heß* AG 2003, 113 (121); als notwendiger Streitgenosse *Rowedder* FS Rittner, 1991, 509 (518); als Pfleger *Meilicke/Meilicke* ZGR 1974, 296 (303); dazu auch *Geßler* BB 1975, 289 (291); *Kley/Lehmann* DB 1973, 1096.
[11] OLG München WM 2010, 1605.

das Verfahren bestimmen. Zu einer belastenden Verpflichtung der keinen Antrag stellenden Anteilsinhaber ist er aber nicht berechtigt.[12] Gegenüber den von ihm vertretenen Anteilsinhabern ist er unabhängig, an Weisungen nicht gebunden[13] und nicht rechenschaftspflichtig.[14] Ein gesetzliches Schuldverhältnis zu den Anteilsinhabern besteht nicht, so dass er sich ihnen abgesehen von § 826 BGB durch eine Pflichtverletzung auch nicht nach §§ 280, 311 BGB schadensersatzpflichtig macht.[15] Zur Erhebung einer Verfassungsbeschwerde ist er nicht berechtigt.[16]

4 **2. Bestellung. a) Zeitpunkt.** Der gemeinsame Vertreter soll möglichst **frühzeitig** bestellt werden. Der Zeitpunkt lässt sich nicht allgemein bestimmen. Es ist in der Regel nicht sachgerecht, den gemeinsamen Vertreter sofort nach dem Eingang eines Antrags zu bestellen. Dass auch ihm nach § 7 Abs. 1 die Antragsschrift zuzustellen ist, zwingt dazu nicht, da die Zustellung an den gemeinsamen Vertreter nicht gleichzeitig mit der an den Antragsgegner erfolgen muss. Bei Antragseingang steht oft noch nicht fest, ob der Antrag zulässig ist und die Angemessenheit der Kompensation in der Sache überprüft wird. Solange ist zur Wahrung der Beteiligtenrechte der nicht antragstellenden Anteilsinhaber auch kein Vertreter erforderlich.[17] Über die Zulässigkeit kann unter Umständen erst nach der Stellungnahme des Antragsgegners oder der Vorlage von Nachweisen entschieden werden. Auch wenn der Antrag unzweifelhaft zulässig ist, kann ein Fall vorliegen, in dem kein gemeinsamer Vertreter bestellt werden muss. Spätestens muss er vor einer mündlichen Verhandlung zur Hauptsache oder einer Beweisaufnahme bestellt sein.

5 **b) Unterbleiben.** Die **Bestellung** eines gemeinsamen Vertreters **unterbleibt,** wenn die Wahrung der Rechte der Antragsberechtigten auf andere Weise sichergestellt ist. Für einen **unzulässigen Antrag** muss kein gemeinsamer Vertreter bestellt werden.[18] Ein Spruchverfahren, das in diesem Fall durch den bereits bestellten gemeinsamen Vertreter fortgesetzt wird, widerspräche dem Zweck der Antragsfrist und machte sie ebenso wie das Begründungserfordernis überflüssig. Von der Bestellung ist auch abzusehen, wenn alle Antragsberechtigten selbst zulässige Anträge gestellt haben, was insbesondere in den Fällen vorkommt, in denen die Antragsberechtigung einen Widerspruch voraussetzt.[19] Wenn **alle** Antragsteller ihre **Anträge** vor der Bestellung eines gemeinsamen Vertreters **zurückgenommen** haben, muss er nicht mehr bestellt werden.[20] Die Verfahrensfortsetzung durch den gemeinsamen Vertreter setzt voraus, dass er bereits bestellt ist. Der Anlass für seine Bestellung ist mit der Rücknahme aller Anträge entfallen, weil das Verfahren dadurch beendet ist.

6 Sonst sind nur **Ausnahmefälle** denkbar,[21] beispielsweise wenn **alle** Anteilsinhaber, die keinen Antrag gestellt haben, ausdrücklich auf den gemeinsamen Vertreter verzichten,[22] sie sich mit dem Antragsgegner

---

[12] AllgM Hüffer/Koch/*Koch* Rn. 6.
[13] AllgM Hüffer/Koch/*Koch* Rn. 6.
[14] Hüffer/Koch/*Koch* Rn. 6; Lutter/*Mennicke* Rn. 11; Emmerich/Habersack/*Emmerich* Rn. 14; Kölner Komm SpruchG/*Wasmann* Rn. 21; Bürgers/Körber/*Ederle/Theusinger* Rn. 3; Widmann/Mayer/*Wälzholz* Rn. 32; Dreier/Fritzsche/Verfürth/*Dreier* Rn. 30; aA Simon/*Leuering* Rn. 33.
[15] *Wasmann/Mielke* WM 2005, 822 (827); Kölner Komm SpruchG/*Wasmann* Rn. 21; Bürgers/Körber/*Ederle/Theusinger* Rn. 3; Dreier/Fritzsche/Verfürth/*Dreier* Rn. 28 und 32; aA Hüffer/Koch/*Koch* Rn. 6; Widmann/Mayer/*Wälzholz* Rn. 33; Lutter/*Mennicke* Rn. 11; Simon/*Leuering* Rn. 32; Emmerich/Habersack/*Emmerich* Rn. 14; *Wittgens*, Das Spruchverfahrensgesetz, 2005, 127; *App* BB 1995, 267 (268); *Meilicke* DB 1972, 663 (665); offengelassen bei BGH NZG 2014, 33 Rn. 19; OLG München WM 2010, 1605.
[16] BVerfG NJW 2007, 3266.
[17] NK-AktR/*Weingärtner* Rn. 3; *Wittgens*, Das Spruchverfahrensgesetz, 2005, 105; aA Dreier/Fritzsche/Verfürth/*Dreier* Rn. 40.
[18] OLG Stuttgart NZG 2004, 97; RegE BT-Drs. 15/371, 14; *Wasmann/Mielke* WM 2005, 822 (825); *Büchel* NZG 2003, 793 (797); *Lamb/Schluck-Amend* DB 2003, 1259; *Wasmann* WM 2004, 819 (824); Hüffer/Koch/*Koch* Rn. 2; Lutter/*Mennicke* Rn. 3; *Klöcker/Frowein* Rn. 7; Widmann/Mayer/*Wälzholz* Rn. 5; MüKoAktG/*Kubis* Rn. 3; Kölner Komm AktG/*Koppensteiner* AktG § 306 Rn. 20 und Anh. § 327f Rn. 27; einschränkend – nur nicht bei offensichtlicher Unzulässigkeit – *Bungert/Mennicke* BB 2003, 2021 (2025); aA Dreier/Fritzsche/Verfürth/*Dreier* Rn. 41; zur Rechtslage vor dem SpruchG BayObLGZ 1991, 358 = AG 1992, 59 (60); OLG Frankfurt NJW 1972, 641.
[19] Kölner Komm SpruchG/*Wasmann* Rn. 23; *Wittgens*, Das Spruchverfahrensgesetz, 2005, 98; MüKoAktG/*Kubis* Rn. 3; aA wegen des Abfindungsergänzungsanspruchs, den der gemeinsame Vertreter aber nicht geltend macht, Simon/*Leuering* Rn. 7.
[20] OLG Stuttgart NZG 2004, 97; Kölner Komm AktG/*Koppensteiner* AktG Anh. § 327f Rn. 28; Emmerich/Habersack/*Emmerich* Rn. 4; Widmann/Mayer/*Wälzholz* Rn. 5; Lutter/*Mennicke* Rn. 3; Simon/*Leuering* Rn. 6; einschränkend – nur wenn Anträge unzulässig waren – *Wittgens*, Das Spruchverfahrensgesetz, 2005, 121; *Klöcker/Frowein* Rn. 8; aA Dreier/Fritzsche/Verfürth/*Dreier* Rn. 41; Kölner Komm SpruchG/*Wasmann* Rn. 26; Schmitt-Hörtnagl/Stratz/*Hörtnagl* Rn. 3.
[21] OLG Düsseldorf OLGZ 1971, 279 = AG 1971, 121; *Wasmann/Mielke* WM 2005, 822 (824); *Klöcker/Frowein* Rn. 13; Widmann/Mayer/*Wälzholz* Rn. 8; Lutter/*Mennicke* Rn. 6; Kölner Komm AktG/*Koppensteiner* AktG § 306 Rn. 20; Emmerich/Habersack/*Emmerich* Rn. 8.
[22] Dreier/Fritzsche/Verfürth/*Dreier* Rn. 43; *Klöcker/Frowein* Rn. 15; Lutter/*Mennicke* Rn. 6.

außergerichtlich geeinigt haben[23] oder sie einen Antragsteller, etwa eine Aktionärsschutzvereinigung, mit der Wahrnehmung ihrer Interessen beauftragt haben.[24] Da der Vertreter vor einer Antragsrücknahme Weisungen seiner Auftraggeber beachten muss und der Vertreter als Antragsteller auch formell am Verfahren beteiligt ist, sind ihre Interessen gewahrt. Dagegen kann von der Bestellung nicht abgesehen werden, wenn die Anteilsinhaber, die keinen Antrag gestellt haben, kein Interesse am Verfahren haben oder nicht mitgeteilt haben, sie wünschten eine Überprüfung der Kompensation,[25] wenn eine Aktionärsschutzvereinigung als Antragsteller am Verfahren beteiligt ist[26] oder die Antragsteller anwaltlich vertreten sind. Auch wenn nur um Rechtsfragen gestritten wird, ist ein gemeinsamer Vertreter zur Wahrung der Interessen der nicht antragstellenden Anteilsinhaber zu bestellen. Die Bestellung eines gemeinsamen Vertreters ist auch nicht überflüssig, wenn sich die nicht antragstellenden Anteilsinhaber auf einen gemeinsamen Bevollmächtigten geeinigt haben,[27] weil dieser nicht am Verfahren beteiligt ist. Ob die Voraussetzungen vorliegen, nach denen von der Bestellung eines gemeinsamen Vertreters abgesehen werden kann, hat das Gericht von Amts wegen zu ermitteln. Es kann dazu dem Antragsgegner nach § 7 Abs. 5 eine Erklärungsfrist setzen.

c) Zahl. Grundsätzlich ist **nur ein gemeinsamer Vertreter** zu bestellen, wenn mehrere Anträge gestellt werden und zu einem Verfahren verbunden werden, außer die Verfahren betreffen nicht dieselbe vom Gericht zu bestimmende Kompensation. Das gilt auch für verschiedene Aktiengattungen.[28] Auch wenn nach einer Strukturmaßnahme sowohl für den Ausgleich als auch die Abfindung ein Spruchverfahren eingeleitet wird, ist für das verbundene Verfahren grundsätzlich nur ein gemeinsamer Vertreter zu bestellen. Nur wenn die Wahrung der Rechte aller betroffenen Antragsberechtigten durch einen gemeinsamen Vertreter nicht sichergestellt ist, ist ein weiterer gemeinsamer Vertreter zu bestellen. Dass die Höhe der Abfindungszahlung auf die Höhe des Ausgleichs Auswirkungen haben kann, genügt dazu nicht.[29] Entscheidend ist, ob im konkreten Fall ein Interessengegensatz zwischen Anteilsinhabern besteht, die einen Ausgleich verlangen können, und denjenigen, die eine Abfindung verlangen können. Dieser kann, muss sich aber nicht aus dem Einfluss der Abfindungszahlung auf die Höhe des Ausgleichs ergeben.[30] Zwei gemeinsame Vertreter sind zu bestellen, wenn verschiedene Strukturmaßnahmen aufgrund sachlichen Zusammenhangs zu einem Verfahren verbunden werden (§ 2 Abs. 1 S. 2).[31] Satz 1 ist auf diesen Fall auch nicht analog anzuwenden, weil die Antragsteller der verschiedenen Gesellschaften verschiedene Interessen verfolgen.

d) Auswahl. Die Auswahl ist Sache des Gerichts. Dazu trifft das Gesetz keine näheren Bestimmungen.[32] Als gemeinsamer Vertreter ist eine natürliche Person zu bestellen.[33] Bei Bestellung einer Kapitalgesellschaft könnte der tatsächlich Handelnde ausgetauscht und die Auswahl des Gerichts konterkariert werden. **Ausgeschlossen** sind die **Antragsteller** selbst und ihre Vertreter, da der gemeinsame Vertreter eine von den Antragstellern unabhängige Stellung haben soll und ein jedenfalls potentieller Interessenkonflikt besteht.[34] Damit scheiden auch der **Antragsgegner** und seine Bevollmächtigten aus. Ein Wunsch der nicht beteiligten Anteilsinhaber soll bei der Auswahl des gemeinsamen Vertreters zu berücksichtigen sein.[35] Bestimmte berufliche Qualifikationen verlangt § 6 nicht. Der gemeinsame Vertreter soll aber sowohl mit der Unternehmensbewertung als auch mit der

---

[23] Dreier/Fritzsche/Verfürth/*Dreier* Rn. 43; *Klöcker*/*Frowein* Rn. 15; Lutter/*Mennicke* Rn. 6; Kölner Komm AktG/*Koppensteiner* AktG § 306 Rn. 20.
[24] *Klöcker*/*Frowein* Rn. 15; Lutter/*Mennicke* Rn. 6; Kölner Komm AktG/*Koppensteiner* AktG § 306 Rn. 20; aA Dreier/Fritzsche/Verfürth/*Dreier* Rn. 42.
[25] KG OLGZ 1972, 146 = AG 1972, 50; Hüffer/Koch/*Koch* Rn. 2; Dreier/Fritzsche/Verfürth/*Dreier* Rn. 42; *Klöcker*/*Frowein* Rn. 14; Widmann/Mayer/*Wälzholz* Rn. 9; Lutter/*Mennicke* Rn. 6; Kölner Komm AktG/*Koppensteiner* AktG § 306 Rn. 20; aA *Rowedder* FS Rittner, 1991, 509 (513).
[26] OLG Hamburg NZG 2002, 189; Dreier/Fritzsche/Verfürth/*Dreier* Rn. 42; Kölner Komm SpruchG/*Wasmann* Rn. 24; *Klöcker*/*Frowein* Rn. 14; Lutter/*Mennicke* Rn. 6; MüKoAktG/*Kubis* Rn. 9; Bürgers/Körber/*Ederle*/*Theusinger* Rn. 5; aA BayObLGZ 1991, 358 = AG 1992, 59; Widmann/Mayer/*Wälzholz* Rn. 8; *Wittgens*, Das Spruchverfahrensgesetz, 2005, 100; offen Emmerich/Habersack/*Emmerich* Rn. 8.
[27] *Klöcker*/*Frowein* Rn. 15; Widmann/Mayer/*Wälzholz* Rn. 9.
[28] Lutter/*Mennicke* Rn. 5.
[29] Vgl. RegE BT-Drs. 15/371, 14.
[30] Simon/*Leuering* Rn. 9; Kölner Komm AktG/*Koppensteiner* AktG Anh. § 327f Rn. 28.
[31] Lutter/*Mennicke* Rn. 5; Dreier/Fritzsche/Verfürth/*Dreier* Rn. 54.
[32] Krit. *Heß* AG 2003, 113 (120); für Listen *Wittgens*, Das Spruchverfahrensgesetz, 2005, 102.
[33] Dreier/Fritzsche/Verfürth/*Dreier* Rn. 47; *Klöcker*/*Frowein* Rn. 4; Widmann/Mayer/*Wälzholz* Rn. 14.1; *Backhaus*, Die Beteiligung Dritter bei aktienrechtlichen Rechtsbehelfen, 2009, 121; aA Kölner Komm SpruchG/*Wasmann* Rn. 28; MüKoAktG/*Kubis* Rn. 5.
[34] Kölner Komm SpruchG/*Wasmann* Rn. 28; Dreier/Fritzsche/Verfürth/*Dreier* Rn. 51; aA Simon/*Leuering* Rn. 14; Hölters/*Simons* Rn. 10.
[35] Dreier/Fritzsche/Verfürth/*Dreier* Rn. 52; *Klöcker*/*Frowein* Rn. 15.

Führung von Verfahren vertraut sein und auf diesem Gebiet beruflich tätig sein. Praktisch kommen neben Rechtsanwälten Wirtschaftsprüfer in Betracht.[36]

9 **e) Bestellungsbeschluss.** Die Bestellung erfolgt nach § 2 Abs. 2 Nr. 5 durch Beschluss des Vorsitzenden der KfH, der nicht begründet werden muss.[37] Er lautet auf die Bestellung des gemeinsamen Vertreters für das Verfahren unter Angabe von Namen und Anschrift. Wenn nach Abs. 1 Satz 1 zwei gemeinsame Vertreter bestellt werden, ist im Beschluss kenntlich zu machen, welcher Vertreter für den Ausgleich und welcher für die Abfindung bestellt wird.

10 **f) Bekanntmachung.** Der Bestellungsbeschluss ist im **Bundesanzeiger**[38] und ggf. in anderen in der Satzung des Rechtsträgers, dessen Gesellschafter antragsberechtigt sind, bestimmten Informationsmedien bekannt zu machen. Das Gericht muss dazu beim Antragsgegner die Satzung anfordern.[39] Die Bekanntmachung dient der Information der Antragsberechtigten, die keinen Antrag gestellt haben,[40] und hat auf die Wirksamkeit der Bestellung keinen Einfluss. Den Verfahrensbeteiligten und dem gemeinsamen Vertreter ist die Bestellung zudem unmittelbar bekannt zu geben, eine Zustellung ist nicht erforderlich, § 41 Abs. 1 FamFG.

11 **g) Wirksamwerden.** Die Bestellung wird mit der **Bekanntgabe** an den gemeinsamen Vertreter wirksam, § 40 Abs. 1 FamFG. Zur Übernahme des Amtes ist er nicht verpflichtet.[41] Sein Einverständnis ist aber auch nicht Voraussetzung der Wirksamkeit seiner Bestellung. Gegen eine unerwünschte Bestellung muss er sich mit der Beschwerde wehren. Die Bestellung wirkt für die Dauer des gesamten Verfahrens, auch in zweiter Instanz.[42]

12 **h) Rechtsmittel.** Gegen den Beschluss findet kein Rechtsmittel mehr statt, wenn dass Verfahren ab dem 1. September 2009 begann.[43] Nach § 58 Abs. 1 FamFG findet gegen Zwischenentscheidungen ein Rechtsmittel nur noch statt, wenn es ausdrücklich im Gesetz so vorgesehen ist. In vor dem 1. September 2009 anhängig gewordenen Verfahren findet die **unbefristete Beschwerde** nach § 19 FGG statt.[44] **Beschwerdeberechtigt** waren der gemeinsame Vertreter, der, wenn er sich mit seiner Bestellung nicht einverstanden erklärt hat, keine andere Möglichkeit hat, dem Amt zu entkommen,[45] und der Antragsgegner, der wegen der Kostenbelastung nach Abs. 3 einwenden konnte, die Bestellung eines gemeinsamen Vertreters sei nicht erforderlich.[46] Die Antragsteller waren mangels Beschwer nicht beschwerdebefugt.[47] Ihre Rechtsstellung wird durch die Bestellung eines gemeinsamen Vertreters nicht beeinträchtigt. Die nicht antragstellenden Anteilsinhaber sind am Verfahren nicht beteiligt und daher ebenfalls mangels Beeinträchtigung ihrer Rechtsstellung nicht beschwerdeberechtigt, auch nicht gegen die Nichtbestellung eines gemeinsamen Vertreters.[48]

---

[36] BayObLGZ 1992, 91 = AG 1992, 266; *Klöcker/Frowein* Rn. 4; Widmann/Mayer/*Wälzholz* Rn. 14.
[37] Dreier/Fritzsche/Verfürth/*Dreier* Rn. 37; *Klöcker/Frowein* Rn. 4.
[38] www.ebundesanzeiger.de.
[39] *Büchel* NZG 2003, 793 (797).
[40] Krit. dazu *Büchel* NZG 2003, 793 (797).
[41] Widmann/Mayer/*Wälzholz* § 6 SpruchG Rn. 14.
[42] OLG Hamburg AG 1975, 191; BayObLGZ 1991, 358 = AG 1992, 59; *Klöcker/Frowein* Rn. 3; Widmann/Mayer/*Wälzholz* Rn. 19; Lutter/*Mennicke* Rn. 9.
[43] OLG Frankfurt AG 2012, 42 (43); MüKoAktG/*Kubis* Rn. 8; Lutter/*Mennicke* Rn. 8; Kölner Komm SpruchG/*Wasmann* Rn. 33; Widmann/Mayer/*Wälzholz* Rn. 25.2; Hüffer/Koch/*Koch* Rn. 5; aA Bürgers/Körber/*Ederle/Theusinger* Rn. 7; Dreier/Fritzsche/Verfürth/*Dreier* Rn. 62.
[44] *Wasmann/Mielke* WM 2005, 822 (826); Emmerich/Habersack/*Emmerich* Rn. 9; Lutter/*Mennicke* Rn. 8; Kölner Komm AktG/*Koppensteiner* AktG § 306 Rn. 18; *Klöcker/Frowein* Rn. 9; NK-AktR/*Weingärtner* Rn. 5; Widmann/Mayer/*Wälzholz* Rn. 26. Zur Rechtslage vor dem SpruchG OLG Düsseldorf OLGZ 1971, 279 = AG 1971, 121; MüKoAktG/*Bilda*, 2. Aufl. 2000, AktG § 306 Rn. 87; aA – sofortige Beschwerde – KG OLGZ 1972, 146 = AG 1972, 50.
[45] AA *Wasmann/Mielke* WM 2005, 822 (826).
[46] Hüffer/Koch/*Koch* Rn. 5; Widmann/Mayer/*Wälzholz* Rn. 30; Lutter/*Mennicke* Rn. 8; Schmitt/Hörtnagl/Stratz/*Hörtnagl* Rn. 11; Kölner Komm AktG/*Koppensteiner* § 306 Rn. 18; NK-AktR/*Weingärtner* Rn. 5; *Wittgens*, Das Spruchverfahrensgesetz, 2005, 112. Zur Beschwer des anderen Vertragsteils vor dem SpruchG BayObLGZ 1975, 305 = AG 1975, 276; OLG Düsseldorf OLGZ 1971, 279 = AG 1971, 121; KG OLGZ 1972, 146 = AG 1972, 50.
[47] BayObLGZ 1975, 305 = AG 1975, 276; Hüffer/Koch/*Koch* Rn. 5; *Klöcker/Frowein* Rn. 9; NK-AktR/*Weingärtner* Rn. 5; *Wittgens*, Das Spruchverfahrensgesetz, 2005, 112; MüKoAktG/*Kubis* Rn. 8; Widmann/Mayer/*Wälzholz* Rn. 28; aA *Wasmann/Mielke* WM 2005, 822, 826 für Ausnahmefälle.
[48] *Wasmann/Mielke* WM 2005, 822 (825); Kölner Komm SpruchG/*Wasmann* Rn. 36 und 39; aA BayObLGZ 1975, 305 = AG 1975, 276; OLG Düsseldorf OLGZ 1971, 279 = AG 1971, 121; *Klöcker/Frowein* Rn. 9; NK-AktR/*Weingärtner* Rn. 5; Widmann/Mayer/*Wälzholz* Rn. 29; Kölner Komm AktG/*Koppensteiner* AktG § 306 Rn. 18; Bürgers/Körber/*Ederle/Theusinger* Rn. 7; Schmitt/Hörtnagl/Stratz/*Hörtnagl* Rn. 11; Emmerich/Habersack/*Emmerich* Rn. 10; *Wittgens*, Das Spruchverfahrensgesetz, 2005, 112.

3. Abberufung. Der gemeinsame Vertreter kann durch Beschluss des Vorsitzenden der KfH 13 abberufen werden.[49] Die Abberufung setzt voraus, dass sich die Bestellung nachträglich als ungerechtfertigt erweist. Das ist der Fall, wenn ein gemeinsamer Vertreter nicht zu bestellen war oder aufgrund eines nachträglich eingetretenen Ereignisses nicht mehr zu bestellen wäre,[50] insbesondere wenn ein Grund eintritt, der nach Abs. 1 den Verzicht auf einen gemeinsamen Vertreter oder einen von zwei bestellten gemeinsamen Vertretern erlaubt. Kein Anlass für eine Abberufung besteht dagegen, wenn die Anträge zurückgenommen werden und damit der Anlass für die Bestellung eines gemeinsamen Vertreters entfallen ist. Der gemeinsame Vertreter ist nach Abs. 3 berechtigt, das Verfahren in diesem Fall fortzuführen. Das kann nicht durch seine Abberufung verhindert werden. Die Abberufung ist auch aus in der Person des gemeinsamen Vertreters liegenden Gründen möglich.[51] Dazu kann ein nachträglich bekannt gewordener oder aufgetretener Interessenkonflikt ebenso gehören wie eine sonstige Unfähigkeit, die Interessen der Anteilsinhaber wahrzunehmen.[52] Der bloße Wunsch des gemeinsamen Vertreters oder der Widerruf des Einverständnisses mit seiner Bestellung genügen jedoch nicht.[53] Eine Bekanntmachung ist nicht erforderlich.[54] Sie ist nicht vorgeschrieben und erfüllt keinen nachvollziehbaren Zweck.

Gegen die Abberufung ist ebenfalls kein Rechtsmittel mehr möglich (§ 58 Abs. 1 FamFG),[55] 14 während vor dem FGG-RG **Beschwerde** möglich war.[56] Beschwerdeberechtigt gegen die Abberufung war der gemeinsame Vertreter.[57] Der Antragsgegner war beschwerdebefugt, wenn die Abberufung aus Gründen in der Person des gemeinsamen Vertreters erfolgt.[58] Dagegen fehlte ihm die Beschwer, wenn die Abberufung erfolgt, weil kein gemeinsamer Vertreter erforderlich ist.[59] Die Beschwer des Antragsgegners folgte allein aus seiner Zahlungspflicht, die in diesem Fall im Gegensatz zum Austausch eines gemeinsamen Vertreters nicht mehr besteht. Die Antragsteller waren dagegen nicht beschwert und nicht beschwerdebefugt.[60] Die nicht antragstellenden Anteilsinhaber, für die er bestellt wurde, waren ebenfalls nicht beschwerdeberechtigt.[61] Wird die Abberufung beantragt, hat das Gericht darüber ebenfalls durch Beschluss zu entscheiden. Gegen die Verweigerung der Abberufung waren der gemeinsame Vertreter und der Antragsgegner,[62] dagegen nicht die nicht antragsberechtigten Anteilsinhaber beschwerdebefugt.[63]

III. Fortsetzung des Verfahrens

Der gemeinsame Vertreter kann das Verfahren auch **nach Rücknahme des Antrags fortset-** 15 **zen.** Dadurch soll verhindert werden, dass der Antragsgegner mit den Antragstellern gegen die Gewährung von Sondervorteilen die Antragsrücknahme vereinbart.[64] Der gemeinsame Vertreter rückt mit der Rücknahme aller übrigen Anträge kraft Gesetzes in die Stellung eines Antragstellers ein.[65] Er muss daher die Fortsetzung des Verfahrens nicht ausdrücklich erklären[66] und kann das

---

[49] AllgM BayObLGZ 1991, 358 = AG 1992, 59; OLG Düsseldorf AG 1989, 329; Hüffer/Koch/*Koch* Rn. 3.
[50] Dreier/Fritzsche/Verfürth/*Dreier* Rn. 58; *Klöcker/Frowein* Rn. 18; Widmann/Mayer/*Wälzholz* Rn. 21; MüKoAktG/*Kubis* Rn. 10; zur Rechtslage vor dem SpruchG BayObLGZ 1991, 358 = AG 1992, 59; OLG Düsseldorf AG 1989, 329.
[51] *Klöcker/Frowein* Rn. 18.
[52] *Wasmann/Mielke* WM 2005, 822 (825); Widmann/Mayer/*Wälzholz* Rn. 20.
[53] AA MüKoAktG/*Kubis* Rn. 11, der sogar eine Niederlegung durch Erklärung des gemeinsamen Vertreters für möglich hält.
[54] AA Kölner Komm SpruchG/*Wasmann* Rn. 32; Dreier/Fritzsche/Verfürth/*Dreier* Rn. 59; *Klöcker/Frowein* Rn. 20; Simon/*Leuering* Rn. 21.
[55] MüKoAktG/*Kubis* Rn. 10; Lutter/*Mennicke* Rn. 9; aA Widmann/Mayer/*Wälzholz* Rn. 22 und 23.
[56] *Klöcker/Frowein* Rn. 21; Widmann/Mayer/*Wälzholz* Rn. 24; Kölner Komm AktG/*Koppensteiner* AktG § 306 Rn. 21; Emmerich/Habersack/*Emmerich* Rn. 11; NK-AktR/*Weingärtner* Rn. 7.
[57] Emmerich/Habersack/*Emmerich* Rn. 11; Widmann/Mayer/*Wälzholz* Rn. 22; Lutter/*Mennicke* Rn. 9.
[58] AA *Wittgens*, Das Spruchverfahrensgesetz, 2005, 114; *Klöcker/Frowein* Rn. 21; NK-AktR/*Weingärtner* Rn. 7; Lutter/*Mennicke* Rn. 9; Bürgers/Körber/*Ederle/Theusinger* Rn. 7.
[59] OLG Düsseldorf AG 1989, 329.
[60] *Wittgens*, Das Spruchverfahrensgesetz, 2005, 114; NK-AktR/*Weingärtner* Rn. 7; Bürgers/Körber/*Ederle/Theusinger* Rn. 7.
[61] *Wasmann/Mielke* WM 2005, 822 (827); Widmann/Mayer/*Wälzholz* Rn. 23; aA Lutter/*Mennicke* Rn. 9; MüKoAktG/*Kubis* Rn. 10; Emmerich/Habersack/*Emmerich* Rn. 11; NK-AktR/*Weingärtner* Rn. 7.
[62] *Wasmann/Mielke* WM 2005, 822 (827); aA *Klöcker/Frowein* Rn. 21.
[63] *Wasmann/Mielke* WM 2005, 822 (827); aA Widmann/Mayer/*Wälzholz* Rn. 23; Lutter/*Mennicke* Rn. 9; MüKoAktG/*Kubis* Rn. 10; Bürgers/Körber/*Ederle/Theusinger* Rn. 7.
[64] Hüffer/Koch/*Koch* Rn. 9; Lutter/*Mennicke* Rn. 12.
[65] Lutter/*Mennicke* Rn. 12.
[66] AA *Wittgens*, Das Spruchverfahrensgesetz, 2005, 121.

Verfahren danach durch eine eigene Rücknahmeerklärung beenden.[67] Darüber hat er unter Berücksichtigung der Interessen der von ihm vertretenen Anteilsinhaber nach eigenem pflichtgemäßem Ermessen zu entscheiden.[68] Ausschlaggebend ist, ob bei der Fortführung des Verfahrens eine Verbesserung der Kompensation für die vertretenen Anteilsinhaber aussichtsreich erscheint. Auch wenn die antragstellenden Anteilsinhaber gegen Gewährung eines Sondervorteils aus dem Verfahren ausgeschieden sind, kann er die Rücknahme erklären.[69] Dass das Fortsetzungsrecht gerade das Auskaufen der Antragsteller verhindern soll, zwingt ihn nicht dazu, aussichtslose Verfahren zu Lasten des Antragsgegners fortzuführen. Der Rücknahme der Anträge steht es gleich, wenn alle Antragsteller durch einen Vergleich ohne Beteiligung des gemeinsamen Vertreters aus dem Verfahren ausscheiden oder übereinstimmend die Beendigung des Verfahrens erklärt wird.[70]

IV. Vergütung des gemeinsamen Vertreters

16 **1. Grundlagen.** Nach Abs. 2 hat der gemeinsame Vertreter einen Anspruch auf Ersatz seiner Auslagen und auf Vergütung entsprechend den Vorschriften des Rechtsanwaltsvergütungsgesetzes, unabhängig davon, ob er Rechtsanwalt ist oder einen anderen Beruf ausübt.[71] Schuldner des Anspruchs sind der Antragsgegner oder als Gesamtschuldner mehrere Antragsgegner. Die Staatskasse oder die vertretenen Antragsberechtigten haften weder unmittelbar noch subsidiär.[72] Der Anspruch gegen den Antragsgegner ist, wenn über sein Vermögen während des Spruchverfahrens das Insolvenzverfahren eröffnet wird, Masseverbindlichkeit nach § 55 Abs. 1 InsO.[73]

17 **2. Umfang und Höhe. a) Auslagen.** Grundsätzlich kann der gemeinsame Vertreter Erstattung der Auslagen in der tatsächlich angefallenen Höhe verlangen. Die Auslagen müssen jedoch **angemessen** sein. Zur Verfolgung der Aufgabe nicht notwendige, dem Verfahrenszweck nicht entsprechende Auslagen sind auch nicht erstattungsfähig.[74] Daher sind die Kosten für ein **Privatgutachten** zur Bewertung grundsätzlich nicht zu ersetzen.[75] Die Fähigkeit des gemeinsamen Vertreters, vorgelegte Unterlagen und eingeholte Sachverständigengutachten kritisch zu würdigen, gehört zu den persönlichen Voraussetzungen für eine Bestellung. Auslagen für ein eingeholtes Privatgutachten sind daher nur erstattungsfähig, wenn im konkreten Fall besondere Gründe dafür vorhanden sind. Der Rechtsanwalt, der zum gemeinsamen Vertreter bestellt ist, kann nicht seinerseits einen **Rechtsanwalt** beauftragen und dessen Kosten als Auslagen erstattet verlangen. Bei einem Wirtschaftsprüfer sind wie auch bei anderen Personen Auslagen für die Beauftragung eines Rechtsanwalts grundsätzlich nicht, allenfalls dann erstattungsfähig, wenn sie erforderlich werden, weil nachträglich eine besondere Schwierigkeit der Rechtslage der Zuziehung erfordert.[76] **Übersetzungskosten** sind nur erstattungsfähig, wenn eine Übersetzung erforderlich ist.[77] Zu den zu ersetzenden Auslagen gehören auch die Kosten für Post- und Telekommunikationsleistungen, Schreibauslagen und Reisekosten. Die Berechnung richtet sich dabei nach Nr. 7000 ff. des Vergütungsverzeichnisses zum RVG,[78] die auf Auslagen entsprechend anwendbar sind. Nach Nr. 7001 und 7002 hat der gemeinsame Vertreter danach Anspruch auf Ersatz der bei der Ausführung des Auftrags für Post- und Telekommunikationsdienstleistungen zu zahlenden Entgelte oder einer Pauschale von bis zu 20 Euro. Nach Nr. 7000 erhält der gemeinsame Vertreter eine Dokumentenpauschale statt konkreter Auslagen für Abschriften und Ablichtungen, nach Nr. 7003 ff. Reisekostenersatz.

18 **b) Vergütung.** Sie richtet sich nach dem Vergütungsverzeichnis zum RVG, da das RVG keine eigene Regelung für die Vergütung des gemeinsamen Vertreters enthält.[79] Die Anordnung der

---

[67] Hüffer/Koch/*Koch* Rn. 9; Lutter/*Mennicke* Rn. 12; MüKoAktG/*Kubis* Rn. 22.
[68] Dreier/Fritzsche/Verfürth/*Dreier* Rn. 22; Klöcker/Frowein Rn. 29; Lutter/*Mennicke* Rn. 12.
[69] MüKoAktG/*Kubis* Rn. 21; Dreier/Fritzsche/Verfürth/*Dreier* Rn. 24; aA Lutter/*Mennicke* Rn. 12; offener Klöcker/Frowein Rn. 29.
[70] Hüffer/Koch/*Koch* Rn. 9; MüKoAktG/*Kubis* Rn. 21.
[71] BGH NZG 2014, 33 Rn. 14.
[72] Dreier/Fritzsche/Verfürth/*Dreier* Rn. 17; Widmann/Mayer/*Wälzholz* Rn. 47.
[73] OLG Düsseldorf AG 2016, 663 (664).
[74] OLG Düsseldorf AG 1996, 426; Hüffer/Koch/*Koch* Rn. 6.
[75] OLG Düsseldorf AG 2011, 754; Lutter/*Mennicke* Rn. 14; MüKoAktG/*Kubis* Rn. 17; großzügiger Emmerich/Habersack/*Emmerich* Rn. 22; K. Schmidt/Lutter/*Klöcker* Rn. 30; Dreier/Fritzsche/Verfürth/*Dreier* Rn. 71.
[76] Völlig abl. für Anwaltskosten Lutter/*Mennicke* Rn. 14; Widmann/Mayer/*Wälzholz* Rn. 43; MüKoAktG/*Kubis* Rn. 17; wie hier Hüffer/Koch/*Koch* Rn. 7; Emmerich/Habersack/*Emmerich* Rn. 22. Die entstehende Verdoppelung der Kosten für den gemeinsamen Vertreter wäre sonst ein Grund, Wirtschaftsprüfer oder ähnliche Personen nicht zu gemeinsamen Vertretern zu bestellen.
[77] OLG Düsseldorf AG 1996, 426; Hüffer/Koch/*Koch* Rn. 7.
[78] Vgl. RegE BT-Drs. 15/371, 14: früher §§ 25 ff. BRAGO.
[79] Zur BRAGO Bungert/*Mennicke* BB 2003, 2021 (2030).

entsprechenden Anwendung des RVG bedeutet nicht, dass das Vergütungsverzeichnis nur einen Anhalt für die Vergütung gibt, sondern dass der gemeinsame Vertreter wie ein Rechtsanwalt der Antragsteller behandelt wird[80] Der gemeinsame Vertreter erhält damit eine Verfahrensgebühr nach Nr. 3100 (Beschwerde Nr. 3200),[81] bei einer mündlichen Verhandlung eine Terminsgebühr nach Nr. 3104 (Beschwerde Nr. 3202), und ggf. eine Einigungsgebühr nach Nr. 1003,[82] aber keine Verfahrensgebühr für eine Einzeltätigkeit nach Nr. 3403,[83] keine Gebührenerhöhung nach Nr. 1008[84] und keine Geschäftsgebühr.[85]

Für den Gegenstandswert verweist Abs. 2 S. 3 auf den für die Gerichtsgebühren maßgeblichen Geschäftswert (§ 15 Abs. 1). Die Vergütung kann der gemeinsame Vertreter in der Beschwerdeinstanz erneut verlangen. **19**

3. Festsetzung. Die Auslagen und die Vergütung sind nach Abs. 2 S. 2 durch das Gericht, im **20** Beschwerdeverfahren durch das Beschwerdegericht,[86] zum Ende des Verfahrens festzusetzen. Zuständig ist in erster Instanz nach § 2 Abs. 2 Nr. 5 und 6 der Vorsitzende der KfH. Da die Festsetzung in § 21 RPflG nicht dem Rechtspfleger übertragen ist, ist sie auch funktionell vom Richter zu treffen,[87] in der Beschwerdeinstanz vom Beschwerdegericht.[88] Zeigt in der Insolvenz des Antragsgegners der Insolvenzverwalter Masseunzulänglichkeit an, ist nur eine Feststellung über die Höhe des Masseanspruchs zu treffen.[89] Der Festsetzungsbeschluss ist Vollstreckungstitel gegen den Antragsgegner. Gegen ihn ist nach § 17 Abs. 1 SpruchG, § 85 FamFG, 104 Abs. 3 ZPO die sofortige Beschwerde nach §§ 567 ff. ZPO zum Oberlandesgericht zulässig.[90] Beschwert können je nach Festsetzungsentscheidung der gemeinsame Vertreter und der Antragsgegner sein,[91] nicht jedoch die Anteilsinhaber. Gegen die Beschwerdeentscheidung ist im Fall der Zulassung die Rechtsbeschwerde nach § 574 ff. ZPO gegeben.[92] Gegen die Festsetzung des Beschwerdegerichts ist bei Zulassung ebenfalls die Rechtsbeschwerde nach § 574 Abs. 1 Nr. 2 ZPO statthaft[93] In diesen Beschwerdeverfahren kann der gemeinsame Vertreter zur Kostentragung verpflichtet sein.[94]

4. Vorschuss. Der gemeinsame Vertreter kann verlangen, dass das Gericht dem Antragsgegner **21** die Leistung von Vorschüssen aufgibt.[95] Dem Verlangen hat das Gericht, schon wegen der Gefahr der Insolvenz des Antragsgegners,[96] in der angemessenen Höhe auch zu entsprechen. Diese bemisst sich nach der voraussichtlich entstehenden Vergütungs- und Auslagenforderung unter Zugrundelegung des Mindestgeschäftswerts nach § 15 Abs. 1 SpruchG aF bzw. § 74 GNotKG.[97] Das Gericht kann auch nach Verfahrensabschnitten zunächst nur einen Teil des Vorschusses, etwa für die Verfahrensgebühr, festsetzen. Die Entscheidung ergeht durch Beschluss des Vorsitzenden der KfH, § 2

---

[80] BGH NZG 2014, 33 Rn. 15; Zum früheren Recht KG AG 2001, 590; OLG Hamburg AG 1975, 191; *Lentfer* BB 1998, 655 (656); aA BayObLG NZG 2004, 824; BayObLGZ 2002, 400 = NZG 2003, 483; BayObLG NZG 2002, 733; NZG 2001, 1033; AG 2002, 390; AG 2001, 592; BB 1996, 974; AG 1996, 183; BayObLGZ 1992, 91 = AG 1992, 266; OLG Frankfurt AG 2003, 581.
[81] Zur Rechtslage vor dem 2. KostRModG OLG München ZIP 2006, 1722; OLGR Stuttgart 2006, 805; Emmerich/Habersack/*Emmerich* Rn. 20; NK-AktR/*Weingärtner* Rn. 19; Widmann/Mayer/*Wälzholz* Rn. 51; aA *Wittgens*, Das Spruchverfahrensgesetz, 2005, 122: Geschäftsgebühr nach Nr. 2400. Früher entstand eine Geschäftsgebühr nach § 118 Abs. 1 Nr. 1 BRAGO, da die Rechtsanwaltsgebühren für das Verfahren der freiwilligen Gerichtsbarkeit nicht speziell gesetzlich geregelt waren. Zur Bemessung OLG Düsseldorf DB 1997, 2112.
[82] Früher erhielt er bei Mitwirkung bei einer Beweisaufnahme eine weitere Gebühr nach § 118 Abs. 1 Nr. 3 BRAGO, aber keine Vergleichsgebühr.
[83] BGH NZG 2014, 33 Rn. 14.
[84] BGH NZG 2014, 33 Rn. 16; Kölner Komm SpruchG/*Wasmann* Rn. 35; *Deiß* NZG 2013, 248 (250); *Günal/Kemmerer* NZG 2013, 16 (17).
[85] OLGR Stuttgart 2006, 805.
[86] BayObLG NZG 2004, 824; Emmerich/Habersack/*Emmerich* Rn. 19.
[87] *Klöcker/Frowein* Rn. 35; Lutter/*Mennicke* Rn. 15.
[88] OLG München AG 2007, 246; Lutter/*Mennicke* Rn. 15; aA Dreier/Fritzsche/Verfürth/*Dreier* Rn. 72.
[89] OLG Düsseldorf AG 2016, 663 (666).
[90] BGH NZG 2014, 33 Rn. 11; OLG Düsseldorf AG 2016, 663 (664); BayObLG NZG 2002, 733; BayObLGZ 1992, 91 = AG 1992, 266; Lutter/*Mennicke* Rn. 15; *Klöcker/Frowein* Rn. 35; Emmerich/Habersack/*Emmerich* Rn. 19.
[91] *Klöcker/Frowein* Rn. 35; Widmann/Mayer/*Wälzholz* Rn. 59.
[92] BGH NZG 2014, 33 Rn. 12.
[93] AA Emmerich/Habersack/*Emmerich* Rn. 19.
[94] BGH NZG 2014, 33 Rn. 21.
[95] OLG Düsseldorf BeckRS 1995, 12483; Lutter/*Mennicke* Rn. 15.
[96] Dazu BayObLG ZIP 1998, 1876 (1877).
[97] OLG Düsseldorf AG 2016, 663 (665); OLG Frankfurt AG 2005, 658; Lutter/*Mennicke* Rn. 15; aA – freie Schätzung – Widmann/Mayer/*Vollrath* Rn. 62.

Abs. 2 Nr. 6 SpruchG. Abs. 2 S. 5 erfasst als Festsetzung auch die Anordnung eines Vorschusses. Andernfalls könnte der gemeinsame Vertreter seinen Vorschuss gegen den Antragsgegner auch nicht vollstrecken. Daher ist nach § 17 Abs. 1 SpruchG, § 85 FamFG, § 104 Abs. 3 ZPO gegen den Beschluss die sofortige Beschwerde nach §§ 567 ff. ZPO zum Oberlandesgericht zulässig.[98]

§ 6a Gemeinsamer Vertreter bei Gründung einer SE

[1]Wird bei der Gründung einer SE durch Verschmelzung oder bei der Gründung einer Holding-SE nach dem Verfahren der Verordnung (EG) Nr. 2157/2001 des Rates vom 8. Oktober 2001 über das Statut der Europäischen Gesellschaft (SE) (ABl. EG Nr. L 294 S. 1) gemäß den Vorschriften des SE-Ausführungsgesetzes ein Antrag auf Bestimmung einer Zuzahlung oder Barabfindung gestellt, bestellt das Gericht auf Antrag eines oder mehrerer Anteilsinhaber einer sich verschmelzenden oder die Gründung einer SE anstrebenden Gesellschaft, die selbst nicht antragsberechtigt sind, zur Wahrung ihrer Interessen einen gemeinsamen Vertreter, der am Spruchverfahren beteiligt ist. [2]§ 6 Abs. 1 Satz 4 und Abs. 2 gilt entsprechend.

Schrifttum: S. § 1 SpruchG.

I. Normzweck und Entstehungsgeschichte

1   Bei der Gründung einer SE durch Verschmelzung richtet sich der Antrag gegen die neu gegründete SE, bei der Gründung einer Holding-SE gegen die inländische Gesellschaft, der die Antragsteller angehören. Regelmäßig sind aber mindestens zwei Gesellschaften an der Gründung beteiligt. Die Anteilsinhaber dieser anderen Gesellschaft sind am Spruchverfahren nicht beteiligt. Eine Veränderung des Umtauschverhältnisses berührt aber ihre Interessen, weil sie für sie nachteilig ist. Wenn die andere Gesellschaft eine inländische Gesellschaft ist, können diese Anteilsinhaber in der Regel selbst ein Spruchverfahren einleiten, das nach § 2 zu verbinden ist. Wenn die andere Gesellschaft ihren Sitz im Ausland hat oder ein Spruchverfahren aus anderen Gründen nicht möglich ist, werden ihre Interessen durch einen gemeinsamen Vertreter berücksichtigt. Die Norm wurde durch das SEEG eingefügt.[1] Sie hat kein Vorbild, das Institut des gemeinsamen Vertreters ist § 6 nachgebildet. Sie erfasst nur die Anträge auf Verbesserung des Umtauschverhältnisses bei der Gründung einer SE durch Verschmelzung und der Gründung einer Holding-SE, nicht aber die Abfindungsfälle.

II. Aufgaben und Bestellung

2   **1. Aufgaben und Rechtsstellung.** Der gemeinsame Vertreter hat die Interessen der Anteilsinhaber der anderen, an der Gründung der SE oder Holding-SE beteiligten Gesellschaften zu vertreten. Er ist damit am Verfahren formell beteiligt und kann Anträge stellen,[2] Schriftsätze einreichen und an der mündlichen Verhandlung teilnehmen. Ein Beschwerderecht kommt ihm nicht zu.[3] Zu einer Verfahrensfortführung nach Antragsrücknahme ist er nicht berechtigt, weil nicht auf § 6 Abs. 3 verwiesen wird.[4] Einem Vergleich aller Beteiligten muss er zustimmen, kann den Teilvergleich der übrigen aber nicht verhindern, weil er kein Recht zur Fortsetzung des Verfahrens hat.[5] Zwar ist er Beteiligter nach § 7 FamFG, ohne den ein verfahrensbeendender Vergleich nicht möglich ist. Er kann aber nicht verhindern, dass sich nur die übrigen Beteiligten vergleichen und die Antragsteller dann ihre Anträge zurücknehmen. Die von ihm vertretenen Anteilsinhaber kann er nicht verpflichten. Er ist wie der gemeinsame Vertreter nach § 6 weisungsunabhängig und nicht rechenschaftspflichtig.[6]

3   **2. Bestellung. a) Antrag und Antragsberechtigung.** Der gemeinsame Vertreter nach § 6a wird im Gegensatz zum gemeinsamen Vertreter nach § 6 nicht von Amts wegen, sondern nur **auf**

---

[98] Lutter/*Mennicke* Rn. 15; MüKoAktG/*Kubis* Rn. 20; Widmann/Mayer/*Wälzholz* Rn. 61.
[1] Art. 5 G zur Einführung der Europäischen Gesellschaft (SEEG) v. 22.12.2004, BGBl. 2004 I 3675.
[2] Dreier/Fritzsche/Verfürth/*Dreier* Rn. 10, Hölters/*Simons* Rn. 8; aA MüKoAktG/*Kubis* Rn. 3; Simon/*Leuering* Rn. 15; Lutter/*Mennicke* Rn. 5.
[3] Lutter/*Mennicke* Rn. 5; Kölner Komm SpruchG/*Wasmann* Rn. 3; aA Dreier/Fritzsche/Verfürth/*Dreier* Rn. 11.
[4] Lutter/*Mennicke* Rn. 5; MüKoAktG/*Kubis* Rn. 3; Hüffer/Koch/*Koch* Rn. 3; Kölner Komm SpruchG/*Wasmann* Rn. 3; aA Dreier/Fritzsche/Verfürth/*Dreier* Rn. 10.
[5] Kölner Komm SpruchG/*Wasmann* Rn. 3; aA Lutter/*Mennicke* Rn. 5; Simon/*Leuering* Rn. 16.
[6] Lutter/*Mennicke* Rn. 6.

Antrag eines Anteilsinhabers der anderen Gesellschaft bestellt. Die Bestellung ist nicht in den in § 6 Abs. 1 S. 3 genannten Fällen entbehrlich, weil auf diese Vorschrift in Abs. 2 nicht verwiesen wird.[7] Für diesen Antrag sieht § 6a keine Form und keine Frist vor, doch muss der Antrag nach § 25 FamFG schriftlich oder zu Protokoll der Geschäftsstelle gestellt werden.[8] Die **Antragsberechtigung** hat das Gericht von Amts wegen zu überprüfen, wird aber nur einen Nachweis verlangen müssen, wenn sie von einem der übrigen Beteiligten in Frage gestellt wird. Antragsberechtigt sind nur Anteilsinhaber, nicht die andere Gesellschaft selbst oder ihre Organe. Weitere Voraussetzung ist, dass diese Anteilsinhaber nicht antragsberechtigt sind. Damit ist die Antragsberechtigung für ein deutsches Spruchverfahren nach § 3 gemeint. Damit scheiden in der Regel die Anteilsinhaber deutscher Gesellschaften, die sich an der Gründung der SE durch Verschmelzung oder durch Gründung einer Holding-SE beteiligen, aus. Abgesehen von der Verschmelzung durch Aufnahme können sie ihrerseits einen Antrag auf Einleitung eines Spruchverfahrens zur Überprüfung des Umtauschverhältnisses stellen, mit dem nach Verfahrensverbindung nach § 2 eine einheitliche Entscheidung möglich ist. Keinen Antrag können auch Anteilsinhaber einer ausländischen Gesellschaft stellen, die nach § 6 Abs. 4 SE-AG ein Spruchverfahren vor einem deutschen Gericht beantragen können.

b) Analoge Anwendung bei Abfindung. Der Antrag konnte in der ursprünglichen Gesetzesfassung nach dem Wortlaut nur in einem Verfahren gestellt werden, in dem eine bare Zuzahlung und damit eine Verbesserung des Umtauschverhältnisses begehrt wird. Dass in den Fällen, in denen eine höhere Abfindung begehrt wird, kein gemeinsamer Vertreter für die Anteilsinhaber der anderen Gesellschaft bestellt werden kann, war eine offenbar ungewollte Regelungslücke, weil in der Begründung des Regierungsentwurfs auch die Abfindungsfälle erwähnt sind.[9] Die Vorschrift war daher, falls nur ein Antrag auf Erhöhung der Abfindung gestellt werden sollte, analog anzuwenden. Mit dem 2. UmwG-ÄndG wurde der Fall der Barabfindung ausdrücklich aufgenommen.

c) Auswahl, Bestellung und Bekanntmachung. Für die **Auswahl** des gemeinsamen Vertreters gelten dieselben Grundsätze wie für den gemeinsamen Vertreter nach § 6 (→ § 6 Rn. 8). Der nach § 6 bestellte gemeinsame Vertreter kann wegen der gegenläufigen Interessen nicht auch zum gemeinsamen Vertreter nach § 6a bestellt werden.[10] Sind die Anteilsinhaber mehrerer Gesellschaften antragsberechtigt, ist nach dem Wortlaut von § 6a für jede Gesellschaft ein gemeinsamer Vertreter zu bestellen.[11] Die **Bestellung** erfolgt durch Beschluss des Vorsitzenden der KfH nach § 2 Abs. 2 Nr. 5. Dass dort § 6a nicht aufgeführt ist, ist ein Redaktionsversehen, da offensichtlich eine Parallele zum gemeinsamen Vertreter nach § 6 gewollt ist.[12] Der Beschluss wird mit der Bekanntgabe an den gemeinsamen Vertreter nach § 40 Abs. 1 FamFG wirksam. Die Bestellung ist nach § 6 Abs. 1 S. 4 im elektronischen Bundesanzeiger bekanntzumachen, dagegen nicht auch nach § 6 Abs. 1 S. 5 in dem Informationsmedium, das die Satzung der (ausländischen) Gesellschaft oder der SE bestimmt.[13]

d) Rechtsmittel. Ein Rechtsmittel ist nach § 58 Abs. 1 FamFG nicht gegeben, weil es sich um einen Zwischenstreit handelt.[14] In Altverfahren, die vor dem 1. September 2009 beantragt wurden, ist gegen den Bestellungsbeschluss oder die Ablehnung der Bestellung die **unbefristete Beschwerde** möglich.[15] **Beschwerdeberechtigt** sind die Anteilsinhaber, die behaupten, einen gemeinsamen Vertreter nach § 6a verlangen zu können, bei der Ablehnung einer Bestellung, der gemeinsame Vertreter, wenn er sich mit seiner Bestellung nicht einverstanden erklärt hat, und der Antragsgegner wegen der Kostenbelastung. Die Antragsteller des Spruchverfahrens sind ebenfalls beschwerdebefugt.[16] Ihre Rechtsstellung kann durch die Bestellung eines gemeinsamen Vertreters, der die Interessen der Anteilsinhaber einer anderen beteiligten Gesellschaft vertreten soll, beeinträchtigt werden. Aus diesem Grund ist auch der gemeinsame Vertreter nach § 6 beschwerdebefugt.[17]

3. Abberufung. Eine Abberufung ist möglich, wenn sich die Bestellung nachträglich als ungerechtfertigt erweist.[18] Das ist der Fall, wenn ein gemeinsamer Vertreter nicht zu bestellen war oder

---

[7] Lutter/*Mennicke* Rn. 2; Kölner Komm SpruchG/*Wasmann* Rn. 5.
[8] Lutter/*Mennicke* Rn. 2; aA 2. Auflage; K. Schmidt/Lutter/*Klöcker* Rn. 4.
[9] RegEntwurf BT-Drs. 15/3405, 58.
[10] Lutter/*Mennicke* Rn. 3; Dreier/Fritzsche/Verfürth/*Dreier* Rn. 17.
[11] Lutter/*Mennicke* Rn. 3.
[12] Lutter/*Mennicke* Rn. 2.
[13] Lutter/*Mennicke* Rn. 2.
[14] Widmann/Mayer/*Wälzholz* Rn. 14.
[15] AA *Wittgens*, Das Spruchverfahrensgesetz, 2005, 130.
[16] Lutter/*Mennicke* Rn. 4.
[17] Lutter/*Mennicke* Rn. 4.
[18] Kölner Komm SpruchG/*Wasmann* Rn. 6.

aufgrund eines nachträglich eingetretenen Ereignisses nicht mehr zu bestellen wäre. Die Rücknahme des Antrags auf Bestellung eines gemeinsamen Vertreter durch den Antragsberechtigten zählt nicht dazu, weil sich unter Umständen andere Antragsberechtigte darauf verlassen haben, dass ihnen ein gemeinsamer Vertreter bestellt wird, und deshalb auf einen eigenen Antrag verzichtet haben.[19] Wenn jedoch alle Antragsberechtigten erklären, dass sie kein Interesse mehr an der Vertretung durch einen gemeinsamen Vertreter haben, kann er abberufen werden. Die **Abberufung** ist auch aus in der Person des gemeinsamen Vertreters liegenden Gründen möglich. Dazu kann ein nachträglich bekannt gewordener oder aufgetretener Interessenkonflikt ebenso gehören wie eine sonstige Unfähigkeit, die Interessen der Anteilsinhaber wahrzunehmen. Der bloße Wunsch des gemeinsamen Vertreters oder der Widerruf des Einverständnisses mit seiner Bestellung genügen jedoch nicht. Gegen die Abberufung ist kein Rechtsmittel gegeben, § 58 Abs. 1 FamFG.[20] In Altverfahren, die vor dem 1. September 2009 beantragt wurden, steht den Anteilsinhabern, die einen Antrag auf Bestellung eines gemeinsamen Vertreters stellen können,[21] dem Antragsgegner und dem gemeinsamen Vertreter die Beschwerde zu. Die Antragsteller des Spruchverfahrens und der gemeinsame Vertreter nach § 6 SpruchG sind durch die Abberufung nicht beschwert und daher nicht beschwerdeberechtigt.

III. Vergütung

8   Der gemeinsame Vertreter nach § 6a erhält wie der gemeinsame Vertreter nach § 6 eine Vergütung und Ersatz seiner Auslagen nach dem **RVG**. Das ist mit der Verweisung in § 6a auf § 6 Abs. 2 bestimmt. Schuldner ist ebenfalls der Antragsgegner nach § 5 Nr. 5. Zur Höhe, der Festsetzung und einem Vorschuss → § 6 Rn. 16 ff.

§ 6b Gemeinsamer Vertreter bei Gründung einer Europäischen Genossenschaft

[1]Wird bei der Gründung einer Europäischen Genossenschaft durch Verschmelzung nach dem Verfahren der Verordnung (EG) Nr. 1435/2003 des Rates vom 22. Juli 2003 über das Statut der Europäischen Genossenschaft (SCE) (ABl. EU Nr. L 207 S. 1) nach den Vorschriften des SCE-Ausführungsgesetzes ein Antrag auf Bestimmung einer baren Zuzahlung gestellt, bestellt das Gericht auf Antrag eines oder mehrerer Mitglieder einer sich verschmelzenden Genossenschaft, die selbst nicht antragsberechtigt sind, zur Wahrung ihrer Interessen einen gemeinsamen Vertreter, der am Spruchverfahren beteiligt ist. [2]§ 6 Abs. 1 Satz 4 und Abs. 2 gilt entsprechend.

1   Die Vorschrift wurde mit der Einführung der Europäischen Genossenschaft in das SpruchG eingefügt[1] und betrifft die Anträge nach § 7 Abs. 4 SCEAG. Zu Normzweck und Einzelheiten kann auf die Erläuterungen zu § 6a verwiesen werden.

§ 6c Gemeinsamer Vertreter bei grenzüberschreitender Verschmelzung

[1]Wird bei einer grenzüberschreitenden Verschmelzung (§ 122a des Umwandlungsgesetzes) gemäß § 122h oder § 122i des Umwandlungsgesetzes ein Antrag auf Bestimmung einer Zuzahlung oder Barabfindung gestellt, bestellt das Gericht auf Antrag eines oder mehrerer Anteilsinhaber einer beteiligten Gesellschaft, die selbst nicht antragsberechtigt sind, zur Wahrung ihrer Interessen einen gemeinsamen Vertreter, der am Spruchverfahren beteiligt ist. [2]§ 6 Abs. 1 Satz 4 und Abs. 2 gilt entsprechend.

1   Die Vorschrift wurde mit dem Zweiten Gesetz zur Änderung des Umwandlungsgesetzes in das SpruchG eingefügt[1*] und betrifft die Anträge nach §§ 122h oder 122i UmwG. Zu Normzweck und Einzelheiten kann auf die Erläuterungen zu § 6a verwiesen werden. Für Anteilsinhaber einer Gesellschaft, die ein eigenes Spruchverfahren einleiten können, muss im Spruchverfahren einer anderen sich verschmelzenden Gesellschaft kein gemeinsamer Vertreter bestellt werden, wenn die Verfahren nach § 2 Abs. 1 S. 2 wegen eines sachlichen Zusammenhangs verbunden werden können und die Anteilsinhaber ihre Interessen selbst vertreten können.

---

[19] AA *Wittgens*, Das Spruchverfahrensgesetz, 2005, 130.
[20] AA für den gemeinsamen Vertreter selbst Widmann/Mayer/*Wälzholz* Rn. 22.
[21] Kölner Komm SpruchG/*Wasmann* Rn. 6.
[1] Art. 7 Nr. 5 G v. 14.8.2006, BGBl. 2006 I 1911.
[1*] Art. 2 Nr. 4 G v. 19.4.2007, BGBl. 2007 I 542.

§ 7 Vorbereitung der mündlichen Verhandlung

(1) Das Gericht stellt dem Antragsgegner und dem gemeinsamen Vertreter die Anträge der Antragsteller unverzüglich zu.

(2) ¹Das Gericht fordert den Antragsgegner zugleich zu einer schriftlichen Erwiderung auf. ²Darin hat der Antragsgegner insbesondere zur Höhe des Ausgleichs, der Zuzahlung oder der Barabfindung oder sonstigen Abfindung Stellung zu nehmen. ³Für die Stellungnahme setzt das Gericht eine Frist, die mindestens einen Monat beträgt und drei Monate nicht überschreiten soll.

(3) ¹Außerdem hat der Antragsgegner den Bericht über den Unternehmensvertrag, den Eingliederungsbericht, den Bericht über die Übertragung der Aktien auf den Hauptaktionär oder den Umwandlungsbericht nach Zustellung der Anträge bei Gericht einzureichen. ²In den Fällen, in denen der Beherrschungs- oder Gewinnabführungsvertrag, die Eingliederung, die Übertragung der Aktien auf den Hauptaktionär oder die Umwandlung durch sachverständige Prüfer geprüft worden ist, ist auch der jeweilige Prüfungsbericht einzureichen. ³Auf Verlangen des Antragstellers oder des gemeinsamen Vertreters gibt das Gericht dem Antragsgegner auf, dem Antragsteller oder dem gemeinsamen Vertreter unverzüglich und kostenlos eine Abschrift der genannten Unterlagen zu erteilen.

(4) ¹Die Stellungnahme nach Absatz 2 wird dem Antragsteller und dem gemeinsamen Vertreter zugeleitet. ²Sie haben Einwendungen gegen die Erwiderung und die in Absatz 3 genannten Unterlagen binnen einer vom Gericht gesetzten Frist, die mindestens einen Monat beträgt und drei Monate nicht überschreiten soll, schriftlich vorzubringen.

(5) ¹Das Gericht kann weitere vorbereitende Maßnahmen erlassen. ²Es kann den Beteiligten die Ergänzung oder Erläuterung ihres schriftlichen Vorbringens sowie die Vorlage von Aufzeichnungen aufgeben, insbesondere eine Frist zur Erklärung über bestimmte klärungsbedürftige Punkte setzen. ³In jeder Lage des Verfahrens ist darauf hinzuwirken, dass sich die Beteiligten rechtzeitig und vollständig erklären. ⁴Die Beteiligten sind von jeder Anordnung zu benachrichtigen.

(6) Das Gericht kann bereits vor dem ersten Termin eine Beweisaufnahme durch Sachverständige zur Klärung von Vorfragen, insbesondere zu Art und Umfang einer folgenden Beweisaufnahme, für die Vorbereitung der mündlichen Verhandlung anordnen oder dazu eine schriftliche Stellungnahme des sachverständigen Prüfers einholen.

(7) ¹Sonstige Unterlagen, die für die Entscheidung des Gerichts erheblich sind, hat der Antragsgegner auf Verlangen des Antragstellers oder des Vorsitzenden dem Gericht und gegebenenfalls einem vom Gericht bestellten Sachverständigen unverzüglich vorzulegen. ²Der Vorsitzende kann auf Antrag des Antragsgegners anordnen, dass solche Unterlagen den Antragstellern nicht zugänglich gemacht werden dürfen, wenn die Geheimhaltung aus wichtigen Gründen, insbesondere zur Wahrung von Fabrikations-, Betriebs- oder Geschäftsgeheimnissen, nach Abwägung mit den Interessen der Antragsteller, sich zu den Unterlagen äußern zu können, geboten ist. ³Gegen die Entscheidung des Vorsitzenden kann das Gericht angerufen werden; dessen Entscheidung ist nicht anfechtbar.

(8) Für die Durchsetzung der Verpflichtung des Antragsgegners nach Absatz 3 und 7 ist § 35 des Gesetzes über das Verfahren in Familiensachen und in den Angelegenheiten der freiwilligen Gerichtsbarkeit entsprechend anzuwenden.

Schrifttum: S. § 1 SpruchG, außerdem: *Puszkajler*, Verfahrensgegenstand und Rechte des gemeinsamen Vertreters im neuen Spruchverfahren, Der Konzern 2006, 256; *Tissen*, Die Informationsvorlagepflicht der Aktiengesellschaft im Spruchverfahren, NZG 2016, 848; *Wasmann/Roßkopf*, Die Herausgabe von Unterlagen und der Geheimnisschutz im Spruchverfahren, ZIP 2003, 1776; *Weingärtner*, Eingeschränkte Rechte des gemeinsamen Vertreters der außenstehenden Aktionäre im Spruchverfahren, Der Konzern 2005, 694.

Übersicht

	Rn.		Rn.
I. Normzweck	1, 2	a) Vorlage der Berichte	8
II. Zustellung und Erwiderung	3–7	b) Vorlage weiterer Unterlagen	9
III. Vorbereitende Maßnahmen	8–20	c) Kein Rechtsmittel gegen die Anordnung der Vorlage	10
1. Vorlage von Unterlagen	8–15	d) Geheimnisschutz	11–14

	Rn.		Rn.
e) Zwangsmittel	15	b) Vorbereitende Beweisanordnungen	18
2. Weitere vorbereitende Maßnahmen	16–20	c) Zwangsmittel	19
a) Aufklärung des Sachverhalts	17	d) Rechtsmittel	20

I. Normzweck

1 Durch vorbereitende Maßnahmen des Gerichts, die Einführung der Ergebnisse des sachverständigen Prüfers in das Spruchverfahren und die Pflicht zur Vorlage vorhandener Bewertungsunterlagen soll das Verfahren auf eine mündliche Verhandlung konzentriert und damit beschleunigt werden. Die früheren Vorschriften ordneten das gerichtliche Verfahren nicht im Einzelnen, sondern verwiesen auf das FGG. Die Regelungen in § 7 lehnen sich demgegenüber mehr an die ZPO an.[1] Auf Vorschlag des Bundesrats wurde der gemeinsame Vertreter den Antragstellern gleich gestellt und wurden Zwangsmittel für die Durchsetzung der Mitwirkungspflicht vor allem des Antragsgegners eingeführt.[2]

2 Mit der Regelung des Geheimnisschutzes, der keine Vorbilder hat, soll ein Ausgleich zwischen den Interessen der Antragsteller, des Gerichts und eines gerichtlichen Sachverständigen an vollständiger Information und den Geheimhaltungsinteressen des Unternehmens getroffen werden. Die Überprüfung der Entscheidung zur Geheimhaltung wurde durch den Rechtsausschuss eingefügt.[3] Mit dem FGG-RG wurde in Abs. 8 der Verweis auf 33 Abs. 1 S. 1 und 3, Abs. 3 S. 1 und 2 FGG durch den Verweis auf § 35 FamFG angepasst.

II. Zustellung und Erwiderung

3 Jeder eingehende Antrag und jede nachfolgende Begründung[4] sind nach Abs. 1 dem Antragsgegner und nach seiner Bestellung dem gemeinsamen Vertreter nach § 6 und § 6a zuzustellen.[5] Zuzustellen ist an den Antragsgegner nach § 5,[6] auch wenn der Antragsteller einen falschen Antragsgegner benennt. Eine Zustellung an die anderen Antragsteller ist nicht vorgesehen,[7] auch eine formlose Mitteilung ist jedenfalls vor einer Verbindung aller zulässigen Anträge nicht notwendig.[8] Die **Zustellung** erfolgt von Amts wegen nach § 15 Abs. 1 FamFG, §§ 166 ff. ZPO. Für ein Sammeln von Anträgen zur gemeinsamen Zustellung bietet das Gesetz keine Handhabe.[9] Der Antragsgegner muss darüber informiert werden, dass und in welchem Umfang ein Spruchverfahren eingeleitet wird. Auch der unzulässige Antrag ist zuzustellen.[10] Das Gericht ist aber verpflichtet, den Antragsteller auf Bedenken gegen die Zulässigkeit seines Antrags hinzuweisen.[11] An einen gemeinsamen Vertreter kann gem. § 174 Abs. 1 ZPO gegen Empfangsbekenntnis zugestellt werden, auch wenn er kein Rechtsanwalt ist. Die Zustellung der Anträge wird zweckmäßigerweise mit der Bekanntgabe seiner Bestellung verbunden.

4 Nach Abs. 2 hat das Gericht ähnlich wie beim Eingang einer Klageschrift im schriftlichen Vorverfahren der ZPO[12] den Antragsgegner zu einer **schriftlichen Erwiderung** binnen einer Frist von ein bis drei Monaten aufzufordern. Zuständig ist der Vorsitzende der KfH. Darin kann der Antragsgegner nicht nur zur Stellungnahme, sondern auch zu weiteren Angaben nach Abs. 2 und zur Vorlage von Unterlagen nach Abs. 3 aufgefordert werden. Da es nicht sinnvoll ist, für jeden eingehenden Antrag eine eigene Stellungnahme des Antragsgegners einzuholen, sollte entweder von vornherein die Frist so großzügig bemessen werden, dass nach Eingang eines Antrags auch noch kurz vor Ablauf der Antragsfrist genügend Zeit zur Erwiderung bleibt, und bei neuen Anträgen auf die gesetzte Frist verwiesen werden,[13] insbesondere von vornherein auf drei Monate nach Ablauf der Antragsfrist

---

[1] RegE BT-Drs. 15/371, 14.
[2] BR BT-Drs. 15/371, 23.
[3] RAusschuss BT-Drs. 15/838, 17.
[4] Dreier/Fritzsche/Verfürth/*Verfürth/Schulenburg* Rn. 3; Kölner Komm SpruchG/*Puszkajler* Rn. 4.
[5] Dreier/Fritzsche/Verfürth/*Verfürth/Schulenburg* Rn. 5; Widmann/Mayer/*Wälzholz* Rn. 5.
[6] Kölner Komm SpruchG/*Puszkajler* Rn. 7.
[7] Lutter/*Mennicke* Rn. 3.
[8] Simon/*Winter* Rn. 10; aA Kölner Komm SpruchG/*Puszkajler* Rn. 9.
[9] Dreier/Fritzsche/Verfürth/*Verfürth/Schulenburg* Rn. 17; Kölner Komm SpruchG/*Puszkajler* Rn. 10; aA Hüffer/Koch/*Koch* Rn. 4; Lutter/*Mennicke* Rn. 4; Widmann/Mayer/*Wälzholz* Rn. 6; MüKoAktG/*Kubis* Rn. 7; Simon/*Winter* Rn. 10; Emmerich/Habersack/*Emmerich* Rn. 1; NK-AktR/*Krenek* Rn. 8.
[10] Dreier/Fritzsche/Verfürth/*Verfürth/Schulenburg* Rn. 9; Simon/*Winter* Rn. 5; MüKoAktG/*Kubis* Rn. 3; Widmann/Mayer/*Wälzholz* Rn. 7; aA Kölner Komm SpruchG/*Puszkajler* Rn. 4; NK-AktR/*Krenek* Rn. 11.
[11] Dreier/Fritzsche/Verfürth/*Verfürth/Schulenburg* Rn. 10; Kölner Komm SpruchG/*Puszkajler* Rn. 4; NK-AktR/*Krenek* Rn. 11.
[12] *Büchel* NZG 2003, 793 (797).
[13] Hüffer/Koch/*Koch* Rn. 4.

festgesetzt, oder die Frist mit jedem neuen Antrag verlängert werden.[14] Die Fristen können durch den Vorsitzenden über drei Monate hinaus verlängert werden.[15] Die Frist zur Erwiderung erst mit dem Ende der Antragsfrist und damit den letzten Anträgen zu setzen,[16] widerspricht dem Gesetz[17] und ist schon deshalb untunlich, weil das Gericht nicht weiß, ob noch weitere Anträge eingehen. Wenn Bedenken gegen die Zulässigkeit des Antrags bestehen, kann das Gericht aber bis zur Klärung zunächst von der Erwiderungsfrist absehen.

Nach Eingang der Erwiderung des Antragsgegners, die den übrigen Verfahrensbeteiligten formlos zu übersenden ist, kann das Gericht den Antragstellern und einem bereits bestellten gemeinsamen Vertreter eine **Frist** von einem bis drei Monaten **zur Replik** setzen. Diese Verfügung muss nicht zugestellt werden,[18] sondern kann auch durch Aufgabe zur Post bekannt gegeben werden (§ 15 Abs. 1 und 2 Satz. 1 FamFG). Die Antragsteller sind in der Replik mit Einwendungen, die im Antrag nicht erhoben wurden, nicht präkludiert (→ § 10 Rn. 3). Ist der gemeinsame Vertreter zu diesem Zeitpunkt noch nicht bestellt, muss ihm nach seiner Bestellung Gelegenheit zur Stellungnahme gegeben werden. Die Frist zur Erwiderung kann[19] und sollte wie in der Praxis üblich großzügig verlängert werden.[20] Spätestens danach sollten alle zulässigen Anträge verbunden werden, eine frühere Verbindung ist zulässig (→ § 2 Rn. 15). Der gemeinsame Vertreter ist nicht an die von den Antragstellern erhobenen Einwendungen gebunden, sondern kann, wie der Wortlaut von Abs. 4, der Zweck der Bestellung des gemeinsamen Vertreters und die fehlende Erwähnung von § 4 in § 10 zeigen, eigene neue Einwendungen vorbringen.[21] Eine solche Beschränkung lässt sich auch nicht aus dem Verfahrensgegenstand herleiten. Verfahrensgegenstand ist die Angemessenheit der Kompensation aus einer bestimmten Strukturmaßnahme, nicht aber die von den Anstragstellern vorgetragenen Einwendungen. Sie betreffen nur die einzelnen Bewertungs- und Berechnungsparameter (→ § 1 Rn. 1).

Bei **Versäumung der Frist** zur Erwiderung oder zur Replik nach Abs. 2 bzw. Abs. 4 ist tatsächliches Vorbringen nach § 10 Abs. 1 nur zuzulassen, wenn die Erledigung des Verfahrens nicht verzögert wird oder die Verspätung entschuldigt wird. Rügen, die die Zulässigkeit des Antrags betreffen, können nach Ablauf der Erwiderungsfrist nicht mehr geltend gemacht werden, § 9 Abs. 3.

Die öffentliche Bekanntmachung des Antrags ist nicht vorgesehen. Die Einleitung des Spruchverfahrens muss bei börsennotierten Gesellschaften unter Umständen nach Art. 17 MAR bekanntgegeben werden.[22] Die nicht antragstellenden Aktionäre werden bereits durch die öffentliche Bekanntgabe der Bestellung des gemeinsamen Vertreters und die Bekanntgabe des Verfahrensergebnisses informiert.

III. Vorbereitende Maßnahmen

1. Vorlage von Unterlagen. a) Vorlage der Berichte. Das Gericht kann verlangen, dass der Antragsgegner den Bericht über den Unternehmensvertrag, den Eingliederungsbericht, den Bericht über die Übertragung der Aktien auf den Hauptaktionär oder den Umwandlungsbericht, und, soweit ein solcher erforderlich war, den Prüfbericht des sachverständigen Prüfers nach § 7 Abs. 3 einreicht. Die Anordnung erfolgt zweckmäßigerweise zusammen mit der Verfügung der Zustellung und unter Fristsetzung. Außerdem können Antragsteller oder gemeinsamer Vertreter verlangen, dass der Antragsgegner ihnen Abschriften erteilt, unabhängig davon, ob die Unterlagen zur Beschlussfassung über die Strukturmaßnahme ausgelegt waren. Abschriften für den gemeinsamen Vertreter sollte das Gericht daher schon vor seiner Bestellung anfordern.[23]

---

[14] Widmann/Mayer/Wälzholz Rn. 6; Kölner Komm AktG/Koppensteiner AktG Anh. § 327f Rn. 33.
[15] Büchel NZG 2003, 793 (797); Hüffer/Koch/Koch Rn. 4; Dreier/Fritzsche/Verfürth/Verfürth/Schulenburg Rn. 21; Klöcker/Frowein Rn. 5.
[16] So Bungert/Mennicke BB 2003, 2021 (2027); Lutter/Mennicke Rn. 5; Kölner Komm SpruchG/Puszkajler Rn. 13; Simon/Winter Rn. 15; Lamb/Schluck-Amend DB 2003, 1259 (1261); Klöcker/Frowein Rn. 6.
[17] Büchel NZG 2003, 793 (797); Kölner Komm AktG/Koppensteiner AktG Anh. § 327f Rn. 33; Dreier/Fritzsche/Verfürth/Verfürth/Schulenburg Rn. 17.
[18] Lutter/Mennicke Rn. 10; Kölner Komm SpruchG/Puszkajler Rn. 26.
[19] Hüffer/Koch/Koch Rn. 6.
[20] Simon/Winter Rn. 17.
[21] OLG Celle AG 2007, 865; Puszkajler Der Konzern 2006, 256; Winter/Nießen NZG 2007, 13 (16); Simon/Winter Rn. 35; Bürgers/Körber/Ederle/Theusinger § 6 Rn. 3; Hüffer/Koch/Koch § 6 Rn. 6; Dreier/Fritzsche/Verfürth/Dreier § 6 Rn. 8; Noack, Das Spruchverfahren nach dem Spruchverfahrensgesetz, 2014, 108; aA Weingärtner Der Konzern 2005, 694; Lutter/Mennicke § 6 Rn. 10; MüKoAktG/Kubis § 6 Rn. 14; Kubis FS Hüffer, 2010, 567 (572).
[22] Meilicke/Heidel DB 2003, 2267 (2269).
[23] Büchel NZG 2003, 793 (797); Hüffer/Koch/Koch Rn. 5.

9 b) Vorlage weiterer Unterlagen. Das Gericht kann nach Abs. 7 weitere Unterlagen, die für die Entscheidung Bedeutung haben, vom Antragsgegner verlangen. Die Vorschrift geht als spezielle Regelung § 258 HGB[24] vor. Der Antragsteller und der gemeinsame Vertreter[25] können einen entsprechenden Antrag stellen. Dass der gemeinsame Vertreter in Abs. 7 nicht genannt ist, beruht darauf, dass er auch nachträglich erst in Abs. 3 aufgenommen wurde. Da er die nicht antragstellenden, aber materiell beteiligten Anteilsinhaber vertritt, stehen seine Rechte hinter denen der antragstellenden Anteilsinhaber nicht zurück. Der Sachverständige hat kein Antragsrecht,[26] kann aber die Anordnung durch das Gericht anregen. Das bloße **Verlangen genügt** trotz des Wortlauts[27] **nicht,** um die Vorlagepflicht auszulösen.[28] Auch eine allgemeine und nicht konkrete Bezeichnung der Unterlagen genügt, wenn die verlangten Unterlagen bestimmbar sind.[29] Der Vorsitzende der KfH ordnet auf Verlangen eines Beteiligten oder aufgrund eigener Prüfung die Herausgabe nur an, wenn die Unterlagen **entscheidungserheblich** sein können.[30] Ein allgemeines Einsichtsrecht und damit eine umfassende Vorlagepflicht bestehen nicht.[31] Da die Unterlagen für die Entscheidung von Bedeutung sein müssen und nicht schon die Aufforderung eines Beteiligten zu Zwangsmitteln nach Abs. 8 führen kann, ist eine Prüfung der Vorlagevoraussetzungen durch das Gericht notwendig. Als solche Unterlagen, die für die Entscheidung Bedeutung haben, kommen neben den dem Prüfer vorzulegenden Unterlagen[32] das **interne Bewertungsgutachten und vorbereitende Arbeitspapiere** der beauftragten Prüfer in Betracht.[33] Soweit der Antragsgegner die Unterlagen nicht im Besitz hat, ist er zu ihrer **Beschaffung verpflichtet,** wenn er einen Anspruch auf die Unterlagen hat.[34] Auch wenn Unterlagen nicht vom Antragsgegner, sondern der Gesellschaft in Auftrag gegeben wurden, ist der Antragsgegner verpflichtet, für die Beschaffung zu sorgen.[35] Deshalb kann sich der Antragsgegner gegenüber dem Begehren auf Vorlage etwa der vorbereitenden Arbeitspapiere nicht darauf berufen, dass diese Unterlagen beim Wirtschaftsprüfer verblieben seien, auch wenn Abs. 7 voraussetzt, dass es sich um Unterlagen des Antragsgegners handelt.[36] Für Arbeitspapiere besteht allerdings wegen der Auslegung von § 51b Abs. 4 WPO durch die hM, nach der für Arbeitspapiere ein Herausgabeanspruch ausgeschlossen sein soll, kein durchsetzbarer Anspruch des Auftraggebers,[37] obwohl sich aus dem Wortlaut und dem Normzusammenhang nicht erschließt, dass ein Herausgabeanspruch für Arbeitspapiere ausgeschlossen sein soll. Das Gericht kann ggf. nach § 17 Abs. 1 in Verbindung mit § 29 Abs. 1 FamFG die Vorlage der Arbeitspapiere im Rahmen einer Beweisanordnung vom beauftragten Wirtschaftsprüfer verlangen, weil die Anordnungsbefugnisse nach dem FamFG nicht geringer als nach § 142 ZPO sind.[38] Die Anordnung setzt allerdings – wie auch für die Herausgabe nach Abs. 7 – Erheblichkeit der Arbeitspapiere für die Entscheidung, Zumutbarkeit der Herausgabe und – soweit es sich nicht um den vom Gericht beauftragten sachverständigen Prüfer handelt – eine Entbindung von der Schweigepflicht voraus. Geheimnisschutz nach Art. 12 GG als prüferisches Know-how besteht nicht,[39] weil die Arbeitspapiere einem sachkundigen Dritten gerade ermöglichen sollen, das Bewertungsergebnis nachzuvollziehen, und deshalb für Außenstehende verfasst werden.[40]

---

[24] Dazu BayObLGZ 1993, 156 = AG 1993, 338.
[25] *Meilicke/Heidel* DB 2003, 2267 (2270) Fn. 39; Dreier/Fritzsche/Verfürth/*Verfürth/Schulenburg* Rn. 86; Lutter/*Mennicke* Rn. 15; aA Kölner Komm AktG/*Koppensteiner* AktG Anh. § 327f Rn. 37; *Wittgens,* Das Spruchverfahrensgesetz, 2005, 179.
[26] AA *Tissen* NZG 2016, 848 (849).
[27] Krit. daher *Bungert/Mennicke* BB 2003, 2021 (2029); *Wasmann/Rosskopf* ZIP 2003, 1776 (1779).
[28] OLG Karlsruhe NZG 2006, 670; Simon/*Winter* Rn. 63; MüKoAktG/*Kubis* Rn. 19.
[29] AA Kölner Komm SpruchG/*Puszkajler* Rn. 57; *Tissen* NZG 2016, 848 (849).
[30] OLG Düsseldorf AG 2012, 797; OLG Stuttgart AG 2010, 513; *Tissen* NZG 2016, 848 (849).
[31] OLG Düsseldorf AG 2012, 797; OLG Stuttgart AG 2011, 205; OLG Karlsruhe NZG 2006, 670; Lutter/*Mennicke* Rn. 15; MüKoAktG/*Kubis* Rn. 16; *Tissen* NZG 2016, 848 (849); *Wittgens,* Das Spruchverfahrensgesetz, 2005, 182; zur Rechtslage vor dem SpruchG OLG Zweibrücken AG 1995, 421; OLG Düsseldorf AG 2004, 212; zur Pflicht, vom Sachverständigen durchgesehene Unterlagen vorzulegen, → § 8 Rn. 16.
[32] Kölner Komm SpruchG/*Puszkajler* Rn. 58; aA *Tissen* NZG 2016, 848 (850).
[33] Kölner Komm AktG/*Koppensteiner* AktG Anh. § 327f Rn. 37; MüKoAktG/*Kubis* Rn. 19.
[34] Lutter/*Mennicke* Rn. 14.
[35] AA *Bungert/Mennicke* BB 2003, 2021 (2029).
[36] AA *Bungert/Mennicke* BB 2003, 2021 (2029); *Klöcker/Frowein* Rn. 13.
[37] *Bungert/Mennicke* BB 2003, 2021 (2029); Kölner Komm SpruchG/*Puszkajler* Rn. 60; Dreier/Fritzsche/Verfürth/*Verfürth/Schulenburg* Rn. 84; Lutter/*Mennicke* Rn. 14; *Klöcker/Frowein* Rn. 13; *Wasmann/Roßkopf* ZIP 2003, 1776 (1780); *Tissen* NZG 2016, 848 (850); *Wittgens,* Das Spruchverfahrensgesetz, 2005, 178; aA Kölner Komm AktG/*Koppensteiner* Anh. § 327f Rn. 37.
[38] MüKoFamFG/*Ulrici* FamFG § 30 Rn. 28; aA Lutter/*Mennicke* Rn. 14; Simon/*Winter* Rn. 56 ff.; *Wittgens,* Das Spruchverfahrensgesetz, 2005, 178.
[39] AA Simon/*Winter* Rn. 58.
[40] IDW Standard S. 1, Stand 2.4.2008 unter 9.1.

c) Kein Rechtsmittel gegen die Anordnung der Vorlage. Das Gericht kann nicht angerufen 10 werden, weil sich Abs. 7 S. 3 nur auf S. 2 bezieht.[41] Der Ausschluss der Beschwerde gegen eine Entscheidung des Gerichts zum Geheimnisschutz wäre sinnlos, wenn gegen die Anordnung der Vorlage von Unterlagen allgemein die Beschwerde möglich wäre. Die Unterlagen sind dem Gericht vorzulegen. Es spricht jedoch nichts gegen eine Anordnung des Gerichts, dass die Unterlagen zunächst unmittelbar dem Sachverständigen ausgehändigt werden und von diesem mit dem Gutachten an das Gericht weitergeleitet werden.[42] Soweit nicht der Geheimnisschutz nach Satz 2 eingreift, haben die Antragsteller das Recht, vom Inhalt der Unterlagen ebenfalls Kenntnis zu nehmen, § 13 Abs. 1 FamFG.[43] Dazu müssen sie dem Gericht vorliegen.[44] In der Praxis können sie natürlich zunächst bis zu einer konkreten Anforderung auch beim Sachverständigen verbleiben. Auch zu einer ggf. notwendigen Erörterung in der mündlichen Verhandlung sollte sie das Gericht zur Hand haben. Nicht verfahrensbeteiligte Dritte können nur nach § 13 Abs. 2 FamFG Akteneinsicht erhalten.[45]

d) Geheimnisschutz. Der Antragsgegner kann beantragen, dass die nach Abs. 7 angeforderten 11 Unterlagen nicht den Antragstellern zugänglich gemacht werden. Auch insoweit steht der gemeinsame Vertreter den Antragstellern gleich. Wenn ein Geheimhaltungsinteresse besteht, bezieht sich dieses nicht nur auf die Antragsteller, sondern auf alle Anteilsinhaber, also auch diejenigen, die der gemeinsame Vertreter repräsentiert.[46] Die Anordnung erfolgt nur **auf Antrag**. Über den Antrag entscheidet der Vorsitzende durch Beschluss, der dahin lautet, dass bestimmte Unterlagen den Antragstellern und dem gemeinsamen Vertreter nicht zugänglich gemacht werden. Gegen seine Entscheidung können die Antragsteller, der gemeinsame Vertreter und der Antragsgegner das Gericht anrufen. Dann entscheidet die KfH in der Besetzung nach § 105 GVG. Eine Beschwerde gegen diesen Beschluss findet nicht statt. Da eine Überprüfung der Geheimhaltungsanordnung durch das Beschwerdegericht nicht erfolgen soll, kann der Antragsgegner nicht gegen die Anordnung der Urkundenvorlage Beschwerde mit der Begründung einlegen, die Unterlagen müssten geheimgehalten werden.

Die **Geheimhaltung** muss aus wichtigen Gründen im Interesse des Antragsgegners bzw. des 12 betroffenen Unternehmens **geboten** sein.[47] Die Wahrung von Fabrikations-, Betriebs- oder Geschäftsgeheimnissen ist nur beispielhaft aufgezählt. Auch wenn Dritten eine strafbewehrte Vertraulichkeitszusage gegeben wurde, kommt ein Geheimnisschutz in Frage.[48] Die nach Abs. 3 vorzulegenden Unterlagen sind bereits für den Beschluss über die Strukturmaßnahme offen zu legen, so dass an ihnen kein Geheimhaltungsinteresse bestehen kann. Der Antragsgegner muss die Nachteile, die bei einer Offenlegung entstehen können, konkret darlegen. Wenn die Nachteile einen Geheimnisschutz rechtfertigen, muss das Interesse des Antragsgegners an der Geheimhaltung noch gegen das Interesse der Antragsteller, Stellung nehmen zu können, abgewogen werden. Da der Anspruch der Antragsteller auf rechtliches Gehör betroffen ist, wenn sie von Unterlagen keine Kenntnis erhalten, ist zu prüfen, ob nicht mildere Maßnahmen ergriffen werden können,[49] insbesondere die Einsichtnahme gegen eine strafbewehrte Unterlassungserklärung[50] oder die Einschaltung von Wissensvermittlern, die zur Verschwiegenheit verpflichtet sind.[51] Erst wenn die Antragsteller dazu nicht bereit sind oder dies dem Antragsgegner nicht zumutbar ist, kommt in Betracht, dass die Unterlagen den Antragstellern nicht bekannt gemacht werden.[52] Geheimnisschutz bedeutet nach dem Wortlaut von Abs. 7

---

[41] AA Dreier/Fritzsche/Verfürth/*Verfürth*/*Schulenburg* Rn. 87; Lutter/*Mennicke* Rn. 15.
[42] Die in der DAV-Stellungnahme ZIP 2003, 552 (555) und bei *Wasmann/Rosskopf* ZIP 2003, 1776 (1779) vorgeschlagene Überlassung nur an den Sachverständigen, um die Gerichtsakten nicht zu belasten, entspricht einer verbreiteten, aber nicht ganz korrekten Praxis.
[43] *Preuß* NZG 2009, 961 (963).
[44] AA offenbar Simon/*Winter* Rn. 65.
[45] Vgl. *Preuß* NZG 2009, 961 (963); zum FGG MüKoAktG/*Bilda*, 2. Aufl. 2000, § 306 Rn. 27.
[46] Dreier/Fritzsche/Verfürth/*Verfürth*/*Schulenburg* Rn. 89a; Lutter/*Mennicke* Rn. 19; Simon/*Winter* Rn. 69; MüKoAktG/*Kubis* Rn. 20; aA Kölner Komm SpruchG/*Puszkajler* Rn. 69.
[47] Bsp. bei Dreier/Fritzsche/Verfürth/*Verfürth*/*Schulenburg* Rn. 90.
[48] Lutter/*Mennicke* Rn. 18; Dreier/Fritzsche/Verfürth/*Verfürth*/*Schulenburg* Rn. 90.
[49] Simon/*Winter* Rn. 82; MüKoAktG/*Kubis* Rn. 22; Bungert/*Mennicke* BB 2003, 2021 (2029).
[50] Hüffer/Koch/*Koch* Rn. 9; Dreier/Fritzsche/Verfürth/*Verfürth*/*Schulenburg* Rn. 95; Klöcker/*Frowein* Rn. 14; Kölner Komm SpruchG/*Puszkajler* Rn. 74; Simon/*Winter* Rn. 82; *Wittgens*, Das Spruchverfahrensgesetz, 2005, 189. Zur Rechtslage vor dem SpruchG OLG Frankfurt AG 1989, 444; LG Frankfurt AG 1996, 187; LG Hamburg DB 1991, 2029; MüKoAktG/*Bilda*, 2. Aufl. 2000, § 306 Rn. 27. Für die Anwendung von § 172 Nr. 2 GVG, § 174 GVG NK-AktR/*Tewes* Rn. 24.
[51] Simon/*Winter* Rn. 82; Kölner Komm SpruchG/*Puszkajler* Rn. 69; *Wittgens*, Das Spruchverfahrensgesetz, 2005, 191.
[52] *Bungert/Mennicke* BB 2003, 2021 (2029); ähnlich Meilicke/*Heidel* DB 2003, 2267 (2271); zum früheren Recht LG Frankfurt AG 1996, 187.

nicht, dass der Antragsgegner Unterlagen nicht dem gerichtlich bestellten Sachverständigen und dem Gericht vorlegen muss.

13   Wenn den Antragstellern keine Einsicht gewährt wird, ist eine **Verwertung der Unterlagen** nur zugunsten der Antragsteller möglich, weil andernfalls ihr Anspruch auf rechtliches Gehör betroffen ist.[53] Da eine Verschlechterung der Kompensation ausgeschlossen ist, wirkt die Verwertung, wenn sie überhaupt Auswirkungen auf das Verfahrensergebnis hat, in der Regel zugunsten der Antragsteller. Eine Verwertung zulasten der Antragsteller ist aber möglich, soweit sie durch ihre Weigerung, eine Unterlassungserklärung zu unterzeichnen, erst den Geheimnisschutzbeschluss verursacht haben. Das rechtliche Gehör durch Einsicht kann nicht durch mündliche Wiedergabe ersetzt werden.[54] Die Unterlagen sind, auch wenn sie gegenüber einzelnen oder allen Antragstellern verwertbar sind, in der gerichtliche Entscheidung nur ohne Verletzung des Geheimnisschutzes, ggf. nur unter Mitteilung des Ergebnisses zu erwähnen.[55] Entsprechend ist im Sachverständigengutachten zu verfahren.[56] Dabei ist vorab zu prüfen, ob die geheim gehaltenen Tatsachen überhaupt zur Unternehmensbewertung bzw. zur Verständlichkeit eines Bewertungsgutachtens erheblich sind. Eine Schwärzung von Teilen eines Sachverständigengutachtens ist jedenfalls nicht möglich.[57] Wenn die Unterlagen unverwertbar sind, sind sie auch nicht mehr für die Entscheidung von Bedeutung und auch nicht zu erwähnen.[58]

14   Auf die nach Abs. 5 vorzulegenden Aufzeichnungen ist Abs. 7 S. 7 nicht entsprechend anzuwenden,[59] weil die Vorlagepflicht nicht zwangsweise durchgesetzt werden kann (→ Rn. 19).

15   e) **Zwangsmittel.** Die Verpflichtung zur Vorlage der Urkunden nach Abs. 3 und Abs. 7 ist nach § 35 FamFG (früher § 33 Abs. 1 S. 1 und 3, Abs. 3 S. 1 und 2 FGG) zwangsweise durchsetzbar. Die Anordnung setzt einen schuldhaften Verstoß gegen die Pflicht zur Urkundenvorlage voraus, die gerichtlich angeordnet gewesen sein muss.[60] Auf die **Verhängung eines Zwangsgeldes** ist mit der Anordnung der Urkundenvorlage **hinzuweisen,** § 35 Abs. 2 FamFG. Es kann auch gegen juristische Personen, nicht nur die Organmitglieder als natürliche Personen verhängt werden.[61] Das Zwangsgeld kann mehrfach angeordnet werden[62] und sollte berücksichtigen, dass die Verzögerung in der Regel dem Antragsgegner finanziell zugute kommt.[63] Wenn sich der Antragsgegner trotz Ausschöpfung der Zwangsgeldmöglichkeiten beharrlich einer Urkundenvorlage verweigert, kann das Gericht daraus auch beweisrechtliche Schlussfolgerungen nach den Regeln der Beweisvereitelung ziehen.[64] Androhung und Verhängung sind Aufgabe des Vorsitzenden, § 2 Abs. 2 Nr. 4 SpruchG. Die Vollstreckung erfolgt nach der JBeitrO.[65] Unter den Voraussetzungen von § 35 Abs. 1 Satz 2 und 3 FamFG kann auch **Zwangshaft** angeordnet werden,[66] bei juristischen Personen gegen das Organ als natürliche Person. Außerdem können über § 35 Abs. 4 FamFG iVm § 883 Abs. 1 ZPO die Unterlagen durch den Gerichtsvollzieher weggenommen werden.[67] Gegen die Entscheidung über die Verhängung eines Zwangsmittels findet die **sofortige Beschwerde** nach § 35 Abs. 5 FamFG, §§ 567ff. ZPO statt.[68] Da in den Fällen des Abs. 7 eine Überprüfung der Entscheidung des Gerichts über eine

---

[53] *Bungert/Mennicke* BB 2003, 2021 (2029); *Lamb/Schluck-Amend* DB 2003, 1259 (1263); *Klöcker/Frowein* Rn. 15; Dreier/Fritzsche/Verfürth/*Verfürth/Schulenburg* Rn. 93; Kölner Komm AktG/*Koppensteiner* AktG Anh. § 327f Rn. 38; Emmerich/Habersack/*Emmerich* Rn. 13; Simon/*Winter* Rn. 92; für völliges Verwertungsverbot MüKoAktG/*Kubis* Rn. 20; aA wohl LG Frankfurt AG 2002, 358; Lutter/*Mennicke* Rn. 20; *Wasmann/Rosskopf* ZIP 2003, 1776 (1780); Kölner Komm SpruchG/*Puszkajler* Rn. 76; *Wittgens,* Das Spruchverfahrensgesetz, 2005, 188.
[54] Dreier/Fritzsche/Verfürth/*Verfürth/Schulenburg* Rn. 94.
[55] Dazu *Wasmann/Rosskopf* ZIP 2003, 1776 (1780); Kölner Komm SpruchG/*Puszkajler* Rn. 76; Lutter/*Mennicke* Rn. 20; MüKoAktG/*Kubis* Rn. 23; *Wittgens,* Das Spruchverfahrensgesetz, 2005, 188.
[56] Dreier/Fritzsche/Verfürth/*Verfürth/Schulenburg* Rn. 89; Simon/*Winter* Rn. 87; MüKoAktG/*Kubis* Rn. 23; vgl. OLG Karlsruhe NZG 2006, 670.
[57] LG Düsseldorf AG 1998, 98; Simon/*Winter* Rn. 71.
[58] MüKoAktG/*Kubis* Rn. 25; Kölner Komm SpruchG/*Puszkajler* Rn. 78; *Tissen* NZG 2016, 848 (851); aA 3. Aufl.; Dreier/Fritzsche/Verfürth/*Verfürth/Schulenburg* Rn. 96; NK-AktR/*Tewes* Rn. 25.
[59] So aber *Wasmann/Rosskopf* ZIP 2003, 1776 (1780); Lutter/*Mennicke* Rn. 16.
[60] *Preuß* NZG 2009, 961 (963).
[61] Dreier/Fritzsche/Verfürth/*Verfürth/Schulenburg* Rn. 103.
[62] *Büchel* NZG 2003, 793 (798); Kölner Komm SpruchG/*Puszkajler* Rn. 79.
[63] Vgl. *Meilicke/Heidel* DB 2003, 2267 (2271).
[64] *Meilicke/Heidel* DB 2003, 2267 (2271).
[65] Kölner Komm SpruchG/*Puszkajler* Rn. 82.
[66] Dreier/Fritzsche/Verfürth/*Verfürth/Schulenburg* Rn. 103; Widmann/Mayer/*Wälzholz* Rn. 28.
[67] Dreier/Fritzsche/Verfürth/*Verfürth/Schulenburg* Rn. 104; Widmann/Mayer/*Wälzholz* Rn. 29; *Tissen* NZG 2016, 848 (852).
[68] Lutter/*Mennicke* Rn. 24; *Preuß* NZG 2009, 961 (963); *Tissen* NZG 2016, 848 (852).

abgelehnte Anordnung durch die Beschwerdeinstanz nicht stattfindet, kann bei der Beschwerde gegen eine nachfolgende Zwangsgeldanordnung nicht geltend gemacht werden, das Gericht habe die Geheimhaltung anordnen müssen.[69]

2. Weitere vorbereitende Maßnahmen. Das Gericht hat, wie sich aus Abs. 5 ergibt, das Verfahren aktiv zu gestalten. Es hat, ohne an Anträge der Beteiligten gebunden zu sein, alle Maßnahmen zu treffen, die eine rasche Entscheidung ermöglichen. Es hat dazu zunächst darauf hinzuwirken, dass die noch klärungsbedürftigen Punkte klar herausgearbeitet werden. Zu ihrer Klärung kann es sodann nach Ermessen die geeignet erscheinenden Beweise erheben. 16

a) Aufklärung des Sachverhalts. Das Gericht kann nach Abs. 5 die Beteiligten zu weiteren **konkreten Erläuterungen** über klärungsbedürftige Punkte auffordern und dazu eine Frist setzen. Diese Verpflichtung ist verfahrensrechtlich nur über § 9 Abs. 1, § 10 Abs. 2 sanktioniert. Es kann die **Vorlage von Aufzeichnungen** aufgeben. Dabei muss es sich um Aufzeichnungen handeln, die für die Entscheidung von Bedeutung sind. Die Vorlage von solchen Unterlagen des Antragsgegners ist in Abs. 7 speziell geregelt. Die Befugnisse zur Anordnung der Vorlage nach Abs. 5 gehen über Abs. 7 nicht hinaus. Insoweit ist die Regelung in Abs. 5 überflüssig.[70] Sie hat nur Bedeutung für die Vorlage von **Aufzeichnungen und Unterlagen des Antragstellers,** beispielsweise zur Antragsberechtigung.[71] 17

b) Vorbereitende Beweisanordnungen. Das Gericht kann zur Vorbereitung der Entscheidung weitere Maßnahmen erlassen. Das soll dem Gericht ermöglichen, die mündliche Verhandlung umfassend vorzubereiten. Es kann daher nach Abs. 5 für eine mündliche Verhandlung Zeugen oder Sachverständige laden, insbesondere auch den **sachverständigen Prüfer** als sachverständigen Zeugen. Es kann darüber hinaus bereits vor der mündlichen Verhandlung eine Beweisaufnahme anordnen und Beweis einholen. Es kann insbesondere die Einholung eines schriftlichen Sachverständigengutachtens zu den klärungsbedürftigen Fragen anordnen, nicht nur, wie Abs. 6 nahe legt, zur Klärung von Vorfragen für eine nachfolgende Beweisaufnahme.[72] Um diese vorzubereiten und Anknüpfungstatsachen zu gewinnen, kann es dazu auch eine schriftliche Stellungnahme des sachverständigen Prüfers oder sonstige schriftliche Zeugenaussagen einholen. Die formell Beteiligten sind nach Abs. 5 durch die Übersendung von Abschriften der Anordnungen zu informieren. 18

c) Zwangsmittel. Eine **Vollstreckung** der Verpflichtung zur Vorlage von Aufzeichnungen oder der angeordneten weiteren Maßnahmen **durch Zwangsmaßnahmen ist nicht möglich.** Grundsätzlich sind Anordnungen des Gerichts im Rahmen der Sachaufklärung nicht selbständig durch Zwangsmittel nach § 35 FamFG durchsetzbar, weil darin keine Verpflichtung zu einer Handlung auferlegt wird. § 7 Abs. 8 SpruchG lässt eine zwangsweise Durchsetzung nur für Verstöße gegen Anordnungen nach Abs. 3 und 7 zu. Daraus ist der Umkehrschluss zu ziehen, dass Zwangsmaßnahmen für Anordnungen aufgrund von Abs. 5 nicht möglich sind. 19

d) Rechtsmittel. Rechtsmittel gegen vorbereitende Anordnungen stehen den Beteiligten nicht zur Verfügung. Gegen eine unberechtigte Zwangsanordnung können sie nach § 35 Abs. 5 FamFG sofortige Beschwerde nach § 567 ff. ZPO einlegen (entsprechend → Rn. 15). 20

§ 8 Mündliche Verhandlung

(1) ¹Das Gericht soll aufgrund mündlicher Verhandlung entscheiden. ²Sie soll so früh wie möglich stattfinden.

(2) ¹In den Fällen des § 7 Abs. 3 Satz 2 soll das Gericht das persönliche Erscheinen der sachverständigen Prüfer anordnen, wenn nicht nach seiner freien Überzeugung deren Anhörung als sachverständige Zeugen zur Aufklärung des Sachverhalts entbehrlich erscheint. ²Den sachverständigen Prüfern sind mit der Ladung die Anträge der Antragsteller, die Erwiderung des Antragsgegners sowie das weitere schriftliche Vorbringen der Beteiligten mitzuteilen. ³In geeigneten Fällen kann das Gericht die mündliche oder schriftliche Beantwortung von einzelnen Fragen durch den sachverständigen Prüfer anordnen.

---

[69] Lutter/*Mennicke* Rn. 24.
[70] Bungert/*Mennicke* BB 2003, 2021 (2027); Dreier/Fritzsche/Verfürth/*Verfürth/Schulenburg* Rn. 48; Klöcker/*Frowein* Rn. 11; Emmerich/Habersack/*Emmerich* Rn. 6; DAV-Stellungnahme ZIP 2003, 552 (555).
[71] Simon/*Winter* Rn. 40; MüKoAktG/*Kubis* Rn. 13.
[72] Büchel NZG 2003, 793 (798); Hüffer/Koch/*Koch* Rn. 8; Kölner Komm SpruchG/*Puszkajler* Rn. 47; enger Klöcker/*Frowein* Rn. 12; Simon/*Winter* Rn. 47; MüKoAktG/*Kubis* Rn. 16.

SpruchG § 8 1, 2

(3) Die §§ 138 und 139 sowie für die Durchführung der mündlichen Verhandlung § 279 Abs. 2 und 3 und § 283 der Zivilprozessordnung gelten entsprechend.

Schrifttum: S. § 1 SpruchG; außerdem: *Hüffer*, Bewertungsgegenstand und Bewertungsmethode, FS Hadding, 2004, 461; *Land/Hennings*, Aktuelle Probleme von Spruchverfahren nach gesellschaftsrechtlichen Strukturmaßnahmen, AG 2005, 380; *Stilz*, Die Anwendung der Business Jugdement Rule auf die Feststellung des Unternehmenswerts bei Verschmelzungen, FS Mailänder, 2006, 423; *Winter/Nießen*, Amtsermittlung und Beibringung im Spruchverfahren, NZG 2007, 13.

Übersicht

	Rn.		Rn.
I. Normzweck	1, 2	III. Beweisaufnahme	15–21
II. Verfahrensgrundsätze und Verfahrensgestaltung	3–14	1. Verfahren	15, 16
		2. Vergütung	17–19
1. Amtsermittlung und Erklärungspflicht der Beteiligten	3	a) Vergütungshöhe	17
		b) Vorschussanspruch des Sachverständigen	18
2. Tatsachenermittlung und Schätzung	4–6	c) Vorschusspflicht des Antragsgegners	19
3. Verfahrensgestaltung	7–14	3. Rechtsmittel	20
a) Notwendigkeit einer Beweisaufnahme	8	4. Selbständiges Beweisverfahren	21
b) Sachverständiger Prüfer und Sachverständigengutachten	9–11	IV. Mündliche Verhandlung	22–24
c) Hinweispflichten	12	1. Notwendigkeit der mündlichen Verhandlung	22
d) Aussetzung	13		
e) Rechtsmittel	14	2. Ablauf der mündlichen Verhandlung	23, 24

I. Normzweck

1 Durch die mündliche Verhandlung als Regelfall soll das Verfahren konzentriert und beschleunigt werden. Die nach Anspruchsbegründung und Stellungnahmen offenen Fragen sollen möglichst in einer mündlichen Erörterung geklärt werden. Dazu dient auch die Anordnung des persönlichen Erscheinens der sachverständigen Prüfer, die unter Umständen die Beauftragung eines gerichtlichen Sachverständigen überflüssig machen soll. Eine mündliche Anhörung des Sachverständigen ist auf Antrag eines Beteiligten ohnehin geboten.[1] Schon wegen der notwendigen Gewähr rechtlichen Gehörs durch die mündliche Befragung des Sachverständigen[2] war in der Praxis die Entscheidung aufgrund mündlicher Verhandlung der Regelfall.[3] Auch die Vernehmung der sachverständigen Prüfer zur Sachverhaltsaufklärung war nicht ungewöhnlich.[4] Dass die Beantwortung von Fragen auch mündlich im Termin erfolgen kann,[5] ist eine überflüssige Klarstellung.

2 Mit dem Verweis auf §§ 138 und 139 ZPO sowie für die Durchführung der mündlichen Verhandlung auf §§ 279 Abs. 2 und 3 ZPO und § 283 ZPO wird das Verfahren dem Streitverfahren der ZPO angenähert. Das Gericht soll den **Unternehmenswert** nicht insgesamt neu ermitteln, sondern nur einzelnen streitigen Fragen zur angemessenen Bestimmung der Kompensation nachgehen.[6] Das Gericht musste aber auch vor Inkrafttreten des SpruchG keine Tatsachen ermitteln, die zwischen den Beteiligten unstreitig waren.[7] Eine umfassende Neubewertung ist häufig erforderlich, weil die Neubewertung bereits eines Teils Folgen für die gesamte Unternehmensbewertung hat, die eine sachverständige Beurteilung erfordern, und die vorhandenen Berichte zur Bewertung einzelner Unternehmensteile oder einzelner Teile der Bewertung zu unpräzise sind. Daran wird das SpruchG nichts ändern. Die Prozessleitungspflicht des Gerichts soll die Aufhebung der umfassenden Amtsermittlungspflicht ausgleichen. Durch den Verweis auf § 138 ZPO sah der Rechtsausschuss Veranlassung klarzustellen, dass die richterliche Aufklärungspflicht nach § 139 ZPO auch im Spruchverfahren Anwendung finde.[8]

---
[1] BVerfG NJW 1998, 2273.
[2] BVerfG NJW 1998, 2273.
[3] Anders *Büchel* NZG 2003, 793 (798).
[4] Vgl. OLG Düsseldorf AG 2002, 398; OLG Düsseldorf AG 2001, 533; BayObLGZ 2002, 400 = NZG 2003, 483; LG Frankfurt NZG 2002, 395; LG Mannheim AG 2002, 466; *Meilicke/Heidel* DB 2003, 2267 (2272).
[5] BR BT-Drs. 15/371, 24; RAusschuss BT-Drs. 15/838, 17.
[6] RegE BT-Drs. 15/371, 15.
[7] OLG Düsseldorf NZG 2000, 1074; LG Düsseldorf AG 2001, 373.
[8] RAusschuss BT-Drs. 15/838 S. 17.

II. Verfahrensgrundsätze und Verfahrensgestaltung

1. Amtsermittlung und Erklärungspflicht der Beteiligten. Nach § 17 Abs. 1 SpruchG iVm § 26 FamFG hat das Gericht von Amts wegen die erforderlichen Ermittlungen durchzuführen und die nötigen Beweise zu erheben. Bei unbestrittenem Sachvortrag kann aber von Amtsermittlungen abgesehen werden.[9] Dieser Grundsatz wird durch den Verweis in Abs. 3 auf § 138 ZPO ausdrücklich betont. Tatsachen, die der Bewertung der Angemessenheit der Kompensation zugrunde liegen, muss das Gericht nur von Amts wegen ermitteln, soweit sie bestritten sind, § 138 Abs. 3 ZPO. Das Gericht hat nach der Prüfung, ob der Antrag zulässig ist, zu fragen, ob die Einwendungen nach § 7 Abs. 4 SpruchG gegen die Angemessenheit der Kompensation und damit die vorgelegte Unternehmensbewertung schlüssig sind, dh sich die Bewertung oder ein Teil der Bewertung, ihre Richtigkeit zugrunde gelegt, ändert.[10] Ist das der Fall, hat es von Amts wegen die zugrunde liegenden Tatsachen zu ermitteln und auch ohne Bindung an Beweisanträge die nötigen Beweise zu erheben,[11] wenn der Antragsgegner diese Tatsachen bestreitet. Wenn andere Teile der Unternehmensbewertung dadurch beeinflusst werden, muss das Gericht dem von Amts wegen nachgehen. Es muss sich insoweit nicht nur mit den Einwendungen beschäftigen, die der Antragsteller oder der gemeinsame Vertreter vorgetragen haben.[12]

2. Tatsachenermittlung und Schätzung. Die Bestimmung der Angemessenheit der Kompensation ist eine Rechtsfrage und keine Frage der Tatsachenermittlung oder der Beweiswürdigung. Soweit zur Frage der Angemessenheit auf künftige Ertragsaussichten wie in § 304 Abs. 2 AktG oder auf den **Wert des Anteils** abgestellt wird, richten sich die zur Bewertung erforderlichen Faktoren nach rechtlichen Vorgaben, so dass auch die Bewertung selbst eine rechtliche Aufgabe und keine Frage der Beweiswürdigung ist.[13] Die Bestimmung der Wertkategorien ist Rechtsanwendung.[14] Eine Rechtsfrage ist daher, ob eine Bewertungsmethode den gesetzlichen Bewertungszielen entspricht.[15] Dagegen ist die Frage, mit welcher Methode die Wertkategorien ermittelt werden, keine Rechtsfrage, sondern Teil der Tatsachenfeststellung.[16] Die Ermittlung und Überprüfung der Daten für die wertbestimmenden Faktoren – Börsenkurse, Ertragsprognosen, anzuwendende Zinssätze usw. – ist erst recht Tatsachenermittlung,[17] ebenso ihre Gewichtung.[18] Für sie gilt § 287 Abs. 2 ZPO entsprechend.[19] Die Bezeichnung als „Schätzung"[20] ist in diesem Zusammenhang missverständlich, weil Wertfeststellungen immer auf Schätzungen beruhen,[21] hier einer Schätzung entsprechend § 738 Abs. 2 BGB.[22] Dagegen bestimmt § 287 Abs. 2 ZPO, dass der richterlichen Überzeugungsbildung nicht die Beweisanforderungen des § 286 ZPO zugrunde zu legen sind. Da von vorneherein keine exakte Ermittlung aller Umstände möglich ist, existiert immer ein Bewertungsspielraum.[23] Die Anwendung von § 287 Abs. 2 ZPO bedeutet, dass das Gericht selbst nach freier Überzeugung über die Bewertung zu entscheiden hat und es in seinem pflichtgemäßen Ermessen steht, inwieweit es eine Beweisaufnahme anordnet. Es bedeutet aber nicht, dass die vorhandene Bewertung nur auf Plausibilität zu überprüfen ist.[24]

---

[9] OLG Stuttgart AG 2006, 421; Lutter/*Mennicke* Rn. 12.
[10] OLG Düsseldorf NZG 2004, 429; insoweit auch *Kubis* FS Hüffer 2010, 567 (578).
[11] AA *Winter/Nießen* NZG 2007, 13 (17); enger auch Simon/*Winter* Vor § 7 Rn. 15 ff.
[12] So *Büchel* NZG 2003, 793 (795); *Kubis* FS Hüffer, 2010, 567 (578); wie hier Hüffer/Koch/*Koch* Rn. 7; ähnlich *Winter/Nießen* NZG 2007, 13 (17); zu weit andererseits *Meilicke/Heidel* DB 2003, 2267 (2273).
[13] OLG Stuttgart AG 2006, 420; NZG 2007, 112; AG 2013, 840; BayObLG AG 1996, 127.
[14] Vgl. BVerfGE 100, 289 = NJW 1999, 3769; BGHZ 147, 108 = NJW 2001, 2080.
[15] BGHZ 208, 265 = NZG 2016, 461 Rn. 14; BGHZ 207, 114 = NZG 2016, 139 Rn. 12.
[16] BGHZ 207, 114 = NZG 2016, 139 Rn. 12.
[17] *Komp*, Zweifelsfragen des aktienrechtlichen Abfindungsanspruchs nach §§ 305, 320b AktG, 2002, 35.
[18] Vgl. BGH NJW 2003, 3272: „sachgerecht".
[19] BGHZ 147, 108 = NJW 2001, 2080; BayObLG AG 2006, 41; LG Frankfurt NZG 2004, 432; LG Dortmund NZG 2004, 723; für § 286 ZPO OLG Düsseldorf AG 2004, 324.
[20] OLG Frankfurt AG 2017, 626 (627); BayObLG AG 2001, 138; OLG Stuttgart AG 2004, 43; BayObLG AG 2006, 41; *Lutter/Bezzenberger* AG 2000, 433 (440).
[21] *Stilz* ZGR 2001, 875 (883); *Stilz* FS Mailänder, 2006, 423 (431).
[22] BGHZ 208, 265 = NZG 2016, 461 Rn. 21; BGHZ 207, 114 = NZG 2016, 139 Rn. 33; BGHZ 147, 108 = NJW 2001, 2080.
[23] KG AG 2009, 199; BayObLG AG 2006, 41; LG Dortmund NZG 2004, 723; *Stilz* ZGR 2001, 875 (886); *Hüffer* FS Hadding, 2004, 461 (474).
[24] OLG Stuttgart NZG 2007, 112; AG 2013, 840; OLG Frankfurt NZG 2007, 875; Emmerich/Habersack/*Emmerich* Rn. 7; *Noack*, Das Spruchverfahren nach dem Spruchverfahrensgesetz, 2014, 81 ff.; aA LG Frankfurt AG 2005, 930; wohl auch KG AG 2011, 591.

5 In Abfindungsfällen ist der **Verkehrswert** der Unternehmensbeteiligung zu ermitteln.[25] Der nicht durch Marktenge, Manipulationen oder die Ankündigung der Strukturmaßnahem verfälschte **Börsenkurs** spiegelt für den Kleinanleger den Anteilswert seiner Anlage wider, der im Erlös bei einer Deinvestition liegt.[26] Dabei ist in der Regel zum Schutz vor Verfälschungen durch die Maßnahme wie in § 5 Abs. 1 WpÜG-Angebotsverordnung auf den Börsenkurs vor Bekanntgabe der Maßnahme, nicht vor der Hauptversammlung abzustellen[27] und bei einem längerem Zeitraum zwischen Ankündigung und Hauptversammlung zu überprüfen, ob die allgemeine Kursentwicklung bis zur Hauptversammlung zu berücksichtigen ist, damit der Antragsgegner nicht durch eine Ankündigung sich einen niedrigen Wert sozusagen reservieren kann.[28] Als Referenzzeitraum wird meist ein Dreimonatszeitraum als ausreichend angesehen.[29] Das Gericht kann bei der Bewertung berücksichtigen, dass der am Markt gefundener Preis gegenüber einer sachverständigen Bewertung etwa mittels der Ertragswertmethode eine höhere Aussagekraft hat. Das gilt insbesondere dort, wo wie beim Kleinaktionär Anlageinteressen und keine unternehmerischen Interessen im Vordergrund stehen. Allerdings beruht dies auf der Annahme, dass die Marktteilnehmer auf der Grundlage der zur Verfügung stehenden Informationen die Ertragskraft zutreffend bewerten und sich diese Marktbewertung im Börsenkurs niederschlägt; andernfalls muss der Anteilswert über eine Unternehmensbewertung ermittelt werden.[30] Bei der Verschmelzung zweier unabhängiger Gesellschaften kann wegen der gleichgelagerten Interessen der Akteure auf einer Seite der **ausgehandelte Preis** die Unternehmenswertverhältnisse und damit das Austauschverhältnis unter Umständen besser als eine Wertermittlung mit der Ertragswertmethode repräsentieren.[31] Anders ist dies bei einer Verschmelzung im Konzern (upstream/downstream merger).

6 Sofern nicht bereits aus solchen Parametern der der Kompensation zugrunde liegende Wert zu bestimmen ist, wird in der Praxis mit der **Ertragswertmethode** der Unternehmenswert ermittelt und daraus der Anteilswert abgeleitet.[32] Das Gericht ist weder an eine bestimmte Wertermittlungsmethode gebunden[33] nach an eine bestimmte Berechnungsweise,[34] auch nicht die vom Antragsgegner oder von dem sachverständigen Prüfer verwendete.[35] Voraussetzung ist, dass die jeweilige Methode in der Wirtschaftswissenschaft oder Betriebswirtschaftslehre anerkannt und in der Praxis gebräuchlich ist.[36] Faktisch herrschend ist in Deutschland der IDW Standard S 1,[37] der eine anerkannte Expertenauffassung wiedergibt, aber weder Rechtssätze aufstellt noch ein antizipiertes Sachverständigengutachten ist.[38] Wird bei der Ermittlung des Unternehmenswerts auf solche Erkenntnisquellen zurückgegriffen, ist in der Regel der jeweils aktuelle Stand zu berücksichtigen, soweit die Aktualisierung auf die Umsetzung von Erkenntnisfortschritten zurückzuführen ist und nicht auf neuen tatsächlichen oder (steuer-)rechtlichen Verhältnissen beruht.[39] Der **Liquidationswert** ist nur dann die Untergrenze des Unternehmenswertes, wenn eine Liquidation beabsichtigt, wahrscheinlich oder – etwa

---

[25] OLG Frankfurt AG 2017, 626 (627); AG 2015, 205; OLG Stuttgart AG 2013, 840.
[26] OLG Frankfurt AG 2017, 626 (627); OLG Stuttgart AG 2008, 783; OLG Stuttgart NZG 2007, 302; LG Frankfurt ZIP 2009, 1322; zum Börsenkurs bei der Verschmelzung mit einem nichtbörsennotierten Rechtsträger OLG München AG 2007, 701 mwN.
[27] BGHZ 186, 229 Rn. 10 ff.; OLG Stuttgart AG 2013, 840; AG 2008, 783; NZG 2007, 302; KG NZG 2007, 71; aA BGHZ 147, 108 = NJW 2001, 2080; BGHZ 156, 57 = NJW 2003, 3272.
[28] BGHZ 186, 229 Rn. 29; OLG Stuttgart AG 2013, 840; ZIP 2012, 133.
[29] BGHZ 147, 108 = NJW 2001, 2080; BGHZ 156, 57 = NJW 2003, 3272; OLG Karlsruhe AG 2015, 789 (791).
[30] BVerfG AG 2011, 128 Rn. 13; AG 2011, 511 Rn. 25; AG 2012, 625 Rn. 20; BGHZ 208, 265 = NZG 2016, 461 Rn. 23; OLG Frankfurt AG 2017, 626 (627); AG 2016, 588 (590).
[31] OLG Stuttgart AG 2006, 420; LG Frankfurt ZIP 2009, 1322; *Noack*, Das Spruchverfahren nach dem Spruchverfahrensgesetz, 2014, 91 f. aA, allerdings bezogen auf den Verhandlungsprozess, BVerfG NJW 2012, 3020 (3022).
[32] BGHZ 207, 114 = NZG 2016, 139 Rn. 33; BGHZ 140, 35, 36; OLG Frankfurt AG 2017, 626 (627); AG 2015, 205; OLG Stuttgart AG 2013, 875; KG AG 2009, 199.
[33] BVerfG NJW 2007, 3266; BGHZ 207, 114 = NZG 2016, 139 Rn. 33; ZIP 2006, 851 Rn. 13.
[34] BGHZ 207, 114 = NZG 2016, 139 Rn. 36; OLG Frankfurt AG 2017, 553 (554).
[35] BGHZ 207, 114 = NZG 2016, 139 Rn. 34; OLG Stuttgart AG 2013, 840; AG 2013, 724; OLG Karlsruhe AG 2013, 765.
[36] BGHZ 208, 265 = NZG 2016, 461 Rn. 21; BGHZ 207, 114 = NZG 2016, 139 Rn. 33; OLG Frankfurt AG 2017, 626 (627).
[37] *Fleischer* AG 2014, 97 (100).
[38] BGHZ 207, 114 = NZG 2016, 139 Rn. 13; OLG Stuttgart AG 2013, 724; ZIP 2012, 133; AG 2011, 420; OLG Karlsruhe AG 2013, 765 (766).
[39] BGHZ 207, 114 = NZG 2016, 139 Rn. 40; OLG Celle AG 2007, 865; OLG Karlsruhe AG 2013, 765; AG 2009, 47; OLG Stuttgart AG 2011, 420; AG 2011, 205; OLG Frankfurt ZIP 2015, 371; enger OLG Düsseldorf AG 2012, 459 (Stand am Bewertungsstichtag).

bei Insolvenzreife – das einzig pflichtgemäße Verhalten ist.[40] Im Rahmen einer Überprüfung nach der Ertragswertmethode ist zu beachten, dass **Planungen und Prognosen** zur Unternehmensentwicklung nur eingeschränkt auf ihre Richtigkeit zu überprüfen sind, weil es sich um unternehmerische Entscheidungen handelt. Wenn sie auf zutreffenden Informationen beruhen und nicht widersprüchlich sind, sind sie der Berechnung zugrunde zu legen, es sei denn, es handelt sich um eigens für die Strukturmaßnahme gefertigte Sonderplanungen.[41] Das gilt auch für eine im Zuge der Bewertung auf Hinweis des Bewertungsgutachters durch den Vorstand korrigierte Planung.[42] Beweisführungslasten bestehen im Verfahren der freiwilligen Gerichtsbarkeit nicht. Die Antragsteller trifft jedoch die **Feststellungslast:** wenn sich das Gericht nicht davon überzeugen kann, dass die Kompensation höher festzusetzen ist, ist der Antrag zurückzuweisen.[43]

3. Verfahrensgestaltung. Die Gestaltung des Verfahrens liegt im Ermessen des Gerichts. Vorgeschrieben sind lediglich die Stellungnahmefrist für den Antragsgegner und die Replikfrist für den Antragsteller nach § 7 Abs. 2 und 4 SpruchG.

a) Notwendigkeit einer Beweisaufnahme. Die Beweisaufnahme und damit auch die Einholung eines **Sachverständigengutachtens** stehen nach § 287 ZPO im Ermessen des Gerichts. Es hat nach Erforderlichkeit, Zweckmäßigkeit und Verhältnismäßigkeit darüber zu befinden, ob und inwieweit eine Begutachtung einen Erkenntnisgewinn bringt.[44] Dazu ist der Aufwand gegen die Bedeutung des streitigen Teils abzuwägen. Daher ist zunächst zu prüfen, ob das Gericht die streitigen Punkte aus eigener Sachkunde beurteilen kann.[45] Wenn bereits ein Gutachten vorliegt, kann das Gericht ohne Einholung eines weiteren Gutachtens eine eigene Bewertung vornehmen, wenn die Auswirkungen einer Klärung der noch offenen Fragen auf die Kompensation in keinem Verhältnis zu den entstehenden Kosten stehen.[46] Aus diesem Grund kann auch der Bericht des gerichtlich bestellten Prüfers genügen.[47] Die Würdigung aller Umstände nach freier Überzeugung erlaubt es selbstverständlich auch, von den Annahmen eines Sachverständigen abzuweichen.[48] Das Gericht ist nicht erst zur Schätzung befugt, wenn eine Beweisaufnahme undurchführbar ist, weil der Antragsgegner insolvent geworden ist und der Vorschuss nicht erbracht werden kann.[49]

b) Sachverständiger Prüfer und Sachverständigengutachten. Wenn eine Beweisaufnahme erforderlich erscheint, kann das Gericht zu den streitigen Fragen vor einem Termin eine schriftliche Stellungnahme des sachverständigen Prüfers (§ 8 Abs. 2 S. 3)[50] oder ein schriftliches Gutachten eines Sachverständigen (§ 7 Abs. 6)[51] einholen. Ebenso kann das Gericht sich auf mündliche Angaben des sachverständigen Prüfers[52] oder eines gerichtlichen Sachverständigen in einem Termin beschränken.[53] Schließlich kann es beides auch nur zur Vorbereitung einer umfassenden Beweiserhebung anordnen[54] oder versuchen, in einer mündlichen Verhandlung zunächst den Streitstoff und die Ermittlungsnotwendigkeiten näher zu bestimmen und eine gütliche Einigung herbeizuführen. Wie

---

[40] OLGR Düsseldorf 2009, 438; offengelassen von BGH NZG 2006, 425 Rn. 13 ff.
[41] OLG Düsseldorf AG 2017, 584 (586); AG 2016, 864 (866); AG 2016, 504 (507); AG 2016, 329 (330); OLG Kalrsruhe AG 2016, 672 (673); OLG Frankfurt AG 2012, 417; OLG Karlsruhe AG 2009, 47; OLG Stuttgart AG 2013, 724 (727); AG 2010, 510; AG 2010, 513; AG 2008, 783; AG 2006, 421; *Noack,* Das Spruchverfahren nach dem Spruchverfahrensgesetz, 2014, 85 ff.
[42] OLG Stuttgart AG 2013, 724.
[43] KG OLGZ 1971, 260 = AG 1971, 158; LG Frankfurt NZG 2004, 432; *Klöcker/Frowein* Rn. 12; Widmann/Mayer/*Wälzholz* § 17 Rn. 14.
[44] OLG Stuttgart NZG 2007, 112; ähnlich *Hüffer* FS Hadding, 2004, 461 (474).
[45] OLG Stuttgart NZG 2007, 112; OLG Düsseldorf AG 2004, 324; OLG Düsseldorf NZG 2004, 429; *Land/Hennings* AG 2005, 380 (383).
[46] OLG Stuttgart NZG 2007, 112; OLG Hamburg NZG 2002, 189; BayObLG AG 2001, 138; BayObLGZ 1998, 231 = NZG 1998, 946.
[47] OLG Stuttgart AG 2011, 205; OLG Düsseldorf AG 2004, 324; OLG Düsseldorf NZG 2004, 429; Hüffer/Koch/*Koch* Rn. 5.
[48] BayObLG NZG 2001, 1033; OLG Stuttgart AG 2004, 43; OLG Karlsruhe AG 1998, 96; LG Dortmund NZG 2004, 723.
[49] So BayObLGZ 1998, 231 = NZG 1998, 946.
[50] Vgl. OLG Düsseldorf NZG 2000, 1079; LG Köln DB 2000, 314; Dreier/Fritzsche/Verfürth/*Verfürth/Schulenburg* Rn. 8.
[51] Hüffer/Koch/*Koch* Rn. 2; Dreier/Fritzsche/Verfürth/*Verfürth/Schulenburg* Rn. 8; *Noack,* Das Spruchverfahren nach dem Spruchverfahrensgesetz, 2014, 119; aA *Wittgens,* Das Spruchverfahrensgesetz, 2005, 213.
[52] OLG Stuttgart AG 2011, 205; OLG Düsseldorf AG 2002, 398; LG Frankfurt NZG 2002, 395.
[53] AA Kölner Komm AktG/*Koppensteiner* Anh. § 327f Rn. 43, wo nicht beachtet ist, dass Sachverständigengutachten auch mündlich erstattet werden können.
[54] AA Kölner Komm AktG/*Koppensteiner* § 327f Anh. Rn. 43.

das Gericht verfährt, steht in seinem nicht überprüfbaren Ermessen und beurteilt sich nach der Zweckmäßigkeit.[55]

10 Einer Entscheidung nur aufgrund einer **ergänzenden Stellungnahme** des **sachverständigen Prüfers** oder seiner Bestellung zum Sachverständigen, die danach überflüssig wäre, steht unter Umständen entgegen, dass das Spruchverfahren gerade der Überprüfung der von ihm gebilligten Bewertung dient.[56] Es ist nicht zu erwarten, dass er ohne weiteres eigene, für richtig erachtete Ergebnisse in Frage stellt. Seine Stellung vor dem Spruchverfahren entspricht auch nicht der eines Sachverständigen und die Antragsteller haben keinen Einfluss auf seine Auswahl.[57] Dagegen ist er unproblematisch als Sachverständiger zu beauftragen, wenn es um die ergänzende Begutachtung bisher nicht gestellter Fragen geht.[58] Der gerichtlich bestellte Prüfer ist dabei nicht stets wegen Befangenheit als Sachverständiger ausgeschlossen.[59] Die Entscheidung kann auf seine ergänzenden Angaben als sachverständiger Zeuge außerdem gestützt werden, wenn er die von den Antragstellern aufgeworfenen und im Prüfbericht nur unzureichend beantworteten Fragen überzeugend beantwortet.[60] Daher empfiehlt sich in der Regel, zunächst den sachverständigen Prüfer zur Aufklärung des Sachverhalts zu befragen und erst, wenn es danach noch erforderlich ist, ein Sachverständigengutachten einzuholen.[61]

11 Der **sachverständige Prüfer** soll nach Abs. 2 immer **gehört** werden. Von seiner Ladung kann abgesehen werden, wenn dies zur Aufklärung entbehrlich erscheint. Eine Aufklärung durch den sachverständigen Prüfer ist beispielsweise entbehrlich, wenn keine Bewertungsfragen zu erörtern sind oder er bereits schriftlich Stellung genommen hat.[62] Dagegen ist seine Vernehmung nicht überflüssig, wenn das Gericht sowieso einen Sachverständigen beauftragen will[63] oder an seiner Glaubwürdigkeit zweifelt.[64] Die Glaubwürdigkeit kann ohne persönlichen Eindruck nicht beurteilt werden. Die Anhörung des sachverständigen Prüfers ist in Wirklichkeit eine Vernehmung und damit Beweisaufnahme.[65] Wird der sachverständige Prüfer um eine schriftliche oder mündliche Stellungnahme gebeten, die sich auf von ihm ermittelte Bewertungstatsachen bezieht, ist er nach der Fiktion von Abs. 2 als sachverständiger Zeuge zu laden,[66] obwohl er in Wirklichkeit Fachwissen vermittelnder Sachverständiger ist[67] und wie ein Sachverständiger zu entschädigen ist.[68] Als sachverständiger Zeuge kann er nicht wie als Sachverständiger abgelehnt werden. Da das Gesetz ihn als sachverständigen Zeugen behandelt, muss auch sein Erscheinen entsprechend § 380 ZPO erzwungen werden können.[69]

12 **c) Hinweispflichten.** Nach Abs. 3 in Verbindung mit § 139 ZPO hat das Gericht **Aufklärungspflichten** gegenüber den Beteiligten. Daraus ergibt sich aber keine Verpflichtung zur Amtsermittlung

---

[55] OLG Düsseldorf AG 2001, 533; *Büchel* NZG 2003, 793 (798); Dreier/Fritzsche/Verfürth/*Verfürth/Schulenburg* Rn. 8; Simon/*Winter* Vor § 7 Rn. 58 ff.

[56] *Büchel* NZG 2003, 793 (801 f.); *Meilicke/Heidel* DB 2003, 2267 (2272); *Lamb/Schluck-Amend* DB 2003, 1259 (1262); *Lutter/Bezzenberger* AG 2000, 433 (439); *Emmerich* FS Tilmann, 2003, 925 (933); Emmerich/Habersack/*Emmerich* Rn. 7; Kölner Komm AktG/*Koppensteiner* AktG Anh. § 327f Rn. 43; Kölner Komm SpruchG/*Puszkajler* Rn. 22; aA *Land/Hennings* AG 2005, 380 (385); *Tonson/Hammerschmitt* NJW 2003, 2572 (2574); Dreier/Fritzsche/Verfürth/*Verfürth/Schulenburg* § 7 Rn. 73; *Klöcker/Frowein* Rn. 5; Lutter/*Mennicke* Rn. 10; Widmann/Mayer/*Wälzholz* Rn. 4.

[57] *Büchel* NZG 2003, 793 (801); *Meilicke/Heidel* DB 2003, 2267 (2272); Kölner Komm SpruchG/*Puszkajler* Vor §§ 7–11 Rn. 28.

[58] Lutter/*Mennicke* Rn. 10; Simon/*Winter* Rn. 20; Hüffer/Koch/*Koch* Rn. 5a.

[59] OLG Düsseldorf DB 2006, 1670; AG 2001, 533; LG Frankfurt NZG 2004, 432; Lutter/*Mennicke* Rn. 10; Simon/*Winter* Rn. 20; aA Kölner Komm SpruchG/*Puszkajler* Rn. 22.

[60] Vgl. OLG Düsseldorf AG 2017, 584 (589); ZIP 2015, 2323; AG 2001, 533; OLG Stuttgart AG 2017, 493 (494); AG 2013, 724 (725); AG 2011, 205; AG 2011, 560; OLG München AG 2014, 453 (454); AG 2015, 508 (512); OLG Frankfurt AG 2011, 828 (829); *Büchel* NZG 2003, 793 (802); Simon/*Winter* Vor § 7 Rn. 63. Weiter LG Frankfurt NZG 2004, 432; *Bungert/Mennicke* BB 2003, 2021 (2028).

[61] Lutter/*Mennicke* Rn. 6.

[62] Dreier/Fritzsche/Verfürth/*Verfürth/Schulenburg* Rn. 9 und 22.

[63] Lutter/*Mennicke* Rn. 7.

[64] AA Dreier/Fritzsche/Verfürth/*Verfürth/Schulenburg* Rn. 24.

[65] Dreier/Fritzsche/Verfürth/*Verfürth/Schulenburg* Rn. 15.

[66] *Klöcker/Frowein* Rn. 6.

[67] *Büchel* NZG 2003, 793 (802); Hüffer/Koch/*Koch* Rn. 4; *Klöcker/Frowein* Rn. 6; Kölner Komm AktG/*Koppensteiner* AktG Anh. § 327f Rn. 46; Lutter/*Mennicke* Rn. 6; Kölner Komm SpruchG/*Puszkajler* Rn. 16; NK-AktR/*Tewes* Rn. 6; Bürgers/Körber/*Ederle/Theusinger* Rn. 3; aA Dreier/Fritzsche/Verfürth/*Verfürth/Schulenburg* Rn. 13; Widmann/Mayer/*Wälzholz* Rn. 7; *Noack*, Das Spruchverfahren nach dem Spruchverfahrensgesetz, 2014, 118; „Auskunftsperson sui generis" MüKoAktG/*Kubis* Rn. 7.

[68] *Hartmann* KostenG § 19 JVEG Rn. 4; ebenso Dreier/Fritzsche/Verfürth/*Verfürth/Schulenburg* § 7 Rn. 76.

[69] Simon/*Winter* Rn. 14; aA *Büchel* NZG 2003, 793 (802).

über die Einwendungen des Antragstellers hinaus. Das Gericht hat die Beteiligten lediglich im Rahmen der vorgetragenen Einwendungen auf offenkundige Lücken in ihren Stellungnahmen hinzuweisen. Die Verpflichtung, darauf hin zu wirken, dass die Parteien sich rechtzeitig und vollständig über alle erheblichen Tatsachen erklären, insbesondere ungenügende Angaben zu den geltend gemachten Tatsachen ergänzen (§ 139 Abs. 1 ZPO), ist bereits in § 7 Abs. 5 S. 3 SpruchG enthalten. Die Verpflichtung des Gerichts in § 139 Abs. 1 ZPO, auf die Bezeichnung von Beweismitteln und sachdienliche Anträge hinzuwirken, passt nicht auf das Verfahren der freiwilligen Gerichtsbarkeit, in dem keine Anträge gestellt werden müssen und die Beweisaufnahme von Amts wegen zu erfolgen hat. Die Verweisung auf § 139 ZPO bedeutet daher allenfalls, dass das Gericht seine Entscheidung auf einen Gesichtspunkt, den ein Beteiligter erkennbar übersehen oder für unerheblich gehalten hat oder einen Gesichtspunkt, den es anders beurteilt als alle Beteiligten, nur stützen darf, wenn es darauf hingewiesen und Gelegenheit zur Äußerung dazu gegeben hat, sowie dass Hinweise aktenkundig zu machen sind.

d) Aussetzung. Soweit es für die Bewertung auf Vorfragen ankommt, die in einem anderen Verfahren zu klären sind, ist grundsätzlich eine Aussetzung entsprechend § 148 ZPO bzw. nach § 21 Abs. 1 FamFG möglich,[70] etwa wenn ein Schadensersatzanspruch gegen frühere Organmitglieder anhängig ist, dessen Bestehen den Unternehmenswert beeinflusst.

e) Rechtsmittel. Verfügungen oder Beschlüsse, die das Gericht im Rahmen der Verfahrensleitung trifft, beeinträchtigen Rechte der Beteiligten in der Regel nicht. Sie können daher nicht gesondert mit Rechtsmitteln angegriffen werden. Daher ist gegen Entscheidungen des Gerichts über die Art und Weise der Verfahrensgestaltung oder der Beweisaufnahme ebenso wie gegen Hinweise die Beschwerde nicht statthaft (→ § 12 Rn. 23). Dagegen ist die Aussetzung mit der Beschwerde anfechtbar.[71]

III. Beweisaufnahme

1. Verfahren. Nach § 17 Abs. 1 SpruchG, § 29 Abs. 1 FamFG ist das Gericht in der Beweisaufnahme frei, kann nach § 30 Abs. 1 FamFG aber auch eine förmliche Beweisaufnahme anordnen. Nach § 30 Abs. 3 FamFG soll es das, wenn das Gericht seine Entscheidung maßgeblich auf die Feststellung einer bestrittenen Tatsache stützen will.[72] Soweit die Unternehmensbewertung betroffen ist, sollte das Gericht daher schon zur Vermeidung von unnötigen Auseinandersetzungen eine **förmliche Beweisaufnahme** durchführen. Bei einer förmlichen Beweisaufnahme finden die Vorschriften der ZPO über den Beweis durch Augenschein, über den Zeugenbeweis und über den Beweis durch Sachverständige entsprechende Anwendung.

Die Auswahl eines **Sachverständigen** ist grundsätzlich Sache des Gerichts.[73] Da die Beteiligten über das Verfahren disponieren können und die Amtsaufklärungspflicht eingeschränkt ist, ist § 404 Abs. 4 ZPO, wonach das Gericht bei einer Einigung der Beteiligten über die Person des Sachverständigen diesen zu bestimmen hat, entsprechend anwendbar.[74] Für die **Ablehnung** des Sachverständigen gilt § 406 ZPO entsprechend.[75] Der Abschlussprüfer einer Tochtergesellschaft ist nicht stets befangen.[76] Das Gericht kann dem Sachverständigen nach § 30 Abs. 1 FamFG, § 411 Abs. 1 ZPO Fristen setzen und ist ggf. dazu verpflichtet.[77] Ein schriftliches Sachverständigengutachten ist den Beteiligten vollständig und ohne Schwärzung zugänglich zu machen.[78] Die Beteiligten haben auch Anspruch auf Mitteilung der dem Gutachten zugrunde liegenden Anknüpfungstatsachen. Zur Mitteilung gehört nicht die Vorlage aller Unterlagen oder die Einsicht in alle Materialien, die dem Sachverständigen zur Verfügung standen. Diese ist nur erforderlich, wenn sie entscheidungserheblich sind und Feststellungen des Sachverständigen überprüft werden müssen.[79] Die Vorlage ist in § 7 Abs. 7 geregelt. Dem **Antrag** eines Beteiligten, den Sachverständigen **zur Erläuterung eines Gutachtens** zu einem Termin zu laden, ist zur Wahrung des rechtlichen Gehörs entsprechend § 411 Abs. 4 ZPO zwingend

---

[70] OLG München AG 2007, 452; OLG Düsseldorf AG 1995, 467; Emmerich/Habersack/*Emmerich* § 11 Rn. 16.
[71] OLG Düsseldorf AG 1995, 467.
[72] Preuß NZG 2009, 961 (963); Kölner Komm SpruchG/*Puszkajler* Rn. 64.
[73] Zur Auswahl des gerichtlich bestellten Prüfers als Sachverständigen → Rn. 10.
[74] AA Kölner Komm SpruchG/*Puszkajler* Rn. 64.
[75] OLG Stuttgart DB 2004, 1356.
[76] OLG Düsseldorf DB 2006, 1670.
[77] BVerfG NJW 1999, 2582.
[78] LG Düsseldorf AG 1998, 98; *Klöcker/Frowein* Rn. 11.
[79] OLG Düsseldorf AG 1984, 216; OLG Frankfurt AG 1989, 442; OLG Zweibrücken AG 1995, 421; OLG Düsseldorf AG 2004, 212; LG Frankfurt AG 2002, 358.

zu entsprechen, wenn er nicht rechtsmissbräuchlich oder zur Verfahrensverschleppung gestellt wird.[80] An die Stelle der Zurückweisung nach § 296 ZPO, auf die § 411 Abs. 4 ZPO verweist, tritt die Zurückweisung nach § 10 Abs. 2 iVm § 9 Abs. 1. Die Zurückweisungsmöglichkeit in § 10 Abs. 1 bezieht sich nur auf die Fristen nach § 7 Abs. 2 S. 3 und Abs. 4, nicht auf die richterliche Frist nach § 7 Abs. 5.

17 **2. Vergütung. a) Vergütungshöhe.** Die Vergütung von Zeugen und Sachverständigen richtet sich nach dem JVEG. Der sachverständige Prüfer ist als Sachverständiger zu entschädigen (→ Rn. 11). Die Vergütung beträgt für einen Sachverständigen nach § 9 Abs. 1 JVEG in der Regel 115 Euro pro Stunde, weil die Unternehmensbewertung in 6.1. der Anlage 1 in die Honorargruppe 11 eingeordnet ist. Der Anspruch richtet sich gegen das Gericht, nicht den Antragsgegner. Eine **höhere Vergütung** kommt nach 13 Abs. 1 JVEG in Betracht, wenn Antragsgegner und Antragsteller zustimmen,[81] da die Kostentragungspflicht nach § 15 Abs. 1 SpruchG auch die Antragsteller treffen kann. § 13 Abs. 2 JVEG ermöglicht die Ersetzung der Zustimmung der anderen Partei bei der Zustimmung nur eines Beteiligten. Die Vergütung ist dann allerdings grundsätzlich auf das Doppelte der gesetzlichen Vergütung (230 Euro pro Stunde) beschränkt.[82] Die Zustimmung der Beteiligten zu einer höheren Entschädigung ist zu ihrem Schutz erforderlich. Sie und nicht das Gericht müssen die Entschädigung bezahlen und daher vor einer Vereinbarung zwischen Gericht und Sachverständigem auf ihre Kosten und ohne ihre Zustimmung geschützt werden. Daher ist die Vorschrift auch im Spruchverfahren anzuwenden und nicht, weil es an Parteien fehlt, durch das Ermessen des Gerichts zu ersetzen.[83] Wird die Zustimmung verweigert, ohne dass dahinter nachvollziehbare Vermögensinteressen des Beteiligten stehen, kann das Gericht die Rechtsmissbräuchlichkeit der Verweigerung feststellen und von der Erteilung der Zustimmung ausgehen. Der Antragsgegner wird daher in der Regel die Zustimmung zu erteilen haben, wenn die verlangte Vergütung dem Üblichen entspricht, insbesondere dem, was er dem eigenen oder dem sachverständigen Prüfer zahlte.[84] Wenn die Beteiligten die Zustimmung nicht erteilen und der Sachverständige nicht bereit ist, zu den gesetzlichen Stundensätzen zu arbeiten, ist zunächst zu prüfen, ob der Sachverständige nach § 407 ZPO zur Gutachtenerstattung verpflichtet ist, nicht etwa die Beweiserhebung zu unterlassen.[85] Das wird auf Wirtschaftsprüfer häufig zutreffen.[86] Andernfalls muss das Gericht einen anderen Sachverständigen suchen; es kann nicht zulasten des Beteiligten entscheiden, der berechtigt die Zustimmung verweigert hat,[87] deshalb schätzen[88] oder nur auf den Börsenkurs abstellen.[89]

18 **b) Vorschussanspruch des Sachverständigen.** Der Sachverständige hat nach § 3 JVEG Anspruch auf einen Vorschuss, wenn die zu erwartende Vergütung für Teilleistungen 2.000,00 Euro übersteigt. Zuständig für die Festsetzung eines Vorschusses ist der Kostenbeamte. Bei Gutachten, die sich über Jahre erstrecken, sollte eine regelmäßige Teilzahlung möglich sein, soweit der Antragsgegner seinerseits den Vorschuss eingezahlt hat.[90]

19 **c) Vorschusspflicht des Antragsgegners.** Der Antragsgegner hat an das Gericht einen Vorschuss zur Deckung der Auslagen und damit vor allem auf die Sachverständigenkosten zu leisten, § 14 Abs. 3 GNotKG (→ § 15 Rn. 23). Die Beweiserhebung ist von der Vorschusszahlung nicht abhängig, weil § 14 Abs. 1 GNotKG für das von § 14 Abs. 3 GNotKG erfasste Spruchverfahren als Amtsverfahren nicht gilt. Wenn von vorneherein – etwa wegen Insolvenz des Antragsgegners –

---

[80] BVerfG NJW 1998, 2273; NZG 2000, 420.
[81] KG OLGZ 1971, 260 = AG 1971, 158; aA OLG Düsseldorf AG 2003, 637; NK-AktR/*Weingärtner* § 15 Rn. 10; einschränkend OLG Düsseldorf AG 2004, 390.
[82] Kölner Komm SpruchG/*Roßkopf* § 15 Rn. 30; Emmerich/Habersack/*Emmerich* § 15 Rn. 15; *Wittgens*, Das Spruchverfahrensgesetz, 2005, 227; aA LG Dortmund AG 2005, 664; Simon/*Winter* § 15 Rn. 55; NK-AktR/*Weingärtner* Rn. 10, weil es nicht um eine Sollvorschrift handele.
[83] DAV-Stellungnahme ZIP 2003, 552 (556); Hüffer/Koch/*Koch* § 15 Rn. 5; *Büchel* NZG 2003, 793 (803); Emmerich/Habersack/*Emmerich* § 15 Rn. 17; *Noack*, Das Spruchverfahren nach dem Spruchverfahrensgesetz, 2014, 129; aA OLG Stuttgart NZG 2001, 1097; LG Dortmund AG 2005, 664; RegE BT-Drs. 15/371, 17; *Meilicke/Heidel* DB 2003, 2267 (2268) gehen offenbar von freier Bestimmbarkeit durch das Gericht aus.
[84] Ähnlich *Meilicke/Heidel* DB 2003, 2267 (2268); aA *Noack*, Das Spruchverfahren nach dem Spruchverfahrensgesetz, 2014, 132.
[85] OLG Düsseldorf AG 1998, 37; KG OLGZ 1971, 260 = AG 1971, 158.
[86] KG OLGZ 1971, 260 = AG 1971, 158; *Seetzen* WM 1999, 565.
[87] OLG Düsseldorf AG 1998, 37; Lutter/*Mennicke* § 15 Rn. 12; aA *Büchel* NZG 2003, 793 (803); *Meilicke/Heidel* DB 2003, 2267 (2268).
[88] AA OLG Stuttgart AG 2001, 603; Kölner Komm SpruchG/*Roßkopf* § 15 Rn. 31.
[89] Kölner Komm SpruchG/*Roßkopf* § 15 Rn. 31; aA BayObLGZ 1998, 231 = AG 1999, 43.
[90] Vgl. *Meilicke/Heidel* DB 2003, 2267 (2268).

absehbar ist, dass der Vorschuss nicht einbezahlt werden kann, kann das Gericht von der Beweisanordnung absehen.[91]

3. Rechtsmittel. Die Beweisanordnung ist eine vorbereitende Entscheidung und kann von den Beteiligten nicht mit Rechtsmitteln angegriffen werden, soweit sie den Beteiligten keine Handlungs- oder Duldungspflichten auferlegt, § 58 Abs. 1 FamFG.[92] Soweit bei der Beweisaufnahme die ZPO den Parteien ein Rechtsmittel erlaubt, steht den Beteiligten die sofortige Beschwerde zu, beispielsweise bei einem Beschluss über die Berechtigung zur Zeugnisverweigerung[93] oder über die Ablehnung des Sachverständigen.[94] Auch wenn bei der Beweisaufnahme in Rechte von Zeugen und Sachverständige eingriffen wird, steht diesen ein Rechtsmittel zu, soweit es ihnen auch nach der ZPO zusteht. Gegen Ordnungsmittel haben Zeugen und Sachverständige daher gem. § 380 Abs. 3 ZPO die sofortige Beschwerde nach §§ 567 ff. ZPO (→ § 12 Rn. 25). Für Auseinandersetzungen um die Entschädigung gilt § 4 JVEG. Die Zustimmung nach § 13 Abs. 2 JVEG ist nicht selbständig anfechtbar,[95] ebenso wenig die Vorschussanforderung nach § 14 Abs. 3 GNotKG (→ § 15 Rn. 23). 20

4. Selbständiges Beweisverfahren. Ein selbständiges Beweisverfahren ist grundsätzlich auch während oder außerhalb des Spruchverfahrens möglich. Auf privatrechtliche Streitsachen der freiwilligen Gerichtsbarkeit sind die Vorschriften über das selbständige Beweisverfahren entsprechend anzuwenden,[96] jetzt über §§ 29, 30 Abs. 1 FamFG. Ein Antrag auf Begutachtung nach § 485 Abs. 2 Nr. 1 ZPO zum Unternehmenswert vor Antragstellung scheitert in der Regel aber daran, dass die Feststellung nicht der Vermeidung eines Spruchverfahrens dienen kann und daher ein rechtliches Interesse fehlt. Dass alle Anteilsinhaber an einer einvernehmlichen Regelung außerhalb des Spruchverfahrens mitwirken, ist bei Publikumsgesellschaften unwahrscheinlich. Außerdem wird das Ergebnis der Begutachtung kaum vor Ablauf der Antragsfrist für das Spruchverfahren vorliegen. Ein Interesse des Antragsgegners an der Feststellung fehlt schon, weil er bzw. das betroffene Unternehmen durch die Prüfung der Kompensation nach §§ 293c, 320 Abs. 3 AktG, § 327c Abs. 2 AktG, § 10 Abs. 1 UmwG bereits eine Prüfung des Unternehmenswerts beauftragt hatte. Für eine doppelte Bestimmung besteht kein Anlass, zumal im Spruchverfahren nicht zwingend der gesamte Unternehmenswert nochmals ermittelt wird. Einzelne Bewertungsfaktoren (Kapitalisierungszins, Risikozuschlag usw) sind einer gesonderten Begutachtung nach § 485 Abs. 2 Nr. 1 ZPO nicht zugänglich, da nur der Wert einer Sache festgestellt werden kann. 21

IV. Mündliche Verhandlung

1. Notwendigkeit der mündlichen Verhandlung. Vor einer Entscheidung soll das Gericht nach Abs. 1 mündlich verhandeln. Eine mündliche Verhandlung hat stattzufinden, wenn der gerichtliche Sachverständige mündlich angehört werden muss, weil ein Beteiligter dem Sachverständigen Fragen stellen will.[97] Aber auch im Übrigen soll die mündliche Verhandlung nach Abs. 1 die Regel sein, wenn eine streitige Entscheidung in der Hauptsache getroffen werden muss. Von ihr kann daher nur abgesehen werden, wenn nur über die Zulässigkeit der Anträge entschieden werden muss und keine weitere Aufklärung nötig ist.[98] Im Unterschied zum Zivilprozess kann die Entscheidung aber auch auf Tatsachen und Beweise gestützt werden, die nicht Gegenstand der mündlichen Verhandlung waren.[99] 22

2. Ablauf der mündlichen Verhandlung. Der Ablauf der mündlichen Verhandlung ist mit dem Verweis in Abs. 3 auf § 279 Abs. 2 und 3 sowie auf § 283 ZPO nur spärlich geregelt. Das Gericht kann sie daher weitgehend nach freiem Ermessen gestalten. Sie ist grundsätzlich **nichtöffentlich**, sofern das Verfahren seit dem 1. September 2009 beantragt wurde (§ 170 Abs. 1 GVG).[100] Nach Art. 6 Abs. 1 S. 1 MRK muss über zivilrechtliche Ansprüche und Verpflichtungen zwar 23

---

[91] OLG Düsseldorf AG 2011, 828; BayObLGZ 1998, 231 = NZG 1998, 946.
[92] OLG Düsseldorf AG 2013, 226; OLG München NZG 2009, 40; OLGR Frankfurt 1993, 70; OLG Köln NJW-RR 1991, 85; → § 12 Rn. 25.
[93] BGHZ 91, 392 = NJW 1984, 2893.
[94] OLG Düsseldorf AG 2001, 533.
[95] OLG Frankfurt NZG 2009, 428; OLG Düsseldorf AG 2004, 390.
[96] BayObLG NJW-RR 1996, 528.
[97] BVerfG NJW 1998, 2273.
[98] OLG Stuttgart ZIP 2015, 681; OLG Stuttgart AG 2015, 321; Dreier/Fritzsche/Verfürth/*Verfürth*/*Schulenburg* Rn. 6; Lutter/*Mennicke* Rn. 2; Kölner Komm SpruchG/*Puszkajler* Rn. 4; Simon/*Winter* Rn. 4; weiter auch bei einfachen Wertverhältnissen Widmann/Mayer/*Wälzholz* Rn. 2.1; noch weiter *Büchel* NZG 2003, 794 (798).
[99] *Wittgens*, Das Spruchverfahrensgesetz, 2005, 196.
[100] AA aber vor Inkrafttreten des FamFG BGHZ 124, 204; Simon/*Winter* Vor § 7 Rn. 24.

regelmäßig öffentlich verhandelt werden, die MRK hat aber den Rang eines einfachen Bundesgesetzes, so dass § 170 Abs. 1 GVG als lex posterior den bisherigen Grundsatz derogiert.[101] Die Öffentlichkeit kann nach § 170 Abs. 1 S. 2 GVG oder vom Beschwerdegericht nach § 170 Abs. 2 GVG hergestellt werden, in erster Instanz nur, wenn keiner der Beteiligten widerspricht. Eine **Pflicht zur Anwesenheit** besteht für die Beteiligten **nicht**. Das Gericht kann zwar, wie sich aus § 33 FamFG ergibt, das persönliche Erscheinen der Beteiligten anordnen. Ordnungsgeld nach § 33 Abs. 3 FamFG, der an die Stelle von § 141 Abs. 3 ZPO tritt,[102] kann es aber nur verhängen, wenn das persönliche Erscheinen zur Aufklärung des Sachverhalts angeordnet ist,[103] nicht jedoch zur Erzwingung der gütlichen Einigung.[104] Eine § 278 Abs. 3 S. 2 ZPO entsprechende Vorschrift fehlt in § 33 Abs. 1 FamFG und in § 11 Abs. 2 SpruchG. Auch Säumnisfolgen hat das Fernbleiben nicht. Das Gericht soll das **persönliche Erscheinen des sachverständigen Prüfers** anordnen, Abs. 2 (→ Rn. 11).

24 Da der Antragsteller keinen bestimmten Antrag stellen muss, müssen in der mündlichen Verhandlung auch **keine Anträge** gestellt werden. Nach § 28 Abs. 4 S. 1 FamFG genügt ein Vermerk über die mündliche Verhandlung, ein Protokoll muss nicht geführt werden.[105] Soweit eine Beweisaufnahme im Termin erfolgt, sind nach § 28 Abs. 3 FamFG nur ihre Ergebnisse aktenkundig zu machen. Die inhaltliche **Protokollierung** ist für den Fall eines Richterwechsels, aber auch zur Vermeidung einer erneuten Beweisaufnahme in der Beschwerdeinstanz zweckmäßig, obwohl sie nicht vorgeschrieben ist. Der Verweis auf § 279 Abs. 2 ZPO, nach dem die Beweisaufnahme dem Haupttermin folgen soll, ist wenig sinnvoll, da die Verfahrensgestaltung im Ermessen des Gerichts liegt. Nach § 279 Abs. 3 ZPO ist nach einer Beweisaufnahme der Sach- und Streitstand mit den Beteiligten sowie, soweit möglich, das Ergebnis der Beweisaufnahme zu erörtern. Nach § 283 ZPO hat das Gericht auf Antrag eine Frist zu bestimmen, wenn sich ein Beteiligter in der mündlichen Verhandlung auf ein Vorbringen des Gegners nicht erklären kann, weil es ihm nicht rechtzeitig vor dem Termin mitgeteilt worden ist, in der er die Erklärung in einem Schriftsatz nachbringen kann. Eine fristgemäß eingereichte Erklärung muss, eine verspätet eingereichte Erklärung kann das Gericht bei der Entscheidung berücksichtigen. Das Gericht kann, muss aber nicht einen **Termin für eine Entscheidung** bestimmen. § 310 ZPO ist auf das Verfahren der freiwilligen Gerichtsbarkeit nicht entsprechend anzuwenden. Die Entscheidung ergeht auch nicht aufgrund der mündlichen Verhandlung.[106] Der Beschluss sollte jedoch öffentlich verkündet werden, Art. 6 Abs. 1 S. 2 MRK.

§ 9 Verfahrensförderungspflicht

(1) Jeder Beteiligte hat in der mündlichen Verhandlung und bei deren schriftlicher Vorbereitung seine Anträge sowie sein weiteres Vorbringen so zeitig vorzubringen, wie es nach der Verfahrenslage einer sorgfältigen und auf Förderung des Verfahrens bedachten Verfahrensführung entspricht.

(2) Vorbringen, auf das andere Beteiligte oder in den Fällen des § 8 Abs. 2 die in der mündlichen Verhandlung anwesenden sachverständigen Prüfer voraussichtlich ohne vorhergehende Erkundigung keine Erklärungen abgeben können, ist vor der mündlichen Verhandlung durch vorbereitenden Schriftsatz so zeitig mitzuteilen, dass die Genannten die erforderliche Erkundigung noch einziehen können.

(3) Rügen, welche die Zulässigkeit der Anträge betreffen, hat der Antragsgegner innerhalb der ihm nach § 7 Abs. 2 gesetzten Frist geltend zu machen.

Schrifttum: S. § 1 SpruchG.

I. Normzweck und Entstehungsgeschichte

1 § 9 legt allen Beteiligten eine Verfahrensförderungspflicht auf, um die Entscheidung des Spruchverfahrens zu beschleunigen. Die Beteiligten müssen ihre Einwendungen und Stellungnahmen in einem frühen Verfahrensstadium vorbringen. Der Antragsgegner muss außerdem die Zulässigkeit des

---

[101] *Jänig/Leißring* ZIP 2010, 110 (115); Dreier/Fritzsche/Verfürth/*Verfürth/Schulenburg* Rn. 39; aA Kölner Komm SpruchG/*Puszkajler* Rn. 60.
[102] OLG Bremen FamRZ 1989, 306.
[103] OLG Zweibrücken NZM 2003, 127 mwN.
[104] KG OLGZ 1984, 62 = MDR 1984, 325.
[105] Dreier/Fritzsche/Verfürth/*Verfürth/Schulenburg* Rn. 40.
[106] Dreier/Fritzsche/Verfürth/*Verfürth/Schulenburg* Rn. 4.

Antrags bereits in seiner Erwiderung rügen, um eine schnelle Entscheidung über die verbleibenden zulässigen Anträge zu ermöglichen. Die Norm hat keine Vorbilder und lehnt sich an § 282 ZPO an.

II. Verfahrensförderungspflicht

Abs. 1 begründet eine allgemeine Verfahrensförderungspflicht der Beteiligten, auch eines gemeinsamen Vertreters,[1] und entspricht § 282 Abs. 1 ZPO. § 10 Abs. 1 SpruchG enthält für die Erwiderung und die Replik, § 4 Abs. 3 SpruchG für den Antrag eine spezielle Regelung, die § 9 vorgeht.[2] Unter § 9 fallen damit nur sonstige Anträge oder Erklärungen, vor allem Stellungnahmen zu einem eingeholten Sachverständigengutachten. Insoweit ersetzen § 10 Abs. 2, § 9 Abs. 1 die § 411 Abs. 4 ZPO, § 296 ZPO und erlauben auch eine richterliche Fristsetzung.

Abs. 2 ähnelt § 282 Abs. 2 ZPO und verpflichtet zu rechtzeitigem Vortrag. Die Einbeziehung des sachverständigen Prüfers ist unverständlich, weil er nicht Adressat von Vorbringen ist.[3]

Abs. 3 begründet eine Rügepflicht ähnlich § 282 Abs. 3 ZPO. Zulässigkeitsvoraussetzung der Anträge sind vor allem die Antragsberechtigung, die Einhaltung der Anfechtungsfrist und die rechtzeitige und genügende Begründung (→ § 3 Rn. 19, → § 4 Rn. 9 und 24). Dass die Zulässigkeitsvoraussetzungen von Amts wegen zu beachten sind, schließt die Verspätung von Rügen, nämlich Sachvortrag zu den Zulässigkeitsvoraussetzungen, nicht aus.[4] Mehrere Rügen müssen nicht gleichzeitig erhoben werden, entscheidend ist die Einhaltung der (verlängerten) Frist nach § 7 Abs. 2.[5] Verletzungen der allgemeinen Verfahrensförderungspflicht und der Pflicht zu rechtzeitigem Vortrag können nach § 10 Abs. 2 zur Zurückweisung von Vortrag führen. Die verspätete Zulässigkeitsrüge kann unter den Voraussetzungen von § 10 Abs. 1 zurückgewiesen werden, wenn die zugrundeliegenden Tatsachen streitig sind[6] und für das Gericht nicht schon Anlass zur Ermittlung von Amts wegen bestand. Da die meisten Tatsachen zur Zulässigkeit dem Antrag und seiner Begründung, die dem Gericht vorliegen, unmittelbar zu entnehmen sind, kommt in der Praxis eine Zurückweisung allenfalls in Betracht, wenn der Antragsgegner verspätet die Antragsberechtigung bestreitet. Dagegen scheidet eine Zurückweisung nach § 10 Abs. 3 in der Regel aus, weil die Zulässigkeit des Antrags von Amts wegen zu beachten ist (→ § 10 Rn. 5).

§ 10 Verletzung der Verfahrensförderungspflicht

(1) Stellungnahmen oder Einwendungen, die erst nach Ablauf einer hierfür gesetzten Frist (§ 7 Abs. 2 Satz 3, Abs. 4) vorgebracht werden, sind nur zuzulassen, wenn nach der freien Überzeugung des Gerichts ihre Zulassung die Erledigung des Rechtsstreits nicht verzögern würde oder wenn der Beteiligte die Verspätung entschuldigt.

(2) Vorbringen, das entgegen § 9 Abs. 1 oder 2 nicht rechtzeitig erfolgt, kann zurückgewiesen werden, wenn die Zulassung nach der freien Überzeugung des Gerichts die Erledigung des Verfahrens verzögern würde und die Verspätung nicht entschuldigt wird.

(3) § 26 des Gesetzes über das Verfahren in Familiensachen und in den Angelegenheiten der freiwilligen Gerichtsbarkeit ist insoweit nicht anzuwenden.

(4) Verspätete Rügen, die die Zulässigkeit der Anträge betreffen und nicht von Amts wegen zu berücksichtigen sind, sind nur zuzulassen, wenn der Beteiligte die Verspätung genügend entschuldigt.

Schrifttum: S. § 1.

I. Normzweck und Entstehungsgeschichte

In Ergänzung zur Verfahrensförderungspflicht nach § 9 sieht § 10 Sanktionen bei ihrer Verletzung vor. Die Vorschrift erlaubt die Zurückweisung verspäteten Vorbringens und dient damit der Beschleunigung des Verfahrens.

---

[1] Dreier/Fritzsche/Verfürth/*Verfürth/Schulenburg* Rn. 3; Hüffer/Koch/*Koch* Rn. 2.
[2] Hüffer/Koch/*Koch* Rn. 2; iE auch MüKoAktG/*Kubis* Rn. 3.
[3] Büchel NZG 2003, 793 (799); Hüffer/Koch/*Koch* Rn. 5.
[4] Hüffer/Koch/*Koch* Rn. 6; aA Dreier/Fritzsche/Verfürth/*Verfürth/Schulenburg* Rn. 28; Kölner Komm SpruchG/*Puszkajler* Rn. 16.
[5] Hüffer/Koch/*Koch* Rn. 6; Lutter/*Mennicke* Rn. 6.
[6] Hüffer/Koch/*Koch* § 10 SpruchG Rn. 2; Simon/*Winter* Rn. 17.

2 Vorschriften zur Zurückweisung verspäteten Vorbringens gab es bisher im Spruchverfahren nicht. Der umfassende Amtermittlungsgrundsatz soll dazu geführt haben, dass die Gerichte auch Sachvortrag nachgingen, der erstmals nach mehrjähriger Verfahrensdauer erfolgte, und so das Verfahren durch neuen Sachvortrag immer wieder verschleppt werden konnte. Dem soll mit einer verstärkten Vortragslast der Beteiligten begegnet werden.[1] Die Vorschrift entspricht in Abs. 1 und 2 mit Abweichungen § 296 Abs. 1 ZPO und in Abs. 4 § 296 Abs. 3 ZPO. Um die Zurückweisung verspäteten Vorbringens zu ermöglichen, ist in Abs. 3 der Amtsermittlungsgrundsatz aufgehoben.[2]

II. Zurückweisung von Sachvortrag

3 **1. Zurückweisungen von Vortrag nach Fristablauf.** Nach Abs. 1 sind Stellungnahmen oder Einwendungen, die entgegen einer dafür gesetzten Frist nach § 7 Abs. 2 S. 3 und Abs. 4 vorgebracht werden, nur zuzulassen, wenn ihre Zulassung die Erledigung des Verfahrens nicht verzögern würde oder die Verspätung genügend entschuldigt wird. Betroffen sind die Erwiderungsfrist für den Antragsgegner nach § 7 Abs. 2 und die Replikfrist nach § 7 Abs. 4 für die Antragsteller und den gemeinsamen Vertreter. Auf andere Fristsetzungen, insbesondere nach § 7 Abs. 5 für weitere vorbereitende Maßnahmen[3] oder unzureichenden Vortrag in der Antragsbegründung nach § 4 Abs. 2 Nr. 4,[4] ist die Vorschrift nicht anwendbar. Der Verfahrensgegenstand wird nicht überschritten (→ § 7 Rn. 5). Entscheidend ist, ob die verspätete Stellungnahme Tatsachenvortrag enthält, dessen Berücksichtigung zu einer Verzögerung führt. Rechtsausführungen können ein Verfahren nie verzögern und sind daher nicht betroffen.[5] Da die Beteiligten weder Sach- noch Beweisanträge stellen müssen, können diese nicht verspätet sein und den Rechtsstreit nicht verzögern. Zum Verzögerungsbegriff kann auf § 296 ZPO verwiesen werden.[6] Da in der Praxis oft ein Sachverständigengutachten einzuholen ist und mehrere Antragsberechtigte einen Antrag stellen, wird eine Verzögerung selten sein.[7] Beim Verschulden ist zu berücksichtigen, dass die Antragsteller oft über die erforderlichen Informationen nicht verfügen und keinen Zugang dazu haben.[8] Die Zurückweisung ist bindend, nach Abs. 1 steht dem Gericht kein Ermessen zu. Nur insoweit ist der Amtsermittlungsgrundsatz nach Abs. 3 eingeschränkt.

4 **2. Zurückweisung von Vorbringen nach Verletzung der Verfahrensförderungspflicht.** Vorbringen, das entgegen der Verfahrensförderungspflicht nach § 9 Abs. 1 und 2 verspätet vorgebracht wird, kann unter denselben Voraussetzungen zurückgewiesen werden. In Betracht kommt hier – neben dem verspäteten Nachweis der Antragsberechtigung[9] – vor allem eine kurzfristig vor einer Vernehmung des sachverständigen Prüfers oder eines Sachverständigen eingehende Stellungnahme, die diese nicht in der mündlichen Verhandlung beantworten können. Insoweit hängt die Zurückweisung davon ab, ob der sachverständige Prüfer oder Sachverständige in der mündlichen Verhandlung tatsächlich keine genügende Erklärung abgeben kann. Für das Verschulden ist darauf abzustellen, ob dies vorhersehbar war und Entschuldigungsgründe fehlen. Da Abs. 2 enger als § 296 Abs. 2 ZPO ist und den Anspruch der Beteiligten auf rechtliches Gehör berührt, ist bei der Annahme von Verschulden Zurückhaltung angezeigt. Auch für die Zurückweisung nach Abs. 2 ist notwendig, dass das Verfahren bei Berücksichtigung des Vorbringens verzögert würde.

5 **3. Zurückweisung von Vorbringen zur Zulässigkeit der Anträge.** Nach Abs. 4 können Rügen, die die Zulässigkeit der Anträge betreffen, zurückgewiesen werden, aber nur, soweit sie nicht von Amts wegen zu berücksichtigen sind. Die Vorschrift lehnt sich an § 296 Abs. 3 ZPO an und ist im Spruchverfahren **funktionslos**. § 296 Abs. 3 ZPO betrifft echte verzichtbare Rügen. Das sind die Einrede der fehlenden Ausländersicherheit und die Einrede des Schiedsvertrags. Beides kommt

---

[1] RegE BT-Drs. 15/371, 16.
[2] RegE BT-Drs. 15/371, 16.
[3] Lutter/*Mennicke* Rn. 2; Kölner Komm SpruchG/*Puszkajler* Rn. 7; aA Dreier/Fritzsche/Verfürth/*Verfürth*/*Schulenburg* Rn. 6.
[4] Dreier/Fritzsche/Verfürth/*Verfürth*/*Schulenburg* Rn. 7; Simon/*Winter* § 7 Rn. 33; *Winter/Nießen* NZG 2007, 13 (16); aA MüKoAktG/*Kubis* § 7 Rn. 11; Bürgers/Körber/Ederle/*Theusinger* § 7 Rn. 5; *Kubis* FS Hüffer, 2010, 567 (572).
[5] *Meilicke/Heidel* DB 2003, 2267 (2272); Kölner Komm SpruchG/*Puszkajler* Rn. 4; aA Simon/*Winter* Rn. 13; MüKoAktG/*Kubis* Rn. 2.
[6] Hüffer/Koch/*Koch* Rn. 4.
[7] *Büchel* NZG 2003, 793 (799); Kölner Komm SpruchG/*Puszkajler* Rn. 15; vgl. OLG Hamburg AG 2005, 853.
[8] *Meilicke/Heidel* DB 2003, 2267 (2272); *Emmerich* FS Tilmann, 2003, 925 (932).
[9] OLG Frankfurt AG 2008, 550.

im Spruchverfahren nicht in Frage. Die Zulässigkeit des Antrags und die Zuständigkeit des Gerichts sind von Amts wegen zu berücksichtigen, insoweit fehlt es an verzichtbaren Rügen.[10] Soweit entscheidungserheblicher Vortrag dazu nach Ablauf der Stellungnahmefrist (→ § 9 Rn. 4) oder der Replik eingeht, richtet sich die Zurückweisung nach Abs. 1.

§ 11 Gerichtliche Entscheidung; Gütliche Einigung

(1) Das Gericht entscheidet durch einen mit Gründen versehenen Beschluss.

(2) ¹Das Gericht soll in jeder Lage des Verfahrens auf eine gütliche Einigung bedacht sein. ²Kommt eine solche Einigung aller Beteiligten zustande, so ist hierüber eine Niederschrift aufzunehmen; die Vorschriften, die für die Niederschrift über einen Vergleich in bürgerlichen Rechtsstreitigkeiten gelten, sind entsprechend anzuwenden. ³Die Vollstreckung richtet sich nach den Vorschriften der Zivilprozessordnung.

(3) Das Gericht hat seine Entscheidung oder die Niederschrift über einen Vergleich den Beteiligten zuzustellen.

(4) ¹Ein gerichtlicher Vergleich kann auch dadurch geschlossen werden, dass die Beteiligten einen schriftlichen Vergleichsvorschlag des Gerichts durch Schriftsatz gegenüber dem Gericht annehmen. ²Das Gericht stellt das Zustandekommen und den Inhalt eines nach Satz 1 geschlossenen Vergleichs durch Beschluss fest. ³§ 164 der Zivilprozessordnung gilt entsprechend. ⁴Der Beschluss ist den Beteiligten zuzustellen.

Schrifttum: S. § 1, außerdem: *Deiß*, Die Festsetzung der angemessenen Kompensation im Wege einer „mehrheitskonsensualen Schätzung" im Spruchverfahren, NZG 2013, 1382; *Martens*, Die Vergleichs- und Abfindungsbefugnis des Vorstandes gegenüber opponierenden Aktionären, AG 1988, 118; *Timm*, Treuepflicht im Aktienrecht, WM 1991, 481; *Zimmer/Meese*, Vergleiche im Spruchverfahren und bei Anfechtungsklagen, NZG 2004, 201.

Übersicht

	Rn.		Rn.
I. Normzweck	1, 2	b) Protokollierung, schriftlicher Vergleich	12
II. Entscheidung durch Beschluss	3–8	3. Vollstreckung	13
1. Inhalt der Entscheidung	3–7	4. Bekanntmachung	14
2. Einstweilige Anordnung	8	5. Unwirksamkeit	15
III. Vergleich	9–15	**IV. Andere Verfahrensbeendigung**	16–19
1. Vergleichsinhalt und Vergleichswirkung	9, 10	1. Antragsrücknahme	16
2. Vergleichsabschluss	11, 12	2. Erledigungserklärung	17, 18
a) Zustimmung der Beteiligten	11	3. Verzicht und Anerkenntnis	19

I. Normzweck

§ 11 regelt unvollständig die **Beendigung** des Spruchverfahrens. Die streitige Entscheidung ergeht 1 nach Abs. 1 durch Beschluss. Abs. 2 ermöglicht neben der Antragsrücknahme eine unstreitige Entscheidung. Das Spruchverfahren ist zwar auf Feststellung der angemessenen Kompensation ausgerichtet. Das schließt es aber nicht aus, dass sich alle Beteiligten – für die nicht antragstellenden Antragsberechtigten der gemeinsame Vertreter – über die angemessene Kompensation verständigen. Die Einigung der Beteiligten auf eine angemessene Kompensation ist nicht weniger richtig als eine gerichtliche Entscheidung aufgrund eines Bewertungsgutachtens. Sie entlastet zudem die Gerichte und beschleunigt das Verfahren. Abs. 4 erleichtert den Abschluss des Vergleichs.

Abs. 2 entspricht einem praktischen Bedürfnis. Ein Vergleich war nach hM nicht möglich,[1] weil 2 die Vergleichsparteien und die von der Gestaltung Betroffenen nicht dieselben wären. Die Praxis half sich mit einem Verfahrensvergleich, nämlich einer Einigung und der Antragsrücknahme oder Erledigungserklärungen.[2] Die Möglichkeit, den Vergleich durch schriftliche Zustimmung zu einem Vorschlag des Gerichts entsprechend der Regelung in § 278 Abs. 6 ZPO abzuschließen, wurde auf Vorschlag des Bundesrats hinzugefügt.[3] Die Regelung ist wegen § 36 FamFG inzwischen überflüssig.

---

[10] OLG Stuttgart ZIP 2015, 681; OLG München ZIP 2015, 270.
[1] Hüffer/Koch/*Koch* Rn. 5; Emmerich/Habersack/*Emmerich* Rn. 1.
[2] Vgl. OLG Stuttgart NZG 2001, 174; MüKoAktG/*Bilda*, 2. Aufl. 2000, § 306 Rn. 40.
[3] BR BT-Drs. 15/371, 24; RAusschuss BT-Drs. 15/838, 17.

II. Entscheidung durch Beschluss

3 **1. Inhalt der Entscheidung.** Das Gericht entscheidet durch einen zu begründenden Beschluss. Der Beschluss enthält das Rubrum, eine Begründung und die Unterschriften der Richter, § 38 Abs. 2–4 FamFG. **Unzulässige Anträge** sind zu **verwerfen**,[4] etwa bei fehlender Antragsberechtigung, Überschreitung der Antragsfrist, fehlender Antragsbegründung oder bei Verzicht (vgl. → Rn. 19). Das gilt auch, wenn ein gemeinsamer Vertreter bestellt war.[5] Eine Anerkenntnis- oder Säumnisentscheidung ist nicht zulässig.[6] Ist die angebotene **Kompensation angemessen** oder würde das Gericht ein niedrigeres Umtauschverhältnis oder eine niedrigere Abfindung festsetzen, ist der **Antrag zurückzuweisen**.[7] Zu einer Verschlechterung der angebotenen Kompensation kann das Spruchverfahren nicht führen,[8] außer in den Fällen der Beseitigung von Mehrstimmrechten nach § 5 Abs. 4 EGAktG. Wurde bereits in einem **Vergleich im Anfechtungsprozess** gegen die Strukturmaßnahme die Kompensation auf den angemessenen Wert erhöht, hat das Gericht den Antrag mit der Maßgabe zurückzuweisen, dass die Kompensation den im Vergleich festgesetzten Wert beträgt (wegen § 13), wenn dieser angemessen ist, sonst die angemessene höhere Kompensation festzusetzen.[9] Ist die angebotene oder in einem Vergleich im Anfechtungsprozess zugunsten aller Anteilsinhaber vereinbarte **Kompensation zu gering**, setzt das Gericht sie im Beschluss **neu** fest, ohne zur Leistung zu verurteilen.[10] Beim Ausgleich und bei der Abfindung ist die Höhe der Kompensation für den Anteil in Euro, nicht nur als Verhältniszahl festzusetzen[11] oder das Umtauschverhältnis von Aktien in einer Verhältniszahl zzgl. einem baren Zahlungsbetrag in Euro. Zu einer Änderung der Art der Kompensation ist das Gericht nicht befugt, außer die vorgesehene Kompensation ist unzulässig.[12] Beim Ausgleich bei einem Unternehmensvertrag ist der Ausgleich brutto in Euro „abzüglich Körperschaftssteuerbelastung in Höhe des jeweils geltenden gesetzlichen Tarifs"[13] neu festzusetzen.

4 Die gesetzliche **Verzinsung** nach § 15 Abs. 2 UmwG, § 30 Abs. 1 S. 2 UmwG, § 305 Abs. 3 S. 3 AktG muss nicht ausgesprochen werden.[14] Wenn sie zur Klarstellung richtig aufgenommen wird, schadet dies aber nicht.[15] Eine individuelle Verzinsung etwa wegen Verzugs ist nicht aufzunehmen.[16] Der Beschluss ist **kein Vollstreckungstitel**[17] und legt die Verzinsung nicht fest. In ihm wird nur die angemessene Abfindung bestimmt. Die Höhe der Leistung ergibt erst die Leistungsklage. Dort sind die gesetzliche Verzinsung zu berücksichtigen und ein etwaiger höherer individueller Zinsschaden des Klägers. Wenn über Ausgleich und Abfindung entschieden wird, kann über die Anrechnung der Ausgleichszahlung auf die Abfindungszinsen nicht im Spruchverfahren entschieden werden.[18] Auch über den Abfindungs- oder Ausgleichsergänzungsanspruch ist im Beschluss nicht zu entscheiden.[19] Nach § 61 Abs. 2 FamFG ist in Verfahren, die seit dem 1. September 2009 beantragt worden sind, ggf. über die Zulassung der Beschwerde zu entscheiden.

5 Eine **Kostenentscheidung** im Entscheidungstenor zu den Gerichtskosten oder den außergerichtlichen Kosten muss der Beschluss nur enthalten, wenn von der Regel, dass die Gerichtskosten vom Antragsgegner zu tragen sind und jeder seine außergerichtlichen Kosten selbst trägt, abgewichen wird. Dagegen sollte der **Geschäftswert** für die Gerichtskosten festgesetzt werden (→ § 15 Rn. 5). Der Gegenstandswert für die außergerichtlichen Kosten der Antragsteller ist erst auf Antrag eines

---

[4] → § 3 Rn. 19; → § 4 Rn. 9 und 24; Hüffer/Koch/*Koch* Rn. 2.
[5] Lutter/*Mennicke* Rn. 2; Widmann/Mayer/*Wälzholz* § 11 SpruchG Rn. 10.
[6] Dreier/Fritzsche/Verfürth/*Dreier* Rn. 74; zum „Anerkenntnis" → Rn. 19.
[7] Hüffer/Koch/*Koch* Rn. 2; Simon/*Simon* Rn. 4; Widmann/Mayer/*Wälzholz* Rn. 8.
[8] AllgM BGH NZG 2010, 1344 Rn. 12; Lutter/*Mennicke* Rn. 2.
[9] Vgl. BGHZ 186, 229 Rn. 32; OLG Frankfurt AG 2017, 626 (627); AG 2013, 647; OLG München NZG 2007, 635.
[10] BayObLGZ 1978, 209 = AG 1980, 76; Widmann/Mayer/*Wälzholz* Rn. 3.1.
[11] OLG Düsseldorf AG 2003, 507.
[12] MüKoAktG/*Kubis* Rn. 6; Kölner Komm AktG/*Koppensteiner* § 305 Rn. 54.
[13] BGH NJW 2003, 3272.
[14] OLG Hamburg AG 2002, 409; AG 2002, 89; Dreier/Fritzsche/Verfürth/*Dreier* Rn. 15; Simon/*Simon* Rn. 4; Widmann/Mayer/*Wälzholz* Rn. 4; Kölner Komm SpruchG/*Puszkajler* Rn. 15; MüKoAktG/*Kubis* Rn. 4; Hüffer/Koch/*Koch* Rn. 2; aA BayObLGZ 1982, 464 = DB 1983, 333; BayObLGZ 2001, 258 = NZG 2001, 1137; OLG Stuttgart NZG 2000, 744; OLG Düsseldorf ZIP 2004, 753; AG 2003, 507; AG 1999, 89; *Klöcker/Frowein* Rn. 4; Bürgers/Körber/*Ederle/Theusinger* Rn. 1; Lutter/*Mennicke* Rn. 4; Emmerich/Habersack/*Emmerich* Rn. 2; NK-AktR/*Krenek* Rn. 3; *Wittgens*, Das Spruchverfahrensgesetz, 2005, 238.
[15] BGH NJW 2003, 3272; aA MüKoAktG/*Kubis* Rn. 4.
[16] LG Frankfurt AG 1996, 187; *Klöcker/Frowein* Rn. 4.
[17] *Klöcker/Frowein* Rn. 5; Widmann/Mayer/*Wälzholz* Rn. 16; Kölner Komm SpruchG/*Puszkajler* Rn. 16.
[18] BGH NJW 2003, 3272; MüKoAktG/*Kubis* Rn. 4.
[19] OLG Düsseldorf NZG 2000, 693; Kölner Komm SpruchG/*Puszkajler* Rn. 15; Simon/*Simon* Rn. 6; MüKoAktG/*Kubis* Rn. 4; Widmann/Mayer/*Wälzholz* Rn. 7.

einzelnen Antragstellers festzusetzen (→ § 15 Rn. 29). Außerdem ist in der Regel wegen § 61 Abs. 3 FamFG über die **Zulassung der Beschwerde** zu entscheiden.

Der Beschluss muss eine **Rechtsbehelfsbelehrung** enthalten, § 39 FamFG.[20] Die Rechtsbehelfs- **6** belehrung umfasst eine Belehrung über das statthafte Rechtsmittel sowie das Gericht, bei dem diese Rechtsbehelfe einzulegen sind, dessen Sitz und die einzuhaltende Form und Frist. Schon bisher gebot der verfassungsrechtliche Anspruch auf wirkungsvollen Rechtsschutz in den Altverfahren eine Rechtsmittelbelehrung, um unzumutbare Schwierigkeiten der Rechtsverfolgung im Instanzenzug, die durch die Ausgestaltung eines Rechtsmittels bedingt sind, auszugleichen.[21] Bei fehlender Rechtsmittelbelehrung kann uU Wiedereinsetzung in den vorigen Stand gegen die Versäumung der Beschwerdefrist zu gewähren sein (§ 17 Abs. 2 FamFG).[22]

Der Beschluss ist allen Beteiligten **zuzustellen**, Abs. 3. Damit sind die formell Beteiligten **7** gemeint, also Antragsteller, Antragsgegner und gemeinsamer Vertreter,[23] dagegen nicht außenstehende Aktionäre oder beim Unternehmensvertrag der nicht am Verfahren beteiligte Vertragsteil.[24] Wird die Entscheidung rechtskräftig, ist sie nach § 14 bekannt zu machen.

2. Einstweilige Anordnung. Eine einstweilige Anordnung ist im Spruchverfahren nicht vorgesehen.[25] Nach § 49 FamFG kommt sie zwar grundsätzlich in Frage, ein Bedürfnis an einer sofortigen **8** Regelung besteht aber nicht.[26] Der Antragsteller kann seinen Zahlungsanspruch durch einen Arrest sichern, sofern dessen Voraussetzungen vorliegen. Eine Beteiligung an den Entscheidungen der Gesellschaft, deren Aktien als Abfindung angeboten werden, vor Abschluss des Spruchverfahrens kann auch nicht durch eine einstweilige Anordnung erreicht werden.[27] Zum selbständigen Beweisverfahren → § 8 Rn. 21.

III. Vergleich

1. Vergleichsinhalt und Vergleichswirkung. Das Verfahren kann nach Abs. 2 auch durch einen **9** Vergleich beendet werden. Als Inhalt eines Vergleichs kommt eine Erhöhung der Kompensation, aber auch eine Einigung über die Erledigung des Verfahrens ohne Änderung der Kompensation in Betracht. Dabei dürfen Aktionären **keine Sondervorteile** versprochen werden, soweit dies gesetzlich verboten ist. Eine Änderung der angebotenen Kompensation im Vergleich muss daher grundsätzlich für alle Aktionäre gleich sein.[28] Der gemeinsame Vertreter muss darauf hinwirken und andernfalls seine Zustimmung versagen.[29] Soweit Anteilsinhaber, die keinen Antrag gestellt haben, im Vergleich einen Anspruch erhalten, ist er materiell ein echter Vertrag zugunsten Dritter. Eine Wirkung inter omnes wie die Entscheidung hat der Vergleich nicht.[30] Eine Regelung zulasten außenstehender Anteilsinhaber ist nicht möglich, der gemeinsame Vertreter kann sie nicht verpflichten oder für sie verzichten.[31]

Die Neubestimmung von Ausgleich oder Abfindung im Vergleich führt nicht zu einer **Änderung** **10** **des Unternehmensvertrags** beim Beherrschungs- und Gewinnabführungsvertrag im Sinn von § 295 AktG, so dass der Vergleich auch ohne die Beteiligung der Aktionäre der herrschenden Gesellschaft oder aller außenstehender Aktionäre der beherrschten Gesellschaft nach § 295 Abs. 2 AktG oder gar einen neuen Bericht materiellrechtlich wirksam ist.[32] Die im Unternehmensvertrag vereinbarte Kompensation steht von vorneherein unter dem Vorbehalt ihrer Überprüfung im Spruchverfah-

---

[20] *Preuß* NZG 2009, 961 (964); NK-AktR/*Krenek* Rn. 8.
[21] Vgl. BGHZ 150, 390 = NJW 2002, 2171; BGH NJW-RR 2009, 890.
[22] *Preuß* NZG 2009, 961 (964); näher → § 12 Rn. 3.
[23] Lutter/*Mennicke* Rn. 4.
[24] *Wittgens*, Das Spruchverfahrensgesetz, 2005, 240; aA Hüffer/Koch/*Koch* Rn. 7.
[25] OLG Düsseldorf DB 1995, 2412; Kölner Komm SpruchG/*Puszkajler* Rn. 60; aA – aber geringer Anwendungsbereich – *Klöcker/Frowein* Rn. 32; Bürgers/Körber/*Ederle/Theusinger* Rn. 2.
[26] Kölner Komm SpruchG/*Puszkajler* Rn. 60; Widmann/Mayer/*Wälzholz* Rn. 72.
[27] OLG Düsseldorf DB 1995, 2412; *Klöcker/Frowein* Rn. 32.
[28] *Timm* WM 1991, 481; *Martens* AG 1988, 118 (125); Kölner Komm SpruchG/*Puszkajler* Rn. 27; Widmann/Mayer/*Wälzholz* Rn. 39; anders OLG Düsseldorf AG 1992, 200; ausf. *Diekgräf*, Sonderzahlungen an opponierende Kleinaktionäre im Rahmen von Anfechtungs- und Spruchstellenverfahren, 1990, 271 ff.; vgl. auch BGH AG 1976, 218.
[29] Lutter/*Mennicke* Rn. 7; Widmann/Mayer/*Wälzholz* Rn. 47; NK-AktR/*Krenek* Rn. 12.
[30] *Zimmer/Meese* NZG 2004, 201 (203); Kölner Komm SpruchG/*Puszkajler* Rn. 27; Lutter/*Mennicke* Rn. 7; *Klöcker/Frowein* Rn. 14; MüKoAktG/*Kubis* Rn. 13; aA Simon/*Simon* Rn. 20.
[31] Simon/*Simon* Rn. 27; → § 6 Rn. 3.
[32] Kölner Komm SpruchG/*Puszkajler* Rn. 26; Simon/*Simon* Rn. 19; Hüffer/Koch/*Koch* Rn. 5; MüKoAktG/*Kubis* Rn. 11; aA *Zimmer/Meese* NZG 2004, 201 (203); *Klöcker/Frowein* Rn. 14; Widmann/Mayer/*Wälzholz* Rn. 33; *Wittgens*, Das Spruchverfahrensgesetz, 2005, 266.

ren. Die Vereinbarung einer höheren Kompensation nach Einleitung dieses Verfahrens steht damit einer nachträglichen Änderung des Unternehmensvertrages nicht gleich. Schutzwürdige Interessen der außenstehenden Aktionäre sind nicht berührt, weil im Vergleich nur eine Erhöhung der Kompensation, keine Verringerung in Betracht kommt. Die Interessen der Aktionäre der herrschenden Gesellschaft werden ausreichend durch die Gesellschaft als Antragsgegnerin gewahrt. Das wird im Spruchverfahren auch sonst hingenommen. Aus diesen Gründen besteht auch bei der Eingliederung[33] und in den umwandlungsrechtlichen Fällen[34] kein Bedürfnis für Beschlüsse der Gesellschaft über den Vergleich. Bei der Ausschließung stellt sich das Problem nicht, weil der Hauptaktionär Schuldner der Abfindung ist.[35]

11   **2. Vergleichsabschluss. a) Zustimmung der Beteiligten.** Der Vergleich beendet das Verfahren, wenn ihm alle Verfahrensbeteiligten zustimmen, wegen § 6 Abs. 3 auch der gemeinsame Vertreter.[36] Das ergibt sich aus Abs. 2 S. 2. Der gemeinsame Vertreter hat dabei ein nicht weiter überprüfbares Ermessen und macht sich schon deshalb durch die Zustimmung zum Vergleich den nicht beteiligten Anteilsinhabern nicht schadensersatzpflichtig.[37] Ein **Teilvergleich** zwischen einigen Antragstellern und dem Antragsgegner ist möglich, hat aber keine verfahrensbeendende Wirkung, auch wenn sich die Mehrheit der Antragsteller vergleicht.[38] Das Gericht kann aber das Vergleichsergebnis als angemessene Kompensation festsetzen, wenn es sich von der Richtigkeit des Vergleichsergebnisses als der angemessenen Kompensation überzeugt.[39] Insbesondere dann, wenn der Vergleich die Kompensation erhöht, kann das Gericht dieses Ergebnis auch als Schätzungsgrundlage nehmen, wenn die übrig gebliebenen Antragsteller keine Tatsachen schlüssig vortragen, die eine noch höhere Kompensation erfordern. Zu einer Äußerung oder zur Teilnahme an der mündlichen Verhandlung zum Zweck einer gütlichen Einigung können die Antragsteller nicht gezwungen werden (→ § 8 Rn. 21). Wird nur ein Teilvergleich geschlossen, hat das Gericht in seiner späteren Entscheidung weder die Antragsteller, die sich verglichen haben, noch die Antragsberechtigten, die keinen Antrag gestellt haben, von der Entscheidung auszunehmen (§ 13 Satz 2).[40] Ob die den Vergleich abschließenden Antragsteller damit auch auf eine weitere Erhöhung der Kompensation verzichtet haben, ist nicht im Spruchverfahren zu entscheiden.[41] Der gemeinsame Vertreter kann, selbst wenn er dem Teilvergleich zustimmt, damit nicht auf die Ansprüche der keinen Antrag stellenden Antragsberechtigten verzichten (→ Rn. 9 und § 6 Rn. 3).

12   **b) Protokollierung, schriftlicher Vergleich.** Der Vergleich im Spruchverfahren kommt erst durch Protokollierung wirksam zustande, Abs. 2 S. 2. Dafür gelten die **Vorschriften der ZPO** entsprechend. Nach § 162 Abs. 1 ZPO ist die Niederschrift über den Vergleich den Beteiligten vorzulesen oder zur Durchsicht vorzulegen. Ist der Inhalt nur vorläufig aufgezeichnet worden, so genügt es, wenn die Aufzeichnungen vorgelesen oder abgespielt werden. In der Niederschrift ist zu vermerken, dass dies geschehen und die Genehmigung erteilt ist.[42] Stattdessen kann das Gericht auch **schriftlich** einen **Vergleich vorschlagen,** zu dem alle Beteiligten ihre Zustimmung durch unterschriebenen Schriftsatz erklären. Der Vergleich kommt in diesem Fall mit dem feststellenden Beschluss des Gerichts nach Abs. 4 S. 2 zustande. Wenn in einem Termin alle anwesenden Beteiligten einem protokollierten Vergleich und alle nichtanwesenden Verfahrensbeteiligten nachträglich durch Schriftsatz zustimmen, ist ebenfalls nach Abs. 4 zu verfahren. Schließlich kommt auch in Betracht, dass die Beteiligten einen Vergleich aushandeln und vorschlagen, dessen Zustandekommen das Gericht feststellt.[43] Der gegenüber § 278 Abs. 6 ZPO abweichende Wortlaut von Abs. 4 ist kein

---

[33] AA *Zimmer/Meese* NZG 2004, 201 (204); *Wittgens,* Das Spruchverfahrensgesetz, 2005, 266.
[34] Widmann/Mayer/*Wälzholz* Rn. 37; aA *Wittgens,* Das Spruchverfahrensgesetz, 2005, 266.
[35] *Zimmer/Meese* NZG 2004, 201 (204); *Wittgens,* Das Spruchverfahrensgesetz, 2005, 266.
[36] *Büchel* NZG 2003, 793 (799); Hüffer/Koch/*Koch* Rn. 5; Lutter/*Mennicke* Rn. 7; Dreier/Fritzsche/Verfürth/ *Dreier* Rn. 36; *Klöcker/Frowein* Rn. 11; Widmann/Mayer/*Wälzholz* Rn. 25; im Erg. auch Simon/*Simon* Rn. 17.
[37] OLG München WM 2010, 1605.
[38] OLG Düsseldorf NZG 2013, 1393; AG 2013, 807; *BungertMennicke* BB 2003, 2021 (2029); Simon/*Simon* Rn. 16; Kölner Komm SpruchG/*Puszkajler* Rn. 28; Widmann/Mayer/*Wälzholz* Rn. 26.
[39] *Deiß* NZG 2013, 1382; Simon/*Simon* Rn. 16; Kölner Komm SpruchG/*Puszkajler* Rn. 25; *Noack* NZG 2014, 92 (93); aA OLG Düsseldorf NZG 2013, 1393 m. Anm. *Schatz/Schödel* EWiR 2013, 703; AG 2013, 807; Emmerich/Habersack/*Emmerich* Rn. 6a; Hüffer/Koch/*Koch* Rn. 5; NK-AktR/*Krenek* Rn. 11; Dreier/Fritzsche/ Verfürth/*Dreier* Rn. 41; *Haspl* NZG 2014, 487 (489).
[40] OLG Düsseldorf AG 2017, 487 (488).
[41] OLG Düsseldorf AG 2017, 487 (488).
[42] OLG Düsseldorf AG 2017, 487 (488). Dreier/Fritzsche/Verfürth/*Dreier* Rn. 53; Widmann/Mayer/*Wälzholz* Rn. 21.
[43] Kölner Komm SpruchG/*Puszkajler* Rn. 35; aA NK-AktR/*Krenek* Rn. 19; Widmann/Mayer/*Wälzholz* Rn. 53.

Gegenargument. Er entspricht dem Wortlaut von § 278 Abs. 6 ZPO zum Zeitpunkt des Inkrafttretens des SpruchG. Die gerichtliche Praxis hat bereits damals im Zivilprozess von den Beteiligten ausgehandelte Vergleiche durch Beschluss festgestellt. Der Gesetzgeber hat dann den Wortlaut von § 278 Abs. 6 ZPO an die Praxis angepasst und die Anpassung von Abs. 4 vergessen. Gegen den Beschluss, der einen Vergleich feststellt, ist keine Beschwerde statthaft. Aus der Verweisung auf § 164 ZPO ergibt sich, dass er nur berichtigt werden kann.[44] Das Vergleichsprotokoll bzw. im Fall von Abs. 4 der Beschluss ist allen Beteiligten zuzustellen. Die Zustellung ist aber keine Wirksamkeitsvoraussetzung. Die Gerichtsgebühr ermäßigt sich bei einem in der mündlichen Verhandlung protokollierten Vergleich nach Nr. 13504 des Gebührenverzeichnisses Tabelle A zu § 34 GNotKG auf den 0,5-fachen Satz, bei einem durch den feststellenden Beschluss zustande gekommenen Vergleich nach Nr. 13503 aber nur auf den einfachen Satz.

3. Vollstreckung. Der **Vergleich** ist nach Abs. 2 S. 3 in Verbindung mit § 794 Abs. 1 Nr. 1 ZPO **Vollstreckungstitel,** wenn er einen vollstreckbaren Inhalt hat, also beispielsweise für die Antragsteller einen Zahlungsanspruch begründet.[45] Soweit in ihm nur eine höhere Kompensation vereinbart ist, ist er lediglich die Grundlage für die Leistungsklage des einzelnen Anteilsinhabers, auch wenn er nicht am Verfahren beteiligt war. In diesen Fällen müssen die Anteilinhaber gesondert Leistungsklage auf Zahlung erheben. 13

4. Bekanntmachung. Die Bekanntmachung des Vergleichs ist in § 14 nicht vorgesehen (→ § 14 Rn. 2). Der gemeinsame Vertreter hat darauf zu achten und darauf hinzuwirken, dass im Vergleich vereinbart wird, dass die Neuregelung der Kompensation durch den Antragsgegner bekannt gemacht wird, um die nicht am Verfahren beteiligten Anteilsinhaber zu informieren.[46] Der Vergleich bedarf zu seiner Wirksamkeit nicht der Eintragung im Handelsregister, selbst wenn die zugrunde liegende Strukturmaßnahme einzutragen ist. 14

5. Unwirksamkeit. Der Vergleich ist sowohl eine prozessuale wie auch eine materiellrechtliche Vereinbarung. Wenn der materiellrechtliche Vertrag unwirksam ist, etwa nach einer begründeten Anfechtung, entfällt auch die verfahrensbeendigende Wirkung. In einem solchen Fall ist das Spruchverfahren daher auf Antrag eines Beteiligten fortzusetzen.[47] Ein Kündigungsrecht nach § 304 Abs. 4 AktG besteht beim Beherrschungs- und Gewinnabführungsvertrag nicht, weil mit dem Antragsgegner das herrschende Unternehmen dem Vergleich zugestimmt hat. 15

IV. Andere Verfahrensbeendigung

1. Antragsrücknahme. Der Antrag kann bis zur Rechtskraft zurückgenommen werden, § 22 Abs. 1 FamFG.[48] Die Antragsrücknahme führt aber nur zur Beendigung des Verfahrens, wenn alle Anträge zurückgenommen sind (§ 22 Abs. 3 FamFG) und auch der gemeinsame Vertreter, wenn er schon bestellt ist (→ § 6 Rn. 4), das Verfahren nicht fortsetzt.[49] In allen anderen Fällen führt die Rücknahme des Antrags nur zum Ausscheiden des Antragstellers aus dem Verfahren. Nach Erlass, aber vor Rechtskraft der Endentscheidung bedarf die Rücknahme der Zustimmung aller Beteiligten, des Antragsgegners wie auch der übrigen Antragsteller, § 22 Abs. 1 S. 2 FamFG.[50] In Verfahren, die vor dem 1. September 2009 begonnen wurden, ist eine Zustimmung des Antragsgegners entsprechend § 269 Abs. 1 ZPO nicht erforderlich,[51] ebenso wenig eine Zustimmung der übrigen Antragsteller. Endet das Verfahren durch Antragsrücknahme, hat das Gericht nach § 15 durch Beschluss über die Kosten zu entscheiden. Beim Ausscheiden eines Antragstellers durch Rücknahme seines Antrags kann nur über seine Kosten nach § 15 Abs. 4 entschieden werden. 16

---

[44] Dreier/Fritzsche/Verfürth/*Dreier* Rn. 62; Klöcker/Frowein Rn. 24.
[45] Hüffer/Koch/*Koch* Rn. 6; Dreier/Fritzsche/Verfürth/*Dreier* Rn. 56; Widmann/Mayer/*Wälzholz* Rn. 51.
[46] AA wohl OLG München WM 2010, 1605; für Bekanntmachungspflicht Dreier/Fritzsche/Verfürth/*Dreier* Rn. 59.
[47] Kölner Komm SpruchG/*Puszkajler* Rn. 37; NK-AktR/*Krenek* Rn. 14.
[48] OLG Stuttgart NZG 2004, 97; Hüffer/Koch/*Koch* Rn. 3; Lutter/*Mennicke* Rn. 15; Klöcker/Frowein Rn. 26; Widmann/Mayer/*Wälzholz* § 3 Rn. 13; zum früheren Recht BayObLGZ 1973, 106 = WM 1973, 1030; KG OLGZ 1974, 430; OLG Düsseldorf AG 1972, 248; AG 1986, 293.
[49] Hüffer/Koch/*Koch* Rn. 3; Klöcker/*Frowein* Rn. 27; Lutter/*Mennicke* Rn. 15; Emmerich/Habersack/*Emmerich* Rn. 9.
[50] *Preuß* NZG 2009, 961 (962); Kölner Komm SpruchG/*Puszkajler* Rn. 41.
[51] BayObLGZ 1973, 106 = WM 1973, 1030; Hüffer/Koch/*Koch* Rn. 3; Klöcker/Frowein Rn. 26; Lutter/*Mennicke* Rn. 15; aA Simon/*Leuering* § 4 Rn. 15.

17 **2. Erledigungserklärung.** Möglich ist auch eine Beendigung des Verfahrens durch **übereinstimmende Erledigungserklärung**,[52] in Verfahren, in denen der verfahrenseinleitende Antrag ab dem 1. September 2009 gestellt wurde, durch übereinstimmende **Beendigungserklärung**, § 22 Abs. 3 FamFG. Die Beendigung muss auch vom gemeinsamen Vertreter erklärt werden,[53] da er bei einer Antragsrücknahme das Verfahren weiter betreiben darf und diese Befugnis mit der Erledigungserklärung nicht umgangen werden darf. Nach § 22 Abs. 3 FamFG folgt dies für Neuverfahren schon daraus, dass er Beteiligter ist und die Beendigung von allen Beteiligten erklärt werden muss. Da es sich um ein echtes Streitverfahren handelt, sind die Beendigungserklärungen zu beachten, auch wenn ein erledigendes Ereignis tatsächlich nicht eingetreten ist. In der Folge ist nur noch über die Kosten zu entscheiden.[54] Die Kostenregelung in § 15 wird nicht durch § 91a ZPO verdrängt.[55]

18 Eine **einseitige Erledigungserklärung** des Antragstellers scheidet aus, weil der Antragsteller keinen bestimmten Antrag stellen muss und damit nicht über eine Verfahrensbeendigung durch die Erledigung disponieren kann.[56] Da die Kostentragungspflicht nicht vom Obsiegen oder Unterliegen abhängig ist, besteht im Spruchverfahren kein Feststellungsinteresse, das für eine einseitige Erledigungserklärung und die Umstellung des Antrags auf die Feststellung der Erledigung erforderlich ist. Dass ein erledigendes Ereignis zur Antragsrücknahme geführt hat, kann bei der Billigkeitsentscheidung nach § 15 Abs. 2 berücksichtigt werden. Eine Erledigungsfeststellung kommt im Verfahren der freiwilligen Gerichtsbarkeit nur bei schweren Grundrechtseingriffen oder Wiederholungsgefahr in Betracht, vgl. § 62 Abs. 1 FamFG. Wenn eine Auslegung als Antragsrücknahme nicht möglich ist, ist in der Sache zu entscheiden. Wenn der Antragsgegner einseitig behauptet, die Hauptsache habe sich erledigt, hat das Gericht dies von Amts wegen aufzuklären und bei Erledigung den Antrag abzuweisen, wenn ihn der Antragsteller nicht zurücknimmt.[57] Erklärt der Antragsgegner für erledigt, liegt darin ein Antrag, die Bestimmung einer Kompensation als unzulässig oder unbegründet zurückzuweisen.[58]

19 **3. Verzicht und Anerkenntnis.** Eine Verzichtserklärung vor Antragstellung lässt die Antragsberechtigung entfallen (→ § 3 Rn. 4). Eine Verzichtserklärung während des Verfahrens ist wie eine Erklärung der Antragsrücknahme zu behandeln.[59] Wenn der Antragsgegner ein „Anerkenntnis" abgibt, ist zu klären, ob er damit die von allen Antragstellern und dem gemeinsamen Vertreter vorgetragenen Tatsachen zugestehen will und sich daraus eine höhere Kompensation ergibt. Ist das der Fall, hat das Gericht ohne weitere Beweiserhebung diese Kompensation durch Beschluss festzusetzen, nicht jedoch eine Anerkenntnisentscheidung zu erlassen.[60]

§ 12 Beschwerde

(1) ¹Gegen die Entscheidung nach § 11 findet die Beschwerde statt. ²Die Beschwerde kann nur durch Einreichung einer von einem Rechtsanwalt unterzeichneten Beschwerdeschrift eingelegt werden.

(2) ¹Die Landesregierung kann die Entscheidung über die Beschwerde durch Rechtsverordnung für die Bezirke mehrerer Oberlandesgerichte einem der Oberlandesgerichte oder dem Obersten Landesgericht übertragen, wenn dies zur Sicherung einer einheitlichen

---

[52] OLG Düsseldorf AG 1993, 40; BayObLG AG 1997, 182; OLG Stuttgart NZG 2001, 174; Hüffer/Koch/*Koch* Rn. 4; Kölner Komm AktG/*Koppensteiner* AktG § 306 Rn. 32; *Klöcker/Frowein* Rn. 29; Emmerich/Habersack/*Emmerich* Rn. 10; *Ammon* FGPrax 1998, 121 (123).

[53] *Preuß* NZG 2009, 961 (963); *Klöcker/Frowein* Rn. 29; Lutter/*Mennicke* Rn. 17; Emmerich/Habersack/*Emmerich* Rn. 10.

[54] OLG Stuttgart NZG 2001, 174; BayObLG AG 1997, 182; Hüffer/Koch/*Koch* Rn. 4; Widmann/Mayer/*Wälzholz* § 17 Rn. 17.

[55] Simon/*Simon* Rn. 40; Widmann/Mayer/*Wälzholz* § 17 Rn. 17; Emmerich/Habersack/*Emmerich* Rn. 10; Kölner Komm SpruchG/*Puszkajler* Rn. 42; aA NK-AktR/*Krenek* Rn. 22; zur Rechtslage vor dem SpruchG OLG Düsseldorf AG 1993, 40.

[56] Lutter/*Mennicke* Rn. 17; MüKoAktG/*Kubis* Rn. 17; Kölner Komm SpruchG/*Puszkajler* Rn. 43; aA BayObLGZ 2004, 200 = NZG 2004, 1111; *Klöcker/Frowein* Rn. 30; NK-AktR/*Krenek* Rn. 23; Dreier/Fritzsche/Verfürth/*Dreier* Rn. 72; Bürgers/Körber/*Ederle/Theusinger* Rn. 5.

[57] *Wittgens*, Das Spruchverfahrensgesetz, 2005, 272; aA BayObLGZ 2004, 200 = NZG 2004, 1111; OLG Hamburg ZIP 2005, 437; OLG Zweibrücken ZIP 2004, 559; Kölner Komm AktG/*Koppensteiner* AktG § 306 Rn. 32; Emmerich/Habersack/*Emmerich* Rn. 11; *Klöcker/Frowein* Rn. 30: das Gericht habe zu klären, ob die Hauptsache tatsächlich erledigt ist, und die Erledigung festzustellen. Zur Zulässigkeit der Beschwerde → § 12 Rn. 8.

[58] Vgl. die „Erledigungserklärung" bei BGHZ 135, 374 = NJW 1997, 2242.

[59] Ähnlich MüKoAktG/*Bilda*, 2. Aufl. 2000, AktG § 306 Rn. 110.

[60] Kölner Komm SpruchG/*Puszkajler* Rn. 13.

Rechtsprechung dient. ²Die Landesregierung kann die Ermächtigung auf die Landesjustizverwaltung übertragen.

Schrifttum: S. § 1; außerdem: *Gude*, Zweifelsfragen bei der Beschwerde nach dem Spruchverfahrensgesetz, AG 2005, 233; *Wasmann/Mielke*, Der gemeinsame Vertreter nach § 6 SpruchG, WM 2005, 822.

Übersicht

	Rn.		Rn.
I. Normzweck	1	b) Zurückgewiesenes Vorbringen	13
II. Zulässigkeit der Beschwerde	2–9	c) Neue Tatsachen	14
1. Statthaftigkeit	2	d) Beteiligte	15
2. Beschwerdefrist	3	4. Mündliche Verhandlung	16
3. Adressat und Zuständigkeit	4	5. Entscheidung	17, 18
4. Form und Begründung	5	6. Anderweitige Verfahrensbeendigung	19, 20
5. Beschwerdebefugnis und Beschwer	6–8	**IV. Rechtsbeschwerde bzw. Divergenzvorlage**	21, 22
a) Antragsteller und Antragsgegner	6, 7	1. Rechtsbeschwerde (Neuverfahren)	21
b) Gemeinsamer Vertreter	8	2. Divergenzvorlage (Altverfahren)	22
6. Anschlussbeschwerde	9	**V. Sonstige Rechtsmittel und Rechtsbehelfe**	23–26
III. Beschwerdeverfahren	10–20	1. Altverfahren	23, 24
1. Anwendbare Vorschriften	10	2. Neuverfahren	25
2. Abhilfe	11	3. Berichtigung, Ergänzung, Anhörungsrüge	26
3. Prüfungsumfang	12–15		
a) Weitere Tatsacheninstanz	12		

I. Normzweck

Die Beschwerde erlaubt eine Überprüfung der erstinstanzlichen Entscheidung. Sie ist nach § 63 Abs. 1 FamFG befristet, um Rechtssicherheit über den Bestand der erstinstanzlichen Entscheidung zu schaffen. Die Möglichkeit der Zuständigkeitskonzentration dient der Vereinheitlichung der Rechtsprechung und einer Erhöhung der Entscheidungsqualität. Der Vorschlag der Corporate-Governance-Kommission, die Beschwerde in eine Rechtsbeschwerde umzuwandeln,[1] wurde nicht aufgegriffen.[2] Das FGG-RG hat die früher in Abs. 1 geregelten sofortigen Beschwerde durch die ebenfalls befristete Beschwerde nach §§ 58 ff. FamFG ersetzt und den früheren Absatz 2, der die Zuständigkeit der Beschwerde und eine Divergenzvorlage regelte, gestrichen. 1

II. Zulässigkeit der Beschwerde

1. Statthaftigkeit. Die **Beschwerde** nach § 12 findet nur gegen **Endentscheidungen** (§ 38 Abs. 1 S. 1 FamFG) statt. Das sind die Entscheidungen nach § 11,[3] auch soweit nur über die Kosten entschieden wird,[4] und die Entscheidungen, in denen der Antrag als unzulässig verworfen wird.[5] Wenn das erstinstanzliche Verfahren vor dem 1. September 2009 begann **(Altverfahren)**, findet weiterhin nach § 12 Abs. 1 SpruchG aF die sofortige Beschwerde statt, Art. 111 Abs. 1 FGG-R.G.[6] Gegen andere Entscheidungen, insbesondere **Zwischenentscheidungen** während des Verfahrens, auch soweit darin die Zulässigkeit von Anträgen bejaht wird, fand in Altverfahren die unbefristete Beschwerde nach § 19 FGG oder, wenn die Voraussetzungen vorliegen, die sofortige Beschwerde nach § 22 FGG statt.[7] In Verfahren, die in erster Instanz ab dem 1. September 2009 beginnen **(Neuverfahren)** gibt es in diesen Fällen nur noch ausnahmsweise ein Rechtsmittel, § 58 Abs. 1 FamFG (→ Rn. 25). Keine Entscheidung ist der Beschluss, der nach § 11 Abs. 4 einen Vergleich 2

---

[1] Bericht der Regierungskommission „Corporate Governance" BT-Drs. 14/7515, 83.
[2] RegE BT-Drs. 15/371, 17.
[3] *Hüffer/Koch/Koch* Rn. 1.
[4] *Klöcker/Frowein* Rn. 4; Widmann/Mayer/*Wälzholz* Rn. 3.
[5] OLG Zweibrücken NZG 2004, 872; OLG Schleswig ZIP 2004, 2433; Kölner Komm SpruchG/*Wilske* Rn. 3.
[6] OLG München ZIP 2010, 496; OLG Karlsruhe NZG 2017, 1188 (LS).
[7] OLG Frankfurt NZG 2006, 153; BayObLGZ 2004, 200 = NZG 2004, 1111; OLG Stuttgart ZIP 2004, 1907; *Klöcker/Frowein* Rn. 3; Kölner Komm SpruchG/*Wilske* Rn. 5; Emmerich/Habersack/*Emmerich* § 11 Rn. 18; aA OLG Düsseldorf ZIP 2005, 300; BayObLG NZG 2006, 33; Lutter/*Mennicke* Rn. 6; näher → Rn. 23.

feststellt. Aus der Verweisung auf § 164 ZPO ergibt sich, dass er nur berichtigt werden kann (→ § 11 Rn. 12).[8]

3 **2. Beschwerdefrist.** Die **Beschwerde** ist in **Neuverfahren,** die in erster Instanz seit dem 1. September 2009 beantragt wurden, nach § 63 Abs. 1 FamFG **binnen eines Monats** einzulegen. In **Altverfahren** ist die **sofortige Beschwerde** nach § 22 Abs. 1 FGG binnen einer Frist von **zwei Wochen** einzulegen. Die Frist beginnt für jeden Beschwerdeberechtigten mit der schriftlichen Bekanntgabe (§ 63 Abs. 3 FamFG), dh mit Zustellung des Beschlusses nach § 11. Für die Fristberechnung gelten nach § 16 Abs. 2 FamFG, § 222 ZPO bzw. § 17 Abs. 1 FGG die § 187 Abs. 1 BGB, § 188 Abs. 1 BGB. Gegen die Fristversäumnis ist Wiedereinsetzung in den vorigen Stand nach § 17 Abs. 1 FamFG/§ 22 Abs. 2 FGG möglich.[9] Fehlt die Rechtsmittelbelehrung, wird nach § 17 Abs. 2 FamFG fehlendes Verschulden vermutet, aber nicht die Ursächlichkeit für die Fristversäumung.[10] Im Spruchverfahren, in dem die Beteiligten in der Regel prozesserfahren sind, dürften die Rechtsmittelmöglichkeiten und -voraussetzungen bekannt sein und die Kausalität meist fehlen.

4 **3. Adressat und Zuständigkeit.** Die Beschwerde kann in Verfahren, die vor 1. September 2009 beantragt wurden, nach § 21 Abs. 1 FGG beim Beschwerdegericht oder dem Landgericht, dessen Beschluss angefochten wird, eingereicht werden. In Neuverfahren ist die Beschwerdeschrift nach § 64 Abs. 1 FamFG beim Landgericht einzureichen.[11] Die Einlegung beim Beschwerdegericht wahrt die Frist nur, wenn die Beschwerde innerhalb der Frist noch an das Landgericht gelangt. Beschwerdegericht ist das **Oberlandesgericht,** das dem Landgericht, von dem die angefochtene Entscheidung stammt, übergeordnet ist (§ 119 Abs. 1 Nr. 2 GVG), wenn der Landesgesetzgeber nicht nach Abs. 2 (früher Abs. 3) die Entscheidung für die Bezirke mehrere Oberlandesgerichte einem der Oberlandesgerichte übertragen hat. Von dieser Ermächtigung haben Bayern (OLG München),[12] Nordrhein-Westfalen (OLG Düsseldorf)[13] und Rheinland-Pfalz (OLG Zweibrücken)[14] Gebrauch gemacht. Die Zuständigkeit gilt auch für die entsprechende Anwendung des SpruchG.[15]

5 **4. Form und Begründung.** Die Beschwerde kann nur durch eine **Beschwerdeschrift** eingelegt werden. Diese muss durch einen Rechtsanwalt eigenhändig unterzeichnet sein, Abs. 1 S. 2. Ein Telefax oder ein Computerfax wahren die Form, ggf. auch ein elektronisches Dokument nach § 14 Abs. 2 FamFG. Der Rechtsanwalt muss nicht bei einem Oberlandesgericht zugelassen sein. Der Anwaltszwang besteht nur für die Einlegung der Beschwerde, nicht auch für das weitere Verfahren.[16] Die Beschwerde muss in Verfahren, die seit dem 1. September 2009 beantragt wurden, die Bezeichnung des angefochtenen Beschlusses sowie die Erklärung enthalten, dass Beschwerde gegen diesen Beschluss eingelegt wird, § 64 Abs. 2 S. 2 FamFG. Eine **Begründung** ist für die Beschwerde in Altverfahren nicht vorgeschrieben,[17] § 4 gilt nicht (→ Rn. 10). In Neuverfahren soll eine Begründung vorgelegt werden (§ 65 Abs. 1 FamFG); ihr Fehlen hat keine Konsequenzen.[18] Die Begründung ist wegen der Abhilfeentscheidung nach § 68 Abs. 1 FamFG beim judex a quo einzureichen.

6 **5. Beschwerdebefugnis und Beschwer. a) Antragsteller und Antragsgegner.** Beide sind grundsätzlich beschwerdebefugt. Die Beschwerdebefugnis richtet sich nach § 59 FamFG, in Altverfahren nach § 20 FGG. Die Antragsbefugnis nach § 3 SpruchG muss nicht auch noch im Zeitpunkt der Beschwerde vorliegen,[19] allerdings sind Veränderungen während des Verfahrens zu

---
[8] AA Dreier/Fritzsche/Verfürth/*Fritzsche* Rn. 6.
[9] BayObLG NJW-RR 2000, 772; Dreier/Fritzsche/Verfürth/*Dreier* Rn. 11; *Klöcker/Frowein* Rn. 7; Widmann/Mayer/*Wälzholz* Rn. 6 und 6.4.
[10] *Preuß* NZG 2009, 961 (964).
[11] *Preuß* NZG 2009, 961 (964); *Jänig/Leißring* ZIP 2010, 110 (117).
[12] § 26 Abs. 2 GZVJu vom 11.6.2012 (GVBl. 2012, 295).
[13] § 2 der VO über die gerichtliche Zuständigkeit für Entscheidung in gesellschaftsrechtlichen Angelegenheiten und in Angelegenheiten der Versicherungsvereine auf Gegenseitigkeit (Konzentrations-VO Gesellschaftsrecht) vom 8.6.2010, (GV NRW 2010, 350), zuletzt geändert durch VO vom 11.4.2011 (GV NRW 2011, 230).
[14] § 10 Abs. 2 ZFGGZuVO (VO über die gerichtliche Zuständigkeit in Zivilsachen v. 22.11.1985, GVBl 1985, 267, geändert durch VO v. 17.2.2006, GVBl. 2006, 50).
[15] OLG Koblenz NZG 2007, 720.
[16] Dreier/Fritzsche/Verfürth/*Fritzsche* Rn. 41; Lutter/*Mennicke* Rn. 12.
[17] OLG Karlsruhe AG 2015, 549 (550); OLG Frankfurt NZG 2007, 875; OLG München ZIP 2007, 375; OLG Zweibrücken ZIP 2004, 1666; OLGR München 2006, 931; Simon/*Simon* Rn. 18; Dreier/Fritzsche/Verfürth/*Fritzsche* Rn. 43; offen KG AG 2011, 591; aA Kölner Komm SpruchG/*Wilske* Rn. 31.
[18] MüKoAktG/*Kubis* Rn. 13; NK-AktR/*Krenek* Rn. 6; Dreier/Fritzsche/Verfürth/*Fritzsche* Rn. 43.
[19] Dreier/Fritzsche/Verfürth/*Fritzsche* Rn. 19; Simon/*Simon* Rn. 12; *Gude* AG 2005, 233; Emmerich/Habersack/*Emmerich* Rn. 6; aA *Büchel* NZG 2003, 793 (800); Lutter/*Mennicke* Rn. 8; *Klöcker/Frowein* Rn. 6; Kölner Komm SpruchG/*Wilske* Rn. 16.

berücksichtigen (→ § 3 Rn. 24 ff.). Bei der Einzelrechtsnachfolge bleibt der Veräußerer nach § 265 Abs. 2 ZPO beschwerdebefugt, solange kein zulässiger Beteiligtenwechsel stattgefunden hat.[20] Soweit in Verfahren vor Inkrafttreten des SpruchG andere als die in § 5 genannten Antragsgegner waren, steht ihnen, da für das Beschwerdeverfahren nach § 17 Abs. 2 neues Recht gilt, grundsätzlich kein Beschwerderecht zu, sofern die Entscheidung sie nicht gesetzwidrig zur Zahlung der Kompensation verurteilt.[21]

Die Beschwerdebefugnis besteht nur bei **materieller Beschwer**, § 59 Abs. 1 FamFG/§ 20 Abs. 2 FGG. Der **Antragsgegner** ist nicht beschwerdebefugt, wenn der Antrag zurückgewiesen wird,[22] sondern nur dann, wenn die Kompensation erhöht wird. § 61 Abs. 1 Nr. 1 FamFG macht in Verfahren, die seit dem 1. September 2009 beantragt wurden, die Beschwerde zusätzlich davon abhängig, dass der Wert des Beschwerdegegenstandes – der erstrebten Änderung der erstinstanzlichen Entscheidung – 600 Euro übersteigt oder die Beschwerde zugelassen ist. Da die Entscheidung für alle außenstehenden Anteilsinhaber wirkt, ist der Wert des Beschwerdegegenstandes für den Antragsgegner mit dem Gesamtbetrag der erstrebten Veränderung der erstinstanzlichen Entscheidung für alle außenstehenden Anteilsinhaber, nicht nur mit den auf die Antragsteller entfallenden Beträgen zu bemessen und wird meist über 600 Euro liegen. § 15 Abs. 1 S. 2 SpruchG, § 31 Abs. 1 S. 4 RVG gelten für die Bestimmung der Beschwer nicht.[23] Der **Antragsteller** ist nicht nur beschwert, wenn der Antrag zurückgewiesen wird, § 59 Abs. 1 FamFG/§ 20 Abs. 2 FGG, sondern auch, wenn die Kompensation seiner Ansicht nach ungenügend geändert ist. § 20 Abs. 2 FGG begründet dagegen kein Erfordernis einer formellen Beschwer für den Antragsteller,[24] ebenso wenig § 59 Abs. 1 oder Abs. 2 FamFG.[25] Ein Antragsteller muss nach keine bestimmte Kompensation beantragen, so dass eine formelle Beschwer nie besteht.[26] Er kann mit der Beschwerde eine höhere Kompensation verlangen, selbst wenn er in erster Instanz einen (niedrigeren) Antrag gestellt hat. Der **Wert des Beschwerdegegenstandes** für die Antragsteller muss in Verfahren, die seit dem 1. September 2009 beantragt worden sind, nach § 61 Abs. 1 Nr. 1 FamFG **600 Euro** übersteigen.[27] Der einzelne Antragsteller muss dazu jedenfalls darlegen, dass die Kompensation für seine Anteile mindestens in diesem Umfang weiter zu erhöhen ist. Darlegung verlangt mehr als eine bloße Behauptung, aber noch keinen Beweis.[28] § 15 Abs. 1 S. 2 SpruchG, § 31 Abs. 1 S. 4 RVG gelten für die Bestimmung der Beschwer auch bei den Antragstellern nicht. Die Beschwer mehrerer Beschwerdeführer ist aber zusammenzurechnen, weil ihre Beschwerden gleichgerichtet sind und keine wirtschaftliche Identität besteht.[29] Mitzurechnen sind aber nicht die Beschwerdeführer, deren Anträge als unzulässig abgewiesen worden sind.[30] Dass sich das Verfahren wegen einer Änderung der Rechts- oder Sachlage erledigt, lässt die Beschwer nicht entfallen. Wenn das Landgericht den Antrag aus diesem Grund zurückgewiesen hat, ist die Beschwerde zulässig,[31] aber unter Umständen nicht begründet. Die Sachprüfung wird sonst mit der Zulässigkeitsprüfung vermengt. Die **Kostenentscheidung** konnte bisher nicht selbständig ohne die Hauptsache angefochten werden, außer es erging nur eine Kostenentscheidung, § 20a FGG. §§ 58 ff. FamFG enthalten für Neuverfahren eine solche Einschränkung nicht mehr, so dass jetzt auch die Kostenentscheidung anfechtbar ist, wenn die Beschwerde zugelassen ist oder der Wert des Beschwerdegegenstandes 600 Euro übersteigt.[32]

---

[20] MüKoAktG/*Kubis* Rn. 5; Simon/*Simon* Rn. 12; aA Lutter/*Mennicke* Rn. 8.
[21] AA OLG Düsseldorf AG 2009, 907.
[22] Dreier/Fritzsche/Verfürth/*Fritzsche* Rn. 7; Klöcker/*Frowein* Rn. 6; Lutter/*Mennicke* Rn. 8; Kölner Komm SpruchG/*Wilske* Rn. 18.
[23] AA offenbar Jänig/*Leißring* ZIP 2010, 110 (117) Fn. 89.
[24] Widmann/Mayer/*Wälzholz* Rn. 8.
[25] Dreier/Fritzsche/Verfürth/*Fritzsche* Rn. 18; aA *Preuß* NZG 2009, 961 (964).
[26] Dreier/Fritzsche/Verfürth/*Fritzsche* Rn. 18; Klöcker/*Frowein* Rn. 6; Kölner Komm SpruchG/*Wilske* Rn. 15; im Erg. auch *Preuß* NZG 2009, 961 (964).
[27] OLG München AG 2015, 508 (509); OLG Frankfurt ZIP 2016, 918 (919); AG 2016, 551 (552); ZIP 2017, 772 (773); KG AG 2016, 790 (791); OLG Stuttgart AG 2017, 493 (OLG Düsseldorf AG 2017, 121 (122); Lutter/*Mennicke* Rn. 9; Hüffer/Koch/*Koch* Rn. 2; Dreier/Fritzsche/Verfürth/*Fritzsche* Rn. 22; MüKoAktG/*Kubis* Rn. 11; Emmerich/Habersack/*Emmerich* Rn. 2a; aA NK-AktR/*Krenek* Rn. 9a.
[28] OLG Frankfurt ZIP 2017, 772 (773).
[29] OLG München AG 2015, 508 (509); OLG Frankfurt ZIP 2016, 918 (919); AG 2016, 551 (552); ZIP 2017, 772 (773); OLG Düsseldorf AG 2017, 121 (122); Lutter/*Mennicke* Rn. 9; vgl. BGHZ 23, 333; BGH NJW-RR 2004, 638.
[30] KG AG 2016, 790 (792).
[31] OLG Hamburg ZIP 2005, 437; aA OLG Zweibrücken NZG 2004, 382; Widmann/Mayer/*Wälzholz* § 17 Rn. 15.
[32] Lutter/*Mennicke* Rn. 9.

8 b) Gemeinsamer Vertreter. Nicht beschwerdebefugt sind Antragsberechtigte, die keinen Antrag gestellt haben.[33] Sie können zwar materiell beschwert sein, doch ist nach § 59 Abs. 2 FamFG in Antragsverfahren wie dem Spruchverfahren nur beschwerdebefugt, wer auch einen Antrag gestellt hat. An Stelle der Anteilsinhaber, die keinen Antrag gestellt haben, ist auch der gemeinsame Vertreter **nicht beschwerdebefugt,** wie sich jetzt ebenfalls aus § 59 Abs. 2 FamFG ergibt.[34] Im Spruchverfahren kann eine Entscheidung nur auf den Verfahrensantrag hin ergehen, und der gemeinsame Vertreter ist kein Antragsteller. Er kann in Neuverfahren aber Beschwerde einlegen, wenn er nach § 6 Abs. 3 das Verfahren nach Rücknahme der Anträge fortgeführt hat, weil er dann einem Antragsteller gleichsteht. Auch in **Altverfahren** ist der gemeinsame Vertreter mangels Beschwer nicht beschwerdebefugt.[35] Er ist nur beschwert und beschwerdebefugt, wenn er nach Rücknahme aller Anträge das Verfahren selbst fortgeführt hat und damit einem Antragsteller gleichsteht. Ein Recht des gemeinsamen Vertreters nach § 20 Abs. 1 FGG ist sonst durch die Entscheidung nicht beeinträchtigt. Die Beschwer der vom gemeinsamen Vertreter vertretenen, nicht antragstellenden Anteilsinhaber gibt noch keine Veranlassung, ihm über das Recht der Verfahrensfortsetzung in erster Instanz hinaus weitere Rechte im Verfahren einzuräumen, solange er nicht einem Antragsteller gleichgestellt ist. Die Möglichkeit der Verfahrensfortsetzung ist dem gemeinsamen Vertreter eingeräumt, um das Abkaufen des Antrags zu verhindern. Daraus kann nicht geschlossen werden, dass der gemeinsame Vertreter für die Anteilsinhaber, die gerade auf einen Antrag verzichtet haben, das Verfahren in jedem Fall fortsetzen können muss.[36] Im Gegensatz zu den Fällen des Abkaufens des Antrags in erster Instanz ist eine gerichtliche Entscheidung ergangen. Zudem kann der gemeinsame Vertreter auch nach Einlegung und Rücknahme der Beschwerde das Verfahren nicht fortführen (→ Rn. 20), was mit einem eigenen Beschwerderecht unterlaufen werden könnte. Dass die Entscheidung dem gemeinsamen Vertreter zugestellt werden muss, § 11 Abs. 3, besagt über seine Beschwerdebefugnis nichts.[37] Der gemeinsame Vertreter kann auch keine Verfassungsbeschwerde einlegen.[38] Nicht beschwerdebefugt ist beim Unternehmensvertrag auch die (beherrschte oder gewinnabführende) Gesellschaft selbst.[39] Wer vom erstinstanzlichen Verfahren ausgeschlossen ist, muss dies auch in der Beschwerde bleiben.

9 6. Anschlussbeschwerde. An eine Beschwerde des Gegners ist auch nach Ablauf der Beschwerdefrist eine Anschließung **möglich,** § 66 FamFG (früher § 567 Abs. 3 ZPO).[40] Sie ist beim Beschwerdegericht einzureichen, § 66 S. 1 2. Hs. FamFG. Bis zur Entscheidung über eine Abhilfe muss sie aber noch beim Ausgangsgericht eingereicht werden können. Eine isolierte Abhilfeentscheidung über die Anschlußbeschwerde ist ausgeschlossen, weil die Anschließung durch Zurücknahme oder Verwerfung der Hauptbeschwerde gegenstandslos werden kann, § 66 S. 2 FamFG. Da bei Abhilfe der Hauptbeschwerde sachlich kaum auch der Anschlussbeschwerde abgeholfen werden kann, ist in einem solchen Fall die Anschlussbeschwerde dem Beschwerdegericht vorzulegen. Für die Anschlussbeschwerde ist im Gesetz keine Frist vorgesehen. Die Vorschriften über die Form der Beschwerde, also die Einlegung durch einen von einem Rechtsanwalt unterzeichneten Schriftsatz, gelten für die Anschlussbeschwerde entsprechend.[41] Sie ist auch **ohne Beschwer** möglich.[42] Der Antragsgegner

---

[33] *v. Falkenhausen* AG 1967, 309 (315); aA Dreier/Fritzsche/Verfürth/*Fritzsche* Rn. 15, anders aber Rn. 17 bei Zurückweisung der Anträge.

[34] OLG Frankfurt ZIP 2016, 716 (717); MüKoAktG/*Kubis* Rn. 11; Bürgers/Körber/*Ederle/Theusinger* Rn. 1; aA Emmerich/Habersack/*Emmerich* § 6 Rn. 17; Kölner Komm SpruchG/*Wilske* Rn. 23; Kölner Komm SpruchG/*Wasmann* § 6 Rn. 20; Widmann/Mayer/*Wälzholz* § 6 Rn. 41 und § 12 Rn. 9; Hüffer/Koch/*Koch* Rn. 3; NK-AktR/*Krenek* Rn. 9; Dreier/Fritzsche/Verfürth/*Fritzsche* Rn. 16; Lutter/*Mennicke* Rn. 10 (außer bei Zurückweisung der Anträge als unzulässig).

[35] BGHZ 207, 114 = NZG 2016, 139 Rn. 19 ff.; OLG Hamburg NZG 2001, 471; OLGR Bremen 1998, 248; BayObLGZ 1991, 235 = AG 1991, 356; KG OLGZ 1974, 430 = MDR 1975, 150; OLG Celle AG 1979, 230; OLG Hamburg AG 1980, 163; NK-AktR/*Tewes,* 3. Aufl. 2011, Rn. 9; Simon/*Simon* Rn. 17; *Wittgens,* Das Spruchverfahrensgesetz, 2005, 246; *v. Kann/Hirschmann* DStR 2003, 1488 (1491); aA OLG Düsseldorf AG 2009, 907; OLG Celle AG 2007, 865; BayObLGZ 2002, 400 = NZG 2003, 483; OLG Karlsruhe AG 1995, 139; BayObLGZ 1973, 106 = WM 1973, 1030; *Gude* AG 2005, 233 (235); *Wasmann/Mielke* WM 2005, 822 (824); Dreier/Fritzsche/Verfürth/*Fritzsche* Rn. 16; *Klöcker/Frowein* Rn. 6; Kölner Komm AktG/*Koppensteiner* AktG § 306 Rn. 36 und § 327f Anh. Rn. 49; *Meilicke/Heidel* DB 2003, 2267 (2274).

[36] So aber BayObLGZ 2002, 400 = NZG 2003, 483; Lutter/*Mennicke* Rn. 10.

[37] AA Kölner Komm AktG/*Koppensteiner* § 306 Rn. 36.

[38] BVerfG NJW 2007, 3266.

[39] Kölner Komm AktG/*Koppensteiner* § 327f Anh. Rn. 49; *Wittgens,* Das Spruchverfahrensgesetz, 2005, 244; Emmerich/Habersack/*Emmerich* Rn. 6; aA Hüffer/Koch/*Koch* Rn. 2.

[40] OLG Stuttgart ZIP 2007, 250; OLG Hamburg NZG 2002, 189; BayObLG AG 1996, 127; Hüffer/Koch/*Koch* Rn. 4; Lutter/*Mennicke* Rn. 12; *Preuß* NZG 2009, 961 (965).

[41] Widmann/Mayer/*Wälzholz* Rn. 14; Lutter/*Mennicke* Rn. 12.

[42] BayObLG AG 1996, 127.

kann jedoch nie eine niedrigere als die angebotene Kompensation erreichen. Eine Anschließung an eine unselbständige Anschlussbeschwerde ist nicht zulässig.[43] Auch kann sich ein Antragsteller oder der gemeinsame Vertreter nicht der Beschwerde eines anderen Antragstellers anschließen.[44] Die Anschließung setzt eine Beschwerde des Gegners voraus.

III. Beschwerdeverfahren

1. Anwendbare Vorschriften. Für das Beschwerdeverfahren enthält das SpruchG keine Vorschriften. Soweit sich aus der Natur des Beschwerdeverfahrens oder dem FamFG (früher dem FGG) nichts anderes ergibt, sind daher die Vorschriften über das Verfahren erster Instanz entsprechend anzuwenden,[45] jetzt § 68 Abs. 3 S. 1 FamFG. Vorschriften wie §§ 3–5, die sich auf den Antrag beziehen, und § 2 zur Zuständigkeit können wegen ihres Inhalts auf die Beschwerde nicht, auch nicht entsprechend angewendet werden.[46] Anders ist dies mit den Vorschriften, die sich auf das Verfahren selbst beziehen, §§ 8–11.

2. Abhilfe. In Altverfahren, in denen der Antrag vor dem 1. September 2009 gestellt wurde, ist das Landgericht zu einer Abhilfe nicht befugt, § 18 Abs. 2 FGG.[47] In Neuverfahren sieht § 68 Abs. 1 S. 1 FamFG eine Abhilfeentscheidung (nach Kammerentscheidungen durch die gesamte Kammer) vor.[48]

3. Prüfungsumfang. a) Weitere Tatsacheninstanz. Die Beschwerde eröffnet eine weitere Tatsacheninstanz,[49] jetzt § 65 Abs. 3 FamFG. Sie ist keine reine Rechtsbeschwerde. Das Beschwerdegericht hat über die Angemessenheit der Kompensation zu entscheiden, ohne an die Beweisergebnisse erster Instanz gebunden zu sein. Es ist aber nicht zu umfassenderen Ermittlungen verpflichtet wie das erstinstanzliche Gericht und kann sich daher auf die Prüfung der von den Antragstellern in beiden Instanzen vorgebrachten Einwendungen beschränken. Wenn der Beschwerdeführer seine Beschwerde begründet, kann sich das Gericht auf die darin enthaltenen Einwendungen beschränken.[50] Auf die Beweiserhebungen erster Instanz kann es zurückgreifen. Der Amtsermittlungsgrundsatz verlangt nicht, dass alle in erster Instanz erhobenen Beweise erneut erhoben werden müssen. Beweise müssen nur noch erhoben werden, wo lückenhafte Ermittlungen ergänzt werden müssen. Ist das nicht der Fall, etwa weil die Prüfung ergibt, dass keine ergänzungsbedürftigen Lücken bestehen und an der Richtigkeit des Beweisergebnisses keine Zweifel bestehen, bedarf es keiner erneuten Begutachtung durch Sachverständige oder einer Anhörung des sachverständigen Prüfers.

b) Zurückgewiesenes Vorbringen. In erster Instanz zu Recht zurückgewiesene Einwendungen und Stellungnahmen bleiben auch in der Beschwerdeinstanz ausgeschlossen.[51] Zwar kann die Beschwerde nach § 23 FGG/§ 65 Abs. 3 FamFG auf neue Tatsachen und Beweise gestützt werden. Zurückgewiesenes Vorbringen ist jedoch nicht neu. Würde es in der Beschwerde zugelassen, wäre § 10 SpruchG nicht nur sinnlos, sondern würde auch zu einer Verlagerung des Streits in die Rechtsmittelinstanz führen und die mit der Vorschrift bezweckte Beschleunigung des Verfahrens vereiteln. Dagegen ist das, was zu Unrecht zurückgewiesen wurde, in der Beschwerde zu berücksichtigen. Die Beschwerde dient der Fehlerkorrektur. Auch was zu Unrecht nicht zurückgewiesen wurde, bleibt zu berücksichtigen. Der Beschleunigungszweck von § 10 SpruchG ist dann zwar verfehlt worden, kann aber nicht fiktiv wieder hergestellt werden.

c) Neue Tatsachen. Sie können nach § 23 FGG/§ 65 Abs. 3 FamFG mit der Beschwerde vorgebracht werden.[52] Eine eigene Zurückweisungsmöglichkeit für das Beschwerdegericht ist nicht vorgesehen. Da auch keine Beschwerdebegründung vorgelegt werden muss, § 65 Abs. 1 FamFG, scheidet

---

[43] BayObLGZ 2001, 258 = NZG 2001, 1137; Widmann/Mayer/*Wälzholz* Rn. 16; Kölner Komm SpruchG/*Wilske* Rn. 26; aA Dreier/Fritzsche/Verfürth/*Fritzsche* Rn. 47.
[44] OLG Karlsruhe AG 2009, 47; OLG Zweibrücken NZG 2004, 382; OLG Stuttgart ZIP 2007, 250; Kölner Komm SpruchG/*Wilske* Rn. 27; Simon/*Simon* Rn. 21; Hüffer/Koch/*Koch* Rn. 4; MüKoAktG/*Kubis* Rn. 21; aA Dreier/Fritzsche/Verfürth/*Fritzsche* Rn. 46 f.; NK-AktR/*Tewes* Rn. 4.
[45] Lutter/*Mennicke* Rn. 14.
[46] OLG Zweibücken ZIP 2004, 1666; *Gude* AG 2005, 233 (236); offen KG AG 2011, 591; aA Kölner Komm SpruchG/*Wilske* Rn. 31; *Wittgens*, Das Spruchverfahrensgesetz, 2005, 241.
[47] OLG Stuttgart AG 2005, 304; Simon/*Simon* Rn. 24.
[48] Dreier/Fritzsche/Verfürth/*Fritzsche* Rn. 50; *Preuß* NZG 2009, 961 (964).
[49] *Gude* AG 2005, 233; Hüffer/Koch/*Koch* Rn. 6.
[50] *Gude* AG 2005, 233 (237).
[51] MüKoAktG/*Kubis* Rn. 15; so wohl auch OLG Hamburg AG 2005, 853.
[52] OLG Hamburg AG 2005, 853.

eine analoge Anwendung von § 10 Abs. 1 auf Vorbringen in der Beschwerdeinstanz aus.[53] Weil das Vorbringen in der Beschwerdeinstanz weder eine Stellungnahme noch eine Einwendung im Sinn von § 7 Abs. 2 S. 3 und Abs. 4 ist, kann das Beschwerdegericht Vorbringen auch nicht mit der Begründung zurückweisen, es hätte bereits in der erstinstanzlichen Stellungnahme oder Einwendung enthalten sein müssen. Soweit aber entgegen § 7 Abs. 2 S. 3 oder Abs. 4 in erster Instanz überhaupt keine Stellungnahme oder Einwendung erfolgt ist, kann diese mit der Beschwerde nicht nachgeholt werden. Insoweit muss die Beschränkung des Streitstoffs aus erster Instanz fortwirken.[54] Der Antragsteller oder Antragsgegner, der seiner Verfahrensförderungspflicht nicht nachkommt, kann nicht besser stehen als der, der ihr verspätet nachkommt. Das Beschwerdegericht kann nach § 7 Abs. 5 eine Frist zu Erklärungen setzen und danach erfolgtes Vorbringen unter den Voraussetzungen der § 10 Abs. 2, § 9 Abs. 1 und 2 zurückweisen.

15   **d) Beteiligte.** Formell beteiligte am Beschwerdeverfahren sind der Beschwerdeführer, der Beschwerdegegner und der gemeinsame Vertreter. Ist Beschwerdeführer der Antragsgegner, sind alle Antragsteller Beschwerdegegner. Ist Beschwerdeführer nur einer von mehreren Antragstellern, ist der Antragsgegner Beschwerdegegner. Die übrigen Antragsteller sind in diesem Fall am Beschwerdeverfahren nicht formell beteiligt.[55] Schon wegen des Kostenrisikos darf ihnen eine Beteiligung nicht aufgedrängt werden. Der Antragsgegner wird auch im Beschwerdeverfahren von § 5 bestimmt, nicht vom Beschwerdeführer.[56] In Verfahren, die vor Inkrafttreten des SpruchG nach damaliger Rechtslage gegen andere als die in § 5 bestimmten Antragsgegner begonnen wurden, sollen diese auch im Beschwerdeverfahren Antragsgegner bleiben.[57] Legt nur der gemeinsame Vertreter die Beschwerde ein, ist der Antragsgegner Beschwerdegegner; die Antragsteller sind dann am Beschwerdeverfahren nicht beteiligt.

16   **4. Mündliche Verhandlung.** Das Beschwerdegericht hat in Altverfahren grundsätzlich mündlich zu verhandeln.[58] § 68 Abs. 3 S. 2 FamFG schränkt das für Neuverfahren dahin ein, dass das Beschwerdegericht von einer mündlichen Verhandlung absehen kann, wenn bereits vor dem Landgericht mündlich verhandelt wurde und von einer erneuten mündlichen Verhandlung keine zusätzlichen Erkenntnisse zu erwarten sind.[59] Die Vorschriften über die Vorbereitung der mündlichen Verhandlung durch das erstinstanzliche Gericht gelten entsprechend. Das Beschwerdegericht kann daher insbesondere schon vorab eine Stellungnahme des sachverständigen Prüfers oder ein schriftliches Sachverständigengutachten einholen. Es kann auch die mündliche Gutachtenerstattung anordnen. Wenn nur noch einzelne Punkte ergänzend erläuterungsbedürftig sind, kann es den erstinstanzlichen Sachverständigen zur Erläuterung seines Gutachtens laden. Die Anordnung des Erscheinens des sachverständigen Prüfers ist dagegen nicht notwendig, wenn er in erster Instanz bereits gehört wurde und kein weiterer Aufklärungsbedarf besteht. Für die Durchführung der mündlichen Verhandlung bestehen keine Besonderheiten gegenüber der ersten Instanz, außer dass das Beschwerdegericht auch gegen den Widerspruch eines Beteiligten die Öffentlichkeit herstellen kann, § 170 Abs. 2 GVG.

17   **5. Entscheidung.** Über die Beschwerde entscheidet ein Zivilsenat. Eine Einzelrichterübertragung ist in Neuverfahren möglich, § 68 Abs. 4 FamFG (anders in Altverfahren, § 30 Abs. 1 S. 3 FGG). Wenn die sofortige Beschwerde unzulässig ist, insbesondere nicht in der gesetzlichen Form oder Frist eingelegt ist, ist sie durch Beschluss zu verwerfen. Erweist sie sich als unbegründet, ist sie zurückzuweisen. Wenn die sofortige Beschwerde begründet ist, hat das Beschwerdegericht unter Abänderung der Entscheidung des Landgerichts in der Sache zu entscheiden, also die Kompensation festzusetzen oder die Anträge zurückzuweisen. Eine Verschlechterung der Entscheidung gegenüber der ersten Instanz für den Beschwerdeführer ist ausgeschlossen.[60] Wenn das Landgericht den Antrag als unzulässig abgewiesen hat, das Beschwerdegericht ihn aber für zulässig erachtet, ist die Sache an das Landgericht zurückzuverweisen, weil nur eine Verfahrensentscheidung getroffen wurde und das Verfahren in der Sache noch nicht entscheidungsreif ist,[61] jetzt § 69 Abs. 1 S. 2 FamFG. Hat das Landgericht eine Sachentscheidung getroffen, kommt eine Zurückverweisung nur ausnahmsweise

---

[53] AA Dreier/Fritzsche/Verfürth/*Fritzsche* Rn. 54; Lutter/*Mennicke* Rn. 14.
[54] MüKoAktG/*Kubis* Rn. 15.
[55] Kölner Komm SpruchG/*Wilske* Rn. 32; Simon/*Simon* Rn. 27; Lutter/*Mennicke* Rn. 14; aA Dreier/Fritzsche/Verfürth/*Fritzsche* Rn. 49; *Klöcker*/*Frowein* Rn. 10; NK-AktR/*Krenek* Rn. 10.
[56] AA *Gude* AG 2005, 233 (235).
[57] OLG Düsseldorf AG 2008, 822; OLG Düsseldorf NZG 2007, 36.
[58] Kölner Komm SpruchG/*Wilske* Rn. 34; OLG Zweibrücken NZG 2004, 382.
[59] OLG Stuttgart Beschl. v. 15.10.2013 – 20 W 3/13, juris Rn. 173; OLG Zweibrücken AG 2018, 200 (201).
[60] BayObLG AG 1996, 127; OLG Düsseldorf AG 1990, 397; Hüffer/Koch/*Koch* Rn. 6; Dreier/Fritzsche/Verfürth/*Fritzsche* Rn. 59; *Klöcker*/*Frowein* Rn. 16.
[61] OLG Stuttgart NZG 2001, 854; OLG Schleswig ZIP 2004, 2433.

in Betracht, soweit das Verfahren an einem wesentlichen Mangel leidet und zur Entscheidung eine umfangreiche oder aufwändige Beweiserhebung notwendig wäre,[62] in Neuverfahren auch nur, wenn zusätzlich ein Beteiligter die Zurückverweisung beantragt, § 69 Abs. 1 S. 3 FamFG. Eine Zurückverweisung scheidet aus bei lückenhafter Begründung oder Sachverhaltsaufklärung.[63] Das Landgericht ist nach Zurückverweisung an das Verschlechterungsverbot gebunden.[64]

Der Beschluss ist nach § 69 Abs. 2 FamFG/§ 25 FGG zu begründen und mit einer Kostenentscheidung zu versehen, §§ 82, 69 Abs. 3 FamFG. Er muss nicht förmlich zugestellt werden, weil die Bekanntmachung keine Frist in Lauf setzt, § 16 Abs. 2 FGG/§ 41 Abs. 1 FamFG, wenn nicht die Rechtsbeschwerde zugelassen wird. Ein Grund für die entsprechende Anwendung von § 11 Abs. 3 SpruchG besteht nicht. Der Beschluss muss in Neuverfahren eine Rechtsmittelbelehrung enthalten, § 69 Abs. 3 FamFG, § 39 FamFG, wenn die Rechtsbeschwerde zugelassen wurde. **18**

6. Anderweitige Verfahrensbeendigung. Auch das Beschwerdegericht hat nach § 11 Abs. 2 auf eine gütliche Einigung hinzuwirken. Für sie gelten die Regeln für den erstinstanzlichen **Vergleich** entsprechend. Die **Antragsrücknahme** kann der Antragsteller in **Altverfahren** auch in der Beschwerdeinstanz erklären.[65] Auf das Verfahren hat das aber nur Auswirkungen, wenn es sich um den einzigen Antragsteller handelt oder alle Antragsteller auch Beschwerdeführer waren und der gemeinsame Vertreter das Verfahren nicht fortführt. Waren andere Antragsteller in erster Instanz bis zum Urteil beteiligt und ist der Antragsteller, der den Antrag in der Beschwerde zurücknimmt, einziger Beschwerdeführer, führt seine Antragsrücknahme bisher zur Rechtskraft der erstinstanzlichen Entscheidung.[66] In diesem Fall ist der gemeinsame Vertreter zur Fortführung des Verfahrens nach § 6 Abs. 3 nicht befugt.[67] Ist der Antragsgegner Beschwerdeführer, wird der gemeinsame Vertreter das Verfahren im Interesse der nicht antragstellenden Anteilsinhaber fortzuführen haben, um zu verhindern, dass die Kompensation automatisch durch die Antragsrücknahme auf die Höhe des Angebots zurückfällt. Nach § 22 Abs. 1 S. 2 FamFG müssen die übrigen Beteiligten in **Neuverfahren** zustimmen, damit das Verfahren beendet wird. Die Antragsteller, die keine Beschwerde eingelegt haben, sind aber nicht mehr beteiligt, wenn nur ein Antragsteller ein Rechtsmittel eingelegt hat, so dass es nicht auf ihre Zustimmung ankommt und sich die Rechtslage insoweit nicht verändert hat. Dagegen ist der gemeinsame Vertreter Beteiligter und muss daher jetzt der Antragsrücknahme zustimmen.[68] Wie in erster Instanz kann der Antrag von allen Beteiligten auch **übereinstimmend für erledigt erklärt** (in Neuverfahren nach § 22 Abs. 3 FamFG beendet erklärt) werden.[69] Die Erledigungserklärung nur eines beschwerdeführenden Antragstellers genügt dafür nicht. **19**

Der Beschwerdeführer kann die **Beschwerde** jederzeit **zurücknehmen,** § 67 Abs. 4 FamFG.[70] Die Zustimmung des Beschwerdegegners ist dazu nicht erforderlich.[71] Mit Eingang der Beschwerderücknahme bei Gericht wird die erstinstanzliche Entscheidung rechtskräftig, wenn keine anderen Beteiligten Beschwerde eingelegt haben oder sie ihre Beschwerden bereits zurückgenommen haben. Ist einziger Beschwerdeführer ein Antragsteller, führt die Beschwerderücknahme im Gegensatz zur Antragsrücknahme nicht zum Fortsetzungsrecht des gemeinsamen Vertreters.[72] Die für das erstinstanzliche Verfahren geltende Vorschrift § 6 Abs. 3 erfasst diesen Fall dem Wortlaut nach nicht. Für eine entsprechende Anwendung besteht kein Grund. Die Vorschrift soll den Abkauf des Antrags verhindern. In der Beschwerde hat aber bereits das Landgericht die Angemessenheit der Kompensation beurteilt und ggf. angemessen neu festgesetzt. Damit ist nicht nur der Anreiz für ein Abkaufen der Antragsbefugnis durch den Antragsgegner gemindert, sondern auch weniger wahrscheinlich, dass ein Sondervorteil des Antragstellers zu Lasten der keinen Antrag stellenden Antragsberechtigten geht. **20**

---

[62] OLG Düsseldorf AG 1998, 37; Hüffer/Koch/*Koch* Rn. 6; Dreier/Fritzsche/Verfürth/*Fritzsche* Rn. 60; *Klöcker/Frowein* Rn. 16; Widmann/Mayer/*Wälzholz* Rn. 25; Lutter/*Mennicke* Rn. 15.
[63] Widmann/Mayer/*Wälzholz* Rn. 25.
[64] Kölner Komm SpruchG/*Wilske* Rn. 62; Dreier/Fritzsche/Verfürth/*Fritzsche* Rn. 61; aA *Klöcker/Frowein* Rn. 16; MüKoAktG/*Kubis* Rn. 31.
[65] Dreier/Fritzsche/Verfürth/*Fritzsche* Rn. 55; *Klöcker/Frowein* Rn. 14; Kölner Komm SpruchG/*Wilske* Rn. 37.
[66] *Klöcker/Frowein* Rn. 14; Kölner Komm SpruchG/*Wilske* Rn. 40.
[67] Simon/*Simon* Rn. 30; aA Kölner Komm SpruchG/*Wilske* Rn. 39.
[68] Dreier/Fritzsche/Verfürth/*Fritzsche* Rn. 55.
[69] OLG Stuttgart NZG 2001, 174.
[70] BayObLG AG 2001, 592; Hüffer/Koch/*Koch* Rn. 4; Dreier/Fritzsche/Verfürth/*Fritzsche* Rn. 56; Lutter/*Mennicke* Rn. 14.
[71] BGH NZG 2002, 673; BayObLG AG 2001, 592; *Klöcker/Frowein* Rn. 13.
[72] *Klöcker/Frowein* Rn. 12; Lutter/*Mennicke* Rn. 14; Kölner Komm SpruchG/*Wilske* Rn. 36; Simon/*Simon* Rn. 34; Bürgers/Körber/*Ederle/Theusinger* Rn. 2; aA Dreier/Fritzsche/Verfürth/*Fritzsche* Rn. 57.

IV. Rechtsbeschwerde bzw. Divergenzvorlage

21 **1. Rechtsbeschwerde (Neuverfahren).** In Verfahren, in denen der erstinstanzliche Antrag nicht vor dem 1. September 2009 gestellt wurde, findet nach § 70 Abs. 1 FamFG die Rechtsbeschwerde zum Bundesgerichtshof statt, wenn das Oberlandesgericht sie **zugelassen** hat. Ohne Zulassung ist eine Rechtsbeschwerde unzulässig. Umgekehrt ist der Bundesgerichtshof an eine fehlerhafte Zulassung gebunden, § 70 Abs. 2 S. 2 FamFG. Die Rechtsbeschwerde ist zuzulassen, wenn die Rechtssache grundsätzliche Bedeutung hat oder die Fortbildung des Rechts oder die Sicherung einer einheitlichen Rechtsprechung eine Entscheidung des Rechtsbeschwerdegerichts erfordert. **Grundsätzliche Bedeutung** hat ein Spruchverfahren, wenn es eine entscheidungserhebliche, klärungsbedürftige und klärungsfähige Rechtsfrage aufwirft, die sich in einer unbestimmten Zahl von Fällen stellen kann und die allgemein von Bedeutung ist.[73] Einzelheiten der Bewertung wie die Bemessung des Vergleichszinses, der Risikoprämie etc. haben keine grundsätzliche Bedeutung, weil sie stets auf den Einzelfall bezogen sind. Die Zulassung zur **Fortbildung des Rechts** ist geboten, wenn der Einzelfall Veranlassung gibt, Leitsätze für die Auslegung von Gesetzesbestimmungen des materiellen oder formellen Rechts aufzustellen oder Gesetzeslücken aufzufüllen.[74] Diese Voraussetzungen liegen in der Regel nur bei neuen Rechtsmaterien vor. Die **Sicherung einer einheitlichen Rechtsprechung** erfordert die Zulassung vor allem in Divergenzfällen, dh wenn das Oberlandesgericht von der Entscheidung eines anderen Oberlandesgerichts oder des Bundesgerichtshofs abweichen will. Dabei ist zu beachten, dass die Abweichung in Rechtsfragen und nicht nur im Sachverhalt bestehen muss. Auch muss das Verfahrensergebnis von der Beantwortung der Rechtsfrage abhängen. Zu näheren Einzelheiten kann auf die Kommentierungen zu der Parallelvorschrift § 574 Abs. 3 ZPO verwiesen werden. Form und Frist sind in § 71 FamFG geregelt, die Beteiligten müssen sich durch einen beim Bundesgerichtshof zugelassenen Rechtsanwalt vertreten lassen, § 10 Abs. 4 FamFG, außer es handelt sich um eine Behörde oder eine juristische Person des öffentlichen Rechts. Die Rechtsbeschwerde kann nur auf eine Rechtsverletzung gestützt werden, § 72 Abs. 1 FamFG. Das sind nicht alle Parameter der Unternehmensbewertung.[75] Gem. § 75 FamFG ist auch die Sprungrechtsbeschwerde statthaft.[76] Da alle Beteiligten zustimmen müssten und der Bundesgerichtshof sie zulassen muss (§ 75 Abs. 1 S. 1 FamFG), hat sie wenig praktische Bedeutung.

22 **2. Divergenzvorlage (Altverfahren).** Das Beschwerdegericht hat in Altverfahren, in denen der erstinstanzliche Antrag vor dem 1. September 2009 gestellt wurde, nach § 12 Abs. 2 S. 2 aF iVm § 28 Abs. 2 und 3 FGG **die weitere Beschwerde** unter Begründung seiner Rechtsauffassung dem Bundesgerichtshof **vorzulegen**, wenn es von der Rechtsprechung eines anderen Oberlandesgerichts oder des Bundesgerichtshofs abweichen will. Die unterlassene Vorlage kann nicht mit einem Rechtsmittel angegriffen werden, auch nicht bei greifbarer Gesetzeswidrigkeit oder der Verletzung des rechtlichen Gehörs.[77] Voraussetzung der Divergenzvorlage ist die **beabsichtigte Abweichung** in einer Rechtsfrage. Eine Abweichung liegt nur vor, wenn die Rechtsauffassung, von der das Beschwerdegericht abweichen will, auch für die vorausgegangene Entscheidung des anderen Gerichts erheblich gewesen ist und diese Entscheidung somit auf der anderen Beurteilung derselben Rechtsfrage beruht hat. In der anderen Entscheidung angesprochene Empfehlungen reichen dafür nicht aus. Die Beantwortung der Rechtsfrage muss außerdem für die Entscheidung des vorlegenden Gerichts entscheidungserheblich sein.[78] Daran fehlt es, wenn die unterschiedliche Beantwortung der Rechtsfragen zum selben Ergebnis führt,[79] so dass, wenn die Abweichung in Fragen der Unternehmensbewertung liegt, zur Vorlage eine Berechnung nach beiden Alternativen erforderlich ist. Die Abweichung bei Fragen der Unternehmensbewertung muss in einer Rechtsfrage bestehen und der nicht im divergierenden Sachverhalt begründet sein. Einzelheiten der Bewertung sind keine Rechtsfragen (→ § 8 Rn. 4). Die Entscheidung, von der abgewichen werden soll, muss nicht notwendig zum gleichen Tatbestand und zur selben gesetzlichen Vorschrift ergangen sein, wenn das spätere Gesetz an das außer Kraft getretene anschließt und auf diesem aufbaut, was für zahlreiche Vorschriften des SpruchG zutrifft. Die Divergenzvorlage an den Bundesgerichtshof, § 28 Abs. 3 FGG, erfolgt durch einen **begründeten** (§ 28 Abs. 2 S. 1 FGG) **Beschluss**, in dem die Voraussetzungen der Vorlage darzulegen sind.

---

[73] BGHZ 151, 221 = NJW 2002, 3029.
[74] BGHZ 151, 221 = NJW 2002, 3029.
[75] *Preuß* NZG 2009, 961 (966); schon → § 8 Rn. 4.
[76] Kölner Komm SpruchG/*Wilske* Rn. 92; NK-AktR/*Krenek* Rn. 21; Bürgers/Körber/*Ederle/Theusinger* Rn. 3.
[77] BayObLGZ 2002, 369 = NJW-RR 2003, 518; BGH AG 2002, 85.
[78] BGHZ 132, 141 = BGH NJW 1996, 1473.
[79] BGH AG 2002, 85.

V. Sonstige Rechtsmittel und Rechtsbehelfe

1. Altverfahren. Nach § 19 Abs. 1 FGG, § 17 Abs. 1 SpruchG findet in Verfahren, in denen der 23 erstinstanzliche Antrag vor dem 1. September 2009 gestellt wurde, die einfache Beschwerde gegen Verfügungen des Gerichts erster Instanz statt. Verfügungen sind Entscheidungen des Gerichts mit Außenwirkung. Da gegen eine Endentscheidung nach § 11 SpruchG die sofortige Beschwerde nach § 12 SpruchG aF statthaft ist, kommen als solche Verfügungen nur **Zwischenentscheidungen** in Betracht.[80] Rein verfahrensleitende Verfügungen sind der Anfechtung entzogen.[81] Zwischenentscheidungen haben Außenwirkung, wenn sie in die Rechtssphäre der Beteiligten eingreifen.[82] Gegen einen Hinweis,[83] einen Beweisbeschluss, die Ablehnung eines Beweisantrags, die Anordnung einer Beweiserhebung durch den Vorsitzenden zur Vorbereitung der mündlichen Verhandlung oder eine Terminsbestimmung ist daher keine Beschwerde möglich.[84] Auch gegen die Auswahl des gerichtlichen Sachverständigen steht den Beteiligten kein Beschwerderecht zu,[85] ebenso wenig gegen die Ersetzung der Zustimmung nach § 13 JVEG oder die Anordnung eines Vorschusses für die Kosten des Sachverständigengutachtens.[86] Die Verbindung oder Trennung von Verfahren ist mit der Beschwerde nicht angreifbar.[87] Dagegen sind Zwischenentscheidungen anfechtbar, die in die Rechtssphäre der Beteiligten eingreifen. Gegen die Ablehnung oder die Bestellung des gemeinsamen Vertreters ist daher eine Beschwerde möglich. Auch wenn das erstinstanzliche Gericht beschließt, dass ein Spruchverfahren durchzuführen ist bzw. ein Antrag zulässig ist, ist dagegen die Beschwerde möglich.[88] Gegen die Aussetzung nach § 148 ZPO eine Beschwerde möglich.[89] Eine **Untätigkeitsbeschwerde** richtet sich gegen die faktische Aussetzung des Verfahrens und kann nur zur Anordnung der Verfahrensfortsetzung führen.[90] Entscheidungen über den Grund oder einen selbständigen Teil des Anspruchs sind als Zwischenentscheidungen anfechtbar.[91] Die Ablehnung eines Antrags, mit dem begehrt wird, statt Aktien der Muttergesellschaft nur solche der in die Muttergesellschaft eingegliederten Tochtergesellschaft als Abfindung anzubieten, ist keine Zwischenentscheidung, da darüber in der Endentscheidung zu befinden ist.[92]

Die Beschwerde kann nach § 21 Abs. 1 FGG sowohl **beim Landgericht** als auch **beim** 24 **Beschwerdegericht** eingelegt werden. Da das nach § 19 Abs. 2 FGG zur Entscheidung berufene Landgericht bereits in erster Instanz entschieden hat, entscheidet über die Beschwerde das zuständige Oberlandesgericht. Die Zuständigkeitskonzentration nach Abs. 3 aF erfasst auch die einfache Beschwerde. Wenn die Entscheidung über die Hauptsache einem bestimmten Gericht zugewiesen ist, muss diese Zuweisung auch für Zwischenentscheidungen gelten.[93] Eine bestimmte Form der Beschwerde ist nicht vorgeschrieben, nach § 21 Abs. 1 FGG kann die Beschwerde nicht nur durch die Einreichung einer Beschwerdeschrift, sondern auch zu Protokoll der Geschäftsstelle eingelegt werden. Anwaltszwang besteht nicht.[94] Die einfache Beschwerde ist unbefristet möglich. Sie muss nicht begründet werden. Das Landgericht kann ihr nach § 18 Abs. 1 FGG abhelfen. Auch das weitere Verfahren richtet sich nach den §§ 18 ff. FGG. Die Beschwerde gegen Zwischenentscheidungen ist **sofortige Beschwerde** nach § 22 Abs. 1 FGG, wo das Gesetz dies bestimmt.[95] Das betrifft vor allem Entscheidungen, auf die die ZPO entsprechend anzuwenden ist: die Ablehnung des Richters nach § 46 Abs. 2 ZPO und des Sachverständigen nach § 406 Abs. 5 ZPO,[96] die Aussetzung nach §§ 148,

---

[80] Semler/Stengel/*Volhard,* 3. Aufl. 2012, Rn. 17.
[81] Kölner Komm SpruchG/*Wilske* Rn. 9; Lutter/*Mennicke* Rn. 36.
[82] BayObLGZ 2002, 56 = NZG 2002, 877; OLG Düsseldorf AG 1997, 522; *Gude* AG 2005, 233.
[83] OLG München NZG 2009, 40; BayObLG AG 1984, 152.
[84] OLG München NZG 2009, 40; OLG Zweibrücken Beschl. v. 18.9.2007 – 3 W 189/07, BeckRS 2008, 09982 m. Anm. *Luttermann* EWiR 2008, 69; OLGR Frankfurt 1993, 70; OLG Köln NJW-RR 1991, 85; Kölner Komm SpruchG/*Wilske* Rn. 9; Simon/*Simon* Rn. 7.
[85] Vgl. → § 8 Rn. 18; Simon/*Simon* Rn. 7; aA Kölner Komm SpruchG/*Wilske* Rn. 9.
[86] OLG Frankfurt NZG 2009, 428; OLG Düsseldorf AG 2004, 390.
[87] OLG Frankfurt AG 1991, 358.
[88] OLG Frankfurt NZG 2006, 153; BayObLGZ 2004, 200 = NZG 2004, 1111; BayObLGZ 2002, 56 = NZG 2002, 877; BayObLGZ 2001, 339 = NZG 2002, 133; OLG Stuttgart NZG 2004, 1162; OLG Düsseldorf AG 1997, 522; für sofortige Beschwerde OLG Düsseldorf ZIP 2005, 300.
[89] OLG München AG 2007, 452.
[90] Zur Verfassungsbeschwerde BVerfG NJW 2005, 2685.
[91] Vgl. BayObLGZ 2001, 339 = NZG 2002, 133; OLG Düsseldorf AG 1997, 522.
[92] OLG Düsseldorf AG 1997, 522.
[93] Vgl. *Klöcker*/BayObLG ZInsO 2002, 829 zur Kostenfestsetzung.
[94] *Klöcker/Frowein* Rn. 3; Keidel/Kuntze/Winkler/*Sternal* FGG § 21 Rn. 35.
[95] AA MüKoAktG/*Bilda,* 2. Aufl. 2000, AktG § 306 Rn. 105: immer unbefristete Beschwerde.
[96] OLG Stuttgart DB 2004, 1356; OLG Düsseldorf AG 2001, 533; *Gude* AG 2005, 233.

252 ZPO.⁹⁷ Die sofortige Beschwerde richtet sich nach §§ 18 ff. FGG. Anwaltszwang besteht nicht. Sie kann daher auch zu Protokoll der Geschäftsstelle eingelegt werden, eine Beschwerdeschrift muss nicht von einem Rechtsanwalt unterzeichnet sein.⁹⁸ Das Landgericht ist nicht zur Abhilfe berechtigt.⁹⁹

25   **2. Neuverfahren.** In Verfahren, die in erster Instanz ab 1. September 2009 begannen, ist grundsätzlich nur die Endentscheidung mit der Beschwerde anfechtbar, § 58 Abs. 1 FamFG, soweit das Gesetz nichts anderes bestimmt. **Zwischenentscheidungen** sind damit grundsätzlich nur noch anfechtbar, wo das im Gesetz ausdrücklich bestimmt ist, so etwa die Entscheidung über die Aussetzung des Verfahrens (§ 21 Abs. 2 FamFG), der Ordnungsmittelbeschluss bei Nichterscheinen trotz Anordnung von Beteiligten (§ 33 Abs. 3 S. 5 FamFG) oder Zeugen (§ 30 Abs. 1 FamFG iVm § 380 ZPO), die Zurückweisung des Ablehnungsgesuchs gegen einen Richter (§ 6 Abs. 2 FamFG) oder gegen einen Sachverständigen (§ 30 Abs. 1 FamFG iVm § 406 Abs. 5 ZPO), Kostenfestsetzungsbeschlüsse (§ 85 FamFG iVm § 104 Abs. 3 ZPO). Gegen diese Zwischenentscheidungen findet die **sofortige Beschwerde** nach §§ 567 ff. ZPO statt. In den gesetzlich nicht geregelten Fällen – Bestellung des gemeinsamen Vertreters, Verfahrensverbindung, Beweisbeschlüsse – gibt es dagegen grundsätzlich kein Rechtsmittel.¹⁰⁰ Eine Ausnahme ist zu machen, wenn eine Zwischenentscheidung unmittelbar in die Rechtsstellung eines nicht verfahrensbeteiligten Dritten eingreift, so dass sich derjenige, der gegen seinen Willen zum gemeinsamen Vertreter bestellt wird, dagegen mit der sofortigen Beschwerde wehren kann. Außerdem kann als sofortige Beschwerde eine Untätigkeitsbeschwerde erhoben werden, weil in der Untätigkeit eine faktische Aussetzung liegt, § 21 Abs. 2 FamFG.¹⁰¹ Eine Ausnahme von der Unanfechtbarkeit von Zwischenentscheidungen ist auch zu machen, wenn das Gericht das Spruchverfahren für zulässig erklärt. Gegen diesen Beschluss findet die Beschwerde nach § 58 Abs. 1 FamFG in entsprechender Anwendung von § 280 Abs. 2 ZPO statt.¹⁰² Die Zwischenentscheidung in diesen Fällen als Teilendentscheidung im Sinn von § 38 Abs. 1 S. 1 FamFG zu verstehen, ist nicht möglich, weil der Verfahrensgegenstand gerade nicht erledigt wird. Unproblematisch ist die Beschwerde gegen die Abweisung eines Antrags als unzulässig, weil insoweit für dieses Verfahren, auch wenn es nur einen Antragsteller betrifft, eine Endentscheidung vorliegt (§ 11).

26   **3. Berichtigung, Ergänzung, Anhörungsrüge.** Bei Schreibfehlern usw. ist der Beschluss zu berichtigen, § 42 Abs. 1 FamFG (in Altverfahren entsprechend § 319 ZPO).¹⁰³ Bei Übergehen von Anträgen oder der Kostenentscheidung ist der Beschluss nach § 43 FamFG (Altverfahren: entsprechend § 321 ZPO) auf Antrag, der innerhalb zwei Wochen ab Bekanntgabe gestellt werden muss, zu ergänzen. Eine Anhörungsrüge nach § 29a FGG/§ 44 FamFG kommt nur gegen die Entscheidung des Beschwerdegerichts in Betracht, weil gegen die Entscheidung des Landgerichts ein Rechtsmittel nach § 12 SpruchG zulässig ist. Sie kann von allen formell Beteiligten eingelegt werden, allerdings – auch für den gemeinsamen Vertreter – mit der zwingenden, § 15 vorgehenden Kostenfolge von Nr. 19200 Teil 1 KV GNotKG bei Erfolglosigkeit.

§ 13 Wirkung der Entscheidung

¹Die Entscheidung wird erst mit der Rechtskraft wirksam. ²Sie wirkt für und gegen alle, einschließlich derjenigen Anteilsinhaber, die bereits gegen die ursprünglich angebotene Barabfindung oder sonstige Abfindung aus dem betroffenen Rechtsträger ausgeschieden sind.

Schrifttum: S. § 1, außerdem: *Aubel/Weber*, Ausgewählte Probleme bei Eingliederung und Squeeze Out während eines laufenden Spruchverfahrens, WM 2004, 857; *Beckmann/Simon*, Ist ein Ausgleich gem. § 304 AktG nach der Unternehmenssteuerreform anzupassen?, ZIP 2001, 1906; *Bilda*, Abfindungsansprüche bei vertragsüber-

---

⁹⁷ OLG München AG 2007, 452.
⁹⁸ OLG Stuttgart DB 2004, 1356.
⁹⁹ OLG Stuttgart DB 2004, 1356.
¹⁰⁰ OLG Düsseldorf AG 2013, 226 (Beweisbeschluss); OLG Jena AG 2015, 450; OLG Frankfurt AG 2012, 42 (gemeinsamer Vertreter); aA Dreier/Fritzsche/Verfürth/*Fritzsche* Rn. 10.
¹⁰¹ Schulte-Bunert/Weinreich/*Unger* FamFG § 58 Rn. 50; MüKoZPO/*Lipp* ZPO § 567 Rn. 25; vgl. zur Zulässigkeit einer Untätigkeitsbeschwerde BVerfG NJW 2005, 1105; NJW 2008, 503; aA BGH NJW-RR 1995, 887. Zur Verfassungsbeschwerde wegen Untätigkeit BVerfG NJW 1999, 2582.
¹⁰² OLG Stuttgart ZIP 2015, 681 (682) OLG Jena AG 2015, 450 (451); *Preuß* NZG 2009, 961 (965); Kölner Komm SpruchG/*Wilske* Rn. 14; Bürgers/Körber/*Ederle/Theusinger* Rn. 1; K. Schmidt/Lutter/*Klöcker* Rn. 3; aA OLG Düsseldorf AG 2016, 366.
¹⁰³ *Preuß* NZG 2009, 961 (964); Dreier/Fritzsche/Verfürth/*Dreier* § 11 Rn. 25.

lebenden Spruchverfahren, NZG 2005, 375; *Rezori,* Abwicklung von durchgeführten Spruchverfahren über Unternehmensverträge: Gläubiger des Ausgleichsergänzungsanspruchs bei zwischenzeitlichem Wechsel des Aktionärskreises, NZG 2008, 812; *Röhricht,* Die Rechtsstellung der außenstehenden Aktionäre beim Beitritt zum Beherrschungsvertrag, ZHR 162 (1998), 249; *Vetter,* Die Entschädigung der Minderheitsaktionäre im Vertragskonzern erneut vor dem Bundesverfassungsgericht, ZIP 2000, 561.

Übersicht

	Rn.		Rn.
I. Normzweck	1	3. Grenzen der Rechtskraft	6–10
II. Formelle Rechtskraft	2	a) Kompensationsart	7
III. Materielle Rechtskraft- und Gestaltungswirkung	3–11	b) Kapitalveränderungen	8
		c) Beitritt eines weiteren Unternehmens	9
1. Grundsatz	3, 4	d) Beendigung des Unternehmensvertrages	10
2. Kein Vollstreckungstitel	5	4. Rechtskraft bei anderen Verfahrensbeendigungsgründen	11

I. Normzweck

Die Entscheidung hat **Wirkung für und gegen alle** Anteilsinhaber, um sicherzustellen, dass alle 1
gleich behandelt werden. Diese Wirkung muss zum Ausgleich der Konzentration aller Einwendungen auf ein Spruchverfahren angeordnet werden. Daher kann die Entscheidung auch erst mit Rechtskraft wirksam werden. Satz 2 stellt klar, dass die Entscheidung auch für diejenigen Anteilsinhaber wirkt, die gegen die ursprünglich gebotene Barabfindung oder sonstige Abfindung aus dem betroffenen Rechtsträger ausgeschieden sind, und diese damit einen durch Zahlungsklage geltend zu machenden **Abfindungsergänzungsanspruch** haben.[1]

II. Formelle Rechtskraft

Die Entscheidung wird **mit Eintritt der Rechtskraft wirksam.** Eine Entscheidung ist formell 2
rechtskräftig, wenn sie nicht mehr angefochten werden kann. Die Rechtskraft tritt bei der erstinstanzlichen Entscheidung ein, wenn innerhalb der Frist zur Einlegung der Beschwerde keine Beschwerde eingelegt wird, alle Beschwerden zurückgenommen sind oder alle Beschwerdeberechtigten einen Rechtmittelverzicht erklärt haben (§ 67 Abs. 1 FamFG),[2] unter Umständen auch mit der Antragsrücknahme während des Beschwerdeverfahren (→ § 12 Rn. 19). Bei mehreren Beteiligten tritt die formelle Rechtskraft erst ein, wenn die Entscheidung für alle Beschwerdeberechtigten unanfechtbar geworden ist.[3] Die Beschwerdeentscheidung wird außer im Fall der Zulassung der Rechtsbeschwerde mit ihrem Erlass auch ohne Zustellung an die Beteiligten rechtskräftig,[4] weil kein Rechtsmittel möglich ist. Die Geschäftsstelle des Landgerichts hat nach § 31 FGG/§ 46 FamFG auf Antrag ein Rechtskraftzeugnis zu erteilen.

III. Materielle Rechtskraft- und Gestaltungswirkung

1. Grundsatz. Die formell rechtskräftige Entscheidung wirkt **für und gegen alle**. Sie bindet 3
daher nicht nur die formell und materiell Beteiligten, sondern alle Anteilsinhaber, auch die Anteilsinhaber des übernehmenden Rechtsträgers bei Verschmelzung und Formwechsel oder die Anteilsinhaber der Hauptgesellschaft bei der Eingliederung. Sie bindet auch Behörden und Gerichte.[5] Werden zur selben Strukturmaßnahme und Kompensation mehrere Spruchverfahren geführt und nicht verbunden, führt die Wirkung der ersten formell rechtskräftig gewordenen Entscheidung für und gegen alle dazu, dass das zweite Verfahren gegenstandslos wird und sich erledigt. Eine dennoch getroffene später formell rechtskräftige Entscheidung ist gegenstandslos und hat keine Wirkung auf die Bestimmung der Kompensation. Ein **Vergleich** nach § 11 hat dagegen keine materielle Rechtskraft und keine Gestaltungswirkung gegenüber Dritten.[6]

---

[1] Vgl. OLG Karlsruhe AG 2008, 716.
[2] Hüffer/Koch/*Koch* Rn. 5; Dreier/Fritzsche/Verfürth/*Fritzsche* Rn. 3; *Klöcker/Frowein* Rn. 2; Widmann/Mayer/*Wälzholz* Rn. 4; Lutter/*Mennicke* Rn. 2.
[3] *Bumiller/Harders* FamFG § 45 Rn. 4.
[4] Hüffer/Koch/*Koch* Rn. 5; Widmann/Mayer/*Wälzholz* Rn. 6; MüKoAktG/*Kubis* Rn. 1.
[5] Dreier/Fritzsche/Verfürth/*Fritzsche* Rn. 9; *Klöcker/Frowein* Rn. 3; Lutter/*Mennicke* Rn. 3.
[6] Widmann/Mayer/*Wälzholz* Rn. 23; der gemeinsame Vertreter muss daher ggf. einen Ergänzungsanspruch für die nicht antragstellenden Anteilsinhaber vereinbaren, → § 11 Rn. 9; aA Simon/*Simon* Rn. 9; Dreier/Verfürth/*Fritzsche* Rn. 11.

4 Mit dem Beschluss steht die Höhe der Kompensation für eine nachfolgende Zahlungsklage bindend fest.[7] Ein bereits zuvor verfahrensfehlerhaft ergangenes, rechtskräftiges Leistungs- oder Feststellungsurteil kann aber nicht mehr berührt werden.[8] Die Anteilsinhaber, die bereits gegen die ursprünglich angebotene Abfindung aus dem betroffenen Rechtsträger ausgeschieden sind, haben einen **Abfindungsergänzungsanspruch** in Höhe der Differenz,[9] über den aber neben der Festlegung der Abfindung kein besonderer Ausspruch im Spruchverfahren erfolgt.[10] Gläubiger eines Ausgleichsergänzungsanspruchs ist der Anteilsinhaber, der jeweils im Zeitpunkt, für den ein Ausgleich zu zahlen ist, Anteilsinhaber war, für zurückliegende Zeiten daher der seinerzeitige Anteilsinhaber und nicht derjenige, der im Zeitpunkt der Rechtskraft des Spruchverfahrens Anteilsinhaber ist.[11] Der Antragsteller, der die Verbesserung des Ausgleichs verfolgt hat, kann aber ebenso wie ein nicht antragstellender Antragsberechtigter noch nach der rechtskräftigen Beendigung des Spruchverfahrens die Abfindung verlangen.[12] Keinen Abfindungsergänzungsanspruch haben bei zwei aufeinanderfolgenden Strukturmaßnahmen, insbesondere einer Ausschließung oder Eingliederung nach einem Unternehmensvertrag, hinsichtlich der zweiten Maßnahme die, die bereits bei der ersten Maßnahme gegen Abfindung ausgeschieden sind oder ihr Wahlrecht auch nach Abschluss der Spruchverfahren entsprechend ausüben.[13] Wenn der Anteilsinhaber für die zweite Strukturmaßnahme bereits eine Abfindung erhalten hat, ist sie im Leistungsprozess auf eine Abfindung für die frühere Maßnahme anzurechnen, um eine doppelte Abfindung zu vermeiden.[14] Eine Wiederaufnahme ist nach allgemeinen Vorschriften (§ 48 FamFG) möglich.[15]

5 **2. Kein Vollstreckungstitel.** Die rechtskräftige Entscheidung legt die Höhe der Kompensation fest bzw. bestätigt im Fall einer Zurückweisung der Anträge, dass sie nicht höher als angeboten ist. Sie verpflichtet nach ihrem Inhalt den Antragsgegner aber nicht zur Leistung der Kompensation und ist damit kein Vollstreckungstitel.[16] Für einen Leistungstitel muss der Antragsberechtigte vielmehr nach Rechtskraft der Entscheidung bei dem nach § 16 zuständigen Gericht auf Zahlung klagen.

6 **3. Grenzen der Rechtskraft.** Materielle Rechtskraft bedeutet, dass die Frage der Kompensation nicht erneut zur gerichtlichen Entscheidung gestellt werden kann. Bei einer Verfahrensentscheidung – Zurückweisung des Antrags als unzulässig – erwächst nur das festgestellte Verfahrenshindernis in Rechtskraft.[17] Da Verschmelzung, Formwechsel, Eingliederung, Squeeze-out und Delisting einmalige Ereignisse sind und im Zeitpunkt einer Entscheidung die Antragsfrist von drei Monaten längst abgelaufen ist, stellen sich Probleme der Grenzen der Rechtskraft hier nicht. Anders ist dies beim Beherrschungs- und Gewinnabführungsvertrag als Dauerschuldverhältnis. Änderungen der für die Berechnung der Kompensation maßgeblichen Grundlagen haben aber keinen Einfluss auf die Rechtskraft. Das gilt auch beim Ausgleich für nachträgliche steuerliche Änderungen.[18]

7 **a) Kompensationsart. Änderungen der Art der Kompensation** nach Abschluss des Spruchverfahrens nach § 295 Abs. 2 AktG führen zu einem neuen Spruchverfahren.[19] Die Festsetzung eines angemessenen Ausgleichs bei einem Unternehmensvertrag bezieht sich immer auf den nach § 293 AktG maßgeblichen Zeitpunkt der Zustimmung der Hauptversammlung. Änderungen, die danach erfolgen, können allenfalls bis zum Zeitpunkt der letzten mündlichen Verhandlung oder, wenn keine mündliche Verhandlung erfolgt, dem Zeitpunkt des Erlasses der Entscheidung Berücksichtigung finden. Daher kann sich die materielle Rechtskraft der Entscheidung auch nur auf die Lage zu diesem Zeitpunkt erstrecken. Spätere Vertragsänderungen werden daher von der Rechtskraft nicht erfasst, führen aber nur unter den Voraussetzungen des § 295 Abs. 2 AktG zu einem neuen Spruchver-

---

[7] OLG Hamburg AG 2002, 409; Hüffer/Koch/*Koch* Rn. 3; Dreier/Fritzsche/Verfürth/*Fritzsche* Rn. 9; zur Gläubigerstellung s. § 16.

[8] Widmann/Mayer/*Wälzholz* Rn. 19; Kölner Komm SpruchG/*Wilske* Rn. 12.

[9] Hüffer/Koch/*Koch* Rn. 4; Widmann/Mayer/*Wälzholz* Rn. 13 und 24. Zum Delisting *Schlitt* ZIP 2004, 533 (540). Zur Rechtslage vor dem SpruchG ebenso BayObLG AG 1996, 127; BayObLG AG 1996, 176; OLG Düsseldorf AG 1990, 397; LG Dortmund AG 1996, 278; aA Kölner Komm AktG/*Koppensteiner* AktG § 305 Rn. 56.

[10] OLG Düsseldorf NZG 2000, 693.

[11] *Rezori* NZG 2008, 812 (814).

[12] Vgl. OLG Karlsruhe AG 2008, 716; OLG Hamburg AG 2002, 409.

[13] *Aubel/Weber* WM 2004, 857 (862, 865).

[14] *Schiffer/Rossmeier* DB 2002, 1359 (1360); zur Auswirkung einer Abfindung für die erste Strukturmaßnahme auf das zweite Spruchverfahren → § 3 Rn. 30 f.

[15] Widmann/Mayer/*Wälzholz* § 17 Rn. 22.

[16] BayObLGZ 1978, 209 = AG 1980, 76; Hüffer/Koch/*Koch* Rn. 3 Dreier/Fritzsche/Verfürth/*Fritzsche* Rn. 19; *Klöcker/Frowein* Rn. 6.

[17] Zum FGG Keidel/Kuntze/Winkler/*Zimmermann* FGG § 31 Rn. 22.

[18] *Beckmann/Simon* ZIP 2001, 1906 (1910).

[19] AllgM Hüffer/Koch/*Koch* § 295 Rn. 15.

fahren, nämlich wenn Bestimmungen des Vertrags geändert werden, die zur Leistung eines Ausgleichs an die außenstehenden Aktionäre der Gesellschaft oder zum Erwerb ihrer Aktien verpflichten.[20]

b) Kapitalveränderungen. Bei **Kapitalveränderungen** bei der herrschenden Gesellschaft muss unter Umständen der feste oder variable Ausgleich angepasst werden (siehe bei § 304 AktG). In diesen Fällen ist aber nicht nachträglich ein neues Spruchverfahren durchzuführen oder das alte Verfahren aufzunehmen. Die Aktionäre der abhängigen Gesellschaft können den angemessenen Betrag im Wege der Leistungs- oder Feststellungsklage durchsetzen.[21]

c) Beitritt eines weiteren Unternehmens. Der Beitritt eines weiteren herrschenden Unternehmens zum Unternehmensvertrag kann Auswirkungen auf den variablen,[22] aber nicht auf den festen[23] Ausgleich oder auf eine Barabfindung[24] haben. Nur beim variablen Ausgleich hat daher ein neues Spruchverfahren stattzufinden, dem die Rechtskraft des alten Verfahrens nicht entgegensteht.[25] Wechselt dagegen die Rechtsform des herrschenden Unternehmens oder geht der Unternehmensvertrag durch Gesamtrechtsnachfolge auf ein neues Unternehmen über, bleibt der Vertrag bestehen und es kommt nicht zu einem neuen Spruchverfahren.[26]

d) Beendigung des Unternehmensvertrages. Die Beendigung des Unternehmensvertrages,[27] die Eingliederung[28] oder die Verschmelzung[29] haben keine Auswirkung auf die Höhe von Abfindung oder Ausgleich, so dass sie auch keinen Anlass für eine Neufestsetzung bieten. Neue Abfindungsansprüche können aber nicht mehr erworben werden.[30] Wird der Unternehmensvertrag nicht nur beendet, sondern ein neuer Vertrag abgeschlossen, führt dies zu einem neuen Spruchverfahren für den neuen Unternehmensvertrag, auch wenn er als „Änderungsvertrag" bezeichnet wird.[31] Darunter fällt auch die Ersetzung eines Gewinnabführungs- durch einen Beherrschungsvertrag.[32]

4. Rechtskraft bei anderen Verfahrensbeendigungsgründen. Endet das Spruchverfahren nicht durch eine Entscheidung, entstehen auch keine Rechtskraftwirkungen.[33] Sowohl nach übereinstimmender **Erledigungserklärung** als auch nach dem Abschluss eines **Vergleichs** kann deshalb grundsätzlich zur selben Frage ein neues Spruchverfahren durchgeführt werden. In der Praxis ist jedoch die Antragsfrist abgelaufen.

§ 14 Bekanntmachung der Entscheidung

Die rechtskräftige Entscheidung in einem Verfahren nach § 1 ist ohne Gründe nach Maßgabe des § 6 Abs. 1 Satz 4 und 5 in den Fällen
1. der Nummer 1 durch den Vorstand der Gesellschaft, deren außenstehende Aktionäre antragsberechtigt waren;
2. der Nummer 2 durch den Vorstand der Hauptgesellschaft;
3. der Nummer 3 durch den Hauptaktionär der Gesellschaft;
4. der Nummer 4 durch die gesetzlichen Vertreter jedes übernehmenden oder neuen Rechtsträgers oder des Rechtsträgers neuer Rechtsform;
5. der Nummer 5 durch die gesetzlichen Vertreter der SE, aber im Fall des § 9 des SE-Ausführungsgesetzes durch die gesetzlichen Vertreter der die Gründung anstrebenden Gesellschaft, und
6. der Nummer 6 durch die gesetzlichen Vertreter der Europäischen Genossenschaft bekannt zu machen.

Schrifttum: S. § 1.

---

[20] BayObLG NZG 2003, 36; OLG Frankfurt DB 2004, 2463; Widmann/Mayer/*Wälzholz* § 1 Rn. 6; Simon/*Simon* § 1 Rn. 56.
[21] *Vetter* ZIP 2000, 561 (567); Simon/*Simon* Rn. 1, Rn. 55; offengelassen BVerfG NZG 2000, 28; vgl. auch OLG Düsseldorf AG 2003, 507.
[22] *Röhricht* ZHR 162 (1998) 249 (252); *Bayer* ZGR 1993, 599 (607).
[23] BGHZ 119, 1 = NJW 1992, 2760; BGHZ 138, 136 = NJW 1998, 1866.
[24] BGHZ 138, 136 = NJW 1998, 1866; zur Abfindung in Aktien *Röhricht* ZHR 162 (1998) 249 (251).
[25] AA – nie – Widmann/Mayer/*Wälzholz* § 1 Rn. 6.
[26] LG München I AG 2011, 801.
[27] BVerfG NJW 1999, 1701; BGHZ 135, 374 = NJW 1997, 2242.
[28] BGHZ 147, 108 = NJW 2001, 2080.
[29] BVerfG NJW 1999, 1699; vgl. BGHZ 135, 374 = NJW 1997, 2242.
[30] BGH NZG 2006, 623.
[31] BayObLG 2001, 339 = NZG 2002, 133; LG München I AG 2001, 318; zu echten Änderungen → Rn. 6.
[32] BayObLGZ 2001, 339 = NZG 2002, 133.
[33] *Klöcker/Frowein* Rn. 7 zum Vergleich.

I. Normzweck und Entstehungsgeschichte

1 Die rechtskräftige Entscheidung ist bekannt zu machen, um die Anteilsinhaber zu informieren, die keinen Antrag gestellt haben.[1] Sie hat auch **Bedeutung** für die Frist nach § 305 Abs. 4 S. 2 AktG.[2] Insoweit entspricht die Vorschrift § 306 Abs. 6 AktG aF bzw. § 310 UmwG aF.[3] Die Bekanntmachung kann daher unterbleiben, wenn alle Anspruchsberechtigten bis zur Entscheidung am Verfahren formell beteiligt waren und keine Folgen (wie in § 305 Abs. 4 Satz 3 AktG) an die Bekantmachung anknüpfen.[4] Nach dem Sinn und Zweck der Vorschrift muss auch keine Bekanntmachung einer Entscheidung erfolgen, mit der einzelne Anträge als unzulässig verworfen werden, wenn wegen weiterer zulässiger Anträge das Verfahren durchgeführt wird.[5] Weitergehende Bekanntmachungspflichten, etwa nach Art. 17 MAR, werden nicht berührt.[6] Nr. 5 wurde durch das SEEG eingefügt,[7] Nr. 6 durch die Vorschriften zur Einführung der Europäischen Genossenschaft.[8]

II. Bekanntmachung

2 **Bekannt zu machen** ist die Entscheidung, die rechtskräftig geworden ist, also ggf. die Beschwerdeentscheidung oder die Entscheidung des Bundesgerichtshofs nach Divergenzvorlage/Rechtsbeschwerde, soweit er in der Sache entscheidet, auch eine Zurückweisung des Antrags. Zu verlautbaren sind das Rubrum und der **Tenor der Entscheidung**, nicht die Begründung.[9] Wenn die Beschwerdeentscheidung die Beschwerde zurückweist, ist dies zusammen mit dem rechtskräftig gewordenen Inhalt der Entscheidung des Landgerichts bekannt zu machen. Eine gesetzliche Verpflichtung zur Bekanntmachung nach einer Beendigung des Verfahrens ohne Entscheidung, insbesondere durch Vergleich, besteht nicht[10] und kann nur von den Beteiligten vereinbart werden.

3 **Verpflichtet** ist beim Gewinn- und Beherrschungsvertrag der Vorstand der abhängigen Gesellschaft. Da er am Verfahren nicht formell beteiligt ist, muss er vom Antragsgegner, der herrschenden Gesellschaft, informiert werden. Im Übrigen sind die jeweiligen Antragsgegner bzw. deren gesetzliche Vertreter zur Bekanntmachung verpflichtet. Unter mehreren Bekanntmachungspflichtigen trifft die Verpflichtung jeden, eine gemeinsame Bekanntmachung ist zulässig.[11]

4 Die Verpflichtung kann nicht durch **Zwangsgeld** durchgesetzt werden. Die Möglichkeit einer Zwangsgeldfestsetzung – früher durch Verweis in § 407 AktG auf § 306 Abs. 6 aF geregelt – ist bewusst aufgehoben worden.[12] Das erstinstanzliche Gericht kann auch nicht die Anordnung der Bekanntmachung in den Entscheidungstenor aufnehmen und so nach § 33 FGG/§ 35 FamFG die zwangsweise Durchsetzung ermöglichen. Die Gesetzesbegründung für die Aufhebung der Zwangsgeldfestsetzung, dass in der Praxis keine Zwangsgelder verhängt wurden, berücksichtigt nicht, dass dies auch an der bloßen Möglichkeit eines Zwangsgeldes liegen konnte. Eine Leistungsklage auf Bekanntmachung scheitert am Fehlen eines Anspruchsberechtigten und einer Anspruchsgrundlage.[13] Die Bekanntmachung durch die Antragsteller oder den gemeinsamen Vertreter ist möglich.[14]

§ 15 Kosten

(1) Die Gerichtskosten können ganz oder zum Teil den Antragstellern auferlegt werden, wenn dies der Billigkeit entspricht.

---

[1] Lutter/*Mennicke* Rn. 2; nicht berücksichtigt in der Kritik von *Meilicke/Heidel* DB 2003, 2267 (2269).
[2] Vgl. BGHZ 112, 382 = NJW 1991, 566.
[3] RegE BT-Drs. 15/371, 17.
[4] *Klöcker/Frowein* Rn. 6; Widmann/Mayer/*Wälzholz* Rn. 5; Lutter/*Mennicke* Rn. 2; Kölner Komm SpruchG/ *Wilske* Rn. 20; Bürgers/Körber/*Ederle/Theusinger* Rn. 1; MüKoAktG/*Kubis* Rn. 6; aA Dreier/Fritzsche/Verfürth/*Fritzsche* Rn. 2; Simon/*Leuering* Rn. 6; weiter noch (auch bei Zurückweisung aller Anträge) NK-AktR/ *Tewes* Rn. 3.
[5] Kölner Komm SpruchG/*Wilske* Rn. 23.
[6] Dreier/Fritzsche/Verfürth/*Fritzsche* Rn. 25.
[7] Art. 5 G zur Einführung der Europäischen Gesellschaft (SEEG) v. 22.12.2004, BGBl. 2004 I 3675.
[8] Art. 7 Nr. 6 G v. 14.8.2006, BGBl. 2006 I 1911.
[9] Hüffer/Koch/*Koch* Rn. 2; *Klöcker/Frowein* Rn. 2; Lutter/*Mennicke* Rn. 2.
[10] *Klöcker/Frowein* Rn. 1; Lutter/*Mennicke* Rn. 3; Kölner Komm SpruchG/*Wilske* Rn. 2; MüKoAktG/*Kubis* Rn. 1; aA Dreier/Fritzsche/Verfürth/*Fritzsche* Rn. 8; Emmerich/Habersack/*Emmerich* § 14 Rn. 4; → § 11 Rn. 14.
[11] Dreier/Fritzsche/Verfürth/*Fritzsche* Rn. 18; *Klöcker/Frowein* Rn. 4; Widmann/Mayer/*Wälzholz* Rn. 4; Lutter/*Mennicke* Rn. 4; MüKoAktG/*Kubis* Rn. 3.
[12] RegE BT-Drs. 15/371, 19.
[13] Hüffer/Koch/*Koch* Rn. 4; Emmerich/Habersack/*Emmerich* § 14 Rn. 6; aA Kölner Komm SpruchG/*Wilske* Rn. 31; Simon/*Leuering* Rn. 21; NK-AktR/*Tewes* Rn. 7; MüKoAktG/*Kubis* Rn. 4; *Wittgens*, Das Spruchverfahrensgesetz, 2005, 255.
[14] Simon/*Leuering* Rn. 22; aA *Wittgens*, Das Spruchverfahrensgesetz, 2005, 255; NK-AktR/*Tewes* Rn. 7.

(2) Das Gericht ordnet an, dass die Kosten der Antragsteller, die zur zweckentsprechenden Erledigung der Angelegenheit notwendig waren, ganz oder zum Teil vom Antragsgegner zu erstatten sind, wenn dies unter Berücksichtigung des Ausgangs des Verfahrens der Billigkeit entspricht.

Schrifttum: S. § 1, außerdem: *Erb*, Der Gegenstandswert der Anwaltsgebühren im aktienrechtlichen Spruchstellenverfahren nach § 306 VII AktG, § 30 I KostO, NZG 2001, 161; *Happ/Pfeiffer*, Der Streitwert gesellschaftsrechtlicher Klagen und Gerichtsverfahren, ZGR 1991, 103; *Meilicke*, Der Wert des Gegenstandes des Spruchstellenverfahrens, AG 1985, 48; *Noack*, Erstattung außergerichtlicher Kosten des Antragsgegners im Spruchverfahren, NZG 2017, 653; *Pentz*, Berechnung des Geschäftswerts für anwaltliche Gebühren im Spruchstellenverfahren, NZG 1999, 346; *Pentz*, Zur Festsetzung des für die Gebühren eines im aktienrechtlichen Spruchstellenverfahren tätigen Rechtsanwalts maßgeblichen Geschäftswerts, NZG 1999, 943; *H. Schmidt*, Kostenprobleme des § 306 AktG, BB 1981, 1243; *Schmittmann*, Vorschußpflicht im Spruchverfahren und registerrechtliche Behandlung unbekannter Aktionäre, AG 1998, 514.

Übersicht

	Rn.		Rn.
I. Normzweck	1	3. Auslagen	18
II. Entstehungsgeschichte	2, 3	4. Kostenschuldner	19–22
III. Gerichtskosten	4–23	a) Antragsgegner	19, 20
1. Geschäftswert	5–12	b) Antragsteller	21
a) Verfahrensverbindung	6	c) Entscheidung und Rechtsmittel	22
b) Mindestwert	7	5. Vorschuss	23
c) Rücknahme, Vergleich	8	IV. Außergerichtliche Kosten	24–31
d) Zeitpunkt	9	1. Schuldner	24–27
e) Geschäftswert im Beschwerdeverfahren	10	a) Kosten der Antragsteller	24
		b) Kosten der Antragsgegner	25
f) Entscheidung und Rechtsmittel	11, 12	c) Im Beschwerdeverfahren	26
2. Gebührenhöhe	13–17	d) Entscheidung und Rechtsmittel	27
a) Erste Instanz	13, 14	2. Gebührenhöhe	28–30
b) Beschwerdeverfahren	15, 16	3. Kostenfestsetzung	31
c) Entscheidung und Rechtsmittel	17		

I. Normzweck

§ 15 regelt Sonderfälle der Kostentragungspflicht im Spruchverfahren; der Normalfall findet sich erst in den Regelungen des GNotKG. Um die Antragsteller, die unter Umständen selbst nur eine relativ geringe Erhöhung der Kompensation erreichen können, nicht mit einem unverhältnismäßigen Kostenrisiko, das sie für alle Antragsberechtigten tragen müssten, zu belasten, ist Kostenschuldner in der Regel der Antragsgegner.[1] Die ausnahmsweise Kostenbelastung der Antragsteller soll treuwidrige oder nicht ernsthafte Anträge abwehren. Seine Belastung auch mit den außergerichtlichen Kosten der Antragsteller nach Billigkeit und nach dem Erfolg des Antrags soll ihn zu einer von vorneherein möglichst angemessen hohen Kompensation veranlassen.[2] Der Anwendungsbereich der Vorschrift ist unklar, insbesondere inwieweit sie auch für die Kosten des Beschwerdeverfahrens gilt. 1

II. Entstehungsgeschichte

Die Vorschrift regelte beim Inkrafttreten des SpruchG nicht nur die Kostentragung, sondern auch den Geschäftswert und die Gebührenhöhe. Die Höhe des Geschäftswerts war ursprünglich nicht gesetzlich bestimmt. Die Praxis multiplizierte die sich im Verfahren ergebende Erhöhung der Kompensation mit der Zahl der Anteile, auf die die Erhöhung entfiel,[3] und schätzte den Wert der Anteile der außenstehenden Aktionäre, wenn der Antrag keinen Erfolg hatte, nach einem angegebenen Erhöhungsziel.[4] Das 2

---

[1] RegE BT-Drs. 15/371, 17.
[2] RegE BT-Drs. 15/371, 17.
[3] BGH NZG 1999, 346; BayObLGZ 2002, 169 = NZG 2002, 880; BayObLG AG 1996, 275 und 276; OLG Frankfurt AG 2003, 581; OLG Hamburg NZG 2002, 189; OLG Karlsruhe AG 1995, 88; für Bewertung nach erstrebtem Ziel OLG Zweibrücken AG 1995, 421.
[4] Vgl. BGH NZG 2002, 674; BayObLGZ 2002, 169 = NZG 2002, 880; BayObLG AG 2001, 592; BayObLG AG 1999, 273; BayObLGZ 1991, 84 = AG 1991, 239; OLG Düsseldorf AG 2002, 398; OLG Düsseldorf AG 2001, 601; OLG Karlsruhe AG 1998, 141; für Pauschalbewertung LG Frankfurt NZG 2002, 395; für freie Bewertung OLG Düsseldorf AG 2004, 212; OLG Düsseldorf ZIP 2004, 753; für Bewertung auch für Altfälle nach § 15 SpruchG OLG Düsseldorf AG 2005, 480.

sollte mit dem Spruchverfahrensgesetz übernommen werden.[5] Schuldner der Gerichtskosten war auch davor in der Regel der Antragsgegner, ebenso konnten die Kosten nach Billigkeit einem anderen Beteiligten auferlegt werden, § 312 Abs. 4 UmwG aF, § 306 Abs. 7 S. 6 und 7 AktG aF. Für die außergerichtlichen Kosten galt § 13a Abs. 1 FGG, so dass über eine Kostentragung des anderen Beteiligten nach Billigkeit zu entscheiden war. In der Praxis führte dies zur Kostenbelastung des Antragsgegners. § 15 Abs. 4 aF beließ die Billigkeitsentscheidung, sah aber als Regelfall die Kostentragungspflicht für die eigenen Kosten durch den Antragsteller vor. Das SpruchG hat schließlich in § 31 Abs. 1 RVG den Gegenstandswert für die Antragstellervertreter entsprechend einer überholten Rechtsprechung nach dem Verhältnis der Anteile des einzelnen Antragstellers zum Wert der Anteile aller Antragsteller aufgeteilt.[6] Eine neuere Rechtsprechung hatte sachgerechter bereits den Gegenstandswert nach dem Verhältnis der Anteile des Antragstellers zu allen Antragsberechtigten bestimmt.[7]

3 Mit dem 2. KostRMoG[8] wurden die Vorschriften des SpruchG über den Geschäftswert, die Gebührenhöhe und zum Kostenschuldner ins GNotKG aufgenommen. An die Stelle von § 15 Abs. 1 S. 2 und 3 aF (Geschäftswert) trat fast wortgleich § 74 GNotKG, an die Stelle von § 15 Abs. 1 S. 4 aF (Festsetzung des Geschäftswerts) trat § 79 Abs. 1 GNotKG, an die Stelle von § 15 Abs. 1 S. 5–6 aF (Gebühren erster Instanz) traten Nr. 13500, 13503 und 13504 des Gebührenverzeichnis zu § 34 GNotKG, an die Stelle von § 15 Abs. 1 S. 7 aF (Gebühren im Beschwerdeverfahren) traten Nr. 13610, 13611 und 13612 des Gebührenverzeichnis zu § 34 GNotKG, an die Stelle von § 15 Abs. 2 S. 1 aF (Gebührenschuldner) trat § 23 Nr. 14 GNotKG. § 15 Abs. 2 S. 2 aF (Kostentragungspflicht der Antragsteller) wurde praktisch wortgleich, aber damit aus dem Zusammenhang gerissen zu Abs. 1. § 15 Abs. 3 aF (Vorschusspflicht für Auslagen) wurde § 14 Abs. 3 GNotKG. § 15 Abs. 4 aF (außergerichtliche Kosten der Antragsteller) wurde zu Abs. 2. Nach § 136 Abs. 5 S. Nr. 2 GNotKG sind auf Verfahren, die vor dem Inkrafttreten des 2. KostRMoG am 1. August 2013 eingeleitet wurden, weiter die bisherigen Vorschriften und nach § 136 Abs. 1 Nr. 1 GNotKG insoweit auch die KostO anzuwenden.[9] Auf Rechtsmittel, die seit dem Inkrafttreten eingelegt wurden, sind aber die neuen Vorschriften anzuwenden, § 136 Abs. 1 Nr. 2 GNotKG.

III. Gerichtskosten

4 Für die **Gerichtskosten** ist grundsätzlich das Gerichts- und Notarkostengesetz anzuwenden, § 1 Abs. 2 Nr. 5 GNotKG. Zu den Gerichtskosten zählen Gebühren und Auslagen, § 1 Abs. 1 GNotKG. Für die Bemessung der Gebühren enthalten § 74 GNotKG Regeln für den Geschäftswert und die Anlage zu § 34 GNotKG zur Gebührenhöhe. Für die Auslagen wird der Vorschuss in § 14 Abs. 3 GNotKG geregelt.

5 **1. Geschäftswert.** § 74 GNotKG bestimmt (wie § 15 Abs. 1 S. 2 und 3 aF): „Geschäftswert im gerichtlichen Verfahren nach dem Spruchverfahrensgesetz ist der Betrag, der von allen in § 3 des Spruchverfahrensgesetzes genannten Antragsberechtigten nach der Entscheidung des Gerichts zusätzlich zu dem ursprünglich angebotenen Betrag insgesamt gefordert werden kann; der Geschäftswert beträgt mindestens 200 000 Euro und höchstens 7,5 Millionen Euro. Maßgeblicher Zeitpunkt für die Bestimmung des Werts ist der Tag nach Ablauf der Antragsfrist (§ 4 Absatz 1 des Spruchverfahrensgesetzes)." Die Begrenzung des Geschäftswerts sowohl nach unten als auch nach oben soll die aufwändigen Spruchverfahren für die Justiz rentabel halten, andererseits die Kosten nicht unangemessen anwachsen lassen.[10] Der Geschäftswert bemisst sich nach dem Verfahrensergebnis, unabhängig davon, ob der Anspruch etwa nach einer Insolvenz des Antragsgegners überhaupt durchsetzbar ist.[11] Dazu ist die Erhöhung der Kompensation pro Anteil mit den Anteilen aller nach § 3 Antragsberechtigten zu multiplizieren.[12] Beim Ausgleich ist nach § 52 Abs. 1 und Abs. 3 S. 2 GNotKG, der auch Verpflichtungen aus Beherrschungs- und Gewinnabführungsverträgen erfassen soll,[13] der 10fache

---

[5] RegE BT-Drs. 15/371, 17.
[6] BGH NZG 1999, 346; BGH NJW-RR 1999, 1191; BayObLG AG 2002, 619; AG 2002, 395; AG 2001, 595; AG 2001, 594 mit Modifikationen; BayObLG AG 2001, 592; BayObLGZ 1991, 84 = AG 1991, 239; OLG Stuttgart NZG 2001, 174; OLG Karlsruhe AG 2000, 281; OLG Hamburg NZG 2001, 471; LG Hamburg AG 1995, 157; *Erb* NZG 2001, 161; differenzierend BayObLG DB 1996, 1127; OLG Frankfurt AG 2003, 581.
[7] BayObLGZ 2002, 169 = NZG 2002, 880; BayObLG DB 2004, 698; KG AG 2001, 590; OLG Düsseldorf NZG 1998, 75; AG 2000, 77; AG 2002, 403; AG 2003, 640.
[8] 2. Kostenrechtsmodernisierungsgesetz v. 23.7.2013 (BGBl. 2013 I 2586) (2. KostRMoG).
[9] BGH ZIP 2014, 491 Rn. 8.
[10] RegE BT-Drs. 15/371, 17.
[11] BayObLG AG 1999, 273; ZIP 2004, 615; Kölner Komm SpruchG/*Roßkopf* Rn. 10.
[12] Dreier/Fritzsche/Verfürth/*Fritzsche* Rn. 45.
[13] RegEntw BR-Drs. 517/12, 246.

(nach § 24 Abs. 1 KostO in Altverfahren der 12,5-fache) Jahresbetrag der Differenz anzusetzen,[14] bei einer Verbesserung des Umtauschverhältnisses durch Zuzahlung die Zuzahlung. Wer bereits ausgeschieden ist, ist außer bei Eingliederung und Squeeze-out nicht antragsberechtigt (→ § 3 Rn. 10 ff.). Die Zinsen bleiben außer Betracht, § 37 Abs. 1 GNotKG.[15] Bei einer Abfindung in Aktien ist die Wertdifferenz gegenüber dem Angebot zu ermitteln.[16] Auch wenn statt Aktien eine Barabfindung gewährt oder gefordert wird, kommt es auf die Wertdifferenz an.[17]

a) Verfahrensverbindung. Werden **mehrere Anträge** wegen derselben Kompensation verbunden, bleibt es beim nach → Rn. 5 ermittelten Geschäftswert. Der höhere Teilwert war nach hM anzusetzen, wenn dieselbe Strukturmaßnahme zugrunde liegt und die Verfahren zur Bestimmung des Ausgleichs und der Abfindung verbunden wurden.[18] Legt man jetzt § 35 Abs. 1 GNotKG zugrunde, ist zu addieren, weil zwei Verfahrensgegenstände vorliegen. Werden Verfahren über verschiedene Strukturmaßnahmen, die in einem sachlichen Zusammenhang stehen, nach § 2 Abs. 1 S. 2 SpruchG verbunden, sind die Geschäftswerte zu addieren, § 35 Abs. 1 GNotKG,[19] mindestens sind insgesamt 200 000 Euro, höchstens 7,5 Millionen Euro anzusetzen. Eine Verdoppelung von Mindest- und Höchstwert für ein Verfahren ist nicht vorgesehen. Die Gesamtzahl der außenstehenden Anteile muss das Gericht ggf. durch Nachfrage bei den Beteiligten ermitteln. 6

b) Mindestwert. Der **Mindestwert** von 200 000 Euro ist anzusetzen, wenn keine Erhöhung der Kompensation erfolgt oder die Berechnung einen Wert von unter 200 000 Euro ergibt.[20] Der Mindestwert ist auch dann maßgeblich, wenn ein Antrag als unzulässig verworfen wird.[21] Dabei kommt es auf das konkrete beim Gericht geführte Verfahren an.[22] Werden mehrere Anträge zur selben Kompensation verbunden und ergeht nur auf einen Antrag eine Sachentscheidung, ist für den Geschäftswert insgesamt die erhöhte Kompensation maßgeblich, wenn der Geschäftswert damit über dem Mindestbetrag liegt. Eine Aufspaltung des Geschäftswerts auf verschiedene Antragsteller ist nicht vorgesehen.[23] Der Mindestwert ist nicht bei besonderem Aufwand des Gerichts zu erhöhen; die Berücksichtigung des Aufwands ist nicht vorgesehen. 7

c) Rücknahme, Vergleich. Die Bemessung des Geschäftswerts nach der zusätzlich erreichten Kompensation setzt eine Entscheidung des Gerichts zur Kompensation voraus. Wenn **keine Entscheidung** ergeht, ist der **Mindestwert** festzusetzen. Bei der Rücknahme ist das der Fall, wenn alle Anträge zurückgenommen werden und damit eine Erhöhung der Kompensation gerade nicht erreicht wird.[24] Wenn dagegen durch einen Vergleich eine Erhöhung der Kompensation erreicht wird, ist diese Erhöhung für den Geschäftswert maßgebend.[25] Der Vergleich wäre sonst nicht nur bei der Gebühr (Gebührenverzeichnis Nr. 13504, bisher Abs. 1 S. 6), sondern auch beim Geschäftswert privilegiert. Dafür gibt es weder einen Anhaltspunkt in der Gesetzgebungsgeschichte noch eine sachliche Rechtfertigung. 8

d) Zeitpunkt. Maßgebender Zeitpunkt für die Bemessung der **Zahl der Anteile** ist der **Tag** nach Ablauf der Antragsfrist, § 74 S. 2 GNotKG (bisher § 15 Abs. 1 S. 3). Daher sind beim Gewinnabführungs- und Beherrschungsvertrag und in Umwandlungsfällen nur die Antragsberechtigten zu berücksichtigen, die am Tag nach Ablauf der Antragsfrist noch Aktionäre sind, also nicht diejenigen, 9

---

[14] Kölner Komm SpruchG/*Roßkopf* Rn. 13.
[15] OLG Düsseldorf NZG 2000, 693; OLG Stuttgart NZG 2001, 174; Hüffer/Koch/*Koch* Rn. 3; Emmerich/Habersack/*Emmerich* Rn. 5; anders für nicht gesetzliche Zinsen BayObLG AG 1996, 275 (276); AG 1999, 273.
[16] MüKoAktG/*Kubis* Rn. 5.
[17] Kölner Komm SpruchG/*Roßkopf* Rn. 12.
[18] BayObLGZ 1991, 84 = AG 1991, 239; OLG Düsseldorf NZG 2000, 693; MüKoAktG/*Kubis* Rn. 5; aA OLG Düsseldorf AG 2003, 507; für Addition Widmann/Mayer/*Wälzholz* Rn. 15.3; für Aufschlag Kölner Komm SpruchG/*Roßkopf* Rn. 14.
[19] Widmann/Mayer/*Wälzholz* Rn. 15.1.
[20] *Bungert/Mennicke* BB 2003, 2021 (2029); *Büchel* NZG 2003, 793 (802); Kölner Komm SpruchG/*Roßkopf* Rn. 18; Hüffer/Koch/*Koch* Rn. 3; Emmerich/Habersack/*Emmerich* Rn. 9; aA – Ermessensausübung im Einzelfall – *Wittgens*, Das Spruchverfahrensgesetz, 2005, 281.
[21] OLG Schleswig NZG 2008, 876; OLG Stuttgart NZG 2004, 625; BayObLGZ 2004, 200 = NZG 2004, 1111; OLG Düsseldorf NZG 2004, 1171; OLG Zweibrücken ZIP 2005, 948; OLG Frankfurt AG 2005, 890; Emmerich/Habersack/*Emmerich* Rn. 9.
[22] OLG Stuttgart NZG 2004, 625; OLG Düsseldorf NZG 2004, 1171.
[23] OLG Düsseldorf NZG 2004, 1171.
[24] OLG Stuttgart NZG 2004, 97; *Klöcker/Frowein* Rn. 4; Emmerich/Habersack/*Emmerich* Rn. 8; Widmann/Mayer/*Wälzholz* Rn. 15.
[25] Ebenso für die außergerichtliche Streitbeilegung und übereinstimmende Erledigungserklärung OLG Stuttgart NZG 2001, 174.

die die Abfindung angenommen haben, obwohl ihnen ein Abfindungsergänzungsanspruch zusteht. Bei der Eingliederung und beim Squeeze-out sind alle außenstehenden Aktionäre zu berücksichtigen.

10   e) **Geschäftswert im Beschwerdeverfahren.** Der **Geschäftswert** für die **Beschwerde** ist nach § 61 Abs. 1 GNotKG (früher § 131 Abs. 2 KostO) gesondert zu bestimmen.[26] § 61 Abs. 1 GNotKG, der auf die Anträge des Rechtsmittelführers, hilfsweise die Beschwer, abstellt, ist aber nicht unmittelbar anwendbar, weil keine Anträge gestellt werden müssen. Auch die Begrenzung auf den Wert der ersten Instanz (§ 61 Abs. 2 GNotKG) führt etwa bei einer Erhöhung der Kompensation erst in zweiter Instanz zu nicht sachgerechten Ergebnissen, nämlich dem Mindestwert. Daher muss auf § 74 GNotKG als spezielle Regelung zurückgegriffen werden.[27] Maßgebend ist daher für die zweite Instanz der in der Entscheidung festgesetzte Unterschiedsbetrag zur angebotenen Kompensation, nicht der Unterschied zum Ergebnis der ersten Instanz.[28] Das gleiche gilt für einen in zweiter Instanz geschlossenen **Vergleich**. Maßgeblicher **Zeitpunkt** ist wegen des Abfindungsergänzungsanspruchs auch für die Beschwerdeinstanz der Tag nach Ablauf der Antragsfrist, nicht der Ablauf der Beschwerdefrist für den letzten Beschwerdeberechtigten.[29] Soweit in einem Beschwerdeverfahren gegen eine **Zwischenentscheidung** eine das Verfahren abschließende Entscheidung ergeht, insbesondere wenn Anträge als unzulässig abgewiesen werden, ist der Geschäftswert – im Zweifel auf 200 000 Euro – zu bestimmen; in anderen Fällen kann er auch für das Beschwerdeverfahren erst nach Abschluss des Verfahrens bestimmt werden.[30] § 74 GNotKG sollte schließlich auch bei der Beschwerde gegen Zwischenentscheidungen in der Regel zugrunde gelegt werden, soweit sich nicht aus allgemeinen Grundsätzen ein anderer Geschäftswert der Beschwerde ergibt.[31]

11   f) **Entscheidung und Rechtsmittel.** Der **Geschäftswert** ist nach § 79 Abs. 1 GNotKG (früher § 15 Abs. 1 S. 4) durch das Gericht von Amts wegen durch begründeten[32] Beschluss festzusetzen. Zuständig ist nach § 2 Abs. 2 Nr. 6 der Vorsitzende der KfH, für den Geschäftswert des Beschwerdeverfahrens der OLG-Senat bzw. nach Übertragung dessen Einzelrichter (§ 68 Abs. 4 FamFG). Bei einer Festsetzung zusammen mit der Hauptsacheentscheidung kann das Landgericht in der Besetzung nach § 105 GVG mit Handelsrichtern entscheiden.

12   Die **Festsetzung des Geschäftswerts** durch das Landgericht kann mit der **Beschwerde** nach § 83 Abs. 1 GNotKG (bisher § 31 Abs. 3 KostO) bis sechs Monate nach Rechtskraft angefochten werden, wenn der Wert des Beschwerdegegenstandes 200 Euro übersteigt oder das Gericht sie zugelassen hat.[33] Beschwerdeberechtigt sind die formell Beteiligten, soweit sie Kostenschuldner sind, und wegen § 32 Abs. 2 RVG der Prozessbevollmächtigte des Antragsgegners, in Verbindung mit § 31 Abs. 1 RVG auch der Verfahrensbevollmächtigte jedes Antragstellers[34] aus eigenem Recht. Außerdem kann der gemeinsame Vertreter wegen der Abhängigkeit seiner Gebühren vom Geschäftswert Beschwerde einlegen.[35] Die Festsetzung kann innerhalb der Beschwerdefrist vom Landgericht oder, wenn in der Hauptsache Beschwerde eingelegt war, vom Beschwerdegericht abgeändert werden.[36] Eine weitere Beschwerde an den Bundesgerichtshof findet nicht statt, § 83 Abs. 1 S. 5 iVm § 81 Abs. 3 S. 3 GNotKG (früher § 14 Abs. 4 S. 3 KostO). Auch gegen die eigene Entscheidung des Beschwerdegerichts über den Geschäftswert findet keine Beschwerde statt, § 83 Abs. 1 S. 5 iVm § 81 Abs. 3 S. 3 GNotKG (früher § 31 Abs. 3 KostO, § 14 Abs. 4 S. 3 KostO).

13   **2. Gebührenhöhe. a) Erste Instanz.** Die Höhe der Gebühr ergibt sich aus dem Geschäftswert im Zusammenhang mit dem **Gebührenverzeichnis** Anlage A zu § 34 GNotKG (früher der Tabelle zu § 32 KostO). Für das Verfahren in erster Instanz ist der 2,0-fache Satz anzusetzen, Nr. 13500.

---

[26] OLG Stuttgart AG 2006, 421; *Wittgens*, Das Spruchverfahrensgesetz, 2005, 276.
[27] Dreier/Fritzsche/Verfürth/*Fritzsche* Rn. 55; Emmerich/Habersack/*Emmerich* Rn. 7.
[28] Kölner Komm SpruchG/*Roßkopf* Rn. 21; Simon/*Winter* Rn. 37; MüKoAktG/*Kubis* Rn. 9; Dreier/Fritzsche/Verfürth/*Fritzsche* Rn. 54; aA Widmann/Mayer/*Wälzholz* Rn. 38; NK-AktR/*Weingärtner* Rn. 35.
[29] Kölner Komm SpruchG/*Roßkopf* Rn. 21; Simon/*Winter* Rn. 37; MüKoAktG/*Kubis* Rn. 9; *Wittgens*, Das Spruchverfahrensgesetz, 2005, 278; aA *Büchel* NZG 2003, 793, (803); Emmerich/Habersack/*Emmerich* Rn. 8.
[30] BayObLG NZG 2006, 33; OLG Düsseldorf DB 2006, 1670.
[31] AA – § 30 KostO – vor dem 2. KostRModG OLG Frankfurt AG 2005, 658; *Wittgens*, Das Spruchverfahrensgesetz, 2005, 280; Simon/*Winter* Rn. 38; MüKoAktG/*Kubis* Rn. 9; Kölner Komm SpruchG/*Roßkopf* Rn. 21.
[32] OLG Düsseldorf AG 1976, 78; Hüffer/Koch/*Koch* Rn. 2; Dreier/Fritzsche/Verfürth/*Fritzsche* Rn. 58; Widmann/Mayer/*Wälzholz* Rn. 14; Lutter/*Mennicke* Rn. 6.
[33] OLG Stuttgart NZG 2004, 97; Widmann/Mayer/*Wälzholz* Rn. 17; Emmerich/Habersack/*Emmerich* Rn. 12.
[34] Vgl. BayObLGZ 2002, 169 = NZG 2002, 880; MüKoAktG/*Kubis* Rn. 10; Widmann/Mayer/*Wälzholz* Rn. 18.
[35] *Klöcker/Frowein* Rn. 5; Kölner Komm SpruchG/*Roßkopf* Rn. 23; Simon/*Winter* Rn. 43; Widmann/Mayer/*Wälzholz* Rn. 19; aA zum früheren Recht BayObLG JurBüro 1980, 60; *H. Schmidt* DB 1981, 1243 (1246).
[36] Widmann/Mayer/*Wälzholz* Rn. 16.

Wenn es in der Hauptsache nicht zu einer gerichtlichen Entscheidung kommt, ermäßigt sich die Gebühr auf den 0,5-fachen Satz, Nr. 13504. Zur Ermäßigung kommt es nicht, wenn der gemeinsame Vertreter nach Rücknahme der Anträge das Verfahren fortsetzt und eine Endentscheidung ergeht, obwohl eine Antragsrücknahme durch die Antragsteller vorliegt.[37] Keine Ermäßigung tritt auch bei Abweisung des Antrags als unzulässig ein. Dagegen ermäßigt sich die Gebühr bei Abschluss eines **Vergleichs**. Die Ermäßigung der Gebühr gegenüber einer streitigen Entscheidung soll einen Anreiz für eine gütliche Einigung bieten.[38] Wenn der Vergleich nach § 11 Abs. 4 S. 2 durch einen Beschluss festgestellt wird, ermäßigt sich die Gebühr statt auf 0,5 wie beim in der mündlichen Verhandlung abgeschlossenen Vergleich (Nr. 13504) aber nur auf den einfachen Satz, Nr. 13503. Folgerichtig ist das nicht und wohl ein Missgeschick des Gesetzgebers bei der Übernahme von § 15 Abs. 1 S. 6 aF. Keine Endentscheidung (mit der Folge der Ermäßigung nach Nr. 13504) ist auch der Kostenbeschluss nach übereinstimmender Beendigungserklärung, § 22 Abs. 3 FamFG.

Auf **Verfahren**, die **vor** dem **1. August 2013** eingeleitet wurden, ist weiter das bisherige Recht anwendbar. Danach entstand jedenfalls eine volle Gebühr, und wenn es zu einer Entscheidung kam, erhöhte sich der Satz auf das Vierfache (§ 15 Abs. 1 S. 5 und 6). Keine Entscheidung in der Hauptsache war eine Kostenentscheidung nach übereinstimmender Beendigungs- oder Erledigungserklärung[39] oder eine Entscheidung über vorbereitende Maßnahmen,[40] Beweisfragen etc. Außerdem blieb es bei Rücknahme aller Anträge vor einer Hauptsacheentscheidung ohne Fortführung durch den gemeinsamen Vertreter[41] oder einem Vergleich bei der einfachen Gebühr.[42] Die Regelung in Satz 5 und 6 aF ging § 130 KostO vor.[43] Wenn mehrere Anträge verbunden wurden und ein Antrag als unzulässig verworfen wurde, auf die anderen Anträge hin aber eine bestimmte Kompensation festgesetzt wurde, entstand für das gesamte Verfahren das Vierfache der Gebühr. Schlossen die verbliebenen Beteiligten später einen Vergleich, war zwar bereits eine Entscheidung in der Hauptsache ergangen. Nach dem Zweck der Privilegierung, einen Anreiz zur gütlichen Einigung zu bieten, war dennoch nur eine Gebühr anzusetzen. 14

b) **Beschwerdeverfahren.** Für das Rechtsmittelverfahren sind im Gebührensverzeichnis zu § 34 GNotKG mit den Nr. 13610 bis 13612 besondere Regelungen enthalten, in 13620 bis 13630 auch für die Rechtsbeschwerde. Nach Nr. 13610 entsteht für das Verfahren der 3fache Satz. Bei Rücknahme der Beschwerde vor einer – im Spruchverfahren gar nicht vorgesehenen – Begründung ermässigt er sich auf das 0,5fache. Man wird das wörtlich verstehen müssen, so dass eine Begründung im Fall der Rücknahme ermäßigungsfeindlich ist. In anderen Fällen ohne Endentscheidung über die Beschwerde gilt nach Nr. 13612 eine Ermäßigung auf den einfachen Satz, also auch bei Abschluss eines Vergleichs, unabhängig davon, ob er in einer mündlichen Verhandlung protokolliert wird oder nach § 11 Abs. 4 S. 2 sein Zustandekommen durch Beschluss festgestellt wird. 15

Für **vor** dem **1. August 2013** eingeleitete Beschwerdeverfahren gelten weiter die bisherigen Vorschriften (§ 136 Abs. 5 S. Nr. 2 iVm Abs. 1 Nr. 2 GNotKG). Nach § 15 Abs. 1 S. 7 aF gilt die Gebührenregelung wie für die erste Instanz, unabhängig davon, ob die Beschwerde Erfolg hat oder nicht. Die in erster Instanz entstandenen Gebühren entfielen nicht nachträglich, so dass Antragsrücknahme, die Beschwerderücknahme oder der Vergleich das Entstehen der vierfachen Gebühr in erster Instanz nicht mehr ungeschehen machen konnten. Für das Beschwerdeverfahren fiel dann aber nur eine einfache Gebühr an. Abs. 1 S. 7 galt außerdem nur für die sofortige Beschwerde in der Hauptsache nach § 12 Abs. 1, nicht für die (sofortige) Beschwerde gegen Zwischenentscheidungen; insoweit galt § 131 KostO.[44] 16

c) **Entscheidung und Rechtsmittel.** Die Berechnung der Gerichtskosten aus dem Geschäftswert, der Gebührenhöhe und den Auslagen ist nach § 18 GNotKG/§ 14 KostO Sache des Kostenbeamten im **Kostenansatz**.[45] Gegen die Entscheidung des Kostenbeamten findet nach § 81 Abs. 1 GNotKG/§ 14 Abs. 2 KostO die Erinnerung statt. Erinnerungsberechtigt sind der Kostenschuldner und die Staatskasse. Über die Erinnerung entscheidet das Gericht, bei dem die Kosten angesetzt 17

---

[37] Dreier/Fritzsche/*Verfürth*/*Fritzsche* Rn. 66.
[38] RegE BT-Drs. 15/371, 17.
[39] Anders zum früheren Recht OLG Stuttgart NZG 2001, 174.
[40] Lutter/*Mennicke* Rn. 8.
[41] Ausreichend ist der Eingang vor der Zustellung, vgl. Widmann/Mayer/*Wälzholz* Rn. 22; MüKoAktG/*Kubis* Rn. 12.
[42] Klöcker/*Frowein* Rn. 6.
[43] AA Widmann/Mayer/*Wälzholz* Rn. 3.
[44] Widmann/Mayer/*Wälzholz* Rn. 41.1 (anders für Zwischenentscheidungen nach dem Inkrafttreten des FamFG); Kölner Komm SpruchG/*Roßkopf* Rn. 28.
[45] Widmann/Mayer/*Wälzholz* Rn. 25.

sind, beim Landgericht nach § 2 Abs. 2 Nr. 6 der Vorsitzende der KfH allein, beim Oberlandesgericht und Bundesgerichtshof der Einzelrichter nach § 81 Abs. 6 Satz 1 GNotKG. Gegen die Entscheidung des Vorsitzenden der KfH findet die Beschwerde zum Oberlandesgericht statt, wenn der Wert des Beschwerdegegenstandes 200 Euro übersteigt oder die Beschwerde zugelassen wird, § 81 Abs. 2 GNotKG/§ 14 Abs. 3 KostO. Über die Beschwerde entscheidet der gesamte Senat, § 81 Abs. 6 GNotKG, weil der Vorsitzende der KfH kein Einzelrichter ist.[46] Im Übrigen sind weder eine Beschwerde noch eine weitere Beschwerde statthaft, § 81 Abs. 3 S. 3 GNotKG/§ 14 Abs. 4 S. 3 und Abs. 5 KostO.

18   **3. Auslagen.** An Auslagen (Nr. 31005 KV GNotKG) fallen neben Schreibauslagen vor allem Kosten für Sachverständige oder die sachverständigen Prüfer an. Sie sind nach dem JVEG zu bemessen (zu Einzelheiten → § 8 Rn. 17). Das Gericht kann nach Abs. 3 die Einzahlung eines von ihm festzusetzenden Vorschusses verlangen (→ Rn. 23).

19   **4. Kostenschuldner. a) Antragsgegner.** Um die Antragsteller, die unter Umständen selbst nur eine relativ geringe Erhöhung der Kompensation erreichen können, nicht mit einem unverhältnismäßigen Kostenrisiko, das sie für alle Antragsberechtigten tragen müssten, zu belasten, ist Kostenschuldner in der Regel der Antragsgegner.[47] Die ausnahmsweise Kostenbelastung der Antragsteller soll treuwidrige oder nicht ernsthafte Anträge abwehren. Nach § 15 Abs. 1 sind die Kosten nur den Antragstellern aufzuerlegen, wenn dies der Billigkeit entspricht, so dass sie in der Regel dem Antragsgegner aufzuerlegen sind. Davon zu unterscheiden ist, wer nach dem GNotKG Kostenschuldner ist. Kostenschuldner der Gerichtskosten ist nach § 23 Nr. 14 GNotKG/§ 15 Abs. 2 aF der Antragsgegner, soweit nicht den Antragstellern Gerichtskosten auferlegt werden. Der Antragsgegner ist alleiniger Kostenschuldner, auch beim Unternehmensvertrag nicht gemeinsam mit der abhängigen Gesellschaft.[48] Mehrere Antragsgegner haften dagegen als Gesamtschuldner, § 32 Abs. 1 GNotKG/§ 5 Abs. 1 KostO.

20   In **Rechtsmittelverfahren** trifft die Kostenschuld nach einer Kostenentscheidung denjenigen, dem sie auferlegt worden sind, § 27 Nr. 1 GNotKG (Entscheidungsschuldner). Veranlassungsschuldner ist nach § 22 Abs. 1 GNotKG der Rechtsmittelführer, bis eine Kostenentscheidung ergeht oder die Kostenhaftung nach § 25 Abs. 1 GNotKG erlischt. § 23 Nr. 14 GNotKG, wonach der Antragsgegner Kostenschuldner ist, gilt nicht (§ 25 Abs. 3 GNotKG). Eine Regelung, wem die Kosten des Beschwerdeverfahrens aufzuerlegen sind, enthält das GNotKG nicht, so dass auch insoweit von den Grundsätzen von § 15 Abs. 1 auszugehen ist. Das galt auch bisher für das Beschwerdeverfahren[49] oder im Vorlageverfahren nach § 28 FGG bzw. dem Rechtsbeschwerdeverfahren nach §§ 70 f. FamFG. Die Regelung dürfte auch Beschwerdeverfahren für Zwischenentscheidungen erfasst haben.[50]

21   **b) Antragsteller.** Ausnahmsweise können die Kosten ganz oder zum Teil einzelnen oder allen **Antragstellern** auferlegt werden, wenn dies der Billigkeit entspricht, nicht schon bei Unterliegen. Eine Kostenbelastung kommt bei unzulässigen (verfristeten,[51] nicht formgerechten[52] oder unzureichend begründeten[53]), offensichtlich unbegründeten[54] oder rechtsmissbräuchlichen[55] Anträgen oder Beschwerden in Betracht. Auch wenn der Antrag vorzeitig gestellt ist und die Strukturmaßnahme nicht durchgeführt wird, trifft den Antragsteller die Kostenlast, weil der vorzeitig gestellte Antrag in seinen Risikobereich fällt.[56] Bei komplexen Fragestellungen kann die Kostenlast in diesen Fällen aber auch beim Antragsgegner verbleiben.[57] Auch die Antragsrücknahme allein führt noch nicht zur Auferlegung der Gerichtskosten, wenn keiner der genannten Gründe vorliegt. Dieselben Grundsätze

---

[46] BGH NJW 2004, 856.
[47] RegE BT-Drs. 15/371, 17.
[48] Hüffer/Koch/*Koch* Rn. 4.
[49] BGH NZG 2012, 191 Rn. 21; AG 2011, 591; BayObLGZ 2004, 200 = NZG 2004, 1111; OLG München ZIP 2006, 1722; Widmann/Mayer/*Wälzholz* Rn. 32.
[50] OLG Hamburg AG 2005, 853.
[51] OLG Düsseldorf AG 1996, 88; AG 1993, 40; LG Dortmund AG 1995, 468; *Wasmann* WM 2004, 819 (825); Hüffer/Koch/*Koch* Rn. 4; Dreier/Fritzsche/Verfürth/*Fritzsche* Rn. 17; *Klöcker/Frowein* Rn. 10; anders OLG Düsseldorf Beschl. v. 31.10.1995, 19 W 3/95 AktE, BeckRS 1995, 12482; *Bungert/Mennicke* BB 2003, 2021 (2030).
[52] OLG München AG 2017, 203.
[53] Vgl. LG Dortmund NZG 2002, 343.
[54] BGH NZG 2012, 191 Rn. 23; BayObLG AG 2003, 631; OLG München AG 2017, 203; OLG Düsseldorf AG 1998, 236; *Bungert/Mennicke* BB 2003, 2021 (2030); Dreier/Fritzsche/Verfürth/*Fritzsche* Rn. 17; *Klöcker/Frowein* Rn. 10; Widmann/Mayer/*Wälzholz* Rn. 8.
[55] OLG Düsseldorf AG 1993, 40; Hüffer/Koch/*Koch* Rn. 4; *Klöcker/Frowein* Rn. 10.
[56] AA OLG Stuttgart DB 1992, 1470.
[57] OLGR Düsseldorf 2009, 438; BayObLG AG 2004, 99; Widmann/Mayer/*Wälzholz* Rn. 8.

gelten auch bei einer übereinstimmenden Erledigungserklärung/Beendigungserklärung.[58] Bei erfolglosen **Beschwerden** der Antragsteller sollen ihnen die Kosten nach dem Rechtsgedanken von § 84 FamFG auferlegt werden, was eine Billigkeitsentscheidung zulasten des Antragsgegners nicht völlig ausschließt. Der Antragsteller trägt die Kosten, wenn er sich als Beschwerdeführer mit der angefochtenen Entscheidung überhaupt nicht auseinandersetzt, also eine Begründung fehlt[59] oder die Begründung offensichtlich neben der Sache liegt, ebenso, wenn er in einem Beschwerdeverfahren aufgrund neuer Tatsachen Erfolg hat, die er bereits in erster Instanz vortragen hätte müssen.[60] Dagegen genügt die Erfolglosigkeit der Beschwerde allein nicht,[61] wird aber meist zur Kostenbelastung der Beschwerdeführer führen. Diese Grundsätze gelten auch für eine Rücknahme der Beschwerde.[62] Soweit in einem Verfahren nur einzelne Anträge die Auferlegung von Kosten nach Billigkeit unter den genannten Voraussetzungen gebieten, kann diesen Antragstellern ein Teil der Kosten auferlegt werden.[63] Wer **fälschlich** als **Antragsgegner** in das Verfahren hineingezogen wird, muss keine Kosten tragen. Die Gerichtskosten müssen dann aber nicht zwischen dem am Verfahren beteiligten richtigen Antragsgegner und den Antragstellern geteilt werden.[64] Sie entstehen nur einmal und belasten den richtigen Antragsgegner nur einmal. Die Auferlegung von Kosten auf die Antragsteller entlässt den Antragsgegner nicht aus der Kostenhaftung. Er ist nach § 32 Abs. 1 GNotKG Gesamtschuldner.[65] Der **gemeinsame Vertreter** ist, auch wenn er das Verfahren nach Rücknahme aller übrigen Anträge fortführt, kein Antragsteller. Ihm können auch, da er gerade im Interesse der nicht formell beteiligten Antragsinhaber das Verfahren fortführen können soll, **keine Kosten** auferlegt werden.[66] Dagegen können ihm Kosten dort auferlegt werden, wo er als formell Beteiligter über das erstinstanzliche Verfahren hinaus Kosten verursacht, also ein Rechtsmittel oder einen Rechtsbehelf (→ § 12 Rn. 26 zur Anhörungsrüge) einlegt.[67]

c) **Entscheidung und Rechtsmittel.** Über die Kostentragungspflicht nach Abs. 1 ist zusammen mit der Festsetzung des Geschäftswerts entweder in der Hauptsacheentscheidung oder bei Antragsrücknahme, Erledigungserklärung oder Vergleich ohne Kostenregelung in einer gesonderten Entscheidung zu entscheiden.[68] Zuständig ist nach § 2 Abs. 2 Nr. 6 der Vorsitzende der KfH. Die Entscheidung des Landgerichts über den Kostenschuldner kann in Verfahren, die vor dem 1. September 2009 beantragt wurden, nach § 20a Abs. 1 FGG nicht ohne die Entscheidung in der Hauptsache angefochten werden. Eine Ausnahme machte § 20a Abs. 2 FGG für die isolierte Kostenentscheidung, etwa nach Antragsrücknahme, Erledigung der Hauptsache[69] oder Vergleich, wenn der Wert des Beschwerdegegenstands 100 Euro übersteigt. Dann war eine sofortige Beschwerde nach § 22 FGG möglich (→ § 12 Rn. 24). Für neuere Verfahren enthält § 58 FamFG keine § 20a FGG entsprechende Beschränkung mehr, der Wert des Beschwerdegegenstands muss aber 600 Euro übersteigen, § 61 Abs. 1 FamFG.

5. Vorschuss. Vorschuss auf die Gebühren kann nicht verlangt werden.[70] Dagegen kann Vorschuss auf Auslagen, insbesondere die **Kosten eines Sachverständigengutachtens,** eingefordert werden (zu den Folgen → § 8 Rn. 19). Vorschussschuldner ist nur der Antragsgegner, § 14 Abs. 3 GNotKG iVm § 24 Nr. 14 GNotKG.[71] Vor der Endentscheidung gibt es keine Vorschrift, nach der den Antragstellern Kosten auferlegt werden können. Der Antragsgegner ist vorschusspflichtig, um dem Justizfiskus das Risiko der Insolvenz des Antragsgegners abzunehmen und dem Antragsgegner einen Anreiz zu nehmen, das Verfahren zu blockieren.[72] Der Vorschuss ist durch den Kostenbeamten

---

[58] Kölner Komm SpruchG/*Roßkopf* Rn. 43.
[59] OLG Karlsruhe AG 1998, 288; OLG Düsseldorf AG 1998, 236.
[60] OLG Hamburg AG 2005, 853.
[61] BGH AG 2011, 591; BayObLGZ 2002, 400 = NZG 2003, 483; aA wohl OLG Zweibrücken ZIP 2005, 948.
[62] BGH AG 2011, 591.
[63] BayObLG ZIP 2004, 1952; Widmann/Mayer/*Wälzholz* Rn. 8.
[64] AA BayObLG ZIP 2004, 1952.
[65] Hüffer/Koch/*Koch* Rn. 4; Dreier/Fritzsche/Verfürth/*Fritzsche* Rn. 23; *Klöcker/Frowein* Rn. 11.
[66] BayObLGZ 2002, 400 = NZG 2003, 483; OLG Düsseldorf AG 1972, 248; Hüffer/Koch/*Koch* Rn. 4; Dreier/Fritzsche/Verfürth/*Fritzsche* Rn. 20; *Klöcker/Frowein* Rn. 7; Widmann/Mayer/*Wälzholz* Rn. 6; Lutter/Mennicke Rn. 10; Simon/*Winter* Rn. 74; aA *Wittgens*, Das Spruchverfahrensgesetz, 2005, 284.
[67] Vgl. BGH NZG 2014, 33 Rn. 21 zum Kostenfestsetzungsverfahren.
[68] Widmann/Mayer/*Wälzholz* Rn. 9.
[69] OLG Stuttgart NZG 2001, 174.
[70] OLG Düsseldorf NZG 1998, 510; OLG Saarbrücken AG 2004, 217.
[71] OLG Düsseldorf AG 2011, 828.
[72] RegE BT-Drs. 15/371, 17.

einzutreiben, § 22 Abs. 2 Kost Vfg.[73] Gegen die Anordnung des Kostenvorschusses ist kein Rechtsmittel zulässig, weil § 82 GNotKG kein Rechtsmittel gegen die Vorschussanforderung in Amtsverfahren nach § 14 Abs. 3 GNotKG vorsieht bzw. (Altverfahren) § 8 Abs. 3 KostO nicht anwendbar ist.[74]

IV. Außergerichtliche Kosten

24 **1. Schuldner. a) Kosten der Antragsteller.** Die Antragsteller tragen ihre außergerichtlichen Kosten grundsätzlich selbst. Das Gericht kann aber nach Abs. 2 (früher Abs. 4) anordnen, dass die zur zweckentsprechenden Erledigung der Angelegenheit notwendigen Kosten aller oder einzelner Antragsteller ganz oder zum Teil vom Antragsgegner zu erstatten sind, wenn dies unter Berücksichtigung des Ausgangs des Verfahrens der Billigkeit entspricht. Dazu bietet § 81 Abs. 2 FamFG eine Leitlinie.[75] Die **Billigkeitsentscheidung** nach Abs. 2 (Abs. 4 aF) richtet sich zunächst am Erfolg der Anträge aus.[76] Der unzulässige oder unbegründete Antrag, der nicht zu einer Erhöhung der Kompensation führt, wird regelmäßig[77] dazu führen, dass die außergerichtlichen Kosten der Antragsteller nicht dem Antragsgegner überbürdet werden.[78] Wenn den Antragstellern auch die Gerichtskosten auferlegt werden, wird es kaum in Betracht kommen, ihre außergerichtlichen Kosten dem Antragsgegner aufzuerlegen. Entsprechendes gilt bei der Antragsrücknahme. Auch der Erfolg des Antrags allein, insbesondere wenn er geringfügig ist, führt nicht dazu, dass die Auferlegung der außergerichtlichen Kosten auf den Antragsgegner der Billigkeit entspricht. Ein Gesichtspunkt der Billigkeitsentscheidung ist auch, ob die Informationsgrundlage zur Kompensation so schlecht oder unvollständig war, dass die Antragsteller deshalb zur Antragstellung herausgefordert wurden, oder Fragen dazu ausweichend oder unvollständig beantwortet wurden. Die Antragsteller können uU nicht beurteilen, ob die ihnen zum Unternehmenswert gegebenen Informationen zutreffen, und werden zur Schließung von Informationslücken ins Spruchverfahren verwiesen. Es ist nicht gerechtfertigt, ihnen dann auch noch das Kostenrisiko aufzuerlegen.[79] Das berücksichtigt auch den Zweck der Kostenregelung, Antragsteller von voreiligen oder missbräuchlichen Anträgen abzuhalten. Daher kommt es nicht nur auf den Erfolg, sondern auch darauf an, ob sich der Antragsgegner vor der Antragstellung und im Verfahren kooperativ verhalten hat oder notwendige Informationen zurückgehalten oder nur verzögert gegeben hat.[80] Im übrigen führt ein nicht nur unerheblicher Erfolg in der Regel dazu, die außergerichtlichen Kosten der Antragsteller vollständig dem Antragsgegner aufzuerlegen,[81] Erfolglosigkeit bei zureichender Vorabinformation dagegen dazu, dass es bei der gesetzlichen Regel bleibt. Die Kosten können auch geteilt[82] oder zwischen verschiedenen Antragstellern unterschieden werden. Notwendige Kosten sind neben den Kosten für Rechtsberatung etwa Fahrtkosten zur mündlichen Verhandlung oder sonstige Vorbereitungskosten. Dazu gehören die Kosten für Privatgutachten nur ausnahmsweise.[83] Der in eigener Sache tätige Rechtsanwalt kann keine Gebühren verlangen.[84] Das kann auch nicht durch die Beauftragung eines Sozius umgangen werden.[85]

25 **b) Kosten der Antragsgegner.** Dass außergerichtliche Kosten des Antragsgegners von den Antragstellern zu erstatten sind, kann in erster Instanz nicht angeordnet werden, weil Abs. 2 § 13a

---

[73] Dreier/Fritzsche/Verfürth/*Fritzsche* Rn. 82; Widmann/Mayer/*Wälzholz* Rn. 3.
[74] OLG Frankfurt NZG 2009, 428; OLG Düsseldorf AG 2004, 390; AG 2013, 226; Kölner Komm SpruchG/*Roßkopf* Rn. 48; aA OLG Frankfurt AG 1993, 518; *Lappe* NJW 2005, 263 (269); Widmann/Mayer/*Wälzholz* Rn. 24.
[75] MüKoAktG/*Kubis* Rn. 20.
[76] *Büchel* NZG 2003, 793 (804); *Lamb/Schluck-Amend* DB 2003, 1259 (1262); Kölner Komm SpruchG/*Roßkopf* Rn. 54; Widmann/Mayer/*Wälzholz* Rn. 47; aA – in der Regel Kostenbelastung des Antragsgegners Emmerich/Habersack/*Emmerich* Rn. 21.
[77] *Wasmann* WM 2004, 819 (825); *Klöcker/Frowein* Rn. 15; Lutter/*Mennicke* Rn. 16.
[78] *Bungert/Mennicke* BB 2003, 2021 (2030); Hüffer/Koch/*Koch* Rn. 6; Kölner Komm AktG/*Koppensteiner* AktG Anh. § 327f Rn. 52.
[79] *Meilicke/Heidel* DB 2003, 2267 (2274); *Emmerich* FS Tilmann, 2003, 925 (935); *Wittgens*, Das Spruchverfahrensgesetz, 2005, 298; zu eng daher Tomson/Hammerschmitt NJW 2003, 2572 (2575).
[80] Ähnlich *Wittgens*, Das Spruchverfahrensgesetz, 2005, 298.
[81] *Bungert/Mennicke* BB 2003, 2021 (2030); Dreier/Fritzsche/Verfürth/*Fritzsche* Rn. 33.
[82] BayObLGZ 2004, 200 = NZG 2004, 1111; *Bungert/Mennicke* BB 2003, 2021 (2030); Hüffer/Koch/*Koch* Rn. 6; *Klöcker/Frowein* Rn. 16; Widmann/Mayer/*Wälzholz* Rn. 48.
[83] OLG Düsseldorf AG 1992, 234; AG 2011, 754; OLG Zweibrücken AG 1997, 182; Dreier/Fritzsche/Verfürth/*Fritzsche* Rn. 37; *Klöcker/Frowein* Rn. 25; Widmann/Mayer/*Wälzholz* Rn. 63.
[84] BGH ZIP 2014, 491 Rn. 7; OLG Düsseldorf AG 2016, 367 (369); OLG München AG 2007, 411; BayObLG Rpfleger 2006, 571.
[85] OLG Düsseldorf AG 2016, 367 (369).

Abs. 1 FGG bzw. § 81 FamFG verdrängt, vgl. § 81 Abs. 5 FamFG.[86] Das setzt aber voraus, dass das SpruchG anwendbar ist, so dass die außergerichtlichen Kosten des Antragsgegners den Antragstellern auferlegt werden können, wenn ein Spruchverfahren gar nicht statthaft ist (→ § 1 Rn. 31). Das gleiche gilt für die Kosten eines Beteiligten, der zu Unrecht als vermeintlicher Antragsgegner in das Verfahren gezogen wurde; sein Erstattungsanspruch wird von Abs. 4 nicht ausgeschlossen.

c) Im Beschwerdeverfahren. Die gleichen Grundsätze für die Kostenerstattung durch den 26 Antragsgegner bzw. die Antragsteller galten bis zum Inkrafttreten des FamFG auch für die Entscheidung über die außergerichtlichen Kosten in der **Beschwerde.** Zwar ordnete § 13a Abs. 1 S. 2 FGG an, dass ein Beteiligter die durch ein unbegründetes Rechtsmittel veranlassten Kosten zu tragen hat. § 13a Abs. 1 FGG wurde aber durch Abs. 2 (früher Abs. 4) verdrängt. Abs. 2 trat nicht nur an die Stelle von § 13a Abs. 1 S. 1 FGG.[87] Die Gründe für die flexible Kostenentscheidung nach Abs. 2 ohne Belastung der Antragsteller mit den außergerichtlichen Kosten der Antragsgegner – der Ausschluss von Rechtsmitteln gegen die Strukturmaßnahme und unzureichende Information – galten auch im Beschwerdeverfahren, wenn auch nach einer erstinstanzlichen Entscheidung nur eingeschränkt. Dass ein Rechtsmittel unbegründet ist, war daher bei der zu treffenden Billigkeitsentscheidung zu berücksichtigen, wenn auch keine Belastung mit den Kosten der Antragsgegner möglich war. Soweit dagegen § 97 ZPO ins Feld geführt wurde, wurde übersehen, dass auch in Streitverfahren der ZPO § 92 Abs. 2 Nr. 2 ZPO bei Wertbestimmungen, der die Ermittlung der angemessenen Kompensation ähnlich sind, keine strikte Kostenentscheidung nach Erfolg oder Misserfolg des Rechtsmittels vorschreibt. Mit dem FGG-RG hat sich das geändert. Jetzt bestimmt **§ 84 FamFG** ausdrücklich, dass die Kosten eines erfolglosen Rechtsmittels dem Beschwerdeführer auferlegt werden sollen, was in Ausnahmefällen Raum für eine Billigkeitsentscheidung lässt, aber auch ermöglicht, erfolglosen Antragstellern die Kosten des Antragsgegners im Rechtsmittelverfahren aufzuerlegen.[88] § 84 FamFG ist insoweit nicht nur eine Folgenorm zu § 81 FamFG, dessen Abs. 5 eine Anwendung des FamFG dort ausschließt, wo wie mit § 15 eine bundesgesetzliche Kostenregelung existiert.[89] Die Grundsätze gelten auch bei der Beschwerde gegen Zwischenentscheidungen.[90]

d) Entscheidung und Rechtsmittel. Die Entscheidung über die außergerichtlichen Kosten 27 der Antragsteller ist mit der Entscheidung in der Hauptsache oder, wenn eine solche nicht erfolgt, mit der Entscheidung über die Gerichtskosten zu treffen. Zuständig für die Entscheidung ist nach § 2 Abs. 3 Nr. 6 der Vorsitzende der KfH, wenn sie nicht mit der Endentscheidung erfolgt. Die Kostenentscheidung kann in Verfahren, die in erster Instanz vor dem 1. September 2009 beantragt wurden, nach § 20a Abs. 1 FGG nur zusammen mit der Hauptsache angefochten werden. Für seither beantragte Verfahren lässt § 58 FamFG auch die Beschwerde nur gegen eine Kostenentscheidung zu.[91] Liegt eine isolierte Kostenentscheidung vor, kann sie nach § 20a Abs. 2 FGG mit der sofortigen **Beschwerde** angefochten werden,[92] wenn der Wert des Beschwerdegegenstands

---

[86] BGH NZG 2012, 191 Rn. 11; OLG Stuttgart AG 2015, 321 (326); Hüffer/Koch/*Koch* Rn. 6; Simon/*Winter* Rn. 102; Emmerich/Habersack/*Emmerich* Rn. 21a; Bürgers/Körber/*Ederle/Theusinger* Rn. 7; Dreier/Fritzsche/Verfürth/*Fritzsche* Rn. 39; *Wittgens*, Das Spruchverfahrensgesetz, 2005, 300; *Noack*, Das Spruchverfahren nach dem Spruchverfahrensgesetz, 2014, 144; aA *Klöcker/Frowein* Rn. 18; K. Schmidt/Lutter/*Klöcker* Rn. 18; Lutter/*Mennicke* Rn. 17; MüKoAktG/*Kubis* Rn. 21; Kölner Komm SpruchG/*Roßkopf* Rn. 62. Vgl. zum Rechtszustand vor dem Inkrafttreten des FGG-RG BayObLGZ 2004, 200 = NZG 2004, 1111.
[87] BGH NZG 2012, 191 Rn. 26; KG Beschl. v. 31.7.2009–2 W 255/08, ZIP 2009, 1714; OLG Frankfurt Beschl. v. 4.5.2009–20 W 84/09, NZG 2009, 1225; KG NZG 2009, 752; KG Beschl. v. 24.1.2008 – 2 W 83/07, NZG 2008, 469; KG AG 2009, 199; OLG Düsseldorf AG 2005, 480; BayObLGZ 2004, 200 = NZG 2004, 1111; BayObLG NZG 2006, 33; OLG Stuttgart AG 2006, 421; *Meilicke/Heidel* DB 2003, 2267 (2275); aA OLGR Düsseldorf 2009, 438; OLG München ZIP 2010, 369; OLG Karlsruhe NZG 2006, 670; OLG Zweibrücken ZIP 2005, 948; NZG 2004, 872; Simon/*Winter* Rn. 103; *Klöcker/Frowein* Rn. 19; Lutter/*Mennicke* Rn. 18; zur Rechtslage vor dem SpruchG ebenso BayObLGZ 1973, 106 = WM 1973, 1030; OLG Frankfurt NJW 1972, 641; aus Gründen eines Minderheitenschutzes, dessen Bezug zur Kostenentscheidung aber unklar bleibt, differenzierend zwischen aktienrechtlichen und umwandlungsrechtlichen Spruchverfahren BayObLGZ 2002, 400 = NZG 2003, 483; aA BayObLG AG 2003, 631; KG AG 2000, 364.
[88] OLG München AG 2017, 203; Lutter/*Mennicke* Rn. 18; *Preuß* NZG 2009, 961 (966); *Noack* NZG 2017, 653 (654); *Noack*, Das Spruchverfahren nach dem Spruchverfahrensgesetz, 2014, 140; aA Emmerich/Habersack/*Emmerich* Rn. 21; offen OLG Stuttgart ZIP 2018, 1398 (1401).
[89] *Preuß* NZG 2009, 961 (966); MüKoAktG/*Kubis* Rn. 20; *Noack*, Das Spruchverfahren nach dem Spruchverfahrensgesetz, 2014, 140.
[90] OLG Düsseldorf ZIP 2017, 1210 (1211).
[91] Lutter/*Mennicke* § 12 Rn. 5; aA MüKoAktG/*Kubis* Rn. 24.
[92] Widmann/Mayer/*Wälzholz* Rn. 55.

100 Euro übersteigt, nach § 58 FamFG bei einer Beschwer von mehr als 600 Euro.[93] Gegen die Entscheidung des Beschwerdegerichts findet weder eine Beschwerde noch die weitere Beschwerde statt.

28   **2. Gebührenhöhe.** Der **Gegenstandswert** für die Gebühren des Prozessbevollmächtigten **des Antragsgegners** richtet sich nach den für die Gerichtsgebühren geltenden Wertvorschriften, § 23 Abs. 1 RVG. Die Wertfestsetzung für die Geschäftsgebühr durch das Gericht ist auch für die Gebühr des Rechtsanwalts maßgeblich, § 32 Abs. 1 RVG. Der Rechtsanwalt kann eine zusätzliche Geschäftsgebühr nach Nr. 2300 des Vergütungsverzeichnisses in Anlage 1 zum RVG verlangen, in der Regel die Schwellengebühr von 1,3,[94] die allerdings nicht anfällt, wenn der Anwalt – was bei Spruchverfahren die Regel sein dürfte – von vornherein mit der Prozessführung beauftragt wird. Im Übrigen ergeben sich die Gebühren für das Verfahren der freiwilligen Gerichtsbarkeit aus dem Vergütungsverzeichnis in Anlage 1 zum RVG, also Nr. 3100, 3104 und ggf. Nr. 1000 bzw. 1003, für das Beschwerdeverfahren Nr. 3200 ff.[95]

29   Grundsätzlich ist die Wertfestsetzung durch das Gericht auch der Anknüpfungspunkt für den Gegenstandswert der Gebühr des Prozessbevollmächtigten **des Antragstellers**. § 31 Abs. 1 RVG bestimmt jedoch, dass sich der Gegenstandswert für die Gebühr bei ihm nach dem Bruchteil des für die Gerichtsgebühren geltenden Geschäftswerts richtet, der sich aus dem Verhältnis der Anzahl der **Anteile seines Auftraggebers** zu der Gesamtzahl der Anteile aller Antragsteller ergibt. Der gerichtliche Geschäftswert ist damit durch die Zahl der Anteile aller Antragsteller zu teilen und mit der Zahl der Anteile des einzelnen Antragstellers zu multiplizieren. Ist die Anzahl der auf einen Antragsteller entfallenden Anteile nicht gerichtsbekannt, wird vermutet, dass er lediglich einen Anteil hält.[96] Maßgeblich sind die im Spruchverfahren gemachten Angaben in der Antragsbegründung.[97] Das Gericht kann aber nachträglich noch eine Frist zur Widerlegung der Vermutung und Mitteilung der Anteile setzen.[98] Jedenfalls sind nach der Festsetzung der Festsetzung des Gegenstandswerts gemachte Angaben nicht mehr zu berücksichtigen.[99] Die (vermuteten) Anteile derjenigen Antragsteller, deren Anteile als unzulässig zurückgewiesen worden sind, weil sie ihre Antragsberechtigung nicht nachgewiesen haben, bleiben unberücksichtigt.[100] Bei unterschiedlichen Anteilswerten ist das Verhältnis der Anteilswerte maßgebend.[101] Wegen der Abhängigkeit vom Gegenstandswert des Verfahrens kommt es nicht darauf an, welches Ziel mit dem Antrag verfolgt wurde, auch wenn in einem Verfahren Ausgleich und Abfindung festgesetzt werden.[102] Der Wert beträgt mindestens 5.000 Euro. Die Werte mehrerer Auftraggeber sind zusammenzurechnen. Der Wert ist nach § 33 Abs. 1 RVG nur auf Antrag durch das Gericht in einem selbständigen Beschluss festzusetzen, der erst nach Erlass einer Kostengrundentscheidung gestellt werden kann.[103] Gegen diese Entscheidung kann nach § 33 Abs. 3 RVG Beschwerde eingelegt werden.[104] Im Übrigen gilt für die Gebühren das Vergütungsverzeichnis in Anlage 1 zum RVG.[105]

30   Der **Gegenstandswert** der Anwaltsgebühren eines Prozessbevollmächtigten **des gemeinsamen Vertreters,** soweit seine Einschaltung überhaupt notwendig war, richtet sich nach dem Geschäftswert (→ § 6 Rn. 18 ff. auch zur Gebührenhöhe).

31   **3. Kostenfestsetzung.** Aus dem Beschluss über die Kostentragungspflicht können die Kosten nach § 104 ZPO festgesetzt werden,[106] außer der Antragsgegner befindet sich inzwischen in Insolvenz.[107] Zuständig ist das Landgericht. Gegen die Entscheidung findet nach § 104 Abs. 3 ZPO die sofortige Beschwerde entsprechend §§ 567 ff. ZPO statt, über die das für die Hauptsache zuständige Oberlandesgericht zu entscheiden hat.[108] Gegen die Entscheidung des Oberlandesge-

---

[93] AA – keine Beschwerde statthaft – MüKoAktG/*Kubis* Rn. 24.
[94] AA Kölner Komm SpruchG/*Roßkopf* Anh. § 15 Rn. 21.
[95] Lutter/*Mennicke* Rn. 19; aA Widmann/Mayer/*Wälzholz* Rn. 59: Nr. 2400. Früher § 118 BRAGO: OLG Düsseldorf DB 1997, 2112.
[96] OLG Düsseldorf AG 2016, 367 (368); AG 2017, 787 (788).
[97] OLG Düsseldorf AG 2016, 367 (368); AG 2017, 787 (788).
[98] OLG Düsseldorf AG 2016, 367 (368); AG 2017, 787 (788).
[99] OLG Düsseldorf AG 2016, 367 (369).
[100] OLG Düsseldorf AG 2017, 787 (788).
[101] Kölner Komm SpruchG/*Roßkopf* Anh. § 15 Rn. 9.
[102] AA Kölner Komm SpruchG/*Roßkopf* Anh. § 15 Rn. 10.
[103] OLG Düsseldorf AG 2016, 367 (369).
[104] Widmann/Mayer/*Wälzholz* Rn. 61.
[105] Früher § 118 BRAGO: OLG Düsseldorf DB 1997, 2112; BayObLG AG 2003, 636.
[106] BGH ZIP 2014, 491 Rn. 6; UmwG Rn. 9; Widmann/Mayer/*Wälzholz* Rn. 66.
[107] BayObLG ZInsO 2002, 829; für Massekosten Emmerich/Habersack/*Emmerich* § 11 Rn. 17.
[108] BGH ZIP 2014, 491 Rn. 6; BayObLG ZInsO 2002, 829; Widmann/Mayer/*Wälzholz* Rn. 67.

richts ist nach Zulassung entsprechend § 574 ZPO die Rechtsbeschwerde an den Bundesgerichtshof statthaft.[109]

§ 16 Zuständigkeit bei Leistungsklage

Für Klagen auf Leistung des Ausgleichs, der Zuzahlung oder der Abfindung, die im Spruchverfahren bestimmt worden sind, ist das Gericht des ersten Rechtszuges und der gleiche Spruchkörper ausschließlich zuständig, der gemäß § 2 mit dem Verfahren zuletzt inhaltlich befasst war.

Schrifttum: S. § 1, außerdem *Bilda,* Abfindungsansprüche bei vertragsüberlebenden Spruchverfahren, NZG 2005, 375; *Meilicke,* Erste Probleme mit § 16 SpruchG, NZG 2004, 547.

I. Normzweck

§ 16 regelt die **Zuständigkeit** für die Klage auf Leistung der Kompensation. Damit soll die 1 Sachkenntnis, die das Gericht durch das Spruchverfahren erworben hat, für die Leistungsklage fruchtbar gemacht werden.[1] Dagegen wird die Leistungsklage nicht insgesamt den Regeln des FGG oder FamFG unterworfen.[2] An die Bestimmung der Kompensation im Spruchverfahren ist das Gericht der Leistungsklage gebunden.[3] Die Leistungsklage selbst wird nicht geregelt. Die Beweislast richtet sich nach den allgemeinen Regeln, so dass der Kläger beweisen muss, dass er einen Abfindungsanspruch erworben hat.[4]

II. Anwendungsbereich

Die Anwendung ist trotz des Wortlauts nicht auf Klagen beschränkt, mit denen die Zahlung 2 der Kompensation als Leistungsklage verlangt wird. Schon nach dem Wortlaut ist nicht nur das erfasst, was das Gericht zusätzlich festgesetzt hat, sondern die gesamte geschuldete Kompensation.[5] Die Zuständigkeit erfasst auch die Nebenforderungen.[6] Auch auf eine Feststellungsklage ist die Vorschrift nach ihrem Normzweck anzuwenden.[7] Die Zuständigkeit betrifft nicht nur Antragsteller, sondern alle Anteilsinhaber, die die Leistung der Kompensation verlangen, und auch den Abfindungsergänzungsanspruch. Für Leistungsklagen, die vor dem Ende des Spruchverfahrens anhängig gemacht wurden, gilt sie nicht.[8] Das wäre zwar sinnvoll, doch stehen dem der Wortlaut von § 16 SpruchG und § 261 Abs. 3 Nr. 2 ZPO entgegen. Die Vorschrift ist auch auf Spruchverfahren anwendbar, die in erster Instanz noch nach altem Recht vor Inkrafttreten des SpruchG abgeschlossen wurden.[9]

Die Zuständigkeit ist **sachlich und örtlich** ausschließlich.[10] Damit ist nach § 40 Abs. 2 S. 2 ZPO 3 auch eine rügelose Einlassung nach § 39 ZPO ausgeschlossen.[11] Die Vorschrift ist auch gegenüber ausländischen Schuldnern anwendbar, weil nach Art. 5 Nr. 1a EuGVVO die deutschen Gerichte international zuständig sind.[12] Der ausländische Schuldner kann aber auch im Gerichtsstand von

---

[109] BGH ZIP 2014, 491 Rn. 6; NZG 2014, 33 Rn. 10 ff.
[1] RegE BT-Drs. 15/371, 18.
[2] *Meilicke* NZG 2004, 547 (548).
[3] *Klöcker/Frowein* Rn. 5; zum früheren Recht OLG Hamburg AG 2002, 409.
[4] BGH NZG 2006, 623; *Bilda* NZG 2005, 375 (380); aA im Erg. OLG Jena NZG 2005, 400.
[5] *Meilicke* NZG 2004, 547 (549); Emmerich/Habersack/*Emmerich* Rn. 4; Kölner Komm SpruchG/*Roßkopf* Rn. 7.
[6] *Meilicke* NZG 2004, 547 (548); Emmerich/Habersack/*Emmerich* Rn. 4; Kölner Komm SpruchG/*Roßkopf* Rn. 8; Lutter/*Mennicke* Rn. 2; NK-AktR/*Weingärtner* Rn. 2; Hüffer/Koch/*Koch* Rn. 2; MüKoAktG/*Kubis* Rn. 2; Dreier/Fritzsche/Verfürth/*Fritzsche* 3; aA *Wittgens,* Das Spruchverfahrensgesetz, 2005, 261; für Verzugsschaden auch *Winter* Rn. 12.
[7] *Meilicke* NZG 2004, 547 (549); Kölner Komm SpruchG/*Roßkopf* Rn. 6; Simon/*Winter* Rn. 5; Hüffer/Koch/*Koch* Rn. 2; MüKoAktG/*Kubis* Rn. 2; aA *Wittgens,* Das Spruchverfahrensgesetz, 2005, 261.
[8] LG München AG 206, 551; Lutter/*Mennicke* Rn. 2, allerdings mit Ausnahme bei Kompensationserhöhung; Emmerich/Habersack/*Emmerich* Rn. 8; Simon/*Winter* Rn. 7; aA *Meilicke* NZG 2004, 547 (550); Kölner Komm SpruchG/*Roßkopf* Rn. 11.
[9] OLG Frankfurt AG 2011, 337; LG Dortmund NZG 2009, 114; *Meilicke* NZG 2004, 547 (551); Kölner Komm SpruchG/*Roßkopf* Rn. 12; NK-AktR/*Weingärtner* Rn. 6.
[10] Hüffer/Koch/*Koch* Rn. 2; Kölner Komm SpruchG/*Roßkopf* Rn. 17.
[11] AA *Meilicke* NZG 2004, 547 (548).
[12] LG München I AG 2011, 801; Kölner Komm SpruchG/*Roßkopf* Rn. 20; Simon/*Winter* Rn. 15; vgl. *Nießen* NZG 2006, 441 (444); aA *Meilicke* NZG 2004, 547 (551): Art. 22 Nr. 2 EuGVVO; Emmerich/Habersack/*Emmerich* Rn. 9; *Wittgens,* Das Spruchverfahrensgesetz, 2005, 259: keine internationale Zuständigkeit.

Art. 2 EuGVVO verklagt werden, so dass § 16 insoweit keinen ausschließlichen Gerichtsstand begründet.[13] Die Vorschrift bestimmt darüber hinaus den **zuständigen Spruchkörper** und regelt damit gesetzlich die Geschäftsverteilung.[14] Die unzuständige Zivilkammer oder KfH hat entsprechend § 17a Abs. 2 GVG zu verweisen.[15]

III. Inhaltliche Befassung

4 Das Gericht muss mit dem Spruchverfahren inhaltlich befasst gewesen sein. Die Zuständigkeit umfasst auch Fälle, in denen die ursprünglich angebotene Kompensation im Spruchverfahren nicht verändert wurde und die **Anträge zurückgewiesen** wurden, außer alle Anträge wurden als unzulässig abgewiesen.[16] Erst dann ist die Zuständigkeit weder mit dem Zweck der Norm, der besonderen Sachkenntnis, zu rechtfertigen noch hat das Gericht, wie dies nach dem Wortlaut erforderlich ist, die Leistung bestimmt.

5 **Zuletzt befasst** war der **Spruchkörper,** der die erstinstanzliche Entscheidung erlassen hat oder vor dem ein Vergleich[17] geschlossen wurde. Wird der Vergleich in der Beschwerde geschlossen, ist der Spruchkörper zuständig, der die erstinstanzliche Entscheidung erlassen hatte. Dieser Spruchkörper ist auch dann zuständig, wenn er nach der Geschäftsverteilung des Gerichts gar nicht mit Leistungsklagen befasst ist. Wenn der Spruchkörper nicht mehr existiert, richtet sich die funktionelle Zuständigkeit nach dem Geschäftsverteilungsplan des Gerichts. Auf die Frage, ob der Vorsitzende der KfH oder das Gericht in der Besetzung nach § 105 GVG zu entscheiden hat, wirkt sich die Bestimmung des Spruchkörpers nicht aus. Für die Berufung gilt die Zuständigkeit nicht. Beim Oberlandesgericht ist nicht kraft Gesetzes der Spruchkörper für die Berufung zuständig, der über die Beschwerde entschieden hat.[18]

§ 17 Allgemeine Bestimmungen; Übergangsvorschrift

(1) Sofern in diesem Gesetz nichts anderes bestimmt ist, finden auf das Verfahren die Vorschriften des Gesetzes über das Verfahren in Familiensachen und in den Angelegenheiten der freiwilligen Gerichtsbarkeit Anwendung.

(2) ¹Für Verfahren, in denen ein Antrag auf gerichtliche Entscheidung vor dem 1. September 2003 gestellt worden ist, sind weiter die entsprechenden bis zu diesem Tag geltenden Vorschriften des Aktiengesetzes und des Umwandlungsgesetzes anzuwenden. ²Auf Beschwerdeverfahren, in denen die Beschwerde nach dem 1. September 2003 eingelegt wird, sind die Vorschriften dieses Gesetzes anzuwenden.

Schrifttum: S. § 1; außerdem *Gude,* Zweifelsfragen bei der Beschwerde nach dem Spruchverfahrensgesetz, AG 2005, 233.

I. Normzweck

1 Da das Spruchverfahren ein Verfahren der freiwilligen Gerichtsbarkeit ist, bestimmt Abs. 1, dass das FamFG entsprechend gilt.[1] Abs. 2 enthält die **Übergangsvorschrift** für das Inkrafttreten des SpruchG. Um die Anwendung des neuen SpruchG zu beschleunigen, wurde seine Geltung auch für Beschwerdeverfahren ab dem 1. September 2003 angeordnet, die noch unter dem früheren Recht eingeleitete erstinstanzliche Verfahren betreffen.[2] Für Verfahren, die in erster Instanz vor dem 1. September 2009 begonnen wurden, sind nach dem bisherigen Abs. 1 die Vorschriften des FGG weiterhin anwendbar.[3]

---

[13] Kölner Komm SpruchG/*Roßkopf* Rn. 20; Widmann/Mayer/*Wälzholz* Rn. 17.
[14] OLG Frankfurt AG 2011, 337; *Klöcker/Frowein* Rn. 8; Kölner Komm SpruchG/*Roßkopf* Rn. 1.
[15] OLG Frankfurt AG 2011, 337; LG Dortmund NZG 2009, 114.
[16] Kölner Komm SpruchG/*Roßkopf* Rn. 9; Simon/*Winter* Rn. 9; Emmerich/Habersack/*Emmerich* Rn. 7; aA Lutter/*Mennicke* Rn. 2; *Meilicke* NZG 2004, 547 (550).
[17] Kölner Komm SpruchG/*Roßkopf* Rn. 10; *Wittgens,* Das Spruchverfahrensgesetz, 2005, 270.
[18] *Büchel* NZG 2003, 793 (800); *Meilicke* NZG 2004, 547 (551); Dreier/Fritzsche/Verfürth/*Fritzsche* Rn. 18; *Klöcker/Frowein* Rn. 10.
[1] RegE BT-Drs. 15/371, 18.
[2] RAusschuss BT-Drs. 15/838, 18.
[3] *Preuß* NZG 2009, 961; OLG München ZIP 2010, 496; vgl. auch BGH ZIP 2010, 446.

Allgemeine Bestimmungen; Übergangsvorschrift 2–5 § 17 SpruchG

II. Geltung von Vorschriften des FamFG/FGG

Die Verweisung in Abs. 1 bezieht sich auf das Buch 1 – Allgemeiner Teil – des FamFG, wo insbesondere die Abschnitte 1 bis 7 auch für das Spruchverfahren relevante Regelungen enthalten. Sie gilt nur für Verfahren, die seit dem 1. September 2009 beantragt wurden, Art. 111 Abs. 1 FGG-RG. Soweit das FamFG keine Regelungen enthält, kann auf die ZPO zurückgegriffen werden, weil es sich um ein Streitverfahren der freiwilligen Gerichtsbarkeit handelt.[4] 2

Aufgrund der Verweisung in Abs. 1 aF gelten für Altverfahren, die vor dem 1. September 2009 beantragt wurden, folgende **Vorschriften des FGG** auch im Spruchverfahren: § 2 (Rechtshilfe), §§ 4 und 5 (Zuständigkeit und Zuständigkeitsbestimmung) nach Maßgabe von § 2, § 6 (Ausschluss und Befangenheit von Richtern), § 7 (keine Unwirksamkeit richterlicher Handlungen wegen Unzuständigkeit), § 8 (Gerichtssprache, Sitzungspolizei, Beratung und Abstimmung), § 9 (Dolmetscher), § 11 (Anträge zu Protokoll der Geschäftsstelle) mit Ausnahme von § 12 Abs. 1, § 12 (Amtsermittlungsgrundsatz) mit den in → § 8 Rn. 3 geschilderten Grenzen, § 13 (Vertretung), § 14 (Prozesskostenhilfe), § 15 (Beweisaufnahme), § 16 (Bekanntgabe und Wirksamkeit von Verfügungen), mit Einschränkungen nach § 13, § 17 (Fristberechnung), § 18 (Änderung gerichtlicher Verfügungen) für Zwischenentscheidungen, § 20 Abs. 1 (Beschwerdeberechtigung), § 20a (Anfechtung der Kostenentscheidung), § 22 Abs. 2 (Wiedereinsetzung), § 23 (Neues Vorbringen), § 25 (Begründung der Beschwerdeentscheidung), § 28 Abs. 2 und 3 (Divergenzvorlage), § 29a (Anhörungsrüge), § 30 (Besetzung des Beschwerdegerichts),[5] § 31 (Rechtskraftzeugnis), § 33 (Zwangsgeld) und § 34 (Akteneinsicht). Wo auch das FGG keine Regelung enthält, sind die Vorschriften der Zivilprozessordnung entsprechend heranzuziehen. 3

III. Übergangsregelung

Das SpruchG gilt nicht für Verfahren, in denen ein Antrag auf gerichtliche Entscheidung **vor dem 1. September 2003** gestellt worden ist. Ein verfrühter unzulässiger Antrag vor dem 1. September ist nach altem Recht zu behandeln, auch wenn er erst nach dem 1. September 2003 zulässig wird.[6] Werden mehrere Anträge, von denen ein zulässiger Antrag vor und ein Antrag seit dem 1. September 2003 gestellt worden ist, zu einem Verfahren verbunden, gilt nach dem Wortlaut von Abs. 2 S. 1 einheitlich altes Recht.[7] Entsprechendes gilt für Beschwerdeverfahren, wenn eine Beschwerde vor, eine andere nach dem 1. September 2003 eingelegt wurde. Für das **Beschwerdeverfahren** gilt neues Recht, wenn die Beschwerde nach dem 1. September eingelegt wurde. Das erstinstanzliche Verfahren ist vom Beschwerdegericht aber grundsätzlich nach altem Recht zu beurteilen. Für die Antragstellung gilt damit nicht § 4.[8] Nur auf das Beschwerdeverfahren selbst sind die Vorschriften des SpruchG anwendbar. Da das Beschwerdegericht den Geschäftswert neu festsetzen kann und auch die Kostentragung für die erste Instanz neu bestimmen kann, kann es, wenn für das **Beschwerdeverfahren** das SpruchG gilt, die neuen Kosten- und Gebührenvorschriften des § 15 SpruchG für das Beschwerdeverfahren zugrundelegen und, sofern sich aus der bisherigen Regelung nichts abweichendes ergibt, den Mindestwert für das erstinstanzliche Verfahren entsprechend § 15 mit 200 000 Euro bestimmen.[9] Dagegen ist auf unselbständige Beschwerden gegen Zwischenentscheidungen in einem nach alten Recht geführten Spruchverfahren altes Recht anzuwenden,[10] um Friktionen zwischen den Entscheidungen des Landgerichts und des Beschwerdegerichts zu vermeiden. § 16 ist auch auf Altfälle anwendbar (→ § 16 Rn. 2), ebenso § 11 Abs. 2–4. 4

Entsprechend ist mit **Änderungen** des SpruchG durch das **FGG-RG** zu verfahren: für Verfahren die ab dem 1. September 2009 beantragt wurden, gilt neues Recht, sowohl die neuen Vorschriften des SpruchG als auch des FamFG (Art. 111 Abs. 1 FGG-RG).[11] Bei mehreren Anträgen, die teils 5

---

[4] *Preuß* NZG 2009, 961.
[5] AA Kölner Komm SpruchG/*Roßkopf* Rn. 8.
[6] OLG Düsseldorf AG 2007, 205; OLG Frankfurt AG 2006, 160; BayObLG NZG 2006, 33; LG München I NZG 2005, 91; Simon/*Winter* Rn. 22; *Bungert/Mennicke* BB 2003, 2021 (2022); Dreier/Fritzsche/Verfürth/*Fritzsche* Rn. 21; *Klöcker/Frowein* Rn. 23; Emmerich/Habersack/*Emmerich* Rn. 2; Bürgers/Körber/Ederle/Theusinger Rn. 2; aA LG Dortmund DB 2005, 380 m. Anm. *Wasmann;* DB 2003, 1559; Hüffer/Koch/*Koch* Rn. 4; Lutter/*Mennicke* Rn. 4; Kölner Komm SpruchG/*Roßkopf* Rn. 12. Zur Entscheidung über verfrühte Anträge → § 4 Rn. 5.
[7] OLG Frankfurt AG 2006, 160; OLG Düsseldorf AG 2007, 205; OLG Düsseldorf ZIP 2011, 1567; LG Frankfurt NZG 2004, 425; *Klöcker/Frowein* Rn. 23.
[8] OLG Hamburg AG 2004, 622; *Gude* AG 2005, 233 (236).
[9] BayObLGZ 2004, 200 = ZIP 2004, 1952; BayObLG NZG 2006, 33; OLG Karlsruhe ZIP 2018, 122 (128).
[10] IE auch OLG Düsseldorf ZIP 2011, 1567; *Bungert/Mennicke* BB 2003, 2021 (2022); *Klöcker/Frowein* Rn. 25.
[11] Vgl. BGH ZIP 2010, 446; BGHZ 186, 229 Rn. 5; BGH NZG 2012, 191 Rn. 3; OLG München ZIP 2010, 496.

SpruchG § 17 5

vor, teils ab 1. September 2009 gestellt wurden, und die verbunden wurden, gilt einheitlich altes Recht. Ein verfrühter Antrag ist nach neuem Recht zu behandeln, wenn er erst ab 1. September 2009 zulässig wurde. Besonderheiten für das Beschwerdeverfahren gelten allerdings im Gegensatz zum Inkrafttreten des SpruchG nicht, es richtet sich für Altverfahren daher nach dem FGG.[12] Das Kostenfestsetzungsverfahren ist ein selbständiges Verfahren, so dass für das anzuwendende Recht nicht der Zeitpunkt der Einleitung des Spruchverfahrens, sondern der Einleitung des Kostenfestsetzungsverfahrens maßgebend ist,[13] Für die Kostenvorschriften des durch das 2. KostRMoG mit Wirkung vom 1. August 2013 geänderten § 15 enthält § 136 GNotKG Übergangsregelungen (→ § 15 Rn. 3).

---

[12] OLG München ZIP 2010, 496; OLG Karlsruhe NZG 2017, 1188 (LS).
[13] BGH NZG 2014, 33 Rn. 5.

Internationales Gesellschaftsrecht

Schrifttum: *Altmeppen,* Schutz vor „europäischen" Kapitalgesellschaften, NJW 2004, 97; *Altmeppen,* Änderungen der Kapitalersatz- und Insolvenzverschleppungshaftung aus „deutsch-europäischer" Sicht, NJW 2005, 1911; *Altmeppen,* Existenzvernichtungshaftung und Scheinauslandsgesellschaften, FS Röhricht, 2005, 3; *Altmeppen/Wilhelm,* Gegen die Hysterie um die Niederlassungsfreiheit der Scheinauslandsgesellschaften, DB 2004, 1083; *Balthasar,* Gesellschaftsstatut und Gläubigerschutz: ein Plädoyer für die Gründungstheorie, RIW 2009, 221; *Bartels,* Zuzug ausländsicher Kapitalgesellschaft unter der Sitztheorie, ZHR 176 (2012), 412; *Bayer,* Die EuGH-Entscheidung „Inspire Art" und die deutsche GmbH im Wettbewerb der europäischen Rechtsordnungen, BB 2003, 2357; *Bayer,* Auswirkungen der Niederlassungsfreiheit nach den EuGH-Entscheidungen Inspire Art und Überseering auf die deutsche Unternehmensbestimmung, AG 2004, 534; *Bayer/J. Schmidt* Grenzüberschreitende Sitzverlegung und grenzüberschreitende Restrukturierungen nach MoMiG, Cartesio und Trabrennbahn, ZHR 173 (2009), 735; *Bayer/J. Schmidt* Das Vale-Urteil des EuGH: die endgültige Bestätigung der Niederlassungsfreiheit als „Formwechselfreiheit", ZIP 2012, 1481; *Bayer/J. Schmidt* Gläubigerschutz bei (grenzüberschreitenden) Verschmelzungen, ZIP 2016, 841; *Bayer/J. Schmidt* Grenzüberschreitende Mobilität von Gesellschaften: Formwechsel durch isolierte Satzungssitzverlegung, ZIP 2017, 2225; *Behme,* Der grenzüberschreitender Formwechsel von Gesellschaften nach Cartesio und Vale, NZG 2012, 936; *Behme,* Rechtsformwahrende Sitzverlegung und Rechtsformwechsel über die Grenze, 2015; *Behrens,* Das internationale Gesellschaftsrecht nach dem Überseering-Urteil des EuGH und den Schlussanträgen zu Inspire Art, IPRax 2003, 193; *Beitzke,* Kollisionsrecht von Gesellschaften und juristischen Personen, in Lauterbach, Vorschläge und Gutachten zur Reform des deutschen internationalen Personen- und Sachenrechts, 1972, 94; *Berndt,* Die Rechtsfähigkeit US-amerikanischer Kapitalgesellschaften im Inland, JZ 1996, 187; *Berner/Klöhn,* Insolvenzantragspflicht, Qualifikation und Niederlassungsfreiheit, ZIP 2007, 106; *Binz/Mayer,* Die Rechtsstellung von Kapitalgesellschaften aus Nicht-EU/EWR/USA-Staaten mit Verwaltungssitz in Deutschland, BB 2005, 2361; *Böttcher/Kraft,* Grenzüberschreitender Formwechsel und tatsächliche Sitzverlegung – Die Entscheidung VALE des EuGH, NJW 2012, 2701; *Bogler,* Gesellschafts- und Gesellschafterhaftung bei auseinanderfallen von Gründungs- und Sitzstaat, DB 1991, 848; *Borges,* Die Sitztheorie in der Centros-Ära: Vermeintliche Probleme und unvermeidliche Änderungen, RIW 2000, 167; *Braun/Eidenmüller/Engert/Hornuf,* Unternehmensgründungen unter dem Einfluss des Wettbewerbs der Gesellschaftsrechte, ZHR 177 (2013), 131; *Bungert,* Grenzüberschreitende Verschmelzungsmobilität, BB 2006, 53; *Däubler/Heuschmidt,* Cartesio und MoMiG – Sitzverlagerung ins Ausland und Unternehmensmitbestimmung, NZG 2009, 493; *Diego,* Die Niederlassungsfreiheit von Scheinauslandsgesellschaften in der Europäischen Gemeinschaft, 2004; *Drouven,* US-Gesellschaften mit Hauptverwaltungssitz in Deutschland im deutschen Recht, NZG 2007, 7; *Drury,* The regulation and recognition of foreign corporations: responses to the „Delaware Syndrome", Cambridge Law Journal 57 (1998), 165; *Drygala,* Europäische Niederlassungsfreiheit vor der Rolle rückwärts?, EuZW 2013, 569; *Drygala/v. Bressensdorf,* Gegenwart und Zukunft grenzüberschreitender Verschmelzungen und Spaltungen, NZG 2016, 1161; *Ebenroth/Kenner/Willburger,* Die Auswirkungen des genuin-link-Grundsatzes auf die Anerkennung US-amerikanischer Gesellschaften in Deutschland, ZIP 1995, 972; *Ebke,* Unternehmensrecht und Binnenmarkt – E pluribus unum, RabelsZ 62 (1998), 195; *Eidenmüller,* Wettbewerb der Gesellschaftsrechte in Europa, ZIP 2002, 2223; *Eidenmüller* (Hrsg.), Ausländische Kapitalgesellschaften im deutschen Recht, 2004; *Eidenmüller,* Mobilität und Restrukturierung von Unternehmen im Binnenmarkt, JZ 2004, 24; *Eidenmüller,* Geschäftsleiter- und Gesellschafterhaftung bei europäischen Auslandsgesellschaften mit tatsächlichem Inlandsitz, NJW 2005, 1618; *Eidenmüller,* Gesellschaftsstatut und Insolvenzstatut, RabelsZ (70) 2006, 474; *Eidenmüller/Rehberg,* Rechnungslegung von Auslandsgesellschaften, ZVglRWiss 105 (2006), 427; *Eidenmüller/Rehm,* Niederlassungsfreiheit versus Schutz des inländischen Rechtsverkehrs – Konturen des Europäischen Internationalen Gesellschaftsrechts, ZGR 2004, 159; EU-Kommission (Hrsg.), Study on the law applicable to companies, 2017; *Fleischer/Schmolke,* Die Rechtsprechung zum deutschen internationalen gesellschaftsrecht seit 1991, JZ 2008, 233; *Fischer,* Haftung für Scheininlandsgesellschaften, IPRax 1991, 100; *Forsthoff,* Die Bedeutung der Rechtsprechung des EuGH zur Mobilität von Gesellschaften über das Gesellschaftsrecht hinaus, EuZW 2015, 248; *Frank,* Formwechsel im Binnenmarkt, 2016; *Frenzel,* Grenzüberschreitende Verschmelzung von Kapitalgesellschaften, 2008; *Frenzel,* Immer noch keine Wegzugsfreiheit für Gesellschaften im Europäischen Binnenmarkt – die Cartesio-Entscheidung des EuGH, EWS 2009, 153; *Frobenius,* „Cartesio": Partielle Wegzugsfreiheit für Gesellschaften in Europa, DStR 2009, 487; *Geyrhalter/Weber,* Transnationale Verschmelzungen, DStR 2006, 146; *Göthel,* Delaware bestätigt Gründungstheorie und schützt Pseudo-Foreign Corporations, RIW 2006, 41; *Goette,* Zu den Folgen der Anerkennung ausländischer Gesellschaften mit tatsächlichem Sitz im Inland für die Haftung ihrer Gesellschafter und Organe, ZIP 2006, 541; *Grasmann,* System des internationalen Gesellschaftsrechts, 1970; *Grohmann,* Grenzüberschreitende Mobilität von Gesellschaften nach der Rechtsprechung des EuGH – von Daily Mail bis Cartesio, DZWiR 2009, 322; *Großerichter,* Ausländische Kapitalgesellschaften im deutschen Rechtsraum: Das deutsche Internationale Gesellschaftsrecht und seine Perspektiven nach der Entscheidung „Überseering", DStR 2003, 159; *Grunewald/H.F. Müller,* Ausländische Rechtsberatungsgesellschaften in Deutschland, NJW 2005, 465; *Haas,* Die Betätigungsfreiheit ausländischer Kapitalgesellschaften im Inland, DB 1997, 1501; *Haase/Tönwegge,* Zwangsliquidation einer GmbH bei im Ausland ansässigem Geschäftsführer?, DZWiR 2006, 57; *v. Halen,* Das Gesellschaftsstatut nach der Centros-Entscheidung des EuGH, 2001; *Happ/Holler,* „Limited" statt GmbH? – Risiken und Kosten werden gern verschwiegen, DStR 2004, 730; *v. Hein,* Die Rezeption US-amerikanischen Gesellschaftsrechts in Deutschland, 2008; *Hellgardt/Ilmer,* Wiederauferstehung der Sitztheorie?, NZG 2009, 94; *Herrler,* Gewährleistung des Wegzugs von Gesellschaften durch Art. 43, 48 EG nur in Form der Herausumwandlung – Anmerkungen zum Urt. des EuGH v. 16.12.2008 – Rs C-210/06, DNotZ 2009, 484; *Hess,* Back to the Past: BREXIT und das europäische internationale Privat- und Verfahrensrecht, IPRax 2016, 409; *Heymann,* Die nichteingetragene Gesellschaft mit beschränkter Haftung im deutsch-ausländischen Rechtsverkehr, IherJB 75 (1925), 408; *Hennrichs/Pöschke/van der Laage/Klavina,* Die Niederlassungsfreiheit der Gesellschaften in Europa, WM 2009, 2009; *Hirte/Bücker* (Hrsg), Grenzüberschreitende Gesellschaften, 2. Aufl. 2006; *Höfling,* Das englische internationale Gesellschaftsrecht, 2002; *Hoffmann,* Das Anknüpfungsmoment der Gründungstheorie, ZVerglRWiss 101 (2002), 283; *Hoffmann,* Die stille Bestattung der Sitztheorie durch den Gesetzgeber, ZIP 2007, 1581; *Hofmeister,* Grundlagen und Entwicklungen des Internationalen Gesellschaftsrechts, WM 2007, 868; *Hoger,* Offene Rechtsfragen zur Eintragung der inländischen Zweigniederlassungen einer Kapitalgesellschaft mit Sitz im Ausland, NZG 2015, 1219; *Horn,* Deutsches und europäisches Gesellschaftsrecht und die EuGH-Rechtsprechung zur Niederlassungsfreiheit – Inspire Art, NJW 2004, 893; *Hübner,* Kollisions- und europarechtliche Einordnung von § 64 S. 1 GmbHG, IPRax 2015, 297; *Hühner,* Eine Rom-VO für das internationale Gesellschaftsrecht – zugleich ein Beitrag zur Kohärenz im Internationalen Gesellschaftsrecht, ZGR 2018, 149; *Hushahn,* Der isolierte grenzüberschreitende Formwechsel – Zugleich Anmerkung zum Urteil des EuGH v. 25.10.2017 in der Rechtssache Polbud, RNotZ 2018, 23; *Jahn,* Die Anwendbarkeit deutscher Gläubigerschutzvorschriften bei einer EU-Kapitalgesellschaft mit Sitz in Deutschland, 2014; *Janisch,* Die grenzüberschreitende Sitzverlegung von Kapitalgesellschaften in der Europäischen Union, 2015; *Jüttner,* Gesellschaftsrecht und Niederlassungsfreiheit – nach Centros, Überseering und Inspire Art, 2005; *Jung,* Anwendung der Gründungstheorie auf Gesellschaften schweizerischen Rechts?, NZG 2008, 681; *Kaulen,* Die Anerkennung von Gesellschaften unter Art. XXV Abs. 5 S. 2 des deutsch-US-amerikanischen Freundschafts-, Handels- und Schifffahrtsvertrages von 1954, 2008; *Kaulen,* Zur Bestimmung des Anknüpfungsmoments unter der Gründungstheorie, IPRax 2008, 389; *Kessler/Eicke,* Die Limited – Fluch oder Segen für die Steuerberatung?, DStR 2005, 2101; *Kieninger,* Wettbewerb der Rechtsordnungen im europäischen Binnenmarkt, 2002; *Kieninger,* The Law Applicable to Corporations in the EC, RabelsZ 73 (2009), 607; *Kieninger,* Niederlassungsfreiheit als Freiheit der nachträglichen Rechtswahl, NJW 2017, 3624; *Kindler,* GmbH-Reform und internationales gesellschaftsrecht, AG 2007, 721; *Kindler,* Ende der Diskussion über die so genannte Wegzugsfreiheit, NZG 2009, 130; *Kindler,* Internationales Gesellschaftsrecht 2009: MoMiG, Trabrennbahn, Cartesio und die Folgen, IPRax 2009, 189; *Kindler,* Der reale Niederlassungsbegriff nach dem VALE-Urteil des EuGH, EuZW 2012, 888; *Kindler,* Insolvenzrecht als Tätigkeitsausübungsregel, EuZW 2016, 136; *Kindler,* Unternehmensmobilität nach „Polbud": Der grenzüberschreitende Formwechsel in Gestaltungspraxis und Rechtspolitik, NZG 2018, 1; *Klöhn/Schaper,* Grenzüberschreitende Kombination von Gesellschaftsformen und Niederlassungsfreiheit, ZIP 2013, 49; *Kloster,* Grenzüberschreitende Unternehmenszusammenschlüsse, 2004; *Knöfel,* Internationales Sozietätsrecht, RIW 2006, 87; *Koch,* Freie Sitzwahl für Personengesellschaften, ZHR 173 (2009), 101; *König/Bormann,* „Genuine Link" und freie Rechtsformwahl im Binnenmarkt, NZG 2012, 1241; *Kösters,* Rechtsträgerschaft und Haftung bei Kapitalgesellschaften ohne Verwaltungssitz im Gründungsstaat, NZG 1998, 241; *Kötz,* Zur Anerkennung der Rechtsfähigkeit nach liechtensteinischem Recht gegründeter juristischer Personen, GmbHR 1965, 69; *Koppensteiner,* Internationale Unternehmen im deutschen Gesellschaftsrecht, 1971; *Kovács,* Der grenzüberschreitende (Verein-)Formwechsel in der Praxis nach dem Polbud-Urteil des EuGH, ZIP 2018, 253; *Kussmaul/Richter/Ruiner,* Grenzenlose Mobilität?! – Zum Zuzug und Wegzug von Gesellschaften in Europa, EWS 2009, 1; *Laeger,* Deutsch-amerikanisches Internationales Gesellschaftsrecht, 2008; *Lanzius,* Anwendbares Recht und Sonderanknüpfungen unter der Gründungstheorie, 2005; *Leible/Hoffmann,* „Überseering" und das (vermeintliche) Ende der Sitztheorie, RIW 2002, 925; *Leible/Hoffmann,* Cartesio – fortgeltende Sitztheorie, grenzüberschreitender Formwechsel und Verbot materiellrechtlicher Wegzugsbeschränkungen, BB 2009, 58; *Leuering:* Von Scheinauslandsgesellschaften hin zu „Gesellschaften mit Migrationshintergrund", ZRP 2008, 73; *Lieder/Kliebisch,* Nichts Neues im Internationalen Gesellschaftsrecht: Anwendbarkeit der Sitztheorie auf Gesellschaften aus Drittstaaten, BB 2009, 338; *Lüttringhaus,* Die Haftung von Gesellschaftsorganen im internationalen Privat- und Prozessrecht, EuZW 2015, 90; *Lutter,* „Überseering" und die Folgen, BB 2003, 1; *Lutter* (Hrsg.), Europäische Auslandsgesellschaften in Deutschland, 2005; *Mankowski,* Die deutsche Ltd. – Zweigniederlassung im Spannungsverhältnis von Gewerbe- und Registerrecht, BB 2006, 1173; *Mankowski,* Insolvenzrecht gegen Gesellschaftsrecht 2:0 im europäischen Spiel um § 64 GmbHG, NZG 2016, 281; *Mayer/Manz,* Der Brexit und seine Folgen auf den Rechtsverkehr zwischen der EU und dem Vereinigten Königreich, BB 2016, 1731; *Mörsdorf,* Nun also doch – die überraschende Umdeutung der Niederlassungsfreiheit zur Rechtswahlfreiheit durch den EuGH im Urteil Polbud, ZIP 2017, 2381; *Mößle,* Gläubigerschutz beim Zuzug ausländischer Gesellschaften aus der Sicht des englischen Rechts, 2006; *Mohamed,* Effekte des Brexit aus europäisch gesellschaftsrechtlicher Perspektive, ZVglRWiss 117 (2018), 189; *H.F. Müller,* Haftung bei ausländischen Kapitalgesellschaften mit Inlandssitz, ZIP 1997, 1049; *H.F. Müller,* Insolvenz ausländischer Kapitalgesellschaften mit inländischem Verwaltungssitz, NZG 2003, 414; *H.F. Müller/Weiß,* Die private limited company aus Gläubigersicht, AnwBl 2007, 247; *Otte/Rietschel,* Freifahrschein für den grenzüberschreitenden Rechtsformwechsel nach „Cartesio"?, GmbHR 2009, 983; *Paefgen,* Auslandsgesellschaften und Durchsetzung deutscher Schutzinteressen nach „Überseering", DB 2003, 487; *Paefgen,* „Cartesio": Niederlassungsfreiheit minderer Güte, WM 2009, 529; *Reichert/Weller,* Geschäftsanteilsübertragung mit Auslandsberührung, DStR 2005, 250 (Teil I) und 292 (Teil II); *Renner,* Kollisionsrecht und Konzernwirklichkeit in der transnationalen Unternehmensgruppe, ZGR 2014, 452; *Rönnau,* Haftung der Direktoren einer in Deutschland ansässigen Private Company Limited by Shares nach deutschem Strafrecht – eine erste Annäherung, ZGR 2005, 832; *G. H. Roth,* Das Ende der Briefkastengründung? – Vale contra Centros, ZIP 2012, 1744; *W.-H. Roth,* Internationales Gesellschaftsrecht nach Überseering, IPRax 2003, 117; *W.-H. Roth,* „Das Wandern ist des Müllers Lust…": Zur Auswanderungsfreiheit für Gesellschaften in Europa, FS Heldrich, 2005, 973; *W.-H. Roth,* Grenzüberschreitender Rechtsformwechsel nach VALE, FS Hoffmann-Becking, 2013, 965; *W.-H. Roth,* Internationalprivatrechtliche Aspekte der Personengesellschaften, ZGR 2014, 168; *Sandrock,* Niederlassungsfreiheit und Internationales Gesellschaftsrecht, EWS 2005, 529; *Sandrock/Wetzler* (Hrsg.), Niederlassungsfreiheit und Internationales Gesellschaftsrecht, 2004; *Schall/Barth,* Stirbt Daily Mail langsam?, NZG 2012, 414; *Schaper,* Grenzüberschreitender Formwechsel und Sitzverlegung: Die Umsetzung der Vale-Rechtsprechung des EuGH, ZIP 2014, 810; *J. Schmidt,* Grenzüberschreitende Mobilität von Gesellschaften – Vergangenheit, Gegenwart und Zukunft, ZVglRWiss 116 (2017), 313; *Schön,* The Mobility of Companies in Europe and the Organizational Freedom of Company Founders, ECFR 2006, 122; *Schön,* Das System der Europäischen Niederlassungsfreiheit nach VALE, ZGR 2013, 333; *Schollmeyer,* Von der Niederlassungsfreiheit zur Rechtswahlfreiheit?, ZGR 2018, 186; *Schröder* (Hrsg), Die GmbH im europäischen Vergleich, 2005; *Sethe/Winzer* Der Umzug von Gesellschaften in Europa nach dem Cartesio-Urteil, WM 2009, 536; *Sonnenberger,* Vorschläge und Berichte zur Reform des europäischen und deutschen Internationalen Gesellschaftsrechts, 2007; *Sonnenberger/Bauer,* Vorschlag des Deutschen Rates für Internationales Privatrecht für eine Regelung des Internationalen Gesellschaftsrechts auf europäischer/nationaler Ebene, RIW-Beilage 1/2006; *Spahlinger/Wegen,* Internationales Gesellschaftsrecht in der Praxis, 2005; *Stelmaszczyk,* Grenzüberschreitender Formwechsel durch isolierte Verlegung des Satzungssitzes, EuZW 2017, 890; *Stiegler,* Grenzüberschreitende Sitzverlegungen nach deutschem und europäischem Recht, 2017; *Stiegler,* Grenzüberschreitende Mobilität von Personengesellschaften, ZGR 2017, 312; *Süß/Wachter,* Handbuch des internationalen GmbH-Rechts, 2006; *Teichmann,* Binnenmarktkonformes Gesellschaftsrecht, 2006; *Teichmann,* Gesellschaftsrecht im System der Europäischen Niederlassungsfreiheit, ZGR 2011, 39; *Teichmann,* Der grenzüberschreitende Formwechsel ist spruchreif: das Urteil des EuGH in der Rs. Vale, DB 2012, 2085; *Teichmann,* Konzernrecht und Niederlassungsfreiheit, ZGR 2014, 45; *Teichmann,* Mitbestimmungserstreckung auf Auslandsgesellschaften, ZIP 2016, 899; *Teichmann,* Grenzformüberschreitender Formwechsel kraft vorauseilender Eintragung im Aufnahmestaat?, ZIP 2017, 1190; *Trautrims,* Geschichte und Bedeutung von Sitz- und Gründungstheorie im deutschen Recht, ZHR 176 (2012), 435; *M. J. Ulmer,* Die Anerkennung US-amerikanischer Gesellschaften in Deutschland, IPRax 1996, 100; *P. Ulmer,* Gläubigerschutz bei Scheinauslandsgesellschaften, NJW 2004, 1201; *Vaccaro,* Transfer of Seat and Freedom of Establishment in European Company Law, European Business Law Review 2005, 1348; *Vallender,* Die Insolvenz von Scheinauslandsgesellschaften, ZGR 2006, 425; *Verse,* Niederlassungsfreiheit und grenzüberschreitende Sitzverlegung – Zwischenbilanz nach „National Grid Indus" und „Vale", ZEuP 2013, 48; *Walden,* Das Kollisionsrecht der Personengesellschaften, 2001; *Wansleben,* Deutsche Mitbestimmung und Unionsrecht, WM 2017, 785; *Wedemann,* Der Begriff der Gesellschaft im Internationalen Privatrecht, RabelsZ 75 (2011), 541; *Weiß/Seifert,* Der europarechtliche Rahmen für ein „Mitbestimmungserstreckungsgesetz", ZGR 2009, 542; *Weller,* Scheinauslandsgesellschaften nach Centros, Überseering und Inspire Art: Ein neues Anwendungsfeld für die Existenzvernichtungshaftung, IPRax 2003, 207; *Weller,* Europäische Rechtsformwahlfreiheit und Gesellschafterhaftung, 2004; *Weller,* Niederlassungsfreiheit via völkerrechtliche EG-Assoziierungsabkommen, ZGR 2006, 748; *Weller,* Unternehmensmitbestimmung für Auslandsgesellschaften, FS Hommelhoff, 2012, 1275; *Weller,* Unternehmensmobilität im Binnenmarkt, FS Blaurock, 2013, 497; *Weller,* GmbH-Anteilsabtretungen in Basel, ZGR 2014, 865; *Weller/Harms/Thomale,* Der internationale Anwendungsbereich der Geschlechterquote für Großunternehmen, ZGR 2015, 361; *Werner,* Das deutsche Internationale Gesellschaftsrecht nach „Cartesio" und Trabrennbahn, GmbHR 2009, 191; *Wicke,* Zulässigkeit des grenzüberschreitenden Formwechsels, DStR 2012, 1756; *Zimmer,* Internationales Gesellschaftsrecht, 1996; *Zimmer,* Wie es Euch gefällt? Offene Fragen nach dem Überseering-Urteil des EuGH, BB 2003, 1; *Zimmer,* Nach „Inspire Art": Grenzenlose Gestaltungsfreiheit für deutsche Unternehmen?, NJW 2003, 3585; *Zimmer,* Zwischen Theorie und Empirie: Zur Konkurrenz der Gesetzgeber im Gesellschaftsrecht, FS Karsten Schmidt, 2009, 1789; *Zimmer/Naendrup,* Das Cartesio-Urteil des EuGH: Rück- oder Fortschritt für das internationale Gesellschaftsrecht?, NJW 2009, 545; *Zöllner,* Konkurrenz für inländische Kapitalgesellschaften durch ausländische Rechtsträger, insbesondere durch die englische Private Limited Company, GmbHR 2006, 1; *Zwirlein,* Grenzüberschreitender Formwechsel – europarechtlich veranlasste Substitution im UmwG, ZGR 2017, 114.

Übersicht

	Rn.		Rn.
I. Überblick	1–3	**IV. Staatsverträge**	20–23
II. Sitztheorie	4–12	**V. Reichweite des Personalstatuts**	24–45
1. Tatsächlicher Verwaltungssitz	4–7	1. Personeller Anwendungsbereich	24
2. Verlegung des Verwaltungssitzes	8–10	2. Gründung	25
a) Allgemeines	8	3. Rechts- und Handlungsfähigkeit	26–29
b) Wegzug	9	4. Name und Firma	30
c) Zuzug	10	5. Organisationsverfassung	31, 32
3. Änderung des Satzungssitzes	11, 12	6. Finanzverfassung	33, 34
a) Verlegung in das Ausland	11	7. Haftungsverfassung	35, 36
b) Verlegung nach Deutschland	12	8. Mitgliedschaft	37–39
III. Besonderheiten im Anwendungsbereich der Niederlassungsfreiheit	13–19	9. Formfragen	40, 41
1. Vorgaben des EuGH	13–14b	10. Rechnungslegung	42
2. Übergang zur Gründungstheorie	15–16a	11. Auflösung und Liquidation	43
3. Registerfragen	17–19	12. Umstrukturierung; Konzernierung	44, 45

I. Überblick

1 Das internationale Gesellschaftsrecht befasst sich mit der Frage, nach welcher Rechtsordnung die gesellschaftsrechtlichen Verhältnisse einer Korporation zu beurteilen sind. Das anwendbare Recht wird als Personalstatut der Gesellschaft oder kurz als **Gesellschaftsstatut** bezeichnet. Es bestimmt, unter welchen Voraussetzungen die Korporation „entsteht, lebt und vergeht".[1] Das deutsche Kollisionsrecht hat hinsichtlich der Anknüpfung bewusst **keine Regelung** getroffen. Mit dieser Selbstbeschränkung wollte der Gesetzgeber Rücksicht auf Vereinheitlichungsbemühungen in Europa nehmen.[2] Das Brüsseler Übereinkommen über die gegenseitige Anerkennung von Gesellschaften und juristischen Personen v. 29.2.1968 (BGBl. 1972 II 370) ist jedoch wegen der fehlenden Ratifizierung durch die Niederlande nicht in Kraft getreten und gilt als endgültig gescheitert.[3]

2 In Deutschland[4] herrscht traditionell die **Sitztheorie** vor, nach der Anknüpfungsmoment des Statuts der Gesellschaft deren tatsächlicher Verwaltungssitz ist.[5] Das Recht des Staates soll zur Anwendung kommen, der von der Tätigkeit des Unternehmens typischerweise am stärksten betroffen ist. Dem Sitzstaat wird ein „Wächteramt" über die in seinem Hoheitsgebiet residierenden Gesellschaften zugebilligt. Gläubiger, Minderheitsgesellschafter, Arbeitnehmer – Stichwort Mitbestimmung – und der Fiskus sollen vor einem Ausweichen in wesentlich laxere ausländische Rechtssysteme geschützt werden.[6] Rück- und Weiterverweisungen sind zu beachten.[7] Demgegenüber stellt die insbesondere im anglo-amerikanischen Rechtskreis[8] dominierende **Gründungstheorie**[9] auf die Rechtsordnung des Inkorporationsstaates ab. Damit soll insbesondere eine Sitzverlegung in das Ausland unter Mitnahme des Heimatrechts ermöglicht werden. Ferner sind noch eine Reihe von **vermittelnden Auffassungen** entwickelt worden, die für unterschiedliche gesellschaftsrechtliche Regelungskomplexe unterschiedliche Anknüpfungsmomente vorschlagen.[10] Eine solche Aufspaltung bzw. Verdopplung des Gesellschaftsstatuts ist jedoch wegen der damit verbundenen Abgrenzungsschwierigkeiten und Anpassungsproblemen abzulehnen. Vielmehr sollten die gesellschaftsrechtlichen Verhältnisse einer Korporation grundsätzlich **einheitlich angeknüpft**[11] werden (Einheitslehre).

3 Bei der Ermittlung des Gesellschaftsstatuts muss aber nach **Fallgruppen** differenziert werden. Im Geltungsbereich der Niederlassungsfreiheit gem. Art. 49, 54 AEUV (bzw. Art. 31, 34 EWR-Abkommen) ist nach der neueren Rspr. des EuGH der Übergang auf die Gründungstheorie geboten (→ Rn. 13 ff.). Diese gilt ferner im Anwendungsbereich des deutsch-amerikanischen Freundschafts-, Handels- und Schifffahrtsvertrages v. 29.10.1954 (→ Rn. 20). Im Übrigen, dh im Verhältnis zu

---

[1] BGHZ 25, 134 (144); näher zur Reichweite des Gesellschaftsstatuts → Rn. 24 ff.
[2] BT-Drs. 10/504, 29.
[3] MüKoBGB/*Kindler* IntGesR Rn. 98.
[4] Überblick über das internationale Gesellschaftsrecht ausländischer Staaten bei *Spahlinger/Wegen* Rn. 1462 ff.
[5] RG JW 1904, 231 f.; BGHZ 25, 134 (144); 53, 181 (183); 78, 318 (334); 97, 269 (271); 134, 116 (118); 151, 204 (206); 153, 353 (355); 178, 192 (194 ff.); BGH NJW 1994, 939 (940); 1999, 1871; AG 2010, 79; NZG 2010, 909 Rn. 21; 2016, 1187 Rn. 13; 2017, 347 Rn. 21; BayObLG NJW 1986, 3029; NZG 1998, 936; KG NJW-RR 1997, 1127; OLG Saarbrücken NJW 1990, 647; OLG Stuttgart NZG 2001, 40 (43); *Bartels* ZHR 176 (2012) 412 ff.; *Sonnenberger* ZVerglRWiss 95 (1996) 3 (18 ff.); MHdB IntGesR/*Thölke* § 1 Rn. 61 ff.; Großkomm AktG/*Assmann* Einl. Rn. 540 ff.; Bamberger/Roth/*Mäsch* BGB Anh. II Art. 12 EGBGB Rn. 58 ff.; PWW/*Brödermann/Wegen* IntGesR Rn. 29; MüKoAktG/*Habersack* Einl. Rn. 77; MüKoBGB/*Kindler* IntGesR Rn. 420 ff.; MüKoGmbHG/*Weller* Einl. IntGesR Rn. 371 ff.; Palandt/*Thorn* BGB Anh. Art. 12 EGBGB Rn. 10; PWW/*Brödermann/Wegen* IntGesR Rn. 40; Scholz/*H.P. Westermann* GmbHG Anh. § 4a Rn. 10 f.; Staudinger/*Großfeld* IntGesR, 1998, Rn. 38 ff.; krit. Analyse der Entwicklung bei *Trautrims* ZHR 176 (2012) 435 ff.
[6] BGH EuZW 2000, 412 (413); MüKoBGB/*Kindler* IntGesR Rn. 421 ff.; *Spahlinger/Wegen* IntGesR Rn. 35 f.
[7] Dazu MüKoBGB/*Kindler* IntGesR Rn. 506 ff.; Staudinger/*Großfeld*, 1998, IntGesR Rn. 107 ff.; abl. Bamberger/Roth/*Mäsch* BGB Anh. II Art. 12 EGBGB Rn. 58a.
[8] Vgl. *Hoffmann* ZVerglRWiss 101 (2002) 283 ff.
[9] *Balthasar* RIW 2009, 221 (223 ff.); *Behrens* IPRax 2003, 193 ff.; *Beitzke* in Lauterbach, Vorschläge und Gutachten zur Reform des deutschen internationalen Personen- und Sachenrechts, 1972, 94, 112 ff.; *Binz/Mayer* BB 2005, 2361 (2366 ff.); *Eidenmüller* ZIP 2002, 2233 ff.; *Knobbe-Keuk* ZHR 154 (1990) 325 ff.; *Kötz* GmbHR 1965, 69 (70); *Leible/Hoffmann* RIW 2002, 925 (930 ff.); *Lieder/Kliebisch* BB 2009, 338 (339 ff.); *Neumeyer* ZVerglRWiss 83 (1984) 129 (137 ff.); *W.-H. Roth* ZGR 2014, 168 (190 ff.); UHL/*Behrens/Hoffmann* GmbHG Einl. B Rn. 28 ff.
[10] *Sandrock* BerGesVR 18 (1978) 169 (191, 201); *Sandrock* FS Beitzke, 1979, 669 ff.; NK-BGB/*Hoffmann* Anh. Art. 12 EGBGB Rn. 150 (Überlagerungstheorie); *Grasmann*, System des internationalen Gesellschaftsrechts, 1970, Rn. 615 ff. (Differenzierungstheorie); *Altmeppen* NJW 2004, 97 (99 ff.); *Altmeppen* NJW 2005, 1911 (1913); *Altmeppen/Wilhelm* DB 2004, 1083 (1085 ff.) (europarechtliche Differenzierungstheorie); *Zimmer*, Internationales Gesellschaftsrecht, 1996, 232 ff.; 432 ff. (Kombinationslehre).
[11] BGH EuZW 2000, 412 (413); MHdB IntGesR/*Thölke* § 1 Rn. 6; Palandt/*Thorn* BGB Anh. Art. 12 EGBGB Rn. 10; *Scholz/H.P. Westermann* GmbHG Anh. § 4a Rn. 1, 13; *Spahlinger/Wegen* IntGesR Rn. 21 ff.; auch Rn. 15 f.

sonstigen Drittstaaten, gibt es jedoch keinen zwingenden Grund, von der Sitztheorie abzurücken. Wünschenswert wäre eine gesetzliche Regelung, möglichst auf europäischer Ebene.[12]

II. Sitztheorie

1. Tatsächlicher Verwaltungssitz. Die Sitztheorie knüpft ausschließlich an den effektiven Verwaltungssitz an. Das ist der Tätigkeitsort der Geschäftsführung und der dazu berufenen Vertretungsorgane, also der Ort, wo die grundlegenden Entscheidungen der Unternehmensleitung in laufende Geschäftsführungsakte umgesetzt werden.[13] Maßgebend ist die Stelle, von der aus die für das Tagesgeschäft zuständigen Mitglieder des Leitungsorgans Weisungen erteilen und die Kontrolle über die Gesellschaft ausüben. Auf die Belegenheit von Betriebs- und Produktionsstätten kommt es ebenso wenig an wie auf den Ort der internen Willensbildung.[14] Zur Annahme eines Verwaltungssitzes genügt es auch nicht, dass dort lediglich sekundäre Verwaltungstätigkeiten wie etwa die Buchhaltung oder die Abwicklung von Steuerangelegenheiten vorgenommen werden.[15] Hat die Gesellschaft nur einen organschaftlichen Vertreter und unterhält sie an keinem anderen Ort Geschäftsräume, in denen dieser tätig ist, ist für ihren Verwaltungssitz der Aufenthaltsort ihres einzigen organschaftlichen Vertreters maßgebend.[16]

Im **Konzern** ist der Sitz für jedes einzelne Unternehmen nach den vorgenannten Kriterien gesondert zu ermitteln. Für den Verwaltungssitz der Obergesellschaft kommt es allein darauf an, wo deren Leitungsorgane tätig sind, auch wenn ihre Maßnahmen Auswirkungen auf die Untergesellschaft haben. Bei einer reinen Holdinggesellschaft ist darauf abzuheben, an welchem Ort Entscheidungen über die Beteiligungen getroffen und umgesetzt werden.[17] Umgekehrt bestimmt sich das Gesellschaftsstatut von Untergesellschaften nach dem Ort, an dem die Leitungsorgane dieser Gesellschaften tätig sind, der Verwaltungssitz der Obergesellschaft gibt insoweit nicht den Ausschlag.[18] Denn selbst wenn die Obergesellschaft Weisungen erteilt, müssen diese durch die Organe der Untergesellschaft vollzogen werden.

Jede Gesellschaft kann nur **einen Sitz** haben.[19] Im Falle von dezentral strukturierten Unternehmen mit auf mehreren Staaten verteilter Geschäftsleitung[20] kann im Zweifel auf den mit dem Satzungssitz übereinstimmenden Standort abgestellt werden.[21] Eine „sitzlose Gesellschaft" ist nicht denkbar.[22]

Es spricht eine **Vermutung** dafür, dass der effektive Verwaltungssitz einer Gesellschaft sich in dem Land befindet, in dem sie registriert wurde.[23] Denn es ist kaum zu bestreiten, dass in der Rechtspraxis Gesellschaften überwiegend dort agieren, wo sie gegründet wurden. Davon geht auch Art. 3 Abs. 1 UAbs. 2 EuInsVO aus. Diese Vermutung ist aber selbstverständlich **widerlegbar**. Dazu reicht es jedoch nicht aus, dass sich der Satzungssitz in einem „notorischen Oasenstaat"[24] befindet.

---

[12] Vgl. dazu den Vorschlag des Deutschen Rates für Internationales Privatrecht für eine Regelung des Internationalen Gesellschaftsrechts auf europäischer/nationaler Ebene, RIW-Beilage 1/2006; darauf aufbauend der Referentenentwurf zum Internationalen Privatrecht der Gesellschaften, Vereine und juristischen Personen v. 7.1.2008, abrufbar unter http://www.bmj.bund.de/enid/Gesellschaftsrecht/Internationales_Gesellschaftsrecht_1fi.html.; jetzt auch Kom (2009) endg., S. 15; Dok.-Nr. 17 024/09, S. 24; *Hühner*, ZGR 2018, 149 (170 ff.).

[13] BGHZ 97, 269 (272); BGH NZG 2016, 1156 Rn. 15; 2017, 1229 Rn. 15; MHdB IntGesR/*Thölke* § 1 Rn. 72; NK-BGB/*Hoffmann* Anh. Art. 12 EGBGB Rn. 31; Bamberger/Roth/*Mäsch* BGB Anh. II Art. 12 EGBGB Rn. 59; MüKoBGB/*Kindler* IntGesR Rn. 456; Palandt/*Thorn* BGB Anh. Art. 12 EGBGB Rn. 11.

[14] MHdB IntGesR/*Thölke* § 1 Rn. 74 f.; Bamberger/Roth/*Mäsch* BGB Anh. II Art. 12 EGBGB Rn. 59; MüKoBGB/*Kindler* IntGesR Rn. 456 f.

[15] LG Essen NJW 1995, 1500.

[16] BGH NZG 2017, 1229 Rn. 15.

[17] MüKoBGB/*Kindler* IntGesR Rn. 459.

[18] BGH WM 1979, 692 (693); OLG Hamburg MDR 1976, 402; OLG Frankfurt AG 1988, 267; MHdB IntGesR/*Thölke* § 1 Rn. 81; *Spahlinger/Wegen* IntGesR Rn. 104; Bamberger/Roth/*Mäsch* BGB Anh. II Art. 12 EGBGB Rn. 59; MüKoBGB/*Kindler* IntGesR Rn. 460.

[19] MHdB IntGesR/*Thölke* § 1 Rn. 82; *Spahlinger/Wegen* IntGesR Rn. 103; Bamberger/Roth/*Mäsch* BGB Anh. II Art. 12 EGBGB Rn. 59; Palandt/*Thorn* BGB Anh. Art. 12 EGBGB Rn. 11.

[20] Dazu *Borges* RIW 2000, 167 (170 ff.).

[21] Bamberger/Roth/*Mäsch* BGB Anh. II Art. 12 EGBGB Rn. 59.

[22] *Borges* RIW 2000, 167 (170); MüKoBGB/*Kindler* IntGesR Rn. 462; Palandt/*Thorn* BGB Anh. Art. 12 EGBGB Rn. 11; aA OLG Frankfurt RIW 1999, 783.

[23] OLG Hamm NJW-RR 1995, 469 (470); OLG Jena DB 1998, 1178; OLG München NJW 1986, 2197 (2198); OLG Oldenburg NJW 1990, 1422; *Leible* in Hirte/Bücker, Grenzüberschreitende Gesellschaften, 2. Aufl. 2006, § 11 Rn. 33; Bamberger/Roth/*Mäsch* BGB Anh. II Art. 12 EGBGB Rn. 61; Palandt/*Thorn* BGB Anh. Art. 12 EGBGB Rn. 11; aA OLG Hamm GmbHR 2003, 302; *Spahlinger/Wegen* IntGesR Rn. 101; MüKoBGB/*Kindler* IntGesR Rn. 471 ff.

[24] MüKoBGB/*Kindler* IntGesR Rn. 473 mit Aufzählung in Rn. 372.

Vielmehr müssen schon konkrete Anhaltspunkte vorliegen, die zu Zweifeln an der Identität von Satzungs- und Verwaltungssitz Anlass geben. So kann die Vermutung widerlegt sein, wenn zeitgleich mit der Gründung im Ausland eine inländische Zweigniederlassung zum Handelsregister angemeldet wird,[25] am Firmensitz Postanschrift, Telefax- und Telefonanschlüsse nicht vorhanden sind,[26] die Geschäftsleiter ihren Aufenthaltsort nicht im Gründungsstaat haben und dort keine nennenswerte Geschäftstätigkeit erfolgt.[27]

8 **2. Verlegung des Verwaltungssitzes. a) Allgemeines.** Wird die Leitung einer Gesellschaft in ein anderes Land verlegt, so führt dies nach der Sitztheorie vorbehaltlich einer etwaigen **Rückverweisung** (Art. 4 Abs. 1 S. 2 EGBGB) zu einem Statutenwechsel. Sachlich-rechtlich ist das Recht des Wegzugs- und des Zuzugsstaats zu beachten. Ein Fortbestehen der Gesellschaft setzt voraus, dass beide Rechte dies ermöglichen. Das am alten Sitz geltende Recht muss die Sitzverlegung zulassen und die Gesellschaft muss zugleich die Bedingungen erfüllen, von denen das Recht des neuen Sitzstaats die Fortexistenz der Gesellschaft abhängig macht.[28]

9 **b) Wegzug.** Nach früher ganz hM führte die Verlegung des effektiven Verwaltungssitzes aus Deutschland zwingend zur Überführung der Gesellschaft in das **Liquidationsstadium.**[29] Weder eine Satzungsbestimmung noch ein entgegenstehender Wille der Gesellschafter vermochten dies zu verhindern. Die Gesellschaft musste daher im Ausland neu gegründet werden. Durch Streichung der § 4a Abs. 2 GmbHG, § 5 Abs. 2 hat der Gesetzgeber des MoMiG nunmehr für Kapitalgesellschaften eine Divergenz von Satzungs- und Verwaltungssitz zugelassen. Damit sollte ausweislich der Gesetzesbegründung insbesondere auch eine Verwaltungssitzverlegung in das Ausland ermöglicht werden.[30] Die Auflösung ist mit dem Wegzug nicht mehr verbunden.[31] Allerdings muss die GmbH oder AG eine Geschäftsanschrift im Inland im Register eintragen und aufrechterhalten (§ 8 Abs. 4 Nr. 1 GmbHG; § 37 Abs. 3 Nr. 1), was namentlich für Zustellungen wichtig ist. Ob den genannten Vorschriften nicht nur sachrechtliche, sondern darüber hinaus auch kollisionsrechtliche Bedeutung zukommt, ist sehr umstritten.[32] Will man der Intention des Gesetzgebers, die Mobilität deutscher Kapitalgesellschaften im Wettbewerb der Rechtsformen zu stärken, Geltung verschaffen, so muss dies wohl bejaht werden. Aus hiesiger Sicht unterliegt die Gesellschaft danach weiterhin deutschem Recht.[33] Eine andere Frage ist es, ob auch der Aufnahmestaat die deutsche GmbH oder AG als solche anerkennt. Dies ist nur in EU-/EWR-Staaten, die europarechtlich hierzu verpflichtet sind (→ Rn. 3, 13), und Staaten, die der Gründungstheorie folgen, gewährleistet. Im Übrigen aber läuft die Gesellschaft Gefahr, dass ihr die rechtliche Anerkennung im Aufnahmestaat versagt bleibt.[34]

10 **c) Zuzug.** Hat eine nach dem Recht eines ausländischen Staates gegründete Gesellschaft dort ihren tatsächlichen Verwaltungssitz, so wird sie auch in Deutschland als wirksam gegründet anerkannt.[35] Verlegt aber eine Auslandsgesellschaft ihren tatsächlichen Sitz in das **Inland** oder befindet sich dieser von vornherein hier, so bestimmen sich die Rechtsverhältnisse der Gesellschaft nach deutschem Recht.[36] Sie muss insbesondere in den hiesigen *numerus clausus* der Gesellschaftsformen eingeordnet werden. Ausländische Kapitalgesellschaften können wegen der fehlenden Eintragung in ein deutsches Register nicht als juristische Personen anerkannt werden. In Betracht kommt jedoch

---

[25] OLG Oldenburg NJW 1990, 1422.
[26] OLG Düsseldorf ZIP 1995, 1009 (1011).
[27] LG Marburg NJW-RR 1993, 222.
[28] BGHZ 97, 269 (271 f.); OLG Brandenburg ZIP 2005, 489; *Roth* FS Heldrich, 2005, 973 (975 f.); MüKoBGB/*Kindler* IntGesR Rn. 819.
[29] BayObLG NJW-RR 1993, 43; OLG Brandenburg ZIP 2005, 489; OLG Düsseldorf NJW 2001, 2184; OLG Hamm RIW 1997, 874 (875); NJW 2001, 2183; Staudinger/*Großfeld* IntGesR, 1998, Rn. 608 ff.
[30] Begr RegE MoMiG, BT-Drs. 16/6140, 29.
[31] *Frobenius* DStR 2009, 487 (492); *Wachter* GmbH-R-Sonderheft Oktober 2008, 80 (81); MüKoGmbHG/*Weller* Einl. IntGesR Rn. 379 ff.; aA *Werner* GmbHR 2009, 191 (194).
[32] Abl. etwa *Kindler* in Goette/Habersack Das MoMiG in Wissenschaft und Praxis, 2009, Rn. 7.40 ff.; MüKoGmbHG/*Weller* Einl. IntGesR Rn. 384 ff.
[33] → § 5 Rn. 10; *Bayer/J. Schmidt* ZHR 173 (2009) 735 (749 ff.); *Däubler/Heuschmidt* NZG 2009, 493 (494); *Herrler* DNotZ 2009, 484 (489); *Hoffmann* ZIP 2007, 1581 (1586, 1589); *Leible/Hoffmann* BB 2009, 58 (62); *Leitzen* NZG 2009, 728; beschränkt auf EU-Mitgliedstaaten auch *Paefgen* WM 2009, 529 (530 f.).
[34] *Bayer/J. Schmidt* ZHR 173 (2009) 735 (751 f.).
[35] BGHZ 25, 134 (144); BGH WM 1979, 692 (693); OLG Hamburg RIW 1988, 816; MüKoBGB/*Kindler* IntGesR Rn. 515; Palandt/*Thorn* BGB Anh. Art. 12 EGBGB Rn. 15.
[36] BGHZ 97, 269 (271 f.); MüKoBGB/*Kindler* IntGesR Rn. 514; Staudinger/*Großfeld* IntGesR, 1998, Rn. 641 ff.

nach neuerer Rechtsprechung[37] eine Behandlung als **OHG, GbR** oder – im Sonderfall der Ein-Mann-Gründung – als **Einzelkaufmann** bzw. **-unternehmer**.[38] Die pseudo foreign corporation ist damit – als Personengesellschaft oder natürliche Person – rechts- und parteifähig.[39] Die in ihrem Namen abgeschlossenen Rechtsgeschäfte sind nach den Grundsätzen über unternehmensbezogene Geschäfte wirksam.[40] Beim Handeln für Unternehmen kommt das Geschäft im Zweifel mit dem wahren Unternehmensträger zustande, selbst wenn dieser unrichtig bezeichnet worden ist.[41] Die Gesellschafter haften unbeschränkt persönlich. Sie können die Haftung begrenzen durch Vereinbarung mit dem Gläubiger. Das bloße Auftreten als Kapitalgesellschaft ausländischen Rechts reicht jedoch keinesfalls aus.[42] Darüber hinaus sollen die für die Auslandsgesellschaft handelnden Personen nach ganz hM einer Einstandspflicht entsprechend § 11 Abs. 2 GmbHG, § 41 Abs. 1 S. 2 unterliegen,[43] was jedoch mit der Behandlung als Personengesellschaft bzw. Einzelperson schwerlich in Einklang zu bringen ist.[44] Eine Einstandspflicht des Vertreters kann sich aber im Einzelfall aus culpa in contrahendo oder unerlaubter Handlung ergeben.

3. Änderung des Satzungssitzes. a) Verlegung in das Ausland. Der Beschluss über die Verlegung nur des Satzungssitzes in das Ausland führt nach der Sitztheorie nicht zu einem Statutenwechsel. Sachrechtlich muss jedoch eine Gesellschaft deutschen Rechts ihren Satzungssitz im Inland haben, da dieser große Bedeutung für die Zuständigkeit deutscher Behörden und Gerichte hat.[45] Der Beschluss über die Verlegung des Satzungssitzes in das Ausland ist jedoch entgegen der wohl hM[46] nicht als Auflösungsbeschluss zu deuten, sondern gem. § 241 Nr. 3 nichtig.[47] Die Eintragung der Sitzverlegung in das Register ist nach beiden Ansichten ausgeschlossen.[48]

b) Verlegung nach Deutschland. Verlegt eine Gesellschaft, deren Geschäftsleitung sich im Ausland befindet, ihren Satzungssitz nach Deutschland, so bestimmen sich die Folgen regelmäßig nach ausländischem Gesellschaftsrecht. Das versteht sich von selbst, wenn der ausländische Staat der Sitztheorie folgt, weil durch eine Änderung des statutarischen Sitzes die tatsächlichen Verhältnisse nicht berührt werden.[49] Herrscht in dem ausländischen Staat die Gründungstheorie, so kommt es ebenfalls regelmäßig zu keinem Statutenwechsel, da durchweg auf den Ort der **ursprünglichen Inkorporation** abgestellt wird.[50]

---

[37] BGHZ 151, 204 (206 ff.); 178, 192 (199); BGHZ 212, 381 Rn. 22.
[38] Näher *H.F. Müller* ZIP 1997, 1049 (1050 f.); *Stiegler*, Grenzüberschreitende Sitzverlegungen nach deutschem und europäischem Recht, 2017, 228 ff.; MHdB IntGesR/*Servatius* § 15 Rn. 35; *Spahlinger/Wegen* IntGesR Rn. 40 ff.; MüKoBGB/*Kindler* IntGesR Rn. 486 ff.; für eine Umqualifizierung in eine juristische Person deutschen Rechts dagegen *Bartels* ZHR 176 (2012) 412 (421 ff.).
[39] BGHZ 151, 204 (206); *H.F. Müller* ZIP 1997, 1049 (1051 f.); MHdB IntGesR/*Servatius* § 14 Rn. 36; zur Rechts- und Parteifähigkeit der GbR BGHZ 146, 341 (344 ff.).
[40] LG Stuttgart NZG 2002, 240 (241); *H.F. Müller* ZIP 1997, 1049 (1051); *Zimmer*, Internationales Gesellschaftsrecht, 1996, 300; Bamberger/Roth/*Mäsch* BGB Anh. II Art. 12 EGBGB Rn. 62; MüKoBGB/*Kindler* IntGesR Rn. 500; aA LG Köln GmbHR 1986, 314 (315); *Eidenmüller/Rehm* ZGR 1997, 89 (92 ff.); *Fischer* IPRax 1991, 100 (101); Staudinger/*Großfeld* IntGesR, 1998, Rn. 436.
[41] BGH NJW 1996, 1053.
[42] LG Stuttgart NZG 2002, 240 (241); *H.F. Müller* ZIP 1997, 1049 (1052 f.); Bamberger/Roth/*Mäsch* BGB Anh. II Art. 12 EGBGB Rn. 60; MüKoBGB/*Kindler* IntGesR Rn. 494.
[43] BGH AG 2010, 79; OLG Hamburg NJW 1986, 2199; KG NJW 1989, 3100 (3101); OLG Oldenburg NJW 1990, 1422 (1423); OLG Düsseldorf ZIP 1995, 1009 (1013); LG Hamburg RIW 1990, 1020 (1021); LG Köln GmbHR 1986, 314 (315); LG Marburg NJW-RR 1993, 222 (223); LG Stuttgart NZG 2002, 240 (243); *Berndt* JZ 1995, 187 (188); *Ebenroth/Wilken* JZ 1991, 1061 (1062); *Eidenmüller/Rehm* ZGR 1997, 89 (100); *Fischer* IPRax 1991, 100 (102); *Heymann* IherJb 75 (1925) 408 (419 ff.); *Kötz* GmbHR 1965, 69 (70); MHdB IntGesR/*Servatius* § 14 Rn. 36; *Spahlinger/Wegen* IntGesR Rn. 47; Großkomm AktG/*Assmann* Einl. Rn. 563; Bamberger/Roth/*Mäsch* BGB Anh. II Art. 12 EGBGB Rn. 103; MüKoBGB/*Kindler* IntGesR Rn. 496 ff.; Staudinger/*Großfeld* IntGesR, 1998, Rn. 443; für eine Analogie zu § 179 BGB LG Stuttgart IPRax 1991, 118 (119); *v. Falkenhausen* RIW 1987, 818 (820).
[44] Zur Kritik *H.F. Müller* ZIP 1997, 1049 (1050, 1053 f.); *Kösters* NZG 1998, 241 (246).
[45] BayObLG FGPrax 2004, 133 (134); OLG Brandenburg ZIP 2005, 489; *Roth* FS Heldrich, 2005, 973 (982); Bamberger/Roth/*Mäsch* BGB Anh. II Art. 12 EGBGB Rn. 51; Staudinger/*Großfeld* IntGesR, 1998, Rn. 651 ff.
[46] BayObLG NJW-RR 1993, 43; Bamberger/Roth/*Mäsch* BGB Anh. II Art. 12 EGBGB Rn. 51; Staudinger/*Großfeld* IntGesR, 1998, Rn. 654 ff.
[47] *Stiegler*, Grenzüberschreitende Sitzverlegungen nach deutschem und europäischem Recht, 2017, 242 ff.; MüKoBGB/*Kindler* IntGesR Rn. 833; MAH IntWirtschaftsR/*Wegen/Mossler* § 11 Rn. 161.
[48] BayObLG NJW-RR 1993, 43 (44); FGPrax 2004, 133 (134); OLG Brandenburg ZIP 2005, 489; OLG München NZG 2007, 915; MüKoBGB/*Kindler* IntGesR Rn. 833.
[49] MüKoBGB/*Kindler* IntGesR Rn. 841.
[50] NK-BGB/*Hoffmann* Anh. Art. 12 EGBGB Rn. 37 ff.

III. Besonderheiten im Anwendungsbereich der Niederlassungsfreiheit

13 **1. Vorgaben des EuGH.** Im Geltungsbereich der **Niederlassungsfreiheit** gem. Art. 49, 54 AEUV (ex Art. 43, 48 EG) gelten Besonderheiten. Nach der neueren, durch die Leitentscheidungen „Centros",[51] „Überseering"[52] und „Inspire Art"[53] begründeten Rechtsprechung des EuGH[54] muss ein Mitgliedstaat die Rechtspersönlichkeit einer Gesellschaft, die nach dem Recht eines anderen Mitgliedstaats gegründet worden ist und dort ihren satzungsmäßigen Sitz hat, auch dann anerkennen, wenn sie ihren tatsächlichen Verwaltungssitz in sein Hoheitsgebiet verlagert. **Einschränkende Maßnahmen** sind zur Wahrung von zwingenden Allgemeininteressen wie dem Schutz von Gläubigern, Minderheitsgesellschaftern, Arbeitnehmern, der Wahrung der Wirksamkeit der Steueraufsicht und der Lauterkeit des Handelsverkehrs gerechtfertigt, wenn sie in nicht diskriminierender Weise angewandt werden, zwingenden Interessen des Allgemeinwohls dienen, zur Erreichung des verfolgten Ziels geeignet sind und nicht über das hinausgehen, was zur Erreichung dieses Zieles erforderlich ist („Vier-Konditionen-Test").[55] Der Umstand, dass eine Gesellschaft im Ausland gegründet wurde, um die strengeren Bestimmungen in dem Mitgliedstaat, in dem die überwiegende oder ausschließliche Geschäftätigkeit erfolgen soll, zu umgehen, rechtfertigt keine Beschränkungen. Denn das Ausnutzen unterschiedlicher nationaler Rechtsvorschriften stellt sich aus Sicht des EuGH nicht als Missbrauch, sondern als legitimer Gebrauch der Niederlassungsfreiheit dar.[56] Ein Mitgliedstaat darf deshalb einer in einem anderen Mitgliedstaat gegründeten Gesellschaft die Eintragung einer Zweigniederlassung nicht verweigern, selbst wenn von dort aus die gesamte Geschäftstätigkeit abgewickelt werden soll und die Inkorporation im Gründungsstaat nur erfolgte, um die strengeren Anforderungen am Sitz der Zweigniederlassung zu umgehen.[57] Ein Verstoß gegen Art. 49, 54 AEUV liegt ferner vor, wenn ein Mitgliedstaat die in einem anderen Mitgliedstaat erworbene Rechts- und Parteifähigkeit einer Gesellschaft nicht anerkennt.[58] Europarechtswidrig ist es auch, EU-Auslandsgesellschaften Sonderregeln über Mindestkapitalausstattung und Geschäftsführerhaftung zu unterwerfen.[59] Schließlich hat der EuGH in seiner „Sevic-Entscheidung" gesagt, dass grenzüberschreitende Verschmelzungen durch die Niederlassungsfreiheit gedeckt sind. Sie müssen daher grundsätzlich unter den gleichen Voraussetzungen im Register eingetragen werden wie eine entsprechende innerstaatliche Verschmelzung.[60]

14 Nach Ansicht des EuGH ist allerdings grundsätzlich nur der **Zuzug**, nicht aber der **Wegzug** einer Gesellschaft durch die Niederlassungsfreiheit gewährleistet. Bereits in der **„Daily-Mail-Entscheidung"** 1988 hatte er ausgeführt, dass Gesellschaften im Gegensatz zu natürlichen Personen jenseits der jeweiligen nationalen Rechtsordnung, die ihre Gründung und ihre Existenz regelt, keine Realität hätten.[61] Dies hat er 2008 im **„Cartesio-Urteil"** bestätigt.[62] Es sei nach wie vor Angelegenheit der Mitgliedstaaten, sowohl die Anknüpfung zu bestimmen, die eine Gesellschaft aufweisen müsse, um als nach ihrem innerstaatlichen Recht gegründet angesehen zu werden und damit in den Genuss der Niederlassungsfreiheit zu kommen, als auch die Anknüpfung, die für den Erhalt dieser Eigenschaft verlangt werde. Diese Befugnis umfasse auch die Möglichkeit für diesen Mitgliedstaat, es einer Gesellschaft seines nationalen Rechts nicht zu gestatten, diese Eigenschaft zu behalten, wenn sie sich durch die Verlegung ihres tatsächlichen Sitzes in einen anderen Mitgliedstaat dort neu organisieren wolle. Die Mitgliedstaaten der EU sind also zwar daran gehindert, den Zuzug von Gesellschaften aus anderen Mitgliedstaaten zu verweigern, sie können ihre eigenen Gesellschaften

---

[51] EuGH NJW 1999, 2027 – Centros.
[52] EuGH NJW 2002, 3614 – Überseering.
[53] EuGH NJW 2003, 3331 – Inspire Art.
[54] Zur Entwicklung etwa *Grohmann* DZWiR 2009, 322 ff.; *Teichmann*, Binnenmarktkonformes Gesellschaftsrecht, 2006, 79 ff.; MüKoBGB/*Kindler* IntGesR Rn. 117 ff.
[55] EuGH NJW 1999, 2027 Rn. 32 ff. – Centros; EuGH NJW 2002, 3614 Rn. 92 f. – Überseering EuGH NJW 2003, 3331 Rn. 132 ff. – Inspire Art; EuGH NJW 2006, 425 Rn. 28 f.; – Sevic; EuGH NJW 2012, 2715 Rn. 39 – VALE.
[56] EuGH NJW 1999, 2027 – Centros; EuGH NJW 2003, 3331 – Inspire Art.
[57] EuGH NJW 1999, 2027 – Centros.
[58] EuGH NJW 2002, 3614 – Überseering.
[59] EuGH NJW 2003, 3331 – Inspire Art.
[60] EuGH NJW 2006, 425 – Sevic; zu der Entscheidung *Bayer/Schmidt* ZIP 2006, 210; *Behrens* EuZW 2006, 65; *Bungert* BB 2006, 53; *Drygala* EWiR 2006, 25; *Geyrhalter/Weber* DStR 2006, 146; *Gottschalk* NZG 2006, 83; *Haritz* GmbHR 2006, 143; *Kappes* NZG 2006, 101; *Kieninger* EWS 2006, 49; *Koppensteiner* Der Konzern 2006, 40; *Leible/Hoffmann* RIW 2006, 161; *Meilicke/Raback* GmbHR 2006, 123; *Ringe* DB 2005, 2806; *Schmidt/Maul* BB 2006, 13; *Sedemund* BB 2006, 519; *Teichmann* ZIP 2006, 355; auch → Rn. 44.
[61] EuGH NJW 1989, 2186 – Daily-Mail.
[62] EuGH NJW 2009, 569 – Cartesio.

aber quasi im Inland einmauern.[63] Immerhin hat der EuGH in einem obiter dictum aber gesagt, dass die Gesellschaft sich dann auf die Niederlassungsfreiheit berufen könne, wenn sie mit der Verlegung des Verwaltungssitzes eine Änderung des Gesellschaftsstatuts in Kauf nehme oder anstrebe und der Aufnahmestaat einen solchen Formwechsel zulasse. Beschränkungen durch den Wegzugsstaat sind hier nur aus zwingenden Gründen des Allgemeinwohls zulässig.[64] Überdies hat der EuGH 2011 in **"National Grid Indus"** ausgesprochen, dass ein Mitgliedstaat, der eine rechtsformwahrende Verlegung des Verwaltungssitzes seiner Gesellschaften zulässt, bei der Ausgestaltung der Modalitäten (insbesondere der steuerlichen Folgen) nicht etwa frei ist, sondern Beschränkungen des Wegzugs dann nach dem „Vier-Konditionen-Test" rechtfertigen muss.[65]

2012 hat der EuGH in der **"VALE-Entscheidung"** dann anknüpfend an das „Cartesio-Urteil" **14a** klargestellt, dass ein Mitgliedstaat, der einen identitätswahrenden Rechtsformwechsel seiner inländischen Gesellschaften zulässt, eine Umwandlung einer nach dem Recht eines anderen Mitgliedstaats unterliegenden Gesellschaft in eine inländische Gesellschaft nicht generell verwehren kann.[66] Die Ausgestaltung der grenzüberschreitenden Umwandlung bleibt in Ermangelung unionsrechtlicher Regeln dem jeweiligen Mitgliedstaat vorbehalten. Die Modalitäten dürfen jedoch nicht ungünstiger sein als diejenigen, die für gleichartige innerstaatliche Sachverhalte gelten (Äquivalenzgrundsatz), und die Ausübung der Niederlassungsfreiheit auch nicht praktisch unmöglich machen oder übermäßig erschweren (Effektivitätsgrundsatz). Daher ist der Aufnahmestaat gehalten, die von den Behörden des Wegzugsstaats ausgestellten Dokumente im Verfahren zur Eintragung der Gesellschaft gebührend Rechnung zu tragen. Der EuGH hat aber in der „VALE-Entscheidung" noch betont, dass eine Niederlassung die tatsächliche Ausübung einer wirtschaftlichen Tätigkeit mittels einer festen Einrichtung im Aufnahmemitgliedstaat auf unbestimmte Zeit voraussetze.[67] Daraus wurde der Schluss gezogen, dass ein Mitgliedstaat nicht zur Registrierung von Gesellschaften verpflichtet ist, die keinen realen Bezug zu seinem Hoheitsgebiet aufweisen.[68]

Die **"Polbud-Entscheidung"** 2017 bekennt sich dann aber für viele überraschend dazu, dass **14b** die Art. 49, 54 AEUV auch die isolierte Satzungssitzverlegung (ohne gleichzeitigen Wechsel des Verwaltungsitzes) schützen. Insbesondere steht die Niederlassungsfreiheit der Regelung eines Mitgliedstaats entgegen, wonach die Umwandlung in eine Rechtsform eines anderen Mitgliedstaats von der Auflösung und Liquidation der Gesellschaft abhängig gemacht wird.[69] Die Niederlassungsfreiheit wird damit im Sinne einer Rechtswahlfreiheit interpretiert, und zwar nicht nur für Gründer, sondern auch für bestehende Gesellschaften.[70] Das wirft die Frage auf, welcher Spielraum für die geplante EU-Sitzverlegungsrichtlinie bleibt und ob hier ein Gleichlauf von Satzungs- und Verwaltungssitz oder doch zumindest ein „genuine link" zum Aufnahmestaat verlangt werden kann.

2. Übergang zur Gründungstheorie. Der EuGH macht den Mitgliedstaaten keine unmittelbaren Vorgaben über die Ausgestaltung ihres Kollisionsrechts.[71] Doch sind die Folgen der Sitztheorie (→ Rn. 4 ff.) zum Teil europarechtswidrig. Als Konsequenz hieraus stellt nunmehr der Bundesge- **15**

---

[63] Kritisch zu der Unterscheidung *Behrens* IPRax 2003, 193 (205); *Eidenmüller* ZIP 2002, 2233 (2243); *Frenzel* EWS 2009, 158 (159 ff.); *Forsthoff* in Hirte/Bücker Grenzüberschreitende Gesellschaften, 2. Aufl. 2006, § 2 Rn. 22; *Grohmann* DZWiR 2009, 322 (327 f.); *Leible/Hoffmann* BB 2009, 58 (59 f.); *Kussmaul/Richter/Ruiner* EWS 2009, 1 (6 f.); GA *Mauro* NZG 2008, 498 ff.; *W.-H. Roth* FS Heldrich, 2005, 973 (987); *Zimmer* NJW 2003, 2285 (2292); zust. OLG Brandenburg ZIP 2005, 489; OLG Hamm NJW 2001, 2183; *Bayer/J. Schmidt* ZHR 173 (2009) 735 (742 ff.); *Horn* NJW 2004, 893 (897); *Kindler* NZG 2009, 130 ff.; wohl auch *Zimmer/Naendrup* NJW 2009, 545 (546 f.).

[64] EuGH NJW 2009, 569 Rn. 111 ff. – Cartesio; dazu *Stiegler*, Grenzüberschreitende Sitzverlegungen nach deutschem und europäischem Recht, 2017, 144 ff.

[65] EuGH NZG 2012, 114 – National Grid Indus; dies als inkonsequent kritisierend *Schall/Barth* NZG 2012, 414 (418); dagegen aber *Verse* ZEuP 2013, 458 (463 ff.).

[66] EuGH NJW 2012, 2715 – VALE; zuvor schon *Bayer/J. Schmidt* ZHR 173 (2009) 735 (759 f.); *Frobenius* DStR 2009, 487 (491); *Hennrichs/Pöschke/v. der Laage/Klavina* WM 2009, 2009 (2012); *Otte/Rietschel* GmbHR 2009, 983 (984 f.); *Teichmann* ZIP 2009, 393 (402); *Zimmer/Naendrup* NJW 2009, 545 (548); anders noch OLG Nürnberg NZG 2012, 468; *Däubler/Heuschmidt* NZG 2009, 493 (495); *Paefgen* WM 2009, 529 (532); *Richter* IStR 2009, 64 (66).

[67] EuGH NJW 2012, 2715 Rn. 34 – VALE unter Bezugnahme auf die steuerrechtliche Entscheidung EuGH EuZW 2006, 633 – Cadbury Schweppes.

[68] GA EuGH BeckRS 2017, 108853 Rn. 38 ff. – Polbud; *Stiegler*, Grenzüberschreitende Sitzverlegungen nach deutschem und europäischem Recht, 2017, 157 ff.; *Verse* ZEuP 2013, 458 (478 ff.); MAH IntWirtschaftsR/*Wegen/Mossler* § 11 Rn. 191; aA *J. Schmidt* ZVglRWiss 116 (2017), 313 (330) mwN.

[69] EuGH NJW 2017, 3639 Rn. 34 – Polbud.

[70] *Bayer/J. Schmidt* ZIP 2017, 2225 ff.; *Kieninger* NJW 2017, 3624 ff.; ablehnend *Hushahn* RNotZ 2018, 23 (24 f.). *Kindler* NZG 2018, 1 ff.; *Mörsdorf* ZIP 2017, 2381 ff.; *Stelmaszczyk* EuZW 2017, 890 (893 f.).

[71] EuGH NJW 2017, 3639 Rn. 34 – Polbud.

richtshof für **EU-Auslandsgesellschaften** auf das Recht des Gründungsstaats ab.[72] Diese im Schrifttum überwiegend gebilligte[73] Rechtsprechung hat er auf in den übrigen **EWR-Staaten** (Island, Liechtenstein, Norwegen) gegründete Gesellschaften erstreckt.[74] Die Schweiz ist zwar Mitglied des Europäischen Freihandelsabkommens (EFTA), hat das EWR-Abkommen aber nicht ratifiziert, so dass die Art. 31, 34 EWR-Vertrag hier nicht greifen. Allein der Umstand, dass das Land seine Rechtsordnung weitgehend den europäischen Standards angepasst hat, rechtfertigt eine Gleichstellung nicht.[75] Die Judikatur sowohl des EuGH als auch des Bundesgerichtshofs wurde zu den Kapitalgesellschaften entwickelt, doch kann für Personengesellschaften, da sie sich ebenfalls auf die Niederlassungsfreiheit berufen können, nichts anderes gelten.[76] Noch nicht zu entscheiden hatte der BGH über EU-/EWR-Auslandsgesellschaften, deren Gründungsstaat den Wegzug nicht gestattet. Dann wird man wohl, da die Niederlassungsfreiheit nach der allerdings nicht zweifelsfreien Rechtsprechung des EuGH nicht greift, es bei der Anwendung der Sitztheorie belassen können.[77] Die vom EuGH in Cartesio geforderte Möglichkeit eines identitätswahrenden Formwechsels ist ohne gesetzliche Regelung kaum rechtssicher zu verwirklichen,[78] hier sollte durch rasche Verwirklichung einer EU-Richtlinie zur Satzungssitzverlegung europaweit Abhilfe geschaffen werden.[79]

16 Die Anknüpfung an den Gründungssitz betrifft das **gesamte Gesellschaftsstatut**.[80] Insbesondere regelt das Gründungsrecht die gesellschaftsrechtliche Haftung von Gesellschaftern und Geschäftsleitern.[81] Gesondert anzuknüpfen sind aber alle Fragen, die nicht dem Gesellschaftsstatut unterliegen, etwa dem Vertrags-, Delikts- oder Insolvenzstatut.[82] Eingriffe durch Normen des Sitzstaats müssen aber grundsätzlich dem og Vier-Konditionen-Test des EuGH[83] genügen, dh nicht diskriminierend, aus zwingenden Gründen des Allgemeinwohls gerechtfertigt, geeignet und erforderlich sein.[84] Eine Ausnahme ist für rein tätigkeitsbezogene Vorschriften zu machen, bei denen es genügen muss, dass sie für in- und ausländische Anbieter gleichermaßen gelten.[85] Zu diesen bloßen Tätigkeitsausübungsregeln gehört etwa die insolvenzrechtlich zu qualifizierende Haftung wegen Masseschmälerung nach § 64 GmbHG.[86]

16a Von dem Übergang zur Gründungstheorie hat bislang vor allem die englische Private **Company Limited by Shares** (Limited) profitiert, die in Deutschland als solche, dh als Kapitalgesellschaft und

---

[72] BGHZ 154, 185 (189 f.); BGH NJW 2005, 1648; NJW 2013, 3656 Rn. 11; NZG 2016, 1187 Rn. 13.
[73] S. etwa *Horn* NJW 2004, 893 (896 f.); *Ulmer* NJW 2004, 1201 (1205 ff.); MHdB IntGesR/*Thölke* § 1 Rn. 94; Bamberger/Roth/*Mäsch* BGB Anh. II Art. 12 EGBGB Rn. 55; Palandt/*Thorn* BGB Anh. Art. 12 EGBGB Rn. 1, 5; MüKoGmbHG/*Weller* Einl. IntGesR Rn. 355 ff.; aA insbes. *Altmeppen* NJW 2004, 97 (99 ff.); *Kindler* NJW 2003, 1073 (1077 ff.).
[74] BGHZ 164, 148 ff. = NJW 2005, 3351; ebenso bereits OLG Frankfurt IPRax 2004, 56 als Vorinstanz; zum Ganzen ausf. *Weller* ZGR 2006, 748 ff.
[75] BGHZ 178, 192 (194 ff.); eingehend *Jung* NZG 2008, 681 ff.
[76] *Koch* ZHR 173 (2009) 101 ff.; *W.-H. Roth* ZGR 2014, 168 (176 f.); *Stiegler* ZGR 2017, 312 (330 ff.); *Teichmann* ZGR 2011, 639 (659 f.); *Wedemann* RabelsZ 75 (2011), 541 (576 f.); MHdB IntGesR/*Thölke* § 1 Rn. 95; aA *Leible/Hoffmann* RIW 2002, 925 (933 f.); der EuGH hat in seinem Cartesio-Urteil (NJW 2009, 569) die Rechtsprechung ohne jede Diskussion auf eine KG ungarischen Rechts angewendet.
[77] *Leible/Hoffmann* RIW 2002, 925 (935); *Paefgen* WM 2003, 561 (568); MüKoGmbHG/*Weller* Einl. IntGesR Rn. 365.
[78] Zu den Problemen: s. *Bayer/J. Schmidt* ZHR 173 (2009) 735 (763 f.); *Hennrichs/Pöschke/van der Laage/Klavina* WM 2009, 2009 (2015); *Otte/Rietschel* GmbHR 2009, 983 (986); *Schaper* ZIP 2014, 810 ff.; *Teichmann* ZIP 2009, 393 (403); ferner → Rn. 44.
[79] S. den Vorschlag der EU-Kommission vom 25.4.2018, Com (2018) 241 final; *Bayer/J Schmidt* BB 2009, 387 (390, 392); *Leible/Hoffmann* BB 2009, 58 (63 f.); *Schaper* ZIP 2014, 810 (816); *Otte/Rietschel* GmbHR 2009, 983 (988); *Zimmer/Naendrup* NJW 2009, 545 (548 f.).
[80] *Ulmer* NJW 2004, 1201 (1205 ff.); *Spahlinger/Wegen* IntGesR Rn. 21 ff.; Palandt/*Thorn* BGB Anh. Art. 12 EGBGB Rn. 6, 10; aA insbes. *Altmeppen* NJW 2004, 97 (99 ff.); *Altmeppen* NJW 2005, 1911 (1913); *Altmeppen/Wilhelm* DB 2004, 1083 (1085 ff.); *Teichmann*, Binnenmarktkonformes Gesellschaftsrecht, 2006, 526; MüKoAktG/*Ego* Europ. Niederlassungsfreiheit Rn. 225 ff.
[81] BGH NJW 2005, 1648.
[82] Zur Reichweite und Abgrenzung des Gesellschaftsstatuts → Rn. 24 ff.
[83] EuGH NJW 1996, 579 – Gebhard; EuGH NJW 1999, 2027 Rn. 32 ff. – Centros; EuGH NJW 2003, 3331 Rn. 132 ff. – Inspire Art; EuGH NJW 2006, 425 Rn. 28 f. – Sevic.; EuGH NJW 2012, 2715 Rn. 39 – VALE.
[84] *Zimmer* NJW 2003, 3585 (3592); UHL/*Behrens/Hoffmann* GmbHG Einl. B Rn. 73; aA MüKoBGB/*Kindler* IntGesR Rn. 434 ff.
[85] *Eidenmüller* JZ 2004, 24 (27); *Eidenmüller* in Eidenmüller, Ausländische Kapitalgesellschaften im deutschen Recht, 2004, § 3 Rn. 16 f.; *Grunewald/Müller* NJW 2005, 465 (466); *Rehberg* ELF 2004, 1 (7); *Spindler/Berner* RIW 2004, 7 (10). Eine solche Unterscheidung wird bereits angedeutet in EuGH NJW 1999, 2027 Rn. 26 – Centros, wo zwischen Vorschriften über die Errichtung von Gesellschaften und Vorschriften über die Ausübung bestimmter beruflicher Tätigkeiten differenziert wird.
[86] EuGH NJW 2016, 223 Rn. 22 ff. – Kornhaas; *Kindler* EuZW 2016, 136 (138 f.).

juristische Person, auch dann anzuerkennen ist, wenn sie ihren Verwaltungssitz im Inland hat. Ob diese Privilegierung nach dem (leider) zu erwartenden Ausscheiden Großbritanniens aus der EU („Brexit") noch Bestand haben wird, ist derzeit noch nicht absehbar. Ohne (wünschenswerte) gesonderte Regelung müsste die Limited nach den oben (→ Rn. 10) beschriebenen Grundsätzen für Scheinauslandsgesellschaften aus Drittstaaten behandelt werden.[87] Für bereits bestehende Altgesellschaften mit Inlandssitz könnte aus Gründen des Vertrauensschutzes eine intertemporale Ausnahme gewährt werden.[88]

3. Registerfragen. Nach der Rechtsprechung des EuGH kann eine in einem EU-Mitgliedstaat **17** gegründete Gesellschaft in einem anderen Mitgliedstaat eine **Zweigniederlassung** mit dem Ziel errichten, von dort aus ihre gesamte Geschäftstätigkeit abzuwickeln.[89] Deutsche Registergerichte dürfen die Eintragung selbst dann nicht verweigern, wenn der tatsächliche Verwaltungssitz im Inland liegt.[90] Für eine Zweigniederlassung iSd §§ 13d–13g HGB genügt es, dass sich der Satzungssitz im Ausland befindet.

Die gesetzlichen Vertreter der Auslandsgesellschaft sind nicht nur berechtigt, sondern auch **ver- 18 pflichtet,** die Eintragung der Zweigniederlassung herbeizuführen.[91] Zur Durchsetzung dieser Pflicht kann gegen sie ein Zwangsgeld nach § 14 HGB verhängt werden. Eine persönliche Haftung analog § 11 Abs. 2 GmbHG wegen Verletzung der Anmeldpflicht kommt hingegen nicht in Betracht, da im Hinblick auf die in § 14 HGB vorgesehene Zwangsgeldsanktion keine Regelungslücke besteht und die Haftung überdies eine nicht gerechtfertigte Beschränkung der Niederlassungsfreiheit darstellen würde.[92]

Bei der Anmeldung müssen gem. § 13 Abs. 2 S. 2 HGB lediglich Angaben zum **Gegenstand der 19 Zweigniederlassung** gemacht werden.[93] Eine Individualisierung der Bezeichnung des Unternehmensgegenstands gem. § 3 Abs. 1 Nr. 2 GmbHG ist nicht erforderlich. Auch ist nicht zu prüfen, ob die Geschäftstätigkeit der Zweigniederlassung von dem Unternehmensgegenstand der ausländischen Kapitalgesellschaft gedeckt ist.[94] Die Vorlage eines Gesellschafterbeschlusses über die Gründung der Zweigniederlassung darf nicht verlangt werden.[95] Das Registergericht kann aber die Eintragung der Gesellschaft wegen eines gegen deren Geschäftsleiter verhängten Gewerbeverbots verweigern.[96] Die Vertretungsverhältnisse sind anzugeben. Ist einem im Übrigen nur gesamtvertretungsbefugten Direktor einer englischen Limited Einzelvertretungsmacht beschränkt auf die Zweigniederlassung erteilt worden, so ist dies eintragungsfähig.[97] Die Eintragung eines Zusatzes im Handelsregister, wonach der Geschäftsführer von den Beschränkungen des § 181 BGB befreit ist, ist für die Zweigniederlassung einer solchen Gesellschaft aber grundsätzlich unzulässig, da deren Personalstatut eine vergleichbare generelle Befreiung

---

[87] *Hess* IPRax 2016, 409 (417 f.); *Mohamed,* ZVglRWiss 117 (2018), 189 (200 ff.); *Nazari-Khanchayi* WM 2017, 2370 ff.; *Süß* ZIP 2018, 1277 ff.
[88] *Weller/Thomale/Benz* NJW 2016, 2378 (2381 f.).
[89] EuGH NJW 1999, 2027 – Centros.
[90] KG NJW-RR 2004, 331; OLG Jena NZG 2006, 434; OLG Zweibrücken NZG 2003, 537; LG Trier NZG 2003, 778; *Happ/Holler* DStR 2004, 730 (734); *Heckschen* in Schröder, Die GmbH im europäischen Vergleich, 2005, 85 (98 f.); *Hirte* in Hirte/Bücker, Grenzüberschreitende Gesellschaften, 2. Aufl. 2006, § 1 Rn. 33; *Lutter* in Lutter, Europäische Auslandsgesellschaften in Deutschland, 2005, 1 (2 ff.); *Rehberg* in Eidenmüller, Ausländische Kapitalgesellschaften im deutschen Recht, 2004, § 5 Rn. 16 ff.; NK-BGB/*Hoffmann* Anh. Art. 12 EGBGB Rn. 103 ff.; aA noch BayObLG NZG 1998, 936; LG Frankenthal NJW 2003, 762 = BB 2003, 542 m. abl. Anm. von *Leible/Hoffmann;* für eine Eintragung als Hauptniederlassung *Liese* NZG 2006, 201 ff.
[91] BGH NJW 2005, 1648 (1649); KG NJW-RR 2004, 331 (332); *Happ/Holler* DStR 2004, 730 (734); *Heckschen* in Schröder, Die GmbH im europäischen Vergleich, 2005, 85 (99 f.); *Lutter* in Lutter, Europäische Auslandsgesellschaften in Deutschland, 2005, 1 (9); *Rehberg* in Eidenmüller, Ausländische Kapitalgesellschaften im Deutschen Recht, 2004, § 5 Rn. 83; *Zöllner* GmbHR 2006, 1 (4); NK-BGB/*Hoffmann* Anh. Art. 12 EGBGB Rn. 106; aA wohl *Hirte* in Hirte/Bücker, Grenzüberschreitende Gesellschaften, 2. Aufl. 2006, § 1 Rn. 33. Zu den Nachweis- und Offenlegungspflichten im Einzelnen MüKoBGB/*Kindler* IntGesR Rn. 909 ff.
[92] BGH NJW 2005, 1648 (1649); OLG Hamm NZG 2006, 826 (827); *Eidenmüller* NJW 2005, 1618 (1619 f.); *Rehberg* in Eidenmüller, Ausländische Kapitalgesellschaften im deutschen Recht, 2004, § 5 Rn. 82; aA *Leible/Hoffmann* RIW 2005, 544 ff.; NK-BGB/*Hoffmann* Anh. Art. 12 EGBGB Rn. 107 ff.; MüKoBGB/*Kindler* IntGesR Rn. 529 ff.
[93] OLG Düsseldorf NZG 2006, 317; OLG Frankfurt NZG 2006, 515; OLG Hamm NZG 2005, 930; OLG Jena DNotZ 2006, 153.
[94] OLG Düsseldorf NZG 2006, 317; OLG Hamm NZG 2005, 930; OLG Jena DNotZ 2006, 153; krit. *Zöllner* GmbHR 2006, 1 (4).
[95] OLG Düsseldorf NZG 2006, 317.
[96] BGH NJW 2007, 2328; OLG Jena NZG 2006, 434; aA OLG Oldenburg RIW 2001, 863; *Mankowski* BB 2006, 1173 ff.
[97] OLG Frankfurt NZG 2015, 707.

nicht vorsieht.[98] Für eine nach deutschem Recht gegründete KG kann hingegen die Befreiung der persönlich haftenden Gesellschafterin und ihrer Organe selbst dann eingetragen werden, wenn die Komplementärin eine englische Limited ist.[99] Es besteht keine Pflicht zur Bestellung eines ständigen Vertreters für die Zweigniederlassung. Ist jedoch ein solcher ständiger Vertreter bestellt, muss er nach § 13 Abs. 4 S. 4 Nr. 3 HGB auch angemeldet werden.[100] Die Eintragung der Verschmelzung einer deutschen GmbH auf eine EU-Auslandsgesellschaft kann nicht erstmalig konstitutiv im Register der Zweigniederlassung vorgenommen werden.[101] Zwar weist die Zweigniederlassung keine eigene Rechtspersönlichkeit auf. Die ausländische Gesellschaft nimmt jedoch mit ihrer Zweigniederlassung am Rechtsverkehr teil. Für letztere kann eine eigene Firma gebildet werden (§ 13 HGB), unter der die Gesellschaft Aktiv- und Passivprozesse führen, als Berechtigte im Grundbuch[102] und als Kommanditistin einer KG im Handelsregister[103] eingetragen werden kann.

IV. Staatsverträge

20   Im Verhältnis zu Drittstaaten gilt nach wie vor grundsätzlich die Sitztheorie.[104] Von dieser Grundregel kann allerdings durch Staatsvertrag abgewichen werden (Art. 3 Abs. 2 S. 1 EGBGB). Eine solche Abweichung gebietet der **deutsch-amerikanische Freundschafts-, Handels- und Schifffahrtsvertrag** v. 29.10.1954 (BGBl. 1956 II 487). Nach Art. XXV Abs. 5 S. 2 dieses Abkommens gelten Gesellschaften, die gemäß den Vorschriften des einen Vertragsteils in dessen Gebiet errichtet sind, als Gesellschaften dieses Vertragsteils; ihr rechtlicher Status wird in dem Gebiet des anderen Vertragsteils als solcher anerkannt. Außerdem gewährt Art. VII des Abkommens ausdrücklich Niederlassungsfreiheit für Gesellschaften jedes Vertragsteils im Gebiet des jeweils anderen. Das Personalstatut einer Korporation im Verhältnis zwischen der Bundesrepublik Deutschland und den Vereinigten Staaten von Amerika richtet sich damit nach dem am Ort ihrer Gründung geltenden Recht.[105]

21   Der BGH hat bisher offen gelassen, ob eine in den Vereinigten Staaten gegründete Gesellschaft, die keine tatsächlichen Beziehungen zu den USA hat (**„genuine link"**) und ihre geschäftlichen Aktivitäten allein in der Bundesrepublik Deutschland entfaltet, hier anzuerkennen ist.[106] Nach seiner Ansicht genügt jedenfalls eine geringe werbende Tätigkeit in den USA (nicht notwendig im Gründungsbundesstaat), wobei er den Abschluss eines Broker-Vertrages mit einem US-amerikanischen Partner[107] und sogar das Bestehen eines Telefonanschlusses, der eingehende Anrufe an einen Anrufbeantworter oder einen Servicedienst weiterleitet,[108] ausreichen lässt. Das Erfordernis eines „genuine link" ist damit, wenn man überhaupt an ihm festhalten will, weitgehend entschärft.

22   Darüber hinaus haben zahlreiche **bilaterale Kapitalschutzabkommen** kollisionsrechtliche Bedeutung. Als deutsche Gesellschaften werden dort solche bezeichnet, die in der Bundesrepublik ihren (Verwaltungs-) Sitz haben und nach deutschem Recht bestehen, während es für die Gesellschaf-

---

[98] OLG Düsseldorf NZG 2006, 317; OLG Frankfurt/M FGPrax 2008, 165 f.; OLG Hamm ZIP 2006, 1947; OLG München NZG 2005, 850; 2006, 512; LG Leipzig NZG 2005, 759; aA LG Freiburg NJW-RR 2004, 1686.
[99] OLG Frankfurt NZG 2006, 830.
[100] OLG München NZG 2008, 342.
[101] OLG München ZIP 2006, 1049.
[102] OLG München NZG 2013, 558.
[103] OLG Bremen NZG 2013, 144.
[104] BGHZ 178, 192 (194 ff.) = NJW 2009, 289 m. abl. Anm. *Kieninger;* BGH AG 2010, 79; NZG 2010, 909 Rn. 21; MHdB IntGesR/*Thölke* § 1 Rn. 61 f.; PWW/*Brödermann/Wegen* IntGesR Rn. 29; MüKoGmbHG/*Weller* Einl. IntGesR Rn. 371 ff.; Palandt/*Thorn* BGB Anh. Art. 12 EGBGB Rn. 10; aA *Behrens* IPPrax 2003, 193 (205 f.); *Binz/Mayer* BB 2005, 2361 (2366 ff.); *Eidenmüller* ZIP 2002, 2233 (2244); *Leible/Hoffmann* RIW 2002, 925 (935); *Lieder/Kliebisch* BB 2009, 338 (339 ff.); *Rehm* in Eidenmüller, Ausländische Kapitalgesellschaften im deutschen Recht, 2004, § 2 Rn. 87 ff.; UHL/*Behrens/Hoffmann* GmbHG Einl. B Rn. 58.
[105] BGHZ 153, 353 (355 ff.); BGH NJW-RR 2002, 1359 (1360); BGH NZG 2004, 1001; BGH NZG 2005, 44 = DNotZ 2005, 141 m. Anm. *Thölke;* OLG Celle WM 1992, 1703 (1706); OLG Düsseldorf NJW-RR 1995, 1124; *Rehm* in Eidenmüller, Ausländische Kapitalgesellschaften im deutschen Recht, 2004, § 2 Rn. 5; *Spahlinger/Wegen* IntGesR Rn. 235; Bamberger/Roth/*Mäsch* BGB Anh. II Art. 12 EGBGB Rn. 45 f.; MüKoBGB/*Kindler* IntGesR Rn. 333 ff.; aA OLGR Hamm 2003, 9 = GmbHR 2003, 302 (LS); *Laeger*, Deutsch-amerikanisches Internationales Gesellschaftsrecht, 2008, 88 ff.; *Berndt* JZ 1996, 187 ff.
[106] Verneinend OLG Düsseldorf NJW-RR 1995, 1124 (1125); *Stiegler*, Grenzüberschreitende Sitzverlegungen nach deutschem und europäischem Recht, 2017, 235 ff.; *Binz/Mayer* BB 2005, 2361 (2367); *Ebenroth/Kenner/Willburger* ZIP 1995, 972 ff.; MüKoBGB/*Kindler* IntGesR Rn. 342 ff.; aA aber *Paal* RIW 2005, 735 (738); *Rehm* in Eidenmüller § 2 Rn. 34; *M.J. Ulmer* IPRax 1996, 100 (101 ff.); *Spahlinger/Wegen* IntGesR Rn. 243; Bamberger/Roth/*Mäsch* BGB Anh. II Art. 12 EGBGB Rn. 45 f.; Palandt/*Thorn* BGB Anh. Art. 12 EGBGB Rn. 3.
[107] BGH NZG 2004, 1001.
[108] BGH NZG 2005, 44 = DNotZ 2005, 141 m. Anm. *Thölke*.

ten des jeweiligen Vertragspartners genügt, dass sie nach den dortigen Bestimmungen gegründet und errichtet, eventuell auch eingetragen wurden. Daraus folgt, dass die ausländische Gesellschaft hier nach ihrem Gründungsrecht anzuerkennen ist, wenn sie ihren Verwaltungssitz im Gebiet des Vertragspartners oder eines Drittstaats hat; sofern sie jedoch in Deutschland ansässig sind, soll es hingegen nach wohl noch überwiegender Ansicht bei der Sitzanknüpfung bleiben.[109]

Betroffen sind die in **folgenden Staaten**[110] gegründeten Gesellschaften: Antigua und Barbuda, 23 Bolivien, Bosnien und Herzogowina, Brunei Daressalam, Burkina Faso, VR China, Dominica, Ghana, Guyana, Honduras, Hongkong, Indien, Indonesien, Jamaika, Jemen, Jugoslawien, Kambodscha, Kamerun, Katar, Kongo, Korea, Kuba, Kuwait, Lesotho, Liberia, Malaysia, Mali, Mauritius, Nepal, Oman, Pakistan, Papua-Neuguinea, Senegal, Singapur, Somalia, Sri-Lanka, Sta Lucia, St. Vincent und die Grenadinen, Sudan, Swasiland, Tansania, Tschad, Zentralafrikanische Republik.

V. Reichweite des Personalstatuts

1. Personeller Anwendungsbereich. Die Anknüpfungsregeln des internationalen Gesellschafts- 24 rechts gelten für alle „organisierten Personenzusammenschlüsse und organisierten Vermögenseinheiten" (vgl. § 150 Abs. 1 schw. IPRG). Erfasst sind damit nicht nur juristische Personen wie Stiftungen,[111] Anstalten, Vereine, Genossenschaften und Kapitalgesellschaften, sondern auch nicht- oder nur teilrechtsfähige Gebilde mit einer nach außen erkennbaren Organisation.[112] Insbesondere Personengesellschaften sind kollisionsrechtlich wie juristische Personen zu behandeln, es sei denn, es handelt sich um eine reine Innengesellschaft.[113] Schuldrechtliche Beziehungen ohne nach außen hervortretende Organisationsstruktur unterliegen daher dem nach der Rom I-VO (früher Art. 27 ff. EGBGB) zu ermittelnden Vertragsstatut.[114] Für die Anwendung des Gesellschaftsstatuts kommt es nicht darauf an, ob eine erwerbswirtschaftliche oder ideelle Zielsetzung vorliegt.

2. Gründung. Die Gründung und Errichtung einer Gesellschaft richtet sich nach dem Gesell- 25 schaftsstatut. Dies gilt bei einer juristischen Person unstreitig auch für die mit dem Abschluss des Gesellschaftsvertrags entstehende Vorgesellschaft,[115] insbesondere erstreckt es sich auch auf die Haftungsverhältnisse einschließlich einer etwaigen Handelndenhaftung. Für die Vorgründungsgesellschaft gilt hingegen nach hM das Vertragsstatut, da hier nur Verpflichtungen inter partes begründet werden.[116] Doch muss eine andere Beurteilung Platz greifen, wenn die Vorgründungsgesellschaft bereits mit eigener Organisationsstruktur außenwirksam hervortritt (→ Rn. 24).

3. Rechts- und Handlungsfähigkeit. Das Gesellschaftsstatut entscheidet über die Fähigkeit der 26 Korporation, Träger von Rechten und Pflichten zu sein.[117] Einschränkungen wie zB nach der ultra-vires-Lehre des anglo-amerikanischen Rechtskreises sind zu respektieren. Allerdings kann Verkehrsschutz über eine entsprechende Anwendung von Art. 12 EGBGB hergestellt werden mit der Folge, dass eine Beschränkung dann unbeachtlich ist, wenn eine solche nach dem Recht des Abschlussorts bei vergleichbaren Gesellschaftsformen nicht besteht und der Vertragspartner die fehlende Rechtsfähigkeit weder kannte noch kennen musste.[118]

---

[109] *Spahlinger/Wegen* IntGesR Rn. 259; Bamberger/Roth/*Mäsch* BGB Anh. II Art. 12 EGBGB Rn. 48; MüKoBGB/*Kindler* IntGesR Rn. 329; aA *Rehm* in Eidenmüller, Ausländische Kapitalgesellschaften im deutschen Recht, 2004, § 2 Rn. 15; PWW/*Brödermann/Wegen* IntGesR Rn. 24; zur Bedeutung des CETA-Abkommens im Verhältnis zu Kanada s. *Freitag* NZG 2017, 615 ff.

[110] Vgl. die Nachweise bei MüKoBGB/*Kindler* IntGesR Rn. 329.

[111] Dazu NZG 2016, 1187 Rn. 11 ff.; *Kindler* NZG 2016, 1135 ff.

[112] MüKoBGB/*Kindler* IntGesR Rn. 282 ff.

[113] BGH NJW 1967, 36 (38); OLG Frankfurt RIW 1998, 807; *W.-H. Roth* ZGR 2014, 168 (177 ff.); Bamberger/Roth/*Mäsch* BGB Anh. II Art. 12 EGBGB Rn. 72; MüKoBGB/*Kindler* IntGesR Rn. 282 ff.

[114] BGH NJW 2004, 3706; NJW 2015, 2581 Rn. 12 ff.; OLG Frankfurt RIW 1998, 807; OLG Hamburg NJW-RR 2001, 1012 (1013 f.); *W.-H. Roth* ZGR 2014, 168 (179 f.); Bamberger/Roth/*Mäsch* BGB Anh. II Art. 12 EGBGB Rn. 31; MüKoBGB/*Kindler* IntGesR Rn. 287.

[115] MAH IntWirtschaftsR/*Wegen/Mossler* § 11 Rn. 31; *Spahlinger/Wegen* IntGesR Rn. 266 ff.; Bamberger/Roth/*Mäsch* BGB Anh. II Art. 12 EGBGB Rn. 76; MüKoBGB/*Kindler* IntGesR Rn. 528; UHL/*Behrens/Hoffmann* GmbHG Einl. B Rn. 88.

[116] BGH WM 1975, 387; MAH IntWirtschaftsR/*Wegen/Mossler* § 11 Rn. 30; Bamberger/Roth/*Mäsch* BGB Anh. II Art. 12 EGBGB Rn. 77; MüKoBGB/*Kindler* IntGesR Rn. 525.

[117] BGHZ 128, 41 (44); BGH NJW 2013, 3656 Rn. 11; OLG Frankfurt NJW 1990, 2204; KG NZG 2014, 901; OLG Oldenburg NJW 1990, 1422; Bamberger/Roth/*Mäsch* BGB Anh. II Art. 12 EGBGB Rn. 73; MüKoBGB/*Kindler* IntGesR Rn. 542; Palandt/*Thorn* BGB Anh. Art. 12 EGBGB Rn. 15; zum Nachweis der Existenz KG FGPrax 2012, 236 (dänischer Verein); OLG Köln NZG 2013, 754 (US-amerikanische Gesellschaft).

[118] *Spahlinger/Wegen* IntGesR Rn. 270 ff.; Bamberger/Roth/*Mäsch* BGB Anh. II Art. 12 EGBGB Rn. 79; MüKoBGB/*Kindler* IntGesR Rn. 544; Palandt/*Thorn* BGB Anh. Art. 12 EGBGB Rn. 16; Scholz/*H.P. Westermann* GmbHG Anh. § 4a Rn. 30; offen gelassen von BGH NJW 1998, 2452 (2453).

27 Die **Parteifähigkeit** bestimmt sich ebenfalls nach dem Gesellschaftsstatut, und zwar grundsätzlich ohne Umweg über § 50 ZPO.[119] Eines Rückgriffs auf diese Norm bedarf es nur, wenn die Gesellschaft nach ihrem Personalstatut zwar rechtsfähig, aber nicht parteifähig ist.[120] Ist das ausländische Gebilde weder rechts- noch parteifähig, hier aber wie eine juristische Person aufgetreten, so kann sie im Inland analog § 50 Abs. 2 ZPO verklagt werden.[121] Die Prozessfähigkeit einer Gesellschaft ist nach ihrem Personalstatut zu beurteilen, hilfsweise gilt sie gem. § 55 ZPO im Inland als prozessfähig, wenn sie mit einer prozessfähigen deutschen Korporation vergleichbar ist.[122]

28 Die Frage, ob eine Korporation **deliktsfähig** ist, dh für das Verhalten der für sie handelnden natürlichen Personen einzustehen hat (vgl. § 31 BGB), beurteilt sich nach dem Deliktsstatut.[123] Ob der Handelnde jedoch als Organ einzuordnen ist und das Verhalten in den Rahmen seiner Organpflichten fällt, lässt sich nicht ohne Rücksicht auf das Gesellschaftsstatut beantworten.[124]

29 Wer Schuldner eines Insolvenzverfahrens sein kann **(Insolvenzfähigkeit)**, richtet sich nach der lex fori concursus (vgl. Art. 7 Abs. 2 lit. a EuInsVO), die Vorfrage, wie die entsprechende Gesellschaft einzuordnen ist, jedoch nach ihrem Personalstatut. Eine ausländische Kapitalgesellschaft mit Inlandssitz, die hier nach der Sitztheorie nicht als solche anerkannt werden kann, ist jedoch als Einzelperson bzw. Personengesellschaft insolvenzfähig.[125] Sofern eine solche Gesellschaft aber aufgrund der europarechtlichen Niederlassungsfreiheit oder eines Staatsvertrags nach ihrem Gründungsrecht zu beurteilen ist, wird sie auch insolvenzrechtlich als juristische Person behandelt.[126]

30 **4. Name und Firma.** Namens- und Firmenrecht unterfallen grundsätzlich dem Gesellschaftsstatut.[127] Hinsichtlich des Gebrauchs von Name und Firma ist aber aus Verkehrsschutzgründen gesondert anzuknüpfen an den Ort des Tätigwerdens.[128]

31 **5. Organisationsverfassung.** Zum Kernbereich des Gesellschaftsstatuts gehört die Organisationsverfassung der Korporation, insbesondere die Zusammensetzung und Befugnisse ihrer Organe unter Einschluss der Regeln über die Geschäftsführung und **organschaftliche Vertretung**.[129] Fehlt es danach aber an einer wirksamen Vertretung, kommt zugunsten des gutgläubigen Vertragspartners Art. 12 EGBGB entsprechend zur Anwendung.[130] Die rechtsgeschäftliche Vertretungsmacht von Hilfspersonen beurteilt sich nach dem Vollmachtsstatut,[131] ebenso Vorliegen und Folgen einer Dul-

---

[119] BGHZ 153, 353 (358); BGH NJW 1999, 1871; *Leible* in Hirte/Bücker, Grenzüberschreitende Gesellschaften, 2. Aufl. 2006, § 11 Rn. 27; Bamberger/Roth/*Mäsch* BGB Anh. II Art. 12 EGBGB Rn. 74; MüKoBGB/ *Kindler* IntGesR Rn. 565; UHL/*Behrens/Hoffmann* GmbHG Einl. B Rn. 96.
[120] *Leible* in Hirte/Bücker, Grenzüberschreitende Gesellschaften, 2. Aufl. 2006, § 11 Rn. 27; Bamberger/Roth/ *Mäsch* BGB Anh. II Art. 12 EGBGB Rn. 74; MüKoBGB/*Kindler* IntGesR Rn. 565.
[121] BGHZ 97, 269 (270); BGH NJW 2004, 3706 (3707); *Leible* in Hirte/Bücker, Grenzüberschreitende Gesellschaften, 2. Aufl. 2006, § 11 Rn. 28; Bamberger/Roth/*Mäsch* BGB Anh. II Art. 12 EGBGB Rn. 64; MüKoBGB/*Kindler* IntGesR Rn. 474.
[122] *Leible* in Hirte/Bücker, Grenzüberschreitende Gesellschaften, 2. Aufl. 2006, § 11 Rn. 30; MüKoBGB/ *Kindler* IntGesR Rn. 566; UHL/*Behrens/Hoffmann* GmbHG Einl. B Rn. 96.
[123] OLG Köln NJW-RR 1998, 756; *Leible* in Hirte/Bücker, Grenzüberschreitende Gesellschaften, 2. Aufl. 2006, § 11 Rn. 34; *Spahlinger/Wegen* IntGesR Rn. 354; Bamberger/Roth/*Mäsch* BGB Anh. II Art. 12 EGBGB Rn. 87; MüKoBGB/*Kindler* IntGesR Rn. 564, 641; UHL/*Behrens/Hoffmann* GmbHG Einl. B Rn. 96; *Scholz/ H.P. Westermann* GmbHG Anh. § 4a Rn. 31.
[124] *Leible* in Hirte/Bücker, Grenzüberschreitende Gesellschaften, 2. Aufl. 2006, § 11 Rn. 34; *Spahlinger/Wegen* IntGesR Rn. 355 f.; Bamberger/Roth/*Mäsch* BGB Anh. II Art. 12 EGBGB Rn. 87; MüKoBGB/*Kindler* IntGesR Rn. 642.
[125] AG Hamburg ZIP 2003, 1008 = DStR 2003, 1763 m. Anm *Lürken*; *Leible* in Hirte/Bücker, Grenzüberschreitende Gesellschaften, 2. Aufl. 2006, § 11 Rn. 46.
[126] AG Duisburg NZG 2003, 1167 (1168); AG Saarbrücken ZIP 2005, 2027; *Eidenmüller* in Eidenmüller, Ausländische Kapitalgesellschaften im deutschen Recht, 2004, § 18 Rn. 18; *Leible* in Hirte/Bücker, Grenzüberschreitende Gesellschaften, 2. Aufl. 2006, § 11 Rn. 47; *H.F. Müller* NZG 2003, 414 (415 f.); anders noch AG Hamburg ZIP 2003, 1008 = DStR 2003, 1763 m. Anm. *Lürken*.
[127] RGZ 117, 215 (218); BGH GRUR 1961, 294 (297); BayObLG 1986, 3029; OLG Frankfurt/M FGPrax 2008, 165 (166); *Mankowski/Knöfel* in Hirte/Bücker, Grenzüberschreitende Gesellschaften, 2. Aufl. 2006, § 13 Rn. 48; *Rehberg* in Eidenmüller, Ausländische Kapitalgesellschaften im deutschen Recht, 2004, § 5 Rn. 28; UHL/ *Behrens/Hoffmann* GmbHG Einl. B Rn. 97.
[128] Näher *Mankowski/Knöfel* in Hirte/Bücker, Grenzüberschreitende Gesellschaften, 2. Aufl. 2006, § 13 Rn. 51 ff., s. auch OLG Frankfurt/M FGPrax 2008, 165 (166 f.).
[129] BGHZ 32, 256 (258); BGH NZG 2012, 1192 Rn. 27; zum Nachweis der Vertretungsbefugnis OLG München NZG 2010, 515 (japanische Kapitalgesellschaft); KG NZG 2012, 1353 (ital. GmbH); OLG Schleswig NJW-RR 2012, 1063 (englische Limited).
[130] *Leible* in Hirte/Bücker, Grenzüberschreitende Gesellschaften, 2. Aufl. 2006, § 11 Rn. 48; NK-BGB/*Hoffmann* Anh. Art. 12 EGBGB Rn. 16; MüKoBGB/*Kindler* IntGesR Rn. 562.
[131] *Leible* in Hirte/Bücker, Grenzüberschreitende Gesellschaften, 2. Aufl. 2006, § 11 Rn. 51; *Spahlinger/Wegen* IntGesR Rn. 290; NK-BGB/*Hoffmann* Anh. Art. 12 EGBGB Rn. 16; MüKoBGB/*Kindler* IntGesR Rn. 560.

Internationales Gesellschaftsrecht   32–35 **IntGesR**

dungs- oder Anscheinsvollmacht.[132] Über die Rechtsscheinshaftung der Gesellschaft für das Handeln ihres Organs, das seine Vertretungsmacht überschreitet, entscheidet das Recht am Ort der Vornahme des Geschäfts,[133] bei einem Distanzgeschäft ist jedenfalls dann auf die am Recht des Orts der Abgabe der Willenserklärung geltende Rechtsordnung abzustellen, wenn diese zugleich über die organschaftliche Vertretungsmacht entscheidet.[134]

Die **unternehmerische Mitbestimmung** ist Teil des Organisationsrechts der Gesellschaft.[135] Eine **32** Sonderanknüpfung analog Art. 9 Rom I-VO (früher Art. 34 EGBGB) kommt nicht in Betracht.[136] Ob es zulässig wäre, de lege ferenda von der Niederlassungsfreiheit geschützte ausländische Gesellschaften mit Inlandssitz der deutschen Mitbestimmung zu unterwerfen,[137] wird streitig diskutiert.[138] Selbst wenn die Frage zu bejahen sein sollte, so wäre ein solches Vorhaben jedenfalls rechtspolitisch nicht zu befürworten. Art. 18 und Art. 45 AEUV stehen den Regelungen des deutschen Mitbestimmungsrechts, wonach nur die im Inland beschäftigten Arbeitnehmer bei den Wahlen der Arbeitnehmervertreter im Aufsichtsrat über ein aktives und passives Wahlrecht verfügen, im Ergebnis nicht entgegen.[139]

6. Finanzverfassung. Die Regeln über **Mindestkapital, Kapitalaufbringung und -erhal- 33 tung sowie Kapitaländerungen** sind Bestandteil des Gesellschaftsstatuts.[140] Sonderanknüpfungen für im Inland tätige Auslandsgesellschaften wären eine unzulässige Einschränkung der Niederlassungsfreiheit.[141]

Umstritten war die Einordnung des **Eigenkapitalersatzrechts.** Hier konkurrierten insolvenz- **34** und gesellschaftsrechtliche Qualifizierungen.[142] Der Gesetzgeber des MoMiG hat im Zuge einer völligen Neuausrichtung die einschlägigen Regelungen ganz in das Insolvenzrecht verlagert und rechtsformneutral ausgestaltet, um eine Einbeziehung der Auslandsgesellschaften sicherzustellen (§ 39 Abs. 1 Nr. 5 InsO, § 135 InsO).[143]

7. Haftungsverfassung. Die Haftungsverhältnisse der Gesellschaft sind grundsätzlich korpora- **35** tionsrechtlicher Natur. Eine genuin gesellschaftsrechtliche Frage ist zunächst die der persönlichen Haftung von Gesellschaftern,[144] und zwar ohne Rücksicht darauf, welchem Statut die Verbind-

---

[132] *Leible* in Hirte/Bücker, Grenzüberschreitende Gesellschaften, 2. Aufl. 2006, § 11 Rn. 49; *Spahlinger/Wegen* IntGesR Rn. 290; MüKoBGB/*Kindler* IntGesR Rn. 563.
[133] MüKoBGB/*Kindler* IntGesR Rn. 563.
[134] BGH NZG 2012, 1192 Rn. 28 ff.
[135] BGH NJW 1982, 933 (934); MAH IntWirtschaftsR/*Wegen/Mossler* § 11 Rn. 191; NK-BGB/*Hoffmann* Anh. Art. 12 EGBGB Rn. 23 f.; Bamberger/Roth/*Mäsch* BGB Anh. II Art. 12 EGBGB Rn. 73; Palandt/*Thorn* BGB Anh. Art. 12 EGBGB Rn. 16; UHL/*Behrens/Hoffmann* GmbHG Einl. B Rn. 121.
[136] So aber MüKoBGB/*Kindler* IntGesR Rn. 575; dagegen etwa MAH IntWirtschaftsR/*Wegen/Mossler* § 11 Rn. 63.
[137] Vgl. etwa *Raiser*, Gutachten B für den 66. DJT 2006, B 106 ff.
[138] Dazu ausf. *Bayer* AG 2004, 534 ff.; *Teichmann* ZIP 2016, 899 ff.; *Weiß/Seifert* ZGR 2009, 542 ff.; *Rehberg* in Eidenmüller, Ausländische Kapitalgesellschaften im deutschen Recht, 2004, § 5 Rn. 14 ff.; zum internationalen Anwendungsbereich der Geschlechterquote für Großunternehmen s. *Weller/Harms/Rentsch/Thomale* ZGR 2015, 361 ff.; MAH IntWirtschaftsR/*Wegen/Mossler* § 11 Rn. 68.
[139] EuGH NJW 2017, 2603 – Erzberger; LG München I DStR 2015, 2505; *Heuschmid/Ulber* NZG 2016, 102 ff.; anders KG NZG 2015, 1311 (Vorlagebeschluss); *Wansleben* WM 2017, 785 ff. mwN.
[140] BGH NJW 1991, 1414; *Fleischer* in Lutter, Europäische Auslandsgesellschaften in Deutschland, 2005, 49 (79 f.); *Spahlinger/Wegen* IntGesR Rn. 312; Scholz/*H.P. Westermann* GmbHG § 4a Rn. 45, 49.
[141] EuGH NJW 2003, 3331 – Inspire Art; *Eidenmüller* in Eidenmüller, Ausländische Kapitalgesellschaften im deutschen Recht, 2004, § 4 Rn. 10 ff.; *Forsthoff/Schulz* in Hirte/Bücker, Grenzüberschreitende Gesellschaften, 2. Aufl. 2006, § 16 Rn. 30 ff.
[142] Für eine ausschließlich insolvenzrechtliche Qualifikation *Haas* NZI 2001, 1 (9 f.); *Haas* NZI 2002, 457 (465 f.); *Huber* in Lutter, Europäische Auslandsgesellschaften in Deutschland, 2005, 131 (172 ff.); *Paulus* ZIP 2002, 729 (734); *Ulmer* NJW 2004, 1201 (1207); für die sog. Novellenregelungen (§ 32a GmbHG aF, §§ 39 Abs. 1 Nr. 5, 135 InsO aF) BGH NJW 2011, 3784; eine gesellschaftsrechtliche Einordnung befürwortend hingegen *Altmeppen* NJW 2004, 97 (103); *K. Schmidt* FS Großfeld, 1999, 1031 (1042); *Trunk*, Internationales Insolvenzrecht, 1998, S. 192 f.; *Zimmer*, Internationales Gesellschaftsrecht, 1996, 292; für die sog. Rechtsprechungsregeln auch BGHZ 148, 167 (168) = NJW 2001, 3123; differenzierend *Eidenmüller* in Eidenmüller, Ausländische Kapitalgesellschaften im deutschen Recht, 2004, § 9 Rn. 43 f.; *Forsthoff/Schulz* in Hirte/Bücker, Grenzüberschreitende Gesellschaften, 2. Aufl. 2006, § 16 Rn. 41 ff.; *H.F. Müller* NZG 2003, 414 (417); *Schücking* ZIP 1994, 1156 ff.; *Spahlinger/Wegen* IntGesR Rn. 313 ff.; UHL/*Behrens/Hoffmann* GmbHG Einl. B Rn. 110: Die Frage des Rangs kapitalersetzender Darlehen (§ 39 Abs. 1 Nr. 5 InsO) und ihre Anfechtung durch den Verwalter (§ 135 InsO) sollte dem Insolvenzstatut unterliegen, der eigenkapitalersetzenden Charakter des Darlehens (§ 32a GmbHG aF) sich hingegen nach dem Gesellschaftsstatut beurteilen.
[143] MAH IntWirtschaftsR/*Wegen/Mossler* § 11 Rn. 72; MüKoBGB/*Kindler* IntGesR Rn. 598; Scholz/*Bitter* GmbHG Anh. § 64 Rn. 37 ff.
[144] BGH NJW 2005, 1648 (1649); MHdB IntGesR/*Servatius* § 14 Rn. 50 ff.; *Spahlinger/Wegen* IntGesR Rn. 324; NK-BGB/*Hoffmann* Anh. Art. 12 EGBGB Rn. 19; Palandt/*Thorn* BGB Anh. Art. 12 EGBGB Rn. 18; UHL/*Behrens/Hoffmann* GmbHG Einl. B Rn. 113.

lichkeit der Gesellschaft unterliegt.[145] Dies gilt auch für die Durchgriffshaftung bei Kapitalgesellschaften.[146] Die Haftung wegen existenzvernichtenden Eingriffs stützt der BGH in seiner neueren Rechtsprechung auf § 826 BGB,[147] so dass insoweit eine deliktsrechtliche Anknüpfung nahe liegt.[148] Ein Verstoß gegen die Niederlassungsfreiheit liegt in derart krassen Missbrauchsfällen nicht vor.

36   Ebenfalls grundsätzlich dem Gesellschaftsstatut unterliegt die **Haftung von Organen**.[149] Auch hier kommt in den Fällen der § 826 BGB oder § 823 Abs. 2 BGB iVm §§ 263, 266, 266a StGB ein Rückgriff auf das Deliktsstatut in Betracht.[150] Deshalb kann uU auch der Geschäftsleiter einer ausländischen Gesellschaft wegen Nichtabführung von Sozialversicherungsbeiträgen in Anspruch genommen werden.[151] Für die Haftung wegen Insolvenzverschleppung nach § 823 Abs. 2 BGB iVm § 15a InsO gilt das Insolvenzstatut, da die verletzte Antragspflicht in den Kontext des Insolvenzeröffnungsverfahrens gehört.[152] Ebenfalls insolvenzrechtlich zu qualifizieren ist der Erstattungsanspruch nach § 64 GmbHG, § 92 Abs. 2, § 93 Abs. 3 Nr. 6.[153]

37   **8. Mitgliedschaft.** Die sich aus der Mitgliedschaft ergebenden Rechte und Pflichten unterliegen dem Gesellschaftsstatut.[154] **Schuldrechtliche Nebenabreden** richten sich dagegen nach dem Vertragsstatut, das aber bei Fehlen einer Rechtswahl wegen des engen Zusammenhangs mit der Gesellschafterstellung regelmäßig mit dem Gesellschaftsstatut zusammenfallen wird.[155] Vereinbarungen, die wie Stimmbindungsverträge unmittelbar oder mittelbar in die Struktur der Gesellschaft eingreifen, beurteilen sich zwingend nach dem Gesellschaftsstatut.[156]

38   **Erwerb und Verlust** der Mitgliedschaft richten sich nach dem Personalstatut der Gesellschaft.[157] Von dem dinglichen Übertragungsakt zu trennen ist das zugrunde liegende Kausalgeschäft, das dem Vertragsstatut unterfällt.[158] Das Gesellschaftsstatut entscheidet über die Vererblichkeit eines Gesellschaftsanteils, der Erbgang bestimmt sich jedoch allein nach dem Erbstatut.[159]

---

[145] *Spahlinger/Wegen* IntGesR Rn. 324.

[146] BGHZ 78, 318 (334); OLG Düsseldorf NJW-RR 1995, 1124 (1125); *Forsthoff/Schulz* in Hirte/Bücker, Grenzüberschreitende Gesellschaften, 2. Aufl. 2006, § 16 Rn. 68; MHdB IntGesR/*Servatius* § 14 Rn. 58 ff.; NK-BGB/*Hoffmann* Anh. Art. 12 EGBGB Rn. 19; UHL/*Behrens/Hoffmann* GmbHG Einl. B Rn. 96; aA *Wackerbarth*, Grenzen der Leitungsmacht in der internationalen Unternehmensgruppe, 2001, 110.

[147] BGHZ 173, 246 (263 f.) = NJW 2007, 2689 = LMK 2005 II, 50 (*Noack*); BGHZ 176, 204 ff. = NJW 2008, 2437 – Gamma.

[148] *Albrecht* ZInsO 2013, 1623 (1629); *Zimmer* NJW 2003, 3585 (3587 f.); für gesellschaftsrechtliche Qualifikation aber etwa *Jahn*, Die Anwendbarkeit deutscher Gläubigerschutzvorschriften bei einer EU-Kapitalgesellschaft mit Sitz in Deutschland, 2014, 319 ff.; MHdB IntGesR/*Servatius* § 14 Rn. 69; NK-BGB/*Hoffmann* Anh. Art. 12 EGBGB Rn. 118.

[149] BGH NJW 2005, 1648 (1649); *Forsthoff/Schulz* in Hirte/Bücker, Grenzüberschreitende Gesellschaften, 2. Aufl. 2006, § 16 Rn. 104 ff.

[150] *Forsthoff/Schulz* in Hirte/Bücker, Grenzüberschreitende Gesellschaften, 2. Aufl. 2006, § 16 Rn. 110.

[151] BGH NJW 2013, 3303.

[152] LG Kiel NZG 2006, 672; *Albrecht* ZInsO 2013, 1623 (1628); *Eidenmüller* RabelsZ 70 (2006) 474 (497 f.); *Mankowski* NZG 2016, 281 (286); *H.F. Müller* NZG 2003, 414 (417); *Spahlinger/Wegen* IntGesR Rn. 346 f., 755 ff.; *Vallender* ZGR 2006, 425 (455); Palandt/*Thorn* BGB Anh. Art. 12 EGBGB Rn. 6, 18; aA *Bayer* BB 2003, 2357 (2365); *von Hase* BB 2006, 2141 ff.; *Mock/Schildt* ZInsO 2003, 396 (400); *Mock/Schildt* in Hirte/Bücker, Grenzüberschreitende Gesellschaften, 2. Aufl. 2006, § 17 Rn. 66 ff.; *Ringe/Willemer* EuZW 2006, 621 ff.; *Spindler/Berner* RIW 2004, 7 (11 ff.); *Teichmann*, Binnenmarktkonformes Gesellschaftsrecht, 2006, 521 ff.; NK-BGB/*Hoffmann* Anh. Art. 12 EGBGB Rn. 117 (Gesellschaftsstatut).

[153] Begr RegE MoMiG, BT-Drs. 16/6140, 47; EuGH NJW 2016, 223 Rn. 14 ff. – Kornhaas; BGH NZG 2015, 101 (Vorlagebeschluss); NJW 2016, 2660; KG NZG 2010, 71 (72 f.); *Eidenmüller* RabelsZ 70 (2006), 474 (498); *Hübner* IPRax 2015, 297 ff.; *Kindler* EuZW 2016, 136 ff.; *Mankowski* NZG 2016, 281 ff.; *Schall* ZIP 2016, 289 ff.; *Servatius* DB 2015, 1087 (1090 f.); *Vallender* ZGR 2006, 425 (455); *Hirte* in Hirte/Bücker, Grenzüberschreitende Gesellschaften, 2. Aufl. 2006, § 1 Rn. 75; Palandt/*Thorn* BGB Anh. Art. 12 EGBGB Rn. 6, 18.

[154] BGH NJW 1994, 939 (940); NZG 2016, 1187 Rn. 14; MHdB IntGesR/*Servatius* § 15 Rn. 4, 24 ff.; *Spahlinger/Wegen* IntGesR Rn. 298; MüKoBGB/*Kindler* IntGesR Rn. 588; UHL/*Behrens/Hoffmann* GmbHG Einl. B Rn. 102.

[155] *Spahlinger/Wegen* IntGesR Rn. 318; MüKoBGB/*Kindler* IntGesR Rn. 592; für eine unmittelbare Zuordnung zum Gesellschaftsstatut MHdB IntGesR/*Servatius* § 15 Rn. 36.

[156] *Spahlinger/Wegen* IntGesR Rn. 319; MüKoBGB/*Kindler* IntGesR Rn. 592 f.; UHL/*Behrens/Hoffmann* GmbHG Einl. B Rn. 102.

[157] BGH NJW 1994, 939 (940); *Reichert/Weller* DStR 2005, 250 f. (292); *Spahlinger/Wegen* IntGesR Rn. 320 ff.; MüKoBGB/*Kindler* IntGesR Rn. 589.

[158] OLG Stuttgart NZG 2001, 40 (43); *Spahlinger/Wegen* IntGesR Rn. 322; MüKoBGB/*Kindler* IntGesR Rn. 591; UHL/*Behrens/Hoffmann* GmbHG Einl. B Rn. 102.

[159] UHL/*Behrens/Hoffmann* GmbHG Einl. B Rn. 102.

Ob die Beteiligung einer Gesellschaft an einer anderen zulässig ist, muss kumulativ nach den **39**
Personalstatuten beider Gesellschaften geprüft werden.[160] Dies gilt auch für die **grenzüberschreitende Typenvermischung**. Aus Sicht des deutschen Rechts bestehen keine Bedenken dagegen, dass
eine ausländische Kapitalgesellschaft Gesellschafterin einer inländischen Personengesellschaft wird
(ausländische Kapitalgesellschaft & Co KG).[161]

9. Formfragen. Nach Art. 11 Abs. 1 EGBGB ist ein Rechtsgeschäft formgültig, wenn es entwe- **40**
der den Formerfordernissen des Geschäftsrechts oder des **Ortsrechts** genügt. Letzteres gilt freilich
nur, wenn das Ortsrecht überhaupt eine vergleichbare Gesellschaftsform und ein vergleichbares
Rechtsgeschäft kennt.[162] Außerdem greift die Regel locus regit actum entsprechend Art. 11 Abs. 4,
5 EGBGB nicht, wenn sich das Rechtsgeschäft unmittelbar auf die Verfassung der Gesellschaft
bezieht.[163] Dies betrifft Gründung, Umwandlung, Satzungsänderungen und Unternehmensverträge,
aber nicht Anteilsübertragungen.[164]

Richtet sich nach den oben dargelegten Grundsätzen die Form nach dem Gesellschaftsstatut, so **41**
stellt sich die Folgefrage, ob diese Form auch durch Vornahme des Rechtsgeschäfts in einem **anderen
Staat** gewahrt werden kann. Es handelt sich dabei um ein Problem der Substitution. Bei einer
Auslandsgesellschaft muss aus der Perspektive der ausländischen Rechtsordnung beurteilt werden,
ob die Vornahme der Rechtshandlung im Inland gleichwertig ist. Das deutsche Recht erkennt
Auslandsbeurkundungen an, wenn die ausländische Urkundsperson nach Vorbildung und Stellung
im Rechtsleben eine der Tätigkeit des deutschen Notars entsprechende Funktion ausübt und für die
Errichtung der Urkunde ein Verfahrensrecht zu beachten hat, das den tragenden Grundsätzen des
deutschen Beurkundungsrechts entspricht.[165] Im **Inland** dürfen ausländische Notare nicht selbstständig beurkundend tätig werden (§ 11a S. 3, 4 BNotO).[166]

10. Rechnungslegung. Die Vorschriften zur Rechnungslegung und Abschlussprüfung werden **42**
teilweise als öffentlich-rechtlich qualifiziert.[167] Dafür lässt sich anführen, dass diese Normen jedenfalls
auch öffentlichen Interessen dienen und zum Teil rechtsformunabhängig sind. Funktional gehört
das Bilanzrecht jedoch eher zum Gesellschaftsrecht. Durch eine abweichende Anknüpfung würden
zusammengehörige Materien auseinander gerissen. Daher sprechen die besseren Argumente für eine
Zuordnung zum Gesellschaftsstatut.[168] Unberührt bleiben steuerrechtliche, kapitalmarktrechtliche
und insolvenzrechtliche Rechnungslegungspflichten, die gesondert anzuknüpfen sind.

11. Auflösung und Liquidation. Nach dem Gesellschaftsstatut beurteilen sich die mit der Auflö- **43**
sung, Abwicklung und Beendigung einer Gesellschaft im Zusammenhang stehenden Fragen. Dazu
gehören auch die Auflösungsgründe, der Status der Liquidationsgesellschaft und die Rechtsstellung

---

[160] BayObLG NJW 1986, 3029 (3031); *Spahlinger/Wegen* IntGesR Rn. 273 ff.; Bamberger/Roth/*Mäsch* BGB Anh. II Art. 12 EGBGB Rn. 81; MüKoBGB/*Kindler* IntGesR Rn. 550 ff.
[161] BayObLG NJW 1986, 3029 (3031); OLG Frankfurt NZG 2006, 830; FGPrax 2008, 215; OLG Saarbrücken NJW 1990, 647; OLG Stuttgart NJW-RR 1995, 1067; *Spahlinger/Wegen* IntGesR Rn. 276 ff.; Bamberger/Roth/*Mäsch* BGB Anh. II Art. 12 EGBGB Rn. 81; aA AG Bad Oeynhausen GmbHR 2005, 692; für ausländische Kapitalgesellschaften, die nicht unter dem Schutz der Niederlassungsfreiheit oder eines Staatsvertrags stehen, auch MüKoBGB/*Kindler* IntGesR Rn. 554 f.
[162] RGZ 120, 225 (229); BGH NZG 2005, 41 (42); OLG Stuttgart NZG 2001, 40 (43); *Reichert/Weller* DStR 2005, 250 (253); *Spahlinger/Wegen* IntGesR Rn. 664; MüKoBGB/*Kindler* IntGesR Rn. 533.
[163] KG NJW 2018, 1828 f.; *Spahlinger/Wegen* IntGesR Rn. 663; MüKoBGB/*Kindler* IntGesR Rn. 535; tendenziell auch BGH NZG 2005, 41 (42); ohne Einschränkung UHL/*Behrens/Hoffmann* GmbHG Einl. B Rn. 191; Palandt/*Thorn* EGBGB Art. 11 Rn. 13; für ausschließliche Anwendbarkeit des Gesellschaftsstatuts OLG Hamm NJW 1974, 1057 (1058).
[164] BayObLG NJW 1978, 500; *Reichert/Weller* DStR 2005, 250 (254); gegen die Anwendbarkeit des Ortsrechts aber *Bayer* DNotZ 2009, 887 ff.; MüKoBGB/*Kindler* IntGesR Rn. 536 ff.; offengelassen von BGH NJW-RR 1989, 1259 (1261).
[165] BGHZ 80, 76 (78) = NJW 1981, 1160; bestätigt durch BGH NJW-RR 1989, 1259 (1261); BGHZ 199, 270 Rn. 14 ff. = NJW 2014, 2026; OLG Düsseldorf NJW 2011, 1370; OLG Frankfurt/M GmbHR 2005, 764; KG NJW 2018, 1828 (jeweils zu Schweizer Notaren); OLG Stuttgart NZG 2001, 40 (43) (verneinend für einen US-amerikanischen notary public); *Weller* ZGR 2014, 865 (877 ff.); *Spahlinger/Wegen* IntGesR Rn. 667 ff.; MüKBGB/*Spellenberg* EGBGB Art. 11 Rn. 86 ff.; s. ferner UHL/*Behrens/Hoffmann* GmbHG Einl. B Rn. 198 ff.; kritisch *Herrler* NJW 2018, 1787 ff.
[166] BGH NJW 2015, 3034 mit Anm. *Waldhoff*.
[167] *Spahlinger/Wegen* IntGesR Rn. 563 f.; MüKoBGB/*Kindler* IntGesR Rn. 273 ff.
[168] *Eichenmüller/Rehberg* ZVglRWiss 105 (2006) 427 (437 ff.); *Rehberg* in Eidenmüller, Ausländische Kapitalgesellschaften im deutschen Recht, 2004, § 5 Rn. 99; *Westhoff* in Hirte/Bücker, Grenzüberschreitende Gesellschaften, 2. Aufl. 2006, § 18 Rn. 24 ff.; UHL/*Behrens/Hoffmann* GmbHG Einl. B Rn. 118; so auch Art. 3 Abs. 1 Nr. 9 des Vorschlags des Deutschen Rates für Internationales Privatrecht für eine Regelung des Internationalen Gesellschaftsrechts auf europäischer/nationaler Ebene, RIW-Beilage 1/2006.

ihrer Organe. Art. 12 EGBGB ist jedoch analog anwendbar.[169] Ist eine ausländische Gesellschaft nach ihrem Heimatrecht **erloschen,** befindet sich jedoch noch Vermögen im Inland, so besteht sie für ihr in Deutschland belegenes Vermögen als **Restgesellschaft** fort[170] und ist hier noch als partei- und prozessfähig anzusehen.[171] Entsprechend § 66 Abs. 5 GmbHG, § 273 Abs. 4 sind Nachtragsliquidatoren durch das Gericht zu bestellen.[172] Im Falle der Insolvenz einer Gesellschaft gelten die Regeln des internationalen Insolvenzrechts.[173]

44 **12. Umstrukturierung; Konzernierung.** Dem Gesellschaftsstatut unterliegen sämtliche Maßnahmen der **Umwandlung** (Verschmelzung, Spaltung, Vermögensübertragung, Formwechsel) sowie die Sitzverlegung. Die grenzüberschreitende **Verschmelzung** von Kapitalgesellschaften innerhalb der Europäischen Union ist durch die Art. 118–134 GesR-RL, welche die Ende 2005 verabschiedete 10. Gesellschaftsrechtliche Richtlinie[174] abgelöst haben, speziell geregelt. Danach unterliegt grundsätzlich jede der beteiligten Gesellschaften ihrem eigenen Recht, was dem Ansatz der im international-privatrechtlichen Schrifttum vorherrschenden Vereinigungstheorie entspricht. Lediglich für die speziellen Probleme, die sich aus dem grenzüberschreitenden Charakter der Transaktion ergeben, sind Sondervorschriften vorgesehen. Der deutsche Gesetzgeber hat die Richtlinie durch Einfügung der §§ 122a–122l UmwG umgesetzt.[175] Auf im Wege der Verschmelzung übergehende Nachranganleiheverträge ist bezüglich Auslegung, Erfüllung und Erlöschen das zuvor schon anwendbare Recht anzuwenden (Vertragsstatut). Für den Schutz der Gläubiger einer übertragenden Gesellschaft gelten weiterhin die Vorschriften des innerstaatlichen Rechts, dem diese Gesellschaft unterlag.[176] Ein grenzüberschreitender **Formwechsel** innerhalb des EU-/EWR-Raums ist entsprechend §§ 190 ff. UmwG sowohl vom Ausland in das Inland (Hereinformwechsel)[177] als auch umgekehrt (Hinausformwechsel)[178] möglich. Auch die grenzüberschreitende Spaltung ist durch die Niederlassungsfreiheit geschützt und daher grundsätzlich zu ermöglichen.[179] Angesichts der fehlenden Harmonisierung sind aber grenzüberschreitende Umwandlungsvorgänge jenseits der Art. 118–134 GesR-RL nur mit großen Schwierigkeiten realisierbar.

45 Gesellschaftsrechtlich zu qualifizieren ist auch das **Konzernrecht,** wobei hier das Gesellschaftsstatut der abhängigen Gesellschaft maßgeblich ist.[180]

---

[169] *Spahlinger/Wegen* IntGesR Rn. 701; MüKoBGB/*Kindler* IntGesR Rn. 636; UHL/*Behrens/Hoffmann* GmbHG Einl. B Rn. 123.
[170] BGHZ 212, 381 Rn. 13 f.; OLG Brandenburg ZIP 2016, 1871 (1872); OLG Jena NZG 2007, 877; KG ZIP 2010, 204; NZG 2014, 901; OLG Düsseldorf NZG 2010, 1226; MHdB IntGesR/*Kienle* § 19 Rn. 15; MüKoBGB/*Kindler* IntGesR Rn. 637; UHL/*Behrens/Hoffmann* GmbHG Einl. B Rn. 123.
[171] BGHZ 53, 383 (385 ff.); OLG Brandenburg ZIP 2016, 1871 (1872); OLG Düsseldorf NZG 2010, 1226; KG ZIP 2010, 204; OLG Stuttgart NJW 1974, 1627 (1628); MHdB IntGesR/*Kienle* § 19 Rn. 40; *Spahlinger/Wegen* IntGesR Rn. 702; MüKoBGB/*Kindler* IntGesR Rn. 637; zu den steuerlichen Folgen s. BMF DStR 2014, 145 f.
[172] BGHZ 212, 381 Rn. 18 f.; OLG Jena NZG 2007, 877; *Krömker/Otte* BB 2008, 964 ff.; *Leible/Lehmann* GmbHR 2007, 1095 ff.; *J. Schmidt* ZIP 2008, 2400 ff.; für eine Pflegerbestellung gem. § 1913 BGB OLG Nürnberg NZG 2008, 76.
[173] Zur Abgrenzung etwa *Eidenmüller* RabelsZ 70 (2006), 474 ff.; *Spahlinger/Wegen* IntGesR Rn. 703 ff.; MüKoBGB/*Kindler* IntGesR Rn. 660 ff.
[174] Richtlinie 2005/56/EG des Europäischen Parlaments und des Rates v. 26.10.2005 über die Verschmelzung von Kapitalgesellschaften aus verschiedenen Mitgliedstaaten (ABl. EU 2005 Nr. L 310, 1); dazu *Bayer/Schmidt* NJW 2006, 401 ff.; *Drygala/von Bressensdorf* NZG 2016, 1161 ff.; *Drinhausen/Keinath* RIW 2006, 81 ff.; *Frischhut* EWS 2006, 55 ff.; *Grohmann/Gruschinske* GmbHR 2006, 191 ff.; *Nagel* NZG 2006, 97 ff.; *Neye* ZIP 2005, 1893 ff.; *Oechsler* NZG 2006, 161 ff.
[175] Vgl. 2. UmwGÄndG v. 19.4.2007, BGBl. 2007 I 542; für eine Erweiterung auf Personengesellschaften Beschluss 27 der Wirtschaftsrechtlichen Abteilung beim 71. DJT 2016; *Drygala/von Bressensdorf* NZG 2016, 1161 (1164 f.); *Stiegler* ZGR 2017, 312 (345 ff.).
[176] EuGH NZG 2016, 513 – KA Finanz, umfassende Besprechung von *Bayer/J. Schmidt* ZIP 2016, 841 ff.
[177] OLG Düsseldorf NZG 2017, 1354; KG NZG 2016, 834; OLG Nürnberg NZG 2014, 349; *Kovács* ZIP 2018, 253 (257 ff.); *Zwirlein* ZGR 2017, 115 (121 ff.).
[178] OLG Frankfurt NZG 2017, 423; dazu *Teichmann* ZIP 2017, 1190 ff.
[179] *Stiegler,* Grenzüberschreitende Sitzverlegungen nach deutschem und europäischem Recht, 2017, 446 ff.; *J. Schmidt* ZVglRWiss 116 (2017), 313 (332); MAH IntWirtschaftsR/*Wegen/Mossler* § 11 Rn. 221.
[180] BGH NZG 2005, 214 (215); OLG Frankfurt AG 1988, 267 (270); → Vor § 15 Rn. 31 ff.; MAH Internationales Wirtschaftsrecht/*Wegen/Mossler* § 11 Rn. 127, 130; *Spahlinger/Wegen* IntGesR Rn. 357 ff.; MüKoBGB/*Kindler* IntGesR Rn. 681 ff.; einschränkend *Renner* ZGR 2014, 452 (474 ff.); zu europarechtlichen Grenzen s. auch EuGH EuZW 2013, 664 ff.; *Teichmann* ZGR 2014, 45 ff.

Verordnung (EG) Nr. 2157/2001 des Rates vom 8. Oktober 2001 über das Statut der Europäischen Gesellschaft (SE)

(ABl. Nr. L 294 S. 1)
Zuletzt geändert durch Art. 1 Abs. 1 Buchst. c ÄndVO (EU) 517/2013 vom 13.5.2013
(ABl. EU 2013 Nr. L 158, 1)

Vor Art. 1 Einleitung

Schrifttum (Gesamtdarstellungen): *Binder/Jünemann/Merz/Sinewe,* Die Europäische Aktiengesellschaft (SE), 2007; *Habersack/Drinhausen,* SE-Recht, 2. Aufl. 2016; *Jannott/Frodermann,* Handbuch der Europäischen Aktiengesellschaft, 2. Aufl. 2014; *Kalss/Hügel,* Europäische Aktiengesellschaft – SE-Kommentar, 2004; Kölner Kommentar zum AktG, Bd. 8, 3. Aufl. 2012; *Lutter/Hommelhoff/Teichmann,* SE-Kommentar, 2. Aufl. 2015; *Manz/Mayer/Schröder,* Europäische Aktiengesellschaft SE, Nomos-Kommentar, 2. Aufl. 2010; Münchener Kommentar zum AktG, Bd. 7, 4. Aufl. 2017; *Schindler,* Die Europäische Aktiengesellschaft (SE) – Gesellschafts- und steuerrechtliche Aspekte, 2. Aufl. 2005; *Schwarz,* SE-VO, 2006; *Theisen/Wenz,* Europäische Aktiengesellschaft, 2. Aufl. 2005; *Thümmel,* Die Europäische Aktiengesellschaft – Leitfaden für die Unternehmens- und Beratungspraxis, 2004; *Van Hulle/Maul/Drinhausen,* Handbuch zur Europäischen Gesellschaft (SE), 2007.

Schrifttum (Übergreifende Beiträge und Einführungsaufsätze – Auswahl): *Bachmann,* Die Societas Europaea und das europäische Privatrecht, ZEuP 2008, 32; *Brandt,* Ein Überblick über die Europäische Aktiengesellschaft (SE), BB-Beil. Nr. 4 zu Heft 8/2005, 1; *Bungert/Beier,* Die Europäische Aktiengesellschaft, EWS 2002, 1; *Heckschen,* Die Europäische AG aus notarieller Sicht, DNotZ 2003, 251; *Heinze,* Die Europäische Aktiengesellschaft, ZGR 2002, 66; *Hirte,* Die Europäische Aktiengesellschaft, NZG 2002, 1; *Hommelhoff/Teichmann,* Die Europäische Aktiengesellschaft – das Flaggschiff läuft vom Stapel, SZW 2002, 1; *Horn,* Die Europa-AG im Kontext des deutschen und des europäischen Gesellschaftsrechts, DB 2005, 147; *Jahn/Herfs-Röttgen,* Die Europäische Aktiengesellschaft – Societas Europaea, DB 2001, 631; *Kiem,* Der Evaluierungsbericht der EU-Kommission zu SE-Verordnung, CFL 2011, 134 ff.; *Lutter,* Europäische Aktiengesellschaft – Rechtsfigur mit Zukunft?, BB 2002, 1; *Neye/Teichmann,* Der Entwurf für das Ausführungsgesetz zur Europäischen Aktiengesellschaft, AG 2003, 169; *J. Schmidt,* „Deutsche" vs „britische" SE, 2006; *Schubert,* Zehn Jahre „deutsche" SE – eine Bestandsaufnahme, AG 2014, 438; *Schulz/Geismar,* Die Europäische Aktiengesellschaft, DStR 2001, 1078; *Schwarz,* Zum Statut der Europäischen Aktiengesellschaft, ZIP 2001, 1847; *Teichmann,* Die Einführung der Europäischen Aktiengesellschaft, ZGR 2002, 383; *Thoma/Leuering,* Die Europäische Aktiengesellschaft – Societas Europaea, ZIP 2002, 1449.

Schrifttum (Einführungsaufsätze zum Ausführungsgesetz): *Brandt,* Der Diskussionsentwurf zu einem SE-Ausführungsgesetz, DStR 2003, 1208; *Brandt,* Überlegungen zu einem SE-Ausführungsgesetz, NZG 2002, 991; *Ihrig/Wagner,* Das Gesetz zur Einführung der Europäischen Aktiengesellschaft auf der Zielgeraden, BB 2004, 1749; *Ihrig/Wagner,* Diskussionsentwurf für ein SE-Ausführungsgesetz, BB 2003, 969; *Schindler,* Das Ausführungsgesetz zur Europäischen Aktiengesellschaft, wbl 2004, 253; *Teichmann,* Vorschläge für das deutsche Ausführungsgesetz zur Europäischen Aktiengesellschaft, ZIP 2002, 1109; *Waclawik,* Der Referentenentwurf des Gesetzes zur Einführung der Europäischen Aktiengesellschaft, DB 2004, 1191.

Übersicht

	Rn.		Rn.
I. Die Europäische Aktiengesellschaft als supranationale Rechtsform	1, 2	3. Die Rumpfregelungen in den Entwürfen von 1989/1991 und ihr abermaliges Scheitern	12–14
II. Rechtsquellen, Anliegen und Aufbau dieser Kommentierung	3, 4	4. Der Durchbruch auf dem Gipfel von Nizza 2000	15–17
III. Entstehungsgeschichte	5–17	IV. Wirtschaftliche Grundlagen und rechtstatsächliche Verbreitung	18–23
1. Von den Vorüberlegungen bis zum ersten Entwurf 1970	5–8	1. SE-Typen, Einsatzmöglichkeiten	18, 19
2. Das Vollstatut in den Entwürfen von 1970/1975 und die Gründe für ihr Scheitern	9–11	2. Vorteile der Gründung einer SE; Nachteile und Hindernisse	20–22
		3. Rechtstatsächliche Verbreitung	23
		V. Besteuerung der SE	24, 25

I. Die Europäische Aktiengesellschaft als supranationale Rechtsform

Die Europäische Aktiengesellschaft ist als **supranationale Rechtsform** konzipiert. Darunter versteht man eine Gesellschaft, deren Rechtsquellen und Regelungsprinzipien im Recht einer supranationalen Organisation (hier der EU) verankert sind. Einer supranationalen Rechtsform fehlt grund- 1 sätzlich jede Einbettung in eine nationale Rechtsordnung und die Auslegung ihres Statuts richtet sich zumindest primär nach supranationalen Grundsätzen und Methoden und unterliegt bei supranationalen Rechtsformen in der EU in letzter Instanz dem EuGH.[1] Von der **internationalen Gesellschaft** unterscheidet sich die supranationale Rechtsform wiederum durch ihre Rechtsquellen. Erstere beruht auf einem Staatsvertrag zwischen verschiedenen Ländern, letztere auf dem Recht einer supranationalen Organisation, die das Recht der Mitgliedstaaten überlagert.[2] Hinter der Konzeption der SE als supranationaler Rechtsform verbirgt sich die Idee, der Wirtschaft eine einheitliche, sich nach europäischem Recht richtende Handelsgesellschaft zur Verfügung zu stellen. Auch wenn die lateinische Bezeichnung Societas Europaea (SE) wörtlich übersetzt europäische Gesellschaft bzw. europäische Handelsgesellschaft bedeutet, so ist die SE als Aktiengesellschaft konzipiert, was in Art. 1 Abs. 1 SE-VO[3] klargestellt wird. Europäische Handelsgesellschaften können bisher nur als Aktiengesellschaft gegründet werden.

2   Der Gedanke einer supranationalen Gesellschaft in Gestalt einer Europäischen Aktiengesellschaft ist fast so alt wie die Europäische Gemeinschaft selbst und hat eine wechselvolle Geschichte durchlaufen.[4] Von der ursprünglichen Idee einer Rechtsform mit einem einheitlichen Rechtskleid für den gesamten Binnenmarkt ist im Laufe dieser Entwicklung wenig geblieben (→ Rn. 5 ff.). Dies zeigt sich an der **Vielzahl verschiedener Rechtsquellen,** die auf die SE Anwendung finden. Primäre Rechtsgrundlage der SE ist zwar die **SE-VO,** sie regelt die Europäische Aktiengesellschaft aber nur höchst unvollständig und gleicht einem **Regelungstorso** (→ Rn. 12). Von der im Wege einer Richtlinie ausgegliederten Arbeitnehmermitbestimmung abgesehen, wird über Art. 9 Abs. 1 SE-VO hinsichtlich zentraler Rechtsmaterien wie beispielsweise dem Innenrecht auf das nationale Recht verwiesen, das diese Lückenfüllung durch spezielle Ausführungsgesetze oder durch sein allgemeines nationales Aktienrecht vornehmen kann. Hinzukommt, dass die SE-VO an vielen Stellen im Wege der Spezialverweisung das Recht des nationalen Sitzstaates in Bezug nimmt. Damit ist die SE nur noch in ihrem Kern eine supranationale Rechtsform. Für die praktische Rechtsanwendung hingegen gibt es nicht „*die* SE", sondern nur die Europäische Aktiengesellschaft mit Sitz in Deutschland, Italien, Finnland, Ungarn usw. Dies ist als Nachteil angesehen worden.

II. Rechtsquellen, Anliegen und Aufbau dieser Kommentierung

3   Die **Rechtsquellen** der SE sind vielschichtig und komplex. Wichtigste und primäre Rechtsquelle ist die SE-VO. Sie entfaltet unmittelbare Wirkung und geht allen anderen Rechtsquellen vor, soweit der europäische Gesetzgeber seine Regelungskompetenz nicht ausnahmsweise im Wege einer ausdrücklichen Ermächtigung (Art. 9 Abs. 1 lit. b) an den Satzungsgeber der jeweiligen SE delegiert hat (Einzelheiten → Art. 9 Rn. 5). Auf der zweiten Ebene steht das nationale Recht des jeweiligen Sitzstaates, wobei spezielle **Ausführungsgesetze** Vorrang vor dem allgemeinen nationalen Aktiengesetz haben. In Deutschland hat der Gesetzgeber mit dem Gesetz zur Einführung der Europäischen Aktiengesellschaft (SEEG) vom 28.12.2004[5] zwei spezielle Ausführungsgesetze erlassen: Zum einen das SE-Ausführungsgesetz (SEAG), das in erster Linie gesellschaftsrechtliche Regelung enthält, und zum anderen das Gesetz über die Beteiligung der Arbeitnehmer (kurz SE-Beteiligungsgesetz – SEBG), mit dem die Richtlinie zur Mitbestimmung der Arbeitnehmer[6] umgesetzt wird. Soweit diese nationalen Gesetze keine Regelungen enthalten, kommen subsidiär das AktG sowie andere nationale Vorschriften (→ Art. 9 Rn. 6 ff.) zur Anwendung. An dritter Stelle nach der SE-VO und dem nationalem Recht steht die Satzung der SE, soweit ihr die Verordnung (Art. 9 Abs. 1 lit. b) oder aber das AktG im Rahmen des Art. 9 Abs. 1 lit. c iii iVm § 23 Abs. 5 AktG Gestaltungsspielräume eröffnen. Bei der **Satzung** handelt es sich also nur um eine einzige Rechtsquelle.[7] Hinsichtlich der Einzelheiten dieser Rechtsquellenpyramide und der Auswirkungen auf die Auslegungsmethodik ist auf die Erläuterungen zu Art. 9 zu verweisen.

---

[1] Vgl. zum Begriff supranationale Rechtsform etwa *Hommelhoff* WM 1997, 2101 (2104); *Behrens,* Die Gesellschaft mit beschränkter Haftung im internationalen und europäischen Recht, 2. Aufl. 1997, Rn. 47; *Hauschka* AG 1990, 85 (87) mit Fn. 20.

[2] *Hauschka* AG 1990, 85 (87) in Fn. 20; aA MüKoBGB/*Ebenroth* IntGesR, 3. Aufl. 1999, Rn. 706 ff. mit Beispielen zu internationalen Gesellschaften in Rn. 714 ff.

[3] Verordnung (EG) Nr. 2157/2001 des Rates vom 8.10.2001 über das Statut der Europäischen Gesellschaft (SE), ABl. EG 2001 L 294, 1.

[4] Zur Entwicklungsgeschichte → Rn. 5 ff.

[5] BGBl. 2004 I 3675, die Vorschriften sind in dieser Kommentierung entsprechend dem Sachzusammenhang mit den jeweiligen Vorschriften in der SE-VO abgedruckt.

[6] Richtlinie 2001/86/EG des Rates vom 8.10.2001 zur Ergänzung des Statuts der Europäischen Gesellschaft hinsichtlich der Beteiligung der Arbeitnehmer, ABl. EG 2001 L 294, 22 (SE-RL).

[7] MüKoAktG/*Schäfer* Art. 9 Rn. 21; → Art. 9 Rn. 5.

Anliegen dieser Kommentierung ist die Erläuterung der SE-VO aus Sicht einer in Deutschland **4** ansässigen SE. Dabei ist der Schwerpunkt auf die Darstellung der Verordnung als europäischer Rechtsquelle zu legen. Das SEAG wird nicht im Einzelnen kommentiert. Dessen Normtext wird im Zusammenhang der jeweiligen Vorschrift der Verordnung abgedruckt und, soweit erforderlich, kurz im Zusammenhang mit der betreffenden europäischen Norm erläutert. Die SE-RL und das SEBG werden nicht kommentiert.[8] Zur besseren Übersicht soll die nachstehende Synopse verdeutlichen, bei welchem Artikel der SE-VO welche Vorschrift aus dem SEAG abgedruckt ist und ggf. kurz angesprochen wird.

§ 1 SEAG	Art. 9	§§ 12–14 SEAG	Art. 8	§ 35 SEAG	Art. 50
§ 2 SEAG	Art. 7	§§ 15, 16 SEAG	Art. 39	§§ 36, 37 SEAG	Art. 44
§§ 3, 4 SEAG	Art. 12	§ 17 SEAG	Art. 40	§ 38 SEAG	Art. 43
§ 5 SEAG	Art. 21	§ 18 SEAG	Art. 41	§ 39 SEAG	Art. 51
§ 6 SEAG	Art. 24	§ 19 SEAG	Art. 48	§§ 40–49 SEAG	Art. 43
§ 7 SEAG	Art. 20 (Art. 24)	§§ 20–26 SEAG	Art. 43	§ 50 SEAG	Art. 55, 56
§ 8 SEAG	Art. 24	§ 27 SEAG	Art. 47	§ 51 SEAG	Art. 59
§§ 9, 10 SEAG	Art. 32	§§ 28–33 SEAG	Art. 43	§ 52 SEAG	–
§ 11 SEAG	Art. 34	§§ 34 SEAG	Art. 44	§ 53 SEAG §§ 54–56 SEAG	Art. 51 Vor Art. 1

III. Entstehungsgeschichte

Schrifttum (Auswahl zeitgenössischer Beiträge): *Bärmann,* Supranationale Aktiengesellschaften, NJW 1957, 613; *Bärmann,* Einheitliche Gesellschaftsform für die Europäische Wirtschaftsgemeinschaft – Ein kritischer Bericht, AcP 160 (1961) 97; *v. Caemmerer,* Europäische Aktiengesellschaft FS Kronstein, 1967, 171; *Duden,* Internationale Aktiengesellschaften, RabelsZ 27 (1963/63) 89; *Hopt,* Europäisches Gesellschaftsrecht – Krise und neue Anläufe, ZIP 1998, 96; *Lutter,* Die Europäische Aktiengesellschaft – Eine Stellungnahme zur Vorlage der Kommission an den Ministerrat der Europäischen Gemeinschaften über das Statut für Europäische Aktiengesellschaften vom 30. April 1975, 2. Aufl. 1978; Bonner Symposium zur Europäischen Aktiengesellschaft, AG 1990, 413; *Monti,* Statut der Europäischen Aktiengesellschaft, WM 1997, 607; *Piepkorn,* Zur Entwicklung des europäischen Gesellschafts- und Unternehmensrechts, ZHR 137 (1973) 35; *Sanders,* Auf dem Wege zu einer europäischen Aktiengesellschaft, ADW 1960, 1; *Sanders,* Die europäische Aktiengesellschaft – Probleme des Zugangs und der Mitbestimmung, AG 1967, 344; *Ulmer,* Die Europäische Handelsgesellschaft (SE) im Schnittpunkt zwischen europäischem und nationalem Recht, in Deutsche Gesellschaft für Betriebswirtschaft (Hrsg.), Probleme moderner Unternehmensführung, 1972, 259.

(zusammenfassende Darstellungen): *Blanquete,* Das Statut der Europäischen Aktiengesellschaft, ZGR 2002, 20; *Neye,* Kein neuer Stolperstein für die Europäische Aktiengesellschaft, ZGR 2002, 337; *Pluskat,* Die Arbeitnehmerbeteiligung in der geplanten Europäischen AG, DStR 2001, 1483.

1. Von den Vorüberlegungen bis zum ersten Entwurf 1970. Die Idee einer europäischen **5** **Handelsgesellschaft** ist älter als die EU selbst. Bereits **1926** war von *Geiler* auf dem 34. Deutschen Juristentag in Köln die Forderung erhoben worden, eine überstaatliche kapitalistische Gesellschaftsform neben den innerstaatlichen Gesellschaftsformen zur Verfügung zu stellen.[9] Diese Initiative blieb jedoch ohne Folgen. Gleiches gilt für die ersten Initiativen nach dem zweiten Weltkrieg durch den Europarat, der „europäische Gesellschaften" für Unternehmen mit öffentlichen Zwecken[10] und für Gemeinsame Unternehmen nach Art. 45 ff. Euratom-Vertrag zur Verfügung stellen wollte. All diese Überlegungen hatten mit der heutigen SE noch wenig gemein.

Die Diskussion um die Schaffung einer europäischen Aktiengesellschaft (SE) begann bereits gut **6** zwei Jahre nach Abschluss der römischen Verträge am 25.3.1957 mit einem Vorschlag des französischen Notars **Thibièrge** auf dem 57. Notarskongress in Tours im **Juni 1959**.[11] *Thibièrge* war von der Kommission zum Gutachter für die SE bestellt worden.[12] Daneben ist als weiterer **Startschuss der Diskussion** die Antrittsvorlesung von *Pieter Sanders* am 22.10.1959 vor der Niederländischen

---

[8] Überblick über die mitbestimmungsrechtlichen Regelungen im Zusammenhang mit Art. 1 Abs. 4 SE-VO bei → Art. 1 Rn. 7.
[9] Verhandlungen des 34. Deutschen Juristentags, Bd. 2, 1926, 762 (763).
[10] S. dazu *Duden* RabelsZ 27 (1962/63), 89 (91 f.) mit Quellennachweis.
[11] *Thibièrge,* Le statut des Sociétés étrangères, 57 e Congrès des notaires de France tenu à Tours 1959, 1959, Ausgabe Librairies Techniques, 270 (352, 360 ff.).
[12] *Rasner* ZGR 1992, 314 (315).

Wirtschaftshochschule in Rotterdam zu nennen.[13] Hintergrund für *Sanders* Vorschläge waren mehrere grenzüberschreitende Projekte,[14] bei denen sich der Bedarf nach einer supranationalen Gesellschaftsform gezeigt und die Praxis sich dadurch beholfen hatte, dass sie die Gesellschaft als eine nationale Gesellschaft gegründet hatte. Die Gründung erfolgte jedoch jeweils aufgrund eines Staatsvertrages. Zur Realisierung eines SE-Statuts schwebte *Sanders* ein Staatsvertrag zwischen den EWG-Mitgliedstaaten und eventuell weiteren europäischen Staaten vor, nicht hingegen eine Verordnung der EWG.[15]

7   Auf eine **schriftliche Anfrage des Europäischen Parlaments** Ende **1959** antwortete die Kommission, dass sie von Sanders Vorschlägen Kenntnis genommen habe und dass eine europäische Aktiengesellschaft wesentlich zur Verwirklichung der Ziele des EWG-Vertrages beitragen könne.[16] Damit wurde eine lebhafte Diskussion um das Für und Wider einer europäischen Aktiengesellschaft und deren Ausgestaltung eröffnet.[17] Zu erwähnen ist namentlich der 1960 von der Pariser Anwaltskammer abgehaltene Kongress.[18] Zur weiteren Untersuchung wurde ein Studienzentrum in Paris gegründet.[19] Aus der Wirtschaft wurde aber überwiegend Desinteresse geäußert, so dass die Diskussion Mitte der 60er Jahre fast zum Erliegen kam.[20]

8   Neuen Schwung erhielt die Diskussion durch die an die EWG-Kommission gerichtete **Note der französischen Regierung** vom **15.3.1965**.[21] Wirtschaftlicher Hintergrund waren einige aufsehenerregende amerikanische Unternehmenskäufe sowie die großen rechtlichen Schwierigkeiten bei europäischen Unternehmenszusammenschlüssen (zB Agfa/Gevaert).[22] Dies veranlasste die Kommission im Januar 1966 dazu, eine Sachverständigengruppe unter dem Vorsitz *Sanders'* einzusetzen, die das Statut einer Europäischen Handelsgesellschaft entwerfen sollte.[23] Bereits vor Abschluss der Arbeiten dieser Sachverständigengruppe legte die **Kommission** im April 1966 eine **Denkschrift** vor, in der sie neben der Angleichung des nationalen Gesellschaftsrechts auch die Schaffung einer europäischen Handelsgesellschaft befürwortete.[24] Im Oktober 1966 beauftragte darüber hinaus der Ministerrat eine weitere Arbeitsgruppe wiederum unter dem Vorsitz von *Sanders,* die über den Nutzen und die Probleme einer europäischen Handelsgesellschaft berichten sollte.[25] Im **Dezember 1966** legte die von der Kommission eingesetzte Arbeitsgruppe ihren **Vorentwurf für ein SE-Statut** (oft als sog. *Sanders-Entwurf* bezeichnet) vor.[26] Die zweite, von dem Ministerrat im Oktober 1966 eingesetzte Arbeitsgruppe legte ihren Abschlussbericht bereits im April 1967 und eine überarbeitete Fassung im November 1967 vor.[27] Diese Vorarbeiten *Sanders* und die Tatsache, dass die ständigen Vertreter beim EG-Ministerrat keine Einigung über das weitere Vorgehen erzielen konnten, führten dazu, dass sich die Kommission im März 1969 entschloss, einen eigenen Entwurf vorzulegen.[28]

9   **2. Das Vollstatut in den Entwürfen von 1970/1975 und die Gründe für ihr Scheitern.** Am 30.6.**1970** übermittelte die Kommission dem Rat den **Vorschlag einer Verordnung** über das

---

[13] Deutsche Fassung abgedruckt in ADW 1960, 1 ff.
[14] Zu nennen sind die Moselgesellschaft zum Bau des Moselkanals oder die Eurofima, einer Gesellschaft der nationalen Eisenbahngesellschaften, vgl. *Sanders* ADW 1960, 1; zu den Problemen mit der supranationalen Saar-AG und deren Umwandlung nach Abschluss des Saar-Staatsvertrages s. *Bärmann* NJW 1957, 613 ff.
[15] *Sanders* ADW 1960, 1 (4); → Rn. 1.
[16] ABl. EG 1959 L 65, 1272.
[17] Vgl. die zahlreichen Nachw. – auch zur Diskussion in den anderen Mitgliedstaaten – bei *v. Caemmerer* FS Kronstein, 1967, 171 (175 f. in Fn. 6); aus dem deutschsprachigen Schrifttum sei außer auf den Beitrag *v. Caemmerers* nur auf die Beiträge von *Lietzmann* AG 1961, 57 ff. und 125 ff.; *Bärmann* AcP 160 (1961), 97 (103 ff.); *Skaupy* AG 1966, 13 (19 ff.); *von der Groeben* AG 1967, 95 (97 ff.); *Geßler* BB 1967, 381 ff. und *Duden* RabelsZ 27 (1962/1963), 89 (100 ff.) sowie *Duden* GmbHR 1962, 76 f. hingewiesen.
[18] Vgl. die Berichte über diesen Kongress bei *Lietzmann* AG 1961, 57 ff. (125 ff.) und bei *Bärmann* AcP 161 (1960), 97 ff. (108 f.). In Deutschland wurde das Thema auf der Trierer Tagung für Rechtsvergleichung 1961 mit einem Referat von *Duden* RabelsZ 27 (1962/1963) 89 (100 ff.) sowie *Duden* GmbHR 1962, 76 f. erörtert.
[19] *Skaupy* AG 1966, 13 (20).
[20] Vgl. *Lutter/Bayer/Schmidt* EurUnternehmensR, 6. Aufl. 2017, § 45 Rn. 45.1.
[21] Der Inhalt der französischen Note ist wiedergegeben bei *Skaupy* AG 1966, 13 (20 f.).
[22] Vgl. *Lutter/Bayer/Schmidt,* EurUnternehmensR, 6. Aufl. 2017, § 45 Rn. 45.1.
[23] Zur Zusammensetzung dieser Sachverständigengruppe, die den Auftrag hatte, *Sanders* bei der Ausarbeitung eines Statuts zu unterstützen, nicht aber selbst ein solches zu entwerfen, vgl. den deutschen Vertreter *v. Caemmerer* FS Kronstein, 1967, 171 (177 f.).
[24] Vgl. dazu *Sanders* AG 1967, 344.
[25] Vgl. dazu *Sanders* AG 1967, 344.
[26] *Sanders,* Vorentwurf eines SE-Statuts, 1967; vgl. dazu *v. Caemmerer* FS Kronstein, 1967, 171 (196 ff.); zu den differierenden Zeitangaben, vgl. die Nachw. bei *Grote,* Das Statut der Europäischen Aktiengesellschaft zwischen europäischem und nationalem Recht, 1990, 15 in Fn. 50.
[27] Vgl. dazu *Sanders* AG 1967, 344 ff. und *v. Caemmerer* FS Kronstein, 1967, 171 (177 f.).
[28] *Piepkorn* ZHR 137 (1973), 35 (50).

Statut für Europäische Aktiengesellschaften.[29] Dieser mit 284 Artikeln sehr umfangreiche Entwurf stützte sich weitgehend auf die Vorarbeiten *Sanders,* enthielt aber in wichtigen Detailfragen nicht unerhebliche Abweichungen. Die auffälligste Abweichung gegenüber dem Vorentwurf ist die Form der auf Art. 235 EWGV (sodann Art. 308 EG, heute Art. 352 AEUV) gestützten Verordnung des Ministerrats. Damit wurde die Idee eines Staatsvertrages als Rechtsgrundlage aufgegeben und die supranationale, europarechtliche Lösung gewählt. Mit seinem **umfangreichen Regelungswerk** versuchte der europäische Gesetzgeber, unter weitgehendem Verzicht auf das nationale Recht eine völlig eigenständige europarechtliche Lösung zu erreichen. Nach Art. 7 SE-VO-E 1970 waren Lücken im Statut zunächst nach den allgemeinen Grundsätzen, auf denen das Statut beruhte, zu schließen und, falls dies nicht weiterführte, nach allgemeinen Regeln oder Grundsätzen der Rechte der Mitgliedstaaten. Nur solche Fragen, die im Statut überhaupt nicht behandelt wurden, sollten sich nach dem nationalen Recht des Sitzstaates richten. Die heutigen **Gründungsformen** und das Mehrstaatlichkeitserfordernis sind bereits in Art. 2, 3 des Entwurfs von 1970 erkennbar. Was die **Verfassung der SE** anbelangt, so wurde in Anlehnung an die Vorarbeiten *Sanders* ein klar dualistisch strukturiertes System vorgesehen, das sich deutlich an die deutsche Organisationsverfassung nach dem Aktiengesetz von 1965 anlehnte. Es fanden sich sogar konzernrechtliche Vorschriften.[30]

Der Entwurf von 1970 enthielt im fünften Titel (Art. 100 ff.) umfangreiche Bestimmungen zur **10 Vertretung der Arbeitnehmer** in der SE. Den Schwerpunkt bildeten dabei Bestimmungen über einen europäischen Betriebsrat. In Art. 137 wurde aber über diese betriebsverfassungsrechtlichen Vorschriften hinaus eine **Drittelparität** der Arbeitnehmer im Aufsichtsrat der Gesellschaft vorgesehen, also Mitbestimmung im engeren Sinne.

Während der Wirtschafts- und Sozialausschuss bereits am 25.10.1972 zu dem Entwurf Stellung **11** nahm,[31] äußerte sich das Europäische Parlament erst am 11.7.1974.[32] Dieser Stellungnahme waren vierjährige Beratungen in den Ausschüssen vorausgegangen.[33] Beide Organisationen stimmten dem Entwurf im Grundsatz zu, unterbreiteten im Detail aber zahlreiche Änderungsvorschläge. Die wichtigste Änderung bezog sich auf die Mitbestimmung. Das Europäische Parlament schlug vor, dass die Anteilseigner nur ein Drittel der Aufsichtsratsmandate besetzen sollten, ein weiteres die Arbeitnehmer. Für das letzte sog. hinzuzuwählende Drittel waren Hauptversammlung, Vorstand und der Europäische Betriebsrat vorschlagsberechtigt. Die Hinzuwahl sollte durch den Rumpfaufsichtsrat, bestehend aus den ersten beiden Dritteln, erfolgen (sog. *„Straßburger-Drei-Bänke-Modell"*). Daraufhin legte die Kommission am **15.5.1975** einen **geänderten Vorschlag für eine Verordnung** vor.[34] Dieser war ähnlich umfangreich wie der erste Entwurf und enthielt zwar vielfältige inhaltliche Änderungen im Detail, ohne aber das Grundmodell einer aktienrechtlichen Vollregelung zu verändern. Der Entwurf von 1975 wurde in der Folgezeit von einer durch den Rat eingesetzten Ad-hoc-Arbeitsgruppe beraten. Dabei traten unüberbrückbare Meinungsverschiedenheiten zu Tage, die letztendlich dazu führten, dass die Beratungen 1982 ergebnislos eingestellt wurden. Es wurde zur Begründung darauf hingewiesen, dass man erst die Vorschläge der Kommission der EG zur Harmonisierung des Konzernrechts abwarten wolle.[35] Die Meinungsverschiedenheiten um das Konzernrecht waren jedoch nur ein Aspekt, der für das Scheitern verantwortlich war. Die Hauptursache ist in den unterschiedlichen Ansichten zur Mitbestimmung zu sehen.

3. Die Rumpfregelungen in den Entwürfen von 1989/1991 und ihr abermaliges Schei- 12 tern. Bereits drei Jahre nach dem Aus von 1982 folgte jedoch eine Wiederbelebung der Bestrebungen für eine supranationale AG. Im März 1985 forderte der Rat die Kommission auf, ein detailliertes Programm über Maßnahmen zur Verwirklichung des Binnenmarktes bis 1992 mit einem genauen Zeitplan auszuarbeiten.[36] Nach dem Vorschlag im **Weißbuch der Kommission von 1985,** das Projekt einer europäischen AG erneut aufzunehmen, forderte der Rat die Kommission im Juni 1987 auf, die Anpassung des Gesellschaftsrechts mit dem Ziel der Schaffung einer Gesellschaft europäischen Rechts rasch voranzutreiben.[37] Die Kommission legte dann am **25.8.1989**

---

[29] ABl. EG 1970 C 124, v. 10.10.1970 = Sonderbeilage 8/70 zum Bulletin der EG (mit Begründung).
[30] Vgl. dazu zB *Wolff* AG 1970, 247 (252); *Geßler,* Das Konzernrecht in der SE, in Lutter, Die Europäische Aktiengesellschaft, 1976, 275 ff.
[31] ABl. EG 1972 C 131, 32 ff., v. 13.12.1972.
[32] ABl. EG 1974 C 93, 22 ff v. 7.8.1974.
[33] Vgl. den sog. *Pintus*-Bericht (benannt nach dem Berichterstatter im Rechtsausschuss) EP-Sitzungsdokument 178/72 v. 30.11.1972 und den sog. *Brugger*-Bericht EP-Sitzungsdokument 67/74 v. 26.6.1974.
[34] Sonderbeilage 4/75 zum Bulletin der EG = BT-Drs. 7/3713 = *Lutter,* Europäisches Gesellschaftsrecht, 1. Aufl. 1979, 278 ff.
[35] Vgl. Memorandum der Kommission von 1988, Beil. 3/88 zu Bulletin der EG, S. 22.
[36] Vgl. den Bericht der Kommission im Weißbuch der Kommission, 1985, 3 f.
[37] Vgl. Memorandum der Kommission von 1988, Beilage 3/88 zum Bulletin der EG, S. 8.

dem Rat einen **neuen Vorschlag für eine SE-Verordnung** vor.[38] Auffällig an diesem Entwurf war zunächst der gegenüber den bisherigen Entwürfen erheblich reduzierte Umfang von nur noch 137 Artikeln. Der deutlich geringere Umfang erklärt sich aus einer stärkeren Verzahnung von europäischem und nationalem Recht. Dies lässt sich an drei Umständen verdeutlichen: Erstens gab es eine Vielzahl von Vorschriften, die ausdrücklich auf das nationale Aktienrecht des Domizilstaates Bezug nahmen.[39] Zweitens wurden streitige Fragen, wie zB das Konzernrecht, schlicht ausgeklammert und durch Art. 114 VO-E 1989 der Regelung durch die jeweiligen Mitgliedstaaten überantwortet. Drittens wurde in Art. 7 VO-E eine **Subsidiaritätsklausel** zugunsten des nationalen Rechts eingebaut. Zunächst sah Art. 7 Abs. 1 VO-E vor, dass Lücken in den der Verordnung unterliegenden Bereichen durch Rückgriff auf allgemeine Grundsätze, auf denen die Verordnung beruhte, zu schließen sei. Soweit solche allgemeinen Grundsätze nicht existierten, sollte das nationale Recht, in dem die SE domiziliert, zur Anwendung gelangen. Ein Rückgriff auf im Wege einer europäischen Gesamtschau der nationalen Aktienrechte ermittelte allgemeine Grundsätze war entgegen den Entwürfen aus den 70er Jahren nicht mehr enthalten. In den von der Verordnung nicht geregelten Bereichen verwies Art. 7 Abs. 3 VO-E von vornherein auf das nationale Recht des Sitzstaates. Eine wesentliche Modifikation gegenüber den bisherigen Entwürfen war für das Organisationsrecht vorgesehen. Statt sich verbindlich auf ein Organisationssystem festzulegen und somit erneut Auseinandersetzungen zwischen den Mitgliedstaaten mit **monistischem und dualistischem System** zu provozieren, sah der Entwurf erstmals das heute in Art. 38 SE-VO enthaltene **Optionsrecht** für den Satzungsgeber der jeweiligen SE vor. Aus dem Vollstatut der Entwürfe der 70er Jahre war also ein **Regelungstorso** geworden. **Mitbestimmungsregelungen** wurden zwar nicht in den Verordnungsentwurf aufgenommen, blieben aber gleichwohl nicht ausgeblendet. Parallel zu dem Verordnungsentwurf legte die Kommission erstmals einen Richtlinienentwurf vor, der den Mitgliedstaaten **drei alternative Regelungsmodelle** für die Mitbestimmung in der SE zur Umsetzung in ihr Recht vorgab.[40]

13 Der Wirtschafts- und Sozialausschuss nahm am 28.3.1990 zu dem Entwurf Stellung und brachte darin seine grundsätzliche Zustimmung zu dem Vorhaben zum Ausdruck.[41] Auch im **Europäischen Parlament** wurde der Verordnungsvorschlag eingehend beraten und im Grundsatz gebilligt.[42] Bereits seit Oktober 1989 befasste sich eine Ad-hoc-Arbeitsgruppe für Wirtschaftsfragen des Ministerrates mit dem Entwurf. Auch im juristischen Schrifttum wurde er lebhaft und kontrovers diskutiert.[43] Aus deutscher Sicht namentlich hervorzuheben ist das von dem Zentrum für Europäisches Wirtschaftsrecht veranstaltete Bonner Symposium zur Europäischen Aktiengesellschaft im Juni 1990.[44] Ferner äußerten sich zahlreiche Arbeitgeber- und Arbeitnehmerverbände zu dem Entwurf, deren **Stellungnahmen** von verhaltener Zustimmung bis zu offener Ablehnung reichten.[45]

14 All diese Stellungnahmen, insbesondere aber die Beratungen im Rat, mündeten in einem **überarbeiteten Verordnungsvorschlag der Kommission** vom **16.5.1991**.[46] Wie bereits im Entwurf von 1989 wurde als Rechtsgrundlage Art. 100a EGV (sodann Art. 95 EG, heute Art. 114 AEUV) gewählt. Er enthielt eine weitere Abspeckung gegenüber dem Entwurf von 1989. Statt bisher 137 wies er nunmehr nur noch 108 Artikel auf, wobei einige weiterhin vorhandene Artikel ihrerseits durch Weglassung von Absätzen gekürzt wurden. Insgesamt wurde der Umfang gegenüber 1989 nochmals um ungefähr ein Viertel reduziert.[47] Dies war nur dadurch möglich, dass auf weitere Regelungsgegenstände, wie die Vorschriften über Kapitalerhöhungen aus Gesellschaftsmitteln, den Erwerb eigener Aktien, über den Ablauf der Hauptversammlung oder die Anfechtbarkeit von deren Beschlüsse zugunsten der Regelungen im nationalen Recht verzichtet wurde. Auch die das Verhältnis

---

[38] ABl. EG 1989 C 263, 41, v. 16.10.1989 = BT-Drs. 11/5427 = *Lutter* Europäisches Unternehmensrecht, 3. Aufl. 1991, 561 ff.; Begründung hierzu abgedruckt in Beil. 5/89 zum Bulletin der EG; in einem Memorandum von 1988 deutete die Kommission an, dass sie zur Vollendung des Binnenmarktes die Vorlage eines neuen, vereinfachten Verordnungsentwurfs plane, vgl. Memorandum der Kommission von 1988, Beil. 3/88 zum Bulletin der EG, S. 18.
[39] Vgl. zB Art. 13, 15, 16, 18 Abs. 3, 21 Abs. 4, 23, 24, 25, 29, 54, 57, 69, 114 VO-E.
[40] ABl. EG 1989 C 263, 69 ff., v. 16.10.1989 = *Lutter*, Europäisches Unternehmensrecht, 3. Aufl. 1991, 533.
[41] ABl. EG 1990 C 124, 34, v. 21.5.1990.
[42] ABl. EG 1991 C 48, 72 ff., v. 25.2.1991.
[43] Vgl. aus dem deutschen Schrifttum nur *Lutter* AG 1990, 413 ff.; *Hommelhoff* AG 1990, 422 ff.; *Hauschka* AG 1990, 85 ff.; *Hauschka* EuZW 1990, 181; *Abeltshauser* AG 1990, 289; wN bei *Merkt* BB 1992, 652 (653 in Fn. 11 f.).
[44] Mit Referaten von *Lutter*, *Hommelhoff*, *Knobbe-Keuck*, *v. Maydell* und *Wahlers*, abgedruckt in AG 1990, 413–458.
[45] Vgl. die Nachw. bei *Hauschka* EuZW 1990, 181 (182) in Fn. 16 und bei *Merkt* BB 1992, 652 (653) in Fn. 16.
[46] ABl. EG 1991 C 176, v. 8.7.1991 = *Lutter*, Europäisches Unternehmensrecht, 4. Aufl. 1996, 724 ff.
[47] *Merkt* BB 1992, 652 (654). Nur der besseren Vergleichbarkeit wegen blieb die Artikelzählung unverändert.

von europäischem und nationalem Recht betreffende Vorschrift in Art. 7 VO-E wurde erneut modifiziert. Soweit nicht die Regelung der SE-Verordnung Anwendung fand oder die Satzung der SE zulässigerweise selbst Bestimmungen traf, fand unmittelbar das jeweilige nationale Recht des Domizilstaates als subsidiäre Rechtsquelle Anwendung. Bezüglich der **Organisationsstruktur** verblieb es bei dem **Optionsrecht** der Gründer zwischen monistischem und dualistischem System; allerdings wurde dem jeweiligen Mitgliedstaat die Möglichkeit eröffnet, dieses Wahlrecht auszuschließen (Art. 61 VO-E 1991, sog. **opt out-Modell**). Die **Mitbestimmung** blieb weiterhin in dem begleitenden Richtlinienentwurf abgeschichtet. Das erklärte Ziel der Kommission, die SE bis zur Vollendung des Binnenmarktes Ende 1992 auf den Weg zu bringen, ließ sich jedoch erneut nicht verwirklichen. Der wichtigste Grund hierfür war wiederum der unüberbrückbare Streit um die Mitbestimmung.[48]

4. Der Durchbruch auf dem Gipfel von Nizza 2000. Nachdem die Beratungen des Vorschlages von 1991 erneut im Sande verlaufen waren, setzte die Kommission bereits 1995 im Gefolge des sog. **Ciampi-Berichts** die Verabschiedung des SE-Statuts erneut auf ihren Arbeitsplan.[49] Als erste Maßnahme beauftragte die EG-Kommission im November 1996 eine Sachverständigengruppe unter dem Vorsitz von *Etienne Davignon* mit der Bestandsaufnahme und Bewertung der Mitbestimmung in den Mitgliedstaaten sowie der Ausarbeitung eines Vorschlags für die SE. Diese Sachverständigengruppe legte bereits im Mai 1997 ihren Abschlussbericht, den sog. **Davignon-Bericht**, vor.[50] Dieser blendete zunächst die seit dem Entwurf von 1991 zugelassene Gründung einer SE durch Umwandlung einer nationalen Gesellschaft mit Tochter im europäischen Ausland gänzlich aus, um so eine „Flucht aus der Mitbestimmung" von vornherein auszuschließen. Der Vorschlag knüpfte im Übrigen in auffälliger Weise an die 1994 verabschiedete Richtlinie über den Europäischen Betriebsrat an, nach dessen Art. 13 ebenfalls zunächst eine Lösung im Verhandlungswege gesucht werden kann, bevor die Richtlinie quasi als subsidiäre Auffangregelung eingreift.[51] Doch auch diese „Quadratur des Mitbestimmungskreises" scheiterte trotz dreier Kompromissvorschläge unter luxemburgischer, britischer bzw. österreichischer Ratspräsidentschaft zunächst vor allem am offenen Widerstand des mitbestimmungsfreien Spaniens.[52] Der **Widerstand Spaniens** konnte erst nach über zwei Jahren auf dem **Gipfel von Nizza** am 7./8.11.2000 ausgeräumt werden. Neben der Einführung der sog. **Spanienklausel** in Art. 7 Abs. 3 SE-RL ist über die Gründe des spanischen Einlenkens viel spekuliert worden.[53]

Einigen galt der überraschende **Durchbruch im November 2000** deshalb als „Wunder von Nizza".[54] Die Kommission konnte die sich auf die Mitbestimmungsfrage beschränkenden Änderungswünsche des Rats zügig in ihre fortlaufend fortgeschriebenen internen Entwürfe einbauen, so dass die **endgültigen Fassungen** der SE-VO und der Mitbestimmungs-RL auf einer außerordentlichen Ratssitzung bereits im **Dezember 2000** beschlossen werden konnten.[55] Als **Ermächtigungsgrundlage** wurde für die Verordnung nunmehr wiederum Art. 308 EG (jetzt Art. 352 AEUV) herangezogen, während die Entwürfe von 1989/1991 mit Blick auf die begleitende Richtlinie auch die VO auf Art. 100a EGV (sodann Art. 95 EG; jetzt Art. 114 AEUV) stützen wollten.[56] Damit wurde der Schulterschluss zu den Entwürfen aus den siebziger Jahren gesucht, die ebenfalls auf Art. 235 EGV (heute Art. 352 AEUV, ex Art. 308 EG) gestützt waren. Allein für die Mitbestimmungsrichtlinie wurde auf Art. 44 Abs. 2 lit. g EG (heute Art. 50 Abs. 2 lit. g AEUV) zurückgegriffen. Die **lange Übergangszeit** bis zum Inkrafttreten am 8.10.2004 wurde gewählt, um den Mitglied-

---

[48] *Hommelhoff* WM 1997, 2101 (2102).
[49] Vgl. Bericht der EuZW-Redaktion, EuZW 1995, 227 sowie *Kolvenbach* EuZW 1996, 229 f. und ferner die optimistischen Einschätzungen des Kommissionsmitglieds *Monti* WM 1997, 607 f. und später *Blanquet* ZGR 2002, 20 (29).
[50] Abschlussbericht der Sachverständigengruppe „European systems of worker involvement (with regard to the European Company Statute and the other pending proposals)" 1997, unveröffentlicht, auszugsweise wiedergegeben bei *Blanquet* ZGR 2002, 20 (30 f.); vgl. zu dem Vorschlag auch *Heinze* AG 1997, 289 (292 ff.) und *Hopt* ZIP 1998, 96 (100 f.).
[51] *Heinze* AG 1997, 289 (291 f.).
[52] Der britische Kompromissvorschlag ist abgedruckt in RdA 1998, 239 mit Anm. *Hanau* RdA 1998, 231 ff. Zum österreichischen Kompromissvorschlag, der erstmals auch wieder die heutige Gründung durch Umwandlung nach Art. 2 Abs. 4 VO einbezog, vgl. *Heinze* ZGR 2002, 66 (75).
[53] Kolportiert werden Zugeständnisse Frankreichs in der baskischen Terroristenfrage und Großbritanniens in der Gibraltarfrage sowie finanzielle Zusagen für die spanische Fischereiflotte, vgl. *Hopt* EuZW 2002, 1; *Heinze* ZGR 2002, 66 (77); MüKoAktG/*Oechsler/Mihaylova* Vor Art. 1 Rn. 4 mit Fn. 54.
[54] *Hirte* NZG 2002, 1 (5); MüKoAktG/*Oechsler/Mihaylova* Vor Art. 1 Rn. 4.
[55] *Blanquet* ZGR 2002, 20 (33 f.).
[56] Zu den daran geäußerten Bedenken vgl. exemplarisch *Wahlers* AG 1990, 448 ff.

staaten hinreichend Zeit zu gewähren, die SE-RL umzusetzen und spezielle Ausführungsgesetze zur Lückenfüllung für das rudimentäre Statut zur Verfügung zu stellen. Der von Art. 69 nach fünf Jahren geforderte Evaluationsbericht liegt seit Herbst 2010 mit anderthalbjähriger Verspätung vor (→ Art. 69, → 70 Rn. 4).[57]

17 Der **Umsetzungsprozess** verlief in vielen Mitgliedstaaten schleppend, so dass – wie auch in Deutschland – die nationalen Rechtsregeln teilweise nicht rechtzeitig am 8.10.2004 zur Verfügung standen.[58] Das deutsche Justizministerium hatte zwar bereits am 18.2.2003 einen Diskussionsentwurf zu einem **Einführungsgesetz (SEEG)** vorgelegt, dieser Entwurf war jedoch noch auf die gesellschaftsrechtlichen Aspekte beschränkt.[59] Erst der gemeinsam mit dem Bundesministerium für Arbeit und Wirtschaft am 5.4.2004 vorgelegte Referentenentwurf enthielt auch Bestimmungen zur Umsetzung der Mitbestimmungs-RL, die alle Optionen für einen weitgehenden Erhalt der Mitbestimmung ausschöpften. Bereits am 28.5.2004 legte die Bundesregierung den RegE SEEG vor, der wegen besonderer Eilbedürftigkeit bereits vor der Stellungnahme des Bundesrats am 9.7.2004 im Bundestag erstmals gelesen wurde.[60] Nach dem Bericht des Rechtsausschusses[61] und bei gleichzeitiger Ablehnung eines Änderungsantrags des Bundesrats[62] zur seines Erachtens zu rigiden Mitbestimmung nahm der Bundestag den Gesetzesentwurf am 29.10.2004 an,[63] woraufhin der Bundesrat am 26.11.2004 den Vermittlungsausschuss anrief.[64] Nach erfolglosem Abschluss des **Vermittlungsverfahrens** und Zurückweisung des Einspruchs im Bundestag[65] konnte das Ausführungsgesetz mit fast dreimonatiger Verspätung zum 28.12.2004 in Kraft treten.[66] Das SEAG ist zwischenzeitlich mehrfach, ua durch das MoMiG, ARUG und zuletzt durch das Abschlussprüfungsreformgesetz (AReG) geändert worden.[67] Die entsprechenden Übergangsvorschriften finden sich in §§ 54–56 SEAG.

IV. Wirtschaftliche Grundlagen und rechtstatsächliche Verbreitung

18 **1. SE-Typen, Einsatzmöglichkeiten.** Die SE war zunächst vor allem für große, im Regelfall sogar für börsennotierte Aktiengesellschaften gedacht.[68] Dies ist jedoch nur eine der **idealtypischen Erscheinungsformen** der SE, die vor allem den grenzüberschreitenden Unternehmenszusammenschluss unter Gleichen *(Merger of Equals)* im Wege der Verschmelzung (Art. 2 Abs. 1) vor Augen hat. Daneben ist die SE aber auch als reine Holdinggesellschaft von mehreren, nationalen Aktiengesellschaften in einem europaweiten Konzern konzipiert (Art. 2 Abs. 2).[69] Eine dritte Konstellation dürfte die kleine, börsenferne SE in Gestalt einer Tochtergesellschaft werden, die von nationalen Aktiengesellschaften in einem anderen Mitgliedstaat gegründet wird (Art. 2 Abs. 3). Die Umwandlungsgründung nach Art. 2 Abs. 4, die sich bisher als besonders beliebt erwiesen hat, ist hingegen faktisch weder auf große, börsennotierte noch kleine Gesellschaften limitiert.

---

[57] Bericht der Kommission an das europäische Parlament und den Rat über die Anwendung der SE-VO v. 17.11.2010, KOM (2010) 676 endg., 1 ff.; ausf. dazu *Kiem* CFL 2011, 134.
[58] Vgl. den Überblick zu ausgewählten Rechtsordnungen bei Lutter/Hommelhoff/Teichmann/*Lutter* Rn. 20 ff. sowie bei *Bachmann* ZEuP 2008, 32 (37 ff.), vgl. ferner die Länderberichte (Stand Ende 2003 bzw. 2004) bei *Lebbink/Peeters/Guyot* in Jannott/Frodermann SE-HdB S. 701–1434; *Oplustil/Teichmann,* The European Company – all over Europe, 2004; *Baums/Cahn,* Die Europäische Aktiengesellschaft, 2004, 10 ff. Die einzelstaatlichen Ausführungsgesetze zur SE-VO finden sich auf der Seite der Europäischen Kommission unter http://ec.europa.eu/internal_market/company/societas-europaea/countries/legislation/index_en.htm (zuletzt aufgerufen am 22.6.2018), die Umsetzungsgesetze zur SE-RL unter http://ec.europa.eu/social/main.jsp?catId=707&langId=de&intPageId=212 (zuletzt abgerufen am 22.6.2018). Zum Vergleich der „deutschen" und der „britischen" SE" vgl. *J. Schmidt,* „Deutsche" vs „britische" SE, 2006, passim.
[59] Abgedruckt als Sonderbeil zu NZG 2003, Heft 7.
[60] BR-Drs. 438/04 = BT-Drs. 15/3405; vgl. dazu insbes. *Neye* BB 2004, 1973; *Nagel* NZG 2004, 833.
[61] BT-Drs. 15/4053.
[62] BT-Drs. 15/4379.
[63] BT Plenarprotokoll 15/136, S. 12508A, v. 29.10.2004.
[64] BR-Drs. 850/04; BT-Drs. 15/4379.
[65] BT Plenarprotokoll 15/149, S. 14036A-C, 143036A-14038D, v. 17.12.2004.
[66] BGBl. 2004 I 3675.
[67] Vgl. zu MoMiG-Änderungen Art. 18 MoMiG, BGBl. 2008 I 2026; vgl. zu ARUG-Änderungen Art. 6 ARUG, BGBl. 2009 I 2479; vgl. zu AReG-Änderungen Art. 7 AReG, BGBl. 2016 I 1151.
[68] *Hommelhoff* AG 2001, 279 (286 f.); *Hirte* NZG 2002, 1 (9); *Teichmann* ZGR 2002, 383 (388).
[69] Zu denken ist hier in erster Linie an eine Konzernrestrukturierung nach einer Unternehmensübernahme, aber auch an eine europäische Vertriebsholding zur Bündelung mehrerer Tochtergesellschaften einer Muttergesellschaft aus einem Drittstaat, vgl. dazu näher *Wenz* in Theisen/Wenz Eur AG S. 655 (676 ff.); *Wenz* AG 2003, 185 (192 f.), der insoweit von einer Reorganisations-SE spricht.

Betriebswirtschaftlich lassen sich bis zu neun Fallgestaltungen unterscheiden:[70] Auch in diesem **19** Zusammenhang wird als wichtigster Anwendungsfall immer wieder die sog. **Merger-SE** genannt. Während bei **grenzüberschreitenden Zusammenschlüssen** bis Oktober 2004 stets eine nationale Obergesellschaft gebildet werden musste, können künftig die nationalen Aktiengesellschaften zu einer SE verschmolzen werden. Als Paradebeispiel für einen Merger of Equals, bei dem die SE als Gestaltungsform fehlte, gilt bis heute der Zusammenschluss von Hoechst und Rhône-Poulenc zu Aventis.[71] Der Nachteil des früheren Verfahrens ohne SE bestand vor allem darin, dass eine der bestehenden Gesellschaften zur neuen Obergesellschaft wurde, sofern man nicht eine sog. NewCo zwischenschaltete. Insoweit bietet die SE deutliche Vorteile.[72] Bei **Unternehmensübernahmen** kommt der Einsatz einer SE zunächst als Akquisitionszweckunternehmen sowohl bei einem Asset als auch einem Share Deal in Betracht.[73] Insoweit ist allerdings zu beachten, dass die Aktionäre bei einem Share Deal mit dem Tauschangebot weiterhin ihre Aktien in die der erwerbenden Gesellschaft umtauschen müssen.[74] Eine SE kann in der Akquisesituation auch dadurch Verwendung finden, indem nach Durchführung eines Asset Deal die erwerbende Gesellschaft in eine SE umgewandelt wird. Beim Share Deal kommt im Anschluss an die Transaktion ein up-stream-merger der übernehmenden und der Zielgesellschaft mit dem Ergebnis einer SE in Betracht, sofern auch die Zielgesellschaft eine Aktiengesellschaft ist.[75] Die Bildung einer SE kann dazu beitragen, die **Hemmschwelle** zur Annahme des Übernahmeangebots bzw. des Verschmelzungsplans **herabzusenken.** Weiterhin lässt sich die SE auch als Tochtergesellschaft innerhalb eines grenzüberschreitenden Konzerns einsetzen.[76] Der Vorteil besteht darin, dass die Gründung einer **Tochter-SE** eine geringere Hemmschwelle bildet als die Wahl einer unbekannten, nationalen Gesellschaft. Dieser Vorteil wird allerdings durch das Erfordernis, sich mit dem subsidiär anwendbaren Recht vertraut zu machen, in weiten Teilen wieder zunichte gemacht. Insoweit könnte die eine geplante, nunmehr aber wieder von der Bildfläche des Gesetzgebers verschwundene Europäische Privatgesellschaft (Societas Privata Europaea, → Rn. 22) größere Vorteile bringen. Daneben ist die SE auch gut als Vehikel für ein **grenzüberschreitendes Joint Venture** geeignet.[77] Soll das Joint Venture rechtlich verselbständigt werden, so bietet sich eine SE hierzu besonders an, da die Hemmschwelle zur Gründung einer SE bei den verschiedenen beteiligten Gesellschaften geringer als bei der Gründung einer ihnen fremden nationalen Gesellschaft sein dürfte. Schließlich kann sich die Umwandlung einer nationalen Gesellschaft in eine SE zur **Vorbereitung einer identitätswahrenden Sitzverlegung** über die Grenze anbieten (sog. **Cross-Border-SE**).[78]

2. Vorteile der Gründung einer SE; Nachteile und Hindernisse. Die Vor- und Nachteile **20** einer Wahl der Rechtsform SE sind vielfältig und in erster Line vom Einzelfall abhängig.[79] Verallgemeinernd lässt sich als wesentlicher **Vorteil** der **Abbau von psychologischen Schranken und Hemmschwellen** bei grenzüberschreitenden Unternehmenstransaktionen nennen, die sonst bei der Wahl eines Rechtskleides aus einer anderen, fremden Rechtsordnung drohen würden.[80] Für den Erfolg eines Zusammenschlusses kann es eine wichtige Rolle spielen, dass die Nationalitäten einzelner Gesellschaftsformen überwunden werden, wofür die Wahl einer supranationalen Rechtsform Chancen bietet.[81] Das Alleinstellungsmerkmal, eine Verschmelzung über die Grenze anzubieten, hat die SE seit Verabschiedung und Umsetzung der Richtlinie über grenzüberschreitende Verschmelzungen

---

[70] Eingehend dazu *Wenz* in Theisen/Wenz Eur AG S. 662 ff.; *Wenz* AG 2003, 185, (188 ff.); *Wenz* in Van Hulle/Maul/Drinhausen SE-HdB 1. Abschnitt Rn. 23 ff.; *Jannott/Frodermann* in Jannott/Frodermann SE-HdB Einl. Rn. 7 ff.
[71] Dass die SE bei Bildung von Aventis noch nicht zur Verfügung stand, wurde damals allg. bedauert, vgl. näher zum Ganzen *Hoffmann* NZG 1999, 1077 ff.
[72] Vgl. näher *Wenz* in Theisen/Wenz Eur AG S. 665 f.; *Wenz* AG 2003, 185 (189).
[73] Vgl. dazu und zu den Argumenten für ein solches Vorgehen *Jannott/Frodermann* in Jannott/Frodermann SE-HdB Einl. Rn. 28 ff.
[74] Positivere Beurteilung bei *Wenz* in Theisen/Wenz Eur AG S. 672 f.; *Wenz* AG 2003, 185 (190 f.).
[75] *Kallmayer* AG 2003, 197 (201), *Wenz* in Theisen/Wenz Eur AG S. 670 („post acquisition integration").
[76] Einzelheiten bei *Wenz* in Theisen/Wenz Eur AG S. 681 ff.; *Wenz* AG 2003, 185 (193 f.): European Group-SE; *Kallmayer* AG 2003, 197 (202 f.), die als Anwendungsfall auch die Spartenorganisation nennen.
[77] Vgl. näher *Wenz* in Theisen/Wenz Eur AG S. 686 ff.; *Wenz* AG 2003, 185 (195) sowie ausf. *Waclawik* DB 2006, 1827 ff.
[78] Ausf. dazu: *Brandes* AG 2005, 177 ff.
[79] *Kallmeyer* AG 2003, 197 (203).
[80] Vgl. bereits den 3. Erwägungsgrund; zusammenfassend *Bachmann* ZEuP 2008, 32 (46 f.); krit. Würdigung bei Kölner Komm AktG/*Siems* Vor Art. 1 Rn. 70.
[81] So auch die Einschätzung der Europäischen Kommission zu Hauptkatalysatoren für SE-Errichtungen, vgl. Evaluationsbericht, Bericht der Kommission an das europäische Parlament und den Rat über die Anwendung der SE-VO v. 17.11.2010, KOM(2010) 676 endg., S. 3.

von 2005 (RL 2005/56/EG, jetzt Art. 95 ff. RL (EU) 2017/1132 (GesR-RL)) eingebüßt. Daneben wird von Beteiligten inzwischen aber auch ein schlichter **Imagegewinn** genannt, wenn man unter dem Segel der SE Kurs auf den europäischen Binnenmarkt nimmt.[82] Zwar ist *Siems* zuzugeben, dass es aufgrund des Regelungstorsos „die SE" gar nicht gibt, da das nationale Recht des Sitzstaates über seine Lückenfüllung eine entscheidende Rolle spielt.[83] Indes lässt sich dies im Moment des Zusammenschlusses unter dem europäischen Siegel gegenüber juristisch nicht vorgebildeten Personen leicht bemänteln. Ein weiterer Vorteil besteht mit Blick auf das **Mitbestimmungsmodell** (→ Art. 1 Rn. 7) in der Möglichkeit, über eine Einigung im Verhandlungsverfahren zu einer für das Unternehmen maßgeschneiderten Lösung zu kommen. Daneben bietet sich für grenzüberschreitend tätige Gesellschaften mit einer Drittelparität die Chance, die **Mitbestimmung** auf diesem Niveau **einzufrieren,** wenn sie rechtzeitig vor der Überschreitung der Schwelle von 2000 Arbeitnehmern in die Rechtsform der SE wechseln.[84] Entsprechendes gilt für mitbestimmungsfreie Unternehmen, die in Zukunft mit mehr als 500 Arbeitnehmern rechnen.[85] Wegen § 35 SEBG ergibt sich dieser Vorteil auch, wenn die Auffanglösung vereinbart wird und nicht nur, wenn es in der Mitbestimmungsvereinbarung gelingen sollte, eine Pflicht zur Neuverhandlung bei Überschreiten der jeweiligen Grenzen zu vermeiden. Daneben hat sich in der bisherigen Rechtspraxis als wichtige Gestaltungsoption bei dualistisch verfassten Unternehmen die Möglichkeit erwiesen, die Größe des Aufsichtsrats durch entsprechende Gestaltung der Satzung zu verkleinern (→ Art. 12 Rn. 21). Außerdem bietet sich so die Chance auch Arbeitnehmer von Standorten außerhalb Deutschlands in die Arbeitnehmerbeteiligung einzubeziehen (§ 36 SEBG).[86] Ferner ist es deutschen Unternehmen möglich, über die Option in Art. 38 SE-VO ein **monistisch strukturiertes Leitungsmodell** zu wählen, was sich bisher allerdings nur bei mitbestimmungsfreien Unternehmen als realistische Option erwiesen hat.[87] Auch die Möglichkeit einer identitätswahrenden **Sitzverlegung** über die Grenze (Art. 8 SE-VO) kann im Einzelfall einen Anreiz für die Gründung einer SE bilden.[88] Gerade in der Finanz- und der Versicherungsbranche wird auch die Umstrukturierung und Vereinfachung der Gruppenstruktur als positiver Faktor angesehen; so unterliegt das Unternehmen der Beaufsichtigung nur einer Aufsichtsbehörde und kann die Eigenkapitalanforderungen einfacher einhalten.[89] Diese Vorteile lassen sich freilich auch durch eine Fusion ohne Wahl des Rechtskleides der SE erreichen.

21 Den Vorteilen stehen jedoch auch **Nachteile** gegenüber. Neben steuerlichen Hürden (→ Rn. 24 f.) ist vor allem das recht **zeitaufwendige und komplexe Gründungsverfahren** zu nennen, das sich insbesondere bei Unternehmen, die der deutschen Mitbestimmung unterliegen, auf über ein Jahr belaufen kann (Art. 5 SE-RL, § 20 SEBG). Kritisiert werden auch die Gründungskosten sowie mangelnde Kenntnis und praktische Erfahrung der Berater und zuständigen öffentlichen Stellen.[90] Aus Sicht der deutschen Unternehmen liegt ein weiterer Nachteil in der Auffanglösung

---

[82] Evaluationsbericht, Bericht der Kommission an das europäische Parlament und den Rat über die Anwendung der SE-VO v. 17.11.2010, KOM(2010) 676 endg., S. 3; vgl. auch die 26 strukturierten Telefoninterviews im Mai/Juni 2008 mit ca. 50 unmittelbar an einer SE-Gründung beteiligten Personen bei *Eidenmüller/Engert/Hornuf* AG 2009, 845 (847); *Haider-Giangreco/Polte* BB 2014, 2947 aus der Perspektive mittelständischer Familienunternehmen.
[83] Kölner Komm AktG/*Siems* Vor Art. 1 Rn. 70.
[84] Evaluationsbericht Bericht der Kommission an das europäische Parlament und den Rat über die Anwendung der SE-VO v. 17.11.2010, KOM(2010) 676 endg., S. 4 f.; vgl. hierzu näher etwa *Brandes* ZIP 2008, 2193 (2194); *Götze/Winzer/Arnold* ZIP 2009, 245 (252); *Wollberg/Banerjea* ZIP 2005, 277 (282); *Müller-Bonanni/Müntefering* BB 2009, 1699 (1702) mwN.
[85] Vgl. auch die hohe Nennung des Punktes „Gestaltung der Mitbestimmung" bei der Untersuchung von *Eidenmüller/Engert/Hornuf* AG 2009, 845 (847).
[86] Zur Vereinbarkeit der Beschränkung des aktiven und passiven Wahlrechts für die Arbeitnehmervertreter im Aufsichtsrat deutscher Unternehmen nach § 7 MitbestG mit den Vorgaben des Europarechts EuGH NJW 2017, 2603 (2605); zust. *Ott/Goette* NZG 2018, 281 (287).
[87] Vgl. *Eidenmüller/Engert/Hornuf* AG 2009, 845 (847): 30 von 49 Befragten nannten diesen Punkt als einen Anreiz.
[88] Evaluationsbericht Bericht der Kommission an das europäische Parlament und den Rat über die Anwendung der SE-VO v. 17.11.2010, KOM(2010) 676 endg., S. 4; *Eidenmüller/Engert/Hornuf* AG 2009, 845 (847). Mit der Einführung der Richtlinie 2009/138/EG (Solvency II), umgesetzt durch Art. 1 VAMoG (BGBl. 2015 I 434), ist dies insbes. für Versicherungsunternehmen bedeutsam; vgl. *Louwen/Ernst* BB 2014, 323 (323).
[89] Evaluationsbericht Bericht der Kommission an das europäische Parlament und den Rat über die Anwendung der SE-VO v. 17.11.2010, KOM(2010) 676 endg., S. 4.
[90] Kölner Komm AktG/*Siems* Vor Art. 1 Rn. 83; so beliefen sich die Neugründungskosten der Allianz SE auf 95 Mio Euro, während die durchschnittlichen Kosten nach einer von Ernst & Young erstellten Studie 784 000 Euro betragen, und sich in einer Bandbreite von ca 100 000 Euro bis zu 4 Mio. Euro bewegen sollen; vgl. Evaluationsbericht Bericht der Kommission an das europäische Parlament und den Rat über die Anwendung der SE-VO v. 17.11.2010, KOM(2010) 676 endg., S. 5.

des Art. 7 SE-RL iVm Anhang 3 SE-RL und §§ 34–38 SEBG (→ Art. 1 Rn. 7), welche bei Partnern in mitbestimmungsfreien Staaten zu einem Export der **Arbeitnehmermitbestimmung** führen kann. Gleichwohl haben auch paritätisch mitbestimmte Unternehmen den Schritt zur SE erfolgreich gewagt, so dass sich die Prognose, deutschen Unternehmen drohe ein Wettbewerbsnachteil, wohl nur beim sog. Cross-Border-Merger bewahrheitet hat.[91] Indes scheint dieser Nachteil in der Praxis durch die Gestaltungsmöglichkeit der Mitbestimmung bei der SE aufgewogen zu werden, denn in Mitgliedstaaten mit Mitbestimmung wurden im Durchschnitt acht Mal mehr SEs eingetragen als in mitbestimmungsfreien Staaten.[92]

Die Befürchtung, dass sich **kleine und mittlere Unternehmen (KMU)** kaum der SE bedienen 22 würden,[93] da die SE für große Gesellschaften konzipiert sei und die geringe Regelungsdichte einen zu hohen Beratungsaufwand bei der Gründung auslösen würde,[94] scheint sich nicht bewahrheitet zu haben. Zumindest legt der rechtstatsächliche Befund (→ Rn. 23) prima vista eine gegenteilige Annahme nahe.[95] Ein Vorteil für die KMU das Rechtskleid der SE zu wählen liegt auch darin, dass die Struktur der SE es dem Firmengründer ermöglicht, selbst geschäftsführender Direktor und zugleich Vorsitzender des Verwaltungsrates zu sein.[96] Diese Führungsstruktur lässt ihm weitergehend freie Hand als konventionelle Rechtsformen. Für wachstumsorientierte Familienunternehmen kann der Einsatz der SE – gerade mit monistischer Struktur – als Komplementärin einer KGaA interessant sein, sodass in der Folge eine SE & Co. KGaA entsteht.[97] Indes darf die Akzeptanz der SE gerade im Bereich der KMU nicht darüber hinweg täuschen, dass gleichwohl Bedarf für eine weitere, speziell auf KMU zugeschnittene Rechtsform besteht.[98] Denn zum einen ist darauf zu verweisen, dass es sich bei der Mehrzahl der „kleinen" Europäischen Aktiengesellschaften um Vorratsgesellschaften handelt.[99] Zum anderen ist nicht bekannt, wie viele KMU sich aufgrund des aufwändigen Gründungsverfahrens und den Schwierigkeiten infolge der komplizierten Verwebung von europäischem und nationalem Recht gleichwohl von der Wahl einer europäischen Rechtsform abschrecken lassen. Mangels Alternative haben KMU bisher auch gar keine andere Möglichkeit, als die SE zu wählen, sofern sie das Europäische Label wollen. Somit bleibt festzuhalten, dass eine supranationale Rechtsform für geschlossene, kleinere und mittlere Unternehmen mit einem weitgehend einheitlichen Statut einen erheblichen Kostenvorteil bedeuten würde. Denn anders als große, multinationale Unternehmen, verfügen KMU regelmäßig nicht über einen großen Stab qualifizierter Juristen, der sich relativ leicht die Rechtsordnung in den anderen Mitgliedstaaten erschließen und unter Heranziehung derer Organisationsformen, einschließlich Holdinglösungen, ein grenzüberschreitendes Netzwerk aufbauen kann.[100] Insoweit erschien es als Hoffnungsschimmer, dass die Kommission mit ihrem Vorschlag für eine **Societas Privata Europaea (SPE)** vom Juni 2008 das Heft in die Hand genommen hatte.[101] Allerdings ist dieser Vorschlag inzwischen wieder beerdigt worden und

---

[91] Dies befürchtend etwa *Horn* DB 2005, 147 (152); *Schiessl* ZHR 167 (2003), 235 (250 ff.); allg. zur Kritik an der Mitbestimmung nur *Fleischer* AcP 204 (2004), 502 (536 ff.); *Ulmer* ZHR 166 (2002), 271 ff.
[92] Vgl. den Nachw. bei *Eidenmüller/Engert/Hornuf* AG 2009, 845 (848 f.).
[93] Zweifel an der Eignung für den Mittelstand hegt zB MüKoAktG/*Oechsler/Mihaylova* Vor Art. 1 Rn. 13; vgl. ferner die Befürchtungen in der 1. Aufl. Rn. 22.
[94] Ein Satzungsvorschlag für eine mittelständische SE mit monistischem System findet sich bei *Lutter/Kollmorgen/Feldhaus* BB 2005, 2473 (2474 ff.).
[95] Die Eignung der SE für KMU bejahend auch *Habersack/Verse* EuropGesR § 13 Rn. 5; NK-SE/*Schröder* Vor Art. 1 Rn. 78; aA *Kiem* CFL 2011, 134 (143).
[96] *Grunewald* FS Zimmermann, 2010, 107 (110).
[97] Vgl. dazu aus jüngerer Zeit *Mayer-Uellner/Otte* NZG 2015, 737 ff.; *Haider-Giangreco/Polte* BB 2014, 2947 (2951 f.) sowie vorrangig unter mitbestimmungsrechtlichen Aspekten *Winter/Marx/De Decker* NZA 2016, 334 (335 ff.).
[98] Vgl. statt vieler ebenso *Kiem* CFL 2011, 134 (143).
[99] Vgl. *Schön/Schindler* IStR 2004, 571 (572); *Förster/Lange* DB 2002, 288; *Hommelhoff* AG 2001, 279 (285) sowie exemplarisch auch die ersten Gerichtsurteile, die sich ausschließlich mit Vorratsgesellschaften beschäftigen, wie OLG Düsseldorf AG 2009, 629; AG Düsseldorf ZIP 2006, 287; AG Berlin-Charlottenburg HRB 96 289 B (zitiert bei *Seibt* ZIP 2005, 2248 (2249) Fn. 12); näher zur Problematik der Vorrats-SE → Art. 2, 3 Rn. 26 ff.
[100] Hierauf hat namentlich *Hommelhoff* WM 1997, 2101 (2102 ff.) erstmals zutr. hingewiesen; vgl. ferner bereits *Gutsche*, Die Eignung der Europäischen Aktiengesellschaft für kleinere und mittlere Unternehmen, 1994, 30 ff. sowie *Heckschen* FS Westermann, 2009, 999 ff.
[101] Vorschlag für eine Verordnung des Rates über das Statut der Europäischen Privatgesellschaft, KOM(2008) 396 endg.; dazu etwa die Stellungnahme des Europäischen Parlaments v. 10.3.2009, A6-044/2009 abrufbar unter http://www.europarl.europa.eu/sides/getDoc.do?pubRef=-//EP//TEXT+TA+P6-TA-2009-0094+0+DOC+XML+V0//DE&language=DE (zuletzt abgerufen am 22.6.2018); Stellungnahme des Bundesrates, BR-Drs. 479/08; Arbeitskreis Europäisches Unternehmensrecht, NZG 2008, 897 und ZIP 2009, 698 f. sowie in englischer Sprache in EBOR 10 (2009), 285; *Anzinger* BB 2009, 2606; *Cannivé/Seebach* GmbHR 2009, 519; *Hadding/Kießling* WM 2009, 145; *Hommelhoff/Teichmann* GmbHR 2008, 897; *Hommelhoff/Teichmann* DStR 2008, 925; *Hommelhoff/Teichmann* GmbHR 2009, 36; *Hommelhoff* GesRZ 2008, 337; *Jung* DStR 2009, 1700; *Kuck* Der

kann einstweilen als gescheitert gelten.[102] Dass sich die große Koalition im Koalitionsvertrag für die 18. Legislaturperiode vornahm, sich für die Schaffung einer Europäischen Privatgesellschaft „Europa-GmbH" einzusetzen,[103] klingt nach dem massiven Widerstand Deutschlands gegen die mit der SPE verbundene Liberalisierung fast zynisch, Ergebnisse hat es keine gegeben. Stattdessen hat die Kommission im April 2014 ihren Vorschlag für die Societas Unius Personae (SUP) zur Harmonisierung von Einpersonen-Gesellschaften mit beschränkter Haftung vorgestellt.[104] Ob sich dieser Vorschlag durchsetzen wird, muss hier ebenso wie die Frage offenbleiben, ob sich die SUP sich als Königsweg für KMU erweisen wird. Dagegen spricht prima vista zumindest, dass mittelständische Unternehmen im Gegensatz zu kleinen Unternehmen regelmäßig mehr als einen Gesellschafter haben oder sich zumindest die Option für mehr Gesellschafter offenhalten wollen.

23   **3. Rechtstatsächliche Verbreitung.** Nach anfänglichen Startschwierigkeiten ist die SE seit 2007 erstaunlich gut angenommen worden. Die erste SE wurde bereits kurz nach dem Inkrafttreten der SE-VO am 8.10.2004 in Österreich gegründet. Durch Umwandlung der Strabag AG entstand die Strabag SE, die seit dem Aufkauf der insolventen Walter Bau AG auch in Deutschland tätig ist. Sodann verlief der Prozess jedoch eher schleppend. In Deutschland waren Mitte 2005 noch weniger als zehn SE-Gründungen zu verzeichnen gewesen.[105] Im Herbst 2006 erfolgte mit der Umwandlung der Allianz AG in eine SE als einem DAX-30-Unternehmen jedoch eine Trendwende. Weitere prominente Beispiele waren seither BASF, die Porsche Holding, E.ON, Puma, Fresenius, MAN, Klöckner, BP Europa, SAP und Linde.[106] Mit der Axel Springer SE wurde 2014 auch ein Tendenzunternehmen in eine SE überführt.[107] Gut zehn Jahre nach Inkrafttreten des Statuts existierten Ende 2016 europaweit 2.670 Europäische Aktiengesellschaften,[108] Anfang 2018 war die Zahl auf 3.036 gestiegen.[109] Dank verschiedener rechtsempirischer Studien liegen inzwischen gut aufbereitete Daten über die rechtstatsächliche Verbreitung und die Motive für die Rechtsformwahl einer SE vor.[110] Diese Daten seien an dieser Stelle wegen ihrer kurzlebigen Aktualität nur überblicksartig wiedergegeben. Die Europäischen Aktiengesellschaften sind regional sehr unterschiedlich verteilt. Tschechien und Deutschland nehmen die Spitzenposition ein, woraufhin die Slowakei mit einer noch beträchtlichen Anzahl an SEs folgt, während Österreich und Frankreich mit 19 bzw. 38 SEs eine eher bescheidene Rolle spielen.[111] Auffällig ist, dass in praktisch allen Staaten die Zahl der SEs stetig zugenommen hat, in Großbritannien in jüngster Zeit jedoch ein gegenläufiger Trend zu beobachten ist.[112] Maßgebliche Gründe dafür dürften der bevorstehende Ausstieg des Vereinigten Königreichs aus der EU („Brexit") und die damit im Zusammenhang stehenden Unsicherheiten bezüglich der Europäischen Aktiengesellschaft sein. Insbesondere die Gestaltungsmöglichkeiten im Rahmen der Mitbestimmung werden dafür verantwortlich gemacht, dass Deutschland Sitz der meisten operativ

---

Konzern 2009, 131; *Lanfermann/Richard* BB 2008, 1610; *Maul/Röhricht* BB 2008, 1574; *Peters/Wüllrich* NZG 2008, 807; *Peters/Wüllrich* DB 2008, 2179 ff. sowie die Beiträge von *Hommelhoff* ZHR 173 (2009) 255, *Bücker* ZHR 173 (2009) 281 und *Hügel* ZHR 173 (2009) 309.

[102] Verlautbarung der EU Kommission v. 21.5.2014 zur Rücknahme überholter Kommissionsvorschläge ABl. EU 2014 C 153, 6; noch hoffend indes *Hommelhoff/Teichmann* GmbHR 2014, 177 ff.

[103] Koalitionsvertrag (abrufbar unter http://www.bundesregierung.de/Content/DE/_Anlagen/2013/2013-12-17-koalitionsvertrag.pdf?__blob=publicationFile, zuletzt abgerufen am 22.6.2018) S. 25.

[104] Vorschlag für eine Richtlinie des Europäischen Parlaments und des Rates über Gesellschaften mit beschränkter Haftung mit einem einzigen Gesellschafter COM(2014) 212 endg.; vgl. dazu die Stellungnahmen von *Beurskens* GmbHR 2014, 738; *Jung* GmbHR 2014, 579 ff.; *Seibert* GmbHR 2014, R 209 f.; *Lanfermann/Maul* BB 2014, 1283 (1290 ff.); *Hommelhoff* ZIP 2013, 2177 (2181) mwN; monographisch zur SUP *Kindler*, The Single-Member Limited Liability Company (SUP), 2016.

[105] Vgl. FAZ v. 1.7.2005, Nr. 150, S. 13.

[106] Weitere renommierte Namen finden sich bei NK-SE/*Schröder* Vor Art. 1 Rn. 89.

[107] Eingehend dazu *Rieble* AG 2014, 224 ff.

[108] Statistik der Hans Böckler Stiftung v. 31.12.2016 abrufbar unter https://www.boeckler.de/pdf/pb_mitbestimmung_se_2016_12.pdf (zuletzt abgerufen am 22.6.2018).

[109] Vgl. http://ecdb.worker-participation.eu (Stand 22.6.2018); darunter befindet sich jedoch eine große Zahl von Vorratsgesellschaften.

[110] *Schuberth/von der Höh* AG 2014, 439; *Eidenmüller/Engert/Hornuf* AG 2008, 721; *Eidenmüller/Engert/Hornuf* AG 2009, 845; weitere rechtstatsächliche Erhebungen etwa bei *Bayer/Schmidt*, Empirische Studien zum deutschen und europäischen Gesellschaftsrecht, 2007, 51 ff.; *Bayer/Hoffmann/Schmidt* AG-Report 2009, R 480.

[111] Fact Sheet der European Company Database, S. 3, abrufbar unter https://www.worker-participation.eu/European-Company-SE/Facts-Figures (Stand 31.12.2017 – zuletzt abgerufen am 22.6.2018).

[112] Vgl. die jeweiligen Fact Sheets der European Company Database aus den Jahren 2014 (http://www.worker-participation.eu/content/download/5829/97077/file/SE-Facts&Figures-21-03-2014-final.pdf – zuletzt abgerufen am 22.6.2018) und 2018 abrufbar unter www.worker-participation.eu/European-Company-SE/Facts-Figures (Stand 31.12.2017 – zuletzt abgerufen am 22.6.2018).

Vorbemerkung   23   Vor Art. 1 SE-VO

tätigen SE ist.[113] Im Raum steht aber auch die These, dass eine positive Korrelation zwischen der Größe nationaler Gesellschaften und der Zahl von SE in einem Mitgliedstaat bestehe. Umgekehrt sei die Anzahl an SE in Ländern, deren nationale Gesellschaften eher KMU sind (beispielsweise Polen, Spanien, Portugal, Griechenland und Italien), gering. Für diesen Einfluss der Unternehmensgröße in einem Mitgliedstaat auf die Streuung von SE werden Komplexität und Kosten des Gründungsverfahrens verantwortlich gemacht.[114] Inzwischen wurden in 27 Ländern der EU SEs gegründet. Der Anteil an SEs, die über fünf Arbeitnehmer beschäftigen, ist jedoch – abgesehen von solchen mit Sitz in Tschechien und Deutschland – zu vernachlässigen.[115] Hinsichtlich der Organisationsstruktur gewinnt das monistische System zunehmend an Bedeutung.[116] Von den in Deutschland inkorporierten Europäischen Aktiengesellschaften hat etwa die Hälfte das monistische System gewählt. Bei den operativ tätigen deutschen SEs liegt der Anteil derjenigen mit einer monistischen Verfassung bei 35 %.[117] Allerdings gilt dies überwiegend für Gesellschaften mit einem geschlossenen Eigentümerkreis. Von den großen börsennotierten SEs ist nur von der Puma SE bekannt, dass sie eine monistische Struktur gewählt hat.[118] Ende 2016 waren lediglich 19 der 230 deutschen SEs mit operativer Tätigkeit und mehr als 5 Arbeitnehmern paritätisch mitbestimmt.[119] Ferner hat inzwischen auch die identitätswahrende Sitzverlegung der SE nach Art. 8 rechtstatsächliche Bedeutung erlangt. So wurde bis zum 31.12.2017 in 148 Fällen (ca. 5 % der bestehenden SE) eine Sitzverlegung durchgeführt.[120] Bezüglich der Wahl der verschiedenen Gründungsformen gibt es europaweit kaum gesicherte rechtstatsächliche Zahlen, allerdings scheinen sich unionsweit nach der Tochtergründung vor allem die Umwandlungs- und Verschmelzungsgründung einer großen Beliebtheit zu erfreuen.[121] *Schuberth* und *von der Höh* gelang es 2014 für knapp 95 % der deutschen SE den Gründungsvorgang zu ermitteln. Danach gingen ca. 44 % der untersuchten SE aus einer Vorrats-SE hervor,[122] 28 % stammten aus Umwandlungsgründungen. Demgegenüber waren lediglich 26 Fälle einer Verschmelzungsgründung und 15 Fälle von Tochtergründungen bekannt.[123] Ebenso wenig können eindeutige Zahlen hinsichtlich der Realstruktur ermittelt werden. Gesichert ist jedoch, dass Ende 2016 nur 46 der 230 deutschen operativen SEs börsennotiert waren.[124] Fest steht auch, dass sich unter den eingetragenen Europäischen Aktiengesellschaften eine Vielzahl von Vorratsgesellschaften befindet bzw. bestehende SEs aus Vorrats-SE hervorgegangen sind.[125] Hinsichtlich aktueller Zahlen sowie der Firmennamen der gegründeten SEs sei auf die Plattform *worker-participation* des European Trade Union Institutes (ETUI) unter http://ecdb.worker-participation.eu (zuletzt abgerufen am 22.6.2018) verwiesen.

V. Besteuerung der SE

Schrifttum (Auswahl): *Allmendinger,* Die Sofortbesteuerung stiller Reserven bei der Sitzverlegung einer Societas Europaea als Verstoß gegen die Niederlassungsfreiheit, GPR 2012, 147; *Diemer/Blumenberg,* Besteuerung, in

---

[113] Habersack/Drinhausen/*Drinhausen* Einl. Rn. 31.
[114] Evaluierungsbericht, Bericht der Kommission an das europäische Parlament und den Rat über die Anwendung der SE-VO v. 17.11.2010, KOM(2010) 676 endg., S. 5.
[115] Vgl. Fact Sheet der European Company Database abrufbar unter www.worker-participation.eu/European-Company-SE/Facts-Figures, (Stand 31.12.2017 – zuletzt abgerufen am 22.6.2018), S. 3.
[116] Andere Einschätzung noch bei *Kiem* ZHR 173 (2009) 156 (159).
[117] Statistik der Hans Böckler Stiftung v. 31.12.2016 abrufbar unter https://www.boeckler.de/pdf/pb_mitbestimmung_se_2016_12.pdf (zuletzt abgerufen am 22.6.2018).
[118] Vgl. *Schuberth/von der Höh* AG 2014, 439 (442). Die Puma SE unter liegt der Drittelparität vgl. Statistik der Hans Böckler Stiftung v. 31.12.2016, S. 2, abrufbar unter www.boeckler.de/pdf/pb_mitbestimmung_se_2016_12.pdf (zuletzt abgerufen am 22.6.2018), S. 2.
[119] Vgl. Statistik der Hans Böckler Stiftung v. 31.12.2016, S. 1, abrufbar unter www.boeckler.de/pdf/pb_mitbestimmung_se_2016_12.pdf (zuletzt abgerufen am 22.6.3018), S. 1: alle von ihnen sind dualistisch verfasst, weitere 35 SEs mit dualistischem System sind zu einem Drittel mitbestimmt.
[120] Fact Sheet der European Company Database abrufbar unter www.worker-participation.eu/European-Company-SE/Facts-Figures, (Stand 12.3.2018 – zuletzt abgerufen am 22.6.2018), S. 12.
[121] Vgl. zu den SE mit Geschäftstätigkeit die Fact Sheet der European Company Database abrufbar unter www.worker-participation.eu/European-Company-SE/Facts-Figures (Stand 12.3.2018 – zuletzt abgerufen am 22.6.2018), S. 11, wobei nicht zwischen ursprünglichen Vorrats- und sofort operativ tätigen SEs unterschieden wird, sowie die exemplarischen Nachweise bei *Eidenmüller/Engert/Hornuf* AG 2009, 845 (855); *Eidenmüller/Engert/Hornuf* AG 2008, 721 (729); *Kiem* ZHR 173 (2009) 156 (160 f.).
[122] Offen bleibt jedoch, wie diese Vorrats-SE entstanden sind.
[123] *Schuberth/von der Höh* AG 2014, 439 (442).
[124] Vgl. Statistik der Hans Böckler Stiftung v. 31.12.2016 abrufbar unter www.boeckler.de.
[125] Fact Sheet der European Company Database abrufbar unter www.worker-participation.eu/European-Company-SE/Facts-Figures (Stand 31.12.2017 – zuletzt abgerufen am 22.6.2018), S. 20; *Kiem* ZHR 173 (2009) 156 (164); *Eidenmüller/Engert/Hornuf* AG 2008, 721 (729); sowie OLG Düsseldorf AG 2009, 629; AG Düsseldorf ZIP 2006, 287; AG Berlin-Charlottenburg HRB 96 289 B (zitiert bei *Seibt* ZIP 2005, 2248 (2249) Fn. 12).

Van Hulle/Maul/Drinhausen, Handbuch zur Europäischen Gesellschaft (SE), 2007, 283; *Enders,* Europa-AG und Steuern: das Flaggschiff ist da, es fehlt nur das Segel, RIW 2004, 735; *Erkis,* Die Besteuerung der Europäischen Aktiengesellschaft (SE), 2006; *Förster,* SEStEG: Rechtsänderungen im EStG, DB 2007, 72; *Herzig,* Die Besteuerung der Europäischen Aktiengesellschaft, 2004; *Kessler/Huck,* Steuerliche Aspekte der Gründung und Sitzverlegung der SE, Der Konzern 2006, 352; *Mitschke,* Kein steuerfreier Exit stiller Reserven bei Sitzverlegung einer SE von Deutschland nach Österreich – Anmerkungen zum Aussetzungsbeschluss des FG Rheinland-Pfalz v. 7.1.2011, 1V 1217/10, IStR 2011, 294; *Schäfer-Elmayer,* Besteuerung einer in Deutschland ansässigen Holding in der Rechtsform der SE (Societas Europaea), 2007; *Schön/Schindler,* Zur Besteuerung der grenzüberschreitenden Sitzverlegung einer Europäischen Aktiengesellschaft, IStR 2004, 571; *Thömmes,* Besteuerung, in Theisen/Wenz, Die Europäische Aktiengesellschaft, 2. Aufl. 2005, 505.

24   Die SE-VO enthält **keine Sonderregelungen** zur steuerlichen Behandlung einer SE.[126] Vielmehr werden Besteuerungsfragen nach dem Erwägungsgrund Nr. 20 der SE-VO explizit ausgeklammert. Daher kommt sowohl für die Gründung und Sitzverlegung als auch für die laufende Besteuerung einer SE gem. Art. 9 I lit. c ii SE-VO das im Sitzstaat der SE für nationale Aktiengesellschaften geltende (harmonisierte) Steuerrecht zur Anwendung. Die **steuerrechtlichen Bestimmungen des Gemeinschaftsrechts** wie zB europäische Steuerrichtlinien (insbesondere die steuerliche Fusionsrichtlinie (FRL)[127] und die Mutter-Tochter-Richtlinie[128]) sowie die zwischen den EU-Mitgliedstaaten abgeschlossenen Doppelbesteuerungsabkommen sind auf die SE anwendbar. Die SE wurde am 22.12.2003 in den persönlichen Anwendungsbereich der Mutter-Tochter-Richtlinie[129] und am 17.2.2005 auch in den der FRL 1990[130] aufgenommen, die um steuerrechtliche Bestimmungen für die grenzüberschreitende identitätswahrende Sitzverlegung einer SE ergänzt wurde (Art. 10b bis 10d FRL 1990),[131] die sich nunmehr in Art. 12 bis 14 FRL finden. Die fehlenden Vorschriften zur Besteuerung sind bis zur Einführung des SEStEG und damit bis Ende 2006 (→ Rn. 25) zu Recht als Hemmschuh für eine weitgehende Akzeptanz der neuen Rechtsform betrachtet worden.[132] Dies galt umso mehr, als die Gründung einer SE nicht in allen Konstellationen steuerneutral möglich war, da man eine analoge Anwendung der FRL ablehnte.[133] Aus dem Gleichbehandlungsgebot des Art. 10 SE-VO sowie dem Diskriminierungsverbot des 5. Erwägungsgrundes der SE-VO folgt im Übrigen, dass eine SE gegenüber einer nationalen Aktiengesellschaft ihres Sitzstaates auch in steuerrechtlicher Sicht nicht diskriminiert werden darf. Dies gilt namentlich für die laufende Besteuerung.

25   Das am 13.12.2006 eingeführte **Gesetz über steuerliche Begleitmaßnahmen zur Einführung der Europäischen Aktiengesellschaft (SEStEG)**[134] hat zwar für mehr Rechtssicherheit gesorgt. Es fasst in erster Linie die zuvor verstreuten Regeln im Einkommen-, Körperschaft- und Außensteuergesetz über die Aufdeckung von stillen Reserven bei grenzüberschreitenden Transaktionen zusammen. Wesentliches Kennzeichen ist ein allgemeiner Entstrickungstatbestand, der zur Folge hat, dass stille Reserven bei Transaktionen mit Auslandsbezug sofort zu versteuern sind, sofern das

---

[126] Diese Lösung wird im Hinblick auf die Gewährleistung einer Rechtsformneutralität zwischen nationalen Aktiengesellschaften und einer SE überwiegend als sachgerecht angesehen, vgl. *Schön/Schindler* IStR 2004, 571 (572); *Förster/Lange* DB 2002, 288; *Hommelhoff* AG 2001, 279 (285).

[127] Richtlinie 2009/133/EG des Rates v. 19.10.2009 über das gemeinsame Steuersystem für Fusionen, Spaltungen, Abspaltungen, die Einbringung von Unternehmensanteilen und den Austausch von Anteilen, die Gesellschaften verschiedener Mitgliedstaaten betreffen, sowie für die Verlegung des Sitzes einer Europäischen Gesellschaft oder einer Europäischen Genossenschaft von einem Mitgliedstaat in einen anderen Mitgliedstaat, ABl. EG 2009 L 310, 34 ff.

[128] Richtlinie 90/435/EWG des Rates v. 23.7.1990 über das gemeinsame Steuersystem der Mutter- und Tochtergesellschaften verschiedener Mitgliedstaaten, ABl. EG 1990 L 225, 6 ff.

[129] Richtlinie 2003/123/EG des Rates v. 22.12.2003 zur Änderung der Richtlinie 90/435/EWG über das gemeinsame Steuersystem der Mutter- und Tochtergesellschaften verschiedener Mitgliedstaaten, ABl. EG 2004 L 7, 41 f.

[130] Richtlinie 90/434/EWG des Rates v. 23.7.1990 über das gemeinsame Steuersystem für Fusionen, Spaltungen, die Einbringung von Unternehmensanteilen und den Austausch von Anteilen, die Gesellschaften verschiedener Mitgliedstaaten betreffen, ABl. EG 1990 L 225, 1 ff., abgeschafft durch die zweite FRL (Richtlinie 2009/133/EG des Rates v. 19.10.2009 über das gemeinsame Steuersystem für Fusionen, Spaltungen, Abspaltungen, die Einbringung von Unternehmensanteilen und den Austausch von Anteilen, die Gesellschaften verschiedener Mitgliedstaaten betreffen, sowie für die Verlegung des Sitzes einer Europäischen Gesellschaft oder einer Europäischen Genossenschaft von einem Mitgliedstaat in einen anderen Mitgliedstaat, ABl. EG 2009 L 310, 34 ff.).

[131] Richtlinie des Rates zur Änderung der Richtlinie 90/434/EWG des Rates v. 23 7.1990 über das gemeinsame Steuersystem für Fusionen, Spaltungen, die Einbringung von Unternehmensanteilen und den Austausch von Anteilen, die Gesellschaften verschiedener Mitgliedstaaten betreffen, von 17.2.2005, ABl. EG 2005 L 58, 19 ff.

[132] Vgl. dazu näher etwa *Horn* DB 2005, 147 (152).

[133] Details bei *Erkis,* Die Besteuerung der SE, 2006, 41 ff.; *MüKoAktG/Fischer* SteuerR Rn. 1 ff.

[134] Vgl. BGBl. 2006 I 2782; Überblick hierzu bei *Voß* BB 2006, 411 ff.; *Selbstherr/Lemaitre* GmbHR 2006, 561 ff.; eingehend *Kessler/Huck* Der Konzern 2006, 352 ff.; *Förster* DB 2007, 72 ff.

Vermögen nicht in einer deutschen Betriebstätte verstrickt bleibt (vgl. § 11 Abs. 2 UmwStG, → 3. Aufl. 2015, Art. 17 Rn. 9 f.). Bei der Bewertung der „entstrickten" Wirtschaftsgüter soll – anders als bei einer „normalen" Entnahme – nicht der Teilwert, sondern der gemeine Wert zugrunde gelegt werden. Anders als im ursprünglichen Gesetzesentwurf der Bundesregierung vorgesehen, kann die Besteuerung der aufgedeckten stillen Reserven auf fünf Jahre verteilt werden. Bilanztechnisch geschieht dies durch die Bildung eines Ausgleichspostens, der über einen Zeitraum von fünf Jahren zu jeweils einem Fünftel per annum gewinnerhöhend aufzulösen ist (§ 4g EStG).[135] Damit knüpft der deutsche Gesetzgeber an die in der EuGH-Entscheidung *Hughes de Lasteyrie du Saillant*[136] bereits angedachte Stundungslösung an, da eine Sofortbesteuerung geeignet gewesen wäre, die Gründung einer SE mit Sitz in Deutschland zu erschweren. Wegen der weiteren Einzelheiten ist auf das steuerrechtliche Spezialschrifttum zu verweisen,[137] im Übrigen wird hierauf bei Bedarf im Kontext mit der Erläuterung der Gründungsvorschriften näher hinzuweisen sein.[138]

---

[135] Krit. hierzu *Allmendinger* GPR 2012, 147 ff. (Verstoß gegen die Niederlassungsfreiheit); *Mitschke* IStR 2011, 294 f.; aA NK-SE/*Lammel/Maier* Teil D Kapitel 6 Rn. 42: Die Abschreibung über 5 Jahre setze nach dem eindeutigen Gesetzeswortlaut (§ 12 Abs. 1 Hs. 2 KStG iVm § 4g EStG) das Bestehen der unbeschränkten Steuerpflicht voraus, die im Rahmen der Sitzverlegung gerade aufgegeben werde.
[136] EuGH NJW 2004, 2439 ff.
[137] Vgl. etwa Habersack/Drinhausen/*Jochum* Steuerrecht der SE Rn. 1 ff.
[138] → Art. 32 Rn. 7; → Art. 37 Rn. 3, → Art. 8 Rn. 3.

Titel I. Allgemeine Vorschriften

Art. 1 [Wesen der SE]

(1) Handelsgesellschaften können im Gebiet der Gemeinschaft in der Form europäischer Aktiengesellschaften (Societas Europaea, nachfolgend „SE" genannt) unter den Voraussetzungen und in der Weise gegründet werden, die in dieser Verordnung vorgesehen sind.

(2) [1]Die SE ist eine Gesellschaft, deren Kapital in Aktien zerlegt ist. [2]Jeder Aktionär haftet nur bis zur Höhe des von ihm gezeichneten Kapitals.

(3) Die SE besitzt Rechtspersönlichkeit.

(4) Die Beteiligung der Arbeitnehmer in der SE wird durch die Richtlinie 2001/86/EG geregelt.

Schrifttum: Vgl. die Angaben → Vor Art. 1.

I. Gesellschaftstypus: Die SE als (supra)nationale Aktiengesellschaft

1 Art. 1 Abs. 1 dient in erster Linie der **Klarstellung,** dass Handelsgesellschaften als europäische Aktiengesellschaft gegründet werden können, und hat weiterhin die Aufgabe, die rechtlichen Eigenschaften der SE festzulegen. Mittelbar dient er damit auch der Abgrenzung zu den beiden anderen supranationalen Rechtsformen, der Europäischen Wirtschaftlichen Interessenvereinigung (EWIV) und der Societas Cooperativa Europaea (SCE).[1] Ausgehend vom modernen Verständnis des **Begriffs der Aktiengesellschaft** könnte man in der **Gleichsetzung der Begriffspaare europäische Aktiengesellschaft und Societas Europaea in Abs. 1** ein Missverständnis oder zumindest eine Ungenauigkeit vermuten.[2] Mit dem lateinischen Begriff der Societas wird der allgemeine, erheblich weitere Rechtsbegriff der römisch-rechtlichen Societas in Bezug genommen, die ein bloßes Schuldverhältnis zwischen den Gesellschaftern war und nach heutigem Verständnis am ehesten mit einer Personengesellschaft ohne Gesamthandsvermögen vergleichbar ist.[3] Man wird die **begriffliche Klarstellung** in Abs. 1 deshalb wohl dahin verstehen müssen, dass auch mit dem lateinischen Begriff an die moderne Terminologie der Aktiengesellschaft, wie sie sich in den Mitgliedstaaten in den letzten 200 Jahren entwickelt hat,[4] angeknüpft wird.[5]

2 Zusammen mit den beiden nachfolgenden Abs. 2 und 3 beschreibt Abs. 1 die Strukturmerkmale der SE und somit deren Rechtstypus. Über die verschiedenen Gründungsformen wird damit noch keine Aussage getroffen. Diese Aufgabe übernimmt vielmehr Art. 2; allerdings ordnet auch Abs. 1 bereits den in Art. 2 näher entfalteten Numerus Clausus der Gründungsformen an. **Prägendes Strukturmerkmal** der SE ist ihr **supranationaler Rechtsrahmen,** der allerdings durch die Lückenhaftigkeit der SE-VO und die vielfachen Verweise ins nationale Recht des Sitzstaates erheblich abgeschwächt wird (→ Vor Art. 1 Rn. 2). Als supranationale Rechtsform unterfällt die SE dem Schutz nach Art. 49, 54 AEUV (ex Art. 43, 48 EG). Abs. 3 bringt zumindest mittelbar zum Ausdruck, dass die SE eine Körperschaft ist, die **eigene Rechtspersönlichkeit** besitzt.[6] Sie ist juristische Person. Die SE ist eine **Kapitalgesellschaft** mit einem festen (vgl. Art. 4 Abs. 2), in Aktien zerlegten Kapital (Abs. 2 S. 1).[7] Eine Verbriefung der Aktien ist nicht zwingend geboten. Mit dem in Aktien zerlegten Kapital korrespondiert als weiteres Strukturmerkmal die auf das Gesellschaftsvermögen beschränkte Haftung (Abs. 2 S. 2). Zum eventuellen Haftungsdurchgriff → Rn. 6. Schlussendlich bringt Abs. 1 zum Ausdruck, dass es sich bei der SE um eine Handelsgesellschaft handelt (zur evtl. Auswirkung auf den Satzungszweck → Rn. 3). Ihre Eigenschaft als Formkaufmann folgt hingegen nicht aus Abs. 1, sondern aus Art. 9 Abs. 1 lit. c ii SE-VO iVm § 6 Abs. 2 HGB.[8]

---

[1] Zu Deutsch: Europäische Genossenschaft (EUGEN).
[2] In diesem Sinne etwa *Grundmann* EuropGesR Rn. 1035.
[3] *K. Schmidt* GesR § 26 II, 758 f.
[4] Vgl. dazu etwa Großkomm AktG/*Assmann* Einl. Rn. 6 ff.; *K. Schmidt* GesR § 26 II, 758 ff.
[5] Unklar *Grundmann* EuropGesR Rn. 1035: „so siegte der antikrömische Begriff über die neuzeitliche Bezeichnung", ohne deutlich zu machen, was für ein Ergebnis hieraus folgen soll; dem folgend Kalss/Hügel/*Greda* SEG § 2 Rn. 7.
[6] Vgl. statt aller *Thoma/Leuering* NJW 2002, 1449 (1450).
[7] Lutter/Hommelhoff/Teichmann/*Lutter* Rn. 8, der zu Recht darauf hinweist, dass auch eine Aktie genügen kann. Wegen der Einzelheiten der Kapitalausstattung der SE ist auf die Erl. zu Art. 4, 5 zu verweisen.
[8] AA MüKoAktG/*Oechsler/Mihaylova* Rn. 1, wie hier dann aber wiederum MüKoAktG/*Oechsler/Mihaylova* Rn. 4; wie hier auch Lutter/Hommelhoff/Teichmann/*Lutter* Rn. 5; Habersack/Drinhausen/*Habersack* Rn. 3 und wohl auch *Kuhn* in Jannott/Frodermann SE-HdB Kap. 2 Rn. 48.

II. Zulässiger Gesellschaftszweck (Abs. 1)

Aus der Wendung in Abs. 1, wonach die SE eine Handelsgesellschaft ist, könnte man die Schlussfolgerung ziehen, dass als Gesellschaftszweck nur ein § 1 HGB entsprechendes Handelsgewerbe in Betracht käme.[9] Einer derartigen Auslegung steht allerdings das Gleichbehandlungsgebot mit anderen nationalen Aktiengesellschaften in Art. 10 SE-VO entgegen. Zwar könnte man dem noch entgegenhalten, dass Art. 10 nur den nationalen Gesetzgeber bindet. Indes ist auch auf europäischer Ebene eine **Beschränkung des Gesellschaftszwecks weder erkennbar noch gewollt.** Hierfür spricht zunächst, dass der europäische Gesetzgeber mit Art. 10 eine Gleichbehandlung mit den nationalen Aktiengesellschaften gewollt hat und diese Intention zumindest bei der Auslegung des Abs. 1 zu berücksichtigen ist. Auch aus den Vorentwürfen ergibt sich nichts anderes. Abs. 1 geht im Wesentlichen auf Art. 1 Abs. 1 des VO-Vorschlages von 1970 zurück, mit dem ebenfalls keine Beschränkung des Gesellschaftszwecks beabsichtigt war. Die SE kann also außer gewerblichen auch ideelle oder gemeinnützige Gesellschaftszwecke oder den Zweck der Verwaltung eigenen Vermögens verfolgen.[10]

III. Rechtspersönlichkeit und Rechtsfähigkeit (Abs. 3)

Abs. 2 S. 2 und Abs. 3 stellen zunächst klar, dass die SE als **juristische Person** eine eigene Rechtspersönlichkeit hat. Ob insoweit an einen europäischen Begriff der juristischen Person oder das nationale Verständnis des Sitzstaates anzuknüpfen ist, dürfte angesichts des weitgehenden Gleichlaufs innerhalb der Mitgliedstaaten zum Verständnis der juristischen Person wohl eher eine theoretische Frage bleiben. Weiterhin folgt aus Abs. 3 die **Rechtsfähigkeit** der SE. Sie kann also wie jede juristische Person und jeder rechtsfähige Verband selbst Träger von Rechten und Pflichten sein.[11] Ihre Rechtsfähigkeit erwirbt die SE mit ihrer Eintragung in das Handelsregister (Art. 16 Abs. 1 SE-VO). Die SE-VO folgt dem in modernen Aktienrechten vorherrschenden **Normativsystem.** Die Eintragung wirkt konstitutiv. Für die in Deutschland domizilierende SE richten sich die Details nach Art. 12 SE-VO iVm § 4 SEAG. Die Rechtsfähigkeit endet mit der Löschung im Register und nicht bereits mit der Vermögenslosigkeit oder der Beendigung des Liquidationsverfahrens, was sich zumindest mittelbar aus Art. 14 Abs. 1 SE-VO ergibt.[12] Im Übrigen richtet sich die Auflösung und Liquidation aber gem. Art. 63 SE-VO nach dem Recht des Sitzstaates (→ Art. 63 Rn. 1 ff.).

IV. Haftungsbeschränkung (Abs. 2 S. 2)

Der Regelung in Abs. 2 S. 2, wonach die Aktionäre nur bis zur Höhe ihres gezeichneten Kapitals haften, ist einerseits missverständlich[13] und hat letztlich – bei zutreffender Auslegung – nur klarstellenden Charakter. Missverständlich ist die Regelung insoweit, als man nach ihrer unbefangenen Lektüre der Meinung sein könnte, die Aktionäre hafteten vergleichbar § 171 Abs. 1 HGB den Gesellschaftsgläubigern bis zur Leistung ihrer Einlage auch persönlich nach außen. Dies würde jedoch der in Abs. 3 und Art. 4 zum Ausdruck kommenden Konzeption der SE als juristischer Person und als **Kapitalgesellschaft** widersprechen. Abs. 2 S. 2 bringt deshalb nur das in allen entwickelten Aktienrechten vorhandene **Trennungssystem** zum Ausdruck, wonach den Gläubigern nur das Vermögen der SE haftet, während die Haftung des Aktionärs auf seine allein der Gesellschaft geschuldete Einlage beschränkt ist.[14]

Die Frage eines ausnahmsweise möglichen **Haftungsdurchgriffs** wird durch Abs. 2 S. 2 nicht geregelt. Diese Frage richtet sich über Art. 9 Abs. 1 lit. c ii nicht allein nach dem Recht des Mitgliedstaats, in dem die SE ihren Sitz genommen hat.[15] Vielmehr besteht hier unter Rückgriff auf die Kapitalaufbringungsgrundsätze in Art. 4, 15 die Möglichkeit, zu einer europäisch abgeleiteten teleo-

---

[9] Demgegenüber sprechen allerdings andere Sprachfassungen schlicht von Gesellschaft; vgl. Lutter/Hommelhoff/Teichmann/*Lutter* Rn. 5 mwN.
[10] Ebenso MüKoAktG/*Oechsler*/*Mihaylova* Rn. 4; Kalss/Hügel/*Greda* SEG § 2 Rn. 8; *Schwarz* Rn. 17; Lutter/Hommelhoff/Teichmann/*Lutter* Rn. 5; wohl auch NK-SE/*Schröder* Rn. 25 ff.
[11] Zum Begriff der Rechtsfähigkeit aus deutscher Sicht und zum fehlenden Gleichlauf der Begriffspaare juristische Person und rechtsfähiger Verband statt aller K. Schmidt GesR § 3 I, 47 f. Details bei Lutter/Hommelhoff/Teichmann/*Lutter* Rn. 17 ff.; Habersack/Drinhausen/*Habersack* Rn. 7 f.
[12] Zutr. Habersack/Drinhausen/*Habersack* Rn. 8 und *Schwarz* Rn. 17; aA – für die Heranziehung des nationalen Rechts über Art. 63 SE-VO und damit namentlich §§ 262 ff. AktG – Lutter/Hommelhoff/Teichmann/*Lutter* Rn. 16; Kölner Komm AktG/*Siems* Rn. 24.; offenlassend MüKoAktG/*Oechsler*/*Mihaylova* Rn. 5.
[13] Dies mit Blick auf eine historische Exegese bezweifelnd *Schwarz* Rn. 26 f. mit Fn. 30; wie hier hingegen Lutter/Hommelhoff/Teichmann/*Lutter* Rn. 11.
[14] MüKoAktG/*Oechsler*/*Mihaylova* Rn. 6; Kalss/Hügel/*Greda* SEG § 2 Rn. 10; *Schwarz* EuropGesR Rn. 1092; Lutter/Hommelhoff/Teichmann/*Lutter* Rn. 20.
[15] So wohl auch MüKoAktG/*Oechsler*/*Mihaylova* Rn. 7.

logischen Reduktion[16] des Abs. 2 S. 2 oder zu einer Nichtanwendung infolge eines Rechtsmissbrauchs zu gelangen.[17] Sieht man dies so, käme Abs. 2 S. 2 nicht lediglich klarstellenden Charakter zu.

V. Überblick über die Arbeitnehmermitbestimmung (Abs. 4)

Schrifttum (Auswahl): *Blanke,* Europäische Aktiengesellschaft ohne Arbeitnehmerbeteiligung?, ZIP 2006, 789; *Brandes,* Mitbestimmungsvermeidung mittels grenzüberschreitender Verschmelzungen, ZIP 2008, 2193; *Calle Lambach/Drinhausen/Keinath,* Die Beteiligung der Arbeitnehmer in der Europäischen Gesellschaft (SE), 2004; Verwendung der SE zur Vermeidung von Arbeitnehmermitbestimmung – Abgrenzung zulässiger Gestaltungen vom Missbrauch gem. § 43 SEBG, BB 2011, 2699; *Feldhaus/Vanscheidt,* „Strukturelle Änderungen" der Europäischen Aktiengesellschaft im Lichte von Unternehmenstransaktionen, BB 2008, 2246; *Forst,* Die Beteiligung der Arbeitnehmer in der Vorrats-SE, NZG 2009, 687; *Forst,* Zur Größe des mitbestimmten Organs einer kraft Beteiligungsvereinbarung mitbestimmten SE, AG 2010, 350; *Funke,* Die Arbeitnehmerbeteiligung im Rahmen der Gründung einer SE – Praktische Tipps zu Planungsschritten und anzustellenden Überlegungen, NZA 2009, 412; *Götze/Winzer/Arnold,* Unternehmerische Mitbestimmung – Gestaltungsoptionen und Vermeidungsstrategien, ZIP 2009, 245; *Grobys,* Das geplante Umsetzungsgesetz zur Beteiligung von Arbeitnehmern in der Europäischen Aktiengesellschaft, NZA 2004, 779; *Grobys,* SE-Betriebsrat und Mitbestimmung in der Europäischen Gesellschaft, NZA 2005, 84; *Gruber/Weller,* Societas Europaea: Mitbestimmung ohne Aufsichtsrat?, NZG 2003, 297; *Habersack,* Schranken der Mitbestimmungsautonomie in der SE, AG 2006, 345; *Habersack,* Grundsatzfragen der Mitbestimmung in SE und SCE sowie bei grenzüberschreitender Verschmelzung, ZHR 2007, 613; *Heinze/Seifert/Teichmann,* BB-Forum: Verhandlungssache: Arbeitnehmerbeteiligung in der SE, BB 2005, 2524; *Hellwig/Behme,* Gemeinschaftsrechtliche Probleme der deutschen Unternehmensmitbestimmung, AG 2009, 261; *Henssler,* Unternehmerische Mitbestimmung in der Societas Europaea, FS Ulmer, 2003, 193; *Henssler,* Bewegung in der deutschen Unternehmensmitbestimmung, RdA 2005, 330; *Henssler,* Erfahrungen und Reformbedarf bei der SE – Mitbestimmungsrechtliche Reformvorschläge, ZHR 2009, 222; *Hoops,* Die Mitbestimmungsvereinbarung in der Europäischen Aktiengesellschaft (SE), 2009; *Kallmeyer,* Die Beteiligung der Arbeitnehmer in einer Europäischen Gesellschaft, Sonderheft Anmerkungen zum Regierungsentwurf des SE-Beteiligungsgesetzes, ZIP 2004, 1442; *Kämmerer/Veil,* Paritätische Mitbestimmung in der monistisch verfassten Societas Europaea – ein verfassungsrechtlicher Irrweg?, ZIP 2005, 369; *Köstler,* Die Mitbestimmung in der SE, ZGR 2003, 800; *Köstler,* Die Beteiligung der Arbeitnehmer in der Europäischen Aktiengesellschaft nach den deutschen Umsetzungsgesetzen, DStR 2005, 745; *Krause,* Die Mitbestimmung der Arbeitnehmer in der Europäischen Aktiengesellschaft (SE), BB 2005, 1221; *Kraushaar,* Europäische Aktiengesellschaft (SE) und Unternehmensmitbestimmung, BB 2003, 1614; *Kraushaar,* Mindestrepräsentation leitender Angestellter in der Europäischen Aktiengesellschaft, NZA 2004, 591; *Mävers,* Die Mitbestimmung der Arbeitnehmer in der Europäischen Aktiengesellschaft, 2002; *Müller-Bonanni/Müntefering,* Arbeitnehmerbeteiligung bei SE-Gründung und grenzüberschreitender Verschmelzung im Vergleich, BB 2009, 1699; *Nagel,* Die Europäische Aktiengesellschaft (SE) und die Beteiligung der Arbeitnehmer, AuR 2004, 281; *Nagel/Freis/Kleinsorge,* Beteiligung der Arbeitnehmer im Unternehmen auf der Grundlage des europäischen Rechts, 2. Aufl. 2009; *Nagel/Köklü,* „Societas Europaea" und Mitbestimmung, ZESAR 2004, 175; *Niklas,* Beteiligung der Arbeitnehmer in der Europäischen Gesellschaft (SE) – Umsetzung in Deutschland, NZA 2004, 1200; *Oetker,* Beteiligung der Arbeitnehmer in der Europäischen Aktiengesellschaft (SE) im Überblick, ZESAR 2005, 3; *Oetker,* Unternehmensmitbestimmung in der SE kraft Vereinbarung, ZIP 2006, 1113; *Pluskat,* Die Arbeitnehmerbeteiligung in der geplanten Europäischen AG, DStR 2001, 1483; *Rahmke,* Die Konkretisierung des Missbrauchsverbots der SE zum Schutz von Beteiligungsrechten der Arbeitnehmer, 2015; *Reichert/Brandes,* Mitbestimmung der Arbeitnehmer in der SE – Gestaltungsfreiheit und Bestandsschutz, ZGR 2003, 767; *Rehberg,* Die missbräuchliche Verkürzung der unternehmerischen Mitbestimmung durch die Societas Europaea, ZGR 2005, 859; *Rieble,* Schnelle Mitbestimmungssicherung gegen die SE, BB 2014, 2997; *Roth,* Die unternehmerische Mitbestimmung in der monistischen SE, ZfA 2004, 431; *Runggaldier,* Die Arbeitnehmermitbestimmung in der SE, GesRZ 2004, 47; *Scheibe,* Die Mitbestimmung der Arbeitnehmer in der SE unter besonderer Berücksichtigung des monistischen Systems, 2007; *Seibt,* Arbeitnehmerlose Societas Europaea, ZIP 2005, 2248; *Seibt,* Privatautonome Mitbestimmungsvereinbarungen – Rechtliche Grundlagen und Praxishinweise, AG 2005, 413; *Steinberg,* Mitbestimmung in der Europäischen Aktiengesellschaft, 2006; *Teichmann,* Gestaltungsfreiheit in Mitbestimmungsvereinbarungen, AG 2008, 797; *Weiss/Wöhlert,* Societas Europaea – Der Siegeszug des deutschen Mitbestimmungsrechts in Europa?, NZG 2006, 121; *Winter/Marx/De Decker,* Mitbestimmungsrechtliche Aspekte der SE & Co. KG, NZA 2016, 334; *Wollberg/Banerjea,* Die Reichweite der Mitbestimmung in der Europäischen Gesellschaft, ZIP 2005, 277; *Ziegler/Gey,* Arbeitnehmermitbestimmung im Aufsichtsrat der Europäischen Gesellschaft (SE) im Vergleich zum Mitbestimmungsgesetz, BB 2009, 1750.

7   Die Regelung in Abs. 4, wonach sich die Beteiligung der Arbeitnehmer nach der RL 2001/86/EG (=SE-RL) richtet, hat nur klarstellende Bedeutung, da die SE-VO insoweit einen Regelungsverzicht enthält. Die Beteiligung der Arbeitnehmer kann auf der Ebene der betrieblichen sowie der unterneh-

---

[16] Vgl. allg. dazu *Casper* FS Ulmer, 2003, 51 (59) und → Art. 9 Rn. 18.

[17] Zust. zur teleologischen Reduktion Lutter/Hommelhoff/Teichmann/*Lutter* Rn. 12. Im Erg. zust. Habersack/Drinhausen/*Habersack* Rn. 6, wobei dieser die teleologische Reduktion des Abs. 2 S. 2 an Verstöße der Aktionäre gegen Art. 5, 15 knüpft. Differenzierend Kölner Komm AktG/*Siems* Rn. 22, wonach ein Durchgriff wegen Rechtsmissbrauchs über Art. 9 Abs. 1 lit. c, im Übrigen nach Sitzstaatsrecht über Art. 5 erfolgt.

merischen Mitbestimmung erfolgen. Letzteres wird für die SE durch die **SE-RL** vorgegeben, die die einzelnen Mitgliedstaaten umsetzen müssen. Für die in Deutschland ansässige SE bzw. die an einer Gründung beteiligten deutschen Gesellschaften gelten somit die Vorgaben des **SEBG**. Im Rahmen dieser Kommentierung können die Einzelheiten der Mitbestimmung nicht dargestellt werden, vielmehr muss es mit einem bewusst knapp gehaltenen Überblick sein Bewenden haben. Wegen der Details ist auf das oben angegebene Schrifttum zu verweisen. Die SE-RL setzt hinsichtlich der Mitbestimmung **vorrangig** auf eine zwischen den Parteien ausgehandelte **Vereinbarung** (Art. 1 Abs. 2 SE-RL, § 1 Abs. 2 S. 1 SEBG). Zu diesem Zweck ist ein besonderes Verhandlungsgremium zu wählen, dessen Mitglieder die in jedem Mitgliedstaat beschäftigten Arbeitnehmer der an der Gründung beteiligten Gesellschaften vertreten müssen. Die Einzelheiten ergeben sich aus §§ 5–10 SEBG. Das Verhandlungsgremium ist weder in seinem Verfahren noch in seinem Inhalt frei (vgl. §§ 11–21 SEBG). Kommt innerhalb der Regelfrist für die Verhandlungen von sechs Monaten kein Ergebnis zustande, so greifen **Auffangregelungen** (Anhang zu Art. 7 SE-RL; §§ 22–30, 34–38 SEBG) mit ihrem **Vorher-Nachher-Prinzip.** Diese sind von dem Gedanken der **Besitzbestandswahrung** für die Arbeitnehmer aus dem mitbestimmungsfreundlichsten Gründungsstaat geprägt. Nach § 35 Abs. 2 SEBG soll sich im Fall einer Gründung durch Verschmelzung bzw. einer Holding- oder Tochter-Gründung die Zahl der Vertreter der Arbeitnehmer im Aufsichts- oder Verwaltungsrat der SE nach dem höchsten Anteil der Arbeitnehmervertreter bemessen, der in den entsprechenden Organen der an der Gründung beteiligten Gesellschaften vor Eintragung der SE bestanden hat. Es setzt sich also das höchste gesetzliche Mitbestimmungsniveau der beteiligten Gesellschaften durch. Auf die Problematik der **Mitbestimmung in der monistischen SE** ist im Zusammenhang mit den Art. 43 ff. einzugehen (→ Art. 43 Rn. 26 ff.; → Art. 44 Rn. 10; → Art. 45 Rn. 2 f.). Auf die Frage nach dem Abschluss einer Mitbestimmungsvereinbarung bei Gründung einer arbeitnehmerlosen SE, namentlich einer Vorratsgesellschaft, ist im Zusammenhang mit Art. 2, 3 und 12 einzugehen (→ Art. 2, 3 Rn. 28, → Art. 12 Rn. 7).

Art. 2 [Gründungsformen]

(1) Aktiengesellschaften im Sinne des Anhangs I, die nach dem Recht eines Mitgliedstaats gegründet worden sind und ihren Sitz sowie ihre Hauptverwaltung in der Gemeinschaft haben, können eine SE durch Verschmelzung gründen, sofern mindestens zwei von ihnen dem Recht verschiedener Mitgliedstaaten unterliegen.

(2) Aktiengesellschaften und Gesellschaften mit beschränkter Haftung im Sinne des Anhangs II, die nach dem Recht eines Mitgliedstaats gegründet worden sind und ihren Sitz sowie ihre Hauptverwaltung in der Gemeinschaft haben, können die Gründung einer Holding-SE anstreben, sofern mindestens zwei von ihnen
a) dem Recht verschiedener Mitgliedstaaten unterliegen oder
b) seit mindestens zwei Jahren eine dem Recht eines anderen Mitgliedstaats unterliegende Tochtergesellschaft oder eine Zweigniederlassung in einem anderen Mitgliedstaat haben.

(3) Gesellschaften im Sinne des Artikels 48 Absatz 2 des Vertrags sowie juristische Personen des öffentlichen oder privaten Rechts, die nach dem Recht eines Mitgliedstaats gegründet worden sind und ihren Sitz sowie ihre Hauptverwaltung in der Gemeinschaft haben, können eine Tochter-SE durch Zeichnung ihrer Aktien gründen, sofern mindestens zwei von ihnen
a) dem Recht verschiedener Mitgliedstaaten unterliegen oder
b) seit mindestens zwei Jahren eine dem Recht eines anderen Mitgliedstaats unterliegende Tochtergesellschaft oder eine Zweigniederlassung in einem anderen Mitgliedstaat haben.

(4) Eine Aktiengesellschaft, die nach dem Recht eines Mitgliedstaats gegründet worden ist und ihren Sitz sowie ihre Hauptverwaltung in der Gemeinschaft hat, kann in eine SE umgewandelt werden, wenn sie seit mindestens zwei Jahren eine dem Recht eines anderen Mitgliedstaats unterliegende Tochtergesellschaft hat.

(5) Ein Mitgliedstaat kann vorsehen, dass sich eine Gesellschaft, die ihre Hauptverwaltung nicht in der Gemeinschaft hat, an der Gründung einer SE beteiligen kann, sofern sie nach dem Recht eines Mitgliedstaats gegründet wurde, ihren Sitz in diesem Mitgliedstaat hat und mit der Wirtschaft eines Mitgliedstaats in tatsächlicher und dauerhafter Verbindung steht.

Art. 3 [SE als Gründer]

(1) Die SE gilt als Aktiengesellschaft, die zum Zwecke der Anwendung des Artikels 2 Absätze 1, 2 und 3 dem Recht des Sitzmitgliedstaats unterliegt.

(2) [1]Eine SE kann selbst eine oder mehrere Tochtergesellschaften in Form einer SE gründen. [2]Bestimmungen des Sitzmitgliedstaats der Tochter-SE, gemäß denen eine Aktiengesellschaft mehr als einen Aktionär haben muss, gelten nicht für die Tochter-SE. [3]Die einzelstaatlichen Bestimmungen, die aufgrund der Zwölften Richtlinie 89/667/EWG des Rates vom 21. Dezember 1989 auf dem Gebiet des Gesellschaftsrechts betreffend Gesellschaften mit beschränkter Haftung mit einem einzigen Gesellschafter[1] angenommen wurden, gelten sinngemäß für die SE.

Schrifttum: *Bayer,* Die Gründung einer europäischen Gesellschaft mit Sitz in Deutschland, in Lutter/Hommelhoff, Die Europäische Gesellschaft, 2005, 25; *Müller-Bonanni/Müntefering,* Arbeitnehmerbeteiligung bei SE-Gründung und grenzüberschreitender Verschmelzung im Vergleich, BB 2009, 1699; *Blanke,* Europäische Aktiengesellschaft ohne Arbeitnehmerbeteiligung?, ZIP 2006, 789; *Casper,* Erfahrungen und Reformbedarf bei der SE – Gesellschaftsrechtliche Reformvorschläge, ZHR 173 (2009), 181; *Casper,* Numerus Clausus und Mehrstaatlichkeit bei der SE-Gründung, AG 2007, 97; *Casper/Schäfer,* Die Vorrats-SE – Zulässigkeit und wirtschaftliche Neugründung, ZIP 2007, 653; *Forst,* Die Beteiligung der Arbeitnehmer in der Vorrats-SE, NZG 2009, 687; *Freier,* Die Gründung einer SE als Vorratsgesellschaft, 2016; *Granbow,* Arbeits- und Gesellschaftsrechtliche Fragen bei grenzüberschreitenden Verschmelzungen unter Beteiligung einer Europäischen Gesellschaft (Societas Europaea – SE), Der Konzern 2009, 97; *Habersack,* Grundsatzfragen der Mitbestimmung in SE und SCE sowie bei grenzüberschreitender Verschmelzung, ZHR 171 (2007), 613; *Hörtig,* Gründungs- und Umstrukturierungsmöglichkeiten bei der Europäischen Aktiengesellschaft (SE), 2011; *Kalss,* Gründung und Sitzverlegung der SE, GesRZ 2004, Sonderheft, 25; *Kalss/Zoller,* Die „Tochtergesellschaft" in der SE-VO, GeS 2004, 339; *Kossmann/Heinrich,* Möglichkeiten der Umwandlung einer bestehenden AG, ZIP 2007, 164; *Kübler,* Barabfindung bei Gründung einer Europa-AG, ZHR 167 (2003), 627; *Louven/Ernst,* Praxisrelevante Rechtsfragen im Zusammenhang mit der Umwandlung einer Aktiengesellschaft in eine Europäische Aktiengesellschaft (SE), BB 2014, 323; *Luke,* Vorrats-SE ohne Arbeitnehmerbeteiligung? NZA 2013, 941; *Marsch-Barner,* Die Rechtsstellung der Europäischen Gesellschaft (SE) im Umwandlungsrecht, FS Happ, 2006, 165; *Oechsler,* Der praktische Weg zur Societas Europea (SE) – Gestaltungsspielraum und Typenzwang, NZG 2005, 697; *Oplustil/Schneider,* Zur Stellung der Europäischen Aktiengesellschaft im Umwandlungsrecht, NZG 2003, 13; *Reiner,* Formwechsel einer SE in eine KGaA, Der Konzern 2011, 135; *Schäfer,* Das Gesellschaftsrecht (weiter) auf dem Weg nach Europa – am Beispiel der SE-Gründung, NZG 2004, 785; *Scheifele,* Die Gründung der Europäischen Aktiengesellschaft (SE), 2004; *J. Schmidt,* „Deutsche" vs. „britische" SE, 2006; *Schubert,* Die Arbeitnehmerbeteiligung der Europäischen Gesellschaft ohne Arbeitnehmer, ZESAR 2006, 340; *Schubert,* Die Arbeitnehmerbeteiligung bei der Gründung einer SE durch Verschmelzung unter Beteiligung arbeitnehmerloser Aktiengesellschaften, RdA 2012, 146; *Seibt,* Die arbeitnehmerlose SE, ZIP 2005, 2248; *Teichmann,* Austrittsrecht und Pflichtangebot bei Gründung einer Europäischen Aktiengesellschaft, AG 2004, 67; *Teichmann,* Minderheitenschutz bei Gründung und Sitzverlegung der SE, ZGR 2003, 367; *Teichmann,* Grundlagen der Ergänzung des europäischen Statuts durch den deutschen Gesetzgeber, ZGR 2002, 383; *Von der Höh,* Die Vorrats-SE als Problem der Gesetzesumgehung und des Rechtsmissbrauchs, 2017 (zitiert: *Vorrats-SE*); *Von der Höh,* Der „Kettenformwechsel" in die SE, AG 2018, 185; *Vossius,* Gründung und Umwandlung der deutschen Europäischen Aktiengesellschaft (SE), ZIP 2005, 741.

Übersicht

	Rn.
I. Normzweck und Entstehungsgeschichte	1–5
1. Numerus Clausus und Mehrstaatlichkeit in Art. 2	1–4
2. Die Rechtsformfiktion in Art. 3 Abs. 1	5
II. Voraussetzungen der einzelnen Gründungsformen	6–19
1. Die Gründung durch Verschmelzung (Art. 2 Abs. 1)	6–9
2. Die Holding-Gründung (Art. 2 Abs. 2)	10–14
3. Die Gründung einer Tochter-SE (Art. 2 Abs. 3)	15, 16
4. Umwandlung in eine SE (Art. 2 Abs. 4)	17
5. Die Ausgründung einer Tochter-SE aus einer Mutter-SE (Art. 3 Abs. 2)	18, 19
III. Optionale Zulassung ausländischer Partner (Art. 2 Abs. 5)	20
IV. Gestaltungsmöglichkeiten durch Typenkombination und Umgehungsproblematik; Vorrats-SE	21–31
1. Die Zulässigkeit von Typenkombinationen	21
2. Gestaltungsmöglichkeiten zur Herstellung der Mehrstaatlichkeit	22–25
3. Arbeitnehmerlose Vorrats-SE; Gestaltung der Gründerbeschränkung durch Beteiligung von Vorratsgesellschaften	26–31
a) Erscheinungsformen und Fragestellungen	26
b) Zulässigkeit der Vorrats-SE	27–29
c) Die arbeitnehmerlose Vorrats-SE	30, 31

---

[1] ABl. EG 1989 L 395, 40. zuletzt geändert durch die Beitrittsakte von 1994.

	Rn.		Rn.
V. Die Beteiligung der SE an nationalen Umwandlungsvorgängen	32–40	3. Verschmelzung zur nationalen Aktiengesellschaft	38
1. Fragestellung und Grundthese	32–35	4. Formwechsel	39
2. Verschmelzung zur SE	36, 37	5. Spaltung der SE	40

I. Normzweck und Entstehungsgeschichte

1. Numerus Clausus und Mehrstaatlichkeit in Art. 2. Art. 2 verfolgt zuvörderst den Zweck, **1** die Gründungsformen zu beschränken, und statuiert zu diesem Zweck einen **Numerus Clausus der Gründungsformen.** Damit einher geht die Absicht des Verordnungsgebers, eine **Mehrstaatlichkeit** bei Gründung der SE sicherzustellen, um die SE von Aktiengesellschaften nationaler Prägung abzugrenzen. Die SE soll nur bei grenzüberschreitenden Sachverhalten gegründet werden können. Diese Vorstellung kommt im 10. Erwägungsgrund zum Ausdruck, teilweise wird auch auf das Subsidiaritätsprinzip in Art. 5 Abs. 1, 3 EUV hingewiesen.[2] Um dieses **doppelte Regelungsziel** zu erreichen, sieht die SE-VO zwei Beschränkungen vor. Zum einen werden die klassische Bar- oder Neugründung durch natürliche Personen ausgeschlossen[3] und fünf Gründungsformen zwingend vorgegeben. Neben die in Art. 2 genannten **vier primären Gründungsformen** (Gründung durch Verschmelzung, Gründung einer Holding- bzw. Tochter-SE, Gründung durch formwechselnde Umwandlung) tritt nach Art. 3 Abs. 2 als **sekundäre Gründungsform** die Gründung einer Tochter-SE durch eine bereits bestehende SE hinzu.[4] Zum anderen wird der **Kreis der beteiligungsfähigen Gründer** eingeschränkt. Natürliche Personen werden ganz ausgeschlossen. Aber auch die fünf einzelnen Gründungsformen stehen nicht jedermann offen. Nur die Aktiengesellschaft kann sich aller vier in Art. 2 genannten primären Gründungsformen bedienen. Andere juristische Personen sind nur bei Gründung einer SE-Tochter zugelassen. Juristische Personen, die ihre Hauptverwaltung außerhalb der EU haben, sind nach Art. 2 Abs. 5 zwar nicht gänzlich ausgeschlossen. In Deutschland wurde von der Option indes kein Gebrauch gemacht (→ Rn. 20).[5] Positiv formuliert werden die vom VO-Geber für besonders gefährlich erachteten Gründungsformen, die Verschmelzung und die Umwandlung, auf die Aktiengesellschaft beschränkt, bei denen die bzw. der Gründer in der SE aufgehen (→ Rn. 6 f.). Demgegenüber können bei den als weniger gefährlich eingestuften Gründungsvarianten (Holding-SE bzw. Tochter-SE), bei denen die Gründungsgesellschaften bestehen bleiben, im Fall der Holding auch eine GmbH und im Fall der Tochter alle Gesellschaften iSd Art. 54 AEUV als Gründer auftreten.

Der Numerus Clausus der Gründungsformen und das Mehrstaatlichkeitserfordernis finden sich **2** seit dem ersten Entwurf[6] von 1970 und sind in der sich anschließenden Odyssee des Gesetzgebungsverfahrens (→ Vor Art. 1 Rn. 5 ff.) kontinuierlich abgemildert worden. Der **Entwurf von 1970** kannte nur die Gründung durch Verschmelzung bzw. als Holding- oder Tochtergesellschaft, hielt allein Aktiengesellschaften für gründungsfähig und sah für alle drei Gründungsformen die echte Mehrstaatlichkeit vor, wie sie sich heute nur noch in Abs. 1 für die Verschmelzung findet. Die Möglichkeit zur Gründung durch Umwandlung kam erst später im **Entwurf von 1991** hinzu,[7] ebenso die Erweiterung des Kreises der beteiligungsfähigen Personen. Erstmals im Entwurf von 1991 wird außer bei der Gründung durch Verschmelzung auch auf eine echte Mehrstaatlichkeit verzichtet, in dem man – wie in der jetzigen Fassung des Art. 2 Abs. 2 und Abs. 3 auch – eine seit zwei Jahren bestehende Tochtergesellschaft oder Zweigniederlassung in einem anderen Mitgliedstaat genügen lässt. Auch die Gründung durch Umwandlung nach Abs. 4 weist ein nur eingeschränktes Mehrstaat-

---

[2] Eingehend *Hörtig*, Gründungs- und Umstrukturierungsmöglichkeiten bei der Europäischen Aktiengesellschaft (SE), 2011, 52 ff. (68).
[3] Anders Art. 5 Kommissionsentwurf für die SPE (→ Vor Art. 1 Rn. 22 mit Fn. 101), für ein Mehrstaatlichkeitserfordernis dann aber der Änderungsvorschlag des Europäischen Parlaments. Ein Mehrstaatlichkeitserfordernis sieht auch der Art. 6 des Vorschlags für eine Verordnung des Rates über das Statut der „Europäischen Stiftung" (Fundatio Europaea, FE) vor, vgl. Vorschlag für FE-VO, COM(2012) 35 final v. 8.2.2012, S. 6 (18); vgl. dazu *Cranshaw* DWiR 2013, 299 (304).
[4] Zur weiteren Systematisierung der Gründungsmöglichkeiten vgl. *Scheifele*, Die Gründung der Europäischen Aktiengesellschaft (SE), 2004, 14 ff.; *Schwarz* Rn. 15.
[5] Zur Beteiligungsfähigkeit von Staaten des EWR → Rn. 7.
[6] Zur Vorgeschichte vgl. *Teichmann*, Binnenmarktkonformes Gesellschaftsrecht, 2006, 239 f; *Schwarz* Art. 2 Rn. 4 ff. und *Scheifele*, Die Gründung der Europäischen Aktiengesellschaft (SE), 2004, 69 f. mwN: Frankreich hatte sich für einen unbegrenzten Zugang ausgesprochen, während Deutschland für einen beschränkten Zugang eingetreten ist; unzutreffend *Oechsler* NZG 2005, 697 (698) „Numerus-Clausus-Prinzip begegnet erstmals in den Art. 2 f. des SE-Vorschlages von 1989".
[7] Diese Gründungsform war namentlich von *Hommelhoff* AG 1990, 422 ff. angemahnt worden.

lichkeitserfordernis auf. Die heutige Fassung des Art. 3 geht im Wesentlichen auf die Entwurfsfassung von 1989 zurück, während die älteren Entwürfe für die bereits existierende SE noch einen eigenen, Art. 2 vergleichbaren Gründungskanon enthielten.[8]

3 Über die **Berechtigung** des Numerus Clausus und des Mehrstaatlichkeitserfordernisses bestehen ebenso Uneinigkeit wie über deren **Sinn und Zweck**. Zum einen werden sie mit Hinweis auf die Entstehungsgeschichte für völlig entbehrlich gehalten.[9] Hintergrund beider Beschränkungen sei die Furcht einiger Mitgliedstaaten vor einer Flucht aus der Mitbestimmung gewesen. Man wollte die Schwelle entsprechend hoch hängen. Mit Einführung der Auffanglösung in Art. 7 SE-RL sowie deren Anhang mit seinem Vorher-Nachher-Prinzip durch den Kompromiss von Nizza sei diese Berechtigung entfallen, weshalb Art. 2 nunmehr eine Norm ohne jeglichen Gerechtigkeitsgehalt darstelle.[10] Von anderer Seite wird die Berechtigung des beschränkten Gründungszugangs und der Mehrstaatlichkeit in der **Verhinderung von Konkurrenz** zu den nationalen Gesellschaften gesehen. Die SE solle bei rein nationalen Sachverhalten die nationalen Aktiengesellschaften nicht verdrängen.[11] Neben dieser sog. **Konkurrenzthese** wird auch die sog. **Exklusivitätsthese** vertreten, wonach die SE nur solchen Gesellschaften zur Verfügung stehen soll, die einen europäischen Aktionsradius haben.[12] Auch das Gebot der Firmenwahrheit wurde in diesem Kontext bemüht.[13] An der These von der Norm ist auch eine durch die Rechtsentwicklung überholten Gerechtigkeitsgehalt ist richtig, dass es sich bei dem Mehrstaatlichkeitserfordernis um eine rein formale Anforderung ohne gläubiger- oder minderheitenschützende Wirkung handelt. Außerdem leuchtet die Differenzierung zwischen der echten Mehrstaatlichkeit in Art. 2 Abs. 1 und der eingeschränkten Mehrstaatlichkeit in Art. 2 Abs. 2 bis 4 nicht ein;[14] sie lädt zu Umgehungsstrategien geradezu ein.[15] Mit der Einführung der Umwandlungsgründung hat sich der Verordnungsgeber selbst von einem konsequenten Mehrstaatlichkeitserfordernis verabschiedet.[16] Das Ziel, nationalen Gesellschaften keine Konkurrenz zu machen, und die SE zumindest im Zeitpunkt ihrer Gründung auf grenzüberschreitende Sachverhalte zu begrenzen, ist nicht nur rechtspolitisch fragwürdig, sondern auch in der Praxis zu keinem Zeitpunkt zu erreichen gewesen. Das Erfordernis eines zweijährigen Bestehens von Tochtergesellschaft oder Zweigniederlassung ist eher zufällig, da es keine ökonomische Verfestigung am Markt voraussetzt. Auch der Numerus Clausus lässt sich nicht mit Blick auf einen rechtsformübergreifenden Vergleich zu Art. 4 EWIV-VO und zu Art. 2 SCE-VO rechtfertigen, da gerade bei der Europäischen Genossenschaft erheblich weniger starke Restriktionen aufgestellt werden, was im Vergleich zur SE wenig einleuchten.[17] Einen grenzüberschreitenden Charakter allein durch das formale Mehrstaatlichkeitserfordernis und den Numerus Clausus der Gründungsformen erreichen zu können, ohne nachprüfbare Mindestgrößen für die Gründungsgesellschaften aufzustellen, erweist sich als Illusion des Verordnungsgebers.[18] Auch die Kommission hat in ihrer Evaluation erkannt, dass die SE-Gründungsbedingungen, insbesondere das Mehrstaatlichkeitserfordernis, von Unternehmen als Hindernis angesehen werden. Den Forderungen nach Änderungen der Gründungsbedingungen hält sie jedoch entgegen, dass das SE-Statut bereits das Ergebnis eines „heiklen Kompromisses" sei.[19] Dass die

---

[8] Näher zur historischen Entwicklung des Art. 3 vgl. *Schwarz* Art. 3 Rn. 3 f.

[9] Zusammenfassung der bisherigen Diskussion bei *Casper* ZHR 173 (2009) 181 (189 ff.) sowie *Bachmann* ZEuP 2008, 32 (53).

[10] So vor allem MüKoAktG/*Oechsler/Mihaylova* Rn. 2 ff.; *Oechsler* NZG 2005, 697 (698 f.); tendenziell auch *Scheifele*, Die Gründung der Europäischen Aktiengesellschaft (SE), 2004, 72 ff.; aA *Hörtig*, Gründungs- und Umstrukturierungsmöglichkeiten bei der Europäischen Aktiengesellschaft (SE), 2011, 84.

[11] Vgl. bereits *Geßler* BB 1967, 381 (382); *v. Caemmerer* FS Kronstein, 1967, 171 (185); zust. *Hörtig*, Gründungs- und Umstrukturierungsmöglichkeiten bei der Europäischen Aktiengesellschaft (SE), 2011, 45; zusammenfassend *Schwarz* Rn. 18; sowie für die SPE/EPG *Helms*, Die Europäische Privatgesellschaft, 1998, 212 f.

[12] Nachw. bei *Scheifele*, Die Gründung der Europäischen Aktiengesellschaft (SE), 2004, 72 und *Schwarz* Art. 2 Rn. 19; zu Recht zweifelnd NK-SE/*Schröder* Rn. 42 f.; *Hommelhoff* AG 2001, 279 (280). So aber auch der Vorschlag des Europäischen Parlaments zur SPE (→ Vor Art. 1 Rn. 22 mit Fn. 101).

[13] *Hommelhoff* AG 2001, 279 (281); *Hirte* NZG 2002, 1 (4); NK-SE/*Schröder* Rn. 41; erstmals *Geßler* BB 1967, 383 (383).

[14] AA *Hörtig*, Gründungs- und Umstrukturierungsmöglichkeiten bei der Europäischen Aktiengesellschaft (SE), 2011, 94 wonach die erleichterten Voraussetzungen für Holding- und Joint Venture-Gründungen damit zu begründen seien, dass die Gründungsgesellschaften anders als bei einer Verschmelzungsgründung weiterhin nationalem Recht unterstünden.

[15] Vgl. bereits *Casper* FS Ulmer, 2003, 51 (64); *Casper* AG 2007, 97 (98 f.); *Teichmann* ZGR 2002, 383 (412 f.); *Trojan-Limmer* RIW 1991, 1010 (1013).

[16] So denn auch MüKoAktG/*Oechsler/Mihaylova* Art. 2 Rn. 3. aA *Hörtig*, Gründungs- und Umstrukturierungsmöglichkeiten bei der Europäischen Aktiengesellschaft (SE), 2011, 94.

[17] Ebenso *Habersack/Verse* EuropGesR § 14 Rn. 8.

[18] Ausf. Begründung bei *Casper* ZHR 173 (2009) 181 (189 ff.).

[19] Evaluationsbericht Bericht der Kommission an das europäische Parlament und den Rat über die Anwendung der SE-VO v. 17.11.2010, KOM(2010) 676 endg., S. 7 (11).

Kommission eine neue Debatte über das SE-Statut vermeiden will, erklärte sie auch in ihrem Aktionsplan für die Modernisierung des Europäischen Gesellschaftsrechts; die erwarteten Vorteile würden die potenziellen Herausforderungen einer Neueröffnung der Diskussion nicht aufwiegen. Stattdessen plante sie eine umfassende Informationskampagne,[20] der Umfang dieser Bemühungen ist jedoch kritisch zu bewerten.[21] Im Vorschlag zur SUP-RL verzichtet die Kommission auf das Erfordernis der grenzüberschreitenden Tätigkeit, damit die harmonisierten Vorschriften möglichst umfassend angewendet werden können (Erwägungsgrund Nr. 11).[22] Dies verwundert aber schon von daher nicht, als die SUP eine harmonisierte Unterform geschlossener nationaler Kapitalgesellschaften werden soll und somit keine supranationale Rechtsform darstellt.

Die je nach Gründungsform sehr unterschiedlich ausgestaltete Mehrstaatlichkeit folgt keinem in 4 sich stringenten systematischen Konzept. Der Numerus Clausus und die Anforderungen an eine Mehrstaatlichkeit sind angesichts des klaren Wortlauts als Beschränkungen der Gründungsfreiheit zu akzeptieren. Für die **Auslegung des Art. 2,** insbesondere für das Erfordernis der Mehrstaatlichkeit, folgt aus dem klaren Wortlaut der Regelungen und der bloß formalen Ausgestaltung des Mehrheitserfordernisses, dass für eine erweiternde Auslegung oder für einen Analogieschluss bei Umgehungsstrategien grundsätzlich kein Raum ist. Weiterhin bestehen keine Bedenken, **Typenkombinationen aus verschiedenen Gründungsformen** zu akzeptieren, auch wenn hierdurch im Ergebnis das Mehrstaatlichkeitserfordernis umgangen wird.[23] Die SE-VO lässt vielmehr erkennen, dass die Beteiligten zwischen den verschiedenen Gründungsformen frei wählen und diese kombinieren können. Insbesondere lässt sich auch aus der Auslegung der VO kein Anhaltspunkt dafür gewinnen, dass mit dem Numerus Clausus bzw. dem Mehrstaatlichkeitserfordernis nur wirtschaftlich besonders solide und bereits am gemeinsamen Markt etablierte Gesellschaften eine SE gründen dürften. Auf Einzelheiten ist im Zusammenhang mit möglichen Umgehungsstrategien zurückzukommen (→ Rn. 21 ff.). Einigkeit besteht darüber, dass der spätere Wegfall der Mehrstaatlichkeit nicht zur Auflösung der SE führt. Dies ergibt sich zwingend aus einem Umkehrschluss zu Art. 66 Abs. 2.[24]

2. Die Rechtsformfiktion in Art. 3 Abs. 1. Art. 3 Abs. 1 enthält keinen eigenständigen Grün- 5 dungstatbestand, sondern sieht nur eine personelle Erweiterung des Anwendungsbereichs von Art. 2 vor. Der **Normzweck** von Art. 3 Abs. 1 weist eine Doppelfunktion auf. Zum einen will er klarstellen, dass eine bereits existente SE Partnerin einer Gründung nach Art. 2 Abs. 1 bis 3 sein kann.[25] Daneben bezweckt die Vorschrift auch die Absicherung des Mehrstaatlichkeitserfordernisses für den Fall, dass sich eine SE an einer Gründung nach Art. 2 beteiligt.[26] Aus Art. 3 Abs. 1 sowie aus dem Numerus Clausus in Art. 2 lässt sich zudem schlussfolgern, dass sich eine SE zumindest dann nicht an einer Verschmelzung zur Neugründung nach nationalem Umwandlungsrecht beteiligen darf, sofern der aufnehmende Rechtsträger wiederum eine SE sein soll, da bei der Neugründung einer SE jeweils das Mehrstaatlichkeitserfordernis beachtet werden muss, anderes gilt jedoch bei Verschmelzung zur Aufnahme mit einer bestehenden SE als aufnehmendem Rechtsträger (dazu und zur Stellung der SE bei nationalen Umwandlungsvorgängen → Rn. 32 ff., → Rn. 36). Ob das Mehrstaatlichkeitserfordernis aber auch dann über Art. 3 Abs. 1 abzusichern ist, wenn sich zwei bereits bestehende Europäische Aktiengesellschaften, die im selben Mitgliedstaat domizilieren, an der Gründung einer neuen SE beteiligen, ist fragwürdig und zumindest im Ergebnis zu verneinen (→ Rn. 34). **Rechtsfolge** des Art. 3 Abs. 1 ist eine **Rechtsformfiktion.** Die SE gilt als nationale Aktiengesellschaft des Mitgliedstaates, in dem nach Art. 7 S. 1, 64 Satzungssitz und Hauptverwaltung gelegen sein müssen. Die Fiktion ist denknotwendig auf die in Art. 2 Abs. 1 bis 3 genannten Gründungsformen begrenzt,

---

[20] Mitt. der Kommission v. 12.12.2012, Aktionsplan: Europäisches Gesellschaftsrecht und Corporate Governance – ein moderner Rechtsrahmen für engagiertere Aktionäre und besser überlebensfähige Unternehmen, COM (2012) 740 S. 16.
[21] Vgl. *Bayer/Schmidt* BB 2014, 1219 ff.
[22] Vgl. Vorschlag für SUP-RL der Kommission COM (2014) final, S. 12; *Beurskens* GmbHR 2014, 738 (747).
[23] Zust. Habersack/Drinhausen/*Habersack* Art. 2 Rn. 4; MüKoAktG/*Oechsler/Mihaylova* Art. 2 Rn. 4; wohl auch *Teichmann* in Van Hulle/Maul/Drinhausen SE-HdB 4. Abschnitt § 1 Rn. 10 f.
[24] Vgl. etwa *Casper* FS Ulmer, 2003, 51 (64); *Hirte* NZG 2002, 1 (10); MüKoAktG/*Oechsler/Mihaylova* Art. 2 Rn. 5; *Maul* in Van Hulle/Maul/Drinhausen SE-HdB 11. Abschnitt Rn. 3; NK-SE/*Schröder* Rn. 66; Schmitt/Hörtnagl/Stratz/*Hörtnagl* Art. 2 Rn. 14; Habersack/Drinhausen/*Habersack* Art. 2 Rn. 10.
[25] Hierauf abstellend Kalss/Hügel/*Kalss* SEG Vor § 17 – Gründung Rn. 34; *Teichmann* ZGR 2002, 383 (410); Lutter/Hommelhoff/Teichmann/*Bayer* Art. 3 Rn. 1.
[26] Dies in den Vordergrund rückend MüKoAktG/*Oechsler/Mihaylova* Art. 3 Rn. 1; davon ausgehend auch *Hommelhoff* AG 2001, 279 (281); NK-SE/*Schröder* Art. 3 Rn. 3; Schmitt/Hörtnagl/Stratz/*Hörtnagl* Art. 3 Rn. 2; mit beachtlichen Argumenten bezweifelnd aber *Scheifele,* Die Gründung der Europäischen Aktiengesellschaft (SE), 2004, 435 f.; ganz darauf verzichtend *Schwarz* Rn. 10; Kölner Komm AktG/*Maul* Art. 3 Rn. 11; Habersack/Drinhausen/*Habersack* Art. 3 Rn. 4.

was sich auch aus dem Wortlaut ergibt. Die Gründung durch Umwandlung ist nicht erfasst.[27] Die Fiktion beschränkt sich auf die Aussage, dass die SE hinsichtlich der Anwendung des Art. 2 als Aktiengesellschaft iSd Anh. I der SE-VO gilt und geht somit über Art. 9 Abs. 1 lit. c ii hinaus, dessen Anwendungsbereich auf innerstaatliches Aktienrecht beschränkt ist.[28]

II. Voraussetzungen der einzelnen Gründungsformen

6   1. **Die Gründung durch Verschmelzung (Art. 2 Abs. 1). Überblick:** Die Gründung einer SE durch Verschmelzung ist nach Anh. I auf Aktiengesellschaften beschränkt (→ Rn. 7). Nach Art. 17 Abs. 2 SE-VO iVm Art. 89 Abs. 1, Art. 90 Abs. 1 RL (EU) 2017/1132 (GesR-RL) [ex Art. 3 Abs. 1, Art. 4 Abs. 1 RL 78/855/EWG] kann sich dies im Wege der **Verschmelzung durch Aufnahme** oder der **Verschmelzung durch Neugründung** vollziehen. Eine Gründung durch Spaltung ist auf europäischer Ebene nicht vorgesehen. Die Kommission ist sich der Kritik daran bewusst,[29] plant aber ausweislich ihres Evaluationsberichts keine Erweiterung des Verschmelzungsbegriffs in Art. 17.[30] Kennzeichen der Verschmelzung durch Neugründung ist es, dass die bisherigen nationalen Aktiengesellschaften untergehen und ein neuer Rechtsträger – die SE – entsteht, der Rechtsnachfolger der Gründergesellschaften wird. Demgegenüber wird bei der Verschmelzung durch Aufnahme die aufnehmende Gesellschaft Rechtsnachfolger der untergehenden Gesellschaft. Die aufnehmende Gesellschaft wechselt mit der Verschmelzung zugleich ihre Rechtsform, indem die nationale Aktiengesellschaft zur SE mutiert. Die beteiligten Gesellschaften müssen aus zwei unterschiedlichen Mitgliedstaaten stammen. Art. 2 Abs. 1 statuiert also ein **echtes Mehrstaatlichkeitserfordernis** (→ Rn. 8). Die durch Verschmelzung gebildete Gesellschaft muss nicht zwingend in einem der Sitzstaaten der Gründer ihren Sitz nehmen.[31]

7   Der Anh. I beschränkt die an einer Verschmelzung **beteiligungsfähigen Personen.** Für Deutschland wird nur die Aktiengesellschaft genannt. Hierzu gehört entgegen der herrschenden Meinung auch die **Kommanditgesellschaft auf Aktien (KGaA),** da sie ein Sonderfall der Aktiengesellschaft ist und im Anh. II, der für die anderen Gründungstatbestände auch die GmbH zulässt, ebenfalls nicht gesondert genannt wird.[32] Gegen einen derartigen Umkehrschluss kann man auch nicht einwenden, dass die KGaA wegen des Vorhandenseins eines Komplementärs überhaupt nicht in eine SE wechseln könne. Allerdings kann der Komplementär seine Eigenschaft als persönlich haftender Gesellschafter in der SE nicht aufrechterhalten, da es eine KGaA auf europäischer Ebene nicht gibt. Eine **Vor-AG** (zum Begriff → AktG § 41 Rn. 17 ff.) ist nicht beteiligungsfähig.[33] Eine deutsche **AG in Liquidation** kann sich solange an einer Verschmelzungsgründung beteiligen, wie noch ein Fortsetzungsbeschluss möglich ist, also noch nicht mit der Verteilung ihres Vermögens begonnen worden ist (Art. 18 iVm § 3 Abs. 3 UmwG, § 274 Abs. 1 AktG).[34] Aus einem Umkehrschluss zu Abs. 5 folgt, dass nur Aktiengesellschaften, die **in der Gemeinschaft gegründet** wurden und innerhalb dieser ihren Sitz haben, beteiligungsfähig sind. Mit dem Begriff der Gemeinschaft sind die EU-Mitgliedstaaten gemeint. Infolge der Geltungserstreckung der SE-VO auf den EWR durch Beschluss des gemeinsamen Ausschusses des EWR[35] sind ferner die entsprechenden Gesell-

---

[27] MüKoAktG/*Oechsler*/*Mihaylova* Art. 3 Rn. 3; Kalss/Hügel/*Kalss* SEG Vor § 17 – Gründung Rn. 33 f.
[28] Kalss/Hügel/*Kalss* SEG Vor § 17 – Gründung Rn. 35.
[29] Rechtspolitische Kritik bei *Casper* ZHR 173 (2009) 181 (192 f.) mwN; zur evtl. Spaltung nach dem nationalen Umwandlungsrecht des Sitzstaates → Rn. 32 ff.
[30] Evaluationsbericht Bericht der Kommission an das europäische Parlament und den Rat über die Anwendung der SE-VO v. 17.11.2010, KOM(2010) 676 endg., S. 7 (11).
[31] Kalss/Hügel/*Kalss* SEG Vor § 17 – Gründung Rn. 11; *Schwarz* Art. 2 Rn. 37 ff.
[32] MüKoAktG/*Oechsler*/*Mihaylova* Art. 2 Rn. 24, die sogar noch weitergehend nach Erreichen der Mindestzahl berufener Verschmelzungsgründer auch andere Gesellschaftstypen als taugliche Gründer ansehen; aA Lutter/Hommelhoff/Teichmann/*Bayer* Art. 2 Rn. 8; *Scheifele,* Die Gründung der Europäischen Aktiengesellschaft (SE), 2004, 82; MüKoAktG/*Schäfer* Art. 17 Rn. 8; *Schwarz* Art. 2 Rn. 26 mwN; Habersack/Drinhausen/*Habersack* Art. 2 Rn. 5; Kölner Komm AktG/*Veil* Art. 2 Rn. 14; Schmitt/Hörtnagl/Stratz/*Hörtnagl* Art. 2 Rn. 5.
[33] *Scheifele,* Die Gründung der Europäischen Aktiengesellschaft (SE), 2004, 79 f.; *Schwarz* Art. 2 Rn. 24; Lutter/Hommelhoff/Teichmann/*Bayer* Art. 2 Rn. 9; MüKoAktG/*Oechsler*/*Mihaylova* Art. 2 Rn. 24; *von der Höh* AG 2018, 185 (189); aA Kölner Komm AktG/*Veil* Art. 2 Rn. 15; *J. Schmidt,* „Deutsche" vs „britische" SE, 2006, 135 f.; wohl NK-SE/*Schröder* Art. 17 Rn. 6. Besonders deutlich wird dies in der englischen Fassung, die von einer „existing public company" spricht.
[34] Vgl. näher *Scheifele,* Die Gründung der Europäischen Aktiengesellschaft (SE), 2004, 80 f., der zu Recht darauf hinweist, dass es auf das Personalstatut der jeweiligen Gründungsgesellschaft ankommt; ebenso *Schwarz* Art. 2 Rn. 25; Lutter/Hommelhoff/Teichmann/*Bayer* Art. 2 Rn. 9; NK-SE/*Schröder* Art. 17 Rn. 26; Kölner Komm AktG/*Veil* Art. 2 Rn. 15.
[35] ABl. EG 2002 L 266, 69.

schaften der Staaten des EWR (Island, Liechtenstein, Norwegen) beteiligungsfähig.³⁶ Bei Mitgliedstaaten, die der Gründungstheorie folgen,³⁷ genügt, dass sie in einem Mitgliedstaat gegründet worden sind und nunmehr in einem anderen Mitgliedstaat ihre Hauptverwaltung haben.³⁸ Dass auch eine **SE** Beteiligte einer Verschmelzung nach Art. 2 Abs. 1 sein kann, wird durch Art. 3 Abs. 1 klargestellt.

Art. 2 Abs. 1 verlangt, dass **mindestens zwei Aktiengesellschaften** beteiligt sein müssen. Eine **8** Begrenzung nach oben ist nicht vorgesehen. Eine **Mindestdauer,** während der die nationalen Gründungsgesellschaften bereits bestanden haben müssen, erfordert Art. 2 Abs. 1 nicht.³⁹ Ebenso wenig ist vorausgesetzt, dass die beteiligten Gesellschaften eine wesentliche Geschäftsaktivität verfolgt haben. Die Verschmelzung zwischen einer werbenden Gesellschaft und einer **Vorratsgesellschaft** in eine SE ist zulässig⁴⁰ (→ Rn. 26 ff.). Die beiden Gründer müssen jedoch zwingend aus zwei unterschiedlichen Mitgliedstaaten stammen. Bei drei oder mehr Beteiligten genügt die Zugehörigkeit zu zwei Staaten. Die Mehrstaatlichkeit verlangt als Minimum also nur eine Zweistaatlichkeit.⁴¹ Maßgeblicher Anknüpfungspunkt ist grundsätzlich die Gründungstheorie.⁴² Dies folgt aus dem Wortlaut des Abs. 1, der von „dem Recht verschiedener Mitgliedstaaten unterliegen" spricht. Damit kann man nicht aus einem Umkehrschluss zu Art. 7 ableiten, dass auch der Sitz der Hauptverwaltungen der beteiligten Gründer in zwei unterschiedlichen Mitgliedstaaten gelegen sein muss. Eine in England gegründete public company limited by shares unterliegt auch nach Verlegung ihrer Hauptverwaltung in die Niederlande noch englischem Recht und kann sich folglich in den Niederlanden mit einer vennootschap zu einer SE verschmelzen.⁴³ Allerdings wird man den umgekehrten Fall, wenn in einem Staat wie Ungarn, der der Sitztheorie folgt, sich eine ungarische Aktiengesellschaft, die ihren Verwaltungssitz nach Italien verlegt hat, mit einer italienischen S.p.A. zur SE verschmelzen will, auf Basis der Cartesio-Entscheidung anders entscheiden müssen. Zur Begründung ist darauf zu verweisen, dass der Mitgliedstaat, der der Sitztheorie folgt, die bei ihm gegründete Kapitalgesellschaft, die ihren Verwaltungssitz über die Grenze verlegt, nicht mehr als rechtsfähig anerkennen muss.⁴⁴ Ob an diesem Ergebnis vor dem Hintergrund der Vale-Entscheidung⁴⁵ festzuhalten ist, bedarf näherer Diskussion. Prima vista scheint es jedoch wenig angängig einer nationalen Gesellschaft die formwahrende Umwandlung zu gestatten, ihr durch die Verlegung des Satzungssitzes aber die Eigenschaft als im Heimatland gegrüdete AG und somit die Verschmelzung zur SE zu verweigern.⁴⁶

Aus dem **Zweistaatlichkeitserfordernis** folgt nicht, dass es sich bei den Gründungsgesellschaften **9** um wirtschaftlich selbständige Personen handeln muss. Aus einem Umkehrschluss zu Art. 31 ergibt sich, dass auch eine Muttergesellschaft mit einer 100 %igen Tochter zu einer SE verschmolzen werden kann.⁴⁷ Erst recht ist es zulässig, zwei Aktiengesellschaften mit identischen Aktionären zu einer SE zu verschmelzen. In dem seltenen Fall der Gründung einer SE durch zwei bestehende SEs, die beide im selben Mitgliedstaat domizilieren, ist ausnahmsweise auf das Mehrstaatlichkeitserfordernis im Wege einer teleologischen Reduktion zu verzichten (→ Rn. 34).

---

³⁶ Kölner Komm AktG/*Veil* Art. 2 Rn. 18; *Schwarz* Art. 2 Rn. 40. Vgl. Art. 1 des Beschlusses, ABl. EG 2002 L 266, 69, zu den beteiligungsfähigen Rechtsträgern der jeweiligen EWR-Staaten.
³⁷ Allg. zur Gründungs- und Sitztheorie → IntGesR Rn. 4 ff., → Art. 7 Rn. 1.
³⁸ Kalss/Hügel/*Kalss* SEG Vor § 17 – Gründung Rn. 14; *Schwarz* Art. 2 Rn. 34; Lutter/Hommelhoff/Teichmann/*Bayer* Art. 2 Rn. 11; Kölner Komm AktG/*Veil* Art. 2 Rn. 17; MüKoAktG/*Oechsler*/*Mihaylova* Art. 2 Rn. 25, die weiterhin darauf hinweisen, dass es nach dem Sinn und Zweck von Art. 2 auch genügt, wenn ein Gründer in einem Drittstaat gegründet und später in eine AG eines Mitgliedstaats umgewandelt worden ist.
³⁹ Kalss/Hügel/*Kalss* SEG Vor § 17 – Gründung Rn. 14; *Scheifele,* Die Gründung der Europäischen Aktiengesellschaft (SE), 2004, 90 f.; NK-SE/*Schröder* Art. 2 Rn. 26.
⁴⁰ Ebenso MüKoAktG/*Oechsler*/*Mihaylova* Art. 2 Rn. 24; MüKoAktG/*C. Schäfer* Art. 16 Rn. 9 ff.; Kölner Komm AktG/*Veil* Art. 2 Rn. 15; *Scheifele,* Die Gründung der Europäischen Aktiengesellschaft (SE), 2004, 90 f.; *Schwarz* Art. 2 Rn. 30; *Seibt* ZIP 2005, 2248 (2249) mwN; implizit auch LG Hamburg ZIP 2005, 2018; aA allein *Blanke* ZIP 2006, 789 (791 f.).
⁴¹ Kalss/Hügel/*Kalss* SEG Vor § 17 – Gründung Rn. 14; Habersack/Drinhausen/*Habersack* Art. 2 Rn. 9.
⁴² Anders *Teichmann* in Van Hulle/Maul/Drinhausen SE-HdB 4. Abschnitt § 2 Rn. 24 f.; wie hier wohl auch *Schwarz* Art. 2 Rn. 56; NK-SE/*Schröder* Art. 2 Rn. 55.
⁴³ MüKoAktG/*Oechsler*/*Mihaylova* Art. 2 Rn. 25; Kölner Komm AktG/*Veil* Art. 2 Rn. 17; Kalss/Hügel/*Kalss* SEG Vor § 17 – Gründung Rn. 14; *Grundmann* EuropGesR Rn. 1060; insoweit zust. auch *Teichmann* in Van Hulle/Maul/Drinhausen SE- HdB 4. Abschnitt § 2 Rn. 26.
⁴⁴ EuGH GmbHR 2009, 86 (90 f. Rn. 100 ff.).
⁴⁵ EuGH NJW 2012, 2715 Rn. 27 ff.
⁴⁶ So im Ergebnis auch Habersack/Drinhausen/*Habersack* Art. 2 Rn. 8; Lutter/Hommelhoff/Teichmann/*Bayer* Art. 2 Rn. 11.
⁴⁷ MüKoAktG/*Oechsler*/*Mihaylova* Art. 2 Rn. 13; Kalss/Hügel/*Kalss* SEG Vor § 17 – Gründung Rn. 16; *Teichmann* ZGR 2002, 383 (412); *Casper* FS Ulmer, 2003, 51 (64); *Scheifele,* Die Gründung der Europäischen Aktiengesellschaft (SE), 2004, 138; aA – ohne nachvollziehbare Begründung – *Hirte* NZG 2002, 1 (3).

10   **2. Die Holding-Gründung (Art. 2 Abs. 2).** Mit der Holding-Gründung in Art. 2 Abs. 2 hat der europäische Gesetzgeber Neuland betreten. Zwar ist die Holding in den Mitgliedstaaten als Organisationsform weit verbreitet, eine originäre Holding-Gründung war bisher aber nicht bekannt. Außerhalb der SE-VO hindert § 71a Abs. 2 AktG die originäre Gründung einer Holding.[48] Diese Vorschrift ist infolge Art. 33 Abs. 2 SE-VO jedoch nicht anwendbar.[49] Der **Begriff der Holding-Gründung** ist autonom anhand der Art. 32–34 zu bestimmen. Unter dieser genuin europäischen Gründungsform versteht man ein einstufiges Verfahren, bei dem die Gesellschafter der Gründungsgesellschaften ihre Anteile in die zu errichtende SE einbringen und die Gründungsgesellschaften dadurch zu Tochtergesellschaften der Holding werden.[50] Als Gegenleistung für die eingebrachten Anteile erhalten die einbringenden Gesellschafter Aktien der SE. **Gründer** einer Holding sind die beteiligten Gründungsgesellschaften, denen die Verpflichtungen nach Art. 32–34 obliegen, nicht hingegen die Gesellschafter, die ihre Aktien in die Holding einbringen.[51] Der **Kreis der beteiligungsfähigen Personen** bestimmt sich nach Anh. II der SE-VO. In Deutschland ist neben der Aktiengesellschaft (unter Einschluss der KGaA, → Rn. 7) noch die GmbH genannt. Eine Vor-AG oder Vor-GmbH ist nicht beteiligungsfähig, eine Gesellschaft in Liquidation anders als bei der Verschmelzung (→ Rn. 7) ebenfalls nicht, da die Gründungsgesellschaften als Tochtergesellschaften bestehen bleiben sollen.[52] Die AG oder die GmbH muss innerhalb der EU gegründet sein und dort ihre Hauptverwaltung haben.

11   Anders als bei der Gründung durch Verschmelzung erfordert Art. 2 Abs. 2 nur eine **eingeschränkte Mehrstaatlichkeit**. Entweder müssen wie bei der Verschmelzung zwei der Gründungsgesellschaften unterschiedlichen Rechtsordnungen unterliegen (lit. a → Rn. 8) oder aber zwei der beteiligten Gründungsgesellschaften müssen seit mindestens zwei Jahren eine Tochtergesellschaft oder eine Zweigniederlassung in einem anderen Mitgliedstaat haben (lit. b). Das weitergehende Mehrstaatlichkeitserfordernis nach lit. a wird nicht dadurch umgangen, dass ein Holding-Partner vor der Gründung nach Art. 2 Abs. 4 in eine SE umgewandelt wird und mit Blick auf Art. 3 Abs. 1 kurz darauf seinen Sitz nach Art. 8 in einen anderen Mitgliedstaat als sein Gründungskonsorte verlegt.[53] Hieraus und aus einem systematischen Vergleich mit Art. 2 Abs. 4, wonach nur ein Gründungsgesellschafter eine ausländische Tochter oder eine Zweigniederlassung haben muss, kann man aber nicht die Schlussfolgerung ziehen, dass auch bei der Holding-Gründung nur eine der Gründungsgesellschaften eine Tochtergesellschaft oder Zweigniederlassung jenseits der Heimatgrenze aufweisen müsse.[54]

12   Der **Begriff der Tochtergesellschaft** wird in lit. b nicht näher definiert. Er ist autonom aus dem europäischen Recht abzuleiten. Eine Übernahme der Definition aus § 2 Abs. 3 SEBG (bzw. Art. 2 lit. c SE-RL) kommt nicht in Betracht.[55] Zur Begriffsbestimmung lässt sich auf die Konzernabschluss- und die Jahresabschluss-RL (vgl. Art. 2 Nr. 10 RL 2013/34/EU) sowie auf Art. 67 RL (EU) 2017/1132 (GesR-RL) [ex Art. 24a der Kapital-RL] zurückgreifen.[56] Aus einer Gesamtschau der dort enthaltenen Regeln ergibt sich, dass von einem Tochterunternehmen dann gesprochen werden kann, wenn die Muttergesellschaft über die Mehrheit der Stimmrechte verfügt oder einen beherrschenden Einfluss ausüben kann. Für eine Stimmrechtsmehrheit genügt regelmäßig eine Mehrheit von 50 %, in einer börsennotierten Gesellschaft ausnahmsweise auch eine Mehrheit von 30 %. Letzteres folgt aus einer Wertung des Art. 5 Abs. 3 Übernahme-RL. Eine bestimmte Rechtsform ist für

---

[48] MüKoAktG/*Oechsler* § 71a Rn. 56, auch zur abweichenden Lage bei der SE-VO.
[49] MüKoAktG/*Oechsler/Mihaylova* Art. 2 Rn. 28 und Art. 5 Rn. 17; ausf. zum Ganzen *Oechsler* NZG 2005, 449 f.
[50] Kalss/Hügel/*Kalss* SEG Vor § 17 – Gründung Rn. 17; MüKoAktG/*Oechsler/Mihaylova* Art. 2 Rn. 28; der Sache nach auch – wenngleich mit abw. Terminologie Habersack/Drinhausen/*Habersack* Art. 2 Rn. 12.
[51] *Scheifele*, Die Gründung der Europäischen Aktiengesellschaft (SE), 2004, 308 f.
[52] *Schwarz* Art. 2 Rn. 25, 58; ähnlich *Scheifele*, Die Gründung der Europäischen Aktiengesellschaft (SE), 2004, 81; aA bezüglich der AG in Liquidation: MüKoAktG/*Oechsler/Mihaylova* Art. 2 Rn. 29; Habersack/Drinhausen/*Habersack* Art. 2 Rn. 13; Kölner Komm AktG/*Veil* Art. 2 Rn. 23.
[53] MüKoAktG/*Oechsler/Mihaylova* Art. 2 Rn. 11, 30; → Rn. 23.
[54] *Teichmann* ZGR 2002, 383 (411); NK-SE/*Schröder* Art. 2 Rn. 60; aA *Hommelhoff* AG 2001, 279 (281) mit Fn. 15.
[55] Ebenso Lutter/Hommelhoff/Teichmann/*Bayer* Art. 2 Rn. 16; aA Habersack/Drinhausen/*Habersack* Art. 2 Rn. 15 mwN; NK-SE/*Schröder* Art. 2 Rn. 61.
[56] Nur für Konzernabschluss-RL und neuerdings die Bilanz-RL 2013/34/EU Lutter/Hommelhoff/Teichmann/*Bayer* Art. 2 Rn. 18; Kalss/Hügel/*Kalss* SEG Vor § 17 – Gründung Rn. 8; *Kalss/Hügel* GesRZ 2004, Sonderheft S. 25 (28); *Kalss/Zoller* GeS 2004, 339 ff.; nur für Konzernabschluss-RL und Transparenz-RL Kölner Komm AktG/*Veil* Art. 2 Rn. 30; unklar nunmehr MüKoAktG/*Oechsler/Mihaylova* Art. 2 Rn. 31; für Rückgriff auf Art. 67 RL (EU) 2017/1132 (GesR-RL) [ex Art. 24a Kapital-RL] noch MüKoAktG/*Oechsler*, 3. Aufl. 2012, Art. 2 Rn. 31.

die Tochtergesellschaft nicht vorgeschrieben, es genügen mithin alle Gesellschaften iSd Art. 54 AEUV, also auch Personenhandelsgesellschaften.[57] Eine Gesellschaft bürgerlichen Rechts ist insoweit genügend, wie die auf sie anwendbare Rechtsordnung ihr zumindest eine Teilrechtsfähigkeit zuerkennt, sie also gegenüber ihren Mitgliedern verselbständigt ist und im Rechtsverkehr unter eigenem Namen auftritt.[58] Die Tochtergesellschaft muss einer anderen Rechtsordnung unterliegen; insoweit gilt das in → Rn. 8 Gesagte. Die Tochtergesellschaften der beiden Gründungsgesellschaften müssen aber nicht zwei verschiedenen Rechtsordnungen angehören. Es genügt sogar, dass beide Gründer an einer ausländischen Tochtergesellschaft hälftig beteiligt sind.[59]

Der **Begriff der Zweigniederlassung** ist durch die RL (EU) 2017/1132 (GesR-RL) [ex RL 89/666/EWG] vorgeprägt, wird allerdings auch dort nicht näher definiert. Erforderlich ist die räumlich, personell und organisatorisch verselbständigte Betriebseinheit eines Unternehmens.[60] Die Zweigniederlassung ist im Gegensatz zur Tochtergesellschaft rechtlich unselbständig. Sie muss ausweislich des Wortlauts von Art. 2 Abs. 2 lit. b nicht einer anderen Rechtsordnung unterliegen,[61] sondern sich nur tatsächlich in einem anderen Staat befinden. Dies ist zu bejahen, wenn sie in dem Handelsregister eines anderen Mitgliedstaats eingetragen ist. Soweit dies nicht der Fall ist, genügt aber auch ein Tätigkeitsschwerpunkt in einem anderen Mitgliedstaat. **13**

Schließlich erfordert Art. 2 Abs. 2 lit. b, dass die Gründungsgesellschaft die Tochtergesellschaft bzw. die Zweigniederlassung seit zwei Jahren halten muss. Im Zusammenhang mit diesem **Zweijahreserfordernis** stellen sich zwei Fragen. Zum einen, ab wann diese Frist zu laufen beginnt. Aus der Formulierung „haben" folgt, dass es im Fall einer Tochtergesellschaft nicht auf deren Bestehen ankommt, sondern auf den Zeitpunkt, ab dem die Mutter beherrschenden Einfluss ausüben konnte bzw. die Stimmrechtsmehrheit innehatte.[62] Zum anderen stellt sich die Frage, zu welchem Zeitpunkt die Zweijahresfrist abgelaufen sein muss. Insoweit kommt es maßgeblich auf den Zeitpunkt der Stellung des Antrags auf Eintragung der SE ins Handelsregister an.[63] Dies ist ein rechtssichereres Zeitmoment als die Anknüpfung an den Zeitpunkt, ab dem die Gründung der Holding angestrebt wird und diese Absicht nach außen manifestiert wird.[64] Dies entspricht dem allgemeinen Grundsatz, wonach die Gründungsvoraussetzungen regelmäßig noch im Zeitpunkt der Eintragung erfüllt sein müssen. **14**

3. Die Gründung einer Tochter-SE (Art. 2 Abs. 3). Art. 2 Abs. 3 regelt die Gründung einer gemeinsamen Tochter-SE und somit das Gegenstück zur Holding. Die Bestimmung verlangt, dass zwei Rechtsträger die Gründung vornehmen. Die Bildung einer Einpersonen-Tochter-SE ist nach Art. 3 Abs. 2 der bereits bestehenden SE selbst vorbehalten. Die unmittelbare Ausgründung einer SE-Tochter aus einer nationalen Gesellschaft ist nach dem Wortlaut der SE-VO nicht vorgesehen, lässt sich aber durch eine entsprechende Kombination der Gründungsformen in der Praxis gleichwohl erreichen (→ Rn. 22). Die gesetzliche Regelform ist die Gründung einer Tochter durch zwei nationale Gesellschaften als Gemeinschaftsunternehmen oder als Joint-Venture. Die Gründung der SE geschieht durch Zeichnung der Aktien der SE (→ Rn. 16). Die Details des Gründungsverfahrens sind nicht näher geregelt. Die Vorschriften in Art. 35, 36 haben in erster Linie deklaratorische Bedeutung. Auf die rechtliche Organisationsstruktur der Gründungsgesellschaften hat die Gründung einer gemeinsamen SE-Tochter keinen Einfluss. **Der Kreis der beteiligungsfähigen Gründer** wird durch Art. 2 Abs. 3 weiter gezogen als in Art. 2 Abs. 1 und 2. Als Gründer kommen alle **Gesellschaften iSd Art. 54 AEUV** (ex Art. 48 EGV) in Betracht. Hierzu zählen alle zumin- **15**

---

[57] Kalss/Hügel/*Kalss* SEG Vor § 17 – Gründung Rn. 7; MüKoAktG/*Oechsler/Mihaylova* Art. 2 Rn. 31a; Habersack/Drinhausen/*Habersack* Art. 2 Rn. 15.

[58] Kalss/Hügel/*Kalss* SEG Vor § 17 – Gründung Rn. 7; der Sache nach wohl auch MüKoAktG/*Oechsler/Mihaylova* Art. 2 Rn. 31a.

[59] Kalss/Hügel/*Kalss* SEG Vor § 17 – Gründung Rn. 9; der Sache nach auch *Schwarz* Art. 2 Rn. 71 f.; einschränkend MüKoAktG/*Oechsler/Mihaylova* Art. 2 Rn. 33; *Oechsler* NZG 2005, 697 (700 f.).

[60] Kalss/Hügel/*Kalss* SEG Vor § 17 – Gründung Rn. 10; Lutter/Hommelhoff/Teichmann/*Bayer* Art. 2 Rn. 19; MüKoAktG/*Oechsler/Mihaylova* Art. 2 Rn. 32; Habersack/Drinhausen/*Habersack* Art. 2 Rn. 16.

[61] NK-SE/*Schröder* Art. 2 Rn. 63; MüKoAktG/*Oechsler/Mihaylova* Art. 2 Rn. 32a.

[62] MüKoAktG/*Oechsler/Mihaylova* Art. 2 Rn. 34; Kölner Komm AktG/*Veil* Art. 2 Rn. 28; so wohl auch *Drinhausen* in Van Hulle/Maul/Drinhausen SE- HdB 4. Abschnitt § 3 Rn. 5, der zu Recht darauf hinweist, dass die Tochter nicht zwei Jahre ein- und derselben Rechtsordnung angehört haben muss. Es genügt also, wenn die Tochter nach einem Jahr ihren Sitz von Spanien nach Portugal verlegt hat.

[63] *Scheifele*, Die Gründung der Europäischen Aktiengesellschaft (SE), 2004, 125; Lutter/Hommelhoff/Teichmann/*Bayer* Art. 2 Rn. 20 mwN; MüKoAktG/*Oechsler/Mihaylova* Art. 2 Rn. 34.

[64] Noch anders *Neun* in Theisen/Wenz Eur AG S. 57 (68): im Zeitpunkt des Hauptversammlungsbeschlusses; demgegenüber wollen *Schwarz* Art. 2 Rn. 76 und *Scheifele*, Die Gründung der Europäischen Aktiengesellschaft (SE), 2004, 125 auf den Zeitpunkt der vorbeugenden Rechtmäßigkeitskontrolle abstellen.

dest teilrechtsfähigen Gesellschaften bürgerlichen Rechts, alle Handelsgesellschaften einschließlich der Genossenschaften und sonstige Personen des öffentlichen und privaten Rechts, sofern sie einen Erwerbszweck verfolgen.[65] Indem Art. 2 Abs. 3 aber nicht undifferenziert auf Art. 54 AEUV (ex Art. 48 EGV) verweist, sondern die **juristischen Personen des öffentlichen oder privaten Rechts** ohne Wiederholung des Erfordernisses des Erwerbszwecks erneut erwähnt, folgt aus einer grammatischen und systematischen Auslegung, dass es auf eine Erwerbstätigkeit oder eine Gewinnerzielungsabsicht der sonstigen[66] juristischen Personen nicht ankommt.[67] Damit wird man wohl nur für die Gesellschaften iSd Art. 54 AEUV an dem **Erwerbserfordernis** festzuhalten haben, wobei jedoch von einer weiten Auslegung auszugehen ist.[68] Es genügt jede entgeltliche Tätigkeit, die nicht primärer Gesellschaftszweck sein muss; eine Gewinnerzielungsabsicht ist nicht vorausgesetzt. Beim eingetragenen Verein ist also eine erwerbswirtschaftliche Tätigkeit im Rahmen des Nebenzweckprivilegs ausreichend.[69] Zu den Gesellschaften nach Art. 54 AEUV (ex Art. 48 EGV) zählen auch die EWIV[70] und seit Juli 2006 auch die Europäische Genossenschaft (SCE).[71] Hinsichtlich des Mehrstaatlichkeitserfordernisses und der Tatbestandsmerkmale „nach dem Recht eines Mitgliedstaates gegründet" sowie „Sitz und Hauptverwaltung in der Gemeinschaft" kann auf → Rn. 7 f., 11 ff. verwiesen werden.

16   Die Gründung einer Tochter-SE geschieht durch **Zeichnung ihrer Aktien.** Diese Formulierung hat zu Missverständnissen Anlass gegeben,[72] da die SE-VO sich näherer Vorgaben enthält und sich in Art. 36 auf einen schlichten Verweis ins nationale Recht beschränkt. Man wird dieses Zusammenspiel von der Verwendung eines autonomen Begriffs in Art. 2 Abs. 3 und einem Generalverweis ins nationale Recht in Art. 36 dahin aufzulösen haben, dass ein zweistufiges Gründungsverfahren gemeint ist, das hinsichtlich der Tochter-SE europäischem und hinsichtlich der beteiligten Gründungsgesellschaften nationalem Recht folgt. Das heißt, die Gründungsgesellschaften stellen zunächst die Satzung der SE fest und zeichnen sodann ihre Aktien und erbringen anschließend ihre Einlage in Gestalt einer Bar- oder Sacheinlage,[73] aber nicht durch Spaltung. Durch die Feststellung der Satzung entsteht bis zur Zeichnung der Aktien aber nicht etwa zunächst eine nationale Gesellschaft.[74] Die Kompetenzen und Vorbereitungsmaßnahmen zur Satzungsfeststellung bei den Gründungsgesellschaften sowie die Einzelheiten der Zeichnung bei der Tochter-SE richten sich sodann nach dem nationalen Recht. Ab diesem Zeitpunkt entsteht eine Vor-SE (→ Art. 16 Rn. 11). Der Erwerb von Beteiligungen durch zwei Mütter an einer bereits bestehenden nationalen Gesellschaft ist folglich nicht dem Zeichnen iSd. Abs. 3 zu subsumieren.[75] Ebenso wenig kommt eine Umwandlung einer bereits bestehenden gemeinsamen Tochter in eine SE-Tochtergesellschaft unter Rückgriff auf Abs. 3

---

[65] Zum Begriff der Gesellschaften in Art. 54 AEUV (ex Art. 48 EGV) vgl. statt aller nur *Geiger* EUV/EGV, 6. Aufl. 2017, AEUV Art. 54 Rn. 2 f.

[66] Entgegen *Scheifele,* Die Gründung der Europäischen Aktiengesellschaft (SE), 2004, 88 f. ist das Wort „sonstige" aus Art. 48 UAbs. 2 EG (jetzt Art. 54 UAbs. 2 AEUV) auch in Abs. 3 hinzulesen. Ein rein ideeller, eingetragener Verein, der nicht die Voraussetzungen des Art. 48 EGV (jetzt Art. 54 AEUV) – also das Erwerbserfordernis – erreicht, kann nicht auf Art. 2 Abs. 3 Alt. 3 (juristische Person des Privatrechts ohne Erwerbserfordernis) zurückgreifen. Die Befreiung vom Erwerbserfordernis kommt also in erster Linie juristischen Personen des öffentlichen Rechts zugute, bei denen dies auch am ehesten rechtspolitisch Sinn ergibt.

[67] MüKoAktG/*Oechsler/Mihaylova* Art. 2 Rn. 36; Habersack/Drinhausen/*Habersack* Art. 2 Rn. 19; so wohl auch Lutter/Hommelhoff/Teichmann/*Bayer* Art. 2 Rn. 22; aA Kalss/Hügel/*Kalss* SEG Vor § 17 – Gründung Rn. 25; diff. *Schwarz* Art. 2 Rn. 88 f.: kein Erwerbszweck, aber Erfordernis der Ausübung einer wirtschaftlichen Tätigkeit; so auch *Maul* in Van Hulle/Maul/Drinhausen SE-HdB 4. Abschnitt § 4 Rn. 6 f.

[68] Ähnliche Differenzierung bei *Scheifele,* Die Gründung der Europäischen Aktiengesellschaft (SE), 2004, 86 (88 f.).

[69] *Maul* in Van Hulle/Maul/Drinhausen SE-HdB 4. Abschnitt § 4 Rn. 6; ähnlich *Scheifele,* Die Gründung der Europäischen Aktiengesellschaft (SE), 2004, 86.

[70] Vgl. *Hirte* NZG 2002, 1 (3); *Schwarz* Art. 2 Rn. 84.

[71] Wie hier auch *Maul* Van Hulle/Maul/Drinhausen SE-HdB 4. Abschnitt § 4 Rn. 6; MüKoAktG/*Oechsler/Mihaylova* Art. 2 Rn. 36.

[72] Vgl. *Hirte* NZG 2002, 1 (4) einerseits und MüKoAktG/*Oechsler*, 3. Aufl. 2012, Art. 2 Rn. 39 sowie *Hommelhoff* AG 2001, 279 (280) andererseits.

[73] Zutr. Kalss/Hügel/*Kalss* SEG Vor § 17 – Gründung Rn. 20; ebenso *Marsch-Barner* FS Happ, 2006, 165 (170); *Bayer* Die Gründung einer Europäischen Gesellschaft mit Sitz in Deutschland in Lutter/Hommelhoff Die Europäische Gesellschaft S. 25 (58); *Maul* in Van Hulle/Maul/Drinhausen SE-HdB 4. Abschnitt § 4 Rn. 10; MüKoAktG/*Oechsler/Mihaylova* Art. 2 Rn. 39; *Oechsler* NZG 2005, 697 (701).

[74] Dies befürchtet aber *Oechsler* NZG 2005, 697 (701), weshalb er sich für ein Verfahren uno actu ausspricht; vgl. jetzt aber MüKoAktG/*Oechsler/Mihaylova* Art. 2 Rn. 39.

[75] Ebenso Kölner Komm AktG/*Veil* Art. 2 Rn. 34; MüKoAktG/*Oechsler/Mihaylova* Art. 2 Rn. 40, die allerdings die wirtschaftliche Neugründung einer Vorratsgesellschaft, die als Mantel veräußert wird, als Zeichnung iSd Art. 2 Abs. 3 genügen lassen wollen.

in Betracht.[76] Haben zwei unterschiedlichen Rechtsordnungen unterliegende Muttergesellschaften bereits je eine Tochtergesellschaft, die sie zu einer einheitlichen Tochtergesellschaft zusammen führen wollen, so handelt es sich um eine Verschmelzung nach Abs. 1 und nicht um eine Zeichnung nach Abs. 3.[77]

4. Umwandlung in eine SE (Art. 2 Abs. 4). Art. 2 Abs. 4 regelt die Gründung durch form- 17 wechselnde Umwandlung. Diese Gründungsform findet sich erstmals im **Entwurf von 1991**, war jedoch vom **Davignon-Bericht 1997** (→ Vor Art. 1 Rn. 15) erneut ausgeklammert worden, da eine Flucht aus der Mitbestimmung befürchtet wurde, weshalb nach Art. 37 Abs. 3 eine Sitzverlegung anlässlich einer Umwandlung ausgeschlossen bleibt. Anders als bei den Gründungsformen nach Abs. 1 bis 3 ist an der Gründung durch Umwandlung nur ein nationaler Rechtsträger beteiligt. Er allein muss das Erfordernis einer **eingeschränkten Mehrstaatlichkeit** aufweisen.[78] Die umwandelnde Aktiengesellschaft[79] muss zwingend seit zwei Jahren eine dem Recht eines anderen Mitgliedstaats unterliegende Tochtergesellschaft haben,[80] eine Zweigniederlassung genügt nicht.[81] Die Gründung durch Umwandlung ist auf Aktiengesellschaften iSd Anh. I begrenzt, die nach dem Recht eines Mitgliedstaats gegründet worden sind und ihren Sitz sowie ihre Hauptverwaltung in der Gemeinschaft haben (→ Rn. 7). Die **Umwandlung einer Tochtergesellschaft** einer Mutter in eine Tochter-SE scheidet hingegen regelmäßig aus, es sei denn, dass die umzuwandelnde Tochter ihrerseits seit zwei Jahren eine Tochtergesellschaft in einem anderen Mitgliedstaat hat.[82] Eine Ausnahme lässt sich aber für den Fall denken, dass zwei deutsche Aktiengesellschaften seit mehr als zwei Jahren eine gemeinsame Tochter in Gestalt einer ausländischen AG haben (Mehrmütterkonstellation); diese kann analog Art. 2 Abs. 4 in eine Tochter-SE umgewandelt werden. Denkbar ist es auch, dass die Muttergesellschaft eine weitere AG als Tochter gründet und dieses dann mit der schon bestehenden Tochter zur SE nach Abs. 1 zur Tochter-SE verschmilzt.[83] Die Einzelheiten des Gründungsverfahrens bestimmt Art. 37. Die **Rechtsfolge** besteht in einem **Rechtsformwechsel** der nationalen AG in eine SE im Zeitpunkt der Eintragung ins Handelsregister (Art. 37 Abs. 2). Der Sitz der bisherigen AG ist zugleich der Sitz der neuen SE (arg e Art. 37 Abs. 3). Trotz der missverständlichen Formulierung in Art. 37 Abs. 9 kommt es nicht zu einer Vermögensübertragung.[84]

5. Die Ausgründung einer Tochter-SE aus einer Mutter-SE (Art. 3 Abs. 2). Während die 18 Ausgründung einer SE für nationale Gesellschaften nicht eröffnet ist (→ Rn. 15),[85] ermöglicht Art. 3 Abs. 2 S. 1 der Mutter-SE die Gründung einer Tochter-SE im Wege der Ausgründung. Art. 3 Abs. 2 enthält also einen weiteren Gründungstatbestand, der auch die Gründung einer weiteren Tochter-SE durch eine bereits bestehende Tochter-SE umfasst, sodass es zu einem mehrstufigen SE-Konzern kommt.[86] Dabei kann es sich um eine Neugründung oder eine Ausgliederung zur Neugründung iSd § 123 Abs. 3 UmwG handeln.[87] Das **Verfahren** der Ausgründung ist in der SE-VO nicht näher geregelt, so dass über Art. 9 auf die zu gründende Tochter-SE nationales Recht Anwendung findet (Art. 15 SE-VO ist nicht anwendbar, → Art. 15 Rn. 2), soweit die VO

---

[76] MüKoAktG/*Oechsler/Mihaylova* Art. 2 Rn. 40, die indes dann eine Ausnahme machen wollen, wenn mit dem Formwechsel keine Sitzverlegung in einen anderen Mitgliedstaat einhergeht, sodass es nicht zur Umgehung des Art. 37 Abs. 3 SE-VO kommt; ebenso *Oechsler* NZG 2005, 697 (701).
[77] MüKoAktG/*Oechsler/Mihaylova* Art. 2 Rn. 41.
[78] Dies wird zum Teil als systematische Unstimmigkeit betrachtet, vgl. MüKoAktG/*Oechsler/Mihaylova* Art. 2 Rn. 6, 42 mwN.
[79] Unter Einschluss der KGaA, so überzeugend MüKoAktG/*Oechsler/Mihaylova* Art. 2 Rn. 43; aA Kölner Komm AktG/*Veil* Art. 2 Rn. 42 mwN. Zur zulässigen, simultanen „Kettenumwandlung" einer anderen Gesellschaft in eine nationale AG und sodann in eine SE vgl. *von der Höh* AG 2018, 185 (188 ff.).
[80] Zur Umgehung des Zweijahreserfordernisses durch Vorschaltung einer Verschmelzung → Rn. 22 und MüKoAktG/*Oechsler/Mihaylova* Art. 2 Rn. 45; Habersack/Drinhausen/*Habersack* Art. 2 Rn. 23; aA *Hirte* NZG 2002, 1 (3).
[81] Hinsichtlich der weiteren Einzelheiten gilt das in → Rn. 11 f. Ausgeführte entsprechend; zu den historischen Gründen für eine Ausklammerung der Zweigniederlassung vgl. *Scheifele*, Die Gründung der Europäischen Aktiengesellschaft (SE), 2004, 401 f.
[82] *Schwarz* Art. 2 Rn. 103; Kölner Komm AktG/*Veil* Art. 2 Rn. 44; vgl. auch MüKoAktG/*Oechsler/Mihaylova* Art. 2 Rn. 46 zu weiteren Umgehungskonstellationen.
[83] MüKoAktG/*Oechsler/Mihaylova* Art. 2 Rn. 46 aE.
[84] Statt aller vgl. *Scheifele*, Die Gründung der Europäischen Aktiengesellschaft (SE), 2004, 397.
[85] Vgl. ebenso Kölner Komm AktG/*Maul* Art. 3 Rn. 22.
[86] Vgl. *Schwarz* Art. 3 Rn. 24; zust. Habersack/Drinhausen/*Habersack* Art. 3 Rn. 7.
[87] Kalss/Hügel/*Kalss* SEG Vor § 17 – Gründung Rn. 40; *Marsch-Barner* FS Happ, 2006, 165 (170 ff.); zust. Habersack/*Verse* EuropGesR § 13 Rn. 25; Lutter/Hommelhoff/Teichmann/*Bayer* Art. 3 Rn. 16; *Casper* AG 2007, 97 (104); → Rn. 40.

selbst nicht weitergehende Mindestanforderungen (wie dem gezeichneten Kapital von 120.000 EUR, Art. 4 Abs. 2) aufstellt.[88] Der Satzungssitz und der **Sitz** der Hauptverwaltung können vorbehaltlich des Art. 7 frei gewählt werden, müssen also nicht zwingend in einem anderen Mitgliedstaat als dem Sitz der ausgründenden Mutter liegen.[89] Ein Mehrstaatlichkeitserfordernis ist nicht vorgesehen.[90] Selbst wenn Art. 15 Abs. 1 auf die zu gründende Tochter-SE anzuwenden wäre, könnte dies nur für jene gelten. Dass auf die ausgründende Mutter-SE, zB hinsichtlich der Mitspracherechte der Hauptversammlung, das nationale Recht des Sitzstaates Anwendung findet, ergibt sich aus Art. 9 Abs. 1 lit. c ii[91] (→ Art. 35, 36 Rn. 1). Es ist also vom Grundsatz der Sphärentrennung auszugehen.[92]

19   Mit **Art. 3 Abs. 2 S. 2** wird die Möglichkeit der **Einmann-Gründung** einer SE-Tochter durch eine SE-Mutter auch für den Fall gewährt, dass der in Aussicht genommene Sitzstaat der SE-Tochter eine Einmanngründung von Aktiengesellschaften nicht zulässt.[93] In Deutschland hat diese Vorschrift keine Bedeutung, da nach § 2 AktG eine Einmann-Gründung bereits seit 1994 zulässig ist.[94] Gleiches gilt für **Satz 3,** der sicherstellen will, dass für den Bereich der Einpersonen-GmbH-Gründung das durch die 12. Richtlinie harmonisierte nationale Recht auf die Einpersonen-Tochter-SE-Gründung Anwendung findet. In Deutschland gelten insoweit die entsprechenden Vorschriften im AktG über die Einpersonengründung sinngemäß. Da das deutsche Recht keine Umsetzungsdefizite aufweist, kommt dem mittelbar in Abs. 2 S. 3 enthaltenen Verweis auf die Einpersonenrichtlinie keine besondere Bedeutung zu.[95]

III. Optionale Zulassung ausländischer Partner (Art. 2 Abs. 5)

20   Unter drei Voraussetzungen kann ein Mitgliedstaat vorsehen, dass sich auch eine Gesellschaft aus einem Drittstaat an den Gründungsformen nach Art. 2 Abs. 1 bis 4 beteiligen kann: Die Drittstaatengesellschaft muss nach dem Recht eines Mitgliedstaates gegründet worden sein, ihm über die Gründungstheorie also noch angehören, dh dort noch ihren Satzungssitz haben und mit der Wirtschaft dieses Mitgliedstaates in tatsächlicher und dauerhafter Verbindung stehen. Gedacht ist an solche Gesellschaften, die ihre Hauptverwaltung aus einem der Gründungstheorie folgenden Mitgliedstaat in einen Drittstaat verlegt haben. Hauptanwendungsfall soll der außerhalb der europäischen Gemeinschaft tätige Konzern sein, der seine europäische Zentrale in der Rechtsform einer SE verfassen möchte.[96] Legt man den bloßen Wortlaut des Abs. 5 zugrunde, können auch solche Mitgliedstaaten von der Option Gebrauch machen, die (gegenüber Drittstaaten) der Gründungstheorie nicht folgen. Dies würde aber der Systematik der Norm kaum gerecht,[97] die in der Kategorie der Gründungstheorie denkt, eine trotz der Verlegung des Verwaltungssitzes fortdauernde Unterworfenheit unter das Recht eines Mitgliedstaates voraussetzt und dies durch die Verbundenheit mit der Wirtschaft dieses Mitgliedstaates[98] zusätzlich absichert.[99] Deutschland hat ebenso wie Österreich[100] – im Gegensatz

---

[88] Einzelheiten bei MüKoAktG/*Oechsler/Mihaylova* Art. 3 Rn. 5; *Schwarz* Art. 3 Rn. 24 ff.; *Maul* in Van Hulle/Maul/Drinhausen SE-HdB 4. Abschnitt § 6 Rn. 7 ff.; vgl. auch *Marsch-Barner* FS Happ, 2006, 165 (170).
[89] Kalss/Hügel/*Kalss* SEG Vor § 17 – Gründung Rn. 36; MüKoAktG/*Oechsler/Mihaylova* Art. 3 Rn. 5; *Maul* in Van Hulle/Maul/Drinhausen SE-HdB 4. Abschnitt § 6 Rn. 4.
[90] Vgl. statt aller OLG Düsseldorf AG 2009, 629 = ZIP 2009, 918; Kölner Komm AktG/*Maul* Art. 3 Rn. 22.
[91] So auch MüKoAktG/*Oechsler/Mihaylova* Art. 3 Rn. 6; Kölner KommAktG/*Maul* Art. 3 Rn. 19; aA Lutter/Hommelhoff/Teichmann/*Bayer* Art. 3 Rn. 12, der die Anwendung nationalen Rechts mit Art. 36 begründen; offenlassend Habersack/Drinhausen/*Habersack* Art. 3 Rn. 10.
[92] Überzeugend Lutter/Hommelhoff/Teichmann/*Bayer* Art. 3 Rn. 11 ff.
[93] Vgl. etwa *Jannott* in Jannott/Frodermann SE-HdB Kap. 3 Rn. 25 mit Fn. 59.
[94] Gesetz für kleine Aktiengesellschaften und zur Deregulierung des Aktiengesetzes v. 2.8.1994, BGBl. 1994 I 1961. Deutschland hat die Einmanngründung somit über den auf die GmbH beschränkten Anwendungsbereich der Einpersonen-RL 89/667/EWG ausgedehnt.
[95] MüKoAktG/*C. Schäfer* Art. 9 Rn. 6.
[96] *Sanders* ADW 1960, 1 (2 f.); *Teichmann* ZGR 2002, 383 (413); MüKoAktG/*Oechsler/Mihaylova* Art. 2 Rn. 47.
[97] Ebenso *Teichmann* ZGR 2002, 383 (413 f.); *Schwarz* Art. 2 Rn. 108; zumindest rechtspolitisch abw. MüKoAktG/*Oechsler/Mihaylova* Art. 2 Rn. 47.
[98] Der Wortlaut des Abs. 5 ließe auch die Interpretation zu, dass die Verbindung nicht zur Wirtschaft des Gründungsstaates, sondern nur zu der eines anderen Mitgliedstaates vorliegen muss. Eine derartige Interpretation wäre indes kaum sinnvoll, da Mitgliedstaaten dann eine Regelungskompetenz zukäme, die ihre Staatsgrenzen überschreitet, vgl. *Hommelhoff* AG 2001, 279 (281) mit Fn. 17; *Teichmann* ZGR 2002, 383 (414 mit Fn. 145); zust. *Neun* in Theisen/Wenz Eur AG S. 57 (69 mit Fn. 2); aA aber MüKoAktG/*Oechsler/Mihaylova* Art. 2 Rn. 47 f.; Lutter/Hommelhoff/Teichmann/*Bayer* Art. 2 Rn. 29 mwN zur Gegenansicht.
[99] Näher zu dieser Voraussetzung *Teichmann* ZGR 2002, 383 (414) mit Fn. 145; MüKoAktG/*Oechsler/Mihaylova* Art. 2 Rn. 48.
[100] Vgl. Kalss/Hügel/*Kalss* SEG Vor § 17 – Gründung Rn. 3.

zu Großbritannien, den Niederlanden oder Dänemark[101] – gleichwohl von dieser Option keinen Gebrauch gemacht. Zur Begründung wird darauf verwiesen, dass Abs. 5 nur Gesellschaften aus solchen Mitgliedstaaten privilegieren wolle, die der Gründungstheorie folgen.[102] Vor dem MoMiG sollte dadurch in Deutschland aber auch eine Inländerdiskriminierung vermieden werden, da deutschen Gesellschaften die Spaltung von Satzungs- und Verwaltungssitz nicht gestattet war.[103] Seit der Liberalisierung des § 5 AktG kann man den Verzicht, von der Option in Art. 2 Abs. 5 Gebrauch zu machen, aber kritisch hinterfragen.[104] Ob sich Art. 2 Abs. 5 als Königsweg für britische SE nach dem Vollzug eines harten **Brexit** (→ Art. 7 Rn. 6 f.) eignet, dürfte zu bezweifeln sein. Zum einen dürfte sich kaum ein Mitgliedstaat finden lassen, der allein für britische Ex-SEs seine Tore öffnet. Zum anderen liegen auch nicht die Voraussetzungen für eine britische Ex-SE in denjenigen Mitgliedsstaaten vor, die von der Option in Abs. 5 Gebrauch gemacht haben, da die Norm die Neugründung einer SE durch eine Gesellschaft mit Verwaltungssitz in einem Drittstaat vor Augen hat, nicht aber eine schon gegründete SE, die infolge des Austritts ihres Sitzstaates aus der EU die Anknüpfung an die Gemeinschaft verloren hat. Da es nach dem oben Gesagten nicht auf die Verbindung zu bloß irgendeinem, sondern gerade dem Staat der Gründung ankommt, liegt weiterhin die letzte Voraussetzung des Art. 2 Abs. 5, das Bestehen wirtschaftlicher Verbundenheit zu einem *Mitglied*staat, nicht (mehr) vor.

IV. Gestaltungsmöglichkeiten durch Typenkombination und Umgehungsproblematik; Vorrats-SE

1. Die Zulässigkeit von Typenkombinationen. Auch wenn der Katalog der Gründungsformen einen Numerus Clausus enthält, ist eine Vermischung oder Kombination der verschiedenen Gründungstypen zulässig (→ Rn. 3 f.). Dies gilt auch dann, wenn durch das so erzielte Ergebnis die Anforderungen an das Mehrstaatlichkeitserfordernis umgangen werden, da dieses keinem systematisch stimmigen Konzept folgt und auch keinen in sich stimmigen Telos beanspruchen kann.[105] Es lässt sich allein auf die historisch gewachsene Vorstellung zurückführen, dass die SE regelmäßig großen, bereits am Markt tätigen Unternehmen zur Verfügung stehen soll.[106] Aus dem Mehrstaatlichkeitserfordernis und dem Numerus Clausus folgt auch nicht die zwingende Voraussetzung, dass die an der Gründung beteiligten Gesellschaften bereits eine werbende Tätigkeit hinter sich haben müssen, bevor sie Zutritt zur SE beanspruchen dürfen.[107] Ein derartiges Erfordernis hat in der Verordnung keinen Niederschlag gefunden. Es kann namentlich auch nicht aus dem relativ hohen Grundkapital des Art. 4 bzw. aus dem 13. Erwägungsgrund hergeleitet werden, da sich beide auf die gegründete SE und nicht auf die Gründungsgesellschaften beziehen. Vielmehr wurde das Erfordernis einer wirtschaftlichen Betätigung, das noch im Entwurf von 1975 enthalten war, im Entwurf von 1989 bewusst gestrichen.[108] Auch folgt aus dem Gesamtkontext der SE-VO und dem nur aus einem politischen Ringen um einen Kompromiss erklärbaren Konzept des Art. 2, dass eine SE stets dann gegründet werden darf, wenn sie die formalen Kriterien des Art. 2 ihrem Wortlaut nach beachtet.[109] Eine Überprüfung der Frage, ob einer der Gründungspartner vor der Gründung ökonomisch hinreichend verfestigt gewesen ist, wäre für die Registergerichte in der Praxis kaum möglich.

2. Gestaltungsmöglichkeiten zur Herstellung der Mehrstaatlichkeit. Wollen zwei in Deutschland ansässige Aktiengesellschaften, von denen eine über eine ausländische Tochtergesellschaft verfügt, eine SE durch **Verschmelzung** gründen, so ist der unmittelbare Weg über Art. 2 Abs. 1 versperrt. Die **vorgeschaltete Umwandlung** der Aktiengesellschaft mit der Tochter in eine SE führt nicht zum Erfolg, da sie in diesem Fall nach Art. 3 Abs. 1 zwar beteiligungsfähig bleibt, aber auch weiterhin als deutsche AG gilt.[110] Auch eine sofortige Sitzverlegung der umgewandelten

---

[101] Vgl. dazu *J. Schmidt,* Deutsche vs. britische SE, 2007, 150 ff. sowie *Bachmann* ZEuP 2008, 32 (40) mit Fn. 43; zu den Konsequenzen eines weiten Verständnisses der wirtschaftlichen Verbundenheit → Fn. 99 f.; für Deutschland am Beispiel der englischen Regelung vgl. MüKoAktG/*Oechsler/Mihaylova* Art. 2 Rn. 47.
[102] *Neye* AG 2003, 169 (170 f.).
[103] Habersack/Drinhausen/*Habersack* Art. 2 Rn. 25, MüKoAktG/*Oechsler/Mihaylova* Art. 2 Rn. 47.
[104] MüKoAktG/*Oechsler/Mihaylova* Art. 2 Rn. 47; Habersack/Drinhausen/*Habersack* Art. 2 Rn. 25.
[105] Zust. Kölner Komm AktG/*Veil* Art. 2 Rn. 6; so auch MüKoAktG/*Oechsler/Mihaylova* Art. 2 Rn. 6.
[106] Zur entsprechenden Diskussion vor 1970 vgl. etwa *Geßler* BB 1967, 381 (383 f.); zusammenfassend *Teichmann,* Binnenmarktkonformes Gesellschaftsrecht, 2006, 239 f. mwN.
[107] So im Erg. auch MüKoAktG/*Oechsler/Mihaylova* Art. 2 Rn. 14.
[108] *Scheifele,* Die Gründung der Europäischen Aktiengesellschaft (SE), 2004, 89 f.
[109] Vgl. ausf. zum Ganzen auch bereits *Casper* AG 2007, 97 (100 ff.); zust. auch *Bachmann* ZEuP 2008, 32 (53); vgl. auch die im Erg. ähnliche Analyse bei *Hörtig,* Gründungs- und Umstrukturierungsmöglichkeiten bei der Europäischen Aktiengesellschaft (SE), 2011, 101 ff.
[110] Vgl. auch *Oechsler* NZG 2005, 697 (699 f.).

SE nach Art. 8 kommt wegen Art. 37 Abs. 3 nicht in Betracht. Allerdings verbietet diese Vorschrift eine Sitzverlegung nur anlässlich der Umwandlung. Dieses Tatbestandsmerkmal ist eng auszulegen, sodass eine Sitzverlegung kurz nach Eintragung der im Wege der Umwandlung entstandenen SE möglich ist, um sie sodann anschließend mit der deutschen AG nach Abs. 1 zu verschmelzen (Einzelheiten bei → Art. 37 Rn. 7 ff.). Eine unzulässige Umgehungskonstellation liegt hierin nicht, da ein den Art. 2 Abs. 2 lit. b, Abs. 3 lit. b Abs. 4, Art. 37 Abs. 2, Art. 66 Abs. 1 S. 2 vergleichbares Abstandsgebot nicht verletzt wird.[111] Allerdings wird sich dieser aufwendige Weg in der Praxis nur selten empfehlen.[112] Einfacher ist es, die Mutter mit der ausländischen Tochter in einem ersten Schritt auf ihre ausländische Tochter zu verschmelzen, was nach der Richtlinie über grenzüberschreitende Verschmelzungen und deren Umsetzung (in Deutschland §§ 122a ff. UmwG) möglich ist, um sodann den ausländischen Partner mit der tochterlosen deutschen AG nach Art. 2 Abs. 1 zur SE zu verschmelzen.[113]

23 Entsprechendes gilt auch bei der **Holding-Gründung.** Wollen beispielsweise zwei deutsche Aktiengesellschaften eine SE-Holding gründen, obwohl eine von ihnen noch nicht zwei Jahre über eine Tochter verfügt, so ist es denkbar, die AG mit der Tochter zunächst nach Art. 2 Abs. 4 in eine SE umzuwandeln und alsbald ihren Sitz zu verlegen, um sodann über Art. 2 Abs. 2 lit. a statt über lit. b eine Holding mit der tochterlosen AG zu gründen. Auch diese Konstellation ist zulässig, da kein eindeutiger historischer Wille feststellbar ist, dass sich das Mehrstaatlichkeitserfordernis in Abs. 2 gegenüber dem in Abs. 4 durchsetzen soll.[114] Einfacher ist auch hier, die in → Rn. 22 beschriebene zweistufige Verschmelzungslösung zu wählen.

24 Umgekehrt kann dem **Zweijahreserfordernis** in Art. 2 Abs. 4 durch eine Verschmelzung begegnet werden, wenn an sich eine Gründung durch **Umwandlung** gewollt ist. Hat eine Aktiengesellschaft in Deutschland seit weniger als zwei Jahren eine Tochtergesellschaft in einem anderen Mitgliedstaat, so kann die Tochtergesellschaft nach Art. 2 Abs. 1 auf die Mutter verschmolzen werden.[115] Um in dieser Weise vorgehen zu können, muss es sich bei der verschmelzenden Tochter indes um eine Aktiengesellschaft iSd Anh. I handeln, sodass ggf. eine vorherige Umwandlung der Tochter nach nationalem Recht vorzunehmen ist. Die **konzernrechtliche Beziehung zwischen beiden Verschmelzungspartnern** steht der Anwendung des Art. 2 Abs. 1 und dem dort statuierten echten Mehrstaatlichkeitserfordernis nicht entgegen, wie sich aus einem Umkehrschluss zu Art. 31 ergibt, der Verfahrensbesonderheiten für den Fall einer solchen Verschmelzung aufstellt.[116] Anschließend kann die durch Verschmelzung entstandene SE dann erneut eine SE-Tochter nach Art. 3 Abs. 2 gründen. Akzeptiert man, dass die beteiligten Gründungspartner vor ihrer Gründung keine ökonomische Verfestigung aufweisen müssen (→ Rn. 21), so kann die Tochtergesellschaft auch gezielt für den Verschmelzungsvorgang gegründet werden. Eine Prüfung einer derartigen ökonomischen Verfestigung durch das Registergericht wäre in der Praxis auch kaum möglich. Schließlich kann über dieses Verfahren auch das **Mehrstaatlichkeitserfordernis nach Abs. 1** gestaltet werden. Wollen sich zwei Aktiengesellschaften aus demselben Mitgliedstaat zu einer SE verschmelzen, so muss nur eine Gesellschaft zunächst eine Tochter in einem anderen Mitgliedstaat gründen, um sich sodann auf diese Tochter zu verschmelzen, um anschließend mit dem eigentlich in Aussicht genommenen Partner eine Verschmelzung vorzunehmen.[117]

25 Auch das **Mehrstaatlichkeitserfordernis in Art. 2 Abs. 3 lit. b** lässt sich mittels einer **Verschmelzung** gestalten. Wollen zwei inländische Gesellschaften, von denen nur eine Gesellschaft eine Tochtergesellschaft in einem anderen Mitgliedstaat hat, eine Tochter-SE gründen, so kann die gemeinsame Tochter-SE statt über Art. 2 Abs. 3 auch durch Verschmelzung der ausländischen Tochter mit der inländischen Tochter des anderen Partners erreicht werden, sofern beide Tochtergesellschaften Aktiengesellschaften iSd Anh. I sind. Eine unzulässige Umgehung des Art. 2 Abs. 3 liegt hierin schon deshalb nicht, da die Unternehmen frei sind, ob sie das wirtschaftlich identische Ergebnis über eine unmittelbare Gründung einer gemeinsamen Tochter-SE oder über eine Ver-

---

[111] Ebenso MüKoAktG/*Oechsler/Mihaylova* Art. 2 Rn. 9 f.; *Oechsler* NZG 2005, 697 (700); aA *Teichmann* ZGR 2002, 383 (412).
[112] Ebenso *Oechsler* NZG 2005, 697 (700).
[113] Zutr. *Oechsler* NZG 2005, 697 (700); dazu, dass die konzernrechtliche Beziehung der ersten Verschmelzung nicht entgegensteht → Rn. 24.
[114] MüKoAktG/*Oechsler/Mihaylova* Rn. 11; *Oechsler* NZG 2005, 697 (700 f.); aA *Teichmann* ZGR 2002, 383 (412).
[115] Oder umgekehrt die Mutter auf die Tochter; vgl. zum Ganzen auch *Bachmann* ZEuP 2008, 32 (53).
[116] Heute hM, vgl. nur MüKoAktG/*Oechsler/Mihaylova* Art. 2 Rn. 13; *Kalss/Hügel/Kalss* SEG Vor § 17 – Gründung Rn. 16; *Casper* FS Ulmer, 2003, 51 (64); *Teichmann* ZGR 2002, 383 (411 f.); aA aber noch *Hirte* NZG 2002, 1 (3); → Rn. 4, 9.
[117] MüKoAktG/*Oechsler/Mihaylova* Art. 2 Rn. 13; *Oechsler* NZG 2005, 697 (700 f.).

schmelzung herbeiführen.[118] Denkt man diese Konstellation fort, so ist auch folgende Gestaltung möglich: Eine Muttergesellschaft mit einer inländischen Tochter nationalen Rechts gründet eine weitere ausländische Tochter und verschmilzt anschließend beide Töchter zu einer SE mit Sitz im Inland.

3. Arbeitnehmerlose Vorrats-SE; Gestaltung der Gründerbeschränkung durch Beteiligung von Vorratsgesellschaften. a) Erscheinungsformen und Fragestellungen. Die ersten SE-Gründungen in Deutschland waren überwiegend Vorratsgesellschaften.[119] Es wird berichtet, dass etwa die Hälfte der SE-Gründungen in Deutschland Vorratsgründungen sind bzw. die bestehenden SEs mit Hilfe einer Vorrats-SE gegründet wurden.[120] Eine Vorrats-SE kann durch Verschmelzung zweier nationaler Vorratsgesellschaften entstehen, sofern diese verschiedenen Rechtsordnungen unterliegen. Entsprechend ist auch die Gründung einer Vorrats-Holding durch zwei nationale Vorratsgesellschaften denkbar. Der wohl wichtigste Anwendungsfall ist die Gründung einer **Vorrats-Tochter-SE (Art. 2 Abs. 3)**, die sowohl von werbenden Gesellschaften wie von Vorratsgesellschaften gegründet werden kann[121] bzw. der einer Vorrats-SE-Tochter (Art. 3 Abs. 2), die auch von einer Vorrats-SE gegründet werden kann. Wohl nur theoretisch ist die Umwandlung einer Vorratsaktiengesellschaft in eine Vorrats-SE denkbar,[122] sofern diese bereits seit zwei Jahren eine Vorratstochtergesellschaft im Ausland hat. Obwohl die Vorratsgründung einer SE von der bisher ganz überwiegenden Meinung akzeptiert wird,[123] verbleiben noch einige Zweifelsfragen. Als weitgehend geklärt kann die gesellschaftsrechtliche Zulässigkeit der Vorratsgründung einer SE gelten (→ Rn. 27 f.). Nicht völlig geklärt ist, wie weit die erforderliche Versicherung, dass die Vorrats-SE und ihre Gründungsgesellschaften keine Arbeitnehmer beschäftigen, reicht. Außerdem ist die Reichweite des Tatbestandsmerkmals der abschließenden wirtschaftlichen Neugründung zu klären (→ Rn. 29). Für eine sehr kontroverse Diskussion sorgt weiterhin die Frage, ob bei Verwertung der Vorrats-SE eine Verhandlung über die Mitbestimmung analog § 18 Abs. 3 SEBG nachgeholt werden muss (→ Rn. 30 f.).

b) Zulässigkeit der Vorrats-SE. Aus dem in Art. 2 verankerten **Numerus Clausus** und dem **Mehrstaatlichkeitserfordernis** folgt unmittelbar keine Aussage über die Unzulässigkeit einer Vorrats-SE. Es mag zwar der historischen Vorstellung und Intention des Verordnungsgebers entsprochen haben, dass sich nur bereits werbend tätige Gesellschaften an einer SE beteiligen sollen.[124] Allerdings hat diese Intention in der SE-VO keinen Niederschlag gefunden (→ Rn. 8). Akzeptiert man, dass die Parteien einer Verschmelzung nach Art. 2 Abs. 1 **keine ökonomische Mindestbestandsdauer** vor der Verschmelzung aufweisen müssen, so lässt sich mit Hilfe der Verschmelzung auch einer der Bargründung durch natürliche Personen vergleichbare Situation erreichen, wenn auf beiden Seiten der **Verschmelzung** eine nationale **Vorratsgesellschaft** beteiligt wird.[125] Wollen drei natürliche Personen eine SE gründen, müssen sie in zwei verschiedenen Mitgliedstaaten je eine Vorratsgesellschaft in Gestalt einer Aktiengesellschaft erwerben, um diese sodann nach Art. 2 Abs. 1 aufeinander zu verschmelzen. Dies setzt infolge des **Art. 15 Abs. 1** voraus, dass Vorratsgründungen in den jeweiligen Rechtsordnungen zugelassen sind und die für sie geltenden Voraussetzungen beachtet werden. Entsprechendes gilt für die anderen Gründungsformen in Abs. 2 bis 4.[126] Gründe für eine Ungleichbehandlung sind nicht ersichtlich,

---

[118] *Oechsler* NZG 2005, 697 (702).
[119] Vgl. → Vor Art. 1 Rn. 23 und → Fn. 123; ausf. zum Ganzen *Casper/Schäfer* ZIP 2007, 653 ff.
[120] *Schuberth/von der Höh* AG 2014, 439 (441).
[121] Vgl. den Sachverhalt in OLG Düsseldorf AG 2009, 629 = ZIP 2009, 918; *Seibt* ZIP 2005, 2248 (2249 f.); *Kienast* in Jannott/Frodermann SE-HdB Kap. 13 Rn. 253; sowie LG Hamburg ZIP 2005, 2018 f.
[122] Ohne weiteres bejahend Kölner Komm AktG/*Veil* Art. 2 Rn. 42.
[123] OLG Düsseldorf AG 2009, 629 (630) = ZIP 2009, 918; AG Düsseldorf ZIP 2006, 287; AG München ZIP 2006, 1300 f. mit zust. Anm. *Stratz*; AG Berlin-Charlottenburg HRB 96 289 B (zitiert nach *Seibt* ZIP 2005, 2248 (2249) Fn. 12); *Kienast* in Jannott/Frodermann SE-HdB Kap. 13 Rn. 253 ff.; MüKoAktG/*Oechsler/Mihaylova* Art. 2 Rn. 49; MüKoAktG/*C. Schäfer* Art. 16 Rn. 9 ff.; MüKoAktG/*Jacobs* SEBG § 3 Rn. 3; Lutter/Hommelhoff/ Teichmann/*Bayer* Art. 2 Rn. 31 ff.; Kölner Komm AktG/*Veil* Art. 2 Rn. 49 ff.; Habersack/Drinhausen/*Habersack* Art. 2 Rn. 29 ff. *Kiem* ZHR 173 (2009) 156 (164); *Forst* NZG 2009, 687 (688); *Henssler* RdA 2005, 330 (334); *Schubert* ZESAR 2006, 340 (341 f.); *Seibt* ZIP 2005, 2248 (2249 f.) mwN in Fn. 18; implizit auch LG Hamburg ZIP 2005, 2018 f. m. zust. Anm. *Noack* EWiR 2005, 905 (906); ausf. Darstellung auch bei *Hörtig*, Gründungs- und Umstrukturierungsmöglichkeiten bei der Europäischen Aktiengesellschaft (SE), 2011, 124 ff.; *von der Höh*, Vorrats-SE, 2017, 75 ff.; aA *Blanke* ZIP 2006, 789 (791 f.).
[124] Vgl. zur Beteiligungsfähigkeit von Staaten des EWR → Rn. 7.
[125] Ebenso mit ausf. Begründung MüKoAktG/*C. Schäfer* Art. 16 Rn. 12; *Casper* AG 2007, 97 (99 f.); *Forst* NZG 2009, 687 (688); andeutend auch bereits *Lange* EuZW 2003, 301 (302).
[126] MüKoAktG/*Schäfer* Art. 16 Rn. 9.

zumal bei der Gründung einer Tochter-SE keine Umgehung des Ausschlusses der Bargründung durch natürliche Personen droht. Sollte es ausnahmsweise zur Gründung einer Vorrats-SE durch Umwandlung kommen, was voraussetzt, dass die nationale Vorratsgründungsgesellschaft eine Vorratstochter in einem anderen Mitgliedstaat gründet und zwei Jahre zuwartet, ist das Sitzverlegungsverbot nach Art. 37 Abs. 3 auch im Zeitpunkt der wirtschaftlichen Neugründung zu beachten. Zusammenfassend bleibt festzuhalten, dass weder der Numerus Clausus der Gründungsformen mit dem Ausschluss der Bargründung noch das Mehrstaatlichkeitserfordernis einer offenen Vorratsgründung entgegenstehen.[127]

28   Die einzige Norm, die gegen die Zulässigkeit einer Vorrats-SE ins Feld geführt werden kann, ist **Art. 12 Abs. 2 SE-VO.** Dieser besagt bei einer gestrengen Wortlautexegese, dass eine SE nur dann eingetragen werden darf, wenn dem Registergericht nachgewiesen wird, dass eine Vereinbarung über die Mitbestimmung erfolgt ist bzw. die Verhandlungen nicht aufgenommen oder abgebrochen wurden. Versteht man diese Vorschrift als abschließende Regelung, so dass eine Negativerklärung bei einer Vorrats-SE nicht genügen würde,[128] könnte eine SE nicht eingetragen werden, deren Gründungsgesellschaften keine oder kaum Arbeitnehmer aufweisen. Denn sowohl nach deutschem (§ 5 Abs. 1 SEBG) als auch nach europäischem Recht (Art. 3 Abs. 2 SE-RL) ist eine Mindestzahl an Arbeitnehmern erforderlich, um ein besonderes Verhandlungsgremium besetzen zu können. Wird kein besonderes Verhandlungsgremium eingesetzt, kann die Frist nach Art. 5 SE-RL, § 20 SEBG nicht zu laufen beginnen. Dies hat zur Folge, dass keine Bescheinigung nach Art. 12 Abs. 2 Var. 3 erstellt werden kann und die SE nicht eingetragen werden dürfte. Unter Rückgriff auf diese Vorschriften wird überwiegend die Zahl von zehn Arbeitnehmern genannt.[129] Dagegen wird teilweise angeführt, dass nach § 6 Abs. 2 S. 3 SEBG einerseits Ersatzmitglieder zu wählen seien, andererseits etwaige Gewerkschaftsvertreter (§ 6 Abs. 2 S. 1 Var. 2 SEBG) keine Arbeitnehmer sein müssten.[130] Danach habe man bei der Bestimmung der zur Gremiumsbildung erforderlichen Mindestarbeitnehmerzahl eine Einzelfallbetrachtung anzustellen:[131] Das besondere Verhandlungsgremium habe also insgesamt 20 (Ersatz-)Mitglieder; wie viele davon Arbeitnehmer sind, bestimme sich danach, wie viele Posten im konkreten Fall mit unternehmensexternen Gewerkschaftsvertretern besetzt werden können. Diese Herangehensweise (Einzelfallbetrachtung) macht eine rechtssichere Bestimmung ex ante aber kaum möglich. Darüber hinaus gilt es zu beachten, dass weder die Bestellung von Ersatzmitgliedern noch die Öffnung für unternehmensfremde Gewerkschaftsvertreter auf europäischer Ebene vorgegeben sind.[132] Einer anderen Auffassung nach sei in Fällen von nur ganz wenigen Arbeitnehmern eine proportionale Reduktion der Größe des Gremiums vorzunehmen.[133] Hierfür spricht prima vista die Effektivität des Arbeitnehmerschutzes. Andererseits liegt es so, dass die Verhandlung nur mit einer Hand voll Arbeitnehmern wenig Sinn ergibt; sie ist im Zeitpunkt, in dem die Gesellschaft mit Leben gefüllt wird, angebrachter (→ Rn. 30 f.). Zudem wäre diese sog. Reduktionslösung für die Arbeitnehmer zumindest mittelfristig nicht unbedingt vorteilhaft, da die so mit wenigen, im Extremfall mit einem Arbeitnehmer ausgehandelte Mitbestimmungslösung bei Einstellung weiterer Arbeitnehmer fortgelten würde und man seltener als nach der hier vertretenen Auffassung zur Anwendung des § 18 Abs. 3 SEBG (→ Rn. 30 f.) kommen würde. Deshalb ist nicht die Größe des Gremiums, sondern Art. 12 Abs. 2 **teleologisch zu reduzieren,**[134] sofern die Durchführung eines Verhandlungsverfahrens nicht möglich ist, da weder die zu gründende SE selbst, noch die Gründungsgesellschaften genügend Arbeitnehmer für die Durchführung eines Verhandlungsverfahrens beschäftigen. Wo es niemanden zu schützen gilt oder nicht genügend Potential für ein Verhandlungsgreminium ist, schießt Art. 12 Abs. 2 über seinen Regelungszweck hinaus. Die Reduktion greift nach dem Gesagten auch dann ein, wenn weniger

---

[127] Ausf. Begründung bei *Casper/Schäfer* ZIP 2007, 653 (654 f.).
[128] So vor allem *Blanke* ZIP 2006, 789 (791 f.); dagegen sogleich → Rn. 30.
[129] *Habersack/Drinhausen/Habersack* Art. 2 Rn. 29; Kölner Komm AktG/*Kiem* Art. 12 Rn. 42; Kölner Komm AktG/*Feuerborn* SEBG § 1 Rn. 8; MüKoAktG/*Jacobs*, 3. Aufl. 2012, SEBG § 3 Rn. 2a, SEBG § 5 Rn. 2; *Seibt* ZIP 2005, 2248; *Forst* RdA 2010, 55 (58); ausf. zuletzt *Freier,* Die Gründung einer SE als Vorratsgesellschaft, 2016, 189 ff.
[130] So zumindest die hM mit Blick auf Erwägungsgrund Nr. 19 SE-RL, vgl. MüKoAktG/*Jacobs* SEBG § 6 Rn. 4 mwN auch zur Gegenansicht.
[131] Lutter/Hommelhoff/Teichmann/*Oetker* SEBG § 1 Rn. 15; im Anschl. hieran MüKoAktG/*Jacobs* SEBG § 3 Rn. 4; Habersack/Drinhausen/*Hohenstatt/Müller-Bonanni* SEBG § 3 Rn. 10.
[132] Hinsichtlich des letzteren sieht Art. 3 Abs. 2 lit. b UAbs. 2 SE-RL lediglich vor, dass dies durch die Mitgliedstaaten ermöglicht werden *kann.*
[133] *Kienast* in Jannott/Frodermann SE-HdB Kap. 13 Rn. 255; *Lutter/Bayer/Schmidt* EurUnternehmensR § 45 Rn. 145.194; ähnlich *von der Höh,* Vorrats-SE, 2017, 195 ff.
[134] Allg. zur Möglichkeit der teleologischen Reduktion der SE-VO *Casper* FS Ulmer, 2003, 51 (59) sowie → Art. 9 Rn. 18.

als zehn Arbeitnehmer vorhanden sind.[135] Aus Art. 12 Abs. 2 ein Verbot der Vorrats-SE herzuleiten, ist folglich nicht angängig, da die Mitbestimmungsregeln das Ergebnis eines mühsamen politischen Kompromisses (→ Vor Art. 1 Rn. 11, 14 f.) darstellen, und nicht etwa zentraler Regelungsbestandteil der SE-VO sind.[136] Möglichen Umgehungsfällen ist durch eine analoge Anwendung des § 18 Abs. 3 SEBG im Zeitpunkt der wirtschaftlichen Neugründung und nicht durch ein Verbot der Vorratsgründung Rechnung zu tragen (→ Rn. 30 f.). Bei der Gründung einer Vorrats-SE-Tochter entschärft sich das Mitbestimmungsproblem meist dadurch, dass die Gründungsgesellschaften über genügend Arbeitnehmer verfügen, um ein Verhandlungsverfahren durchzuführen.

Das Registergericht hat die arbeitnehmerlose SE folglich dann einzutragen, wenn die Gründungsgesellschaften versichern, dass derzeit weder die Gründungsgesellschaften noch die ggf. schon existente Vor-SE mehr als zehn Arbeitnehmer beschäftigt, womit auch die erforderliche Offenlegung der Vorratsgründung erreicht wird. Diese **Versicherung** ist auf Verlangen des Registergerichts glaubhaft zu machen, zB durch Vorlage von Buchführungsunterlagen der Gründungsgesellschaften. Fraglich ist, ob die Gründer auch versichern müssen, dass die SE künftig keine Beschäftigung von Arbeitnehmern plant oder über zehn Arbeitnehmer hinauszugehen gedenkt.[137] Eine derartig weite Versicherung ist nicht zu fordern. Bei einer Vorratsgesellschaft ist deren zukünftiges Schicksal nicht vorhersehbar, bei einer arbeitnehmerlosen SE mit Geschäftsaktivität ab Gründung (zB als Holding oder Joint-Venture) können die Gründungsgesellschaften eine derartige Versicherung gar nicht bindend abgeben, da die Einstellung von Arbeitnehmern bei der künftigen SE gar nicht in ihre, sondern in die unentziehbare Kompetenz des Leitungsorgans fällt. Als Ausgleich für die Anerkennung der Vorrats-SE sind bei einer in Deutschland eingetragenen Vorrats-SE die **Grundsätze der wirtschaftlichen Neugründung**[138] anzuwenden, wenn diese mit Leben gefüllt wird. Obwohl nur die Gründung einer Tochter-SE über Art. 35, 36 eindeutig auf das Recht des Sitzstaates verweist, ist bei der Heranziehung der zum jeweiligen nationalen Recht entwickelten gläubigerschützenden Instrumentarien (in Deutschland also in erster Linie die §§ 7, 36a AktG sowie die §§ 34 ff. AktG) nicht zwischen den verschiedenen Gründungsformen zu differenzieren.[139] Die SE-spezifischen Schutzinstrumentarien wie die Art. 24, 25 passen auf die wirtschaftliche Neugründung einer Vorrats-SE nicht. Daher hat man sich in Deutschland einheitlich an dem Konzept der wirtschaftlichen Neugründung bei der Aktiengesellschaft (→ AktG § 23 Rn. 43 f.), das hier nicht näher dargestellt werden kann, zu orientieren.[140] Weiterhin sprechen die besseren Gründe dafür, für die Zeit zwischen Aufnahme der Geschäftstätigkeit und der Eintragung der im Wege der wirtschaftlichen Neugründung erforderlichen Satzungsänderungen eine **Handelndenhaftung** analog Art. 16 Abs. 2 und nicht entsprechend den nationalen Vorschriften (in Deutschland also § 41 AktG) zu fordern.[141] Schließlich gilt im Zusammenhang mit der wirtschaftlichen Neugründung das Sitzverlegungsverbot des Art. 37 Abs. 3 ebenso wie die zweijährige Sperrfrist für eine Rückumwandlung in eine nationale Aktiengesellschaft nach Art. 66 Abs. 1 S. 2 entsprechend.[142] Umstritten ist wiederum, ob im Zeitpunkt der Eintragung der wirtschaftlichen Neugründung, die sich nach Art. 12 richtet, die Eintragung von dem Vorliegen einer Verhandlungslösung über die Arbeitnehmermitbestimmung nach Art. 12 Abs. 2 abhängig gemacht werden kann (→ Rn. 31).

---

[135] In diesem Sinne vor allem *Seibt* ZIP 2005, 2248 (2249); *Casper/Schäfer* ZIP 2007, 653 f.; zust. *Noack* EWiR 2005, 905 (906); *Forst* NZG 2009, 687 (688 f.); *Grambow* Der Konzern 2009, 97 (102 f.); *Schubert* RdA 2012, 146 (147); *Freier*, Die Gründung einer SE als Vorratsgesellschaft, 2016, 183, (185 f. auch zur gleichläufigen teleologischen Reduktion des Art. 3 SE-RL); MüKoAktG/*Jacobs* SEBG § 3 Rn. 4; Habersack/Drinhausen/*Habersack* Art. 2 Rn. 29; der Sache nach auch OLG Düsseldorf AG 2009, 629 (631) = ZIP 2009, 918; *Henssler* RdA 2005, 330 (335); UHH/*Henssler* SEBG Einl. Rn. 172; Kölner Komm AktG/*Veil* Art. 2 Rn. 51; *Waclawik* DB 2006, 1827 (1828 f.); *Reinhard* RIW 2006, 69 „kraft Natur der Sache".
[136] So aber *Blanke* ZIP 2006, 789 (792).
[137] In diesem Sinne könnte man OLG Düsseldorf AG 2009, 629 (630 f.) = ZIP 2009, 918 verstehen; dagegen zu Recht *Giedinghagen/Ruhner* EWiR 2009, 489 (490).
[138] Vgl. dazu etwa MüKoAktG/*Pentz* Art. 3 Rn. 101 ff. sowie mit Bezug zur SE *Freier*, Die Gründung einer SE als Vorratsgesellschaft, 2016, 73 ff.; ausführlich jetzt auch *von der Höh*, Vorrats-SE, 2017, 218 ff.
[139] Zust. *Freier*, Die Gründung einer SE als Vorratsgesellschaft, 2016, 77 f.
[140] Ausf. Begründung bei *Casper/Schäfer* ZIP 2007, 653 (656 f.). So auch Kölner Komm AktG/*Veil* Art. 2 Rn. 53 mwN; MüKoAktG/*Oechsler/Mihaylova* Art. 3 Rn. 49; MüKoAktG/*C. Schäfer* Art. 16 Rn. 10; MüKoAktG/*Jacobs* SEBG § 3 Rn. 6; Habersack/Drinhausen/*Habersack* Art. 2 Rn. 31.
[141] Näher dazu abermals *Casper/Schäfer* ZIP 2007, 653 (657 f.) zust. *Freier*, Die Gründung einer SE als Vorratsgesellschaft, 2016, 97 f.; MüKoAktG/*Schäfer* Art. 16 Rn. 11; Habersack/Drinhausen/*Habersack* Art. 2 Rn. 31; Kölner Komm AktG/*Veil* Art. 2 Rn. 53; im Grds. auch *von der Höh*, Vorrats-SE, 2017, 218, 274 ff.
[142] *Casper/Schäfer* ZIP 2007, 653 (657) mwN; MüKoAktG/*C. Schäfer* Art. 16 Rn. 11; aA hinsichtlich der analogen Anwendung des Art. 66 Abs. 1 S. 2 *Freier*, Die Gründung einer SE als Vorratsgesellschaft, 2016, 106, die zudem mit guten Argumenten neben Art. 37 Abs. 3 auch dessen Abs. 6 analog anwenden will, wenn die Vorrats-SE durch Verschmelzung oder Formwechsel entstanden ist.

30 **c) Die arbeitnehmerlose Vorrats-SE.** Schwierigkeiten bereitet die **Arbeitnehmermitbestimmung** (→ Rn. 28). Seinen Ausgangspunkt nimmt die mitbestimmungsrechtliche Problematik der Vorrats-SE in der rechtspolitisch verfehlten Anordnung, dass ein Verhandlungsverfahren ohne Rücksicht auf die Anzahl der Arbeitnehmer bei den Gründungsgesellschaften durchzuführen ist.[143] Wie bereits in → Rn. 28 dargelegt, hat das Verhandlungsverfahren jedoch im Wege einer teleologischen Reduktion zu unterbleiben, wenn die Gründungsgesellschaften weniger Arbeitnehmer aufweisen als für die Konstituierung eines besonderen Verhandlungsgremiums mindestens notwendig sind, in Deutschland also bei weniger als zehn Arbeitnehmern (vgl. § 5 SEBG und → Rn. 28).[144] Diese Auslegung hat somit zur Folge, dass es zur Eintragung einer **mitbestimmungslosen Vorrats-SE** kommen kann. Konsequenterweise wird man diese Aussage auf den Fall auszudehnen haben, dass es sich bei der gegründeten, arbeitnehmerlosen SE um eine operativ tätige Gesellschaft handelt, sofern diese von arbeitnehmerlosen Vorratsgesellschaften gegründet wird und im Zeitpunkt der Eintragung bei der Vor-SE (→ Art. 16 Rn. 5 ff.) noch nicht mehr als zehn Arbeitnehmer beschäftigt sind.[145]

31 Dies hat im Grundsatz zur Konsequenz, dass die spätere Anstellung von Arbeitnehmern nicht zu einem Verhandlungsverfahren führen würde.[146] Für das deutsche Recht folgt dieses Ergebnis aus § 18 SEBG; für das europäische Recht aus Art. 3 Abs. 6 UAbs. 4 SE-RL. Dies würde bedeuten, dass die SE mitbestimmungsfrei bliebe,[147] auch wenn sie alsbald nach der Gründung mit einer Vielzahl von Arbeitnehmern im Wege einer Unternehmenstransaktion ausgestattet wird. Man wird diese Gefahr einer **Umgehung der Mitbestimmung** nur dadurch lösen können, dass bei der Ausstattung der Vorrats-SE mit einem Unternehmen – also im Zeitpunkt der wirtschaftlichen Neugründung – analog § 18 Abs. 3 SEBG Verhandlungen über die Mitbestimmung aufzunehmen sind, sofern dann genügend Arbeitnehmer vorhanden sind, was regelmäßig der Fall sein dürfte.[148] Zum sachlich gleichen Ergebnis gelangt man, wenn man statt einer Analogie zu § 18 Abs. 3 SEBG den Umgehungstatbestand in Art. 11 SE-RL, § 43 SEBG bemüht. **Im Zeitpunkt der wirtschaftlichen Neugründung** der Vorrats-SE ist ein Verhandlungsverfahren **analog § 18 Abs. 3 SEBG** aber nur dann zwischen der Leitung der SE und deren Beschäftigten durchzuführen,[149] wenn mindestens zehn Arbeitnehmer vorhanden sind[150] oder aber im Zeitpunkt der Neugründung geplant ist, dass binnen eines Jahres wenigstens zehn Arbeitnehmer eingestellt werden (Rechtsgedanke des § 43 S. 2 SEBG); anderenfalls bleibt die SE mitbestimmungsfrei.[151] Wird diese Schwelle innerhalb des ersten Jahres erreicht, begründet dies die Vermutung, dass eine derartige Absicht bereits im Zeitpunkt der Neugründung bestanden hat. Mit den Verhandlungen muss erst dann begonnen werden, wenn genügend Arbeitnehmer bei der SE vorhanden sind.[152] Die Eintragung der für eine wirtschaftliche Neugrün-

---

[143] Vgl. etwa *Henssler* RdA 2005, 330 (334); vgl. ferner die Forderung des Arbeitskreises Aktien- und Kapitalmarktrecht, ZIP 2009, 698 f. nach einer grundsätzlichen Entkoppelung von Eintragungsverfahren und Mitbestimmungsvereinbarung.

[144] Man kann der teleologischen Reduktion des Art. 12 auch nicht entgegenhalten, dass der Maßstab für die Reduktion einer europäischen Vorschrift dem nationalen Recht entnommen würde, da § 5 SEBG auf Art. 3 Abs. 2 SE-RL zurückgeht, der ebenfalls von einer Mindestanzahl von zehn Arbeitnehmern ausgeht.

[145] In diesem Sinne AG München ZIP 2006, 1300 f. m.zust.Anm. *Startz*.

[146] Allg. dazu MüKoAktG/*Jacobs* SEBG § 18 Rn. 6 ff.; *Henssler* RdA 2005, 330 (335).

[147] In diesem Sinne etwa *Seibt* ZIP 2005, 2248 (2250); *Kiem* ZHR 173 (2009) 156 (165); *Joost* FS Richardi, 2007, 571 (576 f.); tendenziell auch *Feldhaus/Vansheidt* BB 2008, 2246 (2249).

[148] So erstmals und überzeugend MüKoAktG/*C. Schäfer* Art. 16 Rn. 13; *Casper/Schäfer* ZIP 2007, 653 (658 ff.); zust. jetzt OLG Düsseldorf AG 2009, 629 (631) = ZIP 2009, 918; *Forst* NZG 2009, 687 (690 f.); *Forst,* Die Beteiligungsvereinbarung nach § 21 SEBG, 2009, S. 181; ebenso *Freier,* Die Gründung einer SE als Vorratsgesellschaft, 2016, 208 zur ursprünglich arbeitnehmerlosen, operativ tätigen SE sowie *dies.,* ebda, 220 ff. zur Vorrats-SE, sofern die Schwelle von zehn Arbeitnehmern überschritten wird; MüKoAktG/*Oechsler/Mihaylova* Art. 2 Rn. 49; MüKoAktG/*Jacobs* SEBG § 3 Rn. 6; nunmehr auch Lutter/Hommelhoff/Teichmann/*Bayer* Art. 2 Rn. 35; ausführlich zum Ganzen jetzt auch *von der Höh,* Vorrats-SE, 2017, 218 ff., 274 ff.; sympathisierend ferner *Noack* EWiR 2005, 905 (906); aA *Seibt* ZIP 2005, 2248 (2250); *Kiem* ZHR 173 (2009) 156 (165); *Joost* FS Richardi, 2007, 571 (576 f.); tendenziell auch *Feldhaus/Vansheidt* BB 2008, 2246 (2249); sowie wohl auch *Wollburg/Banerjea* ZIP 2005, 277 (280 f.), letztere allerdings ohne Fokus auf die Vorratsgründung.

[149] Insoweit ebenso jetzt *Forst* NZG 2009, 687 (691).

[150] Insoweit überzeugend *Freier,* Die Gründung einer SE als Vorratsgesellschaft, 2016, 242 f.

[151] So auch MüKoAktG/*Jacobs* SEBG § 3 Rn. 6; Habersack/Drinhausen/*Habersack* Art. 2 Rn. 30, indes ohne Jahresfrist; dagegen aber die Befürworter einer Analogie zu Art. 12 Abs. 2, vgl. etwa *Forst* NZG 2009, 687 (692); *Forst* RdA 2010, 55 (59); so im Erg. auch *Grambow* Der Konzern 2009, 97 (103); aA auch Kölner Komm AktG/*Feuerborn* SEBG § 18 Rn. 54; *Hörtig,* Gründungs- und Umstrukturierungsmöglichkeiten bei der Europäischen Aktiengesellschaft (SE), 2011, 160 ff; *Freier,* Die Gründung einer SE als Vorratsgesellschaft, 2016, 242 ff.: Nachholung der Verhandlung wenn erstmals die Zahl von zehn Arbeitnehmern erreicht wird.

[152] Auf das Vorhandensein einer grenzüberschreitenden Tätigkeit kommt es dafür nicht an; *Luke,* NZA 2013, 941 (943 ff.); teilw. abw. aber *Schubert* RdA 2012, 146 (154 f.), beiden auch mit den Details und den damit verbundenen Schwierigkeiten sowie zur Frage, wann ein SE-Betriebsrat zu bilden ist.

dung typischen Satzungsänderungen sind deshalb nicht analog Art. 12 Abs. 2 SE-VO von dem Nachweis eines bereits durchgeführten Verhandlungsverfahrens abhängig zu machen.[153] Vielmehr bietet das aktienrechtliche Statusverfahren (§§ 97 ff. AktG, §§ 25 f. SEAG) bzw. das arbeitsgerichtliche Beschlussverfahren (§ 2a Abs. 1 Nr. 3e ArbGG, §§ 80 ff. ArbGG) einen hinreichenden nachträglichen Rechtsschutz.[154] Diese Lösung bietet einen adäquaten Ausgleich für den nicht nachprüfbaren Prognosecharakter, der mit der Erklärung, dass im ersten Jahr nach Gründung nicht mehr als zehn Arbeitnehmer beschäftigt werden sollen, verbunden ist.[155] Wird eine Vorrats-SE mit weniger als zehn Arbeitnehmern bei der Neugründung also später kontinuierlich durch organisches Wachstum zu einem Großunternehmen ausgebaut, kann die Gesellschaft grundsätzlich mitbestimmungsfrei bleiben.[156] Dieses Ergebnis entspricht der Grundwertung der Mitbestimmungsrichtlinie und des SEBG im Allgemeinen sowie des § 18 SEBG im Besonderen. Eine **Neuverhandlungspflicht bei Erreichen der** deutschen **Mitbestimmungsschwellen** von 500 bzw. 2000 Arbeitnehmern ist aufgrund der Wertung des § 18 SEBG und des Vorher-Nachher-Prinzips der SE-RL gerade nicht veranlasst. Soweit sich im Einzelfall ein enger zeitlicher und sachlicher Zusammenhang zwischen der Überschreitung dieser Schwelle und der wirtschaftlichen Neugründung ergibt, der eine Umgehungssituation begründet, kann § 18 Abs. 3 SEBG jedoch noch über die Missbrauchsklausel in § 43 SEBG zur Anwendung gelangen. Dies lässt sich insbesondere dann vorstellen, wenn kurz nach der wirtschaftlichen Neugründung ein mitbestimmtes Unternehmen auf die SE verschmolzen[157] oder im Wege der Einzelrechtsnachfolge in die SE eingebracht wird.[158]

V. Die Beteiligung der SE an nationalen Umwandlungsvorgängen

1. Fragestellung und Grundthese. Art. 2, 3 regeln lediglich die Gründung einer SE nach europäischen Vorgaben. Offen bleibt damit, ob sich eine bereits gegründete SE an nationalen Umwandlungsvorgängen beteiligen kann. Dies wird insbesondere dann problematisch, wenn zB durch eine innerstaatliche Verschmelzung im Wege der Neugründung unter Beteiligung einer SE eine neue SE entstehen soll, da Art. 2 als abschließende Regelung zu verstehen sein könnte. Auch Art. 66 SE-VO könnte eine Sperrwirkung entfalten. Diese Vorschrift regelt lediglich die Umwandlung der SE in eine nationale Aktiengesellschaft (→ Art. 66 Rn. 1). Nicht geregelt wird durch Art. 66 aber die Frage, ob sich eine SE ggf. durch Verschmelzung nach nationalem Recht mit einem innerstaatlichen Partner in eine nationale Aktiengesellschaft umwandeln kann oder auf das nationale Umwandlungsrecht zurückgreifen kann (→ Rn. 35). Es stellen sich also **zwei Fragen.** Zum einen ist – zumindest aus Sicht des deutschen Rechts – zu klären, ob eine SE trotz des Numerus Clausus in **§ 3 UmwG** ein beteiligungsfähiger Rechtsträger sein kann. Zum anderen gilt es zu untersuchen, ob **Art. 2, 3** bzw. **Art. 66** eine **abschließende Wirkung** entfalten und somit eine Sperre beinhalten.

Die **Beteiligungsfähigkeit der SE an nationalen Verschmelzungsvorgängen** ist aus Sicht des deutschen UmwG im Ergebnis zu bejahen. Diese Möglichkeit folgt zwar nicht aus Art. 3 Abs. 1, da diese Vorschrift allein die Gründungsvorgänge nach Art. 2 vor Augen hat. Jedoch ergibt sich aus Art. 10 und Art. 9 Abs. 1 lit. c ii, dass sich die SE an nationalen Umwandlungsvorgängen beteiligen kann und nicht mit Blick auf einen innerstaatlichen Numerus Clausus ausgeschlossen werden darf.[159] Einer Auslegung des § 3 UmwG dahin, dass eine SE mit Sitz in Deutschland nicht beteiligungsfähig ist, stände auch die SEVIC-Entscheidung des EuGH[160] entgegen, wonach sich sogar Auslandsgesell-

---

[153] Zust. *Hörtig*, Gründungs- und Umstrukturierungsmöglichkeiten bei der Europäischen Aktiengesellschaft (SE), 2011, 136 f.; *Freier*, Die Gründung einer SE als Vorratsgesellschaft, 2016, 294 f.; aA *Forst* NZG 2009, 687 (691).
[154] Ausf. zu diesem Ansatz *Casper/Schäfer* ZIP 2007, 653 (660 ff.); zust. Habersack/Drinhausen/*Hohenstatt/Müller-Bonanni* SEBG § 3 Rn. 13; ausf. *Freier*, Die Gründung einer SE als Vorratsgesellschaft, 2016, 294 f.; aA *Schubert* ZESAR 2006, 340 (343 ff.), die im Zeitpunkt der wirtschaftlichen Neugründung die Auffanglösung eingreifen lassen will.
[155] Dies zu *Forst* NZG 2009, 687 (690 f.).
[156] Im Erg. ebenso *Henssler* RdA 2005, 330 (335).
[157] Ebenso *von der Höh*, Vorrats-SE, 2017, 294 ff. und *Grambow* Der Konzern 2009, 97 (103 f.), der zu Recht darauf hinweist, dass § 18 Abs. 3 SEBG bei Kollisionen mit dem MgVG bei grenzüberschreitenden Verschmelzungen vorrangig ist.
[158] Ähnlich OLG Düsseldorf AG 2009, 629 (631) = ZIP 2009, 918; in diesem Sinne auch bereits *Henssler* RdA 2005, 330 (335); teilw. weitergehend *Schubert* RdA 2012, 146 (154 ff.); *Freier*, Die Gründung einer SE als Vorratsgesellschaft, 2016, 171; enger, aber eine Anwendung des § 18 Abs. 3 SEBG im Einzelfall nicht ausschließend auch *Kiem* ZHR 173 (2009) 156 (165 f.).
[159] Ebenso Lutter/*Drygala* UmwG § 3 Rn. 20; Widmann/Mayer/*Vossius* UmwG § 20 Rn. 403 f. (Stand Juni 2014); Oplustil/*Schneider* NZG 2003, 13 (16); vgl. zum Ganzen bereits *Casper* AG 2007, 97 (102 ff.); MüKoAktG/*Oechsler/Mihaylova* Vor Art. 1 Rn. 17; NK-SE/*Schröder* Art. 66 Rn. 9.
[160] EuGH NJW 2006, 425 = ZIP 2005, 2311.

schaften an Umwandlungsvorgängen beteiligen dürfen. Dieses Ergebnis wurde zumindest mittelbar in den Entscheidungen Cartesio und Vale, die Wegzugsfälle betrafen, bestätigt.[161] Hinzu kommt das Gesetz zur Umsetzung der grenzüberschreitenden Verschmelzungsrichtlinie (RL 2005/56/EG, jetzt Art. 95 ff. RL (EU) 2017/1132 – GesR-RL) mit dem die §§ 122a ff. UmwG eingeführt wurden.[162] Auch wenn die SE nicht ausdrücklich in den Kreis der beteiligungsfähigen Rechtsträger aufgenommen wird, so ergibt sich aus der Begründung doch unmissverständlich, dass auch der Gesetzgeber davon ausgeht, dass die SE ein potenzieller Partner für Verschmelzungen nach dem UmwG ist.[163]

34   Schwieriger ist die Frage zu beantworten, ob die Art. 2, 3, 66 abschließender Natur sind und somit ggf. eine **Sperrwirkung** entfalten. Soweit man insbesondere Art. 3 Abs. 1 auch die Funktion zuerkennt, das Mehrstaatlichkeitserfordernis zu schützen, läge es mit Blick auf den Numerus Clausus in Art. 2 nahe, der SE jegliche Beteiligung an nationalen Umwandlungsvorgängen zu untersagen. Indes bezieht sich der Numerus Clausus in **Art. 2, 3** nur auf das **erstmalige Entstehen** einer SE als neuem Rechtsträger. Nur insoweit enthält er eine abschließende Regelung.[164] Eine Ausnahme von diesem Grundsatz ist für den Fall diskutiert worden, dass sich an einer nationalen Verschmelzung **zwei bereits bestehende, innerstaatliche Europäische Aktiengesellschaften** beteiligen,[165] da beide bei ihrer erstmaligen Gründung bereits einmal die Voraussetzungen des Art. 2 Abs. 1 gewahrt haben. Das abermalige Einhalten des echten Mehrstaatlichkeitserfordernisses würde keinen Sinn ergeben.[166] Diese Argumentation überzeugt zwar unter dem Aspekt des Mehrstaatlichkeitserfordernisses, nicht aber mit Blick auf den Numerus Clausus. Hinzu kommt, dass der im **Entwurf von 1989** vorgesehene Art. 132, wonach sich zwei im selben Mitgliedstaat ansässige Europäische Aktiengesellschaften nach nationalem Recht zu einer neuen SE verschmelzen konnten,[167] ersatzlos gestrichen worden ist. Es sind keine Gründe ersichtlich, dass der Verzicht auf diese Regelung ein Redaktionsversehen war.[168] Der **überschießenden Tendenz des Mehrstaatlichkeitserfordernisses** ist vielmehr auf europäischer Ebene zu begegnen. Soweit an einer Verschmelzungsgründung nach Art. 2 Abs. 1 nur Europäische Aktiengesellschaften beteiligt sind, die im selben Staat domizilieren, ist auf das Mehrstaatlichkeitserfordernis im Wege einer **teleologischen Reduktion** zu verzichten. Damit bleibt im Ergebnis einstweilen festzuhalten, dass sich eine SE nur dann an nationalen Umwandlungsvorgängen mit anderen Gesellschaftstypen beteiligen darf, wenn sie aus diesen zwar verändert, aber noch als derselbe Rechtsträger hervorgeht (zum möglichen Ausnahmen bei der Umwandlung oder Verschmelzung in eine nationale Gesellschaft → Rn. 35, → Art. 8 Rn. 29). Paradebeispiel ist, dass die SE im Wege der Verschmelzung durch Aufnahme eine nationale AG aufnimmt, deren Rechtsnachfolgerin sodann die SE wird (→ Rn. 36).

35   Entsprechend könnte man **Art. 66** verstehen und diesen dahin interpretieren, dass er die Renationalisierung der SE abschließend regelt.[169] Der Schutzzweck dieser Vorschrift geht indes nicht so weit und beschränkt sich darauf, beim Fehlen von nationalen Vorschriften über den Formwechsel eine Möglichkeit zur Rückumwandlung sicherzustellen.[170] Im Übrigen ist mit der Zweijahresfrist in Art. 66 Abs. 1 S. 2 allein ein temporärer Schutz der Mitbestimmung bezweckt, der ggf. bei der

---

[161] EuGH NJW 2009, 569 Rn. 111 ff.; – Cartesio; EuGH NJW 2012, 2715 (2716) Rn. 24 – Vale; ebenso Habersack/Drinhausen/*Drinhausen* Art. 66 Rn. 36.
[162] Zweites Gesetz zur Änderung des Umwandlungsgesetzes, BGBl. 2007 I 542.
[163] RegE Zweites Gesetz zur Änderung des Umwandlungsgesetzes BT-Drs. 16/2919, 29 (30); *Oechsler* NZG 2006, 161 f.; anders vor allem *H.F. Müller* ZIP 2004, 1790 (1792) (zum Richtlinienentwurf), diese Auffassung aufgebend aber *Müller* NZG 2006, 286 (287).
[164] Ganz hM, vgl. etwa Lutter/*Drygala* UmwG § 3 Rn. 4 *(Verschmelzung);* Lutter/*Teichmann* UmwG § 124 Rn. 7 (Spaltung); Widmann/Mayer/*Vossius* UmwG § 20 Rn. 404 (Stand Juni 2014); *Oplustil/Schneider* NZG 2003, 13 (16); *Marsch-Barner* FS Happ, 2006, 165 (168 f.); *Schwarz* Art. 3 Rn. 35.
[165] *Veil* in Jannott/Frodermann SE-HdB Kap. 10 Rn. 11, 16, 19.
[166] So Kalss/Hügel/*Kalss* SEG Vor § 17 – Gründung Rn. 35; aA aber etwa *Schwarz* Art. 3 Rn. 33, 35 in Anschluss an *Oplustil/Schneider* NZG 2003, 13 (16).
[167] Art. 132 SE-VO-E 1991 lautete: „(1) Eine SE kann mit anderen SE oder mit Aktiengesellschaften, die ihren Sitz in demselben Mitgliedstaat haben, verschmolzen werden. In diesem Fall gelten für die Verschmelzung die in dem betreffenden Staat in Anwendung der Richtlinie 78/855/EWG erlassenen Vorschriften. (2) Haben die an der Verschmelzung beteiligten Gesellschaften ihren Sitz in verschiedenen Mitgliedstaaten, so gelten die Bestimmungen des Titels II entsprechend." Titel II regelte die Gründung entsprechend dem heutigen Art. 2.
[168] In diesem Sinne aber *Veil* in Jannott/Frodermann SE-HdB Kap. 10 Rn. 19.
[169] In diesem Sinne wohl *Veil* in Jannott/Frodermann SE-HdB Kap. 10 Rn. 17.
[170] In diesem Sinne jetzt auch MüKoAktG/*C. Schäfer* Art. 66 Rn. 1; ebenso *Kossmann/Heinrich* ZIP 2007, 164 (165 f.); Lutter/Hommelhoff/Teichmann/*Seibt* Art. 66 Rn. 3 ff.; Kölner Komm AktG/*Kiem* Art. 66 Rn. 11; Habersack/Drinhausen/*Drinhausen* Art. 66 Rn. 7, 40; Lutter/*Drygala* UmwG § 3 Rn. 21 mit Hinweis auf den lediglich auf den Formwechsel beschränkten Anwendungsbereich der Vorschrift sowie ferner *Hörtig*, Gründungs- und Umstrukturierungsmöglichkeiten bei der Europäischen Aktiengesellschaft (SE), 2011, 191 ff. Zur Frage, ob eine Rückumwandlung nach Art. 66 SE-VO unmittelbar in eine KGaA erfolgen kann, → Art. 66 Rn. 1.

Beteiligung der SE an nationalen Umwandlungsvorgängen analog anzuwenden ist.[171] Das Mehrstaatlichkeitserfordernis bereitet insoweit keine Schwierigkeiten. Die SE kann sich somit in folgenden Konstellationen an nationalen Umwandlungsvorgängen beteiligen.

2. Verschmelzung zur SE. Die Zulässigkeit der Verschmelzung einer SE mit einer nationalen 36 AG zu einer SE im Wege der Neugründung nach europäischem Recht folgt unmittelbar aus Art. 2 Abs. 1 iVm Art. 3 Abs. 1; dabei handelt es sich nicht um einen Fall des nationalen Umwandlungsrechts, auch wenn nationales Umwandlungsrecht über Art. 15, 18 zur Lückenfüllung herangezogen wird.[172] An einer **innerstaatlichen Verschmelzung durch Neugründung** kann sich eine SE nach dem oben Gesagten (→ Rn. 33 f.) dann nicht beteiligen, wenn der neu zu gründende Rechtsträger eine SE sein soll.[173] Die Aufnahme einer nationalen AG in eine bestehende SE nach innerstaatlichem Recht ist zumindest dann möglich, sofern beide Gesellschaften im selben Mitgliedstaat ansässig sind.[174] Die grenzüberschreitende Verschmelzung *auf* eine *bestehende* SE ist nach den §§ 122a ff. UmwG möglich, da eine bestehende SE in Deutschland eine Kapitalgesellschaft im Sinne des § 122b Abs. 1 UmwG ist.[175] Schließlich kann sich eine SE an einem innerstaatlichen Verschmelzungsvorgang beteiligen, wenn das Ergebnis eine nationale AG sein soll. Art. 66 steht dem liquidationslosen Erlöschen der SE nicht entgegen.[176] Insoweit ist es unerheblich, ob es sich um eine Verschmelzung durch Aufnahme oder zur Neugründung handelt.

Problematischer ist, ob sich die **SE** auch **mit einer GmbH** nach nationalem Recht zur SE 37 verschmelzen darf. Die Unzulässigkeit einer Verschmelzung durch Neugründung ergibt sich e contrario aus Art. 2 Abs. 1 iVm Abs. 2, 3 und dem oben (→ Rn. 34) Gesagten.[177] Die Verschmelzung einer GmbH auf eine SE ist aber zulässig, soweit das nationale Umwandlungsrecht – wie in Deutschland – diese Verschmelzungsform vorsieht.[178]

3. Verschmelzung zur nationalen Aktiengesellschaft. Bei der Verschmelzung einer SE zur 38 nationalen AG durch Neugründung oder Aufnahme verlässt die SE ebenso wie beim Formwechsel nach Art. 66 die Ebene des Gemeinschaftsrechts und wandelt sich zurück in eine nationale AG. Daher besteht parallel zu Art. 66 Abs. 1 die **Gefahr**, dass die Verschmelzung der SE nach deren Sitzverlegung zur **Flucht aus der Mitbestimmung** missbraucht wird (→ Art. 66 Rn. 1, 4). Dem ist aber nicht mit einem Verbot der SE an innerstaatlichen Umwandlungsvorgängen in Richtung der nationalen Rechtsform, sondern vielmehr durch eine **analoge Anwendung der zweijährigen Sperrfrist in Art. 66 Abs. 1 S. 2** zu begegnen.[179] Bei einer SE mit Sitz in Deutschland ergibt sich eine zweijährige Sperrfrist auch aus § 76 Abs. 1 UmwG.[180] Soweit die Sperrfrist beachtet wird, ist eine Verschmelzung zur nationalen AG außerhalb des Art. 66 also zulässig.[181]

---

[171] Für die analoge Anwendung des Art. 66 Abs. 1 S. 2 auch MüKoAktG/*C. Schäfer* Art. 66 Rn. 1; NK-SE/*Schröder* Art. 66 Rn. 9; *Schwarz* Art. 66 Rn. 31; aA Kölner Komm AktG/*Kiem* Art. 66 Rn. 12. Für grenzüberschreitende Verschmelzungen mit renationalisierender Wirkung → Art. 8 Rn. 29.

[172] Vgl. statt aller *Oplustil/Schneider* NZG 2003, 13 (16).

[173] Ebenso *Schwarz* Art. 3 Rn. 35; *Oplustil/Schneider* NZG 2003, 13 (16); *Marsch-Barner* FS Happ, 2006, 165 (168); *Lutter/Drygala* UmwG § 3 Rn. 4; anders wohl *Kossmann/Heinrich* ZIP 2007, 164 (167).

[174] Ob die SE infolge der SEVIC-Entscheidung (EuGH NJW 2006, 425 f.) künftig auch eine ausländische AG nach dem nationalen Umwandlungsrecht ihres Sitzstaates aufnehmen darf, bleibt abzuwarten. Aus europäischer Perspektive scheint dies zumindest denkbar, *Kossmann/Heinrich* ZIP 2007, 164 (167) (bejahend).

[175] So zu Recht die inzwischen überwiegende Auffassung Schmitt/Hörtnagl/Stratz/*Hörtnagl*, 7. Aufl. 2016, UmwG § 122a Rn. 16; § 122b Rn. 7 mwN auch zur Gegenansicht; MüKoAktG/*C. Schäfer* Art. 66 Rn. 14; Habersack/Drinhausen/*Habersack* Art. 66 Rn. 38.

[176] Ebenso ausdrücklich *Marsch-Barner* FS Happ, 2006, 165 (173 ff.); *Kossmann/Heinrich* ZIP 2007, 164 (165 ff.); Lutter/Hommelhoff/Teichmann/*Seibt* Art. 66 Rn. 8 ff.; Habersack/Drinhausen/*Drinhausen* Art. 66 Rn. 40.

[177] Vgl. *Oplustil/Schneider* NZG 2003, 13 (16); Kalss/Hügel/*Zollner* SEG § 33 Rn. 21; aA *Brandt*, Die Hauptversammlung der Europäischen Aktiengesellschaft, 2004, 155.

[178] Vgl. MüKoAktG/*C. Schäfer* Art. 66 Rn. 14; *Oplustil/Schneider* NZG 2003, 13 (16); ebenso *Brandt*, Die Hauptversammlung der Europäischen Aktiengesellschaft, 2004, 155; *Vossius* ZIP 2005, 741 (748); aA Kalss/Hügel/*Zollner* SEG § 33 Rn. 21; *Becker/Fleischmann* in Jannott/FrodermannSE-HdB Kap. 10 Rn. 38.

[179] Vgl. *Oplustil/Schneider* NZG 2003, 13 (16); Kalss/Hügel/*Zollner* SEG § 33 Rn. 21; *Schwarz* Art. 66 Rn. 31; grds. auch *Kossmann/Heinrich* ZIP 2007, 164 (167); MüKoAktG/*C. Schäfer* Art. 66 Rn. 1; *Hörtig*, Gründungs- und Umstrukturierungsmöglichkeiten bei der Europäischen Aktiengesellschaft (SE), 2011, 202 ff.; noch weitergehend *Vossius* ZIP 2005, 741 (748) und Kölner Komm AktG/*Kiem* Art. 66 Rn. 11 f., die keine analoge Anwendung der Sperrfrist nach Art. 66 Abs. 1 annehmen; aA Lutter/Hommelhoff/Teichmann/*Seibt* Art. 66 Rn. 9, der eine analoge Anwendung der Sperrfrist auf Formwechsel in andere Gesellschaften als die AG (→ Rn. 39) beschränken will. Für grenzüberschreitende Verschmelzungen mit renationalisierender Wirkung → Art. 8 Rn. 29.

[180] Ebenso und deshalb eine analoge Anwendung des Art. 66 Abs. 1 abl. Lutter/*Drygala* UmwG § 3 Rn. 21.

[181] Zur Unbeachtlichkeit des liquidationslosen Erlöschens → Rn. 36.

39 **4. Formwechsel.** Art. 66 steht der formwechselnden Umwandlung einer SE mit Sitz in Deutschland nach §§ 190 ff. UmwG in eine deutsche AG entgegen.[182] Insoweit ist Art. 66 abschließend. Gegen die Möglichkeit einer **formwechselnden Umwandlung** nach §§ 190 ff. UmwG **in andere Gesellschaftsformen** spricht an sich der abschließende Wortlaut des Art. 66 Abs. 1. Hätte der Verordnungsgeber diese Möglichkeit gewollt, so hätte er dort anstelle des Wortes „Aktiengesellschaft" „Gesellschaft" oder „Kapitalgesellschaft" wählen können.[183] Auch in früheren Entwürfen der SE-VO war jeweils nur von einem Formwechsel in eine AG die Rede.[184] Für eine Zulässigkeit spricht jedoch letztlich eine teleologische Auslegung des Art. 66. **Zweck des Art. 66** ist es, klarzustellen, dass die SE infolge einer Rückumwandlung renationalisiert werden kann, und diese Möglichkeit auch dann besteht, wenn das Sitzstaatrecht der SE diese Umwandlungsvariante nicht anbietet.[185] Diese Erwägung spricht dafür, Art. 66 entgegen seinem Wortlaut keine Sperrwirkung zu entnehmen, ihn vielmehr als eine „Mindestnorm" zu qualifizieren,[186] die es der SE ermöglicht, sich mindestens in eine nationale AG umzuwandeln. Dementsprechend sind andere Umwandlungsmöglichkeiten, die auch für die nationale AG gelten, nicht ausgeschlossen.[187] Für diese Möglichkeit spricht auch die praktische Erwägung, dass die SE anderenfalls jeweils zu einer Zwischenumwandlung in die AG gezwungen wäre, um sich unmittelbar danach bspw. in eine GmbH umzuwandeln. Dieser Umweg würde nur einen zusätzlichen Kosten- und Zeitaufwand verursachen.[188] Im Ergebnis ist daher anzunehmen, dass die Zulässigkeit der Umwandlung in andere nationale Gesellschaften einen von der SE-VO nicht erfassten Aspekt iSv Art. 9 Abs. 1 lit. c darstellt.[189] Zur Regelung der Umwandlung ist neben den Vorschriften des nationalen Umwandlungsrechts Art. 66 analog heranzuziehen, also insbesondere ist die zweijährige Sperrfrist einzuhalten.[190] – Zur Frage, ob der Anwendungsbereich des Art. 66 auch eine direkte Umwandlung in eine KGaA nach europäischem Recht ermöglicht, → Art. 66 Rn. 1.

40 **5. Spaltung der SE.** Eine SE kann wegen des Numerus Clausus in Art. 2 nicht in weitere Europäische Aktiengesellschaften aufgespalten werden. Art. 2 und 3 und der darin verankerte Numerus Clausus beinhalten zugleich ein – wenn auch rechtspolitisch bedauerliches[191] – **Verbot, eine SE durch Spaltung** einer bestehenden SE **zu gründen.**[192] Allein für die sekundäre Gründung einer SE-Tochter nach Art. 3 Abs. 2 ist eine Ausnahme anzuerkennen. Es spricht nichts dafür, dass die bereits bestehende SE ihre Tochter nur im Wege der Bargründung gründen darf. Vielmehr ist auch ihr die Möglichkeit einer Ausgliederung zur Neugründung nach § 123 Abs. 3 UmwG eröffnet.[193] Der sekundären Gründung einer Tochter-SE durch Auf- oder Abspaltung steht jedoch der Umstand entgegen, dass dann nach §§ 123 Abs. 1 Nr. 2, Abs. 2 Nr. 2 UmwG im Verhältnis zum übertragenden

---

[182] Dass sich eine deutsche AG nicht nach §§ 190 ff. UmwG in eine SE umwandeln darf, versteht sich von selbst.
[183] *Oplustil/Schneider* NZG 2003, 13 (15).
[184] Art. 264–268 SE-Entwurf 1970 und 1975; vgl. *Oplustil/Schneider* NZG 2003, 13 (15); Lutter/Hommelhoff/Teichmann/*Seibt* Art. 66 Rn. 4, der insofern von einem regelungshistorischen Relikt spricht.
[185] Vgl. MüKoAktG/*C. Schäfer* Art. 66 Rn. 1; Lutter/Hommelhoff/Teichmann/*Seibt* Art. 66 Rn. 3.
[186] Vgl. *Oplustil/Schneider* NZG 2003, 13 (16), Kölner Komm AktG/*Kiem* Art. 66 Rn. 11; teilw. abw. Kalss/Hügel/*Zollner* SEG § 33 Rn. 20 f.
[187] So *Oplustil/Schneider* NZG 2003, 13 (16); *Schwarz* Art. 66 Rn. 29; *Kossmann/Heinrich* ZIP 2007, 164 (168); Lutter/Hommelhoff/Teichmann/*Seibt* Art. 66 Rn. 7 f.; Kölner Komm AktG/*Kiem* Art. 66 Rn. 11; Lutter/*Drygala* UmwG § 3 Rn. 21; MüKoAktG/*C. Schäfer* Art. 66 Rn. 14; *Hörtig*, Gründungs- und Umstrukturierungsmöglichkeiten bei der Europäischen Aktiengesellschaft (SE), 2011, 215 ff.; aA Kalss/Hügel/*Zollner* SEG § 33 Rn. 20; Rechtspolitische Bewertung der Diskussion bei *Casper* ZHR 173 (2009) 181 (195 f.); vgl. auch Arbeitskreis Aktien- und Kapitalmarktrecht ZIP 2009, 698 f.
[188] *Oplustil/Schneider* NZG 2003, 13 (15); Habersack/Drinhausen/*Drinhausen* Art. 66 Rn. 7; aA *Vossius* ZIP 2005, 741 (749).
[189] *Oplustil/Schneider* NZG 2003, 13 (17); Lutter/Hommelhoff/Teichmann/*Seibt* Art. 66 Rn. 10; NK-SE/*Schröder* Art. 66 Rn. 9; *Hörtig*, Gründungs- und Umstrukturierungsmöglichkeiten bei der Europäischen Aktiengesellschaft (SE), 2011, 215 ff.; noch weiter gehend Kölner Komm AktG/*Kiem* Art. 66 Rn. 11 f., nach dessen Auffassung auch eine Umwandlung in eine nationale AG nach dem UmwG in Betracht kommt.
[190] Ebenso *Schwarz* Art. 66 Rn. 31; NK-SE/*Schröder* Art. 66 Rn. 9; Lutter/Hommelhoff/Teichmann/*Seibt* Art. 66 Rn. 9; dies abl. aber Kölner Komm AktG/*Kiem* Art. 66 Rn. 12 f.
[191] *Casper* ZHR 173 (2009) 181 (192 f.); Kallmeyer/*Marsch-Barner* UmwG Anh. I Rn. 5.
[192] Vgl. *Becker/Fleischmann* in Jannott/Frodermann SE-HdB Kap. 10 Rn. 44; MüKoAktG/*C. Schäfer* Art. 66 Rn. 14; Lutter/Hommelhoff/Teichmann/*Seibt* Art. 66 Rn. 8, 10; Lutter/*Teichmann* UmwG § 124 Rn. 7; *Marsch-Barner* FS Happ, 2006, 165 (170 f.); aA vor allem *Oplustil/Schneider* NZG 2003, 13 (17); *Vossius* ZIP 2005, 741 (748 f.); *Waclawik* DB 2006, 1827 (1833); wohl auch Kalss/Hügel/*Zollner* SEG § 33 Rn. 21.
[193] So zutr. erstmals *Marsch-Barner* FS Happ, 2006, 165 (170 ff.); zust. *Kossmann/Heinrich* ZIP 2007, 164 (168); *Casper* AG 2007, 97 (104); Habersack/*Verse* EuropGesR § 13 Rn. 25; Lutter/*Teichmann* UmwG § 124 Rn. 7; vgl. bereits → Rn. 18.

Rechtsträger – also der bereits bestehenden SE – keine Tochter, sondern eine Schwestergesellschaft entstehen würde.[194] Demgegenüber spricht nach dem in → Rn. 35, 38 Gesagten nichts dagegen, dass sich eine SE in zwei nationale Gesellschaften aufspaltet, soweit das nationale Sitzstaatrecht eine Spaltung vorsieht.[195] Da hierdurch im wirtschaftlichen Ergebnis wiederum ein Formwechsel erreicht wird, besteht auch insoweit ein Bedürfnis für eine zweijährige Sperrfrist analog Art. 66 Abs. 1.[196]

Art. 4 [Mindestkapital]

(1) Das Kapital der SE lautet auf Euro.

(2) Das gezeichnete Kapital muss mindestens 120 000 EUR betragen.

(3) Die Rechtsvorschriften eines Mitgliedstaats, die ein höheres gezeichnetes Kapital für Gesellschaften vorsehen, die bestimmte Arten von Tätigkeiten ausüben, gelten auch für SE mit Sitz in dem betreffenden Mitgliedstaat.

Schrifttum: Vgl. die Angaben zu → Art. 5.

Der **Regelungsgehalt des Abs. 1** hat in Ländern wie Deutschland, die bereits der dritten Stufe der Wirtschafts- und Währungsunion beigetreten sind, nur klarstellende Bedeutung. In Mitgliedstaaten, die den Euro noch nicht eingeführt haben, greift die **Sonderregelung des Art. 67** ein, wonach der Sitzstaat einen Ausweis des Kapitals in der Landeswährung verlangen kann, es der SE aber unbenommen ist, die Kapitalziffer zusätzlich in Euro auszudrücken (→ Art. 67 Rn. 2).[1] 1

Abs. 2 verlangt ein gezeichnetes Kapital von mindestens 120.000 EUR. Damit entspricht die SE-VO dem in Kapitel 4 der RL (EU) 2017/1132 (GesR-RL) [ex RL 2012/30/EU – Kapitalrichtlinie] vorgegebenen **System des festen Garantiekapitals,** das in allen Mitgliedstaaten für nationale Aktiengesellschaften verpflichtend ist. Während das Kapital nach Art. 45 Abs. 1 RL (EU) 2017/1132 (GesR-RL) [ex Art. 6 Abs. 1 RL 2012/30/EU] nur 25.000 EUR betragen muss, verlangt Abs. 2 fast das Fünffache. Hiermit soll ausweislich des 13. Erwägungsgrundes eine sinnvolle Unternehmensgröße mit einer hinreichenden Solidität gewährleistet werden. Gegenüber den Vorentwürfen ist die Summe schon abgesenkt worden.[2] Warum die SE-VO nun gerade bei 120.000 EUR stehen geblieben ist, lässt sich nicht plausibel erklären. Der Hinweis von dem damaligen Kommissionsmitglied *Blanquet* auf den Durchschnittspreis für eine eher kleine Eigentumswohnung in Brüssel, den auch kleinere und mittlere Unternehmen (KMU) aufbringen können,[3] entbehrt jeglicher ökonomischen Plausibilität. Die jüngere Diskussion um die Sinnhaftigkeit eines festen Garantiekapitals ist an der SE-VO spurlos vorübergegangen,[4] obwohl diese Diskussion inzwischen auch die rechtspolitische Berechtigung der Vorgängerversionen zu Art. 45 RL (EU) 2017/1132 (GesR-RL) [ex Art. 6 RL 2012/30/EU] erfasst hat.[5] Abs. 2 verwendet den 2

---

[194] *Marsch-Barner* FS Happ, 2006, 165 (172) mwN in Fn. 33; *Kossmann/Heinrich* ZIP 2007, 164 (168) Habersack/Drinhausen/*Habersack* Art. 3 Rn. 12; aA MüKoAktG/*Oechsler/Mihaylova* Art. 3 Rn. 6a, die sich für die Zulässigkeit der Aufspaltung auch de lege lata durch analoge Anwendung des Art. 3 Abs. 2 SE-VO aussprechen; de lege ferenda *Casper* ZHR 173 (2009) 181 (192).

[195] So auch Lutter/*Teichmann* UmwG § 124 Rn. 6. Ausführlichere Darstellung bei *Marsch-Barner* FS Happ, 2006, 165 (169 ff., 176) sowie *Hörtig*, Gründungs- und Umstrukturierungsmöglichkeiten bei der Europäischen Aktiengesellschaft (SE), 2011, 211 ff.

[196] Ebenso Oplustil/*Schneider* NZG 2003, 13 (17); *Marsch-Barner* FS Happ, 2006, 165 (171); MüKoAktG/ C. *Schäfer* Art. 66 Rn. 14; *Hörtig*, Gründungs- und Umstrukturierungsmöglichkeiten bei der Europäischen Aktiengesellschaft (SE), 2011, 213 f; aA Lutter/Hommelhoff/Teichmann/*Seibt* Art. 66 Rn. 9, der eine analoge Anwendung der Sperrfrist auf echte Formwechsel in andere Gesellschaften als die AG beschränken will.

[1] Zu den Konsequenzen bei Wechselkursschwankungen vgl. NK-SE/*Mayer* Art. 4 Rn. 13.

[2] Der Vorentwurf von *Sanders* (→ Vor Art. 1 Rn. 8) hatte noch ein Mindestkapital von 1 Mio. Rechnungseinheiten vorgesehen; zum Entwurf von 1979/1975 vgl. Lutter/*Martens*, Die Europäische Aktiengesellschaft, 2. Aufl. 1978, 165 (168 f.).

[3] *Blanquet* ZGR 2002, 20 (52).

[4] Vgl. dazu etwa *Mülbert* Der Konzern 2004, 151 und *Schön* Der Konzern 2004, 162; *Schön* ZHR 166 (2002), 1; zusammenfassend auch Lutter/Hommelhoff/*Fleischer*, Die Europäische Gesellschaft, 2005, 169 (174 ff.) und vor allem die Beiträge in *Lutter*, Das Kapital der Aktiengesellschaft in Europa, 2006.

[5] Vgl. hierzu den sog. Winterreport, Bericht der hochrangigen Gruppe von Experten auf dem Gebiet des Gesellschaftsrechts vom 4.11.2002, S. 84 ff. abrufbar unter http://ec.europa.eu/internal_market/company/docs/ modern/report_de.pdf (zuletzt abgerufen am 22.6.2018), der allerdings erst nach der Verabschiedung des SE-Statuts vorgelegt wurde; sowie ferner den *Rickford*-Bericht, EBRL 2004, 919; *Armour* EBOR 7 (2006) 5 (17 ff.) sowie die Beiträge in *Lutter*, Die Europäische Aktiengesellschaft, 2. Aufl. 1978; ein alternatives Instrument des Gläubigerschutzes wäre ein Bilanztest bei Ausschüttung, wie er im Rahmen des SPE-VO diskutiert wurde, vgl. Darstellung bei MüKoAktG/*Oechsler/Mihaylova* Rn. 2 und Habersack/Drinhausen/*Diekmann* Rn. 2 ff.

Begriff des „gezeichneten Kapitals", der gleichbedeutend mit der Bezeichnung „Mindestnennbetrag" des Grundkapitals in § 7 AktG ist, da nicht wie in anderen Mitgliedstaaten zwischen dem tatsächlich gezeichneten Kapital und dem Nominalkapital unterschieden wird.[6] Das Kapital ist in der Satzung festzusetzen (Art. 5 iVm § 23 Abs. 3 Nr. 3 AktG).[7] Das Mindestkapital ist zwingend; wird es bei Gründung nicht erreicht, darf die SE nicht eingetragen werden.[8] Wird die SE versehentlich ohne oder mit einem zu geringen Grundkapital eingetragen, greift über Art. 5 für die in Deutschland ansässige SE § 262 Abs. 1 Nr. 5 AktG iVm § 399 FamFG ein. **Abs. 3** stellt klar, dass die Mitgliedstaaten auch für eine in ihrem Hoheitsgebiet ansässige SE, die volkswirtschaftlich besonders sensible Tätigkeiten ausübt, ein höheres Grundkapital verlangen können. Gedacht ist in erster Linie an Kreditinstitute und andere Finanzdienstleister inklusive Versicherungen. In Deutschland ist auf § 25 KAGB (§ 11 InvG aF), § 2 Abs. 4 UBGG sowie § 4 REIT-G zu verweisen.[9] Von anderer Qualität waren § 10 Abs. 1 S. 1, Abs. 2a KWG, § 33 Abs. 1 KWG[10] und sind § 2 Abs. 1 S. 2 Nr. 1 PfandbriefG sowie § 89 VAG, da sie anders als Art. 4 nicht an das gezeichnet Kapital anknüpfen.[11]

3   Die **Kapitalaufbringung und -erhaltung** sowie die **Kapitalveränderungen** werden nicht durch die VO, sondern allein durch das nationale Recht des Sitzstaates bestimmt. Hinsichtlich der Kapitalaufbringung folgt dies aus Art. 15 Abs. 1, bezüglich der Kapitalerhaltung und den Kapitalmaßnahmen aus Art. 5.

Art. 5 [Kapital, Aktien]

Vorbehaltlich des Artikels 4 Absätze 1 und 2 gelten für das Kapital der SE, dessen Erhaltung und dessen Änderungen sowie die Aktien, die Schuldverschreibungen und sonstige vergleichbare Wertpapiere der SE die Vorschriften, die für eine Aktiengesellschaft mit Sitz in dem Mitgliedstaat, in dem die SE eingetragen ist, gelten würden.

Schrifttum: *Fleischer,* Die Finanzverfassung der Europäischen Gesellschaft, in Lutter/Hommelhoff, Die Europäische Gesellschaft, 2005, 169; *Kleeberg,* Kapitalaufbringung bei Gründung der Societas Europaea, 2006; *Koke,* Die Finanzverfassung der Europäischen Aktiengesellschaft mit Sitz in Deutschland, 2005; *Martens,* Kapital und Kapitalschutz in der SE, in Lutter, Die Europäische Aktiengesellschaft, 2. Aufl. 1978, 167; *Oechsler,* Kapitalerhaltung in der Europäischen Gesellschaft (SE), NZG 2005, 449.

I. Regelungsgehalt, Rechtsnatur, Verhältnis zu Art. 9, 15 Abs. 1

1   Art. 5 enthält hinsichtlich des gesamten Rechts des Kapitals, der Kapitalerhaltung, der Kapitalmaßnahmen sowie der Aktien, Schuldverschreibungen und sonstigen Wertpapiere[1] die erste von mehreren Spezialverweisungen auf das nationale Recht.[2] Die **Kapitalaufbringung** richtet sich ebenfalls nach dem nationalen Recht des Sitzstaates, allerdings folgt dies aus der **Spezialverweisung in Art. 15 Abs. 1.** Der Grund für diese Differenzierung zwischen den Vorschriften über das Kapital sowie die Kapitalerhaltung einerseits und den Kapitalaufbringungsvorschriften andererseits liegt im Regelungsvorbehalt des Art. 15 Abs. 1, dessen Anwendungsbereich zwar auf die Zeit der Gründung der SE beschränkt ist, diese Phase aber vorrangig regelt (→ Art. 15 Rn. 4).[3] Anders als Art. 15 stellt Art. 5 bei der Verweisung ins nationale Recht keinen besonderen Regelungsvorbehalt für die SE-

---

[6] *Schwarz* Rn. 9 mwN.
[7] Lutter/Hommelhoff/Teichmann/*Fleischer* Rn. 8, allerdings unter Rückgriff auf Art. 9 Abs. 1 lit. c bzw. Art. 15.
[8] Lutter/Hommelhoff/Teichmann/*Fleischer* Rn. 5, 7, 9.
[9] Zu den entsprechenden europäischen Vorgaben NK-SE/*Mayer* Rn. 15.
[10] Jetzt durch Art. 26 ff. CRR (VO [EU] 575/2013, ABl. EU 2013 L 176, 1) auf europäischer Ebene vereinheitlicht und damit dem Anwendungsbereich des Abs. 3 entzogen.
[11] Zutr. Lutter/Hommelhoff/Teichmann/*Fleischer* Rn. 10; Kölner Komm AktG/*Maul* Rn. 23; aA NK-SE/*Mayer* Rn. 18.

[1] Die Aufzählung dieser in Art. 5 genannten Regelungskomplexe mutet mit Blick auf die Entstehungsgeschichte wie der Abglanz eines versunkenen Reiches an. Der Entwurf von 1970 enthielt mit vier Abschnitten noch eine europäische Vollregelung.
[2] Demgegenüber spricht *Fleischer* in Lutter/Hommelhoff, Die Europäische Gesellschaft, 2005, 169 (171) in Anschluss an *Hirte* NZG 2002, 1 (9) von einer partiellen Gesamtverweisung; ebenso *Koke,* Die Finanzverfassung der Europäischen Aktiengesellschaft mit Sitz in Deutschland, 2005, 22.
[3] Ebenso *Schwarz* Rn. 5; Lutter/Hommelhoff/Teichmann/*Fleischer* Rn. 3; Kölner Komm AktG/*Wenz* Rn. 10; folglich werden Probleme der Kapitalaufbringung im Zusammenhang mit den Gründungsvorschriften erörtert. Monographisch dazu vgl. auch *Kleeberg,* Kapitalaufbringung bei Gründung der Societas Europaea, 2006, 55 ff.; aA NK-SE/*Mayer* Rn. 10.

VO auf. Während sich für die Gründungsphase mit der Handelndenhaftung nach Art. 16 Abs. 2 vorrangige Sonderregelungen in der SE-VO finden,[4] verweist Art. 5 vollumfänglich auf das nationale Recht. Als **Spezialverweisung** geht er der **Generalverweisung** in Art. 9 Abs. 1 lit. c ii als speziellere Vorschrift vor.[5] Das Ergebnis der Verweisung ist allerdings nach beiden Vorschriften dasselbe, weshalb eine nähere Abgrenzung des Anwendungsbereichs beider Vorschriften anhand einer autonomen Bestimmung der in Art. 5 genannten Tatbestandsmerkmale[6] Kapital, Aktien etc. für die praktische Rechtsanwendung entbehrlich ist.[7]

Die **Rechtsnatur** der Verweisung in Art. 5 kann als Gesamt- oder Sachnormverweisung begriffen werden. Allein die Einordnung als **Sachnormverweisung** ist sachgerecht, da anderenfalls auch internationalprivatrechtliche Vorschriften des Sitzstaates mit in Bezug genommen würden, was mit Art. 7 nicht vereinbar ist.[8] Die **Rechtsfolge** der Spezialverweisung in Art. 5 besteht somit allein in einer vollumfänglichen Inbezugnahme des nationalen Aktienrechts über die Kapital- und Kapitalerhaltungsvorschriften sowie das Wertpapierrecht des Aktienrechts in der jeweils aktuell geltenden Fassung (dynamische Verweisung).[9] Was das Wertpapierrecht anbelangt, erfasst Art. 5 also die Teilbarkeit von Aktien, die Vinkulierbarkeit, die Frage, ob diese als Namens- oder Inhaber-, bzw. Stück- und Nennbetragsaktien oder als Stamm- oder Vorzugsaktien[10] ausgestaltet sind. Die *Übertragung der Wertpapiere* richtet sich zwar ebenfalls nach nationalem Recht, ist allerdings nicht vom Anwendungsbereich des Art. 5 erfasst, sondern richtet sich allein nach dem allgemeinen internationalen Privatrecht (lex cartae sitae, § 17a DepotG),[11] die *Ausgestaltung der Aktien* als Inhaber- oder Namensaktien etc. bestimmt sich hingegen über den Verweis in Art. 5 nach nationalem Recht, sodass für die SE mit Sitz in Deutschland die §§ 6, 8–13, 56–62, 67–75, 150, 182–240 AktG in Bezug genommen werden.[12] Allenfalls mittelbar wird auf die diesen Vorschriften in Teilen zugrunde liegende RL (EU) 2017/1132 (GesR-RL) [ex RL 2012/30/EU] verwiesen. Da sich die **Verweisung** in Art. 5 **auf das harmonisierte** nationale **Recht** erstreckt, kommt die RL (EU) 2017/1132 (GesR-RL) [ex RL 2012/30/EU] nur im Wege der richtlinienkonformen Auslegung des nationalen Rechts des Sitzstaates zur Anwendung. Ist die Richtlinie im nationalen Recht des Sitzstaates nicht zutreffend umgesetzt, so steht dem Rechtsanwender keine Normverwerfungskompetenz zu, sondern es verbleibt wie sonst auch bei der richtlinienkonformen Auslegung und Vorlagepflicht nach Art. 267 AEUV (ex Art. 234 EG).[13] Daneben wird durch Art. 5 aber auch auf ungeschriebene, **von der Rechtsprechung herausgebildete Rechtsgrundsätze** im Bereich der Kapitalerhaltungsvorschriften verwiesen (→ Art. 9 Rn. 15).[14] Die Auslegungsmethodik des nationalen Rechts ändert sich nicht dadurch, dass es im Wege des Art. 5 zur Ausfüllung der lückenhaften SE-VO herangezogen wird (→ Art. 9 Rn. 15). Soweit die Anwendung der SE-VO allerdings Besonderheiten aufweist, die dem nationalen Recht unbekannt sind, ist dieser Umstand bei der Auslegung des nationalen Aktienrechts gesondert zu berücksichtigen. Für eine in Deutschland ansässige SE kommt dies insbesondere dann in Betracht, wenn die Kapitalvorschriften den Vorstand bzw. den Aufsichtsrat einer deutschen AG ansprechen, die SE sich aber nach Art. 38 für das monistische Leistungssystem entschieden hat. Nur auf diese Besonderheiten ist im Folgenden kurz einzugehen. Im Übrigen ist auf die obige Erläuterung zu den §§ 6, 8–13, 56–62, 67–75, 150, 182–240 zu verweisen.

---

[4] Dazu und zur Frage, ob es gleichwohl eine Vor-SE unter Rückgriff auf die nationalen Vorschriften des Sitzstaates gibt, → Art. 16 Rn. 5 ff., 13 ff.

[5] Zum Begriff der General- und Spezialverweisung → Art. 9 Rn. 6; ebenso Lutter/Hommelhoff/Teichmann/*Fleischer* Rn. 2.

[6] Vgl. dazu näher MüKoAktG/*Oechsler/Mihaylova* Rn. 3; *Schwarz* Rn. 7 ff.

[7] Deshalb ist auch die Frage müßig, ob es angesichts von Art. 9, 10 überhaupt einer Spezialverweisung in Art. 5 bedurft hätte (vgl. dazu MüKoAktG/*Oechsler/Mihaylova* Rn. 2 unter Rückgriff auf *Habersack* ZGR 2003, 724 (731)); maßgeblich ist denn auch das Verhältnis von Art. 5 zu Art. 9 und weniger zu Art. 10, ähnlich Lutter/Hommelhoff/Teichmann/*Fleischer* Rn. 2, die auch gegenüber Art. 10 als die speziellere Vorschrift ansieht; zum Verhältnis zwischen Art. 9 und Art. 10, → Art. 10 Rn. 2.

[8] Näher zur entsprechenden Diskussion → Art. 9 Rn. 6 sowie MüKoAktG/*Oechsler/Mihaylova* Rn. 5; Lutter/Hommelhoff/Teichmann/*Fleischer* Rn. 2; NK-SE/*Mayer* Rn. 4 ff; im Erg. ebenso OLG Frankfurt a. M. NZG 2016, 1340 (1341).

[9] Lutter/Hommelhoff/*Hommelhoff*, Die Europäische Gesellschaft, 2005, 5 (12); Lutter/Hommelhoff/Teichmann/*Ziemons* Art. 5 Anh. I Rn. 6; MüKoAktG/*Oechsler/Mihaylova* Rn. 5.

[10] Zu den Besonderheiten der Beschlussfassung von Vorzugsaktionären vgl. *Fischer* ZGR 2013, 832 ff.

[11] AA MüKoAktG/*Oechsler/Mihaylova* Rn. 36, die Art. 5 für anwendbar halten.

[12] Und über den Verweis in § 68 Abs. 1 AktG auch auf die Art. 12, 13 und 16 WechselG.

[13] Vgl. MüKoAktG/*Oechsler/Mihaylova* Rn. 4; Lutter/Hommelhoff/Teichmann/*Fleischer* Rn. 2 zur richtlinienkonformen Auslegung; → Art. 9 Rn. 15.

[14] So auch Kölner Komm AktG/*Wenz* Rn. 8 mit Nachw. zur Gegenauffassung in Fn. 13.

II. Besonderheiten bei der Anwendung des deutschen Aktienrechts

3 Bei den Kapitalerhaltungs- und den Kapitalerhöhungsvorschriften[15] ergeben sich – vorbehaltlich des monistischen Systems (→ Rn. 4) – keine Besonderheiten.[16] Bei dem **Verbot des Erwerbs eigener Aktien** nach §§ 71–71e AktG stellt sich im Fall der Abfindung bei einer Sitzverlegung, Verschmelzung oder Holding-Gründung die Frage, ob die SE zur Bedienung dieser Ansprüche nach **Art. 8 Abs. 5, Art. 24 Abs. 2, Art. 34 iVm §§ 7, 9, 12 SEAG** eigene Aktien der SE bzw. der Gründungsgesellschaften nach **§ 71 Abs. 1 Nr. 3 AktG** erwerben kann, oder ob sie insoweit auf § 71 Abs. 1 Nr. 8 AktG zu verweisen ist, was einen gesonderten Ermächtigungsbeschluss voraussetzen würde. Da die Regelungen in §§ 7, 9, 12 SEAG als Erleichterungen zu verstehen sind, wird man auf § 71 Abs. 1 Nr. 3 AktG zurückgreifen können, ohne dass die Vorschriften der SE-VO dort gesondert genannt sind.[17] § 71a Abs. 2 AktG ist bei der Holdinggründung nicht anwendbar (zu den Einzelheiten → Art. 2, 3 Rn. 10, → Art. 33 Rn. 10).[18]

4 Die meisten Anwendungsschwierigkeiten im Zusammenhang mit der Verweisung in Art. 5 ergeben sich bei der **deutschen SE mit einem monistischen System.** Im Grundsatz gilt nach § 22 Abs. 6 SEAG, dass an die Stelle des Vorstands der Verwaltungsrat in seiner Gesamtheit tritt und nicht etwa die Gesamtheit der geschäftsführenden Direktoren oder einzelner Amtsträger aus diesem Personenkreis. Dies gilt auch für **§ 71 Abs. 1 Nr. 8 S. 1 AktG.**[19] Dort ist der Vorstand zwar nicht ausdrücklich als **Adressat des Ermächtigungsbeschlusses** genannt, doch wird dies in der Norm vorausgesetzt, sodass § 22 Abs. 6 SEAG anwendbar ist. **Anmeldungen von Kapitalmaßnahmen** zur Eintragung ins Handelsregister einschließlich der Beibringung von Unterlagen obliegen nach § 40 Abs. 2 S. 4 SEAG jedoch nicht dem Verwaltungsrat, sondern den geschäftsführenden Direktoren.[20] Soweit das Aktiengesetz wie etwa in § 184 Abs. 1 S. 1 AktG eine Anmeldung durch den Vorstand und den Vorsitzenden des Aufsichtsrats erfordert, tritt an die Stelle des Aufsichtsratsvorsitzenden der Vorsitzende des Verwaltungsrats (§ 34 Abs. 1 S. 1 SEAG). Dies gilt auch dann, wenn dieser zugleich geschäftsführender Direktor ist.[21] Schwieriger ist die Frage zu beurteilen, wie das Verhältnis von **Initiativkompetenz** des Vorstandes und **Zustimmungsvorbehalt** des Aufsichtsrats in **§ 204 Abs. 1 AktG, § 205 Abs. 2 AktG** in die Kompetenzverteilung des monistischen Systems zu übersetzen ist. Insoweit ist mit Blick auf § 40 Abs. 2 S. 3 SEAG, wonach die dem Verwaltungsrat von Gesetzes wegen zugewiesenen Kompetenzen nicht auf die geschäftsführenden Direktoren übertragen werden können, vorgeschlagen worden, dass dem Verwaltungsratsvorsitzenden die Initiativkompetenz und dem Verwaltungsrat als Kollektiv der Zustimmungsvorbehalt zukomme.[22] ME sprechen die besseren Gründe für eine analoge Anwendung des § 40 Abs. 2 S. 4 SEAG. Dies hat zur Folge, dass den geschäftsführenden Direktoren in ihrer Gesamtheit die Initiativkompetenz zukommt und der Verwaltungsrat zustimmen muss.[23] Hierfür spricht, dass die geschäftsführenden Direktoren die Entscheidungen iSd § 204 Abs. 1, § 205 Abs. 2 AktG besser und schneller treffen können als der Verwaltungsrat. Wendet man § 40 Abs. 2 S. 4 SEAG analog an, so steht auch S. 3 dieser Vorschrift nicht mehr entgegen. Weiterhin wird diskutiert, ob alle Verwaltungsratsmitglieder oder nur die geschäftsführenden Direktoren Begünstigte eines auf § 192 Abs. 2 Nr. 3 AktG, § 193 Abs. 2 Nr. 4 AktG gestützten **Aktienoptionsprogramms für Führungskräfte** sein können. Legt man die Wertung aus der Rechtsprechung des BGH zur Gewährung von Aktienoptionen auf Aufsichtsratsmitglieder zugrunde,[24] sprechen die besseren Gründe dafür, dass nur Geschäftsführende Direktoren Begünstigte von Aktienoptionsprogrammen sein können.[25] Es bestehen ähnliche Interessenkonflikte, außerdem ist dem Verwal-

---

[15] Eingehend zur Kapitalerhöhung bei der SE mit Sitz in Deutschland etwa *Schwintowski* in Jannott/Frodermann SE-HdB Kap. 8 Rn. 12 ff.; *Koke*, Die Finanzverfassung der Europäischen Aktiengesellschaft mit Sitz in Deutschland, 2005, 154 ff.; *Schwarz* Rn. 8 ff.

[16] *Fleischer* in Lutter/Hommelhoff/, Die Europäische Gesellschaft, 2005, 171; *Schwarz* Rn. 8 ff.; monographisch *Koke*, Die Finanzverfassung der Europäischen Aktiengesellschaft mit Sitz in Deutschland, 2005, 101 ff.

[17] Ausf. Begründung bei MüKoAktG/*Oechsler/Mihaylova* Rn. 12 ff.; *Oechsler* NZG 2005, 449 (451); zust. Lutter/Hommelhoff/Teichmann/*Fleischer* Rn. 7.

[18] So auch Habersack/Drinhausen/*Diekmann* Rn. 9.

[19] MüKoAktG/*Oechsler/Mihaylova* Rn. 15; *Oechsler* NZG 2005, 449 (454); Lutter/Hommelhoff/Teichmann/*Fleischer* Rn. 7.

[20] Lutter/Hommelhoff/Teichmann/*Fleischer* Rn. 7.

[21] So auch NK-SE/*Mayer* Rn. 60; MüKoAktG/*Oechsler/Mihaylova* Rn. 30 mwN.

[22] So MüKoAktG/*Oechsler/Mihaylova* Rn. 31; *Oechsler* NZG 2005, 449 (453).

[23] Zust. Lutter/Hommelhoff/Teichmann/*Fleischer* Rn. 8; für ein Initiativrecht der Direktoren auch NK-SE/*Mayer* Rn. 66; vermittelnd *Schwintowski* in Jannott/Frodermann SE-HdB Kap. 8 Rn. 101: Verwaltungsrat kann Geschäftsführende Direktoren ermächtigen.

[24] BGHZ 158, 122 = NJW 2004, 1109 – *Mobilcom*.

[25] Ebenso MüKoAktG/*Oechsler/Mihaylova* Rn. 32; *Oechsler* NZG 2005, 449 (451); Lutter/Hommelhoff/Teichmann/*Fleischer* Rn. 8; Habersack/Drinhausen/*Diekmann* Rn. 8; *Koke*, Die Finanzverfassung der Europäischen Aktiengesellschaft mit Sitz in Deutschland, 2005, 165 ff.; aA – alle Mitglieder des Verwaltungsrats – *Schwarz* Rn. 20 und Anh. Art. 43 Rn. 29; *Schwintowski* in Jannott/Frodermann SE-HdB Kap. 8 Rn. 83.

tungsrat die Vergütungskompetenz nach § 87 AktG zugewiesen (§ 40 Abs. 7 SEAG, → Art. 43 Rn. 37). Die einzige Möglichkeit, den ganzen Verwaltungsrat einzubeziehen, besteht darin, ein von der Hauptversammlung unabhängiges Vergütungskomitee einzusetzen, das die Einzelheiten des Programms ausarbeitet.[26]

III. Reichweite der Verweisung

Hinsichtlich der Reichweite der Verweisung stellt sich in erster Linie die Frage, ob hiervon auch 5 die **Haftung für existenzvernichtende Eingriffe** im Sinne der Rechtsprechung von Bremer-Vulkan[27] bis Trihotel[28] erfasst ist.[29] Dies setzt zunächst voraus, dass man diese zum GmbH-Recht entwickelte Rechtsprechung auch auf das Aktienrecht und somit auch auf die in Deutschland ansässige SE überträgt (→ § 1 AktG Rn. 64).[30] Im Übrigen ist bereits dargelegt worden, dass der Verweis in Art. 5, wie auch der in Art. 9, nicht nur das geschriebene Aktienrecht, sondern auch die von der Rechtsprechung entwickelten, nicht im Gesetz kodifizierten Regeln umfasst (→ Rn. 2). Die Existenzvernichtungshaftung fiele also unproblematisch in den Anwendungsbereich des Art. 5, wenn man diese Rechtsfortbildung durch die Rechtsprechung in erster Linie als gesellschaftsrechtlicher Natur qualifizieren würde.[31] Seit der Verortung der Existenzvernichtungshaftung in § 826 BGB sprechen jedoch die besseren Gründe dafür, hierin eine deliktsrechtlich verfasste Insolvenzverursachungshaftung zu sehen,[32] sodass die Existenzvernichtungshaftung mangels gesellschaftsrechtlicher Natur nicht von Art. 5 SE-VO erfasst ist.[33] Damit ist bei einer in Deutschland ansässigen SE[34] unter Rückgriff auf den 20. Erwägungsgrund regelmäßig ebenfalls auf deutsches Recht als dem sog. Insolvenzstatut zurückzugreifen, so dass die Existenzvernichtungshaftung im Ergebnis gleichwohl auf die in Deutschland ansässige SE anwendbar ist, da die auf Verfahrensregeln beschränkte europäische Insolvenzverordnung[35] insoweit nicht einschlägig ist. Entsprechendes gilt für Gesellschafterdarlehen, die durch das MoMiG rechtsformübergreifend in der InsO (§§ 39, 135 InsO) geregelt sind. Die Diskussion um die Anwendung des Art. 5 auf das frühere Eigenkapitalersatzrecht hat sich damit erledigt.[36]

Offen ist, ob der Verweis auf die nationalen Vorschriften hinsichtlich der Aktien der SE nur deren 6 aktienrechtliche Ausstattungsmerkmale oder auch das gesamte **Kapitalmarktrecht** der börsennotierten SE meint. Eine pauschale Lösung ist angesichts des weiten und vielfältigen Begriffs „Kapitalmarktrecht" abzulehnen.[37] Soweit es um Vorschriften geht, die sich unmittelbar auf die Aktien der SE beziehen, ist Art. 5 einschlägig. Hinsichtlich allgemeiner kapitalmarktrechtlicher Regeln, die sich aus der Börsenzulassung der Aktien oder ihres Handels an einem organisierten Markt ergeben, ist für das anwendbare Recht weder auf Art. 5, noch auf Art. 9 Abs. 1 lit. c ii zurückzugreifen, sondern auf das allgemeine Verkehrsrecht, das auf die SE Anwendung findet (→ Art. 9 Rn. 14). Dies ist nach den international-privatrechtlichen Vorschriften zu bestimmen und richtet sich grundsätzlich nach dem Recht, das an dem Handelsplatz gilt, an dem die Aktien der SE notiert sind *(lex cartae sitae)*.

Art. 6 [Satzungsbegriff]

Für die Zwecke dieser Verordnung bezeichnet der Ausdruck „Satzung der SE" zugleich die Gründungsurkunde und, falls sie Gegenstand einer getrennten Urkunde ist, die Satzung der SE im eigentlichen Sinne.

---

[26] Zu diesem Vorschlag vgl. für den Aufsichtsrat näher *Casper,* Der Optionsvertrag, 2005, 438 ff.
[27] BGHZ 149, 10.
[28] BGHZ 173, 246 = ZIP 2007, 1532.
[29] Rechtsprechungsüberblick mit Darstellung der Wandlungen in der Rechtsprechung bei UHL/*Casper* GmbHG § 77 Anh. Rn. 97–105.
[30] Vgl. dazu exemplarisch Hüffer/Koch/*Koch* AktG § 1 Rn. 29; MüKoAktG/*Heider* § 1 Rn. 87.
[31] So noch 1. Aufl. Rn. 5 auf Basis von BGHZ 151, 181 = NJW 2002, 1823 – KBV.
[32] So UHL/*Casper* GmbHG § 77 Anh. Rn. 113 ff. mwN des Diskussionsstandes und den Gegenauffassungen.
[33] Vgl. näher zur insolvenzrechtlichen Anknüpfung UHL/*Casper* GmbHG § 77 Anh. Rn. 183 ff. mwN; für die SE ebenso NK-SE/*Mayer* Art. 5 Rn. 59; aA MüKo/*Oechsler/Mihaylova* Rn. 25, der aus der Rechtsprechungsänderung keine Konsequenzen für den Anwendungsbereich zieht und weiterhin von einem Verweis auf die Existenzvernichtungshaftung ausgeht; ebenso Kölner Komm AktG/*Veil* Art. 9 Rn. 39.
[34] Gegen eine Anknüpfung an das Sitzerfordernis aber NK-SE/*Mayer* Art. 5 Rn. 59.
[35] Verordnung (EG) Nr. 1346/2000 des Rates v. 29.5.2000 über Insolvenzverfahren, ABl. EG 2000 L 160.
[36] 1. Aufl. Rn. 5.
[37] Details zur börsennotierten SE bei Lutter/Hommelhoff/*Merkt,* Die Europäische Gesellschaft, 2005, 179 ff.; zum Schicksal von girosammelverwahrten Aktien nach einer grenzüberschreitenden Sitzverlegung nach Art. 8 vgl. ferner OLG Frankfurt a. M. NZG 2016, 1340 (1341 f.).

SE-VO Art. 7 1   Verordnung (EG) Nr. 2157/2001

1   Bei Art. 6 handelt es sich um eine **Definitionsnorm,** die das **Verhältnis** von **Satzung** als **Gründungsvertrag** und als kooperationsrechtlicher Binnenregelung klärt. Die Vorschrift hat bei einer in Deutschland ansässigen SE regelmäßig keine Bedeutung, da die nach Art. 15 Abs. 1 anwendbaren §§ 2, 23 AktG vorsehen, dass die Urkunde, mit der die SE gegründet wird, auch die Satzung enthält. Bedeutung entfaltet Art. 6 deshalb nur in solchen Rechtsordnungen, die zwischen einer das Außenverhältnis regelnden Gründungsurkunde und einer das Innenverhältnis bestimmenden Satzung unterscheiden.[1] Aus Art. 6 wird man für die in Deutschland ansässige SE nicht ableiten können, dass auch sie den Gründungsvertrag und die Satzung im eigentlichen Sinne auf zwei Urkunden verteilen kann,[2] da es sich bei Art. 6 um eine reine Definitionsnorm und nicht um eine Ermächtigungsnorm bzw. um eine materielle Norm handelt, die das über Art. 15 Abs. 1 anwendbare nationale Recht verdrängen soll.

2   Art. 6 regelt weder den Erlass der Satzung, noch deren Inhalt oder gar die Frage der Satzungsautonomie.[3] Beides ergibt sich aus Art. 9 Abs. 1 (→ Art. 9 Rn. 5). Die Kompetenz zur Ausgestaltung der Satzung ist wegen des Verweises in Art. 15 dem nationalen Recht anheimgestellt.

Art. 7 [Sitz und Hauptverwaltung]

[1]**Der Sitz der SE muss in der Gemeinschaft liegen, und zwar in dem Mitgliedstaat, in dem sich die Hauptverwaltung der SE befindet.** [2]**Jeder Mitgliedstaat kann darüber hinaus den in seinem Hoheitsgebiet eingetragenen SE vorschreiben, dass sie ihren Sitz und ihre Hauptverwaltung am selben Ort haben müssen.**

Schrifttum: *Casper/Weller,* Mobilität und grenzüberschreitende Umstrukturierung der SE, NZG 2009, 681; *Drinhausen/Nohlen,* Die EG-Niederlassungsfreiheit und das Verbot des Auseinanderfallen von Satzungs- und Verwaltungssitz, FS Spiegelberger, 2009, 645; *Drinhausen/Nohlen,* The Limited Freedom of Establishment of an SE, ECL 6 (2009), 14; *Ringe,* Die Sitzverlegung der Europäischen Aktiengesellschaft, 2006; *Zang,* Sitz und Verlegung des Sitzes einer Europäischen Aktiengesellschaft mit Sitz in Deutschland, 2005; *Zimmer,* Das „Koppelungsverbot" der SE-VO auf dem Prüfstand, EWS 2010, 222; vgl. im Übrigen die Angaben bei Art. 8.

I. Aussagegehalt und Reichweite des Sitzkopplungsgebots in Satz 1

1   Der **Normzweck** des Art. 7, wonach Sitz und Hauptverwaltung einer SE in ein und demselben Mitgliedstaat liegen müssen **(Einheitlichkeitsgebot),** besteht in der **Vermeidung** der Auseinandersetzung hinsichtlich der **international-privatrechtlichen Anknüpfung des Gesellschaftsstatuts** der SE.[1] Im Internationalen Gesellschaftsrecht stehen sich traditionell die Gründungs- und Sitztheorie gegenüber (→ IntGesR Rn. 4 ff., 13 ff.). Nach der **Gründungstheorie** finden die Vorschriften des Gründungsstaates auch dann Anwendung, wenn die Gesellschaft ihre Hauptverwaltung in ein anderes Land verlegt hat und im Gründungsstaat nur der Satzungssitz verbleibt. Demgegenüber knüpft die **Sitztheorie** das Gesellschaftsstatut an den aktuellen Sitz der Hauptverwaltung und erschwert eine identitätswahrende Verlegung des Verwaltungssitzes über die Grenze. Die Cartesio-Entscheidung[2] des EuGH hatte noch klargestellt, dass Mitgliedstaaten hinsichtlich der sog. Wegzugsfälle weiterhin auf die Sitztheorie zurückgreifen können. Daran hat sich auch nach dem neusten Grundurteil des EuGH (Polbud) nichts geändert, jedoch kann ein Mitgliedstaat nicht mehr eine Hinausumwandlung

---

[1] Vgl. zB das memorandum of association nach sec. 2 des englischen Companies Act 1985 und den articles of association (table A des Anhangs zum Companies Act 1985), beides galt aber auch dort nach sec. 14 gemeinsam als gemeinschaftlicher Gesellschaftsvertrag. Nach sec. 17 des Companies Act 2006 existiert diese strenge Unterscheidung jedoch nicht mehr, vielmehr besteht die Satzung der Gesellschaft aus den articles of association und darauf bezogenen Gesellschafterbeschlüssen iS der sec. 29, vgl. MüKoAktG/*Oechsler/Mihaylova* Rn. 1; Lutter/Hommelhoff/Teichmann/*J. Schmidt* Rn. 5.
[2] In diesem Sinne aber wohl MüKoAktG/*Oechsler/Mihaylova* Rn. 2; NK-SE/*Schröder* Rn. 1 sowie Lutter/Hommelhoff/*Seibt,* 1. Aufl. 2008, Rn. 5; wie hier *Schwarz* Rn. 3; Kölner Komm AktG/*Maul* Rn. 4; Habersack/Drinhausen/*Diekmann* Rn. 1; Lutter/Hommelhoff/Teichmann/*J. Schmidt* Rn. 5.
[3] Details hierzu etwa bei *Seibt* in Lutter/Hommelhoff, Die Europäische Gesellschaft, 2005, 67 ff.; Lutter/Hommelhoff/Teichmann/*J. Schmidt* Rn. 15 ff.; *Schwarz* Rn. 6 ff.; NK-SE/*Schröder* Rn. 6 ff., 23 ff.; Habersack/Drinhausen/*Diekmann* Rn. 8 ff.

[1] Zu weiteren möglichen Aspekten vgl. *Casper/Weller* NZG 2009, 681 (682).
[2] EuGH NZG 2009, 61 – Cartesio; vgl. hierzu etwa *Brehme/Nohlen* BB 2009, 13 ff.; *Frobenius* DStR 2009, 487 ff.; *Knof/Mock* ZIP 2009, 30 ff.; *Leible/Hoffmann* BB 2009, 58 ff.; *Kindler* NZG 2009, 230; *Meilicke* GmbHR 2009, 92 ff.; *Paefgen* WM 2009, 529 ff.; *Schulz/Schröder* EWiR 2009, 141; *Sethe/Winzer* WM 2009, 536 ff.; *Teichmann* ZIP 2009, 393 ff.; *Weller* IPRax 2009, 181 ff.; *Werner* GmbHR 2009, 191 ff.; *Zimmer/Naendrup* NJW 2009, 545 ff.; die hierzu im Nachgang ergangene Vale Entscheidung (EuGH NJW 2012, 2715) hat hieran nichts geändert.

in die Rechtsform eines anderen Mitgliedsstaats verhindern, sofern dieser eine Umwandlung nach nationalem Recht zulässt, insbesondere das Erfordernis zur Liquidation sei dann unzulässig.[3] Dies gilt selbst dann, wenn der Verwaltungssitz im Wegzugs- und nur der Satzungssitz im Zuzugsstaat genommen werden soll.[4] Für die Zuzugsfälle hatte der EuGH mit seiner Entscheidungstrias Centros, Überseering und Inspire Art[5] schon seit längerem anerkannt, dass der Zuzugsstaat EU-Auslandsgesellschaften anerkennen muss. Mit der Polbud-Entscheidung hat der EuGH auch ohne formelle Anerkennung einer Verlegung des Satzungssitzes eine Rechtsformwahlfreiheit in der EU anerkannt[6] und zumindest de facto die Verlegung des Satzungssitzes in Gestalt der Hinausumwandlung anerkannt.[7] Der 27. Erwägungsgrund der SE-VO hebt hervor, dass diese Kontroverse um das Internationale Gesellschaftsrecht durch die SE-VO nicht präjudiziert werden soll, zumal bei Verabschiedung der SE-VO nur das Centros-Urteil des EuGH vorlag. Art. 7 erlangt damit zentrale Bedeutung für die Anknüpfung des Gesellschaftsstatuts der SE. Es richtet sich – soweit das europäische Recht (primäres Gesellschaftsstatut der SE) keine Vorgaben enthält – über Art. 7, 9 Abs. 1 lit. c stets nach dem Recht des Sitzstaates (subsidiäres oder sekundäres Gesellschaftsstatut).[8] Damit wird ein **Gleichlauf der Anknüpfungspunkte** von Sitz- und Gründungstheorie erzwungen.[9] Da diese Anknüpfung über Art. 7, 9 Abs. 1 lit. c aber auch nach einer unzulässigerweise erfolgten Verlegung des Verwaltungssitzes gilt, folgt die SE-VO im Ergebnis letztlich der Sitztheorie.[10] Zugleich statuiert Art. 7 das Verbot einer isolierten Verlegung des Verwaltungssitzes, das durch Art. 64 abgesichert wird. Insoweit wird die SE durch das europäische Recht strenger behandelt als vergleichbare nationale Gesellschaften, die aus einem Mitgliedstaat stammen, der der Gründungstheorie folgt oder wie Deutschland zumindest die Verlegung des Verwaltungssitzes gestattet (vgl. §§ 5 AktG, 4a GmbHG seit dem MoMiG).[11] Quasi als Ausgleich gesteht Art. 8 der SE aber die identitätswahrende Verlegung des Satzungs- wie des Verwaltungssitzes zu, was allerdings zu einem neuem subsidiären Gesellschaftsstatut führt. Nationalen Gesellschaften ist die identitätswahrende Verlegung des Satzungssitzes bisher nicht möglich, da die Arbeiten an der 14. gesellschaftsrechtlichen Richtlinie über die Sitzverlegung zum Erliegen gekommen sind.

Dass die Regelung in Art. 7 einen **Verstoß gegen Art. 49, 54 AEUV** enthalte,[12] da sie den Vorgaben der Entscheidungen in Sachen Inspire Art, Überseering und Centros nicht Rechnung trage, ließ sich schon vor der Cartesio-Entscheidung[13] des EuGH nicht ernsthaft behaupten.[14] In seiner Cartesio-Entscheidung hat der EuGH zum einen klargestellt, dass Wegzugsbeschränkungen 2

---

[3] EuGH NZG 2017, 1308 Rn. 31 ff. m.Anm. *Wachter*. Vgl. näher zur Tragweite dieser Entscheidung etwa *Kindler* NZG 2018, 1 (3 ff.); *Mörsdorf* ZIP 2017, 2381; *Teichmann/Knaier* GmbHR 2017, 1314 (1318 ff.) *Behme* ZHR 182 (2018), 32 (37 ff.); *Bayer/Schmidt* ZIP 2017, 2225 (2228 ff.); *Kieninger* NJW 2017, 3624 (3626 f.); *Hushahn* RNotZ 2018, 23; *Feldhaus* BB 2017, 2819 (2821 ff.); *Paefgen* WM 2018, 981 (982 ff.), 1029 ff.; – jew. mit unterschiedlichen Ergebnissen.

[4] EuGH NZG 2017, 1308 Rn. 42 f.

[5] EuGH NJW 1999, 2027 – Centros; EuGH NJW 2002, 3614 – Überseering; EuGH NJW 2003, 3331 – Inspire Art; vgl. zum Diskussionsstand vor Cartesio etwa *Eidenmüller* JZ 2004, 24; *Eidenmüller* ZIP 2002, 2233; *Ulmer* NJW 2004, 1201; *Weller* DStR 2003, 1800; *Altmeppen* NJW 2004, 97; *Kindler* NZG 2003, 1086 (1088 f.) mit unterschiedlichen Ergebnissen.

[6] Deutlich in diese Richtung etwa *Mörsdorf* ZIP 2017, 2381 (2385 f.); ebenso *Kieninger* NJW 2017, 3624 (3626 f.) sowie – wenn im Ergeb. auch krit. – *Kindler* NZG 2018, 1 (3). Demgegenüber sprechen *Teichmann/Knaier* GmbHR 2017, 1314 (1318 ff., 1324) von „Umwandlungsfreiheit".

[7] EuGH NZG 2017, 1308 Rn. 31 ff.; weiterführend dazu *Teichmann/Knaier* GmbHR 2017, 1314 (1318 f.).

[8] Zu weiteren Funktionen des Sitzes in der SE-VO vgl. den Überblick bei Lutter/Hommelhoff/Teichmann/*Ringe* Rn. 2 ff.

[9] *Teichmann* ZGR 2002, 383 (397, 456); *Wenz* in Theisen/Wenz Eur AG S. 189 (221 f.); MüKoAktG/*Oechsler/Mihaylova* Rn. 1.

[10] Ähnlich MüKoAktG/*Oechsler/Mihaylova* Rn. 1; *Schulz/Geismar* DStR 2001, 1078 (1079); anders aber *Hirte* NZG 2002, 1 (4) sowie NK-SE/*Schröder* Rn. 15, wonach der Vorschrift keine Entscheidung zu entnehmen sei.

[11] Mit der Entscheidung Polbud hat der EuGH (NZG 2017, 1308 Rn. 42) für nationale Gesellschaften gerade eine Koppelung von Satzungs- und Verwaltungssitz als europarechtswidrige verworfen, ebenso z.B. *Kindler* NZG 2018, 1 (3).

[12] Allg. zur Möglichkeit des Verstoßes von europäischem Sekundärrecht gegen die Grundfreiheiten vgl. etwa *Drinhausen/Nohlen* FS Spiegelberger, 2009, 645 (646 ff.) mwN.

[13] EuGH NZG 2009, 61 – Cartesio.

[14] So aber *Wymeersch* CMLR 2003, 661 (693); *Ziemons* ZIP 2003, 1913 (1918); *de Diego* EWS 2005, 446 (449 ff.); ausf. *Ringe,* Die Sitzverlegung der Europäischen Aktiengesellschaft, 2006, 49 ff. (74 ff., 99 f.); *Drinhausen/Nohlen* FS Spiegelberger, 2009, 645 (649); *Drinhausen/Nohlen* ECL 6 (2009) 14 (17 ff.); wie hier die ganz hM, vgl. etwa *Teichmann* ZGR 2003, 367 (399 f.); *Eidenmüller* JZ 2004, 24 (31); MüKoAktG/*Oechsler/Mihaylova* Rn. 2; *Kalss/Hügel/Greda* SEG § 5 Rn. 17 mwN; NK-SE/*Schröder* Rn. 14; *Bachmann* ZEuP 2008, 32 (52); ausf. Begründung bei *Casper/Weller* NZG 2009, 681 (682 f.); *Schwarz* Rn. 16 sowie nunmehr zumindest grds. auch Lutter/ Hommelhoff/Teichmann/*Ringe* Rn. 27 ff.

iSd seiner Daily-Mail-Rechtsprechung zulässig bleiben.[15] Zum anderen besteht für die SE die Möglichkeit, den Sitz nach Art. 8 identitätswahrend über die Grenze zu verlegen.[16] Damit hat sich die These eines Verstoßes von Art. 7 SE-VO gegen Art. 49, 54 AEUV endgültig erledigt. Daran dürfte sich auch durch die Polbud-Entscheidung des EuGH[17] nichts geändert haben, da dieser zum einen an Daily-Mail festhält[18] und das Urteil zum anderen gerade nur nationale Gesellschaften betrifft, denen kein Art. 8 SE-VO vergleichbares Verfahren zur Sitzverlegung zusteht, auch wenn der EuGH die Möglichkeit der Verlegung des Satzungssitzes in Polbud de facto durch die schrankenlose Hinausumwandlung[19] auch für nationale Gesellschaften ermöglicht hat und zudem keinen Tätigkeitsbezug für die Niederlassungsfreiheit mehr zu fordern scheint.[20] Problematisch ist auch die Behauptung, dass die **SE** infolge der **Centros-Entscheidung** unter einer **Zweigniederlassung** in einem anderen Mitgliedstaat **sämtliche Geschäfte** betreiben könne.[21] An dieser Aussage ist zwar richtig, dass sich auch die SE auf die in Art. 49 AEUV verbriefte Niederlassungsfreiheit berufen kann. Betreibt die SE jedoch ihr wesentliches Geschäft unter einer Zweigniederlassung, so wird von dort aus regelmäßig auch das Unternehmen geleitet, was zu einem gegen Art. 7 verstoßenden Auseinanderfallen von Satzungssitz und Hauptverwaltung führen würde. An einen derartigen **Verstoß** knüpft sich als ultima ratio die **Zwangsliquidation** nach **Art. 64 SE-VO** (→ Art. 64 Rn. 1 ff.).

3   Unter dem **Begriff des Sitzes** in Art. 7 ist der Satzungssitz zu verstehen, also der in der Satzung angegebene Sitz des Unternehmens.[22] Der **Begriff der Hauptverwaltung,** der in Art. 64 ausdrücklich im Gegensatz zu „Sitz" verwendet wird, ist autonom zu bestimmen.[23] Insoweit bietet sich ein Rückgriff auf den Entwurf zu einer Sitzverlegungsrichtlinie an.[24] Danach handelt es sich bei der Hauptverwaltung um den effektiven Verwaltungssitz, also um den Ort, an dem sich die tatsächliche Geschäftsleitung befindet.[25] Daneben kann auch auf die Auslegung zu Art. 12 S. 2 lit. a EWIV-VO zurückgegriffen werden, wonach die Hauptverwaltung jener Ort ist, an dem leitende Entscheidungen des laufenden Geschäfts- und Verwaltungsbetriebs getroffen werden und in Geschäftsführungsakte umgesetzt werden.[26] Beides deckt sich mit der im deutschen Internationalen Gesellschaftsrecht vertretenen Auslegung, in dem sich die sog. *Sandrock'sche Formel* durchgesetzt hat.[27] Im Ergebnis sprechen gute Gründe für eine widerlegliche Vermutung, dass die SE ihre tatsächliche Hauptverwaltung auch am Ort ihres Satzungssitzes hat.[28] Im Verfahren nach Art. 64 hat das in Deutschland zuständige Amtsgericht aufgrund des Amtsermittlungsgrundsatzes ohnehin Umstände darzulegen und zu ermitteln, die einen Verstoß gegen Art. 7 S. 1 begründen.

II. Die lokale Kopplungsoption in Satz 2

4   **Satz 2** eröffnet dem nationalen Gesetzgeber die **Option,** den Satzungssitz und den Sitz der Hauptverwaltung an einen geographischen Ort zu binden. Allerdings gilt das Gleichbehandlungsgebot in Art 10.[29] Der Ort iSd S. 2 ist grundsätzlich die politische Gemeinde. Von dieser Option hatte

---

[15] Vgl. EuGH NZG 2009, 61 (Tz. 104 ff.) – Cartesio in Anschluss an EuGH NJW 1989, 2186 – Daily Mail.
[16] Vgl. krit. zu diesem Argument vor allem *Drinhausen/Nohlen* FS Spiegelberger, 2009, 645 (649 f., 651 f.). An der dort genannten Kritik ist richtig, dass allein Art. 8 SE-VO eine Beschränkung des Art. 49 AEUV nicht zu rechtfertigen mag. Entscheidend ist aber, dass Wegzugsbeschränkungen wie Art. 7 SE-VO durch *Cartesio* nicht nur für den nationalen, sondern auch für den europäischen Gesetzgeber gestattet sind, also schon gar nicht der Anwendungsbereich der Niederlassungsfreiheit berührt ist.
[17] EuGH NZG 2017, 1308 Rn. 31 ff.
[18] EuGH NZG 2017, 1308 Rn. 33 f.; aA *Mörsdorf* ZIP 2017, 2381 (2383).
[19] Zu verbleibenden Grenzen vgl. etwa *Kindler* NZG 2018, 1 (4 f.); *Behme* ZHR 182 (2018), 32 (53 ff.); *Teichmann/Knaier* GmbHR 2017, 1314 (1320 ff.). Zu den offenen Fragen des Hereinformwechsels vgl. statt Vieler *Feldhaus* BB 2017, 2819 (2821 ff.).
[20] So zumindest *Mörsdorf* ZIP 2017, 2381 (2386 ff.); *Kieninger* NJW 2017, 3624 (3626).
[21] So aber MüKoAktG/*Oechsler/Mihaylova* Rn. 5.
[22] Statt aller Lutter/Hommelhoff/Teichmann/*Ringe* Rn. 6 mwN.
[23] Ebenso Lutter/Hommelhoff/Teichmann/*Ringe* Rn. 10 ff. mit ausf. Darstellung des Diskussionsstandes aber ohne konkretes Ergebnis; vgl. ferner Kölner Komm AktG/*Veil* Rn. 13; NK-SE/*Schröder* Art. 2 Rn. 30.
[24] Vgl. Art. 2 lit. b und Begr. Punkt III 1 b des Entwurfs zur Verlegung des Gesellschaftssitzes innerhalb der EU, ZIP 1997, 1721; für einen Rückgriff auf die Sitzverlegungsrichtlinie auch *Schwarz* ZIP 2001, 1847 (1849); MüKoAktG/*Oechsler/Mihaylova* Rn. 3; so im Ergebnis auch *Zang,* Sitz und Verlegung des Sitzes einer Europäischen Aktiengesellschaft mit Sitz in Deutschland, 2005, 43 ff.
[25] Näher zu dessen Lokalisierung statt Vieler etwa Habersack/Drinhausen/*Diekmann* Rn. 15.
[26] Hierauf abstellend Kalss/Hügel/*Greda* SEG § 5 Rn. 4.
[27] → IntGesR Rn. 4 f.; *Sandrock* FS Beitzke, 1979, 669 (683); zust. Kölner Komm AktG/*Veil* Rn. 13.
[28] In diesem Sinne Lutter/Hommelhoff/Teichmann/*Ringe* Rn. 17 ff.; Kölner Komm AktG/*Veil* Rn. 13; aA MüKoAktG/*Oechsler/Mihaylova* Rn. 3; Habersack/Drinhausen/*Diekmann* Rn. 16 f.
[29] AA NK-SE/*Fuchs,* 1. Aufl. 2005, Rn. 17; dem folgend auch noch Voraufl. (3. Aufl. 2015) Rn. 4 (wird hiermit aufgegeben).

Deutschland zunächst mit **§ 2 SEAG aF** Gebrauch gemacht, um die in Deutschland ansässige SE gegenüber der nationalen AG nicht zu privilegieren, da nach § 5 AktG aF der Satzungssitz ebenfalls am Sitz der Hauptverwaltung oder an einem Betriebsort gewählt werden musste.[30] Mit der Liberalisierung des § 5 AktG durch das **MoMiG** wurde auch § 2 SEAG mit Wirkung zum 1.11.2008 aufgehoben.

III. Rechtspolitische Bewertung des Sitzkopplungsgebots

Rechtspolitisch ist das Koppelungsgebot nach S. 1 auch nach der erfolgten Evaluation der SE-Verordnung gem. Art. 69 S. 2 lit. a auf den Prüfstand zu stellen. Die besseren Gründe sprechen für seine Streichung.[31] Der SE sollte derselbe Standortwettbewerb wie nationalen Gesellschaften zugestanden werden, dies gilt erst recht seit der Polbud-Entscheidung des EuGH.[32] Durch die Aufgabe des Koppelungsgebots würde aber vor allem die Bildung eines europaweit agierenden SE-Konzerns erleichtert. Die verschiedenen SE-Töchter könnten am Sitz der SE-Mutter registriert werden und somit wäre auf den gesamten SE-Konzern ein einheitliches primäres wie sekundäres Statut anwendbar. Die Aufgabe des Koppelungsgebots stände ferner im Einklang mit jüngeren rechtspolitischen Entwicklungen, wie etwa dem (wenn auch gescheiterten) Entwurf für eine Societas Privata Europaea (SPE), bei der Art. 7 Abs. 2 SPE-VO-E ebenfalls ein Auseinanderfallen von Satzungssitz und Hauptverwaltung zulässt.[33] Auch der Vorschlag der Kommission der SUP-RL verzichtet auf das Koppelungsgebot, damit die Unternehmen die Vorteile des Binnenmarkts in vollem Umfang nutzen können.[34] Der Evaluationsauftrag des Art. 69 lit. a umfasst die Prüfung, ob es zweckmäßig sei, zuzulassen, dass sich Sitz und Hauptverwaltung in verschiedenen Mitgliedstaaten befinden. Die Kommission erkennt in ihrem **Evaluationsbericht** aus dem Jahre 2010 an, dass der Gleichlauf von satzungsmäßigem Sitz und Hauptverwaltung als praktisches Hindernis angesehen wird.[35] Gleichwohl entzieht sie sich auch hier der Diskussion mit einem Verweis auf den durch das SE-Statut gefundenen „heiklen Kompromiss".[36] Der im Evaluationsbericht angekündigte Aktionsplan[37] enthält dementsprechend ebenfalls keinen Hinweis auf eine Änderung des Art. 7. Die Kommission geht davon aus, dass die Vorteile einer Überarbeitung des SE-Statuts die potenziellen Herausforderungen bei einer Neueröffnung der Diskussion nicht aufwögen.[38] Damit ist auf absehbare Zeit mit einer Änderung des Art. 7 nicht zu rechnen.

IV. Folgen des Satzes 1 im Fall eines harten Brexits

Ungeklärt ist bisher das Schicksal einer SE mit Sitz im Vereinigten Königreich nach Vollzug des Austritts aus der EU im Jahr 2019. Unstreitig ist allein, dass eine britische SE nach dem sog. Brexit die Voraussetzung des S. 1 nicht mehr erfüllt.[39] Im Übrigen ist das Schicksal derartiger europäischer Aktiengesellschaften bisher unklar. Es wird die vorrangige Aufgabe der Austrittsverhandlungen und des britischen Rechts sein, insoweit einen Lösung zu finden.[40] Sollte es wider Erwarten zu einem harten Brexit ohne EWR-Mitgliedschaft und ohne Regelung zur SE im Austrittsvertrag oder im englischen Recht kommen,[41] wird zwischen europäischem Recht, britischem Recht und dem Kolli-

---

[30] Dazu, dass § 2 aF SEAG sogar strenger als § 5 aF AktG war, da nach dem SEAG der Satzungssitz nicht am Ort einer Betriebsstätte genommen werden konnten, was gegen Art. 10 SEAG verstieß, vgl. näher 3. Aufl. 2015 Rn. 4 f.
[31] Ausführlichere Begründung bei *Casper/Weller* NZG 2009, 681 (683); ebenso *Kiem* CFL 2011, 134 (139); aA Kölner Komm AktG/*Veil* Rn. 10.
[32] EuGH NZG 2017, 1308 Rn. 31 ff.
[33] Vorschlag für eine Verordnung des Rates über das Statut einer Europäischen Privatgesellschaft, KOM (2008) 396 endg.; vgl. hierzu etwa *Hommelhoff/Teichmann* GmbHR 2008, 897 (901); zust. auch *Zimmer* EWS 2010, 222 (228).
[34] Erwägungsgrund Nr. 12, Art. 10 Vorschlag für SUP-RL der Kommission COM(2014) 212 final, S. 13; vgl. auch *Beurskens* GmbHR 2014, 738 (746).
[35] Evaluationsbericht Bericht der Kommission an das europäische Parlament und den Rat über die Anwendung der SE-VO v. 17.11.2010, KOM(2010) 676 endg., S. 8 f.
[36] Evaluationsbericht Bericht der Kommission an das europäische Parlament und den Rat über die Anwendung der SE-VO v. 17.11.2010, KOM(2010) 676 endg., S. 11.
[37] Mitt. der Kommission v. 12.12.2012, COM(2012), 740.
[38] Aktionsplan Mitt. der Kommission v. 12.12.2012, COM(2012), S. 16.
[39] Ob diese während der jüngst (nach Drucklegung) avisierten Übergangsfrist bis Ende 2020 anders zu beurteilen ist, lässt ohne Vorlage eines Verhandlungsergebnisses noch nicht abschätzen. Vgl. neuerdings näher zum Ganzen auch *Mohamed* ZVglRWiss 2018, 189 (196 ff.).
[40] Ebenso *Freitag/Koch* ZIP 2016, 1361 (1367).
[41] Zu den möglichen Varianten eines „weichen" Brexit vgl. *Teichmann/Knaier* IWRZ 2016, 243 (246).

sionsrecht der jeweiligen Mitgliedsstaaten zu sondern sein. Aus der Perspektive des **europäischen Rechts** liegt eine ehemalige SE mit Sitz in einem Drittstaat vor, die weder die Voraussetzungen des Art. 2 Abs. 5 (→ Art. 2 Rn. 20) noch diejenigen des Art. 7 SE-VO erfüllt. Vielmehr wird die Gesellschaft durch den Austritt die SE-VO, die dann in UK nicht mehr gilt, als primäre Rechtsquelle verloren haben. Damit könnte Art. 64 Abs. 1 lit. b SE-VO einschlägig werden, der eine Zwangsliquidation zur Folge hätte. Freilich ist UK nach dem Brexit hieran nicht mehr gebunden und es ist fraglich, ob es eine Zwangsauflösung exekutieren würde, da wohl keine nachvertragliche Pflicht eines ehemaligen Mitgliedstaates aus Art. 64 existieren dürfte. Ob das britische Recht eine spezielle Umwandlungsmöglichkeit eröffnet oder eine Umwandlungspflicht oder gar eine Zwangsumwandlung in eine plc vorschreibt, bleibt abzuwarten. Art. 8 (Sitzverlegung) und Art. 66 (Rückumwandlung in eine nationale Gesellschaft des Sitzstaates nach europäischem Recht) sind nach einem Brexit jedenfalls nicht mehr anwendbar, sofern man nicht eine dogmatisch gewagte Analogie für UK-Altgesellschaften vertreten wollte. Folglich sind SEs mit Sitz in UK gut beraten, einen solchen Schritt vor dem Wirksamwerden des britischen Austritts zu vollziehen. Freilich ist eine Sitzverlegung nach Art. 8 nur dann eine Option, wenn auch die Hauptverwaltung von UK in die EU verlegt wird, da anderenfalls nach dem Vollzug des Austritts ein Verstoß gegen Art. 7 S. 1 mit der Folge der Zwangsliquidation nach Art. 64 drohen würde.

7   Unklar ist zudem, wie das **Kollisionsrecht** der verbleibenden EU-Staaten eine nach dem Brexit ggf. nach britischem Verständnis noch existente SE, die also weder eine Umwandlung in eine nationale Rechtsform noch eine Sitzverlegung nach Art. 8 vollzogen hat, behandeln würde. Behält die britische Ex-SE ihren Satzungs- und Verwaltungssitz in UK bei, dürften die besseren Gründe dafür sprechen, die Gesellschaft als eine britische plc zu behandeln.[42] Aus deutscher Sicht läge eine Drittstaatengesellschaft vor.[43] Würde diese ihren Verwaltungssitz nach Deutschland verlegen, läge nach der neueren Rechtsprechung eine deutsche Personengesellschaft vor.[44] Vom Schicksal der britischen Ex-SE zu trennen ist ferner dasjenige ihrer etwaigen **Niederlassungen in Deutschland**. Nimmt man einen Wandel der Rechtsform der britischen SE durch den Brexit an, so ist die Rechtsform dieser ausländischen Gesellschaft im Register der Zweigniederlassung angesichts einer fehlenden Satzungsänderung zwar nicht gemäß, wohl aber im Interesse eines Verkehrsschutzes analog § 13f Abs. 4 HGB zur Korrektur anzumelden.[45]

Art. 8 [Grenzüberschreitende Sitzverlegung]

(1) ¹Der Sitz der SE kann gemäß den Absätzen 2 bis 13 in einen anderen Mitgliedstaat verlegt werden. ²Diese Verlegung führt weder zur Auflösung der SE noch zur Gründung einer neuen juristischen Person.

(2) ¹Ein Verlegungsplan ist von dem Leitungs- oder dem Verwaltungsorgan zu erstellen und unbeschadet etwaiger vom Sitzmitgliedstaat vorgesehener zusätzlicher Offenlegungsformen gemäß Artikel 13 offen zu legen. ²Dieser Plan enthält die bisherige Firma, den bisherigen Sitz und die bisherige Registriernummer der SE sowie folgende Angaben:
a) den vorgesehenen neuen Sitz der SE,
b) die für die SE vorgesehene Satzung sowie gegebenenfalls die neue Firma,
c) die etwaigen Folgen der Verlegung für die Beteiligung der Arbeitnehmer,
d) den vorgesehenen Zeitplan für die Verlegung,
e) etwaige zum Schutz der Aktionäre und/oder Gläubiger vorgesehene Rechte.

(3) Das Leitungs- oder das Verwaltungsorgan erstellt einen Bericht, in dem die rechtlichen und wirtschaftlichen Aspekte der Verlegung erläutert und begründet und die Auswir-

---

[42] So auch *Freitag/Koch* ZIP 2016, 1361 (1367), die allerdings zu Unrecht davon ausgehen, dass die SE eine Variante der nationalen Aktiengesellschaft als eine eigenständige Rechtsform sei. AA *Hammen* Der Konzern 2017, 513 (515 ff.), der für die parallel gelagerte Frage des Schicksals von allein in Deutschland ansässigen Ltd. von einer Fortgeltung der Niederlassungsfreiheit für Gesellschaften ausgeht, die bei Gründung einem EU-Staat angehörten, sodass Deutschland die vor dem Brexit eingewanderten Limiteds weiterhin als EU-Gesellschaften anerkennen müsste. Dies passt für die SE freilich nur bedingt, da mit dem Austritt des Staats, in dem sie registriert sind, ihr Europäischer Überbau wegfällt.
[43] Zur Ltd. ebenso *Mörsdorf* ZIP 2017, 2381 (2383); *Teichmann/Knaier* IWRZ 2016, 243 (246 ff.); *Weller/Thomale/Benz* NJW 2016, 2378 (2380); aA *Hammen* Der Konzern 2017, 513 (515 ff.) → Fn. 42.
[44] Für eine schweizerische Aktiengesellschaft, die ihren Verwaltungssitz nach Deutschland verlegt BGHZ 178, 192 ff. – Trabrennbahn.
[45] *Freitag/Koch* ZIP 2016, 1361 (1367), dort auch zur – verneinten – Anwendbarkeit der BGH-Rspr. zur persönlichen Haftung der organschaftlichen und rechtsgeschäftlichen Vertreter bei Falschfirmierung bis zur Korrektur.

kungen der Verlegung für die Aktionäre, die Gläubiger sowie die Arbeitnehmer im Einzelnen dargelegt werden.

(4) Die Aktionäre und die Gläubiger der SE haben vor der Hauptversammlung, die über die Verlegung befinden soll, mindestens einen Monat lang das Recht, am Sitz der SE den Verlegungsplan und den Bericht nach Absatz 3 einzusehen und die unentgeltliche Aushändigung von Abschriften dieser Unterlagen zu verlangen.

(5) Die Mitgliedstaaten können in Bezug auf die in ihrem Hoheitsgebiet eingetragenen SE Vorschriften erlassen, um einen angemessenen Schutz der Minderheitsaktionäre, die sich gegen die Verlegung ausgesprochen haben, zu gewährleisten.

(6) [1]Der Verlegungsbeschluss kann erst zwei Monate nach der Offenlegung des Verlegungsplans gefasst werden. [2]Er muss unter den in Artikel 59 vorgesehenen Bedingungen gefasst werden.

(7) Bevor die zuständige Behörde die Bescheinigung gemäß Absatz 8 ausstellt, hat die SE gegenüber der Behörde den Nachweis zu erbringen, dass die Interessen ihrer Gläubiger und sonstigen Forderungsberechtigten (einschließlich der öffentlich-rechtlichen Körperschaften) in Bezug auf alle vor der Offenlegung des Verlegungsplans entstandenen Verbindlichkeiten im Einklang mit den Anforderungen des Mitgliedstaats, in dem die SE vor der Verlegung ihren Sitz hat, angemessen geschützt sind.

Die einzelnen Mitgliedstaaten können die Anwendung von Unterabsatz 1 auf Verbindlichkeiten ausdehnen, die bis zum Zeitpunkt der Verlegung entstehen (oder entstehen können).

Die Anwendung der einzelstaatlichen Rechtsvorschriften über das Leisten oder Absichern von Zahlungen an öffentlich-rechtliche Körperschaften auf die SE wird von den Unterabsätzen 1 und 2 nicht berührt.

(8) Im Sitzstaat der SE stellt das zuständige Gericht, der Notar oder eine andere zuständige Behörde eine Bescheinigung aus, aus der zweifelsfrei hervorgeht, dass die der Verlegung vorangehenden Rechtshandlungen und Formalitäten durchgeführt wurden.

(9) Die neue Eintragung kann erst vorgenommen werden, wenn die Bescheinigung nach Absatz 8 vorgelegt und die Erfüllung der für die Eintragung in dem neuen Sitzstaat erforderlichen Formalitäten nachgewiesen wurde.

(10) Die Sitzverlegung der SE sowie die sich daraus ergebenden Satzungsänderungen werden zu dem Zeitpunkt wirksam, zu dem die SE gemäß Artikel 12 im Register des neuen Sitzes eingetragen wird.

(11) [1]Das Register des neuen Sitzes meldet dem Register des früheren Sitzes die neue Eintragung der SE, sobald diese vorgenommen worden ist. [2]Die Löschung der früheren Eintragung der SE erfolgt erst nach Eingang dieser Meldung.

(12) Die neue Eintragung und die Löschung der früheren Eintragung werden gemäß Artikel 13 in den betreffenden Mitgliedstaaten offen gelegt.

(13) [1]Mit der Offenlegung der neuen Eintragung der SE ist der neue Sitz Dritten gegenüber wirksam. [2]Jedoch können sich Dritte, solange die Löschung der Eintragung im Register des früheren Sitzes nicht offen gelegt worden ist, weiterhin auf den alten Sitz berufen, es sei denn, die SE beweist, dass den Dritten der neue Sitz bekannt war.

(14) [1]Die Rechtsvorschriften eines Mitgliedstaats können bestimmen, dass eine Sitzverlegung, die einen Wechsel des maßgeblichen Rechts zur Folge hätte, im Falle der in dem betreffenden Mitgliedstaat eingetragenen SE nicht wirksam wird, wenn eine zuständige Behörde dieses Staates innerhalb der in Absatz 6 genannten Frist von zwei Monaten dagegen Einspruch erhebt. [2]Dieser Einspruch ist nur aus Gründen des öffentlichen Interesses zulässig.

Untersteht eine SE nach Maßgabe von Gemeinschaftsrichtlinien der Aufsicht einer einzelstaatlichen Finanzaufsichtsbehörde, so gilt das Recht auf Erhebung von Einspruch gegen die Sitzverlegung auch für die genannte Behörde.

Gegen den Einspruch muss ein Rechtsmittel vor einem Gericht eingelegt werden können.

(15) Eine SE kann ihren Sitz nicht verlegen, wenn gegen sie ein Verfahren wegen Auflösung, Liquidation, Zahlungsunfähigkeit oder vorläufiger Zahlungseinstellung oder ein ähnliches Verfahren eröffnet worden ist.

(16) Eine SE, die ihren Sitz in einen anderen Mitgliedstaat verlegt hat, gilt in Bezug auf alle Forderungen, die vor dem Zeitpunkt der Verlegung gemäß Absatz 10 entstanden sind, als SE mit Sitz in dem Mitgliedstaat, in dem sie vor der Verlegung eingetragen war, auch wenn sie erst nach der Verlegung verklagt wird.

Auszug aus dem SEAG

Abschnitt 3. Sitzverlegung

§ 12 Abfindungsangebot im Verlegungsplan

(1) ¹Verlegt eine SE nach Maßgabe von Artikel 8 der Verordnung ihren Sitz, hat sie jedem Aktionär, der gegen den Verlegungsbeschluss Widerspruch zur Niederschrift erklärt, den Erwerb seiner Aktien gegen eine angemessene Barabfindung anzubieten. ²Die Vorschriften des Aktiengesetzes über den Erwerb eigener Aktien gelten entsprechend, jedoch ist § 71 Abs. 4 Satz 2 des Aktiengesetzes insoweit nicht anzuwenden. ³Die Bekanntmachung des Verlegungsplans als Gegenstand der Beschlussfassung muss den Wortlaut dieses Angebots enthalten. ⁴Die Gesellschaft hat die Kosten für eine Übertragung zu tragen. ⁵§ 29 Abs. 2 des Umwandlungsgesetzes findet entsprechende Anwendung.

(2) § 7 Abs. 2 bis 7 findet entsprechende Anwendung, wobei an die Stelle der Eintragung und Bekanntmachung der Verschmelzung die Eintragung und Bekanntmachung der SE im neuen Sitzstaat tritt.

§ 13 Gläubigerschutz

(1) ¹Verlegt eine SE nach Maßgabe von Artikel 8 der Verordnung ihren Sitz, ist den Gläubigern der Gesellschaft, wenn sie binnen zwei Monaten nach dem Tag, an dem der Verlegungsplan offen gelegt worden ist, ihren Anspruch nach Grund und Höhe schriftlich anmelden, Sicherheit zu leisten, soweit sie nicht Befriedigung verlangen können. ²Dieses Recht steht den Gläubigern jedoch nur zu, wenn sie glaubhaft machen, dass durch die Sitzverlegung die Erfüllung ihrer Forderungen gefährdet wird. ³Die Gläubiger sind im Verlegungsplan auf dieses Recht hinzuweisen.

(2) Das Recht auf Sicherheitsleistung nach Absatz 1 steht Gläubigern nur im Hinblick auf solche Forderungen zu, die vor oder bis zu 15 Tage nach Offenlegung des Verlegungsplans entstanden sind.

(3) Das zuständige Gericht stellt die Bescheinigung nach Artikel 8 Abs. 8 der Verordnung nur aus, wenn bei einer SE mit dualistischem System die Mitglieder des Leitungsorgans und bei einer SE mit monistischem System die geschäftsführenden Direktoren die Versicherung abgeben, dass allen Gläubigern, die nach den Absätzen 1 und 2 einen Anspruch auf Sicherheitsleitung haben, eine angemessene Sicherheit geleistet wurde.

§ 14 Negativerklärung

Das zuständige Gericht stellt die Bescheinigung nach Artikel 8 Abs. 8 der Verordnung nur aus, wenn die Vertretungsorgane einer SE, die nach Maßgabe des Artikels 8 der Verordnung ihren Sitz verlegt, erklären, dass eine Klage gegen die Wirksamkeit des Verlegungsbeschlusses nicht oder nicht fristgemäß erhoben oder eine solche Klage rechtskräftig abgewiesen oder zurückgenommen worden ist.

Schrifttum: *Bule,* Grenzüberschreitende Umstrukturierung der Kapitalgesellschaften nach der Richtlinie 2005/56/EG und der SE-VO unter Berücksichtigung des Minderheitenschutzes im europäischen, deutschen und lettischen Recht, 2015; *Casper,* Erfahrungen und Reformbedarf bei der SE – Gesellschaftsrechtliche Reformvorschläge, ZHR 173 (2009), 181; *Casper/Weller,* Mobilität und grenzüberschreitende Umstrukturierung der SE, NZG 2009, 681; *Van Eck/Roelofs,* SE Mobility: Taking a Short Cut?, ECL 6 (2009), 105; *Heuschmid/Schmidt,* Die europäische Aktiengesellschaft – auf dem Weg in die Karibik?, NZG 2007, 54; *Hoger,* Kontinuität beim Formwechsel nach dem UmwG und der grenzüberschreitenden Verlegung des Sitzes einer SE, 2008; *de Lousanoff,* Erste Erfahrungen mit der grenzüberschreitenden Sitzverlegung einer europäischen Aktiengesellschaft („SE") nach Deutschland, FS Spiegelberger, 2009, 604; *Kalss,* Der Minderheitenschutz bei Gründung und Sitzverlegung der SE nach dem Diskussionsentwurf, ZGR 2003, 593 (607 ff.); *Kalss,* Gründung und Sitzverlegung der SE, GesRZ 2004, Sonderheft, 24; *Knittel/Eble,* Bilanzielle Auswirkungen der Sitzverlegung einer Europäischen Aktiengesellschaft, BB 2008, 2283; *Oechsler,* Die Sitzverlegung der europäischen Aktiengesellschaft nach Art. 8 SE-VO, AG 2005, 373; *Priester,* EU-Sitzverlegung – Verfahrensablauf, ZGR 1999, 36; *Ringe,* Die Sitzverlegung der Europäischen Aktiengesellschaft, 2006; *Teichmann,* Minderheitenschutz bei Gründung und Sitzverlegung der SE, ZGR 2003, 367; *Witten,* Minderheitenschutz bei Gründung und Sitzverlegung der Europäischen Aktiengesellschaft, 2011; *Zang,* Sitz und Verlegung des Sitzes einer Europäischen Aktiengesellschaft mit Sitz in Deutschland, 2005.

Übersicht

	Rn.		Rn.
I. Überblick	1–6	3. Die Ermächtigung an den nationalen Gesetzgeber (Abs. 14), §§ 12–14 SEAG	6
1. Grundkonzeption des Art. 8	1–3		
2. Normzweck und Entstehungsgeschichte	4, 5	II. Das Verlegungsverfahren	7–21

	Rn.		Rn.
1. Der Verlegungsbeschluss und seine Vorbereitung	7–13	1. Wirksamwerden der Sitzverlegung im Innen- und Außenverhältnis (Abs. 10, 13); Kontinuitätsprinzip (Abs. 1 S. 2)	22, 23
a) Aufstellung des Verlegungsplans	7–10		
b) Verlegungsbericht (Abs. 3)	11	2. Abfindung der Minderheitsaktionäre (Abs. 5, § 12 SEAG)	24
c) Beschluss der Hauptversammlung (Abs. 6)	12, 13		
2. Erfüllung der Sicherungsansprüche der Gläubiger (Abs. 7); Erteilung der Bescheinigung nach Abs. 8	14–19	3. Das Schicksal von Altforderungen, Sitzfiktion des Abs. 16	25–27
3. Eintragung und Offenlegung der Sitzverlegung (Abs. 9, 11, 12)	20, 21	IV. Verlegung des Sitzes in einen Nicht-EU-Staat, Beteiligung an nationalen Umwandlungsvorgängen über die Grenze	28–30
III. Rechtsfolgen der Sitzverlegung	22–27		

I. Überblick

1. Grundkonzeption des Art. 8. Mit Art. 8 SE-VO wird erstmals auf europäischer Ebene die Sitzverlegung innerhalb der EU geregelt (zum Anwendungsbereich → Rn. 28). Die auf die nationalen Aktiengesellschaften zugeschnittene 14. gesellschaftsrechtliche Richtlinie, die **Sitzverlegungsrichtlinie,** war zum Zeitpunkt der Verabschiedung der SE-VO nicht über einen Vorentwurf hinausgekommen,[1] so dass ein Verweis auf harmonisiertes nationales Recht ausschied. Art. 8 zielt auf eine **identitätswahrende Sitzverlegung,** die allerdings zu einem Wechsel des sekundär anwendbaren Personalstatuts (→ Art. 7 Rn. 1) führt. Auch wenn Art. 8 nur die Verlegung des Satzungssitzes betrifft,[2] kann die SE wegen Art. 7, 64 diesen nur gleichzeitig mit ihrer Hauptverwaltung verlegen. Im Verfahren der Sitzverlegung fallen Satzungs- und Hauptverwaltungssitz zunächst zwar auseinander (→ Rn. 2 f.), was eigentlich zum Eingreifen der Mechanismen nach Art. 64 führen würde. Angesichts dieses gesetzlich angelegten Normkonflikts darf nach Art. 64 Abs. 2 erst zwangsliquidiert werden, wenn die Verlegung des Hauptverwaltungssitzes nicht mehr ernsthaft betrieben wird. Vorher ist der Zuzugsstaat, der als Sitzstaat nunmehr für die Verfahren nach Art. 64 zuständig ist, primär gehalten, für einen Gleichlauf zu sorgen (Art. 64 Abs. 1).[3] Die Möglichkeit zur identitätswahrenden Sitzverlegung ist eine Kompensation dafür, dass Art. 7 für die international-privatrechtliche Anknüpfung der Sache nach der Sitztheorie folgt. Auch wenn Art. 8 von einer identitätswahrenden Sitzverlegung ausgeht, führt der mit der Sitzverlegung verbundene **Wechsel des sekundär anwendbaren Personalstatuts** im Ergebnis zu einem **faktischen Rechtsformwechsel,** da sich ein Großteil des anwendbaren nationalen Rechts ändert.[4] Zumindest gegenüber der traditionellen, von der Sitztheorie geleiteten Rechtslage in Deutschland, die in der Verlagerung von Sitz und Hauptverwaltung einer deutschen AG einen Auflösungsbeschluss sah,[5] ist die Regelung in Art. 8 gleichwohl ein bedeutender Fortschritt. Dies gilt erst recht, wenn man von der Sitztheorie kommend, einen Sitzverlegungsbeschluss für nichtig, da unmöglich erachtet.[6] Ob an diesem nationalen Verständnis auch nach der Inspire Art-Entscheidung des EuGH[7] festzuhalten ist, ist derzeit eine offene, hier nicht zu vertiefende Frage, die davon abhängt, ob man Beschränkungen im Wegzugsstaat unter Hinweis auf die Cartesio-, Vale-, Polbud- und die Daily Mail-Rechtsprechung weiterhin zulässt (→ § 262 AktG Rn. 79 f. mwN). Aber auch wenn man der Gründungstheorie folgt, ist – vorbehaltlich der identitätswahrenden

---

[1] Abgedruckt in ZIP 1997, 1721 = ZGR 1999, 157.
[2] *Teichmann* ZGR 2002, 383 (457); *Teichmann* in Van Hulle/Maul/Drinhausen SE-HdB Kap. 7 Rn. 9; MüKoAktG/*Oechsler/Mihaylova* Rn. 7; *Schwarz* Rn. 4; *Wenz* in Theisen/Wenz Eur AG S. 221; Lutter/Hommelhoff/Teichmann/*Ringe* Rn. 4.
[3] Wie hier Lutter/Hommelhoff/Teichmann/*Ringe* Rn. 4; anders noch *Ringe,* Die Sitzverlegung der Europäischen Aktiengesellschaft, 2006, 193 ff., der jedoch entgegen der hier vertretenen Auffassung (→ Art. 7 Rn. 2) davon ausgeht, dass Sitzkoppelung gegen Art. 49, 54 AEUV (ex Art. 43, 48 EGV) verstößt und sodann auf die Inspire-Art-Rechtsprechung zurückgreifen will; zutreffend MüKoAktG/*Oechsler/Mihaylova* Rn. 54; → Rn. 23.
[4] NK-SE/*Schröder* Rn. 18 f.; *Teichmann* in Van Hulle/Maul/Drinhausen SE-HdB 7. Abschnitt Rn. 16; *Göz* ZGR 2008, 593 (625): Statutenwechsel; ähnlich *Thoma/Leuering* NJW 2002, 1449; *Teichmann* ZIP 2002, 1109 (1111); MüKoAktG/*Oechsler/Mihaylova* Rn. 3; Lutter/Hommelhoff/Teichmann/*Ringe* Rn. 7 f.
[5] Vgl. nur RGZ 107, 94 (97); BGHZ 25, 134 (144) = NJW 1957, 1433; BayObLGZ 1998, 195 = NZG 1998, 936; BayObLGZ 1992, 113 (116) = WM 1992, 1371; OLG Düsseldorf FGPrax 2001, 127; OLG Hamm FGPrax 2001, 123; OLG Hamm ZIP 1997, 1696.
[6] → AktG § 262 Rn. 74 ff. und zwar nach tradiertem Verständnis unabhängig davon, ob der Aufnahmestaat der Gründungs- oder der Sitztheorie folgt; vgl. auch Hüffer/Koch/*Koch* AktG § 262 Rn. 6: Sitzverlegung in das Ausland begründet nur ausnahmsweise einen Auflösungsgrund, nämlich wenn bei tats. Verlegung des Verwaltungssitzes der Zuzugsstaat der Sitztheorie folgt.
[7] EuGH NJW 2003, 3331 (3333) – Inspire Art sowie EuGH NJW 2002, 3613 (3615) – Überseering.

grenzüberschreitenden Umwandlung auf Basis der Vale- und der Polbud-Rechtsprechung[8] – für nationale Gesellschaften nur eine Verlegung der Hauptverwaltung möglich.

2   Art. 8 unterteilt die Sitzverlegung im Wesentlichen in **vier Phasen** bzw. Schritte.[9] In der **ersten Phase** muss das Verwaltungs- oder Leitungsorgan einen **Verlegungsplan** aufstellen (Abs. 2), der sodann offen zu legen ist. Die **Offenlegung** hat zum einen als Bekanntmachung im Bundesanzeiger (Abs. 2 S. 1) mindestens zwei Monate vor dem Hauptversammlungsbeschluss zu erfolgen, zum anderen einen Monat vor der Hauptversammlung in den Räumen zur Einsichtnahme (Abs. 4) auszuliegen. Die Bekanntmachung dient in erster Linie den Gläubigern, die Verpflichtung zur Ermöglichung der Einsichtnahme hingegen primär den Gesellschaftern. Des Weiteren hat die Verwaltung einen ergänzenden Bericht über die wirtschaftlichen und rechtlichen Zusammenhänge aufzustellen (Abs. 3). Im **zweiten Schritt** muss die **Hauptversammlung** mit Dreiviertelmehrheit die Sitzverlegung beschließen (Abs. 6).[10] Voraussetzung ist, dass keine Hindernisse iSd. Abs. 15 bestehen. Die **dritte Phase** ist dadurch gekennzeichnet, dass die Ansprüche der Gläubiger auf Sicherstellung befriedigt werden (Abs. 7). Das Handelsregister des Wegzugsstaates erteilt hierüber und über die fehlerfreie Fassung des Hauptversammlungsbeschlusses eine Bescheinigung, sofern gegen den Beschluss keine Klage anhängig ist (Abs. 8, §§ 13 Abs. 3, 14 SEAG). In einem **vierten Schritt** erfolgt die **Eintragung der Sitzverlegung im** Register des **Zuzugsstaates** (Abs. 9). Voraussetzung ist die Vorlage der Bescheinigung nach Abs. 8, ein materielles Prüfungsrecht steht dem Zuzugsregister grds. nicht zu (→ Rn. 20). Mit der konstitutiv wirkenden Eintragung wird die Sitzverlegung wirksam (Abs. 10) und das Zuzugsregister macht dem Wegzugsregister Meldung, das eine deklaratorisch wirkende Löschung einträgt (Abs. 11). Beide Eintragungen werden veröffentlicht (Abs. 12). Dritten gegenüber wird die Sitzverlegung erst mit der Bekanntmachung der Eintragung in das Register des Zuzugsstaates wirksam (Abs. 13 S. 1), weiterhin werden Dritte kraft öffentlichen Glaubens bis zur Veröffentlichung der Eintragung im Register des Wegzugsstaates geschützt (Abs. 13 S. 2).

3   An die Sitzverlegung knüpfen sich im Wesentlichen vier **Rechtsfolgen:** Zum einen gilt die SE mit Eintragung in das Register des Zuzugsstaates als Aktiengesellschaft dieses Mitgliedstaates, womit sich das sekundäre Personalstatut ändert. Zum anderen findet nunmehr die Abfindung der Aktionäre statt, die dem Verlegungsplan widersprochen haben (Abs. 5, § 12 SEAG). Weiterhin muss die SE die Hauptverwaltung an den neuen Ort des Satzungssitzes verlegen, da ihr sonst die Liquidation nach Art. 64 droht. Ferner gilt der bisherige Sitz im Wegzugsstaat in Bezug auf Altforderungen nach der Fiktion des Abs. 16 als fortbestehend. Die **steuerlichen Rechtsfolgen**[11] der Sitzverlegung waren zunächst nicht abschließend geklärt.[12] Dies hat sich mit der Verabschiedung des SEStEG geändert (→ Vor Art. 1 Rn. 25).[13] Abweichend von dem Konzept des Entstrickungstatbestandes bei der Verlagerung von Betriebsvermögen, die zur Aufdeckung und Besteuerung stiller Reserven führt, greift für die grenzüberschreitende Sitzverlegung gem. § 4 Abs. 1 S. 5 Nr. 1 EStG eine Sonderregelung ein. In diesem Fall bleiben die stillen Reserven auf der Ebene der Anteilseigner zunächst unversteuert. Erst bei einer späteren Veräußerung dieser Anteile wird der dann realisierte Veräußerungsgewinn in Deutschland so versteuert, als ob die Sitzverlegung nicht stattgefunden hätte (§ 15 Abs. 1a EStG).

4   **2. Normzweck und Entstehungsgeschichte.** Mit Art. 8 werden **mehrere Normzwecke** verfolgt. Zum einen fungiert Art. 8 mit Blick auf die in Art. 49, 54 AEUV verbürgte Niederlassungsfreiheit als **Ausgleich für die Bindung der Hauptverwaltung an den Satzungssitz** nach Art. 7, da nationalen Gesellschaften diese Beschränkung nach der neueren EuGH Rechtsprechung nicht abverlangt wird (→ Art. 7 Rn. 1). Weiterhin wird mit Art. 8 ein **geordnetes, transparentes Verfahren** für die Sitzverlegung bezweckt. Ferner ist **Gläubiger- und Minderheitenschutz** beabsichtigt. Für Minderheitsaktionäre tritt ebenso wie für die Gläubiger durch den Quasi-Statutenwechsel eine Erschwerung der Rechtsdurchsetzung ein, da die nationalen Prozessrechte, aber auch das materielle Aktienrecht in weiten Teilen noch nicht harmonisiert sind. Weiterhin können durch die Sitzverlegung auch sprachliche und geografische Barrieren für die Gläubiger und Minderheitsgesellschafter

---

[8] EuGH NJW 2012, 2715 (2717) Rn. 27 ff.; EuGH NZG 2017, 1308 (Rn. 31 ff.).
[9] Vgl. hierzu auch den Ablaufplan aus der notariellen Praxis einer Sitzverlegung von den Niederlanden nach Deutschland bei *de Lousanoff* FS Spiegelberger, 2009, 604 (605 f.).
[10] Das Erfordernis einer Dreiviertelmehrheit ergibt sich für eine deutsche SE aus Abs. 6 S. 2, Art. 59 Abs. 1 iVm. § 179 Abs. 2 AktG und kann gem. § 51 S. 2 SEAG auch nicht herabgesetzt werden, → Rn. 12.
[11] Zu den hier ebenfalls nicht zu vertiefenden bilanziellen Auswirkungen vgl. *Knittel/Eble* BB 2008, 2283 ff.
[12] Ausf. zur Rechtslage vor Inkrafttreten des SEStEG *Erkis,* Die Besteuerung der Europäischen (Aktien-) Gesellschaft, 2006, 244 ff. sowie *Ringe,* Die Sitzverlegung der Europäischen Aktiengesellschaft, 2006, 166 ff.
[13] Überblick zu den steuerlichen Aspekten der Sitzverlegung einer SE nach Inkrafttreten des SEStEG Binder/Jünemann/Merz/Sinewe/*Sinewe,* Die Europäische Aktiengesellschaft (SE), 2007, § 5 Rn. 51 ff. sowie MüKoAktG/ Oechsler/Mihaylova Rn. 9 mwN.

entstehen. Diesen Erschwerungen will Art. 8 vorbeugen. Den Minderheitsgesellschaftern wird eine Möglichkeit zum Ausstieg gegen Barabfindung ermöglicht (Abs. 5). Die Ansprüche der Gläubiger müssen zwar nicht sofort befriedigt, aber doch zumindest sichergestellt werden (Abs. 7).

In den Entwürfen von 1970/1975 fehlte eine entsprechende Regelung. Sie war infolge der 5 weitgehenden Vollregelung entbehrlich, da sich durch eine Sitzverlegung das anwendbare Recht kaum änderte. Eine Regelung über die Sitzverlegung fand sich erstmals im Entwurf von 1991.[14]

3. Die Ermächtigung an den nationalen Gesetzgeber (Abs. 14), §§ 12–14 SEAG. Trotz 6 der relativ ausführlichen Regelung der Sitzverlegung in Art. 8 ist diese nicht abschließend. **Abs. 14** UAbs. 1 eröffnet den Mitgliedstaaten die Möglichkeit, ein **Widerspruchsrecht** gegen den Zuzug vorzusehen, soweit eine Verhinderung im öffentlichen Interesse geboten ist. Ein solches öffentliches Interesse wird bei Europäischen Aktiengesellschaften, die einer besonderen Finanzaufsicht unterliegen, nach dem 2. UAbs. vermutet. Von dieser Option hat der deutsche Gesetzgeber keinen Gebrauch gemacht. Er hat sich in **§§ 12–14 SEAG** vielmehr darauf beschränkt, die Voraussetzungen für die Erteilung der „Wegzugbescheinigung" nach **Abs. 8** näher auszugestalten und somit den Umfang des Gläubiger- und Minderheitenschutzes detailliert zu regeln. Auch wenn Abs. 8 insoweit keine ausdrückliche Ermächtigungskompetenz für die Mitgliedstaaten vorsieht, folgt die Zulässigkeit doch aus der Tatsache, dass das deutsche Recht keine Regelungen für eine derartige Bescheinigung enthält. Auf die Einzelheiten ist im Zusammenhang mit Abs. 8 zurückzukommen (→ Rn. 14 ff.).

II. Das Verlegungsverfahren

1. Der Verlegungsbeschluss und seine Vorbereitung. a) Aufstellung des Verlegungsplans. 7 Der erste Schritt besteht in der Aufstellung eines **Verlegungsplans (Abs. 2).** Dabei handelt es sich um einen **Entwurf des Hauptversammlungsbeschlusses** über die Sitzverlegung.[15] Dies ergibt sich aus einem Umkehrschluss zu S. 2 lit. b. Die Kompetenz steht dem Vorstand bzw. dem Verwaltungsrat zu. Der Verlegungsplan enthält die maßgeblichen Grundlagen des gesamten Vorgangs und dient der Information der Aktionäre, Gläubiger und Arbeitnehmer. Keine Vorgaben finden sich zur Schriftform und zur Sprache. Anders als beim Verschmelzungsplan (→ Art. 20 Rn. 6) finden sich insoweit auch keine Vorgaben im nationalen Recht. Da Art. 8 die Einzelfragen ausführlich regelt, folgt im Umkehrschluss zu Abs. 8, dass der Verlegungsplan nicht der notariellen Beurkundung bedarf.[16] Aus einer teleologischen Auslegung, namentlich aus der Funktion des Plans, ergibt sich jedoch das Erfordernis, den Plan in einfacher Schriftform abzufassen.[17] Der Plan hat sich der Amtssprache des Wegzugsstaates zu bedienen.[18] Zu dem zwingenden **Mindestinhalt** zählen Firma (§ 18 HGB), bisheriger Sitz (Art. 7, § 2 SEAG) und die bisherige Registernummer. Anzugeben ist ferner der vorgesehene **neue Sitz (Abs. 2 S. 2 lit. a),** wobei nicht der Zuzugstaat, sondern die genaue politische Gemeinde im Zuzugstaat gemeint ist.[19] Soweit der Zuzugstaat von der Option in Art. 7 S. 2 nicht Gebrauch gemacht hat und Sitz und Ort der Hauptverwaltung an verschiedenen Orten im Zuzugstaat belegen sein sollen, ist beides anzugeben. Nach **Satz 2 lit. b** ist weiterhin die für die SE **vorgesehene Satzung** anzugeben. Der Sinn dieser Regelung ergibt sich daraus, dass es sich bei dem Sitzverlegungsbeschluss um eine Satzungsänderung handelt.[20] Weitere Änderungen in der

---

[14] Vgl. Art. 5a VO-E 1991, BT-Drs. 12/2004, 18.

[15] MüKoAktG/*Oechsler/Mihaylova* Rn. 10; *Ringe*, Die Sitzverlegung der Europäischen Aktiengesellschaft, 2006, 114; der Sache nach auch Kalss/Hügel/*Kalss* SEG § 6 Rn. 5, die von einer einseitigen Willenserklärung spricht.

[16] AA *Heckschen* DNotZ 2003, 251 (265); Widmann/Mayer/*Heckschen* UmwG Anh. 14 Rn. 417 (Stand Februar 2011); wie hier: Lutter/Hommelhoff/Teichmann/*Ringe* Rn. 18 f.; *Schwarz* Rn. 16; Kölner Komm AktG/ *Veil* Rn. 38; Habersack/Drinhausen/*Diekmann* Rn. 16; im Erg. auch NK-SE/*Schröder* Rn. 30, 36; noch weitergehend – formfrei, aber faktischer Zwang zur Schriftform aufgrund des weiteren Verfahrens – *Teichmann* in Van Hulle/Maul/Drinhausen SE-HdB 7. Abschnitt Rn. 25.

[17] Lutter/Hommelhoff/Teichmann/*Ringe* Rn. 18 f.; *Schwarz* Rn. 16; Kölner Komm AktG/*Veil* Rn. 38; Habersack/Drinhausen/*Diekmann* Rn. 16; im Erg. auch NK-SE/*Schröder* Rn. 30, 36; noch weitergehend – formfrei, aber faktischer Zwang zur Schriftform aufgrund des weiteren Verfahrens – *Teichmann* in Van Hulle/Maul/ Drinhausen SE-HdB 7. Abschnitt Rn. 25.

[18] *Schwarz* Rn. 16; Lutter/Hommelhoff/Teichmann/*Ringe* Rn. 20; *Zang*, Sitz und Verlegung des Sitzes einer Europäischen Aktiengesellschaft mit Sitz in Deutschland, 2005, 113 ff.; MüKoAktG/*Oechsler/Mihaylova* Rn. 10; Kölner Komm AktG/*Veil* Rn. 38.

[19] MüKoAktG/*Oechsler/Mihaylova* Rn. 11.

[20] Daraus folgt aber noch nicht eine notarielle Beurkundungspflicht des Verlegungsplans, vielmehr genügt die Beurkundung des nachfolgenden Verlegungsbeschlusses durch die Hauptversammlung; zum österreichischen SEG aA Kalss/Hügel/*Kalss* SEG § 6 Rn. 7.

Satzung sind theoretisch nicht vorzunehmen, infolge des geänderten nationalen Aktienrechts, das nach der Sitzverlegung zur Anwendung kommt, jedoch wohl regelmäßig unvermeidbar. Satz 2 lit. b erfordert die Angabe des vollständigen Textes der geänderten Satzung und nicht nur der Änderungen selber.[21] Ferner ist die geänderte Firma mitzuteilen, wobei es allerdings nicht zwingend zu einer solchen Änderung kommen muss. In diesem Fall ist eine Negativmitteilung erforderlich.[22]

8 Weiterhin sind nach **Satz 2 lit. c** die etwaigen **Folgen** der Sitzverlegung **für die Arbeitnehmermitbestimmung** mitzuteilen. Infolge der Rechtsformidentität (Abs. 1 S. 2) bleibt die vereinbarte Mitbestimmungsregelung grundsätzlich bestehen.[23] Eine Nach- oder Neuverhandlungspflicht gibt es nur, sofern dies bei Gründung in der ursprünglichen Vereinbarung über die Mitbestimmung festgelegt wurde (Art. 4 Abs. 2 lit. h SE-RL). Deutschland hat diese fakultative Regelung als Sollvorschrift ausgestaltet (§ 21 Abs. 4 SEBG). § 21 Abs. 4 SEBG spricht von „strukturellen Maßnahmen". Hierunter fällt die Sitzverlegung jedoch nicht, da sie die Struktur der SE unverändert lässt.[24] Dies gilt erst recht für die Auslegung des **§ 18 SEBG**, wonach eine gesetzliche Pflicht zur Wiederaufnahme der Verhandlungen bei strukturellen Maßnahmen begründet wird, wenn die Beteiligungsrechte gemindert würden.[25] Für eine unterschiedliche Auslegung der §§ 18, 21 Abs. 4 SEBG sind keine Sachgründe ersichtlich.[26] Die Sitzverlegung führt auch nicht zu einem Wegfall der Geschäftsgrundlage der Vereinbarung über die Beteiligung der Arbeitnehmer.[27] Sie begründet regelmäßig auch keinen Missbrauch im Sinne von § 43 SEBG, selbst wenn sie zur Verkürzung von Arbeitnehmermitbestimmungsrechten führt.[28] Beruht die Mitbestimmung freilich auf der gesetzlichen Auffanglösung, ändert sich das Mitbestimmungsmodell mit der Sitzverlegung, hierauf ist im Verlegungsplan hinzuweisen.[29]

9 Im Verlegungsplan ist weiterhin der **Zeitplan für die Verlegung** anzugeben **(Satz 2 lit. d)**. Hierbei handelt es sich um eine Prognose, deren Verletzung keinen Vertrauensschutz oder sonstige Sanktionen zeitigt und umgekehrt auch nicht den Vertrauensschutz vor Löschung im Register des Wegzugsstaates nach Abs. 13 S. 2 Hs. 2 beseitigt.[30] Nach **Satz 2 lit. e** sind schließlich etwaige **Rechte zum Schutz der Aktionäre** bzw. der Gläubiger anzugeben. Zu denken ist insoweit in erster Linie an Abfindungsansprüche für opponierende Aktionäre (Abs. 5, § 12 Abs. 1 SEAG, → Rn. 24). Ein fehlerhaft berechneter Abfindungsanspruch oder sein gänzliches Fehlen führt nach § 12 Abs. 2 iVm § 7 Abs. 5 SEAG nicht zur Anfechtbarkeit des Sitzverlegungsbeschlusses, da dieser gleichwohl in seiner gesetzlichen Höhe durchgesetzt werden kann. Dies gilt auch dann, wenn die Angabe der Abfindung ganz fehlt.[31] Bei den Angaben von etwaigen Rechten der Gläubiger ist eine verständliche Wiedergabe des sich aus Abs. 7 und § 13 SEAG ergebenden Anspruchs auf Sicherheit bei Glaubhaftmachung einer Gefährdung der Ansprüche der Gläubiger infolge der Sitzverlegung erforderlich.[32] Bei den nach Abs. 2 erforderlichen Angaben handelt es sich um Mindestangaben,[33] weitere Angaben

---

[21] MüKoAktG/*Oechsler/Mihaylova* Rn. 11.

[22] Konzilianter MüKoAktG/*Oechsler/Mihaylova* Rn. 11, die nur von einer Empfehlung sprechen; aA Kölner Komm AktG/*Veil* Rn. 25.

[23] So im Erg. auch Lutter/Hommelhoff/Teichmann/*Ringe* Rn. 12 f.; *Teichmann* in Van Hulle/Maul/Drinhausen SE-HdB 7. Abschnitt Rn. 17; *Schwarz* Rn. 10; MüKoAktG/*Oechsler/Mihaylova* Rn. 12a f.

[24] Lutter/Hommelhoff/Teichmann/*Ringe* Rn. 13a f.; *Löw/Stolzenberg* BB 2017, 245 (247); im Erg. ebenso *Oechsler* AG 2005, 373 (376); aA jetzt aber MüKoAktG/*Oechsler/Mihaylova* Rn. 12a sowie Lutter/Hommelhoff/Teichmann/*Oetker* SEBG § 18 Rn. 20; unklar MüKoAktG/*Jacobs* SEBG§ 18, der in Rn. 11 die Sitzverlegung als typische Strukturänderung nennt, in Rn. 17 diesen Charakter indes ablehnt.

[25] Eine Nachverhandlungspflicht ebenfalls abl. *Teichmann* in Van Hulle/Maul/Drinhausen SE-HdB 7. Abschnitt Rn. 18; *Hunger* in Jannott/Frodermann SE-HdB Kap. 9 Rn. 37; *Schwarz* Rn. 10; Kölner Komm AktG/*Feuerborn* SEBG § 18 Rn. 22, 41 mwN.

[26] Insoweit aA MüKoAktG/*Oechsler/Mihaylova* Rn. 12a, die § 21 Abs. 4 SEBG im Gegensatz zu § 18 SEBG auf die Sitzverlegung anwenden wollen.

[27] Lutter/Hommelhoff/Teichmann/*Ringe* Rn. 14; *Schwarz* Rn. 10 mwN; aA noch MüKoAktG/*Oechsler*, 3. Aufl. 2012, Rn. 13; *Oechsler* AG 2005, 373 (377).

[28] Ebenso und ausf. zum Ganzen *Drinhausen/Keinath* BB 2011, 2699 (2703); zust. MüKoAktG/*Oechsler/Mihaylova* Rn. 13.

[29] Kölner Komm AktG/*Veil* Rn. 28.

[30] Ebenso jetzt Kölner Komm AktG/*Veil* Rn. 32.

[31] Teilw. aA Habersack/Drinhausen/*Diekmann* Rn. 43, der hinsichtlich des Fehlens von einem Gesetzesverstoß spricht und insofern eine Anfechtung zulassen will; wie hier Kölner Komm AktG/*Veil* Rn. 62 f. mwN, 110; *Hoger*, Kontinuität beim Formwechsel nach dem UmwG und der grenzüberschreitenden Verlegung des Sitzes einer SE, 2008, 330; nunmehr auch MüKoAktG/*Oechsler/Mihaylova* Rn. 17; zur vergleichbaren Rechtslage in Österreich ebenso Kalss/Hügel/*Kalss* SEG § 6 Rn. 14.

[32] Einzelheiten bei MüKoAktG/*Oechsler/Mihaylova* Rn. 18; *Schwarz* Rn. 34 ff.

[33] Ebenso *Teichmann* in Van Hulle/Maul/Drinhausen SE-HdB 7. Abschnitt Rn. 24; *Schwarz* Rn. 14 mwN; aA Lutter/Hommelhoff/Teichmann/*Ringe* Rn. 24.

etwa zu steuerlichen Folgen der Sitzverlegung (→ Rn. 3) sind unschädlich.[34] Ein Umkehrschluss zu Art. 20 Abs. 2 ist nicht veranlasst.[35]

Der Verlegungsplan ist gem. Abs. 2 S. 1 mindestens zwei Monate vor Beginn der Hauptversammlung offen zu legen. Die **Offenlegung** hat nach den Maßgaben des Art. 13 zu erfolgen, der wiederum auf Art. 2–6 der Publizitäts-RL (RL 68/151/EWG) verweist.[36] Für die in Deutschland ansässige SE richtet sich die Veröffentlichung nach §§ 10, 11 HGB in der Fassung des EHUG. Die Veröffentlichung im elektronischen Bundesanzeiger setzt die in Abs. 6 und § 13 Abs. 1 und 2 SEAG genannten Fristen in Gang. Weiterhin ist der Plan nach **Abs. 4** mindestens **einen Monat lang** vor der Beschlussfassung durch die Hauptversammlung in Räumen der Gesellschaft am bisherigen Sitz der SE **auszulegen** und den Aktionären und Gläubigern unentgeltlich als Kopie auszuhändigen. Von der zuletzt genannten Pflicht befreit eine im Internet herunterladbare Version nicht, wenngleich auch diese Form der Veröffentlichung zusätzlich im eigenen Interesse der SE empfehlenswert ist. Eine Anpassung von Abs. 4 an die Erleichterungen nach der Aktionärsrechte-RL ist nicht erfolgt. Der Verstoß gegen die Pflicht zur Ermöglichung der Einsichtnahme eröffnet nach Art. 9 Abs. 1 lit. c ii, § 243 AktG die Möglichkeit zur Anfechtung des Sitzverlegungsbeschlusses.[37]

b) Verlegungsbericht (Abs. 3). Das Leitungs- oder Verwaltungsorgan hat nach Abs. 3 zusätzlich zum Verlegungsplan einen Verlegungsbericht aufzustellen. In diesem sind die wirtschaftlichen und rechtlichen Auswirkungen der Sitzverlegung für die Aktionäre, die Gläubiger und die Arbeitnehmer darzustellen.[38] Eine vollumfängliche Darstellung des künftig subsidiär anwendbaren ausländischen Rechts ist jedoch nicht erforderlich.[39] Es genügen **zusammenfassende Darstellungen** mit den wesentlichen Vor- und Nachteilen für Aktionäre, Gläubiger und Arbeitnehmer. Dies ergibt sich daraus, dass der Verlegungsbericht allein die Vorabinformation der beteiligten Personenkreise bezweckt.[40] **Regelungsvorbild** ist der **Verschmelzungs- bzw.** der **Spaltungsbericht** in der RL 82/891/EWG (nunmehr RL (EU) 2017/1132 [GesR-RL]).[41] Auf die insoweit entwickelte Auslegung kann man bei der Exegese von Abs. 3 unter Einschluss der Umsetzung im harmonisierten nationalen Verschmelzungs- und Spaltungsrecht zurückgreifen.[42] Der Verlegungsbericht ist **schriftlich** abzufassen.[43] Er obliegt der Gesamtverantwortung des Leitungs- oder Verwaltungsorgans, weshalb abweichende Minderheitsvoten einzelner Vorstands- bzw. Verwaltungsratsmitglieder nicht offen zu legen sind.[44] Anders als in § 8 Abs. 3 UmwG besteht keine Möglichkeit der Aktionäre, auf den Verlegungsbericht zu verzichten.[45] Für die Offenlegung und Ermöglichung der Einsichtnahme des Verlegungsberichts gilt dasselbe wie für den Verlegungsplan (Abs. 4, 6, → Rn. 10).

c) Beschluss der Hauptversammlung (Abs. 6). Hinsichtlich des Verlegungsbeschlusses ist zwischen formellen und materiellen Wirksamkeitsvoraussetzungen zu unterscheiden. Zu den **formellen Wirksamkeitsvoraussetzungen** gehört zunächst, dass der Beschluss **nicht vor Ablauf von zwei Monaten** seit der Offenlegung (Abs. 6 S. 1) erfolgen darf. Die Frist beginnt am Tag nach der Veröffentlichung des Verlegungsplanes im Bundesanzeiger. Weiter folgt aus Abs. 4, dass der Beschluss erst gefasst werden darf, sofern die Aktionäre und Gläubiger der SE einen Monat vor Beginn der Hauptversammlung die Möglichkeit zur Einsichtnahme in Verlegungsplan und -bericht gehabt

---

[34] Kalss/Hügel/*Kalss* SEG § 6 Rn. 10; ausf. zum Ganzen Kölner Komm AktG/*Veil* Rn. 27; *Hoger*, Kontinuität beim Formwechsel nach dem UmwG und der grenzüberschreitenden Verlegung des Sitzes einer SE, 2008, 329; *Zang*, Sitz und Verlegung des Sitzes einer Europäischen Aktiengesellschaft mit Sitz in Deutschland, 2005, 187.
[35] Ausf. Begründung bei *Teichmann* in Van Hulle/Maul/Drinhausen SE-HdB 7. Abschnitt Rn. 24.
[36] Inzwischen aufgehoben durch RL 2009/101/EG und sodann neu gefasst in Art. 14 ff. RL (EU) 2017/1132 (GesR-RL).
[37] MüKoAktG/*Oechsler/Mihaylova* Rn. 25; Einzelheiten bei Lutter/*Grunewald* UmwG § 63 Rn. 14.
[38] Einzelheiten bei MüKoAktG/*Oechsler/Mihaylova* Rn. 19 ff.; Lutter/Hommelhoff/Teichmann/*Ringe* Rn. 26 ff.; Kölner Komm AktG/*Veil* Rn. 48 ff.
[39] *Brandt* NZG 2002, 991 (994); MüKoAktG/*Oechsler/Mihaylova* Rn. 22; *Schwarz* Rn. 20.
[40] Vgl. näher dazu *Priester* ZGR 1999, 36 (41).
[41] Art. 124 und Art. 141 RL(EU) 2017/1132 (GesR-RL) [ex Art. 7 RL 2005/56/EG und Art. 7 RL 82/891/EWG].
[42] Allg. zum Verschmelzungs- und Spaltungsbericht auf europäischer Ebene vgl. etwa *Grundmann* EuropGesR Rn. 892, zu § 8 UmwG statt aller Lutter/*Drygala* UmwG § 8 Rn. 11 ff.
[43] Ebenso *Hunger* in Jannott/Frodermann SE-HdB Kap. 9 Rn. 64; *Zang*, Sitz und Verlegung des Sitzes einer Europäischen Aktiengesellschaft mit Sitz in Deutschland, 2005, 135; MüKoAktG/*Oechsler/Mihaylova* Rn. 19; Kölner Komm AktG/*Veil* Rn. 45; aA *Teichmann* in Van Hulle/Maul/Drinhausen SE-HdB 7. Abschnitt Rn. 34.
[44] Kalss/Hügel/*Kalss* SEG § 6 Rn. 20.
[45] Kölner Komm AktG/*Veil* Rn. 45; *Wenz* in Theisen/Wenz Eur AGS. 239; Kalss/Hügel/*Kalss* SEG § 6 Rn. 21; *Teichmann* in Van Hulle/Maul/Drinhausen SE-HdB 7. Abschnitt Rn. 27; Widmann/Mayer/*Heckschen* UmwG Anh. 14 Rn. 422 (Stand Februar 2011); *Hunger* in Jannott/Frodermann SE-HdB Kap. 9 Rn. 78 f.; aA mit beachtlichen Argumenten MüKoAktG/*Oechsler/Mihaylova* Rn. 19 mwN.

haben. Ein Verstoß gegen diese beiden Fristen führt zur Anfechtbarkeit, nicht etwa zur Nichtigkeit oder zur schwebenden Unwirksamkeit des Beschlusses.[46] Gemäß dem Verweis in Abs. 6 S. 2 auf das Mehrheitserfordernis des Art. 59 Abs. 1 ist mindestens eine Zweidrittelmehrheit erforderlich. Für eine in Deutschland ansässige SE folgt aus Art. 59 Abs. 1 aE iVm § 179 Abs. 2 S. 1 AktG jedoch wie bei jeder Satzungsänderung der SE das Erfordernis einer **Dreiviertelmehrheit**.[47] Aus § 51 S. 2 SEAG ergibt sich, dass die Satzung für den Sitzverlegungsbeschluss auch kein geringeres Mehrheitserfordernis vorsehen kann. Möglich ist es allerdings, dass die Satzung Sonderbeschlüsse nach Art. 60 Abs. 2 im Zusammenhang mit der Mitbestimmung vorsieht, um einen qualifizierten Minderheitenschutz zu gewährleisten.[48] Aus Art. 9 Abs. 1 lit. c iVm § 130 AktG folgt, dass der Sitzverlegungsbeschluss wie jeder Satzungsänderungsbeschluss notariell beurkundet werden muss. Es muss sich grundsätzlich um einen Notar aus dem Wegzugsstaat handeln, es sei denn, der Notar aus dem Zuzugsstaat wird nach Vorbildung und der Stellung im Rechtsleben als gleichwertig erachtet. Ferner muss das von dem ausländischen Notar zu beachtende Verfahrensrecht den tragenden Grundsätzen des deutschen Beurkundungsrechts entsprechen.[49]

13 Materielle Wirksamkeitsvoraussetzungen ergeben sich in erster Linie aus **Abs. 15**.[50] Danach darf ein Beschluss nicht gefasst werden, wenn gegen die SE ein Auflösungs-, Liquidations- oder Insolvenzverfahren oder ein ähnliches Verfahren eröffnet ist. Ein ähnliches Verfahren muss ebenfalls auf Beendigung der Gesellschaft gerichtet sein oder deren finanzielle Grundlagen betreffen. Ziel dieser Vorschrift ist der Gläubigerschutz. Ein Verstoß gegen diese negative Wirksamkeitsvoraussetzung in Abs. 15 führt deshalb zur Nichtigkeit nach Art. 9 lit. c ii iVm § 241 Nr. 3 Alt. 2 AktG.[51] Weiterhin darf die Sitzverlegung **nicht anlässlich einer Umwandlung** einer nationalen Aktiengesellschaft in eine SE nach § 2 Abs. 4 SE-VO erfolgen (**Art. 37 Abs. 3**).[52] Die Formulierung „anlässlich einer Sitzverlegung" ist eng auszulegen, da eine besondere zeitliche Wartefrist wie in anderen Fällen (Art. 2, 66) nicht angeordnet ist. Es darf sich nach den äußeren Umständen jedoch nicht um einen einheitlichen Lebenssachverhalt handeln. Ein Verstoß gegen die Vorgabe in Art. 37 Abs. 3 führt nur zur Anfechtbarkeit des Beschlusses, da Art. 37 Abs. 3 keine gläubigerschützende Wirkung entfaltet.[53] Nach **Abs. 14** kann eine Behörde des Wegzugsstaates Einspruch gegen die Sitzverlegung erheben, sofern das nationale Ausführungsgesetz von der Ermächtigung in Abs. 14 Gebrauch gemacht hat und ein öffentliches Interesse besteht.[54] Deutschland hat die Option nicht ausgeübt.

14 **2. Erfüllung der Sicherungsansprüche der Gläubiger (Abs. 7); Erteilung der Bescheinigung nach Abs. 8.** Abs. 7 UAbs. 1 macht die „Wegzugsbescheinigung" nach Abs. 8 davon abhängig, dass die SE nachweist, dass die Interessen ihrer Gläubiger und sonstiger Forderungsberechtigter im Einklang mit den Anforderungen des Mitgliedstaates angemessen geschützt sind. Wann dies der Fall ist, wird in Abs. 7 naturgemäß nicht geregelt, da insoweit auf das nationale Recht verwiesen wird. Damit enthält **Abs. 7** einen **Regelungsauftrag an den nationalen Gesetzgeber**,[55] den Deutschland in § 13 SEAG erfüllt hat. Abs. 7 zielt auf einen **vorgelagerten Schutz für Altverbindlichkeiten**. Der maßgebliche zeitliche Anknüpfungspunkt besteht nach Abs. 7 UAbs. 1 im **Zeitpunkt** der Offenlegung des Verlegungsplans. Der nationale Gesetzgeber hat jedoch die Option, diesen Schutz auf Verbindlichkeiten, die bis zum Zeitpunkt der Verlegung entstehen oder entstehen können, auszudehnen. Mit diesem Zeitpunkt in UAbs. 2 ist die Eintragung des Sitzverlegungsbe-

---

[46] MüKoAktG/*Oechsler*/*Mihaylova* Rn. 26; *Göz* ZGR 2008, 593 (626).
[47] Ausf. Begründung bei *Ringe*, Die Sitzverlegung der Europäischen Aktiengesellschaft, 2006, 109 ff.; ebenso Lutter/Hommelhoff/Teichmann/*Ringe* Rn. 39; *Wenz* in Theisen/Wenz Eur AG S. 239; *Schwarz* Rn. 32; aA *Teichmann* in Van Hulle/Maul/Drinhausen SE-HdB 7. Abschnitt Rn. 6: theoretisch genüge Zwei-Drittel-Mehrheit, für die Praxis jedoch Empfehlung, auf Drei-Viertel-Mehrheit abzustellen. Differenzierend *Zang*, Sitz und Verlegung des Sitzes einer Europäischen Aktiengesellschaft mit Sitz in Deutschland, 2005, 183 f.; MüKoAktG/*Oechsler*/*Mihaylova* Rn. 26a.
[48] Ähnlich MüKoAktG/*Oechsler*/*Mihaylova* Rn. 26b; *Hoger*, Kontinuität beim Formwechsel nach dem UmwG und der grenzüberschreitenden Verlegung des Sitzes einer SE, 2008, 107; Lutter/Hommelhoff/Teichmann/*Ringe* Rn. 40.
[49] BGHZ 80, 76 (78) = NJW 1981, 1160; BGH NJW 2015, 336 (337); MüKoAktG/*Oechsler*/*Mihaylova* Rn. 27 mwN, → § 130 AktG Rn. 18. Strenger noch Vorauf. (3. Aufl. 2015) Rn. 12.
[50] Details bei Lutter/Hommelhoff/Teichmann/*Ringe* Rn. 83 ff.
[51] Ebenso MüKoAktG/*Oechsler*/*Mihaylova* Rn. 33; NK-SE/*Schröder* Rn. 127; *Göz* ZGR 2008, 593 (627).
[52] Krit. dazu *van Eck*/*Roelofs* ECL 6 (2009), 105 (108 f.).
[53] Zust. MüKoAktG/*Oechsler*/*Mihaylova* Rn. 33; Kölner Komm AktG/*Veil* Rn. 60.
[54] Die Vorschrift geht auf eine britische Initiative zurück und soll ein Einspruchsrecht von Finanzbehörden ermöglichen, vgl. *Teichmann* ZIP 2002, 1109 (1111).
[55] Kalss/Hügel/*Kalss* SEG § 14 Rn. 1; im Erg. wohl auch MüKoAktG/*Oechsler*/*Mihaylova* Rn. 34, die von einer „Regelungsbefugnis" sprechen; demgegenüber spricht *Schwarz* Rn. 35 von einer Ermächtigung; ähnlich *Ringe*, Die Sitzverlegung der Europäischen Aktiengesellschaft, 2006, 125 ff.

schlusses in das Register des Zuzugsstaates gemeint. Der deutsche Gesetzgeber hat in § 13 Abs. 2 **SEAG** von dieser Ermächtigung nur in maßvollem Umfang Gebrauch gemacht und auch Forderungen erfasst, die vor oder bis zu 15 Tage nach der Offenlegung des Verlegungsplans entstanden sind.[56] Mit der Frist von 15 Tagen lehnt sich der Gesetzgeber des Ausführungsgesetzes an § 15 Abs. 2 HGB an.[57] Es kommt maßgeblich auf das Entstehen der Forderung, nicht auf deren Fälligkeit oder Durchsetzbarkeit an.[58] Hinsichtlich der Einzelheiten (Dauerschulden, aufschiebende und auflösende Bedingung, Befristung) ist auf die Erläuterung zu § 225 AktG zu verweisen (→ § 225 AktG Rn. 6 ff.).

Anspruchsberechtigt sind alle Gläubiger (§ 13 Abs. 1 S. 1 SEAG), die einen schuldrechtlichen 15 oder öffentlich-rechtlichen Anspruch gegen die SE haben.[59] Die Auslegung dieser Vorschrift deckt sich mit derjenigen zu §§ 22 UmwG, 225 AktG (→ § 225 AktG Rn. 11 ff.). Voraussetzung für den Anspruch auf Sicherstellung ist dreierlei: die Gläubiger müssen ihre Ansprüche schriftlich unter Angabe der genauen Höhe und des Entstehungsgrundes anmelden, hierfür ist die **materielle Ausschlussfrist von zwei Monaten** einzuhalten. Schließlich müssen die Gläubiger glaubhaft machen, dass durch die Sitzverlegung die Erfüllung ihrer Ansprüche gefährdet wird. Auf die Frist und die Folgen dieser Ausschlussfrist sind die Gläubiger im Verlegungsplan hinzuweisen (§ 13 Abs. 1 S. 3 SEAG). Ist die Frist nicht sachlich richtig im Verlegungsplan festgesetzt (Art. 8 Abs. 2 S. 2 lit. e), so kann sich die SE aufgrund widersprüchlichen Verhaltens (§ 242 BGB) nicht auf den Fristablauf berufen.[60] Die Ausschlussfrist kann von der SE verlängert, nicht aber verkürzt werden.[61] Das Gesetz definiert das Sicherungsinteresse nicht näher. Der Vorschlag, einen Katalog mit Regelbeispielen aufzunehmen,[62] hat sich im Laufe des Gesetzgebungsverfahrens nicht durchgesetzt.[63] Damit bleibt die Frage zu beantworten, ob jede Sitzverlegung eine **Gefährdung der Forderungen** der Gläubiger bedeutet. Dies ist zu verneinen.[64] Ein Schutz wird bereits durch die Sitzfiktion des Abs. 16 gewährleistet, die dazu führt, dass eine SE auch noch nach ihrem Wegzug im Wegzugsstaat hinsichtlich Altforderungen verklagt werden kann (perpetuatio fori). Diese Tatsache allein schließt eine Gefährdung jedoch noch nicht aus. Entscheidend ist vielmehr, ob dieser im Wegzugsstaat erstrittene Titel auch noch vollstreckt werden kann. Insoweit ist häufig auf die **Gefahr der Vermögensverlagerung** abgestellt worden, wobei eine Ansicht meint, dass es sich dabei um ein allgemeines, von der Sitzverlegung unabhängiges Problem handelt, die Gefährdung also besonders glaubhaft gemacht werden muss,[65] während andere aus der mit der Sitzverlegung einhergehenden Verlagerung der Hauptverwaltung einen Beweis des erstens Anscheins für eine Vermögensverlagerung und damit für eine Gläubigergefährdung sehen.[66] Entscheidend ist die **Vollstreckungsmöglichkeit**. Zwar besteht nach Art. 39 ff. EuGVVO[67] (ex Art. 38 ff. EuGVVO aF[68]) die Möglichkeit, auch bei vollständiger Vermögensverlagerung in den Zuzugsstaat mit dem einmal erwirkten Titel zu einer raschen Anerkennung zu gelangen. Jedoch ist nicht zu verkennen, dass das Vollstreckungsverfahren im Ausland insgesamt doch aufwendiger, längerfristig und kostenintensiver ist.[69] Solange das Vollstreckungsverfahren innerhalb der EU nicht weitergehend harmonisiert ist, wird man davon ausgehen können, dass eine vollständige oder weitgehende Verlagerung des Vermögens der SE in den Zuzugsstaat eine Gefähr-

---

[56] Zur Frage, wie § 13 SEAG auszugestalten wäre, wenn im Rahmen einer Evaluation nach Art. 69 die Sitzfiktion des Abs. 16 aufgegeben würde vgl. *Casper* ZHR 173 (2009) 181 (212 f.).

[57] Zust. MüKoAktG/*Oechsler*/*Mihaylova* Rn. 37; aA *Hoger*, Kontinuität beim Formwechsel nach dem UmwG und der grenzüberschreitenden Verlegung des Sitzes einer SE, 2008, 286 ff.

[58] *Schwarz* Rn. 38; Kölner Komm AktG/*Veil* Rn. 72; aA wohl MüKoAktG/*Oechsler*/*Mihaylova* Rn. 38: „Die Forderung darf noch nicht fällig sein" sowie Binder/Jünemann/Merz/Sinewe/*Binder*, Die Europäische Aktiengesellschaft (SE) 2007, § 5 Rn. 33; vgl. zu den parallelen Fragen bei § 225 AktG → § 225 AktG Rn. 6 f.

[59] Vgl. Lutter/Hommelhoff/Teichmann/*Ringe* Rn. 47, die zu Recht darauf hinweisen, dass dingliche Ansprüche, die selbst eine Sicherheit darstellen, nicht erfasst werden; vgl. ferner *Wenz* in Theisen/Wenz Eur AG S. 243.

[60] MüKoAktG/*Oechsler*/*Mihaylova* Rn. 36.

[61] MüKoAktG/*Oechsler*/*Mihaylova* Rn. 36.

[62] Vorschlag des Bundesrates, vgl. BT-Drs. 15/3656, 4.

[63] BT-Drs. 15/3656, 9.

[64] Vgl. zu entsprechenden rechtspolitischen Überlegungen bei Aufgabe des Kopplungsgebots in Art. 7 für die Verlegung des Satzungssitzes aber *Casper/Weller* NZG 2009, 681 (685).

[65] Kalss/Hügel/*Kalss* SEG § 14 Rn. 12; Neye/*Teichmann* AG 2003, 169 (174 f.); *Teichmann* in Theisen/Wenz Eur AG 724 f.; *Teichmann* in Van Hulle/Maul/Drinhausen SE-HdB 7. Abschnitt Rn. 50; Habersack/Drinhausen/ *Diekmann* Rn. 69 ff.; *Schwarz* Rn. 36, der anderenfalls befürchtet, dass von Art. 8 in der Praxis nicht Gebrauch gemacht würde.

[66] In diesem Sinne MüKoAktG/*Oechsler*/*Mihaylova* Rn. 40 f.

[67] Verordnung (EU) Nr. 1215/2012 des Europäischen Parlaments und des Rates v. 12.12.2012 über die gerichtliche Zuständigkeit und die Anerkennung und Vollstreckung von Entscheidungen in Zivil- und Handelssachen, ABl. EU 2012 L 1, v. 20.12.2012; diese wird auch als EuGVO oder Brüssel Ia-Verordnung bezeichnet.

[68] ABl. EG 2001 L 12, 1 v. 16.1.2001.

[69] Ebenso Kalss/Hügel/*Kalss* SEG § 14 Rn. 12.

dung iSd § 13 Abs. 1 S. 2 SEAG bewirkt. Verbleibt jedoch ein ausreichender Teil des Vermögens im Wegzugsstaat und wird dies im Verlegungsplan hinreichend deutlich gemacht, so müssen für eine Gefährdung weitere Umstände hinzutreten.[70] Die **Absenkung der Kapitalerhaltungsvorschriften** ist insoweit angesichts der durch die RL 2012/30/EU [jetzt RL (EU) 2017/1132 (GesR-RL)] erreichten Harmonisierung jedoch kein taugliches Anknüpfungsmoment.[71] Selbst wenn der Wegzugsstaat strenger als die Richtlinie und der Zuzugsstaat war, begründet dies nur dann eine Gefährdung, wenn im Zusammenhang mit der Sitzverlegung eine Kapitalherabsetzung vorgenommen wird oder die fortziehende SE sich in der Krise befindet.[72]

16 Der **Inhalt und Umfang des Anspruchs auf Sicherheitsleistung** deckt sich mit dem entsprechenden Anspruch in § 225 AktG bzw. in § 22 UmwG und richtet sich somit letztlich nach **§§ 232 ff. BGB**.[73] Hinsichtlich der Einzelheiten ist auf die Rechtsprechung und das Schrifttum zu diesen Vorschriften zu verweisen.

17 Die **Erteilung der Bescheinigung nach Art. 8, § 13 Abs. 3 SEAG, § 14 SEAG** stellt bildlich gesprochen den Reisepass mit Ausreisegenehmigung der SE dar und fungiert als Bindeglied zwischen den Aufsichtseinrichtungen der beiden betroffenen Rechtsordnungen. Die Bescheinigung wird der SE erteilt und nicht unmittelbar an das Register des Zuzugstaates übermittelt, das nach Abs. 9 erst auf Antrag der SE tätig wird; vorher ist die SE also im Außenverhältnis nicht an die Sitzverlegung gebunden.[74] Zuständig für die Erteilung ist nach § 4 S. 1 SEAG das nach §§ 376, 377 FamFG, 23a GVG zuständige Amtsgericht, bei dem das Handelsregister der wegziehenden SE geführt wird. Die Erteilung der Bescheinigung kann als vorläufige Maßnahme ins Handelsregister eingetragen werden,[75] ihre Erteilung ist eine **rechtsmittelfähige Entscheidung iSd § 58 FamFG**. Bei Nichterteilung steht der SE die Beschwerde nach § 58 FamFG zu. Dritte, wie zB Gläubiger der SE, denen nicht Sicherheit nach Abs. 7 geleistet worden ist, können nach §§ 59, 390 FamFG Einspruch gegen die Erteilung der Wegzugsbescheinigung iSd Abs. 8 erheben. Die Erteilung der Bescheinigung nach Abs. 8 und ihre Eintragung ins Handelsregister bewirkt jedoch **keine Eintragungssperre** für sonstige Strukturmaßnahmen wie Kapitalerhöhungen oder einen Wechsel von Vorstandsmitgliedern.[76]

18 **Inhalt und Prüfungsgegenstand** der Bescheinigung sind die für eine Sitzverlegung erforderlichen Rechtshandlungen und Formalitäten. Sie ergeben sich aus den Absätzen 2 bis 7 sowie aus §§ 13 Abs. 3, 14 SEAG:

(1) Aufstellung eines **Verlegungsplans** nach Abs. 2 und dessen Offenlegung (→ Rn. 7 ff.)
(2) Erteilung eines **Verlegungsberichts** nach Abs. 3 (→ Rn. 11)
(3) **Ermöglichung der Einsichtnahme** in den Verlegungsplan und den -bericht (Abs. 4)
(4) Nachweis eines **formell rechtmäßigen Hauptversammlungsbeschlusses** über die Sitzverlegung[77]
(5) **Bestätigung** des Vertretungsorgans der SE **nach § 14 SEAG,** dass keine Klage gegen die Wirksamkeit des Verlegungsbeschlusses erhoben wurde bzw. eine solche Klage rechtskräftig abgewiesen wurde. Diese **Negativerklärung nach § 14 SEAG** ist § 16 Abs. 2 UmwG nachgebildet worden. Ein § 16 Abs. 3 UmwG vergleichbares Freigabeverfahren fehlt,[78] da Klagen gegen die Höhe des Abfindungsanspruchs iSd Abs. 5 dem Spruchstellenverfahren zugewiesen sind (→ Rn. 9). Anfechtungsklagen aus anderen Gründen können damit aber eine Blockade entfalten. Zu den Klagen iSd § 14 SEAG zählen neben der Anfechtungsklage, die Nichtigkeits- und die Unwirksamkeitsfeststellungsklage analog § 249 AktG (→ Vor § 241 AktG Rn. 12). Eine einfache Feststellungsklage ist hingegen nicht erfasst. Art. 12 Abs. 2 ist selbst dann nicht analog

---

[70] Zu weitgehend deshalb die bloße Abstellung auf die Verlagerung der Hauptverwaltung bei MüKoAktG/ *Oechsler/Mihaylova* Rn. 41; die hier vertretene Lösung ablehnend und auf eine einzelfallbezogene Gesamtbetrachtung abstellend Kölner Komm AktG/ *Veil* Rn. 80.
[71] So tendenziell aber *Ihrig/Wagner* BB 2003, 969 (973 f.).
[72] Weitergehend aber MüKoAktG/ *Oechsler/Mihaylova* Rn. 40.
[73] § 225 AktG Rn. 20 f. sowie Hüffer/Koch/*Koch* AktG § 225 Rn. 13; *Ritter* FS Oppenhoff, 1985, 317 (319 ff.).
[74] Kalss/Hügel/*Kalss* SEG § 15 Rn. 36. Im Innenverhältnis besteht hingegen eine Bindung aus dem Beschluss über die Sitzverlegung; dies zu Recht betonend auch Kölner Komm AktG/ *Veil* Rn. 86.
[75] MüKoAktG/ *Oechsler/Mihaylova* Rn. 45; *Priester* ZGR 1999, 36 (44); Kalss/Hügel/*Kalss* SEG § 15 Rn. 34.
[76] Kalss/Hügel/*Kalss* SEG § 15 Rn. 38.
[77] Weitergehend MüKoAktG/ *Oechsler/Mihaylova* Rn. 46: auch Nachweis der materiellen Wirksamkeit.
[78] Seine analoge Anwendung ist nach zutr. Auffassung mangels Regelungslücke abzulehnen, vgl. Kölner Komm AktG/ *Veil* Rn. 63; *Teichmann* in Van Hulle/Maul/Drinhausen SE-VO 7. Abschnitt Rn. 38; aA MüKoAktG/ *Oechsler/Mihaylova* Rn. 48; Habersack/Drinhausen/*Diekmann* Rn. 59; *Witten*, Minderheitenschutz bei Gründung und Sitzverlegung der Europäischen Aktiengesellschaft, 2011, 119; *Hoger*, Kontinuität beim Formwechsel nach dem UmwG und der grenzüberschreitenden Verlegung des Sitzes einer SE, 2008, 331; *Ringe*, Die Sitzverlegung der Europäischen Aktiengesellschaft, 2006, 121 f.

anzuwenden, wenn eine Pflicht zur Neuverhandlung über die Arbeitnehmerbeteiligung (→ Rn. 8) besteht.

(6) **Versicherung** des Vorstandes bzw. der geschäftsführenden Direktoren nach **Abs. 7, § 13 Abs. 3 SEAG,** dass allen Gläubigern, die nach § 13 Abs. 1, 2 SEAG einen Anspruch auf Sicherheitsleistung haben, eine angemessene Sicherheitsleistung erteilt wurde. Anders als bei § 225 AktG, § 22 UmwG wird die Sicherheitsleistung damit zu einer Eintragungsvoraussetzung erhoben.[79] Ein einziger Rechtsstreit über einen Anspruch auf Sicherheitsleistung hindert somit die Eintragung der Sitzverlegung. Damit bleibt der SE in der Praxis nur die Möglichkeit, jede geltend gemachte Forderung zu begleichen, um eine Verzögerung zu vermeiden. Hält die SE einen Anspruch auf Sicherheitsleistung für unbegründet, muss sie unter Vorbehalt zahlen, um der Wirkung des § 814 BGB vorzubeugen.[80] Soweit dem anspruchstellenden Gläubiger ein erpresserisches Motiv nachgewiesen werden kann, kommt dann später außer einem Konditions- auch noch ein Schadenersatzanspruch aus § 826 BGB in Betracht. Die Versicherung nach § 13 Abs. 3 SEAG erfordert nicht, jeden einzelnen erfüllten oder als unbegründet bzw. verfristet zurückgewiesenen Anspruch in der Erklärung aufzulisten,[81] da dem Registergericht insoweit kein materielles Prüfungsrecht hinsichtlich der Ansprüche der Gläubiger aus Abs. 7, § 13 SEAG zukommt. Soweit ausnahmsweise eine neue Vereinbarung über die Mitbestimmung geschlossen wird, was regelmäßig nicht der Fall ist (→ Rn. 8), muss deren Vorliegen dem Gericht nicht versichert werden.[82]

Im Übrigen kommt dem Registergericht des Wegzugsstaates hinsichtlich der nach Abs. 8 erforderlichen Angaben grds. ein **materielles Prüfungsrecht** in Bezug auf sämtliche, für die Sitzverlegung im Wegzugsstaat bestehende Voraussetzungen (Verlegungsplan oder -bericht) zu.[83] Bezüglich der Wirksamkeit des Hauptversammlungsbeschlusses ist allerdings eine Ausnahme anzuerkennen.[84] Dies ergibt sich aus einem Umkehrschluss zu § 14 SEAG, wonach nur das Vorliegen der Negativerklärung überprüft werden kann. Die Prüfung der materiellen Wirksamkeit des Verlegungsbeschlusses ist Aufgabe des Anfechtungsprozesses. Gleiches gilt auch für die Versicherung nach § 13 Abs. 3 SEAG. Da es sich bei dem Anspruch auf Sicherheitsleistung nach Abs. 7, § 13 SEAG um einen klagbaren Anspruch handelt, ist das Bestehen dieser Ansprüche im Wege der Leistungsklage und nicht im Rahmen des registergerichtlichen Verfahrens auszufechten. **19**

3. **Eintragung und Offenlegung der Sitzverlegung (Abs. 9, 11, 12).** Hinsichtlich der Eintragung und ihrer Offenlegung sind mehrere Ebenen zu unterscheiden. Die Eintragung der Sitzverlegung muss im Register des Zuzugsstaates erfolgen (Abs. 9). Daraufhin muss das Zuzugsregister das Wegzugsregister informieren, in welchem die SE gelöscht wird. Beide Eintragungen müssen sodann gem. Abs. 12 iVm Art. 13 in beiden betroffenen Mitgliedstaaten offen gelegt werden. Die Eintragung in das Register des Zuzugsstaates macht **Abs. 9** von zwei Voraussetzungen abhängig. Zum einen muss die Bescheinigung nach Abs. 8 vorlegt werden. Der Zuzugsstaat kann verlangen, dass die SE diese Bescheinigung auf ihre Kosten von einem öffentlich bestellten Übersetzer in die Amtssprache des Zuzugsstaates übersetzen lässt.[85] Zum zweiten muss die SE die im aufnehmenden Staat **für eine Eintragung erforderlichen Formalitäten** einhalten.[86] Der Prüfungsumfang erschließt sich aus seinem systematischen Zusammenhang mit Abs. 8. Solche Punkte, die der Wegzugsstaat bereits im Zusammenhang mit der Ausstellung der Bescheinigung nach Abs. 8 geprüft hat, wie etwa die Aufstellung eines Verlegungsplans, darf das Registergericht des Zuzugsstaates nicht abermals prüfen.[87] Der Sache nach ist das Zuzugsregister also grds. auf die **Prüfung der formellen Voraussetzungen** **20**

---

[79] Diese Versicherung als eine Eintragungsvoraussetzung auszugestalten, war im Laufe des Gesetzgebungsverfahrens umstritten, vgl. *Teichmann* ZGR 2002, 383 (461) unter Rückgriff auf *Priester* ZGR 1999, 36 (44) einerseits und *Wenz* in Theisen/Wenz Eur AG S. 245 anderseits.
[80] Ebenso MüKoAktG/*Oechsler*/*Mihaylova* Rn. 44; demgegenüber für eine strenge Auslegung des Sicherungsinteresses *Brandt* DStR 2003, 1208 (1214).
[81] AA MüKoAktG/*Oechsler*, 3. Aufl. 2012, Rn. 47.
[82] Kölner Komm AktG/*Veil* Rn. 88.
[83] Lutter/Hommelhoff/Teichmann/*Ringe* Rn. 59; NK-SE/*Schröder* Rn. 85; im Erg. auch Kalss/Hügel/*Kalss* SEG § 15 Rn. 35; *Schwarz* Rn. 44 f.; *Ringe*, Die Sitzverlegung der Europäischen Aktiengesellschaft, 2006, 143 f.
[84] Wie hier Habersack/Drinhausen/*Diekmann* Rn. 82; aA MüKoAktG/*Oechsler*/*Mihaylova* Rn. 46, wonach das Gericht auch die materielle Wirksamkeit des Verlegungsbeschlusses prüft.
[85] Kalss/Hügel/*Kalss* SEG § 15 Rn. 44; *de Lousanoff* FS Spiegelberger, 2009, 604 (608).
[86] Vgl. zum notwendigen Inhalt der Handelsregisteranmeldung und den beizufügenden Unterlagen *de Lousanoff* FS Spiegelberger, 604 (614 ff.).
[87] MüKoAktG/*Oechsler*/*Mihaylova* Rn. 50; NK-SE/*Schröder* Rn. 95; Lutter/Hommelhoff/Teichmann/*Ringe* Rn. 69; im Erg. auch *Ringe*, Die Sitzverlegung der Europäischen Aktiengesellschaft, 2006, 145 sowie *Teichmann* in Van Hulle/Maul/Drinhausen SE-HdB 7. Abschnitt Rn. 41.

einer Anmeldung beschränkt (in Deutschland § 12 HGB, § 39 AktG).[88] Namentlich kommt auch nicht analog §§ 197, 245 UmwG eine Gründungsprüfung nach § 33 Abs. 2 AktG mit der Begründung in Betracht, dass es sich um eine wirtschaftliche Neugründung handele oder eine dem Formwechsel vergleichbare Situation entstehe.[89] Einer derartigen Auslegung steht nicht nur der Wortlaut von Abs. 9 und sein systematisches Verhältnis zu Abs. 8 entgegen, sondern vor allem auch das Prinzip der Identitätswahrung in Abs. 1 S. 2.[90] Soweit allerdings das Gesellschaftsrecht des Zuzugsstaates, welches subsidiär auf die SE Anwendung findet, von den Vorgaben des Rechts des Wegzugsstaates abweichende Erfordernisse aufstellt, ist in diesem Umfang eine materielle Prüfung durch das Registergericht des Zuzugsstaates vorzunehmen.[91] Das Registergericht des Wegzugsstaates wird in der Regel mit den Erfordernissen, die sich aus dem Recht des Zuzugsstaates ergeben, nicht hinreichend vertraut sein.[92] Insofern besteht auf Seiten des Registergerichts im Zuzugsstaat auch ein **materieller Prüfungsauftrag**. Dies betrifft zB die Vereinbarkeit der Satzung[93] bzw. der Firma[94] mit den Rechtsvorschriften des Zuzugsstaates sowie die Prüfung der Voraussetzungen des Art. 7. Soweit man entgegen der hier vertretenen Auffassung (→ Rn. 23) eine Verlegung des Verwaltungssitzes vor der Eintragung in das Zuzugsregister fordert, wäre auch dieser Umstand von dem materiellen Prüfungsrecht des Zuzugsstaates erfasst.[95] Das Registergericht des Zuzugsstaates kann grds. auch nicht prüfen, ob ein Verfahren nach Abs. 15 gegen die SE läuft, da diese Kompetenz beim Registergericht des Wegzugsstaats liegt.[96] Nur für die Zeit nach Ausstellung der Bescheinigung nach Abs. 8 geht die Prüfungskompetenz insoweit auf die des Zuzugsregisters über.[97] Nicht von der materiellen Prüfungskompetenz des Registergerichts des Zuzugsstaates umfasst sind hingegen die Einhaltung der Kapitalaufbringungsvorschriften des Zuzugsstaates[98] sowie die Vereinbarkeit einer möglichen Neubestellung der Organe mit dem Recht des Zuzugsstaates.[99]

21 Nach Vollzug der Eintragung hat das Register des Zuzugsstaates direkt und ohne Vermittlung durch die betroffene SE dem Register im Wegzugsstaat eine Eintragungsmitteilung zu übermitteln,[100] infolge dessen die SE im alten Register gelöscht wird **(Abs. 11)**.[101] Es handelt sich also um eine Amtslöschung,[102] ein weiteres Prüfungsrecht des Wegzugsregisters besteht nicht, wie aus einem Umkehrschluss zu Abs. 8 folgt. Anschließend müssen die Eintragung wie die Löschung nach **Abs. 12 iVm Art. 13, 14** offen gelegt werden. Es sind **zwei Offenlegungsvorgänge** zu unterscheiden.[103] Zum einen werden die Eintragung und die Löschung im Zuzugsstaat nach dessen Rechtsvorschriften offen gelegt, wobei die Offenlegung nicht vor Eintragung der Löschung im Wegzugsstaat erfolgen darf.[104] Weiterhin werden Eintragung und Löschung auch im Wegzugsstaat nach dessen Vorschriften offen gelegt. Neben der **Bekanntmachung** im Wegzugs- und im Zuzugsstaat (in Deutschland nach

---

[88] Binder/Jünemann/Merz/Sinewe/*Binder,* Die Europäische Aktiengesellschaft (SE), 2007, § 5 Rn. 40; *de Lousanoff* FS Spiegelberger, 2009, 604 (609).
[89] So aber *Wenz* in Theisen/Wenz Eur AG S. 259 f. unter Rückgriff auf *Priester* ZGR 1999, 36 (46); *Zang,* Sitz und Verlegung des Sitzes einer Europäischen Aktiengesellschaft mit Sitz in Deutschland, 2005, 236.
[90] Zutr. MüKoAktG/*Oechsler/Mihaylova* Rn. 51; *Teichmann* in Van Hulle/Maul/Drinhausen SE-HdB 7. Abschnitt Rn. 42; NK-SE/*Schröder* Rn. 96; Kölner Komm AktG/*Veil* Rn. 94; im Erg. auch *Schwarz* Rn. 51; *Ringe,* Die Sitzverlegung der Europäischen Aktiengesellschaft, 2006, 144 ff.; Lutter/Hommelhoff/Teichmann/ *Ringe* Rn. 70 (bzgl. der Gründungsprüfung).
[91] So auch Lutter/Hommelhoff/*Zimmer/Ringe* Rn. 69 f.; NK-SE/*Schröder* Rn. 97; *Schwarz* Rn. 51.
[92] Ebenso NK-SE/*Schröder* Rn. 98.
[93] Vgl. *Schwarz* Rn. 53; NK-SE/*Schröder* Rn. 98; Lutter/Hommelhoff/Teichmann/*Ringe* Rn. 74; *de Lousanoff* FS Spiegelberger, 2009, 604 (609 f.).
[94] Vgl. Lutter/Hommelhoff/Teichmann/*Ringe* Rn. 76; *de Lousanoff* FS Spiegelberger, 2009, 604 (611).
[95] Vgl. *Schwarz* Rn. 52; Lutter/Hommelhoff/Teichmann/*Ringe* Rn. 75; NK-SE/*Schröder* Rn. 100 – aA mit Verweis auf praktische Schwierigkeiten der Überprüfung *de Lousanoff* FS Spiegelberger, 2009, 604 (612).
[96] Lutter/Hommelhoff/Teichmann/*Ringe* Rn. 77.
[97] NK-SE/*Schröder* Rn. 99; *de Lousanoff* FS Spiegelberger, 2009, 604 (613).
[98] Vgl. *Schwarz* Rn. 56; so wohl auch NK-SE/*Schröder* Rn. 97; aA – Vorhandensein des Grundkapitals sei unter Heranziehung der Bewertungsmaßstäbe des Zuzugsstaates nachzuweisen – Lutter/Hommelhoff/Teichmann/ *Ringe* Rn. 77; *Wenz* in Theisen/Wenz Eur AG S. 255 (259).
[99] Vgl. *Schwarz* Rn. 57; *de Lousanoff* FS Spiegelberger, 2009, 604 (611 f.).
[100] Anders als Österreich (§ 15 Abs. 5 SEG) sieht das deutsche Recht keine Pflicht der SE vor, dem Register des Wegzugsstaates eine Mitteilung über die Eintragung bzw. dessen Antragsstellung im Zuzugsstaat zu erstatten. Dies ist nach Abs. 11 auch nicht vorgesehen.
[101] Das Zuzugsregister erteilt die Eintragungsmitteilung in seiner Amtssprache, dass Wegzugsregister kann diese auf Kosten der SE übersetzen lassen, vgl. MüKoAktG/*Oechsler/Mihaylova* Rn. 52.
[102] Habersack/Drinhausen/*Diekmann* Rn. 104; wohl auch MüKoAktG/*Oechsler/Mihaylova* Rn. 52. Anders zum österreichischen § 15 SEG Kalss/Hügel/*Kalss* SEG § 15 Rn. 44: Antrag der Löschung sei erforderlich.
[103] Kalss/Hügel/*Kalss* SEG § 15 Rn. 42.
[104] So auch Habersack/Drinhausen/*Diekmann* Rn. 109.

§ 10 HGB)[105] ist nach Art. 14 Abs. 2 eine Mitteilung der Sitzverlegung im Amtsblatt der Europäischen Union vorzunehmen. Deshalb ist die Offenlegung nach nationalen Instrumentarien auf die durch die Sitzverlegung unmittelbar betroffenen Staaten zu begrenzen. In Mitgliedstaaten, in denen die SE eine Tochtergesellschaft oder eine Zweigniederlassung hat, muss keine Offenlegung nach Abs. 12 erfolgen.

III. Rechtsfolgen der Sitzverlegung

1. Wirksamwerden der Sitzverlegung im Innen- und Außenverhältnis (Abs. 10, 13); Kontinuitätsprinzip (Abs. 1 S. 2). Die Sitzverlegung wird nach Abs. 10 grundsätzlich mit der Eintragung in das Register des Zuzugsstaates wirksam. Dies gilt ohne Einschränkung im **Innenverhältnis**. Die Eintragung in das Register des Zuzugsstaates wirkt also insoweit konstitutiv. Für das **Außenverhältnis** sieht Abs. 13 S. 1 jedoch vor, dass Dritten gegenüber die Sitzverlegung erst mit ihrer Offenlegung nach Abs. 12 wirksam wird. Dies gilt, wie ein Umkehrschuss zu Abs. 13 S. 2 ergibt, auch dann, wenn der Dritte bereits vor der Offenlegung von der Eintragung im Register des Zuzugsstaates Kenntnis hatte. Damit geht Abs. 13 S. 2 deutlich über das aus §§ 15 Abs. 1, Abs. 3 HGB bekannte Maß an öffentlichen Glauben hinaus und bewirkt, dass die Offenlegung der Eintragung im Außenverhältnis konstitutiv wirkt.[106] Es handelt sich damit um eine Spezialvorschrift zu Art. 13 (→ Art. 13 Rn. 2). Obendrein können sich Dritte weiterhin auf den alten Sitz und die sich damit verbundenen Rechtsfolgen berufen, bis die Löschung im Wegzugsregister eingetragen und offen gelegt worden ist (→ Rn. 26).[107] Gleichwohl wirkt die Eintragung der Löschung nur deklaratorisch.[108] Mit **Abs. 13 S. 2** wird eine **negative Publizität** der Eintragung der Löschung **vergleichbar § 15 Abs. 1 HGB** erreicht, weshalb für die Auslegung des Abs. 13 S. 2 auf diejenige von § 15 Abs. 1 HGB verwiesen werden kann. Die Eintragung der Erteilung der Bescheinigung nach Abs. 8 hindert wegen ihrer Vorläufigkeit die Gutgläubigkeit nicht. Erst recht beseitigt der im Verschmelzungsplan aufgestellte Zeitplan nicht das Vertrauen auf die unterbliebene Eintragung der Löschung.[109] **Dritte iSd des Abs. 13 S. 2** sind all diejenigen, die nicht Aktionär oder Organ der SE sind.[110]

Mit der Eintragung in das Register des Zuzugsstaats gilt die SE als Aktiengesellschaft des neuen Domizilstaates. Damit ändert sich das über Art. 9 Abs. 1 lit. c auf sie anwendbare nationale Recht, also ihr sekundäres Personalstatut. Im Übrigen gilt jedoch die **Kontinuitätsregelung des Abs. 1 S. 2**. Die SE bleibt als juristische Person bestehen. Es bedarf also keiner erneuten Kapitalaufbringung, keiner erneuten Bestellung der Organe (Grundsatz der **Amtskontinuität**)[111] oder Aufstellung einer neuen Satzung. Unverändert bleibt auch die Firma der SE, soweit nicht das Firmenrecht des Zuzugsstaates eine Änderung der bisherigen Firmenbezeichnung aus Gründen der Firmenwahrheit oder -klarheit erzwingt. Alle bisherigen Verträge mit der SE bleiben ebenso bestehen wie sonstige Ansprüche gegen sie, beispielsweise aus Delikt. Mit Eintragung ist die SE weiterhin verpflichtet, nunmehr auch ihre **Hauptverwaltung** zu **verlegen**, um die Rechtsfolge des Art. 64 zu vermeiden.[112] Man wird der SE hierfür allerdings eine gewisse **Übergangsfrist** zubilligen müssen, da es wenig sinnvoll wäre, wenn mit dem Tag des erfolgreichen Abschlusses der Sitzverlegung nach Art. 8 bereits ein Amtslöschungsverfahren eingeleitet würde, was mit der Aufforderung beginnen würde, ihren Sitz zurückzuverlegen. Eine starre Übergangsfrist für die Verlegung der Hauptverwaltung lässt sich der Verordnung nicht entnehmen, es kommt maßgeblich auf die Umstände des Einzelfalls an. Regelmäßig wird aber ein halbes Jahr für die Verlegung der Hauptverwaltung genügen.

---

[105] *Wenz* in Theisen/Wenz Eur AG S. 252; MüKoAktG/*Oechsler/Mihaylova* Rn. 53; Kalss/Hügel/*Kalss* SEG § 15 Rn. 46.
[106] MüKoAktG/*Oechsler/Mihaylova* Rn. 55a; der Sache nach auch *Schwarz* Rn. 61.
[107] So auch Lutter/Hommelhoff/Teichmann/*Ringe* Rn. 93.
[108] Habersack/Drinhausen/*Diekmann* Rn. 102; Kölner Komm AktG/*Veil* Rn. 101 f.; so im Erg. auch MüKoAktG/*Oechsler/Mihaylova* Rn. 55b; *Schwarz* Rn. 62; NK-SE/*Schröder* Rn. 106.
[109] MüKoAktG/*Oechsler/Mihaylova* Rn. 55b.
[110] MüKoAktG/*Oechsler/Mihaylova* Rn. 55b.
[111] MüKoAktG/*Oechsler/Mihaylova* Rn. 55; Kölner Komm AktG/*Veil* Rn. 103; zweifelnd aber *Wenz* in Theisen/Wenz Eur AG S. 255 unter Rückgriff auf die gegenteilige Auffassung von *Priester* ZGR 1999, 36 (48) zum Entwurf einer Sitzverlegungsrichtlinie.
[112] Demgegenüber wollen *Schwarz* Rn. 52; NK-SE/*Schröder* Rn. 100 und *Zang*, Sitz und Verlegung des Sitzes einer Europäischen Aktiengesellschaft mit Sitz in Deutschland, 2005, 234 f. sowie wohl auch Lutter/Hommelhoff/Teichmann/*Ringe* Rn. 75 die Verlegung des Sitzes der Hauptverwaltung zum Eintragungserfordernis für die Eintragung der Verlegung des Satzungssitzes machen. Das ist mit Art. 7 kaum vereinbar und mit Blick auf ein noch mögliches Scheitern der Sitzverlegung auch kaum sinnvoll; dagegen zu Recht auch *Teichmann* ZGR 2002, 383 (458); *Teichmann* in Theisen/Wenz Eur AG S. 736; Binder/Jünemann/Merz/Sinewe/*Binder*, Die Europäische Aktiengesellschaft (SE), 2007, § 5 Rn. 41; MüKoAktG/*Oechsler/Mihaylova* Rn. 50; Kölner Komm AktG/*Veil* Rn. 104.

24 **2. Abfindung der Minderheitsaktionäre (Abs. 5, § 12 SEAG).** Mit der Eintragung der Sitzverlegung entsteht auch der Anspruch der Minderheitsaktionäre auf Abfindung nach Abs. 5, § 12 SEAG, sofern sie der Sitzverlegung in der Hauptversammlung durch Niederschrift zu Protokoll widersprochen haben.[113] Abs. 5 erzwingt keinen Abfindungsanspruch, sondern stellt es den Mitgliedstaaten nur anheim, einen solchen einzuführen. Der deutsche Gesetzgeber hat mit § 12 SEAG von dieser Option Gebrauch gemacht[114] und verpflichtet die SE, den widersprechenden Aktionären den Erwerb ihrer Aktien gegen einen angemessenen Preis anzubieten **(Pflicht zur Barabfindung).**[115] Dieses Angebot ist bereits in den Verlegungsplan aufzunehmen (§ 12 Abs. 1 S. 3 SEAG). Die Angemessenheit der Abfindung bestimmt sich nach dem Börsenkurs bzw. Unternehmenswert der SE im Zeitpunkt der Beschlussfassung über die Sitzverlegung.[116] Es sind auch nach der Eintragung der Sitzverlegung noch die deutschen Vorschriften über das **Verbot des Erwerbs eigener Aktien** anwendbar,[117] allerdings greift insoweit die Ausnahmevorschrift des § 71 Abs. 1 Nr. 3 AktG ein; § 71 Abs. 4 S. 2 AktG findet keine Anwendung (§ 12 Abs. 1 S. 2 SEAG).[118] Hinsichtlich der Höhe des Angebots auf Barabfindung und dessen gerichtlicher Überprüfung im Wege des **Spruchstellenverfahrens** verweist § 12 Abs. 2 SEAG auf die entsprechenden Vorschriften in § 7 Abs. 2 bis Abs. 7 SEAG für die Barabfindung im Falle der **Verschmelzung.** Wegen der Einzelheiten ist auf die Erläuterungen zur Abfindung bei der Gründung durch Verschmelzung zu verweisen (→ Art. 20 Rn. 11 f.; → Art. 24 Rn. 14 f.). Ein Anspruch auf bare Zuzahlung, wie er bei der Verschmelzung vorgesehen ist, kommt jedoch nicht in Betracht, da kein Anteilstausch stattfindet.[119]

25 **3. Das Schicksal von Altforderungen, Sitzfiktion des Abs. 16.** Forderungen gegen die SE bleiben wegen Abs. 1 S. 2 grundsätzlich unverändert bestehen. Fraglich ist jedoch, ob sich durch die Sitzverlegung die international-privatrechtliche Anknüpfung bereits geschlossener Verträge ändert. Diese Frage war im Zusammenhang mit dem früheren Art. 28 Abs. 2 S. 1 EGBGB[120] mangels identitätswahrender Sitzverlegung wenig diskutiert worden. Etwaige Unsicherheiten räumt die Sitzfiktion des Abs. 16 aus, wobei allerdings auch schon bisher weitgehend Einigkeit darüber bestand, dass es für die Anknüpfung nach Art. 28 Abs. 2 S. 1 EGBGB auf den Sitz der juristischen Person im Zeitpunkt des Vertragsschlusses ankommt, so dass eine spätere Sitzverlegung für die Anknüpfung im Sinne des IPR unbeachtlich ist.[121] In Art. 19 Abs. 3 Rom I-VO wird nunmehr ausdrücklich klargestellt, dass es für die Bestimmung des gewöhnlichen Aufenthalts auf den Zeitpunkt des Vertragsschlusses ankommt.[122] Damit besteht der wesentliche Anwendungsbereich des Abs. 16 in der **Begründung eines inländischen Gerichtsstandes (perpetuatio fori) für Altforderungen** trotz der erfolgten Sitzverlegung.[123] Altgläubiger sollen vor den Folgen einer Sitzverlegung geschützt werden. Von der Fiktion in Abs. 16 sind **alle Forderungen** erfasst, die bereits vor der Eintragung der Sitzverlegung entstanden sind. Auf deren rechtliche Grundlage, Fälligkeit oder Durchsetzbarkeit kommt es für die Anwendung des Abs. 16 nicht an.[124] Die Vollstreckung in das Vermögen der SE richtet sich nicht nach Abs. 16. Sofern im Zuzugsstaat vollstreckt wird, richtet sich dies nach dem dortigen Recht.[125] Unklar ist das **Verhältnis zu Abs. 13 S. 2.** Insoweit gilt zunächst, dass der geschützte Personenkreis in Abs. 16 nicht eingeschränkt ist. Geschützt werden auch **Aktionäre,** so dass sich diese hinsichtlich des Gerichtsstands für ein Spruchverfahren nach Abs. 5, § 12 SEAG ebenfalls auf den alten Gerichtsstand berufen können, während Abs. 13 S. 2 auf Dritte (→ Rn. 22) beschränkt ist.[126] Im Übrigen gilt, dass Abs. 13 S. 2 auch noch den Erwerb von Forderungen nach Ein-

---

[113] Nach § 12 Abs. 1 S. 5 SEAG stehen dem Widerspruch in der Hauptversammlung die in § 29 Abs. 2 UmwG genannten Fälle gleich.
[114] Dies ist vielfach als Systembruch empfunden worden (vgl. etwa *Kübler* ZHR 167 (2003) 627 (629)) und war rechtspolitisch sehr umstritten, vgl. BT-Drs. 15/3656, 3; *Neye/Teichmann* AG 2003, 169 (174); *Ihrig/Wagner* BB 2003, 969 (973). Rechtspolitische Bewertung bei *Casper* ZHR 173 (2009) 181 (210 f.).
[115] Vgl. ausf. dazu *Witten,* Minderheitenschutz bei Gründung und Sitzverlegung der SE, 2011, 160 ff.
[116] Vgl. statt aller MüKoAktG/*Oechsler/Mihaylova* Rn. 57.
[117] Dies folgt aus dem Bedürfnis nach einer Sicherstellung der Abfindung, vgl. MüKoAktG/*Oechsler/Mihaylova* Art. 5 Rn. 12a mwN; *Witten,* Minderheitenschutz bei Gründung und Sitzverlegung der Europäischen Aktiengesellschaft, 2011, 177 ff.
[118] Details bei MüKoAktG/*Oechsler/Mihaylova* Art. 5 Rn. 11 ff.
[119] *Brandt* DStR 2003, 1208 (1211).
[120] Jetzt Art. 4, 19 Abs. 1 Rom I-VO.
[121] MüKoBGB/*Martiny,* 4. Aufl. 2006, EGBGB Art. 28 Rn. 40.
[122] Zu den Einzelheiten vgl. MüKoBGB/*Martiny* Rom I-VO Art. 19 Rn. 17.
[123] OLG Frankfurt a. M. NZG 2016, 1340 (1341 f.); MüKoAktG/*Oechsler/Mihaylova* Rn. 60; im Erg. auch *Ringe,* Die Sitzverlegung der Europäischen Aktiengesellschaft, 2006, 183 ff.
[124] MüKoAktG/*Oechsler/Mihaylova* Rn. 66; im Erg. auch *Ringe,* Die Sitzverlegung der Europäischen Aktiengesellschaft, 2006, 186 f. sowie Lutter/Hommelhoff/Teichmann/*Ringe* Rn. 96 mN zur Rspr.
[125] NK-SE/*Schröder* Rn. 135 ff.; Habersack/Drinhausen/*Diekmann* Rn. 125.
[126] MüKoAktG/*Oechsler/Mihaylova* Rn. 67.

tragung der SE, aber vor Bekanntmachung der Löschung erfasst. Diese Konstellation ist von Abs. 16 nicht mehr erfasst. Für Forderungen, die vor der Eintragung entstanden sind, besteht eine Konkurrenz zwischen beiden Normen. Im Gegensatz zu Abs. 13 S. 2 erfordert Abs. 16 aber **keine Gutgläubigkeit.** Der Gerichtsstand infolge der Fiktion nach Abs. 16 kann abbedungen werden und dient dem Gläubiger nur als **zusätzlicher Gerichtsstand.** Unbenommen bleibt auch eine Klage am neuen Gerichtsstand infolge des verlegten Sitzes bzw. der verlegten Hauptverwaltung nach Art. 4 Abs. 1 EuGVVO, Art. 63 EuGVVO.[127]

Für die Frage, ob jemand **Alt- oder Neugläubiger** ist, stellt Abs. 16 iVm Abs. 10 auf den Zeitpunkt der Eintragung der SE in das Register des Zuzugsstaates ab, die zeitlich der Löschung im Register des Wegzugsstaates vorausgeht, wie sich aus Abs. 11 S. 2 ergibt. Erst danach müssen Löschung und Eintragung – in zwei getrennten Vorgängen in den jeweiligen Mitgliedstaaten – gem. Abs. 12 bekannt gemacht werden. Die Wirksamkeit der Sitzverlegung knüpft **Abs. 13 S. 1** jedoch erst an die Offenlegung der Eintragung im Zuzugsstaat an, während **Abs. 13 S. 2** für die Zeitspanne bis zur ggf. später erfolgenden Eintragung der Löschung noch eine § 15 Abs. 1 HGB vergleichbare negative Publizität vorsieht. Dies kann in einer Konstellation zu einer Ungleichbehandlung von Alt- und Neugläubigern führen. Altgläubiger werden sowohl nach Abs. 16 iVm Art. 10 als auch nach Abs. 13 S. 2 geschützt.[128] Neugläubiger, die eine Forderung erst nach Eintragung der Sitzverlegung, aber vor Bekanntmachung der Löschung der SE begründen, werden hingegen nur nach Abs. 13 S. 2, mithin unter engeren Voraussetzungen (Gutgläubigkeit), geschützt. Die subjektive Lage der Gläubiger ist jedoch die gleiche. Um diese Ungleichbehandlung zu verhindern, wurde vorgeschlagen, die Sitzfiktion des Abs. 16 bis zur Bekanntmachung der Löschung eingreifen zu lassen,[129] um einen Gleichlauf für Alt- und Neugläubiger zu erzielen. Eine solche Angleichung ist jedoch nicht erforderlich. Tatsächlich steht der gutgläubige Neugläubiger nicht schlechter als bei Anwendung der Sitzfiktion. Der durch Abs. 13 S. 2 vermittelte Schutz erfasst auch die kollisionsrechtliche Anknüpfung der Austauschverträge (→ Rn. 25) sowie die internationale Zuständigkeit nach Art. 4 Abs. 1 iVm Art. 63 EuGVVO.[130] Außerdem trägt nach Abs. 13 S. 2 aE die SE die Beweislast für die Kenntnis von der bereits erfolgten Sitzverlegung. Mangels Schlechterstellung der Neugläubiger ist eine Angleichung nicht erforderlich. Der systematische Bruch ist hinzunehmen.[131] Entsteht der SE ein Schaden, weil sie aufgrund einer Verzögerung der Meldung nach Abs. 11 S. 1 bzw. der Löschung nach Abs. 11 S. 2 über Abs. 16 hinaus nach Abs. 13 S. 2 im Wegzugsstaat verklagt werden kann, so kommt ein Anspruch aus Amtshaftung gegenüber dem Register des Zuzugs- oder Wegzugsstaates in Betracht.[132]

Nach **Art. 69 S. 1 lit. c** soll Abs. 16 im Rahmen der Evaluation der SE-VO auf den Prüfstand gestellt werden, da der Verordnungsgeber der Meinung ist, dass diese Form des Schutzes und diese Art der Spezialregelung mit der Einführung der ersten EuGVVO, die bereits zum 1.3.2002 in Kraft getreten ist,[133] überflüssig werden könnte. Ob der durch die EuGVVO vermittelte Schutz wirklich so weit reicht, um auf Abs. 16 verzichten zu können, hängt davon ab, ob es inzwischen für den Gläubiger ebenso einfach ist, eine Klage im europäischen Ausland anhängig zu machen und den Prozess zu führen wie im Inland. Die Nichtanwendbarkeit der EuGVVO auf das Königreich Dänemark kann allerdings nicht mehr angeführt werden.[134] Im Evaluationsbericht stellt die Kommission zwar fest, dass Abs. 16 in der Praxis bisher keine Anwendung fand. Sie bezweifelt auch, dass durch die Regelung ein praktischer Mehrwert geschaffen wurde, da die Gerichtsstandsvorschriften der EuGVVO die Möglichkeit eröffnen, Verfahren vor die Gerichte der Mitgliedstaaten zu bringen, in denen ein Vertrag ausgeführt oder Schäden verursacht bzw. erlitten wurden. Dennoch sieht sie keinen Grund, die aktuelle Regel zu ändern.[135] Sollte man sich gleichwohl zu einem späteren

---

[127] Für ein solches Wahlrecht bei wirksamer Sitzverlegung auch MüKoAktG/*Oechsler/Mihaylova* Rn. 68. Zu Schwierigkeiten bei der Verlegung in einen EU-Staat, der nicht Mitglied der EuGVVO ist, vgl. Lutter/Hommelhoff/Teichmann/*Ringe* Rn. 98. Diese Schwierigkeiten sind nunmehr eher theoretischer Natur, da die Sonderstellung Dänemarks, ursprünglich aus dem Anwendungsbereich der Verordnung ausgenommen (vgl. Erwägungsgrund Nr. 41 EuGVVO), aufgrund Art. 3 des Abkommens zwischen der Europäischen Gemeinschaft und dem Königreich Dänemark über die gerichtliche Zuständigkeit und die Anerkennung und Vollstreckung von Entscheidungen in Zivil- und Handelssachen (ABl. EU 2005 L 299, 62 [64]) und durch die Notifikation v. 20.12.2012, nach der Dänemark die EuGVVO umsetzen wird, beseitigt wurde (vgl. ABl. EU 2013 L 79, 4).

[128] Zur unterschiedlichen Reichweite statt Vieler Kölner Komm AktG/*Veil* Rn. 114.

[129] So MüKoAktG/*Oechsler*, 2. Aufl. 2006, Rn. 62.

[130] MüKoAktG/*Oechsler/Mihaylova* Rn. 55c.

[131] So auch MüKoAktG/*Oechsler/Mihaylova* Rn. 62; dem folgend Habersack/Drinhausen/*Diekmann* Rn. 122.

[132] MüKoAktG/*Oechsler/Mihaylova* Rn. 55c.

[133] Also vor dem Inkrafttreten der SE-VO (vgl. Art. 70 SE-VO: zum 8.10.2004), aber nach der Verabschiedung der SE-VO Ende 2000.

[134] Vgl. → Fn. 127.

[135] Evaluationsbericht Bericht der Kommission an das europäische Parlament und den Rat über die Anwendung der SE-VO v. 17.11.2010, KOM(2010) 676 endg., S. 10.

Zeitpunkt für eine Aufhebung des Abs. 16 entscheiden, so wäre eine entsprechende Regelung für Klagen im Zusammenhang mit Abs. 5 aufzunehmen.[136]

IV. Verlegung des Sitzes in einen Nicht-EU-Staat, Beteiligung an nationalen Umwandlungsvorgängen über die Grenze

28 Der Anwendungsbereich des Art. 8 ist auf die Verlegung des Satzungssitzes innerhalb der EU beschränkt. Die **Sitzverlegung** – und zwar sowohl die Verlegung des Satzungssitzes wie des Verwaltungssitzes – **außerhalb der EU** ist durch Art. 7 untersagt. Ausgenommen hiervon sind Verlegungen des Sitzes in Staaten des EWR,[137] für die die SE-VO und die SE-RL infolge ihrer Übernahme in den Rechtsbestand des EWR-Abkommens ebenfalls Anwendung finden.[138] Ist die originäre SE-Gründung in diesen Staaten möglich (→ Art. 2, 3 Rn. 7), erscheint auch eine Verlegung dorthin zulässig. Eine darüber hinausgehende analoge Anwendung des Art. 8 bei Verlegung in Drittstaaten kommt mangels Regelungslücke und mangels Durchsetzbarkeit der Schutzinstrumentarien des Art. 8 nicht in Betracht.[139] Sollte das Vereinigte Königreich nach dem Brexit nicht dem EWR beitreten, wäre es als Drittstaat zu behandeln.

29 Davon abzugrenzen ist die Frage, ob sich die SE an einer **grenzüberschreitenden Verschmelzung innerhalb der EU** nach dem harmonisierten Recht des Sitzstaates in Umsetzung der Richtlinie über grenzüberschreitende Verschmelzungen beteiligen kann (in Deutschland also nach den §§ 122a ff. UmwG). Diese Frage ist nach der Maßgabe der in → Art. 2, 3 Rn. 32 ff. dargestellten Grundsätze zu bejahen, sofern dabei nicht erstmalig eine SE entsteht. Dass die SE in § 122b UmwG nicht als beteiligungsfähiger Rechtsträger genannt ist, steht mit Blick auf Art. 10 nicht entgegen,[140] sofern der Aufnahmestaat die „Hereinverschmelzung" kennt.[141] Soll die SE dabei die nationale Rechtsform des neuen Mitgliedstaats annehmen, könnte man in Art. 66 Abs. 1 S. 2 eine Grenze sehen. Dies ist mit Blick auf die in Art. 16 Abs. 7 der Richtlinie über grenzüberschreitende Verschmelzungen enthaltene dreijährige Sperrfrist jedoch zu verneinen.[142]

30 Die Richtlinie über grenzüberschreitende Verschmelzungen bzw. die §§ 122a ff. UmwG in Deutschland sehen eine **formwechselnde Umwandlung über die Grenze** bisher nicht vor. Der EuGH hat diese Möglichkeit aber in seiner **Cartesio**-Entscheidung angedeutet[143] und in seiner **Vale**-Entscheidung dahin präzisiert, dass der Aufnahmemitgliedstaat einen grenzüberschreitenden Formwechsel zulassen muss, sofern er auch nach seinem innerstaatlichen Recht den Formwechsel gestattet,[144] während man Cartesio so verstehen konnte, dass es auf das Vorhandensein eines speziellen Verfahrens für die Umwandlung über die Grenze im Zuzugsstaat ankomme.[145] Der EuGH hat in beiden Entscheidungen jedoch nur die Umwandlung nationaler Gesellschaften über die Grenze vor Augen. Ob sich auch die SE hierauf berufen kann, ist zweifelhaft.[146] Akzeptiert man dies,[147] wären Art. 8 SE-VO bzw. §§ 12 ff. SEAG analog auf den Wegzug einer in Deutschland ansässigen SE anzuwenden, solange Deutschland keine besonderen Schutzvorschriften für die grenzüberschreitende formwechselnde Umwandlung aufgestellt hat.

Art. 9 [Anwendbares Recht]

(1) Die SE unterliegt
a) **den Bestimmungen dieser Verordnung,**
b) **sofern die vorliegende Verordnung dies ausdrücklich zulässt, den Bestimmungen der Satzung der SE,**

---

[136] Detaillierte Begründung bei *Casper* ZHR 173 (2009) 181 (211).
[137] Kölner Komm AktG/*Veil* Rn. 117; Habersack/Drinhausen/*Diekmann* Rn. 128; *Schwarz* Art. 7 Rn. 8.
[138] ABl. EG 2002 L 266, 69.
[139] Näher dazu *Heuschmid/Schmidt* NZG 2007, 54 (55); so auch Kölner Komm AktG/*Veil* Rn. 117.
[140] So der Sache nach auch Schmitt/Hörtnagl/Stratz/*Hörtnagl* UmwG § 122b Rn. 5, 7 mwN.
[141] Vgl. bereits näher *Casper/Weller* NZG 2009, 681 (685 f.).
[142] Vgl. bereits *Casper/Weller* NZG 2009, 681 (686).
[143] EuGH NZG 2009, 61, Rn. 111–113 – Cartesio; vgl. speziell dazu *Leible/Hoffmann* BB 2009, 58 (60 ff.); *Teichmann* ZIP 2009, 393 (401 ff.); *Paefgen* WM 2009, 529 (532 f.) sowie mit Blick auf die SE *Casper/Weller* NZG 2009, 681 (686).
[144] EuGH NJW 2012, 2715 (2717) Rn. 46 – Vale; vgl. näher dazu statt vieler etwa *Kindler* EuZW 2012, 888.
[145] Eine derartige Regelung existiert allerdings nur sehr selten, etwa in Gestalt des Art. 3 CS C in Portugal; deutsche Übersetzung bei *Jayme* IPRax 1987, 47.
[146] So auch Kölner Komm AktG/*Veil* Rn. 118.
[147] Letztlich abl. *Casper/Weller* NZG 2009, 681 (686).

c) in Bezug auf die nicht durch diese Verordnung geregelten Bereiche oder, sofern ein Bereich nur teilweise geregelt ist, in Bezug auf die nicht von dieser Verordnung erfassten Aspekte
   i) den Rechtsvorschriften, die die Mitgliedstaaten in Anwendung der speziell die SE betreffenden Gemeinschaftsmaßnahmen erlassen,
   ii) den Rechtsvorschriften der Mitgliedstaaten, die auf eine nach dem Recht des Sitzstaats der SE gegründete Aktiengesellschaft Anwendung finden würden,
   iii) den Bestimmungen ihrer Satzung unter den gleichen Voraussetzungen wie im Falle einer nach dem Recht des Sitzstaats der SE gegründeten Aktiengesellschaft.

(2) Von den Mitgliedstaaten eigens für die SE erlassene Rechtsvorschriften müssen mit den für Aktiengesellschaften im Sinne des Anhangs I maßgeblichen Richtlinien im Einklang stehen.

(3) Gelten für die von der SE ausgeübte Geschäftstätigkeit besondere Vorschriften des einzelstaatlichen Rechts, so finden diese Vorschriften auf die SE uneingeschränkt Anwendung.

Auszug aus dem SEAG

§ 1 Anzuwendende Vorschriften

Soweit nicht die Verordnung (EG) Nr. 2157/2001 des Rates vom 8. Oktober 2001 über das Statut der Europäischen Gesellschaft (SE) (ABl. EG Nr. L 294 S. 1) (Verordnung) gilt, sind auf eine Europäische Gesellschaft (SE) mit Sitz im Inland und auf die an der Gründung einer Europäischen Gesellschaft beteiligten Gesellschaften mit Sitz im Inland die folgenden Vorschriften anzuwenden.

Schrifttum: *Bachmann*, Die Societas Europaea und das europäische Privatrecht, ZEuP 2008, 32; *Brandt/Scheifele*, Die Europäische Aktiengesellschaft und das anwendbare Recht, DStR 2002, 547; *Casper*, Der Lückenschluss im SE-Statut, FS Peter Ulmer, 2003, 53; *Göz*, Beschlussmängelklagen bei der Societas Europaea (SE), ZGR 2008, 593; *Hommelhoff*, Mehr Europa für die Europäische Aktiengesellschaft?, FS Peter-Christian Müller-Graff, 2015, 252; *Lächler/Oplustil*, Funktion und Umfang des Regelungsbereichs der SE-Verordnung, NZG 2005, 381; *Lind*, Die Europäische Aktiengesellschaft – Eine Analyse der anwendbaren Rechtsvorschriften, 2004; *Riesenhuber* (Hrsg.), Europäische Methodenlehre, 3. Aufl. 2015; *Schürnbrand*, Vollharmonisierung im Gesellschaftsrecht, in Gsell/Herresthal, Vollharmonisierung im Privatrecht, 2009, 273; *Teichmann*, Die Einführung der Europäische Aktiengesellschaft – Grundlagen der Ergänzung des europäischen Statuts durch den deutschen Gesetzgeber, ZGR 2002, 383 (394 ff.); *Teichmann*, Binnenmarktkonformes Gesellschaftsrecht, 2006, 234 ff.; *Wagner*, Die Bestimmung des auf die SE anwendbaren Rechts, NZG 2002, 985; *Wulfers*, Allgemeine Rechtsgrundsätze als ungeschriebenes Recht der supranationalen Gesellschaftsrechtsformen, GPR 2006, 106.

Übersicht

	Rn.		Rn.
I. Regelungsgehalt, Normzweck, Entstehungsgeschichte	1–4	IV. Auslegung und methodische Grundlage der SE-VO	16–19
II. Hierarchie der Rechtsquellen, Satzungsautonomie (Abs. 1)	5	1. Auslegung	16, 17
III. Bestimmung des anwendbaren Rechts durch Verweisung (Abs. 1 lit. c)	6–15	2. Analogieschluss auf europäischer Ebene	18
1. Rechtsnatur: General- und Sachnormverweisung	6–8	3. Umgehungsverbot	19
2. Tatbestand: Das Vorliegen einer Lücke	9, 10	V. Anforderungen an die Ausführungsgesetze, Gleichbehandlungsgebot (Abs. 2)	20
3. Reichweite der Verweisung in Abs. 1 lit. c ii	11–15	VI. Besondere Vorschriften für die ausgeübte Geschäftstätigkeit (Abs. 3)	21

I. Regelungsgehalt, Normzweck, Entstehungsgeschichte

Primäre Aufgabe und **Normzweck** des Art. 9 ist die **Bestimmung des anwendbaren Rechts**. 1 Um diese Aufgabe zu erfüllen, nimmt **Abs. 1** zum einen eine Aufzählung der anwendbaren Rechtsquellen vor und ordnet deren Verhältnis zueinander (→ Rn. 5). Dabei wird auch geregelt, wie viel Gestaltungsspielraum dem Satzungsgeber einer SE zukommt (Abs. 1 lit. b, lit. c iii). Des Weiteren enthält Art. 9 in Abs. 1 lit. c eine Generalverweisung auf das nationale Recht, um die weit reichenden Lücken in der VO zu schließen. Diese **Verweisung zum Zwecke der Lückenfüllung** ist dreistufig aufgebaut und ruft an erster Stelle spezielle Ausführungsgesetze, in Deutschland also das SEAG, auf den Plan, bevor hilfsweise das allgemeine nationale Aktienrecht des Sitzstaates und, soweit dieses Satzungsautonomie gewährt, die Satzung der SE in die Pflicht genommen werden. Es ergibt sich also insgesamt eine **vierstufige Normenhierarchie:** Verordnung, nationale Ausführungsgesetze, allgemeines Aktienrecht, Satzung qua europäischer oder nationaler Ermächtigung (→ Rn. 5).[1] **Abs. 2** enthält eine Klarstellung dahin, dass die nationalen SE-Ausführungsgesetze mit den für nationale Aktiengesellschaften erlassenen Richtlinien im Einklang stehen müssen. Daraus und aus Abs. 1 lit. c ii kann man ein Gleichbehandlungsgebot der SE gegenüber nationalen Aktiengesellschaften herleiten. Dessen Reichweite sowie das Verhältnis zu Art. 10 sind allerdings noch nicht abschließend geklärt (→ Rn. 20). **Abs. 3** enthält einen Vorbehalt für das nationale Recht, soweit dieses Sonderregelungen für Gesellschaften mit einem besonderen Geschäftszweck (zB Versicherungen) enthält; diese gelten auch für die SE.

2 Die **Entstehungsgeschichte** des Art. 9 ist wechselhaft und spiegelt den Weg vom Vollstatut zum Regelungstorso (→ Vor Art. 1 Rn. 9 ff.) wider.[2] Eine Vollregelung konnte ohne weitreichende Verweisungen auskommen. Gleichwohl verbleibende Lücken sollten nach **Art. 7 SE-VO-E 1970** möglichst nach den allgemeinen Grundsätzen, auf denen das Statut beruhte, geschlossen werden. Erst wenn dies zu keinem Ergebnis führte, sollte mittels einer Gesamtschau aller nationalen Aktienrechte der Mitgliedstaaten nach allgemeinen Regeln oder Grundsätzen gesucht werden. Ein Rückgriff auf nationales Recht war ausgeschlossen; dieses sollte nur bei solchen Fragen zur Anwendung gelangen, die im Statut überhaupt nicht behandelt wurden.[3] Von einem ganz anderen Zuschnitt waren dann bereits die Subsidiaritätsklauseln im **Entwurf von 1989**. Allerdings sah auch Art. 7 Abs. 1 VO-E 1989 als ersten Schritt für eine Lückenfüllung noch einen Rückgriff auf allgemeine Grundsätze, auf denen die Verordnung beruhte, vor. Nur soweit dieses Unterfangen nicht zum Erfolg führte, sollte das Recht des Staates, in dem die SE domiziliert, zur Anwendung gelangen. Eine Lückenfüllung durch eine europäische Gesamtschau der nationalen Aktienrechte war jedoch bereits entfallen, da man erste Erfolge bei der Harmonisierung der nationalen Aktienrechte vorweisen konnte. In den Bereichen, in denen die Verordnung überhaupt keine Regelung enthielt, verwies Art. 7 Abs. 3 VO-E 1989 von vornherein auf das nationale Recht des Sitzstaates. Diese Vorschrift wurde im **Entwurf von 1991** erneut modifiziert. Soweit nicht die SE-Verordnung selbst eine Regelung enthielt oder die Satzung der SE zulässigerweise selbst Bestimmungen traf, sollte unmittelbar das jeweilige nationale Recht des Domizilstaates als subsidiäre Rechtsquelle Anwendung finden. Dieses Vorgehen ähnelte bereits stark dem heutigen Art. 9. Eine bis auf Art. 9 Abs. 2 im Wesentlichen textgleiche Vorschrift findet sich in Art. 8 des Statuts über die Europäische Genossenschaft (SEC).[4]

3 Die in Art. 9 normierte **Lückenfüllung** des SE-Statuts ist damit gegenüber früheren Entwürfen erheblich **vereinfacht** worden. Soweit die SE-VO keine Regelung vorsieht und die Regelungskompetenz auch nicht ausnahmsweise an den Satzungsgeber delegiert hat, ist unmittelbar auf das nationale Recht des Domizilstaates zurückzugreifen. Dass allgemeine Grundsätze, auf denen die Verordnung beruht, sowie gemeinsame Rechtsregeln oder Grundsätze der Aktienrechte aller Mitgliedstaaten[5] als Mittel der Lückenschließung entfallen sind, ist im Interesse der **Rechtssicherheit und Rechtsklarheit** zu begrüßen.[6] Allgemeine Grundsätze, auf denen das Statut beruht, werden sich in der Rumpfregelung ohnehin kaum noch finden lassen. Auch der Verzicht auf die Lückenfüllung im Wege der Durchmusterung der nationalen Aktienrechte nach einem kleinsten gemeinsamen Nenner ist zu

---

[1] MüKoAktG/*Schäfer* Rn. 20 f.; *Hommelhoff* in Lutter/Hommelhoff, Die Europäische Gesellschaft, 2005, 5 (14); Kölner Komm AktG/*Veil* Rn. 2; Habersack/Drinhausen/*Schürnbrand* Rn. 2; *Lutter/Bayer/Schmidt* EurUnternehmensR § 45 Rn. 25.

[2] Ausf. Überblick auch bei Lutter/Hommelhoff/Teichmann/*Hommelhoff/Teichmann* Rn. 12 ff.; Kölner Komm AktG/*Veil* Rn. 5 ff.

[3] Zur Kritik an dieser Vorgehensweise *Ulmer* in Deutsche Gesellschaft für Betriebswirtschaft, Probleme moderner Unternehmensführung, 1972, 259 (267 ff.); *Lindacher* in Lutter, Die Europäische Aktiengesellschaft, 1976, 10 f.

[4] Vgl. dazu *Snaith* in Schulze, Die europäische Genossenschaft, 2004, 19 ff.; *Beuthien*, Genossenschaftsgesetz: GenG, 15. Aufl. 2010, SCE Art. 8 Rn. 1 ff.

[5] So Art. 7 Abs. 1 des Entwurfs von 1970/1975; Art. 7 Abs. 1 des Entwurfs von 1989; die Regelung in Art. 7 Abs. 1 des Entwurfs von 1991 entsprach schon im Wesentlichen der heutigen Fassung; zur Entwicklung vgl. *Völter*, Der Lückenschluß im Statut der Europäischen Privatgesellschaft, 2000, 82 ff. mit Abdruck der jeweiligen Gesetzestexte.

[6] *Bachmann* ZEuP 2008, 32 (54 ff.); Kölner Komm AktG/*Veil* Rn. 10; Habersack/Drinhausen/*Schürnbrand* Rn. 6. Hierauf verzichtet auch die nahezu identische Regelung für europäische Genossenschaften in Art. 8 der SCE-VO (s. dazu *Lutter/Bayer/Schmidt*, EurUnternehmensR § 46 Rn. 13 u nach 115) sowie der inzwischen gescheiterte Entwurf für die SPE (vgl. Art. 4 Abs. 2 SPE-VO-Entwurf, s. dazu auch *Casper* ZHR 173 (2009) 181 (189); *Hügel* ZHR 173 (2009) (309, 334 ff.)); zur SPE aA noch *Völter*, Der Lückenschluß im Statut der Europäischen Privatgesellschaft, 2000, 101 ff. (242 ff.); ähnlich zum Entwurf eines SE-Statuts auch noch *Thamm*, Die Europäische Aktiengesellschaft und das Problem der Lückenfüllung, 1972, 46 ff. sowie neuerdings *Wulfers* GPR 2006, 106 ff.

Anwendbares Recht | **4 Art. 9 SE-VO**

begrüßen.[7] Ebenso wenig wäre eine Suche nach allgemeinen Grundsätzen in den gesellschaftsrechtlichen Richtlinien zum Zwecke der Lückenfüllung sinnvoll gewesen, da diese ohnehin bereits in das harmonisierte Recht eingeflossen sind, weshalb der Gewinn eines solchen Vorgehens gering gewesen wäre.[8] Es hätte allenfalls den Vorteil aufgewiesen, dass neu geschaffenes Sekundärrecht schon vor dessen Umsetzung für die SE anwendbar gewesen wäre.

Über das **Für und Wider der weitreichenden Verweisungstechnik** auf das nationale Recht ist **4** viel gestritten worden.[9] Unbestritten ist, dass ein Vollstatut übersichtlicher und leichter zu handhaben gewesen wäre.[10] Eine kunstvoll aufgeschichtete Normenpyramide[11] mit einer Gemengelage aus europäischen und mehreren nationalen Gesetzen ist zwar ein Eldorado der Methodenlehre[12] oder um mit dem geistigen Vater der SE *Pieter Sanders* zu sprechen, ein „lawyer's paradise",[13] **fördert aber nicht** die **alltägliche Rechtsanwendung.** Auch der Idee der SE als supranationaler Rechtsform (→ Vor Art. 1 Rn. 1) wird so nicht hinreichend Rechnung getragen.[14] Anderseits ist nicht zu verkennen, dass sich die SE ohne die erzielten Kompromisse, die oft in einem aus Überfremdungsängsten geborenen Regelungsverzicht lagen, nicht hätte verwirklichen lassen. Außerdem ist der unmittelbare Rückgriff auf das nationale Recht unter Aussparung allgemeiner Grundsätze, auf denen das Statut beruht, oder eines gemeinsamen Kanons aller europäischen Richtlinien zum Gesellschaftsrecht und/oder der nationalen Aktienrechte ein Gewinn an Rechtssicherheit und begünstigt eine kostengünstige Rechtsberatung.[15] Auch bietet die Rumpfregelung mit ihren national sehr unterschiedlich ausgeprägten Europäischen Aktiengesellschaften die Möglichkeit, auf einem Markt supranationaler Rechtsformen **Gesellschaftsrechtsarbitrage** zu betreiben und ein eventuelles Regelungsgefälle zum eigenen Vorteil zu verwerten.[16] Diese Abitragemöglichkeit wird zudem durch die Optionsmöglichkeit zwischen dem monistischen und dem dualistischen Verwaltungssystem befördert. Es wird abzuwarten bleiben, ob der insoweit einsetzende Rechtsform- und Strukturtypenwettbewerb eine weitere Harmonisierung der nationalen Gesellschaftsrechte beflügelt,[17] auch wenn es 14 Jahre nach Schaffung der SE bisher nicht den Anschein hat, das der so ausgelöste Wettbewerb sich beflügelnd auf die Harmonisierung auswirken würde. Alles in allem muss die **Beurteilung** der weitgehenden Verweisungstechnik ambivalent ausfallen. Als Dauerzustand ist die bisherige Lösung aus rechtspolitischer Sicht nicht wünschenswert.[18] Auch die Kommission hat erkannt, dass die SE-VO keine einheitliche Gesellschaftsform der Europäischen Union geschaffen hat, sondern 28 verschiedene SE-Typen.[19] Sie betont auch die auf den vielen Verweisen beruhende Unsicherheit bezüglich des anwendbaren Rechts.[20] Allerdings plant sie auch insoweit auf kurze oder mittlere Sicht keine Änderungen.[21]

---

[7] Dieses kritisiert zB *Raiser* FS Semler, 1993, 277 (282 f.). Allerdings wird an mehreren Stellen unmittelbar auf Regelungen im Sekundärrecht verwiesen, statt sie im Statut erneut zu wiederholen, so zB in Art. 17 Abs. 2, 22 SE-VO.
[8] Weitergehend aber noch *Casper* in Hanns Martin Schleyer-Stiftung, Europa als Union des Rechts, Ein Almanach junger Wissenschaftler, 1999, 54 (55).
[9] Vgl. exemplarisch *Raiser* FS Semler, 1993, 277; *Rasner* ZGR 1992, 314 (325); *Lutter* AG 1990, 413 (421); *Jaeger* ZEuP 1994, 206 (217); zusammenfassend *Fleischer* AcP 204 (2004), 502 (507 ff.) und *Teichmann* Binnenmarktkonformes Gesellschaftsrecht, 2006, 281 ff.; *Schürnbrand* in Gsell/Herresthal, Vollharmonisierung im Gesellschaftsrecht, 2009, 273 (282 ff.) sowie mit Blick auf die Evaluation der SE-VO nach Art. 69 *Casper* ZHR 173 (2009), 181 (184 ff.) mwN.
[10] Die Verständlichkeit bemängeln auch *Hommelhoff* AG 2001, 279 (285); *Fleischer* AcP 204 (2004), 502 (508).
[11] Ausdruck nach *Hommelhoff* AG 2001, 279 (285). Vgl. jetzt auch Lutter/Hommelhoff/Teichmann/*Hommelhoff/Teichmann* Rn. 1: „rechtsquellendurchmischte Normenpyramide".
[12] In diesem Sinne bereits *Casper* FS Ulmer, 2003, 51 (72).
[13] *Sanders* in Schmitthoff, The Harmonisation of European Company Law, 1973, 83 (89).
[14] Vgl. statt vieler ebenso Habersack/Drinhausen/*Schürnbrand* Rn. 5.
[15] Vgl. zB *Fleischer* AcP 204 (2004), 502 (509), der auf positive Netzwerkexternalitäten hinweist; vgl. dazu auch *Enriques* ZGR 2004, 735 (744 f.).
[16] *Fleischer* AcP 204 (2004) 502 (510); eingehend dazu *Enriques* ZGR 2004, 735 (738 ff.); skeptisch *Schürnbrand* in Gsell/Herresthal, Vollharmonisierung im Gesellschaftsrecht, 2009, 284 und Kölner Komm AktG/*Veil* Rn. 11.
[17] Skeptisch *Kirchner/Painter/Kaal/Höppner* AG 2012, 469 (474, 477); zum aktuellen Stand der Harmonisierung vgl. MüKoAktG/*Schäfer* Rn. 1.
[18] *Casper* ZHR 173 (2009) 181 (184 ff.); zust. *Schürnbrand* in Gsell/Herresthal, Vollharmonisierung im Gesellschaftsrecht, 2009, 284 f.
[19] *Hommelhoff* FS Müller-Graff, 2015, 252 spricht angesichts der Wahlmöglichkeit zwischen dualistischer und monistischer Struktur sogar von 56 SE-Formen.
[20] Bericht der Kommission an das europäische Parlament und den Rat über die Anwendung der SE-VO v. 17.11.2010, KOM(2010) 676 endg., S. 11.
[21] Vgl. Mitt. der Kommission v. 12.12.2012, Aktionsplan: Europäisches Gesellschaftsrecht und Corporate Governance – ein moderner Rechtsrahmen für engagiertere Aktionäre und besser überlebensfähige Unternehmen, COM (2012) 740, S. 16.

II. Hierarchie der Rechtsquellen, Satzungsautonomie (Abs. 1)

5   Primäre Rechtsquelle einer Gesellschaft ist ihr Gesellschaftsvertrag, bei einer Aktiengesellschaft also ihre Satzung (zu den Begrifflichkeiten → Art. 6 Rn. 1). Diese Aussage setzt jedoch voraus, dass der Gesetzgeber die **Satzungsautonomie** nicht eingeschränkt hat. Art. 9 Abs. 1 lit. a und b SE-VO ordnen an, dass vorrangig die Verordnung gilt und die Satzung hiervon nur abweichen kann, wenn diese dies ausdrücklich zulässt. Damit beansprucht die **Verordnung Vorrang gegenüber der Satzung.** Abs. 1 lit. b kopiert der Sache nach die rigide **Satzungsstrenge** des § 23 Abs. 5 S. 1 AktG und geht damit weit über das Maß an Beschränkung der Satzungsautonomie hinaus, das die Aktienrechte anderer Mitgliedstaaten prägt.[22] Da eine § 23 Abs. 5 S. 2 AktG vergleichbare Regelung in Art. 9 Abs. 1 lit. b fehlt, ist die europäische Vorschrift im Ergebnis also noch strenger als § 23 Abs. 5 AktG.[23] Abs. 1 lit. b verwehrt es der SE, in Bereichen, die die SE-VO nicht regelt, verordnungsergänzend tätig zu werden.[24] Dies ist konsequent, da die nicht geregelten Bereiche im Wege des Verweises (lit. c) den Mitgliedstaaten zur Lückenfüllung überantwortet sind. Deshalb stellt die SE-VO in Abs. 1 lit. c iii die Gewährung weiterer Satzungsautonomie den Mitgliedstaaten anheim. **Primäre Rechtsquelle** bildet also die **SE-VO.** Dies stellt auch die deklaratorisch wirkende Regelung in § 1 SEAG klar.[25] An **zweiter Stelle** folgt das **nationale Recht,** wobei erneut drei Regelungshierarchien zu unterscheiden sind. Vorrangig sind **spezielle Ausführungsgesetze** (Abs. 1 lit. c i). Auf Stufe Zwei der nationalen Ebene steht das **allgemeine Aktienrecht** (Abs. 1 lit. c ii).[26] Folgt dieses dem Grundsatz der Satzungsstrenge, wird an letzter Stelle abermals die **Satzung der SE** auf das Trapez gebracht. Inwieweit diese vom nationalen Aktienrecht abweichen oder dieses im Falle einer Lücke ausgestalten kann, bestimmt sich ebenfalls nach dem nationalen Aktienrecht. Für die in Deutschland ansässige SE wird über Abs. 1 lit. c iii also auf § 23 Abs. 5 AktG verwiesen. Zum Verhältnis von Satzung und SE-Beteiligungsvereinbarung → Art. 12 Rn. 17 ff. Die **Satzungsautonomie** ist damit an zwei Stellen angesprochen. Das heißt nicht, dass die Satzung zwei verschiedene Rechtsquellen innerhalb der Normquellenpyramide darstellen würden. Es handelt sich bei der Satzung vielmehr um eine Urkunde und auch nur um eine Rechtsquelle. Auch die Auslegung der Satzung ist einheitlich anhand von nationalen Kriterien vorzunehmen.[27] Zusammenfassend ergibt sich damit für die SE eine **vierstufige Rechtsquellenpyramide** (→ Vor Art. 1 Rn. 3):[28] Verordnung – nationales Ausführungsrecht – allgemeines nationales Aktienrecht – Satzung. Die Satzung wegen ihrer doppelten Erwähnung in Art. 9 als zwei unterschiedliche Rechtsquellen zu zählen, ist nicht veranlasst.[29] Daneben gilt für die SE selbstredend das **allgemeine Verkehrsrecht** des Sitzstaates, wie etwa das Steuer-, Vertrags-, Delikts-, oder Insolvenzrecht. Insoweit bedarf es keiner Anwendung des Abs. 1 lit. c ii.[30] Dies folgt auch nicht aus Art. 10 (→ Art. 10 Rn. 2), sondern ergibt sich bereits aus allgemeinen international-privatrechtlichen Grundsätzen.

---

[22] Vgl. dazu etwa *Wiesner* EuZW 1998, 619 (624) sowie die Länderberichte in Lutter/Wiedemann, Gestaltungsfreiheit im Gesellschaftsrecht, ZGR Sonderheft Nr. 13, 1998, 152 ff.; zur rechtspolitischen Kritik vgl. etwa *Casper* ZHR 173 (2009) 181 (188 f.) mit einem Plädoyer für mehr Gestaltungsfreiheit auf europäischer Ebene.

[23] Art. 69 lit. d erteilt der Kommission den Auftrag, im Rahmen des Evaluationsberichtes zu prüfen, ob eine Lockerung der formalen Satzungsstrenge in Betracht kommt. In ihrem Bericht (KOM(2010) 676 endg.) geht sie jedoch nicht darauf ein.

[24] Vgl. bereits *Casper* FS Ulmer, 2003, 51 (71); im Erg. ebenso *Hommelhoff* FS Ulmer, 2003, 267 (272); MüKoAktG/*Schäfer* Rn. 26; *Schwarz* Rn. 41.

[25] Lutter/Hommelhoff/Teichmann/*Hommelhoff/Teichmann* Rn. 1; zu deren Bedeutung näher MüKoAktG/ *C. Schäfer* Rn. 22 ff.

[26] Dies verdunkelt § 1 SEAG, in dem er das allgemeine Aktienrecht nicht erwähnt, was aber unschädlich ist, da dieser Vorschrift keine konstitutive Wirkung zukommt. Der Handelsrechtsausschuss des DAV (NZG 2004, 75 f.) hatte deshalb zutr. für einen Verzicht auf § 1 SEAG plädiert. Zur weiteren Funktion des § 1 SEAG, die Gründungsgesellschaften zu bestimmen, vgl. MüKoAktG/*C. Schäfer* Rn. 24 f.

[27] *Casper* FS Ulmer, 2003, 51 (69 f.); MüKoAktG/*C. Schäfer* Rn. 19; *Drinhausen/Teichmann* in Van Hulle/ Maul/Drinhausen SE-HdB 3. Abschnitt Rn. 15.

[28] Vgl. zur Normenhierarchie auch *Brandt/Scheifele* DStR 2002, 547 (554 f.); *Bungert/Beier* EWS 2002, 1 (2) und *Wagner,* Der Europäische Verein, 2000, 47 f.; *Wagner* NZG 2002, 985 (986).

[29] Deutlich und überzeugend MüKoAktG/*C. Schäfer* Rn. 21; zust. Habersack/Drinhausen/*Schürnbrand* Rn. 48; etwas missverständlich noch *Casper* FS Ulmer, 2003, 51 (53) „Satzung... an fünfter Stelle ...". Erst recht nicht überzeugend ist die Differenzierung zwischen dispositivem und zwingendem Aktienrecht als unterschiedlichen Rechtsquellen, so aber *Wagner* NZG 2002, 985 (986), der dann ohne Hinzuziehung der Satzung sechs Hierarchieebenen zählt; dies abl. auch MüKoAktG/*C. Schäfer* Rn. 21. Für eine fünfstufige Pyramide auch *Göz* ZGR 2008, 593 (594) mit Fn. 9; ähnlich Lutter/Hommelhoff/Teichmann/*Hommelhoff/Teichmann* Rn. 39, 56 f.: „unterste Stufe" und MHdB AG/*Austmann* § 83 Rn. 14.

[30] MüKoAktG/*C. Schäfer* Rn. 2, 4, der insoweit zutr. von einer weiteren Rechtsschicht spricht. Diese steht allerdings nicht über- oder unterhalb, sondern neben der soeben geschilderten vierstufigen Rechtsquellenpyramide.

III. Bestimmung des anwendbaren Rechts durch Verweisung (Abs. 1 lit. c)

1. Rechtsnatur: General- und Sachnormverweisung. Bei der Verweisung in lit. c handelt es **6** sich um eine **Generalverweisung** auf das nationale Recht bzw. das Satzungsrecht, soweit dem Satzungsgeber nach dem nationalen Aktienrecht eine Kompetenz zugewiesen ist. Der wichtigste Teil der Generalverweisung ist die in **Abs. 1 lit. c ii** enthaltene Verweisung auf das nationale Aktienrecht des Sitzstaates. Diese Generalverweisung ist von den zahlreichen **Spezialverweisungen** innerhalb der SE-VO, wie etwa in Art. 5, 15 Abs. 1, Art. 18 **abzugrenzen**. Insoweit setzen sich die Spezialverweisungen gegenüber der Generalverweisung als speziellere Vorschriften durch.[31] Innerhalb der Gruppe der Spezialverweisungen lassen sich zwei Fallgruppen unterscheiden. Zum einen gibt es Spezialverweisungen, die für einen bestimmten Regelungskomplex als partielle Generalverweisung ausgestaltet sind (so zB Art. 15 Abs. 1, der die in Gründung befindliche SE erfasst, und Art. 18, der auf die an der Gründung beteiligten Gesellschaften anwendbar ist). Zum anderen bestehen reine Spezialverweisungen für einen eng umrissenen Regelungskomplex (zB Art. 51, 53 – Organhaftung, Ablauf und Organisation der Hauptversammlung).[32] Bei der gesamten Verweisung innerhalb des Art. 9 handelt es sich um eine **Sachnormverweisung**.[33] Dieser Verweisungsform steht die Gesamtnormverweisung gegenüber. Letztere kennzeichnet, dass auch auf das IPR des jeweiligen Mitgliedstaates verwiesen wird und darüber eine Weiterverweisung in eine andere Rechtsordnung erfolgen könnte. Hierfür besteht bei der SE jedoch – nicht zuletzt wegen Art. 7 – kein Bedürfnis. Art. 9 verweist also unmittelbar auf das einschlägige Sachrecht des Sitzstaates, wobei er – wie der 20. Erwägungsgrund zeigt – nur das Gesellschaftsrecht, nicht aber auch das allgemeine Verkehrsrecht in Bezug nimmt. Letzteres gilt für die SE wie für jeden Teilnehmer am Rechtsverkehr. Insoweit bleibt das Internationale Privatrecht des Sitzstaates anwendbar.[34] Ein Beispiel mag die vorstehende Aussage illustrieren. Möchte die in Deutschland domizilierende SE, die über eine Aktionärsminderheit von 2 % verfügt, einen Squeeze-Out vornehmen, so gelten über Art. 9 Abs. 1 lit. c ii unmittelbar die §§ 327a ff. AktG, auch wenn die Minderheitsaktionäre im Ausland ansässig sind und die SE entgegen Art. 7, 64 SE ihre Hauptverwaltung in einen anderen Mitgliedstaat verlegt hat. Unternimmt die SE hingegen eine unlautere Werbekampagne, die weit über den Sitzstaat hinausgreift, so bestimmt sich das anwendbare Wettbewerbsrecht nach den jeweiligen international-privatrechtlichen Vorschriften der betroffenen Staaten.

Für eine Gesamtnormverweisung streitet auch nicht der *15. Erwägungsgrund,* der hinsichtlich des **7** Konzernrechts der SE auf die allgemeinen international-privatrechtlichen Grundsätze der betroffenen Staaten verweist. Die besseren Gründe sprechen dafür, dass Abs. 1 lit. c ii das **Konzernrecht** gar nicht erfasst (→ Rn. 12).[35] Selbst wenn man dies anders sähe, sprächen keine überzeugenden Gründe für ein gespaltenes Verständnis des Art. 9.[36] Allerdings determiniert der 15. Erwägungsgrund überhaupt nicht das Verständnis von Art. 9 als Gesamt- oder Sachnormverweisung, was sich nicht zuletzt aus dem 17. Erwägungsgrund ergibt, der unmittelbar auf das Sachrecht des Sitzstaates verweist.[37]

Die Generalverweisung in Art. 9 ist außer von den Spezialverweisungen auch von den zahlreichen **8** Ermächtigungs- und Verpflichtungsnormen an den nationalen Gesetzgeber abzugrenzen. Eine

---

[31] *Hommelhoff* in Lutter/Hommelhoff, Die Europäische Gesellschaft, 2005, 15; Lutter/Hommelhoff/Teichmann/*Hommelhoff/Teichmann* Rn. 7, 44 a; MüKoAktG/*C. Schäfer* Rn. 6.

[32] Eine vollständige Aufzählung aller Spezialverweisungen findet sich zB bei MüKoAktG/*C. Schäfer* Rn. 6–8.

[33] Vgl. etwa *Blanquet* ZGR 2002, 20 (50); *Casper* FS Ulmer, 2003, 51 (65); *Hommelhoff* in Lutter/Hommelhoff, Die Europäische Gesellschaft, 2005, 19; Kalss/Hügel/*Kalss/Greda* AT Rn. 13, 17; MüKoAktG/*C. Schäfer* Rn. 6; *Schwarz* Rn. 25; *Habersack/Verse* EuropGesR § 13 Rn. 11; *Lutter/Bayer/Schmidt* EurUnternehmensR § 45 Rn. 26; Kölner Komm AktG/*Veil* Rn. 70; Kölner Komm AktG/*Paefgen* Schlussanh. II Rn. 20 ff.; teilw. abw. *Lind*, Die Europäische Aktiengesellschaft – Eine Analyse der anwendbaren Rechtsvorschriften, 2004, 61 ff.; *Wagner* NZG 2002, 985 (987); *Brandt/Scheifele* DStR 2002, 547 (553); *Jaecks/Schönborn* RIW 2003, 254 (257); explizit für eine Gesamtnormverweisung jetzt aber *Teichmann*, Binnenmarktkonformes Gesellschaftsrecht, 2006, 295 ff.; Lutter/Hommelhoff/*Teichmann* Rn. 28 f.; *Drinhausen/Teichmann* in Van Hulle/Maul/Drinhausen SE-HdB 3. Abschnitt Rn. 12 f.; NK-SE/*Schröder* Rn. 23.

[34] Unstreitig, vgl. die in Fn. 33 Genannten.

[35] *Casper* FS Ulmer, 2003, 51 (67); *Habersack* ZGR 2003, 724 ff.; *Jaecks/Schönborn* RIW 2003, 254 (256 f.); allg. auch *Brandt/Scheifele* DStR 2002, 548 ff.; Kölner Komm AktG/*Veil* Rn. 22; noch offen lassend *Veil* WM 2003, 2169 (2172) mit Fn. 39; aA *Hommelhoff* AG 2001, 179 (180); *Hommelhoff* in Lutter/Hommelhoff, Die Europäische Gesellschaft, 2005, 19 f.; *Lächler/Oplustil* NZG 2005, 381 (385 f.); NK-SE/*Schröder* Rn. 38; *Drinhausen/Teichmann* in Van Hulle/Maul/Drinhausen SE-HdB 3. Abschnitt Rn. 12 f.; Habersack/Drinhausen/*Schürnbrand* Rn. 36 f.

[36] Zutr. MüKoAktG/*C. Schäfer* Rn. 16; Kölner KommAktG/*Paefgen* Schlussanh. II Rn. 23; zust. auch Habersack/Drinhausen/*Schürnbrand* Rn. 36.

[37] MüKoAktG/*C. Schäfer* Rn. 16 und *Teichmann* ZGR 2002, 383 (445), die allerdings die Formulierung des 17. Erwägungsgrundes für ein Redaktionsversehen halten.

Ermächtigungsnorm, wie beispielsweise Art. 7 S. 2, ermächtigt die Mitgliedstaaten, von Vorgaben in der Verordnung abzuweichen bzw. sie auszufüllen.[38] Der nationale Gesetzgeber setzt diese Ermächtigungen in der Regel in einem speziellen Ausführungsgesetz um, ohne hierzu verpflichtet zu sein (Ermächtigungsnorm ohne Regelungsauftrag).[39] Von den Ermächtigungsnormen sind folglich **Verpflichtungsnormen** zu unterscheiden, die darauf abzielen, dem nationalen Gesetzgeber einen Regelungsauftrag zu erteilen. So verpflichtet Art. 12 Abs. 1 die Mitgliedstaaten beispielsweise dazu, ein Register zu bestimmen, in das die SE eingetragen wird. Vom nationalen Gesetzgeber ausgefüllte Ermächtigungs- oder Verpflichtungsnormen wirken wie eine Spezialverweisung, die der Generalverweisung in Art. 9 ebenfalls vorgeht.[40]

9 **2. Tatbestand: Das Vorliegen einer Lücke.** Das Eingreifen von Art. 9 Abs. 1 lit. c setzt voraus, dass die SE-VO lückenhaft ist und somit der Ausfüllung durch das nationale Recht bedarf. Entsprechendes gilt mutatis mudandis für die zahlreichen Spezialverweisungen in der SE-VO.[41] Das Vorliegen einer **Lücke** ist mittels autonomer **Auslegung** nach europäischen Maßstäben zu bestimmen. Insoweit kann mit gewissen Differenzierungen auf den aus dem nationalen Recht bekannten vierstufigen Auslegungskanon zurückgegriffen werden (→ Rn. 16 f.). Eine Lücke liegt dann nicht vor, wenn die VO zwar selbst keine Regelung vornimmt, den Regelungsgegenstand aber dem Satzungsgeber überantwortet.[42]

10 Das Eingreifen der Verweisungsnorm in lit. c ii setzt weiterhin voraus, dass die festgestellte Lücke nicht durch eine regelgeleitete Analogie geschlossen werden kann.[43] Einem derartigen Vorgehen könnte ein aus dem Einleitungsteil des Abs. 1 lit. c herzuleitendes Analogieverbot entgegenstehen. Die Wendung „in Bezug auf die nicht durch diese Verordnung geregelten Bereiche" ließe sich dahin auslegen, dass immer dann, wenn die SE-VO keine Regelung enthält, also eine Lücke besteht, auf das nationale Recht des Sitzstaates zurückzugreifen ist.[44] Hierfür könnte man auch ins Feld führen, dass anders als noch im Entwurf aus dem Jahre 1989 (→ Rn. 2) allgemeine Grundsätze, auf denen das Statut beruht, nicht mehr als Rechtsquelle in Art. 9 SE-VO genannt sind. Eine derartige Sichtweise greift jedoch zu kurz und steht mit dem Ziel einer funktionsfähigen, supranationalen Rechtsform im Widerspruch. Der Intention einer supranationalen Rechtsform ist durch eine **vorrangige Lückenfüllung im Wege des Analogieschlusses** Rechnung zu tragen. Die Funktionsfähigkeit der SE würde nur dann beeinträchtigt, wenn Lücken innerhalb des Statuts überhaupt nicht oder nur mittels solcher Methoden geschlossen würden, die für den Rechtsanwender mit Rechtsunsicherheit verbunden sind. Zumindest für die regelgeleitete Analogie (→ Rn. 18) lässt sich ein Analogieverbot nicht begründen. Für eine solche Analogie bleibt deshalb dort Raum, wo die SE-VO nicht von vornherein einen vollständigen Regelungsverzicht enthält, sondern sich zu einer zumindest lückenhaften Regelung durchgerungen hat.[45] Beispiele lassen sich in erster Linie im Recht der Holding-Gründung finden.[46] Es bleibt zusammenfassend aber festzuhalten, dass die **Lückenschließung durch Analogie nur** ganz **ausnahmsweise** gelingt.

11 **3. Reichweite der Verweisung in Abs. 1 lit. c ii.** Der **sachliche Anwendungsbereich des Abs. 1 lit. c ii** ist auf das für die SE maßgebliche Gesellschaftsrecht beschränkt, da das allgemeine Verkehrsrecht, dem auch die SE unterworfen ist, nicht **Gegenstand der SE-VO** ist. Dies stellt der **20. Erwägungsgrund** klar, der diesbezüglich das Steuer-, das Wettbewerbsrecht, den gewerblichen Rechtsschutz und das Insolvenzrecht nennt. Es besteht kein Zweifel daran, dass diese positive Aufzählung

---

[38] Vollständige Aufzählung bei MüKoAktG/*C. Schäfer* Rn. 9 mit Fn. 32, der allerdings zu Unrecht auch Art. 8 Abs. 7 als bloße Ermächtigungs- und nicht als Verpflichtungsnorm qualifizieren will; vgl. ferner zum Ganzen Lutter/Hommelhoff/Teichmann/*Hommelhoff/Teichmann* Rn. 48 f., die insoweit von Öffnungsklauseln sprechen.

[39] *Kalss* ZGR 2003, 593 (594); *Hommelhoff* FS Ulmer, 2003, 267 (275).

[40] MüKoAktG/*C. Schäfer* Rn. 9; Kalss/Hügel/*Kalss/Greda* AT Rn. 18; *Brandt/Scheifele* DStR 2002, 547 (553); *Wagner* NZG 2002, 985 (986, 988); *Teichmann* ZGR 2002, 383 (399); aA MüKoBGB/*Kindler* IntGesR Rn. 80.

[41] Andere Terminologie bei *Scheifele*, Die Gründung der Europäischen Aktiengesellschaft (SE), 2004, 22 f., mit der kaum haltbaren These, der Begriff der Lücke sei unzutreffend, da der Verordnungsgeber zwar keine vollständige Kodifikation, wohl aber eine vollständige Normierung (sic!) angestrebt habe.

[42] Lutter/Hommelhoff/Teichmann/*Hommelhoff/Teichmann* Rn. 44a.

[43] Zum Begriff der regelgeleiteten Analogie in Abgrenzung zur Lückenfüllung durch Anwendung von Rechtsprinzipien *Casper* FS Ulmer, 2003, 51 (56 f.) unter Rückgriff auf *Langenbucher* Jahrbuch Junger Zivilrechtswissenschaftler 1999, 65 (77 ff.).

[44] In diesem Sinne *Wagner* NZG 2002, 985 (989); *Brandt/Scheifele* DStR 2002, 547 (553); *Jaeger*, Die Europäische Aktiengesellschaft, 1994, 24.

[45] So auch MüKoAktG/*C. Schäfer* Rn. 12, Kölner Komm AktG/*Veil* Rn. 68; Habersack/Drinhausen/*Schürnbrand* Rn. 19.

[46] Vgl. näher *Casper* FS Ulmer, 2003, 51 (60 ff.); MüKoAktG/*C. Schäfer* Rn. 17.

nicht abschließend ist, sondern nur beispielhaften Charakter hat.[47] Daneben ist das gesamte **sonstige Verkehrsrecht** wie etwa das Vertrags- oder Deliktsrecht nach allgemeinen Grundsätzen zu bestimmen. Insoweit ist das jeweilige IPR derjenigen Staaten berufen, mit denen die SE in Kontakt kommt. Gleiches gilt für das allgemeine **Handelsrecht,** wie etwa die Vorschriften über die Firmenfortführung oder die handelsrechtlichen Vertretungsregelungen. Zweifelhaft sind also nur Regelungsgebiete im **Grenzbereich** zwischen Gesellschaftsrecht und allgemeinem Verkehrsrecht. Hierzu zählen namentlich das Konzernrecht und das Mitbestimmungsrecht, aber auch das Kapitalmarktrecht.[48] Diese Abgrenzung zwischen dem allgemeinen Verkehrsrecht und den Regelungsgegenständen der SE-VO und somit dem Anwendungsbereich des Abs. 1 ist gemeinschaftsrechtlich im Wege autonomer Auslegung der SE-VO zu bestimmen, wobei **Zweifelsfragen** dem EuGH nach Art. 267 AEUV vorzulegen sind.[49]

Was das **Konzernrecht**[50] anbelangt, läge eine Anwendung des Abs. 1 lit. c ii an sich nahe, da es sich beim Konzernrecht um eine genuin gesellschaftsrechtliche Regelungsmaterie handelt, die in Deutschland im Aktiengesetz geregelt ist.[51] Auch ließe sich aus der Funktion des Konzernrechts als Instrumentarium zum Ausgleich gegenläufiger Interessen von Gesellschaftern und zum Schutz der Gläubiger eine Zuordnung zum autonom unionsrechtlich zu bestimmenden Begriff des Gesellschaftsrechts begründen.[52] Indes sprechen die besseren Gründe dafür, das Konzernrecht aus dem Anwendungsbereich der SE-VO auszusondern und über das IPR anzuknüpfen.[53] Der Verweis auf den Standort der deutschen konzernrechtlichen Regelung im Aktiengesetz kann anlässlich der hier erforderlichen autonomen europäischen Auslegung (→ Rn. 9) nicht überzeugen. Wie viele andere Mitgliedstaaten der EU, kennt auch das europäische Gesellschaftsrecht kein eigenständiges, genuin gesellschaftsrechtlich konzipiertes Konzernrecht. Entsprechende Vorhaben auf EU-Ebene (Vorentwürfe einer Konzernrechtsrichtlinie aus den Jahren 1974/1975, konzernrechtliche Regelungen im SE-Statut, → Vor Art. 1 Rn. 9) sind gescheitert.[54] Damit soll das allgemeine Verkehrsrecht zur Anwendung kommen, das wegen der notwendig mehrstaatlichen Dimension des SE-Konzerns zwingend über das IPR anzuknüpfen ist. Hierfür streiten nicht nur der 15. Erwägungsgrund, sondern auch die Systematik und die Entstehungsgeschichte der SE-VO. Bedeutung hat die Einbeziehung des Konzernrechts in den Anwendungsbereich des Art. 9 ohnehin nur für solche Mitgliedstaaten, die ihr internationales Konzernrecht abweichend vom 17. Erwägungsgrund ausgestalten und nicht an den Sitz der abhängigen Gesellschaft anknüpfen.[55] Da das deutsche internationale Gesellschaftsrecht auf die abhängige Gesellschaft das Recht ihres Sitzstaates anwendet,[56] kann aus deutscher Sicht die Frage letztlich auf sich beruhen.

Hinsichtlich des Rechts der **Mitbestimmung** ist zu unterscheiden. Fragen, die vorrangig durch die Mitbestimmungsrichtlinie und die entsprechenden nationalen Ausführungsgesetze geregelt sind, bestimmen sich unmittelbar nach diesen Vorschriften. Insoweit bedarf es weder der Verweisung in Abs. 1 lit. c ii noch eines Rückgriffs auf das IPR. Das ist unstreitig. Soweit diese Regelungen jedoch nicht weiterführen und infolge der Mitbestimmung die Organisationsverfassung der SE betroffen ist, stellt sich die Frage, ob Abs. 1 lit. c ii eingreift, der dann für die in Deutschland ansässige SE auf das Mitbestimmungsgesetz von 1976 bzw. das Drittelbeteiligungsgesetz verweisen würde. Dies ist hier bis zur der 2. Auflage in Anschluss an *Teichmann* so vertreten worden.[57] Daran ist mit der inzwischen

---

[47] Statt aller MüKoAktG/*C. Schäfer* Rn. 4.
[48] Zur Anwendbarkeit des UmwG außerhalb der Lückenschließung → Art. 2, 3 Rn. 32 ff.
[49] MüKoAktG/*C. Schäfer* Rn. 4; NK-SE/*Schröder* Rn. 50; *Hirte* NZG 2002, 1 (5); im Erg. wohl auch *Lächler/Oplustil* NZG 2005, 381 (384 f.), die zu Recht darauf hinweisen, dass nur im Rahmen der VO, nicht aber bei der Auslegung des zur Lückenfüllung herangezogenen (und nicht europarechtlich determinierten) nationalen Rechts eine Vorlagepflicht in Betracht kommt.
[50] Eingehend zum Konzernrecht der SE etwa *Hommelhoff/Lächler* AG 2014, 257 ff.; MüKoAktG/*Ego* Art. 9 Anh. Rn. 1 ff.
[51] In diesem Sinne etwa *Hommelhoff* in Lutter/Hommelhoff, Die Europäische Gesellschaft, 2005, 19 ff.; Lutter/Hommelhoff/*Teichmann/Hommelhoff* Rn. 23; MüKoAktG/*Ego* Anh. Art. 9 Rn. 23 f.; *Lächler*, Das Konzernrecht der SE, 2007, 76 ff.; *Lächler/Oplustil* NZG 2005, 381 (385 f.) mwN zum Diskussionsstand.
[52] So Kölner Komm AktG/*Paefgen* Schlussanh. II Rn. 16; NK-SE/*Schröder* Rn. 26; zust. Habersack/Drinhausen/*Schürnbrand* Rn. 31 mwN; offenlassend MüKoAktG/*C. Schäfer* Rn. 16.
[53] So im Erg. auch *Habersack/Verse* EuropGesR § 13 Rn. 11, 49; Kölner Komm AktG/*Veil* Rn. 21 f.; vgl. auch bereits *Casper* FS Ulmer, 2003, 51 (67); *Habersack* ZGR 2003, 724 ff.; *Jaecks/Schönborn* RIW 2003, 254 (256 f.); allg. auch *Brandt/Scheifele* DStR 2003, 548 ff.
[54] Vgl. dazu etwa *Habersack* EuropGesR, 3. Aufl. 2006, Rn. 58 f.; *Schwarz* EuropGesR Rn. 892 ff.; *Hommelhoff/Lächler* AG 2014, 257 (260 ff.).
[55] Vgl. statt aller MüKoAktG/*C. Schäfer* Rn. 16.
[56] Näher zur konzernrechtlichen Anknüpfung im deutschen IPR *Veil* WM 2003, 2169 (2172); MüKoBGB/*Kindler* IntGesR Rn. 681 ff.
[57] *Teichmann* ZGR 2002, 383 (443 f.); dem folgend noch 2. Aufl. Rn. 13; MüKoAktG/*C. Schäfer*, 2. Aufl. 2006, Rn. 8.

überwiegenden Auffassung nicht festzuhalten.[58] Vielmehr ist davon auszugehen, dass die SE-RL und das SEGB eine abschließende Regelung enthalten. Nicht zuletzt in § 43 Abs. 1 Nr. 1 SEBG kommt hinreichend deutlich zum Ausdruck, dass das Organisationsrecht in §§ 34 ff. SEBG abschließend geregelt ist. Deshalb ist auch die Anwendbarkeit des § 27 Abs. 2 MitbestG 1976 über Abs. 1 lit. c ii abzulehnen, wenn die Wahl des Aufsichtsratsvorsitzenden in der dualistisch strukturierten SE scheitert, da das Ergebnis nicht der Vorgabe in Art. 42 S. 2 entspricht.[59]

14   Auch das **Kapitalmarktrecht** der börsennotierten SE ist nicht vom Anwendungsbereich des Abs. 1 lit. c ii erfasst,[60] soweit man nicht ausnahmsweise bereits über Art. 5 zur Anwendung kapitalmarktrechtlicher Vorschriften des Sitzstaates kommt.[61] Grundsätzlich bestimmt sich das Kapitalmarktrecht unabhängig von Art. 5, Art. 9 Abs. 1 lit. c ii nach den kapitalmarktrechtlichen Vorgaben des Staates, in dem die SE gelistet ist bzw. einen Antrag auf Börsenzulassung gestellt hat.[62] Wie jede andere Aktiengesellschaft muss auch die SE im Falle einer grenzüberschreitenden Doppelzulassung die kapitalmarktrechtlichen Vorgaben beider betroffenen Rechtsordnungen beachten. Mit dieser Grundaussage ist jedoch noch nicht die Frage entschieden, ob bzw. inwieweit das WpÜG im Rahmen der SE-Gründung anwendbar ist (→ Art. 32 Rn. 6).

15   Was schließlich die **Reichweite der Verweisung** des Abs. 1 lit. c ii **innerhalb des Gesellschaftsrechts** anbelangt, so ist diese nicht auf das geschriebene bzw. kodifizierte Recht beschränkt. Vielmehr wird das nationale Aktienrecht in seiner gesamten, durch Rechtsprechung und Lehre entfalteten Fülle in Bezug genommen. Erfasst sind somit insbesondere **ungeschriebene Rechtsgrundsätze und Richterrecht**[63] wie etwa die Holzmüller/Gelantie-Rechtsprechung. Dass aus dem Begriff „Rechtsvorschriften" in Abs. 1 lit. c ii nichts Gegenteiliges folgt, liegt nicht nur mit Blick auf die Mitgliedstaaten mit einer *case law*-Tradition nahe, sondern folgt auch aus der Kompetenz der nationalen Gerichte, das geschriebene Aktienrecht fortzuentwickeln. Im Übrigen ließe sich keine klare Grenze zwischen kodifiziertem und ungeschriebenem Recht entwickeln. Außerdem lässt sich ein systematischer Vergleich mit der Spezialverweisung in Art. 15 Abs. 1 ins Feld führen, der präziser von dem „für Aktiengesellschaften geltenden Recht" spricht, was auch Richterrecht miterfasst.[64] Soweit das **nationale Recht** durch die Generalverweisung zur Lückenfüllung in Dienst genommen wird, verbleibt es bei einer **Auslegung nach nationaler Methodik.** Eine gespaltene Auslegung wäre der Rechtssicherheit und einer reibungslosen Anwendung nicht zugänglich.[65] Das Gebot der Auslegung nach nationalen Kriterien folgt nicht zuletzt auch aus einer systematischen Wertung der Regelung in Art. 3 Abs. 1.[66] Entsprechendes gilt auch für nationales Recht, das durch eine der zahlreichen Spezialverweisungen innerhalb der SE-VO zur Anwendung gelangt. Diese Aussage schließt es aber nicht aus, im Einzelfall zu prüfen, ob das berufene nationale Recht auch wirklich auf die SE passt. Eine Vorlagepflicht an den EuGH besteht nicht.[67] Eine Ausnahme gilt nur dann,

---

[58] *Habersack/Verse* EuropGesR § 13 Rn. 11 mwN; UHH/*Habersack* MitbestG § 38 Rn. 6; Kölner Komm AktG/*Veil* Rn. 28; Haberrsack/Drinhausen/*Schürnbrand* Rn. 29; nunmehr auch MüKoAktG/*C. Schäfer* Rn. 5.

[59] MüKoAktG/*C. Schäfer* Rn. 5.

[60] Vgl. bereits *Casper* FS Ulmer, 2003, 51 (65); ebenso MüKoAktG/*C. Schäfer* Rn. 4; Kölner Komm AktG/*Veil* Rn. 41; im Grundsatz auch Lutter/Hommelhoff/Teichmann/*Hommelhoff/Teichmann* Rn. 24; teilw. abw. *Lächler/Oplustil* NZG 2005, 381 (386 f.) zum Übernahmerecht und zum Squeeze Out.

[61] *Merkt* in Lutter/Hommelhoff, Die Europäische Gesellschaft, 2005, 179 (188 f.) nennt insoweit BörsG, BörsZuLV, BörsO, will aber Art. 9 Abs. 1 lit. c ii heranziehen; → Art. 5 Rn. 6.

[62] Eingehend zum Kapitalmarktrecht der börsennotierten SE *Merkt* in Lutter/Hommelhoff, Europäische Aktiengesellschaft S. 179 ff.

[63] Vgl. nur MüKoAktG/*C. Schäfer* Rn. 17; Kalss/Hügel/*Kalss/Greda* AT Rn. 27, 30; *Casper* FS Ulmer, 2003, 51 (68); *Teichmann* ZGR 2002, 383 (397); *Brandt/Scheifele* DStR 2002, 547 (553); *Hirte* NZG 2002, 1 (2); *Hommelhoff* in Lutter/Hommelhoff, Die Europäische Gesellschaft, 2005, 20 f.; *Schwarz* Rn. 14; Lutter/Hommelhoff/Teichmann/*Hommelhoff/Teichmann* Rn. 55; Kölner Komm AktG/*Veil* Rn. 72.

[64] MüKoAktG/*C. Schäfer* Rn. 17.

[65] Vgl. näher zu diesem Aspekt erstmals *Casper* FS Ulmer, 2003, 51 (69 f.); ebenso MüKoAktG/*C. Schäfer* Rn. 18; *Hommelhoff* in Lutter/Hommelhoff, Die Europäische Gesellschaft, 2005, 21 f.; Lutter/Hommelhoff/Teichmann/*Hommelhoff/Teichmann* Rn. 55; *Lächler/Oplustil* NZG 2005, 381 (384 f.); NK-SE/*Schröder* Rn. 33 f.; *Drinhausen/Teichmann* in Van Hulle/Maul/Drinhausen SE-HdB 3. Abschnitt Rn. 14; Kölner Komm AktG/*Veil* Rn. 74; teilw. abw. *Schwarz* Einl. Rn. 154 ff. sowie *Bachmann* ZEuP 2008, 32 (43 f.); *Wulfers* GPR 2006, 106 (110 ff.); Kölner Komm AktG/*Siems* Vor Art. 1 Rn. 114, 155; Habersack/Drinhausen/*Schürnbrand* Rn. 44 mwN; ganz aA *Grote*, Das neue Statut der Europäischen Aktiengesellschaft zwischen europäischem und nationalem Recht, 1990, 52 ff., der den in Bezug genommenen Normen zu Unrecht europäische Rechtsqualität zuerkennen will; dagegen jedoch zu Recht auch *Wulfers* GPR 2006, 106 (110) mit ausführlicher Begründung; Kölner Komm AktG/*Veil* Rn. 72.

[66] MüKoAktG/*C. Schäfer* Rn. 19.

[67] *Lächler/Oplustil* NZG 2005, 381 (384 f.); *Hommelhoff* in Lutter/Hommelhoff, Die Europäische Gesellschaft, 2005, 22; *Schwarz* Einl. Rn. 154, 158.

wenn das in Bezug genommene nationale Recht seinerseits durch eine Richtlinie harmonisiert worden ist.[68] Schließlich handelt es sich bei Abs. 1 lit. c ii um eine **dynamische Verweisung**.[69] Es wird also auf das vollständige nationale Recht in seiner jeweiligen Fassung verwiesen. Für eine statische Verweisung sind keine Gründe ersichtlich; eine derartige Qualifikation wäre auch mit dem Erfordernis der Rechtssicherheit unvereinbar. Demgegenüber sprechen keine Gründe dagegen, spezielle nationale SE-Umsetzungsgesetze wie das SEAG verordnungsfreundlich auszulegen, wobei die hergebrachte Methodik der unionsrechtskonformen Auslegung zur Anwendung kommt.[70]

IV. Auslegung und methodische Grundlage der SE-VO

1. Auslegung. Die Auslegung der SE-VO muss autonom anhand von europäischen Kriterien vorgenommen werden. Dabei kann auf die vom EuGH entwickelte Methodik zur Exegese des Sekundärrechts zurückgegriffen werden.[71] Auch bei der Auslegung europäischen Sekundärrechts kann auf den in der deutschen Methodenlehre entwickelten vierstufigen Auslegungskanon rekurriert werden, wenn auch mit einer anderen Gewichtung, die sich aus den Besonderheiten des europäischen Rechts ergibt.[72] Die nachfolgende Darstellung hat sich auf Besonderheiten aus Sicht der SE-VO zu beschränken. Dem Wortlaut erkennt der EuGH ein geringeres Gewicht zu.[73] Er bildet bei der Auslegung zwar den ersten Zugriff, stellt aber nicht zwangsläufig eine Auslegungsgrenze dar. Eine weitere Relativierung der **Wortlautauslegung** ergibt sich aus dem Umstand, dass alle Amtssprachen gleichrangig verbindlich sind.[74] An zweiter Stelle ist auf eine systematische Auslegung zurückzugreifen, wenngleich der EuGH sie gelegentlich mit der teleologischen Auslegung in einem Atemzug nennt oder nicht immer zwischen beiden Auslegungsformen sauber trennt.[75] Die **systematische Auslegung** ist auf die SE-VO selbst zu begrenzen. Ein Rückgriff auf anderes gesellschaftsrechtliches Sekundärrecht ist nicht veranlasst, da dieses über das harmonisierte Recht zur Anwendung kommt.[76] Nicht ausgeschlossen ist es allerdings, gleichlautende Begriffe in der SE-VO und in den gesellschaftsrechtlichen Richtlinien auch gleich auszulegen.[77] Systematische Auslegung ist allerdings nicht mit der Entwicklung allgemeiner europäischer Rechtsprinzipien zu verwechseln.[78]

Zentrale Bedeutung kommt mittels des Grundsatzes der binnenmarktfreundlichen Auslegung und des Effektivitätsgrundsatzes (effet utile) der **teleologischen Auslegung** zu. Der EuGH wählt regelmäßig diejenige Auslegungsalternative, die der Rechtsvereinheitlichung am besten zugutekommt.[79] Dieses Vorgehen passt bei der SE-VO nur bedingt. Man wird sich bei der Auslegung einzelner Vorschriften stattdessen von dem Ziel, eine funktionsfähige supranationale Rechtsform zu schaffen, leiten lassen müssen.[80] Die **historische Auslegung** wird vom EuGH nur selten herangezogen und erst an letzter Stelle genannt.[81] Bei der Auslegung der SE-VO kann ihr eine etwas stärkere Bedeutung zukommen, da die verschiedenen Entwürfe gut dokumentiert und teilweise auch erläutert

---

[68] Der Maßstab ist dann freilich der konkrete zugrundeliegende Unionsrechtsakt und nicht (auch) die SE-VO.
[69] Statt aller *Hommelhoff* in Lutter/Hommelhoff, Die Europäische Gesellschaft, 2005, 22; *Lächler/Oplustil* NZG 2005, 381 (385); *Brandt/Scheifele* DStR 2002, 547 (553); *Schwarz* Rn. 38; Lutter/Hommelhoff/Teichmann/*Hommelhoff/Teichmann* Rn. 55; Habersack/Drinhausen/*Schürnbrand* Rn. 42 mwN; ausf. hierzu neuerdings auch Kölner Komm AktG/*Veil* Rn. 53 f., 75.
[70] *Bachmann* ZEuP 2008, 32 (43); zust. MüKoAktG/*C. Schäfer* Rn. 18 mit Fn. 66.
[71] Vgl. dazu etwa *Zuleeg* EuR 1969, 97; *Bleckmann* NJW 1982, 1177 (1178 ff.); *Everling* RabelsZ 50 (1986), 193 (210 f.); *Schwarz* EuropGesR Rn. 86 ff.; *Hommelhoff* in Schulze, Auslegung europäischen Privatrechts und angeglichenen Rechts, 1999, 29 (32 ff.); eingehend *Anweiler*, Die Auslegungsmethoden des Gerichtshofs der Europäischen Gemeinschaften, 1997, 25 ff. und passim.
[72] Vgl. die in Fn. 71 Genannten und *Casper* FS Ulmer, 2003, 51 (54 f.); *Teichmann* ZGR 2002, 383 (404 f.); MüKoAktG/*C. Schäfer* Rn. 10.
[73] EuGH Slg. 1960, 1163 (1194); 1974, 201 (213 f.); 1978, 611 (619).
[74] Vgl. dazu auch zu den Konsequenzen bei Divergenzen näher MüKoAktG/*C. Schäfer* Rn. 10; *Schäfer* ZGR 2004, 785 (787 f.) mwN.
[75] Vgl. die Darstellung bei *Blomeyer* NZA 1994, 633 (634); *Anweiler*, Die Auslegungsmethoden des Gerichtshofs der Europäischen Gemeinschaften, 1997, 38 f.
[76] Vgl. bereits *Casper* FS Ulmer, 2003, 51 (55) mwN; zust. MüKoAktG/*C. Schäfer* Rn. 10; aA Lutter/Hommelhoff/Teichmann/*Hommelhoff/Teichmann* Rn. 36.
[77] So auch Kölner Komm AktG/*Veil* Rn. 85.
[78] *Casper* FS Ulmer, 2003, 51 (55).
[79] Vgl. die Darstellung bei *Anweiler*, Die Auslegungsmethoden des Gerichtshofs der Europäischen Gemeinschaften, 1997, 219 ff.
[80] *Casper* FS Ulmer, 2003, 51 (55); *Teichmann* ZGR 2002, 383 (405 f.).
[81] Vgl. etwa EuGH Slg. 1976, 163; 1976, 1665; 1977, 113 = NJW 1977, 2022; Slg. 1979, 2701 sowie die Darstellung bei *Anweiler*, Die Auslegungsmethoden des Gerichtshofs der Europäischen Gemeinschaften, 1997, 252 ff.

sind.⁸² Allerdings kann aus dem Weglassen einzelner Vorschriften im Laufe des langwierigen Gesetzgebungsverfahrens nicht automatisch die Schlussfolgerung gezogen werden, dass nunmehr eine entsprechende Regelung nicht gewollt ist, sondern nur, dass sie nunmehr dem nationalen Recht im Wege des Art. 9 überlassen bleibt. Auch bei Textänderungen verbleibender Normen ist stets im Auge zu behalten, dass die Umformulierungen oft das Ergebnis politischer Kompromisse und nicht zwingend einer besseren rechtlichen Erkenntnis entsprungen sind, weshalb der Erkenntniswert der historischen Auslegung oftmals begrenzt sein dürfte.⁸³ Im Grenzbereich zwischen historischer und teleologischer Auslegung ist der Rückgriff auf die der VO vorangestellten Erwägungsgründe angesiedelt. Diese drücken die Regelungsabsicht des Verordnungsgebers aus. Sie sind, obgleich Bestandteil der Richtlinie, hingegen mangels Bestimmtheit und normtypischen Konnex von Tatbestand und Rechtsfolge⁸⁴ nicht mit Verfügungscharakter ausgestattet. Erwägungsgründe sind daher zwar wichtiger Teil der teleologischen Auslegung,⁸⁵ können aber nicht angeführt werden, um von einem Auslegungsergebnis, das sich aus einem eindeutigen Wortlaut oder offensichtlichem normativen Regelungsgehalt ergibt, abzuweichen.⁸⁶

18 **2. Analogieschluss auf europäischer Ebene.** Lücken innerhalb der SE-VO können im Einzelfall ohne Rückgriff auf Art. 9 Abs. 1 lit. c im Wege des Analogieschlusses geschlossen werden, da diese Vorschrift nicht als Analogieverbot zu verstehen ist (→ Rn. 10).⁸⁷ Auch wenn sich die Methodik des Analogieschlusses **nach europäischen Maßstäben** vollzieht, sind diese mit der bekannten nationalen Trias, unbewusste, planwidrige Lücke, Vergleichbarkeit der Sachverhalte und kein Eingreifen eines Analogieverbotes vergleichbar.⁸⁸ Das **Vorliegen einer Lücke** setzt zunächst voraus, dass eine offene Frage nicht mehr im Wege der Auslegung geklärt werden kann. Besondere Bedeutung kommt der **Planwidrigkeit** zu. Soweit die SE-VO einen Regelungskomplex bewusst dem nationalen Recht überantwortet hat, steht Art. 9 Abs. 1 einer Analogie entgegen. Ein Analogieschluss kommt deshalb nur insoweit in Betracht, als die SE-VO einen Komplex überhaupt geregelt hat und somit Raum für ein planwidriges Unterlassen besteht.⁸⁹ Hinsichtlich der **Vergleichbarkeit** ist auf allgemeine Kriterien zurückzugreifen. Die Lückenfüllung im Wege des Analogieschlusses ist auf die sog. **regelgeleitete Analogie** begrenzt.⁹⁰ Darunter ist die entsprechende Heranziehung einer bereits vorhandenen vergleichbaren⁹¹ Regelung zu verstehen. Die Lückenfüllung durch Entwicklung allgemeiner Rechtsprinzipien, die – englischer Tradition – folgend, in der europäischen Methodenlehre gelegentlich auch als Form der Analogie betrachtet wird,⁹² ist mit Art. 9 nicht ohne weiteres vereinbar.⁹³ Akzeptiert man eine regelgeleitete Analogie, so ist auch eine **teleologische Reduktion** denkbar.⁹⁴ Besonders im ausdifferenzierten Gründungsrecht werden Analogieschlüsse vermehrt diskutiert.⁹⁵

---

⁸² *Casper* FS Ulmer, 2003, 51 (56); *Teichmann* ZGR 2002, 383 (404).
⁸³ So zutr. *Teichmann* ZGR 2002, 383 (404); MüKoAktG/*C. Schäfer* Rn. 10; etwas optimistischer noch *Casper* FS Ulmer, 2003, 51 (56).
⁸⁴ Riesenhuber/*Köndgen,* Europäische Methodenlehre, 3. Aufl. 2015, § 6 Rn. 49.
⁸⁵ Riesenhuber/*Riesenhuber,* Europäische Methodenlehre, 3. Aufl. 2015, § 11 Rn. 40 mwN.
⁸⁶ Vgl. exemplarisch EuGH Slg. 1998, I-7477 (7494); EuGH Slg. 2005, I-3913 (3926); EuGH Slg. 2005, I-10095 (10104); Habersack/Drinhausen/*Schürnbrand* Rn. 16; krit. zur Heranziehung der Begründungserwägungen insgesamt in Riesenhuber/*Stotz,* Europäische Methodenlehre, 3. Aufl. 2015, § 22 Rn. 17.
⁸⁷ Vgl. näher *Casper* FS Ulmer, 2003, 51 (56 ff.) mwN; zust. zB *Hommelhoff* in Lutter/Hommelhoff, Die Europäische Gesellschaft, 2005, 17; *Schwarz* Einl. Rn. 86 ff.; *Bachmann* ZEuP 2008, 32 (54); MüKoAktG/*C. Schäfer* Rn. 12, Kölner Komm AktG/*Veil* Rn. 68; Habersack/Drinhausen/*Schürnbrand* Rn. 19.
⁸⁸ Vgl. die abstrakte Formulierung in der Rechtssache *Krohn:* EuGH Slg. 1985, 3397 (4019): Lücke, Analogieverbot, Vergleichbarkeit; ähnlich die späteren Entscheidungen EuGH Slg. 1986, 3477 (3510 f.) – Klensch; EuGH Slg. 1992, 4785 (4832 f.) – AEB.
⁸⁹ Vgl. näher dazu bereits *Casper* FS Ulmer, 2003, 51 (58 ff.); eingehend zum Regelungsbereich der SE-VO vor allem *Lächler/Oplustil* NZG 2005, 381 (382 ff.). *Schwarz* Einl. Rn. 90 spricht insoweit von Tatbestand- und SE-spezifischer Regelunglücke.
⁹⁰ Zum Begriff näher *Langenbucher,* Jahrbuch Junger Zivilrechtswissenschaftler 1999, 77 ff.; *Casper* FS Ulmer, 2003, 51 (56 f.); im Erg. wie hier MüKoAktG/*C. Schäfer* Rn. 12; *Bachmann* ZEuP 2008, 32 (54 f.), etwas weitergehend Lutter/Hommelhoff/Teichmann/*Hommelhoff/Teichmann* Rn. 51.
⁹¹ Dies setzt als besondere Grenze voraus, dass der Anwendungsbereich der SE-VO nicht überschritten wird, vgl. Kölner Komm AktG/*Siems* Vor Art. 1 Rn. 136.
⁹² Als Beispiele mögen EuGH Slg. 1979, 461 – Hoffmann La Roche und EuGH Slg. 1989, 2859 – Höchst dienen; eingehende Darstellung bei *Völter,* Der Lückenschluss im Statut der Europäischen Privatgesellschaft, 2000, 113 ff.; *Anweiler,* Die Auslegungsmethoden des Gerichtshofs der Europäischen Gemeinschaften, 1997, 333 ff.
⁹³ *Casper* FS Ulmer, 2003, 51 (56 f.); MüKoAktG/*C. Schäfer* Rn. 12; *Bachmann* ZEuP 2008, 32 (54 f.); so wohl auch *Hommelhoff* in Lutter/Hommelhoff, Die Europäische Gesellschaft, 2005, 17; großzügiger *Teichmann* ZGR 2002, 383 (408 f.); *Schwarz* Einl. Rn. 97; aA vor allem auch *Wulfers* GPR 2006, 106 (108 ff., 112 f.).
⁹⁴ *Casper* FS Ulmer, 2003, 51 (59); Kölner Komm AktG/*Siems* Vor Art. 1 Rn. 140.
⁹⁵ Vgl. nur Beispiele bei Kölner Komm AktG/*Siems* Vor Art. 1 Rn. 140; MüKoAktG/*C. Schäfer* Rn. 14; Habersack/Drinhausen/*Schürnbrand* Rn. 20.

3. Umgehungsverbot. Wegen der starken Betonung der teleologischen Auslegung und der Möglichkeit zu einer regelgeleiteten Analogie ist die Entwicklung einer europäischen Lehre von der Gesetzesumgehung zumindest innerhalb der SE-VO **entbehrlich**.[96] Die Strapazierung eines Umgehungsverbots kommt insbesondere dann nicht in Betracht, wenn es wie bei dem Mehrstaatlichkeitserfordernis in Art. 2 an einem in sich stringenten und plausiblen Regelungskonzept fehlt (→ Art. 2, 3 Rn. 3). Ein eigenes Umgehungsverbot in Gestalt eines Missbrauchsverbots ist allerdings in § 43 SEGB, der Art. 11 der SE-RL umsetzt, für die Mitbestimmung der SE vorgesehen. 19

V. Anforderungen an die Ausführungsgesetze, Gleichbehandlungsgebot (Abs. 2)

Der Anwendungsbereich des Abs. 2 und sein Verhältnis zu Art. 10 sind bisher nicht abschließend geklärt. Der originäre Aussagegehalt, dass die nationalen Vorschriften in den SE-Ausführungsgesetzen den Vorgaben der gesellschaftsrechtlichen Richtlinien entsprechen müssen, ist eine Selbstverständlichkeit, die sich aus Art. 288 Abs. 3 AEUV iVm Art. 4 Abs. 3 UAbs. 2 EUV ergibt. Dies folgt zudem mittelbar bereits aus Abs. 1 lit. c ii sowie aus Art. 3 Abs. 1 und Art. 10. Einer gesonderten **Klarstellung** bedurfte es allenfalls deshalb, weil die gesellschaftsrechtlichen Richtlinien nicht unmittelbar auf die SE, sondern nur auf die nationalen Aktiengesetze anwendbar sind.[97] Interessanter ist der in Abs. 2 zum Ausdruck kommende Wille zur **Gleichbehandlung** von SE und nationalen Gesellschaften. Dem nationalen Gesetzgeber soll es verwehrt sein, die SE mit seinen speziellen Ausführungsgesetzen schlechter zu behandeln als nationale Aktiengesellschaften. Dieses **Diskriminierungs- bzw. Ungleichbehandlungsverbot** folgt aber auch aus Art. 10. Seine Reichweite und das Verhältnis von Abs. 2 zu Art. 10 sind deshalb bei dieser vorrangigen Vorschrift zu erläutern. 20

VI. Besondere Vorschriften für die ausgeübte Geschäftstätigkeit (Abs. 3)

Abs. 3 hat in erster Linie **klarstellende Funktion**.[98] Dass spezielle Vorschriften für eine Aktiengesellschaft mit einem besonderen Geschäftsgegenstand auch für eine entsprechende SE gelten, folgt bereits aus der Tatsache, dass die SE dem allgemeinen Verkehrsrecht unterworfen ist (→ Rn. 6). Als Beispiel seien Europäische Aktiengesellschaften wie die Allianz-SE genannt, die eine Versicherung oder ein Kreditinstitut oder eine Kapitalanlagegesellschaft betreiben. 21

Art. 10 [Gleichbehandlung]

Vorbehaltlich der Bestimmungen dieser Verordnung wird eine SE in jedem Mitgliedstaat wie eine Aktiengesellschaft behandelt, die nach dem Recht des Sitzstaats der SE gegründet wurde.

Schrifttum: Vgl. die Angaben zu → Art. 9.

I. Deutungsmöglichkeiten des Art. 10

Der **Regelungsgehalt** und der **Normzweck** des Art. 10 sind unklar. Es lassen sich **bisher vier Interpretationen** ausmachen. Zum einen ist die Auffassung denkbar, Art. 10 überhaupt **keinen eigenen Anwendungsbereich** zuzuerkennen.[1] Dass die SE, wie von Art. 10 gefordert, in jedem Mitgliedstaat als eine Aktiengesellschaft nationalen Rechts zu behandeln sei, folge schon aus Art. 9 Abs. 1 lit. c ii und für den seltenen Fall, dass eine SE wiederum eine Tochter gründet, aus Art. 3 Abs. 1. Ein derartiges Verständnis würde voraussetzen, dass der Anwendungsbereich des Art. 10 wie bei Art. 9 auf Normen mit einem gesellschaftsrechtlichen Regelungsgehalt beschränkt ist. Zum zweiten wird die Auffassung vertreten, Art. 10 sei anders als Art. 9 eine **Gesamtnormverweisung auf das ganze Recht des Sitzstaates** einschließlich seines Internationalen Privatrechts.[2] Drittens ließe sich aus der Differenzierung im Normtext zwischen Sitzstaat und jedem Mitgliedstaat die Auffassung wagen, **Art. 10 richte sich insbesondere an die anderen Mitgliedstaaten** und weniger an den Sitzstaat. Den sonstigen Mitgliedstaaten verlange Art. 10 eine Gleichbehandlung mit anderen 1

---

[96] Vgl. bereits *Casper* FS Ulmer, 2003, 51 (62 ff.) mwN zur entsprechenden Diskussion innerhalb der deutschen Methodenlehre; zust. MüKoAktG/*C. Schäfer* Rn. 13; im Erg. auch Habersack/Drinhausen/*Schürnbrand* Rn. 21.
[97] So auch Kölner Komm AktG/*Veil* Rn. 89.
[98] Ebenso MüKoAktG/*C. Schäfer* Rn. 28; so wohl auch Lutter/Hommelhoff/Teichmann/*Hommelhoff/Teichmann* Rn. 60; aA *Schwarz* Rn. 54.
[1] In diese Richtung etwa MHdB AG/*Austmann* § 83 Rn. 19.
[2] In diesem Sinne *Wagner* NZG 2002, 985 (990); der Sache nach auch *Schwarz* Rn. 12 ff., 15 f., der von einem doppelten Diskriminierungsverbot iS von Gleichbehandlungsgebot und Privilegierungsverbot spricht.

nationalen Aktiengesellschaften des Sitzstaates oder gar mit eigenen nationalen Aktiengesellschaften ab, während dieses Diskriminierungsverbot für den Sitzstaat bereits aus Art. 9 Abs. 1 lit. c ii bzw. Art. 9 Abs. 2 folge.[3] Schließlich findet sich eine **vermittelnde Auffassung** von *Schäfer,* die die beiden zuletzt genannten Ansätze zusammenzuführen versucht. Art. 10 sei danach ein **doppelter Aussagegehalt** beizumessen. Zum einen verweise Art. 10 auf das nichtgesellschaftsrechtliche Sachrecht des Mitgliedstaats und statuiere somit ein Verbot der Ungleichbehandlung von SE und nationaler Aktiengesellschaft außerhalb des Gesellschaftsrechts, beispielsweise im Insolvenzrecht. Zum anderen begründe Art. 10 ein Gebot für die übrigen Mitgliedstaaten, die SE eines anderen Sitzstaates unabhängig von ihrem Kollisionsrecht als eine nach dem Recht des Sitzstaates wirksam gegründete Aktiengesellschaft zu tolerieren, auch wenn sich nach ihrem Kollisionsrecht etwas anderes ergeben würde.[4]

II. Aussagegehalt des Art. 10

2   Für eine **Stellungnahme** ist davon auszugehen, dass Art. 10 ein eigenständiger Aussagegehalt zukommen soll, da sein **maßgebliches Regelungsziel,** die **Gleichbehandlung** von Europäischen mit nationalen Aktiengesellschaften in Art. 9 zumindest nicht mit letzter Sicherheit zum Ausdruck kommt.[5] Art. 10 als Gesamtnormverweisung auf das sonstige Recht des Sitzstaates, das nicht Gesellschaftsrecht ist, zu interpretieren, kann nicht überzeugen. Dieses Ergebnis folgt bereits aus allgemeinen Grundsätzen (→ Art. 9 Rn. 6) und bedarf keiner besonderen gesetzlichen Klarstellung. Außerdem trägt es dem maßgeblichen Gedanken der Gleichbehandlung nicht hinreichend Rechnung. Mit *Schäfer* ist eine Funktion des Art. 10 in der **Absicherung der Gleichbehandlungspflicht außerhalb des Gesellschaftsrechts** zu sehen. Demgegenüber kann die These von einer Gesamtnormverweisung auf das sonstige Recht nicht plausibel erklären, warum ein Sitzstaat zB eine die SE benachteiligende insolvenzrechtliche Vorschrift nicht erlassen dürfte. Daneben hat Art. 10 aber auch die Funktion, das **Diskriminierungsverbot innerhalb des Gesellschaftsrechts** nochmals über Art. 9 hinaus besonders klarzustellen. Darüber hinaus nimmt Art. 10 auch die übrigen Mitgliedstaaten in die Pflicht. Ihnen wird ebenfalls die Diskriminierung verboten. Maßgebliches Vergleichsparameter ist die Behandlung einer nationalen Aktiengesellschaft aus dem anderen Sitzstaat. Mit anderen Worten transportiert Art. 10 die Verpflichtung zur Gleichbehandlung mit den nationalen Aktiengesellschaften des jeweiligen Sitzstaates in die gesamte Gemeinschaft hinein. Eine Verpflichtung, die in einem anderen Mitgliedstaat domizilierende SE wie eine eigene AG zu behandeln, erfordern weder der Wortlaut noch der Telos des Art. 10.[6] Dies dürfte auch zu weit gehen.[7] Wohl aber erfordert Art. 10, dass eine in einem anderen Mitgliedstaat domizilierende SE wie eine im eigenen Staat gegründete SE zu behandeln ist, soweit dies nicht zu einem Widerspruch mit dem auf die „fremde SE" subsidiär anwendbaren Heimatrecht führen würde. Der wesentliche Aussagegehalt des Art. 10 besteht also in einer **vollumfänglichen Absicherung des Gleichbehandlungsgebots.**[8] Den Unionsgesetzgeber selbst kann Art. 10 freilich nicht binden.[9]

III. Reichweite des Gleichbehandlungsgebots

3   Wenig beleuchtet ist bisher die Reichweite des Gleichbehandlungsgebots gegenüber nationalen Aktiengesellschaften. Im Grundsatz gilt, dass eine **Ungleichbehandlung** nur dann **gerechtfertigt** ist, wenn sie durch die Verordnung legitimiert wird oder durch **besondere Sachgründe,** die gerade in der besonderen Rechtsnatur der SE liegen, gerechtfertigt ist.[10] Dieses Gleichgebehandlungsgebot besteht wie gesagt nicht nur hinsichtlich des Ausführungsgesetzes, sondern auch im gesamten sonstigen anwendbaren Sachrecht. Ein Beispiel aus dem SEAG bot der inzwischen weggefallene § 2 SEAG, der strenger als § 5 aF AktG war. Letztlich bildete diese Ungleichbehandlung jedoch wohl keinen

---

[3] In diesem Sinne *Teichmann,* Binnenmarktkonformes Gesellschaftsrecht, 2006, 297; ähnlich Lutter/Hommelhoff/*Teichmann*/*Hommelhoff*/*Teichmann* Rn. 6; NK-SE/*Schröder* Rn. 3.
[4] MüKoAktG/*C. Schäfer* Rn. 3 f.
[5] So tendenziell auch Kölner Komm AktG/*Veil* Rn. 3.
[6] So aber MüKoAktG/*C. Schäfer* Rn. 4 (unmittelbare Anwendung des Art. 10, wenngleich die Wortlautüberschreitung dieser Auslegung anerkennend) und Kölner Komm AktG/*Veil* Rn. 10 (analoge Anwendung des Art. 10).
[7] Ebenso Habersack/Drinhausen/*Schürnbrand* Rn. 2.
[8] Zust. Kölner Komm AktG/*Veil* Rn. 3; Habersack/Drinhausen/*Schürnbrand* Rn. 1.
[9] So zutr. Habersack/Drinhausen/*Schürnbrand* Rn. 3 mwN; dort auch zur Frage einer im Grundsatz zu verneinenden unmittelbaren Wirkung gegenüber Privatpersonen.
[10] Vgl. auch *Schwarz* Rn. 20 ff.; ähnlich Lutter/Hommelhoff/*Teichmann*/*Hommelhoff*/*Teichmann* Rn. 7; Kölner Komm AktG/*Veil* Rn. 7; Habersack/Drinhausen/*Schürnbrand* Rn. 8 f.

Verstoß gegen Art. 10, da Art. 7 S. 2 keine Gleichbehandlung mit den nationalen Aktiengesellschaften bei der Verknüpfung des Orts der Hauptverwaltung und des Satzungssitzes erfordert (→ Art. 7 Rn. 4). Umgekehrt folgt aus Art. 10 **kein Verbot** an den nationalen Gesetzgeber, die **SE** gegenüber den nationalen Aktiengesellschaften **zu privilegieren**.[11]

Völlig ungeklärt sind bisher auch die **Rechtsfolgen eines Verstoßes gegen das Gleichbehand- 4 lungsgebot.** Eine Nichtigkeit der diskriminierenden Gesetzesvorschrift dürfte wohl über das Ziel hinausschießen. Andererseits wird man weiter gehen müssen als bei einer nicht richtlinienkonformen Umsetzung. Verstößt eine nationale Vorschrift gegen die Vorgabe in einer Richtlinie und lässt sich dieses Ergebnis auch nicht im Wege einer richtlinienkonformen Auslegung bzw. Rechtsfortbildung korrigieren, so bleiben letztlich nur ein Vertragsverletzungsverfahren nach Art. 258 AEUV[12] und ggf. Schadensersatzansprüche.[13] Da die SE-VO jedoch unmittelbare Wirkung entfaltet, wird man bei einem Verstoß zu dem Ergebnis kommen müssen, dass die **nationale Vorschrift** insoweit **nicht anwendbar** ist, wie sie die SE gegenüber nationalen Aktiengesellschaften des Sitzstaates diskriminiert.[14]

Art. 11 [Rechtsformzusatz]

(1) Die SE muss ihrer Firma den Zusatz „SE" voran- oder nachstellen.

(2) Nur eine SE darf ihrer Firma den Zusatz „SE" hinzufügen.

(3) Die in einem Mitgliedstaat vor dem Zeitpunkt des Inkrafttretens dieser Verordnung eingetragenen Gesellschaften oder sonstigen juristischen Personen, deren Firma den Zusatz „SE" enthält, brauchen ihre Namen jedoch nicht zu ändern.

I. Regelungsgehalt und Normzweck

Art. 11 regelt nur einen kleinen **Teilaspekt des Firmenrechts** der SE in Gestalt des Rechtsform- 1 zusatzes. Er zwingt die Europäische Aktiengesellschaft, die Kurzform „SE" der Firma voran- oder nachzustellen. Abs. 2 verfolgt das Ziel, dass nur eine Europäische Aktiengesellschaft den Rechtsformzusatz voranstellen darf. Damit wird eine **Exklusivität des Rechtsformzusatzes** beabsichtigt (zur Reichweite → Rn. 3). Gleichwohl gestattet Abs. 3 allen nationalen Gesellschaften, die vor dem Inkrafttreten der SE-VO am 8.10.2004 (Art. 70) gegründet worden sind, einen bereits vorhandenen Rechtsformzusatz fortzuführen. Damit wird ein **unbeschränkter Bestandschutz** gewährt, der weder auf die Zeit vor Verabschiedung der SE-VO 2001 noch für eine gewisse Übergangszeit wie in § 11 Abs. 1 PartGG beschränkt wird. Nicht zum Regelungsziel des Art. 11 zählt das allgemeine **Firmenrecht** der SE. Dieses bestimmt sich gem. Art. 9 Abs. 1 lit. c ii nach den nationalen Vorgaben des Sitzstaates.[1] Das SEAG enthält insoweit keine Regelungen, die dem nationalen Firmenrecht vorgehen würden.

II. Reichweite der Absätze 1 und 2

Abs. 1 verpflichtet die Europäische Aktiengesellschaft, das Kürzel „SE" ihrer Firma voran- oder 2 hintanzustellen. Unzulässig ist hingegen eine Einfügung zwischen Wortbestandteilen der Firma (zB Fischfutter SE Internationales Kontor). Anders als in § 4 AktG wird nur das Kürzel genannt. Daraus folgt, dass die bloße **Hinzufügung der Langform** Societas Europaea nicht genügt.[2] Zulässig ist es aber, Lang- und Kurzform zu kombinieren,[3] da diese Fragestellung in Abs. 1 nicht geregelt ist. Ebenso ist eine Kombination des Zusatzes SE mit der Langform in der jeweiligen Landessprache

---

[11] *Teichmann* ZGR 2002, 383 (457) für die Option, den Art. 7 S. 2 nicht entsprechend § 5 AktG umzusetzen; aA *Schwarz* Rn. 3, 15; NK-SE/*Schröder* Rn. 1; Habersack/Drinhausen/*Schürnbrand* Rn. 7 mwN.

[12] So auch Kölner Komm AktG/*Veil* Rn. 14.

[13] Vgl. dazu statt aller EuGH Slg. I 1991, 5357 – Francovich = EuZW 1991, 758 = NJW 1992, 165; *Streinz*, Europarecht, 10. Aufl. 2016, Rn. 461.

[14] Für einen solchen Anwendungsvorrang des sekundären Unionsrechts gegenüber nationalem Recht auch Habersack/Drinhausen/*Schürnbrand* Rn. 10.

[1] AllgM Kalss/Hügel/*Greda* SEG § 2 Rn. 6; MüKoAktG/*C. Schäfer* Rn. 1, 3; NK-SE/*Schröder* Rn. 13; *Schwarz* Rn. 4; Kölner Komm AktG/*Kiem* Rn. 2.

[2] *Schwarz* Rn. 12; Kölner Komm AktG/*Kiem* Rn. 12.

[3] Kölner Komm AktG/*Kiem* Rn. 12; NK-SE/*Schröder* Rn. 3; Lutter/Hommelhoff/Teichmann/*Langhein* Rn. 4; aA MüKoAktG/*C. Schäfer* Rn. 1: „... gestattet Art. 11 nicht die Verwendung der Langform ..., sondern erfordert *zwingend* die Verwendung des Kürzels". Damit gehen die Stimmen im Schrifttum nicht nur scheinbar auseinander; dies zu Kölner Komm AktG/*Kiem* Rn. 12 mit Fn. 23 aE.

denkbar (zB Hanseatisches Weinkontor Europäische Aktiengesellschaft SE).[4] Der SE-Zusatz in lateinischen Buchstaben ist auch dann verpflichtend, wenn die Landessprache sich wie in Griechenland oder auf Zypern nicht des lateinischen Alphabets bedient.[5]

3   **Abs. 2** reserviert andererseits allein das Kürzel SE für die Europäische Aktiengesellschaft. Bliebe man bei einer strengen Wortlautexegese stehen, so könnten andere Gesellschaften die lateinische Langform oder ihre Übersetzung in die jeweilige Landessprache verwenden (Internationale Dirndl Boutique Europäische Gesellschaft oHG). Dies ist mit dem Telos des Abs. 2 nicht vereinbar, weshalb auch die Bezeichnung Europäische Aktiengesellschaft bzw. die wörtliche Übersetzung von Societas Europaea als Europäische Handelsgesellschaft für andere Gesellschaften gesperrt ist.[6] Für deutsche Gesellschaften folgt dies auch bereits aus § 18 Abs. 2 HGB, dem **Gebot der Firmenwahrheit und -klarheit.** Bezüglich des Rechtsformzusatzes SE ist Art. 12 jedoch abschließend, sodass § 18 Abs. 2 HGB hierauf nicht anwendbar ist. Eine SE verstößt daher nicht gegen das Irreführungsverbot, wenn sie wider die Erwartungen der Verkehrskreise nicht europaweit tätig ist.[7]

III. Bestandschutz (Abs. 3)

4   Abs. 3 sieht einen weitgehenden, zeitlich unbefristeten Bestandschutz für solche eingetragenen Gesellschaften oder sonstige juristischen Personen vor,[8] die bereits vor dem 8.10.2004 das Kürzel SE in ihrer Firma geführt haben. Diese Bestandschutzregelung gilt also auch für solche Gesellschaften, die nach Verabschiedung der SE-VO, aber vor deren Inkrafttreten (Art. 70), noch schnell den Zusatz SE in ihre Firma aufgenommen haben. Dies ist rechtspolitisch ebenso wenig überzeugend[9] wie die unbefristete Gewährung des Bestandschutzes. Begreift man Art. 11 mit der hier vertretenen Auffassung (→ Rn. 3) auch als **Exklusivitätsschutz der Langform** und wendet Abs. 2 auch in dieser Hinsicht an, so läge es auf den ersten Blick nahe, den Bestandschutz in Abs. 3 auch auf diese Fälle zu erstrecken. Andererseits kollidiert der Bestandschutz in Abs. 3 mit den Geboten der Firmenwahrheit und -klarheit. Deshalb wird man – zumindest für in Deutschland ansässige Gesellschaften – unter Rückgriff auf den Rechtsgedanken in § 11 Abs. 1 S. 3 PartGG nur dann eine Fortführung der täuschenden Langform gestatten können, wenn die Gesellschaft mittels eines Rechtsformzusatzes auf ihre wahre Rechtsform hinweist.[10]

IV. Verhältnis zum nationalen Firmenrecht

5   Außerhalb des Rechtsformzusatzes richtet sich das Firmenrecht der SE nach dem nationalen Recht des Sitzstaates. Die SE ist **Formkaufmann** (Art. 9 Abs. 1 lit. c ii iVm § 3 Abs. 1 AktG, § 6 Abs. 2 HGB). § 4 AktG ist von dem Verweis in Art. 9 nicht erfasst, da die Regelung über den Rechtsformzusatz in § 4 AktG vollständig vom Art. 11 verdrängt wird.[11] Führt eine SE – zB nach einer Umwandlung – eine nationale Firma gestützt auf § 22 HGB fort, so folgt bereits aus Art. 11 Abs. 1 die Pflicht, den Rechtsformzusatz SE gleichwohl hinzuzufügen.[12] Eines Rückgriffs auf § 4 AktG bedarf es insoweit nicht. Im Übrigen gilt das **Firmenrecht des HGB,**[13] also – außerhalb des Rechtsformzusatzes (→ Rn. 3) – das Gebot der Firmenwahrheit (§ 18 Abs. 2 HGB), das Erfordernis der Unterscheidungskraft und Kennzeichnungswirkung (§ 18 Abs. 1 HGB) sowie das Irreführungsverbot. Vorbehaltlich dieser Grundsätze können **Phantasienamen** gewählt werden. Hinsichtlich der Einzelheiten ist auf die Erläuterungen zu § 4 AktG zu verweisen.

---

[4] Kölner Komm AktG/*Kiem* Rn. 13; aA mit Hinweis auf eine Verwechselungsgefahr mit Aktiengesellschaften nationalen Rechts Lutter/Hommelhoff/Teichmann/*Langhein* Rn. 4.
[5] NK-SE/*Schröder* Rn. 4; Lutter/Hommelhoff/Teichmann/*Langhein* Rn. 4; Kölner Komm AktG/*Kiem* Rn. 11.
[6] Vgl. auch *Schwarz* Rn. 20; Kölner Komm AktG/*Kiem* Rn. 15; Lutter/Hommelhoff/Teichmann/*Langhein* Rn. 8.
[7] Kölner Komm AktG/*Kiem* Rn. 5 mwN.
[8] Nicht vom Bestandschutz erfasst sind also in Deutschland die GbR und der nicht rechtsfähige Verein, vgl. NK-SE/*Schröder* Rn. 28 f. und erst recht nicht eingetragene Kaufleute, vgl. Lutter/Hommelhoff/Teichmann/*Langhein* Rn. 11.
[9] Ebenfalls krit. insoweit Kölner Komm AktG/*Kiem* Rn. 17.
[10] AA Kölner Komm AktG/*Kiem* Rn. 16.
[11] So auch Kölner Komm AktG/*Kiem* Rn. 3; *Maul* in Van Hulle/Maul/Drinhausen SE-HdB 2. Abschnitt Rn. 4; teilw. abw. MüKoAktG/*C. Schäfer* Rn. 2; unklar Lutter/Hommelhoff/Teichmann/*Langhein* Rn. 4 (ähnlicher Ansatz wie hier) und Rn. 12: Anwendbarkeit der §§ 17 ff. HGB iVm § 4 AktG.
[12] Zu Zweifelsfragen im Zusammenhang mit der Sitzverlegung vgl. Kölner Komm AktG/*Kiem* Rn. 6 f.
[13] Kölner Komm AktG/*Kiem* Rn. 3; MüKoAktG/*C. Schäfer* Rn. 3; Habersack/Drinhausen/*Schürnbrand* Rn. 5; aA *Wagner* NZG 2002, 985 (989); *Schwarz* Rn. 8: § 17 Abs. 1 HGB sei nicht anwendbar, vielmehr sei das Firmenrecht durch autonome europäische Auslegung zu bestimmen.

V. Rechtsfolgen bei Verstoß gegen Art. 11

Art. 11 regelt nicht, welche Rechtsfolgen ein Verstoß gegen die in dieser Vorschrift enthaltenen Vorgaben zeitigt. Auch insoweit wird über die Generalverweisung in Art. 9 Abs. 1 lit. c das **nationale Firmenrecht** auf den Plan gerufen.[14] Das Registergericht kann in Deutschland nach **§ 37 Abs. 1 HGB** von Amts wegen die SE durch Festsetzung eines Ordnungsgeldes zur Hinzufügung des Rechtsformzusatzes anhalten. Daneben kann die Mitglieder des Leitungs- oder Verwaltungsorgans eine persönliche Haftung nach **Rechtsscheinsgrundsätzen** treffen.[15]

Art. 12 [Eintragung ins Register]

(1) Jede SE wird gemäß Artikel 3 der Ersten Richtlinie 68/151/EWG des Rates vom 9. März 1968 zur Koordinierung der Schutzbestimmungen, die in den Mitgliedstaaten den Gesellschaften im Sinne des Artikels 58 Absatz 2 des Vertrages im Interesse der Gesellschafter sowie Dritter vorgeschrieben sind, um diese Bestimmungen gleichwertig zu gestalten,[1] im Sitzstaat in ein nach dem Recht dieses Staates bestimmtes Register eingetragen.

(2) Eine SE kann erst eingetragen werden, wenn eine Vereinbarung über die Beteiligung der Arbeitnehmer gemäß Artikel 4 der Richtlinie 2001/86/EG geschlossen worden ist, ein Beschluss nach Artikel 3 Absatz 6 der genannten Richtlinie gefasst worden ist oder die Verhandlungsfrist nach Artikel 5 der genannten Richtlinie abgelaufen ist, ohne dass eine Vereinbarung zustande gekommen ist.

(3) Voraussetzung dafür, dass eine SE in einem Mitgliedstaat, der von der in Artikel 7 Absatz 3 der Richtlinie 2001/86/EG vorgesehenen Möglichkeit Gebrauch gemacht hat, registriert werden kann, ist, dass eine Vereinbarung im Sinne von Artikel 4 der genannten Richtlinie über die Modalitäten der Beteiligung der Arbeitnehmer – einschließlich der Mitbestimmung – geschlossen wurde oder dass für keine der teilnehmenden Gesellschaften vor der Registrierung der SE Mitbestimmungsvorschriften galten.

(4) [1]Die Satzung der SE darf zu keinem Zeitpunkt im Widerspruch zu der ausgehandelten Vereinbarung stehen. [2]Steht eine neue gemäß der Richtlinie 2001/86/EG geschlossene Vereinbarung im Widerspruch zur geltenden Satzung, ist diese – soweit erforderlich – zu ändern.

In diesem Fall kann ein Mitgliedstaat vorsehen, dass das Leitungs- oder das Verwaltungsorgan der SE befugt ist, die Satzungsänderung ohne weiteren Beschluss der Hauptversammlung vorzunehmen.

Auszug aus dem SEAG

§ 3 SEAG Eintragung

Die SE wird gemäß den für Aktiengesellschaften geltenden Vorschriften im Handelsregister eingetragen.

§ 4 SEAG Zuständigkeiten

[1]Für die Eintragung der SE und für die in Artikel 8 Abs. 8, Artikel 25 Abs. 2 sowie den Artikeln 26 und 64 Abs. 4 der Verordnung bezeichneten Aufgaben ist das nach den §§ 376 und 377 des Gesetzes über das Verfahren in Familiensachen und in den Angelegenheiten der freiwilligen Gerichtsbarkeit bestimmte Gericht zuständig. [2]Das zuständige Gericht im Sinne des Artikels 55 Abs. 3 Satz 1 der Verordnung bestimmt sich nach § 375 Nr. 4, §§ 376 und 377 des Gesetzes über das Verfahren in Familiensachen und in den Angelegenheiten der freiwilligen Gerichtsbarkeit.

§ 21 SEAG Anmeldung und Eintragung

(1) Die SE ist bei Gericht von allen Gründern, Mitgliedern des Verwaltungsrats und geschäftsführenden Direktoren zur Eintragung in das Handelsregister anzumelden.

(2) [1]In der Anmeldung haben die geschäftsführenden Direktoren zu versichern, dass keine Umstände vorliegen, die ihrer Bestellung nach § 40 Abs. 1 Satz 4 entgegenstehen und dass sie über ihre unbeschränkte Auskunftspflicht gegenüber dem Gericht belehrt worden sind. [2]In der Anmeldung sind Art und Umfang der Vertretungsbefugnis der geschäftsführenden Direktoren anzugeben. [3]Der Anmeldung sind die Urkunden über die Bestellung des Verwaltungsrats und der geschäftsführenden Direktoren sowie die Prüfungsberichte der Mitglieder des Verwaltungsrats beizufügen.

---

[14] So auch Kölner Komm AktG/*Kiem* Rn. 10; Lutter/Hommelhoff/Teichmann/*Langhein* Rn. 9.
[15] BGH NJW 1991, 2627; NK-SE/*Schröder* Rn. 24; Habersack/Drinhausen/*Schürnbrand* Rn. 6.
[1] ABl. L 65 v. 14.3.1968, 8, zuletzt geändert durch die Beitrittsakte von 1994.

(3) Das Gericht kann die Anmeldung ablehnen, wenn für den Prüfungsbericht der Mitglieder des Verwaltungsrats die Voraussetzungen des § 38 Abs. 2 des Aktiengesetzes gegeben sind.

(4) Bei der Eintragung sind die geschäftsführenden Direktoren sowie deren Vertretungsbefugnis anzugeben.

(5) *(weggefallen)*

Schrifttum: *Arbeitskreis Aktien- und Kapitalmarktrecht,* Die acht wichtigsten Änderungsvorschläge zur SE-VO, ZIP 2009, 689 f.; *Blanke,* Europäische Aktiengesellschaft ohne Arbeitnehmerbeteiligung?, ZIP 2006, 789; *Casper/ Schäfer,* Die Vorrats-SE – Zulässigkeit und wirtschaftliche Neugründung, ZIP 2007, 653; *Forst,* Die Beteiligung der Arbeitnehmer in der Vorrats-SE, NZG 2009, 687; *Forst,* Beteiligung der Arbeitnehmer in der Vorrats-SE – Zugleich Besprechung des Beschlusses des OLG Düsseldof v. 30.3.2009 – I-3 Wx 248/08, RdA 2010, 55; *Forst,* Zur Größe des mitbestimmten Organs einer kraft Beteiligungsvereinbarung mitbestimmten SE, AG 2010, 350; *Forst,* Die Beteiligungsvereinbarung nach § 21 SEBG, 2010; *Freier,* Die Gründung einer SE als Vorratsgesellschaft, 2016; *Götze/Winzer/Arnold,* Unternehmerische Mitbestimmung – Gestaltungsoptionen und Vermeidungsstrategien, ZIP 2009, 245; *Grambow,* Arbeits- und gesellschaftsrechtliche Fragen bei grenzüberschreitenden Verschmelzungen unter Beteiligung einer SE, Der Konzern 2009, 97; *Habersack,* Schranken der Mitbestimmungsautonomie in der SE, AG 2006, 345; *Habersack,* Konzernrechtliche Aspekte der Mitbestimmung in der SE, Der Konzern 2007, 105; *Habersack,* Grundfragen der Mitbestimmung in der SE und SCE sowie bei grenzüberschreitenden Verschmelzungen, ZHR 171 (2007), 613; *Jacobs,* Privatautonome Unternehmensmitbestimmung in der SE, FS K. Schmidt, 2009, 795; *Kiem,* Vereinbarte Mitbestimmung und Verhandlungsmandat der Unternehmensleitung, ZHR 171 (2007), 713; *Kiem,* Erfahrungen und Reformbedarf bei der SE – Entwicklungsstand, ZHR 173 (2009), 156; *Kiem,* SE-Aufsichtsrat und Dreiteilbarkeitsgrundsatz, Der Konzern 2010, 326; *Luke,* Vorrats-SE ohne Arbeitnerbeteiligung?, NZA 2013, 941; *Oetker,* Unternehmensmitbestimmung in der SE kraft Vereinbarung, ZIP 2006, 1113; *Oetker,* Unternehmerische Mitbestimmung kraft Vereinbarung in der SE, FS Konzen, 2006, 635; *Rehberg,* Chancen und Risiken der Verhandlungen über Arbeitnehmerbeteiligung, in Rieble/Junker, Vereinbarte Mitbestimmung in der SE, 2008, 45; *Rieble,* SE-Mitbestimmungsvereinbarung: Verfahren, Fehlerquellen, und Rechtsschutz, in Rieble/Junker, Vereinbarte Mitbestimmung in der SE, 2008, 73; *Schäfer,* SE und Gestaltung der Mitbestimmung aus gesellschaftsrechtlicher Sicht, in Rieble/Junker, Vereinbarte Mitbestimmung in der SE, 2008, 13; *Schreiner,* Zulässigkeit und wirtschaftliche Neugründung einer Vorrats-SE, 2009; *Schubert,* Die Arbeitnehmerbeteiligung bei der europäischen Gesellschaft ohne Arbeitnehmer, ZESAR 2006, 340; *Seibt,* Die arbeitnehmerlose SE, ZIP 2005, 2248; *Teichmann,* Gestaltungsfreiheit in Mitbestimmungsvereinbarungen, AG 2008, 797; *von der Höh,* Die Vorrats-SE als Problem der Gesetzesumgehung und des Rechtsmissbrauchs, 2017; *Windbichler,* Methodenfragen in einer gestuften Rechtsordnung – Mitbestimmung und körperschaftliche Organisationsautonomie in der Europäischen Gesellschaft, FS Canaris, Bd. 2, 2007, 1423.

Übersicht

	Rn.
I. Regelungsgehalt und Normzweck	1
II. Eintragung der SE (Abs. 1)	2–5
1. Geltung der Art. 14 ff. RL (EU) 2017/1132 (GesR-RL, ex Publizitäts-RL); Rechtsnatur	2
2. Maßgebliches Register und Eintragungsverfahren	3, 4
3. Anmeldung	5
III. Sicherung der Arbeitnehmerbeteiligung bei Eintragung (Abs. 2, 3)	6–14
1. Rechtsnatur des Abs. 2, Rechtspolitische Fragwürdigkeit	6
2. Anwendungsbereich, Ausnahme bei der arbeitnehmerlosen SE	7, 7a
3. Nachweis ordnungsgemäßer Durchführung	8

	Rn.
4. Prüfungsmaßstab, Entkoppelung des Streits um die Wirksamkeit einer Beteiligungsvereinbarung	9–11
5. Schicksal der ohne oder trotz nichtiger Beteiligungsvereinbarung eingetragenen SE	12, 13
6. Optionsfälle nach Art. 7 Abs. 3 SE-RL (Abs. 3)	14
IV. Übereinstimmung der Satzung mit der SE-RL nach Eintragung (Abs. 4)	15–26
1. Regelungszweck und Aussagegehalt des Abs. 4	15, 16
2. Satzungsautonomie und Inhalt der Beteiligungsvereinbarung	17–23
3. Widerspruch mit der Gründungssatzung	24
4. Widerspruch nach erfolgter Eintragung (Abs. 4 S. 2)	25, 26

I. Regelungsgehalt und Normzweck

1 Art. 12 Abs. 1–3 handelt von der Eintragung der SE in ein nationales Register und steht im Zusammenhang mit Art. 16 Abs. 1. Art. 12 Abs. 1 hat zunächst die Aufgabe, die nach der Publizitäts-RL (vormals RL 2009/101/EG, inzwischen aufgehoben und neugefasst durch Art. 14 ff. RL (EU) 2017/1132, GesR-RL) bestehende **Eintragungspflicht** auf die SE zu erstrecken, da diese Richtlinie nicht auf die SE, sondern nur auf nationale Kapitalgesellschaften anwendbar ist. Von der Idee eines einheitlichen europäischen Registers für die SE (so noch Art. 8 des Entwurfs von 1970/1975) hat

sich die Verordnung verabschiedet. Der 9. Erwägungsgrund verweist zur Rechtfertigung auf die durch die frühere Publizitäts-RL (jetzt Art. 14 ff. RL (EU) 2017/1132, GesR-RL) erreichte Rechtsvereinheitlichung innerhalb der Gemeinschaft. Im gewissen Gegensatz dazu steht das Bestreben in Art. 14, bei der Bekanntmachung der Eintragung auch eine gewisse europäische Publizität zu erzielen. Die Regelung in Abs. 1 wird durch die §§ 3, 4, 21 SEAG flankiert. Abs. 2 und Abs. 3 regeln zwar ebenfalls die Voraussetzungen der Eintragung. Während bei Abs. 1 mit der Eintragung die **Erlangung der Rechtsfähigkeit** beabsichtigt wird (vgl. Art. 16 Abs. 1, anderes gilt nach Art. 37 Abs. 2 nur für die Gründung durch Umwandlung, sowie für die Verschmelzung durch Aufnahme), zielen die Regelungen in Abs. 2 und 3 hingegen auf die **Sicherung der Arbeitnehmerbeteiligung**. Die Eintragung wird vom Vorliegen einer Vereinbarung bzw. dem Eingreifen der Auffangregelung abhängig gemacht. **Abs. 4** betrifft hingegen nicht die Eintragung, sondern sichert allein die Arbeitnehmermitbestimmung, in dem er anordnet, dass die Satzung nicht im Widerspruch zur ausgehandelten Vereinbarung über die Mitbestimmung stehen darf. Anderenfalls ist die Satzung anzupassen, was wiederum zu einer Eintragung der Satzungsänderung führt. Ohne nationales Vorbild ist die in Abs. 4 UAbs. 2 verankerte Befugnis des Leitungs- oder Verwaltungsorgans, die Satzung zu diesem Zwecke ohne Beschluss der Hauptversammlung zu ändern. Deutschland hat von dieser Option des europäischen Gesetzgebers keinen Gebrauch gemacht. Weder in Art. 12 noch sonst in der SE-VO ist das Verhältnis von Satzungsautonomie und dem Inhalt bzw. der Gestaltungsmacht der Mitbestimmungsvereinbarung geregelt (→ Rn. 17 ff.).

II. Eintragung der SE (Abs. 1)

1. Geltung der Art. 14 ff. RL (EU) 2017/1132 (GesR-RL, ex Publizitäts-RL); Rechtsnatur. Mit dem in Abs. 1 enthaltenen **Verweis auf die aufgehobene Publizitäts-RL** (jetzt Art. 166 Abs. 2 iVm. Anh. IV RL (EU) 2017/1132 als Art. 14 ff. RL (EU) 2017/1132, **GesR-RL** zu lesen) werden die Vorschriften der GesR-RL nicht zur unmittelbar für die SE geltenden Rechtsquelle erklärt. Vielmehr stellt Abs. 1 klar, dass sich das Eintragungsverfahren nach dem durch Art. 14 ff. RL (EU) 2017/1132 (GesR-RL) [vormals Publizitäts-RL] harmonisierten nationalen Recht bestimmt.[2] Damit wird also nicht eine weitere Rechtsquelle in die ohnehin schon komplizierte Rechtsquellenpyramide (→ Art. 9 Rn. 5) eingefügt. Vielmehr wird im Wege einer **Spezialverweisung** hinsichtlich des gesamten Eintragungsverfahrens auf das **nationale Recht** verwiesen. Dies gilt auch für die Gründung durch Umwandlung nach Art. 2 Abs. 4, da Art. 37 Abs. 2 nur bestimmt, dass bei dieser Gründungsform die Eintragung nicht zur Entstehung einer neuen juristischen Person führt. Der Umstand, dass Abs. 1 noch auf die alte Fassung der Publizitäts-RL (68/151/EWG) von 1968 verweist, die 2009 durch RL 2009/101/EG ersetzt worden war, ist unschädlich, da der Verweis nach Art. 16 Abs. RL 2009/101/EG als Verweis auf die neugefasste Publizitäts-RL von 2009 zu lesen war, sodass dieser Verweis nunmehr über Art. 166 Abs. 2 RL iVm. Anh. iV (EU) 2017/1132 als Verweis auf die Art. 14 ff. RL (EU) 2017/1132 (GesR-RL) zu lesen ist.

2. Maßgebliches Register und Eintragungsverfahren. Die Regelung in Abs. 1 enthält sich einer Vorgabe, in welches nationale Register die SE einzutragen ist. Die Mitgliedstaaten könnten also ein eigenes SE-Register schaffen. **§ 3 SEAG** greift den insoweit verbliebenen Gestaltungsspielraum auf und verweist auf das Handelsregister (Abteilung B), in das auch nationale Aktiengesellschaften einzutragen sind. **§ 4 SEAG** erklärt insoweit das **Handelsregister** des zuständigen Gerichts (§§ 376, 377 FamFG, § 23a GVG) für anwendbar, also das Amtsgericht in dessen Bezirk die SE ihren Sitz hat (→ Art. 8 Rn. 20).[3] Vorgaben hinsichtlich des Eintragungsverfahrens macht Art. 12 nicht und verweist auch insoweit unmittelbar ohne Umweg über Art. 9 Abs. 1 lit. c auf das nationale Recht.[4] § 3 SEAG enthält sich einer eigenen Regelung und nimmt vielmehr unmittelbar auf das für nationale Aktiengesellschaften geltende Verfahren Bezug.[5] Durch Art. 7 SEEG wurden lediglich die Vorschriften der Handelsregisterverordnung redaktionell angepasst.[6] Insgesamt kommt es also zu einem Gleichlauf mit dem Registerverfahren für die Aktiengesellschaft.

---

[2] Kölner Komm AktG/*Kiem* Rn. 3; Lutter/Hommelhoff/Teichmann/*Kleindiek* Rn. 2 ff.; im Erg. ebenso NK-SE/*Schröder* Rn. 7.
[3] *Ihrig/Wagner* NZG 2004, 1749 (1750); *Kleindiek* in Lutter/Hommelhoff, Die Europäische Gesellschaft, 2005, 95 (97); *Schwarz* Rn. 9; Kölner Komm AktG/*Kiem* Rn. 7.
[4] MüKoAktG/*C. Schäfer* Rn. 2, der zutr. darauf hinweist, dass insoweit auch nicht die Verweisung in Art. 15 Abs. 1 eingreift; ebenso Kölner Komm AktG/*Kiem* Rn. 4 f.; aA – für Rückgriff auf Art. 9 Abs. 1 lit. c ii – hingegen Kalss/Hügel/*Greda* SEG § 2 Rn. 24.
[5] Vgl. dazu oben die Erläuterungen zu den §§ 36 ff. AktG.
[6] Vgl. näher Lutter/Hommelhoff/Teichmann/*Kleindiek* Rn. 4.

4 Auch die **Prüfung und Entscheidung des Registergerichts** vollzieht sich nach den nationalen Vorgaben. Dies entspricht der Logik des Art. 15, wonach sich die Gründung nach nationalem Recht richtet. Insoweit kann auf die Erläuterungen zu § 38 AktG und zu Art. 26 verwiesen werden.[7] Besonderheiten ergeben sich nur aus Abs. 2, wonach das nationale Registergericht auch die Sicherung der Arbeitnehmermitbestimmung prüfen muss (→ Rn. 6). Auch das Registerverfahren, einschließlich der Rechtsbehelfe gegen Zwischenverfügungen oder Zurückweisungen von Eintragungsanträgen, richtet sich nach allgemeinen Grundsätzen und braucht hier nicht näher dargestellt zu werden.[8]

5 **3. Anmeldung.** Auch die Frage, wer die SE zur Eintragung anzumelden hat, bestimmt sich allein nach nationalem Recht, da Art. 12 auch insoweit keine Vorgaben enthält. Es greift ebenfalls der Verweis in § 3 SEAG ein. Unproblematisch ist dieser Verweis beim dualistischen Leitungssystem, da § 36 AktG insoweit uneingeschränkt Anwendung findet. Gründer iSd § 28 Abs. 1 AktG sind die an den verschiedenen Gründungsformen beteiligten Gesellschaften, nicht deren Gesellschafter (für die Holding-Gründung → Art. 32 Rn. 1). Besonderheiten ergeben sich nur bei einer in Deutschland ansässigen **SE mit monistischem Verwaltungsrat** aus **§ 21 Abs. 1 SEAG,** wonach neben den Gründern und allen Verwaltungsratsmitgliedern auch sämtliche geschäftsführende Direktoren zur Anmeldung berufen sind. Da § 21 SEAG jedoch nur § 36 AktG modifizieren will,[9] gilt er dort nicht, wo § 36 AktG durch Sonderregelungen wie in §§ 16, 246 UmwG verdrängt wird. Zur fehlenden Anwendbarkeit des § 21 SEAG bei der Verschmelzungs- und der Umwandlungsgründung → Art. 26 Rn. 3, → Art. 37 Rn. 16. Eine Anmeldung durch alle der in § 21 SEAG genannten Personen ist daher nur bei der Holdinggründung und der Gründung einer Tochter-SE notwendig.[10] Da die Gründer allerdings stets juristische Personen sind, die durch ihre zuständigen Organe vertreten werden, sind auch in diesen beiden Fällen im Ergebnis wie bei §§ 16, 246 UmwG alle Organe der beteiligten Rechtsträger zur Anmeldung berufen. Eine Versicherung nach § 21 Abs. 2 SEAG haben seit dem 1.1.2007 nur noch die geschäftsführenden Direktoren und nicht mehr die Verwaltungsratsmitglieder abzugeben. Hinsichtlich der beizufügenden Unterlagen und des Inhalts der Anmeldung ist zwischen den verschiedenen Gründungsformen zu differenzieren.[11]

III. Sicherung der Arbeitnehmerbeteiligung bei Eintragung (Abs. 2, 3)

6 **1. Rechtsnatur des Abs. 2, Rechtspolitische Fragwürdigkeit.** Abs. 2 stellt eine **zwingende Eintragungsvoraussetzung**[12] auf und dient damit der Absicherung des Verhandlungsmodells bei der Arbeitnehmermitbestimmung (→ Art. 1 Rn. 7). Die Eintragung darf erst erfolgen, wenn sich das besondere Verhandlungsgremium (bVG) geeinigt hat (Art. 4 SE-RL) oder die Verhandlungen nicht aufgenommen bzw. abgebrochen wurden (Art. 3 Abs. 6 SE-RL) oder aber wenn die Verhandlungsfrist nach Art. 5 SE-RL fruchtlos abgelaufen ist. Damit soll sichergestellt werden, dass die SE ohne Vorliegen eines der verschiedenen Mitbestimmungsregime nicht entstehen kann. **Rechtspolitisch** ist die Verknüpfung einer Beteiligungsvereinbarung mit der Eintragung bedenklich und sollte aufgegeben werden.[13] Sie führt zu einer ungebührlichen Verzögerung des Eintragungsverfahrens, da die Verhandlungen bis zu einem Jahr dauern können. Dies hat dazu geführt, dass in der Praxis fast immer eine Vorrats-SE (→ Rn. 7) zwischengeschaltet wird. Diese Verzögerung kann sich zulasten der Gründer auswirken, die so ggf. über Gebühr der Gründerhaftung (→ Art. 16 Rn. 12) ausgesetzt sind. Obendrein ist das Registergericht nicht dafür prädestiniert, Auseinandersetzungen um die Wirksamkeit der Mitbestimmungsvereinbarung zu entscheiden. Insoweit bietet sich vielmehr das Statusverfahren bei den Arbeitsgerichten an (→ Rn. 9). Abs. 2 sollte deshalb de lege ferenda gestrichen werden. Soweit sich diese Forderung nicht durchsetzen lässt, wäre den Gründungsgesellschaften zumindest die Wahl der Auffanglösung zuzugestehen, wie dies bereits bei grenzüberschreitenden Verschmelzungen gem. Art. 133 Abs. 4 lit. a RL (EU) 2017/1132 (GesR-RL) [ex Art. 16 Abs. 4

---

[7] Detaillierter Bericht bei Kölner Komm AktG/*Kiem* Rn. 19 ff.
[8] Ausf. Darstellung bei Kölner Komm AktG/*Kiem* Rn. 25 ff.
[9] So auch MüKoAktG/*C. Schäfer* Rn. 3.
[10] Ebenso MüKoAktG/*C. Schäfer* Rn. 4; Kölner Komm AktG/*Kiem* Rn. 5, 10.
[11] Zu den Details vgl. Kölner Komm AktG/*Kiem* Rn. 11 ff., 14 ff.; Lutter/Hommelhoff/Teichmann/*Kleindiek* Rn. 26 ff.
[12] Trotz Wiederholung der Prüfpflicht in Art. 26 Abs. 3 gilt Abs. 2 für alle Gründungsformen, vgl. etwa *Kleindiek* in Lutter/Hommelhoff Die Europäische Gesellschaft, 2005, 103.
[13] Vgl. näher *Arbeitskreis Aktien- und Kapitalmarktrecht (AAK)* ZIP 2009, 698; Kölner Komm AktG/*Kiem* Rn. 6; vgl. auch *Kiem* ZHR 173 (2009) 156 (172 ff.).

lit. a RL 2005/56/EG] über die Verschmelzung von Kapitalgesellschaften aus verschiedenen Mitgliedstaaten möglich ist, so dass die SE sofort eingetragen werden könnte.[14]

2. Anwendungsbereich, Ausnahme bei der arbeitnehmerlosen SE. Eine Ausnahme ist 7 bereits de lege lata im Wege der teleologischen Reduktion für den Fall der sog. **arbeitnehmerlosen SE** anzuerkennen (eingehend mit Begründung bei → Art. 2, 3 Rn. 28, 30 f.). Haben die Gründungsgesellschaften und die zu gründende SE weniger als zehn Arbeitnehmer, kann kein besonderes Verhandlungsgremium gebildet werden (vgl. § 5 SEBG) und folglich auch keine Frist iSd Art. 3 Abs. 6 für die Nichtaufnahme der Verhandlungen in Gang gesetzt werden. In diesen Fällen genügt eine nachprüfbare **Negativerklärung**, dass nicht mehr als zehn Arbeitnehmer beschäftigt werden, mit der Folge, dass die SE sofort eingetragen werden kann.[15] Eine Erklärung, dass die SE auch in Zukunft keine Beschäftigung von Arbeitnehmern beabsichtigt, ist nicht veranlasst.[16] Für die Negativerklärung reicht die einfache Schriftform, eine eidesstattliche Versicherung nach §§ 899 ff. ZPO ist nicht von Nöten.[17] Im Fall einer **Vorratsgründung** ist Abs. 2 im Zeitpunkt der wirtschaftlichen Neugründung *nicht* erneut anzuwenden, vielmehr bietet das aktienrechtliche Statusverfahren (§§ 97 ff. AktG, §§ 25 f. SEAG) bzw. das arbeitsgerichtliche Beschlussverfahren (§ 2a Abs. 1 Nr. 3e ArbGG, §§ 80 ff. ArbGG) einen hinreichenden nachträglichen Rechtsschutz.[18] Geht man mit der bisher wohl herrschenden Meinung davon aus, dass die **Sekundärgründung iSd Art. 3 Abs. 2** mitbestimmungsfrei ist,[19] hat dies zur Folge, dass Abs. 2 nur auf die Primärgründung iSd Art. 2 anwendbar ist.[20]

Neuerdings ist wiederholt die These aufgestellt worden, dass eine teleologische Reduktion des 7a Art. 12 Abs. 2 auch dann vorzunehmen sei, wenn es an einer **Mehrstaatlichkeit der Arbeitnehmerschaft** fehle und die „Inlands-SE" nicht der Mitbestimmung unterliege.[21] Dem liegt die Vorstellung zugrunde, dass die mehrstaatliche Besetzung des bVG eine konstitutive Voraussetzung des für die Durchführung des Mitbestimmungsverfahrens nach der SE-RL bzw. dem SEBG sei.[22] Es wird vor allem auf § 6 Abs. 1 SEBG sowie § 7 Abs. 1 und 4 SEBG verwiesen.[23] Allerdings wird sodann mehrheitlich analog § 18 Abs. 3 SEBG eine Nachholung des Verhandlungsverfahrens in dem Moment

---

[14] *Arbeitskreis Aktien- und Kapitalmarktrecht (AAK)* ZIP 2009, 698.
[15] OLG Düsseldorf AG 2009, 629 (631) = ZIP 2009, 918; AG Düsseldorf ZIP 2006, 287; AG München ZIP 2006, 1300 f. m. zust. Anm. *Stratz*; AG Berlin-Charlottenburg HRB 96 289 B (zitiert bei *Seibt* ZIP 2005, 2248 (2249) Fn. 12), das sogar auf die Negativerklärung verzichtet hat; *Seibt* ZIP 2005, 2248 (2250); *Casper/Schäfer* ZIP 2007, 653 f.; Kölner Komm AktG/*Kiem* Rn. 42 mwN; Habersack/Drinhausen/*Schürnbrand* Rn. 25; *Forst* NZG 2009, 687 (688 f.); *Grambow* Der Konzern 2009, 97 (102); *von der Höh*, Vorrats-SE, 2017, 208 ff.; im Erg. ebenso Lutter/Hommelhoff/Teichmann/*Kleindiek* Rn. 28; *Noack* EWiR 2005, 905 (906); wohl auch NK-SE/*Schröder* Rn. 17; aA *Blancke* ZIP 2006, 789 (791 f.); sowie abw. auch *Kienast* in Jannott/Frodermann SE-HdB Kap. 13 Rn. 255 mit Fn. 277; *Lutter/Bayer/Schmidt* EurUnternehmensR § 45 Rn. 194: stattdessen die Größe des bVG teleologisch zu reduzieren; ebenso *von der Höh*, Vorrats-SE, 2017, 192 ff. Die Entscheidungen AG Hamburg ZIP 2006, 2017 f.; LG Hamburg ZIP 2005, 2018 f. stehen der hier vertretenen Ansicht nicht entgegen, da im dort zu entscheidenden Sachverhalt die Gründungsgesellschaften über Arbeitnehmer verfügten.
[16] IdS könnte man OLG Düsseldorf AG 2009, 629 (630 f.) = ZIP 2009, 918 verstehen; dagegen zu Recht *Giedinghagen/Ruhner* EWiR 2009, 489 (490); *Freier*, Die Gründung einer SE als Vorratsgesellschaft, 2016, 193 f.; Habersack/Drinhausen/*Schürnbrand* Rn. 25.
[17] Kölner Komm AktG/*Kiem* Rn. 44.
[18] Ausführliche Begründung bei *Casper/Schäfer* ZIP 2007, 653 (658 ff.); zust. *Schreiner*, Zulässigkeit und wirtschaftliche Neugründung einer Vorrats-SE, 2009, 169 f.; MüKoAktG/*C. Schäfer* Art. 16 Rn. 14; *Freier*, Die Gründung einer SE als Vorratsgesellschaft, 2016, 294 ff.; grds. auch *von der Höh*, Vorrats-SE, 2017, 218 ff.; dagegen vor allem *Forst* NZG 2009, 687 (690 f.); NK-SE/*Schröder* Rn. 44; vgl. ferner Kölner Komm AktG/*Kiem* Rn. 52 f., der eine Nachholung der Beteiligungsvereinbarung im Zeitpunkt der Neugründung ganz ablehnt sowie *Schubert* ZESAR 2006, 340 (345 ff.), die für das Eingreifen der Auffanglösung plädiert.
[19] Vgl. zum Diskussionsstand etwa MüKoAktG/*Jacobs* SEBG Vor § 1 Rn. 11 mwN; abl. aber etwa *Kienast* in Jannott/Frodermann SE-HdB Kap. 13 Rn. 245 (306); *Oetker* FS Kreutz, 2010, 797 (810); *Freier*, Die Gründung einer SE als Vorratsgesellschaft, 2016, 145; *von der Höh*, Vorrats-SE, 2017, 199 f.
[20] *Seibt* ZIP 2005, 2248 (2249) „nicht anwendbar"; MüKoAktG/*Jacobs* SEBG Vor § 1 Rn. 13 „teleologisch zu reduzieren", jew. mwN.
[21] So mit unterschiedlichen Nuancen in der Begründung MüKoAktG/*Jacobs* SEBG § 3 Rn. 8; Habersack/Drinhausen/Hohenstatt/Müller-Bonanni SEBG § 3 Rn. 14 f.; Beck'sches Formularbuch M&A/*Seibt*, 2. Aufl. 2011, S. 1701; *Schubert* RdA 2012, 146 (152, 154 f.); *Teichmann*, Gutachten Arbeitnehmerbeteiligung bei Aktivierung einer Vorrats-SE, S. 21 (unveröffentlicht; zitiert nach *Freier*, Die Gründung einer SE als Vorratsgesellschaft, 2016, 265 mit Fn. 868).
[22] Zur hier nicht zu vertiefenden Frage, ob dann auch kein SE-Betriebsrat zu bilden sei, vgl. nur *Luke* NZA 2013, 941 (944 f.: sei weiter erforderlich) einerseits und *Schubert* RdA 2012, 146 (150 f.); *Freier*, Die Gründung einer SE als Vorratsgesellschaft, 2016, 283 ff. (sei nicht erforderlich) andererseits.
[23] So zB MüKoAktG/*Jacobs* § 3 SEBG Rn. 8.

gefordert, in dem erstmals Arbeitnehmer aus einem anderen Mitgliedsstaat aufgenommen werden.[24] Dieser Ansicht ist zu widersprechen.[25] Die Vorgaben zur Beteiligung ausländischer Arbeitnehmer im bVG greifen nur für den Fall, dass solche auch existieren.[26] Ist diese Situation nicht gegeben, kann das bVG problemlos nur mit Arbeitnehmervertretern aus einem Mitgliedstaat besetzt werden, ein Umkehrschluss zu §§ 4 ff. SEGB ist nicht veranlasst.[27] Die Gegenauffassung verhält sich deshalb widersprüchlich, ein rein national besetztes bVG für den Fall zu fordern, dass die Inlands-SE (zB bei einer Umwandlungsgründung) bereits der Mitbestimmung unterliegt.[28] Für eine teleologische Reduktion bestehen zudem keine durchschlagenden Gründe. Das Verhandlungsmodell und die Auffanglösung sind wesensprägende Merkmale der Rechtsform SE, die auf einem politischen Kompromiss basieren und gerade nicht nach dem Umfang der Arbeitnehmer oder deren Zusammensetzung fragen. Eine teleologische Reduktion ist deshalb nur dann angängig, wenn ein bVG mangels ausreichender Arbeitnehmerzahl überhaupt nicht gebildet werden kann. Gegen die Lösung, ein Verhandlungsverfahren analog § 18 Abs. 3 SEGB nachzuholen, spricht zudem, dass das bloße Einstellen von weiteren Arbeitnehmern gerade keine Strukturänderung ist.[29]

8 **3. Nachweis ordnungsgemäßer Durchführung.** Anders als der österreichische Gesetzgeber (§ 2 Abs. 2 öst. SEG) hat der deutsche Ausführungsgesetzgeber davon abgesehen, den **Nachweis** näher zu regeln. Im Fall der Einigung oder des Beschlusses über den Abbruch der Verhandlungen ist der Nachweis unproblematisch, da er nach § 17 SEBG ohnehin dokumentiert werden muss. Im Fall des Scheiterns ist durch die Gründer glaubhaft zu machen, wann die Frist nach Art. 5 SE-RL (§ 20 SEBG) begonnen hat und dass diese nicht um ein weiteres halbes Jahr verlängert worden ist.[30] Dies geschieht regelmäßig durch Vorlage der Einladung der Leitung der Gründungsgesellschaften, wobei an den dort genannten Termin für die Verhandlungen anzuknüpfen ist, da mit diesem die Frist von sechs Monaten nach § 20 Abs. 1 SEBG zu laufen beginnt.[31] Ob auch der erfolglose Ablauf der sechs Monate gesondert glaubhaft zu machen ist oder ob auch insoweit die Vorlage der Einladung genügt, ist umstritten.[32] Wegen der Verlängerungsmöglichkeit auf ein Jahr, wird man für den Ablauf der Frist von sechs Monaten eine Negativerklärung dahin fordern müssen, dass die Verhandlungen nicht verlängert worden sind. Demgegenüber genügt für den Nachweis des fruchtlosen Ablaufs der Jahresfrist die Vorlage der Einladungsschreiben.[33]

9 **4. Prüfungsmaßstab, Entkoppelung des Streits um die Wirksamkeit einer Beteiligungsvereinbarung.** Nicht geregelt ist die Auswirkung eines **Streits** über die **Wirksamkeit** einer bereits abgeschlossenen **Beteiligungsvereinbarung** auf das Eintragungsverfahren. Die Auseinandersetzung über die Wirksamkeit der Beteiligungsvereinbarung ist im arbeitsgerichtlichen Statusverfahren (§ 2a Abs. 1 Nr. 3e ArbGG) und nicht im Eintragungsverfahren auszutragen.[34] Steht die Eintragung noch aus und wird unmittelbar nach Abschluss der Beteiligungsvereinbarung ein Statusverfahren eingeleitet, in dem Verstöße gegen die Beteiligungsvereinbarung gerügt werden, hat dies keine Auswirkungen auf das laufende Eintragungsverfahren. § 16 Abs. 2 HGB ist nicht einschlägig.[35] Es besteht insbesondere

---

[24] Beck'sches Formularbuch M&A/*Seibt,* 2. Aufl. 2011, S. 1701; *Teichmann,* Gutachten Arbeitnehmerbeteiligung bei Aktivierung einer Vorrats-SE, S. 20 (unveröffentlicht; zitiert nach *Freier,* Die Gründung einer SE als Vorratsgesellschaft, 2016, 267 mit Fn. 873); im Grundsatz wohl auch MüKoAktG/*Jacobs* SEBG § 3 Rn. 8, der aber für eine teleologische Reduktion von § 47 Abs. 1 Nr. 2 SEBG eintritt. Ob auch der Europäische Betriebsrat die Verhandlungen durchführt, bleibt jedoch unklar; aA – nur wenn eine strukturelle Änderung vorliege – aber Habersack/Drinhausen/*Hohenstatt/Müller-Bonanni* SEBG § 3 Rn. 14.
[25] Ebenso Lutter/Hommelhoff/Teichmann/*Oetker* SEBG § 1 Rn. 24 f.; *Freier,* Die Gründung einer SE als Vorratsgesellschaft, 2016, 283 ff.; *von der Höh,* Vorrats-SE, 163 ff.
[26] Dies entspricht auch Art. 3 Abs. 2 lit. b SE-RL, der § 6 Abs. 1 SEBG, § 7 Abs. 1 SEBG zugrunde liegt und gerade nur dann eine Repräsentation der Arbeitnehmer einer solchen Gründungsgesellschaft vorsieht, „die in dem jeweiligen Mitgliedstaat Arbeitnehmer beschäftigt" werden.
[27] Lutter/Hommelhoff/Teichmann/*Oetker* § 1 SEBG Rn. 24.
[28] So zB Habersack/Drinhausen/*Hohenstatt/Müller-Bonanni* SEBG § 3 Rn. 15.
[29] Insoweit überzeugend MüKoAktG/*Jacobs* SEBG § 3 Rn. 8. Nichtsdestotrotz müsste man, wenn man der Gegenauffassung folgt mittels einer Analogie zur Anwendbarkeit des § 18 Abs. 3 SEGB kommen, so im Ergeb. auch Lutter/Hommelhoff/Teichmann/*Oetker* SEBG § 1 Rn. 25. Aber es zeigt sich, dass der Ansatz der Gegenauffassung systematisch nicht ins Konzept des SEBG passt.
[30] Details bei *Kleindiek* in Lutter/Hommelhoff Die Europäische Gesellschaft, 2005, 104.
[31] Kölner Komm AktG/*Kiem* Rn. 43; Lutter/Hommelhoff/Teichmann/*Kleindiek* Rn. 26.
[32] Vgl. Kölner Komm AktG/*Kiem* Rn. 43 (Einladung genügt) einerseits und Lutter/Hommelhoff/Teichmann/ *Kleindiek* Rn. 26 (Glaubhaftmachung) andererseits.
[33] Zust. Habersack/Drinhausen/*Schürnbrand* Rn. 20.
[34] Kölner Komm AktG/*Kiem* Rn. 34 ff.
[35] Ausf. Begründung bei Kölner Komm AktG/*Kiem* Rn. 47 ff.: aA Habersack/Drinhausen/*Schürnbrand* Rn. 24.

kein Anspruch auf Unterlassen des Antrags auf Eintragung der SE gegen die Gründungsgesellschaften[36] bzw. auf Aussetzung des Eintragungsverfahrens (§§ 21, 381 FamFG) gegenüber dem Registergericht.[37] Der Streit über die Wirksamkeit einer Beteiligungsvereinbarung darf die Eintragung der SE nicht verzögern.[38] Die Einleitung eines arbeitsgerichtlichen Statusverfahrens bewirkt also keine Registersperre. Auch ist das Registergericht an feststellende Verfügungen des Arbeitsgerichts in einem laufenden Streit um die Wirksamkeit der Beteiligungsvereinbarung nicht gebunden.[39] Zur Bindungswirkung einer endgültigen Entscheidung → Rn. 11.

Unklar ist auch der **Prüfungsmaßstab** des Registergerichts hinsichtlich möglicher Fehler in der Beteiligungsvereinbarung. Vom materiellen Prüfungsrecht des Registergerichts im Eintragungsverfahren ausgehend, könnte man prima vista der Ansicht zuneigen, dass das Registergericht die Wirksamkeit der Beteiligungsvereinbarung vollumfänglich prüfen kann und muss. Erkennt man jedoch an, dass Auseinandersetzungen um die Wirksamkeit nicht im Registerverfahren ausgefochten werden sollen (→ Rn. 9), sprechen die besseren Gründe dafür, dass das Registergericht die Wirksamkeit der Beteiligungsvereinbarung nur anhand rein formaler Kriterien prüft.[40] Im konkretisierenden Zugriff bedeutet dies, dass das Register nur prüft, ob eine der drei in Abs. 2 genannten Varianten eingehalten ist. Wird eine Vereinbarung vorgelegt, so prüft es *nicht* deren materielle Wirksamkeit.[41] Allein, wenn der Vereinbarung die Nichtigkeit auf der Stirn geschrieben steht, etwa weil ersichtlich gar nicht mit Arbeitnehmern der Gründungsgesellschaften verhandelt wurde, darf das Registergericht den Eintragungsantrag zurückweisen. Zurückweisen darf es ihn ferner dann, wenn der Eintragungsantrag vor Ablauf der Verhandlungsfrist (§ 20 Abs. 1 SEBG) gestellt wird und nicht ein Beschluss nach § 16 Abs. 1 S. 1 SEBG nachgewiesen wird. Schließlich kann das Registergericht den Antrag auf Eintragung der SE zurückweisen, wenn überhaupt kein besonderes Verhandlungsgremium eingesetzt wurde und die Gründer auch keine Negativerklärung (→ Rn. 7) vorlegen, dass nicht mehr als 10 Arbeitnehmer vorhanden sind.[42] 10

Damit bleibt die Frage zu klären, ob eine rechtskräftige arbeitsgerichtliche Entscheidung vom Registergericht im Eintragungsverfahren zu berücksichtigen ist, die die Nichtigkeit der Beteiligungsvereinbarung feststellt. Diese Frage ist zu bejahen. Es ist nicht angängig, mit Hinweis auf die Unabhängigkeit des arbeitsgerichtlichen Statusverfahrens und des Registerverfahrens auch die **Bindungswirkung** einer **rechtskräftigen Entscheidung** zu verneinen und die Arbeitnehmer darauf zu verweisen, im Wege des einstweiligen Rechtsschutzes, der wohl vor der ordentlichen Gerichtsbarkeit zu führen wäre, die Leitungsorgane der Gründungsgesellschaften zu verpflichten, den Eintragungsantrag zurückzuziehen oder gar nicht erst zu stellen.[43] Dies wäre eine unnötige Komplizierung. Akzeptiert man, dass das Registergericht nur ein formelles Prüfungsrecht hinsichtlich der Voraussetzungen nach Abs. 2 hat, muss eine rechtskräftige Entscheidung im arbeitsgerichtlichen Statusverfahren berücksichtigt werden.[44] In der Praxis wird die SE aber bereits eingetragen sein, bis eine Entscheidung über eine mögliche Nichtigkeit der Beteiligungsvereinbarung vorliegt. Es wird deshalb regelmäßig allein darum gehen, wie sich die Feststellung der Nichtigkeit der Beteiligungsvereinbarung auf den Bestand der schon eingetragenen SE auswirkt (→ Rn. 13). 11

5. Schicksal der ohne oder trotz nichtiger Beteiligungsvereinbarung eingetragenen SE. 12
Nicht geregelt sind die **Rechtsfolgen einer vorzeitigen Eintragung** ohne Vorliegen einer Beteiligungsvereinbarung oder der in → Rn. 10 genannten Voraussetzungen. Entsprechendes gilt für den Fall, dass im arbeitsgerichtlichen Statusverfahren nachträglich die Nichtigkeit der Beteiligungsvereinbarung festgestellt wird (→ Rn. 13). Nahe liegt prima vista eine Amtslöschung nach §§ 397, 399

---

[36] Denkbar wäre dies allenfalls bei gravierenden Mängeln vor Ablauf der 6-Monatsfrist, vgl. Kölner Komm AktG/*Kiem* Rn. 50.
[37] Speziell zum Letzteren Kölner Komm AktG/*Kiem* Rn. 46.
[38] Überzeugend ArbG Stuttgart Beschluss v. 12.10.2007 –12 BVGa 4/07, BeckRS 2007, 48644 Rn. 58 ff., 63 – Porsche Holding.
[39] ArbG Stuttgart BeckRS 2007, 48644) Rn. 5; Kölner Komm AktG/*Kiem* Rn. 33, 36; MüKoAktG/*C. Schäfer* Rn. 6.
[40] ArbG Stuttgart BeckRS 2007, 48644 Rn. 62; Kölner Komm AktG/*Kiem* Rn. 38 f.; Habersack/Drinhausen/ Schürnbrand Rn. 22; MüKoAktG/*Jacobs* SEBG § 21 Rn. 8c; diff. *Forst*, Die Beteiligungsvereinbarung nach § 21 SEBG, 2010, 323 f.
[41] Kölner Komm AktG/*Kiem* Rn. 39; *Rieble* in Rieble/Junker, Vereinbarte Mitbestimmung in der SE, 2008, 73 (95); weitergehend wohl Lutter/Hommelhoff/Teichmann/*Kleindiek* Rn. 20; *Schwarz* Rn. 20; aA MüKoAktG/ *C. Schäfer* Rn. 7, der von einer Doppelkontrolle bezüglich verfahrensrechtlicher Aspekte ausgeht.
[42] So im Erg. auch Habersack/Drinhausen/*Hohenstatt/Müller-Bonanni* SEBG § 21 Rn. 34.
[43] In diesem Sinne aber Kölner Komm AktG/*Kiem* Rn. 40 f.
[44] So auch Habersack/Drinhausen/*Schürnbrand* Rn. 24; aA MüKoAktG/*C. Schäfer* Rn. 7; *Forst,* Die Beteiligungsvereinbarung nach § 21 SEBG, 2010, 398.

FamFG bzw. eine Auflösung analog Art. 64. Diese kann jedoch nur ultima ratio sein. Ist eine Verhandlung erfolgreich abgeschlossen worden oder ein Beschluss nach Art. 3 Abs. 6 SE-RL (§ 16 SEBG) gefasst worden, aber dem Registergericht nicht nachgewiesen worden, kann dies nachgeholt werden (notfalls unter Androhung von Zwangsgeld). Ist die Frist nach Art. 5 SE-RL (§ 20 SEBG) noch nicht abgelaufen, so kann der Eintragungsmangel durch Zuwarten des Fristablaufs geheilt werden. Eine Amtslöschung wäre damit allenfalls dann möglich, wenn die Frist nach Art. 5 SE-RL (§ 20 SEBG) gar nicht zu laufen begonnen hat, da ein Verhandlungsgremium nie eingesetzt worden ist. Da diese Frage aber in der Praxis allein bei der wirtschaftlichen Neugründung der Vorrats-SE virulent werden dürfte, sprechen die besseren Gründe für ein Statusverfahren im Zeitpunkt der wirtschaftlichen Neugründung (→ Rn. 7).[45]

13   Auch für den Fall, dass sich **später die Nichtigkeit der Beteiligungsvereinbarung herausstellt,** kann das Amtslöschungsverfahren nur ultima ratio sein, da es regelmäßig über das Ziel hinausschießt. Im Wege der Zwischenverfügung ist die SE zunächst aufzufordern, ein neues Verhandlungsverfahren durchzuführen und notfalls hierüber die Auffanglösung zur Anwendung zu bringen. Außerdem führt bei weitem nicht jeder Fehler zu einer Gesamtnichtigkeit der Mitbestimmungsvereinbarung. Insbesondere formale Verfahrensfehler lassen die Wirksamkeit der Vereinbarung unberührt.[46]

14   **6. Optionsfälle nach Art. 7 Abs. 3 SE-RL (Abs. 3). Abs. 3** regelt den Sonderfall, dass ein Mitgliedstaat bei der Gründung durch Verschmelzung (Art. 7 Abs. 2 lit. b SE-RL) von der in **Art. 7 Abs. 3 SE-RL** vorgesehenen **Ausstiegsoption** Gebrauch gemacht hat, so dass die Auffangregelung nicht eingreift. In diesem Fall kann die Eintragung erst dann erfolgen, wenn dem Register glaubhaft gemacht wird, dass keine der Gründungsgesellschaften der Mitbestimmung unterliegt oder aber eine Vereinbarung nach Art. 4 SE-RL vorgelegt wird. Da Deutschland von dieser sog. Spanienklausel keinen Gebrauch gemacht hat, läuft diese Regelung in Deutschland leer und bedarf deshalb keiner näheren Erläuterung.[47]

IV. Übereinstimmung der Satzung mit der SE-RL nach Eintragung (Abs. 4)

15   **1. Regelungszweck und Aussagegehalt des Abs. 4.** Nach Abs. 4 S. 1 darf die Satzung zu keinem Zeitpunkt im Widerspruch zur Beteiligungsvereinbarung stehen. Weiterhin ordnet S. 2 an, dass eine Satzung, die zu einer neuen Mitbestimmungsvereinbarung im Widerspruch steht, soweit erforderlich, anzupassen ist. S. 1 hat somit vor allem die Kollision zwischen der bei Gründung der SE geschlossenen Beteiligungsvereinbarung und ihrer Gründungssatzung vor Augen, während S. 2 primär solche Kollisionen erfassen will, die dadurch entstehen, dass die Beteiligungsvereinbarung nachträglich geändert wird. S. 3 räumt schließlich den Mitgliedstaaten die Option ein, die Kompetenz für die erforderliche Satzungsänderung zur Auflösung der Kollision von der Hauptversammlung auf das Leitungs- oder Verwaltungsorgan zu übertragen. Deutschland hat von der Option zu Recht keinen Gebrauch gemacht.[48] Abs. 4 zielt also auf einen **Gleichlauf von Satzung und Beteiligungsvereinbarung** (S. 1) und will einen Normenkonflikt zwischen Satzung und Beteiligungsvereinbarung auflösen (S. 2).[49] Die unglücklich formulierte Vorschrift liest sich auf den ersten Blick wie eine einseitige Vorrangregelung zugunsten der Beteiligungsvereinbarung. Diese Aussage kann in dieser Pauschalität jedoch nicht stehen bleiben. Vielmehr ist der beabsichtigte Gleichlauf zwischen Satzung und Beteiligungsvereinbarung unter Berücksichtigung der Grundwertungen des Gesellschaftsrechts zu erreichen. Art. 12 Abs. 4 bringt zugleich ein Corporate Governance Problem zum Ausdruck, welches mit der Beteiligungsvereinbarung verbunden ist, ohne es aufzulösen. Will man den Parteien die Möglichkeit eröffnen, ein wirklich maßgeschneidertes Modell zu entwickeln, muss die Mitbestimmungsvereinbarung auch Eingriffe in die Satzungsautonomie ermöglichen. Auf Seiten der Gründungsgesellschaften werden die Verhandlungen jedoch durch die Leitungsorgane und nicht

---

[45] Ebenso *Oetker* in Lutter/Hommelhoff, Die Europäische Gesellschaft, 2005, 277 (289 f.) (§ 98 Abs. 2 AktG analog); *Casper/Schäfer* ZIP 2007, 653 (660 ff.); aA – für § 399 FamFG (ex § 144a FGG) – *Kleindiek* in Lutter/Hommelhoff, Die Europäische Gesellschaft, 2005, 104 ff.

[46] Vgl. näher zu der hier nicht zu vertiefenden Fehlerlehre bei Beteiligungsvereinbarungen *Kiem* ZHR 173 (2009) 156 (172 ff.); *Rieble* in Rieble/Junker, Vereinbarte Mitbestimmung in der SE, 2008, 73 (93 ff.); *Wissmann* FS Richardi, 2007, 841 ff.

[47] Zu den Einzelheiten s. NK-SE/*Schröder* Rn. 21 ff. sowie die Überblicke bei Kölner Komm AktG/*Kiem* Rn. 55; Lutter/Hommelhoff/Teichmann/*Kleindiek* Rn. 30.

[48] Anders zB das englische Recht, vgl. Lutter/Hommelhoff/*Seibt*, SE-Kommentar, 1. Aufl. 2008, Rn. 33 mit Fn. 47.

[49] Ausf. Kölner Komm AktG/*Kiem* Rn. 56 ff., der von einer technischen Kollisionsregelung spricht; Lutter/Hommelhoff/Teichmann/*Kleindiek* Rn. 31.

durch die Gesellschafter geführt. Letztere haben nur im Rahmen des Zustimmungsbeschlusses zu der SE-Gründung die Möglichkeit, dem ausgehandelten Mitbestimmungsmodell zuzustimmen oder aber die Gründung der SE scheitern zu lassen. Sie sind insoweit also auf ein *Alles-oder-Nichts-Prinzip* verwiesen. Dieses Grundproblem ändert sich auch nicht dadurch, dass sich die Gesellschafter der Gründungsgesellschaften die erneute Zustimmung zu dem ausgehandelten Mitbestimmungsmodell nach Art. 23 Abs. 2 S. 2, Art. 32 Abs. 6 S. 3 vorbehalten können (→ Art. 23 Rn. 5 ff., 9). **Rechtspolitisch** hapert es also vor allem an einer praktikablen Einbindung der Anteilseigner in das Verhandlungsmodell. De lege ferenda ist Art. 12 Abs. 4 und die Einbettung der Beteiligungsvereinbarung in das Organisationsgefüge der Gründungsgesellschaften bzw. der späteren SE dringend überarbeitungsbedürftig.[50]

Im Folgenden ist deshalb zunächst ein kurzer Überblick über den bisherigen Meinungsstand zum Verhältnis von Satzungsautonomie und Mitbestimmungsautonomie zu geben, wobei insbesondere zu fragen ist, welche Aspekte überhaupt zum Gegenstand einer Mitbestimmungsvereinbarung gemacht werden können. Erst dann kann die Reichweite der Kollisionsregel in Abs. 4 aufgelöst werden, wobei zunächst mit dem Widerspruch zwischen Gründungssatzung und Vereinbarung vor Eintragung zu beginnen sein wird, bevor sodann Divergenzen nach Eintragung untersucht werden können, die sich insbesondere aus einer geänderten Beteiligungsvereinbarung ergeben können. Der **Anwendungsbereich** des Abs. 4 ist nach zutreffender Auffassung auch auf Divergenzen zwischen der Satzung und der Auffangregelung zu erstrecken, soweit sich der Vorrang nicht schon aus allgemeinen Grundsätzen ergibt.[51] 16

2. Satzungsautonomie und Inhalt der Beteiligungsvereinbarung. Zur Begrenzung der Verhandlungsautonomie der Parteien einer Beteiligungsvereinbarung durch die Satzungsautonomie finden sich im Wesentlichen zwei Ansätze. Im Anschluss an *Habersack*[52] geht die überwiegende Auffassung von einem **Vorrang der Satzungsautonomie** aus.[53] *Habersack* hat die einprägsame Formel gebildet, dass die Einhaltung der Grenzen der Satzungsautonomie notwendige, aber nicht hinreichende Voraussetzung für den Inhalt einer Mitbestimmungsvereinbarung sei.[54] Damit wird zunächst nur zum Ausdruck gebracht, dass in der Beteiligungsvereinbarung nichts geregelt werden kann, was nicht auch in der Satzung geregelt werden könnte. Die Einrichtung eines Konsultationsrats, dem nicht nur eine beratende Funktion, sondern auch ein echtes Mitentscheidungsrecht zukommen soll, wäre also im Anschluss an die Diskussion um Beiräte in der AG[55] für eine in Deutschland domizilierende SE nicht zulässig.[56] Die eigentlich restriktive Position entfaltet die hL jedoch dadurch, dass sie neben der Satzungsautonomie eine Mitbestimmungsrelevanz der Vereinbarungen fordert,[57] wobei überwiegend eine sehr engherzige Auslegung vorgenommen wird. Mehrheitlich will man sich an dem engen Mitbestimmungsbegriff in § 2 Abs. 12 SEBG (Art. 2 lit. k SE-RL) und nicht dem weiteren Begriff in Art. 2 Abs. 8 SE-RL orientieren.[58] Damit können im Wesentlichen nur solche Punkte zum Gegenstand einer Mitbestimmungsvereinbarung gemacht werden, die in Art. 3 SE-RL bzw. in § 21 Abs. 1, 3 SEBG genannt sind. 17

Die **Gegenthese** hat *Teichmann* formuliert.[59] Er bestreitet eine Begrenzung durch die Satzungsautonomie. Zur Begründung verweist er darauf, dass sich der Inhalt der Mitbestimmungsvereinbarung allein aus Art. 4 SE-RL bzw. aus dem in ihrer Umsetzung erlassenen nationalen Recht ergebe. Wie aus einem Vergleich zwischen Art. 9 Abs. 1 lit. c i und Art. 9 Abs. 1 lit. c ii folge, gehe dies dem 18

---

[50] Vgl. dazu die Vorschläge des *Arbeitskreises Aktien- und Kapitalmarktrecht* ZIP 2010, 2221 ff.
[51] → Rn. 26 mit Nachw.
[52] *Habersack* AG 2006, 345 ff.; *Habersack* ZHR 171 (2007) 613 (626 ff.); *Habersack/Verse* EuropGesR § 13 Rn. 39.
[53] Kölner Komm AktG/*Kiem* Rn. 61 ff.; MHdB AG/*Austmann* § 86 Rn. 40; *Oetker* FS Konzern, 2006, 635 (649); *Windbichler* FS Canaris, Bd. 2, 2007, 1423 (1429 f.); *C. Schäfer* in Rieble/Junker, Vereinbarte Mitbestimmung in der SE, 2008, 13 (28 ff.); Kölner Komm AktG/*Feuerborn* SEBG § 21 Rn. 47; Habersack/Drinhausen/*Schürnbrand* Rn. 32; *Kienast* in Jannott/Frodermann SE-HdB Kap. 13 Rn. 434 ff.
[54] *Habersack* ZHR 171 (2007) 613 (629 f.).
[55] Kölner Komm AktG/*Mertens/Cahn* Vor § 76 Rn. 18, § 95 Rn. 9; MüKoAktG/*Habersack* § 95 Rn. 6; *Voormann*, Der Beirat im Gesellschaftsrecht, 1990, 61; aA LG Köln AG 1976, 329 (330) m. krit. Anm. Hommelhoff/ Timm.
[56] Vgl. etwa Kölner Komm AktG/*Kiem* Rn. 64.
[57] Vgl. neben den in Fn. 53, 54 Genannten vor allem noch *Jacobs* FS K. Schmidt, 2009, 795 (799); *Oetker* ZIP 2006, 1113 (1116 f.).
[58] Kölner Komm AktG/*Kiem* Rn. 63 mwN; aA – für § 2 Abs. 8 SEBG – aber *Teichmann* AG 2008, 797 (804).
[59] AG 2008, 797 (800 ff.); *Teichmann* Der Konzern 2007, 89 (94 f.); Lutter/Hommelhoff/Teichmann/*Teichmann* Art. 43 Rn. 36 ff.; zust. Lutter/Hommelhoff/*Drygala* Art. 40 Rn. 33; Kölner Komm AktG/*Veil* Art. 9 Rn. 32; *Austmann* FS Hellwig, 2011, 105 (110 ff.); im Ansatz auch *Rehberg* in Rieble/Junker, Vereinbarte Mitbestimmung, 2008, 45 (57).

nationalen Aktienrecht mit seiner in § 23 Abs. 5 AktG verankerten Satzungsstrenge vor.[60] Nach dieser Auffassung kann man also auch zu maßgeschneiderten Regelungen kommen. Ein neuerer Lösungsansatz versteht Art. 12 Abs. 4 als Konfliktlösungsmechanismus, welcher weder der Mitbestimmungsautonomie noch der Satzungsautonomie absoluten Vorrang gewährt. Vielmehr müsse eine Abwägung im Einzelfall nach den Grundsätzen der praktischen Konkordanz erfolgen.[61]

19   **Rechtspolitisch** ist die Ansicht von *Teichmann* vorzugswürdig, insbesondere wenn man an kleinere Gründungsgesellschaften denkt, die noch nicht die Mitbestimmungsschwellen überschritten haben. Der Idee einer ausgehandelten Mitbestimmungsvereinbarung ist die Möglichkeit, eine maßgeschneiderte Lösung zu vereinbaren, geradezu immanent. Dies war der maßgebliche Ansatz des Davignon-Berichts,[62] der für die SE-RL Pate gestanden hat (→ Vor Art. 1 Rn. 15). Es entspricht der Idee des gegenseitigen Gebens und Nehmens in einer Verhandlungssituation, dass Kompromisse bei neuralgischen Punkten durch Zugeständnisse erkämpft werden. Sollen sich bspw. Arbeitnehmer, die aus paritätisch mitbestimmten AG kommen, in einer monistisch strukturierten SE mit einer Drittelparität zufrieden geben, wäre es sinnvoll, wenn ihren Vertretern ein Sitz und somit Mitsprache in zentralen Ausschüssen des Verwaltungsrats zugebilligt werden könnte.

20   **De lege lata** sprechen im Rahmen einer **Stellungnahme** die besseren Gründe einstweilen aber eher für die hL. Der Hinweis auf den Vorrang aus Art. 9 Abs. 1 lit. c i kann nur bedingt überzeugen. Es ist zwar richtig, dass Ausführungsgesetze dem nationalen Aktienrecht als speziellere Regelung vorgehen. Andererseits ist zu berücksichtigen, dass auch die SE-VO den Grundsatz der Satzungsstrenge auf nationaler Ebene in Art. 9 Abs. 1 lit. c iii ausdrücklich anerkannt hat. Auch ist nicht ersichtlich, dass Art. 4 SE-RL hiervon eine ausdrückliche Absolution erteilen will. Eine solche Lossprechung könnte man in § 21 Abs. 3 S. 2 SEBG sehen, der mit der Wendung „insbesondere" betont, dass die dortigen Regelbeispiele für den Inhalt der Mitbestimmungsvereinbarung nicht abschließender Natur sind. Eine derartige Absolution könnte man auch in Art. 4 Abs. 2 SE-RL am Anfang sehen. Indes bringt die Formulierung „Unbeschadet der Autonomie der Parteien wird festgelegt:" gerade zum Ausdruck, dass diese gegeben sein muss und nicht durch die SE-RL gewährt wird. Die SE bzw. die Gründungsgesellschaften können also nur das zugestehen, was sie selbst in der Satzung regeln könnten.[63] Das zweite Erfordernis der Mitbestimmungsrelevanz ist im Grundsatz ebenfalls überzeugend, da es eine gewisse Kompensation für die mangelnde Mitwirkung der Anteilseigner darstellt. Soweit diese im Vorfeld der SE-Gründung die Leitungsorgane der Gründungsgesellschaften nicht mit einem weiten Mandat ausgestattet haben, zB auch Zugeständnisse bei der Größe des Aufsichtsrats oder der Besetzung von Ausschüssen (→ Rn. 22) zu machen, ist der Begriff der Mitbestimmungsrelevanz eher restriktiv zu interpretieren. *Rechtspolitisch* wäre also eine Klarstellung in der SE-RL sinnvoll, dass das besondere Verhandlungsgremium zumindest auch solche Punkte regeln kann, die der Kompetenz des Satzungsgebers nicht entzogen sind. Regelungen, die die Organisationsstruktur des dualistischen bzw. monistischen Systems betreffen, sollten zugelassen werden, sofern es gelingt, eine effektive Beteiligung der Aktionäre sicherzustellen, ohne das Gründungsverfahren über Gebühr in die Länge zu ziehen. Gegen den vermittelnden Ansatz, der eine Lösung im Einzelfall über die praktische Konkordanz sucht, ist entgegenzuhalten, dass er keine für die Praxis erforderliche rechtssichere Lösung liefert, sondern spätere Streitigkeiten über die Wirksamkeit der Mitbestimmungsvereinbarung vorprogrammiert sind.[64]

21   Als Gretchenfrage entpuppt sich also die Bestimmung der **Mitbestimmungsrelevanz**. Die **Größe des Aufsichtsrats** soll nach überwiegender Auffassung nicht dazu zählen.[65] Zur Begründung wird vor allem auf einen Umkehrschluss zu Art. 40 Abs. 2, Art. 43 Abs. 3 S. 2 sowie § 17 Abs. 1 S. 2 SEBG verwiesen.[66] Außerdem wird § 15 Abs. 4 Nr. 1 SEBG ins Feld geführt, aus dessen Wertung sich ergibt, dass nur die Verringerung der Quote der Arbeitnehmer im Aufsichtsrat, nicht aber die absolute Zahl der Sitze mitbestimmungsrelevant sei.[67] Dieser Ansicht ist zuzustimmen. Dabei muss

---

[60] *Teichmann* AG 2008, 797 (802 f.).
[61] *Forst*, Die Beteiligungsvereinbarung nach § 21 SEBG, 2010, 93 ff.; *Forst* AG 2010, 350 (353 f.); *Seibt* ZIP 2010, 1057 (1060 f.); ähnlich auch Habersack/Drinhausen/*Hohenstatt/Bonanni* SEBG § 21 Rn. 21.
[62] Davignon-Bericht, BR-Drs. 572/97.
[63] Auch insoweit aA *Teichmann* AG 2008, 797 (803 f.).
[64] Vgl. die zutr. Kritik bei *Kiem* Der Konzern 2010, 275 (279) sowie Habersack/Drinhausen/*Schürnbrand* Rn. 32.
[65] *Habersack* ZHR 171 (2007) 613 (632 ff.); *Habersack* AG 2006, 345 (350 ff.); *Schäfer* in Rieble/Junker, Vereinbarte Mitbestimmung in der SE, 2008, 13 (32); *Jacobs* FS K. Schmidt, 2009, 795 (803); *Windbichler* FS Canaris, Bd. 2, 2007, 1428 ff.; Kölner Komm AktG/*Kiem* Rn. 64 mwN; *Kienast* in Jannott/Frodermann SE-HdB Kap. 13 Rn. 436; aA aber LG Nürnberg-Fürth ZIP 2010, 372 f.; *Seibt* ZIP 2010, 1057 (1058 ff.); Lutter/Hommelhoff/Teichmann/*Drygala* Art. 40 Rn. 33 f. mwN.
[66] *Habersack* ZHR 171 (2007) 613 (632).
[67] Vgl. etwa *Schäfer* in Rieble/Junker, Vereinbarte Mitbestimmung in der SE, 2008, 32.

man sich die rechtspolitische Sprengkraft dieser Frage vor Augen führen: ein entscheidender Faktor für die Wahl der SE ist das Ziel, die Größe des Aufsichtsrats zu verkleinern (→ Vor Art. 1 Rn. 20), um somit die Arbeit im Kontrollgremium effizienter gestalten zu können. Damit ist die Größe des Aufsichts- bzw. Verwaltungsrats ureigenstes Interesse der Anteilseigner. Tendenzen von organisierten Arbeitnehmervertretern zum *Empirebuilding* und zum Erhalt großer Strukturen sind nicht durch eine extensive Auslegung der Mitbestimmungsrelevanz zu befördern. Eine Verhandlung hierüber ist nur denkbar, wenn die Anteilseigner den Vorstand hierzu ausdrücklich ermächtigt haben. Das **Dreiteilungsgebot** des § 17 Abs. 1 S. 3 SEAG aF war hingegen nach zutreffender Auffassung schon vor der Aktienrechtsnovelle 2016 keine zwingende Grenze. Da es allein zur Sicherung des Drittelbeteiligungsgesetzes eingeführt wurde, war es teleologisch zu reduzieren, falls keine Drittelparität durch die Mitbestimmungsvereinbarung vereinbart worden war.[68] Diese Sichtweise wurde im Rahmen der Aktienrechtsnovelle[69] zwar – anders als für § 95 S. 3 AktG – noch nicht in den Kontext des SEAG aufgenommen. Der vom Gesetzgeber verpasste Gleichlauf des § 17 Abs. 1 S. 3 SEAG mit der geänderten Vorschrift des § 95 S. 3 AktG wurde dann aber durch Art. 7 Nr. 2 AReG[70] nachgeholt, indem nunmehr die Dreiteilbarkeit an die Erforderlichkeit aufgrund des SEBG, mithin insbesondere aufgrund der getroffenen Mitbestimmungsvereinbarung, geknüpft wird. Sieht die Satzung beispielsweise für den Aufsichtsrat eine Größe von zehn Mitgliedern vor, kann in der Mitbestimmungsvereinbarung vorgesehen werden, dass vier der Mitglieder von der Arbeitnehmerseite vorgeschlagen werden dürfen. Die Gesamtzahl von zehn Mitgliedern steht nach der hier vertretenen Auffassung hingegen nicht zur Disposition der Mitbestimmungsvereinbarung.

Ebenfalls nicht mitbestimmungsrelevant und damit der Verhandlung entzogen sind **Zustimmungsvorbehalte des Aufsichtsrats nach § 111 Abs. 4 S. 2 AktG.**[71] Zwar fehlt es auch insoweit nicht an der Satzungsautonomie, da solche Vorbehalte gerade in der Satzung verankert werden können. Sie schützen vor allem die Aktionäre vor zu weitreichenden risikobehafteten Entscheidungen des Vorstandes. Dass Zustimmungsvorbehalte auch aus Sicht der Arbeitnehmer interessant sind, da sie deren Einfluss vergrößern, begründet noch keine Mitbestimmungsrelevanz. Der Satzungsgeber muss von seiner Kompetenz nach § 111 Abs. 4 S. 2 AktG auch Gebrauch gemacht haben. Anderenfalls könnte der Vorstand der Gründungsgesellschaft über den Umfang des Instrumentariums, mit dem er kontrolliert werden kann, befinden.[72] Zu differenzieren ist hinsichtlich der **Ausgestaltung des Aufsichtsrats.** Zuzustimmen ist der überwiegenden Ansicht, dass *Abreden über die konkrete Besetzung von Funktionen im Aufsichtsrat* wie der Position des Vorsitzenden, seines Stellvertreters bzw. die Mitgliedschaft von *konkreten Personen* in Ausschüssen einen Verstoß gegen das Selbstorganisationsrecht des Aufsichtsrats darstellen und deshalb – obwohl durchaus mitbestimmungsrelevant – einer bindenden Vorgabe durch die Beteiligungsvereinbarung nicht zugängig sind.[73] Auch ist der überwiegenden Auffassung zuzustimmen, dass die Einrichtung bestimmter Ausschüsse nicht zwingend vorgegeben werden kann,[74] da selbst die Hauptversammlung insoweit keine bindenden Vorgaben machen kann.[75] Zu widersprechen ist allerdings der These, dass auch eine Vereinbarung unzulässig sei, wonach die Arbeitnehmervertreter in den Ausschüssen angemessen repräsentiert sein müssen. Es fehlt weder an einer Satzungsautonomie noch an einer Mitbestimmungsrelevanz. Auch das in diesem Zusammenhang gelegentlich überhöhte Selbstorganisationsrecht des Aufsichtsrats,[76] steht zumindest

---

[68] LG Nürnberg-Fürth ZIP 2010, 372 (373); *Seibt* ZIP 2010, 1057 (1061); aA *Forst* AG 2010, 350 (357).
[69] BGBl. 2015 I 2565.
[70] Gesetz zur Umsetzung der prüfungsbezogenen Regelungen der Richtlinie 2014/56/EU sowie zur Ausführung der entsprechenden Verordnung (EU) Nr. 537/2014 im Hinblick auf die Abschlussprüfung bei Unternehmen von öffentlichem Interesse v. 10.5.2016, BGBl. 2016 I 1142. Vgl. zur Rechtslage vor Behebung dieses Redaktionsversehens *Ihrig/Wandt* BB 2016, 6 (12); *Suchan/Plennert* WPg 2016, 643 (647 f.), die allesamt eine teleologische Reduktion des § 17 Abs. 1 S. 3 SEAG aF in Fällen der fehlenden Dreiteilbarkeitsrelevanz annehmen.
[71] *Habersack* ZHR 171 (2007) 613 (635); *Habersack* AG 2006, 345 (354); *Rieble/Junker/Schäfer*, Vereinbarte Mitbestimmung in der SE, 2008, 31 f.; *Jacobs* FS K. Schmidt, 2009, 795 (811); Kölner Komm AktG/*Kiem* Rn. 64 mwN; aA etwa *Köstler* in Theisen/Wenz Eur AG S. 351; de lege ferenda auch Arbeitskreis Unternehmerischer Mitbestimmung, ZIP 2009, 885 (887).
[72] *Schäfer* in Rieble/Junker, Vereinbarte Mitbestimmung in der SE, 2008, 31 f.
[73] Kölner Komm AktG/*Kiem* Rn. 65; *Habersack* AG 2006, 345 (349); *Schäfer* in Rieble/Junker, Vereinbarte Mitbestimmung in der SE, 2008, 31.
[74] *Habersack* ZHR 171 (2007) 613 (631); *Habersack* AG 2006, 345 (349); *Schäfer* in Rieble/Junker, Vereinbarte Mitbestimmung in der SE, 2008, 30 f.; *Jacobs* FS K. Schmidt, 2009, 795 (811); Lutter/Hommelhoff/Teichmann/*Oetker* SEBG § 21 Rn. 82; Kölner Komm AktG/*Kiem* Rn. 65.
[75] Vgl. statt aller BGHZ 122, 342 (355) = NJW 1993, 2307; MüKoAktG/*Habersack* AktG § 107 Rn. 126.
[76] Vgl. exemplarisch Kölner Komm AktG/*Kiem* Rn. 65; radikal aA wiederum *Teichmann* AG 2008, 797 (807): Das Mitbestimmungsrecht breche die Organisationsautonomie des Aufsichtsrats.

insoweit nicht entgegen.⁷⁷ Entsprechendes gilt für Sitzungsmodalitäten des Aufsichtsrats.⁷⁸ Auch ist es denkbar, dass die Einführung eines **Arbeitsdirektors** im Vorstand bzw. im Verwaltungsrat in der Beteiligungsvereinbarung vorgegeben wird.⁷⁹ Demgegenüber scheidet eine Vereinbarung darüber, ob ein monistisches oder ein dualistisches System gewählt werden soll, aus.⁸⁰

23 Unstreitig Gegenstand einer Beteiligungsvereinbarung können **Wahl- und Bestellverfahren** für die Arbeitnehmervertreter sein, insbesondere die Einbeziehung von Arbeitnehmern aus ausländischen Betriebsstätten. Auch ein **Regionalproporz** oder die Bestimmung von Schwellenwerten sowie die Repräsentanz von Arbeitnehmern aus verschiedenen Konzernsparten sind zulässig.⁸¹

24 **3. Widerspruch mit der Gründungssatzung.** Das Registergericht hat im Rahmen des Eintragungsverfahrens auch zu überprüfen, ob zwischen der Beteiligungsvereinbarung und der eingereichten Satzung der noch nicht existenten SE Widersprüche bestehen. Inhaltliche Abweichungen begründen ein Eintragungshindernis.⁸² Vor Zurückweisung des Eintragungsantrags wird das Registergericht regelmäßig die Gründer im Wege der Zwischenverfügung auffordern, eine mit der Beteiligungsvereinbarung kompatible Satzung vorzulegen. Wollen die Gründungsgesellschaften das Gründungsverfahren weiter vorantreiben, müssen sie eine **Korrektur der Satzung** durch die Hauptversammlungen veranlassen. Diese stimmt jedoch nicht erneut über den gesamten Gründungsvorgang ab. Vielmehr handelt es sich bei der Zustimmung gegenüber der geänderten Satzung um eine Abänderung des ursprünglichen Zustimmungsbeschlusses, so dass die Gründungsvoraussetzungen (wie Berichte, Prüfung etc) nicht erneut eingehalten werden müssen.⁸³ Die Aktionäre der Gründungsgesellschaften sind in ihrer Zustimmung frei, Abs. 4 S. 1 begründet keine Stimmpflicht.⁸⁴ Damit kommt den Aktionären ein Letztentscheidungsrecht mit der Folge zu, dass sie die Gründung letztlich noch stoppen können.

25 **4. Widerspruch nach erfolgter Eintragung (Abs. 4 S. 2).** Abs. 4 S. 2 hat mehrere Fallgestaltungen vor Augen, die im Ergebnis unterschiedlich zu behandeln sind. Zum einen ist es möglich, dass die SE zunächst eingetragen wird und die Satzung mit der Beteiligungsvereinbarung übereinstimmt, es aber sodann durch **Änderung der Vereinbarung** zu einer Divergenz kommt. Denkbar ist dies etwa, wenn die befristete Beteiligungsvereinbarung ausgelaufen ist oder es zu Neuverhandlungen nach § 18 Abs. 3 SEBG kommt. Da Deutschland nicht von der Option in Abs. 4 S. 3 Gebrauch gemacht hat, muss das Leitungsorgan der SE in der Hauptversammlung eine entsprechende Satzungsänderung zur Abstimmung stellen.⁸⁵ Es gibt insoweit keinen Anpassungsautomatismus nach Abs. 4 S. 1.⁸⁶ Die Hauptversammlung hat über die beantragte Satzungsänderung mit satzungsändernder Mehrheit zu beschließen. Abstimmungsgegenstand ist die Satzungsänderung, nicht die Beteiligungsvereinbarung insgesamt.⁸⁷ Liest man die S. 1 und 2 im Zusammenhang, liegt es prima vista nahe, von einer Zustimmungspflicht der Hauptversammlung auszugehen. Die besseren Gründe sprechen unter Rückgriff auf eine teleologische Auslegung jedoch für ein **freies Ermessen der Hauptversammlung**.⁸⁸ Anderenfalls könnte das Leitungsorgan der SE faktisch ohne Beteiligung der Aktionäre mittelbar die Satzung ändern, die neue Beteiligungsvereinbarung

---

⁷⁷ AA aber *Habersack* ZHR 171 (2007) 613 (631); *Habersack* AG 2006, 345 (349); *Schäfer* in Rieble/Junker, Vereinbarte Mitbestimmung in der SE, 2008, 30 f.; *Jacobs* FS K. Schmidt, 2009, 795, 811; Lutter/Hommelhoff/Teichmann/*Oetker* SEBG § 21 Rn. 82; Kölner Komm AktG/*Kiem* Rn. 65.; vgl. auch die Vorschläge des *Arbeitskreises Aktien- und Kapitalmarktrecht* zur Reform der Mitbestimmung in der SE in *Arbeitskreises Aktien- und Kapitalmarktrecht* ZIP 2010, 2221 (2226) zu § 21 SEBG.
⁷⁸ *Seibt* AG 2005, 413 (426); *Kienast* in Jannott/Frodermann SE-HdB, 1. Aufl. 2005, Kap. 13 Rn. 386; aA Kölner Komm AktG/*Kiem* Rn. 65; Lutter/Hommelhoff/*Oetker* SEBG § 21 Rn. 82.
⁷⁹ Überzeugend *Seibt* AG 2005, 413 (426); aA aber Kölner Komm AktG/*Kiem* Rn. 66; *Jacobs* FS K. Schmidt, 2009, 795 (813).
⁸⁰ Kölner Komm AktG/*Kiem* Rn. 67; Lutter/Hommelhoff/Teichmann/*Oetker* SEBG § 21 Rn. 82; *Jacobs* FS K. Schmidt, 2009, 810.
⁸¹ Kölner Komm AktG/*Kiem* Rn. 68; *Habersack* ZHR 171 (2007) 613 (634 f.), jew. mwN.
⁸² Kölner Komm AktG/*Kiem* Rn. 74; MüKoAktG/*C. Schäfer* Rn. 10; Habersack/Drinhausen/*Schürnbrand* Rn. 34; aA NK-SE/*Schröder* Rn. 30.
⁸³ *Habersack* ZHR 171 (2007) 613 (629); Kölner Komm AktG/*Kiem* Rn. 77; zust. Habersack/Drinhausen/*Schürnbrand* Rn. 35, der die Rechtslage mit derjenigen eines Bestätigungsbeschlusses iSd § 244 AktG vergleicht.
⁸⁴ Kölner Komm AktG/*Kiem* Rn. 77; missverständlich noch 2. Aufl. 2010 Rn. 10.
⁸⁵ *Teichmann* AG 2008, 797 (806) geht sogar von einer ungeschriebenen Hauptversammlungskompetenz aus.
⁸⁶ So auch MüKoAktG/*C. Schäfer* Rn. 10.
⁸⁷ Kölner Komm AktG/*Kiem* Rn. 81; Lutter/Hommelhoff/Teichmann/*Kleindiek* Rn. 34; *Teichmann* ZIP 2002, 1109 (1112); abw. *Schwarz* Rn. 37 ff., nach dessen Auffassung die neue Beteiligungsvereinbarung einer Zustimmung bedarf und der Satzungsänderungsbeschluss dann nur noch deklaratorischer Natur sei.
⁸⁸ Lutter/Hommelhoff/Teichmann/*Kleindiek* Rn. 34; Kölner Komm AktG/*Kiem* Rn. 81; NK-SE/*Schröder* Rn. 34; aA *Kiefner/Friebel* NZG 2010, 537 (539).

wäre eine Art Vertrag zulasten Dritter. Erhält der Satzungsänderungsbeschluss nicht die erforderliche Mehrheit, ist die neue Beteiligungsvereinbarung gescheitert. Sofern für diesen Fall in der ursprünglichen Vereinbarung keine Vorsorge getroffen ist bzw. erneute Verhandlungen fruchtlos verlaufen, greift die Auffanglösung im Zeitpunkt des Abschlusses der ursprünglichen Beteiligungsvereinbarung ein.[89]

Nicht unmittelbar von Abs. 4 S. 2, sondern von S. 1 ist die Konstellation erfasst, dass die **Divergenz nachträglich durch einen Satzungsänderungsbeschluss** entsteht. Dieser Konflikt ist vielmehr unter Rückgriff auf § 241 Nr. 3 AktG iVm Art. 12 Abs. 4 S. 1 und Art. 9 Abs. 1 lit. c ii aufzulösen. Der Satzungsänderungsbeschluss ist nichtig.[90] Eine Eintragung hat zu unterbleiben. Wird sie gleichwohl vorgenommen, da die Divergenz unbemerkt bleibt, kann es nach Ablauf von drei Jahren zur Heilung nach § 242 Abs. 2 S. 1 AktG kommen.[91] Diese Heilungsmöglichkeit widerspricht nicht dem unionsrechtlichen Effektivitätsgebot, da die Nichtigkeit bis zum Ablauf der drei Jahre von jedermann geltend gemacht werden kann.[92] Schließlich ist eine nachträgliche Abweichung auch dann möglich, wenn nach Auslaufen der Mitbestimmungsvereinbarung die Auffanglösung eingreift, zu der die Satzung im Widerspruch steht. Vorstand bzw. Verwaltungsrat sind verpflichtet, in der nächsten regulären Hauptversammlung eine entsprechende Satzungsänderung zu beantragen. Dehnt man den Anwendungsbereich des Abs. 4 S. 1 und S. 2 auch auf diese Konstellation aus,[93] wofür die besseren Gründe streiten, ist die Hauptversammlung nunmehr verpflichtet, der Satzungsänderung zuzustimmen, will sie eine Amtslöschung auf Dauer vermeiden.[94]

Art. 13 [Offenlegung]

Die die SE betreffenden Urkunden und Angaben, die nach dieser Verordnung der Offenlegungspflicht unterliegen, werden gemäß der Richtlinie 68/151/EWG nach Maßgabe der Rechtsvorschriften des Sitzstaats der SE offen gelegt.

Art. 14 [Bekanntmachung]

(1) ¹Die Eintragung und die Löschung der Eintragung einer SE werden mittels einer Bekanntmachung zu Informationszwecken im *Amtsblatt der Europäischen Gemeinschaften* veröffentlicht, nachdem die Offenlegung gemäß Artikel 13 erfolgt ist. ²Diese Bekanntmachung enthält die Firma der SE, Nummer, Datum und Ort der Eintragung der SE, Datum, Ort und Titel der Veröffentlichung sowie den Sitz und den Geschäftszweig der SE.

(2) Bei der Verlegung des Sitzes der SE gemäß Artikel 8 erfolgt eine Bekanntmachung mit den Angaben gemäß Absatz 1 sowie mit denjenigen im Falle einer Neueintragung.

(3) Die Angaben gemäß Absatz 1 werden dem Amt für amtliche Veröffentlichungen der Europäischen Gemeinschaften innerhalb eines Monats nach der Offenlegung gemäß Artikel 13 übermittelt.

I. Regelungsgehalt und Normzweck der Art. 13, 14

Art. 13 und Art. 14 regeln die **Offenlegung** und die **Publizität**. Art. 13 verweist dafür im Wege einer **Spezialverweisung** vollumfänglich auf das durch die Art. 14 ff. RL (EU) 2017/1132 (GesR-RL) [vormals Publizitäts-RL] harmonisierte nationale Recht. Da zumindest in Deutschland keine Umsetzungsdefizite zu Tage getreten sind,[1] ist es eine müßige Frage, ob eventuelle Fehler bei der Umsetzung im Wege der richtlinienkonformen Auslegung oder durch eine unmittelbare Anwendung der Richtlinie infolge eines eventuell in Art. 13 enthaltenen Anwendungsbefehls zu bereinigen

---

[89] Kölner Komm AktG/*Kiem* Rn. 81.
[90] Lutter/Hommelhoff/Teichmann/*Kleindiek* Rn. 38; *Schwarz* Rn. 40; Kölner Komm AktG/*Kiem* Rn. 82.
[91] Kölner Komm AktG/*Kiem* Rn. 82; Habersack/Drinhausen/*Schürnbrand* Rn. 37; aA *Schwarz* Rn. 40, Art. 6 Rn. 118; NK-SE/*Schröder* Rn. 47.
[92] Habersack/Drinhausen/*Schürnbrand* Rn. 37.
[93] NK-SE/*Schröder* Rn. 32; *Schwarz* Rn. 31; im Erg. auch Kölner Komm AktG/*Kiem* Rn. 83, teilw. abw. aber Rn. 57; in der Begründung aA Habersack/Drinhausen/*Schürnbrand* Rn. 38 und Lutter/Hommelhoff/Teichmann/*Kleindiek* Rn. 37, die den Vorrang der Auffanglösung aus der Normenhierarchie des Art. 9 herleiten.
[94] Vgl. auch Kölner Komm AktG/*Kiem* Rn. 83, der zu Recht darauf hinweist, dass das Leitungsorgan dieses Ergebnis vermeiden kann, in dem es einen ablehnenden Hauptversammlungsbeschluss kombiniert mit einer positiven Beschlussfeststellungsklage anfechten kann; zustimmend auch Habersack/Drinhausen/*Schürnbrand* Rn. 39, der weitergehend sogar davon ausgeht, dass diese Fällen eine reine Fassungsänderung darstellten, die nach § 179 Abs. 1 S. 2 AktG auf den Aufsichtsrat bzw. Verwaltungsrat übertragen werden könne.
[1] Vgl. statt aller Habersack/*Verse* EuropGesR § 5 Rn. 8.

wären. Wie auch bereits Art. 12 sieht auch Art. 13 für die Publizität zunächst kein europäisches Element außer dem harmonisierten nationalen Recht vor. Eine Ausnahme davon statuiert aber sodann **Art. 14,** der eine Bekanntmachung auf europäischer Ebene im Amtsblatt der Europäischen Union[2] erfordert, die allerdings ausschließlich Informationszwecken dient und somit keine negative oder sogar positive Publizität entfaltet (→ Rn. 3). Seit der Verknüpfung der europäischen Handelsregister durch die Art. 2–5 sowie Art. 44 ff. RL (EU) 2017/1132 (GesR-RL) [vormals Änderungsrichtlinie 2012/17/EU], die die frühere Publizitäts-RL (2009/101/EG) sowie die frühere Zweigniederlassungs-RL (89/666/EWG) und die alte Verschmelzungs-RL (2005/56/EG) modifiziert hatte und zur Schaffung des sog. Business Registers Interconnection System geführt hat, mit dem EU-weit wichtige Daten aus den Handelsregistern abgefragt werden können,[3] ist die Bedeutung des Art. 14 etwas in den Hintergrund getreten.

II. Gegenstände und Art der Offenlegung (Art. 13)

2   Die **Gegenstände der Offenlegung** ergeben sich aus der Verordnung selbst, dies stellt Art. 13 klar. Die Verordnung beschränkt die Offenlegung auf wichtige Strukturänderungen bei der SE; im Einzelnen handelt es sich um den Sitzverlegungsplan (Art. 8 Abs. 2), die erfolgte Sitzverlegung (Art. 8 Abs. 12), die Gründung (Art. 15 Abs. 2), die Satzungsänderung (Art. 59 Abs. 3), die Auflösung und die Liquidation (Art. 65), nicht hingegen den Umwandlungsplan beim Formwechsel (Art. 66 Abs. 4).[4] Die ebenfalls in der SE-VO geregelten Offenlegungspflichten der Gründungsgesellschaften sind vom Anwendungsbereich des Art. 13 nicht erfasst, da dieser auf die die bestehende SE betreffenden Angaben und Urkunden beschränkt ist. Diese Offenlegungspflichten in der Gründungsphase sind vielmehr der Gegenstand von Spezialverweisungen (vgl. zB Art. 21 und § 5 SEAG). Die **Art der Offenlegung** bestimmt sich primär nach § 10 f. iVm §§ 8b Abs. 2 Nr. 1, 9 Abs. 1 HGB. Seit dem EHUG erfolgt sie also über das von der jeweiligen Landesjustizverwaltung bestimmte elektronische Informations- und Kommunikationssystem, das in dem gemeinsamen Registerprotal der Länder gemündet ist.[5] Sekundäres Publizitätsmittel ist die Bekanntmachung der Eintragung ins inzwischen elektronisch geführte Handelsregister, im elektronischen Bundesanzeiger und ggf. in den durch die Satzung bestimmten Blättern (§ 25 AktG).[6] Damit wird die SE vorbehaltlich der allein für sie hinzutretenden europäischen Publizität nach Art. 14 (→ Rn. 3) mit nationalen Aktiengesellschaften vollständig gleichbehandelt. Dies gilt insbesondere auch für die **Publizitätswirkungen** in Gestalt der negativen Publizität (§ 15 Abs. 1, 2 HGB) und der positiven Publizität (§ 15 Abs. 3 HGB). Allein für die Publizität der Sitzverlegung enthält Art. 8 Abs. 13 eine abschließende Spezialregelung (→ Art. 8 Rn. 22).

III. Ergänzende Publizität auf europäischer Ebene (Art. 14)

3   Art. 14 sieht eine zusätzliche Bekanntmachung im Amtsblatt der Europäischen Union vor. Damit ist ein gewisser Ausgleich zum fehlenden europäischen Register bezweckt. Der **Anwendungsbereich** ist auf die erstmalige Eintragung der gegründeten SE, deren Löschung (Art. 14 Abs. 1 S. 1) und deren Sitzverlegung (Art. 14 Abs. 2) beschränkt und damit gegenüber dem Anwendungsbereich des Art. 13 deutlich reduziert. Technisch vollzieht sich die europäische Publizität nach **Abs. 3** durch **Information des europäischen Amts für amtliche Veröffentlichungen** mit Sitz in Luxemburg. Wer dieses Amt binnen eines Monats nach der Offenlegung gemäß den nationalen Vorschriften zu informieren hat, ist weder in der Verordnung noch im Ausführungsgesetz oder in der Handelsregisterverordnung geregelt. Demgegenüber weist Österreich (§ 3 öst. SEG) wie auch noch der Verordnungsentwurf von 1991 die **Zuständigkeit** dem Mitgliedstaat (also dem **Registergericht**) zu.[7] Dieser missliche Regelungsverzicht ist für die in Deutschland ansässige SE dahin aufzulösen, dass es Sache des jeweiligen Sitzstaates ist, die Initiativlast dem Register bzw. der SE zuzuweisen. Enthält sich ein Mitgliedstaat wie Deutschland einer Regelung, obliegt es dem Registergericht, das Amt für amtliche

---

[2] Das Amtsblatt der Europäischen Union hat das Amtsblatt der Europäischen Gemeinschaften ersetzt. Die gegenteilige Formulierung in Art. 14 Abs. 1 ist unschädlich.
[3] Vgl. dazu etwa *Kilian* FGPrax 2012, 185 ff. sowie neuerdings ausführlich *Bock* GmbHR 2018, 281 ff.
[4] Kölner Komm AktG/*Kiem* Art. 13 Rn. 3; aA MüKoAktG/*C. Schäfer* Rn. 1. Gegen die Einbeziehung von Art. 66 spricht, dass dessen Abs. 4 gerade nicht auf Art. 13, sondern auf das nationale Recht verweist.
[5] Vgl. www.handelsregisterbekanntmachungen.de (zuletzt aufgerufen am 20.3.2018).
[6] MüKoAktG/*C. Schäfer* Rn. 2; aA Kölner Komm AktG/*Kiem* Rn. 13; Habersack/Drinhausen/*Schürnbrand* Rn. 5: § 25 AktG gelte für die SE nicht, da Art. 13 dies nicht anordnet und als abschließende Reglung einen Rückgriff auf Art. 9 Abs. 1 sperre.
[7] Zur Rechtslage in Österreich vgl. Kalss/Hügel/*Greda* SEG § 3 Rn. 6; ausf., aber mit gleichem Erg. Kölner Komm AktG/*Kiem* Art. 14 Rn. 11.

Veröffentlichungen in Kenntnis zu setzen.[8] Das Amt bewirkt sodann die Veröffentlichung im Europäischen Amtsblatt. Ein **formelles oder gar ein materielles Prüfungsrecht** steht dem Amt jedoch nicht zu, da Art. 14 Abs. 1 S. 1 ausdrücklich klarstellt, dass die Publizität im europäischen Amtsblatt allein zu Informationszwecken erfolgt.[9] Folglich kommt dieser Veröffentlichung auch keine positive oder negative Publizität iSd. Art. 16 RL (EU) 2017/1132 (GesR-RL) [ex Art. 3 Publizitäts-RL] bzw. den entsprechenden nationalen Vorschriften zu und erst recht entfaltet sie keine konstitutive Wirkung für die Entstehung der SE. Bei **Divergenzen** zur nationalen Publizität ist allein diese maßgeblich. Ebenso haben Versäumung oder Verspätung der europäischen Publizität keine unmittelbaren Konsequenzen für die Gründer oder für die SE.[10] Der **Inhalt der Bekanntmachung** richtet sich nach Art. 14 Abs. 1 S. 2 und hat die Firma der SE, die Nummer, das Datum, den Ort und den Titel der Eintragung der SE im nationalen Register sowie den Sitz und den Geschäftszweig der SE zu enthalten. Dieser sehr beschränkte Umfang der Bekanntmachung erklärt sich in erster Linie daraus, dass Art. 14 hauptsächlich eine reine Informationsfunktion zukommt, indem auf die nationale Bekanntmachung hingewiesen wird. Außerdem verringert sich so die Gefahr von Divergenzen zwischen nationaler und europäischer Eintragung bzw. Bekanntmachung.

---

[8] Ebenso MüKoAktG/*C. Schäfer* Rn. 3; *Schwarz* Art. 14 Rn. 17 NK-SE/*Schröder* Rn. 7 mwN zur entsprechenden Rechtslage in anderen EU-Staaten in Rn. 8 ff.; sowie ferner Lutter/Hommelhoff/*Kleindiek,* Die Europäische Gesellschaft, 2005, 109; Lutter/Hommelhoff/Teichmann/*Kleindiek* Art. 14 Rn. 9; *Maul* in Van Hulle/Maul/Drinhausen SE-HdB 2. Abschnitt Rn. 20.
[9] Ebenso MüKoAktG/*Schäfer* Rn. 3; Kalss/Hügel/*Greda* SEG § 3 Rn. 6; *Schwarz* Art. 14 Rn. 12; Kölner Komm AktG/*Kiem* Art. 14 Rn. 16; zum alleinigen Zweck der Information ebenso Lutter/Hommelhoff/Teichmann/*Kleindiek* Art. 14 Rn. 3.
[10] MüKoAktG/*C. Schäfer* Rn. 4; Kölner Komm AktG/*Kiem* Art. 14 Rn. 16, in Rn. 17 f. auch ausführlich zur praktischen Bedeutung der Bekanntmachung.

Titel II. Gründung

Abschnitt 1. Allgemeines

Art. 15 [Anwendbares Recht]

(1) Vorbehaltlich der Bestimmungen dieser Verordnung findet auf die Gründung einer SE das für Aktiengesellschaften geltende Recht des Staates Anwendung, in dem die SE ihren Sitz begründet.

(2) Die Eintragung einer SE wird gemäß Artikel 13 offen gelegt.

Schrifttum: Vgl. die Angaben bei Art. 2 und Art. 9.

I. Regelungsgehalt und Normzweck

1   Art. 15 regelt die Gründung der SE. Bei Abs. 1 handelt es sich um eine der zahlreichen Spezialverweisungen auf das nationale Recht. Da für den gesamten Gründungsvorgang das nationale Recht des Sitzstaates in Bezug genommen wird, handelt es sich bei **Abs. 1** um eine **Spezialverweisung,** die als partielle Generalverweisung ausgestaltet ist.[1] Mit der Verweisung soll gewährleistet werden, dass die SE dieselben Gründungsvoraussetzungen wie eine nationale AG des Sitzstaates aufweist, sofern nicht die Verordnung selbst eine unterschiedliche Behandlung erfordert. Abs. 1 geht der Generalverweisung in Art. 9 vor, ist von der Struktur her aber ähnlich ausgestaltet, so dass für die Rechtsnatur und den Umfang der Verweisung in Art. 15 Abs. 1 weitgehend auf die Erläuterungen zu Art. 9 verwiesen werden kann. **Abs. 2** stellt abermals klar, dass die Eintragung der gegründeten SE ins nationale Register gem. Art. 13 offenzulegen ist. Diese Offenlegung wirkt deklaratorisch,[2] da die SE nach Art. 16 Abs. 1 bereits mit der Eintragung ihre Rechtspersönlichkeit erlangt. Gegenüber Art. 13 weist **Abs. 2** keinen eigenständigen Anwendungsbereich auf, sondern beschränkt sich auf eine **klarstellende Funktion.**[3]

II. Anwendungsbereich des Abs. 1; Abgrenzung zu Art. 9, 18

2   Aus seiner systematischen Stellung folgt, dass Abs. 1 nur auf die vier **primären Gründungsformen** iSd Art. 2, 17–37 anwendbar ist. Die sekundäre Gründung einer Tochter-SE iSd **Art. 3 Abs. 2** durch eine bereits bestehende SE ist vom Anwendungsbereich hingegen nicht erfasst, da sie auch nicht den Bestimmungen des Art. 35 f. unterliegt. Allerdings findet auch auf sie über Art. 9 ausschließlich nationales Recht Anwendung.[4]

3   Unter den primären Gründungsformen nimmt wiederum die Verschmelzungsgründung eine Sonderstellung ein, da dort mit **Art. 18** hinsichtlich der Gründungsgesellschaften eine weitere, partielle Generalverweisung auf das nationale Umwandlungsrecht enthalten ist, die ihrerseits durch weitere Spezialverweisungen in Art. 25, 26, 28 ergänzt wird. Mit der Aussage, dass Art. 18 dem Art. 15 Abs. 1 vorgeht,[5] ist noch nicht viel gewonnen. Zunächst ist vielmehr die Frage zu klären, ob die Verweisung in Art. 15 Abs. 1 überhaupt auch das für die **an der Gründung beteiligten Rechtsträger** anwendbare Recht bestimmt. Aus der Formulierung „auf die Gründung einer SE" kann man schlussfolgern, dass Abs. 1 sich nur mit der zu gründenden SE selbst beschäftigt.[6] Würde man

---

[1] Habersack/Drinhausen/*Diekmann* Rn. 1; NK-SE/*Schröder* Rn. 1; abw. Terminologie bei MüKoAktG/*Schäfer* Rn. 2 f.: Generalverweisung, die Art. 9 vorgeht, was zum selben Ergebnis führt; ähnlich *Schwarz* Rn. 1; iErg. auch Lutter/Hommelhoff/Teichmann/*Bayer* Rn. 5, 8 f.; Kölner Komm AktG/*Maul* Rn. 1.

[2] *Kersting* DB 2001, 2079 (2080); NK-SE/*Schröder* Rn. 34; *Schwarz* Rn. 2; Lutter/Hommelhoff/Teichmann/ *Bayer* Rn. 10.

[3] Einzelheiten bei Habersack/Drinhausen/*Diekmann* Rn. 24 ff.

[4] MüKoAktG/*Schäfer* Rn. 1; Kalss/Hügel/*Kalss* Vor § 17 SEG Art. 15 SE-VO Rn. 4; Habersack/Drinhausen/ *Diekmann* Rn. 10; aA Kölner Komm AktG/*Maul* Rn. 2; *Schwarz* Art. 3 Rn. 26; offen lassend Manz/Mayer/ Schröder/*Schröder* Rn. 1.

[5] Statt aller MüKoAktG/*C. Schäfer* Rn. 7, Kalss/Hügel/*Kalss* SEG Vor § 17 SE-VO Art. 15 Rn. 10; aA allein NK-SE/*Schröder* Rn. 8, der von einer parallelen Anwendung beider Vorschriften ausgehen will, mit der Folge, dass sich die strengere Vorschrift durchsetzt. Abgesehen davon, dass sich ein praktischer Anwendungsfall hierfür kaum vorstellen lässt, kann diese Auffassung schon im Interesse der Rechtssicherheit nicht überzeugen.

[6] *Wagner* NZG 2002, 985 (990); *Schwarz* Rn. 10; Lutter/Hommelhoff/Teichmann/*Bayer* Rn. 7; Habersack/ Drinhausen/*Diekmann* Rn. 7 f.; abw. MüKoAktG/*Schäfer* Rn. 5; und wohl auch NK-SE/*Schröder* Rn. 11.

Art. 15 auch auf die Gründungsgesellschaften erstrecken, hätte dies zur Folge, dass auf eine irische Gründungsgesellschaft dänisches Recht anzuwenden wäre, sofern die zu gründende SE in Dänemark ihren Sitz nehmen soll. Dieses Ergebnis wäre nicht nur widersinnig, sondern auch nicht mit der Konzeption der SE vereinbar. Für die Verschmelzungsgründung formuliert Art. 18 nämlich zutreffend, dass auf die Gründungsgesellschaften das Verschmelzungsrecht des Mitgliedstaates Anwendung findet, dessen Recht die Gründungsgesellschaften unterliegen, was unter Rückgriff auf das allgemeine internationale Privatrecht der beteiligten nationalen Rechtsordnungen zu bestimmen ist.[7] Denkbar wäre allenfalls eine Anwendung des Art. 15 auf die Gründungsgesellschaften in der Lesart, dass das Recht ihres Sitzstaates anwendbar sei. Eine derartige Interpretation würde jedoch mit der Gründungstheorie kollidieren, die sich innerhalb der EU seit der Entscheidung *Inspire Art*[8] durchzusetzen beginnt (→ Art. 7 Rn. 1). Denn auf eine Gründungsgesellschaft, die beispielsweise nach irischem Recht gegründet wurde, zwischenzeitlich aber ihre Hauptverwaltung in die Niederlande verlegt hat, muss irisches und nicht niederländisches Recht Anwendung finden. Die bisherigen Überlegungen lassen sich also dahin zusammenfassen, dass sich die Vorrangfrage des Art. 18 gegenüber Art. 15 gar nicht stellt. Der jeweilige Anwendungsbereich ist vielmehr klar voneinander zu unterscheiden. Art. 15 regelt das auf die zu gründende SE, Art. 18 das auf die Gründungsgesellschaften anwendbare Recht. Soweit bei den anderen Gründungsformen keine dem Art. 18 vergleichbare Regelung vorhanden ist, stellt sich die Frage einer analogen Anwendung des Art. 18 (→ Art. 32 Rn. 4, → Art. 37 Rn. 4).

In **zeitlicher Hinsicht** ist der **Anwendungsbereich** des Abs. 1 ebenfalls von **Art. 9 abzugrenzen.** Da sich Art. 9 ausdrücklich nur auf die „gegründete" SE bezieht, liegt die zeitliche Zäsur in der Eintragung der SE ins Handelsregister nach Art. 16 Abs. 1.[9] Vorher findet ausschließlich Art. 15 Abs. 1, anschließend nur noch Art. 9 Anwendung, soweit beide Vorschriften nicht durch das Eingreifen von Spezialverweisungen verdrängt werden. Die These, Abs. 1 sei nur eine klarstellende Doppelregelung neben Art. 9,[10] kann nicht überzeugen. Dies hätte zur Folge, dass Abs. 1 keinen eigenständigen Anwendungsbereich neben Art. 9 besitzen würde. Außerdem wird die SE-VO durch das Zusammenspiel von Art. 9 und Art. 15 Abs. 1 klar von der gegenläufigen Konzeption der EWIV-VO abgegrenzt. Diese soll nach überwiegendem Verständnis des Art. 2 Abs. 1 EWIV-VO erst ab der Eintragung der EWIV anwendbar sein.[11] Damit bestimmen sich auch die Fragen, ob es eine Gründerhaftung bzw. eine Vor-SE gibt und welche Rechtsregeln insoweit Anwendung finden, über Art. 15 Abs. 1 nach dem nationalen Recht des künftigen Sitzstaates (näher zu diesem Fragenkomplex → Art. 16 Rn. 5 ff.).

III. Rechtsnatur und Umfang der Verweisung

Art. 15 ist ebenso wie Art. 9 als **Sachnorm-** und nicht als Gesamtnorm**verweisung** zu qualifizieren (→ Art. 9 Rn. 6 f.). Es ist also das jeweilige Sachrecht ohne den Umweg über das internationale Privatrecht anwendbar, soweit es sich auf die Gründung von nationalen Aktiengesellschaften oder Umwandlungsvorgänge bezieht. Berufen ist wie im Fall des Art. 9 Abs. 1 lit. c das Recht des Mitgliedstaates, in dem die SE ihren statutarischen Sitz iSd Art. 7 nimmt.[12] Dieser Domizilstaat gibt im Falle einer rechtswidrigen Divergenz zum Sitz der effektiven Hauptverwaltung den Ausschlag.[13] Auch wenn Art. 15 Abs. 1 anders als Art. 9 Abs. 1 lit. c keinen Vorrang eventueller Gründungsvorschriften für die SE in den jeweiligen nationalen Ausführungsgesetzen bestimmt, ist gleichwohl das Ausführungsgesetz vor dem allgemeinen Aktien- und Umwandlungsrecht anwendbar.[14] Dies folgt auch ohne besondere Regelung in Abs. 1 aus dem in allen Mitgliedstaaten geltenden Grundsatz lex specialis derogat legi generali. Wie Art. 9 erfasst auch Art. 15 Abs. 1 nicht nur das geschriebene, sondern auch das **gesamte ungeschriebene Recht** unter Einschluss seiner Auslegung und Fortbildung durch Rechtsprechung und Lehre.[15] Bei Art. 15 Abs. 1 wird dies durch die Wendung „**gelten-**

---

[7] Zur Funktion des Art. 18 als Gesamtnormverweisung → Art. 18 Rn. 1.
[8] EuGH NJW 2003, 3331 ff.
[9] Ebenso MüKoAktG/*Schäfer* Rn. 1, 6; *Kersting* NZG 2001, 2079 (2080); *Teichmann* ZGR 2002, 383 (414 f.); Lutter/Hommelhoff/Teichmann/*Bayer* Rn. 6; Kölner Komm AktG/*Maul* Rn. 6; krit. aber *Kallmeyer* AG 2003, 197 (197) unter Hinweis auf Art. 2 Abs. 1 EWIV-VO.
[10] In diesem Sinne Kalss/Hügel/*Kalss* SEG Vor § 17 SE-VO Art. 15 Rn. 8.
[11] Vgl. dazu etwa Habersack/*Verse* EuropGesR § 12 Rn. 1, 18; *Schwarz* Rn. 16.
[12] MüKoAktG/*Schäfer* Rn. 2 f., 10; Lutter/Hommelhoff/Teichmann/*Bayer* Rn. 5; *Schwarz* Rn. 19; Kölner Komm AktG/*Maul* Rn. 8; *Kersting* DB 2001, 2079 (2079 f.) mwN zur abw. Diskussion bei der EWIV.
[13] Dies folgt nicht zuletzt aus Art. 64 Abs. 1, vgl. auch MüKoAktG/*Schäfer* Rn. 10.
[14] So auch MüKoAktG/*Schäfer* Rn. 3; Kölner Komm AktG/*Maul* Rn. 5; Habersack/Drinhausen/*Diekmann* Rn. 12.
[15] Zu Art. 9 → Art. 9 Rn. 15.

des Recht" noch deutlicher zum Ausdruck gebracht als bei Art. 9.[16] Schließlich handelt es sich auch bei Art. 15 Abs. 1 um eine **dynamische Verweisung** auf das nationale Gründungsrecht.[17]

IV. Vorliegen einer Lücke als Tatbestandsmerkmal der Verweisung in Abs. 1

6 Voraussetzung dafür, dass die Verweisung in Abs. 1 überhaupt eingreift, ist – wie bei Art. 9 auch – das Vorliegen einer Lücke. Abs. 1 bringt dies durch die Wendung „[v]orbehaltlich der Bestimmungen dieser Verordnung" zum Ausdruck. Bevor es zur Verweisung über Abs. 1 kommt, sind also die Art. 17 bis 37 zu durchmustern. Auch eine **analoge Anwendung** dieser Vorschrift in der Verordnung geht dem Verweis vor. Insoweit kann auf die Ausführungen zu Art. 9 verwiesen werden (→ Art. 9 Rn. 9 f.).[18]

Art. 16 [Entstehen der Gesellschaft]

(1) Die SE erwirbt die Rechtspersönlichkeit am Tag ihrer Eintragung in das in Artikel 12 genannte Register.

(2) Wurden im Namen der SE vor ihrer Eintragung gemäß Artikel 12 Rechtshandlungen vorgenommen und übernimmt die SE nach der Eintragung die sich aus diesen Rechtshandlungen ergebenden Verpflichtungen nicht, so haften die natürlichen Personen, die Gesellschaften oder anderen juristischen Personen, die diese Rechtshandlungen vorgenommen haben, vorbehaltlich anders lautender Vereinbarungen unbegrenzt und gesamtschuldnerisch.

Schrifttum: *Abu Taleb,* Die Haftungsverhältnisse bei der Gründung einer europäischen Aktiengesellschaft (SE) in Deutschland und England, 2008; *Casper,* Die Vor-SE – nationale oder europäische Vorgesellschaft?, Der Konzern 2007, 244; *Drees,* Die Gründung der Europäischen Aktiengesellschaft (SE) in Deutschland und ihre rechtliche Behandlung vor Eintragung (Vor-SE), 2006; *von der Höh,* Die Vorrats-SE als Problem der Gesetzesumgehung und des Rechtsmissbrauchs, 2017; *Kersting,* Societas Europaea: Gründung und Vorgesellschaft, DB 2001, 2079; *C. Schäfer,* Das Gesellschaftsrecht (weiter) auf dem Weg nach Europa – am Beispiel der SE-Gründung, NZG 2004, 785 (790); *Vossius,* Gründung und Umwandlung der deutschen Europäischen Gesellschaft (SE), ZIP 2005, 741.

Übersicht

	Rn.		Rn.
I. Regelungsgehalt und Normzweck	1, 2	3. Bedürfnis für eine Vor-SE, maßgeblicher Gründungszeitpunkt	10, 11
II. Erwerb der Rechtspersönlichkeit durch Eintragung (Abs. 1)	3	4. Besonderheiten bei der Gründerhaftung?	12
III. Rechtslage vor Eintragung: Vor-SE und Gründerhaftung	4–12	IV. Einzelheiten der Handelndenhaftung nach Abs. 2	13–18
1. Fragestellungen	4	1. Überblick	13
2. Vor-SE europäischer oder nationaler Prägung; Verständnis des Abs. 2	5–9	2. Tatbestand	14–17
		3. Rechtsfolgen, Haftungsinhalt	18

I. Regelungsgehalt und Normzweck

1 Vergleichbar mit § 41 Abs. 1 AktG regelt Art. 16 rudimentär die Rechtslage der SE im **Gründungsstadium.** Dieser **Regelungsverzicht** ist im europäischen Recht nachvollziehbarer als im nationalen, da die SE meistens im Wege der Umwandlung gegründet wird. **Abs. 1** stellt klar, dass die SE erst mit der Eintragung iSd Art. 12 Abs. 1 als juristische Person entsteht. Erst in diesem Zeitpunkt erwirbt sie Rechtspersönlichkeit. Wie auch bei § 41 Abs. 1 AktG[1] enthält die Norm angesichts ihrer Lückenhaftigkeit aber keine Aussage zu der Frage, ob nicht bereits vor Eintragung ein (zumindest teil-) rechtsfähiger Verband sui generis in Gestalt einer Vorgesellschaft vorliegt (str. vgl. noch → Rn. 5 ff.).

2 **Abs. 2** regelt die **Handelndenhaftung** vor Eintragung, wie sie das deutsche Aktienrecht in § 41 Abs. 1 S. 2 AktG und das europäische Gesellschaftsrecht in Art. 7 RL (EU) 2017/1132 (GesR-RL)[2]

---

[16] MüKoAktG/*Schäfer* Rn. 10; Habersack/Drinhausen/*Diekmann* Rn. 13 mwN; iErg. auch *Schwarz* Rn. 20 f.
[17] MüKoAktG/*Schäfer* Rn. 10; → Art. 9 Rn. 15.
[18] Zu den Einzelheiten ist auf Habersack/Drinhausen/*Diekmann* Rn. 14 ff. zu verweisen.
[1] Vgl. Hüffer/Koch/*Koch* AktG § 41 Rn. 2.
[2] Richtlinie (EU) 2017/1132 des Europäischen Parlaments und des Rates vom 14. Juni 2017 über bestimmte Aspekte des Gesellschaftsrechts, ABl. 2017 Nr. L 169, 46 vom 30.6.2017.

kennt. Diejenigen Personen, die im Namen der noch nicht eingetragenen SE auftreten, haben gesamtschuldnerisch für die begründeten Verbindlichkeiten einzustehen, sofern diese nicht von der SE übernommen werden. Die Regelung in Abs. 2 orientiert sich unverkennbar an Art. 8 Publizitätsrichtlinie,[3] dem wiederum die entsprechenden Vorschriften über die Handelndenhaftung in Deutschland und Italien Pate gestanden haben.[4] Deshalb kann man sich für die Bestimmung des **Normzwecks der Handelndenhaftung** an der Diskussion in diesen Ländern orientieren.[5] In Deutschland entfaltete die Handelndenhaftung bis zur Anerkennung der Vorgesellschaft und der Aufgabe des Vorbelastungsverbots primär eine Sicherungsfunktion. Diese Funktion ist entfallen, zumal die Haftung der Vorgesellschaft durch die Gründerhaftung in Gestalt der Verlustdeckungs- bzw. der Unterbilanzhaftung unterstützt wird. Die heute rechtspolitisch fragliche Handelndenhaftung lässt sich deshalb nur noch mit der sog. **Druckfunktion** rechtfertigen, wodurch die Gründer bzw. die Geschäftsführer zu einem zügigen Betreiben des Eintragungsverfahrens angehalten werden sollen.[6] Erkennt man eine Vor-SE und die Gründerhaftung an bzw. gelangt man zu anderen, gleichwertigen Sicherungsmechanismen (→ Rn. 8 ff.), lässt sich auch die europäische Handelndenhaftung in Abs. 2 nur mit einer gewissen Druckfunktion rechtfertigen. Diese ist allerdings fraglich, da die Einflussmöglichkeiten der einzelnen Geschäftsführer und Gründer auf die Geschwindigkeit des Gründungsverfahrens gering sind und vorherige Geschäfte im Namen der zu gründenden Gesellschaft oft unverzichtbar sind. Schließlich wird der Zweck der Handelndenhaftung zu Recht auch darin gesehen, einen Haftungsfonds für den Fall zu bilden, dass die Übernahme der Verbindlichkeiten der Vor-SE durch die SE scheitert, da diese nicht eingetragen wird.[7]

II. Erwerb der Rechtspersönlichkeit durch Eintragung (Abs. 1)

Abs. 1 bestimmt, in welchem Zeitpunkt die SE ihre Rechtspersönlichkeit erlangt und somit als juristische Person entsteht. Maßgeblicher Zeitpunkt ist die Eintragung in das in Art. 12 bestimmte Register, in Deutschland (§ 3 SEAG) also in das Handelsregister. Dabei unterscheidet Abs. 1 nicht zwischen den verschiedenen Gründungsformen.[8] Diese **Eintragung ins Handelsregister** entfaltet **konstitutive Wirkung**. Die nachfolgenden **Publizitätsakte** – also die Bekanntmachung nach Art. 13 oder erst recht die europäische Publizität nach Art. 14 – haben allein **deklaratorische Wirkung**. Die Frage, ob es vor der Eintragung bereits eine rechts*fähige* Vorgesellschaft ohne Rechtspersönlichkeit gibt, wird durch Abs. 1 nicht entschieden, da Rechts*persönlichkeit* und Rechts*fähigkeit* nicht gleichlaufen müssen.[9] 3

III. Rechtslage vor Eintragung: Vor-SE und Gründerhaftung

1. Fragestellungen. Ob es vor Eintragung der SE bereits eine rechtsfähige Vorgesellschaft gibt, wird seit der Verabschiedung des SE-Statuts kontrovers diskutiert[10] und hängt zentral mit dem Verständnis der Handelndenhaftung in Abs. 2 zusammen. Bei der Diskussion sind vier *Fragestellungen* zu sondern: *Erstens* ist gelegentlich die These geäußert worden, dass die Handelndenhaftung eine abschließende Regelung darstelle, die der Anerkennung einer Vor-SE entgegenstehe.[11] *Zweitens* stellt sich die Frage, ob eine mögliche Vor-SE zumindest europäisch vorgegeben oder aber sogar europarechtlich geprägt ist oder wegen der Verweisung in Art. 15 Abs. 1 sich nach dem nationalen Recht des Sitzstaates bestimmt. Zu einer Vor-SE auf europäischem Fundament gelangt man nur, 4

---

[3] Statt aller MüKoAktG/*Schäfer* Rn. 1.
[4] *Lutter* EuR 1969, 1 (6); *Habersack/Verse* EuropGesR § 5 Rn. 26; *Abu Taleb*, Die Haftungsverhältnisse bei der Gründung einer europäischen Aktiengesellschaft (SE) in Deutschland und England, 2008, 85 ff., der darauf hinweist, dass sich Italien wiederum an Deutschland orientiert habe.
[5] Ohne darin freilich eine Übernahme der deutschen Diskussion um die Vorgesellschaft und deren Haftungsverfassung erblicken zu können, so zutr. *Schön* RabelsZ 64 (2000) 1 (16 f.); *Habersack/Verse* EurGesR § 5 Rn. 26; *Abu Taleb*, Die Haftungsverhältnisse bei der Gründung einer europäischen Aktiengesellschaft (SE) in Deutschland und England, 2008, 92.
[6] Vgl. statt aller Hüffer/Koch/*Koch* AktG § 41 Rn. 18 f.
[7] So vor allem MüKoAktG/*Schäfer* Rn. 2; Lutter/Hommelhoff/Teichmann/*Bayer* Rn. 3; krit. Habersack/Drinhausen/*Diekmann* Rn. 3, der zu Recht darauf hinweist, dass nicht die Überleitung der Verbindlichkeiten Normzweck der Handelndenhaftung sein könne. Richtig ist aber, dass die Handelndenhaftung einen Reservefonds für die Haftung schaffen will, → Rn. 11.
[8] MüKoAktG/*Schäfer* Rn. 3; vgl. auch *Hecksen* DNotZ 2003, 251 (252).
[9] Vgl. statt aller K. *Schmidt* GesR § 3 I 3, S. 47 f.
[10] Den Startschuss bildete der lesenswerte Beitrag von *Kersting* DB 2001, 2079 ff., in dem dieser Thesen seiner Dissertation, Die Vorgesellschaft im Europäischen Gesellschaftsrecht, 2000, für die SE fruchtbar zu machen versucht.
[11] In diesem Sinne bisher nur *Hirte* NZG 2002, 1 (4) und *Vossius* ZIP 2005, 741 (742).

wenn man mit *Kersting* annimmt, dass Abs. 2 ebenso wie die Handelndenhaftung in Art. 7 RL (EU) 2017/1132 (GesR-RL) in Wirklichkeit eine europäische Außenhaftung der Gründer regele.[12] Dem liegt die Vorstellung zugrunde, dass jeder Gründer auch Handelnder sei, wie dies vor Urzeiten auch für das deutsche Recht vertreten wurde.[13] Weiterer Ansatzpunkt für eine Vorgesellschaft ist die Tatsache, dass bei der Holdinggründung bereits vor Eintragung der Holding-SE Aktien auf diese Gesellschaft übertragen werden müssen (→ Art. 33 Rn. 6 ff.). Unabhängig davon, wie man sich zu dieser Kontroverse stellt, wird *drittens* die Frage aufgeworfen, ob für eine Vorgesellschaft überhaupt ein Bedarf besteht, da die klassische Bargründung durch natürliche Personen gerade nicht möglich ist. Vielmehr entsteht die SE in der Regel aus einer Umwandlungssituation im weiteren Sinne (Verschmelzung, Holding- oder Umwandlungsgründung), so dass bereits solvente Rechtsträger vorhanden sind und neben der Handelndenhaftung gar kein Bedarf mehr für eine weitergehende Gründerhaftung und die Verpflichtung einer Vor-SE besteht. Nur bei der Tochtergründung (Art. 2 Abs. 3 und Art. 3 Abs. 2) kommt eine Bar- oder Sachgründung in Betracht (→ Art. 2, 3 Rn. 16, → Rn. 18). *Viertens* stellt sich darüber hinaus die Frage, ob sich bei einer möglichen Gründerhaftung aus dem europäischen Gesellschaftsrecht nicht eventuell zusätzliche Argumente für eine Außenhaftung der Gründer ergeben, also das in Deutschland vorherrschende Binnenhaftungsmodell nicht zumindest auf europäischer Ebene aufzugeben ist.[14]

5   **2. Vor-SE europäischer oder nationaler Prägung; Verständnis des Abs. 2.** Die These von *Hirte*,[15] dass die **Handelndenhaftung** als quasi **abschließende Regelung** der Anerkennung einer Vor-SE – gleich ob nationaler oder europäischer Prägung – entgegenstehe, ist zu Recht wiederholt auf Kritik gestoßen.[16] Im deutschen Recht entspricht es heute einhelliger Auffassung, dass § 41 Abs. 1 S. 2 AktG der Anerkennung einer Vorgesellschaft nicht entgegensteht (→ AktG § 41 Rn. 18 ff.). Auf europäischer Ebene könnte man dies allein deshalb anders sehen, weil der Verordnungsgeber trotz Kenntnis der Diskussion um die Vorgesellschaft in den verschiedenen Mitgliedstaaten von einer Regelung abgesehen und sich stattdessen auf die Kodifikation einer Handelndenhaftung beschränkt hat. Einer derartigen Argumentation ist allerdings entgegenzuhalten, dass ein Rückschluss auf den historischen Willen des europäischen Gesetzgebers nur wegen der Aussparung einer nationalen Diskussion nicht verfangen kann. Es kommt in concreto hinzu, dass sich der Verordnungsgeber in erster Linie an der Publizitätsrichtlinie orientiert hat, in der er allein die Handelndenhaftung vorgefunden hat. Will man überhaupt Rückschlüsse aus der Kenntnis um die nationalen Diskussionen ziehen, so ist allenfalls die Schlussfolgerung angängig, dass der europäische Gesetzgeber diese Frage der Rechtspraxis überlassen hat.[17] Die besseren Gründe sprechen allerdings dafür, **Abs. 2** als **rudimentäre, nicht abschließende Regelung** zu verstehen, mit der Folge, dass die Vorgesellschaft über die Verweisung in Art. 15 Abs. 1 dem nationalen Recht überantwortet ist.[18]

6   Zu kompliziert und vom Anwendungsbereich des Abs. 2 nicht gedeckt, erscheint auch eine weitere These von *Kersting*.[19] Danach folge bereits aus der Handelndenhaftung ein Bedürfnis für eine **Vorgesellschaft europäischer Prägung.** Ob dieser Rechtsfähigkeit zuzuerkennen sei, hänge davon ab, in dem jeweiligen Mitgliedstaat das Kapital zumindest teilweise vor der Eintragung der SE aufzubringen sei. Damit gelangt man zu einer wenig rechtssicheren europäisch-nationalen Gemengelage.[20] Während sich die Existenz einer Vorgesellschaft wegen Art. 16 Abs. 2 nach dem europäischen Recht bestimmen soll, folge deren **Rechtsfähigkeit** nicht zuletzt mit Blick auf Art. 5, 15 Abs. 1 **aus dem nationalen Recht.** Neben der Kompliziertheit sprechen gegen diese Auffassung von *Kersting* im Wesentlichen zwei Gründe: Zum einen lässt sich für diese Auffassung nicht wie vorgeschlagen die in Abs. 2 vorgesehene **Übernahmemöglichkeit** ins Feld führen. Hinter diesem Ansatz, der teilweise mit dem Schlagwort „**Ermöglichungsfunktion**" belegt wird,[21] verbirgt sich

---

[12] *Kersting* DB 2001, 2079 (2081 ff.).
[13] BGH NJW 1955, 1228.
[14] Zur Kontroverse um Außen- und Binnenhaftung → AktG § 41 Rn. 87 ff.
[15] *Hirte*, NZG 2002, 1 (4) ähnlich *Vossius* ZIP 2005, 741 (742).
[16] NK-SE/*Schröder* Rn. 9; MüKoAktG/*Schäfer* Rn. 4; *Schäfer* NZG 2004, 785 (790); *Schwarz* Rn. 8; Habersack/Drinhausen/*Diekmann* Rn. 22.
[17] Zust. Habersack/Drinhausen/*Diekmann* Rn. 22.
[18] *Casper* Der Konzern 2007, 244 (247 f.); so auch MüKoAktG/*Schäfer* Rn. 4 mwN.
[19] *Kersting* DB 2001, 2079 (2081 f.); dem zumindest im Ansatz folgend *Drees,* Die Gründung der Europäischen Aktiengesellschaft (SE) in Deutschland und ihre rechtliche Behandlung vor Eintragung (Vor-SE), 2006, 144 ff. (161 f.).
[20] Abl. auch MüKoAktG/*Schäfer* Rn. 4; NK-SE/*Schröder* Rn. 6, 8; Kölner Komm AktG/*Maul* Rn. 5; *Stöber* AG 2013, 110 (114).
[21] *Drees,* Die Gründung der Europäischen Aktiengesellschaft (SE) in Deutschland und ihre rechtliche Behandlung vor Eintragung (Vor-SE), 2006, 151.

die Vorstellung, dass die spätere SE die vom Handelnden begründete Verbindlichkeit nur dann übernehmen kann, wenn bereits eine europäisch vorgeprägte Vor-SE existiere. Anderenfalls handele der Handelnde als Vertreter ohne Vertretungsmacht, was in einigen Rechtsordnungen die Nichtigkeit seines Handelns zur Folge habe. Um die in Abs. 2 vorausgesetzte Übernahmemöglichkeit zu ermöglichen, müsse eine Vor-SE anerkannt werden. Auch diese Auffassung schießt über das Ziel hinaus. Aus Abs. 2 folgt als europäische Vorgabe nur, dass das nationale Recht daran gehindert ist, den Rechtsgeschäften des Handelnden überhaupt keine Wirkung zuzuerkennen, zB in dem es den Handelnden als falsus procurator qualifiziert und von einer Nichtigkeit der vollmachtlosen Verbindlichkeiten ausgeht.[22]

Zweitens fußt die Ansicht von *Kersting* auf einer **Überdehnung des Anwendungsbereichs des Abs. 2.** Mit der These, dass bereits alle Gründer aus der Handelndenhaftung nach Abs. 2 verpflichtet seien, übernimmt sie für das europäische Recht eine im deutschen Recht seit längerem überholte Vorstellung, dass *alle Gründer zugleich auch Handelnde seien.*[23] Diese Auffassung mag im deutschen Recht vor Anerkennung einer rechtsfähigen Vorgesellschaft und vor der Aufgabe des Vorbelastungsverbots (→ AktG § 41 Rn. 73) ihre Berechtigung gehabt haben, für Abs. 2 ist ihr entgegenzuhalten, dass dieser in erster Linie die künftigen Organe der SE als Normadressaten vor Augen hat. Es kann in diesem Zusammenhang dahingestellt bleiben, ob dem Richtliniengeber bei Verabschiedung des Art. 7 Publizitätsrichtlinie 68/151/EWG im Jahre 1968 (inzwischen Art. 7 (EU) RL 2017/1132 (GesR-RL) eine derartig weite Auslegung vorschwebte, indem er sich damals evtl. an dem Diskussionsstand in Deutschland orientierte. Da der SE-Verordnungsgeber die Existenz der Vor-SE nach Art. 15 aber dem nationalen Recht überantwortet hat, kann man bei dieser historischen Interpretation nicht stehen bleiben. Vielmehr beschränkt sich der **Anwendungsbereich von Abs. 2** auf die **Organhaftung,** sofern die künftigen Organe der SE bereits zwischen Gründung und Eintragung handeln.[24] **Normadressaten** der **Handelndenhaftung** sind in erster Linie die Organe der künftigen SE oder sonstige Vertreter der werdenden SE, die bereits in deren Namen am Rechtsverkehr teilnehmen.[25] 7

Schließlich ergibt sich auch bei der **Holding-Gründung** keine zwingende Notwendigkeit, die Rechtsfähigkeit der Vorgesellschaft europaeinheitlich zu bestimmen.[26] Hierfür wird ins Feld geführt, dass die Aktionäre ihre Aktien – zumindest im Umfang der Mindesteinbringungsquote – schon vor der Eintragung der SE in die Holding einbringen müssen (→ Art. 33 Rn. 6 ff.). Es ist zwar richtig, dass zumindest ein Teil der Aktionäre ihre Aktien bei der Holdinggründung bereits vor deren Eintragung auf die zu gründende SE übertragen müssen, jedoch folgt hieraus nicht zwingend eine europäisch determinierte Vor-SE. Vielmehr ist es Sache des nationalen Rechts hierfür eine Lösung zu finden, sofern es keine rechtsfähige Vorgesellschaft kennt. Zu denken ist zB daran, die Gründungsgesellschaften als Treuhänder der künftigen Holding-SE zu betrachten.[27] 8

Damit bleibt vorläufig festzuhalten, dass sich die Frage nach der **Existenz einer Vor-SE** wegen Art. 15 Abs. 1 **allein** nach dem **nationalen Recht** des statutarischen Domizilstaates bestimmt,[28] sofern es ihrer bei der jeweiligen Gründungsform bedarf (→ Rn. 10 ff.). Für die in Deutschland domizilierende SE ist somit festzustellen, dass die **Rechtsnatur** der Vor-SE als rechtsfähige Gesamthandsgesellschaft sui generis zu qualifizieren ist, die durch die Organe der künftigen SE vertreten wird. Wegen der weiteren Einzelheiten ist auf die Diskussion zu § 41 AktG zu verweisen. Dies gilt insbesondere für die Organisationsverfassung der Vor-SE. 9

---

[22] *Casper* Der Konzern 2007, 244 (248); mit ausf. Argumentation auch *Abu Taleb,* Die Haftungsverhältnisse bei der Gründung einer europäischen Aktiengesellschaft (SE) in Deutschland und England, 2008, 92 ff.
[23] BGHZ 47, 25 (28 f.) = NJW 1967, 828 unter Aufgabe von BGH NJW 1955, 1228. Im Schrifttum heute allgM, → AktG § 41 Rn. 101 und Hüffer/Koch/*Koch* § 41 Rn. 20 mwN.
[24] Überzeugend vor allem *Schäfer* NZG 2004, 785 (791) mit dem zutr. Hinweis, dass *Kersting* bereits den Anwendungsbereich des Art. 7 Publizitätsrichtlinie (1968) überspannt, der nicht die Kapitalaufbringung sichern soll. Dies ist allein Aufgabe der 1976 verabschiedeten Kapital-RL bzw. in der SE-VO die Aufgabe von Art. 15 Abs. 1; vgl. weiterhin *Zöllter-Petzoldt,* Die Verknüpfung von europäischem und nationalem Recht bei der Gründung einer Societas Europe (SE), 2005, 186 ff.
[25] *Casper* Der Konzern 2007, 244 (248).
[26] In diesem Sinne aber vor allem *Drees,* Die Gründung der Europäischen Aktiengesellschaft (SE) in Deutschland und ihre rechtliche Behandlung vor Eintragung (Vor-SE), 2006, 89 ff. (99 f., 144 f.); wie hier auch zB *Abu Taleb,* Die Haftungsverhältnisse bei der Gründung einer europäischen Aktiengesellschaft (SE) in Deutschland und England, 2008, 114 ff.
[27] So auch NK-SE/*Schröder* Rn. 10.
[28] Ebenso die hM, vgl. etwa MüKoAktG/*Schäfer* Rn. 4; Kalss/Hügel/*Kalss* SEG Vor § 17 SE-VO Art. 16 Rn. 2; Lutter/Hommelhoff/Teichmann/*Bayer* Rn. 4, 6 ff.; NK-SE/*Schröder* Rn. 10; *Jannott* in Jannott/Frodermann SE-HdB Kap. 3 Rn. 311; *Abu Taleb,* Die Haftungsverhältnisse bei der Gründung einer europäischen Aktiengesellschaft (SE) in Deutschland und England, 2008, 81 ff.

10   3. **Bedürfnis für eine Vor-SE, maßgeblicher Gründungszeitpunkt.** Ein Bedürfnis für eine Vor-SE besteht nur insoweit, als ein Reserverechtsträger in der Gründungsphase noch nicht vorhanden ist. Hiervon wird bei der Bargründung durch natürliche oder juristische Personen regelmäßig ausgegangen. Diese klassische Form der Bargründung außerhalb von Art. 2 Abs. 3, Art. 3 Abs. 2 ist bei der SE gerade nicht möglich. Vielmehr stehen hier Umwandlungsformen im Vordergrund. Bei der **Gründung durch Umwandlung (Formwechsel)** iSd Art. 2 Abs. 4 und bei der **Verschmelzung durch Aufnahme** ist ein **Bedürfnis** für eine Vor-SE **nicht ersichtlich**.[29] Denn das vor der Eintragung bestehende Rechtssubjekt besteht nach der SE-Gründung fort und wandelt nur sein Rechtskleid. Alle Verpflichtungen, die bereits im Namen der SE begründet wurden, treffen auch beim Scheitern der Gründung das bereits vorhandene Rechtssubjekt.[30] Auch würde der Übergang der Rechte und Pflichten von der Vorgesellschaft auf die neue SE Schwierigkeiten bereiten, wenn diese schon vorher als nationale Ausgangsgesellschaft existiert hätte.

11   Demgegenüber ist bei der **Holding- und der Tochtergründung** sowie bei der **Verschmelzung durch Neugründung** ein Bedürfnis für eine Vorgesellschaft gegeben. Wie bei der Bargründung auch, existiert insoweit kein solventer Reserverechtsträger, der für die Handlungen im Namen der zu gründenden Gesellschaft herangezogen werden kann. Insoweit besteht dieselbe Interessenlage wie bei der Neugründung einer nationalen Aktiengesellschaft. Hinsichtlich des **Zeitpunkts**, ab dem die Vorgesellschaft entsteht, ist zwischen den verschiedenen Gründungsformen zu unterscheiden. Bei der Gründung einer **Tochtergesellschaft** verbleibt es bei dem allgemeinen Grundsatz, dass die Vor-SE mit der Errichtung der Gesellschaft und der Feststellung der Satzung und Übernahme aller Aktien entsteht, da in Art. 36 hinsichtlich des Gründungsrechts vollumfänglich auf das nationale Recht verwiesen wird.[31] Bei der **Verschmelzung durch Neugründung** ist auf den letzten Beschluss der Hauptversammlung, der zur Wirksamkeit des Verschmelzungsvertrags führt, abzustellen.[32] Bei der **Holding-Gründung** ist ebenfalls auf den letzten zustimmenden Hauptversammlungsbeschluss zum Gründungsplan abzustellen.[33] Stellt sich später heraus, dass der nach Art. 33 Abs. 2 erforderliche Mindestprozentsatz nicht erreicht wurde, führt dies zum Scheitern der Gründung und damit zur Beendigung der Vorgesellschaft.[34] Die sonstigen Gründe, die zum Scheitern und somit zur Beendigung der Vor-SE führen, bestimmen sich nach nationalem Recht. Gleiches gilt für die Beendigung durch Aufgabe der Gründungsabsicht (→ AktG § 41 Rn. 41). Im Übrigen endet die Vor-SE mit der Eintragung in das Register (Art. 12). Ob in diesem Fall die endgültige SE die Gesamtrechtsnachfolge der Vor-SE antritt oder ob man von einem Vorbelastungsverbot ausgeht, ist nach dem jeweiligen nationalen Recht des Sitzstaates zu beantworten.[35] In Deutschland kommt es also zu einem Übergang der Rechte und Pflichten der Vor-SE auf die SE (zu § 41 AktG → AktG § 41 Rn. 33 f.).

12   4. **Besonderheiten bei der Gründerhaftung?** Die Gründerhaftung bestimmt sich ebenfalls **allein** nach dem **nationalen Recht**.[36] In Deutschland kommt also die von Rechtsprechung und

---

[29] MüKoAktG/*Schäfer* Rn. 6; *Schäfer* NZG 2004, 785 (789 f.); NK-SE/*Schröder* Rn. 3; 53 *Jannott* in Jannott/Frodermann SE-HdB Kap. 3 Rn. 315; *Schwarz* Rn. 9; Kölner Komm AktG/*Maul* Rn. 7, 9; *von der Höh* AG 2018, 185 (189); der Sache nach auch *Kersting* DB 2001, 2079 (2084).

[30] MüKoAktG/*Schäfer* Rn. 6 unter zutr. Hinweis auf die Grundsätze des unternehmensspezifischen Geschäfts; *Jannott* in Jannott/Frodermann SE-HdB Kap. 3 Rn. 325 ff. unter Einbeziehung der Verlustdeckungs- bzw. Unterbilanzhaftung.

[31] *Kersting* DB 2001, 2079 (2081); *Jannott* in Jannott/Frodermann SE-HdB Kap. 3 Rn. 313 aE; *Schwarz* Rn. 10; *Abu Taleb*, Die Haftungsverhältnisse bei der Gründung einer europäischen Aktiengesellschaft (SE) in Deutschland und England, 2008, 208; Lutter/Hommelhoff/Teichmann/*Bayer* Rn. 15; NK-SE/*Schröder* Rn. 54; so wohl auch MüKoAktG/*Schäfer* Art. 35, 36 Rn. 3; missverständlich MüKoAktG/*Schäfer* Art. 16 Rn. 7 aE (Feststellung der Satzung).

[32] → Art. 23 Rn. 8 sowie MüKoAktG/*Schäfer* Rn. 7; Kölner Komm AktG/*Maul* Rn. 7; *Kersting* DB 2001, 2079 (2081); *Schwarz* Rn. 10; *Jannott* in Jannott/Frodermann SE-HdB Kap. 3 Rn. 313, soweit nicht die Beurkundung noch ausnahmsweise aussteht.

[33] Zutr. *Kersting* DB 2001, 2079 (2081); Lutter/Hommelhoff/Teichmann/*Bayer* Rn. 15 mwN; aA Kalss/Hügel/*Kalss* SEG Vor § 17 SE-VO Art. 16 Rn. 2: in dem Zeitpunkt, in dem feststehe, dass das für die Gründung erforderliche Quorum erreicht werde.

[34] Ebenso *Jannott* in Jannott/Frodermann SE-HdB Kap. 3 Rn. 314; MüKoAktG/*Schäfer* Rn. 7 aE; Kölner Komm AktG/*Maul* Rn. 7; anders als noch in Vorauf. jetzt auch NK-SE/*Schröder* Rn. 54; aA *Stöber* AG 2013, 110 (115): Einbringung des Mindestprozentsatzes ist weitere Bedingung für Entstehung der Vor-SE.

[35] So auch Habersack/Drinhausen/*Diekmann* Rn. 33; ebenso wohl auch Kölner Komm AktG/*Maul* Rn. 11; Kalss/Hügel/*Kalss* SEG Vor § 17 SE-VO Art. 16 Rn. 3; von seinem Standpunkt – Gründerhaftung bestimme sich nach Art. 16 Abs. 2 europäisch – für einen europarechtlichen Übergang *Kersting* DB 2001, 2079 (2085).

[36] Anders nur *Kersting* DB 2001, 2079 (2083), der die Gründerhaftung in Art. 16 Abs. 2 verankert sieht, dagegen → Rn. 8; wie hier etwa MüKoAktG/*Schäfer* Rn. 8; NK-SE/*Schröder* Rn. 49; *Casper* Der Konzern 2007, 244 (250); *Abu Taleb*, Die Haftungsverhältnisse bei der Gründung einer europäischen Aktiengesellschaft (SE) in Deutschland und England, 2008, 167 (196 ff., 208).

der überwiegenden Lehre vertretene Binnenhaftung (**Verlustdeckungshaftung**) der Gründer gegenüber der Vor-SE mit den entsprechenden Ausnahmen zur Anwendung.[37] Voraussetzung hierfür ist, dass die Gründung scheitert. Nur bei der Gründung einer SE-Tochter nach Art. 3 Abs. 2, die stets eine Einpersonengründung darstellt, kommt es bei der in Deutschland ansässigen SE zu einer Außenhaftung.[38] Wird die SE hingegen eingetragen, tritt an die Stelle der Verlustdeckungshaftung die **Unterbilanzhaftung**.[39] **Gründer** sind die jeweils an der SE-Gründung beteiligten **Gründungsgesellschaften**, nicht etwa deren Gesellschafter.[40] **Problematisch** ist diese Aussage auf den ersten Blick jedoch bei der **Verschmelzung durch Neugründung**, da die aus der Unterbilanzhaftung verpflichteten Gründungsgesellschaften nach Eintragung der SE erloschen sind. Damit könnte es zumindest bei dieser Gründungsvariante geboten sein, die Gesellschafter der Ausgangsgesellschaften doch als Gründer zu qualifizieren. Hierfür besteht bei näherem Hinsehen jedoch kein Anlass, da die Ausgangsgesellschaften samt ihrem Vermögen in der zu gründenden SE aufgehen und somit ein ausreichender Haftungsfonds verbleibt.[41] Es kommt hinzu, dass die einzelnen Gesellschafter der Ausgangsgesellschaften nicht Herr des Gründungsverfahrens sind wie die Gesellschafter bei einer Bargründung.[42] Demzufolge sind die Gesellschafter der Gründungsgesellschaften bei der Holding-Gründung erst recht nicht als Gründer zu qualifizieren.[43] Mangels Anwendbarkeit der Lehre von der Vorgesellschaft gibt es bei der Gründung durch Umwandlung sowie Verschmelzung durch Aufnahme weder eine Verlustdeckungs- noch eine Unterbilanzhaftung.[44]

IV. Einzelheiten der Handelndenhaftung nach Abs. 2

1. Überblick. Abs. 2 enthält eine Art. 8 Publizitätsrichtlinie nachgebildete Handelndenhaftung, die unabhängig davon gilt, ob das nationale Gründungsrecht eine Vorgesellschaft kennt (zu einer evtl. teleologischen Reduktion → Rn. 17). Erkennt man eine Vor-SE und eine Gründerhaftung nach nationalem Recht an, so bezweckt die Handelndenhaftung nur eine gewisse, rechtspolitisch nicht unbedenkliche **Druckfunktion** (→ Rn. 2). Zum Tatbestand des Abs. 2 zählt zum einen die Vornahme von Rechtshandlungen im Namen der SE vor deren Eintragung (→ Rn. 14 f.), zum anderen fordert die Norm als negatives Tatbestandsmerkmal, dass diese Verbindlichkeiten von der SE nach ihrer Eintragung nicht übernommen werden (→ Rn. 16). Als Rechtsfolge wird vorbehaltlich anders lautender Vereinbarungen die unbegrenzte und gesamtschuldnerische Haftung angeordnet (→ Rn. 18).

2. Tatbestand. Der Wortlaut des Abs. 2 beschränkt die Handelndenhaftung auf Rechtshandlungen, die im Namen der SE vorgenommen worden sind. Beides ist präzisierungsbedürftig. Der **Begriff der Rechtshandlung** ist dahin zu verstehen, dass die Handlung rechtsgeschäftliche Qualität aufweisen muss. Eine bloß tatsächliche Handlung, die nur rechtliche Haftungsfolgen zeitigt, wie etwa der Verstoß gegen ein Schutzgesetz genügt nicht. Gesetzliche Verbindlichkeiten sind grundsätzlich nicht erfasst, wie sich aus dem Normzweck unmittelbar ergibt. Eine Ausnahme ist nur für solche gesetzlichen Verbindlichkeiten zu machen, die einen rechtsgeschäftlichen Bezug haben. Zu nennen sind Ansprüche aus vorvertraglicher Pflichtverletzung, Leistungskondiktion oder Geschäftsführung ohne Auftrag. Im Übrigen kann hinsichtlich der Einzelheiten auf die Erläuterungen zu § 41 AktG (→ AktG § 41 Rn. 106) verwiesen werden. Nach dem Wortlaut werden nur **Handlungen namens der SE** erfasst. Hierbei wird man jedoch angesichts des Schutzzweckes nicht stehen bleiben können, sondern wird auch **Handlungen namens der Vor-SE** bzw. der SE in Gründung genügen lassen müssen.[45] Zu einer Verpflichtung kommt es nach den Grundsätzen über das unternehmensbezogene

---

[37] Zum Meinungsstand → AktG § 41 Rn. 89 mwN.
[38] AA Lutter/Hommelhoff/Teichmann/*Bayer* Rn. 11 (unbeschränkte Außenhaftung); dazu krit. Habersack/Drinhausen/*Diekmann* Rn. 37; noch anders NK-SE/*Schröder* Rn. 67 (Innenhaftung, keine Gesamtschuld der Gründer; auch bei Gründung einer Tochter SE nach Art. 3 Abs. 2).
[39] → AktG § 41 Rn. 77 ff.
[40] MüKoAktG/*Schäfer* Rn. 8; *Schäfer* NZG 2004, 785 (791); Lutter/Hommelhoff/Teichmann/*Bayer* Rn. 17; Habersack/Drinhausen/*Diekmann* Rn. 38 mwN; iErg. auch *Kersting* DB 2001, 2079 (2083).
[41] *Kersting* DB 2001, 2079 (2083); MüKoAktG/*Schäfer* Rn. 8.
[42] MüKoAktG/*Schäfer* Rn. 8; *Abu Taleb*, Die Haftungsverhältnisse bei der Gründung einer europäischen Aktiengesellschaft (SE) in Deutschland und England, 2008, 167 f.
[43] So auch Habersack/Drinhausen/*Diekmann* Rn. 38.
[44] Ausf. Begründung bei *Jannott* in Jannott/Frodermann SE-HdB Kap. 3 Rn. 325 ff.
[45] MüKoAktG/*Schäfer* Rn. 17; Lutter/Hommelhoff/Teichmann/*Bayer* Rn. 25; *Schwarz* Rn. 29; NK-SE/*Schröder* Rn. 21; *Zöllter-Petzoldt* Die Verknüpfung von europäischem und nationalem Recht bei der Gründung einer Societas Europaea (SE) – Dargestellt am Beispiel der Gründung einer gemeinsamen Tochtergesellschaft nach Art. 2 Abs. 3, 35 f. SE-VO in Deutschland, England und Spanien, 2005, 188 ff.; zur entsprechenden Auslegung des § 41 AktG → AktG § 41 Rn. 105.

Geschäft schlussendlich auch dann, wenn der zu verpflichtende Unternehmensträger nicht näher bezeichnet wird.[46] Dass die SE bereits gegründet ist, wird von Abs. 2 zwar nicht ausdrücklich vorausgesetzt, folgt jedoch aus dem Normzweck der Druckfunktion, die vor Gründung noch nicht erfüllt werden kann.[47] Im Einzelfall kann die Vertragsauslegung jedoch ausnahmsweise ergeben, dass das Geschäft erst mit Eintragung der SE wirksam werden soll, so dass eine Haftung aus Art. 16 Abs. 2 ausscheidet.[48] Ein Handeln „namens der SE" ist also dann anzunehmen, wenn die fehlende Eintragung nicht offengelegt wurde bzw. die Entstehung der Gesellschaft nicht zur Bedingung gemacht wurde.

15 Der **Begriff der handelnden Person** ist eng zu bestimmen. Abs. 2 bietet, wie bereits oben (→ Rn. 6 ff.) dargelegt wurde, keinen Ansatzpunkt für eine Gründerhaftung aller beteiligten Gründungsgesellschaften. Vielmehr ist der Handelndenbegriff auf die Organmitglieder der Vor-SE zu beschränken, da nur sie namens der (Vor-)SE handeln können.[49] Dies gilt zumindest immer dann, wenn der Sitzstaat eine rechtsfähige Vorgesellschaft kennt. Damit ist die Handelndenhaftung in erster Linie auf die vertretungsberechtigten Organe der zukünftigen SE[50] beschränkt.[51] Daneben kommen aber auch die Gründungsgesellschaften in Betracht, soweit sie vertreten durch ihre Organe bereits Verbindlichkeiten für die zukünftige SE begründen wollen.[52] Dies gilt insbesondere, wenn noch keine vertretungsberechtigten Organe für die künftige SE bestellt sind. Die Erwähnung von juristischen Personen oder Gesellschaften in Abs. 2 wird man nicht allein auf den Fall begrenzen können, dass das Recht der jeweiligen Sitzstaates deren Organstellung gestattet, was nach Art. 47 Abs. 1 möglich ist.[53] Auch wenn Art. 16 Abs. 2 den Gründungsgesellschaften keine Kompetenz gibt, die SE zu verpflichten, sind die Gründungsgesellschaften (nicht deren Organe) der Handelndenhaftung zu unterwerfen, soweit sie sich als Vertretungsberechtigte der SE gerieren.[54] Entsprechendes gilt auch für sonstige Personen. Sie haften nach Art. 16 Abs. 2 nur, wenn sie sich als vertretungsberechtigte Organe der SE aufspielen. Andernfalls handeln sie nicht im Namen der SE. Handelt jemand mit Vollmacht als Vertreter für ein Organ der SE, so ist der Handelnde iSd Abs. 2 nicht der Vertreter, sondern der Vertretene.[55]

16 Schließlich fordert Abs. 2, dass **keine Übernahme der Verbindlichkeit durch die SE** erfolgt ist. Dies bedeutet, dass die Handelndenhaftung unter der auflösenden Bedingung steht, dass die SE die vor ihrer Eintragung begründete Verbindlichkeit übernimmt.[56] Klärungsbedürftig ist daneben der **Begriff der Übernahme.** Hiervon ist in jedem Fall eine rechtsgeschäftliche Schuldübernahme erfasst.[57] Sie bildet jedoch bei der in Deutschland ansässigen SE nicht den Regelfall, weshalb auch der Übergang der Verbindlichkeiten von der Vor-SE auf die eingetragene SE nach dem Identitätsprinzip[58] genügen muss.[59] Damit liegt auch Abs. 2 die Vorstellung zugrunde, dass die Handelndenhaftung mit Eintragung der zu gründenden Gesellschaft erlischt, da für sie dann sowohl unter dem Gesichtspunkt

---

[46] MüKoAktG/*Schäfer* Rn. 17.
[47] *Kersting* DB 2001, 2079 (2081); *Lind,* Die Europäische Aktiengesellschaft, 2004, 103; *Drees,* Die Gründung der Europäischen Aktiengesellschaft (SE) in Deutschland und ihre rechtliche Behandlung vor Eintragung (Vor-SE), 2006, 231; aA Kalss/Hügel/*Kalss* SEG Vor § 17 SE-VO Art. 16 Rn. 4; NK-SE/*Schröder* Rn. 18; wohl auch Lutter/Hommelhoff/Teichmann/*Bayer* Rn. 19.
[48] MüKoAktG/*Schäfer* Rn. 17.
[49] AA NK-SE/*Schröder* Rn. 23.
[50] Bei der dualistisch verfassten SE also der Vorstand, bei der monistischen SE mit Sitz in Deutschland die Geschäftsführenden Direktoren (§ 27 Abs. 3 SEAG).
[51] Ebenso Kalss/Hügel/*Kalss* SEG Vor § 17 SE-VO Art. 16 Rn. 5; MüKoAktG/*Schäfer* Rn. 19; *Jannott* in Jannott/Frodermann SE-HdB Kap. 3 Rn. 324; Köln Komm AktG/*Maul* Rn. 15.
[52] Kalss/Hügel/*Kalss* SEG Vor § 17 SE-VO Art. 16 Rn. 5; Lutter/Hommelhoff/Teichmann/*Bayer* Rn. 21 f.; aA MüKoAktG/*Schäfer* Rn. 19; *Schwarz* Rn. 21.
[53] So aber MüKoAktG/*Schäfer* Rn. 19; wie hier Lutter/Hommelhoff/Teichmann/*Bayer* Rn. 22 mwN.
[54] In diesem Sinne auch *Jannott* in Jannott/Frodermann SE-HdB Kap. 3 Rn. 324; Habersack/Drinhausen/ *Diekmann* Rn. 14.
[55] Zu weit gehend *Drees,* Die Gründung der Europäischen Aktiengesellschaft (SE) in Deutschland und ihre rechtliche Behandlung vor Eintragung (Vor-SE), 2006, 238 ff.; aA (Vertreter und Vertretener haften) NK-SE/ *Schröder* Rn. 25.
[56] *Kersting* DB 2001, 2079 (2084); MüKoAktG/*Schäfer* Rn. 21; NK-SE/*Schröder* Rn. 47; aA (gesetzlicher Haftungsausschluss) *Schwarz* Rn. 34; Habersack/Drinhausen/*Diekmann* Rn. 17.
[57] MüKoAktG/*Schäfer* Rn. 21; NK-SE/*Schröder* Rn. 40; *Schwarz* Rn. 35.
[58] Nichts anderes ergibt sich, wenn man von einer Gesamtrechtsnachfolge ausgeht, vgl. NK-SE/*Schröder* Rn. 61; Hüffer/Koch/*Koch* AktG § 41 Rn. 16 mwN zum Diskussionsstand.
[59] MüKoAktG/*Schäfer* Rn. 21; Lutter/Hommelhoff/Teichmann/*Bayer* Rn. 26 f.; *Kersting* DB 2001, 2079 (2085); *Jannott* in Jannott/Frodermann SE-HdB Kap. 3 Rn. 324; zur entsprechenden Rechtslage in Österreich auch Kalss/Hügel/*Kalss* SEG Vor § 17 SE-VO Art. 16 Rn. 3, 6; teilw. abw. *Zöllter-Petzoldt,* Die Verknüpfung von europäischem und nationalem Recht bei der Gründung einer Societas Europea (SE), 2005, 193 f.

der Sicherungs- wie der Druckfunktion (→ Rn. 2) kein Bedürfnis mehr besteht. Für eine Schuldübernahme ist damit grundsätzlich nur dann Raum, wenn die Vorgesellschaft nicht wirksam verpflichtet wurde, obwohl in ihrem Namen (bzw. im Namen der SE) gehandelt wurde.

Die soeben getroffene Aussage, dass für die Handelndenhaftung kein Raum mehr besteht, wenn die endgültige Gesellschaft eingetragen ist, wirft die Frage auf, ob in den Fällen, in denen es keine Vorgesellschaft gibt, nicht eine **teleologische Reduktion** veranlasst ist. Dies könnte man mit der Annahme rechtfertigen, dass bei der Gründung durch Umwandlung und der Verschmelzung durch Aufnahme stets ein Haftungsträger nach der Lehre vom unternehmensbezogenen Geschäft besteht.[60] Andererseits ist dem entgegenzuhalten, dass die Druckfunktion in diesen Fällen ebenfalls für eine Handelndenhaftung streitet, weshalb eine teleologische Reduktion letztlich nicht in Betracht kommt. Es kommt hinzu, dass die identische Reservegesellschaft mit dem Haftenden nicht identisch ist.[61] Letztlich kann eine teleologische Reduktion der VO auch nicht mit Hinweis auf die Rechtslage in nur einigen Mitgliedstaaten begründet werden.

3. Rechtsfolgen, Haftungsinhalt. Mehrere Handelnde haften gesamtschuldnerisch. Insoweit handelt es sich um ein **Gesamtschuldverhältnis,** dessen Einzelheiten nach dem nationalen Recht zu bestimmen sind.[62] Liegt zugleich eine entsprechende Haftung der Vorgesellschaft vor, besteht zwischen beiden Ansprüchen ein akzessorisches Verhältnis. Damit können die Handelnden im Ergebnis dieselben Einwendungen und Einreden wie die Gesellschaft geltend machen.[63] Da die Einzelheiten ebenfalls nicht in der Verordnung geregelt sind, kommt insoweit über Art. 15 Abs. 1 ebenfalls das nationale Recht zur Anwendung, weshalb wegen der Einzelheiten auf die Kommentierung zu § 41 AktG verwiesen werden kann (→ AktG § 41 Rn. 109). Die Handelndenhaftung ist der Höhe nach unbeschränkt und bezieht sich auf das gesamte Vermögen des Handelnden, sie erlischt aber mit der Eintragung der SE (→ Rn. 16).

Abschnitt 2. Gründung einer SE durch Verschmelzung

Art. 17 [Gründung einer SE durch Verschmelzung]

(1) Eine SE kann gemäß Artikel 2 Absatz 1 durch Verschmelzung gegründet werden.

(2) Die Verschmelzung erfolgt
a) entweder nach dem Verfahren der Verschmelzung durch Aufnahme gemäß Artikel 3 Absatz 1 der Richtlinie 78/855/EWG
b) oder nach dem Verfahren der Verschmelzung durch Gründung einer neuen Gesellschaft gemäß Artikel 4 Absatz 1 der genannten Richtlinie.
¹Im Falle einer Verschmelzung durch Aufnahme nimmt die aufnehmende Gesellschaft bei der Verschmelzung die Form einer SE an. ²Im Falle einer Verschmelzung durch Gründung einer neuen Gesellschaft ist die neue Gesellschaft eine SE.

Schrifttum: Vgl. außer den Angaben bei Art. 2, 3 vor allem: *Kalss,* Gründung und Sitzverlegung der SE, GesRZ 2004, 24; *Scheifele,* Die Gründung der Europäischen Aktiengesellschaft (SE), 2004, 129 ff.

I. Regelungsgehalt und Normzweck

Der 2. Abschnitt der SE-VO regelt die Gründung der SE durch Verschmelzung. Mit den Regelungen in **Art. 17–31** erzielt die SE eine ungewohnt detaillierte Regelungsdichte. Keine andere Gründungsform ist so umfassend in der Verordnung selbst geregelt, weshalb die Gründung durch Verschmelzung auch als **Herzstück der Verordnung** bezeichnet wird.[1] Dennoch ist auch diese Gründungsform nicht abschließend normiert, sondern hinsichtlich offener Fragen auf Seiten der

---

[60] Dies andeutend MüKoAktG/*Schäfer* Rn. 16.
[61] Zust. Kölner Komm AktG/*Paefgen* Art. 37 Rn. 4; Habersack/Drinhausen/*Diekmann* Rn. 8.
[62] MüKoAktG/*Schäfer* Rn. 22; Habersack/Drinhausen/*Diekmann* Rn. 20; NK-SE/*Schröder* Rn. 45; *Schwarz* Rn. 37 ff.
[63] Habersack/Drinhausen/*Diekmann* Rn. 19; MüKoAktG/*Schäfer* Rn. 22; NK-SE/*Schröder* Rn. 46, 50.
[1] *Kloster* EuZW 2003, 293 (295); *Bayer* in Lutter/Hommelhoff, Die Europäische Gesellschaft, 2005, 15 (34); MüKoAktG/*Schäfer* Rn. 1 mwN.

Gründungsgesellschaften nach Art. 18 dem durch die Verschmelzungsrichtlinie[2] harmonisierten Recht unterworfen. Bezüglich der zu gründenden SE ist nach Art. 15 das Recht des künftigen Sitzstaates anwendbar. **Abs. 1** nimmt Bezug auf Art. 2 Abs. 1 und stellt abermals klar, dass die SE durch Verschmelzung gegründet werden kann. Einen eigenständigen Regelungsgehalt weist die Vorschrift in Abs. 1 nicht auf. Sie verweist ausschließlich auf die in Art. 2 Abs. 1 aufgestellten Voraussetzungen, also dem echten Mehrstaatlichkeitserfordernis und dem auf nationale Aktiengesellschaften beschränkten Anwendungsbereich. Bezüglich der Einzelheiten ist deshalb auf die Erläuterungen zu Art. 2. Abs. 1 zu verweisen (→ Art. 2, 3 Rn. 1 ff.).

2 Demgegenüber kommt Abs. 2 ein eigenständiger Regelungsgehalt zu. Er stellt unter Bezugnahme auf Art. 3, 4 der Verschmelzungsrichtlinie (jetzt Art. 89, 90 GesR-RL) klar, dass die Gründung der SE durch Verschmelzung in zwei Varianten, nämlich durch Aufnahme (S. 1 lit. a) oder durch Neugründung (S. 2 lit. b) erfolgen kann. Damit wird auf die beiden im europäischen und den harmonisierten nationalen Umwandlungsrechten bekannten Verfahren verwiesen. Die **Verschmelzung durch Aufnahme** kennzeichnet, dass einer der am Verschmelzungsverfahren beteiligten Rechtsträger – die aufnehmende Gesellschaft – erhalten bleibt und Gesamtrechtsnachfolger der übertragenden Gesellschaften ist, während diese liquidationslos erlöschen. Abs. 2 S. 2 stellt klar, dass die aufnehmende nationale Aktiengesellschaft zugleich einen Formwechsel in eine SE vollzieht.[3] Demgegenüber führt die **Verschmelzung durch Neugründung** zum liquidationslosen Erlöschen aller am Verfahren beteiligten Gesellschaften. Die neu gegründete Gesellschaft tritt dann die Gesamtrechtsnachfolge der verschmolzenen Rechtsträger an. Diese neue Aktiengesellschaft ist eine SE, wie Abs. 2 S. 3 klarstellt.

II. Rechtsnatur und Funktion des Abs. 2

3 Abs. 2 ist keine Verweisungsnorm auf die gesamte Verschmelzungsrichtlinie (jetzt Art. 87–117 GesR-RL). Das Verschmelzungsverfahren richtet sich vielmehr allein nach den Vorgaben in der Verordnung und hilfsweise nach dem harmonisierten nationalen Verschmelzungsrecht des Sitzstaates (Art. 15, 18). Abs. 2 wird deshalb als **Definitionsnorm** bezeichnet.[4] Nur hinsichtlich des Inhalts der Definition wird auf die Definitionsnormen in Art. 3, 4 Verschmelzungsrichtlinie (jetzt Art. 89, 90 GesR-RL) verwiesen.

III. Ablauf eines Verschmelzungsverfahrens (Überblick)

4 Das Verschmelzungsverfahren vollzieht sich in mehreren Schritten. Nachfolgend sollen die einzelnen Schritte bei der Verschmelzung kurz benannt werden. Die Erläuterung der Details ist der **Kommentierung der Art. 20–30** vorbehalten, deren **Ziel** es nicht sein kann, auch das gesamte nationale Verschmelzungsrecht mit zu erläutern. Vielmehr beschränkt sich die Kommentierung insoweit auf die besonderen europarechtlichen Vorgaben. Hinsichtlich der innerstaatlichen Ausgestaltung ist auf die Spezialliteratur zum nationalen Umwandlungsgesetz zu verweisen.

5 Eine Verschmelzung beginnt mit der **Aufstellung eines Verschmelzungsplans,** dessen Inhalt sich nach Art. 20 bestimmt. Das nationale Recht kann anordnen, dass zusätzlich ein **Verschmelzungsbericht** (Art. 18 iVm § 8 UmwG) erstellt werden muss (→ Art. 22 Rn. 6). Anschließend ist die Verschmelzung bekannt zu machen (Art. 21). Die **Prüfung des Verschmelzungsplans** richtet sich wiederum nach den nationalen Vorschriften (in Deutschland Art. 18 iVm §§ 9 ff. UmwG). Insgesamt kennzeichnet die Verschmelzungsprüfung ein zweistufiges Verfahren auf der Ebene der Gründungsgesellschaften und bei Eintragung der SE (Art. 25, 26, → Art. 25 Rn. 1). Vor der Eintragung muss der **Verschmelzung** durch alle beteiligten Gesellschaften **zugestimmt** werden (Art. 23), wozu die jeweilige Hauptversammlung der Gründungsgesellschaften berufen ist. Im Anschluss daran besteht zum einen die Möglichkeit, den Verschmelzungsbeschluss entsprechend den nationalen Vorschriften gerichtlich anzugreifen (Art. 25 Abs. 1, Art. 30; in Deutschland also insbesondere die

---

[2] Dritte Richtlinie 78/855/EWG des Rates vom 9. Oktober 1978 betreffend die Verschmelzung von Aktiengesellschaften, ABl. EU L 295, 36 vom 20. Oktober 1978; aufgehoben und neugefasst durch Richtlinie 2011/35/ EU des Europäischen Parlaments und des Rates vom 5. April 2011 über die Verschmelzung von Aktiengesellschaften, ABl. EU L 110, 1 vom 29. April 2011; aufgehoben und in zuletzt geltender Fassung eingefügt in Art. 87–117 der Richtlinie 2017/1132/EU des Europäischen Parlaments und des Rates vom 14. Juni 2017 über bestimmte Aspekte des Gesellschaftsrechts, ABl. EU L 169, 46 vom 30. Juni 2017 (sog. „EU-Gesellschaftsrechtrichtlinie", hier: „GesR-RL").

[3] Ebenfalls von einer Kombination aus Verschmelzung und (identitätswahrendem) Formwechsel sprechend Lutter/Hommelhoff/Teichmann/*Bayer* Rn. 3; *Schwarz* Rn. 6.

[4] Ebenso *Teichmann* ZGR 2002, 385 (415 f.) mit Fn. 153; MüKoAktG/*Schäfer* Rn. 2; Kalss/Hügel/*Hügel* Vor § 17 SEG Art. 17 SE-VO Rn. 2; NK-SE/*Schröder* Rn. 12; Lutter/Hommelhoff/Teichmann/*Bayer* Rn. 1.

Anfechtungsklage mit Freigabeverfahren) oder das Umtauschverhältnis in einem Spruchstellenverfahren gerichtlich zu überprüfen, sofern der jeweilige Sitzstaat diese Möglichkeit vorsieht und den Aktionären des Verschmelzungspartners ein vergleichbares Recht zusteht oder deren Gesellschafter zugestimmt haben (Art. 24 Abs. 2, Art. 25 Abs. 3). Zusammen mit der Publizität des Verschmelzungsplans und dem Zustimmungserfordernis der Hauptversammlung bilden diese Bestimmungen einen wesentlichen **Baustein für den Minderheitenschutz** bei der Verschmelzung. Der vorletzte Schritt ist die **Eintragung der Verschmelzung** in das Register, dem eine Kontrolle der Rechtmäßigkeit vorangeht (Art. 27). Die Eintragung ist schließlich bekanntzumachen (Art. 28).

Die **Rechtsfolgen einer Verschmelzung** werden teilweise in Art. 29 geregelt. Insoweit ist **6** zwischen Verschmelzung durch Aufnahme (Art. 17 Abs. 2 S. 1 lit. a, Art. 29 Abs. 1) und Neugründung (Art. 17 Abs. 2 S. 1 lit. b, Art. 29 Abs. 2) zu trennen (→ Rn. 2). Bei der **Verschmelzung durch Aufnahme** sind vier Folgen zu unterscheiden. Die übertragende Gesellschaft erlischt liquidationslos; ihr gesamtes Aktiv- und Passivvermögen geht auf die aufnehmende Gesellschaft im Wege der Universalsukzession über. Die aufnehmende Gesellschaft vollzieht einen Formwechsel zur SE und die Aktionäre der übertragenden Aktiengesellschaft erhalten Aktien der aufnehmenden Gesellschaft, die nunmehr das Rechtskleid einer SE trägt. Bei der **Verschmelzung durch Neugründung** entsteht hingegen eine neue Gesellschaft in Gestalt einer SE, die im Wege der Universalsukzession Gesamtrechtsnachfolgerin der liquidationslos erlöschenden Ausgangsgesellschaften wird. Deren bisherige Aktionäre erhalten Aktien der neuen SE.

Bei der **Verschmelzung durch Aufnahme** stellt sich schließlich die Frage, ob mit der Ver- **7** schmelzung eine **gleichzeitige Sitzverlegung** der aufnehmenden Gesellschaft einhergehen kann.[5] Diese Frage ist weder in Art. 17 Abs. 2 S. 1 lit. b noch in Art. 29 Abs. 1 lit. d oder aber in Art. 8 geregelt. Ein Art. 37 Abs. 3 vergleichbares Sitzverlegungsverbot anlässlich einer Verschmelzung findet sich in der Verordnung nicht. Für die Verschmelzung durch Neugründung lässt Art. 20 Abs. 1 lit. a hingegen klar erkennen, dass die neu gegründete SE ihren Sitz nicht in einem der Staaten nehmen muss, in denen die sich verschmelzenden Aktiengesellschaften beheimatet waren. Deshalb ist die These aufgestellt worden, dass auch bei der Verschmelzung durch Aufnahme eine Sitzverlegung der aufnehmenden Gesellschaft möglich sein müsse.[6] Dem ist jedoch entgegenzuhalten, dass sich bei der Verschmelzung durch Aufnahme aus Sicht der aufnehmenden Gesellschaft zugleich eine formwechselnde Umwandlung vollzieht. Deshalb sprechen die besseren Gründe dafür, analog Art. 37 Abs. 3 eine Sitzverlegung auszuschließen.[7] Ist die aufnehmende Gesellschaft eine SE (Art. 3 Abs. 1), spricht hierfür auch, dass anderenfalls die Voraussetzungen des Art. 8 umgangen würden, der bei der Verschmelzungsgründung durch zwei nationale Gesellschaften vor Eintragung der SE im Übrigen noch nicht anwendbar ist. Schließlich setzt auch der deutsche Ausführungsgesetzgeber in § 7 SEAG ein Verbot der Sitzverlegung voraus, in dem er das Austrittsrecht auf Aktionäre der übertragenden Gesellschaft begrenzt hat; entsprechendes gilt beim Gläubigerschutz nach § 8 S. 2 SEAG.

Art. 18 [Anwendung nationalen Verschmelzungsrechts]

In den von diesem Abschnitt nicht erfassten Bereichen sowie in den nicht erfassten Teilbereichen eines von diesem Abschnitt nur teilweise abgedeckten Bereichs sind bei der Gründung einer SE durch Verschmelzung auf jede Gründungsgesellschaft die mit der Richtlinie 78/855/EWG in Einklang stehenden, für die Verschmelzung von Aktiengesellschaften geltenden Rechtsvorschriften des Mitgliedstaats anzuwenden, dessen Recht sie unterliegt.

I. Regelungsgehalt, Normzweck, Rechtsnatur

Die Verweisung in Art. 18 auf das durch die Verschmelzungsrichtlinie (jetzt Art. 87–117 GesR- **1** RL[1])harmonisierte nationale Verschmelzungsrecht dient der Lückenfüllung der Vorschriften über die Gründung der SE durch Verschmelzung in Art. 20 bis 31, die weder abschließend noch vollständig

---

[5] Demgegenüber kann bei Verschmelzung zur Neugründung nach allgM die neue SE ihren Satzungssitz in einem anderen Mitgliedstaat als die Gründungsgesellschaften nehmen, vgl. statt aller Lutter/Hommelhoff/Teichmann/*Bayer* Rn. 4 mwN.

[6] *Scheifele,* Die Gründung der Europäischen Aktiengesellschaft (SE), 2004, 153 f.; *Kallmeyer* AG 2003, 197 (198); *Schwarz* Art. 20 Rn. 21; Widmann/Mayer/*Heckschen* Umwandlungsrecht Anh. 14 Rn. 127, 155; Lutter/Hommelhoff/Teichmann/*Bayer* Rn. 4; *Teichmann* in Van Hulle/Maul/Drinhausen SE-HdB 4. Abschnitt § 2 Rn. 34; Habersack/Drinhausen/*Marsch-Barner* Rn. 4 mwN.

[7] Überzeugend MüKoAktG/*Schäfer* Rn. 10, Art. 20 Rn. 13; *Ihrig/Wagner* BB 2004, 1749 (1752); NK-SE/ *Schröder* Art. 8 Rn. 15; *Jannott* in Jannott/Frodermann SE-HdB Kap. 3 Rn. 5; Kölner Komm AktG/*Maul* Rn. 27.

[1] S. Hinweis in Art. 17 Fn. 2.

sind.² Bei Art. 18 handelt es sich um eine weitere **Spezialverweisung,** die für die Verschmelzungsgründung als partielle Gesamtverweisung ausgestaltet ist und das auf die Gründungsgesellschaften anwendbare Recht bestimmt (→ Art. 15 Rn. 3).³ Art. 18 tritt seinerseits hinter Spezialverweisungen wie Art. 24 Abs. 1, Art. 25 Abs. 1, Art. 28, 31 zurück. Anders als bei Art. 9 und Art. 15 Abs. 1 handelt es sich bei Art. 18 um eine **Gesamtnorm-** und nicht nur eine Sachnorm**verweisung.**⁴ Die unterschiedliche Auslegung ergibt sich nicht nur aus dem divergierenden Wortlaut, sondern auch aus dem Sinn und Zweck der Verweisung. In Art. 18 geht es um das auf die Gründungsgesellschaften anwendbare Recht, nur hierauf wird in Art. 18 verwiesen. Dieses **Recht der Gründungsgesellschaften** ist für jede Aktiengesellschaft unter Einbeziehung des jeweiligen internationalen Privatrechts zu bestimmen. Regelmäßig wird das Recht des Staates, in dem der Verwaltungssitz der Gründungsgesellschaft belegen ist, berufen sein; es sei denn, es ist auf Basis der Gründungstheorie zu einer zulässigen Auswanderung des Verwaltungssitzes gekommen. Im Übrigen ist die **Normenhierarchie** (SE-VO, nationales Ausführungsgesetz, nationales Verschmelzungs- und sodann allgemeines Gesellschaftsrecht, Satzung) wie bei Art. 9 zu bestimmen (→ Art. 9 Rn. 5).

II. Anwendungsbereich und Umfang der Verweisung

2   Inhaltlich ist die Verweisung auf das Verschmelzungsrecht beschränkt, soweit dieses mit den Vorgaben der Verschmelzungsrichtlinie (jetzt Art. 87–117 GesR-RL) im Einklang steht.⁵ Weist das Verschmelzungsrecht, das auf die jeweilige Gründungsgesellschaft anwendbar ist, Umsetzungsdefizite auf, so sind diese im Wege der richtlinienkonformen Auslegung des nationalen Rechts und nicht unter Rückgriff auf Art. 18 durch eine unmittelbare Anwendung der Verschmelzungsrichtlinie (jetzt Art. 87–117 GesR-RL) zu beseitigen.⁶ Im Übrigen gilt hinsichtlich der Reichweite der Verweisung das zu Art. 9, 15 Abs. 1 Gesagte (→ Art. 9 Rn. 11 ff., → Art. 15 Rn. 5). Erfasst ist namentlich auch das ungeschriebene, richterrechtlich entwickelte Umwandlungsrecht. Nicht durch Art. 18 ist jedoch das übrige Gesellschaftsrecht erfasst, da der **Anwendungsbereich** des Art. 18 auf das **nationale Verschmelzungsrecht** beschränkt ist. Es ist allerdings unerheblich, ob dieses im Rahmen des nationalen Aktienrechts oder wie in Deutschland seit 1994 in einem Sondergesetz kodifiziert ist. Ebenso ist die Verweisung nicht allein auf den Teil des nationalen Verschmelzungsrechts beschränkt, der der Umsetzung der Verschmelzungsrichtlinie (jetzt Art. 87–117 GesR-RL) dient.⁷ Dass auf die Gründungsgesellschaft im Einzelfall neben dem nationalen Verschmelzungsrecht noch das allgemeine Gesellschaftsrecht Anwendung finden kann, ergibt sich unter Rückgriff auf das Internationale Privatrecht aus allgemeinen Grundsätzen (→ Art. 15 Rn. 3).

III. Vorliegen einer Lücke als Tatbestandsmerkmal der Verweisung in Abs. 1

3   Wie schon bei Art. 9 und bei Art. 15 Abs. 1 setzt das Eingreifen der Verweisungsnorm das **Vorliegen** einer bewussten **Regelungslücke** voraus. Unbewusste Regelungslücken sind erst dann unter Hinzuziehung von Art. 18 zu schließen, wenn ein Analogieschluss auf europäischer Ebene nicht in Betracht kommt (→ Art. 9 Rn. 9 f., → Art. 15 Rn. 6). Der Wortlaut des Art. 18 spricht darüber hinaus davon, dass sich die Lücke in einem von 2. Abschnitt nicht erfassten Bereich oder zumindest in einem nicht erfassten Teilbereich bewegen muss. Diese Regelung, die sich so explizit weder in Art. 9 noch in Art. 15 Abs. 1 findet, bringt nur einen allgemeinen, auch bei den anderen Verweisungsnormen geltenden Rechtsgedanken zum Ausdruck. Bei jeder Lückenfeststellung ist zu prüfen, ob einer in der SE-VO enthaltenen Regelung nicht **abschließender Charakter**

---

² Wie hier auch Lutter/Hommelhoff/Teichmann/*Bayer* Rn. 1. Abw. Verständnis bei *Scheifele,* Die Gründung der Europäischen Aktiengesellschaft (SE), 2004, 22 ff. (40 f.); dagegen → Art. 9 Rn. 9 mit Fn. 41.
³ Wie hier auch Lutter/Hommelhoff/Teichmann/*Bayer* Rn. 5; *Teichmann* in Van Hulle/Maul/Drinhausen SE-HdB 4. Abschnitt § 2 Rn. 19; Habersack/Drinhausen/*Marsch-Barner* Rn. 1; Kölner Komm AktG/*Maul* Rn. 3. Auch insoweit aA NK-SE/*Schröder* Art. 15 Rn. 4 f.: kumulative Verweisung auf das Recht der Gründungsgesellschaften und das Recht des künftigen Sitzstaates der SE, dagegen → Art. 15 Rn. 3.
⁴ → Art. 15 Rn. 3; sowie NK-SE/*Schröder* Rn. 7; *Scheifele,* Die Gründung der Europäischen Aktiengesellschaft (SE), 2004, 43; *Teichmann* ZGR 2002, 383 (417) mit Fn. 157; *Teichmann* in Van Hulle/Maul/Drinhausen SE-HdB 4. Abschnitt § 2 Rn. 14; *Schwarz* Rn. 7; Lutter/Hommelhoff/Teichmann/*Bayer* Rn. 4; Habersack/Drinhausen/ *Marsch-Barner* Rn. 5; Kölner Komm AktG/*Maul* Rn. 5; der Sache nach ebenso MüKoAktG/*Schäfer* Rn. 2; Kalss/ Hügel/*Hügel* SEG Vor § 17 SE-VO Art. 18 Rn. 4 f.; aA *Menjucq* Revue des sociétés 2002, 225 (234).
⁵ Habersack/Drinhausen/*Marsch-Barner* Rn. 6; Lutter/Hommelhoff/Teichmann/*Bayer* Rn. 5; MüKoAktG/ *Schäfer* Rn. 3.
⁶ NK-SE/*Schröder* Rn. 1; unklar Kalss/Hügel/*Hügel* Vor § 17 SEG Art. 18 SE-VO Rn. 7.
⁷ Ausf. Begründung bei MüKoAktG/*Schäfer* Rn. 3; ebenso *Scheifele,* Die Gründung der Europäischen Aktiengesellschaft (SE), 2004, 45; *Schwarz* Rn. 15; Lutter/Hommelhoff/Teichmann/*Bayer* Rn. 6.

zukommt, die SE-VO eine verwandte Frage also bewusst nicht geregelt hat.[8] Dies ist durch europäisch autonome Auslegung der besonderen Verschmelzungsregeln in Art. 20 ff. zu ermitteln.

Art. 19 [Behördliches Einspruchsrecht]

Die Rechtsvorschriften eines Mitgliedstaates können vorsehen, dass die Beteiligung einer Gesellschaft, die dem Recht dieses Mitgliedstaates unterliegt, an der Gründung einer SE durch Verschmelzung nur möglich ist, wenn keine zuständige Behörde dieses Mitgliedstaats vor der Erteilung der Bescheinigung gemäß Artikel 25 Absatz 2 dagegen Einspruch erhebt.

[1]**Dieser Einspruch ist nur aus Gründen des öffentlichen Interesses zulässig.** [2]**Gegen ihn muss ein Rechtsmittel eingelegt werden können.**

Art. 19 ist wie der vergleichbare Art. 8 Abs. 14 auf Drängen Englands in den Verordnungstext aufgenommen worden und beinhaltet eine **Ermächtigungsnorm**[1] für die Mitgliedstaaten (zum Begriff → Art. 9 Rn. 8). Der erste UAbs. gestattet den Mitgliedstaaten, einer nationalen Behörde ein Recht zum Einspruch gegen die Beteiligung einer nationalen Aktiengesellschaft an einer Verschmelzung zu gewähren. Gedacht ist in erster Linie an Steuer- oder Wettbewerbsbehörden. Das Einspruchsrecht ist auf solche Gesellschaften beschränkt, die dem Gesellschaftsrecht des jeweiligen Mitgliedstaats unterliegen. Der Einspruch ist dann eine negative **Wirksamkeitsvoraussetzung der Verschmelzung.**[2] Der zweite UAbs. macht den Einspruch vom Vorliegen eines **öffentlichen Interesses** abhängig. Insoweit kann auf die Auslegung der Begriffe öffentliche Ordnung und Sicherheit in Art. 52 AEUV durch die Rechtsprechung zu den sog. *golden shares* zurückgegriffen werden.[3] Gegen den Einspruch muss nach UAbs. 2 S. 2 ein **Rechtsmittel** möglich sein.[4] Auch dies deckt sich mit den Aussagen des EuGH zu goldenen Aktien.[5] 1

Art. 19 ermächtigt den nationalen Gesetzgeber also zum Erlass von **Wegzugsbeschränkungen** im Sinne der **Daily-Mail-Rechtsprechung,** worin der EuGH 1988 keinen Verstoß gegen die Niederlassungsfreiheit gesehen hatte.[6] Diese Rechtsprechung hat der EuGH in seinem Cartesio-Urteil[7] bestätigt. Somit kommt ein Verstoß der Ermächtigungsnorm in Art. 19 gegen die Niederlassungsfreiheit nicht in Betracht. 2

Deutschland hat von der Ermächtigung ebenso wenig wie von der in Art. 8 Abs. 14 und von der in dem vergleichbaren Art. 14 Abs. 4 EWiV-VO Gebrauch gemacht.[8] 3

Art. 20 [Verschmelzungsplan]

(1) [1]**Die Leitungs- oder die Verwaltungsorgane der sich verschmelzenden Gesellschaften stellen einen Verschmelzungsplan auf.** [2]**Dieser Verschmelzungsplan enthält**
a) **die Firma und den Sitz der sich verschmelzenden Gesellschaften sowie die für die SE vorgesehene Firma und ihren geplanten Sitz,**
b) **das Umtauschverhältnis der Aktien und gegebenenfalls die Höhe der Ausgleichsleistung,**
c) **die Einzelheiten hinsichtlich der Übertragung der Aktien der SE,**

---

[8] Kölner Komm AktG/*Maul* Rn. 7; Habersack/Drinhausen/*Marsch-Barner* Rn. 6; NK-SE/*Schröder* Rn. 6; im Erg. wohl auch Kalss/Hügel/*Hügel* Vor § 17 SEG Art. 18 SE-VO Rn. 3.
[1] Lutter/Hommelhoff/Teichmann/*Bayer* Rn. 1; MüKoAktG/*Schäfer* Rn. 1; NK-SE/*Schröder* Rn. 2; *Schwarz* Rn. 1.
[2] MüKoAktG/*Schäfer* Rn. 1; NK-SE/*Schröder* Rn. 6; Kölner Komm AktG/*Maul* Rn. 4; der Sache nach auch *Schwarz* Rn. 7 „gesetzliches Eintragungshindernis" sowie Lutter/Hommelhoff/Teichmann/*Bayer* Rn. 6 „Bescheinigungssperre" iSd Art. 25.
[3] Vgl. nur EuGH NJW 2002, 2305 (2306), Tz. 47 ff. – Kommission/Frankreich; EuGH NJW 2003, 2663 (2664 f.) Tz. 68 ff. – Kommission/Spanien sowie ferner; EuGH NJW 2003, 2666 – Kommission/Großbritannien; EuGH NZG 2002, 632 (633) Tz. 24 – Kommission/Portugal. Ebenso NK-SE/*Schröder* Rn. 5. Teilw. abw. *Schwarz* Rn. 5, der für eine restriktive Auslegung plädiert; ähnlich unter Rückgriff auf die Rsp. zu Art. 46 auch Lutter/Hommelhoff/Teichmann/*Bayer* Rn. 4.
[4] Zu den Einzelheiten vgl. Kölner Komm AktG/*Maul* Rn. 10.
[5] EuGH NZG 2002, 624 (626) Tz. 24 – Kommission/Belgien.
[6] EuGH Slg. 1988, 5483 = NJW 1989, 2186 ff.
[7] EuGH ZIP 2009, 24 Rn. 99 ff.
[8] Zur entsprechenden Rechtslage in Österreich vgl. Kalss/Hügel/*Hügel* Vor § 17 SEG Art. 19 SE-VO; zur Rechtslage in anderen Mitgliedstaaten vgl. NK-SE/*Schröder* Rn. 9 ff.

d) den Zeitpunkt, von dem an diese Aktien das Recht auf Beteiligung am Gewinn gewähren, sowie alle Besonderheiten in Bezug auf dieses Recht,
e) den Zeitpunkt, von dem an die Handlungen der sich verschmelzenden Gesellschaften unter dem Gesichtspunkt der Rechnungslegung als für Rechnung der SE vorgenommen gelten,
f) die Rechte, welche die SE den mit Sonderrechten ausgestatteten Aktionären der Gründungsgesellschaften und den Inhabern anderer Wertpapiere als Aktien gewährt, oder die für diese Personen vorgeschlagenen Maßnahmen,
g) jeder besondere Vorteil, der den Sachverständigen, die den Verschmelzungsplan prüfen, oder den Mitgliedern der Verwaltungs-, Leitungs-, Aufsichts- oder Kontrollorgane der sich verschmelzenden Gesellschaften gewährt wird,
h) die Satzung der SE,
i) Angaben zu dem Verfahren, nach dem die Vereinbarung über die Beteiligung der Arbeitnehmer gemäß der Richtlinie 2001/86/EG geschlossen wird.

(2) Die sich verschmelzenden Gesellschaften können dem Verschmelzungsplan weitere Punkte hinzufügen.

Auszug aus dem SEAG

§ 7 Abfindungsangebot im Verschmelzungsplan

(1) [1]Bei der Gründung einer SE, die ihren Sitz im Ausland haben soll, durch Verschmelzung nach dem Verfahren der Verordnung hat eine übertragende Gesellschaft im Verschmelzungsplan oder in seinem Entwurf jedem Aktionär, der gegen den Verschmelzungsbeschluss der Gesellschaft Widerspruch zur Niederschrift erklärt, den Erwerb seiner Aktien gegen eine angemessene Barabfindung anzubieten. [2]Die Vorschriften des Aktiengesetzes über den Erwerb eigener Aktien gelten entsprechend, jedoch ist § 71 Abs. 4 Satz 2 des Aktiengesetzes insoweit nicht anzuwenden. [3]Die Bekanntmachung des Verschmelzungsplans als Gegenstand der Beschlussfassung muss den Wortlaut dieses Angebots enthalten. [4]Die Gesellschaft hat die Kosten für eine Übertragung zu tragen. [5]§ 29 Abs. 2 des Umwandlungsgesetzes findet entsprechende Anwendung.

(2) [1]Die Barabfindung muss die Verhältnisse der Gesellschaft im Zeitpunkt der Beschlussfassung über die Verschmelzung berücksichtigen. [2]Die Barabfindung ist nach Ablauf des Tages, an dem die Verschmelzung im Sitzstaat der SE nach den dort geltenden Vorschriften eingetragen und bekannt gemacht worden ist, mit jährlich 5 Prozentpunkten über dem jeweiligen Basiszinssatz nach § 247 des Bürgerlichen Gesetzbuchs zu verzinsen. [3]Die Geltendmachung eines weiteren Schadens ist nicht ausgeschlossen.

(3) [1]Die Angemessenheit einer anzubietenden Barabfindung ist stets durch Verschmelzungsprüfer zu prüfen. [2]Die §§ 10–12 des Umwandlungsgesetzes sind entsprechend anzuwenden. [3]Die Berechtigten können auf die Prüfung oder den Prüfungsbericht verzichten; die Verzichtserklärungen sind notariell zu beurkunden.

(4) [1]Das Angebot nach Absatz 1 kann nur binnen zwei Monaten nach dem Tage angenommen werden, an dem die Verschmelzung im Sitzstaat der SE nach den dort geltenden Vorschriften eingetragen und bekannt gemacht worden ist. [2]Ist nach Absatz 7 dieser Vorschrift ein Antrag auf Bestimmung der Barabfindung durch das Gericht gestellt worden, so kann das Angebot binnen zwei Monaten nach dem Tage angenommen werden, an dem die Entscheidung im Bundesanzeiger bekannt gemacht worden ist.

(5) Unter den Voraussetzungen des Artikels 25 Abs. 3 Satz 1 der Verordnung kann eine Klage gegen die Wirksamkeit des Verschmelzungsbeschlusses einer übertragenden Gesellschaft nicht darauf gestützt werden, dass das Angebot nach Absatz 1 zu niedrig bemessen oder dass die Barabfindung im Verschmelzungsplan nicht oder nicht ordnungsgemäß angeboten worden ist.

(6) Einer anderweitigen Veräußerung des Anteils durch den Aktionär stehen nach Fassung des Verschmelzungsbeschlusses bis zum Ablauf der in Absatz 4 bestimmten Frist Verfügungsbeschränkungen bei den beteiligten Rechtsträgern nicht entgegen.

(7) [Abgedruckt bei Art. 24]

Schrifttum: Neben der bei Art. 2 und 17 benannten Literatur vor allem: *Brandes*, Cross Border Merger mittels der SE, AG 2005, 177; *Kübler*, Barabfindung bei der Gründung einer Europa AG, ZHR 167 (2003), 627; *Teichmann*, Austrittsrecht und Pflichtangebot bei Gründung einer Europäischen Aktiengesellschaft, AG 2004, 383; *Witten*, Minderheitenschutz bei Gründung und Sitzverlegung der Europäischen Aktiengesellschaft (SE), 2011.

Verschmelzungsplan   1–3   **Art. 20 SE-VO**

Übersicht

	Rn.		Rn.
I. Regelungsgehalt, Normzweck	1, 2	IV. Der zwingende Inhalt des Verschmelzungsplans (Abs. 1 S. 2)	7–9
II. Rechtsnatur: kein Verschmelzungsvertrag	3, 4	V. Der fakultative Inhalt des Verschmelzungsplans (Abs. 2)	10
III. Aufstellung des Verschmelzungsplans (Abs. 1 S. 1)	5, 6	VI. Das Barabfindungsangebot nach § 7 SEAG	11, 12

I. Regelungsgehalt, Normzweck

Art. 20 regelt mit dem Verschmelzungsplan in Anlehnung an Art. 5 Verschmelzungsrichtlinie (jetzt **1** Art. 91 GesR-RL[1]) einen **wesentlichen Bestandteil des Verschmelzungsvorganges**. Deshalb gibt Abs. 1 S. 2 wesentliche Komponenten des Inhalts zwingend und abschließend europarechtlich vor. Das nationale Recht kann zusätzliche **Pflichtangaben** vorbehaltlich besonderer Ermächtigungsnormen wie in Art. 24 Abs. 2 nicht vornehmen.[2] Der deutsche Gesetzgeber hat von der Ermächtigung in Art. 24 Abs. 2 Gebrauch gemacht und verpflichtet deutsche Gründungsgesellschaften in § 7 SEAG, zusätzlich zum Kanon nach Art. 20 Abs. 1 S. 2 SE-VO ein Abfindungsangebot aufzunehmen. **Abs. 2** stellt es den beteiligten Parteien anheim, zusätzliche **fakultative Angaben** in den Verschmelzungsplan aufzunehmen. Abs. 1 S. 1 enthält weiterhin eine **Kompetenznorm** und weist die Aufstellungskompetenz dem Leitungs- bzw. dem Verwaltungsorgan zu. Der Verschmelzungsplan dient in erster Linie dazu, eine **einheitliche Informationsgrundlage** für die an der Verschmelzung beteiligten bzw. von ihr betroffenen Personen herzustellen. Insbesondere Gläubiger und Minderheitsaktionäre sollen über den grenzüberschreitenden Charakter der Strukturmaßnahme und die bestehenden Schutzmechanismen informiert werden.[3] Hinzu kommt, dass Art. 26 Abs. 3 von der Zustimmung der Hauptversammlung zu einem gleich lautenden Verschmelzungsplan spricht. Anders als im deutschen Umwandlungsrecht kennt Art. 20 keinen Verschmelzungsvertrag (→ Rn. 3). Der Verschmelzungsplan ist vom Verschmelzungs*bericht* abzugrenzen (→ Art. 22 Rn. 6). Auf die Besonderheiten bei der Konzernverschmelzung wird in den Erläuterungen zu Art. 31 eingegangen.

Jede der an der Verschmelzung beteiligten Aktiengesellschaften hat einen Verschmelzungsplan aufzu- **2** stellen.[4] Nicht explizit ist die Frage der **Einheitlichkeit** in Art. 20 geregelt. Bereits aus dem Normzweck, der eine einheitliche Information aller von der Verschmelzung betroffenen Kreise erreichen will, ergibt sich, dass beide Gesellschaften zwar je einen, aber einen **inhaltlich identischen Verschmelzungsplan** aufstellen müssen. Soweit die verschiedenen nationalen Rechtsordnungen zusätzliche Angaben fordern, sind diese in beiden Verschmelzungsplänen aufzunehmen, auch wenn die jeweils eigene Rechtsordnung gerade diese Angaben nicht erfordert. Die beiden Pläne müssen aber nicht zwingend in ein und derselben **Sprache** abgefasst werden. Vielmehr kann sich aus den verschiedenen nationalen Rechtsordnungen der Gründungsgesellschaften, die über Art. 18 subsidiär anwendbar sind, ergeben, dass die Verschmelzungspläne in unterschiedlichen Sprachen aufzustellen sind. Aus Art. 18 folgt nämlich ein Verweis auf die jeweiligen Formvorschriften der Gründungsstaaten. Für eine in Deutschland ansässige Gründungsgesellschaft folgt aus § 6 UmwG, § 5 Abs. 1 BeurkG, dass der Verschmelzungsplan grundsätzlich in deutscher Sprache aufzustellen ist. In der Praxis wird eine Fassung übersetzt. Für die Registereintragung ist dann aber die Version in der Sprache des jeweiligen Sitzstaates maßgeblich, soweit das nationale Recht nichts Abweichendes regelt oder die Einreichung beglaubigter Übersetzungen genügen lässt.[5]

II. Rechtsnatur: kein Verschmelzungsvertrag

Die SE-VO spricht wie Art. 5 Verschmelzungsrichtlinie (jetzt Art. 91 GesR-RL) von einem **3** **Verschmelzungs*plan*** und nicht wie die §§ 4 ff. UmwG von einem Verschmelzungs*vertrag*.[6] Im

---

[1] S. Hinweis in Art. 17 Fn. 2.
[2] Inzwischen wohl einhM, vgl. nur Lutter/Hommelhoff/Teichmann/*Bayer* Rn. 12 mwN. In Abkehr zu seiner gegenteiligen Auffassung in der 1. Aufl. NK-SE/*Schröder* Rn. 12, 59.
[3] *Scheifele*, Die Gründung der Europäischen Aktiengesellschaft (SE), 2004, 186 f.; *Teichmann* ZGR 2002, 383 (422); *Schwarz* Rn. 2.
[4] Das wird aber weiterhin verbreitet bestritten, vgl. etwa Kölner Komm AktG/*Maul* Rn. 13; NK-SE/*Schröder* Rn. 1; *Schwarz* Rn. 10; *Scheifele*, Die Gründung der Europäischen Aktiengesellschaft (SE), 2004, 141 f.; wie hier Lutter/Hommelhoff/Teichmann/*Bayer* Rn 2; *J. Schmidt*, „Deutsche" vs. „britische" SE, 2007, 165; Kallmeyer/*Marsch-Barner* UmwG Anh. Rn. 16; Habersack/Drinhausen/*Marsch-Barner* Rn. 4.
[5] *Bayer* in Lutter/Hommelhoff, Die Europäische Gesellschaft, 2005, 25 (34); offen lassend *Schwarz* Rn. 54.
[6] Anders allein NK-SE/*Schröder* Rn. 3 (Vertrag sei möglich); wie hier die ganz hM, vgl. die in Fn. 7 Genannten, sowie *Schwarz* Rn. 13 f.

Unterschied zu einem Verschmelzungsvertrag begründet der Plan keine wechselseitigen Rechte und Pflichten der Gründungsgesellschaften. Dies wirft die Frage auf, ob der nationale Gesetzgeber wie bei Art. 5 Verschmelzungsrichtlinie (jetzt Art. 91 GesR-RL) nicht darüber hinausgehen kann und für die seiner Rechtsordnung unterworfenen Gründungsgesellschaften einen Verschmelzungsvertrag vorschreiben kann. Dies ist bisher zu Recht einhellig verneint worden.[7] Eine entsprechende Ermächtigungsnorm (zum Begriff → Art. 9 Rn. 8) findet sich nicht. Der Rückgriff auf Art. 18 und somit für das deutsche Recht auf § 4 UmwG ist versperrt, da **Art. 20** hinsichtlich der Rechtsnatur eine **abschließende Regelung** enthält und sich bewusst für das Modell eines Verschmelzungsplans und gegen das Vertragsmodell ausgesprochen hat.[8] Es würde auch dem Normzweck einer einheitlichen Informationsgrundlage widersprechen, wenn die Rechtsnatur je nach nationalem Gusto der Gründungsrechtsordnungen unterschiedlich zu beantworten wäre.

4   Es ist den Parteien jedoch unbenommen und in der Praxis dringend anzuraten, **zusätzlich** zur Aufstellung des Plans auch noch einen **Vertrag** zu schließen. In der Praxis geschieht dies regelmäßig in Gestalt eines *business combination agreement*.[9] Aus Abs. 2 folgt im Umkehrschluss, dass Verschmelzungsplan und der begleitende Vertrag auch in einer Urkunde enthalten sein können.[10] Der ergänzende Vertrag wird regelmäßig aufschiebend auf die Zustimmung durch die Hauptversammlung bedingt geschlossen.

III. Aufstellung des Verschmelzungsplans (Abs. 1 S. 1)

5   Die **Aufstellungskompetenz** wird nach Abs. 1 S. 1 dem jeweiligen Leitungs- oder Verwaltungsorgan der beteiligten Gründungsgesellschaften zugewiesen. Im deutschen dualistischen System der Aktiengesellschaft ist damit der Vorstand berufen. Ist eine bereits bestehende, monistische SE an der Verschmelzung beteiligt, so obliegt die Aufstellungskompetenz im Außenverhältnis nach wohl herrschender Ansicht den geschäftsführenden Direktoren als dem Vertretungsorgan gemäß § 41 Abs. 1 SEAG;[11] ein interner Zustimmungsvorbehalt des Gesamtverwaltungsrats aufgrund der Bedeutung der Maßnahme bleibt davon unberührt. Die **Abschlusskompetenz** für einen begleitenden Verschmelzungsvertrag obliegt dem jeweiligen Vertretungsorgan unter Heranziehung der nationalen Vorschriften.[12]

6   Anders als noch der Entwurf von 1991 (Art. 18 Abs. 2 SEVO-E 1991) enthält Art. 20 keine Formvorschriften. Wie bei der Sprachfrage (→ Rn. 2) richtet sich das **Formerfordernis des Verschmelzungsplans** über Art. 18 nach nationalem Recht. In Deutschland tritt somit das Erfordernis der notariellen Beurkundung nach § 6 UmwG auf den Plan.[13] Dass dieser von einem Verschmelzungsvertrag und nicht von einem Plan spricht, ist unschädlich, da das nationale Gründungsrecht über Art. 18 sinngemäß zur Anwendung kommt. Außerdem wäre der Umkehrschluss (Formfreiheit) mit dem Normzweck des Art. 20 unvereinbar. Der **Zeitpunkt der Beurkundung** ist nicht geregelt. Aus Art. 18 iVm § 4 Abs. 2 UmwG folgt, dass die Beurkundung des Plans ausnahmsweise auch nach dem zustimmenden Hauptversammlungsbeschluss erfolgen kann, sofern bereits vorher ein schriftlicher Entwurf vorgelegen hat.[14] Sehen beide Rechtsordnungen der beteiligten Gründungsge-

---

[7] *Teichmann* ZGR 2002, 383 (418 f.); Kalss/Hügel/*Hügel* SEG § 17 Rn. 1 f.; MüKoAktG/*Schäfer* Rn. 8; Habersack/Drinhausen/*Marsch-Barner* Rn. 3; Kölner Komm AktG/*Maul* Rn. 10; *Heckschen* DNotZ 2003, 251 (257 f.); *Scheifele*, Die Gründung der Europäischen Aktiengesellschaft (SE), 2004, 144 ff.; Lutter/Hommelhoff/Teichmann/*Bayer* Rn. 3; *Teichmann* in Van Hulle/Maul/Drinhausen SE-HdB 4. Abschnitt § 2 Rn. 29 zur entsprechenden Diskussion in Österreich, wo § 17 öSEG sogar ausdrücklich den Verschmelzungsvertrag erwähnt, vgl. Kalss/Hügel/*Hügel* SEG § 17 Rn. 5.

[8] *Casper* FS Ulmer, 2003, 51 (67 f.); MüKoAktG/*Schäfer* Rn. 8; Kalss/Hügel/*Hügel* SEG § 17 Rn. 2; *Bayer* in Lutter/Hommelhoff, Die Europäische Gesellschaft, 2005, 25 (34) mwN in Fn. 49; Habersack/Drinhausen/*Marsch-Barner* Rn. 3.

[9] Vgl. MüKoAktG/*Schäfer* Rn. 9n; zu Begriff und Funktion des *business combination agreement Aha* BB 2001, 2225 ff.

[10] MüKoAktG/*Schäfer* Rn. 9; Kalss/Hügel/*Hügel* SEG § 17 Rn. 5; *Bayer* in Lutter/Hommelhoff/, Die Europäische Gesellschaft, 2005, 25 (34); aA wohl *Scheifele*, Die Gründung der Europäischen Aktiengesellschaft (SE), 2004, 152.

[11] MüKoAktG/*Schäfer* Rn. 4; Lutter/Hommelhoff/Teichmann/*Bayer* Rn. 1; vgl. zur Rechtslage in Österreich Kalss/Hügel/*Hügel* SEG § 17 Rn. 8.

[12] Für das österreichische Gesetz ebenso Kalss/Hügel/*Hügel* SEG § 17 Rn. 8.

[13] Ganz hM, vgl. nur RegE SEAG BT-Drs. 15/3405, 33; *Teichmann* ZGR 2002, 383 (402 f.); *Heckschen* DNotZ 2003, 251 (258); MüKoAktG/*Schäfer* Rn. 6; Lutter/Hommelhoff/Teichmann/*Bayer* Rn. 7; Kölner Komm AktG/*Maul* Rn. 15; Habersack/Drinhausen/*Marsch-Barner* Rn. 5; *Schwarz* Rn. 51; *Teichmann* in Van Hulle/Maul/Drinhausen SE-HdB 4. Abschnitt § 2 Rn. 47; aA aber *Schulz/Geismar* DStR 2001, 1078 (1080).

[14] MüKoAktG/*Schäfer* Rn. 6; Kölner Komm AktG/*Maul* Rn. 18; Habersack/Drinhausen/*Marsch-Barner* Rn. 6; Lutter/Hommelhoff/Teichmann/*Bayer* Rn. 9 mwN; zum deutlicher gefassten § 17 öSEG vgl. Kalss/Hügel/*Hügel* SEG § 17 Rn. 2.

sellschaften ein Beurkundungserfordernis vor, ist eine **doppelte Beurkundung** grundsätzlich unvermeidbar.[15] Die Gegenauffassung, die sich auf den supranationalen Charakter der SE beruft,[16] verkennt zum einen, dass der Verordnungsgeber an dieser Stelle auf Supranationalität verzichtet hat und es zum anderen ein Gebot der Auslegung des nationalen Aktienrechts im Geiste der SE-VO nicht gibt.[17] Eine doppelte Beurkundung lässt sich nur dann vermeiden, wenn ein Notar beide Verschmelzungspläne beurkundet und die jeweils außen vor gelassene Rechtsordnung diese **Auslandsbeurkundung** als gleichwertig anerkennt.[18]

IV. Der zwingende Inhalt des Verschmelzungsplans (Abs. 1 S. 2)

Abs. 1 S. 2 bestimmt den zwingenden Inhalt des Verschmelzungsplans und orientiert sich dabei weitgehend an **Art. 5 Abs. 2 Verschmelzungsrichtlinie** (jetzt Art. 91 Abs. 2 GesR-RL). Damit kann bei Erstellung eines Verschmelzungsplans in der Rechtspraxis weitgehend auf die Auslegung des entsprechend harmonisierten nationalen Verschmelzungsrechts zurückgegriffen werden, in Deutschland also auf **§ 5 UmwG**. Die nachfolgenden Erläuterungen können sich deshalb auf einen schlank gehaltenen Überblick beschränken, der sich in erster Linie auf die Besonderheiten gegenüber der Verschmelzungsrichtlinie (jetzt Art. 87–117 GesR-RL) konzentriert.[19] Zu nennen sind in erster Linie die **Buchstaben h und i**, die **kein Vorbild** in der Verschmelzungsrichtlinie haben, da sie auf Besonderheiten bei der SE-Gründung beruhen. Die Mindestbestandteile sind in Abs. 1 S. 2 abschließend aufgezählt, sofern das nationale Recht nicht von der Ermächtigung in Art. 24 Abs. 2 Gebrauch gemacht hat. Daneben können die Verschmelzungspartner nach Abs. 2 weitere fakultative Bestandteile in den Plan aufnehmen (→ Rn. 1). 7

Der Verschmelzungsplan hat zunächst nach **lit. a** die **Firma** und den **Sitz** der sich verschmelzenden Gesellschaften sowie die entsprechenden Angaben für die künftige SE zu enthalten. Hinsichtlich der Einzelheiten ist auf die Erläuterungen zu Art. 7 und Art. 11 zu verweisen; zur Frage, ob die aufnehmende SE zugleich ihren Sitz verlegen kann, → Art. 17 Rn. 7. Nach **lit. b** ist weiterhin das **Umtauschverhältnis** und eine gegebenenfalls notwendig werdende **Ausgleichsleistung** für Spitzenbeträge anzugeben. Wie das Umtauschverhältnis zu bestimmen ist, beantwortet sich nach Art. 18 nach dem nationalen Recht. Entsprechendes gilt auch für die Frage, ob die Ausgleichsleistung auf eine bare Ausgleichszahlung beschränkt ist oder auch unbare Komponenten enthalten kann.[20] Mit denen nach **lit. c** anzugebenden **Einzelheiten der Übertragung der Aktien der SE** sind in erster Linie die durch den Anteilstausch entstehenden Kosten und die Herkunft der neuen Aktien gemeint. Wegen der Einzelheiten kann auf die Auslegung des Art. 5 Abs. 2 lit. c Verschmelzungsrichtlinie (jetzt Art. 91 Abs. 2 lit. c GesR-RL) bzw. § 5 Abs. 1 Nr. 4 UmwG und §§ 71 f. UmwG verwiesen werden.[21] Der **Beginn der Gewinnberechtigung (lit. d)** und der **Verschmelzungsstichtag (lit. e)** decken sich mit der Auslegung von Art. 5 Abs. 2 lit. d, e Verschmelzungsrichtlinie (jetzt Art. 91 Abs. 2 lit. d, e GesR-RL) bzw. § 5 Abs. 1 Nr. 5, 6 UmwG. Besonderheiten durch eine SE-Gründung sind nicht zu verzeichnen. Wie im harmonisierten Recht auch darf namentlich der Verschmelzungsstichtag nicht vor dem Übergang der Gewinnberechtigung liegen und muss ferner mit dem Stichtag der Schlussbilanz der übertragenden AG übereinstimmen. Wie bei Art. 5 Abs. 2 lit. f Verschmelzungsrichtlinie (jetzt Art. 91 Abs. 2 lit. f GesR-RL) bzw. § 5 Abs. 1 Nr. 7 UmwG sind nach **lit. f** bestehende wie anlässlich der Gründung entstehende **Sonderrechte** im Verschmelzungsplan anzugeben. Auch insoweit gibt es keine Besonderheiten, da die SE-VO keine speziellen Sonderrechte kennt. Die ebenfalls anzugebenden 8

---

[15] MüKoAktG/*Schäfer* Rn. 7; Kalss/Hügel/*Hügel* SEG § 17 Rn. 6; sowie auch *Neun* in Theisen/Wenz Eur AG S. 97 f.; aA wohl *Schwarz* Rn. 51, Art. 18, 25 f.

[16] Brandt/Scheifele DStR 2002, 547 (554); *Scheifele* Die Gründung der Europäischen Aktiengesellschaft (SE), 2004, 176; *Jannott* in Jannott/Frodermann SE-HdB Kap. 3 Rn. 37; ähnlich Lutter/Hommelhoff/*Bayer*, Die Europäische Gesellschaft, 2005, 25 (35): zumindest Beurkundung im Sitzstaat der zukünftigen SE genügt.

[17] → Art. 9 Rn. 15 und näher zu dieser methodischen Frage *Casper* FS Ulmer, 2003, 51 (69 f.).

[18] MüKoAktG/*Schäfer* Rn. 7; dazu, dass sich die Gleichwertigkeit von Auslandsbeurkundungen nach dem jeweiligen nationalen Recht richtet vgl. auch Kalss/Hügel/*Kalss* SEG § 17 Rn. 6, abw. aber *Neun* in Theisen/Wenz SE S. 98; weitergehend wohl auch Lutter/Hommelhoff/Teichmann/*Bayer* Rn. 8 sowie Habersack/Drinhausen/*Marsch-Barner* Rn. 7, die stets eine Beurkundung durch irgendeinen Notar innerhalb eines EWR-Staates genügen lassen wollen. Allg. zu den Anforderungen an eine Gleichwertigkeit → § 23 AktG Rn. 9 ff.

[19] Ausf. Darstellung aller Einzelheiten zB bei Habersack/Drinhausen/*Marsch-Barner* Rn. 9–37; Kölner Komm AktG/*Maul* Rn. 24 f.; MüKoAktG/*Schäfer* Rn. 12 ff.; *Witten*, Minderheitenschutz bei Gründung und Sitzverlegung der Europäischen Aktiengesellschaft (SE), 2011, 36 ff.

[20] Ebenso Lutter/Hommelhoff/Teichmann/*Bayer* Rn. 19 – wenn auch unter Rückgriff auf Art. 15 – und mit ausf. Begründung wie hier auch MüKoAktG/*Schäfer* Rn. 14; Habersack/Drinhausen/*Marsch-Barner* Rn. 16; *Scheifele*, Die Gründung der Europäischen Aktiengesellschaft (SE), 2004, 158; aA – im Sinne einer europarechtlichen Kompetenznorm für unbare Zuzahlungen – wohl Kalss/Hügel/*Hügel* SEG § 17 Rn. 13.

[21] Vgl. etwa Lutter/*Drygala* UmwG § 5 Rn. 64 ff.; Lutter/Hommelhoff/Teichmann/*Bayer* Rn. 19.

Vorteile für bestimmte Personengruppen nach **lit. g** folgen dem Regelungsvorbild in Art. 5 Abs. 2 lit. g Verschmelzungsrichtlinie (jetzt Art. 91 Abs. 2 lit. g GesR-RL) – in Deutschland umgesetzt durch § 5 Abs. 1 Nr. 8 UmwG – und haben Vergünstigungen für Organmitglieder oder Sachverständige wie den Verschmelzungsprüfer vor Augen. Dagegen ist der Abschlussprüfer von der Vorschrift – im Unterschied zu § 5 Abs. 1 Nr. 8 UmwG – nicht erfasst.[22]

9   Abweichend von §§ 37, 74 UmwG ist nach **lit. h** bei der Verschmelzungsgründung einer SE auch im Falle der Verschmelzung durch Aufnahme die **Angabe der Satzung der aufnehmenden SE** erforderlich, da die aufnehmende Gesellschaft nicht nur eine Verschmelzung, sondern zeitgleich auch einen Formwechsel von einer nationalen Gesellschaft in eine SE vollzieht. Bei einem Formwechsel ist die Aufnahme der neuen Satzung in den Umwandlungsbeschluss aber auch sonst bekannt (vgl. zB §§ 218, 243, 263, 267 UmwG). Die in den Plan aufgenommene Satzung wird zusammen mit dem Plan beurkundet, sofern das nationale Recht dies vorschreibt (→ Rn. 6), weshalb eine besondere Feststellung iSd § 23 Abs. 1 AktG dann nicht mehr notwendig ist.[23] Der **Satzungsbegriff** bestimmt sich nach Art. 6. Die **Bestandteile der Satzung** ergeben sich vorrangig aus der SE-VO[24] und nachrangig über die Verweisung in Art. 15 aus den nationalen Anforderungen des Mitgliedstaates, in dem die SE ihren Sitz nimmt.[25] Ohne Vorbild in der Verschmelzungsrichtlinie (jetzt Art. 87–117 GesR-RL) ist auch die Verpflichtung in **lit. i**, das Verfahren über die **Arbeitnehmermitbestimmung** nach der SE-RL im Verschmelzungsplan zu dokumentieren. Diese Dokumentationspflicht erfasst jedoch nur das Verfahren, nicht auch dessen Ergebnis, da das Verhandlungsverfahren über eine Arbeitnehmermitbestimmung gem. Art. 3 Abs. 1 SE-RL erst nach der Offenlegung des Verschmelzungsplans beginnt. Dies hat zur Folge, dass im Plan nur eine Schilderung der Rechtslage und konkret geplanter Schritte verlangt werden kann, nicht aber über die zukünftigen Entwicklungen – wie zB die Frage, ob ein Abbruch oder die Nichtaufnahme der Verhandlungen wahrscheinlich ist – zu spekulieren ist.[26] Daneben kann noch über die Verweisung in Art. 18 die Verpflichtung zur Zuleitung des Verschmelzungsplans an den Betriebsrat bestehen. Dies richtet sich bei einer deutschen Gründungsgesellschaft nach § 5 Abs. 3 UmwG.

V. Der fakultative Inhalt des Verschmelzungsplans (Abs. 2)

10   Abs. 2 stellt klar, dass die verschmelzenden Gesellschaften weitere Punkte in den Verschmelzungsplan aufnehmen können. Zu denken ist insoweit in erster Linie an **schuldrechtliche Abreden** wie sie in einem *business combination agreement* üblich sind (→ Rn. 4). Im Übrigen werden zusätzliche Punkte in erster Linie als vollzugsbegleitende Regelungen einzuordnen sein. Zu denken ist insbesondere an Bedingungen, Befristungen und Rücktrittsklauseln. Regelungen, die die Eintragung überdauern sollen, machen allenfalls im Verhältnis zu Dritten Sinn, da die Verschmelzungspartner nach der Eintragung (teilweise) nicht mehr existieren.[27]

VI. Das Barabfindungsangebot nach § 7 SEAG

11   Der Verschmelzungsplan einer deutschen Gründungsgesellschaft muss nach § 7 Abs. 1 SEAG ein Barabfindungsangebot an alle widersprechenden Aktionäre enthalten, sofern mit der Verschmelzung ein Wegzug verbunden ist, die aufnehmende oder die neu gegründete SE also ihren Sitz im Ausland hat. Weitergehende Pläne im DiskE zum SEAG,[28] das Barabfindungsangebot auf sämtliche Verschmelzungsfälle zu erstrecken, sind nicht zuletzt aufgrund nachhaltiger Kritik im Schrifttum[29] fallengelassen wor-

---

[22] Lutter/Hommelhoff/Teichmann/*Bayer* Rn. 24; MüKoAktG/*Schäfer* Rn. 19; *Schwarz* Rn. 38; zum deutschen Recht etwa Lutter/*Drygala* UmwG § 5 Rn. 79 ff.

[23] *Kersting* DB 2001, 2079 (2081); MüKoAktG/*Schäfer* Rn. 20; so wohl auch *Scheifele*, Die Gründung der Europäischen Aktiengesellschaft (SE), 2004, 163 f.; *Schwarz* Rn. 40.

[24] Zu unterscheiden sind notwendige Satzungsbestandteile wie zB Art. 38 lit. b und fakultative Satzungsbestandteile wie zB Art. 40 Abs. 2 S. 2, vgl. MüKoAktG/*Schäfer* Rn. 20 mit einer vollständigen Aufzählung in Fn. 60.

[25] In Deutschland also nach § 23 AktG, zu den Einzelheiten vgl. die Erläuterungen zu § 23 AktG.

[26] Ebenso Kalss/Hügel/*Hügel* SEG § 17 Rn. 12; MüKoAktG/*Schäfer* Rn. 21; Lutter/Hommelhoff/Teichmann/*Bayer* Rn. 26; *Schwarz* Rn. 44 f.

[27] Einzelheiten bei NK-SE/*Schröder* Rn. 35 ff.; Kölner Komm AktG/*Maul* Rn. 61.

[28] Abgedruckt in NZG 2003, Sonderbeil. zu Heft 7.

[29] Vgl. insbes. *Teichmann* ZGR 2003, 367 (383); *Teichmann* AG 2004, 67 (68 f.); *Ihrig/Wagner* BB 2004, 1749 (1751) sowie von der Verbandseite etwa DAV-Handelsrechtsausschuss NZG 2004, 77 f. Grundsätzliche Kritik zum Barabfindungsangebot bei *Kübler* ZHR 167 (2003), 627 (630); *Waclawik* DB 2004, 1191 (1193); sowie *Brandes* AG 2005, 177 (180), der auch Konstruktionsfehler in § 7 SEAG anmahnt; diese bestreitend aber *Casper* ZHR 173 (2009), 181 (206 f.).

den.³⁰ Sachlich handelt es sich bei der Pflicht zum Barabfindungsangebot um ein **Austrittsrecht** für gegen die Verschmelzung opponierende Gesellschafter.³¹ Die Pflicht zur Barabfindung ist aufschiebend auf das Wirksamwerden der Verschmelzung bedingt und geht nach Art. 29 Abs. 1 lit. a auf die SE über.³² Dies bedeutet, dass dem widersprechenden Aktionär das Austrittsrecht erst zusteht, wenn die neue SE bereits entstanden ist. Die SE erwirbt also **eigene Aktien,** wenn der dissertierende Aktionär von seinem Austrittsrecht Gebrauch macht. § 7 Abs. 1 S. 2 SEAG ordnet insoweit an, dass die deutschen Regeln über den Erwerb eigener Aktien mit Ausnahme von § 71 Abs. 4 S. 2 AktG gelten, was jedoch insoweit unproblematisch ist, als dass **§ 71 Abs. 1 Nr. 3 AktG** einen Erwerb eigener Aktien zur Erfüllung eines Barabfindungsangebots für zulässig erachtet. Diese Norm ist in der Konstellation einer SE-Gründung entsprechend anwendbar. Sofern die SE ihren Sitz im Ausland genommen hat, führt dies zu dem nicht unbedenklichen, mit Blick auf Art. 25 Abs. 3 aber wohl letztlich hinnehmbaren Ergebnis, dass auf eine ausländische SE die §§ 71 ff. AktG anwendbar sind.³³

Der Verschmelzungsplan muss auch Angaben über den **Inhalt des Barabfindungsangebots** 12 enthalten, dessen Bemessung sich nach § 7 Abs. 2 SEAG richtet. Zur Auslegung dieser Vorschrift kann auf die gleich lautende Vorschrift in § 30 Abs. 1 S. 1 UmwG verwiesen werden. Gleiches gilt für die Pflicht zur **Prüfung des Angebots** nach § 7 Abs. 3 SEAG, der der Regelung in § 30 Abs. 2 UmwG entspricht. Der widersprechende Aktionär muss das Barabfindungsangebot binnen zwei Monaten nach Eintragung der SE in ihrem Sitzstaat annehmen (§ 7 Abs. 4 SEAG). Mit der Annahme durch die SE entsteht der Abfindungsanspruch. Dieses Verfahren entspricht § 31 UmwG. Gleiches gilt für die Verlängerung der Annahmefrist nach § 7 Abs. 7 SEAG. Hinsichtlich der Einzelheiten des weiteren Verfahrens, insbesondere auf den Ausschluss der Anfechtungsmöglichkeit sowie auf das Spruchverfahren nach § 7 Abs. 5 und Abs. 7 SEAG ist bei Art. 24 (→ Rn. 11 f.) einzugehen.

Art. 21 [Bekanntmachung des Verschmelzungsplans]

Für jede der sich verschmelzenden Gesellschaften und vorbehaltlich weiterer Auflagen seitens des Mitgliedstaates, dessen Recht die betreffende Gesellschaft unterliegt, sind im Amtsblatt dieses Mitgliedstaats nachstehende Angaben bekannt zu machen:
a) **Rechtsform, Firma und Sitz der sich verschmelzenden Gesellschaften,**
b) **das Register, bei dem die in Artikel 3 Absatz 2 der Richtlinie 68/151/EWG genannten Urkunden für jede der sich verschmelzenden Gesellschaften hinterlegt worden sind, sowie die Nummer der Eintragung in das Register,**
c) **einen Hinweis auf die Modalitäten für die Ausübung der Rechte der Gläubiger der betreffenden Gesellschaft gemäß Artikel 24 sowie die Anschrift, unter der erschöpfende Auskünfte über diese Modalitäten kostenlos eingeholt werden können,**
d) **einen Hinweis auf die Modalitäten für die Ausübung der Rechte der Minderheitsaktionäre der betreffenden Gesellschaft gemäß Artikel 24 sowie die Anschrift, unter der erschöpfende Auskünfte über diese Modalitäten kostenlos eingeholt werden können,**
e) **die für die SE vorgesehene Firma und ihr künftiger Sitz.**

Auszug aus dem SEAG

§ 5 Bekanntmachung
¹Die nach Artikel 21 der Verordnung bekannt zu machenden Angaben sind dem Register bei Einreichung des Verschmelzungsplanes mitzuteilen. ²Das Gericht hat diese Angaben zusammen mit dem nach § 61 Satz 2 des Umwandlungsgesetzes vorgeschriebenen Hinweis bekannt zu machen.

I. Regelungsgehalt, Normzweck, Rechtsnatur

Art. 21 regelt die Bekanntmachung der beabsichtigten Verschmelzung, nicht aber die Publikation 1 des gesamten Verschmelzungsplans.¹ Zum einen schreibt die Vorschrift nur einen europäischen

---

³⁰ Rechtspolitische Beurteilung des Gesamtkonzepts des § 7 SEAG bei *Casper* ZHR 173 (2009), 181 (206 f.).
³¹ MüKoAktG/*Schäfer* Rn. 22.
³² RegE zu § 7 SEAG BT-Drs. 15/3405, 33.
³³ Ebenso MüKoAktG/*Schäfer* Rn. 24; Lutter/Hommelhoff/Teichmann/*Bayer* Art. 24 (§§ 6–8, 13, 55 SEAG) Rn. 56 mwN; aA *Brandes* AG 2005, 177 (180), der darin einen Verstoß gegen Art. 9 Abs. 1 sieht; vermittelnd *Vetter* in Lutter/Hommelhoff, Die Europäische Gesellschaft, 2005, 111 (147), demzufolge ein Anspruch auf Barabfindung grds. von ausländischen Rechtsordnungen anzuerkennen ist, die Durchsetzung sich aber nach den auf die SE anwendbaren Kapitalschutzvorschriften richtet.
¹ Vgl. statt aller *Scheifele*, Die Gründung der Europäischen Aktiengesellschaft (SE), 2004, 185; MüKoAktG/*Schäfer* Rn. 1 f.; *Schwarz* Rn. 1; *Bayer* in Lutter/Hommelhoff, Die Europäische Gesellschaft, 2005, 25 (40 f.) jew. mwN zu abw. Stimmen.

Mindestinhalt der Bekanntmachung vor, zum anderen enthält Art. 21 eine **Ermächtigungsnorm** (zum Begriff → Art. 9 Rn. 8) an die Mitgliedstaaten, weitere Vorgaben für die Bekanntmachung anzuordnen. Die Pflicht, den gesamten Verschmelzungsplan bekannt zu machen, kann sich über Art. 18 allein aus dem nationalen Recht ergeben. Deutsche Gründungsgesellschaften sind gem. Art. 18 iVm § 61 UmwG jedoch nur zu einem Hinweis auf die Einreichung des Verschmelzungsplans zu den Akten des Handelsregisters und nicht zur Bekanntmachung des gesamten Plans verpflichtet.[2] Damit ergibt sich aus einer **Zusammenschau von europäischem und deutschem Recht,** dass Art. 21 eine **über § 61 UmwG hinausgehende Pflicht zur Bekanntmachung** anordnet, indem bei einer SE-Gründung nicht nur die Bekanntmachung des Hinweises auf die Einreichung des Plans zum Handelsregister, sondern auch eine Bekanntmachung der in lit. a bis lit. e genannten Angaben erforderlich ist. Das **Verfahren** für die Bekanntmachung ergibt sich wiederum aus Art. 18 allein aus dem Recht, dem die Gründungsgesellschaften unterliegen. Auch das **Publikationsorgan** ist nach dem nationalen Recht zu ermitteln, da Art. 21 nur von dem Amtsblatt dieses Mitgliedstaates spricht.

2 § 5 SEAG hat von der Ermächtigung zu weiteren Auflagen bei der Bekanntmachung keinen Gebrauch gemacht, sondern beschränkt sich auf die Klarstellung, dass der Hinweis auf die Einreichung nach § 61 S. 2 UmwG trotz der Bekanntmachung der Angaben nach Art. 20 lit. a–lit. e ebenfalls zu veröffentlichen ist. Der **Normzweck** des Art. 21 ist aus einer Zusammenschau mit Art. 20 zu ermitteln. Zusammen mit Art. 20 soll er eine **einheitliche Informationsgrundlage** für die an der Verschmelzung beteiligten bzw. von ihr betroffenen Personen sicherstellen[3] (→ Art. 20 Rn. 1). Insbesondere Gläubiger und Minderheitsaktionäre sollen über den grenzüberschreitenden Charakter der Strukturmaßnahme und die bestehenden Schutzmechanismen informiert werden. Warum sich die SE-VO bei der Verschmelzung abweichend von Art. 32 Abs. 3 (Holding-Gründung) und Art. 37 Abs. 5 (Umwandlung) auf eine Veröffentlichungspflicht einzelner Angaben beschränkt und nicht den gesamten Verschmelzungsplan der Bekanntmachung unterwirft, ist unklar.

II. Die einzelnen Angaben (lit. a–lit. e)

3 Nach **lit. a** sind zunächst die **Rechtsform, die Firma und der Sitz** sämtlicher an der Gründung beteiligter Gesellschaften bekannt zu machen. Die Einzelheiten bestimmen sich nach dem jeweiligen nationalen Recht. Existiert bei einer der zu verschmelzenden Gesellschaften ausnahmsweise ein Doppelsitz, so sind beide Sitze bekannt zu machen. Nach **lit. e** sind weiterhin auch die Firma und der Sitz der zu gründenden SE einzutragen. Daneben sind nach **lit. b** die Register anzugeben, in die die zu verschmelzenden Gesellschaften eingetragen sind, nicht aber das Register der künftigen SE. Die Registernummern sind ebenfalls zu nennen. Zweigniederlassungen sind nicht erfasst. **Buchstabe c** betrifft die Modalitäten für die Ausübung der Gläubigerrechte. Anders als lit. a, lit. b gilt er jedoch nur für die jeweilige Gründungsgesellschaft, was mit der Wendung „der betreffenden Gesellschaft" zum Ausdruck gebracht wird. Der Gläubigerbegriff ergibt sich aus Art. 24 Abs. 1 und erfasst nach dessen lit. c auch Aktionäre, die Inhaber von Sonderrechten sind. Die Bekanntmachungspflicht erstreckt sich auf das gesamte Gläubigerschutzverfahren nach Art. 24.[4] Entsprechendes gilt für die Pflicht, die Modalitäten für die Ausübung von Minderheitsrechten bekannt zu machen **(lit. d)**.

III. Ablauf der Bekanntmachung

4 Ablauf, Zeitpunkt und Verfahren der Bekanntmachung richten sich allein nach dem nationalen Recht. In Deutschland ist das **Verfahren** in § 5 SEAG in Anlehnung an § 61 S. 1 UmwG geregelt. Hinsichtlich der Einzelheiten kann auf die Kommentierungen zu § 61 UmwG verwiesen werden. Die Gründungsgesellschaft muss die nach Art. 21 bekannt zu machenden Angaben dem Handelsregister gesondert mitteilen und das Register nicht darauf verweisen, diese dem ebenfalls einzureichenden Verschmelzungsplan zu entnehmen. Die Bekanntmachung erfolgt gemäß § 10 HGB. Der **Zeitpunkt** für die Bekanntmachung ergibt sich aus Art. 18 iVm § 61 S. 1 UmwG. Danach sind die Angaben vor Einberufung der Hauptversammlung (§ 123 Abs. 1 AktG) zu übermitteln, also mindestens einen Tag vor dem Erscheinen der Einladung in den Gesellschaftsblättern.[5]

---

[2] HM, vgl. Habersack/Drinhausen/*Marsch-Barner* Rn. 8 mwN auch zur Gegenauffassung. Zum Aussagegehalt des § 61 UmwG vgl. statt aller Lutter/*Grunewald* UmwG § 61 Rn. 1 ff.

[3] Ebenso *Scheifele*, Die Gründung der Europäischen Aktiengesellschaft (SE), 2004, 186 f.; *Teichmann* ZGR 2002, 383 (422).

[4] Einzelheiten dazu bei *Scheifele*, Die Gründung der Europäischen Aktiengesellschaft (SE), 2004, 186 ff.; Lutter/Hommelhoff/Teichmann/*Bayer* Rn. 9 f. und MüKoAktG/*Schäfer* Rn. 6; Kölner Komm AktG/*Maul* Rn. 8 sowie unten Erl. zu Art. 24.

[5] MüKoAktG/*Schäfer* Rn. 10 zu Einzelfragen der Fristberechnung; *Schwarz* Rn. 18; Lutter/Hommelhoff/Teichmann/*Bayer* Rn. 9; Neye/*Teichmann* AG 2004, 169 (173).

Art. 22 [Verschmelzungsprüfung]

Als Alternative zur Heranziehung von Sachverständigen, die für Rechnung jeder der sich verschmelzenden Gesellschaften tätig sind, können ein oder mehrere unabhängige Sachverständige im Sinne des Artikels 10 der Richtlinie 78/855/EWG, die auf gemeinsamen Antrag dieser Gesellschaften von einem Gericht oder einer Verwaltungsbehörde des Mitgliedstaats, dessen Recht eine der sich verschmelzenden Gesellschaften oder die künftige SE unterliegt, dazu bestellt wurden, den Verschmelzungsplan prüfen und einen für alle Aktionäre bestimmten einheitlichen Bericht erstellen.

Die Sachverständigen haben das Recht, von jeder der sich verschmelzenden Gesellschaften alle Auskünfte zu verlangen, die sie zur Erfüllung ihrer Aufgabe für erforderlich halten.

I. Regelungsgehalt, Normzweck

Art. 22 regelt die Verschmelzungsprüfung ohne sie zwingend europarechtlich vorzuschreiben.[1] **1** Vielmehr setzt Art. 22 voraus, dass bereits aus der Verweisung über Art. 18 in das nationale Gründungsrecht eine Pflicht zur Verschmelzungsprüfung besteht, da Art. 10 Verschmelzungsrichtlinie (jetzt Art. 96 GesR-RL[2]) dies den nationalen Gesellschaftsrechten vorgibt. Somit kann sich die Verordnung auf die Frage beschränken, ob statt einer gesonderten Prüfung bei jeder Gründungsgesellschaft auch eine **gemeinsame Verschmelzungsprüfung** möglich ist. Anders als noch der Art. 15 Abs. 1 S. 2 des Entwurfs von 1975 bejaht Art. 22 diese Fragen im Einklang mit Art. 10 Abs. 1 S. 2 Verschmelzungsrichtlinie (jetzt Art. 96 Abs. 1 S. 2 GesR-RL). Auch der Aussage in Art. 22 UAbs. 1, dass die gemeinsamen Prüfer unabhängig sein müssen, kommt keine konstitutive Wirkung zu, da die **Unabhängigkeit** auch von Prüfern zu fordern ist, die nur einzelne Gründungsgesellschaften prüfen.[3] Dies folgt nicht zuletzt aus einem Vergleich mit Art. 31 Abs. 2 und aus Art. 10 Verschmelzungsrichtlinie (jetzt Art. 96 GesR-RL). UAbs. 2 gibt jedem Sachverständigen ein Auskunftsrecht gegenüber allen sich verschmelzenden Gesellschaften. Eine Ausnahme vom Erfordernis der Verschmelzungsprüfung sieht Art. 31 Abs. 1 S. 1 für den Fall der sog. *up-stream-merger* (Verschmelzung der 100 %-igen Tochter auf die Mutter) vor (vgl. dazu → Art. 31 Rn. 4).

Sinn und Zweck der Verschmelzungsprüfung ist die Erstellung eines Berichts, der der **Informa- 2 tion und dem Schutz der Aktionäre** dient. Zusammen mit dem Verschmelzungsplan und dem Verschmelzungsbericht (→ Rn. 6) soll er die Aktionäre in die Lage versetzen, sachgerecht über die Verschmelzung in der Hauptversammlung zu entscheiden. Der Prüfungsbericht ist damit ein wichtiger Baustein des **Minderheitenschutzes** bei der SE-Gründung.[4] Besondere Bedeutung hat die Verschmelzungsprüfung für die Überprüfung des Umtauschverhältnisses. In Deutschland dient der Bericht somit auch der Vorbereitung einer möglichen Korrektur des Umtauschverhältnisses im Spruchverfahren nach § 6 SEAG. Versteht man mit der hier vertretenen Auffassung (→ Rn. 1) Art. 22 nicht als konstitutive europarechtliche Verpflichtung zur Durchführung der Verschmelzungsprüfung, so dient Art. 22 unmittelbar nur dazu, die Möglichkeit zur gemeinsamen Prüfung verpflichtend anzuordnen, da sie nach Art. 10 Abs. 1 S. 2 Verschmelzungsrichtlinie (jetzt Art. 96 Abs. 1 S. 2 GesR-RL) nur eine Option für die Mitgliedstaaten darstellt.

II. Prüfungsverfahren, Prüfungsbericht (Unterabs. 1)

Die **Bestellung der Prüfer** richtet sich nach dem nationalen Recht. In Deutschland kommt es **3** somit über Art. 18 zur Anwendung der §§ 11 ff. UmwG, §§ 319 f. HGB, wonach nur unabhängige Wirtschaftsprüfer bestellt werden dürfen. Es genügt, wenn der Prüfer in einem der Staaten, denen die Gründungsgesellschaften angehören, seine **Zulassung** erworben hat.[5] Während bei der von Art. 22 nicht erfassten getrennten Prüfung die Prüfer in einigen Mitgliedstaaten unmittelbar von der

---

[1] Vgl. zum Regelungsgehalt Habersack/Drinhausen/*Marsch-Barner* Rn. 1; Kölner Komm AktG/*Maul* Rn. 5 f.; *Neun* in Theisen/Wenz SE S. 108; *Vetter* in Lutter/Hommelhoff, Die Europäische Gesellschaft, 2005, 119 und wohl auch *Teichmann* ZGR 2003, 367 (374); MüKoAktG/*Schäfer* Rn. 1; NK-SE/*Schröder* Rn. 1.

[2] S. Hinweis in Art. 17 Fn. 2.

[3] *Teichmann* ZGR 2002, 383 (423 f.); MüKoAktG/*Schäfer* Rn. 2; *Scheifele*, Die Gründung der Europäischen Aktiengesellschaft (SE), 2004, 194; Habersack/Drinhausen/*Marsch-Barner* Rn. 4; Kölner Komm AktG/*Maul* Rn. 13.

[4] Statt aller *Teichmann* ZGR 2003, 367 (373 f.); *Kalss* ZGR 2003, 593 (618); *Scheifele*, Die Gründung der Europäischen Aktiengesellschaft (SE), 2004, 192; MüKoAktG/*Schäfer* Rn. 3; ausf. zum Ganzen *Witten*, Minderheitenschutz bei Gründung und Sitzverlegung der Europäischen Aktiengesellschaft (SE), 2011, 69 ff.

[5] MüKoAktG/*Schäfer* Rn. 5; *Scheifele*, Die Gründung der Europäischen Aktiengesellschaft (SE), 2004, 200 f.; *Schwarz* Rn. 16.

jeweiligen Gründungsgesellschaft bestellt werden können,[6] ist dies bei der gemeinsamen Prüfung nicht möglich. Dort ist vielmehr auf einen **gemeinsamen Antrag** aller an der Gründung beteiligten Gesellschaften hin der Prüfer von einem Gericht oder einer Verwaltungsbehörde zu bestimmen. In Deutschland ist diese Antragskompetenz dem Vorstand zugewiesen und der Antrag bei dem nach § 10 Abs. 2 UmwG zuständigen Landgericht zu stellen. Der Antrag muss bei der notwendig grenzüberschreitenden Verschmelzung (Art. 2 Abs. 1) aber nicht bei mehreren, sondern nur bei einem Gericht gestellt werden. Im Wege einer auf die beteiligten Rechtsordnungen **begrenzten Rechtswahl** können die beteiligten Gesellschaften einen Antrag also in jedem Staat stellen, dessen Recht eine der Gründungsgesellschaften unterliegt. **Art und Inhalt** der Prüfung kann durch diese Rechtswahl jedoch nicht beeinflusst werden, da die Prüfer **kumulativ** nach den Vorgaben sämtlicher beteiligter Rechtsordnungen **prüfen** müssen (str.).[7] Anderenfalls könnte der Minderheitenschutz unterlaufen werden, da der Vorstand mit Wahl der gemeinsamen Gründungsprüfung sich allein für das liberalere Recht entscheiden könnte und so für einen Teil der Aktionäre ohne deren Zustimmung das Schutzniveau absenken könnte.[8]

4   Der **Inhalt der Prüfung** und des hierüber zu erstellenden Berichts bestimmt sich allein nach dem Recht der Mitgliedstaaten. In Deutschland gelten daher die §§ 60, 73 UmwG iVm § 12 UmwG, hinsichtlich deren Einzelheiten auf das umwandlungsrechtliche Spezialschrifttum zu verweisen ist.[9] Hinzu treten aber noch die Vorgaben der anderen beteiligten Rechtsordnungen (→ Rn. 3). Zum Abschluss der gemeinsamen Prüfung nach Art. 22 UAbs. 1 ist auch ein **einheitlicher Prüfungsbericht** zu erstellen, dessen Anforderungen sich ebenfalls nach den Vorgaben aller beteiligten Rechtsordnungen richten. Von dem in UAbs. 1 aE angesprochenen Prüfungsbericht, der von den Prüfern zu erstellen ist, ist ein Verschmelzungsbericht seitens des Leitungs- oder Verwaltungsorgans der Gründungsgesellschaften zu unterscheiden (→ Rn. 6). Akzeptiert man auch für die SE eine Pflicht zur Aufstellung eines Verschmelzungsberichts, ist davon die umstrittene Frage abzugrenzen, ob sich der Prüfungsauftrag auch auf die Richtigkeit des Verschmelzungsberichts zu erstrecken hat.[10]

III. Auskunftsrecht der Prüfer (Unterabs. 2)

5   Art. 22 UAbs. 2 ordnet an, dass die zur Prüfung bestellten Personen von jeder der sich verschmelzenden Gesellschaften Auskunft verlangen können. Das Auskunftsrecht bezieht sich auf alle Angaben, die die Prüfer zur ordnungsgemäßen Erfüllung ihrer Aufgaben für erforderlich erachten.[11] Die Vorschrift ist Art. 10 Abs. 3 Verschmelzungsrichtlinie (jetzt Art. 96 Abs. 3 GesR-RL) nachgebildet, der allerdings statt von „erforderlich" von „zweckdienlichen Auskünften" spricht, woraus ein **umfassendes Informationsrecht** hergeleitet wird.[12] Mit der abweichenden Formulierung in Art. 22 UAbs. 2 soll keine Einschränkung zum Ausdruck gebracht werden, vielmehr ist auch insoweit von einem umfassenden Auskunftsrecht auszugehen.[13]

---

[6] In Deutschland ist dies seit der Neufassung der § 10 Abs. 1 UmwG, §§ 60, 73 UmwG nicht mehr möglich.
[7] So zu Recht die hM, vgl. Kölner Komm AktG/*Maul* Rn. 16; MüKoAktG/*Schäfer* Rn. 8; *Schwarz* Rn. 19; *Scheifele,* Die Gründung der Europäischen Aktiengesellschaft (SE), 2004, 198 f.; *Witten,* Minderheitenschutz bei Gründung und Sitzverlegung der Europäischen Aktiengesellschaft (SE), 2011, 73 f.; aA aber Habersack/Drinhausen/*Marsch-Barner* Rn. 9; Lutter/Hommelhoff/Teichmann *Bayer* Rn. 6; *Schmidt,* „Deutsche" vs. „britische" SE, 2007, 196 f.; vgl. zur parallelen Diskussion bei der grenzüberschreitenden Verschmelzung Semler/Stengel/*Drinhausen* UmwG § 122f Rn. 5.
[8] Vgl. ausführlichere Begründung bei *Witten,* Minderheitenschutz bei Gründung und Sitzverlegung der Europäischen Aktiengesellschaft (SE), 2011, 73 f.
[9] Ausführlichere Übersicht zB bei Kölner Komm AktG/*Maul* Rn. 15 ff.
[10] Dies bejahend etwa Lutter/Hommelhoff/Teichmann/*Bayer* Rn. 14 mwN zum Streitstand im deutschen Recht.
[11] Vgl. Lutter/Hommelhoff/Teichmann/*Bayer* Rn. 12, der allerdings zu Recht darauf hinweist, dass es insoweit nicht auf einen subjektiven Maßstab des jeweiligen Prüfers ankomme, sondern darauf, was ein Prüfer nach objektiven Maßstäben tatsächlich für erforderlich halten durfte; so auch Habersack/Drinhausen/*Marsch-Barner* Rn. 14; Kölner Komm AktG/*Maul* Rn. 21. MüKoAktG/*Schäfer* Rn. 11 spricht hier enger von Grenzen durch das Schikaneverbot.
[12] Vgl. dazu nur *Grundmann* EuropGesR, 1. Aufl. 2004, Rn. 872; Kölner Komm AktG/*Maul* Rn. 20 mwN; Habersack/Drinhausen/*Marsch-Barner* Rn. 14.
[13] *Teichmann* ZGR 2002, 383 (424 f.); MüKoAktG/*Schäfer* Rn. 11; *Neun* in Theisen/Wenz SE S. 115; *Jannott* in Jannott/Frodermann SE-HdB Kap. 3 Rn. 61; Lutter/Hommelhoff/Teichmann/*Bayer* Rn. 11; *Schwarz* Rn. 32; *Witten,* Minderheitenschutz bei Gründung und Sitzverlegung der Europäischen Aktiengesellschaft (SE), 2011, 75; aA noch *Schwarz* ZIP 2001, 1847 (1851) unter Hinweis auf Art. 21 Abs. 3 des Verordnungsentwurfs von 1991, in dem noch die Formulierung der Verschmelzungsrichtlinie (jetzt Art. 87–117 GesR-RL) wörtlich übernommen worden war.

IV. Verschmelzungsbericht

Anders als noch der Verordnungsentwurf von 1991 enthält die heutige Fassung der SE-VO **keine** **6** **ausdrückliche Pflicht** des Leitungs- oder Verwaltungsorgans der Gründungsgesellschaft, einen Verschmelzungsbericht zu erstellen, wie ihn das deutsche Recht in § 8 UmwG kennt. Es spricht allerdings vieles dafür, aus einem Umkehrschluss zu Art. 31 Abs. 2 S. 1 oder einer **Analogie zu Art. 32 Abs. 2 S. 1** gleichwohl eine europarechtliche Pflicht zur Erstellung eines Verschmelzungsberichts anzunehmen. Denn es macht kaum Sinn, dass Art. 31 einen Verschmelzungsbericht für konzernierte Verschmelzungen und Art. 32 einen entsprechenden Bericht für die Holding-Gründung vorsieht, während die Pflicht bei der einfachen Verschmelzung dem jeweiligen Recht der Gründungsstaaten überlassen bleiben soll. Für in Deutschland ansässige Gründungsgesellschaften kann dieser Streit aber letztlich auf sich beruhen, da für diese aus **Art. 18 iVm § 8 UmwG** eine nationale Pflicht zur Erstellung eines Verschmelzungsberichts folgt. In Analogie zu Art. 22 UAbs. 1 wird man die Aufstellung eines **gemeinsamen Verschmelzungsberichts** genügen lassen müssen.[14] Hinsichtlich der Einzelheiten des Inhalts ist auf die Kommentierungen zu § 8 UmwG zu verweisen. Nach Art. 18 iVm § 63 Abs. 1 Nr. 4 UmwG ist der Verschmelzungsbericht bei einer deutschen Aktiengesellschaft den Aktionären einen Monat vor der Verschmelzungshauptversammlung bekannt zu machen und in der Hauptversammlung auszulegen oder im Internet bekannt zu machen (§ 63 Abs. 4 UmwG).[15]

Art. 23 [Zustimmung der Hauptversammlung]

(1) **Die Hauptversammlung jeder der sich verschmelzenden Gesellschaften stimmt dem Verschmelzungsplan zu.**

(2) ¹**Die Beteiligung der Arbeitnehmer in der SE wird gemäß der Richtlinie 2001/86/EG festgelegt.** ²**Die Hauptversammlung jeder der sich verschmelzenden Gesellschaften kann sich das Recht vorbehalten, die Eintragung der SE davon abhängig zu machen, dass die geschlossene Vereinbarung von ihr ausdrücklich genehmigt wird.**

Schrifttum: Arbeitskreis Aktien- und Kapitalmarktrecht, Die 8 wichtigsten Änderungsvorschläge zur SE-VO, ZIP 2009, 698; *Arbeitskreis Aktien- und Kapitalmarktrecht,* Vorschläge zur Reform der Mitbestimmung in der Societas Europaea (SE), ZIP 2010, 2221; *Arbeitskreis Aktien- und Kapitalmarktrecht,* Vorschläge zur Reform der Mitbestimmung in der Societas Europaea (SE) – ergänzende Stellungnahme, ZIP 2011, 1841; *Cannistra,* Das Verhandlungsverfahren zur Regelung der Mitbestimmung der Arbeitnehmer bei Gründung einer Societas Europaea und bei Durchführung einer grenzüberschreitenden Verschmelzung, 2014; *Kiem,* Der Evaluierungsbericht der EU-Kommission zur SE-Verordnung, CFL 2011, 134; *Witten,* Minderheitenschutz bei Gründung und Sitzverlegung der Europäischen Aktiengesellschaft (SE), 2011.

I. Regelungsgehalt, Normzweck

Art. 23 Abs. 1 regelt, dass jede Hauptversammlung der an der Verschmelzung beteiligten Gesell- **1** schaften dem einheitlichen Verschmelzungsplan zustimmen muss. Es versteht sich von selbst, dass die Aktionäre der beteiligten Gründungsgesellschaften jeweils in einer gesonderten Hauptversammlung über den Verschmelzungsplan abstimmen müssen. Mit dieser Abstimmung entscheiden die Aktionäre als wirtschaftliche Eigentümer, ob sie mit der Verschmelzung einverstanden sind. Die Vorschrift sichert also ihr **Mitentscheidungsrecht**. Damit stellt **Abs. 1** einen weiteren zentralen **Baustein des Minderheitenschutzes** bei der Verschmelzungsgründung dar. Deshalb ist diese Zustimmung über das Ob der Verschmelzung anders als der Zustimmungsvorbehalt zum Mitbestimmungsmodell nach Abs. 2 S. 2 unverzichtbar.[1] Allerdings ist dieses Schutzinstrument lückenhaft geregelt, da selbst zentrale Punkte wie das Mehrheitserfordernis für die Zustimmung (→ Rn. 7) nach Art. 18 den nationalen Rechtsordnungen anheimgestellt werden. Nicht einmal auf die ausdrückliche Nennung des Erfordernisses einer Zweidrittelmehrheit (Art. 7 Abs. 1 S. 2 Verschmelzungsrichtlinie (jetzt Art. 93 Abs. 1 S. 2 GesR-RL[2])) konnte man sich bei Verabschiedung der SE-VO verständigen.

Bei **Abs. 2 S. 1** handelt es sich um eine überflüssige **Klarstellung**. Dass sich die **Mitbestimmung** **2** nach der SE-RL richtet, ergibt sich bereits für alle Gründungsformen einheitlich aus Art. 1 Abs. 4.

---

[14] Zumindest soweit dies beide Rechtsordnungen zulassen, so *Teichmann* in Van Hulle/Maul/Drinhausen SE-HdB 4. Abschnitt § 2 Rn. 50; Lutter/Hommelhoff/Teichmann/*Bayer* Art. 20 Rn. 30; Kölner Komm AktG/*Maul* Rn. 32, 23; im Erg. auch MüKoAktG/*Schäfer* Rn. 14, Haberack/Drinhausen/*Marsch-Barner* Rn. 18; letztere allerdings ohne die entsprechende Anwendung des Art. 22 UAbs. 1; teilw. abw. *Jannott* in Jannott/Frodermann SE-HdB Kap. 3 Rn. 55; ebenso bereits *Schwarz* Rn. 12, Art. 20 Rn. 59.
[15] Zu dieser Neuerung durch das ARUG vgl. etwa *J. Schmidt* NZG 2008, 734.
[1] MüKoAktG/*Schäfer* Rn. 1; Kölner Komm AktG/*Maul* Rn. 1, 5.
[2] S. Hinweis in Art. 17 Fn. 2.

Einen gegenüber Art. 1 Abs. 4 eigenständigen Regelungsgehalt weist Art. 23 Abs. 2 S. 1 nicht auf. Demgegenüber ist der **Zustimmungsvorbehalt** zum Mitbestimmungsmodell **nach Abs. 2 S. 2** im engen Zusammenhang mit dem Mitentscheidungsrecht der Aktionäre nach Abs. 1 zu sehen. Da bei der Beschlussfassung über den Verschmelzungsplan nach Abs. 1 das Mitbestimmungsmodell für die zu gründende SE in aller Regel wegen Art. 3 SE-RL noch nicht ausgehandelt ist, können die Gründungsgesellschaften die Entstehung der SE von einer erneuten Zustimmung über das Mitbestimmungsmodell abhängig machen. Damit wird insbesondere den Aktionären in mitbestimmungsfreien Gründungsgesellschaften ermöglicht, sich hinsichtlich der Mitbestimmung ein **Letztentscheidungsrecht** vorzubehalten. Wird die Zustimmung nach Abs. 2 S. 2 verweigert, scheitert die Gründung (→ Rn. 8). Rechtspolitisch ist diese Alles-oder-Nichts-Modell unzureichend (→ Rn. 9).

II. Der Zustimmungsbeschluss (Abs. 1)

3   **Einberufung** und **Ablauf** der Hauptversammlung sind ebenso wenig wie das **Beschlussverfahren** durch Art. 23 Abs. 1 vorgegeben. Die Regelungen über die Hauptversammlung der SE (Art. 52 ff.) sind noch nicht anwendbar. All diese Lücken werden mittels des Verweises in Art. 18 durch das jeweilige Gründungsrecht geschlossen. Gleiches gilt für die Beurkundung oder Dokumentation des Beschlusses. Insoweit kommen für die in Deutschland domizilierende Aktiengesellschaft die §§ 121 ff. AktG zur Anwendung. Diese werden durch §§ 62 ff. UmwG als speziellere Vorschriften ergänzt. Auf Einzelheiten kann und braucht an dieser Stelle nicht eingegangen werden. Auch das **Mehrheitserfordernis** bestimmt sich allein nach dem nationalen Recht. In Deutschland greift damit gem. § 65 Abs. 1 S. 1 UmwG das Erfordernis einer Mehrheit von mindestens drei Vierteln des bei der Beschlussfassung vertretenen Grundkapitals. Der Beschluss ist nach § 13 Abs. 3 S. 1 UmwG zu beurkunden. Wegen Art. 7 Abs. 1 S. 2 Verschmelzungsrichtlinie (jetzt Art. 93 Abs. 1 S. 2 GesR-RL) müssen die anderen Mitgliedstaaten regelmäßig mindestens eine Zweidrittelmehrheit fordern, es sei denn, dass von der Option des Art. 7 Abs. 1 S. 3 (jetzt Art. 93 Abs. 1 S. 3 GesR-RL) Gebrauch gemacht wurde, wonach auch die Hälfte des gezeichneten Kapitals genügen kann.

4   Schwierigkeiten bereitet das **Beschlussverbot nach § 76 Abs. 1 UmwG,** das auf deutsche Gründungsgesellschaften nach Art. 18 Anwendung findet. Danach darf eine deutsche AG einer **Verschmelzung durch Neugründung** nur dann zustimmen, wenn sie selbst und alle anderen an der Verschmelzung beteiligten Gesellschaften seit mindestens zwei Jahren bestehen. Diese die Nachgründungsvorschrift in § 52 AktG flankierende Norm ist unzweifelhaft nicht auf ausländische Gesellschaften anwendbar. Deren Aktionäre dürfen also zustimmen. Gleichwohl wird man § 76 Abs. 1 UmwG wohl dahin auslegen müssen, dass der deutschen Gesellschaft die Zustimmung auch dann verboten ist, wenn einer ihrer ausländischen Partner erst seit weniger als zwei Jahren besteht.[3] In der Praxis besteht allerdings die Möglichkeit, auf eine **Verschmelzung durch Aufnahme** auszuweichen. In diesem Fall ist allerdings der Aufsichtsrat der deutschen Aktiengesellschaft gem. Art. 18 iVm §§ 67 UmwG, 52 Abs. 3, 4 AktG zur Erstellung eines Nachgründungsberichts und zur Durchführung einer Nachgründungsprüfung verpflichtet, sofern die deutsche Gesellschaft aufnimmt[4] und diese weniger als zwei Jahre besteht.

III. Arbeitnehmerbeteiligung und Zustimmungsvorbehalt (Abs. 2 S. 2)

5   Der Zustimmungsvorbehalt in Abs. 2 S. 2 dient der Mitsprache der Aktionäre über eine nach Art. 4 SE-RL getroffenen Mitbestimmungsvereinbarung. Da gem. Art. 3 SE-RL das Verhandlungsgremium erst nach der Bekanntmachung des Verschmelzungsplans eingesetzt werden kann und dessen Einigung oftmals bei Abschluss des Zustimmungsbeschlusses nach Abs. 1 noch nicht vorliegen wird, sieht Abs. 2 S. 2 ein erneutes Mitspracherecht der Aktionäre in Gestalt eines Zustimmungsvorbehalts vor. Dieser Zustimmungsvorbehalt ist jedoch mit einer **zusätzlichen Hauptversammlung** verbunden, was in der Praxis eine weitere Verzögerung und zusätzlichen Aufwand bedeutet. Ohne einen Zustimmungsvorbehalt nach Abs. 2 S. 2 wäre die Hauptversammlung nur dann erneut mit der Vereinbarung über die Mitbestimmung befasst, sofern diese eine Satzungsänderung erforderlich machen würde.[5]

6   Der Vorbehalt nach Abs. 2 S. 2 ist im nationalen Umwandlungsrecht erwartungsgemäß nicht näher geregelt. Auch das SEAG enthält keine weiteren Vorgaben. Damit gilt vorbehaltlich einer

---

[3] MüKoAktG/*Schäfer* Rn. 7; Habersack/Drinhausen/*Marsch-Barner* Rn. 15; *Scheifele*, Die Gründung der Europäischen Aktiengesellschaft (SE), 2004, 212; *Schwarz* Rn. 20; aA Kölner Komm AktG/*Maul* Rn. 11 mwN.

[4] Zur Beschränkung des Anwendungsbereichs von § 67 UmwG auf die aufnehmende Gesellschaft vgl. nur Lutter/*Grunewald* UmwG § 67 Rn. 2.

[5] Art. 12 Abs. 4 UAbs. 2, wonach das Leitungs- oder Verwaltungsorgan die Satzung ohne Hauptversammlungsbeschluss ändern kann, ist noch nicht anwendbar.

analogen Anwendung umwandlungsrechtlicher Vorschriften allgemeines Aktienrecht. Folglich ist klar, dass der Zustimmungsvorbehalt durch einen **Hauptversammlungsbeschluss** ausgesprochen werden muss, der sinnvollerweise zusammen mit dem Zustimmungsbeschluss nach Abs. 1 zum Verschmelzungsplan erfolgt. Bezüglich des **Mehrheitserfordernisses** stellt sich die Frage nach einer analogen Anwendung des § 65 Abs. 1 UmwG. Führt man sich vor Augen, dass sich das hohe Quorum in § 65 UmwG wegen der mit der Zustimmung verbundenen Grundlagenentscheidung rechtfertigt, sprechen die besseren Gründe für eine **einfache Mehrheit** nach § 133 AktG.[6] Bei der Auslegung des Abs. 2 muss man sich vor Augen führen, dass die Beteiligung der Anteilseigner rechtspolitisch unbefriedigend geregelt ist (→ Rn. 9). Die Annahme einer Dreiviertelmehrheit würde die Beteiligung der Anteilseigner noch weiter erschweren.[7]

Erheblich schwieriger ist aber die Frage nach dem **Quorum** für den **Genehmigungsbeschluss** 7 selbst zu beantworten. Eine Auffassung plädiert für eine entsprechende Anwendung des § 65 UmwG und betont den Grundlagencharakter der Entscheidung, mit der das gesamte Verschmelzungsverfahren noch gestoppt werden könne.[8] Mit unterschiedlicher Begründung plädiert die inzwischen wohl herrschende Auffassung für eine einfache Mehrheit, da es sich aus nationaler Sicht um eine Geschäftsführungsmaßnahme handele,[9] während aus europäischer Warte die SE-VO keinen Ansatzpunkt für ein höheres Quorum erkennen lasse.[10] Dieser herrschenden Auffassung ist im Ergebnis zuzustimmen. Unterliegt die Gründungsgesellschaft deutschem Recht, richtet sich das Mehrheitserfordernis über die Verweisung in Art. 18 nach deutschem Recht. § 65 UmwG, der systematisch eine Ausnahmevorschrift für den Umwandlungsbeschluss darstellt, ist nicht anwendbar, denn die Grundentscheidung über die Verschmelzung, für die nach § 65 Abs. 1 UmwG die qualifizierte Mehrheit erforderlich ist, ist zu diesem Zeitpunkt bereits gefallen.[11] Deswegen ist gemäß § 133 Abs. 1 AktG auch für den Genehmigungsbeschluss die **einfache Mehrheit** der abgegebenen Stimmen ausreichend.

Bleibt der nach Abs. 2 S. 2 erforderliche Zustimmungsbeschluss zum vereinbarten Mitbestimmungsmodell aus, so ist die Gründung gescheitert,[12] da dieser Beschluss wie der Zustimmungsbeschluss nach Abs. 1 eine Eintragungsvoraussetzung darstellt.[13] Da ein erneuter Hauptversammlungsbeschluss zeitintensiv und aufwendig ist und sich die Aktionäre bei der Abstimmung von sachfremden, nicht mit der Mitbestimmung in Zusammenhang stehenden Erwägungen leiten lassen können, stellt sich die Frage, ob die Hauptversammlung ihre **Genehmigungskompetenz** auf den **Aufsichtsrat** verlagern kann.[14] Die Gegner einer derartigen Kompetenzverlagerung führen an, dass weder § 111 Abs. 4 S. 2 AktG noch eine andere Vorschrift in der Verordnung oder im deutschen Aktienrecht insoweit eine Kompetenzverlagerung von der Hauptversammlung auf den Aufsichtsrat vorsehe.[15] Entgegen der noch in der 2. Aufl. vertretenen Auffassung[16] sprechen die besseren Gründe für eine Verlagerung der Zustimmungskompetenz auf den Aufsichtsrat. Der gebotene Aktionärsschutz steht nicht entgegen, da die Entscheidung über die Kompetenzverlagerung in der Hand der Hauptversammlung liegt. Auch die in Art. 9 bzw. § 23 Abs. 5 AktG verankerte Satzungsstrenge steht nicht entgegen, vielmehr ist die Delegation der Befugnis in Art. 23 Abs. 2

---

[6] MüKoAktG/*Schäfer* Rn. 11; *Scheifele*, Die Gründung der Europäischen Aktiengesellschaft (SE), 2004, 215; *Schwarz* Rn. 27; Lutter/Hommelhoff/Teichmann/*Bayer* Rn. 17; Habersack/Drinhausen/*Marsch-Barner* Rn. 20; *Witten*, Minderheitenschutz bei Gründung und Sitzverlegung der Europäischen Aktiengesellschaft (SE), 2011, 101; für eine qualifizierte Mehrheit aber *Teichmann* in Van Hulle/Maul/Drinhausen SE-HdB 4. Abschnitt § 2 Rn. 64; Kölner Komm AktG/*Maul* Rn. 17.
[7] Lutter/Hommelhoff/Teichmann/*Bayer* Rn. 17.
[8] In diesem Sinne *Oplustil* German Law Journal Vol. 4 (Feb. 2003 No. 18), S. 117; *Teichmann* in Van Hulle/Maul/Drinhausen SE-HdB 4. Abschnitt § 2 Rn. 64; Kölner Komm AktG/*Maul* Rn. 19 f.
[9] In diese Richtung *Scheifele*, Die Gründung der Europäischen Aktiengesellschaft (SE), 2004, 217; Lutter/Hommelhoff/Teichmann/*Bayer* Rn. 20; Habersack/Drinhausen/*Marsch-Barner* Rn. 22; *Witten*, Minderheitenschutz bei Gründung und Sitzverlegung der Europäischen Aktiengesellschaft (SE), 2011, 102.
[10] Allein auf die Wertungen in der SE-VO abstellend hingegen MüKoAktG/*Schäfer* Rn. 12; so wohl auch *Schwarz* Rn. 32.
[11] Überzeugend Habersack/Drinhausen/*Marsch-Barner* Rn. 22.
[12] MüKoAktG/*Schäfer* Rn. 13; *Neun* in Theisen/Wenz SE S. 132; der Sache nach auch *Schwarz* Rn. 33; Lutter/Hommelhoff/Teichmann/*Bayer* Rn. 18: dauerndes „gesetzliches Eintragungshindernis".
[13] Komplizierter NK-SE/*Schröder* Rn. 23: der dem Mitbestimmungsmodell zustimmende Beschluss sei aufschiebende Bedingung für den Zustimmungsbeschluss nach Abs. 1.
[14] Dafür *Teichmann* ZGR 2002, 383 (430); dem zustimmend *Scheifele*, Die Gründung der Europäischen Aktiengesellschaft (SE), 2004, 218; *Brandes* AG 2005, 177 (185); Habersack/Drinhausen/*Marsch-Barner* Rn. 24; ähnlich MüKoAktG/*Schäfer* Rn. 2, der aber einen in der Satzung verankerten Zustimmungsvorbehalt zu Gunsten des Aufsichtsrates fordert, was allerdings kaum je vorliegen dürfte.
[15] *Jannott* in Jannott/Frodermann SE-HdB Kap. 3 Rn. 86 mit Fn. 184; Lutter/Hommelhoff/Teichmann/*Bayer* Rn. 21; ähnlich *Neun* in Theisen/Wenz SE S. 132 f.; Kölner Komm AktG/*Maul* Rn. 21.
[16] 2. Aufl. 2010, Rn. 8.

als „Minus" enthalten.[17] Ein entsprechender Beschluss der Hauptversammlung bedarf der einfachen Mehrheit (→ Rn. 6).

9 *Rechtspolitisch* ist festzuhalten, dass die **Beteiligung der Anteilseigner** an dem auszuhandelnden Mitbestimmungsmodell unbefriedigend geregelt ist. Im Zeitpunkt der Beschlussfassung über den Verschmelzungsplan nach Abs. 1 steht das Mitbestimmungsmodell in aller Regel noch nicht fest. Die Verhandlung führen die Leitungsorgane der Verschmelzungspartner, ohne mit den Anteilseignern Rücksprache nehmen zu müssen. Selbst wenn diese auf einen Zustimmungsvorbehalt nach Abs. 2 dringen, können sie ein ihren Interessen nicht entsprechendes Ergebnis nur noch stoppen, indem sie die gesamte SE-Gründung durch Verschmelzung torpedieren. Dieses *Alles-oder-Nichts-Prinzip* zeigt deutlich die begrenzten Mitwirkungsmöglichkeiten der Anteilseigner. Allein darauf zu vertrauen, dass die Vorstände der Gründungsgesellschaften als Prinzipale der Aktionäre deren Interessen optimal vertreten, scheint angesichts der Verhandlungssituation nur begrenzt überzeugend. Rechtspolitisch ist deshalb über die Einführung eines Aktionärsausschusses bei den Verhandlungen über das Mitbestimmungsmodell oder einen Katalog mit roten Linien, die das Verhandlungsmandat der Leitungsorgane begrenzt, nachzudenken.[18] Nachhaltig zu befürworten ist weiterhin der Vorschlag des Arbeitskreises Aktien- und Kapitalmarktrecht, der eine Aufnahme einer Ermächtigung an die Mitgliedstaaten vorgeschlagen hat, um im Einklang mit dem jeweiligen nationalen Aktienrecht der Gründungsgesellschaften eine Beteiligung der Anteilseigner einführen zu können.[19] Gespräche des Arbeitskreises mit der Kommission haben den Reformgedanken leider nicht überspringen lassen. In ihrem Evaluationsbericht geht die Kommission auf diese Vorschläge nicht näher ein, so dass auf absehbare Zeit keine Verbesserung zu erwarten ist.[20]

Art. 24 [Gläubiger- und Minderheitenschutz]

(1) Das Recht des Mitgliedstaats, das jeweils für die sich verschmelzenden Gesellschaften gilt, findet wie bei einer Verschmelzung von Aktiengesellschaften unter Berücksichtigung des grenzüberschreitenden Charakters der Verschmelzung Anwendung zum Schutz der Interessen

a) **der Gläubiger der sich verschmelzenden Gesellschaften,**
b) **der Anleihegläubiger der sich verschmelzenden Gesellschaften,**
c) **der Inhaber von mit Sonderrechten gegenüber den sich verschmelzenden Gesellschaften ausgestatteten Wertpapieren mit Ausnahme von Aktien.**

(2) Jeder Mitgliedstaat kann in Bezug auf die sich verschmelzenden Gesellschaften, die seinem Recht unterliegen, Vorschriften erlassen, um einen angemessenen Schutz der Minderheitsaktionäre, die sich gegen die Verschmelzung ausgesprochen haben, zu gewährleisten.

Auszug aus dem SEAG

§ 6 Verbesserung des Umtauschverhältnisses

(1) Unter den Voraussetzungen des Artikels 25 Abs. 3 Satz 1 der Verordnung kann eine Klage gegen den Verschmelzungsbeschluss einer übertragenden Gesellschaft nicht darauf gestützt werden, dass das Umtauschverhältnis der Anteile nicht angemessen ist.

(2) Ist bei der Gründung einer SE durch Verschmelzung nach dem Verfahren der Verordnung das Umtauschverhältnis der Anteile nicht angemessen, so kann jeder Aktionär einer übertragenden Gesellschaft, dessen Recht, gegen die Wirksamkeit des Verschmelzungsbeschlusses Klage zu erheben, nach Absatz 1 ausgeschlossen ist, von der SE einen Ausgleich durch bare Zuzahlung verlangen.

(3) ¹Die bare Zuzahlung ist nach Ablauf des Tages, an dem die Verschmelzung im Sitzstaat der SE nach den dort geltenden Vorschriften eingetragen und bekannt gemacht worden ist, mit jährlich

---

[17] So das Argument bei Habersack/Drinhausen/*Marsch-Barner* Rn. 24.
[18] Vgl. entsprechende Vorschläge des *Arbeitskreises Aktien- und Kapitalmarktrecht* ZIP 2010, 2221 (2223 f.) (Nr. 3).
[19] *Arbeitskreis Aktien- und Kapitalmarktrecht* ZIP 2009, 698 (699) (Nr. 7) und zu den mitbestimmungsrechtlichen Konsequenzen *Arbeitskreis Aktien- und Kapitalmarktrecht* ZIP 2010, 2221 (2222 f.) (Nr. 2 und 3), ZIP 2011, 1841 (1843 ff.). An der Stellungnahme haben mitgewirkt: Bachmann, Brücker, Casper, Ihrig, Jannott, Kiem, C. Schäfer, Seibt, Schiessl, Teichmann, Veil und Weller. Vgl. dazu auch *Kiem* CFL 2011, 134 (141 f.); *Bayer/Schmidt* BB 2014, 1219 und *Teichmann* BB 2013, Heft Nr. 3: Die erste Seite. Monographisch zum Ganzen: *Cannistra*, Das Verhandlungsverfahren zur Regelung der Mitbestimmung der Arbeitnehmer bei Gründung einer Societas Europaea und bei Durchführung einer grenzüberschreitenden Verschmelzung, 2014.
[20] Bericht der Kommission an das europäische Parlament und den Rat über die Anwendung der SE-VO vom 17.11.2010, KOM(2010) 676 endg., S. 1 ff.

5 Prozentpunkten über dem jeweiligen Basiszinssatz nach § 247 des Bürgerlichen Gesetzbuches zu verzinsen. ²Die Geltendmachung eines weiteren Schadens ist nicht ausgeschlossen.

(4) ¹Macht ein Aktionär einer übertragenden Gesellschaft unter den Voraussetzungen des Artikels 25 Abs. 3 Satz 1 der Verordnung geltend, dass das Umtauschverhältnis der Anteile nicht angemessen sei, so hat auf seinen Antrag das Gericht nach dem Spruchverfahrensgesetz vom 12. Juni 2003 (BGBl. I S. 838) eine angemessene bare Zuzahlung zu bestimmen. ²Satz 1 findet auch auf Aktionäre einer übertragenden Gesellschaft mit Sitz in einem anderen Mitgliedstaat der Europäischen Union oder in einem anderen Vertragsstaat des Abkommens über den Europäischen Wirtschaftsraum Anwendung, sofern nach dem Recht dieses Staates ein Verfahren zur Kontrolle und Änderung des Umtauschverhältnisses der Aktien vorgesehen ist und deutsche Gerichte für die Durchführung eines solchen Verfahrens international zuständig sind.

§ 7 Abfindungsangebot im Verschmelzungsplan

(1)–(6) [Abdruck bei Art. 20]

(7) ¹Macht ein Aktionär einer übertragenden Gesellschaft unter den Voraussetzungen des Artikels 25 Abs. 3 Satz 1 der Verordnung geltend, dass eine im Verschmelzungsplan bestimmte Barabfindung, die ihm nach Absatz 1 anzubieten war, zu niedrig bemessen sei, so hat auf seinen Antrag das Gericht nach dem Spruchverfahrensgesetz vom 12. Juni 2003 (BGBl. I S. 838) die angemessene Barabfindung zu bestimmen. ²Das Gleiche gilt, wenn die Barabfindung nicht oder nicht ordnungsgemäß angeboten worden ist. ³Die Sätze 1 und 2 finden auch auf Aktionäre einer übertragenden Gesellschaft mit Sitz in einem anderen Mitgliedstaat der Europäischen Union oder in einem anderen Vertragsstaat des Abkommens über den Europäischen Wirtschaftsraum Anwendung, sofern nach dem Recht dieses Staates ein Verfahren zur Abfindung von Minderheitsaktionären vorgesehen ist und deutsche Gerichte für die Durchführung eines solchen Verfahrens international zuständig sind.

§ 8 Gläubigerschutz

¹Liegt der künftige Sitz der SE im Ausland, ist § 13 Abs. 1 und 2 entsprechend anzuwenden. ²Das zuständige Gericht stellt die Bescheinigung nach Artikel 25 Abs. 2 der Verordnung nur aus, wenn die Vorstandsmitglieder einer übertragenden Gesellschaft die Versicherung abgeben, dass allen Gläubigern, die nach Satz 1 einen Anspruch auf Sicherheitsleistung haben, eine angemessene Sicherheit geleistet wurde

Schrifttum: *Bule,* Grenzüberschreitende Umstrukturierungen der Kapitalgesellschaften nach der Richtlinie 2005/56/EG und der SE-VO, 2015; *Ihrig/Wagner,* Diskussionsentwurf für ein SE-Ausführungsgesetz, BB 2003, 969; *Kalss,* Der Minderheitenschutz bei Gründung und Sitzverlegung der SE nach dem Diskussionsentwurf, ZGR 2003, 593; *Kalss,* Gründung und Sitzverlegung der SE, GesRZ 2004, 24 (34); *Teichmann,* Minderheitenschutz bei Gründung und Sitzverlegung der SE, ZGR 2003, 367; *Teichmann,* Austrittsrecht und Pflichtangebot bei Gründung einer Europäischen Aktiengesellschaft, AG 2004, 67; *Witten,* Minderheitenschutz bei der Gründung und Sitzverlegung der Europäischen Aktiengesellschaft (SE), 2011.

Übersicht

	Rn.		Rn.
I. Regelungsgehalt, Normzweck	1–3	III. Minderheitenschutz (Abs. 2)	9–15
II. Gläubigerschutz (Abs. 1)	4–8	1. Überblick, Verhältnis zu Art. 25 Abs. 3	9, 10
1. Überblick und Gläubigertypen (lit. a–lit. c)	4, 5	2. Verbesserung des Umtauschverhältnisses; Spruchverfahren (§ 6 SEAG)	11–13
2. SE mit Sitz im Inland (§§ 22 f. UmwG)	6	3. Erhöhung des Barabfindungsangebots (§ 7 Abs. 7 SEAG)	14, 15
3. SE mit Sitz im Ausland (§ 8 SEAG)	7, 8		

I. Regelungsgehalt, Normzweck

Art. 24 ist eine der zentralen Vorschriften innerhalb der Verschmelzungsgründung. Mit ihr wird sowohl der **Gläubigerschutz (Abs. 1)** als auch der **Minderheitenschutz (Abs. 2)** geregelt. Andererseits zeigt Art. 24 abermals die Lückenhaftigkeit des Verschmelzungsrechts, da die beiden zentralen Säulen der SE-Gründung durch Verschmelzung in der SE-VO nur ansatzweise geregelt sind. **Abs. 1** enthält hinsichtlich des Gläubigerschutzes zunächst eine **Spezialverweisung** auf das nationale Recht der jeweiligen Gründungsgesellschaften, Abs. 2 eine Ermächtigungsnorm an die Mitgliedstaaten. Die Verweisung in Abs. 1 versucht, den europäischen Regelungsverzicht mit einem zu Auslegungszweifeln führenden (→ Rn. 4, 8) Vorbehalt zu kompensieren, wonach die nationalen gläubigerschützenden Vorschriften „unter Berücksichtigung des grenzüberschreitenden Charakters der Verschmelzung" anzuwenden sind. Im Übrigen beschränkt sich Art. 24 Abs. 1

darauf, den Kreis der zu schützenden Gläubiger zu definieren. Entsprechend der Trias in Art. 13–15 Verschmelzungsrichtlinie (jetzt Art. 99–101 GesR-RL[1]) wird zwischen regulären Gläubigern (Abs. 1 lit. a), Anleihegläubigern (lit. b) und Inhabern von Sonderrechten (lit. c), mit Ausnahme von Aktionären, unterschieden. Der Verzicht auf eine eigenständige Regelung lässt sich nur durch die weitgehende Harmonisierung des Gläubigerschutzes bei Verschmelzungen durch die Art. 13–15 Verschmelzungsrichtlinie (jetzt Art. 99–101 GesR-RL) erklären. Für die deutsche Gründungsgesellschaft kommen somit in erster Linie die **§§ 22, 23 UmwG** zur Anwendung. Daneben hat der Ausführungsgesetzgeber bei Verschmelzung zu einer SE mit Sitz im Ausland eine zusätzliche gläubigerschützende Vorschrift in **§ 8 SEAG** eingefügt, wonach die Schutzvorschriften bei der Sitzverlegung in § 13 Abs. 1, 2 SEAG entsprechende Anwendung finden. Dies ist deshalb bedenklich, da weder Abs. 1 noch Art. 25 eine entsprechende Ermächtigung an die nationalen Gesetzgeber enthält (→ Rn. 8).

2   **Sinn und Zweck** des **Abs. 1** ist somit der **Gläubigerschutz.** Dieser rechtfertigt sich bei der SE-Gründung aus zwei Gesichtspunkten. Zum einen ändert sich für den Gläubiger der Haftungsfonds. Ist sein Schuldner die übertragende Gesellschaft, so erhält er ohne seine Mitwirkung einen neuen Gläubiger. Dies scheint zunächst von daher unbedenklich, da der aufnehmende Rechtsträger gem. Art. 29 Abs. 1 Gesamtrechtsnachfolger der übertragenden Gesellschaft wird und damit der Haftungsfonds erhalten bleibt. Da dieser aber mit dem Vermögen und den Verbindlichkeiten der aufnehmenden Gesellschaft vereint wird, besteht die Gefahr, dass sich die Konkurrenz um eine liquide Haftungsmasse erhöht.[2] Ist der Schuldner die aufnehmende Gesellschaft, gilt wegen des Hinzutritts der Verbindlichkeiten Entsprechendes.

3   **Regelungszweck** des **Abs. 2** ist der **Minderheitenschutz.**[3] Auch insoweit verzichtet die Verordnung auf eine Regelung und beschränkt sich auf eine **Ermächtigungsnorm** (zum Begriff → Art. 9 Rn. 8) an den nationalen Gesetzgeber. Indem die Verordnung nicht einen Verweis auf das nationale, durch die Verschmelzungsrichtlinie (jetzt Art. 87–117 GesR-RL) harmonisierte, Gründungsrecht wählt, ermöglicht sie den Mitgliedstaaten in Form von Ausführungsgesetzen Sonderregelungen zu schaffen, die dem grenzüberschreitenden Charakter der Verschmelzungsgründung Rechnung tragen können. Der deutsche Gesetzgeber hat hiervon in **§§ 6, 7 SEAG** Gebrauch gemacht. § 6 SEAG eröffnet unter den Voraussetzungen des Art. 25 Abs. 3 S. 1 die Möglichkeit, im Rahmen eines Spruchverfahrens eine **Verbesserung des Umtauschverhältnisses** zu erreichen (§ 6 SEAG) oder aber beim Austritt des widersprechenden Aktionärs eine **höhere Barabfindung** durchzusetzen (§ 7 SEAG). Dabei richtet sich das **Spruchverfahren** zur Verbesserung des Umtauschverhältnisses – im Gegensatz zum Spruchverfahren zur Korrektur eines zu niedrigen Barabfindungsangebots – an alle Aktionäre, also auch an solche, die der Verschmelzung zugestimmt haben. Damit scheint sich der deutsche Ausführungsgesetzgeber mit dem als Individualschutz konzipierten § 6 SEAG in Widerspruch zu Abs. 2 zu setzen, wonach nur solchen Minderheitsaktionären ein angemessener Schutz zu gewähren ist, die sich **„gegen die Verschmelzung ausgesprochen haben"**. Diese Formulierung in Abs. 2 ist jedoch nicht im Sinne einer Gegenstimme zum Verschmelzungsplan bzw. eines Widerspruchs gegen die Verschmelzung zu verstehen, sondern denkbar weit auszulegen. Vielmehr genügt es, wenn der Aktionär seinen Dissens gegen das konkrete Umtauschverhältnis zum Ausdruck bringt, in dem er sich am Spruchverfahren beteiligt[4] oder aber das Ergebnis über die inter-omnes-Wirkung nach § 13 S. 2 SpruchG in Anspruch nimmt.[5] Dies folgt aus einer systematischen Auslegung des Art. 25 Abs. 3, der das Spruchstellenverfahren ebenfalls nicht von einem Widerspruch des Aktionärs

---

[1]   S. Hinweis in Art. 17 Fn. 2.
[2]   Vgl. statt aller MüKoAktG/*Schäfer* Rn. 2.
[3]   *Kalss* ZGR 2003, 593 (620) weist zutreffend darauf hin, dass es sich genau genommen nur um Minderheitenschutz im weiteren Sinne handele, da die durch die Ermächtigung in Art. 24 legitimierten Rechtsbehelfe nur typischerweise von Minderheitsaktionären wahrgenommen würden, aber nicht als Minderheitenrechte im engeren Sinne ausgestaltet seien. Ausf. zum Ganzen *Witten*, Minderheitenschutz bei der Gründung und Sitzverlegung der Europäischen Aktiengesellschaft (SE), 2011, 123 ff.
[4]   Auch wenn sie der Verschmelzung zuvor explizit zugestimmt haben, vgl. statt aller *Witten*, Minderheitenschutz bei der Gründung und Sitzverlegung der Europäischen Aktiengesellschaft (SE), 2011, 132.
[5]   In diesem Sinne auch RegE SEAG BT-Drs. 15/3405, 32; MüKoAktG/*Schäfer* Rn. 5; Kölner Komm AktG/*Maul* Rn. 18; *Scheifele*, Die Gründung der Europäischen Aktiengesellschaft (SE), 2004, 230; Lutter/Hommelhoff/Teichmann/*Bayer* Rn. 26; *Teichmann* in Van Hulle/Maul/Drinhausen SE-HdB 4. Abschnitt § 2 Rn. 78; teilw. abw. *Schwarz* Rn. 17, der dies als widersprüchliches Verhalten ansieht, sofern sich der Aktionär nicht seine Rechte vorbehalten habe; aA NK-SE/*Schröder* Rn. 22, 51 ff., der verlangt, dass der Aktionär vor der Abstimmung seine Ablehnung zu erkennen gegeben hat. Im Erg. wie hier, aber mit abw Begründung Habersack/Drinhausen/*Marsch-Barner* Rn. 18, der den nationalen Gesetzgeber für befugt hält, sich ganz über diese europäische Vorgabe hinwegzusetzen, was durch das SpruchG geschehen sei; ähnlich wohl auch *Witten*, Minderheitenschutz bei der Gründung und Sitzverlegung der Europäischen Aktiengesellschaft (SE), 2011, 133 f.

abhängig macht.⁶ Zudem rechtfertigt sich diese Auslegung aus dem Sinn und Zweck des mit Abs. 2 beabsichtigten Aktionärsschutzes, der nicht nur als rein formaler Minderheitenschutz ausgestaltet ist.⁷

II. Gläubigerschutz (Abs. 1)

1. Überblick und Gläubigertypen (lit. a-lit. c). Die mit jeder Verschmelzung verbundene **Gefährdung für die Gläubiger** (→ Rn. 2) wird bei der Gründung einer SE verstärkt, wenn diese ihren Sitz im Ausland nimmt. In diesem Fall tritt zu der gestiegenen Konkurrenz um einen liquiden Haftungsfonds die mit der Verschmelzung des Schuldners ins Ausland verbundene **Erschwerung der Rechtsdurchsetzung.** Insoweit differenziert das durch die Verweisung in Abs. 1 (→ Rn. 1) in Bezug genommene deutsche Recht konsequent nach dem zukünftigen Sitz der SE. Soll die SE ihren Sitz in Deutschland haben, so hat es mit der Anwendung der §§ 22 f. UmwG sein Bewenden (→ Rn. 6). Bei einer Verschmelzung zu einer SE im Ausland orientiert sich § 8 SEAG hingegen an den Schutzvorschriften für die Sitzverlegung nach § 13 SEAG (→ Rn. 7, zu europarechtlichen Bedenken gegen § 8 SEAG → Rn. 8). Die Maßgabe in Abs. 1, die nationalen Vorschriften „unter Berücksichtigung des grenzüberschreitenden Charakters der Verschmelzung" anzuwenden, ist als Ermächtigung an den Rechtsanwender zu verstehen, das nationale Verschmelzungsrecht mit Blick auf die Besonderheiten der SE-Gründung auszulegen.⁸ Es kommt aber nicht zu einer kumulativen Anwendung aller von der Verschmelzung betroffenen Rechtsordnungen, sondern vielmehr zu einer distributiven Anwendung, also für jede Gründungsgesellschaft ist (ausschließlich) ihr jeweiliges Gesellschaftsstatut maßgeblich.⁹

Die Verweisungsnorm in Abs. 1 beschränkt sich darauf, drei **Gläubigertypen** zu definieren. Mit der Trias von einfachen Gläubigern, Anleihegläubigern und nicht mitgliedschaftlich verbundenen Inhabern von Sonderrechten folgt Abs. 1 der Regelung in Art. 13–15 Verschmelzungsrichtlinie (jetzt Art. 99–101 GesR-RL). Der deutsche Gesetzgeber hat die allgemeinen Gläubiger und die Anleihegläubiger in § 22 UmwG vergemeinschaftet. Hinzu gesellt sich im deutschen Recht § 23 UmwG, der über den Gläubigerbegriff in lit. c bzw. Art. 15 Verschmelzungsrichtlinie (jetzt Art. 101 GesR-RL) hinausgeht und auch Sonderrechtsinhaber, die zugleich Aktionäre sind, erfasst.¹⁰ Auch wenn die unterschiedlichen **Gläubigerbegriffe** in Abs. 1 autonom auszulegen sind,¹¹ kann man sich in der Praxis weitgehend an der zu §§ 22, 23 UmwG vorhandenen Kasuistik orientieren. Gläubiger im Sinne des lit. a ist jeder Inhaber einer Forderung, die nicht in einer Schuldverschreibung verbrieft ist. Der Begriff der Schuldverschreibung ist in der SE-VO nicht definiert (→ Art. 5 Rn. 1), so dass er nach dem Recht der jeweiligen Gründungsstaaten zu bestimmen ist. **Sonderrechtsinhaber,** die nicht zugleich Aktionäre sind, sind in erster Linie Inhaber von Wandelschuldverschreibungen, Optionsanleihen¹² und Gewinnschuldverschreibungen iSd § 221 AktG sowie Inhaber von Optionsrechten iSd § 192 Abs. 1 Nr. 3 AktG (sog. stock options) und sonstige Genussrechtsinhaber.¹³

2. SE mit Sitz im Inland (§§ 22 f. UmwG). Liegt der Sitz der SE im Inland, so kommen §§ 22 f. UmwG zur Anwendung. Den Gläubigern steht gem. **§ 22 UmwG** gegen die in Deutschland ansässige SE unter drei Voraussetzungen ein **Anspruch auf Sicherheitsleistung** zu: Die Gläubiger müssen (1) ihre Forderung binnen einer Frist von sechs Monaten nach dem Tag der Bekanntmachung der Durchführung der Verschmelzung gemäß Art. 28 anmelden.¹⁴ Weiterhin müssen die Gläubiger

---

⁶ Krit. hierzu aber *Vetter* in Lutter/Hommelhoff, Die Europäische Gesellschaft, 2005, 126 f., der aber letztlich ebenfalls keinen Verstoß annimmt.
⁷ Ebenso jetzt Kölner Komm AktG/*Maul* Rn. 18; im Erg. auch Lutter/Hommelhoff/Teichmann/*Bayer* Rn. 26, der allerdings von einer teleologischen Reduktion spricht.
⁸ Zur abweichenden Interpretation der übrigen Verweisungsnormen → Art. 9 Rn. 15 und *Casper* FS Ulmer, 2003, 51 (69 f.). Zur Frage, ob hierin auch eine Ermächtigungsnorm zur Schaffung des § 8 SEAG liegt → Rn. 8.
⁹ Zutr. *Scheifele*, Die Gründung der Europäischen Aktiengesellschaft (SE), 2004, 223; Lutter/Hommelhoff/Teichmann/*Bayer* Rn. 6; *Schwarz* Rn. 5; Habersack/Drinhausen/*Marsch-Barner* Rn. 2; aA *Schindler*, Die Europäische Aktiengesellschaft, 2002, 28.
¹⁰ Zu den Folgen dieser überschießenden Umsetzung vgl. etwa MüKoAktG/*Schäfer* Rn. 8; Lutter/*Grunewald* UmwG § 23 Rn. 10 f.
¹¹ Zur autonomen Auslegung → Art. 9 Rn. 16 ff.
¹² Diese unter lit. b subsumierend aber NK-SE/*Schröder* Rn. 9; wie hier Kölner Komm AktG/*Maul* Rn. 13.
¹³ Zur Frage, ob über § 192 Abs. 1 Nr. 3 AktG hinaus auch sog. *naked warrants* als besonderes Genussrecht zulässig sind, vgl. statt aller *Casper,* Der Optionsvertrag, 2005, 374 ff.; zum weitergehenden § 23 UmwG, der insbes. auch Vorzugsaktionäre erfasst, vgl. Lutter/*Grunewald* UmwG § 23 Rn. 10.
¹⁴ Habersack/Drinhausen/*Marsch-Barner* Rn. 5; Lutter/Hommelhoff/Teichmann/*Bayer* Rn. 9 mwN; aA MüKoAktG/*Schäfer* Rn. 9; 3. Aufl. 2015, Rn. 4: Sechs Monate nach Bekanntmachung des Verschmelzungsplans gemäß Art 21.

(2) innerhalb dieser Frist keine Befriedigung verlangen können und (3) eine Gefährdung ihrer Forderung durch die Verschmelzung glaubhaft machen. Hinsichtlich der Einzelheiten ist auf das umwandlungsrechtliche Spezialschrifttum zu § 22 UmwG zu verweisen.[15] Inhaber von Sonderrechten haben hingegen nach **§ 23 UmwG** einen Anspruch auf die **Gewährung gleichwertiger Sonderrechte** gegen die SE. Allein aus der Tatsache, dass es sich bei der verpflichteten Gesellschaft um eine SE und nicht um eine deutsche Aktiengesellschaft handelt, ergeben sich für die Anwendung des § 23 UmwG keine Besonderheiten.[16]

7 **3. SE mit Sitz im Ausland (§ 8 SEAG).** Während sich der Gläubigerschutz nach §§ 22 f. UmwG erst gegen die im Wege der Verschmelzung entstandene SE richtet, zielt der in §§ 8, 13 Abs. 1, 2 SEAG statuierte Schutz bereits auf die deutsche **Gründungsgesellschaft**. Voraussetzung hierfür ist, dass die SE ihren Sitz außerhalb Deutschlands nimmt. Die deutsche Gründungsgesellschaft muss danach den Gläubigern wie bei der Sitzverlegung nach Art. 8 Abs. 7 bereits vor dem Vollzug der Strukturmaßnahme **Sicherheit leisten,** sofern die Forderungen rechtzeitig angemeldet worden sind und soweit glaubhaft gemacht werden kann, dass durch die Abwanderung ins Ausland die Erfüllung gefährdet ist. Hinsichtlich der Einzelheiten ist auf die Erläuterung zu § 13 SEAG bei Art. 8 (→ Rn. 14–16) zu verweisen. Die Erfüllung dieser Sicherheitsleistung ist von dem nach § 4 SEAG zuständigen Registergericht in der **Rechtmäßigkeitsbescheinigung** nach Art. 25 Abs. 2 zu bestätigen (**§ 8 S. 2 SEAG**), damit die Verschmelzung vollzogen werden und die SE entstehen kann (→ Art. 25 Rn. 6).

8 Die Regelung in § 8 SEAG ist bereits im Gesetzgebungsverfahren auf **Kritik** gestoßen. Es wurde der Vorwurf erhoben, dass eine Sonderregelung für die im Ausland entstehende SE mangels spezieller Ermächtigung in Art. 24 Abs. 1 unzulässig sei.[17] Die Begründung zum SEAG stützt sich hingegen auf die Formulierung in Art. 24 Abs. 1, wonach das Recht der Gründungsgesellschaften „unter Berücksichtigung des grenzüberschreitenden Charakters der Verschmelzung Anwendung" findet.[18] Ob diese Wendung wirklich als **Ermächtigungsnorm** zu verstehen ist, scheint nicht ganz zweifelsfrei. In erster Linie wird man in diesem Tatbestandsmerkmal der Verweisung eine Ermächtigung an den nationalen Rechtsanwender sehen müssen, bei der Auslegung der gläubigerschützenden Vorschriften den Besonderheiten der grenzüberschreitenden SE-Gründung Rechnung zu tragen und somit ggf. zu abweichenden Ergebnissen gegenüber der rein nationalen Auslegung zu kommen,[19] was bei den anderen Verweisungsnormen nicht angängig ist (→ Art. 9 Rn. 15). Angesichts des **vergleichbaren Gefährdungspotentials** bei der grenzüberschreitenden Sitzverlegung und der transnationalen Verschmelzung hielt man die bislang wohl hM die Regelung in § 8 SEAG jedoch im Ergebnis für zulässig.[20] Eine mögliche Begründung wäre die analoge Anwendung der Ermächtigung in Art. 8 Abs. 7.[21] Allerdings hat jetzt der EuGH zu der Parallelregelung bei der grenzüberschreitenden Verschmelzung entschieden, dass für den Gläubigerschutz allein die Vorschriften des innerstaatlichen Rechts gelten, dem die Gesellschaft vor der Verschmelzung unterlag.[22] Dieser Entscheidung wird überwiegend entnommen, dass auch Art. 24 keine Regelungsermächtigung für die Mitgliedstaaten, sondern nur eine Verweisungen auf die Gläubigerschutzvorgaben der Art. 13–15 und das entsprechende nationale Recht enthalte; danach ist § 8 SEAG mangels Regelungsermächtigung unionsrechtswidrig und damit aufgrund des Vorrangs des Unionsrechts nicht anzuwenden.[23]

---

[15] Vgl. etwa Lutter/*Grunewald* UmwG § 22 Rn. 4 ff.

[16] Zu den Einzelheiten ist wiederum auf das umwandlungsrechtliche Schrifttum zu verweisen, vgl. etwa Lutter/ Grunewald UmwG § 23 Rn. 5; *Hüffer* FS Lutter, 2000, 1227 ff.; speziell zu Optionen für Führungskräfte auch *Casper,* Der Optionsvertrag, 2005, 409.

[17] Vgl. die Kritik bei *Ihrig/Wagner* BB 2003, 969 (973); *Scheifele,* Die Gründung der Europäischen Aktiengesellschaft (SE), 2004, 227; *Bayer* in Lutter/Hommelhoff, Die Europäische Gesellschaft, 2005, 43; *DAV-Handelsrechtsausschuss* NZG 2004, 75 (78); zum § 8 SEAG vergleichbaren § 23 öSEG auch *Schindler* wbl 2004, 253 (261); *Schindler,* Die europäische Aktiengesellschaft, 2002, 7; der Sache nach wohl auch Kalss/Hügel/*Hügel* SEG § 23 Rn. 8; zweifelnd auch NK-SE/*Schröder* Rn. 35; wohl auch *Schwarz* Rn. 11; zumindest von erheblicher Rechtsunsicherheit ausgehend jetzt auch Lutter/Hommelhoff/Teichmann/*Bayer* Rn. 16.

[18] RegE SEAG BT-Drs. 15/3405, 33; ebenso dessen geistige Väter: *Neye/Teichmann* AG 2003, 169 (175).

[19] Ähnlich NK-SE/*Schröder* Rn. 15 ff.

[20] Ebenso *Neye/Teichmann* AG 2003, 169 (175); MüKoAktG/*Schäfer* Rn. 10; Kölner Komm AktG/*Maul* Rn. 11; so auch noch Habersack/Drinhausen/*Marsch-Barner,* 1. Aufl. 2013, Rn. 10.

[21] Kölner Komm AktG/*Maul* Rn. 11; ebenso tendenziell MüKoAktG/*Schäfer* Rn. 10, der aber wohl von einer unmittelbaren Anwendung des Art. 8 Abs. 7 auszugehen scheint.

[22] EuGH, NZG 2016, 513 Rn. 60 – KA Finanz.

[23] So im Ergebnis auch Habersack/Drinhausen/*Marsch-Barner* Rn. 10; eingehend *Bayer/Schmidt* ZIP 2016, 841 (847); *Schmidt* AG 2016, 713 f.

III. Minderheitenschutz (Abs. 2)

1. Überblick, Verhältnis zu Art. 25 Abs. 3. Mit der **Ermächtigungsnorm** in Abs. 2 wird es 9
Staaten mit einem traditionell stark ausgeprägten Minderheits- und Aktionärsschutz ermöglicht, ihren
Aktionären einen angemessenen Schutz zu gewährleisten. Die Mitgliedstaaten haben die Möglichkeit,
abweichend von dem nationalen Verschmelzungsrecht besondere Vorschriften für die SE-Gründung
zu erlassen. Gedacht ist in erster Line an Verfahren zur Verbesserung des Umtauschverhältnisses und
zur Eröffnung eines Austrittsrechts gegen Barabfindung. Dies ergibt sich mittelbar aus **Art. 25
Abs. 3,** der beide Instrumente nennt. Art. 25 Abs. 3 geht weiter davon aus, dass die Verfahren der
Wirksamkeit der Verschmelzung nicht entgegenstehen dürfen, nach deutschem Verständnis also eine
Anfechtung des Verschmelzungsbeschlusses ausscheidet. Da von einer Verbesserung des Umtauschverhältnisses oder der Einräumung einer Barabfindung jedoch die künftige SE betroffen ist, enthält
Art. 25 Abs. 3 eine **Reziprozitätsklausel.** Danach finden die auf Art. 24 Abs. 2 gestützten Schutz-
vorschriften nur dann Anwendung, wenn auch die anderen Rechtsordnungen, denen die übrigen
Gründungsgesellschaften unterfallen, ein derartiges Verfahren kennen oder aber deren Gesellschafter
der Anwendung der deutschen Regelungen zum Minderheitenschutz in § 7 SEAG zugestimmt
haben. So soll vermieden werden, dass die Aktionäre des ausländischen Verschmelzungspartners die
Barabfindung oder das erhöhte Umtauschverhältnis mitfinanzieren, ohne selbst über entsprechende
Rechtsbehelfe zu verfügen. Art. 25 Abs. 3 beinhaltet also den Gedanken der **Waffengleichheit.**[24]

Der deutsche Gesetzgeber hat von der Ermächtigung in Abs. 2 durch Einführung der §§ 6, 7 10
Abs. 7 SEAG Gebrauch gemacht. Die **Überprüfung des Umtauschverhältnisses** wird nach § 6
Abs. 4 SEAG dem Spruchverfahren nach dem SpruchG überantwortet und schließt eine auf ein
fehlerhaftes Umtauschverhältnis gestützte Anfechtungsklage aus (§ 6 Abs. 1 SEAG). Greift hingegen
die Reziprozitätsklausel des Art. 25 Abs. 3 nicht ein, wird § 6 SEAG derogiert und die Anfechtungsklage bleibt möglich.[25] Das Recht zur Verbesserung des Umtauschverhältnisses ist kein Minderheitenrecht im engeren Sinne, da es weder eines Widerspruchs gegen die gesamte Verschmelzung bedarf,
noch von einem Quorum abhängig ist. Es ist vielmehr als **Individualrecht** ausgestaltet.[26] Dies ist
trotz Abs. 2, nach dessen Wortlaut die Minderheitsaktionäre der Verschmelzung widersprochen haben
müssen, zulässig (→ Rn. 3). Demgegenüber ist das **Barabfindungsrecht** nach § 7 Abs. 1 SEAG
anders konzipiert. Auch insoweit handelt es sich zwar nicht um ein Minderheitenrecht, dessen
Ausübung ein bestimmtes Quorum voraussetzen würde. Allerdings steht einem Aktionär das Abfindungsrecht nach § 7 Abs. 1 SEAG nur zu, wenn er zuvor seinen Widerspruch gegen die Verschmelzung zur Niederschrift erklärt hat und nach der Eintragung der SE aus der Europäischen Gesellschaft
austritt. Demzufolge können auch nur dissentierende Gesellschafter eine Verbesserung des Barabfindungsanspruchs anstrengen. Auch dieses Verfahren überantwortet § 7 Abs. 7 SEAG dem Spruchverfahren.

2. Verbesserung des Umtauschverhältnisses; Spruchverfahren (§ 6 SEAG). Das Verfahren 11
zur Verbesserung des Umtauschverhältnisses hat seine materiell-rechtliche Grundlage in § 6 Abs. 1,
2 SEAG. Als Kompensation für den **Ausschluss des Anfechtungsrechts** bei einem unangemessenen
Umtauschverhältnis (Abs. 1) wird dem Aktionär der übertragenden Gesellschaft ein **Anspruch auf
bare Zuzahlung** in Höhe des Differenzbetrages gegen die SE gewährt (Abs. 2).[27] Das entspricht
dem Regelungsvorbild in § 15 UmwG, auf dessen Erläuterung hinsichtlich der Bestimmung der
Unangemessenheit zu verweisen ist.[28] **Anspruchsberechtigt** ist jeder Aktionär der deutschen übertragenden Aktiengesellschaft.[29] Der Ausschluss der Aktionäre der aufnehmenden Gesellschaft in § 6
Abs. 2 SEAG deckt sich zwar mit dem umwandlungsrechtlichen Vorbild, ist rechtspolitisch aber
bedenklich.[30] Die **Durchsetzung** des Anspruchs auf bare Zuzahlung erfolgt gem. § 6 Abs. 4 SEAG

---

[24] *Teichmann* ZGR 2003, 367 (381). Zur fehlenden rechtspolitischen Überzeugungskraft der Reziprozitätsklausel vgl. *Casper* ZHR 173 (2009), 181 (199).
[25] Vgl. etwa Kölner Komm AktG/*Maul* Rn. 16; *Vetter* in Lutter/Hommelhoff, Die Europäische Gesellschaft,
2005, (124, dort auch zu Bewertungsrügen außerhalb des Spruchverfahrens, *Vetter* in Lutter/Hommelhoff/, Die
Europäische Gesellschaft, 2005, 136 ff.
[26] MüKoAktG/*Schäfer* Rn. 5, 12; dies rechtspolitisch kritisierend *Vetter* in Lutter/Hommelhoff, Die Europäische Gesellschaft, 2005, 125 ff.
[27] Ausf. zum wirtschaftlichen Hintergrund *Vetter* in Lutter/Hommelhoff, Die Europäische Gesellschaft,
2005, 120 f.
[28] Vgl. dazu etwa Lutter/*Decher* UmwG § 15 Rn. 2 ff.; ausf. auch *Vetter* in Lutter/Hommelhoff, Die Europäische Gesellschaft, 2005, 136 ff.
[29] Statt aller *Vetter* in Lutter/Hommelhoff Die Europäische Gesellschaft, 2005, 119 und MüKoAktG/ *Schäfer*
Rn. 17 mit Nachw. der kontroversen Diskussion um die Einbeziehung von Aktionären der aufnehmenden Gesellschaft im Laufe des Gesetzgebungsverfahrens.
[30] Vgl. ausf. mit Zusammenfassung der Diskussion *Casper* ZHR 173 (2009), 181 (197) mwN.

im **Spruchverfahren,** wie dies für das deutsche Umwandlungsrecht bereits aus § 34 UmwG bekannt ist. Hinsichtlich der Einzelheiten des Spruchverfahrens ist auf die Erläuterung des SpruchG in diesem Kommentar zu verweisen. Die folgende Darstellung hat sich auf Besonderheiten aus Sicht der SE-Gründung durch Verschmelzung zu beschränken.

12   Schwierigkeiten ergeben sich dann, wenn die gegründete SE ihren **Sitz im Ausland** hat, aber gleichwohl mit dem Anspruch aus dem deutschen § 6 Abs. 2, Abs. 4 SEAG konfrontiert wird, obwohl sie nach Art. 9 dem Recht ihres ausländischen Domizilstaates unterliegt. Die Anwendung deutschen Rechts auf eine ausländische **SE** lässt sich am einfachsten dadurch begründen, dass der materielle Anspruch auf bare Zuzahlung bereits gegen die deutsche Gründungsgesellschaft entsteht und sodann nach Art. 29 auf die SE übergeht und erst nach deren Eintragung fällig wird.[31] Die **Erstreckung deutschen Rechts auf eine im Ausland ansässige SE** ist durch die Ermächtigung in Art. 24 Abs. 2 gedeckt.[32] Die Zuständigkeit des deutschen Landgerichts iSd § 2 Abs. 1 SpruchG kann allerdings nur dann begründet werden, wenn man **Art. 25 Abs. 3 S. 4** als eine **Zuständigkeitsnorm** im Sinne des **internationalen Zivilprozessrechts** interpretiert und die Aktionäre der vormals ausländischen Gründungsgesellschaft dem Verfahren vor einem deutschen Gericht zustimmen.[33] Diese Unterwerfung kann in der Zustimmung nach Art. 25 Abs. 3 S. 1 liegen, zumindest dann, wenn das ausländische Recht selbst kein Spruchverfahren kennt. Zur **Interessenwahrung der nicht beteiligungsfähigen ausländischen Aktionäre** kann ein gemeinsamer Vertreter nach § 6a SpruchG bestellt werden.[34] Damit soll den ausländischen Partnern die Zustimmung nach Art. 25 Abs. 3 erleichtert werden.[35] Die bloße Bestellung eines gemeinsamen Vertreters der nicht beteiligungsfähigen Aktionäre führt aber noch zu keinem kontradiktorischen Charakter des Spruchverfahrens, da es für die am Verfahren beteiligten deutschen Aktionäre nicht zu einer Verschlechterung des Umtauschverhältnisses kommen kann,[36] da im Spruchverfahren das Verbot der reformatio in peius gilt.[37]

13   Sind die deutschen Gerichte international zuständig, ordnet **§ 6 Abs. 4 S. 2 SEAG** weiterhin die Möglichkeit an, dass auch die **ausländischen Aktionäre** der übertragenden Gesellschaft das deutsche Spruchverfahren in Anspruch nehmen können, sofern das ausländische Recht ebenfalls ein Verfahren zur Kontrolle des Umtauschverhältnisses kennt. Beim Hinzukommen der ausländischen Aktionäre muss nach der Konzeption des § 6 Abs. 4 zwar einheitlich deutsches Spruchverfahrensrecht Anwendung finden. Allerdings bekommt das Spruchverfahren damit – anders als bei der bloßen Bestellung eines gemeinsamen Vertreters nach § 6a SpruchG (→ Rn. 12) – einen gewissen **kontradiktorischen Charakter,** da sich das Umtauschverhältnis nur für eine Seite verbessern kann. Dies hat zur Folge, dass für die deutschen Aktionäre auch eine **Verschlechterung** eintreten kann.[38] Das Verbot der reformatio in peius tritt zurück. Der Anwendungsbereich dieser Vorschrift ist aber äußerst gering und dürfte auf Verschmelzungen mit österreichischen Gesellschaften begrenzt sein,[39] da nur Österreich ein dem deutschen Spruchverfahren vergleichbares Verfahren ohne Suspensiveffekt kennt.[40] Es ist deshalb rechtspolitisch zu erwägen, auch außerhalb des Anwendungsbereichs des § 6 Abs. 4 S. 2 SEAG auf das Verbot der reformatio in peius zu verzichten,[41] sofern man nicht für eine

---

[31] Zur entsprechenden Frage bei der Sitzverlegung eingehend MüKoAktG/*Oechsler/Mihaylova* Art. 8 Rn. 58.
[32] MüKoAktG/*Schäfer* Rn. 14. Zur rechtspolitischen Würdigung *Casper* ZHR 173 (2009), 181 (199).
[33] Einzelheiten bei Kölner Komm AktG/*Maul* Rn. 21 ff.; MüKoAktG/*Schäfer* Rn. 15 f., → Art. 20 Rn. 33 unter Rückgriff auf das österreichische Vorbild in § 22 Abs. 1 Nr. 2 öSEG, dazu Kalss/Hügel/*Hügel* SEG §§ 21, 22 Rn. 25; Lutter/Hommelhoff/Teichmann/*Bayer* Rn. 39.
[34] Vgl. näher dazu die Erläuterungen bei § 6a SpruchG und *Vetter* in Lutter/Hommelhoff/, Die Europäische Gesellschaft, 2005, 131 f. Rechtspolitisch zweifelnd aber *Witten,* Minderheitenschutz bei der Gründung und Sitzverlegung der Europäischen Aktiengesellschaft (SE), 2011, 149 f.
[35] Zur rechtspolitischen Beurteilung dieses komplizierten Verfahrens vgl. *Casper* ZHR 173 (2009), 181 (199 ff.).
[36] Näher *Vetter* in Lutter/Hommelhoff, Die Europäische Gesellschaft, 2005, 131.
[37] Statt vieler vgl. Habersack/Drinhausen/*Marsch-Barner* Rn. 41; *Witten,* Minderheitenschutz bei der Gründung und Sitzverlegung der Europäischen Aktiengesellschaft (SE), 2011, 144 ff.
[38] Einzelheiten bei MüKoAktG/*Schäfer* Rn. 18 ff.; *Teichmann* ZGR 2003, 367 (385 f.); *Scheifele,* Die Gründung der Europäischen Aktiengesellschaft (SE), 2004, 244 ff.; Lutter/Hommelhoff/*Vetter,* Die Europäische Gesellschaft, 2005, 130 ff.; Habersack/Drinhausen/*Marsch-Barner* Rn. 19; krit. *Witten,* Minderheitenschutz bei der Gründung und Sitzverlegung der Europäischen Aktiengesellschaft (SE), 2011, 151 f.
[39] *Vetter* in Lutter/Hommelhoff, Die Europäische Gesellschaft, 2005, 132.
[40] Vgl. die Überblicke bei *Kiem* ZGR 2007, 542 (554 ff.); *Adolff* ZHR 173 (2009), 67 (72 ff.); speziell zu Österreich Kalss/Hügel/*Hügel* SEG §§ 21, 22 Rn. 23 ff. Zu Lettland *Bule,* Grenzüberschreitende Umstrukturierungen der Kapitalgesellschaften nach der Richtlinie 2005/56/EG und der SE-VO, 2015, als einer Rechtsordnung ohne Spruchverfahren und der damit verbundenen Probleme.
[41] Dafür etwa *Teichmann* ZGR 2002, 383 (429); *Teichmann* ZGR 2003, 367 (386); *Scheifele,* Die Gründung der Europäischen Aktiengesellschaft (SE), 2004, 245 f.; *Casper* ZHR 173 (2009), 181 (201 f.); sowie ausf. zum Ganzen *Witten,* Minderheitenschutz bei der Gründung und Sitzverlegung der Europäischen Aktiengesellschaft (SE), 2011, 151 f.

Reform der Art. 24, 25 auf europäischer Ebene eintritt.[42] Klärungsbedarf besteht auch hinsichtlich des **Verhältnisses** des Anspruchs auf Zuzahlung zu den **Kapitalerhaltungsvorschriften**. Insoweit ist grundsätzlich von einem Vorrang des § 6 Abs. 2 SEAG auszugehen, wobei allerdings davon auszugehen ist, dass der Anspruch auf Auszahlung hinausgeschoben ist, bis die Voraussetzungen für eine Auszahlung nach nationalem Recht erfüllt sind.[43] In der Zwischenzeit ist der Anspruch nach § 6 Abs. 3 SEAG zu verzinsen.

3. Erhöhung des Barabfindungsangebots (§ 7 Abs. 7 SEAG). Die Ermächtigung in Abs. 2 ermöglicht es, auch den widersprechenden Aktionären ein **Austrittsrecht** zuzubilligen, an das sich sodann eine **Barabfindung** knüpft. Deutschland hat von dieser Option in § 7 Abs. 1 bis Abs. 4 SEAG Gebrauch gemacht (→ Art. 20 Rn. 12). Voraussetzung ist, dass der Aktionär **Widerspruch** gegen den Verschmelzungsbeschluss zur Niederschrift erklärt hat und die SE ihren Sitz im Ausland nehmen will. Wie bereits bei der Pflicht zur baren Zuzahlung beim unangemessenen Umtauschverhältnis ist auch in § 7 SEAG ein **nachgelagertes Kontrollverfahren** vorgesehen. Auch nach § 7 Abs. 7 SEAG können die anspruchsberechtigten Aktionäre ein Spruchverfahren einleiten, um eine angemessene Barabfindung zu erstreiten. 14

Voraussetzung für ein solches Verfahren zur Verbesserung des Barabfindungsangebots ist nach **Art. 25 Abs. 3 S. 1** wiederum, dass die anderen beteiligten Rechtsordnungen ebenfalls ein Verfahren zur Kontrolle des Barabfindungsangebots kennen oder aber der Anwendung des § 7 SEAG zugestimmt haben. Hinsichtlich der Einzelheiten des Spruchverfahrens einschließlich der internationalen Zuständigkeit ist auf die obigen Erläuterungen zu § 6 Abs. 4 (→ Rn. 11 f.) zu verweisen. Die Frage nach der internationalen Zuständigkeit stellt sich bei § 7 SEAG noch dringender, da hier vorausgesetzt wird, dass die SE ihren Sitz im Ausland hat. 15

Art. 25 [Rechtmäßigkeitskontrolle bei den Gründungsgesellschaften]

(1) Die Rechtmäßigkeit der Verschmelzung wird, was die die einzelnen sich verschmelzenden Gesellschaften betreffenden Verfahrensabschnitte anbelangt, nach den für die Verschmelzung von Aktiengesellschaften geltenden Rechtsvorschriften des Mitgliedstaats kontrolliert, dessen Recht die jeweilige verschmelzende Gesellschaft unterliegt.

(2) In jedem der betreffenden Mitgliedstaaten stellt das zuständige Gericht, der Notar oder eine andere zuständige Behörde eine Bescheinigung aus, aus der zweifelsfrei hervorgeht, dass die der Verschmelzung vorangehenden Rechtshandlungen und Formalitäten durchgeführt wurden.

(3) ¹Ist nach dem Recht eines Mitgliedstaats, dem eine sich verschmelzende Gesellschaft unterliegt, ein Verfahren zur Kontrolle und Änderung des Umtauschverhältnisses der Aktien oder zur Abfindung von Minderheitsaktionären vorgesehen, das jedoch der Eintragung der Verschmelzung nicht entgegensteht, so findet ein solches Verfahren nur dann Anwendung, wenn die anderen sich verschmelzenden Gesellschaften in Mitgliedstaaten, in denen ein derartiges Verfahren nicht besteht, bei der Zustimmung zu dem Verschmelzungsplan gemäß Artikel 23 Absatz 1 ausdrücklich akzeptieren, dass die Aktionäre der betreffenden sich verschmelzenden Gesellschaft auf ein solches Verfahren zurückgreifen können. ²In diesem Fall kann das zuständige Gericht, der Notar oder eine andere zuständige Behörde die Bescheinigung gemäß Absatz 2 ausstellen, auch wenn ein derartiges Verfahren eingeleitet wurde. ³Die Bescheinigung muss allerdings einen Hinweis auf das anhängige Verfahren enthalten. ⁴Die Entscheidung in dem Verfahren ist für die übernehmende Gesellschaft und ihre Aktionäre bindend.

Schrifttum: *Witten,* Minderheitenschutz bei der Gründung und Sitzverlegung der Europäischen Aktiengesellschaft (SE), 2011.

I. Regelungsgehalt, Normzweck

Art. 25 enthält drei wesentliche Aussagen. Die Festlegung der Rechtmäßigkeitsvoraussetzungen des Verschmelzungsverfahrens bei den nationalen Gründungsgesellschaften und die Prüfung dieses Verfahrens obliegen allein den Mitgliedstaaten (Abs. 1). Damit beinhaltet Abs. 1 zunächst eine 1

---

[42] Dafür *Casper* ZHR 173 (2009), 181 (202 ff.).
[43] Details bei Lutter/Hommelhoff/Teichmann/*Bayer* Rn. 44; Habersack/Drinhausen/*Marsch-Barner* Rn. 29; *Witten,* Minderheitenschutz bei der Gründung und Sitzverlegung der Europäischen Aktiengesellschaft (SE), 2011, 136 ff.

Kompetenzzuweisung. Über diese Prüfung haben die Mitgliedstaaten den Gründungsgesellschaften eine Rechtmäßigkeitsbescheinigung auszustellen (Abs. 2). Aus der Zusammenschau beider Absätze ergibt sich also zweitens eine **Prüfungspflicht.** Das **Rechtmäßigkeitstestat** ist ein wesentlicher Bestandteil des Registerverfahrens bei Eintragung der SE nach Art. 25–28. Daraus folgt, dass Art. 25 Abs. 1 und Abs. 2 in erster Linie der Verzahnung der verschiedenen nationalen Gründungsstatute und dem Registerverfahren der SE dienen. Die Regelung in Art. 25 steht damit in engem Zusammenhang mit Art. 12, 27 und vor allem mit der Regelung in Art. 26. Letzterer beschäftigt sich mit der Rechtmäßigkeitskontrolle der entstehenden SE. Art. 25 und Art. 26 beinhalten eine **zweistufige Kontrolle der Rechtmäßigkeit.**[1] Die erste Stufe bildet die nationale Kontrolle des Verfahrens bei den Gründungsgesellschaften auf nationaler Ebene, die zweite Stufe ist die Kontrolle vor Eintragung der SE. Hierfür ist der künftige Sitzstaat der SE zuständig (Art. 26 Abs. 1), er bedient sich für seine Prüfung maßgeblich der Rechtmäßigkeitstestate nach Art. 25 Abs. 2. Frühere Ansätze für ein einstufiges, europäisches Prüfungsverfahren beim EuGH, wie es sich noch in Art. 11, 17 f. des Vorschlages für ein SE-Statut aus den Jahren 1970/1975 fand, sind damit fallen gelassen worden.

2   Art. 25 Abs. 3 S. 1 enthält drittens eine **Reziprozitätsklausel,** wonach ein Spruchverfahren zur Verbesserung des Umtauschverhältnisses oder des Barabfindungsangebots nur dann anwendbar ist, wenn auch die Rechtsordnungen der anderen Gründungsgesellschaften ein derartiges Verfahren bereithalten oder aber die Aktionäre der übrigen Verschmelzungspartner der Anwendung des (deutschen) Spruchverfahrens zugestimmt haben (→ Art. 24 Rn. 9 f.). Art. 25 Abs. 3 S. 2 und 3 stellen klar, dass trotz eines laufenden Spruchverfahrens eine Rechtmäßigkeitsbescheinigung iSd Abs. 2 ausgestellt werden kann, sofern diese einen entsprechenden Hinweis enthält. Das **Spruchverfahren** stellt also **kein Eintragungshindernis** dar. **Abs. 3 S. 4** ordnet an, dass die Entscheidung im Spruchverfahren für die übernehmende Gesellschaft, also die SE, wie für deren Aktionäre bindend ist. Der **Normzweck von Abs. 3** ist somit ein doppelter: Zum einen ermöglicht er den Minderheitenschutz, will aber die Bevorzugung der Aktionäre einer Gründungsgesellschaft verhindern. Zum anderen verhindert er eine unnötige Verzögerung des Eintragungsverfahrens.

II. Prüfung der Gründung auf nationaler Ebene (Abs. 1)

3   Abs. 1 enthält hinsichtlich des Prüfungsumfangs und der Art und Weise, wie die Prüfung durchzuführen ist, eine **Spezialverweisung** auf das harmonisierte, nationale Verschmelzungsrecht. Die Verweisung in Abs. 1 geht damit der Verweisung in Art. 18 vor (→ Art. 18 Rn. 1). Die inhaltlichen Anforderungen für eine in Deutschland ansässige Gründungsgesellschaft ergeben sich demzufolge aus **§§ 16, 17 UmwG.** Allein aus der Tatsache, dass die aufnehmende Gesellschaft eine SE ist, ergeben sich für die Auslegung der nationalen Verschmelzungsprüfung keine Besonderheiten. Es kann mithin auf die Rechtsprechung und das Schrifttum zu §§ 16, 17 UmwG verwiesen werden.[2] Aus einer Zusammenschau von Abs. 1 und Abs. 2 folgt ein europäischer Rechtsbefehl an die Mitgliedstaaten, der sie zur Durchführung der Prüfung und zur Ausstellung der Bescheinigung nach Abs. 2 verpflichtet. Mit dieser **Prüfungspflicht** korrespondiert ein **Anspruch** der Gründungsgesellschaften **auf Erteilung der Bescheinigung** gegenüber der nach nationalem Recht zuständigen Stelle. Die **Zuständigkeit** bestimmt sich also nach nationalem Recht (→ Rn. 4).

III. Bescheinigung über die Rechtmäßigkeit (Abs. 2)

4   **1. Zuständigkeit.** Abs. 2 regelt die Bescheinigung über die Rechtmäßigkeit des Verschmelzungsverfahrens. Die hierfür zuständige Stelle wird in der Verordnung nicht näher bestimmt. Vielmehr folgt aus **Art. 68 Abs. 2,** dass es dem Mitgliedstaat überlassen bleibt, Zuständigkeitsregelungen festzusetzen. Deutschland hat von dieser Ermächtigung in §§ 3, 4 SEAG (Normtext bei Art. 12) Gebrauch gemacht und somit das für die Gründungsgesellschaft zuständige Handelsregister betraut, das nach §§ 377, 374 FamFG, § 23a Abs. 1 S. 1 GVG, § 23a Abs. 2 Nr. 3 GVG zu bestimmen ist (Einzelheiten → Art. 12 Rn. 3). Damit ist das Handelsregister berufen, in dem der Sitz der Gründungsgesellschaften eingetragen ist. Sind in Deutschland mehrere Gründungsgesellschaften ansässig, ist für jede Gesellschaft eine eigene Bescheinigung durch das für sie zuständige Handelsregister zu erstellen. Hat eine in Deutschland eingetragene Aktiengesellschaft ihren tatsächlichen Verwaltungssitz in einen anderen Mitgliedstaat verlegt, bleibt das deutsche Registergericht, denn maßgeblich ist der **Satzungssitz.**[3]

---

[1] Vgl. statt aller *Teichmann* ZGR 2002, 383 (416); Habersack/Drinhausen/*Marsch-Barner* Rn. 1; Kölner Komm AktG/*Maul* Rn. 1; *Kleindiek* in Lutter/Hommelhoff, Die Europäische Aktiengesellschaft, 2005, 95 (107).

[2] Überblick auch bei Lutter/Hommelhoff/Teichmann/*Bayer* Rn. 6, 11 ff.

[3] Lutter/Hommelhoff/Teichmann/*Bayer* Rn. 10.

2. Inhalt der Bescheinigung; Zeitpunkt der Erteilung. Abs. 2 enthält – vorbehaltlich Abs. 3 **5**
S. 3 – keine näheren Vorgaben zum Inhalt oder zur Form der Bescheinigung. Da das deutsche
Umwandlungsrecht ein entsprechendes Rechtmäßigkeitstestat nicht kennt, sind Inhalt und **Form**
aus dem Sinn und Zweck der Bescheinigung heraus zu bestimmen. Da die Gründungsgesellschaft
das Testat in dem zweiten Prüfungsverfahren nach Art. 26 vorlegen muss, wird man eine **schriftliche,
beglaubigte Bescheinigung** in der Amtssprache des jeweiligen Mitgliedstaats fordern dürfen.[4]
Für eine ggf. erforderliche Übersetzung hat die Gründungsgesellschaft Sorge zu tragen. Da der
Bescheinigung nach Abs. 2 Bindungswirkung zukommt (→ Rn. 7), muss sich ihr **Inhalt** auf die
schlichte Feststellung der Rechtmäßigkeit im Sinne eines Tenors beschränken.[5] Einzelheiten
der Prüfung und eventuelle Zweifel dürfen nicht aufgenommen werden. Streitigkeiten über die
Versagung der Bescheinigung sind allein in dem jeweiligen Gründungsstaat auszufechten, in Deutschland also nach Art. 18 iVm § 38 AktG, sodass sich eine Beschwerde gegen die Zurückweisung von
Eintragungsanträgen nach §§ 58, 70 FamFG richtet.[6]

Die Bescheinigung darf nach § 8 S. 2 SEAG erst ausgestellt werden, wenn allen anspruchsberech- **6**
tigten Gläubigern Sicherheit geleistet worden ist, da dieser Umstand durch das SEAG in den Rang
einer Formalität iSd Abs. 2 erhoben worden ist. Die Vorstandsmitglieder der übertragenden Gesellschaft haben dem Gericht zu versichern, dass allen Gläubigern eine angemessene Sicherheit iSd § 8
S. 1 SEAG, § 13 Abs. 1, 2 SEAG geleistet wurde. Eine weitergehende Prüfungspflicht des Handelsregisters besteht nicht.[7] Ist ein **Spruchverfahren** zur Verbesserung des Umtauschverhältnisses oder
des Barabfindungsangebots nach Abs. 3 anhängig, steht dies der Erteilung der Bescheinigung nicht
entgegen, sie hat jedoch nach **Abs. 3 S. 3** einen Vermerk auf ein anhängiges Verfahren zu enthalten.
Dabei ist auch das mit dem Spruchverfahren betraute Gericht zu benennen. Soweit gegen den
Verschmelzungsbeschluss iSd Art. 23 **Anfechtungsklage** erhoben worden ist, kann das Testat entsprechend **Art. 16 Abs. 2 S. 2 UmwG** nicht erteilt werden.[8] Damit hat die deutsche Gründungsgesellschaft die Möglichkeit, ein Freigabeverfahren entsprechend § 16 Abs. 3 UmwG einzuleiten, da
die Nichterteilung der Bescheinigung nach Abs. 2 eine **Registersperre** bewirkt.[9] Ist demgegenüber
die Bescheinigung erteilt worden, obwohl sie wegen einer anhängigen Anfechtungsklage nicht hätte
erteilt werden dürfen, kann die SE gleichwohl eingetragen werden. § 16 Abs. 2 UmwG ist mangels
Regelungskompetenz nicht anwendbar (zu den Rechtsfolgen → Art. 30 Rn. 5).

3. Bindungswirkung der Entscheidung. Die Bescheinigung nach Abs. 2 schließt den ersten **7**
Prüfungsschritt (→ Rn. 1) ab und entfaltet auf der zweiten Prüfungsstufe nach Art. 26 Bindungswirkung.[10] Eine **erneute Prüfung** vor Eintragung der SE durch deren künftigen Sitzstaat wäre weder
rechtsökonomisch sinnvoll noch mit dem Verhältnis von Art. 25 und Art. 26 vereinbar. Ebenso wenig
kann der Vorschlag überzeugen, die Bindungswirkung auf das rechtliche Ergebnis der Prüfung,
nicht aber auf die zuvor erfolgte **Sachverhaltsfeststellung** zu begrenzen.[11] Art. 25, 26 wollen eine
zweifache Prüfung in jeder Hinsicht vermeiden. Das Registergericht der SE ist auf eine formelle
Überprüfung der Bescheinigung beschränkt. Dies hat zur Folge, dass analog § 16 Abs. 2 S. 2 UmwG
die Bescheinigung nicht erteilt werden darf, solange eine **Anfechtungsklage** gegen einen der
Verschmelzungsbeschlüsse anhängig ist, da das Registergericht der SE nicht prüfen kann und darf,
ob dieses Verfahren bereits abgeschlossen ist oder gar Aussicht auf Erfolg hat. Dies führt zu der
bereits in → Rn. 6 beschriebenen Registersperre nach Erhebung einer Anfechtungsklage. Würde
die Bescheinigung trotz laufender Anfechtungsklage erteilt, würde dies dem Anfechtungsprozess
praktisch seine Wirkung nehmen, da es dann zur Eintragung der SE käme (→ Art. 30 Rn. 5). Die

---

[4] NK-SE/*Schröder* Rn. 19.
[5] Ebenso MüKoAktG/*Schäfer* Rn. 6; *Schwarz* Rn. 20; Kölner Komm AktG/*Maul* Rn. 19; Habersack/Drinhausen/*Marsch-Barner* Rn. 25, der aber freiwillige Angabe des Registergerichts für zulässig erachtet; etwas weitergehend auch NK-SE/*Schröder* Rn. 16 ff. mit einem Formulierungsvorschlag; noch weiter Lutter/Hommelhoff/
Teichmann/Bayer Rn. 15 mwN: Tatbestand und Gründe; so wohl auch Kalss/Hügel/*Hügel* SEG § 24 Rn. 10.
[6] Vgl. auch Habersack/Drinhausen/*Marsch-Barner* Rn. 4, allerdings ohne Rückgriff auf § 38 AktG.
[7] So wohl auch Habersack/Drinhausen/*Marsch-Barner* Rn. 7, 21.
[8] MüKoAktG/*Schäfer* Rn. 8; *Schwarz* Rn. 35.
[9] MüKoAktG/*Schäfer* Rn. 8; ähnlich Lutter/Hommelhoff/Teichmann/*Bayer* Rn. 11 und Habersack/Drinhausen/*Marsch-Barner* Rn. 14, jew. mwN: „Bescheinigungssperre".
[10] → Art. 26 Rn. 6 f. sowie MüKoAktG/*Schäfer* Rn. 6; Habersack/Drinhausen/*Marsch-Barner* Rn. 24 mwN;
Kölner Komm AktG/*Maul* Rn. 21 f.; *Schwarz* Art. 26 Rn. 6; *Scheifele*, Die Gründung der Europäischen Aktiengesellschaft (SE), 2004, 272; grds. auch NK-SE/*Schröder* Rn. 2, 21; zum Entwurf von 1991 auch bereits *Trojahn-Limmer* RIW 1991, 1010 (1014).
[11] In diesem Sinne aber NK-SE/*Schröder* Rn. 22; wie hier Lutter/Hommelhoff/Teichmann/*Bayer* Rn. 16
mwN.

Erteilung des Rechtmäßigkeitstestats führt nicht zu einer vorläufigen Eintragung der Verschmelzung in das Register der Gründungsgesellschaft.[12]

IV. Schutz der Aktionäre (Spruchverfahren, Abs. 3)

8   Art. 25 Abs. 3 steht im unmittelbaren sachlichen Zusammenhang mit der Ermächtigungsnorm in Art. 24 Abs. 2 und begrenzt mit seiner **Reziprozitätsklausel** in S. 1 die Möglichkeit eines einseitigen Aktionärsschutzes. Ein Spruchverfahren darf nur stattfinden, wenn auch die Gesellschaftsstatute der Verschmelzungspartner ein entsprechendes Verfahren kennen. Es ist davon auszugehen, dass beide Verfahren hinsichtlich ihres Schutzniveaus einigermaßen gleichwertig, jedoch nicht identisch ausgestaltet sein müssen. Fehlt es an einem gleichwertigen Verfahren, bedarf es eines Zustimmungsbeschlusses der Aktionäre der übrigen, zu verschmelzenden Gesellschaften, sofern diese ihre Zustimmung nicht bereits im Verschmelzungsplan erklärt haben.[13] Für den entsprechenden Mehrheitsbeschluss gilt das Mehrheitserfordernis aus Art. 23 Abs. 1.[14] Hinsichtlich der weiteren Einzelheiten und des Zwecks der Reziprozitätsklausel ist auf die Erläuterungen bei → Art. 24 Rn. 9f. zu verweisen.

V. Verhältnis zum WpÜG

9   Kommt es infolge der Verschmelzungsgründung zum Erwerb einer Beteiligung von mindestens 30 % (Kontrollbeteiligung) an einer börsennotierten SE, stellt sich die Frage, ob ein solcher Erwerb die **Angebotspflicht nach § 35 Abs. 2 WpÜG** auslöst. Auf nationaler Ebene wird die entsprechende Frage, ob ein Kontrollerwerb iSd § 35 Abs. 1 WpÜG durch einen rein nationalen Verschmelzungsvorgang unter Beteiligung der Zielgesellschaft erfolgen kann, seit längerem kontrovers diskutiert.[15] Nach überwiegender Ansicht ist im Grundsatz von einer Anwendbarkeit der übernahmerechtlichen Vorschriften auf Verschmelzungssachverhalte auszugehen.[16] Vor allem der Wortlaut des WpÜG, der keine Einschränkungen hinsichtlich der Kontrollbegründung vornimmt, streitet für eine Anwendbarkeit. Ebenso schließt der Gesetzgeber, der die Problematik erkannt hat, die Lösung aber bewusst der Anwendungspraxis überlassen hat, eine Anwendung auf umwandlungsrechtliche Sachverhalte jedenfalls nicht per se aus.[17] Schließlich spricht auch eine teleologische Betrachtung für die Anwendbarkeit. Zum einen sind auch bei der Kontrollerlangung im Wege der Verschmelzung durch ein Pflichtangebot zu schützende Interessen der Minderheitsaktionäre erkennbar.[18] Zum anderen sieht das Umwandlungsrecht nicht immer einen gleichwertigen Schutz vor.[19] Evident ergibt sich dies bereits aus dem unterschiedlichen Kreis der Austrittsberechtigten. Nach dem Umwandlungsrecht sind dies nur die Gesellschafter der übertragenden Gesellschaft, während nach dem WpÜG die der Zielgesellschaft[20] berechtigt sind.[21] Für die SE-Verschmelzungs-

---

[12] Zutr. MüKoAktG/*Schäfer* Rn. 10; Lutter/Hommelhoff/Teichmann/*Bayer* Rn. 18; aA *Heckschen* DNotZ 2003, 251 (253): Eintragungsnachricht.
[13] Ebenso NK-SE/*Schröder* Rn. 28; Lutter/Hommelhoff/Teichmann/*Bayer* Rn. 22.
[14] Lutter/Hommelhoff/Teichmann/*Bayer* Rn. 22; Habersack/Drinhausen/*Marsch-Barner* Rn. 30; MüKoAktG/*Schäfer* Rn. 12; aA *Schwarz* Rn. 29: einfache Mehrheit.
[15] Vgl. nur Baums/Thoma/*Baums/Hecker* WpÜG § 35 Rn. 108 ff.; Assmann/Pötzsch/Schneider/*Krause/Pötzsch* WpÜG § 35 Rn. 133 ff.; MüKoAktG/*Schlitt* WpÜG § 35 Rn. 122 ff.; Kölner Komm AktG/*Hasselbach* WpÜG § 35 Rn. 106 ff.; *Witten,* Minderheitenschutz bei der Gründung und Sitzverlegung der Europäischen Aktiengesellschaft (SE), 2011, 188 ff.; allgemein dazu monographisch etwa *Paul,* Die Relevanz des WpÜG für Verschmelzungen und Spaltungen der Zielgesellschaft, 2007.
[16] Vgl. etwa Assmann/Pötzsch/Schneider/*Krause/Pötzsch* WpÜG § 35 Rn. 139, Fn. 2 mit Hinweis auf den BaFin Jahresbericht 2002, 172; *Fleischer* NZG 2002, 545 (549 f.); MüKoAktG/*Schlitt* WpÜG § 35 Rn. 130 und ebenso MüKoAktG/*Oechsler/Mihaylova* Art. 2 Rn. 22; ausführliche und überzeugende Begründung bei *Witten,* Minderheitenschutz bei der Gründung und Sitzverlegung der Europäischen Aktiengesellschaft (SE), 2011, 195 ff.; aA MüKoAktG/*Schäfer* Art. 24 Rn. 24; *Vetter* WM 2002, 1999 ff.
[17] BegrRegE zu § 35 WpÜG, BT-Drs. 14/7034, 31; MüKoAktG/*Schlitt* WpÜG § 35 Rn. 124; Assmann/Pötzsch/Schneider/*Krause/Pötzsch* WpÜG § 35 Rn. 137; aA *Vetter* WM 2002, 1999 (2000).
[18] *Witten,* Minderheitenschutz bei der Gründung und Sitzverlegung der Europäischen Aktiengesellschaft (SE), 2011, 196; vgl. ferner *Grabbe/Fett* NZG 2003, 755 (757 ff.), allerdings im Erg. gegen Anwendbarkeit; aA *Vetter* WM 2002, 1999 (2001 f.).
[19] Vgl. hierzu *Teichmann* AG 2004, 67 (79 ff.); *Witten,* Minderheitenschutz bei der Gründung und Sitzverlegung der Europäischen Aktiengesellschaft (SE), 2011, 198 ff.; aA *Vetter* WM 2002, 1999 (2003 f.).
[20] Im Grundfall (Verschmelzung große auf kleine Gesellschaft) sind dies die Altaktionäre der übernehmenden Gesellschaft, nach hM ist ggü. den Aktionären der übertragenden Gesellschaft mangels Schutzbedürfnisses kein Angebot abzugeben, vgl. die anderen Fallgruppen bei MüKoAktG/*Schlitt* WpÜG § 35 Rn. 137 ff.; Assmann/Pötzsch/Schneider/*Krause/Pötzsch* WpÜG § 35 Rn. 142 ff.
[21] So Ehricke/Ekkenga/Oechsler/*Ekkenga/Schulz* WpÜG § 35 Rn. 30, die darauf hinweisen, dass in Wahrheit kein Normenkonflikt bestehe, es sich vielmehr um eine Frage korrekter Normanwendung handele.

gründung gilt insofern dasselbe. Bei ihr wird es regelmäßig nicht zu einer parallelen Anwendung beider Austrittsregime kommen, da ein **Austrittsrecht nach § 7 SEAG** nur bei einer SE-Gründung im Ausland in Betracht kommt, während § 35 WpÜG gerade voraussetzt, dass die Zielgesellschaft – also in der Regel die SE – ihren Sitz im Inland hat. Wegen dieses unterschiedlichen Regelungsbereiches kommt auch eine Befreiung vom Pflichtangebot im Rahmen eines Befreiungsantrages nach § 37 Abs. 1 WpÜG wegen der Art der Kontrollerlangung zumindest nicht als Regelfall in Betracht.[22] Eine Befreiung ist aber dann geboten, sofern sich im Einzelfall sinnwidrige Kollisionen zwischen den gesellschaftsrechtlichen und den übernahmerechtlichen Schutzinstrumentarien ergeben sollten.

Art. 26 [Rechtmäßigkeitskontrolle bei der werdenden SE]

(1) Die Rechtmäßigkeit der Verschmelzung wird, was den Verfahrensabschnitt der Durchführung der Verschmelzung und der Gründung der SE anbelangt, von dem/der im künftigen Sitzstaat der SE für die Kontrolle dieses Aspekts der Rechtmäßigkeit der Verschmelzung von Aktiengesellschaften zuständigen Gericht, Notar oder sonstigen Behörde kontrolliert.

(2) Hierzu legt jede der sich verschmelzenden Gesellschaften dieser zuständigen Behörde die in Artikel 25 Absatz 2 genannte Bescheinigung binnen sechs Monaten nach ihrer Ausstellung sowie eine Ausfertigung des Verschmelzungsplans, dem sie zugestimmt hat, vor.

(3) Die gemäß Absatz 1 zuständige Behörde kontrolliert insbesondere, ob die sich verschmelzenden Gesellschaften einem gleich lautenden Verschmelzungsplan zugestimmt haben und ob eine Vereinbarung über die Beteiligung der Arbeitnehmer gemäß der Richtlinie 2001/86/EG geschlossen wurde.

(4) Diese Behörde kontrolliert ferner, ob gemäß Artikel 15 die Gründung der SE den gesetzlichen Anforderungen des Sitzstaates genügt.

I. Regelungsgehalt, Normzweck

Art. 26 regelt die **zweite Stufe der Rechtmäßigkeitskontrolle** (→ Art. 25 Rn. 1) und betrifft somit die Gründung der SE und nicht mehr das vorgeschaltete Verfahren bei den Gründungsgesellschaften. Auch diese zweite Stufe der Gründungskontrolle ist dem nationalen Recht überantwortet. Zuständig ist der Staat, in dem die SE ihren Sitz nehmen soll. In Deutschland ist nach Art. 68 Abs. 2, § 4 SEAG das Amtsgericht zuständig, in dessen Handelsregister sie eingetragen werden soll. Aber auch der Prüfungsmaßstab ergibt sich aus den gesetzlichen Anforderungen des Sitzstaates, was Abs. 4 ausdrücklich klarstellt. Durch das europäische Recht wird dieser Prüfungsmaßstab nur um zwei Punkte ergänzt. Zum einen beschränkt Abs. 2 den **Prüfungsumfang** hinsichtlich des Verschmelzungsverfahrens bei den Gründungsgesellschaften auf die Vorlage einer Bescheinigung nach Art. 25 Abs. 2 und eines Verschmelzungsplanes. Damit hat das Registergericht der SE allein zu prüfen, ob die Rechtmäßigkeitsbescheinigungen formell ordnungsgemäß sind; hinsichtlich der materiellen Rechtmäßigkeit des Verschmelzungsverfahrens sind die Bescheinigungen bindend, eine erneute Prüfung findet nicht statt. Es soll eine **doppelte Prüfung vermieden werden,** zumal das Registergericht der SE mit der Überprüfung der ausländischen Gründungsrechte oftmals überfordert wäre. Zum anderen prüft das Gericht nach Abs. 3 weiter, ob die Aktionäre der Gründungsgesellschaften einem gleich lautenden Verschmelzungsplan zugestimmt haben und ob eine Vereinbarung über die Beteiligung der Arbeitnehmer geschlossen wurde. Im Zusammenwirken mit Art. 25 dient Art. 26 also der **Vermeidung unseriöser Verschmelzungsgründungen.**[1]

II. Zuständigkeit, Prüfungspflicht (Abs. 1)

Für die Gründungsprüfung der SE ist nach Art. 68 Abs. 2, § 4 SEAG, §§ 376, 377 FamFG das **Registergericht** zuständig, in dessen Bezirk die **SE** künftig ihren **Sitz** nimmt. Ist die SE die aufnehmende Gesellschaft, so handelt es sich um dasselbe Registergericht, das auch die Prüfung auf

---

[22] *Witten,* Minderheitenschutz bei der Gründung und Sitzverlegung der Europäischen Aktiengesellschaft (SE), 2011, 204; vgl. zur nationalen Verschmelzung *Lenz/Linke* AG 2002, 361 (368); aA *Vetter* in Lutter/Hommelhoff, Die Europäische Gesellschaft, 2005, 111 (151 f.), der auf die wirtschaftlichen Konsequenzen hinweist; *Teichmann* AG 2004, 67 (82 f.), der allerdings noch vom DiskE des SEEG ausging, demzufolge ein Austrittsrecht auch bei einer SE-Gründung im Inland vorgesehen war.
[1] MüKoAktG/*Schäfer* Rn. 2.

der ersten Stufe nach Art. 25 vorgenommen und die Rechtmäßigkeitsbescheinigung erstellt hat. Gleichwohl handelt es sich um zwei getrennte Prüfungsschritte.[2] Das Registergericht ist **zur Durchführung verpflichtet.** Der Prüfungsumfang bestimmt sich – vorbehaltlich der besonderen Vorgaben in Abs. 3 – nach den nationalen Vorschriften, in Deutschland also nach den §§ 16 ff., 60 ff., 73 ff. UmwG. Die zweite Prüfungsstufe erstreckt sich nur auf diejenigen Verfahrensabschnitte, die nicht Gegenstand der Prüfung nach Art. 25 waren.[3] Hierzu zählen alle Schritte auf dem Weg zur Verschmelzung, die zeitlich nach den zustimmenden Beschlüssen der Hauptversammlungen der Gründungsgesellschaften (Art. 23) vorgenommenen werden.[4]

III. Anmelde- und Vorlagepflichten (Abs. 2)

3   1. **Anmeldepflicht.** Nicht geregelt ist in Art. 26 die Frage nach einer **Anmeldepflicht,** die der Vorlagepflicht nach Abs. 2 logisch vorausgeht. Eine Auffassung will die Pflicht zur Anmeldung **unmittelbar aus Abs. 2** herleiten,[5] während andere über Art. 15 bzw. Art. 18 iVm § 36 AktG das nationale Recht bemühen wollen.[6] Praktische Unterschiede ergeben sich bei der Verschmelzung durch Aufnahme, da insoweit nach § 16 Abs. 1 S. 1 UmwG die Anmeldepflicht die SE als die aufnehmende Gesellschaft trifft,[7] während bei der Verschmelzung durch Neugründung allein alle beteiligten Gründungsgesellschaften zur Anmeldung berufen wären. Entsprechendes gilt auch für eine auf Abs. 2 gestützte europäische Anmeldepflicht. Auch sie würde allein sämtliche Gründungsgesellschaften treffen.[8] Gegen eine europarechtlich verankerte Anmeldepflicht spricht zwar der Wortlaut des Abs. 2, der eine Anmeldepflicht nicht erwähnt. Für sie streitet aber, dass Abs. 2 die Anmeldepflicht durch alle Gesellschaften voraussetzt. Denn anderenfalls wäre es wenig sinnvoll, bei der Verschmelzung durch Aufnahme nur die aufnehmende Gesellschaft zur Anmeldung, aber alle Gründungsgesellschaften zur Vorlage der Rechtmäßigkeitsbescheinigung zu verpflichten.[9] Deshalb sprechen im Ergebnis die besseren Gründe dafür, von einer **europäischen Anmeldepflicht** auszugehen, die alle Gründungsgesellschaften verpflichtet.[10] Adressaten dieser Anmeldepflicht sind die Vertretungsorgane der Gründungsgesellschaften, also deren Vorstände. **§ 21 SEAG,** wonach bei einer SE mit monistischem System neben sämtlichen Mitgliedern des Verwaltungsrats auch die geschäftsführenden Direktoren und sämtliche Gründer zur Anmeldung berufen sind, findet bei der Verschmelzungsgründung keine Anwendung. Denn § 21 SEAG bezweckt nur eine Modifikation des § 36 Abs. 1 AktG. Anders als bei dieser Vorschrift des allgemeinen Aktienrechts ist aber nicht die neue SE, sondern sind vielmehr die Gründungsgesellschaften zur Anmeldung berufen. Dh § 21 SEAG findet nur auf die anderen Gründungsformen Anwendung, soweit dort § 36 Abs. 1 AktG nicht durch die Sonderregelungen im UmwG verdrängt wird.[11] Die Anmeldung wird folglich gem. Art. 26 Abs. 2 iVm § 38 Abs. 2 UmwG durch die Vertretungsorgane der Gründungsgesellschaften vorgenommen.[12]

4   2. **Vorlagepflichten.** Abs. 2 statuiert zunächst eine Vorlagepflicht des **Rechtmäßigkeitstestats** nach Art. 25 Abs. 2. Man wird angesichts des eindeutigen Wortlauts von jeder der an der Verschmelzung beteiligten Gesellschaften – also auch von der aufnehmenden Gesellschaft[13] – die Vorlage einer

---

[2] Vgl. nur Habersack/Drinhausen/*Marsch-Barner* Art. 25 Rn. 27.
[3] Teilweise abw. aber Kalss/Hügel/*Hügel* SEG § 24 Rn. 28;, → Art. 25 Rn. 7; wie hier *Schwarz* Rn. 16; wohl auch Lutter/Hommelhoff/Teichmann/*Bayer* Rn. 11; MüKoAktG/*Schäfer* Rn. 3.
[4] Gegen eine klare Grenzziehung aber NK-SE/*Schröder* Rn. 4 f., was zu unerwünschten Doppelprüfungen führen würde.
[5] MüKoAktG/*Schäfer* Rn. 5; Lutter/Hommelhoff/Teichmann/*Bayer* Rn. 7; Habersack/Drinhausen/*Marsch-Barner* Rn. 6.
[6] *Scheifele,* Die Gründung der Europäischen Aktiengesellschaft (SE), 2004, 272; *Schwarz* Rn. 5; Kölner Komm AktG/*Maul* Rn. 6; *Kleindiek* in Lutter/Hommelhoff, Die Europäische Gesellschaft, 2005, 98 jew. unter Rückgriff auf Art. 15.
[7] Obendrein könnte die aufnehmende Gesellschaft nach § 16 Abs. 1 S. 2 UmwG auch die Anmeldung bei den übertragenden Gesellschaften vornehmen, sofern auch auf diese deutsches Verschmelzungsrecht Anwendung findet, während hierfür nach § 16 Abs. 1 S. 1 eigentlich der übertragende Rechtsträger zuständig wäre.
[8] So im Erg. auch Lutter/Hommelhoff/Teichmann/*Bayer* Rn. 7, der jedoch eine Anwendung von Art. 16 Abs. 1 S. 1 UmwG ablehnt.
[9] Genau dies bestreitend aber Kölner Komm AktG/*Maul* Rn. 6.
[10] So auch Habersack/Drinhausen/*Marsch-Barner* Rn. 6.
[11] Eingehende Begründung bei MüKoAktG/*Schäfer* Rn. 6 f.; ebenso Lutter/Hommelhoff/Teichmann/*Bayer* Rn. 8.
[12] Lutter/Hommelhoff/Teichmann/*Bayer* Rn. 8; MüKoAktG/*Schäfer* Rn. 7; Habersack/Drinhausen/*Marsch-Barner* Rn. 6.
[13] Überzeugend Kalss/Hügel/*Hügel* SEG § 24 Rn. 24; *Schwarz* Rn. 6; Habersack/Drinhausen/*Marsch-Barner* Rn. 2; aA *Kalss/Greda* GesRZ 2004, 97.

Bescheinigung verlangen müssen. Erforderlich ist die Vorlage eines Originals oder einer beglaubigten Abschrift; bei fremdsprachigen Bescheinigungen obendrein eine beglaubigte Übersetzung.[14] Abs. 2 verpflichtet hierfür nicht nur sämtliche Gründungsgesellschaften, sondern setzt zudem eine **Frist von sechs Monaten.** Diese Frist dürfte als **Ausschlussfrist** dergestalt zu verstehen sein, dass Rechtmäßigkeitsbescheinigungen, die älter als sechs Monate sind, zurückgewiesen werden können.[15] Dann muss die Gründung aber nicht zwingend scheitern, sondern die Gründungsgesellschaften können auf ihre Kosten eine neue Bescheinigung bei ihren Heimatregistern beantragen und diese nachreichen.[16] Den nationalen Behörden wird dann jedoch ein erneutes Prüfungsrecht nach Art. 25 zuzustehen sein. Dies dürfte jedoch allenfalls dann zu unterschiedlichen Ergebnissen führen, wenn die erste Bescheinigung fehlerhaft war,[17] da zB eine Bescheinigung trotz erhobener Anfechtungsklage erteilt worden war.

Aus dem Umkehrschluss zu Abs. 3 ergibt sich weiterhin, dass neben der Rechtmäßigkeitsbescheinigung auch noch von jeder Gründungsgesellschaft eine **Ausfertigung des Verschmelzungsplans**[18] und eine **Niederschrift des Verschmelzungsbeschlusses** vorzulegen ist. Andernfalls kann das Registergericht nicht prüfen, ob die verschmelzenden Gesellschaften einem gleich lautenden Verschmelzungsplan zugestimmt haben. Eine Frist wie bei Abs. 2 ist hierfür nicht vorgesehen. Hat die aufnehmende Gesellschaft diese Unterlagen bereits zur Erteilung der Rechtmäßigkeitsbescheinigung vorgelegt, kann sie hierauf verweisen.[19] Des Weiteren ist auch eine **Vereinbarung über die Beteiligung der Arbeitnehmer** nach der Mitbestimmungsrichtlinie vorzulegen, wobei insoweit nicht jede Gründungsgesellschaft, sondern nur eine von ihnen verpflichtet ist. Ist keine Vereinbarung zustande gekommen und greift damit die Auffangregelung ein, sind die hierzu führenden Umstände iSd Art. 12 Abs. 2 (Zeitablauf, Beschluss nach Art. 3 Abs. 6 SE-RL) gegenüber dem Registergericht zu erklären.[20] Abs. 3 beinhaltet eine Klarstellung gegenüber Art. 12 Abs. 2 und verdeutlicht, dass die Prüfung erst auf der zweiten Stufe des Art. 26 stattfindet.[21] Soweit das Registergericht nach Abs. 4 auch die Wirksamkeit der SE-Verschmelzung nach nationalem Aktien- und Verschmelzungsrecht prüfen muss (zum Prüfungsumfang → Rn. 7), sind weiterhin alle für diese Prüfung erforderlichen Unterlagen vorzulegen, wie sie sich bei deutschen Gesellschaften aus § 17 UmwG bzw. § 36 Abs. 2 UmwG iVm § 37 Abs. 4 AktG ergeben.[22]

IV. Prüfungsumfang (Abs. 3, 4)

Der Prüfungsumfang ist auf die **Durchführungsphase** der Verschmelzung sowie auf die eigentliche Gründung der SE bzw. den Umwandlungsvorgang bei einer Verschmelzung durch Aufnahme beschränkt. Hinsichtlich der **Verschmelzungspläne** prüft das Gericht nur, ob die eingereichten Verschmelzungspläne übereinstimmen. Rechtmäßigkeit und Vollständigkeit ergeben sich vielmehr aus der bereits erfolgten Prüfung auf der ersten Stufe. Beides ist bereits bindend in dem Rechtmäßigkeitstestat nach Art. 25 Abs. 2 dokumentiert.[23] Ein weiterer Prüfungsumfang besteht nach Abs. 3 jedoch hinsichtlich der **Vereinbarung über die Mitbestimmung.** Deren Vorliegen ist noch nicht Gegenstand der ersten Prüfungsstufe gewesen, da ein Verhandlungsergebnis bei der Erteilung des Rechtmäßigkeitstestats regelmäßig noch nicht vorliegt. Das Registergericht hat also nach Abs. 3 zu prüfen, ob die Vereinbarung den Vorgaben der SE-RL und eventuell darüber hinausgehenden Anforderungen in den nationalen Ausführungsgesetzen entspricht. Die Prüfung nach Abs. 3 erstreckt

---

[14] Entsprechend § 142 Abs. 3 ZPO, vgl. auch *Kleindiek* in Lutter/Hommelhoff, Die Europäische Gesellschaft, 2005, 108; Habersack/Drinhausen/*Marsch-Barner* Rn. 2.
[15] Kölner Komm AktG/*Maul* Rn. 11; so wohl auch Habersack/Drinhausen/*Marsch-Barner* Rn. 9; großzügiger Kalss/Hügel/*Hügel* SEG § 24 Rn. 13.
[16] Kalss/Hügel/*Hügel* SEG § 24 Rn. 13; MüKoAktG/*Schäfer* Rn. 5; NK-SE/*Schröder* Rn. 11.
[17] Kalss/Hügel/*Hügel* SEG § 24 Rn. 13; Habersack/Drinhausen/*Marsch-Barner* Rn. 9.
[18] Ausfertigung ist trotz der deutschen Fassung von Art. 26 Abs. 3 nicht im rechtstechnischen Sinne zu verstehen, da andere Fassungen, wie die englische und auch die französische, auch eine schlichte Kopie genügen lassen, vgl. NK-SE/*Schröder* Rn. 12; ebenso Habersack/Drinhausen/*Marsch-Barner* Rn. 11.
[19] MüKoAktG/*Schäfer* Rn. 8; Lutter/Hommelhoff/Teichmann/*Bayer* Rn. 9.
[20] Habersack/Drinhausen/*Marsch-Barner* Rn. 12; MüKoAktG/*Schäfer* Rn. 8 und 3. Aufl. 2015, Rn. 5 sprechen dagegen von „Glaubhaftmachung".
[21] *Kleindiek* in Lutter/Hommelhoff, Die Europäische Gesellschaft, 2005, 103. Zu den Folgen einer voreiligen Eintragung der SE ohne Mitbestimmung → Art. 12 Rn. 12.
[22] Ausf. Aufzählung zB bei MüKoAktG/*Schäfer* Rn. 9; vgl. jedoch Habersack/Drinhausen/*Marsch-Barner* Rn. 14; Kölner Komm AktG/*Maul* Rn. 10 zum beschränkten Umfang im Hinblick auf die limitierte Prüfungspflicht auf dieser Stufe.
[23] Statt aller *Kleindiek* in Lutter/Hommelhoff/, Die Europäische Gesellschaft, 2005, 108; ebenso Lutter/Hommelhoff/Teichmann/*Bayer* Rn. 11, 16; Habersack/Drinhausen/*Marsch-Barner* Rn. 17; teilw. abw. aber NK-SE/*Schröder* Rn. 6.

sich auch auf die **Vereinbarkeit** der Mitbestimmungsregelung **mit der Satzung** der SE.[24] Bei Divergenzen ist die Satzung nach Art. 12 Abs. 4 zu ändern. Dabei ist jedoch nicht eine erneute Prüfung nach Art. 25 durchzuführen. Nicht zum Prüfungsumfang gehört hingegen das Vorliegen einer Genehmigung der HV iSd Art. 23 Abs. 2 S. 2.[25]

7   Nach **Abs. 4** erstreckt sich die Prüfung weiterhin auf sämtliche Vorgaben des nationalen Verschmelzungsrechts, soweit sie die Durchführungs- und Gründungsphase der SE betreffen. Auch wenn Abs. 4 vollständig auf Art. 15 verweist, kann nur der Gründungsvorgang nach Art. 15 Abs. 1 und nicht auch die Offenlegung nach Art. 15 Abs. 2 gemeint sein.[26] Dabei ist vor allem die Vollständigkeit und formelle wie materielle Rechtmäßigkeit der Satzung der SE zu prüfen. Weiterhin prüft das Gericht die Richtigkeit und Rechtmäßigkeit aller nach § 17 UmwG bzw. § 36 Abs. 2 UmwG iVm § 37 Abs. 4 AktG einzureichenden Unterlagen. Insoweit ist zunächst auf die Darstellungen der Verschmelzungsprüfung im nationalen Recht zu verweisen.[27] Bei Verschmelzung durch Neugründung wird eine externe Gründungsprüfung sowie ein Gründungsbericht gem. § 75 Abs. 2 UmwG allerdings für entbehrlich erachtet.[28] Im Rahmen der Verschmelzung durch Aufnahme ist weiterhin umstritten, ob analog Art. 37 Abs. 6 bzw. § 220 Abs. 1, 3 UmwG eine Prüfung der Reinvermögensdeckung zu erfolgen hat.[29] Gegen eine derartige Analogie streitet, dass die Verschmelzungsprüfung nach Art. 22 vorsieht, dass im Rahmen dieser Prüfung im Zusammenhang mit der Überprüfung des Umtauschverhältnisses bereits als zentraler Aspekt die Vermögensdeckung mit überprüft wird.[30] Ebenso wenig ist analog §§ 197, 220 UmwG eine Sachgründungsprüfung mit der Begründung erforderlich, dass mit der Verschmelzung zugleich ein Formwechsel in eine SE verbunden sei.[31]

8   Obwohl durch den Wortlaut von Abs. 2 bis 4 nicht vorgegeben, verlangt die ganz überwiegende Auffassung auch eine **Überprüfung der Einhaltung des Mehrstaatlichkeitserfordernisses** in Art. 2.[32] Dem ist mit der Maßgabe zuzustimmen, dass es sich bei dem Mehrstaatlichkeitserfordernis nur um ein formales Kriterium handelt (→ Art. 2, 3 Rn. 21) und der Prüfungsauftrag hierauf beschränkt ist. Das Registergericht kann also bei der Prüfung nach Art. 26 nicht beanstanden, dass beispielsweise ein Verschmelzungspartner bisher noch nicht am Markt aktiv war.

Art. 27 [Eintragung der Verschmelzung]

(1) Die Verschmelzung und die gleichzeitige Gründung der SE werden mit der Eintragung der SE gemäß Artikel 12 wirksam.

(2) Die SE kann erst nach Erfüllung sämtlicher in den Artikeln 25 und 26 vorgesehener Formalitäten eingetragen werden.

1   Art. 27 weist – zumindest aus Sicht des deutschen Rechts – einen **geringen Regelungsgehalt** auf. Abs. 1 ordnet an, dass die Verschmelzung erst mit der Eintragung der SE iSd Art. 12 Abs. 1 wirksam wird und dass die Eintragung erst nach Abschluss des in Art. 25, 26 niedergelegten Prüfungsverfahrens erfolgen darf. Die Rechtsfolgen der Eintragung und das damit verbundene Wirksamwerden der Verschmelzung werden hingegen in Art. 29 geregelt. Das mit der Eintragung verbundene Entstehen der SE als juristische Person bestimmt sich nach Art. 16 Abs. 1.

2   **Abs. 1** verfolgt den **Zweck**, das kooperationsrechtliche Wirksamwerden der Verschmelzung mit der Eintragung gleichlaufen zu lassen.[1] Die Bedeutung dieser dem deutschen Juristen selbstverständlichen und aus **§ 20 Abs. 1 S. 1 UmwG** bekannten Regelung erhellt sich erst in **rechtsvergleichender Perspektive.** Die Verknüpfung des Wirksamwerdens mit der Eintragung ist den Mitgliedstaaten

---

[24] MüKoAktG/*Schäfer* Rn. 11; *Schwarz* Rn. 18; Lutter/Hommelhoff/Teichmann/*Bayer* Rn. 12; Habersack/Drinhausen/*Marsch-Barner* Rn. 18.
[25] HM, vgl. Lutter/Hommelhoff/Teichmann/*Bayer* Rn. 13; *Schwarz* Rn. 9; aA *Neun* in Theisen/Wenz SE S. 141.
[26] Lutter/Hommelhoff/Teichmann/*Bayer* Rn. 15; *Schwarz* Rn. 13.
[27] Vgl. etwa Lutter/*Drygala* UmwG § 9 Rn. 9 ff.
[28] Lutter/Hommelhoff/Teichmann/*Bayer* Rn. 20; *Jannott* in Jannott/Frodermann SE-HdB Kap. 3 Rn. 90; NK-SE/*Mayer* Art. 5 Rn. 40; MüKoAktG/*Schäfer* Art. 20 Rn. 40, Art. 26 Rn. 9.
[29] So Kalss/*Hügel* SEG § 17 Rn. 28.
[30] So überzeugend Lutter/Hommelhoff/Teichmann/*Bayer* Rn. 23 in Anschluss an *J. Schmidt*, „Deutsche" vs. „britische" SE, 2007, 245 f.; *Brandes* AG 2005, 177 (187); Kallmeyer/*Marsch-Barner* UmwG Anh. Rn. 58; Habersack/Drinhausen/*Marsch-Barner* Rn. 22. Wie hier jetzt auch MüKoAktG/*Schäfer* Art. 20 Rn. 39.
[31] Lutter/Hommelhoff/Teichmann/*Bayer* Rn. 24 f.; Habersack/Drinhausen/*Marsch-Barner* Rn. 24 mwN; aA NK-SE/*Schröder* Art. 15 Rn. 49.
[32] Lutter/Hommelhoff/Teichmann/*Bayer* Rn. 14; MüKoAktG/*Schäfer* Rn. 12; *Schwarz* Rn. 19; *Scheifele*, Die Gründung der Europäischen Aktiengesellschaft (SE), 2004, 277.
[1] Lutter/Hommelhoff/*Bayer* Rn. 1; *Schwarz* Rn. 4.

in der Verschmelzungsrichtlinie (jetzt Art. 87–117 GesR-RL[2]) nicht vorgegeben. Dementsprechend ist die Rechtslage uneinheitlich.[3] So wird beispielsweise die Verschmelzung durch Aufnahme in **Frankreich** bereits mit dem letzten zustimmenden Beschluss der beteiligten Hauptversammlungen wirksam.[4] Man könnte auch geneigt sein, die Verschmelzung erst mit der Bekanntmachung wirksam werden zu lassen. Die SE-VO hat aber mit Art. 27 Abs. 1 den in Europa wohl vorherrschenden Weg beschritten. Die Bekanntmachung, die sich nach Art. 28 und Art. 13, 14, 15 richtet, hat im Gegensatz zur Eintragung somit keine **konstitutive Wirkung**.[5] Die rechtsbegründende Wirkung der Eintragung tritt auch dann ein, wenn die Bekanntmachung unterbleibt.

Das Wirksamwerden der Verschmelzung ist kooperationsrechtlich zu verstehen. Mit dem Wirksamwerden erlöschen die übertragenden Rechtsträger und es entsteht der neue Rechtsträger im Wege der Verschmelzung durch Neugründung. Bei der Verschmelzung durch Aufnahme tritt mit der Eintragung der gleichzeitige Formwechsel ein. Legt der **Verschmelzungsplan** bzw. der ihn begleitende Vertrag (→ Art. 20 Rn. 3 f.) einen **abweichenden Zeitpunkt** fest, kommt diesem nur schuldrechtliche Wirkung zu.[6] 3

Die Verfahrensvorschrift in **Abs. 2** will sicherstellen, dass es nicht zur Eintragung der Verschmelzung vor Durchführung des zweistufigen Prüfungsverfahrens nach Art. 25, 26 kommt. Damit wird der Normzweck der Art. 25, 26, unseriöse Verschmelzungsgründungen zu vermeiden, abgesichert.[7] Anders als nach § 19 Abs. 1 S. 1 UmwG bedarf die Eintragung und das damit verbundene Wirksamwerden der Verschmelzung jedoch keines Nachweises der Eintragung des Vollzugs der Verschmelzung in das Register der übertragenden Rechtsträger, da es sich bei Art. 27, 28 um eine abschließende Regelung handelt.[8] 4

Art. 28 [Offenlegung der Verschmelzung]
Für jede sich verschmelzende Gesellschaft wird die Durchführung der Verschmelzung nach den in den Rechtsvorschriften des jeweiligen Mitgliedstaats vorgesehenen Verfahren in Übereinstimmung mit Artikel 3 der Richtlinie 68/151/EWG offen gelegt.

Art. 28 betrifft nicht die Offenlegung der Eintragung der SE nach Art. 27, diese richtet sich vielmehr nach Art. 13, 14 und infolge des Verweises in Art. 15 nach nationalem Recht. **Regelungszweck** des **Art. 28** ist vielmehr die Offenlegung der Durchführung der Verschmelzung aus Sicht der sich verschmelzenden Gründungsgesellschaften. Damit wird nur ein **Teilbereich der Offenlegung** der Verschmelzung geregelt, denn die Eintragung der Verschmelzung und die Offenlegung dieser Eintragung im Register der übertragenden Gesellschaft folgen bereits aus den nationalen Rechtsordnungen. Art. 28 bezweckt damit nur noch die Bekanntmachung des Vollzugs der Verschmelzung. Dieser muss deshalb zeitlich nach der Eintragung der SE und der Bekanntmachung dieser Eintragung nach Art. 13, 14 liegen. 1

Die Bekanntmachung nach Art. 28 hat nur **deklaratorischen Charakter**, da sie weder für die Eintragung der Verschmelzung in das Register der übertragenden Gesellschaft, noch für die Eintragung der SE Voraussetzung ist. Art. 28 verfolgt also in erster Linie einen **Informationszweck**, da die Eintragung der SE – vorbehaltlich der informatorischen Bekanntmachung im Europäischen Amtsblatt nach Art. 14 – nur in deren Sitzstaat bekannt gemacht wird. 2

Verpflichteter der Offenlegung ist jedoch die neu entstandene SE. Dies ist dem Umstand geschuldet, dass die übertragenden Gründungsgesellschaften mit der Eintragung der SE erlöschen. Demzufolge bezieht sich Art. 28 auch auf die Durchführung der Verschmelzung und nicht auf die Eintragung der SE. Das **Verfahren** richtet sich nach dem Recht des Sitzstaates der jeweiligen 3

---

[2] S. Hinweis in Art. 17 Fn. 2.
[3] Überblick bei *Lennerz*, Die internationale Verschmelzung und Spaltung unter Beteiligung deutscher Gesellschaften, 2001, 260 ff.; *Scheifele*, Die Gründung der Europäischen Aktiengesellschaft (SE), 2004, 277 f. sowie *Schwarz* Rn. 4.
[4] Vgl. Nachw. bei *Scheifele*, Die Gründung der Europäischen Aktiengesellschaft (SE), 2004, 277 mit Fn. 682; MüKoAktG/*Schäfer* Rn. 1.
[5] Statt aller MüKoAktG/*Schäfer* Rn. 1, 3; Lutter/Hommelhoff/Teichmann/*Bayer* Rn. 1, 3; Kalss/Hügel/*Hügel* SEG § 24 Rn. 29.
[6] Habersack/Drinhausen/*Marsch-Barner* Rn. 2 mwN.
[7] Vgl. auch Lutter/Hommelhoff/Teichmann/*Bayer* Rn. 2; MüKoAktG/*Schäfer* Rn. 2; *Schwarz* Rn. 6; Habersack/Drinhausen/*Marsch-Barner* Rn. 5.
[8] Ebenso Habersack/Drinhausen/*Marsch-Barner* Rn. 3; Lutter/Hommelhoff/Teichmann/*Bayer* Rn. 3, der § 19 Abs. 1 S. 1 UmwG für unanwendbar erklärt.

Gründungsgesellschaft in Übereinstimmung mit Art. 3 Publizitäts-RL[1] (siehe jetzt Art. 16 GesR-RL), in Deutschland also nach §§ 8 ff. HGB.

Art. 29 [Wirkungen der Verschmelzung]

(1) Die nach Artikel 17 Absatz 2 Buchstabe a vollzogene Verschmelzung bewirkt ipso jure gleichzeitig Folgendes:
a) Das gesamte Aktiv- und Passivvermögen jeder übertragenden Gesellschaft geht auf die übernehmende Gesellschaft über;
b) die Aktionäre der übertragenden Gesellschaft werden Aktionäre der übernehmenden Gesellschaft;
c) die übertragende Gesellschaft erlischt;
d) die übernehmende Gesellschaft nimmt die Rechtsform einer SE an.

(2) Die nach Artikel 17 Absatz 2 Buchstabe b vollzogene Verschmelzung bewirkt ipso jure gleichzeitig Folgendes:
a) Das gesamte Aktiv- und Passivvermögen der sich verschmelzenden Gesellschaften geht auf die SE über;
b) die Aktionäre der sich verschmelzenden Gesellschaften werden Aktionäre der SE;
c) die sich verschmelzenden Gesellschaften erlöschen.

(3) Schreibt ein Mitgliedstaat im Falle einer Verschmelzung von Aktiengesellschaften besondere Formalitäten für die Rechtswirksamkeit der Übertragung bestimmter von den sich verschmelzenden Gesellschaften eingebrachter Vermögensgegenstände, Rechte und Verbindlichkeiten gegenüber Dritten vor, so gelten diese fort und sind entweder von den sich verschmelzenden Gesellschaften oder von der SE nach deren Eintragung zu erfüllen.

(4) Die zum Zeitpunkt der Eintragung aufgrund der einzelstaatlichen Rechtsvorschriften und Gepflogenheiten sowie aufgrund individueller Arbeitsverträge oder Arbeitsverhältnisse bestehenden Rechte und Pflichten der beteiligten Gesellschaften hinsichtlich der Beschäftigungsbedingungen gehen mit der Eintragung der SE auf diese über.

I. Regelungsgehalt, Normzweck

1   Art. 29 regelt die Wirkungen der Verschmelzung. Die ersten beiden Absätze der Vorschrift unterscheiden zwischen der Verschmelzung durch Aufnahme (Abs. 1) und der Verschmelzung durch Neugründung (Abs. 2). Beide gehen von dem **Prinzip der Gesamtrechtsnachfolge** des aufnehmenden bzw. neu entstehenden Rechtsträgers aus und ordnen ein liquidationsloses Erlöschen der übertragenden Gesellschaft an. Übereinstimmend bestimmen Abs. 1 lit. b und Abs. 2 lit. b, dass die Aktionäre der an der Verschmelzung beteiligten Gründungsgesellschaften eine Mitgliedschaft in der SE erwerben. **Abs. 3** lässt Sondervorschriften der Mitgliedstaaten zu, nach denen die Wirkung der Universalsukzession im **Verhältnis zu Dritten** von der Einhaltung besonderer Förmlichkeiten abhängen kann. **Abs. 4** regelt den **Übergang von Arbeitsverhältnissen** im Rahmen der durch die Verschmelzung bedingten Rechtsnachfolge. Art. 29 steht in einem sachlichen Zusammenhang mit Art. 27, der das Wirksamwerden der Verschmelzung auf den Zeitpunkt der Eintragung datiert,[1] und mit Art. 30, der die fehlerhafte Verschmelzung betrifft. Art. 29 orientiert sich im Wesentlichen an den **Vorgaben von Art. 19 Verschmelzungsrichtlinie** (jetzt Art. 105 GesR-RL[2]) und entspricht damit der aus § 20 UmwG bekannten Regelungstechnik.[3]

---

[1] Erste Richtlinie 68/151/EWG des Rates vom 9. März 1968 zur Koordinierung der Schutzbestimmungen, die in den Mitgliedstaaten den Gesellschaften im Sinne des Art. 58 Abs. 2 des Vertrages im Interesse der Gesellschafter sowie Dritter vorgeschrieben sind, um diese Bestimmungen gleichwertig zu gestalten, ABl. EG 1968 L 65, 8 vom 14. März 1968; aufgehoben und neugefasst durch Richtlinie 2009/101/EG des Europäischen Parlaments und des Rates vom 16. September 2009 zur Koordinierung der Schutzbestimmungen, die in den Mitgliedstaaten den Gesellschaften im Sinne des Art. 48 Abs. 2 des Vertrags im Interesse der Gesellschafter sowie Dritter vorgeschrieben sind, um diese Bestimmungen gleichwertig zu gestalten, ABl. EG 2009 L 258, 11 vom 1. Oktober 2009; aufgehoben und in zuletzt geltender Fassung eingefügt in Art. 7–12, 14–28, 161, 163, 165 und Anhang II der Richtlinie 2017/1132/EU des Europäischen Parlaments und des Rates vom 14. Juni 2017 über bestimmte Aspekte des Gesellschaftsrechts, ABl. EU L 169, 46 vom 30. Juni 2017 (sog. „EU-Gesellschaftsrechtrichtlinie", hier: „GesR-RL").

[1] Ebenso Lutter/Hommelhoff/Teichmann/*Bayer* Rn. 3; MüKoAktG/*Schäfer* Rn. 1; NK-SE/*Schröder* Rn. 1; *Schwarz* Rn. 4.

[2] S. Hinweis in Art. 17 Fn. 2.

[3] Ebenso Lutter/Hommelhoff/Teichmann/*Bayer* Rn. 1; MüKoAktG/*Schäfer* Rn. 1.

II. Wirkungen der Verschmelzung durch Aufnahme (Abs. 1)

1. Gesamtrechtsnachfolge der SE (lit. a). Art. 29 Abs. 1 lit. a unterscheidet zwischen aufneh- 2
mender und übertragender Gesellschaft. Die aufnehmende Gesellschaft wird im Wege der **Universalsukzession** Gesamtrechtsnachfolgerin der übertragenden Gesellschaft(en). Die **Gesamtrechtsnachfolge** vollzieht sich in derselben logischen Sekunde, in der die aufnehmende Aktiengesellschaft nach Abs. 1 lit. d ihren Formwechsel in die SE vollzieht. Die Gesamtrechtsnachfolge bewirkt einen Übergang aller Vermögensgegenstände, Rechte und Pflichten der übertragenden Gesellschaften auf die aufnehmende Gesellschaft, ohne dass es hierfür besonderer sachenrechtlicher Einzelübertragungen bedürfte.[4] **Vertragsverhältnisse** gehen als Ganzes im Wege der Vertragsübernahme auf die SE über, bei einer grenzüberschreitenden Verschmelzung bestimmt sich das nunmehr auf den Vertrag anwendbare Recht nach dem internationalen Privatrecht. Die Regelung in Abs. 1 lit. a deckt sich vollständig mit der Regelungstechnik in **Art. 19 Abs. 1 Verschmelzungsrichtlinie** (jetzt Art. 105 Abs. 1 GesR-RL) bzw. **§ 20 Abs. 1 Nr. 1 UmwG,** so dass hinsichtlich aller Einzelheiten auf die Erläuterungen zu diesen Vorschriften verwiesen werden kann. Eine Besonderheit ergibt sich aus deutscher Sicht dadurch, dass eine § 21 UmwG vergleichbare Norm fehlt.[5] Führt die Gesamtrechtsnachfolge zu **miteinander unvereinbaren Verpflichtungen,** so sind die Folgen nach dem jeweiligen nationalen Recht, das auf das Vertragsverhältnis Anwendung findet, zu bestimmen.[6] Führt die international-privatrechtliche Anknüpfung zur Anwendung deutschen Rechts, ist in erster Linie an eine Vertragsanpassung nach § 313 BGB zu denken.[7]

2. Aktienerwerb (lit. b). Im Zeitpunkt der Eintragung erwerben die Aktionäre der übertragen- 3
den Gesellschaft Aktien an der übernehmenden, sich in die SE umwandelnden Gesellschaft. Auch dieser Aktienerwerb vollzieht sich ipso iure entsprechend dem im Verschmelzungsplan genannten Umtauschverhältnisses ohne besonderen Übertragungsakt. Der **Erwerb der neuen SE-Aktien** tritt also **kraft Gesetzes** ein.[8] Erfasst sind alle Aktiengattungen, also auch Vorzugsaktien.[9] Die Aktien an den übertragenden Gesellschaften erlöschen zusammen mit diesen Aktiengesellschaften. Anders als bei der Holdinggründung sind die bisherigen Aktionäre der übertragenden Gesellschaften unmittelbar an der SE beteiligt.[10] Abs. 1 lit. b deckt sich weitgehend mit **§ 20 Abs. 1 Nr. 3 S. 1 UmwG,** auf dessen Erläuterungen hinsichtlich der Einzelheiten verwiesen werden kann. Eines besonderen Hinweises bedarf nur der mit einer Verschmelzung ins Ausland verbundene **Statutenwechsel,** wonach nunmehr alle Aktionäre einheitlich dem Gesellschaftsstatut des Sitzstaates der neuen SE unterliegen. Dies gilt auch hinsichtlich der **wertpapierrechtlichen Fragen** der neuen Aktien der SE. Auch insoweit gilt das Recht des Sitzstaates. Eine in Deutschland ansässige SE kann also unter den Voraussetzungen des § 10 Abs. 5 AktG einen Anspruch auf Einzelverbriefung ausschließen.

Nicht in Art. 29 geregelt ist das Schicksal **eigener Aktien** der übertragenden Gesellschaft. Ent- 4
sprechendes gilt für Aktien, die die aufnehmende Gesellschaft an den übertragenden Rechtsträgern hält. Die Regelung beider Fälle ist deswegen nach Art. 15 dem nationalen Recht des Sitzstaates der SE zu entnehmen, sofern Art. 31 Abs. 1 S. 1 keine abschließende Regelung enthält. Gem. **Art. 31 Abs. 1 S. 1** findet Abs. 1 lit. b bei der sog. vereinfachten Mutter-Tochterverschmelzung keine Anwendung. Damit soll das Entstehen eigener Aktien vermieden werden (→ Art. 31 Rn. 1). Hierin ist aber keine abschließende Regelung zu sehen, die in anderen Verschmelzungskonstellationen einen Rückgriff auf entsprechende nationale Vorschriften ausschließt.[11] Folglich gilt für eine in Deutschland ansässige SE **Art. 15 iVm § 20 Abs. 1 Nr. 3 S. 1 UmwG.**[12] Danach **erlöschen vorhandene eigene Aktien.** Aktien, die die aufnehmende Gesellschaft an übertragenden Gesellschaften

---

[4] Vgl. statt aller Lutter/Hommelhoff/Teichmann/*Bayer* Rn. 4; MüKoAktG/*Schäfer* Rn. 2; NK-SE/*Schröder* Rn. 2 ff.; *Schwarz* Rn. 6.

[5] § 21 UmwG dürfte kaum über Art. 9 Abs. 1 lit. c ii Anwendung finden, so aber tendenziell *Schwarz* Rn. 17 sowie NK-SE/*Schröder* Rn. 36, der § 21 UmwG aber auch als besondere Ausprägung der Lehre von der Geschäftsgrundlage gem. § 313 BGB begreift; wie hier *Scheifele*, Die Gründung der Europäischen Aktiengesellschaft (SE), 2004, 295; Habersack/Drinhausen/*Marsch-Barner* Rn. 3.

[6] MüKoAktG/*Schäfer* Rn. 2 mwN.

[7] *Scheifele*, Die Gründung der Europäischen Aktiengesellschaft (SE), 2004, 295; MüKoAktG/*Schäfer* Rn. 2; Habersack/Drinhausen/*Marsch-Barner* Rn. 3; *Schwarz* Rn. 17.

[8] Lutter/Hommelhoff/Teichmann/*Bayer* Rn. 5; MüKoAktG/*Schäfer* Rn. 3; NK-SE/*Schröder* Rn. 9; *Schwarz* Rn. 19; Habersack/Drinhausen/*Marsch-Barner* Rn. 3.

[9] Ebenso Lutter/Hommelhoff/Teichmann/*Bayer* Rn. 5; MüKoAktG/*Schäfer* Rn. 3; Habersack/Drinhausen/*Marsch-Barner* Rn. 4.

[10] Lutter/Hommelhoff/Teichmann/*Bayer* Rn. 5 spricht insofern von einem „gesetzlichen Aktientausch"; ähnlich auch NK-SE/*Schröder* Rn. 9; *Schwarz* Rn. 19.

[11] MüKoAktG/*Schäfer* Rn. 4; Habersack/Drinhausen/*Marsch-Barner* Rn. 5.

[12] Lutter/Hommelhoff/Teichmann/*Bayer* Rn. 8; MüKoAktG/*Schäfer* Rn. 4; *Schwarz* Rn. 20 ff.

hält, nehmen nicht an dem Anteilstausch teil und erlöschen gleichfalls.[13] **Dingliche Rechte Dritter** (wie Nießbrauch oder Pfandrecht) bestehen hingegen nach Art. 15 iVm § 20 Abs. 1 Nr. 3 S. 2 UmwG weiter.[14]

5   **3. Erlöschen und Formwechsel (lit. c, lit. d). Abs. 1 lit. c** sieht wie Art. 19 Verschmelzungsrichtlinie (jetzt Art. 105 GesR-RL) vor, dass die übertragenden Gesellschaften liquidationslos erlöschen. Dies ist die konsequente Folge aus der Gesamtrechtsnachfolge, da für eine entkleidete Hülle ohne Vermögen kein Raum mehr ist. Abs. 1 lit. c entspricht somit § 20 Abs. 1 Nr. 2 UmwG. Ein Spezifikum der SE-Verschmelzungsgründung ist jedoch der in **Abs. 1 lit. d** angeordnete **Formwechsel** der aufnehmenden Aktiengesellschaft. Die aufnehmende Gesellschaft nimmt unter Wahrung ihrer **Identität** das Rechtskleid einer SE an. Ebenso wie beim Formwechsel nach nationalem Recht (§§ 202 ff. UmwG) entsteht keine neue juristische Person und die SE muss die Aktiva und Passiva der bisherigen nationalen (aufnehmenden) Gesellschaft nicht eigens im Wege der Universalsukzession erwerben, da eine Gesamtrechtsnachfolge dem Gedanken der Identität widersprechen würde. Für eine kumulative Anwendung der nationalen Vorschriften zum Formwechsel neben Art. 29 Abs. 1 lit. d besteht kein Bedarf.[15]

III. Wirkungen der Verschmelzung durch Neugründung (Abs. 2)

6   Mit Ausnahme des Formwechsels (→ Rn. 5) bestimmt Abs. 2 für die Verschmelzung durch Neugründung dieselben Rechtsfolgen wie bei der Verschmelzung durch Aufnahme. Auch hier erfolgt eine **Gesamtrechtsnachfolge** der neu gegründeten SE (lit. a). Die Aktionäre der sich verschmelzenden Gesellschaften werden kraft Gesetzes entsprechend dem Umtauschverhältnis Aktionäre der SE (lit. b). Im Falle der Neugründung erlöschen naturgemäß alle an der Verschmelzung beteiligten Gesellschaften ohne Liquidation, da es eine aufnehmende Gesellschaft nicht gibt. Weitere Besonderheiten gegenüber der Verschmelzung durch Aufnahme (→ Rn. 5) sind nicht ersichtlich.

IV. Drittwirkungen (Abs. 3)

7   Abs. 3 schränkt die Wirkung der Gesamtrechtsnachfolge nach Abs. 1, 2 im Verhältnis zu Dritten ein, sofern das Gesellschaftsstatut die entsprechende Einzelübertragung von bestimmten Förmlichkeiten abhängig machen würde. Im Verhältnis zu Dritten entfaltet die Rechtsnachfolge der SE erst dann Wirkung, wenn die SE oder die Gründungsgesellschaften diese besonderen Anforderungen an eine Einzelrechtsübertragung eingehalten haben. Die Einhaltung solcher Förmlichkeit steht aber weder dem Eintritt der Gesamtrechtsnachfolge noch gar der Wirksamkeit der Verschmelzung entgegen.[16] Abs. 3 enthält also keine § 132 UmwG aF vergleichbare Regelung. **Regelungsvorbild** für Abs. 3 ist vielmehr **Art. 19 Abs. 3 Verschmelzungsrichtlinie** (jetzt Art. 105 Abs. 3 GesR-RL).[17] Als Anwendungsbeispiel taugt die Übertragung von Grundstücken in Deutschland nur bedingt, da die Eintragung ins Grundbuch wegen § 894 BGB, § 22 GBO keine konstitutiv wirkende Förmlichkeit darstellt, sondern nur die Pflicht zur Grundbuchberichtigung auslöst. Abs. 3 legitimiert aber eine Regelung wie § 892 BGB, wonach der öffentliche Glaube an die jeweilige Eintragung ins Grundbuch anknüpft.[18] Letztlich handelt es sich bei **Abs. 3** also um eine **Spezialverweisung** auf das Recht der Mitgliedstaaten[19] bzw. um einen Vorbehalt des allgemeinen Zivilrechts.[20] Da dem Verordnungsgeber aber diesbezüglich die Regelungskompetenz fehlt, wird man Abs. 3 letztlich als klarstellende Norm verstehen müssen.[21]

---

[13] Ebenso MüKoAktG/*Schäfer* Rn. 4.; NK-SE/*Schröder* Rn. 11; Lutter/Hommelhoff/Teichmann/*Bayer* Rn. 8; Habersack/Drinhausen/*Marsch-Barner* Rn. 5.

[14] MüKoAktG/*Schäfer* Rn. 5; *Scheifele*, Die Gründung der Europäischen Aktiengesellschaft (SE), 2004, 298; NK-SE/*Schröder* Rn. 14 f.; im Erg. auch *Schwarz* Rn. 24 f. sowie Lutter/Hommelhoff/Teichmann/*Bayer* Rn. 9.

[15] Wie hier Habersack/Drinhausen/*Marsch-Barner* Rn. 6; MüKoAktG/*Schäfer* Rn. 5; im Erg. auch Kölner Komm AktG/*Maul* Rn. 11 (unter Rückgriff auf Art. 29).

[16] *Scheifele*, Die Gründung der Europäischen Aktiengesellschaft (SE), 2004, 292; *Schwarz* Rn. 8 f.; Lutter/Hommelhoff/Teichmann/*Bayer* Rn. 12; Habersack/Drinhausen/*Marsch-Barner* Rn. 9; so wohl auch NK-SE/*Schröder* Rn. 27; aA aber wohl *Jannott* in Jannott/Frodermann SE-HdB Kap. 3 Rn. 110.

[17] Ebenso Lutter/Hommelhoff/Teichmann/*Bayer* Rn. 12; MüKoAktG/*Schäfer* Rn. 1; NK-SE/*Schröder* Rn. 29; *Schwarz* Rn. 1, 3; Habersack/Drinhausen/*Marsch-Barner* Rn. 9.

[18] Vgl. näher *Scheifele*, Die Gründung der Europäischen Aktiengesellschaft (SE), 2004, 292 f.; zust. *Schwarz* Rn. 8; Kölner Komm AktG/*Maul* Rn. 11.

[19] In diesem Sinne *Scheifele*, Die Gründung der Europäischen Aktiengesellschaft (SE), 2004, 292; *Schwarz* Rn. 7; Habersack/Drinhausen/*Marsch-Barner* Rn. 9.

[20] So *Habersack/Verse* EuropGesR § 8 Rn. 13 zu Art. 19 Abs. 3 Verschmelzungsrichtlinie.

[21] MüKoAktG/*CSchäfer* Rn. 9; so wohl auch *Schwarz* Rn. 10; zweifelnd Habersack/Drinhausen/*Marsch-Barner* Rn. 9.

V. Betriebsübergang (Abs. 4)

Abs. 4 beschäftigt sich mit dem Betriebsübergang und ordnet an, dass die SE Rechte und Pflichten aus Arbeitsverhältnissen mit den sich verschmelzenden Gesellschaften übernimmt. Soweit es sich um **Ansprüche im Rahmen des Individualarbeitsrechts** handelt, kommt Abs. 4 wegen der Universalsukzession nach Abs. 1, 2 nur **klarstellende Bedeutung** zu.[22] Konstitutive Wirkung kann **Abs. 4** aber als **international-privatrechtliche Norm** zukommen. Abs. 4 ordnet an, dass sich die bisherigen Arbeitsverhältnisse weiterhin nach dem nationalen Recht der jeweiligen Gründungsgesellschaften richten, auch wenn die SE ihren Sitz in einem anderen Mitgliedstaat nimmt.[23] Einen eigenen Regelungsgehalt entfaltet Abs. 4 daneben vor allem hinsichtlich **kollektiver Vereinbarungen** wie der Bindung an Tarifverträge, die von der Gesamtrechtsnachfolge nach Abs. 1, 2 nicht erfasst sind.[24]

Art. 30 [Fehlerhafte Verschmelzung]

Eine Verschmelzung im Sinne des Artikels 2 Absatz 1 kann nach der Eintragung der SE nicht mehr für nichtig erklärt werden.

Das Fehlen einer Kontrolle der Rechtmäßigkeit der Verschmelzung gemäß Artikel 25 und 26 kann einen Grund für die Auflösung der SE darstellen.

I. Regelungsgehalt, Normzweck

Art. 30 regelt die fehlerhafte Verschmelzung und untersagt eine Rückabwicklung der Verschmelzung durch eine ex tunc wirkende Nichtigkeitsklage vollständig (S. 1). Damit geht die SE-VO noch deutlich über Art. 22 Verschmelzungsrichtlinie (jetzt Art. 108 GesR-RL[1]) hinaus. Art. 30 zielt wegen der Besonderheiten bei grenzüberschreitenden Verschmelzungen und den dort besonders augenscheinlich zu Tage tretenden Rückabwicklungsschwierigkeiten auf einen sehr **weitgehenden Bestandsschutz**.[2] Art. 30 ist allerdings **keine materielle Heilungsvorschrift** wie § 242 AktG, sondern will lediglich eine Entschmelzung vermeiden. Die zugrunde liegenden Fehler bleiben also trotz Eintritt der Bestandskraft bestehen. Ob diese noch mit Wirkung für die Zukunft geltend gemacht werden können, regelt **S. 2**, der anordnet, dass dieses im Wege der Auflösung zumindest dann möglich sein muss, wenn eine Rechtmäßigkeitsprüfung nach Art. 25, 26 vollständig unterblieben ist. Art. 30 ist damit ein Anwendungsfall der **Lehre vom fehlerhaften Verband**, die allerdings einen ungleich stärkeren Bestandsschutz vermittelt. Die einschlägigen Beschlussmängel regelt Art. 30 nicht, sie sind vielmehr den nationalen Gesellschaftsrechtsstatuten der jeweiligen Gründungsgesellschaften zu entnehmen.

II. Ausschluss der Nichtigkeit mit Wirkung ex tunc (Satz 1)

S. 1 (bzw. UAbs. 1) regelt positiv, dass eine ex tunc wirkende Nichtigkeitsklage nach Eintragung der SE ausgeschlossen ist. Anders als in Art. 22 Verschmelzungsrichtlinie (jetzt Art. 108 GesR-RL) oder in § 275 AktG wird nicht zwischen schwerwiegenden und weniger gravierenden Fehlern differenziert. Vielmehr kommt eine Nichtigkeitsklage auch bei schwersten Fehlern nicht mehr in Betracht. Demgegenüber regelt S. 2 eine mögliche Auflösung mit Wirkung ex nunc (→ Rn. 3). Satz 1 zielt also auf einen **absoluten Bestandsschutz** für die Vergangenheit. Weitergehende Rechtsfolgen beinhaltet S. 1 hingegen nicht.[3] Insbesondere entfaltet er **keine materielle Heilungswirkung**,[4] da ausweislich seines Wortlauts nur die ex tunc wirkende Nichtigkeitsklage ausgeschlossen ist, nicht aber etwa die Verschmelzung wirksam wird.[5] Hierzu kann es nur kommen, wenn das

---

[22] Ebenso Lutter/Hommelhoff/Teichmann/*Bayer* Rn. 13; MüKoAktG/*Schäfer* Rn. 10; Habersack/Drinhausen/*Marsch-Barner* Rn. 11; NK-SE/*Schröder* Rn. 30; *Schwarz* Rn. 12.
[23] *Scheifele,* Die Gründung der Europäischen Aktiengesellschaft (SE), 2004, 294; MüKoAktG/*Schäfer* Rn. 11; Habersack/Drinhausen/*Marsch-Barner* Rn. 11; *Schwarz* Rn. 15; Kölner Komm AktG/*Maul* Rn. 14, 16; Lutter/Hommelhoff/Teichmann/*Bayer* Rn. 13; im Erg. auch NK-SE/*Schröder* Rn. 31: Gesamtnormverweisung.
[24] MüKoAktG/*Schäfer* Rn. 10; *Scheifele,* Die Gründung der Europäischen Aktiengesellschaft (SE), 2004, 293; NK-SE/*Schröder* Rn. 32; *Schwarz* Rn. 12; Lutter/Hommelhoff/Teichmann/*Bayer* Rn. 13.; weitere Details bei Habersack/Drinhausen/*Marsch-Barner* Rn. 12.
[1] S. Hinweis in Art. 17 Fn. 2.
[2] Statt aller Lutter/Hommelhoff/Teichmann/*Bayer* Rn. 1, 3; MüKoAktG/*Schäfer* Rn. 1; *Schwarz* Rn. 1.
[3] Zum Unterschied zwischen Bestandsschutz und Heilung vgl. etwa *Casper,* Die Heilung nichtiger Beschlüsse im Kapitalgesellschaftsrecht, 1998, 57 mwN.
[4] Näher zur materiellen Heilungswirkung im Zusammenhang mit § 242 AktG → AktG § 242 Rn. 11.
[5] Im Erg. ebenso MüKoAktG/*Schäfer* Rn. 4; Habersack/Drinhausen/*Marsch-Barner* Rn. 3; *Scheifele,* Die Gründung der Europäischen Aktiengesellschaft (SE), 2004, 300; NK-SE/*Schröder* Rn. 6; *Schwarz* Rn. 4; Lutter/Hommelhoff/Teichmann/*Bayer* Rn. 5.

nationale Recht eine solche Heilung auch für die fehlerhafte Verschmelzung nach Eintragung und ggf. Zeitablauf vorsieht. Im deutschen Recht kommt eine **analoge Anwendung des § 242 Abs. 2 S. 1 AktG** nicht in Betracht (→ AktG § 242 Rn. 30). Damit bleibt ein auf Geld gerichteter **Schadensersatzanspruch** gegen die Organmitglieder möglich, Naturalrestitution ist hingegen ausgeschlossen. Dies gilt entgegen anders lautender Vorschläge zum deutschen Recht[6] namentlich auch für einen auf § 249 BGB gestützten Anspruch auf Entschmelzung mit Wirkung für die Zukunft.[7] Eine Heilung kommt gem. Art. 15 iVm § 20 Abs. 1 Nr. 4 UmwG lediglich bei **Formmängeln** in Betracht.[8] Diese werden mit Eintragung der Verschmelzung geheilt. Hinsichtlich der übrigen materiellen Mängel erzeugt Art. 30 S. 1 einen auf den Verschmelzungsvorgang als solchen beschränkten Bestandsschutz.

III. Begrenzung der Auflösung mit Wirkung für die Zukunft (Satz 2)

3   Art. 30 S. 2 ordnet an, dass ein **vollständiges Fehlen einer Rechtmäßigkeitsprüfung** nach Art. 25, 26 zu einer Auflösung der SE mit Wirkung für die Zukunft führen *kann*. Die **Kann-Formulierung** hat zu **Auslegungszweifeln** geführt. Insgesamt sind vier Auffassungen entwickelt worden. Die erste Meinung will Art. 30 S. 2 als bloß fakultative Ermächtigungsnorm an die Mitgliedstaaten verstehen, bei einem Verstoß gegen die Rechtmäßigkeitsprüfung einen Auflösungsgrund vorzusehen.[9] Die zweite Auffassung begreift Art. 30 S. 2 also bloße Verweisungsnorm.[10] Diese Ansicht hätte für Deutschland zur Folge, dass ein Verstoß mangels entsprechenden Auflösungsgrundes unbeachtlich wäre. Letzteres liegt wenig nahe, weil die nationalen Gesellschaftsrechte einen entsprechenden Auflösungsgrund naturgemäß kaum kennen, da den nationalen Verschmelzungsvorgängen ein zweistufiges Kontrollverfahren fremd ist. Würde man die Kann-Formulierung nicht zumindest auch als Ermächtigungsnorm verstehen, würde Art. 30 S. 2 praktisch leerlaufen. Es liegt deshalb näher, S. 2 mit einer dritten denkbaren Ansicht[11] als einen **zwingenden, europäisch vorgegebenen Auflösungsgrund** zu betrachten. Eine vierte **vermittelnde Auffassung** hat *Schäfer* vorgeschlagen. Danach solle eine Auflösung nur dann in Betracht kommen, wenn sowohl die Rechtmäßigkeitsprüfung unterblieben sei, als auch ein – nach nationalem Recht zu bestimmender – materieller Beschlussmangel bei einem der Verschmelzungsbeschlüsse vorliege, der nach nationalem Recht zur Amtsauflösung führen könne oder eine Nichtigkeitsklage ermöglichen würde.[12] Dieser Vorschlag hat Charme, da er die Auflösung zum einen auf materielle Fehler begrenzt und zum anderen europäisches und nationales Recht sinnvoll miteinander verwoben werden. Man wird Art. 30 S. 2 also wie folgt lesen müssen: Das Fehlen einer Kontrolle der Rechtmäßigkeit kann nur dann einen Grund für eine Auflösung der SE bilden, sofern das nationale Recht den bei der Verschmelzung unterlaufenen Beschlussmangel als Auflösungsgrund oder als Grund für eine Nichtigkeitsklage anerkennt. Im letzteren Fall kommt es mit Blick auf S. 1 freilich nur zu einer Auflösung mit Wirkung ex nunc und nicht zur rückwirkenden Nichtigkeitsklage. Für eine in Deutschland ansässige SE bedeutet dies also, dass Mängel iSd § 275 AktG bzw. § 399 FamFG bei einer gleichzeitig unterbliebenen Rechtmäßigkeitskontrolle eine Auflösung der verschmolzenen SE rechtfertigen. Dies dürfte in der Praxis allerdings nur höchst selten vorkommen.

4   Begreift man S. 2 in der vorstehend skizzierten Weise, stellt sich schließlich die Frage, ob der **nationale** Gesetzgeber **weitere Auflösungsgründe** vorsehen kann oder ob die europäische Rege-

---

[6] Zur Kontroverse um die Reichweite des § 20 Abs. 2 UmwG in der Zukunft bzw. möglichen Schadensersatzansprüchen vgl. Lutter/*Grunewald* UmwG § 20 Rn. 76 ff. für die hM einerseits und *Schäfer*, Die Lehre vom fehlerhaften Verband, 2002, 182 ff. andererseits.

[7] Für Art. 30 ebenso MüKoAktG/*Schäfer* Rn. 2, 4; *Schwarz* Rn. 5: Habersack/Drinhausen/*Marsch-Barner* Rn. 3.

[8] MüKoAktG/*Schäfer* Rn. 5; *Scheifele*, Die Gründung der Europäischen Aktiengesellschaft (SE), 2004, 301; NK-SE/*Schröder* Rn. 9 f.; *Schwarz* Rn. 6; zur Heilungswirkung des § 20 Abs. 1 Nr. 4 UmwG näher *Casper*, Die Heilung nichtiger Beschlüsse im Kapitalgesellschaftsrecht, 1998, 292 mit Fn. 65.

[9] So wohl *Cerioni* Company Law 25 (2004), 259 (265); NK-SE*Schröder* Rn. 8.; wohl auch Kölner Komm AktG/*Maul* Rn. 10 f.

[10] So *Scheifele,* Die Gründung der Europäischen Aktiengesellschaft (SE), 2004, 301; Lutter/Hommelhoff/*Bayer*, Die Europäische Gesellschaft, 2005, 25 (44); Lutter/Hommelhoff/Teichmann/*Bayer* Rn. 7; *Schwarz* Rn. 9; Habersack/Drinhausen/*Marsch-Barner* Rn. 6 f. sowie Kalss/Hügel/*Hügel* SEG § 24 Rn. 34 unter Hinweis auf die angeblich deutlichere englische Fassung des Art. 30, welche wie folgt lautet: „The absence of scrutiny of the legality of the merger pursuant to Articles 25 and 26 *may be included among the grounds* for the winding-up of the SE", was mE nicht einen deutlicheren Fingerzeig als die deutsche Fassung gibt.

[11] Als Auslegungsvariante angedacht bei *Bungert/Beier* EWS 2002, 1 (7).

[12] MüKoAktG/*Schäfer* Rn. 7.

lung abschließend ist. Diese Frage ist im zweiten Sinne zu beantworten,[13] da S. 2 keine weitergehende Ermächtigungsnorm zur Etablierung von Auflösungsgründen enthält, die nicht zugleich auch an die Verletzung des Kontrollverfahrens nach Art. 25, 26 anknüpfen. Im Übrigen genügt es, dass eine der beiden Kontrollstufen überhaupt nicht stattgefunden hat.[14] Eine lediglich fehlerhafte Prüfung ist hingegen für eine Auflösung nicht ausreichend, es sei denn, dass die Prüfung an so gravierenden Mängeln leidet, dass sie im Sinne der verwaltungsrechtlichen Nichtigkeitslehre keine Wirkung entfaltet.

IV. Rechtslage vor Eintragung der Verschmelzung

Vor Eintragung der SE können alle Mängel, soweit sie nicht nach Art. 25 Abs. 2 dem Spruchverfahren zugewiesen sind, im Wege der Anfechtungsklage geltend gemacht werden. So lange eine **Anfechtungsklage** anhängig ist, darf die Bescheinigung nach Art. 25 nicht ausgestellt werden, was zu einer **Registersperre** führt (→ Art. 25 Rn. 7). Wurde die Bescheinigung trotz laufender Anfechtungsklage erteilt, darf die SE nicht eingetragen werden. Ist die Eintragung allerdings erfolgt, greift Art. 30 S. 1 mit der Folge ein, dass die Anfechtungsklage ins Leere geht.

5

Art. 31 [Vereinfachte Konzernverschmelzung]

(1) ¹Wird eine Verschmelzung nach Artikel 17 Absatz 2 Buchstabe a durch eine Gesellschaft vollzogen, die Inhaberin sämtlicher Aktien und sonstiger Wertpapiere ist, die Stimmrechte in der Hauptversammlung einer anderen Gesellschaft gewähren, so finden Artikel 20 Absatz 1 Buchstaben b, c und d, Artikel 22 und Artikel 29 Absatz 1 Buchstabe b keine Anwendung. ²Die jeweiligen einzelstaatlichen Vorschriften, denen die einzelnen sich verschmelzenden Gesellschaften unterliegen und die für die Verschmelzungen von Aktiengesellschaften nach Artikel 24 der Richtlinie 78/855/EWG maßgeblich sind, sind jedoch anzuwenden.

(2) Vollzieht eine Gesellschaft, die Inhaberin von mindestens 90 %, nicht aber aller der in der Hauptversammlung einer anderen Gesellschaft Stimmrecht verleihenden Aktien und sonstiger Wertpapiere ist, eine Verschmelzung durch Aufnahme, so sind die Berichte des Leitungs- oder des Verwaltungsorgans, die Berichte eines oder mehrerer unabhängiger Sachverständiger sowie die zur Kontrolle notwendigen Unterlagen nur insoweit erforderlich, als dies entweder in den einzelstaatlichen Rechtsvorschriften, denen die übernehmende Gesellschaft unterliegt, oder in den für die übertragende Gesellschaft maßgeblichen einzelstaatlichen Rechtsvorschriften vorgesehen ist.

Die Mitgliedstaaten können jedoch vorsehen, dass dieser Absatz Anwendung auf eine Gesellschaft findet, die Inhaberin von Aktien ist, welche mindestens 90 % der Stimmrechte, nicht aber alle verleihen.

I. Regelungsgehalt, Normzweck

Art. 31 sieht **Erleichterungen** bei der Verschmelzung einer Tochtergesellschaft auf die Mutter im Wege der Aufnahme (sog. *up-stream-merger*) vor. Dabei unterscheidet die Vorschrift zwischen 100 %-igen Töchtern (Abs. 1) und Konstellationen, in denen zwar noch außenstehende Aktionäre vorhanden sind, die Mutter aber mindestens 90 % der stimmberechtigten Anteile an der Tochter hält (Abs. 2). Im Fall einer 100 %-igen Tochter ist nach Abs. 1 S. 1 eine Verschmelzungsprüfung entbehrlich (str., → Rn. 4). Weiterhin können einige Angaben im Verschmelzungsplan, die sich auf den **Aktientausch** beziehen (Art. 20 Abs. 1 S. 2 lit. b–lit. d) unterbleiben, da die Mutter für ihre Aktien an der Tochter nach der Verschmelzung nicht eigene Aktien erhalten soll. Um dies zu erreichen, wird Art. 29 Abs. 1 lit. b für nicht anwendbar erklärt. **Regelungsziel** ist es also, den **Erwerb eigener Aktien** zu **verhindern**.[1] Im Übrigen fußen die Erleichterungen auf dem Gedanken, dass die Verschmelzungsvorschriften in erster Linie dem Schutz außenstehender Aktionäre dienen, die bei der Aufnahme einer 100 %-igen Tochter im Wege der Verschmelzung verzichtbar sind.[2] Darüber hinaus ist in dieser Konstellation nach

1

---

[13] Ebenso Lutter/Hommelhoff/Teichmann/*Bayer* Rn. 2; MüKoAktG/*Schäfer* Rn. 1; so als hypothetische Erwägung auch bei NK-SE/*Schröder* Rn. 5; Habersack/Drinhausen/*Marsch-Barner* Rn. 8.
[14] MüKoAktG/*Schäfer* Rn. 6; tendenziell wohl auch Lutter/Hommelhoff/Teichmann/*Bayer* Rn. 6.
[1] *Scheifele*, Die Gründung der Europäischen Aktiengesellschaft (SE), 2004, 283; Lutter/Hommelhoff/Teichmann/*Bayer* Rn. 8.
[2] Ebenso Lutter/Hommelhoff/Teichmann/*Bayer* Rn. 1; MüKoAktG/*Schäfer* Rn. 1.

Abs. 1 S. 2 iVm § 8 Abs. 3 S. 1 Alt. 2 UmwG auch ein Verschmelzungsbericht entbehrlich. Weiterhin ermöglicht Abs. 2 Erleichterungen bereits für den Fall einer Mutter-Tochterverschmelzung, bei der die Mutter zwar nicht 100 %, aber mindestens 90 % der stimmberechtigten Anteile an der Tochter hält. Allerdings stehen die Erleichterungen dann unter dem **Vorbehalt des nationalen Rechts (Abs. 2),** greifen mit anderen Worten nur ein, wenn sie auch nationalen Gesellschaften gewährt werden. Da Deutschland keine derartigen Erleichterungen im nationalen Verschmelzungsrecht kennt, hat Abs. 2 UAbs. 1 hier zu Lande keine Bedeutung. Entsprechendes gilt für die in Abs. 2 UAbs. 2 vorgesehene Möglichkeit, diese Erleichterungen auf Mehrfachstimmrechte zu erstrecken.

II. Vereinfachtes Verfahren bei Aufnahme einer 100 %-igen Tochter (Abs. 1)

2   **1. Anwendungsbereich und Tatbestandsvoraussetzungen.** Der **Anwendungsbereich** des Abs. 1 ist auf die **Verschmelzung durch Aufnahme** begrenzt, wie aus dem Verweis auf Art. 17 Abs. 2 lit. a unmissverständlich hervorgeht. Trotz des im Übrigen nicht ganz klaren Wortlauts[3] besteht im Ergebnis Einigkeit darüber, dass nur die Muttergesellschaft als aufnehmende Gesellschaft in Betracht kommt.[4] Der sog. *down-stream-merger* ist also **nicht erfasst.** Dies folgt nicht zuletzt aus der ratio des Art. 31 Abs. 1 S. 1, der von der Entbehrlichkeit eines Aktientausches ausgeht, was bei der Verschmelzung der Mutter auf die 100 %-ige Tochter gerade nicht der Fall wäre.[5] Ebenfalls nicht erfasst ist der sog. *side-stream-merger,* bei dem zwei Schwestergesellschaften, die ein- und derselben Mutter zu 100 % gehören, aufeinander verschmolzen werden.[6]

3   Was die **Voraussetzungen** der vereinfachten Verschmelzung anbelangt, stellt Abs. 1 S. 1 darauf ab, dass die Mutter 100 % am **stimmberechtigten Grundkapital** der Tochter hält. Es kommt also nicht auf die Kapitalbeteiligung an. Stimmrechtslose Vorzugsaktien außenstehender Aktionäre der Tochter stehen der Anwendung des vereinfachten Verfahrens nicht entgegen.[7] Maßgeblich ist die **Quote am Stimmrechtskapital,** nicht an der Summe der Stimmrechte.[8] Allerdings genügt eine mittelbare Stimmrechtsmacht, bei der die Mutter nicht Inhaberin der Aktien ist, nicht.[9] Mehrfachstimmrechte werden nur einfach gezählt,[10] sofern der Mitgliedstaat nicht von der Option in Abs. 2 UAbs. 2 Gebrauch macht (→ Rn. 7). Die in Abs. 1 S. 1 genannten „sonstigen Wertpapiere" haben in Deutschland keine Bedeutung, da sie kein Stimmrecht vermitteln. Uneinigkeit besteht über den **Zeitpunkt,** zu dem das Quorum von 100 % erreicht sein muss. Die Vorschläge divergieren zwischen der Beschlussfassung,[11] dem Zeitpunkt der Entscheidung über die Rechtmäßigkeit gem. Art. 25,[12] der Registeranmeldung[13] oder der Eintragung der SE.[14] Betrachtet man die Zustimmung zu einem vollständigen Verschmelzungsplan als Wirksamkeitsvoraussetzung des Verschmelzungsbeschlusses,[15] würde an sich die Herbeiführung des Quorums bis zum Zeitpunkt der Eintragung genügen. Da andererseits die Wirksamkeit der Verschmelzungsbeschlüsse nur auf der ersten Stufe der Rechtmäßigkeitskontrolle nach Art. 25 (→ Art. 25 Rn. 1) geprüft wird und die Unwirksamkeit des Beschlusses wegen Art. 30 nach der Eintragung nicht mehr geltend gemacht werden kann, sprechen die besseren

---

[3] Ebenso Kalss/Hügel/*Hügel* SEG § 20 Rn. 1, 13; demgegenüber halten *Scheifele,* Die Gründung der Europäischen Aktiengesellschaft (SE), 2004, 281 und *Schindler,* Die Europäische Aktiengesellschaft, 2002, 29 den Wortlaut für eindeutig.

[4] Vgl. neben den vorstehend Genannten noch MüKoAktG/*Schäfer* Rn. 2; *Schwarz* Rn. 5; Lutter/Hommelhoff/ Teichmann/*Bayer* Rn. 1, 3.

[5] Kalss/Hügel/*Hügel* SEG § 20 Rn. 13; MüKoAktG/*Schäfer* Rn. 2; Habersack/Drinhausen/*Marsch-Barner* Rn. 2.

[6] Vgl. auch *Schwarz* Rn. 2; Habersack/Drinhausen/*Marsch-Barner* Rn. 2; Kalss/Hügel/*Hügel* SEG § 20 Rn. 23 f. mit Hinweisen auf die grundsätzliche Zulässigkeit dieser Verschmelzungsform.

[7] Statt aller Habersack/Drinhausen/*Marsch-Barner* Rn. 3 und MüKoAktG/*Schäfer* Rn. 3 mwN der abw. Entwürfe von 1989/1991, die die Quote noch auf sämtliche Aktien bezogen; aA Kölner Komm AktG/*Maul* Rn. 6.

[8] Kalss/Hügel/*Hügel* SEG § 20 Rn. 5; *Schwarz* Rn. 6; Lutter/Hommelhoff/Teichmann/*Bayer* Rn. 4; MüKoAktG/*Schäfer* Rn. 3; *Scheifele* (Fn. 1) S. 282.

[9] Manz/Mayer/Schröder/*Schröder* Rn. 4; *Scheifele,* Die Gründung der Europäischen Aktiengesellschaft (SE), 2004, 282; *Schwarz* Rn. 7; Lutter/Hommelhoff/Teichmann/*Bayer* Rn. 5; Habersack/Drinhausen/*Marsch-Barner* Rn. 4.

[10] *Scheifele,* Die Gründung der Europäischen Aktiengesellschaft (SE), 2004, 282; *Schwarz* Rn. 6.

[11] So zu § 5 Abs. 2 UmwG LG Mannheim ZIP 1990, 992 ff.; Lutter/*Drygala* UmwG § 5 Rn. 141; zur SE-VO ebenso wohl Lutter/Hommelhoff/Teichmann/*Bayer* Rn. 6; Kölner Komm AktG/*Maul* Rn. 8.

[12] MüKoAktG/*Schäfer* Rn. 4; Habersack/Drinhausen/*Marsch-Barner* Rn. 5; so wohl auch *Schwarz* Rn. 8.

[13] *Scheifele,* Die Gründung der Europäischen Aktiengesellschaft (SE), 2004, 282.

[14] So zumindest im Ansatz NK-SE/*Schröder* Rn. 7; sowie vor allem die zu § 5 Abs. 2 UmwG hM, vgl. etwa BayObLG ZIP 2000, 230 ff. (allerdings zum Formwechsel); Kallmeyer/*Marsch-Barner* UmwG § 5 Rn. 70.

[15] Vgl. dazu MüKoAktG/*Schäfer* Rn. 4 und *Schäfer,* Die Lehre vom fehlerhaften Verband, 2002, 470 f.

Vereinfachte Konzernverschmelzung 4, 5 **Art. 31 SE-VO**

Gründe jedoch dafür, dass das Quorum spätestens im Zeitpunkt der Rechtmäßigkeitskontrolle nach Art. 25 erreicht sein muss. Sollen mehrere Töchter auf die Mutter verschmolzen werden, muss an jeder Tochter 100 % der Stimmrechte gehalten werden, um für alle Töchter in den Genuss der Erleichterungen nach Art. 31 Abs. 1 zu gelangen.[16] Schlussendlich suspendiert Satz 1 noch **Art. 29 Abs. 1 lit. b.** Damit wird klargestellt, dass die Aktien der Mutter an der Tochter infolge der Verschmelzung nicht zu eigenen Aktien der aufnehmenden Mutter werden. Vielmehr erlöschen die Aktien der Tochter ersatzlos.

2. Rechtsfolgen. Abs. 1 unterscheidet zwischen Erleichterungen, die die SE-VO gewährt (S. 1) **4** und solchen, die in nationalen Umwandlungsrechten enthalten sind (S. 2). Die **Verordnung** selber sieht **zwei Erleichterungen** vor: Zum einen können alle **Angaben im Verschmelzungsplan** entfallen, die sich auf den **Aktientausch** beziehen. Es handelt sich insoweit um die Angaben zum Umtauschverhältnis, zu den Einzelheiten zur Übertragung der Aktien und zum Zeitpunkt der Gewinnberechtigung (Art. 20 Abs. 1 S. 2 lit. b–lit. d). Weiterhin ordnet S. 1 an, dass **Art. 22** keine Anwendung findet. Da Art. 22 nur die gemeinsame Verschmelzungsprüfung ermöglicht, nicht aber eine **Verschmelzungsprüfung** europarechtlich vorgibt (→ Art. 22 Rn. 1), ist die Suspendierung des Art. 22 als bloßer Ausschluss der Option für eine gemeinsame Prüfung interpretiert worden.[17] Eine derartige Auslegung ist mit dem Normzweck des Art. 31 Abs. 1 kaum vereinbar, da sie zu einer Verschärfung der Prüfungspflicht führen würde. Deshalb sprechen die besseren Gründe dafür, dass mit S. 1 auf eine Verschmelzungsprüfung gänzlich verzichtet wird.[18] Dies entspricht auch der Interpretation des Art. 24 Verschmelzungsrichtlinie (jetzt Art. 110 GesR-RL[19]), der für Art. 31 Abs. 1 S. 1 Pate stand.

S. 2 verweist hinsichtlich weiterer Erleichterungen auf das durch Art. 24 Verschmelzungsrichtli- **5** nie (jetzt Art. 110 GesR-RL) harmonisierte Recht der Mitgliedstaaten. Dieses kommt durch die Formulierung in Abs. 1 S. 2 allerdings nur unvollständig zum Ausdruck. Mit „sind jedoch anzuwenden" ist keine Einschränkung der Erleichterungen nach S. 1 gemeint,[20] vielmehr soll klargestellt werden, dass weitere Erleichterungen im nationalen Recht neben **S. 1** auch zur Anwendung kommen sollen, dieser also **nicht abschließend** zu verstehen ist.[21] Umgekehrt sind strengere Regelungen im nationalen Recht nach dem Prinzip der Spezialität ausgeschlossen. S. 1 ist also eine gegenüber dem nationalen Recht speziellere, aber keine abschließende Vorschrift. Soweit Mutter oder Tochter deutschem Recht unterliegen, hat dies zur Folge, dass **§ 8 Abs. 3 S. 1 2. Alt. UmwG,** wonach die Mutter auch kapitalmäßig mit 100 % an der Tochter beteiligt sein muss, als strengere nationale Vorschrift nicht anwendbar ist.[22] S. 1, wonach es allein auf die Stimmmehrheit ankommt, geht insoweit als speziellere Vorschrift vor. Eine Erleichterung könnte in **§ 62 Abs. 1 S. 1 UmwG** liegen, wonach die Hauptversammlung der Mutter nicht zustimmen muss, wenn sie 90 % oder mehr der Anteile an der Tochter hält. Diese Vorschrift wird ebenfalls für nicht anwendbar gehalten, da der mit der Verschmelzung durch Aufnahme verbundene Formwechsel in die SE eine Zustimmung der Hauptversammlung in jedem Fall erforderlich mache.[23] Eine Erleichterung, die über S. 2 zur Anwendung gelangt, ist jedoch **§ 8 Abs. 3 S. 1 Alt. 2 UmwG,** wonach ein **Verschmelzungsbericht** entbehrlich ist.[24] Da es sich insoweit um eine Erleichterung handelt, greift die Sperrwirkung des S. 2 nicht ein.

---

[16] NK-SE/*Schröder* Rn. 9.
[17] In diesem Sinne *Teichmann* ZGR 2002, 383 (431); dem folgend Kölner Komm AktG/*Maul* Rn. 12.
[18] *Scheifele,* Die Gründung der Europäischen Aktiengesellschaft (SE), 2004, 283 f.; MüKoAktG/*Schäfer* Rn. 5; Habersack/Drinhausen/*Marsch-Barner* Rn. 9; Kalss/Hügel/*Hügel* SEG § 20 Rn. 9; NK-SE/*Schröder* Rn. 14; *Schwarz* Rn. 13; Lutter/Hommelhoff/Teichmann/*Bayer* Rn. 10; *Neun* in Theisen/Wenz SE S. 108.
[19] S. Hinweis in Art. 17 Fn. 2.
[20] So aber NK-SE/*Schröder* Rn. 12, 14.
[21] Zutr. MüKoAktG/*Schäfer* Rn. 6; Lutter/Hommelhoff/Teichmann/*Bayer* Rn. 11; Habersack/Drinhausen/*Marsch-Barner* Rn. 10; *Schwarz* Rn. 14 f. in Anschluss an *Scheifele,* Die Gründung der Europäischen Aktiengesellschaft (SE), 2004, 284 f.
[22] MüKoAktG/*Schäfer* Rn. 7; aA *Scheifele,* Die Gründung der Europäischen Aktiengesellschaft (SE), 2004, 284 f.; NK-SE/*Schröder* Rn. 29; *Teichmann* in Van Hulle/Maul/Drinhausen SE-HdB 4. Abschnitt § 2 Rn. 52; Lutter/Hommelhoff/Teichmann/*Bayer* Rn. 13; *Schwarz* Rn. 16 sowie Habersack/Drinhausen/*Marsch-Barner* Rn. 12 sprechen von der Notwendigkeit einer „verordnungskonforme[n] Auslegung".
[23] *Kalss* ZGR 2003, 593 (619); *Scheifele,* Die Gründung der Europäischen Aktiengesellschaft (SE), 2004, 285 f.; MüKoAktG/*Schäfer* Rn. 7; Kalss/Hügel/*Hügel* SEG § 20 Rn. 12; *Schwarz* Rn. 19; im Erg. auch NK-SE/*Schröder* Rn. 30; Lutter/Hommelhoff/Teichmann/*Bayer* Rn. 14; aA *Teichmann* ZGR 2002, 383 (431).
[24] Ebenso Lutter/Hommelhoff/Teichmann/*Bayer* Rn. 13; *Schwarz* Rn. 16; NK-SE/*Schröder* Rn. 29; Habersack/Drinhausen/*Marsch-Barner* Rn. 12; aA wohl MüKoAktG/*Schäfer* Rn. 7. Zur entsprechenden Rechtslage in Österreich ebenso Kalss/Hügel/*Hügel* SEG § 20 Rn. 11.

III. Ermächtigung zum vereinfachten Verfahren bei mindestens 90 %-igen Töchtern (Abs. 2)

6 Abs. 2 UAbs. 1 gestattet Erleichterungen auch bereits dann, wenn die Mutter mindestens 90 % der Stimmrechte bei der Tochter innehat. Voraussetzung für das Eingreifen der Erleichterung ist jedoch, dass das nationale Verschmelzungsrecht im Allgemeinen (also für rein nationale Mutter-Tochter-Verschmelzungen) solche Erleichterungen vorsieht. Der Sache nach handelt es sich also um eine **Spezialverweisung** ins nationale Umwandlungsrecht, die Art. 18 vorgeht.[25] Hintergrund dieser Vorschrift bildet Art. 28 Verschmelzungsrichtlinie (jetzt Art. 114 GesR-RL), der die Mitgliedstaaten zu solchen Erleichterungen im allgemeinen Umwandlungsrecht ermächtigt. **Deutschland** hat hiervon jedoch keinen Gebrauch gemacht, mit der Folge, dass Abs. 2 UAbs. 1 in Deutschland leer läuft. Die Erleichterung in § 62 Abs. 1 S. 1 UmwG ist wegen des gleichzeitigen Formwechsels bei der aufnehmenden Gesellschaft nicht anwendbar.[26] Daran dürfte sich auch durch das Dritte Gesetz zur Änderung des UmwG vom 26.5.2011 nichts geändert haben. Die These, dass der verschmelzungsrechtliche Squeeze Out nach **§ 62 Abs. 5 UmwG** eine solche Erleichterung sei,[27] kann nicht überzeugen.[28] Der Squeeze Out ist eine besondere Rechtsfolge, wenn durch die Verschmelzung der Anteil der Minderheit auf unter 10 % sinkt, aber gerade keine Erleichterung für eine Mutter-Tochter-Verschmelzung, die bereits voraussetzt, dass die Mutter bereits vor der Verschmelzung 90 % oder mehr der Anteile an der Tochter hält.[29]

7 Nach **UAbs. 2** ist es möglich, die nationalen Erleichterungen nach Unterabs. 1 auch an die bloße Stimmrechtsquote zu knüpfen. Damit sollen Aktionäre mit Mehrfachstimmrechten privilegiert werden. UAbs. 2 wurde auf Wunsch von Schweden aufgenommen,[30] das noch verbreitet **Mehrfachstimmrechte** kennt und lässt sich somit zynisch als **Wallenberg-Klausel** bezeichnen. In Deutschland hat die Ermächtigung keine Bedeutung, da Mehrstimmrechte seit 2003 nicht mehr existieren (vgl. § 12 Abs. 2 AktG, § 5 Abs. 1 S. 1 EGAktG).[31] Die Regelung in UAbs. 2 ist **rechtspolitisch** hochgradig **bedenklich** und sollte im Rahmen der Überprüfung der SE-VO (Art. 69) fallen gelassen werden.[32] Der Evaluierungsbericht hat sich mit dieser Vorschrift jedoch nicht auseinandergesetzt,[33] so dass mit einer Änderung einstweilen nicht zu rechnen ist.

Abschnitt 3. Gründung einer Holding-SE

Art. 32 [Gründung einer Holding-SE]

(1) Eine SE kann gemäß Artikel 2 Absatz 2 gegründet werden.
Die die Gründung einer SE im Sinne des Artikels 2 Absatz 2 anstrebenden Gesellschaften bestehen fort.

(2) ¹Die Leitungs- oder die Verwaltungsorgane der die Gründung anstrebenden Gesellschaften erstellen einen gleich lautenden Gründungsplan für die SE. ²Dieser Plan enthält einen Bericht, der die Gründung aus rechtlicher und wirtschaftlicher Sicht erläutert und begründet sowie darlegt, welche Auswirkungen der Übergang zur Rechtsform einer SE für die Aktionäre und für die Arbeitnehmer hat. ³Er enthält ferner die in Artikel 20 Absatz 1 Buchstaben a, b, c, f, g, h und i vorgesehenen Angaben und setzt von jeder die Gründung anstrebenden Gesellschaft den Mindestprozentsatz der Aktien oder sonstigen Anteile fest, der von den Aktionären eingebracht werden muss, damit die SE gegründet werden kann.

---

[25] Der Sache nach ebenso *Scheifele*, Die Gründung der Europäischen Aktiengesellschaft (SE), 2004, 287; MüKoAktG/*Schäfer* Rn. 8: Vorrang der Gemeinschaftsrechts wird aufgehoben; Lutter/Hommelhoff/Teichmann/*Bayer* Rn. 18: Vorbehalt des nationalen Rechts.
[26] → Rn. 5 und MüKoAktG/*Schäfer* Rn. 8.
[27] IdS wohl Widmann/Mayer/*Heckschen* UmwG (Stand Februar 2011) Anh. 14 Rn. 211.1; vgl. auch *dens*. NZG 2010, 1041 (1045); *Heckschen* NJW 2011, 2390 (2395).
[28] Offenlassend Habersack/Drinhausen/*Marsch-Barner* Rn. 17.
[29] Deshalb kann es auch nicht überzeugen, wenn Widmann/Mayer/*Heckschen* UmwG (Stand Februar 2011) Anh. 14 Rn. 211.1 zunächst den Squeeze Out nach § 62 Abs. 5 UmwG und dann die erleichterte Verschmelzung nach Art. 31 Abs. 1 vorschlägt.
[30] *Teichmann* ZIP 2003, 1109 (1113).
[31] → AktG § 12 Rn. 18 ff.
[32] Ebenso Kölner Komm AktG/*Maul* Rn. 16.
[33] Bericht der Kommission an das europäische Parlament und den Rat über die Anwendung der SE-VO vom 17.11.2010, KOM(2010) 676 endg.

⁴Dieser Prozentsatz muss mehr als 50 % der durch Aktien verliehenen ständigen Stimmrechte betragen.

(3) Der Gründungsplan ist mindestens einen Monat vor der Hauptversammlung, die über die Gründung zu beschließen hat, für jede der die Gründung anstrebenden Gesellschaften nach den in den Rechtsvorschriften der einzelnen Mitgliedstaaten gemäß Artikel 3 der Richtlinie 68/151/EWG vorgesehenen Verfahren offen zu legen.

(4) ¹Ein oder mehrere von den die Gründung anstrebenden Gesellschaften unabhängige Sachverständige, die von einem Gericht oder einer Verwaltungsbehörde des Mitgliedstaats, dessen Recht die einzelnen Gesellschaften gemäß den nach Maßgabe der Richtlinie 78/855/EWG erlassenen einzelstaatlichen Vorschriften unterliegen, bestellt oder zugelassen sind, prüfen den gemäß Absatz 2 erstellten Gründungsplan und erstellen einen schriftlichen Bericht für die Aktionäre der einzelnen Gesellschaften. ²Im Einvernehmen zwischen den die Gründung anstrebenden Gesellschaften kann durch einen oder mehrere unabhängige Sachverständige, der/die von einem Gericht oder einer Verwaltungsbehörde des Mitgliedstaats, dessen Recht eine der die Gründung anstrebenden Gesellschaften oder die künftige SE gemäß den nach Maßgabe der Richtlinie 78/855/EWG erlassenen einzelstaatlichen Rechtsvorschriften unterliegt, bestellt oder zugelassen ist/sind, ein schriftlicher Bericht für die Aktionäre aller Gesellschaften erstellt werden.

(5) Der Bericht muss auf besondere Bewertungsschwierigkeiten hinweisen und erklären, ob das Umtauschverhältnis der Aktien oder Anteile angemessen ist, sowie angeben, nach welchen Methoden es bestimmt worden ist und ob diese Methoden im vorliegenden Fall angemessen sind.

(6) Die Hauptversammlung jeder der die Gründung anstrebenden Gesellschaften stimmt dem Gründungsplan für die SE zu.

¹Die Beteiligung der Arbeitnehmer in der SE wird gemäß der Richtlinie 2001/86/EG festgelegt. ²Die Hauptversammlung jeder der die Gründung anstrebenden Gesellschaften kann sich das Recht vorbehalten, die Eintragung der SE davon abhängig zu machen, dass die geschlossene Vereinbarung von ihr ausdrücklich genehmigt wird.

(7) Dieser Artikel gilt sinngemäß auch für Gesellschaften mit beschränkter Haftung.

Auszug aus dem SEAG

§ 9 Abfindungsangebot im Gründungsplan

(1) ¹Bei der Gründung einer Holding-SE nach dem Verfahren der Verordnung, die ihren Sitz im Ausland haben soll oder die ihrerseits abhängig im Sinne des § 17 des Aktiengesetzes ist, hat eine die Gründung anstrebende Aktiengesellschaft im Gründungsplan jedem Anteilsinhaber, der gegen den Zustimmungsbeschluss dieser Gesellschaft zum Gründungsplan Widerspruch zur Niederschrift erklärt, den Erwerb seiner Anteile gegen eine angemessene Barabfindung anzubieten. ²Die Vorschriften des Aktiengesetzes über den Erwerb eigener Aktien gelten entsprechend, jedoch ist § 71 Abs. 4 Satz 2 des Aktiengesetzes insoweit nicht anzuwenden. ³Die Bekanntmachung des Gründungsplans als Gegenstand der Beschlussfassung muss den Wortlaut dieses Angebots enthalten. ⁴Die Gesellschaft hat die Kosten für eine Übertragung zu tragen. ⁵§ 29 Abs. 2 des Umwandlungsgesetzes findet entsprechende Anwendung.

(2) § 7 Abs. 2 bis 7 findet entsprechende Anwendung, wobei an die Stelle der Eintragung und Bekanntmachung der Verschmelzung die Eintragung und Bekanntmachung der neu gegründeten Holding-SE tritt.

§ 10 Zustimmungsbeschluss; Negativerklärung

(1) Der Zustimmungsbeschluss gemäß Artikel 32 Abs. 6 der Verordnung bedarf einer Mehrheit, die bei einer Aktiengesellschaft mindestens drei Viertel des bei der Beschlussfassung vertretenen Grundkapitals und bei einer Gesellschaft mit beschränkter Haftung mindestens drei Viertel der abgegebenen Stimmen umfasst.

(2) Bei der Anmeldung der Holding-SE haben ihre Vertretungsorgane zu erklären, dass eine Klage gegen die Wirksamkeit der Zustimmungsbeschlüsse gemäß Artikel 32 Abs. 6 der Verordnung nicht oder nicht fristgemäß erhoben oder eine solche Klage rechtskräftig abgewiesen oder zurückgenommen worden ist.

Schrifttum (vgl. neben den Angaben bei Art. 2 vor allem): *Brandes,* Cross Border Merger mittels der SE, AG 2005, 177; *Casper,* Erfahrungen und Reformbedarf bei der SE – Gesellschaftsrechtliche Reformvorschläge, ZHR 173 (2009), 181; *Casper,* Die Vor-SE – nationale oder europäische Vorgesellschaft, Der Konzern 2007, 244; *Göz,* Beschlussmängelklagen bei der Societas Europaea (SE), ZGR 2008, 593; *Kalss,* Der Minderheitenschutz bei

Gründung und Sitzverlegung der SE nach dem Diskussionsentwurf, ZGR 2003, 593; *Kersting,* Societas Europaea: Gründung und Vorgesellschaft, DB 2001, 2079; *Kübler,* Barabfindung bei Gründung einer Europa AG, ZHR 167 (2003) 627; *Lutter/Bayer/Schmidt,* Europäisches Unternehmens- und Kapitalmarktrecht § 41; *Oplustil,* Selected problems concerning formation of a holding SE (societas europaea), German Law Journal, Vol. 4 (Feb 2003 Nr. 18), S. 107; *Schäfer,* Das Gesellschaftsrecht (weiter) auf dem Weg nach Europa – am Beispiel der SE-Gründung, NZG 2004, 785; *Scheifele,* Die Gründung einer Europäischen Aktiengesellschaft (SE), 2004, S. 305 ff.; *Stöber,* Die Gründung einer Holding-SE, AG 2013, 110; *Teichmann,* Austrittsrecht und Pflichtangebot bei Gründung einer Europäischen Aktiengesellschaft, AG 2004, 67; *Vossius,* Gründung und Umwandlung der deutschen Europäischen Aktiengesellschaft (SE), ZIP 2005, 741; *Witten,* Minderheitenschutz bei Gründung und Sitzverlegung der Europäischen Aktiengesellschaft, 2011.

Übersicht

	Rn.		Rn.
I. Einleitung	1–7	b) Erforderliche Einbringungsquote (Abs. 2 S. 4)	11
1. Der Ablauf der Holdinggründung im Überblick	1, 2	c) Abfindungsangebot (§ 9 SEAG)	12
2. Normzweck und Aufbau des Art. 32	3	d) Fakultativer Inhalt	13
3. Anwendbares Recht; Verhältnis zum WpÜG	4–7	3. Gründungsbericht (Abs. 2 S. 2)	14, 15
II. Gründungsplan und -bericht (Abs. 2)	8–16	4. Form des Gründungsplans	16
1. Aufstellungskompetenz, Rechtsnatur	8	III. Bekanntmachung des Gründungsplans (Abs. 3)	17
2. Inhalt des Gründungsplanes (Abs. 2 S. 3, 4, § 9 SEAG)	9–13	IV. Prüfung des Gründungsplans, Bericht der Prüfer (Abs. 4, 5)	18, 19
a) Mindestangaben (Abs. 2 S. 3, Art. 20 Abs. 1 lit. a–lit. c, lit. f–lit. i)	9, 10	V. Zustimmung der Gründungsgesellschaften (Abs. 6 Unterabs. 1)	20–22

I. Einleitung

1 **1. Der Ablauf der Holdinggründung im Überblick.** Art. 32 bis 34 regeln die im deutschen Recht bisher nicht bekannte originäre Holdinggründung (zum Begriff der Holdinggründung → Art. 2 Rn. 10).[1] Anders als bei der Verschmelzung bleiben die Gründungsgesellschaften bestehen. Dies wird in Abs. 1 S. 2 klargestellt, der eine überflüssige Wiederholung von Art. 2 Abs. 2 darstellt.[2] Die neue SE entsteht, indem die Gesellschafter der Gründungsgesellschaften mehrheitlich ihre Aktien in die SE einbringen und die Gründungsvorschriften des zukünftigen Sitzstaates eingehalten werden. Es handelt sich also um eine **Sachgründung gegen Anteilstausch.** Gründer sind aber allein die Gründungsgesellschaften (→ Art. 16 Rn. 12).[3] Diese behalten ihr nationales Rechtskleid, was Abs. 1 S. 2 eigens hervorhebt, und werden Tochtergesellschaften der Holding-SE. Anders als bei der Verschmelzungsgründung können sich auch Gesellschaften mit beschränkter Haftung an der Holdinggründung einer SE beteiligen. Das **Mehrstaatlichkeitserfordernis** ist auf das Vorhandensein einer seit zwei Jahren in einem anderen Mitgliedstaat existenten Zweigniederlassung oder einer Tochtergesellschaft beschränkt. Anders als beim echten Mehrstaatlichkeitserfordernis müssen die Gründungsgesellschaften nicht zwei unterschiedlichen Jurisdiktionen unterworfen sein (zu den Einzelheiten → Art. 2 Rn. 10 ff.).

2 Eine Holdinggründung vollzieht sich in **fünf Phasen.** (1) Die **erste Phase** lässt sich als **Beschlussvorbereitungsphase** bezeichnen. In diesem Abschnitt werden der Gründungsplan und der Gründungsbericht aufgestellt, bekannt gemacht und geprüft. Hiervon handelt Art. 32 Abs. 2 bis Abs. 5. (2) In der **zweiten Phase,** der **Beschlussphase,** stimmen die Gesellschafter der Gründungsgesellschaften dem Gründungsplan zu (Abs. 6 UAbs. 1). Dabei können die Gründungsgesellschaften einen auf das Mitbestimmungsmodell bezogenen Zustimmungsvorbehalt vorsehen, da im Zeitpunkt des Beschlusses das Mitbestimmungsmodell oftmals noch nicht ausgehandelt ist. (3) Sodann schließt sich als **dritter Abschnitt** die **Phase des Anteilstausches** an, die sich ihrer-

---

[1] Allg. zur bekannten und weit verbreiteten Holding als Organisationsform und deren Gründungen im deutschen Recht vgl. etwa *Marsch-Barner* in Lutter/Bayer Holding-HdB § 18, S. 1143 ff. mwN.
[2] Ebenso überflüssig ist die Wiederholung von Art. 2 Abs. 2 in Art. 32 Abs. 1 S. 1.
[3] Ebenso Lutter/Hommelhoff/Teichmann/*Bayer* Rn. 11; *Jannott* in Jannott/Frodermann SE-HdB Kap. 3 Rn. 130; *Neun* in Theisen/Wenz SE S. 166 f.; MüKoAktG/*Schäfer* Rn. 1; *Scheifele,* Die Gründung der Europäischen Aktiengesellschaft (SE), 2004, 307 ff.; *Schwarz* Vor Art. 32–34 Rn. 19; *Thoma/Leuering* NJW 2002, 1449 (1452); der Sache nach auch Habersack/Drinhausen/*Scholz* Rn. 8, der zwischen „Gründern" und „Einbringende" unterscheidet; teilw. abweichend („gespaltener Gründerbegriff") NK-SE/*Schröder* Rn. 100 ff.; aA (Gesellschafter) wohl *Kersting* DB 2001, 2079 (2083 f.) (in Bezug auf Gründerhaftung in der Vor-SE).

seits in zwei Etappen vollzieht. Innerhalb einer Frist von drei Monaten haben die Gesellschafter der Gründungsgesellschaften die Möglichkeit, ihre Anteile in Aktien der SE umzutauschen (Art. 33 Abs. 1, → Art. 33 Rn. 3 ff., → Art. 33 Rn. 12 ff.). Wird das erforderliche Mindestquorum von 50 % nicht erreicht, ist die Holdinggründung gescheitert. Bei einem positiven Verlauf wird nach Offenlegung der Umtauschquote den bisher opponierenden Gesellschaftern eine zweite Frist von einem Monat zum Anteilstausch eingeräumt (Art. 33 Abs. 3 S. 2). (4) Die **vierte Phase** lässt sich als eigentliche **Gründung der SE** nach nationalem Recht beschreiben. Neben den europarechtlichen Vorgaben in Art. 33 sind über Art. 15 Abs. 1 auch noch die Vorgaben für die Gründung von Aktiengesellschaften nach nationalem Recht, bei einer in Deutschland ansässigen SE also die §§ 33 ff. AktG, zu beachten. (5) Die **fünfte Phase** bildet die **Eintragung der SE** in das nationale Register und die Bekanntmachung dieser Eintragung. Insoweit kann auf die Erläuterungen zu den Art. 12 bis 14 verwiesen werden, da sich bei der Holdinggründung keine Besonderheiten ergeben.

2. Normzweck und Aufbau des Art. 32. Art. 32 enthält Bestimmungen zu den ersten beiden 3 Phasen (→ Rn. 2), also zur Beschlussvorbereitungs- und zur Zustimmungsphase. Abs. 2–5 regeln den **Gründungsplan** und **Gründungsbericht** sowie dessen Prüfung zwar nicht vollständig, aber doch relativ ausführlich. Dabei orientiert sich Art. 32 in auffälliger Weise an den Vorgaben für die Verschmelzungsgründung in **Art. 20–23.** Der Gründungsplan für die Holdinggründung lehnt sich weitgehend an dem Vorbild in Art. 20 an. Rechtspolitisch ist das Erfordernis eines Plans für die Holdinggründung nicht zwingend, da die Gründungsgesellschaften bestehen bleiben (Art. 32 Abs. 1 S. 2). Das **Offenlegungserfordernis (Abs. 3)** orientiert sich an Art. 21, die Prüfungsvorschriften in Abs. 4, 5 an Art. 22. Das **Zustimmungserfordernis** der Anteilseignerversammlungen (Abs. 6 UAbs. 1) ähnelt Art. 23. Allerdings sind die Mitgliedstaaten hinsichtlich des **Mehrheitserfordernisses** mangels entsprechender Vorgaben in der Verschmelzungsrichtlinie (jetzt Art. 87–117 GesR-RL[4]) – zumindest auf den ersten Blick – frei. Es stellt sich jedoch die Frage nach einer analogen Anwendung des ⅔-Erfordernisses aus Art. 7 Abs. 1 Verschmelzungsrichtlinie (jetzt Art. 93 Abs. 1 GesR-RL) (→ Rn. 21). Der deutsche Ausführungsgesetzgeber hat diese Frage jedoch mit dem Erfordernis einer Dreiviertelmehrheit (§ 10 SEAG) im Sinne eines noch höheren Quorums entschieden. Der **Normzweck** der Art. 32 Abs. 2–6 kann also im Wesentlichen wie der der Art. 20–23 bestimmt werden.[5]

3. Anwendbares Recht; Verhältnis zum WpÜG. Die Holdinggründung bestimmt sich selbst- 4 redend in erster Linie nach den **Art. 32 bis 34.** Diese sind allerdings **lückenhaft.** Somit muss auch bei der Holdinggründung ersatzweise nationales Recht zur Anwendung kommen. Dies folgt hinsichtlich der zu gründenden SE aus **Art. 15 Abs. 1.**[6] Die Verweisung ins nationale Recht des künftigen Domizilstaates ist allerdings insoweit mit Schwierigkeiten behaftet, als die Mitgliedstaaten keine originäre Holdinggründung kennen.[7] Deshalb ist vorrangig zu prüfen, ob sich die Lücken nicht im Wege der Analogie zu anderen Vorschriften, insbesondere aus dem Recht der Verschmelzungsgründung, schließen lassen. Soweit dies nicht möglich ist, hat man bei der Anwendung des nationalen Rechts auf die Besonderheiten bei einer Holdinggründung besondere Rücksicht zu nehmen. Die zweite Schwierigkeit besteht darin, dass Art. 15 nur hinsichtlich der zu gründenden SE, nicht aber auch bezüglich der Gründungsgesellschaften auf das nationale Recht verweist (→ Art. 15 Rn. 3). Eine **Art. 18 vergleichbare Regelung fehlt.** Dass im Ergebnis nationales Recht Anwendung finden muss, ist unbestritten. Zur Absicherung dieses Ergebnisses werden zwei Auffassungen vertreten. Während die überwiegende Ansicht Art. 18 analog anwenden will,[8] schlägt *Teichmann* eine Lückenfüllung durch die Heranziehung allgemeiner, für Strukturänderungen geltender Grundsätze der Dritten bzw. Sechsten Gesellschaftsrechtlichen Richtlinie vor.[9] Art. 32 des Ent-

---

[4] S. Hinweis in Art. 17 Fn. 2.
[5] → Art. 20 Rn. 1; → Art. 21 Rn. 1, → Art. 22 Rn. 1, → Art. 23 Rn. 1.
[6] Ebenso Lutter/Hommelhoff/Teichmann/*Bayer* Rn. 4; MüKoAktG/*Schäfer* Rn. 2.
[7] Zu den Einzelheiten, insbes. zu der hier nicht zu vertiefenden Frage, ob Gründungsbericht und -prüfung neben Art. 32 Abs. 4, 5 abermals anzuwenden sind, vgl. MüKoAktG/*Schäfer* Rn. 36 ff.
[8] *Casper* FS Ulmer, 2003, 51 (62) (außer beim Mehrheitserfordernis); *Lind*, Die Europäische Aktiengesellschaft, 2004, 114, *Scheifele*, Die Gründung der Europäischen Aktiengesellschaft (SE), 2004, 46 f. (311); MüKoAktG/ *Schäfer* Rn. 3; Habersack/Drinhausen/*Scholz* Rn. 10; *Bayer* in Lutter/Hommelhoff, Die Europäische Gesellschaft, 2005, 25 (46); in Lutter/Hommelhoff/Teichmann/*Bayer* Rn. 7; *Schwarz* Vor Art. 32–34 Rn. 11; Kölner Komm AktG/*Paefgen* Rn. 10; *Jannott* in Jannott/Frodermann SE-HdB Kap. 3 Rn. 155; im Erg. auch *Neun* in Theisen/ Wenz SE S. 57 (156 f.).
[9] *Teichmann* ZGR 2002, 383 (434); *Teichmann* ZGR 2003, 367 (388 ff.); ihm offenbar folgend Widmann/ Mayer/*Heckschen* (Stand 2011) Anh. 14 Rn. 274 f.; tendenziell anders aber noch *Heckschen* DNotZ 2003, 251 (261).

wurfs von 1989 hatte noch auf die Verschmelzungsgründung und somit auf den heutigen Art. 18 SE-VO verwiesen. Die Streichung dieses Verweises dürfte ein Redaktionsversehen gewesen sein,[10] weshalb die besseren Gründe für eine **analoge Anwendung des Art. 18** sprechen. Diese rechtssichere Lösung dürfte in der Praxis allerdings regelmäßig zu denselben Ergebnissen führen wie die etwas mehr europäisch gefärbte Lösung von *Teichmann*.[11] Im Wege der analogen Anwendung des Art. 18 finden in erster Linie die Vorschriften über die Verschmelzung und hilfsweise die Normen zur Ausgliederung im UmwG Anwendung, wobei sich schematische Lösungen verbieten.[12] Vielmehr ist den Besonderheiten der Holdinggründung Rechnung zu tragen.

5   Art. 34 ermächtigt den nationalen Ausführungsgesetzgeber, **Schutzvorschriften** für opponierende **Minderheitsgesellschafter** vorzusehen. Deutschland hat hiervon mit dem Barabfindungsangebot und dem Anspruch auf bare Zuzahlung bei einem unangemessenen Umtauschverhältnis in §§ 9, 11 SEAG Gebrauch gemacht (→ Art. 34 Rn. 3 f.). Das fehlende Mehrheitserfordernis für den Zustimmungsbeschluss nach Abs. 5 hat der deutsche Gesetzgeber mit § 10 SEAG iS einer Dreiviertelmehrheit ausgefüllt (→ Rn. 21). Zu einer vollumfänglichen Regelung der SE-Holdinggründung auf nationaler Ebene beinhaltet allerdings weder Art. 32 noch Art. 34 eine Ermächtigung.[13]

6   Umstritten ist weiterhin, ob auf die Holdinggründung auch die **übernahmerechtlichen Vorschriften** anwendbar sind. Zielgesellschaft könnte eine börsennotierte Gründungsgesellschaft sein, sofern diese ihren Sitz in Deutschland hat und dort börsennotiert ist. Bieter könnte die Holding-SE bzw. die größere Gründungsgesellschaft sein, da die in der börsennotierten Gründungsgesellschaft verbleibenden Aktionäre nunmehr Gesellschafter in einer konzernierten Gesellschaft werden.[14] Es werden im Wesentlichen drei Auffassungen vertreten. Zum einen teilt sich die Landschaft in Befürwortern[15] und Gegnern[16] der Anwendbarkeit des WpÜG. Innerhalb des Lagers der Befürworter finden sich im Wesentlichen zwei Lager. Zum einen wird in dem Gründungplan ein freiwilliges Übernahmeangebot nach § 29 WpÜG für erforderlich gehalten,[17] soweit die Holding nach Abschluss des Verfahrens mehr als 30 % der Aktien an der börsennotierten Gründungsgesellschaft hält, was stets der Fall ist, da anderenfalls die Holdinggründung nicht zustande kommt. Unterbleibe ein derartiges Übernahmeangebot, komme das Pflichtangebot zur Anwendung. Zum anderen gibt es Befürworter, die davon ausgehen, dass § 29 WpÜG nicht anwendbar sei, was teilweise damit begründet wird, dass kein öffentliches Übernahmeangebot vorliege bzw. es sich um ein Angebot der Gründungsgesellschaften handele, die aber die Anteile nicht selbst übernehmen wollen, weshalb § 29 WpÜG nicht anwendbar sei.[18] Erlangt die Holding allerdings nach der Gründung 30 % oder mehr, sei sie verpflichtet ein Pflichtangebot abzugeben. Für eine *Stellungnahme* ist zunächst zu klären, ob das WpÜG überhaupt anwendbar ist. Gegen eine Anwendung des WpÜG könnte sprechen, dass die SE bzw. die größere Gründungsgesellschaft als Bieter wegen des 50 %-Erfordernisses in Abs. 2 S. 4 stets die 30 %-Schwelle des § 29 WpÜG (Art. 5 Übernahmerichtlinie[19]) erreicht. Ferner wird angeführt, dass

---

[10] Dies erkennt auch *Teichmann* ZGR 2002, 383 (435) mit Fn. 195 an.
[11] So auch Habersack/Drinhausen/*Scholz* Rn. 10.
[12] Ebenso Lutter/Hommelhoff/Teichmann/*Bayer* Rn. 6, 8.
[13] Statt aller Lutter/Hommelhoff/Teichmann/*Bayer* Rn. 3.
[14] Str., vgl. näher zum Ganzen Kölner Komm AktG/*Paefgen* Rn. 139; Stöber AG 2014, 110 (119).
[15] Vgl. den Nachw. in Fn. 17 und Fn. 18 sowie ferner *Thoma/Leuering* NJW 2002, 1449 (1453); *Neun* in Theisen/Wenz SE S. 164 f. und zum österreichischen Recht auch Kalss/Hügel/*Hügel* SEG §§ 25, 26 Rn. 29 mit Fn. 22a.
[16] Gegen eine Anwendbarkeit des WpÜG etwa Habersack/Drinhausen/*Scholz* Rn. 25; *Vetter* in Lutter/Hommelhoff Die Europäische Gesellschaft, 2005, 111 (161 f.); *Brandt* NZG 2002, 991 (995); *Marsch-Barner* in Lutter/Bayer Holding-HdB § 18 Rn. 18.82; *Ihrig/Wagner* BB 2003, 969 (973); später aber differenzierend *Ihrig/Wagner* BB 2004, 1749 (1753).
[17] *Kalss* ZGR 2003, 593 (642); Kölner Komm AktG/*Paefgen* Rn. 130 ff., 147; *Scheifele,* Die Gründung der Europäischen Aktiengesellschaft (SE), 2004, 365 f.; Stöber AG 2014, 110 (119).
[18] MüKoAktG/*Oechsler/Mihaylova* Art. 2 Rn. 20; *Schwarz* Vor Art. 32–34 Rn. 15 f.; MüKoAktG/*Schäfer* Rn. 6; *Witten,* Minderheitenschutz bei der Gründung und Sitzverlegung der Europäischen Aktiengesellschaft (SE), 2011, 191 (205 ff., 213 f.); *Teichmann* AG 2004, 67 (77 ff.); *Oplustil* German Law Journal 4 (2003) 107 (125 f.); Lutter/Hommelhoff/Teichmann/*Bayer* Rn. 19 f.; *Koke,* Finanzverfassung der Europäischen Aktiengesellschaft (SE) mit Sitz in Deutschland, 2005, 63 ff.; *J. Schmidt,* „Deutsche" vs. „britische" SE, 2006, 328 ff.
[19] Richtlinie 2004/25/EG des Europäischen Parlaments und des Rates betreffend Übernahmeangebote vom 21. April 2004, ABl. EG 2004 L 142, 12 vom 30. April 2004; zuletzt geändert durch Richtlinie 2014/59/EU des Europäischen Parlaments und des Rates vom 15. Mai 2014 zur Festlegung eines Rahmens für die Sanierung und Abwicklung von Kreditinstituten und Wertpapierfirmen und zur Änderung der Richtlinie 82/891EWG des Rates, der Richtlinien 2001/24EG, 2002/47/EG, 2004/25/EG, 2005/56/EG, 2007/36/EG, 2011/35/EU, 2012/30/EU und 2013/36/EU sowie der Verordnungen (EU) Nr. 1093/2010 und (EU) Nr. 648/2012 des Europäischen Parlaments und des Rates, ABl. EU 2014 L 173, 190 vom 12. Juni 2014.

das SEAG und die SE-VO abschließend seien und bereits einen hinreichenden Minderheitenschutz bieten. Mit den bereits bei → Art. 25 Rn. 9 genannten Argumenten ist jedoch auch bei der Holdinggründung grundsätzlich von einer Konkurrenz zwischen den Schutzmechanismen des SEAG und des WpÜG auszugehen, da der Schutz des WpÜG teilweise weiter ist (Überprüfung des Abfindungsangebots durch die BaFin; Pflicht zur Gewährung von liquiden Aktien oder Geld nach § 31 Abs. 2 WpÜG neben der Möglichkeit zum Anteilstausch nach Art. 33;[20] Haftung für fehlerhafte Angebotsunterlagen nach § 10 WpÜG).[21] Soweit sich sinnwidrige Kollisionen zwischen den gesellschaftsrechtlichen und den übernahmerechtlichen Schutzinstrumenten ergeben, ist im Einzelfall an eine Befreiung nach § 37 WpÜG zu denken.[22] Dabei kann das Ermessen im Einzelfall, wenn zB das gesellschaftsrechtliche Austrittsrecht nach § 9 SEAG einen vergleichbaren hinreichenden Schutz gewährt, nicht aber generell auf Null reduziert sein.[23] Hinsichtlich der Details ist auf das Spezialschrifttum zum WpÜG zu verweisen.[24] Innerhalb des Lagers der Befürworter der Anwendbarkeit des WpÜG ist der Auffassung beizutreten, die davon ausgeht, dass bereits bei Aufstellung des Gründungsplans ein Übernahmeangebot iSd § 29 WpÜG abzugeben ist, sofern das Erreichen der 50 % als Voraussetzung der erfolgreichen Holdinggründung zum Überschreiten der 30 %-Schwelle nach § 29 Abs. 2 WpÜG führt. Es ist nicht einzusehen, dass die Gründungsgesellschaften bzw. die SE zuwarten müssen, bis die Eintragung der SE erfolgt und es zum Pflichtangebot kommt und nicht schon zuvor im Gründungsplan ein freiwilliges Übernahmeangebot abgeben können, um somit die Möglichkeit zu erlangen, Bedingungen nach § 31 WpÜG zu nutzen und Zinsen nach § 38 WpÜG vermeiden zu können. Sowohl der Begriff eines öffentlichen Übernahmeangebots wie der Anwendungsbereich des § 29 WpÜG ist hier erweiternd auszulegen.[25] Ist das Übernahmeangebot unterblieben, kommt es freilich zum Pflichtangebot nach § 35 WpÜG.

Die **Besteuerung der Holdinggründung**, insbesondere die Frage, ob die bisherigen Anteile 7 an den Gründungsgesellschaften steuerneutral in die SE eingebracht werden können, bestimmt sich allein nach dem nationalen Steuerrecht, dem die Gründungsgesellschaften bzw. deren Gesellschafter unterliegen. Auf **Ebene der Gründungsgesellschaften** hat die Holdinggründung keine steuerlichen Folgen, da sie nach der SE-Gründung als Tochtergesellschaften der Holding-SE fortbestehen.[26] Auf **Ebene der Holding-SE und der Anteilseigner** sind die eingebrachten Anteile gemäß § 21 Abs. 1 S. 1 UmwStG grundsätzlich mit dem gemeinen Wert anzusetzen. Die Anteile können jedoch unter den Voraussetzungen des § 21 Abs. 1 S. 2 UmwStG auch mit dem Buchwert angesetzt werden. Im Fall der Einbringung zum Buchwert kann allerdings unter den Voraussetzungen des § 22 Abs. 1 und 2 UmwStG eine nachträgliche Besteuerung der im Zeitpunkt des Anteilstauschs vorhandenen stillen Reserven beim Einbringenden erfolgen, sofern entweder die Anteile an der Holding-SE oder die in die Holding-SE eingebrachten Anteile innerhalb einer Sperrfrist von sieben Jahren veräußert werden.[27]

II. Gründungsplan und -bericht (Abs. 2)

1. Aufstellungskompetenz, Rechtsnatur. Abs. 2 verpflichtet die Leitungs- bzw. die Verwal- 8 tungsorgane zur Aufstellung eines Gründungsplanes, der einen in Abs. 2 bestimmten Mindestinhalt aufweisen muss. Mit der Aufstellung des Gründungsplanes ist auch ein Gründungsbericht aufzustellen. Die Kompetenz zur Aufstellung (Vorstand, Verwaltungsrat, Geschäftsführung) ist dem nationalen Recht der jeweiligen Gründungsgesellschaft zu entnehmen. Der „gleich lautende" Gründungsplan ist von jeder beteiligten Gründungsgesellschaft aufzustellen. Ebenso wie Art. 20 fordert auch Art. 32 Abs. 1 S. 1 nicht den Abschluss eines Gründungsvertrags, wobei dieser freilich in der späteren Satzung der SE (vgl. Art. 6) liegt. Der Gründungsplan hat also **organisationsrechtlichen** und keinen schuld-

---

[20] Dies für maßgeblich erachtend *Oplustil* German Law Journal 4 (2003), 107 (125 f.).
[21] Ausf. Begründung etwa bei *Witten*, Minderheitenschutz bei der Gründung und Sitzverlegung der Europäischen Aktiengesellschaft (SE), 2011, 207 ff.
[22] Vgl. eingehend zur Befreiung Kölner Komm AktG/*Paefgen* Rn. 149 ff.
[23] *Teichmann* AG 2004, 67 (82 f.), allerdings noch zum DiskE des SEAG, wonach ein Austrittsrecht auch bei einer SE-Gründung im Inland vorgesehen war; im Anschluss daran ebenso Lutter/Hommelhoff/Teichmann/*Bayer* Rn. 20; Kölner Komm AktG/*Paefgen* Rn. 149; vgl. ausf. auch *Witten*, Minderheitenschutz bei der Gründung und Sitzverlegung der Europäischen Aktiengesellschaft (SE), 2011, 216 ff.
[24] Ausf. zum Ganzen auch Kölner Komm AktG/*Paefgen* Rn. 137 ff. mwN.
[25] Ähnlich *Stöber* AG 2014, 110 (119): Das Angebot werde von den Gründungsgesellschaften im Namen der Vor-SE, die als Bieterin anzusehen sei, abgegeben.
[26] Vgl. *Kenter/Brendt* IWB 2004, 621 (625).
[27] Vgl. näher zur Besteuerung der Holding-Gründung Habersack/Drinhausen/*Jochum* Steuerrecht der SE Rn. 114 ff., insb. 119.

rechtlichen **Charakter**.[28] Allerdings steht Art. 32 Abs. 2 dem Abschluss eines sog. *business combination agreement* (→ Art. 20 Rn. 4) nicht entgegen,[29] dieses kann auch mit dem Gründungsplan in einer Urkunde verbunden sein. Eine solche schuldrechtliche Zusatzvereinbarung ist jedoch auf das Erreichen der erforderlichen Quote beim Anteilstausch (vgl. Art. 33 Abs. 2) bedingt.

9 **2. Inhalt des Gründungsplanes (Abs. 2 S. 3, 4, § 9 SEAG). a) Mindestangaben (Abs. 2 S. 3, Art. 20 Abs. 1 lit. a–lit. c, lit. f–lit. i).** Neben dem Erfordernis, den Gründungsplan mit einem Gründungsbericht zu versehen, der über die wesentlichen wirtschaftlichen und rechtlichen Folgen der Holdinggründung berichten muss, verweist Abs. 2 S. 3 auf **Art. 20 Abs. 1 lit. a–lit. c und lit. f–lit. i.** Verzichtet wird damit nur auf solche Angaben, die mangels Rechtsnachfolge der Holding-SE keinen Sinn ergeben würden. Hierzu zählt der Zeitpunkt der Gewinnberechtigung der neuen Aktien (Art. 20 Abs. 1 lit. d) und der Verschmelzungsstichtag (Art. 20 Abs. 1 lit. e).[30] Hinsichtlich der übrigen Angaben (Firma und Sitz, lit. a; Umtauschverhältnis, lit. b; Übertragung der Aktien, lit. c; Angaben zu Sonderrechten, lit. f; Sondervorteile für Prüfer oder Organmitglieder, lit. g; die Satzung, lit. h und schließlich die Angaben zur Mitbestimmung, lit. i) kann hinsichtlich der Einzelheiten auf die Erläuterung zu Art. 20 (→ Art. 20 Rn. 8 f.) verwiesen werden. Allerdings ist bei der entsprechenden Anwendung der verschmelzungsrechtlichen Pflichtangaben eventuellen Besonderheiten bei der Holdinggründung durch eine teleologische Auslegung Rechnung zu tragen.[31]

10 Exemplarisch sei hier nur auf Abs. 2 S. 3 iVm Art. 20 Abs. 1 **lit. h** hingewiesen. Danach muss der Plan auch die Satzung der künftigen SE enthalten, die wiederum ein **festes Grundkapital** aufweisen muss. Dieses kann im Zeitpunkt der Aufstellung des Gründungsplans jedoch noch gar nicht angegeben werden, da noch nicht feststeht, wie viele der Aktionäre in der ersten und der zweiten Phase des Anteilstausches (→ Rn. 2) ihre Aktien umtauschen werden. Da das deutsche Recht kein variables Kapital kennt, wird man eine – im deutschen Recht sonst ebenfalls unzulässige – **Stufengründung** anerkennen müssen. Danach ist in Höhe der mindestens erforderlichen Umtauschquote (→ Rn. 11) ein festes Grundkapital anzugeben. Hinsichtlich des übersteigenden Kapitals ist wie beim bedingten Kapital ein **bis-zu-Hinweis**[32] anzubringen.[33] Transparenter und einfacher wäre jedoch die Angabe eines vorläufigen Grundkapitals, ausgehend von der Konstellation, dass alle Anteilsinhaber tauschen. Der deutsche Ausführungsgesetzgeber hat sich diesem Anliegen trotz entsprechender Anmahnung[34] anders als die österreichische Legislative[35] jedoch verschlossen. Hinsichtlich der mit dem Anteilstausch verbundenen Sacheinlage genügt es entgegen § 27 Abs. 1 AktG, dass die **Angaben zu den Einlegern** nur abstrakt als die Gesellschafter der Gründungsgesellschaften beschrieben werden.[36]

11 **b) Erforderliche Einbringungsquote (Abs. 2 S. 4).** Abs. 2 S. 4 verlangt ferner, dass der Gründungsplan das **Mindestquorum** nennt, das bei dem Aktientausch erreicht werden muss. Diese erforderliche Einbringungsquote muss bei jeder Gründungsgesellschaft bei mindestens **50 % plus einer stimmberechtigten Aktie** liegen.[37] Mit diesem Quorum soll die Konzernleitungsfunktion

---

[28] Statt aller MüKoAktG/*Schäfer* Rn. 10; Kölner Komm AktG/*Paefgen* Rn. 33 ff.; Lutter/Hommelhoff/Teichmann/*Bayer* Rn. 21; Habersack/Drinhausen/*Scholz* Rn. 35.

[29] Habersack/Drinhausen/*Scholz* Rn. 36; Kölner Komm Akt/*Paefgen* Rn. 35; Lutter/Hommelhoff/Teichmann/*Bayer* Rn. 21.

[30] Ebenso MüKoAktG/*Schäfer* Rn. 11; Lutter/Hommelhoff/Teichmann/*Bayer* Rn. 24.

[31] Einzelheiten bei MüKoAktG/*Schäfer* Rn. 12 ff.; Kölner Komm AktG/*Paefgen* Rn. 37 ff. sowie Lutter/Hommelhoff/Teichmann/*Bayer* Rn. 24 ff.

[32] Vgl. dazu nur Hüffer/Koch/*Koch* AktG § 195 Rn. 10 sowie zur ordentlichen Kapitalerhöhung LG Mannheim v. 2.7.2009 – 23 O 5/09 sowie dazu *Albrecht/Lange* BB 2010, 142 ff.

[33] MüKoAktG/*Schäfer* Rn. 14, Art. 33 Rn. 22 f.; *Stöber* AG 2013, 110 (117); ähnlich *Jannott* in Jannott/Frodermann SE-HdB Kap. 3 Rn. 142 und Kölner Komm AktG/*Paefgen* Rn. 59; für eine stufenweise Festlegung *Oplustil* German Law Journal 4 (2003), 107 (120); ähnlich Widmann/Mayer/*Heckschen*, Anh. 14 Rn. 288 ff. (Mindest- und Höchstgrenze); für ein vorläufiges Grundkapital in Höhe des gesamten Betrages aber wohl Lutter/Hommelhoff/*Bayer*, Die Europäische Gesellschaft, 2005, 49; letztlich offenlassend jetzt Lutter/Hommelhoff/Teichmann/*Bayer* Rn. 31 ff.; noch anders NK-SE/*Schröder* Rn. 53: Kombination aus festem und genehmigten Kapital, was angesichts der Ungewissheit auf Seiten der Aktionäre wenig plausibel ist; ähnlich *Brandes* AG 2005, 177 (182 f.) (bedingtes, hilfsweise genehmigtes Kapital).

[34] Vgl. etwa Handelsrechtsausschuss des DAV NZG 2004, 75 (78 f.).

[35] Vgl. § 25 Abs. 3 S. 2 öSEG, dazu Kalss/Hügel/*Hügel* SEG §§ 25, 26 Rn. 10.

[36] MüKoAktG/*Schäfer* Rn. 15; *Scheifele*, Die Gründung der Europäischen Aktiengesellschaft (SE), 2004, 318; Handelsrechtsausschuss des DAV NZG 2004, 75 (78); *Schwarz* Vor Art. 32–34 Rn. 24; Lutter/Hommelhoff/Teichmann/*Bayer* Rn. 35; Kölner Komm AktG/*Paefgen* Rn. 60; weiter gehend *Neun* in Theisen/Wenz SE S. 170, der § 27 Abs. 1 AktG insges. für unanwendbar erklärt.

[37] Statt aller Lutter/Hommelhoff/Teichmann/*Bayer* Rn. 38 sowie *Schwarz* ZIP 2001, 1847 (1852) mN abweichender Vorgängerregelungen.

der Holding-SE sichergestellt werden.[38] Diese gesetzliche Mindestquote darf nur **stimmberechtigte Anteile** berücksichtigen,[39] obwohl auch die Inhaber von stimmrechtslosen Anteilen zum Umtausch nach Art. 33 berechtigt sind. S. 4 verlangt weiterhin, dass sich das Mindestquorum auf „**ständige Stimmrechte**" beziehen muss. Was damit gemeint ist, bleibt dunkel, da zumindest das deutsche Recht vorübergehende Stimmrechte nicht kennt. Gedacht ist wohl an Vorzugsaktien, bei denen nach § 140 Abs. 2 AktG das Stimmrecht vorübergehend wieder auflebt,[40] und auf einzelne Beschlussgegenstände beschränkte **Mehrfachstimmrechte**. Letzteres würde im Umkehrschluss bedeuten, dass gegenständlich unbeschränkte Mehrfachstimmrechte bei der Bestimmung der Quote entsprechend ihres Stimmgewichts zu berücksichtigen sind.[41] Die vorübergehende Suspendierung des Stimmrechts nach **§ 71b AktG** bei eigenen Aktien der Gründungsgesellschaft will die hM für eine Nichtanwendung im Rahmen des S. 4 hingegen nicht genügen lassen.[42] Der Gründungsplan kann das Mindestquorum beliebig erhöhen, auch eine Quote von 100 % ist zulässig. Eine **Höchstgrenze**, bis zu der die Gesellschafter der Gründungsgesellschaften tauschen dürfen, ist jedoch **unzulässig**, da jeder der Aktionäre – gleich ob stimmberechtigt oder nicht – das Recht zum Aktientausch nach Art. 33 hat.[43] Nicht vorgeschrieben ist allerdings, dass die Mindesteinbringungsquote für alle Gründungsgesellschaften gleich hoch sein muss, sie muss allerdings jeweils mindestens 50 % betragen.[44]

c) **Abfindungsangebot (§ 9 SEAG).** Nach § 9 Abs. 1 S. 3 SEAG hat der Gründungsplan auch **12** ein Abfindungsangebot zu enthalten, sofern die SE ihren Sitz im Ausland haben soll oder ihrerseits eine abhängige Gesellschaft ist oder wird. Anders als § 7 SEAG, der bei der Verschmelzungsgründung das Austrittsrecht allein an den Wechsel des anwendbaren Rechts knüpft, liegt dem § 9 SEAG auch der Gesichtspunkt des **Konzerneingangsschutzes** zugrunde. Der Aspekt des Wechsels des anwendbaren Sitzes für den Fall, dass die **Holding ihren Sitz im Ausland** nimmt,[45] greift hier allenfalls mittelbar ein, da die Gründungsgesellschaft, an der die Minderheitsgesellschafter beteiligt bleiben können, ihr Rechtskleid gerade nicht wechselt. Mit dem Austrittsrecht hat der deutsche Ausführungsgesetzgeber trotz vehementer rechtspolitischer Kritik im Vorfeld[46] von der Ermächtigung in Art. 34 Gebrauch gemacht. Soweit die Holding-SE eine **abhängige Gesellschaft** wird, verweist die Begründung auf die mit § 305 Abs. 2 Nr. 2 AktG vergleichbare Lage.[47] Entgegen dem missverständlichen Wortlaut des § 9 Abs. 1 S. 1 SEAG („abhängige Gesellschaft ... ist") kommt es nach dem Telos jedoch nicht maßgeblich auf das Entstehen einer Konzernierung nach Abschluss der Holdinggründung an. Allerdings erfasst die Vorschrift nach ihrem Wortlaut sowohl den Fall, dass die Gründungsgesellschaft bereits abhängige Gesellschaft ist, als den, dass sie dieses erst durch die Gründung der SE wird. Indes trifft nur im zuletzt genannten Fall die Erwägung des Gesetzgebers zu, dass der Anteilstausch und das Zustimmungserfordernis im Falle einer Konzernierung keinen ausreichenden Minderheitenschutz darstellen können.[48] Deshalb wird mit guten Gründen für eine **telologische**

---

[38] Lutter/Hommelhoff/Teichmann/*Bayer* Rn. 37; *Schwarz* Rn. 19; MüKoAktG/*Schäfer* Rn. 16; *Scheifele,* Die Gründung der Europäischen Aktiengesellschaft (SE), 2004, 319.
[39] Ebenso Lutter/Hommelhoff/Teichmann/*Bayer* Rn. 38; MüKoAktG/*Schäfer* Rn. 16; *Scheifele,* Die Gründung der Europäischen Aktiengesellschaft (SE), 2004, 319; *Schwarz* Rn. 20; Kölner Komm AktG/*Paefgen* Rn. 64.
[40] Kalss/Hügel/*Hügel* SEG §§ 25, 26 Rn. 11; MüKoAktG/*Schäfer* Rn. 16.
[41] So *Scheifele,* Die Gründung der Europäischen Aktiengesellschaft (SE), 2004, 319 f.; *Schwarz* Rn. 20 f.; Lutter/Hommelhoff/Teichmann/*Bayer* Rn. 38; Kölner Komm AktG/*Paefgen* Rn. 64; Habersack/Drinhausen/*Scholz* Rn. 59; MüKoAktG/*Schäfer* Rn. 16.
[42] MüKoAktG/*Schäfer* Rn. 16; *Scheifele,* Die Gründung der Europäischen Aktiengesellschaft (SE), 2004, 320; *Oplustil* German Law Journal 4 (2003), 107 (112); Lutter/Hommelhoff/*Bayer,* Die Europäische Gesellschaft, 2005, 48; Lutter/Hommelhoff/Teichmann/*Bayer* Rn. 38; *Schwarz* Rn. 22.
[43] Lutter/Hommelhoff/*Bayer,* Die Europäische Gesellschaft, 2005, 49; Lutter/Hommelhoff/Teichmann/*Bayer* Rn. 40; *Scheifele,* Die Gründung der Europäischen Aktiengesellschaft (SE), 2004, 312; MüKoAktG/*Schäfer* Rn. 16; Kölner Komm AktG/*Paefgen* Rn. 66; *Schwarz* Rn. 25; Habersack/Drinhausen/*Scholz* Rn. 57.
[44] Lutter/Hommelhoff/*Bayer,* Die Europäische Gesellschaft, 2005, 49; Lutter/Hommelhoff/Teichmann/*Bayer* Rn. 39; *Scheifele,* Die Gründung der Europäischen Aktiengesellschaft (SE), 2004, 320; *Schwarz* Rn. 23 f.
[45] Vgl. RegE SEAG BT-Drs. 15/3405, 34 mit Verweis auf die entsprechende Begründung zu § 7 SEAG.
[46] Vgl. *Ihrig/Wagner* BB 2004, 1749 (1752); *Kalss* ZGR 2003, 593 (634 f.); *Kübler* ZHR 167 (2003), 627 ff.; Handelsrechtsausschuss des DAV NZG 2004, 75 (79 f.); befürwortend aber die geistigen Väter des SEAG *Neye/ Teichmann* AG 2003, 169 (173); *Teichmann* AG 2004, 67 (74 ff.); noch weitergehende Forderungen bei *Kloster* EuZW 2003, 293 (296). Aus heutiger Sicht zusammenfassend *Casper* ZHR 173 (2009), 181 (207 f.).
[47] RegE SEAG BT-Drs. 15/3405, 34; eingehend zum Ganzen *Teichmann* AG 2004, 67 (73); krit. dazu, dass der Konzerneingangsschutz in diesem Fall über das nationale Recht hinausgeht *Witten,* Minderheitenschutz bei der Gründung und Sitzverlegung der Europäischen Aktiengesellschaft (SE), 2011, 165 ff. sowie *Casper* ZHR 173 (2009), 181 (207 f.) mwN.
[48] RegE SEAG BT-Drs. 15/3405, 34.

Reduktion des § 9 SEAG plädiert, wenn die Gründungsgesellschaft bereits vor der Holdinggründung eine abhängige Gesellschaft war und in der Person des herrschenden Unternehmens kein Wechsel eingetreten ist.[49] Rechtspoltisch bedenklich ist weiterhin, dass das Austrittsrecht gegen Barabfindung nur den Aktionären einer Gründungsgesellschaft in der Rechtsform einer AG, **nicht** aber auch **GmbH-Gesellschaftern** zugebilligt wird.[50] § 15 GmbHG vermag als Begründung für eine Ungleichbehandlung allein kaum zu überzeugen.[51] Steht bei Aufstellung des Gründungsplans noch nicht fest, ob die SE eine abhängige Gesellschaft wird, kann ein bedingtes Barabfindungsangebot unterbreitet werden.[52] Der Verschmelzungsplan muss das vollständige Abfindungsangebot enthalten. Hinsichtlich der weiteren Einzelheiten kann auf die Erläuterungen zum vergleichbaren § 7 SEAG verwiesen werden (→ Art. 20 Rn. 11 f.). **Schuldner des Abfindungsangebots** ist anders als bei der Verschmelzungsgründung jedoch nicht die SE, sondern die Gründungsgesellschaft.

13 d) **Fakultativer Inhalt.** Der Gründungsplan kann weitere Angaben enthalten, da Abs. 2 hinsichtlich des Inhalts nicht abschließend ist.[53] Zwar fehlt eine **Art. 20 Abs. 2** entsprechende Regelung, die dieses Ergebnis auch für die Holdinggründung ausdrücklich klarstellt. Aber es kann angesichts der Ähnlichkeit zwischen Verschmelzungs- und Gründungsplan kein ernsthafter Zweifel daran bestehen, dass Abs. 2 S. 3 und 4 **nur** einen **Mindestinhalt** festsetzen.

14 3. **Gründungsbericht (Abs. 2 S. 2).** Nach Abs. 2 S. 2 ist der Gründungsbericht **integrativer Bestandteil des Gründungsplans.** Obwohl alle Gründungsgesellschaften einen gleich lautenden Plan aufstellen müssen, wird man angesichts des Telos der Vorschrift nicht fordern können, dass auch alle Berichte einen identischen Wortlaut haben müssen. Ziel des Gründungsberichts ist es nämlich, über die rechtlichen und wirtschaftlichen Folgen der Holdinggründung Zeugnis abzulegen. Dies erfordert es, auf nationale und rechtsformspezifische Besonderheiten eingehen zu können und diese nur den Gesellschaftern berichten zu müssen, die auch davon betroffen sind. Deshalb müssen die Berichte **weder text- noch aufbauidentisch** sein. Erforderlich ist nur, dass sie nicht inhaltlich widersprüchlich sind.[54] Demzufolge können Plan und Bericht auch in **zwei verschiedenen Urkunden** enthalten sein.[55] Nach zutreffender Ansicht ist die Erstellung eines Berichts entbehrlich, wenn alle Anteilseigner auf ihn **verzichten;** die Verzichtserklärung ist analog Art. 18, § 8 Abs. 3 UmwG notariell zu beurkunden.[56]

15 Hinsichtlich des **Inhalts des Berichts** verlangt Abs. 2 S. 2, dass der Bericht über die Gründung und ihre Folgen aus wirtschaftlicher und rechtlicher Sicht berichten soll. Daneben sind die Auswirkungen für die Mitbestimmung der Arbeitnehmer zu erläutern. Der Inhalt im Einzelnen erhellt sich daher aus dem **Sinn und Zweck des Berichts.** Er soll zum einen den Gesellschaftern der Gründungsgesellschaft die notwendigen Informationen zur Vorbereitung auf den zustimmenden Beschluss der Gesellschafterversammlung bieten.[57] Das bedeutet, dass nicht nur die rechtlichen Konsequenzen wie Anteilstausch und Mindestquote zu erläutern sind. Vielmehr sind aus wirtschaftlicher Sicht die Vor- und Nachteile einer Holdinggründung anzusprechen und gegeneinander abzuwägen.[58] Besonderer Erläuterung bedürfen auch das Umtauschverhältnis sowie der Plan als solches.[59] Zudem

---

[49] *Witten,* Minderheitenschutz bei der Gründung und Sitzverlegung der Europäischen Aktiengesellschaft (SE), 2011, 166; im Erg. auch Kölner Komm AktG/*Paefgen* Art. 34 Rn. 22; rechtspolitische Kritik auch bei Lutter/Hommelhoff/Teichmann/*Bayer* Art. 34 Rn. 17.

[50] Ebenfalls krit. Lutter/Hommelhoff/Teichmann/*Bayer* Art. 34 Rn. 15.

[51] In diesem Sinne aber RegE SEAG BT-Drs. 15/3405, 34. Auch das weitere Argument, dass sich GmbH-Gesellschaften durch notwendige Satzungsänderung besser schützen könnten, vermag nur bedingt zu überzeugen. Zu einem evtl. außerordentlichen Kündigungsrecht der GmbH-Gesellschafter vgl. *Teichmann* AG 2004, 67 (76).

[52] *Ihrig/Wagner* BB 2004, 1749 (1752); *Jannott* in Jannott/Frodermann SE-HdB Kap. 3 Rn. 145 mit Fn. 288.

[53] Ebenso MüKoAktG/*Schäfer* Rn. 22; Kalss/Hügel/*Hügel* SEG §§ 25, 26 Rn. 12; *Jannott* in Jannott/Frodermann SE-HdB Kap. 3 Rn. 134; *Scheifele,* Die Gründung der Europäischen Aktiengesellschaft (SE), 2004, 325; *Neun* in Theisen/Wenz SE S. 57 (144); NK-SE/*Schröder* Rn. 55; *Schwarz* Rn. 36; Lutter/Hommelhoff/Teichmann/*Bayer* Rn. 23; Kölner Komm AktG/*Paefgen* Rn. 76 ff. mit Beispielen.

[54] MüKoAktG/*Schäfer* Rn. 17; Lutter/Hommelhoff/Teichmann/*Bayer* Rn. 41.

[55] MüKoAktG/*Schäfer* Rn. 17; Lutter/Hommelhoff/Teichmann/*Bayer* Rn. 41; *Kalss* ZGR 2003, 593 (630); *Teichmann* ZGR 2002, 383 (417); aA *Scheifele,* Die Gründung der Europäischen Aktiengesellschaft (SE), 2004, 312; wohl auch *Lutter/Bayer/Schmidt* EurUnternehmensR § 41 Rn. 41.

[56] MüKoAktG/*Schäfer* Rn. 17; Kölner Komm AktG/*Paefgen* Rn. 75; Habersack/Drinhausen/*Scholz* Rn. 45.

[57] Ebenso Lutter/Hommelhoff/Teichmann/*Bayer* Rn. 42; *Jannott* in Jannott/Frodermann SE-HdB Kap. 3 Rn. 135; MüKoAktG/*Schäfer* Rn. 18; *Schwarz* Rn. 34.

[58] *Teichmann* AG 2004, 67 (72); *Scheifele,* Die Gründung der Europäischen Aktiengesellschaft (SE), 2004, 322; MüKoAktG/*Schäfer* Rn. 18; Kölner Komm AktG/*Paefgen* Rn. 70; *Schwarz* Rn. 29; Lutter/Hommelhoff/Teichmann/*Bayer* Rn. 43.

[59] *Scheifele,* Die Gründung der Europäischen Aktiengesellschaft (SE), 2004, 323; MüKoAktG/*Schäfer* Rn. 18; *Schwarz* Rn. 30; Lutter/Hommelhoff/Teichmann/*Bayer* Rn. 43; Kölner Komm AktG/*Paefgen* Rn. 71.

ist wegen des mit dem Anteilstausch verbundenen Rechtsformwechsels eine Erörterung der Auswirkungen auf Anteilsinhaber und Arbeitnehmer erforderlich.[60] Keine überspannten Anforderungen sind hingegen an die Erläuterung der **Auswirkungen auf die Arbeitnehmermitbestimmung** zu stellen, da das konkrete Verhandlungsmodell im Zeitpunkt der Aufstellung des Gründungsplans noch gar nicht feststeht, weshalb allgemeine Ausführungen zur Gesetzeslage genügen (→ Art. 20 Rn. 9). Hinsichtlich der Einzelheiten kann man sich in der Praxis an § 5 Abs. 1 Nr. 9 UmwG orientieren. Eine Zuleitung an den Betriebsrat ist nicht erforderlich, da eine analoge Anwendung des § 5 Abs. 3 UmwG nicht veranlasst ist.[61] Der deutsche Gesetzgeber hat bewusst darauf verzichtet, von der Ermächtigung in Art. 34 Gebrauch zu machen und eine § 5 Abs. 3 UmwG vergleichbare Regelung zu schaffen.

4. Form des Gründungsplans. Die SE-VO sieht, anders als die Entwürfe von 1970/1975, keine **16** besondere Form für den Gründungsplan vor. Zumindest bei deutschen Gründungsgesellschaften bedarf jedoch die nach Abs. 2 S. 3 erforderlich **Satzung** der SE der **notariellen Beurkundung** (Art. 15 iVm § 23 AktG). Ob auch der übrige Plan der Beurkundung bedarf, bestimmt sich ebenfalls nach dem nationalen Recht, da Art. 18 analog anwendbar ist (→ Rn. 4).[62] Allerdings sieht auch das nationale Recht keine besondere Formvorschrift vor, da es die originäre Holdinggründung nicht kennt. Dass der gesamte **Plan** gleichwohl der **notariellen Beurkundung** bedarf, ist für das deutsche Recht zu Recht unbestritten. Eine Auffassung beruft sich auf den engen Zusammenhang zwischen Plan und Satzung,[63] während andere **§ 6 UmwG analog** heranziehen wollen.[64] Da Satzung und Gründungsplan eine Urkunde bilden,[65] folgt schon aus diesem Grund eine Pflicht zur Beurkundung der gesamten Urkunde, so dass es eines Rückgriffs auf eine Analogie zu § 6 UmwG nicht bedarf.

III. Bekanntmachung des Gründungsplans (Abs. 3)

Der Gründungsplan ist mindestens einen Monat vor der Hauptversammlung, die über die Grün- **17** dung zu beschließen hat, nach den gem. Art. 3 Publizitäts-RL (vgl. jetzt Art. 16 GesR-RL[66]) vorgesehenen nationalen Verfahrensregelungen offen zu legen. Soweit man nicht auf **§ 61 UmwG analog** zurückgreift, hätte dies zur Folge, dass der Gründungsplan gem. §§ 10, 12 HGB ins Handelsregister einzutragen wäre. Dies ist indes nicht veranlasst, da bei der Holdinggründung ein höheres Offenlegungsniveau erreicht würde als bei der Verschmelzungsgründung, bei der über § 61 UmwG die Hinterlegung bei dem zuständigen Register und eine Bekanntmachung der erfolgten Hinterlegung genügt. Wendet man mit der hier vertretenen Auffassung Art. 18 auf die Holdinggründung analog an (→ Rn. 4), so genügt auch insoweit das **vereinfachte Offenlegungsverfahren** nach § 61 UmwG.[67] Eine Art. 22 entsprechende Regelung, nach der auch die wichtigsten Inhalte des Plans bekannt zu machen sind, existiert bei der Holdinggründung nicht. Für eine analoge Anwendung ist kein Raum, da eine Holdinggründung weniger gravierende Folgen als eine Verschmelzung zeitigt. Eine Ausnahme sieht **§ 9 Abs. 1 S. 3 SEAG** jedoch für das Abfindungsangebot vor. Dieses ist zusammen mit dem Hinweis nach § 61 S. 2 UmwG mit seinem vollen Wortlaut bekannt zu machen.[68] Der **Bericht** ist nicht offen zu legen, sondern nur zusammen mit dem Gründungsplan zum Handelsregister einzureichen.[69] Dies folgt aus einer analogen Anwendung des Art. 18 iVm § 63 UmwG.

---

[60] Lutter/Hommelhoff/Teichmann/*Bayer* Rn. 44; *Scheifele*, Die Gründung der Europäischen Aktiengesellschaft (SE), 2004, 323 ff.; *Schwarz* Rn. 31 ff.; Kölner Komm AktG/*Paefgen* Rn. 73.
[61] MüKoAktG/*Schäfer* Rn. 18; *Scheifele*, Die Gründung der Europäischen Aktiengesellschaft (SE), 2004, 328; *Schwarz* Rn. 42.
[62] *Schwarz* Rn. 37; Habersack/Drinhausen/*Scholz* Rn. 38 mwN; unzutreffend NK-SE/*Schröder* Rn. 15, der Art. 15 anwenden will.
[63] In diesem Sinne *Jannott* in Jannott/Frodermann SE-HdB Kap. 3 Rn. 133; *Heckschen* DNotZ 2003, 251 (261); Widmann/Mayer/*Heckschen* Umwandlungsrecht Anh. 14 Rn. 295, der die Begründung zusätzlich auf § 6, 125 UmwG stützt; *Oplustil* German Law Journal 4 (2003), 107 (113); *Vossius* ZIP 2005, 741 (745) mit Fn. 51; *Brandes* AG 2005, 177 (182).
[64] Dafür MüKoAktG/*Schäfer* Rn. 23; *Scheifele*, Die Gründung der Europäischen Aktiengesellschaft (SE), 2004, 326; *Schwarz* Rn. 37; Lutter/Hommelhoff/Teichmann/*Bayer* Rn. 22; Kölner Komm AktG/*Paefgen* Rn. 80.
[65] Ebenso Habersack/Drinhausen/*Scholz* Rn. 38.
[66] S. Hinweis in Art. 28 Fn. 1.
[67] MüKoAktG/*Schäfer* Rn. 24; Lutter/Hommelhoff/Teichmann/*Bayer* Rn. 47; Kölner Komm AktG/*Paefgen* Rn. 82 f.; *Schwarz* Rn. 41; ähnlich *Teichmann* ZGR 2002, 383 (433); *Scheifele*, Die Gründung der Europäischen Aktiengesellschaft (SE), 2004, 327 f.
[68] MüKoAktG/*Schäfer* Rn. 25; Lutter/Hommelhoff/Teichmann/*Bayer* Rn. 50; aA Habersack/Drinhausen/*Scholz* Rn. 74.
[69] *Kalss* ZGR 2003, 593 (637); *Scheifele*, Die Gründung der Europäischen Aktiengesellschaft (SE), 2004, 328; MüKoAktG/*Schäfer* Rn. 24; *Schwarz* Rn. 41; aA Kalss/Hügel/*Hügel* SEG §§ 25, 26 Rn. 18; *Neun* in Theisen/Wenz SE S. 57 (155).

Der Informationsbedarf bei der Holdinggründung ist nicht höher als bei der Verschmelzungsgründung.[70] Er bedarf nach § 8 UmwG der Schriftform, nicht aber der notariellen Beurkundung.[71]

IV. Prüfung des Gründungsplans, Bericht der Prüfer (Abs. 4, 5)

18 Anders als Art. 22 (→ Art. 22 Rn. 1) schreibt Abs. 4 S. 1 die Prüfung des Gründungsberichts durch unabhängige Sachverständige bereits europarechtlich zwingend vor. Nach zutreffender Ansicht ist auch die Prüfung (vgl. zum Bericht → Rn. 14) entbehrlich, wenn alle Anteilseigner darauf in notariell beurkundeter Form verzichten.[72] Wie bei Art. 22 kann zwischen Einzelprüfung und einer **gemeinsamen Prüfung** gewählt werden.[73] Bei der gemeinsamen Prüfung sind die Prüfer durch das Gericht zu bestellen, da trotz des zweifelhaften Wortlauts von Abs. 4 S. 2 („bestellt oder zugelassen ist/sind") eine abweichende Behandlung zu Art. 22 bzw. zu Art. 10 Abs. 1 S. 2 Verschmelzungsrichtlinie (jetzt Art. 96 Abs. 1 S. 2 GesR-RL) nicht gerechtfertigt ist.[74] Der **Inhalt der Prüfung** erstreckt sich auf den gesamten Inhalt des Gründungsplans einschließlich des Gründungsberichts.[75] Bei der Überprüfung des Gründungsberichts ist allerdings nicht die wirtschaftliche Zweckmäßigkeit der Holdinggründung zu prüfen, da insoweit ein Beurteilungsspielraum besteht, den die Aktionäre oder die sonstigen Gesellschafter der Gründungsgesellschaften selbst ausüben müssen.[76] Eine gemeinsame Prüfung führt dazu, dass der Prüfungsmaßstab aus einer kumulativen Zusammenschau aller beteiligten Rechtsordnungen zu ermitteln ist.

19 Über die Prüfung ist ein **schriftlicher Bericht** zu erstellen. Dieser Bericht muss nach Abs. 5 auch auf besondere Bewertungsschwierigkeiten hinweisen.[77] Über Art. 18 analog findet **§ 12 UmwG** Anwendung, wonach vor allem auf die konkrete Berechnung des Umtauschverhältnisses eingegangen werden muss (§ 12 Abs. 2 S. 2 UmwG).[78] Keine näheren Vorgaben enthält Abs. 4 zum **Zeitpunkt der Bereitstellung** des Berichts. Auch insoweit hilft wiederum die analoge Anwendung von Art. 18 (→ Rn. 4). Für deutsche Gründungsgesellschaften ergibt sich dann aus § 62 Abs. 3 UmwG, § 63 Abs. 1 Nr. 5 UmwG, dass der Bericht spätestens einen Monat vor dem Tag der Anteilseignerversammlung in den Geschäftsräumen der Gesellschaft auszulegen oder im Internet bekannt zu machen ist.[79]

V. Zustimmung der Gründungsgesellschaften (Abs. 6 Unterabs. 1)

20 Dem Gründungsplan[80] müssen alle Anteilseignerversammlungen der Gründungsgesellschaften zustimmen.[81] Wie bei dem Zustimmungserfordernis zum Verschmelzungsplan (→ Art. 23 Rn. 1) ist auch diese Zustimmung keine **Wirksamkeitsvoraussetzung des Gründungsplans,** sondern

---

[70] Zutreffend MüKoAktG/*Schäfer* Rn. 24; *Scheifele,* Die Gründung der Europäischen Aktiengesellschaft (SE), 2004, 327 f.; im Erg. auch *Kalss* ZGR 2003, 593 (637); *Schwarz* Rn. 41, jew. teleologische Reduktion des Art. 32 Abs. 3; im Erg. ebenso, einer teleologischen Reduktion des Art. 32 Abs. 3 jedoch krit. gegenüber stehend: Lutter/Hommelhoff/Teichmann/*Bayer* Rn. 48.

[71] Statt aller Kölner Komm AktG/*Paefgen* Rn. 81.

[72] Habersack/Drinhausen/*Scholz* Rn. 84; Kölner Komm AktG/*Paefgen* Rn. 101; aA noch 3. Aufl. 2015, Rn. 18.

[73] Ausf. zum Ganzen Kölner Komm AktG/*Paefgen* Rn. 89 ff.

[74] Ebenso MüKoAktG/*Schäfer* Rn. 27; *Scheifele,* Die Gründung der Europäischen Aktiengesellschaft (SE), 2004, 329 ff.; *Schwarz* Rn. 47 ff.; Lutter/Hommelhoff/Teichmann/*Bayer* Rn. 53; aA NK-SE/*Schröder* Rn. 68; *Neun* in Theisen/Wenz SE S. 57 (151).

[75] Letzteres dürfte bei der SE entgegen der hM zu § 9 UmwG nicht zu bezweifeln sein, vgl. Lutter/Hommelhoff/*Bayer,* Die Europäische Gesellschaft, 2005, 50 mwN.

[76] *Neun* in Theisen/Wenz SE S. 57 (152); *Scheifele,* Die Gründung der Europäischen Aktiengesellschaft (SE), 2004, 332 f.; Kölner Komm AktG/*Paefgen* Rn. 95; MüKoAktG/*Schäfer* Rn. 28; *Schwarz* Rn. 53; *Jannott* in Jannott/Frodermann SE-HdB Kap. 3 Rn. 149; Lutter/Hommelhoff/Teichmann/*Bayer* Rn. 54.

[77] Trotz der Verwendung des schlichten Worts „Berichts" in Abs. 5 unterliegt es aufgrund der systematischen Stellung des Abs. 5 keinem Zweifel, dass dort der Prüfungsbericht nach Abs. 4 und nicht der Gründungsbericht nach Abs. 2 gemeint ist, vgl. MüKoAktG/*Schäfer* Rn. 29; Kölner Komm AktG/*Paefgen* Rn. 96; *Neun* in Theisen/Wenz SE S. 57 (152); *Kalss* ZGR 2003, 593 (631).

[78] Vgl. näher zum Ganzen *Neun* in Theisen/Wenz SE S. 57 (149 ff.); *Schwarz* Rn. 54; Lutter/Hommelhoff/Teichmann/*Bayer* Rn. 55; Kölner Komm AktG/*Paefgen* Rn. 96.

[79] *Casper* FS Ulmer, 2003, 51 (61 f.); *Kalss* ZGR 2003, 593 (631); MüKoAktG/*Schäfer* Rn. 30.

[80] Demgegenüber bedarf der Gründungsbericht keiner Zustimmung, vgl. *Neun* in Theisen/Wenz SE S. 57 (157 f.); MüKoAktG/*Schäfer* Rn. 34; *Schwarz* Rn. 66; Habersack/Drinhausen/*Scholz* Rn. 93; zweifelnd jedoch Lutter/Hommelhoff/Teichmann/*Bayer* Rn. 63.

[81] Zur Diskussion um die rechtspolitische Stimmigkeit der Hauptversammlungskompetenz, vgl. *Thoma/Leuering* NJW 2002, 1449 (1453); *Scheifele,* Die Gründung der Europäischen Aktiengesellschaft (SE), 2004, 335 f.; MüKoAktG/*Schäfer* Rn. 32 mwN.

lediglich eine Eintragungsvoraussetzung.[82] Die **Einberufung und Durchführung** der Gesellschafterversammlung, die über die Zustimmung zu beschließen hat, wird durch Art. 32 nicht geregelt. Insoweit greift wiederum das nationale Recht ein (Art. 18 analog). In Deutschland kommt neben der Anwendung der allgemeinen Vorschriften (§§ 121 ff. AktG, §§ 48 ff. GmbHG) zusätzlich eine analoge Anwendung der §§ 63, 64 UmwG in Betracht.[83] Entsprechendes gilt auch für Inhalt und Form des Beschlusses. Hinsichtlich der **Form** scheint es sinnvoll, **§ 13 Abs. 3 UmwG** analog anzuwenden, so dass der Zustimmungsbeschluss der **notariellen Beurkundung** bedarf.[84]

Besonderes Augenmerk hat das für den Zustimmungsbeschluss erforderliche **Mehrheitsquorum** erfahren. Art. 32 Abs. 6 enthält auch insoweit keine Vorgaben. Deshalb meint eine Ansicht, dass – vorbehaltlich strengerer nationaler Vorschriften – eine einfache Mehrheit genügen würde.[85] Die analoge Anwendung des Art. 18 führe nicht weiter, da die nationalen Vorschriften keine Holdinggründung kennen. Will man nicht Art. 37 Abs. 7 (Mehrheit von Zweidrittel beim Formwechsel) oder über Art. 18 die harmonisierten nationalen Mehrheitserfordernisse für die Verschmelzung anwenden,[86] bleibt der Ausführungsgesetzgeber aufgerufen, die Lücke zu schließen. Der deutsche Gesetzgeber hat dies mit **§ 10 Abs. 1 SEAG** getan und ordnet für den Zustimmungsbeschluss eine **Dreiviertelmehrheit** des bei der Beschlussfassung vertretenen Grundkapitals an. Eine derartige Regelung ist von der Ermächtigung in Art. 34 gedeckt, da jedes erhöhte Mehrheitsquorum minderheitsschützenden Charakter entfaltet.[87] Auch Österreich hat in § 26 Abs. 2 öSEG eine Dreiviertelmehrheit eingeführt. Während es im Aktienrecht jedoch auf eine Dreiviertelmehrheit des vertretenen Kapitals ankommt, genügt in der GmbH eine entsprechende Mehrheit der Stimmen (vgl. den ausdrücklichen Wortlaut des § 10 Abs. 1 SEAG).[88] 21

Nach **Abs. 6 S. 3** kann sich jede Hauptversammlung oder GmbH-Gesellschafterversammlung eine erneute Zustimmung nach Abschluss der Verhandlungen über die **Arbeitnehmermitbestimmung** vorbehalten. Dieser **Zustimmungsvorbehalt** entspricht der Regelung in **Art. 23 Abs. 2 S. 2**, weshalb wegen der Einzelheiten auf die dort gemachten Erläuterungen (→ Art. 23 Rn. 5 ff.) verwiesen werden kann. Die Aussage in Abs. 6 S. 2, dass sich die Beteiligung der Arbeitnehmer nach der Mitbestimmungsrichtlinie bestimmt, ist lediglich klarstellender Natur. 22

Art. 33 [Einbringung der Anteile]

(1) ¹Die Gesellschafter der die Gründung anstrebenden Gesellschaften verfügen über eine Frist von drei Monaten, um diesen Gesellschaften mitzuteilen, ob sie beabsichtigen, ihre Gesellschaftsanteile bei der Gründung der SE einzubringen. ²Diese Frist beginnt mit dem Zeitpunkt, zu dem der Gründungsplan für die SE gemäß Artikel 32 endgültig festgelegt worden ist.

(2) Die SE ist nur dann gegründet, wenn die Gesellschafter der die Gründung anstrebenden Gesellschaften innerhalb der in Absatz 1 genannten Frist den nach dem Gründungsplan für jede Gesellschaft festgelegten Mindestprozentsatz der Gesellschaftsanteile eingebracht haben und alle übrigen Bedingungen erfüllt sind.

(3) Sind alle Bedingungen für die Gründung der SE gemäß Absatz 2 erfüllt, so hat jede der die Gründung anstrebenden Gesellschaften diese Tatsache gemäß den nach Artikel 3

---

[82] → Art. 23 Rn. 1; aA MüKoAktG/*Schäfer* Rn. 32.

[83] MüKoAktG/*Schäfer* Rn. 33; *Scheifele*, Die Gründung der Europäischen Aktiengesellschaft (SE), 2004, 339 ff.; *Schwarz* Rn. 61 ff.; Lutter/Hommelhoff/Teichmann/*Bayer* Rn. 61 f.; im Erg. ähnlich *Teichmann* ZGR 2002, 383 (434) (Analogie zu Art. 11 Verschmelzungsrichtlinie (jetzt Art. 97 GesR-RL)).

[84] MüKoAktG/*Schäfer* Rn. 34; NK-SE/*Schröder* Rn. 123; Kölner Komm AktG/*Paefgen* Rn. 113; Lutter/Hommelhoff/Teichmann/*Bayer* Rn. 70; *Teichmann* ZGR 2002, 383 (435); *Heckschen* DNotZ 2003, 251 (262); *Scheifele*, Die Gründung der Europäischen Aktiengesellschaft (SE), 2004, 343; im Erg. auch Habersack/Drinhausen/*Scholz* Rn. 95, der für die AG die Pflicht zur notariellen Beurkundung aber auf § 130 AktG stützt, was wegen des Erfordernisses einer ¾-Mehrheit auch in der kleinen AG zu demselben Erg. führt; aA *Neun* in Theisen/Wenz SE S. 57 (158); *Jannott* in Jannott/Frodermann SE-HdB Kap. 3 Rn. 162: nur § 130 Abs. 1 AktG, aber in der GmbH formfrei; dagegen zu Recht Habersack/Drinhausen/*Scholz* Rn. 95 mwN.

[85] Zum Diskussionsstand vgl. *Casper* FS Ulmer, 2003, 51 (60 f.); *Teichmann* ZGR 2002, 383 (435); *Brandt* DStR 2003, 1208 (1213); *Kalss* ZGR 2003, 602 (632); *Neun* in Theisen/Wenz SE S. 57 (158) sowie aus jüngerer Zeit etwa Lutter/Hommelhoff/Teichmann/*Bayer* Rn. 65 ff.; Kölner Komm AktG/*Paefgen* Rn. 115 ff.

[86] Dagegen noch *Casper* FS Ulmer, 2003, 51 (61); dafür zB *Teichmann* ZGR 2002, 383 (435).

[87] RegE SEAG BT-Drs. 15/3405, 34; MüKoAktG/*Schäfer* Rn. 34; gegen Art. 34 als ausreichende Ermächtigungsgrundlage Lutter/Hommelhoff/Teichmann/*Bayer* Rn. 65; *Teichmann* in Theisen/Wenz SE S. 711 f.; Kölner Komm AktG/*Paefgen* Rn. 117.

[88] Kölner Komm AktG/*Paefgen* Rn. 119; Europarechtskonformität dieses Ergebnisses bezweifelnd aber Lutter/Hommelhoff/Teichmann/*Bayer* Rn. 69.

der Richtlinie 68/151/EWG erlassenen Vorschriften des einzelstaatlichen Rechts, dem sie unterliegt, offen zu legen.

Die Gesellschafter der die Gründung anstrebenden Gesellschaften, die nicht innerhalb der Frist nach Absatz 1 mitgeteilt haben, ob sie die Absicht haben, ihre Gesellschaftsanteile diesen Gesellschaften im Hinblick auf die Gründung der künftigen SE zur Verfügung zu stellen, verfügen über eine weitere Frist von einem Monat, um dies zu tun.

(4) Die Gesellschafter, die ihre Wertpapiere im Hinblick auf die Gründung der SE einbringen, erhalten Aktien der SE.

(5) Die SE kann erst dann eingetragen werden, wenn die Formalitäten gemäß Artikel 32 und die in Absatz 2 genannten Voraussetzungen nachweislich erfüllt sind.

Schrifttum: Vgl. die Angabe Vor Art. 32.

Übersicht

	Rn.		Rn.
I. Überblick, Regelungsgehalt, Normzweck	1, 2	III. Prüfung des Erreichens der Mindestquote und Offenlegung (Abs. 3 S. 1)	11
II. Die erste Phase des Anteilstauschs	3–10	IV. Die zweite Phase des Anteilstauschs: Nachfrist (Abs. 3 S. 2)	12–16
1. Einbringungswahlrecht, Dreimonatsfrist (Abs. 1)	3, 4	1. Fristbeginn, Funktion der Nachfrist	12–14
2. Einbringung der Anteile (Abs. 2)	5–8	2. Rechtsnatur, Stufengründung	15, 16
3. Erwerb von Aktien der SE (Abs. 4)	9, 10	V. Eintragung der SE (Abs. 5)	17–19

I. Überblick, Regelungsgehalt, Normzweck

1   Art. 33 regelt das Herzstück der Holdinggründung: die **Einbringung der bisherigen Anteile** in die zu gründende SE. Damit wird der Charakter der Holdinggründung als besondere Form der **Sachgründung** deutlich. Kennzeichnend für dieses Verfahren ist, dass die Gesellschafter der Gründungsgesellschaften nicht gezwungen sind, sich an dem Anteilstausch zu beteiligen. Sie haben lediglich ein **Einbringungswahlrecht**. Üben sie dieses nicht aus, so bleiben sie außen stehende Gesellschafter der fortbestehenden Gründungsgesellschaften. Der **Umtausch** der Anteile vollzieht sich in **zwei Phasen**. Zunächst wird den Gesellschaftern eine **Frist von drei Monaten** eingeräumt, in der sie erklären können, ob sie ihre Anteile einbringen wollen. Diese Erklärung ist als bindende Offerte auf Abschluss eines Zeichnungsvertrages (→ Rn. 4) zu qualifizieren. Eine Übertragung der Aktien muss in dieser Zeitspanne noch nicht erfolgen (→ Rn. 6 ff.). Wird innerhalb der Dreimonatsfrist die Mindesteinbringungsquote (→ Art. 32 Rn. 11) nicht erreicht, so ist die Gründung gescheitert. Anderenfalls ist das Erreichen der Quote offen zu legen (Abs. 3 S. 1) und sodann die noch unentschiedenen Gesellschaftern eine weitere **Nachfrist von einem Monat** einzuräumen, in dem sie ihre bindende Bereitschaft zum Anteilstausch erklären können (Abs. 3 S. 2). Diese **zweite Chance** erinnert an die **Zaunkönigregel** in § 16 Abs. 2 WpÜG. Die Einbringung der Aktien erfolgt bis zur Eintragung der SE bzw. der durch die Nachzügler ausgelösten Kapitalerhöhung (zu den Einzelheiten → Rn. 6 ff., → Rn. 16). Nach Abschluss der ersten Phase wird die Gesellschaft eingetragen (Abs. 5) und diejenigen Gesellschafter der Gründungsgesellschaften, die sich an dem Anteilstausch beteiligt haben, erhalten die Aktien der SE (Abs. 4).

2   Der **Normzweck** von Art. 33 ist ein doppelter. Zum einen soll die Funktionsfähigkeit der Holdinggründung sichergestellt werden, indem vor Eintragung der SE feststeht, dass mindestens 50 % der Gesellschafter jeder Gründungsgesellschaft ihre Anteile in Aktien der SE umtauschen und somit zu Aktionären der Holding-SE werden.[1] Es wird damit vermieden, dass die SE weniger als 50 % an den Gründungsgesellschaften hält, was mit der Konstruktion einer Holding nicht vereinbar wäre. Neben diesem **Funktionenschutz** vermittelt Art. 33 aber auch **Individualschutz,** indem er den Gesellschaftern der Gründungsgesellschaften eine Beteiligung an der Holding nicht zwingend vorschreibt, sondern lediglich ein Einbringungswahlrecht gibt. Frühere Pläne für einen Zwangsumtausch sind somit fallengelassen worden.[2] Dieser Individualschutz kommt auch darin zum Ausdruck,

---

[1] MüKoAktG/*Schäfer* Rn. 1; Lutter/Hommelhoff/Teichmann/*Bayer* Rn. 2; *Scheifele,* Die Gründung der Europäischen Aktiengesellschaft (SE), 2004, 364; *Schwarz* Rn. 24.

[2] Zu entsprechenden Vorschlägen in den Entwürfen von 1970/1975 und von 1989 vgl. etwa *Kallmeyer* AG 1990, 527 (529); *Trojan-Limmer* RIW 1991, 1010 (1014); *Walther* AG 1972, 99 (101); sowie zusammenfassend *Scheifele,* Die Gründung der Europäischen Aktiengesellschaft (SE), 2004, 356 f.

dass das Einbringungswahlrecht unabhängig von dem Stimmverhalten beim Zustimmungsbeschluss gewährt wird. Mit der Zaunkönigregel in Abs. 3 S. 2 wird opponierenden Gesellschaftern eine zweite Chance auf Beteiligung eröffnet, sobald feststeht, dass sie die Gründung der Holding-SE nicht mehr verhindern können.

II. Die erste Phase des Anteilstauschs

1. Einbringungswahlrecht, Dreimonatsfrist (Abs. 1). Art. 33 Abs. 1 sieht für das Einbringungswahlrecht eine Frist von drei Monaten vor. Das Recht besteht unabhängig von dem Stimmverhalten beim Zustimmungsbeschluss nach Art. 32 Abs. 6 (→ Art. 32 Rn. 2).[3] Die zunächst erfolgte Zustimmung in der Abstimmung und die anschließende Weigerung, die Anteile zu tauschen, stellt auch keine Verletzung der Treupflicht dar.[4] Die **Frist** kann im Gründungsplan weder verlängert noch verkürzt werden,[5] da Abs. 1 **keine** Möglichkeit zur **Verlängerung** vorsieht. Die Dreimonatsfrist beginnt nach Abs. 1 S. 2 mit dem Zeitpunkt, in dem der Gründungsplan endgültig festgelegt ist. Dies ist grundsätzlich dann der Fall, wenn die letzte Versammlung der Anteilseigner der beteiligten Gründungsgesellschaften zugestimmt hat. Soweit sich aber eine der Gründungsgesellschaften eine erneute Genehmigung nach Art. 32 Abs. 6 S. 3 bei Vorliegen des endgültigen Mitbestimmungsmodells vorbehalten hat, ist für den **Fristbeginn** auf diesen zweiten Zustimmungsbeschluss abzustellen.[6] Die Frist endet mit Ablauf von drei Monaten, nicht etwa bereits mit Erreichen der Mindesteinbringungsquote.[7] Die Details der Fristberechnung richten sich analog Art. 18 nach nationalem Recht, in Deutschland also nach §§ 187, 188 BGB. Mit der Anknüpfung an die letzte Zustimmung durch die Eigner der beteiligten Gründungsgesellschaften ist von einem einheitlichen und nicht von einem separaten Lauf der Fristen auszugehen.[8]

Nach dem Wortlaut des Abs. 1 S. 1 haben die Gesellschafter innerhalb der Frist „mitzuteilen, ob sie beabsichtigen, ihre Gesellschaftsanteile bei der Gründung der SE einzubringen". Daraus geht weder klar hervor, ob die Erklärung bindend sein muss oder eine Übertragung der Aktien oder GmbH-Geschäftsanteile erfolgen muss. Allerdings bestehen im Ergebnis keine Zweifel, dass die **Rechtsnatur der Mitteilung** nicht als bloße unverbindliche Absichtserklärung verstanden werden kann.[9] Denn dies hätte zur Folge, dass nach Ablauf der drei Monate nicht sicher feststeht, ob wirklich die Mindesteinbringungsquote erreicht wird. Mit Blick auf das Telos des Art. 33 (Funktionenschutz, → Rn. 2) wird man davon auszugehen haben, dass die Erklärung nach Abs. 1 für die Gesellschafter bindend ist.[10] Deshalb ist es sinnvoll, die „Absichtserklärung" als **Angebot auf Abschluss eines Zeichnungsvertrages**[11] oder sogar als Annahmeerklärung eines bereits im Gründungsplan enthaltenen Angebots zu deuten.[12] Genügend und konstruktiv überzeugender ist die Interpretation als Angebot durch den Gesellschafter, da sämtliche Gesellschafter gegen die Vor-SE einen **Anspruch auf Durchführung des Anteilstauschs** haben. Somit besteht nicht die Gefahr, dass die Gesellschafter der Gründungsgesellschaften wegen einer unberechtigten Ablehnung ihres Angebots letztlich leer ausgehen. Dagegen spricht auch der Gleichbehandlungsgrundsatz. Gegen die Konstruktion als Annahme spricht auch die Tatsache, dass der **Zeichnungsvertrag mit der Vor-SE** und nicht mit den Gründungsgesellschaften, die den Gründungsplan aufstellen, zustande kommt. Es ist deshalb

---

[3] Lutter/Hommelhoff/Teichmann/*Bayer* Rn. 4; MüKoAktG/*Schäfer* Rn. 3; *Schwarz* Rn. 7.
[4] Vgl. MüKoAktG/*Schäfer* Rn. 3; *Schwarz* Rn. 7; *Scheifele,* Die Gründung der Europäischen Aktiengesellschaft (SE), 2004, 358; *Schindler,* Die Europäische Aktiengesellschaft, 2002, 35 sowie bereits *Hommelhoff* AG 1990, 422 (424).
[5] Lutter/Hommelhoff/*Bayer,* Die Europäische Gesellschaft, 2005, 25 (52) mit Fn. 155; Lutter/Hommelhoff/Teichmann/*Bayer* Rn. 14; *Schwarz* Rn. 21; *Scheifele,* Die Gründung der Europäischen Aktiengesellschaft (SE), 2004, 363; *Oplustil* German Law Journal 4 (2003), 107 (118); aA – für Verlängerung – Kalss/Hügel/*Hügel* SEG §§ 25, 26 Rn. 30.
[6] *Teichmann* ZGR 2002, 383 (436); *Neun* in Theisen/Wenz SE S. 57 (162 f.); MüKoAktG/*Schäfer* Rn. 4; *Bayer* in Lutter/Hommelhoff, Die Europäische Gesellschaft, 2005, 53; Lutter/Hommelhoff/Teichmann/*Bayer* Rn. 13; *Schwarz* Rn. 20.
[7] MüKoAktG/*Schäfer* Rn. 5.
[8] Kölner Komm AktG/*Paefgen* Rn. 38; aA Lutter/Hommelhoff/Teichmann/*Bayer* Rn. 13 jew mwN.
[9] So aber wohl NK-SE/*Schröder* Rn. 3.
[10] Statt aller *Teichmann* ZGR 2002, 383 (436); MüKoAktG/*Schäfer* Rn. 6; *Schwarz* Rn. 18; Lutter/Hommelhoff/Teichmann/*Bayer* Rn. 9 f.; Kölner Komm AktG/*Paefgen* Rn. 28.
[11] MüKoAktG/*Schäfer* Rn. 6; *Bayer* in Lutter/Hommelhoff, Die Europäische Gesellschaft, 2005, 25 (52 f.); Lutter/Hommelhoff/Teichmann/*Bayer* Rn. 10; Habersack/Drinhausen/*Scholz* Rn. 14; *Jannott* in Jannott/Frodermann SE-HdB Kap. 3 Rn. 171; *Teichmann* ZGR 2002, 383 (436); *Oplustil* German Law Journal 4 (2003), 107 (118); *Heckschen* DNotZ 2003, 251 (262).
[12] In diesem Sinne *Scheifele,* Die Gründung der Europäischen Aktiengesellschaft (SE), 2004, 344 (361 f.); so auch *Schwarz* Rn. 18; Kölner Komm AktG/*Paefgen* Rn. 30 sowie *Stöber* AG 2013, 110 (118).

konstruktiv nur schwer möglich, dass in den von den Gründungsgesellschaften aufgestellten Gründungsplänen ein Angebot enthalten ist, aus dem sodann die (Vor)-SE verpflichtet wird, obwohl diese erst mit der Aufstellung eines Gründungsplans und der Fassung der Zustimmungsbeschlüsse entsteht (allg. zur Vor-SE → Art. 16 Rn. 4 ff.). Das Angebot des Gesellschafters wird allerdings gegenüber seiner Gründungsgesellschaft erklärt, die insoweit als Bote fungiert. Diese übermittelt es sodann dem Vertretungsorgan der Vor-SE, das es annimmt, wobei auf den Zugang der Annahme nach § 151 BGB verzichtet wird.[13] Möglich ist auch eine nur **teilweise Einbringung** gehaltener, teilbarer Anteile.[14] Die mit der Erklärung verbundene Festofferte ist grundsätzlich formfrei möglich. Handelt es sich bei der Gründungsgesellschaft jedoch um eine GmbH, folgt aus Art. 15 iVm § 15 Abs. 4 GmbHG eine Pflicht zur notariellen Beurkundung, da mit der Erklärung bereits die Pflicht zur Übertragung begründet wird.[15]

5   **2. Einbringung der Anteile (Abs. 2).** Nach Abs. 2 ist die SE nur dann **gegründet,** wenn die Gesellschafter der Gründungsgesellschaften innerhalb der Dreimonatsfrist Anteile im Umfang des Mindestprozentsatzes *eingebracht* haben und alle übrigen Voraussetzungen erfüllt sind. Diese Vorschrift ist missverständlich und in mehrerer Hinsicht interpretationsbedürftig. Klärungsbedürftig sind sowohl der Gründungsbegriff als auch die Formulierung „eingebracht haben". Der **Begriff der Gründung** ist nicht wie im deutschen Recht als Voraussetzung für das Entstehen einer **Vor-SE** zu interpretieren. Hierfür genügen vielmehr die Aufstellung des Gründungsplans und die zustimmenden Beschlüsse der Anteilseignerversammlungen. Denn die Vor-SE ist bereits Adressat der Offerte auf Abschluss des Zeichnungsvertrages iSd Abs. 1 (→ Rn. 4).[16] Weiterhin ist – anders als in Vorläuferfassungen – auch nicht gemeint, dass die SE bereits mit der Einbringung als Rechtsperson entsteht, hierfür bedarf es vielmehr der Eintragung (Art. 16 Abs. 1). Man hat die **Gründung** durch Erreichen der Mindesteinbringungsquote und der sonstigen Voraussetzungen daher sinnvollerweise **nur als Eintragungsvoraussetzung** zu begreifen.[17]

6   Schwieriger ist die Frage zu beantworten, wann die **Anteile eingebracht** sind. Damit könnte zum einen die dingliche Übertragung auf die Vor-SE gemeint sein. Eine derartige Interpretation hätte zur Folge, dass die Gesellschafter der Gründungsgesellschaften innerhalb der Dreimonatsfrist nicht nur eine Zeichnungserklärung abgeben müssten, sondern auch noch die Aktien oder GmbH-Geschäftsanteile übertragen müssten.[18] Dagegen spricht bereits, dass die Gesellschafter dann die Dreimonatsfrist nicht voll ausschöpfen könnten, da sie sich nicht nur erklären, sondern auch noch eine Übertragung veranlassen müssten. Die Gegenauffassung plädiert deshalb für einen Gleichlauf von Abs. 1 und Abs. 2.[19] Danach wäre es für Abs. 2 ausreichend, dass innerhalb der Dreimonatsfrist genügend Zeichnungsverträge in Höhe der Mindesteinbringungsquote zustande kämen. Dies hätte für das deutsche Recht zur Folge, dass die Sacheinlage nach Art. 15 iVm **§ 36a Abs. 2 S. 2 AktG** noch bis zu fünf Jahre nach der Eintragung der SE geleistet werden könnte. Dies dürfte von der Regelung des Abs. 2 hingegen kaum bezweckt sein. Eine dritte, vermittelnde Auffassung schlägt deshalb vor, dass innerhalb der Dreimonatsfrist nur die Angebote auf Abschluss der Zeichnungsverträge vorliegen müssen; die **Anteile** jedoch **bis zur Eintragung** in der Höhe der Mindesteinbringungsquote auf die Vor-SE **übertragen** sein müssten.[20]

7   Für eine **Stellungnahme** ist vom Zweck der Regelung auszugehen. Ziel ist, dass innerhalb der Dreimonatsfrist rechtlich bindend geklärt ist, ob die Mindesteinbringungsquote erreicht ist. Dafür genügt die bindende Erklärung, die Anteile einbringen zu wollen. Die zusätzlich erforderliche

---

[13] Vgl. etwa *Bayer* in Lutter/Hommelhoff, Die Europäische Gesellschaft, 2005, 53; ähnlich Kalss/Hügel/*Hügel* SEG §§ 25, 26 Rn. 29.
[14] MüKoAktG/*Schäfer* Rn. 10; *Schwarz* Rn. 8; *Scheifele,* Die Gründung der Europäischen Aktiengesellschaft (SE), 2004, 358; Lutter/Hommelhoff/Teichmann/*Bayer* Rn. 5.
[15] *Heckschen* DNotZ 2003, 251 (262); *Scheifele,* Die Gründung der Europäischen Aktiengesellschaft (SE), 2004, 361; MüKoAktG/*Schäfer* Rn. 6.
[16] Dagegen jedoch Kölner Komm AktG/*Paefgen* Rn. 29, mit dem wenig überzeugenden Hinweis, anderenfalls könne die Vor-SE die Angebote zurückweisen. Dem steht das Einbringungswahlrecht entgegen, das somit als Kontrahierungszwang wirkt.
[17] Zutr. MüKoAktG/*Schäfer* Rn. 7; Lutter/Hommelhoff/Teichmann/*Bayer* Rn. 8.
[18] So *Bayer* in Lutter/Hommelhoff, Die Europäische Gesellschaft, 2005, 53; Habersack/Drinhausen/*Scholz* Rn. 25; *Jannott* in Jannott/Frodermann SE-HdB Kap. 3 Rn. 170, 174 und Kalss/Hügel/*Hügel* SEG §§ 25, 26 Rn. 30 mit Fn. 25 unter Hinweis auf § 27 Abs. 3 öSEG. In diesem Sinne wohl auch NK-SE/*Schröder* Rn. 3, relativierend dann aber Rn. 6.
[19] In diesem Sinne wohl *Teichmann* ZGR 2002, 383 (436).
[20] In diesem Sinne Habersack/Drinhausen/*Scholz* Rn. 25; MüKoAktG/*Schäfer* Rn. 8 f.; *Schwarz* Rn. 17; *Scheifele,* Die Gründung der Europäischen Aktiengesellschaft (SE), 2004, 360 ff.; wohl auch Lutter/Hommelhoff/Teichmann/*Bayer* Rn. 19; noch großzügiger wohl Kölner Komm AktG/*Paefgen* Rn. 67.

dingliche **Übertragung der Anteile** muss sodann spätestens **bis zur Eintragung der SE** erfolgen. Ein weiteres Zuwarten wäre mit der Funktion der Holdinggründung nicht vereinbar. **§ 36a Abs. 2 S. 2 AktG** ist also **nicht anwendbar.**[21] Diesem Ergebnis könnte man entgegenhalten, dass die Nachzügler iSd Art. 33 Abs. 3 S. 2 ihren Anteil doch auch später einbringen könnten, zumal der Antrag auf Eintragung der SE auch bereits vor Ablauf der Nachfrist gestellt werden kann. Dem ist jedoch zu entgegnen, dass nunmehr bereits mindestens 50 % der Anteile übertragen sind und somit die Funktion der SE als Holding sichergestellt ist. Außerdem liegt es nahe, sich hinsichtlich der **Nachzügler** an der bedingten Kapitalerhöhung gegen Sacheinlage zu orientieren, ohne jedoch über § 188 Abs. 2 S. 1 AktG die Vorschrift des § 36a Abs. 2 S. 2 AktG analog anzuwenden. Diese Vorschrift ist mit Blick auf die europäischen Vorgaben in keiner der beiden Phasen anwendbar. Vielmehr müssen die Nachzügler die Anteile bis zur Eintragung des durch den zweiten Umtausch erhöhten Grundkapitals analog § 195 AktG übertragen haben (Details → Rn. 16).

Zusammenfassend ist damit festzuhalten, dass die Vor-SE vor Eintragung nach Abs. 5 nachweisen muss, dass innerhalb der Frist des Abs. 2 Zeichnungsverträge in Höhe der Mindesteinbringungsquote zustande gekommen sind und die Gesellschafter der Gründungsgesellschaften zwischenzeitlich entsprechende Anteile auch übertragen haben. Die übrigen Aktien können auch noch später, also nach der Eintragung der SE, allerdings nur bis zur Eintragung des durch die zweite Phase erhöhten Grundkapitals, übertragen werden. Daneben müssen die **weiteren Bedingungen iSd Abs. 2** vorliegen. Hierzu zählen in erster Linie Erfordernisse aus dem Gründungsplan[22] oder kartellrechtliche Freigaben.[23]

3. Erwerb von Aktien der SE (Abs. 4). Eingebracht werden können entgegen dem missverständlichen Wortlaut des Abs. 4, der schlicht von **„Wertpapieren"** spricht, nur Aktien und GmbH-Geschäftsanteile.[24] Dafür erhalten die Gesellschafter Aktien der SE. Eingebracht werden können auch stimmlose Anteile,[25] die dann auch an der SE-Holding stimmlose Anteile vermitteln. Wie dieser Anteilserwerb erfolgt, regelt die SE-VO nicht. Diejenigen Aktionäre, die bereits in der ersten Phase gezeichnet haben, erwerben die Aktien automatisch mit der Eintragung der SE ins Register und haben sodann einen Anspruch auf Verbriefung, sofern ein solcher Anspruch auf Einzelverbriefung nicht ausgeschlossen ist (Art. 15 iVm § 10 Abs. 5 AktG). Mit der Eintragung vollendet sich also der rechtsgeschäftliche Erwerb.[26] Hinsichtlich der Nachzügler iSd Abs. 3 S. 2 hat man sich an dem Verfahren für eine bedingte Kapitalerhöhung (§ 189 AktG) zu orientieren (→ Rn. 7, → Rn. 16).

Die Übertragung von Aktien auf die (Vor-)SE fällt infolge einer teleologischen Auslegung nicht unter das **Verbot des Erwerbs eigener Aktien** nach **§ 71a Abs. 2 AktG**, wonach der Gründungsaktiengesellschaft die Anteile ihrer Gesellschafter zugerechnet würden.[27] **§ 9 Abs. 1 S. 2 SEAG,** der die Vorschriften über den Erwerb von eigenen Aktien für entsprechend anwendbar erklärt, steht diesem Ergebnis nicht entgegen, da er eine ganz andere Konstellation betrifft. Dort geht es nur um den Erwerb der Aktien durch die Gründungsgesellschaft im Sonderfall des Abfindungsangebots nach § 9 Abs. 1 S. 1 SEAG. Auch insoweit kommt es nicht zu einer Zurechnung nach § 71a Abs. 2 AktG.[28] Ganz anders ist letztlich der Fall gelagert, dass die Gründungsgesellschaft zulässigerweise **eigene Aktien hält** und diese nunmehr in die SE mit der Folge einer wechselseitigen Beteiligung einbringen will. Auch dies ist ohne Verstoß gegen § 71d S. 2 AktG möglich, da diese Norm bei der Holdinggründung mangels Verstoß gegen § 71a Abs. 1 AktG nicht anwendbar ist.[29]

---

[21] Ebenso Habersack/Drinhausen/*Scholz* Rn. 24.
[22] NK-SE/*Schröder* Rn. 14; Habersack/Drinhausen/*Scholz* Rn. 27.
[23] *Bayer* in Lutter/Hommelhoff, Die Europäische Gesellschaft, 2005, 53 f. mwN.
[24] MüKoAktG/*Schäfer* Rn. 11; *Schwarz* Rn. 11; Lutter/Hommelhoff/Teichmann/*Bayer* Rn. 6; *Scheifele,* Die Gründung der Europäischen Aktiengesellschaft (SE), 2004, 358 f.
[25] Lutter/Hommelhoff/Teichmann/*Bayer* Rn. 6; MüKoAktG/*Schäfer* Rn. 11; *Schwarz* Rn. 11; *Scheifele,* Die Gründung der Europäischen Aktiengesellschaft (SE), 2004, 359.
[26] Lutter/Hommelhoff/Teichmann/*Bayer* Rn. 21; MüKoAktG/*Schäfer* Rn. 12; *Schwarz* Rn. 31; *Scheifele,* Die Gründung der Europäischen Aktiengesellschaft (SE), 2004, 382; *Stöber* AG 2014, 110 (119).
[27] Ausf. Begründung bei MüKoAktG/*Schäfer* Rn. 13; Kölner Komm AktG/*Paefgen* Rn. 65; im Erg. – aber mit anderer Begründung (Vorrang des Art. 33 gegenüber § 71a AktG) – ebenso *Oechsler* NZG 2005, 449 (449 f.) sowie Lutter/Hommelhoff/Teichmann/*Bayer* Rn. 22.
[28] MüKoAktG/*Schäfer* Rn. 14; Kölner Komm AktG/*Paefgen* Rn. 66; *Oechsler* NZG 2005, 449 (450).
[29] Eine Ausnahme gilt nur dann, wenn die Gründungsgesellschaft die eigenen Aktien entgegen § 71 AktG zu Unrecht hält, vgl. MüKoAktG/*Schäfer* Rn. 15; *Schwarz* Rn. 32; *Scheifele,* Die Gründung der Europäischen Aktiengesellschaft (SE), 2004, 383; ähnlich Lutter/Hommelhoff/Teichmann/*Bayer* Rn. 23 (teleologische Reduktion des § 71d AktG, wenn die Aktien berechtigt gehalten werden); aA – stets für Anwendbarkeit des § 71d S. 2 AktG – *Oplustil* German Law Journal 4 (2003), 107 (112) und *Oechsler* NZG 2005, 449 (451); Kölner Komm AktG/*Paefgen* Rn. 66.

III. Prüfung des Erreichens der Mindestquote und Offenlegung (Abs. 3 S. 1)

11   Abs. 3 S. 1 schreibt vor, dass die Gründungsgesellschaften das Erreichen der Mindesteinbringungsquote sowie der sonstigen Bedingungen (→ Rn. 3, → Rn. 8) offen legen müssen. **Sinn und Zweck** ist es, die einmonatige Nachfrist in Gang zu setzen.[30] Der Lauf dieser Frist beginnt mit der letzten Bekanntmachung, nicht etwa mit dem Ablauf der Dreimonatsfrist,[31] da die Aktionäre wissen sollen, wie viele Aktionäre schon getauscht haben (Gedanke der Zaunkönigregelung, → Rn. 12). Weitergehende Publizitätswirkung im Sinne der Publizitäts-RL (vgl. jetzt Art. 14 ff. GesR-RL[32]) (bzw. iSv § 15 HGB) entfaltet die Offenlegung nach Abs. 3 S. 1 nicht.[33] **Verpflichteter** ist nicht die SE – sie existiert mangels Eintragung noch nicht – sondern jede Gründungsgesellschaft. Dabei ist davon auszugehen, dass jede Gründungsgesellschaft für sich nach den auf sie anwendbaren Vorschriften das Erreichen der Mindesteinbringungsquote bei jeder der beteiligten Gesellschaften offen legen muss.[34] Die Offenlegung darf auch dann erst nach Ablauf der Dreimonatsfrist erfolgen, wenn bereits zuvor die Mindesteinbringungsfrist überschritten war. Dieser **Zeitpunkt** hängt zum einen mit dem Zweck zusammen, die Nachfrist in Gang zu setzen, die nicht parallel zur dreimonatigen Hauptfrist laufen kann. Hinzu kommt, dass trotz des unklaren Wortlauts die besseren Gründe dafür sprechen, dass nicht nur das Erreichen der Mindesteinbringungsquote, sondern auch die **konkret erreichte Quote** genannt werden muss.[35] Hierfür spricht nicht zuletzt, dass die Gesellschafter so über eine eventuelle Möglichkeit zum Squeeze-Out informiert werden. Die Offenlegung erfolgt bei einer dem deutschen Recht unterliegenden Gründungsgesellschaft nach §§ 8 ff. HGB.[36]

IV. Die zweite Phase des Anteilstauschs: Nachfrist (Abs. 3 S. 2)

12   **1. Fristbeginn, Funktion der Nachfrist.** Die Offenlegung nach Abs. 3 S. 1 löst die Nachfrist nach Abs. 3 S. 2 (bzw. UAbs. 2) aus. **Sinn und Zweck der Nachfrist** in Abs. 3 S. 2, die der **Zaunkönigregelung** im Übernahmerecht (in Deutschland § 16 Abs. 2 WpÜG) nachempfunden ist, besteht in der Eröffnung einer zweiten Chance, sich noch zu beteiligen, nachdem den Gesellschaftern bekannt geworden ist, dass sie die Holdinggründung nicht mehr aufhalten können. Denn anderenfalls wären die Kleinaktionäre oftmals schon in der ersten Phase zum Umtausch gezwungen, obwohl sie die Holdinggründung eigentlich ablehnen, um beim Erreichen der Mindesteinbringungsquote nicht als außen stehende Aktionäre, ggf. mit der Gefahr eines Squeeze-Outs, dazustehen. Letzteres wäre aus ihrer Sicht die schlechteste aller Handlungsalternativen. Da die Kleinaktionäre sich anders als institutionelle Anleger aber nicht untereinander abstimmen können und den Ausgang der ersten Phasen nicht vorhersehen können, befreit sie die Nachfrist aus diesem Gefangenendilemma.[37]

13   **Fristbeginn** ist die Veröffentlichung der Mitteilung über das Erreichen der Mindesteinbringungsquote, also der Tag nach der erfolgten Bekanntmachung.[38] Da die Offenlegungsfrist aber jede Gesellschaft trifft (→ Rn. 11), stellt sich die Frage, ob es für den Fristbeginn auf die letzte Bekanntmachung oder auf die Offenlegung durch die gesamte Gesellschaft ankommt. Letzteres ist zu bejahen, auch wenn hierdurch die Nachfrist für jede Gründungsgesellschaft unterschiedlich laufen kann, da von deren Gesellschaftern nur erwartet werden kann, aber auch muss, dass sie die Bekanntmachungen ihrer Gesellschaft zur Kenntnis nehmen.

14   Ist während der Frist nach Abs. 2 die Mindesteinbringungsquote nicht erreicht worden, so beginnt die Nachfrist nicht zu laufen, da die Gründung gescheitert ist und eine Offenlegung nach Abs. 3 S. 1 gar nicht erfolgen durfte. Wird gleichwohl, also **zu Unrecht, offen gelegt,** so beginnt die Frist

---

[30] *Jannott* in Jannott/Frodermann SE-HdB Kap. 3 Rn. 176; *Teichmann* ZGR 2002, 383 (437); *Neun* in Theisen/Wenz SE S. 57, 163; MüKoAktG/*Schäfer* Rn. 16; *Schwarz* Rn. 20 ff.; Kölner Komm AktG/*Paefgen* Rn. 41.
[31] Vgl. statt vieler ebenso Habersack/Drinhausen/*Scholz* Rn. 34; Kölner Komm AktG/*Paefgen* Rn. 56.
[32] S. Hinweis in Art. 28 Fn. 1.
[33] *Schwarz* Rn. 26.
[34] *Schwarz* Rn. 28; MüKoAktG/*Schäfer* Rn. 17; Lutter/Hommelhoff/Teichmann/*Bayer* Rn. 26; Scheifele, Die Gründung der Europäischen Aktiengesellschaft (SE), 2004, 372; *Drinhausen* in Van Hulle/Maul/Drinhausen SE-HdB 4. Abschnitt § 3 Rn. 24; Kölner Komm AktG/*Paefgen* Rn. 45.
[35] MüKoAktG/*Schäfer* Rn. 17, der es aber zulassen will, dass eine Offenlegung vor Ablauf der Dreimonatsfrist geschieht, soweit die SE schon zur Eintragung angemeldet wurde; Kölner Komm AktG/*Paefgen* Rn. 44; demgegenüber hält Lutter/Hommelhoff/Teichmann/*Bayer* Rn. 26 dies nicht für zwingend erforderlich, empfiehlt jedoch gleichwohl „sicherheitshalber" die Offenlegung der tatsächlich erreichten Quote.
[36] MüKoAktG/*Schäfer* Rn. 18; Lutter/Hommelhoff/Teichmann/*Bayer* Rn. 29; *Jannott* in Jannott/Frodermann SE-HdB Kap. 3 Rn. 176.
[37] Zur Erklärung des § 16 Abs. 2 WpÜG als Ausweg aus einem Gefangenendilemma vgl. etwa Kölner Komm WpÜG/*Wackerbarth* WpÜG § 16 Rn. 18 mwN; zu Art. 33 auch MüKoAktG/*Schäfer* Rn. 16 in Anschluss an *Scheifele*, Die Gründung der Europäischen Aktiengesellschaft (SE), 2004, 364; so auch *Schwarz* Rn. 24.
[38] Vgl. statt aller NK-SE/*Schröder* Rn. 21.

trotzdem nicht zu laufen.[39] Zeichnen nunmehr genügend Gesellschafter, so kann dies nicht zur Gründung führen, da diese Gesellschafter von falschen Voraussetzungen ausgingen und es nach Abs. 5 für die Eintragung der SE nur auf die Einhaltung der Voraussetzungen nach Abs. 2 ankommt. Eine Kumulation der Mindesteinbringungsquote innerhalb der ersten und der zweiten Phase infolge fehlerhafter Veröffentlichung kann also nicht zum Erfolg führen. Zeichnen mehr als 50 %, ist aber die Bekanntmachung **fehlerhaft**, da zB gemeldet wird, dass 95 % gezeichnet hätten, während es in Wirklichkeit nur 85 % waren, beginnt die Frist gleichwohl zu laufen.[40] Anders liegt es nur dann, wenn der Fehler so gravierend ist, dass die Offenlegung ihre Funktion (→ Rn. 12) nicht mehr erfüllen kann.[41]

2. Rechtsnatur, Stufengründung. Wie auch bei Abs. 1 (→ Rn. 4) stellt die **Mitteilung**, sich am Anteilstausch zu beteiligen, eine **bindende Offerte** auf Abschluss eines **Zeichnungsvertrages** dar.[42] Entsprechend der obigen Überlegungen (→ Rn. 6 ff.) muss sich die wertpapierrechtliche Übertragung jedoch nicht innerhalb der Monatsfrist vollziehen.[43] Dies wäre auch schon deshalb nicht angängig, da der Ablauf der Monatsfrist keine **Eintragungsvoraussetzung** darstellt. Der Antrag auf Eintragung der SE kann vielmehr schon nach dem erfolgreichen Ablauf der Dreimonatsfrist gestellt werden. Anderseits ist es nicht veranlasst, den Nachzüglern nunmehr die Fünfjahresfrist des § 36a Abs. 2 S. 2 AktG zu eröffnen. Vielmehr müssen die Nachzügler bis zur Eintragung des nunmehr erhöhten Kapitals ihre Aktien auf die (Vor-)SE übertragen (→ Rn. 7). 15

Wie die Einbringung in die deutschen Regelungen über das feste Grundkapital und Kapitalerhöhungen zu integrieren ist, ist im SEAG nicht geregelt und im Schirfttum noch nicht geklärt.[44] Naheliegend erscheint, sich für die Einbringung während der Nachfrist an den Regelungen über eine bedingte Kapitalerhöhung zu orientieren. Da bei Aufstellung des Gründungsplans noch nicht feststeht, wie viele Aktionäre sich letztlich an der Holdinggründung beteiligen, ist das Grundkapital in zwei Komponenten zu zerlegen. Zum einen ist ein **festes Grundkapital** in Höhe der Mindesteinbringungsquote auszuweisen. Der Rest ist als eine **Art bedingtes Kapital** auszuweisen, auf den über Art. 15 die §§ 192 ff. AktG entsprechend Anwendung finden.[45] Diese dem deutschen Recht unbekannte **Stufengründung** ist eine zwingende Folge der Holdinggründung mit ihren zwei Einbringungsphasen (→ Art. 32 Rn. 10). Dies hat zur Folge, dass die in den Nachfrist tauschenden Gesellschaften wie Aktionäre zu behandeln sind, die eine bedingte Sachkapitalerhöhung ausüben. Bis zur insoweit erforderlichen Eintragung nach § 195 AktG müssen sie ihre Aktien auf die SE bzw. soweit diese noch nicht eingetragen ist, auf die Vor-SE übertragen.[46] Die Aktienausgabe vollzieht sich entsprechend §§ 199, 200 AktG.[47] Als Alternative zu der hier vorgeschlagenen Lösung bietet sich die Zeichnung der Aktien durch einen Treuhänder an.[48] Diese Lösung kann von der Gestaltungspraxis zwar gewählt werden, ist jedoch nicht zwingend rechtlich geboten. 16

V. Eintragung der SE (Abs. 5)

Nach Abs. 5 kann die SE eingetragen werden, wenn die Formalitäten nach Art. 32 und die in Abs. 2 genannten Voraussetzungen (Erreichen der Mindesteinbringungsquote und der sonstige Voraussetzungen wie fakultative Angaben) dem Register nachgewiesen sind. Hinsichtlich der Einzelheiten der Eintragung kann auf die Erläuterungen zu Art. 12 und zu Art. 16 verwiesen werden, bezüglich der Offenlegung der Eintragung auf die Art. 13, 14. Daraus, dass Abs. 5 nur auf die 17

---

[39] Ebenso jetzt Kölner Komm AktG/*Paefgen* Rn. 57 und Habersack/Drinhausen/*Scholz* Rn. 36 (für die zu Unrecht erfolgte, nicht aber für die zu Recht, aber fehlerhaft erfolgte Offenlegung); so jetzt auch MüKoAktG/*Schäfer* Rn. 19.
[40] Zutreffend Habersack/Drinhausen/*Scholz* Rn. 37.
[41] Überzeugend Habersack/Drinhausen/*Scholz* Rn. 37.
[42] MüKoAktG/*Schäfer* Rn. 20; Lutter/Hommelhoff/Teichmann/*Bayer* Rn. 32; aA (Annahmeerklärung) *Scheifele*, Die Gründung der Europäischen Aktiengesellschaft (SE), 2004, 361; *Schwarz* Rn. 18.
[43] So in diesem Zusammenhang – entgegen seiner zu Abs. 2 abw. Grundposition – auch NK-SE/*Schröder* Rn. 20.
[44] Vgl. zum Grundkapital der Holding SE eingehend Habersack/Drinhausen/*Scholz* Art. 32 Rn. 66 ff.
[45] So zutr. MüKoAktG/*Schäfer* Rn. 22 f.; dies für unpraktikabel und rechtlich bedenklich erachtend aber *Schwarz* Rn. 54; abw. auch Kölner Komm AktG/*Paefgen* Rn. 67 f.; Habersack/Drinhausen/*Scholz* Art. 32 Rn. 66 ff.
[46] Entsprechendes gilt für die Aktionäre, die nach Erreichen der Mindesteinbringungsquote aber noch innerhalb der Frist des Abs. 2 tauschen, vgl. ebenso MüKoAktG/*Schäfer* Rn. 23.
[47] MüKoAktG/*Schäfer* Rn. 24; → § 199 AktG Rn. 4 ff.
[48] In diesem Sinne *Schwarz* Rn. 56 im Anschluss an seine Schüler *Scheifele*, Die Gründung der Europäischen Aktiengesellschaft (SE), 2004, 317 f., 380 f. und *Koke*, Die Finanzverfassung der Europäischen Aktiengesellschaft (SE) mit Sitz in Deutschland, 2004, 47 f.

Voraussetzungen des Abs. 2 verweist, folgt, dass der Eintragungsantrag auch schon vor Ablauf der einmonatigen Nachfrist nach Abs. 2 S. 1 gestellt werden kann.[49] Der **Regelungsgehalt** des Abs. 5 beschränkt sich in erster Linie auf die **Rechtmäßigkeitskontrolle** der Holdinggründung. Anders als bei der Verschmelzungsgründung (Art. 25, 26) gibt es kein zweistufiges Kontrollverfahren auf Seiten der Gründungsgesellschaften und auf Seiten der SE. Vielmehr ist die Rechtmäßigkeitskontrolle allein dem Registergericht der zukünftigen SE zugewiesen.[50] Dieses muss grundsätzlich auch die Einhaltung der Gründungsvoraussetzungen bei solchen Gründungsgesellschaften überprüfen, die ausländischem Recht unterliegen. Allerdings muss diese Prüfung aus Praktikabilitätsgründen auf eine Evidenzkontrolle beschränkt werde.[51]

18   Der deutsche Ausführungsgesetzgeber verlangt nach **§ 10 Abs. 2 SEAG** hinsichtlich der Rechtmäßigkeit der Zustimmungsbeschlüsse iSd Art. 32 Abs. 6 jedoch lediglich ein **Negativtestat.** Danach haben die Vertretungsorgane der Gründungsgesellschaften vor der Eintragung zu erklären, dass eine Klage gegen die Wirksamkeit der Zustimmungsbeschlüsse nicht oder nicht fristgemäß erhoben bzw. eine solche Klage rechtskräftig abgewiesen oder zurückgenommen worden ist.[52] Dadurch wird eine dem § 16 Abs. 1 UmwG vergleichbare Registersperre eingeführt. Insofern überrascht es, dass der Ausführungsgesetzgeber kein den § 16 Abs. 3 UmwG, § 246a AktG vergleichbares **Freigabeverfahren** eingeführt hat.[53] Wendet man mit der hier vertretenen Auffassung Art. 18 auf die Holdinggründung analog an (→ Art. 32 Rn. 4), so sprechen gute Gründe dafür, auch § 16 Abs. 3 UmwG bzw. § 246a AktG analog anzuwenden.[54]

19   Ebenfalls **fehlt** eine **Art. 30 vergleichbare Regelung,** wonach Klagen gegen die Wirksamkeit des Zustimmungsbeschlusses nach Eintragung nicht mehr zur Nichtigkeit der SE führen können. Eine Analogie kommt nicht in Betracht, da die Gründungsgesellschaften fortbestehen und über Art. 15 die entsprechend Art. 12, 13 Publizitäts-RL (jetzt Art. 11, 12 GesR-RL) harmonisierten Vorschriften (in Deutschland §§ 275 ff. AktG) auf die SE Anwendung finden.[55] Als zusätzlichen Auflösungsgrund dürfte man die Unterschreitung der in Abs. 2 geforderten Mindesteinbringungsquote zu qualifizieren haben.[56]

Art. 34 [Minderheiten- und Gläubigerschutz]

Ein Mitgliedstaat kann für die eine Gründung anstrebenden Gesellschaften Vorschriften zum Schutz der die Gründung ablehnenden Minderheitsgesellschafter, der Gläubiger und der Arbeitnehmer erlassen.

---

[49] *Jannott* in Jannott/Frodermann SE-HdB Kap. 3 Rn. 188; *Neun* in Theisen/Wenz SE S. 163 f.; noch weiter gehend *Scheifele,* Die Gründung der Europäischen Aktiengesellschaft (SE), 2004, 378 sowie *Schwarz* Rn. 49 f.: sogar vor Ablauf der Dreimonatsfrist des Abs. 1 bei vorzeitigem Erreichen der Mindestquote; aA Lutter/Hommelhoff/Teichmann/*Bayer* Rn. 36 f. mwN: nicht vor Ablauf der Nachfrist des Abs. 3.

[50] MüKoAktG/*Schäfer* Rn. 25; *Schwarz* Rn. 35; NK-SE/*Schröder* Rn. 25; *Schwarz* Rn. 33 f.; Lutter/Hommelhoff/Teichmann/*Bayer* Rn. 43 ff.; *Scheifele,* Die Gründung der Europäischen Aktiengesellschaft (SE), 2004, 373 f.; aA *Kersting* DB 2001, 2079 (2080); teilw. abw. Rechtslage in Österreich, da das dortige Einführungsgesetz in § 26 öSEG von einer analogen Anwendung der Art. 25 Abs. 2, Art. 26 Abs. 2 auszugehen scheint, dazu Kalss/Hügel/*Hügel* SEG §§ 25, 26 Rn. 33.

[51] So überzeugend Kölner Komm AktG/*Paefgen* Rn. 104; Habersack/Drinhausen/*Scholz* Rn. 56; ähnlich Lutter/Hommelhoff/Teichmann/*Bayer* Rn. 48; weitergehend noch → 1. Aufl. 2007, Rn. 17. Praktikabilität bezweifelnd auch bereits *Schwarz* Rn. 46.

[52] Eine § 16 Abs. 2 S. 1 UmwG vergleichbare Regelung, wonach nach Anmeldung erhobene Klagen nachgemeldet werden müssen, kennt die § 10 SEAG nicht; vgl. näher MüKoAktG/*Schäfer* Rn. 29, der zu Recht vorschlägt, diese Norm analog anzuwenden; ebenso Kölner Komm AktG/*Paefgen* Rn. 108.

[53] Trotz entsprechender Forderungen im Schrifttum, vgl. zB *Ihrig/Wagner* BB 2004, 1749 (1753); *Neun* in Theisen/Wenz, 1. Aufl. 2002, SE S. 154; *Teichmann* AG 2004, 67 (70); *DAV* NZG 2004, 957 (958).

[54] In diesem Sinne auch Habersack/Drinhausen/*Scholz* Art. 32 Rn. 101; MüKoAktG/*Schäfer* Rn. 30; *Brandes* AG 2005, 177 (187 f.); *Göz* ZGR 2008, 593 (606 f.); mit ausf. Begründung jetzt auch Kölner Komm AktG/*Paefgen* Rn. 109 f.; aA – ein Freigabeverfahren sei nicht möglich – Lutter/Hommelhoff/Teichmann/*Bayer* Rn. 54; Widmann/Mayer/*Heckschen* Anh. 14 Rn. 328 ff.; *Jannott* in Jannott/Frodermann SE-HdB Kap. 3 Rn. 186; *Vetter* in Lutter/Hommelhoff, Die Europäische Gesellschaft, 2005, 154; *Schwarz* Rn. 47; *Drinhausen* in Van Hulle/Maul/Drinhausen SE-HdB 4. Abschnitt § 3 Rn. 33.

[55] Ebenso MüKoAktG/*Schäfer* Rn. 33; Lutter/Hommelhoff/Teichmann/*Bayer* Rn. 58; Kölner Komm AktG/*Paefgen* Rn. 117; Habersack/Drinhausen/*Scholz* Rn. 58; *Scheifele,* Die Gründung der Europäischen Aktiengesellschaft (SE), 2004, 383; aA (Analogie zu Art. 30) *Brandes* AG 2005, 177 (187).

[56] Davon ist der Fall zu unterscheiden, dass die Mindesteinbringungsquote wegen unwirksamer Anteilsübertragungen unterschritten wird, die Verpflichtung aus dem Zeichnungsvertrag aber fortbesteht, vgl. hierzu MüKoAktG/*Schäfer* Rn. 33; Kölner Komm AktG/*Paefgen* Rn. 118.

Auszug aus dem SEAG

§ 9 Abfindungsangebot im Gründungsplan

(abgedruckt bei Art. 32)

§ 11 Verbesserung des Umtauschverhältnisses

(1) Ist bei der Gründung einer Holding-SE nach dem Verfahren der Verordnung das Umtauschverhältnis der Anteile nicht angemessen, so kann jeder Anteilsinhaber der die Gründung anstrebenden Gesellschaft von der Holding-SE einen Ausgleich durch bare Zuzahlung verlangen.

(2) § 6 Abs. 1, 3 und 4 findet entsprechende Anwendung, wobei an die Stelle der Eintragung und Bekanntmachung der Verschmelzung die Eintragung und Bekanntmachung der Gründung der Holding-SE tritt.

Schrifttum: Vgl. die Angaben vor → Art. 32.

I. Regelungsgehalt, Normzweck

Art. 34 beinhaltet wie Art. 24 Abs. 2 eine **Ermächtigungsnorm** (zum Begriff → Art. 9 Rn. 8) an den nationalen Gesetzgeber, Schutzvorschriften für Minderheitsgesellschafter, die der Holdinggründung widersprechen, zu erlassen. Anders als die verschmelzungsrechtliche Schwestervorschrift ermächtigt Art. 34 darüber hinaus aber auch zum Erlass von Vorschriften zum Schutz von Gläubigern und Arbeitnehmern. Rechtspolitisch ist diese weite Ermächtigungsnorm nicht unumstritten gewesen,[1] da bei der Holdinggründung die Gründungsgesellschaften im Gegensatz zur Gründung durch Verschmelzung bestehen bleiben. **Deutschland** hat mit den Regelungen in **§§ 9, 11 SEAG**, die sich weitgehend an §§ 6, 7 SEAG orientieren, nur hinsichtlich des Minderheitenschutzes von der Ermächtigungsnorm Gebrauch gemacht. Für dissentierende Gesellschafter wird in § 9 SEAG ein **Anspruch auf Barabfindung bei Austritt** aus der Gesellschaft vorgesehen, zur **Verbesserung des Umtauschverhältnisses** eröffnet § 11 SEAG das **Spruchverfahren**. Die zuletzt genannte Möglichkeit ist anders als der Abfindungsanspruch nicht auf solche Gesellschafter beschränkt, die dem Zustimmungsbeschluss nach Art. 32 Abs. 6 widersprochen haben. Diese Differenzierung ist von der Ermächtigung in Art. 34 gedeckt, da die geforderte Ablehnung der Holdinggründung nicht zwingend in einem Widerspruch zum Zustimmungsbeschluss manifest werden muss. Denkbar ist auch eine isolierte Ablehnung des Umtauschverhältnisses.[2]

Anders als in Art. 25 Abs. 3 wird das Verfahren zur Verbesserung des Umtauschverhältnisses bzw. des Abfindungsanspruchs in Art. 34 nicht davon abhängig gemacht, dass es von den ausländischen Gründungsgesellschaften ausdrücklich akzeptiert wird oder deren Gesellschaftern ein vergleichbares Verfahren zur Verfügung steht. Dieser Regelungsverzicht ist wenig einsichtig, da der mit Art. 25 Abs. 3 verfolgte Normzweck (→ Art. 25 Rn. 2) auch bei der Holdinggründung Platz greift. Es besteht ebenfalls die Gefahr, dass das Vermögen der SE durch ein verändertes Umtauschverhältnis oder einen erhöhten Abfindungsanspruch einseitig zulasten der ausländischen Partner geschmälert wird. Im Schrifttum ist deshalb zu Recht einhellig eine **analoge Anwendung des Art. 25 Abs. 3 auf die Holdinggründung** befürwortet worden.[3] Auch der deutsche Gesetzgeber ist bei Verabschiedung des SEAG davon ausgegangen, dass Art. 25 Abs. 3 auf die Holdinggründung analog anzuwenden ist.[4] Konsequenterweise wird durch den Verweis in § 11 Abs. 2 bzw. § 9 Abs. 2 SEAG auf § 6 Abs. 1 bzw. auf § 7 Abs. 7 SEAG das Spruchverfahren auch bei der Holdinggründung nur unter den Voraussetzungen des Art. 25 Abs. 3 eröffnet.

---

[1] Zur rechtspolitischen Diskussion im Umsetzungsprozess vgl. stellvertretend für viele *Kalss* ZGR 2003, 593 (594); *Hommelhoff* FS Ulmer, 2003, 267 (275); *Ihrig/Wagner* BB 2003, 969 (973); zusammenfassend Lutter/Hommelhoff/*Vetter*, Die Europäische Gesellschaft, 2005, 111 (159 f.) und *Casper* ZHR 173 (2009), 181 (204 ff.).

[2] Ebenso MüKoAktG/*Schäfer* Rn. 3; Kölner Komm AktG/*Paefgen* Rn. 38; Habersack/Drinhausen/*Scholz* Rn. 6; einschränkend *Schwarz* Rn. 4, 14, der zwar auch keinen Widerspruch fordert, aber verlangt, dass sich der zustimmender Aktionär das Recht des § 11 Abs. 1 vorbehalten hat; aA NK-SE/*Schröder* Rn. 9, der davon ausgeht, dass der Aktionär sich gegen die Holdinggründung ausgesprochen haben muss um in den Genuss sämtlicher Schutzvorschriften zu kommen.

[3] *Teichmann* ZGR 2002, 383 (437); *Casper* FS Ulmer, 2003, 51 (60); *Casper* ZHR 173 (2009), 181 (205); *Kalss* ZGR 2003, 593 (633); *Jannott* in Jannott/Frodermann SE-HdB Kap. 3 Rn. 192; MüKoAktG/*Schäfer* Rn. 4; Lutter/Hommelhoff/Teichmann/*Bayer* Rn. 12; Kölner Komm AktG/*Paefgen* Rn. 9; Habersack/Drinhausen/*Scholz* Rn. 3; *Vetter* in Lutter/Hommelhoff, Die Europäische Gesellschaft, 2005, 161; im Erg. auch NK-SE/*Schröder* Rn. 5; *Schwarz* Rn. 6.

[4] RegE SEAG BT-Drs. 15/3405, 34.

II. Individualschutz der Minderheitsaktionäre

3 **1. Barabfindungsangebot (§ 9 SEAG).** Nach § 9 Abs. 1 SEAG hat der Gründungsbericht ein **Barabfindungsangebot** zu enthalten, sofern die SE ihren Sitz im Ausland nimmt oder eine abhängige Gesellschaft iSd § 17 AktG wird. Dieses mit einem **Austrittsrecht** verbundene Angebot kann nur von solchen Anteilsinhabern angenommen werden, die gegen den Zustimmungsbeschluss Widerspruch zu Protokoll erhoben haben. Hinsichtlich des **Verfahrens** verweist § 9 Abs. 2 SEAG auf **§ 7 Abs. 2–7 SEAG.** Bezüglich der weiteren Einzelheiten ist deshalb auf die Erläuterungen zum Verschmelzungs- und zum Gründungsplan (→ Art. 20 Rn. 11 f.; → Art. 32 Rn. 12) zu verweisen.

4 **2. Verbesserung des Umtauschverhältnisses (§ 11 SEAG).** § 11 Abs. 1 SEAG sieht wie § 6 Abs. 2 SEAG zunächst einen **Anspruch auf bare Zuzahlung** vor, sofern das Umtauschverhältnis nicht angemessen ist. Ob und in welcher Höhe ein solcher Anspruch besteht, ist gem. § 11 Abs. 2 SEAG iVm § 6 Abs. 4 SEAG im Wege des **Spruchverfahrens** zu klären. Da Art. 25 Abs. 3 analog anzuwenden ist (→ Rn. 2) kann hinsichtlich aller Einzelheiten auf die Darstellung bei → Art. 24 Rn. 11 ff. verwiesen werden. Besonderer Hervorhebung bedarf nur die Frage, ob der Anspruch auch denjenigen Anteilsinhabern zusteht, die sich nicht am Anteilstausch beteiligen, also auch Gesellschaftern, die in einer der Gründungsgesellschaften verbleiben. **Anspruchsberechtigter** kann nur derjenige Gesellschafter sein, der infolge des Anteilstausches Aktionär der SE wird, da die in der Gründungsgesellschaft verbleibenden Gesellschafter keinen Vermögensnachteil erleiden und auch nicht unmittelbar von der Umstrukturierung betroffen sind.[5] § 11 Abs. 1 ist insoweit teleologisch zu reduzieren.[6] Ausscheidende Gesellschafter erhalten den Abfindungsanspruch nach § 9 SEAG.

5 **3. Kapitalmarktrechtlicher Schutz nach dem WpÜG.** Ist eine der Gründungsgesellschaften börsennotiert, stellt sich die Frage, ob deren Aktionäre auch noch nach dem Wertpapierübernahmegesetz (WpÜG) in Form von Informationspflichten und durch ein Pflichtangebot geschützt sind. Diese umstrittene Frage ist im Grundsatz zu bejahen, kann hier aber nicht vertieft werden (→ Art. 32 Rn. 6, → Art. 25 Rn. 9).

III. Gläubiger- und Arbeitnehmerschutz

6 Art. 34 ermächtigt auch zum Erlass von gläubiger- und arbeitnehmerschützenden Vorschriften und geht damit rechtspolitisch bedenklich über die vergleichbare Ermächtigungsnorm in Art. 24 Abs. 2 für die Verschmelzung hinaus. **Deutschland** hat von diesem Teil der Ermächtigung **keinen Gebrauch** gemacht.[7] Dies ist konsequent, da der Bestand von Arbeitsverhältnissen und das die Gläubiger sichernde Gesellschaftsvermögen durch die Holdinggründung nicht berührt werden. Da die Gründungsgesellschaften abhängige Gesellschaften der Holding-SE werden, vermittelt das deutsche **Konzernrecht** hinreichenden Schutz. Die Arbeitnehmerinteressen werden durch die Mitbestimmungsrichtlinie und das ggf. weiter anwendbare nationale Mitbestimmungsrecht der Gründungsgesellschaften hinreichend gewahrt.

Abschnitt 4. Gründung einer Tochter-SE

Art. 35 [Gründung einer Tochter-SE]

Eine SE kann gemäß Artikel 2 Absatz 3 gegründet werden.

---

[5] Zutr. MüKoAktG/*Schäfer* Rn. 6; Lutter/Hommelhoff/Teichmann/*Bayer* Rn. 36; Kölner Komm AktG/*Paefgen* Rn. 39; Habersack/Drinhausen/*Scholz* Rn. 7; *Scheifele*, Die Gründung der Europäischen Aktiengesellschaft (SE), 2004, 351; *Witten*, Minderheitenschutz bei Gründung und Sitzverlegung der Europäischen Aktiengesellschaft (SE), 2011, 135 f.; aA *Schwarz* Rn. 13; *Jannott* in Jannott/Frodermann SE-HdB Kap. 3 Rn. 193 unter Hinweis auf die missverständliche Passage im RegE SEAG BT-Drs. 15/3405, 34, wonach der Anspruch auf bare Zuzahlung „auch" denjenigen Anteilsinhabern zustehen soll, die ihre Aktien tauschen. Dies veranlasst aber aus teleologischen Erwägungen nicht zu dem Umkehrschluss, dass auch die nicht tauschenden Aktionäre einen Anspruch bekommen sollen; wohl auch NK-SE/*Schröder* Rn. 21.

[6] Vgl. nur Habersack/Drinhausen/*Scholz* Rn. 7; *Witten*, Minderheitenschutz bei Gründung und Sitzverlegung der Europäischen Aktiengesellschaft (SE), 2011, 136.

[7] Ebenso Österreich, vgl. Kalss/Hügel/*Hügel* SEG §§ 25, 26 Rn. 44.

Art. 36 [Anwendbares Recht]

Auf die an der Gründung beteiligten Gesellschaften oder sonstigen juristischen Personen finden die Vorschriften über deren Beteiligung an der Gründung einer Tochtergesellschaft in Form einer Aktiengesellschaft nationalen Rechts Anwendung.

Schrifttum: *Witten*, Minderheitenschutz bei Gründung und Sitzverlegung der Europäischen Aktiengesellschaft (SE), 2011

I. Regelungsgehalt, Anwendungsbereich

Praktisch als Gegenstück zur Holdinggründung regeln die Art. 35, 36 SE-VO die Gründung 1 einer Tochter-SE. Während bei der Holdinggründung die SE zur Mutter der Gründungsgesellschaften wird, gründen bei der Tochtergründung iSd Art. 2 Abs. 3 zwei nationale Gesellschaften eine SE und werden deren gemeinsame Mutter.[1] Die SE-VO kennt neben der **primären** (Art. 2 Abs. 2) noch die **sekundäre Tochter-Gründung** nach Art. 3 Abs. 2. **Art. 35**, der **lediglich klarstellenden Charakter** hat,[2] erfasst nur die primäre Tochtergründung nach Art. 2 Abs. 3. Mittels einer systematischen Auslegung könnte man deshalb annehmen, dass demzufolge auch Art. 36 nicht auf die sekundäre Tochtergründung anwendbar ist, da das nationale Recht ohnehin über Art. 9 Abs. 1 lit. c ii zur Anwendung kommt.[3] Soweit die Tochter aber den Sitz in einem anderen Mitgliedstaat nimmt, käme über Art. 9 das Recht am Sitz der Tochter zur Anwendung. Mit der Anwendung des Art. 36 auch auf die sekundäre Tochtergründung wird hingegen sichergestellt, dass auch auf die SE-Mutter das nationale Recht an ihrem Sitz zur Anwendung kommt.[4]

Art. 36 bestimmt, dass auf die an der Gründung beteiligten Gesellschaften oder sonstigen juristi- 2 schen Personen das jeweilige nationale Gründungsrecht Anwendung findet. Damit entfaltet Art. 36 **dieselbe Funktion wie Art. 18**.[5] Die in Art. 36 enthaltene **partielle Generalverweisung** beschränkt sich auf die Sphäre der Gründungsgesellschaften. Demgegenüber regelt Art. 36 nicht, welches Recht auf die in Gründung befindliche SE Anwendung finden soll. Insoweit gilt über **Art. 15** das nationale Recht des künftigen Sitzstaates der SE. Dieses Recht regelt auch die Frage, ob eine **Vor-SE** entsteht und welches Recht auf sie anwendbar ist (→ Art. 16 Rn. 9). Sondervorschriften für die Tochtergründung finden sich allein hinsichtlich der Mitbestimmung in § 2 Abs. 2 bis 4 SEBG,[6] da das SEAG keine spezifischen Regelungen für die Tochter-SE aufweist.

II. Gründungsverfahren einer Tochter-SE aus deutscher Sicht

Die Gründung einer Tochter-SE erfolgt in Deutschland durch Zeichnung der Aktien durch die 3 Gründungsgesellschaften. Die Tochter-SE kann also im Unterschied zu den sonstigen SE-Gründungsformen im Wege der **Bar- oder Sachgründung** erfolgen.[7] Wegen der Einzelheiten ist auf die Erläuterung der §§ 23 ff. AktG zu verweisen. **Nicht möglich** ist hingegen eine Gründung im Wege der **Spaltung** gem. § 123 f. UmwG, da daran nicht zwei Gesellschaften beteiligt sein können, was Art. 34 iVm Art. 2 Abs. 3 jedoch voraussetzt. Die Ausgliederung durch nur eine Gesellschaft ist alleine der bereits bestehenden SE nach Art. 3 Abs. 2 vorbehalten. In Betracht kommt jedoch eine **Ausgliederung** von Betriebsteilen der Gründungsgesellschaft auf die Tochter-SE.

Dies wirft die Frage nach der **Kompetenz** für die Gründungsentscheidung auf. Die Kompetenz 4 richtet sich nach dem Organisationsrecht der jeweiligen Gründungsgesellschaft. Ist diese eine Aktiengesellschaft, ist die Kompetenz dem Vorstand zugewiesen, dies gilt insbesondere dann, wenn die Satzung eine Konzernöffnungsklausel enthält. Der Vorstand kann jedoch nach § 119 Abs. 2 AktG die Tochtergründung der Hauptversammlung zur Entscheidung vorlegen. Verpflichtet ist er hierzu

---

[1] Zu dem Mehrstaatlichkeitserfordernis bei Art. 2 Abs. 3 und zur weit gezogenen Beteiligungsfähigkeit (alle Gesellschaften iSd Art. 48 EG) → Art. 2, 3 Rn. 15.
[2] Vgl. etwa Kölner Komm AktG/*Paefgen* Rn. 1; Habersack/Drinhausen/*Scholz* Art. 35 Rn. 1.
[3] So noch die in der 1. Aufl. Rn. 1 von Casper vertretene Ansicht. Vgl. näher zum Ganzen *Scheifele*, Die Gründung der Europäischen Aktiengesellschaft (SE), 2004, 440 f.
[4] Lutter/Hommelhoff/Teichmann/*Bayer* Art. 36 Rn. 2; Habersack/Drinhausen/*Scholz* Art. 35 Rn. 2.
[5] *Bayer* in Lutter/Hommelhoff, Die Europäische Gesellschaft, 2005, 25 (58); *Scheifele*, Die Gründung der Europäischen Aktiengesellschaft (SE), 2004, 386 (390); MüKoAktG/*Schäfer* Rn. 3; *Schwarz* Art. 36 Rn. 1; zumindest missverständlich NK-SE/*Schröder* Rn. 2.
[6] Einzelheiten bei *Jannott* in Jannott/Frodermann SE-HdB Kap. 3 Rn. 207; *Schwarz* Art. 36 Rn. 24 f.; Kölner Komm AktG/*Feuerborn* SEBG § 2 Rn. 15 ff.
[7] Statt aller MüKoAktG/*Schäfer* Rn. 4; Habersack/Drinhausen/*Scholz* Art. 35 Rn. 8; *Scheifele*, Die Gründung der Europäischen Aktiengesellschaft (SE), 2004, 391 jew. mwN.

jedoch nur ausnahmsweise nach den **Holzmüller- und Gelatine-Grundsätzen.**[8] Eine derartige Verpflichtung besteht nach der aktuellen Rechtsprechung jedoch nur dann, wenn mehr als 80 % des bisherigen Gesellschaftsvermögens im Wege der Einzelrechtsnachfolge auf die Tochter-SE übertragen werden sollen. Ob die Gründungsgesellschaft diese wesentlichen Teile ihres Unternehmens als Sacheinlage in die Tochter-SE einlegt, oder anschließend auf die im Wege der Bargründung errichtete Tochter überträgt, macht keinen Unterschied. Im Regelfall fällt die Gründung einer Tochter-SE mangels Vermögensübertragung von der Mutter auf die Tochter und mangels einer Mediatisierung des Einflusses der Aktionäre bei der Mutter jedoch nicht unter die Holzmüller-/Gelantine-Rechtsprechung. In der GmbH müssen die Gesellschafter mit einfacher Mehrheit der abgegebenen Stimmen zustimmen,[9] in der OHG bzw. KG bedarf es der Zustimmung aller Gesellschafter;[10] dies gilt jeweils vorbehaltlich abweichender Regelungen im Gesellschaftsvertrag.[11]

III. Tochtergründung als Umgehung der verschmelzungsrechtlichen Schutzvorschriften

5   Soweit die Gründung einer Tochter-SE dazu genutzt wird, das Vermögen beider Gründungsgesellschaften anschließend auf die Tochter zu übertragen, um so ein der Verschmelzung vergleichbares Ergebnis zu erreichen, stellt sich die Frage, nach einer **Analogie der verschmelzungsrechtlichen Schutzvorschriften.** Auch wenn es im europäischen Recht noch keine gesicherte **Lehre vom Umgehungsverbot** gibt,[12] käme eine analoge Anwendung der verschmelzungsrechtlichen Vorschriften im Grundsatz in Betracht, soweit das nationale Recht keine ausreichenden Schutzvorschriften enthält.[13] Für eine deutschem Recht unterliegende Gründungsgesellschaft ist eine derartige Analogie jedoch zu verneinen, da die Holzmüller- und Gelatine-Grundsätze ein ausreichendes Schutzniveau gewährleisten, das im Einzelfall noch durch eine Ausstrahlungswirkung des UmwG verstärkt werden kann.[14]

Abschnitt 5. Umwandlung einer bestehenden Aktiengesellschaft in eine SE

Art. 37 [Gründung durch Formwechsel]

(1) Eine SE kann gemäß Artikel 2 Absatz 4 gegründet werden.

(2) Unbeschadet des Artikels 12 hat die Umwandlung einer Aktiengesellschaft in eine SE weder die Auflösung der Gesellschaft noch die Gründung einer neuen juristischen Person zur Folge.

(3) Der Sitz der Gesellschaft darf anlässlich der Umwandlung nicht gemäß Artikel 8 in einen anderen Mitgliedstaat verlegt werden.

(4) Das Leitungs- oder das Verwaltungsorgan der betreffenden Gesellschaft erstellt einen Umwandlungsplan und einen Bericht, in dem die rechtlichen und wirtschaftlichen Aspekte der Umwandlung erläutert und begründet sowie die Auswirkungen, die der Übergang zur Rechtsform einer SE für die Aktionäre und für die Arbeitnehmer hat, dargelegt werden.

(5) Der Umwandlungsplan ist mindestens einen Monat vor dem Tag der Hauptversammlung, die über die Umwandlung zu beschließen hat, nach den in den Rechtsvorschriften der einzelnen Mitgliedstaaten gemäß Artikel 3 der Richtlinie 68/151/EWG vorgesehenen Verfahren offen zu legen.

(6) Vor der Hauptversammlung nach Absatz 7 ist von einem oder mehreren unabhängigen Sachverständigen, die nach den einzelstaatlichen Durchführungsbestimmungen zu

---

[8] BGHZ 82, 122 ff. = NJW 1982, 1703 ff. – Holzmüller; BGHZ 159, 30 ff. = NJW 2004, 1860 ff. – Gelatine I; → § 119 AktG Rn. 21 ff.; für die SE ebenso *Schwarz* Art. 36 Rn. 13 und ausf. jetzt auch Kölner Komm AktG/ *Paefgen* Art. 36 Rn. 7 ff. sowie Habersack/Drinhausen/*Scholz* Art. 36 Rn. 7 ff.
[9] Vgl. Habersack/Drinhausen/*Scholz* Art. 36 Rn. 13.
[10] Vgl. Habersack/Drinhausen/*Scholz* Art. 36 Rn. 16.
[11] Vgl. Habersack/Drinhausen/*Scholz* Art. 36 Rn. 16; näher zum Ganzen: *Witten*, Minderheitenschutz bei Gründung und Sitzverlegung der Europäischen Aktiengesellschaft (SE), 2011, 91 ff.
[12] Vgl. dazu etwa *Casper* FS Ulmer, 2003, 51, 62 f. mwN.
[13] Vgl. *Casper* FS Ulmer, 2003, 51, 63; ähnlich bereits *Teichmann* ZGR 2002, 383 (438 f.); aA *Schwarz* Art. 36 Rn. 15; Lutter/Hommelhoff/Teichmann/*Bayer* Rn. 7; Kölner Komm AktG/*Paefgen* Rn. 34; Habersack/Drinhausen/*Scholz* Art. 36 Rn. 37 f.
[14] *Casper* FS Ulmer, 2003, 51, 63 mwN; Habersack/Drinhausen/*Scholz* Art. 36 Rn. 38; im Erg. auch *Schwarz* Art. 36 Rn. 36.

Artikel 10 der Richtlinie 78/855/EWG durch ein Gericht oder eine Verwaltungsbehörde des Mitgliedstaates, dessen Recht die sich in eine SE umwandelnde Aktiengesellschaft unterliegt, bestellt oder zugelassen sind, gemäß der Richtlinie 77/91/EWG sinngemäß zu bescheinigen, dass die Gesellschaft über Nettovermögenswerte mindestens in Höhe ihres Kapitals zuzüglich der kraft Gesetzes oder Statut nicht ausschüttungsfähigen Rücklagen verfügt.

(7) ¹Die Hauptversammlung der betreffenden Gesellschaft stimmt dem Umwandlungsplan zu und genehmigt die Satzung der SE. ²Die Beschlussfassung der Hauptversammlung erfolgt nach Maßgabe der einzelstaatlichen Durchführungsbestimmungen zu Artikel 7 der Richtlinie 78/855/EWG.

(8) Ein Mitgliedstaat kann die Umwandlung davon abhängig machen, dass das Organ der umzuwandelnden Gesellschaft, in dem die Mitbestimmung der Arbeitnehmer vorgesehen ist, der Umwandlung mit qualifizierter Mehrheit oder einstimmig zustimmt.

(9) Die zum Zeitpunkt der Eintragung aufgrund der einzelstaatlichen Rechtsvorschriften und Gepflogenheiten sowie aufgrund individueller Arbeitsverträge oder Arbeitsverhältnisse bestehenden Rechte und Pflichten der umzuwandelnden Gesellschaft hinsichtlich der Beschäftigungsbedingungen gehen mit der Eintragung der SE auf diese über.

Schrifttum: Vgl. außer der vor Art. 2 angegebenen Literatur vor allem: *Kleinhenz/Leyendecker-Langer*, Ämterkontinuität bei der Umwandlung in eine dualistisch verfasste SE, AG 2013, 507; *Louven/Ernst*, Praxisrelevante Rechtsfragen im Zusammenhang mit der Umwandlung einer Aktiengesellschaft in eine Europäische Aktiengesellschaft, BB 2014, 323; *Lutter/Bayer/Schmidt*, Europäisches Unternehmens- und Kapitalmarktrecht, 5. Aufl. 2012; *Scheifele*, Die Gründung einer Europäischen Aktiengesellschaft (SE), 2004; *Schwartzkopff/Hoppe*, Ermächtigung an den Vorstand beim Formwechsel einer AG in eine SE, NZG 2013, 733; *Seibt/Reinhard*, Umwandlung der Aktiengesellschaft in die Europäische Gesellschaft (Societas Europaea), Der Konzern 2005, 407; *Vossius*, Gründung und Umwandlung der deutschen Europäischen Gesellschaft (SE), ZIP 2005, 741; *Witten*, Minderheitenschutz bei Gründung und Sitzverlegung der Europäischen Aktiengesellschaft (SE), 2011.

Übersicht

	Rn.		Rn.
I. Einführung: Regelungsgehalt und Rechtsnatur	1–3	5. Eingeschränkte Prüfung (Abs. 6)	13
II. Anwendbares Recht	4, 5	**V. Zustimmungsphase: Hauptversammlungsbeschluss (Abs. 7)**	14, 15
III. Sitzverlegungsverbot (Abs. 3)	6	**VI. Vollzugsphase: Anmeldung und Eintragung**	16, 17
IV. Die Vorbereitungsphase	7–13		
1. Überblick über das Gründungsverfahren	7	**VII. Schutz der Arbeitnehmer (Abs. 8, 9)**	18, 19
2. Umwandlungsplan (Abs. 4)	8–10		
3. Umwandlungsbericht (noch Abs. 4)	11	**VIII. Kein ergänzender Gläubiger- und Minderheitenschutz**	20, 21
4. Offenlegung (Abs. 5)	12		

I. Einführung: Regelungsgehalt und Rechtsnatur

Art. 37 ermöglicht die Gründung einer SE durch Formwechsel einer nationalen Aktiengesellschaft, sofern diese seit mindestens zwei Jahren eine dem Recht eines anderen Mitgliedstaats unterliegende Tochtergesellschaft hat. Eine Zweigniederlassung genügt nicht (→ Art. 2, 3 Rn. 17). Dieses **verschärfte Mehrstaatlichkeitserfordernis** bringt zusammen mit dem Sitzverlegungsverbot anlässlich der Gründung (Abs. 3) und der Ermächtigung, ein Vetorecht des mitbestimmten Aufsichtsrats (Abs. 8) einzuführen, ein gewisses **Misstrauen** gegenüber der Umwandlungsgründung zum Ausdruck. Einige Mitgliedstaaten – allen voran Deutschland – wollten zunächst ganz auf die Gründung durch Umwandlung verzichten, da sie eine **Flucht aus der Mitbestimmung** befürchteten.[1] Erstmals im Entwurf von 1991 wurde diese Gründungsform dann aufgenommen.[2] Dieses Misstrauen konnte nur durch die Bestandschutzregelung für die Mitbestimmung in **Art. 4 Abs. 4 SE-RL** überwunden werden. Heute hat sich die Umwandlungsgründung zu einer der beliebtesten Gründungsformen entwickelt.[3]

---

[1] Vgl. Darstellung und Nachw. bei *Scheifele*, Die Gründung der Europäischen Aktiengesellschaft (SE), 2004, 394 f.; *Schwarz* Rn. 3.
[2] Zur historischen Entwicklung → Vor Art. 1 Rn. 5 ff.
[3] Habersack/Drinhausen/*Bücker* Rn. 6 mwN, zu den Rechtstatsachen → Vor Art. 1 Rn. 23 und zu den hierfür maßgeblichen Gründen *Louven/Ernst* BB 2014, 323 (323 f.).

2 **Abs. 1,** der ohne eigenen Regelungsgehalt wiederholt, dass die SE nach Art. 2 Abs. 4 im Wege der Umwandlung gegründet werden kann, stellt klar, dass sich der **Anwendungsbereich** der Vorschrift auf den Formwechsel von der nationalen Aktiengesellschaft[4] in die SE beschränkt. Der umgekehrte Formwechsel der SE zurück in eine nationale Aktiengesellschaft bestimmt sich allein nach **Art. 66.**[5] Ebenso wenig regelt Art. 37 die Beteiligung einer SE an einem nationalen Umwandlungsvorgang (→ Art. 2, 3 Rn. 32 ff.).

3 Die **Rechtsnatur der Umwandlung** wird in **Abs. 2** beschrieben. Es wird klargestellt, dass es sich bei der Umwandlung um einen **identitätswahrenden Formwechsel** wie in §§ 190 ff. UmwG handelt. Danach hat die Umwandlung weder die Auflösung der bisherigen Gesellschaft, noch die Gründung einer neuen juristischen Person zur Folge. Der bisher allein nationalem Recht unterliegende Rechtsträger wechselt also allein sein Rechtskleid,[6] ist die SE wiederum dualistisch verfasst, besteht grundsätzlich Amtskontinuität,[7] soweit nicht der Aufsichtsrat durch ein abweichendes Mitbestimmungsmodell der SE (zB im Wege der Verhandlungslösung) neu gebildet werden muss (→ Art. 40 Rn. 8). Einer Universalsukzession des Vermögens von nationaler AG auf die SE bedarf es deshalb nicht. Bedarf für eine Vor-SE besteht ebenfalls nicht.[8] Steuerliche Konsequenzen hat die Umwandlungsgründung ebenfalls nicht, da eine Vermögensverlagerung wegen des Sitzverlegungsverbots in Abs. 3 ausgeschlossen ist.[9] Vor diesem Hintergrund scheint Abs. 9, der den Übergang der Arbeitsverhältnisse auf die SE nochmals ausdrücklich anordnet, überflüssig (→ Rn. 19).

II. Anwendbares Recht

4 Art. 37 regelt die Gründung durch Umwandlung nicht abschließend. Verbleibende Lücken können ggf. durch eine analoge Anwendung anderer Vorschriften in der SE-VO geschlossen werden,[10] dafür ergeben sich aber wenige Anhaltspunkte (→ Rn. 8 f.). Für die entstehende SE ist deshalb über Art. 15 Abs. 1 wiederum das Recht des künftigen Sitzstaates heranzuziehen. Für das auf die Gründungsgesellschaft anwendbare Recht fehlt jedoch – wie auch bereits bei der Holdinggründung – eine mit Art. 18 vergleichbare Verweisung ins nationale Recht. Der Streit, ob es insoweit wiederum einer **Analogie zu Art. 18** bedarf,[11] oder ob sich beim Formwechsel wegen der Identität und des rein nationalen Vorgangs die Reichweite des Art. 15 auch auf die Gründungsgesellschaft erstreckt,[12] ist ohne praktische Bedeutung.[13] Im Ergebnis ist unstreitig, dass einheitlich das nationale Recht des bisherigen und des künftigen Sitzstaates, der infolge von Abs. 3 nicht auseinander fallen darf, Anwendung findet. In Deutschland sind somit in erster Linie die §§ 190 ff. UmwG auf den Plan gerufen. Für die ergänzende Anwendung der Gründungsvorschriften des AktG besteht hingegen kaum Bedarf.[14]

---

[4] Zur Frage, ob auch die KGaA erfasst ist, → Art. 2, 3 Rn. 7.
[5] Zur Frage, ob die SE sich nach Art. 66 direkt in eine KGaA umwandeln kann, → Art. 66 Rn. 1.
[6] Lutter/Hommelhoff/*Bayer,* Die Europäische Gesellschaft, 2005, 25 (59); Kalss/Hügel/*Kalss* SEG Vor 17 Rn. 30 ff.; *Schwarz* Rn. 5.
[7] Ausf. dazu *Kleinhenz/Leyendecker-Langer* AG 2013, 507 (508 ff.). Dem Vorstand der AG erteilte Ermächtigungen zur Rückerwerb eigener Aktien oder zur Ausgabe von Wandelschuldverschreibungen bleiben bestehen, vgl. dazu mit ausführlicher Begr *Schwartzkopff/Hoppe* NZG 2013, 733 (734 f.).
[8] → Art. 16 Rn. 10 sowie etwa Kölner Komm AktG/*Paefgen* Rn. 3 mwN zur umstrittenen Frage, ob daneben immer Bedarf für die Handelndenhaftung nach Art. 16 Abs. 2 bestehe.
[9] Vgl. auch *Schwarz* Rn. 7; insoweit hat auch das SEStEG keine Änderungen bewirkt.
[10] Dies für die Umwandlungsgründung wegen des bewusst lückenhaften Charakters von Art. 37 aber bestreitend *Bayer* in Lutter/Hommelhoff, Die Europäische Gesellschaft, 2005, 60 unter Berufung auf *Teichmann* ZGR 2002, 383 (440), der diese Frage nicht näher problematisiert; wie hier dagegen *Scheifele,* Die Gründung der Europäischen Aktiengesellschaft (SE), 2004, 403 ff.; MüKoAktG/*Schäfer* Rn. 4; Kalss/Hügel/*Zollner* SEG Vor § 29 Rn. 7.
[11] So Kölner Komm AktG/*Paefgen* Rn. 15; *Bayer* in Lutter/Hommelhoff, Die Europäische Gesellschaft, 2005, 60; *El Mahi,* Die Europäische Aktiengesellschaft: Societas Europae – SE, 2004, 71 f.; *Drees,* Die Gründung der SE und ihre rechtliche Behandlung vor Eintragung, 2006, 113; grds. auch *Scheifele,* Die Gründung der Europäischen Aktiengesellschaft (SE), 2004, 403: Prüfung einer Analogie von Art. 18 im Einzelfall.
[12] So MüKoAktG/*Schäfer* Rn. 4; *Schwarz* Rn. 11; Habersack/Drinhausen/*Bücker* Rn. 4; ähnlich Seibt/Reinhard Der Konzern 2005, 407 (409) mit Fn. 13.
[13] Insoweit aA Kölner Komm AktG/*Paefgen* Rn. 15 mit Hinweis auf in Deutschland mit dem Verwaltungssitz domizilierende EWR-Gesellschaften. Dies überzeugt aber von daher nicht, da es für Art. 15 auf den Satzungs- und nicht den Verwaltungssitz ankommt, → Art. 15 Rn. 3.
[14] Zu den Einzelheiten vgl. MüKoAktG/*Schäfer* Rn. 30 f.; ähnlich Habersack/Drinhausen/*Bücker* Rn. 4, 70: „nur ein sehr geringer Anwendungsbedarf"; weitergehend aber Kölner Komm AktG/*Paefgen* Rn. 96 ff.; *Scheifele,* Die Gründung der Europäischen Aktiengesellschaft (SE), 2004, 425 ff. sowie *Schwarz* Rn. 67 ff.

Besondere Vorschriften im **deutschen Ausführungsgesetz** finden sich nicht.[15] Von der Ermächtigung in **Abs. 8,** dem mitbestimmten Aufsichtsrat ein Vetorecht gegen die Umwandlungsgründung einzuräumen, hat der deutsche Gesetzgeber nicht Gebrauch gemacht, obwohl Abs. 8 auf deutsche Initiative hin in die SE-VO aufgenommen worden ist.[16] Dieser Regelungsverzicht ist vor dem Hintergrund des weit reichenden Bestandschutzes nach Art. 4 Abs. 4 SE-RL aber konsequent, weshalb die Ermächtigung in Abs. 8 eigentlich hätte unterbleiben können.

III. Sitzverlegungsverbot (Abs. 3)

Das Sitzverlegungsverbot nach Abs. 3 soll eine Flucht aus der Mitbestimmung vermeiden. Der Sitz der sich umwandelnden Gesellschaft darf deshalb nicht anlässlich der Gründung verlegt werden. Die **zeitliche Grenze** ist somit die Eintragung der SE. Frühestens am Tag danach darf mit der Vorbereitung für ein Sitzverlegungsverfahren nach Art. 8 begonnen werden.[17] Vorherige interne Vorbereitungshandlungen sind unschädlich, dh der Verlegungsplan kann schon intern erstellt werden, darf aber noch nicht veröffentlicht werden.[18] Eine Schonfrist über die Eintragung hinaus ist weder dem Wortlaut zu entnehmen, noch mit dem Sinn und Zweck der Regelung vereinbar. Das über Art. 4 Abs. 4 SE-RL auf die SE fortgeschriebene Mitbestimmungsmodell ist sodann über § 18 SEBG gesichert. Eine verbotene Sitzverlegung anlässlich der Gründung hat zur Folge, dass der Sitz zurückzuverlegen ist. Eine **Sitzverlegung im Sitzstaat** anlässlich der Umwandlungsgründung ist hingegen zulässig.[19]

IV. Die Vorbereitungsphase

1. Überblick über das Gründungsverfahren. Das Gründungsverfahren durch Umwandlung lässt sich in **drei Abschnitte** untergliedern.[20] In der **Vorbereitungsphase** wird ein Umwandlungsplan aufgestellt, der Umwandlungsbericht erstattet, beides offen gelegt und ein vereinfachtes Prüfungsverfahren durchgeführt. Daran schließt sich die **Zustimmungsphase** in Gestalt des Hauptversammlungsbeschlusses nach Abs. 7 an. Abgeschlossen wird das Verfahren mit der Anmeldung der SE und ihrer Eintragung ins Register **(Vollzugsphase).**

2. Umwandlungsplan (Abs. 4). Das Leitungs- oder Verwaltungsorgan wird nach Abs. 4 zur Aufstellung eines Umwandlungsplans verpflichtet.[21] Dies erinnert an den Verschmelzungsplan (Art. 20) und den Gründungsplan (Art. 32 Abs. 2) bei der Holdinggründung. Im Gegensatz zu diesen Regelungsvorbildern enthält Art. 37 Abs. 4 der Vorgabe hinsichtlich eines **Mindestinhalts.** Zur Ausfüllung dieser Lücke werden im Wesentlichen **drei Auffassungen** vertreten. Eine Meinung sieht in Abs. 4 einen bewussten Regelungsverzicht, mit der Folge, dass sich der Inhalt aus dem nationalen Umwandlungsrecht ergibt, in Deutschland also aus **§ 194 Abs. 1 UmwG.**[22] Eine zweite Auffassung plädiert für eine **analoge Anwendung** der **Art. 20 Abs. 1, 32 Abs. 2 S. 3.**[23] Ein dritter Vorschlag will hingegen auf den Inhalt des Sitzverlegungsplans nach **Art. 8 Abs. 2** in entsprechender Anwendung zugreifen.[24]

---

[15] Anders Österreich, das mit §§ 29–33 öSEG umfangreiche Ausführungsvorschriften geschaffen hat, vgl. dazu Kalss/Hügel/*Zollner* Erl. zu §§ 29–33.

[16] Zur kontroversen rechtspolitischen Diskussion um den Umsetzungsprozess vgl. etwa *Brandt* NZG 2002, 991 (995); *Teichmann* in Theisen/Wenz SE S. 691 (715 f.).

[17] MüKoAktG/*Schäfer* Rn. 3; NK-SE/*Schröder* Rn. 9 ff.; *Lange* EuZW 2003, 301 (303); *Schwarz* Rn. 9; weitergehend Lutter/Hommelhoff/Teichmann/*Schmidt* Rn. 9 f., die wie Seibt in der Vorauf. Rn. 4 davon ausgeht, dass Abs. 3 einer Beschlussfassung über Sitzverlegung bereits zusammen mit Formwechsel nicht entgegenstehe. Das verkehrt allerdings Sinn und Zweck des Abs. 3 in sein Gegenteil.

[18] Zutr. Habersack/Drinhausen/*Bücker* Rn. 5; zu eng noch 1. Aufl. 2007, Rn. 6.

[19] MüKoAktG/*Schäfer* Rn. 3; *Schwarz* Rn. 9; Lutter/Hommelhoff/Teichmann/*Schmidt* Rn. 11; Habersack/ Drinhausen/*Bücker* Rn. 5.

[20] Vgl. Kalss/Hügel/*Zollner* SEG Vor § 29 Rn. 13, der zusätzlich noch eine interne Planungsphase unterscheidet, die mangels rechtlicher Außenwirkung aber hier keiner näheren Erläuterung bedarf.

[21] In Deutschland obliegt die Aufstellungskompetenz dem Vorstand, es genügt ein Handeln von Vorstandsmitgliedern in vertretungsberechtigter Zahl, vgl. *Seibt/Reinhard* Der Konzern 2005, 407 (414); *Vossius* ZIP 2005, 741 (747) mit Fn. 76.

[22] *Bayer* in Lutter/Hommelhoff, Die Europäische Gesellschaft, 2005, 61; NK-SE/*Schröder* Rn. 70 ff.; *Neun* in Theisen/Wenz SE S. 174 f.; *Vossius* ZIP 2005, 741 (747); *Jannott* in Jannott/Frodermann SE-HdB Kap. 3 Rn. 237.

[23] *Scheifele*, Die Gründung der Europäischen Aktiengesellschaft (SE), 2004, 404 ff.; *Schindler*, Die Europäische Aktiengesellschaft, 2002, 39; *Seibt/Reinhard* Der Konzern 2005, 407 (413 f.); Kölner Komm AktG/*Paefgen* Rn. 27 ff.; MüKoAktG/*Schäfer* Rn. 9 f.; *Schwarz* Rn. 17 ff.; Habersack/Drinhausen/*Bücker* Rn. 23.

[24] Andeutungsweise *Kalss* ZGR 2003, 693 (613), die Art. 8 Abs. 2 allerdings in erster Linie als Maßstab für den österreichischen Ausführungsgesetzgeber vor Augen hatte.

9 Für eine **Stellungnahme** ist zunächst auf die historische Entwicklung zu verweisen. Der Entwurf von 1991 verlangte in Art. 37a S. 3 noch, dass der Umwandlungsplan die wesentlichen „rechtlichen und wirtschaftlichen Aspekte der Umwandlung" enthalten musste. Der nun erfolgte Regelungsverzicht ist als Regelungsvorbehalt für das nationale Recht zu interpretieren, zumal eine Übertragung der Regelungen in Art. 20 nahe gelegen hätte. Auch das Hauptargument der Befürworter einer Analogie zu Art. 20, dass nicht alle Länder entsprechende umwandlungsrechtliche Vorschriften kennen, auf die zurückgegriffen werden kann, da es keine entsprechenden Vorgaben in der dritten gesellschaftsrechtlichen Richtlinie (Verschmelzungsrichtlinie, jetzt Art. 87–117 GesR-RL[25]) gibt, kann nicht überzeugen. Kennt das nationale Umwandlungsrecht keine entsprechende Regelung, muss es diese schaffen.[26] Auch der Zweck des Umwandlungsplans, der eine rechtzeitige Information der Aktionäre sicherstellen will, zwingt nicht zu einer Analogie. Gegen eine derartige Analogie spricht nicht zuletzt die fehlende Vergleichbarkeit. Viele der in Art. 20 Abs. 1 geforderten Angaben passen wegen der Identität bei der Umwandlungsgründung nicht (vgl. etwa Art. 20 lit. b, lit. c, lit. d, lit. e).[27] Insoweit hilft auch die gleichzeitige Analogie zu Art. 32 Abs. 2 S. 2[28] nur bedingt. Die Einzelheiten des Umwandlungsplans richten sich also bei einer deutschen Aktiengesellschaft nach § 194 Abs. 1, auf dessen Erläuterungen im umwandlungsrechtlichen Spezialschrifttum zu verweisen ist.[29]

10 Art. 37 Abs. 4 enthält keine besondere Formvorschrift für den Umwandlungsplan. Eine Analogie zu Art. 23 Abs. 1 kommt nicht in Betracht.[30] Der Regelungsverzicht hinsichtlich des Inhalts erstreckt sich auch auf die **Form**. Für eine deutsche AG bedeutet dies, dass der Umwandlungsplan als vorbereitender Teil des Zustimmungsbeschlusses nicht beurkundungspflichtig ist.[31] Der Verweis in Abs. 7 auf die Verschmelzungsrichtlinie (jetzt Art. 87–117 GesR-RL) macht jedoch eine Beurkundung des Hauptversammlungsbeschlusses erforderlich. Der Umwandlungsplan ist dem Zustimmungsbeschluss als Anlage beizufügen (vgl. § 13 Abs. 3 S. 2 UmwG)[32] und wird damit zumindest auf diese Weise in eine notarielle Beurkundung einbezogen. Die Praxis ist in den wichtigen Umwandlungsverfahren jedoch umgekehrt vorgegangen und hat zunächst den Umwandlungsplan selbst beurkundet.[33] Deswegen ist zu empfehlen, den Plan entweder vorsorglich zu beurkunden oder die Frage zumindest vorab mit dem zuständigen Registerrichter abzustimmen.[34]

11 **3. Umwandlungsbericht (noch Abs. 4).** Der nach Abs. 4 zusammen mit dem Plan zu erstattende Bericht orientiert sich hinsichtlich seines **Inhalts** stark an den Vorgaben des Art. 32 Abs. 2 S. 2. Auch beim Umwandlungsbericht sind die wirtschaftlichen und rechtlichen Auswirkungen der Umwandlung zu erläutern. Die Überlegungen zum Bericht bei der Holdinggründung (→ Art. 32 Rn. 14 f.) gelten hier mutatis mutandis. Die Auswirkungen für die Mitbestimmung der Arbeitnehmer können wiederum nur abstrakt umschrieben werden. Auch ohne ausdrückliche Anordnung ist der Bericht **Bestandteil des Umwandlungsplans**.[35] Der Bericht ist somit auch zeitlich zusammen mit dem Plan aufzustellen.[36] Der Berlicht ist nach Art. 15 iVm § 192 Abs. 2 UmwG ausnahmsweise

---

[25] S. Hinweis in Art. 17 Fn. 2.
[26] Insoweit ist es auch unbedenklich, wenn Österreich zusätzlich zu seinen nationalen Umwandlungsvorschriften spezielle Regelungen für die SE aufstellt, sofern die SE nicht gegenüber dem allgemeinen Umwandlungsrecht diskriminiert wird (zweifelnd aber MüKoAktG/*Schäfer* Rn. 9).
[27] So auch Lutter/Hommelhoff/Teichmann/*Schmidt* Rn. 14.
[28] Dafür MüKoAktG/*Schäfer* Rn. 10.
[29] Vgl. etwa Lutter/*Decher* UmwG § 194 Rn. 5 ff. Zu den Pflichtbestandteilen auf Basis einer Analogie vgl. etwa Kölner Komm AktG/*Paefgen* Rn. 29 ff.; Habersack/Drinhausen/*Bücker* Rn. 25 ff.; Lutter/Hommelhoff/Teichmann/*Schmidt* Rn. 14.
[30] Dafür aber *Heckschen* DNotZ 2003, 251 (264).
[31] Ebenso *Seibt/Reinhard* Der Konzern 2005, 407 (414); Kölner Komm AktG/*Paefgen* Rn. 45; MüKoAktG/*Schäfer* Rn. 14; Habersack/Drinhausen/*Bücker* Rn. 30; *Jannott* in Jannott/Frodermann SE-HdB Kap. 3 Rn. 337, 257; aA (Pflicht zur notariellen Beurkundungbereits des Umwandlungsplans) Lutter/Hommelhoff/Teichmann/*Schmidt* Rn. 21 auf eine Analogie zu §§ 6, 122c Abs. 4 UmwG, § 125 S. 1 UmwG abstellend; *Schwarz* Rn. 29; Lutter/Bayer/*Schmidt* § 41 Rn. 64, die § 6 UmwG analog anwenden wollen sowie *Scheifele*, Die Gründung der Europäischen Aktiengesellschaft (SE), 2004, 408, der auf Art. 18 analog iVm § 6 UmwG abstellt.
[32] Habersack/Drinhausen/*Bücker* Rn. 30.
[33] Vgl. den Nachw. bei Lutter/Hommelhoff/Teichmann/*Schmidt* Rn. 21 mit Fn. 75; ebenso Habersack/Drinhausen/*Bücker* Rn. 30.
[34] Eine Vorabstimmung empfiehlt auch Habersack/Drinhausen/*Bücker* Rn. 30.
[35] MüKoAktG/*Schäfer* Rn. 15; aA *Neun* in Theisen/Wenz SE S. 175; *Scheifele* Die Gründung der Europäischen Aktiengesellschaft (SE), 2004, 409; *Schwarz* Rn. 30; Habersack/Drinhausen/*Bücker* Rn. 37; Lutter/Hommelhoff/Teichmann/*Schmidt* Rn. 25.
[36] *Seibt/Reinhard* Der Konzern 2005, 407 (416).

dann entbehrlich, wenn entweder (i) die formwechselnde AG nur einen Aktionär hat[37] oder (ii) sämtliche Aktionäre in notariell beurkundeter Form auf die Erstattung des Berichts verzichten.[38]

4. Offenlegung (Abs. 5). Der Verschmelzungsplan ist mindestens einen Monat vor der Hauptversammlung offen zu legen. Die Offenlegung vollzieht sich nach dem durch Art. 3, 4 Publizitätsrichtlinie[39] (vgl. jetzt Art. 14 ff. GesR-RL) harmonisierten nationalen Recht.[40] In Deutschland kommt das Verfahren nach **§ 61 UmwG** zur Anwendung. Wegen der Einzelheiten kann auf die Erläuterungen zu Art. 22 sowie auf das umwandlungsrechtliche Spezialschrifttum zu § 61 UmwG verwiesen werden.[41] § 5 SEAG ist **analog** anzuwenden, so dass gem. § 61 S. 2 UmwG nur ein Hinweis auf die Einreichung des Plans zum Handelsregister veröffentlicht werden muss.[42] Eine weitergehende Publizität als bei der Verschmelzungsgründung ist nicht veranlasst. Entgegen dem Wortlaut des Abs. 5 ist auch der **Umwandlungsbericht** zu veröffentlichen,[43] da dieser Bestandteil des Umwandlungsplans ist (→ Rn. 11). Ergänzend zur Offenlegung nach Abs. 5 ist gem. Art. 15 iVm § 194 Abs. 2 UmwG der Plan und der Bericht dem Betriebsrat spätestens einen Monat vor der Hauptversammlung zuzuleiten.[44]

5. Eingeschränkte Prüfung (Abs. 6). Anders als bei der Verschmelzungs- und der Holdinggründung sieht Art. 37 **keine umfängliche Prüfung des Umwandlungsplans** vor, da es an einem Anteilstausch fehlt. Stattdessen verpflichtet Abs. 6 die Aktiengesellschaft nur dazu, durch einen unabhängigen Wirtschaftsprüfer eine sog. **Nettoreinvermögensbescheinigung** auszustellen. Diese soll bezeugen, dass genügend Vermögen vorhanden ist, welches das in der Satzung der SE[45] ausgewiesene Grundkapital zuzüglich eventueller gesetzlicher und freiwilliger Rücklagen abdeckt.[46] Damit soll eine ausreichende Kapitalausstattung im Zeitpunkt der Umwandlung nachgewiesen werden. Die Bescheinigung ist nicht bereits dann zu verweigern, wenn eine Unterbilanz existiert.[47] Vielmehr sind die Vermögenswerte nicht mit ihrem bilanziellen Buchwert, sondern mit ihrem **Verkehrswert** anzusetzen.[48] Dies folgt aus der Formulierung Nettovermögenswert in Abs. 6. Auf die Prüfung kann nicht verzichtet werden.[49] Die von den Prüfern[50] ausgestellte **Bescheinigung** ist bei der Anmeldung auf Eintragung der SE dem Register vorzulegen, eine Offenlegung nach Abs. 5 ist nicht vorgesehen.[51]

---

[37] MüKoAktG/*Schäfer* Rn. 17; Habersack/Drinhausen/*Bücker* Rn. 42; Kölner Komm AktG/*Paefgen* Rn. 45; 3. Aufl. 2015, Rn. 11; Lutter/Hommelhoff/Teichmann/*Schmidt* Rn. 29.

[38] MüKoAktG/*Schäfer* Rn. 17; Habersack/Drinhausen/*Bücker* Rn. 42; Kölner Komm AktG/*Paefgen* Rn. 45; Lutter/Hommelhoff/Teichmann/*Schmidt* Rn. 28; aA noch 3. Aufl. 2015, Rn. 11.

[39] S. Hinweis in Art. 28 Fn. 1.

[40] *Schwarz* Rn. 36; missverständlich Lutter/Hommelhoff/*Bayer,* Die Europäische Gesellschaft, 2005, 61, der von einer unmittelbaren Anwendung des Art. 3 Publizitäts-RL (1968) auszugehen scheint.

[41] Ausf. Darstellung bei Kölner Komm AktG/*Paefgen* Rn. 67; Habersack/Drinhausen/*Bücker* Rn. 32 f.

[42] MüKoAktG/*Schäfer* Rn. 19; Habersack/Drinhausen/*Bücker* Rn. 34; *Seibt/Reinhard* Der Konzern 2005, 407 (415); im Erg. auch *Scheifele,* Die Gründung der Europäischen Aktiengesellschaft (SE), 2004, 410; *Jannott* in Jannott/Frodermann SE-HdB Kap. 3 Rn. 246; *Teichmann* ZGR 2002, 383 (439).

[43] Ebenso MüKoAktG/*Schäfer* Rn. 19; Kölner Komm AktG/*Paefgen* Rn. 67 (mit fehlerhaftem Zitat zur hier vertretenen Auffassung); wohl auch *Schwarz* Rn. 36; aA *Seibt/Reinhard* Der Konzern 2005, 407 (416); *Louven/Ernst* BB 2014, 323 (328 f.); Habersack/Drinhausen/*Bücker* Rn. 43.

[44] *Jannott* in Jannott/Frodermann SE-HdB Kap. 3 Rn. 239; *Scheifele,* Die Gründung der Europäischen Aktiengesellschaft (SE), 2004, 410 f.; aA *Seibt/Reinhard* Der Konzern 2005, 407 (416); Lutter/Hommelhoff/Teichmann/*Schmidt* Rn. 22; *Schwarz* Rn. 37; Habersack/Drinhausen/*Bücker* Rn. 34 und neu neuerdings auch MüKoAktG/*Schäfer* Rn. 20.

[45] Und nicht etwa in der Satzung der Gründungsgesellschaft, so aber *Scheifele,* Die Gründung der Europäischen Aktiengesellschaft (SE), 2004, 412; wie hier überzeugend mit ausf. Begründung MüKoAktG/*Schäfer* Rn. 22; im Erg. ebenso *Vossius* ZIP 2005, 741 (748); Kölner Komm AktG/*Paefgen* Rn. 70, 72.

[46] Bestehen sowohl gesetzliche als auch statutarische Rücklagen, sind beide abzudecken. Das „oder" in Abs. 6 ist als und/oder zu lesen. Gesetzliche und freiwillige Rücklagen der Gründungsgesellschaft werden von der SE grds. übernommen, vgl. *Scheifele,* Die Gründung der Europäischen Aktiengesellschaft (SE), 2004, 415; im Erg. ebenso Kölner Komm AktG/*Paefgen* Rn. 73.

[47] Ebenso Kölner Komm AktG/*Paefgen* Rn. 75.

[48] MüKoAktG/*Schäfer* Rn. 23; *Schwarz* Rn. 44; *Scheifele,* Die Gründung der Europäischen Aktiengesellschaft (SE), 2004, 414; *Seibt/Reinhard* Der Konzern 2005, 407 (413); Kölner Komm AktG/*Paefgen* Rn. 74; Habersack/Drinhausen/*Bücker* Rn. 50.

[49] *Seibt/Reinhard* Der Konzern 2005, 407 (419); MüKoAktG/*Schäfer* Rn. 23; Habersack/Drinhausen/*Bücker* Rn. 52.

[50] Einzelheiten zur Prüferbestellung bei MüKoAktG/*Schäfer* Rn. 24; Habersack/Drinhausen/*Bücker* Rn. 51; Kölner Komm AktG/*Paefgen* Rn. 76 f.; *Seibt/Reinhard* Der Konzern 2005, 407 (419); *Scheifele,* Die Gründung der Europäischen Aktiengesellschaft (SE), 2004, 413 f.; *Louven/Ernst* BB 2014, 323 (329 f.).

[51] MüKoAktG/*Schäfer* Rn. 25; Habersack/Drinhausen/*Bücker* Rn. 53; aA Kölner Komm AktG/*Paefgen* Rn. 80.

Eine Einzelbeschreibung der bewerteten Vermögensgegenstände ist nicht erforderlich.[52] Die Vorschriften über die Gründungsprüfung nach §§ 32 ff. AktG sind neben Abs. 6 nicht zusätzlich anwendbar.[53]

V. Zustimmungsphase: Hauptversammlungsbeschluss (Abs. 7)

14   Abs. 7 ordnet an, dass die Hauptversammlung dem Umwandlungsplan zustimmen muss. Alle näheren Einzelheiten sind dem nationalen Recht zu entnehmen. Allein hinsichtlich des Mehrheitserfordernisses verweist Abs. 7 auf das entsprechend Art. 7 Verschmelzungsrichtlinie (jetzt Art. 93 GesR-RL) harmonisierte Recht, was zur Folge hat, dass sich höhere Quoren als 2/3 durchsetzen. **Einberufung und Durchführung** richten sich folglich nach §§ 121 ff. AktG. Allerdings folgt aus den ergänzend anwendbaren §§ 238, 230 Abs. 2 UmwG, dass Umwandlungsplan und -bericht ab Einberufung der Hauptversammlung auszulegen sind und auf Wunsch eine Abschrift zu erteilen bzw. im Internet zugänglich zu machen ist. Aus Art. 15 iVm § 239 UmwG ergibt sich, dass der Plan und der Bericht auch in der Hauptversammlung auszulegen und zu Beginn kurz mündlich zu erläutern sind.

15   Der **Inhalt** des Hauptversammlungsbeschlusses ist auf die Zustimmung zum Umwandlungsplan beschränkt. Ein Art. 23 Abs. 2, Art. 32 Abs. 7 vergleichbarer weiterer Zustimmungsvorbehalt nach Abschluss der Verhandlung über das Mitbestimmungsmodell ist nicht vorgesehen. Denkbar wäre zunächst nur eine Ablehnung unter Vorbehalt des Mitbestimmungsmodells oder eine Vertagung auf eine spätere Hauptversammlung.[54] Demgegenüber sprechen die besseren Gründe dafür, von einer Regelungslücke auszugehen, die durch eine Analogie zu Art. 23 Abs. 2, Art. 32 Abs. 6 S. 2 zu schließen ist.[55] Es ist wenig einsichtig, die Umwandlung anders als die Verschmelzungs- oder Holdinggründung zu behandeln, da auch hier die Verhandlung über ein Mitbestimmungsmodell zwingend ist und die Verhandlung bei Abhaltung der Hauptversammlung regelmäßig noch nicht abgeschlossen ist. In Deutschland bedarf der Beschluss einer Dreiviertelmehrheit. Dies ergibt sich aus dem Verweis in Abs. 7 S. 2 auf § 65 UmwG, der Art. 7 Verschmelzungsrichtlinie (jetzt Art. 93 GesR-RL) umsetzt und über dessen Vorgaben hinausgeht. Nach § 13 Abs. 3 S. 1 UmwG muss der Beschluss **notariell beurkundet** werden.[56] Ein Verpflichtung zum Barabfindungsangebot für widersprechende Aktionäre ist anders als in § 207 UmwG nicht vorgesehen,[57] da sich für die Aktionäre durch den Formwechsel von einer nationalen in eine Europäische Aktiengesellschaft wie bei einem Formwechsel von einer KGaA in eine AG (vgl. § 250 UmwG) keine gravierenden Unterschiede ergeben (→ Rn. 20 f.).

VI. Vollzugsphase: Anmeldung und Eintragung

16   Die Umwandlungsgründung wird mit der Vollzugsphase, also der Eintragung der SE nach Art. 12 mit der Folge des Art. 16 Abs. 1 abgeschlossen. Dies setzt zunächst eine **Anmeldung** zur Eintragung voraus, die sich in Deutschland im Einzelnen nach den Vorgaben in §§ 198 ff. UmwG richtet. Der Anmeldung sind ua der Umwandlungsplan einschließlich der SE-Satzung, ein Nachweis über die Einhaltung des Mehrstaatlichkeitserfordernisses nach Art. 2 Abs. 4, die Bescheinigung über das Nettoreinvermögen nach Abs. 6, eine Abschrift der Beurkundung des Hauptversammlungsbeschlusses nach Abs. 7, ein Negativtestat nach § 16 Abs. 2 S. 1 UmwG und ein Nachweis über das vereinbarte

---

[52] *Seibt/Reinhard* Der Konzern 2005, 407 (419); NK-SE/*Schröder* Rn. 37; MüKoAktG/*Schäfer* Rn. 25; aA *Scheifele*, Die Gründung der Europäischen Aktiengesellschaft (SE), 2004, 415.

[53] *Jannott* in Jannott/Frodermann SE-HdB Kap. 3 Rn. 263; *Scheifele*, Die Gründung der Europäischen Aktiengesellschaft (SE), 2004, 427; MüKoAktG/*Schäfer* Rn. 26; *Seibt/Reinhard* Der Konzern 2005, 407 (419); differenzierend *Schwarz* Rn. 74 f.

[54] In diesem Sinne noch Spindler/Stilz/*Casper*, 1. Aufl. 2007, Rn. 15, ohne Möglichkeit einer Analogie Art. 23 Abs. 2, 32 Abs. 7; ähnlich Habersack/Drinhausen/*Bücker* Rn. 61 der wegen der mangelnden Praxistauglichkeit dieses Modells ein Hinwirken des Vorstandes auf einen zeitigen Abschluss der Mitbestimmungsvereinbarung verlangt.

[55] *Schwarz* Rn. 49; Kölner Komm AktG/*Paefgen* Rn. 84; im Erg. ähnlich Lutter/Hommelhoff/Teichmann/ *Schmidt* Rn. 53; *Seibt/Reinhard* Der Konzern 2005, 407 (421): Vorbehalt als Minus gegenüber einer vorbehaltslosen Zustimmung als allg. Grundsätze; ebenso *Witten*, Minderheitenschutz bei Gründung und Sitzverlegung der SE, 2011, 99 ff.; aA MüKoAktG/*Schäfer* Rn. 28 mit Fn. 75; so wohl auch *Jannott* in Jannott/Frodermann SE-HdB Kap. 3 Rn. 257.

[56] *Schwarz* Rn. 56; Kölner Komm AktG/*Paefgen* Rn. 91; Habersack/Drinhausen/*Bücker* Rn. 60; nur im Erg. richtig *Heckschen* DNotZ 2003, 251 (264), der auf § 130 AktG abstellt.

[57] Vgl. etwa *Seibt/Reinhard* Der Konzern 2005, 407 (420); Lutter/Hommelhoff/*Seibt* Rn. 66; *Schwarz* Rn. 64; Kölner Komm AktG/*Paefgen* Rn. 94 ff.; Habersack/Drinhausen/*Bücker* Rn. 67 f.

Mitbestimmungsmodell beizufügen.[58] Die Einhaltung aller dieser Voraussetzungen unterliegt der **registergerichtlichen Prüfung**.[59] Ein mehrstufiges Prüfungsverfahren wie in Art. 25, 26 ist infolge des rein nationalen Sachverhalts nicht vorgesehen.

Die **Eintragung** richtet sich nach Art. 12. Die **Wirkung der Eintragung** besteht nach sinngemäßer Auslegung des Art. 16 Abs. 1 darin, dass sich der Formwechsel zur SE vollzieht. Anders als bei den anderen drei Gründungsverfahren entsteht infolge des Identitätsprinzips keine neue juristische Person. Ebenso wenig findet eine Rechtsnachfolge oder ein Erlöschen der bisherigen nationalen AG statt. Das Identitätsprinzip hat weiterhin zur Folge, dass vor Eintragung **keine Vor-SE** besteht, die nun in der SE aufgehen könnte (→ Art. 16 Rn. 10). Demzufolge ist allein für eine Handelndenhaftung nach Art. 16 Abs. 2,[60] nicht aber für eine Gründerhaftung Raum. Die Handelndenhaftung erlischt mit der Eintragung der SE (→ Art. 16 Rn. 16, → 18). Das Fehlen der Art. 30 vergleichbaren Regelung wirkt sich bei der deutschen SE wegen Art. 15 Abs. 1 iVm § 202 Abs. 1 Nr. 3, Abs. 3 UmwG nicht aus, da die Eintragung bei einem **fehlerhaften Umwandlungsbeschluss** über das nationale Umwandlungsrecht einen vergleichbaren Bestandschutz gewährleistet.[61]

VII. Schutz der Arbeitnehmer (Abs. 8, 9)

Von der auf deutsches Verlangen in **Abs. 8** eingeführten Ermächtigungsnorm (→ Rn. 5), wonach der nationale Gesetzgeber dem mitbestimmten Aufsichtsrat ein Vetorecht zubilligen kann, ist von den wichtigsten Mitbestimmungsländern Deutschland und Österreich[62] kein Gebrauch gemacht worden. Es handelt sich damit um totes Recht. Die Vorschrift sollte bei einer Revision der Verordnung (vgl. Art. 69) gestrichen werden. Der Evaluierungsbericht hat sich hiermit aber nicht beschäftigt.[63]

Ebenso überflüssig wie irreführend ist **Abs. 9**. Darin wird angeordnet, dass Arbeitsverträge und -verhältnisse nach den nationalen Vorschriften auf die SE übergehen. Dies klingt danach, als käme in Deutschland § 613a BGB zur Anwendung. Dies ist indes wegen des Identitätsprinzips gerade nicht der Fall, da die SE mit der nationalen AG identisch ist, ein Wechsel des Vertragspartners also gar nicht stattfindet.[64] Auch diese Vorschrift sollte zu gegebener Zeit gestrichen werden, da für einen derartigen rein deklaratorischen Programmsatz[65] kein Raum ist. Aber auch insoweit hat der Evaluierungsbericht keine Hoffnung gebracht.

VIII. Kein ergänzender Gläubiger- und Minderheitenschutz

Es ist bereits betont worden, dass Art. 37 nicht zum Erlass ergänzender gläubiger- oder minderheitsschützender Vorschriften ermächtigt (→ Rn. 5). Damit ist aber noch nicht die Frage beantwortet, ob nicht über Art. 15 **ergänzend Schutzvorschriften** aus den **nationalen Umwandlungsrechten** zur Anwendung kommen. In Deutschland sind insoweit das Austrittsrecht nach **§ 207 UmwG**, der Anspruch auf Verbesserung der Beteiligungsverhältnisse (**§ 196 UmwG**) und der Gläubigerschutz nach **§§ 204, 22 UmwG** anzusprechen. Überwiegend wird eine Anwendbarkeit dieser nationalen Schutzvorschriften mit Hinweis auf ein beredtes Schweigen des Art. 37 verneint.[66] Dieser These von einer abschließenden (Nicht-)Regelung hat *Schäfer* widersprochen.[67] Dafür spricht in der Tat, dass der Verordnungsgeber sich bei dem rein nationalen Umwandlungsvorgang bewusst einer Regelung enthalten hat, ohne den Mitgliedstaaten die Anwendung strenger Schutzvorschriften verbauen zu wollen. Entscheidend sei also vielmehr, ob eine Anwendung der §§ 196, 207, 202, 22

---

[58] Vollständige Liste der beizufügenden Gegenstände bei *Jannott* in Jannott/Frodermann SE-HdB Kap. 3 Rn. 270; Kölner Komm AktG/*Paefgen* Rn. 109; Habersack/Drinhausen/*Bücker* Rn. 82 f. und bei *Seibt/Reinhard* Der Konzern 2005, 407 (423).
[59] Kölner Komm AktG/*Paefgen* Rn. 113 ff.; Habersack/Drinhausen/*Bücker* Rn. 85 ff.
[60] Str., → Art. 16 Rn. 3 mit Fn. 8.
[61] Vgl. dazu etwa *Seibt/Reinhard* Der Konzern 2005, 407 (423); *Scheifele*, Die Gründung der Europäischen Aktiengesellschaft (SE), 2004, 432; MüKoAktG/*Schäfer* Rn. 34; *Schwarz* Rn. 89; Lutter/Hommelhoff/Teichmann/*Schmidt* Rn. 75; Kölner Komm AktG/*Paefgen* Rn. 122 f.; Habersack/Drinhausen/*Bücker* Rn. 93.
[62] Zur Rechtslage in Österreich vgl. Kalss/Hügel/*Zollner* SEG Vor § 29 Rn. 3.
[63] Bericht der Kommission an das europäische Parlament und den Rat über die Anwendung der SE-VO vom 17. November 2010, KOM(2010) 676 endg.
[64] Statt aller *Bayer* in Lutter/Hommelhoff, Die Europäische Gesellschaft, 2005, 65; MüKoAktG/*Schäfer* Rn. 36; Habersack/Drinhausen/*Bücker* Rn. 99.
[65] Ausdruck nach *Bayer* in Lutter/Hommelhoff, Die Europäische Gesellschaft, 2005, 65.
[66] *Kalss* ZGR 2003, 593 (614); *Scheifele*, Die Gründung der Europäischen Aktiengesellschaft (SE), 2004, 423; *Jannott* in Jannott/Frodermann/SE-HdB Kap. 3 Rn. 274; *Schwarz* Rn. 64; unentschieden *Neun* in Theisen/Wenz SE S. 185.
[67] MüKoAktG/*Schäfer* Rn. 37.

UmwG bei der Umwandlung von einer nationalen in eine europäische Aktiengesellschaft sinnvoll sei. Einigkeit erlangt man sicherlich schnell, dass dies beim **Austrittsrecht nach § 207 UmwG** nicht der Fall ist, da selbst bei der Verschmelzungs- und der Holdinggründung der Schutz gem. §§ 7, 9 SEAG von der Sitzverlagerung ins Ausland bzw. vom Eintritt einer Konzernierung abhängig gemacht wird.[68] Entsprechendes gilt auch für den **Gläubigerschutz nach §§ 204, 22 UmwG.** Insoweit fehlt es infolge des Identitätsprinzips an einer Gefährdung, zumal Abs. 6 eine Werthaltigkeitsprüfung des Grundkapitals sicherstellt.[69]

21   Demgegenüber will *Schäfer* aber den **Anspruch auf Verbesserung des Beteiligungsverhältnisses nach § 196 UmwG** auf die Umwandlungsgründung über Art. 15 anwenden.[70] Dem ist zu widersprechen. An der Beteiligungsquote oder deren Gewicht ändert sich nichts. Statt einer Aktie der nationalen AG erhält der Aktionär nun eine Aktie der SE, die dieselbe werthaltige Beteiligung verbrieft.[71] Auch der Hinweis auf **§ 250 UmwG** kann kein gegenteiliges Ergebnis rechtfertigen. Danach ist bei der Umwandlung einer KGaA in eine AG (oder umgekehrt) eine Anwendung des § 196 UmwG nicht ausgeschlossen. Indes ist die Situation durch den Hinzutritt oder den Wegfall des persönlich haftenden Gesellschafters eine andere, die im Einzelfall eine Anwendung des § 196 UmwG rechtfertigen mag. Im **Ergebnis** ist also festzuhalten, dass für einen ergänzenden Minderheiten- oder Gläubigerschutz nach dem UmwG kein Raum ist.

---

[68] So auch MüKoAktG/*Schäfer* Rn. 37; *Jannott* in Jannott/Frodermann SE-HdB Kap. 3 Rn. 274; Kölner Komm AktG/*Paefgen* Rn. 94; Lutter/Hommelhoff/Teichmann/*Schmidt* Rn. 83; Habersack/Drinhausen/*Bücker* Rn. 67.
[69] So auch MüKoAktG/*Schäfer* Rn. 39.
[70] MüKoAktG/*Schäfer* Rn. 38; ebenso jetzt Kölner Komm AktG/*Paefgen* Rn. 95.
[71] Lutter/Hommelhoff/Teichmann/*Schmidt* Rn. 84; in diese Richtung auch *Kalss* ZGR 2003, 593 (615); *Schindler*, Die Europäische Aktiengesellschaft, 2002, 39; Habersack/Drinhausen/*Bücker* Rn. 68.

Titel III. Aufbau der SE

Art. 38 [Organe der SE]

Die SE verfügt nach Maßgabe dieser Verordnung über
a) eine Hauptversammlung der Aktionäre und
b) entweder ein Aufsichtsorgan und ein Leitungsorgan (dualistisches System) oder ein Verwaltungsorgan (monistisches System), entsprechend der in der Satzung gewählten Form.

Schrifttum: *Böckli*, Konvergenz: Annäherung des monistischen und des dualistischen Führungs- und Aufsichtssystems, in Hommelhoff/Hopt/v. Werder, Handbuch Corporate Governance, 2. Aufl. 2009, 255; *Boettcher*, Die Kompetenzen von Verwaltungsrat und geschäftsführenden Direktoren in der monistischen SE in Deutschland, 2009; *Cromme*, Die Konvergenz der Corporate Governance in ein- und zweigliedrigen Board-Systemen, FS Hoffmann-Becking, 2013, 283; *Davies*, Struktur der Unternehmensführung in Großbritannien und Deutschland, ZGR 2001, 268; *Eidenmüller/Engert/Hornuf*, Vom Wert der Wahlfreiheit: Eine empirische Analyse der Societas Europaea als Rechtsformalternative, AG 2009, 845; *Hein*, Die Rolle des US-amerikanischen CEO gegenüber dem Board of Directors im Lichte neuerer Entwicklungen, RIW 2002, 501; *Hopt*, ECLR: Gemeinsame Grundsätze der Corporate Governance in Europa?, ZGR 2000, 779; *Hopt*, Board Structures – The Significance of the Rules on the Board of the European Company, in Rickford, The European Company, Developing a Community Law of Corporations, 2003, 47; *Hopt/Leyens*, Board Models in Europe. Recent Developments of Internal Corporate Governance Structures in Germany, the United Kingdom, France and Italy, ECFR 2004, 135; *Huizinga*, Die Machtbalance zwischen Verwaltung und Hauptversammlung in der Europäischen Gesellschaft (SE), 2012; *Jungmann*, The Effectiveness of Corporate Governance in One-Tier and Two-Tier Board Systems, ECFR 2006, 426; *Kämmerer/Veil*, Paritätische Arbeitnehmermitbestimmung in der monistischen Societas Europaea, ZIP 2005, 369; *Kessler*, Leitungskompetenz und Leitungsverantwortung im deutschen, US-amerikanischen und japanischen Aktienrecht, RIW 1998, 602; *Leyens*, Deutscher Aufsichtsrat und U. S.-Board: ein- oder zweistufiges Verwaltungssystem?, RabelsZ 67 (2003), 57; *Minuth*, Führungssysteme der Europäischen Aktiengesellschaft, 2005; *Neye*, Die optionale Einführung der monistischen Unternehmensverfassung für die Europäische (Aktien-)Gesellschaft im deutschen Recht, FS Röhricht, 2005, 443; *Teichmann*, ECLR: Corporate Governance in Europa, ZGR 2001, 645; *Teichmann*, ECLR: Die Einführung der Europäischen Aktiengesellschaft; ZGR 2002, 383; *Teichmann*, Binnenmarktkonformes Gesellschaftsrecht, 2006; *Windbichler*, Zur Trennung von Geschäftsführung und Kontrolle bei amerikanischen Großgesellschaften, ZGR 1985, 51.

Vgl. zur monistischen SE die Literatur bei Art. 43.

Übersicht

	Rn.		Rn.
I. Die Organisationsverfassung der SE ..	1, 2	1. Gemeinsame Regelungselemente	9–19
II. Wahlrecht (Art. 38 lit. b)	3–8	a) Gesamtleitung	10
1. Monistische und dualistische Leitungssysteme	3, 4	b) Funktionstrennung	11, 12
2. Optionsmodell	5, 6	c) Koordination und Repräsentation der Überwachungstätigkeit (CEO versus lead director)	13
3. Satzungsmäßige Ausübung des Wahlrechts	7, 8	d) Informationsfluss	14
III. Das monistische und dualistische System der deutschen SE im Vergleich; Konvergenzen und verbleibende Unterschiede	9–22	e) Einbindung der Kontrollinstanz	15, 16
		f) Überwachungspflichten	17, 18
		g) Unabhängigkeit der nicht geschäftsführenden Organmitglieder	19
		2. Verbleibende Systemunterschiede	20–22

I. Die Organisationsverfassung der SE

Gegenstand von **Titel III** der Verordnung ist die Organisationsverfassung der SE. Die Abschn. 1 und 2 enthalten Regelungen über das monistische und das dualistische **Leitungssystem** (Art. 39–42 und Art. 43–45), Abschn. 3 enthält gemeinsame Vorschriften für beide Systeme (Art. 46–51). Die Regelungen in abschließendem Abschn. 4 betreffen die **Hauptversammlung** (Art. 52–60) ohne zu differenzieren, ob die SE monistisch oder dualistisch verfasst ist. Die Verordnung enthält die grundlegenden Bestimmungen für die einzelnen Organe, regelt im Übrigen aber nur punktuell einige Einzelfragen. Ihren wesentlichen Charakter erhält die Organisationsverfassung deswegen erst durch die Ausfüllung mit den nationalen Rechtsvorschriften, die über **Art. 9 Abs. 1 lit. c ii** sowie spezielle Verweisungen ergänzend zur Anwendung kommen. Kennt eine Gesellschaftsrechtsordnung – wie die deutsche – eines der Leitungssysteme nicht, kann der Mitgliedstaat gestützt auf Art. 39 Abs. 5 und Art. 43 Abs. 4 entsprechende Vorschriften im Ausführungsgesetz erlassen.[1]

2   Diesen Vorschriften hat der Verordnungsgeber **Art. 38** vorgeschaltet, dem ein **doppelter Aussagegehalt** zu entnehmen ist.[2] Jede SE muss als **notwendige Organe** über eine Hauptversammlung (lit. a) und entweder ein Leitungs- und Aufsichtsorgan oder einen Verwaltungsrat (lit. b) verfügen;[3] eine Satzungsgestaltung, die dieser Vorgabe zuwiderläuft, ist unzulässig. Art. 38 räumt der jeweiligen Gesellschaft, genauer dem Satzungsgeber, ein **Wahlrecht** ein. Er kann – und muss – sich in der Satzung für das monistische oder das dualistische System entscheiden (Gestaltungsermächtigung mit Regelungsauftrag).[4] Anders als im Verordnungsentwurf von 1991 (→ Rn. 5) können die Mitgliedstaaten dieses Optionsrecht nicht ausschließen.

II. Wahlrecht (Art. 38 lit. b)

3   **1. Monistische und dualistische Leitungssysteme.** Traditionell lassen sich **zwei Typen** der aktienrechtlichen Spitzenorganisation unterscheiden. Aus der deutschen Aktiengesellschaft[5] ist die **Aufteilung der Unternehmensführung auf zwei institutionell verselbständigte Organe** bekannt (**dualistisches System,** two-tier system[6] oder Trennungssystem).[7] Grundgedanke ist die Auslagerung der Überwachung in einen Aufsichtsrat, der vom geschäftsführenden Vorstand personell und funktionell getrennt ist. Die Organstruktur prägen drei wesentliche Regelungselemente: **Inkompatibilität** zwischen Vorstands- und Aufsichtsratsmitgliedschaft, **Weisungsfreiheit** des Vorstands[8] und **erschwerte Abberufbarkeit** seiner Mitglieder. An diesem System werden die klare Trennung der Führungsaufgaben und die Unabhängigkeit der überwachenden Mitglieder gelobt.[9]

4   Dagegen ist im **monistischen System** (one-tier system) die **gesamte Unternehmensführung bei einem einzigen Organ konzentriert,** das als Verwaltungsrat oder board bezeichnet wird.[10] Diese Organisationsform ist vor allem im US-amerikanischen und englischen Gesellschaftsrecht beheimatet, findet sich aber auch in einigen kontinentalen Rechtsordnungen (Schweiz bzw. als Optionsmodell in Frankreich, Italien und Portugal).[11] In der Realität monistisch verfasster Unterneh-

---

[1] Vor Einführung des SEAG wurde diskutiert, ob der nationale Gesetzgeber aufgrund von Art. 38 lit. b iVm Art. 39 Abs. 5 und 43 Abs. 4 zum Erlass entsprechender Regelungen nicht nur ermächtigt, sondern auch verpflichtet ist; vgl. zur Diskussion mN *Schwarz* Rn. 11, Art. 39 Rn. 77 ff., Art. 43 Rn. 123 ff.; Kalss/Hügel/*Greda* SEG Vor § 34 Rn. 2. Jedenfalls darf der Ausführungsgesetzgeber nicht die Funktionsfähigkeit eines der Systeme beeinträchtigen, vgl. *Teichmann* BB 2004, 53 (57 f.); Habersack/Drinhausen/*Scholz* Rn. 3.

[2] Allgemeine Aussagen über die Organisationsstruktur der SE, insbes. über das Verhältnis der Organe zueinander („hierarchische Struktur", „Nebenordnungsstruktur"), lassen sich Art. 38 dagegen nicht entnehmen; ebenso *Schwarz* Vor Art. 38–60 Rn. 4; Lutter/Hommelhoff/Teichmann/*Teichmann* Rn. 3; aA *Brandt* Die Hauptversammlung der Europäischen Aktiengesellschaft (SE), 2004, 67 ff. (90).

[3] Zur Terminologie vgl. § 20 SEAG: Der deutsche Ausführungsgesetzgeber verwendet für das dualistische System wie die Verordnung die Begriffe Leitungs- und Aufsichtsorgan statt Vorstand und Aufsichtsrat, nennt aber das Verwaltungsorgan der deutschen monistischen SE Verwaltungsrat. Eine rechtliche Aussage ist damit nicht verbunden, vgl. auch *Schwarz* Rn. 4, Anh. Art. 43 Rn. 11. In der Praxis werden die Organe der dualistischen SE häufig weiterhin in der Terminologie des Aktiengesetzes als Vorstand und Aufsichtsrat bezeichnet; dies ist zulässig, vgl. Lutter/Hommelhoff/Teichmann/*Teichmann* Anh. Art. 43 (§ 20 SEAG) Rn. 6; Kölner Komm AktG/*Paefgen* Art. 39 Rn. 15 f., Art. 40 Rn. 9.

[4] → Rn. 7; MüKoAktG/Reichert/*Brandes* Rn. 2; *Seibt* in Lutter/Hommelhoff, Die Europäische Gesellschaft, 2005, 67 (72).

[5] Zur historischen Entwicklung des deutschen Aufsichtsratssystems vgl. etwa *Fleischer* AcP 204 (2004), 502 (523 ff.); Großkomm AktG/Hopt/*Roth* AktG § 95 Rn. 1 ff.; *Lutter* in Bayer/Habersack Aktienrecht im Wandel Bd. 2, 8. Kap.

[6] So die englische Fassung der Verordnung.

[7] Vgl. zur Verbreitung *Hopt* in Rickford, The European Company, Developing a Community Law of Corporations, 2003, 47 (50); *Leyens* RabelsZ 67 (2003), 57 (59); MüKoAktG/Reichert/*Brandes* Rn. 9; *Schwarz* Rn. 712; *Teichmann* ZGR 2001, 645 (663 ff.); Lutter/Hommelhoff/Teichmann/*Teichmann* Rn. 19 ff.

[8] Zum fakultativen Weisungsrecht des Aufsichtsrats, das erst durch das AktG 1937 abgeschafft wurde, Großkomm AktG/Hopt/*Roth* AktG § 111 Rn. 5, 81, 556 f.

[9] Vgl. etwa *Böckli,* Schweizer Aktienrecht, 4. Aufl. 2009, § 13 Rn. 897 f.; Kalss/Hügel/*Greda* SEG Vor § 34 Rn. 4; Großkomm AktG/Kort AktG Vor § 76 Rn. 3; MüKoAktG/Reichert/*Brandes* Rn. 19; *Schiessl* ZHR 167 (2003), 235 (243); MHdB AG/*Wiesner* § 19 Rn. 2.

[10] Überblick und Nachweise etwa bei *Böckli* in Hommelhoff/Hopt/v. Werder Corporate Governance-HdB S. 255 (262 ff.); *Davies* ZGR 2001, 268 ff.; Hopt/*Leyens* ECFR 2004, 135 (149 ff.); *Kessler* RIW 1998, 602 (609 ff.); *Leyens* RabelsZ 67 (2003), 57 (69 ff.); *Merkt,* US-amerikanisches Gesellschaftsrecht, 2013, Rn. 609 ff.; *Boettcher,* Die Kompetenzen von Verwaltungsrat und geschäftsführenden Direktoren in der monistischen SE in Deutschland, 2009, 54 ff.; Lutter/Hommelhoff/Teichmann/*Teichmann* Rn. 16 ff.; Kölner Komm AktG/*Siems* Vor Art. 43 Rn. 5 ff.

[11] Zur Verbreitung MüKoAktG/Reichert/*Brandes* Rn. 4 sowie die Nachw. in Fn. 7.

men hat indes die **Arbeitsteilung innerhalb des Verwaltungsrats** große Bedeutung; zulässig und üblich ist zum einen die Delegation der Geschäftsführung auf einzelne Personen, zum anderen die Einrichtung von Ausschüssen.[12] Die Überwachungsaufgabe wird in diesem Fall vorrangig von den nicht geschäftsführenden sog. „outside directors" bzw. einem mit unabhängigen Mitgliedern besetzen „audit committee" wahrgenommen; auch dem monistischen System ist die Trennung von Geschäftsführung und Überwachung also keineswegs fremd. Im Unterschied zum dualistischen System schreibt der Gesetzgeber der jeweiligen Gesellschaft jedoch nicht vor, die Trennung der Führungsfunktionen durch eine Aufteilung auf zwei personell und funktionell getrennte Gesellschaftsorgane auszugestalten. Neben der damit verbundenen Flexibilität werden für das monistische System vor allem der bessere Informationsfluss und die größere Sachnähe der überwachenden Mitglieder ins Feld geführt.[13]

2. Optionsmodell. Der europäische Gesetzgeber hat sich in der SE-VO nicht für eines der beiden 5 Systeme entschieden, sondern die **Wahl** in Art. 38 lit. b **der jeweiligen Gesellschaft überlassen.** Nachdem der Sanders-Vorentwurf und die Verordnungsentwürfe von 1970 und 1975 noch auf das dualistische System beschränkt waren, sah Art. 61 SE-VOV 1989 erstmals ein Wahlrecht zwischen den zwei Leitungstypen vor.[14] Der Entwurf von 1991 ermöglichte es dann allerdings den Mitgliedstaaten im Wege einer Opting-Out-Klausel, den Gesellschaften mit Sitz in ihrem Hoheitsgebiet das dualistische oder das monistische System vorzuschreiben; dadurch hätten die nationalen Gesetzgeber auf die Einführung des bislang unbekannten Leitungssystems verzichten können.[15] Erst in der Endfassung von 2001 kehrte die Verordnung wieder zum unbeschränkbaren Wahlrecht der Gesellschaft aus dem Entwurf von 1989 zurück.

Dieses **Optionsmodell** wurde im rechtswissenschaftlichen Schrifttum ganz überwiegend 6 begrüßt.[16] Trotz langjähriger rechtsvergleichender Diskussion konnte sich weder die monistische noch die dualistische Unternehmensverfassung als das eindeutig überlegene Corporate Governance-System erweisen.[17] Vielmehr hat sich die Überzeugung durchgesetzt, dass die Eignung des Leitungssystems für eine effektive Unternehmensführung von den Traditionen und Strukturen des jeweiligen Rechts- und Wirtschaftssystems abhängt, was für die Beibehaltung beider Systeme spricht.[18] Mit der Entscheidung, die Wahl nicht im Sinne einer Opt-Out-Regelung den Mitgliedstaaten zu überlassen, sondern in die Verantwortung der einzelnen Gesellschaft zu stellen, erkennt der Verordnungsgeber zudem an, dass die Frage letztlich nur mit Blick auf das konkrete Unternehmen beantwortet werden kann.[19] Letzteres hat besondere Bedeutung, weil die SE nach dem Willen des Gesetzgebers – anders als die allgemeine Corporate Governance-Diskussion – nicht nur auf die großen, börsennotierten

---

[12] Vgl. *Böckli*, Schweizer Aktienrecht, 4. Aufl. 2009, § 13 Rn. 978 ff.; *Böckli* in Hommelhoff/Hopt/v. Werder Corporate Governance-HdB S. 201 (216 ff.); *Davies* ZGR 2001, 268 (275); *Hopt/Leyens* ECFR 2004, 135 (150 ff.); *Leyens* RabelsZ 67 (2003), 57 (72 ff., 76 ff.); Lutter/Hommelhoff/Teichmann/*Teichmann* Anh. Art. 43 (§ 40 SEAG) Rn. 2; *Windbichler* ZGR 1985, 50 (53); Kölner Komm AktG/*Siems* Vor Art. 43 Rn. 23; zur rechtspolitischen Diskussion im Vorfeld des SEAG vgl. einerseits *Neye/Teichmann* AG 2003, 169 (178 f.) (Delegation der Geschäftsführung); andererseits *Maul* ZGR 2003, 743 (758 ff.) (Einführung eines audit committee).
[13] Etwa *Davies* ZGR 2001, 268 (284); Kalss/Hügel/*Greda* SEG Vor § 34 Rn. 9; *Leyens* RabelsZ 67 (2003), 57 (92 f.); Marsch-Barner GS Bosch, 2006, 91 (103); *Merkt* ZGR 2003, 650 (669); MüKoAktG/*Reichert/Brandes* Rn. 19; *Schiessl* ZHR 167 (2003), 235 (241 f.).
[14] Zweiter geänderter Vorschlag für eine Verordnung über das Statut der Europäischen Aktiengesellschaft vom 25. August 1989, abgedr. in BT-Drs. 11/5427, 36 und bei *Lutter* Europäisches Unternehmensrecht, 3. Aufl. 1991, 575; näher zu den einzelnen Verordnungsentwürfen → Vor Art. 1 Rn. 8 ff.; Lutter/Hommelhoff/Teichmann/*Teichmann* Rn. 4 ff.
[15] Art. 61 1. Spiegelstrich, Dritter geänderter Vorschlag für eine Verordnung über das Statut der Europäischen Aktiengesellschaft v. 16.5.1991, abgedr. in BT-Drs. 12/1004, 43 und bei *Lutter* Europäisches Unternehmensrecht, 4. Aufl. 1996, 735; dazu *Hommelhoff* AG 2001, 279 (282 f.).
[16] Etwa *Hommelhoff* AG 2001, 279 (282 f.); *Hennsler* FS Ulmer, 2003, 193 (201) („legislatorisches Optimum"); mit Blick auf Frankreich früher schon *Hopt* ZGR 2000, 779 (815).
[17] Vgl. aus dem Schrifttum etwa *Wiedemann* GesR I S. 341 ff.; *Berrar*, Die Entwicklung der Corporate Governance, 2001, 41 ff., 202; *Davies* ZGR 2001, 268 (292 f.); *Hopt* ZGR 2000, 779 (783 ff.); Rickford/*Hopt*, The European Company, Developing a Community Law of Corporations, 2003, 47 (51 f.); *Leyens* RabelsZ 67 (2003), 57 (96 f.); Kölner Komm AktG/*Mertens/Cahn* AktG Vor § 95 Rn. 22; MüKoAktG/*Reichert/Brandes* Rn. 19; *Schiessl* ZHR 167 (2003), 235 ff.; eingehend *Jungmann* ECFR 2006, 426 ff. Auch die Präambel zu den im Mai 1999 verabschiedeten OECD-Principles of Corporate Governance (AG 1999, 340 (342)) enthält sich einer Entscheidung zwischen der beiden Leitungssystemen, dazu *Seibert* AG 1999, 337 (338); ähnlich der Bericht der Regierungskommission Corporate Governance, *Baums* Bericht der Regierungskommission Rn. 18.
[18] Zur Pfadabhängigkeit der Unternehmensverfassung Rickford/*Hopt*, The European Company, Developing a Community Law of Corporations, 2003, 47 (50); *Leyens* RabelsZ 67 (2003), 57 (64 f.); Lutter/Hommelhoff/*Teichmann*, Die Europäische Gesellschaft, 2005, 195; insbes. zur Bedeutung der Kapitalmarktstruktur *Davies* ZGR 2001, 268 (290); *Merkt* ZGR 2003, 650 (651 f.); *Leyens* RabelsZ 67 (2003), 57 (97).
[19] Dazu etwa MüKoAktG/*Reichert/Brandes* Rn. 24.

Gesellschaften zugeschnitten ist, sondern auch für kleine und mittlere Gesellschaften einschließlich Konzerntöchter geeignet sein soll.[20] Vor diesem Hintergrund erscheint das **Optionsmodell als guter Mittelweg;** der Gesetzgeber erweitert die Gestaltungsfreiheit, ohne die Unternehmensverfassung vollständig in die Satzungsautonomie zu entlassen.[21] Einen ähnlichen Weg hatten zuvor das französische und italienische Gesellschaftsrecht beschritten.[22] Auch der Bericht der High Level Group[23] und der Aktionsplan der Europäschen Kommission[24] haben sich für ein Wahlrecht ausgesprochen. Die Verordnung über eine Europäische Genossenschaft enthält in Art. 36 SEC-VO eine mit Art. 38 identische Regelung. Ob es sinnvoll ist, das monistische Leitungssystem auch für die deutsche Aktiengesellschaft einzuführen,[25] lässt sich nicht entscheiden, bevor das Problem der paritätischen Mitbestimmung im Verwaltungsrat gelöst ist (→ Rn. 22, → Art. 43 Rn. 29).

7 **3. Satzungsmäßige Ausübung des Wahlrechts.** Art. 38 lit. b lässt sich als **Gestaltungsermächtigung mit obligatorischem Regelungsauftrag** einordnen.[26] Trifft die Satzung keine Regelung, besteht ein Eintragungshindernis.[27] Indem die Verordnung die Entscheidung dem Satzungsgeber überlässt, stellt sie die Wahl der Unternehmensverfassung in die Autonomie der Anteilseigner; in der Praxis also der Gründungsgesellschafter. Durch die Zuweisung des Optionsrechts an den Satzungsgeber ist diese wesentliche Grundentscheidung zugleich allen anderen Interessenträgern, insbes. den Arbeitnehmern, entzogen. Die Ausübung des Wahlrechts kann deswegen auch **nicht Gegenstand der Mitbestimmungsvereinbarung** sein.[28] Unzulässig wäre es auch, in die Vereinbarung eine Verpflichtung aufzunehmen, das einmal gewählte System beizubehalten. Ein **nachträglicher Wechsel** des Leitungssystems ist jederzeit per Satzungsänderung möglich.[29] Widersprechende Aktionäre haben anders als im Fall der Sitzverlegung kein Recht zum Austritt gegen Abfindung; Art. 8 Abs. 5 und § 12 SEAG finden keine entsprechende Anwendung.[30] Aufgrund der beträchtlichen Auswirkung der Organisationsstruktur auf die Mitbestimmung (→ Rn. 22, → Art. 43 Rn. 27 ff.) wird der Wechsel jedoch regelmäßig eine strukturelle Änderung iSd § 18 Abs. 3 SEBG darstellen, so dass Neuverhandlungen über die Arbeitnehmerbeteiligung aufgenommen werden müssen (str.).[31]

8 Art. 38 lit. b erlaubt nur die Wahl zwischen den beiden in Art. 39 ff. und 43 ff. zur Verfügung gestellten Systemen.[32] Eine weiter gehende Satzungsermächtigung kann der Vorschrift nicht entnommen werden. **Regelungsfreiraum** zur Ausgestaltung der Organisationsstruktur besteht vielmehr nur, soweit Verordnung oder SEAG spezielle Ermächtigungen erteilen (Art. 9 lit. b, c iii, § 23 Abs. 5 S. 1 AktG) oder ein Bereich überhaupt nicht geregelt ist (§ 23 Abs. 5 S. 2 AktG). Die Regelungsmöglichkeiten auf Verordnungsebene lassen sich unterteilen in Regelungsaufträge an den Satzungsgeber (neben Art. 38 lit. b etwa Art. 39 Abs. 4 S. 1, Art. 40 Abs. 3 S. 1, Art. 43 Abs. 2 S. 1, Art. 46 Abs. 1, Art. 48 Abs. 1 S. 1), Anregungsnormen (etwa Art. 47 Abs. 1 und 3) und dispositive Regelungen

---

[20] Vgl. Erwägungsgrund 13 und *Neye/Teichmann* AG 2003, 169 (176 f.); *Teichmann* BB 2004, 53 (54 f.).
[21] Allg. zu dieser Regelungstechnik *Beier,* Der Regelungsauftrag als Gesetzgebungsinstrument im Gesellschaftsrecht 2002, 224 f. (272); zu Optionsmodellen eingehend *Bachmann* JZ 2008, 11 ff.
[22] Überblick bei *Hopt/Leyens* ECFR 2004, 135 (156 ff.); vgl. zum französischen Recht auch *Guyon* FS Lutter, 2000, 83 (85); zu Neuregelung des italienischen Aktienrechts auch den Überblick bei *Casper/Reiß* RIW 2004, 428 mwN sowie *Magelli/Masotto* RIW 2004, 903 (904).
[23] Bericht der Hochrangigen Gruppe von Experten auf dem Gebiet des Gesellschaftsrechts über moderne gesellschaftsrechtliche Rahmenbedingungen in Europa, Empfehlung III.9.
[24] Aktionsplan der Europäischen Kommission zur Modernisierung des Gesellschaftsrechts und Verbesserung der Corporate Governance unter 3.1.3, S. 18 f., abgedr. in NZG 2003, Sonderbeil. zu Heft 13.
[25] Vgl. *Fleischer* AcP 204 (2004), 502 (522 f.); *Henssler* FS Ulmer, 2003, 193 (202).
[26] MüKoAktG/*Reichert/Brandes* Rn. 2; Lutter/Hommelhoff/Teichmann/*Teichmann* Rn. 35; vgl. auch *Seibt* in Lutter/Hommelhoff, Die Europäische Gesellschaft, 2005, 67 (72).
[27] Kölner Komm AktG/*Paefgen* Rn. 10.
[28] Ebenso Habersack/Drinhausen/*Scholz* Rn. 4; Kölner Komm AktG/*Paefgen* Rn. 36; MüKoAktG/*Reichert/Brandes* Rn. 2; *Forst,* Die Beteiligungsvereinbarung nach § 21 SEBG, 2010, 285 f.; *Köklü,* Die Beteiligung der Arbeitnehmer, 2006, 182; vgl. zum Verhältnis von Satzungsautonomie und Mitbestimmungsvereinbarung auch *Habersack* AG 2006, 345 ff., *Oetker* ZIP 2006, 1113 ff.
[29] *Hommelhoff* AG 2001, 279 (283); Kalss/Hügel/*Greda* SEG Vor § 34 Rn. 1; *Schwarz* Rn. 10.
[30] Vgl. Habersack/Drinhausen/*Scholz* Rn. 29.
[31] Wie hier MüKoAktG/*Jacobs* SEBG § 18 Rn. 16; Lutter/Hommelhoff/Teichmann/*Oetker* SEBG § 18 Rn. 25; Kölner Komm AktG/*Paefgen* Rn. 15 (allerdings nur bei Wechsel vom monistischen zum dualistischen Leistungssystem). Der österreichische Gesetzgeber hat dies in § 228 Abs. 2 öArbVG ausdrücklich klargestellt. Gegen eine Neuverhandlungspflicht bei einem Wechsel des Leitungssystems aber Habersack/Drinhausen/*Scholz* Rn. 30; UHH/*Henssler* SEBG § 18 Rn. 20; Kölner Komm AktG/*Feuerborn* SEBG § 18 Rn. 22; *Teichmann* FS Hellwig, 2010, 347 (360).
[32] Vgl. *Neye/Teichmann* AG 2003, 169 (175); Kalss/Hügel/*Greda* SEG Vor § 34 Rn. 3; MüKoAktG/*Reichert/Brandes* Rn. 2.

(etwa Art. 50 Abs. 1 und 2).³³ Dabei muss jede Satzungsgestaltung die gesetzlichen Zuständigkeiten der notwendigen Organe (→ Rn. 2) unangetastet lassen.³⁴ Das beschränkt die gesellschaftsrechtliche **Zulässigkeit fakultativer Organe.**³⁵ Unvereinbar mit der aktienrechtlichen Kompetenzordnung ist es insbes., die Mitbestimmung in ein zusätzliches Organ (zB einen Konsultationsrat) auszugliedern, dem Zustimmungsrechte iSd Art. 48, § 111 Abs. 4 S. 2 AktG eingeräumt werden.³⁶ In den genannten Grenzen können jedoch weitere Gremien etabliert werden; von der Zulässigkeit fakultativer Organe geht die Verordnung ausweislich Art. 54 Abs. 2 aus.³⁷

III. Das monistische und dualistische System der deutschen SE im Vergleich; Konvergenzen und verbleibende Unterschiede

1. Gemeinsame Regelungselemente. Nach dem Grundgedanken des dualistischen Systems 9 sollen die beiden Führungsfunktionen Geschäftsführung und Aufsicht möglichst getrennt werden, um die Unabhängigkeit der überwachenden Organmitglieder zu stärken. Andererseits erfordert eine wirksame Aufsicht die Nähe der Kontrolinstanz zur Geschäftsführung, um mit den nötigen Informationen versorgt zu sein und erforderlichenfalls bereits präventiv eingreifen zu können; dies spricht für die Verbindung der beiden Führungsfunktionen, die für das monistische System charakteristisch ist. Die Corporate Governance steht mit anderen Worten in einem **Spannungsverhältnis von Funktionstrennung und Einheit.** Die Versuche, die Schwächen des einen Systems durch die Integration von Elementen des anderen Systems auszugleichen, führen zur einer Annäherung der beiden Leitungstypen, die rechtsvergleichend unter dem Schlagwort der **Konvergenz** diskutiert wird.³⁸ Vor diesem Hintergrund verwundert es nicht, dass auch die monistische und dualistische SE **Parallelen in der rechtlichen Ausgestaltung** aufweisen. Mustert man die Regelungen für die deutsche SE unter diesem Aspekt durch, lässt sich eine Vielzahl gemeinsamer Regelungselemente feststellen.³⁹ Aufgrund der geringen Regelungsdichte der Verordnung wird der Charakter der Leitungssysteme dabei entscheidend durch die Vorschriften des AktG und des SEAG geprägt.⁴⁰

a) Gesamtleitung. In beiden Systemen ist der Bereich der Leitungsaufgaben stets vom Gesamtorgan in **Kollegialverantwortung** wahrzunehmen.⁴¹ Der Gesetzgeber möchte mit der Aufgabenzuweisung an ein sich gegenseitig kontrollierendes Kollegium die Qualität der Entscheidungsfindung verbessern.⁴² Für den Vorstand der deutschen AG ist anerkannt, dass dieses Prinzip der Gesamtleitung die Möglichkeiten organinterner Ressortverteilung begrenzt.⁴³ Das deutsche Ausführungsgesetz hat dieses aktienrechtliche Prinzip in § 22 Abs. 1 SEAG für die Konturierung des undelegierbaren Pflichtbereichs des Gesamtverwaltungsrats in Abgrenzung zu den geschäftsführenden Direktoren aufgegriffen (→ Art. 43 Rn. 10 ff.). Der Gedanke der Gesamtleitung beschränkt auch jede andere Übertragung von Leitungsaufgaben im Verwaltungsrat der monistischen SE, etwa auf einen beschließenden Ausschuss (→ Art. 44 Rn. 6).

b) Funktionstrennung. Beide Leitungssysteme der deutschen SE sehen ein **Element zwingender Funktionstrennung** vor. **Im dualistischen System** ist die Trennung zwischen Geschäftsführung

---

³³ → Art. 59 Rn. 2 sowie *Beier,* Der Regelungsauftrag als Gesetzgebungsinstrument im Gesellschaftsrecht 2002, 71 ff. (81 ff.), zur SE insbes. S. 253 ff.; *Seibt* in Lutter/Hommelhoff, Die Europäische Gesellschaft, 2005, 67; Überblick sämtlicher Gestaltungsmöglichkeiten des Satzungsgebers bei Habersack/Drinhausen/*Scholz* Rn. 6.
³⁴ Ebenso Lutter/Hommelhoff/Teichmann/*Teichmann* Rn. 44.
³⁵ Habersack/Drinhausen/*Scholz* Rn. 11 ff.; Kölner Komm AktG/*Paefgen* Rn. 37 ff.
³⁶ → Art. 48 Rn. 9; im Erg. auch MüKoAktG/*Reichert/Brandes* Rn. 33; Habersack/Drinhausen/*Scholz* Rn. 15 ff.; Kölner Komm AktG/*Paefgen* Rn. 39: Mitbestimmungsvereinbarung muss Kompetenzbereich des Aufsichts- bzw. Verwaltungsrats unberührt lassen.
³⁷ Näher MüKoAktG/*Reichert/Brandes* Rn. 27 ff.; *Schwarz* Rn. 5 f., Art. 39 Rn. 96, Art. 43 Rn. 140; Habersack/Drinhausen/*Scholz* Rn. 11 ff.
³⁸ Näher *Böckli* in Hommelhoff/Hopt/v. Werder Corporate Governance-HdB S. 255 ff.; Großkomm AktG/Hopt/*Roth* AktG § 111 Rn. 91 ff.; Kalss/Hügel/*Greda* SEG Vor § 34 Rn. 4; *Leyens* RabelsZ 67 (2003), 57 (95); *Teichmann* ZGR 2001, 645 (668); Lutter/Hommelhoff/Teichmann/*Teichmann* Rn. 24 ff.; *Cromme* FS Hoffmann-Becking, 2013, 283 ff.
³⁹ Zum Regelungsansatz des deutschen Ausführungsgesetzgebers → Art. 43 Rn. 4 sowie *Neye/Teichmann* AG 2003, 169 (177 f.); *Teichmann* BB 2004, 53 (58); Lutter/Hommelhoff/*Teichmann,* Die Europäische Gesellschaft, 2005, 195 (196 f.).
⁴⁰ Zum vergleichsweise zurückhaltenden Ansatz des Verordnungsgebers bei der Corporate Governance der SE *Hopt* in Rickford, The European Company, Developing a Community Law of Corporations, 2003, 47 (56 ff.).
⁴¹ Zum Begriff der Leitungsaufgaben → AktG § 76 Rn. 18 mwN; trotz abweichenden Begriffsverständnisses im Erg. ähnlich *Teichmann,* Binnenmarktkonformes Gesellschaftsrecht, 2006, 543.
⁴² Vgl. dazu *Fleischer* NZG 2003, 449 (458 f.).
⁴³ → AktG § 76 Rn. 8, 62 ff. mwN.

und Überwachung in der zweistufigen Organstruktur angelegt (vgl. Art. 39 Abs. 1, Art. 40 Abs. 1). Neben der Inkompatibilität der Mitgliedschaft in Leitungs- und Aufsichtsorgan (Art. 39 Abs. 3, § 105 Abs. 1 AktG, → Art. 39 Rn. 8) sichern die Weisungsfreiheit des Leitungsorgans und seine erschwerte Abberufbarkeit[44] die Unabhängigkeit von Geschäftsführungs- und Kontrollinstanz. Der deutsche Ausführungsgesetzgeber hat sich entschieden, auch **im monistischen System** ein gewisses Maß an Funktionstrennung zwingend vorzuschreiben. Die Geschäftsführung wird gesetzlich auf einen oder mehrere geschäftsführende Direktoren delegiert (§ 40 Abs. 1 S. 1, Abs. 2 S. 1 SEAG); gleichzeitig muss der Verwaltungsrat nach § 40 Abs. 1 S. 2 SEAG mehrheitlich mit nicht geschäftsführenden Mitgliedern besetzt sein (→ Art. 43 Rn. 4). Diese Aufteilung des board in geschäftsführende „inside directors" und in „outside directors", die wesentlich die Überwachungsaufgabe tragen, ist in monistischen Systemen international üblich (→ Rn. 4). Mit der zwingenden Anordnung dieser Ausgestaltung verkürzt das SEAG allerdings die sonst charakteristische Gestaltungsfreiheit des monistischen Systems.

12 Daneben besteht in beiden Systemen die Möglichkeit einer **freiwilligen Aufgabenverteilung** innerhalb der Organe. In § 107 Abs. 3 S. 1 AktG und § 34 Abs. 4 S. 1 SEAG hat der Gesetzgeber die Einrichtung von Ausschüssen des Aufsichtsorgans und Verwaltungsrats ausdrücklich für zulässig erklärt, soweit eine Aufgabe nicht ausdrücklich dem Plenum zugewiesen ist (→ Rn. 10, → Rn. 16); anerkannt sind ebenso Ausschüsse des Leitungsorgans.[45] Grundsätzlich steht die Ausgestaltung der Binnenorganisation in der Autonomie des jeweiligen Organs. Anders als im Aufsichtsorgan[46] kann der Satzungsgeber jedoch im Leitungsorgan und im Verwaltungsrat über die Binnenordnung durch Einzelvorgaben für die Ausgestaltung mitbestimmen (vgl. § 77 Abs. 2 AktG und § 34 Abs. 2 SEAG, § 40 Abs. 1 S. 5 SEAG).[47] Die Ausschussbildung steht im Mittelpunkt der Diskussion um die Umsetzung einer effektiven Überwachung im monistischen System.[48]

13 **c) Koordination und Repräsentation der Überwachungstätigkeit (CEO versus lead director).** Erfahrungen mit beiden Leitungssystemen zeigen, dass die Überwachung an Schlagkraft gewinnt, wenn sie von einer dafür zuständigen Person koordiniert und innerhalb der Gesellschaft, vor allem gegenüber der Geschäftsführung, repräsentiert wird. Die Verordnung trägt dem Rechnung, indem sie in Art. 42 und 45 jede Gesellschaft verpflichtet, einen **Vorsitzenden des Aufsichtsorgans bzw. des Verwaltungsrats** zu wählen. Seine Bedeutung im Leben des Unternehmens folgt weniger aus besonderen Rechten als aus der Verantwortung für das organinterne Verfahren und seiner Rolle als Ansprechpartner der Geschäftsführung.[49] Im monistischen System ist diese Funktion des Verwaltungsratsvorsitzenden jedoch gefährdet, wenn er zugleich zum geschäftsführenden Direktor bestellt wird und dadurch auf die Seite der zu überwachenden Mitglieder wechselt **(CEO-Modell);** eine Gestaltung, die in der deutschen SE **de lege lata zulässig** ist.[50] Der geschäftsführende Vorsitzende erscheint ungeeignet, die Überwachungstätigkeit des Verwaltungsrats zu koordinieren und dessen Position im Konfliktfall gegenüber den geschäftsführenden Direktoren durchzusetzen. Als Lösungsmöglichkeit wird vorgeschlagen, in diesem Fall ein nicht geschäftsführendes Mitglied zum senior oder **lead independent director** zu ernennen, der die Überwachungstätigkeit des Verwaltungsrats koordiniert.[51]

14 **d) Informationsfluss.** Als Folge jeder Form der Funktionstrennung sitzen die überwachenden Organmitglieder nicht mehr an der Quelle der Informationen, die sie für die wirksame Kontrolle der Geschäftsführung eigentlich benötigen.[52] Dieses Problem einer **trennungsbedingten Informationsasymmetrie** tritt nicht nur im dualistischen, sondern auch im monistischen System auf. Entsprechend finden sich in Verordnung und SEAG für beide Systeme Regelungen, die den Informationsfluss innerhalb der Spitzenorganisation fördern; dabei lassen sich zwei Dimensionen unterscheiden. In erster Linie sollen Berichtspflichten an das Aufsichtsorgan und den Gesamtverwaltungsrat die **Informationsversorgung durch die Geschäftsführung** sicherstellen (Art. 41 Abs. 1 und 2 bzw. § 40 Abs. 6 SEAG iVm § 90 AktG). Flankiert werden diese Pflichten durch Informations-

---

[44] § 84 Abs. 3 AktG, zur Anwendbarkeit auf die SE → Art. 39 Rn. 9.
[45] Zum Vorstandsausschuss → AktG § 77 Rn. 41; *Kort* in Fleischer VorstandsR-HdB § 3 Rn. 24 ff.
[46] Zur uneingeschränkten Organisationsautonomie des Aufsichtsrats → AktG § 107 Rn. 85.
[47] Zur Ausschussbildung → Art. 44 Rn. 5; zur Geschäftsführerbestellung → Art. 43 Rn. 37; ähnlich zum französischen monistischen System *Menjucq* ZGR 2003, 679 (680 f., 684).
[48] → Art. 44 Rn. 5 ff. sowie *Leyens* RabelsZ 67 (2003), 57 (72 ff.); *Windbichler* ZGR 1985, 50 (59 f.).
[49] → Art. 45 Rn. 5; zum Aufsichtsrat → AktG § 107 Rn. 39 ff.
[50] Nachw. zur Diskussion mit Blick auf den US-amerikanischen CEO → Art. 45 Rn. 8.
[51] Vgl. *Böckli* in Hommelhoff/Hopt/v. Werder Corporate Governance- HdB 255 (270 f.); *Hein* RIW 2002, 501 (506); Großkomm AktG/*Hopt/Roth* AktG § 100 Rn. 95; zum englischen Recht s. The Combined Code on Corporate Governance (Juni 2006), A. 3.3.
[52] *Böckli* in Hommelhoff/Hopt/v. Werder Corporate Governance- HdB 255 (267 f.); zum US-amerikanischen board bereits *Windbichler* ZGR 1985, 50 (56).

und Untersuchungsrechte des Überwachungsorgans (Art. 41 Abs. 3 und 4 bzw. § 22 Abs. 4 SEAG, § 90 Abs. 3 AktG); dahinter steht die Befürchtung, das Management könnte dazu neigen, negative Informationen zurückzuhalten.[53] Dagegen dienen die Individualrechte in Art. 41 Abs. 5 und Art. 44 Abs. 2 der **organinternen Informationsverteilung;** unabhängig von der Ausgestaltung der Binnenorganisation erhält jedes Mitglied einen Zugang zu sämtlichen im Organ verfügbaren Informationen. Dem gleichen Ziel dienen die identischen Regelungen in § 107 Abs. 3 S. 4 AktG und § 34 Abs. 4 S. 3 SEAG, die die Ausschüsse des Aufsichtsorgans und des Verwaltungsrats zu regelmäßigen Berichten an das Plenum verpflichten. Eine ähnliche Funktion haben **gemeinsame Sitzungen** der geschäftsführenden und nicht geschäftsführenden Organmitglieder, die im monistischen System selbstverständlich, aber auch im dualistischen System möglich und zum Teil üblich sind.[54]

e) **Einbindung der Kontrollinstanz.** Eine wirksame Überwachung der Geschäftsführung darf sich nicht auf eine rückblickende Kontrolle beschränken, sondern muss bereits in der Phase der Entscheidungsfindung ansetzen, bevor vollendete Tatsachen geschaffen wurden. Dieser Ansatz, der im monistischen System in der Verbindung von Geschäftsführung und Überwachung in einem einzigen Organ verwirklicht ist, stellt das dualistische System vor Probleme, weil das Aufsichtsorgan ja gerade von der Geschäftsführung ausgeschlossen sein soll (Art. 40 Abs. 1 S. 2). In der Diskussion, die in Deutschland vor allem im Kontext der jüngeren Aktienrechtsreformen geführt wurde, hat sich die Einsicht durchgesetzt, dass ein gewisses Maß an **Einbeziehung der Kontrollinstanz in die Unternehmensführung** mit dem Grundgedanken des Aufsichtsratssystems vereinbar ist.[55] Mit der Pflicht zu einer **zukunftsgerichteten Berichterstattung** in Art. 41 Abs. 1, die der Regelung in § 90 Abs. 1 S. 1 Nr. 1 AktG ähnelt, öffnet sich der Verordnungsgeber einer präventiven Kontrolle, die bis zu einer Beratung des Leitungsorgans durch das Aufsichtsorgans führen kann.[56] 15

Gleichermaßen für beide Systeme verlangt der Verordnungsgeber darüber hinaus in Art. 48 Abs. 1, in der Satzung **Zustimmungsvorbehalte** für bestimmte Arten von Geschäften aufzustellen. Sie binden die Kontrollinstanz in die Geschäftsführung ein, indem eine geplante Maßnahme gesellschaftsintern von der Zustimmung der überwachenden Mitglieder abhängig gemacht wird. Deswegen verlangt Art. 48 im dualistischen System die Zustimmung des Aufsichtsrats und im monistischen System eine Beschlussfassung des Gesamtverwaltungsrats, so dass die Entscheidung nicht gegen den Willen der nicht geschäftsführenden Verwaltungsratsmehrheit (→ Rn. 11) gefällt werden kann (vgl. für Einzelheiten die Erläuterungen zu Art. 48). Die gleiche Wirkung haben im monistischen System die **Delegationsverbote** in § 34 Abs. 4 S. 2 SEAG, die einzelne Aufgaben ausdrücklich dem Gesamtorgan zuweisen. 16

f) **Überwachungspflichten.** Die erläuterte **organisatorische Ausgestaltung** wird in beiden Systemen **durch Überwachungspflichten flankiert,** die von den Organmitgliedern eine angemessene Wahrnehmung ihrer Kontrollaufgabe verlangen. Rechtstechnisch lassen sich Überwachungspflichten auf zweierlei Weise konstruieren. Soweit der Gesetzgeber selbst eine spezielle Zuweisung der Geschäftsführungsaufgabe vorgenommen hat (→ Rn. 11), verpflichtet er im Gegenzug das zur Kontrolle berufene Organ ausdrücklich zur Überwachung. So begründet die Verordnung in Art. 40 Abs. 1 S. 1 eine **Überwachungspflicht des Aufsichtsrats;** das Ausführungsgesetz enthält in § 22 Abs. 1 SEAG eine entsprechende **Pflicht des Gesamtverwaltungsrats.** Für die Erfüllung dieser Organpflicht ist jedes einzelne Mitglied voll verantwortlich.[57] 17

Im Fall einer freiwilligen Aufgabenverteilung (→ Rn. 12) folgen die Überwachungspflichten aus der **Zuweisung der Unternehmensführung in Gesamtverantwortung.** Wird ein Aufgabenbereich einzelnen Organmitgliedern zur Erledigung übertragen, verbleibt bei den übrigen Mitgliedern eine Pflicht zur Überwachung ihrer Kollegen. Dieses **„Prinzip der gegenseitigen Überwachung"** wurde für den Vorstand entwickelt,[58] findet aber auch im monistischen System immer dann Anwendung, wenn eine Aufgabe einem mehrköpfigen Organ zugewiesen ist; das gilt nicht nur für eine 18

---

[53] *Böckli* in Hommelhoff/Hopt/v. Werder Corporate Governance- HdB 255 (267 f.); *Fleischer* AcP 204 (2004), 502 (526).

[54] Zum monistischen System → Art. 44 Rn. 3; zu gemeinsamen Sitzungen von Vorstand und Aufsichtsrat Nr. 3.6 DCGK (7. Februar 2017) sowie *U.H. Schneider* FS Konzen, 2006, 881 (883); Großkomm AktG/*Hopt/ Roth* AktG § 109 Rn. 27 ff., 94 ff.; MüKoAktG/*Habersack* AktG § 109 Rn. 11 ff.

[55] → AktG § 90 Rn. 16; Großkomm AktG/*Hopt/Roth* § 111 Rn. 79 ff.; Großkomm AktG/*Kort* AktG Vor § 76 Rn. 3.

[56] → AktG § 111 Rn. 10; Hüffer/Koch/*Koch* AktG § 111 Rn. 13; ausf. zur Beratung des Vorstands Großkomm AktG/*Hopt/Roth* AktG § 111 Rn. 288 ff.

[57] Zum Aufsichtsrat → AktG § 111 Rn. 33; Großkomm AktG/*Hopt/Roth* AktG § 111 Rn. 115, AktG § 116 Rn. 31.

[58] Eingehend *Fleischer* NZG 2003, 449 (452 ff.); MüKoAktG/*Spindler* AktG § 93 Rn. 148 ff.; Großkomm AktG/*Hopt* AktG § 93 Rn. 60 ff.

Ressortverteilung im Verwaltungsrat (→ Art. 51 Rn. 7), sondern auch im Verhältnis mehrerer geschäftsführender Direktoren untereinander (→ Art. 43 Rn. 41, → Art. 51 Rn. 14).

19 **g) Unabhängigkeit der nicht geschäftsführenden Organmitglieder.** Schwerpunkt der aktuellen Corporate Governance-Diskussion ist das Verhältnis der nicht geschäftsführenden Organmitglieder zu der von ihnen überwachten Gesellschaft. Persönliche Bestellungsvoraussetzungen enthalten § 100 AktG für das Aufsichtsorgan und § 27 SEAG für den Verwaltungsrat (Einzelheiten bei → Art. 47 Rn. 3 ff.). Zudem bestimmt Art. 39 Abs. 3 die Inkompatibilität von Leitungs- und Aufsichtsorgansmitgliedschaft; § 40 Abs. 1 S. 2 AktG stellt sicher, dass die überwachenden Verwaltungsratsmitglieder nicht zugleich zu geschäftsführenden Direktoren bestellt werden. Darüber hinaus enthalten Verordnung und SEAG jedoch **keine Anforderungen an die Unabhängigkeit der Mitglieder** des Aufsichtsorgans bzw. der nicht geschäftsführenden Verwaltungsratsmitglieder. Der europäische und der deutsche Gesetzgeber haben diese Frage einstweilen der Regelung im Corporate Governance Kodex überlassen.[59] Nach einer Empfehlung der Europäischen Kommission vom Februar 2005 gilt ein Mitglied der Unternehmensleitung als unabhängig, „wenn es in keiner geschäftlichen, familiären oder sonstigen Beziehung zu der Gesellschaft, ihrem Mehrheitsaktionär oder deren Geschäftsführung steht, die einen Interessenkonflikt begründet, der sein Urteilsvermögen beeinflussen könnte."[60]

20 **2. Verbleibende Systemunterschiede.** Ungeachtet der erläuterten Parallelen in der rechtlichen Ausgestaltung des monistischen und dualistischen Systems der deutschen SE verbleiben wesentliche Systemunterschiede. Sie gründen darin, dass die gesetzliche Delegation der Geschäftsführung auf die geschäftsführenden Direktoren in § 40 SEAG die **umfassende Letztverantwortung des Verwaltungsrats für die Unternehmensführung** unberührt lässt. Im Unterschied zum Aufsichtsorgan, das von der Geschäftsführung ausgeschlossen ist und sich auf die Überwachung beschränken muss, ist der Verwaltungsrat also zugleich auch für die Leitung und Geschäftsführung der Gesellschaft verantwortlich.

21 Daraus ergeben sich gleichzeitig größere **Einflussmöglichkeiten** des Verwaltungsrats.[61] Anders als das Aufsichtsorgan, dessen Einbeziehung in die Unternehmensführung durch die exklusive Zuweisung der Geschäftsführung an das Leitungsorgan begrenzt ist, kann der Verwaltungsrat umfassend in den Zuständigkeitsbereich der geschäftsführenden Direktoren eingreifen. Dabei ist er nicht auf die Zustimmungsvorbehalte (→ Rn. 16) und damit ein Veto gegen Geschäftsführungsbeschlüsse beschränkt; vielmehr kann der Verwaltungsrat, das heißt im Konfliktfall seine geschäftsführende Verwaltungsratsmehrheit, **aus eigener Initiative** den geschäftsführenden Direktoren **Weisungen** erteilen oder **selbst eine Geschäftsführungsmaßnahme durchführen** (→ Art. 43 Rn. 15 f.).[62]

22 All dies hat weitreichende Folgen, wenn die SE der unternehmerischen **Mitbestimmung** unterliegt. Der Gesetzgeber verlangt die anteilige Besetzung des Aufsichtsorgans bzw. des Verwaltungsrats, ohne den Unterschieden in Verantwortung und Einfluss der beiden Organe und damit der Organmitglieder Rechnung zu tragen. Dies vergrößert das **Gewicht der Arbeitnehmervertreter im monistischen System** und führt bei paritätischer Mitbestimmung zu verfassungsrechtlichen Bedenken (→ Art. 43 Rn. 29).

Abschnitt 1. Dualistisches System

Art. 39 [Leitungsorgan]

(1) ¹Das Leitungsorgan führt die Geschäfte der SE in eigener Verantwortung. ²Ein Mitgliedstaat kann vorsehen, dass ein oder mehrere Geschäftsführer die laufenden Geschäfte

---

[59] Vgl. derzeit Ziff. 5.4.2 DCGK (7. Februar 2017), wobei eine besondere Berücksichtigung der monistischen SE noch aussteht und die Nachw. in der folgenden Fn.

[60] Empfehlung der Europäischen Kommission vom 15. Februar 2005 zu den Aufgaben von nicht geschäftsführenden Direktoren/Aufsichtsratsmitgliedern börsennotierter Gesellschaften sowie zu den Ausschüssen des Verwaltungs-/Aufsichtsrats (2005/162/EG); allgemein zur Unabhängigkeit sowie zur Umsetzung der Empfehlung im DCGK *Habersack* ZHR 168 (2004), 373 ff.; *Hüffer* ZIP 2006, 637 ff.; *Leyens* RabelsZ 67 (2003), 57 (88 f.); *Lieder* NZG 2005, 569 ff.; *Roth/Wörle* ZGR 2004, 565 ff.; *Spindler* ZIP 2005, 2033 ff.; *Wirth* ZGR 2005, 327 ff.; *Baums* ZHR 180 (2016), 697 ff.

[61] *Leyens* RabelsZ 67 (2003), 57 (93): „Erheblich größeres Kontrollpotential" des boards gegenüber dem Aufsichtsrat.

[62] Allgemein zum monistischen System Großkomm AktG/*Hopt/Roth* AktG § 111 Rn. 87; *Hopt/Leyens* ECFR 2003, 135 (150).

in eigener Verantwortung unter denselben Voraussetzungen, wie sie für Aktiengesellschaften mit Sitz im Hoheitsgebiet des betreffenden Mitgliedstaates gelten, führt bzw. führen.

(2) Das Mitglied/die Mitglieder des Leitungsorgans wird/werden vom Aufsichtsorgan bestellt und abberufen.

Die Mitgliedstaaten können jedoch vorschreiben oder vorsehen, dass in der Satzung festgelegt werden kann, dass das Mitglied/die Mitglieder des Leitungsorgans von der Hauptversammlung unter den Bedingungen, die für Aktiengesellschaften mit Sitz in ihrem Hoheitsgebiet gelten, bestellt und abberufen wird/werden.

(3) [1]Niemand darf zugleich Mitglied des Leitungsorgans und Mitglied des Aufsichtsorgans der SE sein. [2]Das Aufsichtsorgan kann jedoch eines seiner Mitglieder zur Wahrnehmung der Aufgaben eines Mitglieds des Leitungsorgans abstellen, wenn der betreffende Posten nicht besetzt ist. [3]Während dieser Zeit ruht das Amt der betreffenden Person als Mitglied des Aufsichtsorgans. [4]Die Mitgliedstaaten können eine zeitliche Begrenzung hierfür vorsehen.

(4) [1]Die Zahl der Mitglieder des Leitungsorgans oder die Regeln für ihre Festlegung werden durch die Satzung der SE bestimmt. [2]Die Mitgliedstaaten können jedoch eine Mindest- und/oder Höchstzahl festsetzen.

(5) Enthält das Recht eines Mitgliedstaats in Bezug auf Aktiengesellschaften mit Sitz in seinem Hoheitsgebiet keine Vorschriften über ein dualistisches System, kann dieser Mitgliedstaat entsprechende Vorschriften in Bezug auf SE erlassen.

Auszug aus dem SEAG

§ 15 Wahrnehmung der Geschäftsleitung durch Mitglieder des Aufsichtsorgans

[1]Die Abstellung eines Mitglieds des Aufsichtsorgans zur Wahrnehmung der Aufgaben eines Mitglieds des Leitungsorgans nach Artikel 39 Abs. 3 Satz 2 der Verordnung ist nur für einen im Voraus begrenzten Zeitraum, höchstens für ein Jahr, zulässig. [2]Eine wiederholte Bestellung oder Verlängerung der Amtszeit ist zulässig, wenn dadurch die Amtszeit insgesamt ein Jahr nicht übersteigt.

§ 16 Zahl der Mitglieder des Leitungsorgans

[1]Bei Gesellschaften mit einem Grundkapital von mehr als 3 Millionen Euro hat das Leitungsorgan aus mindestens zwei Personen zu bestehen, es sei denn, die Satzung bestimmt, dass es aus einer Person bestehen soll. [2]§ 38 Abs. 2 des SE-Beteiligungsgesetzes bleibt unberührt.

Schrifttum: Vgl. die Angaben bei den entsprechenden Vorschriften des AktG.

I. Regelungsgehalt, Normzweck

Art. 39 enthält neben Art. 40 die zentralen Regelungen für die dualistische SE. Das Leitungsorgan, das dem Vorstand der deutschen AG entspricht, trägt nach Abs. 1 die Verantwortung für die **Geschäftsführung der Gesellschaft**.[1] Die Vorschrift unterstellt die Mitglieder in Abs. 2 S. 1 der personellen Abhängigkeit vom Aufsichtsorgan, die jedoch durch § 84 Abs. 3 AktG deutlich eingeschränkt ist (→ Rn. 9). Abs. 3 betont die personelle Trennung der zwei Führungsorgane. Abs. 4 stellt die Größe des Leitungsorgans in die Verantwortung des Satzungsgebers. Der deutsche Ausführungsgesetzgeber hat von den Ermächtigungen in Abs. 3 S. 4 und Abs. 4 S. 2 Gebrauch gemacht (§§ 15, 16 SEAG). Eine Umsetzung von Abs. 1 S. 2 und Abs. 2 S. 2 scheiterte dagegen an dem zwingenden Gleichlauferfordernis mit dem AktG, das diesen Vorschriften zu entnehmen ist.[2] Art. 39 Abs. 5 ist in Deutschland angesichts der aktiengesetzlichen Regelungen für das dualistische System gegenstandslos.

Die Verordnung enthält Regelungen über das Leitungsorgan in den Art. 39, 41 und 46–51. Diese Vorschriften sind als **punktuelle Regelungen** zu verstehen, die die betreffenden Bereiche regelmäßig nicht abschließend erfassen wollen.[3] Ergänzend kommt über Art. 9 Abs. 1 lit. c ii das deutsche Aktiengesetz zum Tragen. Dies führt zu einem weitgehenden **Gleichlauf von AG und dualistischer SE**. Auch bei den in der Verordnung vorgesehen Regelungsmöglichkeiten im Ausfüh-

---

[1] Vgl. zur Terminologie (Leitungsorgan/Vorstand) → Art. 38 Rn. 2 mit Fn. 3.
[2] Ein besonderer Geschäftsführer neben dem Vorstand ist dem AktG ebenso unbekannt wie die Wahl des Vorstands durch die Hauptversammlung, vgl. *Teichmann* ZIP 2002, 1109 (1113); *Neye/Teichmann* AG 2003, 169 (176); *Lutter/Hommelhoff/Teichmann/Drygala* Rn. 24, 40 f.
[3] Ebenso *Schwarz* Rn. 11, 86; vgl. auch *Teichmann* ZGR 2002, 383 (442 f.).

rungsgesetz bemühte sich der deutsche Gesetzgeber um eine Angleichung an das deutsche Aktienrecht.[4]

3   Folgende **Vorschriften des AktG** sind **auf das SE-Leitungsorgan anwendbar:** § 77 Abs. 2 AktG (Geschäftsordnung des Leitungsorgans),[5] §§ 78, 82 AktG (unbeschränkte und unbeschränkbare Vertretungsmacht),[6] §§ 79–81 AktG (Publizität der Mitgliedschaft im Leitungsorgan), § 83 AktG (Vorbereitung und Ausführung von Hauptversammlungsbeschlüssen), § 85 AktG (Notbestellung durch das Gericht; → Art. 47 Rn. 9), § 87 AktG (Vergütung), § 88 AktG (Wettbewerbsverbot), § 89 AktG (Kreditgewährung an Leitungsorgansmitglieder), § 91 AktG (Organisation; Buchführung) sowie § 94 AktG (Stellvertreter von Leitungsorgansmitgliedern).[7] Für Einzelheiten kann auf die Erläuterungen zu den aktienrechtlichen Vorschriften verwiesen werden. § 92 Abs. 1 AktG findet über Art. 54 Abs. 2 (→ Art. 54 Rn. 4) und § 92 Abs. 2 AktG über Art. 63 iVm dem internationalen Privatrecht Anwendung (→ Art. 63 Rn. 1). Die Binnenhaftung der Mitglieder des Leitungsorgans richtet sich ebenfalls nach deutschem Aktienrecht (Art. 51). Ergänzend gelten schließlich § 76 Abs. 3 AktG, § 84 Abs. 1 S. 5, Abs. 2[8] und 3 AktG sowie § 90 AktG.[9] Daneben gilt für den Vorstand einer SE mit Sitz in Deutschland § 161 AktG iVm **Ziff. 3 und 4 DCGK**.[10] Ist die dualistische SE börsennotiert oder mitbestimmt, gilt für sie gem. Art. 9 Abs. 1 lit. c ii iVm § 76 Abs. 4 AktG und § 111 Abs. 5 AktG auch die Pflicht zur Festlegung von **Zielgrößen für den Frauenanteil** im Aufsichtsrat, im Vorstand und in den beiden Führungsebenen unterhalb des Vorstands.[11]

II. Stellung und Aufgaben des Leitungsorgans

4   **1. Leitungsaufgabe.** Trotz der abweichenden Formulierung entspricht Art. 39 Abs. 1 S. 1 funktional der aktienrechtlichen Vorschrift des § 76 Abs. 1 AktG.[12] Die Leitungsaufgabe ist dem Leitungsorgan exklusiv zugewiesen; das Aufsichtsorgan kann keinerlei Weisungen erteilen. In dieser **Eigenverantwortlichkeit** liegt der wesentliche Unterschied zur Stellung der geschäftsführenden Direktoren gegenüber dem Verwaltungsrat in der monistischen SE (→ Art. 43 Rn. 5). Für die weiteren Folgerungen, die sich aus dem Begriff der Leitungsaufgabe, insbesondere für die Stellung gegenüber den anderen Organen und seine Binnenorganisation ergeben, s. die Erläuterungen zu § 76 AktG.

5   **2. Geschäftsführung, Vertretung.** Für die Geschäftsführung in der dualistischen SE stellt sich die Frage, ob § 77 Abs. 1 AktG auf das Leitungsorgan Anwendung findet. Hierbei ist zu berücksichtigen, dass der Vorschrift ein doppelter Aussagegehalt zu entnehmen ist. Die Mitglieder des Vorstands handeln in Gesamtgeschäftsführung und entscheiden nach dem Einstimmigkeitsprinzip.[13] Hinsichtlich der Beschlussmehrheit wird das Aktiengesetz durch Art. 50 Abs. 1 lit. b verdrängt, der für alle Organe der SE grundsätzlich das Mehrheitsprinzip anordnet. Davon zu trennen ist jedoch die auf Verordnungsebene ungeregelte Frage der Geschäftsführungsbefugnis, für die es bei § 77 Abs. 1 AktG verbleibt.[14] Grundsätzlich besteht also im Leitungsorgan **Gesamtgeschäftsführung mit mehrheitlicher Willensbildung**.[15] Wie im Vorstand wirken regelmäßig alle Mitglieder des Leitungsorgans gleichermaßen an der Geschäftsführung mit; für die Beschlussfassung genügt jedoch die einfache Mehrheit der Mitglieder, soweit nicht die Satzung gestützt auf Art. 50 Abs. 1, 1. Hs. eine größere Mehrheit vorschreibt (→ Art. 50 Rn. 6, 9 f.). Aufgrund von § 77 Abs. 1 S. 2 AktG ist es allerdings auch im Leitungsorgan möglich, vom Prinzip der Gesamtgeschäftsführung abzuweichen und einzel-

---

[4] Vgl. *Neye/Teichmann* AG 2003, 169 (176).
[5] Lutter/Hommelhoff/Teichmann/*Drygala* Rn. 19.
[6] *Schwarz* Rn. 14, 87; MüKoAktG/*Reichert/Brandes* Rn. 8; Habersack/Drinhausen/*Seibt* Rn. 10.
[7] MüKoAktG/*Reichert/Brandes* Rn. 32; Lutter/Hommelhoff/Teichmann/*Drygala* Rn. 23; Habersack/Drinhausen/*Seibt* Rn. 11; somit haben auch in der SE so genannte stellvertretende Mitglieder alle Rechte und Pflichten der anderen Mitglieder des Leitungsorgans, vgl. Hüffer/Koch/*Koch* AktG § 94 Rn. 1.
[8] Lutter/Hommelhoff/Teichmann/*Drygala* Rn. 20.
[9] → Art. 41 Rn. 2.
[10] Zur Anwendbarkeit des DCGK auf die deutsche SE s. Habersack/Drinhausen/*Seibt* Rn. 3; eingehend *Banzhaf*, Die Entsprechenserklärung der Societas Europaea (SE), 2008; *Messow*, Die Anwendbarkeit des Deutschen Corporate Governance Kodex auf die Societas Europaea (SE), 2008.
[11] → AktG § 76 Rn. 141 ff., → AktG § 111 Rn. 77a ff.; zur Anwendung auf die SE näher *Teichmann/Rüb* BB 2015, 898 (905); *Grobe* AG 2015, 289 (299); *Wasmann/Rothenburg* DB 2015, 291 (293 f.).
[12] Vgl. MüKoAktG/*Reichert/Brandes* Rn. 8 f., 12; Lutter/Hommelhoff/Teichmann/*Drygala* Rn. 8.
[13] → AktG § 77 Rn. 8; Hüffer/Koch/*Koch* § 77 Rn. 1, 2.
[14] Kölner Komm AktG/*Paefgen* Rn. 26; nach Lutter/Hommelhoff/Teichmann/*Drygala* Rn. 18 folgt die Gesamtgeschäftsführung bereits aus Art. 39 Abs. 1 S. 1.
[15] Im Erg. ebenso *Schwarz* Rn. 16; Lutter/Hommelhoff/Teichmann/*Drygala* Rn. 18; Kölner Komm AktG/*Paefgen* Rn. 26. Im Vorstand kann eine entsprechende Regelung in Satzung oder Geschäftsordnung getroffen werden, vgl. Hüffer/Koch/*Koch* AktG § 77 Rn. 10; *Kort* in Fleischer VorstandsR-HdB § 2 Rn. 99.

nen Mitgliedern etwa eine beschränkte oder unbeschränkte Einzelgeschäftsführungsbefugnis einzuräumen.[16] Gem. Art. 50 Abs. 2 hat der Vorsitzende des Leitungsorgans bei Stimmengleichheit ein Recht zum **Stichentscheid**.[17] Für die **organschaftliche Vertretung** der SE gelten mangels Regelung auf Verordnungsebene die §§ 78, 82 AktG sowie § 112 AktG;[18] vgl. die Erläuterungen dort.

III. Bestellung und Abberufung (Abs. 2, 3)

Parallel zur Aktiengesellschaft hat bei der SE das Aufsichtsorgan die alleinige (zu Abs. 2 S. 2 vgl. Fn. 2) **Zuständigkeit für die Bestellung und Abberufung** (Abs. 2 S. 1) sowie für Abschluss und Kündigung des Anstellungsvertrages (Art. 9 Abs. 1 lit. c ii iVm § 84 Abs. 1 S. 5, Abs. 3 S. 5 AktG, § 112 AktG).[19] Die Regelung hat eine **doppelte Funktion**: Einerseits bewirkt sie die zumindest mittelbare Rückbindung des Leitungsorgans an die Anteilseigner im Sinne einer zweistufigen Principal-Agent-Beziehung;[20] eine Übertragung der Personalkompetenz des Aufsichtsorgans an Außenstehende ist deswegen schlechthin unzulässig.[21] Andererseits stärkt sie in ihrer aktiengesetzlichen Ausprägung die Unabhängigkeit der Mitglieder des Leitungsorgans, indem § 84 Abs. 3 AktG die Abberufung vom Vorliegen eines wichtigen Grundes abhängig macht (→ Rn. 9).

Für den **Bestellungsbeschluss** des Aufsichtsorgans gilt Art. 50 Abs. 1.[22] Die übrigen Fragen, insbesondere das Wirksamwerden des Bestellungsakts und die fehlerhafte Bestellung richten sich nach den zum AktG entwickelten Grundsätzen.[23] Der Beschluss über die Bestellung (und die Vergütung) ist stets vom Gesamtaufsichtsrat zu fassen.[24] Art. 47 Abs. 4 stellt klar, dass die Verordnung Bestellungsrechten nach einzelstaatlichen Vorschriften nicht entgegensteht. Damit finden in Deutschland aufgrund von Art. 9 Abs. 1 lit. c ii die Vorschriften über die **gerichtliche Ersatzbestellung gem. § 85 AktG** Anwendung.[25] Ungeregelt ist in der Verordnung auch die **Bestellung des ersten Leitungsorgans** im Rahmen der SE-Gründung. Über den Spezialverweis für den Gründungsvorgang in Art. 15 Abs. 1 ist § 30 Abs. 4 AktG anwendbar, der die Aufgabe dem ersten Aufsichtsrat (Art. 40 Abs. 2 S. 2) zuweist.[26] Über ein Mitglied mit besonderer Ressortzuständigkeit für den Bereich Arbeit und Soziales iSd § 38 Abs. 2 SEBG muss das erste Leitungsorgan noch nicht verfügen.[27]

Abs. 3 enthält eine gemeinschaftseinheitliche Regelung der **Inkompatibilität** der Mitgliedschaft im Leitungs- und Aufsichtsorgan (allg. → Art. 38 Rn. 11), hindert den nationalen Gesetzgeber aber nicht an einer weiter gehenden Trennung des Überwachungsorgans vom Bereich der Geschäftsführung. Ergänzend gilt deswegen § 105 Abs. 1 AktG.[28] Im Hinblick auf die große Bedeutung eines handlungsfähigen Leitungsorgans für die Funktionsfähigkeit der Gesellschaft erlaubt die Verordnung in Abs. 3 S. 2 die vorübergehende **Ergänzung des Leitungsorgans durch ein Mitglied des Aufsichtsorgans**. Voraussetzung ist, dass der betreffende Posten nicht besetzt ist und die Abstellung nur für einen im Voraus begrenzten Zeitraum, höchstens für ein Jahr, stattfindet (Abs. 3 S. 4 iVm § 15 SEAG). Während die zeitliche Begrenzung in § 15 SEAG den Gleichlauf mit § 105 Abs. 2 S. 1 AktG bewirkt, stellt die Verordnung für die Unterbesetzung strengere Voraussetzungen als das deutsche Recht auf. Ist der Vorstandsposten zwar besetzt, das Mitglied aber vorübergehend an der Amtsausübung gehindert, ist – anders als nach § 105 Abs. 2 S. 1 AktG – keine Bestellung eines

---

[16] Habersack/Drinhausen/*Seibt* Rn. 8; *Schwarz* Rn. 21; zu Gestaltungsmöglichkeiten und -grenzen → AktG § 77 Rn. 11 ff.

[17] → Art. 50 Rn. 7 mwN; Habersack/Drinhausen/*Seibt* Rn. 9.

[18] Lutter/Hommelhoff/Teichmann/*Drygala* Rn. 16 f.; Kölner Komm AktG/*Paefgen* Rn. 37.

[19] Zum Anstellungsvertrag Lutter/Hommelhoff/Teichmann/*Drygala* Rn. 35 ff.

[20] Vgl. allgemein *Fleischer* ZGR 2001, 1 (7 f.); *Richter/Furubotn,* Neue Institutionenökonomik, 4. Aufl. 2010, 173 ff.; *Ruffner,* Die ökonomischen Grundlagen eines Rechts der Publikumsgesellschaft, 2000, 131 f.

[21] → AktG § 84 Rn. 9; MüKoAktG/*Spindler* AktG § 84 Rn. 12, 14.

[22] Zur Nachbildung des § 31 MitbestG in Satzung bzw. Mitbestimmungsvereinbarung vgl. MüKoAktG/*Reichert/Brandes* Rn. 24 f.; Lutter/Hommelhoff/Teichmann/*Drygala* Rn. 26 f.; allg. zu abweichenden Satzungsgestaltungen → Art. 50 Rn. 9 ff.

[23] MüKoAktG/*Reichert/Brandes* Rn. 19, 25; Lutter/Hommelhoff/Teichmann/*Drygala* Rn. 29; → AktG § 84 Rn. 5.

[24] Dies folgt aus Art. 9 Abs. 1 lit. c ii, vgl. MüKoAktG/*Reichert/Brandes* Rn. 16; Habersack/Drinhausen/*Seibt* Rn. 14.

[25] MüKoAktG/*Reichert/Brandes* Rn. 17; Lutter/Hommelhoff/Teichmann/*Drygala* Rn. 28.

[26] Dies gilt für alle Gründungsformen, vgl. MüKoAktG/*Reichert/Brandes* Rn. 26, 28; Lutter/Hommelhoff/Teichmann/*Drygala* Rn. 33 f.; Habersack/Drinhausen/*Seibt* Rn. 21 f.; zur parallelen Frage beim Aufsichtsorgan → Art. 40 Rn. 8 mN zum Meinungsstand.

[27] Lutter/Hommelhoff/Teichmann/*Drygala* Rn. 33; MüKoAktG/*Reichert/Brandes* Rn. 27.

[28] Lutter/Hommelhoff/Teichmann/*Drygala* Rn. 45.

Aufsichtsratsmitglieds möglich.[29] Die Funktionstrennung wird aufrechterhalten, indem das abgestellte Mitglied zwar dem Aufsichtsorgan weiter angehört, sein Mandat jedoch für die Zeit der Abstellung gem. Abs. 3 S. 3 ruht.[30]

9   Vor Ablauf der Amtszeit führt neben der Niederlegung des Amtes[31] ein **Widerruf der Bestellung** zum Ende der Mitgliedschaft im Leitungsorgan. Die Verordnung spricht die Zuständigkeit des Aufsichtsorgans für die Abberufung in Art. 39 Abs. 2 S. 1 explizit aus, lässt die Einzelheiten jedoch offen. Insbes. ist der Vorschrift nicht zu entnehmen, dass ein jederzeitiges Abberufungsrecht bestehen muss.[32] Über Art. 9 Abs. 1 lit. c ii kommt vielmehr **§ 84 Abs. 3 AktG** zur Anwendung, so dass wie beim deutschen Vorstand der Widerruf einen wichtigen Grund voraussetzt.[33] Ausreichend ist also insbesondere ein **Vertrauensentzug durch die Hauptversammlung** gem. § 84 Abs. 3 S. 2 AktG, der jedoch – wie in der AG – nicht automatisch zum Amtsverlust führt, sondern nur den Aufsichtsrat zum Widerruf berechtigt, also noch der Umsetzung durch einen Beschluss des Aufsichtsrats bedarf. Diese Regelung beschränkt zwar den Einfluss auf das Leitungsorgan, stärkt jedoch dessen Unabhängigkeit.[34] Dem steht die Verordnung nicht entgegen.[35]

IV. Zahl der Mitglieder (Abs. 4, § 16 SEAG)

10   Nach **Abs. 4** muss die **Satzung** der SE eine Regelung über die Zahl der Mitglieder des Leitungsorgans treffen, also entweder eine bestimmte Zahl oder eine Mindest- bzw. Höchstgröße festlegen.[36] Der Satzungsgeber kann sich auch auf die Regelung beschränken, dass das Leitungsorgan aus einem oder mehreren Mitgliedern besteht und der Aufsichtsrat über die konkrete Mitgliederzahl entscheidet.[37] **§ 16 SEAG** sorgt für einen Gleichlauf mit § 76 Abs. 2 AktG. Beträgt das Grundkapital mehr als drei Millionen Euro, hat das Leitungsorgan nach § 16 S. 1 SEAG aus zwei Mitgliedern zu bestehen, wenn die Satzung nicht für einen Einpersonenvorstand votiert. Ist nach § 16 S. 2 SEAG iVm § 38 Abs. 2 SEBG eine Ressortzuständigkeit für den Bereich Arbeit und Soziales (sog. Arbeitsdirektor) zu schaffen, ergibt sich eine zwingende Mindestgröße von zwei Mitgliedern.[38] In börsennotierten SE ist daneben Ziff. 4.2.1 S. 1 DCGK (7. Februar 2017) zu beachten. Eine **Unterbesetzung** des Leitungsorgans steht einer wirksamen Beschlussfassung nur dann entgegen, wenn die Voraussetzungen der Art. 50 Abs. 1 lit. a und b nicht erfüllt sind, wobei es für die Berechnung der dort genannten Grenzen auf die Sollstärke des Leitungsorgans ankommt (→ Art. 50 Rn. 4).[39]

Art. 40 [Aufsichtsorgan]

(1) ¹Das Aufsichtsorgan überwacht die Führung der Geschäfte durch das Leitungsorgan. ²Es ist nicht berechtigt, die Geschäfte der SE selbst zu führen.

(2) ¹Die Mitglieder des Aufsichtsorgans werden von der Hauptversammlung bestellt. ²Die Mitglieder des ersten Aufsichtsorgans können jedoch durch die Satzung bestellt wer-

---

[29] MüKoAktG/*Reichert/Brandes* Rn. 50; Lutter/Hommelhoff/Teichmann/*Drygala* Rn. 47; Habersack/Drinhausen/*Seibt* Rn. 37; Kölner Komm AktG/*Paefgen* Rn. 58; vgl. dagegen zum Aufsichtsrat Großkomm AktG/Hopt/Roth AktG § 105 Rn. 51.
[30] MüKoAktG/*Reichert/Brandes* Rn. 53.
[31] → AktG § 84 Rn. 141 ff.
[32] So aber zunächst *Theisen/Hölz* in Theisen/Wenz SE S. 269 (288); jedoch wurde diese Frage in der Verordnung mangels Einigung bewusst offen gelassen, *Hopt* in Rickford, The European Company, Developing a Community Law of Corporations, 2003, 47 (56); vgl. zur Entstehungsgeschichte *Schwarz* Rn. 63; Lutter/Hommelhoff/Teichmann/*Drygala* Rn. 37.
[33] Lutter/Hommelhoff/Teichmann/*Drygala* Rn. 37; *Drinhausen* in Van Hulle/Maul/Drinhausen 5. Abschn. § 2 Rn. 14; Kölner Komm AktG/*Paefgen* Rn. 69; für Einzelheiten → AktG § 84 Rn. 92 ff.
[34] MüKoAktG/*Spindler* AktG § 84 Rn. 125; funktionaler Rechtsvergleich bei *Hansmann/Kraakman* in Kraakman et al., The Anatomy of Corporate Law, 2004, 37 f.
[35] Vgl. auch Erwägungsgrund 14, abgedr. Vor Art. 1.
[36] MüKoAktG/*Reichert/Brandes* Rn. 20; Kölner Komm AktG/*Paefgen* Rn. 75; *Schwarz* Rn. 71; für Einzelheiten → AktG § 76 Rn. 111 sowie MüKoAktG/*Spindler* AktG § 76 Rn. 97.
[37] Lutter/Hommelhoff/Teichmann/*Drygala* Rn. 56; Habersack/Drinhausen/*Seibt* Rn. 39; MüKoAktG/*Reichert/Brandes* Rn. 20; BeckOF Vertrag/*Reinhard* 7.11.1.3 Anm. 11.
[38] Vgl. Lutter/Hommelhoff/Teichmann/*Drygala* Rn. 51; MüKoAktG/*Reichert/Brandes* Rn. 21; zu europarechtlichen Bedenken Habersack/Drinhausen/*Seibt* Rn. 41; *Grobys* NZA 2004, 779 (780); *Grobys* NZA 2005, 84 (90); MüKoAktG/*Jacobs* SEBG § 38 Rn. 3 f.; weitere Nachw. bei *Schwarz* Rn. 73.
[39] MüKoAktG/*Reichert/Brandes* Rn. 23, → Art. 50 Rn. 4; *Schwarz* Rn. 74; aA offenbar Habersack/Drinhausen/*Seibt* Rn. 43; Kölner Komm AktG/*Paefgen* Rn. 80 (Anwendung der Grundsätze des deutschen Aktienrechts); vgl. zum Vorstand BGHZ 149, 158 (161); MüKoAktG/*Spindler* AktG § 76 Rn. 99 f.; weiter differenzierend nach dem Zweck der betroffenen Pflicht *C. Schäfer* ZGR 2003, 147 (153 f.); Hüffer/Koch/*Koch* AktG § 76 Rn. 56.

den. ³Artikel 47 Absatz 4 oder eine etwaige nach Maßgabe der Richtlinie 2001/86/EG geschlossene Vereinbarung über die Mitbestimmung der Arbeitnehmer bleibt hiervon unberührt.

(3) ¹Die Zahl der Mitglieder des Aufsichtsorgans oder die Regeln für ihre Festlegung werden durch die Satzung bestimmt. ²Die Mitgliedstaaten können jedoch für die in ihrem Hoheitsgebiet eingetragenen SE die Zahl der Mitglieder des Aufsichtsorgans oder deren Höchst- und/oder Mindestzahl festlegen.

Auszug aus dem SEAG

§ 17 Zahl der Mitglieder und Zusammensetzung des Aufsichtsorgans

(1) ¹Das Aufsichtsorgan besteht aus drei Mitgliedern. ²Die Satzung kann eine bestimmte höhere Zahl festsetzen. ³Die Zahl muss durch drei teilbar sein, wenn dies für die Beteiligung der Arbeitnehmer auf Grund des SE-Beteiligungsgesetzes erforderlich ist. ⁴Die Höchstzahl beträgt bei Gesellschaften mit einem Grundkapital

bis zu	1 500 000 Euro	neun,
von mehr als	1 500 000 Euro	fünfzehn,
von mehr als	10 000 000 Euro	einundzwanzig.

(2) ¹Besteht bei einer börsennotierten SE das Aufsichtsorgan aus derselben Zahl von Anteilseigner- und Arbeitnehmervertretern, müssen in dem Aufsichtsorgan Frauen und Männer jeweils mit einem Anteil von mindestens 30 Prozent vertreten sein. ²Der Mindestanteil von jeweils 30 Prozent an Frauen und Männern im Aufsichtsorgan ist bei erforderlich werdenden Neubesetzungen einzelner oder mehrerer Sitze im Aufsichtsorgan zu beachten. ³Reicht die Zahl der neu zu besetzenden Sitze nicht aus, um den Mindestanteil zu erreichen, sind die Sitze mit Personen des unterrepräsentierten Geschlechts zu besetzen, um dessen Anteil sukzessive zu steigern. Bestehende Mandate können bis zu ihrem regulären Ende wahrgenommen werden.

(3) Die Beteiligung der Arbeitnehmer nach dem SE-Beteiligungsgesetz bleibt unberührt.

(4) ¹Für Verfahren entsprechend den §§ 98, 99 oder 104 des Aktiengesetzes ist auch der SE-Betriebsrat antragsberechtigt. ²Für Klagen entsprechend § 250 des Aktiengesetzes ist auch der SE-Betriebsrat parteifähig; § 252 des Aktiengesetzes gilt entsprechend.

(5) ¹§ 251 des Aktiengesetzes findet mit der Maßgabe Anwendung, dass das gesetzeswidrige Zustandekommen von Wahlvorschlägen für die Arbeitnehmervertreter im Aufsichtsorgan nur nach den Vorschriften der Mitgliedstaaten über die Besetzung der ihnen zugewiesenen Sitze geltend gemacht werden kann. ²Für die Arbeitnehmervertreter aus dem Inland gilt § 37 Abs. 2 des SE-Beteiligungsgesetzes.

Schrifttum: *Austmann,* Größe und Zusammensetzung des Aufsichtsrats einer deutschen SE, FS Hellwig, 2010, 105; *Forst,* Die Beteiligung der Arbeitnehmer in der Vorrats-SE, NZG 2009, 687; *Forst,* Die Beteiligungsvereinbarung nach § 21 SEBG, 2010; *Forst,* Zur Größe des mitbestimmten Organs einer kraft Beteiligungsvereinbarung mitbestimmten SE, AG 2010, 350; *Habersack,* Schranken der Mitbestimmungsautonomie in der SE, AG 2006, 345; *Habersack,* Grundsatzfragen der Mitbestimmung in SE und SCE sowie bei grenzüberschreitender Verschmelzung, ZHR 171 (2007), 613; *Habersack,* Konstituierung des ersten Aufsichts- oder Verwaltungsorgans der durch Formwechsel entstandenen SE und Amtszeit seiner Mitglieder, Der Konzern 2008, 67; *Henssler/Sittard,* Die Gesellschaftsform der SE als Gestaltungsinstrument zur Verkleinerung des Aufsichtsrats, KSzW 04.2011 I, 359; *Kiefner/Friebel,* Zulässigkeit eines Aufsichtsrats mit einer nicht durch drei teilbaren Mitgliederzahl bei einer SE mit Sitz in Deutschland, NZG 2010, 537; *Kiem,* SE-Aufsichtsrat und Dreiteilbarkeitsgrundsatz, Der Konzern 2010, 275; *Kort,* Corporate Governance-Fragen der Größe und Zusammensetzung des Aufsichtsrats bei AG, GmbH und SE, AG 2008, 137; *Linnerz,* Zur Abweichung vom Grundsatz der Dreiteilbarkeit durch Beteiligungsvereinbarung, EWiR 2010, 337; *Oetker,* Unternehmensmitbestimmung in der SE kraft Vereinbarung, ZIP 2006, 1113; *Seibt,* Größe und Zusammensetzung des Aufsichtsrats in der SE, ZIP 2010, 1057; sowie die Angaben bei den entsprechenden Vorschriften des AktG.

Übersicht

	Rn.		Rn.
I. Regelungsgehalt, Normzweck	1–3	III. Bestellung und Abberufung	6–9
II. Aufgaben und Handlungsinstrumente des Aufsichtsrats	4, 5	IV. Größe und Zusammensetzung	10, 11

I. Regelungsgehalt, Normzweck

Art. 40 Abs. 1 weist dem **Aufsichtsorgan**¹ die **Überwachungsaufgabe** zu und schließt es zugleich von der Geschäftsführung aus. Hierin kommt zusammen mit Art. 39 Abs. 1 und Abs. 3 die

---

¹ Zur Terminologie (Aufsichtsorgan/Aufsichtsrat) → Art. 38 Rn. 3 mit Fn. 3.

personale und funktionale Trennung von Leitung und Überwachung zum Ausdruck, die **Kern des dualistischen Systems** ist.[2] Zugleich erfüllt das Aufsichtsorgan die Funktion der Repräsentation der am Unternehmen beteiligten Anteilseigner und – in der mitbestimmten SE – der Arbeitnehmer.[3] Abs. 2 gibt der Hauptversammlung die Kompetenz zur Bestellung der Mitglieder des Aufsichtsorgans und wird für die Arbeitnehmervertreter durch die Mitbestimmungsvereinbarung bzw. die Auffangregelung des SEBG ergänzt (→ Rn. 7). Art. 40 Abs. 3 iVm § 17 Abs. 1 und 3 SEAG regelt die Größe des Aufsichtsorgans. § 17 Abs. 2 SEAG, der am 1.1.2016 in Kraft trat, enthält eine zwingende 30 %-Geschlechterquote für börsennotierte, paritätisch mitbestimmte SE. § 17 Abs. 4 und 5 SEAG passt Vorschriften des AktG an die SE-Mitbestimmung an.

2   Die Regelungen über das Aufsichtsorgan und sein Verhältnis zum Leitungsorgan sowie zur Hauptversammlung führen im Wesentlichen zu einem **Gleichlauf mit dem AktG**. Eine abweichende Ausgestaltung des dualistischen Systems war dem deutschen Gesetzgeber verwehrt, weil Art. 39 Abs. 5 auf die deutsche SE keine Anwendung findet (→ Art. 39 Rn. 1). Soweit die Verordnung und das SEAG keine Vorschriften enthalten, gilt über **Art. 9 Abs. 1 lit. c ii** das Aktiengesetz.[4] Anwendbar sind die §§ 97–99 AktG (Statusverfahren),[5] § 101 Abs. 3 AktG, § 102 Abs. 2 AktG (Ersatzmitglieder),[6] § 106 AktG (Publizität der Organzusammensetzung), § 107 Abs. 2 und 3 AktG (Innere Ordnung des Aufsichtsorgans einschließlich der Bildung von Ausschüssen),[7] § 108 Abs. 3 und 4 AktG (Beschlussfassung), § 109 AktG (Sitzungsteilnahme),[8] § 110 AktG (Einberufung des Aufsichtsorgans),[9] § 111 Abs. 6 AktG (höchstpersönliche Amtsstellung und Amtswahrnehmung),[10] § 112 AktG (Vertretung gegenüber dem Leitungsorgan), § 113 AktG (Vergütung), § 114 AktG (Dienst- oder Werkverträge mit Mitgliedern des Aufsichtsorgans), § 115 AktG (Kreditgewährung), §§ 116, 117 AktG (Ersatzansprüche),[11] § 179 Abs. 1 S. 2 AktG (Ermächtigung zu Fassungsänderungen, → Art. 59 Rn. 3). Auf die börsennotierte SE findet § 161 AktG Anwendung.[12] Der Aufsichtsrat einer dualistischen SE, die börsennotiert oder mitbestimmt ist, muss gem. Art. 9 Abs. 1 lit. c ii iVm § 111 Abs. 5 AktG Zielgrößen für den **Frauenanteil** im Aufsichtsrat und im Vorstand festlegen (→ AktG § 76 Rn. 141 ff., → AktG § 111 Rn. 77a ff.).[13]

3   Zum Teil verdrängt werden aktienrechtliche Regelungen durch die Vorschriften in Art. 42 über den **Vorsitz** im Aufsichtsorgan, in Art. 46 über die **Amtszeit** sowie in Art. 47 Abs. 1 bis 3 über die **Wählbarkeitsvoraussetzungen**. Art. 48 modifiziert die Regelung über **Zustimmungsvorbehalte** in § 111 Abs. 4 AktG; Art. 50 regelt die **Beschlussfassung** teilweise abweichend von § 108 AktG.[14] Soweit die Binnenorganisation des Aufsichtsorgans in den Art. 42, 50 und § 107 AktG nicht geregelt ist, besteht vergleichbar dem deutschen Aufsichtsrat im Rahmen von Art. 9 Abs. 1, § 23 Abs. 5 AktG Regelungsfreiraum für **Satzung und Geschäftsordnung** (zum Aufsichtsrat → AktG § 107 Rn. 5, 10).

II. Aufgaben und Handlungsinstrumente des Aufsichtsrats

4   Parallel zu § 111 Abs. 1 AktG hat auch das SE-Aufsichtsorgan nach Art. 40 Abs. 1 S. 1 die **Aufgabe, die Geschäftsführung durch das Leitungsorgan zu überwachen**. Eine gegenständliche Eingrenzung etwa auf Leitungsentscheidungen deutet Art. 40 Abs. 1 S. 1 nicht an. Wie bei Art. 41 Abs. 3 S. 1 (→ Art. 41 Rn. 5 zur Reichweite im Vergleich zu § 90 AktG) unterliegt grundsätzlich die gesamte Tätigkeit des Leitungsorgans der Aufsicht. Grenzen erwachsen der Überwachungstätigkeit jedoch aus der von der Verordnung angestrebten Funktionstrennung. Die Kontrolle darf das Leitungsorgan nicht so eng anbinden, dass das Aufsichtsorgan entgegen Art. 40 Abs. 1 S. 2 die

---

[2] → Art. 38 Rn. 3, 11; MüKoAktG/*Reichert/Brandes* Rn. 10.
[3] Prägnant zur Doppelfunktion des Aufsichtsrats *Raiser* Gutachten für den 66. DJT, 2006, These 2.
[4] Vgl. MüKoAktG/*Reichert/Brandes* Rn. 3.
[5] Zur Antragsberechtigung des SE-Betriebsrats s. § 17 Abs. 4 S. 1 SEAG.
[6] Habersack/Drinhausen/*Seibt* Rn. 41; Kölner Komm AktG/*Paefgen* Rn. 62 ff.
[7] Habersack/Drinhausen/*Seibt* Rn. 27; Kölner Komm AktG/*Paefgen* Rn. 117, 122.
[8] Habersack/Drinhausen/*Seibt* Rn. 25.
[9] Habersack/Drinhausen/*Seibt* Rn. 25.
[10] Habersack/Drinhausen/*Seibt* Rn. 30.
[11] Für Ersatzansprüche der Gesellschaft gegenüber Mitgliedern des Aufsichtsorgans ergibt sich die Anwendbarkeit aus Art. 51, für Ansprüche von Aktionären aus Art. 9 Abs. 1 lit. c ii, vgl. *Schwarz* Rn. 28.
[12] MüKoAktG/*Reichert/Brandes* Rn. 7; Lutter/Hommelhoff/Teichmann/*Drygala* Rn. 2; Kölner Komm AktG/*Paefgen* Art. 39 Rn. 14; eingehend *Banzhaf*, Die Entsprechenserklärung der Societas Europaea (SE), 2008; *Messow*, Die Anwendbarkeit des Deutschen Corporate Governance Kodex auf die Societas Europaea (SE), 2008.
[13] Vgl. zur Anwendung auf die SE näher *Teichmann/Rüb* BB 2015, 898 (905); *Grobe* AG 2015, 289 (299); *Wasmann/Rothenburg* DB 2015, 291 (293 f.).
[14] Erl. Art. 50 sowie Habersack/Drinhausen/*Seibt* Rn. 21 ff.

Geschäftsführung bestimmt (für die AG → AktG § 111 Rn. 8). Deutlich kommt in der Verordnung zum Ausdruck, dass sich die Überwachung auf die Tätigkeit des Leitungsorgans beschränken soll. Das Handeln nachgeordneter Unternehmensebenen wird dagegen nur soweit relevant, wie es sich in der Verantwortlichkeit des Leitungsorgans niederschlägt, denn nur dieses kann das Aufsichtsorgan mit seinen Überwachungsinstrumenten beeinflussen.[15] Eine Beschränkung auf eine rückblickende Kontrolle lässt sich der Verordnung schließlich nicht entnehmen.[16] Vielmehr ist anzuerkennen, dass eine effektive Überwachung bereits in der **Phase der Entscheidungsfindung** ansetzen muss.[17] Nicht jede Beratung des Leitungsorgans überschreitet deswegen die Grenze zur unzulässigen Geschäftsführung. Zur Überwachung im Konzern eingehend → AktG § 111 Rn. 81 ff.

Dem Aufsichtsorgan stehen die gleichen **Überwachungsinstrumente** zur Verfügung, die auch 5 das AktG vorsieht.[18] Hervorzuheben sind die **Personalkompetenz** über das Leitungsorgan (Art. 39 Abs. 2 S. 1) einschließlich dessen Binnenorganisation (§ 77 Abs. 2 AktG, § 78 Abs. 3 AktG, § 84 Abs. 2 AktG) sowie die **Zustimmungsvorbehalte** (Art. 48). Zentrale Bedeutung für die Aufsichtsratsverfassung haben die **Informationsrechte** und die korrespondierenden Berichtpflichten (vgl. Art. 41, § 90 AktG), da der Informationsfluss zwischen den Organen als entscheidende Schwäche des dualistischen gegenüber dem monistischen System gilt (allg. → Art. 38 Rn. 14). Hinzu kommen die aktienrechtlichen Kompetenzen im Hinblick auf **Jahresabschluss** und Gewinnverwendungsbeschluss, die aufgrund der Spezialverweisung in Art. 61 zur Anwendung kommen; das SE-Aufsichtsorgan erteilt auch den Prüfungsauftrag an die Abschlussprüfer (§ 111 Abs. 2 S. 3 AktG).[19] Als Teil seiner Überwachungspflicht muss das SE-Aufsichtsorgan zudem Schadensersatzklagen gegen Mitglieder des Leitungsorgans prüfen.[20] Gegenüber der Hauptversammlung erfüllt das Aufsichtsorgan die Pflichten aus § 111 Abs. 3 S. 1 AktG (Einberufung) und § 124 Abs. 3 AktG (Vorschläge zur Beschlussfassung).[21] Über seine **Binnenorganisation** entscheidet das Aufsichtsorgan in den Grenzen von § 107 Abs. 3 AktG selbst.[22] In der mitbestimmten SE kann die Beteiligung der Arbeitnehmervertreter zum Gegenstand der Mitbestimmungsvereinbarung gemacht werden.[23]

III. Bestellung und Abberufung

Nach Art. 40 Abs. 2 S. 1 wählt die Hauptversammlung mit einfacher Mehrheit (Art. 57)[24] die 6 **Anteilseignervertreter,** ohne an den Wahlvorschlag des Aufsichtsorgans gebunden zu sein.[25] Verbunden mit der Möglichkeit vorzeitiger Abberufung (→ Rn. 9) ist diese Zuständigkeit das zentrale Einflussmittel der Aktionäre auf die Unternehmensführung. Eine darüber hinausgehende Weisungsabhängigkeit des Aufsichtsorgans besteht nicht.[26] Die Einzelheiten der Organisation der Hauptversammlung und der Wahl richten sich nach Art. 53 ff. iVm den Vorschriften des AktG (vgl. Erl. dort sowie insbes. → AktG § 124 Rn. 10 ff.). Die Regelung über Entsendungsrechte in § 101 Abs. 2 AktG gilt gem. Art. 47 Abs. 4 auch für die SE (→ Art. 47 Rn. 9); gleiches gilt für die gerichtliche Bestellung nach § 104 AktG.[27]

---

[15] IE MüKoAktG/*Reichert/Brandes* Rn. 14 mit Verweis auf den Wortlaut von Abs. 1 S. 1; Kölner Komm AktG/ *Paefgen* Rn. 14; Habersack/Drinhausen/*Seibt* Rn. 8 (für die unmittelbare Überwachung der nachgeordneten Arbeitnehmer ist das Leitungsorgan verantwortlich); anders Lutter/Hommelhoff/Teichmann/*Drygala* Rn. 4 (Überwachung aller Personen, die herausgehobene Leitungsaufgaben wahrnehmen, unabhängig von der Mitgliedschaft im Leitungsorgan); zum Streitstand im deutschen Aktienrecht → AktG § 111 Rn. 9; Großkomm AktG/ *Hopt/Roth* AktG § 111 Rn. 251.
[16] Vgl. auch Habersack/Drinhausen/*Seibt* Rn. 7.
[17] → Art. 38 Rn. 15; → AktG § 111 Rn. 10; ausf. zur präventiven Kontrolle und Beratung Großkomm AktG/ *Hopt/Roth* AktG § 111 Rn. 58 ff., 288 ff.
[18] Ausf. MüKoAktG/*Reichert/Brandes* Rn. 17 ff.; Habersack/Drinhausen/*Seibt* Rn. 12; zur AG *Pentz* in Fleischer VorstandsR-HdB § 16.
[19] MüKoAktG/*Reichert/Brandes* Rn. 22; Überblick zum Bilanzrecht der dualistischen SE bei → Art. 61, 62 Rn. 3 ff.
[20] Vgl. BGHZ 135, 244 = NJW 1997, 1926 – ARAG/Garmenbeck; → AktG § 111 Rn. 27.
[21] → Art. 54 Rn. 4, 6.
[22] → Art. 38 Rn. 12 sowie *Schwarz* Rn. 18 ff., 24; zu Aufsichtsratsausschüssen → AktG § 107 Rn. 80 ff.; ausf. Großkomm AktG/*Hopt/Roth* AktG § 107 Rn. 228 ff.
[23] Vgl. MüKoAktG/*Jacobs* SEBG § 21 Rn. 43 f.; zu Grenzen → Art. 44 Rn. 10, → Art. 48 Rn. 9.
[24] § 133 Abs. 2 AktG ist nicht anwendbar, zur Beschlussmehrheit in der Hauptversammlung der SE → Art. 57, Art. 58 Rn. 4; Habersack/Drinhausen/*Seibt* Rn. 36; aA (Satzung kann größere Mehrheit regeln) MüKoAktG/ *Reichert/Brandes* Rn. 29.
[25] Es gelten die § 101 Abs. 1 S. 2 AktG, § 36 Abs. 4 SEBG, vgl. MüKoAktG/*Reichert/Brandes* Rn. 30.
[26] MüKoAktG/*Reichert/Brandes* Rn. 9; zur AG Großkomm AktG/*Hopt/Roth* AktG § 111 Rn. 78.
[27] MüKoAktG/*Reichert/Brandes* Rn. 39 ff.; Lutter/Hommelhoff/Teichmann/*Drygala* Rn. 22; Habersack/ Drinhausen/*Seibt* Rn. 42; nach § 17 Abs. 4 S. 1 SEAG ist auch der SE-Betriebsrat antragsberechtigt.

7   Für die **Arbeitnehmervertreter** eröffnet Art. 40 Abs. 2 S. 3 vorrangig Raum für die Mitbestimmungsvereinbarung (§ 21 Abs. 3 Nr. 2 SEBG). Nur wenn die Verhandlungen nicht zu einer Regelung führen, gilt die Auffanglösung der §§ 35 ff. SEBG. Dann erfolgt auch die Bestellung der Arbeitnehmervertreter durch die Hauptversammlung nach § 36 Abs. 2, 3, 4 iVm §§ 6 ff. SEBG.[28] Diese Lösung des deutschen Gesetzgebers ist mit der SE-RL vereinbar.[29] Für den Fall einer fehlerhaften Wahl ergänzt § 17 Abs. 4 und 5 SEAG die §§ 250, 251, 252 AktG. Besteht der Aufsichtsrat einer börsennotierten dualistischen SE aus derselben Zahl von Anteilseigner- und Arbeitnehmervertretern, gilt gem. § 17 Abs. 2 SEAG eine zwingende **Geschlechterquote** von mind. 30 %;[30] diese Ergänzung von § 17 SEAG trat zum 1.1.2016 in Kraft.[31]

8   Art. 40 Abs. 2 S. 2 betrifft die Bestellung des **ersten Aufsichtsorgans.** In der Regel erfordert jede SE-Gründung die Neubestellung der Organmitglieder. Eine Amtskontinuität ist nur bei der Gründung durch Umwandlung oder Verschmelzung zur Aufnahme möglich, wenn sich ausnahmsweise die Bildung und Zusammensetzung des Kontrollorgans in keiner Weise ändert (vgl. § 203 UmwG);[32] dazu kann es jedoch allenfalls bei mitbestimmungsfreien Gesellschaften kommen.[33] Abs. 2 S. 2 erlaubt die Bestellung auch durch die Satzung,[34] lässt die weiteren Einzelheiten jedoch offen und verweist über den für Gründungsvorgänge maßgeblichen Art. 15 Abs. 1 auf deutsches Recht.[35] Anwendbar sind damit die §§ 30, 31 AktG; bei der Umwandlungsgründung (Formwechsel) ergibt sich die Anwendbarkeit von § 31 AktG aus § 197 S. 3 UmwG.[36] Ein Statusverfahren gem. §§ 97 ff. AktG ist bei dem Formwechsel in die SE jedoch nicht durchzuführen (str.).[37]

9   Vor dem regulären Ablauf der Amtszeit (vgl. Art. 46) kann die Mitgliedschaft des Anteilseignervertreters durch Amtsniederlegung[38] und durch **Abberufung** aus dem Organ enden. Nach anfänglicher Unsicherheit angesichts des Fehlens einer Verordnungsregelung zur vorzeitigen Abberufung hat sich nunmehr die Ansicht durchgesetzt, dass die Hauptversammlung die Bestellung in das Aufsichtsorgan widerrufen kann.[39] Erst die Kombination aus der zeitlichen Begrenzung der Amtszeit in Art. 46 und der Möglichkeit vorzeitiger Abberufung begründet die Verantwortlichkeit des Aufsichtsorgans gegenüber den Anteilseignern.[40] Nach Art. 57 erfordert der Beschluss eine einfache Mehrheit der

---

[28] Vgl. MüKoAktG/*Reichert/Brandes* Rn. 30; MüKoAktG/*Jacobs* SEBG § 36 Rn. 9. Die Bestellung ausländischer Arbeitnehmer richtet sich nach den Regelungen des jeweiligen Mitgliedstaats, ersatzweise entscheidet nach § 36 Abs. 4 SEBG der SE-Betriebsrat.

[29] Habersack/Drinhausen/*Seibt* Rn. 39; Lutter/Hommelhoff/Teichmann/*Drygala* Rn. 21; krit. zur konstitutiven Wirkung des Hauptversammlungsbeschlusses auch für die Arbeitnehmervertreter *Ihrig/Wagner* BB 2004, 1749 (1755); abl. *Schwarz* Rn. 44 mit dem Gegenvorschlag einer verordnungskonformen Auslegung von § 36 Abs. 4 SEBG mit der Folge, dass die Bestellung durch die HV nur noch deklaratorische Wirkung hat.

[30] Vgl. näher *Teichmann/Rüb* BB 2015, 898 (903 ff.); *Grobe* AG 2015, 289 (298); *Wasmann/Rothenburg* DB 2015, 291 (293); zur Parallelregelung in der deutschen AG → AktG § 96 Rn. 31 ff.

[31] Vgl. Art. 24 Abs. 1 des Gesetzes für die gleichberechtigte Teilhabe von Frauen und Männern an Führungspositionen in der Privatwirtschaft und im öffentlichen Dienst (BGBl. 2015 I 642).

[32] Habersack/Drinhausen/*Seibt* 48 ff.; MüKoAktG/*Reichert/Brandes* Rn. 45 f.; MüKoAktG/*Schäfer* Art. 37 Rn. 31; Kölner Komm AktG/*Paefgen* Rn. 68 ff.; Lutter/Hommelhoff/Teichmann/*Drygala* Rn. 27; iE ähnlich *Kleinhenz/Leyedecker-Langner* AG 2013, 507 (512 f.).

[33] Vgl. MüKoAktG/*Reichert/Brandes* Rn. 47; Habersack/Drinhausen/*Seibt* 48, 50; Kölner Komm AktG/*Paefgen* Rn. 68 ff.

[34] Nach Art. 6 kann die Regelung statt in der Satzung auch in der Gründungsurkunde erfolgen, vgl. dazu Lutter/Hommelhoff/Teichmann/*Schmidt* Art. 6 Rn. 4 ff., insbes. Rn. 6.

[35] Für Einzelheiten vgl. Kölner Komm AktG/*Paefgen* Rn. 73 ff.; MüKoAktG/*Reichert/Brandes* Rn. 43 ff.; Habersack/Drinhausen/*Seibt* Rn. 48 ff.

[36] § 197 UmwG idF des Zweiten Gesetzes zur Änderung des Umwandlungsgesetzes v. 19.4.2007, BGBl. 2007 I 542, dazu Lutter/*Decher* UmwG § 197 Rn. 45 ff.; *Habersack* Der Konzern 2008, 67 (69); Habersack/Drinhausen/*Seibt* Rn. 52; Kölner Komm AktG/*Paefgen* Rn. 74.

[37] Überzeugend *Habersack* Der Konzern 2008, 67 (68 ff.); zust. MüKoAktG/*Reichert/Brandes* Rn. 54 f.; aA Habersack/Drinhausen/*Seibt* Rn. 51 ff., *Kleinhenz/Leyedecker-Langner* AG 2013, 507 (513 f.).

[38] Dafür gilt mangels Verordnungsregelung das Recht des Sitzstaats, → AktG § 103 Rn. 62 ff.

[39] MüKoAktG/*Reichert/Brandes* Rn. 57 f.; *Schwarz* Rn. 62; Lutter/Hommelhoff/Teichmann/*Drygala* Rn. 23; *Drinhausen* in Van Hulle/Maul/Drinhausen SE-HdB 5. Abschn. § 2 Rn. 25; anders zunächst *Hommelhoff* AG 2001, 279 (283); *Hirte* NZG 2002, 1 (5).

[40] Vgl. eindringlich *Hansmann/Kraakman* in Kraakman et al., The Anatomy of Corporate Law, 2004, 37 f. Wegen des funktionalen Zusammenhangs von Wahl und Abberufung dürfte dieses Recht bereits aus der Verordnung selbst als Annexkompetenz zu Art. 40 Abs. 2 S. 1 folgen, vgl. MüKoAktG/*Kubis* Art. 52 Rn. 11. Ob man die ergänzende Anwendbarkeit von § 103 Abs. 1 AktG mit Art. 52 S. 2 (so MüKoAktG/*Reichert/Brandes* Rn. 58) oder Art. 9 Abs. 1 lit. c ii (so *Schwarz* Rn. 62) begründet, hat demgegenüber für die deutsche SE keine Auswirkung.

abgegebenen gültigen Stimmen.⁴¹ Arbeitnehmervertreter sind von der Hauptversammlung nach § 37 Abs. 1 S. 4 SEBG spiegelbildlich zu ihrer Wahlkompetenz abzuberufen, sofern ein entsprechender **Antrag der Arbeitnehmer** vorliegt.⁴² Über den Verbleib entsandter Mitglieder entscheidet der Entsendungsberechtigte;⁴³ bei Vorliegen eines wichtigen Grundes kann jedes Mitglied zudem nach § 103 Abs. 3 AktG gerichtlich abberufen werden.⁴⁴

IV. Größe und Zusammensetzung

In der **mitbestimmungsfreien SE** richtet sich die Größe des Aufsichtsorgans nach Art. 40 **10** Abs. 3 iVm § 17 Abs. 1 SEAG gleichlaufend mit den Vorgaben in § 95 S. 1 bis 4 AktG (→ AktG § 95 Rn. 5 ff.). Nach den Voraussetzungen des § 34 SEBG unterliegt die SE der **Mitbestimmung.** Dann gilt – vorbehaltlich einer abweichenden Mitbestimmungsvereinbarung⁴⁵ – die gesetzliche Auffangregelung in § 35 SEBG: Die Zahl der Arbeitnehmervertreter im Aufsichtsorgan richtet sich nach dem höchsten Anteil an Arbeitnehmervertretern in den Gründungsgesellschaften bzw. bei der Umwandlungsgründung nach dem Anteil in der formwechselnden Gesellschaft. Für die Gesamtmitgliederzahl des Aufsichtsorgans verbleibt es dagegen trotz des unterschiedlichen Wortlauts von § 35 Abs. 1 SEBG und § 35 Abs. 2 S. 2 SEBG bei allen Gründungsarten bei der Satzungsautonomie gem. Art. 40 Abs. 3 iVm § 17 Abs. 1 SEAG.⁴⁶ Eine Regelung der Gesamtmitgliederzahl in der Mitbestimmungsvereinbarung ist nicht zulässig (str.).⁴⁷ Ist die richtige Zusammensetzung zweifelhaft, kann auf das Statusverfahren nach §§ 97 ff. AktG zurückgegriffen werden, dessen Anwendung von Art. 40 nicht gesperrt ist.⁴⁸

Daraus ergeben sich wesentliche Unterschiede zum Mitbestimmungsregime der deutschen AG:⁴⁹ **11**
– Die Schwellenwerte in **§ 1 DrittelbG und § 1 MitbestG** finden auf die SE **keine Anwendung**; wurde die SE nach §§ 34, 35 SEBG mitbestimmungsfrei bzw. mit Drittelparität gegründet, führt ein Anwachsen der Arbeitnehmerzahl nicht zu einem Wechsel in ein anderes Mitbestimmungssystem.⁵⁰
– Auch § 7 MitbestG hat keine Parallele im SEBG. In der paritätisch mitbestimmten SE gibt es deswegen anders als bei der AG **keine zwingende Mindestgröße** des Aufsichtsorgans in Abhängigkeit von der Arbeitnehmerzahl;⁵¹ das Aufsichtsorgan muss in diesem Fall nur aus einer geraden Anzahl von Mitgliedern bestehen.⁵² Auch in dieser Hinsicht bewirkt das Unternehmenswachstum also keine Veränderung des Aufsichtsorgans.
– Zu einem Wechsel des ursprünglichen Mitbestimmungsstandes kann es erst bei **strukturellen Änderungen** der SE kommen; dann verlangt § 18 Abs. 3 SEBG eine Neuaufnahme der Mitbe-

---

⁴¹ § 103 Abs. 1 S. 2 AktG ist nicht anwendbar, weil die Regelung eine größere als die einfache Mehrheit nicht iSd Art. 57 zwingend „vorschreibt", sondern in S. 3 Satzungsdispositivität einräumt; wie hier Habersack/Drinhausen/*Seibt* Rn. 55; Kölner Komm AktG/*Paefgen* Rn. 81; *Schwarz* Rn. 65; allgemein zum Mehrheitserfordernis → Art. 57, 58 Rn. 4 f.; aA MüKoAktG/*Reichert/Brandes* Rn. 58 (qualifizierte Mehrheit gem. § 103 Abs. 1 S. 2 AktG).
⁴² Näher MüKoAktG/*Jacobs* SEBG § 37 Rn. 3 f.; Habersack/Drinhausen/*Seibt* Rn. 60 f.; anders aufgrund abweichender Konzeption der Arbeitnehmerbestellung (vgl. Rn. 30) wiederum *Schwarz* Rn. 66.
⁴³ Anwendbar ist § 103 Abs. 2 AktG, vgl. MüKoAktG/*Reichert/Brandes* Rn. 60; *Schwarz* Rn. 65.
⁴⁴ Art. 9 Abs. 1 lit. c ii, vgl. MüKoAktG/*Reichert/Brandes* Rn. 61; Lutter/Hommelhoff/Teichmann/*Drygala* Rn. 25.
⁴⁵ Zum zulässigen Inhalt der Mitbestimmungsvereinbarung, mit Unterschieden im Einzelnen LG Nürnberg-Fürth NZG 2010, 547 m. Bspr. *Seibt* ZIP 2010, 1057 ff.; MüKoAktG/*Jacobs* SEBG § 21 Rn. 14 ff.; UHH/*Henssler* SEBG § 21 Rn. 29 ff.; Lutter/Hommelhoff/Teichmann/*Oetker* SEBG § 21 Rn. 28 ff.; Habersack/Drinhausen/*Seibt* Rn. 66; *Habersack* AG 2006, 345 ff.; *Habersack* ZHR 171 (2007), 613 (629 ff.); *Seibt* AG 2005, 413 (422); *Thüsing* ZIP 2006, 1469 ff.; *Teichmann* AG 2008, 797 ff.; *Forst* AG 2010, 350 ff.; *Kiefner/Friebel* NZG 2010, 537 ff.; *Kiem* Der Konzern 2010, 275 ff.; *Linnerz* EWiR 2010, 337 ff.; vgl. de lege ferenda auch die Vorschläge des Arbeitskreises Aktien- und Kapitalmarktrecht, ZIP 2011, 1841 ff.
⁴⁶ Vgl. Habersack/Drinhausen/*Seibt* Rn. 68.
⁴⁷ Wie hier MüKoAktG/*Reichert/Brandes* Rn. 68; Kölner Komm AktG/*Paefgen* Rn. 102; *Habersack* AG 2006, 345 (348); *Habersack* Der Konzern 2008, 67 (71); aA LG Nürnberg-Fürth NZG 2010, 547; Habersack/Drinhausen/*Seibt* Rn. 68; Lutter/Hommelhoff/Teichmann/*Oetker* SEBG § 21 Rn. 62 ff.; Lutter/Hommelhoff/Teichmann/*Drygala* Rn. 32 f.; Erläuterungen zum Verwaltungsrat → Art. 43 Rn. 25 ff.
⁴⁸ Art. 9 Abs. 1 lit. c ii, ebenso *Schwarz* Rn. 40; MüKoAktG/*Reichert/Brandes* Rn. 6.
⁴⁹ Eingehender Vergleich bei *Ziegler/Gey* BB 2009, 1750.
⁵⁰ Vgl. UHH/*Habersack* SEBG § 35 Rn. 14; MüKoAktG/*Jacobs* SEBG § 18 Rn. 19; *Rieble* BB 2006, 2018 (2021).
⁵¹ Lutter/Hommelhoff/Teichmann/*Drygala* Rn. 31; *Habersack* Konzern 2006, 105 (107).
⁵² UHH/*Habersack* SEBG § 35 Rn. 6, 11; *Habersack* AG 2006, 345 (347); MüKoAktG/*Reichert/Brandes* Rn. 68; aA Lutter/Hommelhoff/Teichmann, Die Europäische Gesellschaft, 2005, 195 (202 f.); dem folgend *Marsch-Barner* GS Bosch, 2006, 99 (113).

stimmungsverhandlungen. Richtigerweise fällt indes weder das organische Unternehmenswachstum noch der Erwerb von Betrieben oder Betriebsteilen unter diese Vorschrift.[53]
– Auch die **Arbeitnehmer in anderen Mitgliedstaaten** dürfen Vertreter in das Aufsichtsorgan wählen. Die Verteilung der Sitze erfolgt gem. § 36 SEBG durch den SE-Betriebsrat entsprechend dem Anteil der im jeweiligen Staat Beschäftigten.[54]

Art. 41 [Information]

(1) Das Leitungsorgan unterrichtet das Aufsichtsorgan mindestens alle drei Monate über den Gang der Geschäfte der SE und deren voraussichtliche Entwicklung.

(2) Neben der regelmäßigen Unterrichtung gemäß Absatz 1 teilt das Leitungsorgan dem Aufsichtsorgan rechtzeitig alle Informationen über Ereignisse mit, die sich auf die Lage der SE spürbar auswirken können.

(3) [1]Das Aufsichtsorgan kann vom Leitungsorgan jegliche Information verlangen, die für die Ausübung der Kontrolle gemäß Artikel 40 Absatz 1 erforderlich ist. [2]Die Mitgliedstaaten können vorsehen, dass jedes Mitglied des Aufsichtsorgans von dieser Möglichkeit Gebrauch machen kann.

(4) Das Aufsichtsorgan kann alle zur Erfüllung seiner Aufgaben erforderlichen Überprüfungen vornehmen oder vornehmen lassen.

(5) Jedes Mitglied des Aufsichtsorgans kann von allen Informationen, die diesem Organ übermittelt werden, Kenntnis nehmen.

Auszug aus dem SEAG

§ 18 Informationsverlangen einzelner Mitglieder des Aufsichtsorgans.
Jedes einzelne Mitglied des Aufsichtsorgans kann vom Leitungsorgan jegliche Information nach Artikel 41 Abs. 3 Satz 1 der Verordnung, jedoch nur an das Aufsichtsorgan, verlangen.

Schrifttum: Vgl. *Schaper,* Unternehmenskommunikation und Vertraulichkeit in der Europäischen Aktiengesellschaft (SE) im Vergleich zur AG, AG 2018, 356, sowie die Angaben bei § 90 AktG.

I. Regelungsgehalt, Normzweck

1   Art. 41 regelt die Informationsversorgung des Aufsichtsorgans. Der Verordnungsgeber wirkt hier einer konzeptionellen Schwäche des dualistischen Systems entgegen, indem er den **Informationsfluss zwischen Leitungs- und Aufsichtsorgan** institutionalisiert.[1] Die Vorschrift verfolgt drei Ziele: Ausreichende Informationen bilden die unverzichtbare Grundlage für die Erfüllung der Überwachungsaufgabe des Aufsichtsorgans. Gleichzeitig nimmt die Unterrichtung den Mitgliedern die Möglichkeit, sich durch Berufung auf ihre Unkenntnis der aktienrechtlichen Verantwortlichkeit zu entziehen.[2] Dahinter steht drittens die Erwartung, dass die Berichterstattung zu einer engeren Einbindung des Aufsichtsorgans in die unternehmerische Entscheidungsfindung führt und dadurch die Qualität der Unternehmensführung verbessert.[3] Art. 41 erzwingt eine Offenheit unter den Organen, die nach außen durch die Verschwiegenheitspflicht des Art. 49 ausgeglichen wird.[4] Wie in der deutschen AG darf das Leitungsorgan dem Aufsichtsorgan deswegen keine Informationen mit Verweis auf deren Vertraulichkeit vorenthalten.[5]

2   Entgegen einer Literaturansicht enthält Art. 41 **keine abschließende Regelung** des Informationsgefüges.[6] Die Vorschrift ist vielmehr als Mindeststandard aufzufassen, der über Art. 9 lit. c ii

---

[53] Vgl. UHH/*Henssler* SEBG § 18 Rn. 13, 15, 18; MüKoAktG/*Jacobs* SEBG § 18 Rn. 17, 19; Habersack/Drinhausen/Hohenstatt/Müller-Bonanni SEBG § 18 Rn. 10; *Rieble* BB 2006, 2018 (2022); *Wollburg/Banerjea* ZIP 2005, 277 (281 f.); aA *Nagel* ZIP 2011, 2047 (2049) (strukturelle Änderung, wenn der übernommene Betrieb mehr als 500 bzw. 2.000 Arbeitnehmer hat).
[54] Näher MüKoAktG/*Jacobs* SEBG § 36 Rn. 2 f.
[1] → Art. 38 Rn. 14; ausf. auch *Seibt/Wilde* in Hommelhoff/Hopt/v. Werder Corporate Governance- HdB S. 377 ff.
[2] Hüffer/Koch/*Koch* AktG § 90 Rn. 1; MüKoAktG/*Spindler* AktG § 90 Rn. 1; Kölner Komm AktG/*Mertens/Cahn* § 90 Rn. 1.
[3] Zur Beratungsaufgabe des Aufsichtsorgans → Art. 40 Rn. 4; zum TransPuG ähnlich MüKoAktG/*Spindler* AktG § 90 Rn. 5.
[4] → Art. 49 Rn. 1; zum Zusammenhang etwa Kölner Komm AktG/*Mertens/Cahn* § 90 Rn. 14 ff.
[5] Kölner Komm AktG/*Paefgen* Rn. 33; näher Lutter/Hommelhoff/Teichmann/*Sailer-Coceani* Rn. 25 f. auch zu Ausnahmen bei Missbrauchsverdacht.
[6] AA *Schwarz* Rn. 4, 33.

Ergänzungen durch das mitgliedstaatliche Aktienrecht offen steht.[7] Dieses Verständnis führt zugleich zur Zulässigkeit einer satzungsmäßigen Gestaltung der Informationsordnung über §§ 90, 23 Abs. 5 S. 2 AktG, soweit darin eine Verschärfung, nicht aber eine Beschränkung der Informationspflichten liegt.[8] Weitere Informationspflichten treffen das Leitungsorgan, wenn es eine Entscheidung des Aufsichtsorgans herbeiführen will oder muss.[9] Die **gesellschaftsinterne Durchsetzung** der Rechte aus Art. 41 richtet sich nach den aktienrechtlichen Grundsätzen.[10]

II. Berichtspflichten (Abs. 1, 2)

Abs. 1 verlangt eine **regelmäßige Unterrichtung** über die aktuelle Lage des operativen 3 Geschäfts, auch in Bezug zu den ursprünglichen Planungen.[11] Der Bericht über die voraussichtliche Entwicklung der Geschäfte entspricht der Verantwortung des Leitungsorgans für die mittel- und langfristige Planung (→ AktG § 76 Rn. 18) und bestätigt zugleich, dass die Verordnung auf eine zukunftsbezogene Beratung durch den Aufsichtsrat abzielt (→ Rn. 1 und → Art. 38 Rn. 15). Neben die periodische Berichterstattung stellt Abs. 2 die Pflicht zur Unterrichtung bei außerordentlichen Ereignissen, die funktional mit der Pflicht aus § 90 Abs. 1 S. 1 Nr. 4 AktG vergleichbar ist; während dort eine „erhebliche" Bedeutung des betreffenden Geschäfts erforderlich ist, genügen bei Art. 41 Abs. 2 „spürbare Auswirkungen".[12] Hinzu kommen für die deutsche SE die Pflichten aus § 90 Abs. 1 S. 1 Nr. 1 und 2 iVm Abs. 2 Nr. 1 und 2 AktG (→ Rn. 2; → AktG § 90 Rn. 12 ff.).

Bei Abs. 1 und 2 handelt es sich um organschaftliche Rechtspflichten des Leitungsorgans als 4 Kollegialorgan.[13] **Berichtsempfänger** ist grundsätzlich das gesamte Aufsichtsorgan. Soweit in dringenden Fällen eine Heranziehung aller Mitglieder des Aufsichtsorgans die rechtzeitige Entscheidungsfindung gefährden würde, reicht nach dem Rechtsgedanken des § 90 Abs. 1 S. 3 AktG eine Information des Vorsitzenden des Aufsichtsorgans aus.[14] Keine ausdrückliche Regelung enthält die Verordnung über **Form und Inhalt der Berichterstattung.** Der Regelungszweck, den Mitgliedern des Aufsichtsorgans eine Entscheidungsgrundlage zu liefern, erfordert ein effektives Zugänglichmachen verwertbarer Informationen. Jedenfalls ausreichend sind Berichte gem. § 90 Abs. 4 AktG,[15] dessen Vorgaben jedoch an die Dringlichkeit der Unterrichtung und die Vertraulichkeit der Information anzupassen sind.[16]

III. Informationsverlangen, Überprüfungsrecht (Abs. 3, 4, § 18 SEAG)

Abs. 3 S. 1 gibt dem Aufsichtsorgan das **Recht, jegliche Information** vom Leitungsorgan **zu** 5 **verlangen,** bringt aber deutlich die Funktionsbezogenheit dieses Anspruchs zum Ausdruck.[17] Maßgeblich ist der bei Art. 40 skizzierte Aufgabenbereich des Aufsichtsorgans, so dass anders als bei § 90 Abs. 3 AktG konzerndimensionale Anfragen nicht auf Vorgänge mit erheblichem Einfluss auf die Lage der Muttergesellschaft beschränkt sind.[18] Ausreichend ist, dass der Vorgang Gegenstand der Geschäftsführung durch das Leitungsorgan ist. Abs. 3 S. 2 iVm § 18 SEAG erweitert das Informationsrecht auf jedes einzelne Organmitglied, hält jedoch wie § 90 Abs. 3 S. 2 AktG am Gesamtorgan als Empfänger fest.[19] Folglich kann das einzelne Mitglied des Aufsichtsrats das Informationsverlangen

---

[7] Ebenso MüKoAktG/*Reichert/Brandes* Rn. 3; Kölner Komm AktG/*Paefgen* Rn. 7.

[8] Ausf. MüKoAktG/*Spindler* AktG § 90 Rn. 8; differenzierend Kölner Komm AktG/*Mertens/Cahn* AktG § 90 Rn. 53 ff.

[9] → Art. 48 Rn. 1; Lutter/Hommelhoff/Teichmann/*Sailer-Coceani* Rn. 3; weitere Fälle → AktG § 90 Rn. 14; MüKoAktG/*Spindler* AktG § 90 Rn. 3.

[10] Lutter/Hommelhoff/Teichmann/*Sailer-Coceani* Rn. 41 ff.; Kölner Komm AktG/*Paefgen* Rn. 58 ff.; → AktG § 90 Rn. 68 ff. sowie ausf. *Schwab,* Prozessrecht gesellschaftsinterner Streitigkeiten, 2005, 578 ff.

[11] Vgl. zur Auslegung Lutter/Hommelhoff/Teichmann/*Sailer-Coceani* Rn. 5 f.; für eine tendenziell weitere Auslegung als im AktG Kölner Komm AktG/*Paefgen* Rn. 10; zu § 90 Abs. 1 S. 1 Nr. 3 die Erläuterungen bei → AktG § 90 Rn. 27; Hüffer/Koch/*Koch* AktG § 90 Rn. 6.

[12] Vgl. dazu MüKoAktG/*Reichert/Brandes* Rn. 7 mit Fn. 22; Lutter/Hommelhoff/Teichmann/*Sailer-Coceani* Rn. 12 ff.; → AktG § 90 Rn. 28.

[13] → AktG § 76 Rn. 19; MüKoAktG/*Spindler* AktG § 90 Rn. 6 f.

[14] MüKoAktG/*Reichert/Brandes* Rn. 8; Lutter/Hommelhoff/Teichmann/*Sailer-Coceani* Rn. 16.

[15] MüKoAktG/*Reichert/Brandes* Rn. 15 a f.; Habersack/Drinhausen/*Seibt* Rn. 28.

[16] Näher zum flexiblen Ansatz des TransPuG MüKoAktG/*Spindler* AktG § 90 Rn. 11.

[17] Allg. → Art. 38 Rn. 14; *Wilde* ZGR 1998, 423 (424); zur AG Kölner Komm AktG/*Mertens/Cahn* § 90 Rn. 8 ff.

[18] MüKoAktG/*Reichert/Brandes* Rn. 11; Lutter/Hommelhoff/Teichmann/*Sailer-Coceani* Rn. 19; Kölner Komm AktG/*Paefgen* Rn. 32.

[19] Kölner Komm AktG/*Paefgen* Rn. 36; vgl. die entsprechende Empfehlung der Corporate Governance-Kommission *Baums* Bericht der Regierungskommission Rn. 30 f.; zur Missbrauchsgrenze → AktG § 90 Rn. 47.

im eigenen Namen, aber nur für das Gesamtorgan geltend machen.[20] Ergänzt wird das Informationsverlangen durch das § 111 Abs. 2 S. 1 AktG vergleichbare **Überprüfungsrecht** aus Abs. 4, das sich zwar inhaltlich auch auf Vorgänge bei verbundenen Unternehmen erstreckt, jedoch keinen Eingriff in Rechte anderer Gesellschaften zulässt.[21] Das Aufsichtsorgan kann sich der Aufgabe zwar nicht vollständig entledigen, für einzelne Untersuchungen aber Dritte heranziehen (allg. → AktG § 111 Rn. 43 ff.). Für das Überprüfungsrecht gilt Abs. 3 S. 2, § 18 SEAG nicht, weshalb dieses Recht allein vom Aufsichtsorgan als Kollegialorgan ausgeübt werden darf.

IV. Organinterne Informationsverteilung (Abs. 5)

6   Art. 40 Abs. 5 will durch ein **Individualrecht** eines jeden Aufsichtsorgansmitglieds den **Zugang zu allen Informationen** sicherstellen und greift über die Berichte nach Abs. 1 und 2 hinaus. Die Vorschrift sichert die Gleichberechtigung der Mitglieder und gilt auch dann, wenn die Entgegennahme einzelner Berichte einem Ausschuss übertragen ist. Ihr Anwendungsbereich geht über den des § 90 Abs. 5 AktG hinaus, da sie sich nicht nur auf Berichte, sondern auch auf alle Informationen erstreckt, die dem Aufsichtsorgan übermittelt werden.[22] Das Selbstorganisationsrecht des Aufsichtsorgans ist insoweit begrenzt.[23]

Art. 42 [Vorsitzender des Aufsichtsorgans]

¹**Das Aufsichtsorgan wählt aus seiner Mitte einen Vorsitzenden.** ²**Wird die Hälfte der Mitglieder des Aufsichtsorgans von den Arbeitnehmern bestellt, so darf nur ein von der Hauptversammlung der Aktionäre bestelltes Mitglied zum Vorsitzenden gewählt werden.**

Schrifttum: Vgl. die Angaben bei AktG § 107 Vor Rn. 17 sowie *S. H. Schneider*, Der stellvertretende Vorsitzende des Aufsichtsorgans der dualistischen SE, AG 2008, 887.

1   Nach Art. 42 S. 1 hat jedes Aufsichtsorgan ein Mitglied zum **Vorsitzenden** zu wählen, dessen Stimme bei Stimmengleichheit gem. Art. 50 Abs. 2 S. 1 für das Abstimmungsergebnis maßgeblich ist. Besteht das Aufsichtsorgan zur Hälfte aus Arbeitnehmervertretern, ist dieses **Recht zum Stichentscheid** gem. Art. 50 Abs. 2 S. 2 zwingend; in diesem Fall muss der Vorsitzende nach Art. 42 S. 2 aus den Reihen der Anteilseignervertreter kommen.[1] Auf diese Weise sichert Art. 42 gemeinsam mit Art. 50 Abs. 2 das Letztentscheidungsrecht der Anteilseignerseite in der mitbestimmten SE. Die weiteren **Aufgaben und Befugnisse** des Vorsitzenden entsprechen dem Aufsichtsratsvorsitzenden der deutschen AG.[2] Insbesondere kann er ausnahmsweise Empfänger der außerordentlichen Berichte des Leitungsorgans sein, → Art. 41 Rn. 4.

2   Die **Wahl** erfolgt durch Beschluss des Gesamtorgans nach Art. 50 Abs. 1. Weil das Recht zum Stichentscheid (Art. 50 Abs. 2) vor Bestellung des Vorsitzenden nicht greift und § 27 Abs. 2 MitbestG auf die SE weder direkte noch analoge Anwendung findet,[3] kann es im mitbestimmten Aufsichtsorgan zu einer **Pattsituation** kommen. Anders als in § 27 Abs. 1 MitbestG genügt für die Wahl des Vorsitzenden zwar bereits die einfache Mehrheit im ersten Wahlgang (Art. 50 Abs. 1 lit. b).[4] Mangels Vorsitzenden und ohne getrennte Wahlgänge können sich die Anteilseigner aber nicht gegen einen geschlossenen Block von Arbeitnehmervertreten durchsetzen. Zulässig und in der Praxis üblich ist deswegen eine Satzungsklausel, die in Anlehnung an § 27 Abs. 2 S. 2 MitbestG der Anteilseignerbank im zweiten Wahlgang die einseitige Bestimmung des Vorsitzenden ermöglicht, indem sie das Recht zum Stichentscheid dem an Lebensjahren ältesten Aufsichtsratsmitglied der Anteilseignerseite

---

[20] Vgl. BGHZ 106, 54 (62) zur AG sowie zur SE MüKoAktG/*Reichert/Brandes* Rn. 30.
[21] Lutter/Hommelhoff/Teichmann/*Sailer-Coceani* Rn. 28; Kölner Komm AktG/*Paefgen* Rn. 52; für die AG ausf. → AktG § 111 Rn. 84.
[22] MüKoAktG/*Reichert/Brandes* Rn. 26; Lutter/Hommelhoff/Teichmann/*Sailer-Coceani* Rn. 32.
[23] Vgl. MüKoAktG/*Spindler* § 90 Rn. 10.
[1] → Art. 50 Rn. 7. Art. 42 S. 2 hat dagegen keine Bedeutung, wenn die Arbeitnehmerbeteiligung nicht nach dem Repräsentationsmodell erfolgt, sondern die Arbeitnehmer lediglich ein Empfehlungs- oder Ablehnungsrecht hinsichtlich der Aufsichtsratsmitglieder iSd § 2 Abs. 12 Nr. 2 SEBG haben, vgl. *Schwarz* Rn. 6.
[2] Vgl. MüKoAktG/*Reichert/Brandes* Rn. 17; Lutter/Hommelhoff/Teichmann/*Drygala* Rn. 2; ausf. zum Aufsichtsrat → AktG § 107 Rn. 39 ff.; Großkomm AktG/*Hopt/Roth* § 107 Rn. 62 ff.
[3] Ebenso Lutter/Hommelhoff/Teichmann/*Drygala* Rn. 6; Habersack/Drinhausen/*Seibt* Rn. 10; für eine Analogie dagegen *Schwarz* Rn. 11 im Anschluss an *Teichmann* ZGR 2002, 383 (443).
[4] Vgl. MüKoAktG/*Reichert/Brandes* Rn. 3.

zuspricht.[5] Eine solche Satzungsbestimmung ist trotz der damit verbundenen Ungleichbehandlung der Arbeitnehmervertreter (§ 38 Abs. 1 SEBG) ausnahmsweise möglich, weil eine Gesamtschau der Art. 42 S. 2, Art. 45 S. 2 und Art. 50 Abs. 2 S. 2 ergibt, dass die SE-VO eine Blockade in der mitbestimmten SE zu Gunsten der Anteilseignerseite auflösen möchte.[6] Diese verordnungskonforme Auslegung von § 38 Abs. 1 SEBG verhindert eine Handlungsunfähigkeit der Organe und sichert die Mitbestimmung zugleich gegen Bedenken im Hinblick auf das Eigentumsrecht der Aktionäre ab. Nach bestrittener Ansicht ist das Wahlverfahren für den Vorsitzenden auch möglicher Gegenstand der Mitbestimmungsvereinbarung.[7] Kommt die Wahl durch das Aufsichtsorgan nicht zu Stande, ist eine gerichtliche **Ersatzbestellung** analog § 104 Abs. 2 AktG möglich.[8] **Amtszeit** und vorzeitige **Abberufung** des Vorsitzenden richten sich nach den aktienrechtlichen Grundsätzen (ausführlich → AktG § 107 Rn. 29 ff.). Die verbindliche Benennung des Vorsitzenden in der Satzung[9] ist ebenso unzulässig wie die Festlegung in der **Mitbestimmungsvereinbarung**.[10] Beides wäre mit dem Selbstorganisationsrecht des Aufsichtsrats nicht vereinbar.[11]

Nach Art. 9 Abs. 1 lit. c ii iVm § 107 Abs. 1 S. 1 AktG hat das Aufsichtsorgan zusätzlich mindestens einen **Stellvertreter** zu wählen.[12] Er muss im paritätisch mitbestimmten Aufsichtsorgan ebenfalls Anteilseignervertreter sein,[13] weil dem Stellvertreter bei Verhinderung des Vorsitzenden anders als nach dem MitbestG auch das Recht zum Stichentscheid nach Art. 50 Abs. 2 S. 1 zusteht.[14] Die Satzung kann den Stichentscheid des Stellvertreters jedoch wirksam ausschließen.[15]

Abschnitt 2. Monistisches System

Art. 43 [Verwaltungsorgan]

(1) ¹Das Verwaltungsorgan führt die Geschäfte der SE. ²Ein Mitgliedstaat kann vorsehen, dass ein oder mehrere Geschäftsführer die laufenden Geschäfte in eigener Verantwortung unter denselben Voraussetzungen, wie sie für Aktiengesellschaften mit Sitz im Hoheitsgebiet des betreffenden Mitgliedstaates gelten, führt bzw. führen.

(2) ¹Die Zahl der Mitglieder des Verwaltungsorgans oder die Regeln für ihre Festlegung sind in der Satzung der SE festgelegt. ²Die Mitgliedstaaten können jedoch eine Mindestzahl und erforderlichenfalls eine Höchstzahl festsetzen.

---

[5] Vgl. Kiem ZHR 173 (2009) 156 (168); dem zust. Kölner Komm AktG/*Paefgen* Rn. 16; MüKoAktG/*Reichert*/*Brandes* Rn. 12a; Habersack/Drinhausen/*Seibt* Rn. 10 mit Beispielen aus der Praxis. – Einer unveränderten Nachbildung von § 27 Abs. 2 MitbestG steht entgegen, dass im mitbestimmten Aufsichtsorgan auch der Stellvertreter Anteilseignervertreter sein muss, → Rn. 3.

[6] → Art. 50 Rn. 11; vgl. Lutter/Hommelhoff/Teichmann/*Drygala* Rn. 7; *Drinhausen* in Van Hulle/Maul/Drinhausen SE-HdB 5. Abschn. § 2 Rn. 26; ausf. MüKoAktG/*Reichert*/*Brandes* Rn. 4 ff., auch zu weiteren Lösungsmöglichkeiten; krit. Kölner Komm AktG/*Paefgen* Rn. 14.

[7] Für die Zulässigkeit Habersack/Drinhausen/*Seibt* Rn. 11; *Henssler* ZHR 173 (2009), 222 (242 f.); aA Kölner Komm AktG/*Paefgen* Rn. 17.

[8] MüKoAktG/*Reichert*/*Brandes* Rn. 15; *Schwarz* Rn. 22; Lutter/Hommelhoff/Teichmann/*Drygala* Rn. 6; Kölner Komm AktG/*Paefgen* Rn. 21; Habersack/Drinhausen/*Seibt* Rn. 15; zum Diskussionsstand im deutschen Recht Großkomm AktG/*Hopt*/*Roth* AktG § 107 Rn. 19 ff.

[9] So auch MüKoAktG/*Reichert*/*Brandes* Rn. 13; Lutter/Hommelhoff/Teichmann/*Drygala* Rn. 3; vgl. zur AG → AktG § 107 Rn. 17; MüKoAktG/*Habersack* AktG § 107 Rn. 16; Hüffer/Koch/*Koch* AktG § 107 Rn. 4.

[10] Lutter/Hommelhoff/Teichmann/*Drygala* Rn. 3; Kölner Komm AktG/*Paefgen* Rn. 6, 17; Habersack/Drinhausen/*Seibt* Rn. 7; aA für Regelungen in der Mitbestimmungsvereinbarung wohl MüKoAktG/*Reichert*/*Brandes* Rn. 13.

[11] Lutter/Hommelhoff/Teichmann/*Drygala* Rn. 3.

[12] Art. 42 ist insofern nicht abschließend, MüKoAktG/*Reichert*/*Brandes* Rn. 2, 18; Lutter/Hommelhoff/Teichmann/*Drygala* Rn. 8; Großkomm AktG/*Hopt*/*Roth* § 107 Rn. 499; so auch die Verständnis des deutschen Gesetzgebers, der in § 34 Abs. 1 S.1 SEAG für das monistische System neben Art. 45 S. 1 SE-VO die Wahl mindestens eines Stellvertreters vorgeschrieben hat.

[13] Str., wie hier MüKoAktG/*Reichert*/*Brandes* Rn. 19; Kölner Komm AktG/*Paefgen* Rn. 36; *Schwarz* Rn. 21; *Drinhausen* in Van Hulle/Maul/Drinhausen SE-HdB 5. Abschn. § 2 Rn. 26; eingehend *S.H. Schneider* AG 2008, 887 (889 ff.); aA Lutter/Hommelhoff/Teichmann/*Drygala* Rn. 8; Lutter/Hommelhoff/Teichmann/*Teichmann* Anh. Art. 43 (§§ 34, 54 SEAG) Rn. 9.

[14] § 29 Abs. 2 S. 3 MitbestG findet keine Anwendung; ebenso MüKoAktG/*Reichert*/*Brandes* Rn. 19; Kölner Komm AktG/*Paefgen* Rn. 35; Habersack/Drinhausen/*Seibt* Rn. 22; *Schwarz* Rn. 21; *S.H. Schneider* AG 2008, 887 (889 ff.); aA Lutter/Hommelhoff/Teichmann/*Teichmann* Anh. Art. 43 (§§ 34, 54 SEAG) Rn. 9 und Art. 50 Rn. 24; Lutter/Hommelhoff/Teichmann/*Drygala* Rn. 8.

[15] Überzeugend *S.H. Schneider* AG 2008, 887 (889 f.); eine entsprechende Regelung in der Mitbestimmungsvereinbarung wäre dagegen unzulässig, *S. H. Schneider* AG 2008, 887 (889 f.).

Ist jedoch die Mitbestimmung der Arbeitnehmer in der SE gemäß der Richtlinie geregelt, so muss das Verwaltungsorgan aus mindestens drei Mitgliedern bestehen.

(3) ¹Das Mitglied/die Mitglieder des Verwaltungsorgans wird/werden von der Hauptversammlung bestellt. ²Die Mitglieder des ersten Verwaltungsorgans können jedoch durch die Satzung bestellt werden. ³Artikel 47 Absatz 4 oder eine etwaige nach Maßgabe der Richtlinie 2001/86/EG geschlossene Vereinbarung über die Mitbestimmung der Arbeitnehmer bleibt hiervon unberührt.

(4) Enthält das Recht eines Mitgliedstaats in Bezug auf Aktiengesellschaften mit Sitz in seinem Hoheitsgebiet keine Vorschriften über ein monistisches System, kann dieser Mitgliedstaat entsprechende Vorschriften in Bezug auf SE erlassen.

Auszug aus dem SEAG

§ 20 SEAG Anzuwendende Vorschriften

Wählt eine SE gemäß Artikel 38 Buchstabe b der Verordnung in ihrer Satzung das monistische System mit einem Verwaltungsorgan (Verwaltungsrat), so gelten anstelle der §§ 76 bis 116 des Aktiengesetzes die nachfolgenden Vorschriften.

§ 21 SEAG Anmeldung und Eintragung

(1) Die SE ist bei Gericht von allen Gründern, Mitgliedern des Verwaltungsrats und geschäftsführenden Direktoren zur Eintragung in das Handelsregister anzumelden.

(2) ¹In der Anmeldung haben die geschäftsführenden Direktoren zu versichern, dass keine Umstände vorliegen, die ihrer Bestellung nach § 40 Abs. 1 Satz 4 entgegenstehen und dass sie über ihre unbeschränkte Auskunftspflicht gegenüber dem Gericht belehrt worden sind. ²In der Anmeldung sind Art und Umfang der Vertretungsbefugnis der geschäftsführenden Direktoren anzugeben. ³Der Anmeldung sind die Urkunden über die Bestellung des Verwaltungsrats und der geschäftsführenden Direktoren sowie die Prüfungsberichte der Mitglieder des Verwaltungsrats beizufügen.

(3) Das Gericht kann die Anmeldung ablehnen, wenn für den Prüfungsbericht der Mitglieder des Verwaltungsrats die Voraussetzungen des § 38 Abs. 2 des Aktiengesetzes gegeben sind.

(4) Bei der Eintragung sind die geschäftsführenden Direktoren sowie deren Vertretungsbefugnis anzugeben.

§ 22 SEAG Aufgaben und Rechte des Verwaltungsrats

(1) Der Verwaltungsrat leitet die Gesellschaft, bestimmt die Grundlinien ihrer Tätigkeit und überwacht deren Umsetzung.

(2) ¹Der Verwaltungsrat hat eine Hauptversammlung einzuberufen, wenn das Wohl der Gesellschaft es fordert. ²Für den Beschluss genügt die einfache Mehrheit. ³Für die Vorbereitung und Ausführung von Hauptversammlungsbeschlüssen gilt § 83 des Aktiengesetzes entsprechend; der Verwaltungsrat kann einzelne damit verbundene Aufgaben auf die geschäftsführenden Direktoren übertragen.

(3) ¹Der Verwaltungsrat hat dafür zu sorgen, dass die erforderlichen Handelsbücher geführt werden. ²Der Verwaltungsrat hat geeignete Maßnahmen zu treffen, insbesondere ein Überwachungssystem einzurichten, damit den Fortbestand der Gesellschaft gefährdende Entwicklungen früh erkannt werden.

(4) ¹Der Verwaltungsrat kann die Bücher und Schriften der Gesellschaft sowie die Vermögensgegenstände, namentlich die Gesellschaftskasse und die Bestände an Wertpapieren und Waren, einsehen und prüfen. ²Er kann damit auch einzelne Mitglieder oder für bestimmte Aufgaben besondere Sachverständige beauftragen. ³Er erteilt dem Abschlussprüfer den Prüfungsauftrag für den Jahres- und Konzernabschluss gemäß § 290 des Handelsgesetzbuchs.

(5) ¹Ergibt sich bei Aufstellung der Jahresbilanz oder einer Zwischenbilanz oder ist bei pflichtmäßigem Ermessen anzunehmen, dass ein Verlust in der Hälfte des Grundkapitals besteht, so hat der Verwaltungsrat unverzüglich die Hauptversammlung einzuberufen und ihr dies anzuzeigen. ²Bei Zahlungsunfähigkeit oder Überschuldung der Gesellschaft hat der Verwaltungsrat den Insolvenzantrag nach § 15a Abs. 1 der Insolvenzordnung zu stellen; § 92 Abs. 2 des Aktiengesetzes gilt entsprechend.

(6) Rechtsvorschriften, die außerhalb dieses Gesetzes dem Vorstand oder dem Aufsichtsrat einer Aktiengesellschaft Rechte oder Pflichten zuweisen, gelten sinngemäß für den Verwaltungsrat, soweit nicht in diesem Gesetz für den Verwaltungsrat und für geschäftsführende Direktoren besondere Regelungen enthalten sind.

§ 23 SEAG Zahl der Mitglieder des Verwaltungsrats

(1) ¹Der Verwaltungsrat besteht aus drei Mitgliedern. ²Die Satzung kann etwas anderes bestimmen; bei Gesellschaften mit einem Grundkapital von mehr als 3 Millionen Euro hat der Verwaltungsrat

jedoch aus mindestens drei Personen zu bestehen. ³Die Höchstzahl der Mitglieder des Verwaltungsrats beträgt bei Gesellschaften mit einem Grundkapital

bis zu	1 500 000 Euro	neun,
von mehr als	1 500 000 Euro	fünfzehn,
von mehr als	10 000 000 Euro	einundzwanzig.

(2) Die Beteiligung der Arbeitnehmer nach dem SE-Beteiligungsgesetz bleibt unberührt.

§ 24 SEAG Zusammensetzung des Verwaltungsrats

(1) Der Verwaltungsrat setzt sich zusammen aus Verwaltungsratsmitgliedern der Aktionäre und, soweit eine Vereinbarung nach § 21 oder die §§ 34 bis 38 des SE-Beteiligungsgesetzes dies vorsehen, auch aus Verwaltungsratsmitgliedern der Arbeitnehmer.

(2) Nach anderen als den zuletzt angewandten vertraglichen oder gesetzlichen Vorschriften kann der Verwaltungsrat nur zusammengesetzt werden, wenn nach § 25 oder nach § 26 die in der Bekanntmachung des Vorsitzenden des Verwaltungsrats oder in der gerichtlichen Entscheidung angegebenen vertraglichen oder gesetzlichen Vorschriften anzuwenden sind.

(3) ¹Besteht bei einer börsennotierten SE der Verwaltungsrat aus derselben Zahl von Anteilseigner- und Arbeitnehmervertretern, müssen in dem Verwaltungsrat Frauen und Männer jeweils mit einem Anteil von mindestens 30 Prozent vertreten sein. ²Der Mindestanteil von jeweils 30 Prozent an Frauen und Männern im Verwaltungsrat ist bei erforderlich werdenden Neubesetzungen einzelner oder mehrerer Sitze im Verwaltungsrat zu beachten. ³Reicht die Zahl der neu zu besetzenden Sitze nicht aus, um den Mindestanteil zu erreichen, sind die Sitze mit Personen des unterrepräsentierten Geschlechts zu besetzen, um dessen Anteil sukzessive zu steigern. ⁴Bestehende Mandate können bis zu ihrem regulären Ende wahrgenommen werden.

§ 25 SEAG Bekanntmachung über die Zusammensetzung des Verwaltungsrats

(1) ¹Ist der Vorsitzende des Verwaltungsrats der Ansicht, dass der Verwaltungsrat nicht nach den maßgeblichen vertraglichen oder gesetzlichen Vorschriften zusammengesetzt ist, so hat er dies unverzüglich in den Gesellschaftsblättern und gleichzeitig durch Aushang in sämtlichen Betrieben der Gesellschaft und ihrer Konzernunternehmen bekannt zu machen. ²Der Aushang kann auch in elektronischer Form erfolgen. ³In der Bekanntmachung sind die nach Ansicht des Vorsitzenden des Verwaltungsrats maßgeblichen vertraglichen oder gesetzlichen Vorschriften anzugeben. ⁴Es ist darauf hinzuweisen, dass der Verwaltungsrat nach diesen Vorschriften zusammengesetzt wird, wenn nicht Antragsberechtigte nach § 26 Abs. 2 innerhalb eines Monats nach der Bekanntmachung im Bundesanzeiger das nach § 26 Abs. 1 zuständige Gericht anrufen.

(2) ¹Wird das nach § 26 Abs. 1 zuständige Gericht nicht innerhalb eines Monats nach der Bekanntmachung im Bundesanzeiger angerufen, so ist der neue Verwaltungsrat nach den in der Bekanntmachung angegebenen Vorschriften zusammenzusetzen. ²Die Bestimmungen der Satzung über die Zusammensetzung des Verwaltungsrats, über die Zahl der Mitglieder des Verwaltungsrats sowie über die Wahl, Abberufung und Entsendung von Mitgliedern des Verwaltungsrats treten mit der Beendigung der ersten Hauptversammlung, die nach Ablauf der Anrufungsfrist einberufen wird, spätestens sechs Monate nach Ablauf dieser Frist insoweit außer Kraft, als sie den nunmehr anzuwendenden Vorschriften widersprechen. ³Mit demselben Zeitpunkt erlischt das Amt der bisherigen Mitglieder des Verwaltungsrats. ⁴Eine Hauptversammlung, die innerhalb der Frist von sechs Monaten stattfindet, kann an Stelle der außer Kraft tretenden Satzungsbestimmungen mit einfacher Stimmenmehrheit neue Satzungsbestimmungen beschließen.

(3) Solange ein gerichtliches Verfahren nach § 26 anhängig ist, kann eine Bekanntmachung über die Zusammensetzung des Verwaltungsrats nicht erfolgen.

§ 26 SEAG Gerichtliche Entscheidung über die Zusammensetzung des Verwaltungsrats

(1) Ist streitig oder ungewiss, nach welchen Vorschriften der Verwaltungsrat zusammenzusetzen ist, so entscheidet darüber auf Antrag ausschließlich das Landgericht, in dessen Bezirk die Gesellschaft ihren Sitz hat.

(2) Antragsberechtigt sind
1. jedes Mitglied des Verwaltungsrats,
2. jeder Aktionär,
3. die nach § 98 Abs. 2 Satz 1 Nr. 4 bis 10 des Aktiengesetzes Antragsberechtigten,
4. der SE-Betriebsrat.

(3) ¹Entspricht die Zusammensetzung des Verwaltungsrats nicht der gerichtlichen Entscheidung, so ist der neue Verwaltungsrat nach den in der Entscheidung angegebenen Vorschriften zusammenzusetzen. ²§ 25 Abs. 2 gilt entsprechend mit der Maßgabe, dass die Frist von sechs Monaten mit dem Eintritt der Rechtskraft beginnt.

(4) Für das Verfahren gilt § 99 des Aktiengesetzes entsprechend mit der Maßgabe, dass die nach Absatz 5 der Vorschrift vorgesehene Einreichung der rechtskräftigen Entscheidung durch den Vorsitzenden des Verwaltungsrats erfolgt.

§ 28 SEAG Bestellung der Mitglieder des Verwaltungsrats

(1) Die Bestellung der Mitglieder des Verwaltungsrats richtet sich nach der Verordnung.

(2) § 101 Abs. 2 des Aktiengesetzes gilt entsprechend.

(3) [1]Stellvertreter von Mitgliedern des Verwaltungsrats können nicht bestellt werden. [2]Jedoch kann für jedes Mitglied ein Ersatzmitglied bestellt werden, das Mitglied des Verwaltungsrats wird, wenn das Mitglied vor Ablauf seiner Amtszeit wegfällt. [3]Das Ersatzmitglied kann nur gleichzeitig mit dem Mitglied bestellt werden. [4]Auf seine Bestellung sowie die Nichtigkeit und Anfechtung seiner Bestellung sind die für das Mitglied geltenden Vorschriften anzuwenden. [5]Das Amt des Ersatzmitglieds erlischt spätestens mit Ablauf der Amtszeit des weggefallenen Mitglieds.

§ 29 SEAG Abberufung der Mitglieder des Verwaltungsrats

(1) [1]Mitglieder des Verwaltungsrats, die von der Hauptversammlung ohne Bindung an einen Wahlvorschlag gewählt worden sind, können von ihr vor Ablauf der Amtszeit abberufen werden. [2]Der Beschluss bedarf einer Mehrheit, die mindestens drei Viertel der abgegebenen Stimmen umfasst. [3]Die Satzung kann eine andere Mehrheit und weitere Erfordernisse bestimmen.

(2) [1]Ein Mitglied des Verwaltungsrats, das auf Grund der Satzung in den Verwaltungsrat entsandt ist, kann von dem Entsendungsberechtigten jederzeit abberufen und durch ein anderes ersetzt werden. [2]Sind die in der Satzung bestimmten Voraussetzungen des Entsendungsrechts weggefallen, so kann die Hauptversammlung das entsandte Mitglied mit einfacher Stimmenmehrheit abberufen.

(3) [1]Das Gericht hat auf Antrag des Verwaltungsrats ein Mitglied abzuberufen, wenn in dessen Person ein wichtiger Grund vorliegt. [2]Der Verwaltungsrat beschließt über die Antragstellung mit einfacher Mehrheit. [3]Ist das Mitglied auf Grund der Satzung in den Verwaltungsrat entsandt worden, so können auch Aktionäre, deren Anteile zusammen den zehnten Teil des Grundkapitals oder den anteiligen Betrag von 1 Million Euro erreichen, den Antrag stellen. [4]Gegen die Entscheidung ist die Beschwerde zulässig.

(4) Für die Abberufung eines Ersatzmitglieds gelten die Vorschriften über die Abberufung des Mitglieds, für das es bestellt ist.

§ 30 SEAG Bestellung durch das Gericht

(1) [1]Gehört dem Verwaltungsrat die zur Beschlussfähigkeit nötige Zahl von Mitgliedern nicht an, so hat ihn das Gericht auf Antrag eines Mitglieds des Verwaltungsrats oder eines Aktionärs auf diese Zahl zu ergänzen. [2]Mitglieder des Verwaltungsrats sind verpflichtet, den Antrag unverzüglich zu stellen, es sei denn, dass die rechtzeitige Ergänzung vor der nächsten Sitzung des Verwaltungsrats zu erwarten ist. [3]Hat der Verwaltungsrat auch aus Mitgliedern der Arbeitnehmer zu bestehen, so können auch den Antrag stellen
1. die nach § 104 Abs. 1 Satz 3 des Aktiengesetzes Antragsberechtigten,
2. der SE-Betriebsrat.

[4]Gegen die Entscheidung ist die Beschwerde zulässig.

(2) [1]Gehören dem Verwaltungsrat länger als drei Monate weniger Mitglieder als die durch Vereinbarung, Gesetz oder Satzung festgelegte Zahl an, so hat ihn das Gericht auf Antrag auf diese Zahl zu ergänzen. [2]In dringenden Fällen hat das Gericht auf Antrag den Verwaltungsrat auch vor Ablauf der Frist zu ergänzen. [3]Das Antragsrecht bestimmt sich nach Absatz 1. [4]Gegen die Entscheidung ist die Beschwerde zulässig.

(3) Das Amt des gerichtlich bestellten Mitglieds erlischt in jedem Fall, sobald der Mangel behoben ist.

(4) [1]Das gerichtlich bestellte Mitglied hat Anspruch auf Ersatz angemessener barer Auslagen und, wenn den Mitgliedern der Gesellschaft eine Vergütung gewährt wird, auf Vergütung für seine Tätigkeit. [2]Auf Antrag des Mitglieds setzt das Gericht die Vergütung und die Auslagen fest. [3]Gegen die Entscheidung ist die Beschwerde zulässig; die Rechtsbeschwerde ist ausgeschlossen. [4]Aus der rechtskräftigen Entscheidung findet die Zwangsvollstreckung nach der Zivilprozessordnung statt.

§ 31 SEAG Nichtigkeit der Wahl von Verwaltungsratsmitgliedern

(1) Die Wahl eines Verwaltungsratsmitglieds durch die Hauptversammlung ist außer im Fall des § 241 Nr. 1, 2 und 5 des Aktiengesetzes nur dann nichtig, wenn
1. der Verwaltungsrat unter Verstoß gegen § 24 Abs. 2, § 25 Abs. 2 Satz 1 oder § 26 Abs. 3 zusammengesetzt wird;
2. durch die Wahl die gesetzliche Höchstzahl der Verwaltungsratsmitglieder überschritten wird (§ 23);

3. die gewählte Person nach Artikel 47 Abs. 2 der Verordnung bei Beginn ihrer Amtszeit nicht Verwaltungsratsmitglied sein kann.

(2) ¹Für die Parteifähigkeit für die Klage auf Feststellung, dass die Wahl eines Verwaltungsratsmitglieds nichtig ist, gilt § 250 Abs. 2 des Aktiengesetzes entsprechend. ²Parteifähig ist auch der SE-Betriebsrat.

(3) ¹Erhebt ein Aktionär, ein Mitglied des Verwaltungsrats oder ein nach Absatz 2 Parteifähiger gegen die Gesellschaft Klage auf Feststellung, dass die Wahl eines Verwaltungsratsmitglieds nichtig ist, so gelten § 246 Abs. 2, 3 Satz 1 bis 4, Abs. 4, die §§ 247, 248 Abs. 1 Satz 2, die §§ 248a und 249 Abs. 2 des Aktiengesetzes entsprechend. ²Es ist nicht ausgeschlossen, die Nichtigkeit auf andere Weise als durch Erhebung der Klage geltend zu machen.

§ 32 SEAG Anfechtung der Wahl von Verwaltungsratsmitgliedern

¹Für die Anfechtung der Wahl von Verwaltungsratsmitgliedern findet § 251 des Aktiengesetzes mit der Maßgabe Anwendung, dass das gesetzwidrige Zustandekommen von Wahlvorschlägen für die Arbeitnehmervertreter im Verwaltungsrat nur nach den Vorschriften der Mitgliedstaaten über die Besetzung der ihnen zugewiesenen Sitze geltend gemacht werden kann. ²Für die Arbeitnehmervertreter aus dem Inland gilt § 37 Abs. 2 des SE-Beteiligungsgesetzes.

§ 33 SEAG Wirkung des Urteils

Für die Urteilswirkung gilt § 252 des Aktiengesetzes entsprechend.

§ 38 SEAG Rechtsverhältnisse der Mitglieder des Verwaltungsrats

(1) Für die Vergütung der Mitglieder des Verwaltungsrats gilt § 113 des Aktiengesetzes entsprechend.

(2) Für die Gewährung von Krediten an Mitglieder des Verwaltungsrats und für sonstige Verträge mit Mitgliedern des Verwaltungsrats gelten die §§ 114 und 115 des Aktiengesetzes entsprechend.

§ 40 SEAG Geschäftsführende Direktoren

(1) ¹Der Verwaltungsrat bestellt einen oder mehrere geschäftsführende Direktoren. ²Mitglieder des Verwaltungsrats können zu geschäftsführenden Direktoren bestellt werden, sofern die Mehrheit des Verwaltungsrats weiterhin aus nicht geschäftsführenden Mitgliedern besteht. ³Die Bestellung ist zur Eintragung in das Handelsregister anzumelden. ⁴Werden Dritte zu geschäftsführenden Direktoren bestellt, gilt für sie § 76 Abs. 3 des Aktiengesetzes entsprechend. ⁵Die Satzung kann Regelungen über die Bestellung eines oder mehrerer geschäftsführender Direktoren treffen. ⁶§ 38 Abs. 2 des SE-Beteiligungsgesetzes bleibt unberührt.

(2) ¹Die geschäftsführenden Direktoren führen die Geschäfte der Gesellschaft. ²Sind mehrere geschäftsführende Direktoren bestellt, so sind sie nur gemeinschaftlich zur Geschäftsführung befugt; die Satzung oder eine vom Verwaltungsrat erlassene Geschäftsordnung kann Abweichendes bestimmen. ³Gesetzlich dem Verwaltungsrat zugewiesene Aufgaben können nicht auf die geschäftsführenden Direktoren übertragen werden. ⁴Soweit nach den für Aktiengesellschaften geltenden Rechtsvorschriften der Vorstand Anmeldungen und die Einreichung von Unterlagen zum Handelsregister vorzunehmen hat, treten an die Stelle des Vorstands die geschäftsführenden Direktoren.

(3) ¹Ergibt sich bei der Aufstellung der Jahresbilanz oder einer Zwischenbilanz oder ist bei pflichtgemäßem Ermessen anzunehmen, dass ein Verlust in der Hälfte des Grundkapitals besteht, so haben die geschäftsführenden Direktoren dem Vorsitzenden des Verwaltungsrats unverzüglich darüber zu berichten. ²Dasselbe gilt, wenn die Gesellschaft zahlungsunfähig wird oder sich eine Überschuldung der Gesellschaft ergibt.

(4) ¹Sind mehrere geschäftsführende Direktoren bestellt, können sie sich eine Geschäftsordnung geben, wenn nicht die Satzung den Erlass einer Geschäftsordnung dem Verwaltungsrat übertragen hat oder der Verwaltungsrat eine Geschäftsordnung erlässt. ²Die Satzung kann Einzelfragen der Geschäftsordnung bindend regeln. ³Beschlüsse der geschäftsführenden Direktoren über die Geschäftsordnung müssen einstimmig gefasst werden.

(5) ¹Geschäftsführende Direktoren können jederzeit durch Beschluss des Verwaltungsrats abberufen werden, sofern die Satzung nichts anderes regelt. ²Für die Ansprüche aus dem Anstellungsvertrag gelten die allgemeinen Vorschriften.

(6) Geschäftsführende Direktoren berichten dem Verwaltungsrat entsprechend § 90 des Aktiengesetzes, sofern die Satzung oder die Geschäftsordnung nichts anderes vorsieht.

(7) Die §§ 87–89 des Aktiengesetzes gelten entsprechend.

(8) Für Sorgfaltspflicht und Verantwortlichkeit der geschäftsführenden Direktoren gilt § 93 des Aktiengesetzes entsprechend.

(9) Die Vorschriften über die geschäftsführenden Direktoren gelten auch für ihre Stellvertreter.

§ 41 SEAG Vertretung

(1) ¹Die geschäftsführenden Direktoren vertreten die Gesellschaft gerichtlich und außergerichtlich. ²Hat eine Gesellschaft keine geschäftsführenden Direktoren (Führungslosigkeit), wird die Gesellschaft für den Fall, dass ihr gegenüber Willenserklärungen abgegeben oder Schriftstücke zugestellt werden, durch den Verwaltungsrat vertreten.

(2) ¹Mehrere geschäftsführende Direktoren sind, wenn die Satzung nichts anderes bestimmt, nur gemeinschaftlich zur Vertretung der Gesellschaft befugt. ²Ist eine Willenserklärung gegenüber der Gesellschaft abzugeben, so genügt die Abgabe gegenüber einem geschäftsführenden Direktor oder im Fall des Absatzes 1 Satz 2 gegenüber einem Mitglied des Verwaltungsrats. ³§ 78 Abs. 2 Satz 3 und 4 des Aktiengesetzes gilt entsprechend.

(3) ¹Die Satzung kann auch bestimmen, dass einzelne geschäftsführende Direktoren allein oder in Gemeinschaft mit einem Prokuristen zur Vertretung der Gesellschaft befugt sind. ²Absatz 2 Satz 2 gilt in diesen Fällen entsprechend.

(4) ¹Zur Gesamtvertretung befugte geschäftsführende Direktoren können einzelne von ihnen zur Vornahme bestimmter Geschäfte oder bestimmter Arten von Geschäften ermächtigen. ²Dies gilt entsprechend, wenn ein einzelner geschäftsführender Direktor in Gemeinschaft mit einem Prokuristen zur Vertretung der Gesellschaft befugt ist.

(5) Den geschäftsführenden Direktoren gegenüber vertritt der Verwaltungsrat die Gesellschaft gerichtlich und außergerichtlich.

§ 42 SEAG *(aufgehoben)*

§ 43 SEAG Angaben auf Geschäftsbriefen

(1) ¹Auf allen Geschäftsbriefen gleichviel welcher Form, die an einen bestimmten Empfänger gerichtet werden, müssen die Rechtsform und der Sitz der Gesellschaft, das Registergericht des Sitzes der Gesellschaft und die Nummer, unter der die Gesellschaft in das Handelsregister eingetragen ist, sowie alle geschäftsführenden Direktoren und der Vorsitzende des Verwaltungsrats mit dem Familiennamen und mindestens einem ausgeschriebenen Vornamen angegeben werden. ²§ 80 Abs. 1 Satz 3 des Aktiengesetzes gilt entsprechend.

(2) § 80 Abs. 2 bis 4 des Aktiengesetzes gilt entsprechend.

§ 44 SEAG Beschränkungen der Vertretungs- und Geschäftsführungsbefugnis

(1) Die Vertretungsbefugnis der geschäftsführenden Direktoren kann nicht beschränkt werden.

(2) Im Verhältnis zur Gesellschaft sind die geschäftsführenden Direktoren verpflichtet, die Anweisungen und Beschränkungen zu beachten, die im Rahmen der für die SE geltenden Vorschriften die Satzung, der Verwaltungsrat, die Hauptversammlung und die Geschäftsordnungen des Verwaltungsrats und der geschäftsführenden Direktoren für die Geschäftsführungsbefugnis getroffen haben.

§ 45 SEAG Bestellung durch das Gericht

¹Fehlt ein erforderlicher geschäftsführender Direktor, so hat in dringenden Fällen das Gericht auf Antrag eines Beteiligten das Mitglied zu bestellen. ²§ 85 Abs. 1 Satz 2, Abs. 2 und 3 des Aktiengesetzes gilt entsprechend.

§ 46 SEAG Anmeldung von Änderungen

(1) ¹Die geschäftsführenden Direktoren haben jeden Wechsel der Verwaltungsratsmitglieder unverzüglich in den Gesellschaftsblättern bekannt zu machen und die Bekanntmachung zum Handelsregister einzureichen. ²Sie haben jede Änderung der geschäftsführenden Direktoren oder der Vertretungsbefugnis eines geschäftsführenden Direktors zur Eintragung in das Handelsregister anzumelden. ³Sie haben weiterhin die Wahl des Verwaltungsratsvorsitzenden und seines Stellvertreters sowie jede Änderung in der Person des Verwaltungsratsvorsitzenden oder seines Stellvertreters zum Handelsregister anzumelden.

(2) ¹Die neuen geschäftsführenden Direktoren haben in der Anmeldung zu versichern, dass keine Umstände vorliegen, die ihrer Bestellung nach § 40 Abs. 1 Satz 4 entgegenstehen und dass sie über ihre unbeschränkte Auskunftspflicht gegenüber dem Gericht belehrt worden sind. ²§ 37 Abs. 2 Satz 2 des Aktiengesetzes ist anzuwenden.

(3) § 81 Abs. 2 des Aktiengesetzes gilt für die geschäftsführenden Direktoren entsprechend.

§ 47 SEAG Prüfung und Feststellung des Jahresabschlusses

(1) ¹Die geschäftsführenden Direktoren haben den Jahresabschluss und den Lagebericht unverzüglich nach ihrer Aufstellung dem Verwaltungsrat vorzulegen. ²Zugleich haben die geschäftsführenden

Direktoren einen Vorschlag vorzulegen, den der Verwaltungsrat der Hauptversammlung für die Verwendung des Bilanzgewinns machen soll; § 170 Abs. 2 Satz 2 des Aktiengesetzes gilt entsprechend.

(2) [1]Jedes Verwaltungsratsmitglied hat das Recht, von den Vorlagen und Prüfungsberichten Kenntnis zu nehmen. [2]Die Vorlagen und Prüfungsberichte sind auch jedem Verwaltungsratsmitglied oder, soweit der Verwaltungsrat dies beschlossen hat und ein Bilanzausschuss besteht, den Mitgliedern des Ausschusses auszuhändigen.

(3) Für die Prüfung durch den Verwaltungsrat gilt § 171 Abs. 1 und 2 des Aktiengesetzes entsprechend.

(4) [1]Absatz 1 Satz 1 und Absatz 3 gelten entsprechend für einen Einzelabschluss nach § 325 Abs. 2a Satz 1 des Handelsgesetzbuchs sowie bei Mutterunternehmen (§ 290 Abs. 1, 2 des Handelsgesetzbuchs) für den Konzernabschluss und den Konzernlagebericht. [2]Der Einzelabschluss nach § 325 Abs. 2a Satz 1 des Handelsgesetzbuchs darf erst nach Billigung durch den Verwaltungsrat offen gelegt werden.

(5) [1]Billigt der Verwaltungsrat den Jahresabschluss, so ist dieser festgestellt, sofern nicht der Verwaltungsrat beschließt, die Feststellung des Jahresabschlusses der Hauptversammlung zu überlassen. [2]Die Beschlüsse des Verwaltungsrats sind in den Bericht des Verwaltungsrats an die Hauptversammlung aufzunehmen.

(6) [1]Hat der Verwaltungsrat beschlossen, die Feststellung des Jahresabschlusses der Hauptversammlung zu überlassen, oder hat der Verwaltungsrat den Jahresabschluss nicht gebilligt, so stellt die Hauptversammlung den Jahresabschluss fest. [2]Hat der Verwaltungsrat eines Mutterunternehmens (§ 290 Abs. 1, 2 des Handelsgesetzbuchs) den Konzernabschluss nicht gebilligt, so entscheidet die Hauptversammlung über die Billigung. [3]Für die Feststellung des Jahresabschlusses oder die Billigung des Konzernabschlusses durch die Hauptversammlung gilt § 173 Abs. 2 und 3 des Aktiengesetzes entsprechend.

§ 48 SEAG Ordentliche Hauptversammlung

(1) Unverzüglich nach der Zuleitung des Berichts an die geschäftsführenden Direktoren hat der Verwaltungsrat die Hauptversammlung zur Entgegennahme des festgestellten Jahresabschlusses und des Lageberichts, eines vom Verwaltungsrat gebilligten Einzelabschlusses nach § 325 Abs. 2a Satz 1 des Handelsgesetzbuchs sowie zur Beschlussfassung über die Verwendung des Bilanzgewinns, bei einem Mutterunternehmen (§ 290 Abs. 1, 2 des Handelsgesetzbuchs) auch zur Entgegennahme des vom Verwaltungsrat gebilligten Konzernabschlusses und des Konzernlageberichts, einzuberufen.

(2) [1]Die Vorschriften des § 175 Abs. 2 bis 4 und des § 176 Abs. 2 des Aktiengesetzes gelten entsprechend. [2]Der Verwaltungsrat hat der Hauptversammlung die in § 176 Abs. 1 Satz 1 des Aktiengesetzes angegebenen Vorlagen zugänglich zu machen. [3]Zu Beginn der Verhandlung soll der Verwaltungsrat seine Vorlagen erläutern. [4]Er soll dabei auch zu einem Jahresfehlbetrag oder einem Verlust Stellung nehmen, der das Jahresergebnis wesentlich beeinträchtigt hat. [5]Satz 4 ist auf Kreditinstitute nicht anzuwenden.

§ 49 SEAG Leitungsmacht und Verantwortlichkeit bei Abhängigkeit von Unternehmen

(1) Für die Anwendung der Vorschriften der §§ 308 bis 318 des Aktiengesetzes treten an die Stelle des Vorstands der Gesellschaft die geschäftsführenden Direktoren.

(2) Für die Anwendung der Vorschriften der §§ 319 bis 327 des Aktiengesetzes treten an die Stelle des Vorstands der eingegliederten Gesellschaft die geschäftsführenden Direktoren.

Schrifttum zur Unternehmensverfassung bei Art. 38; speziell zur monistischen SE: *Bachmann,* Der Verwaltungsrat der monistischen SE, ZGR 2008, 779; *Bauer,* Organstellung und Organvergütung in der monistisch verfassten Europäischen Aktiengesellschaft (SE), 2008; *Baums,* Zur monistischen Verfassung der deutschen Aktiengesellschaft, GS Gruson, 2009, 1; *Beckert,* Personalisierte Leitung von Aktiengesellschaften, 2009; *Boettcher,* Die Kompetenzen von Verwaltungsrat und geschäftsführenden Direktoren in der monistischen SE in Deutschland, 2009; *Casper,* Erfahrungen und Reformbedarf bei der SE – Gesellschaftsrechtliche Reformvorschläge, ZHR 173 (2009), 181; *Drinhausen,* Monistisches System, in Van Hulle/Maul/Drinhausen, Handbuch zur Europäischen Gesellschaft (SE), 2007; *Eder,* Die monistisch verfasste Societas Europaea – Überlegungen zur Umsetzung eines CEO-Modells, NZG 2004, 544; *Forst,* Unterliegen die Organwalter einer Societas Europaea mit Sitz in Deutschland der Sozialversicherungspflicht?, NZS 2012, 801; *Forst,* Zu den Auswirkungen des Gesetzes für Angemessenheit der Vorstandsvergütung auf die SE, ZIP 2010, 1786; *Habersack,* Konstituierung des ersten Aufsichts- oder Verwaltungsorgans der durch Formwechsel entstandenen SE und Amtszeit seiner Mitglieder, Der Konzern 2008, 67; *Hoffmann-Becking,* Organe: Strukturen und Verantwortlichkeiten, insbesondere im monistischen System, ZGR 2004, 355; *Holland,* Das amerikanische „board of directors" und die Führungsorganisation einer monistischen SE in Deutschland, 2006; *Hommelhoff,* Einige Bemerkungen zur Organisationsverfassung der Europäischen Aktiengesellschaft, AG 2001, 279; *Ihrig,* Organschaftliche Haftung und Haftungsdurchsetzung unter Berücksichtigung der monistisch verfassten AG, in Bachmann/Casper/Schäfer/Veil, Steuerungsfunktion des Haftungsrechts, 2007; *Ihrig,* Die geschäftsführenden Direktoren in der monistischen SE: Stellung, Aufgaben und Haftung, ZGR 2008, 809; *Kallmeyer,* Das monistische System in der SE mit Sitz in Deutschland, ZIP 2003, 1531; *Kiem,* Erfahrungen und Reformbedarf bei der SE – Entwicklungsstand, ZHR 173 (2009), 156; *Kübler,* Leitungsstrukturen der Aktiengesellschaft und die Umsetzung des SE-Statuts, ZHR 167 (2003), 222; *Lächler,* Das Konzernrecht der Europäischen Gesellschaft (SE), 2007; *Lutter/Kollmorgen/Feldhaus,* Muster-Geschäftsordnung für den Verwaltungsrat einer SE, BB 2007, 509; *Marsch-Barner,* Zur monistischen Führungsstruktur einer deutschen Europäischen Gesellschaft (SE), GS Bosch, 2006, 99; *Mauch,* Das monistische Leitungssystem in der Europäischen Aktiengesellschaft, 2008; *Maul,* Konzernrecht der deutschen SE – ausgewählte Fragen zum Vertragskonzern und den faktischen Unternehmensverbindungen, ZGR 2003, 743; *Menjucq,* Das „monistische" System der Unternehmensleitung in der SE, ZGR 2003, 679; *Merkt,* Die monistische Unternehmensverfassung für die Europäische Aktiengesellschaft aus deutscher Sicht, ZGR 2003, 650; *Middendorf/Fahrig,* Die Sozialversicherungspflicht der Leitungsorgane einer Europäischen Aktiengesellschaft (SE), BB 2011, 54; *Ortolf,* Die monistische SE-Konzerngesellschaft mit Sitz in Deutschland, 2012; *Reichert,* Erfahrungen mit der Societas Europaea (SE) in Deutschland, GS Gruson, 2009, S. 321; *Reichert/Brandes,* Mitbestimmung der Arbeitnehmer in der SE: Gestaltungsfreiheit und Bestandsschutz, ZGR 2003, 767; *Rockstroh,* Verwaltungsrat und geschäftsführende Direktoren in der monistisch strukturierten Societas Europaea, BB 2012, 1620; *Scherer,* Die Qual der Wahl: Dualistisches oder monistisches System, 2006; *J. Schmidt,* „Deutsche" vs. „britische" Societas Europaea (SE): Gründung, Verfassung, Kapitalstruktur, 2006; *Ph. Schmidt,* Die monistische SE in Deutschland, 2006; *Schönborn,* Die monistische Societas Europaea in Deutschland im Vergleich zum englischen Recht, 2007; *Teichmann,* Gestaltungsfreiheit im monistischen Leitungssystem der Europäischen Aktiengesellschaft, BB 2004, 53; *Teicke,* Kompetenzen und Binnengliederung des Leitungsorgans von Aktiengesellschaften in Deutschland, Großbritannien und Frankreich, 2007; *Thamm,* Die rechtliche Verfassung des Vorstands der AG, 2008; *Thamm,* Die Organisationsautonomie der monistischen Societas Europaea bezüglich ihrer geschäftsführenden Direktoren, NZG 2008, 132; *Veil,* Das Konzernrecht der Europäischen Aktiengesellschaft, WM 2003, 2169; *Velte,* Corporate Governance in der monistischen Societas Europaea, WM 2010, 1635; *Verse,* Das Weisungsrecht des Verwaltungsrats der monistischen SE, FS Hoffmann-Becking, 2013, S. 1277.

Zur Mitbestimmung: *Arbeitskreis Aktien- und Kapitalmarktrecht,* Vorschläge zur Reform der Mitbestimmung in der Societas Europaea (SE) – ergänzende Stellungnahme, ZIP 2011, 1841; *Blanke,* Europäische Aktiengesellschaft ohne Arbeitnehmerbeteiligung?, ZIP 2006, 789; *Bock,* Mitbestimmung und Niederlassungsfreiheit, 2008; *Calle Lambach,* Die Beteiligung der Arbeitnehmer in der Europäischen Gesellschaft (SE), 2004; *Drinhausen/Keinath,* Verwendung der SE zur Vermeidung von Arbeitnehmermitbestimmung – Abgrenzung zulässiger Gestaltungen vom Missbrauch § 43 SEBG, BB 2011, 2699; *Forst,* Die Beteiligungsvereinbarung nach § 21 SEBG, 2010; *Forst,* Zur Größe des mitbestimmten Organs einer kraft Beteiligungsvereinbarung mitbestimmten SE, AG 2010, 350; *Forst,* Folgen der Beendigung einer SE-Beteiligungsvereinbarung, EuZW 2011, 333, *Grambow,* Auslegung der Auffangregelungen zur Mitbestimmung bei Gründung einer Societas Europaea, BB 2012, 902; *Grobys,* Das geplante Umsetzungsgesetz zur Beteiligung von Arbeitnehmern in der Europäischen Aktiengesellschaft, NZA 2004, 779; *Grobys,* SE-Betriebsrat und Mitbestimmung in der Europäischen Gesellschaft, NZA 2005, 84; *Gruber/Weller,* Societas Europaea – Mitbestimmung ohne Aufsichtsrat?, NZG 2003, 297; *Güntzel,* Die Richtlinie über die Arbeitnehmerbeteiligung in der Europäischen Aktiengesellschaft (SE) und ihre Umsetzung in das deutsche Recht, 2006; *Habersack,* Schranken der Mitbestimmungsautonomie in der SE, AG 2006, 345; *Habersack,* Grundsatzfragen der Mitbestimmung in SE und SCE sowie bei grenzüberschreitender Verschmelzung, ZHR 171 (2007), 613; *Heinze/Seifert/Teichmann,* BB-Forum: Verhandlungssache: Arbeitnehmerbeteiligung in der SE, BB 2005, 2524; *Henssler,* Unternehmerische Mitbestimmung in der Societas Europaea, FS Ulmer, 2003, 193; *Henssler,* Bewegung in der deutschen Unternehmensmitbestimmung, RdA 2005, 330; *Henssler,* Erfahrungen und Reformbedarf bei der SE – Mitbestimmungsrechtliche Reformvorschläge, ZHR 173 (2009), 222; *von der Heyde,* Die Beteiligung der Arbeitnehmer in der Societas Europaea (SE), 2007; *Hoops,* Die Mitbestimmungsvereinbarung in der Europäischen Aktiengesellschaft (SE), 2009; *Kallmeyer,* Die Beteiligung der Arbeitnehmer in einer Europäischen Gesellschaft, ZIP 2004, 1442; *Kämmerer/Veil,* Paritätische Arbeitnehmermitbestimmung in der monistischen Societas Europaea – ein verfassungsrechtlicher Irrweg?, ZIP 2005, 369; *Kepper,* Die mitbestimmte monistische SE deutschen Rechts, 2010; *Koch,* Die Beteiligung von Arbeitnehmervertretern an Aufsichtsrats- und Verwaltungsratsausschüssen einer Europäischen Aktiengesellschaft, 2010; *Köklü,* Die Beteiligung der Arbeitnehmer und die Corporate Governance in der Europäischen Aktiengesellschaft („Societas Europaea") mit Sitz in Deutschland, 2006; *Köstler,* Die Mitbestimmung in der SE, ZGR 2003, 800; *Köstler,* Die Beteiligung der Arbeitnehmer in der Europäischen Aktiengesellschaft nach den deutschen Umsetzungsgesetzen, DStR 2005, 745; *Krause,* Die Mitbestimmung der Arbeitnehmer in der Europäischen Aktiengesellschaft (SE), BB 2005, 1221; *Kraushaar,* Europäische Aktiengesellschaft (SE) und Unternehmensmitbestimmung, BB 2003, 1614; *Kraushaar,* Mindestrepräsentation leitender Angestellter in der Europäischen Aktiengesellschaft, NZA 2004, 591; *Mävers,* Die Mitbestimmung der Arbeitnehmer in der Europäischen Aktiengesellschaft, 2002; *Nagel,* Die Mitbestimmung bei der formwechselnden Umwandlung einer deutschen AG in eine Europäische Gesellschaft (SE), ArbuR 2007, 329; *Nagel/Köklü,* „Societas Europaea" und Mitbestimmung, ZESAR 2004, 175; *Niklas,* Beteiligung der Arbeitnehmer in der Europäischen Gesellschaft (SE) – Umsetzung in Deutschland, NZA 2004, 1200; *Oetker,* Beteiligung der Arbeitnehmer in der Europäischen Aktiengesellschaft (SE) im Überblick, ZESAR 2005, 3; *Oetker,* Unternehmerische Mitbestimmung kraft Vereinbarung in der Europäischen Gesellschaft (SE), FS Konzen, 2006, 635; *Rehberg,* Die missbräuchliche Verkürzung der unternehmerischen Mitbestimmung durch die Societas Europaea, ZGR 2005, 859; *Reichold,* Unternehmensmitbestimmung vor dem Hintergrund europarechtlicher Entwicklungen, JZ 2006, 812; *Roth,* Die unternehmerische Mitbestimmung in der monistischen SE, ZfA 2004, 431; *Scheibe,* Die Mitbestimmung der

Arbeitnehmer in der SE unter besonderer Berücksichtigung des monistischen Systems, 2007; *Seibt,* Arbeitnehmerlose Societas Europaea, ZIP 2005, 2248; *Seibt,* Privatautonome Mitbestimmungsvereinbarungen – Rechtliche Grundlagen und Praxishinweise, AG 2005, 413; *Steinberg,* Mitbestimmung in der Europäischen Aktiengesellschaft, 2006; *Teichmann,* Neuverhandlungen einer SE-Beteiligungsvereinbarung bei „strukturellen Änderungen", FS Hellwig, 2010, 347; *Weiss/Wöhlert,* Societas Europaea – Der Siegeszug des deutschen Mitbestimmungsrechts in Europa?, NZG 2006, 121.

Übersicht

	Rn.		Rn.
I. Regelungsgehalt, Normzweck	1, 2	V. Größe und Zusammensetzung des Verwaltungsrats (Abs. 2)	25–30
II. Anwendbare Vorschriften, Gestaltungsfreiheit	3	1. Mitgliederzahl	25, 26
		2. Umfang der Mitbestimmung	27–30
III. Grundstruktur des deutschen monistischen Systems	4–9	VI. Rechtsstellung der Verwaltungsratsmitglieder	31–35
IV. Leitung, Geschäftsführung, Vertretung, Überwachung	10–24	1. Bestellung und Abberufung	31–34
		2. Grundsatz gleicher Rechte und Pflichten	35
1. Leitungsaufgabe (§ 22 Abs. 1 SEAG)	10–14	VII. Rechtsstellung der geschäftsführenden Direktoren	36–41
2. Geschäftsführung (§ 40 Abs. 2 SEAG)	15–18		
3. Vertretung der SE (§§ 41, 44 SEAG)	19–20b	1. Bestellung und Abberufung	36–39
4. Überwachung	21–24	2. Binnenorganisation	40, 41

I. Regelungsgehalt, Normzweck

Art. 43 enthält die zentralen Regelungen für die monistische SE. Abs. 1 S. 1 schreibt in einer **1** umfassenden Aufgabenzuweisung die zwingende **Zentralisierung von Leitung und Überwachung** bei einem Organ als Grundprinzip der monistischen Führungsstruktur fest. Funktional entspricht die Vorschrift zunächst § 76 Abs. 1 AktG für den Vorstand im dualistischen System. Die für das deutsche Recht innovative Aussage erklärt sich erst aus dem Fehlen einer § 111 Abs. 1 AktG entsprechenden Regelung: Der **Verwaltungsrat**[1] ist über die Kompetenzen des Vorstands hinaus zugleich für die Überwachung der Geschäftsführung verantwortlich. Daraus lässt sich nicht ableiten, der europäische Gesetzgeber halte eine Trennung dieser beiden Führungsfunktionen für verzichtbar.[2] Im monistischen System ist lediglich die **institutionelle Ausgestaltung der Trennung** nicht vorgeschrieben, sondern in die **Verantwortung der jeweiligen Gesellschaft** gelegt (→ Art. 38 Rn. 4). Der deutsche Ausführungsgesetzgeber hat sich entschieden, diese Flexibilität behutsam einzuschränken und im SEAG die Bestellung eines geschäftsführenden Direktors als Element der Funktionstrennung zwingend anzuordnen (→ Rn. 4, → Art. 38 Rn. 11). In der mitbestimmten monistischen SE ist im Verwaltungsrat zugleich die **Gruppenrepräsentation** der Anteilseigner und Arbeitnehmer angesiedelt (→ Rn. 26 ff.). Die Stellung der **Hauptversammlung** unterscheidet sich dagegen nicht von der im dualistischen System. Sie ist durch Abs. 1 S. 1 von der Geschäftsführung ausgeschlossen und wird nur nach § 119 Abs. 2 AktG iVm § 22 Abs. 6 SEAG auf Verlangen des Verwaltungsrats zuständig.[3]

Abs. 1 S. 2 gilt für die deutsche SE nicht. Die Vorschrift hat nur für Mitgliedstaaten Bedeu- **2** tung, die eine solche Regelung im nationalen Aktienrecht bereits kennen.[4] Eine zwingende Beschränkung der geschäftsführenden Direktoren auf die laufende Geschäftsführung lässt sich Abs. 1 S. 2 deswegen nicht entnehmen.[5] Abs. 2 betrifft die **Größe** des Verwaltungsrats und wird durch § 23 SEAG ergänzt; Abs. 3 regelt die **Bestellung** der Verwaltungsratsmitglieder. In der mitbestimmten SE treten neben Abs. 2 und 3 die Regelungen der Mitbestimmungsvereinbarung bzw. die gesetzliche Auffangregelung, die der Gesetzgeber in Umsetzung der SE-RL in den §§ 34 ff. SEBG geschaffen hat.

---

[1] Zur Terminologie → Art. 38 Rn. 3 in Fn. 3.
[2] Vgl. nur Erwägungsgrund 14, wonach „eine klare Abgrenzung der Verantwortungsbereiche jener Personen, denen die Geschäftsführung obliegt, und der Personen, die mit der Aufsicht betraut sind, wünschenswert" sei; dazu eingehend Lutter/Hommelhoff/Teichmann/*Teichmann* Art. 38 Rn. 11 ff.
[3] → Art. 52 Rn. 9; § 111 Abs. 4 S. 3 AktG ist auf die monistische SE dagegen nicht anwendbar, → Art. 48 Rn. 8.
[4] Zum Hintergrund der Vorschrift *Neye/Teichmann* AG 2003, 169 (176); Lutter/Hommelhoff/Teichmann/*Teichmann* Rn. 26 ff.
[5] Überzeugend *Teichmann* BB 2004, 53 (54, 59 f.); *Teichmann* in Lutter/Hommelhoff, Die Europäische Gesellschaft, 2005, 195 (219 f.); aA *Kallmeyer* ZIP 2003, 1531 f.; *Schwarz* Rn. 39.

II. Anwendbare Vorschriften, Gestaltungsfreiheit

3   Soweit die Art. 43–51 keine Regelung treffen, verweist Art. 9 Abs. 1 lit. c ii auf das Recht des Sitzstaates. Für Länder wie Deutschland, deren Gesellschaftsrechtsordnungen das monistische System nicht kennen, enthält **Art. 43 Abs. 4** eine **generelle Ermächtigung** zur Ausfüllung dieser Lücke mit SE-spezifischen Vorschriften. Auf dieser Grundlage hat der deutsche Ausführungsgesetzgeber in den §§ 20 bis 49 SEAG Regelungen geschaffen, die in der monistischen SE anstelle der §§ 76 bis 116 AktG Anwendung finden und weitgehend die entsprechenden aktienrechtlichen Vorschriften nachbilden.[6] Die §§ 76 ff. AktG sind daneben nur anzuwenden, wenn das SEAG ausdrücklich auf sie Bezug nimmt.[7] Die nähere Ausgestaltung der Führungsorganisation ist der **Selbstregelung der Gesellschaft** mittels Satzung und Geschäftsordnung (Art. 48, § 34 Abs. 2, § 40 Abs. 4 SEAG) überlassen.[8] In Mitbestimmungsfragen wird die Gestaltungsfreiheit gemeinsam mit den Arbeitnehmern in der **Mitbestimmungsvereinbarung** nach § 21 SEBG wahrgenommen.[9] Der deutsche Corporate Governance Kodex ist auch auf die SE anwendbar (vgl. Präambel Abs. 4). Die Kodex-Kommission hat jedoch mangels praktischer Erfahrung mit der neuen Organisationsstruktur von der Formulierung spezieller Empfehlungen für die monistische SE abgesehen.[10] Für die Abgabe der Entsprechenserklärung gem. § 161 AktG ist der Verwaltungsrat zuständig.[11]

III. Grundstruktur des deutschen monistischen Systems

4   Nach § 40 Abs. 1 S. 1 SEAG besteht eine **Pflicht zur Bestellung eines oder mehrerer geschäftsführender Direktoren.** S. 2 dieser Vorschrift erlaubt die Bestellung von Verwaltungsratsmitgliedern oder Organfremden, schreibt jedoch vor, dass der **Verwaltungsrat mehrheitlich mit nicht geschäftsführenden Mitgliedern zu besetzen** ist.[12] Dadurch erreicht der Gesetzgeber, dass in jeder SE unabhängig von ihrer weiteren Ausgestaltung bestimmte Personen für die Geschäftsführung zuständig sind, während sich die Mehrheit der Verwaltungsratsmitglieder auf die Überwachungsaufgabe konzentrieren kann. Nur so glaubte der deutsche Gesetzgeber, die monistische Führungsstruktur in das allgemeine deutsche Aktienrecht einpassen zu können, das über Art. 9 bzw. Spezialverweisungen wie Art. 5 unverändert zur Anwendung kommt. In der Pflicht zur Geschäftsführerbestellung liegt also eine **institutionelle Verankerung der Funktionstrennung** (allg. → Art. 38 Rn. 4, 11), die eine Übertragung derjenigen aktienrechtlichen Vorschriften erleichtert, die auf die Zweiteilung der Führung in Vorstand und Aufsichtsrat aufbauen.[13]

5   Grundlegend für das Verständnis des deutschen monistischen Systems ist, dass die Geschäftsführerbestellung nichts an der in Art. 43 angeordneten umfassenden **Letztverantwortung des Verwaltungsrats** für die Unternehmensführung ändert.[14] Diesem in der Verordnung angelegten Grundprinzip entspricht es, dass die geschäftsführenden Direktoren den **Weisungen** des Verwaltungsrats unterstehen und grundsätzlich jederzeit **abberufen** werden können (→ Rn. 15, 38). Aufgrund der personellen und sachlichen Abhängigkeit ist an der **Einordnung als monistisches System** nicht zu zweifeln,[15]

---

[6] Zu Art. 43 Abs. 4 als Rechtsgrundlage des deutschen monistischen Systems Lutter/Hommelhoff/Teichmann/ Teichmann Rn. 32; Neye/Teichmann AG 2003, 169 (176); Van Hulle/Maul/Drinhausen/Drinhausen SE-HdB 5. Absch. § 3 Rn. 18.

[7] Lutter/Hommelhoff/Teichmann/Teichmann Anh. Art. 43 (§ 20 SEAG) Rn. 2.

[8] S. für ein Muster zur Geschäftsordnung des Verwaltungsrats Lutter/Kollmorgen/Feldhaus BB 2007, 509 ff.

[9] Zum Verhältnis von Mitbestimmungsvereinbarung und Satzungsautonomie Habersack AG 2006, 345 ff.; Seibt AG 2005, 413 ff.; zu weitgehend Oetker ZIP 2006, 1113 ff.; Teichmann BB 2004, 53 (57); Heinze/Seifert/Teichmann BB 2005, 2524 ff.; zur Verwaltungsratsgröße → Rn. 26, zur Auslagerung der Mitbestimmung in fakultative Organe → Art. 48 Rn. 9.

[10] KBLW/v. Werder Rn. 132 ff.; Banzhaf, Die Entsprechenserklärung der Societas Europaea (SE), 2008; Messow, Die Anwendbarkeit des Deutschen Corporate Governance Kodex auf die Societas Europaea (SE), 2008.

[11] § 22 Abs. 6 SEAG, MüKoAktG/Reichert/Brandes Rn. 103; Lutter/Hommelhoff/Teichmann/Teichmann Anh. Art. 43 (§ 22 SEAG) Rn. 43.

[12] Vgl. zur mehrheitlichen Besetzung des US-amerikanischen boards mit outside directors Windbichler ZGR 1985, 50 (58, 71); zur Bedeutung der Vorschrift für die Ausschussbesetzung → Art. 44 Rn. 7, → Art. 48 Rn. 7 sowie Schwarz Anh. Art. 43 Rn. 204.

[13] Begr. RegE BT-Drs. 15/3405, 39; ausf. Neye/Teichmann AG 2003, 169 (177 f.); Teichmann BB 2004, 53 (58); ders. in Lutter/Hommelhoff/Teichmann Rn. 60 ff. und Anh. Art. 43 (§ 40 SEAG) Rn. 2 f.; Drinhausen in Van Hulle/Maul/Drinhausen SE-HdB 5. Abschn. § 3 Rn. 32.

[14] Vgl. Begr RegE BT-Drs. 15/3405, 36; Teichmann BB 2004, 53 (54); Lutter/Hommelhoff/Teichmann/Teichmann Rn. 63, 66 und Anh. Art. 43 (§ 22 SEAG) Rn. 12; Drinhausen in Van Hulle/Maul/Drinhausen SE-HdB 5. Abschn. § 3 Rn. 5, 23.

[15] Zur Charakterisierung als „verdeckt dualistisches System" DAV-Handelsrechtsausschuss NZG 2004, 957 (959); Hoffmann-Becking ZGR 2004, 355 (369 ff.); ausf. dagegen Teichmann BB 2004, 53 (58 f.); Lutter/Hommelhoff/ Teichmann/Teichmann Anh. Art. 43 (§ 22 SEAG) Rn. 2; Bachmann ZGR 2008, 779 (780); Ihrig/Wagner BB 2004, 1749 (1757 f.); Ihrig ZGR 2008, 809 (810).

Verwaltungsorgan   6–9   Art. 43 SE-VO

vielmehr ist die Arbeitsteilung zwischen Geschäftsführern und Verwaltungsrat für das monistische System geradezu typisch.[16]

Nach der Systematik des SEAG ist von der **Leitung** (§ 22 Abs. 1 SEAG, → Rn. 10 ff.) die **6** **einfache Geschäftsführung** zu unterscheiden, für die nach § 40 Abs. 1 SEAG primär die geschäftsführenden Direktoren zuständig sind. Auch in diesem Bereich kann der Verwaltungsrat jedoch einzelne Entscheidungen an sich ziehen; er kann diese Aufgaben aber ebenso den geschäftsführenden Direktoren zur eigenständigen Ausführung überlassen und sich auf ihre Überwachung beschränken.[17] Mit anderen Worten teilt sich sein Aktionsradius in den von § 22 Abs. 1 SEAG umrissenen Pflichtbereich und ein Feld fakultativer Aufgabenwahrnehmung.

Bei der näheren Ausgestaltung des monistischen Systems im SEAG kombinierte der deutsche **7** Gesetzgeber in einer Art **Baukastensystem** Regelungselemente, die für Vorstand und Aufsichtsrat sowie die GmbH-Geschäftsführung bewährt sind.[18] Inwieweit bei der Auslegung dieser Vorschriften auf die bisherige Rechtsprechung und Doktrin zurückgegriffen werden kann,[19] bedarf jeweils einer genauen Prüfung, wobei die jeweiligen Ziele der Verordnung zu berücksichtigen sind.[20] Wichtigste **Regelungsaufgabe des SEAG** ist die Aufteilung der Zuständigkeiten von Vorstand und Aufsichtsrat zwischen Verwaltungsrat und geschäftsführenden Direktoren. Nach dem **Grundsatz** in § 22 Abs. 6 SEAG laufen beim **Verwaltungsrat** alle Rechte und Pflichten zusammen, die das Aktiengesetz Vorstand und Aufsichtsrat überträgt; § 22 Abs. 6 erfasst über die „Rechte und Pflichten" im engeren Sinne hinaus sämtliche Vorschriften außerhalb des SEAG, die den Vorstand oder Aufsichtsrat der AG adressieren.[21] Einzelne Aufgaben sind jedoch den geschäftsführenden Direktoren speziell zugewiesen.

Die **Zuständigkeiten des Aufsichtsrats** überträgt das SEAG vollumfänglich dem **Verwaltungs-** **8** **rat**, der die Gesellschaft überwacht und dafür nach § 22 Abs. 4 SEAG auf das aus § 111 Abs. 2 AktG bekannte Einsichts- und Prüfungsrecht zurückgreifen kann. Bei den **Rechten und Pflichten des Vorstands** hat der Gesetzgeber dagegen **differenziert**. Dem **Verwaltungsrat** kommen alle Aufgaben zu, die Ausdruck seiner Leitungsaufgabe[22] und der damit korrespondierenden Letztverantwortung gegenüber den Aktionären[23] und gegenüber Dritten[24] sind. All diese gesetzlich zugewiesenen Zuständigkeiten können nach § 40 Abs. 2 S. 3 SEAG nicht auf die geschäftsführenden Direktoren übertragen werden.

Die speziellen **Aufgaben der geschäftsführenden Direktoren** lassen sich auf vier Grundgedanken **9** des Gesetzgebers zurückführen. (1) Die geschäftsführenden Direktoren führen nach § 40 Abs. 2 S. 1 SEAG die Geschäfte der Gesellschaft und sind nach § 41 Abs. 1 SEAG vertretungsbefugt

---

[16] Vgl. etwa *Böckli* in Hommelhoff/Hopt/v. Werder, Corporate Governance- HdB S. 255 (263); *Engert/Herschlein* NZG 2004, 459 ff.; *Horn* DB 2005, 147 (151); *Menjucq* ZGR 2003, 679 (685 f.); *Teichmann* in Lutter/Hommelhoff, Die Europäische Gesellschaft, 2005, 195 (197).

[17] → Rn. 22, → Art. 51 Rn. 8. Lutter/Hommelhoff/Teichmann/*Teichmann* Anh. Art. 43 (§ 22 SEAG) Rn. 14 f. spricht von einer „Vollzugskontrolle" hinsichtlich der vom Verwaltungsrat festgelegten Grundlinien der Unternehmensstrategie.

[18] Zum französischen Recht als Regelungsvorbild vgl. RegE BT-Drs. 15/3405, 36; *Neye/Teichmann* AG 2003, 169 (177); Lutter/Hommelhoff/Teichmann/*Teichmann* Anh. Art. 43 (§ 22 SEAG) Rn. 5; Überblick zur monistischen société anonyme bei *Menjucq* ZGR 2003, 679 ff.

[19] Eine derartige Erleichterung erhoffen etwa *Neye/Teichmann* AG 2003, 169 (179).

[20] Anders als bei der Lückenfüllung der SE-VO durch nationales Recht (→ Art. 9 Rn. 15) kann es in diesem Fall zu einer abweichenden Auslegung kommen, da die deutschen GmbH-rechtlichen Vorschriften nicht unmittelbar zur Anwendung kommen.

[21] Vgl. Habersack/Drinhausen/*Verse* SEAG § 22 Rn. 43; eingehend zu dieser Regelungstechnik Lutter/Hommelhoff/Teichmann/*Teichmann* Anh. Art. 43 (§ 22 SEAG) Rn. 41 ff.

[22] Etwa die Buchführung und die Einrichtung eines Früherkennungssystems (§ 22 Abs. 3 SEAG), für die nach § 24 Abs. 2 S. 2 und 3 DiskE-SEAG noch die geschäftsführenden Direktoren verantwortlich sein sollten; vgl. Lutter/Hommelhoff/Teichmann/*Teichmann* Anh. Art. 43 (§ 22 SEAG) Rn. 25.

[23] Lutter/Hommelhoff/Teichmann/*Teichmann* Rn. 15 f.; zu nennen sind insbes. die Einberufung der Hauptversammlung gem. § 22 Abs. 2, Abs. 5 S. 1 SEAG und § 48 Abs. 1 SEAG, vgl. dazu BegrRegE BT-Drs. 15/3405, 37; *Neye/Teichmann* AG 2003, 169 (178); Lutter/Hommelhoff/Teichmann/*Teichmann* Anh. Art. 43 (§ 22 SEAG) Rn. 19 ff.; ebenso ist der Verwaltungsrat Adressat des Auskunftsrechts nach § 131 AktG iVm § 22 Abs. 6 SEAG, → Art. 53 Rn. 6; *Teichmann* in Lutter/Hommelhoff, Die Europäische Gesellschaft, 2005, 195 (204); *Ihrig* ZGR 2008, 809 (815). Dieser Verantwortung entspricht es ferner, dass das Vorlagerecht nach § 119 Abs. 2 AktG und die Vorlagepflicht nach der sog. Holzmüller-Rechtsprechung nicht die geschäftsführenden Direktoren, sondern den Verwaltungsrat trifft, → Art. 52 Rn. 13.

[24] § 22 Abs. 5 S. 2 SEAG (Insolvenzantragspflicht, Zahlungsverbot). Das MoMiG hat die Insolvenzantragspflicht nunmehr ausdrücklich dem Verwaltungsrat zugewiesen (s. RegE MoMiG BT-Drs. 16/6140, 59. Indem das Gesetz in § 40 Abs. 3 SEAG den geschäftsführenden Direktoren in den Fällen des § 22 Abs. 5 SEAG nur eine Berichtspflicht auferlegt, zeigt es, dass diese zwar die Leitungsaufgabe des Verwaltungsrats unterstützen sollen, aber keine eigene Leitungsverantwortung tragen.

(→ Rn. 15 ff., 19). Der Gesetzgeber möchte dadurch die nicht geschäftsführende Verwaltungsratsmehrheit für die Überwachungsaufgabe freihalten und ein Minimum an **Funktionstrennung** gewährleisten.[25] (2) Aus dieser Aufgabenzuweisung folgt typischerweise eine besondere **Nähe zum Tagesgeschäft**. Dies hat den Gesetzgeber bewogen, die Aufstellung des Jahresabschlusses den geschäftsführenden Direktoren zu übertragen (§ 47 Abs. 1 SEAG).[26] Andererseits resultiert daraus ein Informationsgefälle gegenüber dem Verwaltungsrat, das durch die Berichtspflichten in § 40 Abs. 3 und 6 SEAG ausgeglichen werden soll. (3) Die Verantwortung für die Bekanntmachungen sowie Anmeldungen und Einreichungen zum Handelsregister in §§ 21, 40 Abs. 2 S. 4 und § 46 SEAG erklärt sich aus dem Gedanken der **Praktikabilität**, die mit der Zuweisung an das typischerweise kleinere und damit handlungsfähigere Organ verbunden ist.[27] (4) Mit der Zuweisung der Zuständigkeiten im Bereich von Jahresabschluss und Konzernrecht in §§ 47 und 49 SEAG wollte der Gesetzgeber schließlich auch in der monistischen SE ein „**Vier-Augen-Prinzip**" installieren:[28] In diesen Fällen hat das AktG für eine Maßnahme bewusst das Zusammenwirken von Vorstand und Aufsichtsrat als Element der internen Selbstkontrolle vorgesehen.[29] Gleiches gilt bei Zustimmungsvorbehalten zu Geschäftsführungsmaßnahmen, für die das Gesetz einen Beschluss des gesamten Verwaltungsrats verlangt, um eine Einbeziehung auch der nicht geschäftsführenden Verwaltungsratsmitglieder zu erreichen (→ Art. 48 Rn. 1, 7).

IV. Leitung, Geschäftsführung, Vertretung, Überwachung

10 **1. Leitungsaufgabe (§ 22 Abs. 1 SEAG).** In Abs. 1 S. 1 hat die Verordnung dem Verwaltungsrat die umfassende Letztverantwortung für die Unternehmensführung übertragen.[30] Diese Aufgabe wird von sämtlichen Mitgliedern in **Gesamtverantwortung** wahrgenommen.[31] **§ 22 Abs. 1 SEAG** konkretisiert diese Kompetenzzuweisung: Dem Verwaltungsrat kommt zuvörderst die **Leitungsaufgabe** zu. Gegenstück ist § 40 Abs. 2 S. 1 SEAG, der davon abweichend eine spezielle Geschäftsführungszuständigkeit begründet. Mit dem Leitungsbegriff verwendet das deutsche Gesetz einen Kernbegriff aus dem Recht des Vorstands und überträgt ihn auf die Abgrenzung der Zuständigkeiten im monistischen System.[32] Leitung meint einen herausgehobenen Bereich von Führungsentscheidungen, der sich schlagwortartig in eine Planungs- und Steuerungsverantwortung, Organisationsverantwortung, Finanzverantwortung und Leitungsverantwortung untergliedern lässt.[33]

11 Der Begriff der Leitung umfasst all jene Führungsaufgaben, die im Vorstand **dem Gesamtorgan vorbehalten** sind.[34] Die Ausgestaltung der Zuständigkeitsordnung ist dadurch in doppelter Weise vorgezeichnet: Im Bereich der Leitung scheiden sowohl eine organexterne als auch eine organinterne Delegation aus. Leitungsaufgaben dürfen mit anderen Worten nicht an andere Organe oder nachgeordnete Unternehmensebenen übertragen werden;[35] unzulässig ist auch die Ermächtigung einzelner Organmitglieder oder eines Ausschusses.[36]

---

[25] Begr RegE BT-Drs. 15/3405, 39.
[26] Begr RegE BT-Drs. 15/3405, 39.
[27] Begr RegE BT-Drs. 15/3405, 39.
[28] Begr RegE BT-Drs. 15/3405, 39 f.
[29] *Neye/Teichmann* AG 2003, 169 (178); Lutter/Hommelhoff/Teichmann/*Teichmann* Anh. Art. 43 (§ 47 SEAG) Rn. 1.
[30] Vgl. MüKoAktG/*Reichert/Brandes* Rn. 14; Lutter/Hommelhoff/Teichmann/*Teichmann* Anh. Art. 43 (§ 22 SEAG) Rn. 2; die RegBegr. nennt es „das wesentliche Merkmal des monistischen Modells, dass die Letztverantwortung für die Unternehmenspolitik allein beim Verwaltungsrat liegt" (BT-Drs. 15/3405, 36); *Teichmann* BB 2004, 53: Verwaltungsrat als „oberstes Leitungsorgan der Gesellschaft".
[31] Vgl. etwa *Reichert/Brandes* ZGR 2003, 767 (792); *Lange* EuZW 2003, 301 (306); *Thamm,* Die rechtliche Verfassung des Vorstands der AG, 2008, 325; zum Begriff der Gesamtverantwortung → AktG § 77 Rn. 44 ff. mN.
[32] Für die Übertragbarkeit des aktienrechtlichen Leitungsbegriffs im Grundsatz auch Lutter/Hommelhoff/Teichmann/*Teichmann* Anh. Art. 43 (§ 22 SEAG) Rn. 6.
[33] → AktG § 76 Rn. 18, dort Nachw. zu weiteren Konkretisierungen; rechtsvergleichend zu unveräußerlichen Leitungsaufgaben *Boettcher,* Die Kompetenzen von Verwaltungsrat und geschäftsführenden Direktoren in der monistischen SE in Deutschland, 2009, 96 ff., 110 ff.; anderes Begriffsverständnis noch bei *Teichmann,* Binnenmarktkonformes Gesellschaftsrecht, 2006, 542 ff., *Boettcher,* Die Kompetenzen von Verwaltungsrat und geschäftsführenden Direktoren in der monistischen SE in Deutschland, 2009, 82, 96, jedoch jeweils ohne wesentliche Abweichung im Ergebnis.
[34] Prägnant → AktG § 76 Rn. 14; vgl. auch Kölner Komm AktG/*Mertens/Cahn* AktG § 76 Rn. 42, 45; *Thamm,* Die rechtliche Verfassung des Vorstands der AG, 2008, 115, 178; *Thamm* NZG 2008, 132.
[35] → AktG § 76 Rn. 9; Hüffer/Koch/*Koch* AktG § 76 Rn. 8; *Hüffer,* Liber amicorum Happ, 2006, 93 (106); Großkomm AktG/*Kort* AktG § 76 Rn. 34, 49; Kölner Komm AktG/*Mertens/Cahn* AktG § 76 Rn. 45; MHdB AG/*Wiesner* § 19 Rn. 13.
[36] → § 76 Rn. 9; *Hoffmann-Becking* ZGR 1998, 497 (516); Großkomm AktG/*Kort* AktG § 77 Rn. 43; *Kort* in Fleischer VorstandsR-HdB § 3 Rn. 24; Kölner Komm AktG/*Mertens/Cahn* AktG § 77 Rn. 22 f.

Diese aktienrechtliche Begrifflichkeit überträgt das Gesetz auf die **Abgrenzung der Aufgaben-** 12
bereiche von Verwaltungsrat und geschäftsführenden Direktoren. Das bedeutet: Unabhängig davon, ob sich die jeweilige SE für die Bestellung interner oder externer Geschäftsführer entscheidet (→ Rn. 4, 36), müssen die Leitungsaufgaben stets vom Verwaltungsrat als Gesamtorgan wahrgenommen werden. Daraus ergibt sich zugleich eine Eingrenzung der Geschäftsführung iSd § 40 Abs. 2 S. 1 SEAG. Während davon nach herkömmlichem Sprachgebrauch jedes Tätigwerden für die Gesellschaft einschließlich der Leitung erfasst ist,[37] bedarf der Rechtsbegriff hier einer SE-spezifischen Auslegung im Lichte des § 22 Abs. 1 SEAG:[38] Die Zuständigkeit der geschäftsführenden Direktoren betrifft nur Handlungen für die SE außerhalb des Bereichs der eigentlichen Leitung. Diese zwingende Aufgabenzuweisung an den Verwaltungsrat wird flankiert von § 40 Abs. 2 S. 3 SEAG, der jede Delegation von Leitungsaufgaben auf die geschäftsführenden Direktoren ausschließt und dadurch eine Umgehung der gesetzlichen Zuständigkeitsverteilung verhindert.[39]

Wie im Vorstand lässt sich der Kreis derjenigen Aufgaben, die zwingend vom Gesamtverwaltungs- 13
rat wahrzunehmen sind, in zweifacher Weise eingrenzen.[40] Die Kompetenzzuweisung erfasst zum einen **nur die eigentliche Entscheidung;** für die Entscheidungsvorbereitung wie auch die Ausführung der Beschlüsse kann der Verwaltungsrat die geschäftsführenden Direktoren heranziehen.[41] Zum anderen darf sich der Verwaltungsrat auf die **wesentlichen Grundzüge** beschränken; die Ausgestaltung im Einzelnen kann wiederum dem geschäftsführenden Direktorium überlassen werden. Das Gesetz bringt dies in § 22 Abs. 1 SEAG zum Ausdruck, wonach der Verwaltungsrat die Grundlinien der Tätigkeit der Gesellschaft zu bestimmen hat.

Konzernrechtliche Vorschriften modifizieren die skizzierte Leitungskompetenz.[42] In der 14
abhängigen SE sind nach § 49 Abs. 1 SEAG iVm § 308 Abs. 2 S. 1 AktG die geschäftsführenden Direktoren unmittelbarer Adressat einer Weisung aufgrund eines Beherrschungsvertrags.[43] Ist die SE dagegen herrschendes Unternehmen, steht das Weisungsrecht gem. § 308 Abs. 1 S. 1 AktG grundsätzlich dem Vertretungsorgan der Mutter, also den geschäftsführenden Direktoren, zu.[44] Allerdings kann der Verwaltungsrat über sein Weisungsrecht gegenüber den geschäftsführenden Direktoren das Weisungsrecht gegenüber der Tochter an sich ziehen.

2. Geschäftsführung (§ 40 Abs. 2 SEAG). Außerhalb des Bereichs der Leitungsaufgaben steht 15
die Führung der Geschäfte nach § 40 Abs. 2 S. 1 SEAG **primär den geschäftsführenden Direktoren** zu, die nicht auf das laufende Geschäft beschränkt sind.[45] Sie dürfen grundsätzlich jede Geschäftsführungsmaßnahme selbständig ergreifen, ohne vorab eine Zustimmung des Verwaltungsrats einholen zu müssen. Dies bedeutet jedoch nicht, dass der **Verwaltungsrat** von der Geschäftsführung ausgeschlossen wäre. Als Gegenstück zu seiner umfassenden Letztverantwortung für die Unternehmensführung ergibt sich unmittelbar aus Art. 43 Abs. 1 vielmehr eine **Allzuständigkeit,**[46] aufgrund derer er Geschäftsfüh-

---

[37] Vgl. Hüffer/Koch/*Koch* AktG § 77 Rn. 3; Baumbach/Hueck/*Zöllner*/*Noack* GmbHG § 35 Rn. 29.
[38] Lutter/Hommelhoff/*Teichmann*, Die Europäische Gesellschaft, 2005, 195 (206 f.); vgl. auch *Thamm*, Die rechtliche Verfassung des Vorstands der AG, 2008, 321 f.
[39] Vgl. Habersack/Drinhausen/*Verse* § 40 SEAG Rn. 32; *Schwarz* Anh. Art. 43 Rn. 279.
[40] → AktG § 76 Rn. 20 mN.
[41] *Boettcher*, Die Kompetenzen von Verwaltungsrat und geschäftsführenden Direktoren in der monistischen SE in Deutschland, 2009, 119; dies entspricht der Beschränkung des Delegationsverbots auf die Beschlussfassung in § 34 Abs. 4 S. 2 SEAG.
[42] Zum Konzernrecht der monistischen SE MüKoAktG/*Ego* Anh. Art. 9 Rn. 23, 31 ff., 35 ff.; Habersack/Drinhausen/*Verse* § 49 SEAG Rn. 9 ff.; *Maul* ZGR 2003, 743 (744 ff., 751 f.); *Schwarz* Einl. Rn. 207 f.; *Veil* WM 2003, 2169 (2173 ff.); gegen die Anwendbarkeit von § 308 AktG auf die vertraglich konzernierte SE aufgrund des insoweit abschließenden Charakters der SE-VO dagegen *Lächler*, Das Konzernrecht der Europäischen Gesellschaft (SE), 2007, 197 ff.
[43] Näher MüKoAktG/*Ego* Anh. Art. 9 Rn. 31; *Ihrig* ZGR 2008, 809 (827 ff.); *Maul* ZGR 2003, 743 (746 ff.); zu Zustimmungsvorbehalten des Verwaltungsrats → Art. 48 Rn. 8.
[44] Habersack/Drinhausen/*Verse* SEAG § 49 Rn. 29; *Schwarz* Einl. Rn. 225; allg. → AktG § 308 Rn. 10; Hüffer/Koch/*Koch* AktG § 308 Rn. 3.
[45] Ebenso Lutter/Hommelhoff/Teichmann/*Teichmann* Anh. Art. 43 (§ 22 SEAG) Rn. 13; *Teichmann* BB 2004, 53 (54); *Drinhausen* in Van Hulle/Maul/Drinhausen SE-HdB 5. Abschn. § 3 Rn. 18; für eine Beschränkung auf die laufenden Geschäfte dagegen *Ihrig* ZGR 2008, 809 (828); *Kallmeyer* ZIP 2003, 1531 (1532); NK-SE/*Manz* Rn. 140; *Schwarz* Rn. 39, Anh. Art. 43 Rn. 276. Deren Verweis auf Art. 43 Abs. 1 S. 2 trägt jedoch nicht, da der deutsche Gesetzgeber § 40 SEAG zu Recht auf Art. 43 Abs. 4 stützte; eine verordnungskonforme Auslegung ist deswegen nicht angezeigt, → Rn. 2 mN in Fn. 6. Im Gegensatz dazu beschränkt der österreichische Gesetzgeber die Geschäftsführer in § 56 S. 1 öSEG ausdrücklich auf die laufenden Geschäfte, vgl. Kalss/Hügel/*Greda* SEG § 56 Rn. 6.
[46] *Teichmann* in Lutter/Hommelhoff, Die Europäische Gesellschaft, 2005, 195 (206); *Merkt* ZGR 2003, 650 (663); so auch die Begrifflichkeit im GmbH-Recht, vgl. etwa Baumbach/Hueck/*Zöllner* GmbHG § 46 Rn. 89.

rungsentscheidungen an sich ziehen darf. Dies kommt vor allem in § 44 Abs. 2 SEAG zum Ausdruck, der dem Verwaltungsrat ein **Weisungsrecht** einräumt, für das das Recht der GmbH-Gesellschafterversammlung Pate stand.[47] Dem steht eine entsprechende **Folgepflicht** der geschäftsführenden Direktoren gegenüber, die satzungsfest ist.[48] Zulässig sind sowohl generelle Weisungen als auch spezielle Weisungen zu Einzelmaßnahmen. Aus dem Weisungsrecht folgt zudem das Recht des Verwaltungsrats, Zustimmungsvorbehalte anzuordnen, die im Unterschied zu den Satzungsregelungen nach Art. 48 nicht auf bestimmte „Arten von Geschäften" beschränkt sind, sondern auch konkrete Einzelmaßnahmen erfassen können (→ Art. 48 Rn. 5). Läuft eine Weisung allerdings den gesetzlichen Pflichten der geschäftsführenden Direktoren entgegen oder ist sie sonst **rechtswidrig**, ist der entsprechende Verwaltungsratsbeschluss für die Geschäftsführer unbeachtlich; einer Anfechtung bedarf es nicht.[49] Im Außenverhältnis ist die weisungswidrige Maßnahme hingegen wirksam; die Vertretungsmacht der geschäftsführenden Direktoren wird dadurch nicht berührt (→ Rn. 19).

16   In welchem Umfang den geschäftsführenden Direktoren ein **Kernbereich eigener Entscheidungszuständigkeit** verbleiben muss, ist nicht abschließend geklärt. Das vom Gesetzgeber intendierte Vier-Augen-Prinzip schränkt jedenfalls Weisungen im Bereich gesetzlich zugewiesener Geschäftsführerpflichten (→ Rn. 9) ein.[50] Das betrifft zum einen die Aufstellung von Jahresabschluss und Lagebericht gem. § 47 SEAG sowie die konzernrechtlichen Pflichten gem. § 49 SEAG[51] und die Verfolgung von Haftungsansprüchen der Gesellschaft gegenüber Verwaltungsratsmitgliedern (str., → Art. 51 Rn. 16). Dagegen besteht bei Anmeldungen zum Handelsregister (zur Zuständigkeit der geschäftsführenden Direktoren → Rn. 20b) das Weisungsrecht des Verwaltungsrats uneingeschränkt.[52] Auch im Übrigen kann es aufgrund der Verordnungsvorgabe in **Art. 43 Abs. 1 keine Angelegenheiten der Geschäftsführung** geben, **die dem Weisungsrecht des Verwaltungsrats schlechthin entzogen sind**.[53] Abweichende Satzungsregelungen sind unzulässig.[54] Zweifelhaft ist indes, ob der Verwaltungsrat durch **generelle Vorgaben in der Geschäftsordnung** (§ 40 Abs. 4 S. 1 SEAG) die gesamte Geschäftsführung an sich ziehen und die geschäftsführenden Direktoren zu einem bloßen vertretungsbefugten Exekutivorgan ohne eigenen Entscheidungsspielraum degradieren darf. Gegen die Zulässigkeit einer solchen Gestaltung, für die sich im GmbH-Recht der Begriff der „Vertretungsmarionette" findet,[55] spricht der auf **Funktionstrennung** gerichtete Normzweck des **§ 40 Abs. 1 SEAG** (→ Rn. 4, → Art. 38 Rn. 11), der die Mehrheit der Verwaltungsratsmitglieder gerade von der Geschäftsführung entlasten und dadurch für die Überwachungsaufgabe freihalten will.[56] Derartige Geschäftsordnungsre-

---

[47] Ausdrücklich Begr RegE BT-Drs. 15/3405, 39.
[48] Habersack/Drinhausen/*Verse* SEAG § 44 Rn. 9; *Ihrig* ZGR 2008, 809 (819 f.); *Boettcher,* Die Kompetenzen von Verwaltungsrat und geschäftsführenden Direktoren in der monistischen SE in Deutschland, 2009, 170. Eine vorstandsähnliche Weisungsfreiheit lässt sich den geschäftsführenden Direktoren deswegen mangels entsprechender Satzungsermächtigung nicht einräumen, allerdings im Anstellungsvertrag zusichern. Daraus folgen jedoch nur Schadensersatz-, nicht aber Unterlassungs- oder Erfüllungsansprüche, vgl. für die GmbH Lutter/Hommelhoff/ *Kleindiek* GmbHG Anh. § 6 Rn. 15 f.
[49] *Ihrig* ZGR 2008, 809 (824 f.) → Art. 50 Rn. 12 zum mangelhaften Verwaltungsratsbeschluss, auf den im Unterschied zum GmbH-Gesellschafterbeschluss die §§ 241 ff. AktG keine analoge Anwendung finden. Zur Haftung bei fehlerhafter Weisung → Art. 51 Rn. 9.
[50] Überzeugend *Boettcher,* Die Kompetenzen von Verwaltungsrat und geschäftsführenden Direktoren in der monistischen SE in Deutschland, 2009, 176 ff.
[51] Anders zu § 47 und § 49 SEAG jetzt Habersack/Drinhausen/*Verse* SEAG § 44 Rn. 11; *Verse* FS Hoffmann-Becking, 2013, 1277 (1284 f.).
[52] Vgl. *Boettcher,* Die Kompetenzen von Verwaltungsrat und geschäftsführenden Direktoren in der monistischen SE in Deutschland, 2009, 179; *Verse* FS Hoffmann-Becking, 2013, 1277 (1284) in Fn. 42.
[53] MüKoAktG/*Reichert/Brandes* Rn. 14; Lutter/Hommelhoff/Teichmann/*Teichmann* Anh. Art. 43 (§ 40 SEAG) Rn. 29, (§ 44 SEAG) Rn. 10; *Bachmann* ZGR 2008, 779 (786); *Ihrig* ZGR 2008, 811 (819); von einem Weisungsrecht „ohne jede qualitative oder quantitative Einschränkung" spricht auch *Teichmann* in Lutter/Hommelhoff, Die Europäische Gesellschaft, 2005, 195 (206); zust. *J. Schmidt,* „Deutsche" vs. „britische" Societas Europaea (SE): Gründung, Verfassung, Kapitalstruktur, 2006, 607; aA *Schwarz* Anh. Art. 43 Rn. 276, 339, 341 (Geschäftsführern müsse eigener Entscheidungsspielraum verbleiben); *Mauch,* Das monistische Leitungssystem in der Europäischen Aktiengesellschaft, 2008, 66 (Weisungsbefugnis beschränkt auf Entscheidungen, die der Verwaltungsrat nach pflichtgemäßem Ermessen für wesentlich hält).
[54] *Ihrig* ZGR 2008, 811 (819 f.).
[55] Für die Anerkennung eines Kernbereichs Baumbach/Hueck/*Zöllner/Noack* GmbHG § 37 Rn. 18, 21; Lutter/Hommelhoff/*Kleindiek* GmbHG § 37 Rn. 18a; dagegen UHL/*Paefgen* GmbHG § 37 Rn. 27 f., 40 ff.; Roth/Altmeppen/*Altmeppen* GmbHG § 37 Rn. 4 f.; Scholz/*U.H. Schneider/S.H. Schneider* GmbHG § 37 Rn. 46, 50.
[56] Zust. Habersack/Drinhausen/*Verse* § 44 SEAG Rn. 12; eingehend *Verse* FS Hoffmann-Becking, 2013, 1277 (1285 ff.); *Boettcher,* Die Kompetenzen von Verwaltungsrat und geschäftsführenden Direktoren in der monistischen SE in Deutschland, 2009, 187; von einem Aushöhlungsverbot spricht Kölner Komm AktG/*Siems* Anh. Art. 51 SEAG § 40 Rn. 57.

gelungen sind deswegen mit § 40 Abs. 1 SEAG unvereinbar, wenn sie im Ergebnis die Pflicht zur Bestellung geschäftsführender Direktoren vollständig aushebeln. Weisungen für bestimmte Arten von Geschäften oder ganze Geschäftsbereiche bleiben dagegen zulässig.[57]

Trotz des grundsätzlich umfassenden Zugriffsrechts des Verwaltungsrats stellt sich die Frage, ob die geschäftsführenden Direktoren bestimmte Maßnahmen bereits vor ihrer Durchführung dem übergeordneten Organ zur Entscheidung vorlegen müssen. Jedenfalls in vier Fallgruppen ist von einer derartigen **Vorlagepflicht** auszugehen:[58] (1) Den Zuständigkeitsbereich der geschäftsführenden Direktoren überschreiten unbestritten Maßnahmen, die außerhalb des Unternehmensgegenstandes liegen. Sie betreffen nicht die Geschäftsführung, sondern erfordern eine **Satzungsänderung**, für die der Verwaltungsrat an die Hauptversammlung herantreten muss. Gleiches gilt für **Grundlagenentscheidungen** nach der Holzmüller-Rechtsprechung, für die der Verwaltungsrat eine Zustimmung der Hauptversammlung einholen muss.[59] (2) Begrenzt ist die Geschäftsführungsbefugnis sodann bei Maßnahmen, die sich zugleich als **Leitungsentscheidungen** darstellen (→ Rn. 10 ff.). Die geschäftsführenden Direktoren müssen die Frage vorlegen und einen Verwaltungsratsbeschluss herbeiführen; andernfalls handeln sie pflichtwidrig. (3) Eine Vorlagepflicht ergibt sich auch, wenn für die beabsichtigte Geschäftsführungsmaßnahme ein **Zustimmungsvorbehalt** des gesamten Verwaltungsrats nach Art. 48 besteht. (4) Unabhängig von einem formalen Zustimmungsvorbehalt ist der Verwaltungsrat als übergeordnetes Organ frei, jede beliebige Entscheidung ad hoc an sich zu ziehen oder in einem Beschluss über Grundlinien der Geschäftsführung (→ Rn. 13) zu präjudizieren. Von einer solchen **entgegenstehenden Verwaltungsratsentscheidung** darf ebenfalls nicht abgewichen werden, ohne zuvor eine Zustimmung zu erwirken. Läuft eine Maßnahme – für die geschäftsführenden Direktoren erkennbar – dem **mutmaßlichen Willen** des Verwaltungsrats entgegen, kann aus der organschaftlichen Treuepflicht eine Vorlagepflicht folgen.[60]

Ob es – wie im GmbH-Recht mit Blick auf §§ 116, 164 HGB teilweise befürwortet[61] – darüber hinaus eine Vorlagepflicht für **ungewöhnliche Geschäfte** geben sollte, wird für die monistische SE bislang wenig erörtert.[62] Für eine derartige Verlagerung der Initiativlast spricht zwar das Informationsgefälle zwischen dem Verwaltungsrat und den geschäftsführenden Direktoren, das aufgrund der faktischen Abkoppelung zumindest der nicht geschäftsführenden Verwaltungsratsmitglieder vom Tagesgeschäft droht.[63] Andererseits stehen ihnen mit der Geschäftsordnungskompetenz und dem umfassenden Weisungsrecht wirksame Aufsichtsinstrumente zur Verfügung. Deswegen ist der Verwaltungsrat auf eine **Ausgestaltung des Zuständigkeitsbereichs** der geschäftsführenden Direktoren **durch Zustimmungsvorbehalte** sowie die Einführung einer ausreichenden **Informationsverfassung** gem. § 40 Abs. 6 SEAG zu verweisen.[64] Dagegen scheidet eine satzungsmäßige Regelung über die Abgrenzung der Geschäftsführungszuständigkeiten wegen der aktienrechtlichen Satzungsstrenge außerhalb von Art. 48 aus.[65]

3. Vertretung der SE (§§ 41, 44 SEAG). Die **geschäftsführenden Direktoren** sind das Vertretungsorgan der SE (§ 41 Abs. 1 SEAG).[66] Die Vertretungsbefugnis ist nach § 44 Abs. 1 SEAG im

---

[57] *Boettcher*, Die Kompetenzen von Verwaltungsrat und geschäftsführenden Direktoren in der monistischen SE in Deutschland, 2009, 188 (189); aA *Schwarz* Art. 43 Anh. Rn. 341.

[58] Vgl. die entsprechenden Systematisierungen im GmbH-Recht, etwa Baumbach/Hueck/*Zöllner/Noack* GmbHG § 37 Rn. 7 ff.; Roth/Altmeppen/*Roth* GmbHG § 45 Rn. 7; zur monistischen SE jetzt *Boettcher*, Die Kompetenzen von Verwaltungsrat und geschäftsführenden Direktoren in der monistischen SE in Deutschland, 2009, 156 ff.

[59] Zur Anwendbarkeit auf die monistische SE → Art. 52 Rn. 11 ff.

[60] *Boettcher*, Die Kompetenzen von Verwaltungsrat und geschäftsführenden Direktoren in der monistischen SE in Deutschland, 2009, 157; vgl. zur GmbH Baumbach/Hueck/*Zöllner/Noack* GmbHG § 37 Rn. 10; Lutter/Hommelhoff/*Kleindiek* GmbHG § 37 Rn. 11; Roth/Altmeppen/*Altmeppen* GmbHG § 37 Rn. 23.

[61] Vgl. dazu Roth/Altmeppen/*Altmeppen* GmbHG § 37 Rn. 22; Lutter/Hommelhoff/*Kleindiek* GmbHG § 37 Rn. 10; Scholz/*U.H. Schneider/S.H. Schneider* GmbHG § 37 Rn. 15 ff.; zu Recht krit. („kaum praktikable Differenzierung") Baumbach/Hueck/*Zöllner/Noack* GmbHG § 37 Rn. 7.

[62] Abl. *Boettcher*, Die Kompetenzen von Verwaltungsrat und geschäftsführenden Direktoren in der monistischen SE in Deutschland, 2009, 158; Lutter/Hommelhoff/Teichmann/*Teichmann* Anh. Art. 43 (§ 40 SEAG) Rn. 30; für eine Beschränkung auf laufende Geschäfte generell Ihrig ZGR 2008, 809 (828); Kallmeyer ZIP 2003, 1531 (1532); NK-SE/Manz Rn. 140; Schwarz Rn. 39, Anh. Art. 43 Rn. 276.

[63] Ähnlich zur GmbH Baumbach/Hueck/*Zöllner/Noack* GmbHG § 37 Rn. 11: Vorlagepflicht für das Unvorhergesehene und für die Zukunft des Unternehmens nicht Erwartete.

[64] Vgl. zur entsprechenden Organisationsverantwortung Lutter/Hommelhoff/Teichmann/*Teichmann* Anh. Art. 43 (§ 40 SEAG) Rn. 40; *Teichmann* in Lutter/Hommelhoff, Die Europäische Gesellschaft, 2005, 195 (210 f.).

[65] Kallmeyer ZIP 2003, 1531 (1532); *Boettcher*, Die Kompetenzen von Verwaltungsrat und geschäftsführenden Direktoren in der monistischen SE in Deutschland, 2009, 154 f.; anders im GmbH-Recht, vgl. Baumbach/Hueck/*Zöllner/Noack* GmbHG § 37 Rn. 17; Roth/Altmeppen/*Roth* GmbHG § 45 Rn. 10.

[66] Im Gegensatz dazu hat sich der österreichische Gesetzgeber in § 43 Abs. 1 öSEG für eine gemeinsame Vertretung durch Verwaltungsrat und geschäftsführende Direktoren als Regelfall entschieden, vgl. dazu Kalss/

Außenverhältnis unbeschränkbar; Weisungen des Verwaltungsrats nach § 44 Abs. 2 SEAG berühren nur das Innenverhältnis. Diese Trennung von Leitungskompetenz und organschaftlicher Vertretungsmacht ist entgegen zunächst geäußerter Bedenken mit Art. 43 Abs. 1 S. 1 vereinbar, weil die Verordnung die Zuweisung der Vertretung überhaupt nicht regeln will.[67] Die Letztverantwortung des Verwaltungsrats ist über das Weisungsrecht und die Personalkompetenz hinreichend abgesichert. Die Zuweisung der Vertretungsmacht führt dazu, dass die strafrechtliche Verantwortung nach § 14 Abs. 1 Nr. 1 StGB und die Verantwortung für Ordnungswidrigkeiten nach § 9 Abs. 1 Nr. 1 OWiG die geschäftsführenden Direktoren und nicht den Verwaltungsrat trifft.[68] Dies ist angesichts der Letztverantwortung des Verwaltungsrats nicht unbedenklich,[69] aber de lege lata hinzunehmen.

20 Grundsätzlich gilt nach § 41 Abs. 2 SEAG **Gesamtvertretung,** jedoch kann die Satzung gem. Abs. 2 und 3 wie in der AG eine abweichende Regelung treffen. Eine § 78 Abs. 3 S. 2 AktG entsprechende Möglichkeit, den Verwaltungsrat in der Satzung zur Bestimmung der Vertretungsregelung zu ermächtigen, sieht das Gesetz dagegen nicht vor.[70] Im sachlichen Zusammenhang mit der Zuweisung der Vertretungsmacht überträgt § 43 SEAG auch die Regelung zu Angaben in Geschäftsbriefen in § 80 AktG auf die geschäftsführenden Direktoren.

20a Gegenüber den geschäftsführenden Direktoren wird die SE durch den Verwaltungsrat vertreten **(§ 41 Abs. 5 SEAG).** Ist der betroffene geschäftsführende Direktor zugleich Mitglied des Verwaltungsrats, unterliegt er bei der vorangehenden Beschlussfassung analog § 34 BGB einem Stimmverbot und wirkt an der Vertretung durch den Verwaltungsrat nicht mit.[71] Gem. § 35 Abs. 3 SEAG hat der Organvorsitzende in diesem Fall als Ausgleich eine zusätzliche Stimme, um in der mitbestimmten SE die Majorisierung der Anteilseignerseite durch die Arbeitnehmervertreter zu verhindern.[72] Eine **Mehrvertretung** iSd § 181 Alt. 2 BGB setzt grundsätzlich eine Gestattung in der Satzung voraus.[73] Zulässig sollte auch eine Satzungsklausel sein, die den Verwaltungsrat **ermächtigt,** die geschäftsführenden Direktoren vom Verbot der Mehrvertretung zu befreien.[74] Dies entspricht dem allgemeinen Grundsatz, dass das zuständige Bestellorgan jedenfalls bei entsprechender Satzungsermächtigung befugt ist, eine Befreiung von dem Verbot des § 181 Alt. 2 BGB zu erteilen.[75]

20b Für Anmeldungen zum **Handelsregister** sind nach § 40 Abs. 2 S. 4 SEAG grundsätzlich die geschäftsführenden Direktoren als Vertreter der SE zuständig. Abweichend davon ist die **Gründung** der SE nach § 21 Abs. 1 SEAG zusätzlich von sämtlichen Gründern und Mitgliedern des Verwaltungsrats anzumelden. § 21 SEAG gilt dagegen nicht für die Anmeldung der Gründung durch Verschmelzung und Formwechsel (→ Art. 26 Rn. 3, → Art. 37 Rn. 16). Verlangt das AktG ausnahmsweise bei **Kapitalmaßnahmen** (§ 184 Abs. 1 S. 1 AktG, § 188 Abs. 1 AktG, § 207 Abs. 1 S. 1 AktG) die Mitwirkung des Vorsitzenden des Aufsichtsrats, ist die Maßnahme entsprechend dem Grundprinzip des § 22 Abs. 6 SEAG zusätzlich durch den Vorsitzenden des Verwaltungsrats anzumelden.[76]

21 4. **Überwachung.** Nach § 22 Abs. 1 SEAG übt der **Verwaltungsrat** neben der Leitungsfunktion auch die Überwachungsaufgabe aus. Institutionell abgesichert wird diese Aufgabenzuweisung durch § 40 Abs. 1 S. 2 SEAG. Die Vorschrift verlangt eine mehrheitliche Besetzung des Organs mit nicht geschäftsführenden Mitgliedern, deren zentrale Aufgabe die Überwachung der Geschäftsführung ist. Sie sind aufgrund der Verantwortlichkeit des Gesamtorgans in die Überwachungstätigkeit zwingend einzubeziehen.[77] Im Übrigen liegt es im Ermessen des Verwaltungsrats, die Gestaltungsfreiheit des

---

Hügel/*Greda* SEG § 43 Rn. 4, 10 ff.; allgemein zur Vertretungsmacht der Geschäftsleiter *Fleischer* FS U. Huber, 2006, 720 ff.

[67] MüKoAktG/*Reichert/Brandes* Rn. 18; eingehend Lutter/Hommelhoff/Teichmann/*Teichmann* Rn. 17 ff.; Kritik noch bei *Hoffmann-Becking* ZGR 2004, 355 (370 f.).

[68] Habersack/Drinhausen/*Verse* SEAG § 22 Rn. 45.

[69] Vgl. *Ihrig* ZGR 2008, 809 (814 f.).

[70] Lutter/Hommelhoff/Teichmann/*Teichmann* Anh. Art. 43 (§ 41 SEAG) Rn. 11; MüKoAktG/*Reichert/Brandes* Rn. 184; Habersack/Drinhausen/*Verse* SEAG § 41 Rn. 12; für die Zulässigkeit einer entsprechenden Satzungsregelung dagegen *Rockstroh* BB 2012, 1620 (1622 f.) (zurückhaltender dagegen auf S. 1625).

[71] Lutter/Hommelhoff/Teichmann/*Teichmann* Anh. Art. 43 (§ 41 SEAG) Rn. 17; MüKoAktG/*Reichert/Brandes* Rn. 192.

[72] → Art. 50 Rn. 8; Lutter/Hommelhoff/Teichmann/*Teichmann* Anh. Art. 43 (§ 41 SEAG) Rn. 18; MüKoAktG/*Reichert/Brandes* Rn. 193.

[73] Zur AG → AktG § 78 Rn. 12; MüKoAktG/*Spindler* AktG § 78 Rn. 124 f.

[74] Vgl. hierzu *Rockstroh* BB 2012, 1620 (1623 f.).

[75] Vgl. Palandt/*Ellenberger* BGB § 181 Rn. 19; MüKoBGB/*Schubert* BGB § 181 Rn. 76.

[76] Habersack/Drinhausen/*Verse* SEAG § 40 Rn. 38; MüKoAktG/*Reichert/Brandes* Rn. 182; Kölner Komm AktG/*Siems* Anh. Art. 51 SEAG § 40 Rn. 56; Lutter/Hommelhoff/Teichmann/*Teichmann* Anh. Art. 43 (§ 40 SEAG) Rn. 35; *Krafka/Kühn* RegisterR 1764; DNotI-Report 2009, 42 (46).

[77] Dem dienen die speziellen Delegationsverbote in § 34 Abs. 4 S. 2 SEAG und § 40 Abs. 2 S. 3 SEAG; zur Ausschussbesetzung → Art. 44 Rn. 7; zum Zustimmungsvorbehalt → Art. 48 Rn. 1 f., 7.

monistischen Systems zur Einrichtung wirksamer Kontrollmechanismen zu nutzen. Seine Leitungsverantwortung konkretisiert sich hier zu einer Organisationsverantwortung.[78]

Der Verwaltungsrat überwacht die Tätigkeit der geschäftsführenden Direktoren. Zur Wahrnehmung dieser Aufgabe gibt ihm das SEAG die **Überwachungsinstrumente des Aufsichtsrats** an die Hand. Hervorzuheben sind die Personalkompetenz (§ 40 Abs. 1 S. 1 und Abs. 5 SEAG), die Geschäftsordnungskompetenz (§ 40 Abs. 4 S. 1 SEAG), sowie die Informationsrechte (§ 22 Abs. 4 SEAG, § 40 Abs. 3 und 6 SEAG) und die Zustimmungsvorbehalte nach Art. 48. Die Einflussmöglichkeiten des Verwaltungsrats gehen darüber jedoch noch deutlich hinaus.[79] Mit dem **Weisungsrecht** steht ihm ein effektives Instrument zur Verfügung, um aus eigener Initiative in die Geschäftsführung einzugreifen und sich in vollem Umfang gegen die geschäftsführenden Direktoren durchzusetzen. Dies entspricht der umfassenden Letztverantwortung des Verwaltungsrats für die gesamte Geschäftsführung der SE. Deswegen lässt sich die für den Aufsichtsrat vertretene Beschränkung der Überwachungsintensität aufgrund der exklusiven Zuweisung der Geschäftsführung an den Vorstand[80] auf das monistische System nicht übertragen. Eine sachgerechte Eingrenzung muss das Pflichtenprogramm dagegen wie beim Aufsichtsrat aus dem Umstand erfahren, dass der Verwaltungsrat aufgrund seiner Ferne zum Tagesgeschäft und der Vielzahl der Einzelentscheidungen unmöglich eine Detailkontrolle jeder Geschäftsführungsmaßnahme vornehmen kann.[81] Inhaltlich umfasst die Überwachung durch den Verwaltungsrat sowohl die Rechtmäßigkeit als auch die Zweckmäßigkeit des Handelns der geschäftsführenden Direktoren.[82]

Nimmt der **Verwaltungsrat** selbst eine Zuständigkeit im Bereich von Leitung und Geschäftsführung wahr, trägt er zugleich die Überwachungsverantwortung. Soweit eine Ressortverteilung innerhalb des Organs besteht (zur Ausschussbildung → Art. 44 Rn. 5 ff.), führt die Gesamtverantwortung zu einer **Pflicht zur gegenseitigen Überwachung** der einzelnen Verwaltungsratsmitglieder (→ Art. 51 Rn. 7; zum Vorstand ausführlich → AktG § 77 Rn. 49 ff.).

Trotz der primären Zuweisung der Überwachungsaufgabe an den Verwaltungsrat treffen auch die **geschäftsführenden Direktoren** Kontrollpflichten. In einer mehrköpfigen Geschäftsführung folgt aus ihrer Gesamtverantwortung (→ Rn. 41, → Art. 51 Rn. 14) eine Pflicht zur gegenseitigen Überwachung im Kollegium. Dies wird insbesondere dann bedeutsam, wenn die geschäftsführenden Direktoren nicht zugleich Mitglieder des Verwaltungsrats sind. Aufsichtspflichten bestehen ferner, wenn einzelne Aufgaben an nachgeordnete Unternehmensebenen delegiert werden (→ AktG § 76 Rn. 65).

V. Größe und Zusammensetzung des Verwaltungsrats (Abs. 2)

1. Mitgliederzahl. Nach **Abs. 2. S. 1** legt die Satzung die Anzahl der Verwaltungsratsmitglieder fest. Die Verordnung überlässt damit die Organgröße als wichtige Stellschraube für die effiziente Ausgestaltung der Spitzenorganisation der Entscheidung des Satzungsgebers. Das deutsche Ausführungsgesetz sieht in § 23 Abs. 1 S. 1 SEAG dennoch eine **regelmäßige Organgröße von drei Mitgliedern** vor. Mit dieser dispositiven Vorgabe will der Gesetzgeber den Regelungsaufwand für die Satzung reduzieren und bringt zugleich zum Ausdruck, dass er typischerweise von der Notwendigkeit eines mehrköpfigen Verwaltungsrats ausgeht.[83] Abs. 2 S. 2 ermächtigt die Mitgliedstaaten, Mindest- und Höchstzahlen festzusetzen. Nach § 23 Abs. 1 S. 2 SEAG besteht der Verwaltungsrat in Gesellschaften mit einem Grundkapital von mehr als 3 Millionen Euro **zwingend aus drei Mitgliedern.** Kleine, mitbestimmungsfreie SE können also bei entsprechender Satzungsgestaltung einen Einpersonen-Verwaltungsrat bilden, dem jedoch dann ein externer geschäftsführender Direktor zu Seite stehen muss.[84] Die Höchstzahlen in § 23 Abs. 1 S. 3 SEAG entsprechen den Werten in § 95 S. 4 AktG und sollen im Sinne einer effizienten Überwachung übergroße Organe verhindern.[85] Die

---

[78] Vgl. Lutter/Hommelhoff/Teichmann/*Teichmann* Anh. Art. 43 (§ 22 SEAG) Rn. 7 f. und (§ 40 SEAG) Rn. 21 f.
[79] → Art. 38 Rn. 21; *Leyens* RabelsZ 67 (2003), 57 (93).
[80] Etwa Großkomm AktG/*Hopt/Roth* § 111 Rn. 365.
[81] MüKoAktG/*Reichert/Brandes* Rn. 84; Lutter/Hommelhoff/Teichmann/*Teichmann* Anh. Art. 43 (§ 22 SEAG) Rn. 16. Vgl. für den Aufsichtsrat Großkomm AktG/*Hopt/Roth* § 111 Rn. 262 f.; ähnlich zum US-amerikanischen board *Windbichler* ZGR 1985, 50 (64, 71); allg. *Bertschinger*, Arbeitsteilung und aktienrechtliche Verantwortlichkeit, 1999, Rn. 31.
[82] Habersack/Drinhausen/*Verse* SEAG § 22 Rn. 17; MüKoAktG/*Reichert/Brandes* Rn. 87.
[83] Vgl. Begr RegE BT-Drs. 15/3405, 37; Lutter/Hommelhoff/Teichmann/*Teichmann* Anh. Art. 43 (§ 23 SEAG) Rn. 5.
[84] → Rn. 36 sowie *Bachmann* ZGR 2008, 779 (787).
[85] Vgl. *Teichmann* BB 2004, 53, → AktG § 95 Rn. 2, 26; Großkomm AktG/*Hopt/Roth* AktG § 95 Rn. 32; allg. *Hansmann/Kraakman* in Kraakman et al., The Anatomy of Corporate Law, 2004, 38 ff.

Mitgliederzahl des Verwaltungsrats muss nicht durch drei teilbar sein; § 95 S. 3 AktG ist – auch nach der Aktienrechtsnovelle 2016 – nicht auf den Verwaltungsrat der monistischen SE anwendbar.[86]

26 Für die **mitbestimmte SE** schreibt bereits die Verordnung eine Mindestzahl von drei Mitgliedern vor (Abs. 2 S. 3). Weitere Regelungen der Gesamtgröße enthält das deutsche Recht nicht; insbesondere enthält das SEBG keine **§ 7 MitbestG** entsprechende Regelung.[87] Mit anderen Worten liegt die Organgröße auch in der mitbestimmten SE in der Satzungsautonomie. Die Gesamtzahl der Mitglieder und damit die absolute Zahl der Arbeitnehmervertreter kann sich durch die SE-Gründung also verändern. In einer **Mitbestimmungsvereinbarung** nach § 21 SEBG kann die Gesamtmitgliederzahl des Verwaltungsrats dagegen nicht geregelt werden (str.).[88] Überzeugend ist nicht nur, dass die gesetzlichen Vorgaben in Abs. 2 S. 3 und § 23 Abs. 1 SEAG nicht zur Disposition der Verhandlungspartner stehen; hier zieht das zwingende Recht eine unüberwindbare Grenze.[89] Richtigerweise ist auch innerhalb dieses zwingenden Rahmens die Wahl der Gesamtmitgliederzahl allein Sache des Satzungsgebers.[90] Eine zusätzliche Einschränkung der Satzungsfreiheit ergibt sich in der mitbestimmten SE nur, wenn die Auffangregelung eine paritätische Besetzung des Verwaltungsrats verlangt: Diese Vorgabe kann nur durch die Festsetzung einer **geraden Anzahl von Mitgliedern** erfüllt werden.[91]

27 **2. Umfang der Mitbestimmung.** Von der Gesamtgröße des Verwaltungsrats ist die Frage nach dem **Anteil der Arbeitnehmervertreter** zu trennen. Kommt es in diesem Punkt nicht zu einer Regelung in der Mitbestimmungsvereinbarung (§ 21 Abs. 3 Nr. 1 SEBG),[92] entscheidet sich zunächst nach § 34 SEBG, ob das Organ neben Anteilseignervertretern auch mit Vertretern der Arbeitnehmer zu besetzen ist.[93] Den Umfang der Mitbestimmung regelt sodann **§ 35 SEBG**. Grundgedanke der gesetzlichen Auffangregelung, die auf die Kompromisslösung der Richtlinie 2001/86/EG zurückgeht,[94] ist das sog. **„Vorher-Nachher-Prinzip"**: Auf eine neu gegründete SE findet der höchste Mitbestimmungsstandard Anwendung, der in einer der Gründungsgesellschaften galt.[95] Diese Regelung soll die erworbenen Rechte der Arbeitnehmer schützen und eine Flucht aus der Mitbestimmung verhindern, wird aber in der Literatur stark kritisiert, weil sie der Arbeitnehmerseite keinen Anreiz gebe, eine abweichende Verhandlungslösung zu suchen.[96]

28 § 35 SEBG differenziert nach der Art der SE-Gründung. Im Fall einer **Umwandlung** nach Art. 2 Abs. 4 der Verordnung gilt gem. § 35 Abs. 1 SEBG die bisherige Mitbestimmungsregelung der formwechselnden Gesellschaft fort.[97] Übernommen wird jedoch nicht die absolute Zahl der Arbeit-

---

[86] Vgl. Habersack/Drinhausen/*Verse* SEAG § 23 Rn. 3.
[87] Habersack/Drinhausen/*Verse* SEAG § 23 Rn. 6; *Habersack* Der Konzern 2006, 105 (107).
[88] Abw. LG Nürnberg-Fürth NZG 2010, 547; Lutter/Hommelhoff/Teichmann/*Teichmann* Rn. 38 ff.; NK-SE/*Evers/Hartmann* § 21 SEBG Rn. 38.
[89] Vgl. *Habersack* AG 2006, 345 (348); *Seibt* AG 2005, 413 (422 f.); Habersack/Drinhausen/*Verse* Rn. 23, SEAG § 23 Rn. 10; soweit auch noch NK-SE/*Evers/Hartmann* SEBG § 21 Rn. 40; ähnliche Tendenz bei *Thüsing* ZIP 2006, 1469 (1472); anders Lutter/Hommelhoff/Teichmann/*Teichmann* Rn. 39 f.; *Neye/Teichmann* AG 2003, 169 (176); *Schwarz* Einl. Rn. 288; zweifelnd auch *Krause* BB 2005, 1221 (1226); differenzierend, aber im Grundsatz für einen Vorrang des zwingenden Rechts, *Oetker* ZIP 2006, 1113 (1120); *Oetker* FS Konzen, 2006, 635 (649 ff.).
[90] Ebenso MüKoAktG/*Reichert/Brandes* Rn. 61 iVm Art. 40 Rn. 68; Habersack/Drinhausen/*Verse* SEAG § 23 Rn. 10; MüKoAktG/*Jacobs* SEBG § 21 Rn. 35 f.; *Kallmeyer* AG 2003, 197 (199); *Müller-Bonanni/Melot de Beauregard* GmbHR 2005, 195 (197); eingehend zur Parallelfrage der Aufsichtsratsgröße *Habersack* AG 2006, 345 (347 ff.); abw. jedoch *Oetker* ZIP 2006, 1113 (1117 ff.); Lutter/Hommelhoff/Teichmann/*Teichmann* Rn. 38 ff.; *Teichmann* Der Konzern 2007, 89 (94 f.).
[91] UHH/*Habersack* SEBG § 35 Rn. 6, 11; Lutter/Hommelhoff/*Oetker* SEBG § 35 Rn. 18; *Habersack* AG 2006, 345 (347); MüKoAktG/*Reichert/Brandes* Rn. 61 iVm Art. 40 Rn. 68; *Bachmann* ZGR 2008, 779 (804); Kölner Komm AktG/*Siems* Anh. Art. 51 SEAG § 23 Rn. 7; nicht überzeugend *Teichmann* in Lutter/Hommelhoff, Die Europäische Gesellschaft, 2005, 195 (202 f.), wonach eine ungerade Mitgliederzahl zulässig sei mit der Folge, dass der Arbeitnehmeranteil unterhalb der Parität liege.
[92] Zu Gestaltungsmöglichkeiten Habersack/Drinhausen/Hohenstatt/*Müller-Bonanni* SEBG § 21 Rn. 8 ff.; UHH/*Henssler* SEBG § 21 Rn. 29 ff.; *Seibt* AG 2005, 413 (422 ff.).
[93] Eingehend zu dieser Vorschrift MüKoAktG/*Jacobs* SEBG § 34; UHH/*Habersack* SEBG § 34.
[94] Zum Streit um die SE-Mitbestimmung → Vor Art. 1 Rn. 10 ff.; UHH/*Henssler* SEBG Einl. Rn. 13 ff.; MüKoAktG/*Jacobs* SEBG Vor § 1 Rn. 2 ff.; *Grundmann* EuropGesR Rn. 1081 ff.; *Schwarz* EuropGesR Rn. 1209 ff.; *Calle Lambach*, Die Beteiligung der Arbeitnehmer in der Europäischen Gesellschaft (SE), 2004, 19 ff.; *Steinberg*, Mitbestimmung in der Europäischen Aktiengesellschaft, 2006, 42 ff.
[95] Vgl. Teil 3 des Anhangs zur SE-RL; BegrRegE BT-Drs. 15/3405, 41; dazu UHH/*Henssler* SEBG Einl. Rn. 12; UHH/*Habersack* SEBG § 35 Rn. 1 f.; MüKoAktG/*Jacobs* SEBG Vor § 1 Rn. 13.
[96] Vgl. grundlegend insbes. *Fleischer* AcP 204 (2004), 502 (534 ff.); *Reichert/Brandes* ZGR 2003, 767 (780 ff.).
[97] Näher dazu UHH/*Habersack* SEBG § 35 Rn. 5 f.; MüKoAktG/*Jacobs* SEBG § 35 Rn. 8 f.; Habersack/Drinhausen/Hohenstatt/*Müller-Bonanni* SEBG § 35 Rn. 2 ff.

nehmersitze, sondern nur der Anteil am Gesamtorgan.[98] Bei den übrigen Gründungsarten (**Verschmelzungs-, Holding- und Tochter-SE**) richtet sich die Zahl der Arbeitnehmervertreter gem. § 35 Abs. 2 SEBG nach dem **höchsten Anteil** an Arbeitnehmervertretern, der **in den beteiligten Gesellschaften** bislang bestand.[99] Anders als im deutschen Mitbestimmungsrecht ist die Arbeitnehmerbeteiligung also nicht an bestimmte Schwellenwerte gebunden. Soweit nicht strukturelle Änderungen der SE zu einer Neuaufnahme der Verhandlungen zwingen (§ 18 Abs. 3 SEBG),[100] hat eine Erhöhung oder Verringerung der Arbeitnehmerzahl auf die Mitbestimmung keine Auswirkungen; deswegen wurde von einer „**Zementierung**" oder „Perpetuierung" **der Mitbestimmung** in der SE gesprochen.[101]

Weder die SE-RL noch das deutsche SEBG differenzieren bei der Übernahme des Mitbestimmungsregimes danach, ob die betreffende SE dualistisch oder monistisch verfasst ist. Das ist erstaunlich, weil die **Arbeitnehmerbeteiligung im Verwaltungsrat** angesichts dessen umfassender Leitungsverantwortung eine andere Qualität hat als die Mitwirkung im überwachenden Aufsichtsrat.[102] Die unveränderte Übertragung auf das monistische System hat bedenkliche Folgen. Aus Sicht der Arbeitnehmervertreter erscheint zwar der größere Einfluss auf die Unternehmensführung erstrebenswert; dem steht jedoch ein deutlich gestiegenes **Haftungsrisiko** gegenüber, das abschreckend wirken dürfte.[103] Mit Blick auf die Eigentumsrechte der Anteilseigner ruft eine paritätische Besetzung des Verwaltungsrats zudem erhebliche **verfassungsrechtliche Bedenken** hervor.[104] Zwar sehen Art. 50 Abs. 2 und § 35 Abs. 3 SEAG besondere Stimmrechte vor, die der Aktionärsseite bei der Beschlussfassung ein Übergewicht verschaffen (→ Art. 45 Rn. 5, → Art. 50 Rn. 7 f.); auch mit Hilfe dieser Regelungen können sich die Anteilseignervertreter jedoch nur dann durchsetzen, wenn sie geschlossen abstimmen. Dieser „Zwang zur Einigkeit" geht angesichts der Vielzahl von Einzelentscheidungen, für die der Verwaltungsrat als Leitungsorgan verantwortlich ist, über die vom Bundesverfassungsgericht tolerierte Mitbestimmung im Aufsichtsrat weit hinaus.[105] Dem Vorschlag einer verfassungskonformen Auslegung der Vorschrift mit dem Ergebnis, dass maßgebliche **Bezugsgröße für die Berechnung des Arbeitnehmeranteils** in der monistischen SE nicht der Gesamtverwaltungsrat, sondern nur die Zahl der nicht geschäftsführenden Direktoren ist („dynamische" oder „modifizierte" Parität),[106] steht der historische Wille des deutschen Gesetzgebers entgegen.[107] Ein entsprechender Vorschlag ließ sich im Gesetzgebungsverfahren nicht durchsetzen.[108] De lege ferenda ist dieser Weg jedoch zu bevorzugen; dabei lässt sich an ähnliche Überlegungen des europäischen

---

[98] UHH/*Habersack* SEBG § 35 Rn. 6; MüKoAktG/*Jacobs* SEBG § 35 Rn. 9; Habersack/Drinhausen/Hohenstatt/*Müller-Bonanni* SEBG § 35 Rn. 3; die absolute Zahl hängt von der Gesamtgröße ab, für die Satzungsautonomie besteht (→ Rn. 26).

[99] Einzelheiten bei UHH/*Habersack* SEBG § 35 Rn. 7 ff.; MüKoAktG/*Jacobs* SEBG § 35 Rn. 10 ff.; Habersack/Drinhausen/Hohenstatt/*Müller-Bonanni* SEBG § 35 Rn. 6 ff.

[100] Ausf. dazu UHH/*Henssler* SEBG § 18 Rn. 7 ff.; MüKoAktG/*Jacobs* SEBG § 18 Rn. 6 ff.; Habersack/Drinhausen/Hohenstatt/*Müller-Bonanni* SEBG § 18 Rn. 4 ff.; *Nagel* ZIP 2011, 2047 ff.; *Teichmann* FS Hellwig, 2010, 347 ff.

[101] UHH/*Habersack* SEBG § 35 Rn. 14; *Rieble* BB 2006, 2018 (2021); *Krause* BB 2005, 1221 (1227); vgl. aber Lutter/Hommelhoff/*Oetker*, Die Europäische Gesellschaft, 2005, 277 (308) mit dem Vorschlag einer teleologischen Reduktion von § 35 SEBG.

[102] Prägnant UHH/*Henssler*, 2. Aufl. 2006, SEBG Einl. Rn. 201: Statt „Parität in der Kontrolle" nun „Parität in der Geschäftsführung"; ähnlich MüKoAktG/*Jacobs* SEBG § 35 Rn. 20; *Kallmeyer* ZIP 2003, 1531 (1534); *Müller-Bonanni/Melot de Beauregard* GmbHR 2005, 195 (199); *Reichert/Brandes* ZGR 2003, 767 (788 ff.); *Schwarz* Rn. 81.

[103] → Art. 51 Rn. 5; *Gruber/Weller* NZG 2003, 297 (299 f.); *Kallmeyer* ZIP 2003, 1531 (1534).

[104] Zur verfassungsrechtlichen Zulässigkeit der unternehmerischen Mitbestimmung Großkomm AktG/*Oetker* MitbestG Einl. Rn. 3 ff.; UHH/*Ulmer/Habersack* MitbestG Einl. Rn. 26 ff., jeweils mwN zur Diskussion um das MitbestG 1976.

[105] Überzeugend *Kämmerer/Veil* ZIP 2005, 369 (372 f.) mit dem Ergebnis einer Verfassungswidrigkeit von § 35 SEBG; iE ebenso MüKoAktG/*Jacobs* SEBG § 35 Rn. 17 ff.; *Roth* ZfA 2004, 431 (445, 452 ff.); dagegen *Köstler* ZGR 2003, 800 (804 f.); *Niklas* NZA 2004, 1200 (1204); *Bachmann* ZGR 2008, 779 (801 f.).

[106] So *Teichmann* BB 2004, 53 (56 f.); *Teichmann* in Lutter/Hommelhoff Die Europäische Gesellschaft, 2005, 195 (215 f.); dem folgend MüKoAktG/*Jacobs* SEBG § 35 Rn. 23; NK-SE/*Manz* Rn. 133; offen *Horn* DB 2006, 147 (152); im Vorfeld des SEBG auch *Henssler* FS Ulmer, 2003, 193 (208 ff.); *Reichert/Brandes* ZGR 2003, 767 (792).

[107] Abl. auch *Kallmeyer* ZIP 2004, 1442 (1445); *Kämmerer/Veil* ZIP 2005, 369 (375 f.); *Köklü*, Die Beteiligung der Arbeitnehmer und die Corporate Governance in der Europäischen Aktiengesellschaft („Societas Europaea") mit Sitz in Deutschland, 2006, 209; *Weiss/Wöhlert* NZG 2006, 121 (126); aus europarechtlichen Gründen *Schwarz* Rn. 82 ff.

[108] Vgl. den abgelehnten Änderungsantrag von CDU/CSU, Bericht des Rechtsausschusses, BT-Drs. 15/4053, 57 f. sowie die Gegenäußerung der Bundesregierung zur Stellungnahme des Bundesrates, BT-Drs. 15/3656, 8; zur Diskussion im Gesetzgebungsverfahren *DAV-Handelsrechtsausschuss* NZG 2004, 957 (960); zum historischen Willen des Gesetzgebers als Grenze der verfassungskonformen Auslegung BVerfGE 99, 341 (358); *Bork*, Allgemeiner Teil des Bürgerlichen Gesetzbuchs, 4. Aufl. 2016, Rn. 137 f.

Gesetzgebers anknüpfen.[109] Ein anderer, rechtspolitisch gangbarer Weg wäre die Einführung einer Drittelbeteiligung im Verwaltungsrat, auch wenn im vergleichbaren dualistischen System Parität eingreifen würde; dies entspricht dem Lösungsweg des Richtliniengebers bei der grenzüberschreitenden Verschmelzung.[110]

30 Ein Streit über die korrekte Zusammensetzung des Verwaltungsrats ist in einem **Statusverfahren** gem. §§ 25 f. SEAG zu klären, das dem aktienrechtlichen Regime der §§ 97 ff. AktG entspricht. Nach § 25 Abs. 1 SEAG kann auch die Übereinstimmung mit den „maßgeblichen vertraglichen" Vorschriften überprüft werden; gemeint ist die Mitbestimmungsvereinbarung iSd § 21 SEBG.

VI. Rechtsstellung der Verwaltungsratsmitglieder

31 **1. Bestellung und Abberufung.** Nach Abs. 3 S. 1 werden die Mitglieder des Verwaltungsrats **von der Hauptversammlung bestellt.**[111] Das Prozedere der Wahl richtet sich mangels Verordnungsvorgaben nach den aktienrechtlichen Regeln für die Aufsichtsratswahl;[112] das gilt auch für die Annahme durch den Gewählten.[113] Anders als im dualistischen System haben die Aktionäre also einen unmittelbaren Einfluss auf die personelle Zusammensetzung des für die Leitung verantwortlichen Organs. Durch einen Verweis auf § 101 Abs. 2 AktG ermöglicht § 28 Abs. 2 SEAG, in der Satzung **Entsendungsrechte** einzuräumen (→ Art. 47 Rn. 9). Die Regelung über die **gerichtliche Ergänzung** des Verwaltungsrats in § 30 SEAG entspricht inhaltlich § 104 AktG. Wie § 101 Abs. 3 AktG für den Aufsichtsrat schließt § 28 Abs. 3 SEAG die Bestellung von stellvertretenden Verwaltungsratsmitgliedern aus, ermöglicht jedoch die Benennung von Ersatzmitgliedern, die nachrücken, wenn ein Mitglied wegfällt.

32 Auch die **Arbeitnehmervertreter** werden von der Hauptversammlung gewählt. Nach **§ 36 Abs. 1 SEBG** verteilt der SE-Betriebsrat die Arbeitnehmersitze auf die einzelnen Mitgliedstaaten entsprechend der Zahl der dort beschäftigten Arbeitnehmer. Welche konkreten Personen die Arbeitnehmer vertreten sollen, regeln die Mitgliedstaaten selbst; ersatzweise bestimmt der SE-Betriebsrat, wer die Sitze im Verwaltungsrat einnimmt (§ 36 Abs. 2 SEBG).[114] Die Vertreter der deutschen Arbeitnehmer werden von einem nach § 36 Abs. 3 SEBG zusammengesetzten Wahlgremium ermittelt.[115] Aus diesem Verfahren ergibt sich ein Wahlvorschlag, an den die Hauptversammlung gebunden ist (§ 36 Abs. 4 S. 2 SEBG). **Konstitutive Wirkung** für die Bestellung hat jedoch erst der **Wahlbeschluss der Hauptversammlung** gem. Art. 43 Abs. 3 S. 1.[116] Wählen die Aktionäre gegen § 36 Abs. 4 SEBG eine nicht vorgeschlagene Person, ist der Beschluss nach § 250 Abs. 1 Nr. 2 AktG analog nichtig.[117] Den Parteien steht es frei, von der skizzierten Auffangregelung des SEBG abzuweichen und in der **Mitbestimmungsvereinbarung** für die Arbeitnehmervertreter ein anderes Bestellungsverfahren zu regeln (§ 21 Abs. 3 Nr. 2 SEBG). Ist die monistische SE börsennotiert oder mitbe-

---

[109] Art. 21d des Vorschlags einer fünften Richtlinie idF von 1991, der die Mitbestimmung ausdrücklich auf die Hälfte der nicht geschäftsführenden Organmitglieder beschränkte, abgedruckt bei *Lutter*, Europäisches Unternehmensrecht, 4. Aufl. 1996, 184; dazu *Henssler* FS Ulmer, 2003, 193 (209); *Teichmann* in Lutter/Hommelhoff, Die Europäische Gesellschaft, 2005, 195 (215); *Windbichler* ZGR 1985, 50 (71).

[110] S. Art. 16 Abs. 4 lit. c der Richtlinie 2005/56/EG des Europäischen Parlaments und des Rates vom 26. Oktober 2005 über die Verschmelzung von Kapitalgesellschaften aus verschiedenen Mitgliedstaaten, ABl. EG 2005 L 310, 1 vom 25.11.2005; aufgehoben und neu eingefügt in Art. 133 Abs. 4 lit. c der Richtlinie 2017/1132/EU des Europäischen Parlaments und des Rates vom 14. Juni 2017 über bestimmte Aspekte des Gesellschaftsrechts, ABl. EU L 169, 46 vom 30. Juni 2017.

[111] Für die Nichtigkeit und Anfechtbarkeit des Wahlbeschlusses bilden die §§ 31, 32, 33 SEAG die aktienrechtliche Regelung in §§ 250 ff. AktG nach, vgl. näher MüKoAktG/*Reichert*/*Brandes* Rn. 32 ff.

[112] → AktG § 101 Rn. 15 ff.; Hüffer/Koch/*Koch* AktG § 101 Rn. 3 ff.; MHdB AG/*Hoffmann-Becking* § 30 Rn. 16 ff.

[113] Lutter/Hommelhoff/Teichmann/*Teichmann* Rn. 44; zum Vorstand und Aufsichtsrat Hüffer/Koch/*Koch* AktG § 84 Rn. 3, AktG § 101 Rn. 8.

[114] Näher UHH/*Henssler* SEBG § 36 Rn. 8 ff.; MüKoAktG/*Jacobs* SEBG § 36 Rn. 2 ff.

[115] Die Zusammensetzung entspricht dem Wahlgremium bei Bildung des besonderen Verhandlungsgremiums (vgl. § 6, 8 ff. SEBG) mit der Maßgabe, dass an die Stelle der beteiligten Gesellschaften, betroffenen Tochtergesellschaften und betroffenen Betriebe die SE mit ihren Tochtergesellschaften und Betrieben tritt.

[116] Ebenso Lutter/Hommelhoff/Teichmann/*Teichmann* Rn. 56; MüKoAktG/*Jacobs* SEBG § 36 Rn. 9; UHH/ *Henssler* SEBG Einl. Rn. 134, SEBG § 36 Rn. 29; Habersack/Drinhausen/*Verse* Rn. 30; nicht überzeugend dagegen *Schwarz* Rn. 108, der in § 36 Abs. 2 und 3 SEBG den maßgeblichen Bestellungsakt sieht und dem Hauptversammlungsbeschluss nur die Wirkung einer deklaratorischen Bestätigung beimessen möchte; die abweichende Konzeption des deutschen Gesetzgebers sei mit der Verordnung nicht vereinbar.

[117] MüKoAktG/*Reichert*/*Brandes* Rn. 32; Lutter/Hommelhoff/Teichmann/*Teichmann* Anh. Art. 43 (§ 31 SEAG) Rn. 6; das Fehlen einer entsprechende Regelung in § 31 Abs. 1 SEAG dürfte auf einem Versehen des Gesetzgebers beruhen.

stimmt, muss der Verwaltungsrat gemäß § 22 Abs. 6 SEAG iVm § 76 Abs. 4 AktG Zielgrößen für den **Frauenanteil** im Verwaltungsrat und in den beiden Führungsebenen unterhalb des Verwaltungsrats festlegen.[118] Besteht der Verwaltungsrat einer börsennotierten monistischen SE aus derselben Zahl von Anteilseigner- und Arbeitnehmervertretern, gilt gem. § 24 Abs. 3 SEAG zudem eine zwingende Geschlechterquote von 30 %.[119]

Abs. 3 S. 2 erlaubt die Bestellung der **Mitglieder des ersten Verwaltungsrats** durch die Satzung; gleichgestellt ist gem. Art. 6 die Gründungsurkunde der SE.[120] Diese Regelung soll – wie § 30 AktG[121] – die Handlungsfähigkeit der SE bereits im Gründungsstadium sicherstellen.[122] Eine Neubestellung des Verwaltungsrats ist bei jeder Gründungsform erforderlich.[123] Der Durchführung eines Statusverfahrens bedarf es jedoch bei dem Formwechsel in eine SE nicht.[124] 33

Nach Art. 46 erfolgt die Wahl in den Verwaltungsrat für einen in der Satzung bestimmten Zeitraum von höchstens 6 Jahren. Die Mitgliedschaft endet vorzeitig durch Amtsniederlegung[125] oder **Abberufung**. Das Recht der Hauptversammlung, die Bestellung eines Mitglieds vor Ablauf der regulären Amtszeit rückgängig zu machen, ist zwar nicht ausdrücklich in der Verordnung verankert, ergibt sich aber aus § 29 Abs. 1 SEAG, der mit der aktienrechtlichen Regelung in § 103 Abs. 1 AktG übereinstimmt.[126] Der Beschluss bedarf vorbehaltlich einer abweichenden Satzungsregelung einer Stimmenmehrheit von drei Vierteln.[127] **Entsandte Mitglieder** werden vom Entsendungsberechtigten abberufen (§ 29 Abs. 2 SEAG). Auf **Arbeitnehmervertreter** ist § 29 Abs. 1 SEAG dagegen nicht anwendbar. Auch über ihre Abberufung entscheidet zwar nach § 37 Abs. 1 SEBG die Hauptversammlung; als weitere Wirksamkeitsvoraussetzung tritt jedoch ein Abberufungsbeschluss des zuständigen Arbeitnehmerwahlgremiums (→ Rn. 32) mit qualifizierter Mehrheit hinzu.[128] Für Vertreter beider Gruppen gilt die aus dem Aufsichtsrat bekannte **gerichtliche Abberufung** aus wichtigem Grund (§ 29 Abs. 3 SEAG). 34

2. Grundsatz gleicher Rechte und Pflichten. Alle Mitglieder des Verwaltungsrats einschließlich der Arbeitnehmervertreter haben als **Ausprägung des Kollegialprinzips** die gleichen Rechte und Pflichten.[129] Der Grundsatz der Gleichberechtigung entspricht der zwingenden Zuweisung der Leitung an das Gesamtorgan, die zur gleichen Verantwortung aller Organmitglieder für die Leitungsaufgabe führt.[130] Auch im Aufsichtsrat ist die individuell gleiche Berechtigung und Verantwortung der einzelnen Mitglieder als prägendes Strukturprinzip anerkannt.[131] Der deutsche Gesetzgeber hat zudem in § 38 Abs. 1 SEBG die Gleichstellung der Arbeitnehmer- und Anteilseignerseite ausdrücklich klargestellt.[132] Das Gleichheitsgebot begrenzt die Zulässigkeit abweichender Satzungsre- 35

---

[118] So Rechtsausschuss BT-Drs. 18/4227, 23; dagegen lehnen *Teichmann/Rüb* BB 2015, 898 (905), die Anwendung des § 76 Abs. 4 AktG auf die monistische SE mit Verweis auf § 20 SEAG ab.
[119] Kritisch zur Anwendung der zwingenden Geschlechterquote auf die monistische SE *Teichmann/Rüb* BB 2015, 259 (265 ff.); *Teichmann/Rüb* BB 2015, 898 (905); vgl. zur Parallelregelung in der deutschen AG → AktG § 96 Rn. 31 ff.
[120] Vgl. Lutter/Hommelhoff/Teichmann/*Seibt* Art. 6 Rn. 5; wohl auch Kölner Komm AktG/*Siems* Rn. 49.
[121] → AktG § 30 Rn. 1; Hüffer/Koch/*Koch* AktG § 30 Rn. 1.
[122] Lutter/Hommelhoff/Teichmann/*Teichmann* Rn. 48.
[123] Unstrittig für die monistische SE; vgl. zur Gründung der dualistischen SE → Art. 40. Rn. 8.
[124] Vgl. zur Diskussion bei der dualistischen SE → Art. 40 Rn. 8 in Fn. 34; eingehend zum ersten Verwaltungsrat bei der Umwandlungsgründung *Habersack* Der Konzern 2008, 67 ff.
[125] MüKoAktG/*Reichert/Brandes* Rn. 53 f.; zum Aufsichtsrat → AktG § 103 Rn. 62 ff.; zum Vorstand → AktG § 84 Rn. 141 ff.
[126] Diese Regelung ist verordnungskonform, MüKoAktG/*Reichert/Brandes* Rn. 47 f.; Lutter/Hommelhoff/Teichmann/*Teichmann* Rn. 49 ff.; Habersack/Drinhausen/*Verse* Rn. 36; *Bauer*, Organstellung und Organvergütung in der monistisch verfassten Europäischen Aktiengesellschaft (SE), 2008, 46 f.; zu den Bedenken der Literatur (etwa *Hommelhoff* AG 2001, 279 (283); *Hirte* NZG 2002, 1 (5)) → Art. 40 Rn. 9.
[127] Eine abweichende Satzungsbestimmung muss grundsätzlich für alle Mitglieder einheitlich festgelegt werden, vgl. Habersack/Drinhausen/*Verse* Rn. 8; für den Aufsichtsrat → AktG § 103 Rn. 12; Großkomm AktG/*Hopt/Roth* AktG § 103 Rn. 25.
[128] Überblick bei UHH/*Henssler* AktG § 37 Rn. 3 ff.; MüKoAktG/*Jacobs* SEBG § 37 Rn. 3 f.
[129] Vgl. MüKoAktG/*Reichert/Brandes* Art. 44 Rn. 36; Kölner Komm AktG/*Siems* Anh. Art. 51 SEAG § 34 Rn. 4; *Thamm*, Die rechtliche Verfassung des Vorstands der AG, 2008, 325.
[130] → Rn. 10; näher für den Vorstand Hüffer/Koch/*Koch* AktG § 77 Rn. 18; *Hoffmann-Becking* ZGR 1998, 497 (514 f.); MüKoAktG/*Spindler* AktG § 76 Rn. 43; ähnlich *Bezzenberger* ZGR 1996, 661 (662 ff.); *Martens* FS Fleck, 1988, 191 (205 ff.); *Schwark* ZHR 142 (1978), 203 (218 f.).
[131] Großkomm AktG/*Hopt/Roth* AktG § 107 Rn. 7 ff., AktG § 116 Rn. 41 ff.; MüKoAktG/*Habersack* Vor § 95 Rn. 14; UHH/*Ulmer/Habersack* MitbestG § 25 Rn. 7, 11.
[132] UHH/*Habersack* SEBG § 38 Rn. 1; Grundlage ist Teil 3 lit. b des Anhangs zur SE-RL: „Alle von dem Vertretungsorgan oder gegebenenfalls den Arbeitnehmern gewählten, bestellten oder empfohlenen Mitglieder des Verwaltungsorgans oder gegebenenfalls des Aufsichtsorgans der SE sind vollberechtigte Mitglieder des jeweiligen Organs mit denselben Rechten (einschließlich des Stimmrechts) und denselben Pflichten wie die Mitglieder, die die Anteilseigner vertreten."

gelungen über die Beschlussfassung (→ Art. 50 Rn. 9 ff.), beeinflusst die interne Geschäftsverteilung und die Ausschussbesetzung (→ Art. 44 Rn. 8) sowie den Informationsfluss innerhalb des Organs (→ Art. 44 Rn. 4) und bestimmt schließlich das Pflichtenprogramm der einzelnen Mitglieder (→ Art. 51 Rn. 5 ff.). Soweit nicht der Gesetzgeber – wie in Art. 45, 50 Abs. 2 – Ausnahmen vom Gleichheitsgrundsatz vorgesehen hat, sind personenbezogene Differenzierungen nur zulässig, wenn sie auf einem sachlichen Grund beruhen.[133] Ausnahmen folgen aus der in § 40 Abs. 1 S. 2 SEAG vorgesehenen Möglichkeit, **einzelne Verwaltungsratsmitglieder zu geschäftsführenden Direktoren** zu erheben. Der Gleichbehandlungsgrundsatz beschränkt nicht nur den Satzungsgeber, sondern auch die Regelungsautonomie in der **Mitbestimmungsvereinbarung** gem. § 21 SEBG;[134] allerdings sind auch hier Differenzierungen denkbar, wenn sie einem sachlichen Grund dienen.[135]

VII. Rechtsstellung der geschäftsführenden Direktoren

36 **1. Bestellung und Abberufung.** Die **Bestellung** der geschäftsführenden Direktoren erfolgt nach § 40 Abs. 1 S. 1 SEAG durch den Verwaltungsrat, der darüber im Plenum mit einfacher Mehrheit zu entscheiden hat (§ 34 Abs. 4 S. 2 SEAG, → Art. 44 Rn. 7); die Bestellung bedarf der Annahme.[136] Es können nicht nur Dritte, sondern auch Verwaltungsratsmitglieder bestellt werden.[137] Eine § 105 Abs. 1 AktG entsprechende Inkompatibilität von Geschäftsführerstellung und Verwaltungsratsmitgliedschaft gibt es im monistischen System nicht. Nach der Zugehörigkeit zum Verwaltungsrat lässt sich demnach zwischen internen und externen geschäftsführenden Direktoren unterscheiden.[138] Für die Bestellung Organfremder verweist § 40 Abs. 1 S. 4 SEAG auf die Voraussetzungen in § 76 Abs. 3 AktG.[139] Der Bestellung interner geschäftsführender Direktoren zieht § 40 Abs. 1 S. 2 SEAG eine zwingende Grenze: Der Verwaltungsrat muss **mehrheitlich aus nicht geschäftsführenden Direktoren** bestehen (→ Rn. 4). Deswegen ist der Einpersonenverwaltungsrat stets durch einen externen geschäftsführenden Direktor zu ergänzen.[140] Nach dem Wortlaut des Gesetzes ist es nicht ausgeschlossen, Arbeitnehmervertreter zu geschäftsführenden Direktoren zu erheben; eine derartige Einbeziehung der Arbeitnehmerseite in das operative Geschäft würde jedoch die Aufgabenteilung, die der paritätischen Mitbestimmung zu Grunde liegt, endgültig sprengen.[141]

37 In jeder SE muss **mindestens ein geschäftsführender Direktor** bestellt werden. Die mitbestimmte SE muss nach der Auffangregelung zudem über einen Arbeitsdirektor verfügen (§ 38 Abs. 2 SEBG), so dass das geschäftsführende Direktorium hier zwingend aus mindestens zwei Personen besteht.[142] Im Übrigen können Einzelfragen der Geschäftsführerbestellung nach § 40 Abs. 1 S. 5 SEAG in der **Satzung** geregelt werden. Die Satzungsbestimmung darf allerdings nicht zu einer Beseitigung der Personalkompetenz des Verwaltungsrats (§ 40 Abs. 1 S. 1 SEAG) führen, dem deswegen eine freie Auswahl verbleiben muss.[143] So kann der Satzungsgeber etwa die Zahl der Geschäfts-

---

[133] Zur Ausschussbesetzung → Art. 44 Rn. 8, zur Differenzierung bei der Vergütung → AktG § 113 Rn. 27 ff., 34; Großkomm AktG/*Hopt/Roth* AktG § 113 Rn. 67 ff.

[134] Str., wie hier *Habersack* ZHR 171 (2007), 613 (635); Lutter/Hommelhoff/Teichmann/*Oetker* SEBG § 21 Rn. 79; aA *Bachmann* ZGR 2008, 779 (806); *Hoops*, Die Mitbestimmungsvereinbarung in der Europäischen Aktiengesellschaft (SE), 2009, 119 f.

[135] Ebenso Lutter/Hommelhoff/Teichmann/*Oetker* SEBG § 21 Rn. 79 (zur Ausschussbesetzung).

[136] Lutter/Hommelhoff/*Teichmann* Anh. Art. 43 (§ 40 SEAG) Rn. 14.

[137] Verwaltungsratsmitglieder unterliegen bei ihrer eigenen Bestellung zum geschäftsführenden Direktor keinem Stimmverbot, so Lutter/Hommelhoff/*Teichmann*/ Art. 43 Anh. (§ 40 SEAG) Rn. 27 mit überzeugender Parallele zur Wahl des Aufsichtsratsvorsitzenden, → AktG § 107 Rn. 18.

[138] Zu Vor- und Nachteilen dieser beiden Modelle *Kallmeyer* ZIP 2003, 1531 (1533 f.); Lutter/Hommelhoff/Teichmann/*Teichmann* Anh. Art. 43 (§ 40 SEAG) Rn. 22 f.; *Bachmann* ZGR 2008, 779 (788); *Ihrig* ZGR 2008, 809 (811 ff.).

[139] Auf Verwaltungsratsmitglieder findet § 76 Abs. 3 AktG über Art. 47 Abs. 2 Anwendung, → Art. 47 Rn. 6.

[140] *Bachmann* ZGR 2008, 779 (787); *Merkt* ZGR 2003, 650 (677); *Schwarz* Anh. Art. 43 Rn. 275; *Teichmann* in Lutter/Hommelhoff, Die Europäische Gesellschaft, 2005, 195 (209); *Drinhausen* in Van Hulle/Maul/Drinhausen SE-HdB 5. Abschn. § 3 Rn. 31.

[141] Abl. auch UHH/*Habersack* SEBG § 35 Rn. 9; *Schwarz* Anh. Art. 43 Rn. 269; von Unzulässigkeit sprechen *Kallmeyer* ZIP 2003, 1531 (1534); NK-SE/*Manz* Rn. 131.

[142] *Schwarz* Anh. Art. 43 Rn. 272; MüKoAktG/*Reichert/Brandes* Rn. 118; Lutter/Hommelhoff/Teichmann/ *Teichmann* Anh. Art. 43 (§ 40 SEAG) Rn. 15; näher UHH/*Habersack* AktG § 38 Rn. 42 f.; MüKoAktG/*Jacobs* SEBG § 38 Rn. 3 f.; an der Europarechtskonformität dieser Regelung zweifelt *Grobys* NZA 2004, 779 (780); *ders.* NZA 2005, 84 (90); zust. UHH/*Henssler*, 2. Aufl. 2006, SEBG Einl. Rn. 200.

[143] MüKoAktG/*Reichert/Brandes* Rn. 110; Lutter/Hommelhoff/*Teichmann* Art. 47 Rn. 22; ähnlich zu Satzungsvorgaben für die Vorstandsbestellung → AktG § 76 Rn. 126; Hüffer/Koch/*Koch* AktG § 76 Rn. 60; MüKoAktG/*Spindler* AktG § 84 Rn. 27 ff.

führer festlegen oder vorgeben, ob interne oder externe Geschäftsführer zu bestellen sind.[144] Räumt die Satzung dagegen einem Dritten oder dem Verwaltungsratsvorsitzenden ein Vorschlagsrecht ein, ist das Plenum daran nicht gebunden.[145] Unterlässt der Verwaltungsrat die Bestellung der geschäftsführenden Direktoren in der von Gesetz bzw. Satzung vorgegebenen Zahl, kommt eine **gerichtliche Ersatzbestellung** nach § 45 SEAG iVm § 85 AktG in Betracht, um die Handlungs- und Prozessfähigkeit der Gesellschaft sicherzustellen.[146] Neben dem durch § 40 Abs. 1 S. 1 SEAG begründeten korporationsrechtlichen Verhältnis besteht zwischen Geschäftsführer und SE ein **Anstellungsvertrag**, bei dessen Abschluss die Gesellschaft nach § 41 Abs. 5 SEAG durch den Verwaltungsrat vertreten wird.[147] Nach § 40 Abs. 7 SEAG finden zudem die §§ 87–89 AktG entsprechende Anwendung mit der Maßgabe, dass anstelle des Aufsichtsrats gem. § 22 Abs. 6 SEAG der Verwaltungsrat zuständig ist.[148] Werden für das geschäftsführende Direktorium **Stellvertreter** bestellt, stehen diese nach § 40 Abs. 9 SEAG jedenfalls im Außenverhältnis den echten Geschäftsführern gleich; die Norm entspricht § 94 AktG und § 44 GmbHG.[149] Externe geschäftsführende Direktoren sind aufgrund ihrer Weisungsabhängigkeit (→ Rn. 15) sozialversicherungspflichtig. Dagegen fallen Mitglieder des Verwaltungsrats auch dann nicht unter die Sozialversicherungspflicht, wenn sie zugleich interne geschäftsführende Direktoren sind.[150]

Die geschäftsführenden Direktoren können grundsätzlich **jederzeit abberufen** werden;[151] zuständig **38** ist der Gesamtverwaltungsrat. In § 34 Abs. 4 S. 2 SEAG ist zwar nur die Bestellung ausdrücklich dem Plenum vorbehalten, angesichts des funktionalen Zusammenhangs ist dieses Delegationsverbot jedoch auch auf die Abberufung zu erstrecken.[152] Diese der GmbH-Geschäftsführung nachgebildete starke personelle Abhängigkeit unterscheidet die Geschäftsführer vom Vorstand/Leitungsorgan (vgl. § 84 Abs. 3 AktG) und gilt auch in der mitbestimmten SE. Ein geschäftsführender Direktor, der zugleich Mitglied des Verwaltungsrats ist, unterliegt bei der Abstimmung über seine eigene Abberufung grundsätzlich keinem Stimmverbot. Ein Stimmrechtsausschluss besteht einzig bei einer Abberufung aus wichtigem Grund.[153] Anders als die Weisungsabhängigkeit (→ Rn. 15) kann die freie Abberufbarkeit nach § 40 Abs. 5 S. 1 SEAG **eingeschränkt** werden.[154] Bei mehreren geschäftsführenden Direktoren können auch unterschiedliche Regelungen getroffen werden.[155] Hervorzuheben ist jedoch eine formale und eine inhaltliche Gestaltungsgrenze. Die Einschränkung der Abberufbarkeit muss sich der **Satzung** zumindest

---

[144] Vgl. Lutter/Hommelhoff/Teichmann/*Teichmann* Anh. Art. 43 (§ 40 SEAG) Rn. 7; *Kallmeyer* ZIP 2003, 1531 (1533); *Schwarz* Anh. Art. 43 Rn. 272 f.; MüKoAktG/*Reichert/Brandes* Rn. 125; *Neye/Teichmann* AG 2003, 169 (179); UHH/*Habersack* SEBG § 35 Rn. 9. Zulässig ist auch die Satzungsregelung, dass nur Anteilseignervertreter zu geschäftsführenden Direktoren bestellt werden dürfen; so auch *Bachmann* ZGR 2008, 779 (804).

[145] Zust. Kölner Komm AktG/*Siems* Anh. Art. 51 SEAG § 40 Rn. 44; so zum Vorstand auch MüKoAktG/ *Spindler* AktG § 84 Rn. 14; anders offenbar *Eder* NZG 2004, 544 (546).

[146] Hüffer/Koch/*Koch* AktG § 85 Rn. 1.

[147] Vgl. auch § 40 Abs. 5 S. 2 SEAG; ausf. zur vertragsrechtlichen Ebene MüKoAktG/*Reichert/Brandes* Rn. 146 ff.; Lutter/Hommelhoff/Teichmann/*Teichmann* Anh. Art. 43 (§ 40 SEAG) Rn. 16 f.

[148] BegrRegE BT-Drs. 15/3405, 39. Bei der Auslegung der Vorschriften kann im Wesentlichen auf die Rechtsprechung und Literatur zum Vorstand zurückgegriffen werden, eingehend Lutter/Hommelhoff/Teichmann/ *Teichmann* Anh. Art. 43 (§ 40 SEAG) Rn. 52 ff.; Habersack/Drinhausen/*Verse* SEAG § 40 Rn. 62 ff.; zur Übertragung der Vergütungsentscheidung auf einen Ausschuss des Verwaltungsrats → Art. 44 Rn. 7.

[149] Lutter/Hommelhoff/Teichmann/*Teichmann* Anh. Art. 43 (§ 40 SEAG) Rn. 69; → § 94 Rn. 2; Baumbach/ Hueck/*Zöllner/Noack* GmbHG § 44 Rn. 1, 3.

[150] Vgl. MüKoAktG/*Reichert/Brandes* Rn. 161; eingehend *Forst* NZS 2012, 801 (807 f.); *Grambow* AG 2010, 477 (482); *Middendorf/Fahrig* BB 2011, 54 (57 f.); anders Kölner Komm AktG/*Siems* Anh. Art. 51 SEAG § 40 Rn. 14, der bei geschäftsführenden Verwaltungsratsmitgliedern zwischen beiden Tätigkeitsbereichen trennen möchte.

[151] Lutter/Hommelhoff/Teichmann/*Teichmann* Anh. Art. 43 (§ 40 SEAG) Rn. 48; rechtspolitische Kritik bei *Veil* WM 2003, 2169 (2174). Unzulässig – weil treuwidrig – kann allerdings eine Abberufung sein, die einzig zu dem Zweck erfolgt, die Geltendmachung von Schadensersatzansprüchen gegenüber dem Verwaltungsrat zu verhindern, so überzeugend *Ihrig* ZGR 2008, 809 (822 f.).

[152] → Art. 44 Rn. 7; wie hier Lutter/Hommelhoff/Teichmann/*Teichmann* Anh. Art. 43 (§ 40 SEAG) Rn. 49; *Bauer*, Organstellung und Organvergütung in der monistisch verfassten Europäischen Aktiengesellschaft (SE), 2008, 68 f.; aA MüKoAktG/*Reichert/Brandes* Rn. 108; *Eder* NZG 2004, 544 (546) (Umkehrschluss zu § 34 Abs. 4 S. 2 SEAG); im dualistischen System ist die Abberufung der Vorstandsmitglieder in § 107 Abs. 3 S. 2 AktG, § 84 Abs. 3 S. 1 AktG ausdrücklich dem Gesamtaufsichtsrat übertragen.

[153] MüKoAktG/*Reichert/Brandes* Rn. 139 im Anschluss an die hM im GmbH-Recht, vgl. Baumbach/Hueck/ *Zöllner* GmbHG § 47 Rn. 85; Lutter/Hommelhoff/*Bayer* GmbHG § 47 Rn. 45, 49 f.

[154] Gestaltungsvorschläge bei NK-SE/*Manz* Rn. 147; *Schwarz* Anh. Art. 43 Rn. 286; MüKoAktG/*Reichert/ Brandes* Rn. 133; vgl. zur GmbH Baumbach/Hueck/*Zöllner/Noack* GmbHG § 38 Rn. 7; Roth/Altmeppen/*Altmeppen* GmbHG § 38 Rn. 29; Lutter/Hommelhoff/*Kleindiek* GmbHG § 38 Rn. 7 ff.

[155] Ebenso für die GmbH Lutter/Hommelhoff/*Kleindiek* GmbHG § 38 Rn. 7.

durch Auslegung entnehmen lassen, eine Geschäftsordnungsregelung reicht nicht aus.[156] Die **Abberufung aus wichtigem Grund** kann nicht wirksam ausgeschlossen werden.[157] Das ergibt sich zwar nicht aus dem Wortlaut, folgt jedoch aus dem auch in § 38 Abs. 2 GmbHG niedergelegten Gedanken, dass die Gesellschaft nicht auf Dauer an einen Geschäftsführer gebunden sein soll, der etwa grobe Pflichtverletzungen begangen hat oder offenkundig zu einer ordnungsgemäßen Geschäftsführung unfähig ist.[158] Unzulässig ist es auch, die Abberufung von einem qualifizierten Mehrheitserfordernis abhängig zu machen (str., → Art. 50 Rn. 10).[159] Von der Abberufung ist nach § 40 Abs. 5 S. 2 SEAG die Beendigung des Anstellungsvertrages zu trennen.[160]

39   Die **Länge der Amtszeit** ist weder in der Verordnung noch im SEAG geregelt. Art. 46, der eine zwingende Höchstfrist für die Organmitgliedschaft vorgibt, findet auf die Bestellung zum geschäftsführenden Direktor keine Anwendung (→ Art. 46 Rn. 1). Anders als das österreichische Ausführungsgesetz verlangt auch das SEAG keine zeitliche Befristung der Bestellung.[161] Kombiniert man die Bestellung auf unbestimmte Zeit mit einer satzungsmäßigen Beschränkung der Abberufbarkeit auf einen wichtigen Grund, übersteigt die personelle Unabhängigkeit der geschäftsführenden Direktoren sogar die der Mitglieder des Leitungsorgans, über deren Organzugehörigkeit spätestens nach sechs Jahren neu entschieden werden muss. Deswegen erscheint der **Satzungsfreiraum des SEAG** an dieser Stelle **bedenklich**.

40   **2. Binnenorganisation.** Die Binnenorganisation mehrerer geschäftsführender Direktoren – etwa die Bestimmung eines „Vorsitzenden der Geschäftsleitung"[162] – kann in einer **Geschäftsordnung**[163] geregelt werden, für deren Erlass der Verwaltungsrat nach § 40 Abs. 4 S. 1 SEAG die primäre Kompetenz besitzt.[164] Nach § 40 Abs. 2 S. 2 SEAG gilt wie in AG und GmbH grundsätzlich **Gesamtgeschäftsführung**. Davon kann in der Satzung oder einer vom Verwaltungsrat erlassenen Geschäftsordnung abgewichen werden. Nicht explizit geregelt ist, welches Mehrheitserfordernis bei Abstimmungen unter den geschäftsführenden Direktoren gilt. Grundsätzlich ist von der Geltung des **Einstimmigkeitsprinzips** auszugehen.[165] Auf eine Abweichung von der Gesamtgeschäftsführung findet § 77 Abs. 1 S. 2, 2. Hs. AktG keine Anwendung;[166] diese Einschränkung der Regelungsbefugnis wurde bei der Nachbildung der aktienrechtlichen Vorschrift in § 40 Abs. 2 S. 2 SEAG gerade nicht übernommen. Deswegen ist eine Regelung zulässig, nach der ein geschäftsführender Direktor eine Entscheidung auch gegen den Willen seiner Mitgeschäftsführer durchsetzen kann. Die geschäftsführenden Direktoren sind also nicht zwingend gleichberechtigt. Vielmehr ist – wie in der GmbH – sogar eine vertikale Organisation im Sinne einer Weisungshierarchie möglich.[167]

---

[156] MüKoAktG/*Reichert/Brandes* Rn. 135; vgl. zur GmbH Lutter/Hommelhoff/*Kleindiek* GmbHG § 38 Rn. 8; Roth/Altmeppen/*Altmeppen* GmbHG § 38 Rn. 29.

[157] Ebenso MüKoAktG/*Reichert/Brandes* Rn. 134; Lutter/Hommelhoff/Teichmann/*Teichmann* Anh. Art. 43 (§ 40 SEAG) Rn. 7. Eine schuldrechtliche Zusicherung im Anstellungsvertrag begründet nur Schadensersatzansprüche, ändert aber nichts an der Wirksamkeit der Abberufung, vgl. zur GmbH Lutter/Hommelhoff/*Kleindiek* GmbHG § 38 Rn. 13; Baumbach/Hueck/*Zöllner/Noack* GmbHG § 38 Rn. 21 ff.

[158] Vgl. BGH NJW 1969, 1483; Lutter/Hommelhoff/*Kleindiek* GmbHG § 38 Rn. 7.

[159] Für die nicht mitbestimmte SE aA MüKoAktG/*Reichert/Brandes* Rn. 116, Art. 50 Rn. 26; *Eder* NZG 2004, 544 (546).

[160] Ausf. zur Beendigung des Anstellungsverhältnisses MüKoAktG/*Reichert/Brandes* Rn. 162 ff.

[161] Vgl. § 59 Abs. 1 S. 1 öSEG: Bestellung auf höchstens fünf Jahre; dazu Kalss/Hügel/*Greda* SEG § 59 Rn. 15.

[162] *Boettcher*, Die Kompetenzen von Verwaltungsrat und geschäftsführenden Direktoren in der monistischen SE in Deutschland, 2009, 161; *Kallmeyer* ZIP 2003, 1531 (1534); *Thamm* NZG 2008, 132 (134); MüKoAktG/*Reichert/Brandes* Rn. 124 f. Der Gesetzgeber hielt eine § 84 Abs. 2 AktG entsprechende Vorschrift vor diesem Hintergrund für überflüssig, so Begr RegE BT-Drs. 15/3405, 39.

[163] AA *Drinhausen* in Van Hulle/Maul/Drinhausen SE-HdB 5. Abschn. § 3 Rn. 38: Wahl eines Vorsitzenden nur bei entsprechender Satzungsregelung zulässig; dies lässt sich jedoch weder § 40 SEAG noch der Begr RegE BT-Drs. 15/3405, 39 entnehmen.

[164] Vorbehaltlich einer Satzungsregelung nach § 40 Abs. 4 S. 2 SEAG; die Norm ist § 77 Abs. 2 AktG nachgebildet. Zum Erlass der Geschäftsordnung durch einen Ausschuss des Verwaltungsrats → Art. 44 Rn. 6.

[165] Art. 50 Abs. 1 lit. b findet keine Anwendung; so offenbar auch die Sichtweise des deutschen Gesetzgebers, der andernfalls § 40 Abs. 4 S. 3 SEAG nicht hätte erlassen dürfen, → Art. 50 Rn. 3; *Boettcher*, Die Kompetenzen von Verwaltungsrat und geschäftsführenden Direktoren in der monistischen SE in Deutschland, 2009, 161; Lutter/Hommelhoff/Teichmann/*Teichmann* Anh. Art. 43 (§ 40 SEAG) Rn. 36; aA *Schwarz* Anh. Art. 43 Rn. 277, 283 in Fn. 242.

[166] MüKoAktG/*Reichert/Brandes* Rn. 129; NK-SE/*Manz* Rn. 141; für eine Analogie dagegen *Kallmeyer* ZIP 2003, 1531 (1534).

[167] MüKoAktG/*Reichert/Brandes* Rn. 129; Lutter/Hommelhoff/Teichmann/*Teichmann* Anh. Art. 43 (§ 40 SEAG) Rn. 38; *Bachmann* ZGR 2008, 779 (789); *Beckert*, Personalisierte Leitung von Aktiengesellschaften, 2009, 180; *Boettcher*, Die Kompetenzen von Verwaltungsrat und geschäftsführenden Direktoren in der monistischen SE in Deutschland, 2009, 161; *Thamm*, Die rechtliche Verfassung des Vorstands der AG, 2008, 328 f.; ebenso für die GmbH Baumbach/Hueck/*Zöllner/Noack* GmbHG § 37 Rn. 33; anders dagegen im Vorstand, → AktG § 77 Rn. 42; *Hoffmann-Becking* ZGR 1998, 497 (514 f.).

Jeder Geschäftsführer ist zur Führung der gesamten Geschäfte der SE verpflichtet. Im geschäftsführenden Direktorium gilt mit anderen Worten wie im Verwaltungsrat (→ Rn. 10), im Vorstand[168] und in der GmbH-Geschäftsführung[169] der Grundsatz der **Gesamtverantwortung**. Das bedeutet, dass bei einer internen Aufgabenverteilung eine **Pflicht zur Überwachung der Mitgeschäftsführer** besteht (→ Rn. 24, → Art. 51 Rn. 14). Dies gilt zunächst für spezielle gesetzliche Pflichten der geschäftsführenden Direktoren.[170] Weder die Satzung noch die Geschäftsordnung oder eine Weisung können die geschäftsführenden Direktoren von der Verantwortung befreien, für die Erfüllung dieser Pflichten Sorge zu tragen.[171] Entgegen einer von *Reichert/Brandes* vertretenen Ansicht[172] findet dieses Prinzip der gegenseitigen Überwachung auch auf die Ressortverteilung im Bereich der allgemeinen Geschäftsführung uneingeschränkt Anwendung.[173]

41

Art. 44 [Sitzungen]

(1) Das Verwaltungsorgan tritt in den durch die Satzung bestimmten Abständen, mindestens jedoch alle drei Monate, zusammen, um über den Gang der Geschäfte der SE und deren voraussichtliche Entwicklung zu beraten.

(2) Jedes Mitglied des Verwaltungsorgans kann von allen Informationen, die diesem Organ übermittelt werden, Kenntnis nehmen.

Auszug aus dem SEAG

§ 34 SEAG Innere Ordnung des Verwaltungsrats.

(1) ¹Der Verwaltungsrat hat neben dem Vorsitzenden nach näherer Bestimmung der Satzung aus seiner Mitte mindestens einen Stellvertreter zu wählen. ²Der Stellvertreter hat nur dann die Rechte und Pflichten des Vorsitzenden, wenn dieser verhindert ist. ³Besteht der Verwaltungsrat nur aus einer Person, nimmt diese die dem Vorsitzenden des Verwaltungsrats gesetzlich zugewiesenen Aufgaben wahr.

(2) ¹Der Verwaltungsrat kann sich eine Geschäftsordnung geben. ²Die Satzung kann Einzelfragen der Geschäftsordnung bindend regeln.

(3) ¹Über die Sitzungen des Verwaltungsrats ist eine Niederschrift anzufertigen, die der Vorsitzende zu unterzeichnen hat. ²In der Niederschrift sind der Ort und der Tag der Sitzung, die Teilnehmer, die Gegenstände der Tagesordnung, der wesentliche Inhalt der Verhandlungen und die Beschlüsse des Verwaltungsrats anzugeben. ³Ein Verstoß gegen Satz 1 oder Satz 2 macht einen Beschluss nicht unwirksam. ⁴Jedem Mitglied des Verwaltungsrats ist auf Verlangen eine Abschrift der Sitzungsniederschrift auszuhändigen. ⁵Die Sätze 1 bis 4 finden auf einen Verwaltungsrat, der nur aus einer Person besteht, keine Anwendung.

(4) ¹Der Verwaltungsrat kann aus seiner Mitte einen oder mehrere Ausschüsse bestellen, namentlich, um seine Verhandlungen und Beschlüsse vorzubereiten oder die Ausführung seiner Beschlüsse zu überwachen. ²Die Aufgaben nach Absatz 1 Satz 1 und nach § 22 Abs. 1 und 3, § 40 Abs. 1 Satz 1 und § 47 Abs. 3 dieses Gesetzes sowie nach § 68 Abs. 2 Satz 2, § 203 Abs. 2, § 204 Abs. 1 Satz 1, § 205 Abs. 2 Satz 1 und § 314 Abs. 2 und 3 des Aktiengesetzes können einem Ausschuss nicht an Stelle des Verwaltungsrats zur Beschlussfassung überwiesen werden. ³Dem Verwaltungsrat ist regelmäßig über die Arbeit der Ausschüsse zu berichten. ⁴Der Verwaltungsrat kann einen Prüfungsausschuss einrichten, dem insbesondere die Aufgaben nach § 107 Abs. 3 Satz 2 des Aktiengesetzes übertragen werden können. ⁵Richtet der Verwaltungsrat einer SE, die kapitalmarktorientiert im Sinne des § 264d des Handelsgesetzbuchs, die CRR-Kreditinstitut im Sinne des § 1 Absatz 3d Satz 1 des Kreditwesengesetzes, mit Ausnahme der in § 2 Absatz 1 Nummer 1 und 2 des Kreditwesengesetzes

---

[168] → AktG § 77 Rn. 44 ff., 49 mwN.
[169] Etwa Roth/Altmeppen/*Altmeppen* GmbHG § 43 Rn. 21; Lutter/Hommelhoff/*Kleindiek* GmbHG § 37 Rn. 32, 35, § 43 Rn. 17; Scholz/*U.H. Schneider* GmbHG § 43 Rn. 35 ff.; Baumbach/Hueck/*Zöllner/Noack* GmbHG § 35 Rn. 33, § 37 Rn. 32.
[170] Vgl. BGH NJW 1994, 2149 (2150) zur GmbH-Geschäftsführung; ebenso MüKoAktG/*Reichert/Brandes* Rn. 128 für die Berichtspflichten nach § 40 Abs. 3 und 6 SEAG.
[171] Zur GmbH Lutter/Hommelhoff/*Kleindiek* GmbHG § 37 Rn. 35; Baumbach/Hueck/*Zöllner/Noack* GmbHG § 37 Rn. 32.
[172] MüKoAktG/*Reichert/Brandes* Rn. 128 für den Fall einer vom Verwaltungsrat erlassenen Geschäftsordnung.
[173] Habersack/Drinhausen/*Verse* SEAG § 40 Rn. 72; Lutter/Hommelhoff/*Teichmann/Teichmann* Anh. Art. 43 (§ 40 SEAG) Rn. 67; *Boettcher*, Die Kompetenzen von Verwaltungsrat und geschäftsführenden Direktoren in der monistischen SE in Deutschland, 2009, 163 f.; *Mauch*, Das monistische Leitungssystem in der Europäischen Aktiengesellschaft, 2008, 179, 205. Vgl. für die GmbH-Geschäftsführung Lutter/Hommelhoff/*Kleindiek* § 37 Rn. 29, 35; Roth/Altmeppen/*Altmeppen* GmbHG § 43 Rn. 23 f.; Scholz/*U.H. Schneider* GmbHG § 43 Rn. 35, 39.

genannten Institute, oder die Versicherungsunternehmen im Sinne des Artikels 2 Absatz 1 der Richtlinie 91/674/EWG ist, einen Prüfungsausschuss ein, so muss dieser die Voraussetzungen des § 100 Absatz 5 des Aktiengesetzes erfüllen.

§ 36 SEAG Teilnahme an Sitzungen des Verwaltungsrats und seiner Ausschüsse.

(1) ¹An den Sitzungen des Verwaltungsrats und seiner Ausschüsse sollen Personen, die dem Verwaltungsrat nicht angehören, nicht teilnehmen. ²Sachverständige und Auskunftspersonen können zur Beratung über einzelne Gegenstände zugezogen werden.

(2) Mitglieder des Verwaltungsrats, die dem Ausschuss nicht angehören, können an den Ausschusssitzungen teilnehmen, wenn der Vorsitzende des Verwaltungsrats nichts anderes bestimmt.

(3) Die Satzung kann zulassen, dass an den Sitzungen des Verwaltungsrats und seiner Ausschüsse Personen, die dem Verwaltungsrat nicht angehören, an Stelle von verhinderten Mitgliedern teilnehmen können, wenn diese sie in Textform ermächtigt haben.

(4) Abweichende gesetzliche Bestimmungen bleiben unberührt.

§ 37 SEAG Einberufung des Verwaltungsrats.

(1) ¹Jedes Verwaltungsratsmitglied kann unter Angabe des Zwecks und der Gründe verlangen, dass der Vorsitzende des Verwaltungsrats unverzüglich den Verwaltungsrat einberuft. ²Die Sitzung muss binnen zwei Wochen nach der Einberufung stattfinden.

(2) Wird dem Verlangen nicht entsprochen, so kann das Verwaltungsratsmitglied unter Mitteilung des Sachverhalts und der Angabe einer Tagesordnung selbst den Verwaltungsrat einberufen.

Schrifttum: Vgl. die Angaben bei Art. 43 und bei AktG § 107 Vor Rn. 80.

I. Regelungsgehalt, Normzweck

1   Art. 44 greift zwei Fragen der **Binnenorganisation des Verwaltungsrats** heraus. Abs. 1 enthält eine Mindestregelung über die Sitzungshäufigkeit und soll eine regelmäßige Wahrnehmung der Überwachungsaufgabe durch den Verwaltungsrat sicherstellen. Diese zwingende Vorgabe entspricht funktional Art. 41 Abs. 1 und steht wie jene Regelung einer satzungsmäßigen strengeren Vorgabe nicht entgegen (→ Art. 41 Rn. 2). Den Regelungszweck erfüllt nur eine **Sitzung des gesamten Verwaltungsrats,** an der auch die nicht geschäftsführenden Mitglieder teilnehmen.[1] Abs. 2 gibt jedem Verwaltungsratsmitglied ein Individualrecht auf Zugang zu Informationen. Neben den Art. 45, 48 und 50 betreffen die **§§ 34 bis 37 SEAG** die innere Ordnung des Verwaltungsrats. Soweit der Ausführungsgesetzgeber keine Regelung getroffen hat, richtet sich die Binnenorganisation nach Satzung und Geschäftsordnung. Die Geschäftsordnungskompetenz teilt § 34 Abs. 2 SEAG entsprechend der aktienrechtlichen Regelung zwischen Verwaltungsrat und Satzungsgeber auf.[2] Abweichend von § 77 Abs. 2 S. 3 AktG ist nach Art. 50 Abs. 1 lit. b auch für den Geschäftsordnungsbeschluss grundsätzlich die einfache Mehrheit ausreichend. Zu beachten ist, dass in der Geschäftsordnung nicht von den Vorgaben des Art. 50 abgewichen werden kann; abweichende Regelungen zur Beschlussfassung sind vielmehr der Satzung vorbehalten.[3]

II. Sitzungen des Verwaltungsrats (Abs. 1, §§ 34–37 SEAG)

2   Für die Sitzungsfrequenz sieht Abs. 1 eine Satzungsermächtigung ohne Regelungsauftrag vor; es steht dem Satzungsgeber also frei, ob er einen abweichenden Turnus vorschreibt (str.).[4] Sieht die Satzung keine Regelung oder eine niedrigere Frequenz als in Abs. 1 vor, verbleibt es bei der gesetzlichen Drei-Monats-Regelung. Über außerordentliche Sitzungen entscheidet der Verwaltungsratsvorsitzende entsprechend den für den Aufsichtsrat geltenden Grundsätzen nach pflichtgemäßem Ermessen.[5] Für den Fall, dass der Vorsitzende dieser Pflicht nicht nachkommt, regelt § 37 SEAG ein dem § 110 AktG nachgebildetes **Einberufungsverlangen und Selbsteinberufungsrecht** der Verwal-

---

[1] Vgl. Lutter/Hommelhoff/Teichmann/*Teichmann* Rn. 3 f.; *Schwarz* Rn. 16.
[2] Zur Beschränkung der Satzung auf Einzelfragen → AktG § 77 Rn. 67; Muster-Geschäftsordnung bei Lutter/Kollmorgen/Feldhaus BB 2007, 509 ff.; zur Geschäftsordnung der geschäftsführenden Direktoren nach § 40 Abs. 4 SEAG → Art. 43 Rn. 40.
[3] Lutter/Hommelhoff/Teichmann/*Teichmann* Anh. Art. 43 (§§ 34, 54 SEAG) Rn. 11.
[4] Wie hier *Seibt* in Lutter/Hommelhoff, Die Europäische Gesellschaft, 2005, 67 (71); MüKoAktG/*Reichert/Brandes* Rn. 7; anders *Schwarz* Rn. 5: Regelungsverpflichtung; dem folgend Lutter/Hommelhoff/Teichmann/*Teichmann* Rn. 5; Kölner Komm AktG/*Siems* Rn. 4; Habersack/Drinhausen/*Verse* Rn. 2; bis zur höchstrichterlichen Klärung empfiehlt sich deswegen die Aufnahme einer Regelung in die Satzung.
[5] MüKoAktG/*Reichert/Brandes* Rn. 8; *Schwarz* Rn. 6; zum Aufsichtsrat → AktG § 110 Rn. 29.

tungsratsmitglieder. Während in der Aktiengesellschaft diese Rechte auch dem Vorstand zustehen, können externe geschäftsführende Direktoren, die nicht zugleich Verwaltungsratsmitglieder sind, die Einberufung nach dem Wortlaut von § 37 SEAG nicht durchsetzen.[6] Die geschäftsführenden Direktoren werden häufig die Durchführung einer Verwaltungsratssitzung anregen, zumal sie etwa bei Zustimmungsvorbehalten auf die Mitwirkung des Verwaltungsrats angewiesen sind (→ Art. 43 Rn. 17 zu weiteren Fallgruppen). Eines eigenen förmlichen Einberufungsrechts bedarf es dazu jedoch nicht.[7] Für die **Einberufungsmodalitäten** gilt mangels spezieller Regelung in Verordnung und SEAG die Ermächtigung zur Regelung mittels Geschäftsordnung bzw. Satzung in § 34 Abs. 2 SEAG.[8]

§ 34 Abs. 3 SEAG verlangt in Übereinstimmung mit § 107 Abs. 2 AktG die Anfertigung von **3 Sitzungsniederschriften**, entbindet aber von dieser Pflicht, wenn der Verwaltungsrat nur aus einer Person besteht. Für die **Teilnahme an Verwaltungsratssitzungen** enthält § 36 SEAG eine an § 109 AktG angelehnte Vorschrift. Anders als der Vorstand im dualistischen System sind externe geschäftsführende Direktoren, die dem Verwaltungsrat nicht angehören, vom Teilnahmeverbot des § 36 Abs. 1 S. 1 SEAG nicht ausgenommen. Der Regelungszweck der Vorschrift, den Teilnehmerkreis auf Organmitglieder der Gesellschaft zu beschränken (→ AktG § 109 Rn. 1), trägt einen zwingenden Ausschluss jedoch nicht. Vielmehr kann sich der Verwaltungsrat nach pflichtgemäßem Ermessen für die Hinzuziehung der externen Direktoren entscheiden, die dann zur Teilnahme verpflichtet sind.[9]

III. Informationsrechte der Verwaltungsratsmitglieder (Abs. 2)

Das Recht auf **Zugang zu sämtlichen Informationen** in Abs. 2 gilt für alle Verwaltungsratsmit- **4** glieder einschließlich der Arbeitnehmervertreter gleichermaßen.[10] Es entspricht der Gesamtverantwortung des Verwaltungsrats für die Leitung der SE, aus der bei einer Ressortverteilung ein spartenübergreifendes Informations- und Interventionsrecht eines jeden Mitglieds folgt.[11] Deswegen erfasst die Vorschrift alle dem Verwaltungsrat übermittelten Informationen und reicht weiter als § 90 Abs. 5 AktG, der auf Vorstandsberichte beschränkt ist.[12] Das Informationsrecht kann sich auch auf **geheimhaltungsbedürftige Informationen** beziehen, weil die Vertraulichkeit im Organ über die Verschwiegenheitspflicht nach Art. 49 abgesichert ist. Die nur abstrakte Möglichkeit einer unzulässigen Informationsweitergabe an Dritte rechtfertigt es deswegen nicht, die Erteilung an einzelne Mitglieder zu verweigern.[13] Eine positive **Pflicht zur Weiterleitung** von Informationen an die anderen Organmitglieder ergibt sich für die geschäftsführenden Direktoren aus § 40 Abs. 6 SEAG iVm § 90 AktG bzw. für den Bericht eines Ausschusses an das Plenum aus § 34 Abs. 4 S. 3 AktG und kann im Übrigen aus der allgemeinen Sorgfaltspflicht eines jeden Verwaltungsratsmitglieds folgen.[14] Die **Informationsversorgung des Gesamtorgans** regeln § 22 Abs. 4 SEAG und § 40 Abs. 6 SEAG als Ausschnitt des allgemeinen Weisungsrechts des Verwaltungsrats, das sich auf dessen Allzuständigkeit in Geschäftsführungsfragen stützen lässt und nicht auf die Berichterstattung gem. § 90 AktG beschränkt ist (→ Art. 43 Rn. 15).

IV. Ausschüsse des Verwaltungsrats (§ 34 Abs. 4 SEAG)

Die Einrichtung von Ausschüssen hat für die Arbeit des Verwaltungsrats besondere Bedeutung.[15] **5** Dem Grundgedanken des monistischen Systems entspricht es, der einzelnen Gesellschaft Raum zu geben, im Sinne größtmöglicher Effizienz selbst über die Aufgabenverteilung im Verwaltungsrat zu

---

[6] Dies unterscheidet sie auch von den GmbH-Geschäftsführern im Verhältnis zur GmbH-Gesellschafterversammlung, vgl. § 49 GmbHG.
[7] Überzeugend Lutter/Hommelhoff/Teichmann/*Teichmann* Anh. Art. 43 (§ 37 SEAG) Rn. 5; MüKoAktG/ *Reichert/Brandes* Rn. 16 mit Fn. 25; für Analogie dagegen *Schwarz* Anh. Art. 43 Rn. 242 f.
[8] Zu Form, Inhalt und Frist → AktG § 110 Rn. 16 ff.
[9] MüKoAktG/*Reichert/Brandes* Rn. 23; Lutter/Hommelhoff/Teichmann/*Teichmann* Anh. Art. 43 (§ 36 SEAG) Rn. 6; *Schwarz* Anh. Art. 43 Rn. 226; ein Recht auf Sitzungsteilnahme ist damit jedoch nicht verbunden, vgl. MüKoAktG/*Reichert/Brandes* Rn. 23.
[10] MüKoAktG/*Reichert/Brandes* Rn. 36; Lutter/Hommelhoff/Teichmann/*Teichmann* Rn. 13; Kölner Komm AktG/*Siems* Rn. 18; allg. zur Gleichheit der Mitglieder → Art. 43 Rn. 35.
[11] Vgl. *Reichert/Brandes* ZGR 2003, 767 (792 f.); zum Vorstand → AktG § 77 Rn. 48.
[12] *Henssler* FS Ulmer, 2003, 193 (207); MüKoAktG/*Reichert/Brandes* Rn. 37.
[13] Lutter/Hommelhoff/Teichmann/*Teichmann* Rn. 16; Kölner Komm AktG/*Siems* Rn. 21; Habersack/Drinhausen/*Verse* Rn. 11.
[14] Näher MüKoAktG/*Reichert/Brandes* Rn. 41 ff.
[15] Überblick zu Ausschüssen im US-amerikanischen Board bei *Merkt*, US-amerikanisches Gesellschaftsrecht, 2013, Rn. 639 ff.; zur Bedeutung von Aufsichtsratsausschüssen → AktG § 107 Rn. 80 f.; zu Vorstandsausschüssen → AktG § 77 Rn. 41; *Kort* in Fleischer VorstandsR-HdB § 3 Rn. 24 ff., jeweils mwN zur aktuellen Diskussion.

entscheiden. Im Mittelpunkt steht das unbestreitbare Bedürfnis nach einer Trennung der für die Geschäftsführung und Überwachung zuständigen Mitglieder;[16] daneben tritt in der mitbestimmten SE die Frage, inwieweit die Ausschussbildung genutzt werden kann, um den Arbeitnehmereinfluss auf die Unternehmensführung sachgerecht zu begrenzen.[17] Über die Einrichtung entscheidet grundsätzlich der Gesamtverwaltungsrat in der Geschäftsordnung oder durch Einzelbeschluss; anders als beim Aufsichtsrat (→ AktG § 107 Rn. 85) sind beim Verwaltungsrat jedoch auch satzungsmäßige Vorgaben für die Ausschussbildung möglich.[18] Eine Ausschussbildung ändert nichts an der Zuständigkeit des Gesamtverwaltungsrats für die ihm zugewiesenen Aufgaben. Deswegen kann das Plenum stets das Entscheidungsrecht zurückholen.[19] Nach einer im Schrifttum vertretenen Ansicht setzt die Einrichtung beschließender Ausschüsse stets eine Öffnungsklausel in der Satzung voraus, die eine Beschlussfassung durch den Ausschuss in Abweichung von den Voraussetzungen des Art. 50 Abs. 1 ermöglicht.[20] Ob Art. 50 Abs. 1 die Zulässigkeit der Ausschussbildung im Verwaltungsorgan überhaupt regeln will, erscheint jedoch zweifelhaft.[21]

6 Der Ausführungsgesetzgeber hat in Anlehnung an § 107 Abs. 3 S. 3 AktG die Übertragung von **Beschlusszuständigkeiten** in § 34 Abs. 4 S. 2 SEAG beschränkt; daneben lassen sich einige ungeschriebene **Delegationsverbote** entwickeln. Betroffen ist jeweils nur die Beschlussfassung, während beratende oder vorbereitende Ausschüsse von der Vorschrift nicht erfasst sind.[22] Im Einzelnen lassen sich mehrere aus dem Aktienrecht bekannte Begründungslinien trennen. An der **Selbstorganisation** des Verwaltungsrats müssen wie im Aufsichtsrat alle Mitglieder beteiligt werden.[23] Deswegen ist für die Wahl des stellvertretenden Vorsitzenden gem. § 34 Abs. 1 S. 1 SEAG die Übertragung auf einen Ausschuss ausdrücklich ausgeschlossen; diesem Regelungsgedanken entspricht, auch für die Wahl des Vorsitzenden nach Art. 45, für die Geschäftsordnungskompetenz nach § 34 Abs. 2 S. 1 SEAG[24] sowie für alle Entscheidungen über die Bildung und Besetzung von Ausschüssen ein ungeschriebenes Delegationsverbot anzunehmen.[25] Wie für den Vorstand anerkannt muss auch der Verwaltungsrat die **Gesamtleitung** nach § 22 Abs. 1 SEAG im Gesamtorgan wahrnehmen;[26] dies ist in § 34 Abs. 4 S. 2 SEAG für die Buchführung und Bestandssicherung iSv § 22 Abs. 3 SEAG als Ausschnitt der Leitungsaufgabe ausdrücklich hervorgehoben (→ Art. 43 Rn. 8). Die Erteilung von Weisungen in Fragen des Tagesgeschäfts kann auf einen Ausschuss oder ein einzelnes Verwaltungsratsmitglied übertragen werden.[27] Für die Geschäftsführung (zur Abgrenzung von der Leitung → Art. 43 Rn. 12 f.) besteht schon eine gesetzliche Delegation auf die geschäftsführenden Direktoren.

7 Auch die allgemeine **Überwachungsaufgabe** ist dem Plenum vorbehalten und kann in ihrer Gesamtheit nicht auf einen Ausschuss übertragen werden.[28] Gemeinsam mit der Mehrheitsregel in

---

[16] Allg. → Art. 38 Rn. 12; *Hopt* ZGR 2000, 779 (783 ff.); zur SE *Gruber/Weller* NZG 2003, 297 (300); *Reichert/Brandes* ZGR 2003, 767 (792 ff.); MüKoAktG/*Reichert/Brandes* Rn. 47.

[17] *Eder* NZG 2004, 544 (546); *Gruber/Weller* NZG 2003, 297 (300); *Reichert/Brandes* ZGR 2003, 767 (793 ff.).

[18] Zust. *Bachmann* ZGR 2008, 779 (791). In der Satzung können nach § 34 Abs. 2 S. 2 SEAG zumindest Einzelfragen der Geschäftsordnung geregelt werden, solange die Funktionsfähigkeit des Organs respektiert wird, vgl. für den Vorstand MüKoAktG/*Spindler* AktG § 77 Rn. 49. Bedenken gegen die Zulässigkeit satzungsmäßiger Vorgaben für die Ausschussbildung dagegen bei Lutter/Hommelhoff/Teichmann/*Teichmann* Anh. Art. 43 (§§ 34, 54 SEAG) Rn. 20 und Art. 50 Rn. 23; Habersack/Drinhausen/*Verse* SEAG § 34 Rn. 24; *Schönborn*, Die monistische Societas Europaea in Deutschland im Vergleich zum englischen Recht, 2007, 113 f.

[19] MüKoAktG/*Reichert/Brandes* Rn. 53; Habersack/Drinhausen/*Verse* SEAG § 34 Rn. 36; zum Aufsichtsrat → AktG § 107 Rn. 90.

[20] So Lutter/Hommelhoff/Teichmann/*Teichmann* Anh. Art. 43 (§§ 34, 54 SEAG) Rn. 20 und → Art. 50 Rn. 22 f.

[21] Ebenso Habersack/Drinhausen/*Verse* SEAG § 34 Rn. 22 unter Verweis auf *Kocher*, AG 2016, 351 (353 f.); bis zur abschließenden Klärung dieser Frage sollte die Satzung dennoch ggf. eine derartige Bestimmung enthalten, um Bedenken hinsichtlich der Beschlussfähigkeit der Ausschüsse zu vermeiden.

[22] Lutter/Hommelhoff/Teichmann/*Teichmann* Anh. Art. 43 (§§ 34, 54 SEAG) Rn. 19 f.; zur AG → AktG § 107 Rn. 88.

[23] Ebenso *Mauch*, Das monistische Leitungssystem in der Europäischen Aktiengesellschaft, 2008, 152; ausf. zum Aufsichtsrat *Rellermeyer*, Aufsichtsratsausschüsse, 1986, 20 ff., insbes. S. 22; Großkomm AktG/*Hopt/Roth* AktG § 107 Rn. 396 f.

[24] Dagegen kann die Geschäftsordnung für die geschäftsführenden Direktoren (§ 40 Abs. 4 S. 1 SEAG) auch von einem Verwaltungsratsausschuss erlassen werden, vgl. MüKoAktG/*Reichert/Brandes* Rn. 45.

[25] MüKoAktG/*Reichert/Brandes* Rn. 45; vgl. für den Aufsichtsrat Großkomm AktG/*Hopt/Roth* AktG § 107 Rn. 263.

[26] Vgl. MüKoAktG/*Reichert/Brandes* Rn. 52; ähnlich *Marsch-Barner* GS Bosch, 2006, 99 (110); zum Vorstand → AktG § 76 Rn. 8, 62.

[27] *Boettcher* S. 173; MüKoAktG/*Reichert/Brandes* Rn. 52; Van Hulle/Maul/Drinhausen/*Drinhausen* 5. Abschn. § 3 Rn. 24; dies lässt die Weisungsbefugnis des Gesamtverwaltungsrats jedoch unberührt. Generell gegen die Delegation des Weisungsrechts noch *Kallmeyer* ZIP 2003, 1531 (1533).

[28] Für den Aufsichtsrat → AktG § 107 Rn. 87; Großkomm AktG/*Hopt/Roth* AktG § 107 Rn. 370 ff.

§ 40 Abs. 1 S. 2 SEAG gewährleistet dieses Delegationsverbot, dass die nicht geschäftsführenden Mitglieder in die Entscheidungsfindung eingebunden werden. Dies gilt insbesondere für die Bestellung der geschäftsführenden Direktoren, weil die Personalhoheit ein wesentliches Instrument zur Kontrolle der Geschäftsführung darstellt (→ Art. 43 Rn. 22).[29] Der Ausführungsgesetzgeber hat in § 34 Abs. 4 S. 2 SEAG zudem Delegationsverbote für Fälle vorgesehen, in denen das AktG ein Zusammenwirken von Vorstand und Aufsichtsrat erfordert. Das SEAG ersetzt diese **zusätzliche Kontrollinstanz** durch eine zwingende Einbeziehung aller Verwaltungsratsmitglieder. Dies gilt für die Feststellung des Jahresabschlusses nach § 47 Abs. 3 SEAG und hat auch für die in § 34 Abs. 4 SEAG nicht genannten Zustimmungsbeschlüsse nach Art. 48 Abs. 1 Bedeutung, die bei satzungsmäßigen Zustimmungsvorbehalten grundsätzlich vom Gesamtorgan getroffen werden müssen (Einzelheiten → Art. 48 Rn. 7). Vom Gesamtverwaltungsrat sind auch die Zuständigkeiten beim genehmigten Kapital nach § 203 Abs. 2 AktG, § 204 Abs. 1 S. 1 AktG, § 205 Abs. 2 S. 1 AktG wahrzunehmen. Hintergrund der Aufnahme dieser Regelung in § 34 Abs. 4 S. 2 SEAG dürften nämlich die § 204 Abs. 2 S. 2 AktG, § 205 Abs. 2 S. 2 AktG sein, die im dualistischen System diese Vorstandsentscheidungen von einem Zustimmungsbeschluss des Aufsichtsrats abhängig machen.[30] Ähnliches gilt für die Prüfung des Abhängigkeitsberichts nach § 314 Abs. 2 und 3 AktG und die Zustimmung zur Übertragung vinkulierter Namensaktien nach § 68 Abs. 2 AktG. Anders als § 107 Abs. 3 S. 3 idF des VorstAG nennt § 34 Abs. 4 SEAG die Entscheidung über die Vergütung der geschäftsführenden Direktoren gem. § 40 Abs. 7 SEAG iVm § 87 AktG nicht. Dies dürfte ein Redaktionsversehen sein, so dass die Vergütungsentscheidungen dennoch in Analogie zu § 107 Abs. 3 S. 3 AktG dem Plenum vorbehalten sein sollten.[31]

Jeder Ausschuss muss aus mindestens zwei Mitgliedern bestehen.[32] Die **personelle Besetzung** der Ausschüsse liegt grundsätzlich in der Organisationsautonomie des Gesamtverwaltungsrats.[33] Wenn ein beschließender Ausschuss allerdings einzelne Aufgaben im Bereich der Überwachung wahrnimmt, muss er entsprechend § 40 Abs. 1 S. 2 SEAG mehrheitlich mit nicht geschäftsführenden Mitgliedern besetzt sein.[34] Allerdings hat der Gesetzgeber die bisherige Regelung zur mehrheitlichen Besetzung des Prüfungsausschusses mit nicht geschäftsführenden Mitgliedern in § 34 Abs. 4 S. 5 SEAG im Zuge des AReG gestrichen.[35] Unterliegt die SE der **Mitbestimmung**, kann auf die Grundsätze zur Besetzung von Aufsichtsratsausschüssen zurückgegriffen werden.[36] Im Sinne einer sachgerechten Arbeitsteilung muss bei der Ausschussbildung keine Parität eingehalten werden; zu beachten ist jedoch einerseits der Grundsatz der Gleichheit aller Organmitglieder, andererseits ihre Eignung für die jeweilige Aufgabe. Fragt man gemäß der Rechtsprechung des BGH zum MitbestG, ob ein Arbeitnehmerausschuss **sachlich gerechtfertigt** ist,[37] sollte man berücksichtigen, dass sich die Mitbestimmung im dualistischen System nur auf die **Überwachungsaufgabe** bezieht. Konzentriert sich ein Verwaltungsratsausschuss dagegen auf den Bereich der Geschäftsführung, erscheint eine weiter gehende Zurückdrängung der Arbeitnehmervertreter möglich.[38] Wird ein Ausschuss dennoch paritätisch besetzt, ist es zulässig, dem Ausschussvorsitzenden in Art. 50 Abs. 2 vergleichbares Recht zum Stichentscheid zu geben, selbst wenn er nicht Verwaltungsratsvorsitzender ist.[39]

---

[29] § 34 Abs. 4 S. 2 SEAG iVm § 40 Abs. 1 S. 1 SEAG; ebenso muss auch die Abberufung der geschäftsführenden Direktoren erfasst sein, → Art. 43 Rn. 38; Lutter/Hommelhoff/Teichmann/*Teichmann* Anh. Art. 43 (§ 40 SEAG) Rn. 49; aA aber *Eder* NZG 2004, 544 (546) sub e; MüKoAktG/*Reichert/Brandes* Art. 43 Rn. 108.

[30] Vgl. Großkomm AktG *Hirte* AktG § 204 Rn. 15, 17, AktG § 205 Rn. 12; Überblick zum Zusammenwirken von Vorstand und Aufsichtsrat beim genehmigten Kapital bei *Pentz* in Fleischer VorstandsR-HdB § 16 Rn. 153 ff.

[31] *Forst* ZIP 2010, 1786 (1788); zust. MüKoAktG/*Reichert/Brandes* Art. 43 Rn. 106, Art. 44 Rn. 46; Habersack/Drinhausen/*Verse* SEAG § 34 Rn. 27.

[32] Eine § 108 Abs. 2 S. 3 AktG entsprechende Vorschrift fehlt im SEAG; die Delegation an ein einzelnes Mitglied scheidet jedoch aus, so *Schwarz* Anh. Art. 43, Rn. 206; MüKoAktG/*Reichert/Brandes* Rn. 51; *Schönborn*, Die monistische Societas Europaea in Deutschland im Vergleich zum englischen Recht, 2007, 263; zweifelnd *Bachmann* ZGR 2008, 779 (791) in Fn. 60; vgl. zur Aufgabenübertragung auf ein einzelnes Aufsichtsratsmitglied Großkomm AktG/*Hopt/Roth* AktG § 107 Rn. 451 f.

[33] Für den Aufsichtsrat → AktG § 107 Rn. 94; Großkomm AktG/*Hopt/Roth* AktG § 107 Rn. 263.

[34] Vgl. *Marsch-Barner* GS Bosch, 2006, 99 (110); *Schwarz* Anh. Art. 43 Rn. 204; Lutter/Hommelhoff/Teichmann/*Teichmann* Anh. Art. 43 (§§ 34, 54 SEAG) Rn. 22; MüKoAktG/*Reichert/Brandes* Rn. 51; Habersack/Drinhausen/*Verse* SEAG § 34 Rn. 31; rechtsvergleichend *Merkt* ZGR 2003, 650 (668).

[35] Gesetz zur Umsetzung der prüfungsbezogenen Regelungen der Richtlinie 2014/56/EU sowie zur Ausführung der entsprechenden Vorgaben der Verordnung (EU) Nr. 537/2014 im Hinblick auf die Abschlussprüfung bei Unternehmen von öffentlichem Interesse (Abschlussprüfungsreformgesetz – AReG).

[36] Überblick bei → AktG § 107 Rn. 95 f.; ausf. Großkomm AktG/*Hopt/Roth* § 107 Rn. 277 ff.

[37] BGHZ 122, 342 (355).

[38] Ähnlich argumentieren MüKoAktG/*Reichert/Brandes* Rn. 57–59; Habersack/Drinhausen/*Scholz* Art. 38 Rn. 26; dagegen jedoch Lutter/Hommelhoff/Teichmann/*Teichmann* Anh. Art. 43 (§§ 34, 54 SEAG) Rn. 25; ohne Differenzierung nach der Aufgabe des Ausschusses *Schwarz* Anh. Art. 43 Rn. 205.

[39] MüKoAktG/*Reichert/Brandes* Rn. 69; *Eder* NZG 2004, 544 (545); für den Aufsichtsrat → AktG § 107 Rn. 113.

9 Überträgt man die dargelegten Grundsätze auf einzelne Ausschusstypen, ergeben sich Grenzen vor allem für die abschließende Beschlussfassung. Mit der Einrichtung eines operativ tätigen Ausschusses (**Exekutivausschuss,** Planungsausschuss) verbindet die Gestaltungspraxis die Hoffnung, die Unternehmensleitung bei einzelnen Personen zu bündeln und zugleich von der paritätischen Mitbestimmung entlasten zu können.[40] Bedeutung kann ein solches Gremium jedoch nur für die Beratung und kontrollierende Begleitung der geschäftsführenden Direktoren erlangen, weil die eigentlichen Leitungsentscheidungen beim Gesamtverwaltungsrat unter voller Beteiligung der Arbeitnehmer verbleiben müssen (→ Rn. 6). Soweit diese Grenzen jedoch gewahrt sind, spricht viel für die Zulässigkeit einer Besetzung ausschließlich mit Anteilseignervertretern, weil die Arbeitnehmervertreter auch im dualistischen System keinen Zugang zur Geschäftsführung haben.[41] Einem **Personalausschuss** (nominating committee) kann zwar die Auswahl geeigneter Kandidaten für die Geschäftsführung übertragen werden; die Bestellung der geschäftsführenden Direktoren ist aber dem Plenum vorbehalten (→ Rn. 7).[42] Im Verwaltungsrat lässt sich schließlich ein **Prüfungsausschuss** einrichten;[43] die bisherige ausdrückliche Regelung in § 34 Abs. 4 S. 5 SEAG aF zur mehrheitlichen Besetzung mit nicht geschäftsführenden Mitgliedern hat der Gesetzgeber allerdings gestrichen.[44] In einem solchen audit committee, das einen zentralen Bereich der Überwachungsaufgabe wahrnimmt, kann zwar die Notwendigkeit einer besonderen fachlichen Qualifikation der Mitglieder für eine Besetzung mit Anteilseignervertretern sprechen; wie beim Aufsichtsrat dürfte jedoch auch hier ein völliger Ausschluss der Arbeitnehmervertreter nur dann diskriminierungsfrei gelingen, wenn ihnen ein anderweitiger Einfluss auf die Überwachung eingeräumt wird.[45] Sollte ein Ausschuss ausnahmsweise ohne Arbeitnehmervertreter gebildet sein, gewährleisten Art. 44 Abs. 2 und § 43 Abs. 4 S. 3 SEAG die unbeschränkte Informationsversorgung der ausgeschlossenen Mitglieder.

10 Die Einrichtung und Besetzung von Ausschüssen des Verwaltungsrats kann nur sehr beschränkt zum Verhandlungsgegenstand der **Mitbestimmungsvereinbarung** gemacht werden.[46] Eine derartige einvernehmliche Gestaltung ist nämlich nur zulässig, wenn die Regelung auch in der Satzung möglich wäre. Deswegen müssen die Grenzen des § 23 Abs. 5 AktG gewahrt und die Organisationsautonomie des Verwaltungsrats (→ Rn. 6) respektiert werden.[47] Für den Aufsichtsrat ist anerkannt, dass die Satzung nur in sehr engen Grenzen Vorgaben für die Bildung und Zusammensetzung von Ausschüssen treffen kann;[48] dies schließt zugleich eine Regelung in der Mitbestimmungsvereinbarung aus.[49] Auch die Auslagerung der Arbeitnehmerbeteiligung in ein **zusätzliches Gremium** (sog. Konsultationsrat) mit Zustimmungsrechten in besonderen Angelegenheiten erscheint aus diesen Gründen unzulässig.[50]

---

[40] Ausf. MüKoAktG/*Reichert/Brandes* Rn. 52 ff., 62; *Reichert/Brandes* ZGR 2003, 767 (796); *Eder* NZG 2004, 544 (546); Lutter/Hommelhoff/Teichmann/*Teichmann* Anh. Art. 43 (§§ 34, 54 SEAG) Rn. 28 f.; weiter ausdifferenzierend *Gruber/Weller* NZG 2003, 297 (300).

[41] Eingehend in diesem Sinne MüKoAktG/*Reichert/Brandes* Rn. 57 ff.; *Gruber/Weller* NZG 2003, 297 (299); *Hennsler* FS Ulmer, 2003, 193 (202 ff.); *Teichmann* BB 2004, 53 (56); zweifelnd *Bachmann* ZGR 2008, 779 (805); Habersack/Drinhausen/*Verse* SEAG § 34 Rn. 33.

[42] S. Ziff. 5.3.3 DCGK (7.2.2017); zu Einsatzmöglichkeiten bei der monistischen SE vgl. MüKoAktG/*Reichert/Brandes* Rn. 63 ff.; rechtsvergleichend *Merkt,* US-amerikanisches Gesellschaftsrecht, 2013, Rn. 648 f.; *Windbichler* ZGR 1985, 50 (61).

[43] Vgl. zum Aufgabenzuschnitt im deutschen Aufsichtsrat die mit der letzten Kodex-Überarbeitung neugefasste Ziff. 5.3.2 DCGK (7.2.2017) sowie → AktG § 107 Rn. 139 ff.; anders als im Aufsichtsrat kann das audit committee im monistischen System entsprechend dem US-amerikanischen Vorbild auch zur uneingeschränkten Kontrolle der nachgelagerten Führungsebene ermächtigt werden, vgl. MüKoAktG/*Reichert/Brandes* Rn. 72; rechtsvergleichend zum audit committee *Altmeppen* ZGR 2004, 390; *Böckli,* Audit Committee, 2005; *Leyens* RabelsZ 67 (2003), 57 (98 f.); *Merkt,* US-amerikanisches Gesellschaftsrecht, 2013, Rn. 645 ff.; *Windbichler* ZGR 1985, 50 (59 f.).

[44] In einer sog. kapitalmarktorientierten SE iSd § 264d HGB muss der Prüfungsausschuss nach § 34 Abs. 4 S. 5 SEAG zudem die Voraussetzungen des § 100 Abs. 5 AktG erfüllen.

[45] Überwiegend wird argumentiert, dass Arbeitnehmerinteressen im audit committee nur mittelbar berührt seien, → AktG § 107 Rn. 147; MüKoAktG/*Reichert/Brandes* Rn. 74 mwN.

[46] Vgl. MüKoAktG/*Jacobs* SEBG § 21 Rn. 21.

[47] Vgl. *Eder* NZG 2004, 544 (546).

[48] → § 107 Rn. 86; Hüffer/Koch/*Koch* AktG § 107 Rn. 18, 31; ausführlich Großkomm AktG/*Hopt/Roth* AktG § 107 Rn. 242 ff.

[49] Eingehend *Habersack* AG 2006, 345 (349, 355).

[50] So aber die Anregung von *Teichmann* BB 2004, 53 (57), mit Fn. 48 zu weiteren Vorschlägen; zur aktienrechtlichen Zulässigkeit fakultativer Gremien vgl. Großkomm AktG/*Hopt/Roth* AktG § 95 Rn. 42 f. sowie die Erläuterungen bei → Art. 48 Rn. 9.

Art. 45 [Vorsitzender des Verwaltungsorgans]

¹Das Verwaltungsorgan wählt aus seiner Mitte einen Vorsitzenden. ²Wird die Hälfte der Mitglieder des Verwaltungsorgans von den Arbeitnehmern bestellt, so darf nur ein von der Hauptversammlung der Aktionäre bestelltes Mitglied zum Vorsitzenden gewählt werden.

Schrifttum: *Bachmann*, Der Verwaltungsrat der monistischen SE, ZGR 2008, 779; *Beckert*, Personalisierte Leitung von Aktiengesellschaften, 2009; *Boettcher*, Die Kompetenzen von Verwaltungsrat und geschäftsführenden Direktoren in der monistischen SE in Deutschland, 2009; *Casper*, Erfahrungen und Reformbedarf bei der SE – Gesellschaftsrechtliche Reformvorschläge, ZHR 173 (2009), 181; *Eder*, Die monistisch verfasste Societas Europaea – Überlegungen zur Umsetzung eines CEO-Modells, NZG 2004, 544; *Hein*, Die Rolle der US-amerikanischen CEO gegenüber dem Board of Directors im Lichte neuerer Entwicklungen, RIW 2002, 501, *Hein*, Vom Vorstandsvorsitzenden zum CEO?, ZHR 166 (2002), 464; *Hoffmann-Becking*, Vorstandsvorsitzender oder CEO?, NZG 2003, 745; *Martin*, Das U. S. Corporate Governance System – Verlust der Vorbildfunktion?, NZG 2003, 948; *J. Schmidt*, „Deutsche" vs. „britische" Societas Europaea (SE): Gründung, Verfassung, Kapitalstruktur, 2006; *Wicke*, Der CEO im Spannungsverhältnis zum Kollegialprinzip, NJW 2007, 3755.

I. Regelungsgehalt, Normzweck

Der Verwaltungsrat muss aus seiner Mitte einen **Vorsitzenden** wählen. Anders als im Vorstand ist es dagegen nicht möglich, ein Mitglied lediglich zum Sprecher zu ernennen.[1] Besteht der Verwaltungsrat zur Hälfte aus Arbeitnehmervertretern, darf nur ein Anteilseignervertreter zum Vorsitzenden bestellt werden (S. 2); im Zusammenspiel mit dem Recht zum Stichentscheid nach Art. 50 Abs. 2 sichert diese zwingende Vorgabe das **Letztentscheidungsrecht** der Anteilseignerseite in der mitbestimmten SE. In der deutschen SE ist dem Vorsitzenden mindestens ein Stellvertreter an die Seite zu stellen (§ 34 Abs. 1 S. 1 SEAG, → Rn. 10). Im Einmann-Verwaltungsrat (→ Art. 43 Rn. 25) dispensiert § 34 Abs. 1 S. 3 SEAG von der förmlichen Bestellung eines Vorsitzenden.

II. Wahl des Verwaltungsratsvorsitzenden

Der Vorsitzende wird durch den **gesamten Verwaltungsrat** gewählt; eine Delegation an einen Ausschuss oder eine Bestimmung durch Dritte scheiden aus.[2] Wählbar sind alle Mitglieder des Verwaltungsrats. Die Satzung kann das passive Wahlrecht weder auf Dritte erweitern, noch einzelne Mitglieder ausschließen.[3] Besteht der Verwaltungsrat indes zur Hälfte aus Arbeitnehmervertretern, kann nach S. 2 nur ein Anteilseignervertreter zum Vorsitzenden gewählt werden; gleiches muss gelten, wenn die Arbeitnehmerseite in einem unterparitätisch besetzten Organ infolge einer satzungsmäßigen Erhöhung des Mehrheitserfordernisses eine Blockademöglichkeit hätte.[4] Ein Vorsitzender ist auch dann zu wählen, wenn sich das Organ nur aus zwei Mitgliedern zusammensetzt; in diesem Fall führt Art. 50 Abs. 2 ausnahmsweise zu einem Alleinentscheidungsrecht des Vorsitzenden.[5]

Für den **Wahlbeschluss** gilt Art. 50 Abs. 1, der einer abweichenden Satzungsgestaltung offen steht.[6] Der Grundsatz der Gleichheit aller Organmitglieder steht jedoch einer Regelung entgegen, die einzelnen Mitgliedern über die gesetzlichen Vorgaben hinaus ein Stimmenübergewicht einräumt (→ Art. 43 Rn. 35, → Art. 50 Rn. 9). Bedeutung erlangt dies im paritätisch besetzten Verwaltungsrat, weil das Letztentscheidungsrecht der Anteilseignerseite nach Art. 50 Abs. 2 S. 1 versagt, wenn es (noch) keinen wahlberechtigten Vorsitzenden gibt. § 27 MitbestG, der die entsprechende Pattsituation im deutschen Recht auflöst, ist auf die SE weder unmittelbar noch analog anwendbar.[7] Einer unveränderten Übertragung steht entgegen, dass im SE-Verwaltungsrat auch der Stellvertreter zwingend ein Anteilseignervertreter sein muss (→ Rn. 10), während nach § 27 Abs. 2 S. 2 MitbestG der Stellvertreter von der Arbeitnehmerseite gewählt wird, üblicherweise also aus deren Reihen stammen

---

[1] Zum Unterschied → AktG § 84 Rn. 91; *Hoffmann-Becking* ZGR 1998, 497 (517 f.); Hüffer/Koch/*Koch* AktG § 84 Rn. 22.
[2] → Art. 44 Rn. 6; MüKoAktG/*Reichert/Brandes* Rn. 3; für den Stellvertreter ausdrücklich § 34 Abs. 4 S. 2 SEAG.
[3] MüKoAktG/*Reichert/Brandes* Rn. 3; ebenso für den Aufsichtsrat → AktG § 107 Rn. 20 mwN.
[4] Ebenso *Schwarz* Rn. 14.
[5] *Schwarz* Rn. 5; Lutter/Hommelhoff/Teichmann/*Teichmann* Rn. 9.
[6] MüKoAktG/*Reichert/Brandes* Rn. 3.
[7] Dies folgt bereits aus § 47 Abs. 1 Nr. 1 SEBG, vgl. MüKoAktG/*Reichert/Brandes* Rn. 4; Lutter/Hommelhoff/Teichmann/*Teichmann* Rn. 12; Habersack/Drinhausen/*Verse* Rn. 15; Kölner Komm AktG/*Siems* Rn. 4; allg. MüKoAktG/*Jacobs* SEBG § 47 Rn. 7; für eine Analogie dagegen *Schwarz* Art. 45 Rn. 9; zum dualistischen Modell auch *Teichmann* ZGR 2002, 383 (443 f.). De lege ferenda für eine klarstellende Änderung der SE-VO oder des SEBG *Casper* ZHR 173 (2009), 181 (217).

wird.[8] Eindeutig ist jedoch der Wille des Verordnungsgebers erkennbar, die Handlungsfähigkeit der Organe durch Auflösung einer Blockade zugunsten der Anteilseignerseite aufrechtzuerhalten (vgl. Art. 42 S. 2, Art. 45 S. 2, Art. 50 Abs. 2 S. 2). Dies spricht für die ausnahmsweise Zulässigkeit einer **Satzungsklausel**, die im zweiten Wahlgang eine Wahl des Vorsitzenden und der Stellvertreter nur durch die Anteilseignergruppe[9] vorsieht, indem etwa dem an Lebensjahren ältesten Mitglied der Anteilseignerseite ein Recht zum Stichentscheid zugewiesen wird (→ Art. 42 Rn. 2, → Art. 50 Rn. 11). Fehlt eine entsprechende Satzungsregelung, sind die Arbeitnehmervertreter im Verwaltungsrat aufgrund ihrer organschaftlichen Treuepflicht gehalten, der in Art. 45 S. 2 zwingend vorgegebenen Wahl eines Anteilseignervertreters zum Vorsitzenden zuzustimmen.[10] Wählt der Verwaltungsrat entgegen Art. 45 keinen Vorsitzenden, kommt eine **gerichtliche Ersatzbestellung** analog § 30 Abs. 2 SEAG in Betracht.[11]

4   Die Wahl zum Vorsitzenden gilt – vorbehaltlich einer abweichenden Regelung in Satzung, Geschäftsordnung oder Wahlbeschluss – für die Dauer der Mitgliedschaft im Verwaltungsrat.[12] Die **Amtszeit** endet vorzeitig bei Niederlegung oder grundsätzlich jederzeit zulässiger Abberufung.[13] Gem. § 46 Abs. 1 S. 3 SEAG haben die geschäftsführenden Direktoren die Wahl des Vorsitzenden und seines Stellvertreters sowie jede spätere Änderung in seiner Person zum Handelsregister anzumelden; diese Vorschrift entspricht § 107 Abs. 1 S. 2 AktG (→ AktG § 107 Rn. 60).

III. Aufgaben und Befugnisse

5   Aufgabe des Vorsitzenden ist die **Koordination** der Verwaltungsratstätigkeit[14] und die **Repräsentation** des Organs innerhalb der Gesellschaft und in der Öffentlichkeit.[15] Über seine Verantwortung für das organinterne Verfahren (insb Vorbereitung, Einberufung und Leitung der Sitzungen, Aufstellung der Tagesordnung[16]) kann er zumindest faktisch einen bestimmenden Einfluss auf den Verwaltungsrat ausüben.[17] Zugleich soll der Vorsitzende sein Organ gegenüber den geschäftsführenden Direktoren repräsentieren.[18] Eine herausgehobene Position erhält der Vorsitzende nicht nur durch das Recht zum Stichentscheid (Art. 50 Abs. 2), sondern auch durch **§ 35 Abs. 3 SEAG**. Diese auf Initiative des Rechtsausschusses eingeführte Sonderregelung des deutschen Gesetzgebers[19] gibt dem Vorsitzenden eine zusätzliche Stimme, wenn ein geschäftsführender Direktor, der zugleich Verwaltungsratsmitglied ist, aus rechtlichen Gründen an der Beschlussfassung gehindert ist. Hintergrund der Regelung ist die Befürchtung eines Stimmübergewichts der Arbeitnehmervertreter, wenn ein geschäftsführender Direktor infolge einer Interessenkollision mit einem Stimmverbot belegt ist (→ Art. 50 Rn. 8).

6   Gesellschaftsrechtsordnungen mit monistischer Unternehmensverfassung kennen häufig einen mächtigen Direktor, der verschiedene Funktionen auf sich vereinigt und zur **zentralen Figur der Unternehmensleitung** heranwächst. Rechtsvergleichend lässt sich auf den **chief executive officer (CEO)** US-amerikanischer Prägung[20] und auf den président directeur general (PDG) der französischen Aktiengesellschaft[21] verweisen. Vor diesem Hintergrund wird die Frage diskutiert, inwieweit sich auch die Rechtsstellung des Verwaltungsratsvorsitzenden über die erläuterten gesetzlichen Befug-

---

[8] Vgl. MüKoAktG/*Gach* MitbestG § 27 Rn. 9; Großkomm AktG/*Oetker* MitbestG § 27 Rn. 6.
[9] So der Vorschlag von MüKoAktG/*Reichert/Brandes* Art. 50 Rn. 28.
[10] Lutter/Hommelhoff/Teichmann/*Teichmann* Rn. 12; Habersack/Drinhausen/*Verse* Rn. 16.
[11] So MüKoAktG/*Reichert/Brandes* Rn. 6 ff.; Lutter/Hommelhoff/Teichmann/*Teichmann* Rn. 4; Habersack/Drinhausen/*Verse* Rn. 5, 16; *Schwarz* Rn. 19; zur Diskussion im deutschen Aktienrecht Großkomm AktG/*Hopt/Roth* AktG § 107 Rn. 19 ff.
[12] MüKoAktG/*Reichert/Brandes* Rn. 9; *Schwarz* Rn. 7; Lutter/Hommelhoff/Teichmann/*Teichmann* Rn. 5; ebenso für den Aufsichtsrat → AktG § 107 Rn. 30; Großkomm AktG/*Hopt/Roth* AktG § 107 Rn. 46 ff.
[13] Lutter/Hommelhoff/Teichmann/*Teichmann* Rn. 5; *Schwarz* Rn. 11; MüKoAktG/*Reichert/Brandes* Rn. 10 f., auch zur Regelung in Satzung oder Geschäftsordnung; ausf. zur vorzeitigen Abberufung des Aufsichtsratsvorsitzenden → AktG § 107 Rn. 34 ff.
[14] Vgl. MüKoAktG/*Reichert/Brandes* Rn. 12 f.
[15] Zum Aufsichtsrat → AktG § 107 Rn. 39 f.
[16] → Art. 44 Rn. 2; zum Aufsichtsrat Großkomm AktG/*Hopt/Roth* § 107 Rn. 78 ff.
[17] Ähnlich MüKoAktG/*Reichert/Brandes* Rn. 13; für den Vorstandsvorsitzenden MüKoAktG/*Spindler* § 84 Rn. 114; *Bezzenberger* ZGR 1996, 661 (662 ff., 672) (Verfahrensleitung als „Keim der Sachleitung").
[18] So MüKoAktG/*Reichert/Brandes* Rn. 12 mit Verweis auf § 40 Abs. 6 SEAG, § 90 AktG.
[19] Vgl. Beschlussempfehlung und Bericht des Rechtsausschusses, BT-Drs. 15/4053, 18 (59).
[20] Näher etwa *Hein* ZHR 166 (2002), 464; *Hein* RIW 2002, 501; *Hoffmann-Becking* NZG 2003, 745; *Martin* NZG 2003, 948 (950 f.); *Merkt*, US-amerikanisches Gesellschaftsrecht, 2013, Rn. 626, 661 ff.; *Peltzer/v. Werder* AG 2001, 1 (3); *Wymeersch* in Hommelhoff/Hopt/v. Werder Corporate Governance-HdB S. 87 (94).
[21] Vgl. *Menjucq* ZGR 2003, 679 (687); *Wymeersch* in Hommelhoff/Hopt/v. Werder Corporate Governance-HdB S. 87 (95).

nisse hinaus durch Satzung und Geschäftsordnung ausbauen lässt.[22] So wurde vorgeschlagen, dem Vorsitzenden des Verwaltungsrats in der Satzung die **Leitung der Hauptversammlung** zu übertragen.[23] Zwar ist eine solche Klausel für den Aufsichtsratsvorsitzenden zulässig und üblich;[24] dagegen können Vorstandsmitglieder nicht gewählt werden, weil ihnen die nötige Neutralität fehle.[25] In der monistischen SE ist jedenfalls eine Übertragung auf einen geschäftsführenden Vorsitzenden oder andere geschäftsführende Verwaltungsratsmitglieder abzulehnen (str).[26] Dagegen ist es de lege lata unbestreitbar zulässig, den Vorsitzenden zugleich zum **geschäftsführenden Direktor** zu bestellen. Zu Recht steht der Gesetzgeber einer solchen **Personalunion** jedoch kritisch gegenüber.[27] Bedenken ruft vor allem der mit der Doppelstellung verbundene Informationsvorsprung hervor, der die Einflussmöglichkeiten des Vorsitzenden zumindest faktisch maximiert und durch die Informationsrechte der übrigen Mitglieder (Art. 44 Abs. 2) nur unzureichend kompensiert werden dürfte.[28] Zudem verliert der Vorsitzende die Legitimation, die Überwachung zu koordinieren und gegenüber den geschäftsführenden Direktoren durchzusetzen. Auf rechtsvergleichenden Anregungen beruht der Kompromissvorschlag, einen der nicht geschäftsführenden Direktoren zu einem sog. **independent lead director** zu ernennen, der als Gegenspieler zum geschäftsführenden Vorsitzenden die Kontrollaktivitäten bündelt.[29]

Verordnung und SEAG stehen einer **satzungsmäßige Zuweisung weiterer Aufgaben** an den Vorsitzenden grundsätzlich nicht entgegen.[30] Soweit für eine Aufgabe allerdings nach dem Gesetz der Verwaltungsrat zuständig ist, scheitert eine Übertragung an den Vorsitzenden an der aktienrechtlichen Satzungsstrenge.[31] Der Zentralisierung der Leitungsaufgabe auf eine einzige Person zieht das Prinzip der **Gesamtverantwortung** enge Grenzen (→ Art. 43 Rn. 10). Zwar ist es – wie im Vorstand auch – möglich, in der **Geschäftsordnung** bestimmte Aufgabenbereiche dem Vorsitzenden oder einem anderen Mitglied speziell zuzuweisen. Die Ressortverteilung ändert jedoch nichts an der Zuständigkeit des Gesamtverwaltungsrats für die gesamte Geschäftsleitung, so dass jedem Mitglied das Recht verbleibt, zu intervenieren und die Frage in das Plenum zurückzutragen (→ AktG § 76 Rn. 56 ff., → AktG § 77 Rn. 44 ff.). Jede organinterne Delegation auf den Vorsitzenden steht mit anderen Worten unter dem Vorbehalt eines abweichenden Beschlusses der Verwaltungsratsmehrheit. 7

Auch die Satzungsermächtigung, die Art. 50 Abs. 1 für die **Beschlussfassung** vorsieht, lässt sich für einen Ausbau der Rechtsstellung des Vorsitzenden nur beschränkt nutzen. Eine von der Verordnung abweichende Satzungsregelung muss am Mehrheitsprinzip festhalten und den Grundsatz der Gleichberechtigung aller Verwaltungsratsmitglieder wahren (→ Art. 50 Rn. 9). **Unzulässig** ist es deswegen, über das Recht zum Stichentscheid hinaus dem Vorsitzenden ein **Vetorecht**[32] oder gar ein Alleinentscheidungsrecht[33] gegen die Mehrheit der Mitglieder einzuräumen. Ebensowenig ist 8

---

[22] Eingehend insbes. *Eder* NZG 2004, 544; MüKoAktG/*Reichert*/*Brandes* Rn. 18 ff.; Lutter/Hommelhoff/Teichmann/*Teichmann* Rn. 7; *Bachmann* ZGR 2008, 779 (788 ff.); sowie *Horn* DB 2005, 147 (151); *Merkt* ZGR 2003, 650 (664 ff.); Kölner Komm AktG/*Siems* Rn. 12.

[23] So MüKoAktG/*Reichert*/*Brandes* Rn. 16; *Eder* NZG 2004, 544 (546).

[24] Vgl. nur Großkomm AktG/*Hopt*/*Roth* AktG § 107 Rn. 145 f.

[25] Hüffer/Koch/*Koch* AktG § 129 Rn. 18; ebenso MüKoAktG/*Kubis* § 119 Rn. 106; eingehend *Wilsing*/*von der Linden* ZIP 2009, 641 (644 f.) die zur Begründung darauf verweisen, dass der Vorstand Adressat des Auskunftsrechts der Aktionäre sei; dies trifft jedoch in gleicher Weise für den Verwaltungsrat zu, → Art. 53 Rn. 6.

[26] Ebenso Habersack/Drinhausen/*Bücker* Art. 53 Rn. 22; zurückhaltend auch *Bachmann* ZGR 2008, 779 (789 f.) (Übertragung auf den geschäftsführenden Vorsitzenden zulässig, aber nicht zu empfehlen); *Casper* ZHR 173 (2009), 181 (216) (in der Praxis nicht sinnvoll); weitergehend für einen generellen Ausschluss sämtlicher Mitglieder des Verwaltungsrats MüKoAktG/*Kubis* Art. 53 Rn. 18; Lutter/Hommelhoff/Teichmann/*Spindler* Art. 53 Rn. 26; für generelle Zulässigkeit MüKoAktG/*Reichert*/*Brandes* Rn. 16; Habersack/Drinhausen/*Verse* Rn. 11; *Eder* NZG 2004, 544 (546).

[27] BegrRegE BT-Drs. 15/3405, 39; krit. auch *Ihrig*/*Wagner* BB 2004, 1749 (1758); *Teichmann* BB 2004, 53 (55); Lutter/Hommelhoff/Teichmann/*Teichmann* Anh. Art. 43 (§ 40 SEAG) Rn. 19; *Beckert*, Personalisierte Leitung von Aktiengesellschaften, 2009, 200 ff.; rechtsvergleichend *Merkt* ZGR 2003, 650 (664 f.); keine Bedenken dagegen bei *Eder* NZG 2004, 544 (546). Für die Aufnahme einer ablehnenden Empfehlung in den DCKG plädiert *Casper* ZHR 173 (2009), 181 (215).

[28] Ähnlich MüKoAktG/*Reichert*/*Brandes* Rn. 19; zur US-amerikanischen Diskussion *Hein* RIW 2002, 501 (503, 507); allg. → Art. 38 Rn. 13.

[29] Vgl. *Davies* ZGR 2001, 268 (275); *Merkt* ZGR 2003, 650 (665); *Casper* ZHR 173 (2009), 181 (215).

[30] Zum Aufsichtsrat Großkomm AktG/*Hopt*/*Roth* § 107 Rn. 128.

[31] Vgl. die Bsp. bei Großkomm AktG/*Hopt*/*Roth* § 107 Rn. 130.

[32] MüKoAktG/*Reichert*/*Brandes* Rn. 21; aA *Bachmann* ZGR 2008, 779 (793); wie hier für den Aufsichtsrat → AktG § 107 Rn. 49; Großkomm AktG/*Hopt*/*Roth* § 108 Rn. 38; dagegen kann dem Vorstandsvorsitzenden in der nicht mitbestimmten AG nach hM ein Vetorecht eingeräumt werden, → AktG § 84 Rn. 89; einschränkend jetzt Hüffer/Koch/*Koch* AktG § 77 Rn. 12 f.

[33] Wie hier MüKoAktG/*Reichert*/*Brandes* Rn. 23; aA *Bachmann* ZGR 2008, 779 (793).

von Art. 50 Abs. 1 eine Satzungsbestimmung gedeckt, die die **Beschlussfähigkeit** des Verwaltungsrats von der Anwesenheit des Vorsitzenden abhängig macht.[34] Dies würde nicht nur eine Ungleichbehandlung zugunsten des Vorsitzenden darstellen, sondern zugleich die Funktionsfähigkeit des Organs gefährden.[35] Diese Grundsätze gelten uneingeschränkt auch für den Beschluss über die Bestellung der geschäftsführenden Direktoren, weil der Satzungsvorbehalt in § 40 Abs. 1 S. 5 SEAG nicht weiter reichen kann als in Art. 50 Abs. 1. Deswegen ist es auch unzulässig, dem Vorsitzenden in der Satzung ein **bindendes Vorschlagsrecht** hinsichtlich der geschäftsführenden Direktoren einzuräumen.[36]

9   Angedacht wurde schließlich, den Regelungsfreiraum auszunutzen, den § 29 Abs. 1 S. 3 SEAG und § 40 Abs. 5 SEAG für die **Abberufung** als Verwaltungsratsmitglied bzw. geschäftsführender Direktor gewähren. Zulässig ist es, im Rahmen von § 40 Abs. 5 SEAG zu differenzieren, um den geschäftsführenden Vorsitzenden gegenüber seinen Mitgeschäftsführern zu privilegieren.[37] Bei der Abberufung als Mitglied des Verwaltungsrats ist eine solche Sonderbehandlung des Vorsitzenden dagegen nicht möglich. Sie widerspräche dem Grundsatz der Gleichbehandlung der Verwaltungsratsmitglieder, der im Sinne der Überwachungsfunktion die Unabhängigkeit der Verwaltungsratsmitglieder sichern soll und auch im mitbestimmungsfreien Organ gilt.[38]

IV. Stellvertreter

10   In Anlehnung an § 107 Abs. 1 S. 1 und 3 AktG schreibt der Ausführungsgesetzgeber in § 34 Abs. 1 SEAG die Wahl mindestens eines Stellvertreters des Verwaltungsratsvorsitzenden vor. Anders als in der mitbestimmten AG muss auch der **Stellvertreter stets Anteilseignervertreter** sein.[39] Grund ist, dass er im Vertretungsfall alle Rechte und Pflichten des Vorsitzenden einschließlich des Letztentscheidungsrechts hat, weil § 29 Abs. 2 S. 3 MitbestG auf die SE dann keine Anwendung findet, wenn sich die Mitbestimmung über die Auffangregelung an den Vorgaben des MitbestG orientiert.[40] Hinzu tritt das Ergänzungsstimmrecht analog § 35 Abs. 3 SEAG (→ Art. 50 Rn. 8). Wann der Vertretungsfall eintritt, bestimmt sich wie in § 107 Abs. 1 S. 3 AktG (→ AktG § 107 Rn. 57 mwN).

Abschnitt 3. Gemeinsame Vorschriften für das monistische und das dualistische System

Art. 46 [Bestellung der Organe]

(1) Die Mitglieder der Organe der Gesellschaft werden für einen in der Satzung festgelegten Zeitraum, der sechs Jahre nicht überschreiten darf, bestellt.

(2) Vorbehaltlich in der Satzung festgelegter Einschränkungen können die Mitglieder einmal oder mehrmals für den gemäß Absatz 1 festgelegten Zeitraum wiederbestellt werden.

Schrifttum: Vgl. *Drinhausen/Nohlen*, Festlegung der Amtsdauer von SE-Organmitgliedern in der Satzung nach Art. 46 Abs. 1 SE-VO, ZIP 2009, 1890, sowie die Angaben bei Art. 43.

---

[34] So aber der Vorschlag von *Eder* NZG 2004, 544 (545); zust. *Schwarz* Art. 50 Rn. 19; vgl. auch *Bachmann* ZGR 2008, 779 (793), der eine ablehnende Empfehlung im DCGK vorschlägt.

[35] Zweifelnd auch MüKoAktG/*Reichert/Brandes* Rn. 24; wie im Text für den Aufsichtsrat → AktG § 108 Rn. 43; Großkomm AktG/*Hopt/Roth* AktG § 107 Rn. 137, AktG § 108 Rn. 75 im Anschluss an BGHZ 83, 151 (155, 157 f.).

[36] So aber MüKoAktG/*Reichert/Brandes* Rn. 25; *Eder* NZG 2004, 544 (546) (vorbehaltlich der Regeln über den Arbeitsdirektor in § 40 Abs. 1 S. 6 SEAG, § 38 Abs. 2 SEBG).

[37] Vgl. *Eder* NZG 2004, 544 (546).

[38] Zum Aufsichtsrat → AktG § 103 Rn. 12 mN zur Rspr.; Hüffer/Koch/*Koch* AktG § 101 Rn. 16a; Großkomm AktG/*Hopt/Roth* AktG § 101 Rn. 201, AktG § 103 Rn. 25.

[39] Ebenso MüKoAktG/*Reichert/Brandes* Rn. 29; Kölner Komm AktG/*Siems* Rn. 5; aA Lutter/Hommelhoff/Teichmann/*Teichmann* Anh. Art. 43 (§§ 34, 54 SEAG) Rn. 9; Habersack/Drinhausen/*Verse* SEAG § 34 Rn. 11; vgl. zur Parallelfrage beim stellvertretenden Aufsichtsratsvorsitzenden *S.H. Schneider* AG 2008, 887.

[40] → § 47 Abs. 1 Nr. 1 SEBG; MüKoAktG/*Reichert/Brandes* Rn. 36; *Schwarz* Anh. Art. 43 Rn. 193; aA Lutter/Hommelhoff/Teichmann/*Teichmann* Anh. Art. 43 (§§ 34, 54 SEAG) Rn. 9; Habersack/Drinhausen/*Verse* § 34 SEAG Rn. 5.

I. Regelungsgehalt, Normzweck

Abs. 1 verpflichtet den Satzungsgeber zur Regelung der Amtszeit der Mitglieder des Leitungs- und Aufsichtsorgans sowie des Verwaltungsrats. Anders als in § 84 Abs. 1 S. 1 AktG und § 102 Abs. 1 S. 1 AktG muss die Satzung also eine Regelung treffen (**Gestaltungsermächtigung mit Regelungsauftrag**).[1] Zugleich beschränkt Abs. 1 die zulässige Amtszeit auf eine **Höchstfrist von sechs Jahren**. Fehlt eine entsprechende Bestimmung in der Satzung, besteht ein Eintragungshindernis.[2] Eine Wiederbestellung der Organmitglieder ist vorbehaltlich abweichender Satzungsregelungen möglich (Abs. 2). Im Leitungsorgan gilt die Frist des Abs. 1 über Art. 9 Abs. 1 lit. c ii, § 84 Abs. 1 S. 5 AktG auch für den Anstellungsvertrag.[3] Für die Amtszeit als **geschäftsführender Direktor** gilt Art. 46 nicht;[4] insoweit besteht eine bewusste Regelungslücke auf Verordnungsebene, die der deutsche Gesetzgeber anders als der österreichische nicht ausgefüllt hat (→ Art. 43 Rn. 39).[5] 1

Neben dem Erfordernis einer periodischen Erneuerung der Bestellung steht das **Recht zur vorzeitigen Abberufung** der Organmitglieder. Dies ist für das Leitungsorgan in Art. 39 Abs. 2 ausdrücklich geregelt, lässt sich aber auch für das Aufsichtsorgan und den Verwaltungsrat Art. 40 Abs. 2 S. 1 bzw. Art. 43 Abs. 3 S. 1 entnehmen.[6] Die Einzelheiten ergeben sich aus § 103 AktG bzw. § 29 SEAG (→ Art. 40 Rn. 9, → Art. 43 Rn. 34, → Art. 52 Rn. 5). Die Abberufung von Arbeitnehmervertretern ist in § 37 Abs. 1 SEBG geregelt. 2

Die Vorschrift hat den **Zweck,** „die Verantwortlichkeit der Mitglieder der Organe zu stärken".[7] Die zwingende zeitliche Befristung führt dazu, dass spätestens nach sechs Jahren eine ausdrückliche Beschlussfassung über den Verbleib des Mitglieds im Organ erfolgen muss. Dadurch sichert die Vorschrift die **Personalkompetenz** des jeweiligen Bestellungsorgans[8] und bewirkt zugleich eine Unsicherheit der Vorstandsstellung, von der eine präventive Wirkung erwartet wird.[9] Besondere Bedeutung hat die zeitliche Beschränkung der Amtszeit für die Mitglieder des Leitungsorgans, die wie Vorstandsmitglieder nur abberufen werden können, wenn ein wichtiger Grund vorliegt (Art. 9 lit. c ii, § 84 Abs. 3 AktG; → Art. 39 Rn. 9, allgemein → Art. 38 Rn. 3, 11). 3

II. Amtszeit

Maßgeblicher **Beginn der Amtszeit** ist der Zeitpunkt, zu dem alle Voraussetzungen erfüllt sind, die für das Wirksamwerden der Bestellung konstitutiv sind; dies richtet sich mangels Regelung in Art. 39, 40, 43 nach nationalem Recht. Die Frist läuft also mit der Bestellung und deren Annahme durch das Organmitglied, sofern die Bestellung nicht aufschiebend bedingt oder befristet erfolgt ist.[10] 4

Neben einer starren Amtsdauer von maximal sechs Jahren kann die **Satzung** auch eine flexible Regelung treffen. Zulässig ist nicht nur eine Unterscheidung zwischen Aufsichts- und Leitungsorgan, sondern auch eine Differenzierung zwischen den einzelnen Mitgliedern innerhalb eines Organs. 5

---

[1] MüKoAktG/*Reichert/Brandes* Rn. 3; *Schwarz* Rn. 1, 5 f.; Lutter/Hommelhoff/Teichmann/*Teichmann* Rn. 3; *Drinhausen* in Van Hulle/Maul/Drinhausen SE-HdB 5. Abschn. § 2 Rn. 10; *Seibt* in Lutter/Hommelhoff Europäische Gesellschaft, 2005, 67 (74); allg. *Hommelhoff* FS Ulmer, 2003, 267 (274 f.); dagegen zum deutschen Aktienrecht → AktG § 84 Rn. 14 und → AktG § 102 Rn. 10.

[2] Lutter/Hommelhoff/Teichmann/*Teichmann* Rn. 3; *Schwarz* Rn. 6.

[3] MüKoAktG/*Reichert/Brandes* Art. 39 Rn. 40; Lutter/Hommelhoff/Teichmann/*Drygala* Art. 39 (§§ 15, 16 SEAG) Rn. 36.

[4] Ebenso MüKoAktG/*Reichert/Brandes* Art. 43 Rn. 115; Lutter/Hommelhoff/Teichmann/*Teichmann* Rn. 8; *Drinhausen* in Van Hulle/Maul/Drinhausen SE-HdB 5. Abschn. § 3 Rn. 34; *Bachmann* ZGR 2008, 779 (789) in Fn. 46; Kölner Komm AktG/*Siems* Vorb Art. 46 Rn. 3; aA *Bauer*, Organstellung und Organvergütung in der monistisch verfassten Europäischen Aktiengesellschaft (SE), 2008, 66 ff.

[5] → § 59 Abs. 1 öSEG; dazu *Kalss/Hügel* SEG § 59 Rn. 15.

[6] Anders zunächst *Hommelhoff* AG 2001, 279 (283); *Hirte* NZG 2002, 1 (5); *Schwarz* ZIP 2001, 1847 (1855); dagegen zu Recht MüKoAktG/*Kubis* Art. 52 Rn. 11 f.; MüKoAktG/*Reichert/Brandes* Rn. 13; Lutter/Hommelhoff/*Teichmann* Rn. 2; Lutter/Hommelhoff/*Spindler* Art. 52 Rn. 5.

[7] So die Begründung der Kommission zum Entwurf von 1989, abgedruckt in BT-Drs. 11/5427, 12; vgl. auch die französische Fassung: „Pour renforcer la responsabilité des membres des organes", COM(89) 268 final SYN 218 et SYN 219, S. 28.

[8] MüKoAktG/*Reichert/Brandes* Rn. 2; zum Vorstand → AktG § 84 Rn. 13; Hüffer/Koch/*Koch* AktG § 84 Rn. 6. Anderes Verständnis des Normzwecks bei Lutter/Hommelhoff/Teichmann/*Teichmann* Rn. 2, 4: Art. 46 solle durch die satzungsmäßige Festlegung einer Amtszeit mit bestimmter Länge die *Unabhängigkeit* der bestellten Organmitglieder stärken; dieses Verständnis lässt sich jedoch aus der zitierten Kommissionsbegründung (Fn. 7) nicht rechtfertigen.

[9] So *Raiser/Veil* KapGesR § 14 Rn. 34.

[10] MüKoAktG/*Reichert/Brandes* Rn. 4, 9; vgl. zur Bestellung des Vorstands MüKoAktG/*Spindler* § 84 Rn. 34; für den Aufsichtsrat → AktG § 101 Rn. 13; Großkomm AktG/*Hopt/Roth* AktG § 101 Rn. 90.

Letztere erfordert jedoch wegen des Grundsatzes der Gleichberechtigung der Mitglieder einen sachlichen Grund.[11] Auch wenn der Wortlaut des Art. 46 dies nicht andeutet, genügt es, in der Satzung lediglich eine Höchstgrenze vorzuschreiben und die Bestimmung im Übrigen der Hauptversammlung bzw. dem Aufsichtsorgan zu überlassen.[12] Dafür streitet, dass eine Verkürzung der Amtsdauer unter die satzungsmäßige Höchstfrist den personellen Einfluss des Bestellungsorgans sogar noch vergrößert und deswegen dem Regelungszweck, die Verantwortlichkeit der Organmitglieder zu stärken (→ Rn. 3), nicht widerspricht.[13] Schließlich kann die Satzung zusätzlich eine Mindestdauer anordnen und so einen Rahmen für die zulässige Amtszeit vorgeben. Die Satzungsregelung nach Abs. 1 gilt auch für die **Arbeitnehmervertreter** im Aufsichtsorgan bzw. Verwaltungsrat.[14] Soweit die Klausel nur einen Rahmen vorgibt, kann die Arbeitnehmerseite der Hauptversammlung die Amtszeit bindend vorschlagen.[15] Über die Amtszeit des **entsandten Mitglieds** darf der Entsendungsberechtigte im Rahmen der in der Satzung festgelegten Höchstfrist grundsätzlich frei bestimmen.[16] Die Amtsdauer des **Ersatzmitglieds** richtet sich über Art. 9 lit. c ii nach § 102 Abs. 2 AktG bzw. § 28 Abs. 3 S. 5 SEAG; auch hier kann die Satzung eine differenzierende Regelung treffen.[17]

III. Amtszeit des ersten Organs

5a Ob Art. 46 Abs. 1 eine **abschließende Regelung** auch für die Amtszeit der Mitglieder des ersten Aufsichts- und Verwaltungsorgans enthält oder ob daneben spezielle Vorschriften des Sitzstaatsrechts anwendbar sind, ist umstritten.[18] Der Verordnungsentwurf von 1989 hatte in Art. 68 Abs. 1 S. 2 die Amtszeit des ersten Organs noch abweichend geregelt: „Die ersten von den Aktionären zu bestellenden Mitglieder des Aufsichts- bzw. des Verwaltungsorgans werden jedoch durch den Gründungsakt der SE für die Dauer von höchstens drei Jahren bestellt."[19] Der Verordnungsgeber erkannte also an, dass ein Bedürfnis bestehen kann, die Amtszeit des ersten Organs außerhalb der Satzung und mit einer verkürzten Amtsdauer zu regeln. Die inzwischen wohl hM ist der Ansicht, die Streichung dieser Regelung führe nicht zu einer Lücke, die in der SE mit Sitz in Deutschland durch die Anwendung von **§ 30 Abs. 3 S. 1 AktG** zu schließen wäre. § 30 Abs. 3 S. 1 AktG, wonach in der AG die Mitglieder des ersten Aufsichtsrats nicht für längere Zeit als bis zur Beendigung der Hauptversammlung bestellt werden, die über die Entlastung für das erste Voll- oder Rumpfgeschäftsjahr beschließt, soll deswegen auf das Aufsichtsorgan der dualistischen SE keine Anwendung finden (str).[20] Gleiches gilt nach hM für den **ersten Verwaltungsrat**; auch hier verbleibe es bei Art. 46 als abschließender Regelung.[21] Aufgrund der Satzungsautonomie (→ Rn. 5) ist es jedoch zulässig und (ggf. vorsorglich) zu empfehlen, eine verkürzte Amtszeit des ersten Aufsichtsrats bzw. Verwaltungsrats in Anlehnung an § 30 Abs. 3 S. 1 AktG vorzusehen.

IV. Wiederbestellung

6 **Abs. 2** stellt klar, dass die Organmitglieder ein- oder mehrmals für den satzungsmäßig festgelegten Zeitraum wiedergewählt werden können. Zulässig ist die Wiederbestellung allerdings nur für die

---

[11] MüKoAktG/*Reichert/Brandes* Rn. 3, 10; Lutter/Hommelhoff/Teichmann/*Teichmann* Rn. 4 aE; für den Aufsichtsrat → AktG § 102 Rn. 11, ausf. Großkomm AktG/*Hopt/Roth* AktG § 102 Rn. 14, 25 ff.

[12] Str., wie hier MüKoAktG/*Reichert/Brandes* Rn. 3; *Hoffmann-Becking* ZGR 2004, 355 (364); *Schwarz* Rn. 13 ff.; Habersack/Drinhausen/*Drinhausen* Rn. 10 ff.; *Drinhausen* in Van Hulle/Maul/Drinhausen SE-HdB 5. Abschn. § 2 Rn. 11; *Drinhausen/Nohlen* ZIP 2009, 1890 (1892 ff.); *J. Schmidt*, „Deutsche" vs. „britische" Societas Europaea (SE): Gründung, Verfassung, Kapitalstruktur, 2006, 494.

[13] AA Kölner Komm AktG/*Siems* Rn. 12; Kölner Komm AktG/*Paefgen* Art. 39 Rn. 51; MHdB AG/*Austmann* § 86 Rn. 4 f.; sowie Lutter/Hommelhoff/Teichmann/*Teichmann* Rn. 4 aufgrund seines abweichenden Verständnisses des Normzwecks, vgl. bei → Rn. 3.

[14] *Schwarz* Rn. 7; MüKoAktG/*Reichert/Brandes* Rn. 10; Lutter/Hommelhoff/Teichmann/*Teichmann* Rn. 5.

[15] So MüKoAktG/*Reichert/Brandes* Rn. 10.

[16] MüKoAktG/*Reichert/Brandes* Rn. 14; aA wiederum Lutter/Hommelhoff/Teichmann/*Teichmann* Rn. 6: Entsendung nur für die gesamte in der Satzung festgelegte Amtsdauer möglich; vgl. zu Satzungsregelungen für den Aufsichtsrat Großkomm AktG/*Hopt/Roth* § 102 Rn. 21.

[17] Lutter/Hommelhoff/Teichmann/*Teichmann* Rn. 7.

[18] Für die Anwendbarkeit des Sitzstaatsrechts auf das erste Aufsichts- oder Verwaltungsorgan Lutter/Hommelhoff/Teichmann/*Drygala* Art. 40 (§ 17 SEAG) Rn. 28; aA MüKoAktG/*Reichert/Brandes* Rn. 11; Habersack/Drinhausen/*Drinhausen* Rn. 8; Habersack Der Konzern 2008, 67 (73 f.); *Schwarz* Art. 40 Rn. 53.

[19] Zweiter geänderter Vorschlag für eine Verordnung über das Statut der Europäischen Aktiengesellschaft vom 25.8.1989, abgedr. in BT-Drs. 11/5427, 38.

[20] MüKoAktG/*Reichert/Brandes* Rn. 11, Art. 40 Rn. 52 f.; Habersack/Drinhausen/*Drinhausen* Rn. 8; Kölner Komm AktG/*Siems* Rn. 9; *Habersack* Der Konzern 2008, 67 (73 f.); aA 2. Aufl. 2010, Rn. 5a; Habersack/Drinhausen/*Seibt* Rn. 8; Kölner Komm AktG/*Paefgen* Art. 40 Rn. 71.

[21] Vgl. MüKoAktG/*Reichert/Brandes* Art. 43 Rn. 45 iVm Art. 40 Rn. 52 f.; Habersack/Drinhausen/*Verse* Art. 43 Rn. 27; Kölner Komm AktG/*Siems* Rn. 9, Art. 43 Rn. 51.

jeweils folgende, nicht für mehrere Amtsperioden im Voraus.[22] Entsprechend dem Regelungszweck der Vorschrift ist stets ein erneuter ausdrücklicher Beschluss erforderlich, so dass eine automatische Verlängerung der Amtszeit[23] ebenso ausscheidet wie eine konkludente Beschlussfassung.[24] Dagegen kann die Bestellung auch schon **vor Ablauf der Amtszeit** erneuert werden, sofern die satzungsmäßige Höchstfrist gewahrt bleibt. Beim Leitungsorgan ist die vorzeitige Verlängerung auszulegen als Aufhebung der Bestellung oder einvernehmliche Niederlegung unter gleichzeitiger Neubestellung.[25] Art. 46 Abs. 2 stellt die Wiederwahl ausdrücklich unter einen Satzungsvorbehalt. Denkbar ist nicht nur die generelle Begrenzung auf eine Amtszeit, sondern etwa die Einführung einer Altersgrenze.[26]

Art. 47 [Voraussetzungen der Organmitgliedschaft]

(1) Die Satzung der SE kann vorsehen, dass eine Gesellschaft oder eine andere juristische Person Mitglied eines Organs sein kann, sofern das für Aktiengesellschaften maßgebliche Recht des Sitzstaats der SE nichts anderes bestimmt.

Die betreffende Gesellschaft oder sonstige juristische Person hat zur Wahrnehmung ihrer Befugnisse in dem betreffenden Organ eine natürliche Person als Vertreter zu bestellen.

(2) Personen, die

a) **nach dem Recht des Sitzstaats der SE dem Leitungs-, Aufsichts- oder Verwaltungsorgan einer dem Recht dieses Mitgliedstaats unterliegenden Aktiengesellschaft nicht angehören dürfen oder**

b) **infolge einer Gerichts- oder Verwaltungsentscheidung, die in einem Mitgliedstaat ergangen ist, dem Leitungs-, Aufsichts- oder Verwaltungsorgan einer dem Recht eines Mitgliedstaats unterliegenden Aktiengesellschaft nicht angehören dürfen,**

können weder Mitglied eines Organs der SE noch Vertreter eines Mitglieds im Sinne von Absatz 1 sein.

(3) Die Satzung der SE kann für Mitglieder, die die Aktionäre vertreten, in Anlehnung an die für Aktiengesellschaften geltenden Rechtsvorschriften des Sitzstaats der SE besondere Voraussetzungen für die Mitgliedschaft festlegen.

(4) Einzelstaatliche Rechtsvorschriften, die auch einer Minderheit von Aktionären oder anderen Personen oder Stellen die Bestellung eines Teils der Organmitglieder erlauben, bleiben von dieser Verordnung unberührt.

Auszug aus dem SEAG

§ 27 SEAG Persönliche Voraussetzungen der Mitglieder des Verwaltungsrats.

(1) [1]Mitglied des Verwaltungsrats kann nicht sein, wer
1. bereits in zehn Handelsgesellschaften, die gesetzlich einen Aufsichtsrat oder einen Verwaltungsrat zu bilden haben, Mitglied des Aufsichtsrats oder des Verwaltungsrats ist,
2. gesetzlicher Vertreter eines von der Gesellschaft abhängigen Unternehmens ist oder
3. gesetzlicher Vertreter einer anderen Kapitalgesellschaft ist, deren Aufsichtsrat oder Verwaltungsrat ein Vorstandsmitglied oder ein geschäftsführender Direktor der Gesellschaft angehört.

[2]Auf die Höchstzahl nach Satz 1 Nr. 1 sind bis zu fünf Sitze in Aufsichts- oder Verwaltungsräten nicht anzurechnen, die ein gesetzlicher Vertreter (beim Einzelkaufmann der Inhaber) des herrschenden Unternehmens eines Konzerns in zum Konzern gehörenden Handelsgesellschaften, die gesetzlich einen Aufsichtsrat oder einen Verwaltungsrat zu bilden haben, inne hat. [3]Auf die Höchstzahl nach Satz 1 Nr. 1 sind Aufsichtsrats- oder Verwaltungsratsämter im Sinne der Nummer 1 doppelt anzurechnen, für die das Mitglied zum Vorsitzenden gewählt worden ist. [4]Bei einer SE, die kapitalmarktorientiert im Sinne des § 264d des Handelsgesetzbuchs, die CRR-Kreditinstitut im Sinne des § 1 Absatz 3d Satz 1 des Kreditwesengesetzes, mit Ausnahme der in § 2 Absatz 1 Nummer 1 und 2 des Kreditwesengesetzes genannten Institute, oder die Versicherungsunternehmen ist im Sinne des Artikels 2 Absatz 1 der Richtlinie 91/674/EWG des Rates vom 19. Dezember 1991 über den Jahresabschluß und den

---

[22] *Schwarz* Rn. 18.
[23] MüKoAktG/*Reichert*/*Brandes* Rn. 6, 12; Lutter/Hommelhoff/Teichmann/*Teichmann* Rn. 10.
[24] MüKoAktG/*Reichert*/*Brandes* Rn. 7; Lutter/Hommelhoff/Teichmann/*Teichmann* Rn. 10; für die Vorstandsbestellung Hüffer/Koch/*Koch* AktG § 84 Rn. 5 f.
[25] MüKoAktG/*Reichert*/*Brandes* Rn. 7; für den Vorstand der deutschen AG hat der BGH diese Praxis jüngst ausdrücklich gebilligt, vgl. BGH NZG 2012, 1027; → AktG § 84 Rn. 17 ff.; zur Anrechnung der Restlaufzeit auf die Höchstdauer bei Aufsichtsorgan und Verwaltungsrat MüKoAktG/*Reichert*/*Brandes* Rn. 12 im Anschluss an die hM für den Aufsichtsrat, → AktG § 102 Rn. 18 mN zum Diskussionsstand.
[26] Lutter/Hommelhoff/Teichmann/*Teichmann* Rn. 9; Habersack/Drinhausen/*Drinhausen* Rn. 20; *Schwarz* Rn. 19; zur AG → AktG § 76 Rn. 124.

konsolidierten Abschluß von Versicherungsunternehmen (ABl. L 374 vom 31.12.1991, S. 7), die zuletzt durch die Richtlinie 2006/46/EG (ABl. L 224 vom 16.8.2006, S. 1) geändert worden ist, müssen die Voraussetzungen des § 100 Absatz 5 des Aktiengesetzes erfüllt sein.

(2) § 36 Abs. 3 Satz 2 in Verbindung mit § 6 Abs. 2 bis 4 des SE-Beteiligungsgesetzes oder eine Vereinbarung nach § 21 des SE-Beteiligungsgesetzes über weitere persönliche Voraussetzungen der Mitglieder der Arbeitnehmer bleibt unberührt.

(3) Eine juristische Person kann nicht Mitglied des Verwaltungsrats sein.

Schrifttum: Vgl. die Angaben bei § 76 AktG und § 100 AktG sowie *Brandes,* Europäische Aktiengesellschaft: Juristische Person als Organ?, NZG 2004, 642; *Fleischer,* Juristische Personen als Organmitglieder im europäischen Gesellschaftsrecht, RIW 2004, 16; *Verse/Baum,* Mehrfachmandate in der monistischen SE, AG 2016, 235.

I. Regelungsgehalt, Normzweck

1   Art. 47 trifft Regelungen über die **personelle Besetzung der Organe** der SE. Die Aufstellung persönlicher Voraussetzungen für die Mitgliedschaft wird allgemein als effektives Instrument zur Verbesserung der Unternehmensführung angesehen.[1] Von der Möglichkeit in Abs. 1, auch juristische Personen als Organmitglieder zuzulassen, konnte der deutsche Gesetzgeber mangels entsprechender Regelung für die AG keinen Gebrauch machen.[2] Für den Verwaltungsrat wird dies in § 27 Abs. 3 SEAG ausdrücklich klargestellt. Abs. 2 erstreckt gesetzliche Bestellungshindernisse des Sitzstaatsrechts (lit. a) und entsprechende Gerichts- und Verwaltungsentscheidungen eines jeden Mitgliedstaats (lit. b) auf die Organe der SE. Abs. 3 erlaubt dem Satzungsgeber, Eignungsvoraussetzungen für Anteilseignervertreter aufzustellen; Abs. 4 stellt klar, dass die Verordnung einzelstaatliche Bestellungsrechte nicht ausschließt. Weder die Verordnung noch das deutsche Recht schreiben vor, dass die Organmitglieder Aktionäre sein müssen; es gilt das Prinzip der Fremdorganschaft. Die Bestellung geschäftsführender Direktoren betrifft Art. 47 nicht (→ Art. 43 Rn. 36 f.).

2   In Art. 47 sorgt der Verordnungsgeber für einen **Gleichlauf mit den nationalen Aktienrechten,** indem er weitgehend die Regelungen des jeweiligen Sitzstaats für maßgeblich erklärt. Nach dem Recht des Sitzstaats richtet sich mangels Verordnungsregelung auch, welche **Rechtsfolge** ein Verstoß gegen ein gesetzliches oder statutarisches Bestellungshindernis hat.[3]

II. Gesetzliche Voraussetzungen und Hinderungsgründe (Abs. 2 lit. a)

3   Der deutsche Wortlaut der Vorschrift legt den Schluss nahe, ein Bestellungshindernis des nationalen Aktienrechts disqualifiziere für jedes SE-Organ.[4] Eine solche Erstreckung der Ausschlusstatbestände kann jedoch nicht überzeugen. Art. 47 Abs. 2 ist vielmehr so auszulegen, dass **jeder Hinderungsgrund des Sitzstaatsrechts nur für das vergleichbare Organ der SE** gilt.[5] Nur dieses Verständnis führt zu dem vom Verordnungsgeber offenbar gewollten Gleichlauf mit dem nationalen Aktienrecht. Andernfalls wäre es auch nicht möglich, wie im deutschen Recht für die einzelnen Organe unterschiedliche Voraussetzungen aufzustellen (→ Rn. 4–6). Ist ein Leitungssystem im Recht des Sitzstaats nicht geregelt, kann der Ausführungsgesetzgeber gestützt auf Art. 39 Abs. 5, 43 Abs. 4 die entsprechenden Regelungen erlassen.[6]

4   Für die Bestellung in das **Leitungsorgan** der dualistischen SE verweist Abs. 2 lit. a auf die gesetzlichen Voraussetzungen in § 76 Abs. 3 S. 1 und S. 2 Nr. 1 AktG.[7] Ergänzt wird die Regelung durch Art. 39 Abs. 3 iVm § 105 AktG (Inkompatibilität der Mitgliedschaft in Leitungs- und Aufsichtsorgan).[8] Persönliche Voraussetzungen für die Mitgliedschaft im **Aufsichtsorgan** enthält § 100 Abs. 1 und 2 AktG, der nach Einführung der Europäischen Aktiengesellschaft erweiternd auszulegen

---

[1] → § 100 Rn. 1; Großkomm AktG/*Hopt/Roth* AktG § 100 Rn. 9 f.

[2] Näher zur rechtspolitischen Auseinandersetzung Lutter/Hommelhoff/Teichmann/*Teichmann* Rn. 2 ff.; *Brandes* NZG 2004, 642, *Fleischer* RIW 2004, 16; *Schwarz* Rn. 7 ff.; → AktG § 76 Rn. 120.

[3] Habersack/Drinhausen/*Drinhausen* Rn. 22, 29; MüKoAktG/*Reichert/Brandes* Rn. 39; Lutter/Hommelhoff/Teichmann/*Teichmann* Rn. 16; 22; für die Bestellung durch das Aufsichtsorgan → AktG § 76 Rn. 130, 140; für die Bestellung durch die Hauptversammlung → § 100 Rn. 69 f., → AktG § 105 Rn. 16 ff.; anders *Schwarz* Rn. 36: Nichtigkeit des Wahlbeschlusses folge unmittelbar aus Art. 47 Abs. 2.

[4] Vgl. MüKoAktG/*Reichert/Brandes* Rn. 27 f.

[5] *Schwarz* Rn. 22 f.; Lutter/Hommelhoff/Teichmann/*Teichmann* Rn. 7 f.; Habersack/Drinhausen/*Drinhausen* Rn. 12 mit Verweis auf die englische und die französische Sprachfassung; im Erg. wohl auch Kölner Komm AktG/*Siems* Rn. 18.

[6] *Schwarz* Rn. 24; Lutter/Hommelhoff/Teichmann/*Teichmann* Rn. 9.

[7] MüKoAktG/*Reichert/Brandes* Rn. 5; *Schwarz* Rn. 27; Lutter/Hommelhoff/Teichmann/*Teichmann* Rn. 10; zu den Voraussetzungen im Einzelnen und weiteren Bestellungshindernissen → AktG § 76 Rn. 106 ff., 123.

[8] → Art. 39 Rn. 8; MüKoAktG/*Reichert/Brandes* Rn. 7.

ist.[9] Ein Blick auf § 27 Abs. 1 Nr. 1 SEAG zeigt, dass der deutsche Gesetzgeber die Mandate im Verwaltungsrat und im Aufsichtsorgan für funktional vergleichbar hält. Das spricht für eine einheitliche Auslegung beider Vorschriften. Mustert man die einzelnen Regelungen in § 100 Abs. 2 AktG durch, so ergeben sich angesichts von § 27 Abs. 1 SEAG folgende Modifikationen:

Bei **§ 100 Abs. 2 S. 1 Nr. 1 AktG** sind über den Wortlaut hinaus auch (nach bisher hM nur **5** inländische, nach überzeugender Ansicht aber auch ausländische[10]) Verwaltungsratsämter mitzuzählen.[11] Gesetzliche Vertreter iSd **§ 100 Abs. 2 S. 1 Nr. 2 AktG** sind in der deutschen monistischen SE nur die geschäftsführenden Direktoren (→ Art. 43 Rn. 19). Ist eine ausländische Tochtergesellschaft im monistischen System verfasst, kann entsprechend dem dortigen Gesellschaftsrecht auch der gesamte Verwaltungsrat regelmäßiges Vertretungsorgan sein.[12] Wird in solchen Fällen gesellschaftsintern zwischen geschäftsführenden und überwachenden Boardmitgliedern getrennt, ist für jedes Mitglied gesondert zu entscheiden, ob die Aufgabe funktional eher einem Aufsichtsratsmandat entspricht, das von Nr. 2 nicht erfasst ist.[13] Mit Blick auf § 27 Abs. 1 SEAG ist schließlich auch das Verbot der Überkreuzverflechtung in **§ 100 Abs. 2 S. 1 Nr. 3 AktG** auf den Verwaltungsrat und geschäftsführende Direktoren zu erweitern.[14] Voraussetzungen für die **Arbeitnehmervertreter** ergeben sich aus § 36 Abs. 3 SEBG iVm § 6 Abs. 2 bis 4 SEBG bzw. der Mitbestimmungsvereinbarung.[15] Auf den Aufsichtsrat einer börsennotierten SE mit Sitz in Deutschland findet schließlich auch die Regelung zur Cooling-off-Periode in § 100 Abs. 2 S. 1 Nr. 4 AktG Anwendung.[16]

Der Ausführungsgesetzgeber hat sich entschieden, die Mitgliedschaft im **Verwaltungsrat** durch **6** eine an § 100 Abs. 2 AktG angelehnte Regelung zu beschränken, weil den Mitgliedern gegenüber den geschäftsführenden Direktoren eine dem Aufsichtsrat vergleichbare Überwachungsfunktion zukomme.[17] Zudem werden die nicht geschäftsführenden Verwaltungsratsmitglieder wie die Aufsichtsratsmitglieder zumeist nur nebenberuflich tätig sein.[18] § 27 Abs. 1 SEAG stellt klar, dass auch das Amt als Verwaltungsrat bzw. geschäftsführender Direktor ein Bestellungshindernis begründen kann. Dagegen findet sich im SEAG keine den § 76 Abs. 3 S. 1 und S. 2 Nr. 1 AktG, § 100 Abs. 1 AktG entsprechende Vorschrift.[19] Auch wenn § 20 SEAG die Anwendung der §§ 76 ff. AktG auf den Verwaltungsrat grundsätzlich ausschließt, ist hier von einem Regelungsversehen des deutschen Gesetzgebers auszugehen, der die analoge Anwendung dieser Vorschriften auf die Mitgliedschaft im Verwaltungsrat rechtfertigt.[20] Konsequent ist indes der Verzicht auf eine § 105 Abs. 1 AktG entsprechende Vorschrift im SEAG, wonach ein Aufsichtsratsmitglied nicht zugleich Vorstand sein kann. Der Gedanke einer zwingenden personellen Trennung ist dem monistischen System fremd. Ebenso wie es zulässig ist, einzelnen Mitgliedern mittels Geschäftsführerbestellung gem. § 40 Abs. 1 SEAG organschaftliche Vertretungsmacht einzuräumen, kann ihnen auch Prokura oder eine Generalhandlungsvollmacht erteilt werden.[21] Allerdings gelten die Mitglieder in diesem Fall nicht mehr als unabhängig iSd § 40 Abs. 1 S. 2, 2. Hs. SEAG.[22] **§ 27 Abs. 1 Satz 1 Nr. 2 SEAG** ist dagegen in der monistischen SE im Wege der teleologischen Reduktion zu beschränken. Die Inkompatibilität von Verwaltungsratsmitgliedschaft und gesetzlicher Vertretung abhängiger Unternehmen soll – wie § 100 Abs. 2 Satz 1 Nr. 2 AktG – die Überwachungsfunktion absichern. Dieser Regelungszweck passt indes nur auf die nicht geschäftsführenden Mitglieder des Verwaltungsrats. Auf geschäftsführende Verwaltungsratsmitglieder findet § 27 Abs. 1 Satz 1 Nr. 2 SEAG **keine Anwendung**.[23] § 27 Abs. 2

---

[9] MüKoAktG/*Reichert*/*Brandes* Rn. 12; *Schwarz* Rn. 28 f.; Lutter/Hommelhoff/Teichmann/*Teichmann* Rn. 11.
[10] → AktG § 100 Rn. 15; Habersack/Drinhausen/*Drinhausen* Rn. 16; K. Schmidt/Lutter/*Drygala* AktG § 100 Rn. 6; Großkomm AktG/*Hopt*/*Roth* AktG § 100 Rn. 36 ff.
[11] Dies gilt ebenso für die unmittelbare Anwendung auf den Aufsichtsrat der AG; einschränkend zur Berücksichtigung von Verwaltungsratsämtern in § 100 Abs. 2 S. 1 Nr. 1 AktG aber → AktG § 100 Rn. 16.
[12] Anders als Nr. 1 erfasst Nr. 2 nach hM auch Mandate in ausländischen Gesellschaften, → AktG § 100 Rn. 24.
[13] Zum Problem *Engert*/*Herschlein* NZG 2004, 459; MüKoAktG/*Reichert*/*Brandes* Rn. 16.
[14] Ebenso MüKoAktG/*Reichert*/*Brandes* Rn. 17.
[15] Vgl. MüKoAktG/*Reichert*/*Brandes* Rn. 22; MüKoAktG/*Jacobs* SEBG § 36 Rn. 7; *Schwarz* Rn. 35.
[16] MüKoAktG/*Reichert*/*Brandes* Rn. 17a.
[17] So BegrRegE BT-Drs. 15/3405, 37 f.; eingehend *Verse*/*Baum* AG 2016, 235 ff.
[18] Lutter/Hommelhoff/Teichmann/*Teichmann* Anh. Art. 43 (§§ 27, 54 SEAG) Rn. 1, 7.
[19] § 40 Abs. 1 S. 4 SEAG betrifft die Bestellung Dritter zu geschäftsführenden Direktoren.
[20] IE auch *Schwarz* Rn. 33; MüKoAktG/*Reichert*/*Brandes* Rn. 27 ff.; Lutter/Hommelhoff/Teichmann/*Teichmann* Rn. 15, Anh. Art. 43 (§§ 27, 54 SEAG) Rn. 4; Habersack/Drinhausen/*Drinhausen* Rn. 18.
[21] Ebenso Habersack/Drinhausen/*Drinhausen* Rn. 19; *Schwarz* Rn. 22 f.; *Verse*/*Baum* AG 2016, 235, 237; ausdrücklich aA MüKoAktG/*Reichert*/*Brandes* Rn. 34; Kölner Komm AktG/*Siems* Rn. 25.
[22] Vgl. Habersack/Drinhausen/*Drinhausen* Rn. 19; *Verse*/*Baum* AG 2016, 235, 237; deswegen besteht die von *Reichert*/*Brandes*, aaO, befürchtete Gefahr einer Umgehung des § 40 Abs. 1 S. 2 SEAG nicht.
[23] Überzeugend *Verse*/*Baum* AG 2016, 235; Habersack/Drinhausen/*Verse* SEAG § 27 Rn. 12 ff.

SEAG verweist auf die besonderen persönlichen Voraussetzungen für **Arbeitnehmervertreter,** die sich aus § 36 Abs. 3 SEBG iVm § 6 Abs. 2 bis 4 SEBG bzw. der Mitbestimmungsvereinbarung ergeben. Eine § 100 Abs. 2 S. 1 Nr. 4 AktG vergleichbare Cooling-off-Periode hat der deutsche Gesetzgeber in § 27 SEAG nicht geschaffen.[24]

III. Gerichtliche und behördliche Bestellungsverbote (Abs. 2 lit. b)

7   Abs. 2 lit. b schließt Personen, gegen die ein gerichtliches oder behördliches Bestellungsverbot ergangen ist, von der Mitgliedschaft in einem Organ der SE aus. Nach der Vorschrift führt eine derartige Entscheidung zu einem Bestellungshindernis in sämtlichen Mitgliedstaaten;[25] sie disqualifiziert jedoch nur für das entsprechende Organ.[26] Auf das **Leitungsorgan** findet über Abs. 2 lit. b die Vorschrift des § 76 Abs. 3 S. 2 Nr. 2 und 3 sowie S. 3 Anwendung.[27] Für den **Verwaltungsrat** fehlt eine entsprechende Vorschrift im SEAG. Wegen der funktionalen Vergleichbarkeit der beiden Organe – insbesondere sind beide für die Stellung des Insolvenzantrags verantwortlich (§ 22 Abs. 5 S. 2 SEAG iVm § 15a Abs. 1 InsO; → Art. 43 Rn. 8) – gilt jedoch **§ 76 Abs. 3 AktG analog.**[28] Bei der Übertragung eines Bestellungsverbots, das in einem anderen Mitgliedstaat erlassen wurde, ist jeweils zu prüfen, welche Organe davon erfasst sein sollen. Regelmäßig dürfte etwa ein Bestellungsverbot für den Aufsichtsrat auch die Mitgliedschaft im Verwaltungsrat ausschließen.[29]

IV. Satzungsmäßige Voraussetzungen (Abs. 3)

8   Nach Abs. 3 können in der Satzung persönliche Voraussetzungen für die Organmitgliedschaft aufgestellt werden. Wie in § 100 Abs. 4 AktG soll die ausdrückliche Beschränkung auf Anteilseignervertreter statutarische Regelungen verhindern, die zu einer Umgehung der Mitbestimmung führen könnten (→ AktG § 100 Rn. 2, 40). Übertragen lässt sich auch der Grundsatz, dass der Hauptversammlung trotz der Satzungsregelung eine **freie Auswahl der Aufsichtsorgansmitglieder** verbleiben muss.[30] Gleiches gilt für den **Verwaltungsrat,** auch wenn der deutsche Gesetzgeber auf eine § 100 Abs. 4 AktG entsprechende Vorschrift im SEAG verzichtet hat.[31] Die Bestellung in das **Leitungsorgan** kann ebenfalls von besonderen Voraussetzungen abhängig gemacht werden.[32] Die Regelung darf jedoch nicht dazu führen, dass die Personalkompetenz entgegen Art. 39 Abs. 2 S. 1 auf den Satzungsgeber übergeht. Der Zweck der Vorschrift, den Einfluss der Arbeitnehmerseite abzusichern, verlangt insbesondere, dem mitbestimmten Aufsichtsorgan einen ausreichenden Entscheidungsspielraum zu belassen.[33] Dagegen lässt sich der Vorschrift keine Ermächtigung entnehmen, in der Satzung von den gesetzlichen Voraussetzungen nach Art. 47 Abs. 2 iVm dem nationalen Recht abzuweichen (zu § 100 AktG → AktG § 100 Rn. 3).

V. Bestellungsrechte (Abs. 4)

9   Als Ausnahme von der grundsätzlichen Personalkompetenz der Hauptversammlung erlaubt Abs. 4 Regelungen des Sitzstaatsrechts, die einer Minderheit von Aktionären oder anderen Personen oder Stellen das Recht zur Bestellung eines Teils der Mitglieder des Aufsichtsorgans bzw. des Verwaltungsrats einräumen. Zur Anwendung kommt in Deutschland das aktienrechtliche **Entsendungsrecht** in § 101 Abs. 2 AktG, das nach § 28 Abs. 2 SEAG für den Verwaltungsrat entsprechend gilt.[34] Auf Art. 47 Abs. 4 lassen sich auch die **gerichtlichen Bestellungskompetenzen** in § 85 AktG, § 104 AktG und § 30 SEAG stützen.

---

[24] Vgl. MüKoAktG/*Reichert/Brandes* Rn. 31a; *Forst* ZIP 2010, 1786 (1789).
[25] MüKoAktG/*Reichert/Brandes* Rn. 6, 21; *Schwarz* Rn. 26; Lutter/Hommelhoff/Teichmann/*Teichmann* Rn. 5 f.
[26] Ebenso MüKoAktG/*Reichert/Brandes* Rn. 20; *Schwarz* Rn. 25.
[27] *Schwarz* Rn. 27.
[28] *Schwarz* Rn. 33.
[29] Vgl. MüKoAktG/*Reichert/Brandes* Rn. 20 f., 35.
[30] Lutter/Hommelhoff/Teichmann/*Teichmann* Rn. 19; Habersack/Drinhausen/*Drinhausen* Rn. 26 aE; näher → AktG § 100 Rn. 41.
[31] MüKoAktG/*Reichert/Brandes* Rn. 37; *Schwarz* Rn. 40; Lutter/Hommelhoff/Teichmann/*Teichmann* Rn. 20.
[32] Lutter/Hommelhoff/Teichmann/*Teichmann* Rn 18; für den Vorstand ebenso → AktG § 76 Rn. 126 f., str.
[33] Ähnlich MüKoAktG/*Reichert/Brandes* Rn. 9 f.; *Schwarz* Rn. 46; Habersack/Drinhausen/*Drinhausen* Rn. 26 aE; ausführlich für den Vorstand → AktG § 76 Rn. 125 ff. mwN.
[34] Lutter/Hommelhoff/Teichmann/*Teichmann* Rn. 25, 27; MüKoAktG/*Reichert/Brandes* Art. 40 Rn. 35, 72, Art. 43 Rn. 38, Art. 47 Rn. 4; Kölner Komm AktG/*Siems* Rn. 35; für Einzelheiten zum Entsendungsrecht → AktG § 101 Rn. 49 ff.

Art. 48 [Zustimmungsbedürftige Geschäfte]

(1) In der Satzung der SE werden die Arten von Geschäften aufgeführt, für die im dualistischen System das Aufsichtsorgan dem Leitungsorgan seine Zustimmung erteilen muss und im monistischen System ein ausdrücklicher Beschluss des Verwaltungsorgans erforderlich ist.

Die Mitgliedstaaten können jedoch vorsehen, dass im dualistischen System das Aufsichtsorgan selbst bestimmte Arten von Geschäften von seiner Zustimmung abhängig machen kann.

(2) Die Mitgliedstaaten können für die in ihrem Hoheitsgebiet eingetragenen SE festlegen, welche Arten von Geschäften auf jeden Fall in die Satzung aufzunehmen sind.

Auszug aus dem SEAG

§ 19 SEAG Festlegung zustimmungsbedürftiger Geschäfte durch das Aufsichtsorgan.

Das Aufsichtsorgan kann selbst bestimmte Arten von Geschäften von seiner Zustimmung abhängig machen.

Schrifttum: Vgl. die Angaben bei Art. 43 und AktG § 111 Vor Rn. 61.

I. Regelungsgehalt, Normzweck

Zustimmungsvorbehalte sind als wichtiges **Element vorbeugender Überwachung** im Gesellschaftsrecht anerkannt.[1] Mit diesem Instrument verbindet sich die Hoffnung auf eine stärkere Verknüpfung von Geschäftsführung und Überwachung und eine Verbesserung des Informationsflusses innerhalb der aktienrechtlichen Spitzenorganisation. Dahinter steht nicht zuletzt die Erkenntnis, dass sich eine effektive Überwachung nicht auf die nachträgliche Kontrolle beschränken darf, sondern bereits in der Entscheidungsphase einsetzen muss, bevor vollendete Tatsachen geschaffen werden.[2] Grundidee ist, bestimmte Geschäftsführungsmaßnahmen von der Zustimmung derjenigen Personen abhängig zu machen, die in der Gesellschaft für die Überwachung zuständig sind.[3]

Abs. 1 S. 1 **verpflichtet** jede Gesellschaft, in der Satzung Zustimmungsvorbehalte aufzustellen. Auch wenn dies der Wortlaut der deutschen Fassung nicht klar zum Ausdruck bringt, begründet Art. 48 nicht nur ein Recht, sondern auch die Pflicht, eine Satzungsregelung zu treffen.[4] Die rechtstechnische Ausgestaltung unterscheidet sich indes danach, ob die SE monistisch oder dualistisch verfasst ist. Sind Geschäftsführung und Überwachung auf zwei getrennte Organe aufgeteilt, müssen bestimmte Arten von Geschäften – wie in § 111 Abs. 4 S. 2 AktG – von der **Zustimmung des Aufsichtsorgans** abhängig gemacht werden. Im monistischen System sind diese Führungsfunktionen dagegen in einem Organ vereint. Typischerweise besteht jedoch eine organinterne Aufgabenverteilung, die in Deutschland in Gestalt der Delegation der Geschäftsführung auf einzelne Personen in § 40 Abs. 1 SEAG sogar zwingend angeordnet ist. Die **Einbindung der** für die Überwachung zuständigen **nicht geschäftsführenden Direktoren** bewirkt Abs. 1 S. 1 durch das Erfordernis einer Beschlussfassung des gesamten Verwaltungsrats (zur Delegation auf einen Ausschuss → Rn. 7).[5]

Nach **Abs. 1 S. 2 iVm § 19 SEAG** kann im dualistischen System auch das Aufsichtsorgan Zustimmungsvorbehalte anordnen. Im monistischen System bedurfte es einer parallelen Regelung nicht. Schon nach allgemeinen Regeln kann der Verwaltungsrat gestützt auf sein **Weisungsrecht** jede Maßnahme der Geschäftsführung an sich ziehen; ebenso steht es ihm frei, die geschäftsführenden Direktoren vorab an seine Zustimmung zu binden (→ Art. 43 Rn. 15).[6] Entsprechend der Lösung in § 111 Abs. 4 AktG hat sich der Ausführungsgesetzgeber gegen einen

---

[1] Vgl. Großkomm AktG/*Hopt/Roth* § 111 Rn. 583; Hüffer/Koch/*Koch* AktG § 111 Rn. 33; rechtsvergleichend *Merkt* ZGR 2003, 650 (insbes. 661).
[2] Vgl. etwa Großkomm AktG/*Hopt/Roth* § 111 Rn. 583; *Pentz* in Fleischer VorstandsR-HdB § 16 Rn. 113.
[3] Zu Art. 48 *Schwarz* Rn. 1.
[4] Ebenso *Neye/Teichmann* AG 2003, 169 (179); *Habersack* AG 2006, 345 (354); *Boettcher*, Die Kompetenzen von Verwaltungsrat und geschäftsführenden Direktoren in der monistischen SE in Deutschland, 2009, 200; Lutter/Hommelhoff/Teichmann/*Teichmann* Rn. 5; Habersack/Drinhausen/*Seibt* Rn. 4; *Schwarz* Rn. 9 mit Hinweis auf die englische Sprachfassung („shall"); aA MüKoAktG/*Reichert/Brandes* Rn. 1; vgl. zur Auslegung auch *Hoffmann-Becking* ZGR 2004, 355 (365).
[5] Lutter/Hommelhoff/Teichmann/*Teichmann* Rn. 4.
[6] MüKoAktG/*Reichert/Brandes* Rn. 2, 4; Habersack/Drinhausen/*Seibt* Rn. 5; *Schwarz* Rn. 18, 34; Lutter/Hommelhoff/Teichmann/*Teichmann* Rn. 18; *Neye/Teichmann* AG 2003, 169 (179); *Drinhausen* in Van Hulle/Maul/Drinhausen SE-HdB 5. Abschn. § 3 Rn. 46.

zwingenden Katalog von Vorbehaltsfällen entschieden und von der Ermächtigung in **Abs. 2** keinen Gebrauch gemacht.[7]

II. Begründung von Zustimmungsvorbehalten

4   Anders als nach § 111 Abs. 4 S. 2 AktG muss die Satzung auch im dualistischen System in jedem Fall eine entsprechende Bestimmung treffen (→ Rn. 2); fehlt sie, besteht ein Eintragungshindernis.[8] Die **Kompetenz des Aufsichtsorgans** nach § 19 SEAG besteht also nicht alternativ, sondern nur zusätzlich zur Verpflichtung des Satzungsgebers.[9] § 19 SEAG ist im Übrigen wie die aktienrechtliche Parallelvorschrift in § 111 Abs. 4 S. 2 AktG auszulegen.[10] Einen Zustimmungsvorbehalt kann nur das Gesamtorgan anordnen; § 107 Abs. 3 S. 3 AktG ist auch auf § 19 SEAG zu erstrecken.[11] Dies hat zur Folge, dass ein Ausschuss nicht an Stelle des Aufsichtsorgans neue Zustimmungspflichten begründen kann, wohl aber die Zustimmung im Einzelfall ausüben darf (→ Rn. 7). Möglich ist auch eine Begründung von Zustimmungsvorbehalten in der Geschäftsordnung des Leitungs- oder Aufsichtsorgans.[12] Auch der **Verwaltungsrat** kann neben einem Einzelbeschluss die Regelung in seiner Geschäftsordnung (§ 34 Abs. 2 S. 1 SEAG) oder in derjenigen der geschäftsführenden Direktoren (§ 40 Abs. 4 S. 1 SEAG) treffen.[13]

5   **Grenzen** für die Zulässigkeit von Zustimmungsvorbehalten ergeben sich aus der grundsätzlich exklusiven Verantwortlichkeit des Leitungsorgans für die Geschäftsführung der Gesellschaft, die der Verordnungsgeber in Art. 39 Abs. 1 S. 1, Art. 40 Abs. 1 S. 2 als Prinzip ausdrücklich hervorgehoben hat. Dem entspricht auch die Beschränkung auf bestimmte **Arten von Geschäften** in Art. 48 Abs. 1 S. 1.[14] Die Rechtslage im monistischen System weicht davon ab, weil es hier gerade der **Verwaltungsrat** ist, der die **Letztverantwortung für die Geschäftsführung** der SE trägt (→ Art. 43 Rn. 15). Dass Art. 48 den Satzungsgeber dennoch der gleichen Beschränkung unterwirft, lässt sich mit der grundsätzlichen Zuständigkeit des Verwaltungsrats für die Selbstorganisation auf der Führungsebene begründen. Dies verbietet allzu detaillierte Vorgaben und dürfte im Ergebnis für eine ähnliche Auslegung von Art. 48 in beiden Systemen sprechen.[15] Dagegen unterliegt der **Verwaltungsrat** selbst keiner derartigen Beschränkung. Er kann die geschäftsführenden Direktoren über sein Weisungsrecht auch hinsichtlich Einzelmaßnahmen binden[16] und in Maßnahmen der laufenden Geschäfte eingreifen (zu möglichen Grenzen → Art. 43 Rn. 16).[17]

III. Erteilung der Zustimmung

6   Die Zustimmung muss **vor Durchführung** der Geschäftsführungsmaßnahme erteilt werden; nur dann wird das Ziel einer präventiven Überwachung erreicht.[18] Andernfalls ist das Geschäft im Innenverhältnis unzulässig. Die Vertretungsmacht im Außenverhältnis ist von der ordnungsgemäßen

---

[7] Vgl. *Teichmann* ZIP 2002, 1109 (1115).
[8] Lutter/Hommelhoff/Teichmann/*Teichmann* Rn. 6; Habersack/Drinhausen/*Seibt* Rn. 4; *Schwarz* Rn. 9.
[9] AA offenbar Seibt in Lutter/Hommelhoff, Die Europäische Gesellschaft, 2005, 67 (79); vgl. zum Aufsichtsrat Hüffer/Koch/*Koch* AktG § 111 Rn. 38.
[10] Für Einzelheiten → AktG § 111 Rn. 64 ff.; Großkomm AktG/*Hopt/Roth* AktG § 111 Rn. 638 ff., jeweils mwN.
[11] MüKoAktG/*Reichert/Brandes* Rn. 4 aE; *Schwarz* Rn. 20, 32.
[12] MüKoAktG/*Reichert/Brandes* Rn. 5; ebenso für den Aufsichtsrat → AktG § 111 Rn. 71.
[13] MüKoAktG/*Reichert/Brandes* Rn. 5 f.
[14] Vgl. MüKoAktG/*Reichert/Brandes* Rn. 8; Lutter/Hommelhoff/Teichmann/*Teichmann* Rn. 7 f.; Habersack/Drinhausen/*Seibt* Rn. 9; näher zum dualistischen System → AktG § 111 Rn. 65 f.; Großkomm AktG/*Hopt/Roth* AktG § 111 Rn. 639 f.; MüKoAktG/*Habersack* AktG § 111 Rn. 106 ff.; eingehend *Fleischer* BB 2013, 835 ff.
[15] Ähnlich MüKoAktG/*Reichert/Brandes* Rn. 10; Habersack/Drinhausen/*Seibt* Rn. 11; *Schwarz* Rn. 16; Lutter/Hommelhoff/Teichmann/*Teichmann* Rn. 8; *Boettcher,* Die Kompetenzen von Verwaltungsrat und geschäftsführenden Direktoren in der monistischen SE in Deutschland, 2009, 201; für Zulässigkeit weiter reichender Zustimmungsvorbehalte auch in der Satzung offenbar *Maul* ZGR 2003, 743 (750); *Veil* WM 2003, 2169 (2174); krit. auch Kölner Komm AktG/*Siems* Rn. 10.
[16] MüKoAktG/*Reichert/Brandes* Rn. 12; *Boettcher,* Die Kompetenzen von Verwaltungsrat und geschäftsführenden Direktoren in der monistischen SE in Deutschland, 2009, 205; vgl. dagegen zur Diskussion um ad-hoc Beschlüsse des Aufsichtsrats BGHZ 124, 111 (127) = BB 1994, 107; Großkomm AktG/*Hopt/Roth* AktG § 111 Rn. 594, 650.
[17] *Marsch-Barner* GS Bosch, 2006, 99 (111); Habersack/Drinhausen/*Seibt* Rn. 12; *Boettcher,* Die Kompetenzen von Verwaltungsrat und geschäftsführenden Direktoren in der monistischen SE in Deutschland, 2009, 206; vgl. zur Beschränkung des Aufsichtsorgans auf bedeutende Geschäfte dagegen etwa Großkomm AktG/*Hopt/Roth* AktG § 111 Rn. 641.
[18] MüKoAktG/*Reichert/Brandes* Rn. 13 f.; *Schwarz* Rn. 11; für den Aufsichtsrat → AktG § 111 Rn. 75 f., jeweils auch zu möglichen Ausnahmen.

Zustimmung dagegen wie bei § 111 Abs. 4 AktG unabhängig.[19] Im Verwaltungsrat ist nach Art. 48 stets ein ausdrücklicher formeller Beschluss erforderlich; die widerspruchslose Hinnahme einer Maßnahme der geschäftsführenden Direktoren genügt nicht.[20]

Während die **Delegation der Zustimmungserteilung** auf einen Ausschuss im Aufsichtsorgan 7 unbestritten möglich ist,[21] bedarf diese Frage **im monistischen System** einer differenzierenden Antwort. Entsprechend dem Normzweck der **Einbindung der nicht geschäftsführenden Direktoren** kann die Übertragung jedenfalls nicht schrankenlos möglich sein. Wurde der Zustimmungsvorbehalt in der **Satzung** angeordnet, muss grundsätzlich das Gesamtorgan entscheiden. Entgegen einer Literaturmeinung muss die Zustimmung jedoch nicht in jedem Fall vom Plenum erteilt werden;[22] auch im dualistischen System müssen ja anerkanntermaßen nicht alle überwachenden Mitglieder eingebunden werden. Dem Regelungszweck ist vielmehr ebenso genügt, wenn der Ausschuss ausschließlich aus nicht geschäftsführenden Direktoren besteht. Zulässig dürfte es sogar sein, die Entscheidung einem Ausschuss zu überlassen, der entsprechend § 40 Abs. 1 S. 2, 2. Hs. SEAG mehrheitlich mit unabhängigen Mitgliedern besetzt ist.[23] Diese Grundsätze können indes nicht für einen Zustimmungsvorbehalt gelten, den der Verwaltungsrat gestützt auf sein **Weisungsrecht** selbst erlassen hat. Eine Delegation des Weisungsrechts ist möglich, soweit auch die Geschäftsführungsmaßnahme selbst einem Teil des Organs übertragen werden könnte. Wie generell bei der Ausschussbildung bleibt jedoch das **Recht des Plenums** unberührt, ein Veto einzulegen oder über die Maßnahme mittels einer positiven Weisung zu bestimmen.[24]

Verweigert das Aufsichtsorgan die Zustimmung, kann das Leitungsorgan die Frage der Hauptver- 8 sammlung übertragen; **§ 111 Abs. 4 S. 3 AktG** kommt über Art. 52 S. 2 zur Anwendung.[25] Dagegen lässt sich diese **Ersatzfunktion der Hauptversammlung** auf das monistische System nicht übertragen. In einem Konflikt mit den geschäftsführenden Direktoren hat die Verwaltungsratsmehrheit ein Letztentscheidungsrecht in allen Fragen der Geschäftsführung.[26] Meinungsverschiedenheiten innerhalb des Verwaltungsrats können jedoch Anlass für eine freiwillige Vorlage an die Hauptversammlung sein.[27] Ist die SE **abhängiges Unternehmen,** wird das Zustimmungsrecht durch § 308 AktG modifiziert.[28] Einer Durchführung des Verfahrens nach § 308 Abs. 3 AktG (Mitteilungspflicht bei fehlender Zustimmung des Verwaltungsrats, erneute Weisung nur mit Zustimmung des Aufsichtsrats der herrschenden Gesellschaft) bedarf es in der monistischen SE indes nur im Fall eines satzungsmäßigen Zustimmungsvorbehalts. Andersfalls könnte der Verwaltungsrat der Untergesellschaft über sein unbeschränktes Weisungsrecht (→ Rn. 5) die Ausführung jeder Geschäftsführungsmaßnahme behindern.[29]

IV. Zustimmungsrechte fakultativer Gremien?

Um den Verwaltungsrat in der mitbestimmten SE von der Arbeitnehmerbeteiligung zu entlasten, 9 lässt sich erwägen, die Arbeitnehmerbeteiligung in ein fakultatives Gremium auszulagern, dem Zustimmungsrechte in Angelegenheiten eingeräumt werden, die für die Arbeitnehmer von besonde-

---

[19] Lutter/Hommelhoff/Teichmann/*Teichmann* Rn. 11; zur AG → AktG § 111 Rn. 75.
[20] Lutter/Hommelhoff/Teichmann/*Teichmann* Rn. 10.
[21] Umkehrschluss zu § 107 Abs. 3 S. 3 AktG, ebenso MüKoAktG/*Reichert*/*Brandes* Rn. 15; *Schwarz* Rn. 20; für den Aufsichtsrat → AktG § 111 Rn. 72; Großkomm AktG/*Hopt*/*Roth* AktG § 111 Rn. 660.
[22] So aber *Schwarz* Rn. 12, 21, 23; *Mauch,* Das monistische Leitungssystem in der Europäischen Aktiengesellschaft, 2008, 152; wohl auch Kölner Komm AktG/*Siems* Rn. 15.
[23] Zust. MüKoAktG/*Reichert*/*Brandes* Rn. 15; ähnlich für überwachende Ausschüsse *Schwarz* Anh. Art. 43 Rn. 204; aA Lutter/Hommelhoff/Teichmann/*Teichmann* Rn. 9.
[24] → Art. 44 Rn. 5; MüKoAktG/*Reichert*/*Brandes* Rn. 15.
[25] → Art. 52 Rn. 9; ebenso MüKoAktG/*Reichert*/*Brandes* Rn. 16; *Schwarz* Rn. 29; *Teichmann* ZGR 2002, 383 (454); Kölner Komm AktG/*Paefgen* Art. 40 Rn. 29; aA *Brandt,* Die Hauptversammlung der Europäischen Aktiengesellschaft (SE), 2004, 150 ff.; MüKoAktG/*Kubis* Art. 52 Rn. 20; Lutter/Hommelhoff/*Spindler* Art. 52 Rn. 37; Lutter/Hommelhoff/Teichmann/*Teichmann* Rn. 14; auch Kölner Komm AktG/*Siems* Rn. 5.
[26] MüKoAktG/*Reichert*/*Brandes* Rn. 17; Lutter/Hommelhoff/Teichmann/*Teichmann* Rn. 15; Habersack/Drinhausen/*Bücker* Art. 52 Rn. 32; *Boettcher,* Die Kompetenzen von Verwaltungsrat und geschäftsführenden Direktoren in der monistischen SE in Deutschland, 2009, 200 f.; aA offenbar *Schwarz* Rn. 29.
[27] Lutter/Hommelhoff/Teichmann/*Teichmann* Rn. 15.
[28] Näher *Maul* ZGR 2003, 743 (749 f.); *Veil* WM 2003, 2169 (2174); aA *Lächler,* Das Konzernrecht der Europäischen Gesellschaft (SE), 2007, 200 ff., der § 308 AktG aufgrund des abschließenden Charakters der SE-VO im Bereich der Organisationsverfassung nicht auf die vertraglich konzernierte SE anwenden möchte.
[29] Str., aA *Ihrig* ZGR 2008, 809 (829) (Durchführung des Verfahrens nach § 308 Abs. 3 AktG auch bei entgegenstehenden Weisungen des Verwaltungsrats); ohne die hier vorgeschlagene Differenzierung auch MüKoAktG/*Ego* Anh. Art. 9 Rn. 33, der deswegen wohl mit einer häufigeren Durchführung des Verfahrens nach § 308 Abs. 3 AktG rechnet, wenn das abhängige Unternehmen monistisch verfasst ist; ähnlich *Brandi* NZG 2003, 889 (893); *Maul* ZGR 2003, 743 (750); *Maul* in Van Hulle/Maul/Drinhausen SE-HdB 8. Abschn. Rn. 15 f.

rer Bedeutung sind.[30] Dies erscheint de lege ferenda überlegenswert;[31] nach geltendem Aktienrecht ist ein solcher Weg jedoch unzulässig. Die satzungsmäßige Einräumung eines Zustimmungsrechts zugunsten anderer Gremien scheitert an der aktienrechtlichen Satzungsstrenge,[32] die auch mittels einer Mitbestimmungsvereinbarung nicht überwunden werden kann.[33]

Art. 49 [Verschwiegenheitspflicht]

Die Mitglieder der Organe der SE dürfen Informationen über die SE, die im Falle ihrer Verbreitung den Interessen der Gesellschaft schaden könnten, auch nach Ausscheiden aus ihrem Amt nicht weitergeben; dies gilt nicht in Fällen, in denen eine solche Informationsweitergabe nach den Bestimmungen des für Aktiengesellschaften geltenden einzelstaatlichen Rechts vorgeschrieben oder zulässig ist oder im öffentlichen Interesse liegt.

Schrifttum: Vgl. *Schaper,* Unternehmenskommunikation und Vertraulichkeit in der Europäischen Aktiengesellschaft (SE) im Vergleich zur AG, AG 2018, 356 sowie die Angaben bei Art. 51 und § 93 AktG.

1 Die in Art. 49 geregelte **Schweigepflicht** konkretisiert die allgemeine Treupflicht der Organmitglieder.[1] Die Vorschrift erfasst das **Leitungs- und Aufsichtsorgan** sowie den **Verwaltungsrat** und gilt gleichermaßen für Anteilseigner- und Arbeitnehmervertreter.[2] Nach dem klaren Wortlaut besteht die Pflicht auch nach dem Ausscheiden fort. Für die **geschäftsführenden Direktoren** folgt eine entsprechende Pflicht aus § 40 Abs. 8 SEAG iVm § 93 Abs. 1 S. 3 AktG.[3] Eine Verschärfung oder Abschwächung der Verschwiegenheitspflicht durch die Satzung oder Geschäftsordnung sieht die Verordnung – wie auch das deutsche Aktienrecht – nicht vor.[4] Mit dieser Regelung will der Verordnungsgeber die Ausübung des Amtes im Interesse der SE als Hauptaufgabe der Organmitglieder herausstellen.[5] Die Vorschrift schützt vor der Offenbarung von Geheimnissen an Dritte und dient damit zugleich der Funktionsfähigkeit der Organe, die auf Vertraulichkeit angewiesen sind.[6] Dagegen möchte die Verordnung den **gesellschaftsinternen Informationsfluss** nicht beschränken, sondern fördert im Gegenteil insbesondere in Art. 41, 44 Abs. 2 die Weitergabe von Informationen unter den Organen und Organmitgliedern (allg. → Art. 38 Rn. 14).[7]

2 Die Vorschrift erfasst alle Informationen, deren Weitergabe der Gesellschaft Nachteile bringen könnte. Auch wenn die Verordnung die Verschwiegenheitspflicht nicht wie § 93 Abs. 1 S. 3 AktG auf vertrauliche Angaben und Geheimnisse oder wie § 116 S. 2 AktG auf vertrauliche Berichte und Beratungen beschränkt, sondern sämtliche Informationen erfasst, dürfte der Umfang der Verpflichtung den deutschen Regelungen im Ergebnis entsprechen.[8] Unberührt lässt die Vorschrift **einzelstaatliche Verpflichtungen zur Informationsweitergabe** nicht nur des Sitzstaats, sondern aller Rechtsordnungen, mit denen die SE in Berührung kommt.[9] Im Übrigen kann auf die Erläuterungen

---

[30] Vgl. vor allem den Vorschlag eines „Konsultationsrats" des Berliner Netzwerks Corporate Governance in AG 2004, 200 f.

[31] Dazu *Eberspächer* ZIP 2008, 1951 (1952 f.); *Kirchner* AG 2004, 197 (198 ff.); *Roth* ZfA 2004, 431 (456 ff.); v. *Werder* AG 2004, 166 (172).

[32] Zur Unzulässigkeit → AktG § 111 Rn. 72; Großkomm AktG/*Hopt/Roth* AktG § 111 Rn. 660; Kölner Komm AktG/*Mertens/Cahn* AktG § 111 Rn. 82.

[33] Vgl. allg. *Habersack* AG 2006, 345 ff.; *Oetker* ZIP 2006, 1113 ff.; *Seibt* AG 2005, 414 (416); abweichende Konzeption bei *Teichmann* AG 2008, 797 ff.

[1] MüKoAktG/*Reichert/Brandes* Rn. 3; *Schwarz* Rn. 1; allg. → AktG § 93 Rn. 160.

[2] *Schwarz* Rn. 5; Großkomm AktG/*Hopt/Roth* AktG § 116 Rn. 219 ff.; allg. zur Gleichheit der Organmitglieder → Art. 43 Rn. 35.

[3] MüKoAktG/*Reichert/Brandes* Rn. 1; Lutter/Hommelhoff/Teichmann/*Teichmann* Rn. 3; Habersack/Drinhausen/*Drinhausen* Rn. 3; eingehend *Schaper* AG 2018, 356 (363); anders *Schwarz* Rn. 6, der Art. 49 auch auf geschäftsführende Direktoren und Organe iSd Art. 54 Abs. 2 anwendet.

[4] Vgl. MüKoAktG/*Spindler* § 93 Rn. 113, 142.

[5] So die Kommissionsbegründung zum Entwurf 1989, BT-Drs. 11/5427, 12, vgl. *Schwarz* Rn. 1.

[6] Vgl. Großkomm AktG/*Hopt/Roth* § 116 Rn. 9, 215.

[7] MüKoAktG/*Reichert/Brandes* Rn. 7 f.; Lutter/Hommelhoff/Teichmann/*Teichmann* Rn. 5.

[8] Vgl. MüKoAktG/*Reichert/Brandes* Rn. 5; Lutter/Hommelhoff/Teichmann/*Teichmann* Rn. 4; Habersack/Drinhausen/*Drinhausen* Rn. 7; eine zu enge Auslegung befürchtet *Rickford/Hopt,* The European Company, Developing a Community Law of Corporations, 2003, 47 (57), jedoch ist – entgegen seinem Auslegungsvorschlag – ein Schaden für das Interesse der Gesellschaft iSd Art. 49 nicht auf Fälle beschränkt, in denen ein Schadensersatzanspruch gegen das Organmitglied besteht, s. auch Lutter/Hommelhoff/Teichmann/*Teichmann* Rn. 6: Schaden nicht allein finanziell zu verstehen.

[9] *Schwarz* Rn. 17; Habersack/Drinhausen/*Drinhausen* Rn. 13; Überblick bei MüKoAktG/*Reichert/Brandes* Rn. 10 ff.; Lutter/Hommelhoff/Teichmann/*Teichmann* Rn. 8 ff. (Verweis auf das nach IntGesR maßgebliche Sachrecht); zur AG → AktG § 93 Rn. 167; Großkomm AktG/*Hopt/Roth* AktG § 116 Rn. 260 ff.

zur aktiengesetzlichen Parallelvorschrift verwiesen werden; das gilt insbesondere für die Rechtsfolgen einer Verletzung der Schweigepflicht (→ § 93 Rn. 160 ff., AktG § 172).

Art. 50 [Beschlussfassung]

(1) Sofern in dieser Verordnung oder der Satzung nichts anderes bestimmt ist, gelten für die Beschlussfähigkeit und die Beschlussfassung der Organe der SE die folgenden internen Regeln:
a) Beschlussfähigkeit: mindestens die Hälfte der Mitglieder muss anwesend oder vertreten sein;
b) Beschlussfassung: mit der Mehrheit der anwesenden oder vertretenen Mitglieder.

(2) [1]Sofern die Satzung keine einschlägige Bestimmung enthält, gibt die Stimme des Vorsitzenden des jeweiligen Organs bei Stimmengleichheit den Ausschlag. [2]Eine anders lautende Satzungsbestimmung ist jedoch nicht möglich, wenn sich das Aufsichtsorgan zur Hälfte aus Arbeitnehmervertretern zusammensetzt.

(3) Ist die Mitbestimmung der Arbeitnehmer gemäß der Richtlinie 2001/86/EG vorgesehen, so kann ein Mitgliedstaat vorsehen, dass sich abweichend von den Absätzen 1 und 2 Beschlussfähigkeit und Beschlussfassung des Aufsichtsorgans nach den Vorschriften richten, die unter denselben Bedingungen für die Aktiengesellschaften gelten, die dem Recht des betreffenden Mitgliedstaats unterliegen.

Auszug aus dem SEAG

§ 35 SEAG Beschlussfassung.

(1) [1]Abwesende Mitglieder können dadurch an der Beschlussfassung des Verwaltungsrats und seiner Ausschüsse teilnehmen, dass sie schriftliche Stimmabgaben überreichen lassen. [2]Die schriftlichen Stimmabgaben können durch andere Mitglieder überreicht werden. [3]Sie können auch durch Personen, die nicht dem Verwaltungsrat angehören, übergeben werden, wenn diese nach § 109 Abs. 3 des Aktiengesetzes zur Teilnahme an der Sitzung berechtigt sind.

(2) Schriftliche, fernmündliche und andere vergleichbare Formen der Beschlussfassung des Verwaltungsrats und seiner Ausschüsse sind vorbehaltlich einer näheren Regelung durch die Satzung oder eine Geschäftsordnung des Verwaltungsrats nur zulässig, wenn kein Mitglied diesem Verfahren widerspricht.

(3) Ist ein geschäftsführender Direktor, der zugleich Mitglied des Verwaltungsrats ist, aus rechtlichen Gründen gehindert, an der Beschlussfassung im Verwaltungsrat teilzunehmen, hat insoweit der Vorsitzende des Verwaltungsrats eine zusätzliche Stimme.

Schrifttum: Vgl. die Angaben bei § 108 AktG.

Übersicht

	Rn.		Rn.
I. Regelungsgehalt, Normzweck	1–3	2. Stimmrecht des Vorsitzenden (Abs. 2, § 35 Abs. 3 SEAG)	7, 8
II. Beschlussfähigkeit (Abs. 1 lit. a)	4, 5	3. Abweichende Satzungsbestimmungen	9–11
III. Mehrheitserfordernis	6–11	IV. Fehlerhafte Organbeschlüsse	12
1. Gesetzliche Regel (Abs. 1 lit. b)	6		

I. Regelungsgehalt, Normzweck

Abs. 1 greift mit den Quoren für **Beschlussfähigkeit und -mehrheit** zwei Einzelfragen der 1 Beschlussfassung in den Führungsorganen der SE heraus. Nach Abs. 2 hat der jeweilige Organvorsitzende ein Recht zum Stichentscheid. Art. 50 stellt beide Regelungen unter einen Satzungsvorbehalt; nur für paritätisch besetzte Organe macht Abs. 2 S. 2 eine Ausnahme, um das Letztentscheidungsrecht der Anteilseignerseite für den Fall einer Stimmengleichheit zwischen Aktionärs- und Arbeitnehmervertretern abzusichern (→ Rn. 7). Die Beschlussfassung ist auch dann möglich, wenn nicht alle Mitglieder teilnehmen oder das betreffende Organ unterbesetzt ist, sofern mindestens die Hälfte der Mitglieder anwesend ist (→ Rn. 4). In sämtlichen Organen reicht grundsätzlich die einfache Mehrheit aus. Insgesamt erleichtert die Verordnung durch diese Vorgaben die erfolgreiche Beschlussfassung und fördert so die **Handlungsfähigkeit der Organe** der SE. Die Vorschrift gilt grundsätzlich für alle Beschlüsse der Verwaltungsorgane. Verweist die Verordnung allerdings für einen Regelungsbereich auf das Recht des Sitzstaats, tritt Art. 50 hinter der speziellen Verweisungsnorm zurück; dies betrifft namentlich Organbeschlüsse im Anwendungsbereich von Art. 54 Abs. 2.[1]

2 In allen übrigen Fragen der Beschlussfassung enthält sich die Verordnung einer gemeinschaftseinheitlichen Regelung und ermöglicht über Art. 9 Abs. 1 lit. c ii einen **Gleichlauf mit nationalem Aktienrecht**. Das Recht des Sitzstaats gilt etwa für die schriftliche Stimmabgabe und die Beschlussfassung ohne Sitzung (§ 108 Abs. 3 und 4 AktG, § 35 Abs. 1 und 2 SEAG).[2] Auf Verordnungsebene ist auch ungeregelt, wann ein Organmitglied einem **Stimmverbot** unterliegt; insoweit ist auf die Grundsätze des deutschen Gesellschaftsrechts zu verweisen.[3] Ein besonderes Stimmverbot für Arbeitnehmervertreter bei Leitungsentscheidungen im Verwaltungsrat ergibt sich weder aus dem europäischen noch aus dem deutschen Recht und kann auch nicht per Satzung oder Mitbestimmungsvereinbarung eingeführt werden.[4]

3 Art. 50 gilt gleichermaßen für das Leitungs- und Aufsichtsorgan wie für den Verwaltungsrat, **nicht aber für die Abstimmung mehrerer geschäftsführender Direktoren**.[5] Deswegen konnte der deutsche Gesetzgeber abweichend von Art. 50 Abs. 1 lit. b für Geschäftsordnungsbeschlüsse der Geschäftsführer Einstimmigkeit vorschreiben (§ 40 Abs. 4 S. 3 SEAG).[6] Gleiches gilt – wie in der GmbH – grundsätzlich auch für die übrigen Entscheidungen mehrerer geschäftsführender Direktoren, jedoch ist bei anderen Beschlussgegenständen eine abweichende Satzungsregelung möglich.[7] Von der **Regelungsbefugnis in Abs. 3** hat der deutsche Gesetzgeber keinen Gebrauch gemacht. Nach einer im Schrifttum vertretenen Ansicht beschränkt Art. 50 Abs. 1 auch die **Beschlussfassung im Ausschuss**.[8] Die Einrichtung beschließender Ausschüsse setze deswegen voraus, dass entweder in dem Ausschuss mindestens die Hälfte der Organmitglieder vertreten ist und mitstimmt, oder dass die Satzung ausdrücklich für den Fall einer Übertragung auf einen Ausschuss die Quoren des Art. 50 Abs. 1 herabsetzt. Ob die Vorschrift allerdings die Ausschussbildung von einer Satzungsermächtigung abhängig machen will, erscheint zweifelhaft. Vielmehr ist auch ohne Satzungsregelung für Beschlussfähigkeit und Beschlussmehrheit auf die Mitgliederzahl des betreffenden Ausschusses abzustellen, nicht auf das Gesamtorgan.[9]

II. Beschlussfähigkeit (Abs. 1 lit. a)

4 Die Organe der SE sind beschlussfähig, wenn die Hälfte der Mitglieder anwesend oder vertreten ist. Ausreichend ist also die persönliche Anwesenheit in der Sitzung oder die Vertretung durch eine andere Person entsprechend den einschlägigen nationalen Vorschriften.[10] Im Unterschied zu § 108 Abs. 2 S. 2 AktG ist eine aktive Teilnahme an der Abstimmung dagegen nicht erforderlich, sodass auch Organmitglieder, die einem Stimmverbot unterliegen, für die Feststellung der Beschlussfähigkeit mitzählen.[11] Bezugsgröße ist die gesetzliche bzw. satzungsmäßige Sollstärke.[12] Neben Abs. 1 lit. a finden weitergehende nationale Voraussetzungen der Beschlussfähigkeit wie die zwingende Untergrenze in § 108 Abs. 2

---

[1] Str., → Art. 54 Rn. 5; Lutter/Hommelhoff/Teichmann/*Spindler* Art. 54 Rn. 23; Lutter/Hommelhoff/Teichmann/*Teichmann* Anh. Art. 43 (§ 22 SEAG) Rn. 20; *Schwarz* Art. 50 Rn. 21, Art. 54 Rn. 15, Art. 56 Rn. 18; aA *Brandt*, Die Hauptversammlung der Europäischen Aktiengesellschaft (SE), 2004, 183.
[2] Vgl. BegrRegE BT-Drs. 15/3405, 38; für Einzelheiten s. Lutter/Hommelhoff/Teichmann/*Teichmann* Anh. Art. 43 (§ 35 SEAG) Rn. 2 ff.; Habersack/Drinhausen/*Drinhausen* Rn. 11.
[3] *Schwarz* Rn. 13; MüKoAktG/*Reichert/Brandes* Rn. 36 ff.; Lutter/Hommelhoff/Teichmann/*Teichmann* Rn. 10, 19; Habersack/Drinhausen/*Drinhausen* Rn. 21; *Bachmann* ZGR 2008, 779 (794); aA zu § 35 Abs. 3 SEAG *Siems* NZG 2007, 129 (131 f.) (Entwicklung eigenständiger Auslegung ohne Anlehnung an § 34 BGB); zur AG → AktG § 108 Rn. 26 ff.
[4] So aber der Vorschlag von *Kallmeyer* ZIP 2003, 1531 (1535); *Kallmeyer* ZIP 2004, 1442 (1444); dagegen zu Recht *Teichmann* BB 2004, 53 (57); *Weiß/Wöhlert* NZG 2006, 121 (125); MüKoAktG/*Reichert/Brandes* Rn. 48 ff.; Lutter/Hommelhoff/Teichmann/*Teichmann* Rn. 16; *Bachmann* ZGR 2008, 779 (803); zur aktienrechtlichen Unzulässigkeit satzungsmäßiger Stimmverbote Großkomm AktG/*Hopt/Roth* AktG § 108 Rn. 65.
[5] Lutter/Hommelhoff/Teichmann/*Teichmann* Rn. 4; Habersack/Drinhausen/*Drinhausen* Rn. 8; *Boettcher*, Die Kompetenzen von Verwaltungsrat und geschäftsführenden Direktoren in der monistischen SE in Deutschland, 2009, 161; aA *Schwarz* Rn. 1, 4.
[6] Unbegründet deswegen die europarechtlichen Zweifel bei *Schwarz* Anh. Art. 43 Rn. 283.
[7] *Boettcher*, Die Kompetenzen von Verwaltungsrat und geschäftsführenden Direktoren in der monistischen SE in Deutschland, 2009, 161.
[8] Lutter/Hommelhoff/Teichmann/*Teichmann* Rn. 22 f., Anh. Art. 43 (§§ 34, 54 SEAG) Rn. 20.
[9] Habersack/Drinhausen/*Drinhausen* Rn. 23.
[10] Vgl. § 108 Abs. 3 AktG, § 35 Abs. 1 SEAG; für Einzelheiten Habersack/Drinhausen/*Drinhausen* Rn. 10 ff.; MüKoAktG/*Reichert/Brandes* Rn. 6 f.; zur Vertretung in Organsitzungen ausf. *Schumacher* NZG 2009, 697 ff.
[11] MüKoAktG/*Reichert/Brandes* Rn. 7; Habersack/Drinhausen/*Drinhausen* Rn. 21; Kölner Komm AktG/*Siems* Rn. 7; dagegen zur AG → AktG § 108 Rn. 36.
[12] *Schwarz* Rn. 8; Habersack/Drinhausen/*Drinhausen* Rn. 15; NK-SE/*Manz* Rn. 3; aA Kölner Komm AktG/*Siems* Rn. 5: Anzahl der tatsächlich bestellten Organmitglieder; wie im Text die hM zum Aufsichtsrat, → AktG § 108 Rn. 37.

Beschlussfassung 5–7 **Art. 50 SE-VO**

S. 3 AktG keine Anwendung.[13] Unschädlich ist in diesen Grenzen auch eine **Unterbesetzung,** wenn also dem Organ weniger Mitglieder angehören als in Gesetz bzw. Satzung vorgesehen.[14] Diese Grundsätze gelten für alle Organe der SE. Anders als der Vorstand der AG[15] ist demnach das **SE-Leitungsorgan** bei Unterbesetzung beschlussfähig, solange die Voraussetzungen des Abs. 1 lit. a erfüllt sind.[16]

Art. 50 Abs. 1 ermächtigt den **Satzungsgeber** zu einer abweichenden Regelung der Beschlussfähigkeit. Eine Erhöhung des Quorums über das Hälfte-Erfordernis hinaus ist in der mitbestimmten SE jedoch unzulässig, wenn die Arbeitnehmervertreter durch bloßes Fernbleiben die positive Beschlussfassung verhindern können.[17] Dies ergibt sich aus dem Rechtsgedanken des Art. 50 Abs. 2. Unabhängig von der Mitbestimmung muss jede Satzungsbestimmung dem Grundsatz der Gleichbehandlung aller Organmitglieder genügen. Damit ist es etwa unvereinbar, die Beschlussfähigkeit eines Organs von der Teilnahme eines bestimmten Mitglieds, etwa des Vorsitzenden, abhängig zu machen.[18]

III. Mehrheitserfordernis

1. Gesetzliche Regel (Abs. 1 lit. b). Nach Abs. 1 lit. b entscheiden die Organe der SE grundsätzlich mit der Mehrheit der anwesenden oder vertretenen Mitglieder. Das **Mehrheitsprinzip** gilt damit vorbehaltlich einer abweichenden Satzungsregelung nicht nur im Aufsichtsorgan und Verwaltungsrat, sondern auch im Leitungsorgan der SE. Es besteht zwar im Regelfall Gesamtgeschäftsführung (Art. 9 Abs. 1 lit. c ii, § 77 Abs. 1 S. 1 AktG); eine Willensübereinstimmung aller Mitglieder des Leitungsorgans ist jedoch anders als im Vorstand der AG nicht erforderlich.[19] Auch gegenüber der Rechtslage im deutschen Aufsichtsrat weicht Abs. 1 lit. b ab. Ein Beschlussantrag ist danach nur angenommen, wenn die Mehrheit der anwesenden oder vertretenen Mitglieder des Organs zustimmt. Mit anderen Worten müssen die Ja-Stimmen nicht nur die gültigen Nein-Stimmen, sondern alle übrigen Stimmen überwiegen, so dass **auch Stimmenthaltungen als Nein-Stimmen zu zählen** sind.[20] Die Art. 57, 58, die Stimmenthaltungen ausdrücklich von der Zählung ausnehmen, finden als Sonderregelung für die Hauptversammlung auf die Führungsorgane der SE keine Anwendung. Die wortlautgetreue Auslegung entspricht auch dem Verständnis paralleler Vorschriften des französischen Aktienrechts, die mit der französischen Fassung der Verordnungsregelung übereinstimmen und vermutlich als Regelungsvorbild dienten.[21] Der **nationale Gesetzgeber** kann kein abweichendes Mehrheitserfordernis aufstellen. Deswegen findet etwa § 77 Abs. 2 S. 3 AktG auf die Beschlussfassung des Leitungsorgans über seine Geschäftsordnung keine Anwendung.[22]

2. Stimmrecht des Vorsitzenden (Abs. 2, § 35 Abs. 3 SEAG). Grundsätzlich haben die Stimmen aller Organmitglieder den gleichen Wert.[23] Ausnahmen von dieser Regel enthalten Verordnung und SEAG jedoch für den Organvorsitzenden. Abs. 2 S. 1 erklärt für den Fall einer Stimmengleichheit die Stimme des Vorsitzenden für maßgeblich, sofern die Satzung nicht gegen dieses **Recht zum Stichentscheid** optiert;[24] dies gilt auch für das Leitungsorgan.[25] Anders als nach der deutschen

---

[13] MüKoAktG/*Reichert/Brandes* Rn. 5; Habersack/Drinhausen/*Drinhausen* Rn. 6.
[14] *Schwarz* Rn. 9; MüKoAktG/*Reichert/Brandes* Rn. 8; ebenso für den Aufsichtsrat § 108 Abs. 2 S. 4 AktG.
[15] Zum Meinungsstand → AktG § 76 Rn. 115 ff.
[16] MüKoAktG/*Reichert/Brandes* Rn. 8.
[17] Vgl. MüKoAktG/*Reichert/Brandes* Rn. 5.
[18] → Art. 45 Rn. 8; Lutter/Hommelhoff/Teichmann/*Teichmann* Rn. 8; ebenso für den Aufsichtsrat → AktG § 108 Rn. 42 f. mwN; aA *Schwarz* Rn. 19 für den Vorsitzenden des Aufsichtsorgans und Verwaltungsrats; für mitbestimmungsfreie SE auch *Bachmann* ZGR 2008, 779 (793, 804).
[19] „Gesamtgeschäftsführung unter mehrheitlicher Willensbildung", → Art. 39 Rn. 5; zum Vorstand dagegen → AktG § 77 Rn. 8; Hüffer/Koch/*Koch* AktG § 77 Rn. 2, 6.
[20] Ebenso iE MüKoAktG/*Reichert/Brandes* Rn. 12 ff.; Habersack/Drinhausen/*Drinhausen* Rn. 16; *Schwarz* Rn. 12; Lutter/Hommelhoff/Teichmann/*Teichmann* Rn. 17; dagegen zum Aufsichtsrat → AktG § 108 Rn. 23; Hüffer/Koch/*Koch* AktG § 108 Rn. 6; Großkomm AktG/*Hopt*/Roth § 108 Rn. 32.
[21] Sowohl die Verordnung als auch Art. L 225–37 Abs. 2 und Art. L 225–82 Abs. 2 Code de Commerce formulieren „à la majorité des membres présents ou représentés"; überzeugend deswegen MüKoAktG/*Reichert/Brandes* Rn. 14.
[22] Ebenso Kölner Komm AktG/*Siems* Rn. 11; die Regelung fehlt dementsprechend in der Parallelnorm für den Verwaltungsrat (§ 34 Abs. 2 SEAG).
[23] MüKoAktG/*Reichert/Brandes* Rn. 35; zum Verwaltungsrat allg. → Art. 43 Rn. 35; zum Aufsichtsrat → AktG § 108 Rn. 24.
[24] Anders als im Aufsichtsrat (vgl. Großkomm AktG/*Hopt*/Roth AktG § 108 Rn. 33, str.) steht der Stichentscheid nicht zur Disposition der Geschäftsordnung.
[25] Lutter/Hommelhoff/Teichmann/*Teichmann* Rn. 3; Lutter/Hommelhoff/Teichmann/*Drygala* Art. 39 (§§ 15, 16 SEAG) Rn. 20; MüKoAktG/*Reichert/Brandes* Rn. 3; Habersack/Drinhausen/*Drinhausen* Rn. 26; *Schwarz* Rn. 36; Kölner Komm AktG/*Siems* Rn. 25; Kölner Komm AktG/*Paefgen* Art. 39 Rn. 31.

Regelung in § 29 Abs. 2 S. 1 MitbestG muss keine erneute Abstimmung erfolgen.[26] Abs. 2 S. 2 untersagt eine abweichende Satzungsbestimmung, wenn das Aufsichtsorgan paritätisch mit Arbeitnehmervertretern besetzt ist. Die Vorschrift führt im Zusammenspiel mit Art. 42 S. 2, Art. 45 S. 2 zu einem **zwingenden Letztentscheidungsrecht** der Anteilseignerseite. Gleiches muss über den Wortlaut hinaus auch **im hälftig besetzten Verwaltungsrat** gelten.[27] Der Stellvertreter des Organvorsitzenden hat im Vertretungsfall nach § 107 Abs. 1 S. 3 AktG, § 34 Abs. 1 S. 2 SEAG alle Rechte des Vorsitzenden und demnach bei Stimmengleichheit auch ein ausschlaggebendes Stimmrecht. § 29 Abs. 2 S. 3 MitbestG findet auf die SE keine Anwendung.[28]

8 Ergänzt wird die Verordnungsregelung durch **§ 35 Abs. 3 SEAG,** der auf Vorschlag des Rechtsausschusses nachträglich ins Ausführungsgesetz eingefügt wurde. Der **Vorsitzende des Verwaltungsrats** erhält eine zusätzliche Stimme, wenn ein geschäftsführender Direktor, der zugleich Mitglied des Verwaltungsrats ist, aus rechtlichen Gründen gehindert ist, an der Beschlussfassung teilzunehmen. Der deutsche Gesetzgeber wollte verhindern, dass die Arbeitnehmervertreter die Anteilseignervertreter überstimmen können, wenn einer der Geschäftsführer aufgrund seiner Personalunion einem Stimmverbot unterliegt. Zu denken ist an § 34 BGB analog oder das allgemeine Verbot des Richtens in eigener Sache, wenn der Beschluss den geschäftsführenden Direktor persönlich und unmittelbar betrifft (→ Rn. 2).[29] Entgegen der Annahme des Rechtsausschusses dürfte ein **Weisungsbeschluss** indes regelmäßig keine Interessenkollision in diesem Sinne begründen. Die Verbindung der unterschiedlichen Funktionen in einer Person ist vielmehr gewolltes Charakteristikum des monistischen Systems und wird durch die zwingend mehrheitliche Besetzung mit nicht geschäftsführenden Mitgliedern abgefedert (§ 40 Abs. 1 S. 2 SEAG).[30] Dogmatisch handelt es sich bei § 35 Abs. 3 SEAG um einen gesetzlichen Übergang des Stimmrechts auf den Vorsitzenden, der bei einem Stimmverbot mehrerer Mitglieder auch mehrere zusätzliche Stimmen erhalten kann.[31] Dies rechtfertigt sich durch das Ziel, eine verfassungswidrige Dominanz der Arbeitnehmervertreter im Verwaltungsrat zu vermeiden.[32] Ist der Verwaltungsratsvorsitzende selbst als geschäftsführender Direktor von der Beschlussfassung ausgeschlossen, gehen die Stimmen auf den **Stellvertreter** über (§ 35 Abs. 3 SEAG analog);[33] das entspricht dem Rechtsgedanken des § 34 Abs. 1 S. 2 SEAG.

9 **3. Abweichende Satzungsbestimmungen.** Abs. 1 erlaubt ausdrücklich Satzungsbestimmungen, die von der Mehrheitsregelung der Verordnung abweichen.[34] Begrenzt wird die Satzungsfreiheit indes durch den **Grundsatz gleicher Rechte und Pflichten der Organmitglieder**[35] und die von der Verordnung angestrebte **Funktionsfähigkeit der Organe**.[36] Von besonderem Interesse dürfte sein, inwieweit sich ein Gleichlauf mit den aktienrechtlichen Regelungen herstellen lässt. Zur Angleichung an die Rechtslage bei § 108 AktG kann die Zahl der abgegebenen gültigen Stimmen zur maßgeblichen Bezugsgröße der Mehrheitsberechnung gemacht werden (→ Rn. 6).[37] Im Übrigen kann vom Mehrheitsprinzip als solchem allerdings nicht abgewichen werden; eine Regelung, wonach eine Minderheit eine Entscheidung durchsetzen kann, ist ebenso unzulässig wie der Ausschluss des Stimmrechts einzelner Mitglieder oder die Einräumung von Mehrstimmrechten.[38]

---

[26] Habersack/Drinhausen/*Drinhausen* Rn. 26.
[27] Ebenso MüKoAktG/*Reichert/Brandes* Rn. 3 (redaktionelles Versehen); Habersack/Drinhausen/*Drinhausen* Rn. 29; *Schwarz* Rn. 42; Kölner Komm AktG/*Siems* Rn. 27; aA *Roth* ZfA 2004, 431 (441); Lutter/Hommelhoff/Teichmann/*Teichmann* Rn. 27.
[28] § 47 Abs. 1 Nr. 1 SEBG, vgl. *Schwarz* Rn. 38; Kölner Komm AktG/*Siems* Rn. 28; Habersack/Drinhausen/*Drinhausen* Rn. 27; zum Stellvertreter Art. 42 Rn. 3, Art. 45 Rn. 10; aA Lutter/Hommelhoff/Teichmann/*Teichmann* Anh. Art. 43 (§§ 34, 54 SEAG) Rn. 9: Kein Stichentscheid des Stellvertreters.
[29] So der Rechtsausschuss, BT-Drs. 15/4053, 59; Lutter/Hommelhoff/Teichmann/*Teichmann* Anh. Art. 43 (§ 35 SEAG) Rn. 12; gegen die Ableitung aus § 34 BGB *Siems* NZG 2007, 129 (131).
[30] Vgl. auch *Schwarz* Anh. Art. 43 Rn. 220; Lutter/Hommelhoff/Teichmann/*Teichmann* Anh. Art. 43 (§ 35 SEAG) Rn. 13, (§ 40 SEAG) Rn. 27; *Bachmann* ZGR 2008, 779 (794); aA *Marsch-Barner* GS Bosch, 2006, 99 (109).
[31] MüKoAktG/*Reichert/Brandes* Rn. 45.
[32] Dazu und zu verbleibenden verfassungsrechtlichen Zweifeln → Art. 43 Rn. 29; *Kämmerer/Veil* ZIP 2005, 369 (372 ff.).
[33] MüKoAktG/*Reichert/Brandes* Rn. 44.
[34] Eine Geschäftsordnungsregelung scheidet dagegen aus; differenzierend für den Aufsichtsrat mangels gesetzlicher Regelung der Beschlussfassung Großkomm AktG/*Hopt/Roth* AktG § 108 Rn. 32, 33, 34.
[35] Vgl. für den Aufsichtsrat Großkomm AktG/*Hopt/Roth* AktG § 108 Rn. 38, 51 f.; zum Verwaltungsrat allg. → Art. 43 Rn. 35.
[36] → Rn. 1; vgl. auch Großkomm AktG/*Hopt/Roth* AktG § 108 Rn. 38.
[37] MüKoAktG/*Reichert/Brandes* Rn. 21; Habersack/Drinhausen/*Drinhausen* Rn. 17; *Schwarz* Rn. 17.
[38] MüKoAktG/*Reichert/Brandes* Rn. 27, 35; *Schwarz* Rn. 13; für den nicht mitbestimmten Aufsichtsrat der SE aA Kölner Komm AktG/*Siems* Rn. 14 f.

Haftung   Art. 51 SE-VO

Abs. 1 lässt auch eine **Erhöhung des Mehrheitsquorums** im Leistungsorgan, im Aufsichtsorgan **10**
und im Verwaltungsrat zu. Anders als im Aufsichtsrat der deutschen AG, in dem qualifizierte Mehrheitserfordernisse zumindest im Bereich gesetzlich vorgeschriebener Beschlussfassungen für unzulässig gehalten werden, sind derartige Satzungsregelungen aufgrund der ausdrücklichen Dispositivität von Abs. 1 in der SE möglich.[39] Unzulässig ist es aber den Beschluss von der Zustimmung eines bestimmten Mitglieds, etwa des Vorsitzenden, abhängig zu machen oder gar dem Vorsitzenden des Verwaltungsrats oder Aufsichtsorgans ein Vetorecht einzuräumen.[40] Im Leitungsorgan wird die Einräumung eines Vetorechts dagegen wie im Vorstand zu Recht überwiegend für zulässig gehalten.[41] In der **mitbestimmten SE** darf die Satzungsregelung nicht zu einer Blockademöglichkeit der Arbeitnehmerseite führen. Deswegen muss es im paritätisch besetzten Organ bei der einfachen Mehrheit verbleiben.[42] Jedenfalls im Bereich gesetzlich zugewiesener Zuständigkeiten ist auch eine Satzungsregelung unzulässig, die eine Entscheidung bei Stimmengleichheit der Hauptversammlung oder einem fakultativen Organ überträgt.[43]

Einer Gesamtschau der Art. 42 S. 2, Art. 45 S. 2, Art. 50 Abs. 2 S. 2 lässt sich jedoch entnehmen, **11**
dass die Verordnung eine Ungleichbehandlung der Mitglieder in Kauf nimmt, wenn sich nur so eine Pattsituation zwischen der Anteilseigner- und der Arbeitnehmerseite auflösen lässt.[44] Im Konfliktfall hat die **Funktionsfähigkeit des Organs** also **Vorrang vor der strikten Einhaltung des Gleichbehandlungsgrundsatzes**. Dies spricht für die ausnahmsweise Zulässigkeit einer Satzungsregelung, die eine Blockade im mitbestimmten Organ zugunsten der Anteilseignerseite vermeidet (zur Wahl des Vorsitzenden → Art. 42 Rn. 2, → Art. 45 Rn. 3).

IV. Fehlerhafte Organbeschlüsse

Die Rechtsfolgen fehlerhafter Organbeschlüsse sind weder in der Verordnung noch im AktG und **12**
SEAG ausdrücklich geregelt. Anwendung finden die für das deutsche Aktienrecht entwickelten Grundsätze, wonach Beschlussmängel **grundsätzlich** zur **Nichtigkeit** führen; dies gilt auch für Beschlüsse des Aufsichtsorgans und des Verwaltungsrats. Die Geltendmachung ist an keine Frist gebunden, möglich ist allerdings eine Verwirkung.[45]

Art. 51 [Haftung]

Die Mitglieder des Leitungs-, Aufsichts- oder Verwaltungsorgans haften gemäß den im Sitzstaat der SE für Aktiengesellschaften maßgeblichen Rechtsvorschriften für den Schaden, welcher der SE durch eine Verletzung der ihnen bei der Ausübung ihres Amtes obliegenden gesetzlichen, satzungsmäßigen oder sonstigen Pflichten entsteht.

Auszug aus dem SEAG

§ 39 SEAG Sorgfaltspflicht und Verantwortlichkeit der Verwaltungsratsmitglieder.
Für die Sorgfaltspflicht und Verantwortlichkeit der Verwaltungsratsmitglieder gilt § 93 des Aktiengesetzes entsprechend.

§ 40 SEAG Geschäftsführende Direktoren.
(8) Für Sorgfaltspflicht und Verantwortlichkeit der geschäftsführenden Direktoren gilt § 93 des Aktiengesetzes entsprechend.

---

[39] MüKoAktG/*Reichert/Brandes* Rn. 26; Kölner Komm AktG/*Siems* Rn. 14; vgl. dagegen zum Aufsichtsrat der deutschen AG Großkomm AktG/*Hopt/Roth* AktG § 108 Rn. 36 f.; → AktG § 108 Rn. 22.
[40] Wie hier MüKoAktG/*Reichert/Brandes* Rn. 33 f., Art. 45 Rn. 20 f.; *Schwarz* Rn. 32; aA Habersack/Drinhausen/*Drinhausen* Rn. 20; wie im Text die allgA für den AR, vgl. Hüffer/Koch/*Koch* AktG § 108 Rn. 8; Großkomm AktG/*Hopt/Roth* § 108 Rn. 38 mwN.
[41] Vgl. MüKoAktG/*Reichert/Brandes* Rn. 31; Habersack/Drinhausen/*Drinhausen* Rn. 20; zum Diskussionsstand im Aktienrecht → AktG § 84 Rn. 89; MüKoAktG/*Spindler* § 84 Rn. 114; *Kort* in Fleischer, VorstandsR-HdB § 3 Rn. 12 ff.
[42] MüKoAktG/*Reichert/Brandes* Rn. 24; Habersack/Drinhausen/*Drinhausen* Rn. 18; *Schwarz* Rn. 18; aA Kölner Komm AktG/*Siems* Rn. 16; wie im Text für den AR Großkomm AktG/*Hopt/Roth* AktG § 108 Rn. 35.
[43] Vgl. Großkomm AktG/*Hopt/Roth* AktG § 108 Rn. 33 mN zur früheren Gegenansicht.
[44] Zust. *Bachmann* ZGR 2008, 779 (804 f.).
[45] Vgl. MüKoAktG/*Reichert/Brandes* Rn. 55 f.; Lutter/Hommelhoff/Teichmann/*Teichmann* Rn. 20; Habersack/Drinhausen/*Drinhausen* Rn. 22; für den Vorstand MüKoAktG/*Hüffer/Schäfer* AktG § 241 Rn. 98; für den Aufsichtsrat → AktG § 108 Rn. 64 f.; ausf. *Schwab*, Prozeßrecht gesellschaftsinterner Streitigkeiten, 2005, 562 ff.; *Hüffer* ZGR 2001, 833 (868 ff.).

§ 53 SEAG Straf- und Bußgeldvorschriften.

(1) ¹Die Strafvorschriften des § 399 Abs. 1 Nr. 1 bis 5 und Abs. 2, des § 400 und der §§ 402 bis 404a des Aktiengesetzes, der §§ 331 bis 333 des Handelsgesetzbuchs und der §§ 313 bis 315 des Umwandlungsgesetzes sowie die Bußgeldvorschriften des § 405 des Aktiengesetzes und des § 334 des Handelsgesetzbuchs gelten auch für die SE im Sinne des Artikels 9 Abs. 1 Buchstabe c Doppelbuchstabe ii der Verordnung. ²Soweit sie
1. Mitglieder des Vorstands,
2. Mitglieder des Aufsichtsrats oder
3. Mitglieder des vertretungsberechtigten Organs einer Kapitalgesellschaft

betreffen, gelten sie bei der SE mit dualistischem System in den Fällen der Nummern 1 und 3 für die Mitglieder des Leitungsorgans und in den Fällen der Nummer 2 für die Mitglieder des Aufsichtsorgans. ³Bei der SE mit monistischem System gelten sie in den Fällen der Nummern 1 und 3 für die geschäftsführenden Direktoren und in den Fällen der Nummer 2 für die Mitglieder des Verwaltungsrats. ⁴§ 407a des Aktiengesetzes gilt bei Anwendung der Strafvorschriften des § 404a des Aktiengesetzes sowie der Bußgeldvorschriften des § 405 Absatz 3b bis 3d des Aktiengesetzes entsprechend.

(2) ¹Die Strafvorschriften des § 399 Abs. 1 Nr. 6 und des § 401 des Aktiengesetzes gelten im Sinne des Artikels 9 Abs. 1 Buchstabe c Doppelbuchstabe ii der Verordnung auch für die SE mit dualistischem System. ²Soweit sie Mitglieder des Vorstands betreffen, gelten sie für die Mitglieder des Leitungsorgans.

(3) Mit Freiheitsstrafe bis zu drei Jahren oder mit Geldstrafe wird bestraft, wer
1. als Vorstandsmitglied entgegen § 8 Satz 2,
2. als Mitglied des Leitungsorgans einer SE mit dualistischem System oder als geschäftsführender Direktor einer SE mit monistischem System entgegen § 13 Abs. 3,
3. als geschäftsführender Direktor einer SE mit monistischem System entgegen § 21 Abs. 2 Satz 1 oder § 46 Abs. 2 Satz 1 oder
4. als Abwickler einer SE mit monistischem System entgegen Artikel 9 Abs. 1 Buchstabe c Doppelbuchstabe ii der Verordnung in Verbindung mit § 266 Abs. 3 Satz 1 des Aktiengesetzes

eine Versicherung nicht richtig abgibt.

(4) Ebenso wird bestraft, wer bei einer SE mit monistischem System
1. als Mitglied des Verwaltungsrats entgegen § 22 Abs. 5 Satz 1 die Hauptversammlung nicht oder nicht rechtzeitig einberuft oder ihr den Verlust nicht, nicht richtig, nicht vollständig oder nicht rechtzeitig anzeigt oder
2. als Mitglied des Verwaltungsrats entgegen § 22 Abs. 5 Satz 2 in Verbindung mit § 15a Abs. 1 Satz 1 der Insolvenzordnung

die Eröffnung des Insolvenzverfahrens nicht oder nicht rechtzeitig beantragt.

(5) Handelt der Täter in den Fällen des Absatzes 4 fahrlässig, so ist die Strafe Freiheitsstrafe bis zu einem Jahr oder Geldstrafe.

Schrifttum: Neben den Angaben bei Art. 43 und § 93 AktG *Bauer*, Organstellung und Organvergütung in der monistisch verfassten Europäischen Aktiengesellschaft (SE), 2008; *Boettcher*, Die Kompetenzen von Verwaltungsrat und geschäftsführenden Direktoren in der monistischen SE in Deutschland, 2009; *Casper*, Erfahrungen und Reformbedarf bei der SE – Gesellschaftsrechtliche Reformvorschläge, ZHR 173 (2009), 181; *Drinhausen*, Monistisches System, in Van Hulle/Maul/Drinhausen, Handbuch zur Europäischen Gesellschaft (SE), 2007; *Ebenroth/Lange*, Sorgfaltspflichten und Haftung des Geschäftsführers einer GmbH nach § 43 GmbHG, GmbHR 1992, 69; *Ebert*, Folgepflicht und Haftung des GmbH-Geschäftsführers beim Erhalt und bei der Ausführung von Weisungen, GmbHR 2003, 444; *Fleck*, Zur Haftung des GmbH-Geschäftsführers, GmbHR 1974, 224; *Fleischer*, Erweiterte Außenhaftung der Organmitglieder im Europäischen Gesellschafts- und Kapitalmarktrecht, ZGR 2004, 437; *Ihrig*, Organschaftliche Haftung und Haftungsdurchsetzung unter Berücksichtigung der monistisch verfassten AG, in Bachmann/Casper/Schäfer/Veil, Steuerungsfunktion des Haftungsrechts, 2007; *Ihrig*, Die geschäftsführenden Direktoren in der monistischen SE: Stellung, Aufgaben und Haftung, ZGR 2008, 809; *Mauch*, Das monistische Leitungssystem in der Europäischen Aktiengesellschaft, 2008; *J. Schmidt*, „Deutsche" vs. „britische" Societas Europaea (SE): Gründung, Verfassung, Kapitalstruktur, 2006; *Schönborn*, Die monistische Societas Europaea in Deutschland im Vergleich zum englischen Recht, 2007.

Übersicht

	Rn.		Rn.
I. Regelungsgehalt, Normzweck	1–3	IV. Haftung der geschäftsführenden Direktoren	9–14
II. Mitglieder des Leitungs- und Aufsichtsorgans	4	1. Haftung und Weisungsabhängigkeit	9–12
		2. Haftung mehrerer geschäftsführender Direktoren	13, 14
III. Haftung der Mitglieder des Verwaltungsorgans	5–8a	V. Geltendmachung	15, 16

I. Regelungsgehalt, Normzweck

Art. 51 enthält eine **Spezialverweisung** auf die haftungsrechtlichen Vorschriften des Rechts des Sitzstaats,[1] der Aussagegehalt ist jedoch nicht darauf beschränkt. Zugleich kommt in der Norm die Absicht des Verordnungsgebers zum Ausdruck, einen gemeinschaftseinheitlichen Mindeststandard der Organinnenhaftung zu gewährleisten.[2] Solange das nationale Gesellschaftsrecht wie in Deutschland ein effektives System der Organhaftung bereithält, das von Art. 51 in Bezug genommen werden kann, belässt es die Verordnung jedoch bei dessen Anwendbarkeit; eigene haftungsbegründende Tatbestandselemente sind Art. 51 deswegen nicht zu entnehmen.[3] Anders als in früheren Entwürfen[4] beschränkt sich der Verordnungsgeber auf eine Regelung der **Binnenhaftung** und folgt damit einem Konzept der Haftungskanalisierung beim Unternehmensträger, das nicht nur in Deutschland, sondern auch in den übrigen europäischen Gesellschaftsrechtsordnungen vorherrscht.[5] Inwieweit die Organmitglieder daneben einer **Außenhaftung** gegenüber Aktionären oder Dritten unterliegen, ist nicht Gegenstand der Verordnung, sondern dem jeweils anwendbaren nationalen Recht vorbehalten.[6]

In der in Deutschland domizilierenden SE gelten für die Mitglieder aller Organe die **Haftungsgrundsätze des § 93 AktG**, der nicht nur auf das Leitungsorgan (vgl. zudem § 117 Abs. 2 AktG und § 88 Abs. 2 S. 1 AktG), sondern über § 116 AktG auf das Aufsichtsorgan (erfasst ist auch § 117 Abs. 2 AktG, wogegen § 88 AktG für Aufsichtsratsmitglieder nicht gilt, → AktG § 116 Rn. 1 mwN) und über § 39 SEAG auf den Verwaltungsrat in der monistischen SE[7] Anwendung findet. Geschäftsführende Direktoren haften aufgrund von § 40 Abs. 8 SEAG ebenfalls entsprechend § 93 AktG.[8] Das bedeutet jedoch keineswegs, dass alle Organmitglieder der gleichen Haftung unterliegen. Vielmehr bietet die Dogmatik des § 93 AktG genügend Raum, um der unterschiedlichen Aufgabenstellung der Organmitglieder Rechnung zu tragen.[9] Zu differenzieren ist zwischen den einzelnen Organen[10] und nach der spezifischen Rolle des Mitglieds innerhalb eines Organs.[11] In allen Fällen ist der Auslegung die doppelte Ausrichtung der Haftungsvorschrift auf einen **Ausgleich** des Schadens der Gesellschaft und eine **präventive Wirkung** auf die Organmitglieder zu Grunde zu legen.[12]

Die Verschwiegenheitspflicht der Mitglieder des Leitungs- und Aufsichtsorgans sowie des Verwaltungsrats ist ausdrücklich in **Art. 49** geregelt. **§ 53 SEAG** verweist auf die aktien-, umwandlungs- und bilanzrechtlichen Straf- und Bußgeldvorschriften.

II. Mitglieder des Leitungs- und Aufsichtsorgans

Die Haftung der Mitglieder in den Organen der dualistischen SE entspricht der Rechtslage bei der deutschen AG.[13] Dieser Gleichlauf mit dem Aktienrecht ist dem nationalen Gesetzgeber durch den Verweis auf die Vorschriften des AktG zwingend vorgegeben.[14]

---

[1] MüKoAktG/*Reichert/Brandes* Rn. 2; *Hirte* NZG 2002, 1 (5); *Hommelhoff* AG 2001, 279 (283); *Frodermann* in Jannott/Frodermann SE-HdB Kap. 5 Rn. 268; *Lutter* BB 2002, 1 (5); *Teichmann* in Lutter/Hommelhoff, Die Europäische Gesellschaft, 2005, 195 (212); *Theisen/Hölzl* in Theisen/Wenz SE S. 269 (289).

[2] *Merkt* ZGR 2003, 650 (674); Lutter/Hommelhoff/Teichmann/*Teichmann* Rn. 6.

[3] Lutter/Hommelhoff/Teichmann/*Teichmann* Rn. 6 sowie die Nachw. in Fn. 2; ausdrücklich anders *Schwarz* Rn. 1, 5. Dagegen enthielten die Entwürfe von 1989 und 1991 noch gemeinschaftseinheitliche Vorgaben für die Organhaftung, krit. dazu *Hommelhoff* AG 1990, 422 (428); eingehend zur Entstehungsgeschichte Lutter/Hommelhoff/Teichmann/*Teichmann* Rn. 2 ff.

[4] Vgl. *Fleischer* ZGR 2004, 437 (439); *Schwarz* Rn. 2 zu Art. 72a u 81a des Verordnungsentwurfs von 1975, abgedr. bei *Lutter,* Europäisches Gesellschaftsrecht, 2. Aufl. 1984, 381 (385).

[5] Rechtsvergleichender Überblick bei *Fleischer* ZGR 2004, 437 (441 ff.) („Strukturprinzip des Europäischen Gesellschaftsrechts"); Kritik an diesem zurückhaltenden Ansatz des Verordnungsgebers bei *Hopt* in Rickford, The European Company, Developing a Community Law of Corporations, 2003, 47 (57).

[6] Lutter/Hommelhoff/Teichmann/*Teichmann* Rn. 12; zum Vorstand → AktG § 93 Rn. 310 ff.; zum Aufsichtsrat → AktG § 116 Rn. 183 ff.; allg. zur Außenhaftung *Fleischer* ZGR 2004, 437 (443 ff.).

[7] Auch die Verwaltungsratsmitglieder unterliegen keinem Wettbewerbsverbot, sofern sie nicht zugleich geschäftsführende Direktoren sind, ebenso MüKoAktG/*Reichert/Brandes* Rn. 29.

[8] Ob die Anwendbarkeit des § 40 Abs. 8 SEAG, § 93 AktG mit einer analogen Anwendung von Art. 51 zu begründen ist (*Schwarz* Rn. 9) oder aus Art. 9 lit. c ii folgt (MüKoAktG/*Reichert/Brandes* Rn. 8), hat nach hier vertretener Auslegung (→ Rn. 1) in der Sache keine Auswirkungen.

[9] Auch der Ausführungsgesetzgeber betont den „Spielraum für eine individuelle und an der konkreten Aufgabenstellung orientierte Haftung der Mitglieder", so BegrRegE BT-Drs. 15/3405, 39 zu § 39 SEAG; vgl. dazu *Hommelhoff* AG 2001, 279 (284); Lutter/Hommelhoff/*Teichmann* Rn. 20 f.

[10] Zum Aufsichtsrat → AktG § 116 Rn. 1; Großkomm AktG/*Hopt/Roth* AktG § 116 Rn. 11.

[11] MüKoAktG/*Reichert/Brandes* Rn. 5, 15; zum Vorstand → AktG § 93 Rn. 41; MüKoAktG/*Spindler* AktG § 93 Rn. 25, 148 ff.; zum Aufsichtsrat → AktG § 116 Rn. 7; Großkomm AktG/*Hopt/Roth* AktG § 116 Rn. 60.

[12] → AktG § 116 Rn. 2; Großkomm AktG/*Hopt* AktG § 93 Rn. 11 ff. mwN.

[13] MüKoAktG/*Reichert/Brandes* Rn. 10; *Schwarz* Rn. 6.

[14] *Hirte* NZG 2002, 1 (5); MüKoAktG/*Reichert/Brandes* Rn. 10.

III. Haftung der Mitglieder des Verwaltungsorgans

5   Alle Mitglieder des Verwaltungsrats haften gem. § 39 SEAG entsprechend § 93 AktG.[15] Aus der aktienrechtlichen Dogmatik lässt sich die auch international übliche Unterscheidung von **Sorgfalts- und Treupflichten** übernehmen.[16] Anwendbar sind zudem die Grundsätze zu Kausalität, Schaden, Darlegungs- und Beweislast, zur gesamtschuldnerischen Haftung, zum Verzicht und Vergleich sowie zur Verjährung und Geltendmachung.[17] Den Verwaltungsratsmitgliedern kommt auch das unternehmerische Ermessen nach § 93 Abs. 1 S. 2 AktG zugute. Nicht nur die unmittelbar verwaltende Tätigkeit, sondern auch die Wahrnehmung der Kontrollaufgabe kann als unternehmerische Entscheidung im Sinne dieser Vorschrift einzuordnen sein.[18] Wie im Aufsichtsrat unterscheidet das Gesetz nicht nach der Zugehörigkeit zur **Anteilseigner- oder Arbeitnehmerseite.**[19] Das konkrete Pflichtenprogramm der einzelnen Mitglieder variiert jedoch je nach der inneren Ausgestaltung der Verwaltungsratsarbeit.[20] Dabei lassen sich mehrere Fallgruppen der Haftung als Verwaltungsratsmitglied trennen (→ Rn. 6–8); daneben steht die mögliche Verletzung der Pflichten, die einem Mitglied in seiner Eigenschaft als geschäftsführender Direktor zukommen (→ Rn. 9ff.).

6   Zunächst lassen sich zwei Konstellationen unterscheiden, in denen der **Verwaltungsrat** selbst **als Gesamtorgan** unmittelbar verwaltend tätig wird. Sorgfaltspflichten treffen ihn zum einen im Bereich der **Leitung,** die – wie im Vorstand – zwingend vom Plenum wahrzunehmen ist (Art. 43 Abs. 1 S. 1, § 22 Abs. 1 SEAG).[21] Besondere Bedeutung hat hier die sachgerechte Ausgestaltung der Unternehmensorganisation.[22] Zum anderen ist der Fall angesprochen, in dem der Verwaltungsrat eine **Geschäftsführungsmaßnahme** nicht den geschäftsführenden Direktoren überlässt, sondern an sich zieht und **selbst durchführt.** Soweit der Verwaltungsrat dabei einzelne Aufgaben an nachgeordnete Unternehmensebenen delegiert, muss er diese sorgfältig überwachen.[23] Auch eine damit verbundene Weisungserteilung an Unternehmensangehörige einschließlich der geschäftsführenden Direktoren muss mit der gebotenen Sorgfalt erfolgen.[24] All dies entspricht dem Recht des Vorstands.

7   Außerhalb des Bereichs der Leitungsentscheidungen ist dem Verwaltungsrat auch eine **organinterne Ressortverteilung** erlaubt; die Aufgaben können im Interesse einer effektiven Führungsorganisation einzelnen Mitgliedern oder einem Ausschuss übertragen werden (→ Art. 44 Rn. 5ff.). Die zuständigen Mitglieder tragen dann die volle Ressortverantwortung. Als Ausfluss der Gesamtverantwortung für die Unternehmensführung verbleibt den übrigen Mitgliedern eine Restverantwortung, die sie zur Überwachung ihrer Kollegen verpflichtet.[25] Auch hierfür kann auf den aktienrechtlichen Erkenntnisstand zur organinternen Selbstkontrolle zurückgegriffen werden.[26] Überzeugend ist insbe-

---

[15] Zur Doppelfunktion der Vorschrift als Verschuldensmaßstab und Pflichtquelle → AktG § 93 Rn. 10.

[16] MüKoAktG/*Reichert/Brandes* Rn. 12, 28; allg. → AktG § 93 Rn. 11ff., 113ff.; → AktG § 116 Rn. 34ff., 55ff. jeweils mit umfangreichen Nachw.

[17] Lutter/Hommelhoff/*Teichmann* Rn. 10, Anh. Art. 43 (§ 39 SEAG) Rn. 10f., 14ff. Für Einzelheiten → AktG § 93 Rn. 176ff.; ausf. zu den Tatbestandsvoraussetzungen der Binnenhaftung *Fleischer* in Fleischer VorstandsR-HdB § 11; eingehend zur Durchsetzung der Haftung im monistischen System *Ihrig* in Bachmann/Casper/Schäfer/Veil, Steuerungsfunktion des Haftungsrechts, 2007, 17 (25ff.).

[18] Überzeugend *Merkt* ZGR 2003, 650 (672); Lutter/Hommelhoff/*Teichmann*/*Teichmann* Anh. Art. 43 (§ 39 SEAG) Rn. 6; näher zur Qualifikation als unternehmerische Entscheidung → AktG § 93 Rn. 69; *Fleischer* in Fleischer VorstandsR-HdB § 7 Rn. 55; eingehend *Schlimm,* Das Geschäftsleiterermessen des Vorstands einer Aktiengesellschaft, 2009.

[19] MüKoAktG/*Reichert/Brandes* Rn. 14; Habersack/Drinhausen/*Drinhausen* Rn. 10; speziell zur Haftung der Arbeitnehmervertreter im Verwaltungsrat, die über die Haftung im Aufsichtsrat hinausgeht, *Gruber/Weller* NZG 2003, 297 (299); *Henssler* FS Ulmer, 2003, 193 (202f.); für den Aufsichtsrat → AktG § 116 Rn. 8; Großkomm AktG/*Hopt/Roth* AktG § 116 Rn. 41, 55f. jeweils mwN.

[20] Ebenso MüKoAktG/*Reichert/Brandes* Rn. 15; *Drinhausen* in Van Hulle/Maul/Drinhausen SE-HdB 5. Abschn. § 3 Rn. 53.

[21] → Art. 43 Rn. 10ff.; MüKoAktG/*Reichert/Brandes* Rn. 17. Überlässt das Gesamtorgan dagegen eine Leitungsentscheidung den Geschäftsführern, so stellt diese unzulässige Delegation schon selbst eine Pflichtverletzung dar, ebenso *Merkt* ZGR 2003, 650 (672); *Boettcher,* Die Kompetenzen von Verwaltungsrat und geschäftsführenden Direktoren in der monistischen SE in Deutschland, 2009, 125; *Schönborn,* Die monistische Societas Europaea in Deutschland im Vergleich zum englischen Recht, 2007, 268; vgl. zur Parallelproblematik im Vorstand *Fleischer* in Fleischer VorstandsR-HdB § 8 Rn. 27.

[22] Zur Organisationsverantwortung des Verwaltungsrats MüKoAktG/*Reichert/Brandes* Art. 43 Rn. 77; → AktG § 93 Rn. 56; *Fleischer* in Fleischer VorstandsR-HdB § 7 Rn. 42, § 8 Rn. 40ff. mit Einzelheiten.

[23] → AktG § 76 Rn. 65, → AktG § 93 Rn. 96, 98f.; *Fleischer* in Fleischer VorstandsR-HdB § 8 Rn. 26ff.

[24] Vgl. MüKoAktG/*Reichert/Brandes* Rn. 21.

[25] MüKoAktG/*Reichert/Brandes* Rn. 26f.; Lutter/Hommelhoff/*Teichmann*/*Teichmann* Anh. Art. 43 (§ 39 SEAG) Rn. 7f.

[26] Ausf. → AktG § 77 Rn. 46ff.; *Fleischer* in Fleischer VorstandsR-Hdb § 8 Rn. 5ff., insbes. Rn. 9f.; ähnlich Großkomm AktG/*Hopt* AktG § 93 Rn. 60ff.; MüKoAktG/*Spindler* AktG § 93 Rn. 148ff.; zur Delegation im Aufsichtsrat → AktG § 116 Rn. 45, 107).

sondere, dass sich die einzelnen Mitglieder auf die Handlungen ihrer Kollegen verlassen können und grundsätzlich nur bei Verdachtsmomenten einschreiten müssen.[27]

Ohne Vorbild im deutschen Gesellschaftsrecht ist dagegen die gesetzliche **Delegation** der **Geschäftsführung auf die geschäftsführenden Direktoren,** die der Ausführungsgesetzgeber in § 40 Abs. 2 SEAG angeordnet hat.[28] Eine haftungsrechtliche Beurteilung muss zum Ausgangspunkt nehmen, dass Organmitglieder nach § 93 AktG nur für eigenes Verschulden haften, das Fehlverhalten der geschäftsführenden Direktoren den überwachenden Verwaltungsratsmitgliedern demnach nicht nach § 278 BGB oder § 831 BGB zugerechnet wird.[29] Überlässt der Verwaltungsrat – entsprechend dem Leitbild des SEAG – das operative Geschäft den hierzu bestellten Direktoren, behält er jedoch eine **qualifizierte Überwachungspflicht,** deren Umfang noch wenig ausgeleuchtet ist. Als Folge seiner umfassenden Letztverantwortung für die Unternehmensführung[30] wird man annehmen müssen, dass die Überwachung der geschäftsführenden Direktoren die Kontrollaufgabe des Aufsichtsrats und die skizzierte Selbstüberwachung bei organinterner Aufgabenteilung (→ Rn. 7) in ihrer Intensität übersteigt.[31] Während die **Überwachungstätigkeit des Aufsichtsrats** durch die Eigenverantwortlichkeit des Vorstands begrenzt wird,[32] ist der Verwaltungsrat berechtigt, umfassend in den Aufgabenbereich der geschäftsführenden Direktoren einzugreifen (→ Art. 38 Rn. 21, → Art. 43 Rn. 5, 15). Seiner größeren Verantwortung entsprechen qualifizierte Überwachungsinstrumente, nicht zuletzt in Gestalt des Weisungsrechts. All dies spricht für eine höhere Intensität der Überwachungspflicht. Anders als die **organinterne Selbstüberwachung** im Kollegium lässt sich die Überwachungsaufgabe des Verwaltungsrats auch nicht mit Verweis auf eine primäre Ressortzuständigkeit der handelnden Personen[33] einschränken.[34] Eine intensive Aufsicht kann nicht zu einem unzulässigen „Hineinregieren"[35] in den Bereich der geschäftsführenden Direktoren führen. Vielmehr ist die Kontrolle der Geschäftsführung durch nicht geschäftsführende Verwaltungsratsmitgliedern nach dem Grundgedanken des monistischen Systems gerade als zentrale Verantwortlichkeit zugewiesen. Zur Ausfüllung seiner **Pflicht zur laufenden Kontrolle der Geschäftsführung** ermächtigt § 40 Abs. 6 SEAG den Verwaltungsrat, den Informationsfluss von den geschäftsführenden Direktoren über die gesetzlichen Vorgaben in § 90 AktG hinaus in der Geschäftsordnung näher auszugestalten.[36] Zu berücksichtigen ist allerdings, dass eine Detailkontrolle sämtlicher Maßnahmen zur Funktionsunfähigkeit des aufsichtspflichtigen Organs führen würde und deswegen vom Verwaltungsrat nicht verlangt werden kann.[37]

In der **D&O-Versicherung** eines Mitglieds des Verwaltungsrats ist gem. § 39 SEAG iVm § 93 Abs. 2 S. 3 AktG ein Selbstbehalt vorzusehen (str.).[38] Die durch das VorstAG in § 116 S. 1 AktG eingefügte Ausnahme von dieser Regelung für Aufsichtsratsmitglieder hat der Gesetzgeber nicht in § 39 SEAG übernommen. Das überzeugt, weil der Verwaltungsrat, der die Leitungsverantwortung trägt, haftungsrechtlich eher dem Vorstand als dem Aufsichtsrat entspricht.

---

[27] MüKoAktG/*Reichert/Brandes* Rn. 27 mN; mit weiteren Ausdifferenzierungen → AktG § 77 Rn. 51 ff., insbes. Rn. 55 sowie MüKoAktG/*Spindler* AktG § 93 Rn. 153 ff.; Großkomm AktG/*Kort* AktG § 77 Rn. 37 ff., 40; Großkomm AktG/*Hopt* AktG § 93 Rn. 62; *Habersack* WM 2005, 2360 (2362 f.); *Wolf* VersR 2005, 1042 (1043 ff.).

[28] Vgl. MüKoAktG/*Reichert/Brandes* Rn. 13; rechtsvergleichend *Boettcher,* Die Kompetenzen von Verwaltungsrat und geschäftsführenden Direktoren in der monistischen SE in Deutschland, 2009, 133 ff.; ausf. zur Abgrenzung der Aufgabenbereiche von Gesamtverwaltungsrat und geschäftsführenden Direktoren → Art. 43 Rn. 6 ff., 15 ff.

[29] *Boettcher,* Die Kompetenzen von Verwaltungsrat und geschäftsführenden Direktoren in der monistischen SE in Deutschland, 2009, 150 f., vgl. zur AG → AktG § 93 Rn. 98; *Fleischer* in Fleischer VorstandsR-HdB § 8 Rn. 26; Hüffer/Koch/*Koch* AktG § 93 Rn. 46; Großkomm AktG/*Hopt* AktG § 93 Rn. 55 f., jeweils mwN; allgemein *Bertschinger,* Arbeitsteilung und aktienrechtliche Verantwortlichkeit, 1999, Rn. 31 ff. Zur abweichenden Konzeption früherer Verordnungsentwürfe vgl. die Kritik bei *Hommelhoff* AG 1990, 422 (428).

[30] → Art. 43 Rn. 5; BegrRegE, BT-Drs. 15/3405, 36.

[31] *Boettcher,* Die Kompetenzen von Verwaltungsrat und geschäftsführenden Direktoren in der monistischen SE in Deutschland, 2009, 151 (153 f.); Lutter/Hommelhoff/Teichmann/*Teichmann* Anh. Art. 43 (§ 39 SEAG) Rn. 5.

[32] → AktG § 111 Rn. 8; Großkomm AktG/*Hopt/Roth* AktG § 111 Rn. 262, 365 mwN.

[33] So für die vorstandsinterne Überwachung überzeugend *Fleischer* in Fleischer VorstandsR-HdB § 8 Rn. 22; ähnlich die Nachw. → Rn. 7.

[34] Im Erg für eine intensivere Überwachung auch MüKoAktG/*Reichert/Brandes* Rn. 27.

[35] Für die Ressortverantwortung im Vorstand plastisch *Fleischer* in Fleischer VorstandsR-HdB § 8 Rn. 9.

[36] Allg. zur Verdichtung von Überwachungspflichten zu Organisationspflichten → AktG § 93 Rn. 108; *Fleischer* in Fleischer VorstandsR-HdB § 7 Rn. 42, § 8 Rn. 21, 40 ff. mwN.

[37] → Art. 43 Rn. 22; für den Aufsichtsrat Großkomm AktG/*Hopt/Roth* § 111 Rn. 262 mwN; allgemein *Bertschinger,* Arbeitsteilung und aktienrechtliche Verantwortlichkeit, 1999, Rn. 31.

[38] MüKoAktG/*Reichert/Brandes* Rn. 7; aA *Forst* ZIP 2010, 1786 (1788) (Redaktionsversehen des deutschen Gesetzgebers, deswegen sei § 116 Abs. 1 AktG auf nicht geschäftsführende Verwaltungsratsmitglieder analog anzuwenden); zust. Habersack/Drinhausen/*Verse* § 39 SEAG Rn. 21.

IV. Haftung der geschäftsführenden Direktoren

9   1. Haftung und Weisungsabhängigkeit. Auch für die Haftung der geschäftsführenden Direktoren verweist der deutsche Gesetzgeber in **§ 40 Abs. 8 SEAG** auf die aktienrechtliche Vorschrift in § 93 AktG, betont allerdings in der Begründung, dass die Rechtsstellung eher dem GmbH-Geschäftsführer als einem Vorstandsmitglied entspreche.[39] Angesprochen ist damit neben der grundsätzlich freien Abberufbarkeit der geschäftsführenden Direktoren (→ Art. 43 Rn. 38) vor allem ihre **Weisungsabhängigkeit.** Die offene Anlehnung von § 44 Abs. 2 SEAG bei § 37 Abs. 1 GmbHG[40] legt es nahe, sich bei der Auslegung an den GmbH-rechtlichen Grundsätzen zu orientieren.[41] Handelt ein geschäftsführender Direktor aufgrund einer bindenden Weisung des Verwaltungsrats, entfällt seine Haftung gegenüber der Gesellschaft; darin ist als Grundsatz festzuhalten.[42] Hervorzuheben sind jedoch zwei in der Praxis sehr bedeutsame Ausnahmen. (1) Ist der Weisungsbeschluss rechtswidrig und deswegen **nichtig,** etwa weil er gesetzlichen Pflichten der geschäftsführenden Direktoren entgegenläuft, erfolgt keine Freistellung.[43] Gleiches gilt für den Fall, dass zugleich der Verwaltungsrat durch die Weisung gegen seine Sorgfaltspflicht verstößt; auch dann kann der Weisungsbeschluss rechtswidrig sein und die Bindungswirkung entfallen.[44] Handelt der Verwaltungsrat in diesen Fällen erkennbar pflichtwidrig, haften ggf. auch die geschäftsführenden Direktoren für die Beschlussausführung; denn sie sind verpflichtet, die ihnen erteilten Weisungen zu prüfen.[45] (2) Haben die geschäftsführenden Direktoren den Verwaltungsrat im Vorfeld seiner Entscheidung **unzureichend informiert,** kann darin eine eigenständige haftungsbegründende Pflichtverletzung liegen.[46] Dieser Fall hat in der monistischen SE deswegen große Bedeutung, weil zwischen Verwaltungsrat und geschäftsführendem Direktorium typischerweise eine Informationsasymmetrie bestehen wird, die nur überwunden werden kann, wenn die Geschäftsführer die Informationsversorgung sicherstellen (→ Art. 38 Rn. 14). Gesetzlicher Anknüpfungspunkt sind die Berichtspflichten in § 40 Abs. 6 SEAG iVm § 90 AktG, die eine Grundlage für die Entscheidungsfindung des Verwaltungsrats schaffen sollen.[47] In ähnlicher Weise unterstützen die speziellen Informationspflichten in § 40 Abs. 3 SEAG die Zuständigkeiten des Verwaltungsrats bei Verlust, Überschuldung und Zahlungsunfähigkeit.[48]

10   Anders als die GmbH-Gesellschafterversammlung unterliegt in der monistischen SE auch das weisungsberechtigte Organ einer Organhaftung gegenüber der Gesellschaft.[49] Lässt ein Weisungsbeschluss die Haftung der geschäftsführenden Direktoren entfallen, ist deswegen weiter zu prüfen, ob die **Verwal-**

---

[39] BegrRegE BT-Drs. 15/3405, 39; Habersack/Drinhausen/*Drinhausen* Rn. 9.

[40] Ausdrücklich BegrRegE BT-Drs. 15/3405, 39 zu § 44 SEAG.

[41] → Art. 43 Rn. 15; *Schwarz* Anh. Art. 43 Rn. 294; ausf. zur GmbH Baumbach/Hueck/*Zöllner/Noack* GmbHG § 43 Rn. 33 ff.; Lutter/Hommelhoff/*Kleindiek* GmbHG § 43 Rn. 32 ff.; Scholz/*U.H. Schneider* GmbHG § 43 Rn. 119 ff.; *Fleck* GmbHR 1974, 224 (226 f.); *Ebenroth/Lange* GmbHR 1992, 69 (72 f.); *Ebert* GmbHR 2003, 444 (447 f.).

[42] Vgl. Habersack/Drinhausen/*Drinhausen* Rn. 9; Lutter/Hommelhoff/Teichmann/*Teichmann* Anh. Art. 43 (§ 40 SEAG) Rn. 66; *Marsch-Barner* GS Bosch, 2006, 99 (112); *Drinhausen* in Van Hulle/Maul/Drinhausen SE-HdB 5. Abschn. § 3 Rn. 55; vgl. zur GmbH Baumbach/Hueck/*Zöllner/Noack* GmbHG § 43 Rn. 33; Lutter/Hommelhoff/*Kleindiek* GmbHG § 43 Rn. 32 f. jeweils mN zur Rspr. § 93 Abs. 4 S. 2 AktG findet dagegen im Verhältnis zwischen Verwaltungsrat und geschäftsführenden Direktoren keine entsprechende Anwendung, Lutter/Hommelhoff/Teichmann/*Teichmann* Anh. Art. 43 (§ 40 SEAG) Rn. 66; ebenso für Österreich Kalss/Hügel/*Greda* SEG § 57 Rn. 24 f.; anders MüKoAktG/*Reichert/Brandes* Art. 43 Rn. 168 f.

[43] MüKoAktG/*Reichert/Brandes* Art. 43 Rn. 178; *Boettcher,* Die Kompetenzen von Verwaltungsrat und geschäftsführenden Direktoren in der monistischen SE in Deutschland, 2009, 195; *Ihrig* ZGR 2008, 811 (830); Lutter/Hommelhoff/Teichmann/*Teichmann* Anh. Art. 43 (§ 40 SEAG) Rn. 66; vgl. zur GmbH Baumbach/Hueck/*Zöllner/Noack* GmbHG § 43 Rn. 35; Lutter/Hommelhoff/*Kleindiek* GmbHG § 43 Rn. 42; anders als in der GmbH-Gesellschafterversammlung ist jeder gesetzeswidrige Verwaltungsratsbeschlusses nichtig, → Art. 50 Rn. 12.

[44] Insoweit auch MüKoAktG/*Reichert/Brandes* Art. 43 Rn. 168 f., 178.

[45] Dies betont *Ihrig* in Bachmann/Casper/Schäfer/Veil, Steuerungsfunktion des Haftungsrechts, 2007, 17, 24 f.; zust. Lutter/Hommelhoff/Teichmann/*Teichmann* Anh. Art. 43 (§ 40 SEAG) Rn. 66; *Drinhausen* in Van Hulle/Maul/Drinhausen SE-HdB 5. Abschn. § 3 Rn. 55.

[46] Lutter/Hommelhoff/Teichmann/*Teichmann* Anh. Art. 43 (§ 40 SEAG) Rn. 66; *Boettcher,* Die Kompetenzen von Verwaltungsrat und geschäftsführenden Direktoren in der monistischen SE in Deutschland, 2009, 196; *Ihrig* ZGR 2008, 811 (831); zur GmbH Scholz/*U.H. Schneider* GmbHG § 43 Rn. 125; Baumbach/Hueck/*Zöllner/Noack* GmbH § 43 Rn. 34.

[47] Ähnlich MüKoAktG/*Reichert/Brandes* Art. 43 Rn. 179: Verdichtung zu einer Vorbereitungs- und Beratungspflicht.

[48] Vgl. MüKoAktG/*Reichert/Brandes* Art. 43 Rn. 180.

[49] § 43 GmbHG findet auf die Gesellschafter keine (analoge) Anwendung, vgl. Roth/Altmeppen/*Roth/Altmeppen* GmbHG § 43 Rn. 102; *Michalski/Ziemons* GmbHG § 43 Rn. 29 ff.; Scholz/*U.H. Schneider* GmbHG § 43 Rn. 23 f., jeweils mwN.

tungsratsmitglieder bei der Weisungserteilung pflichtwidrig gehandelt haben.[50] Regelmäßig dürfte eine bindende Weisung also nicht zum ersatzlosen Wegfall der Haftung, sondern zu einer Verlagerung auf das übergeordnete Gesamtorgan führen. Für das einzelne Verwaltungsratsmitglied genügt es nicht, gegen den Weisungsbeschluss zu stimmen. Das Mitglied muss vielmehr bei der Entscheidungsfindung seine Bedenken deutlich machen und die Ausführung des Beschlusses zu verhindern suchen.[51] Konnte sich ein Mitglied, das zugleich geschäftsführender Direktor ist, gegen die Verwaltungsratsmehrheit nicht durchsetzen, darf es aufgrund seiner Folgepflicht für die Beschlussausführung nicht mehr haftbar gemacht werden.[52] Beruhte die Handlung der geschäftsführenden Direktoren auf einem rechtmäßigen **Beschluss der Hauptversammlung,** ist die Haftung nach § 40 Abs. 8 AktG iVm § 93 Abs. 4 S. 1 AktG ausgeschlossen.[53] Die Hauptversammlung kann die geschäftsführenden Direktoren auch entsprechend § 120 AktG **entlasten;**[54] wie in der AG ist damit jedoch kein Verzicht auf Ersatzansprüche der Gesellschaft verbunden (§ 120 Abs. 2 S. 2 AktG analog).[55]

Soweit der Verwaltungsrat die Geschäftsführung zulässigerweise den dafür zuständigen Direktoren 11 überlässt, treffen diese eigene **unternehmerische Entscheidungen,** für die **§ 93 Abs. 1 S. 2 AktG** einen Haftungsfreiraum begründet.[56] Die Vorschrift ist nicht etwa auf Leitungsentscheidungen beschränkt und deswegen von der Verweisung in § 40 Abs. 8 SEAG umfasst.[57]

Im Gegensatz zum einfachen Verwaltungsratsmitglied[58] unterliegen die geschäftsführenden Direktoren einem ausdrücklichen **Wettbewerbsverbot** (§ 40 Abs. 7 SEAG iVm § 88 AktG).[59] § 40 Abs. 8 SEAG iVm § 93 Abs. 1 S. 3 AktG begründet eine mit Art. 49 übereinstimmende Pflicht zur Verschwiegenheit (→ Art. 49 Rn. 1).

2. Haftung mehrerer geschäftsführender Direktoren. Mehrere geschäftsführende Direktoren, 13 die für denselben Schaden verantwortlich sind, haften **im Außenverhältnis gesamtschuldnerisch;** eine Gesamtschuldnerschaft kann auch mit den nicht geschäftsführenden Verwaltungsratsmitgliedern bestehen, wenn ihnen eine Überwachungspflichtverletzung vorwerfbar ist. Davon zu trennen ist die Frage der Haftungsaufteilung im **Innenausgleich.** Zwar ordnet § 426 BGB grundsätzlich eine Haftung zu gleichen Teilen an, entsprechend § 254 BGB ist jedoch die Ausgleichspflicht an das Maß der Mitverantwortung anzupassen. Ob diese Grundsätze dazu führen, dass die unmittelbar verantwortlichen Personen den Schaden im Verhältnis zu den überwachenden Mitgliedern alleine tragen müssen, ist umstritten.[60] Eine alleinige Haftung des handelnden Organmitglieds ist abzulehnen; dies würde die präventive Anreizwirkung der Organhaftung für die nicht geschäftsführenden Mitglieder einschränken.[61]

Unsicherheit herrscht derzeit noch, ob und inwieweit für mehrere Geschäftsführer untereinander der 14 Grundsatz der **Gesamtverantwortung** gilt.[62] Der Gesetzgeber hat sich zu dieser Frage nicht klar positioniert; sein Schweigen spricht eher dafür, dass auch im geschäftsführenden Direktorium – wie im Vorstand und der GmbH-Geschäftsführung – jedes Mitglied nicht nur für einen bestimmten Geschäftsbe-

---

[50] MüKoAktG/*Reichert/Brandes* Rn. 21; *Drinhausen* in Van Hulle/Maul/Drinhausen SE-HdB 5. Abschn. § 3 Rn. 55.
[51] Allg. zur Haftung des überstimmten Organmitglieds → AktG § 116 Rn. 41; Großkomm AktG/*Hopt* AktG § 93 Rn. 52 ff.; Großkomm AktG/*Hopt*/*Roth* AktG § 116 Rn. 17 ff.
[52] MüKoAktG/*Reichert/Brandes* Rn. 21.
[53] Lutter/Hommelhoff/Teichmann/*Teichmann* Anh. Art. 43 (§ 40 SEAG) Rn. 66.
[54] *Schwarz* Art. 52 Rn. 30; Lutter/Hommelhoff/Teichmann/*Spindler* Art. 52 Rn. 30; aA *Drinhausen* in Van Hulle/Maul/Drinhausen SE-HdB 5. Abschn. § 3 Rn. 56, der stattdessen eine Regelung in der Satzung empfiehlt.
[55] *Boettcher,* Die Kompetenzen von Verwaltungsrat und geschäftsführenden Direktoren in der monistischen SE in Deutschland, 2009, 197 f.
[56] Zur Anwendbarkeit auf die geschäftsführenden Direktoren Lutter/Hommelhoff/Teichmann/*Teichmann* Anh. Art. 43 (§ 40 SEAG) Rn. 65; *Merkt* ZGR 2003, 650 (672); iE auch MüKoAktG/*Reichert/Brandes* Art. 43 Rn. 175; *Ihrig* ZGR 2008, 809 (830); *Boettcher,* Die Kompetenzen von Verwaltungsrat und geschäftsführenden Direktoren in der monistischen SE in Deutschland, 2009, 149.
[57] Zur Qualifikation als unternehmerische Entscheidung → AktG § 93 Rn. 68; *Fleischer* in Fleischer VorstandsR-HdB § 7 Rn. 53; Hüffer/Koch/*Koch* AktG § 93 Rn. 6 ff.; ausf. *Schlimm,* Das Geschäftsleiterermessen des Vorstands einer Aktiengesellschaft, 2009.
[58] → Rn. 2.
[59] Dazu MüKoAktG/*Reichert/Brandes* Art. 43 Rn. 176.
[60] So für den Vorstand → AktG § 93 Rn. 263; *Fleischer* in Fleischer, VorstandsR-HdB § 11 Rn. 82; für die GmbH Baumbach/Hueck/*Zöllner/Noack* GmbHG § 43 Rn. 29.
[61] Zust. *Boettcher,* Die Kompetenzen von Verwaltungsrat und geschäftsführenden Direktoren in der monistischen SE in Deutschland, 2009, 94 (165). Für eine – wenn auch herabgesetzte – Haftung auch der überwachenden Mitglieder deswegen Großkomm AktG/*Hopt* AktG § 93 Rn. 301; Kölner Komm AktG/*Mertens/Cahn* AktG § 93 Rn. 50; K. Schmidt/Lutter/*Krieger/Sailer-Coceani* AktG § 93 Rn. 32.
[62] Dafür Lutter/Hommelhoff/Teichmann/*Teichmann* Anh. Art. 43 (§ 40 SEAG) Rn. 67; *Mauch,* Das monistische Leitungssystem in der Europäischen Aktiengesellschaft, 2008, 179; einschränkend MüKoAktG/*Reichert/Brandes* Art. 43 Rn. 128.

reich verantwortlich ist, sondern zwingend für die Geschäftsführung in ihrer Gesamtheit.[63] Deswegen muss im Fall einer organinternen Aufgabenteilung unter den geschäftsführenden Direktoren – sei es auf eigene Initiative, sei es auf Anordnung des Verwaltungsrats (§ 40 Abs. 4 SEAG, § 44 Abs. 2 SEAG) – jedes Mitglied auch den Zuständigkeitsbereich des Kollegen überwachend begleiten.[64] Auf diese Weise wird in einer mehrköpfigen Geschäftsführung eine zusätzliche Kontrollebene eingeführt.[65]

V. Geltendmachung

15   Die Geltendmachung von Haftungsansprüchen gegen Organmitglieder ist in der Verordnung nicht geregelt. Im **dualistischen System** werden Haftungsansprüche der SE gegen Mitglieder des **Leitungsorgans** vom Aufsichtsorgan geltend gemacht, das hierfür gem. § 112 AktG auch ausnahmsweise Vertretungsbefnis hat.[66] Für die Geltendmachung von Haftungsansprüchen gegen Mitglieder des **Aufsichtsorgans** ist das Leitungsorgan nach allgemeinen Regeln zuständig und vertretungsbefugt.[67] Ergänzend kommen für beide Organe die Regelungen der §§ 147, 148 AktG zur Anwendung.[68]

16   Im **monistischen System** ist für die Geltendmachung von Haftungsansprüchen gegen die **geschäftsführenden Direktoren** der Verwaltungsrat zuständig, dessen Vertretungsbefugnis für diesen Fall in § 41 Abs. 5 SEAG speziell angeordnet ist.[69] Ist der betroffene geschäftsführende Direktor zugleich Mitglied des Verwaltungsrats, ist er bei der Beschlussfassung über die Geltendmachung gem. § 34 BGB vom Stimmrecht ausgeschlossen.[70] Wie Haftungsansprüche gegen (nicht geschäftsführende) **Verwaltungsratsmitglieder** geltend gemacht werden, ist nicht abschließend geklärt. Gesichert ist zunächst, dass die SE in diesem Fall im Außenverhältnis gem. § 41 Abs. 1 SEAG durch die geschäftsführenden Diektoren vertreten wird. Nach einer Ansicht entscheiden diese auch im Innenverhältnis selbstständig über die Inanspruchnahme; das Weisungsrecht der nicht geschäftsführenden Verwaltungsratsmehrheit ist insoweit ausgeschlossen.[71] Nach anderer Ansicht fällt die Entscheidung über die Geltendmachung auch in diesem Fall als Leitungsmaßnahme in die Zuständigkeit des Verwaltungsrats. Die betroffenen Verwaltungsratsmitglieder sind jedoch gem. § 34 BGB vom Stimmrecht ausgeschlossen.[72] Diese Lösung versagt allerdings, wenn nicht nur einzelne, sondern sämtliche Verwaltungsratsmitglieder betroffen sind; das wird aufgrund der gegenseitigen Überwachungspflicht der Verwaltungsratsmitglieder (→ Rn. 7) nicht selten der Fall sein. Dann soll nach dieser Ansicht die Entscheidungszuständigkeit doch als „Notgeschäftsführungsrecht" auf die geschäftsführenden Direktoren übergehen.[73] Aufgrund dieser Schwächen der Haftungsdurchsetzung in der monistischen SE hat deswegen die Geltendmachung durch die Hauptversammlung bzw. eine Aktionärsminderheit gem. §§ 147, 148 AktG besondere Bedeutung.[74]

Abschnitt 4. Hauptversammlung

Art. 52 [Zuständigkeit]

Die Hauptversammlung beschließt über die Angelegenheiten, für die ihr
a) durch diese Verordnung oder

---

[63] Vgl. die Hinweise bei *Fleischer* in Fleischer VorstandsR-HdB § 8 Rn. 6 zu einem allgemeinen Prinzip der gegenseitigen Überwachung; zur GmbH-Geschäftsführung ausf. Michalski/*Ziemons* GmbHG § 43 Rn. 339 ff.
[64] Lutter/Hommelhoff/Teichmann/*Teichmann* Art. 43 Anh. (§ 40 SEAG) Rn. 67; *Mauch*, Das monistische Leitungssystem in der Europäischen Aktiengesellschaft, 2008, 179 (205).
[65] → Art. 43 Rn. 24, 41; zum Vorstand → AktG § 77 Rn. 49.
[66] Vgl. Habersack/Drinhausen/*Drinhausen* Rn. 19; zur AG → AktG § 93 Rn. 291; → AktG § 111 Rn. 27, → AktG § 116 Rn. 58 ff.
[67] Vgl. Habersack/Drinhausen/*Drinhausen* Rn. 19; zur AG → AktG § 116 Rn. 140.
[68] Vgl. Habersack/Drinhausen/*Drinhausen* Rn. 19.
[69] Vgl. Habersack/Drinhausen/*Drinhausen* Rn. 20 aE.
[70] → Art. 43 Rn. 20a; Habersack/Drinhausen/*Verse* SEAG § 41 Rn. 16; MüKoAktG/*Reichert/Brandes* Art. 43 Rn. 192.
[71] 2. Aufl. Art. 43 Rn. 16; *Ihrig* ZGR 2008, 809 (821 f.).
[72] So *Verse* FS Hoffmann-Becking, 2013, 1277 (1282 ff.); in Habersack/Drinhausen/*Verse* SEAG § 39 Rn. 24; Habersack/Drinhausen/*Drinhausen* Rn. 20; MüKoAktG/*Reichert/Brandes* Rn. 34 f.
[73] *Verse* FS Hoffmann-Becking, 2013, 1277 (1283 f.); Habersack/Drinhausen/*Verse* SEAG § 39 Rn. 25; MüKoAktG/*Reichert/Brandes* Rn. 35.
[74] Vgl. hierzu *Ihrig* in Bachmann/Casper/Schäfer/Veil, Steuerungsfunktion des Haftungsrechts, 2007, 17 (25 ff.) mit dem rechtspolitisch überzeugenden Vorschlag, § 142 und § 148 AktG in der monistischen SE auf einfache Pflichtverletzungen zu erweitern; zust. *Casper* ZHR 173 (2009), 181 (218); MüKoAktG/*Reichert/Brandes* Rn. 37.

b) durch in Anwendung der Richtlinie 2001/86/EG erlassene Rechtsvorschriften des Sitzstaats der SE

die alleinige Zuständigkeit übertragen wird.

Außerdem beschließt die Hauptversammlung in Angelegenheiten, für die der Hauptversammlung einer dem Recht des Sitzstaats der SE unterliegenden Aktiengesellschaft die Zuständigkeit entweder aufgrund der Rechtsvorschriften dieses Mitgliedstaats oder aufgrund der mit diesen Rechtsvorschriften in Einklang stehenden Satzung übertragen worden ist.

Schrifttum: *Brandt,* Die Hauptversammlung der Europäischen Aktiengesellschaft (SE), 2004; *Casper,* Der Lückenschluss im Statut der Europäischen Aktiengesellschaft, FS Ulmer, 2003, 51; *Knapp,* Die Hauptversammlung der Europäischen Aktiengesellschaft (SE): Besonderheiten bei der Vorbereitung und Durchführung, DStR 2012, 2392; *J. Schmidt,* „Deutsche" vs „britische" Societas Europaea (SE): Gründung, Verfassung, Kapitalstruktur, 2006.

Übersicht

	Rn.		Rn.
I. Regelungsgehalt, Normzweck	1, 2	IV. Ungeschriebene Zuständigkeiten der Hauptversammlung	11–13
II. Zuständigkeiten nach der SE-VO (S. 1)	3–5		
III. Zuständigkeiten nach dem deutschen Aktienrecht (S. 2)	6–10	V. Satzungsregelungen	14

I. Regelungsgehalt, Normzweck

Art. 52 regelt die Zuständigkeit der Hauptversammlung der SE. Maßgeblich ist die Vorschrift für die **Beschlusskompetenz;** dies schließt beschlusslose Tätigkeiten der Hauptversammlung jedoch nicht aus.[1] Die Norm dient zusammen mit Art. 39, 40 und Art. 43 der Abgrenzung der Kompetenzen der Organe der SE. Als Leitlinie ist davon auszugehen, dass die Verordnung die Geschäftsführung dem Leitungsorgan, überwacht durch den Aufsichtsrat, bzw. dem Verwaltungsrat zuweist, während grundlegende Fragen für die Hauptversammlung reserviert sind. Nur begrenzten Erkenntnisgewinn bringen die Versuche, die Organisationsverfassung der SE als „hierarchische Struktur" oder „Nebenordnungsstruktur" einzuordnen.[2] In Zweifelsfällen lassen sich Argumente nur der Auslegung der einzelnen Vorschriften der Verordnung, nicht aber einem eventuellen Rangverhältnis entnehmen. Die **Selbstorganisation** der SE-Hauptversammlung richtet sich mangels gemeinschaftseinheitlicher Regelung auf Verordnungsebene nach dem Recht des Sitzstaats, für die **Geschäftsordnung** gilt § 129 Abs. 1 AktG.[3]

Art. 52 sondert gemeinschaftsrechtliche **Zuständigkeiten nach der SE-VO** (S. 1 lit. a), Zuständigkeiten nach der Sitzstaatsregelung in Umsetzung der SE-RL 2001/86/EG (S. 1 lit. b)[4] sowie **Zuständigkeiten nach dem Sitzstaatsrecht der SE,** die über die Verweisung in Satz 2 zur Anwendung kommen.[5] Insoweit ist wie bei Art. 9 Abs. 1 lit. c ii das allgemeine Aktienrecht des Sitzstaates berufen. Wie für die deutsche Aktiengesellschaft stellt sich daneben die Frage nach **ungeschriebenen Hauptversammlungskompetenzen** (→ Rn. 11 ff.). Die Regelungen zur Zuständigkeit unterscheiden sich nicht danach, ob die SE dualistisch oder monistisch verfasst ist.[6] Die in der Verordnung selbst angeordneten Beschlüsse haben rein interne Wirkung und lassen insbesondere die Vertretungsmacht des Leitungsorgans bzw. der geschäftsführenden Direktoren (→ Art. 43 Rn. 19) unberührt. Außenwirkung entfalten nur einige durch das nationale Recht in Bezug genommene Beschlüsse nach dem AktG.[7]

II. Zuständigkeiten nach der SE-VO (S. 1)

Nach Art. 59 Abs. 1 ist die Hauptversammlung zuständig für **Satzungsänderungen.** Die SE-VO bringt damit das Prinzip der Satzungsautonomie als Ausprägung der Verbandsautonomie zum

---

[1] Vgl. Habersack/Drinhausen/*Bücker* Rn. 2; zur AG MüKoAktG/*Kubis* § 119 Rn. 5 ff.
[2] Ausf. *Brandt,* Die Hauptversammlung der Europäischen Aktiengesellschaft (SE), 2004, 67 ff.
[3] MüKoAktG/*Kubis* Art. 53 Rn. 24 f.; Lutter/Hommelhoff/Teichmann/*Spindler* Art. 53 Rn. 34; *Brandt,* Die Hauptversammlung der Europäischen Aktiengesellschaft (SE), 2004, 153.
[4] Vgl. zum SEBG die Literatur bei Art. 43; die Richtlinie selbst enthält jedoch keine Zuständigkeitsbegründungen für die Hauptversammlung, vgl. *Schwarz* Rn. 13; *Brandt,* Die Hauptversammlung der Europäischen Aktiengesellschaft (SE), 2004, 142.
[5] Ausf. zur Normentwicklung *Schwarz* Rn. 2 ff.
[6] Habersack/Drinhausen/*Bücker* Rn. 1.
[7] Etwa § 179a AktG, weitere Fälle bei Hüffer/Koch/*Koch* AktG § 78 Rn. 8.

Ausdruck.[8] Die aus dem deutschen Recht bekannte Sonderregelung für bloße **Fassungsänderungen,** für die § 179 Abs. 1 S. 2 AktG eine Delegation auf den Aufsichtsrat erlaubt, findet sich in der SE-VO zwar nicht ausdrücklich, kommt bei der in Deutschland domizilierenden SE aber über Art. 9 Abs. 1 lit. c ii zur Anwendung.[9] Art. 12 Abs. 4 erlaubt für den Fall, dass die Satzung im Widerspruch zu der gem. der Richtlinie 2001/86/EG ausgehandelten Mitbestimmungsvereinbarung steht, dass das Recht des Sitzstaates die Befugnis zu Satzungsänderungen auf das Leitungs- bzw. Verwaltungsorgan der SE überträgt.[10] Deutschland hat von dieser Ermächtigung jedoch keinen Gebrauch gemacht.

4   Originär gemeinschaftsrechtlich begründet sind Hauptversammlungskompetenzen für zentrale **Umstrukturierungsvorgänge.** Dies gilt in erster Linie für die Sitzverlegung, für die sich ein Beschlusserfordernis aus Art. 8 Abs. 4 und 6 ergibt. Eine Zuständigkeit folgt zudem für die Gründung einer SE, an der die SE nach Art. 3 Abs. 1 als Gründungsgesellschaft teilnehmen kann (Gründung einer SE durch Verschmelzung mit nationaler AG oder weiterer SE gem. Art. 2 Abs. 1, Art. 23 Abs. 1; Gründung einer Holding-SE unter Beteiligung einer bereits bestehenden SE gem. Art. 2 Abs. 2, 32 Abs. 6 S. 1). Einen Hauptversammlungsbeschluss setzt die SE-VO schließlich in Art. 66 Abs. 4 und 6 für die Rückumwandlung in eine nationale AG (→ Art. 66 Rn. 8) sowie in Art. 63, 2. Hs. für die Auflösung der SE voraus.[11] Anwendung finden auch die Hauptversammlungszuständigkeiten nach dem UmwG, soweit sich **Umwandlungsvorgänge** nach dessen Regeln richten (→ Art. 2, 3 Rn. 32 ff.).

5   Hauptversammlungskompetenzen finden sich in der Verordnung sodann für Wahlen, die jedoch durch Wahl- bzw. Entsenderechte der Arbeitnehmerseite begrenzt sind.[12] In der dualistischen SE ergibt sich die Zuständigkeit zur **Wahl der Mitglieder des Aufsichtsrats** aus Art. 40 Abs. 2 S. 1. Nicht ausdrücklich geregelt ist, inwieweit die Hauptversammlung auch eine Kompetenz für die **Abberufung** der Aufsichtsratsmitglieder hat. Für eine Auslegung der SE-VO ist maßgeblich darauf abzustellen, dass der Aufsichtsrat den Anteilseignern zumindest mittelbaren Einfluss auf die Geschäftsführung der SE vermittelt. Versagt man die Abberufungskompetenz, so müsste die Hauptversammlung mit der Wahl diesen Einfluss aus der Hand geben, ohne dass eine Rückholmöglichkeit die fortwährende Kontrolle ermöglicht. Deswegen ist die Zuständigkeit für die Abberufung der Aufsichtsratsmitglieder als Annexkompetenz zur Wahlkompetenz unmittelbar der Verordnung zu entnehmen.[13] Die Modalitäten richten sich über Art. 9 Abs. 1 lit. c ii nach § 103 AktG.[14] Für die **Wahl der Mitglieder des Verwaltungsrats** ergibt sich die Zuständigkeit der Hauptversammlung aus Art. 43 Abs. 3 S. 1. Hierin liegt der wesentliche Unterschied zum dualistischen System: Während dort das Leitungsorgan vom Aufsichtsrat bestellt wird und somit nur mittelbar durch die Anteilseigner legitimiert ist, hat die Hauptversammlung im monistischen System für das Geschäftsführungsorgan eine unmittelbar wirkende Bestellungskompetenz.[15] Für die Abberufung der Verwaltungsratsmitglieder gilt § 29 SEAG (→ Art. 43 Rn. 34, auch zur Abberufung der Arbeitnehmervertreter).

III. Zuständigkeiten nach dem deutschen Aktienrecht (S. 2)

6   Nach Art. 52 S. 2 ist die Hauptversammlung einer in Deutschland domizilierenden SE zuständig für Angelegenheiten, für die das AktG, das UmwG[16] oder das SEAG[17] eine entsprechende Kompetenz begründen. Bei Art. 52 S. 2 handelt es sich um eine **Spezialverweisung.** Diese Verweisung kann von vornherein nur solche Materien erfassen, für die die Verordnung keine eigene Zuständig-

---

[8] Dazu Großkomm AktG/*Wiedemann* AktG § 179 Rn. 5 ff.; vgl. für das europäische Recht EuGH, Rs C-19/90 und C-20/90, Slg. 1991 I, 2691, 2712 (2717 ff.) = ZIP 1991, 1488 (1489).
[9] → Art. 59 Rn. 3 sowie MüKoAktG/*Kubis* Rn. 13; skeptisch weiterhin *Liebscher* in Semler/Volhard/Reichert HV-HdB 2011 § 49 Rn. 9.
[10] Vgl. *Teichmann* ZIP 2002, 1109 (1112); zum Verhältnis der Mitbestimmungsvereinbarung zur Satzungsautonomie vgl. → Art. 43 Rn. 26 mwN.
[11] Vgl. *Brandt,* Die Hauptversammlung der Europäischen Aktiengesellschaft (SE), 2004, 140; Lutter/Hommelhoff/*Spindler* Rn. 23.
[12] Gem. § 36 Abs. 4 S. 2 SEBG ist die Hauptversammlung bei der Wahl der Arbeitnehmervertreter an den Vorschlag des zuständigen Wahlgremiums gebunden, → Art. 40 Rn. 7 und → Art. 43 Rn. 32.
[13] *Brandt,* Die Hauptversammlung der Europäischen Aktiengesellschaft (SE), 2004, 147; MüKoAktG/*Kubis* Rn. 11; im Erg. wie hier Habersack/Drinhausen/*Bücker* Rn. 12; Kölner Komm AktG/*Kiem* Rn. 16 und Lutter/Hommelhoff/Teichmann/*Spindler* Rn. 15 (Abberufungszuständigkeit nach nationalem Recht); anders zunächst *Hommelhoff* AG 2001, 279 (283); *Hirte* NZG 2002, 1 (5).
[14] Zur Abberufung der Arbeitnehmervertreter → Art. 40 Rn. 9.
[15] Art. 39 Abs. 2 S. 2 betreffend die Wahl und Abberufung des Leitungsorgans durch die Hauptversammlung ist für die SE mit Sitz in Deutschland gegenstandslos, vgl. Art. 39 Rn. 1; *Fürst/Klahr* in Jannott/Frodermann SE Kap. 6 Rn. 22; *Teichmann* ZIP 2002, 1109 (1113).
[16] Habersack/Drinhausen/*Bücker* Rn. 41; Lutter/Hommelhoff/Teichmann/*Spindler* Rn. 44.
[17] Habersack/Drinhausen/*Bücker* Rn. 21; Lutter/Hommelhoff/Teichmann/*Spindler* Rn. 7, 25.

keitsregelung trifft. Geraten **mitgliedstaatliche Zuständigkeitsregeln** in Konflikt mit den Vorgaben der Verordnung, geht das Gemeinschaftsrecht vor, so dass die zur Anwendung berufene nationale Regelung auf ihre Vereinbarkeit mit der Verordnung befragt werden muss.[18] Hierbei können insbesondere die Zuweisung der Satzungsänderungen in Art. 59 zur Hauptversammlung und die Zuordnung der Geschäftsführung zum Leitungsorgan bzw. zum Verwaltungsrat in Art. 39, 43 Bedeutung erlangen (→ Rn. 9, 12 f.).

Unter den laufenden Angelegenheiten kommt der Zuständigkeit für die **Verwendung des** 7 **Bilanzgewinns** zentrale Bedeutung zu, die sich aus § 119 Abs. 1 Nr. 2 AktG, § 174 Abs. 1 AktG ergibt. Über den Jahresabschluss entscheidet die Hauptversammlung dagegen gem. § 173 Abs. 1 S. 1 AktG nur bei entsprechendem Beschluss von Leitungsorgan und Aufsichtsrat oder als Notkompetenz, wenn sich diese Organe nicht einigen konnten.[19] Dies steht zugleich mit der Verweisung in Art. 61 in Einklang. Für die monistische SE finden sich entsprechende Regelungen in §§ 47 und 48 SEAG. Die Kompetenz zur Bestellung des Abschlussprüfers ergibt sich aus § 119 Abs. 1 Nr. 4 AktG iVm § 318 Abs. 1 HGB.

Zuständig ist die SE-Hauptversammlung ferner für **Kapitalmaßnahmen.** Dies gilt für alle For- 8 men der Kapitalerhöhung ebenso wie für die Kapitalherabsetzung und die Finanzierungsformen nach § 221 AktG. Bei den zuletzt genannten Finanzierungsinstrumenten verlangt das AktG trotz deren schuldrechtlichem Charakter einen Hauptversammlungsbeschluss. In diesem Zusammenhang ist schließlich auf die Beschlusskompetenzen beim **Rückerwerb eigener Aktien** zu verweisen (§ 71 Nr. 6, 7 sowie 8 S. 1, 5 und 6 AktG).

Nicht abschließend geklärt ist, inwieweit das nationale Aktienrecht der SE-Hauptversammlung 9 Zuständigkeiten im Bereich der **Geschäftsführungsmaßnahmen** einräumen kann oder ob die Verordnung insoweit eine Sperrwirkung entfaltet. Für die SE mit Sitz in Deutschland stellt sich diese Frage für § 119 Abs. 2 AktG und § 111 Abs. 4 S. 3 AktG. Der Verordnung lässt sich die Leitlinie entnehmen, dass die Hauptversammlung Grundlagenzuständigkeiten besitzt, die Geschäftsführung aber dem Leitungsorgan und Aufsichtsrat bzw. dem Verwaltungsorgan vorbehalten ist. Eine klare Grenze markieren demnach Art. 39 Abs. 1 und Art. 43 Abs. 1, die dem Leitungs- bzw. Verwaltungsorgan die Führung der Geschäfte in eigener Verantwortung übertragen. Betrachtet man die betroffenen Regelungen des AktG näher, so stellen sie sich indes nicht als Durchbrechungen dieses Systems dar. Indem **§ 119 Abs. 2 AktG** die Mitwirkung der HV von der Initiative des Vorstands (bzw. des Verwaltungsrats) abhängig macht, belässt es bei dessen Vorrangstellung in Geschäftsführungsangelegenheiten.[20] **§ 111 Abs. 4 S. 3 AktG** soll einen Konflikt zwischen Vorstand und Aufsichtsrat lösen und stellt die Hauptversammlungskompetenz ebenfalls unter den Vorbehalt, dass der Vorstand selbst die Zustimmung zum Tagesordnungspunkt der HV macht (für die SE → Art. 48 Rn. 8). Auch diese ausnahmsweise Zuständigkeit ist kein derart gravierender Eingriff in die von der Verordnung angestrebte eigenverantwortliche Leitung, dass die Anwendbarkeit auf die SE scheitern müsste.[21] Auf die monistische SE ist § 111 Abs. 4 S. 3 AktG dagegen nicht anwendbar (→ Art. 48 Rn. 8).

Auf die SE finden auch nationale Kompetenzen der Hauptversammlung gegenüber den Organmit- 10 gliedern Anwendung, die sich unter dem Gesichtspunkt der **Verwaltungskontrolle** zusammenfassen lassen. Dazu zählen die Festlegung der Aufsichtsrats- und Verwaltungsratsvergütung (§ 113 Abs. 1 S. 2 AktG, § 38 Abs. 1 SEAG),[22] die Durchsetzung von Ersatzansprüchen gegen Verwaltungsmitglieder (§ 147 Abs. 1 S. 1 AktG) und der Verzicht auf derartige Ansprüche (§ 93 Abs. 4 S. 3 AktG) sowie die Entlastung der Mitglieder des Leitungsorgans und des Aufsichtsrats bzw. des Verwaltungsrats (§ 119 Abs. 1 Nr. 3 AktG iVm § 120 Abs. 1 AktG)[23] und der Vertrauensentzug der Hauptversammlung gem. § 84 Abs. 3 S. 2 AktG. Weitere Zuständigkeiten bestehen für die Nachgründung (§ 52 AktG), Vorbereitungshandlungen (§ 83 Abs. 1 AktG bzw. § 22 Abs. 2 S.3 SEAG), die Bestellung von Sonder-

---

[18] Vgl. *Schwarz* Rn. 18; Lutter/Hommelhoff/Teichmann/*Spindler* Rn. 8 f.; Kölner Komm AktG/*Kiem* Rn. 7 ff.; *Brandt*, Die Hauptversammlung der Europäischen Aktiengesellschaft (SE), 2004, 121.
[19] Zuständig ist die HV zudem in den Fällen der § 234 Abs. 2 AktG und § 270 Abs. 2 AktG, vgl. *Brandt*, Die Hauptversammlung der Europäischen Aktiengesellschaft (SE), 2004, 154 sowie → § 173 Rn. 10.
[20] MüKoAktG/*Kubis* Rn. 20; *Schwarz* Rn. 24 f.; Lutter/Hommelhoff/Teichmann/*Spindler* Rn. 27; Lutter/Hommelhoff/Teichmann/*Seibt* Art. 39 (§§ 15, 16 SEAG) Rn. 10; Habersack/Drinhausen/*Bücker* Rn. 33; aA *Brandt*, Die Hauptversammlung der Europäischen Aktiengesellschaft (SE), 2004, 114 f.
[21] Str., im Ergebnis ebenso Kölner Komm AktG/*Kiem* Rn. 33; MüKoAktG/*Reichert/Brandes* Art. 48 Rn. 16; Habersack/Drinhausen/*Bücker* Rn. 31; *Schwarz* Rn. 26; *Fürst/Klahr* in Jannott/Frodermann SE-HdB Kap. 6 Rn. 25; *Teichmann* ZGR 2002, 383 (454); aA MüKoAktG/*Kubis* Rn. 20; Lutter/Hommelhoff/Teichmann/*Spindler* Rn. 37; *Brandt*, Die Hauptversammlung der Europäischen Aktiengesellschaft (SE), 2004, 150 ff.; Kölner Komm AktG/*Siems* Art. 48 Rn. 20.
[22] Habersack/Drinhausen/*Bücker* Rn. 34.
[23] Hinsichtlich der Entlastung wie hier Kölner Komm AktG/*Kiem* Rn. 28; Habersack/Drinhausen/*Bücker* Rn. 26; aA *Brandt*, Die Hauptversammlung der Europäischen Aktiengesellschaft (SE), 2004, 148 ff.

prüfern (§ 142 AktG)²⁴ sowie Fortsetzungsbeschlüsse (§ 274 AktG). Im **Konzernrecht** hat die Hauptversammlung der abhängigen SE diejenigen Zuständigkeiten, die in den §§ 291 ff. AktG für die deutsche AG geregelt sind. Dies folgt allerdings nicht aus der Verweisung in Art. 52 S. 2. Maßgeblich ist vielmehr die allgemeine internationalprivatrechtliche Anknüpfung, nach der im deutschen internationalen Gesellschaftsrecht auf die abhängige Gesellschaft das Recht ihres Sitzstaates Anwendung findet.²⁵

IV. Ungeschriebene Zuständigkeiten der Hauptversammlung

11 Für die Frage nach ungeschriebenen Zuständigkeiten der Hauptversammlung,²⁶ die in der bisherigen Diskussion vergleichsweise breiten Raum eingenommen hat, lassen sich drei **Lösungsvorschläge** unterscheiden. Teilweise geht man davon aus, dass über die Verweisung auf das deutsche Recht auch die von der Rechtsprechung für die Aktiengesellschaft entwickelten ungeschriebenen Zuständigkeiten zur Anwendung berufen sind.²⁷ Es gelten danach die Grundsätze, die sich mit den Schlagworten Holzmüller und Gelatine benennen lassen.²⁸ Andere lehnen die Anwendung dieser ungeschriebenen Grundsätze des deutschen Rechts ab.²⁹ Dem folgt im Ansatz auch *Spindler,* der jedoch ungeschriebene Zuständigkeiten aus dem europäischen Recht, also der SE-VO, ableitet.³⁰

12 Für eine **Stellungnahme** sind verschiedene Fragen zu trennen. Ausgangspunkt muss sein, dass die Verweisungen der SE-VO nicht nur das geschriebene Recht, sondern auch im Wege der **richterlichen Rechtsfortbildung** entwickelte Rechtsinstitute in Bezug nehmen.³¹ *Spindler* ist insoweit Recht zu geben, dass eine richterliche Rechtsfortbildung auf europäischer Ebene zulässig ist und auch der Verweisung in Art. 52 S. 2 vorgeht, weil andernfalls jede Rechtsfortbildung der SE-VO blockiert wäre.³² Solange der EuGH eine derartige Rechtsfortbildung jedoch nicht vorgenommen hat, bleibt es bei dem Rückgriff auf die ungeschriebenen nationalen Zuständigkeiten gem. Art. 52 S. 2, Art. 9 Abs. 1 lit. c ii. Diesem Ergebnis kann auch nicht entgegengehalten werden, dass es so zu abweichenden Zuständigkeitsregelungen zwischen den einzelnen Mitgliedstaaten kommen könne.³³ Dieses Ergebnis ist in der Verweisungstechnik der SE-VO zwingend angelegt. Die hier vertretene Lösung gerät auch nicht in Konflikt mit der oben (→ Rn. 1, 9) erläuterten Zuweisung der Geschäftsführung an das Leitungs- bzw. Verwaltungsorgan auf Verordnungsebene. In der Sache geht es bei der Holzmüller-/Gelatine-Rechtsprechung nicht um die Verteilung von Geschäftsführungskompetenzen, sondern um deren Abgrenzung von den Grundlagengeschäften, die der unmittelbaren Entscheidung der Anteilseigner vorbehalten sind. Wenn Art. 52 S. 2 diese Abgrenzungsfrage dem Recht des Sitzstaats überlässt, hat die Verordnung anzuerkennen, dass das deutsche Recht die Entscheidung nicht durch einen starren Katalog, sondern anhand materieller Kriterien durch eine flexible Regelung vornimmt, deren Festschreibung der Gesetzgeber bislang bewusst unterlassen hat. Somit ist auch für die SE davon auszugehen, dass über die in → Rn. 3 ff. aufgeführten ausdrücklichen Hauptversammlungszuständigkeiten hinaus eine Grundlagenkompetenz entsprechend der Holzmüller-/Gelatine-Rechtsprechung besteht.³⁴

---

²⁴ Habersack/Drinhausen/*Bücker* Rn. 29; MüKoAktG/*Kubis* Rn. 21.
²⁵ → Art. 9 Rn. 12; *Casper* FS Ulmer, 2003, 51 (60 f.); für Anwendbarkeit über Art. 52 Kölner Komm AktG/*Kiem* Rn. 37; Habersack/Drinhausen/*Bücker* Rn. 40.
²⁶ Für die deutsche AG → AktG § 119 Rn. 21 ff.
²⁷ *Habersack* ZGR 2003, 724 (741 f.); MüKoAktG/*Reichert/Brandes* Art. 39 Rn. 10, Art. 43 Rn. 11; Kölner Komm AktG/*Kiem* Rn. 36; *Schwarz* Rn. 35; *Fürst/Klahr* in Jannott/Frodermann SE-HdB Kap. 6 Rn. 43 ff.; Habersack/Drinhausen/*Bücker* Rn. 42; Habersack/Drinhausen/*Scholz* Art. 38 Rn. 8; Habersack/Drinhausen/*Seibt* Art. 39 Rn. 5.
²⁸ BGHZ 83, 122 = NJW 1982, 1703 – Holzmüller; BGHZ 159, 30 = NJW 2004, 1860 – Gelatine mAnm *Fleischer* NJW 2004, 2335.
²⁹ MüKoAktG/*Kubis* Rn. 22; *Brandt,* Die Hauptversammlung der Europäischen Aktiengesellschaft (SE), 2004, 127 ff. (132).
³⁰ Lutter/Hommelhof/*Spindler,* Die Europäische Gesellschaft, 2005, 223 (228 ff.); Lutter/Hommelhoff/Teichmann/*Spindler* Rn. 22, 47; ähnlich *Maul,* Die faktisch abhängige SE (Societas Europaea) im Schnittpunkt zwischen deutschem und europäischem Recht, 1998, 40 f.; im Erg. abl. *Brandt,* Die Hauptversammlung der Europäischen Aktiengesellschaft (SE), 2004, 133.
³¹ Dies dürfte heute überwiegend anerkannt sein→ Art. 9 Rn. 15; zweifelnd wegen fehlender Rechtssicherheit jedoch Lutter/Hommelhoff/Teichmann/*Spindler* Rn. 47.
³² So auch MüKoAktG/*Kubis* Rn. 15 im Anschluss an *Teichmann* ZGR 2002, 383 (408 f.); soweit auch *Brandt,* Die Hauptversammlung der Europäischen Aktiengesellschaft (SE), 2004, 123.
³³ Für eine gemeinschaftsrechtliche Lösung deswegen aber Lutter/Hommelhoff/*Spindler,* Die Europäische Gesellschaft, 2005, 223 (230 f.).
³⁴ So bereits *Casper* FS Ulmer, 2003, 51 (69); im Erg. ebenso MüKoAktG/*Reichert/Brandes* Art. 39 Rn. 10, Art. 43 Rn. 11; Kölner Komm AktG/*Kiem* Rn. 36; Habersack/Drinhausen/*Bücker* Rn. 42; Habersack/Drinhausen/*Scholz* Art. 38 Rn. 8; Habersack/Drinhausen/*Seibt* Art. 39 Rn. 5.

Holzmüller-Beschlüsse bedürfen bei einer in Deutschland domizilierenden SE, wie im nationalen Aktienrecht auch,[35] einer **Mehrheit von Dreiviertel** der abgegebenen Stimmen.[36] Art. 59 Abs. 1 steht dem nicht entgegen, da das nationale Recht über das dort genannte Erfordernis von zwei Dritteln hinausgehen kann. Art. 59 Abs. 1 hindert auch nicht den Rückgriff auf die **Macrotron-Rechtsprechung** beim Delisting einer in Deutschland ansässigen SE. Im Fall eines Delisting bedarf es also eines Zustimmungsbeschlusses der Hauptversammlung mit einfacher Mehrheit. Der Übertragung der Macrotron-Rechtsprechung steht auch nicht entgegen, dass der BGH seine Entscheidung in Teilen unter Rückgriff auf Art. 14 GG begründet hat.[37] Die maßgeblichen Erwägungen für eine ungeschriebene Hauptversammlungskompetenz infolge einer Beeinträchtigung des Vermögensrechts treffen ebenso auf die SE zu. Diese Ausführungen gelten ebenso für die **monistische SE.** Seiner Verantwortlichkeit gegenüber der Hauptversammlung entspricht es, dass die entsprechende Vorlagepflicht den **Verwaltungsrat** trifft.[38] Die geschäftsführenden Direktoren müssen deswegen Maßnahmen, die der Holzmüller/Gelatine- oder Macrotron-Rechtsprechung unterfallen, vorab an den Verwaltungsrat herantragen, damit dieser eine Entscheidung der Hauptversammlung herbeiführen kann (→ Art. 43 Rn. 17).

13

V. Satzungsregelungen

Die Verordnung sieht in Art. 52 S. 2 Alt. 2 auch **Zuständigkeitsbegründungen** durch die Satzung vor, soweit dies mit dem nationalen Aktienrecht vereinbar ist. Diese Verweisung zielt auf § 119 Abs. 1, 2. Alt. AktG und verweist von dort weiter auf § 23 Abs. 5 AktG.[39] Der Regelungsfreiraum ist allerdings begrenzt, weil satzungsmäßige Kompetenzregelungen neben dem deutschen Aktienrecht vorrangig auch die gemeinschaftsrechtliche Zuständigkeitsverteilung beachten müssen. Insbesondere beschränkt die Zuweisung der Geschäftsführung in Art. 39 Abs. 1 S.1 bzw. Art. 43 Abs. 1 nationale Satzungsermächtigungen.[40] Davon zu trennen ist die Frage, inwieweit **Ermächtigungsbeschlüsse,** also die Übertragung einer Hauptversammlungskompetenz auf das Leitungs- oder Aufsichtsorgan bzw. den Verwaltungsrat oder ein neu geschaffenes Gremium, zulässig sind. Eine ausdrückliche Satzungsermächtigung iSd Art. 9 Abs. 1 lit. b findet sich hierfür in der Verordnung nicht. Diese lässt sich auch nicht aus der Formulierung „andere Organe" in Art. 54 Abs. 2 herleiten.[41] In Betracht kommt somit nur eine Zuweisung aus dem nationalen Recht. Die Übertragung von Beschlusskompetenzen außerhalb der entsprechenden Ermächtigungsnormen ist nach deutschem Recht jedoch nicht zulässig.[42]

14

Art. 53 [Organisation und Ablauf]

Für die Organisation und den Ablauf der Hauptversammlung sowie für die Abstimmungsverfahren gelten unbeschadet der Bestimmungen dieses Abschnitts die im Sitzstaat der SE für Aktiengesellschaften maßgeblichen Rechtsvorschriften.

Schrifttum: Vgl. die Angaben bei → Art. 52.

I. Regelungssystematik der Hauptversammlungsvorschriften

Die SE-Verordnung enthält in Abschnitt 4 Anordnungen über die Zuständigkeit der Hauptversammlung (Art. 52), deren Einberufung (Art. 54 bis 56) und die Abstimmung (Art. 57, 58) mit Sonderregelungen für die Satzungsänderung (Art. 59) und Aktiengattungen (Art. 60). Diese Vorschriften erfassen jedoch nur einen Teil der relevanten Fragen. Für die übrigen Regelungsbereiche betreffend Organisation und Ablauf der Hauptversammlung sowie das Abstimmungsverfahren enthält Art. 53 eine **partielle Generalverweisung** (zum Begriff → Art. 9 Rn. 6) auf die Vorschriften, die im Sitzstaat für Aktiengesellschaften maßgeblich sind. Für eine in Deutschland domizilierende SE

1

---

[35] Vgl. zum Mehrheitserfordernis BGHZ 159, 30 (54 f.) = NJW 2004, 1860 (1864).
[36] Zur Maßgeblichkeit der Mehrheit der abgegebenen Stimmen anstelle von Dreiviertel des Kapitals → Art. 59 Rn. 4.
[37] In diesem Sine aber Lutter/Hommelhoff/*Spindler*, Die Europäische Gesellschaft, 2005, 223 (232 f.).
[38] → Art. 43 Rn. 8; Lutter/Hommelhoff/Teichmann/*Spindler* Rn. 46; *Schwarz* Rn. 35.
[39] MüKoAktG/*Kubis* Rn. 23; Lutter/Hommelhoff/Teichmann/*Spindler* Rn. 45; zu den Gestaltungsmöglichkeiten → AktG § 119 Rn. 48.
[40] *Schwarz* Rn. 33; *Brandt*, Die Hauptversammlung der Europäischen Aktiengesellschaft (SE), 2004, 121.
[41] Vgl. MüKoAktG/*Kubis* Rn. 8.
[42] Vgl. Habersack/Drinhausen/*Bücker* Rn. 7; zum deutschen Recht Großkomm AktG/*Mülbert* AktG § 119 Rn. 61.

ist danach grundsätzlich von der Anwendbarkeit der §§ 121 ff. AktG auszugehen. Die Modifikationen durch die SE-VO und das SEAG bei den Fragenkomplexen Einberufung, Beschlussfassung und Satzungsänderung sind bei den Art. 54 bis 60 erläutert.

2   Gegen die Anwendung der Regeln über die **Vollversammlung** auf die SE bestehen keine Vorbehalte, so dass die Einberufungsförmlichkeiten der §§ 121–128 AktG einschließlich ihrer gemeinschaftsrechtlichen Modifikationen unter den Voraussetzungen des § 121 Abs. 6 AktG übergangen werden können.[1] Für die Hauptversammlung der **Einmann-SE,** die in Art. 3 Abs. 2 S. 2 anerkannt ist, gelten die zum deutschen Aktienrecht entwickelten Grundsätze.[2]

II. Organisation der Hauptversammlung

3   **Modifikationen** können sich insbesondere aus der europäischen Ausrichtung der SE und ihrer abweichenden Organisationsstruktur ergeben. Kraft der Verweisung in Art. 53 in Verbindung mit den zu Art. 9 Abs. 1 lit. b und c erläuterten Grundsätzen (→ Art. 9 Rn. 5; → Art. 59 Rn. 2) sind Satzungsregeln über die Selbstorganisation der Hauptversammlung in den Grenzen des § 23 Abs. 5 AktG möglich.[3] Nach § 129 Abs. 1 S. 1 AktG kann sich die Hauptversammlung der SE eine **Geschäftsordnung** geben.[4]

4   **Zeit, Dauer und Ort** der Hauptversammlung richten sich vollumfänglich nach deutschem Recht.[5] Der BGH hat jüngst ausdrücklich anerkannt, dass die Satzung einer SE grundsätzlich auch einen Hauptversammlungsort im **Ausland** vorsehen kann.[6] Zum Schutz der Teilnahmeinteressen der Aktionäre muss die Satzung allerdings eine möglichst konkrete Vorgabe enthalten; eine Bestimmung, die dem Einberufungsberechtigten die Auswahl unter einer großen Zahl geographisch weit auseinanderliegender Orte überlässt, ist nach der Rechtsprechung des BGH unzulässig.[7] Ist die Hauptversammlung notariell zu beurkunden (vgl. § 130 Abs. 1 AktG), muss zudem die Beurkundung durch den ausländischen Notar der Beurkundung durch den deutschen Notar gleichwertig sein.[8]

5   Die Teilnahme der Aktionäre an der Hauptversammlung und die Ausübung des Stimmrechts richtet sich nach **§ 123 AktG.**[9] Die Mitteilungspflichten in den **§§ 125–127 AktG** sind in der monistischen SE vom Verwaltungsrat zu erfüllen.[10] Für die Vorbereitungspflichten der Kreditinstitute gilt **§ 128 AktG.**

III. Aktionärsrechte

6   Aufgrund von Art. 53 haben die Aktionäre in der Hauptversammlung einer in Deutschland domizilierenden SE diejenigen Rechte, die auch dem Aktionär einer deutschen AG zukommen.[11] Dazu zählt das Teilnahmerecht[12] sowie das Rede- und Auskunftsrecht gem. §§ 131 f. AktG mit der Maßgabe, dass als **Sprache** von Redebeiträgen und Fragen entgegen der strikten Auffassung in Deutschland zumindest auch Englisch zulässig sein sollte.[13] Zu nennen sind zudem das Stimmrecht (§ 12 AktG), das Recht, Widerspruch zur Niederschrift zu erklären (§ 245 Nr. 1 AktG, → Art. 57, 58 Rn. 7), sowie die mit dem Teilnahmerecht verbundenen Rechte zur Stellung von Beschlussanträ-

---

[1] MüKoAktG/*Kubis* Rn. 23; *Schwarz* Rn. 14; Lutter/Hommelhoff/Teichmann/*Spindler* Rn. 15; *Brandt,* Die Hauptversammlung der Europäischen Aktiengesellschaft (SE), 2004, 178 f. (263 f.).
[2] Vgl. MüKoAktG/*Kubis* § 118 Rn. 4.
[3] MüKoAktG/*Kubis* Rn. 24.
[4] MüKoAktG/*Kubis* Rn. 25; Lutter/Hommelhoff/Teichmann/*Spindler* Rn. 34.
[5] Vgl. MüKoAktG/*Kubis* Rn. 9 f.; Habersack/Drinhausen/*Bücker* Rn. 18 f.
[6] BGH ZIP 2014, 2494 (Ls. 1).
[7] BGH ZIP 2014, 2494 (2496).
[8] Eingehend zur Gleichwertigkeit der Beurkundung einer Hauptversammlung jetzt BGH ZIP 2014, 2495 f.); vgl. auch Kölner Komm AktG/*Kiem* Rn. 10; Habersack/Drinhausen/*Bücker* Rn. 11; zur AG → AktG § 121 Rn. 75; Hüffer/Koch/*Koch* AktG § 121 Rn. 14 ff.
[9] MüKoAktG/*Kubis* Rn. 13; *Brandt,* Die Hauptversammlung der Europäischen Aktiengesellschaft (SE), 2004, 223; zu den Änderungen durch das UMAG vgl. *Mimberg* AG 2005, 716 ff.
[10] § 22 Abs. 6 SEAG, vgl. *Brandt,* Die Hauptversammlung der Europäischen Aktiengesellschaft (SE), 2004, 177 f., MüKoAktG/*Kubis* Rn. 11; Lutter/Hommelhoff/Teichmann/*Spindler* Art. 54 Rn. 21.
[11] Ausf. *Brandt,* Die Hauptversammlung der Europäischen Aktiengesellschaft (SE), 2004, 222 ff.; MüKoAktG/*Kubis* Rn. 14 ff.; Lutter/Hommelhoff/Teichmann/*Spindler* Rn. 17 ff.
[12] → AktG § 118 Rn. 11 ff.; teilnahmepflichtig sind entspr. § 118 Abs. 2 S. 1 AktG die Mitglieder von Leitungs- und Aufsichtsorgan bzw. in der monistischen SE die Mitglieder des Verwaltungsrats, aber in erweiternder Auslegung auch externe geschäftsführende Direktoren.
[13] Lutter/Hommelhoff/Teichmann/*Spindler* Rn. 21; Kölner Komm AktG/*Kiem* Rn. 19; Habersack/Drinhausen/*Bücker* Rn. 26 ff. weiter MüKoAktG/*Kubis* Rn. 15 f. (alle EU-Amtssprachen); allg. → AktG § 131 Rn. 19; *Rodewald*/*Ternick* BB 2011, 910 ff.

gen und zur Einsichtnahme in das Teilnehmerverzeichnis.[14] Für die Auskunftserteilung bzw. -verweigerung ist in der monistischen SE der Verwaltungsrat als Gesamtorgan zuständig; dies folgt aus § 22 Abs. 6 SEAG und entspricht seiner Verantwortung gegenüber den Aktionären.[15] Geschäftsführende Direktoren, die nicht gleichzeitig Mitglied des Verwaltungsrats sind, sind nicht unmittelbar Adressat des Auskunftsrechts.[16] Der Verwaltungsrat kann sich jedoch zur Erfüllung seiner Auskunftspflicht dritter Personen bedienen,[17] und deswegen die Beantwortung von Fragen auch an externe geschäftsführende Direktoren delegieren. Hinsichtlich der vorgenannten Rechte sind alle Aktionäre gleich zu behandeln; es gilt Art. 9 Abs. 1 lit. c ii iVm **§ 53a AktG**.[18]

IV. Ablauf und Leitung der Hauptversammlung

Die Aufstellung des **Teilnehmerverzeichnisses** richtet sich nach § 129 Abs. 1 S. 2, Abs. 2 bis 4 **7** AktG, die **Niederschrift** nach § 130 AktG. In der nicht börsennotierten SE genügt gemäß § 130 Abs. 1 S. 3 AktG ausnahmsweise ein privatschriftliches Protokoll,[19] sofern auf der Hauptversammlung keine Grundlagenbeschlüsse gefasst werden, für die das Gesetz eine Dreiviertel- oder größere Mehrheit bestimmt.[20] Für die **Versammlungsleitung** gelten mangels Vorgaben in der Verordnung die aktienrechtlichen Grundsätze.[21] Einem geschäftsführenden Mitglied des Verwaltungsrats kann diese Aufgabe allerdings nicht übertragen werden (→ Art. 45 Rn. 6, str.).

Art. 54 [Einberufung der Hauptversammlung]

(1) ¹Die Hauptversammlung tritt mindestens einmal im Kalenderjahr binnen sechs Monaten nach Abschluss des Geschäftsjahres zusammen, sofern die im Sitzstaat der SE für Aktiengesellschaften, die dieselbe Art von Aktivitäten wie die SE betreiben, maßgeblichen Rechtsvorschriften nicht häufigere Versammlungen vorsehen. ²Die Mitgliedstaaten können jedoch vorsehen, dass die erste Hauptversammlung bis zu 18 Monate nach Gründung der SE abgehalten werden kann.

(2) Die Hauptversammlung kann jederzeit vom Leitungs-, Aufsichts- oder Verwaltungsorgan oder von jedem anderen Organ oder jeder zuständigen Behörde nach den für Aktiengesellschaften im Sitzstaat der SE maßgeblichen einzelstaatlichen Rechtsvorschriften einberufen werden.

Schrifttum: Vgl. die Angaben bei → Art. 52.

I. Überblick

Art. 54 regelt Einzelfragen der Einberufung der Hauptversammlung, für die im Übrigen kraft der **1** Verweisungen in Art. 53 und 54 Abs. 2 das Recht des Sitzstaats gilt. Abweichungen vom deutschen Recht ergeben sich vor allem für den spätesten Zeitpunkt der ordentlichen HV und die **Einberufungsberechtigung**, während die Einberufungsmodalitäten im Wesentlichen der AG entsprechen. Das Recht des Sitzstaates entscheidet auch, welche Auswirkungen **Einberufungsfehler** auf Hauptversammlungsbeschlüsse haben. Nach § 241 Nr. 1 AktG führt lediglich ein Verstoß gegen § 121 Abs. 2 und 3 oder 4 AktG zur Nichtigkeit, wogegen andere Mängel den Beschluss nur anfechtbar machen (→ Art. 57, 58 Rn. 7; → § 241 Rn. 7, 109). Die Unbeachtlichkeit eines Fehlers bei der Einberufung im Falle einer Vollversammlung ergibt sich mangels Regelung auf Verordnungsebene aus § 121 Abs. 6 AktG (→ Art. 53 Rn. 2).

---

[14] Vgl. hierzu allg. → § 118 Rn. 12 *(Hoffmann)*; → § 129 Rn. 32 ff. *(Wicke)*.

[15] → Art. 43 Rn. 8; Teichmann in Lutter/Hommelhoff, Die Europäische Gesellschaft, 2005, 195 (204).

[16] Habersack/Drinhausen/*Bücker* Rn. 31; aA MüKoAktG/*Kubis* Rn. 16, der allein die geschäftsführenden Direktoren für zuständig hält; ebenso Lutter/Hommelhoff/Teichmann/*Spindler* Rn. 22, unverständlich jedoch dessen Begründung mit § 22 Abs. 6 SEAG.

[17] Vgl. zur AG MüKoAktG/*Kubis* § 131 Rn. 21.

[18] Lutter/Hommelhoff/Teichmann/*Spindler* Rn. 24; *Schwarz* Rn. 25; *Brandt*, Die Hauptversammlung der Europäischen Aktiengesellschaft (SE), 2004, 222.

[19] Str., wie hier MüKoAktG/*Kubis* Rn. 20; Habersack/Drinhausen/*Bücker* Rn. 35; Kölner Komm AktG/*Kiem* Rn. 21; gegen die Anwendbarkeit von § 130 Abs. 1 S. 3 auf die SE dagegen → AktG § 130 Rn. 37.

[20] Zur Maßgeblichkeit der Stimmenmehrheit anstelle der Kapitalmehrheit in der SE → Art. 57, 58 Rn. 5.

[21] MüKoAktG/*Kubis* Rn. 18 f.; Lutter/Hommelhoff/Teichmann/*Spindler* Rn. 28.

II. Zeitpunkt der Hauptversammlung (Abs. 1)

2   Abs. 1 S. 1 verlangt die Abhaltung der SE-Hauptversammlung **mindestens einmal im Kalenderjahr binnen sechs Monaten nach Abschluss des Geschäftsjahres** und weicht damit geringfügig von der deutschen Regelung in §§ 175 Abs. 1 S. 2, § 120 Abs. 1 S. 1 AktG ab; die Frist von acht Monaten wird für die deutsche SE auf sechs Monate verkürzt.[1] Die Subsidiaritätsregel in Abs. 1 S. 1 2. Hs. greift in Deutschland nicht.[2] Neben Abs. 1 steht die **Einberufungspflicht** aus § 175 Abs. 1 S. 1 AktG, die der deutsche Gesetzgeber in **§ 48 SEAG** für die monistische SE nachgebildet hat. Die deutschen Vorschriften stellen anders als die Verordnung keine absolute Frist auf, sondern verlangen die Einberufung unverzüglich nach Eingang des Prüfungs- und Rechenschaftsberichts, den der Aufsichtsrat nach § 171 Abs. 2 AktG bzw. der Verwaltungsrat nach § 47 SEAG zu erstatten hat. Von der Regelungsermächtigung in Abs. 1 S. 2 hat der deutsche Gesetzgeber keinen Gebrauch gemacht, so dass für den **Termin der ersten Hauptversammlung** einer in Deutschland domizilierenden SE die Frist aus Abs. 1 S. 1 gilt.[3]

III. Einberufungsberechtigung (Abs. 2)

3   Einberufungsberechtigt sind in der dualistischen SE das **Leitungs- und das Aufsichtsorgan** bzw. in der monistischen SE der **Verwaltungsrat** (Abs. 2). Dagegen hat der deutsche Ausführungsgesetzgeber den geschäftsführenden Direktoren keine eigene Einberufungsberechtigung verliehen; dem steht Art. 54 Abs. 2 nicht entgegen.[4] Hat die Satzung ein **fakultatives Organ** geschaffen (zum Regelungsfreiraum → Art. 38 Rn. 8, → Art. 59 Rn. 2), so kann auch dieses die Hauptversammlung einberufen.[5] Eine für die Einberufung „zuständige Behörde" gibt es im deutschen Aktienrecht grundsätzlich nicht. Aus Abs. 2 iVm Art. 68 Abs. 2 lässt sich auch keine Verpflichtung des Mitgliedstaats zur Einrichtung behördlicher Einberufungskompetenzen ableiten,[6] so dass diese Variante in Deutschland auf aufsichtsrechtliche Befugnisse in Sondergesetzen beschränkt ist.[7] **Satzungsmäßige Einberufungsrechte** können nur Gruppen eingeräumt werden, die zu einem anderen Organ iSd Abs. 2 institutionalisiert sind.[8]

4   Nach Abs. 2 können die genannten Organe die Hauptversammlung **jederzeit** einberufen. Die Einberufungsberechtigung besteht demnach **ohne Vorliegen eines Einberufungsgrundes** und wird auch durch nationale Regelungen, die wie § 111 Abs. 3 S. 1 AktG besondere Erfordernisse aufstellen, nicht beschränkt.[9] Dagegen finden **Einberufungspflichten** des Sitzstaatsrechts auf die SE Anwendung, so dass § 92 Abs. 1 AktG, § 22 Abs. 5 S. 1 SEAG (Verlust in Höhe der Hälfte des Grundkapitals), § 111 Abs. 3 S. 1, § 121 Abs. 1 AktG, § 22 Abs. 2 S. 1 SEAG (Wohl der Gesellschaft) wie auch § 175 AktG, § 48 Abs. 1 SEAG (ordentliche Hauptversammlung) insoweit Wirkung entfalten.[10]

IV. Einberufungsmodalitäten; Tagesordnung

5   Für **Form** und **Frist** der Einberufung gilt nach Art. 53, 54 Abs. 2 das Recht des Sitzstaats.[11] Zu beachten sind insbesondere für Bekanntmachung und Mindestangaben § 121 Abs. 3 AktG und für die Einberufungsfrist § 123 AktG. Eine Einberufung in der Sprache des Sitzstaates, bei der SE

---

[1] Vgl. näher MüKoAktG/*Kubis* Rn. 3, 5; Lutter/Hommelhoff/Teichmann/*Spindler* Rn. 6.

[2] MüKoAktG/*Kubis* Rn. 4; Lutter/Hommelhoff/Teichmann/*Spindler* Rn. 7.

[3] Str., wie hier Lutter/Hommelhoff/Teichmann/*Spindler* Rn. 9; Kölner Komm AktG/*Kiem* Rn. 12; *Schwarz* Rn. 5; aA MüKoAktG/*Kubis* Rn. 7: Acht-Monats-Frist der § 175 Abs. 1 S. 2 AktG, § 120 Abs. 1 S. 1 AktG.

[4] Vgl. *Schwarz* Rn. 9, 31.

[5] Der Satzungsgeber kann jedoch auch Gremien ohne Einberufungsberechtigung schaffen, überzeugend *Brandt* S. 181 f.; zust. Habersack/Drinhausen/*Bücker* Rn. 15.

[6] Habersack/Drinhausen/*Bücker* Rn. 16; Kölner Komm AktG/*Kiem* Rn. 19; *Schwarz* Rn. 10; aA *Brandt*, Die Hauptversammlung der Europäischen Aktiengesellschaft (SE), 2004, 181; Lutter/Hommelhoff/*Spindler* Rn. 14.

[7] § 44 Abs. 5 KWG; § 306 Abs. 1 S. 1 Nr. 5 VAG; § 3 PfandBG; auch in diesen Fällen ist die Behörde jedoch nicht unmittelbar einberufungsberechtigt, sondern kann nur Leitungsorgan bzw. Verwaltungsrat zur Einberufung verpflichten, vgl. *Schwarz* Rn. 10; Kölner Komm AktG/*Kiem* Rn. 19.

[8] Der Regelungsfreiraum in § 121 Abs. 2 S. 3 AktG ist dadurch beschränkt, vgl. Habersack/Drinhausen/*Bücker* Rn. 15; *Schwarz* Rn. 13; *Brandt*, Die Hauptversammlung der Europäischen Aktiengesellschaft (SE), 2004, 182.

[9] MüKoAktG/*Kubis* Rn. 10; Lutter/Hommelhoff/Teichmann/*Spindler* Rn. 16; *Brandt*, Die Hauptversammlung der Europäischen Aktiengesellschaft (SE), 2004, 180; aA *Schwarz* Rn. 29.

[10] Vgl. MüKoAktG/*Kubis* Rn. 2, 10 und Art. 53 Rn. 3; Lutter/Hommelhoff/Teichmann/*Spindler* Rn. 17; *Brandt*, Die Hauptversammlung der Europäischen Aktiengesellschaft (SE), 2004, 184.

[11] MüKoAktG/*Kubis* Rn. 11 und Art. 53 Rn. 6, 7; Lutter/Hommelhoff/Teichmann/*Spindler* Rn. 10, 18 ff.; *Schwarz* Rn. 18 ff., 32; *Brandt*, Die Hauptversammlung der Europäischen Aktiengesellschaft (SE), 2004, 185 f.

mit Sitz in Deutschland also in deutscher Sprache, reicht aus.[12] Steht die Hauptversammlung im Zusammenhang mit einem Übernahmeangebot, ist § 16 Abs. 4 WpÜG maßgeblich, der die Vorgaben für Form und Frist modifiziert, um eine zügige Vorbereitung und Durchführung der Versammlung zu ermöglichen.[13] Die Anwendbarkeit dieser Vorschrift folgt wegen ihres engen Bezugs zum Recht der Hauptversammlung aus Art. 53, 54 Abs. 2.[14] Für den Einberufungsbeschluss gilt ebenfalls der Verweis in Art. 54 Abs. 2, der Art. 50 insoweit verdrängt.[15] In der dualistischen SE gilt damit § 121 Abs. 2 S. 1 AktG, in der monistischen SE § 22 Abs. 2 S. 2 SEAG. Auch die deutsche Regelung in § 121 Abs. 2 S. 2 AktG, die im Interesse der Rechtssicherheit für Scheinmitglieder, die im Handelsregister eingetragen sind, die Einberufungsberechtigung fingiert, kommt über Art. 53, 54 Abs. 2 zur Anwendung; sie gehört funktional zum Bereich der Einberufungsmängel.[16]

Das Organ, das die Hauptversammlung einberuft, muss gleichzeitig die **Tagesordnung** aufstellen.[17] Mangels gemeinschaftsrechtlicher Vorgaben richten sich Inhalt und Bekanntmachung – vorbehaltlich der Minderheitenregelung in Art. 55 Abs. 1 – nach dem Recht des Sitzstaats, so dass für die in Deutschland domizilierende SE auf die Erläuterungen zu § 121 Abs. 3 S. 2, § 124 AktG verwiesen werden kann. 6

Art. 55 [Einberufung durch eine Minderheit]

(1) Die Einberufung der Hauptversammlung und die Aufstellung ihrer Tagesordnung können von einem oder mehreren Aktionären beantragt werden, sofern sein/ihr Anteil am gezeichneten Kapital mindestens 10 % beträgt; die Satzung oder einzelstaatliche Rechtsvorschriften können unter denselben Voraussetzungen, wie sie für Aktiengesellschaften gelten, einen niedrigeren Prozentsatz vorsehen.

(2) Der Antrag auf Einberufung muss die Punkte für die Tagesordnung enthalten.

(3) ¹Wird die Hauptversammlung nicht rechtzeitig bzw. nicht spätestens zwei Monate nach dem Zeitpunkt, zu dem der in Absatz 1 genannte Antrag gestellt worden ist, abgehalten, so kann das am Sitz der SE zuständige Gericht oder die am Sitz der SE zuständige Verwaltungsbehörde anordnen, dass sie innerhalb einer bestimmten Frist einzuberufen ist, oder die Aktionäre, die den Antrag gestellt haben, oder deren Vertreter dazu ermächtigen. ²Hiervon unberührt bleiben einzelstaatliche Bestimmungen, aufgrund deren die Aktionäre gegebenenfalls die Möglichkeit haben, selbst die Hauptversammlung einzuberufen.

Art. 56 [Ergänzung der Tagesordnung]

¹Die Ergänzung der Tagesordnung für eine Hauptversammlung durch einen oder mehrere Punkte kann von einem oder mehreren Aktionären beantragt werden, sofern sein/ihr Anteil am gezeichneten Kapital mindestens 10 % beträgt. ²Die Verfahren und Fristen für diesen Antrag werden nach dem einzelstaatlichen Recht des Sitzstaats der SE oder, sofern solche Vorschriften nicht vorhanden sind, nach der Satzung der SE festgelegt. ³Die Satzung oder das Recht des Sitzstaats können unter denselben Voraussetzungen, wie sie für Aktiengesellschaften gelten, einen niedrigeren Prozentsatz vorsehen.

Auszug aus dem SEAG

§ 50 SEAG Einberufung und Ergänzung der Tagesordnung auf Verlangen einer Minderheit.
(1) Die Einberufung der Hauptversammlung und die Aufstellung ihrer Tagesordnung nach Artikel 55 der Verordnung kann von einem oder mehreren Aktionären beantragt werden, sofern sein oder ihr Anteil am Grundkapital mindestens 5 Prozent beträgt.

---

[12] Vgl. MüKoAktG/*Kubis* Art. 53 Rn. 6; *Brandt,* Die Hauptversammlung der Europäischen Aktiengesellschaft (SE), 2004, 177 f.; Lutter/Hommelhoff/Teichmann/*Spindler* Rn. 19; Habersack/Drinhausen/*Bücker* Rn. 25.
[13] Lutter/Hommelhoff/Teichmann/*Spindler* Rn. 10; näher MüKoAktG/*Wackerbarth* WpÜG § 16 Rn. 46 ff.
[14] Anders MüKoAktG/*Kubis* Art. 53 Rn. 7; Lutter/Hommelhoff/Teichmann/*Spindler* Rn. 10, die auf Art. 10 abstellen, zum Verständnis dieser Norm aber → Art. 10 Rn. 1 f.
[15] Lutter/Hommelhoff/Teichmann/*Spindler* Rn. 23; Lutter/Hommelhoff/Teichmann/*Teichmann* Anh. Art. 43 (§ 22 SEAG) Rn. 20; *Drinhausen* in Van Hulle/Maul/Drinhausen SE-HdB 5. Abschn. § 3 Rn. 37; Kölner Komm AktG/*Kiem* Rn. 28; Habersack/Drinhausen/*Bücker* Rn. 26; *Schwarz* Rn. 15; aA MüKoAktG/*Kubis* Rn. 6; *Brandt,* Die Hauptversammlung der Europäischen Aktiengesellschaft (SE), 2004, 183.
[16] → Rn. 1; iE auch *Schwarz* Rn. 12; Kölner Komm AktG/*Kiem* Rn. 21; Habersack/Drinhausen/*Bücker* Rn. 17; aA *Brandt,* Die Hauptversammlung der Europäischen Aktiengesellschaft (SE), 2004, 182; MüKoAktG/*Kubis* Rn. 6.
[17] Vgl. MüKoAktG/*Kubis* Art. 53 Rn. 8; Lutter/Hommelhoff/Teichmann/*Spindler* Rn. 25; *Schwarz* Rn. 22; *Brandt,* Die Hauptversammlung der Europäischen Aktiengesellschaft (SE), 2004, 186.

(2) Die Ergänzung der Tagesordnung für eine Hauptversammlung durch einen oder mehrere Punkte kann von einem oder mehreren Aktionären beantragt werden, sofern sein oder ihr Anteil 5 Prozent des Grundkapitals oder den anteiligen Betrag von 500 000 Euro erreicht.

Schrifttum: Vgl. die Angaben bei → Art. 52.

Übersicht

	Rn.		Rn.
I. Regelungsgehalt, Normzweck	1	III. Staatliches Einberufungsverfahren (Abs. 3)	7–10
II. Einberufungsantrag der Minderheit (Abs. 1, 2)	2–6	1. Einberufungsalternativen	7
1. Antragsberechtigung	2, 3	2. Voraussetzungen	8
2. Antrag	4, 5	3. Verfahren und Entscheidung	9, 10
3. Einberufungspflicht des Geschäftsführungsorgans	6	IV. Ergänzungsantrag (Art. 56)	11, 12

I. Regelungsgehalt, Normzweck

1   Die Art. 55, 56 ermöglichen einer Aktionärsminderheit, die Hauptversammlung einzuberufen bzw. die Tagesordnung einer bereits einberufenen Hauptversammlung zu ergänzen. Die Vorschriften tragen dem Umstand Rechnung, dass die Einflussmöglichkeiten der Aktionäre in der SE wie in der deutschen AG auf die Hauptversammlung konzentriert sind. Deswegen ist es für den **Minderheitenschutz** unverzichtbar, den Aktionären ein Instrumentarium an die Hand zu geben, um das Geschäftsführungsorgan zur Einberufung einer außerordentlichen Hauptversammlung mit selbstgewählter Tagesordnung zu verpflichten (Art. 55 Abs. 1, 2), diese Verpflichtung mit staatlicher Hilfe durchzusetzen (Art. 55 Abs. 3) sowie die Ergänzung der Tagesordnung für eine anderweitig einberufene Hauptversammlung zu erreichen (Art. 56). In § 50 SEAG hat der deutsche Gesetzgeber von Regelungsermächtigungen Gebrauch gemacht, um die Voraussetzungen soweit möglich mit § 122 AktG zu harmonisieren.

II. Einberufungsantrag der Minderheit (Abs. 1, 2)

2   **1. Antragsberechtigung.** Nach Art. 55 Abs. 1 kann der Einberufungsantrag von einem oder mehreren Aktionären gestellt werden. Für die **Aktionärseigenschaft** ist die mitgliedschaftliche Rechtsstellung maßgeblich, die weder bei Belastung mit einem Pfandrecht noch bei treuhänderischer Haltung für einen Dritten fehlt.[1] Stimmrechtslose Aktien sind ebenfalls ausreichend,[2] da Art. 55 nicht auf die Teilnahme an der Abstimmung beschränkt ist und deswegen kein Stimmrecht des Antragstellers voraussetzt.

3   Wie bei der AG steht das Einberufungsrecht nicht jedem einzelnen Aktionär zu. Vielmehr statuiert Art. 55 ein **Quorum** von 10 % am gezeichneten Kapital. Der deutsche Gesetzgeber hat von der Regelungsermächtigung in Art. 55 Abs. 1, 2. HS Gebrauch gemacht und in § 50 Abs. 1 SEAG den Schwellenwert für die SE mit Sitz in Deutschland an § 122 Abs. 1 AktG angepasst. Ausreichend ist deswegen ein **Anteil von 5 Prozent am Grundkapital.** Maßgebliche Bezugsgröße ist der Betrag des Grundkapitals der SE laut Handelsregister zum Zeitpunkt der Antragstellung.[3] Diese Vorgabe in Art. 55 Abs. 1 ist als abschließend anzusehen. Deswegen muss das Quorum nur zum **Zeitpunkt der Antragstellung,** dh bei Zugang des Antrags bei der Gesellschaft, erfüllt sein. Weder verlangt die Verordnung eine Vorbesitzzeit (§ 122 Abs. 1 S. 3 AktG findet auch nach seiner Neufassung duch die Aktienrechtsnovelle 2016 mangels Regelungslücke keine Anwendung),[4] noch lässt sich aus der Verordnung ableiten, dass das Quorum über den Zeitpunkt der Antragstellung hinaus bestehen muss (letzteres str.).[5] Nach Art. 55 Abs. 1 Hs. 2 iVm

---

[1] Lutter/Hommelhoff/Teichmann/*Spindler* Art. 55 Rn. 4; vgl. Großkomm AktG/*Werner* AktG § 122 Rn. 8.
[2] MüKoAktG/*Kubis* Rn. 4; Lutter/Hommelhoff/Teichmann/*Spindler* Art. 55 Rn. 4; *Schwarz* Art. 55 Rn. 7; ebenso für die AG Großkomm AktG/*Werner* AktG § 122 Rn. 5 mwN.
[3] MüKoAktG/*Kubis* Rn. 5. Die Verwendung des Begriffs „Grundkapital" in § 50 Abs. 1 SEAG anstatt „gezeichnetes Kapital" wie in Art. 55 Abs. 1 dient der Einheitlichkeit des Sprachgebrauchs im deutschen Recht und bedeutet nach dem Willen des Gesetzgebers keine inhaltliche Abweichung, vgl. BegrRegE BT-Drs. 15/3405, 40.
[4] Vgl. MüKoAktG/*Kubis* Rn. 6; *Schwarz* Art. 55 Rn. 8; Lutter/Hommelhoff/Teichmann/*Spindler* Art. 55 Rn. 8; Habersack/Drinhausen/*Bücker* Art. 55 Rn. 11.
[5] Ebenso MüKoAktG/*Kubis* Rn. 6; Lutter/Hommelhoff/*Spindler* Art. 55 Rn. 9; aA Kölner Komm AktG/*Kiem* Art. 55 Rn. 8; Habersack/Drinhausen/*Bücker* Art. 55 Rn. 12; vgl. zu § 122 AktG Hüffer/Koch/*Koch* AktG § 122 Rn. 3a.

Ergänzung der Tagesordnung   4–6 Art. 55, 56 SE-VO

§ 122 Abs. 1 S. 2 AktG kann die Satzung einen abweichenden Schwellenwert festsetzen, der jedoch 5 Prozent nicht überschreiten darf (str.).[6]

2. Antrag. Richtiger **Adressat** des Antrags ist das Leitungsorgan bzw. der Verwaltungsrat der SE.[7] Dies ergibt sich zwar nicht aus dem Wortlaut, folgt aber daraus, dass nur das Geschäftsführungsorgan mit einer Einberufungspflicht zu belasten ist.[8] Den anderen einberufungsberechtigten Organen bleibt es jedoch unbenommen, einen fälschlich an sie gerichteten Einberufungsantrag zum Anlass für eine Einberufung nach Art. 54 Abs. 2 zu nehmen. Auch in diesem Fall ist der Anspruch der Minderheit erfüllt.[9] Die Anforderungen an den **Inhalt** des Antrags sind in Art. 55 gegenüber dem deutschen Recht reduziert. Nach Abs. 2 ist die Bezeichnung der Punkte für die Tagesordnung nötig, aber auch ausreichend. Es bedarf damit weder einer Begründung für das Einberufungsverlangen noch der Formulierung konkreter Beschlussanträge für die einzelnen Tagesordnungspunkte (str.).[10] Für die deutsche SE ergeben sich jedoch weitere Anforderungen aus dem Verweis in Art. 53 auf § 124 AktG. Die Angaben der Minderheitsaktionäre müssen es dem einberufenden Organ ermöglichen, die Tagesordnung mit der nach § 124 AktG nötigen Konkretisierung anzukündigen;[11] insbesondere ist im Falle einer Satzungsänderung der vorgeschlagene Wortlaut zu benennen.[12] Das Antragsrecht der Minderheit ist auf Gegenstände beschränkt, für die die Hauptversammlung zuständig ist und über die eine rechtmäßige Beschlussfassung möglich ist. Bezüglich der **Form** des Antrags enthält die Verordnung eine Regelungslücke.[13] Aus der Verweisung in Art. 53 auf § 122 Abs. 1 AktG folgt, dass der Antrag der Schriftform (§§ 126, 126a BGB) bedarf, die Satzung aber entsprechend § 122 Abs. 1 S. 2 Alt. 1 AktG Formerleichterungen vorsehen kann.[14]

Auch für die SE gilt, dass **rechtsmissbräuchliche Einberufungsanträge** unbegründet sind.[15] Zwar ergibt sich diese Schranke nicht aus dem Wortlaut der Verordnung; die Lücke ist jedoch mit dem auch im Gemeinschaftsrecht anerkannten Verbot des Rechtsmissbrauchs zu schließen.[16] Allerdings ist hierbei Zurückhaltung geboten, um den von der Regelung bezweckten Minderheitenschutz nicht zu gefährden. Deswegen sind insbesondere auch Einberufungsanträge zu Beschlussgegenständen zulässig, die keine Aussicht auf Erfolg haben.[17]

3. Einberufungspflicht des Geschäftsführungsorgans. Liegt ein Einberufungsantrag vor, so hat das Geschäftsführungsorgan (→ Rn. 4) zunächst die **Pflicht zur Prüfung,** ob die formellen und materiellen Voraussetzungen (→ Rn. 2 ff.) erfüllt sind, und – soweit keine Gründe entgegenstehen – die Pflicht zur **Einberufung** der Hauptversammlung.[18] Andernfalls droht eine Haftung nach

---

[6] Wie hier Kölner Komm AktG/*Kiem* Art. 55 Rn. 5; Habersack/Drinhausen/*Bücker* Art. 55 Rn. 8; aA *Schwarz* Art. 55 Rn. 17; MüKoAktG/*Kubis* Rn. 3, 5; Lutter/Hommelhoff/Teichmann/*Spindler* Art. 55 Rn. 7, wonach die satzungsmäßige Grenze bis zu 10 % betragen darf; allerdings soll der Regelungsfreiraum ausweislich Art. 55 Abs. 1 Hs. 2 nicht weiter reichen als im nationalen Recht, so dass die Satzung einer in Deutschland domizilierenden SE die 5 %-Grenze in § 122 Abs. 1 S. 1 AktG nicht überschreiten darf.
[7] Ein Antrag an die geschäftsführenden Direktoren in der monistischen SE reicht nicht aus, weil ihnen das SEAG keine Einberufungsberechtigung verliehen hat (→ Art. 54 Rn. 3).
[8] MüKoAktG/*Kubis* Rn. 7; Lutter/Hommelhoff/Teichmann/*Spindler* Art. 55 (§ 50 SEAG) Rn. 10; Habersack/Drinhausen/*Bücker* Art. 55 Rn. 14; iE auch Kölner Komm AktG/*Kiem* Art. 55 Rn. 10 ff.; aA (jedes in Art. 54 Abs. 2 genannte Organ) Brandt, Die Hauptversammlung der Europäischen Aktiengesellschaft (SE), 2004, 190 f.; *Schwarz* Art. 55 Rn. 6.
[9] *Brandt,* Die Hauptversammlung der Europäischen Aktiengesellschaft (SE), 2004, 197; MüKoAktG/*Kubis* Rn. 12.
[10] Habersack/Drinhausen/*Bücker* Art. 55 Rn. 16; Kölner Komm AktG/*Kiem* Art. 55 Rn. 13, 18; aA jeweils *Brandt,* Die Hauptversammlung der Europäischen Aktiengesellschaft (SE), 2004, 191; MüKoAktG/*Kubis* Rn. 8; differenzierend Lutter/Hommelhoff/Teichmann/*Spindler* Art. 55 (§ 50 SEAG) Rn. 11 f.: konkreter Beschlussantrag entbehrlich, Begründung gem. § 122 Abs. 1 S. 1 AktG aber auch bei der SE erforderlich.
[11] Lutter/Hommelhoff/Teichmann/*Spindler* Art. 55 (§ 50 SEAG) Rn. 11; Habersack/Drinhausen/*Bücker* Art. 55 Rn. 15.
[12] Vgl. § 124 Abs. 2 AktG; zu den Anforderungen im Einzelnen → AktG § 124 Rn. 9 ff.
[13] MüKoAktG/*Kubis* Rn. 9; Lutter/Hommelhoff/Teichmann/*Spindler* Art. 55 (§ 50 SEAG) Rn. 13; Kölner Komm AktG/*Kiem* Art. 55 Rn. 15; *Schwarz* Art. 55 Rn. 9; *Brandt,* Die Hauptversammlung der Europäischen Aktiengesellschaft (SE), 2004, 191.
[14] Habersack/Drinhausen/*Bücker* Art. 55 Rn. 18; Kölner Komm AktG/*Kiem* Art. 55 Rn. 15; zur AG → § 122 Rn. 33 AktG.
[15] Kölner Komm AktG/*Kiem* Art. 55 Rn. 23; MüKoAktG/*Kubis* Rn. 10; Lutter/Hommelhoff/*Spindler* Art. 55 Rn. 14; *Schwarz* Art. 55 Rn. 13; vgl. zur Kasuistik im deutschen Recht Hüffer/Koch/*Koch* AktG § 122 Rn. 6; MHdB AG/*Semler* AG § 35 Rn. 17 jeweils mwN.
[16] Vgl. *Fleischer* JZ 2003, 865 (867 f.).
[17] MüKoAktG/*Kubis* § 122 Rn. 26.
[18] Lutter/Hommelhoff/Teichmann/*Spindler* Art. 55 (§ 50 SEAG) Rn. 15.

Art. 51.[19] Für das **Verfahren** der Einberufung verweist Art. 54 Abs. 2 für die SE mit Sitz in Deutschland auf die §§ 121 ff. AktG. Nach den nationalen aktienrechtlichen Regelungen richtet sich insbesondere auch die Beschlussfassung im Einberufungsorgan (→ Art. 54 Abs. 2).[20]

III. Staatliches Einberufungsverfahren (Abs. 3)

7   1. **Einberufungsalternativen.** Für den Fall, dass das Geschäftsführungsorgan seiner Einberufungspflicht nach Art. 55 Abs. 1 nicht nachkommt, unterscheidet Art. 55 Abs. 3 drei verschiedene Einberufungsalternativen: **Unmittelbare Anordnung** der Einberufung durch das zuständige Gericht bzw. die zuständige Verwaltungsbehörde (S. 1 Alt. 1), **Ermächtigung der Aktionärsminderheit** oder deren Vertreter zur Einberufung (S. 1 Alt. 2) sowie ein **Selbsteinberufungsrecht** der Aktionäre (S. 2). Letzteres kann nur zum Zug kommen, wenn es auf mitgliedstaatlicher Ebene vorgesehen ist, so dass dieser Weg mangels entsprechender Regelung in Deutschland ausscheidet.[21] Für die in Deutschland domizilierende SE verbleiben die unmittelbare Anordnung der Einberufung durch das zuständige Gericht sowie die Ermächtigung der Aktionärsminderheit, die nach dem Wortlaut von Art. 55 Abs. 3 S. 1 als gleichrangige Alternativen aufzufassen sind. Ausweislich der Regierungsbegründung zum SEAG scheint der deutsche Gesetzgeber davon auszugehen, dass für die SE mit Sitz in Deutschland nur die im deutschen Recht aus § 122 Abs. 3 AktG bekannte gerichtliche Ermächtigung einer Aktionärsminderheit (S. 1 Alt. 2) vorzusehen ist.[22] Dem ist entgegenzuhalten, dass nach dem Wortlaut von Art. 55 Abs. 3 S. 1 dem nach Art. 68 Abs. 2 zuständigen Gericht europarechtlich auch die Kompetenz zugewiesen ist, die Einberufung unmittelbar anzuordnen.[23] Darauf, dass § 122 Abs. 3 AktG dies nicht vorsieht, kommt es nicht an.

8   2. **Voraussetzungen.** Das staatliche Einberufungsverfahren setzt zunächst einen ordnungsgemäßen **Einberufungsantrag** gem. Art. 55 Abs. 1 voraus, der den formellen und materiellen Anforderungen genügt (→ Rn. 2 ff.), insbesondere die erwünschten Tagesordnungspunkte enthält (Art. 55 Abs. 2). Aus Art. 55 Abs. 3 lässt sich nicht ableiten, dass das Quorum von 5 Prozent (Art. 55 Abs. 1 iVm § 50 Abs. 1 SEAG) über den Zeitpunkt des Einberufungsantrags hinaus noch zu Beginn des staatlichen Verfahrens bestehen muss (str.).[24] Sodann besteht eine Entscheidungsfrist des Geschäftsführungsorgans. Die staatliche Stelle kann das Verfahren in Gang setzen, wenn das Leitungs- bzw. Verwaltungsorgan die Einberufung ablehnt oder sonst absehbar ist, dass es vor Ablauf der Zwei-Monats-Frist nicht mehr zur Durchführung der HV kommen wird.[25]

9   3. **Verfahren und Entscheidung.** Die **Zuständigkeit** für Maßnahmen nach Art. 55 Abs. 3 S. 1 richtet sich nach § 4 S. 2 SEAG iVm § 375 Nr. 4, §§ 376 und 377 FamFG (früher § 145 Abs. 1 FGG). Den **Verfahrensgrundsatz** schreibt Art. 55 Abs. 3 nicht vor, so dass es für das deutsche Recht nach § 26 FamFG beim Amtsermittlungsgrundsatz verbleibt. Zur Einleitung des Verfahrens ist ein **Antrag** genau derjenigen Aktionärsminderheit nötig, die bereits bei der Gesellschaft den Antrag nach Art. 55 Abs. 1 gestellt hatte.[26] Dieses Antragsrecht ist zwar nicht fristgebunden; wie bei § 122 Abs. 3 AktG ist jedoch davon auszugehen, dass der Antrag nach einer angemessenen Frist wegen Verwirkung unzulässig wird.[27] Unschädlich ist dagegen, wenn das Quorum zu dem Zeitpunkt, in dem das staatliche Einberufungsverfahren beantragt wird, nicht mehr fortbesteht (→ Rn. 8). Für die Kosten der außerordentlichen Hauptversammlung und die Verfahrenskosten gilt über Art. 9 Abs. 1 lit. c ii die Vorschrift des § 122 Abs. 4 AktG.[28]

---

[19] Dazu *Brandt*, Die Hauptversammlung der Europäischen Aktiengesellschaft (SE), 2004, 197.
[20] → Art. 54 Rn. 5 mwN; wie hier Kölner Komm AktG/*Kiem* Art. 55 Rn. 31; aA (Art. 50) *Brandt*, Die Hauptversammlung der Europäischen Aktiengesellschaft (SE), 2004, 196; Lutter/Hommelhoff/Teichmann/*Spindler* Art. 55 (§ 50 SEAG) Rn. 16; vgl. aber auch Lutter/Hommelhoff/Teichmann/*Spindler* Art. 54 Rn. 23.
[21] Lutter/Hommelhoff/Teichmann/*Spindler* Art. 55 (§ 50 SEAG) Rn. 30; Habersack/Drinhausen/*Bücker* Art. 55 Rn. 26.
[22] Vgl. BegrRegE BT-Drs. 15/3405, 31.
[23] Lutter/Hommelhoff/Teichmann/*Spindler* Art. 55 (§ 50 SEAG) Rn. 18; MüKoAktG/*Kubis* Rn. 13 im Anschluss an *Brandt*, Die Hauptversammlung der Europäischen Aktiengesellschaft (SE), 2004 201 f.
[24] Ebenso MüKoAktG/*Kubis* Rn. 14; Lutter/Hommelhoff/Teichmann/*Spindler* Art. 55 (§ 50 SEAG) Rn. 24; aA *Schwarz* Art. 55 Rn. 25; Kölner Komm AktG/*Kiem* Art. 55 Rn. 37, 38; Habersack/Drinhausen/*Bücker* Art. 55 Rn. 12, 34.
[25] Vgl. MüKoAktG/*Kubis* Rn. 14.
[26] Überzeugend MüKoAktG/*Kubis* Rn. 15; Lutter/Hommelhoff/Teichmann/*Spindler* Art. 55 (§ 50 SEAG) Rn. 22.
[27] MüKoAktG/*Kubis* Rn. 15; Kölner Komm AktG/*Kiem* Art. 55 Rn. 36; ähnlich *Brandt*, Die Hauptversammlung der Europäischen Aktiengesellschaft (SE), 2004, 204 („nicht länger als drei Monate"); zum AktG → AktG § 122 Rn. 53; MüKoAktG/*Kubis* § 122 Rn. 49.
[28] Näher Kölner Komm AktG/*Kiem* Art. 55 Rn. 52 f.

Liegen die Voraussetzungen vor, muss das Gericht für die Einberufung sorgen. Die Formulierung **10** „kann" deutet auf die entsprechende Kompetenz hin, will aber kein Ermessen einräumen.[29] Dagegen kann das Gericht zwischen den beiden Einberufungsalternativen wählen (→ Rn. 7). Bei der **Anordnung** (Abs. 3 S. 1 Alt. 1) handelt es sich nicht um die Einberufung durch das Gericht selbst, sondern um eine Verpflichtung des Geschäftsführungsorgans zur Einberufung, die der Pflicht aus Art. 55 Abs. 1 entspricht. Zur Durchsetzung gilt bei der SE mit Sitz in Deutschland § 888 ZPO analog.[30] Abs. 3 S. 1 Alt. 2 erlaubt, die Aktionärsminderheit oder deren Vertreter zu **ermächtigen,** die Hauptversammlung **im eigenen Namen** einzuberufen, und entspricht damit § 122 Abs. 3 S. 1 AktG. Für die Modalitäten der Einberufung gilt der Verweis in Art. 54 Abs. 2 auf die §§ 121 ff. AktG.[31]

IV. Ergänzungsantrag (Art. 56)

Für den **Antrag,** die Tagesordnung einer bereits einberufenen Hauptversammlung durch einen **11** oder mehrere Punkte zu ergänzen, verlangt Art. 56 S. 1 einen Anteil von 10 Prozent am gezeichneten Kapital. Wie bei Art. 55 Abs. 1 hat der deutsche Gesetzgeber auch hier von der Regelungsermächtigung Gebrauch gemacht und den Schwellenwert mit der Regelung in § 122 Abs. 2 AktG harmonisiert. Nach § 50 Abs. 2 SEAG ist ein Anteil von 5 Prozent am Grundkapital[32] oder der anteilige Betrag von 500 000 Euro erforderlich. Diese Ausgestaltung ist von der Vorgabe der Verordnung gedeckt, auch wenn Art. 56 S. 3 nur von einem niedrigeren Prozentsatz, nicht aber einem starren Schwellenwert spricht.[33] Wie bei Art. 55 Abs. 1 kann die Satzung einen niedrigeren Schwellenwert festsetzen, der in der deutschen SE unter 5 Prozent liegen muss.[34] Das Quorum muss nur zum Zeitpunkt der Antragstellung bestehen.[35] **Inhalt** des Antrags können nicht bloße Beschlussanträge sein; vielmehr müssen neue Tagesordnungspunkte vorgeschlagen werden, die auf eine Beschlussfassung abzielen. Für reine Diskussions- oder Informationspunkte ist das Verfahren nach Art. 56 demgegenüber nicht vorgesehen.[36] Der Erörterung bedarf insbesondere die Frage, zu welchem **Zeitpunkt** ein solcher Antrag möglich ist. Auch wenn die Vorschrift zunächst den Fall im Blick hat, dass die Hauptversammlung bereits einberufen ist, spricht nichts gegen die Zulässigkeit eines Ergänzungsantrages vor der Einberufung, der dann für die Tagesordnung der nächsten Hauptversammlung gilt.[37] Vor dem ARUG musste der Antrag so bald nach der Einberufung gestellt werden, dass es dem Geschäftsführungsorgan noch möglich war, die ergänzte Tagesordnung gem. § 124 Abs. 1 S. 2 AktG aF binnen zehn Tagen nach der Einberufung ordnungsgemäß bekannt zu machen, um eine Anfechtbarkeit der Beschlüsse zu vermeiden.[38] Diese Regelung wurde jedoch durch das ARUG gestrichen. Nach der aktuellen Fassung des § 124 Abs. 1 S. 1 AktG genügt es, die Ergänzungen der Tagesordnung unverzüglich nach Zugang des Verlangens bekannt zu machen.[39] Für das **Verfahren** und die **Fristen** – gemeint ist nicht der Antrag, sondern dessen Weiterbehandlung[40] – enthält Art. 56 S. 2 eine Spezialverweisung auf das Recht am Sitz der SE und, sofern solche Vorschriften fehlen, die Satzung der SE.

---

[29] *Schwarz* Art. 55 Rn. 31; Lutter/Hommelhoff/Teichmann/*Spindler* Art. 55 (§ 50 SEAG) Rn. 20; vgl. für § 122 Abs. 3 AktG OLG Köln WM 1959, 1402 ff. sowie die Erläuterungen bei → AktG § 122 Rn. 54.

[30] So MüKoAktG/*Kubis* Rn. 16; näher Kölner Komm AktG/*Kiem* Art. 55 Rn. 46.

[31] MüKoAktG/*Kubis* Rn. 17; Lutter/Hommelhoff/Teichmann/*Spindler* Art. 55 (§ 50 SEAG) Rn. 29.

[32] Zur Terminologie des SEAG: Die Verwendung des Begriffs „Grundkapital" in § 50 Abs. 1 SEAG anstatt „gezeichnetes Kapital" wie in Art. 55 Abs. 1 dient der Einheitlichkeit des Sprachgebrauchs im deutschen Recht und bedeutet nach dem Willen des Gesetzgebers keine inhaltliche Abweichung, vgl. BegrRegE BT-Drs. 15/3405, 40.

[33] Ebenso die DAV-Stellungnahme zum SEAG-DiskE NZG 2004, 75 (85); MüKoAktG/*Kubis* Rn. 19; Habersack/Drinhausen/*Bücker* Art. 56 Rn. 9; aA *Schwarz* Art. 56 Rn. 9; Lutter/Hommelhoff/Teichmann/*Spindler* Art. 56 (§ 50 SEAG) Rn. 9.

[34] → Rn. 3; Kölner Komm AktG/*Kiem* Art. 56 Rn. 9; aA wiederum *Schwarz* Art. 56 Rn. 6; Lutter/Hommelhoff/Teichmann/*Spindler* Art. 56 (§ 50 SEAG) Rn. 6.

[35] MüKoAktG/*Kubis* Rn. 19; ebenso die hM zu § 122 Abs. 2 AktG, vgl. die Nachw. bei MüKoAktG/*Kubis* § 122 Rn. 7, 29.

[36] MüKoAktG/*Kubis* Rn. 20; Lutter/Hommelhoff/Teichmann/*Spindler* Art. 56 (§ 50 SEAG) Rn. 12; Kölner Komm AktG/*Kiem* Art. 56 Rn. 18; *Brandt*, Die Hauptversammlung der Europäischen Aktiengesellschaft (SE), 2004, 213.

[37] *Brandt*, Die Hauptversammlung der Europäischen Aktiengesellschaft (SE), 2004, 215; MüKoAktG/*Kubis* Rn. 19; *Schwarz* Art. 56 Rn. 16; Lutter/Hommelhoff/Teichmann/*Spindler* Art. 56 (§ 50 SEAG) Rn. 16; Kölner Komm AktG/*Kiem* Art. 56 Rn. 15; ebenso die hM zum deutschen Recht, vgl. KG NZG 2003, 441 (442) sowie die Nachw bei MüKoAktG/*Kubis* § 122 Rn. 30.

[38] Zur früheren Rechtslage: 1. Aufl. 2007 Rn. 11.

[39] Kölner Komm AktG/*Kiem* Art. 56 Rn. 16.

[40] So jedenfalls MüKoAktG/*Kubis* Rn. 22.

12 Anders als in Art. 55 sieht die Verordnung für den Ergänzungsantrag kein **Durchsetzungsverfahren** vor. Um dieses Minderheitsrecht nicht zu einem stumpfen Schwert werden zu lassen, ist die Ausfüllung dieser Lücke nötig. Hierfür ist eine Analogie auf Verordnungsebene zu Art. 55 Abs. 3 einer Anwendung von § 122 Abs. 3 AktG vorzuziehen.[41] Damit gelten die Ausführungen zum staatlichen Einberufungsverfahren (→ Rn. 7 ff.) für den Ergänzungsantrag entsprechend. Aufgrund des erhöhten Zeitdrucks kann die Zwei-Monats-Frist des Art. 55 Abs. 3 S. 1 allerdings keine starre Anwendung finden. Vielmehr ist bei der Fristbestimmung zu beachten, dass eine rechtzeitige Bekanntmachung für die nächstfolgende Hauptversammlung nach § 124 Abs. 1 S. 2 AktG möglich sein muss.

Art. 57 [Stimmenmehrheit]

> Die Beschlüsse der Hauptversammlung werden mit der Mehrheit der abgegebenen gültigen Stimmen gefasst, sofern diese Verordnung oder gegebenenfalls das im Sitzstaat der SE für Aktiengesellschaften maßgebliche Recht nicht eine größere Mehrheit vorschreibt.

Art. 58 [Auszählung der Stimmen]

> Zu den abgegebenen Stimmen zählen nicht die Stimmen, die mit Aktien verbunden sind, deren Inhaber nicht an der Abstimmung teilgenommen oder sich der Stimme enthalten oder einen leeren oder ungültigen Stimmzettel abgegeben haben.

Schrifttum: Vgl. die Angaben bei Art. 52.

I. Beschlussfassung in der SE-Hauptversammlung

1 Die Beschlussfassung in der Hauptversammlung richtet sich aufgrund der partiellen Generalverweisung in Art. 53 nach den Vorschriften des Sitzstaatsrechts, soweit die Art. 57 bis 60 keine Regelungen treffen. Diese bewusste **Zurückhaltung des Verordnungsgebers** führt zu einem weitgehenden Gleichlauf mit dem deutschen Aktienrecht. Im Interesse der Rechtssicherheit greifen die Art. 57 und 58 zwei **Einzelfragen der Abstimmung** heraus und führen sie einer ausdrücklichen und gemeinschaftseinheitlichen Klärung zu. Im Folgenden sollen gesammelt die Fragen erörtert werden, die sich im Zusammenhang mit der Beschlussfassung stellen.

II. Beschlussfähigkeit; Abstimmungsmodus

2 Die Verordnung enthält wie auch das AktG keine Regelung zur **Beschlussfähigkeit** der Hauptversammlung. Art. 50 Abs. 1 lit. a, der der Beschlussfähigkeit der übrigen Organe gewidmet ist, findet wegen seiner systematischen Stellung auf die Beschlussfassung der Hauptversammlung keine Anwendung.[1] Allerdings eröffnet § 133 Abs. 1 AktG die Möglichkeit, eine Mindestpräsenz als weiteres Erfordernis in der Satzung zu verankern;[2] zahlreiche andere Mitgliedstaaten sehen zwingende Anwesenheitsquoren vor.[3] Art. 57 stellt hier keine abschließende Regelung dar, vielmehr richtet sich die Beschlussfähigkeit nach den insoweit zur Anwendung berufenen nationalen Vorschriften.[4]

---

[41] Überzeugend Lutter/Hommelhoff/Teichmann/*Spindler* Art. 56 (§ 50 SEAG) Rn. 21; Lutter/Hommelhoff/ *Spindler*, Die Europäische Gesellschaft, 2005, 223 (244); Habersack/Drinhausen/*Bücker* Art. 56 Rn. 22; *Schwarz* Art. 56 Rn. 20; vgl. näher *Brandt*, Die Hauptversammlung der Europäischen Aktiengesellschaft (SE), 2004, 219 f. (221) zu den Einzelheiten des Verfahrens.

[1] Habersack/Drinhausen/*Bücker* Art. 57 Rn. 4; NK-SE/*Manz* Art. 50 Rn. 2; *Brandt*, Die Hauptversammlung der Europäischen Aktiengesellschaft (SE), 2004, 230.

[2] Eine solche Satzungsklausel ist allerdings bei Publikumsgesellschaften unüblich, vgl. MüKoAktG/*Schröer* § 133 Rn. 17. Ein zwingendes Teilnahmequorum findet sich einzig in § 52 Abs. 5 S. 2 AktG, wonach bei Nachgründungsverträgen, die im ersten Jahr nach der Eintragung der Gesellschaft geschlossen werden, die zustimmende Mehrheit ein Viertel des gesamten satzungsmäßigen Grundkapitals repräsentieren muss, → AktG § 52 Rn. 72.

[3] Nachweise bei *Brandt*, Die Hauptversammlung der Europäischen Aktiengesellschaft (SE), 2004, 228 f.

[4] Ebenso im Erg. MüKoAktG/*Kubis* Rn. 1; Lutter/Hommelhoff/Teichmann/*Spindler* Art. 57 Rn. 6; *Spindler* in Lutter/Hommelhoff, Die Europäische Gesellschaft, 2005, 223 (245), der darauf verweist, dass aus der wechselvollen Entstehungsgeschichte der Vorschrift kein Wille zu einer abschließenden Klärung im Sinne einer Unzulässigkeit nationaler Regelungen zur Beschlussfähigkeit erkennbar wäre.

Somit gibt es für die deutsche SE aus Art. 9 Abs. 1 lit. c iii die Möglichkeit, eine Regelung über die Beschlussfähigkeit in der Satzung zu vereinbaren.[5]

Der **Abstimmungsmodus** ist weder in der Verordnung noch im deutschen AktG festgeschrieben. Nach § 134 Abs. 4 AktG richtet sich die Form der Stimmrechtsausübung (etwa Handaufheben, Stimmkarten) nach der Satzung, die die Festlegung auch dem Versammlungsleiter überlassen kann (für die Einzelheiten → AktG § 134 Rn. 80 ff.). Ebenso wenig ist für die SE das Verfahren der Stimmenzählung vorgeschrieben, so dass – bei Beachtung von Art. 58 (→ Rn. 6) – sowohl das Additions- als auch das Subtraktionsverfahren Anwendung finden kann.[6] Nach dem Aktienrecht der Mitgliedstaaten richtet sich mangels Regelung in der Verordnung auch die Behandlung von stimmrechtslosen Aktien, Höchststimmrechten und **Mehrstimmrechtsaktien**, so dass letztere bei der SE mit Sitz in Deutschland wegen § 12 Abs. 2 AktG ausscheiden, der der Neubegründung von Mehrstimmrechten entgegensteht (→ AktG § 12 Rn. 18 ff.). Stimmrechtslose Aktien können für die SE unter den Voraussetzungen der §§ 139 ff. AktG als **Vorzugsaktien** geschaffen werden. **Höchststimmrechte** sind nach § 134 Abs. 1 S. 2 bis 4 AktG nur bei der nichtbörsennotierten SE möglich. Aufgrund des engen Zusammenhangs des Stimmrechts mit der in der Aktie verkörperten Kapitalbeteiligung (*one share one vote* als Grundsatz des Aktienrechts) folgt die Anwendung des Sitzstaatsrechts in diesen drei Fällen aus Art. 5.[7] Für Stimmverbote gilt § 136 AktG.[8]

III. Stimmenmehrheit (Art. 57)

Nach dem Grundsatz in Art. 57 werden Beschlüsse mit der **einfachen Mehrheit** der abgegebenen gültigen Stimmen gefasst. Anderes gilt jedoch für Fälle, in denen die Verordnung oder das Mitgliedstaatsrecht größere Mehrheiten vorschreiben. Eine qualifizierte Mehrheit verlangt die Verordnung in Art. 59 für Satzungsänderungen,[9] für die grenzüberschreitende Sitzverlegung in Art. 8 Abs. 6 und für die Umwandlung in eine nationale AG in Art. 66 Abs. 6 iVm Art. 7 RL 78/855/EWG (jetzt Art. 93 GesR-RL[10]). Erörterungsbedürftig ist die Reichweite der Öffnungsklausel für die mitgliedstaatliche Ebene. Anwendung finden jedenfalls nationale Vorschriften, die für die einzelne Beschlussfassung zwingend größere Mehrheiten vorschreiben. Dagegen können mitgliedstaatliche **Satzungsermächtigungen** für die Erhöhung des Mehrheitserfordernisses keine Geltung haben. Ein Wortlautvergleich mit Art. 59 Abs. 1 aE zeigt, dass die Verordnung zwischen Sitzstaatsregelungen unterscheidet, die – wie Art. 57 – Abweichungen „vorschreiben", und Vorschriften, die Abweichungen „zulassen" und damit auch Satzungsermächtigungen erfassen.[11] Auch nationale Regelungen, die wie § 133 Abs. 2 AktG eine **Absenkung des Mehrheitserfordernisses** zulassen, finden wegen des eindeutigen Wortlauts von Art. 57 auf die SE keine Anwendung.[12]

Der Verordnung lässt sich nicht eindeutig entnehmen, ob neben der Stimmenmehrheit **weitere Beschlusserfordernisse** vom Sitzstaatsrecht oder von der Satzung aufgestellt werden können, wie dies in Deutschland § 133 Abs. 1 AktG vorsieht. Betroffen sind insbesondere Vorschriften des AktG, die zusätzlich ein Kapitalmehrheit von drei Vierteln verlangen (→ AktG § 179 Rn. 115 f.). Relevant wird dieses zusätzliche Erfordernis, wenn das Stimmrecht nicht der Kapitalbeteiligung entspricht, wie bei Höchststimmrechten und teileingezahlten Aktien.[13] Art. 57 lässt sich einerseits entnehmen, dass es für die Beschlussfassung grundsätzlich nur auf die Stimmen, nicht aber auf zusätzliche mitgliedstaatlich begründete Kriterien ankommen soll. Andererseits öffnet sich die Verordnung solchen Sitzstaatsregelungen, die bestimmte Beschlüsse an qualifizierte Anforderungen knüpfen wollen.

---

[5] Vgl. zu Zulässigkeit und Zweckmäßigkeit MüKoAktG/*Schröer* § 133 Rn. 16 f.; anders *Brandt*, Die Hauptversammlung der Europäischen Aktiengesellschaft (SE), 2004, 234, der nur zwingende nationale Regelungen der Beschlussfähigkeit auf die SE anwenden will, so dass in Deutschland eine satzungsmäßige Vereinbarung ausscheidet, aber § 52 Abs. 5 S. 2 AktG Anwendung findet; dem folgend *Schwarz* Art. 57 Rn. 19.

[6] *Schwarz* Art. 58 Rn. 6; Lutter/Hommelhoff/Teichmann/*Spindler* Art. 57 Rn. 15; Habersack/Drinhausen/*Bücker* Art. 57 Rn. 13; zur Einschränkung wg. Art. 58 Kölner Komm AktG/*Kiem* Art. 57 Rn. 20, Art. 58 Rn. 7; Erläuterung zur Vorgehensweise bei MüKoAktG/*Schröer* § 133 Rn. 24 ff.

[7] Im Erg. ebenso *Brandt*, Die Hauptversammlung der Europäischen Aktiengesellschaft (SE), 2004, 236 f.; *Schwarz* Art. 57 Rn. 5.

[8] Habersack/Drinhausen/*Bücker* Art. 57 Rn. 7; *Brandt*, Die Hauptversammlung der Europäischen Aktiengesellschaft (SE), 2004, 239.

[9] → Art. 59 insbes. zur Reichweite der Vorschrift.

[10] S. Hinweis in Art. 17 Fn. 2.

[11] So die Argumentation bei *Brandt*, Die Hauptversammlung der Europäischen Aktiengesellschaft (SE), 2004, 241; zust. *Schwarz* Art. 57 Rn. 11; Lutter/Hommelhoff/Teichmann/*Spindler* Art. 57 Rn. 14; *Spindler* in Lutter/Hommelhoff, Die Europäische Gesellschaft, 2005, 223 (246); ähnlich Kölner Komm AktG/*Kiem* Art. 57 Rn. 40; aA wohl Kalss/Hügel/*Zollner* SEG § 62 Rn. 29.

[12] Habersack/Drinhausen/*Bücker* Art. 57 Rn. 16; dagegen zur AG → AktG § 133 Rn. 55.

[13] Vgl. Hüffer/Koch/*Koch* AktG § 179 Rn. 14.

Daraus wurde überzeugend abgeleitet, dass das aktienrechtliche Erfordernis einer zusätzlichen Mehrheit von drei Vierteln des vertretenen Grundkapitals auf die SE dergestalt Anwendung findet, dass diese Beschlüsse einer **Stimmenmehrheit von drei Vierteln** bedürfen, die Anknüpfung an eine Kapitalmehrheit aber nicht zulässig ist.[14] Für die in Deutschland ansässige SE folgt hieraus, dass bei Strukturänderungsmaßnahmen anstelle der im AktG vorgegebenen Kapitalmehrheit auf eine entsprechende Stimmenmehrheit von drei Vierteln abzustellen ist. Dies sollte der europäische Gesetzgeber im Zuge einer Reform der SE-VO in Art. 57 und Art. 59 klarstellen.[15]

IV. Abgegebene Stimmen (Art. 58)

6   Art. 58 trifft eine gemeinschaftseinheitliche Regelung, welche **Stimmen** als **abgegeben** gelten und damit bei der Auszählung zu berücksichtigen sind. Entscheidend ist die Teilnahme an der Abstimmung, nicht die Anwesenheit auf der Hauptversammlung.[16] Stimmenthaltungen finden ebenso wie leere und ungültige Stimmzettel bei der Mehrheitsberechnung keine Berücksichtigung. Ein weitergehender Aussagegehalt ist Art. 58 nicht zu entnehmen. Nach einer ausdrücklichen Erklärung von Rat und Kommission trifft die Vorschrift insbesondere keine Entscheidung gegen bestimmte Abstimmungsverfahren, so dass sämtliche Abstimmungsmodi zulässig sind (→ Rn. 3).[17] Auch die Möglichkeit einer virtuellen Hauptversammlung und die Beteiligung nicht anwesender Aktionäre durch einen Stimmrechtsvertreter werden durch die Verordnung nicht präjudiziert, sondern richten sich nach dem deutschen AktG.[18]

V. Beschlussmängel

7   Die Verordnung enthält keine Regelungen über die Rechtsfolgen fehlerhafter Hauptversammlungsbeschlüsse. Über Art. 9 Abs. 1 lit. c ii kommt das Recht desjenigen Mitgliedstaats zur Anwendung, in dem die SE ihren Sitz hat. Somit gelten in Deutschland die §§ 241 ff. AktG mit ihrer zentralen Unterscheidung zwischen **Nichtigkeit** nach § 241 AktG und bloßer fristgebundener **Anfechtbarkeit** nach § 243 AktG.[19] Wie bei der deutschen AG muss die Anfechtungsklage von einer nach § 245 AktG anfechtungsbefugten Person innerhalb der Monatsfrist des § 246 Abs. 1 AktG erhoben sein. Die Hauptversammlung kann anfechtbare Beschlüsse nach § 244 AktG bestätigen; nichtige Beschlüsse unterliegen der Heilung nach § 242 AktG. Daneben ist die Kategorie der **(schwebend) unwirksamen Beschlüsse**[20] auch für die SE mit Sitz in Deutschland anzuerkennen. Die zur Nichtigkeit bzw. zur Anfechtbarkeit führenden Beschlussmängel sind allein nach nationalem Aktienrecht zu bestimmen (in Deutschland also nach §§ 241, 253, 256 AktG sowie § 192 Abs. 4 AktG, § 212 AktG einerseits und § 243 AktG andererseits).[21]

Art. 59 [Satzungsänderungen]

(1) Die Änderung der Satzung bedarf eines Beschlusses der Hauptversammlung, der mit der Mehrheit von nicht weniger als zwei Dritteln der abgegebenen Stimmen gefasst worden ist, sofern die Rechtsvorschriften für Aktiengesellschaften im Sitzstaat der SE keine größere Mehrheit vorsehen oder zulassen.

(2) Jeder Mitgliedstaat kann jedoch bestimmen, dass die einfache Mehrheit der Stimmen im Sinne von Absatz 1 ausreicht, sofern mindestens die Hälfte des gezeichneten Kapitals vertreten ist.

(3) Jede Änderung der Satzung wird gemäß Artikel 13 offen gelegt.

---

[14] Str., wie hier MüKoAktG/*Kubis* Rn. 7; *Schwarz* Art. 57 Rn. 10; *Brandt*, Die Hauptversammlung der Europäischen Aktiengesellschaft (SE), 2004, 250; Lutter/Hommelhoff/Teichmann/*Spindler* Art. 57 Rn. 13; aA Lutter/Hommelhoff/Teichmann/*Bayer* Art. 59 Rn. 16, der für Satzungsänderungsbeschlüsse neben der Stimmenmehrheit von zwei Dritteln iSd Art. 59 noch eine Kapitalmehrheit von drei Vierteln iSd § 179 Abs. 2 S. 1 AktG verlangt; für Anwendung der erhöhten aktienrechtlichen Kapitalmehrheitserfordernisse auf die SE auch Kölner Komm AktG/*Kiem* Art. 57 Rn. 36 ff.; Habersack/Drinhausen/*Bücker* Art. 57 Rn. 28.

[15] Vgl. den Vorschlag des *Arbeitskreises Aktien- und Kapitalmarktrecht*, ZIP 2009, 698 (699) Ziff. 8.

[16] *Schwarz* Art. 58 Rn. 4; *Brandt*, Die Hauptversammlung der Europäischen Aktiengesellschaft (SE), 2004, 235.

[17] Erklärungen für das Ratsprotokoll (zum geänderten Vorschlag v. 19.12.2000), Ratsdokument 14 717/00 ADD 1 v. 19.12.2001.

[18] Habersack/Drinhausen/*Bücker* Art. 58 Rn. 5; → AktG § 118 Rn. 35 ff.; → AktG § 134 Rn. 38 ff.

[19] *Göz* ZGR 2008, 593 (595); *Brandt*, Die Hauptversammlung der Europäischen Aktiengesellschaft (SE), 2004, 266; *Hirte* NZG 2002, 1 (8); MüKoAktG/*Kubis* Art. 53 Rn. 22; *Schwarz* Art. 57 Rn. 23; Lutter/Hommelhoff/Teichmann/*Spindler* Art. 53 Rn. 32; *Spindler* in Lutter/Hommelhoff, Die Europäische Gesellschaft, 2005, 223 (247 f.).

[20] → AktG Vor § 241 Rn. 12.

[21] Eingehend zur Anwendung des Beschlussmängelrechts auf die SE *Göz* ZGR 2008, 595 ff.

Auszug aus dem SEAG

§ 51 SEAG Satzungsänderungen.
¹Die Satzung kann bestimmen, dass für einen Beschluss der Hauptversammlung über die Änderung der Satzung die einfache Mehrheit der abgegebenen Stimmen ausreicht, sofern mindestens die Hälfte des Grundkapitals vertreten ist. ²Dies gilt nicht für die Änderung des Gegenstands des Unternehmens, für einen Beschluss gemäß Artikel 8 Abs. 6 der Verordnung sowie für Fälle, für die eine höhere Kapitalmehrheit gesetzlich zwingend vorgeschrieben ist.

Schrifttum: Vgl. außer den Angaben bei → Art. 52 noch *Gößl*, Die Satzung der Europäischen Aktiengesellschaft (SE) mit Sitz in Deutschland, 2010; *Hommelhoff,* Satzungsstrenge und Gestaltungsfreiheit in der Europäischen Aktiengesellschaft, FS Ulmer, 2003, 267.

I. Regelungsgehalt, Normzweck

Art. 59 weist der Hauptversammlung die alleinige Zuständigkeit für **Satzungsänderungen** zu und stellt für entsprechende Beschlüsse ein qualifiziertes Mehrheitserfordernis auf. Abs. 3 betrifft die Satzungspublizität. Im Übrigen richtet sich die Beschlussfassung nach den Art. 57, 58 bzw. dem deutschen Aktienrecht. Gleiches gilt für die Durchführung der Hauptversammlung, die über die Satzungsänderung beschließt. 1

Nach der Normenhierarchie in Art. 9 ergibt sich ein **Regelungsfreiraum für Satzungsgestaltungen** auf zwei Ebenen. (1) Ist eine Frage von der SE-VO erfasst, kann die Satzung Regelungen nur treffen, wenn die Verordnung dies ausdrücklich zulässt (Art. 9 Abs. 1 lit. b). Derartige **Gestaltungsermächtigungen** lassen sich unterscheiden in Fälle, in denen die Verordnung ein Gleichlauferfordernis mit dem Aktienrecht des Sitzstaats aufstellt und solche, in denen die Satzung von den Vorgaben des nationalen AktG abweichen kann.¹ Im Übrigen unterliegen diese Gestaltungsermächtigungen aber keinem nationalen Vorbehalt, so dass sich die Zulässigkeit der gewählten Gestaltung allein nach der SE-VO bemisst. (2) Regelt die Verordnung eine Materie nicht,² kommt nach Art. 9 Abs. 1 lit. c **auf nationaler Ebene** zunächst das SEAG und sodann das allgemeine AktG zur Anwendung. Inwieweit sich auf dieser Ebene ein Regelungsfreiraum ergibt, richtet sich nach § 23 Abs. 5 AktG in Verbindung mit der jeweils zur Anwendung berufenen Vorschrift. Danach gilt für die SE mit Sitz in Deutschland Folgendes: Trifft das AktG eine Regelung, kann die Satzung nur bei ausdrücklicher Zulässigkeit davon abweichen (§ 23 Abs. 5 S. 1 AktG). Regelt das AktG die Frage nicht oder nicht abschließend, darf die Satzung Bestimmungen treffen, die § 23 Abs. 5 S. 2 AktG als Ergänzungen bezeichnet. Somit kommt es auch für die SE auf die aus dem nationalen Aktienrecht bekannte Abgrenzung zwischen Abweichungen und Ergänzungen an (→ AktG § 23 Rn. 29 f.). Der satzungsändernde Hauptversammlungsbeschluss ist nach § 130 AktG **notariell zu beurkunden** (→ Art. 53 Rn. 4). 2

II. Reichweite der Vorschrift; Begriff der Satzungsänderung

Über die **Reichweite** der Vorschrift entscheidet eine gemeinschaftsautonome Auslegung des Begriffs der Satzungsänderung.³ Erfasst sind sowohl die materiellen als auch die nur formellen Satzungsbestandteile; dafür spricht der Gewinn an Rechtssicherheit, der mit dem Verzicht auf die für § 179 AktG vertretene Differenzierung verbunden ist.⁴ Im **Verhältnis zu Art. 5** stellt Art. 59 die speziellere Regelung dar, so dass das qualifizierte Mehrheitserfordernis auch in Fragen der Finanzverfassung Anwendung findet, wenn damit eine Satzungsänderung verbunden ist.⁵ Das bedeutet im Ergebnis, dass das über Art. 5 auf Kapitalmaßnahmen anwendbare Recht des Sitzstaates von dem Erfordernis eines Hauptversammlungsbeschlusses mit qualifizierter Mehrheit iSd Art. 59 nicht abweichen kann, soweit mit der Kapitalmaßnahme eine Satzungsänderung verbunden ist. Art. 59 gilt auch für den Beschluss über die Sitzverlegung (klargestellt in Art. 8 Abs. 6 S. 2) und die Wahl zwischen monistischem und dualistischem System in Art. 38 lit. b, wogegen die Verordnung für die Auflösung in Art. 63 und für die Rückumwandlung in Art. 66 Abs. 6 Spezialverweisungen auf die Sitzstaatsregelungen über die Beschlussfassung enthält (→ Art. 66 Rn. 8). Eine dem § 179 Abs. 1 S. 2 AktG 3

---

[1] Überblick bei *Seibt* in Lutter/Hommelhoff, Die Europäische Gesellschaft, 2005, 67 (70 f.).
[2] Vgl. aber zur Analogie auf Verordnungsebene → Art. 9 Rn. 18 und *Casper* FS Ulmer, 2003, 51 (56 ff.).
[3] Vgl. auch *Brandt*, Die Hauptversammlung der Europäischen Aktiengesellschaft (SE), 2004, 157 f.
[4] MüKoAktG/*Kubis* Rn. 4; aA *Brandt*, Die Hauptversammlung der Europäischen Aktiengesellschaft (SE), 2004, 158. Zum Meinungsstand im deutschen Recht → AktG § 179 Rn. 40 ff.; Hüffer/Koch/*Koch* AktG § 179 Rn. 6.
[5] Lutter/Hommelhoff/Teichmann/*Bayer* Rn. 2, 5; Kölner Komm AktG/*Kiem* Rn. 5 f.; MüKoAktG/*Kubis* Rn. 2; *Schwarz* Rn. 11; *Brandt*, Die Hauptversammlung der Europäischen Aktiengesellschaft (SE), 2004, 243 ff.

vergleichbare Vorschrift, wonach die Hauptversammlung die Befugnis zu **Fassungsänderungen** auf den Aufsichtsrat übertragen kann, sieht die Verordnung zwar nicht ausdrücklich vor; die Regelung kommt aber über Art. 9 Abs. 1 lit. c ii zur Anwendung.[6] Bereits ein systematischer Vergleich mit Art. 12 Abs. 4 S. 3 zeigt, dass eine Delegation von redaktionellen Satzungsänderungen der Verordnung nicht fremd ist, wenn dort sogar materielle Änderungen delegiert werden können.[7] In der monistischen SE übernimmt der Verwaltungsrat diese Aufgabe (§ 22 Abs. 6 SEAG).

III. Qualifiziertes Mehrheitserfordernis

4   Nach dem in Art. 59 Abs. 1 Hs. 1 niedergelegten **Grundsatz** bedarf jeder Satzungsänderungsbeschluss einer **Mehrheit von nicht weniger als zwei Dritteln** der abgegebenen Stimmen. Eine **größere Mehrheit** ist erforderlich, wenn nationale Regelungen dies „vorschreiben oder zulassen". Diese von Art. 57 bewusst abweichende Formulierung soll sowohl mitgliedstaatliche Vorschriften erfassen, die zwingend eine größere Mehrheit anordnen, als auch solche, die dem Satzungsgeber nur eine entsprechende Gestaltungsmöglichkeit einräumen.[8] Anwendung findet insbesondere § 179 Abs. 2 S. 1 AktG, allerdings mit der Maßgabe, dass die Voraussetzung einer Dreiviertel-Kapitalmehrheit für die SE als **Dreiviertel-Stimmenmehrheit** auszulegen ist.[9] Nach anderer Ansicht verlangt eine Satzungsänderung bei der SE mit Sitz in Deutschland neben der Zweidrittelstimmenmehrheit iSd Art. 59 Abs. 1 zusätzlich eine Kapitalmehrheit von drei Vierteln.[10] Allerdings lässt sich Art. 57 und Art. 59 der Grundsatz entnehmen, dass es bei der Beschlussfassung der SE-Hauptversammlung allein auf die Stimmenzahl, nicht aber auf sonstige Beschlusserfordernisse ankommen soll.

4a   Änderungen des **Gesellschaftszwecks** erfordern entsprechend § 33 Abs. 1 S. 2 BGB bei einer deutschen SE die Zustimmung aller Aktionäre.[11] In der Satzung kann die Zustimmung aller Aktionäre für andere Beschlussgegenstände nicht verlangt werden, wenn dadurch die Abänderung der Satzung faktisch ausgeschlossen wird.[12] Mitgliedstaatliche Vorschriften, die eine **geringere Mehrheit** vorsehen oder zulassen, können angesichts der zwingenden Anordnung der Mindestregelung in Art. 59 Abs. 1 – vorbehaltlich Art. 59 Abs. 2 (→ Rn. 5) – auf die SE nur bis zur Zwei-Drittel-Grenze Anwendung finden.[13] Deswegen eröffnet § 179 Abs. 2 S. 2 AktG für die SE keine Möglichkeit, das Mehrheitserfordernis zu reduzieren.

5   **Art. 59 Abs. 2** enthält eine **Regelungsermächtigung** an den nationalen Gesetzgeber. Er kann bestimmen, dass die **einfache Stimmenmehrheit für Satzungsänderungen** ausreicht, wenn mindestens die Hälfte des gezeichneten Kapitals bei der Hauptversammlung präsent ist. Auch wenn dies im Wortlaut nicht zum Ausdruck kommt, ermöglicht Art. 59 Abs. 2 nicht nur, diese Regelung unmittelbar im Ausführungsgesetz anzuordnen. Die Vorschrift gestattet auch, die Entscheidung über das Mehrheitserfordernis dem Satzungsgeber zu überlassen. Für letzteres spricht, dass dadurch eine größtmögliche Harmonisierung des Mehrheitserfordernisses mit dem mitgliedstaatlichen Aktienrecht ermöglicht und eine Diskriminierung der SE vermieden wird, wenn für die nationale AG eine derartige Satzungsfreiheit besteht.[14]

6   Der deutsche Gesetzgeber hat von dieser Ermächtigung in **§ 51 SEAG** Gebrauch gemacht, die Entscheidung über die Absenkung des Mehrheitserfordernisses im Falle der Hauptversammlungspräsenz der einfachen Kapitalmehrheit aber dem Satzungsgeber anheim gestellt. Dadurch wollte er den **Gleichlauf** mit der allgemeinen aktienrechtlichen Vorschrift des **§ 179 Abs. 2 S. 2 AktG** herstel-

---

[6] MüKoAktG/*Kubis* Rn. 3; Lutter/Hommelhoff/Teichmann/*Bayer* Rn. 8; Habersack/Drinhausen/*Bücker* Rn. 14; Kölner Komm AktG/*Kiem* Rn. 9; *Schwarz* Rn. 9; *Brandt*, Die Hauptversammlung der Europäischen Aktiengesellschaft (SE), 2004, 136 ff.; *Gößl*, Die Satzung der Europäischen Aktiengesellschaft (SE) mit Sitz in Deutschland, 2010, 290 ff.; skeptisch weiterhin *Liebscher* in Semler/Volhard/Reichert HV-HdB § 49 Rn. 9.

[7] Lutter/Hommelhoff/Teichmann/*Bayer* Rn. 9; *Schwarz* Rn. 9.

[8] Vgl. MüKoAktG/*Kubis* Rn. 6; *Brandt*, Die Hauptversammlung der Europäischen Aktiengesellschaft (SE), 2004, 245 sowie → Art. 57, 58 Rn. 4.

[9] Str., → Art. 57, 58 Rn. 5; ebenso MüKoAktG/*Kubis* Rn. 6; *Schwarz* Rn. 15; *Gößl*, Die Satzung der Europäischen Aktiengesellschaft (SE) mit Sitz in Deutschland, 2010, 302; aA (keine Anwendung von § 179 Abs. 2 auf die SE) *Brandt*, Die Hauptversammlung der Europäischen Aktiengesellschaft (SE), 2004, 246.

[10] Lutter/Hommelhoff/Teichmann/*Bayer* Rn. 16.; für Anwendung der deutschen Kapitalmehrheit auf die SE auch Kölner Komm AktG/*Kiem* Rn. 17; Habersack/Drinhausen/*Bücker* Rn. 16 ff.

[11] Lutter/Hommelhoff/Teichmann/*Bayer* Rn. 15; vgl. zur Anwendung von § 33 BGB auf die AG → AktG § 179 Rn. 60.

[12] Ebenso Lutter/Hommelhoff/Teichmann/*Bayer* Rn. 15; zu § 179 AktG auch Hüffer/Koch/*Koch* AktG § 179 Rn. 20.

[13] Kölner Komm AktG/*Kiem* Rn. 14; *Schwarz* Rn. 14.

[14] So MüKoAktG/*Kubis* Rn. 7; DAV-Stellungnahme zum SEAG-DiskE NZG 2004, 75 (85); im Erg. auch Kölner Komm AktG/*Kiem* Rn. 22 f.; Habersack/Drinhausen/*Bücker* Rn. 20; zweifelnd jedoch *Brandt* DStR 2003, 1208 (1212).

len.¹⁵ § 51 SEAG lässt sich im Wege des Umkehrschlusses dagegen nicht entnehmen, die Satzung der in Deutschland domizilierenden SE könne das Mehrheitserfordernis ausschließlich reduzieren, nicht aber vergrößern.¹⁶ Vielmehr verbleibt es hier bei den Ausführungen in → Rn. 4 f. **S. 2** der Vorschrift enthält **Ausnahmen** für drei Fallgruppen, für die Satzungsbestimmungen iSd Satz 1 nicht gelten. Eine qualifizierte Stimmenmehrheit ist stets erforderlich für Beschlüsse über den **Unternehmensgegenstand**, die **Sitzverlegung** nach Art. 8 Abs. 6 sowie im Falle einer **zwingenden Vorgabe** der Kapitalmehrheit.¹⁷

IV. Satzungspublizität (Abs. 3)

Art. 59 Abs. 3 verlangt die Offenlegung jeder Satzungsänderung gem. Art. 13. Nach dieser Spezialverweisung gilt das durch die Publizitäts-RL (vgl. jetzt Art. 14 ff. GesR-RL¹⁸) harmonisierte nationale Recht (näher Art. 13, → Art. 14 Rn. 1 f.). In den Fällen des Art. 8 Abs. 10 und Art. 16 Abs. 1 ordnet die Verordnung die **konstitutive Wirkung** der Eintragung an. Für die übrigen Fälle ist das Schweigen der Verordnung als Verweis auf die jeweiligen Grundsätze in den Mitgliedstaaten aufzufassen, so dass der Handelsregistereintragung einer jeden Satzungsänderung nach Art. 9 Abs. 1 lit. c ii iVm § 181 Abs. 3 AktG konstitutive Wirkung zukommt.¹⁹ Die Wirkung der Eintragung von Kapitalmaßnahmen richtet sich aufgrund von Art. 5 ebenfalls nach dem Recht des Sitzstaats (vgl. dazu → Art. 5 Rn. 4 *(Casper)*).

Art. 60 [Gesonderte Abstimmung]

(1) Sind mehrere Gattungen von Aktien vorhanden, so erfordert jeder Beschluss der Hauptversammlung noch eine gesonderte Abstimmung durch jede Gruppe von Aktionären, deren spezifische Rechte durch den Beschluss berührt werden.

(2) Bedarf der Beschluss der Hauptversammlung der Mehrheit der Stimmen gemäß Artikel 59 Absätze 1 oder 2, so ist diese Mehrheit auch für die gesonderte Abstimmung jeder Gruppe von Aktionären erforderlich, deren spezifische Rechte durch den Beschluss berührt werden.

Schrifttum: Vgl. außer den die Angaben bei → Art. 52 *Fischer,* Der Sonderbeschluss der Vorzugsaktionäre in der Societas Europaea (SE), ZGR 2013, 832.

I. Regelungsgehalt; Normzweck

Art. 60 betrifft Hauptversammlungsbeschlüsse in einer SE mit mehreren Aktiengattungen. Abs. 1 verlangt eine gesonderte Abstimmung derjenigen Aktionärsgattung, deren spezifische Rechte durch den Beschluss berührt werden. Hintergrund dieser Regelung ist der allgemeine gesellschaftsrechtliche **Grundsatz,** dass Eingriffe in besondere Mitgliedschaftsrechte der **Zustimmung aller betroffenen Gesellschafter** bedürfen.¹ Art. 60 dient dem Zweck, diesen Grundsatz für die Gattungsaktionäre der SE abzusichern, zugleich aber für die Publikumsgesellschaft handhabbar auszugestalten. Deswegen erleichtert die Vorschrift derartige Hauptversammlungsbeschlüsse, indem sie auf das Erfordernis der Zustimmung sämtlicher betroffener Aktionäre verzichtet und einen **Mehrheitsbeschluss** durch die Aktionäre der betroffenen Gattung ausreichen lässt. Ohne den nach Abs. 1 gebotenen Sonderschluss ist der Hauptversammlungsbeschluss **schwebend unwirksam,** bei Verweigerung der Zustimmung endgültig unwirksam.² Dies ergibt sich daraus, dass ein fehlender Sonderbeschluss nicht zur Normwidrigkeit des Hauptversammlungsbeschlusses, sondern zur Unvollständigkeit des rechtsgeschäftlichen Tatbestands führt.³ Abs. 2 betrifft das **Mehrheitserfordernis** bei der gesonderten Abstimmung für den Fall eines satzungsändernden Hauptversammlungsbeschlusses.

---

¹⁵ So die RegBegr. zu § 51 SEAG, BT-Drs. 15/3405, 40; zu verbleibenden Unterschieden Lutter/Hommelhoff/Teichmann/*Bayer* Rn. 19.
¹⁶ So aber offenbar MüKoAktG/*Kubis* Rn. 8.
¹⁷ Beispiele bei MüKoAktG/*Kubis* Rn. 9.
¹⁸ S. Hinweis in Art. 28 Fn. 1.
¹⁹ MüKoAktG/*Kubis* Rn. 10; Kölner Komm AktG/*Kiem* Rn. 31; *Schwarz* Rn. 24; *Brandt,* Die Hauptversammlung der Europäischen Aktiengesellschaft (SE), 2004, 264 f.
¹ Vgl. § 35 BGB; allg. dazu Großkomm AktG/*Bezzenberger* § 138 Rn. 7; Hüffer/Koch/*Koch* AktG § 138 Rn. 7, § 241 Rn. 6; ausf. *Berg,* Schwebend unwirksame Beschlüsse privatrechtlicher Verbände, 1994, 111 ff.
² Habersack/Drinhausen/*Bücker* Rn. 2; zur (schwebenden) Unwirksamkeit und ihrer Geltendmachung → AktG Vor § 241 Rn. 12.
³ → AktG § 138 Rn. 4 und die dortigen Nachw.

II. Voraussetzungen (Abs. 1)

2   Nach Abs. 1 ist eine gesonderte Abstimmung erforderlich, wenn zwei Voraussetzungen erfüllt sind. Zunächst müssen **mehrere Aktiengattungen** vorhanden sein. Dies richtet sich mangels Regelung auf Verordnungsebene nach dem Recht des Sitzstaats, für die in Deutschland domizilierende SE also nach § 11 S. 2 AktG.[4] Danach sind Aktien mit den gleichen Rechten (oder Pflichten[5]) zu einer Gattung zusammengefasst, wogegen unterschiedliche Aktiennennbeträge und die unterschiedliche Verbriefung (Inhaber- und Namensaktien) keine Gattungsverschiedenheit begründen.[6] Auf Sonderrechte einzelner Aktionäre ohne Gattungsverschiedenheit findet Art. 60 keine Anwendung (→ Rn. 5).[7]

3   Als zweite Voraussetzung verlangt Art. 60 Abs. 1, dass der Beschluss **spezifische Rechte** der jeweiligen Aktionärsgattung **berührt.** Unter diesem Begriff, der gemeinschaftsautonom auszulegen ist,[8] ist eine gattungsspezifische Benachteiligung einzelner Aktiengattungen zu verstehen, die rechtlicher oder wirtschaftlicher Art sein kann.[9] Hierin unterscheidet sich der Anwendungsbereich von Art. 60 gegenüber der deutschen Rechtslage, wonach Sonderbeschlüsse zum Teil auch dann erforderlich sind, wenn der Hauptversammlungsbeschluss die Gattungsaktionäre überhaupt nicht beeinträchtigt.[10]

III. Verfahren der gesonderten Abstimmung

4   Nach Art. 60 Abs. 1 hat die Zustimmung der Gattungsaktionäre in einer gesonderten Abstimmung zu erfolgen, wogegen die nach § 138 S. 1 AktG zulässige Sonderversammlung nicht vorgesehen ist.[11] Gem. Art. 53 iVm § 124 AktG ist die gesonderte Abstimmung bereits bei Einberufung der Hauptversammlung als eigener Tagesordnungspunkt anzukündigen.[12] Anders als in § 138 S. 2 AktG fehlt in Art. 60 eine ausdrückliche Anordnung der sinngemäßen **Geltung der Bestimmungen über Hauptversammlungsbeschlüsse.** Der Lückenschluss führt jedoch über Art. 53 zur Geltung von § 138 S. 2 AktG, dem der Regelungsgehalt zu entnehmen ist, dass für die gesonderte Abstimmung die gleichen Regeln gelten sollen wie für Hauptversammlungsbeschlüsse. Somit finden für die SE mit Sitz in Deutschland die Vorschriften des AktG Anwendung, die jedoch entsprechend den Erläuterungen zu diesem Abschnitt zu modifizieren sind.[13] Erforderlich ist somit die einfache **Stimmenmehrheit** nach Art. 57, 58. Bedarf der Hauptversammlungsbeschluss der Mehrheit nach Art. 59 Abs. 1, so gilt nach **Art. 60 Abs. 2** dieses qualifizierte Mehrheitserfordernis auch für die gesonderte Abstimmung. Dies betrifft satzungsändernde Beschlüsse, kraft ausdrücklicher Verweisung auch den Sitzverlegungsbeschluss nach Art. 8 Abs. 4 und 6. Erfasst ist ebenso Art. 59 Abs. 2, so dass die Erleichterung aus § 51 SEAG auch für die gesonderte Abstimmung gilt.[14]

---

[4] Habersack/Drinhausen/*Bücker* Rn. 5; MüKoAktG/*Kubis* Rn. 3; Lutter/Hommelhoff/Teichmann/*Spindler* Rn. 7; Kölner Komm AktG/*Kiem* Rn. 4; *Schwarz* Rn. 5; *Brandt*, Die Hauptversammlung der Europäischen Aktiengesellschaft (SE), 2004, 260; *Fischer* ZGR 2013, 832 (835).

[5] Ebenso Habersack/Drinhausen/*Bücker* Rn. 5; *Fischer* ZGR 2013, 832 (835); vgl. zum deutschen Recht RGZ 80, 95 (97), → AktG § 11 Rn. 16.

[6] → AktG § 11 Rn. 18; Hüffer/Koch/*Koch* AktG § 11 Rn. 7.

[7] MüKoAktG/*Kubis* Rn. 1; Lutter/Hommelhoff/Teichmann/*Spindler* Rn. 5.

[8] Vgl. *Schwarz* Rn. 8; *Brandt*, Die Hauptversammlung der Europäischen Aktiengesellschaft (SE), 2004, 259; *Fischer* ZGR 2013, 832 (836) jeweils mN zu anderen Sprachfassungen.

[9] MüKoAktG/*Kubis* Rn. 4; Lutter/Hommelhoff/Teichmann/*Spindler* Rn. 8; *Brandt*, Die Hauptversammlung der Europäischen Aktiengesellschaft (SE), 2004, 259 f.; eingehend *Fischer* ZGR 2013, 832 (838 ff.); Kölner Komm AktG/*Kiem* Rn. 6 mit Analyse der anderen Sprachfassungen; zur im Wesentlichen übereinstimmenden Auslegung von § 179 Abs. 3 AktG → § 179 AktG Rn. 184 ff.; Hüffer/Koch/*Koch* AktG § 179 Rn. 43 ff.

[10] So im Bereich der Kapitalmaßnahmen, vgl. bspw. § 182 Abs. 2 AktG. Derartige Vorschriften sind wg Art. 60 auf die SE nicht anwendbar, ebenso *Brandt*, Die Hauptversammlung der Europäischen Aktiengesellschaft (SE), 2004, 260; *Schwarz* Rn. 6; Habersack/Drinhausen/*Bücker* Rn. 3.

[11] Deswegen ist in der SE auch für den Fall des § 141 Abs. 3 AktG entgegen dessen Wortlaut eine gesonderte Abstimmung notwendig und ausreichend, vgl. *Brandt*, Die Hauptversammlung der Europäischen Aktiengesellschaft (SE), 2004, 260 f.; MüKoAktG/*Kubis* Rn. 5; Lutter/Hommelhoff/Teichmann/*Spindler* Rn. 10; *Schwarz* Rn. 12; Kölner Komm AktG/*Kiem* Rn. 11; aA NK-SE/*Mayer* Rn. 10, 20.

[12] Vgl. zum deutschen Recht Hüffer/Koch/*Koch* AktG § 138 Rn. 5.

[13] Im Erg. wie hier *Brandt*, Die Hauptversammlung der Europäischen Aktiengesellschaft (SE), 2004, 262; *Schwarz* Rn. 12; Kölner Komm AktG/*Kiem* Rn. 17; Lutter/Hommelhoff/Teichmann/*Spindler* Rn. 13 (analoge Anwendung des Art. 57 im Rahmen des Art. 60).

[14] MüKoAktG/*Kubis* Rn. 7; Lutter/Hommelhoff/Teichmann/*Spindler* Rn. 16.

IV. Nicht erfasste Fälle

Einen wichtigen Anwendungsbereich hat die deutsche Regelung des § 138 AktG im **Konzern-** 5 **recht**.[15] Die Zustimmung außenstehender Aktionäre ist von Art. 60 jedoch schon deswegen nicht erfasst, weil diese keine Gattung im Sinne dieser Vorschrift bilden; zudem betreffen diese Fälle zum Teil die Zustimmung nicht zu Hauptversammlungsbeschlüssen, sondern zu Geschäftsführungsmaßnahmen im Konzern. Hierfür enthält Art. 60 eine Regelungslücke.[16] Entsprechend den allgemeinen Ausführungen zum Konzernrecht der SE ist diese Lücke nicht durch die Verweisung in Art. 9 Abs. 1 lit. c ii zu schließen. Vielmehr entscheidet eine internationalprivatrechtliche Anknüpfung, welches nationale Sachrecht auf die Zustimmung der außenstehenden Aktionäre Anwendung findet.[17] Hat die abhängige SE ihren Sitz in Deutschland, richtet sich der Sonderbeschluss nach den Vorgaben des AktG (→ AktG § 138 Rn. 12 ff.). Für die Beschlussfassung gilt § 138 S. 2 AktG.[18]

Ebenso wenig ist Art. 60 auf die erstmalige Bildung einer Aktiengattung, insbesondere die 6 **Begründung oder Erhöhung von Nebenverpflichtungen** der Aktionäre anwendbar. Hier verbleibt es vielmehr bei der allgemeinen Regel, so dass ein entsprechender Hauptversammlungsbeschluss der Zustimmung aller betroffenen Aktionäre bedarf. Dieser Grundsatz (→ Rn. 1) lässt sich nach überzeugender Ansicht bereits der Verordnung entnehmen;[19] nimmt man hingegen eine Regelungslücke an, würde sich Gleiches für die in Deutschland domizilierende SE aus § 180 AktG ergeben.

---

[15] Auflistung der Anwendungsfälle → AktG § 138 Rn. 9; Hüffer/Koch/*Koch* AktG § 138 Rn. 2.
[16] *Brandt*, Die Hauptversammlung der Europäischen Aktiengesellschaft (SE), 2004, 258 ff.; *Schwarz* Rn. 7; Habersack/Drinhausen/*Bücker* Rn. 11.
[17] → Art. 9 Rn. 12; aA (Art. 9 Abs. 1 lit. c ii) *Brandt*, Die Hauptversammlung der Europäischen Aktiengesellschaft (SE), 2004, 259; *Schwarz* Rn. 7; Lutter/Hommelhoff/Teichmann/*Spindler* Rn. 18; Habersack/Drinhausen/*Bücker* Rn. 11.
[18] AA Lutter/Hommelhoff/Teichmann/*Spindler* Rn. 18: Einheitliche Anwendung von Art. 57.
[19] *Brandt*, Die Hauptversammlung der Europäischen Aktiengesellschaft (SE), 2004, 262 f.; zust. MüKoAktG/*Kubis* Rn. 3; Lutter/Hommelhoff/Teichmann/*Spindler* Rn. 17; Habersack/Drinhausen/*Bücker* Rn. 12.

Titel IV. Jahresabschluss und konsolidierter Abschluss

Art. 61 [Erstellung des Jahresabschlusses]

Vorbehaltlich des Artikels 62 unterliegt die SE hinsichtlich der Aufstellung ihres Jahresabschlusses und gegebenenfalls ihres konsolidierten Abschlusses einschließlich des dazugehörigen Lageberichts sowie der Prüfung und der Offenlegung dieser Abschlüsse den Vorschriften, die für dem Recht des Sitzstaates der SE unterliegende Aktiengesellschaften gelten.

Art. 62 [Jahresabschluss bei Kredit- oder Finanzinstituten]

(1) Handelt es sich bei der SE um ein Kreditinstitut oder ein Finanzinstitut, so unterliegt sie hinsichtlich der Aufstellung ihres Jahresabschlusses und gegebenenfalls ihres konsolidierten Abschlusses einschließlich des dazugehörigen Lageberichts sowie der Prüfung und der Offenlegung dieser Abschlüsse den gemäß der Richtlinie 2000/12/EG des Europäischen Parlaments und des Rates vom 20. März 2000 über die Aufnahme und Ausübung der Tätigkeit der Kreditinstitute[1] erlassenen einzelstaatlichen Rechtsvorschriften des Sitzstaats.

(2) Handelt es sich bei der SE um ein Versicherungsunternehmen, so unterliegt sie hinsichtlich der Aufstellung ihres Jahresabschlusses und gegebenenfalls ihres konsolidierten Abschlusses einschließlich des dazugehörigen Lageberichts sowie der Prüfung und der Offenlegung dieser Abschlüsse den gemäß der Richtlinie 91/674/EWG des Rates vom 19. Dezember 1991 über den Jahresabschluss und den konsolidierten Abschluss von Versicherungsunternehmen[2] erlassenen einzelstaatlichen Rechtsvorschriften des Sitzstaats.

I. Regelungsgehalt, Rechtsnatur

1 Art. 61 verweist hinsichtlich des Jahres- und des Konzernabschlusses einschließlich der Lageberichte sowie der Prüfung und Offenlegung dieser Abschlüsse auf das für Aktiengesellschaften geltende Recht des Sitzstaates der SE. Da Art. 9 Abs. 1 lit. c ii bereits einen generellen Verweis auf das allgemeine Aktienrecht des jeweiligen Sitzstaates zum Zwecke der Lückenfüllung enthält, hätte es dieses speziellen Verweises eigentlich nicht bedurft.[3] Systematisch geht Art. 61 als **Spezialverweisung** der allgemeinen Verweisung in Art. 9 vor.[4] Es handelt sich bei Art. 61 somit um eine weitere **partielle Generalverweisung,** deren **Rechtsnatur** wie die des Art. 9 als Sachnormverweisung zu qualifizieren ist (→ Art. 9 Rn. 6). Es ist davon auszugehen, dass der Verordnungsgeber mit der an sich entbehrlichen Regelung klarstellen wollte, dass er auch für die Rechnungslegung vom ursprünglichen Konzept eines vollumfänglichen europäischen Aktienrechts (→ Vor Art. 1 Rn. 9 ff.) abgerückt ist.[5] Art. 61 hat gegenüber Art. 9 allerdings insoweit klarstellende Funktion, als dass betont wird, dass auch die Rechnungslegungsvorschriften des Sitzstaates im Wege einer Gesamtnormverweisung erfasst sind und somit unter den Regelungsbereich der SE-VO fallen.[6] Dieser Regelungsverzicht lässt sich dadurch rechtfertigen, dass die nationalen Bestimmungen, auf die verwiesen wird, in weiten Teilen harmonisiert sind. Zum einen sind die Vierte (Bilanz-)[7]

---

[1] ABl. EG 2000 L 126, 1 vom 25. Mai 2000.
[2] ABl. EG 1991 L 374, 7 vom 31. Dezember 1991.
[3] MüKoAktG/*Fischer* Art. 61 Rn. 14.
[4] *Grundmann* EuropGesR Rn. 1040; Lutter/Hommelhoff/Teichmann/*Kleindiek* Art. 61 Rn. 2; aA Kölner Komm AktG/*Wenz* Art. 61 Rn. 10 ff.
[5] Vgl. MüKoAktG/*Fischer* Art. 61 Rn. 14; Kölner Komm AktG/*Wenz* Art. 61 Rn. 7, 9.
[6] Insoweit zutr. Kölner Komm AktG/*Wenz* Art. 61 Rn. 11, unterschiedliche Ergebnisse für die Auslegung ergeben sich aber nicht; ebenso Habersack/Drinhausen/*Habersack* Art. 61 Rn. 1.
[7] Vierte Richtlinie 78/660/EWG des Rates vom 25. Juli 1978 aufgrund von Art. 54 Abs. 3 Buchstabe g) des Vertrages über den Jahresabschluß von Gesellschaften bestimmter Rechtsformen, ABl. EG 1978 L 222,11 vom 14.8.1978; aufgehoben und neugefasst durch Richtlinie 2013/34/EU des Europäischen Parlaments und des Rates vom 26. Juni 2013 über den Jahresabschluss, den konsolidierten Abschluss und damit verbundene Berichte von Unternehmen bestimmter Rechtsformen zur Änderung der Richtlinie 2006/43/EG des Europäischen Parlaments und des Rates und zur Aufhebung der Richtlinien 78/660/EWG und 83/349/EWG des Rates, ABl. EU 2013 L 182,19 vom 29.6.2013, zuletzt geändert durch Richtlinie 2014/102/EU des Rates vom 7. November 2014 zur Änderung der Richtlinie 2013/34/EU des Europäischen Parlaments und des Rates über den Jahresabschluss, den konsolidierten Abschluss und damit verbundene Berichte von Unternehmen bestimmter Rechtsformen aufgrund des Beitritts der Republik Kroatien, ABl. EU 2014 L 334, 86 vom 21.11.2014.

und die Achte (Abschlussprüfer-)[8] Richtlinie, zum anderen die Erste (Publizitäts-)[9] und die Elfte (Zweigniederlassungs-)[10] Richtlinie zu nennen (letztere zwei Richtlinien sind jetzt in der GesR-RL aufgegangen). Gleichwohl sind dadurch nur gleichwertige, jedoch keine identischen Vorschriften geschaffen worden, so dass die Vergleichbarkeit der Rechnungslegung und damit der Hauptinformation zu einem Unternehmen begrenzt bleibt.[11] Für kapitalmarktorientierte Gesellschaften gilt seit dem 1.1.2005 des Weiteren die Verordnung betreffend die Anwendung internationaler Rechnungslegungsstandards (IAS-VO),[12] nach der die Gesellschaften ihre konsolidierten Abschlüsse nach internationalen Rechnungslegungsstandards[13] aufstellen müssen.[14]

Art. 62 trifft eine **Sonderregelung** für Kredit- und Finanzinstitute sowie für Versicherungsunternehmen hinsichtlich der Aufstellung ihres Jahresabschlusses und dessen Offenlegung, soweit diese Institute in der Rechtsform der SE betrieben werden. Für die Aufstellung, Prüfung und Offenlegung von Jahresabschlüssen gilt zunächst ebenfalls die Verweisung in Art. 61,[15] der jedoch einen ausdrücklichen Vorbehalt für eine Sonderregelung in Art. 62 enthält, die somit Vorrangwirkung entfaltet.[16] Im Unterschied zu der Verweisung in Art. 61 wird nicht lediglich pauschal auf die einzelstaatlichen für Aktiengesellschaften geltenden Bestimmungen verwiesen, sondern speziell auf die Vorschriften, die in Umsetzung europäischer Richtlinien gerade für diese Branche geschaffen worden sind. Abs. 1 bezieht sich auf die Richtlinie 2000/12/EG[17] und nicht etwa auf die Bankbilanzrichtlinie (noch → Rn. 6). Diese Richtlinie ist zwischenzeitlich durch die Richtlinie 2006/48/EG und diese wiederum durch die Richtlinie 2013/36/EU aufgehoben und ersetzt worden. Verweisungen auf die aufgehobenen Richtlinien gelten als Verweisungen auf diese Richtlinie und auf die Verordnung (EU) Nr. 575/2013 und sind nach Maßgabe der Entsprechungstabelle in Anhang II dieser Richtlinie und

---

[8] Achte Richtlinie 84/253/EWG des Rates vom 10. April 1984 aufgrund von Art. 54 Abs. 3 Buchstabe g) des Vertrages über die Zulassung der mit der Pflichtprüfung der Rechnungslegungsunterlagen beauftragten Personen, ABl. EG 1984 L 126, 20 vom 12.5.1984; aufgehoben und neugefasst durch Richtlinie 2006/43/EG des Europäischen Parlaments und des Rates vom 17. Mai 2006 über Abschlussprüfungen von Jahresabschlüssen und konsolidierten Abschlüssen, zur Änderung der Richtlinien 78/660/EWG und 83/349/EWG des Rates und zur Aufhebung der Richtlinie 84/253/EWG des Rates, ABl. EG 2006 L 157, 87 vom 9.6.2006; zuletzt geändert durch Richtlinie 2014/56/EU des Europäischen Parlaments und des Rates vom 16. April 2014 zur Änderung der Richtline 2006/43/EG über Abschlussprüfungen von Jahresabschlüssen und konsolidierten Abschlüssen, ABl. EU 2015 L 158, 196 vom 27.5.2015.
[9] S. Hinweis in Art. 28 Rn. 1.
[10] Elfte Richtlinie 89/666/EWG des Rates vom 21. Dezember 1989 über die Offenlegung von Zweigniederlassungen, die in einem Mitgliedstaat von Gesellschaften bestimmter Rechtsformen errichtet wurden, die dem Recht eines anderen Staates unterliegen, ABl. EG 1989 L 395, 36 vom 30.12.1989; aufgehoben und in zuletzt geltender Fassung eingefügt in Art. 29–43 der Richtlinie 2017/1132/EU des Europäischen Parlaments und des Rates vom 14. Juni 2017 über bestimmte Aspekte des Gesellschaftsrechts, ABl. EU L 169, 46 vom 30. Juni 2017 (sog. „EU-Gesellschaftsrechtrichtlinie", hier: „GesR-RL").
[11] So der dritte Erwägungsgrund der IAS-VO (siehe die nachstehende Fn.); vgl. auch NK-SE/*Schröder* Rn. 4.
[12] Verordnung (EG) Nr. 1606/2002 des Europäischen Parlaments und des Rates v. 19. Juli 2002 betreffend die Anwendung internationaler Rechnungslegungsstandards, ABl. EG 2002 L 243, 1 vom 11.9.2002; zuletzt geändert durch Verordnung (EG) Nr. 297/2008 des Europäischen Parlaments und des Rates vom 11. März 2008 zur Änderung der Verordnung (EG) Nr. 1606/2002 betreffend die Anwendung internationaler Rechnungslegungsstandards im Hinblick auf die der Kommission übertragenen Durchführungsbefugnisse, ABl. EG 2008 L 97, 62 vom 9.4.2008.
[13] Gem. Art. 2 der Verordnung sind damit die „International Accounting Standards" (IAS), die „International Financial Reporting Standards" (IFRS), die damit verbundenen Auslegungen (S IC/IFRIC-Interpretationen) sowie spätere Änderungen und künftige Standards, die vom International Accounting Standards Board (IASB) herausgegeben oder angenommen wurden, gemeint.
[14] Vgl. zum europäischen Bilanzrecht im Einzelnen *Grundmann* EurGesR § 14–§ 17 Rn. 495 ff.; Theisen/Wenz/*Plendl/Niehues* Eur AG S. 422 ff.
[15] Überblick bei Lutter/Hommelhoff/Teichmann/*Kleindiek* Art. 61 Rn. 27 ff.
[16] Vgl. Lutter/Hommelhoff/Teichmann/*Kleindiek* Art. 62 Rn. 1; MüKoAktG/*Fischer* Art. 62 Rn. 1; *Schwarz* Art. 62 Rn. 1; Kölner Komm AktG/*Wenz* Art. 62 Rn. 1.
[17] Richtlinie 2000/12/EG des Europäischen Parlaments und des Rates vom 20. März 2000 über die Aufnahme und Ausübung der Tätigkeit der Kreditinstitute, ABl. EG 2000 L 126, 1 vom 26.5.2000; aufgehoben und neugefasst durch Richtlinie 2006/48/EG des Europäischen Parlaments und des Rates vom 14. Juni 2006 über die Aufnahme und Ausübung der Tätigkeit der Kreditinstitute, ABl. EG 2006 L 177, 1 vom 30.6.2006; wiederum aufgehoben und neugefasst durch Richtlinie 2013/36/EU des Europäischen Parlaments und des Rates vom 26. Juni 2013 über den Zugang zur Tätigkeit von Kreditinstituten und die Beaufsichtigung von Kreditinstituten und Wertpapierfirmen, zur Änderung der Richtlinie 2002/87/EG und zur Aufhebung der Richtlinien 2006/48/EG und 2006/49/EG, ABl. EU 2013 L 176, 338 vom 27.6.2013, zuletzt geändert durch Richtlinie 2015/2366/EU des Europäischen Parlaments und des Rates vom 25. November 2015 über Zahlungsdienste im Binnenmarkt, zur Änderung der Richtlinien 2002/65/EG, 2009/110/EG und 2013/36/EU und der Verordnung (EU) Nr. 1093/2010 sowie zur Aufhebung der Richtlinie 2007/64/EG, ABl. EU 2015 L 337, 35 vom 23.12.2015.

in Anhang IV der Verordnung (EU) Nr. 575/2013 zu lesen. Abs. 2 verweist auf die Richtlinie 91/674/EWG.[18] Durch die explizite Nennung der das nationale Recht harmonisierenden Regelungen ergibt sich jedoch kein sachlicher Unterschied.[19] Auch insoweit handelt es sich um eine spezifische partielle Gesamtverweisung (Details zur Rechtsnatur → Art. 9 Rn. 6). Art. 62 hat somit allenfalls **klarstellende Funktion** (→ Rn. 6 f.).

II. Bilanzrecht der SE mit Sitz in Deutschland (Art. 61)

3 Der Anwendungsbereich des Art. 61 ist auf die Aufstellung des Jahresabschlusses beschränkt. Die Feststellung durch die Hauptversammlung richtet sich mangels besonderer Vorgaben in den Art. 52 ff. nach dem Recht des Sitzstaates (Art. 9 Abs. 1 lit. c ii), in Deutschland also nach den §§ 172 ff. AktG.[20] Nach dem Verweis in Art. 61 auf das für Aktiengesellschaften im Sitzstaat der SE geltende Recht richtet sich das Bilanzrecht für die in Deutschland ansässige SE nach dem SEAG, dem AktG, dem HGB und der IAS-VO. Die Vorschriften über den Jahresabschluss und ggf. konsolidierten Abschluss der SE ergeben sich somit aus den **§§ 238–263 HGB**, die durch die Sondervorschriften für Kapitalgesellschaften in den **§§ 264–341p HGB** ergänzt werden. Des Weiteren gelten die **§§ 150–176, 337, 399–408 AktG**. Handelt es sich bei der SE um ein börsennotiertes Unternehmen, so findet die **Verordnung betreffend die Anwendung internationaler Rechnungslegungsstandards (IAS-VO)**[21] als unmittelbar geltendes Recht Anwendung.[22] Danach hat die SE für Konzernabschlüsse die internationalen Rechnungslegungsstandards (IAS/IFRS) zu berücksichtigen. Nach § 315e Abs. 1 HGB kann eine SE zudem ihren Einzelabschluss oder, wenn sie nicht börsennotiert ist, ihren Konzern- oder Einzelabschluss nach den internationalen Rechnungslegungsstandards aufstellen.[23] Hinsichtlich der weiteren Einzelheiten ist auf das bilanzrechtliche Spezialschrifttum zu verweisen.

4 Für die **Aufstellung** des Jahres- und Konzernabschlusses ist in der dualistischen SE der Vorstand zuständig, der ihn anschließend unverzüglich dem Aufsichtsrat vorlegt (§ 170 Abs. 1 AktG). Im Regelfall werden nach Vorlage durch den Vorstand Jahresabschluss und Lagebericht durch Billigung des Aufsichtsrats festgestellt (§ 172 S. 1 AktG). Für das **monistische System** findet sich im SEAG keine klare Regelung, ob für die Aufstellung des Abschlusses der Verwaltungsrat oder die geschäftsführenden Direktoren zuständig sind. Für die Zuständigkeit des Verwaltungsrates könnte § 22 Abs. 3 SEAG sprechen, demzufolge der Verwaltungsrat – wie der Vorstand gem. § 91 AktG – im Außenverhältnis die Verantwortung für die Buchführung trägt und zugleich im Innenverhältnis verpflichtet ist, die geeigneten Maßnahmen zu treffen.[24] Indes ergibt sich aus **§ 47 SEAG,** dass auch im monistischen System die im Aktiengesetz angelegte Unterscheidung zwischen Aufstellung (§ 47 Abs. 1 S. 1 SEAG) und Feststellung (§ 47 Abs. 5 SEAG) vorgesehen ist. Auch wenn § 47 Abs. 1 S. 1 SEAG nur davon spricht, dass die geschäftsführenden Direktoren den Jahresabschluss dem Verwaltungsrat vorzulegen haben, setzt die systematische Stellung und der Normzweck doch logisch voraus, dass sie auch zu dessen Aufstellung berufen sind.[25] Dies ergibt sich auch aus der Gesetzesbegründung, die zur Rechtfertigung darauf verweist, dass die **geschäftsführenden Direktoren** den laufenden

---

[18] Richtlinie 91/674/EWG des Rates vom 19. Dezember1991 über den Jahresabschluß und den konsolidierten Abschluß von Versicherungsunternehmen, ABl. EG 1991 L 374, 7 vom 31.12.1991, zuletzt geändert durch Richtlinie 2006/46/EG des Europäischen Parlaments und des Rates vom 14. Juni 2006 zur Änderung der Richtlinien des Rates 78/660/EWG über den Jahresabschluß von Gesellschaften bestimmter Rechtsformen, 83/349/EWG über den konsolidierten Abschluss, 86/635/EWG über den Jahresabschluß und den konsolidierten Abschluss von Banken und anderen Finanzinstituten und 91/674/EWG über den Jahresabschluß und den konsolidierten Abschluss von Versicherungsunternehmen ABl. EG 2006 L 224, 1 vom 16.8.2006; wiederum aufgehoben und neugefasst durch Richtlinie 2013/34/EU.

[19] Vgl. *Plendl/Niehues* in Theisen/Wenz SE S. 416 mwN.

[20] Kölner Komm AktG/*Wenz* Art. 62 Rn. 27; MüKoAktG/*Fischer* Art. 61 Rn. 12; Habersack/Drinhausen/ *Habersack* Art. 61 Rn. 3 mwN.

[21] Verordnung (EG) Nr. 1606/2002 des Europäischen Parlaments und des Rates v. 19. Juli 2002 betreffend die Anwendung internationaler Rechnungslegungsstandards, ABl. EG 2002 L 243, 1 vom 11.9.2002; zuletzt geändert durch Verordnung (EG) Nr. 297/2008 des Europäischen Parlaments und des Rates vom 11. März 2008 zur Änderung der Verordnung (EG) Nr. 1606/2002 betreffend die Anwendung internationaler Rechnungslegungsstandards im Hinblick auf die der Kommission übertragenen Durchführungsbefugnisse, ABl. EG 2008 L 97, 62 vom 9.4.2008.

[22] Vgl. *Plendl/Niehues* in Theisen/Wenz SE S. 414 f.

[23] Zu weiteren Einzelheiten vgl. Lutter/Hommelhoff/Teichmann/*Kleindiek* Art. 61 Rn. 16 ff.; Kölner Komm AktG/*Wenz* Art. 61 Rn. 35 ff.; MüKoAktG/ *Fischer* Art. 61 Rn. 15 ff.

[24] Vgl. MüKoAktG/*Fischer* Art. 61 Rn. 25.

[25] So RegE SEAG BT-Drs. 15/3405, 39; ebenso *Klein/Schreiner* in Jannott/Frodermann SE-HdB Kap. 7 Rn. 127; Lutter/Hommelhoff/Teichmann/*Kleindiek* Art. 61 Rn. 25; MüKoAktG/*Fischer* Art. 61 Rn. 25; *Lanfermann* in Van Hulle/Maul/Drinhausen SE-HdB Abschn. 10 Rn. 6.

Geschäften und damit auch dem Tagesgeschäft näher stehen.[26] Demgegenüber ist die Feststellung ausweislich von § 47 Abs. 5 SEAG dem Verwaltungsrat zugewiesen.[27] Mit der unterschiedlichen Kompetenzzuweisung wird das aus dem dualistischen System bekannte „Vier-Augen-Prinzip" übernommen.[28]

In der **dualistischen SE** hat der Aufsichtsrat nach Art. 61, § 171 AktG den Jahres- bzw. Konzernabschluss nebst Lagebericht zu prüfen und ihn im Falle einer Prüfungspflicht an den Abschlussprüfer weiterzuleiten. Gem. § 171 Abs. 2 S. 3 AktG hat der Aufsichtsrat zu dem Ergebnis der Abschlussprüfer eine Erklärung abzugeben. Entsprechendes gilt nach § 47 Abs. 3 SEAG iVm § 171 Abs. 1, 2 AktG auch bei einer SE mit **monistischem System.** Bei einer prüfungspflichtigen SE hat der Abschlussprüfer wiederum über die **Prüfung** einen Prüfungsbericht zu erstatten, der dem Verwaltungsrat vorzulegen ist.[29] Der Verwaltungsrat muss sich sodann – wie der Aufsichtsrat – ein eigenständiges Urteil über das Prüfungsergebnis bilden. Fraglich ist dabei, ob sich der **Verwaltungsrat** trotz seines Einflusses auf die Geschäftsführung auf eine **Plausibilitätsprüfung,** wie sie der Aufsichtsrat vornimmt, beschränken darf. Aus der Tatsache, dass der Verwaltungsrat im Gegensatz zum Aufsichtsrat über die Möglichkeit verfügt, selbst und auch gegen den Willen der geschäftsführenden Direktoren auf die Aufstellung des Jahresabschlusses Einfluss zu nehmen, ist die These abgeleitet worden, von ihm auch eine **intensivere Prüfung** als vom Aufsichtsrat einer dualistischen SE erwarten zu dürfen.[30] Was das genau heißen soll, bleibt allerdings offen. Zumindest soweit der Verwaltungsrat keinen Einfluss auf die Aufstellung nimmt, kann sich der Verwaltungsrat, dem hier die Kompetenz eines versteckten Aufsichtsrats zugewiesen wird, ebenfalls auf eine Plausibilitätskontrolle beschränken. Allein in dem Fall, in dem er die geschäftsführenden Direktoren angewiesen hat und die Ergebnisse seiner Anweisung beanstandet werden, ist eine vollumfängliche Prüfung durch den Verwaltungsrat zu verlangen. Als weiteres Problem verbleibt die Gefahr von Interessenkonflikten, wenn die die Aufstellung vornehmenden geschäftsführenden Direktoren zugleich Mitglieder des Verwaltungsrats sind. Soweit die Prüfungsbefugnis nicht einem nur aus nicht geschäftsführenden Direktoren besetzten Prüfungsausschuss *(Audit Committee)* übertragen wird,[31] sind die im Verwaltungsrat vertretenen geschäftsführenden Direktoren verpflichtet, dem Vorsitzenden des Verwaltungsrats einen möglichen Interessenkonflikt offenzulegen und bei der Abstimmung vom Stimmrecht ausgeschlossen.[32] Die Möglichkeit einen Prüfungsausschuss einzurichten, sieht § 34 Abs. 4 S. 4 SEAG nunmehr ausdrücklich vor, wobei dieser dann nach S. 5 mehrheitlich mit nicht geschäftsführenden Direktoren besetzt sein muss (→ Art. 44 Rn. 9). Bei einer monistisch verfassten, kapitalmarktorientierten SE sind weiterhin die Anforderungen des § 100 Abs. 5 AktG zu beachten.

III. Spezielle Regelung für Kreditinstitute und Versicherungsunternehmen (Art. 62)

In **Abs. 1** wird für die Rechnungslegung von **Kredit- und Finanzinstituten** auf die in Anwendung der Richtlinie 2000/12/EG[33] erlassenen nationalen Bestimmungen verwiesen. Dabei ist zunächst unklar, warum auf eine Richtlinie verwiesen wird, die im Wesentlichen das Aufsichtsrecht über Kredit- und Finanzinstitute regelt und nicht etwa – wie noch in der Entwurfsfassung vom

---

[26] RegE SEAG BT-Drs. 15/3405, 39.
[27] RegE SEAG BT-Drs. 15/3405, 39; MüKoAktG/*Fischer* Art. 61 Rn. 25; Kölner Komm AktG/*Wenz* Rn. 31; *Lanfermann* in Van Hulle/Maul/Drinhausen SE-HdB Abschn. 10 Rn. 11.
[28] RegE SEAG BT-Drs. 15/3405, 39 f.
[29] Zu den durch das BilMoG (BGBl. 2009 I 1102) geschaffenen zusätzlichen Berichtspflichten des Abschlussprüfers → § 171 AktG Rn. 8, für die SE ergeben sich aber insoweit keine Besonderheiten gegenüber den allg. aktienrechtlichen Vorgaben.
[30] *Klein/Schreiner* in Jannott/Frodermann SE-HdB Kap. 7 Rn. 136; ähnlich MüKoAktG/*Fischer* Art. 61 Rn. 20; dagegen Habersack/Drinhausen/*Habersack* Art. 61 Rn. 5.
[31] So der Lösungsvorschlag bei *Lanfermann* in Van Hulle/Maul/Drinhausen SE-HdB Abschn. 10 Rn. 9 f.
[32] In diesem Sinne auch mit Gestaltungsvorschlag für eine Geschäftsordnung des Verwaltungsrats *Lutter/Kollmorgen/Feldhaus* BB 2007, 509 (515).
[33] Richtlinie 2000/12/EG des Europäischen Parlaments und des Rates vom 20. März 2000 über die Aufnahme und Ausübung der Tätigkeit der Kreditinstitute, ABl. EG 2000 L 126, 1 vom 26.5.2000; aufgehoben und neugefasst durch Richtlinie 2006/48/EG des Europäischen Parlaments und des Rates vom 14. Juni 2006 über die Aufnahme und Ausübung der Tätigkeit der Kreditinstitute, ABl. EG 2006 L 177, 1 vom 30.6.2006; wiederum aufgehoben und neugefasst durch Richtlinie 2013/36/EU des Europäischen Parlaments und des Rates vom 26. Juni 2013 über den Zugang zur Tätigkeit von Kreditinstituten und die Beaufsichtigung von Kreditinstituten und Wertpapierfirmen, zur Änderung der Richtlinie 2002/87/EG und zur Aufhebung der Richtlinien 2006/48/EG und 2006/49/EG, ABl. EU 2013 L 176, 338 vom 27.6.2013, zuletzt geändert durch Richtlinie 2015/2366/EU des Europäischen Parlaments und des Rates vom 25. November 2015 über Zahlungsdienste im Binnenmarkt, zur Änderung der Richtlinien 2002/65/EG, 2009/110/EG und 2013/36/EU und der Verordnung (EU) Nr. 1093/2010 sowie zur Aufhebung der Richtlinie 2007/64/EG, ABl. EU 2015 L 337, 35 vom 23.12.2015.

18.12.2000 vorgesehen – auf die Bankbilanzrichtlinie,[34] welche rechtsformübergreifend Vorschriften für die Rechnungslegung von europäischen Kredit- und Finanzinstituten beinhaltet.[35] Da die besondere Erwähnung der Richtlinien in Art. 62 keinen Anwendungsvorrang des europäischen Sekundärrechts vor dem nationalen Recht begründet, bleibt der Regelungsgehalt im Dunkeln.[36]

7   **Abs. 2** erklärt für **Versicherungsunternehmen** in der Rechtsform der SE die gemäß der Richtlinie über den Jahresabschluss und den konsolidierten Abschluss von Versicherungsunternehmen (Versicherungsbilanzrichtlinie)[37] erlassenen nationalen Bestimmungen für anwendbar. Auch diese Sonderregelung hat **keine eigenständige Bedeutung,** denn die Versicherungsbilanzrichtlinie knüpft nicht an die Rechtsform des Unternehmens, sondern an dessen Unternehmensgegenstand an. Vielmehr bestätigt sie im Ergebnis nur das, was sich bereits aus Art. 61 ergibt und auch schon durch Art. 9 Abs. 3 klargestellt wird.[38]

---

[34] Richtlinie 86/635/EWG des Rates vom 8. Dezember 1986 über den Jahresabschluß und den konsolidierten Abschluß von Banken und anderen Finanzinstituten, ABl. EG 1986 L 372, 1 vom 31.12.1986; zuletzt geändert durch Richtlinie 2006/46/EG.
[35] *Plendl/Niehues* in Theisen/Wenz SE S. 416 f.; MüKoAktG/*Fischer* Art. 62 Rn. 2; Kölner Komm AktG/ *Wenz* Art. 62 Rn. 11 f.
[36] Ausf. *Plendl/Niehues* in Theisen/Wenz SE S. 416 f.; *Klein/Schreiner* in Jannott/Frodermann SE-HdB Kap. 7 Rn. 29.
[37] S. → Rn. 2.
[38] *Plendl/Niehues* in Theisen/Wenz SE S. 418; ebenso Habersack/Drinhausen/*Habersack* Art. 62 Rn. 3; MüKo-AktG/*Fischer* Art. 62 Rn. 6; *Schwarz* Art. 62 Rn. 6, 8; aA aber Kölner Komm AktG/*Wenz* Art. 62 Rn. 7.

Titel V. Auflösung, Liquidation, Zahlungsunfähigkeit und Zahlungseinstellung

Art. 63 [Auflösung, Liquidation, Insolvenz]

Hinsichtlich der Auflösung, Liquidation, Zahlungsunfähigkeit, Zahlungseinstellung und ähnlicher Verfahren unterliegt die SE den Rechtsvorschriften, die für eine Aktiengesellschaft maßgeblich wären, die nach dem Recht des Sitzstaats der SE gegründet worden ist; dies gilt auch für die Vorschriften hinsichtlich der Beschlussfassung durch die Hauptversammlung.

Schrifttum: *Bachmann,* Das auf die insolvente Societas Europea (SE) anwendbare Recht, FS von Hoffmann, 2011, 36; *Ludwig,* Die Beendigung der Europäischen Aktiengesellschaft (SE) nach europäischem und nationalem Recht, 2007; *Roitsch,* Auflösung, Liquidation und Insolvenz der Europäischen Aktiengesellschaft (SE) mit Sitz in Deutschland, 2006.

I. Regelungsgehalt, Rechtsnatur

Art. 63 erklärt als **Spezialverweisung** hinsichtlich Auflösung, Liquidation, Insolvenz und auch 1 Zwangsvollstreckung („Zahlungsunfähigkeit, Zahlungseinstellung und ähnlicher Verfahren") die Rechtsvorschriften, welche für eine AG nach dem Recht des Sitzstaates maßgeblich wären, für anwendbar. Es handelt sich dabei – wie auch bei Art. 9 Abs. 1 lit. c ii – um eine **Sachnormverweisung**[1] (zur Rechtsnatur → Art. 9 Rn. 6). Einer Erwähnung des Insolvenzrechts in Art. 63 hätte es eigentlich nicht bedurft, da der Erwägungsgrund 20 bereits klarstellt, dass das Konkursrecht nicht von der Verordnung geregelt wird, sondern dem Recht des Sitzstaates unterliegt. Erkennt man Art. 63 hinsichtlich des **Insolvenzrechts** nur eine klarstellende Funktion zu, bleibt insoweit das internationale Privatrecht berufen, die jeweils einschlägige Rechtsordnung zu bestimmen (→ Rn. 5). Nach **Hs. 2** kommt auch im Hinblick auf die Beschlussfassung der Hauptversammlung das für das gesamte Verfahren maßgebliche nationale Recht zur Anwendung. Dabei handelt es sich um eine Spezialverweisung hinsichtlich der Beschlussfassung, die insbesondere der Verweisung in Art. 57 vorgeht. Art. 57–60 sollen somit wohl insgesamt nicht zur Anwendung gelangen.[2] Für Deutschland ergeben sich jedoch kaum sachliche Unterschiede (zu möglichen Divergenzen aber → Art. 57, 58 Rn. 5).

Ein **besonderer Auflösungsgrund** ergibt sich aus **Art. 64,** wenn die SE gegen das Gebot des 2 Art. 7 verstößt und die Hauptverwaltung in einem anderen Staat als dem Sitzstaat errichtet wird (→ Art. 64 Rn. 1). Daneben regelt **Art. 65** zusätzliche Anforderungen an die Offenlegung eines Auflösungs-, Liquidations- und Insolvenzverfahrens.

II. Auflösung und Abwicklung

Die Auflösung einer deutschen SE richtet sich entsprechend der Verweisung des Art. 63 nach 3 den §§ 262 ff. AktG. Als **Auflösungsgründe** kommen neben den in § 262 Nr. 1 bis 6 genannten (zu den Einzelheiten → AktG § 262 Rn. 21 ff.) etwa die Gemeinwohlgefährdung nach § 396 Abs. 1 AktG, das Vereinsverbot gem. § 3 Abs. 1 VereinsG sowie die Rücknahme oder der Widerruf einer besonderen Geschäftserlaubnis nach § 38 Abs. 1 KWG oder § 304 VAG (→ AktG § 262 Rn. 62 f.) in Betracht. Hinzu kommt der spezielle Auflösungsgrund des Art. 64 beim Auseinanderfallen von Sitz und Hauptverwaltung (→ Rn. 2). Ferner kann sich ein Auflösungsgrund nach Art. 30 Abs. 2 ergeben (→ Art. 30 Rn. 3). **Kein Auflösungsgrund,** sondern nur ein Gründungshindernis ist –

---

[1] Lutter/Hommelhoff/Teichmann/*Ehricke* Rn. 14; *Schwarz* Rn. 8; *Nolting* in Theisen/Wenz SE S. 624 ff.; *Ludwig,* Die Beendigung der Europäischen Aktiengesellschaft (SE) nach europäischem und nationalem Recht, 2007, 60 ff.; aA NK-SE/*Schröder* Rn. 1, der Art. 63 wie auch Art. 9 eine Gesamtnormverweisung entnimmt; differenzierend *Roitsch,* Auflösung, Liquidation und Insolvenz der Europäischen Aktiengesellschaft (SE) mit Sitz in Deutschland, 2006, 27 ff.; Habersack/Drinhausen/*Bachmann* Rn. 9, 68: hinsichtlich der Auflösung und Liquidation, hinsichtlich der Insolvenz aber Gesamtnormverweisung; ähnlich Kölner Komm AktG/*Kiem* Rn. 8 ff., 15.

[2] So wohl auch *Schwarz* Rn. 10; MüKoAktG/*Schäfer* Rn. 1 „überflüssige Klarstellung" sowie Kölner Komm AktG/*Kiem* Rn. 7, 26.

4 Nach der Auflösung ist die SE wie die nationale AG **abzuwickeln**. Vgl. zu den Einzelheiten die Erläuterungen zu den §§ 265 ff. AktG. Die Rückverweisung in § 264 Abs. 3 AktG auf das Recht der werbenden Aktiengesellschaft ist allerdings so auszulegen, dass subsidiär das Recht der werbenden SE zur Anwendung kommt, da „Gesellschaft" iSd Vorschrift als SE zu lesen ist.[4] Wie bei der AG bleibt auch die Firma der SE unverändert. Allerdings ist ein auf die Abwicklung hinweisender Zusatz, wie bspw. i. L. („in Liquidation") zu verwenden.[5] Zu Abwicklern werden in der dualistischen SE die amtierenden Mitglieder des Leitungsorgans (§ 265 Abs. 1 AktG) bestellt. Wer bei der **monistischen SE** Abwickler ist, ist im Schrifttum stark umstritten. Dabei sind zwei Fragen zu unterscheiden: (i) Wer ist geborener Abwickler und (ii) wer ist in der Liquidation vertretungsbefugt? Die folgenden Ansichten werden vertreten: *Bachmann* und *Ehricke* vertreten die Ansicht, Liquidatoren seien allein die geschäftsführenden Direktoren, nicht aber die Verwaltungsratsmitglieder; allein die geschäftsführenden Direktoren seien auch vertretungsbefugt.[6] *Schäfer* hält offenbar nur die Verwaltungsratsmitglieder für geborene Abwickler und nur diese vertretungsbefugt.[7] Nach *Casper* sind die Verwaltungsratsmitglieder die geborenen Abwickler, aber nur zusammen mit den geschäftsführenden Direktoren vertretungsbefugt.[8] *Kiem* vertritt schließlich die Ansicht, geborene Abwickler seien sowohl die Verwaltungsratsmitglieder als auch die geschäftsführenden Direktoren, gesetzliche Vertreter seien nur die geschäftsführenden Direktoren.[9] Im Ergebnis überzeugt nur die Ansicht von *Bachmann* und *Ehricke*, die sowohl die Rolle der Liquidatoren als auch die Vertretungsbefugnis allein den geschäftsführenden Direktoren zuweist. Dies entspricht der Aufgabenverteilung in der deutschen monistischen SE, in der die geschäftsführenden Direktoren die laufenden Maßnahmen durchführen und dafür vertretungsberechtigt sind. Zu Recht weisen aber beide darauf hin, dass diese Kompetenzzuweisung an die geschäftsführenden Direktoren die Weisungsbefugnis des Verwaltungsrats unberührt lässt.[10] Das hat zur Folge, dass im Innenverhältnis auch während des Liquidationsverfahrens die aus der werbenden Gesellschaft bekannte **Kompetenzverteilung** zwischen Verwaltungsrat und geschäftsführenden Direktoren weiter besteht. Zusammengefasst gilt in der Liquidation somit: Der Verwaltungsrat fällt die Leitungsentscheidungen, während das tägliche Geschäft und die Vertretung nach Außen weiterhin den geschäftsführenden Direktoren obliegt (§ 268 AktG), unter dem Vorbehalt des Weisungsrechts des Verwaltungsrats (§ 44 Abs. 2 SEAG).

III. Insolvenz der SE

5 Art. 63 bestimmt weiterhin, dass sich die Gründe für ein Insolvenzverfahren nach dem Recht des Sitzstaates bestimmen. Aus Art. 63 iVm § 262 Abs. 1 Nr. 3 AktG ergibt sich, dass es sich bei der Eröffnung des Insolvenzverfahrens um einen Auflösungsgrund handelt. Unklar ist, ob es sich bei Art. 63 nur hinsichtlich der Eröffnungsgründe oder hinsichtlich des gesamten Insolvenzverfahrens um eine Sachnormverweisung handelt. Der Wortlaut „Zahlungsunfähigkeit, Zahlungseinstellung oder ähnliche Verfahren" scheint von einer Sachnormverweisung hinsichtlich des gesamten Verfahrens auszugehen. Das hätte zur Folge, dass für das Insolvenzverfahren ohne Rückgriff auf Art. 3 EuInsVO stets das Insolvenzrecht des Sitzstaates zur Anwendung käme. Letztendlich dürften trotz des missverständlichen Wortlauts die besseren Gründe dafür sprechen, Art. 63 nur als **Sachnormverweisung hinsichtlich des materiellen Insolvenzrechts** zu verstehen, also die Insolvenzauslöseetatbestände (§§ 17 ff. InsO) nach dem Recht des Sitzstaates zu bestimmen.[11] Hinsichtlich des Verfahrens ist aber auf die EuInsVO zurückzugreifen, da die SE regelmäßig in Europa grenzüberschreitend tätig

---

[3] → Art. 2, 3 Rn. 4, dies gilt für alle Gründungsformen; *Hirte* NZG 2002, 1 (10); Lutter/Hommelhoff/Teichmann/*Ehricke* Rn. 32; Habersack/Drinhausen/*Bachmann* Rn. 13; Kölner Komm AktG/*Kiem* Rn. 24; *Schwarz* Rn. 21; *Roitsch*, Auflösung, Liquidation und Insolvenz der Europäischen Aktiengesellschaft (SE) mit Sitz in Deutschland, 2006, 66; *Maul* in Van Hulle/Maul/Drinhausen SE-HdB Abschn. 11 Rn. 3.
[4] Überzeugend Kölner Komm AktG/*Kiem* Rn. 33; ebenso Habersack/Drinhausen/*Bachmann* Rn. 43; im Erg. ebenso aber mit abw. Begründung auch Lutter/Hommelhoff/Teichmann/*Ehricke* Rn. 37; *Schwarz* Rn. 28.
[5] Vgl. *Frege/Nicht* in Jannott/Frodermann SE-HdB Kap. 12 Rn. 64.
[6] Habersack/Drinhausen/*Bachmann* Rn. 55, 59; Lutter/Hommelhoff/Teichmann/*Ehricke* Rn. 42, 44.
[7] MüKoAktG/*Schäfer* Rn. 4.
[8] 3. Aufl. 2015, Rn. 4.
[9] Kölner Komm AktG/*Kiem* Rn. 41.
[10] Habersack/Drinhausen/*Bachmann* Rn. 55; Lutter/Hommelhoff/Teichmann/*Ehricke* Rn. 42.
[11] Str., → Rn. 1 sowie die ausf. Darstellung des Meinungsstandes zum anwendbaren Recht in der Insolvenz bei *Bachmann* FS von Hoffmann, 2011, 36 (40 ff.) sowie Habersack/Drinhausen/*Bachmann* Rn. 64 ff., der für die Insolvenz – anders als bei der Liquidation – von einer Gesamtnormverweisung ausgeht.

ist.¹² Hat die SE ihre grenzüberschreitenden Aktivitäten jedoch eingestellt, bedarf es keines Rückgriffs auf die EuInsVO. Allerdings führt auch die Anwendung von Art. 3 Abs. 1 EuInsVO regelmäßig zur Anwendung des Insolvenzrechts des Sitzstaates, sofern nicht ausnahmsweise ein Verstoß gegen Art. 7 vorliegt.¹³ Die Insolvenzfähigkeit der SE ergibt sich aus § 11 Abs. 1 S. 1 InsO.¹⁴ Hinsichtlich der Insolvenzeröffnungsgründe (§§ 17 ff. InsO) ergeben sich keine Besonderheiten.¹⁵

Antragsberechtigt ist in der dualistischen SE das Leitungsorgan (also jedes Mitglied des Vorstands). Für die **monistische SE** hat das MoMiG die Insolvenzantragspflicht ausdrücklich dem Verwaltungsrat zugewiesen (§ 22 Abs. 5 S. 2 SEAG iVm § 15a InsO).¹⁶ Das Antragsrecht steht insoweit jedem **einzelnen** Organmitglied zu, also auch den nicht geschäftsführenden Direktoren, auch wenn § 15 Abs. 1 S. 1 InsO nur von jedem einzelnen Mitglied des Vertretungsorgans spricht.¹⁷ Aufgrund dieser Pflichtzuweisung sind die Verwaltungsratsmitglieder auch insoweit vertretungsbefugt.¹⁸ Dieses Recht sichert § 40 Abs. 3 S. 2 SEAG im Vorfeld ab, indem er die geschäftsführenden Direktoren verpflichtet, bei Zahlungsunfähigkeit oder Überschuldung unverzüglich dem Vorsitzenden des Verwaltungsrats zu berichten. Die geschäftsführenden Direktoren haben aber, soweit sie nicht Mitglied des Verwaltungsrats sind, aus ihrer Stellung als Direktor weder ein Antragsrecht, noch eine entsprechende Pflicht.¹⁹ Bei Führungslosigkeit (§ 41 Abs. 1 SEAG) läuft die Auffangkompetenz in § 15 Abs. 1 S. 2 InsO, § 15a Abs. 3 InsO also leer, da die Verwaltungsratsmitglieder ohnehin schon antragsbefugt bzw. -verpflichtet sind. Die weiteren Pflichten des Verwaltungsrats richten sich nach § 22 Abs. 5 S. 2 SEAG iVm § 92 Abs. 2 AktG. Sie müssen das Zahlungsverbot durch entsprechende Weisungen gegenüber den geschäftsführenden Direktoren durchsetzen. Die Ersatzpflicht bei Verstößen gegen das Zahlungsverbot gem. § 93 Abs. 3 Nr. 6 AktG, § 92 Abs. 2 AktG greift nach dem Gesetzeswortlaut nur gegenüber den Verwaltungsratsmitgliedern ein, obwohl die Zahlungen regelmäßig durch die geschäftsführenden Direktoren vorgenommen werden. Die besseren Gründe sprechen für eine erweiternde Auslegung, also der Annahme eines Zahlungsverbots sowie einer Ersatzpflicht auch der geschäftsführenden Direktoren.²⁰ Träger der Verfahrensrechte und -pflichten nach §§ 97–99 InsO ist jedes einzelne Mitglied des Verwaltungsorgans und jeder geschäftsführende Direktor (§ 101 Abs. 1 S. 1 InsO).

Art. 64 [Auseinanderfallen von Sitz und Hauptverwaltung]

(1) Erfüllt eine SE nicht mehr die Verpflichtung nach Artikel 7, so trifft der Mitgliedstaat, in dem die SE ihren Sitz hat, geeignete Maßnahmen, um die SE zu verpflichten, innerhalb einer bestimmten Frist den vorschriftswidrigen Zustand zu beenden, indem sie
a) entweder ihre Hauptverwaltung wieder im Sitzstaat errichtet
b) oder ihren Sitz nach dem Verfahren des Artikels 8 verlegt.

(2) Der Sitzstaat trifft die erforderlichen Maßnahmen, um zu gewährleisten, dass eine SE, die den vorschriftswidrigen Zustand nicht gemäß Absatz 1 beendet, liquidiert wird.

(3) ¹Der Sitzstaat sieht vor, dass ein Rechtsmittel gegen die Feststellung des Verstoßes gegen Artikel 7 eingelegt werden kann. ²Durch dieses Rechtsmittel werden die in den Absätzen 1 und 2 vorgesehenen Verfahren ausgesetzt.

(4) Wird auf Veranlassung der Behörden oder einer betroffenen Partei festgestellt, dass sich die Hauptverwaltung einer SE unter Verstoß gegen Artikel 7 im Hoheitsgebiet eines

---

¹² So im Erg. auch Habersack/Drinhausen/*Bachmann* Rn. 70 ff.; *Schwarz* Rn. 56 ff. mit Einzelheiten zur Anwendung der EuInsVO auf die SE sowie *Frege/Nicht* in Jannott/Frodermann SE-HdB Kap. 12 Rn. 42 f. und *Roitsch*, Auflösung, Liquidation und Insolvenz der Europäischen Aktiengesellschaft (SE) mit Sitz in Deutschland, 2006, 29 ff., 121; Kölner Komm AktG/*Kiem* Rn. 7 ff., 49 ff.
¹³ Vgl. *Schwarz* Rn. 56; zu Besonderheiten in der Konzerninsolvenz mit Beteiligung einer SE *Schwarz* Rn. 78 ff. Den geringen Unterschied des Meinungsstreits betonend auch Habersack/Drinhausen/*Bachmann* Rn. 69.
¹⁴ *Schwarz* Rn. 58; *Roitsch*, Auflösung, Liquidation und Insolvenz der Europäischen Aktiengesellschaft (SE) mit Sitz in Deutschland, 2006, 116 f.
¹⁵ *Frege/Nicht* in Jannott/Frodermann SE-HdB Kap. 12 Rn. 46 ff.
¹⁶ RegE MoMiG BT-Drs. 16/6140, 59.
¹⁷ Vgl. nur Habersack/Drinhausen/*Bachmann* Rn. 72 mwN; gleiches gilt für das Beschwerderecht nach § 34 InsO; vgl. zum alten Recht so bereits *Schwarz* Rn. 64, 72.
¹⁸ *Frege/Nicht* in Jannott/Frodermann SE-HdB Kap. 12 Rn. 49.
¹⁹ Statt aller Kölner Komm AktG/*Kiem* Rn. 52 mwN.
²⁰ Habersack/Drinhausen/*Bachmann* Rn. 72; *Schwarz* Rn. 70; noch weitergehend Kölner Komm AktG/*Kiem* Rn. 53: Geschäftsführende Direktoren seien ausschließlich erfasst; aA (nur Verwaltungsrat sei Adressat) Lutter/Hommelhoff/Teichmann/*Ehricke* Rn. 51, aber mit rechtspolitischer Kritik; unklar *Maul* in Van Hulle/Maul/Drinhausen SE-HdB Abschn. 11 Rn. 14: Haftung „nach § 93 AktG iVm § 43 Abs. 8 SEAG".

Mitgliedstaats befindet, so teilen die Behörden dieses Mitgliedstaats dies unverzüglich dem Mitgliedstaat mit, in dem die SE ihren Sitz hat.

Auszug aus dem SEAG

§ 52 SEAG Auflösung der SE bei Auseinanderfallen von Sitz und Hauptverwaltung

(1) ¹Erfüllt eine SE nicht mehr die Verpflichtung nach Artikel 7 der Verordnung, so gilt dies als Mangel der Satzung im Sinne des § 262 Abs. 1 Nr. 5 des Aktiengesetzes. ²Das Registergericht fordert die SE auf, innerhalb einer bestimmten Frist den vorschriftswidrigen Zustand zu beenden, indem sie
1. entweder ihre Hauptverwaltung wieder im Sitzstaat errichtet oder
2. ihren Sitz nach dem Verfahren des Artikels 8 der Verordnung verlegt.

(2) Wird innerhalb der nach Absatz 1 bestimmten Frist der Aufforderung nicht genügt, so hat das Gericht den Mangel der Satzung festzustellen.

(3) Gegen Verfügungen, durch welche eine Feststellung nach Absatz 2 getroffen wird, findet die Beschwerde statt.

Schrifttum: Vgl. die Angaben vor → Art. 8.

I. Regelungsgehalt, Normzweck

1 Der Normzweck des Art. 64 besteht in der **Durchsetzung** des in Art. 7 normierten **Einheitlichkeitsgebotes**, demzufolge sich der **Satzungssitz und die Hauptverwaltung**[1] der Gesellschaft im selben Mitgliedstaat befinden müssen (→ Art. 7 Rn. 1). Die einzelnen Mitgliedstaaten erhalten einen Regelungsauftrag, geeignete Maßnahmen zu treffen, welche die SE verpflichten, innerhalb einer bestimmten Frist den rechtswidrigen Zustand entweder durch Rückverlegung der Hauptverwaltung oder durch eine Sitzverlegung nach Art. 8 zu beenden (Abs. 1). Die **Rechtsnatur** von Art. 64 ist eine **Verpflichtungsnorm** (zum Begriff → Art. 9 Rn. 8). Als letzte Konsequenz wird der verordnungswidrige Zustand mit der Liquidation der Gesellschaft sanktioniert (Abs. 2). Die genaue Ausgestaltung des Verfahrens bleibt den Mitgliedstaaten überlassen; sie sind jedoch verpflichtet, geeignete Rechtsmittel gegen die Feststellung eines Verstoßes bereitzustellen (Abs. 3). Zudem hat jeder Mitgliedstaat den Sitzstaat zu informieren, wenn er feststellt, dass sich allein die Hauptverwaltung in seinem Hoheitsgebiet befindet (Abs. 4). Das Einheitlichkeitsgebot und die Sanktionierung eines Verstoßes sind mit der Niederlassungsfreiheit aus Art. 49, 54 AEUV (ex Art. 43, 548 EG) vereinbar (dazu bereits → Art. 7 Rn. 2).

II. Anwendungsbereich (Abs. 1)

2 Art. 64 erfasst den Fall, dass Satzungssitz und Ort der tatsächlichen Hauptverwaltung auseinanderfallen. Ein nach Art. 7 verordnungswidriger Zustand kann folglich nicht nur durch eine **Verlegung der Hauptverwaltung**, sondern auch durch eine **Verlegung des Satzungssitzes** weg vom Ort der Hauptverwaltung entstehen. Erledigt hat sich aus deutscher Sicht die Frage, ob auch das Auseinanderfallen von Sitz und Hauptverwaltung innerhalb desselben Mitgliedstaates vom Anwendungsbereich des Art. 64 erfasst ist. Deutschland macht seit dem MoMiG von der in Art. 7 S. 2 enthaltenen Option keinen Gebrauch mehr; § 2 aF SEAG, wonach die Satzung den Sitz dort zu bestimmen hatte, wo auch die Hauptversammlung ansässig war (→ Art. 7 Rn. 4), ist aufgehoben worden. Die Bestimmung des Anwendungsbereichs bleibt freilich für solche Mitgliedstaaten virulent, die noch von der Option in Art. 7 S. 2 Gebrauch machen; die Anwendbarkeit des Art. 64 ist jedoch zu verneinen.[2] Zwar spricht Abs. 1 S. 1 generell von einem Verstoß gegen Art. 7 und beschränkt sich nicht auf einen Verstoß gegen Art. 7 S. 1, doch zeigen die Abhilfevarianten in Abs. 1 S. 2, dass nur ein Auseinanderfallen in verschiedene Mitgliedstaaten gemeint ist. Denn nur in einem solchen Fall kommt eine Sitzverlegung nach Art. 8 oder eine Rückverlegung in den Sitzstaat in Betracht.[3] Überdies handelt es sich um einen rein nationalen Vorgang, sodass die Regelung der Sanktionen dem nationalen Gesetzgeber zu überlassen ist.[4] Unklar ist, ob Art. 64 auch dann anwendbar ist, wenn Satzungssitz und Sitz der Hauptverwaltung bereits bei Eintragung auseinandergefallen und die SE gleichwohl unter Verstoß gegen Art. 7 eingetragen worden ist. Eine Auffassung lehnt dies unter Verweis auf den Wortlaut des Abs. 1 („nicht mehr") ab. Eine Anwendung des Art. 64 sei auch nicht

---

[1] Zum Begriff → Art. 7 Rn. 3.
[2] Vgl. Lutter/Hommelhoff/Teichmann/*Ehricke* Rn. 14; Habersack/Drinhausen/*Bachmann* Rn. 16; MüKoAktG/*Schäfer* Rn. 4; *Schwarz* Rn. 11.
[3] MüKoAktG/*Schäfer* Rn. 4; *Schwarz* Rn. 11.
[4] Vgl. MüKoAktG/*Schäfer* Rn. 4; ebenso NK-SE/*Schröder* Rn. 12.

erforderlich, da bei einer in Deutschland ansässigen SE bereits über Art. 63 die Amtslöschung nach § 262 Abs. 1 Nr. 5 AktG, § 399 FamFG eingreife.[5] Die besseren Gründe sprechen jedoch dafür, mit der Gegenauffassung Art. 64 in erweiternder Auslegung auch auf **Verstöße vor oder bei Eintragung** anzuwenden und somit zu einer europaweit einheitlichen Lösung zu gelangen.[6] Aus deutscher Sicht ergeben sich zwischen den beiden Auffassungen allerdings keine praktischen Unterschiede, da die Gesellschaft auch nach § 399 Abs. 1 FamFG zunächst aufgefordert wird, Abhilfe zu schaffen.

Bei der Verlegung in **Drittstaaten** außerhalb der EU ist zu unterscheiden. Wird die Hauptverwaltung in einen Drittstaat verlegt, so bleibt Art. 64 anwendbar.[7] Soweit die SE versucht, ihren Satzungssitz identitätswahrend in einen Staat außerhalb der Gemeinschaft zu verlegen, ist zunächst festzustellen, dass dies nicht gelingen wird, da es bisher kein Art. 8 vergleichbares Verfahren gibt; Art. 64 ist nicht anwendbar.[8] Vielmehr ist der Verlegungsbeschluss nichtig bzw., bei einem ursprünglichen Mangel, die entsprechende Klausel in der Satzung, mit der Folge, dass es zur Amtslöschung kommt (Art. 63 iVm § 399 FamFG).[9] Wird der Satzungssitz hingegen nach Art. 8 isoliert vom Ort der Hauptverwaltung weg in einen anderen Mitgliedstaat verlegt, ohne dass dies beim Eintragungsverfahren auffällt, ist fraglich, ob die rechtswidrige Lage auch durch eine Errichtung der Hauptverwaltung im neuen Sitzstaat behoben werden kann. Nach einer strengen Wortlautinterpretation wäre dies nicht möglich, da die Hauptverwaltung nicht „wieder" im Sitzstaat errichtet wird. Jedoch ist dieses Ergebnis nicht sachgerecht, da im Ergebnis der Verpflichtung nach Art. 7 entsprochen wird, mithin die zuständige Behörde keinen Anlass zum Einschreiten hat.[10]

III. Umsetzung des Regelungsauftrages durch § 52 SEAG

Der deutsche Gesetzgeber ist dem Regelungsauftrag aus Art. 64 Abs. 1, Abs. 2 in § 52 SEAG nachgekommen. Das Auseinanderfallen von Sitz und Hauptverwaltung stellt einen **Mangel der Satzung iSd § 262 Abs. 1 Nr. 5 AktG** dar (§ 52 Abs. 1 SEAG). Das Verfahren beginnt mit einer Aufforderung des Registergerichts, innerhalb einer Frist das rechtswidrige Auseinanderfallen von Sitz und Hauptverwaltung durch Rückverlegung der Hauptverwaltung oder Sitzverlegung zu beenden. Soweit die SE dieser Aufforderung nicht fristgerecht nachkommt, stellt das Gericht den Mangel der Satzung fest (§ 52 Abs. 2 SEAG). In § 52 Abs. 3 SEAG wird klargestellt, dass gegen diese Feststellung eines Satzungsmangels die Beschwerde iSd §§ 58 ff. FamFG eröffnet ist.

IV. Verfahren (Abs. 2, 3; § 52 SEAG)

Den ersten Verfahrensschritt bildet die **Aufforderung seitens des Registergerichts** an die gegen Art. 7 verstoßende SE, den rechtswidrigen Zustand auf einem der beiden in § 52 Abs. 1 SEAG genannten Wege zu beenden. Zuständig ist gem. § 4 S. 1 SEAG nach § 374 Nr. 1 FamFG, §§ 376, 377 FamFG, § 23a GVG das Amtsgericht als Registergericht am Sitz der SE. Das Registergericht wird von Amts wegen tätig. Kommt die SE der Aufforderung nicht nach, stellt das Registergericht gem. § 52 Abs. 2 SEAG den Mangel der Satzung fest, mit der Folge, dass die SE nach **§ 262 Abs. 1 Nr. 5 AktG** aufgelöst und abgewickelt wird (zu den Einzelheiten → AktG § 262 Rn. 47, 55 ff.). § 52 Abs. 3 SEAG stellt dem Regelungsauftrag aus Abs. 3 folgend klar, dass gegen die Feststellung eines Satzungsmangels die Beschwerde stattfindet. Die Beschwerdefrist beträgt gem. § 63 Abs. 1 FamFG einen Monat. Nach Ablauf der Frist tritt die Rechtskraft der Feststellung des Satzungsmangels ein. Erst dadurch wird die Auflösung der SE bewirkt.[11]

V. Meldepflicht (Abs. 4)

Der Mitgliedstaat, in den eine Hauptverwaltung unter Verstoß gegen Art. 7 verlegt wird, kann dies regelmäßig leichter feststellen.[12] Ihm stehen jedoch keine Sanktionsmittel nach Abs. 1, 2 zu. Demgegenüber kann der Sitzstaat die Verlagerung der Hauptverwaltung ins Ausland oft nicht so

---
[5] Lutter/Hommelhoff/Teichmann/*Ehricke* Rn. 10; *Schwarz* Rn. 8 f.; Kölner Komm AktG/*Kiem* Rn. 8 f.
[6] Ebenso Habersack/Drinhausen/*Bachmann* Rn. 11; NK-SE/*Schröder* Rn. 5; *Ludwig*, Die Beendigung der Europäischen Aktiengesellschaft (SE) nach europäischem und nationalem Recht, 2007, 49.
[7] Unstreitig, vgl. nur Habersack/Drinhausen/*Bachmann* Rn. 13 mwN.
[8] Kölner Komm AktG/*Kiem* Rn. 11.
[9] Habersack/Drinhausen/*Bachmann* Rn. 14.
[10] Vgl. Habersack/Drinhausen/*Bachmann* Rn. 19; NK-SE/*Schröder* Rn. 11; Lutter/Hommelhoff/Teichmann/ *Ehricke* Rn. 13; anders wohl Kölner Komm AktG/*Kiem* Rn. 8.
[11] → AktG § 262 Rn. 58. Ausführlichere Darstellung bei Kölner Komm AktG/*Kiem* Rn. 5 ff.; Habersack/ Drinhausen/*Bachmann* Rn. 24 ff., 31 f.
[12] MüKoAktG/*Schäfer* Rn. 8.

leicht erkennen. Aufgrund dieser Informationsasymmetrie ist jeder Mitgliedstaat verpflichtet, einen Verstoß gegen Art. 7 dem Sitzstaat unverzüglich mitzuteilen, damit dieser nach Art. 64 Maßnahmen ergreifen kann. Der **Begriff der Feststellung** ist in einem rein tatsächlichen Sinne zu verstehen.[13] Die Behörde des Mitgliedstaates, in dem die Hauptverwaltung errichtet wurde, soll, sobald sie einen begründeten Verdacht hegt, dies dem Sitzstaat mitteilen, einer formalisierten oder sogar gerichtlichen Feststellung des Verstoßes bedarf es nicht.[14] Soweit sich die Mitteilung auf eine SE mit Sitz in Deutschland bezieht, ist gem. § 4 S. 1 SEAG das **Registergericht** am Satzungssitz der Gesellschaft nach §§ 376, 377 FamFG **empfangszuständig**.[15] Für die Abgabe der Erklärung im Staat der Hauptverwaltung ist indes jede Behörde zuständig, die von dem Verstoß Kenntnis erlangt bzw. einen entsprechenden Verdacht hegt.[16] Der **Behördenbegriff** ist über Art. 9 Abs. 1 lit. c nach dem öffentlichen Recht des Sitzstaates zu bestimmen, da für eine autonome Auslegung keine Anhaltspunkte ersichtlich sind. Die Behörde muss von Amts wegen tätig werden, betroffene Dritte können ein Einschreiten bei der Behörde anregen, aber nicht erzwingen.[17]

Art. 65 [Offenlegung der Auflösung]

Die Eröffnung eines Auflösungs-, Liquidations-, Zahlungsunfähigkeits- und Zahlungseinstellungsverfahrens und sein Abschluss sowie die Entscheidung über die Weiterführung der Geschäftstätigkeit werden unbeschadet einzelstaatlicher Bestimmungen, die zusätzliche Anforderungen in Bezug auf die Offenlegung enthalten, gemäß Artikel 13 offen gelegt.

1   Art. 65 bestimmt, dass die Eröffnung und der Abschluss der Verfahren zur Auflösung, Liquidation, Zahlungsunfähigkeit und Zahlungseinstellung, welche gem. Art. 63 dem nationalen Recht unterstellt sind, sowie eine etwaige Entscheidung über weiterführende Geschäftstätigkeit offen zu legen sind. Die **Offenlegung** richtet sich nach Art. 13, mithin nach den die Publizitätsrichtlinie (jetzt Art. 14 ff. GesR-RL) umsetzenden nationalen Bestimmungen. Hinsichtlich der Einzelheiten ist auf die Erläuterungen in **Art. 13** zu verweisen.

2   Darüber hinausgehende Publizitätspflichten aufgrund nationaler Vorschriften bleiben davon unberührt. Zu nennen sind beispielsweise die Anmeldung der Liquidatoren nach **§ 266 AktG** oder die Bekanntmachung der Verfügungsbeschränkung nach **§ 23 InsO**.

Art. 66 [Formwechsel der SE in AG]

(1) ¹Eine SE kann in eine dem Recht ihres Sitzstaats unterliegende Aktiengesellschaft umgewandelt werden. ²Ein Umwandlungsbeschluss darf erst zwei Jahre nach Eintragung der SE oder nach Genehmigung der ersten beiden Jahresabschlüsse gefasst werden.

(2) Die Umwandlung einer SE in eine Aktiengesellschaft führt weder zur Auflösung der Gesellschaft noch zur Gründung einer neuen juristischen Person.

(3) Das Leitungs- oder das Verwaltungsorgan der SE erstellt einen Umwandlungsplan sowie einen Bericht, in dem die rechtlichen und wirtschaftlichen Aspekte der Umwandlung erläutert und begründet sowie die Auswirkungen, die der Übergang zur Rechtsform der Aktiengesellschaft für die Aktionäre und die Arbeitnehmer hat, dargelegt werden.

(4) Der Umwandlungsplan ist mindestens einen Monat vor dem Tag der Hauptversammlung, die über die Umwandlung zu beschließen hat, nach den in den Rechtsvorschriften der einzelnen Mitgliedstaaten gemäß Artikel 3 der Richtlinie 68/151/EWG vorgesehenen Verfahren offen zu legen.

(5) Vor der Hauptversammlung nach Absatz 6 ist von einem oder mehreren unabhängigen Sachverständigen, der/die nach den einzelstaatlichen Durchführungsbestimmungen zu Artikel 10 der Richtlinie 78/855/EWG durch ein Gericht oder eine Verwaltungsbehörde des Mitgliedstaates, dem die sich in eine Aktiengesellschaft umwandelnde SE unterliegt,

---

[13] Vgl. MüKoAktG/*Schäfer* Rn. 8; Lutter/Hommelhoff/Teichmann/*Ehricke* Rn. 23; Kölner Komm AktG/*Kiem* Rn. 26 f.

[14] Ebenso Habersack/Drinhausen/*Bachmann* Rn. 37.

[15] Habersack/Drinhausen/*Bachmann* Rn. 36.

[16] Abw. Habersack/Drinhausen/*Bachmann* Rn. 35 mwN: nur die jeweiligen Registergerichte, in deren Sprengel die Hautverwaltung domiziliert. Das scheint mir unter dem Gesichtspunkt des *effet utile* bedenklich.

[17] Weitergehend Kölner Komm AktG/*Kiem* Rn. 25 und wohl auch Lutter/Hommelhoff/Teichmann/*Ehricke* Rn. 23; Habersack/Drinhausen/*Bachmann* Rn. 38, die von einem Initiativrecht sprechen.

bestellt oder zugelassen ist/sind, zu bescheinigen, dass die Gesellschaft über Vermögenswerte mindestens in Höhe ihres Kapitals verfügt.

(6) ¹Die Hauptversammlung der SE stimmt dem Umwandlungsplan zu und genehmigt die Satzung der Aktiengesellschaft. ²Die Beschlussfassung der Hauptversammlung erfolgt nach Maßgabe der einzelstaatlichen Bestimmungen im Einklang mit Artikel 7 der Richtlinie 78/855/EWG.

I. Anwendungsbereich, Regelungsgehalt, Rechtsnatur

Art. 66 regelt spiegelbildlich zu Art. 37 die (Rück-)Umwandlung einer SE in eine nationale **1** Aktiengesellschaft durch formwechselnde Umwandlung, sozusagen die Renationalisierung durch einen actus contrarius.[1] Nicht sedes materiae des Art. 66 ist die Beteiligung der SE an rein nationalen Umwandlungsvorgängen, also beispielsweise die Verschmelzung einer SE auf eine nationale AG (Überblick → Art. 2, 3 Rn. 32 ff.). Art. 66 stellt nur hinsichtlich der formwechselnden Umwandlung in eine nationale AG, nicht aber hinsichtlich der Beteiligung der SE an sonstigen Umwandlungsvorgängen mit einer innerstaatlichen Gesellschaft als aufnehmendem Rechtsträger, eine **abschließende Regelung** dar (ausführlicher → Art. 2, 3 Rn. 35, 38).[2] Dies folgt aus dem **Sinn und Zweck** des Art. 66, der sich darauf beschränkt, beim Fehlen von Vorschriften über die formwechselnde Umwandlung eine Möglichkeit zur Rückumwandlung sicherzustellen.[3] Neben der Verschmelzung auf eine bestehende oder eine neuzugründende nationale Gesellschaft, die nicht AG ist, kommt auch eine direkte formwechselnde Umwandlung der SE nach §§ 190 ff. UmwG in andere Rechtsformen als die AG in Betracht. Art. 66 entfaltet als Mindestnorm auch insoweit keine Sperrwirkung,[4] ist aber analog heranzuziehen, soweit beispielsweise eine Umgehung der Sperrfrist droht (→ Art. 2, 3 Rn. 39). Daneben bezweckt die Regelung mit Abs. 1 S. 2 einen temporären Schutz vor einer durch die Renationalisierung mit gleichzeitiger Sitzverlegung denkbaren Flucht aus der Mitbestimmung. Davon abzugrenzen ist die Frage, ob sich die SE auch direkt nach Art. 66 in eine andere Rechtsform als die AG, insbesondere in eine **KGaA**, umwandeln kann. Dies ist aufgrund des Wortlauts des Statuts für andere Rechtsformen als die KGaA klar zu verneinen und wird von der hM auch für die KGaA abgelehnt, da sie nicht im Anhang I aufgelistet sei, der den Begriff der Aktiengesellschaft definiert.[5] Hält man *Casper* eine Beteiligung der KGaA als einer besonderen Form der Aktiengesellschaft bei der Gründung einer SE durch Verschmelzung oder Umwandlung für zulässig (→ Art. 2, 3 Rn. 7, 17), so sprechen für Deutschland die besseren Gründe dafür, auch im Rahmen des Art. 66 die KGaA unter den Begriff der nationalen Aktiengesellschaft im Sinne einer zulässigen Zielrechtsform des Art. 66 zu subsumieren. Das **Umwandlungsverfahren** der SE zurück in eine nationale Aktiengesellschaft vollzieht sich **entsprechend der Vorgaben** für eine SE-Gründung durch Umwandlung, weshalb hinsichtlich der meisten Details zu Art. 66 auf die Kommentierung von **Art. 37** verwiesen werden kann. Infolge des Sitzverlegungsverbots anlässlich der Umwandlung der SE in eine nationale Aktiengesellschaft handelt es sich auch bei Art. 66 um einen rein nationalen Vorgang, der sich allein nach dem Recht des Sitzstaates der SE richtet. Zwar wird ein derartiges **Sitzverlegungsverbot** anders als in Art. 37 Abs. 3 nicht ausdrücklich normiert. Dies kommt allerdings durch die Formulierung, dass die SE **nur** in eine dem Recht ihres Sitzstaates unterliegende Aktiengesellschaft umgewandelt werden darf, hinreichend klar zum Ausdruck.[6]

Die **Rechtsnatur der Umwandlung** wird in **Abs. 2** beschrieben. Wie bei Art. 37 handelt es **2** sich um eine Umwandlung durch **Formwechsel,** die vom Gedanken des Identitätsprinzips geprägt ist. Die SE als „Gründungsgesellschaft" wird nicht aufgelöst, sondern tauscht lediglich ihr europäi-

---

[1] Ausdruck nach MüKoAktG/*Schäfer* Rn. 1; nicht vorausgesetzt ist aber, dass die SE ihrerseits durch Umwandlung nach Art. 37 entstanden ist, vgl. Kalss/Hügel/*Zollner* SEG § 33 Rn. 4.
[2] Der *Arbeitskreis Aktien- und Kapitalmarktrecht* schlägt allerdings zu Recht vor, dies auch eindeutig in Art. 66 SE-VO klarzustellen, vgl. ZIP 2009, 698; vgl. auch *Casper* ZHR 173 (2009), 181 (194 f.): auch Aufhebung der Begrenzung der Umwandlung nach Art. 66 nur in eine nationale AG.
[3] Ebenso Habersack/Drinhausen/*Drinhausen* Rn. 1, 3.
[4] So auch OLG Frankfurt a. M., Beschl. v. 2.12.2010 – 5 Sch 3/10 – „Fresenius", NZG 2012, 351 (352) = BeckRS 2011, 16034 mwN für die Möglichkeit der direkten Umwandlung einer SE in eine KGaA; Lutter/Hommelhoff/Teichmann/*Schmidt* Rn. 6 ff.; Kölner Komm AktG/*Kiem* Rn. 11; Habersack/Drinhausen/*Drinhausen* Rn. 7, 10 ff.; NK-SE/*Schröder* Rn. 9; MüKoAktG/*Schäfer* Rn. 14; *Becker/Fleischmann* in Jannott/Frodermann Eur AG-HdB Rn. 5 aA Kalss/Hügel/*Kalss* SEG Vor § 17 Rn. 46; so wohl auch unter ausf. Würdigung des Meinungsstandes *Reiner* Der Konzern 2011, 135 (139 ff.), der ein Vorabentscheidungsverfahren nach Art. 267 AEUV beim EuGH für zulässig hält.
[5] Vgl. nur Habersack/Drinhausen/*Drinhausen* Rn. 6; Kölner Komm AktG/*Kiem* Rn. 4; *Reiner* Der Konzern 2011, 135 (138) sowie die Nachw. bei → Art. 2, 3 Rn. 7, 17.
[6] Statt aller MüKoAktG/*Schäfer* Rn. 3; *Schwarz* Rn. 7; Lutter/Hommelhoff/Teichmann/*Schmidt* Rn. 15 ff.

sches Rechtskleid mit dem einer nationalen Aktiengesellschaft ihres Sitzstaates. Soweit die SE dualistisch strukturiert war, gilt grundsätzlich Amtskontinuität (→ Rn. 8).[7] Es findet also keine Universalsukzession statt, da kein neuer Rechtsträger entsteht. Hinsichtlich der Einzelheiten ist auf die Erläuterung zur Rechtsnatur der Umwandlung nach Art. 37 zu verweisen (→ Art. 37 Rn. 3).

II. Anwendbares Recht

3   Art. 66 regelt die Umwandlung in eine nationale Aktiengesellschaft nicht abschließend. Ergänzend ist nach **Art. 9 Abs. 1 lit. c ii** das **nationale Recht des Domizilstaates** anzuwenden. In Deutschland sind insoweit §§ 191 ff., 238 ff. UmwG auf den Plan gerufen. Zusätzlich ist unter Umständen auf das Gründungsrecht der AG zurückzugreifen. Die Generalverweisung in Art. 9 Abs. 1 wird trotz der wenig überzeugenden systematischen Stellung[8] des Art. 66 im Abschnitt über die Auflösung und Liquidation nicht durch die Spezialverweisung in Art. 63 verdrängt, da die Umwandlung gerade nicht zu einer Liquidation führt.[9]

III. Zweijährige Sperrfrist (Abs. 1 S. 2)

4   Nach Abs. 1 S. 2 ist die Umwandlung als actus contrarius erst nach Ablauf einer zweijährigen Sperrfrist möglich. Diese Frist beginnt mit der Eintragung der SE ins nationale Register nach Art. 12 (nicht mit deren Bekanntmachung) **oder** nach Genehmigung der ersten zwei Jahresabschlüsse.[10] Das **Verhältnis beider Anknüpfungspunkte** für den **Fristbeginn** ergibt nur dann Sinn, wenn man sich vor Augen führt, dass das erste Geschäftsjahr ein Rumpfgeschäftsjahr sein kann, so dass die Frist von zwei Kalenderjahren im Einzelfall unterschritten werden kann.[11] **Sinn und Zweck der Sperrfrist** besteht darin, eine **Flucht aus der Mitbestimmung** temporär zu verhindern. Es soll vermieden werden, dass die Gründung einer SE zum Zweck der identitätswahrenden Sitzverlegung einer nationalen Aktiengesellschaft missbraucht wird, um dadurch das Mitbestimmungsniveau abzusenken. Verschmilzt sich beispielsweise eine Aktiengesellschaft aus einem Mitbestimmungsland mit einer Gesellschaft aus einem mitbestimmungsfreien Mitgliedstaat und wird dort der Sitz der SE genommen, so könnte bei sofortiger Umwandlung in eine Aktiengesellschaft des mitbestimmungsfreien Staates die Flucht aus der Mitbestimmung angetreten werden. Eine Sitzverlegung setzt die Sperrfrist aber nicht erneut in Gang.[12] Der Schutz des Art. 11 SE-RL greift dann nicht mehr ein, da das Mitbestimmungsland nicht dem Gesellschaftsstatut des mitbestimmungsfreien Mitgliedstaats seinen Umgehungsschutz aufzwingen kann. Diese Lücke des Art. 11 SE-RL soll zumindest für einen Zeitraum von zwei Jahren vermieden werden.[13] Die Sperrfrist gilt somit für **alle Gründungsformen** der SE. Entgegen einer früher vertretenen Ansicht ist die Zweijahresfrist auch bei einer SE anzuwenden, die im Wege der **Umwandlung** nach Art. 37 gegründet wurde, selbst wenn seit der Gründung keine Sitzverlegung erfolgt ist; für eine **teleologische Reduktion**[14] der Vorschrift ist kein Raum.[15]

IV. Das Umwandlungsverfahren

5   **1. Überblick über das Umwandlungsverfahren.** Die Renationalisierung der SE durch Umwandlung lässt sich in **drei Abschnitte** untergliedern. In der **Vorbereitungsphase** wird ein Umwandlungsplan aufgestellt, der Umwandlungsbericht erstattet, beides offen gelegt und ein vereinfachtes Prüfungsverfahren durchgeführt. Daran schließt sich die **Zustimmungsphase** in Gestalt des Hauptversammlungsbeschlusses nach Abs. 6 an. Abgeschlossen wird das Verfahren mit der Anmeldung der SE und ihrer Eintragung ins Register **(Vollzugsphase)**.[16]

---

[7] Vgl. näher zum Ganzen *Kleinhenz/Leyendecker-Langer* AG 2013, 507 (508 ff.).
[8] Vgl. die berechtigte Kritik bei Lutter/Hommelhoff/*Seibt* Rn. 5.
[9] Vgl. etwa *Becker/Fleischmann* in Jannott/Froderrmann SE-HdB Kap. 10 Rn. 11; Kölner Komm AktG/*Kiem* Rn. 7 f.; Lutter/Hommelhoff/Teichmann/*Schmidt* Rn. 12; MüKoAktG/*Schäfer* Rn. 4; *Schwarz* Rn. 10; Habersack/Drinhausen/*Drinhausen* Rn. 9.
[10] Der Begriff der Genehmigung richtet sich nach dem nationalen Recht und ist als endgültige Verbindlichkeit des Jahresabschlusses zu verstehen, vgl. Kölner Komm AktG/*Kiem* Rn. 16; NK-SE/*Schröder* Rn. 4.
[11] Überzeugend Kalss/Hügel/*Zollner* SEG § 33 Rn. 6; MüKoAktG/*Schäfer* Rn. 5; Kölner Komm AktG/*Kiem* Rn. 16; *Vossius* ZIP 2005, 741 (749); NK-SE/*Schröder* Rn. 4; Lutter/Hommelhoff/Teichmann/*Schmidt* Rn. 20.
[12] So anscheinend aber Widmann/Mayer/*Heckschen* UmwG Anh. 14 Rn. 517; dagegen zutr. Habersack/Drinhausen/*Drinhausen* Rn. 16.
[13] Vgl. auch *Oplustil/Schneider* NZG 2003, 13 (14); MüKoAktG/*Schäfer* Rn. 5; *Schwarz* Rn. 20.
[14] Allg. zur teleologischen Reduktion von Normen der SE-VO vgl. *Casper* FS Ulmer, 2003, 53 (59).
[15] Habersack/Drinhausen/*Drinhausen* Rn. 16; Lutter/Hommelhoff/Teichmann/*Schmidt* Rn. 22; aA noch 3. Aufl. 2015, Rn. 4.
[16] Ausführlicher Überblick bei *Schwarz* Rn. 9 ff.

**2. Vorbereitungsphase: Umwandlungsplan und -bericht (Abs. 3), Offenlegung (Abs. 4), 6
Werthaltigkeitsprüfung (Abs. 5).** Der **Umwandlungsplan** nach Abs. 3 erfüllt dieselbe Funktion wie derjenige nach Art. 37 Abs. 4. Auch insoweit ist auffällig, dass der **Mindestinhalt** nicht näher beschrieben wird. Es ergeben sich somit wie bei Art. 37 Abs. 4 drei Möglichkeiten, diese Lücke zu schließen (→ Art. 37 Rn. 8 f.). Auch hier sprechen die besseren Gründe für einen Regelungsverzicht zugunsten des nationalen Umwandlungsrechts und gegen eine Analogie zu Art. 20 Abs. 1. Damit bestimmt sich der Inhalt des Plans bei einer in Deutschland domizilierenden SE nach **§ 194 Abs. 1 UmwG**.[17] Der Plan ist nicht notariell zu beurkunden,[18] sondern nur als Anlage zum Zustimmungsbeschluss zu nehmen (→ Art. 37 Rn. 10). Hinsichtlich des **Umwandlungsberichts** ergeben sich keine Unterschiede gegenüber Art. 37 Abs. 4. Auch insoweit sind die wesentlichen rechtlichen und wirtschaftlichen Einzelheiten der Umwandlung zu erläutern (Einzelheiten → Art. 37 Rn. 11). Auch hinsichtlich der **Offenlegung** nach Abs. 4 ergeben sich keine Abweichungen gegenüber Art. 37 Abs. 5. Offenzulegen sind der Plan und der Bericht[19] (→ Art. 37 Rn. 12). Auch insoweit genügt analog § 61 S. 2 UmwG die Bekanntmachung des Hinweises auf die Einreichung von Umwandlungsplan und -bericht zu den Akten des Handelsregisters.

Abs. 5 sieht eine Art. 37 Abs. 6 vergleichbare **Werthaltigkeitsprüfung** vor. Auch insoweit muss 7
eine Deckung des Grundkapitals mit Vermögen zum aktuellen Verkehrswert nachgewiesen werden. Die gesetzlichen und statutarischen Rücklagen sind im Gegensatz zu Art. 37 nicht mit abzudecken.[20] Umstritten ist, ob es auf eine Abdeckung des Grundkapitals der SE oder der Zielrechtsform ankommt. Für das Kapital der AG spricht, dass die Werthaltigkeitsprüfung die Prüfung nach §§ 32 ff. AktG (in Deutschland) ersetzt.[21] Wegen der Einzelheiten ist im Übrigen auf → Art. 37 Rn. 13 zu verweisen. Die Bestätigung der Werthaltigkeit verdrängt die **Prüfung nach §§ 32 ff. AktG,** sofern die SE in Deutschland ansässig ist.[22]

3. Zustimmungsphase: Hauptversammlungsbeschluss (Abs. 6). Abs. 6 verlangt die 8
Zustimmung durch die Hauptversammlung der SE. Es findet das nach Art. 7 Verschmelzungsrichtlinie (jetzt Art. 93 GesR-RL) harmonisierte Recht des Sitzstaates Anwendung. Unterschiede gegenüber **Art. 37 Abs. 7** ergeben sich keine, so dass auf die dortigen Ausführungen verwiesen werden kann (→ Art. 37 Rn. 14 f.). Auch hier gilt das Erfordernis einer **Dreiviertelmehrheit**. Sinnvollerweise ist zusammen mit dem Hauptversammlungsbeschluss eine **Bestellung der Organe** der Aktiengesellschaft und des Abschlussprüfers zu verbinden,[23] sofern nicht ausnahmsweise bei Umwandlung einer dualistisch strukturierten SE eine Amtskontinuität des Aufsichtsrats besteht.[24] Eine Neubestellung des Aufsichtsrats ist zwingend, wenn sich eine SE mit einem monistischen Verwaltungsrat in eine Aktiengesellschaft umwandelt, deren nationales Aktienrecht allein das dualistische Modell kennt. Aber auch bei dem Wechsel von der dualistisch strukturierten SE in die dualistische AG ist in der Regel eine Neubestellung des Aufsichtsrats erforderlich, es sei denn die Bildung und Zusammensetzung des Aufsichtsrats bleibt ausnahmsweise völlig unverändert.[25]

4. Vollzugsphase: Anmeldung und Eintragung. Für die Anmeldung der neuen nationalen 9
Aktiengesellschaft und deren Eintragung sowie hinsichtlich der sich daran anknüpfenden Folgen gilt das unter → Art. 37 Rn. 16 f. Gesagte sinngemäß.

V. Kein ergänzender Gläubiger- und Minderheitenschutz

Analog zu Art. 37 stellt sich die Frage, ob ergänzende Minderheiten- und Gläubigerschutzvor- 10
schriften aus dem nationalen Umwandlungsrecht zur Anwendung kommen. Insbesondere ist fraglich,

---

[17] Ebenso Lutter/Hommelhoff/Teichmann/*Schmidt* Rn. 25 f. (mit Verweis auf die Praxis, vorsorglich die nach §§ 194, 243 UmwG als auch die nach Art. 20 Abs. 1 S. 2 erforderlichen Angaben aufzunehmen; aA MüKoAktG/*Schäfer* Rn. 6 (Art. 20 Abs. 1 S. 2, Art. 32 Abs. 2 S. 3 analog); Habersack/Drinhausen/*Drinhausen* Rn. 2 (Anwendung des Art. 8 Abs. 2).
[18] Habersack/Drinhausen/*Drinhausen* Rn. 22; MüKoAktG/*Schäfer* Rn. 6.
[19] Str., vgl. Habersack/Drinhausen/*Drinhausen* Rn. 24 mwN, der eine Offenlegung des Berichts ablehnt.
[20] Kölner Komm AktG/*Kiem* Rn. 21; zu den Gründen für diese Abweichung gegenüber Art. 37 Abs. 6 vgl. NK-SE/*Schröder* Rn. 17 sowie Lutter/Hommelhoff/Teichmann/*Schmidt* Rn. 43 und *Schwarz* Rn. 18.
[21] Überzeugend Habersack/Drinhausen/*Drinhausen* Rn. 25; ebenso MüKoAktG/*Schäfer* Rn. 9; Manz/Mayer/Schröder/*Schröder* Rn. 14; aA Lutter/Hommelhoff/Teichmann/*Schmidt* Rn. 43; Kölner Komm AktG/*Kiem* Rn. 20.
[22] MüKoAktG/*Schäfer* Rn. 9; Lutter/Hommelhoff/Teichmann/*Schmidt* Rn. 48; Kölner Komm AktG/*Kiem* Rn. 26.
[23] Vgl. *Becker/Fleischmann* in Jannott/Frodermann Eur AG-HdB Kap. 10 Rn. 22 ff.; MüKoAktG/*Schäfer* Rn. 11; Habersack/Drinhausen/*Drinhausen* Rn. 28.
[24] *Kleinhenz/Leyendecker-Langer* AG 2013, 507 (508 ff.).
[25] → Art. 40 Rn. 8; eingehend Habersack/Drinhausen/*Drinhausen* Rn. 29.

ob nach § 196 UmwG den Aktionären ein Anspruch auf Verbesserung des Beteiligungsverhältnisses zuzubilligen ist.[26] Gegen ein Bedürfnis für einen solchen Anspruch spricht vor allem, dass sich bei der Rückumwandlung in eine nationale Aktiengesellschaft die Beteiligungsquote des einzelnen Aktionärs nicht ändert. Insoweit gilt das zu → Art. 37 Rn. 20 f. Gesagte entsprechend. Anders wird man zu entscheiden haben, wenn die Umwandlung in eine andere Rechtsform als die AG erfolgt, dann ist freilich ohnehin das nationale Umwandlungsrecht anwendbar.

---

[26] Dafür MüKoAktG/*Schäfer* Rn. 13; differenzierend Habersack/Drinhausen/*Drinhausen* Rn. 32, der die Anwendung der §§ 294, 207 UmwG für angemessen erachtet, wenn die SE sich in eine andere Rechtsform als die AG ihres Sitzstaates umwandelt.

Titel VI. Ergänzungs- und Übergangsbestimmung

Art. 67 [Kapitalziffer außerhalb der Eurozone]

(1) ¹Jeder Mitgliedstaat kann, sofern und solange für ihn die dritte Stufe der Wirtschafts- und Währungsunion (WWU) nicht gilt, auf die SE mit Sitz in seinem Hoheitsgebiet in der Frage, auf welche Währung ihr Kapital zu lauten hat, dieselben Bestimmungen anwenden wie auf die Aktiengesellschaften, für die seine Rechtsvorschriften gelten. ²Die SE kann ihr Kapital auf jeden Fall auch in Euro ausdrücken. ³In diesem Fall wird für die Umrechnung zwischen Landeswährung und Euro der Satz zugrunde gelegt, der am letzten Tag des Monats vor der Gründung der SE galt.

(2) ¹Sofern und solange für den Sitzstaat der SE die dritte Stufe der WWU nicht gilt, kann die SE jedoch die Jahresabschlüsse und gegebenenfalls die konsolidierten Abschlüsse in Euro erstellen und offen legen. ²Der Mitgliedstaat kann verlangen, dass die Jahresabschlüsse und gegebenenfalls die konsolidierten Abschlüsse nach denselben Bedingungen, wie sie für die dem Recht dieses Mitgliedstaats unterliegenden Aktiengesellschaften vorgesehen sind, in der Landeswährung erstellt und offen gelegt werden. ³Dies gilt unbeschadet der der SE zusätzlich eingeräumten Möglichkeit, ihre Jahresabschlüsse und gegebenenfalls ihre konsolidierten Abschlüsse entsprechend der Richtlinie 90/604/EWG[1] in Euro offen zu legen.

I. Normzweck

Art. 67 enthält Übergangsbestimmungen für Europäische Aktiengesellschaften in Mitgliedstaaten, in denen die dritte Stufe der Wirtschafts- und Währungsunion (WWU) noch nicht gilt. Zweck der Norm ist es, diese Mitgliedstaaten nicht faktisch zu einer Übernahme des Euro zu zwingen.[2] Die Vorschrift ist deshalb für in Deutschland domizilierende SE ohne praktische Bedeutung. 1

II. Kapital der SE (Abs. 1)

Nach **Abs. 1** wird den Mitgliedstaaten außerhalb der Eurozone die **Option** eingeräumt, für die Frage, auf welche Währung das Kapital einer SE mit Sitz in ihrem Hoheitsgebiet zu lauten hat, die Anwendung nationalen Aktienrechts vorzuschreiben. Soweit danach das Kapital nationaler Aktiengesellschaften in der jeweiligen Landeswährung anzugeben ist, kann abweichend von Art. 4 Abs. 1 das **Kapital einer SE auch in der Landeswährung ausgewiesen werden.** Darüber hinaus steht es der SE nach **S. 2** frei, ihr Kapital „auch" in Euro anzugeben. Dabei ist mit „auch" *zusätzlich* und nicht etwa *alternativ* zur Landeswährung gemeint, denn anderenfalls würde S. 1 leerlaufen.[3] Kommt es aufgrund der doppelten Angabe in den unterschiedlichen Währungen zu Unklarheiten, welcher genaue Betrag dem Kapitalschutz unterliegt, so ist dem Wort „auch" zu entnehmen, dass die Angabe in der **Landeswährung vorrangig** ist.[4] Dieses Rangverhältnis ergibt sich auch aus dem Zweck der Norm (→ Rn. 1).[5] 2

Nach **S. 3** gilt für die Bestimmung des Betrags in Euro der von der EZB festgestellte **Umrechnungskurs** vom letzten Tag des Monats vor der Gründung der SE.[6] Der Begriff der Gründung dürfte nicht anders zu verstehen sein als im deutschen Aktienrecht. So meint Gründung nicht erst 3

---

[1] Richtlinie 90/604/EWG des Rates vom 8. November 1990 zur Änderung der Richtlinie 78/660/EWG über den Jahresabschluss und der Richtlinie 83/349/EWG über den konsolidierten Abschluss hinsichtlich der Ausnahme für kleine und mittlere Gesellschaften sowie der Offenlegung von Abschlüssen in Ecu, ABl. EG 1990 L 317, 57 vom 16.11.1990; aufgehoben durch Richtlinie 2013/34/EU des Europäischen Parlaments und des Rates vom 26.6.2013 über den Jahresabschluss, den konsolidierten Abschluss und damit verbundene Berichte von Unternehmen bestimmter Rechtsformen und zur Änderung der Richtlinie 2006/43/EG des Europäischen Parlaments und des Rates und zur Aufhebung der Richtlinien 78/660/EWG und 83/349/EWG des Rates, ABl. EU 2013 L 182, 19 vom 29.6.2013. Da die neue Bilanz-RL 2013/34/EU der Sache nach an die Stelle der RL 90/604/EWG getreten ist, ist der Verweis in Art. 67 auf die aufgehobenen RL unschädlich, ebenso Lutter/Hommelhoff/Teichmann/*Langhein* Rn. 4.
[2] Vgl. MüKoAktG/*Oechsler/Mihaylova* Rn. 1a; Habersack/Drinhausen/*Habersack* Rn. 1; ähnlich *Schwarz* Rn. 2.
[3] Vgl. NK-SE/*Mayer* Rn. 4; *Schwarz* Rn. 5; Habersack/Drinhausen/*Habersack* Rn. 2.
[4] MüKoAktG/*Oechsler/Mihaylova* Rn. 1a; NK-SE/*Mayer* Rn. 4.
[5] MüKoAktG/*Oechsler/Mihaylova* Rn. 1a.
[6] Vgl. statt aller Habersack/Drinhausen/*Habersack* Rn. 3 mwN.

den Zeitpunkt der Eintragung der SE ins Handelsregister, sondern entsprechend §§ 23 ff., 29 AktG bereits den Zeitpunkt, zu dem die Gesellschaft errichtet ist.[7] Zwar könnte der Gläubigerschutz dafür sprechen, auf den späteren Zeitpunkt der Eintragung abzustellen. Doch ergibt es Sinn, dass den Gesellschaftern der Gründungsgesellschaften zum Zeitpunkt der Beschlussfassung das Umtauschverhältnis und damit der effektive Betrag in ihrer Landeswährung bekannt ist. Wird eine SE nach **Art. 8** von einem der Eurozone angehörenden Mitgliedstaat in einen ihr noch nicht angehörenden Staat verlegt, ist jedoch für die Berechnung der Zeitpunkt der Sitzverlegung entscheidend.[8] Würde man auch hier auf den Gründungszeitpunkt abstellen, so wäre der Gläubigerschutz gefährdet, wenn die Währung des Zielstaates gegenüber dem Euro seit der Gründung an Kaufkraft verloren hat.[9] Maßgeblich ist jedoch nicht der Kurs am Tag der Eintragung der Sitzverlegung (Art. 8 Abs. 10), sondern vielmehr der Kurs am letzten Tag des Monats vor der Beschlussfassung über den Verlegungsplan.[10] Entsprechendes gilt, wenn die SE selbst nach Art. 3 Abs. 1 an einer Gründung durch Verschmelzung gem. Art. 2 teilnimmt und die neu gegründete SE in einem Mitgliedstaat ihren Sitz hat, der bisher nicht der dritten Stufe der WWU beigetreten ist. Auch hier ist der Umrechnungskurs am letzten Tag des Monats vor Fassung des letzten Verschmelzungsbeschlusses maßgeblich.[11]

III. Jahresabschluss, konsolidierter Abschluss (Abs. 2)

4   Abs. 2 S. 1 normiert eine **Ausnahme von dem in Art. 61 verankerten Grundsatz**, demzufolge sich der Jahresabschluss und der konsolidierte Abschluss jeweils nach den Bestimmungen richten, die für eine nationale AG gelten. Europäische Aktiengesellschaften, die der Eurozone bisher nicht angehören, dürfen nach S. 1 wählen, ob sie den Abschluss statt in der Landeswährung in Euro erstellen möchten. Nach S. 2 kann der Mitgliedstaat dieses Wahlrecht jedoch wiederum **abbedingen** und zum Grundsatz des Art. 61 zurückkehren. Die SE muss die Abschlüsse dann in der Landeswährung erstellen. Unabhängig davon bleibt der SE aber nach S. 3 die Möglichkeit, ihre Abschlüsse als **zusätzliche Bekanntmachung in Euro** offen zu legen,[12] wobei bei Differenzen dann allerdings allein die Bilanzierung in der Landeswährung maßgeblich ist.

---

[7] IErg zust. aber krit. zur Heranziehung des deutschen Aktienrechts: Kölner Komm AktG/*Kiem* Rn. 7. Der Zeitpunkt ist bei den einzelnen Gründungsformen unterschiedlich. Vgl. hierzu *Jannott* in Jannott/Frodermann SE-HdB Kap. 3 Rn. 313.
[8] MüKoAktG/*Oechsler/Mihaylova* Rn. 2.
[9] MüKoAktG/*Oechsler/Mihaylova* Rn. 2.
[10] Wie hier Habersack/Drinhausen/*Habersack* Rn. 3; neuerdings auch MüKoAktG/*Oechsler/Mihaylova* Rn. 2; ganz anders Kölner Komm AktG/*Kiem* Rn. 12 f.
[11] MüKoAktG/*Oechsler/Mihaylova* Rn. 3; Habersack/Drinhausen/*Habersack* Rn. 3.
[12] Vgl. Habersack/Drinhausen/*Habersack* Rn. 4; NK-SE/*Mayer* Rn. 11; *Schwarz* Rn. 8.

Titel VII. Schlussbestimmungen

Art. 68 [Nationale Umsetzungsmaßnahmen]

(1) Die Mitgliedstaaten treffen alle geeigneten Vorkehrungen, um das Wirksamwerden dieser Verordnung zu gewährleisten.

(2) ¹Jeder Mitgliedstaat benennt die zuständigen Behörden im Sinne der Artikel 8, 25, 26, 54, 55 und 64. ²Er setzt die Kommission und die anderen Mitgliedstaaten davon in Kenntnis.

§ 4 SEAG Zuständigkeiten

¹Für die Eintragung der SE und für die in Artikel 8 Abs. 8, Artikel 25 Abs. 2 sowie den Artikeln 26 und 64 Abs. 4 der Verordnung bezeichneten Aufgaben ist das nach den §§ 376 und 377 des Gesetzes über das Verfahren in Familiensachen und in den Angelegenheiten der freiwilligen Gerichtsbarkeit bestimmte Gericht zuständig. ²Das zuständige Gericht im Sinne des Artikels 55 Abs. 3 Satz 1 der Verordnung bestimmt sich nach § 375 Nr. 4, §§ 376 und 377 des Gesetzes über das Verfahren in Familiensachen und in den Angelegenheiten der freiwilligen Gerichtsbarkeit.

I. Geeignete Vorkehrungen (Abs. 1)

Art. 68 Abs. 1 verpflichtet die Mitgliedstaaten im Sinne des **effet utile-Grundsatzes,** alle geeigneten Vorkehrungen zu treffen, um die praktische Wirksamkeit der SE-VO zu gewährleisten.[1] Insofern erschöpft sich die Pflicht der Mitgliedstaaten nicht in der Verabschiedung des Ausführungsgesetzes. Stattdessen muss auch bei der Anwendung und Auslegung der SE-VO berücksichtigt werden, dass die Verordnung ihre Wirksamkeit entsprechend ihres Zweckes effektiv entfaltet.[2] Der deutsche Gesetzgeber hat die Vorgaben der SE-VO nicht fristgemäß zum 8.10.2004, sondern erst am 29.12.2004 in nationales Recht umgesetzt. Insbesondere im Hinblick auf die bis Ende 2006 fehlenden Vorschriften zur Besteuerung der SE (→ Vor Art. 1 Rn. 24) bestanden Zweifel, ob der deutsche Gesetzgeber seinen Regelungsauftrag hinreichend erfüllt hatte.[3]

II. Benennung der zuständigen Behörden (Abs. 2)

Den Auftrag aus Abs. 2[4] setzt der deutsche Gesetzgeber in **§ 4 SEAG**[5] um. Die Ausstellung der Bescheinigungen, die für die Eintragung der Sitzverlegung und Verschmelzung notwendig sind, erklärt der deutsche Gesetzgeber durch den Verweis auf §§ 376, 377 FamFG zur Handelsregistersache; mithin läuft das Verfahren nach dem FamFG und der Handelsregisterverordnung ab.[6] Zuständig für die Führung der Handelsregister sind die Amtsgerichte (§ 374 Nr. 1 FamFG, § 375 Nr. 4 FamFG, § 376 f. FamFG, § 23a GVG). Für die zwangsweise Auflösung der SE nach Art. 64 Abs. 4 ist ebenfalls das Amtsgericht als Registergericht zuständig (→ Art. 64 Rn. 5).[7] Des Weiteren wird auf Art. 54 Abs. 2 und 55 Abs. 3 S. 1 verwiesen, welche die Möglichkeit vorsehen, die Hauptversammlung durch eine Behörde einberufen zu lassen. Dieser Verweis würde teilweise ins Leere laufen, wenn man, entgegen der von *Eberspächer* vertretenen Auffassung (→ Art. 55, 56 Rn. 7), dem Registergericht über § 122 Abs. 3 AktG hinausgehend keine unmittelbare Befugnis, die Einberufung der Hauptversammlung anzuordnen, zuerkennen würde.[8]

---

[1] Vgl. Lutter/Hommelhoff/Teichmann/*Langhein* Rn. 3; MüKoAktG/*Oechsler/Mihaylova* Rn. 1; *Schwarz* Rn. 5; Kölner Komm AktG/*Kiem* Rn. 6; Habersack/Drinhausen/*Habersack* Rn. 1.

[2] Ebenso Kölner Komm AktG/*Kiem* Rn. 8; Habersack/Drinhausen/*Habersack* Rn. 1.

[3] Zu den Schwächen der Umsetzung auch MüKoAktG/*Oechsler/Mihaylova* Rn. 2 f.

[4] Vgl. auch Lutter/Hommelhoff/Teichmann/*Langhein* Rn. 9, der zutr. darauf hinweist, dass es in Art. 68 Abs. 2 Behörde und nicht Behörden heißen müsste; Konsequenzen ergeben sich aus der missverständlichen deutschen Fassung wohl nicht. Vgl. näher zum Ganzen auch Kölner Komm AktG/*Kiem* Rn. 12.

[5] Abgedruckt bei Art. 12.

[6] RegE SEEG, BT-Drs. 15/3405, 31; Lutter/Hommelhoff/Teichmann/*Langhein* Rn. 10; *Schwarz* Rn. 10.

[7] Details bei Kölner Komm AktG/*Kiem* Rn. 13 f.

[8] So wohl RegE SEEG, BT-Drs. 15/3405, 31; dem folgend MüKoAktG/*Oechsler/Mihaylova* Rn. 4; *Schwarz* Rn. 14; Lutter/Hommelhoff/Teichmann/*Spindler* Art. 55 Rn. 18; wie hier Habersack/Drinhausen/*Habersack* Rn. 2.

Art. 69 [Überprüfung der Verordnung]

¹Spätestens fünf Jahre nach Inkrafttreten dieser Verordnung legt die Kommission dem Rat und dem Europäischen Parlament einen Bericht über die Anwendung der Verordnung sowie gegebenenfalls Vorschläge für Änderungen vor. ²In dem Bericht wird insbesondere geprüft, ob es zweckmäßig ist,
a) zuzulassen, dass sich die Hauptverwaltung und der Sitz der SE in verschiedenen Mitgliedstaaten befinden,
b) den Begriff der Verschmelzung in Artikel 17 Absatz 2 auszuweiten, um auch andere als die in Artikel 3 Absatz 1 und Artikel 4 Absatz 1 der Richtlinie 78/855/EWG definierten Formen der Verschmelzung zuzulassen,
c) die Gerichtsstandsklausel des Artikels 8 Absatz 16 im Lichte von Bestimmungen, die in das Brüsseler Übereinkommen von 1968 oder in einen Rechtsakt der Mitgliedstaaten oder des Rates zur Ersetzung dieses Übereinkommens aufgenommen wurden, zu überprüfen,
d) vorzusehen, dass ein Mitgliedstaat in den Rechtsvorschriften, die er in Ausübung der durch diese Verordnung übertragenen Befugnisse oder zur Sicherstellung der tatsächlichen Anwendung dieser Verordnung auf eine SE erlässt, Bestimmungen in der Satzung der SE zulassen kann, die von diesen Rechtsvorschriften abweichen oder diese ergänzen, auch wenn derartige Bestimmungen in der Satzung einer Aktiengesellschaft mit Sitz in dem betreffenden Mitgliedstaat nicht zulässig wären.

Art. 70 [Inkrafttreten]

Diese Verordnung tritt am 8. Oktober 2004 in Kraft.

I. Inkrafttreten (Art. 70)

1 Art. 70 regelt das Inkrafttreten der SE-VO und datiert dieses auf den 8.10.2004. Erst ab diesem Zeitpunkt konnte eine SE wirksam gegründet werden, weshalb entsprechende Gründungsakte wie die Aufstellung eines Verschmelzungsplans etc. nicht vorher vorgenommen werden konnten.¹ Verabschiedet wurde die SE-VO allerdings bereits im Dezember 2000 (→ Vor Art. 1 Rn. 16). Die relativ **lange Übergangsfrist** sollte den Mitgliedstaaten ausreichend Zeit bieten, die begleitende Mitbestimmungsrichtlinie (→ Vor Art. 1 Rn. 3, → Art. 1 Rn. 7) umzusetzen und die lückenhafte SE-VO durch spezielle **Ausführungsgesetze** auszufüllen. Auch wenn Art. 68 die Mitgliedstaaten zum rechtzeitigen Erlass von Ausführungsgesetzen verpflichtet (→ Art. 68 Rn. 1), richtet sich deren Inkrafttreten doch allein nach nationalem Recht. Die deutsche Verzögerung – das SEEG ist am 29.12.2004 in Kraft getreten – ist mit knapp drei Monaten verglichen mit anderen Mitgliedstaaten² noch recht maßvoll (näher zum Inkrafttreten des SEEG → Vor Art. 1 Rn. 17). Die Frage, ob die SE bis zum Inkrafttreten des jeweiligen Ausführungsgesetzes die aktienrechtlichen Lücken durch eine entsprechende Regelung in der Satzung schließen kann, ist zumindest für Deutschland eine müßige Frage.

II. Der Evaluierungsbericht der Kommission nach Art. 69

2 Art. 69 verpflichtete die Kommission zur **Berichterstattung** über die mit der SE-VO gewonnenen Erfahrungen innerhalb einer Frist von fünf Jahren. Soweit die Kommission Änderungsbedarf sah, sollte sie konkrete Vorschläge unterbreiten. In jedem Fall hatte sie sich mit den in Satz 2 aufgezählten Punkten zu befassen. Ziel dieser **Evaluation** war es, gerade die oftmals aus dem politischen Kompromiss resultierenden Ausnahme- und Optionsregeln vor dem Hintergrund der praktischen Erprobung erneut zu verhandeln und damit auf eine weitergehende Harmonisierung des Gemeinschaftsrechts hinzuwirken.³

3 Ihrer Verpflichtung kam die Kommission um ein Jahr verspätet im Herbst 2010 nach.⁴ Zur Vorbereitung hatte sie eine **externe Studie** bei einer großen Wirtschaftsprüfungsgesellschaft in

---

[1] NK-SE/*Fuchs*, 1. Aufl. 2005, Art. 70 Rn. 2.
[2] Zum schleppenden Umsetzungsprozess (Stand Ende 2003) vgl. die Länderberichte bei *Baums/Cahn*, Die Europäische Aktiengesellschaft, 2004, 10 ff.
[3] Vgl. MüKoAktG/*Oechsler/Mihaylova* Art. 69 Rn. 1.
[4] Bericht der Kommission an das Europäische Parlament und den Rat über die Anwendung der Verordnung (EG) Nr. 2157/2001 des Rates vom 8.10.2001 über das Statut der Europäischen Gesellschaft (SE) vom 17. November 2010, KOM(2010) 676 endg., S. 1 ff.

Auftrag gegeben.[5] Die Kommission erkennt in ihrem **Evaluationsbericht** an, dass die aktuelle Regulierung verbesserungswürdig ist, da die Anwendung des Statuts in der Praxis eine Reihe von Problemen aufwirft. Dies zeige sich auch an der unausgewogenen Streuung der SE in der Europäischen Union.[6] Gleichwohl entzieht sie sich der Diskussion mit einem Verweis auf den durch das SE-Statut nach langwierigen Verhandlungen gefundenen „heiklen Kompromiss".[7] Der im Evaluationsbericht angekündigte Aktionsplan[8] enthält dementsprechend lediglich den Hinweis, dass die Vorteile einer Überarbeitung des SE-Statuts die potenziellen Herausforderungen bei einer Neueröffnung der Diskussion nicht aufwögen.[9] Damit ist eine Reform des SE-Statuts auf absehbare Zeit nicht zu erwarten.

Im Einzelnen sollte evaluiert werden, ob es zweckmäßig ist, sich vom **Einheitlichkeitsgebot** 4 **des Art. 7 Abs. 1 zu verabschieden** und es damit der SE zu ermöglichen, entsprechend der EuGH-Rspr für nationale Aktiengesellschaften[10] ihre Hauptverwaltung losgelöst vom Satzungssitz, also vom subsidiär anwendbaren nationalen Gesellschaftsrecht, zu wählen (**lit. a).**[11] Der Evaluierungsbericht sieht das Koppelungsgebot zu Recht kritisch und weist auf praktische Schwierigkeiten und einen Widerspruch zu der Rechtsprechung des EuGH hin.[12] Gleichwohl wird keine klare Forderung zur Aufgabe des Einheitlichkeitsgebots erhoben. Dies ist zu bedauern (→ Art. 7 Rn. 5). Des Weiteren sollte überdacht werden, ob eine **Erweiterung des in Art. 17 Abs. 2** verwendeten Begriffes der Verschmelzung in Betracht käme. Dabei wurde der numerus clausus der Gründungstatbestände in Art. 2 Abs. 1 bis 5 und Art. 3 Abs. 2 S. 1 (→ Art. 2, 3 Rn. 1 ff.) insgesamt in den Blick genommen[13] **(lit. b).** Auch insoweit werden in dem Bericht Vorteile und Nachteile gegeneinander abgewogen, ohne ein klares Fazit zu ziehen.[14] Das Argument gegen die Erweiterung des Verschmelzungsbegriffes um die Spaltung, „dass die Gründung einer SE durch Spaltung eine weitere Aufgliederung der wirtschaftlichen und rechtlichen Einheit einer Unternehmensgruppe anstelle einer Vereinfachung der Gruppenstruktur bewirken würde", überzeugt nicht (→ Art. 2, 3 Rn. 40).[15] Zu prüfen war auch die **Gerichtsstandsvereinbarung des Art. 8 Abs. 16** vor dem Hintergrund der Bestimmungen im Brüsseler Übereinkommen bzw. der seit dem 1.3.2002 mit unmittelbarer Wirkung geltenden Verordnung über die gerichtliche Zuständigkeit und die Anerkennung und Vollstreckung von Entscheidungen in Zivil- und Handelssachen

---

[5] Study on the operation of the impacts of the Statute for a European Company (SE) v. 9.12.2009, abrufbar unter http://ec.europa.eu/internal_market/consultations/docs/2010/se/study_SE_9122009_en.pdf (zuletzt abgerufen am 25.7.2017); Überblick dazu auch bei *Kiem* CFL 2011, 134 (136 f.).

[6] Bericht der Kommission an das Europäische Parlament und den Rat über die Anwendung der Verordnung (EG) Nr. 2157/2001 des Rates vom 8.10.2001 über das Statut der Europäischen Gesellschaft (SE) vom 17. November 2010, KOM(2010) 676 endg., S. 10 f.

[7] Bericht der Kommission an das Europäische Parlament und den Rat über die Anwendung der Verordnung (EG) Nr. 2157/2001 des Rates vom 8.10.2001 über das Statut der Europäischen Gesellschaft (SE) vom 17. November 2010, KOM(2010) 676 endg., S. 11.

[8] Mitteilung der Kommission an das Europäische Parlament, den Rat, den Europäischen Wirtschafts- und Sozialausschuss und den Ausschuss der Regionen – Aktionsplan: Europäisches Gesellschaftsrecht und Corporate Governance – ein moderner Rechtsrahmen für engagiertere Aktionäre und besser überlebensfähige Unternehmen, vom 12.12.2012, COM (2012) 740 final.

[9] Mitteilung der Kommission an das Europäische Parlament, den Rat, den Europäischen Wirtschafts- und Sozialausschuss und den Ausschuss der Regionen – Aktionsplan: Europäisches Gesellschaftsrecht und Corporate Governance – ein moderner Rechtsrahmen für engagiertere Aktionäre und besser überlebensfähige Unternehmen, vom 12.12.2012, COM (2012) 740 final, S. 16. Zu dem Umfang der darin stattdessen angekündigten Informationskampagne kritisch: *Bayer/Schmidt* BB 2014, 1219–1232. Eine Bewertung des Evaluierungsberichts findet sich auch bei *Kiem* CFL 2011, 134 (139).

[10] EuGH NJW 2002, 3614 = EuZW 2002, 754 – Überseering; EuGH NJW 2003, 3331 = EuZW 2003, 687 – Inspire Art.

[11] Bericht der Kommission an das Europäische Parlament und den Rat über die Anwendung der Verordnung (EG) Nr. 2157/2001 des Rates vom 8.10.2001 über das Statut der Europäischen Gesellschaft (SE) vom 17. November 2010, KOM(2010) 676 endg., S. 4; → Art. 7 Rn. 2, 5.

[12] Bericht der Kommission an das Europäische Parlament und den Rat über die Anwendung der Verordnung (EG) Nr. 2157/2001 des Rates vom 8.10.2001 über das Statut der Europäischen Gesellschaft (SE) vom 17. November 2010, KOM(2010) 676 endg., S. 8 f.

[13] Bericht der Kommission an das Europäische Parlament und den Rat über die Anwendung der Verordnung (EG) Nr. 2157/2001 des Rates vom 8.10.2001 über das Statut der Europäischen Gesellschaft (SE) vom 17. November 2010, KOM(2010) 676 endg., S. 7 f.; → Art. 2, 3 Rn. 6.

[14] Bericht der Kommission an das Europäische Parlament und den Rat über die Anwendung der Verordnung (EG) Nr. 2157/2001 des Rates vom 8.10.2001 über das Statut der Europäischen Gesellschaft (SE) vom 17. November 2010, KOM(2010) 676 endg., S. 8.

[15] Ausführlicher dazu bereits *Casper* ZHR 173 (2009) 181 (192 f.).

(EuGVÜ)[16] **(lit. c)**.[17] Der Bericht verweist auf fehlende praktische Erfahrungen mit der Norm und bezweifelt ihren Nutzen. Dennoch sieht die Kommission derzeit keinen Grund, die aktuelle Regelung zu ändern.[18] Dies ist zumindest einstweilen zu begrüßen (→ Art. 8 Rn. 27).[19] Ferner war zu überlegen, den Mitgliedstaaten die Option einzuräumen, den in ihrem Hoheitsgebiet ansässigen Europäischen Aktiengesellschaften eine **größere Satzungsfreiheit** (→ **Art. 9 Rn. 5**) als den nationalen Aktiengesellschaften zuzubilligen **(lit. d)**. Problematisch erscheint dies auf den ersten Blick wegen der Vorgaben in Art. 10 iVm § 23 Abs. 5 AktG.[20] Eine erweiterte Satzungsautonomie müsste also mit einer (Teil-) Revision des Art. 10 einhergehen. In ihrem Bericht geht die Kommission auf diesen Punkt jedoch nur am Rande ein und bezweifelt, dass eine Erhöhung der Flexibilität hinsichtlich der internen Organisation politisch durchsetzbar wäre.

III. Die weitere rechtspolitische Diskussion

5   Insbesondere im deutschen Schrifttum hatte im Vorfeld der Evaluierung eine intensive **rechtspolitische Diskussion** stattgefunden, die auch zu konkreten Verbesserungsvorschlägen geführt hat. Exemplarisch sei auf die Vorschläge des Arbeitskreises Aktien- und Kapitalmarktrecht hingewiesen.[21] Im Europäischen Zusammenhang werden vor allem das Schicksal von Art. 7 und die Beschränkungen der Gründungsformen kontrovers diskutiert.[22] In Deutschland treten vor allem Schwierigkeiten mit der unternehmerischen Mitbestimmung hinzu.[23] Diese rechtspolitische Diskussion kann an dieser Stelle nicht erneut aufgegriffen werden. Insoweit ist auf die genannten Beiträge und die rechtspolitische Kritik bei den Einzelnormen zu verweisen. Dass die Kommission sich in ihrem Bericht mit diesen vielfältigen Gesichtspunkten nicht auseinandergesetzt hat, ist zu bedauern. Der Bericht liest sich vielmehr wie eine lästige Pflichtübung seiner Autoren und hat die rechtspolitische Diskussion nicht sonderlich beflügelt, da er unvollständig ist und sich an den neuralgischen Stellen einer klaren Stellungnahme verweigert.[24]

6   Eine Pflicht zu einer **erneuten Evaluation** sieht Art. 69 nicht vor, er beschränkt sich auf eine einmalige Evaluierung nach fünf Jahren. Auch dies ist rechtspolitisch zu bedauern. Zwar scheint es nicht sinnvoll, alle fünf Jahre eine Evaluierung vorzunehmen, aber es wäre wünschenswert, mit einem größeren zeitlichen Abstand zum Inkrafttreten der SE-VO (zB nach 15–20 Jahren) nochmals eine Evaluierung vorzunehmen, die sich dann nicht nur auf die vier in Art. 69 genannten Punkte beschränkt. Einstweilen sind die Wissenschaft und Praxis aufgerufen, die Reformdiskussion fortzusetzen. Neue Ansätze auf Seiten der EU sind zur Zeit nicht ersichtlich, die Kommission belässt es momentan dabei, auf einer Webseite mit einem Q-and-A-Bogen für die Attraktivität der SE zu werben.[25]

Anhang I *(nicht abgedruckt)*

Anhang II *(nicht abgedruckt)*

---

[16] Verordnung (EG) Nr. 44/2001 des Rates vom 22. Dezember 2000 über die gerichtliche Zuständigkeit und die Anerkennung und Vollstreckung von Entscheidungen in Zivil- und Handelssachen, ABl. EG 2001 L 12, 1 vom 16.1.2001; zuletzt geändert durch Verordnung (EU) 2015/263 der Kommission vom 16. Januar 2015 zur Änderung der Anhänge I bis IV der Verordnung (EG) Nr. 44/2001 des Rates über die gerichtliche Zuständigkeit und die Anerkennung und Vollstreckung von Entscheidungen in Zivil- und Handelssachen, ABl. EU 2015 L 45, 2 vom 19.2.2015.

[17] Bericht der Kommission an das Europäische Parlament und den Rat über die Anwendung der Verordnung (EG) Nr. 2157/2001 des Rates vom 8.10.2001 über das Statut der Europäischen Gesellschaft (SE) vom 17. November 2010, KOM(2010) 676 endg, S. 9 f.; → Art. 8 Rn. 27.

[18] Bericht der Kommission an das Europäische Parlament und den Rat über die Anwendung der Verordnung (EG) Nr. 2157/2001 des Rates vom 8.10.2001 über das Statut der Europäischen Gesellschaft (SE) vom 17. November 2010, KOM(2010) 676 endg., S. 10.

[19] Ebenso Habersack/Drinhausen/*Drinhausen* Rn. 14 f.

[20] Vgl. Habersack/Drinhausen/*Drinhausen* Rn. 16; MüKoAktG/*Oechsler/Mihaylova* Art. 69 Rn. 5.

[21] ZIP 2009, 698 f. sowie englischsprachige Fassung in EBOR 10 (2009) 285 ff.; vgl. ferner ausf. Analyse bei *Casper* ZHR 173 (2009) 181 (184 ff.) und *Kiem* ZHR 173 (2009) 156 (160 ff.); Kölner Komm AktG/*Kiem* Art. 69 Rn. 8 ff.

[22] *van Eck/Roelofs* European Company Law 2009, 105 ff.; *Dorresteijn/Uziahu-Santcroos* European Company Law 2009, 277 ff., 152 ff.; sowie aus deutscher Perspektive *Casper/Weller* NZG 2009, 681 ff.; *Drinhausen/Nohlen* FS Spiegelberger, 2009, 645 ff.; *Drinhausen/Nohlen* European Company Law 2009, 14 ff.

[23] Vgl. dazu etwa *Henssler* ZHR 173 (2009) 222 (231 ff.) und *Kiem* ZHR 173 (2009) 156 (170 ff.); *Kiem* CFL 2011, 134 (140); sowie *Arbeitskreis Aktien- und Kapitalmarktrecht* ZIP 2009, 698 f. (Thesen 4–7); vgl. aber auch *Dorresteijn/Uziahu-Santcroos* European Company Law 2009, 152 (157 ff.).

[24] Zu Recht krit. auch das Fazit bei *Kiem* CRL 2011, 134 (138 f.).

[25] http://ec.europa.eu/internal_market/company/societas-europaea/basics/index_de.htm (zuletzt aufgerufen am 26.3.2018); vgl. dazu auch Lutter/Hommelhoff/Teichmann/*Lutter* Rn. 2.

Sachverzeichnis

bearbeitet von Rechtsanwalt Per Axel Schwanbom, Rechtsanwalt in München

Arabische Zahlen ohne weiteren Zusatz bezeichnen die Paragraphen des AktG, **SpruchG** steht für das Spruchverfahrensgesetz, **IntGesR** für den Abschnitt zum Internationalen Gesellschaftsrecht und **SE-VO** für die Verordnung über das Statut der Europäischen Gesellschaft (SE).
Magere Zahlen stehen für Randnummern.

Abberufung der Abwickler 265 9
Abberufung der Aufsichtsratsmitglieder
– Abberufung aus wichtigem Grund **103** 27; **136** 19
– Abberufungspflicht **103** 38
– anderweitige Amtsbeendigung **103** 62 ff.
– Beschlusserfordernis **103** 8
– entsandte Aufsichtsratsmitglieder **103** 19, 31
– Ersatzmitglieder **103** 60 f.
– freie Abrufbarkeit **103** 5
– mitbestimmungsrechtliche Vorschriften **103** 44 ff.
– rechtswidrige Abberufung **103** 17
– Satzungsregelungen **103** 11
– Verlangen des BaFin **103** 39
– von der Hauptversammlung gewählte Aufsichtsratsmitglieder **103** 5
– Widerruf der Abberufung **103** 9
– Wirkungen des Beschlusses **103** 15
Abberufung der Verwaltungsträger, Unterbleiben 396 12
Abberufung des gemeinsamen Vertreters SpruchG 6 13
Abberufung des Vorstands 84 92 ff.
Abfindung, Ausschluss Minderheitsaktionäre 327b 3, s. auch Squeeze Out
Abfindung, Unternehmensvertrag
– Abdingbarkeit **305** 6
– Abfindung in Aktien **305** 34
– Abfindungsergänzungsanspruch **320b** 15
– Aktionäre **71** 66
– Änderungsvertrag **295** 20
– angemessene Abfindung **320b** 2
– Angemessenheit **305** 44, s. auch Angemessenheit der Abfindung
– Arten der Abfindung **305** 30
– Barabfindung **305** 30, 43
– bare Zuzahlungen **305** 96
– Befristung der Erwerbsverpflichtung **305** 103
– bei der GmbH **SpruchG** 1 28
– Bereitstellung von Aktien **192** 14
– Börsenwert **305** 49 ff.
– Entstehen des Anspruchs **305** 17
– Erlöschen **305** 21
– Fälligkeit **305** 18
– Kündigungsrecht **305** 108
– mehrstufiger Konzern **305** 36, 38 ff.
– Minderheitsaktionäre **SE-VO Art. 8** 24
– Options- oder Wandlungsrechte **320b** 6
– Pflicht **305** 8

– Regelabfindung **320b** 4
– Spruchverfahren **320b** 14
– Unangemessenheit **320b** 12
– Unternehmensbewertung **305** 49 ff., 70 ff.
– Veränderung der vertragswesentlichen Verhältnisse **305** 101
– vertragliche Mängel, Rechtsfolgen **305** 107
– Verzinsung **320b** 11
– Voraussetzungen **305** 13
– Vorgaben **320b** 9
– Wahlrecht bei Abhängigkeit der Hauptgesellschaft **320b** 7
Abfindungsangebot
– Delisting 3 6
Abfindungsbekanntmachung 327b 13
Abfindungsvereinbarungen 116 167
Abgeleiteter Erwerb 1 16
Abhandenkommen oder Vernichtung von Aktien 72 4
Abhängige Unternehmen 15 14, 53
– Abhängigkeitstatbestand **17** 8
– Abhängigkeitsvermutung **17** 49
Abhängigkeitsbericht
– Vorlage an Aufsichtsrat 170 14
Abhängigkeitsbericht bei verbundenen Unternehmen, Voraussetzungen 312 5
– Aufstellung **170** 14
– bei Abwicklung **270** 134
– Berichtspflicht **313** 19
– Bestätigungsvermerk **313** 21
– Einsichts- und Auskunftsrecht **313** 16
– Erteilung des Prüfungsauftrags **313** 6
– Gewinnabführungsvertrag **316** 2
– Grundsätze der Berichterstattung **312** 45
– Prüfung durch den Abschlussprüfer **313** 4
– Prüfung durch den Aufsichtsrat **314** 3
– Schlusserklärung **312** 48
– Umfang der Prüfung **313** 13
Abhängigkeitstatbestand 17 8
– beherrschender Einfluss **17** 9
– Beständigkeit der Herrschaft **17** 19
– Gemeinschaftsunternehmen **17** 15
– gesellschaftsrechtlich vermittelte Herrschaft **17** 20
– Herrschaftsmittel **17** 24
– Joint-Venture mit Nicht-Unternehmen **17** 18
– mehrfache Beherrschung **17** 14
– mittelbare Beherrschung **17** 14
– Möglichkeit der Beherrschung **17** 8
– Umfang der Herrschaft **17** 12

Sachverzeichnis

Fett gedruckte Zahlen = Paragraphen

- unmittelbare Beherrschung **17** 14
Abhängigkeitsverhältnis zwischen Unternehmen 311 2
Abhängigkeitsvermutung 17 49
- Entherrschungsverträge **17** 52
- mehrstufige Abhängigkeit **17** 56
- Mittel zur Widerlegung **17** 51
- unabhängige Aufsichtsräte **17** 55
- unternehmerische Mitbestimmung **17** 54
- vorübergehende Beteiligungen **17** 53
- widerlegliche Vermutung **17** 50
Abholung neuer Aktien 214 4
Abkürzung der Firma 4 5
Ableitungsfunktion der Aktiengesellschaft 1 3
Ablösende Abfindungen 87 46
Abschlagszahlung auf den Bilanzgewinn 59 2
- Auszahlungsanspruch **59** 15
- Beschränkung auf die Hälfte des vorjährigen Bilanzgewinns **59** 14
- Jahresüberschuss, vergangenes Geschäftsjahr **59** 9
- Rückgewährpflicht **59** 17
- Voraussetzungen **59** 5
- Vorstandsbeschluss **59** 7
- Zustimmung des Aufsichtsrates **59** 8
- Zwischendividende **59** 19
Abschließende Feststellungen
- Durchführung der Sonderprüfung **259** 2
- Prüfungsbericht **259** 3
Abschluss 59 10
Abschlussprüfer 114 32
- Abschlussprüferstelle, Information bei Bußgeld **407a** 2
- Abschlussprüferstelle, Information bei Straftat **407a** 3
- andere Aufträge **111** 56
- Auskunftspflicht **171** 31; **176** 25
- Auswahlverfahren **107** 141a
- Befangenheit **256** 40
- Berichtspflicht **313** 19
- Berichtsumfang **171** 65 f.
- Bestätigungsvermerk **313** 21
- Bestellung **30** 19; **119** 6
- Einsichts- und Auskunftsrecht **313** 16
- Entsprechenserklärung (DCGK) **161** 83a
- erster **30** 20
- Erteilung des Prüfungsauftrags **313** 6
- Formaltestat **313** 23
- Haftung **171** 28
- Haftung für Berichtspflichtverletzung **403** 18 ff.
- Honoraranteil im Verhältnis zu Gesamteinnahmen **405** 96
- Informationspflichten **171** 67
- Konzernabschlussprüfer **111** 85
- Missachtung der Teilnahmepflicht **176** 28
- nichtfinanzielle Berichte **171** 62a f.
- Pflichtverletzungen **404a** 19 ff.

- Prüfung des Abhängigkeitsberichts **313** 4
- Prüfungsauftrag, Ausgestaltung **111** 52 f.
- Prüfungsauftrag, Erteilung **111** 50 ff.
- Rotationsprinzip **107** 141a
- Satzung **171** 29
- Sonderprüfungen **258** 32
- strafrechtliche Haftung **404a** 19 ff.
- Teilnahmepflicht an Aufsichtsratssitzungen **109** 25; **171** 24 ff., 24; **314** 14
- Teilnahmepflicht an Hauptversammlung **118** 20, 27; **176** 22 ff.
- Teilnahmepflicht an Sitzungen des Prüfungsausschusses **171** 26 ff.
- Umfang der Prüfung **313** 13
- Unabhängigkeit **171** 66
- uneingeschränktes Testat **171** 46, 63
- Vorlagepflicht ggü. Prüfungsausschuss **107** 141b
- Zusatzbericht **107** 141b f.
Abschlussprüferaufsichtsstelle
- Information **407a** 2 f.
- Übermittlung von Bußgeldentscheidungen **407a** 2
Abschlussprüfer-VO 107 140a ff.
Abschlussprüfung 171 39
- Abwicklungsgesellschaft **270** 122
- Einzelabschluss **171** 49
- Gegenstand **171** 39
- Gewinnverwendungsvorschlag, Prüfung **171** 52
- Jahresabschluss **171** 41
- Konzernabschluss **171** 55
- Lagebericht **171** 47, 59
- nichtfinanzielle Berichte **171** 62a f.
Abschlussprüfungen, Pflichtverletzungen 404a 19 ff.
- Beharrlichkeit **404a** 16, 29 ff.
- CRR-Kreditinstitute **404a** 23
- kapitalmarktorientierte Unternehmen **404a** 22
- Public Interest Entities **404a** 19
- tatausfüllende Normen **404a** 32
- Unrechtsvereinbarung **404a** 28
- Vermögensvorteil **404a** 26 ff.
- Versicherungsunternehmen **404a** 24
Abschlussvertretung 112 32
Absorptionstheorie 16 16
Abspaltungsverbot 8 50
Abstimmung über Wahlvorschläge von Aktionären 137 4
Abstimmungsverfahren 108 17
Abtretung von Aktien 10 52
Abwehr von Übernahmeversuchen 71 20
Abwehrklage
- Anfechtungsklage **Vor 241** 6, 8
- Nichtigkeitsklage **Vor 241** 9
- Unwirksamkeitsklage **Vor 241** 12
Abwickler
- Abberufung **265** 9
- Abwicklung **265** 7

Mager gedruckte Zahlen = Randnummer   **Sachverzeichnis**

- Abwicklung durch Unternehmensveräußerung 268 9
- Amtsannahme 265 17
- Amtsniederlegung 265 17
- Anforderungen 265 5
- Anstellung 265 21
- Ausschluss der Vertretung 269 5
- Beschränkung der Vertretungsmacht 269 11
- Bestellung 265 7
  - durch das Gericht 265 12; 290 5
  - durch die Hauptversammlung 265 9
- Bestellungshindernisse 265 3
- Eignungsschwindel 399 223 ff.
- Einberufungspflicht 268 17
- fachliche Qualifikation 265 4
- Gesellschaftsorgan, Stellung als 268 15
- gesetzliche Regelung 290 2
- Haftung 268 22; 399 218
- juristische Person 265 6
- KGaA 290 2 ff.
- Kompetenzen 290 6
- Liquidationsermessen 268 10
- organschaftliche Vertretung 269 3
- Qualifikation 265 3
- Rechnungslegung, Pflicht 270 31
- rechtsgeschäftliche Vertretung 269 7
- Satzungsregelung 290 4
- strafrechtliche Haftung 399 218, 223 ff.
- Vergütung 265 19; 270 58
- Verhältnis zum Aufsichtsrat 268 18
- Verhältnis zum Vorstand 268 15
- Verhältnis zur Hauptversammlung 268 20
- Vorlagepflicht 268 10
- Zeichnung 269 13
- Zwangsgeld 268 26

Abwicklung der Gesellschaft 264; 277 7; 290 7
- Ablauf 290 7
- Abwickler 290 2
- Bestellung 290 5
- Bilanzierungsverbote 270 52
- Bilanzierungswahlrechte 270 60
- Einzelheiten 290 8
- Kapitalerhöhung 182 66
- Nachtragsliquidation 290 12
- Schluss, *s. dort*
- stille Liquidation 264 6; 270 5

Abwicklungsgesellschaft 78 20; 82 7; 289 16
- Abhängigkeitsbericht 270 134
- Eröffnungsbilanz 270 30
- Jahresabschluss 270 108
- Konzernrechnungslegung iRd Abwicklung 270 126
- Rechnungslegung 270 30

Abwicklungsschlussbilanz 270 123, 124
Abwicklungsschwindel 399 215
Abzug eigener Anteile 16 15
Abzugsposten 301 9
Accelerated Bookbuilding 221 50, 62
Accelerated buy back 71 126

Accelerated Placement 221 50, 190
Achtmonatsfrist 209 11
Acting in concert 100 34; 101 27; 127a 16
- Aktionärsforum 127a 16
- Kapitalmehrheit 16 6, 23
- Zurechnung (Meldepflicht) 20 10; **WpHG** 33–47 52 ff.

Actio illicita in causa 117 24
Actio pro socio Vor 241 29, 32; 278 36; 283 18; 287 25
- Individualrecht, kein **Vor** 241 29
- Minderheitenrecht **Vor** 241 30
- Organstreitigkeiten **Vor** 241 33

Additionsverfahren 130 46; 133 25
Additiver Vermögensschutz 399 11
Adhäsionsverfahren 399 7
Ad-hoc Mitteilung
- Sonderprüfung 142 192

Ad-hoc-Publizität 71 162 ff.; 116 115; 147 56, 132; 221 120; 400 81
- besonderer Vertreter 147 111
- Klagezulassungsverfahren 148 128
- Klagezulassungsverfahren, Antrag auf Zulassung 149 9
- Klagezulassungsverfahren, Entscheidung über Zulässigkeit 149 9
- Sonderprüfungsbericht 145 59
- strafrechtliche Haftung 400 81 ff.

AG & Co KG
- Hin- und Herzahlen 27 284

AGG 103 37
- Aufsichtsratsmitglieder 100 11
- Bestellung von Vorstandmitgliedern 84 11a
- Organmitglieder 76 124

Aggregation von Stimmrechten (Meldepflichten)
- Zurechnung **WpHG** 33–47 60
- Zurechnung bei Market Makern **WpHG** 33–47 63

Agio 9 2; 27 42, 48; 36a 6; 60 12
- Bilanzierung 9 32
- Differenzhaftung 183 70
- Kapitalerhöhung 182 51, 60
- korporatives 182 5c, 49, 60, *s. auch Korporatives Agio*
- verdeckte Sacheinlage 27 145
- Wertprüfung 183 60 ff.

Aktie 1 1
- Ausgabe gegen Sacheinlagen 183 5; 194 4; 205 8
- Ausgabebetrag 9 4; 199 17; 203 18; 204 12; 399 142, 199, *s. auch Ausgabebetrag*
- Bedingungen 204 12
- Belegschaftsaktien 204 52
- Bezugsrechtsausschluss 204 17
- Entstehung des Bezugsanspruchs 197 13
- Erwerbszeiträume 193 30
- Form der Urkunde 13 8 ff.
- gegen Sacheinlage 205 8
- gekoppelt mit Optionsrechten 192 32

2367

Sachverzeichnis

Fett gedruckte Zahlen = Paragraphen

- Globalurkunde, s. Globalaktie; s. Globalurkunde
- gutgläubiger Erwerb **10** 62
- Haftung für falsche Angaben **399** 142
- Haltefrist **193** 34
- Höchststimmrecht **Vor 311** 42
- Inhalt der Urkunde **13** 14 ff.
- KGaA **283** 20
- Kraftloserklärung **72** 2
- Kraftloserklärung durch die Gesellschaft **73** 3 ff.
- Nießbrauch **10** 69
- Pfändung **10** 70
- Rechtsgemeinschaft an **8** 54 ff.
- Rechtstatsachen **204** 3
- Schadenersatzpflicht **197** 9
- SE, Erwerb **SE-VO Art. 33** 9
- Split **8** 26
- Teilbarkeit **8** 49 ff.
- Teileinzahlung **10** 72 ff., **215** 8
- Teileinzahlung, Börsennotierung **10** 77
- Treuhand an **8** 58
- Umwandlung durch Satzungsänderung **24** 4 ff.
- Urkunde, beschädigte **74** 3 ff.
- Urkunde, Funktionsverlust **10** 3, 34 f.
- Verbotstatbestand **197** 3
- Verpfändung **10** 67 f.
- verschuldensunabhängige Haftung **197** 11
- Verwahrung **10** 36 ff.
- Vorzugsaktien **204** 47
- Wahlfreiheit über Form **10** 17 ff.
- Wartezeit **193** 32
- Zuständigkeit der Gründer/Hauptversammlung **204** 27
- Zuständigkeit des Aufsichtsrats **204** 38
- Zuständigkeit des Vorstandes **204** 32

Aktien besonderer Gattung
- Änderung **11** 32
- Aufhebung **11** 35
- Begriff der Gattungen **11** 3
- Entstehung **11** 21
- Gattungsunterschiede **11** 7
- nicht gattungsbegründende Unterschiede **11** 18
- Rechnungslegung **11** 38
- Unterzeichnung **13** 3
- Verbriefung **11** 37

Aktienausgabe 283 20
- satzungswidrige **23** 21

Aktienbenutzung 405 38
- besonderer Vorteil **405** 77
- nach Gewährung oder Versprechen eines besonderen Vorteils **405** 52
- ohne Vertretungsbefugnis oder Einwilligung **405** 38
- Unrechtsvereinbarung **405** 71
- zur Ausübung des Stimmrechts **405** 53

Aktienbesitzzeit 70 1
- Berechnung **70** 4

Aktienbezugsrechte 160 23
Aktienbuch 67 7
Aktienformen 1 95 ff.
Aktiengattungen
- Ausweis im Bilanzanhang **160** 15
- besondere s. **Besondere Aktiengattungen**

Aktiengesellschaft 3 4
- Abgrenzung zur Personengesellschaft **1** 2
- Börsennotierung **3** 5
- Gewerbliche Schutzrechte, Inhaberschaft **1** 16
- Handelsgesellschaft **3** 4
- Rechtsfähigkeit **1** 13 ff.
- Rechtspersönlichkeit **1** 1
- Sitz **5** 4
- Steuerrechtssubjekt **1** 30
- Typenmerkmale **1** 1

Aktieninhalt 204 6
Aktienmissbrauch durch Überlassung und Benutzung von Aktien, die einem Stimmrechtsverbot unterliegen 405 57
Aktienoptionen 160 24
- bilanzielle Behandlung **192** 69 ff.
- steuerliche Behandlung **192** 65 ff.

Aktienoptionspläne, s. auch Bezugs- und Umtauschrechte
- Angemessenheit **192** 46
- Aufsichtsratsmitglieder **192** 62
- Ausgestaltung **192** 45
- Ausübungszeiträume **193** 35
- bedingtes Kapital **192** 39 ff.
- Bezugsrechte **192** 17, 58
- eigene Aktien **192** 54
- Gefahren **192** 45
- genehmigtes Kapital **192** 53
- Gestaltungsformen **192** 51 ff.
- Konzern **192** 60 ff.
- Programmkauf **192** 56
- Publizität **192** 73 ff.
- Repricing **192** 47
- Stuttgarter Modell **192** 56
- verbundene Unternehmen **192** 60 ff.
- Verwässerungsschutz **193** 16, 36
- virtuelle **192** 57, 62; **193** 32a
- Wandelschuldverschreibungen **192** 52
- Wartezeit **193** 32 f.

Aktienrechtliche Angaben, KGaA 281 4
Aktienrechtliche Grenzen der Beschlussfähigkeit 108 45
Aktienrechtliche Wirksamkeitserfordernisse 130 45
Aktienrechtsnovelle 2016 174 3a; **192** 29a, 29e, 75a

Aktienregister
- Aussetzung der Eintragung **67** 81
- Bezugsrecht **67** 43
- dingliche Belastungen der Aktie **67** 22
- Dividenden **67** 42
- Einschränkung der Eintragung von Nichtaktionären durch die Satzung **67** 25

Mager gedruckte Zahlen = Randnummer   **Sachverzeichnis**

– eintragungsfähige Angaben **67** 21
– eintragungspflichtige Tatsachen **67** 12
– erbrechtlicher Erwerb **67** 46
– Fehler bei Eintragung **67** 40
– Investmentvermögen **67** 29
– juristische Personen **67** 18
– Minderheitsrechte **67** 44
– Mitteilungspflicht des Aktieninhabers **67** 24, 36 f.
– Pflicht zu Führung des Registers **67** 10
– Rechtsgemeinschaft **67** 17
– Rechtsnatur des Aktienregisters **67** 9
– Rechtswirkung gegenüber Dritten **67** 33 f.
– Stimmrechtsausschluss **67** 55
– Wirkung der Eintragung **67** 30
– Zuständigkeit **67** 11
Aktiensplit 8 26, s. auch Neustückelung des Grundkapitals
Aktientausch 187 19
Aktienüberlassung nach Gewähren oder Versprechen eines besonderen Vorteils 405 52
Aktienübernahme 2 6; **56** 20, 40, 60
– durch Dritte für Rechnung der AG **56** 40
– durch Dritte für Rechnung eines verbundenen Unternehmens **56** 40
– Handeln für Rechnung **56** 41
– mehrstufige mittelbare Stellvertretung **56** 58
– Prospekthaftung **56** 49
– Rechtsfolgen **56** 51
Aktienurkunde
– Form **13** 8
– Inhalt **13** 14
Aktionäre
– Anträge **126** 5 ff.
– Ausschlussmöglichkeiten **327a** 7 ff.
Aktionärsausschuss 327a 7 ff.
Aktionärsdarlehen 57 32, 102
– abhängiges Unternehmen, Darlehen an die herrschende AG **57** 111
– Aktionär als Darlehensgeber **57** 107
– Durchgriff **1** 38 ff.
– Enkelgesellschaften **57** 114
– Gesellschafterdarlehen **57** 121
– herrschendes Unternehmen **57** 112
– Kapitalersatz **57** 102 ff.
– Krise der Gesellschaft, Darlehensgewährung **57** 106
– MoMiG **57** 119
– Rechtsfolgen **57** 115
– Sanierungsprivileg **57** 126
– Schwestergesellschaften **57** 113
– verbundene Unternehmen **57** 110
Aktionärsforum 127a 1
– acting in concert **127a** 16
– Bundesanzeiger, Störerhaftung **126** 23
– missbräuchliche Aufforderungen **127a** 19
– Netzwerkdurchsetzungsgesetz (NetzDG) **127a** 23a

– Plattform zur Verbreitung spezifischer Inhalte **127a** 23a
– Rechtsschutz **127a** 21 ff.
Aktionärshaftung 1 35; **62** 4 ff.
– Beschränkung **1** 37
– Durchgriff **1** 38
– Durchgriff im Steuerrecht **1** 78 ff.
– Durchgriffshaftung/Fallgruppen **1** 52 ff.
– Missbrauchstheorie **1** 43
– Normzwecklehre **1** 45
– Trennungsprinzip **1** 36
Aktionärsinteresse
– Betroffenheit als Grund für HV-Kompetenz **119** 30b
Aktionärsklage
– aus eigenem Recht **Vor 241** 14 ff.
– Beispiele **Vor 241** 22 ff.
– Holzmüller/Gelatine-Sachverhalte **58** 62; **119** 22, 24; **Vor 241** 23
– Leistungsklagen **Vor 241** 28
– Sperrwirkung **Vor 241** 19
– Unterlassungsklage, vorbeugende **Vor 241** 19
Aktionärsrechte
– Bezugsrecht **186** 7
– Durchsetzung **175** 30
– gleiche Ausstattung der Aktien **216** 3
– Mehrstimmrechtsaktien **216** 10
– unterschiedliche Ausstattung der Aktien **216** 4
– Verhältnis untereinander **216** 2
– Vorzugsaktien mit Gewinnvorrecht **216** 5
Aktionärsrechterichtlinie 120 60; **126** 3 f., 9a ff., 22a, 27a; **135** 7a; **192** 46a; **Vor § 311** 20a
– Begründung Aktionärsanträge **126** 11a, 27a
– Zugänglichmachung Internetseite **126** 22a
Aktionärsschutz 46 1; **203** 102
– Bindung des Vorstands **203** 102
– einstweiliger Rechtsschutz **203** 116
– Feststellungsklage **203** 110
– Kontrolle durch den Aufsichtsrat **203** 108
– Prüfung durch das Registergericht **183** 56; **203** 109
Aktionärsvereinigungen 135 103 ff.
Aktionärsverlangen 24 2
Aktivvertretung der Gesellschaft 78 25
Alleinentscheidungsrecht der Geschäftsführung 77 14
Allgemeines Persönlichkeitsrecht 1 20
Alternativer Investmentfonds (AIF) Vor § 20 9a
– Meldepflicht **Vor § 20** 9a
Altersgrenze, Organmitglieder 76 124
Altforderungen, Schicksal der SE-VO Art. 8 25
American Depositary Receipts 71a 32
– Stimmrecht **134** 39
Amtliche Bekanntmachungen
– einzelne Angaben **SE-VO Art. 21** 3
Amtsauflösung 275 31

2369

Sachverzeichnis

Fett gedruckte Zahlen = Paragraphen

Amtsermittlung SpruchG 8 3
Amtslöschung 181 50; **275** 24
Amtslöschungsverfahren 242 24
**Amtsniederlegung, Aufsichtsratsmitglieder
103** 63 ff.; **104** 57
– aufschiebende Bedingung **103** 67
– Haftungsvermeidung **116** 11
Amtszeit der Arbeitnehmervertreter 31 26
Amtszeit der Aufsichtsratsmitglieder 102 5
– abweichende Regelungen **102** 10
– Arbeitnehmervertreter **102** 15
– Ersatzmitglieder **102** 20
– Höchstzeit **102** 7
– Wiederbestellung **102** 18 f.
Analogieverbot 399 189
**Änderung der Aktionärsverpflichtungen
55** 20
**Änderung der tatsächlichen Verhältnisse
45** 4
**Änderung der Vermögenseinlage, KGaA
281** 10
Änderung des Nennbetrages 73 8
**Änderung des Unternehmensvertrags
295** 3 ff.
– außenstehende Aktionäre **295** 24 f., 29
– nach Abschluss Spruchverfahren
SpruchG 1 29; **SpruchG 13** 6
– Neubestimmung Abfindung/Ausgleich im
Spruchverfahren **SpruchG 11** 10
– Sonderbeschluss der außenstehenden Aktionäre **295** 19
– Voraussetzungen einer Vertragsänderung
295 15
Änderung von Aktien 11 32
Änderungen des Grundkapitals 97 12;
182 39
Änderungen des Vorstandes und der Vertretungsbefugnisse seiner Mitglieder
– Anmeldepflicht **81** 4
– Anmeldeverfahren **81** 12
– Eintragung, rechtliche Bedeutung **81** 20
– Versicherungen **81** 17
Anderweitige wirtschaftliche Interessenbindung 15 23
Andienungsrecht der Aktionäre 71 120
Androhung der Kaduzierung 64 22
**Androhung des Verkaufs nicht abgeholter
Aktien 214** 5
**Aneignung von Gesellschaftsressourcen
durch Vorstandsmitglieder 93** 153
Anerkenntnis SpruchG 11 19
Anfechtbare Beschlüsse
– Abstimmungsfehler **243** 107 ff.
– Aufsichtsratswahlen **243** 86 f.
– Ausgleichsgewährung bei Sondervorteilen
243 209 ff.
– Auskunftsrechtsverletzung **243** 68, 118
– Auskunftsrechtsverletzung, Nachfrageobliegenheit **243** 128

– Auskunftsrechtsverletzung, Totalverweigerung
243 151
– Beherrschungs- und Gewinnabführungsvertrag **243** 214
– Beschlüsse über Minderheitsverlangen **243** 25
– Beschlussfeststellungsmängel **243** 107 ff.
– Beschlussmängel, *s. auch Beschlussmängel*
– Beschlussmängel, Ursächlichkeit **243** 67 ff.
– Bewertungsrügen **243** 150
– Bezugsrechtsausschluss **243** 171
– Durchführungsmängel **243** 99 ff.
– Einberufungsmängel **243** 63 f., 78 ff.
– Einlasskontrolle **243** 100
– Entsprechenserklärung nach DCGK, fehlerhafte **243** 131, 168
– formelle Einberufungsfehler **243** 117
– Gesetzesverletzung **243** 39 ff.
– Gleichbehandlungsgebot, Verletzung
243 157, 182 ff.
– Heilung **243** 29
– Höchststimmrechte, Einführung **243** 177
– Informationsmängel, Abfindungen **243** 140 f.
– Informationsmängel, Begriff **243** 116
– Informationsmängel, Kausalität **243** 123
– Informationsmängel, Relevanz **243** 119 ff.
– Informationsmängel, Wesentlichkeit
243 121 f.
– Informationspflichtverletzungen **243** 114 ff.
– inhaltliche Verstöße **243** 152 ff.
– Jahresabschlussunterlagen, Auslegung
243 133 ff.
– Kapitalherabsetzung **243** 178
– Klageverzicht **243** 33
– Konzernbildung **243** 179
– Online Hauptversammlung, technische Störungen **243** 233 ff.
– Ort der Hauptversammlung **243** 82
– Relevanztheorie **243** 69 ff., 99
– Relevanztheorie, Einzelfälle **243** 78 ff.
– Saalverweis **243** 103
– Satzungsdurchbrechungen **243** 52 f.
  – ad-hoc-Verstöße **243** 53
– Satzungsverstöße **243** 47 ff.
– Sittenwidrigkeit **243** 189
– Sondervorteile, Ausgleichsgewährung
243 209 ff.
– Sondervorteile, Ausgleichsgewährung – Angemessenheit **243** 231
– Sondervorteile, Beherrschungs- und Gewinnabführungsvertrag **243** 214
– Sondervorteile, Erlangung von **243** 197 ff.
– Sondervorteile, Sachwidrigkeit **243** 200 ff.
– Sondervorteile, Schadensbegriff **243** 203
– Sondervorteile, Unternehmensverträge
243 215 ff.
– Sondervorteile, Ursachenzusammenhang
243 205 f.
– Sondervorteile, vorsätzliche Erlangung von
243 294
– Spruchverfahren **243** 148 ff.

Mager gedruckte Zahlen = Randnummer   **Sachverzeichnis**

– Stimmabgabe, Mängel **243** 24
– Stimmausübungsbedingungen **243** 91 f.
– Tagesordnung, Bekanntmachung **243** 89 f.
– technische Störungen der HV **243** 233 ff.
– Teilnahme unberechtigter Dritter **243** 101
– Teilnahmebedingungen **243** 91 f.
– Teilnehmerverzeichnis, fehlerhaftes **243** 102
– Totalverweigerung **243** 151
– Treuepflicht **243** 157, 159 ff.
– übergangene Anträge **243** 25
– Umstandssittenwidrigkeit **243** 189
– Unternehmensverträge **243** 215 ff.
– unwirksame Stimmabgabe **243** 24
– Verfahrensverstöße **243** 61 ff.
– Versammlungleiter, fehlerhaft bestimmter **243** 104 ff.
– Versammlungsleitungsmaßnahmen **243** 56
– Verstoß gegen Empfehlungen mit Ordnungscharakter **243** 45
– Verstoß gegen Geschäftsordnung **243** 54 f
– Verstoß gegen Mitteilungspflichten **243** 96 f.
– Verstoß gegen Ordnungsvorschriften **243** 43, 98
– Verstoß gegen schuldrechtliche Vereinbarungen **243** 57 ff.
– Verstoß gegen Sollvorschriften **243** 44
– Vorschriften des öffentlichen Interesses **243** 154
– Wortentzug **243** 103

Anfechtbarer Hauptversammlungsbeschluss 93 271; **120** 49; **241** 35
– Eintragung **241** 99 ff.
– KGaA **283** 21

Anfechtbarkeit
– Verstoß gegen Erklärungspflicht zum DCGK **161** 52, 91 ff.

Anfechtung der Feststellung des Jahresabschlusses durch die Hauptversammlung
– allgemeine Anfechtungsvorschriften, Anwendbarkeit **257** 15
– Anfechtungsgründe **257** 7
– Rechtsfolgen **257** 17

Anfechtung der Kapitalerhöhung gegen Einlagen 255 5
– Anfechtungsgegenstand **255** 5
– Anfechtungsgründe **255** 17
– Barkapitalerhöhung **255** 6
– Freigabeverfahren **255** 26
– Geltendmachung **255** 25
– mittelbares Bezugsrecht **255** 15
– Sachkapitalerhöhung **255** 12

Anfechtung der Wahl von Aufsichtsratsmitgliedern
– Anfechtungsbefugnis **251** 13
– Anfechtungsgegenstand **251** 3
– Anfechtungsgründe **251** 4
– Anfechtungsverfahren **251** 17

Anfechtung des Beschlusses über die Verwendung des Bilanzgewinns
– allgemeine Anfechtungsgründe **254** 5

– besondere Anfechtungsgründe **254** 7
– Geltendmachung **254** 15
– Gewinnverwendungsbeschluss **254** 4
– übermäßige Gewinnthesaurierung **254** 7

Anfechtung des Beschlusses über Strukturmaßnahme SpruchG 3 29

Anfechtung wegen Willensmängeln 27 86

Anfechtungs- und positives Beschlussfeststellungsurteil 248 21
– Gestaltungswirkung **248** 24
– kassatorischer Charakter **248** 21
– Rechtskraftwirkung, erweiterte **248** 24

Anfechtungsbefugnis 245 1 ff., 267
– besonderer gesetzlicher Vertreter **245** 48
– Briefwahl **118** 42
– Erscheinen des Aktionärs **245** 22
– Funktion **245** 6
– nicht erschienener Aktionär **245** 31
– Squeeze-out Beschluss **245** 21

Anfechtungsgegenstand
– eintragungswidrige Beschlüsse **243** 12
– nicht festgestellte Beschlüsse **243** 23
– Nichtbeschlüsse **243** 13
– Scheinbeschlüsse **243** 13
– teilnichtige Beschlüsse **243** 14
– unwirksame Beschlüsse **243** 10

Anfechtungsklage Vor 241 6; **246** 57; **SpruchG 1** 34
– Abkauf **57** 45
– aktienrechtliche Popularklage – subjektives Recht **243** 19
– Anfechtungsbefugnis **243** 8 ff.
– Anfechtungsgründe **243** 21 ff., *s. auch Anfechtbare Beschlüsse*
– Auskunftsklage, Verhältnis **243** 118
– Bekanntmachung **246** 52
– Beschlussmängel **243** 41 ff., *s. auch Beschlussmängel*
– Beschlussmängelklage, Verhältnis **241** 15
– Bestätigungsbeschluss **243** 29
– Beweislast **243** 240 ff.
– Doppelanfechtung **244** 39
– Doppelvertretung der Gesellschaft **243** 34 f.; **246** 29
– Durchführungsmängel **243** 99 ff.
– durchgeführte Beschlüsse **243** 5
– einstweiliger Rechtsschutz **243** 249 ff., *s. auch Einstweiliger Rechtsschutz*
– Feststellungsklage, Verhältnis **243** 8
– Gegenstand **243** 21 ff., *s. auch Anfechtungsgegenstand*
– Geschäftsordnungsverstöße **243** 54 f.
– Gesetzesverletzung **243** 39 ff.
– Hauptversammlungsbeschlüsse **243** 21
– Heilung von Mängeln **243** 29
– Insolvenzverfahren **246** 32a
– Klageart **246** 2
– Klagebefugnis **243** 19
– Klagefrist **243** 3; **246** 12

2371

Sachverzeichnis

Fett gedruckte Zahlen = Paragraphen

- Klagefrist, Schwebezustand des Beschlusses **243** 4, 36
- Klageverzicht **243** 33
- Missbrauch **245** 54 ff.
- missbräuchliche **184** 42; **185** 42 f.
- Prozessparteien **246** 22
- Rechtschutzbedürfnis **246** 4
- Rechtsmissbrauchseinwand **243** 28
- Rechtsschutzbedürfnis **243** 26 ff.
- Registersperre **241** 99 ff.
- Relevanztheorie **243** 69 ff.
- Relevanztheorie, Beweislast **243** 242
- Relevanztheorie, Einzelfälle **243** 78 ff.
- Schiedsfähigkeit **246** 8
- Schwebezustand des Beschlusses **243** 4, 36
- Sonderbeschlüsse **241** 42; **243** 21
- Spruchverfahren **Vor 241** 13; **243** 146, 148 ff.
- Streitgegenstand **246** 5
- Totalverweigerung **243** 151
- Treuepflichtgesichtspunkte **243** 77
- Umwandlungen **243** 146
- Urteilswirkungen **243** 4
- Verfahrensverstöße **243** 61 ff.
- Verhältnis zum Spruchverfahren **327f** 3
- Verstoß gegen Empfehlungen mit Ordnungscharakter **243** 45
- Verstoß gegen Ordnungsvorschriften **243** 43, 98
- Verstoß gegen Sollvorschriften **243** 44
- willkürliche Rücklagenbildung **170** 40

Anfechtungsprozess 246 39
- Anerkenntnis **246** 50
- Klageerhebung **246** 43
- Prozessführung **246** 48
- Verbindung **246** 42
- Verfahrensbeendigung **248** 28
- Vergleich **246** 50
- Zuständigkeit **246** 39

Anfechtungsrecht 281 12
- Aktionärseigenschaft **245** 12
- Anfechtungsbefugnis **245** 22
- einzelne Organmitglieder **245** 48a ff.
- Minderheitsaktionäre **150** 18
- Missbrauch **245** 54
- Vorstand **245** 41 ff.

Anforderungen an die Aufsichtsratsmitglieder
- Bilanzausschuss **171** 22
- persönliche Amtswahrnehmung **171** 17
- Prüfungspflichten **171** 19
- Sachkenntnis **171** 10
- Verschwiegenheit **171** 14 f.

Anforderungsberichte 90 38
- Berichtsgegenstand **90** 40
- Berichtsverlangen **90** 41
- Informationsdurchgriff auf Angestellte **90** 43
- jederzeitige Berichterstattung **90** 42
- Missbrauch **90** 47
- Verlangen des Aufsichtsrats **90** 38
- Verlangen eines Aufsichtsratsmitglieds **90** 45

Angaben auf Geschäftsbriefen 268 25
- erforderliche **80** 13
- Verstöße **80** 17

Angaben über Komplementäre, KGaA 281 5

Angaben, falsche 399 50 ff., s. auch Strafrechtliche Organ- und Vertreterhaftung

Angaben, unrichtige, s. auch unrichtige Darstellung, s auch Strafrechtliche Organ- und Vertreterhaftung

Angebote nach WpÜG SpruchG 1 26

Angebotspflicht nach § 35 WpÜG 327a 11

Angemessener Selbstbehalt, D&O-Versicherung 113 19; **116** 186

Angemessenheit der Abfindung, Beherrschungs- und Gewinnabführungsverträge, s. auch Abfindung
- Aktien **305** 94
- Barabfindung **305** 44, 97
- Börsenkurs **305** 49 ff.
- Unternehmensbewertung nach dem Börsenkurs **305** 49
- Unternehmensbewertung nach Ertrag und Substanz **305** 70

Angemessenheit der Bezüge der Vorstandsmitglieder 87 8b ff., s. auch Vorstandsvergütung

Angemessenheit des Ausgleichs, Beherrschungs- und Gewinnabführungsverträge 304 51, s. auch Ausgleichspflicht
- Anpassungsklauseln **304** 83
- Bewertungsstichtag **304** 51
- feste Ausgleichszahlung **304** 54
- Grundkapital, Umstellung **304** 82
- Kapitalveränderungen **304** 71
- Strukturveränderungen **304** 76
- variable Ausgleichszahlung **304** 62
- wesentliche Änderung der maßgeblichen Verhältnisse **304** 69

Angemessenheitskontrolle, Vermögensübertragung 179a 44 f.

Anhang, Bilanz
- Aktienbezugsrechte **160** 23 ff.
- Aktiengattungen **160** 15
- Anforderungen an die Angaben **160** 2
- Ausschluss der Berichterstattung **160** 39 ff.
- eigene Aktien **160** 9 ff.
- genehmigtes Kapital **160** 21 f.
- Genussrechte **160** 26
- Gewinnrücklagen, Wahlrecht **152** 21
- Kapitalrücklagen, Wahlrecht **152** 21
- mitgeteilte Beteiligungen **160** 35 ff., s. auch Mitteilungspflichtige Vorgänge
- Rechte aus Besserungsscheinen **160** 29 ff.
- Schutzklausel **160** 42 ff.
- Verzicht, Kleinaktiengesellschaften **160** 39 ff.
- Vorratsaktien **160** 5
- Wandelschuldverschreibungen, vergleichbare Wertpapiere **160** 23 ff.

Mager gedruckte Zahlen = Randnummer

– wechselseitige Beteiligungen **160** 33 f.
Anhangsangaben, fehlende 258 42
Ankündigungsschwindel 399 179 ff.
Anlagen zum Protokoll der Hauptversammlung 130 57
– Einberufungsbelege **130** 57
– fakultative Angaben **130** 59
– obligatorische Angaben **130** 59
Anlagen zur Anmeldung der Gesellschaft 37 21
Anleihebedingungen 221 141 ff.
– Anpassung **221** 163
– Bedingung **221** 149
– Beherrschungs- und Gewinnabführungsvertrag **221** 184a
– Inhaltskontrolle **221** 170 ff.
– Kapitalherabsetzung, Anpassungsklauseln **224** 13 f.
– Transparenzgebot **221** 176a
Anmeldung bei Sachgründung ohne externe Gründungsprüfung 37a 1
Anmeldung der Abwickler
– Aufbewahrung **266** 12
– Eintragung **266** 2
– Form **266** 9
– Gegenstand der Anmeldung **266** 2
– Unterschriftenprobe **266** 12
– Verfahren **266** 11
– Wirkung **266** 13
– Zuständigkeit **266** 6
Anmeldung der Abwicklung
– Sicherheitsleistung **273** 2
Anmeldung der Auflösung der Gesellschaft 289 33
– Gegenstand der Anmeldung **263** 3
– Inhalt **263** 4
– KGaA **289** 33
– Zuständigkeit **263** 6
Anmeldung der Ausgabe von Bezugsaktien 201 4
– deklaratorische Wirkung **201** 1
– Dokumente, Aufbewahrung **201** 24
– Dokumente, beizufügende **201** 10
– Eintragungsverfahren **201** 18
– Erklärung **201** 16
– Form **201** 5
– Inhalt **201** 4
– Kosten **201** 23
– Personen, Verzeichnis der ausübenden **201** 12
– Pflicht zur Anmeldung **201** 6
– Rechtsbehelfe **201** 22
– Registerkontrolle **201** 18
– Satzungsänderung **201** 9
– Zeitpunkt **201** 4
– Zuständigkeit **201** 5
– Zweitschriften **201** 11
Anmeldung der Durchführung der Kapitalerhöhung 188 5

Sachverzeichnis

Anmeldung der Durchführung der Kapitalherabsetzung 227 5
Anmeldung der Gesellschaft 36 1; **37** 2; SE-VO Art. 12 5
– Änderungen **36** 30
– Änderungen der Satzung vor Eintragung **36** 31
– Anlagen, beizufügende **37** 21
– Anmeldepflicht **36** 2
– ausländischer Notar **36** 6
– Ein-Mann-Gründung **36** 25
– Erklärungen und Nachweise zur Leistung der Einlagen **37** 2 ff.
– Erklärungen zum Aufsichtsrat **37** 16
– Erklärungen zum Vorstand **37** 11
– Fehler **36** 32
– Form **36** 4; **37** 27
– Inhalt der Anmeldung **37** 3
– Kosten **36** 34
– Namenszeichnungen **37** 19
– öffentliche-rechtliche Pflichten **36** 2
– privatrechtliche Pflichten **36** 3
– Rücknahme **36** 29
– Stellvertretung **36** 13
– Verpflichtete **36** 8
– Wirksamwerden **36** 28
– Zeitpunkt, bei Bareinlagen **36** 15
Anmeldung der persönlich haftenden Gesellschafter, KGaA 282 2, 4
Anmeldung der Satzungsänderung 181 4
– Dokumente, beizufügende **181** 13
– Form **181** 11
– Inhalt **181** 12
– Ordnungsmäßigkeit **181** 21
– Rücknahme **181** 18
Anmeldung der Sitzverlegung 45 6
Anmeldung des Kapitalerhöhungsbeschlusses 210 2
– Anmeldung zur Eintragung **184** 1; **195** 1; **210** 2
– beizufügende Dokumente **195** 9; **210** 5
– registergerichtliche Kontrolle **210** 7
– Rücknahme der Anmeldung **184** 17
Anmeldung des Kapitalherabsetzungsbeschlusses
– Eintragungsverfahren **223** 5
– Pflicht **223** 2
Anmeldung von Beschlüssen, KGaA 285 39
Annahme von Zuwendungen Dritter durch Vorstandsmitglieder 93 154
Anordnungen bei der Auflösung 397 2
– Antrag **397** 4
– Auflösungsklage **397** 3
– Inhalt **397** 7
– Notwendigkeit der Anordnung **397** 5
– Verfahren **397** 14
Anpassung der Nennbeträge 8 18
Ansatz- und Bewertungsfragen 92 8

2373

Sachverzeichnis

Fett gedruckte Zahlen = Paragraphen

Anschaffungskosten 32 12; **220** 3
– abweichender Buchwert **220** 5
– Berücksichtigung von Teilrechten **220** 6
– gleichmäßige Bewertung **220** 4
– steuerliche Konsequenzen **220** 8
– Zugang **220** 7
Anschlussbeschwerde 12 9
Anspruch auf Bilanzgewinn 58 91
Anspruch auf Entlastung 120 35
Anspruch auf Protokollierung der Hauptversammlung 131 86
Ansprüche der Aktionäre 116 209 ff.
Anstellungsvertrag der persönlich haftenden Gesellschafter, KGaA 288 9
Anstellungsvertrag des Vorstandes 84 24
Anteil am Grundkapital 8 5
Anteilskauf 93 87
Anteilstausch SE-VO Art. 33 3
– erste Phase **SE-VO Art. 33** 3
– zweite Phase, Nachfrist **SE-VO Art. 33** 12
Anteilsverbriefung 13 3
– Ausschluss **10** 79
– Ausschluss Globalverbriefung **10** 83
– Beschränkung **10** 79
– Beschränkungen durch Satzung **10** 84
Antrag auf Bestellung von Sonderprüfern (wg. unzulässiger Unterbewertung) 258 9
Antrag auf Eröffnung des Insolvenzverfahrens, KGaA 281 22
Anträge von Aktionären 126 5 ff.
– Aktionärsrechterichtlinie **126** 3a, 9a ff.
– Gegenanträge **126** 8 f., *s. auch dort*
– Publikation auf Internetseite **126** 3a, 9a
– Übernahmesachverhalte **126** 2a
Antragsbegründung SpruchG 4 14
– Angabe der Strukturmaßnahme **SpruchG 4** 19
– Entscheidung **SpruchG 4** 24
– Form **SpruchG 4** 16
– Frist **SpruchG 4** 13
– Inhalt **SpruchG 4** 17
– konkrete Einwendungen gegen die Angemessenheit **SpruchG 4** 20
– Rechtsmittel **SpruchG 4** 24
– Zahl der gehaltenen Anteile **SpruchG 4** 23
Antragsberechtigung, Spruchverfahren
– Beherrschungs- und Gewinnabführungsvertrag **SpruchG 3** 6
– Beweis **SpruchG 3** 18
– Eingliederung und Ausschließung **SpruchG 3** 8
– Entscheidung **SpruchG 3** 19
– maßgebender Zeitpunkt **SpruchG 3** 5
– SE-Gründung **SpruchG 3** 12, 16
– Sitzverlegung **SpruchG 3** 12, 14
– Umwandlung **SpruchG 3** 10
Antragsfrist, Spruchverfahren SpruchG 4 3
– Antrag **SpruchG 4** 7
– Fristbeginn **SpruchG 4** 3

– Fristende **SpruchG 4** 6
– Rechtsbehelfe **SpruchG 4** 9
Antragsgegner, Spruchverfahren SpruchG 5 2
– Ausschließung **SpruchG 5** 4
– Eingliederung **SpruchG 5** 3
– Formwechsel **SpruchG 5** 5
– Gewinnabführungs- und Beherrschungsvertrag **SpruchG 5** 2
– Nebeninterventionen **SpruchG 5** 10
– SCE-Gründung **SpruchG 5** 7
– SE-Gründung **SpruchG 5** 6
– Sitzverlegung **SpruchG 5** 6
– Verschmelzung **SpruchG 5** 5
Antragsrücknahme SpruchG 11 16
Anwachsung 71a 46
Anwendbarkeit von Rechtsvorschriften auf die Aktiengesellschaft
– Erbrecht **1** 17
– Familienrecht **1** 17
– Geschäftsfähigkeit **1** 18
– Handels- und Gesellschaftsrecht **1** 23
– Öffentliches Recht **1** 27
– Prozessrecht **1** 26
– Steuerrecht **1** 30
– Straf- und Ordnungswidrigkeitenrecht **1** 28
Anwendung der FGG, Gerichtliche Entscheidung über Aufsichtsrat 99 4
– Bekanntmachung **99** 9
– Entscheidungswirkung **99** 18
– Kosten **99** 21
– Rechtsmittelverfahren **99** 11
– Verfahrensprinzipien, besondere **99** 9
Anwendung des deutschen Aktienrechts SE-VO Art. 5 3, **SE-VO Art. 15** 2
Anwendungsbereich SpruchG 1 7
Anwendungsbereich der Organisationspflicht 91 38
– Aktiengesellschaft **91** 38
– GmbH **91** 40
– Kommanditgesellschaft auf Aktien **91** 39
– konzerninterne Geltung **91** 41
Anzahl zu bestellender Mitglieder des Aufsichtsrates 31 8
Anzeige bei Verlust des halben Grundkapitals 92 7
Appreciation awards 87 47
Aqua Butzke-Urteil 293 33
ARAG/Garmenbeck-Entscheidung 93 62; **116** 165; **147** 33
Arbeitgeber 1 21
Arbeitnehmeraktien, *s. Belegschaftsaktien*
Arbeitnehmerbegriff 96 7
Arbeitnehmerbeteiligung 31 14; **SE-VO Art. 23** 5
– genehmigtes Kapital **202** 100 ff.; **203** 5; **204** 52 ff.
Arbeitnehmergewinnbeteiligungen, als Sacheinlagen 194 14 ff.

Mager gedruckte Zahlen = Randnummer **Sachverzeichnis**

Arbeitnehmermitbestimmung SE-VO Art. 1 7
Arbeitnehmervertreter 101 110
– Abberufung aus Aufsichtsrat **103** 44 ff.
– Amtszeit **31** 26; **102** 15 ff.
– Gruppenproporz, Änderung **97** 16
– KGaA **278** 83
– Prüfungsausschuss **107** 147
– Statusverfahren bei Kapitalveränderung **97** 14
– Streikteilnahme **116** 94
– Treuepflichten **116** 94 f.
– Wahl in den Aufsichtsrat **100** 48
– wahlberechtigte Arbeitnehmer, Änderung **97** 17
Arbeitsdirektor 76 118; **265** 25
– KGaA **278** 83
AReG 100 7, 49; **107** 4, 140b
Art der Abstimmung auf der Hauptversammlung 130 45
– aktienrechtliche Wirksamkeitserfordernisse **130** 45
– Beweiskraft, obligatorische Angaben **130** 46
– fakultative Angaben **130** 47
Arten der Abfindung
– Abfindung in Aktien **305** 34
– Barzahlug **305** 43
– wahlweise Aktien oder Barzahlung **305** 38
Arten des Ausgleichs, Beherrschungs- und Gewinnabführungsverträge
– feste Ausgleichszahlungen **304** 43
– isolierter Beherrschungsvertrag **304** 49
– variable Ausgleichszahlungen **304** 45
Asset Deal (Erwerb/Veräußerung)
– Zustimmung Hauptversammlung **119** 30e, 31
Atypische Beherrschungsverträge 291 26
Atypische KGaA
– Auskunftsanspruch Komplementärgesellschaft **285** 11
– phG als Aufsichtsratsmitglied **287** 5
– Sonderrecht zu Lasten Kommanditaktionäre **278** 28 f.
Atypische Kreditverträge 292 59
Atypische stille Beteiligungen 292 23
Audit Committee 107 139 ff.; **111** 32, 47 ff.,
– s. auch *Prüfungsausschuss*
Aufbewahrung von Büchern und Schriften 91 20; **273** 15
Auferlegung von Nebenpflichten 180 3
– Entbehrlichkeit der Zustimmung **180** 5
– Zustimmungserfordernis **180** 4
Aufforderung an die Aktionäre
– Abholung neuer Aktien **214** 4
– Androhung des Verkaufs nicht abgeholter Aktien **214** 5
– Anforderungen **214** 3
– Ausübung des Bezugsrechts **186** 12
– Kapitalerhöhung ohne Ausgabe neuer Aktien **214** 13
– Pflicht des Vorstandes **214** 2
– Teilrechte **214** 12

– Unverbriefte Aktien **214** 10
– Verkauf nicht abgeholter Aktien **214** 7
Aufgaben der Vorstandsmitglieder 87 10
Aufgabendelegation, Vorstandsmitglieder
– Eigenverschulden **93** 98
– Pflichten bei Zulässigkeit **93** 100
– Pflichtverletzung bei Unzulässigkeit **93** 99
Aufgabenübertragung an unternehmensfremde Dritte 76 66
Aufgebotsverfahren 72 6
– Abhandenkommen und Vernichtung **72** 4
– Aktien und Zwischenscheine **72** 2
– Gewinnanteilsscheine und Erneuerungsscheine **72** 14
– Kraftloserklärung durch die Gesellschaft **72** 15
Aufgeld 9 31; **27** 42, 48; **182** 51
– Bilanzierung **9** 32
Aufhebung des Unternehmensvertrages 296 4
– außerordentliche Kündigung **297** 5
– Sonderbeschluss der außenstehenden Aktionäre **296** 15
– Wirkungen **296** 13
– Zuständigkeit **296** 9
Aufhebung von Aktien 11 35
Aufklärung des Sachverhalts SpruchG 7 17
Aufleben des Stimmrechts bei Vorzugsaktionären 140 14
– Folgen **140** 26
– Voraussetzungen **140** 15
– Zeitpunkt **140** 21
Auflösung der Gesellschaft 179a 29; **277** 5;
396 15; **IntGesR** 43
– Abwicklung **262** 81
– bedingter Beschluss **262** 28
– befristeter Beschluss **262** 28
– Fortbestand gelöschter Gesellschaften **262** 90
– Fortsetzung der aufgelösten Gesellschaft **262** 89
– gerichtliche Auflösung, s. dort
– Gründe s. *Auflösungsgründe, Gesellschaft*
– kapitalmarktrechtliche Folgen **262** 87
– Löschung **262** 81
– öffentlich-rechtliche Folgen **262** 86
– steuerrechtliche Folgen **262** 85a
– übertragende **179a** 34 ff.
– Vermögensübertragung **179a** 46 ff.
– zivilrechtliche Folgen **262** 83
Auflösung der KGaA 289 2
– aktienrechtliche Auflösungsgründe **289** 7
– Gründe s. *Auflösungsgründe, KGaA*
– handelsrechtliche Auflösungsgründe **289** 2,
 s. auch *Auflösungsgründe KGaA*
Auflösung von Rücklagen 173 14
Auflösung, gerichtliche, s. auch *gerichtliche Auflösung der Gesellschaft*
– Gemeinwohlgefährdung **396** 4 ff.
– Verfahren **396** 15

2375

Sachverzeichnis

Fett gedruckte Zahlen = Paragraphen

Auflösungsgründe KGaA
- Auflösungsklage **289** 6
- Ereignisse in der Person eines Kommanditaktionärs **289** 10
- Ereignisse in der Person eines Komplementärs **289** 11
- Eröffnung des Insolvenzverfahrens **289** 5
- Erwerb aller Aktien durch Komplementär **289** 12
- Gesellschafterbeschluss **289** 3
- gesetzliche **289** 8
- Satzungsmäßige **289** 9
- Sitzverlegung **289** 12
- Zeitablauf **289** 2

Auflösungsgründe, Gesellschaft
- Auflösungsklage **262** 65
- Beendigung, automatische **262** 8
- Begriff **262** 5
- Betriebsänderung **262** 72
- Europarecht **262** 17
- Gemeinwohlgefährdung **262** 62; **396** 4 ff.
- Gesamtrechtsnachfolge **262** 60
- Hauptversammlungsbeschluss **262** 24
- Insolvenzverfahren, Eröffnung **262** 39
- Keinmann-AG **237** 7; **262** 64
- Kündigung **262** 70
- Löschung wegen Vermögenslosigkeit **262** 59
- Masselosigkeit **262** 43
- Nichtigkeit **262** 61
- ökonomische Bedeutung **262** 10
- Publizitätspflichten, Verletzung **262** 73
- Rechtsfolgen **262** 81 ff.
- Rücknahme der Geschäftserlaubnis **262** 63
- Satzungsmangel, Feststellung **262** 47
- satzungsmäßige Auflösungsgründe **262** 71
- Sitzverlegung ins Ausland **262** 74
- Umstände in der Person eines Aktionärs **262** 68
- Vereinsverbot **262** 62
- Vermögensübertragung **262** 72
- Vor-AG **262** 66
- Voraussetzungen **262** 24
- Zeitablauf **262** 21
- Zeitphasen **262** 7
- Zweckänderung **262** 5
- Zweckerreichung **262** 69

Auflösungsklage 262 65; **289** 6; **396** 17; **397** 3

Auflösungsschutz 262 93

Auflösungsverfahren 396 15

Aufnahme neuer Komplementäre, KGaA 287 14

Aufrechnungsverbot 66 21, 37

Aufruf der Gläubiger
- Durchführung **267** 2
- Sanktionen **267** 7
- Zeitpunkt **267** 4

Aufsichtsrat, s. auch Aufsichtsratsmitglieder, s. auch Zusammensetzung des Aufsichtsrats
- abhängige Gesellschaft **111** 89

- Akzessorietät von Organisation und Überwachung **111** 21
- Altersgrenze **76** 124
- Amtszeit **31** 13; **102** 7
- Ansprüche Dritter **48** 11
- Arbeitnehmervertreter bei Gründung **31** 14 ff.
- Ausschluss der Haftung **48** 7
- Ausschüsse **107** 81 ff., s. auch Aufsichtsratsausschüsse; s. auch Prüfungsausschuss
- Äußerungen des Aufsichtsrats **108** 7
- Beschlüsse **108** 5 ff., s. fehlerhafte Aufsichtsratsbeschlüsse
- Beschlussfassung, s. Beschlussfassung des Aufsichtsrats
- Beschränkung Mandate **100** 67
- Bestellung **30** 5
- Bevollmächtigung von Mitgliedern **108** 5
- Compliance-Verantwortung **91** 67
- Compliance-Vorfall, Untersuchung **111** 46a
- DCGK, Entsprechenserklärung **161** 37 ff.
- Doppelmandate **76** 105 ff.; **114** 8, s. auch Doppelmandate
- Drittelbeteiligungsgesetz **96** 18
- Durchsetzung der Informationsrechte **170** 55
- Ehrenvorsitzender **107** 62 ff.; **109** 13; **113** 8
- Einberufung der Hauptversammlung **111** 57
- Einsichtsrecht **111** 37 ff.
- Entsprechenserklärung (DCGK) **161** 44
- Ergänzung um Arbeitnehmervertreter **31** 19
- Ergänzungswahlen **97** 10
- Erhöhung der Mitgliederzahl **95** 15
- erster Aufsichtsrat **30** 13 ff., s. auch Bestellung des ersten Aufsichtsrats, s. auch Erster Aufsichtsrat
- Finanzexperte, Fehlen eines **100** 73
- Frauenquote **96** 3, **31** ff., s. auch Frauenquote, Aufsichtsrat
- Fristen für Prüfungsbericht **171** 83
- Gegenstand der Überwachung **111** 6
- Geltendmachung durch Gläubiger der Gesellschaft **48** 9
- gerichtliche Bestellung, s. Aufsichtsratsmitglieder, Bestellung durch das Gericht
- Geschäftsführung, keine **111** 61
- Geschäftsordnung **107** 10 ff.
- Haftung **116** 10 ff., **124** ff., **209** ff.; **171** 13, s. auch Sorgfaltspflicht und Verantwortlichkeit der Aufsichtsratsmitglieder s. auch Unmittelbare Haftung gegenüber Aktionären und Dritten
- Hilfsgeschäfte **111** 61
- Hinderungsgründe **100** 12
- Hinzuziehung sachverständiger Berater **171** 32
- Höchstgrenze der Zahl der Mitglieder **95** 6
- Information des Vorstandes **111** 28
- Informationshoheit **116** 102
- Informationsrechte **111** 34; **170** 45
- inhaltliche Anforderungen **111** 13
- Insolvenzantragspflicht **92** 66
- Insolvenzverfahren **111** 90 f.

Mager gedruckte Zahlen = Randnummer **Sachverzeichnis**

- Kapitalherabsetzung **95** 21
- kapitalmarktorientierte Gesellschaften **100** 52
- Kenntnisnahme der Vorlagen **170** 45 ff.
- KGaA **278** 17, *s. auch Aufsichtsrat KGaA*
- Klage **90** 69
- Konzernüberwachung **111** 21, 81 ff.
- Lehre vom fehlerhaften Organ **252** 6
- Nachfristsetzung durch Vorstand **171** 85
- Neubestellung **31** 21
- objektive Haftungsvoraussetzungen **48** 3
- Organpflicht des Aufsichtsrates **111** 31
- Präsidium **107** 123
- Protokolle **107** 65 ff., *s. auch Sitzungsniederschriften*
- Prüfung des Jahresabschlusses und Prüfungsberichts **107** 141e
- Prüfungsausschuss *s. Prüfungsausschuss, s. Audit Committee*
- Prüfungsberichte **170** 48
- Prüfungspflichten **170** 50, 54; **171** 10 ff.
- Prüfungsrecht **142** 31
- Qualifikation der Mitglieder **100** 46 ff., 61 ff.
- Sachgründung **31** 3 ff.
- Sachverständige, Heranziehung **111** 46
- Satzung **111** 5
- Satzungsvorschriften **95** 12
- Sektorkenntnis **100** 60 f.
- Stellungnahme **171** 73
- stellvertretender Vorsitzender **107** 53 ff., *s. auch Stellvertreter des Aufsichtsratsvorsitzenden*
- strafrechtliche Haftung **399** 27 ff., 84 f.
- subjektive Haftungsvoraussetzungen **48** 5
- Überwachung Compliance-Maßnahmen **111** 21
- Überwachung der Geschäftsführung **111** 6 ff., *s. auch Inhaltliche Anforderungen an die Überwachung des Vorstands*
- Überwachungsaufgabe im Konzern **111** 81 ff.
- unabhängiger Finanzexperte **100** 51, 73 ff.
- Verantwortlichkeit **48** 5
- Verbot der Geschäftsführung **111** 61
- Vergleich **48** 8
- Vergütung **113** 6 ff., *s. auch Vergütung der Aufsichtsratsmitglieder, s. Vergütung der Aufsichtsratsmitglieder*
- Verhältnis zum Abwickler **268** 18
- Verringerung der Mitgliederzahl **95** 17
- Vertretung der Gesellschaft **111** 7 ff.
- Vertretung der Gesellschaft bei Führungslosigkeit **78** 28
- virtuelle Sitzungen **110** 48
- Vorsitzender **107** 17 ff., *s. auch Aufsichtsratsvorsitzender*
- Willensbildung, Willensäußerung **108** 5 ff.
- Zuleitung Berichte an Vorstand **171** 83
- Zusammensetzung, *s. dort*
- Zustimmungsvorbehalte **111** 62 ff.
- zwingend erforderliches Organ **95** 4

Aufsichtsrat der KGaA
- atypische KGaA **287** 5
- Haftung der Mitglieder **287** 19
- innere Ordnung **287** 6
- Mitgliederzahl **287** 2
- Personalkompetenz **287** 9, 17
- personengesellschaftsrechtliche Aufgaben **287** 20
- Satzungsspielraum **287** 16
- Überwachung der Geschäftsführung **287** 7
- Überwachung von Compliance-Maßnahmen **111** 21
- Vertretung der Gesellschaft **287** 11; **288** 9
- Wahlrecht **287** 4
- Zusammensetzung **287** 2
- Zustimmungsvorbehalt, kein **287** 10

Aufsichtsrat der SE SE-VO Art. 40 4 ff.
- Gleichlauf mit AktG **SE-VO Art. 40** 2 f.
- Verwaltungsrat **SE-VO Art. 43** 3 ff.

Aufsichtsratmitglieder
- Aktienoptionspläne **192** 62

Aufsichtsratsausschüsse
- Amtszeit **107** 96
- Anstellungsvertrag Vorstandsmitglieder **84** 34
- Arten von Ausschüssen **107** 122 ff.
- Berichte **107** 118
- Berichtsansprüche **107** 121
- Beschlussfassung **107** 107 ff.; **108** 51
- Besetzung **107** 99 ff.
- Bestellung **107** 85
- Beteiligungsausschuss **107** 138
- Bilanzausschuss **171** 22, 25
- Bildung **107** 85 ff.
- Bildungsermessen **107** 151
- Delegation auf ein einzelnes Aufsichtsratsmitglied **107** 157
- Delegationsverbote **107** 91 ff.
- Finanzausschuss **107** 149
- Geschäftsordnung **107** 111, 116
- Geschäftsordnung des Aufsichtsrats **107** 88
- Haftung der Mitglieder **107** 106; **113** 53
- Haftungsfreistellung durch HV-Beschluss **119** 14a
- innere Ordnung der Ausschüsse **107** 114
- Kreditinstitute **107** 153 ff.
- mitbestimmte Gesellschaften **107** 81, **100** f., 135 ff.; **124** 34 f.
- Mitgliederzahl **107** 98
- Nominierungsausschuss **107** 84, 123 ff., 132 ff.
- Organisationsautonomie des Aufsichtsrats **107** 87
- Personalausschuss **107** 126 ff.
- Prüfungsauftrag, Erteilung **111** 50 ff.
- Prüfungsausschuss **107** 139 ff.; **111** 50, *s. auch Prüfungsausschuss, s. auch Audit Committee*
- Rechtsstellung der Ausschussmitglieder **107** 105
- Sonderausschüsse **107** 89
- sonstige **107** 151 f.
- ständige Ausschüsse **107** 89

2377

Sachverzeichnis
Fett gedruckte Zahlen = Paragraphen

- Teilnahme an Ausschusssitzungen **109** 29 ff., s. auch Teilnahme an Sitzunge des Aufsichtrats und seiner Ausschüsse
- Teilnahme des Vorstands **109** 14
- Teilnahme von nichtangehörigen Aufsichtsratsmitgliedern **109** 29
- Unterausschüsse **107** 117
- Verhältnis zum Gesamtaufsichtsrat **107** 90
- Verhältnis zur Satzung **107** 85 f.
- Vermittlungsausschuss **107** 135 ff.
- Vertretungsberechtigung **112** 36
- Vorsitzender **107** 110 ff.
- Zweitstimmrecht des Vorsitzenden **107** 114

Aufsichtsratsmitglieder, s. auch Aufsichtsrat
- Abberufung **103** 5 ff.; **136** 19, s. auch Abberufung der Aufsichtsratsmitglieder
- Abberufung durch andere Organe **104** 56
- Abschlussprüfung, Sachverstand **100** 53
- Acting in concert **100** 34
- Aktionärsvorschlag **100** 31 ff.
- Altersgrenze **103** 37
- Altersgrenze (DCGK) **100** 10 f.
- Amtniederlegung gerichtlich bestellter **104** 57
- Amtsniederlegung **103** 63 ff.; **116** 11
- Amtszeit **102** 5, 20; **102** 5 ff., s. auch Amtszeit der Aufsichtsratsmitglieder
- Anforderungen durch DCGK **100** 61
- Anforderungen durch die Satzung **100** 46
- Arbeitseinsatz, Umfang **116** 38 ff.
- AReG **100** 49
- Aufsichtsratsmitglieder der Arbeitnehmer **100** 44
- Aufsichtsratsmitglieder von Konzerngesellschaften **109** 6
- Aufsichtsratsmitgliedschaft **114** 4
- Aufsichtsratsvorsitzender, s. dort
- ausländische Gesellschaften **100** 15
- Befähigung – Rechnungslegung, Abschlussprüfung **100** 53
- Beschränkung Mandate **100** 67
- Cooling-Off-Periode **100** 30
- Corporate Governance Kodex **100** 36, 61 ff.
- CRR-Kreditinsitute **100** 52
- D&O-Versicherung **113** 15 ff.; **116** 184 ff.
- Doppelmandate **76** 105 ff.; **114** 8; **116** 97
- Doppelzählung von Aufsichtsratsvorsitzenden **100** 22
- entsandte, Abberufung **103** 19 ff., 31
- Entsendung von Aufsichtsratsmitgliedern der Anteilseigner **101** 49 ff.
- Erhöhung der Zahl **95** 15
- Ersatzmitglieder **101** 82 ff.
- Ersatzmitglieder, Amtszeit **102** 20
- fachliche Qualifikation **100** 61 ff.; **171** 10 ff.
- Fähigkeiten als Haftungsmaßstab **116** 18
- fehlerhafte Bestellung **101** 107 ff.
- Finanzexperte, Unabhängigkeitserfordernis **100** 59a
- Generalbevollmächtigter **105** 14
- gerichtliche Abberufung **104** 54 f.
- Gesellschaften von öffentlichem Interesse **100** 49 ff.
- Haftung **116** 10 ff., 51 ff., 124 ff., 209 ff.; **171** 13, s. auch Sorgfaltspflicht und Verantwortlichkeit der Aufsichtsratsmitglieder, s. auch Unmittelbare Haftung gegenüber Aktionären und Dritten
- Hinderungsgründe **100** 12
- Höchstzahlregelungen **100** 12 ff.
- Interessenkollision **116** 84
- Karrenzzeit **100** 30
- Klage **90** 71
- Konzernprivileg **100** 17 ff.
- Kreditgewährung **115** 7
- Mandatshöchstzahl **100** 12 ff.
- natürliche und unbeschränkt geschäftsfähige Personen **100** 9
- öffentlich-rechtliche Hinderungsgründe **100** 38
- Organisationsgefälle **100** 23
- persönliche Amtswahrnehmung **111** 78; **171** 18
- persönliche Voraussetzungen **100** 9
- Prokuristen als **105** 8 f., 18
- Rechnungslegung, Sachverstand **100** 53
- Sach- und Fachkunde **100** 61 ff.
- Sachverstand **171** 10 ff.
- Sachverstand, Rechnungslegung oder Abschlussprüfung **100** 53
- Satzungsvorgaben **95** 12
- Sektorkenntnis **100** 60 f.
- Sorgfaltspflichten **116** 37 ff., s. auch Sorgfaltspflicht und Verantwortlichkeit der Aufsichtsratsmitglieder
- Stellvertreter von Vorstandsmitgliedern **105** 22 ff.
- Treuepflichten **116** 74 ff.
- Überkreuzverflechtung **100** 25
- unabhängiges, sachverständiges Aufsichtsratsmitglied **100** 49 ff.
- Unabhängigkeit besonders befähigter **100** 54 ff., 65 ff.
- ungeschriebene Hinderungsgründe **100** 39 ff.
- Unterschreitung der Schwellenwerte bei Kapitalherabsetzung **95** 21
- Vergütung **113** 6 ff., s. auch Vergütung der Aufsichtsratsmitglieder, s. Vergütung der Aufsichtsratsmitglieder
- Verringerung der Zahl **95** 17
- Verschwiegenheitpflicht **106** 103 ff.; **171** 14 f.
- Vorratsbestellung **105** 26
- Wahl **101** 16, 31 ff.
- Wechsel vom Vorstand in den Aufsichtsrat **100** 30 f.
- Zahl der Aufsichtsratsmitglieder, Höchstgrenze **95** 6
- Zeugnisverweigerungsrechte **116** 118
- Zusammensetzung **95** 9; **96** 5
- zwingende Erforderlichkeit des Organs **95** 4

Mager gedruckte Zahlen = Randnummer

Sachverzeichnis

Aufsichtsratsmitglieder als Stellvertreter von Vorstandsmitgliedern
- Bestellung **105** 30
- Fehlen oder Verhinderung des Vorstandsmitglieds **105** 23
- Mitgliedschaft im Vorstand **105** 34
- zeitliche Begrenzung **105** 27

Aufsichtsratsmitglieder, Abberufung aus wichtigem Grund 103 27
- Altersgrenze (DCGK) **103** 37
- Antragsberechtigung **103** 28
- erfasste Aufsichtsratsmitglieder **103** 27
- Verfahren **103** 39
- wichtiger Grund **103** 33 ff.

Aufsichtsratsmitglieder, Bestellung durch das Gericht
- Amtsdauer **104** 32, 48
- aufschiebend bedingte gerichtliche Bestellung **104** 34
- Aufsichtsratsvorsitzender **104** 43; **107** 28 f.
- Besonderheiten beim ersten Aufsichtsrat **104** 40
- Comply-or-Explain-Erklärung (DCGK) **104** 32
- dringender Fall **104** 37
- Einschränkung der gerichtlichen Auswahl **104** 44
- Ergänzung wegen Beschlussunfähigkeit **104** 9 ff.
- erster Aufsichtsrat **104** 40
- Frauenquote **104** 47a
- Frauenquote, Berücksichtigung **104** 47a
- KGaA **104** 22a
- mitbestimmte Gesellschaften **104** 38
- neutrales Mitglied **104** 39
- Umwandlung **104** 41
- Unterschreiten der Mitgliederzahl **104** 33
- Vergütung, Auslagenersatz **104** 58

Aufsichtsratsmitglieder, Entsandte 103 19
- Abberufung durch den Entsendungsberechtigten **103** 19
- Abberufung durch die Hauptversammlung **103** 24, 31
- Rechtsfolgen **103** 26

Aufsichtsratsmitglieder, von der Hauptversammlung gewählte 103 5
- Beschlusserfordernis **103** 8
- freie Abrufbarkeit **103** 5
- Rechtsstellung **106** 2
- Satzungsregelung **103** 11
- Wiederwahl **106** 6
- Wirkung des Beschlusses **103** 15

Aufsichtsratsmitgliedschaft 114 4

Aufsichtsratsvorsitzender
- Abberufung **107** 34 ff.
- Abberufung durch Gericht **107** 37a
- Amtsniederlegung **107** 38
- Amtszeit **107** 30
- Anmeldung der Durchführung der Kapitalerhöhung **188** 6
- Anmeldung des Kapitalerhöhungsbeschlusses **184** 10
- Auslagenersatz **113** 11
- Bestellung **107** 17 ff.
- Ende des Mandats **107** 30
- Ersatz **107** 27
- gerichtliche Abberufung **107** 37a
- gerichtliche Bestellung **104** 43; **107** 28
- Kreditgewährung **115** 7
- mitbestimmte Gesellschaften **107** 24, 42
- Rechtsstellung **107** 39 ff.
- Sitzungsleitung **107** 41
- Sitzungsniederschriften **107** 65
- Stellvertreter, *s. dort*
- Stellvertreter der **107** 53 ff., *s. auch Stellvertreter des Aufsichtsratsvorsitzenden*
- Unwirksamkeit der Bestellung **107** 23
- Vertretungsberechtigung **107** 42 ff.; **112** 52
- Wahl **107** 17 ff.

Aufstellung der Geschäftsordnung der Hauptversammlung 129 11
- Änderung **129** 12
- Aufhebung **129** 12
- Durchbrechung im Einzelfall **129** 13
- Erlass **129** 11
- Fehlerhaftigkeit **129** 14
- geschäftsordnungswidrige Beschlussfassung **129** 15

Aufstellung des Teilnehmerverzeichnisses der Hauptversammlung 129 19
- Art und Form der Aufstellung **129** 23
- gesonderte Hauptversammlung **138** 16
- Zeitpunkt und nachträgliche Veränderungen **129** 24
- Zuständigkeit **129** 20

Aufstellung des Verlegungsplans SE-VO Art. 8 7

Aufstellung des Verschmelzungsplans SE-VO Art. 20 5

Aufstellung und Billigung des Jahresabschlusses 172 3

Aufzeichnungen der Hauptversammlung auf andere Art 130 70
- Recht des Aktionärs auf Abschrifterteilung **130** 71
- stenographische Aufzeichnungen **130** 70
- Tonband- und Bildaufnahmen **130** 70

Aufzulösende werbende AG, Rechnungslegung
- Abwicklungskosten **270** 57
- Anforderungen an den Jahresabschluss **270** 21
- Bilanzidentität **270** 74
- Erstellung des Jahresabschlusses **270** 22
- Firmenwert **270** 48
- immaterielle Vermögensgegenstände **270** 53
- Prinzip der Einzelbewertung **270** 76
- Saldierungsverbot **270** 49
- Vermögens- bzw. Gewinnverwendung nach Auflösungsbeschluss **270** 26
- Verrechnungsverbot **270** 49

2379

Sachverzeichnis

Fett gedruckte Zahlen = Paragraphen

– Vorsichtsprinzip **270** 77 ff.
Ausfallhaftung 41 94; **303** 22
– ausgeschlossener Aktionär **64** 49
– Gründer wegen fehlender Leistungsfähigkeit eines Gründers **46** 18
Ausgabe der Bezugsaktien
– Aktienausgabe **199** 4
– Anmeldung **201** 4
– Art und Weise der Leistung einer Bareinlage **199** 12
– Fälligkeit, sofortige **199** 9
– fehlerhafte **200** 13 ff.
– Gegenwert, volle Leistung **199** 8
– Rechtsfolgen **200** 6 ff., s. auch *Wirksamwerden der bedingten Kapitalerhöhung*
– Verbriefung **199** 5
– Zeitpunkt der Leistung **199** 11
– Zweckbindung **199** 2
– Zweckerfüllung **199** 7
– Zwischenscheine **199** 6
Ausgabe konkurrierender Vorzugsaktien 141 10
Ausgabe neuer Aktien
– Anmeldung und Eintragung **203** 30
– Arbeitnehmeraktien **203** 5, 9, 130
– Ausnahmen **203** 56
– Bekanntmachung **203** 54
– Bezugsrecht **203** 26
– Eintragung **203** 41
– fehlerhafte Eintragung **203** 45
– Kleinaktionäre **203** 58
– ordentliche Kapitalerhöhung **191** 4; **203** 10
– Prüfung **203** 41
– verbotene Ausgabe **191** 4; **203** 55
– Vorrang ausstehender Einlagen **182** 58; **203** 4
– Wirksamwerden der Kapitalerhöhung **189** 2; **203** 46
– Zeichnung neuer Aktien **185** 5; **203** 14
– Zusicherung auf den Bezug neuer Aktien **187** 5; **203** 27
Ausgabe von Aktien oder Zwischenscheinen, die den Mindestnennbetrag nicht erreichen 405 17 f.
Ausgabe von Namensaktien 63 7
– satzungswidrige **23** 21
Ausgabebetrag 9 4; **183** 19; **185** 30
– Agio **9** 2
– Angemessenheit **186** 39, 58; **193** 17
– Bilanzierung **9** 32
– Börsenpreis **186** 58
– Festsetzung **9** 7; **182** 49
– geringster Ausgabebetrag **9** 9
– Haftung für falsche Angaben **399** 142 ff.
– Leistung des Aufgeldes **9** 31
– Mindestbetrag **193** 14
– Prüfung durch Sachverständige **9** 33; **183** 34
– Repricing **193** 18
– schuldrechtliche Zuzahlungen **9** 34; **183** 45
– Überpariemission **9** 23
– Unterpariemission **9** 1, 10

– Verwässerungsschutz **193** 16
– zu niedriger **183** 80
Ausgabeverbot 191 4
Ausgeschiedene Vorstandsmitglieder 92 64
Ausgeübte Geschäftstätigkeit, besondere Vorschriften SE-VO Art. 9 21
Ausgleich der Vorstandsmitglieder im Innenverhältnis 93 263
Ausgleich für Aktionäre, vertraglicher 158 25
– herrschendes Unternehmen **158** 25
– Saldierung **158** 25
Ausgleich von Mehrfachstimmrechten 12 30
Ausgleichsgewährung, Anfechtungsausschluss
– Änderung vertragswesentlicher Umstände **304** 69 ff.
– Änderungsvertrag **295** 20
– Ausgleich, Arten **304** 40 ff.
– Ausgleichspflicht, Beherrschungs- und Gewinnabführungsverträge, s. auch *Angemessenheit des Ausgleichs*
– außenstehender Aktionär **304** 14
– Beendigung des Anspruchs **304** 37
– Fälligkeit **304** 34
– Kapitalveränderungen **304** 71 ff.
– Kündigungsrecht **304** 89
– mehrstufiger Konzern **304** 47
– Rechtsfolgen vertraglicher Mängel **304** 84
– Rechtsgrundlage **304** 7
– Rechtsschutz **304** 87 f.
– Squeeze-out **304** 37
– Voraussetzungen **304** 10
Ausgründung einer Tochter-SE aus der Mutter-SE SE-VO Art. 3 18
Auskauf opponierender Aktionäre 71 56
Auskunftserzwingung des Aktionärs 131 88
Auskunftsklage
– Anfechtungsklage, Verhältnis **243** 118
Auskunftspflicht 171 31; **176** 25
Auskunftspflichtbelehrung, Vorstandsmitglieder 81 18
Auskunftsrecht der Aktionäre 67 109; **87** 90; **293g** 8; **326** 2
– Angelegenheiten der Gesellschaft **131** 23
– Anspruch auf Protokollierung **131** 86
– Auskunftserzwingung **131** 88
– Auskunftsverlangen **131** 18
– Auskunftsverweigerungsgründe **131** 34
– Beschlussanfechtung **131** 89
– Beschränkung aufgrund Treuepflicht **131** 60
– Bezug zur Tagesordnung **131** 28
– Eingliederung **319** 15; **326** 2 ff.
– Einzelfälle/Rechtsprechungsnachweise (Entlastung Organmitglieder) **131** 31
– Einzelfälle/Rechtsprechungsnachweise (Grundlagenentscheidungen) **131** 33

Mager gedruckte Zahlen = Randnummer

- Einzelfälle/Rechtsprechungsnachweise (JA, Verwendung – Bilanzgewinn) **131** 30
- Einzelfälle/Rechtsprechungsnachweise (Wahl von AR Mitgliedern) **131** 32
- erweitertes **131** 72 ff.
- gerichtliche Entscheidung **131** 4 ff., *s. auch gerichtliche Entscheidung über das Auskunftsrecht der Aktionäre, s. dort*
- Gläubiger **131** 12
- Grenzen **131** 34
- Rechtsdurchsetzung **131** 87
- Rechtsfolge **131** 63
- Rechtsmissbrauch **131** 61
- Schadenersatzansprüche **131** 90
- Schuldner **131** 16
- Sonderprüfung **131** 91
- Sonderprüfung, Überschneidungen **142** 37
- Squeeze-out **327d** 5
- Strafrecht **131** 92

Auskunftsrecht der Prüfer SE-VO Art. 22 5
Auskunftsverlangen in der Hauptversammlung 131 80
Auskunftsverweigerung
- Haftung Organe u.a. **400** 41, 52
- unrichtige Begründung der **400** 63

Auskunftsverweigerungsgründe
- Bilanz- und Bewertungsmethoden **131** 47
- Funktionsfähigkeit der Hauptversammlung **131** 59
- Internetpublikationen **131** 52
- Kreditinstitute **131** 51
- Nachteilszufügung **131** 38
- Rechtsmissbrauch **131** 61
- Satzungsregeln **131** 55
- Steuern **131** 41
- stille Reserven **131** 43
- Strafbarkeit **131** 48
- Treuepflichtverletzung **131** 60
- Unmöglichkeit **131** 62

Auskunftsverweigerungsgründe des Aktionärs 130 8; **131** 34
Auskunftsverweigerungsrecht
- Grenzen **13** 57 ff.

Auslagen SpruchG 6 17; **SpruchG 15** 18
Auslagenersatz
- gerichtlich bestelltes Aufsichtsratsmitglied **104** 58

Ausländische Gesellschaften 15 55; **100** 15
- als Obergesellschaft **Vor § 15** 35
- als Untergesellschaft **Vor § 15** 37

Auslandsbeglaubigung
- Anmeldung der Gesellschaft **36** 6

Auslandsbeurkundung 23 9 ff.
- Hauptversammlungsbeschlüsse **130** 18

Auslandsbriefe 80 12
Auslandsgeschäft, Rechtspflichten 93 26
Auslandsprotokoll, Hauptversammlungsbeschlüsse 130 18
Auslegung der SE-VO SE-VO Art. 9 16

Sachverzeichnis

Auslegung der Unterlagen 293g 3
Auslegung des Zeichnungsscheins 185 22, 25
Ausnahmezuständigkeiten der Hauptversammlung 179 4
Ausnutzung, genehmigtes Kapital 202 84
- Aktionärsschutz **203** 102
- Anmeldung **202** 98
- Arbeitnehmeraktien **202** 100 ff.
- Begünstigte **202** 109
- Besonderheit: Stückaktien **202** 94
- börsennotierte Gesellschaften **202** 87
- Eintragung **202** 98
- Feststellungsklage **203** 110
- Meldepflicht **202** 87
- Prüfung durch das Registergericht **203** 109
- Unternehmenspraxis **202** 110
- Vorgaben **203** 96
- Vorstandsentscheidung **202** 84
- Zustimmung des Aufsichtsrats **202** 90

Ausscheiden des Anfechtungsklägers aus der Gesellschaft 244 62 ff.
Ausscheiden von Gesellschaftern 289 19
- Kommanditaktionäre **289** 31
- persönlich haftende Gesellschafter **289** 19

Ausschließungsklage 289 19
Ausschluss der Anteilsverbriefung 10 79
Ausschluss der Berichterstattung 160 42 ff.
Ausschluss der Vertretung 269 5
Ausschluss des Bezugsrechts 186 22 ff., *s. auch Bezugsrechtsausschluss*
- mittelbare Verwirklichung des Bezugsrechts **186** 67 ff.

Ausschluss des Stimmrechts 136 6 ff., *s. auch Stimmrecht*
Ausschluss säumiger Aktionäre 64 7
- Aktienurkunde **64** 45
- Aktionärsstellung des Auszuschließenden **64** 14
- Androhung **64** 22
- Ausfallhaftung des ausgeschlossenen Aktionärs **64** 49
- Ausschlusserklärung **64** 29
- Behandlung kaduzierter Aktien **64** 43
- dreimalige Bekanntgabe **64** 27
- fehlerhafte Ausschließung **64** 53
- Gleichbehandlungsgebot **64** 21
- gutgläubiger Erwerb **64** 44
- Insolvenz **64** 57
- Nachfristsetzung **64** 22
- Rechtsfolgen **64** 34
- Verfahren **64** 18
- verspätete Einlagezahlung **64** 7
- Zuordnung der Mitgliedschaft **64** 42

Ausschluss von Aufsichtsratssitzungen 109 7 ff.
Ausschluss von Minderheitsaktionären, *s. Squeeze Out, s. auch Hauptversammlung, Ausschluss von Minderheitsaktionären*

2381

Sachverzeichnis

Fett gedruckte Zahlen = Paragraphen

Ausschluss von Weisungen, Unternehmensvertrag 299 2
– Umgehungsmöglichkeiten **299** 7
– Unzulässige Weisung und Rechtsfolgen **299** 4
Ausschlusstatbestände 41 110
Ausschlussverfahren, *s. Squeeze Out*
– übernahmerechtliches **327a** 10a
– verschmelzungsrechtliches **327a** 11a ff.
Ausschuss, *s. Aufsichtsratsausschuss*
Ausschütt-Rückhol-Verfahren 205 4; **207** 32
Ausschüttung an Aktionäre 174 13
Ausschüttungssperre
– Abwicklung der Gesellschaft **270** 26
– gesetzliche Rücklagen **150** 19 f.
– Hinweis im Gewinnverwendungsvorschlag **170** 32
– Kapitalrücklagen **150** 19 f.
Außengesellschaft 15 40
Außenhaftung der Geschäftsleiter 93 78
Außenstehende Aktionäre
– Abfindung **305** 8 ff., *s. auch Abfindung, s. auch Angemessenheit der Abfindung*
– Änderung Unternehmensvertrag **295** 24 f.
– Ausgleichspflicht **304** 7 ff., *s. auch Ausgleichspflicht, s. auch Angemessenheit des Ausgleichs*
– Auskunftsrecht **295** 29
– Beendigung Unternehmensvertrag **296** 15, 20
– Kündigung Unternehmensvertrag **297** 26
– Verlustübernahme, Verzicht und Vergleich **302** 45
Außergerichtliche Kosten
– Gebührenhöhe **SpruchG 15** 28
– Kostenfestsetzung **SpruchG 15** 29
– Schuldner **SpruchG 15** 24
Außerhalb der Hauptversammlung auszuübende Rechte 118 9
Außerordentliche Hauptversammlung 175 1
Aussonderung 54 72
Ausstehende Einlagen 182 58
Austritt aus der Gesellschaft 180 1
Ausübung von Aktionärsrechten 118 7
– außerhalb der Hauptversammlung auszuübende Rechte **118** 9
– in der Hauptversammlung auszuübende Rechte **118** 7
Ausübungssperre, einfache 328 9
– Erhalt einer Mitteilung **328** 10
– Erwerbsreihenfolge, Unerheblichkeit **328** 12
– Rechtsfolgen **328** 13
– wechselseitige Beteiligung und Kenntnis **328** 9
Auswahl der Sonderprüfer 143; **258** 29
– Befangenheit **143** 36
– Bestellungsverbote **143** 17 ff.
– Geeignetheit **143** 6 ff.
– Verstoß gegen Bestellungsverbot **143** 39 ff.

Auswahl von Aktien 10 17
Auswahlsorgfalt 93 100
Ausweis der Kapitalherabsetzung
– Betrag **240** 3
– Einstellung in die Kapitalrücklage **240** 4
– Erläuterung im Anhang **240** 5
– Verstoß **240** 6
Ausweis des Bilanzgewinn 170 43
Ausweis des Grundkapitals 152 2
Auszahlungsanspruch der Aktionäre bei Bilanzgewinn 59 15

BaFin 142 241 f., *s. Bundesanstalt für Finanzdienstleistungsaufsicht*
Bankbestätigung
– Kapitalaufbringung bei Vorratsgründung **23** 47
Bankenvertreter 116 96
Barabfindung, Eingliederung, Squeeze Out
– Abfindungsberechtigung **327b** 7
– Angemessenheit **327b** 7
– Angemessenheitsprüfung **327c** 8
– Ausgleichszahlungen aus Unternehmensverträgen **327b** 4a
– Bekanntmachung **327b** 13
– Börsenwert **327b** 5
– Ermittlung **327b** 4 ff.
– Ertragswertverfahren **327b** 4
– Festlegung **327b** 3
– Gewährleistung eines Kreditinstituts **327b** 10 ff.
– Informationspflichten des Vorstands der betroffenen Gesellschaft **327b** 6
– Parallelprüfung **327c** 10
– Prüfung **327c** 8 ff.
– SE, *s. Barabfindung SE*
– Umfang und Dauer der Gewährleistung **327b** 12
– Unternehmensvertrag **305** 30, 43, *s. auch Abfindung, s. auch Angemessenheit der Abfindung*
– Verjährung **327b** 9
– Verzinsung **327b** 9
– Zeitpunkt der Festlegung **327b** 3
Barabfindung, SE
– Sitzverlegung **SE-VO Art. 8** 24
– Verschmelzung **SE-VO Art. 20** 11; **SE-VO Art. 24** 14
Bare Zuzahlungen 305 96
Bareinlage 27 4; **36a** 3; **60** 11; **188** 14
– Fälligkeit **36a** 3
Bareinzahlung 399 108 f.
Bargründung 32 6
Barkapitalerhöhung 186 56
Basket Hedging 193 18a
Beabsichtigte Geschäftspolitik 90 17
Beamtenrechtliche Weisungsgebundenheit 394 10
Bedeutung der Aktiengesellschaft 1 1

Mager gedruckte Zahlen = Randnummer **Sachverzeichnis**

Bedingte Kapitalerhöhung 160 18
– 10%-Grenze **192** 76
– 50% Grenze, Ausnahmen **192** 75a ff.
– Bekanntmachung **192** 4
– Berichtspflichten **192** 48
– Beschluss **193** 2 ff.
– Beschlusserfordernis **192** 20, 63 f.
– Bezugsanspruch **197** 13 ff.
– Bezugserklärung **197** 4 ff., *s. auch Bezugserklärung*
– bilanzielle Behandlung **192** 65
– CRR-VO **192** 75d ff.
– Erfordernisse **193** 2 ff.
– falsche Angaben **399** 210 ff.
– Finanzmarktstabilisierungsgesetz **192** 75a
– Forderungsabwicklung **192** 75d ff.
– Hauptversammlungsbeschluss **192** 4
– Kosten **192** 86
– Optionsanleihen **192** 13
– Sacheinlagen **193** 5 ff.
– Satzungsänderung **192** 18
– Schranken **192** 74 ff.
– steuerliche Behandlung **192** 65
– Umfang des Rechts **192** 15
– Unternehmenskauf **192** 38a
– Verbot der Aktienausgabe vor Eintragung **197** 3 ff., *s. auch Verbotene Aktienausgabe*
– Verhältnis zur Kapitalerhöhung gegen Einlagen **192** 5
– Wandelanleihen **192** 13
– Wirksamkeitsmängel **200** 12
– Wirksamwerden **200** 1, *s. auch Wirksamwerden der bedingten Kapitalerhöhung*
– Zulässigkeit **192** 2
– Zweck **192** 8, 25
Bedingtes Kapital 152 6; **192** 3, *s. auch Finanzierung der Gesellschaft*
– Erhöhung **218** 2
– Kapitalerhöhung **218** 2 ff.
– Kapitalherabsetzung **224** 11
– Sonderrücklage **218** 4
– Unterpariemissionen **218** 1
Beeinträchtigung der Teilnahme an der Hauptversammlung 118 16
Beendigung der Eingliederung
– Aktienübergang **327** 4
– Anmeldepflicht **327** 8
– Auflösung der Hauptgesellschaft **327** 5
– Beschluss der Hauptversammlung der eingegliederten Gesellschaft **327** 2
– Mitteilungspflicht **327** 7
– Nachhaftung **327** 9
Beendigung der Nebenpflichten 55 41
Befreiung der Aktionäre von ihren Leistungspflichten
– Aufrechnungsverbot **66** 21
– Aufrechnungsvertrag **66** 33
– Befreiung durch Kapitalherabsetzung **66** 46
– Befreiungsverbot **66** 7, 12

– Beteiligung Dritter, Befreiungs- und Aufrechnungsverbot **66** 37
– Einlagefinanzierung durch Gesellschaft **66** 12
– Einlagepflicht **66** 3
– Erwerb nicht voll eingezahlter Aktien **66** 14
– Hinterlegung **66** 15
– Insolvenz **66** 49
– Insolvenzplan **66** 17
– Kontokorrentvereinbarung **66** 35
– Leistung an Erfüllungs Statt **66** 11
– Leistung erfüllungshalber **66** 11
– Liquidation **66** 49
– mangelhafte Sacheinlage, Annahme als Erfüllung **66** 13
– Novation **66** 10
– Schiedsvereinbarung **66** 19
– Stundungsabreden **66** 9
– Vergleich **66** 16
– Vergleich zur Abwendung der Insolvenz **66** 18
– Verjährung **66** 20
– Verstöße **66** 50
– Verwirkung **66** 20
– Zurückbehaltungsrecht **66** 36
Befreiung nach § 37 WpÜG 327a 11
Befreiung von der Leistungspflicht durch Kapitalherabsetzung 66 46
Befreiung von Mitteilungspflichten WpHG 33–47 18, 119
Befreiungs- und Aufrechnungsverbot, Beteiligung Dritter 66 37
Befriedigung 272 6
Begebung von Kaufoptionen 71 205
Begründung der Aktionärsverpflichtungen 55 15
Behandlung des Protokolls der Hauptversammlung 130 61
– Einreichung zum Handelsregister **130** 61
– Einsichtnahme und Abschriftenerteilung **130** 63
Beherrschender Einfluss 17 9, 45
– GmbH **17** 45
– Konzernrechnungslegung **Vor § 15** 17; **17** 6
– Personengesellschaft **17** 47
– WpHG **WpHG 33–47** 41 f.
Beherrschung
– börsennotierte Gesellschaft **17** 29
– faktische Umstände **17** 30 ff.
– GmbH **17** 45
– Joint Ventures **17** 15 ff.
– künftige Beteiligung **17** 36 f.
– Personengesellschaften **17** 47
– sonstige Gesellschaftsformen **17** 48
Beherrschung, Haftungsdurchgriff 1 62
Beherrschungsvertrag 57 37; **186** 46; **Vor § 291** 30, 47; **291** 9; **300** 20; **311** 8; **312** 10, **SpruchG 1** 9
– angemessener Ausgleich **304** 7, 51
– atypischer **291** 26; **308** 7
– Ausfallhaftung **303** 22

2383

Sachverzeichnis
Fett gedruckte Zahlen = Paragraphen

– Ausschluss der Sicherheitsleistung **303** 26
– besondere Konzernverbindungen **291** 29
– Betriebsführungsvertrag, Abgrenzung **292** 56 ff.
– Betriebsüberlassung, Betriebspacht **292** 47 ff.
– Einlagenrückgewähr **57** 37
– existenzgefährdende Weisungen **291** 16
– fehlerhafte **291** 61 ff.
– Finanzdienstleistungsinstitute **291** 5a
– Gläubigerschutz **303** 5
– Gleichbehandlung **53a** 30
– Informationsansprüche der Obergesellschaft **291** 13a
– Investorenvereinbarung **291** 70a
– Kreditinstitute **291** 5a
– Leitungsmacht s. Leitungsmacht im Beherrschungsvertrag
– Mehrmütterherrschaft **291** 31
– mit Gewinnabführungsvereinbarung **300** 24
– mit Teilgewinnabführungsvereinbarung **300** 25
– ohne Gewinnabführungsvereinbarung **300** 22
– praktische Bedeutung **291** 8
– Teilbeherrschungsvertrag **291** 24
– Treuepflicht **53a** 59
– verdeckte Gewinnausschüttung **291** 15
– verdeckter **291** 69 ff.
– Verlustdeckungspflicht, Rechtsgrund **302** 4 ff.
– Verlustübernahme **302** 10
– Verrechnungspreise **291** 15
– Versicherungsunternehmen **291** 5b
– Vertragsfreiheit **291** 22
– Weisungen, Einschränkungen **291** 16, s. auch Weisungen, s. auch Weisungsrecht
– Zuweisung **300** 20
Beibehaltung des festgestellten Jahresabschlusses 174 22
Beirat
– Besetzung **287** 32
– fakultativer bei KGaA **278** 20
– Kompetenzen **287** 29
– Zulässigkeit **287** 29
Beirat des Aufsichtsrates 287 29
– Besetzung **287** 32
– Haftung **287** 32
– Kompetenzen **28** 29
Beitritt eines weiteren Unternehmers SpruchG 13 8
Beitritt zu Unternehmensvertrag 295 6, 22
Beitrittserklärung 27 76
Bekanntmachung der Anfechtungsklage 246 52; **248a**
– Inhalt **248a** 4
– Unterlassung **248a** 8
Bekanntmachung der Entscheidung SpruchG 14 2
Bekanntmachung der Haftungsklage
– Ad-hoc-Mitteilung **149** 9
– Anspruch auf Bekanntmachung **149** 13
– Antrag auf Zulassung der Klage **149** 8

– Bekanntmachungspflicht, begrenzte **149** 5
– Berichtspflicht auf der Hauptversammlung **149** 14
– Gesellschaftsblätter, Bekanntmachungsort **149** 7
– Inhalt **149** 15
– Kenntniserlangung der übrigen Aktionäre **149** 1
– Leistungspflichten, Wirksamkeitsvoraussetzung für **149** 16
– Prozessvermeidende Vereinbarungen, Bekanntmachungspflicht von **149** 23
– rechtpolitische Würdigung **149** 3
– unterlassene Bekanntmachung **149** 18
– Verfahrensbeendigung **149** 6
– Verpflichteter **149** 12
– Wirkung **149** 16
– Zeitpunkt **149** 5
Bekanntmachung der persönlich haftenden Gesellschafter, KGaA 282 4
Bekanntmachung der Zusammensetzung des Aufsichtsrates
– Änderungen der Satzung **97** 8
– Änderungen des Grundkapitals **97** 12
– Antrag auf gerichtliche Entscheidung **97** 33
– gerichtliche Entscheidung **98** 4
– Gruppenproporz **97** 16
– Kreis der wahlberechtigten Arbeitnehmer **97** 17
– Pflicht des Vorstandes **97** 3
– Schadenersatzansprüche **97** 37
– Sperrwirkung anhängiger Verfahren **97** 36
– Verfahren **97** 18; **99** 4
Bekanntmachungen der Gesellschaft
– elektronischer Bundesanzeiger **25** 3; **267** 5
– Gesellschaftsblätter **25** 6
– Pflichtbekanntmachungen **25** 2
– Veröffentlichung, Rechtsfolgen **25** 8
Bekanntmachungspflicht
– Änderungen im Aufsichtsrat **106** 5
– Beteiligungsgröße **20** 6 ff.
– Bezugsrechtsausschluss **186** 23
– Einbringung von Sacheinlagen **183** 20
– Einreichung der Bekanntmachung **106** 10
– Gericht **106** 11
– Modalitäten **20** 31
– Publizität **106** 12
– Rechtsfolgen **20** 34
Belegpflicht WpHG 33–47 85
Belegschaftsaktien 71d 50
– Ausgabe **203** 5, 9
– Ausgabeerleichterungen **204** 52 ff.; **205** 24
– ausstehende Einlagen, Kapitalerhöhung **203** 10
– Bezugsrecht, Gesellschaftsinteresse **186** 45
– Erwerb eigener Aktien **71** 58 ff.
– genehmigtes Kapital **202** 100 ff.
Benannte Finanzierungsgeschäfte 71a 23
– Darlehen **71a** 25
– Sicherheit **71a** 26

Mager gedruckte Zahlen = Randnummer **Sachverzeichnis**

– Vorschuss **71a** 24
Benchmarking 193 26
Beratungsverträge 114 7 ff., *s. auch Verträge mit Aufsichtsratsmitgliedern*
– mit ehemaligen Vorstandsmitgliedern **114** 20
– Zuständigkeit des Aufsichtsrats **112** 17
Berechnung der Beteiligung 20 6
Berechnung des Gesamtkapitals 16 14
– Abzug eigener Anteile **16** 15
– Berechnungsmethode **16** 14
Berechtigte Berichtsverweigerung 90 56
Berechtigungsschein 402 11
Bereichsspezifische Organisationspflichten 91 42
Bericht des Vorstandes, Beziehungen zwischen verbundenen Unternehmen
– allgemeine Grundsätze der Berichterstattung **312** 45
– Berichtspflicht **312** 5
– Inhalt des Abhängigkeitsberichts **312** 23
– Kosten **312** 18
– Sanktionen fehlender oder fehlerhafter Berichterstattung **312** 19
– Schlusserklärung **312** 48
– Verfahren **312** 14
Bericht über den Unternehmensvertrag 293a 4
– Berichtspflicht **293a** 4
– Einschränkungen der Berichterstattung **293a** 18
– Form **293a** 8
– Inhalt **293a** 9, 13
– Rechtsfolgen **293a** 24
– Verzicht auf den Bericht **293a** 21
– Zuständigkeit **293a** 5
Berichte an den Aufsichtsrat
– allgemeine Berichtspflicht **90** 7
– Anforderungsberichte **90** 38
– Berichtsarten **90** 7
– Berichtsgläubiger **90** 11
– Berichtspflicht **90** 52
– Berichtspflichten des Vorstands **90** 14
– Berichtsschuldner **90** 8
– Berichtsverweigerung **90** 56
– Erlass einer Informationsordnung **90** 13
– Grundsätze ordnungsgemäßer Berichterstattung **90** 48
– Information innerhalb des Aufsichtsrats **90** 57
– Informationsmöglichkeiten des Aufsichtsrats, vorstandsunabhängige **90** 15
– Organstreit **90** 68
– unangeforderte Berichte **90** 16
– Verstöße **90** 63
– zwingende Mindestregelung **90** 12
Berichte auf Verlangen eines Aufsichtsratsmitglieds 90 45
Berichte der Aufsichtsratsmitglieder 394 4
– beamtenrechtliche Weisungsgebundenheit **394** 10
– Berichterstattung **394** 14

– Berichtpflicht **394** 9
– Beschränkung der Berichtpflicht **394** 12
– Europarechtskonformität **394** 16
– mittelbare Beteiligung **394** 8
– unmittelbare Beteiligung **394** 7
Berichte über Beziehungen zu verbundenen Unternehmen 312 5
Berichterstattung 394 14
Berichtigungspflicht 399 56
Berichtshäufigkeit an den Aufsichtsrat 90 33
– Regelberichte **90** 33
– Sonderberichte **90** 36
Berichtspflicht 90 52; **394** 9
– bedingte Kapitalerhöhung **192** 48
– Berichterstattung **394** 14
– Beschränkung **394** 12
– Bezugsrechtsausschluss **186** 25
– Frauenquote **76** 149
– Pflicht zur unbedingten Offenheit **90** 52
– Privataktionäre **15** 48
– Verschwiegenheitspflicht der Aufsichtsratsmitglieder **90** 55
Berichtspflicht auf der Hauptversammlung 149 14
Berichtsverlangen 90 41
Berichtsverweigerung 90 56
– berechtigte Berichtsverweigerung **90** 56
– Verschwiegenheitspflicht der Aufsichtsratsmitglieder **90** 55
Bertriebsführungsvertrag
– Unternehmensvertrag **292** 54
– verdeckte Gewinnausschüttung **292** 55
Berücksichtigung von Teilrechten 220 6
Berufspflichten, Vorstandsmitglieder 93 43
Beschädigung oder Verunstaltung von Aktien 74 4
– Erteilung neuer Urkunden **74** 10
– Kostentragung **74** 7
Bescheinigung über die Rechtmäßigkeit SE-VO Art. 25 4
– Bindungswirkung der Entscheidung **SE-VO Art. 25** 7
– Inhalt der Bescheinigung **SE-VO Art. 25** 5
– Zuständigkeit **SE-VO Art. 25** 4
Beschlagnahmung der Protokolle 107 78
Beschleunigter Aktienerwerb 71 126
Beschleunigtes Bookbuilding 221 62
Beschluss der Hauptversammlung 130 5; **SE-VO Art. 8** 12
Beschluss über Prüfungsergebnisse 171 69
Beschlussanfechtung 53a 56; **131** 89; **243** 16 ff.
Beschlussausführung durch den Aufsichtsrat, KGaA 287 20
Beschlusserfordernis 103 8
– Ausgabebetrag **193** 11
– bedingte Kapitalerhöhung **192** 20
– Bezugsberechtigte, Kreis der **193** 10
– formell **193** 2

2385

Sachverzeichnis

Fett gedruckte Zahlen = Paragraphen

– inhaltlich **193** 6
– Sacheinlagen **194** 17
– Umfang der Kapitalerhöhung **192** 21
– Zweckfestsetzung **193** 9

Beschlussfähigkeit des Aufsichtsrates 31 11; **108** 37
– aktienrechtliche Grenzen **108** 45
– Ausschüsse **108** 51
– boykottierendes Mitglied **104** 12; **108** 42
– dreiköpfiger Aufsichtsrat **108** 41
– gesetzliche Regel **108** 37
– mitbestimmte Gesellschaften **108** 44, 46 ff.
– Satzungsregelungen **108** 45
– schriftliche Stimmabgabe **108** 53
– Sollstärke **108** 39
– Unterbesetzung **108** 43
– Vertagungssklauseln **108** 49
– Wahrung eines Gruppenverhältnisses **108** 47

Beschlussfassung 77 21

Beschlussfassung der Hauptversammlung 120 3
– bedingte Beschlussfassung **133** 4
– befristete Beschlussfassung **133** 4

Beschlussfassung des Aufsichtsrates 108 5 ff.
– Abstimmungsverfahren, geheime Abstimmung **108** 17
– Antrag **108** 16
– Auslegung **108** 12
– Äußerungen des Aufsichtsrats **108** 7
– Beschlüsse ohne Sitzung **108** 60
– Beschlussfähigkeit **108** 37 ff., *s. auch Beschlussfähigkeit des Aufsichtsrats*
– Bevollmächtigung von Mitgliedern **108** 5
– entsandte Aufsichtsratsmitglieder **108** 33
– Entsprechenserklärung DCGK **161** 37 ff., 44
– fehlerhafte Aufsichtsratsbeschlüsse **108** 68
– Feststellung des Beschlusses **108** 36
– geheime Abstimmung **108** 17 f.
– Grundlagen der Beschlussfassung **108** 5
– Interorganstreit **108** 86
– Intraorganstreit **108** 91
– Klageart bei Beschlussmägeln **108** 76 ff.
– kombinierte Beschlussfassung **108** 66
– Mehrheitserfordernis **108** 22
– mitbestimmte Gesellschaften **108** 21, 32
– schriftliche Stimmabgabe **108** 53
– Stimmengleichheit **108** 24
– Stimmenthaltung **108** 24
– Stimmrecht **108** 25 ff.
– Stimmrechtsausschluss **108** 27 ff.; **136** 19
– Telefonkonferenz **108** 61 ff.
– ungültige Stimmen **108** 25
– Verfahren **108** 14 ff.
– Videokonferenz **108** 61 ff.
– virtuelle Sitzungen **108** 60 ff.

Beschlussfassung des Vorstands 77 21 ff.
– Beschlussmängel/Rechtsschutz **77** 28a ff.

Beschlussfassung von Ausschüssen 108 51

Beschlussfeststellungsklage 241 38 ff., 57; **286** 4, *s. auch positive Beschlussfeststellungsklage*
– fehlerhafter Vorstandsbeschluss **77** 28a ff.
– positive **58** 92

Beschlussfeststellungsurteil, positives 248 21

Beschlusskontrolle, allgemeine
– Bezugsrechtsausschluss **186** 40, 51, 61

Beschlussmängel 77 27; **108** 69; **179a** 23; **243** 41 ff.
– ad-hoc-Entscheidungen **241** 167
– anfechtbare Beschlüsse **241** 30
– Anmeldeverfahren, Mängel **241** 234 f.
– Arten **241** 12
– Bedeutung für Beschlussfassung **243** 66 ff.
– Bestätigungsbeschluss **241** 78; **243** 29, *s. auch Bestätigung unwirksamer Hauptversammlungsbeschlüsse*
– Beurkundungsmängel **241** 143 ff.
– Durchführungsmängel **243** 99 ff.
– Einlagenrückgewähr **241** 184
– Eintragung **241** 95 ff.
– Eintragungswidrige Beschlüsse **243** 12
– Folgebeschlüsse **241** 76 f.
– Geltendmachung bei Aufsichtsratsbeschlüssen **108** 76
– Gesetzesverletzung **243** 39 ff.
– Heilung **241** 10 ff., 78; **242** 6 ff.; **243** 29, 90; **244** 24 ff.
– Heilung gelöschter Beschlüsse **241** 217 ff.
– Informationsmängel **243** 114 ff.
– inhaltliche Verstöße **243** 152 ff.
– Inhaltsmängel **241** 167 ff.
– Kategorien **241** 60 ff.
– Klage **241** 15 ff., *s. auch Beschlussmängelklage*
– Kompetenzüberschreitungen **241** 195 ff.
– Löschungsverfahren **241** 231
– materielle Beschlusskontrolle **243** 169 ff.
– Mitbestimmungsgesetz, Verstoß **241** 200 f.
– Nichtbeschlüsse **241** 55 ff.
– Nichtigkeit, Wirkung **241** 26
– notarielle Beurkundung **241** 92 ff.
– perplexe Beschlüsse **241** 207 ff.
– perplexe Beschlüsse, Heilung **242** 18
– Rechtsschutz **77** 28a ff.
– Registersperre **241** 99 ff.
– Rückabwicklung durchgeführter Beschlüsse **241** 25
– Satzungsänderung **241** 50
– Satzungsautonomie, Verstoß gegen **241** 167 ff.
– Satzungsverstöße, punktuelle **241** 204 f.
– Scheinbeschlüsse **241** 55 ff.
– Stimmabgabe **241** 46
– Teilnichtigkeit **241** 65 ff.; **243** 14
– Umwandlungen **241** 28
– unwirksame Beschlüsse **241** 47 ff., 52 ff.; **243** 10
– Ursächlichkeit **243** 67 ff.
– verdeckte Gewinnausschüttungen **241** 184

Mager gedruckte Zahlen = Randnummer

Sachverzeichnis

– Verfahrensmängel **241** 7
– Verfahrensverstöße **243** 61 ff.
Beschlussmängelklage
– Anerkenntnis **241** 83 ff.; **246** 51
– Anfechtungs- und -Nichtigkeitsklage, Verhältnis **241** 15
– Aufsichtsratsbeschlüsse **241** 45
– Beschlussfeststellungsklage **241** 38 ff.
– Doppelvertretung der Gesellschaft **241** 83
– Feststellungsklage, Verhältnis **241** 18
– Freigabeverfahren **241** 20 ff.
– Klagebefugnis **241** 17
– Klagegegenstand **241** 36
– Minderheitsverlangen **241** 43 f.
– negative Beschlüsse **241** 37 ff.
– Streitgegenstand **241** 15 ff.
– Vergleich **241** 89; **246** 50
– Vorstandsbeschlüsse **241** 45
Beschlussvorbereitung 171 21
Beschränkt dingliche Rechte 10 66; **27** 16
Beschränkung der Aktionärshaftung 1 37
**Beschränkung der Anteilsverbriefung
10** 79
**Beschränkung der Dispositionsbefugnis
50** 4
**Beschränkung der Rechte in wechselseitig
beteiligten Unternehmen 328** 6
Beschränkung in börsennotierten Gesellschaften 328 25
– Missbrauchsschutz **328** 32
– Schutz des gutgläubigen Erwerbers **328** 29
**Beschränkung von Abschlagszahlungen
auf die Hälfte des Jahresüberschusses
59** 14
Beschränkungen der Geschäftsführungsbefugnis 82 26
**Beschränkungen der Vertretungs- und
Geschäftsführungsbefugnis 82** 1
– Beschränkungen der Geschäftsführungsbefugnis **82** 26
– Unbeschränkbarkeit der Vertretungsmacht
82 4
Beschwerde
– Adressat **SpruchG 12** 4
– Beschwer **SpruchG 12** 6 f.
– Beschwerdebefugnis **SpruchG 12** 6 f.
– Beschwerdefrist **SpruchG 12** 3
– Form **SpruchG 12** 5
– Statthaftigkeit **SpruchG 12** 2
– Zuständigkeit **SpruchG 12** 4
Beschwerdeverfahren
– Abhilfe **SpruchG 12** 11
– formell Beteiligte **SpruchG 12** 15
– Prüfungsumfang **SpruchG 12** 12
– Tatsachen, neue **SpruchG 12** 14
– Tatsacheninstanz, weitere **SpruchG 12** 12
– Vorbringen, zurückgewiesenes
SpruchG 12 13
**Besetzung von Aufsichtsratsausschüssen
107** 99

Besondere Aktiengattungen 11 3
– Änderung **11** 32
– bei der Kapitalerhöhung **182** 9
– Entstehung **11** 21
– Gattungsunterschiede **11** 7
– Gleichbehandlungsgrundsatz **11** 6
– nicht gattungsbegründende Unterschiede
11 18
– Zulässigkeit **11** 5
Besondere Konzernverbindungen 291 29
Besonderer Vertreter
– Abberufung **147** 105
– Ad-hoc-Mitteilungspflichten **147** 111
– Ad-hoc-Mitteilungspflichten, Abgabe durch
147 132
– Anfechtung von Hauptversammlungsbeschlüssen **147** 118 f.
– Anforderungen an **147** 98 f.
– Anspruchsdurchsetzung **147** 114 ff.
– Aufgaben **147** 112
– Auskunftsrechte **147** 135 ff.
– außergerichtliche Geltendmachung von
Ersatzansprüchen **147** 150 f.
– Auswahl **147** 98 f.
– Beendigung der Organstellung und Abberufung **147** 160 ff.
– Befugnisse **147** 113 ff.
– Berater **147** 124
– Bestellung **147** 67 ff., 100
– Bestellungsbeschluss **147** 71 ff.
– Ersetzung **147** 106 f.
– Finanzierung der Tätigkeit **147** 148 f.
– freiwillige Einsetzung **147** 175
– Geltendmachung von Ersatzansprüchen, Sonderprüfung **142** 35
– gerichtlich bestellter, Hauptversammlungsbeschluss **147** 70
– gerichtliche Bestellung **147** 79 ff.
– GmbH **147** 65
– Haftung **147** 127 ff.
– Handelsregistereintragung **147** 102
– Hauptversammlung **147** 143 f.
– Hauptversammlungsbeschluss **147** 68 ff.
– Hilfspersonen **147** 124
– Insolvenz **147** 108 f., 120, 167
– Investmentaktiengesellschaften **147** 65
– KGaA **147** 65
– Klage der Aktionärsminderheit **148** 150
– Klagebefugnis **147** 151 f.
– Klagezulassungsverfahren **148** 25, 138
– Kosten **147** 148 f.
– Kosten für Durchsetzung von Auskunfts-
und Prüfungsrechten **147** 142
– legal judgement rule **147** 126
– missbräuchliche Bestellung **147** 11
– Niederlegung des Amts **147** 157
– Organstellung **147** 121
– Organstellung, Begründung **147** 110
– Prozessführung **147** 115
– Prozessvergleich **147** 116

2387

Sachverzeichnis

Fett gedruckte Zahlen = Paragraphen

- Prüfungsrechte **147** 135 ff.
- Publikumspersonengesellschaften **147** 65
- Qualifikation **147** 98 f.
- REIT-AG **147** 65
- SE **147** 65
- Sorgfaltspflichten **147** 122 ff.
- Vergütung **147** 172 ff.
- Verschwiegenheitspflicht **147** 122
- vertragliche Vereinbarung **147** 100
- vertragliche Vereinbarung, Beendigung **147** 158, 163
- Vertretungsmacht **147** 134
- Verzichtsverbot **147** 116
- Weisungsunabhängigkeit **147** 129
- Widerruf der Bestellung **147** 76, 160 ff.

Besserungsscheine 160 29 ff.
Beständige faktische Verflechtungen mit Dritten 17 32
Beständigkeit der Herrschaft 17 19
Bestandsmitteilungspflicht WpHG 33–47 66c
Bestandsschutz SE-VO Art. 11 4
Bestätigung anfechtbarer Hauptversammlungsbeschlüsse

- Anfechtung des Erstbeschlusses **244** 10
- Anforderungen an die Beschlussfassung **244** 19 ff.
- Auswirkung von Entscheidungen auf das Parallelverfahren **244** 47
- Beschlusskorrekturen **244** 11
- Bestätigungsbeschluss, Bestandskraft und Anfechtung **244** 28 ff.
- Doppelanfechtung **244** 14, 36
- Heilbarkeit der Mängel **244** 24
- Mangelfreiheit des Bestätigungsbeschlusses **244** 22
- maßgebender Beurteilungszeitpunkt **244** 27
- unterbliebene Anfechtung **244** 33
- Voraussetzungen **244** 19

Bestätigungsbeschluss 241 78; **244** 15; **251** 12, s. auch Bestätigung unwirksamer Hauptversammlungsbeschlüsse

Bestätigungsvermerk 313 21
Bestellscheine 80 11
Bestellung der Aufsichtsratsmitglieder

- Anfechtung der Wahl **101** 109 ff.
- Anzahl der von den Gründern zu bestellenden Mitglieder **31** 8
- Arbeitnehmervertreter **101** 110
- Bestellung **101** 15
- Bindungswirkung der Wahlvorschläge **101** 16 ff.
- durch die Gründer **31** 7
- Durchführung der Wahl **101** 39
- Entsendung von Aufsichtsratsmitgliedern der Anteilseigner **101** 49 ff.
- Ersatzmitglieder **101** 82 ff.
- erster Aufsichtsrat **31** 7; **101** 30
- fehlerhafte Bestellung **101** 107

- Folgen der Anfechtbarkeit für die Rechtsstellung des Aufsichtsrates **101** 111
- Folgen der Anfechtung für Beschlüsse des Aufsichtsrates **101** 113 ff.
- mehrere Wahlvorschläge **133** 55a
- Nichtigkeitsgründe **101** 108
- Wahl **101** 16
- Wahl der Arbeitnehmervertreter **101** 48
- Wahlabreden **101** 23 ff.
- Wahlart **101** 31 ff.

Bestellung der Sonderprüfer (Vorgänge der Geschäftsführung/unzul. Unterbewertung) 258 1 ff.

- Antrag auf Bestellung von Sonderprüfern **258** 9
- Antrag bei Gericht **258** 21
- Aufgaben der Sonderprüfer **258** 35
- Bestellung der Sonderprüfer **258** 27
- Entscheidung des Gerichts über den Antrag **258** 23
- förmliche Voraussetzungen **258** 18
- Kostentragung **146**
- Kredit-, Finanzdienstleitungsinstitute und Kapitalanlagegesellschaften **258** 48
- Rechte und Verantwortlichkeiten **258** 45
- Verfahren **258** 8

Bestellung der Vertragsprüfer 293c
Bestellung des Aufsichtsrats bei Sachgründung 31 3

- Amtszeit **31** 13
- Anzahl der von den Gründern zu bestellenden Mitglieder **31** 8
- Bekanntmachungspflicht des Vorstands **31** 14
- Beteiligung der Arbeitnehmer **31** 14

Bestellung des ersten Abschlussprüfers 30 19
Bestellung des ersten Aufsichtsrats 30 5; **31** 3

- Amtszeit **30** 14
- Aufgaben **30** 16
- Bekanntmachung der Zusammensetzung **30** 18
- durch die Gründer **30** 5
- Verfahren **30** 7
- Vergütung **30** 17
- Zusammensetzung **30** 13

Bestellung des ersten Vorstands 30 20
Bestellung des gemeinsamen Vertreters SpruchG 6 4
Bestellung des Vorstandes 30 21 ff.; **84** 5
Bestellung durch das Gericht 85 5 ff.

- Dringlichkeit **85** 7
- Fehlen eines erforderlichen Vorstandsmitglieds **85** 6
- Rechtsstellung gerichtlich bestellter Vorstandsmitglieder **85** 13
- Verfahren **85** 8

Bestellung und Abberufung von Vorstandsmitgliedern

- Anstellungsvertrag **84** 24 ff.

Mager gedruckte Zahlen = Randnummer

Sachverzeichnis

– Bestellung **84** 5
– Bestellungsdauer **84** 12
– Bestellungsverfahren **84** 11
– Drittanstellung **84** 39
– Kündigung des Anstellungsvertrages **84** 145
– Mängel der Anstellung **84** 84
– Mängel der Bestellung **84** 20
– Pflichten der Vorstandsmitglieder **84** 75
– Rechte der Vorstandsmitglieder **84** 43
– Vorsitzender des Vorstands **84** 87
– Widerruf der Bestellung **84** 92
– Wiederbestellung **84** 15
Bestellung von Aufsichtsratsausschüssen **107** 81, 85
Bestellung von Sonderprüfern, KGaA **285** 18
Bestellungshindernisse
– Haftung bei Verstoß gegen **399** 228 ff.
– Vorstandsmitglieder **84** 20
Besteuerung der SE SE-VO Vor Art. 1 24
Beteiligung der Aufsichtsratsmitglieder am Jahresgewinn **113** 43
Beteiligung der SE an nationalen Umwandlungsvorgängen SE-VO Art. 3 32
– Formwechsel **SE-VO Art. 3** 39
– Spaltung der SE **SE-VO Art. 3** 40
– Verschmelzung zur nationalen Aktiengesellschaft **SE-VO Art. 3** 38
– Verschmelzung zur SE **SE-VO Art. 3** 36
Beteiligung Dritter an der Gesellschaft **1** 15; **27** 162; **57** 56
Beteiligungen
– Nachweis **22** 1 ff.
Beteiligungsausschuss **107** 138
Beteiligungserwerb
– Zustimmung durch Hauptversammlung **119** 30a ff.
Beteiligungsveräußerung
– Zustimmung durch Hauptversammlung **119** 30 ff.
Betragmäßige Begrenzung der Aktionärspflichten **54** 23
BetrAVG 84 51 ff.
Betriebliche Zusatzleistungen, Vorstand **84** 48
Betriebsänderung 262 72
Betriebsaufspaltungen 179a 19
Betriebserträge der letzten zwei Geschäftsjahre 32 13
Betriebsführungsvertrag 76 72 ff.; **292** 52 ff.
– Beherrschungsvertrag, Abgrenzung **292** 56
– Leitungskompetenz **292** 53
Betriebspachtvertrag Vor § 291 32; **291** 69; **292** 33 ff.
– Verlustübernahme **302** 31
Betriebsrat 98 12
Betriebsstillegung
– ungeschriebene HV-Kompetenz **119** 32

Betriebsüberlassungsvertrag Vor § 291 32; **291** 69; **292** 33 ff.
– Geschäftsführungsvertrag, Abgrenzung **291** 51
– Verlustübernahme **302** 31
Beurkundung fehlerhafter Beschlüsse **130** 22
Beurkundungsmängel 241 142 ff.
– Heilung **241** 231
Beurkundungspflichtige Willenserklärungen 130 11
Beweisaufnahme während der mündlichen Verhandlung
– Beweisaufnahme, Notwendigkeit **SpruchG 8** 8
– Beweisaufnahme, Verfahren **SpruchG 8** 15 ff.
– Rechtliches Gehör **SpruchG 8** 16
– Rechtsmittel **SpruchG 8** 20
– Sachverständiger, Ablehnung **SpruchG 8** 16
– Sachverständiger, Auswahl **SpruchG 8** 16
– Sachverständiger, Ladung **SpruchG 8** 16
– Sachverständiger, Teilzahlungen **SpruchG 8** 18
– Sachverständiger, Vergütung **SpruchG 8** 17
– Sachverständiger, Vorschuss **SpruchG 8** 18
– selbständiges Beweisverfahren **SpruchG 8** 21
– Vergütung **SpruchG 8** 17
– Vorschusspflicht des Antragsgegners **SpruchG 8** 19
– Zeugen, Vergütung **SpruchG 8** 17
Beweislast
– Leistungsunfähigkeit des Gründers **46** 18
– Zahlungsunfähigkeit des Gründers **46** 18
Beweiswürdigung SpruchG 8 4
Bewertung von Sacheinlagen 27 34
– Maßstab **27** 35; **183** 61
– Rechtsfolgen der Überbewertung **27** 44
– Unterbewertung **27** 43
– Verbot der Überbewertung **27** 42
– Zeitpunkt **27** 34
Bezüge der Vorstandsmitglieder, s. Grundsätze der Bezüge der Vorstandsmitglieder
Bezugs- und Umtauschrechte
– Aktienoptionspläne **192** 17
– Altaktionäre **192** 6
– Arbeitnehmer **192** 39, 58; **193** 21
– Aufteilung, Gruppen **193** 21
– Ausgabebetrag **193** 11 ff.
– Ausschluss bei bedingter Kapitalerhöhung **192** 17
– Ausübung **192** 1; **198** 1
– Ausübungszeiträume **193** 35
– Berechtigte **193** 10
– Definition **192** 16
– Einräumung **192** 4
– Erfolgsziele **193** 23
– Erwerbszeiträume **193** 30
– Geschäftsführung, Mitglieder **192** 39, 59; **193** 19
– Haltefrist **193** 34

Sachverzeichnis

Fett gedruckte Zahlen = Paragraphen

- mittelbares **187** 7
- Stock options **192** 39; **193** 18 f., 19
- Unternehmenszusammenschlüsse **192** 36
- verbundene Unternehmen **192** 60
- Vorstand, Anweisung **192** 22
- Wandelschuldverschreibungen **192** 28
- Wartezeit **193** 32

Bezugsaktien
- Ausgabe **199** 4 ff.

Bezugsanspruch auf Aktien 186 11; **197** 13
- Entstehung durch Vertrag **187** 5; **197** 13
- Fehler bei der Einräumung **197** 17
- Zeitpunkt der Entstehung **197** 15

Bezugserklärung 186 13; **198** 4
- Ausgabebetrag **198** 14
- Beschränkungen außerhalb der Bezugserklärung **198** 36
- Datum des Erhöhungsbeschlusses **198** 16
- doppelte Ausstellung **198** 10
- Erklärungsberechtigte **198** 20
- Erklärungspflicht **198** 23
- Erklärungszeitpunkt **198** 21
- Form **198** 9
- Heilung **198** 30
- Inhalt **198** 11
- Mängel **198** 26 ff.; **200** 16
- Nebenverpflichtungen **198** 17
- Optionsstelle **198** 4
- Sacheinlagen **198** 15
- Teilausübung **198** 22
- ungeschriebene Voraussetzungen **198** 19
- Verschuldensunabhängige Haftung **197** 11
- Vertreter **198** 20
- Wirkung **198** 24
- Zeichnungsvertrag **198** 6
- Zugangsbedürftigkeit **198** 5

Bezugsrecht 67 43; **186** 7; **202** 70
- Aktienoptionspläne **192** 17, 58
- Altaktionäre **202** 8
- Ausschluss **186** 22 ff., s. auch Bezugsrechtsausschluss
- Bekanntmachung **186** 11d
- Deutsche Bank **203** 78
- Ermächtigung zum Ausschluss **203** 7, 26, 57
- Gattungsbezugsrecht **186** 11a
- Holzmann **186** 40; **203** 76
- Mischbezugsrecht **186** 11a
- mittelbare Verwirklichung **186** 67 ff.
- Satzungsänderung **203** 62
- Siemens/Nold **186** 40; **203** 79
- Tracking Stocks **186** 11b
- Ursprungssatzung **203** 61
- Vereinbarungen **187** 5 ff.
- Verwässerungsschutz **203** 87 ff.
- Zusicherungen **187** 5 ff.

Bezugsrecht, gesetzliches 186 7
- Ausübung **186** 12
- Berechtigte **186** 9
- nicht ausgeübte Bezugsrechte **186** 21
- Übertragbarkeit **186** 17

- Umfang **186** 11

Bezugsrechte auf Schuldverschreibungen und Genussrechte 187 9

Bezugsrechtsausschluss 186 4, 22 ff.; **202** 102; **204** 13, 17; **Vor § 311** 46
- Aktionärsklage **Vor 241** 24
- Beschlussfassung, Anforderungen **186** 35
- Business Combination Agreements **187** 19 ff.
- business judgement rule **186** 53 f.
- Emissionsunternehmen **186** 67 f.
- erleichterter Ausschluss **186** 55
- faktischer **186** 75 ff.
- faktischer, Rechtsfolgen **186** 77
- gekreuzter **186** 11a
- genehmigtes Kapital **202** 75; **203** 28, 57 ff.; **204** 13, 17 ff.
- Hauptversammlungsbeschluss, Vorbereitung **186** 23
- Inhaltskontrolle **Vor § 311** 53
- Konzern **186** 46
- Konzerninteresse **186** 46
- Krise des Unternehmens **188** 58
- Lock Up-Vereinbarungen **187** 21
- materielle Beschlusskontrolle **186** 40
- Rechtmäßigkeit **188** 38
- Tochtergesellschaft **186** 50
- Treuepflicht **186** 76
- Vorstandsbericht **186** 25, 52

BGB-Gesellschaft 15 40; **41** 19

Bilanz 403 1
- Aktien jeder Gattung, Grundkapital **152** 4
- Anhang **160** 1 ff., s. auch Anhang, Bilanz
- Ausweis des Grundkapitals **152** 2 f.
- bedingtes Kapital **150** 6
- Darstellung als Rücklagenspiegel **152** 25
- Darstellung der Angaben zu den Gewinnrücklagen **152** 21
- Darstellung der Angaben zum Grundkapital **152** 18
- Darstellung der Angaben zur Kapitalrücklage **152** 21
- Darstellung in einer Vorspalte **152** 25
- eigene Aktien **71** 237 ff.
- Erhöhungsbilanz s. dort
- Fußnoten, Kennzeichnung durch **152** 26
- gezeichnetes Kapital **152** 2
- Gliederungsvorschriften, Ergänzung **152** 1
- horizontale Methode **152** 25
- kleine Aktiengesellschaften **158** 28 f.
- Kleinstaktiengesellschaften **152** 27
- Mehrstimmrechtsaktien **150** 7
- mittelgroße Gesellschaften **152** 30
- verkürzte **152** 27
- vertikale Methode **152** 25

Bilanz- und Bewertungsmethoden 131 47

Bilanzausschuss 171 22

Bilanzeid 91 6; **403** 15

Bilanzgewinn 113 47; **158** 18; **174** 12
- Abschlagszahlung **59** 5
- Anspruch der Aktionäre **58** 91 ff.

Mager gedruckte Zahlen = Randnummer

Sachverzeichnis

– Ausweis **170** 43
– Dividendenzahlung **58** 94 ff.
– Einlagenrückgewähr **58** 90
– Einstellung in Gewinnrücklagen **170** 39
– Mitgliedschaftsrecht, Gewinnbeteiligungsanspruch **58** 91
– Nichtigkeit des Beschlusses über die Verwendung **253** 4
– Verbriefung **58** 99
– Verteilung an die Aktionäre **170** 33
– Verwendung **150** 17; **170** 29
Bilanzidentität 256 75, 95; **270** 74
Bilanzielle Erfassung, Beteiligung an Aktienoptionsplänen
– Deutsche GoB **192** 69
– IAS/IFRS **192** 72
– Passivierung bei der Gesellschaft, keine **192** 70
– Personalaufwand als Bilanzposten **192** 72
Bilanzierung 9 32; **19** 8
Bilanzierungspflicht des Vorstands 171 19
Bilanzierungsvorschriften, KGaA 286 5
– Kapitalanteil **286** 7
– Kredite **286** 10
Bilanzverlust 158 18
Bild- und Tonübertragung aus der Hauptversammlung 118 44
– Übertragung und Aufzeichnung der Hauptversammlung **118** 45
– Zuschaltung von Aufsichtsratsmitgliedern **118** 23
Bildung von Rücklagen 173 14
Billigung des Konzernabschluss 173 25
Bindungswirkung der Wahl der Aufsichtsratsmitglieder 101 16
Binnenhaftung 283 10
Black-Scholes-Modell 221 102, 163
Blankoindossament 68 6, 10
Block-Trade-Transaktionen 221 189
Blockwahl 101 35, 36
Board-recommendation-Klauseln 76 80
Bonus-Malus-Systeme 87 32
Bookbuilding-Verfahren 221 50
Börsengang 186 45
Börsennotierte Gesellschaften
– Entsprechenserklärung (DCGK) **161** 32
Börsennotierte KGaA 278 95
– Börsenzugang **278** 95
– kapitalmarktrechtliche Folgepflichten **278** 100
– Prospektpflicht **278** 96
– Satzungskontrolle **278** 99
– Übernahmerecht **278** 105
Börsennotierung 3 5; **76** 142
– Teileinzahlung **10** 77
– Wegfall **3** 6
Börsenpflichtblatt
– Bekanntmachung Einberufung HV **121** 50
Brau&Brunnen-Fälle 17 34
Break-Fee-Vereinbarungen 71a 43

Brexit
– SE, Folgen **SE-VO Art. 7** 6 f.
Briefwahl (Hauptversammlung) 118 42 f.
– Beschlussgegenstände **118** 43
Buchführung
– Aufbewahrungspflicht **91** 20
– Beginn der Buchführungspflicht **91** 18
– Bilanzeid **91** 6
– Buchführungspflicht **171** 19
– Buchführungssysteme und -formen **91** 7
– Ende der Buchführungspflicht **91** 19
– Haftung **91** 21 ff.
– Inhalt der Buchführungspflicht **91** 5
– Konzernbuchführung **91** 8
– Rechtsfolgen bei Pflichtverletzung **91** 21
– steuerrechtliche Buchführungspflicht **91** 9
– Wahrnehmung der Buchführungspflicht **91** 10
Buchführungssysteme und -formen 91 7
Bundesanstalt für Finanzdienstleistungsaufsicht
– Mitteilungspflichten, Sonderprüfung **261a** 1 ff.
– Richtlinien **WpHG 33–47** 119
Bundesanzeiger, elektronischer 25 3; **267** 5
– Störerhaftung **127a** 23
Business Combination Agreements 187 19 ff.; **188** 28; **291** 69 f., 70a
Business judgement rule 93 9, 59 ff., 67; **111** 16; **116** 43; **117** 24 f.; **186** 54; **311** 31
– Bezugsrechtsausschluss **186** 53
– Pflichtenmaßstab für Aufsichtsratsmitglieder **116** 43, 59

Call Option 221 83
– Zurechnung (Meldepflicht) **20** 11
Capital Asset Pricing Model 305 90
Cartesio Entscheidung (EUGH) 45 5; **IntGesR** 14
Cash-Management-Systeme 27 216; **311** 43
– Beherrschungsvertrag **291** 15
– einheitliche Leitung **18** 12
Cash-Pool II Entscheidung des BGH 27 255
Cash-Pooling 27 272; **57** 33; **183** 28 f.; **188** 75
– Bareinlage **36** 21
– Darlehensgewährungen **27** 306; **57** 128 f.
– Einlagenrückgewähr **57** 33
– Kapitalaufbringungsregeln **27** 305, 307 ff.
– Konzern **36** 21; **118** 75
– strafrechtliche Haftung **399** 132 ff.
– verdeckte Sacheinlage **27** 305; **188** 75
Causa societatis 57 24, 27, 45
Caveat-creditor-Prinzip 91 26
CEO-Modell 77 42; **SE-VO Art. 38** 13
Change-of-Control-Klauseln 87 53
Claims-Made-Prinzip 93 248
Clawback-Klauseln 87 32
Clearstream Banking AG 67 68

2391

Sachverzeichnis

Fett gedruckte Zahlen = Paragraphen

CoCo-Bonds 192 29f; **194** 5
Collective-action-Problem 148 12
Company Limited by Shares IntGesR 16a
Compliance 91 47 ff.
– Begriff **91** 47 ff.
– Compliance-Kultur **91** 60a ff.
– Compliance-Verantwortung **91** 67 ff.
– comply or explain **107** 142; **161** 7, 12 ff.
– DCGK **91** 52
– gegliederte Compliance-Organisation **91** 64
– Haftung für **91** 75 ff.
– IDW-Prüfungsstandard 980 **91** 60a, 62
– Konzern **91** 70 ff.
– Pflicht **93** 112
– Tone from the Top **91** 60a
– Überwachung des Systems durch Prüfungsausschuss **107** 142
– Überwachung durch Aufsichtsrat **111** 21
– Verhaltenspflichten **91** 57
– Vorbildfunktion des Vorstands **91** 60a
– Vorfall, Untersuchung **111** 21a, 46a
Comply-or-explain 161 7, 12 ff.
ComROAD 403 4
Contingent Shares 192 38a
Contingent Value Rights 192 38a
Control-Konzept, KGaA 286 14
Cooling-Off-Periode 100 1, 30
Corporate Governance 76 40
Corporate Governance Kodex 93 46 ff.; **100** 36, 61 ff.; **161** 1 ff., *s. auch Deutscher Corporate Governance Kodex*
Corporate information 93 139
Corporate opportunities doctrine 88 6; **93** 136, 139
Corporate Social Responsibility 76 12 ff.; **111** 56a; **116** 26
– Berichterstattung, Prüfung **171** 62a f.
– Sonderprüfung **142** 65
Corporate-Governance-Bericht 161 23a
Coupons 58 99 ff.
Cross-Border-SE SE-VO Vor Art. 1 19
CRR-Kreditinstitute
– Abschlussprüfung, Haftung **404a** 23
– Prüfungsausschuss **107** 140b, 150a
– Prüfungsausschuss, Wahlvorschläge **124** 32 ff.
– zusätzliche Anforderungen Aufsichtsratsmitglieder **100** 49 ff.
CRR-VO 192 75d ff.
CSR-Richtlinie 76 42 ff.; **111** 56a; **116** 26 ff.
Culpa in contrahendo 116 225
Cura in custodiendo 93 100
Cura in eligendo 93 100
Cura in instruendo 93 100

D&O-Versicherung 84 74; **93** 25, 225 ff.; **116** 62
– Abschluss, Zuständigkeit **116** 187
– angemessener Selbstbehalt **113** 19
– Anspruchsgegner **147** 27
– Aufsichtsrat gegenüber Vorstand **116** 184 ff.

– Freistellung **116** 183 ff.
– Geltendmachung des Deckungsanspruchs **116** 187a
– Gruppenversicherung **113** 15 ff.
– Pflicht zum Versicherungsabschluss **93** 235
– Prämienzahlungen **116** 185
– Selbstbehalt **93** 239; **116** 186
– unzulässiger Verzicht auf Haftungsansprüche **93** 288
– Vergütungsbestandteil für Aufsichtsratsmitglieder **113** 15 f.
– Vertretung bei Abschluss **112** 28
– Verwaltungsratsmitglieder SE **SE-VO Art. 51** 8a
– Zuständigkeit zum Vertragsschluss **93** 232
Daily-Mail-Entscheidung 45 5; **IntGesR** 14
Darlehen an verbundene Unternehmen 57 110 ff.
Darlehen in der Krise 57 106
Darlehensgewährung, Hin- und Herzahlen 27 306; **188** 50, *s. auch Hin- und Herzahlen*
Darstellung in der GuV oder im Anhang 158 22
Darstellungen oder Übersichten über den Vermögensstand 400 65
DAT/Altana 255 22
Davon-Vermerk 58 58
DCGK, *s. Deutscher Corporate Governance Kodex*
Dealing at arm's length 93 135
Debitorisches Konto 54 76
Debt-Equity-Swap 182 72; **183** 12 f.; **264** 22
– auf Vorrat **192** 29b
– Insolvenzanfechtung **185** 47
Debt-to-equity double swap 27 240
Deferred settlement 221 51
Delegationsverbote 3 6; **71** 152; **107** 90; **179a** 42; **221** 161; **327a** 9, **SpruchG 1** 17
Delisting
– Abfindungsangebot **3** 6
– eigene Aktien **71** 152 ff.
– Hauptversammlungskompetenz **111** 57; **119** 39 ff.
– Hot Delisting **179** 45
– kaltes **SpruchG 1** 12, 18
– Rechtsschutz **SpruchG 1** 12
De-minimis-Ausnahme 93 134
Depotbanken 67 19
Depotgesetz 10 61
Depotprüfung 135 116
Derivate 71 185
– Begebung von Kaufoptionen **71** 205
– Erwerb von Kaufoptionen **71** 187
– Erwerb von Verkaufsoptionen **71** 209
– Gegenwert **71** 190
– Veräußerung von Verkaufsoptionen **71** 194
– Verkaufsoptionen und Verschmelzung **71** 212
Deutsche-Bank-Entscheidung 203 78
Deutscher Corporate Governance Kodex (DCGK) 93 46 ff.; **100** 36, 61 ff.; **161** 1 ff.
– Abdruck **161** 105

Mager gedruckte Zahlen = Randnummer

Sachverzeichnis

– Abweichungen von **161** 5, 57, 61a
– Anfechtbarkeit von Wahlbeschlüssen **251** 5a
– Auslegung **161** 17 ff., 101a
– Bericht **161** 23a
– best practice **161** 28b
– comply-or-explain Mechanismus **161** 7, 12
– Corporate-Governance-Bericht **161** 23a
– Empfehlungen vs. Anregungen **161** 30
– Empfehlungen, Rechtsnatur **161** 16 f.
– Entsprechenserklärung (DCGK), *s. Entsprechenserklärung (DCGK)*
– Erklärung Haftung **400** 91 ff.
– Erklärung zur Unternehmensführung **161** 23 f.
– EU-Ebene **161** 12 ff.
– Frauenquote **96** 3; **161** 6
– Funktion **161** 28b
– in Geschäftsordnungen **161** 50
– Informationspflicht, gesetzliche **161** 96a
– Kommanditgesellschaft **278** 103
– Kreditgewährung an Vorstandsmitglieder **89** 6 ff.
– Rechtswirkungen **161** 16 f.
– Satzungsbestandteil **161** 50
– Sorgfaltspflicht Vorstand **93** 46 f.; **161** 24 ff.
– unternehmerische Entscheidung **161** 49
– Zusammenwirken von Vorstand und Aufsichtsrat **161** 37 ff.

Dienstleistungen 27 30
Dienstwagen (Aufsichtsrat) 113 14
Differenzhaftung 27 47, 62; **41** 84; **183** 61, 70 ff.; **221** 8
– erweiterte Geltung bei der AG **183** 71
– Grundlegung bei der GmbH **183** 70
– Sachkapitalerhöhung **183** 70 ff.
– Überbewertung von Sacheinlagen **9** 17 ff., 18
– Verjährung **183** 81
– Verschmelzung **183** 82

Diktierte Vertragsbedingungen, Schutz vor 57 93
Dingliche Belastungen der Aktie 67 22
Dingliche Berechtigung, Einpersonen-Gesellschaft 42 3
Directors'- and Officers' Liability Insurance 113 15
Discounted Cash Flow 305 71
Divergenzvorlage SpruchG 12 22
Dividendenanspruch 172 34; **174** 25 f., 25
– Änderung des Gewinnverwendungsbeschlusses **174** 27
– nachträgliche Herabsetzung **174** 28

Dividendenschein 58 99 ff.
Dividenden-Tantiemen 67 42; **113** 48
Dividendenzahlung 57 30; **58** 94 ff.; **71** 5
– Ausschüttungsbetrag **58** 96
– Fälligkeit **58** 95a ff.

Doppelmandate 76 105 ff.; **114** 8
– im Konzern **105** 7
– Treuepflichten Aufsichtsratsmitglied **116** 97
– Vergütung Aufsichtsratsmitglieder **113** 64

Doppelschaden 93 323
Doppelsitz 5 7; **14** 5
Doppelte Stimmrechtsausübung 67 52
Dotierung der Rücklagen 231 3
– Auflösung **231** 3
– Begrenzung **231** 5
– Umbuchung **231** 3
– Verstoß **231** 8

Down-Stream-Merger 71a 45; **SE-VO Art. 31** 2
Dreijahresfrist 268 22
Dreimalige Bekanntgabe 64 27
Drittelbeteiligungsgesetz 96 18, 31
Drohverlustrückstellungen 71 203
Due Diligence 93 170; **404** 49
Durchbrechung der Geschäftsordnung im Einzelfall 129 13
Durchbrechung der Satzung 179 46
– faktische Satzungsänderung **179** 55 ff.
– punktuelle Satzungsdurchbrechung **179** 49
– rechtliche Behandlung **179** 50
– Rechtsfolgen **179** 51
– unbewusste Satzungsverletzung, Hauptversammlungsbeschluss **179** 53
– zustandsbegründende Durchbrechung **179** 49

Durchbrechungshauptversammlung 123 15; **124** 8a
– Einberufung HV **121** 77a
– Mitteilungen Einberufung **125** 32a

Durchbrechungsregel, europäische 179 91
Durchführung der Hauptversammlung 293 3; **327d** 1, *s. auch Hauptversammlung*
– Auskunftsrecht der Aktionäre **293g** 8
– Auslegung der Unterlagen **175** 16 ff.; **293g** 3
– elektronische Bereitstellung von Unterlagen **176** 5; **293g** 3
– Erläuterung des Unternehmensvertrages **293g** 4
– Rechtsfolge **293g** 14
– virtuelle **118** 35 ff.
– Zugänglichmachung der Unterlagen **293g** 3
– Zugänglichmachung der Unterlagen über die Internetseite **175** 24a

Durchgriff auf die Aktionäre 1 38 ff.
Durchgriffshaftung 1 52 ff.
Durchsetzung der Angabepflicht im Anhang 258 3
Durchsetzung der Erläuterungspflichten 176 18
Durchsetzung der Informationsrechte 170 55
Duty of care 93 9, 200
Duty of loyalty 93 9, 200

Earn-out-Klauseln 192 38a
Effektenkommission 71e 9
Ehrbarer Kaufmann 116 27
Ehrenvorsitzender 107 62 ff.
EHUG 184 16; **188** 4

2393

Sachverzeichnis

Eigene Aktien
- Abzug bei Berechnung Mehrheitsbesitz **16** 17
- Aktienoptionspläne **192** 54
- Andienungsrecht der Aktionäre **71** 120
- Anspruch auf Aktienübertragung **71d** 55
- Bedienung von Wandelschuldverschreibungen **71** 136
- Belegschaftsaktien **71** 58
- beschleunigter Erwerb **71** 126
- Bilanzausweis **160** 9 ff.
- bilanzrechtliche Behandlung **71** 237 ff.
- Delisting **71** 152 ff.
- Derivate **71** 185
- Eingliederung **320** 6
- Einlagenrückgewähr **57** 41 ff., 132
- Einziehungspflicht **71c** 14
- Erwerb **70** 35 ff., *s. auch Erwerb eigener Aktien*
- Erwerb durch Dritte **71d** 6, 60
- Erwerb oder Besitz durch abhängige oder im Mehrheitsbesitz der AG stehende Unternehmen **71d** 31 ff.
- Fallbeispiele **71** 54 ff.
- Gleichbehandlungsgebot bei Erwerb **71** 119 ff.
- Gleichbehandlungsgebot bei Veräußerung **71** 129 ff.
- Haftung, ordnungswidrigkeitsrechtliche **405** 20 ff.
- Impfandnahme **71d** 3 ff.
- Insichgeschäft **56** 2
- Investmentaktiengesellschaften **71** 150
- Kapitalerhöhung **215** 2
- Kapitalmarktrecht **71** 160
- Kursgarantie bei Selbstzeichnung **56** 50
- Marktmanipulation, Verbot der **71** 181 ff.
- Mitteilungspflichten **WpHG 33–47** 30
- Modalitäten der Veräußerung **71c** 6
- Pflichten **71b** 11
- Preisrahmen **71** 109
- Rechte **71b** 3, *s. auch Rechte aus eigenen Aktien*
- Ruhen der Rechte **71b** 6
- Sanktionen **71c** 16
- Selbstzeichnung, Verbot **56** 9 ff., *s. auch Verbot der Selbstzeichnung*
- Stellvertretung **71d** 3
- steuerrechtliche Behandlung **71** 242
- Übernahmerecht **71** 157 ff.
- Veräußerung **71** 138 ff.; **71c** 6 ff.
- Veräußerungspflicht **71c** 2 ff.
- Verbot der finanziellen Unterstützung **71a** 23 ff.
- Verbot der finanziellen Unterstützung, Anleihen **71a** 32 f.
- Verbot der finanziellen Unterstützung, Ausnahmen **71a** 56 ff.
- Verbot des Handelns **71** 111 ff.
- Verbundene Unternehmen **71d** 5
- Veröffentlichungspflichten **WpHG 33–47** 83
- Zweck **70** 1 ff.

Eigene Rechtspersönlichkeit der Aktiengesellschaft 1 8, 12
- Beteiligungen **1** 15
- bürgerliche Rechte **1** 15
- Eingehung von Rechtsgeschäften **1** 15
- Vermögensrechte **1** 15

Eigengeschäfte mit der Gesellschaft, Vorstandsmitglieder 93 131

Eigenkapitalderivate 71 43

Eigenkapitalersatz in der KGaA 278 44

Eigenkapitalersetzende Aktionärskredite 57 106
- Darlehen an Enkelgesellschaften **57** 114
- Übertragung auf die AG **57** 105
- verbundene Unternehmen **57** 110
- Voraussetzungen **57** 106

Eigenkapitalrendite 186 44

Eigenrückgewähr, unzulässige 57 14

Eigenschöpferische Leistung 1 16

Eigentumslage, keine oder unrichtige Mitteilungen zur 405 31 ff.

Eigentumsübertragung nach Depotgesetz 10 61

Eigenverantwortliche Leitungsausübung 76 56

Eigenverantwortlichkeit der Unternehmensleitung 76 56

Eigenverwaltungsverfahren
- Zahlungsverbot **92** 27b

Eignungsschwindel 399 223 ff.

Eignungsvoraussetzungen und Bestellungshindernisse für Vorstandsmitglieder 76 119
- Eignungsschwindel **399** 223 ff.

Eilentscheidung des Aufsichtsrates 110 21

Einberufung der Hauptversammlung 92 9; **111** 57; **121** 1; **283** 15
- abzuwickelnde Kreditinstitute **123** 6a, 15, 31a, 39a; **125** 32a
- Aktionärsminderheit **121** 16a; **122** 6 ff.
- Änderung der Einberufung **121** 82
- Bekanntmachung **121** 14a, 48
- Beschlussvorschläge **124** 26 ff.
- börsennotierte Gesellschaften **121** 18, 66; **123** 27 ff., 39b
- Börsenpflichtblatt **121** 50
- Einberufungsberechtigte **121** 12 ff.
- Einberufungsgründe **121** 5
- Einschreiben **121** 52, 58 ff.
- fakultative Einberufung **121** 11
- fehlende Einberufungsberechtigung **121** 100
- fehlerhafte Bekanntmachung **121** 104
- Finanzmarktstabilisierungsgesetz **123** 6a, 15, 31a, 39a; **125** 32a
- gesetzliche Einberufungsgründe **121** 6
- Gewinn- und Verlustrechnung **286** 11
- Inhalt der Einberufung **121** 18
- Insolvenzverwalter **121** 16a
- Internetseite, Angabe **121** 47
- Internetseite, Informationen **124a** 7 ff.

Mager gedruckte Zahlen = Randnummer **Sachverzeichnis**

– Kapitalerhöhungen **121** 32
– KGaA **283** 15
– Mitteilungen **125** 6 ff.
– Notvorstand **121** 14b
– ordentliche Hauptversammlung **175** 6
– Pflichtangaben **121** 18 ff.
– Rechtsfolgen von Verstößen **121** 98
– Rücknahme **121** 81 ff.; **122** 31a
– Rücknahme der Einberufung **121** 81; **122** 31a
– Satzungsänderungen **121** 31
– satzungsmäßige Einberufungsgründe **121** 9
– Schadensersatzpflicht **121** 98
– Übernahmesituation, Frist **122** 44a; **123** 6 f., 15
– Verstoß gegen Einberufungspflicht **121** 98
– Vollversammlung **121** 85 ff.
– Zuleitung zur Veröffentlichung **121** 66
Einberufung des Aufsichtsrates 110 7
– Aufsichtsratsvorsitzender **110** 7
– durch Aufsichtsratsmitglieder oder Vorstand **110** 36
– erster Aufsichtsrat **110** 52
– Mängel **110** 54
– neu gewählter Aufsichtsrat **110** 53
– Sitzungsturnus **110** 45 ff.
Einberufung, unvollständige Information 405 82
Einberufungsbelege 130 57
Einberufungsmängel 118 38
Einberufungsverlangen 122 6
– gerichtliche Prüfung **122** 54 ff.
Einbringung
– quoad dominium **188** 45
– quoad usum **188** 46
Einbringung der Anteile SE-VO Art. 33 5
Einbringungswahlrecht SE-VO Art. 33 3
Einfache Ausübungssperre 328 9
Einfache wechselseitige Beteiligung 19 4, 9
– Kapitalgesellschaften **19** 10
– Ringbeteiligungen **19** 13
– Sitz im Inland **19** 11
Einfluss, beherrschender nach § 290 HGB 17 6
Einflussnahme bei verbundenen Unternehmen, Schranken
– Abhängigkeitsverhältnis zwischen Unternehmen **311** 2
– Beherrschungsvertrag, kein **311** 8
– Darlegungs- und Beweislast **311** 24
– Eingliederung **311** 11
– Nachteil **311** 27
– Nachteilsausgleich **311** 48
– Veranlassung **311** 12
– Veranlassungswirkung **311** 22
Eingehung von Rechtsgeschäften 1 15
Eingliederung SpruchG 1 10, *s. auch Mehrheitseingliederung;* **319** 2
– allgemeine Voraussetzungen **319** 2

– Anmeldung und Eintragung ins Handelsregister **319** 16
– Auskunftsrecht der Aktionäre **326** 2 ff.
– Beendigung **322** 18; **327** 2 ff., *s. auch Beendigung der Eingliederung*
– beteiligte Gesellschaft, Rechtsform und Sitz **319** 3
– durch Mehrheitsbeschluss **320** 4
– eigene Aktien **320** 6
– Eigentum an allen Aktien der einzugliedernden Gesellschaft **319** 4
– Eingliederungsbeschluss **319** 6
– Ende **327** 2
– Freigabeverfahren **319** 21 ff.
– Gewinnabführungsvertrag, Beendigung **324** 6
– Grundlagengeschäft **319** 6
– Informationspflichten der zukünftigen Hauptgesellschaft **319** 11
– Mehrheitseingliederung, *s. dort*
– Nachhaftung **327** 9
– Optionsrechte **320** 6
– Registersperre **319** 19
– Schadenersatz **319** 26
– Zustimmungsbeschluss **319** 8
Einheitliche Leitung, Konzern 18 8
– Dauer **18** 17
– enger Konzernbegriff **18** 10
– Gleichordnungskonzern **18** 15, 29
– tatsächliche Ausübung **18** 16
– Umfang **18** 9
– Unterordnungskonzern **18** 14, 24
– weiter Konzernbegriff **18** 11
Einkaufskommission 71 75
Einlage 46 10; **60** 10
– Agio **60** 12
– Bareinlage **60** 11
– Einforderung in der Insolvenz **63** 27; **182** 70
– Finanzierung durch die Gesellschaft **66** 12
– Haftung für freie Verfügbarkeit **46** 8
– Kapitalerhöhung **60** 14
– Leistung in unterschiedlichem Verhältnis **60** 9
– Sacheinlage **60** 13
– Schäden durch **46** 10 ff.
Einlageansprüche
– Verjährung **54** 81 ff.
Einlagen, ausstehende
– Agio bei Kapitalerhöhung **182** 60
– Angabepflicht **203** 128
– Arbeitnehmeraktien **203** 130
– Ausgabe neuer Aktien **203** 117
– Ausnahmen **203** 124
– Subsidiarität der Kapitalerhöhung **182** 58
– Verstöße **203** 129
– Zeitpunkt **203** 119
Einlagen, Einzahlung
– Aufforderung **63** 10
– Ausgabe von Namensaktien **63** 7
– Einforderung in der Insolvenz **63** 27; **182** 70
– Inhaberaktien, verbotswidrige Ausgabe **63** 9

2395

Sachverzeichnis

Fett gedruckte Zahlen = Paragraphen

- nicht rechtzeitige **63** 3
- Schadenersatz **63** 21
- Vertragsstrafen **63** 22
- Verzinsung **63** 19

Einlagenrückgewähr
- Aktionärsdarlehen **57** 33, 102
- Ausnahmen vom Verbot **57** 132
- Beherrschungs- und Gewinnabführungsvertrag **57** 37
- Beteiligung Dritter **57** 56
- Cash Pooling **57** 33
- Dividendenzahlung, nicht ordnungsgemäße **57** 30
- Dritte, Beteiligung von **57** 56 ff., 94
- eigene Aktien **57** 41 ff.
- eigene Aktien, Umgehungsschutz **71a** 11 ff.
- Einzelfälle verbotener Rückgewähr **57** 30 f.
- Haftung der Aktionäre **57** 102
- Haftung der Verwaltung der AG **57** 101
- Halteprämien **57** 46a
- Hauptversammlungsbeschluss **57** 86
- Hin- und Herzahlen **57** 52
- Konzern **57** 136 f.; **71a** 17 ff.
- Kostenerstattung für Teilnahme an HV **57** 46a
- Kursgarantie **57** 44
- Mehrheitsbeteiligungen **57** 59 ff.
- Missbrauch der Vertretungsmacht **57** 99
- Missverhältnis bei Austauschgeschäften **57** 19
- nichtiger Beschluss **241** 184
- Rückgewähranspruch der Gesellschaft **57** 86 ff.
- Sachgefahr **57** 88
- Schadenersatzansprüche **57** 47
- Sicherheiten, Bestellung für Kredite des Aktionärs **57** 38
- Übernahme Prospekthaftungsrisiko **57** 40
- Umgehungsgeschäfte **71a** 11
- unzulässige **57** 86
- unzulässige, Beispiele **57** 30 ff.
- Verbot **19** 7; **57** 14
- Vertragskonzern **57** 136
- wertmäßige Bindung des Gesellschaftsvermögens **57** 15
- Zinsverbot **57** 83
- Zurechnung im Konzern **57** 62 ff.
- Zuwendung ohne Gegenleistung **57** 18
- Zuwendungen **57** 58 ff.
- Zuwendungen an einen Gründer **57** 51
- Zuwendungen an frühere oder künftige Aktionäre **57** 54

Einlagepflicht 53a 7; **54** 40 ff., s. auch Erfüllung der Einlagepflicht; **66** 3; **277** 9
- Umfang **8** 6

Ein-Mann-AG 1 11
- Hin- und Herzahlen **27** 223
- Stimmverbot, Ausnahme **136** 22

Einmann-Gründung 1 102; **36** 25
- Ein-Personen-Vor-AG **41** 120

- Hin- und Herzahlen, Verwendungsabsprache **27** 218
- SE **SE-VO Art. 2**; **SE-VO Art. 3** 19
- Vorgesellschaft **41** 117

Einmann-KGaA 285 27

Einpersonen-Gesellschaft 42 1 ff.; **130** 47; **141** 51; **188** 52; **312** 6
- Entstehung **42** 2, 12
- Errichtung einer Zweigniederlassung **42** 2
- Gläubigerschutz **42** 1
- Informationspflicht **42** 1
- In-Sich-Geschäft **42** 13
- Kommanditgesellschaft auf Aktien **42** 12
- Mitteilungspflichten **42** 3 ff.
- Organisationsprinzip **42** 13
- Protokollierung HV Beschluss **130** 5
- Publizität **42** 1
- Rechtsinhaberschaft **42** 3
- Trennungsprinzip **42** 13
- Umsetzung EG-Richtlinien **42** 2
- Vollversammlung **42** 13
- Zulässigkeit **42** 12

Einreichung der Bekanntmachung 106 10
Einreichung des Protokolls der Hauptversammlung zum Handelsregister 130 61
Einreichungspflicht 106 10
- Bekanntmachungspflicht des Gerichts **106** 11
- Liste der Mitglieder des Aufsichtsrats **106** 5

Einsatzmöglichkeiten SE-VO Vor Art. 1 18
Einsichtnahme und Abschriftenerteilung vom Protokoll der Hauptversammlung 130 63
Einsichts- und Auskunftsrecht 313 16
Einspruchsrecht, behördliches SE-VO Art. 19 1
Einstellung des Bilanzgewinn 170 43
Einstellung in die Gewinnrücklagen 170 39; **174** 15
Einstellung in die Kapitalrücklage 152 10; **240** 4
- beschränkte Einstellung **231** 1
- Buchertrag bei Kapitalherabsetzung **240** 4
- Ertrag auf Grund höherer Bewertung **261** 18
- zu hoch angenommene Verluste **232** 1

Einstellung Rücklagen durch die Hauptversammlung 173 14; **174** 15
Einstimmigkeit bei Kapitalerhöhung 182 29
Einstimmigkeitsprinzip 77 8
Einstweilige Anordnung SpruchG 11 5
Einstweiliger Rechtsschutz 275 33
- Ausführung abgelehnter Beschluss **243** 255
- Verfügungsgrund **243** 251
- Verhinderung der Beschlussfassung **243** 249

Eintragung der Auflösung der Gesellschaft 263 7
- Inhalt der Eintragung **263** 8
- KGaA **289** 33
- Prüfung durch das Gericht **263** 7

Mager gedruckte Zahlen = Randnummer

Sachverzeichnis

Eintragung der Durchführung der Kapitalerhöhung 188 64
Eintragung der gerichtlichen Entscheidung 398 5
Eintragung der Gesellschaft
– Art **39** 16
– Eintragung der SE **SE-VO Art. 12** 2
– Fehler **39** 17
– Inhalt **39** 2
– Rechtsmittel **39** 21
– Schriftbild **39** 16
– Vollzugsmitteilungen **39** 22
– Wortlaut **39** 16
Eintragung der Nichtigkeit, Wirkung
– Abwicklung **277** 7
– Auflösung **277** 5
– Einlagepflicht **277** 9
– Wirksamkeit der Rechtsgeschäfte **277** 8
Eintragung der persönlich haftenden Gesellschafter 282 2
Eintragung der Satzungsänderung
– Ablehnung **181** 29
– Amtslöschung **181** 50
– bei Kapitalerhöhung **184** 29; **188** 2
– Bindungswirkung **181** 30
– Fehlerhaftigkeit **181** 47
– konstitutive Wirkung **181** 40
– Prüfungsumfang **181** 20
– Rechtsmittel **181** 32
– Rückwirkung **181** 42
– Sonderregelungen **181** 5
– Verbot, gerichtliches **181** 31
– Verfahren **181** 28
– Vorstand, Pflichten **181** 6
– zuständiges Gericht **181** 5
Eintragung der Sitzungsverlegung SE-VO Art. 8 20
Eintragung der Verschmelzung SE-VO Art. 27 2
Eintragung des Kapitalerhöhungsbeschlusses 184 29; **195** 15
Eintragung des Kapitalherabsetzungsbeschlusses 224 2
– Anmeldung der Durchführung **227** 5
– Aufhebung **224** 4
– Auswirkungen auf Dritte **224** 12
– genehmigtes und bedingtes Kapital **224** 11
– Rechtsfolgen für die Aktionäre **224** 6
– Zeitpunkt der Rechtsänderung **224** 7
Eintragung des Übertragungsbeschlusses
– Aktienurkunden **327e** 12
– Anmeldung **327e** 2
– fehlerhafte Eintragung **327e** 11
– Freigabeverfahren **327e** 6 f.
– Negativerklärung **327e** 5
– Übergang der Mitgliedschaften, Ausschluss **327e** 8
– Wirkungen der Eintragung **327e** 8
Eintragung von Amts wegen 263 9
Eintragung von Beschlüssen, KGaA 285 39

Eintragungspflichtige Tatsachen 67 12
Einweisungssorgfalt 93 103
Einzahlung auf Aktien, falsche Angaben 399 144
Einzelabschluss, Prüfung durch Aufsichtsrat 171 49
Einzelentlastung 120 15
Einzelermächtigung zur Vertretung der Gesellschaft 78 41
– Erteilung **78** 43
– Umfang **78** 45
– Widerruf **78** 47 ff.
Einzelgeschäftsführung 77 19
Einzelkaufmann 16 26, 40; **309** 9
Einzelne Klauseln, Nichtigkeit 275 32
Einzelrechtsnachfolge SpruchG 3 22
Einzelrechtsübertragung SpruchG 1 20
Einzelvertretung der Gesellschaft 78 33, 37
Einziehung
– durch den Vorstand **237** 40
– Fehler **237** 43
– Handlung der Gesellschaft **238** 7
– ordentliches Verfahren **237** 22
– vereinfachtes Verfahren **237** 27
– Wirkung **237** 42
Einziehungsentgelt 237 46
Einziehungspflicht 71c 14
Elektronische Bereitstellung von Unterlagen i.d. Hauptversammlung 176 5
Elektronische Mitteilungen 125 24 f.
Elektronischer Bundesanzeiger 25 3
– Störerhaftung **127a** 23
Elektronischer Registerverkehr 184 1
EM.TV-Entscheidung 400 83
Emission von Aktien 47 6
Emissionskonsortium 186 69
Emissionsunternehmen
– Bezugsrechtsausschluss **186** 67 f.
– mittelbares Bezugsrecht **187** 7
Emittentenhaftung 47 6
– Ankündigungsschwindel **399** 182
Emittentenleitfaden WpHG 33–47 18, 119
– „Abmeldung" durch den Meldepflichtigen **WpHG 33–47** 23
Empfang verbotener Leistungen
– Aktionärshaftung **62** 4
– Gläubiger **62** 7
– gutgläubiger Bezug von Gewinnanteilen **62** 25
– Rückgewähranspruch der Gesellschaft **62** 4
– Schuldner **62** 8
– verbundene Unternehmen **62** 18
– Verfolgungsrecht der Gläubiger **62** 30
– Verfolgungsrecht der Gläubiger in der Insolvenz **62** 41
– Verjährung **62** 44
– vom Aktionär nicht veranlasste Zuwendungen **62** 11
– Zuwendungen der Gesellschaft auf Veranlassung des Aktionärs **62** 10

2397

Sachverzeichnis

Fett gedruckte Zahlen = Paragraphen

- Zuwendungen zwischen Schwestergesellschaften **62** 13
Empfang verdeckten Gründungsaufwands 47 3
Empfangszuständigkeit 54 67
Enforcement-Verfahren 142 36; **148** 39
- Verhältnis zu Sonderprüfung **258** 7
- Verhältnis zur Nichtigkeitsklage bzgl. JA **256** 85
Englisches Konzernrecht Vor § 15 39
Entfallen der Strukturmaßnahme SpruchG 3 26
Entherrschungsvertrag 17 52; **291** 3
Entlastung
- Anspruch auf Entlastung **120** 35
- Berichtspflichten **120** 41
- Beschlussfassung der Hauptversammlung **120** 3
- der Gründer **46** 16
- der persönlich haftenden Gesellschafter, KGaA **285** 17
- Einzelentlastung **120** 15
- fehlerhafte Entlastungsbeschlüsse **120** 43
- Gesamtentlastung **120** 13
- Leistungsklage **120** 35
- Rechtsschutz bei Verweigerung **120** 35
- Reichweite der Entlastungskompetenz **120** 3
- Stimmverbote bei der Entlastung **120** 20
- Verweigerung der Entlastung und ihre Folgen **120** 31
- Wirkung **120** 28
Entlastungsbeschluss 102 8
- Anfechtbarkeit **120** 43, 45, 49 ff.; **171** 82
- fehlerhafter Beschluss **120** 43
- Inhalt des Entlastungsbeschlusses **120** 25
- Interessenkonflikte des Aufsichtsrats/Vorstands **120** 50
Entnahmen aus der Kapitalrücklage 152 12; **158** 4
Entnahmen aus Gewinnrücklagen 158 6; **301** 11
- Rechtsfolgen bei Verstößen **301** 19
Entnahmen der persönlich haftenden Gesellschafter, KGaA 288
- Entnahmerecht **288** 5
- Gewinnverteilung **288** 2
Entnahmen durch die Hauptversammlung 173 14
Entnahmerecht, KGaA 288 5
Entnahmesperren 288 13
Entscheidung des Prozessgerichts SpruchG 1 31; **SpruchG 12** 17
- Beschluss **246a** 19, **SpruchG 11** 3
- Rechtsmittel **246a** 35
- Voraussetzungen **246a** 20
- Wirkungen des Beschlusses **246a** 36
Entscheidung über den Ertrag aufgrund höherer Bewertung
- Korrektur der festgestellten Unterbewertung **261** 3

- sinngemäße Anwendung der gerichtlichen Entscheidung **261** 15
- Verwendung des Ertrags aufgrund höherer Bewertung **261** 16
Entsendung von Aufsichtsratsmitgliedern der Anteilseigner 101 49 ff.
Entsendungsrecht 101 49 ff.
Entsprechenserklärung (DCGK) 161 2
- Abgabezeitpunkt **161** 67
- Ablehnungsmodell **161** 65
- Abschlussprüfung **161** 83a
- Absichtsänderung **161** 72
- Absichtserklärung **161** 29, 39 ff.
- Abweichungen **161** 52, 61a
- Abweichungen von **161** 47b
- Aktualisierungspflicht **161** 71 ff., 94 ff.
- Änderungspflicht **161** 71 ff.
- Begründungspflicht **161** 57 ff.
- Beschlussfassung Aufsichtsrat **161** 37 ff., 44
- Beschlussfassung Vorstand **161** 37 ff., 41
- Bestimmtheitsgebot **161** 62a
- Bezugszeitraum **161** 54 ff.
- Bindungswirkung **161** 80 f.
- börsennotierte Gesellschaft **161** 32
- Deutscher Corporate Governance Kodex, s. dort
- Entlastungsbeschlüsse, Anfechtung **161** 91 f., 96l
- Erklärungspflicht **161** 29 ff.
- fehlerhafte, Heilung **161** 96 ff.
- fehlerhafte, Rechtsfolgen **161** 52, 91 f., 96 ff.
- Form **161** 69 f.
- Haftung bei Verstoß **161** 100 ff.
- Hauptversammlung **161** 91 f, 96 ff.
- Informationsmangel **161** 96 ff., 98b ff.
- Informationspflicht, gesetzliche **161** 96a
- Inhalt **161** 47 ff.
- Insolvenz **161** 34
- KGaA **161** 34
- kursrelevante, Mitteilungspflicht **161** 22a
- nachträgliche Mitteilung **161** 96f
- Pflicht **161** 32 ff.
- Prüfbericht **161** 83a
- Publizität **161** 84 ff.
- SE **161** 34
- Selektionsmodell, Formulierung **161** 64
- strafrechtliche Haftung für unrichtige Angaben **161** 104; **400** 92
- Übernahmemodell, Formulierung **161** 63
- Verantwortlichkeit **161** 82
- Veröffentlichung **161** 84 ff.
- Verständlichkeit **161** 62
- Wahlbeschlüsse, Anfechtung **161** 97 ff.
- Wahrheitspflicht **161** 47 ff., 49
- Wesentlichkeitsschwelle **161** 52
- Wirkung **161** 80 ff.
- Zuständigkeit **161** 35
- Zustimmungsvorbehalt Aufsichtsrat **161** 43
Entstehung einer Einpersonen-Gesellschaft 42 2, 12

2398

Mager gedruckte Zahlen = Randnummer

Sachverzeichnis

Entzug der Geschäftsführungsbefugnis 278 74
Equity Swaps 71 213 ff.; 71a 69
Equity-Line-Finanzierung 186 45a; 188 76, 80a
Equity-linked notes 221 3, 185 ff.
Erbengemeinschaft
– als Gründer 2 12
– Haftungsbeschränkung 69 21
Erbrecht 1 17
Erbrechtliche Haftungsbeschränkungen 67 46
Erbschein 402 29
Ereignisse in der Person eines Kommanditaktionärs 289 10
Ereignisse in der Person eines Komplementärs 289 11
Erfüllung der Einlagepflicht 54 40
– Aussonderung 54 72
– Empfangszuständigkeit 54 67
– freie Verfügung des Vorstands über den eingezahlten Betrag 54 70
– Gründungsphase 54 42
– Kapitalerhöhungen 54 45
– Kontogutschrift 54 55 ff.
– Leistung ohne Vorbehalt 54 73
– Leistungsformen 54 51
– Verjährung 54 81
– Voreinzahlungen 188 59, 60
Erfüllung der Sicherungsansprüche der Gläubiger SE-VO Art. 8 14
Erfüllungssurrogate 140 18
Ergänzende Nebenabreden 23 41
– immanente Grenzen 23 41a
Ergänzung des Aufsichtsrats 31 19
Ergänzungsverlangen
– Bekanntmachung 124 4
– Einberufung HV 122 35 ff.
– Form 122 40 f.
– gerichtliche Prüfung 122 54 ff.
– Mitteilungen, Fristen 125 29
– Rücknahme 122 40b
– Übernahmesituation, Frist 122 44a
– Veröffentlichungspflichten 124a 16
Erhöhung der Zahl der Aufsichtsratsmitglieder 95 15
Erhöhung des Barabfindungsgebotes SE-VO Art. 24 14
Erhöhungsbilanz 207 18; 209 19
– Auslegung 209 25
– Bedeutung 209 16
– Feststellung, keine 209 21
– Gliederung 209 19
– Prüfung 209 22
– Stichtag 209 20
– Verstoß, Rechtsfolgen 209 29
– Wertansätze 209 19
Erklärung der Übernahme der Aktien 23 24; 185 22
Erklärungen zum Aufsichtsrat 37 16

Erklärungen zum Vorstand 37 11
Erklärungspflicht der Beteiligten SpruchG 8 3
Erlass der Geschäftsordnung 129 11
Erläuterung des Unternehmensvertrages 293g 4
Erläuterungsbericht der Abwicklungsgesellschaft 270 30, 87
Erledigungserklärung SpruchG 11 17 f.
Erleichterte Schuldübernahme 41 128
Ermächtigung zum Bezugsrechtsausschluss 203 57
– satzungsändernder Beschluss 203 62
– Ursprungssatzung 203 61
Ermächtigung, Festsetzung des Ausgabebetrags 182 54
Ermächtigung, genehmigtes Kapital 202 60
– Arbeitnehmeraktien 202 80
– Bezugsrecht 202 70
– fakultative Inhalte 202 71
– fehlerhafter Beschluss 202 119
– Höchstsumme 202 68
– Mindesterfordernisse 202 61
– Sacheinlagen 202 77
– Schranken 202 63, 83
– Übernahmeangebot 202 78
– Vorzugsaktien 202 76
Erneuerungsscheine 58 102; 72 14; 75 3, 9
Eröffnung des Insolvenzverfahrens 289 5
– Auswirkungen auf Kapitalerhöhung 182 69 ff.
Eröffnungsbilanz 270 30
Errichtung der Gesellschaft 29 2
Errichtung einer Zweigniederlassung 42 2
Errichtung von Zustimmungsvorbehalten 111 71
Ersatzansprüche der Gesellschaft
– freiwillige Einräumung der Klagebefugnis an Aktionäre 148 188
– Geltendmachung durch Aktionäre 148 1 ff., s. Kagezulassungsverfahren
Ersatzansprüche gegenüber der Verwaltung 147
– Ad-hoc-Mitteilungspflichten 147 56
– Anspruchsverfolgung, Ermessen 147 33 ff., 40, 51 f.
– Anspruchsverfolgung, Hauptversammlungsbeschluss 147 40 ff.
– Anspruchsverfolgung, Pflicht 147 31 ff., 51 f.
– ARAG/Garmenbeck-Entscheidung des BGH 147 33
– Erfüllungsansprüche 147 22
– Geltendmachung durch Aufsichtsrat 147 29
– Geltendmachung durch besonderen Vertreter 147 28 f., s. auch besonderer Vertreter
– Hauptversammlungsbeschluss 147 40 ff.
– Insolvenz 147 38
– Konzern 147 23
– Nebenansprüche 147 21

2399

Sachverzeichnis

Fett gedruckte Zahlen = Paragraphen

- Pflicht zur Geltendmachung **147** 31 ff.
- Prüfungsstufen **147** 32 ff.
- Schadensersatz **147** 20 ff.
- Schiedsvereinbarung **147** 37
- Umwandlungen **147** 25
- Verjährungshemmung durch HV Beschluss **147** 50

Ersatz-Aufsichtsratsvorsitzender 107 27
Ersatzmitglieder im Aufsichtsrat 101 82 ff.; **102** 20; **103** 55
Erstattungsfähige Auslagen 113 10
Erster Aufsichtsrat
- Bestellung **30** 5 ff., *s. auch Bestellung des ersten Aufsichtsrats*
- Vergütung **30** 17

Erster Aufsichtsrat
- Bestellung Aufsichtsratsmitglieder durch Gericht **104** 40
- Bestellung der Aufsichtsratsmitglieder **101** 30
- Einberufung **110** 52
- Vergütung **113** 56

Erteilung neuer Urkunden 74 10
Ertragswertmethode 305 72
Erweiterte Mitteilungspflichten 328 33
Erweitertes Auskunftsrecht des Aktionärs 131 72
- Aktionärsbezug **131** 75
- Auskunftsverlangen in der Hauptversammlung **131** 80
- Gesellschaftsangelegenheit **131** 82
- Grenzen **131** 83
- Rechtsfolge **131** 85
- Voraussetzungen **131** 74
- Zeitpunkt **131** 79

Erwerb aller Aktien durch den Komplementär 289 12
Erwerb der Rechtspersönlichkeit SE-VO Art. 16 3
Erwerb durch die Gesellschaft zur Einziehung 71 81
Erwerb eigener Aktien 53a 27; **71** 35
- Ad-hoc-Publizität **71** 162 ff.
- Andienungsrecht der Aktionäre **71** 120
- Auswirkungen auf die Unternehmensfinanzierung **71** 3
- Derivate **71** 185
- Dividendenzahlung **71** 5
- erfasste Erwerbsgeschäfte **71** 35
- Erwerb zur Einziehung **71** 81
- Erwerbsbeschränkungen **71** 216
- Erwerbsgrenze von 10 Prozent **71** 100 ff.
- Erwerbstatbestände **71** 47
- Erwerbsverfahren **71** 122
- Gefahren **71** 14
- Gegenstand des Erwerbs **71** 42
- Gesamtrechtsnachfolge **71** 79
- Gleichbehandlung **71** 116 ff.
- Kapitalmarktrecht **71** 160
- Konzern **71** 67 ff.
- Mitteilungspflichten **71** 165

- Nachteile **71** 14
- Pflichten nach Erwerb **71** 227
- Preisrahmen **71** 109
- Rechnungslegung und Steuern **71** 237
- Rückkaufprogramme **71** 166 ff.
- Stabilisierung des Kursniveaus **71** 6
- Übernahmerecht **71** 157 ff.
- Umgehungsschutz **71a** 11 ff.
- Umwandlungen **71** 70 ff.
- Verstoß **71** 231
- Verwaltungskosten **71** 13
- Wert für die Gesellschaft **71** 1

Erwerb eigener Aktien durch Dritte 71d 6
- Anspruch auf Aktienübertragung **71d** 58
- Erwerb oder Besitz durch abhängige oder im Mehrheitsbesitz der AG stehende Unternehmen **71d** 31 ff.
- Kapitalrichtlinie **71d** 22

Erwerb für den Wertpapierhandel 71 84
Erwerb von Aktien der SE SE-VO Art. 33 9
Erwerbsbeschränkungen 71 216
Erwerbsgrenze von 10 Prozent 71 100
Erwerbsreihenfolge, Unerheblichkeit 328 19
Erwerbstatbestände 71 47
- Abfindung von Aktionären **71** 66
- Belegschaftsaktien **71** 58
- Ermächtigungsbeschluss ohne positive gesetzliche Zweckvorgabe **71** 92
- Erwerb für den Wertpapierhandel **71** 84
- Schadensabwehr **71** 47
- Sonderfälle **71** 150
- Veräußerungen außerhalb der Börse **71** 133

Erwiderung SpruchG 7 3
EU-Auslandsgesellschaft
- Registerfragen **IntGesR** 16
- Übergang zur Gründungstheorie **IntGesR** 15
- Vorgaben des EuGH **IntGesR** 14

Eurobike-Urteil des BGH 27 131, 235
Europäische Aktiengesellschaft, *s. SE*
Europäische Durchbrechungsregel 179 91
Europäischer Konzern Vor § 291 53
Europarechtliche Implikationen bei Sitzverlegung 45 5
Europarechtliches Tranparenzgebot 202 25
Euro-Umstellung 8 64 ff.
Exchangeables 221 41
Existenzvernichtender Eingriff 1 62
Exklusivzuständigkeit der Hauptversammlung 179 2, 96
Externe Gründungsprüfung 33 7
- durch beurkundenden Notar **33** 12
- durch gerichtlich bestellten Prüfer **33** 15

Externe Pflichtenbindung 93 23

Fairness Opinion 221 61, 118
Faktisch abhängige AG 57 36; **Vor § 291** 8

Mager gedruckte Zahlen = Randnummer   **Sachverzeichnis**

Faktische Aufnahme von Geschäftsführungstätigkeiten 105 20
Faktische Beeinträchtigungen der Teilnahme an der Hauptversammlung 118 17
Faktische Betrachtungsweise 399 31; 401 16
Faktische Hauptversammlungsmehrheit 17 30
Faktische Konzernierung 101 16
Faktische Satzungsänderung 179 55 ff.
Faktische Sitzverlegung 5 13
Faktische Unternehmensverbindungen 53a 31; 57 137
Faktische Vorstandsmitglieder 93 182
Faktischer Bezugsrechtsausschluss 186 75
– materielle Beschlusskontrolle 186 77
– Rechtsfolgen 186 77
Faktischer GmbH-Konzern Vor § 311 21
Faktischer Konzern 57 137; 117 10; 278 91; **Vor § 291** 45; **Vor § 311** 6, 21 ff.
– Gleichbehandlung 53a 31
– KGaA 278 91 ff.
Faktischer Vorstand 401 16
Faktisches Organ 116 13; 399 31
Fakultativer Aufsichtsrat 100 27; 117 34
Falsche Angaben, *s. auch strafrechtliche Organ- und Vertreterhaftung*
– Abwicklungsschwindel 399 215 ff.
– Ankündigungsschwindel 399 179 ff.
– Eignungsschwindel 399 223 ff.
– Einzahlung auf Aktien 399 107
– falsche Versicherungen 399 223 ff.
– Garantenpflichten 399 35
– gegenüber Prüfern 400 100 ff.
– gegenüber Sonderprüfern 400 107
– Gründungsaufwand 399 152
– Gründungsbericht 399 166
– Gründungsschwindel 399 66 ff.
– Irrtum 399 264 ff.
– Kapitalerhöhungsschwindel 399 190 ff.
– Rechtsfolgen 399 256
– Rücktritt 339 222
– Sacheinlagen 399 155
– Sachübernahmen 399 158 f.
– Strafverfolgung 399 283 ff.
– unterlassene Versicherung 399 251
– Vollendung 399 273
– Vorsatz 399 259
– wahrheitswidrige Erklärung 399 65
Falsche Ausstellung einer Bescheinigung 402 31
Falsche Ausstellung von Berechtigungsnachweisen 402 10 ff.
– Falsches Ausstellen einer Bescheinigung 402 31
– Falschheitsbegriff 401 29
– Gebrauchmachen von einer falschen oder verfälschten Bescheinigung 402 40
– Verfälschen einer Bescheinigung 402 37
Falsche Versicherungen 399 223 ff.

Familiengesellschaft 287 3
Familienrecht 1 17
Fassungsänderung
– bei Kapitalerhöhung 188 10
Fassungsänderung der Satzung 179 107 ff.
– Ermächtigung Aufsichtsrat 179 107 ff.
Fehlerhaft bestellte oder faktische Vorstandsmitglieder 93 181, 182
Fehlerhafte Aufsichtsratsbeschlüsse 108 68
– Auswirkung auf Vertretungsmacht 112 44
– Beschlussmängel 108 69
– Feststellungsklage 108 78 ff.
– Geltendmachung 108 76
– Rechtsfolgen des Mangels 108 84
Fehlerhafte Ausschließung 64 53
Fehlerhafte Gesellschaft 204 43; 292 26
Fehlerhafte Hauptversammlungsbeschlüsse 193 37
– anfechtbare Beschlüsse 241 35
– Bestellung des Aufsichtsrats 101 106
– Entlastungsbeschlüsse 120 43
– nichtige Beschlüsse 241 29
– Urteilswirkungen 241 38
– Wirkungen gegenüber Dritten 241 37
Fehlerhafte Kapitalerhöhung 189 5
Fehlerhaftes Organ, Lehre vom 252 6
Fehlerhaftigkeit der Geschäftsordnung der Hauptversammlung 129 14
Feindliche Übernahme 186 45
Feststellungsklage
– Beschlussfeststellungsklage 241 38 ff.
– Schein-/Nichtbeschlüsse 241 58
– Verhältnis zu Beschlussmängelklage 241 18
Festpreisangebot 71 123
Festsetzung des Ausgabebetrages 9 7; 182 49
Festsetzung des Betrags der Kapitalerhöhung 182 39
Festsetzung in der Satzung 26 5; 27 67
Feststellung der Satzung 2 2; 23 12 ff.
Feststellung der Satzung, KGaA 280 2
Feststellung des Jahresabschlusses 172 5; 173 7; 234 6
Feststellung des Vorsitzenden über die Beschlussfassung 130 52
Feststellungsklage 203 110; 249 25
– Anfechtungsklage, Verhältnis 243 8
– fehlerhafte Aufsichtsratsbeschlüsse 108 78 ff.
Fiktive Bilanz 232 4
Fiktiver berichtigter Jahresüberschuss 301 9
Fiktiver Jahresüberschuss 300 7
Finanzausschuss 107 149
Finanzdienstleistungsunternehmen 186 68; 258 48 ff.
Finanzexperte 100 73 ff.
Finanzförderungsgesetz Vor §§ 20–22 2
Finanzierung der Gesellschaft
– bedingtes Kapital 192 4
– genehmigtes Kapital 192 8

2401

Sachverzeichnis

Fett gedruckte Zahlen = Paragraphen

Finanzierungsinstrumente 205 7
Finanzinstrumente WpHG 33–47 66 ff.
– Berechnung Stimmrechtsanteil für Meldepflicht **WpHG 33–47** 73 ff., 76d
– Meldeschwellenberührung **WpHG 33–47** 74 ff.
– mittelbares Halten **WpHG 33–47** 76i
– weitere Finanzinstrumente **WpHG 33–47** 76d
Finanzmarktkrise 182 5b, 15b; **184** 27a; **186** 6a
Finanzmarktnovellierungsgesetz (2.) WpHG 33–47 7b
Finanzverantwortung 93 57
– konzernweit **76** 100
Finanzverfassung 179 71; **IntGesR** 33
Finder's Fee 71a 42
Fingierte Sacheinlage 27 51; **183** 6
– Zeichnungsschein **185** 26
Firma 4 7; **23** 15
– Abkürzung **4** 5
– Ableitung **4** 17
– Fehlen **4** 6
– Firmenfähigkeit **4** 3
– Mehrheit **4** 12
– Rechtsanwalts-AG **4** 15
– Rechtsformzusatz **4** 4
– Unterscheidbarkeit **4** 10
– Vor-AG **4** 2
– Wahrheit **4** 11
– Zweigniederlassung **4** 21
Firma der KGaA 279 3
– Firmenfortführung **279** 5
– kapitalistische KGaA **279** 7
Firma der SE SE-VO Art. 11 2 ff.
Firmenfortführung KGaA 279 5
Firmenwahrheit 4 11
Firmenzusatz SE-VO Art. 11 1
Fixed Price Tender Offer 71 123
Flowtex 403 4
Folgen unzulässiger Stimmrechtsausübung, KGaA 285 29
Follow-up-Berichterstattung 90 23
Forderungen 27 22, 119, 120
– Vollwertigkeit bei Hin- und Herzahlen **27** 243
Form der Aktie 8 8
Form der Aktienurkunde 13 8
Formaltestat 313 23
Formkaufleute 3 1; **15** 51
Formwechsel der Gesellschaft 179 75 f.; **180** 12; **249** 27
– Anpassung Nennbetragsaktien **8** 19
– Auslösen von Meldepflichten **20** 9
– KGaA **280** 19
– materielle Satzungsänderung **179** 75 f.
Fortbestand alter Mehrfachstimmrechte 12 22
Fortbestand gelöschter Gesellschaften 262 90

Fortbildungskosten (Aufsichtsrat) 113 10
Fortsetzung der aufgelösten Gesellschaft 262 89
– Eintragung **274** 19
– gesetzliche Auflösung **274** 9
– Pflichten der Abwickler **274** 16
– privatautonome Auflösung **274** 2
– Voraussetzungen **274** 2
– Wirkung **274** 20
Fragen der Geschäftsführung, Hauptversammlungskompetenz 119 13
– Beschlussfassung **119** 16
– Rechtsfolgen **119** 18
– Voraussetzungen der Beschlussfassung **119** 13
Franchiseverträge 292 61
Frauenquote
– Aufsichtsrat **96** 31 ff., *s. auch Frauenquote, Aufsichtsrat*
– Führungsebenen **96** 76 ff., *s. auch Frauenquote, Führungsebenen*
– Haftung bei Verstoß **116** 71a
– Teilzeitbeschäftigte **111** 77b
– Vorstand **111** 77a ff., *s. auch Frauenquote, Vorstand*
– Zielgrößenfestlegung, Ermessen **111** 77b
Frauenquote, Aufsichtsrat 96 31 ff.
– Abberufung, Folgen **96** 37
– Abrundung, Aufrundung Personenzahl **96** 35
– Anteilseignerbank **96** 32 f.
– Arbeitnehmerbank **96** 32 ff.
– Ausscheiden von Aufsichtsratsmitgliedern **96** 37
– Ausschusszuständigkeit **111** 77a
– Bekanntmachung **124** 13a f.
– Bestellung Aufsichtsratsmitglieder durch Gericht **104** 47a
– Börsennotierung **96** 31
– Delegation auf Ausschuss **111** 77a
– DrittelbG **96** 31
– Ersatzbestellung durch Gericht **104** 47a
– Ersatzmitglieder **96** 40
– Frist zur Umsetzung **96** 43
– gerichtliche Bestellung **104** 47a
– Gesamterfüllung, Grundsatz **96** 32 ff.
– Gesamterfüllung, Widerspruch gegen **96** 33 ff., 37
– Gewerkschaftsvertreter **96** 34
– grenzüberschreitende Verschmelzung **96** 31a f.
– Grundsatz der Gesamterfüllung **96** 32 ff.
– Haftung bei Verstoß **111** 77a
– leitende Angestellte **96** 34
– Mitbestimmung **96** 31
– Montanmitbestimmung **96** 36
– Nichtigkeit der Wahlen **96** 34, 38; **250** 4a, 18a
– Nominierungsausschuss **111** 77a
– Rechtsfolgen bei Nichteinhaltung **96** 34, 38 f.; **250** 4a, 18a
– Rücktritt, Folgen **96** 37
– Satzungsregelungen **96** 32 f.

Mager gedruckte Zahlen = Randnummer **Sachverzeichnis**

– Teilhabegesetz **96** 10a, 17a
– Trennungslösung **96** 33 ff.
– Umsetzungsfrist **96** 43
– Vereinbarungen über **96** 33
– Verschmelzung, grenzüberschreitende **96** 3, 31a ff.
– Verzicht **96** 33
– Wahl, Nichtigkeit **96** 34, 38; **250** 4a, 18a
– Wahlvorschläge, Hinweispflicht bei **127** 9a
– Widerspruch **96** 33, 37
– Widerspruch, Bekanntmachung **124** 13a ff.
– Zielgrößen, Festlegung **111** 77a ff.
– Zielgrößen, Fristen **111** 77a ff.
– Zuständigkeit für Festlegung **111** 77a
Frauenquote, Führungsebenen 76 141 ff.
– Berichtspflicht **76** 149
– Börsennotierung **76** 142
– DrittelbG **76** 142
– Führungsebenen **76** 144 f.
– Holdinggesellschaften **76** 145
– Konzerngesellschaften **76** 145
– Mitbestimmung **76** 142
– Montanmitbestimmung **76** 142
– Publikation **76** 149
– SE **76** 143
– Veröffentlichung **76** 149
– Verschlechterungsverbot **76** 146
– Verstöße, Rechtsfolgen **76** 150
– Zielgrößen, Festlegung **76** 146
– Zielgrößen, Fristen **76** 147
Frauenquote, Vorstand 111 77a ff.
– Aufsichtsratszuständigkeit **111** 77a
– Festlegung Zielgrößen durch Aufsichtsrat **111** 77a
– Frist zur Festlegung **111** 77c
– Zielgrößen, Festlegung **111** 77b
– Zielgrößen, Fristen **111** 77b
Freie Abrufbarkeit von Aufsichtsratsmitgliedern 103 5, 14
Freie Spitzen 186 63
Freie Verfügung des Vorstands über eingezahlte Beträge 46 8; **54** 70; **188** 48
– Aussonderung **54** 72
– Leistung ohne Vorbehalt **54** 73
– Verjährung **54** 81
Freigabeverfahren 241 20 ff.; **246a** 5 ff.
– Anfechtung Kapitalerhöhung **255** 26
– Antragsbefugnis **246a** 14
– Antragstellung **246a** 10
– bei Kapitalerhöhung **184** 38
– Eilverfahren **246a** 16
– Eingliederung **319** 21 ff.
– Eingliederung, Verfahrenordnung **319** 25a
– Entscheidung des Prozessgerichts **246a** 19
– genehmigtes Kapital **202** 49
– keine allgemeine Registersperre **246a** 5
– Löschungsverfahren **241** 252
– Nichtigkeitsklage **249** 19
– Rechtsmittel **246a** 35
– Schadensersatzanspruch **246a** 40

– Squeeze-out **327e** 6 f.
– Unternehmensverträge **294** 21
– Vertretung **246a** 10
– Wirkungen des Beschlusses **246a** 36
– Zuständigkeit **246a** 10
Freiwillige Verhaltensrichtlinien 93 44
Fremdeinfluss auf die Unternehmensleitung 76 68
Fremdwährungsanleihen 194 10a
Frosta-Entscheidung des BGH 111 57; **119** 45
Früherkennung bestandsgefährdender Entwicklungen 91 31
Früherkennungssystem 91 29 ff., *s. auch Organisationspflicht der Aktiengesellschaft*
Führungsebene, *s. Frauenquote, Führungsebenen*
Führungslosigkeit der Gesellschaft 78 23
Fünfjahresfrist 300 11 f.
Funktionale Organisation der Geschäftsverteilung 77 37
Funktionen des Notars in der Hauptversammlung 130 28
Funktionsfähigkeit der Hauptversammlung 131 59
Funktionsverlust der Aktienurkunde 10 3

Gang der Geschäfte 90 27
Garantenpflichten 399 35; **400** 44
Gattungsunterschiede bei Aktien 11 7
Gebietskörperschaft 394 5
Gebot der realen Kapitalaufbringung 27 104; **399** 137
Gebot wertgleicher Deckung 399 139
Gebrauchmachen von einer falschen oder verfälschten Bescheinigung 402 40
Gebührenhöhe SpruchG 15 13, 28
Gefahr im Verzug 77 9
Gefährdung des Gemeinwohls 396 4
Gegenanträge von Aktionären
– Aktionärsrechterichtlinie **126** 9a ff., 11a, 22a, 27a
– alternative, Unzulässigkeit **126** 10
– Aufsichtsratsmitglieder, Übersendung an **126** 22b
– bedingte, Unzulässigkeit **126** 10
– Begründung **126** 11 ff.
– Formalia **126** 14
– iVm Hilfsantrag **126** 10
– Publizität **126** 8 ff.
– Zugänglichmachung **126** 19
– Zugänglichmachung Internetseite **126** 3a, 9a, 11a, 19 ff.
Gegenstand der Überwachung 111 6
Gegenstand des Unternehmens, *s. Unternehmensgegenstand*
Geheimhaltungspflicht 403 13 ff., *s. auch Verletzung der Geheimhaltungspflicht*
Geheimnisoffenbarung 404 33 ff.
Geheimnisoffenbarung, Haftung für unbefugte 404 41 ff.

2403

Sachverzeichnis

Fett gedruckte Zahlen = Paragraphen

Geheimnisschutz SpruchG 7 11
Geheimnisse der Gesellschaft 116 110
– Geheimhaltungspflicht **93** 160; **283** 8
Geheimnisverwertung 404 36 ff.
Geheimnisverwertung, Haftung für unbefugte 404 44
Gekreuzter Bezugsrechtsausschluss 186 45
Gelatine-Entscheidung 68 50; **111** 57; **119** 24, 26; **Vor 241** 5, 23; **278** 70; **292** 16; **293** 42; **Vor § 311** 60; **319** 10
Gelatine-Entscheidung des BGH 58 63
Geltendmachung von Ersatzansprüchen, KGaA 285 19
Geltung der Publizitätsrichtlinie SE-VO Art. 12 2
Gemeinsamer Vertreter
– Abberufung **SpruchG 6** 13
– Aufgaben **SpruchG 6** 3
– Auswahl **SpruchG 2** 21; **SpruchG 6** 8
– Bekanntmachung **SpruchG 6** 10
– Beschwerdebefugnis **SpruchG 12** 8
– Bestellung **SpruchG 2** 21; **SpruchG 6** 4
– Bestellungsbeschluss **SpruchG 6** 9
– Europäische Genossenschaft, Gründung **SpruchG 6b** 1
– Fortsetzung des Verfahrens **SpruchG 6** 15
– Rechtsmittel **SpruchG 6** 12
– SE-Gründung, gemeinsamer Vertreter **SpruchG 6a** 1 ff.
– Unterbleiben der Bestellung **SpruchG 6** 5
– Vergütung **SpruchG 6** 16, 18
– Verschmelzung, grenzüberschreitende **SpruchG 6c** 1
– Wirksamwerden **SpruchG 6** 11
– Zahl **SpruchG 6** 7
Gemeinschaftliche Gesamtvertretung der Gesellschaft 78 33, 40
Gemeinschaftsunternehmen 17 15; **90** 29
Gemeinwohl
– Orientierungsmaßstab für Aufsichtsrat **116** 24 ff.
Gemeinwohlgefährdung 262 62
Gemischte Bar-Sachgründung 36a 13
Gemischte Einlagen 36a 13
Gemischte Sacheinlage 27 64; **36a** 18; **183** 9
– Differenzhaftung **183** 76
– Zeichnungsschein **185** 26
Genehmigtes Kapital 160 21 f.; **192** 53
– Ausnutzung **202** 20, 84 ff.
– Ausnutzungspflicht, keine **202** 4
– Begriff **202** 1
– Bezugsrecht der Altaktionäre **202** 8
– Einschätzung **202** 23
– Eintragung **202** 52
– Entscheidungen, rasche **202** 3
– Ermächtigung in der Gründungssatzung **202** 27
– europarechtliches Tranparenzgebot **202** 25
– falsche Angaben **399** 213 f.
– Flexibilität **202** 3

– Freigabeverfahren **202** 49
– Kapitalerhöhung aus Gesellschaftsmitteln, Verhältnis **202** 13
– Kapitalherabsetzung **224** 11
– Kompetenzordnung **202** 24
– Kosten bei der Schaffung und Ausnutzung **202** 128
– Meldepflicht **202** 87
– Minderheitsaktionäre **202** 9
– Prüfungskompetenz des Registergerichts **202** 46
– Publizität **202** 53
– Registergerichtliches Verfahren **202** 37
– Sacheinlagen **205** 8 ff., *s. auch Sachkapitalerhöhung, genehmigte*
– Satzungsbestandteil **202** 24
– Siemens-Nold-Entscheidung **202** 19
– Tranchen **202** 5; **203** 23
– Unternehmenspraxis **202** 18
– Verhältnis zu bedingtem Kapital **192** 8
– Wirksamkeit **202** 54
– Zustimmung des Aufsichtsrats **202** 90 f.
Genehmigtes Kapital I und II 202 8
Generalbevollmächtigte 78 52
– Unvereinbarkeit mit Aufsichtsratsamt **105** 14
Generalvollmacht
– Betriebsführungsvertrag **291** 55
Genussrechte 160 29 ff.; **192** 29
– Abgrenzung zu anderen Finanzierungsinstrumenten **221** 30
– Bedingungen, *s. auch Anleihebedingungen*
– Bedingungen bei Beherrschungs- und Gewinnabführungsvertrag **221** 184a
– Begriff **221** 21
– Kreditinstitute, Genussscheinemissionen **221** 39
– Regelungsinhalt **221** 32
– Teilgewinnabführungsvertrag **221** 66
– Zweck von Genussscheinemissionen **221** 27
Gerichtlich bestellte Vorstandsmitglieder 85 13
Gerichtlich bestellter Sonderprüfer
– faktischer Konzern **315** 1
Gerichtliche Auflösung der Gesellschaft
– Auflösungsverfahren **396** 15
– Folgen der Auflösung **396** 15
– Gefährdung des Gemeinwohls **396** 4 ff.
– gesetzeswidriges Verhalten der Verwaltungsträger **396** 7
– Mitteilungspflicht **398** 3 f.
– Staatshaftungsrecht **396** 19
– Unterbleiben der Abberufung der Verwaltungsträger **396** 12
– Verfahren **396** 15
– Verhältnismäßigkeit der Auflösung **396** 13
Gerichtliche Bestellung des fehlenden Vorstandsmitglieds 85 1
– Rechtsstellung gerichtlich bestellter Vorstandsmitglieder **85** 13
– Verfahren **85** 8

Mager gedruckte Zahlen = Randnummer

– Voraussetzungen 85 5 ff.
Gerichtliche Entscheidung über das Auskunftsrecht der Aktionäre
– Antrag 132 7
– Antragsberechtigung 132 7
– Antragsgegner 132 14
– Auskunftserteilung 132 24
– Durchsetzung der Entscheidung 132 24
– Form 132 12
– Frist 132 11
– Kosten 132 26
– Rechtskraft 132 23
– Rechtsschutzbedürfnis 132 15
– Verfahren 132 16
– Vollstreckung 132 25
– Zuständigkeit 132 4
Gerichtliche Entscheidung über die abschließenden Feststellungen der Sonderprüfer
– Antrag auf gerichtliche Entscheidung 260 2
– gerichtliches Verfahren 260 6
Gerichtliche Entscheidung über die Zusammensetzung des Aufsichtsrates 98 4; 99 1
– Anhörung 99 10
– Antragsberechtigung 98 8
– Antragserfordernis 98 6
– Bekanntmachung 99 9
– besondere Verfahrensprinzipien 99 9
– Entscheidung 99 11
– Kosten 99 21
– Rechtsfolgen 98 14
– Rechtsmittelverfahren 99 11
– Streit oder Ungewissheit 98 7
– Umsatzverhältnis 98 13
– Wirkungen der Entscheidung 99 18
– zuständiges Gericht 98 4
Gerichtliche Nachprüfung der Abfindung
– Anfechtung 327f 2, 3
– Spruchverfahren 327f 5
Gerichtliche Zuständigkeit 14 3
Gerichtskosten SpruchG 15 4
Geringster Ausgabebetrag 9 9; 182 50; 183 40, 61
Gesamtentlastung 120 13
Gesamtgeschäftsführung 77 8
– Einstimmigkeitsprinzip 77 8
– Gefahr im Verzuge 77 9
Gesamtheit der Kommanditaktionäre 278 18
Gesamtkapital, Berechnung 16 14
Gesamtleitung 76 62
Gesamtrechtsnachfolge 70 12; 71 79
Gesamtschuldnerische Haftung der Vorstandsmitglieder 93 262
Gesamtschuldnerische Haftung, Rechtsgemeinschaft an einer Aktie 69 19
Gesamtvertretung 78 25; 269 8
Geschäfte von erheblicher Bedeutung 90 28

Geschäftsbriefe 80 4
– Angaben auf 80 1
– Auslandsbriefe 80 12
– Bestellscheine 80 11
– bestimmter Empfänger 80 7
– Firma der KGaA 279 9
– Vordrucke 80 8
Geschäftschancenlehre 88 5; 93 136; 284 6
Geschäftserlaubnis 262 63
Geschäftsfähigkeit 1 18
Geschäftsführung 76 12; 77 3
– Befugnisse 77 4
– Beschränkungen der Geschäftsführungsbefugnis 82 26 ff.
– Einzelgeschäftsführung 77 19
– Gesamtgeschäftsführung 77 8 f.
– Grundlagengeschäfte 77 7
– Leitung 77 6
– Vertretung 77 5
Geschäftsführung KGaA 278 53
– außergewöhnliche Geschäfte 278 61
– Entzug 278 74
– Geschäftsführungsbefugnis 278 53
– gewöhnliche Geschäfte 278 60
– Grundlagengeschäfte 278 64
– Holzmüller-Doktrin 278 70
– Umfang 278 60
Geschäftsführungsvertrag 291 47 ff.
– Betriebsführungsvertrag, Abgrenzung 292 51
– Gewinnabführung, Höchstbetrag 301 5
– Weisungen 291 50
Geschäftsleiterermessen 93 13, 59 ff.
– Ablehnung 93 37
– Außenhaftung 93 78
– bei der Kapitalerhöhung 182 55
– Grundlagen 93 59
– Gutgläubigkeit 93 76
– Informationen, angemessene 93 73
– sachfremde Einflüsse 93 72
– Sonderinteressen, keine 93 72
– Überwachungspflicht 93 94
– unternehmerische Entscheidung 93 69
– Wohl der Gesellschaft 93 70
Geschäftsmäßig Handelnde 135 103, 105 ff.
Geschäftsmoral, Grundsätze 93 25
Geschäftsordnung, Aufsichtsrat 107 10 ff.
– Aufsichtsratsvorsitzender, Rechtsstellung 107 48
– Ausschussbildung 107 88
– Ausschüsse 107 88
– DCGK, Aufnahme in 161 50a
– Erlass 107 14
– Erleichterungen bei Einberufung von Sitzungen 110 14
– Geltungsdauer 107 15
– Inhalt 107 12
– Mehrheitserfordernis 107 21
– mitbestimmte Gesellschaften 107 12
– Regelungen zur Treuepflicht 116 77

2405

Sachverzeichnis

Fett gedruckte Zahlen = Paragraphen

- Regelungen zur Verschwiegenheitspflicht **116** 117
- **Geschäftsordnung, Hauptversammlung 129** 1
- Änderung und Aufhebung **129** 12
- Bedeutung **129** 1
- fehlerhafte Geschäftsordnung **129** 14
- geschäftsordnungswidrige Beschlussfassung **129** 15
- Inhalt, zulässiger **129** 10
- Nachrang gegenüber Gesetz und Satzung **129** 2
- Stellung und Regelungsschranken **129** 2
- Verfahrensfragen **129** 11
- vorrangige Organzuständigkeit **129** 7

Geschäftsordnung, Vorstand 77 59 ff.
- DCGK, Aufnahme in **161** 50a
- Erlass **77** 63 ff.
- Form **77** 68
- Geltungsdauer **77** 69
- Inhalt **77** 60
- mitbestimmte Gesellschaften **77** 71
- Offenlegung **77** 71
- Satzungsregelung **179** 89

Geschäftsunfähige Gründer 2 8; **28** 3
Geschäftsverteilung 77 36 ff.
- vorstandsintern **93** 203

Geschäftsverteilungspläne 399 80
Geschäftswert SpruchG 15 5
- Verfahrensverbindung SpruchG **15** 6

Geschlechterquote 76 141 ff.; **96** 31 ff., *s. auch Frauenquote, s. auch Frauenquote, Aufsichtsrat, s. Frauenquote, Vorstand, s. Frauenquote, Führungsebenen*

Gesellschaft bürgerlichen Rechts 15 40
Gesellschaften im Eigentum der öffentliche Hand 15 44
Gesellschafter 1 23
Gesellschafterbeschluss 289 3
Gesellschafterdarlehen 57 121; **183** 13
Gesellschaftergruppen, KGaA 278 14
Gesellschaftergruppenidentität 285 28
Gesellschaftsbegriff 1 8
Gesellschaftsblätter 25 6
- Bekanntmachungsort von Haftungsklagen **149** 7

Gesellschaftsdauer 179 80 f.
Gesellschaftsinteresse 186 44
Gesellschaftsorgan, Abwickler als 268 15
Gesellschaftsrechtlich vermittelte Herrschaft 17 20
- Gesellschaftsverträge **17** 39
- ohne Beteiligung **17** 38
- organisationsrechtliche Unternehmensverträge **17** 38
- personelle Verflechtungen **17** 44

Gesellschaftsschädigung 47 5
Gesellschaftstypus SE-VO Art. 1 1
Gesellschaftsvertrag
- Satzung, Begrifflichkeit **179** 29, *s. Satzung*

Gesellschaftsverträge 17 39
Gesellschaftszweck
- Unternehmensgegenstand, Abgrenzung **23** 18

Gesellschaftszweck, zulässiger SE-VO Art. 1 3
Gesetzeswidriges Verhalten der Verwaltungsträger 396 7
Gesetzliche Auflösung 274 9
- Insolvenzverfahren **274** 9
- Satzungsmangel **274** 11
- Vorratsbeschluss **274** 12

Gesetzliche Kompetenzen der Hauptversammlung 119 4
- Grundlagenkompetenzen **119** 7
- Kontrollkompetenzen **119** 11
- Konzernkompetenzen **119** 12
- Leitungskompetenzen **119** 8
- Wahlkompetenzen **119** 5

Gesetzliche Mehrheitserfordernisse der Hauptversammlung 179 114
Gesetzliche Rücklage 150 1, 4; **300**
- Ausgleich des Bilanzverlustes **324** 8
- Ausschüttungssperre **150** 19; **170** 32
- Begriff **150** 4
- Bemessungsgrundlage **150** 9
- fehlende Pflicht zur Bildung **324** 2
- Fünfjahresfrist **300** 11 f.
- Gewinnabführungsvertrag **324** 4
- Nichtigkeit des Jahresabschlusses **150** 28
- Obergrenze des gesetzlichen Reservefonds **150** 11 ff.
- Pflicht zur Bildung **150** 6
- Sachausschüttung **150** 10
- sonstige Unternehmensverträge **324** 7
- Verstoß **150** 28 ff.
- Verwendung des Mindestbetrages **150** 22
- Verwendung des übersteigenden Betrages **150** 26
- Zuweisung durch die Hauptversammlung **150** 17
- Zuweisung von Teilen des Jahresüberschusses **150** 9

Gesetzliche Zuständigkeitsordnung, Wahrung 93 20
Gesetzlicher Reservefonds 150 11
Gesonderte Abstimmung 138 12, 18
Gesonderte Versammlung 138 12, 14
- Minderheitsverlangen **138** 22
- Teilnehmerverzeichnis **138** 16

Gesonderter Auflösungsbeschluss 179a 31
Gesonderter Bilanzposten 150 7
Gestaltungsformen von Aktienoptionsplänen 192 51 ff.
Gestaltungsmöglichkeiten 77 11
Gewährleistungen bei Kapitalerhöhung 185 16; **188** 21
Gewerbliche Schutzrechte 1 16
- abgeleiteter Erwerb **1** 16
- AG als Inhaberin **1** 16

Mager gedruckte Zahlen = Randnummer   **Sachverzeichnis**

– eigenschöpferische Leistung **1** 16
– Erfindereigenschaft **1** 16
– Urhebereigenschaft **1** 16
Gewerkschaftsvertreter, Streikteilnahme 116 94
Gewinn- und Verlustrechnung 58 13; **158** 22
– Bilanzgewinn und -verlust **158** 18
– Einstellungen in Gewinnrücklagen **158** 12
– Entnahmen aus der Kapitalrücklage **158** 4
– Entnahmen aus Gewinnrücklagen **158** 6
– ergänzende Posten **158** 2
– ergänzende Posten bei Kapitalherabsetzung **158** 19
– erleichterte Darstellung **158** 24
– Gewinnvortrag aus dem Vorjahr **158** 3
– KGaA **286** 11
– Verlustvortrag aus dem Vorjahr **158** 3
Gewinnabführung zugunsten Dritter 291 44
Gewinnabführungsverträge 57 37; **58** 64; **113** 46; **141** 9; **233** 3; **Vor § 291** 47; **291** 33; **300** 4; **302** 11; **312** 10; **316** 2, **SpruchG 1** 9
– angemessener Ausgleich **304** 7, 51
– Ausfallhaftung **303** 22
– Ausgleich, Darstellung in GuV **158** 25
– Ausschluss der Sicherheitsleistung **303** 26
– Beendigung bei Eingliederung **324** 6
– Berichtspflicht bei verbundenen Unternehmen **316** 2
– besondere Konzernverbindungen **291** 43
– Einlagenrückgewähr **57** 37
– fehlerhafte **291** 61 ff.
– Finanzdienstleistungsinstitute **291** 5a
– Gewinngemeinschaft **291** 45; **292** 6
– Gläubigerschutz **303** 5, *s. auch Gläubigerschutz, Gewinnabführungs- und Beherrschungsverträge*
– Gleichbehandlung **53a** 30
– isolierter Gewinnabführungsvertrag **291** 40
– Kreditinstitute **291** 5a
– Mehrmütterorganschaft **291** 43
– mehrstufige Unternehmensverbindungen **316** 4
– nichtiger Jahresabschluss, Auswirkungen **256** 97
– Obergesellschaft **291** 6
– Organschaft **291** 40 ff.
– praktische Bedeutung **291** 32
– Rechtsfolgen **316** 6
– Teilgewinnabführungsvertrag **291** 45; **292** 12 ff.
– Treuepflicht **53a** 60
– Verlustübernahme **291** 46; **302** 10
– verpflichtete Gesellschaft/Untergesellschaft **291** 4
– Versicherungsunternehmen **291** 5b
– Verstöße gegen Obergrenze **301** 19
– Vertragsbeginn oder -ende während des Geschäftsjahres **316** 5

– Vertragsparteien **291** 4
– Vor-AG **41** 28a
– zugunsten Dritter **291** 44
– Zuweisung **300** 4
Gewinnanteilsscheine, neue 72 14
– Pflicht zur Aushändigung an den Inhaber der Aktie **75** 7
– Pflicht zur Aushändigung an den Inhaber des Zwischenscheins **75** 7
– Verbot der Aushändigung an den Inhaber von Erneuerungsscheinen **75** 3
– Verhältnis Urkundenbesitzer und Inhaber des Erneuerungsscheins **75** 9
Gewinnausschüttung
– Beschränkung **233** 10
– Verbot der Ausschüttung der Bucherträge **233** 13
– Verbot der Gewinnausschüttung **233** 2
– Verstöße **233** 14
Gewinnausweis 57 4
Gewinnbeteiligung 87 44; **292** 30
– abweichende Bestimmungen **217** 3
– Lizenzverträge als **292** 32
– Regelfall **217** 2
– rückwirkende **217** 4
Gewinnermittlung 141 9
Gewinngemeinschaft 291 45; **292** 6
Gewinnrücklagen 58 17, 83; **150** 5, 24; **208** 6
– Aufgliederung bei kleiner AG **152** 28
– Ausweis des Bilanzgewinns **170** 43
– bilanzielle Darstellung **152** 21 ff.
– Einstellung des Bilanzgewinn **170** 39
– Einstellung durch die Hauptversammlung **173** 14; **174** 15
– Einstellungen **152** 13
– Entnahme durch die Hauptversammlung **173** 14
– Entnahmen **152** 16; **301** 11
– Gewinnvortrag **170** 42
Gewinnschuldverschreibungen 141 30; **192** 29; **221** 17
Gewinnverteilung
– Einlageleistung in unterschiedlichem Verhältnis **60** 9
– Gewinnverteilungsschlüssel **57** 31
– KGaA **288** 2
– Mitgliedschaftsrechte, Ausschluss und Ruhen **60** 30
– Satzungsbestimmungen, abweichende **60** 17
– Verzicht auf den Gewinnanteil **60** 29
– vollständige Einlageleistung **60** 4
Gewinnverwendung 141 9, 37
– Änderung **174** 27
– Anfechtung **174** 30; **254** 4
– Ausschüttung an Aktionäre **174** 13
– Beibehaltung des festgestellten Jahresabschlusses **174** 22
– Beschluss **174** 11

2407

Sachverzeichnis

Fett gedruckte Zahlen = Paragraphen

- Beschluss nach Feststellung des Jahresabschlusses **58** 80
- Beschluss, Gliederung **174** 11
- besondere Nichtigkeitsgründe **253** 9
- Bilanzgewinn **174** 12
- Dividendenanspruch **174** 25
- Einstellung in die Gewinnrücklagen **174** 15
- Entscheidung **174** 7
- Gewinnverwendungsbeschluss **139** 17
- Gewinnvortrag **174** 16
- Heilung **253** 15
- Nichtigkeit **173** 21; **174** 31; **253** 4
- zusätzlicher Aufwand **174** 18

Gewinnverwendungsvorschlag 170 10
- Bilanzgewinn, Verwendung **170** 29 ff.
- Gliederung **170** 29
- Prüfung **171** 52
- Sachausschüttung **170** 34
- Verstoß gegen Vorlagepflicht **170** 54
- Vorlage an Aufsichtsrat **170** 25

Gewinnvortrag 58 85; **158** 3; **170** 42; **174** 16
Gewinnvorzug 140 5
Gezeichnetes Kapital 152 2
Gipfel von Nizza SE-VO Vor Art. 1 15
Girmes-Urteil des BGH 53a 37
Girosammelverwahrung 67 68; **68** 6; **69** 9; **245** 13
Gläubigerschutz 42 1; **46** 1; **233** 2; **SE-VO Art. 24** 4; **SE-VO Art. 34** 6; **SE-VO Art. 37** 20
- Anspruch auf Besicherung **225** 4
- Art und Umfang der Besicherung **225** 20
- Ausschluss des Anspruchs auf Besicherung **225** 16
- Befriedigung **272** 6
- besonderes Sicherungsbedürfnis **225** 15
- einstweiliger Rechtsschutz **272** 11
- Entstehungszeitpunkt **225** 6
- Erlassverbot **225** 27
- Forderungen gegen die Aktiengesellschaft **225** 4
- Gläubigertypen **SE-VO Art. 24** 4
- Hinterlegung **272** 7
- Hinweis auf das Recht auf Sicherheitsleistung **225** 22
- Rechtsschutz **272** 11
- rechtzeitige Meldung der Forderung **225** 11
- Sanktionen **272** 11
- SE mit Sitz im Ausland **SE-VO Art. 24** 7
- SE mit Sitz im Inland **SE-VO Art. 24** 6
- Sicherheitsleistung **272** 9
- Sperrfrist **225** 28; **272** 3
- Verbot von Auszahlungen **225** 23

Gläubigerschutz, eingegliederte Gesellschaft
- Inhalt des Anspruchs **321** 6
- Sicherheitsleistung, Anspruch **321** 2

Gläubigerschutz, Gewinnabführungs- und Beherrschungsverträge
- angemessener Ausgleich **304** 7
- Anspruchsinhaberschaft **303** 8
- Art der Sicherheitsleistung **303** 20
- Ausfallhaftung **303** 22
- Ausschluss der Sicherheitsleistung **303** 26
- Ausschlussfrist **303** 17
- Beendigung des Vertrages **303** 6
- Forderung **303** 10
- Sicherheitsleistung, Pflicht zu **303** 5

Gläubigerschützende Vorschriften, Verstoß
- Prüfung durch das Registergericht **183** 56

Gleichbehandlungsgebot 10 3; **11** 6; **60** 21; **64** 21; **67** 86; **71** 116; **179** 149, 169, 181; **222** 29; **243** 182 ff.; **SE-VO Art. 9** 20
- Aufsichtsratsmitglieder **103** 12
- Beispiele **53a** 20
- eigene Aktien **71** 116 ff., 129
- Erwerb eigener Aktien **53a** 27; **71** 116
- Gleichbehandlung **53a** 24
- Höchststimmrechte **53a** 26
- Inhalt **53a** 12
- Konzern **53a** 29
- Modifikationen durch die Satzung **53a** 21
- Rechtsfolgen von Verstößen **53a** 32
- Treuepflicht **53a** 36
- Unternehmensverträge **53a** 30
- Veräußerung eigener Aktien **53a** 27; **71** 129
- Verzicht **53a** 28

Gleichbehandlungsgrundsatz 11 6
Gleiche Ausstattung der Aktien 216 3
Gleichordnungskonzern 15 14; **18** 15, 29; **Vor § 291** 51; **291** 53; **311** 7
- faktischer Gleichordnungskonzern **18** 32
- vertraglicher Gleichordnungskonzern **18** 31

Gleichordnungskonzernvertrag Vor § 291 51; **291** 52
Gleichzeitige Kapitalerhöhung 235 5
- Beschlussfassung **235** 7
- fristgerechte Eintragung **235** 14
- Fristüberschreitung **235** 17
- Kapitalerhöhung **235** 8
- Verstoß **235** 13

Gliederungsvorschriften, Bilanz 152 1
Global Shares 10 11
Globalaktie 10 36 ff., 38
- Ausschluss Einzelverbriefung **10** 82
- Gutglaubenserwerb bei Sammelverwahrung **10** 65
- gutgläubiger Erwerb **10** 65
- Kraftloserklärung **73** 3
- Legitimationswirkung **10** 45 ff.
- Umtausch in Einzelurkunden **8** 53
- Verwahrung **10** 42, 60

Globalurkunde 10 38; **13** 25; **73** 3; **199** 5
- Dauer-Globalaktie **10** 39, 41, 60

GmbH & Co. KGaA 278 78
- Gründung **280** 16
- Stimmverbote **285** 25

GmbH-Konzern Vor § 311 21 ff.
Going-Concern-Prinzip 270 67

Mager gedruckte Zahlen = Randnummer

Sachverzeichnis

Going-public-Wandelanleihe 221 149
Golden-Share-Rechtsprechung 394 2, 16
Greenshoe-Option 204 21; **221** 52, 104
Grenzen des Auskunftsrechts des Aktionärs 131 34
Grundbuchfähigkeit 1 15
Gründer 23 25
– Aktienübernahme **2** 6
– Begriff **28** 2
– Erbengemeinschaft **2** 12
– Fähigkeit **2** 7 ff.
– Feststellung der Satzung **2** 2
– Geschäftsunfähige **2** 8; **28** 3
– Haftung **46** 3 ff.
– KGaA, strafrechtliche Haftung **408** 7
– Verantwortlichkeit **46** 3 ff., *s. auch Verantwortlichkeit der Gründer*
Gründerbeschränkung, Gestaltung durch Beteiligung von Vorratsgesellschaften SE-VO Art. 3 26
Gründerhaftung 28 2a; **41** 71 ff.; **SE-VO Art. 16** 12
– Aufallhaftung analog § 24 GmbHG **41** 94
– Ausfallhaftung **41** 94
– Ausschlusstatbestände **41** 110
– Gründer- und Handelndenhaftung KGaA **280** 17
– Gründungsschwindel **399** 66 ff.
– Haftungsumfang **41** 109
– Handelndenhaftung **41** 95
– Mantelverwendung **188** 61
– Regress **41** 114
– unechte Vorgesellschaft **41** 92 ff.
– Unterbilanzhaftung **41** 77 ff.
– Unversehrtheitsgrundsatz **41** 73
– Verlustdeckungshaftung **41** 87
– Vorbelastungsverbot **41** 73
– Vorgründungsgesellschaft **41** 76
Grundkapital 1 82 ff.; **6** 3; **23** 19 ff.; **150** 13; **152** 18; **179** 71
– Anpassung der Nennbeträge **8** 18
– atmendes **1** 92
– Begriff **1** 83 ff.
– Beteiligungsquote **8** 7
– Bilanzausweis bei KGaA **152** 3
– bilanzielle Darstellung **152** 18
– bilanzielle Rechengröße **8** 5
– Erhöhung **182** 9
– Euro-Umstellung **8** 64 ff.
– Festlegung durch Satzung **8** 22
– Festsetzung der Höhe **6** 3
– Mindesthaftkapital **1** 83 ff.
– Mindestnennbetrag **7** 2
– Neustückelung **8** 26, 52, 73
– Umstellung **8** 9
– Umstellung auf Euro **6** 5
– Unterschreitung **7** 3
– Wahlfreiheit für Zerlegung **8** 8
– Zerlegung **8** 1

Grundlagengeschäfte 77 7; **278** 64; **285** 32
– KGaA **278** 64
Grundsatz der einfachen Stimmenmehrheit
– Hauptversammlungsbeschlüsse **133** 3
Grundsatz der Gesamtverantwortung 77 44 ff.
Grundsatz der Kapitalaufbringung 54 1 ff.
Grundsatz der realen Kapitalaufbringung 27 2; **399** 137
Grundsätze ordnungsgemäßer Berichterstattung 90 48
– gewissenhafte und getreue Rechenschaft **90** 48
– Rechtzeitigkeit **90** 50
– Textform **90** 49
Gründung der Gesellschaft
– Bankbestätigung bei Vorratsgründung **23** 47
– Ergänzung um Arbeitnehmervertreter **31** 3 ff.
– erster Abschlussprüfer **30** 20
– erster Aufsichtsrat **31** 3 ff., *s. auch Erster Aufsichtsrat*
– erster Aufsichtsrat, Amtszeit **31** 13
– erster Aufsichtsrat, Arbeitnehmervertreter **31** 14 ff.
– erster Vorstand **30** 21 ff.
– Feststellung der Satzung **23** 1
– Firma **23** 15
– Gründer **23** 25; **28** 1 ff.
– Gründungsaufwand **26** 7 ff.
– Gründungsbericht **32** 3 ff., *s. auch Gründungsbericht*
– Gründungsfehler **23** 33 ff.
– Gründungsprotokoll **23** 5
– Internationales Gesellschaftsrecht **IntGesR** 25
– Kaskadengründung **27** 161
– minderjährige Gründer **23** 13b
– Pyramidengründung **27** 161
– Satzungsänderung im Gründungsstadium **23** 2a
– Sonderprüfung **142** 54
– Stufengründung **27** 144
– Tod eines Gründers **41** 42
– Vertretung **23** 13 ff.
– Vor-AG **23** 2a
– Vorratsgründung **23** 18a, 42 ff.
Gründung einer Europäischen Aktiengesellschaft 141 9; **SE-VO Art. 15** 2
– Tochter-SE **SE-VO Vor Art. 1** 19, 3
Gründung, KGaA 280 2
– Ablauf **280** 6
– Beteiligte **280** 3
– GmbH & Co. KGaA **280** 16
– Gründerzahl **280** 2
– Gründungsurkunde **280** 5
Gründungsangaben, Haftung für Richtigkeit und Vollständigkeit 46 4
Gründungsaufwand
– Änderung **26** 14

2409

Sachverzeichnis Fett gedruckte Zahlen = Paragraphen

– Begriff **26** 8
– Beseitigung **26** 15
– Fehler **26** 11
– Haftung für falsche Angaben **399** 152
– Wirksamkeitsvoraussetzungen **26** 9
Gründungsbericht 32 3; **399** 173; **SE-VO Art. 32** 14
– allgemeine Angaben für Bar- oder Sachgründungen **32** 6
– falsche Angaben **399** 166
– Haftung für falsche Angaben **399** 165 ff.
– Inhalt **32** 6
– Verantwortlichkeit der Gründer **32** 3
– weitere Angaben für Sachgründungen **32** 9
– Zuständigkeit der Gründer **32** 3
Gründungsfehler 23 33 ff.
Gründungsformen SE-VO Art. 3 6
Gründungsphase 54 42
Gründungsplan SE-VO Art. 32 8
– Bekanntmachung **SE-VO Art. 32** 17
– Form **SE-VO Art. 32** 16
– Inhalt **SE-VO Art. 32** 9
– Prüfung **SE-VO Art. 32** 18
Gründungsprotokoll 23 5
– Erklärung der Übernahme der Aktien **23** 24
– Form **23** 6 ff.
– Höhe des Grundkapitals **23** 19
– Inhalt der Satzung **23** 14
– Namens- und/oder Inhaberaktien **23** 21
– Satzungsfeststellung **23** 12
Gründungsprüfer 33 4; **35** 3
– Ansprüche Dritter **49** 13
– Antrag auf gerichtliche Bestellung **33** 15
– Auskunftsrecht **35** 3
– Auslagen **35** 10
– Ausschlussgründe **33** 20
– Haftung **49** 3 ff.
– Person des Prüfers **33** 18
– Pflichten **49** 4
– Verantwortlichkeit **49** 3, 5
– Vergütung **35** 10 ff.
Gründungsprüfung 283 7; **SE-VO Art. 26** 2
– Anmeldepflichten **SE-VO Art. 26** 3
– durch Vorstand und Aufsichtsrat **33** 4
– Einzelangaben **34** 5
– extern **33** 7; **12** 15
– gerichtliche bestellter Prüfer **33** 15
– Notar, durch beurkundenden **33** 12
– Prüfungsbericht **34** 11
– Prüfungspflicht **SE-VO Art. 26** 2
– Prüfungsumfang **SE-VO Art. 26** 6
– Umfang **34** 3
– Verpflichtete **33** 4
– Vorlagepflichten **SE-VO Art. 26** 4
Gründungssatzung, Änderung 179 23
Gründungsschwindel 399 66 ff.
– Hin- und Herzahlen **399** 126 ff.
– verdeckte Sacheinlagen **399** 112
Gründungstheorie
– EU-Auslandsgesellschaften **IntGesR** 15

– SE **SE-VO Art. 7** 1
Gründungsurkunde SE-VO Art. 6 1
– KGaA **280** 5
Gründungsvorvertrag 41 18
Gruppenbesteuerung
– EU Konformität **Vor § 291** 23 f.
Gruppenproporz im Aufsichtsrat 97 16
Gruppenversicherung 113 15 f.
Gutgläubiger Bezug von Gewinnanteilen 62 25
Gutgläubiger Erwerb
– Aktie **10** 62 ff.
– Dauer-Globalaktie **10** 65
– Gesellschaft und Gesellschafter **1** 67
– Inhaberaktie **10** 64
– Namensaktie **10** 64
– Sammelverwahrung **10** 65
Gutgläubiger Erwerb von Indossamenten 68 13
Gutgläubiger lastenfreier Erwerb zwischen Gesellschaftern und Gesellschaft 1 67; **54** 15
Gutgläubigkeit der Geschäftsleiter 93 76
Gütliche Einigung
– Entscheidung durch Beschluss **SpruchG 11** 3
– Vergleich **SpruchG 11** 11

Haftung der Aktionäre 62 4 ff.; **135**, *s. auch Aktionärshaftung*
– keine Haftung/Trennungsprinzip **1** 35 ff.
Haftung der Aufsichtsratsmitglieder, *s. Sorgfaltspflicht und Verantwortlichkeit der Aufsichtsratsmitglieder*
Haftung der Ausgeber 192 13 ff.
Haftung der Gründer 41 71 ff.; **46** 3 ff., *s. auch Gründerhaftung*
Haftung der Hauptgesellschaft
– Ausweis im Jahresabschluss **322** 10
– Einwendungen, Einreden **322** 11
– Inhalt **322** 7
– Innenausgleich **322** 17
– Insolvenz der eingegliederten Gesellschaft **322** 9
– Mithaftung **322** 2
– Umfang **322** 4
– Zwangsvollstreckung **322** 16
Haftung der Hintermänner 46 21
Haftung der Organe
– Ersatzansprüche **147** 20 ff.
– Geltendmachung der Ersatzansprüche **147**
Haftung der Organmitglieder 48 3, *s. auch unmittelbare Haftung*
– Ansprüche Dritter **48** 11
– Ausschluss der Haftung **48** 7
– Geltendmachung durch Gläubiger der Gesellschaft **48** 9
– Insolvenzverschleppung **401** 14 ff., 21 ff.
– objektive Voraussetzungen **48** 3
– strafrechtliche Haftung **399** 27 ff.
– subjektive Voraussetzungen **48** 5

2410

Mager gedruckte Zahlen = Randnummer   **Sachverzeichnis**

- unterlassene Offenlegung **27** 257 f
- Vergleich **48** 7
- Verjährung **48** 7
- Verzicht **48** 7
- Weisungsrechtausübung, pflichtwidrige **309** 6 ff.

Haftung der persönlich haftenden Gesellschafter der KGaA 278 41

Haftung der Verwaltungsmitglieder 309 6 ff.; **310** 3 ff.; **318** 5 ff.
- Gläubiger und Schuldner des Anspruchs **318** 3
- Haftungstatbestand **318** 5
- Rechtsfolgen **318** 10

Haftung der Vor-AG 41 68
- Gründerhaftung **41** 71
- Vorgesellschaft **41** 70

Haftung der Vorstandsmitglieder 93 176; **310** 3 ff.
- Ausgleich der Masseschmälerung **92** 32a ff.
- Ausgleich im Innenverhältnis **93** 263
- Ausschluss durch Hauptversammlungsbeschluss **93** 220, 264
- Einlagenrückgewähr **57** 101
- faktische Vorstandsmitglieder **93** 182
- fehlerhaft bestellte Vorstandsmitglieder **93** 181
- gesamtschuldnerische Haftung **93** 262
- Gründungsschwindel **399** 72 ff.
- Insolvenzantragspflicht **92** 46, 72 ff.
- Insolvenzverschleppung **401** 14 ff., 21 ff.
- Kausalität **93** 215
- Pflichtverletzung **93** 200
- Rechtschein der Stellung als Vorstandsmitglied **93** 199
- Schaden **93** 211
- strafrechtliche Haftung **399** 27 ff., 72 ff.
- Umfang des Schadenersatzes **93** 213 ff.
- unangemessene Gewinnverteilung **292** 11
- Verjährung Einlageansprüche **54** 87
- Verschulden **93** 205
- Verstoß gegen Vorlagepflicht **170** 54
- Vorteilsausgleichung **93** 214a
- Weisungsrechtausübung, pflichtwidrige **309** 6 ff.; **310** 6
- Zahlungsverbot, Verstoß gegen **92** 33 ff.

Haftung des Abwicklers 268 22; **399** 215 ff.

Haftung des Aufsichtsrates, KGaA 287 19

Haftung des Emittenten bei Emission von Aktien 47 6

Haftung des herrschenden Unternehmens 309 39 ff.; **317** 4 ff.
- Beherrschungsvertrag **309** 39
- Beweislast **310** 8; **317** 14
- Einwand rechtmäßigen Verhaltens **317** 11
- Mithaftung des gesetzlichen Vertreters **317** 15
- Nachteil **317** 10
- Schadenersatz **317** 8
- Verwaltungsmitglieder der Gesellschaft **310** 1
- Verzicht und Vergleich **310** 1; **317** 17

- Voraussetzungen **317** 4

Haftung des Nachtragsabwicklers 273 23

Haftung für den Empfang verdeckten Gründungsaufwands 47 3

Haftung für freie Verfügbarkeit der Einlagen 46 8

Haftung für Mitwirkung bei Schädigung der Gesellschaft 47 5
- Änderungen nach Beschlussfassung, grundlegende **93** 275
- anfechtbarer Beschluss **93** 271
- Gesetzmäßigkeit des Beschlusses **93** 268
- Grenzen des Haftungsausschlusses **93** 272
- Haftungsausschluss durch Hauptversammlungsbeschluss, Vorstandsmitglieder **93** 264
- nichtiger Beschluss **93** 269

Haftungsbeschränkung SE-VO Art. 1 5

Haftungsdurchgriff 1 52 ff.; **Vor § 15** 12
- AG **Vor § 15** 14
- GmbH **Vor § 15** 12
- Konzernbildungskontrolle **Vor § 15** 23
- Konzernermöglichung **Vor § 15** 29
- Konzerngefahr **Vor § 15** 27
- Konzernorganisationsrecht **Vor § 15** 29
- Personengesellschaft **Vor § 15** 13
- Umgehungsschutz **Vor § 15** 30

Haftungsklage, *s. auch Bekanntmachung der Haftungsklage, s. auch Klageverfahren, s. auch Klagezulassungsverfahren*
- andere Aktionäre **148** 160
- Aufforderung gegenüber Gesellschaft **148** 154
- Bekanntmachung **149** 7 ff., *s. auch Bekanntmachung der Haftungsklage*
- besonderer Vertreter **148** 150
- Informationsrechte der Kläger **148** 163
- Insolvenz **148** 185 ff.
- Klagerücknahme **148** 169
- Klageverbindung **148** 162
- Kosten **148** 174 ff.
- Kosten, Aktionärsforum **148** 198
- Nebenintervenienten **148** 160
- Prozessstandschaft der Aktionäre **148** 146 ff.
- Quorum **148** 153
- Schiedsvereinbarung **148** 158
- Verfahrensgrundsätze **148** 157 ff.
- Vergleich **148** 166 ff.

Haftungsverfassung IntGesR 35

Haftungsverhältnis 1 1

Haltefrist für Aktien 193 34

Halteprämien 57 46a

Handeln für Rechnung der AG 56 44

Handelndenhaftung 41 95; **280** 18; **SE-VO Art. 16** 13

Handels- und Gesellschaftsrecht 1 23
- Gesellschafter **1** 23
- Komplementärstellung in einer KG **1** 24
- Mitgliedschaft in einer Genossenschaft **1** 23
- Organstellung **1** 24
- persönliche Haftung der Gesellschafter **1** 23

Sachverzeichnis

Fett gedruckte Zahlen = Paragraphen

- Prokura **1** 25
- Vorstand einer anderen AG **1** 24
- **Handelsgesellschaft, Stellung als 3** 4
- **Handelsregister, Anmeldung**
  - Anmeldepflichtige **195** 6
  - Anmeldung der Durchführung der Kapitalerhöhung **188** 5
  - Anmeldung der Sitzverlegung **45** 6
  - Anmeldung des Kapitalerhöhungsbeschlusses **184** 4
  - Beschluss zur bedingten Kapitalerhöhung **195** 1
  - Dokumente, beizufügende **195** 9 ff.
  - Entstehung einer Einpersonen-Gesellschaft **42** 10
  - Formalia **195** 4
  - Genehmigungsurkunde **195** 14
  - Kostenberechnung **195** 13
  - Zuständigkeit **195** 4
- **Handelsregister, Eintragung**
  - Aktienausgabe, bedingte Kapitalerhöhung **192** 4
  - Anmeldung der Ausgabe von Bezugsaktien **201** 18
  - Aufbewahrung der Urkunden **195** 24; **201** 24
  - bedingte Kapitalerhöhung **192** 4, 7
  - Durchführung der Kapitalerhöhung **188** 1
  - Erhöhungsbeschluss **184** 29; **195** 15
  - Inhalt **195** 18
  - Kosten **195** 21
  - Rechtsmittel **195** 19
  - Registerkontrolle **195** 16
- **Handlungsbevollmächtigte 78** 51
- **Handlungsfähigkeit der Gesellschaft 1** 33; **IntGesR** 26
- **Hauptverpflichtung der Aktionäre**
  - Ausnahmen **54** 25
  - betragsmäßige Begrenzung **54** 23
  - derivativer Erwerb **54** 13
  - Einlagepflicht **53a** 7
  - Erfüllung der Einlagepflicht **54** 40
  - gutgläubiger lastenfreier Aktienerwerb **54** 15
  - Parteien **54** 11
  - schuldrechtliche Vereinbarungen **54** 29
  - verdeckte Sacheinlagen **54** 74; **57** 53
  - Verhältnis zum Mitgliedschaftsrecht **54** 10
  - Verjährung **54** 81
  - Verwendung von Gesellschaftsmänteln **54** 20
- **Hauptversammlung 118** 5, *s. auch Einberufung der Hauptversammlung, s. auch Durchführung der Hauptversammlung*
  - Abschlussprüfer, Teilnahmepflicht **176** 22 f.
  - Abwahl des Versammlungsleiters **Anh. 119** 4a ff.
  - Anmeldeerfordernis **123** 9
  - Anmeldefrist **123** 13
  - Anmeldung **402** 20
  - Anmeldung und Eintragung von Beschlüssen **184** 4; **285** 39
- Anmeldung zur Hauptversammlung **123** 8; **402** 20
- Aufsichtsrat, Ermächtigung Fassungsänderung **179** 107 ff.
- Aufsichtsratswahlen, Bekanntmachungspflichten **124** 10
- Auskunftsrecht, Einschränkungen **Anh. 119** 14
- ausländischer Ort **121** 74 f.
- Ausnahmezuständigkeiten **179** 4
- außerordentliche Hauptversammlung **175** 1
- bedingte Beschlussfassung **133** 4
- befristete Beschlussfassung **133** 4
- Bekanntmachung von Ergänzungsverlangen **124** 4
- bekanntmachungsfreie Gegenstände **124** 50
- Bekanntmachungspflichten bei besonderen Beschlussgegenständen **124** 9
- Berechtigungsnachweis **123** 18
- Beschluss des Aufsichtsrates **179** 112
- Beschlüsse, Nichtigkeitsfälle **241** 105 ff.
- beschlusslose **121** 11
- besonderer Vertreter **147** 143 ff.
- besonderer Vertreter, Bestellung **147** 71 ff.
- Bestellung **265** 9
- Beurkundungsmängel **241** 142 ff.
- beurkundungspflichtige Willenserklärungen **130** 11
- Bild- und Tonübertragung **118** 44
- Bindungswirkung **175** 33
- Briefwahl **118** 42
- Durchbrechungen **179** 99
- Durchbrechungshauptversammlung **121** 77a
- Einberufung **92** 9; **111** 57 ff.; **121** 1 ff.; **175** 11, *s. auch Einberufung der Hauptversammlung*
- Einberufungsfrist **123** 3
- Einberufungsverlangen **122** 6
- Einberufungsverlangen, gerichtliche Prüfung **122** 54 ff.
- Einladung **192** 24
- Eintrittskarte **123** 41a; **402** 15, 30
- elektronische Auslegung von Unterlagen **176** 5
- elektronische Teilnahme **118** 12, 35
- E-Mail Mitteilungen **125** 24a
- Erwerb von Beteiligungen/Aktiva **119** 30a ff., 30e
- Exklusivzuständigkeit **179** 2, 96 ff.
- Exklusivzuständigkeit, Durchbrechungen **179** 99 ff.
- fehlerhafte Beschlüsse, *s. dort*
- Feststellung des Jahresabschlusses **234** 6
- Folgen von Verstößen **179** 113
- Frist **175** 13
- Funkabstimmung **402** 19
- gerichtliche Ermächtigung zur Einberufung **122** 48
- Geschäftsordnung **129** 1, 11 ff., *s. auch Geschäftsordnung, Hauptversammlung*

Mager gedruckte Zahlen = Randnummer **Sachverzeichnis**

- geschäftsordnungswidrige Beschlussfassung **129** 15
- gesetzliche Kompetenzen, *s. dort*
- Grenzen der Übertragung **179** 110
- Haftung für fehlerhafte Leitungsmaßnahmen **Anh. 119** 16
- Informationsrechte der Aktionäre **175** 16
- Inhalt **175** 6
- Internet **118** 35 ff.
- KGaA *s. Hauptversammlung KGaA*
- Kompetenzen **119** 4 ff.
- Kompetenzen aufgrund Satzungsbestimmungen **119** 48 ff.
- Kompetenzen, ungeschriebene **119** 21 ff., *s. auch ungeschriebene Kompetenzen der Hauptversammlung*
- Konzern **119** 12 f.
- Konzernbildungskontrolle **119** 35
- Konzernleitungskontrolle **119** 35
- Kosten der Hauptversammlung **122** 69
- Kostenerstattung, Einlagenrückgewähr **57** 46a
- Legitimationsnachweis des Aktionärs **402** 21 ff.
- Leitung **119 Anh.** 1 ff., *s. auch Leitung der Hauptversammlung*
- Mehrheitserfordernisse **179** 114 ff.
- Mitteilung Einberufung **125** 6 ff.
- Modalitäten der Übertragung **179** 110
- Nichtbeschlüsse **241** 55 ff.
- nichtige Beschlüsse, Wirkung **241** 26
- Notar, Funktionen **130** 28 ff.
- Online **118** 12, 35 ff.
- Online Hauptversammlung, technische Störungen **243** 233 ff.
- Online-Teilnahme **402** 17
- ordentliche Hauptversammlung **175** 1
- Organstellung **118** 5
- Ort der Hauptversammlung **121** 68 ff.
- Ort der Hauptversammlung, unzulässiger **121** 107
- privatschriftliches Protokoll **241** 162 ff.
- Protokoll **130** 61, *s. auch Protokollierung von Hauptversammlungsbeschlüssen*
- Prüfung von anderen Vorgängen **142** 124
- Rechte der Hauptversammlung, *s. dort*
- Record Date **123** 31, 32a; **402** 22, 26, 36, 43
- Rederecht, Beschränkungen **Anh. 119** 9 ff.
- Rekapitalisierungen, Ort bei **121** 76 ff.
- satzungsändernde, *s. dort*
- Satzungsänderungen, Bekanntmachungspflichten **124** 15
- Scheinbeschlüsse **241** 55 ff.
- Sonderprüfung, Beschlussfassung **142** 84 ff.
- Stellung **118** 5
- Stellung zu anderen Organen **118** 6
- Stimmkarte **402** 15 ff., 30
- Tagesordnung, Ergänzung **122** 35
- Tagesordnung, Mitteilung Änderung **125** 17
- Teilnahme, *s. dort*
- Teilnahmebefugnis **285** 3

- Teilnehmerverzeichnis **129** 16, *s. auch dort*
- teilnichtige Beschlüsse **241** 65 ff.
- Übernahmesachverhalte, Ort bei **121** 76 ff.
- Unternehmensverträge **293g** 3 ff.
- unvollständige Informationen bei Einberufung **405** 82 ff.
- unwirksame Beschlüsse **241** 47 ff.
- unzulässige Beschlussfassung **124** 43
- unzulässige Versammlungszeit **121** 108
- unzulässiger Versammlungsort **121** 107
- Veräußerung Beteiligungen/Aktiva **119** 30f ff., 31 ff.
- verbundene Verhandlungen **175** 8
- Vergütung des Vorstands **192** 46a
- Verkürzung der Anmeldefrist und Nachweisfrist, Rechtsfolgen **123** 45
- Verkürzung der Einberufungsfrist, Rechtsfolgen **123** 44
- Verlängerung der Anmelde- und Nachweisfrist **123** 45
- Verlängerung der Einberufungsfrist **123** 17
- Verlegung **121** 23
- Veröffentlichungen auf Internetseite der Gesellschaft **124a** 1
- Versammlungslokal **121** 87
- virtuelle **118** 35 ff.
- Vollversammlung **121** 85
- Vorschläge zur Beschlussfassung **124** 26
- Zeit der Hauptversammlung **121** 79
- Zeit der Hauptversammlung, unzulässige **121** 108
- Zustimmung Dritter **179** 97
- Zustimmung zu asset deals **119** 30e, 31 ff.
- Zustimmung zu Beteiligungserwerb und Veräußerung **119** 30a ff., 30f ff.
- Zustimmung zu Betriebsstilllegung **119** 32
- zustimmungsbedürftige Verträge, Bekanntmachungspflichten **124** 18

Hauptversammlung KGaA
- Beschlussanfechtung **285** 12
- Durchführung **285** 9
- Einberufung **285** 9
- Kompetenzen **285** 6
- Rechte, hauptversammlungsbezogene **285** 10
- Stimmrecht der Komplementäre **285** 13
- Teilnahmebefugnis **285** 3
- Zulassung als Gast **118** 30
- Zustimmung der Komplementäre **285** 30

Hauptversammlung, Ausschluss von Minderheitsaktionären
- Abschriftenerteilung **327c** 11
- Angemessenheitsprüfung der Barabfindung **327c** 8
- Auskunftsrecht der Aktionäre **327d** 5
- Auslegung **327c** 11
- Bekanntmachung der Tagesordnung **327c** 2
- Bericht des Hauptaktionärs **327c** 5
- Erläuterung **327d** 3
- Informationspflichten **327c** 11

2413

Sachverzeichnis

Fett gedruckte Zahlen = Paragraphen

- Internetseite, Zugänglichmachung über **327c** 11
- Publizität **327c** 14
- Zugänglichmachung **327d** 2

Hauptversammlung, gesetzliche Kompetenzen 119 4

Hauptversammlung, Leitung Anh. 119 1 ff., *s. auch Leitung der Hauptversammlung*
- Haftung für fehlerhafte Leitungsmaßnahmen **Anh. 119** 16

Hauptversammlung, SE SE-VO Art. 52 6 ff.

Hauptversammlung, Strukturmaßnahmen 264 37

Hauptversammlung, ungeschriebene Kompetenzen 119 21 ff., *s. auch ungeschriebene Kompetenzen der Hauptversammlung*

Hauptversammlung, Verhältnis zum Abwickler 268 20

Hauptversammlung, virtuelle 118 35 ff.

Hauptversammlungsbeschluss 83 6; **133** 3; **183** 10; **262** 24
- Anfechtbarkeit **181** 25; **283** 21
- Ausgabebeschluss **192** 35
- Auslegung **133** 5
- bedingte Kapitalerhöhung **192** 4, 20 ff.
- bedingter **133** 4; **179** 106, 157 ff.; **262** 28
- befristeter **133** 4; **179** 106, 162 ff.; **262** 28
- Beschlussmängel **184** 36, 37 ff.
- einfache Stimmenmehrheit **133** 29
- Entgegenstehen gegen bedingte Kapitalerhöhung **192** 81
- Entlastungsbeschlüsse, Anfechtung Wahlbeschluss **161** 97 ff.
- Entsprechenserklärung (DCGK) **161** 96f ff.
- Entsprechenserklärung (DCGK), Anfechtung Entlastungsbeschluss **161** 95a
- Entsprechenserklärung (DCGK), Entlastungsbeschluss **161** 91 f.
- Erhöhungsbeschluss **192** 35
- Fehlerhaftigkeit **193** 37; **200** 15
- Feststellung des Beschlussergebnisses **133** 48
- Heilung von Mängeln **242** 6 ff.
- Kapitalerhöhungsbeschluss **182** 11 f.
- negative Beschlüsse **133** 6
- Nichtigkeit **181** 23; **192** 79; **283** 21, *s. auch dort*
- notarielle Niederschrift, *s. dort*
- positive Beschlüsse **133** 6
- Protokollierung, *s. dort*
- Sonderbeschluss bei Kapitalerhöhung **182** 26
- Sonderbeschlüsse **133** 8; **179** 157 ff.
- Squeeze-out-Beschluss **192** 83
- Stimmabgabe **133** 18
- Stimmrecht **133** 18
- Verfahren **133** 9
- Wahlen **133** 54
- Wirksamkeitsvoraussetzungen **181** 22

Hedging 193 18a

Heilung von Mängeln 276

Herabsetzung der Vergütung der Aufsichtsratsmitglieder 113 35

Herabsetzung des Grundkapitals 222 8; **239** 3

Herrschaftsmittel 17 24
- Beherrschung anderer Gesellschaftsformen **17** 45
- gesellschaftsrechtlich vermittelte Herrschaft **17** 20
- gesellschaftsrechtlich vermittelte Herrschaft ohne Beteiligung **17** 38
- kombinierte Beherrschung **17** 25
- künftige Beteiligung **17** 36
- Minderheitsbeteiligung **17** 25

Herrschendes Unternehmen 15 13, 18, 52
- Abhängigkeitstatbestand **17** 8
- Abhängigkeitsvermutung **17** 49
- anderweitige wirtschaftliche Interessenbindung **15** 23
- Haftung **317** 1
- maßgebliche Beteiligung an anderem Unternehmen **15** 25
- maßgebliche Beteiligung an untergeordnetem Unternehmen **15** 22
- Maßgeblichkeit der Beteiligung **15** 27
- Zurechenbarkeit fremder Beteiligungen **15** 30
- Zurechenbarkeit sonstiger wirtschaftlicher Interessen **15** 30

Herstellung der Mehrstaatlichkeit, Gestaltungsmöglichkeiten SE-VO Art. 3 22

Herstellungskosten 32 12

Hilfsantrag 126 10

Hilfsverpflichtungen 54 27

Hin- und Herzahlen 27 118 ff., 140
- Einlagenrückgewähr **57** 52
- verdeckte Sacheinlage **27** 124

Hin- und Herzahlen, Darlehensgewährung 27 110, 213 ff., 231; **57** 52; **188** 16, 50, 82 ff.; **194** 20; **399** 126 ff.
- AG & Co. KG **27** 284
- Alles-oder-Nichts-Prinzip **27** 263, 275, 287
- Beobachtungspflicht bei Einlageverbindlichkeiten **27** 243b
- Cash-Management-System, Cash-Pool **27** 216, 233, 240, 303 ff.
- Dienstleistungen, entgeltliche **27** 234 ff.
- Dritte als Empfänger **27** 233
- Ein-Mann-AG **27** 223
- Erfordernis einer vorherigen Verwendungsabsprache **27** 221
- Eurobike-Urteil des BGH **27** 235
- europarechtliche Rahmenbedingungen **27** 288 ff.
- Forderung, Fremdwährung **27** 243
- Forderung, Liquidität **27** 251
- Forderung, Verzinsung **27** 246 f.
- Forderung, Vollwertigkeit **27** 243 ff.
- Gründungsschwindel **399** 126 ff.

Mager gedruckte Zahlen = Randnummer

– Haftung **27** 275 f.
– Heilung des nicht einlagentilgenden Hin- und Herzahlens **27** 266 ff.
– Her- und Hinzahlen **27** 229, 237
– Konzernverhältnisse **27** 300
– Nämlichkeit **27** 226
– Offenlegung **27** 254 ff., 276, 280
– praktische Anwendung **27** 213a
– Qivive-Entscheidung **27** 255
– Reservierung der Geldeinlage **27** 236
– Rückzahlung der Geldeinlage **27** 226
– Sachkapitalerhöhung **183** 28 ff.
– Sachkapitalerhöhung, Anspruchsdeckung **183** 29
– Sicherheiten für Zahlungspflicht des Gründers **27** 243a
– strafrechtliche Haftung **399** 126 ff.
– verdeckte Sacheinlage **27** 240 f., 286 ff.
– vereinfachte Kapitalerhöhung **183a** 40
– Vergleich zur verdeckten Sacheinlage **27** 287
– Verrechnung **27** 230 ff.
– Verwendungsabsprache **27** 221 ff.
– Werthaltigkeitsnachweis **27** 259 ff.

Hinderungsgründe, Aufsichtsrat 100 12
Hindsight Bias 93 61
Hinterlegung
– Legitimationsnachweis für HV **402** 25
– Leistung des Aktionärs nach 372 ff. BGB **66** 15
– Sicherheitsleistung **272** 7
Hinterlegungsbescheinigungen 402 18
Hintermänner, Haftung 46 21
Höchstbetrag der Gewinnabführung
– Abzugsposten **301** 9
– Geschäftsführungsvertrag **301** g
– Jahresüberschuss **301** 6
– Rechtsfolgen bei Verstößen **301** 19
Höchstpersönlichkeit, Vorstandsmitglieder 81 19
Höchststimmrechte 53a 26; **133** 36; **243** 177; **Vor § 311** 42; **SpruchG 1** 15
– bei nicht börsennotierten Gesellschaften **134** 8
– Einführung durch die Satzung **134** 11
– Stimmbindungsverträge **134** 20
– Überprüfung Ausgleich bei Abschaffung **SpruchG 1** 15
Höchstzeit im Aufsichtsrat 102 7
Hoesch/Hoogovens-Urteil 124 21
Höhe des Grundkapitals 23 19
Holding SE, Gründung SE-VO Art. 3 10, 23; **SE-VO Art. 31** 1
– Ablauf **SE-VO Art. 32** 1
– Bekanntmachung des Gründungsplans **SE-VO Art. 32** 17
– Besteuerung **SE-VO Art. 32** 7
– Gründungsbericht **SE-VO Art. 32** 14
– Gründungsplan **SE-VO Art. 32** 8, 9
– Prüfbericht **SE-VO Art. 32** 19

Sachverzeichnis

– Prüfung des Gründungsplans **SE-VO Art. 32** 18
– Zustimmung der Gründungsgesellschaften **SE-VO Art. 32** 20
Holding, virtuelle 77 40 f.
Holdinggesellschaften 15 39
– einfache **15** 24
– Frauenquote **76** 145
Holdingverbot 15 52
Holzmann-Entscheidung 203 76, 77
Holzmüller-Entscheidung 68 50; **111** 57; **119** 22; **130** 39; **179** 28; **179a** 27; **182** 73; **Vor 241** 15, 23; **278** 70; **292** 16; **293** 42; **319** 10
Holzmüller-Entscheidung des BGH 58 76
Hot Delisting 179 45
Huckepack-Emission 192 32

Identität der Mittel 27 137
IFRS-Einzelabschluss 170 9a
IKB-Fall 400 84 ff.
Immaterialgüterrechte 27 18
In der Hauptversammlung auszuübende Rechte 118 7
Indexorientierte Vergütungen 113 53
Individualrechte 90 71; **Vor 241** 29
Indossament 68 4
– Blankoindossament **68** 6, 10
– Funktion **68** 11
– Girosammelverwahrung **68** 6
– gutgläubiger Erwerb **68** 13
– Prüfungspflicht der AG **68** 22
– Wechselrecht **68** 7
Informatec-Entscheidung 400 78
Information des Vorstandes 111 28
Information innerhalb des Aufsichtsrats 90 57
– Recht auf Kenntnisnahme **90** 57
– Übermittlung in Textform **90** 58
– Unterrichtung über Sonderberichte **90** 61
Informationsdurchgriff auf Angestellte 90 43
Informationshoheit des Aufsichtsrats 116 102
Informationsmöglichkeiten des Aufsichtsrats, vorstandsunabhängige 90 15
Informationspflichten 42 1; **179a** 26
– analoge Anwendung **179a** 27
Informationsrechte der Aktionäre 175 16
– Abschrift **175** 28
– Aushändigung **175** 28
– Auslage **175** 16
– Einsichtnahme **175** 26
– elektronische Bereitstellung von Unterlagen i.d. Hauptversammlung **176** 5, 10
– Geschäftsräume der Gesellschaft **175** 26
– Gewinnverwendungsvorschlag **175** 22
– Unterlagen **175** 19
Informationsrechte und -pflichten der Aufsichtsratsmitglieder 170 45 ff.

Sachverzeichnis

Fett gedruckte Zahlen = Paragraphen

Informationsverantwortung 93 58
– konzernweit **76** 101
Inhaberaktie 10 6 ff.; **23** 21; **24** 3
– gutgläubiger Erwerb **10** 64
– Umstellung auf Namensaktien **10** 15
– verbotswidrige Abgabe **63** 9
– Zulässigkeitsvoraussetzungen **10** 8a f.
Inhalt der Aktienurkunde 13 14
Inhaltliche Anforderungen der Überwachung des Vorstandes
– Abstufungen der Überwachungspflichten **111** 25
– Ersatzansprüche **111** 27
– Grundsätze ordnungsgemäßer Überwachung **111** 22
– Krise der Gesellschaft **111** 26
– Maßstab **111** 14
– Sanktionen **111** 29
Inhaltliche Befassung SpruchG 16 4
Inhaltskontrolle
– Bezugsrechtsausschluss **186** 40
Inkompatibilitätsgebot, KGaA 287 5
Inlandssitz 19 11
Innengesellschaften 15 42
Innere Ordnung der Hauptversammlung 119 37
Innere Ordnung des Aufsichtsrates
– Aufsichtsratsausschüsse **107** 81
– Aufsichtsratsvorsitzender und Stellvertreter **107** 17
– Delegation auf ein einzelnes Aufsichtsratsmitglied **107** 157
– Geschäftsordnungen **107** 10 ff.
– Sitzungsniederschriften **107** 65 ff.
Inpfandnahme eigener Aktien, Verbot 71e 3
– Ausnahmen **71e** 5
– durch mittelbare Stellvertreter **71e** 14
– Gegenstand des Pfandrechts **71e** 4
– Rechtsfolgen unzulässiger Inpfandnahme **71e** 22
– Tochterunternehmen **71e** 14
– Verbot von Umgehungsgeschäften **71e** 21
– Verbotsausnahme für Kreditinstitute und Finanzdienstleistungsinstitute **71e** 18
In-Sich-Geschäft, Einpersonengesellschaft 42 13
Insiderhandel 71 160 f.; **116** 79; **131** 50
– Sonderprüfer **144** 21
Insiderhandelsverbot, börsennotierte KGaA 278 104
Insiderinformationen 400 46
Insolvency Act 92 49
Insolvenz
– Anfechtungsklage **246** 32a
– besonderer Vertreter **147** 108 f., 120, 167
– Debt-Equity-Swap, Anfechtung **185** 47
– eingegliederte Gesellschaft **322** 9
– Entsprechenserklärung (DCGK) **161** 34
– Ersatzansprüche gegen Organe **147** 38

– genehmigtes Kapital **202** 116 ff.
– Haftungsklage **148** 185 ff.
– Insolvenzverschleppung **401** 7 ff.
– Kapitalerhöhung **182** 69 ff.
– Sonderprüfung **142** 78 ff.
– Übertragung des ganzen Gesellschaftsvermögens **179a** 12
– Unternehmensverträge **297** 36 ff.
– vereinfachte Kapitalherabsetzung **229** 32
– Zeichner **185** 46a
Insolvenz der Gesellschaft 62 41; **64** 57; **78** 21; **179** 25
– Handlungspflicht des Vorstands **400** 22
Insolvenzantragspflicht 92 47 ff., 47
– Antragsfolgen **92** 71
– Antragsfrist **92** 67
– Antragspflicht **92** 47
– Antragspflichtige **92** 60
– Auslandsgesellschaften **92** 49a
– Stellung des Antrags **92** 59
– Überschuldung **92** 53 ff.
– Verstoß, Rechtsfolgen **92** 72
– Zahlungsunfähigkeit **92** 51
Insolvenzeröffnung SpruchG 3 25
Insolvenzplan 66 17; **182** 72
Insolvenzverfahren 113 59; **179** 25; **182** 69 ff.; **274** 9
– Antrag auf Eröffnung, KGaA **283** 22
Insolvenzverschleppung 401 7 ff.
Insolvenzverursachungsverbot 92 38 ff.
– Auslandsgesellschaften **92** 41a
– Haftung des Vorstands **92** 46
Inspire-Art-Entscheidung Vor § 15 31 ff.; **45** 5; **IntGesR** 13
Integrität des Verwaltungshandelns 117 5
Inter Omnes Wirkung 242 14
Interessenkollisionen 93 122; **116** 84
Interessenmonismus 76 22
Interessentheorie 399 28
Interest-or-expectancy-Test 93 139
Interimsvorstand 84 39a
Internationale Verbindungen Vor § 291 44
Internationales Konzernrecht Vor § 15 31
Interne Konzernrevision 76 96
Interne Ordnung der Aufsichtsratsausschüsse 107 107
Interne Pflichtenbindung 93 15
Internet-Hauptversammlung 118 35 ff.
Internetkonferenz 110 48
Internetseite
– Angabe bei Einberufung HV **121** 47
– Anträge von Aktionären **126** 3a, 9a, 11a, 22a, 27a
– Auskunftsverweigerungsrecht bei Publikation auf der **131** 52
– Beschlussvorlagen von Aktionären **126** 3a, 9a
– börsennotierte Gesellschaften, Veröffentlichungen **124a** 4 ff.
– Entsprechenserklärung zum DCGK **161** 3, 84

Mager gedruckte Zahlen = Randnummer

- Gegenanträge von Aktionären **126** 3a, 9a, 22a, 27a
- Verhältnisse der Gesellschaft, Darstellung **400** 90
- Veröffentlichungen, börsennotierte Gesellschaften **124a** 4 ff.
- Wahlvorschläge **127** 5
- Zugänglichmachung Informationen/Unterlagen **124a** 4 ff.; **131** 52 ff.; **175** 24a; **293g** 8

Interorganstreit 108 86
Intimsphäre 1 21
Intraday-Ausnahme WpHG 33–47 23
Intraorganstreit 108 91
Investmentaktiengesellschaft 1 90; **71** 150
- Steuerbefreiung **1** 30
- Stückaktienpflicht **8** 8a

Investmentaktiengesellschaften
- besonderer Vertreter **147** 65

Investmentänderungsgesetz 1 93
Investor Relations 67 5
Investorenvereinbarung 291 70a
Ision-Rechtsprechung 93 35
Ision-Urteil des BGH 116 50
Isolierter Beherrschungsvertrag 304 49
Isolierter Gewinnabführungsvertrag 291 40 ff.
ITT-Urteil des BGH 53a 37

Jahresabschluss 170 8 ff.; **171** 39; **283** 19
- Abhängigkeitsbericht **312** 23 ff., *s. auch Abhängigkeitsbericht bei verbundenen Unternehmen*
- Abwicklungsgesellschaft **270** 13 ff., **108** ff., 108
- Änderung **172** 24 ff.
- Änderung bei Fehlerfreiheit **172** 31, 38
- Aufstellung **172** 3; **286** 2
- Begriff **256** 13
- Bilanzgewinn **170** 43
- Bilanzierungsvorschriften **286** 5
- Billigung **172** 4
- Ersatz **172** 24, 45
- Feststellung **172** 5, 7 ff., 12; **256** 14
- Feststellung durch die Hauptversammlung **256** 53
- Feststellung durch die Verwaltung **58** 34 ff.
- Feststellung durch Vorstand und Aufsichtsrat **256** 43
- Folgen der Feststellung **172** 13
- Gewinn- und Verlustrechnung **286** 11
- Gewinnrücklagen **58** 17 f.
- Gewinnrücklagen durch Wertaufholungen **58** 48 ff.
- Gewinnrücklagen, andere **58** 22 ff.
- Heilung von Feststellungsfehlern **256** 73 ff.
- IFRS-Einzelabschluss **170** 9a
- Inhaltsmängel **256** 20
- Kapitalrücklagen **58** 30 ff.
- Konzern, Rücklagenbildung **58** 59 ff.
- Konzernabschluss **170** 11, *s. Konzernabschluss*
- Lagebericht **170** 9, *s. Lagebericht*
- Mitwirkung von Vorstand und Aufsichtsrat **256** 43
- Modifikation **172** 26
- Nachtragsprüfung **256** 18
- Nichtigkeit **172** 20, 45 ff.; **173** 21; **256** 12 ff.
- Nichtigkeit, Rücklagenbildung **58** 111
- Nichtigkeitsklage **256** 80 ff.
- Offenlegung **173** 24
- Pflichtverletzungen bei Prüfung **404a** 19 ff.
- Prüfung **171** 39 ff., *s. auch Abschlussprüfung*
- Prüfungsausschuss **107** 141 f.
- Prüfungsmängel **256** 26
- Publizität **172** 17
- Rücklagenbildung **58** 20 ff.
- Rücklagendotierung bei fehlendem Jahresüberschuss **58** 55
- Sonderprüfung **142** 62 ff.
- Übertragung der Feststellung auf die Hauptversammlung **172** 6
- Unterzeichnung **172** 17; **173** 23
- Verstoß gegen Bewertungsvorschriften **256** 62
- Verstoß gegen Gliederungsvorschriften **256** 56
- Vorlage an Aufsichtsrat **170** 8 ff., *s. auch Vorlage an Aufsichtsrat*
- Zuständigkeit **172** 8

Jahresabschluss, KGaA 283 19
- Bilanzierungsvorschriften **286** 5
- Gewinn- und Verlustrechnung **286** 11
- Kompetenzen **286** 2
- Konzernrechnungslegung, KGaA **286** 13
- Vergütungstransparenz **286** 12

Jahresabschluss, SE SE-VO Art. 61; SE-VO Art. 62 1 ff.; **SE-VO Art. 67** 4
Jahresbilanz 209 2
- Auslegung **209** 15

Jahresfehlbetrag 302 15
Jahresüberschuss 59 10; **301** 6
- Berechnungsgrundlage für gesetzliche Rücklagen **150** 9
- fiktiver **300** 7 f.
- Überleitung zum Bilanzgewinn **171** 44

Jahresüberschuss, Verwendung 58 13 ff., *s. auch Verwendung des Jahresüberschusses*
Jederzeitige Berichterstattung an den Aufsichtsrat 90 42
Joint-Venture
- gemeinschaftliche Herrschaft **17** 15
- mit Nicht-Unternehmen **17** 18

Junk Bonds 71a 49

Kaduzierung 55 40; **64** 7; **71** 218; **237** 6
- Aktionärsstellung des Auszuschließenden **64** 14
- Androhung **64** 22
- Ausfallhaftung des ausgeschlossenen Aktionärs **64** 49
- Behandlung kaduzierter Aktien **64** 43
- dreimalige Bekanntgabe **64** 27

Sachverzeichnis Fett gedruckte Zahlen = Paragraphen

- fehlerhafte Ausschließung **64** 53
- Gleichbehandlungsgebot **64** 21
- Insolvenz **64** 57
- kaduzierte Aktien **64** 43
- Rechtsfolgen **64** 34
- Verfahren **64** 18; **65** 67
- verspätete Einlagezahlung **64** 7
- Wirksamkeit **65** 5
- Zuordnung der Mitgliedschaft **64** 42
Kali+Salz Entscheidung 203 75; **243** 171
Kaltes Delisting SpruchG 1 18
Kapital, veränderliches 1 90 ff.
Kapital, Berechnung 16 14 f.
Kapitalabflüsse, unzulässige 93 19
Kapitalanlagegesetz
- Meldepflicht nach § 289 KAGB **Vor § 20** 9a
Kapitalaufbringung 1 88; **41** 77; **46** 3; **64** 2
- Cash-Pooling **27** 307 ff.
- reale **27** 104
- Sacheinlagen **183** 5 ff.; **194** 4 ff.
- strafrechtliche Haftung **399** 137
Kapitalbeschaffung, bedarfsabhängige 192 1
Kapitalbeteiligung des Mehrheitsgesellschafters 16 16
- eigene Anteile **16** 17
- Zurechnung fremder Anteile **16** 18
Kapitaldeckungszusage 183 73
Kapitalerhaltung 1 89; **41** 31; **57** 9; **150** 2
Kapitalerhöhung 54 45; **60** 14; **180** 10; **235** 8; **SpruchG 1** 23, *s. auch Kapitalerhöhungsbeschluss, s. auch Sachkapitalerhöhung*
- Ablauf **182** 4
- Anmeldung der Durchführung **188** 4
- Anmeldung des Beschlusses **184** 4
- Ausgleichspflicht außenstehend Aktionäre **300** 71, 74
- ausstehende Einlagen **182** 58
- bedingte **192** 15 ff., *s. auch Bedingte Kapitalerhöhung*
- bedingtes Kapital **218** 2 ff.
- Berechtigte **186** 9; **212** 2
- Durchführung **188** 33; **206** 15
- eigene Aktien der Gesellschaft **215** 2
- Eintragungshindernis **203** 51
- fehlerhafter Beschluss **184** 34; **202** 119
- geringster Ausgabebetrag **186** 82
- gesetzliche Rücklage bei Unternehmensvertrag **300** 4 ff.
- gleichzeitige, *s. dort*
- Insolvenz **182** 69 ff.; **202** 116 ff.
- Kosten **182** 82; **183** 67; **202** 128
- Krise des Unternehmens **188** 53 ff.
- Liquidation **182** 66; **202** 113
- Lock Up-Vereinbarungen **182** 6; **187** 21
- Mängel **189** 4; **211** 6
- Mantelverwendung **188** 22
- Mischformen **183** 7
- ohne Ausgabe neuer Aktien **214** 13
- Private Equity-Finanzierungen **182** 5b f.

- Privatplatzierung **185** 18
- Quorum **182** 23
- Sachkapitalerhöhung **183** 10 ff., *s. auch Sacheinlagen*
- Sachkapitalerhöhung, vereinfachte **183a** 26 ff., *s. auch Vereinfachte Kapitalerhöhung*
- Schütt-aus-hol-zurück-Verfahren **188** 77
- sonstige Fehler **202** 125
- staatliche Genehmigung **188** 30
- Staffelung **182** 5 ff.
- Stückaktie **8** 47
- Tochtergesellschaft **182** 73 ff.; **186** 50
- Tranchen **182** 5 ff., 44
- Unterbilanzhaftung **211** 5
- Verbot der Unterpariemission **9** 11
- verdeckte Sacheinlage **188** 68
- Verschmelzung **182** 64
- Versicherungsgesellschaften **182** 63
- Vorleistungen **188** 56
- Vorstandspflichten **182** 6 f., 54 f.
- Wagniskapital **182** 5b f.
- Wirksamwerden **189** 2; **203** 46; **211** 3
- Zustimmungserfordernis **180** 11, 12
Kapitalerhöhung aus Gesellschaftsmitteln 141 11; **150** 27
- Ablauf **207** 5
- Achtmonatsfrist **209** 11
- Bestätigungsvermerk **209** 8
- Euro-Umstellung **8** 73
- Feststellung **209** 8
- Grundlagen **207** 2
- Kombination mit anderen Arten von Kapitalerhöhungen **207** 6
- Kombination mit Kapitalherabsetzung **207** 6a
- Prüfung der Jahresbilanz **209** 5
- Rücklage, Verwendung **150** 27
- Teilrechte, Veräußerung **8** 61
- Verstoß gegen Meldepflichten **WpHG 33–47** 109
- Zugrundelegung letzter Jahresbilanz **209** 2
Kapitalerhöhung gegen Einlagen 182 39
- Verhältnis zum genehmigten Kapital **192** 8
- Verhältnis zur bedingten Kapitalerhöhung **192** 5
Kapitalerhöhungsbeschluss 182 8
- Ablehnung der Eintragung **184** 33; **210** 10
- Änderung **182** 32, 37
- anmeldepflichtige Personen **184** 10; **207** 19; **210** 2
- Anmeldung **184** 4; **210** 2
- Aufhebung **182** 32, 33 ff.
- Beschlussfassung **182** 11
- Beschlussmängel **184** 34; **207** 20
- Besteuerung **182** 85; **183** 58; **207** 22
- Durchführungsfehler **189** 7
- Eintragung **184** 29; **210** 13
- Erhöhungsbilanz **207** 18
- Fehlerhaftigkeit **189** 5
- Festsetzung des Betrags der Kapitalerhöhung **182** 39

Mager gedruckte Zahlen = Randnummer **Sachverzeichnis**

- Gerichtsentscheidung über die Durchführung **188** 63
- Inhalt **182** 8; **207** 13
- Kosten **182** 82; **183** 82; **207** 33
- registergerichtliche Kontrolle **183** 56; **184** 18; **210** 7
- Überprüfung **188** 33
- Unterlagen, beizubringende **184** 6; **210** 5
- Vermögensminderung **210** 6
- Zuständigkeit **182** 11; **207** 7

Kapitalerhöhungsreserve 71 11
Kapitalerhöhungsschwindel 399 190 ff., 252 ff.
Kapitalersatzrecht 57 102 ff.
Kapitalgesellschaften 19 10
Kapitalherabsetzung 95 21; **141** 12, **SpruchG 1** 23
- Arten **222** 5
- auf Null **8** 20; **228** 3
- Auflösung der Gesellschaft **222** 45
- Ausgleichspflicht außenstehend Aktionäre **300** 73, 75
- Ausweis **240** 2
- bedingtes Kapital **224** 11
- Buchungspflichten **224** 17
- durch Einziehung von Aktien **237** 2
- Durchführung **222** 8, 38; **224** 16; **227** 3; **239** 3
- Einziehung nach Erwerb **237** 19
- EU-Kapitalrichtlinie **222** 13
- Euro-Umstellung **8** 73
- Fehler **224** 18
- genehmigtes Kapital **224** 11
- Genussrechte **224** 14
- gleichzeitige Kapitalerhöhung **235** 5
- Kaduzierung **237** 6
- Kapitalerhöhung aus Gesellschaftsmitteln **207** 6a
- Mindestnennbetrag, Unterschreitung **228** 3
- nach Auflösung **222** 45
- Realteilung **222** 3, 24
- registergerichtliche Kontrolle **239** 6
- Rückwirkung, bilanzielle **234** 3; **235** 3
- Stückaktie **8** 48
- Umfang **229** 23
- Verbindung mit anderen Kapitalmaßnahmen **222** 10
- Verbindung mit Kapitalerhöhung **227** 8
- vereinfachte **229** 4, *s. auch dort*
- Wirksamwerden **224** 1; **238** 2
- Zuammenlegung von Aktien **222** 41 f.; **224** 7 ff.
- Zwangseinziehung **237** 8
- Zweck **222** 36

Kapitalherabsetzung auf Null 8 20; **228** 3, 6
Kapitalmarktorientierte Gesellschaft 261a 3
- Abschlussprüfung, Haftung **404a** 22

Kapitalmarktorientierte Gesellschaften
- Anforderungen an Aufsichtsrat **100** 52
- Prüfungsausschuss **107** 99, 150a
- Prüfungsausschuss, Wahlvorschläge **124** 32 ff.

Kapitalmarktrecht 71 160, **71d** 22
Kapitalmehrheit 16 13; **133** 34; **179** 115; **182** 11
Kapitalrichtlinie
- Kapitalerhöhung **182** 12, 15
- Reform **183** 47; **186** 6
- Wertprüfung bei Sacheinlagen **183** 39

Kapitalrücklage 58 17; **150** 5, 12; **152** 21; **208** 5; **229** 24
- Auflösung, Reihenfolge **150** 28
- bilanzielle Darstellung **152** 21 ff.
- Einstellungen **152** 10; **240** 4; **261** 18, *s. auch Einstellungen in die Kapitalrücklage*
- Entnahmen **152** 12

Kapitalschnitt 235 1 ff.; **264** 22
Kapitalveränderungen 304 71, **SpruchG 13** 7
Kaskadengründung 27 161; **36** 21
- Unterbilanzhaftung **41** 86a

Kaufmannseigenschaft 278 47
Keinmann-AG 262 64
Kernbereichslehre 278 72
KGaA *s. Kommanditgesellschaft auf Aktien*
Klage auf Nichtigerklärung 275 4
- Amtslöschung **275** 24
- Anmeldung **275** 22
- Bekanntmachung **275** 23
- Rechtsbehelfe **275** 32
- relevante Satzungsmängel **275** 6
- Urteil **275** 21
- Verfahren **275** 13
- Voraussetzungen **275** 4, 13

Klage von Aufsichtsratsmitgliedern 90 69, 71
- Geltendmachung der Rechte des Aufsichtsrates aus eigenem Recht **90** 73
- Individualrechte **90** 71
- Prozessstandschaft für den Aufsichtsrat **90** 72

Klageabweisendes Urteil
- Prozessurteil **248** 26
- Sachurteil **248** 27

Klageart bei Beschlussmängeln von Aufsichtsratsbeschlüssen 108 76 ff.
Klageerzwingungsverfahren 400 136; **401** 38
Klagefrist 246 12
- Berechnung **246** 14
- Fristwahrung **246** 15
- Nachschieben von Gründen **246** 19
- Rechtsnatur **246** 12
- Tatsachenvortrag **246** 19

Klagemöglichkeiten im Aktienrecht 241 1 ff.
Klageverfahren, Geltendmachung von Ersatzansprüchen
- Bekanntmachung **149** 7 ff., *s. auch Bekanntmachung der Haftungsklage*

2419

Sachverzeichnis

Fett gedruckte Zahlen = Paragraphen

Klagezulassungsverfahren
- Ad-hoc-Mitteilungspflichten **148** 128
- Aktionäre, Koordination **148** 55
- Aktionärsminderheit als BGB Gesellschaft **148** 56 f.
- Anfechtungs- und Nichtigkeitsklage **148** 37
- Aufforderung gegenüber
  - Gesellschaft **148** 72 ff.
  - Gesellschaft, Erfolglosigkeit **148** 79 f.
  - Gesellschaft, Fristsetzung **148** 76
- Bekanntmachung **148** 123
- besonderer Vertreter **148** 25, 34, 138
- Bevollmächtigte, Erfolgshonorar **148** 114
- Beweislast **148** 85
- Darlegungslast **148** 85
- Enforcement-Verfahren, Verhältnis **148** 38
- Erfolgshonorar des Bevollmächtigten **148** 114
- Erledigung der Hauptsache **148** 119
- Gegenstand **148** 48
- Geltendmachung der Ersatzansprüche **148** 145 ff., *s. auch Haftungsklage*
- geringer Schaden **148** 91
- Gesellschaftswohl **148** 90 ff.
- Haftungsklage **148** 145 ff., *s. auch Haftungsklage*
- Inhaber von Wandelschuldverschreibungen **148** 50
- Insolvenz **148** 124 f.
- Kapitalanlage-Musterfahren, Verhältnis **148** 40
- Kenntnisnahmemöglichkeit **148** 70 f.
- Klage der Gesellschaft, Folgen **148** 131 ff.
- Klage der Gesellschaft, Parteiwechsel **148** 137
- Klagerücknahme **148** 144
- Klageübernahme **148** 137 ff.
- Konzern **148** 35 f.
- Kostentragung **148** 107 ff.
- Missbrauch **148** 22 ff.
- Parteien **148** 45
- Quorum **148** 53 ff.
- Schadensfall, rechtfertigender **148** 81 ff., 86 ff.
- Schiedsgericht **148** 104
- Schlüssigkeitsprüfung des Gerichts **148** 102
- Sonderprüfung, Verhältnis **148** 32 f
- squeeze out **148** 102
- Streitgenossenschaft **148** 97
- Streitwert **148** 115
- typisch stille Gesellschafter **148** 50
- Übernahme des Verfahrens **148** 137 ff.
- Unzulässigkeit bei Klageerhebung durch Gesellschaft **148** 72, 131
- Vergleich **148** 120, 143
- Verlust der Aktionärsstellung **148** 102
- Verzicht **148** 143
- Verzichtsvereinbarung **148** 121
- Vorschaltverfahren **148** 102
- Vorzugsaktionäre **148** 50
- Zeitpunkt der Aktionärseigenschaft **148** 60 ff., 102
- ZPO Verfahren **148** 46
- Zusammenschluss der Aktionäre **148** 55 ff.

Kleine Aktiengesellschaften
- Aufgliederung Gewinnrücklagen **152** 28
- verkürzte Bilanzaufstellung **152** 27 f.

Kleinstaktiengesellschaften (MicrobilG)
- Aufgliederung Gewinnrücklagen **152** 28
- vereinfachte GuV **158** 24
- verkürzte Bilanzaufstellungspflicht **152** 27
- Verzicht auf Anhang **160** 39 ff.

Klöckner
- Kapitalherabsetzung, Anpassungsklauseln **224** 14

Know-How 27 19

Kodexempfehlungen
- Auslegung **161** 17 ff.
- Rechtswirkungen **161** 16 f.

Kollegialentscheidung 93 204

Kollegialverantwortung 76 8

Kombinierte Beherrschung 17 25

Kommanditaktionäre 278 33
- Gesamtheit **278** 18
- Stellung **278** 33
- Stimmverbote **136** 27

Kommanditgesellschaft auf Aktien 42 12; **278** 14
- als Einpersonen-Gesellschaft **42** 12
- atypische, *s. atypische KGaA*
- Auflösung **289** 2 ff.
- Aufsichtsrat **287** 1 ff.
- Beirat **278** 20
- besonderer Vertreter **147** 65
- Bestellung Aufsichtsratsmitglieder durch Gericht **104** 22a
- Besteuerung **278** 8
- Börsennotierung **278** 95 ff.
- faktischer Konzern **278** 91 ff.
- Geschäftsführung **278** 53
- Gesellschaftergruppen **278** 15
- Gewinnverteilung **288** 2 ff.
- Gründung **280** 2 ff.
- Hauptversammlung, Kompetenzen **285** 6
- Kontrolle **278** 106 f.
- Mitbestimmung und Konzernrecht **278** 83; **287** 3
- Organe **278** 17
- Rechtsformwahl **278** 4
- Sonderrecht **278** 28
- stille Beteiligung an **278** 16
- Varianten der Gesellschaftsform **278** 3
- Vertretung **278** 80
- Vertretung der Gesellschaft gegenüber phG **287** 11 f.

Kompensation, Art der SpruchG 13 6

Kompetenzzuweisung 76 7

Komplementär, *s. persönlich haftender Gesellschafter*

Komplementärstellung 278 17, 48
- in einer KG **1** 24

Konkretisierungskompetenz 58 107

Mager gedruckte Zahlen = Randnummer

Sachverzeichnis

Konsortialbanken
– Haftung für Ankündigungsschwindel **399** 182
Kontenfähigkeit 1 15
Kontinuitätsgrundsatz 41 34; **250** 10; SE-VO Art. **8** 23
Kontrolle 17 2
Kontrollkompetenzen 119 11
Konzern
– Abhängigkeitsbericht **170** 14
– Abwicklung, Rechnungslegung **270** 126 ff.
– Aktienoptionspläne **192** 60 ff.
– Aufsichtsratsmandate **100** 17 ff.
– Ausschlussverfahren **327a** 12
– Beschlussfassung in Tochtergesellschaften **241** 142
– Betriebsführungsverträge **76** 72 ff.
– Bezugsrechtsausschluss **186** 46
– Buchführung **91** 8
– Compliance **91** 70 ff.
– Doppelmandate **105** 7
– Doppelmandate, Treuepflichten **116** 97
– einheitliche Leitung **18** 8 ff., *s. auch Einheitliche Leitung, Konzern*
– Einlagenrückgewähr **57** 136; **71a** 17 ff.
– Einlagenrückgewähr, Zurechnung **57** 62 ff.
– Einsicht-/Prüfungsrecht des Aufsichtsrats **111** 38
– Erwerb eigener Aktien **71** 67 ff.
– europäisches Konzernrecht **Vor § 291** 53 ff.
– GmbH-Konzern, faktischer **Vor § 311** 21 ff.
– Haftung der Organe **147** 23
– Hauptversammlungskompetenz **119** 12 f.
– internationale Verbindungen **Vor § 291** 44 ff.
– Klagezulassungsverfahren **148** 35 f.
– Konzernabschluss **170** 11, *s. Konzernabschluss*
– Konzernbildung, Anfechtbarkeit **243** 179
– Konzernbildungskontrolle **119** 35
– Konzerneingangsschutz **Vor § 311** 37 ff., *s. auch Konzerneingangsschutz*
– Konzernklausel **Vor § 311** 57
– Konzernleitungskontrolle **119** 35
– Konzernleitungspflicht **76** 84 ff.; **Vor § 311** 7
– Konzernmitbestimmung **96** 9 ff., 20
– Konzernverrechnungspreise **311** 47
– Leitungsmacht, Verantwortlichkeit **309** 16 ff.
– Matrixstrukturen **76** 98a
– Personalverflechtungen **311** 26
– qualifiziert faktischer **Vor § 311** 25 ff.
– Risikofrüherkennung **91** 41
– Rücklagenbildung **58** 59 ff.
– Sonderprüfung **142** 22, 27, 69; **145** 20, 35
– Squeeze-out **327a** 12
– Treuepflicht **53a** 59 ff.
– Überwachung Compliance-Maßnahmen **111** 21
– Umlagen **311** 45 ff.
– verdeckte Gewinnausschüttung **311** 32 f.
– Vergütung Doppelmandatsträger **113** 64
– Verschwiegenheitspflicht **116** 121 ff.

– Verträge mit Organen, Zurechnung **114** 7 ff.
– Vertretungsbefugnis des Vorstands **82** 21 ff.
– Wissenszurechnung **78** 56a ff.
Konzern und Konzernunternehmen Vor § 15 1; **18** 2; **52** 50
– einheitliche Leitung **18** 8
– Frauenquote **76** 145
– Gleichordnungskonzern **18** 29
– Konzernformen **18** 2
– mehrfache Konzernzugehörigkeit **18** 18
– qualifizierter faktischer Konzern **Vor § 15** 12
– Unterordnungskonzern **18** 24
– vertretungsrechtlicher Verkehrsschutz **82** 21
Konzern und Überwachung durch Aufsichtsrat 111 21, 81 ff.
Konzernabschluss 170 11; **171** 55; **256** 4
– Billigung durch Hauptversammlung **173** 25
– Prüfungsberichte **170** 13
Konzernangehörige Unternehmen 96 9 ff.
Konzernbildungskontrolle Vor § 15 23; **119** 35
Konzern-Cash-Pool 36 21; **188** 75
Konzern-Controlling 76 95
Konzerndoppelmandate 76 105 ff.; **114** 8; **116** 97
Konzerneingangsschutz Vor § 311 37
Konzernermöglichung Vor § 15 29
Konzernexterne Betriebsführungsverträge 76 72
Konzernformen 18 2
Konzerngefahr Vor § 15 27
Konzernierungsmaßnahmen 278 67
Konzerninterne Betriebsführungsverträge 76 74
Konzernisierung IntGesR 44
Konzernklauseln 179 66, 68
Konzernlagebericht 170 11; **171** 47
– Prüfung **171** 59
– Prüfungsberichte **170** 13
Konzernleitungskontrolle 119 35
Konzernleitungspflicht 76 84
Konzernleitungsverbot 15 52
Konzernmitbestimmung 96 9 ff., 20
Konzernorganisationsrecht Vor § 15 29
Konzernprivileg 291 71 ff.
Konzernrechnungslegung im Rahmen der Abwicklung 270 126
– Abhängigkeitsbericht **270** 134
– Mutterunternehmen **270** 126
– Tochterunternehmen **270** 132
Konzernrechnungslegung, KGaA Vor § 15 17; **286** 13
– beherrschender Einfluss nach § 290 HGB **17** 6
Konzernrecht Vor § 15 1
– Historie **Vor § 15** 25
– KGaA **278** 89
– Systematik **Vor § 15** 7
– Teleologie **Vor § 15** 26
Konzernrisikomanagement 76 97

Sachverzeichnis   Fett gedruckte Zahlen = Paragraphen

Konzernverschmelzung, vereinfachte SE-VO Art. 31 1
Konzernzurechnung 114 7 ff.
Kopplung von Aktien mit Optionsrechten 192 32
Körperschaftliche Elemente der Aktiengesellschaft 1 9
Korporatives Agio 182 49, 60; **183** 58; **185** 18
– Prüfung **183** 38
– Staffelung von Finanzierungsbeiträgen **182** 5c
Korrektur der festgestellten Unterbewertung 261 3
– Abgang von Vermögensgegenständen **261** 11
– Abweichung aufgrund veränderter Verhältnisse **261** 5
– Grundsatz **261** 3
– Kleine Kapitalgesellschaften **261** 10
– Vermerk in der Bilanz **261** 11
Kosten (Gerichtskosten Spruchverfahren)
– Auslagen **SpruchG 15** 18
– Gebührenhöhe **SpruchG 15** 13, 28
– Gerichtskosten **SpruchG 15** 4
– Geschäftswert **SpruchG 15** 5
– Kostenschuldner **SpruchG 15** 19
– Mindestwert **SpruchG 15** 7
– Rücknahme **SpruchG 15** 8
– Verfahrensverbindung **SpruchG 15** 6
– Vergleich **SpruchG 15** 8
Kosten, Kapitalerhöhung 182 82; **183** 67
Kraftloserklärung von Aktien 72 2; **226** 11
– Fehler **226** 24
– formelle Voraussetzungen **226** 13
– Globalurkunde **73** 3
– Rechtsfolgen **226** 16
– sachliche Voraussetzungen **226** 12
– Verfahren der Zusammenlegung **226** 4
– Verwertung **226** 19
– Zwischenscheine **72** 2; **73** 25
Kraftloserklärung von Aktien durch die Gesellschaft 72 15; **73** 19
– abweichende Regelungen **73** 30
– Änderung des Nennbetrages **73** 8
– Ausgabe und Aushändigung neuer Urkunden **73** 24
– Hinterlegung **73** 27
– Kosten **73** 29
– Namensaktien **73** 10
– Unrichtigkeit der Urkunde **73** 6
– Verfahren **73** 11
– Voraussetzungen **73** 3
– Zusammenlegung von Aktien **73** 9
Kredite, *s. auch Kreditgewährung an Aufsichtsratsmitglieder, Kreditgewährung an Vorstandsmitglieder*
– an Gesellschaften bei personeller Verflechtung **89** 20 ff.
– an leitende Angestellte **89** 17
– an Prokuristen **89** 17

Kreditgewährung an Aufsichtsratsmitglieder
– Einwilligung des Aufsichtsrates **115** 13
– Kreditbegriff **115** 7
– Personenkreis **115** 9
– Publizität **115** 15
– Rechtsfolgen **115** 14
Kreditgewährung an Vorstandsmitglieder 89 6
– Bilanzausweis **89** 30 f.
– Corporate Governance Kodex **89** 6 ff.
– Freigrenze **89** 8 f.
– Kleinkredite **89** 8 f.
– Kreis der Kreditnehmer **89** 15
– Verfahren **89** 11
– Verstöße **89** 23
– zinsloses Darlehen **89** 27
– Zuständigkeit **89** 11
Kreditgewährung der KGaA 283 13
Kreditinstitute 125 14a; **131** 51; **135**; **182** 5; **186** 67; **258** 48 ff.
– Ausschüsse, CRD IV Richtlinie **107** 153 ff.
Kreditinstituten gleichgestellte Unternehmen 129 35
Kreditsperre, KGaA 287 8
Kreis der wahlberechtigten Arbeitnehmer für den Aufsichtsrat 97 17
Kündigung des Anstellungsvertrages 84 145 ff.
– Beendigungstatbestände, sonstige **84** 170
– Kündigungserklärung **84** 149
– Rechtsschutz des Vorstandsmitglieds **84** 168
– Verfahren **84** 148
– Voraussetzungen **84** 150
– Zuständigkeit **84** 146
Kündigung des Unternehmensvertrages
– außerordentliche **297** 5
– Auswirkung auf laufendes Spruchverfahren **SpruchG 3** 27
– Beendigung aus sonstigen Gründen **297** 31
– befristete außerordentliche **297** 18
– ordentliche **297** 20
– Schriftform **297** 29
Kündigung des Vorstandes 84 145
Künftige Beteiligung 17 36
Künftige Mitgliedschaften 219 4
Kursgarantie 57 44
Kurspflegekosten 71a 41

Lagebericht
– Erklärung zur Unternehmensführung **161** 23 f.
– Pflicht zur Erstellung **170** 9
– Prüfung **171** 47 ff.
Law-as-limit-Theorie 93 37
Law-as-price-Theorie 93 37
Lederspray-Entscheidung 93 204
Legal Judgement Rule 93 9c, 35
legal judgement rule 147 126
Legalitätspflicht 93 14, 23

Mager gedruckte Zahlen = Randnummer   **Sachverzeichnis**

Legitimationsaktionär WpHG 33–47 26a
- Anmeldung zur Hauptversammlung **123** 10
- Gegenanträge **126** 6
- Stimmverbote **136** 23
- Übermittlung von Mitteilungen an **128** 11

Legitimationsnachweis des Aktionärs 402 21 ff.

Legitimationsübertragung, Namensaktien 69 11
- Stimmrechtsausübung **134** 46

Lehre von fehlerhaften Organ 252 6

Leica-Entscheidung 121 35

Leistung der Einlagen
- Bareinlagen, Fälligkeit **36a** 3
- Erklärungen und Nachweise **37** 2
- gemischte Einlagen **36a** 15
- ohne Vorbehalt **54** 73
- Sacheinlagen, Erbringung **36a** 8

Leistung von Vermögenseinlagen, KGaA 281 7

Leistungsklage wegen Ansprüchen der Aktiengesellschaft Vor 241 29
- Individualrecht, kein **Vor 241** 29
- Minderheitenrecht **Vor 241** 30

Leistungssorgfalt, Doppelfunktion 93 10

Leistungsstörungen
- bei Sacheinlagen und Sachübernahmen **27** 82
- Nebenpflichten **55** 37
- Sacheinlagevereinbarung **27** 83
- Sachübernahmevereinbarung **27** 98
- Vollzugsgeschäft **27** 101

Leistungsunfähigkeit der Gründer 46 18

Leitung der Gesellschaft
- aktienrechtliche Zielvorgaben **76** 21
- arbeitsteiliges Zusammenwirken **76** 61
- durch den Vorstand **76** 4
- Eigenverantwortlichkeit der Leitungsausübung **76** 56
- Fremdeinfluss **76** 68
- Geschäftsführung **76** 12
- Leitungsaufgaben **76** 15
- Leitungspflichten der Vorstandsmitglieder einer abhängigen Aktiengesellschaft **76** 102
- Leitungspflichten der Vorstandsmitglieder einer herrschenden Aktiengesellschaft **76** 91
- Matrixstrukturen **76** 98a
- Reichweite und Grenzen der Konzernleitungspflicht **76** 84
- Unternehmensinteresse **76** 24
- Unternehmensverbund **76** 83 ff.
- Vorstandsdoppelmandate **76** 105 ff.

Leitung der Hauptversammlung
Anh. 119 1 ff., *s. auch Leitung der Hauptversammlung*
- Abstimmungsreihenfolge **133** 16, 17
- Abwahl des gerichtlich bestellten Versammlungsleiters **Anh. 119** 4f
- Abwahl des Versammlungsleiters **Anh. 119** 4a ff.

- Aufgaben und Befugnisse des Versammlungsleiters **Anh. 119** 5; **129** 21
- Feststellungen über Beschlussfassung **130** 52
- Haftung des Versammlungsleiters **Anh. 119** 16
- Leitfaden **Anh. 119** 5
- mehrere Wahlvorschläge **133** 55a
- Minderheitsverlangen **120** 19
- Ordnungsmaßnahmen **Anh. 119** 15
- SE **Anh. 119** 3a
- Überwachung Teilnehmerverzeichnis **129** 21
- Verammlungsleiter, Aufgaben und Befugnisse **Anh. 119** 5
- Versammlungsleiter **Anh. 119** 2 ff.
- Versammlungsleiter, Abberufung **Anh. 119** 4a ff.
- Versammlungsleiter, gerichtlich bestellter **Anh. 119** 4f

Leitungsermessen 76 59

Leitungsmacht der Hauptgesellschaft
- Folgepflicht **323** 6
- Haftung **323** 8
- Verantwortlichkeit **323** 8
- Weisungsrecht **323** 2

Leitungsmacht im Beherrschungsvertrag, *s. auch Weisungen*
- alternative Investmentfonds **308** 28b
- Befolgungs- und Kontrollpflicht des Vorstandes **308** 34
- Grenzen **308** 28
- öffentliche Hand als herrschendes Unternehmen **308** 28a
- Weisungsrecht **308** 5
- Weisungsrecht bei zustimmungspflichtigen Geschäften **308** 37

Leitungsorgan, Zusammensetzung 76 111 ff.

Lender of last resort 93 132

Leveraged Buy-Out 71a 3

Limited IntGesR 16a

Line-of-business-Test 93 139

Linotype-Entscheidung des BGH 53a 37

Liquidation 66 49; **141** 9; **IntGesR** 43
- genehmigtes Kapital **202** 113 ff.
- Kapitalerhöhung **182** 66 ff.
- Nachtragsliquidation *s. dort*
- Satzungsänderung **179** 24
- Übertragung des ganzen Gesellschaftsvermögens **179a** 11
- vereinfachte Kapitalherabsetzung **229** 31

Liquidationsbeteiligung 271 2
- Beteiligung am Liquidationserlös **271** 2
- Einschränkungen, satzungsmäßige **271** 4

Liquidationsermessen 268 10

Liquidationskontrolle 262 93

Liquidationsverfahren 182 66 ff.

Liquidationsvorzug 141 35

Listenwahl 101 35

Lizenzverträge
- als Gewinnbeteiligung **292** 32

2423

Sachverzeichnis

Fett gedruckte Zahlen = Paragraphen

Lock Up-Vereinbarungen **182** 6; **187** 21
Long-term-incentives **113** 39
Löschung **273** 7
– Eintrag **273** 9
– fehlerhafte Löschung **67** 102
– unzulässiger Eintragung **67** 88; **275** 28
– Verfahren **273** 7
– Vorraussetzungen **262** 97; **273** 7
– wegen Vermögenslosigkeit **262** 94; **275** 31
– Wirkungen **262** 103; **273** 10
Löschung und Neueintragung bei Übertragung der Namensaktie **67** 59
Löschung zu Unrecht erfolgter Eintragungen **67** 88
– Berichtigung, Abgrenzung **67** 92
– Erzwingbarkeit des Löschungsverfahrens **67** 107
– fehlerhafte Löschung **67** 103
– Verfahren **67** 94
– Voraussetzungen **67** 89
– Wirkungen **67** 101
Löschungsverfahren **241** 221 ff.
– Amtslöschungsverfahren **242** 24
– anfechtbare Beschlüsse **241** 238
– Anmeldeverfahren, Mängel **241** 234 f.
– Beschlussmängel **241** 231 f.
– Beurkundungsmängel **241** 231
– Eintragungsverfahren, Mängel **241** 236
– Ermessen des Gerichts **241** 243 f.
– Freigabeverfahren **241** 252
– Gegenstand **241** 228
– Güterabwägung **241** 241
– Nichtbeschlüsse **241** 232
– Scheinbeschlüsse **241** 232
– Verfahrensfehler **241** 231
Lücke der SE-VO SE-VO Art. 9 9

Macrotron **111** 57; **119** 39
Maklerfälle **1** 71
Management Buyout **71a** 3, 58
Management-Informationssysteme **90** 22
Mandatory Convertible **221** 150
Mangusta/Commerzbank II **203** 110; Vor **241** 5, 24
Mannesmann-Verfahren **87** 47 ff.
Mantelgesellschaft **23** 42; **41** 74; **184** 9; **188** 22, 61; **399** 94
– Grundsatz der Kapitalaufbringung **54** 20 ff.
Mantelgründung
– Anwendung Grundsätze für GmbH **23** 42 ff., s. auch Vorratsgründung
Mantelverwertung **23** 45; **399** 96
Marktmanipulation **71** 181 ff.
Marktüblichkeit **87** 15
Marktwert von Wandel- und Optionsanleihen **221** 102
Masselosigkeit **262** 43
Maßgebliche Beteiligung an anderem Unternehmen **15** 25, 27, 29

Materielle Beschlusskontrolle **243** 169 ff.
– beim Bezugsrechtsausschluss **186** 40
– Bezugsrechtsausschluss **243** 171
– Delisting **243** 181
– Höchststimmrechte, Einführung **243** 177
– Kapitalherabsetzung **243** 178
– Konzernbildung **243** 179
Materiell-rechtliche Grenzen **26** 4
Matrixorganisation der Geschäftsleitung **76** 98a; **77** 39
Mehrdividende **141** 36
Mehrfache Beherrschung **17** 14
Mehrfache Kaduzierung **64** 12
Mehrfache Konzernzugehörigkeit **18** 18
– Ausnahmen **18** 19
– Gemeinschaftsunternehmen **18** 20
– Mitbestimmungsrecht **18** 19
– übergeordnete Gemeinschaftsunternehmen **18** 22
– untergeordnete Gemeinschaftsunternehmen **18** 21
– Unterleitung **18** 23
Mehrfachnotierung **10** 11
Mehrfachsitz **5** 7
Mehrfachurkunden **13** 25
Mehrheitsbesitz an Unternehmen **16** 10; **20** 18
– ausländische Kapitalgesellschaft **16** 38
– dualer Begriff der Mehrheitsbeteiligung **16** 10
– einzelkaufmännisches Unternehmen **16** 40
– GmbH **16** 38
– maßgeblicher Zeitpunkt **16** 12
– Personengesellschaft **16** 39
– rechtformspezifische Besonderheiten **16** 37
Mehrheitseingliederung **320** 4 ff.
– Abfindung ausgeschiedene Aktionäre **320b** 2 ff.
– Auskunftsrechte **320** 18
– Beendigung **322** 18; **327** 2 ff., s. auch Beendigung der Eingliederung
– Bekanntmachung der Tagesordnung **320** 11
– Beschlusserfordernisse **320** 8
– Beteiligung am Grundkapital **320** 5
– börsennotierte Gesellschaft **320a** 4; **320b** 7
– erweitertes Auskunftsrecht **320** 18
– fehlerhafte Eingliederung **320** 19
– Informationspflichten **320** 16
– Nachhaftung **327** 9
– Prüfung **320** 13 ff.
– Prüfungsbericht **320** 15
– Sicherheitsleistung **321** 2 ff.
– Wirkungen **320a** 2 ff.
Mehrheitserfordernis der Vorzugsaktionäre **141** 55
Mehrheitserfordernisse auf der Hauptversammlung **133** 29; **179** 114 ff.
– Ausnahmen **179** 118
– einfache Stimmenmehrheit **133** 29; **179** 115
– gesetzliche **179** 114 ff.

Mager gedruckte Zahlen = Randnummer

Sachverzeichnis

– Kapitalmehrheit **179** 115
– Satzung **179** 119
Mehrheitserfordernisse im Aufsichtsrat
108 22
Mehrheitsprinzip 1 9
Mehrheitsprinzip des Vorstandes 77 12
Mehrheitswahlrecht 101 43
Mehrmütterherrschaft 291 31
– Abfindung in Aktien **305** 36
– herrschender Einfluss **17** 14
Mehrmütterorganschaft 291 43
Mehrpersonengesellschaft, späteres Wiedererstehen aus Einpersonen-Gesellschaft 42 5
Mehrstaatlichkeit SE-VO Art. 3 1
Mehrstimmrechte 12 16 ff., **SpruchG 1** 15
– Ausgleich bei Beseitigungsbeschluss **12** 27 ff.
– Begriff **12** 16
– Erlöschen **12** 22
– Fortbestand alter **12** 22
– Überprüfung Ausgleich bei Abschaffung **SpruchG 1** 15
– Verbot neuer **12** 18
– Zulässigkeit **12** 16
Mehrstimmrechtsaktien 152 7; **216** 10
– Bilanzausweis **152** 7 ff.
Mehrstufige Abhängigkeitsverhältnisse
17 56
Mehrstufige mittelbare Stellvertretung
56 57
Mehrstufige Unternehmensverbindungen
293 40
Mehrzuteilungs-Option 204 21; **221** 52
Meinungsäußerungen 399 51, *s. auch Strafrechtliche Organ- und Vertreterhaftung*
Meinungsbildung in der Hauptversammlung oder gesonderter Versammlung
405 37
Meinungsverschiedenheiten zwischen Gründern und Gründungsprüfern 35 6
Meldepflichten nach KAGB Vor § 20 9a
Meldeschwellenberührung WpHG 33–47 22 ff., 68, 76e
– Art **WpHG 33–47** 27 ff.
– Berechnung Stimmrechtsanteil **WpHG 33–47** 24 f.
– Finanzinstrumente **WpHG 33–47** 74 ff.
– Formwechsel **WpHG 33–47** 29
– Sitzverlegung **WpHG 33–47** 29
– Umfirmierung **WpHG 33–47** 29
Meldeschwellenunterschreitung
WpHG 33–47 23, 96
Merger-SE Vor Art 1 SE-VO 19
MEZ-Urteil 293 33
MicroBilG 152 27
Minderheitenrechte 67 44; **140** 8;
Vor **241** 30; **278** 34
Minderheitenschutz SE-VO Art. 24 9; **SE-VO Art. 34** 3; **SE-VO Art. 37** 20
– konzernrechtlicher **182** 77

– Verbesserung des Umtauschverhältnisses **SE-VO Art. 24** 11
Minderheitsaktionäre
– Abfindung Sitzverlegung SE **SE-VO Art. 8** 24
– Ausschluss, *s. Squeeze Out, s. Hauptversammlung, Ausschluss von Minderheitsaktionären*
– Bilanzgewinnverwendung **150** 18; **254** 7 ff.
Minderheitsbeteiligung 17 25; **202** 9
– 30%-Beteiligung an börsennotierter Gesellschaft **17** 29
– 50%-Beteiligung **17** 28
– beständige faktische Verflechtungen mit Dritten **17** 32
– faktische Hauptversammlungsmehrheit **17** 30
– personelle Verflechtungen **17** 31
– Sperrminorität **17** 27
– verlässliche Umstände rechtlicher Art **17** 26
– verlässliche Umstände tatsächlicher Art **17** 30
– wirtschaftliche Abhängigkeit **17** 35
Minderheitsverlangen 120 18; **126** 9a; **130** 6; **138** 22; **140** 9
– Beschlussmängelklage **241** 43 f.
– Ermächtigungsbeschluss, Nichtigkeit **241** 117 ff.
– Rechtsmissbrauch bei Einberufungsverlangen **122** 23 f.
– Tagesordnungspunkte **126** 9a
Mindestbeträge 9 9
Mindestgewinnzuweisung 300 14
Mindesthaftkapital 1 83 ff.
Mindestnennbetrag 7 2
Mindestwert SpruchG 15 7
Mischbezugsrecht 140 13
Mischeinlage 27 40, 66; **183** 8
– Zeichnungsschein **185** 26
Missachtung der Teilnahmepflicht des Abschlussprüfers 176 28
Missbrauch der Antragsberechtigung
SpruchG 3 21
Missbrauch der Vertretungsmacht 82 12
Missbrauch des Anfechtungsrechts
245 54 ff.
Missbrauchstheorie 1 43
Mitarbeiterbeteiligungsprogramm 71 58 ff.
Mitbestimmte Gesellschaften 76 142; **78** 18; **94** 5; **107** 97; **108** 32
– Wahlvorschläge Aufsichtsrat **124** 34 f.
Mitbestimmung, KGaA 278 6, 83
Mitbestimmungsergänzungsgesetz 96 15
Mitbestimmungsfreie Gesellschaften 96 5
Mitbestimmungsgesetz
– Verstoß **241** 200 f.
Mitbestimmungsrecht 15 50
– Beherrschung **17** 54
– Teilkonzern **18** 19 f.
Mitgeteilte Beteiligungen 160 35 ff.
Mitgliederzahl, Ausschüsse 107 98
Mitgliedschaft 41 64
– in einer Genossenschaft **1** 23

2425

Sachverzeichnis

Fett gedruckte Zahlen = Paragraphen

- Rechte **54** 10; **58** 91; **60** 30
- unverkörperte Rechte **65** 10, 45

Mitteilung der gerichtlichen Entscheidung
398 3

Mitteilungen an die Bundesanstalt für Finanzdienstleistungsaufsicht
- kapitalmarktorientierte Gesellschaft **261a** 3
- Mitteilungen, elektronische **125** 24 f.
- Pflicht des Gerichts **261a** 2
- Voraussetzungen **261a** 3

Mitteilungspflicht aus aktienrechtlicher Treuepflicht Vor § 20 11

Mitteilungspflichten
- acting in concert **20** 10
- Entsprechenserklärung, kursrelevante **161** 22a
- formwechselnde Umwandlung in AG oder KGaA **20** 9
- Gründungsaktionäre **20** 2
- Hauptversammlung **125** 33
- internationaler Geltungsbereich **Vor § 20** 17 ff.
- Mitteilung in Verbindung mit anderen Erklärungen **20** 22
- Schutzgesetz iSv § 823 Abs. 2 BGB **Vor § 20** 25; **20** 59
- Verhältnis zu Publizitätspflichten **Vor § 20** 12
- Verschulden bei Mitteilungspflichtverletzung **20** 37
- Zurechnung durch acting in concert **20** 10
- Zurechnung von Aktien **20** 10
- Zurechnung von Call-Optionen **20** 11

Mitteilungspflichten der Gesellschaft
149 5; **398** 3
- Bekanntmachungspflicht, Entstehen **20** 28
- eigene Aktien **71** 165
- Erreichen der quotale Beteiligung von 25 % **20** 6
- Finanzmarktförderungsgesetz **Vor § 20** 2
- Finanzmarktnovellierungsgesetz **Vor § 20** 4
- Inhalt **42** 7
- Modalitäten **21** 7
- praktische Relevanz **Vor § 20** 9
- Rechtsfolgen **21** 10
- Rechtsnatur **Vor § 20** 21
- Unterlassungspflicht **Vor § 20** 24
- Unternehmensübernahmen **Vor § 20** 3
- Voraussetzungen **42** 3 ff.
- Wissenserklärung **Vor § 20** 28
- Zweck **Vor § 20** 5

Mitteilungspflichten des Meldepflichtigen (WpHG)
- „Abmeldung" durch Meldepflichtigen **WpHG 33–47** 23
- Acting in concert **WpHG 33–47** 52 ff.
- Ausnahmen **WpHG 33–47** 74a f.
- Befreiung von Inlandsemittenten mit Sitz im Drittstaat **WpHG 33–47** 119
- Bestandsmitteilungspflicht **WpHG 33–47** 66c
- Beweislast **WpHG 33–47** 118
- client-serving transactions **WpHG 33–47** 60
- collars **WpHG 33–47** 71e
- contracts for difference **WpHG 33–47** 71e
- Dritte, Beauftragung **WpHG 33–47** 65
- eigene Aktien **WpHG 33–47** 30
- Einflussnahmeverbot **WpHG 33–47** 60
- elektronische Form **WpHG 33–47** 32
- Emittentenleitfaden **WpHG 33–47** 18, 119
- erstmalige Börsenzulassung der Aktien des Emittenten **WpHG 33–47** 34
- Erwerbsmöglichkeiten **WpHG 33–47** 71b ff.
- Erwerbsrechte **WpHG 33–47** 70 ff.
- fehlerhafte Mitteilung **WpHG 33–47** 33b
- Finanzinstrumente **WpHG 33–47** 66, 69 ff.
- Fortbestehen des Dividendenrechts und Liquidationserlöses **WpHG 33–47** 114
- Frist, Form und Inhalt der Mitteilung **WpHG 33–47** 30, 36, 75, 76g, 98, 99
- Futures/Forwards **WpHG 33–47** 71e
- Greenshoe-Optionen **WpHG 33–47** 71f
- Handelstage **WpHG 33–47** 121
- Intraday-Ausnahme **WpHG 33–47** 23
- Mehrmütterherrschaft **WpHG 33–47** 42
- Meldeschwellenberührung **WpHG 33–47** 27, 68
- Meldeschwellenunterschreitung **WpHG 33–47** 23, 96
- mittelbares Halten **WpHG 33–47** 72
- Mutterunternehmen oder Beauftragte **WpHG 33–47** 64 f.
- Nachholung fehlerhafter Mitteilung **WpHG 33–47** 33b
- Nachholung unterlassener Mitteilung **WpHG 33–47** 33b
- Nachweis mitgeteilter Beteiligungen **WpHG 33–47** 85
- Nichtberücksichtigung von Stimmrechten **WpHG 33–47** 59 ff.
- offene Investmentvermögen **WpHG 33–47** 26
- Optionen **WpHG 33–47** 71e
- Pfandrechte **WpHG 33–47** 71i
- Rechtsnatur **WpHG 33–47** 16
- Rechtsverlust **WpHG 33–47** 102 ff.
- Richtlinien der BaFin **WpHG 33–47** 119
- sicherheitsverwahrte Stimmrechte **WpHG 24 Anh** 51b
- sonstige Finanzinstrumente **WpHG 33–47** 69
- Spezial-AIF **WpHG 33–47** 26
- Stimmrechte, horizontale Aggregation **WpHG 33–47** 60
- Stimmrechte, vertikale Aggregation **WpHG 33–47** 60
- Stimmrechtsvertretung durch Kreditinstitute **WpHG 33–47** 51
- Swaps **WpHG 33–47** 71e
- Treuhandverhältnisse **WpHG 33–47** 71i
- Übertragene Stimmrechte **WpHG 23 Anh** 51a

Mager gedruckte Zahlen = Randnummer

– Veränderung des Stimmrechtsanteils **WpHG 33–47** 19
– verlängerter Rechtsverlust **WpHG 33–47** 115
– Verletzung, Rechtsfolgen **WpHG 33–47** 33a, 76, 76h, 100
– Veröffentlichung bei Erwerb eigener Atkien **WpHG 33–47** 83
– Veröffentlichung erhaltener Mitteilungen **WpHG 33–47** 78
– Veröffentlichungspflichten des Emittenten **WpHG 33–47** 77
– Vorkaufsrechte **WpHG 33–47** 71e
– Wandelanleihen **WpHG 33–47** 71e
– weitere Finanzinstrumente, Berechnung Stimmrechtsanteil **WpHG 33–47** 76d
– wesentliche Beteiligungen **WpHG 33–47** 91
– Zertifikate **WpHG 33–47** 71e
– Zugriffsmöglichkeit auf Aktien **WpHG 33–47** 71c f.
– Zurechnung von Stimmrechten **WpHG 33–47** 37
– Zurechnung, Kettenzurechnung **WpHG 33–47** 45
– Zurechnung, Tochterunternehmen **WpHG 33–47** 41 ff.
– Zurechnungstatbestände **WpHG 33–47** 40 ff.
Mitteilungspflichten des Privataktionärs 15 48
Mitteilungspflichten nach der Hauptversammlung 125 33
Mitteilungspflichten vor der Hauptversammlung 125 6
Mitteilungspflichtige Vorgänge 20 1; **WpHG 33–47** 22, 35, 76c
– Angabe im Bilanzanhang 160 35 ff.
– Berechnungsweise 20 7
– erweiterte Zurechnung 20 11
– Intraday-Ausnahme **WpHG 33–47** 23
– Mehrheitsbeteiligung 20 18
– Sachbeteiligung ohne Zurechnung 20 16
– Schachtelbeteiligung 20 6
– Verstöße 20 34
– Wegfall mitteilungspflichtiger Beteiligung 20 20
– wesentliche Beteiligungen, Ausbau **WpHG 33–47** 95
Mitteilungspflichtverletzungen 20 34
Mittel zur Widerlegung der Abhängigkeitsvermutung 17 51
Mittelbare Beeinträchtigung des Vorzugs 141 9
– Ausgabe konkurrierender Vorzugsaktien 141 10
– Ermächtigung zum Erwerb eigener Aktien 141 9
– Gewinnabführungsverträge 141 9
– Gründung und Sitzverlegung einer Europäischen Aktiengesellschaft 141 9

– Kapitalerhöhung aus Gesellschaftsmitteln 141 11
– Kapitalherabsetzung 141 12
– Liquidationsbeschlüsse 141 9
– Satzungsänderung, betriebliche Gewinnverwendung oder -ermittlung 141 9
– Squeeze Out 141 9
– Umwandlung von Vorzugsaktien in Stammaktien 141 16
– umwandlungsrechtliche Maßnahmen 141 9
– Zusammenlegung von Aktien 141 14
Mittelbare Beherrschung 17 14
Mittelbarer Eigenerwerb, Verbot 19 6
Mittelbares Bezugsrecht 27 165; 186 67; 187 7; 221 45
Mittelgroße Gesellschaften
– Erleichterungen Aufstellung Jahresabschluss 152 30
Mitwirkung eines fehlerhaft bestellten Aufsichtsratsmitglieds 112 44
Mitwirkungsverbote bei der Protokollierung der Hauptversammlung 130 19
MMVO 116 101
MobilCom-Entscheidung 192 62
Modalitäten der Bekanntmachung 20 31
Modell von Black und Scholes 221 102
Möglichkeit der Beherrschung 17 8
MoMiG 188 4, 48
Montan-Mitbestimmungsgesetz 96 12
Moto-Meter-Entscheidung 179a 45; 262 35
Mündliche Verhandlung SpruchG 12 16
– Ablauf **SpruchG** 8 23 ff.
– Amtsermittlung **SpruchG** 8 3
– anderweitige Verfahrensbeendigung **SpruchG** 12 19
– Beweiswürdigung **SpruchG** 8 4
– Entscheidung **SpruchG** 12 17
– Erklärungspflicht der Beteiligten **SpruchG** 8 3
– nachfolgende Strukturmaßnahme **SpruchG** 3 30 f.
– nicht öffentliche **SpruchG** 8 23
– Notwendigkeit **SpruchG** 8 22
– Protokollierung **SpruchG** 8 24
– Säumnis **SpruchG** 8 23
– Schätzung **SpruchG** 8 4
– Verfahrensgestaltung **SpruchG** 8 5
– Verfahrensgrundsätze **SpruchG** 8 3
– Vorbereitung, s. dort
Mutterunternehmen in Abwicklung 270 126

Nachfristsetzung durch den Vorstand 171 85
Nachgesellschaft 262 90 ff.
Nachgründung 27 114; 52 10; 206 21; 399 169 ff.
– Ausnahmen 52 16
– Bericht 399 169, 174 ff.
– Ersatzansprüche bei der Nachgründung 53 1

Sachverzeichnis

Fett gedruckte Zahlen = Paragraphen

- genehmigte Sachkapitalerhöhung **205** 33
- Gründer **52** 26
- KGaA **280** 14
- Konzernkonstellation **52** 50
- laufende Geschäfte **52** 17
- Optionsverträge **52** 12
- Parteien **52** 24
- Sachkapitalerhöhung **52** 48; **183** 68 f.
- Umwandlungsfälle **52** 46
- Unternehmensverträge **52** 14
- unwirksame Sachgründung **52** 54
- verdeckte Sacheinlage **52** 54; **57** 53
- Verfahren **52** 61
- Vergütung **52** 39
- Vertragsgegenstand **52** 31
- Vorverträge **52** 12
- wirtschaftliche Neugründung **41** 86; **52** 45
- zeitliche Grenze **52** 34
- Zwangsvollstreckung **52** 21

Nachgründungsbericht 399 169, 174 ff.
Nachgründungsverfahren 52 61
- Prüfung **52** 62
- Registereintragung **52** 75
- Verfahrensfehler **52** 93
- Zustimmung der Hauptversammlung **52** 67

Nachlasspflege 1 19
Nachlassverwaltung 1 19
Nachmeldung, Pflicht zur 399 56
Nachrangabrede 194 11a, 12; **221** 36
Nachteil des beherrschten Unternehmens 311 27
- Begriff **311** 27
- Maßstäbe der Feststellung **311** 30
- nicht bezifferbare Nachteile **311** 40
- Steuerumlagen **311** 46
- Stichtag **311** 29
- Umlagen der Leistungen der Konzernleitung **311** 45

Nachteile und Hindernisse der Gründung einer SE SE-VO Vor Art. 1 20
Nachteilsausgleich bei Einflussnahme des beherrschenden Unternehmens 311 48
- Besicherung von Verbindlichkeiten **311** 44
- Einordnung in das Regelungsgefüge des Aktienrechts **311** 62
- Erfüllungsmodalitäten **311** 54
- Grenzen **311** 52
- Inhalt des Anspruchs **311** 50
- kein durchsetzbarer Anspruch **311** 49
- Leistungsstörungen **311** 61

Nachteilsfolgen 179 190
Nachteilszufügung 131 38
Nachträgliche Anerkennungsprämien 87 47
Nachträgliche Herabsetzung der Bezüge 87 78
Nachträgliches Wettbewerbsverbot 88 42
Nachtragsabwickler 273 22 ff.
- Haftung **273** 23

Nachtragsliquidation 264 28; **273** 20; **290** 12
- Abwickler **273** 22
- Abwicklung **273** 26
- Abwicklungsverfahren **264** 32
- Bedeutung **273** 20
- Bestellung **273** 25
- KGaA **290** 12
- Prozessrecht **273** 30
- Voraussetzungen **264** 29; **273** 21

Nachtragsprüfung 173 16
- Bestätigungsvermerk **173** 18
- Pflicht **173** 16

Nachweis der Vertretungsmacht (Aufsichtsrat) 112 47
Nachweis mitgeteilter Beteiligung
- Form **22** 5
- gerichtliche Zuständigkeit **22** 6
- Inhalt **22** 4

Nachweis über Nichtbeginn der Vermögensverteilung 399 221
Nachweispflicht WpHG 33–47 85
Nachwirkende Verschwiegenheitspflicht
- Aufsichtsratsmitglieder **116** 108
- Vorstandsmitglieder **93** 158

Nachzahlungsanspruch 140 5, 31; **141** 62
Nachzahlungsanspruch der Vorzugsaktionäre 140 31
- Selbständigkeit bei Satzungsregelung **140** 33
- Unselbständigkeit des Anspruchs **140** 32

Nahestehende Dritte, Geschäfte mit 82 18
Naked warrants 192 31; **221** 40
Namensaktie 10 9 ff.; **23** 21; **24**; **73** 10; **402** 26
- Anwendung auf Zwischenscheine **67** 115
- Ausgabe **23** 2; **63** 7
- Auskunftsrecht des Aktionärs und Verwendung der Registerdaten **67** 109
- Börsennotierung **10** 77
- Depotbanken **67** 67
- Erzwingbarkeit des Löschungsverfahrens **67** 107
- Girosammelverwahrung **67** 68
- gutgläubiger Erwerb **10** 64
- Legitimation in HV **402** 26
- Löschung und Neueintragung bei Übertragung **67** 59
- Löschung zu Unrecht erfolgter Eintragungen **67** 88
- Löschungswirkungen **67** 101
- Mehrfachnotierung **10** 11
- Pflichten der Kreditinstitute **67** 82
- Teileinzahlung **10** 72
- Umstellung auf Inhaberaktien **10** 16

Namensaktien, Übertragung
- Girosammelverwahrung **67** 6
- Indossament **68** 3
- Rechtsschutz bei Zustimmungsverweigerung **68** 74
- vinkulierte Namensaktien **68** 28
- Wechselrecht **68** 7

Mager gedruckte Zahlen = Randnummer **Sachverzeichnis**

- Wertpapierrechtliche Besonderheiten des gutgläubigen Erwerbs **68** 13
- Zwischenscheine, entsprechende Geltung **68** 82

Namenszeichnungen 36 5; **37** 19
Nämlichkeit der Barmittel 27 137
National Grid Indus (EuGH) IntGesR 14
Nationales Firmenrecht SE-VO Art. 11 5
Nationales Verschmelzungsrecht, Anwendung SE-VO Art. 18 2
Nebenabreden, satzungsergänzende 23 41 f.
- immanente Grenzen **23** 41
Nebeneinander von teil- und volleingezahlten Aktien 215 8
Nebenleistungen, Vergütung 61 4 ff., *s. auch Vergütung von Nebenleistungen*
Nebenleistungs-AG 55 15 ff., *s. auch Nebenverpflichtungen der Aktionäre*
Nebenleistungsaktien 55 15 ff., *s. auch Nebenverpflichtungen der Aktionäre*
- Vinkulierung **55** 16, 43
Nebenverpflichtungen der Aktionäre 185 33
- Änderung der Verpflichtungen **55** 20
- Beendigung **55** 41
- Begründung der Verpflichtungen **55** 15
- Entgelt **55** 10
- Leistungsgegenstand **55** 5
- Leistungsstörungen **55** 37
- Publizität **55** 23
- Rechtsfolgen bei Mängeln **55** 51
- Satzugsänderung **55** 42
- Satzungsregelung **55** 18 f.
- Übergang der Nebenverpflichtungen **55** 28
- Vergütung **61** 4 ff., *s. auch Vergütung von Nebenleistungen*
- Verknüpfung mit Mitgliedschaftsrechten **55** 15
- Vertragsstrafe **55** 40
- Vinkulierung **55** 16
- wiederkehrende Leistungen **55** 6
- Willensmängel **55** 33

Negative Kapitalkonten 290 9
Negativerklärung 184 39; **327e** 6
Nennbetragsaktie 8 2 ff., 14 ff.; **182** 47; **183** 17
- Begriff **8** 14
- Festlegungen und Änderungen des Nennbetrags **8** 22
- Mindestnennbetrag **8** 15
- teileingezahlte Aktien **8** 29
- Teilung Nennbeträge **8** 27
- Vereinigung **8** 28
- Verstöße **8** 30 ff.
- Zwang zur 1-Euro-Aktie **8** 17

Netzwerkdurchsetzungsgesetz 127a 23a
Neubestellung des Aufsichtsrats 31 21
- andere Zusammensetzung **31** 21
- dreiköpfiger Aufsichtsrat **31** 25

Neugewählter Aufsichtsrat 110 52
Neustückelung des Grundkapitals 8 26, 52
- bei Euro-Umstellung **8** 73
Neutrales Mitglied im Aufsichtsrat
- Abberufung **103** 51
- Bestellung **104** 39
Nexus-of-contracts-Theorie 93 119
Nichtbeschlüsse 241 55 ff.
- Löschungsverfahren **241** 232
Nichtige Beschlüsse 241 29
Nichtigerklärung für die Vergangenheit 244 56 ff.
Nichtigerklärung, Klage 275 4
- Anmeldung **275** 22
- Bekanntmachung **275** 23
- Klageberechtigte **275** 13
- Klagefrist **275** 18
- Mängelbeseitigung **275** 15
- Rechtsschutzbedürfnis **275** 19
- relevante Satzungsmängel **275** 6
- Urteil **275** 21
- Verfahren **275** 20
Nichtigkeit der Wahl von Aufsichtsratsmitgliedern
- allgemeine Nichtigkeitsgründe **250** 8
- besondere Nichtigkeitsgründe **250** 10
- Höchstzahl, Überschreitung **250** 13
- Nichtigkeitsklage **250** 22
- persönliche Wahlvoraussetzungen, Fehlen **250** 16
- Wechsel des Mitbestimmungsstatus **250** 11
Nichtigkeit der Zeichnung neuer Aktien 185 38
- Insolvenzanfechtung **185** 46
- Schriftformerfordernis **185** 39
- Widerrufsrecht **185** 45
- Zeichnungsschein, fehlerhafter **185** 40
Nichtigkeit des Beschlusses über die Verwendung des Bilanzgewinns
- allgemeine Nichtigkeitsgründe **253** 6
- besondere Nichtigkeitsgründe **253** 9
- Feststellung **253** 19
- Folgen **253** 19
- Gewinnverwendungsbeschluss **253** 4
- Heilung **253** 15
Nichtigkeit des festgestellten Jahresabschlusses 150 29 ff.; **172** 20; **173** 21
- Ersatz **172** 45 ff.
- fehlende Mitwirkung eines Organs **256** 45
- fehlerhafte Mitwirkung des Aufsichtsrates **256** 50
- fehlerhafte Mitwirkung des Vorstandes **256** 46
- Nichtigkeitsgründe **256** 12
- wirksamer Beschluss **256** 44
Nichtigkeit von Aktien und Zwischenscheinen 191 5
Nichtigkeit von Hauptversammlungsbeschlüssen 241 6, 29, 105 ff.
- Heilung, Voraussetzungen **242** 6

2429

Sachverzeichnis

Fett gedruckte Zahlen = Paragraphen

- KGaA **283** 21
- kraft Löschung **241** 217 ff.
- Ladungsmängel **242** 11
- Löschungsverfahren **241** 221 ff., s. auch Löschungsverfahren
- Mängel in der Ursprungssatzung **242** 29
- numerus clausus **241** 105, 173
- perplexe Beschlüsse **241** 207 ff.
- perplexe Beschlüsse, Heilung **242** 18
- Rechtsfolgen der Heilung **242** 12
- Satzungsänderung, Heilung **242** 19
- Scheinbeschlüsse **242** 28
- Sittenwidrigkeit **241** 210 ff.
- Strukturänderung, Eintragung statt des Beschlusses **242** 31
- Strukturbeschlüsse, Heilung **242** 30
- Teilnichtigkeit, Heilung **242** 15
- Umwandlungen, Heilung **242** 31
- unwirksame Beschlüsse, Heilung **242** 26
- Verhinderung der Heilung **242** 21

Nichtigkeit von Stimmbindungen 136 42

Nichtigkeitsgründe
- numerus clausus **241** 173

Nichtigkeitsklage Vor 241 6, 8; **249** 7; **250** 22; **SpruchG 1** 34
- Bekanntmachungen **249** 22a
- Beschlussmängelklage, Verhältnis **241** 15
- Doppelnatur **Vor 241** 9 f.
- Freigabeverfahren **249** 18
- Parteifähigkeit **250** 22
- Prozessparteien **249** 7
- Rechtsnatur **249** 2
- Rechtsschutzbedürfnis **250** 23 f.
- Registerverfahren **249** 22
- Sonderbeschlüsse **241** 42
- Streitwert **249** 15
- Umwandlungsgesetz **249** 27
- Urteilswirkungen **249** 19
- Verbindung mehrerer **249** 24
- Verfahrensgang **249** 15
- Zuständigkeit **249** 14

Niederlassungsfreiheit 45 5; **IntGesR** 13
- Cartesio-Urteil **IntGesR** 14
- EuGH, Vorgaben **IntGesR** 13 ff.
- National Grid Indus **IntGesR** 14
- rechtsformwahrende Sitzverlegung **IntGesR** 14

Niederlegung der Geschäftsführung, KGaA 278 79

Niederschrift der Hauptversammlungsbeschlüsse
- Anlagen zur Niederschrift **130** 57
- Einreichung zum Handelsregister **130** 61
- Einsichtnahme und Abschriftenerteilung **130** 63
- Ergebnisprotokoll **130** 2
- Inhalt **130** 43 ff.
- nichtbörsennotierte Gesellschaften **130** 36 ff.
- Pflicht zur Protokollierung **130** 5
- sonstige Aufzeichnungen **130** 70

- Unterschrift des Notars **130** 60
- Veröffentlichung der Abstimmungsergebnisse **130** 62
- Verstöße **130** 64

Niederstwertprinzip, strenges 270 84
Nießbrauch 10 69
Nominierungsausschuss 107 123 ff.
Normzwecklehre 1 45
Notarielle Niederschrift von Hauptversammlungsbeschlüssen 130 15
- Auslandsbeurkundung **130** 18
- Berichtigung **130** 25
- Beurkundung fehlerhafter Beschlüsse **130** 22
- Erstellung **130** 23
- Kosten der Niederschrift **130** 35
- Mitwirkungsverbote **130** 19
- nichtbörsennotierte Gesellschaften **130** 36 ff.
- örtliche Beschränkungen **130** 18
- Sprache der Niederschrift **130** 24
- weitere Funktionen des Notars in der Hauptversammlung **130** 28

Notwendigkeit der Abwicklung
- alle Aktiengesellschaften **264** 4
- Scheinauslandsgesellschaft **264** 5
- stille Liquidation **264** 6

Novation 66 10
Nullkupon-Anleihen 221 145
Numerus Clausus der Unternehmensverträge Vor § 291 41; **SE-VO Art. 3** 1
Nützliche Pflichtverletzungen 93 36
Nutzungsrechte 27 33

Obergesellschaft 291 6
- Beschlusserfordernis **293** 37
- mehrstufige Unternehmensverbindungen **293** 40
- Zustimmungsbeschluss der Hauptversammlung **293** 37

Obligatorische ungeschriebene Protokollangaben 130 12
Off termsheet 221 50
Offenbarungspflichten 400 45
Offene Investmentvermögen
- Mitteilungspflichten **WpHG 33–47** 26

Offene Sacheinlage 27 314
Offene Vorratsgründung 399 97
Offenlegung der Geschäftsordnung des Vorstands 77 71
Offenlegung der Sitzungsverlegung SE-VO Art. 8 21
Offenlegung der Verschmelzung SE-VO Art. 28 1
Offenlegung des Jahresabschlusses 236 1
Offenlegung von Urkunden SE-VO Art. 14 2
Öffentlich-rechtliche Pflichten 1 27; **36** 2
Öffentliche Hand, Gesellschaften 15 44
Ökonomische Bedeutung 262 10
Online-Erklärungen
- Protokollierung HV-Beschluss **130** 10a

Mager gedruckte Zahlen = Randnummer

Online-Hauptversammlung 118 12, 35 ff.
Opel-Entscheidung des BGH Vor 241 34
Opt-in-Beschluss 179 92
Opting out 87 89
Optionale Zulassung ausländischer Partner SE-VO Art. 3 20
Optionen 71 187 ff.
– Aktienoptionsprogramme **84** 45
– Bilanz **160** 23 ff.
– Gleichbehandlung **71** 188 f., 196
– Kaufoptionen, Begebung **71** 205 ff.
– Kaufoptionen, Erwerb **71** 187 ff.
– Verkaufsoptionen, Erwerb **71** 194 ff., 209 ff.
– Verkaufsoptionen, Verschmelzung **71** 212
Optionsanleihen 192 13, 29; **221** 1, 6, 102
Optionsrechte 221 40; **320** 6; **320b** 6
– Aktien gekoppelt mit **192** 32
– selbständige **192** 31
– Squeeze-out **327b** 8
Optionsverträge 52 12
Ordentliche Hauptversammlung 175 1
Ordentliche Kapitalerhöhung 182 1; **203** 10
Ordentliche Kapitalherabsetzung
– Ablauf **222** 14
– Beschluss **222** 15
– Sonderbeschlüsse **222** 32
Ordnungsgemäße Unternehmensführung, betriebswirtschaftliche Grundsätze 93 50
Ordnungsmäßigkeit, Gründungsvorgang 46 1
Ordnungswidrigkeitenrecht 1 28; **405** 1
Organe 41 48
– KGaA **278** 17
Organhaftung 78 58 ff.; **117** 11
– Organentsendung **78** 64
– Zurechnungsvoraussetzungen **78** 59
Organisationsgefälle 100 23
Organisationsmaßnahmen 53a 67
Organisationspflicht der Aktiengesellschaft 91 30 ff.
– Anwendungsbereich der Organisationspflicht **91** 38
– bereichsspezifische Organisationspflichten **91** 42
– Compliance-Organisation **91** 47 ff.
– Einrichtung eines Überwachungssystems **91** 34
– Früherkennung bestandsgefährdender Entwicklungen **91** 31
– geeignete Maßnahmen **91** 33
– Inhalt **91** 30
– Pflichtverletzung, Rechtsfolgen **91** 45
– Wahrnehmung der Organisationspflicht **91** 37
Organisationspflicht der GmbH 91 40
Organisationspflicht der Kommanditgesellschaft auf Aktien 91 39
Organisationspflicht, Konzerndimensionale Geltung 91 41

Organisationsprinzip, Einpersonen-AG 42 13
Organisationsrecht der Vor-AG 41 44
– Satzung **41** 47
– Unternehmensgegenstand **41** 47
Organisationsrechtliche Unternehmensverträge 17 38
Organisationsverantwortung der Vorstandsmitglieder 93 56
Organisationsverantwortung, konzernweite 76 99
Organisationsverfassung IntGesR 31
Organpflicht des Aufsichtsrates 111 31
Organschaft, steuerliche Vor § 291 15 ff.
– isolierter Gewinnabführungsvertrag **291** 40 ff.
– Mehrmütter **291** 43
Organschaftliche Vertretung 78 4; **269** 3
Organspezifische Rechtspflichten 93 15
Organstellung 1 24; **118** 5
Organstreit 90 68
– Geltendmachung der Rechte des Aufsichtsrates aus eigenem Recht **90** 73
– Individualrechte **90** 71
– Klage des Aufsichtsrates **90** 69
– Klage von Aufsichtsratsmitgliedern **90** 71
– Prozessstandschaft für den Aufsichtsrat **90** 72
Organstreitigkeiten Vor 241 33
Organtheorie 78 4
Organwalterinteresse 93 237
Organzuständigkeit 179 96
Outcome bias 93 74
Outsourcing 76 66 f.
Overallotment option 221 52

Pactum de non petendo 66 8
Parität 17 28
Parteispenden 76 50 f.
Partiarische Darlehen, Teilgewinnabführungsvertrag 292 24a
Partielle Gesamtentlastung 120 17
Passivvertretung der Gesellschaft 78 27
Patronatserklärung
– Verlustausgleichspflicht **300** 10
Person des Sonderprüfers 143 6 ff.
Personalausschuss 107 126, *s. auch Aufsichtsratsausschüsse*
– Besetzung **107** 131
– Plenumsvorbehalt **107** 127 f.
Personalstatut, Reichweite IntGesR 24
– Auflösung und Liquidation **IntGesR** 43
– Finanzverfassung **IntGesR** 33
– Formfragen **IntGesR** 40
– Gründung **IntGesR** 25
– Haftungsverfassung **IntGesR** 35
– Konzern **IntGesR** 44
– Mitgliedschaft **IntGesR** 37
– Name und Firma **IntGesR** 30
– Organisationsverfassung **IntGesR** 31
– personeller Anwendungsbereich **IntGesR** 24
– Rechnungslegung **IntGesR** 42

2431

Sachverzeichnis

Fett gedruckte Zahlen = Paragraphen

– Rechts- und Handlungsfähigkeit **IntGesR** 26
– Umstrukturierung **IntGesR** 44
Personalunion Aufsichtsrat und Ausschuss 107 114
Personelle Verflechtungen 17 31, 44
Personengesellschaften 16 27, 39
Persönlich haftende Gesellschafter 283 1 ff., *s. auch Stimmverbot für Komplementäre*
– Anmeldung 282 2; 283 4
– Anstellungsvertrag 288 9
– Anzahl 278 37
– Ausscheiden 289 19 ff.
– Eintragung 282 4
– Entlastung 285 17
– Entnahmen 288 2 ff.
– Ersatzansprüche 283 18
– Gründungsprüfung 283 7
– Haftung 278 41; 283 9 ff.
– Herabsetzung der Vergütung 288 14
– Jahresabschluss 283 19
– Kreditgewährung 283 13
– Rechte 278 41, 46
– Sondervorteile 281 16 f.
– Sorgfaltspflicht 283 8
– Stimmrecht 285 13
– Stimmverbote 285 15 ff., *s. auch Stimmverbot für Komplementäre*
– Strafbarkeit 408 3
– Vergütung 288 11
– Vergütungsschranken 288 13
– Vermögenseinlage 281 7 ff., *s. auch Vermögenseinlage*
– Voraussetzungen, persönliche 278 38
– Vorstandspflichten 283 4, 12
– Vorstandsrechte 283 4
– Wettbewerbsverbot, persönlich haftender Gesellschafter 284 2 ff., *s. auch Wettbewerbsverbot, persönlich haftender Gesellschafter*
– Zahl 278 37
– Zustimmung 285 30 ff.
Persönliche Amtswahrnehmung 171 18
Persönliche Voraussetzungen, Aufsichtratsmitglieder
– Mehrfachmandate 100 12
– natürliche und unbegrenzt geschäftsfähige Personen 100 9
Pfändung 10 70
Pfandverkauf 52 22
Pflicht zum Versicherungsabschluss 93 235
Pflicht zur Verlustanzeige durch den Vorstand 92 4
– Ansatz- und Bewertungsfragen 92 8
– Einberufung der Hauptversammlung 92 9
– Verlust in Höhe der Hälfte des Grundkapitals 92 7
– Verstöße 92 16
Pflichtangebot
– börsennotierte KGaA 278 108
– übernahmerechtliches Ausschlussverfahren 327a 10a

Pflichtbekanntmachungen 25 2
Pflichten der Kreditinstitute 67 82
Pflichtrecht 76 10
Pflichtverletzungen
– anzuerkennende Ausnahmen 93 28
– nützliche 93 36
Pflichtwandelanleihen 192 29d; 194 5; 221 150
Phantom Stocks 113 53; 192 57
Plausibilitätskontrolle, automatisierte, bei elektronischer Mitteilung der Depotbanken 67 77
Polbud-Entscheidung IntGesR 14b
Positive Beschlussfeststellungsklage Vor 241 11; 246 58
– Gestaltungsklage 246 58
– negatorischer Charakter 246 57
Präsenzsitzungen des Aufsichtsrates 110 35
Preisnachlässe 57 21; 311 34
Preisspannenangebote 71 124
Pre-Sounding 221 50a, 60a
Pressemitteilungen, Haftung für 400 84 ff., *s. auch Strafrechtliche Organ- und Vertreterhaftung*
Principal-Agent-Konflikt 87 20; 88 21; 148 12; 179 106; 192 42
Prinzip der Satzungsstrenge 241 169
Privatautonome Auflösung 274 2
– Beschlussmängel 274 8
– Hauptversammlungsbeschluss 274 2
– Überschuldung 274 7
– Vermögensverteilung 274 6
Private Equity-Finanzierungen 182 5b f.
Privatplatzierung 185 18; 221 50
Privatrechtliche Pflichten 36 3
Privatschriftliches Protokoll
– bei nichtbörsennotierten Gesellschaften 130 36
Privatsphäre 1 21
Prognosen 399 51; 400 33, *s. auch Strafrechtliche Organ- und Vertreterhaftung*
Prokura 1 25
Prokuristen 78 49 f.; 184 13
– Unvereinbarkeit mit Aufsichtsratsamt 105 8 f.
Pro-ratarische Haftung 41 78
Prospekthaftung 56 49; 57 40; 185 17
Prospektpflicht, börsennotierte KGaA 278 96
Protokollierung von Hauptversammlungsbeschlüssen 130 5
– Anlagen zur Niederschrift 130 57
– Art der Abstimmung 130 45
– Aufzeichnungen anderer Art 130 70
– Auskunftsverweigerung 130 8
– Beschlüsse der Hauptversammlung 130 5
– Beurkundungspflichtige Willenserklärungen 130 11
– börsennotierte Gesellschaften 130 53 ff.
– Ergebnis der Abstimmung 130 48 f.
– fakultative Angaben 130 14

Mager gedruckte Zahlen = Randnummer **Sachverzeichnis**

– Feststellung des Vorsitzenden über die Beschlussfassung **130** 52
– Gegenstand der Niederschrift **130** 5
– Inhalt der Niederschrift **130** 43 ff.
– Minderheitsverlangen **130** 6
– Name des Notars **130** 44
– notarielle Niederschrift **130** 15, *s. auch dort*
– obligatorische ungeschriebene Protokollangaben **130** 12
– Online-Erklärungen **130** 10a
– Ort und Tag der Versammlung **130** 43
– Unterschrift des Notars **130** 60
– Widersprüche **130** 8

Prozessparteien
– Beklagtenseite **246** 23
– Klägerseite **246** 22
– Nebenintervention **246** 33

Prozessrecht 1 26

Prozessvertretung durch den Aufsichtsrat, KGaA 287 24

Prüfbericht, *s. auch Prüfungsbericht*
– Abschriften **145** 58
– Entsprechenserklärung (DCGK) **161** 83a
– Kenntnisnahme der Vorlagen **170** 49
– Nichtaufnahme in den Sonderprüfungsbericht **145** 30 ff.
– Übermittlung **170** 50 ff.

Prüfberichtsgrundsätze 145 46 f.
– Gegenstand der Hauptversammlung **145** 56
– Publizität **145** 57 f
– Vollständigkeit **145** 46

Prüfpflichten der Aufsichtsratsmitglieder 116 73

Prüfung der Berichte des Abschlussprüfers 171 63

Prüfung der Gesellschaftserrichtung durch das Gericht 38 2
– Entscheidungsmöglichkeiten **38** 11
– Kosten **38** 18
– Prinzip der wertgleichen Deckung **38** 4
– Rechtsschutz **38** 14
– Sachgründungen **38** 9
– Schranken der Prüfungsbefugnis **38** 10
– Umfang **38** 6
– Zeitpunkt **38** 3
– Zuständigkeit **38** 2

Prüfung der Gründung auf nationaler Ebene SE-VO Art. 25 3

Prüfung der Jahresbilanz 209 5

Prüfung des Ausgabebetrages durch Sachverständige 9 33

Prüfung des Erreichens der Mindestquote und Offenlegung SE-VO Art. 33 11

Prüfung des Kapitalerhöhungsbeschlusses durch das Registergericht
– Rechtmäßigkeit der Anmeldung **184** 19
– Rechtmäßigkeit des Kapitalerhöhungsbeschlusses **184** 23, 29
– Sacheinlagen **184** 27

Prüfung des Unternehmensvertrags
– Angemessenheit **293b** 5
– Ausnahmen **293b** 12
– Durchführung der Hauptversammlung **293g** 3
– Gegenstand **293b** 1
– Inhalt **293b** 4
– Rechtsfolgen **293b** 14
– Umfang **293b** 4
– Verpflichtete **293b** 9, *s. auch Vertragsprüfer*
– Vertragsprüfer **293b** 10
– Vorbereitung der Hauptversammlung **293f** 1
– Zuständigkeit, registergerichtliche **294** 14

Prüfung durch den Abschlussprüfer 313 4
– Auskunftsrecht **313** 16
– Berichtspflicht **313** 19
– Bestätigungsvermerk **313** 21
– Einsichtsrecht **313** 16
– Gegenstand **313** 8
– Umfang der Prüfung **313** 13
– unrichtiges Berichten **403** 34
– Verfahren **313** 6

Prüfung durch den Aufsichtsrat
– Abhängigkeitsbericht **314** 3
– Bericht des Aufsichtsrats an die Hauptversammlung **314** 10
– Beschluss über Prüfungsergebnisse **171** 69
– Informationsfluss innerhalb des Aufsichtsrats **314** 6
– persönliche Anforderungen **171** 10
– Prüfung der Berichte des Abschlussprüfers **171** 63
– Prüfungspflicht **314** 7
– Teilnahme- und Berichtspflicht des Abschlussprüfers **314** 14
– Vorlage der Unterlagen **314** 3

Prüfung von Sacheinlagen 183 34, 60 ff.

Prüfung, freiwillige 142 71, 244 ff.

Prüfungsausschuss 107 139 ff.
– Abschlussprüfung, Beschluss **111** 50
– Arbeitnehmervertreter **107** 146
– Aufgabenbereich **107** 141, 141d
– Auswahl des Abschlussprüfers, Haftung **405** 109 ff.
– Besetzung **107** 145 ff.
– Besetzung, Unternehmen von öffentlichem Interesse **107** 150b
– Compliance-System **107** 142
– Corporate Governance Kodex **107** 139
– CRR-Kreditinstitute **107** 140b
– Entscheidungsermessen aufgrund Abschlussprüfer-VO **107** 143b
– fachliche Anforderungen **107** 141b
– fachliche Anforderungen, Arbeitnehmervertreter **107** 146
– Finanzexperte **100** 7; **107** 150 ff.
– Finanzexperte, Unabhängigkeitserfordernis **100** 59a
– kapitalmarktorientierte Gesellschaften **107** 99
– Organisationsautonomie **107** 143b

2433

Sachverzeichnis

- Pflichtverletzungen bei Prüfung **404a** 19 ff.
- Prüfung des Jahresabschlusses und Prüfungsberichts **107** 141e
- Sektorkenntnis **107** 150d
- Überwachung Compliance System **107** 142
- Überwachungsfunktion **107** 83
- Überwachungspflichten, Haftung **405** 87 ff.
- unionsrechtlicher Begriff **405** 91
- Vorsitzender **107** 147
- Vorsitzender, Unabhängigkeit **107** 150f
- Wahl besonders befähigter AR Mitglieder **100** 59
- Wahlvorschlag **124** 32 ff.
- Zusammensetzung **107** 141b

Prüfungsausschuss (Abschlussprüfer RVO) 107 83
- Teilnahmepflicht Abschlussprüfer **171** 26 ff.

Prüfungsbericht 170 13 ff.; **184** 32; **259** 3 ff.; **399** 169, 177 f.; **403** 26 ff.; SE-VO Art. **22** 3, s. auch Prüfbericht
- Ausnahmen **293e** 11
- Berichtspflicht **293a** 4; **293d** 3
- Einreichung **34** 16
- Form **293a** 8; **293d** 4
- freiwillige Prüfung, Vorlage **170** 15
- Gründungsprüfung **34** 11
- Inhalt **293d** 5
- Rechtsfolgen **293d** 13
- Testate des Abschlussprüfers **171** 46, 63 f.
- unrichtiges Berichten **403** 34

Prüfungsgehilfe, Haftung 403 20 ff.

Prüfungsverfahren SE-VO Art. 22 3

Prüfungsvertrag 142 194, s. Sonderprüfer, Prüfungsvertrag

Public Interest Entities 404a 19

Public Relations 116 36

Publikumspersonengesellschaften
- besonderer Vertreter **147** 65

Publizität 42 1; **106** 12; **113** 65; **114** 31
- börsennotierte KGaA **278** 100
- Entsprechenserklärung DCGK **161** 3, 84 ff.
- europäische Ebene **SE-VO Art. 14** 3
- Frauenquote **76** 149
- Nebenverpflichtungen **55** 23
- Publizität des Teilnehmerverzeichnisses **129** 32
- Verletzung der Publizitätspflicht **262** 73
- Vertretung **94** 8

Publizität von Sacheinlagen 66 32; **184** 31

Publizitätspflicht
- Verhältnis zu Mitteilungspflichten **Vor § 20** 12

Punktuelle Satzungsdurchbrechung 179 49

Pyramidengründung 27 161

Qivive-Entscheidung 27 130, 146, 255

Qualifiziert faktischer Aktienkonzern Vor § 15 12; **18** 3; **Vor § 311** 25

Qualifizierte Beteiligungen 19 5, 14

Quorum
- Einberufung HV durch Minderheit **122** 8 ff., 37 ff.
- für Haftungsklage **148** 153, s. auch Haftungsklage
- für Kapitalerhöhung **182** 23
- für Klagezulassungsverfahren **148** 53 ff., s. auch Klagezulassungsverfahren
- für Satzungsänderung **179** 125, 138 ff.

Quotale Beteiligung von Aktionären 140 8

Quotenaktie 1 96

Reale Kapitalaufbringung 27 104
- strafrechtliche Haftung **399** 137

Realteilung 222 3, 24

Rechnungslegung 11 38; **71** 237; **IntGesR** 42
- Abwicklungsgesellschaft **270** 30
- Abwicklungsschlussbilanz **270** 123
- Anforderungen an den Jahresabschluss **270** 22
- aufzulösende werbende AG **270** 13 ff.
- Erstellung des Jahresabschlusses **270** 13 ff.
- Jahresabschluss Abwicklungsgesellschaft **270** 108
- Konzernrechnungslegung iRd Abwicklung **270** 126
- Schlussrechnung **270** 125
- Vermögens- bzw. Gewinnverwendung nach Auflösungsbeschluss **270** 26

Recht des Aktionärs auf Abschrifterteilung 130 71

Rechte aus eigenen Aktien
- Ausübung von Aktionärsrechten **118** 7
- Bild- und Tonübertragung **118** 32, 44
- Fragen der Geschäftsführung **119** 13
- Frosta-Entscheidung **119** 45
- Gelatine-Entscheidung **119** 26
- gesetzliche Kompetenzen **119** 4
- Holzmüller-Doktrin **119** 22
- Kompetenzausübung durch Beschluss **119** 3
- Kompetenzüberschreitung **119** 54
- Kontrollkompetenzen **119** 11
- Konzernbildungs- und Konzernleitungskontrolle **119** 35
- Konzernkompetenzen **119** 12
- Leitungskompetenzen **119** 8
- Rechte der Hauptversammlung
- Satzungsregelungen **119** 48
- Stellung der Hauptversammlung **118** 5
- Teilnahme an der Hauptversammlung **118** 11
- ungeschriebene Kompetenzen **119** 21 ff., 37; **182** 73
- Verletzung von Kompetenzen **119** 51
- Wahlkompetenzen **119** 5

Rechte der Vorstandsmitglieder 84 43

Rechte der Vorzugsaktionäre ohne Stimmrecht 140 3

Rechte des Sonderprüfers 145 10 ff.
- Aufklärungs- und Nachweisrechte **145** 14 ff.
- bei ausländischen Beteiligungen **145** 22

Mager gedruckte Zahlen = Randnummer

– bei Konzernunternehmen **145** 20
– Durchsetzung **145** 24 ff.
– Einsichtsrecht **145** 10
– Ermittlungsbefugnisse aus abgeleitetem Recht **145** 23
– Mitwirkungspflicht des Vorstands und Aufsichtsrats **145** 14 ff.
Rechtliche Selbständigkeit verbundener Unternehmen 15 56
Rechtsanwalts-AG 4 15
Rechtsbehelfe
– Anhörungsrüge **SpruchG 12** 26
– Berichtigung **SpruchG 12** 26
– einfache Beschwerde **SpruchG 12** 23
– Ergänzung **SpruchG 12** 26
– sofortige Beschwerde **SpruchG 12** 24
Rechtsbeschwerde SpruchG 12 21
Rechtsfähigkeit der Aktiengesellschaft 1 13 ff.; **IntGesR** 26; **SE-VO Art. 1** 4
– Erlangung **1** 31
– Umfang **1** 14
– Verlust **1** 32
Rechtsformzusatz 4 4; **SE-VO Art. 11** 2
– KGaA **279** 3
Rechtsgemeinschaft an einer Aktie 69 3, 4
– Ausübung der Mitgliedschaftsrechte durch Vertreter **69** 16
– Bezugsrecht **186** 9
– gemeinschaftlicher Vertreter **69** 10
– gesamtschuldnerische Haftung **69** 19
– Rechtsausübung durch Mitberechtigten **69** 18
– Willenserklärungen der AG **69** 22
Rechtsgemeinschaften 8 54 ff.
Rechtsgeschäftliche Vertretung 269 7
Rechtsinhaberschaft, Einpersonen-Gesellschaft 42 3
Rechtskraft bei anderen Verfahrensbeendigungsgründen SpruchG 13 10
Rechtslage vor Eintragung SE-VO Art. 16 4
Rechtsmissbrauch 131 61
Rechtsnormfiktion SE-VO Art. 3 5
Rechtspersönlichkeit der Gesellschaft 1 12
Rechtsschutz
– einstweiliger Rechtsschutz **272** 11
– Rückzahlung **272** 12
– Schadenersatz **272** 13
– Vorstandsmitglieder **84** 131
Rechtsstellung des Ausschussmitglieds 107 105
Rechtsstellung gerichtlich bestellter Vorstandsmitglieder 85 13
Rechtstatsächliche Verbreitung SE-VO Vor Art. 1 18, 23
Rechtsträger 1 13
– verlängerter **WpHG 33–47** 115
Rechtsverlust (WpHG) WpHG 33–47 102 ff.
– Beendigung **WpHG 33–47** 111

– Nichterfüllung einer Mitteilungspflicht **WpHG 33–47** 105 ff.
– Umfang **WpHG 33–47** 109 f
– verlängerter **WpHG 33–47** 103, 115 ff.
– Verschulden **WpHG 33–47** 108
Rechtsvorschriften, anzuwendende SE-VO Art. 9 5
Record Date 123 31, 32a, 37a; **402** 22, 26, 36, 43
Redeemable Shares 327a 7
Rederecht 118 12
Reflexschaden 93 323
Regelgewinnzuweisung 300 9
Register, maßgebliches SE-VO Art. 12 3
Registergericht, Eintragung 398 5
Registersperre 241 99 ff.
Registerverfahren 248 31
– gestuftes bei Kapitalerhöhung **182** 4
Registerzwang, Zwangsgeld 407 11
Regress bei den Gründern 41 116
Regressschuld 65 15
REIT-AG 11 5
– besonderer Vertreter **147** 65
– Meldeschwellen **WpHG 33–47** 22
– Sonderprüfung **142** 40
Relevanztheorie 243 69 ff.
– Durchführungsmängel **243** 99
– Einzelfälle **243** 78 ff.
Rentabilität 90 25
Rentabilitätsbericht 170 19
– Prüfung **171** 62
Repricing 192 47; **193** 18
Reputationsmanagement 93 25a f.
Ressortverantwortung, Vorstand 77 48
Ressortverteilung, Vorstand 76 63
Reverse Merger 186 76
Ringbeteiligungen 19 13
Risikomanagementsystem 91 29 ff., *s. auch Organisationspflicht der Aktiengesellschaft*
Rückgängigmachung, Sitzverlegung SE SpruchG 3 28
Rückgewähranspruch
– Anspruch der Gesellschaft **62** 4 ff., *s. auch Empfang verbotener Leistungen*
– Aufrechnungsverbot **66** 4
– Fallgruppen **62** 10 ff.
– Verstoß gegen Einlagenrückgewähr **57** 86 ff.
– Vollwertigkeit **57** 141 ff.
Rückgewähranspruch der Gesellschaft 114 27
Rückgewährpflicht 59 17
Rückkaufprogramme 71 166 ff.
Rücklage 231 1, *s. auch gesetzliche Rücklage*
– andere Gewinnrücklagen **150** 24
– Anfechtungsrecht, Minderheitsaktionäre **150** 18
– Auflösung **173** 14
– Ausweis in der Bilanz **208** 14
– Begriff **150** 4
– Bilanzposten, gesonderter **150** 7

2435

Sachverzeichnis

Fett gedruckte Zahlen = Paragraphen

- Bildung **173** 14
- für eigene Anteile **150** 25; **208** 7
- gesetzliche Rücklage **150** 5
- gesetzlicher Reservefond **150** 1
- Gewinnrücklage **150** 5
- Kapitalrücklage **150** 5
- Pflicht zur Bildung **150** 6
- Sonderposten mit Rücklagenanteil **150** 26
- Verwendung **150** 26
- Zuführung **208** 10

Rücklagenbildung im Rahmen der Feststellung des Jahresabschlusses 58 20
Rücklagenspiegel 152 25
Rücknahme SpruchG 15 8
Rücknahme der Anmeldung 36 29
Rücknahme der Geschäftserlaubnis 262 63
Ruhen der Rechte aus eigenen Aktien 71b 3

Sach- und Rechtsmangel 27 94
Sachausschüttungen 58 103, 105; **150** 10
- als Vorzug **139** 15
- Bewertung **58** 109; **170** 34
- Gewinnverwendungsbeschluss **174** 13
- Kompetenz **58** 107, 108
- Konkretisierungskompetenz **58** 107
- Maßgeblichkeit des Verkehrswerts **170** 35

Sachdividende 139 15, *s. auch Sachausschüttungen*
Sacheinlagen 27 7, 10; **60** 13; **183** 5; **185** 34; **188** 18; **399** 206
- Agio **27** 48
- aleatorische Gegenstände **27** 14
- Arbeitnehmergewinnbeteiligung **194** 14 ff.
- Bareinlage **27** 4; **36a** 13
- Bekanntmachung **194** 19
- Bekanntmachung vor Beschlussfassung **183** 20
- Beschlusserfordernisse **194** 17
- beschränkt dingliche Rechte **27** 16
- Beteiligung Dritter **27** 162
- Bewertung **27** 34 ff.
- Dept-Equity-Swap **183** 12
- Dienstleistungen **27** 30
- Differenzhaftung **27** 47
- Differenzhaftung bei Überbewertung **9** 18
- effektive Kapitalaufbringung, Sicherung **194** 2
- Einlagegegenstände **27** 15
- Erbringung **36a** 8
- falsche Angaben **399** 155 ff.
- fehlerhafte Festsetzung **27** 74; **183** 20
- Festsetzung in der Satzung **27** 67
- Fingierte **27** 51; **183** 5 f.
- Forderungen **27** 22 ff.; **182** 72; **183** 12
- Fremdwährungsanleihen **194** 10a
- gemischte Sacheinlage **27** 64; **183** 9, 76
- Gesellschafterdarlehen **183** 13
- Grundsatz der realen Kapitalaufbringung **27** 2

- Heilung **27** 203 ff.
- Immaterialgüterrechte **27** 18
- Kapitalerhöhung mit **183** 5 ff.
- Know-How **27** 19
- Leistungsstörungen **27** 82, 88 ff.
- Mängel **27** 82
- Mischeinlage **27** 40
- Nutzungsrechte **27** 33, 39
- offene **27** 314
- Optionsanleihen und -genussrechte **194** 5, 13
- Prüfung durch Sachverständige **183** 34; **184** 8
- Prüfungsbericht **184** 31 f., 35
- Prüfungspflicht **194** 24
- Rechtsfolgen der Überbewertung **27** 44
- Sacheinlagefähigkeit **27** 10
- Sacheinlagegegenstände **27** 15
- Sacheinlagevereinbarung **27** 8
- Sachgesamtheiten **27** 20
- Schuldverschreibungen **194** 5
- sonstige Rechte **27** 17
- stille Beteiligungen **183** 14
- strafrechtliche Haftung für Wert **399** 155 ff.
- Überbewertung **9** 17; **46** 12; **189** 10
- Überbewertung, Folgen **9** 17 ff.
- untaugliche **27** 84 f.
- Unterbewertung **27** 43
- Unternehmenszusammenschluss **194** 5
- Verbot der Überbewertung **27** 42
- verdeckte **9** 22; **27** 103 ff.
- verdeckte fingierte **27** 108
- verdeckte Sacheinlage **183** 25 ff.; **188** 68, *s. auch dort*
- Vermögensgegenstände **27** 17
- Verträge über **183** 25
- Vollzugsgeschäft **27** 9
- vorsorgliche **188** 81
- Wandelanleihen **194** 5
- Wandelgenussrechte **194** 11
- Werkleistungen **27** 31
- Werthaltigkeit **183** 60 f.; **184** 27

Sacheinlagen, Verträge vor Eintragung der Gesellschaft 206
- fehlerhafte Festsetzungen **206** 12
- Festsetzungspflichten **206** 10
- Kapitalerhöhung, Durchführung **206** 15
- Nachgründungsregel des § 52 AktG **206** 21

Sacheinlagevereinbarung 27 83
- Anfechtung wegen Willensmängeln **27** 86
- Leistungsstörungen **27** 88 ff.
- Sach- und Rechtsmangel **27** 94
- Sonstiges zur Leistungsstörung **27** 93
- Unmöglichkeit **27** 90
- untaugliche Sacheinlage **27** 84
- Unwirksamkeit **27** 84
- Vollzugsgeschäft **27** 101, 102

Sachen 27 15
Sachenrechtliche Übertragung von Aktien 10 54
Sachgefahr 57 88
Sachgesamtheiten 27 20

Mager gedruckte Zahlen = Randnummer

Sachverzeichnis

Sachgründung 32 6, 9
– Amtszeit **31** 13
– Amtszeit der Arbeitnehmervertreter **31** 26
– Anschaffungs- und Herstellungskosten der letzten zwei Jahre **32** 12
– Anzahl zu bestellender Mitglieder **31** 8
– Bekanntmachungspflicht des Vorstands **31** 14
– Beschlussfähigkeit **31** 11
– Bestellung des Aufsichtsrats **31** 3
– Beteiligung der Arbeitnehmer **31** 14
– Betriebserträge der letzten zwei Geschäftsjahre **32** 13
– durch die Gründer **31** 7
– Ergänzung des Aufsichtsrats **31** 19
– Neubestellung des Aufsichtsrats **31** 21
– ohne externe Gründungsprüfung **33a** 3
– Stellungnahme zur Werthaltigkeit **32** 10
– Unwirksamkeit und Nachgründung **52** 54
– vorausgegangene Rechtsgeschäfte des Einbringenden **32** 11
Sachgründungsprüfung bei Vermögenseinlage, KGaA 280 12
Sachkapitalerhöhung
– verdeckte **188** 68 ff.
– vereinfachte **183a** 26 ff.
Sachkapitalerhöhung ohne externe Gründungsprüfung 399 209
Sachkapitalerhöhung, genehmigte 52 48
– Ausschütt-Rückhol-Verfahren **205** 4
– Ermächtigung **205** 13
– fehlende Ermächtigung **205** 14
– Festsetzungen, Fehler **205** 25
– Nachgründung **183** 68 f.; **205** 33
– notwendige Festsetzungen **205** 15
– Registergericht, Beteiligung **205** 21
– sachverständige Prüfung **205** 18
– Verfahren ohne externe Prüfung **205** 30
– Wirksamkeitserfordernisse **205** 8
Sachkapitalerhöhung, Prüfung durch das Registergericht 183 56; **183a** 31 f.; **184** 28
– Rechtmäßigkeit der externen Prüfung **183** 59
– Rechtmäßigkeit des Sachkapitalerhöhungsbeschlusses **183** 57
– Werthaltigkeit von Sacheinlagen **183** 60 ff.
Sachkenntnis 171 10
Sachlicher und zeitlicher Zusammenhang, Sacheinlage 27 156 ff.
Sachübernahmen 27 49; **46** 10 ff.; **183** 6
– Bewertung **27** 61 f.
– falsche Angaben **399** 158 f.
– fehlerhafte Festsetzung **27** 74
– Festsetzung in der Satzung **27** 67
– fingierte Sacheinlage **27** 51; **183** 6
– Gegenstand **27** 58
– Leistungsstörungen **27** 98 ff.
– Mängel **27** 82
– mit Verrechnungsabrede **27** 99
– ohne Verrechnungsabreden **27** 98
– verdeckte **188** 80

– verdeckte Sacheinlage **27** 103 ff.; **188** 68
– Vereinbarung **27** 56, 98
– Vergütung **27** 60
– Vollzugsgeschäft **27** 56 ff.
Sachübernahmevereinbarung 27 56 f
– Leistungsstörungen **27** 100
Safe Harbour für Rückkaufprogramme 71 167 ff.
Safe Harbour für Stabilisierungsmaßnahmen 71 184
Saldierung 158 25
Sammelverwahrte Globalaktie 10 36
Sanierungsfälle 54 35
Sanierungsplan 182 72
Sanktionen gegen Firmierungsverstöße, KGaA 279 10
Sarbanes-Oxley-Act 91 6, 15; **400** 23; **403** 3
Satzung 2 5; **41** 47; **179** 29, s. auch Feststellung der Satzung
– Aktienart **23** 21, 26
– Änderung **179** 13 ff., s. auch Satzungsänderung
– Auslegung **23** 39, 41b
– Begriff und Rechtsnatur **23** 3
– Bestimmungen **23** 4
– Beurkundung im Ausland **23** 9 ff.
– ergänzende Bestimmungen **179** 35
– ergänzende Nebenabreden **23** 41
– Erklärung der Übernahme der Aktien **23** 24
– Fassungsänderung **179** 107 ff.
– Feststellung durch **23** 12 ff.
  – eine Person **2** 4
  – mehrere Personen **2** 3
– formelle Bestimmungen **179** 31
– Geschäftsordnungsregelungen **179** 89
– Gesellschaftsvertrag, Begrifflichkeit **179** 29
– gesetzliche Mehrheitserfordernisse **179** 16
– Gestaltungsrahmen, gesetzlicher **179** 9
– Grundsatz der Abänderbarkeit **179** 5
– Höhe des Grundkapitals **23** 19
– Inhalt **23** 14 ff.
– Inhalt, fakultativer **23** 28
– Konzernklausel **Vor § 311** 57
– materielle Bestimmungen **179** 33
– Mehrheitserfordernisse **179** 90
– Namens- und/oder Inhaberaktien **23** 21
– Nebenabreden **23** 41
– Nebenverpflichtungen **55** 18 f.
– notwendige Bestimmungen **179** 34
– Opt-in-Beschluss **179** 92
– Rechtnatur **23** 3
– Regelungsfreiräume **23** 30
– Regelungsgegenstand **179** 13
– Satzungsstrenge **23** 28
– Shareholder-value als Bestandteil **82** 33
– Sonderbeschlüsse **179** 17
– Sondervorteile **26** 5
– Unternehmensgegenstand **23** 16 ff., s. auch Unternehmensgegenstand
– Verwaltungsorganisation **179** 85 ff.

Sachverzeichnis Fett gedruckte Zahlen = Paragraphen

Satzung der KGaA
- Inhalt **281** 4
- Satzungsänderung **281** 18
- Satzungsmängel **281** 15
- Sondervorteile **281** 16
- Vermögenseinlage **281** 7

Satzungsändernde Hauptversammlung
- Ankündigung **179** 129
- Anmeldung **179** 131
- Eintragung **179** 129, 133
- Rechtsmittel **179** 136
- Verfahren **179** 134
- Zustimmungserfordernisse **179** 137

Satzungsänderung 24 3; **45** 3; **179** 39; **276** 4
- Änderungserfordernisse **179** 154
- Anfechtbarkeit **181** 25
- Auflösung **179** 26
- bedingte Kapitalerhöhung **192** 18 ff.; **200** 9; **201** 9
- Bedingung **181** 46
- Befristung **181** 45
- Bekanntmachung **181** 38
- Beschluss der Hauptversammlung **179** 96
- Beschlussgegenstände **179** 58
- Beschlusskontrolle **179** 171
- Durchbrechung **179** 46
- Eintragung **181** 28, s. auch Eintragung der Satzungsänderung
- faktische **179** 55 ff.
- Fassungsänderung **179** 107 ff.
- Fehlerhaftigkeit **181** 17
- Finanzverfassung **179** 71
- Formwechsel **179** 75 f.
- Gesellschaftsdauer **179** 80 f.
- gesetzliche Zustimmungserfordernisse **179** 141
- Gleichbehandlungsgebot **179** 169
- Grundkapital **179** 71
- Gründungssatzung **179** 23
- Gründungsstadium **23** 2a
- Hauptversammlungseinberufung **124** 15 ff.
- Identitätsmerkmale **179** 82 ff.
- Insolvenz **179** 25
- Kapitalherabsetzung **222** 12
- KGaA **281** 18 ff.
- Liquidation **179** 24
- materielle Beschlusskontrolle **179** 171
- materieller Anwendungsbereich **179** 21
- Mehrheitserfordernisse **179** 114 ff.
- Nennbetragsänderung **8** 23
- nichtige Beschlüsse **241** 50
- nichtiger Beschluss, Heilung **242** 19
- Nichtigkeit des Beschlusses **181** 23
- Organzuständigkeit **179** 96
- Prinzip der Satzungsstrenge **241** 169
- Rückwirkung **181** 42 ff.
- SE **SE-VO Art. 59** 3 ff.
- Sonderbeschluss **179** 18 f., 178 ff.
- Strukturänderung **179** 28
- teilnichtige Beschlüsse **241** 72
- Tagesordnung, Bekanntmachung **121** 31
- Treuepflichten **179** 170, 176 f.
- Übertragung des ganzen Gesellschaftsvermögens **179a** 18
- Umdeutung **179** 27
- Umfang **179** 40
- Unternehmensgegenstand **179** 62 ff.
- Unternehmensverträge **179** 78 f.
- Verfahren **179** 129
- Verwaltungsorganisation **179** 85
- Vor-AG **179** 23
- Vorzugsaufhebung, -beschränkung **141** 4
- Wirksamkeit des Beschlusses **181** 22
- zeitlicher Anwendungsbereich **179** 22
- Zulässigkeitsschranken **179** 138
- Zusammenhang mit Sonderbeschlüssen **179** 155
- Zustimmung anderer Organe **179** 152
- Zustimmung wegen Aufhebung von Sonderrechten **179** 147
- Zustimmungsabgabe **179** 156

Satzungsänderung, KGaA 281 18
- aktienrechtliche Bestandteile **281** 18
- personengesellschaftsrechtliche Bestandteile **281** 19
- persönlich haftende Gesellschafter der KGaA **282** 6

Satzungsauslegung 23 39, 41b
Satzungsautonomie 241 167 ff.
Satzungsbestimmungen
- Änderungen **179** 39 ff., s. Satzungsänderung
- ergänzende **23** 41 f.; **179** 35 f.
- formelle **179** 31 f.
- korporative Bestandteile **23** 4
- materielle **179** 33 ff.
- nicht-korporative Bestandteile **23** 4
- Regelungsfreiräume **23** 30

Satzungsdurchbrechung 179 46 ff., s. auch Durchbrechung der Satzung
- punktuelle **179** 49 ff.
- zustandsbegründende mit Dauerwirkung **179** 49 ff.

Satzungskontrolle, börsennotierte KGaA 278 99
Satzungsmängel
- Auflösung **262** 47 ff.
- Fortsetzung bei Auflösung wegen **274** 11
- Heilung **276** 3 ff.
- Nichtigerklärung **275** 6 ff.

Satzungsmängel, KGaA 281 15
Satzungspublizität 55 10
Satzungsregelungen 103 11
Satzungssitz 14 3
Satzungsstrenge
- AG **23** 28 ff.
- SE **SE-VO Art. 9** 5

Say on Pay 192 46a
SCE-Gründung SpruchG 1 14; **SpruchG 3** 16

Mager gedruckte Zahlen = Randnummer **Sachverzeichnis**

Schachtelbeteiligung
– Zurechnung (Meldepflicht) **20** 6, 16 f.
Schäden durch Einlagen 46 10 ff.
Schadenersatz bei Verstoß gegen
– Auswahl geeigneter Zahlstelle **46** 7
– Gründungsangaben, Richtigkeit und Vollständigkeit **46** 4
– Kapitalaufbringungsvorschriften **46** 8
Schadenersatz in der Insolvenz 87 77
Schadenersatzpflicht 117 5, *s. auch Haftung*
– Auffangkonzernrecht für andere Kapitalgesellschaftsformen **117** 34
– ausländische Aktiengesellschaften **117** 33
– Haftung des Einflussnehmers **117** 13
– Mithaftung der Verwaltung **117** 27
– Mithaftung des Nutznießers **117** 29
– Modalitäten der Haftung **117** 30
– qualifiziert faktischer Konzern **117** 12
Schadensersatzpflicht des gesetzlichen Vertreters des herrschenden Unternehmens
– Geltendmachung durch Aktionäre und Gläubiger **309** 33
– Verjährung **309** 38
– Verzicht und Vergleich **309** 31
Schadensersatzansprüche der Gesellschaft 147, *s. Ersatzansprüche der Gesellschaft*
Schadenskongruenz 116 222
Schärenkreuzerentscheidung Vor 241 5
Schätzung SpruchG 8 4
Scheinauslandsgesellschaft 264 5
Scheinbeschlüsse 241 55 ff.
– Heilung **242** 28
– Löschungsverfahren **241** 232
Schiedsvereinbarung 66 19
– Geltendmachung von Organhaftungsansprüchen **147** 37
Schiedsverfahren SpruchG 1 35
– Zulässigkeit anstelle Spruchverfahren **SpruchG 1** 36
Schiedsvertrag 116 162
Schluss der Abwicklung
– Anmeldung **273** 2, 5
– Aufbewahrung von Büchern und Schriften **273** 15
– Löschung **273** 7
– Nachtragsliquidation **273** 20
– Rechtsmittel **273** 31
Schlussrechnung 270 123, 125
Schmerzensgeldanspruch 1 22
Schmiergelder 116 81
Schmiergeldzahlung 76 52
Schranken der bedingten Kapitalerhöhung
– 10%-Grenze **192** 76
– 50%-Grenze **192** 74
– Stückaktien **192** 77
Schriftliche Stimmabgabe 108 53
Schuldrechtliche Vereinbarungen über Aktionärspflichten 54 29
Schuldrechtliche Zuzahlungen zum Ausgabebetrag der Aktie 9 34; **183** 45
– Bilanzierung **9** 41

Schuldverschreibungen 194 5
– als Sacheinlagen **194** 5
– Optionsanleihen und -genussrechte **194** 13
– Umtauschrechte bei verbundenen Unternehmen **194** 9
– Wandelanleihen **194** 5 ff.
– Wandelgenussrechte **194** 11
Schuldverschreibungen Dritter, Wandelschuldverschreibungen 192 33
Schütt-aus-Hol-Zurück-Verfahren 27 153; **188** 77; **205** 4
– genehmigte Sachkapitalerhöhung **205** 4
– Kapitalerhöhung aus Gesellschaftsmitteln **207** 32
Schutz der Vermögensinteressen der Aktionäre 179a 1; **SE-VO Art. 25** 8
Schutz des gutgläubigen Anteilserwerbers 328 16
– Erwerbsreihenfolge, Unerheblichkeit **328** 19
– Schutz beider Erwerber **328** 23
– Schutz des Ersterwerbers **328** 20
– Schutz des Zweiterwerbers **328** 21
– Schutz keines Erwerbers **328** 22
– unverzügliche Absendung der Mitteilung **328** 17
Schutz vor Abhängigkeit, Erweiterungen Vor § 15 3
Schutzgesetzcharakter der Buchführungspflicht 91 25
Schutzklausel 160 42 ff.
Schwellenberührung, *s. Meldeschwellenberührung*
Schwellenwerte Vor § 20 9a; **WpHG 33–47** 22
Scrip dividend 188 77
SE
– Abstimmung, gesonderte **SE-VO Art. 60** 2
– Anmeldepflicht **SE-VO Art. 26** 3
– anwendbares Recht **SE-VO Vor Art. 1** 2 ff.; **SE-VO Art. 9** 5
– Arbeitnehmerlose Vorrats-SE **SE-VO Art. 3** 26, 30
– Auflösung **SE-VO Art. 63** 3
– Aufsichtsorgan, Aufgaben und Handlungsinstrumente **SE-VO Art. 40** 4
– Aufsichtsorgan, Bestellung und Abberufung **SE-VO Art. 40** 6
– Aufsichtsorgan, Größe und Zusammensetzung **SE-VO Art. 40** 10
– Aufsichtsorgan, Informationsverlangen **SE-VO Art. 41** 5
– Aufsichtsorgan, Überprüfungsrecht **SE-VO Art. 41** 5
– Aufsichtsorgan, Vorsitzender **SE-VO Art. 42** 1
– Auseinanderfallen von Sitz und Hauptverwaltung **SE-VO Art. 64** 2
– Ausführungsgesetz **SE-VO Vor Art. 1** 3, 4
– Ausschüsse des Verwaltungsrats **SE-VO Art. 44** 5

Sachverzeichnis

Fett gedruckte Zahlen = Paragraphen

- Barabfindung, Sitzverlegung **SE-VO Art. 8** 24
- Barabfindung, Verschmelzung **SE-VO Art. 20** 11; **SE-VO Art. 24** 14
- Beschlussfassung der Organe der SE **SE-VO Art. 50** 4
- besonderer Vertreter **147** 65
- Besteuerung **SE-VO Vor Art. 1** 24 f.
- Beteiligung an nationalen Umwandlungsvorgängen **SE-VO Art. 3** 32
- Beteiligungsgesetz **SE-VO Vor Art. 1** 3; **SE-VO Art. 2**; **SE-VO Art. 3** 30 f., s. auch SE, Mitbestimmung
- Beteiligungsvereinbarung **SE-VO Art. 12** 6 ff.
- Bilanzrecht der SE mit Sitz in Deutschland **SE-VO Art. 61** 3
- Brexit **SE-VO Art. 7** 6 f.
- deutsches monistisches System, Grundstruktur **SE-VO Art. 43** 4
- dualistische Leitungssysteme **SE-VO Art. 38** 3; **SE-VO Art. 39** 1
- eigene Aktien **SE-VO Art. 5** 3; **SE-VO Art. 29** 4; **SE-VO Art. 31** 1; **SE-VO Art. 33** 10
- Einmanngründung **SE-VO Art. 2**; **SE-VO Art. 3** 19
- Eintragung **SE-VO Art. 33** 17
- Entsprechenserklärung (DCGK) **161** 34
- Firma **SE-VO Art. 11** 2 ff.
- formwechselnde Umwandlung in AG **SE-VO Art. 66** 1 ff.
- formwechselnde Umwandlung in SE **SE-VO Art. 2, 3** 17
- Frauenquote **76** 143, s. auch Frauenquote
- geschäftsführende Direktoren, Haftung **SE-VO Art. 51** 9
- Gesellschaftsstatut **SE-VO Art. 7** 1
- Gleichbehandlung **SE-VO Art. 10** 2
- grenzüberschreitende Sitzverlegung **SE-VO Art. 8** 1, 28
- Gründung, anwendbares Recht **SE-VO Art. 15** 2
- Gründung, gemeinsamer Vertreter **SpruchG 6a** 1 ff.
- Gründungsformen **SE-VO Art. 1** 6
- Haftung Organe **SE-VO Art. 51** 5 ff.
- Handelndenhaftung **SE-VO Art. 16** 13
- Hauptversammlung **Anh. 119** 3a; **SE-VO Art. 52** 3, 6, 11; **SE-VO Art. 53** 3; **SE-VO Art. 54** 2; **SE-VO Art. 58** 2
- Informationsrechte der Verwaltungsratsmitglieder **SE-VO Art. 44** 4
- Insolvenz **SE-VO Art. 63** 5
- Jahresabschluss **SE-VO Art. 61** 1
- Kapital **SE-VO Art. 5** 1
- Kapitalaufbringung und -erhaltung **SE-VO Art. 4** 3; **SE-VO Art. 5** 1 ff.
- Kapitalmarktrecht, Anwendbarkeit **SE-VO Art. 9** 14
- Konzernrecht, Anwendbarkeit **SE-VO Art. 9** 7, 12
- Koordination der Überwachungstätigkeit **SE-VO Art. 38** 13
- Kopplungsoption **SE-VO Art. 8** 4 f.
- Leitungsorgan, Mitgliederzahl **SE-VO Art. 39** 10
- Leitungsorgan, Stellung und Aufgaben **SE-VO Art. 39** 2
- Leitungsorgane, Bestellung und Abberufung der Mitglieder **SE-VO Art. 39** 6
- Mehrstaatlichkeit, echte **SE-VO Art. 2**; **SE-VO Art. 3** 6
- Mehrstaatlichkeit, eingeschränkte **SE-VO Art. 2**; **SE-VO Art. 3** 11
- Mehrstaatlichkeit, Gestaltungen zu Herstellung **SE-VO Art. 2**; **SE-VO Art. 3** 22 ff.
- Mindestkapital **SE-VO Art. 4** 2
- Mitbestimmung **95** 14; **SE-VO Art. 1** 7; **SE-VO Art. 2**; **SE-VO Art. 3** 30 f.; **SE-VO Art. 8** 8; **SE-VO Art. 9** 13
- Mitglieder des Leitungs- und Aufsichtsorgans, Haftung **SE-VO Art. 51** 4
- Mitglieder des Verwaltungsorgans, Haftung **SE-VO Art. 51** 5
- monistische Leitungssysteme **SE-VO Art. 38** 3
- monistisches und dualistisches System der deutschen SE im Vergleich **SE-VO Art. 38** 9
- nationales Recht, Geltung **SE-VO Vor Art. 1** 2 ff.; **SE-VO Art. 9** 5 ff.
- Offenlegung von Urkunden **SE-VO Art. 14** 2
- Optionsmodell **SE-VO Art. 38** 5
- Organbeschlüsse, fehlerhafte **SE-VO Art. 50** 12
- Organisationsverfassung **SE-VO Art. 38** 1
- Rechtsfähigkeit und Rechtspersönlichkeit **SE-VO Art. 1** 4
- Rechtsformzusatz **SE-VO Art. 11** 2
- Rechtslage vor Eintragung **SE-VO Art. 16** 4
- Rechtspersönlichkeit, Erwerb durch Eintragung **SE-VO Art. 16** 3
- Registereintragung **SE-VO Art. 12** 3
- Satzung **SE-VO Art. 6** 1
- Satzungsänderungen **SE-VO Art. 59** 3
- Satzungsautonomie **SE-VO Art. 9** 5; **SE-VO Art. 12** 17
- Satzungspublizität **SE-VO Art. 59** 7
- SEAG **SE-VO Vor Art. 1** 3, 4
- SEBG **SE-VO Art. 2**; **SE-VO Vor Art. 1** 3; **SE-VO Art. 3**, s. auch SE, Mitbestimmung
- Sicherung der Arbeitnehmerbeteiligung bei Eintragung **SE-VO Art. 12** 6
- Sitz **SE-VO Art. 7** 3
- Sitzungen des Verwaltungsrats **SE-VO Art. 44** 2
- Sitzverlegung **SE-VO Art. 8** 1

Mager gedruckte Zahlen = Randnummer

– Sitzverlegung, Nicht-EU-Staat **SE-VO Art. 8** 28
– Sitzverlegung, Rechtsfolgen **SE-VO Art. 8** 22
– Sonderprüfung **142** 40
– Spaltung **SE-VO Art. 3** 40
– Spruchverfahren **SpruchG 3** 12 ff.
– steuerliche Behandlung **SE-VO Vor Art. 1** 24 f.
– supranationale Aktiengesellschaft **SE-VO Art. 1** 1
– Typenkombination **SE-VO Art. 3** 21
– Übereinstimmung der Satzung mit der SE-RL nach der Eintragung **SE-VO Art. 12** 15
– Umtauschverhältnis, Verbesserung **SE-VO Art. 24** 11 ff.
– Umwandlung in AG **SE-VO Art. 66** 1 ff.
– Umwandlung in SE **SE-VO Art. 2**; **SE-VO Art. 3** 17
– Verlegungsbericht **SE-VO Art. 8** 11
– Verlegungsbeschluss **SE-VO Art. 8** 7
– Verlegungsverfahren **SE-VO Art. 8** 7
– Verschmelzung zur AG **SE-VO Art. 2**; **SE-VO Art. 3** 38
– Verschmelzung zur SE **SE-VO Art. 3** 36
– Verschmelzung, Betriebsübergang **SE-VO Art. 29** 8
– Verschmelzungsplan **SE-VO Art. 20** 3 ff.
– Verschmelzungsrecht, Anwendbarkeit **SE-VO Art. 18** 2 ff.
– Verwaltungsrat, Ausschüsse **SE-VO Art. 44** 5
– Verwaltungsrat, Geschäftsführung **SE-VO Art. 43** 15
– Verwaltungsrat, Größe und Zusammensetzung **SE-VO Art. 43** 25
– Verwaltungsrat, Leitungsaufgabe **SE-VO Art. 43** 10
– Verwaltungsrat, Rechtsstellung der geschäftsführenden Direktoren, **SE-VO Art. 43** 36
– Verwaltungsrat, Rechtsstellung der Mitglieder **SE-VO Art. 43** 31
– Verwaltungsrat, Überwachungsaufgabe **SE-VO Art. 43** 21
– Verwaltungsrat, Vertretung der SE **SE-VO Art. 43** 19
– Verwaltungsrat, Vorsitzender **SE-VO Art. 45** 2
– Vorlagepflicht **SE-VO Art. 26** 3
– Vorrats-SE **SE-VO Art. 1** 21; **SE-VO Art. 2**; **SE-VO Art. 3** 26 ff.
– Wahlrecht **SE-VO Art. 38** 3
– Zweijahresfrist **SE-VO Art. 2**; **SE-VO Art. 3** 14, 24; **SE-VO Art. 64** 4
SE-Gründung SpruchG 1 13
Sektorkenntnis 100 60 f.; **107** 150d
Self dealing 93 131
Serienzeichen 13 23
SE-Typen SE-VO Vor Art. 1 18

Shareholder Value 76 29 ff.; **116** 22, 31 f.; **192** 42
– Satzungsbestandteil **82** 33
Share-Ownership-Guidlines 87 32
Sharholder activisim 117 1
Sicherheitsleistung, s. auch *Gläubigerschutz*
– Beherrschungs- und Gewinnabführungsvertrag **303** 5 ff., 26
– Eingliederung **321** 2 ff.
– Hinterlegung **272** 7
– Kapitalherabsetzung, Hinweis des Gerichts **225** 22
– Schluss der Abwicklung **273** 2
– Sitzverlegung SE **SE-VO Art. 8** 16
– Vermögensverteilung **272** 9
Sicherung der Arbeitnehmerbeteiligung bei Eintragung SE-VO Art. 12 6
Sicherung der Gesellschaft und der Gläubiger
– Zuweisung bei Beherrschungsverträgen **300** 20
– Zuweisung bei Gewinnabführungsverträgen **300** 4
– Zuweisung im Teilgewinnabführungsvertrag **300** 16
Sicherungseigentum, Einpersonen-Gesellschaft 42 3
Side-Stream-Merger SE-VO Art. 31 2
Siemens/Nold Entscheidung 243 172
Siemens-Nold-Entscheidung 202 19; **203** 79; **Vor 241** 24
Sittenwidrige Beschlüsse 241 210 ff.
Sitz der Gesellschaft 5 4; **14** 3; **19** 11; **SE-VO Art. 7** 3
– Beschränkungen **5** 7
– Doppelsitz **5** 7
– Festlegung **5** 4
– Mehrfachsitz **5** 7
– unzulässige Bestimmung **5** 11
– Verfahrensrecht **5** 2
– Verlegung **5** 9
Sitztheorie IntGesR 4; **SE-VO Art. 7** 1
Sitzungsgelder 113 10
Sitzungsleitung 107 41
Sitzungsniederschriften 107 65 ff.
– Abschriften der Protokolle **107** 74
– Anfertigung des Protokolls durch Aufsichtsratsvorsitzenden **107** 66
– Beschlagnahme der Protokolle **107** 78
– Genehmigung **107** 70
– Rechtswirkungen des Protokolls **107** 72
Sitzverlegung 5 9; **45** 3; **179** 82 ff., **SpruchG 1** 13
– Amtslöschung **45** 4
– Änderung der tatsächlichen Verhältnisse **45** 4
– Anmeldung **45** 6
– Europäische Aktiengesellschaft **141** 9; **SE-VO Art. 8** 1
– im Inland **5** 9; **45** 5
– in einen anderen Gerichtsbezirk **45** 8

Sachverzeichnis

Fett gedruckte Zahlen = Paragraphen

– innerhalb desselben Gerichtsbezirks **45** 12
– ins Ausland **5** 10; **45** 5; **179** 83; **262** 74
– Niederlassungsfreiheit **45** 5; **IntGesR** 13
– Rechtsfolgen **SE-VO Art. 8** 22
– Satzungsänderung **45** 3
– steuerliche Mitteilungspflichten **45** 13
– Verfahren **45** 3
– Zurückweisung des Antrags **45** 11
Sitzverlegungsverbot SE-VO Art. 37 6
Societas Privata Europea SE-VO Vor Art. 1 22
Sofortige Beschwerde SpruchG 12 12
Sonderbeschluss außenstehender Aktionäre 295 19; **296** 15
Sonderbeschluss der Vorzugsaktionäre 141 49
– Aufhebung des Vorzugs **141** 60
– Besonderheiten beim Bezugsrechtsausschluss **141** 57a
– gesonderte Versammlung **141** 53
– Mehrheitserfordernisse **141** 55
– Rechtsfolgen bei Fehlen **141** 52
Sonderbeschluss, Kapitalherabsetzung 222 32
Sonderbeschlüsse 179 18, 157, 178 ff.; **182** 27
– Erfordernis **182** 27
– fehlerhafte **138** 24
– Fehlerhaftigkeit **179** 203
– Kapitalerhöhung **182** 27 ff.
– kraft Satzung **138** 11
– Mehrheitserfordernis **179** 200
– Satzungsänderung **179** 19
– Verfahren **179** 193
– vorgeschriebene **138** 5
– Wirksamkeit **182** 30
Sondereinlage KGaA 280 24
Sonderinteressen der Geschäftsleiter 93 72
Sonderposten mit Rücklagenanteil 270 59
Sonderprüfer 142; **258** 9 ff., *s. auch Bestellung der Sonderprüfer*
– Abberufung **142** 120 ff.
– Auswahl **143**, *s. auch Auswahl des Sonderprüfers*
– Befangenheit **143** 37
– Berichterstattung **145** 42 ff., *s. auch Prüfberichtsgrundsätze*
– Bestellung **142** 82 ff., 111
– Bestellung der Sonderprüfer **143** 6 ff.
– Bestellungsverbote **143** 17 ff.
– Eigenverantwortlichkeit **144** 18
– Ersatzprüfer, vorbeugende Bestellung **142** 95 f.
– freiwillige Prüfungen **144** 39; **145** 68 ff.
– Geeignetheit **143** 6 ff.
– Geeignetheit, nachträglicher Fortfall **143** 15
– gerichtlich bestellter, Stellung **142** 182
– gerichtlich bestellter, Vergütung **142** 237 ff.
– gerichtlich bestellter, Vertrag **142** 182
– gerichtliche Bestellung **142** 125 ff.; **143** 43 f

– gerichtliche Bestellung, Auswahlentscheidung **142** 179
– gerichtliche Bestellung, börsennotierte Gesellschaften **142** 145
– gerichtliche Bestellung, Subsidiarität **142** 136
– gerichtliche Ersatzbestellung **142** 205 ff.
– gewissenhafte Prüfung **144** 6 ff.
– Haftung **144** 21 ff.
– Hauptversammlung **142** 199 f.
– Insiderhandelsverbot **144** 21
– kapitalmarktrechtliche Pflichten **144** 21
– Netzwerkmitglieder, Bestellungsverbot **143** 33
– persönliche Durchführung der Prüfung **144** 20
– Pflichtenumfang **144** 5
– Prüfungsgegenstand, Auslegung **142** 91, 147
– Prüfungsgesellschaften, Ausschlussgründe **143** 34 ff.
– Prüfungsvertrag **142** 112 ff.; **143** 14, 45
– Prüfungsvertrag bei gerichtlicher Bestellung **142** 182
– Prüfungsvertrag, Kündigung **142** 116
– Rechte **145** 10 ff., *s. auch Rechte des Sonderprüfers*
– Rechtsstellung **142** 44 ff.
– Sonderprüfungsvertrag **142** 45
– strafrechtliche Verantwortlichkeit **144** 15, 38
– Unparteilichkeit **144** 10
– Verschwiegenheit **144** 11 ff.
– Verwertungsverbot **144** 16 f.
– Wegfall **142** 220 f.
– Weisungsfreiheit **142** 91
Sonderprüfung 131 91; **283** 17, *s. auch Bestellung eines Sonderprüfers, Person des Sonderprüfers, Rechte des Sonderprüfers, Verantwortlichkeit des Sonderprüfers, Auswahl*
– Abkauf des Antrags **142** 178
– Ad-hoc-Mitteilungspflichten **142** 192
– Anordnung **142** 33, 43, 82 ff.
– Antrag, Abkauf **142** 178
– Antrag, Rechtsschutzbedürfnis **142** 87
– BaFin **142** 194, 241 f.
– Bagatellgrenze **142** 53
– Bedeutung **142** 6 ff.
– Beendigung, vorzeitige **142** 117 ff.
– Befangenheit **143** 37
– Berichterstattung **142** 198; **145** 42 ff., *s. auch Prüfberichtsgrundsätze*
– Berichterstattung, Einbeziehung des Vorstands **145** 37
– Bestimmtheitserfordernis **142** 48, 90
– bilanzielle **142** 26
– Corporate Social Responsibility **142** 65
– Durchführung **142** 196 ff.; **315** 12
– Enforcement-Verfahren, Verhältnis **142** 36
– England **142** 15 f.
– Entscheidung des Gerichts **315** 9
– Ergebnisse, Maßnahmen **142** 188 ff.
– Ersatzansprüche gegen Organe **147** 16 f.

Mager gedruckte Zahlen = Randnummer **Sachverzeichnis**

– Ersatzprüfer, vorbeugende Bestellung **142** 95 f.
– falsche Angaben **400** 107
– Folgen **142** 188 ff.
– Frankreich **142** 14
– Gegenstände **315** 12
– gerichtliche Anordnung **142** 125 ff.
– gerichtliche Anordnung, anderer Sonderprüfer **142** 205 ff.
– gerichtliche Anordnung, Beendigung **142** 183 f.
– gerichtliche Anordnung, Gesellschaftswohl **142** 155 ff.
– gerichtliche Anordnung, Prüfungsgegenstand **142** 143 ff.
– gerichtliche Anordnung, Rechtsschutzbedürfnis **142** 165
– gerichtliche Anordnung, Tatsachenvotrag **142** 150 ff.
– gerichtliche Anordnung, Verhältnismäßigkeitsprüfung **142** 155 ff.
– gerichtliche Bestellung eines anderen Sonderprüfers **315** 10
– Gründungsvorgänge **142** 54
– Hauptversammlung, abschließende Kompetenz **142** 124
– Hauptversammlungsbeschluss **142** 82 ff.
– Hauptversammlungsbeschluss, fehlerhafter **142** 105 ff.
– Hauptversammlungsbeschluss, Stimmverbote **142** 98 ff.
– insolvente Gesellschaft **142** 78 ff.
– Investmentaktiengesellschaften **142** 40
– Jahresabschluss **142** 62 ff.
– Jahresabschluss, Anpassung wegen Anordnung **142** 193
– Jahresabschluss, Sonderprüfung gem. § 258 AktG **142** 201 ff.
– Kapitalmarkt, Maßnahmen **142** 66
– kapitalmarktorientierte Unternehmen, Mitteilungen **142** 194, 241 f.
– Kapitalmaßnahmen **142** 67
– KGaA **283** 17
– Klagezulassungsverfahren, Verhältnis **148** 32 f.
– Konzern **143** 69; **145** 35
– konzernrechtliche Sonderprüfung **142** 27
– Konzernsachverhalte **142** 22
– Kosten **146** 5 ff.; **315** 14
– Kostentragung bei Anordnung und Bestellung des Prüfers durch Hauptversammlung **146** 17
– Kostentragungspflicht der Antragsteller **146** 11
– Kostentragungspflicht der Gesellschaft **146** 5
– Maßnahmen des Aufsichtsrats **142** 59
– Maßnahmen des Vorstands **142** 56 ff., 60 f.
– Mitteilungspflichten **142** 192, 194
– Motive **142** 9
– Nichtigkeits- und Anfechtungsklage **142** 32
– persönliche Durchführung **144** 20

– Prüfungsgegenstand **142** 48 ff.
– Prüfungsgegenstand bei gerichtlicher Anordnung **142** 143 ff.
– Prüfungsgegenstand, Änderung **142** 148
– Prüfungsgegenstand, Auslegung **142** 91
– Prüfungsgegenstand, Bestimmtheitserfordernis **142** 90
– Prüfungsgegenstand, Erweiterung **142** 92
– Prüfungsvertrag **142** 112 ff.
– Rechte des Sonderprüfers **145** 10 ff.
– rechtliche Bewertung des Prüfers **142** 52
– Rechtsmissbrauch **142** 68, 156, 166
– Schadensersatzpflicht der antragstellenden Aktionärsminderheit **146** 13
– Schweiz **142** 17 f.
– Sonderprüfer **142** 44 ff., *s. auch Sonderprüfer, s. dort*
– Sonderprüfungsvertrag **142** 45
– Spruchverfahren, Verhältnis **142** 38
– Tatsachenermittlung, Beschränkung auf **142** 52
– Überwachungsfunktion **142** 6
– Umwandlungen **142** 30, 72 ff.
– Verfahrensgrundsätze **315** 9
– Voraussetzungen **315** 4
– Wegfall des Sonderprüfers **142** 220 ff.
– Zufallsfunde **145** 17
Sonderrecht der atypischen KGaA 278 28 ff.
Sonderrechte 11 4, *s. Sondervorteile*
– Entsendung von Aufsichtsratsmitgliedern **101** 50
Sonderrücklagen 218 4
– bedingtes Kapital **218** 2
– genehmigtes Kapital **218** 9
– Genussrechte **218** 8
– Optionsanleihen **218** 8
Sondervermögen 41 120
Sondervorteile 26 2 ff.; **243** 191 ff.
– Änderung **26** 14
– Arten **26** 3
– Aufhebung, Zustimmungserfordernisse **179** 147 f.
– Ausgleichsgewährung **243** 209 ff.
– Beherrschungs- und Gewinnabführungsvertrag **243** 214
– Beseitigung **26** 15
– Erlöschen **26** 6
– Fehler **26** 11
– Festsetzung in der Satzung **26** 5
– Gewinnverwendungsbeschluss **254** 6
– KGaA **281** 16
– materiell-rechtliche Grenzen **26** 4
– Spruchverfahren, Vergleich **SpruchG 11** 9
– strafrechtliche Haftung **399** 147 ff.
– Übertragung **26** 6
– unzulässige Verfolgung **257** 14
– Verbot **93** 125
Sorgfaltspflicht der Vorstandsmitglieder 93 10, 14
– Ausnahmen **93** 28

2443

Sachverzeichnis Fett gedruckte Zahlen = Paragraphen

- Auswahlsorgfalt **93** 102
- Berufspflichten **93** 43
- Deutscher Corporate Governance Kodex **161** 24 ff.
- Einweisungssorgfalt **93** 103
- externe Pflichtenbindung **93** 23
- interne Pflichtenbindung **93** 15
- Legalitätspflicht **93** 14
- nützliche Pflichtverletzungen **93** 36
- organspezifische Rechtspflichten **93** 15
- Planungsverantwortung **93** 52
- Sorgfaltspflichten im engeren Sinne **93** 41
- Überwachungssorgfalt **93** 104
- Verhaltensmaßstäbe **93** 41
- zentrale Aufgabenfelder **93** 50

Sorgfaltspflicht und Verantwortlichkeit der Aufsichtsratsmitglieder 116 37 ff.
- Bagatellfälle **116** 60
- Beratung durch Experten **116** 49 f., 68
- Business Judgement Rule **116** 43, 59
- Delegation auf Ausschüsse **116** 45; **171** 22
- Einlagenrückgewähr **57** 101
- Enthaftung, Freistellung und D&O-Haftung **116** 183 ff.
- gegenseitige Überwachung und Selbstevaluation **116** 53
- Geltendmachung von Ansprüchen gegen Vorstand **116** 58 ff.
- Geltung für alle Aufsichtsratsmitglieder **116** 9
- Gemeinwohl, Beachtung **116** 24 ff.
- Gründungsschwindel **399** 84 ff.
- Haftung des überstimmten Aufsichtsratsmitgliedes **116** 11
- Haftung des verhinderten Aufsichtsratsmitgliedes **116** 52
- Haftung Dritter für Fehlverhalten der Aufsichtsratsmitglieder **116** 208
- Haftung für Berichterstattungsmängel **171** 82
- Haftung für pflichtwidrige Weisungsrechtsausübung **309** 7; **310** 4
- Haftung für unangemessene Vorstandsvergütung **116** 56
- Haftung, strafrechtliche **399** 27 ff., 84 f., 177, *s. auch strafrechtliche Organ- und Vertreterhaftung*
- Ision-Urteil des BGH **116** 50
- Kartellrechtsverstöße, Verhalten bei **116** 63
- Kodizes als Pflichtenmaßstab **116** 21 f.
- Mindestanforderung **116** 33
- persönliche Amtswahrnehmung **111** 78; **171** 18
- Pflichtenmaßstäbe **116** 8 ff.
- Prüfpflichten **116** 73
- Prüfung des Jahresabschlusses **171** 10 ff., 13
- Prüfung von Ersatzansprüchen **116** 58
- Rechte des Sonderprüfers **145** 10 ff., *s. auch Rechte des Sonderprüfers*
- Reputationsschaden, Verhinderung **116** 60
- Risikoanalyse **116** 48
- Schadenersatzpflicht gegenüber der AG **116** 124 ff.
- Schiedsverträge **116** 162
- Shareholder Value **116** 23 ff., 31 f.
- Sonderprüfungsbericht **145** 42 ff., *s. auch Prüfbericht, s. auch Prüfberichtsgrundsätze*
- Sondertatbestände **116** 141 ff.
- Sozialbindung, Beachtung **116** 24 ff.
- strafrechtliche Haftung **399** 27 ff., 84 f., 177, *s. auch strafrechtliche Organ- und Vertreterhaftung*
- Treuepflichten **116** 74 ff., *s. auch Treuepflichten der Aufsichtsratsmitglieder*
- Überwachung von Risikomanagementsystemen **116** 67
- Überwachung, Pflichtverletzungen bei der **116** 69
- Unternehmensinteresse **116** 29
- Verfolgung der Ansprüche durch Gläubiger **116** 188 ff.
- Verhältnis zu Pflichten des § 93 AktG **116** 46
- Verjährung **116** 175
- Verzicht und Vergleich **116** 161 ff.

Sorgfaltspflichten im engeren Sinne 93 41
Sozialbindung
- Orientierungsmaßstab für Aufsichtsrat **116** 24 ff.

Sozialer Geltungsanspruch 1 21
Spaltung 249 27
Spaltung KGaA 280 23
Spartenaktien, *s. Tracking Stocks*
Spartenorganisation 77 38
Spekulationsgeschäfte 93 75
Spenden 76 45 ff.
Sperrjahr 267 7; 272 3; 290 8
Sperrminorität 17 27
Spezial-AIF WpHG 33–47 26
- Zurechnung Stimmrechte (WpHG) **WpHG 33–47** 41

Sphärenvermischung 1 54
Spruchverfahren Vor 241 13; SpruchG 1 3, 7, 30; SE-VO Art. 24 11; SE-VO Art. 25 8
- Antragsbegründung, *s. dort*
- Antragsberechtigung, *s. dort*
- Antragsfrist, *s. dort*
- Antragsgegner, *s. dort*
- Antragsrücknahme, *s. dort*
- Beschwerdebefugnis, *s. dort*
- Beschwerdeverfahren, *s. dort*
- Entscheidung des Prozessgerichts, *s. dort*
- Ertragswertmethode **SpruchG 8** 6
- FamFG, Geltung **SpruchG 17** 2
- FGG, Geltung **SpruchG 17** 3
- gemeinsamer Vertreter, *s. dort*
- Geschäftswert, *s. dort*
- gütliche Einigung, *s. dort*
- Kosten, *s. dort*
- mündliche Verhandlung, *s. dort*
- Rechtsbehelfe, *s. dort*
- Schiedsverfahren anstelle Spruchverfahren **SpruchG 1** 36
- SE **SpruchG 3** 12 ff.
- sofortige Beschwerde, *s. dort*

Mager gedruckte Zahlen = Randnummer

– Unternehmensbewertung im **SpruchG 8** 4 f.
– Verfahrensbeendigung, *s. dort*
– Vergleich, *s. dort*
– Verhältnis zur Anfechtung **327f** 3
– Verkehrswert **SpruchG 8** 5
– Vermögensübertragung, Anwendung **179a** 44 f.
– Wirkung der Entscheidung, *s. dort*
– Zuständigkeit, *s. dort*
Sprungregress 65 19
Squeeze-Out 179a 37; **327a** 1 ff.
– Ad-hoc-Mitteilungen **327c** 14
– ADR **327a** 22; **327e** 12
– Anfechtung, HV-Beschluss **245** 21
– Anfechtung, HV-Beschluss wg. Treuwidrigkeit **327a** 25 ff.
– Anfechtung, Verhältnis zu Spruchverfahren **327f** 2 ff.
– angemessener Ausgleich, Beendigung des Anspruchs **304** 37
– Auflösungsstadium **264** 39 f.; **271** 6
– Ausgleichspflicht **304** 37
– Auskunftsrecht der Aktionäre **327d** 5
– Ausschlussverfahren, Minderheitsaktionäre **327a** 6
– Barabfindung **327b** 4 ff., *s. auch Barabfindung, Eingliederung, Squeeze Out*
– Barabfindung, Bekanntmachung **327b** 13
– Barabfindung, Bemessung **327b** 4 ff.
– Barabfindung, Prüfung **327c** 8 ff.
– Barabfindungsgewährleistung **327b** 10 ff.
– Beherrschungsvertrag als Voraussetzung **291** 8
– Börsennotierung **327a** 14
– Fragerecht der Aktionäre **327d** 5
– Freigabeverfahren **327e** 6
– Gewährleistungserklärung **327b** 15
– Hauptversammlung **192** 83; **327a** 20 ff., *s. auch Hauptversammlung, Ausschluss von Minderheitsaktionären*
– Hauptversammlung, Durchführung **327d** 3 ff.
– Hauptversammlung, Vorbereitung **327c** 2 ff.
– Informationspflichten **327c** 11 ff.
– Kapitalmarktrecht, Verhältnis zu **327a** 11
– Konzern **327a** 12
– Liquidationsgesellschaft **264** 39 f.; **271** 6
– Optionsrechte **327b** 8
– Parallelprüfung **327c** 10
– Pflichtangebot, Verhältnis zu **327a** 10 ff.
– Rechtsschutz, Spruchverfahren **327f** 2 ff., *s. auch Spruchverfahren*
– Redeemable shares **327a** 7
– sachliche Rechtfertigung **327a** 24
– Spruchverfahren **1** 11
– Spruchverfahren beim übernahmerechtlichen **1** 26
– Spruchverfahren, anhängiges **327e** 10
– Strukturmaßnahme außerhalb UmwG **Vor § 15** 20
– Übernahmeangebot, Verhältnis zu **327a** 10 ff.

Sachverzeichnis

– Unternehmensbewertung **327b** 4 ff.
– Unternehmensverträge **327e** 10
– verschmelzungsrechtliches Ausschlussverfahren **327a** 11 a f.
– Vorzugsbeeinträchtigung **141** 9
– Wandelanleihen **327b** 8
– Wandelschuldverschreibungen, Behandlung von **221** 161
– Zeitpunkt, Abfindung **327b** 3
– Zeitpunkt, Kapitalbeteiligung **327a** 18
– Zweckgesellschaft **327a** 26
Staatshaftungsrecht, Ansprüche 396 19
Staatsverträge IntGesR 20
Stabilisierung des Kursniveaus 71 6
Staffelregress 65 18
Stakeholder Value 76 29
Standards of conduct 93 64
Standards of review 93 64
Statusverfahren 96 44 f.; **97** 7 f.
Stellung der Hauptversammlung 118 5
– Organstellung **118** 5
– Stellung zu anderen Organen **118** 6
Stellung des Insolvenzantrags 92 59
– Antragspflicht **92** 59
– Antragspflichtige **92** 60
– Aufsichtsratsmitglieder **92** 66
– ausgeschiedene Vorstandsmitglieder **92** 64
– fehlerhaft bestellte oder faktische Vorstandsmitglieder **92** 62
– Vorstand **92** 60
Stellungnahme des Vorstandes oder des Aufsichtsrates nach einem Übernahmeangebot 400 97
Stellungnahme durch den Aufsichtsrat 171 73
Stellvertreter des Aufsichtsratsvorsitzenden 107 17, 53 ff.
– Anmeldung zum Handelsregister **107** 61; **184** 15
– Beendigung der Amtszeit **107** 56
– Ehrenvorsitzender **107** 62
– Rechtsstellung **107** 57
– Wahl nach dem Aktiengesetz **107** 54
– Wahl nach dem Mitbestimmungsgesetz **107** 55
Stellvertreter von Vorstandsmitgliedern
– Abberufung **94** 4
– Bestellung **94** 4
– Geschäftsführung **94** 6
– mitbestimmte Gesellschaften **94** 5
– Publizität **94** 8
– Vertretung **94** 7
Stellvertretung bei der Gesellschaftsanmeldung 36 13
Stenographische Aufzeichnungen der Hauptversammlung 130 70
Steuerliche Behandlung der Verschmelzung SE-VO Art. 17 8
– Auslandsverschmelzung **SE-VO Art. 17** 8
– Hinausverschmelzung **SE-VO Art. 17** 8

Sachverzeichnis

Fett gedruckte Zahlen = Paragraphen

– Hineinverschmelzung **SE-VO Art. 17** 8
Steuerliche Behandlung, Beteiligung an Aktienoptionsplänen
– Arbeitnehmer **192** 65
– Bemessungsgrundlage **192** 68
– Zeitpunkt **192** 66
Steuerliche Mitteilungspflichten, Sitzverlegung 45 13
Steuerrecht 1 30
Steuerrechtliche Behandlung der Vergütung von Aufsichtsratsmitgliedern 113 66
Steuerrechtliche Bestimmungen über das Gemeinschaftsrecht SE-VO Vor Art. 1 24
Steuerrechtliche Buchführungspflicht 91 9
Steuerrechtliche Organschaft Vor § 291 15 ff., *s. auch Organschaft*
– Gruppenbesteuerung, EU-Konformität **Vor § 291** 23 f.
Steuerumlagen 311 46
Stichentscheid 77 13; **107** 49
Stille Beteiligungen
– als Teilgewinnabführungsvertrag **291** 21
– an KGaA **278** 16
Stille Beteiligungen, Teilgewinnabführungsvertrag 292 21 ff.
Stille Liquidation 264 6; **270** 5
Stille Reserven 58 4; **131** 43
Stimmabgabe 77 24; **133** 18
Stimmbindungen, Nichtigkeit 136 59
Stimmbindungsverträge, KGaA 134 20, 22; **136** 36, 45 ff.; **285** 24
– Wirkung zulässiger Stimmbindungsverträge **136** 61
Stimmenkauf 405 75
Stimmenmehrheit 16 28
– Berechnung **35**
– eigene Stimmrechte **16** 31
– Gesamtstimmen im Unternehmen **16** 29
– Stimmen des übergeordneten Unternehmens **16** 30
– Zurechnung **16** 33
Stimmenmehrheit, Hauptversammlung 133 29
– einfache **133** 29
– qualifizierte **133** 33
Stimmenthaltungen 108 24
Stimmenverkauf 405 63
Stimmkraft 12 6
– Proportionalitätsgrundsatz **134** 6
Stimmlose Vorzugsaktien 139 39
Stimmpool 136 57
Stimmrecht 12 3 ff.; **108** 25; **134** 1
– abweichende Satzungsregeln **12** 9
– Aktionärsvereinigungen **135** 103 ff.
– Ausschluss **12** 10; **136** 6 ff.
– Ausübung **12** 8; **134** 1
– Ausübung durch Dritte **134** 38 ff.
– Beginn **134** 1
– bei vollständiger Einlage **134** 5
– Beschränkung **12** 11

– Form der Ausübung **134** 80
– geschäftsmäßig Handelnde **135** 105 ff.
– Höchststimmrechte **134** 8
– Kontrahierungszwang **135** 13
– Legitimationsnachweis **402** 21 ff.
– nach Nennbeträgen oder Zahl der Aktien **134** 1
– Record Date **123** 31; **402** 22, 26, 36, 43
– Stimmrechtsberater **135** 106b
– Stimmrechtsvertreter **135** 106a
– Teilleistung der Einlage **134** 5
– Unteilbarkeit **12** 7
– Verbote, gesetzliche **12** 14
– Vollmachtserfordernis **135** 2
– vor vollständiger Einlage **134** 29
Stimmrecht der Komplementäre, KGaA 285 13
– Gestaltungsspielräume **285** 14
– Grenzen **285** 15
– nur für Aktien **285** 13
Stimmrechtsausschluss 12 10; **67** 55; **103** 10; **136** 6
Stimmrechtsausschlussvertrag 136 46
Stimmrechtsausübung
– Aktionärsvereinigungen **135** 103, 104
– Bevollmächtigten **134** 48
– Dritte **134** 4, 38
– Ermächtigung bei fremden Namensaktien **135** 99
– Form **134** 80
– geschäftsmäßig Handelnde **135** 103, 105
– Haftung **135** 110 ff.
– Kreditinstitute **135** 11
– Stimmrechtsberater **135** 106b
– Stimmrechtsvertreter **135** 106a
– Verstöße **135** 110
– Vollmacht für fremde Aktien **135** 10
– Wirksamkeit der Stimmabgabe **135** 110
Stimmrechtsberater 135 106b
Stimmrechtsbeschränkungen, Schranken des Stimmrechts 134 2
Stimmrechtskonsortien 15 41
Stimmrechtsverträge 405 70
Stimmrechtsvertreter 135 106a
Stimmrechtsvollmacht für fremde Aktien 135 10
– generelle Vollmacht **135** 30
– Untervollmacht **135** 42
– Zurechnung Meldepflicht **WpHG 33–47** 51
Stimmverbot für Komplementäre der KGaA 285 15 ff.
– Ausnahmen **285** 27
– Bestellung von Sonderprüfern **285** 18
– Entlastung der Mitglieder des Aufsichtsrates **285** 17
– Entlastung der persönlich haftenden Gesellschafter **285** 17
– Folgen unzulässiger Stimmrechtsausübung **285** 29

Mager gedruckte Zahlen = Randnummer

Sachverzeichnis

– Geltendmachung von Ersatzansprüchen **285** 19
– GmbH & Co. KGaA **285** 25
– Stimmbindungsverträge **285** 24
– Umgehungen **285** 23
– Verzicht auf Ersatzansprüche **285** 19
– Wahl und Abberufung des Aufsichtsrats **285** 16
– Wahl von Abschlussprüfern **285** 20
Stimmverbote 1 72; **77** 25; **136** 6 ff.
– Kommanditist **136** 27
Stock appreciation rights 113 53; **192** 57
Stock Options 113 49 ff.; **192** 16, 39, *s. auch Aktienoptionspläne*
– bedingtes Kapital **192** 39 ff.
– hedging **193** 18a
– Repricing **192** 47; **193** 18
Stock-Option-Plans 84 45; **87** 42 f.
Strafrecht 1 28
Strafrechtliche Organ- und Vertreterhaftung
– Ad-hoc-Mitteilungen **400** 81 ff.
– Analogieverbot **399** 189
– Angaben **399** 50 ff.
– Ankündigungsschwindel **399** 179 ff.
– Auskunftsverweigerung **400** 41, 52, 63
– Berichtigungspflicht **399** 56
– Beurteilungen **399** 51; **400** 33
– Cash-Pools **399** 132 ff.
– Erklärung zu Unternehmensführung **400** 91 ff.
– Erklärung zum DCGK **161** 104; **400** 92
– faktisches Organ **399** 31
– Falschangaben gegenüber Prüfern **400** 100 ff.
– Garantenpflichten **399** 35; **400** 44
– Gebot der realen Kapitalaufbringung **399** 137
– Hauptversammlung, Vorträge oder Auskünfte in der **400** 58 ff.
– Hin- und Herzahlen **399** 126 ff.
– Insiderinformationen **400** 46
– Insolvenzverschleppung **401** 14 ff., 21 ff.
– Internetseiten, Überblick über Verhältnisse **400** 90
– Irrtum **399** 264 ff.
– Meinungsäußerungen **399** 51
– Nachgründungsbericht **399** 169, 174 ff.
– Offenbarungspflichten **400** 45
– Organmitglieder ausländischer Gesellschaften **399** 37 ff.
– Pressemitteilungen **400** 84 ff.
– private Äußerungen **400** 55
– Prognosen **399** 51; **400** 33
– Prüfungsbericht **399** 177
– Rechtswidrigkeit **399** 262
– Sacheinlagen **399** 155 ff.
– Schuld **399** 263
– Sondervorteile **399** 147 ff.
– strategischer Rahmen im Unternehmensverbund **76** 92
– Tathandlungen **399** 50 ff.

– Tatvarianten **399** 66 ff.
– Übernahmeangebot, Stellungnahme zu **400** 97
– unrichtige Darstellung, *s. dort*
– unrichtige Wiedergabe **400** 29 ff.
– unterlassene Richtigstellung **400** 51
– verantwortlicher Personenkreis **399** 27 ff.
– verdeckte Sacheinlage **399** 112 ff.
– Vermögensstand, Darstellung **400** 65 ff.
– Verschleierung **400** 48 ff.
– Verschweigen erheblicher Umstände **399** 59 ff.; **400** 118
– Verwendungsabsprachen **399** 140
– Vorsatz **399** 259
– wahrheitswidrige Erklärung **399** 65
– Wertungen **399** 54
Strafrechtliche Verfahren
– Übermittlung von Entscheidungen an die Abchlussprüferstelle **407a** 3
Streit oder Ungewissheit über Umsatzverhältnisse 98 13
Streitwert
– Festsetzung **247** 6
– Spaltung **247** 16
Strukturmassnahme
– Anfechtung des Beschlusses über **SpruchG 3** 29
– Hauptversammlungsbefugnis **264** 37
– nachfolgende, Spruchverfahren **SpruchG 3** 30 f.
– Spruchverfahren bei Entfallen **SpruchG 3** 26
– Squeeze Out als **Vor § 15** 20
Strukturveränderungen 179 28; **304** 76
Stückaktie 1 95 ff.; **8** 4, 41 ff.; **182** 48; **202** 94
– Begriff **8** 41
– Festsetzung **8** 45
– Investmentaktiengesellschaft **8** 8a
– Kapitalerhöhung **8** 47
– Kapitalherabsetzung **8** 48
– Mindesthöhe **8** 42
– Zwang zu hoher Stückzahl **8** 48
Stufengründung 27 144; **52** 48; **SE-VO Art. 32** 10; **SE-VO Art. 33** 16
Stuttgarter Modell 192 56
Subjektive Rechte der AG 1 20
– Finanzkrise, Äußerungen im Rahmen der **400** 89
Substanzwertverfahren 305 75
Subtraktionsverfahren 130 46; **133** 26
– bei online-Teilnahme **133** 26a
Supranationale Aktiengesellschaft SE-VO Art. 1 1
Synergieeffekte 186 45

Take-Over 116 98
Talon 58 102
Tatsächlicher Sitz, Änderung ohne Satzungsänderung 45 4
Täuschungshandlungen des Gesellschafters 1 70

Sachverzeichnis

Fett gedruckte Zahlen = Paragraphen

Teilbeherrschungsvertrag 291 24
Teileingezahlte Aktien
– Börsennotierung **10** 77
– eigene Aktien der Gesellschaft **215** 2
– Gewinnverteilung **216** 15
– gleichgestellte Aktien **215** 3
– Grundlagen **216** 11
– Kapitalerhöhung **215** 4
– Namensaktien **10** 72
– Nebeneinander von teil- und volleingezahlten Aktien **215** 8
– Nebenverpflichtungen **216** 31
– Rechtsbeziehungen zu Dritten **216** 19
– Stimmrecht **216** 17
– Subsidiarität der Kapitalerhöhung **182** 58
– Umfang der Kapitalerhöhung **215** 10
Teilgewinnabführungsvertrag Vor § 291 33; **291** 45; **292** 12 ff.; **300** 16; **SpruchG 1** 21
– Anmeldungsunterlagen **294** 8
– Genussscheine als **221** 66 f.; **292** 24a
– gesetzliche Rücklage **300** 16 ff., 25
– Höchstbetrag der Gewinnabführung **300** 4
– partiarische Darlehen **292** 24a
– stille Gesellschaftsverträge **292** 32
Teilhabegesetz 96 10a
Teilkonzernregelung 96 9
Teilnahme an der Hauptversammlung 118 11
– Abschlussprüfer, Teilnahmerecht und -pflicht **118** 20, 27; **171** 24 ff.; **176** 21
– Beeinträchtigung des Teilnahmerechts **118** 16, 21; **123** 46
– Bild- und Tonübertragung **118** 44
– Briefwahl **118** 42
– elektronische Teilnahme **118** 35
– faktische Beeinträchtigungen **118** 17
– Grenzen des Teilnahmerechts **118** 15
– Organmitglieder, Teilnahmerecht und -pflicht **118** 20
– Regelung in der Geschäftsordnung **118** 32
– Regelung in der Satzung **118** 32
– Schadenersatzansprüche gegen die Gesellschaft **118** 18
– Teilnahme Dritter und der Öffentlichkeit **118** 29
– Teilnahmerecht der Aktionäre **118** 11
– Wahrnehmung durch Vertreter **118** 13
Teilnahme an Sitzungen des Aufsichtsrates und seiner Ausschüsse
– Abschlussprüfer **109** 25; **171** 24 ff.
– Aufsichtsratsmitglieder von Konzerngesellschaften **109** 6
– Auskunftspersonen **109** 22
– Ausschluss von der Teilnahme **109** 7 ff., 30 ff.
– Dritte **109** 28
– Internetkonferenz **110** 48
– Sachverständige und Auskunftspersonen **109** 20
– Teilnahme für verhinderte Aufsichtsratsmitglieder **109** 43

– Teilnahme Nichtangehöriger an Ausschusssitzungen **109** 29
– Verstöße und Rechtsfolgen **109** 49
– Vertretung, Textform der Ermächtigung **109** 46 f.
– Videokonferenz **110** 35
– Vorstandsmitglieder **109** 14
Teilnahmebefugnis an der Hauptversammlung, KGaA 285 3
– Kommanditaktionäre **285** 3
– Komplementäre **285** 4
Teilnehmerverzeichnis der Hauptversammlung, Inhalt 129 16
– Aufstellung **129** 19
– Eigenbesitz **129** 26
– Fremdbesitz **129** 28
– gesonderte Hauptversammlung **138** 16
– Inhalt **129** 25
– Kreditinstituten gleichgestellte Unternehmen **129** 35
– Prüfung Stimmrechtsausübung **125** 8
– Publizität **129** 32
– Verstöße **129** 36
– Vollmachtbesitz **129** 27
– Zuständigkeit **129** 20
Teilnichtige Beschlüsse 241 65 ff.
– Eintragung **241** 97
– Heilung **242** 15
Teilrechte 214 12
– Entstehung **186** 17; **213** 2
– Mitgliedschaftsrechte, Ausübung **213** 5
– Veräußerlichkeit **186** 17; **213** 4
– Veräußerung **8** 61
– Vererblichkeit **213** 4
Teilweise Nichtigerklärung 248 20
Telefonkonferenz 107 67; **108** 61 ff.
Tendenzunternehmen 96 8
Testamentsvollstreckung 1 19
Thesaurierungsgebot 272 2
Tochter-SE, Gründung SE-VO Art. 3 15; **SE-VO Art. 35** 3
– Umgehung der verschmelzungsrechtlichen Schutzvorschriften **SE-VO Art. 36** 5
Tochterunternehmen 90 29; **186** 7
– in Abwicklung **270** 132
– Kapitalerhöhung **182** 73 ff.
Tonband- und Bildaufnahmen der Hauptversammlung 130 70
Tone from the Top 91 60a ff., *s. auch Compliance*
Total Return Swap 71 213
Tracking Stocks 11 2, 9; **186** 11b; **237** 12
Tranferable put rights 71 125
Transparenz der Bezüge 87 78
Transparenzgebot (SchVG) 221 176a f.
Transparenzrichtlinie II WpHG 33–47 5
Transparenzrichtlinie-Änderungsrichtlinie WpHG 33–47 7a, 66a f.
Transparenzrichtlinie-Umsetzungsgesetz WpHG 33–47 5, 101, 104a

Mager gedruckte Zahlen = Randnummer

Trennungsprinzip 1 36; **42** 13
Treuepflicht 8 20; **53a** 36; **84** 31; **101** 25; **117** 11; **131** 60; **136** 3; **179** 176
– Adressaten **53a** 47
– Aktionäre untereinander **53a** 50
– Begründung **53a** 41
– faktischer Konzern **53a** 61 ff.
– gesellschaftsrechtliche **243** 159 ff.
– Grenzen **53a** 53
– Inhalt **53a** 48
– Inhaltskontrolle beim Bezugsrechtsausschluss **186** 40
– Konzern **53a** 59 ff.
– Mitteilungspflicht aus aktienrechtlicher **Vor § 20** 11
– Organisationsmaßnahmen **53a** 67
– Schutz der Tochtergesellschaft **53a** 70
– Schutzrichtung **53a** 40
– selbstständiger Schutz der Minderheitsaktionäre **53a** 71
– Treuepflicht im Vertragskonzern **53a** 59
– Verletzung von Handlungspflichten **53a** 69
– Wirkungsweise **53** 38
Treuepflicht, Vorstandsmitglieder
– Geltungsgrund **93** 116
– Inhalt **93** 114
– Interessenkonflikte, Vermeidung **93** 122
– Sondervorteile, Verbot **93** 125
– Wirkungsrichtung **93** 118
Treuepflichten der Aufsichtsratsmitglieder gegenüber der Gesellschaft 116 74 ff.
– Arbeitnehmervertreter **116** 94
– Ausnutzung der Organstellung **116** 78
– Bankenvertreter **116** 96
– Beurteilungsspielraum **116** 76, 107
– Haftung bei Verletzung **116** 124 ff.
– Hoheitsträger **116** 93
– Interessenkollisionen **116** 84 ff.
– Konkurrenzunternehmen **116** 88 ff.
– Konzern **116** 121
– Konzerndoppelmandate **116** 97
– Unternehmensübernahmen **116** 98
– Verschwiegenheitspflicht **116** 99 ff.
– Zeugnisverweigerungsrechte **116** 118
Treugeber 57 109
Treuhand an Aktien 8 58; **70** 11
Treuhandverhältnis, Einpersonen-Gesellschaft 42 3
Treuwidrige Stimmabgabe 179 177
Two-tier-system 100 28
Typenkombination
– Gestaltungsmöglichkeiten **SE-VO Art. 3** 22
– Zulässigkeit **SE-VO Art. 3** 21
Typenmerkmale der Aktiengesellschaft 1 1

Überbewertung von Sacheinlagen 27 42; **46** 12; **183** 24, 27
– Differenzhaftung **9** 18; **183** 61
– nach Eintragung der Gesellschaft **27** 46
– vor Eintragung der Gesellschaft **27** 44

Sachverzeichnis

Übereignungsanspruch auf die Aktie 70 4
– Anwendungsfälle **70** 6
– Auseinandersetzung **70** 13
– Bestandsübertragungen **70** 14
– Gegner **70** 4
– Gesamtrechtsnachfolge **70** 12
– Inhalt **70** 5
– Treuhand **70** 11
– unentgeltlicher Erwerb **70** 10
Übereinstimmung der Satzung mit der SE-RL nach der Eintragung SE-VO Art. 12 15
Übergang der Nebenverpflichtungen 55 28
Überholende Nachwahl 101 98
Überkreuzverflechtung 100 25
Übernahme von Verbindlichkeiten, Vor-AG 41 128
– erleichterte Schuldübernahme **41** 128
– Übernahmeverbote **41** 133
Übernahmeangebot
– Haftung für Stellungnahmen nach einem **400** 97
– HV Zuständigkeit bzgl. genehmigtem Kapital **202** 78
Übernahmeerklärung 23 24
Übernahmekonsortium 188 76
Übernahmerecht
– börsennotierte KGaA **278** 105
– Erwerb eigener Aktien **71** 157
– Ort der Hauptversammlung **121** 76 ff.
– Pflichtangebot **278** 108; **327a** 10a
– Spruchverfahren **SpruchG 1** 26
Übernahmeverbote 41 133
Übernehmender Rechtsträger bei Verschmelzung SpruchG 1 24
Überpariemission 9 23; **27** 40, 43; **38** 9; **182** 49; **255** 8
– Begriff **9** 23
– Festsetzung **9** 24
– Höhe **9** 26
Überschuldung 92 53 ff.; **401** 21
Überseering-Entscheidung 45 5; **IntGesR** 13
Übertragbare Verkaufsoptionen 71 125
Übertragende Auflösung 179a 34 ff., 34; **262** 34, **SpruchG 1** 19
– einfache Vermögensübertragung **179a** 46
Übertragung des Bezugsrechts 186 17
Übertragung des ganzen Gesellschaftsvermögens
– Satzungsänderung **179a** 18
– Schutz der Vermögensinteressen der Aktionäre **179a** 1
– Unternehmensgegenstand **179a** 24
– Zustimmungsbeschluss der Hauptversammlung **179a** 13
Übertragung und Aufzeichnung der Hauptversammlung 118 44 ff.
Übertragung von Aktien 10 49
– Eigentumsübertragung nach Depotgesetz **10** 61

2449

Sachverzeichnis

Fett gedruckte Zahlen = Paragraphen

– sachenrechtliche Übertragung **10** 54
– Übertragungsbeschränkungen **179** 94; **191** 8
– Wertpapierrechtliche Übertragung **10** 54
Übertragung von Aktionärskrediten auf die AG 57 105
Überwachung der Geschäftsführung durch den Aufsichtsrat 111 6
– Aufsichtsrat im Insolvenzverfahren **111** 90 f.
– Beratung des Vorstands **111** 10
– Gegenstand der Überwachung **111** 6
– inhaltliche Anforderungen **111** 13
– persönliche Amtswahrnehmung **111** 78
– Überwachungsaufgabe im Konzern **111** 81
Überwachungsaufgabe des Aufsichtsrats im Konzern 111 81
– Aufsichtsrat der abhängigen Gesellschaft **111** 89
– Aufsichtsrat der Obergesellschaft **111** 81
– Aufsichtsrat und Konzernabschlussprüfer **111** 85
– Gegenstand der Überwachung im Konzern **111** 81
– Untersuchungsbefugnisse **111** 84
– Zustimmungsvorbehalt im Konzern **111** 86
Überwachungsfreie Räume 111 8
Überwachungspflichten 77 49; **91** 47
– horizontale Arbeitsteilung **91** 65; **93** 97
– vertikale Arbeitsteilung **91** 66; **93** 98
Überwachungssorgfalt 93 94
Überwachungssystem, Einrichtung 91 29 ff., 34, s. auch Organisationspflicht der Aktiengesellschaft
Ultra-vires-lehre 1 14
Umfang der Gründerhaftung 41 109
Umfang der Herrschaft 17 12
Umfang der Kapitalerhöhung 182 39; **215** 10
Umfang der Rechtsfähigkeit 1 14
Umfassendes Fragerecht 111 54
Umgang des Aufsichtsrats mit dem Vorstandsbericht 90 24
Umgehungsgeschäfte, Erwerb eigener Aktien
– Ausnahmen **71a** 56
– benannte Finanzierungsgeschäfte **71a** 23
– Einlagenrückgewähr **71a** 11
– Erwerb von Aktien der finanzierenden AG **71a** 30
– Finder's Fee **71a** 42
– Kurspflegekosten **71a** 41
– Rechtsfolgen **71a** 50
– Verbot der finanziellen Unterstützung des Erwerbs eigener Aktien **71a** 23
– Verbot der finanziellen Unterstützung, Ausnahmen **71a** 56 ff.
– Verbot des Aktienerwerbs durch Dritte für Rechnung der Gesellschaft **71a** 62
– Verschmelzung **71a** 44
Umgehungsschutz 27 104, 136

Umgehungsverbot der SE SE-VO Art. 3 21; **SE-VO Art. 9** 19
Umgekehrte Wandelanleihe 192 11a, 29a
Umgekehrter Durchgriff 1 74
Umlaufvermögen 71 25, 222, 240; **270** 2, 9, 17, 36 ff., 55, 81
Umsatzverhältnis 98 13
Umsetzung EG-Richtlinien, Einpersonen-AG 42 2
Umstände in der Person eines Aktionärs 262 68
Umstellung der Form der Aktie 8 9
Umstrukturierung IntGesR 44
Umtauschaktien, Ausgabe
– Ansprüche der Bezugsberechtigten **199** 33
– Ausnahme vom Deckungserfordernis **199** 25
– besondere Voraussetzungen **199** 13
– Deckungserfordernis **199** 16 ff.
– Verantwortlichkeit von Vorstand und Aufsichtsrat **199** 30
– Verstöße **199** 27
– Wirksamkeit der Ausgabe **199** 27
Umtauschanleihen 221 41, 185 ff.
Umtauschrechte, vgl. Bezugsrechte
UMTS-Lizenzen 311 47a
Umwandlung 141 17; **275** 5
– in eine SE **SE-VO Art. 3** 17; **SE-VO Art. 37** 1
– KGaA **280** 19
Umwandlung einer bestehenden Aktiengesellschaft in eine SE SE-VO Art. 37 1
– Anmeldung **SE-VO Art. 37** 16
– Eintragung **SE-VO Art. 37** 16
– Gläubigerschutz **SE-VO Art. 37** 20
– Hauptversammlungsbeschluss **SE-VO Art. 37** 14
– Minderheitenschutz **SE-VO Art. 37** 20
– Schutz der Arbeitnehmer **SE-VO Art. 37** 18
– Sitzverlegungsverbot **SE-VO Art. 37** 6
– Umwandlungsbericht **SE-VO Art. 37** 11
– Umwandlungsplan **SE-VO Art. 37** 8
– Vollzugsphase **SE-VO Art. 37** 16
– Vorbereitungsphase **SE-VO Art. 37** 7
– Zustimmungsphase **SE-VO Art. 37** 14
Umwandlung von Aktien
– Aktionärsverlangen **24** 2
– Satzungsänderung **24** 4 ff.
Umwandlung von Komplementäranteilen in Kommanditaktien 192 34
Umwandlung von Vorzugsaktien in Stammaktien 141 16
Umwandlungsfähigkeit von Rücklagen
– Anfechtbarkeit bei Verstoß **208** 34
– Beschränkungen der Höhe nach **208** 18
– Gesellschaftsrücklagen, weitere **208** 8
– Gewinnrücklagen **208** 6
– Kapitalrücklagen **208** 5
– Rücklagen für eigene Anteile **208** 7
– Verlustsituation **208** 24
– zweckbestimmte Gewinnrücklagen **208** 30

Mager gedruckte Zahlen = Randnummer

Sachverzeichnis

Umwandlungsrecht SpruchG 1 12
Umwandlungsrechtliche Maßnahmen
– Auswirkung auf Unternehmensverträge **297** 41 ff.
– Beschränkung des Vorzugs **141** 9
Umwandlungsschwindel 399 69
Unabhängige Aufsichtsräte 17 55
Unangeforderte Berichte an den Aufsichtsrat 90 16
– beabsichtigte Geschäftspolitik **90** 17
– Berichtshäufigkeit **90** 33
– Follow-up-Berichterstattung **90** 23
– Gang der Geschäfte **90** 27
– Gemeinschaftsunternehmen **90** 29
– Geschäfte von erheblicher Bedeutung **90** 28
– Management-Informationssysteme **90** 22
– Rentabilität **90** 25
– Tochterunternehmen **90** 29
– Umgang des Aufsichtsrats mit dem Vorstandsbericht **90** 24
– Unternehmensplanung **90** 18
– wichtige Anlässe **90** 31
Unbefugte Verwertung eines Geheimnisses 404 36 ff., 44
Unbefugtes Offenbaren eines Geheimnisses 404 33, 41 ff.
Unbeschränkbarkeit der Vertretungsmacht 82 4
Unbewusste Satzungsverletzung durch Hauptversammlungsbeschluss 179 53
Unechte Gesamtvertretung der Gesellschaft 78 33, 38
Uneingeschränktes Testat des Abschlussprüfers 171 46, 63
Unentgeltlicher Erwerb von Aktien 70 10
Ungeschriebene Kompetenzen der Hauptversammlung 119 21
– Betroffenheit der Aktionärsinteressen **119** 30b
– Delisting **111** 57; **119** 39 ff.
– Downlisting **119** 42
– Frosta-Entscheidung des BGH **119** 45
– Gelatine-Entscheidung **58** 63; **119** 26
– Holzmüller-Doktrin **58** 62; **119** 22; **182** 74
– innere Ordnung der Hauptversammlung **119** 37
– Kapitalerhöhung in der Tochtergesellschaft **182** 73
– Konzernbildungs- und Konzernleitungskontrolle **119** 35
– Wesentlichkeitsschwelle, Bezugsgröße **119** 34 ff.
– Wesentlichkeitsschwelle, differenzierte **119** 30g, 31a
– Zustimmung zu asset deals **119** 30e, 31 ff.
– Zustimmung zu Beteiligungserwerb und Veräußerung **119** 30a ff., 30f ff.
– Zustimmung zu Betriebsstilllegung **119** 32
– Zustimmung zu Sitzverlegung **119** 46 f.

Ungeschriebene Protokollangaben, Hauptversammlungsbeschlüsse 130 12
Uniform Fraudulent Transfer Act 92 21
Universalversammlung, s. *Vollversammlung*
Unmittelbare Beeinträchtigung des Vorzugs 141 7
– Aufhebung **141** 7
– nachträgliche Änderung eines selbständigen Nachzahlungsanspruches **141** 7
– nachträgliche Bedingung oder Befristung **141** 7
– Satzungsvorbehalt **141** 8
Unmittelbare Beherrschung 17 14
Unmittelbare Haftung der Aufsichtsratsmitglieder gegenüber Aktionären und Dritten
– Ansprüche der Aktionäre **116** 211
– außenstehende Dritte **116** 225 ff.
– culpa in contrahendo **116** 225
– Haftungsfreistellung durch HV-Beschluss **119** 14a
– Mitgliedschaftsrecht **116** 213
– Schadenskongruenz **116** 222
– strafrechtliche Haftung **116** 231
– Verletzung von Schutzgesetzen **116** 217, 228
– vorsätzliche sittenwidrige Schädigung der Aktionäre **116** 221
– vorsätzliche sittenwidrige Schädigung von Dritten **116** 230
Unrechtsvereinbarung 404a 28
– Stimmenkauf **405** 78 f.
– Stimmrechtsverträge **405** 71
Unrichtige Berichte über die Gründung 399 165 ff.
Unrichtige Darstellung 400, *s. auch Strafrechtliche Organ- und Vertreterhaftung*
– Darstellungen oder Übersichten über den Vermögensstand **400** 65
– Erklärung zum Corporate Governance Kodex **400** 92
– Falschangaben gegenüber Prüfern **400** 100 ff.
– Internetseiten **400** 90
– Machen falscher Angaben **400** 113 ff.
– Täterkreis **400** 27 ff.
– unrichtige Wiedergabe von Gesellschaftsverhältnissen **400** 29 ff., 32
– Verhältnisse der Gesellschaft, Darstellung **400** 56
– Verschleierung **400** 48
– Verschweigen erheblicher Umstände **400** 118
– Vorträge oder Auskünfte in der Hauptversammlung **400** 58
Unrichtige Wiedergabe von Gesellschaftsverhältnissen 400 29 ff., 32
Unrichtiges Berichten 403 34
Unrichtigkeit der Urkunde 73 6
Unteilbarkeit der Aktie 8 49
– Abspaltungsverbot **8** 50
– Ausnahmen **8** 51
– Verstoß **8** 62

Sachverzeichnis

Fett gedruckte Zahlen = Paragraphen

Unteilbarkeit von Stimmrechten 12 7
Unterbewertung von Bilanzposten 258 36
Unterbilanzhaftung 41 38, 77 ff.; **211** 5
Untergesellschaft 291 4
Unterkapitalisierung 1 59 ff.
Unterlagen zur Anmeldung der Gesellschaft 37 21
Unterlassene Verlustanzeige 401 4, 21 ff.
Unterlassungsklage Vor 241 19
Unternehmensbegriff 15 10; **19** 3
– BGB-Gesellschaft **15** 40
– Holdinggesellschaften **15** 24, 39
– mitbestimmungsrechtlich **31** 3a
– öffentliche Hand **15** 44
– Unternehmnsübergang, Gründungsbericht **32** 13
Unternehmensbewertung
– Abfindung bei Unternehmensvertrag **305** 49 ff., 70 ff., *s. auch Abfindung*
– Barabfindung bei Ausschluss **327b** 4 ff.
– Ermittlung im Spruchverfahren **SpruchG 8** 4 f.
Unternehmenseigenschaft, Beschränkungen
– abhängige Unternehmen **15** 14, 53
– ausländische Rechtsträger **15** 55
– herrschende Unternehmen **15** 13, 52
Unternehmenseigenschaft, maßgeblicher Zeitpunkt 15 45
Unternehmensführung
– Erklärung zur **400** 91 ff.
– ordnungsgemäße **93** 50
Unternehmensgegenstand 23 1; **41** 47; **93** 21; **179** 62
– Erwerb von Beteiligungen **179** 66 f.
– Geschäftsführungsbefugnis, Beschränkung der **82** 28 ff.
– Geschäftsführungsmaßnahmen **23** 16
– Gesellschaftszweck, Abgrenzung **23** 18
– Hilfsgeschäfte **23** 17
– Holdinggesellschaften **179** 67
– Konzernklauseln **23** 16; **179** 68 f.
– spezialgesetzliche Vorgaben **23** 17
– Überschreitung **82** 29 f.
– Übertragung des ganzen Gesellschaftsvermögens **179a** 24
– Unternehmensgruppe **82** 32
– Unterschreitung **82** 31
– Unterschreitungsverbot **23** 16
– Weisungsrechte bei Unternehmensverträgen **308** 29
Unternehmensinteresse 76 24; **117** 6
Unternehmenskauf 93 79
– bedingtes Kapital **192** 38a
– Contingent Shares **192** 38a
– Contingent Value Rights **192** 38a
– Earn-out-Klauseln **192** 38a
Unternehmenskrise, Fehlverhalten 93 322
Unternehmensplanung 90 18; **93** 52
– Rechtspflicht zur Unternehmensplanung **90** 19

– Umfang der Berichterstattung **90** 21
Unternehmensregister 184 29
Unternehmenssteuerung 93 54
Unternehmensübernahmen 116 98
– Stimmbindung **136** 60
Unternehmensveräußerung 268 9
Unternehmensverbund 15 1; **76** 83 ff.
Unternehmensverträge 179 78 f.; **Vor § 291** 25
– Abfindung, *s. Arten der Abfindung, s. auch Angemessenheit der Abfindung*
– Änderung **295** 3 ff., *s. auch Änderung von Unternehmensverträgen*
– Änderung (keine) durch Neubestimmung Abfindung im Spruchverfahren **SpruchG 11** 10
– Änderungskündigung **295** 12
– Anfechtungsklage **293** 33
– atypische Kreditverträge **292** 59
– Aufhebung **296** 4 ff.
– Ausgleich **304** 40 ff., *s. auch Angemessenheit des Ausgleichs, s. auch Arten des Ausgleichs, s. auch Ausgleichspflicht*
– Beendigung **297** 4, 31 ff., *s. auch Unternehmensverträge, Beendigung*
– Befristung **293** 8; **297** 31
– Beherrschungsvertrag **Vor § 291** 30
– Beitritt **295** 6, 22
– Betriebsführungsvertrag **292** 52
– Betriebspacht- und Betriebsüberlassungsvertrag **Vor § 291** 32; **292** 33
– Einlagenrückgewähr **57** 37
– fehlerhafte Verträge, Rechtsfolgen **291** 61 ff.
– Finanzdienstleistungsinstitute **291** 5a
– Franchiseverträge **292** 61
– Gewinngemeinschaft **291** 45; **292** 6
– Gleichordnungskonzernverträge **Vor § 291** 51
– grenzüberschreitende **Vor § 291** 47 ff.
– Inhaltskontrolle **293** 24 f.
– Insolvenz **297** 36 ff.
– Kartellvorbehalt **297** 57
– Kreditinstitute **291** 5a
– Kündigung **297** 5 ff., *s. auch Kündigung des Unternehmensvertrages*
– mit Privataktionären **15** 47
– numerus clausus **Vor § 291** 41
– organisationsvertraglicher Charakter **Vor § 291** 25
– Organschaft **Vor § 291** 15 ff.
– Parteiwechsel **295** 4 f.
– Personenhandelsgesellschaften **291** 4
– Prüfung, *s. Prüfung des Unternehmensvertrages*
– Rückwirkung **294** 26; **316** 5
– Satzungsänderung **179** 78 f.
– Spaltung **297** 43
– Squeeze-out **327e** 10
– Teilgewinnabführungsvertrag **291** 45; **292** 12 ff.
– Verkürzung **295** 8

Mager gedruckte Zahlen = Randnummer **Sachverzeichnis**

– Verlängerung **295** 9
– Verlust der Unternehmenseigenschaft **297** 55
– Vermögensübertragung **297** 56
– Versicherungsunternehmen **291** 5b
Unternehmensverträge, Beendigung
– Anmeldung **298** 2
– Anteilsveräußerung **297** 53
– Auflösung **297** 36
– Auswirkung auf Abfindung/Ausgleich **SpruchG 3** 27; **SpruchG 13** 9
– Eingliederung **297** 50
– Eintragung und Bekanntmachung **298** 10
– Rücktritt **297** 32
– Umwandlung **297** 41
– Zeitablauf **297** 31
Unternehmenszusammenschlüsse
– Aktienbezugsrechte **192** 17
– bedingte Kapitalerhöhung **192** 36
– Business Combination Agreement **187** 19; **291** 69 f.
Unternehmenszweck 1 14, *s. auch Rechtsfähigkeit*
Unternehmerfunktion des Vorstandes 76 11
Unternehmerische Entscheidung 93 67
Unternehmerische Mitbestimmung 17 54
Unterordnungskonzern 18 14, 24
Unterpariemission 9 1; **27** 42; **182** 49; **218** 1
– Verbot **9** 10
– verdeckte Unterpariemission **9** 16a
Unterscheidbarkeit der Firma 4 9
Unterschiedliche Ausstattung der Aktien 216 4
Unterschiedsbetrag 232 3
Unterschreitung der Schwellenwerte bei Kapitalherabsetzung 95 21
Unterschreitung des Mindestnennbetrages 228 3
– Eintragungsverfahren **228** 8
– Kapitalerhöhung **228** 4
– Kapitalherabsetzung **228** 3
Unterzeichnung 13 2
– Form der Urkunde **13** 8
– Inhalt der Urkunde **13** 14
Unterzeichnung des Jahresabschlusses 172 17; **173** 23
Unveräußerlicher Kernbereich der Leitungsaufgaben 76 9
Unverbriefte Aktien 214 10
Unvereinbare Zugehörigkeit zu Vorstand und Aufsichtsrat 105 6
– andere leitende Angestellte **105** 14
– andere Rechts- und Vertragsverhältnisse **105** 15
– Aufsichtsratsmitglieder als Stellvertreter von Vorstandsmitgliedern **105** 22
– Bestellung **105** 30
– Fehlen oder Verhinderung des Vorstandsmitglieds **105** 23
– Grundsatz der Priorität **105** 16 ff.

– Handlungsbevollmächtigter **105** 12
– Mitgliedschaft im Vorstand **105** 34
– Prokurist **105** 8
– Rechtsfolgen **105** 16
– Vorstandsamt **105** 6
– zeitliche Begrenzung **105** 27
Unversehrtheitsgrundsatz 41 73
Unwirksame Kapitalerhöhung 189 4
Unwirksame Sachgründung 52 54
Unwirksamkeitsklage Vor 241 12
Unzulässige Ausgabe von Aktien und Zwischenscheinen 405 15 ff.
Unzulässige Ausgabe von Namens- oder Inhaberaktien 405 11 ff.
Unzulässige Bestimmung des Gesellschaftssitzes 5 11
Unzulässiger Verzicht auf Haftungsansprüche 93 286
Up-Stream-Merger 71a 45; **SE-VO Art. 31** 1
Urhebereigenschaft 1 16
Urkunde 10 2; **13** 1
– Form der Urkunde **13** 8
– Inhalt der Urkunde **13** 14
Urteilswirkung 241 38; **248** 3; **252**
– Anfechtungsklage **248** 3; **252** 5
– Gestaltungswirkung **248** 6
– Nichtigkeitsklage **249** 19; **252** 3
– Rechtskraftwirkung **248** 18

VALE-Entscheidung IntGesR 14a
Variable Vergütungsbestandteile, Aufsichtsratsmitglieder 113 39 ff.
– Beteiligung am Jahresgewinn **113** 43
– Dividenden-Tantiemen **113** 48
– Vergütungen anhand des Aktienkurses **113** 49 ff., *s. auch Vergütungen anhand des Aktienkurses*
VEBA/Gelsenberg-Entscheidung 15 13
Veränderliches Kapital, Investmentaktiengesellschaft 1 90 ff.
Verantwortlichkeit anderer Personen neben den Gründern
– Ansprüche Dritter **47** 13
– Haftung des Emittenten bei Emission von Aktien **47** 6
– Haftung für den Empfang verdeckten Gründungsaufwands **47** 3
– Haftung für Mitwirkung bei Schädigung der Gesellschaft **47** 5
Verantwortlichkeit bei Fehlen eines Beherrschungsvertrages
– faktischer GmbH-Konzern **Vor § 311** 21
– Konzerneingangsschutz **Vor § 311** 37
– qualifiziert faktischer Aktienkonzern **Vor § 311** 25
Verantwortlichkeit der Gründer 46 1
– Anspruchsberechtigung **46** 23
– Ausfallhaftung **46** 18
– Einlagen **46** 10 ff.

Sachverzeichnis

Fett gedruckte Zahlen = Paragraphen

– Entlastung **46** 16
– Gründungsaufwand **46** 10 ff.
– Gründungsschwindel **399** 66 ff., 142 ff.
– Maßstab für die Richtigkeit **46** 5
– Richtigkeit und Vollständigkeit der Angaben **46** 4
– Sachübernahmen **46** 10 ff.
– Umfang **46** 3
– Verfügbarkeit der Einlagen, freie **46** 8
– Verschulden **46** 6
– Zahlstelle, Auswahlverschulden **46** 7
Verantwortlichkeit der Gründungsprüfer 49 3
Verantwortlichkeit der Verwaltungsmitglieder der Gesellschaft 318 3
Verantwortlichkeit des Aufsichtsrates 48 3
Verantwortlichkeit des herrschenden Unternehmens 309 39; **317** 4
– Ausübung von Konzernleitungsmacht **309** 16
– Beweislast **310** 8
– Geltendmachung durch Aktionäre und Gläubiger **309** 33
– Haftung **317** 4
– Mithaftung der gesetzlichen Vertreter **317** 15
– Schadenersatzpflicht **309** 20
– Sorgfaltspflichten **309** 6
– Verjährung **309** 38; **310** 10
– Verpflichteter **309** 6
– Verwaltungsmitglieder der Gesellschaft **310** 3
– Verzicht und Vergleich **309** 31; **310** 10
Verantwortlichkeit des Sonderprüfers
– Eigenverantwortlichkeit **144** 18
– gewissenhafte Prüfung **144** 6 ff.
– Haftung **144** 22 ff., 33 ff.
– kapitalmarktorientierte Unternehmen **143** 27
– persönliche Durchführung der Prüfung **144** 20
– Pflichtenumfang **144** 5
– strafrechtliche Verantwortlichkeit **144** 15, 38
– Unparteilichkeit **144** 10
– Verschwiegenheit **144** 11 ff.
– Verwertungsverbot **144** 16 f.
Verantwortlichkeit des Vorstandes 48 3
– Anspruchsberechtigter **48** 11
– Haftung der Organmitglieder **48** 3
Veräußerung des Bezugsrechts 186 17
Veräußerung eigener Aktien 53a 27; **71** 129
Veräußerung und Einziehung eigener Aktien
– Einziehungspflicht **71c** 14
– Modalitäten der Veräußerung **71c** 6
– Sanktionen **71c** 16
– Voraussetzungen der Veräußerungspflichten **71c** 2
Veräußerungen außerhalb der Börse 71 133
Verbot der Aktienausgabe vor Eintragung 41 67
Verbot der Ausschüttung der Bucherträge 233 13

Verbot der Einlagenrückgewähr 57 14 ff.
– Marktvergleich **57** 21 ff.
– Rechtsfolgen bei Verstößen **57** 86
– wechselseitig beteiligte Unternehmen **19** 7
Verbot der Geschäftsführung 111 61
Verbot der Selbstzeichnung 56 9 ff.; **185** 5
– Adressaten **56** 23 ff.
– Berichtspflicht **56** 36
– Beteiligung der AG an Tochterunternehmen **56** 28
– Haftung der Verwaltung der AG **56** 37
– Heilungsmöglichkeiten **56** 15
– Kursgarantie **56** 50
– Rechtsfolgen eines Verstoßes **56** 14
– Stellvertretung, Umgehung durch **56** 40 ff.
– verbotene Erwerbsvorgänge **56** 29
– verbundene Unternehmen **56** 20 ff.
Verbot der Überbewertung 27 42
Verbot der Unterpariemission 182 49; **218** 4
Verbot neuer Mehrstimmrechte 12 18
Verbot von Zahlungen an die Aktionäre
– Ausschüttungsverbot **230** 2
– Verwendungsbindung **230** 6
Verbot willkürlicher Ungleichbehandlung 53a 18
Verbotene Aktienausgabe 191 4; **203** 55; **219** 5
– gutgläubiger Erwerb, kein **191** 6; **197** 3
– Heilung, keine **191** 7; **197** 7
– künftige Mitgliedschaften **219** 4
– Nichtigkeit **191** 5; **197** 6
– Schadenersatzpflicht **191** 13; **197** 9
– Tatbestand **191** 4; **197** 3
– Übertragungsverbot **191** 8
– verschuldensunabhängige Haftung **191** 13; **197** 11
– vorzeitige Ausgabe **191** 4; **219** 2
– Zwischenscheine **191** 4; **219** 2
Verbriefung der Mitgliedschaft 10 27; **11** 37; **13** 3
Verbriefung des Bilanzgewinns 58 99
Verbriefung von Forderungen 13 7
Verbundene Unternehmen Vor § 15 1; **15** 1; **54** 73; **56** 40; **57** 77, 110; **62** 18
– Abhängigkeitsverhältnis **312** 5
– Änderungen während des Geschäftsjahres **312** 11
– Beherrschungs- oder Gewinnabführungsvertrag **312** 10
– Bericht des Vorstandes **312** 5
– Beschränkungen der Unternehmenseigenschaft **15** 52
– Bezugsberechtigung von Aktien **192** 60
– Einflussnahme s. Einflussnahme bei verbundenen Unternehmen
– Europäisches Konzernrecht **Vor § 291** 53
– handelsrechtlicher Begriff **15** 7
– herrschendes Unternehmen **15** 18

Mager gedruckte Zahlen = Randnummer

Sachverzeichnis

– internationale Verbindungen **Vor § 291** 44
– rechtliche Selbstständigkeit **15** 56
– Rechtstatsachen **Vor § 291** 56
– steuerrechtliche Organschaft **Vor § 291** 15
– Unternehmensbegriff **15** 10
– Unternehmensverträge **Vor § 291** 25
– Verbot der Aktienübernahme **56** 20 ff.
– Verbot der Aktienübernahme, Tochterunternehmen **56** 28
– Verfahren und Kosten **312** 14
Verbundene Verhandlungen 175 8
Verdeckte Beherrschungsverträge 291 69
Verdeckte Forderungseinbringung 27 118
– Forderungen der Gesellschaft gegen den Aktionär, Einlagenrückzahlung **27** 119
– Forderungen des Aktionärs gegen die Gesellschaft **27** 120
Verdeckte Gewinnausschüttung 284 14
– Beherrschungsvertrag **291** 15
– Betriebsführungsvertrag **291** 55
– nichtiger Beschluss **241** 184
Verdeckte Sacheinlage 27 51, 103, 107, 109; **54** 74; **57** 53; **183** 25 ff.; **188** 68, 80; **194** 20; **221** 127; **399** 112
– Abrede **27** 166
– Abrede, Offenlegung bei Anmeldung **188** 16
– Agio **27** 145
– Bareinlage **27** 104
– Beteiligung Dritter **27** 162
– Bewertung **27** 186 ff.
– Einlagenrückgewähr **57** 53
– Einlagenrückzahlung **27** 119
– einzelne Gegenstände verdeckter Sacheinlagen **27** 151
– Erfüllung der Einlagepflicht **27** 175 ff.
– Erwerb eines sacheinlagefähigen Gegenstandes **27** 146
– Eurobike-Urteil des BGH **27** 131
– fingierte **27** 108
– Forderungen der AG gegen den Inferenten **27** 152
– Forderungen des Inferenten gegen die AG **27** 151
– Forderungseinbringung **27** 118, 120
– Geschäfte des laufenden Geschäftsbetriebs **27** 161
– Gründungsschwindel **399** 112 ff.
– Haftung **27** 200
– Heilung **27** 203 ff.
– Hin- und Herzahlen **27** 118 ff., 124, 140, 213 ff., 240 f., 286 f.
– Kapitalerhöhung mit Sacheinlagen **183** 25 ff.
– Kaskadengründung **27** 161
– mittelbares Bezugsrecht **27** 165
– Nachgründung **27** 114; **52** 54; **57** 53
– Neutralisierung der Geldeinlage **27** 133
– Nichtigkeit **27** 178
– Offenlegung bei Anmeldung **188** 16
– Qivive-Entscheidung **27** 130
– Rechtsfolgen **27** 200 ff.

– Risikovermeidung **188** 81
– sachlicher und zeitlicher Zusammenhang **27** 156 ff.
– Sachübernahme **27** 107; **188** 80
– Sanktionen **27** 200 ff.
– Schütt-aus-Hol-zurück-Verfahren **27** 153
– Tatbestandsvoraussetzungen **27** 130 ff.
– Teileinzahlung **27** 197 f.
– Umgehungsschutz **27** 104, 136
– verdeckte gemischte **27** 194 ff.
– Vergleich zum Hin-und Herzahlen **27** 287
– Verwendungsabrede **27** 113
– vorsorgliche **188** 81
– wirtschaftliche Entsprechung **27** 132
– wirtschaftliche Neugründung **27** 126; **41** 86
Verdeckte Sachkapitalerhöhung 188 68 ff.
Verdeckte Sachübernahmen 27 107; **188** 80
– mit Dritten **27** 112
– mit Inferent **27** 111
Verdeckte Vergütungen 113 12
Vereinfachte Kapitalherabsetzung 226 3
– Durchführung **229** 26
– fehlerhafter Herabsetzungsbeschluss **229** 33
– fristgerechte Eintragung **234** 11; **235** 14
– Fristüberschreitung **234** 15; **235** 17
– Insolvenz **229** 31
– Liquidation **229** 31
– Umfang **229** 23 ff.
– Verbindung mit Kapitalerhöhung **229** 30
– Voraussetzungen **229** 4
Vereinfachte Konzernverschmelzung SE-VO Art. 31 1
– Ermächtigung zum vereinfachten Verfahren bei mindestens 90%-igen Töchtern **SE-VO Art. 31** 6
– vereinfachtes Verfahren bei Aufnahme einer 100%-igen Tochter **SE-VO Art. 31** 2
Vereinfachte Sachkapitalerhöhung
– Anmeldung **188** 23, 32
– Bewertung **183a** 20 f.
– Gegenstände **183a** 5 ff., 17 ff.
– Hin- und Herzahlen **183a** 40
– Prüfung durch das Registergericht **183a** 37 ff.
– Verfahren **183a** 26 ff.
– Wahlrecht **183a** 27
– Wertpapiere und Geldmarktinstrumente **183a** 5 ff.
– Wertpapiere und Geldmarktinstrumente, Durchschnittspreis **183a** 16
Vereinigung aller Aktien in einer Hand, nachträgliche 42 3
Vereinsverbot 262 62
Verfahrensbeendigung 248 28
– Anerkenntnis **SpruchG 11** 19
– Antragsrücknahme **SpruchG 11** 16
– Erledigungserklärung **SpruchG 11** 17 f.
– Verzicht **SpruchG 11** 19
Verfahrensförderungspflicht SpruchG 9 2

Sachverzeichnis

Fett gedruckte Zahlen = Paragraphen

Verfahrensgestaltung bei der mündlichen Verhandlung SpruchG 8 5, *s. auch mündliche Verhandlung*
- Aussetzung **SpruchG 8** 13
- Hinweispflichten **SpruchG 8** 12
- Notwendigkeit der Beweisaufnahme **SpruchG 8** 7 ff.
- Rechtsmittel **SpruchG 8** 14
- Sachverständigengutachten, Einholung **SpruchG 8** 8 f.
- sachverständiger Prüfer **SpruchG 8** 9 ff.
- sachverständiger Prüfer, Ladung **SpruchG 8** 11

Verfahrensgrundsätze SpruchG 8 3
Verfahrensprinzipien der Freien Gerichtsbarkeit, besondere 99 9
Verfahrensverbindung SpruchG 15 6
Verfälschen einer Bescheinigung 402 37
Verfolgungsrecht Vor 241 30
Verfolgungsrecht der Gläubiger 62 30
- Einwendungen **62** 38
- Insolvenz der AG **62** 41
- Verjährung **62** 44
- Voraussetzungen **62** 36

Verfügung über Bezugsrechte 186 17
Vergleich SpruchG 11 9 ff., 11; **SpruchG 15** 8
- Bekanntmachung **SpruchG 11** 14
- Inhalt und Wirkung **SpruchG 11** 9 ff.
- Protokollierung **SpruchG 11** 12
- Unwirksamkeit **SpruchG 11** 15
- Vergleichsabschluss **SpruchG 11** 9
- Vollstreckung **SpruchG 11** 13
- Zustimmung der Beteiligten **SpruchG 11** 11

Vergleich durch Vorstandsmitglieder 93 276
- betroffene Rechtshandlungen **93** 286
- Dreijahresfrist **93** 282
- erfasste Ansprüche **93** 285
- Geltendmachung **93** 290
- gerichtliche Zuständigkeit **93** 306
- Haftung gegenüber Dritten **93** 307
- Verjährung **93** 301
- Widerspruch durch Minderheit **93** 280
- Wirkung gegenüber Gesellschaftsgläubigern **93** 289
- Zustimmung der Hauptversammlung **93** 278

Vergleichsverbot der Gesellschaft 50 4
- Zulässigkeitsvoraussetzungen **50** 8

Vergleichszahlungen 76 54
Vergütung der Aufsichtratsmitglieder
- erster Aufsichtsrat **30** 17

Vergütung der Aufsichtsratsmitglieder 113 6
- allgemeine Kosten **113** 11
- Angemessenheit **113** 27
- Anspruchsentstehung **113** 60
- Antrittsgelder **113** 30
- aufgelöste Gesellschaft **264** 36a
- Aufsichtsratsvorsitzender **113** 11

- Auslagenersatz **113** 9
- börsennotierte Gesellschaften **113** 3a
- Corporate Governance Kodex **113** 2
- D&O-Versicherung **113** 15 f.
- DCGK, Empfehlung **113** 3
- Dienstwagen **113** 14
- Doppelmandate **113** 64
- Einreden **113** 59
- Entstehung des Anspruchs **113** 58
- Ergebnisbeteiligung **113** 43 ff.
- erster Aufsichtsrat **113** 56
- Fortbildungskosten **113** 10
- Gruppenversicherung **113** 15 f.
- Hauptversammlungskompetenz **113** 6
- Herabsetzung **113** 35
- Insolvenzverfahren **113** 59
- Jahresgewinn iSv 113 Abs. 3 **113** 43 ff.
- Kostenpauschale **113** 12
- long-term-incentives **113** 39
- Phantom Stocks **112** 53
- Publizität **113** 65
- Rechtsschutz **113** 62
- Repräsentationskosten **113** 10
- Sachverständigenkosten **113** 10
- Sitzungsgelder **113** 10
- steuerrechtliche Behandlung **113** 66
- Stock Options **113** 49 ff.
- variable Vergütungsbestandteile **113** 39
- verdeckte Vergütungen **113** 12
- Vergütungsanspruch, *s. dort*
- Vergütungsbestandteile **113** 13
- Vergütungsformen **113** 13
- Verjährung **113** 59
- Verzicht **113** 38
- Voraussetzungen **113** 21
- Wandelschuldverschreibungen **112** 51

Vergütung der Vorstandsmitglieder, *s. Vorstandsvergütung*
- Obergrenze, gesetzliche **192** 46b
- Tranparenz **192** 73a
- Vergütungsbericht **192** 46a
- VorstKoG (Entw.) **120** 56 ff.

Vergütung des ersten Aufsichtsrats 113 56
Vergütung des gemeinsamen Vertreters SpruchG 6 16
- Auslagen **SpruchG 6** 17
- Festsetzung **SpruchG 6** 20
- Umfang **SpruchG 6** 17
- Vergütung **SpruchG 6** 18
- Vorschuss **SpruchG 6** 21

Vergütung für Sachübernahmen 27 60
Vergütung in den Vorstand delegierter Aufsichtsratsmitglieder 113 59
Vergütung von Nebenleistungen
- Gewinnverteilungsschlüssel, Änderung **61** 11
- Höhe **61** 7
- Vergütungsanspruch **61** 4
- Verstöße **61** 12

Vergütungen anhand des Aktienkurses 113 51
- Indexorientierte Vergütungen **113** 55

Mager gedruckte Zahlen = Randnummer

– Phantom Stocks **113** 55
– Stock Appreciation Rights **113** 55
– Stock Options **113** 51
Vergütungsanspruch der Aufsichtsratsmitglieder 113 62
– Hauptversammlungsbeschluss **113** 25, 62
– Satzungsregelung **113** 22, 62
Vergütungsberater 87 40 f.
Vergütungstransparenz, KGaA 286 12
Verhaltenspflichten der Vorstandsmitglieder 77 29; **93** 10, 41; **182** 7; **185** 8
Verhältnis Beschlussmängel und Registerrecht 184 36
Verhinderung eines Aufsichtsratsmitglieds 104 50
Verjährung der Aktionärsrechte 54 81
Verjährung der Ersatzansprüche 51 3
Verjährung von Vergleichsforderungen 51 6
Verkauf der Aktie, Kaduzierung 65 49
– öffentliche Versteigerung **65** 54
– über die Börse **65** 53
– Verfahrensmängel **65** 67
Verkauf nicht abgeholter Aktien 214 7
Verkauf sämtlicher Aktien 1 73
Verkauf wesentlicher Aktive 119 31
Verkauf wesentlicher Betriebsteile 119 31
Verknüpfung von Aktionärspflichten mit Mitgliedschaftsrechten 55 15
Verlegung des Satzungssitzes 45 5, *s. auch Sitzverlegung*
Verlegung des Verwaltungssitzes IntGesR 8
– Änderungen des Satzungssitzes **IntGesR** 11
– Verlegung ins Ausland **IntGesR** 11
– Verlegung nach Deutschland **IntGesR** 12
– Wegzug **IntGesR** 9
– Zuzug **IntGesR** 10
Verlegungsbericht SE-VO Art. 8 11
Verlegungsbeschluss SE-VO Art. 8 7
Verlegungsverfahren SE-VO Art. 8 7
Verletzung der Berichtspflicht 403 18 ff.
– Geheimnisse, Beispiele **404** 32
Verletzung der Buchführungspflicht, Rechtsfolgen 91 21
– anerkannte Schutzgesetze **91** 24
– Schutzgesetzcharakter der Buchführungspflicht **91** 25
– Strafrecht **91** 21
– zivilrechtliche Außenhaftung **91** 24
– zivilrechtliche Innenhaftung **91** 23
Verletzung der Geheimhaltungspflicht 404 13 ff.
– Geheimnis, Begriff **404** 19 ff.
– gesetzliche Auskunfts- und Aussagepflichten **404** 51
– Rechtfertigung **404** 55 ff.
– unbefugte Verwertung eines Geheimnisses **404** 36 ff., 44
– unbefugtes Offenbaren eines Geheimnisses **404** 33 ff., 41 ff.

Sachverzeichnis

Verletzung der Insolvenzantragspflicht
– Altgläubiger **92** 77
– Haftung Dritter **92** 82 f.
– Haftung gegenüber den Gläubigern **92** 73
– Haftung gegenüber der Gesellschaft **92** 72
– Neugläubiger **92** 78
– Pflichtverletzung **92** 74
– Umfang des Schadenersatzes **92** 76
– Verschulden **92** 74
Verletzung der Verfahrensförderungspflicht SpruchG 10 3
Verletzung der Verlustanzeigepflicht 401 1
Verletzung von Handlungspflichten 53a 69
Verlust in Höhe der Hälfte des Grundkapitals 92 7
Verlustausgleichspflicht, *s. Verlustübernahme*
Verlustdeckungshaftung 41 38, 87
Verluste, zu hoch angenommene
– Einstellungspflicht **232** 7
– fiktive Bilanz **232** 4
– Unterschiedsbetrag **232** 3
– Verstoß **232** 9
Verlustübernahme
– Anspruchsinhaber und Anspruchsgegner **302** 25
– Beherrschungsverträge **302** 10
– Betriebspachtverträge **302** 31
– Betriebsüberlassungsverträge **302** 31
– Entstehen des Anspruchs **302** 20
– Fälligkeit **302** 21
– Gewinnabführungsverträge **302** 11
– Jahresfehlbetrag **302** 15
– Patronatserklärung **300** 10
– Vergleich **302** 44
– Verjährung **302** 24
– Verzicht **302** 44
Verlustübernahmevertrag 291 46
Verlustvortrag aus dem Vorjahr 158 3
Vermittlungsausschuss 107 135 ff.
Vermögensbindung, aktierechtliche 57 4 ff.
– Hin- und Herzahlen **57** 52
– verdeckte Sacheinlage **57** 53
Vermögenseinlage phG 281 7 ff.
– Änderung **281** 10 ff.
– Art **281** 7
– Bewertung **281** 8
– Nachgründungsregeln, Anwendbarkeit **280** 14 f.
– Sachgründungsprüfung **280** 12 f.
Vermögensfähigkeit 1 14
Vermögensgegenstände 27 17
Vermögenslosigkeit 262 59
– Löschung **262** 94
Vermögensminderung 210 6
Vermögensrechte 1 15
Vermögensübertragung 179a 32, 50; **249** 27; **262** 37, 72
– Angemessenheitskontrolle **179a** 44 f.
– Unternehmensverträge **297** 56
Vermögensvermischung 1 54

Sachverzeichnis

Fett gedruckte Zahlen = Paragraphen

Vermögensverteilung 271 7
– Verteilungsmaßstab **271** 11
– Verteilungsverfahren **271** 8
– Voraussetzungen **271** 7
Veröffentlichungspflichten (AktG)
– Veröffentlichung von Gesellschaftstatsachen **25** 8
– Veröffentlichung von Prüfungsergebnissen **395** 5
Veröffentlichungspflichten (WpHG) WpHG 33–47 101
– Befreiung **WpHG 33–47** 120
Verpfändung 10 67 f.
Verrechnung von Gewinn 188 72
Verrechnungsabrede 27 56
Versammlungsleiter, s. auch Leitung der Hauptversammlung
– Antragsrecht **128** 28; **133** 13
– Aufgaben und Befugnisse **129** 21; **133**
– Entscheidung über Abstimmungsreihenfolge **133** 16
– Feststellungen über Beschlussfassung **130** 52
– Teilnehmerverzeichnis, Verantwortlichkeit **129** 21
Verschleierung 400 48
– Abgrenzung zur unrichtigen Wiedergabe **400** 49
Verschmelzung 71a 44; **71** 212; **139** 35; **182** 64; **183** 82; **226** 3; **248** 12; **274** 4; **SE-VO Art. 3** 6
– Betriebsübergang **SE-VO Art. 29** 8
– Drittwirkungen **SE-VO Art. 29** 7
– Eintragung **SE-VO Art. 27** 2
– fehlerhafte **SE-VO Art. 30** 1
– grenzüberschreitende, gemeinsamer Vertreter **SpruchG 6c** 1
– Wirkungen durch Aufnahme **SE-VO Art. 29** 2
– Wirkungen durch Neugründung **SE-VO Art. 29** 6
Verschmelzung KGaA 280 23
Verschmelzungsbericht SE-VO Art. 22 6
Verschmelzungsplan
– Aufstellung **SE-VO Art. 20** 5
– Bekanntmachung **SE-VO Art. 21** 3
– fakultativer Inhalt **SE-VO Art. 20** 10
– zwingender Inhalt **SE-VO Art. 20** 7
Verschmelzungsrechtliches Ausschlussverfahren 327a 11a f.
Verschmelzungsverfahren SE-VO Art. 17 4
Verschmelzungsvertrag SE-VO Art. 20 3
Verschmelzungswertrelation 305 44; **320b** 9
Verschwendung von Gesellschaftsvermögen 93 160
Verschwiegenheitspflicht 93 160; **101** 78; **103** 34; **109** 45; **116** 99; **171** 14
– Aufsichtsrat gegenüber Vorstand **116** 106
– Aufsichtsratsmitglieder **116** 99 ff.; **171** 14 f.
– Ausnahme für dienstlichen Verkehr **395** 4
– SE Organe **SE-VO Art. 49** 1 ff.

– Umfang **395** 3
– Veröffentlichung von Prüfungsergebnissen **395** 5
– Verpflichtete **395** 2
– Verstöße **93** 172; **395** 6
Versicherungsfall des Gesellschafters 1 69
Versicherungsgesellschaften 182 63
Versicherungsunternehmen
– Abschlussprüfung, Haftung **404a** 24
Versorgungszusage 84 51 ff.
Verspätete Einlagezahlung 64 7
Verstoß gegen Mitteilungspflichten bei Sitzverlegung ins Ausland 45 5
Verstöße gegen Vorzugsgewährung bei stimmlosen Vorzugsaktien 139 39
– Fehler bei nachfolgenden Maßnahmen **139** 42
– Fehler der Ursprungssatzung **139** 40
Vertagungsklauseln 108 49
Verteilung des Vermögens
– Liquidationsbeteiligung **271** 2
– Rechtsdurchsetzung **271** 14
– Vermögensverteilung **271** 7
Verträge mit Aufsichtsratsmitgliedern
– Abschlussprüfer **114** 32
– Aufsichtsratsmitgliedschaft **114** 4
– Dienst- oder Werkvertrag **114** 13
– Form **114** 23
– Konzernzurechnung **114** 7
– Publizität **114** 31
– Rückgewähr **114** 27
– Tätigkeiten außerhalb des Aufsichtsratsmandats **114** 16
– unzulässige Beratungsverträge **114** 16
– Vertrag mit Nahestehenden **114** 7
– Vertrag vor und während Amtsantritt **114** 5
– Zustimmung des Plenums **114** 21 ff.
Verträge über Sacheinlagen vor Eintragung der Gesellschaft 206 8
Vertragsänderung 295 3 ff.
– Auskunftsrecht außenstehender Aktionäre **295** 29
– Sonderbeschlussfassung **295** 23
– Voraussetzungen **295** 15
Vertragsbeendigung zur Sicherung außenstehender Aktionäre
– Rechtsfolge **307** 5
– Voraussetzungen **307** 3
Vertragsbeitritt 295 6, 22
Vertragsdauer, Vorstand 84 40
Vertragskonzern 76 103; **117** 9
– Gleichbehandlung **53a** 30
Vertragsprüfer
– Auswahl **293d** 2
– Bestellung durch das Gericht **293c** 2
– Einsichts- und Auskunftsrecht **293d** 4
– Verantwortlichkeit **293d** 8
– Verfahren **293c** 4
Vertragsschluss, Unternehmensvertrag
– Anmeldung **294** 4

2458

Mager gedruckte Zahlen = Randnummer **Sachverzeichnis**

– Eintragung **294** 23
– Formerfordernis **293** 9
– Inhalt **293** 6
– Rechtsfolgen **293** 10
– Zuständigkeit **293** 2
Vertragsstatut 3 2
Vertrauenshaftung 41 99; **185** 14
Vertrauliche Angaben 93 166
Vertreter
– besonderer *s. dort*
– gemeinsamer *s. dort*
Vertreterlosigkeit der Gesellschaft 78 22
Vertretung der Gesellschaft durch Bevollmächtigte 78 48; **184** 13
– Generalbevollmächtigte **78** 52
– Handlungsbevollmächtigte **78** 51
– Prokuristen **78** 49
Vertretung der Gesellschaft durch den Aufsichtsrat
– aktive Vertretung **112** 35
– Aufsichtsratsvorsitzender als Vertretungsberechtigter **112** 52
– Ausschüsse **112** 36
– Beschlussfassung **112** 33
– einzelne Aufsichtsratsmitglieder, Aufsichtratsvorsitzender **112** 37
– Gesamt-Aufsichtsrat **112** 35
– Mitwirkung eines fehlerhaft bestellten Mitglieds **112** 44
– passive Vertretung **112** 40
– Satzung und Geschäftsordnung **112** 45
– Vertretung im engeren Sinne **112** 34
– Vertretungsmangel **112** 48
– Wissenszurechnung **112** 41
Vertretung der Gesellschaft durch den Vorstand 78 1
– Abwicklungsgesellschaft **78** 20
– Einzelermächtigung **78** 41
– Einzelvertretung **78** 33, 37
– Führungslosigkeit **78** 23 ff.
– gemeinschaftliche Vertretung durch mehrere Vorstandsmitglieder **78** 33, 40
– Gesamtvertretung **78** 25
– Gestaltungsmöglichkeiten **78** 33
– Insichgeschäfte **78** 10
– insolvente Gesellschaft **78** 21
– Mehrvertretung **78** 12
– mitbestimmte Gesellschaften **78** 18
– Organhaftung **78** 58 ff.
– organschaftliche Vertretung **78** 4
– Selbstkontrahieren **78** 11
– Umfang der Vertretung **78** 4
– unechte Gesamtvertretung **78** 33, 38
– Vorgesellschaft **78** 19
– Willensmängel **78** 57
– Wissenszurechnung im Konzern **78** 56a
– Wissenszurechnung **78** 53
Vertretung der Gesellschaft gegenüber Vorstandsmitgliedern
– erfasster Bereich **112** 19

– Nachweis der Vertretungsmacht **112** 40
– Vertretung der AG **112** 18
– Vertretung durch den Aufsichtsrat **112** 25
– Vertretungsmacht gegenüber Vorstandsmitgliedern **112** 6
– Vertretungsmangel **112** 41
Vertretung der KGaA 287 11, 80
Vertretung durch die Abwickler 269 3
– abweichende Vertretungsregelungen **269** 9
– Ausgestaltung der Vertretungsmacht **269** 8
– Beschränkung der Vertretungsmacht **269** 11
– Gesamtvertretung **269** 8
Vertretungsbefugnis, KGaA 278 11
Vertretungsmacht der Gesellschaft gegenüber Vorstandsmitgliedern
– amtierende Vorstellungsmitglieder **112** 6
– ausgeschiedene Vorstandsmitglieder **112** 10
– gegenüber Dritten **112** 17
Vertretungsorgan
– Abwickler **269** 3
Verwaltungsgesellschaft 15 41
Verwaltungskosten 71 13
Verwaltungsorganisation 179 85
Verwaltungsrat, SE SE-VO Art. 43 3 ff., *s. auch SE, Verwaltungsrat*
– Ausschüsse **SE-VO Art. 44** 5
– Geschäftsordnung **SE-VO Art. 43** 16
Verwaltungssitz IntGesR 8 ff.
– Änderungen des Satzungssitzes **IntGesR** 11
– Niederlassungsfreiheit *s. dort*
– Verlegung ins Ausland **IntGesR** 11
– Verlegung nach Deutschland **IntGesR** 12
– Wegzug **IntGesR** 9
– Zuzug **IntGesR** 10
Verwässerungsschutz 193 16; **203** 87 ff.
Verweisung auf anwendbares Recht SE-VO Art. 9 6
Verwendung der Registerdaten 67 108, 111
Verwendung des Jahresüberschusses
– Besonderheiten bei Rücklagenbildung im Konzern **58** 59
– Eigenkapitalanteil von Wertaufholungen **58** 49
– Feststellung durch die Hauptversammlung **58** 20
– Gelatine-Entscheidung **58** 63; **119** 26
– Gewinn- und Verlustrechnung **58** 13
– Gewinnverwendungsbeschluss **58** 19
– Gewinnverwendungsbeschluss der Hauptversammlung nach Feststellung des Jahresabschlusses **58** 80
– Holzmüller-Kompetenz **58** 76; **119** 22
– Kapitalrücklagen **58** 30
– Rücklagendotierung **58** 21, 48
– Rücklagendotierung bei fehlendem Jahresüberschuss **58** 55
– Schütt-aus-hol-zurück-Verfahren **188** 77
Verwendung von Gesellschaftsmänteln 188 22

Sachverzeichnis

Verwendungsabsprache 27 113, 221; **54** 77; **399** 140
Verwendungsbeschränkungen 150 20
Verwertung 226 20
Verzicht SpruchG 11 19
Verzicht auf den Gewinnanteil 60 29
Verzicht auf Ersatzansprüche 116 165
– KGaA **285** 19
Verzicht durch Vorstandsmitglieder 93 276 ff.
– betroffene Rechtshandlungen **93** 286
– Dreijahresfrist **93** 282
– erfasste Ansprüche **93** 285
– Geltendmachung **93** 290
– gerichtliche Zuständigkeit **93** 306
– Haftung gegenüber Dritten **93** 307
– Verjährung **93** 301
– Widerspruch durch Minderheit **93** 280
– Wirkung gegenüber Gesellschaftsgläubigern **93** 289
– Zustimmung der Hauptversammlung **93** 278
Verzichtsverbot der Gesellschaft 50 4; **185** 15
– Zulässigkeitsvoraussetzungen **50** 8
Vetorecht, Geschäftsführung 77 16
Videokonferenz 108 61 ff.; **110** 35
Vinkulierte Namensaktien 101 60; **237** 12; **285** 21; **Vor § 311** 40
– Abtretung **10** 53
– Freiberufler-AG **10** 24
– Investmentgesellschaften **10** 25a
– Luftfahrtunternehmen **10** 25
– privater Rundfunk **10** 25
– Sonderregelungen **10** 23
– VW-Gesetz **10** 26
– Wahlfreiheit **10** 21
– Zurechnung (Meldepflicht) **20** 11
Vinkulierung 65 32; **180** 7
– Einführung und Aufhebung **68** 40
– Entbehrlichkeit der Zustimmung **180** 9
– Erteilung oder Verweigerung der Zustimmung zur Aktienübertragung **68** 46
– Klausel **180** 13
– Namensaktien **Vor § 311** 40
– Nebenleistungsaktien **55** 16 f.
– Rechtsschutz bei Zustimmungsverweigerung **68** 74
– Umgehung **68** 76
– Wirkung und Reichweite **68** 31
– Zustimmungserfordernis **180** 8
Virtuelle Aktienoptionsprogramme 192 57, 62; **193** 32a
Virtuelle Hauptversammlung 118 35 ff.
Virtuelle Holding 77 40 f.
Vollmachtsstatut 3 2
Vollständige Einlageleistung 60 4
Vollstreckungstitel SpruchG 13 4
Vollversammlung 42 13; **121** 85
– Einberufung **121** 85 ff.
– Konzern **241** 142

– Teilnahmerecht Organmitglieder und Abschlussprüfer **118** 20
– Voraussetzungen **241** 138 ff.
Vollzugsmitteilung der Gesellschafteintragung 39 22
Vor-AG 23 2a; **41** 9; **82** 6; **179** 23; **262** 66
– Aktienausgabe vor Eintragung **41** 67
– Auflösung **41** 43
– Beendigung **41** 33
– BGB-Innengesellschaft **41** 19
– Einpersonen-Vor-AG **41** 120
– Erfüllung der Einlageschuld **54** 54 ff.
– Firma **4** 2
– Gewinnabführungs- und Beherrschungsvertrag **41** 28a
– Haftung **41** 68 ff.
– Haftung des Aufsichtsrats **116** 14
– Mitgliedschaft **41** 64
– Organe **41** 48
– Organisationsrecht **41** 44
– Rechtsnatur **41** 25
– Sacheinlage **27** 24
– Sachübernahme **27** 52 f.
– Satzungsänderung **179** 23
– Tod eines Gründers **41** 42
– Übernahme von Verbindlichkeiten **41** 128
– Umwandlungsfähigkeit **41** 29
– Vertretung **78** 19
– Voreinzahlung **41** 24
– Vorgründungsgesellschaft **41** 17
Vorausgegangene Rechtsgeschäfte des Einbringenden 32 11
Voraussetzungen der Vergütung von Aufsichtsratsmitgliedern 113 21
Vorbelastungshaftung 41 38
Vorbelastungsverbot 41 34, 73; **399** 138
Vorbereitende Beweisanordnung SpruchG 7 18
Vorbereitung der Hauptversammlung 293f 1; **327c** 1
– Bekanntmachung der Sacheinlage **183** 20
Vorbereitung der mündlichen Verhandlung
– Aufklärung des Sachverhalts **SpruchG 7** 17
– Erwiderung **SpruchG 7** 3
– Geheimnisschutz **SpruchG 7** 11
– Rechtsmittel **SpruchG 7** 20
– Rechtsmittel gegen die Anordnung der Vorlage **SpruchG 7** 10
– vorbereitende Beweisanordnung **SpruchG 7** 18
– Vorlage von Unterlagen **SpruchG 7** 8
– Zustellung **SpruchG 7** 3
– Zwangsmittel **SpruchG 7** 15, 19
Vorbereitung und Ausführung von Hauptversammlungsbeschlüssen 83 1; **182** 7
– Ausführungspflicht **83** 7
– Pflichtverletzungen, Rechtsfolgen **83** 18
– Vorbereitungspflicht **83** 3
Vordringen der Kontrolle Vor § 15 2

Mager gedruckte Zahlen = Randnummer

Vordrucke, Geschäftsbriefe 80 8
Voreinzahlung 41 24; 188 59, 60
Vorgesellschaft 41 17; 78 19; 82 6; 116 14; 179 23; 262 66
– Auflösung 41 43
– Beendigung 41 33
– BGB-Innengesellschaft 41 19
– Haftung 41 68 ff.
– Organisationsrecht 41 44
– Rechtsnatur 41 25
– Übernahme von Verbindlichkeiten 41 128
– unechte 41 92 ff.
– Voreinzahlung 41 24
– Vorgründungsgesellschaft 41 17, 76
Vorgründungsgesellschaft 41 17, 76
Vor-KGaA 280 18
Vorlage an den Aufsichtsrat
– Gewinnverwendungsvorschlag 170 10, 29
– Konzernabschluss 170 11
– Konzernlagebericht 170 11
– Unterlagen, vorzulegende 170 8
– Verfahren 170 21
– Verstoß gegen Vorlagepflicht 170 54
– Zeitpunkt 170 24
Vorlagen in der Hauptversammlung
– Auslage 176 5 ff.
– Auslage über Monitore 176 5
– Durchsetzung der Erläuterungspflichten 176 18
– Erläuterungen des Aufsichtsrats 176 15
– Erläuterungen des Vorstands 176 11
– Zugänglichkeit 176 5, 9
Vorlagepflicht, Abwicklung der Gesellschaft 268 10
Vormundschaft 1 19
Vorrang ausstehender Einlagen vor Aktienausgabe 182 58; 203 4
Vorrang der Bareinlage 183 32
Vorrang des Insolvenzverfahrens 264 8
– Ablauf 264 12
– Eigenverwaltung 264 14
– Eröffnung 264 10
– internationale Insolvenz 264 25
– Sanierung 264 21
– Unternehmensveräußerung 264 21
– Verfassung der insolventen AG 264 15
Vorratsaktien
– Anhang zur Bilanz 160 5 ff.
Vorratsbeschluss 274 12
Vorratsbestellung von Aufsichtsratsmitgliedern 105 26
Vorratsgesellschaft 23 42; 41 74
– Mantelgesellschaft 188 22, 61; 399 94 ff.
– Nachweis der Kapitalaufbringung 23 47
– offene 275 9
Vorratsgründung 23 18a, 42 ff.; 399 95 ff.
– BGH-Rechtsprechung, Grundsätze 23 46
– offene 399 97
– Offenlegung, fehlende 23 45a

Sachverzeichnis

– Unterbilanzhaftung, Geltung der Grundsätze 23 45a
– verdeckte 23 45a
– wirtschaftliche Neugründung 27 127
Vorrats-SE SE-VO Art. 3 21
– arbeitnehmerlose SE-VO Art. 3 30
– mitbestimmungslose SE-VO Art. 3 30
– Zulässigkeit SE-VO Art. 3 27
VorsAG 120 52
Vorschuss SpruchG 6 21; **SpruchG** 15 23
Vor-SE
– Bedürfnis für eine SE-VO Art. 16 10
– europäischer oder nationaler Prägung SE-VO Art. 16 5
– Gründerhaftung SE-VO Art. 16 12
– maßgeblicher Gründungszeitpunkt SE-VO Art. 16 10
Vorsitzender des Vorstandes 84 87
Vorsorgliche Sacheinlage 188 81
Vorstand, s. auch Vorstandsmitglieder
– Abberufung 84 92 ff.
– abhängige Gesellschaft 76 102 ff.
– Aktienausgabe 283 20
– Altersgrenze 76 124
– Änderungen 81 4 ff.
– Anfechtbarkeit, satzungsändernder Beschluss 181 8
– Anmeldung 283 4
– Ansprüche Dritter 48 11
– Arbeitsdirektor 76 118
– Arbeitsteilung 91 11 ff.
– Aufgabenübertragung an Dritte 91 17
– Aufgabenverteilung innerhalb des Vorstandes 91 12
– Ausführungspflicht von HV Beschlüsse 83 9
– ausgeschiedene Vorstandsmitglieder 92 64
– Ausschluss der Haftung 48 7
– Ausschüsse 77 41
– Bedingung und Befristung von Bezugsrechten 192 23
– Beobachtungspflicht bei Einlageverbindlichkeiten 27 243b
– Berichtspflichten 90 14
– Beschlussfassung 77 21 ff.
– Beschlussverantwortung 182 7
– Beschränkungen der Geschäftsführungsbefugnis 82 26 ff.
– Bestellung 84 5
– Bilanzierungspflicht 171 19
– CEO-Modell 77 42 f.
– Compliance-Verantwortung 91 47 ff., 67
– Delegation von Entscheidungen 76 65
– Deutscher Corporate Governance Kodex, Verpflichtung 161 50b
– Doppelmandate 76 105 ff.
– Doppelmandate, Haftung 76 110a
– Eigenverantwortlichkeit der Leitungsausübung 76 56 ff.
– Eignungsvoraussetzungen 76 119 ff.

2461

Sachverzeichnis

Fett gedruckte Zahlen = Paragraphen

- Einberufung der Hauptversammlung **92** 9; **283** 15
- einer anderen AG **1** 24
- Einstimmigkeitsprinzip **77** 8
- Entsprechenserklärung (DCGK) **161** 37 ff., 41
- erster, Bestellung **30** 21 ff.
- fehlerhaft bestellte oder faktische Vorstandsmitglieder **92** 64
- fehlerhafte Besetzung **76** 114 ff.
- Förderung von gemeinützungen Zwecken **76** 45 ff.
- Frauenquote **76** 141 ff.
- Frauenquote, Festlegung **76** 141 ff., *s. auch Frauenquote, Vorstand*
- Geltendmachung von Ansprüchen durch Gläubiger der Gesellschaft **48** 9
- Geltendmachung von Ersatzansprüchen **283** 18
- Gesamtvertretung **78** 25 ff.
- Geschäftsführung **76** 3 ff., *s. auch Geschäftsführung*
- Geschäftsordnung **77** 59 ff.
- Geschäftsverteilung **77** 36 ff., 46 ff.
- Gewährung von Umtausch- und Bezugsrechten, Anweisung **192** 22
- Grundsatz der Gesamtverantwortung **77** 44 ff.
- Gründungsprüfung **283** 7
- Haftung, *s. dort*
- Hauptversammlungsbeschlüsse, Nichtigkeit und Anfechtbarkeit **283** 21
- Insichgeschäfte **78** 10 ff.
- Insolvenzverfahren, Antrag auf Eröffnung **283** 22
- Interim **84** 39a
- Jahresabschluss **283** 19
- Konzernleitungspflicht **76** 84 ff.
- Kreditgewährung **283** 13
- Leitung der Gesellschaft **76** 4 ff., *s. auch Leitung der Gesellschaft*
- Matrixstrukturen **77** 39
- Nachfristsetzung ggü. Aufsichtsrat **171** 85
- Nichtigkeit, satzungsändernder Beschluss **181** 7
- Organhaftung **78** 58 ff.
- Outsourcing von Unternehmensfunktionen **76** 66 f.
- Pflicht zur Verlustanzeige **92** 4
- Pflichten gegenüber dem Aufsichtsrat **170** 8; **283** 12
- Querschnittsfunktionen **77** 58a
- Rechtmäßigkeit, satzungsändernder Beschluss **181** 9
- Reputationsmanagement **93** 25a f.
- Ressortverantwortung **77** 48 ff.; **91** 12
- Ressortverteilung **76** 62 ff.
- Restverantwortung **91** 13
- Sonderprüfung **283** 17
- Sorgfaltspflicht **283** 8
- Spenden **76** 45 ff.
- Stellung des Insolvenzantrags **92** 59 ff.
- Teilnahme an Aufsichtsratsitzungen **109** 14
- Teilnahme an Ausschusssitzungen **109** 19
- Unternehmensvertrag, Berichtspflicht **293a** 5 ff.
- Unternehmerfunktion **76** 11
- Vergleich **48** 8
- Vergütung **87** 8b ff., *s. Vorstandsvergütung*
- Vergütung, Angemessenheit **192** 46 ff.
- Vergütungsbericht
- Vergütungssystem, Beschluss über **120** 52 ff.
- Verjährung **48** 8
- Vertretung bei Anmeldung **181** 10; **184** 12
- Vertretungbefugnis, Änderungen **81** 7
- Vertretungsbefugnis **82** 4 ff.
- Vertretungsbefugnis, Konzern **82** 21 ff.
- Verzicht **48** 8
- Vollmacht **181** 10
- Vorstandssprecher **84** 91
- Zahlungsverbot **92** 18
- Zusammensetzung **76** 111 ff.

Vorstandsausschüsse 77 41

Vorstandsbeschluss 77 21
- Rechtsschutz gegen fehlerhaften **77** 28a ff.

Vorstandsdoppelmandate 76 105 ff.

Vorstandsinterne Selbstüberwachung 93 95

Vorstandsinterne Willensbildung 77 21

Vorstandsmitglieder 93 177
- Altersgrenze **76** 124
- Anstellung – Bestellung **84** 7 f.
- Anstellungsvertrag **84** 24 ff.
- Anstellungsvertrag, Kündigung **84** 145 ff., *s. auch Kündigung des Anstellungsvertrags*; **120** 38 f.
- Begrenzung Aufsichtsratsmandate (DCGK) **100** 8
- Bestellung **84** 5 ff.
- Bestellungshindernisse **76** 119, 131
- BetrAVG **84** 51 ff.
- Diversity **84** 11b
- Eigengeschäfte **93** 131
- Eignungsvoraussetzungen **76** 119 ff.
- geborene Abwickler **265** 7
- Haftung, *s. Haftung der Vorstandsmitglieder*
- Handlungspflicht **401** 22 ff.
- Karenzzeit – Wechsel in AR **100** 30 ff.
- Kreditgewährung **89** 6 ff., *s. auch Kreditgewährung an Vorstandsmitglieder*
- Kündigungsschutzgesetz **84** 29
- Rechte **84** 43 ff.
- Stellvertreter, *s. dort*
- Vergütung **84** 44 ff., *s. Vorstandsvergütung*
- Verhältnis zum Abwickler **268** 15
- Wechsel vom Vorstand in den Aufsichtsrat **100** 7
- Wettbewerbsverbot **88** 7 ff., *s. auch Wettbewerbsverbot Vorstandsmitglieder*
- Wiederbestellung **84** 15 ff.
- Zeugnisverweigerungsrechte **93** 173

Mager gedruckte Zahlen = Randnummer

Vorstandspflichten bei Verlust, Überschuldung oder Zahlungsunfähigkeit 92 4
– Insolvenzantragspflicht **92** 47
– Pflicht zur Verlustanzeige **92** 4
– Zahlungsverbot **92** 18
Vorstandspflichten, KGaA 283 4, 12
Vorstandssprecher 84 91
Vorstandsvergütung
– ablösende Abfindungen **87** 46
– Aktienoptionen **87** 42; **192** 45 ff.
– Angemessenheit der Bezüge **87** 8b; **192** 46
– Aufgaben der Vorstandsmitglieder **87** 10
– Auskunftsrecht der Aktionäre **87** 50
– Change-of-Control-Klauseln **87** 53
– gerichtliche Überprüfung des Angemessenheitsgebots **87** 39
– Gewinnbeteiligungen **87** 44
– Herabsetzung der Bezüge, nachträgliche **87** 59 ff.
– Kündigungsrecht des Vorstandsmitglieds **87** 77
– Lage der Gesellschaft **87** 14
– Leistungen der Vorstandsmitglieder **87** 11
– Mannesmann-Verfahren **87** 47 ff.
– Marktüblichkeit **87** 16
– mehrjährige Bemessungsgrundlage variabler Vergütungsbestandteile **87** 31
– nachhaltige Unternehmensentwicklung **87** 27
– nachträgliche Anerkennungsprämien **87** 47
– Obergrenze, gesetzliche **192** 46b
– Offenlegung **192** 46c, 73a
– Opting out **87** 89
– Satzungsregeln über die Vorstandsvergütung, Statthaftigkeit **87** 54
– Schadenersatz in der Insolvenz **87** 77
– Transparenz **87** 8a, 78 ff.; **192** 73a
– übliche Vergütung **87** 15
– unangemessene Vorstandsbezüge, Rechtsfolgen **87** 57
– verdeckte Gewinnausschüttung **87** 23
– Vergleichsmaßstäbe **87** 16 ff.
– Vergütungsberater **87** 40 f.
– Vergütungsbericht **192** 73b
– VorstKoG (Entw) **120** 56 ff.
Vorteile der Gründung einer SE SE-VO Vor Art. 1 20
Vorteilsausgleich 93 38
Vorträge oder Auskünfte in der Hauptversammlung 400 58
Vorübergehende Beteiligungen 17 53
Vorverträge 52 12
– Zeichnung von Aktien **185** 48
Vorwegbindung, Verbot 76 68
Vorzeitige Ausgabe von Aktien 191 4; **219** 2
Vorzugsaktien 202 32, 76; **204** 47
– Ausnahmetatbestände: Bedingung und Befristung **141** 23
– Beeinträchtigung des Vorzugs **141** 5, 6

Sachverzeichnis

– Dividendenbonus für Hauptversammlungsteilnahme **141** 37
– Gewinnvorzug **141** 5
– konkurrierende Vorrechte **141** 33
– mit Gewinnvorrecht **216** 5
– mittelbare Beeinträchtigung **141** 9
– Nachzahlungsanspruch **141** 5
– satzungsändernder Hauptversammlungsbeschluss **141** 4
– Satzungsvorbehalt **141** 39
– unmittelbare Beeinträchtigung **141** 7
– Verwaltungssonderrechte **141** 5
– Vorzugsaktionäre **141** 38
Vorzugsaktien ohne Stimmrecht
– Ausgabe neuer Aktien **139** 33; **141** 28
– Ausgestaltung des Vorzugs **139** 11
– Auszahlung des Vorzugs **139** 17
– bilanzielle Behandlung **139** 26, 29
– europarechtliche Vorgaben **139** 5
– Gewinnvorzug **139** 9
– Hauptversammlungsmehrheit, einfache **139** 7
– Höchstgrenze der Ausgabe **139** 45
– Kosten, Finanzierungs- und laufende **139** 6
– Nachzahlbarkeit **139** 19
– steuerliche Behandlung **139** 26, 28
– Stimmrechtsausschluss **139** 30
– Umwandlung bestehender Stammaktien **139** 36
– Verstöße, Vorzugsgewährung **139** 39
– Verzinsung **139** 25
– Vorzugsaktien mit unterschiedlichen Rechten **139** 16
Vorzugsaktien, stimmrechtslose 12 10
Vorzugsaktionäre
– Aufleben des Stimmrechts **140** 14
– ausnahmsweise Stimmrechtsgewährung **140** 7
– Minderheitenrechte **140** 8
– Minderheitenverlangen **140** 9
– Mischbezugsrecht **140** 13
– Nachzahlungsanspruch **140** 31
– Rechte **140** 3
– Vermögensrechte **140** 11
– Verwaltungsrechte **140** 6
VW-Gesetz 10 26; **101** 7

Wagniskapital 182 5b
Wahl der Arbeitnehmervertreter 101 48
Wahl der Aufsichtsratsmitglieder 101 16
Wahl und Abberufung des Aufsichtsrats, KGaA 285 16
Wahl von Abschlussprüfern, KGaA 285 20
Wahlabreden 101 23 ff.
Wahlberechtigte Arbeitnehmer für den Aufsichtsrat 97 17
Wahlen 133 54
– Alternativwahl **133** 55a
– Blockwahl **133** 57
– Globalwahl **133** 57
– Listenwahl **133** 57
– Sukzessivwahl **133** 55a

2463

Sachverzeichnis
Fett gedruckte Zahlen = Paragraphen

– Verhältniswahl **133** 56
Wahlfreiheit über die Form der Aktie 8 8; **10** 17 ff.
Wahlvorschläge von Aktionären 127 1 ff.
– Hinweispflicht auf Frauenquote **127** 9a
– mehrere Wahlvorschläge **133** 55a
Wahrheitswidrige Erklärung 399 65
Wahrnehmung der Buchführungspflicht 91 10
– Aufgabenübertragung an unternehmensfremde Dritte **91** 17
– Aufgabenverteilung innerhalb des Vorstandes **91** 12
– Aufgabenzuweisung an nachgeordnete Unternehmensebenen **91** 16
– Gesamtverantwortung und Arbeitsteilung **91** 11
– Neuordnung der Verantwortlichkeit de lege ferenda **91** 15
– Ressortverantwortung **91** 12
– Restverantwortung **91** 13
– verantwortliche Personen **91** 10
Wahrnehmung fremder Interessen durch die AG 1 19
Währung des Kapitals SE-VO Art. 4 1
Wandelanleihe
– Squeeze-out **327b** 8
Wandelanleihen 113 42; **192** 13, 29; **194** 5; **199** 15
– Ausgabe **199** 13 ff.
– ausländische **194** 10a
– CoCo-Bonds **192** 29f; **194** 5
– Pflichtwandelanleihen **192** 29d; **194** 5; **198** 23; **221** 150 f.
– umgekehrte **192** 11a, 29a
– Wandlungserklärung **198** 7
– Warrant-Anleihen **192** 33
Wandelgenussrechte 194 11; **199** 15; **221** 126
Wandelschuldverschreibungen 113 53; **141** 29; **192** 52; **221** 5, *s. auch Wandelanleihen*
– Abspaltung, Aufspaltung des Emittenten **221** 157a
– Bedienung mit eigenen Aktien **71** 136
– Bedingungen, *s. Anleihebedingungen*
– Begünstigte **192** 28
– Bewertung **221** 102
– Bezugsrechte **192** 17
– Bilanz **160** 25 ff.
– gegen Sacheinlage **194** 5
– Genussrechte **192** 29
– Gewinnschuldverschreibungen **192** 29d
– Gläubigerrechte, Inhaber von **192** 28
– Incentivierung zur Wandlung **193** 17a
– Kapitalherabsetzung **224** 13
– Komplementäranteile **192** 34
– Nachrangabrede **194** 11a
– Naked warrants **192** 30
– Optionsrechte, selbständige **192** 32
– Privatplatzierung **221** 50 f.
– Prospekterfordernis **221** 49 f.

– Schuldverschreibungen Dritter **192** 33
– umgekehrte **192** 29a f.
– Umtauschanleihe **221** 41
– Umwandlung von Komplementäranteilen **192** 34
– Verlustbeteiligung **194** 11a
Wandlungserklärung 198 7
Wandlungspreis 221 5
Wandlungsrechte 320 6, **320b** 6
Warrant-Anleihen 192 33
Wartezeit für Aktien 193 32
Wechselkursrisiken 54 57
Wechselseitig beteiligte Unternehmen 15 14; **19** 2; **328** 9
– Beschränkung der Rechte **328** 6
– Beschränkung in börsennotierten Gesellschaften **328** 25
– bilanzielle Behandlung **19** 8
– einfache Ausübungssperre **328** 9
– einfache wechselseitige Beteiligung **19** 4
– erweiterte Mitteilungspflichten **328** 33
– qualifizierte Beteiligungen **19** 5
– Schutz des gutgläubigen Anteilserwerbers **328** 16
– Unternehmensbegriff **19** 3
Wegfall mitteilungspflichtiger Beteiligung 20 20
Wegzug IntGesR 9
Wegzugsbeschränkungen 45 5
Weisungen, *s. auch Leitungsmacht im Beherrschungsvertrag*
– Befolgungspflicht des Vorstands **308** 34 ff.
– Grenzen/Ausschluss bei Beherrschungsvertrag **299**; **308** 28 ff.
– nachteilige im Konzerninteresse **305** 23 f.
– Nichtigkeit **299** 6
Weisungsrecht 308 5 ff.
– alternative Investmentfonds **308** 28b
– atypischer Beherrschungsvertrag **308** 7
– Beschränkung **291** 25
– Betriebsführungsvertrag **291** 55
– Delegation **308** 12, 42
– Eingliederung **323** 2 ff.
– existenzgefährdende Weisungen **308** 31
– faktischer Konzern **Vor § 311** 9
– finanzverfassungsrechtliche Angelegenheiten **308** 21
– Geschäftsführungsvertrag **291** 50
– Grenzen/Ausschluss bei Beherrschungsvertrag **291** 16
– Haftung **309** 6 ff., *s. auch Verantwortlichkeit des herrschenden Unternehmens*
– öffentliche Hand als herrschendes Unternehmen **308** 28a
– Übertragung **308** 13
– zustimmungspflichtige Geschäfte **308** 37 ff.
Weisungsunabhängigkeit 76 57; **299**
Weitergabe von Mitteilungen
– Übermittlungspflichtige **128** 5 ff.
– Übernahmesachverhalte **128** 16

2464

Mager gedruckte Zahlen = Randnummer

Sachverzeichnis

Werbende AG, Geltung der Vorschriften 264 34
Wertansätze
– Anschaffungskosten 220 3
Wertaufholungsgebot 58 49
Wertgleiche Deckung 188 16; 399 199
Werthaltigkeit bei Sachgründungen 32 10
Werthaltigkeit von Sacheinlagen 221 14
Werthaltigkeitsnachweis, Einlagenrückzahlung 27 259 ff.
Wertkontrolle 195 23
Wertmäßige Bindung des Gesellschaftsvermögens 57 15
Wertpapierdarlehen, Einpersonen-Gesellschaft 42 3
Wertpapierrechtliche Übertragung 10 54
Wesen der KGaA 278 1, 10
– Besteuerung 278 8
– Rechtsformwahl 278 4
– Sonderrecht für atypische KGaA 278 28
– Varianten der KGaA 278 3
Wesentlichkeitsgrundsatz 160 2
Wesentlichkeitsschwelle 119 32, 34
Wesentlichkeitsschwelle, Abweichung DCGK 161 52
Wesentlichkeitsschwelle, differenzierte 119 30g, 31a
Wettbewerbsverbot
– Komplementär 284 2 ff., s. auch Wettbewerbsverbot, persönlich haftender Gesellschafter
– Reichweite 1 68
– Vorstandsmitglieder 88 7 ff.
Wettbewerbsverbot, persönlich haftender Gesellschafter 284 2 ff.
– Abdingbarkeit 284 7
– Adressaten 284 2
– Dispens 284 10
– Geschäftschancenlehre 284 6
– Sanktionen 284 12
– Steuerrecht 284 14
– Umfang 284 4
– Verjährung 284 13
Wettbewerbsverbot, Vorstandsmitglieder 88 1 ff.
– Anstellungsvertrag oder Satzung, Änderungen 88 30
– Dauer 88 8 ff.
– Eintrittsrecht 88 35 ff.
– Erlaubnisvorbehalt 88 26 ff.
– Geltungsbereich 88 7, 15 ff.
– Geschäftschancenlehre 88 5
– Konzern 88 23 f.
– nachvertragliches 88 42 ff.
– nachwirkende Pflichten 88 14
– Umfang, Änderung 88 31
– Verjährung 88 40
– Verletzung, Rechtsfolgen 88 32 ff.
Whistleblower
– Aufsichtsrat als Informationsempfänger 111 36

Widerruf der Bestellung, Vorstand 84 92 ff.
– Rechsschutz 84 131 ff.
– Rechtsschutz des Vorstandsmitgliedes 84 131
– Voraussetzungen 84 99
– Wirkungen 84 128
– Zuständigkeit 84 95
Widerruf der Zeichnung 185 37, 45
Widersprüche gegen Protokollierung der Hauptversammlung 130 8
Wiederbestellung des Vorstandes 84 15
Wiederbestellung von Aufsichtsratsmitgliedern 102 18
Wiederkehrende Leistungen der Aktionäre an die Gesellschaft 55 6
Willenserklärungen der AG 69 22
Willensmängel der organschaftlichen Vertreter 78 57
Willensmängel des Zeichners 189 8
Willensmängel, Nebenpflichten 55 33
Wirksamkeit der Rechtsgeschäfte 277 8
Wirksamkeitsvoraussetzungen der Gründung 26 9
Wirksamwerden der bedingten Kapitalerhöhung
– Aktienausgabe 200 3
– Auswirkungen auf Rechte Dritter 200 10
– Erhöhung des Grundkapitals 200 6
– fehlerhafte Aktienausgabe 200 13
– fehlerhafter Erhöhungsbeschluss 200 15
– gutgläubiger Erwerb 200 14
– Mängel 200 12
– Mängel der Bezugserklärung und des Zeichnungsvertrages 200 16
– Mitgliedschaftsrechte, Entstehung 200 6
– Publizität 200 7
– Rechnungslegung 200 7
– Satzungsänderung 200 9
– Voraussetzungen 200 3
– Zuständigkeit 200 5
Wirksamwerden der Gesellschaftsanmeldung 36 27
Wirksamwerden der Kapitalerhöhung 189 2; 203 46; 211 3
– Auswirkungen auf Rechte Dritter 189 12
– Auswirkungen der Eintragung auf Verfahrensmängel 189 4
Wirksamwerden der Kapitalherabsetzung 224 2; 238 1
Wirksamwerden der Sitzverlegung SE-VO Art. 8 22
Wirkung der Eintragung 67 30; 263 13
Wirkung der Eintragung der Nichtigkeit 277
Wirkung der Entscheidung
– Art der Kompensation **SpruchG** 13 6
– Beendigung des Unternehmensvertrages **SpruchG** 13 9
– Beitritt eines weiteren Unternehmers **SpruchG** 13 8
– formelle Rechtskraft **SpruchG** 13 2

2465

Sachverzeichnis

Fett gedruckte Zahlen = Paragraphen

- Grenzen der Rechtkraft **SpruchG 13** 5
- Kapitalveränderungen **SpruchG 13** 7
- kein Vollstreckungstitel **SpruchG 13** 4
- materielle Rechtskraftwirkung **SpruchG 13** 3
- Rechtskraft bei anderen Verfahrensbeendigungsgründen **SpruchG 13** 10

Wirkung des Aufsichtsratsbeschlusses 103 15

Wirkungen der Eingliederung
- elektronische Abfindung **320a** 8
- Übergang der Mitgliedschaften **320a** 2
- Verbriefung des Abfindungsanspruchs durch Aktienurkunden **320a** 5

Wirkungen gegenüber Dritten 241 37

Wirkungsstatut 3 2

Wirtschaftliche Abhängigkeit 17 35

Wirtschaftliche Grundlagen SE-VO Vor Art. 1 18

Wirtschaftliche Neugründung 23 43; **27** 103, 126, 127; **41** 86; **52** 45; **188** 22; **399** 99

Wirtschaftsstrafkammer 399 285

Wirtschaftsunternehmen 1 21

Wissenszurechnung 78 53; **112** 33
- im Konzern **78** 56a

Wrongful-Trading-Haftung 92 49

Wurzeltheorie 305 78

Zahl der Mitglieder des Aufsichtsrates 95 1
- Satzungsvorschriften **95** 12

Zahlungsklage SpruchG 1 33

Zahlungspflicht der Vormänner
- Anspruchsgrundlagen **65** 38
- Aushändigung der neuen Aktienurkunde **65** 33
- Dauer der Haftung **65** 43
- Erwerb der Mitgliedschaft **65** 32
- mehrfache Kaduzierung **65** 12
- Regressschuld **65** 15
- rückständige Beiträge **65** 5
- Staffelregress **65** 18
- Verfahrensmängel **65** 67
- Verkauf der Aktien **65** 49

Zahlungsunfähigkeit der Gesellschaft 92 20; **401** 21, 22 ff.
- Auslandsgesellschaften **92** 21a

Zahlungsunfähigkeit der Gründer 46 18

Zahlungsverbot 92 18 ff., 18
- Auslandsgesellschaften **92** 21a
- Begriff der Zahlung **92** 22
- Eigenverwaltungsverfahren **92** 27b
- Geltendmachung eines Verstoßes **92** 37
- Haftung des Vorstands **92** 33 ff.
- Haftung gegenüber der Gesellschaft **92** 33
- subjektive Erfordernisse **92** 28
- Verbotsausnahme **92** 29
- Verbotsbeginn **92** 27
- Verzicht und Vergleich **92** 36

Zeichnung der Abwickler 269 13

Zeichnung neuer Aktien 185 5
- Fehlerhaftigkeit **189** 8

Zeichnungsliste 185 23

Zeichnungsschein 185 22
- Angaben über die Beteiligung **185** 25
- Ausgabebetrag **185** 30
- doppelte Ausstellung **185** 24
- gemischte Einlage **185** 26
- Mischeinlage **185** 26
- Nebenverpflichtungen **185** 33
- Nichtigkeit **185** 39
- Sacheinlagen **185** 34
- Schriftform **185** 23

Zeichnungsvertrag 185 10 ff.
- Bezugserklärung **198** 6
- Mängel **189** 8; **200** 16
- Übertragung **191** 8
- Vorvertrag **185** 48 ff.
- Wandlungserklärung **198** 7

Zeichnungsvorvertrag 185 48; **187** 5
- Verpflichtung der AG **185** 49
- Verpflichtung potentieller Zeichner **185** 51

Zeitablauf 289 2

Zeitpunkt der Anmeldung bei Bareinlagen 36 15

Zeitpunkt der Bewertung 27 34

Zentrale Aufgabenverteilung 93 51

Zerlegung des Grundkapitals 1 94, 98; **8** 1
- in Aktien **1** 94

Zerschlagung 268 4

Zeugnisverweigerungsrechte
- Aufsichtsratsmitglieder **116** 118
- Vorstandsmitglieder **93** 173

Zielgrößen für Frauenquote 76 146 f.; **111** 77a f., s. Frauenquote, Aufsichtsrat, s. Frauenquote, Führungsebene, s. Frauenquote, Vorstand

Zinsverbot, Einlagen 57 83
- Beschränkung der Vermögensverteilung auf den Bilanzgewinn **57** 85
- Rechtsfolgen **57** 86
- Sachgefahr **57** 88

Zu hohe Abfindung SpruchG 1 25

Zulässige Maßnahmen in Bezug auf Aktien 8 51

Zuordnung der Mitgliedschaft bei Ausschluss 64 42

Zuordnung neuer Aktien 182 9; **212** 2

Zurechenbarkeit fremder Beteiligungen 15 30; **16** 18
- abhängiges Unternehmen **16** 20
- Einpersonen-Gesellschaft **42** 4
- Einschränkung bei mehrstufigen Beteiligungen **15** 36
- Einzelkaufmann **16** 26
- für Rechnung des abhängigen Unternehmens **16** 24
- für Rechnung des Unternehmens **16** 22
- keine umgekehrte Zurechnung **15** 38
- Personengesellschaften **16** 27

Mager gedruckte Zahlen = Randnummer

– Umfang der Zurechnung **15** 33; **16** 25
– Unternehmenseigenschaft des übergeordneten Unternehmens **16** 19
Zurechenbarkeit sonstiger wirtschaftlicher Interessen 15 30
– Einschränkung bei mehrstufigen Beteiligungen **15** 36
– keine umgekehrte Zurechnung **15** 38
– Umfang der Zurechnung **15** 33
Zurechnungsdurchgriff 1 65 ff.
Zurückweisung von Sachvortrag SpruchG 10 3
Zusammenlegung von Aktien 73 9; **141** 14
– Kapitalherabsetzung **222** 7 ff., 41 f.; **226** 4 ff.
Zusammensetzung des Aufsichtsrates
– Änderungen durch Vereinbarung **96** 24
– Änderungen in der Zusammensetzung **97** 6
– Arbeitnehmerbegriff **96** 7 ff.
– Bekanntmachung **97** 3
– Drittelbeteiligungsgesetz **96** 18, 31
– Ergänzungswahlen **97** 10
– Frauenquote **96** 31 ff., *s. auch Frauenquote*
– gerichtliche Entscheidung, *s. dort*
– konzernangehörige Unternehmen **96** 9
– MgVG **96** 22
– mitbestimmte Gesellschaften **96** 6
– mitbestimmungsfreie Gesellschaften **96** 5
– Mitbestimmungsgesetz **96** 9 ff.
– Mitbestimmungsgesetz 1976 **96** 7
– mitbestimmungsrechtliche Vorschriften **95** 9
– Montan-Mitbestimmungsergänzungsgesetz **96** 15, 36
– Montan-Mitbestimmungsgesetz **96** 12, 36
– Statusverfahren **96** 44 f.; **97** 7 f.
– Teilhabegesetz **96** 10a
– Tendenzunternehmen **96** 8
Zusammenwirken von Vorstand und Aufsichtsrat 184 10
Zusätzlicher Aufwand 174 18
Zusätzlicher Ertrag 174 21
Zuschaltung von Aufsichtsratsmitgliedern 118 35 ff.
Zusicherungen auf den Bezug von Aktien 187 5
– Bezug neuer Aktien **187**; **203** 27
– Business Combination Agreements **187** 19
– mittelbares Bezugsrecht **187** 7
– nach dem Kapitalerhöhungsbeschluss **187** 14
– vor dem Kapitalerhöhungsbeschluss **187** 10
Zuständigkeit SpruchG 12 4
Zuständigkeit bei der Leistungsklage SpruchG 16 2
Zuständigkeit des Landgerichts SpruchG 2 3
– Entscheidung des Vorsitzenden **SpruchG 2** 20
– internationale Zuständigkeit **SpruchG 2** 7
– Schiedsgericht **SpruchG 2** 8
– Zuständigkeitskonzentration **SpruchG 2** 6

Sachverzeichnis

Zuständigkeit, gerichtliche
– Doppelsitz **14** 5
– Satzungssitz **14** 3
Zuständigkeitskonflikte
– örtliche Zuständigkeit **SpruchG 2** 18
– Rechtswegzuständigkeit **SpruchG 2** 16
– sachliche Zuständigkeit **SpruchG 2** 17
– Zivilkammer KfH **SpruchG 2** 19
Zuständigkeitskonkurrenzen
– aufeinanderfolgende Bewertungsanlässe **SpruchG 2** 13
– Beherrschungs- und Gewinnabführungsvertrag **SpruchG 2** 12
– mehrere Landgerichte **SpruchG 2** 9
– sachlicher Zusammenhang **SpruchG 2** 10
– Verbindung mehrerer Anträge **SpruchG 2** 15
– Verschmelzung mehrerer übertragender Unternehmen **SpruchG 2** 11
– zuerst befasstes Gericht **SpruchG 2** 14
Zustandsbegründende Satzungsdurchbrechung 179 49
Zustellung SpruchG 7 3
Zustimmung betroffener Aktionäre
– Auferlegung von Nebenpflichten **180** 3
– Form **180** 15
– Kapitalerhöhung **180** 10
– Prüfung durch das Registergericht **180** 17
– Rechtsfolgen **180** 16
– Sonderbeschluss bei Kapitalerhöhung **182** 26
– Vinkulierung **180** 7
Zustimmung der Hauptversammlung zum Nachgründungsverfahren 52 67
Zustimmung der Komplementäre, KGaA 285 30
Zustimmung des Aufsichtsrates 59 8
Zustimmungsbedürftige Beschlüsse 285 30
Zustimmungsbeschluss der Hauptversammlung 179a 13; **293** 13; **SE-VO Art. 23** 3
– Änderung des Unternehmensgegenstandes **179a** 24
– Beschlusserfordernis **179a** 13; **293** 14
– Beschlussmängel **179a** 23; **293** 29
– formelle Beschlussvoraussetzungen **293** 17
– Gegenstand **179a** 19
– Inhalt **179a** 20
– materielle Beschlussvoraussetzungen **293** 23
– Mehrheitserfordernis **179a** 21
– Rechtsfolgen des Beschlusses **293** 27
– Zustimmungsbeschluss der Hauptversammlung der Obergesellschaft **293** 37
Zustimmungserteilung, KGaA 285 34
Zustimmungsfreie Beschlüsse, KGaA 285 37
Zustimmungsvorbehalt SE-VO Art. 23 5
– konzerndimensionale **76** 98
Zustimmungsvorbehalt der Hauptversammlung 111 62
– Beschluss über die Errichtung von Zustimmungsvorbehalten **111** 71

2467

Sachverzeichnis

Fett gedruckte Zahlen = Paragraphen

- Beschluss über die Zustimmung **111** 72
- Ersetzung durch Hauptversammlungsbeschluss **111** 74
- Inhalt **111** 64
- mitbestimmungsrechtliche Besonderheiten **111** 77
- Pflicht zur Statuierung **111** 63
- Verhältnis von Satzung und Aufsichtsratsbeschluss **111** 69
- Wirkung **111** 75

Zustimmungsvorbehalte des Aufsichtsrats 111 62 ff.

Zuweisung bei Beherrschungsvertrag 300 20

Zuweisung bei Gewinnabführungsverträgen 300 4
- Berechnung des Zuweisungsbetrages **300** 7
- fiktiver Jahresüberschuss **300** 7
- Mindestzuweisung **300** 14
- Regelzuweisung **300** 9

Zuweisung von Teilen des Jahresüberschusses 150 9

Zuweisungsobergrenze 150 15

Zuwendungen, *s. auch Empfang verbotener Leistungen*
- abhängige Unternehmen **57** 59
- an einen Gründer **57** 51
- an frühere oder künftige Aktionäre **57** 54
- horizontal verbundene Unternehmen, Schwestergesellschaft **57** 78
- nicht von der AG abhängige Beteiligungsunternehmen **57** 60
- ohne Gegenleistung **57** 18
- vom Aktionär nicht veranlasste **62** 11
- zwischen Schwestergesellschaften **62** 13

Zuwendungen (soziale, kulturelle) 76 45 ff.

Zuwiderhandlung bei Erwerb und Veräußerung eigener Aktien 405 20 ff.

Zwangseinziehung der Aktie 55 40; **237** 8

Zwangsgelder 407 3

Zwangsgeldverfahren 407 16

Zwangsmittel SpruchG 7 15, 19

Zwangsvollstreckung 52 21

Zweckbestimmte Gewinnrücklagen 208 30

Zweckerreichung 262 69

Zweckgesellschaft 327a 26

Zweigniederlassung 4 21; **5** 3
- abweichende Firmierung **23** 15
- Errichtung in EU Mitgliedstaat **IntGesR 17** ff.
- Firma **4** 21

Zweitstimmrecht, Ausschussvorsitzender 107 114

Zwingende Festlegungen über Aktien 10 12

Zwischendividende 59 19

Zwischenscheine 8 63; **10** 85 ff.; **67** 115; **72** 2
- Ausgabe **199** 6
- Kraftloserklärung **72** 2; **73** 25
- Legitimation HV **123** 20
- Nichtigkeit **191** 5
- rechtliche Behandlung **10** 86
- Teilleistung auf Sacheinlage **10** 78
- verbotene Ausgabe **191** 4; **197** 5; **219** 2

2468